荊楚文庫

聞一多全集（一）

聞一多　著
孫黨伯　袁謇正　主編

荊楚文庫編纂出版委員會
湖北人民出版社

荊楚文庫

聞一多全集

WENYIDUO QUANJI

圖書在版編目（CIP）數據

聞一多全集 / 聞一多著；孫黨伯，袁謇正主編 .
武漢 ： 湖北人民出版社， 2020. 12
ISBN 978-7-216-09969-1
Ⅰ . 聞…
Ⅱ . ①聞… ②孫… ③袁…
Ⅲ . 中國文學—現代文學—作品綜合集
Ⅳ . I216. 2
中國版本圖書館 CIP 數據核字（2020）第 097699 號

責任編輯：姚德海　高承秀　朱小丹　劉婉玲　楊　猛
整體設計：范漢成　曾顯惠　思　蒙
美術編輯：董　昀
責任校對：范承勇
責任印製：王鐵兵
出版發行：湖北人民出版社（中國・武漢）
地址：武漢市雄楚大道 268 號
電話：(027)87679656　郵政編碼：430070
録排：武漢偉創偉業廣告有限公司
印刷：湖北新華印務有限公司
開本：720㎜×1000㎜　1/16
印張：507　插頁：41
字數：7014 千字
版次：2020 年 12 月第 1 版　2020 年 12 月第 1 次印刷
定價：2800. 00 元（全十七册）

ISBN 978-7-216-09969-1
9 787216 099691

《荆楚文庫》工作委員會

主　　任：應　勇

第一副主任：王曉東

副 主 任：王艷玲　梁偉年　肖菊華　尹漢寧　郭生練

成　　員：韓　進　陳　亮　盧　軍　陳樹林　龍正才

雷文潔　趙淩雲　尚　鋼　陳義國

辦公室

主　　任：陳樹林

副 主 任：張良成　陳　明　李開壽　周百義

《荆楚文庫》編纂出版委員會

顧　　問：羅清泉

主　　任：應　勇

第一副主任：王曉東

副 主 任：王艷玲　梁偉年　肖菊華　尹漢寧　郭生練

總 編 輯：章開沅　馮天瑜

副總編輯：熊召政　陳樹林

編委（以姓氏筆畫爲序）：朱　英　邱久欽　何曉明

周百義　周國林　周積明　宗福邦　郭齊勇

陳　偉　陳　鋒　張良成　張建民　陽海清

彭南生　湯旭巖　趙德馨　劉玉堂

《荆楚文庫》編輯部

主　　任：周百義

副 主 任：周鳳榮　周國林　胡　磊

成　　員：李爾鋼　鄒華清　蔡夏初　王建懷　鄒典佐

梁瑩雪　黄曉燕　朱金波

美術總監：王開元

出版説明

湖北乃九省通衢，北學南學交會融通之地，文明昌盛，歷代文獻豐厚。守望傳統，編纂荆楚文獻，湖北淵源有自。清同治年間設立官書局，以整理鄉邦文獻爲旨趣。光緒年間張之洞督鄂後，以崇文書局推進典籍集成，湖北鄉賢身體力行之，編纂《湖北文徵》，集元明清三代湖北先哲遺作，收兩千七百餘作者文八千餘篇，洋洋六百萬言。盧氏兄弟輯録湖北先賢之作而成《湖北先正遺書》。至當代，武漢多所大學、圖書館在鄉邦典籍整理方面亦多所用力。爲傳承和弘揚優秀傳統文化，湖北省委、省政府决定編纂大型歷史文獻叢書《荆楚文庫》。

《荆楚文庫》以“搶救、保護、整理、出版”湖北文獻爲宗旨，分三編集藏。

甲、文獻編。收録歷代鄂籍人士著述，長期寓居湖北人士著述，省外人士探究湖北著述。包括傳世文獻、出土文獻和民間文獻。

乙、方志編。收録歷代省志、府縣志等。

丙、研究編。收録今人研究評述荆楚人物、史地、風物的學術著作和工具書及圖册。

文獻編、方志編録籍以1949年爲下限。

研究編簡體横排，文獻編繁體横排，方志編影印或點校出版。

《荆楚文庫》編纂出版委員會

2015年11月

《聞一多全集》

顧　　問：季鎮淮　何善周　范　寧　薛誠之
　　　　胡國瑞

主　　編：孫黨伯　袁謇正

參加整理者（按姓氏筆畫排列）：

王達津　王克私　王德震　韋　英
孫黨伯　何善周　沈祥源　張天望
張同霞　范　寧　季鎮淮　聞　銘
聞　翻　聞立鵬　聞黎明　費振剛
袁謇正　徐少舟　唐達暉

聞一多先生（1899—1946）

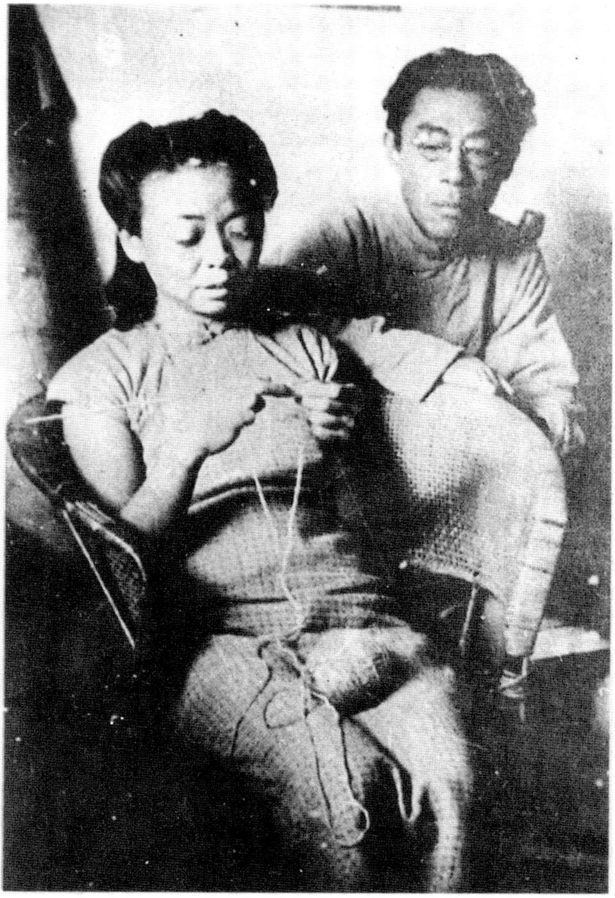

與夫人高孝貞（1946）

在清華學校參加《革命軍》演出，飾革命黨人（右一，1913）

在清華學校（1917）

出國前夕蜜月中

結婚時全家合影（1922）

全家在昆明家門前留影（1945）

在美國芝加哥美術學院

在湘黔滇路上寫生（1938）

在群衆集會上演講

參加“一二・一”四烈士大出殯（1946）

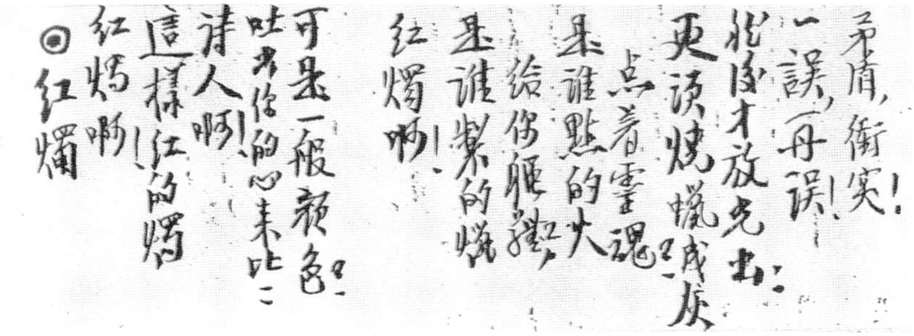

《紅燭》手迹

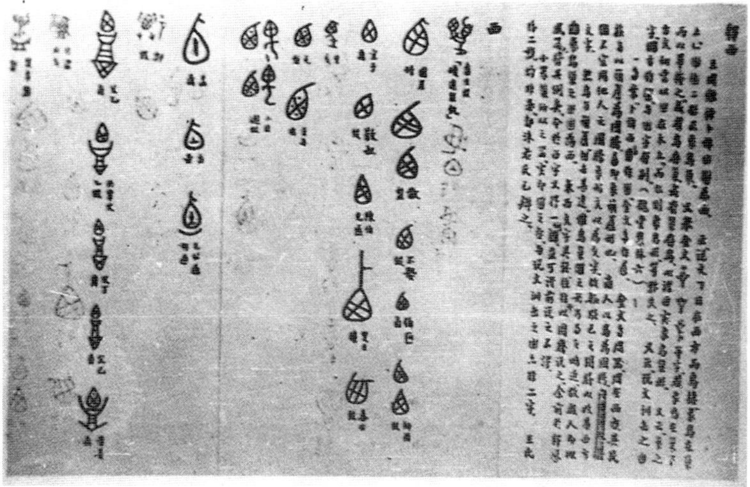

甲骨文研究手稿

北京八寶山革命公墓聞一多墓

聞一多紀念館（湖北浠水）

前　　言

聞一多是中國現代杰出的詩人、學者和民主戰士，他一生熱愛祖國，勤苦奮進，追求真理，經過長期的探索，終於在現實的教育和中國共産黨領導的革命運動的推動下，走上了爲争取人民民主和民族解放而鬥争的道路，并爲此獻出了寶貴的生命。他在新詩創作和古代文學研究等方面的卓越成就，豐富了我國的文化思想寶庫，確立了他在現代文學史和現代學術史上的重要地位；他“拍案而起”，爲民主而英勇奮鬥，堅貞不屈的偉大精神，贏得了廣大人民的敬仰和贊頌。聞一多是我們民族的優秀代表，是中國知識分子的驕傲和榜樣。

一

聞一多，原名家驊，字友三，1899 年 11 月 24 日生於湖北浠水下巴河的一個書香門第。五歲入私塾讀書，接受傳統的經史教育，同時也學習了一些“新學”知識。1910 年到武昌兩湖師範附屬高等小學念書。次年爆發了有劃時代意義的辛亥革命，他毅然剪去髮辮，表示他擁護革命的心情。1912 年冬，聞一多考入清華學校。在清華求學的近十年間，他不僅較系統地學習了西方自然科學知識和社會政治學説，而且還大量閲讀我國的歷史文化典籍，打下了較堅實的國學根底。他積極參加偉大的五四運動，表現出强烈的愛國熱情。

1922 年 7 月，聞一多赴美國留學，先後在芝加哥美術學院、珂泉科羅拉多大學、紐約藝術學院學習美術，受到了系統的西洋美術教育，專業成績也很突出，但他對於文學的興趣却更爲强烈，常選修英美近代詩的課程并積極創作新詩。1923 年 9 月他的第一本詩集《紅燭》出版。在留美期間，聞一多雖曾得到一些美國友人的幫助與尊重，但也飽嘗了作爲弱國子民所受的歧視和屈辱。這就愈加激發了他對祖國及其悠久文化的熱愛。他參與發起組織國家主義團體大江學會，提倡“文化的國家主義”，目的是想通過振興中華文化使祖國强盛。

1925 年 7 月，聞一多自美回國。同年秋就任北京藝術專科學校教務長。次年秋到上海吴淞國立政治大學任職。1927 年秋後任南京國立第四中山大學（後更名爲中央大學）外文系主任，并列名爲《新月》雜志編輯。1928 年 1 月，他的第二本詩集《死水》出版。同年秋，聞一多出任國立武漢大學文學院院長，開始專攻中國古代文學。1930 年秋到青島大學任文學院長兼國文系主任。1932 年秋，他回到母校國立清華大學任中國文學系教授。抗日戰争爆發後，清華大學南遷，與北京大學、南開大學聯合組成國立西南聯合大學，聞一多輾轉來到昆明，繼續潛心研究中國古代文學。

聞一多是在近現代中西文化大交匯、大碰撞中成長起來的一位學貫中西、博古通今的大家，他首先是以獨具特色的詩人聞名於世的。聞一多詩作的數量并不算多，但却以感情深厚、藝術精美見長。他的詩在内容上的突出特點，就是表現出深沉、熱烈的愛國感情，并從愛國愛民的真情出發，表現出對黑暗現實的厭惡、對人民疾苦的同情和對美好未來的憧憬。朱自清稱他“是個愛國詩人，而且幾乎可以説是唯一的愛國詩人”(《中國新文學大系·詩集導言》)。這評語的後半句似乎有些絶對，但它却把握住了聞一多詩歌的基本精神和特徵。在新詩形式上聞一多既善於吸收西方詩歌音節體式的長處，又注意保留中國古典詩歌韻調格律的傳統，提出了一套創造新格律詩的理論，主張新詩應具有音樂的美、繪畫的美、建築的美，并努力進行實踐。他的詩作，尤其是《死水》正是他倡導的新格律詩理論的完美體現，標志着新詩的進步，開一代詩風。他所倡導的新格律詩理論和獨樹一幟的詩歌創作，影響了爲數衆多的詩人，并形成了以他爲代表的新格律詩派，在新詩發展史上寫下了重要的一頁。

聞一多的成就并不限於新詩創作與提倡新格律詩理論，他在中國古代文學研究和古代文化研究方面所取得的創造性的重大成就，引起了學術思想界更爲强烈而普遍的震動。應該説，聞一多在中國現代學術思想史上的重要地位，在很大程度上取決於他在中國古代文學及古代文化研究領域的開拓性貢獻。後來他走出書齋，投身民主運動時，能够具有那樣强大而普遍的影響力、號召力，同樣是和他在新詩創作及古代文學研究方面的卓越成就分不開的。

聞一多由一位詩人轉而研究中國古代文學，并能取得超出前人和同輩人的成就，决不是偶然的。他自幼就喜愛詩賦古文，具有堅實的國學基礎，在研究中既繼承了我國樸學注重名物訓詁考據的傳統，又廣泛吸取現代西方社會學説，如文藝學、語言學、歷史學、考古學、社會學、民俗學、人類文化學、心理學等新的理論和方法，因此他的研究不僅考索賅博，扎實可信，而且大膽開拓，新見叠出，在《詩經》、《楚辭》、《莊子》、唐詩及神話等領域的研究中都取得了突破性的成果，自成一家言，因此在以上幾個學科的研究史上有着獨特的地位，産生了巨大而深遠的影響。

抗戰後期，國民黨統治區的黑暗腐敗現實引起聞一多的强烈不滿，他拍案而起，投身民主運動，成爲廣大革命青年敬仰的導師。同時，他積極閲讀馬克思主義著作和革命報刊，思想也發生了深刻變化。抗戰勝利後，聞一多在反内戰、争民主運動中鬥志愈堅，影響愈大，引起反動派的忌恨，將其列入暗殺名單。當李公樸被特務暗殺後，聞一多的處境異常危險，但他置生死於度外，大義凛然地堅持戰鬥，發表了氣壯山河的最後一次講演，痛斥敵人的無耻罪行。1946 年 7 月 15 日，聞一多被國民黨特務殺害了，他用自己的鮮血和生命譜寫了一首偉大壯美的不朽詩篇。

二

聞一多殉難以後，清華大學校長梅貽琦於當年11月聘請朱自清、雷海宗、潘光旦、吴晗、浦江清、許維遹、余冠英七人組成“整理聞一多遺著委員會”，由朱自清負責。經過朱自清、郭沫若、吴晗、葉聖陶四位編輯者和清華中文系全體同人的努力，《聞一多全集》（四卷）由上海開明書店於1948年8月出版（以下簡稱舊版全集）。限於當時的環境，有不少重要遺著未能整理收入。中華人民共和國成立後，聞一多家屬把他的全部遺稿（包括文章、手稿、筆記、講課提綱等約五百多萬字）贈給北京圖書館保存。由於種種原因，《全集》一直未能增補。

1978年3月，聞一多夫人高真向中央領導寫信，要求重新編輯出版《聞一多全集》。當時中央宣傳部决定由國家出版局安排，并邀請聞一多的學生季鎮淮、何善周、范寧等在北京進行整理，但由於工作中的一些具體困難未得到及時解决，整理工作到1981年6月實際上停頓下來了。

1983年9月，根據中央領導同志的指示，中宣部召開了兩次會議進行研究，并於1984年3月6日發出《關於整理出版聞一多著作的通知》，指出：武漢大學成立聞一多研究室，新編《聞一多全集》的資料收集與整理工作，交由武大聞一多研究室負責。這項整理研究工作應納入國家的社會科學研究規劃，并在財力物力上給予幫助。同意武漢大學提出聘請北京大學中文系教授季鎮淮、中國社會科學院文學研究所研究員范寧、華中師範大學外文系教授薛誠之、東北師範大學中文系教授何善周、武漢大學中文系教授胡國瑞五人擔任整理新編全集的顧問，指導和協助研究工作。根據《通知》的精神，武漢大學立即在中文系抽調孫黨伯、袁謇正、唐達暉、沈祥源、徐少舟和陸耀東（兼職）組成聞一多研究室，孫黨伯任主任，袁謇正任副主任。中國社會科學院爲聞一多著作整理研究工作撥出專款，保障了這一工作的順利進行。

聞一多研究室成立後，即着手搜集資料，整理手稿，確定編輯體例，經過全體成員的努力和諸位顧問的指導，於 1985 年 12 月提出新編《聞一多全集》（以下簡稱新編全集）的分卷目録，廣泛徵求意見。但由於新編全集的出版問題懸而不决，整理工作受到影響。1987 年底，爲謀求新編全集能够儘早出版，我們便與湖北人民出版社聯繫，要求由他們出版《聞一多全集》，該社總編輯盧福咸當即表示同意，并爲落實此項任務進行了努力。接着，湖北人民出版社、武漢大學聞一多研究室和聞先生的家屬分别給湖北省有關負責同志寫信，請求支持，以便使《聞一多全集》能在湖北出版。當時主管文教工作的副省長王利濱對此事十分重視，於 1988 年 3 月給湖北人民出版社撥款，資助新編全集的出版。擱置數年的出版難題終於得到解决。在此我們要衷心感謝湖北省領導同志的熱情支持和幫助。全集的出版問題落實了，整理工作即全面啓動。這時，聞研室的成員有的已調離，自始至終參加全集整理編輯工作的有四人：孫黨伯、袁謇正、唐達暉、徐少舟。他們的分工情况是：孫黨伯負責詩歌，唐達暉負責文藝評論及散文、雜文，袁謇正負責先秦兩漢的全部及唐詩的一部分，徐少舟負責唐代部分。此外，聞一多的兒子韋英、聞立鵬分别負責書信卷、美術卷的編輯。主編孫黨伯、袁謇正負責全集的總體策劃和審定，但兩人也有所分工，孫黨伯負責全集的現代部分，袁謇正負責全集的古代部分。

1993 年初，新聞出版署特將《聞一多全集》增列爲“八五國家重點圖書”。

三

采用什麽體例編排，是編輯新的《聞一多全集》首先碰到的一大難題。聞一多著作種類繁富，有詩歌、文藝評論、雜文、書信、日記、學術論文、論文提綱、講義、札記、校勘、注疏、選本、資料彙編，等等，而且這些著作的情況又很不一樣：一部分已經朱自清等整理編輯收入了舊版全集，大部分是由北京圖書館保存的未刊手稿，還有不少是在報刊上發表過的佚文。將這些著作編爲一套全集并自成系統，確非易事。季鎮淮顧問出於對朱自清等著名學者主持編輯并産生巨大影響的舊版全集的尊重，曾提出新編全集應將舊版全集四卷按照原樣放在前面，而將新收入的文字另行編輯置於其後。我們也曾考慮按照這一意見辦理，但在實際編排時發現許多問題難以解决，特别是新收入的文字不僅種類超過了舊版全集，而且其篇幅是舊版全集的數倍，若將其放在舊版全集之後，則必然顯得前後不相稱，且有損新編全集的完整和系統。經過反復認真討論，并廣泛徵求意見，我們現在采取的編輯體例是：將聞一多的全部著作包括舊版全集、未刊手稿和佚文統一編排，大體采用分類編年的方法，即先按内容分爲詩歌、散文雜文、文藝評論、神話、詩經、楚辭、漢樂府、唐詩、莊子等大類，每一類文章又按寫作或發表的先後編次，時間不明或無法歸類的則作變通處理。爲了幫助讀者瞭解舊版全集的編輯情況，特將舊版全集的郭沫若序、朱自清序和編後記、吴晗跋附録於新編全集卷末。

新編全集的編輯原則是力求全面和真實。全面，就是把現在所能見到的聞一多的文章和可以整理成文的未刊手稿全部編入。但聞一多參加簽名的集體的聲明、宣言之類，則未收。真實，就是要忠於原作，保持原貌，爲讀者提供可信的版本。因此，收入新編全集的文章，無論是舊版全集或其他集子已載的，還是後來經人發現重新發表的，都一律根據最初發表的版本或手稿進行校訂。這方面我們付出了大量的時間和精力。有少數文章原始版本實在無法找到，均注明根據何書、何刊編入。除了明顯的誤植或筆誤徑予改正外，一般不對原文作任何改動。對舊版全集收録的文章，整理時既尊重原編輯者的勞績，也參照最初版本或手稿對存在的問題作適當處理。聞一多的大量手稿爲未定、未完、未刊稿，有的一題多稿，有的體例不一，有的行文不連貫，必須經過整理纔能收入新編全集。同時由於許多手稿複印件字迹模糊不清，極難辨認，又無法也不允許查對手稿原件，因而更增加了整理難度。在整理時凡對手稿作了重要增删更動之處均加注説明，以便讓讀者瞭解手稿的原貌。對聞一多著作中原有的注條則注明爲原注，以便與整理編輯者的注文區别開來。聞一多著作徵引廣博，整理時一般做了校勘，但因資料、人手、水平等條件所限，未能全部核對原文。

新編《聞一多全集》在歷經坎坷之後終於出版了，這是許多人長期努力的結果。其中，有舊版全集的編輯者郭沫若、朱自清、吴晗、葉聖陶等一大批著名學者的功績。參加 1978 年成立的聞著整編小組工作的季鎮淮、何善周、范寧、薛誠之、王達津、康倪、費振剛等也做出了重要的貢獻。聞一多的夫人高真，子女韋英、聞立鵬、聞銘、聞翺，孫子聞黎明，胞弟聞家駟，親侄黎智，或親身參加全集的整理編輯，或給予熱情的支持。在整理編輯的過程中，還得到許多單位和個人的幫助。北京圖書館、武漢大學圖書館、雲南省圖書館、昆明一二·一運動紀念館、民盟雲南省委等熱情提供所藏資料。清華大學孫敦恒無私地將他搜集的聞一多早期詩文的複印件借給我們使用。人民文學出版社緑原對 1、2 兩卷的外文作了校正并將其中一部分譯成中文。武漢大學新聞系聶文杞翻譯了聞一多的英文講演稿《詩歌節奏的研究》。武大中文系曹國臣也曾校正過 1 卷中的外文。中宣部孔祥貴，人民出版社陶膺，北京圖書館杜曉明，武漢大學原副校長童懋林、副校長李進才、中文系原負責人張廣明，武大研究生袁朝、劉紅紅，中國社會科學院研究生院徐江，清華大學彭迎喜，雲南師大余嘉華諸先生也都爲新編全集的出版付出了精力。此外還有許多單位和個人給了我們支持和幫助，謹在此一并致謝。

我們聞一多研究室同人懷着崇敬的心情整理編輯完聞一多先生的著作，看到凝結着自己心血的新編《聞一多全集》即將面世，内心感到無比高興，同時也感到沉重。由於我們人手少，水平有限，且都擔負着一定的教學任務，而整理編輯工程又如此繁難浩大，錯誤在所難免，敬希專家和讀者批評指正。

武漢大學聞一多研究室

1993年9月9日

總目録

荆楚文库

詩

孫黨伯　整理

編者説明

本編收入作者所作的詩歌、譯詩及編輯的中國新詩選集。

《紅燭》包括新詩 103 首。1923 年 9 月上海泰東圖書局初版。

《死水》包括新詩 28 首。1928 年 1 月上海新月書店初版。

以上兩部詩集曾收入 1948 年上海開明書店出版的《聞一多全集》。現根據初版本編入。凡收入詩集前公開發表過的詩作，均對照最初發表的原詩進行校勘，對其中改動大的詩作則加注做比較説明。

《真我集》包括詩作 15 首，是作者自編的早年所寫詩作的手抄稿，從未公開出版。現根據手稿編入。

《集外詩》包括新詩 28 首。前 26 首除第 22 首外，均根據最初發表的原詩編入，《八教授頌》根據作者改定的手稿編入，《相遇已成過去》原詩用英文寫成，現將原詩和譯詩一并編入。

《舊體詩》包括舊體詩、賦 47 首。現根據最初發表的原作編入。

《譯詩》包括譯詩 14 首。現根據最初手稿或最早登載的版本編入。

《現代詩抄》是聞一多先生在 20 世紀 40 年代中期編輯的一部中國新詩選集，生前未曾公開出版，後收入 1948 年上海開明書店出版的《聞一多全集》。現根據先生的手抄稿編入，列爲本編附録。

收入本編的作品，除作者編定的詩集和選集照原有順序編排外，其餘則依寫作或發表的先後順序排列。文字上除個別明顯的誤植或筆誤徑行改正外，其餘皆儘量保存原貌，凡有改動或存疑之處，均加注説明，以備查考。

目　録

紅　燭

目　録

序　　詩

紅　　燭

蠟炬成灰泪始乾。
——李商隱

紅燭啊！
這樣紅的燭！
詩人啊！
吐出你的心來比比，
可是一般顏色？

紅燭啊！
是誰製的蠟——給你軀體？
是誰點的火——點着靈魂？
爲何更須燒蠟成灰，
然後纔放光出？
一誤再誤；
矛盾！衝突！
紅燭啊！
不誤，不誤！
原是要“燒”出你的光束——
這正是自然底方法。

紅燭啊！
既製了，便燒着！
燒罷！燒罷！
燒破世人底夢，
燒沸世人底血——
也救出他們的靈魂，
也搗破他們的監獄！

紅燭啊！
你心火發光之期，
正是泪流開始之日。

紅燭啊！
匠人造了你，
原是爲燒的。
既已燒着，
又何苦傷心流泪？
哦！我知道了！
是殘風來侵你的光芒，
你燒得不穩時，
纔着急得流泪！
紅燭啊！
流罷！你怎能不流呢？
請將你的脂膏，
不息地流向人間，
培出慰藉底花兒，
結成快樂的果子！

紅燭啊！
你流一滴泪，灰一分心。
灰心流泪你的果，
創造光明你的因。

紅燭啊！
“莫問收穫，但問耕耘。”

李白篇

醉月頻中聖，
迷花不事君。
——李白

李白之死

世俗流傳太白以捉月騎鯨而終，本屬荒誕。

此詩所述亦憑臆造，無非欲藉以描畫詩人底人格罷了。讀者不要當作歷史看就對了。

我本楚狂人，
鳳歌笑孔丘。
—李白

一對龍燭已燒得祇剩光桿兩枝，
却又借回已流出的濃泪底餘脂，
牽延着欲斷不斷的彌留的殘火，
在夜底喘息裏無效地抖擻振作。
杯盤狼藉在案上，酒罎睡倒在地下，
醉客散了，如同散陣投巢的烏鴉；
祇那醉得最很，醉得如泥的李青蓮

（全身底骨架如同脱了榫的一般）
還歪倒倒的在花園底椅上堆着，
口裏喃喃地，不知到底説些什麽。

聲音聽不見了，嘴唇還喋着不止；
忽地那絡着密密紅絲網的眼珠子，
（他自身也便像一個微小的醉漢）
對着那怯懦的燭焰瞪了半天：
仿佛一隻餓獅，發見了一個小獸，
一聲不響，兩眼睁睁地望他儘瞅；
然後輕輕地緩緩地舉起前脚，
便迅雷不及掩耳，忽地往前撲着——
像這樣，桌上兩對角擺着的燭架，
都被這個醉漢拉倒在地下。

"哼哼！就是你，你這可惡的作怪，"
他從咬緊的齒縫裏泌出聲音來，
"礙着我的月兒不能露面哪！
月兒啊！你如今應該出來了罷！
哈哈！我已經替你除了障礙，
驕傲的月兒，你怎麽還不出來？
你是瞧不起我嗎？啊，不錯！
你是天上廣寒宫裏的仙娥，
我呢？不過那戲弄黄土的女媧
散到六合裏來底一顆塵沙！①
啊！不是！誰不知我是太白之精？

① 原注："女媧戲黄土，團作愚下人。散在六合間，濛濛如沙塵。"——《上雲樂》

我母親没有在夢裏會過長庚?[1]
月兒，我們星月原是同族的，
我説我們本來是很面熟呢！”
在説話時，他没留心那黑樹梢頭
漸漸有一層薄光將天幕烘透，
幾朵鉛灰雲彩一層層都被烘黄，
忽地有一個琥珀盤輕輕浮上，
（却又像没動似的）他越浮得高，
越縮越小；顔色越褪淡了，直到
後來，竟變成銀子樣的白的亮——
於是全世界都浴着伊的晶光。
簇簇的花影也次第分明起來，
悄悄爬到人脚下偎着，總躲不開——
像個小獅子狗兒睡醒了摇摇耳朵，
又移到主人身邊懶洋洋地睡着。
詩人自身的影子，細長得可怕的一條，
竟拖到五步外的欄干上坐起來了。
從葉縫裏篩過來的銀光跳蕩，
嚙着環子的獸面蠢似一朵縮菌，
也鼓着嘴兒笑了，但總笑不出聲音。
桌上一切的器皿，接受復又反射
那閃灼的光芒，又好像日下的盔甲。

這段時間中，他通身的知覺都已死去，
那被酒催迫了的呼吸幾乎也要停駐；
兩眼衹是對着碧空懸着的玉盤，

① 原注："驚姜之夕，長庚入夢，故生而名白，以太白字之。"——李陽冰《草堂集序》

對着他儘看，看了又看，總看不倦。
“啊！美呀！”他嘆道，“清寥的美！瑩澈的美！
宇宙爲你而存嗎？你爲宇宙而在？
哎呀！怎麽總是可望而不可即！
月兒呀月兒！難道我不應該愛你？
難道我們永遠便是這樣隔着？
月兒，你又總愛涎着臉皮跟着我；
等我被你媚狂了，要拿你下來，
却總攀你不到。唉！這樣狠又這樣乖！

月啊！你怎同天帝一樣地殘忍！
我要白日照我這至誠的丹心，
狰獰的怒雷又砰訇地吼我；
我在落雁峰前幾次朝拜帝座，[①]
額撞裂了，嗓叫破了，閶闔還不開。
吾愛啊！帝旁擎着雉扇的吾愛！
你可能問帝，我究犯了那條天律？
把我謫了下來，還不召我回去？[②]
帝啊！帝啊！我這罪過將永不能贖？
帝呀！我將無期地囚在這痛苦之窟？”
又圓又大的熱泪滚向膨脹的胸前，
却有水銀一般地沉重與燦爛；
又像是剛同黑雲碰碎了的明月，
濺下來點點的殘屑，眩目的殘屑。
“帝呀！既遣我來，就莫生他們！”他又講，

① 原注：李白登華山落雁峰曰：“此山最高，呼吸之氣想通天帝座矣。恨不携謝脁驚人詩來搔首問青天耳！”——《雲仙雜記》
② 原注：賀知章稱白爲“謫仙人”。

“他們，那般妖媚的狐狸，猜狠的豺狼！
我無心做我的詩，誰想着駡人呢?
他們小人總要忍心地吹毛求疵，
説那是譏誚伊的。哈哈！這真是笑話！
他是個什麽人?他是個將軍嗎?
將軍不見得就不該替我脱靴子。
唉！但是我爲什麽要作那樣好的詩?
這豈不自作的孽，自招的罪?……[①]
那裏?我那裏配得上談詩?不配，不配；
謝玄暉纔是千古的大詩人呢！——
那吟‘餘霞散成綺，澄江净如練’的
謝將軍，詩既做的那麽好——真好！——
但是那裏像我這樣地坎坷潦倒?”[②]
然後，撑起胸膛，他長長地嘆了一聲。
衹自身的影子點點頭，再没别的同情?
這嘆聲，便似乎遠的沙汀上一聲鳥語，
叫不應回音，衹悠悠地獨自沉没，
終於無可奈何，被寬嘴的寂静吞了。

“啊‘澄江净如練’，這種妙處誰能解道?
記得那回東巡浮江底一個春天——[③]
兩岸旌旗引着騰龍飛虎回繞碧山——
果然如是，果然是白練滿江……

① 原注：高力士以脱靴事蓄怨於白。玄宗嘗與太真賞花於沈香亭，詔白爲樂章；白作《清平調》以獻。力士摘之以讒於太真。自是帝每欲重用白，輒爲太真所沮。——見《唐書》本傳。
② 原注：白生平最服膺謝朓，詩中屢次稱道。有句云：“解道‘澄江净如練’，令人長憶謝玄暉。”
③ 原注：白嘗依永王璘；有《永王東巡歌》十一首。

唔？又講起他的事了？冤枉啊！冤枉！
夜郎有的是酒，有的是月，我豈怨嫌？[①]
但不記得那天夜半，我被捉上樓船！[②]
我企望談談笑笑，學着仲連安石們，
替他們解决些糾紛，掃却了胡塵。[③]
哈哈！誰又知道他竟起了野心呢？
哦！我竟被人賣了！但一半也怪我自己？”

這樣他便將那成灰的心漸漸扇着，
到底又得痛飲一頓，澆熄了愁底火，
誰知道這愁竟像田單底火牛一般：
熱油淋着，狂風煽着，越奔火越燃，
畢竟雖燒焦了骨肉，犧牲了生命，
那束刃的彩帛却煥成五色的龍文：
如同這樣，李白那煎心烙肺的愁焰，
也便燒得他那幻象底輪子急轉，
轉出了滿牙齒上攢着的“麗藻春葩”。
於是他又講，“月兒！若不是你和他，”
手指着酒壺，“若不是你們的愛護，
我這生活可不還要百倍地痛苦？
啊！可愛的酒！自然賜給伊的驕子——
詩人的恩俸！啊，神奇的射愁底弓矢！
開啓瓊宫底管鑰！瓊宫開了：
那裏有鳴泉漱石，玲鱗怪羽，仙花逸條；

① 原注：永王作亂，事敗；白流於夜郎。
② 原注：“半夜水軍來……迫脅上樓船。”——《贈江夏太守》
③ 原注：“但用東山謝安石，爲君談笑静胡沙。”——《永王東巡歌》，“所冀旄頭滅，功成追魯連。”——《在水軍宴贈幕府諸侍御》

又有瓊瑶的軒館同金碧的臺榭；
還有吹不滿旗的靈風推着雲車，
滿載霓裳縹緲，彩佩玲瓏的仙娥，
給人們頒送着馳魂宕魄的天樂。
啊！是一個綺麗的蓬萊底世界，
被一層銀色的夢輕輕地鎖着在！”

“啊！月呀！可望而不可即的明月！
當我看你看得正出神的時節，
我衹覺得你那不可思議的美艷，
已經把我全身溶化成水質一團，
然後你那提挈海潮底全副的神力，
把我也吸起，浮向開遍水鑽花的
碧玉的草場上；這時我肩上忽展開
一雙翅膀，越張越大，在空中徘徊，
如同一隻大鵬浮游於八極之表。[①]
哦，月兒，我這時不敢正眼看你了！
你那太强烈的光芒刺得我心痛。……
忽地一陣清香攬着我的鼻孔，
我吃了一個寒噤，猛開眼一看，……
哎呀！怎地這樣一副美貌的容顔！
醜陋的塵世！你那有過這樣的副本？
啊！布置得這樣調和，又這般端整，
竟同一闋鸞鳳和鳴底樂章一般！
哦，我如何能信任我的這雙肉眼？
我不相信宇宙間竟有這樣的美！

① 原注：“余昔於江陵，見天台司馬子微，謂余有仙風道骨，可與神游八極之表。因著《大鵬遇希有鳥賦》以自廣。”——《大鵬賦序》

啊，大膽的我喲，還不自慚形穢，
竟敢現於伊前！——啊！笨愚呀糊塗！——
這時我衹覺得頭昏眼花，血凝心沍；
我覺得我是污爛的石頭一塊，
被上界底清道夫拋擲了下來，
擲到一個無垠的黑黯的虛空裏，
墜降，墜降，永無着落，永無休止！”

月兒初還在池下絲絲柳影後窺看，
像沐罷的美人在玻璃窗口晾髮一般；
於今却已姍姍移步出來，來到了池西；
夜颸底私語不知説破了什麼消息，
池波一皺，又惹動了伊嫻靜的微笑。
沉醉的詩人忽又戰巍巍地站起了，
東倒西歪地挨到池邊望着那晶波。
他看見這月兒，他不覺驚訝地想着：
如何這裏又有一個伊呢？奇怪！奇怪！
難道天有兩個月，我有兩個愛？
難道剛纔伊送我下來時失了脚，
掉在這池裏了嗎？——這樣他正疑着……
他脚底下正當活潑的小澗注入池中，
被一叢剛勁的菖蒲鯁塞了喉嚨，
便咯咯地咽着，像喘不出氣的嘔吐。
他聽着吃了一驚，不由得放聲大哭：
“哎呀！愛人啊！淹死了，已經叫不出聲了！”
他翻身跳下池去了，便向伊一抱，
伊已不見了，他更驚慌地叫着，
却不知道自己也叫不出聲了！

他掙扎着向上猛踴，再昂頭一望，
又見圓圓的月兒還平安地貼在天上。
他的力已盡了，氣已竭了，他要笑，
笑不出了，衹想道："我已救伊上天了！"

劍　匣

I built my soul a lordly pleasure-house,
　　Wherein at ease for aye to dwell.
　　…… ……
And "while the world runs round and round," I
　　said, "Reign thou apart, a quiet king,
Still as, while saturn whirls, his steadfast shade
　　Sleeps on his luminous ring".
To which my soul made answer readily:
　　"Trust me in bliss I shall abide
In this great mansion, that is built for me,
　　So royal-rich and wide".

——Tennyson[①]

① 此段引詩出自英國詩人丁尼生（Alfred Tennyson，1809—1892）的《藝術的宮殿》。綠原對此段引詩的譯文是：

我爲我的靈魂築起一棟巍峨的别館，/ 好讓它在裏面優游歲月直到永遠。/ …… ……/ 而"當世界兜着圈子奔忙時，"我説，/"你在一旁臨御着，像一位無爲的國王，/ 寧静有如土星旋轉之際，它穩定的陰影 / 停落在它燦爛的光環之上。"

於是我的靈魂立即作出答復：/"哦，讓我享此天福，我將安居 / 在如此富麗而寬廣的 / 這座爲我而築的華屋。"

——丁尼生

在生命的大激戰中，
一名蓋世的驍將。
我走到四面楚歌底末路時，
并不同項羽那般頑固，
定要投身於命運底羅網。
但我有這絶島作了堡壘，
可以永遠駐扎我的退敗的心兵。
在這裏我將養好了我的戰創，
在這裏我將忘却了我的仇敵。
在這裏我將作個無名的農夫，
但我將讓閑惰底蕪蔓
蠶食了我的生命之田。
也許因爲我這肥泪底無心的灌溉，
一旦蕪蔓還要開出花來呢？
那我就鎮日徜徉在田塍上，
飽喝着他們的明艷的色彩。

我也可以作個海上的海夫：
我將撒開我的幻想之網。
在寥闊的海洋裏；
在放網收網之間，
我可以坐在沙岸上做我的夢，
從日出夢到黄昏……
假若撒起網來，不是一些魚蝦，
衹有海樹珊瑚同含胎的老蚌，
那我却也喜出望外呢。

有時我也可佩佩我的舊劍，

踱進山去作個樵夫。
但群松舞着葱翠的干戚，
雍容地唱着歌兒時，
我又不覺得心悸了。
我立刻套上我的寶劍，
在空山裏徘徊了一天。
有時看見些奇怪的彩石，
我便拾起來，帶了回去；
這便算我這一日底成績了。

但這不是全無意識的。
現在我得着這些材料，
我真得其所了；
我可以開始我的工匠生活了，
開始修葺那久要修葺的劍匣。

我將攤開所有的珍寶，
陳列在我面前，
一樣樣的雕着，鏤着，
磨着，重磨着……
然後將他們都鑲在劍匣上，——
用我的每出的夢作藍本，
鑲成各種光怪陸離的圖畫。

我將描出白面美髯的太乙
臥在粉紅色的荷花瓣裏，
在象牙雕成的白雲裏飄着。
我將用墨玉同金絲

製出一隻雷紋鑲嵌的香爐；
那爐上炷着裊裊的篆烟，
許祇可用半透明的猫兒眼刻着。
烟痕半消未滅之處，
隱約地又升起了一個玉人，
彷彿是肉袒的維納司呢……
這塊玫瑰玉正合伊那膚色了。

晨鷄驚聳地叫着，
我在蛋白的曙光裏工作，
夜晚人們都睡去，我還作着工——
燭光抹在我的直陡的額上，
好像紫銅色的晚霞
映在精赤的懸崖上一樣。

我又將用瑪瑙雕成一尊梵像，
三首六臂的梵像，
騎在魚子石的象背上。
珊瑚作他口裏含着的火，
銀綫辮成他腰間纏着的蟒蛇，
他頭上的圓光是塊琥珀的圓璧。

我又將鑲出一個瞎人
在竹筏上彈着單弦的古瑟。
（這可要鑲得和王叔遠底
桃核雕成的《赤壁賦》一般精細。）
然後讓翡翠，藍瑙玉，紫石瑛，
錯雜地砌成一片驚濤駭浪；

再用碎礫的螺鈿點綴着，
那便是濤頭閃目的沫花了。
上面再籠着一張烏金的穹窿，
衹有一顆寶鑽的星兒照着。

春草綠了，綠上了我的門階，
我同春一塊兒工作着；
蟋蟀在我床下唱着秋歌，
我也唱着歌兒作我的活。

我一壁工作着，一壁唱着歌：
我的歌裏的律吕
都從手指尖頭流出來，
我又將他製成層叠的花邊：
有盤龍，對鳳，天馬，辟邪底花邊，
有芝草，玉蓮，卐字，雙勝底花邊，
又有各色的漢紋邊
套在最外的一層邊外。

若果邊上還缺些角花，
把蝴蝶嵌進去應當恰好。
玳瑁刻作梁山伯，
璧璽刻作祝英臺，
碧玉，蘇瑛，白瑪瑙，藍琉璃，……
拼成各種彩色的鳳蝶。
於是我的大功便告成了！

哦，我的大功告成了！

你不要輕看了我這些工作！
這些不倫不類的花樣，
你該知道不是我的手筆，
這都是夢底原稿底影本。
這些不倫不類的色彩，
也不是我的意匠底產品，
是我那蕪蔓底花兒開出來的。
你不要輕看了我這些工作喲！

哦，我的大功告成了！
我將抽出我的寶劍來——
我的百煉成鋼的寶劍，
吻着他，吻着他
吻去他的銹，吻去他的傷疤；
用熱泪洗着他，洗着他……
洗净他上面的血痕，
洗净他罪孽底遺迹；
又在龍涎香上薰着他，
薰去了他一切腥膻的記憶。
然後輕輕把他送進這匣裏，
唱着温柔的歌兒，
催他快在這藝術之宫中酣睡。

哦，哦，我的大功告成了！
我的大功終於告成了！
人們的匣是爲保護劍底鋒鋩，
我的匣是要藏他睡覺的。
哦，我的劍匣修成了，

我的劍有了永久的歸宿了！

哦，我的劍要歸寢了！
我不要學輕佻的李將軍，
拿他的兵器去射老虎，
其實衹射着一塊僵冷的頑石。
哦，我的劍要歸寢了！
我也不要學迂腐的李翰林，
拿他的兵器去割流水，
一壁割着，一壁水又流着。
哦，我的兵器衹要韜藏，
我的兵器衹要酣睡。
我的兵器不要斬芟奸横，
我知道奸横是僵冷的頑石一堆；
我的兵器也不要割着愁苦，
我知道愁苦是割不斷的流水。

哦，我的大功告成了！
讓我的寶劍歸寢了！
我豈似滑頭的漢高祖，
拿寶劍斫死了一條白蛇，
因此造一個謡言，
就騙到了一個天下？
哦！天下，我早已得着了啊！
我早坐在藝術底鳳闕裏，
像大舜皇帝，垂裳而治着
我的波希米亞的世界了啊！
哦！讓我的寶劍歸寢罷！

我又豈似無聊的楚霸王，
拿寶劍斫掉多少的人頭，
一夜夢回聽着恍惚的歌聲，
忽又擁着愛姬，撫着名馬，
提起原劍來刎了自己的頸？

哦！但我又不妨學了楚霸王，
用自己的寶劍自殺了自己。
不過果然我要自殺，
定不用這寶劍底鋒鋩。
我但願展玩着這劍匣——
展玩着我這自製的劍匣，
我便昏死在他的光彩裏！

哦，我的大功告成了！
我將讓寶劍在匣裏睡着覺，
我將摩撫着這劍匣，
我將寵媚着這劍匣——
看着纏着神蟒的梵像，
我將巍巍地抖顫了，
看看筏上鼓瑟的瞎人，
我將號咷地哭泣了；
看看睡在荷瓣裏的太乙，
飄在篆烟上的玉人，
我又將迷迷地嫣笑了呢！

哦，我的大功告成了！
我將讓寶劍在匣裏睡着。

我將看着他那光怪的圖畫，
重温我的成形的夢幻，
我將看着他那異彩的花邊，
再唱着我的結晶的音樂。

啊！我將看着，看着，看着，
看到劍匣戰動了，
模糊了，更模糊了，
一個烟霧彌漫的虛空了，……

哦！我看到肺臟忘了呼吸，
血液忘了流駛，
看到眼睛忘了看了。
哦！我自殺了！
我用自製的劍匣自殺了！
哦哦！我的大功告成了！

西　岸①

He has a lusty spring. when fancy clear
Takes in all beauty within an easy span.

——Keats②

① 本詩最早發表於1920年9月24日《清華周刊》第191期，未分段，收入《紅燭》時，文字有改動。

② 這兩句引詩爲英國著名詩人濟慈（John Keats，1798—1821）所寫，緑原的譯文是：
他有一個快活的春季，當明澈的鑒賞力 / 在安適的瞬息將一切美盡收眼底。
——濟慈

這裏是一道河，一道大河，
寬無邊，深無底；
四季裏風姨巡遍世界，
便回到河上來休息；
滿天糊着無涯的苦霧，
壓着滿河無期的死睡。
河岸下酣睡着，河岸上
反起了不斷的波瀾，
啊！捲走了多少的痛苦！
淘盡了多少的欣歡！
多少心被羞愧纔鞭馴，
一轉眼被虛榮又煽癲！
鞭下去，煽起來，
又莫非是金錢底買賣。
黑夜哄着聾瞎的人馬，
前潮刷走，後潮又挾回。
没有真，没有美，没有善，
更那裏去找光明來！

但不怕那大澤裏
風波怎樣凶，水獸怎樣猛，
總難驚破那淺水蘆花裏
那些山[1]草的幽夢，——
一樣的，有個人也逃脱了
河岸上那紛糾的樊籠。
他見了這寬深的大河，

① 疑誤，《清華周刊》第191期作“小”。

便私心喚醒了些疑義：
分明是一道河，有東岸，
豈有没個西岸底道理？
啊！這東岸底黑暗恰是那
西岸底光明底影子。
但是滿河無期的死睡，
撐着滿天無涯的霧幕；
西岸也許有，但是誰看見？
哎……這話也不錯。
“惡霧遮不住我，”心講道，
“見不着，那是目底過！”
有時他忽見濃霧變得
緋樣薄，在風翅上蕩漾；
霧縫裏又篩出些
絲絲的金光灑在河身上。
看！那裏！可不是個大鼉背？
毛髮又長得那樣長。

不是的！到是一座小島，
戴着一頭的花草：
看！燦爛的魚龍都出來
曬甲冑，理鬚橈；
鴛鴦洗刷完了，喙子
插在翅膀裏，睡着覺了。
鴛鴦睡了，百鱗退了——
滿河一片凄凉；
太陽也没興，捲起了金練，
讓霧簾重往下放：

惡霧瞪着死水，一切的
於是又同從前一樣。
“啊！我懂了，我何曾見着
那美人底容儀？
但猜着蠕動的綉裳下，
定有副美人底肢體。
同一理：見着的是小島，
猜着的是岸西。”

“一道河中一座島，河西
一盞燈光被島遮斷了。”[①]
這語聲到處，是有些人
鸚哥樣，聽熟了，也會叫；
但是那多數的人
不笑他發狂，便駡他造謡。

也有人相信他，但還講道：
“西岸地豈是爲東岸人？
若不然，爲什麽要劃開
一道河，這樣寬又這樣深？”
有人講：“河太寬，霧正密。
找條陸道過去多麽穩！”
還有人明曉得道兒
衹這一條，單恨生來錯——
難學那些鳥兒飛着渡，

① 這兩句詩最初在《清華周刊》第191期發表時爲：
一道河一座島，/河西一盞燈，/燈光被島遮斷了，/黑影直向河東倒。/若要光明那裏找？/一道長橋穿過島。

難學那些魚兒劃着過，
却總都怕説得："搭個橋，
穿過島，走着過！"爲什麽？

雨夜篇

千林風雨鶯求友。

——黃庭堅

雨　　夜

幾朵浮雲，仗着雷雨底勢力，
把一天底星月都掃盡了。
一陣狂風還喊來要捉那軟弱的樹枝，
樹枝拼命地扭來扭去，
但是無法躲避風底爪子。

凶狠的風聲，悲酸的雨聲——
我一壁聽着，一壁想着：
假使夢這時要來找我，
我定要永遠拉着他，不放他走；
還剜出我的心來送他作贄禮，
他要收我作個莫逆的朋友。
風聲還在樹裏呻吟着，
泪痕滿面的曙天白得可怕，
我的夢依然没有做成。
哦！原來真的已被我厭惡了，

假的就没他自身的尊嚴嗎?

雪

夜散下無數茸毛似的天花,
織成一件大氅,
輕輕地將憔悴的世界,
從頭到脚地包了起來:
又加了死人一層殮衣。

伊將一片魚鱗似的屋頂埋起了,
却總埋不住那屋頂上的青烟縷。
啊! 縷縷蜿蜒的青烟啊!
仿佛是詩人向上的靈魂,
穿透自身的軀殼: 直向天堂邁往。

高視闊步的風霜蹂躪世界,
森林裏抖顫的衆生戰鬥多時,
最末望見伊底白氅,
都歡聲喊道:"和平到了, 奮鬥成功了!
這不是冬投降底白旗嗎?"

睡　　者

燈兒滅了, 人兒在床;
月兒底銀潮
瀝過了葉縫, 衝進了洞窗,

射到睡覺的雙靨上，
跟他親了嘴兒又偎臉，
便洗净一切感情底表象，
衹剩下瞭如夢幻的天真，
籠在那連耳目口鼻
都分不清的玉影上。

啊！這纔是人底真色相！
這纔是自然底真創造！
自然衹此一副模型；
鑄了月面，又鑄人面。

哦！但是我愛這睡覺的人，
他醒了我又怕他呢！
我越看這可愛的睡容，
想起那醒容，越發可怕。
啊！讓我睡了，躲脱他的醒罷！
可是瞌睡像隻秋燕，
在我眼簾前掠了一周，
忽地翻身飛去了，
不知幾時纔能得回來呢？

月兒，將銀潮密密地酌着！
睡覺的，撑開枯腸深深地喝着！
快酌，快喝！喝着，睡着！
莫又醒了，切莫醒了！
但是還響點擂着，鼾雷！
我衹愛聽這自然底壯美底回音，

他警告我這時候
那人心宮底禁闥大開，
上帝在裏頭登極了！

黄　　昏[①]

太陽辛苦了一天，
賺得一個平安的黄昏，
喜得滿面通紅，
一氣直往山窪裏狂奔。

黑黯好比無聲的雨絲，
慢慢往世界上飄灑……
貪睡的合歡叠攏了緑鬢，鈎下了柔頸，
路燈也一齊偷了殘霞，换了金花；
單剩那噴水池
不怕驚破别家底酣夢，
依然活潑潑地高呼狂笑，獨自玩耍。

飯後散步的人們，
好像剛吃飽了蜜的蜂兒一窠，
三三五五的都往
馬路上頭，板橋欄畔飛着。
嗡……嗡……嗡……聽聽唱的什麽——
　是花色底美醜？

① 本詩最初發表於 1920 年 10 月 22 日《清華周刊》第 195 期，署名風葉。收入《紅燭》時，文字有改動，最後的四句是收入詩集時增加的。

　是蜜味底厚薄?
　是女王底專制?
　是東風底殘虐?

啊! 神秘的黄昏啊!
問你這首玄妙的歌兒,
這輩囂喧的衆生
誰個唱的是你的真義?

時間底教訓 ①

太陽射上床, 驚走了夢魂,
昨日底煩惱去了, 今日底還没來呢。
啊! 這樣肥飽的鶉聲,
稻林裏撞擠出來——來到我心房釀蜜,
還同我的, 萬物底蜜心,
融合作一團快樂——生命底唯一真義。

此刻時間望我盡笑,
我便合掌向他祈禱: "賜我無盡期!"
可怕! 那笑還是冷笑;
那裏? 他把眉尖鎖起, 居然生了氣。

"地得! 地得!" 聽那壁上的鐘聲,
果同快馬狂蹄一般地奔騰。

① 本詩最初發表於1920年10月8日《清華周刊》第193期, 署名一多, 收入《紅燭》時個別文字有改動。

那騎者還彷佛吼着：
“盡可多多創造快樂去填滿時間；
那可活活縛着時間來陪着快樂？”

二月廬

面對一幅淡山明水的畫屏，
在一塊棋盤似的稻田邊上，
蹲着一座看棋的瓦屋——
緊緊地被捏在小山底拳心裏。

柳蔭下睡着一口方塘；
聰明的燕子——孋唱歌兒
偏找到這裏，好聽着水面的
回聲，改正音調底錯兒。

燕子！可聽見昨夜那陣冷雨？
西風底信來了，催你快回去。
今年去了，明年，後年，後年以後，
一年回一度的還是你嗎？
啊？你的爆裂得這樣音響，
迸出些什麼壓不平的古愁！
可憐的鳥兒，你訴給誰聽？
那知道這個心也碎了哦！

印　　象[①]

一望無涯的綠茸茸的——
是青苔？是蔓草？是禾稼？是病眼發花？——
祇在火車窗口像走馬燈樣旋着。
彷彿死在痛苦底海里泅泳——
他的披毛散髮的腦袋
在噤啞無聲的綠波上飄着——
是簇簇的楊樹林攢出禾面。

綠楊遮着作工的——神聖的工作！
騂紅的赤膊摇着枯澀的轆轤，
向地母哀求世界底一綫命脉。
白楊守着休息的——無上的代價！——
孤零零的一座禿頭的黄土堆，
擁着一個安閑，快樂，了無智識的靈魂，
長眠，美睡，禁止百夢底紛擾。
啊！神聖的工作！無上的代價！

快　　樂

快樂好比生機：
生機底消息傳到綺甸，
群花便立刻
披起五光十色的綉裳。

---

① 本詩最初發表於 1920 年 10 月 22 日《清華周刊》第 195 期，詩末注明寫於 1920 年 9 月 11 日，收入《紅燭》時文字有删改。

快樂跟我的
靈魂接了吻，我的世界
忽變成天堂，
住滿了柔艷的安琪兒！

美與愛 ①

窗子裏吐出嬌嫩的燈光——
兩行鵝黄染的方塊鑲在墻上；
一雙棗樹底影子，像堆大蛇，
横七竪八地睡滿了墻下。

啊！那顆大星兒！嫦娥底侶伴！
你無端伴住了我的視綫；
我的心鳥立刻停了他的春歌，
因他聽了你那無聲的天樂。
聽着，他竟不覺忘却了自己，
一心衹要飛出去找你，
把監牢底鐵檻也撞斷了；
但是你忽然飛地不見了！

屋角底凄風悠悠嘆了一聲，
驚醒了懶蛇滚了幾滚；
月色白得可怕，許是惱了？

① 本詩最初發表於1921年3月11日的《清華周刊》第211期，署名風葉，收入《紅燭》時文字作了改動。

張着大嘴的窗子又像笑了!

可憐的鳥兒，他如今回了，
嗓子啞了，眼睛瞎了，心也灰了；
兩翅灑着滴滴的鮮血——
是愛底代價，美的罪孽!

詩　　人

人們説我有些像一顆星兒，
無論怎樣光明，衹好作月兒底伴，
總不若燈燭那樣有用——
還要照着世界作工，不徒是好看。

人們説春風把我吹燃，是火樣的薇花，
再吹一口，便變成了一堆死灰；
剩下的葉兒像鐵甲，刺兒像蜂針，
誰敢抱進他的赤裸的胸懷?

又有些人比我作一座遥山：
他們但願遠遠望見我的顏色，
却不相信那白雲深處裏，
還别有一個世界——一個天國。

其餘的人或説這樣，或説那樣，
衹是説得對的没有一個。
"謝謝朋友們!"我説，"不要管我了，

你們那樣忙，那有心思來管我？

你們在忙中覺得熱悶時，
風兒吹來，你們無心地喝下了，
也不必問是誰送來的，
自然會覺得他來的正好！”

風　波[1]

我戲將沉檀焚起來祀你，
那知他會燒的這樣狂！
他雖散滿一世界底異香，
但是你的香吻没有抹盡的
那些渣滓，却化作了雲霧
滿天，把我的兩眼障瞎了；
我看不見你，便放聲大哭，
像小孩尋不見他的媽了。
立刻你在我耳旁低聲地講：
（但你的心也雷樣地震蕩）
“在這裏：大驚小怪地鬧些什麽？

① 本詩最初發表於1921年5月20日《清華周刊》第220期，原題《愛底風波》，署名H.S.L。收入《紅燭》時文字有較大改動。現將原詩抄録如後：

我戲將沉檀焚起來奉祀你，/ 却不知道他會燒的這樣烈；/ 他的精誠化作馥郁的異香，/ 那些渣滓——無非是猜疑和妒嫉，/ 你的接吻還没有抹盡的——/ 布作一天雲霧，障瞎了我的眼睛；/ 我看不見你，怕的不得了，/ 便放聲大哭，如同小孩掉了媽媽。

“醜的很，不要怕了，我還在這裏。”/ 我聽到一個微柔的聲音講，/ 同時又聽到你的心如雷地震蕩。/ 你又笑着説，“好！我得了個好教訓！”/ 但是，我的愛，這種“惡作劇”怎好多演？ / 到如今你的笑何曾把我的泪曬乾！

一個好教訓哦！”説完了笑着。
愛人，這戲禁不得多演；
讓你的笑焰把我的泪曬乾！

回　顧

九年底清華底生活，
回頭一看——
是秋夜裏一片沙漠，
却露着一顆螢火，
越望越光明，
四圍是迷茫莫測的凄凉黑黯。
這是紅慘緑嬌的暮春時節：
如今到了荷池——
寂静底重量正壓着池水
連面皮也皺不動——
一片死静！
忽地裏静靈退了，
鏡子碎了，
個個都喘氣了。
看！太陽底笑焰——一道金光，
濾過樹縫，灑在我額上；
如今羲和替我加冕了，
我是全宇宙底王！

幻中之邂逅[1]

太陽落了，責任閉了眼睛，
屋裏朦朧的黑暗凄酸的寂靜，
鈎動了一種若有若無的感情，
——快樂和悲哀之間底黃昏。

仿佛一簇白雲，濛濛漠漠，
擁着一隻素氅朱冠的仙鶴——
在方纔淌進的月光裏浸着，
那娉婷的模樣就是他麽？

我們都還没吐出一絲兒聲響；
我剛纔無心地碰着他的衣裳，
許多的秘密，便同奔川一樣，
從這摩觸中不歇地衝洄來往。

忽地裏我想要問他到底是誰，
抬起頭來……月在那裏？人在那裏？
從此猙獰的黑黯，咆哮的静寂，
便擾得我輾轉空床，通夜無睡。

① 本詩最初發表於 1921 年 9 月 15 日《清華周刊》第 223 期，原題《夜來之客》，署名風葉。收入《紅燭》時文字小有改動。

志　　願①

馬路上歌嘯的人群
泛濫橫流着，
好比一個不羈的青年底意志。

銀箔似的溪面一意地
要板平他那難看的皺紋。
兩岸底綠楊爭着
迎接視綫到了神秘的盡頭——
原來那裏是盡頭？
是視綫底長度不够！

啊！主呀！我過了那道橋以後，
你將怎樣叫我消遣呢？
主啊！願這腔珊瑚似的鮮血
染得成一朵無名的野花，
這陣熱氣又化些幽香給他，
好攢進些路人底心裏烘着罷！

衹要這樣，切莫又賞給我
這一副腥穢的軀殼！

---

① 本詩最初發表於 1921 年 10 月 1 日《清華周刊》第 224 期，署名風葉。原詩不分段，收入《紅燭》時文字亦有改動，最後兩節原爲：

啊！父！我過了那道橋以後，/ 你將怎樣叫我消遣呢？ / 父啊！這腔珊瑚似的鮮血 / 若染得成一朵無名的野花，/ 這陣熱氣又化些清香付給了他；/ 等着過路的人們來，/ 便攢進他們裏面燒着，/ 叫他們這一天心窩裏 / 常是癢癢的——一種説不出的滋味——/ 但再也猜不出就是我呢！ / 衹要這樣，——切莫又賞我 / 爲（如）今這一副殼兒，——/ 倒也新鮮别致，好玩得很呢！ / 父啊！你詐（許）了我罷！

主呀！你許我嗎？許了我罷！

失　　敗

從前我養了一盆寶貴的花兒，
好容易孕了一個苞子，
但總是半含半吐的不肯放開。
我等發了急，硬把他剥開了，
他便一天萎似一天，萎得不像樣了。
如今我要他再闔上不能了。
我到底没有看見我要看的花兒！

從前我做了一個稀奇的夢，
我總嫌他有些太模糊了，
我滿不介意，讓他震破了；
我醒了，直等到月落，等到天明，
重織一個新夢既織不成，
便是那個舊的也補不起來了。
我到底没有做好我要做的夢！

貢　　臣①

我的王！我從遠方來朝你，
帶了滿船你不認識的，

① 本詩最初發表於1922年4月4日《清華周刊·雙四節特刊》，原題《進貢者》，署名一多。收入《紅燭》時文字作了改動。最末兩句原爲：
我的王！無知海潮他也有信，/難道你的愛潮這樣無情？

但是你必中意的貢禮。
我興高采烈地航到這裏來,
那裏知道你的心……唉!
還是一個涸了的海港!
我悄悄地等着你的愛潮膨漲,
好浮進我的重載的船艘;
月兒圓了幾周,花兒紅了幾度,
還是老等,等不來你的潮頭!
我的王!他們講潮汐有信,
如今叫我怎樣相信他呢?

游戲之禍

我酌上蜜酒,燒起沉檀,
游戲着膜拜你:
沉檀燒地太狂了,
我忙着拿蜜酒來澆他;
誰知越澆越烈,
竟惹了焚身之禍呢!

花兒開過了

花兒開過了,果子結實了;
一春底香雨被一夏底驕陽炙乾了,
一夏底榮華被一秋底饞風掃盡了。
如今敗葉枯枝,便是你的餘剩了。

天寒風緊，凍啞了我的心琴；
我慣唱的頌歌如今竟唱不成。
但是，且莫傷心，我的愛，
琴弦雖不鳴了，音樂依然在。

祇要靈魂不滅，記憶不死，縱使
你的榮華永逝，（這原是没有的事）
我敢説那已消的春夢底餘痕，
還永遠是你我的生命底生命！

況且永繼的榮華，頓刻的凋落——
兩兩相形，又算得了些什麽？
今冬底假眠，也不過是明春底
更烈的生命所必需的休息。

所以不怕花殘，果爛，葉敗，枝空，
那縝密的愛底根網總没一刻放鬆；
他總是絆着，抓着，咬着我的心，
他要抽盡我的生命供給你的生命！

愛呀！上帝不曾因青春底暫退，
就要將這個世界一齊搗毀，
我也不曾因你的花兒暫謝，
就敢失望，想另種一朵來代他！

十一年一月二日作

哎呀！自然底太失管教的驕子！
你那內蘊的靈火！不是地獄底毒火，
如今已經燒得太狂了，
祇怕有一天要爆裂了你的軀殼。

你那被愛蜜餞了的肥心，人們講，
本是爲滋養些嬉笑的花兒的，
如今却長滿了愁苦底荆棘——
他的根已將你的心越捆越緊，越纏越密。
上帝啊！這到底是什麽用意？

唉！你（祇有你）真正瞭解生活底秘密，
你真是生活底唯一的知己，
但生活對你偏是那樣地凶殘：
你看！又是一個新年——好可怕的新年！——
張着牙戟齒鋸的大嘴招呼你上前；
你退既不能，進又白白地往死嘴裏攢！

高步遠蹠的命運
從時間底没究竟的大道上踱過；
我們無足輕重的蟻子
糊裏糊塗地忙來忙去，不知爲什麽，
忽地裏就斷送在他的脚跟底……

但是，那也對啊！……死！你要來就快來，
快來斷送了這無邊的痛苦！

哈哈！死，你的殘忍，乃在我要你時，你不來，
如同生，我不要他時，他偏存在！

死[1]

啊！我的靈魂底靈魂！
我的生命底生命，
我一生底失敗，一生底虧欠，
如今要都在你身上補足追償，
但是我有什麼
可以求於你的呢？

讓我淹死在你眼睛底汪波裏！
讓我燒死在你心房底熔爐裏！
讓我醉死在你音樂底瓊醪裏！
讓我悶死在你呼吸底馥郁裏！

不然，就讓你的尊嚴羞死我！
讓你的酷冷凍死我！
讓你那無情的牙齒咬死我！
讓那寡恩的毒劍螫死我！

你若賞給我快樂，
我就快樂死了；
你若賜給我痛苦，

① 本詩最初發表於 1922 年 4 月 4 日《清華周刊·雙四節特刊》，署名一多，收入《紅燭》時個別文字有改動。

我也痛苦死了；
死是我對你唯一的要求，
死是我對你無上的貢獻。

深夜底泪 ①

生波停了掀簸；
深夜啊！——
沉默的寒潭！
澈虛的古鏡！
行人啊！
回轉頭來，
照照你的容顏罷！
啊！這般憔悴……
輕柔的泪，
温熱的泪，
洗得净這僕僕的征塵？
無端地一滴滴流到唇邊，
想是要你嘗嘗他的滋味；
這便是生活底滋味！

枕兒啊！
緊緊地貼着！
請你也嘗嘗他的滋味。
唉！若不是你，

① 本詩最初發表於 1922 年 4 月 4 日《清華周刊・雙四節特刊》，原題《深夜的泪》，署名一多。

這腐爛的骷髏，
往那裹靠啊！

更鼓啊！
一聲聲這般急切；
便是生活底戰鼓罷？
唉！擂斷了心弦，
攪亂了生波……

戰也是死，
逃也是死，
降了我不甘心。
生活啊！
你可有個究竟？

啊！宇宙底生命之酒，
都將酌進上帝度金樽。
不幸的浮漚！
怎地偏酌漏[①]了你呢？

① “酌漏”，“特刊”及作者1922年9月23日《致梁實秋、吴景超信》均作“酌灑”。

青春篇

柳暗花明又一村。
——陆游

青　春

青春像隻唱着歌的鳥兒，
已從殘冬窟裏闖出來，
駛入寶藍的穹窿裏去了。

神秘的生命，
在綠嫩的樹皮裏膨漲着，
快要送出帶着鞘子的
翡翠的芽兒來了。

詩人啊！揩乾你的冰淚，
快預備着你的歌兒，
也贊美你的蘇生罷！

宇　宙

宇宙是個監獄，

但是個模範監獄；
他的目的在革新，
并不在懲舊。

國　手

愛人啊！你是個國手；
我們來下一盤棋；
我的目的不是要贏你，
但祇求輸給你——
將我的靈和肉
輸得乾乾净净！

香　篆

輾轉在眼簾前，
縈回在鼻觀裏，
錘旋在心窩頭——
心愛的人兒啊！
這樣清幽的香，
祇堪供祝神聖的你：

我祝你黛髮長青！
又祝你朱顏長姣！
同我們的愛萬壽無疆！

春寒

春啊！
正似美人一般，
無妨瘦一點兒！

春之首章①

浴人靈魂的雨過了：
薄泥到處嗡人底鞋底。
凉飔挾着濕潤的土氣
在鼻蕊間正衝突着。

金魚兒今天許不大怕冷了？
個個都敢於浮上來呢！
東風苦勸執拗的蒲根，
將纔睡醒的芽兒放了出來。
春雨過了，芽兒剛抽到寸長，
又被池水偷着吞去了。

---

① 本詩最初發表於1922年5月12日《清華周刊》第247期，署名一多，後來作者作了多處改動，原詩是：

金魚許是不大怕冷了？/個個都敢於浮上來呢。

東風苦動（勸）執拗的蒲根，/將無力的芽兒放了出來。/春雨過了，/芽兒剛長到寸長，/又被池水偷着吞没了。

丁香枝上豆大的蓓蕾，/包滿了包不住的生意，/呆呆望着天宇，/盤算他明日底榮華，——/仿彿一個出神（原注：出神猶言凝神）的詩人，/在空中編織未成的詩句。

春啊！/明顯的神密啊！/神聖的魔術啊！/我忘却了我自己，/我要提起我的全身力氣，/在你那已成的文章後/加這一句！

亭子角上幾根瘦硬的，
還没趕上春的榆枝，
印在魚鱗似的天上；
像一頁淡藍的朵雲箋，
上面塗了些僧懷素底
鐵畫銀鈎的草書。

丁香枝上豆大的蓓蕾，
包滿了包不住的生意，
呆呆地望着寥闊的天宇，
盤算他明日底榮華——
彷佛一個出神的詩人
在空中編織未成的詩句。

春啊！明顯的秘密喲！
神聖的魔術喲！

啊！我忘了我自己，春啊！
我要提起我全身底力氣，
在你那絶妙的文章上
加進這醜笨的一句喲！

春之末章①

被風惹惱了的粉蝶，
試了好幾處底枝頭，

---

① 本詩最初發表於 1922 年 5 月 12 日《清華周刊》第 247 期，署名一多，收入《紅燭》時作了大的改動，原詩是：

浴人靈魂的雨過了；/ 到處有些薄泥嚙人底鞋底，/ 花香同濕潤的土氣 / 在鼻蕊間正衝突着。

亭子角上幾根瘦硬的 / 被春忘記了的榆枝，/ 印在魚鱗似的天上，/ 就像一頁淺藍的朵雲箋，/ 上面塗了些僧懷素底 / 鐵畫銀鈎的草書。

一氣的酣綠裏忽露出 / 一角漢紋式的小紅橋，/ 真紅得快叫出來了！

太輕狂了哦！楊花！ / 依然吩咐雨絲黏住罷。

鐘聲報得這樣急：/ 啊！時間之海底記水標啊！ / 記漲呢？還是記落呢？ / 是報過去的添長呢？ / 還是報未來的消縮呢？

被風惹惱了的粉蝶，/ 試了好幾處枝頭，/ 總抱不大穩，索性就捨開，/ 忽地不知飛向那裏去了。/ 啊！大哲的夢身啊！ / 了無黏滯的達觀者啊！

紫蘿蘭羞於伊自己的美，/ 總不敢抬起頭來見人！

嬌綠的坦漲（張）的荷錢啊！ / 不息地仰面朝上帝望着，/ 一心地默禱并且贊美他——/ 衹要這樣，總是這樣，/ 開花結子底日子便快了！

小孩們也太好玩了啊！ / 鎮日裏藍的白的衫子 / 跨滿了竹青的石欄上垂釣。/ 他們的笑聲有時竟脆得 / 像坍碎了一座琉璃寶塔一般。/ 啊！小孩們總是這樣好玩！

哎呀！看不盡的奢華呀；/ 春底嫁奩呀！

緑紗窗裏篩出的琴聲，/ 又是畫家腦子裏經營着的 / 一幀美人春睡圖：/ 細熨的柔情，嬌羞的倦致，/ 忽即忽離，似是而非，/ 啊，迷魂的 Symphony（交響樂）呀！

音樂家呀！垂釣的小孩子們啊！ / 感謝你們，翻開春之寶笈，/ 教我讀完最末章底最末頁。/ 我誠心地替你們祝福了！

又，聞一多在 1922 年 9 月 29 日《致梁實秋、吴景超信》中將此詩改爲：

一氣的酣緑裏忽露出，/ 一角漢紋式的小紅橋，/ 真紅得快叫出來了！

太輕犯了哦，楊花！ / 依然吩咐雨絲黏住罷！ / 被風惹惱了的粉蝶，/ 試了好幾處枝頭，/ 總抱不大穩，索興就捨開，/ 忽地不知飛向那裏去了。

啊！大哲的夢身啊！ / 了無黏滯的達觀者喲！

小孩們也太好玩了啊！ / 鎮日裏藍的白的衫子 / 騎滿竹青石欄上垂釣。/ 他們的笑聲有時脆得像 / 坍碎了一座琉璃寶塔一般，/ 小孩們總是這樣好玩呢！

緑紗窗裏篩出的琴聲，/ 又是畫家腦子裏經營着的 / 一幀美人春睡圖：/ 細熨的柔情，嬌羞的倦致，/ 這般如此，忽即忽離……/ 啊！迷魂的諧音啊！ / 音樂家啊，垂釣的小孩啊！ / 我讀完春之寶笈底末章，/ 就交給你們永遠管領着罷！

總抱不大穩，率性就捨開，
忽地不知飛向那裏去了。
啊！大哲底夢身啊！
了無黏滯的達觀者喲！

太輕狂了哦！楊花！
依然吩咐雨絲黏住罷。

嬌緑的坦張的荷錢啊！
不息地仰面朝上帝望着，
一心地默禱并且贊美他——
祇要這樣，總是這樣，
開花結實的日子便快了。

一氣的酣緑裏忽露出
一角漢紋式的小紅橋，
真紅得快叫出來了！

小孩兒們也太好玩了啊！
鎮日裏藍的白的衫子
騎滿竹青石欄上垂釣。
他們的笑聲有時竟脆得像
坍碎了一座琉璃寶塔一般。
小孩們總是這樣好玩呢！

緑紗窗裏篩出的琴聲，
又是畫家腦子裏經營着的
一幀美人春睡圖：

細熨的柔情，嬌羞的倦致，
這般如此，忽即忽離，
啊！迷魂的律吕啊！

音樂家啊！垂釣的小孩啊！
我讀完這眷之寶笈底末章，
就交給你們永遠管領着罷！

鐘　聲

鐘聲報得這樣急——
時間之海底記水標哦！
是記漲呢，還是記落呢！——
是報過去底添長呢？
還是報未來的消縮呢？

愛之神

——題畫

啊！這麽俊的一副眼睛——
兩潭淵默的清波！
可憐孱弱的游泳者喲！
我告訴你回頭就是岸了！

啊！那潭岸上的一帶榛藪，
好分明的黛眉啊！
那鼻子，金字塔式的小邱，

恐怕就是情人底塋墓罷?
那裏，不是兩扇朱扉嗎?
紅得像櫻桃一樣，
扉内還露着編貝底屏風。
這裏又不知安了什麼陷阱!

啊! 莫非是綺甸之樂園?
還是美底家宅，愛底祭壇?
呸! 不是，都不是哦!
是死魔盤據着的一座迷宫!

謝罪以後

朋友，怎樣開始? 這般結局?
“誰實爲之?”是我情願，是你心許?
朋友，開始結局之間，
演了一出浪漫的悲劇;
如今戲既演完了，
便將那一頁撕了下去，
還剩下了一部歷史，
恐十倍地莊嚴，百般地豐富，——
是更生底靈劑，樂園底基礎!

朋友! 讓舞臺上的經驗，短短長長，
是恩愛，是仇讎，盡付與時間底游浪。
若教已放下來的綉幕，
永作隔斷記憶底城墻;

臺上的記憶儘可隔斷，
但還有一篇未成的文章，
是在登臺以前開始作的。
朋友！爲什麼不讓他繼續添長，
完成一件整的藝術品？你試想想！

朋友！我們來勉强把悲傷葬着，
讓我們的胸膛做了他的墳墓；
讓懺悔蒸成濕霧，
糊濕了我們的眼睛也可；
但切莫把我們的心，
冷的變成石頭一個，
讓可怕的矜驕底刀子
在他上面磨成一面的鋒，兩面的鍔。
朋友，知道成鋒的刀有個代價麼？

懺　　悔

啊！浪漫的生活啊！
是寫在水面上的個“愛”字，
一壁寫着，一壁没了；
白攪動些痛苦底波輪。

黄　　鳥

哦！森林底養子，
太空的血胤

不知名的野鳥兒啊！

黑緞底頭帕，
蜜黄的羽衣，
鑲着赤銅底喙爪——
啊！一隻鮮明的火鏃，
那樣癲狂地射放，
射翻了肅静的天宇哦！

像一塊雕鏤的水晶，
藝術縱未完成，
却永映着上天底光彩——
這樣便是他吐出的
那闋雅健的音樂呀！
啊！希臘式的雅健！

野心的鳥兒啊！
我知道你喉嚨裏的
太豐富的歌兒
快要饐死你了：
但是從容些吐着！
吐出那水晶的諧音，
造成藝術之宫，
讓一個失路的靈魂
早安了家罷！

藝術底忠臣

無數的人臣，彷彿真珠
攢在藝術之王底龍袞上，
一心同贊御容底光彩；
其中祇有濟慈一個人
是群龍拱抱的一顆火珠，
光芒賽過一切的珠子。

詩人底詩人啊！
滿朝底冠蓋祇算得
些藝術底名臣，
祇有你一人是個忠臣。
“美即是真，真即美。”
我知道你那棟梁之材，
是單給這個真命天子用的；
別的分疆割據，屬國偏安，
那裏配得起你喲！
啊！“鞠躬盡瘁，死而後已”：
真個做了藝術底殉身者！
忠烈的亡魂啊！
你的名字沒寫在水上，[1]
但鑄在聖朝底寶鼎上了！

① 原注：水上見濟慈底“Ode to a grecian urn”。濟慈自撰的墓銘曰：“這兒有一個人底名字寫在水上了！”

初夏一夜底印象①

——一九二二年五月直奉戰爭時

夕陽將詩人交付給煩悶的夜了，
叮嚀道："把你的秘密都吐給他了罷！"

紫穹窿下灑着些碎了的珠子——
詩人想：該穿成一串挂在死底胸前。

陰風底冷爪子剛扒過餓柳底枯髮，
又將池裏的燈影兒扭成幾道金蛇。

貼在山腰下佝僂得可怕的老柏，
拿着黑瘦的拳頭硬和太空挑釁。

失睡的蛙們此刻應該有些倦意了，
但依舊努力地叫着水國底軍歌。

個個都吠得這般沉痛，村狗啊！
爲什麼總駡不破盜賊的膽子？

嚼火漱霧的毒龍在鐵梯上爬着，
馱着灰色號衣的戰爭，吼的要哭了。

銅舌的報更的磬，屢次安慰世界，

① 本詩初刊於 1922 年 5 月 26 日的《清華周刊》第 249 期，署名一多，收入《紅燭》時文字小有改動。

請他放心睡去……世界那肯信他哦!

上帝啊!眼看着宇宙糟蹋到這樣,
可也有些寒心嗎?仁慈的上帝喲!

詩　債

小小的輕圓的詩句,
是些當一的制錢——
在情人底國中
貿易死亡底通寶。

愛啊!慷慨的債主啊!
不等我償清詩債
就這麼匆忙地去了,
怎樣也挽留不住。

但是字串還沒毀喲!
這永欠的本錢,
仍然在我賬本上,
息上添息地繁衍。

若有一天你又回來,
愛啊,要做 Shylock[①] 嗎?
就把我心上的肉,
和心一起割給你罷!

① 夏洛克,莎士比亞戲劇《威尼斯商人》中的角色。

紅荷之魂有序[1]

盆蓮飲雨初放，折了幾枝，供在案頭，又聽侄輩讀周茂叔底《愛蓮説》，便不得不聯想及於三千里外《荷花池畔》底詩人。賦此寄呈實秋，兼上景超及其他在西山的諸友。

太華玉井底神裔啊！
不必在污泥裏久戀了。
這玉膽瓶裏的寒漿有些冽骨嗎？
那原是没有墮世的山泉哪！

高賢底文章啊！雛鳳底律吕啊！
往古來今竟携了手來諛媚着你。
來罷！聽聽這蜜甜的贊美詩罷！
抱霞摇玉的仙花呀！
看着你的軀體，
我怎不想到你的靈魂？
靈魂啊！到底又是誰呢？

是千葉寶座上的如來，
還是丈餘紅瓣中的太乙呢？
是五老峰前的詩人，
還是洞庭湖畔的騷客呢？
紅荷底魂啊！
愛美的詩人啊！

---

① 本詩最初發表於1922年9月11日的《清華周刊》第250期，署名一多，收入《紅燭》時個别文字有改動。

便稍許艷一點兒，
還不失爲“君子”。
看那顆顆坦張的荷錢啊！
可敬的——向上底虔誠，
可愛的——圓滿底個性。
花魂啊！佑他們充分地發育罷！

花魂啊，
須提防着，
不要讓菱芡藻荇底勢力
蠶食了澤國底版圖。

花魂啊！
要將崎嶇的動底烟波，
織成燦爛的静底綉錦。
然後，
高蹈的鸕鷀啊！
熱情的鴛鴦啊！
水國烟鄉底顧客們啊！……
衹歡迎你們來
逍遥着，偃卧着；
因爲你們知道了
你們的義務。

别後

啊！那不速的香吻，

没關心的柔詞……
啊！熱情獻來的一切的贄禮，
當時都大意地抛棄了，
於今却變作記憶底乾糧，
來充這旅途底飢餓。

可是，有時同樣的餽儀，
當時珍重地接待了，撫寵了；
反在記憶之領土裏
刻下了生憎惹厭的痕迹。

啊！誰道不是變幻呢？
頃刻之間，熱情與冷淡，
已經百度底乘除了。

誰道不是矛盾呢？
一般的香吻，一樣的柔詞，
纔冷僵了骨髓，
又燒焦了纖維。

惡作劇的瘧魔呀！
到底是誰遣你來的？
你在這一隙駒光之間，
竟教我更迭地
作了冰炭底化身！
惡作劇的瘧魔喲！

孤雁篇

天涯涕泪一身遥。

——杜甫

孤　　雁

不幸的失群的孤客！
誰教你抛棄了舊侶，
拆散了陣字，
流落到這水國底絶塞，
拼着寸磔的愁腸，
泣訴那無邊的酸楚？

啊！從那浮雲底密幕裏，
迸出這樣的哀音；
這樣的痛苦！這樣的熱情！

孤寂的流落者！
不須叫喊得哟！
你那沉細的音波，
在這大海底驚雷裏，
還不值得那濤頭上

濺破的一粒浮漚呢！

可憐的孤魂啊！
更不須向天回首了。
天是一個無涯的秘密，
一幅藍色的謎語，
太難了，不是你能猜破的。
也不須向海低頭了。
這辱罵高天的惡漢，
他的鹹鹵的唾沫
不要漬濕了你的翅膀，
黏滯了你的行程！

流落的孤禽啊！
到底飛往那裏去呢？
那太平洋底彼岸，
可知道究竟有些什麽？

啊！那裏是蒼鷹底領土——
那鷙悍的霸王啊！
他的鋭利的指爪，
已撕破了自然底面目，
建築起財力底窩巢。
那裏祇有銅筋鐵骨的機械，
喝醉了弱者底鮮血，
吐出些罪惡底黑烟，
塗污我太空，閉熄了日月，
教你飛來不知方向，

息去又没地藏身啊！

流落的失群者啊！
到底要往那裏去？
隨陽的鳥啊！
光明底追逐者啊！
不信那腥臊的屠場，
黑黯的烟竈，
竟能吸引你的踪迹！

歸來吧，失路的游魂！
歸來參加你的伴侣，
補足他們的陣列！
他們正引着頸望你呢。

歸來偃卧在霜染的蘆林裏，
那裏有校獵的西風，
將茸毛似的蘆花，
鋪就了你的床褥
來温暖起你的甜夢。

歸來浮游在温柔的港漵裏，
那裏方是你的浴盆。
歸來徘徊在浪舐的平沙上，
趁着溶銀的月色
婆娑着戲弄你的幽影。

歸來罷，流落的孤禽！

與其盡在這水國底絶塞，
拼着寸磔的愁腸，
泣訴那無邊的酸楚，
不如權翅回身歸去罷！

啊！但是這不由分説的狂飆
挾着我不息地前進；
我脚上又帶着了一封書信，
我怎能抛却我的使命，
由着我的心性
回身權翅歸去來呢？

太平洋舟中見一明星①

鮮艷的明星哪！
太陰底嫡裔，
月兒同胞的小妹——
你是天仙吐出的玉唾，
濺在天邊？
還是鮫人泣出的明珠，
被海濤淘起？

哦！我這被單調的浪聲
摇睡了的靈魂，
昏昏睡了這麽久，

① 本詩最初發表於1923年3月16日《清華周刊》第273期《文藝增刊》第5期，署名一多，原題爲《太平洋舟中見一明星感賦》。

畢竟被你喚醒了哦，
燦爛的寶燈啊！
我在昏沉的夢中，
你將我喚醒了，
我纔知道我已離了故鄉，
貶斥在情愛底邊徼之外——
飄簸在海濤上的一枚釣餌。

你又喚醒了我的大夢——
夢外包着的一層夢！
生活呀！蒼茫的生活呀！
也是波濤險阻的大海喲！
是情人底眼泪底波濤，
是壯士底血液底波濤。

鮮艷的星，光明底結晶啊！
生命之海中底燈塔！
照着我罷！照着我罷！
不要讓我碰了礁灘！
不要許我越了航綫；
我自要加進我的一勺溫泪，
教這泪海更鹹；
我自要傾出我的一腔熱血，
教這血濤更鮮！

火　　柴①

這裏都是君王底
櫻桃艷嘴的小歌童：
有的唱出一顆燦爛的明星，
唱不出的，都拆成兩片枯骨。

玄　　思②

在黄昏底沉默裏，
從我這荒凉的腦子裏，
常迸出些古怪的思想，
不倫不類的思想；

仿佛從一座古寺前的
塵封雨漬的鐘樓裏，
飛出一陣猜怯的蝙蝠，
非禽非獸的小怪物。

同野心的蝙蝠一樣，
我的思想不肯衹爬在地上，
却老在天空裏兜圈子，
圓的，扁的，種種的圈子。

---

① 本詩最初發表於 1923 年 1 月 13 日《清華周刊》第 267 期《文藝增刊》第 3 期，署名一多。“櫻桃艷嘴的小歌童” 原爲 “紅嘴的小歌童”。

② 本詩最初發表於 1922 年 12 月 22 日《清華周刊》第 264 期《文藝增刊》第 2 期，署名一多，收入《紅燭》時個別字句有改動。

我這荒凉的腦子
在黄昏底沉默裏，
常迸出些古怪的思想，
仿佛同些蝙蝠一樣。

我是一個流囚[①]

我是個年壯力强的流囚，
我不知道我犯的是什麼罪。

黄昏時候，
他們把我推出門外了，
幸福底朱扉已向我關上了，
金甲紫面的門神
舉起寶劍來逐我；
我衹得闖進縝密的黑暗，
犁着我的道路往前走。

忽地一座壯閣底飛檐，
像隻大鵬底翅子，
插在浮漚密布的天海上：
卐字格的窗欞裏[②]，
瀉出醺人的燈光，黄酒一般地釅；
哀宕淫熱的笙歌，

① 本詩最初發表於 1923 年 2 月 15 日《清華周刊》第 269 期《文藝增刊》第 4 期，署名一多，收入《紅燭》時文字有改動。
② “卐字格的窗欞裏”初刊時作“壽字閣的窗子裏”。

被激憤的檀板催窘了，
螺旋似地錘進[①]我的心房：
我的身子不覺輕去一半，
仿佛在那孔雀屏前跳舞了。
啊快樂——嚴懔的快樂——
抽出他的譏誚底銀刀，
把我刺醒了；
哎呀！我纔知道——

我是快樂底罪人[②]，
幸福之宮裏逐出的流囚，
怎能在這裏隨便打溷呢？

走罷！再走上那没盡頭的黑道罷！
唉！但是我受傷太厲害；
我的步子漸漸遲重了；
我的鮮紅的生命，
漸漸染了脚下的枯草！

我是個年壯力强的流囚，
我不知道我犯的是什麽罪。

① “錘進”初刊時作“錘着”。
② “罪人”初刊時作“醉人”。

寄懷實秋[①]

泪繩捆住的紅燭
已被海風吹熄了；
跟着有[②]一縷猶疑的輕烟，
左顧右盼[③]，
不知往那裏去好。
啊！解體的靈魂喲！
失路底悲哀喲！

在黑暗底嚴城裏，
恐怖方施行他的高壓政策：
詩人底尸肉在那裏倉黄着，
彷彿一隻喪家之犬呢。
蓮蕊間酣睡着的戀人啊！
不要滅了你的紗燈。
幾時珠箔銀絲飄着過來，
可要借給我點燃我的殘燭，
好在這陰城裏面，
爲我照出一條道路。

燭又點燃了，
那時我便作個自然[④]的流螢，

① 本詩最初發表於 1922 年 11 月 25 日《清華周刊》第 260 期《文藝增刊》第 1 期，署名一多，詩末原寫有“九月，十日，美國，芝城。”

② “跟着有”初刊時作“跟着是”。

③ “左顧右盼”初刊時作“左扭右折”。

④ “自然”初刊時作“自照”。

在深更底風露裏，
還可以逍遥流蕩着，
直到黎明！①

蓮蕊間酣睡着的騷人啊！
小心那成群打圍的飛蛾，
不要滅了你的紗燈哦！②

晴　　朝③

一個遲笨的晴朝，
比年還現長得多，
像條懶洋洋的凍蛇，
從我的窗前爬過。

一陣淡青的烟雲
偷着跨進了街心……
對面的一帶朱樓
忽都被他咒入夢境。

栗色汽車像匹驕馬
休息在老緑蔭中，
瞅着他自身的黑影，
連動也不動一動。

---

① "還可以逍遥流蕩着，直到黎明！"初刊時作"還可以逍遥着直到天明！"
② 本節的三句是收入《紅燭》時增加的。
③ 本詩最初發表於1923年1月13日《清華周刊》第267期《文藝增刊》第3期，署名一多，收入《紅燭》時作了較大改動。

傲霜[1]的老健的榆樹
伸出一隻粗胳膊,
拿在窗前底日光裏,
翻金弄綠,不奈樂何。

除了門外一個黑人[2]
薙草,刮刮地響聲漸遠,
再没有一息聲音——
和平布滿了大自然,

和平蜷伏在人人心裏;
但是在我的心内,
若果也有和平底形迹,
那是一種和平底悲哀。

地球平穩地轉着,
一切的都向朝日微笑;
我也不是不會笑,
泪珠兒却先滚出來了。[3]

皎皎的白日啊!
將照遍了朱樓底四面;
永遠照不進的是——

① “傲霜”初刊時作“拒霜”。
② 本句《紅燭》本作“除了外一個黑人”,據《清華周刊》第267期改。
③ “我也不是不會笑,/泪珠兒却先滚出來了。”初刊時作:“但我祇覺着這些/都已經與我無關了。”

游子底漆黑的心窩坎；

一個懨病的晴朝，
比年還過得慢，
像條負創的傷蛇，
爬過了我的窗前。[①]

記　憶

記憶潰起苦惱的黑泪
在生活底紙上寫滿蠅頭細字；
生活底紙可以撕成碎片，
記憶底筆迹永無磨滅之時。

啊！友誼底悲劇，希望底挽歌，
情熱底戰史，罪惡底供狀——
啊！不堪卒讀的文詞哦！
是記憶底親手筆，悲哀底舊文章！

請棄絶了我罷，拯救了我罷！
智慧喲！鈎引記憶底奸細！
若求忘却那悲哀的文章，
除非要你赦脱了你我的關係！

① 本節的四句是收入《紅燭》時增加的。

太陽吟 ①

太陽啊，刺得我心痛的太陽！
又逼走了游子底一出還鄉夢，
又加他十二個時辰底九曲回腸！

太陽啊，火一樣燒着的太陽！
烘乾了小草尖頭底露水，
可烘得乾游子底冷泪盈眶？

太陽啊，六龍驂駕的太陽！
省得我受這一天天底緩刑，
就把五年當一天跑完那又何妨？

太陽啊——神速的金烏——太陽！
讓我騎着你每日繞行地球一周，
也便能天天望見一次家鄉！

太陽啊，樓角新升的太陽！
不是剛從我們東方來的嗎？
我的家鄉此刻可都依然無恙？

太陽啊，我家鄉來的太陽！
北京城裏底官柳裹上一身秋了罷？
唉！我也憔悴的同深秋一樣！

① 本詩最初發表於 1922 年 11 月 25 日《清華周刊》第 260 期《文藝增刊》第 1 期，署名一多，收入《紅燭》時小有改動。

太陽啊，奔波不息的太陽！
你也好像無家可歸似的呢。
啊！你我的身世一樣地不堪設想！

太陽啊，自强不息的太陽！
大宇宙許就是你的家鄉罷。
可能指示我我底家鄉底方向？

太陽啊，這不像我的山川，太陽！
這裏的風雲另帶一般顔色[①]，
這裏鳥兒唱的調子格外凄涼。
太陽啊，生命之火底的太陽！
但是誰不知你是球東半底情熱，
同時又是[②]球西半底智光？

太陽啊，也是我家鄉底太陽！
此刻我回不了我往日的家鄉，
便認你爲家鄉也還得失相償。

太陽啊，慈光普照的太陽！
往後我看見你時，就當回家一次；
我的家鄉不在地下乃在天上！

---

① “一般顔色”初刊時作“一般慘色”。
② “同時又是”初刊時作“誰不知又同時是”。

憶　　菊[1]

——重陽前一日作

插在長頸的蝦青瓷的瓶裏，
六方的水晶瓶裏的菊花，
攢在紫藤仙姑籃裏的菊花；
守着酒壺的菊花，
陪着螯盞的菊花；
未放，將放，半放，盛放的菊花。

鑲着金邊的絳色的鷄爪菊；
粉紅色的碎瓣的綉球菊！
懶慵慵的江西臘喲；
倒挂着一餅蜂窠似的黄心，
仿佛是朵紫的向日葵呢。
長瓣抱心，密瓣平頂的菊花；
柔艷的[2]尖瓣攢蕊的白菊
如同美人底蜷着的手爪，
拳心裏攫着一撮兒金粟[3]。

檐前，階下，籬畔，圃心底菊花：
靄靄的淡烟籠着的菊花，
絲絲的疏雨洗着的菊花，——
金底黄，玉底白，春釀底緑，秋山底紫，……

① 本詩最初發表於1923年1月13日《清華周刊》第267期《文藝增刊》第3期，署名一多。原詩題下無"重陽前一日作"，詩後寫有"1922年10月27日美國芝城"。
② "柔艷的"初刊時作"可愛的"。
③ "一撮兒金粟"初刊時作"一撮小黄米"。

剪秋蘿似的小紅菊紅兒；
從鵝絨到古銅色的黄菊；
帶紫莖的微緑色的“真菊”
是些小小的玉管兒綴成的，
爲的是好讓小花神兒
夜裏偷去當了笙兒吹着。

大似牡丹的菊王到底奢豪些，
他的棗紅色的瓣兒，鎧甲似的，
張張都裝上銀白的裏子了；
星星似的小菊花蕾兒
還擁着褐色的萼被睡着覺呢。

啊！自然美底總收成啊！
我們祖國之秋底杰作啊！
啊！東方底花，騷人逸士底花呀！
那東方底詩魂陶元亮
不是你的靈魂底化身罷？
那祖國底登高飲酒的重九[①]
不又是你誕生底吉辰嗎？

你不像這裏的熱欲的薔薇，
那微賤的紫羅蘭更比不上你。
你是有歷史，有風俗的花。
啊！四千年華胄底名花呀！
你有高超的歷史，你有逸雅的風俗！

① “那祖國底登高飲酒的重九”初刊時作“那登高作賦的重九”。

啊！詩人底花呀！我想起你，
我的心也開成頃刻之花，
燦爛的如同你的一樣；
我想起你同我的家鄉，
我們的莊嚴燦爛的祖國，
我的希望之花又開得同你一樣。
習習的秋風啊！吹着，吹着！
我要贊美我祖國底花！
我要贊美我如花的祖國！
請將我的字吹成一簇鮮花，
金底黄，玉底白，春釀底緑，秋山底紫，……
然後又統統吹散，吹得落英繽紛，
彌漫了高天，鋪遍了大地！

秋風啊！習習的秋風啊！
我要贊美我祖國底花！
我要贊美我如花的祖國！

秋　色

——芝加哥潔閣森公園裏

詩情也似并刀快，
剪得秋光入卷來。
——陸游

紫得像葡萄似的澗水

翻起了一層層金色的鯉魚鱗。

幾片剪形的楓葉，
仿佛硃砂色的燕子，
顛斜地在水面上
旋着，掠着，翻着，低昂着……

肥厚得熊掌似的
棕黄色的大橡葉，
在綠茵上狼藉着。
松鼠們張張慌慌地
在葉間爬出爬進，
搜獵着他們來冬底糧食。

成了年的栗葉
向西風抱怨了一夜，
終於得了自由，
紅着乾燥的臉兒，
笑嘻嘻地辭了故枝。

白鴿子，花鴿子，
紅眼的銀灰色的鴿子，
烏鴉似的黑鴿子，
背上閃着紫的綠的金光——
倦飛的衆鴿子在階下集齊了，
都將喙子插在翅膀裹，
寂静悄静地打盹了。

水似的空氣泛濫了宇宙；
三五個活潑潑的小孩，
（披着橘紅的黄的黑的毛絨衫）
在丁香叢裏穿着，
好像戲着浮萍的金魚兒呢。

是黄浦江上林立的帆檣？
這數不清的削瘦的白楊
衹豎在石青的天空裏發呆。

倜儻的緑楊像位豪貴的公子，
裹着件平金的綉蟒，
一隻手叉着腰身，
照着心煩的碧玉池，
玩媚着自身的模樣兒。

憑在十二曲的水晶欄上，
晨曦瞰着世界微笑了，
笑出金子來了——
黄金笑在槐樹上，
赤金笑在橡樹上，
白金笑在白松皮上。
哦，這些樹不是樹了！
是些絢縵的祥雲——
琥珀的雲，瑪瑙的雲，
靈風扇着，旭日射着的雲。
哦！這些樹不是樹了，
是百寶玲瓏的祥雲。

哦，這些樹不是樹了，
是紫禁城裏的宫闕——
黄的琉璃瓦，
緑的琉璃瓦；
樓上起樓，閣外架閣……
小鳥唱着銀聲的歌兒，
是殿角的風鈴底共鳴。
哦！這些樹不是樹了，
是金碧輝煌的帝京。

啊！斑斕的秋樹啊！
陵陽公樣的瑞錦，
土耳基底地氈，
Notre Dame[①] 底薔薇窗，
Fra Angelico[②] 底天使畫
都不及你這色彩鮮明哦！

啊！斑斕的秋樹啊！
我羡煞你們這浪漫的世界，
這波希米亞的生活！
我羡煞你們的色彩！

哦！我要請天孫織件錦袍，
給我穿着你的色彩！

① 巴黎聖母院。
② 安吉利科（約 1400—1455），意大利文藝復興前期佛羅倫薩畫派的著名畫家。

我要從葡萄，橘子，高粱……裏
把你榨出來，喝着你的色彩！
我要借義山濟慈底詩
唱着你的色彩！
在蒲寄尼底 La Boheme[1] 裏，
在七寶燒的博山爐裏，
我還要聽着你的色彩，
嗅着你的色彩！

哦！我要過個色彩的生活，
和這斑斕的秋樹一般！

秋深了

秋深了，人病了。
人敵不住秋了；
鎮日擁着件大氅，
像隻煨竈的猫，
蜷在摇椅上摇……摇……摇……
想着祖國，
想着家庭，
想着母校，
想着故人，
想着不勝想，不堪想的勝境良朝。

春底榮華逝了，

① 《波希米亞》，意大利音樂家蒲寄尼作曲的歌劇。

夏底榮華逝了；
秋在對面嵌白框窗子的
金字塔似的木板房子檐下，
抱着香黄色的破頭帕，
追想春夏已逝的榮華；
想的傷心時，
颯颯地灑下幾點黄金泪。

啊！秋是追想底時期！
秋是墮泪底時期！

秋之末日 ①

和西風酗了一夜的酒 ②，
醉得顛頭跌腦，
灑了金子扯了錦綉，
還呼呼地吼個不休。

奢豪的秋，自然底浪子哦！
春夏辛苦了半年，
能有多少的積蓄，
來供你這般 ③ 地揮霍呢？
如今該要破産了罷！

① 本詩初刊於1923年2月15日《清華周刊》第269期《文藝增刊》第4期，署名一多。又見1922年7月19日《致梁實秋》信，題作《晚秋》。
② “和西風酗了一夜的酒”初刊時作“和西風鬧了一晚的酒”。
③ “這般”初刊時作“這樣”。

黑還要加我以死。
從此以後，
我便溺愛於我的生命，
因爲我愛他的色彩。

夢　者

假如那綠晶晶的鬼火
是墓中人底
夢裏迸出的星光，
那我也不怕死了！

紅豆篇

此物最相思。

——王維

紅　　豆

一

紅豆似的相思啊！
一粒粒的
墜進生命底磁罏裏了……
聽他跳激底音聲，
這般淒楚！
這般清切！

二

相思着了火，
有泪雨灑着，
還燒得好一點；
最難禁的，
是突如其來
趕不及哭的乾相思。

三

意識在時間底路上旅行：
每逢插起一杆紅旗之處，
那便是——
相思設下的關卡，
擋住行人，
勒索路捐的。

四

裊裊的篆烟啊！
是古麗的文章，
淡寫相思底詩句。

五

比方有一屑月光，
偷來匍匐在你枕上，
刺着你的倦眼，
撩得你鎮夜不着[1]，
你討厭他不？
那麽這樣便是相思了！

六

相思是不作聲的蚊子，
偷偷地咬了一口，
抖然痛了一下，

---

① “不着”，1948年上海開明書店版《聞一多全集》第3卷改作“不睡”。

以後便是一陣底奇癢。

七

我的心是個没設防的空城，
半夜裏忽被相思襲擊了，
我的心旌
衹是一片倒降；
我衹盼望——
他恣情屠燒一回就去了；
誰知他竟永遠占據着，
建設起宫墻來了呢？

八

有兩樣東西，
我總想撇開，
却又總捨不得：
我的生命，
同爲了愛人兒的相思。

九

愛人啊！
將我作經綫，
你作緯綫，
命運織就了我們的婚姻之錦；
但是一幀回文錦哦！
横看是相思，
直看是相思，

順看是相思，
倒看是相思，
斜看正看都是相思，
怎樣看也看不出團圞二字。

一〇

我倆是一體了！
我們的結合，
至少也和地球一般圓滿。
但你是東半球，
我是西半球，
我們又自己放着眼泪，
做成了這蒼莽的太平洋，
隔斷了我們自己。

一一

相思枕上的長夜，
怎樣的厭厭難盡啊！
但這纔是歲歲年年中之一夜，
大海里的一個波濤。
愛人啊！
叫我又怎樣泅過這時間之海？

一二

我們有一天
相見接吻時，
若是我没小心，

掉出一滴苦泪，
漬痛了你的粉頰，
你可不要驚訝！
那裏有多少年底
生了銹的情熱底成分啊！

一三

我到底是個男子！
我們將來見面時，
我能對你哭完了，
馬上又對你笑。
你却不必如此；
你可以仰面望着我，
像一朵濕薔薇，
在霽後的斜陽裏，
慢慢兒曬乾你的眼泪。

一四

我把這些詩寄給你了，
這些字你若不全認識，
那也不要緊。
你可以用手指
輕輕摩着他們，
像醫生按着病人的脉，
你許可以試出
他們緊張地跳着，
同你心跳底節奏一般。

一五

古怪的愛人兒啊！
我夢時看見的你
是背面的。

一六

在雪黯風驕的嚴冬裏，
忽然出了一顆紅日；
在心灰意冷的情緒裏，
忽然起了一陣相思——
這都是我没料定的。

一七

討詩債的債主
果然回來了！
我先不妨
傾了我的家資還着。
到底實在還不清了，
再剜出我的心頭肉，
同心一起付給他罷。

一八

我晝夜唱着相思底歌兒。
他們説我唱得形容憔悴了，
我將浪費了我的生命。
相思啊！
我頌了你嗎？

我是吐盡明絲的蠶兒，
死是我的休息；
我詛了你嗎？
我是吐出毒劍底蜂兒，
死是我的刑罰。

一九

我是隻驚弓的斷雁，
我的嘴要叫着你，
又要銜着蘆葦，
保障着我的生命。
我真狼狽喲！

二〇

撲不滅的相思，
莫非是生命之原上底野燒？
株株小草底緑意，
都要被他燒焦了啊！

二一

深夜若是一口池塘，
這飄在他的黛漪上的
淡白的小菱花兒，
便是相思底花兒了，
哦！他結成青的，血青的，
有尖角的果子了！

二二

我們的春又回來了，
我搜盡我的詩句，
忙寫着紅紙的宜春帖。
我也不妨就便寫張
“百無禁忌”。
從此我若失錯觸了忌諱，
我們都不必介意罷！

二三

我們是兩片浮萍：
從我們聚散的速率
同距離底遠度，
可以看出風兒底緩急，
浪兒底大小。

二四

我們是鞭絲抽攏的伙伴，
我們是鞭絲抽散的離侶。
萬能的鞭絲啊！
叫我們贊頌嗎？
還是詛咒呢？

二五

我們弱者是魚肉；
我們曾被求福者
重看了盛在籩筐裏，

供在禮教底龕前。
我們多麽榮耀啊！

二六

你明白了嗎？
我們是照着客們吃喜酒的
一對紅蠟燭；
我們站在桌子底
兩斜對角上，
悄悄地燒着我們的生命，
給他們凑熱鬧。
他們吃完了，
我們的生命也燒盡了。

二七

若是我的話
講得太多，
講到末尾，
便胡講一陣了，
請你祇當我竈上的烟囱：
口裏雖葧葧地吐着黑灰，
心裏依舊是紅熱的。

二八

這算他圓滿的三絶罷！——
蓮子，
泪珠兒，

我們的婚姻。

二九

這一滴紅泪：
不是别後的清愁，
却是聚前的炎痛。

三〇

他們削破了我的皮肉，
冒着險將伊的枝兒
强蠻地插在我的莖上。
如今我雖帶着瘿腫的疤痕，
却開出從來没開過的花兒了。
他們是怎樣狠心的聰明啊！
但每回我瞟出看花的人們
上下抛着眼珠兒，
打量着我的莖兒時，
我的臉就紅了！

三一

哦，腦子啊！
刻着蟲書鳥篆的
一塊妖魔的石頭，
是我的佩刀底礪石，
也是我愛河裏的礁石，
愛人兒啊！
這又是我倆之間的界石！

三二

幽冷的星兒啊！
這般零亂的一團！
愛人兒啊！
我們的命運，
都擺布在這裏了！

三三

冬天底長夜，
好不容易等到天明了，
還是一塊冷冰冰的
鉛灰色的天宇，
那裏看得見太陽呢？
愛人啊！哭罷！哭罷！
這便是我們的將來喲！

三四

我是狂怒的海神，
你是被我捕着的一葉輕舟。
我的情潮一起一落之間，
我笑着看你顛簸；
我的千百個濤頭
用白晃晃的鋸齒咬你，
把你咬碎了，
便和檣帶舵，吞了下去。

三五

夜鷹號呲地叫着；
北風拍着門環，
撕着窗紙，
撞着墻壁，
掀着屋瓦，
非闖進來不可。
紅燭袛不息地淌着血泪，
凝成大堆赤色的石鍾乳。
愛人啊！你在那裏？
快來剪去那烏雲似的燭花，
快窩着你的素手
遮護着這抖顫的燭焰！
愛人啊！你在那裏？

三六

當我告訴你們：
我曾在玉簫牙板，
一派悠揚的細樂裏，
親手掀起了伊的紅蓋帕；
我曾著着銀燭，
一壁擷着伊的鳳釵，
一壁在伊耳邊問道：
“認得我嗎？”
朋友們啊！
當你們聽我講這些故事時，
我又在你們的笑容裏，

認出了你們私心的艷羡。

三七

這比我的新人，
誰個温柔？
從爐面鏤空的雙喜字間，
吐出了一綫蜿蜒的香篆。

三八

你午睡醒來，
臉上印着紅凹的簟紋，
怕是練子鎖着的
夢魂兒罷？
我吻着你的香腮，
便吻着你的夢兒了。

三九

我若替伊畫像，
我不許一點人工産物
污穢了伊的玉體。
我并不是用畫家底肉眼，
在一套曲綫裏看伊的美；
但我要描出我常夢着的伊——
一個通靈澈潔的裸體的天使！
所以爲免除誤會起見，
我還要叫伊這兩肩上
生出一雙翅膀來，

若有人還不明白，
便把伊錯認作一隻彩鳳，
那倒没什麽不可。

四〇

假如黄昏時分，
忽來了一陣雷電交加的風暴，
不須怕得呀，愛人！
我將緊拉着你的手，
到窗口并肩坐下；
我們一句話也不要講，
我們祇凝視着我們自己的愛力
在天邊碰着，
碰出些金箭似的光芒，
炫瞎我們自己的眼睛。

四一

有酸的，有甜的，有苦的，有辣的。
豆子都是紅色的，
味道却不同了。
辣的先讓禮教嘗嘗！
苦的我們分着囫圇地吞下。
酸的酸得像梅子一般，
不妨細嚼着止止我們的渴。
甜的呢！
啊！甜的紅豆都分送給鄰家作種子罷！

四二

我唱過了各樣的歌兒，
單單忘記了你。
但我的歌兒該當越唱越新，越美。
這些最後唱的最美的歌兒，
　　一字一顆明珠，
　　一字一顆熱泪，
我的皇后啊！
這些算了我贖罪底菲儀，
這些我跪着捧獻給你。

死　水

目　録

口　　供[1]

我不騙你，我不是什麼詩人，
縱然我愛的是白石的堅貞，
青松和大海，鴉背馱着夕陽，
黄昏裹織滿了蝙蝠的翅膀。
你知道我愛英雄，還愛高山，
我愛一幅國旗在風中招展，
自從[2]鵝黄到古銅色的菊花。
記着我的糧食是一壺苦茶！

可是還有一個我，你怕不怕？——
蒼蠅似的思想，垃圾桶裹爬。

收　　回[3]

那一天祇要命運肯放我們走！
不要怕；雖然得走過一個黑洞，
你大膽的走；讓我掇着你的手；
也不用問那裹來的一陣陰風。

祇記住了我今天的話，留心那
一掬温存，幾朵吻，留心那幾炷笑，
都給拾起來，没有差；——記住我的話，

① 本詩最初發表於 1927 年 9 月 10 日上海《時事新報·文藝周刊》第 1 期。
② “自從”最初發表時作“那從”。
③ 本詩最初發表於 1927 年 7 月 15 日上海《時事新報·學燈》，署名屠龍。

拾起來，還有珊瑚色的一串心跳。

可憐今天苦了你——心渴望着心——
那時候該讓你拾，拾一個痛快，
拾起我們今天損失了的黄金。
那斑斕的殘瓣，都是我們的愛，
拾起來，戴上。
你戴着愛的圓光，
我們再走，管他是地獄，是天堂！

“你指着太陽起誓”①

你指着太陽起誓，叫天邊的寒雁②
説你的忠貞。好了，我完全相信你，
甚至熱情開出泪花，我也不詫異。
衹是你要説什麽海枯，什麽石爛……
那便笑得死我。這一口氣的功夫
還不够我陶醉的？還説什麽“永久”？
愛，你知道我衹有一口氣的貪圖，
快來箍緊我的心，快！啊，你走，你走……

我早算就了你那一手——也不是變卦——
“永久”早許給了别人，秕糠是我的份，
别人得的纔是你的菁華——不壞的千春。
你不信？假如一天死神拿出你的花押，

① 本詩最初發表於1927年12月3日上海《時事新報·文藝周刊》第12期。
② 原作鳧雁，據作者編選的《現代詩抄》改作“寒雁”。

你走不走？去去！去戀着他的懷抱，
跟他去講那海枯石爛不變的貞操！

什麼夢？①

一排雁字倉皇的渡過天河，
寒雁的哀呼從她心裏穿過，
　　“人啊，人啊”她嘆道，
“你在那裏，在那裏叫着我？”

黄昏擁着恐怖，直向她進逼，
一團劇痛沉澱在她的心裏，
　　“天啊，天啊”她叫道，
“這到底，到底是什麼意義？”

道是那樣長，行程又在夜裏，
她站在生死的門限上猶夷，
　　“煩悶，煩悶”她想道，
　“我將永遠，永遠結束了你！”

決斷寫在她臉上，——決斷的從容……
忽然摇籃裏哇的一陣警鐘，

① 本詩最初發表於 1927 年 7 月 26 日上海《時事新報·學燈》。收入《死水》時作了一些改動。詩題下原註明爲“修正稿”。第一節第一行原爲“她望着一排雁字渡過天河”。第二節第一行原爲“黄昏捲着恐怖，直向她進逼”，第四行原爲“這到底是什麼，什麼意義”。第三節第三、四行原爲“‘悲哀！悲哀！’她想道，‘我要永遠，永遠結束了你！’”第四節原爲：“摇籃裏哭一聲，她心裏一痛，/她眼邊湖水似的一陣汹涌，/‘兒啊！兒啊！’她哭了，/‘我做的是，做的是什麼夢！’”

“兒啊，兒啊，”她哭了，
“我做的是什麽是什麽夢？”

大鼓師 ①

我挂上一面豹皮的大鼓，
　我敲着它游遍了一個世界，
我唱過了形形色色的歌兒，

① 本詩最初發表於 1925 年 3 月 25 日《晨報副鎸·文學旬刊》第 65 號，收入《死水》時作了大的改動。原詩是：

我挂起一面豹皮的大鼓，/ 我敲着他游遍了世界：/ 我唱盡了形形色色的歌兒，/ 我也聽飽了喝不完的采。

淡淡的斜陽倒抹着茅檐，/ 我躡着芒鞋踏入了家村。/ 我的娘子她趕上前來笑道：/ “請也唱個歌兒給我聽聽！”

我會唱歷代的英雄豪杰，/ 我會唱天下的倩女情郎；/ 唱到了咱們自己的歌兒，……/ 嗳呀！我真是説不出的心慌！

我却忍下了悲哀叫道一聲：/ “快拿我的三弦來，快呀快！ / 這一隻破鼓也特嫌鬧了，/ 要那弦子彈出我的歌兒來。”

我最先彈着白鴿入霜林——/ 珊瑚爪兒踏過黄葉堆，/ 然後彈的是秋蟲鳴敗砌，/ 忽然又變了銀雨灑柴扉。

灑不盡的雨，流不完的泪……/ 好娘子啊！請你莫要惱。/ 今朝我委實没有歌兒唱，/ 歌兒早已化作泪兒流了！

哦，怎麽你也抬不起頭來？ / 娘子啊！你也不用悲傷。/ 來呀！我替你揩一揩眼泪；/ 我們是窮人，那有歌兒唱？

我們是羅網縛成的比翼鳥！ / 我們是刀斧削出的連理枝！ / 我可憐的人兒，你莫疑我。/ 既然過着了，還要守到死！

娘子，讓我總這樣呆呆地望着你，/ 像窗外的寒蕉對着月亮；/ 讓我衹是在静默中贊美你，/ 但是并没有什麽歌兒唱。

娘子！你那温柔樸素的心窩，/ 便是我們這間清幽的草廬——/ 我帶着風塵日暮歸來，/ 你是我的家，你是我的歸宿。

你又是隻玲瓏的白玉杯，/ 裝盡古今貧賤夫妻的泪酒。/ 知道你永遠起不了波瀾，/ 我要你永遠澆着我的歌喉。

但是，娘子啊！在你尊前，/ 讓我擱起了三弦抛下了鼓。/ 我們自己委實没有歌兒唱；/ 我們既不是英雄，又不是兒女。

　我也聽飽了喝不完的彩。

一角斜陽倒挂在檐下，
　我躡着芒鞋，踏入了家村。
“咱們自己的那隻歌兒呢？”
　她趕上前來，一陣的高興。

我會唱英雄，我會唱豪杰，
　那倩女情郎的歌，我也唱，
若要問到咱們自己的歌，
　天知道，我真説不出的心慌！

我却吞下了悲哀，叫她一聲，
“快拿我的三弦來，快呀快！
這隻破鼓也忒嫌鬧了，我要
　那弦子彈出我的歌兒來。”

我先彈着一群白鴿在霜林裹，
　珊瑚爪兒踩着黄葉一堆；
然後你聽那秋蟲在石縫裹叫，
　忽然又變了冷雨灑着柴扉。

灑不盡的雨，流不完的泪，……
　我叫聲“娘子！”把弦子丢了，
“今天我們拿什麼作歌來唱？
　歌兒早已化作泪兒流了！

“怎麼？怎麼你也抬不起頭來？

　啊！這怎麼辦，怎麼辦！……
來！你來！我兜出來的悲哀，
　得讓我自己來吻它乾。

“衹讓我這樣呆望着你，娘子，
　像窗外的寒蕉望着月亮，
讓我衹在静默中贊美你，
　可是總想不出什麼歌來唱。

“縱然是刀斧削出的連理枝，
　你瞧，這姿勢一點也没有扭。
我可憐的人，你莫疑我，
　我原也不怪那揮刀的手。

“你不要多心，我也不要問，
　山泉到了井底，還往哪裏流？
我知道你永遠起不了波瀾，
　我要你永遠給我潤着歌喉。

“假如最末的希望否認了孤舟，
　假如你拒絶了我，我的船塢！
我戰着風濤，日暮歸來，
　誰是我的家，誰是我的歸宿？

“但是，娘子啊！在你的尊前，
　許我大鼓三弦都不要用；
我們委實没有歌好唱，我們
　既不是兒女，又不是英雄！”

狼　　狽[1]

假如流水上一抹斜陽
悠悠的來了，悠悠的去了；
假如那時不是我不留你，
那顆心不由我作主了。

假如又是灰色的黃昏
藏滿了蝙蝠的翅膀；
假如那時不是我不念你，
那時的心什麼也不能想。

假如落葉像敗陣紛逃，
暗影在我這窗前睥睨；
假如這顆心不是我的了，
女人，叫它如何想你？

假如秋夜也這般的寂寥……
嘿！這是誰在我耳邊講話？
這分明不是你的聲音，女人；

① 本詩最初發表於1925年8月14日《晨報副刊》第1250號，收入《死水》時作了較大改動。原詩是：

女人，流水上一抹斜陽 / 悠悠的來了，悠悠的去了。/ 這時不是我不想你，/ 這顆心不由我作主了。

女人，又是灰色的黃昏 / 藏滿了蝙蝠的翅膀。/ 這時不是我不念你，/ 這時我的心最好別想。

女人，落葉像敗陣紛逃，/ 暗影在我窗前睥睨。/ 這顆心不是我的了，/ 人啊！教他如何想你！

女人，秋夜如此的寂寥……/ 嘿！這裏誰在我耳邊講話？ / 這分明不是你的聲音。/ 女人啊！她徧徧（似“偏偏”之誤植）要我降她。

假如她偏偏要我降她。

你莫怨我 ①

你莫怨我！
這原來不算什麽，
人生是萍水相逢，
讓他萍水樣錯過。
你莫怨我！

你莫問我！
泪珠在眼邊等着，
祇須你説一句話，
一句話便會碰落，
你莫問我！

你莫惹我！
不要想灰上點火，
我的心早累倒了，
最好是讓它睡着，
你莫惹我！

你莫碰我！

① 本詩最初發表於 1927 年 9 月 17 日上海《時事新報·文藝周刊》第 2 期，9 月 24 日第 3 期又刊登一次，并加了編者注：“這首詩在上星期《文藝周刊》裏已經發表過，但是那天因廣告擁擠，手民未得編者同意，將每節五行并做三行，弄得全詩不成體統。兹特補登一次，一則所以使讀者得見原璧，再則向作者聞君表示歉意。編者并希望以後不再有這種不幸的事發生。”

你想什麼，想什麼？
我們是萍水相逢，
應得輕輕的錯過。
　你莫碰我！

　你莫管我！
從今加上一把鎖；
再不要敲錯了門，
今回算我撞的禍，
　你莫管我！

你　　看[①]

你看太陽像眠後的春蠶一樣，
鎮日吐不盡黃絲似的光芒；
你看負暄的紅襟在電杆梢上，

① 本詩最初發表於 1925 年 3 月 27 日《清華周刊・文藝增刊》第 9 期，署名一多，原有副題“春日寄慰在美的友人”。收入《死水》時作了大的改動。原詩八節刪爲五節，前兩節無改動，後三節原爲六節，原詩是：

不要探望你的家鄉，朋友們！/家鄉有毿毿的白髮倚閭吞聲，/家鄉有傷春啜泣，背燈的孤影……/家鄉是個賊，他能偷去你的心。

朋友們，世界是這般的寬廣，/那裏不許你遨游，不許你歌唱？/異國的東風又是如此的芬芳，/朋友們，何須定要是你的家鄉！

你可聽見枝頭頌春的梅花雀？/朋友們，請也揩乾眼泪，和我高歌。/啊！鄉愁最是個無情的惡魔，/他能將你眼前的春光變作沙漠。

你看天是無瑕的藍碧一張，/你看水上没有半紋波浪。/朋友們，周身的世界這樣温良，/爲什麼還念着渺渺的家鄉？/你看春風解放了冰鎖的寒溪，

鬡鬡的石齒淙淙地漱着漣漪；/細草又織就了釉釉的緑意；/白楊枝上招展着麼小的銀旗。

朋友們，等你看到了故鄉底春，/怕不要老盡了春光老盡了人？/朋友們，鄉愁能剥削你的生命，/鄉愁有永不生銹的寶刀一柄。

酣眠的錦鴨泊在老柳根旁。

你眼前又陳列着青春的寶藏，
朋友們，請就在這眼前欣賞；
你有眼睛請再看青山的巒嶂，
但莫向那山外探望你的家鄉。

你聽聽那枝頭頌春的梅花雀，
你得揩乾眼泪，和他一隻歌。
朋友，鄉愁最是個無情的惡魔，
他能教你眼前的春光變作沙漠。

你看春風解放了冰鎖的寒溪，
半溪白齒琮琮的漱着漣漪，
細草又織就了釉釉的緑意，
白楊枝上招展着麼小的銀旗。
朋友們，等你看到了故鄉的春，
怕不要老盡春光老盡了人？
呵，不要探望你的家鄉，朋友們，
家鄉是個賊，他能偷去你的心！

也　　許①

——葬歌

也許你真是哭得太累，
也許，也許你要睡一睡，
那麽叫夜鷹②不要咳嗽，
蛙不要號，蝙蝠不要飛。

不許陽光撥③你的眼簾，
不許清風刷上你的眉，
無論誰都不能④驚醒你，
撑一傘松蔭庇護你睡⑤，

---

① 本詩最初發表於1925年3月27日《清華周刊·文藝增刊》第9期，署名一多。原題《薤露詞（爲一個苦命的夭折少女而作）》，收入《死水》時改作今題，章節字句也作了大的改動，原詩是：

也許黄泉要鞠育你，/也許白蟻要保護你。/造物底聖旨既然如此，/就讓他如此，讓他如此！

也許你是哭得太累，/也許，也許你要安睡。/那麽讓蒼鷺不要咳嗽，/蛙不要啼，蝙蝠不要飛；

也不要讓星星瞥眼，/也不要讓蜘蛛章絲——/一切的都該讓你酣眠，/一切的都應該服從你！

也許這荒山的風露/真能安慰你，休息你；/我讓你休息，讓你休息，/我吩咐山靈别驚動你！

也許聽着蚯蚓翻泥，/聽細草底根兒吸水——/也許聽着這般的音樂/比那咒駡的人聲更美；

那麽你把眼皮閉緊，/我就讓你睡，讓你睡。/我把黄土輕輕蓋着你，/我叫紙錢兒緩緩地飛。

② 原作“蒼鷺”，今據作者編選的《現代詩抄》改。

③ 原作“攢”，今據作者編選的《現代詩抄》改。

④ 原作“不許”，今據作者編選的《現代詩抄》改。

⑤ 此句原作“我吩咐山靈保護你睡”，今據作者編選的《現代詩抄》改。

也許你聽這[1]蚯蚓翻泥，
聽這小草的根鬚吸水[2]，
也許你聽着這般音樂[3]，
比那咒罵的人聲更美；

那麼你先把眼皮閉緊，
我就讓你睡，我讓你睡，
我把黄土輕輕蓋着你，
我叫紙錢兒緩緩的飛。

忘掉她

忘掉她，像一朵忘掉的花，——
　那朝霞在花瓣上，
　那花心的一縷香——
忘掉她，像一朵忘掉的花！

忘掉她，像一朵忘掉的花！
　像春風裏一出夢，
　像夢裏的一聲鐘，
忘掉她，像一朵忘掉的花！

忘掉她，像一朵忘掉的花！
　聽蟋蟀唱得多好，

① 原作“聽着”，今據作者編選的《現代詩抄》改。
② 此句原作“聽那細草的根兒吸水”，今據作者編選的《現代詩抄》改。
③ 此句原作“也許你聽這般的音樂”，今據作者編選的《現代詩抄》改。

　看墓草長得多高；
忘掉她，像一朵忘掉的花！

忘掉她，像一朵忘掉的花！
　她已經忘記了你，
　她什麼都記不起；
忘掉她，像一朵忘掉的花！

忘掉她，像一朵忘掉的花！
　年華那朋友真好，
　他明天就教你老；
忘掉她，像一朵忘掉的花！

忘掉她，像一朵忘掉的花！
　如果是有人要問，
　就說没有那個人；
忘掉她，像一朵忘掉的花！

忘掉她，像一朵忘掉的花！
　像春風裏一出夢，
　像夢裏的一聲鐘，
忘掉她，像一朵忘掉的花！

泪　　雨

他在那生命的陽春時節，
曾流着號飢號寒的眼泪；

那原是舒生解凍的春霖，
却也兆徵了生命的哀悲。

他少年的泪是連綿的陰雨，
暗中澆熟了酸苦的黄梅；
如今黑雲密布，雷電交加，
他的泪像夏雨一般的滂沛。

中途的悵惘，老大的蹉跎，
他知道中年的苦泪更多，
中年的泪定似秋雨淅瀝，
梧桐葉上敲着永夜的悲歌。
誰説生命的殘冬没有眼泪？
老年的泪是悲哀的總和；
他還有一掬結晶的老泪，
要開作漫天愁人的花朵。

末　日[①]

露水在筧筒裏哽咽着，
　芭蕉的緑舌頭舐着玻璃窗，

① 本詩最初發表於 1925 年 9 月 22 日《晨報副刊》第 1277 號，收入《死水》時作了較大改動。原詩是：

露水在筧筒裏哽咽着，/ 凉夜的黑舌頭舐着玻璃窗。/ 四圍的敗壁要退後走，/ 我一人填不滿偌大一間房。

我在房裏燒起一盆火，/ 静候着一個遠道的客人來。/ 我用蛛絲鼠矢喂火盆，/ 我又把花蛇的鱗甲代劈柴。

鷄鳴！兩遍火焰熄了，/ 一道陰風吹來吹閉我的口，/ 原來客人就在我眼前，/ 我眼皮一閉就跟着客人走。

四圍的垩壁都往後退，
　我一人填不滿偌大一間房。

我心房裹燒上一盆火，
　静候着一個遠道的客人來，
我用蛛絲鼠矢喂火盆，
　我又用花蛇的鱗甲代劈柴。

鷄聲直催，盆裏一堆灰，
　一股陰風偷來摸着我的口，
原來客人就在我眼前，
　我咳嗽一聲，就跟着客人來[①]。

死　水[②]

這是一溝絶望的死水，
清風吹不起半點漪淪。
不如多扔些破銅爛鐵，
爽性潑你的剩菜殘羹。

也許銅的要緑成翡翠，
鐵罐上銹出幾瓣桃花；
再讓油膩織一層羅綺，
霉菌給他蒸出些雲霞。

---

① 此句原作“我眼皮一閉，就跟着客人走”，今據作者編選的《現代詩抄》改。
② 本詩最初發表於 1926 年 4 月 15 日《晨報副刊・詩鐫》第 3 號。

讓死水酵成一溝綠酒，
飄滿了珍珠似的白沫；
小珠們笑聲變成大珠[1]，
又被偷酒的花蚊咬破。

那麼一溝絕望的死水，
也就夸得上幾分鮮明。
如果青蛙耐不住寂寞，
又算死水叫出了歌聲。

這是一溝絕望的死水，
這裏斷不是美的所在，
不如讓給醜惡來開墾，
看他造出個什麼世界。

春　光[2]

静得像入定了的一般，那天竹，
那天竹上密葉遮不住的珊瑚；
那碧桃；在朝暾裏運氣的麻雀。
春光從一張張的綠葉上爬過。
驀地一道陽光晃過我的眼前，
我眼睛裏飛出了萬隻的金箭，
我耳邊又謡傳着翅膀的摩聲，
仿佛有一群天使在空中邏巡……

① 此句原作“小珠笑一聲變成大珠”，今據作者編選的《現代詩抄》改。
② 本詩最初發表於 1926 年 4 月 29 日《晨報副刊 · 詩鐫》第 5 號。

忽地深巷裏迸出了一聲清籟：
“可憐可憐我這瞎子，老爺太太！”

黄　　昏[1]

黄昏懸一頭遲笨的黑牛，
一步一步的走下了西山；
不許把城門關鎖得太早，
總要等黑牛走進了城圈。
黄昏是一頭神秘的黑牛，
不知他是那一界的神仙——
天天月亮要送他到城裏，
一早太陽又牽上了西山。

我要回來

我要回來，
乘你的拳頭像蘭花未放，
乘你的柔髮和柔絲一樣，
乘你的眼睛裏燃着靈光，
我要回來。

我没回來，
乘你的脚步像風中蕩槳，

① 本詩最初發表於 1926 年 4 月 15 日《晨報副刊・詩鐫》第 3 號。

乘你的心靈像痴蠅打窗，
乘你笑聲裏有銀的鈴鐺，
　　我没回來。

　　我該回來．
乘你的眼睛裏一陣昏迷，
乘一口陰風把殘燈吹熄，
乘一隻冷手來掇走了你，
　　我該回來。

　　我回來了，
乘流螢打着燈籠照着你，
乘你的耳邊悲啼着莎鷄，
乘你睡着了，含一口沙泥，
　　我回來了。

夜　　歌

癩蝦蟆抽了一個寒噤，
黄土堆裏攢出個婦人，
婦人身旁找不出陰影，
月色却是如此的分明。

黄土堆裏攢出個婦人，
黄土堆上并没有裂痕；
也不曾驚動一條蚯蚓，
或弸斷蛸蠨一根網繩。

月光底下坐着個婦人，
婦人的容貌好似青春，
猩紅衫子血樣的狰獰，
鬅鬆的散髮披了一身。
婦人在號咷，捶着胸心，
癩蝦蟆衹是打着寒噤，
遠村的荒鷄哇的一聲，
黄土堆上不見了婦人。

心　　跳[1]

這燈光，這燈光漂白了的四壁；
這賢良的棹椅，朋友似的親密；
這古書的紙香一陣陣的襲來；
要好的茶杯貞女一般的潔白；
受哺的小兒唼呷在母親懷裏，
鼾聲報導我大兒康健的消息……
這神秘的静夜，這渾圓的和平，
我喉嚨裏顫動着感謝的歌聲。
但是歌聲馬上又變成了咒詛，
静夜！我不能，不能受你的賄賂。
誰希罕你這墻内尺方的和平！
我的世界還有更遼闊的邊境。
這四墻既隔不斷戰争的喧囂，
你有什麼方法禁止我的心跳？

① 本詩最初發表於 1927 年 5 月 20 日上海《時事新報·學燈》。

最好是讓這口裏塞滿了沙泥，
如其它衹會唱着個人的休戚！
最好是讓這頭顱給田鼠掘洞，
讓這一團血肉也去喂着尸蟲，
如果衹是爲了一杯酒，一本詩，
静夜裏鐘擺摇來的一片閑適，
就聽不見了你們四鄰的呻吟，
看不見寡婦孤兒抖顫的身影，
戰壕裏的痙攣，瘋人咬着病榻，
和各種慘劇在生活的磨子下。
幸福！我如今不能受你的私賄，
我的世界不在這尺方的墻内。
聽！又是一陣炮聲，死神在咆哮。
静夜！你如何能禁止我的心跳？

一個觀念①

你雋永的神秘，你美麗的謊，
你倔强的質問，你一道金光，
一點兒親密的意義，一股火，
一縷縹緲的呼聲，你是什麽？
我不疑，這因緣一點也不假，
我知道海洋不騙他的浪花。
既然是節奏，就不該抱怨歌。
啊，横暴的威靈，你降伏了我，

① 本詩最初發表於 1927 年 6 月 23 日上海《時事新報·學燈》。作者在編選《現代詩抄》時將本詩及下一首《發現》改題《詩二首》，請參看。

你降伏了我！你絢縵的長虹——
五千多年的記憶，你不要動，
如今我祇問怎樣抱得緊你……
你是那樣的横蠻，那樣美麗！

發　　現[1]

我來了，我喊一聲，迸着血泪，
“這不是我的中華，不對，不對！”
我來了，因爲我聽見你叫我；
鞭着時間的罡風，擎一把火，
我來了，那知道是一場空喜[2]。
我會見的是噩夢，那裹是你？
那是恐怖，是噩夢挂着懸崖，
那不是你，那不是我的心愛！
我追問青天，逼迫八面的風，
我問，拳頭擂着大地的赤胸，
總問不出消息；我哭着叫你，
嘔出一顆心來，你在我心裹！

祈　　禱

請告訴我誰是中國人，
啓示我，如何把記憶抱緊；
請告訴我這民族的偉大，

① 本詩最初發表於1927年6月25日上海《時事新報・學燈》，署名屠龍。
② 此句原作“不知道是一場空喜”，今據作者編選的《現代詩抄》改。

輕輕的告訴我，不要喧嘩！

請告訴我誰是中國人，
誰的心裏有堯舜的心，
誰的血是荆軻聶政的血，
誰是神農黄帝的遺孽。

告訴我那智慧來得離奇，
説是河馬獻來的饋禮；
還告訴我這歌聲的節奏，
原是九苞鳳凰的傳授。

誰告訴我戈壁的沉默，
和五岳的莊嚴？又告訴我
泰山的石溜還滴着忍耐，
大江黄河又流着和諧？
再告訴我，那一滴清泪
是孔子吊唁死麟的傷悲？
那狂笑也得告訴我纔好，——
莊周，淳于髡，東方朔的笑。

請告訴我誰是中國人，
啓示我，如何把記憶抱緊；
請告訴我這民族的偉大，
輕輕的告訴我，不要喧嘩！

一句話

有一句話説出就是禍，
有一句話能點得着火。
别看五千年没有説破，
你猜得透火山的緘默？
説不定是突然着了魔，
突然青天裏一個霹靂
　　爆一聲：
“咱們的中國！”

這話教我今天怎麽説？
你不信鐵樹開花也可，
那麽有一句話你聽着：
等火山忍不住了緘默，
不要發抖，伸舌頭，頓脚，
等到青天裏一個霹靂
　　爆一聲：
“咱們的中國！”

荒　　村

……臨淮關梁園鎮間一百八十里之距離，已完全斷絶人烟。汽車道兩旁之村莊，所有居民，逃避一空。農民之傢具木器，均以繩相連，沉於附近水塘稻田中，以避火焚。門窗俱無，中以棺材或石堵塞。一至夜間，則燈火全無。鷄犬豕等覓食野間，亦無人看守。而間有玫瑰芍藥猶墻隅自開。新出稻秧，翠藹宜人。草木無知，其斯之謂歟?

——民國十六年五月十九日《新聞報》

他們都上那裏去了? 怎麼
蝦蟆蹲在甑上，水瓢裏開白蓮;
桌椅板凳在田裏堰裏飄着;
蜘蛛的繩橋從東屋往西屋牽?
門框裏嵌棺材，窗欞裏鑲石塊!
這景象是多麼古怪多麼慘!
鐮刀讓它銹着快銹成了泥，
拋着整個的魚網在灰堆裏爛。
天呀! 這樣的村莊都留不住他們!
玫瑰開不完，荷葉長成了傘;
秧針這樣尖，湖水這樣緑，
天這樣青，鳥聲像露珠樣圓。
這秧是怎樣緑的，花兒誰叫紅的?
這泥裏和着誰的血，誰的汗?
去得這樣的堅決，這樣的脱灑，
可有什麼苦衷，許了什麼心願?
如今可有人告訴他們: 這裏
猪在大路上游，鴨往猪群裏攢，
雄鷄踏翻了芍藥，牛吃了菜——
告訴他們太陽落了，牛羊不下山，
一個個的黑影在崗上等着，
四合的巒嶂龍蛇虎豹一般，
它們望一望，打了一個寒噤，
大家低下頭來，再也不敢看;
(這也得告訴他們) 它們想起往常

暮寒深了，白楊在風裏顫，
那時衹要站在山頭嚷一句，
山路太險了，還有主人來攙；
然後笛聲送它們踏進欄門裏，
那稻草多麼香，屋子多麼暖！
它們想到這裏，滾下了一滴熱淚，
大家擠作一堆，臉偎着臉……
去！去告訴它們主人，告訴他們，
什麼都告訴他們，什麼也不要瞞！
叫他們回來！叫他們回來！
問他們怎麼自己的牲口都不管？
他們不知道牲口是和小兒一樣嗎？
可憐的畜生它們多麼没有膽！
喂！你報信的人也上那裏去了？
快去告訴他們——告訴王家老三，
告訴周大和他們兄弟八個，
告訴臨淮關一帶的莊稼漢，
還告訴那紅臉的鐵匠老李，
告訴獨眼龍，告訴徐半仙，
告訴黄大娘和滿村莊的婦女——
告訴他們這許多的事，一件一件。
叫他們回來，叫他們回來！
這景象是多麼古怪多麼慘！
天呀！這樣的村莊留不住他們；
這樣一個桃源，瞧不見人烟！

罪　過 ①

老頭兒和擔子摔一交，
滿地是白杏兒紅櫻桃。
老頭兒爬起來直哆嗦，
“我知道我今日的罪過！”
“手破了，老頭兒你瞧瞧。”
“唉！都給壓碎了，好櫻桃！”
“老頭兒你別是病了罷？
你怎麽直愣着不説話？”
“我知道我今日的罪過，
一早起我兒子直催我。
我兒子躺在床上發狠，
他駡我怎麽還不出城。

“我知道今日個不早了，
没想到一下子睡着了。
這叫我怎麽辦，怎麽辦？
回頭一家人怎麽吃飯？”
老頭兒拾起來又掉了，
滿地是白杏兒紅櫻桃。

① 本詩最初發表於 1927 年 6 月 18 日上海《時事新報·學燈》。收入《死水》時最末的兩句作了修改，原詩爲：“誰讓我一下子睡着了？唉，没有出息的！我老了！”

天安門①

好傢伙！今日可嚇壞了我！
兩條腿到這會兒還哆唆。
瞧着，瞧着，都要追上來了，
要不，我爲什麽要那麽跑？
先生，讓我喘口氣，那東西，
你没有瞧見那黑漆漆的，
没腦袋的，蹶脚的，多可怕，
還摇晃着白旗兒説着話……
這年頭真没法辦，你問誰？
真是人都辦不了，别説鬼。
還開會啦，還不老實點兒！
你瞧，都是誰家的小孩兒，
不纔十來歲兒嗎？幹嗎的？
腦袋瓜上不是使槍軋的？

① 本詩最初發表於 1926 年 3 月 27 日《晨報副刊》第 1370 號，收入《死水》時作了大的改動。原詩是：

好傢伙！今日可累壞了我！/這兩條腿這會兒還哆唆。/瞧着，瞧着，都要追上來了；/要不這腿梆，您也嚇壞了。/先生，讓我喘口氣……那東西，/您没有瞧見那黑漆漆的，/没腦袋的，蹶腿的，多可怕！/還摇晃着白旗兒，説着話。/還開會啦！還不老實點兒！/你瞧都是誰家的小孩兒？/那不纔十來歲兒？幹嗎的？/腦袋瓜兒上不是槍軋的？/您許睡了，什麽也瞧不見。/可了不得！嚇得我一身汗！/咱周大一輩子没撒過謊。/您瞧倆燈又是頂大的亮。/我説剛灌上倆子兒的油，/怎麽走着，走着，看不見走，/冤不得小秃子嚇掉了魂，/勸人黑夜裏别走天安門。/反正他們有事找不上咱；/咱們可不是没仇又没冤？/我説這都有什麽大冤枉！/怎麽不找着冤家去算賬？/先生，這年頭兒真有怪事。/這學生們有得喝，有得吃，/没事惹出事兒來拼老命。/咱二叔頭年死在楊柳青，/那是馬肚子餓的去打仗。/没事誰拿着老命送閻王！/聽説昨日又死百十來人，/管包死的又是傻學生們！/鐵獅子胡同也該鬧鬼了。/得！就算咱拉車的倒霉了！/趕明日北京滿城都是鬼，/那也好，先生，您説對不對？/打住！……今日不算要着玩兒！/謝謝！挣您二斤雜貨麵兒！

先生，聽説昨日又死了人，
管包死的又是傻學生們。
這年頭兒也真有那怪事，
那學生們有的喝，有的吃，——
咱二叔頭年死在楊柳青，
那是餓的没法兒去當兵，——
誰拿老命白白的送閻王！
咱一輩子没撒過謊，我想
剛灌上倆子兒油，一整勺，
怎麽走着走着瞧不見道。
怨不得小秃子嚇掉了魂，
勸人黑夜裏别走天安門。
得！就算咱拉車的活倒霉，
趕明日北京滿城都是鬼！

飛毛腿

我説飛毛腿那小子也真够彆扭，
管包是拉了半天車得半天歇着，
一天少了説也得二三兩白乾兒
醉醺醺的一死兒拉着人談天兒。
他媽的誰能陪着那個小子混呢？
“天爲啥是藍的？”没事他該問你。
還吹他媽什麽簫，你瞧那副神兒，
窩着件破棉袄，老婆的，也没準兒，
再瞧他擦着那車上的倆大燈罷，
擦着擦着問你曹操有多少人馬。

成天兒車燈車把且擦且不完啦，
我說“飛毛腿你怎不擦擦臉啦？”
可是飛毛腿的車擦得真够亮的，
許是得擦到和他那心地一樣的！
嗐！那天河裏飄着飛毛腿的尸首……
飛毛腿那老婆死得太不是時候。

洗衣歌①

洗衣是美國華僑最普遍的職業。因此留學生常常被人問道“你的爸爸是洗衣裳的嗎？”許多人忍受不了這侮辱。然而洗衣的職業確乎含着一點神秘的意義。至少我曾經這樣的想過。作洗衣歌。

---

① 本詩最初發表於 1925 年 7 月 11 日《現代評論》第 2 卷第 31 期，原題《洗衣曲》；又刊於 1925 年 7 月 15 日《大江季刊》第 1 卷第 1 期，目録題爲《浣衣曲》，内題《洗衣曲》，均未署名。收入《死水》時作了較大改動。《現代評論》刊載的原詩是：

洗衣曲

美國華僑十之八九以洗衣爲生，外人至有疑支那乃舉國洗衣匠者。國人旅外之受人輕視，言之心痛。爰假洗衣匠口吻作曲以鳴不平。

（一件，兩件，三件）/ 洗衣要洗乾净，/（四件，五件，六件）/ 熨衣要熨得平。

銅是那樣臭，血是那樣腥 / 髒了的東西你不能不洗，/ 洗了的東西又不能不髒。/ 有耐性的人們理他不理？ / 替他們洗！替他們洗！

我洗得净悲哀底濕手帕，/ 我洗得白罪恶底黑汗衣，/ 貪心底油膩和欲火底灰……/ 你們家裏一切的髒東西 / 交給我洗！交給我洗！

你説洗衣的買賣太下賤，/ 幹這種買賣惟獨有唐人※。/ 你們的牧師他告訴我說：/ 耶穌的爸爸做木匠出身。/ 你信不信？你信不信？

洗衣定規是一件容易事，/ 洗衣那裏比得上造兵船？ / 洗衣匠們真個是没出息，/ 流了一身苦汗賺不了錢。/ 你們肯幹？你們肯幹？

年年洗衣三百有六十日，/ 看不見家鄉又上不了墳。/ 你們還要笑我是洗衣匠，/ 你們還要罵我是支那人。/ 好狠的心！好狠的心！

（一件，兩件，三件）/ 洗衣要乾净，/（四件，五件，六件）/ 熨衣要熨得平。

※ 此句《大江季刊》作：“這種的買賣唐人搶不贏。”其餘文字兩刊完全相同。

（一件，兩件，三件，）
　　　　洗衣要洗乾净！
（四件，五件，六件，）
　　　　熨衣要熨得平！

我洗得净悲哀的濕手帕，
我洗得白罪惡的黑汗衣，
貪心的油膩和欲火的灰……
你們家裏一切的髒東西，
　交給我洗，交給我洗。

銅是那樣臭，血是那樣腥，
髒了的東西你不能不洗，
洗過了的東西還是得髒，
你忍耐的人們理它不理？
　替他們洗！替他們洗！
你説洗衣的買賣太下賤，
肯下賤的衹有唐人不成？
你們的牧師他告訴我説：
耶穌的爸爸做木匠出身，
　你信不信？你信不信？

胰子白水要不出花頭來，
洗衣裳原比不上造兵艦。
我也説這有什麽大出息——
流一身血汗洗别人的汗？
　你們肯幹？你們肯幹？

年去年來一滴思鄉的泪，
半夜三更一盞洗衣的燈……
下賤不下賤你們不要管，
看那裏不乾净那裏不平，
　問支那人，問支那人。

我洗得净悲哀的濕手帕，
我洗得白罪惡的黑汗衣，
貪心的油膩和欲火的灰，
你們家裏一切的髒東西，
　交給我洗，交給我洗。
（一件，兩件，三件，）
　　　　洗衣要洗乾净！
（四件，五件，六件，）
　　　　熨衣要熨得平！

聞一多先生的書桌[1]

忽然一切的静物都講話了，
　忽然間書桌上怨聲騰沸：
墨盒呻吟道“我渴得要死！”
　字典喊雨水漬濕了他的背；

信箋忙叫道[2]彎痛了他的腰；

① 本詩最初發表於1925年9月19日《現代評論》第2卷第41期，收入《死水》時文字小有改動。
② “叫道”初刊時作“説”。

　鋼筆説烟灰閉塞了他的嘴，
毛筆講[①]火柴燒秃了他的鬚，
　鉛筆抱怨牙刷壓了他的腿；

香爐咕噥着“這些野蠻的書
　早晚定規要把你擠倒了！”
大鋼錶嘆息快睡銹了骨頭；
　“風來了！風來了！”稿紙都叫了；

筆洗説他分明是盛水的，
　怎麽吃得慣臭辣的雪茄灰；
桌子怨[②]一年洗不上兩回澡，
　墨水壺説“我兩天給你洗一回。”
“什麽主人？誰是我們的主人？”
　一切的静物[③]都同聲駡道，
“生活若果[④]是這般的狼狽，
　倒還不如没有生活的好！”

主人咬着烟斗迷迷的笑[⑤]，
　“一切的衆生[⑥]應該各安其位。
我何曾有意的糟蹋你們，
　秩序不在我的能力之内。”

---

① “毛筆講”初刊時作“毛筆説”。
② “桌子怨”初刊時作“桌子講”。
③ “一切的静物”初刊時作“文房的四寶”。
④ “生活若果”初刊時作“如其生活”。
⑤ “迷迷的笑”初刊時作“在摇椅上摇”。
⑥ “一切的衆生”初刊時作“芸芸的衆生”。

真我集[1]

① 這是作者自己編輯手抄的一本新詩集，約寫於"五四"後的一二年間，共收詩15首，其中《南山詩》標明爲"古詩今譯"，《雪片》《志願》兩首似爲譯作。此詩集未曾公開出版，其中僅有4首：《雨夜》、《月亮和人》（改題爲《睡者》）、《雪》、《黄昏》，後選入《紅燭》，文字有改動，請參看。

目　録

雨　　夜

幾朵浮雲，仗着雷雨的勢力，
把一個月亮，和滿天的星，都掃盡了。
一陣狂風還喊來要捉那些軟弱的樹枝，
樹枝就拼命的扭來扭去，同風抵抗。

凶狠的風聲，悲酸的雨聲，
我一邊聽着，一邊想着，
假使現在夢要來尋我，
我一定拉着他，不放他走，
剜出心來，送給他做禮物，
要他永遠跟我做朋友。

風還在樹裏呻吟着，
泪痕滿面的曙天，白得可怕，
我的夢還是沒有做成。
原來真的，我已經討厭他們了，
假的就沒有他們自己的價值嗎？

月亮和人

十一月十四日

燈光滅了；
月娥把銀潮放進窗子裏，
射到睡覺的人的雙靨上。
把他臉上的感情的表象都掃净了，

衹有那寂静靈幻的天真，
籠罩在那連耳目口鼻也分不清的素面上。

啊！這是自然底真美，
這是何等的美！
自然衹此一個模型，
鑄了月面，
也鑄了人面。

我愛月亮，
怎能不愛這睡覺的人呢？
但是有人説：
“月亮可以愛，
人愛不得。”

讀沈尹默《小妹》！想起我的妹來了也作一首

十一月十六日

今年暑假裏有一晚上，我點着一盞煤油燈看詩；媽坐在我後面，低着頭，靠在我的椅子背上。我聽見一個發顫的聲音講：

“這麽早没得事，又想起來了……”

我忽然覺得屋子起了一陣霧，燈光也發昏了，書上的字也迷糊了；温熱的泪珠一顆顆的往我的雙腮上淋着。

十五妹！我們喜歡做夢的人，自從在夢鄉里，發現了那一個光明的世界，就看着現在這牢獄的世界裏，無事不是痛苦；何以在獄裏的人，日夜的衹怕到那一天死要來拉他出獄哩？

十五妹！人家都説你死得可憐。我説你的可憐，是在生前，不在死後。

漆黑的屋子，襯出豆大的燈光；帳子裏仿佛有一個發顫的聲音講：

“又想起來了！”

十五妹！我衹怕聽這一句話。

雪　片

Mary Mapes Dooge[①]

一個雪片離開了青天底時候，
他飄來飄去地講“再見！
再見，親愛的雲，你這樣冷淡！”
然後輕輕地向前邁往。

一個雪片尋着了一株樹底時候，
“你好！”他説，——“你可平安！
你這樣的赤裸與孤單，親愛的，
我要休息，并且叫我的同伴都來。”

① 瑪麗·瑪貝·杜絲。

但是一個雪片，勇敢而且和藹，
歇在一個佳人底薔薇頰上底時候，
他吃了一驚，“好温柔的天氣呀！
這是夏季！”——他就融化了。

朝　日

夜已將他的黑幕捲起了，
世界還被酣夢羈絆着咧；
勤苦的太陽像一家底主人翁，
先起來了，披着他的綉裳，
偷偷地走到各個窗子前來
喊他的睡覺的驕兒起來作工。
啊！這樣寂静靈幻的睡容，
他那裏敢驚動呢？
他不敢驚動，衹望着他笑，
但他的笑散出熱炙的光芒
注射到他睡覺的臉上，
却驚動了他的靈魂，擺脱了他的酣夢，——
睡覺的起來了！

五月十二日

雪①

夜散下許多軟似茸毛的天花，織成一件大衫，
暗地裏將乾枯憔悴的世界，連頭帶脚地包起了；
他又加了死人一層殮衣；
他將一片魚鱗似的屋頂埋起了，
却埋不住那屋頂上的青烟縷縷，
仿佛死人的靈魂似的，從墳土裏吐出，直向天堂邁往。

高視闊步的風霜蹂躪世界，
多虧他覆滿地面，保護百草底千鈞一髮的生機，
森林裏可憐的，抖顫的衆生，戰鬥了許多時，
望見他來都説："這是冬投降底白旗，和平來了！"

平時最污穢的糞土，經他底一番變化，
現在也要蓄起他底充分的精力，
貢獻到青春，供他底生育底發展。

啊！自然底仁愛底結晶！
他底足迹所到，就是光明。
世界底百惡，一經他底齋戒沐浴，
都可以重見天日，再造生命！

① 原注：有一次作文課底題是賞雪歌，我就試了一首白話詩。趙瑞侯先生底評語講："生本風騷中後起之秀，似不必趨赴潮流。"真是可笑，特地把他録下來。

忠　告

人説："月兒，你圓似彈丸，缺似弓弦；圓時雖美，
　　缺的難看！"
我説："月兒，圓缺是你的常事，你别存美醜底觀念！
　　你缺到半規，缺到蛾眉，我還是愛你那清光燦爛；
　　但是你若怕醜，躲在黑雲裏，不肯露面，
　　我看不見你，便疑你像龜鼉底甲，蟾蜍底衣，夜叉
　　底臉。"

五月十四日

率　真

鶯兒，你唱得這樣高興，
你知道樹下靠着一個人是爲什麽的嗎？
鴉兒，你也唱得這樣高興，
你不曾聽見詛駡底聲音嗎？
好鳥兒！我想你們衹知道有了歌兒，就該唱，
什麽贊美，什麽詛駡，你們怎能管得着？
咦！鸚哥，鳥族底不肖之子，
忘了自己的歌兒學人語。
若是個個鳥兒都像你，
世界上那裏去找音樂呢？

五月十四日

志　　願

Wishes By Bosworth Crocker[①]

柔和的新月！　放蕩的青春！

柔春裏的長途散步；我們倆正值朱顏。我聽見你講："早點預備晚飯，趕快做菜。今晚有新月，讓我們設些志願，我們一塊兒去散步……睡覺還早着咧。"

柔和的新月！　放蕩的青春！

你嘯了一個調兒，我把窗户推開了，把窗户推開了好讓小小的新月窺進來。我的心很快活，他唱一個小調兒。他唱地像一個鳥樣，通夜在我的夢寐裏還唱着，一首顛狂的小歌兒。

柔和的新月！　放蕩的青春！

你的志願在四方。　個個男兒都如此。

我的志願還是舊的志願。你的志願成功了。青春遲暮了。朱顏蕭索了。新月灰木了。全世界都老了。讓窗户開着。睡覺還早着咧。

柔和的新月！　放蕩的青春！

窗户還是開着，一個憔悴的老月，古怪而且昏沉，望着我笑，斜着眼珠兒進來了，像一個老媽子嘰哩咕嚕講道：

有——一次一個——女——人——

你……你……你！

① 英語，波思華斯·克魯克的《志願》。

從她肩背上望過來——
你……你……你！
望——着——我——我那時候——正在——新弦，
設了——一個——志願——没有——成——功……
没有——成——功！
你……你……你！

可惡的老月……！

現在我再不早預備晚飯了。爲新月忙碌是没有用的。有一個調兒……他常常嘯着。

我已經忘了那個調兒……

放蕩的老月！柔和的青春！

關上窗户。過了好久罷——過了一生。

傷　　心

風兒歇了，
柳條兒舞倦了，
雀兒底嗓子叫乾了，
春底力也竭了。

肥了緑的，
瘦了紅的；
好容易穿透了花叢，

纔找出一個戀春的孤客。
拉着他的枝兒，
細細地總看不足，
忽地裏把他放了，
彈得一陣殘紅紛紛……
快放下你的眼簾！
這樣慘的象如何看得？
唉！氣不完，又哭不出，
衹咬着指尖兒默默地想着，——
你又何必這樣呢？

五月十七日

一個小囚犯

媽！我還記得，一個四月天，雨脚剛收，
檐溝正忙得吼吼聲，
園裏底花香跟湫濕的土氣在鼻子裏衝突。
一雙黄蝴蝶又來偷花粉，
太陽斜着眼珠兒瞧着我笑，
我想是他叫我去擀賊，
馬上邀我的朋友趕去。
賊没有擀着，我們反跌了一交，
塗得滿身的污泥，手被花刺兒戟破了。
我回家來，望着你哭。
你不問底細，就把我關在房裏，再不准我出來了。

我關了一個月，我問你，

“媽！事已經過了，我關得很久了，可不可放我出來？”

你説，“不怕醜的孩子！身上弄得那樣髒還好意思見人嗎？”

我説，“媽，請你替我洗洗，换一身簇新的衣服，我再也不頑皮了”。

你攢着眉尖兒想了半天纔講，“人家的孩子們都在家裏玩兒咧……”

我關了兩個月——關病了——我又問你，一壁哭着，

“媽！你一輩子不放我出來嗎？

唉！你不知道我病了嗎？

整天兒没吸一點新鮮空氣，没見一綫陽光，

再不放我出來，我真要活活的閉死了啊！”

你説，“乖兒，你病到這樣，外邊那大的風雨，你怎能禁得住呢？

醫生吩咐你在家裏養病”。

我關了半年，嘗飽了藥味，病減了一點，我又問你，

“媽，我的病好了，現在我該出去玩了罷？”

你説，“你還没好完全，你可以推開窗子望望，但不要走到外邊去了”。

窗子開了——那裏淌來的一陣如泣如訴的歌聲？聽！

“放我出來！

這無期的幽禁，我怎能受得了？

放我出來，把那腐銹渣滓，一齊刮掉，

還是一顆明星，永作你黑夜長途底向導。

不放我出來，待我鬱發了酵，更醉得昏頭跌腦，

莫怪我撞破了監牢，鬧得這世界東顛西倒！

放我出來！”

歌兒畢了，我四面尋找。找不出唱歌的人。
我很歡喜，我也失望，我又問你，
“媽，我從前的伴兒不能幫助我，
致令我糊髒了衣服，戟破了手皮；
假若現在來了一個小孩，教我不要捉蝴蝶，也不要踏污泥，
但陪着我好好生生地玩耍，還唱嘹亮的歌兒，
你也不放我出去嗎？”
你說：“可以放你，但你又上那裏找這樣一個伴兒呢？”

從此以後，我便天天站在窗口喊：
“唱歌的人兒，我們倆一塊兒出來罷！”
不曉得唱歌的人兒聽見沒有。

五月十五日

黄　昏

太陽辛苦了一天，纔賺得一個平安的黄昏，
喜得滿臉通紅，直向山窪裏狂奔
黑暗像一陣無聲的雨絲，
慢慢地往世界上灑着；
路旁的電燈次第開了金花；
但是合歡木都闔了葉子，預備睡覺。
啊！活潑潑的噴水池，你玩得這樣高興，
不要驚碎了别人的夢！
你如何玩得這般地熱鬧？

飯後散步的，像吃飽了蜜的蜂兒，一窠
三三五五地，往外飛着；
嗡——嗡——嗡——聽聽！這是唱的什麽？
　　是花色底美醜，
　　還是蜜味底厚薄；
　　是女王底專制，
　　還是東風底殘虐？

啊！黄昏，你這樣神秘的一首歌兒。
誰個唱的是你的真義？

五月二十二日

所　見

小河從槎枒的亂石縫裹溜出來，
聲音雖不大，却還帶點瀑布底意味。
在他身上横卧着，是一株老柳，
從他的幹上直竪地射出無數的小枝；
他們想找點陽光，却被頭上的密蔭攔住了，
所以那一叢緑葉，都變了死白顔色。
野藤在這一架天然的木橋下，
挂起了一束髵髿的鬢絲，
被瀑布底呼吸吹得悠悠摇動。
誰家洗衣的女兒，穿着緋紅的衫子，
蹲在緑陰深處，打得砰訇砰訇的響？

南山詩古詩今譯

聽説京城底南邊,
是群山底淵藪;
東西兩頭抵到海,
大的小的數不清。
《山海經》,《地理志》,
一概無研究;
想采書文敘一遍,
却怕十分之中漏了九,
即想不寫又不能,
祇得儘我看見的説一點。

我常在高山上望見
戢戢小丘往攏凑着,
天晴顯出突突的棱角,
還有絲絲的亂脉如同錦綉一般;
一陣山氣正是密密地渾着,
忽地裏裏外兩通透,——
没有風兒,還自簸動飄搖,
融液和軟而且茂盛。
横列的雲彩有時又平静地凝着,
露出點點的山岫;
天空裏浮着一段長眉,
深緑底顔色,剛纔畫得;
孤單單地撑着的險岩
彷佛是在海里洗澡的大鵬伸起來的嘴子。

春陽暗地裏潤澤他，
就吐出濯濯的秀色，
岩巒雖是嵂崒，
却軟弱同含着重酒一般。

晚霽見月

好了！風翅掩了，
　雨脚斂了
可惜太陽回了，
　天色黯了，
剩下崎嶇汹涌的雲山雲海，
塞滿了天空。

忽地紫波銀了
　遠樹沉了，
竟是黄昏死了，
　白月生了，——
但是崎嶇汹涌的雲山雲海，
塞滿了天空！

莫愁太陽自落，
　睡煞人兒，
且待月亮照着，
　唤醒魂兒。
但是崎嶇汹涌的雲山雲海，
塞滿了天空！

七月一日

集外詩

目　録

笑[1]

朝日裏的秋忍不住笑了——
笑出金子來了——
黃金笑在槐樹上，
赤金笑在橡樹上，
白金笑在白皮樹上。

碩健的楊樹，
裹着件拼金的綠衫，
一隻手叉着腰，
守在池邊微笑；
矮小的丁香躲在墻脚下微笑。

白楊笑完了，
衹孤零零地，
竪在石青色的天空裏發呆。

成年了的標葉[2]，
向西風抱怨了一夜，
終於得了自由，
紅着臉兒，
笑嘻嘻地脱離了故枝。

---

① 本詩原載 1923 年 2 月 19 日《清華周刊·文藝增刊》第 4 期
② “標葉”當爲“栗葉”之誤。

園　　内①

（序曲）

你開始唱着園内之“昨日”，
請唱得像玉杯跌得粉碎，
血色的酒漿濺污了滿地；
然後模擬掌中中②的細沙，
從指縫之間溜出的聲響。

你若唱到園内之“今日”，
當唱得像似一溪活水，
在旭日光中淙淙流去；
或如村塾裏總角的學童，
走珠似地背誦他的課本。
你若會唱園内之“明日”，
你當想起我們紫白的校旗，
你便唱出風旗飄舞底節奏；
最末，避席起立，額手致敬，
你又須唱得像軍樂交鳴。

（Ⅰ）

寂寥封鎖在園内了，

① 本詩原載1923年4月23日《清華十二周年紀念號·清華生活》，作者在1923年7月20日《致家人》信（以下簡稱“家信”）中對本詩作了多處更改，現在各修改處加注説明。此處在詩題後加識一語：“——爲《清華生活（清華周刊）》十二周年紀念號作——”。
② “家信”謂此處多一“中”字。

風扇不開的寂寥，
水流不破的寂寥。
麻雀呀！叫呀，叫呀！
放出你那箭鏑似的音調，
射破這堅固的寂寥！
但是雀兒終叫不出來，
寂寥還封鎖在園内。

在這沉悶的寂寥裏，
雨水泡着的朱扉，
纔剩下些銀紅的霞暈：
雨水洗盡了昨日的光榮。
在這沉悶的寂寥裏，
金黄釉的琉璃瓦
是條死龍底殘鱗敗甲，
飄零在四方上下。

在這陰霾的寂寥裏，
大理石、雲母石、青琅玕、漢白玉，
龜坼的階墀、矢折的欄柱……
縱橫地臥在蓬蒿叢裏，
像是曝在沙場上的戰骨。

在這悲酸的寂寥裏，
長髮的柳樹還像宫妃，
瞰在膠凝的池邊飲泣，飲泣……
半醒的蝸牛在敗壁上
拖出了顛斜錯雜的篆文，

仿佛一頁寫錯了的歷史。

在這恐怖的寂寥裏，
尫瘠的[①]月兒常挂在松枝上，
像煞一個縊死的僵尸：
在這恐怖的寂寥裏，
瘋魔的月兒在松枝上縊死。

在這無聊的寂寥裏，
坍碎了的王宫變成一座土地廟[②]：
顫怯的農夫鬼物似的，
悄悄地溜進園來，
悄悄地燒了香，磕了頭，
又悄悄地溜出園去……
寂寥又封鎖在園内了。
寂寥封鎖在園内了；
風扇不開的寂寥，
水流不破的寂寥……
一切都是沉悶陰霾，
一切都是悲酸恐怖，
一切都是百無聊賴。

（Ⅱ）

好了！新生命胎動了！

---

① “家信”改爲“尫瘦的”。
② 原注：今中等科之東舊有土地廟一所。關於清華學校以前的清華園，請參看《十周年紀念增刊》。
“家信”將此注改爲“今清華園中等科之東，舊有土地廟一所”。

寂寥的園内生了瑞芝，
紫的靈芝，白的靈芝，
妝點了神秘的蕪園。
靈芝生了，新生命來了！

好了，活潑潑的少年
摩肩接踵地擠進園來了。
餓着腦經，燒着心血，
緊張着肌肉的少年，
從長城東頭，穿過山海關，
裹着件大氅，跑進園來了；
從長城西尾，穿過潼關，
坐在驢車裹拉進園來了。

從三峽底湍流裹救出的少年
病懨懨地踱進園裹來了；
漂過了南海，漂過了東海，
漂過了黄海，漂過了渤海的少年，
摇着團羅扇，闖進園裹來了；
風流倜儻的少年
碧衫兒蕩着西湖底波色，
翩翩然飄進園裹來了。

少年們來了，靈芝生滿園内，
一切衹是新鮮，一切衹是明媚，
一切衹是希望，一切衹是努力；
靈芝不斷地在園内茁放，
少年們不斷地在園内努力。

（Ⅲ）

於是曙色烘醒了東方，
好像浸漸明晰的思想。
晨鷄叫了，晨星没了
太陽翻身起來了——
金光鍍在紫銅蓋的穹窿上，
金光燃在龍鱗似的琉璃瓦上，
金光描在高樓頂的旗杆上，
金光灑在戰巍巍的松枝上，
金光吻在少年底桃頰上。①

少年在太陽底蹕道之旁，
瞻望六龍挽着的雲軿發軔，
彷彿誠惶誠恐的村童，
遥望着帝王的法駕西幸，
無限的敬仰，無限的欣羡，
充滿了他那蒙稚的心靈。

早起的②少年危立在假石山上，
紅荷招展在他脚底，
旭日燦爛在他頭上，
早起的少年對着新生的太陽

① 本節詩“家信”改爲：
於是曙色烘醒了東方，/好像侵漸明晰的思想。/晨鷄叫了，太陽翻身起來了，——/金光鍍上了紫銅蓋的穹窿，/金光點燃了龍鱗似的琉璃瓦，/高樓頂的旗杆上描着金光，/戰巍巍的松針上灑着金光，/早起的少年被晨曦愛上了，/熱烈的金光吻着他的桃頰。
② “家信”謂“早起的”三字爲衍文。

如同對着他的嚴師，
背誦莊周屈子底鴻文，
背誦沙翁彌氏底巨製。

萬籟無聲，宇宙在斂息傾聽，
馴雀飛於平地來傾聽，
金魚浮上池面來傾聽——
少年對着新生的太陽，
背誦着他的生命底課本。

啊！“自强不息”的少年啊！①
誰是你的嚴師！
若非這新生的太陽？

（IV）

於是夕陽漲破了西方，
赤血喋染了宇宙——
不是賠償罪惡的代價，
乃是生命澎漲之溢流。

赤血喋染了宇宙，
細草伸出舌頭舐着赤血，
綠楊散開亂髮沐着赤血。
噴水池抛開螺鈿鑲的銀鏈，
吼着要鎖住竄游的②夕陽；

① 原注：不要忘了這是本校底校箴。
“家信”將此注改爲“這是清華學校底校訓”。
② “竄游的”，“家信”改爲“竄逝的”。

夕陽跌倒在噴水池中，
池中是一盆鮮明的赤血。

紅磚上更紅的爬墻虎，
紫莖裹迸出赤葉的爬墻虎，
彷佛是些血管漲破了，
迸出了滿墻的紅血斑。

赤血澎漲了夕陽的宇宙，
赤血澎漲了少年的血管。
少年們在廣場上游戲，
球丸在太空裹飛騰，
像是九天上跳踉的巨靈，
戲弄着熄了的太陽一樣。

少年們踢着熄了的太陽，
少年們抛着熄了的太陽，
少年們頂着熄了的太陽，
少年們抱着熄了的太陽：
生命澎漲了少年底血管，
少年們在戲弄熄了的太陽。

夕陽裹喧呼着的少年們，
赤銅鑄的筋骨，
赤銅鑄的精神，

在戲弄熄了的太陽。[1]

(V)

於是月兒窺進了東園,
宇宙被清光浸滿,
宇宙晶涼的海水一般。
宇宙變了清光之海——
銀波迸入了窗櫺,
銀波泛濫了庭院,
銀波彌漫了大自然,
宇宙沉淪在海底裏。

那裏有楊柳?那裏有松檜?
這水似的晶藍的空氣中[2],
衹有些曼舞的海藻,
衹有些鵠立的鐵珊瑚,
拱抱着巍峨的大禮堂,
龍宮似的莊嚴燦爛。

龍宮底閶闔是黃金鍾出的,
龍宮底楹柱是白玉雕成的。
哦,莫不是水國的仙人——

① 以上兩節“家信”改爲:

少年們踢着、抛着太陽,/少年們頂着、抱着太陽,——/沸熱的生命/在他們血管中澎漲。/夕陽中喧呼着的少年們,/赤銅鑄的筋肉,/赤銅鑄的精神,/在戲弄着熄了的太陽。

② 此句“家信”改爲“在這晶藍的、水似的空氣中”。

這清空靈幻的少年
飄搖在龍宫之東，龍宫之西，
那雍容閑雅的少年
躅躑在龍宫之南，龍宫之北？

少年浮游在海底在，
浮游在清光之海底在，
清光浸入少年底心裏，
清光洗在少年底身外。
滌盡濁垢，飲入清光，
少年便是清光之海。

聽啊！那裏來的歌聲？
莫非就是泣珠的鮫人——
莫非是深深海底的鮫人，
坐在紫黑的巉石龕下，
一壁織着愁思之綃，
一壁唱着纏綿之歌？①

啊！如此纏綿的歌聲，
唱得海水底晶波戰栗，
唱得海樹底枝葉颼飀，
唱得少年不能仰首，
唱醒了少年底杳恨冥愁。②

① 以上兩句"家信"改爲"一壁織着愁思底輕綃，一壁唱着纏綿的歌調？"
② 此句"家信"改爲"唱醒了他的杳恨冥愁"。

少年聽了纏綿的歌聲，
喚起了甜蜜蜜的神聖的絶望，
或是熱烘烘的玄秘的隱憂，
一種没由來，没目的，
一知半解的少年愁——
爲了茫茫的大千宇宙？
爲了滔滔的洪水猛獸？
爲了閘不住的情緒之流？
還是抛不下錨的生命之舟？

（Ⅵ）

於是月兒愈漸躲入了西園，
樓房底暗影愈漸伸張彌漫，
列着鵝鸛陣的暗影轉戰而前，
終於占領了淒凉的庭院。

院中垂頭喪氣的花木，
是被黑暗拘囚的俘虜；
鎖在檐下的紫丁香，
鎖在墻脚的迎春柳，
含着露珠兒，含着泪珠兒，
莫不是牛衣對泣的楚囚？
畫角哀哀地叫了！
悲壯的畫角在黑暗裏狂吠，
好像激昂的更犬吠着盗賊；
鋭利的角聲在空中咬着，
咬破了黑暗底魔術，
咬破了少年底美夢，

少年們揎開美夢，跳起[1]榻床，
少年們已和黑暗宣戰了。

哦！静夜的角聲如何哭了？
將少年們底心臟哭融了，
五百個戰士底心臟融成一個。

樓上點着蠟燭，
樓下點着蠟燭，
少年們正在會議，
少年們正在努力。
三旗營底銅磬報盡了五更，
報導黑暗底行程將盡，
少年們啊！再點上一枝蠟燭，
便撑持過了這黑暗的末路！

曙光回了，新生命又來了！
一切又是新鮮，明媚，
一切又是希望，努力。
餓的腦經，燒着心血，
緊張着肌肉的少年們，
憑着希望造出了希望；
活潑潑的少年們，
又在園内不斷地努力。

① “跳起”，“家信”改爲“跳出”。

（Ⅶ）

然後有一天園内的昨日，
隱入了蒙昧的歷史，
園内的今日瓜代了昨日。
然後風雲擾攘的天宇
終竟澈體澄清了……
雍穆的蔚藍臨照了一切。
無垠的蔚藍的天宇
襯出了金碧輝煌的樓閣。

焕麗雄偉的樓閣
像似皇宮帝闕一般——
蓬萊的曉鐘鳴了，
文武的千官，戎狄的臣侄，
群在崔嵬的紫宸殿下，
膜拜着文獻之王。

肅静森嚴的樓閣
又似佛寺梵宇一般——
上方的暮磬響了，
意志猛似龍象的僧侶們，
群在理智之佛像前，
焚着虔誠底香火。

哦　文獻底宮殿啊！
哦　理智底寺觀啊！
矗峙在蔚藍的天宇中，

你是東方華胄的學府！
你是世界文化底盟壇！

（Ⅷ）

飄啊！紫白參半的旗喲！
飄啊！化作雲氣飄摇着！
白雲扶着的紫氣喲！
氲氤在這“水木清華”的景物上，
好讓這裏萬人底眼望着你，
好讓這裏萬人底心向着你！

這裏萬人還在猛烈地工作，
像園内的蒼松一般工作，
伸出他們的理智的根爪，
挖爛了大地底肌腠，
撕裂了大地底骨骼，
將大地底神髓吸地，
好向中天的紅日泄吐。

這裏萬人還在静默地工作，
像園外的西山一般工作，
静默地滋育了草木，
静默地迸溢了温泉，
静默地馱負了浮圖御苑；
春夏他沐着雨露底膏澤，
秋冬他戴着霜雪底傷痕，
但他總是在静默中工作。

這裏努力工作的萬人，
并不像西方式的機械，
大齒輪綰着小齒輪，
全無意識地轉動，
全無目的地轉動。
但祇爲他們的理想工作，
爲他們四千年來的理想，
古聖先賢底遺訓，努力工作。

雪氣[1]氲氤的校旗呀！
你在百尺高樓上飄摇着，
近矚京師，遠望長城，
你臨照着舊中華底脊骸，
你臨照着新中華底心臟。
啊！展開那四千年文化底歷史，
警醒萬人，啓示萬人，
賜給他們靈感，賜給他們精神！
雲氣氲氤的校旗呀！
在東西文化交鋒之時，
你又是萬人底軍旗！
萬人肉袒負荆底時間過了，
萬人卧薪嘗膽底時期過了，
萬人要爲四千年底文化
與强權霸術决一雌雄！

雲氣氲氤的校旗呀！

① 似爲“雲氣”之誤。

你便是東來的紫氣，
你飄出函谷關，向西邁往[1]，
你將挾着我們聖人底靈魂，
浵漫了西土，浵漫了全球！

飄呀！紫白參半的旗呀！
飄呀！化作雲氣飄摇着！
白雲扶着的紫氣呀！
氤氲在這“水木清華”的景物上，
莫使這裏萬人忘了你的意義！
莫使這裏萬人忘了你的意義！

一九二三年三月十六日二稿[2]

漁陽曲[3]

白日底光芒照射着朱夢，
丹墀上默跪着雙雙的桐影。
宴飲的賓客坐滿了西厢，
高堂上虎踞着他們的主人，
高堂上虎踞着威嚴的主人。
丁東，丁東，
沉默浵漫了堂中，
又一個鼓手，

① 原注：關令尹登樓見東極有紫氣西邁，喜曰，應有聖人經過京邑。至期，果見老子。杜工部詩“東來紫氣滿函關”正用此事。此處所謂“聖人底靈魂”即指老子。
② “家信”謂本詩末尾署“一九二三年七月二十日三稿”。
③ 本詩原載 1925 年 3 月《小說月報》第 16 卷第 3 號。

在堂前奏弄，
這鼓聲與衆不同。
丁東，丁東，
聽！你可聽得懂？
聽！你可聽得懂？

銀琖玉碟——嘗不遍燕脯龍肝，
鸕鶿杓子瀉着美酒如泉……
杯盤的交響鬧成鏗鏘一片，
笑容堆皺在主人底滿臉——
啊，笑容堆皺了主人底滿臉。
丁東，丁東，
這鼓聲與衆不同——
它清如鶴唳，
它細似吟蛩；
這鼓聲與衆不同。
丁東，丁東，
聽！你可聽得懂？
聽！你可聽得懂？

你看這鼓手他不像是凡夫，
他儒冠儒服，定然腹有詩書；
他宜乎調度着更幽雅的音樂，
粗笨的鼓棰不是他的工具，
這雙鼓棰不是這手中的工具！
丁東，丁東
這鼓聲與衆不同——
像寒泉注澗，

像雨打枯桐；
這鼓聲與衆不同。
丁東，丁東，
聽！你可聽得懂？
聽！你可聽得懂？

你看他敲着鼉鼉鼓，兩眼朝天，
你看他在庭前繞一道長弧綫，
然後徐徐地步上了階梯，
一步一聲鼓，越打越酣然——
啊，聲聲的叠鼓，越打越酣然。
丁東，丁東，
這鼓聲與衆不同——
陡然成急切，
忽又變沉雄；
這鼓聲與衆不同。
丁東，丁東，
不同，與衆不同！
不同，與衆不同！

坎坎的鼓聲震動了屋宇：
他走上了高堂，便張目四顧，
他看見滿堂縮瑟的猪羊，
當中是一隻磨牙的老虎。
他偏要撩一撩這隻老虎。
丁東，丁東，
這鼓聲與衆不同；
這不是頌德，

也不是歌功；
這鼓聲與衆不同。
丁東，丁東，
不同，與衆不同！
不同，與衆不同！

他大步地跨向主人底席旁，
却被一個班吏匆忙地阻擋；
“無禮的奴才！”這班吏吼道，
“你怎不穿上號衣，就往前瞎闖？
你没穿號衣，就往這兒瞎闖？”
丁東，丁東，
這鼓聲與衆不同——
分明是咒詛，
顯然是嘲弄；
這鼓聲與衆不同。
丁東，丁東，
聽！你可聽得懂？
聽！你可聽得懂？

他領過了號衣，靠近欄杆，
次第的脱了皂帽，解了青衫，
忽地滿堂的目珠都不敢直視，
仿佛看見猛烈的光芒一般，
仿佛他身上射出金光一般。
（丁東，丁東）
這鼓手與衆不同；
他赤身露體，

他聲色不動；
這鼓手與衆不同。
（丁東，丁東）
真個與衆不同！
真個與衆不同！

滿堂是恐怖，滿堂是驚訝，
滿堂寂寞——日影在石欄杆下；
飛起了翩翩一隻穿花蝶，
灑落了疏疏幾點木犀花，
庭中灑下了幾點木犀花。
（丁東，丁東）
這鼓手與衆不同——
莫不是酗醉？
莫不是癲瘋？
這鼓手與衆不同。
（丁東，丁東）
定當與衆不同！
定當與衆不同！

蒼黄的號褂，露出一隻赤臂，
頭顱上高架着一頂銀盔，——
他如今换上了全副的裝束，
如今他纔是一個知禮的奴才，
他如今纔是個知禮的奴才。
丁東，丁東，
這鼓聲與衆不同——
像狂濤打岸，

像霹靂騰空；
這鼓聲與衆不同。
丁東，丁東，
不同，與衆不同！
不同，與衆不同！

他在主人底席前左右徘徊，
鼓聲愈漸激昂，越加慷慨；
主人停了玉杯，住了象箸，
主人底面色早已變作死灰，
啊，主人底面色爲何變作死灰？
丁東，丁東，
這鼓聲與衆不同——
擂得你膽寒，
撾得你發聳；
這鼓聲與衆不同。
丁東，丁東，
不同，與衆不同！
不同，與衆不同！

猖狂的鼓聲在庭中嘶吼，
主人底羞惱哽塞在咽喉，
主人將喚起威風，嘔出怒火，
誰知又一陣鼓聲撲上心頭，
把他的怒火撲滅在心頭。
丁東，丁東，
這鼓聲與衆不同——
像魚龍走峽，

像兵甲交鋒；
這鼓聲與衆不同。
丁東，丁東，
不同，與衆不同！
不同，與衆不同！

堂下的鼓聲忽地笑個不止，
堂上的主人衹是坐着發痴；
洋洋的笑聲灑落在四筵，
鼓聲笑破了奸雄的膽子——
鼓聲又笑破了主人的膽子！
（丁東，丁東）
這鼓手與衆不同——
席上的主人
一動也不動；
這鼓手與衆不同。
（丁東，丁東）
定當與衆不同！
定當與衆不同！

白日的殘輝繞過了雕楹，
丹墀上没有了雙雙的桐影。
無聊的賓客坐滿了兩厢，
高堂上呆坐着他們的主人，
高堂上坐着喪氣的主人。
（丁東，丁東）
這鼓手與衆不同——
懲斥了國賊，

庭辱了梟雄；
這鼓手與衆不同。
（丁東，丁東）
真個與衆不同！
真個與衆不同！

大　暑①

今天是大暑節，我要回家了！
今天的日曆他勸我回家了。
　　他説家鄉的大暑節
　　是斑鳩唤雨的時候，
大暑到了，湖上飄滿紫鷄頭。
大暑正是我回家的時候。

我要回家了，今天是大暑；
我們園裏的絲瓜爬上了樹，
　　幾多銀緑的小葫蘆
　　吊在藤鬚上巍巍戰，
初結實的黄瓜兒小得像橄欖……
啊！今年不回家，更待那一年？

今天是大暑，我要回家了！
燕兒坐在桁梁上頭講話了；
　　科頭赤脚的村家女，
　　門前叫道賣蓮蓬；

① 本詩原載 1925 年 4 月 1 日《京報副刊》第 106 號。

青蛙鬧在畫堂西，鬧在畫堂東，……
今天不回家辜負了稻香風。

今天是大暑，我要回家去！
家鄉的黄昏裏盡是鹽老鼠①，
　　月下乘凉聽打稻，
　　卧看星斗坐吹簫；
鷺鷥偷着踏上漁船來睡覺，
我也要回家了，我要回家了！
　　　　　　　十三（一九二四）年夏美國珂泉

閨中曲②

墻頭還灑着淅瀝的餘滴，
夕陽浸在泥窪中的積潦裏，
寂寞的空階呆立着一個伊——
“人兒！人兒！”伊嘆道，
“我幾時，幾時纔能看見你？”

横斜的雁字没入了天河，
寒雁底呼聲從伊心中穿過；
於是悲哀沉澱在伊的心窩，
“天啊！天啊！”伊叫道，
“你爲什麽，爲什麽生了我！”

① 原注：吾鄉稱蝙蝠爲鹽老鼠。
② 本詩原載 1925 年 4 月 5 日《晨報副刊·文學旬刊》第 66 號。

瘠啞的自鳴鐘負墻而立。
時間是無涯的厭倦和煩累。
伊站在生死的門限上猶夷：
“悲哀！悲哀！”伊想道，
“我將永遠，永遠結束了你！”
搖籃裏忽然呱呱的啼哭，
仿佛是黑夜裏聲聲的更鼓，
把伊從一場惡夢之中救出。
“兒啊！兒啊！”伊哭道，
“教我如何，如何死得下去！

醒　呀！①

（衆）天鷄怒號，東方已經白了，
慶雲是希望開成五色的花。
醒呀，神勇的大王，醒呀！
你的鼾聲真和緩得可怕。

他們説長夜閉熄了你的靈魂，
長夜的風霜是致命的刀。
熟睡的神獅呀，你還不醒來？
醒呀，我們都等候得心焦了！

（漢）我叫五岳的山禽奏樂，
我叫三江的魚龍舞蹈。
醒呀！神明的元首，醒呀！

① 本詩原載 1925 年 6 月 27 日《現代評論》第 2 卷第 29 期。

（滿）我獻給你長白的馴鹿，
我獻給你黑龍的活水。
醒呀！勇武的單于，醒呀！

（蒙）我有大漠供你的馳驟，
我有西套作你的庖厨。
醒呀！偉大的可汗，醒呀！

（回）我給你築碧玉的洞宫，
我請你在葱嶺上巡狩。
醒呀！神聖的蘇丹，醒呀！

（藏）我吩咐喇嘛日夜禱求，
我焚起麝香來歡迎你。
醒呀！莊嚴的活佛，醒呀！

（衆）讓這些禱詞攻破睡鄉的城，
讓我們把眼泪來澆醒你。
威嚴的大王呀，你可憐我們！
我們的靈魂兒如此的戰栗！

醒呀！請扯破了夢魔的網羅。
神州給虎豹豺狼糟蹋了。
醒了罷！醒了罷！威武的神獅！
聽我們在五色旗下哀號。

這些是歷年旅外因受盡帝國主義的閑氣而喊出的不平的呼聲；本已交給留美同人所辦一種鼓吹國家主義的雜志名叫《大江》的了。但目下正值帝國主義在滬漢演成這種慘劇，而《大江》出版又還有些日子，我把這些詩找一條捷徑發表了，是希望他們可以在同胞中激起一些敵愾，把激昂的民氣變得更加激昂。我想《大江》的編輯必能原諒這番苦衷。

作　者

七子之歌①

邶有七子之母不安其室。七子自怨自艾，冀以回其母心。詩人作《凱風》以愍之。吾國自《尼布楚條約》迄旅大之租讓，先後喪失之土地，失養於祖國，受虐於異類，臆其悲哀之情，蓋有甚於《凱風》之七子。因擇其與中華關係最親切者七地，爲作歌各一章，以抒其孤苦亡告，眷懷祖國之哀忱，亦以勵國人之奮興云爾。國疆崩喪，積日既久，國人視之漠然。不見夫法蘭西之 Alsace-Lorraine②耶？“精誠所至，金石能開。”誠如斯，中華“七子”之歸來其在旦夕乎！

（澳門）

你可知“媽港”不是我的真名姓？……
我離開你的襁褓太久了，母親！
但是他們擄去的是我的肉體，
你依然保管着我内心的靈魂。
三百年來夢寐不忘的生母啊！
請叫兒的乳名，叫我一聲“澳門”！

① 本詩原載 1925 年 7 月 4 日《現代評論》第 2 卷第 30 期。
② 阿爾薩斯——洛林，法國北部地名。

母親！我要回來，母親！

（香港）

我好比鳳闕階前守夜的黄豹，
母親[1]呀，我身分雖微，地位險要。
如今獰惡的海獅撲在我身上，
啖着我的骨肉，咽着[2]我的脂膏；
母親呀，我哭泣號啕，呼你不應。
母親呀，快讓我躲入你的懷抱！
母親！我要回來，母親！

（臺灣）

我們是東海捧出的珍珠一串，
琉球是我的群弟我就是臺灣。
我胸中還氲氤着鄭氏的英魂，
精忠的赤血點染了我的家傳。
母親，酷炎的夏日要曬死我了；
賜我個號令，我還能背城一戰。
母親！我要回來[3]，母親！

（威海衛）

再讓我看守着中華最古的海，
這邊岸上原有聖人的丘陵在。
母親，莫忘了我是防海的健將，

① 原誤印爲“如親”，現據《現代評論》第2卷第31期（1925年7月11日出版）的《前期正誤》（以下簡稱《正誤》）改正。
② 原誤印爲“噯着”，現據《正誤》改正。
③ 原誤印爲“我要回母來”，現據《正誤》刪改。

我有一座劉公島作我的盾牌。
快救我回來呀，時期已經到了。
我背後葬的盡是聖人的遺骸！
　　母親！我要回來，母親！

（廣州灣）

東海和硇洲是一雙管鑰，
我是神州後門上的一把鐵鎖。
你爲什麼把我借給一個盜賊？
母親呀，你千萬不該拋棄了我！
母親，讓我快回到你的膝前來，
我要緊緊的擁抱着你的脚髁。
　　母親！我要回來，母親！

（九龍）

我的胞兄香港在訴他的苦痛，
母親呀，可記得你的幼女九龍？
自從我下嫁給那鎮海的魔王，
我何曾有一天不在淚濤洶涌！
母親，我天天數着歸寧的吉日，
我衹怕希望要變作一場空夢。
　　母親！我要回來，母親！

（旅順，大連）

我們是旅順，大連，孿生的兄弟。
我們的命運應該如何的比擬？——
兩個强鄰將我們來回的蹴踢，

我們是暴徒脚下的兩團爛泥。
母親，歸期到了，快領我們回來。
你不知道兒們如何的想念你！
　　母親！我們要回來，母親！

長城下之哀歌①

啊！五千年文化底紀念碑喲！
偉大的民族底偉大的標幟！……
哦，那裏是賽可羅坡底石城？
那裏是貝比樓？那裏是伽勒寺？
這都是被時間蠹蝕了的名詞；
長城？肅殺的時間還傷不了你。

長城啊！你又是舊中華底墓碑，
我是這墓中的一個孤鬼——
我坐在墓上痛哭，哭到地裂天開，
可纔能找見舊中華底靈魂，
并同我自己的靈魂之所在？……
長城啊！你原是舊中華底墓碑！

長城啊！老而不死的長城啊！
你還守着那九曲的黄河嗎？
你可聽見他那消沉的脉搏？
你的同僚怕不就是那金字塔？
金字塔，他雖守不住他的山河，

① 本詩原載 1925 年 7 月 15 日《大江季刊》第 1 卷第 1 期。

長城啊！你可守得住你的文化！

你是一條身長萬里的蒼龍，
你送帝軒轅升天去回來了，
偃卧在這裏，頭枕滄海，尾蹋崑崙，
你偃卧在這裏看護他的子孫。
長城啊！你可盡了你的責任？
怎麼黃帝的子孫終於“披髮左衽！”

你又是一座曲折的綉屏：
我們在屏後的華堂上宴飲——
日月是我們的兩柱紗燈，
海水天風和着我們高咏，
直到時間也爲我們駐轡流連，
我們便挽住了時間放懷酣寢。

長城！你爲我們的睡眠擔當保障；
待我們睡銹了我們的筋骨，
待我們睡忘了我們的理想，
流賊們忽都爬過我們的圍屏，
我們那能禦抗？我們衹得投降，
我們衹得歸附了狐群狗黨。

長城啊！你何曾隔閡了匈奴，吐蕃？
你又何曾障阻了遼，金，金，滿？……
古來衹有塞下的雪没馬蹄，
古來衹有塞上的烽烟雲捲，
古來還有胡驄載着一個佳人，

抱着琵琶飲泣，馳出了玉關！……

唉！何須追憶得昨日的辛酸！
昨日的辛酸怎比今朝的劫數？
昨日的敵人是可汗，是單于，
都幸而闖入了我們的門庭，
洗盡腥膻攀上了文明底壇府，——
昨日的敵人還是我們的同族。
但是今日的敵人，今日的敵人，
是天災？是人禍？是魔術？是妖氛？
哦，銅筋鐵骨，嚼火漱霧的怪物，
運輸着罪孽，散播着戰争……
哦，怕不要撲熄了我們的日月，
怕不要搗毁了我們的乾坤！

啊！從今那有珠簾半捲的高樓，
鎮日裏睡鴨焚香，龍頭瀉酒，
自然歌穩了太平，舞清了宇宙？
從今那有石壇丹竈的道院，
一樹的碧陰，滿庭的紅日，——
童子煎茶，燒着了枯藤一束？

那有窗外的一樹寒梅，萬竿斜竹，
窗裏的幽人撫着焦桐獨奏？
再那有荷鋤的農夫踏着夕陽，
歌聲響在山前，人影没入山後？
又那有柳蔭下繫着的漁舟，
和細雨斜風催不回去的漁叟？

哦，從今衹有暗無天日的絶壑，
裝滿了麽小微茫的生命，
像黑蟻一般的，東西馳騁，——
從今衹有半死的囚奴，鵠面鳩形，
抱着金子從礦坑裏爬上來，
給吃人的大王們獻壽謝恩。

從今衹有數不清的烟突，
仿佛昂頭的毒蟒在天邊等候，
又像是無數驚恐的惡魔，
伸起了巨手千隻，向天求救；
從今瞥着萬隻眼睛的街市上，
骷髏拜骷髏，骷髏趕着骷髏走。

啊！你們誇道未來的中華，
就誇道萬里的秦嶺蜀山，
剖開腹臟，瀉着黄金，瀉着寶鑽；
誇道我們鐵路絡繹的版圖，
就像是網脉式的楮葉一片，
停泊在太平洋底白浪之間。

又誇道䰟載歸來的戰艦商輪，
載着金的，銀的，形形色色的貨幣，
鎸着英皇喬治，美總統林肯，
各國元首底肖像，各國底國名；
誇道西歐底海獅，北美底蒼隼，
俯首鍛翮，都在上國之前請命。

你們誇道東方的日耳曼,
你們誇道又一個黄種的英倫,——
哈哈!誇道四千年文明神聖,
俯首帖耳的墮入狗黨狐群!
啊!新的中華嗎?假的中華喲!
同胞啊!你們纔是自欺欺人!

哦,鴻荒的遠祖——神農,黄帝!
哦,先秦的聖哲——老聃,宣尼!
吟着美人香草的愛國詩人!
餓死西山和悲歌易水的壯士!
哦,二十四史裏一切的英靈!
起來呀,起來呀,請都興起,——

請鑒察我的悲哀,做我的質證,
請來看看這明日的中華——
庶祖列宗啊!我要請問你們:
這紛紛的四萬萬走肉行尸,
你們還相信是你們的血裔?
你們還相信是你們的子孫?

神靈的祖宗啊!事到如今,
我當怨你們築起這各種城寨,
把城内文化底種子關起了,
不許他們自由飄播到城外,
早些將禮義底花兒開遍四鄰,
如今反教野蠻底荆棘侵進城來。

我又不懂這造物之主底用心，
爲何那裏攤着荒絶的戈壁，
這裏架起一道横天的葱嶺，
那裏又停着浩蕩的海洋，
中間藏着一座蓬萊仙境，
四周圍又堆伏着魍魎猩猩？

最善哭的太平洋！衹你那容積，
纔容得下我這些澎湃的悲思。
最宏偉，最沉雄的哀哭者喲！
請和着我放聲號咷地哭泣！
哭着那不可思議的命運，
哭着那亘古不滅的天理——

哭着宇宙之間必老的青春，
哭着有史以來必散的盛筵，
哭着我們中華的莊儼（嚴）燦爛，
也將永遠永遠地烟消雲散。
哭啊！最宏偉，最沉雄的太平洋！
我們的哀痛幾時方能哭完？

啊！在麥壠中悲歌的帝子！
春水流愁，眼泪洗面的降君！
歷代最傷心的孤臣節士！
古來最善哭的勝國遺民！
不用悲傷了，不用悲傷了，
你們的喪失究竟輕微得很。

你們的悲哀算得了些什麽？
我的悲哀是你們的悲哀之總和。
啊！不料中華最末次的滅亡，
黄帝子孫最澈底的墮落，
畢竟要實現於此日今時，
畢竟在我自己的眼前經過，

哦，好肅殺，好尖峭的冰風啊！
走到末路的太陽，你竟這般沮喪！
我們中華底名字鐫在你身上；
太陽，你將被這冰風吹得冰化，
中華底名字也將冰得同你一樣？
看啊！猖獗的冰風！狼狽的太陽！

哦，你一隻大雕，你從那裏來的？
你在這鉛鐵的天空裏盤飛；
這八達嶺也要被你占了去，
築起你的窠巢，蕃殖你的族類？
聖德的鳳凰啊！你如何不來，
竟讓這神州成了惡鳥底世界？

雹雪重載的凍雲來自天涯，
推揎着，摩擦着，在九霄争路，
好像一群激戰的天狼互相鏖殺。
哦，凍雲漲了，滚落在居庸關下，
蒼白的凍雲之海彌漫了四野，——
哎呀！神州啊！你竟陸沉了嗎？

長城啊！讓我把你也來撞倒，
你我都是贅疣，有些什麼難捨？
哦，悲壯的角聲，送葬的角聲，——
畫角啊！不要哀傷，也不要詛罵！
我來自虛無，還向虛無歸去，
這墮落的假中華不是我的家！

我是中國人[①]

我是中國人，我是支那人，
我是黃帝底神明血胤，
我是地球上最高處來的，
帕米爾便是我的原籍。

我的種族是一條大河，
我們流下了崑崙山坡，
我們流過了亞洲大陸，
我們流出了優美的風俗。
偉大的民族！偉大的民族！
五岳一般的莊嚴正肅，
廣漠的太平洋底度量，
春雲的柔和，秋風的豪放！

我們的歷史可以歌唱，
他是堯時老人敲着木壤，

① 本詩原載1925年7月15日《大江季刊》第1卷第1期，又載《現代評論》1925年7月25日第2卷第33期，個別文字有改動。現在各改動處加注説明。

敲出來的太平的音樂，——
我們的歷史是一首民歌。

我們的歷史是一隻金罍，
盛着帝王祀天底芳醴——
我們敬天我們順天，①
我們是樂天安命的神仙。

我們的歷史是一掬清泪，
孔子哀悼死麒麟的泪；
我們的歷史是一陣狂笑，
莊周，淳于髡，東方朔底笑。

我是中國人，我是支那人，
我的心裏有堯舜底心，
我的血是荆軻聶政底血，
我是神農黄帝底遺孽。

我的智慧來得真離奇，
他是河馬獻來的饋禮；
我這歌聲中的節奏，
原是九苞鳳凰底傳授。

我心頭充滿戈壁底沉默，
臉上有黄河波濤底顔色，
泰山底石溜滴成我的忍耐，

① 本句《現代評論》改爲“我們敬天，我們又順天”。

峥嶸的劍閣撑出我的胸懷。

我没有睡着！我没有睡着！[1]
我心中的靈火還在燃燒；
我的火焰他越燒越燃，
我爲我的祖國燒得發顫。

我的記憶還是一根麻繩，
繩上束滿了無數的結梗；
一個結子是一樁史事——
我便是五千年底歷史。

我是過去五千年底歷史，
我是將來五千年底歷史。
我要修葺這歷史底舞臺，
預備排演歷史底將來。

我們將來的歷史是一首歌[2]
還歌着海晏河清底音樂；
我們將來的歷史是一杯酒，
又在金罍裏給皇天獻壽。

我們將來的歷史是一滴泪，
我的泪洗盡人類底悲哀；
我們將來的歷史是一聲笑，

① 本句的兩處“睡着”《現代評論》均改爲“睡覺”。
② 本節一、三句的“一首歌”“一杯酒”及下節一、三句的“一滴泪”“一聲笑”，《現代評論》均删去“一”字。

我的笑驅盡宇宙底煩惱。

我們是一條河，一條天河，
一派渾渾噩噩的光波——
我們是四萬萬不滅的明星，
我們的位置永遠注定。

偉大的民族！偉大的民族！
我是東方文化底鼻祖，
我的生命是世界底生命，
我是中國人，我是支那人！

愛國的心 ①

我心頭有一幅旌旆
没有風時自然摇擺；
我這幅抖顫的心旌
上面有五樣的色彩。

這心腹裏海棠葉形
是中華版圖底縮本；
誰能偷去伊的版圖？
誰能偷得去我的心？

① 本詩原載1925年7月15日《大江季刊》第1卷第1期，又載《現代評論》1925年7月11日第2卷第31期，發表時目録標題爲《愛國心》，第一節第一句的“心頭”作“胸中”，句末加了“，”；第二節第一句的“心腹裏”作“心臟底”，第二句的“；”作“。”。

回來了①

這真是説不出的悲喜交集——
滾滾的江濤向我迎來，
然後這裏是青山，那裏是緑水……
我又投入了祖國的慈懷！

你莫告訴我這裏是遍體瘡痍，
你没聽見麥浪翻得沙沙響？
這纔是我的家鄉我的祖國：
打盹的雀兒釘在牛背上。

祖國呀！今天我分外的愛你……
風呀你莫吹，浪呀你莫涌，
讓我鎮定一會兒，鎮定一會兒；
我的心兒他如此的怔忡！

你看江水儼然金一般的黄，
千檣的倒影蠕在微瀾裏。
這是我的祖國，這是我的家鄉，
别的且都不必提起。

今天風呀你莫吹，浪呀你莫涌。
我是剛纔剛纔回到家。
祖國呀，今天我們要分外親熱；
請你有泪兒今天莫要灑。

① 本詩原載 1925 年 8 月 13 日《晨報副刊》第 1249 號。

這真是説不出的悲喜交集；
我又投入了祖國的慈懷。
你看船邊飛着簸穀似的浪花，
天上飄來仙鶴般的雲彩。

故　　鄉[①]

先生，先生，你到底要上那裏去？
你這樣的匆忙，你可有什麽事？
我要看還有没有我的家鄉在；
我要走了，我要回到望天湖邊去。
我要訪問如今那裏還有没有
白波翻在湖中心，緑波翻在秧田裏，
有没有麻雀在水竹枝頭耍武藝。

　　先生，先生，世界是這樣的新奇；
　　你不在這裏遨游，偏要那裏去？

我要探訪我的家鄉，我有我的心事：
我要看孵卵的秧鷄可在秧林裏，
泥上可還有鴿子的脚兒印“個”字，
神山上的白雲一分鐘裏變幾次，
可還有燕兒飛到人家堂上來報喜。

　　先生，先生，我勸你不要回家去；

① 本詩原載 1925 年 8 月 29 日《晨報副刊》第 1260 號。

世間祇有遠游的生活是自由的。

游子的心是風霜剥蝕的殘碑，
碑上已經漶漫了家鄉的字迹……
哦，我要回家去，我要趕緊回家去
我要聽門外的水車終日作鼉鳴，
要再將家鄉的音樂收入心房裏。

先生，先生，你爲什麽要回家去？
世上有的是榮華，有的是智慧。

你不知道故鄉有一隻可愛的湖，
常年總有半邊青天浸在湖水裏。
湖岸上有兔兒在黄昏裏覓糧食，
還有見了兔兒不要追的狗子——
我要看如今還有没有這種事。

先生，先生，我越加不能懂你了，
你到底，到底爲什麽要回家去？

我要看家鄉的菱角還長幾根刺，
我要看那裏一根藕裏還有幾根絲。
我要看家鄉還認識不認識我——
我要看墳山上添了幾塊新碑石，
我家後園裏可還有開花的竹子[1]。

①原注：俗稱竹子開花是凶事的兆朕。

叫賣歌[①]

朦朧的曲巷群鴉喚不醒，
東方天上衹是一塊黄來一塊青。
這是誰催着少婦上梳妝？——
　　“白蘭花！白蘭花！”
　　聲聲落入玻璃窗。

桐陰攤在八尺的高墻底，
“知了”停了，一陣飯香飄到書房裏。
忽把孩兒的午夢驚破了——
　　“薄荷糖！薄荷糖！”
　　小鑼兒在墻角敲。

市聲像沸水在銅壺裏響，
半壁金絲是竹簾篩進的淡斜陽。
這是誰遮斷先生的讀書聲？——
　　“老蓮蓬！老蓮蓬！”
　　滿擔清香挑進門。
黄昏要擁住全城去安歇，
紛飛的蝙蝠仿佛是風摧落葉。
這時誰將神秘載滿老人心？——
　　你聽啦！你聽啦！
　　算命瞎子拉胡琴。

① 本詩原載 1925 年 9 月 19 日《晨報副刊》第 48 期。

納履歌[1]

橋下的菖蒲拜折了腰。
半日没有鵁鶄兒叫。
秋天的河流分外的細，——
一綫銀絲在沙上洗。

少年的張良是無事忙，
狂奔不向着前途望；
忽然聽見了咳嗽一聲，
想是隻白鷺吃了驚。

抬頭瞧見一個老人樣，
板橋底邊曬太陽，
脱下了破鞋往板橋下摔，
喊一聲“小子拾起來！”
張良底心頭上火星飛，
身邊恨没有大鐵椎：
祖龍在我手下逃生命，
老頭兒你是什麼人？
老頭兒對着他微微笑，
笑得他心寒怒火消……
本來古禮尊尚白頭髮，
我張良應分服侍他。

河底拾起了老人的鞋，

① 本詩原載 1925 年 10 月 5 日《晨報副刊》第 49 期。

老人講“替我穿起來！”
老人底尊嚴比皇帝大，
誰敢不聽老人的話？

張良雙膝跪落心跪落，
捧鞋送上老人底脚——
祇覺老人偉大自身小，
仿佛是鯤鵬比鷦鷯。

“孺子可教！孺子你記着：
再過了五天來會我。”
瞥眼之間不見老人身。
老人不是尋常的人！

秋天的河流分外的細——
一綫銀絲在沙上洗。
橋下的菖蒲拜折了腰，
半日没有鵁鶄兒叫。

南海之神[①]

——中山先生頌

一　神之降生

炎風煽惑了齟齬的波浪；
海水熬成了一鍋熱油——

① 本詩原載 1925 年 10 月 15 日《大江季刊》第 1 卷第 2 期。

大波噬着小瀾，驚濤撲着駭浪。
妖雲在搖旗，迅雷在吶喊，
天是精銅的破鏡一面；
世界要變成一場大血戰。
貝闕裏的老龍睡得不安，
彷彿聽見了一陣隱約的哭聲，
像是九霄雲外的哀鴻航過。
慈悲的泪在他臉上開成了珠花。
忽地他長嘯一聲——天昏地黑，
南海岸上一個嬰兒墮地了！

嬰兒醒了，呱呱的哭聲
載滿了一個民族底悲哀。
嬰兒又睡了，沉默籠罩着宇宙。
於是蔚藍的高天是父的莊嚴，
葱綠的大地是母的慈愛。
於是畏懼坐鎮在人之心上；
鳥兒底歌聲涌到喉間又吞下去了，
花瓣兒浮在空中不敢墜落……
一切都斂息屏聲，
護持着這新生命底睡眠，
傾聽着這新脉搏底節奏。
一切的生命都要讓開路來，
儘這一道新生命往前先走。

於是宇宙萬物盡他們所有的
都獻給他作爲慶賀的儀程了：
巍峨的五岳獻給他莊嚴；

瞿塘灩澦底石壁獻給他堅忍；
從深山峭谷裏探出路徑，
搗石成沙，撞斷巫山十二峰，
奔流萬里，百折不回的揚子江，
獻給他寰球三大毅力之一。
浩蕩的太平洋獻給他度量，
輕身狎浪的海鷗又獻給他冒險精神。
誰獻給他慈藹底美德？——
説蘇了小草的春雨和吹着麥浪的熏風；
誰獻給他先覺底智慧？——踞阜的晨鷄；
誰獻給他决鬥底精神？——負隅的困獸，
九天底雷霆獻給他震怒；
日月星辰獻給他洞察的眼光；
然後造物者又把創造底全能交付給他了。

於是全宇宙長在一個人的軀殼裏了；
啊，一個宇宙在人間歌哭言笑！
一個宇宙在人間奔走呼號！——
於是赤縣神州有一個聖人
同北鄰建樹赤幟的聖人比肩，
同西鄰底 Mahatma① 争衡，
同太平洋彼岸上爲一個奴隸民族
解脱了枷鎖的聖人并駕齊驅！

二　紀元之創造

百尺的朱門關閉了五千年；

① Mahatma，英語，聖雄。

黑色的苔蘚侵蝕了雕梁畫棟,
野蜂在獸環底口裏作了巢,
屋脊上的飛魚、鴟吻、銅雀、寶瓶……
狼藉在臭穢的壕溝裏。
宇宙乘除了五千個春秋,
積塵瘞没了浮鏂釘[1],
百尺的朱門依然没有人來開啓。
風雨如晦鷄鳴不已的時候,
忽然來了一個愁容滿面的巨人,
擎着一隻熊熊的火把,
走上門前拍一拍門環,叫一聲:
“開門呀!”
一陣蝙蝠從磚縫瓦罅裏飛出來了;
失了膠黏力的灰泥堊粉
紛紛的灑落在他頭上。
他又叫一聲,連叫幾聲……
他耳邊但有危梁欹柱解體脱節底異響,
總聽不見膺門的人聲。
滾滾的熱泪流到喉嚨裏來了,
他將熱泪咽下了,又大叫數聲,
在門扉上拳椎脚踢,
在門扉上拳椎脚踢,
他吼聲如雷,他灑泪如雨……
全宇宙底震怒在他身中燒着了。
他是一座洪爐——他是洪爐中的一條火龍,
每一顆鱗甲是一顆火星,

① “浮鏂釘”似爲“浮漚釘”之誤。

每一條鬚髯是一條火焰。
時期到了！時期到了！他不能再思了！
於是他揮起巨斧，巨斧在他手中抖顫——
摩天的巨斧像山岳一般倒下來了，
騞的一聲——閶闔洞開了！
騞的一聲——飛昂折倒了！
騞的一聲——黄闕丹墀變成齑粉了！
於是在第二個盤古底神斧之下，
五千年的金龍寶殿一掃而空——
前五千年底盤據地禪讓給後五千年了。
於是中華的聖人創造了一個新紀元，
這聖人是我們中華歷史上的赤道，
他的前面是一個半球，
他的後面又是一個半球，
他是中華文化底總樞紐，
他轉斡了四萬萬生靈底命運！

三　祈禱

神通廣大的救星啊！請你聽！
請將神光輻射的炬火照着我們；
勇武聰睿的主將啊！請你聽！
請將你的大纛掩覆我們顫栗的靈魂，
倉公扁鵲——起死回生的國手啊！
請用神靈的刀圭鏟除了這遍體的瘡痍；
仁愛的牧者啊！我們是亡告的羊群，
豺狼當道，請你保護我們的生命！

我們雖是不肖的兒女，背恩的奴隸——

我們自身鄙吝反而猜疑你的恩惠，
自身愚蠢因之妒嫉你的聰明；
但是神明寬厚的主將啊！
請你寬赦我們，請你饒恕我們，
讓我們流出懺悔的血淚洗你心上的傷痕，
讓這四萬萬顆赤心都焚起一瓣自新的心香，
讓心香底馥郁薰滅了你的悲酸底記憶。
廣大無邊，海函地負的精神啊，
讓我們懺悔，讓我們懺悔！

我們禍孽深重，我們萬死不容，
你本不當賜給我們非分的原宥。
我們是齷齪的蟣蚤一群，
我們嘬飲你的血汗來滋養自身的肌肉。
你的神炬作了我們夜劫底火把，
你的戰旗是我們行凶時護身的符籙。
你的名字在我們脚下踩成笑柄。
我們都是你的罪人！

你是行天的赤日，光明底輸送者，
我們是蜀山中的村犬，
我們在黯谷中生活，反而狂吠你的光明。
我們是饕餮的鴟鴞剥啄着腐鼠，
你是高潔的鵷雛從我們頭上飛過，
我們的猜忌便迸作毒狠的詛駡。
我們是商受不懂聖人的心如何構造，
便將你的心剜了出來查驗他的孔竅。
我們戲謔你到了不堪的程度。

哦，讓我們懺悔！讓我們懺悔！

讓洞庭底波濤滌祛我們的罪惡！
讓九天底黑雲掩着我們的羞耻！
讓十八層地獄底火燒着我們的心臟！
讓峨嵋、劍閣和青泥底四萬八千哀猿
同聽叫着[1]，叫出我們的酸悲！……
哦，讓我們懺悔，讓我們懺悔！

哦，神秘偉大的靈魂啊！
你戴着痛苦如同戴着榮華一般——
荆棘之冠在你頭上變成璀璨的玉冕；
悲哀之泪像倒流的弱水，
流到你心中瀦成了仁愛的仙海；……
你是那樣的神秘！那樣的偉大！
你定讓我們懺悔，讓我們懺悔。

神秘偉大的神靈啊！
讓我們贊美你！讓我們膜拜你！
讓我們從你身上支取力量，
因爲你是四萬萬華胄底力量之結晶。
讓我們從你身上看到中華昨日的偉大，
從你身上望到中華明日底光榮——
讓我們的希望從你身上發生。
偉大的神！仁愛的神！勇武的神啊！
讓我們贊美你！讓我們禮拜你！
但是先讓我們懺悔，先讓我們懺悔！

---

① “同聽叫着”疑爲“同聲叫着”。

秦始皇帝①

荊軻的匕首，張良的大鐵椎，
是兩隻蒼蠅從我眼前飛過。
我肋骨檻裹囚着一隻黑狼，
這一隻黑狼他終於殺了我。

我吞噬了六國來喂這黑狼，
黑狼喂肥了，反來吞噬了我；
我築起阿房來讓黑狼游戲，
他游倦了，我們一齊都睡着。

如今什麼也驚不醒我們了，
鉅鹿的干戈和咸陽城的火……
多情的刺猬抱着我的骷髏，
十丈來的青蛇纏着我的脚。

抱　怨②

我拈起筆來在手中玩弄，
空中便飛來了一排韻脚；
我不知如何的擺布他們，
衹希望能寫出一些快樂。
我聽見你在窗前咳嗽，
不由的寫成了一首悲歌。

①② 本詩原載 1925 年 12 月 1 日《〈晨報〉七周年紀念增刊》。

上帝將要寫我的生傳；
展開了我的生命之紙，
不知要寫些什麽東西，
許是灾殃，也許是喜事。
你硬要加入你的姓名，
他便寫成了一篇痛史。

唁　　詞[1]

——紀念三月十八日的慘劇

没有什麽！父母們都不要號咷！
兄弟們，姊妹們也都用不着悲慟！
這青春的赤血再寶貴没有了，
盛着他固然是好，潑掉了更有用。

要血是要他紅，要血是要他熱；
那髒完了，冷透了的東西誰要他？
不要憤嫉，父母，兄弟和姊妹們！
等着看這紅熱的開成絢爛的花。

感謝你們，這麽樣豐厚的儀程！
這多年的寵愛，矜憐，辛苦和希望。
如今請將這一切的交給我們，
我們要永遠懸他在日月的邊旁。

① 本詩原載 1926 年 3 月 25 日《國魂周刊》第 10 期。

這最末的哀痛請也不要吝惜。
（這一陣哀痛可礫碎了你們的心！）
但是這哀痛的波動却没有完，
他要在四萬萬顆心上永遠翻騰。

哀慟要永遠咬住四萬萬顆心，
那麽這哀痛便是懺悔，便是惕警。
還要把馨香繚繞，俎豆來供奉！
哀痛是我們的啓示，我們的光明。

欺負着了[①]

你怕我哭？我纔不難受了；
這一輩子我真哭得够了！
那兒有的事？——三年哭兩個，
誰家的眼泪有這麽樣多？

我一個寡婦，又窮又老了，
今日可給你們欺負着了！

你，你爲什麽又往家裏跑？
再去，去送給他們殺一刀！
看他們的威風有多麽大……
算我白養了你們哥兒三。

我爽興連這個也不要了，

① 本詩原載1926年4月1日《晨報副刊・詩鎸》第1號。

就算我給你們欺負着了！

爲着我教你們上了學校，
没有教你們去殺人綁票——
不過爲了這點鋩，這點錯，
三個兒子整殺了我兩個。

這仇有一天我總得報了，
我不能給你們欺負着了！
好容易養活你們這般大，
憑什麽我養的該他們殺？
我倒要問問他們這個理，
問問他們殺了可賠得起？……

殺了我兒子，你們就好了？……
我可是給你們欺負着了！

老大爲他們死給外國人，
老二幫他們和洋人拼命——
幫他們又給他們活殺死，
這到底到底是怎麽回事！

三兒還幫不幫你們鬧了？……
我總算給你們欺負着了！

你也送去給他們殺一刀，
殺完了就再没有殺的了！
世界上有兒子的多得很，

我要看他們殺不殺得盡!

我真是給你們欺負惱了!
我可不給你們欺負着了?

比　較①

别人的春光歌舞着來,
鳥啼花發鼓舞别人的愛。
我們衹有一春苦雨與淒風!
總是桐花暗淡柳惺忪;
我們和别人同不同?

我的人兒她不愛説話,
書齋裏夜夜給我送烟茶。
别人家裏燈光像是潑溶銀,
吴歌楚舞不肯放天明——
我們怎能够比别人?

别人睡向青山去休息,
我們也一同走入黄泉裏。
别人堂上的燕子找不着家,
飛到我們的檐前罵落花——
我們比别人差不差?

① 本詩原載 1926 年 4 月 8 日《晨報副刊・詩鐫》第 2 號。

鳥　　語①

——送友人南歸

他們把我關在囚籠裏，
可是這囚籠没有墻壁：——
削瘦的欄杆圍在四旁，
一根根都像白骨一樣。

這些欄杆中間的罅縫，
不知道到底有什麽用：
爲他們好看我的羽翰，
還是讓我好望見青天？

也許是仙鶴似的白雲，
馳過了藍寶石的天心，
也許是白雲似的仙鶴，
從赤日的輪盤邊晃過。

天上既有飛動的東西，
我怎當辜負我的羽翼？
你看我也打破了監牢；
我原是一隻能飛的鳥！

於今回到了我的家鄉，
我也該晾晾我的翅膀……
嚇！這根柳條真個輕軟，

① 本詩原載 1926 年 5 月 6 日《晨報副刊·詩鐫》第 6 號。

這滿塘春水明鏡一般。

江南的山林幽深得很，
山上的白雲分外氛氲：
明朝你聽見歌聲如縷，
你怎知道我身在何處！

往　　常[1]

往常聽見咳嗽的聲音，
聽見那裏打了一個噴嚏，
我知道誰是你的仇人，
我知道風霜又欺服了你。
往常我日夜受着虛驚！
我靈魂邊上設滿了烽堠；
祇要你遠遠的哭一聲，
我可以馬上加鞭來營救。
往常你偶爾也笑一聲，
像殘燈裏吐出一絲紅焰。
你笑一回我便吃一回驚！
知道這笑還支持得幾天？
往常你突然嘆息一聲。……
四歲的孩子爲什麼嘆息？
我當時抽了一個寒噤，
再不敢問那一嘆的意義。

① 本詩原載《政治家》半月刊 1926 年 11 月 16 日第 1 卷第 13 號。據本書第 15 册《聞一多年譜長編》（聞黎明、侯菊坤編）編入。

貢　　獻[①]

紅燈下我陪你們醉酒，
沙發上我敬給你們兩枝香烟，
我陪着你們坐車子，走路，吃飯，
彷彿一天天我也有我的貢獻。

給你們讓着路，點着頭，
你們打扮好了，我替你們驚羡，
你們跟來了，我抛下一隻銅板——
不要誤會了這就是我的貢獻。

有時悲哀抓着了我的心，
我能爲人類的苦痛捏一把汗，
我能哭得像嬰孩，在一刹那間——
這刹那間纔是我最偉大的貢獻！

答　　辯[②]

挂彩的榮華我當不起，
没有圓光往我頭上箍，
旌旗繞鼓不是我的份，
我道上不許用黄土鋪，

不許矜驕鍍我成金身，

① 本詩原載 1927 年 5 月 21 日上海《時事新報・學燈》。
② 本詩原載 1928 年 4 月 10 日《新月》第 1 卷第 2 期。

我拒絕“成功”見我一面；
雙手掀住掙扎的紛忙，
我猜着黎明，也不要看。

錦袍的莊嚴交給別人，
流汗的快樂得讓給我。
上帝許我純鋼的意志，
要我錘出些慘淡的歌。

可是旌旗鐃鼓我不要，
我道上不用黃土來鋪，
挂彩的榮華我當不起，
那有圓光往我頭上箍？

回　　來[1]

我急忙的闖進門來，喘着氣，
打算好了一盆水，一壺滾茶，
種種優渥的稿勞[2]，都在那裏：
我要把一天的疲乏交給她。
我載着滿心的希望走回來，
那曉得一開門，滿都是寂静——
什麽都没變，夕陽繞進了書齋，
一切都不錯，衹没她的踪影。

① 本詩原載 1928 年 5 月 10 日《新月》第 1 卷第 3 期。
② “稿勞”似爲“犒勞”之誤。

出門了？怎麽？……這樣的凑巧？
出門了，準是的！可是那頃刻，
那彷徨的頃刻，我已經嘗到
生與死間的距離，無邊的蕭瑟：
恐怖我也認識了，還有凄惶，
我認識了孤臣孽子的絶望。

奇　　迹①

我要的本不是火齊的紅，或半夜裹
桃花潭水的黑，也不是琵琶的幽怨，
薔薇的香；我不曾真心愛過文豹的矜嚴，
我要的婉孌也不是任何白鴿所有的。
我要的本不是這些，而是這些的結晶，
比這一切更神奇得萬倍的一個奇迹！
可是，這靈魂是真餓得慌，我又不能
讓他缺着供養，那麽，即便是秕糠，
你也得募化不是？天知道，我不是
甘心如此，我并非倔强，亦不是愚蠢，
我是等你不及，等不及奇迹的來臨！
我不敢讓靈魂缺着供養。誰不知道
一樹蟬鳴，一壺濁酒，算得了什麽？
縱提到烟巒，曙壑，或更璀璨的星空，
也衹是平凡，最無所謂的平凡，犯得着
驚喜得没主意，喊着最動人的名兒，

① 本詩原載 1931 年 1 月 20 日《詩刊》創刊號，後由作者選入《現代詩抄》，文字小有改動，請參看。

恨不得黄金鑄字，給妝在一隻歌裏？
我也説但爲一闕鶯歌便噙不住眼泪，
那未免太支離，太玄了，簡直不值當。
誰曉得，我可不能不那樣：這心是真
餓得慌，我不得不節省點，把藜藿當作膏粱。
　　　　可也不妨明説，祇要你——
祇要奇迹露一面，我馬上就放棄平凡，
我再不瞅着一張霜葉夢想春花的艷，
再不浪費這靈魂的膂力，剥開頑石
來誅求碧玉的温潤；給我一個奇迹，
我也不再去鞭撻着“醜”，逼他要
那分兒背面的意義；實在我早厭惡了
那勾當，那附會也委實是太費解了。
我祇要一個明白的字，舍利子似的閃着
寶光；我要的是整個的，正面的美。
我并非倔强，亦不是愚蠢，我不會看見
團扇，悟不起扇後那天仙似的人面。
那麽
　　我等着，不管得等到多少輪回以後——
既然當初許下心願時，也不知道是多少
輪回以前——我等，我不抱怨，祇静候着
一個奇迹的來臨。　　總不能没有那一天，
讓雷來劈我，火山來燒，全地獄翻起來
撲我……害怕嗎？你放心，反正罡風吹不熄靈
魂的燈，情願蜕殻化成灰燼，
不礙事：因爲那——那便是我的一刹那，
一刹那的永恒：——一陣異香，最神秘的
肅静，（日，月，一切星球的旋動早被

喝住，時間也止步了，）最渾圓的和平……
我聽見閶闔的户樞砉然一響，紫霄上
傳來一片衣裙的綷縩——那便是奇迹——
半啓的金扉中，一個戴着圓光的你！

八教授頌①

新中國的學者，
　文人，
　思想家，
一切最可敬佩的二十世紀的經師和人師！
　爲你們的固執，
　爲你們的愚昧，
　爲你們的 Snobbery②，
　爲你們替“死的拉住活的”挽救了五千年文化
　遺産的豐功偉烈，
請接受我這隻海貝，
聽！
這裏
通過遼遠的未來的歷史長廊，
大海的波濤在贊美你。

① 本詩是依據范寧先生保存的經作者親自改訂的手抄稿編入的。據范寧先生説，這是聞一多先生最後寫下的一首詩，詩題《八教授頌》本打算寫八首，但衹寫成一首。此詩作者生前没有公開發表。1948年6月11日出版的《詩聯叢刊》第1期刊載的《教授頌》《政治學家》兩首詩，實際衹是本詩前面的一部分。1986年，爲紀念聞一多先生殉難40周年，范寧先生曾將此詩整理發表於《北京盟訊》同年第7期。

② Snobbery，勢利。

（一）政治學家

伊尹
　吕尚
　　管仲
　　　諸葛亮
“這些，”你摇摇頭説，
“有經綸而缺乏戲劇性的清風亮節。”
你的目光繼續在灰塵中搜索，
你發現了《高士傳》：
　那邊，
　在遼遠的那邊，
　　汾水北岸，
　　　藐姑射之山中，
　偃卧着四個童顔鶴髮的老翁，
　忽而又飄浮在商山的白雲裹了，
　回頭却變作一顆客星，
　給洛陽的欽天監吃了一驚，
　（趕盡是光武帝的大腿一夜給人壓麻了）
　於是一陣笑聲，
　又隱入七里瀨的花叢裹去了……
於是你也笑了。
這些獨往獨來的精神，
我知道，
是你最心愛的，
雖然你心裹也有點憂慮……
於是你爲你自己身上的
　　　西裝褲子的垂直綫而苦惱，

然而你終於棄“軒冕”如敝屣了。
你惋惜當今没有唐太宗，
你自己可不屑做魏徵。
你明知没有明成祖，
可還要耍一套方孝孺；
　你强占了危險的尖端，
　教你的對手捏一把汗。

你是如何愛你的主角（或配角）啊！
在這歷史的最後一出“大軸子”裏，
你和他——你的對手，
是誰也少不了誰，
　　雖則——
　　不，
　　正因爲
在劇情中，
你們是勢不兩立的——
你們是相得益彰的勢不兩立。

正如他爲愛他自己
而深愛着你，
你也愛你的對手，
爲了你真愛你自己。

二千五百年個人英雄主義的幽靈啊！
你帶滿了一身發散霉味兒的榮譽，
甩着文明杖，
來到這二十世紀四十年代的公園裏散步；

你走過的地方，
是一陣陰風；
你的口才——
　那懸河一般傾瀉着的通貨，
是你的零用錢，
你的零用錢愈花愈有，
　你的通貨永遠無需兑現。

幽靈啊！
今天公園門口
挂上了“游人止步”的牌子，
（它是幾時改作私園的！）
現在
你的零用錢，
即便能兑現，
也没地方用了。

請回吧，
可敬愛的幽靈！
你自有你的安樂鄉，
　在藐姑射的烟霧中，
　在商山的白雲中，
　在七里瀨的水聲中，
回去吧，
這也不算敗興而返！

三三（一九四四）年七月一日

相遇已成過去 ①

The eye gladdened; touched the heart;
The meeting is done, let us part.
Courtly smiles will harden to grins,
Better end love where love begins.

A lawless shuttle is that of fate.
Ere grief is woven, change is late,
Let us warp and woof remain
Clean threads from love's freakish stain.
Let us part! our meeting is through,
Though heart may hunger, heart may rue.
Your friendship's smile was undream'd of, still less hoped your signs of love.

Thus in after years if again we meet,
I famishing still, you replete,
Glad and unshamefaced I'll say;
"Once we met but did not stay."

"Once we met, our paths converged,
All currents of my being surged

① 這是聞一多在 1925 年春寫的一首英文詩，他在給梁實秋的信中附上了這首詩，并説："前數星期作了一首英文詩，我可以抄給你看看。人非木石，孰能無情！"梁實秋後來回憶説："一多的這一首英文詩，本事已不可考，想來是在演戲中有了什麼邂逅，他爲人熱情如火，但在男女私情方面總是戰戰兢兢的在萌芽時就毅然掐死它，所以這首詩裏有那麼多的凄愴。"——上引見梁實秋著《談聞一多》(臺北傳記文學出版社 1967 年版)，第 52—56 頁。

Once we met and parted soon."
In after years let my heart croon.

附：許芥昱譯文[1]

相遇已成過去

歡悦的雙睛，激動的心；
相遇已成過去，到了分手的時候，
温婉的微笑將變成苦笑，
不如在愛剛抽芽時就掐死苗頭。

命運是一把無規律的梭子，
趁悲傷還未成章，改變還未晚，
讓我們永爲素絲的經緯綫；
永遠皎潔，不受俗愛的污染。

分手吧，我們的相逢已成過去，
任心靈忍受多大的飢渴和懊悔。
你友情的微笑對我已屬夢想的非分，
更不敢企求叫你深情的微喟。

將來有一天也許我們重逢，
你的風姿更豐盈，而我則依然憔悴。
我的毫無愧色的爽快陳説，
"我們的緣很短，但也有過一回。"

---

① 譯文原載 1981 年 4 月《詩刊》。

我們一度相逢，來自西東，
我全身的血液，精神，如潮洶涌，
“但祇那一度相逢，旋即分道。”
留下我的心永在長夜裏怔忡。

舊體詩

目　録

擬李陵與蘇武詩三首①

三載同偃息，參商在須臾。繾綣情難已，握手且踟躕。長城界夷夏，飛鳥苦難逾。從兹不相見，老死各一隅。豈無盈尊酒，强歡留斯須。歸期不可誤，勉子慎征軀。

送子止河梁，日暮難前之。老馬蕭蕭鳴，掉尾作長辭。明日行路難，便當長相思。路惡有時盡，相思無殺時。歸時慰妻孥，團圞尚②有期。

我識别離苦，一日如三秋。仰首思故人，白雲空悠悠；舉目胥非類，言笑誰與酬。朝廷賞歸使，詎知留者愁③！人生有離合，崇德毋相繆！

讀項羽本紀④

垓下英雄仗劍泣，淫淫泪濕烏江荻。早知天壤有劉邦，寧學吴中一人敵？

---

① 三首詩原載1916年11月30日《清華周刊》第89期，署名多。曾在《辛酉鏡》1917年6月15日重載，1921年7月收入手寫本《古瓦集》文字小有更動。

② “尚”《辛酉鏡》《古瓦集》作“或”。

③ 此句《辛酉鏡》爲“疇知敗將愁”，《古瓦集》作“孰知異國愁”。

④ 本詩原載1916年11月30日《清華周刊》第89期，署名多。曾在《辛酉鏡》1917年6月15日重載，1921年7月收入手寫本《古瓦集》改名《項羽》。

馬　　賦[①]

古羅馬愛部魯洲之艾闕城中，有巨鐘焉。民間有冤濫者，則鳴鐘以聞諸縣令。約翰王時有武士，垂老，貪婪貨利，盡市其鷹犬甲冑以取資。畜馬一匹，旋棄之。馬食蔓觸鐘。鐘鳴，縣令至，則見老馬，左右言屬武士，乃亟召武士至，重責之。武士大慚，復携馬歸。美人亨曼長卿以詩紀之。兹譯其意，廣其辭，而爲之賦。曰：[②]

若有人兮居艾闕，被犀甲兮執戈鉞，善游獵兮畜鷹犬，每好奇兮赴軌𨈆，性倜儻兮崇俠義，軟者扶兮强者伐。繄愛馬兮千金，與壯士兮同心；體散花兮顱削出，璧象月兮巔縣日，鬐孤起兮龍顯，耳雙矗兮朋歘，局金鑣兮弄影，控鐵銜兮嚙膝；鬱風雷之壯心兮，思颺步於崤崒；幸伯樂之垂青兮，願瘁躬而不恤。白雲飛兮秋馬肥，關月圓兮壯士悲，聞鼙桀兮夜驚，悄寒風兮生幃，拔劍兮四顧，撫愛馬兮依依。羽書倏至兮干戈急惲，奕奕貔貅兮蕭蕭騂騩；冰堅兮度足涷，飆烈[③]兮嘶聲稀；力蹙兮勢窮，漸車兮裂帷，負甲冑兮千鈞，奮騰驤兮欲痱；短兵接兮轣陵，霾兩輪兮折幟徽；壯士一叫兮馬争先，殺群敵兮闡王威。高歌兮凱旋，日暮兮旆旌歸。鳴白珂兮擁翠蓋，趁趯兮返王[④]畿；叠影欣顧兮紛瑞靄，凝威欲嘶兮嚼玉鞿；膺榮賞兮富且貴，人與馬兮相光輝。夫何韶華兮冉冉，齒徒增兮雄威斂。主人衰兮壯志頽，靡黄金兮不足慊，弛弓

① 本篇原載1917年6月15日《辛酉鏡》，署名聞多。1921年7月收入手寫本《古瓦集》標題後有"有序"二字，文字小有改動。

② 本篇《古瓦集》序言爲：

古羅馬愛部魯洲之艾闕城中，有巨鐘焉。民有冤濫者，輒鳴之以聞局其令。王約翰時有武士垂老，貪婪貨利，悉市鷹犬甲冑以取貲。病其馬羸老素餐，棄之野。馬食蔓觸鐘，令聞而至。左右言武士之行事，令召武士，嚴譴之詔復將其馬歸。美國郎菲樂氏爲詩紀之。

兹譯其意，廣其辭，而賦之曰：

③ "烈"《古瓦集》作"懔"。

④ "王"《古瓦集》作"帝"。

兮藏矢，求善價兮沽鷹獫；醇酒兮婦人，老大兮忘繩檢；曰："老馬兮素餐，秣資糧兮不馱鞍，任女風餐兮露宿，余寧得魚兮忘筌。"嗟嬌質兮翩翩，詎不識兮飢寒？[①]朝徘徊兮阡陌，夕躅踟兮闌干；食萑芃兮嗓破，吸燥埃兮鼻酸；鬣焦蕭兮厥敝，脊伶俜兮卦刊，麾蚊蠅兮尾禿，舐瘡疥兮舌乾。將翹足以驚陸兮，忽蹣跚而欲顛；渴飲水於明溪兮，對枯影而自憐。偶攀蔓兮觸鐘，鐘鳴兮馬恟。縣令至兮匆匆[②]，見老馬兮邅。俄衆輯兮如雲[③]，競相語兮詾詾。馳黄紙兮召武士，聚丹墀兮亭疑宄。[④]主人含羞兮携馬歸，[⑤]日斗粟兮餐騂騮，華厩兮潔槽，繾綣兮如始；人馬兮一心，[⑥]亘千古兮無已。亂曰：飛鳥盡兮良弓藏，淮陰醢兮彭越烹。馬得鐘兮返高厦，人不幸兮疇知者。厩焚兮子問人，余何惜兮斯馬！

松　　賦[⑦]

伊名園之珍植，挺雄姿於巒崗，綴工字之華廳，侶古月以登堂，倒鱗影於荷池，掀羽蓋於烏暘，枝映波而上下，葉偏反以陰陽，集九仙之儀翮，接五鳳之焜煌，亦秉彝之特粹，故幹巍而柯昂。於時斗杓建亥，日馭移房，朔風骊騣，雨霰霈雱；屏翳弭節，曜靈韜光；蒔卉零而閟丹，階草凋而藏黄；柳落葉以逐下，蓬振絮而飛颺；萬木檮杌，玆松鬱蒼。雜康千與飛節，友貞梅與幽篁，捲殘飆之欻吸，積寒雪之嚴芳，經千霜而彌勁，帶冰澌而益强；脩柯槮爽，利穎巹鬤，紫鱗流膩，翠粒含香；既叫冡如鶻峙，亦連蜷如龍翔，度神颸而流響，協清鐘以鏗鏘，斧

① 此兩句《古瓦集》作"爾乃"。
② 此句《古瓦集》作"令至兮倉皇"。
③ "如雲"《古瓦集》作"雲集"。
④ 此兩句《古瓦集》改作"馳黄紙兮□□流，占武士兮亭疑宄"。
⑤ 此句《古瓦集》作"赧衰顔號主人歸"。
⑥ 此句後《古瓦集》僅作"竟餘年號無尤"。
⑦ 本篇原載1917年6月15日《辛酉鏡》，署名聞多。1921年收入手寫本《古瓦集》，文字小有改動。

鉞鬥而鐵鳴，溟渤裓而潮狂。惟群植之俱謝，羌高曲其疇勦，收後節而莫貴，蔚奇文而獨彰。嗟肆帝之造物，尚何別於否臧！此奚爲而獨榮，衆不幸而罹殃？詎後凋以自喜，願同類之胥昌；使四時無春秋，斯萬物何存亡？①惜芝苓之虛顧，怨桃李之易僵；虬拳爪而月白，鶴引頸而露瀼；無春風之偉力，矧韶華之不長，覽衆山之蕭條，倏嗚咽而凄傷。重曰：入夢兮丁君，起喻兮叔夜；思古人兮不可任，悲獨棟兮難以興厦！

招亡友賦②

賈君覲君，以乙卯季冬，歿於清華學校之醫院。明年冬，走以同室者罹劇疾，禁於是院，所以杜傳染也。過楊侯之邸，多所記憶；挹黃公之酒，不無浩嘆。其夕，素蟾韜耀，朔焱哀號，廢書假眠，萬籟寂然。恍恍惚惚，覲君來前，驚而延之，神定景逝；更寐而求，苦不交睫。起視牖外，疏星出没，月在樹高；巡宇而呼，卬空而泣，踟蹰搔首，不知所措。乃作賦以招之曰：

嗚呼噫嘻！子胡不歸？精氣不失，凝神顯質，道出於躬，子胡不神以逸哉？王弼譚玄，稽康傅琴，越昔之哲，罔阻於幽扃，子胡爲而弗靈哉？土伯魑魅，咆哮念叩，薜荔攫人，挾劂荷剞，子獨不之惰哉？豪騎鯨游，突杌逍遥，促以長飈，迅於赤熛，子胡不來與走共此宵哉？子死之所，今爲吾圄，子或弗臆，道無險阻，燭子以炬，夫疇復敢子拒哉？厥室之左，樓峨峨哉；厥室之右，澗瀏瀏哉；厥室之前，行軒輦哉；厥室之後，圃百畝哉；厥室之門，無衛屯哉；厥室之幌，闊且晃哉；子胡不歸！夫疇復敢勑勢哉？走有青瓊，醍醐輕哉；濡鱉朧蠖，實鼎胹哉；

① 此兩句《古瓦集》作“使四時無春，斯萬物無存亡”。

② 本篇原載1917年2月16日《清華周刊》第95期，署名多。重載於1917年6月15日《辛酉鏡》，署名聞多。

粔籹餦餭，如飴膏哉；緑蟻新醅，泛玉罍哉；爐可温哉，榻可眠哉；故籍從衡，可共研哉；鴻談狂笑，無人誚哉；言之不足，承歌嘯哉；子胡不歸！走遲子於室之窔哉。走思疇昔，泪如汐哉；訂交清華，比雲霞哉；乙卯之冬，誼葭如哉；蝌文象胥，學不頗哉，惟子與走共切磋哉；鞅掌會務，維勤懇哉，惟子與走共此廑哉；少年志越，拯時難哉，惟子與走共此自憪[①]哉；睥睨宙合，嗤慕愚賢，慷慨悲歌，憤言誕譚，於儻邁何，不可再哉！高譚雄辯，深扣清酬，隽語解頤，睿音箴訧[②]，於詢嘩何？不如昔哉！明月麗天，庭階堊雪，狂語欣羅，清歌裂帛，如風疋何？不可復哉！秋飆雨夕，素友雜坐，羽觴忽接，秦聲同和，如豪狂何？今其已哉！子説走書，玉潤金生，走兹擘箋，子來爲走評哉。子嗜走畫，幛濤有聲，走調丹青，子來助走成哉。已走之志，昔尚功而賤言，兹務言以立功，子來以爲走之折衷哉。已走之學，曩蔑古而餂今，兹鰲今而淫古，子來爲決捨取哉。嗚呼噫嘻！子胡不歸哉？

辭畢，有聲冥冥，不見其形。其言曰：二人同心，幽明不乖，交子以神，匪以形骸；闅免崇德，勿復相懷！

春　　柳[③]

垂柳出宫斜，春來盡發花；東風自相喜，吹雪滿山家。

月夜遣興[④]

二更漏盡山吐月，一曲玉簫人倚樓。爲怕海棠偷睡去，多心蟋蟀鳴不休。

① “憪”《辛酉鏡》作“閑”。

② “訧”《辛酉鏡》作“友”。

③④ 本詩原載1917年6月15日《辛酉鏡》，署名聞多。

七夕閨詞 ①

卐字回文綉不成，含愁泪滴杏腮盈；停針嘆道痴牛女，修到神仙也有情。

夜泊漢口，將發，遇同學王君 ②

楚江夜泊正凄凄，舊雨欣逢直爪泥。兩岸市聲風力渡，一江燈火月光迷。傷時賈傅空流涕，諷事淳于每滑稽——坐久不妨申酉盡，扁舟明日各東西。

晚步湖上 ③

落日明湖上，閑身任放游；水雲依樹聚，山石帶溪流。荏苒浮生事，艱難瘠畝秋。生涯堪自笑，似刻楚人舟！

爲陳甥畫扇 ④

跳踉童甥赤鳳雛，將來小扇索揮圖。“黄鸝獨領三春色”，點染丹青合意無？

① 本詩原載 1917 年 6 月 15 日《辛酉鏡》，署名聞多。

②③④ 本詩原載 1921 年 7 月手寫本《古瓦集》，是 1918 年暑假在家鄉“二月廬”中的作品之一。

夜　　雨①

陰雲一日釀，向晚斗增驕——星月昏殘夜，雷霆鬥九霄。四墻浸雨險，萬壑趁泉囂；强鎮成微寐，犀惶赴魘邀。

初　　起②

魚鑰朝曛上，披幃引步遲。晴心花共發，流意水相隨。萬里悲高燕，三更聽子規——銀鈎猶未落，昨夜屋梁思。

漫　　書③

負笈八年不稱意，湖居二月鳥魚親：采蓮未巽求君子，待月真如望美人。豪氣五車追日馭，閑情一曲擬天鈞。士行寂寞成悲壯，“過爾優遊”報國身。

蘆褐行④

蘆洲秋光老，瑗花障碧空；盲風自相喜，吹雪滿山中。山妻裝成褐，衣兒兒心恫；身寒不敢號，笑殺蘆花風。父出兒爲御，天風釀雪曙。指僵車紖失，問兒兒猶豫：“莫非苦疾病？莫非缺饜飫？兒形何尫瘠，兒步何卒遽？”“非病亦非飢”，欣然挽車去。北風迎面起，褐飄輕如紙，四體顫不休；父呼兒其止，下車攬兒衣，太息知所以。“問爾二弟幼，得母服温美？”兒終不敢言，父怒已切齒。“二兒重棉罽，一兒

①②③④ 本詩原載 1921 年 7 月手寫本《古瓦集》，是 1918 年暑假在家鄉“二月廬”中的作品之一。

寒凝髓，老婦寧非心，殘酷胡乃爾！”报車復歸來，屏營空除裹，印首發長嗟，白雪如蘆花。蘆花紛紛落，寒風九霄惡，對此心猶寒，况乃兒身著？詔妻指繩樞，去此泄吾怒。兒驚跽父前，强諫泪如雨：“母在一子寒，母去三子苦；賤子實不存，母則無可數……”兒言何悲切，怒霽轉忻悦；感痛抱兒啼，泪濕兒衣漬。[①]北風吹成冰，兒衣一身鐵；母留兒心歡，衣鐵有餘熱。明年秋風凉，蘆花依舊狂；游子歸不得，高堂空斷腸！

答浦瑞堂三首[②]

君問生涯應騳然，疏狂尤甚兩年前：葱湯麥飯撑腸食，明月清風放膽眠；自是讀書非學政，不妨接世類逃禪；寂寞荒邨何所喜，盼來青鳥報吴燕。

風波浮靄豈由期，奄忽相逾邈莫追。千里空争尺素短，五年悔失寸心知。淡交君子原如水，殷慕鱖生早向葵。爲約斷金崇令德，景光記取惜隨時！

忝許雕龍亦太憿，應知焚硯有君苗。遥知讀毁蘇秦股，應更吟癯沈約腰。敢爲驪珠藏爪甲？漫將燕石引瓊瑶。錦囊且待西牕夜，莫枉雙魚度渭橋。

---

① 此句原無“衣”字，據文意補。

② 本詩原載1921年7月手寫本《古瓦集》，是1918年暑假在家鄉“二月廬”中的作品之一。

感　事①

金火精神雲漢鶴，幾人嵇紹許吾儔！已羞龍首華歆席，又失神仙郭泰舟。忠信縱逃三省愧，蒼黃能忽五絲憂？從今何處分清濁，濯足淘纓任汝求。

戊午秋日懲志，七十七韻②

高齋月三望，埋頭更夕晝；肝腸一蕩滌，六鑿忽通透。黃昏坐陳編，綠髮感秋飈；檢點廿年事，翹首愧屋漏。憶音猶童騃，燕頷挺軒秀，彊勉學詩文，夏楚疲師授。入塾數因循，分食勇攫鬥。蒙昧遂伏臘，對鏡失沖幼。開軒臨門野，仰俯悼宇宙；翡翠巢高堂，麒麟卧幽匱。金匱垂史册，畏壘列俎豆；男兒百年事，首當五車富。負笈走鄂渚，敦敦家四候。輿算盡糞土，文章侈飣餖。倏焉歲雲秋，曷嘗改昏瞀？浩劫大運轉，豪杰萬方湊，紫氛鬱雲霄，華城灼熏槱。避難竄家邨，飽暖慚贅瘤。造次試清華，承乏僥入彀；已暗朱藍染，復廢大小扣，三餘度等閑，兩載益糾繆。鶗鴂已先鳴，百草失芳茂，滅裂誤播耕，努力事耘耨。攘臂領級事，鋭意圖急就，獨力扛龍文，未敢爰頸脰。往往值煩劇，後鈍瞋恂愗；時或舉艱巨，腐談叱迂狃。鏖文戰辨説，一虎敵諸狖。積疑布騰沸，衆痏生膚腠，群口噓赤嫖，吹毛求疵瘦，因之成怪民，未免譏檻獸。賈生抱丹誠，乃賈絳灌詬，由來忠信事，霾没天莫佑。吾則匪聖賢，敢勿伍譎謏？鷇轂未成羽，奮翅摩宗霤，顛倒落泥滓，貽笑群飛鴝。根本苟不立，隕越適自構。人言實不誣，益吾亦良厚。寒扉設罻羅，空谷喜咳嗽，——良朋進藥石，漸釋茅塞陋。南歸值夏假，辭别捐樽酹，相將

① 本詩原載1921年7月手寫本《古瓦集》，是1918年暑假在家鄉“二月廬”中的作品之一。

② 本詩原載1921年7月手寫本《古瓦集》，是1918年暑假在家鄉“二月廬”中的作品之一。此詩共七十六韻，原題“七十七韻”誤。

莅澄潭，踟躕踐柔莰。衆星相向明，死魂不升岫。默然意常多，欲言復夷猶。“曠代有相感，恨不成邂逅；管、華久共席，一朝判玉琇；君子隆異趣，同心有蘭臭。羲和鞭白日，朝曦不我留，得毋共隱憂，寂寂朽岩竇？往者不可追，來者猶可救。矢志作肥遯，鎩翮甘雌伏，汲古拾修綆，游藝就繁囿；不必名山藏，未竟醬瓿覆，經冬見松柏，逾淮變橘柚，會當薰蕕分，豈終苗莠糅？”感此肺腑言，泪墮如擢溜：“廿載去堂堂，屢誤豈容宥！敢不悛前非，亹亹加勉懋？”平明判襆去，沸汽鼓群螻，飛輪無時休，千峰呀顛仆。夜渡見黄沙，游波忽驚吼，轟豗餘噏呷，空響戴盂鍑。寂寞生悲酸，怛惻沾袷袖。狂瀾日東下，一身叢百謬，何由滄溟志，稍愜慰朋舊！歸來卧蝸舍，閉户謝親媾，讀書六十册，金石碎琢鏤，唫詩三十首，咿啞焦鳴噣；夜坐罄蘭膏，晨興見牛宿，投股慕蘇痴，握臂駭沈瘦。守拙矯狂傥，畏譏誓詎譳，一笑釋仇怨，三省創昏疚。寄書驕故人，勤惰孰先後。披幌望田畝，太息見秋收——玉躞折鑽琝，帞帙敝磨究，吾學猶未成，日月亦何驟！

入都留題二月廬二首録一①

蕭蕭木落雁初鳴，未吐《陽關》泪已淫。書急故人圖晤意，密縫慈母望歸心；假中日月空流水，聖處工夫祗愧衾。想見秋風悲衛玠，大江瀰瀰日西沉。

抵都寄駟弟②

蒓肥七澤木初落，聯床又爽經年約。分飛鴻鵠各有志，庭幃何以慰

① 本詩原載1921年7月手寫本《古瓦集》，是1918年暑假在家鄉“二月廬”中的作品之一。

② 本詩原載1921年7月手寫本《古瓦集》，約作於1918年秋。

寥寞！黄河九曲游子腸，旅途况值秋風凉；尺帛寄書意不盡，孤館一燈歸夢長。遥知此達應驚喜，展誦毋忘慰高堂。飽餐適衛兹不贅，千里看山征車忙。飛輪半日繞桐柏，羊腸蜿蜒千岩闕：峥嶸怪狀趨前蹲，四顧宇宙愁低窄。蒸嵐歔歈結雲氣，危峰中斷浮修白。車停移晷次新店，怪雨冥冥盲風割；紛紅駭緑天地迷，奔湍濺沫水石轙。鳥啼猿嘯助悲酸，玉宇愁顔失常碧。鼓機更進家昏宵，十里黄河風露驕。羲和始出洪波浴，怪氣紫赤相凌漂。輪高耀烈射波透，明滅翕忽群珠跳。錦收綺裂俄清朗，朝輝漸活群動囂。此行千里樂無既，爽心悦目惜所未。龍門舊事信當復，麟閣功名焉足貴！弟蟄里閈見聞隘，蓋井腰舟有餘畏。讀此應知慕高遠，男兒由來尚志氣。勉勉百年家國身，五車摩破索儒玲。讀書不殊游山水，江河泰岱在必臻。

清華園秋日[①]

清華古園溪山好，白波青嶂非人間。十步一橋五步磴，九月霜高花滿山：寒犀瘦菊門秋艷，澗松岩柏矜蒼顔，餖蘿挂壁剥古畫，垂楊夾道飛烟鬟——封姨素女弄秋色，堆金裂錦成斕斒。朱甍半炯朝曛煜，池光上樹噪群鶩。青松日暖蕩驚濤，廣苑隔山喧鞦鞠。六龍忽匿天風吼，欲雨未雨陰雲逐。千柯萬條戰寒飆，古鏡漂黄浮大槲。亂山殘照喧村鼓，落葉階前一堆斛。清歌哀吹寒露蒙，滿園燈火萬窗紅。卬觀流景感今昔，課齋静夜多悲風。

① 本詩原載 1921 年 7 月手寫本《古瓦集》，約作於 1918 年秋。

提燈會[①]

德虜既克，寰區額慶。京師學生[②]萬五千人，以某月某日之夜提燈爲賀。是夜吾校亦有提燈游海淀者，吾弗與焉；俛思國難，感而成均。

朔雲蕩高天，風雷鷙隼資。半世望三臺，時亂梟雄悏。劍龍夜叫亟，千峰赤海湄。流星駭羽檄，湧霧騰旌旗。摇戈叩四鄰，待食决雄雌。鳴喑致雲雨，踐踏滋瘡痍。遂使五[③]國師，望風頻覘窺。奮格累四載，虛縻[④]巨萬貲。所願晷刻淹，抵死殫莫支。狂虜倍猖獗，血肉爲兒嬉。兩耀慘晶光，寰區共憤訾。鐵騎西方來，神勇見仁慈。長驅竄豺虎，枯萎蒙渥滋。妖渠遁冥僻，群醜亦魄褫。歡聲震歐陸，普天畢頷頤。共言銷甲兵，升平始今兹。萬邦申慶典，吾華亦追隨。嫉惡人同心，慨至人同罹。虜挫大難戢，吾忭寧非宜？但使試内顧，得毋泪漣洏！豺貔本同類，猜意肇殘齒；失性沸相噬，絶脰决肝脾。覬覦慰飢豹，忍待涎已垂。兩傷飽强狼，禍迫豈不知？恃氣耻先屈，孰計安與危？吁嗟衆黄口，大患方燃眉；涕泣且弗遑，奈何飾愉怡！人心有哀樂，至情不可移。誰[⑤]肯背其真，徇人作嚅唲？我聞都人士，踴躍舉盛儀。狂花燒觚棱，千火燦迷離。清華位遐僻，勝會猶同期。吉金鏗[⑥]塵闐，我聽思斗鉦；華燈耿黑樹，我睹疑燐爔。孤懷厭喧囂，彼樂增我悲。幽思坐冥獨，愁魂忽南馳。峥嶸跋肉阜，浩汧[⑦]涉血池。菑疫相爲弄，殺氣翻天

① 本詩原載1919年5月《清華學報》第4卷第6期，署名聞多。1921年7月收入手寫本《古瓦集》詩題後有“有序”二字，文字小有改動。
② “生”《古瓦集》作“子”。
③ “五”《古瓦集》作“九”。
④ “虛縻”似爲“虛糜”之誤。
⑤ “誰”《古瓦集》作“孰”。
⑥ “鏗”《古瓦集》作“鏘”。
⑦ “汧”《古瓦集》作“蕩”。

時。[1]昨聞和議隳，夜班百萬師。諸將喜跳踉，殺人市皋比。田禾灼塗炭，中藏老農尸；餓鴟喚不醒，飽餐還哺兒。思此肝腑裂，仰天泪淋漓。何當效春雷，高鳴振聾痴。剖疑釋仇怨，載橐圖緝綏。文教坐布敷，薰風動和吹。然後遠近來，共登春臺熙。視此區區歡，奚翅百倍之？茫茫大千內，孰不報啜醨！燃箕[2]泣煎豆，同懷屬伊誰？

清華體育館[3]

清華士子好身手，北方體育諸校群星我其斗。八年成績堪不朽，誘掖鼓獎之功國家有。君不見紺樓嵂嶪跨兩園，璨璀皓旰舒風幡，上有琅玕駢竪之石樹，下有日星燐亂之金門，旋梯蟠虬繆，層房結蜂屯，千綸絡繹露蛛網，槎枒叢揭掌蘢孫；白玉爲池黄金管，醴泉千文[4]通真源，蒸氣氤氲靡冬夏，天窗晃朗胡朝昏。碧眼公，熊貔威，坐受千金勤指揮。春和試伎喧虎闈，七尺健兒美且頎，登場陳力就行列，相仍號令無乖違。修繩倒挂都盧足，縹凌欲逐青雲飛；青雲飛，翻騰疑墜忽安住，裵褢四顧生光輝。有時餘勇猶未竭，臨[5]顧盼久不發。神來一撲駭潮吼，直從四體生溟渤；繼者紛下爭揶揄，四壁風雷雜呵咄。興盡突起頻低昂，樂往悲來愁撑腸。國家不惜縻[6]巨萬，豈供吾輩爲弄場。吁嗟乎！摇軀叠足此何取？敻哉運甓英雄立意苦。

---

① 此兩句《古瓦集》在“諸將”句前，句中“殺”作“妖”。

② “箕”似爲“萁”之誤植。

③ 本詩原載1919年7月《清華學報》第4卷第8期，署名聞多。1921年7月收入手寫本《古瓦集》，文字小有改動。

④ “千文”疑爲“千丈”之誤，《古瓦集》改。

⑤ 此處似脱字，《古瓦集》爲“池”。

⑥ “縻”似爲“糜”之誤植。

清華圖書館①

京師學校數百十，誰推秘府追東壁？大學充棟三萬簽，清華規模更無匹。遠蒐八載窮寰區，鄴牛米舫疲挽輸。廣厦穹隆具陳設，庋置十一嫌不敷。泰西②匠師司土木，神施鬼設諸夏無。巨萬裝成天禄閣，太乙下闕青藜扶。盈庭折軸未爲富，闕佚湊濫能無虞？泰西管理有專術，更遣游學資仿摹。歸來整頓運新法，蘭臺蓬觀奚翅乎？君不見剡溪老籐人未識，碧蘢爲簡金刀刻，鼠鬚蠶繭已奇創，剞劂神工更不測；誰知富藏侔猗頓，連雲玉軸供蠹蝕；琅琊田舍牧豕兒，竊坐春風絳帳③側。又不見瑶簽碧簡高閣儲，主人重之猶墦璵，縹囊緗帙十二庫，寶篋那爲他人昧！西京都士效驅役，不受黄金願借書。我生乃值廿世紀，北走名校窺石渠。河間真本此焉見，收拾閎籍二酉餘。靈光下射神龍護，對此凝立徒悲歔；何當長繩繫白日，假我數十空五車！

齒　　痛④

兼旬信饕餮，九鼎疲郇厨。詎知病入口，積毒潛輔車！養患更來復，一潰無肌膚，初尚礙咀嚼，繼乃艱吞茹。盧醫衡在望，走訪無杖扶；刀圭所不到，卮藥徐滌祛。日日望療治，臃腫迄不紓。垂涎對盤飧，忍飢卬欷歔：斯世久啜醨，瞢瞢匪吾徒，夷、齊倘可接，餓鄉亦足娱！

① 本詩原載1919年7月《清華學報》第4卷第8期，署名聞多。1921年7月收入手寫本《古瓦集》，文字小有改動。
② “泰西”《古瓦集》作“北美”。
③ “絳帳”《古瓦集》作“甕牖”。
④ 本詩原載1921年7月手寫本《古瓦集》，是1919年夏在上海的作品之一。

夜坐，風雨雷電交至，懍然賦此①

暗淡虞淵玉虎追，飛廉甕勒瀉來遲；文書小閣邀孤檠，車馬長衢聽折棰。天地不仁悲李耳，風雷有意動宣尼——而今十手隆無畏，懍懍能忘天怒時？

上海寄駟弟②

南游載橐月初彌，移譯文書嘆手胝。不謂"老饕"幾絶粒，翻因微病得吟詩。東陽思苦腰能瘦，季子囊空面未黧。寄語子由相告慰，聯床風雨近前期。

朝　　霧③

倚樓學熊經，玉露塗空廛；朝日初到地，草際浮輕烟。萬緑渾一氣，粉彩霾新鮮。微颸拂長空，濕霧紛騰褰。樓臺忽中截，一角當空懸。長嘯發幽籟，清商入雲天，似聞答響者，不知何處邊。

登昭明讀書臺④

幽築名山下，傳聞帝子居。博睹更七代，監撫得三餘；頑石留容貌⑤，秋風學讀書⑥。登臺思問寢，感緒竟何如！

---

①②③ 本詩原載 1921 年 7 月手寫本《古瓦集》，是 1919 年夏在上海的作品之一。

④ 本詩原載 1921 年 7 月手寫本《古瓦集》，是 1919 年夏詩人在常熟游虞山時的作品之一。

⑤ 原注：臺上有昭明遺像刻。

⑥ 原注：有楹聯曰"秋風動林薄，恍疑帝子讀書聲"，重建斯臺此邑人金鶴清之作。

望山前昆承二湖，作圖①

曉日平湖放眼明，烟波十里浸岩城。帨巾試展鵝溪絹，小李將軍媿莫賡。

清封恭人南母裴恭人五十壽詩五首録二②

叫窱園廬隱玉泓，朱門日見紫雲横。德鄰賢母三遷定，大藥星精九轉成。夜雪蟄熊閑養膽，春風韌荻怒抽莖——和丸畫地今回首，萊子先須進一觥。

太妙雲烟氣象新，瑶池冰雪古峋嶙：轉丹以内三千歲，指彈之間五十春。有子烹雞驚郭泰，人皆馭鶴拜南真；會看厚福知坤德，玉樹金枝不計人！

崑山午發③

半日疲車駕，風塵頓僕僕。停午發崑山，登船如入屋。孤帆抱山轉，一轉圖一幅。萬樹擁古塔，紺彩挺衆緑。出石生片雲，貼空漾文縠。曲岸卧僵柳，礙楫數株秃。當空跨危梁，舟穿巨虹腹。捉鼻唫未成，浩歌駭幽鶩。清颸蕩叢薄，鳴禽隔深木。溪迴值朝宗，飽帆風如鏃。一葦寄彌漫，向若吾生蹙。

---

①② 本詩原載1921年7月手寫本《古瓦集》，是1919年夏在常熟游虞山時的作品之一。

③ 本詩原載1919年11月《清華學報》第5卷第1期，1921年7月收入手寫本《古瓦集》。

自言子文學書院射圃謁言子墓[①]

北山夫子尚遺阡，南國文章嘆倒瀾。栖鵠麗龜留射圃，[②]眠龍變石護桐棺。千秋風氣開吴會，六藝淵源祖杏壇。一瓣心香賒禮謁，瑶墀獨立久盤桓。

辛峰亭遠眺[③]

禮墓得奇趣，造極鼓餘勇。細草受芒鞵，膩滑如踏氄。路窮值孤亭，天風趁雲涌。一山壓半城，二水浮雙珙。塵闤駢群櫛，逼視高塔竦。皎旭明緑薺，密港絡平壠。長橋辨渺茫，卧波鰲背聳。羅子慣雄談，掉首指澒溶。是水因山成，衆流[④]二壑捧。脱非此渟蓄，華城河伯冢。因思神禹功，微生被恩重。何當酭千榼，直起三百踴。

尋桃源石屋二澗皆涸溯石屋上游乃得水因濯足焉[⑤]

宿霧跨昏旦，照甍朝霞姣。荒鷄起過客，草食不待飽。昨夜聞傾盆，瀝瀝直達卯。心知二澗漲，急流想畾淼。鶴步乘興健，笑語入窅窱。日中抵桃源，積石賸枯燥。更進探石屋，龜坼蒸鬱燠。枯魚嘆未休，上游發渟潦。清泉不可求，得此亦絶倒。因之咏《滄浪》，濯足弄浮藻。硬黄不盈尺，寫圖復草草。四士望翩然，雲岩坐縹渺。得趣在遺

---

①③ 本詩原載1919年11月《清華學報》第5卷第1期，1921年7月收入手寫本《古瓦集》。

② 原注："墓下有龍頭石。"（《古瓦集》注）

④ "衆流"《古瓦集》作"流衆"。

⑤ 本詩原載1919年11月《清華學報》第5卷第1期，1921年7月收入手寫本《古瓦集》，文字小有改動。

形，遑論技拙巧。小憩石屋中，雲泥認鴻爪。[1] 放眼陰雲濕[2]，天風作意擾。慷慨起浩歌，舊邦贊新造。[3] 再歌頌紫白，[4] 休譽[5] 慎相保。曲止繼狂呼，曳履向歸道。回首衆山青，雲收白日皎。

維摩寺[6]

維摩古寺天下名，金粟堂前午蔭清。山禽楚雀皆梵響，金竈石壇非世情。說法天仙思縹緲，隨緣萬鬼憶狰獰。游人不識[7] 廣長舌，小立清溪聽贊聲。

北郭即景[8]

傍郭人家竹樹圍，驕陽卓午盡關扉。稻花香破山塘水，翠羽時來拍浪飛。

蜜月著《律詩底研究》，脱稿賦感[9]

春縮香閨鎮彩霓，東萊貸筆漫災梨。杖摇藜火兼燃夢，管禿龍鬚半掃眉。手假研詩方剖舊，眼光燭道故疑西。洛陽異代疏泉出，誰訂“黄

① 原注：去年夏錢、郭二君營宿於此，爨灰殘什猶可見也。
② “陰雲濕”《古瓦集》作“層雲溼”。
③ 原注：舊國歌首句云：“亞東開化中華早，揖美追歐，舊邦新造。”（《古瓦集》注）
④ 原注：指校歌；紫與白清華校色也。（《古瓦集》注）
⑤ “譽”《古瓦集》作“問”。
⑥⑧ 本詩原載 1919 年 11 月《清華學報》第 5 卷第 1 期，1921 年 7 月收入手寫本《古瓦集》。
⑦ “游人不識”《古瓦集》作“伽藍未扣”。
⑨ 本詩作於 1922 年 3 月，是作者在湖北浠水度蜜月時所作《律師底研究》一文題記。

初二月”疑！

廢舊詩六年矣。復理鉛槧，紀以絶句

六載觀摩傍九夷，吟成鴂舌總猜疑。唐賢讀破三千紙，勒馬回繮作舊詩。

釋　　疑

藝國前途正杳茫，新陳代謝費扶將——城中戴髻高一尺，殿上垂裳有二王。求福豈堪爭棄馬？補牢端可救亡羊。神州不乏他山石，李杜光芒萬丈長。

天　　涯

天涯閉户賭清貧，斗室孤燈萬里身。堪笑連年成底事？——窮途捨命作詩人。

實秋飾蔡中郎演《琵琶記》，戲作柬之①

一代風流薄幸哉！鍾情何處不優徘？琵琶要作誅心論，駡死他年蔡伯喈！

① 以上4首録自1925年4月《致梁實秋》。

譯　詩

目　録

渡飛磯[①]

Dover Beach

譯 Mathew Arnold[②]

平潮静素漪，明月卧娟影。巨崖燦冥灣，清光露俄頃。夜氣[③]策寒窗，鏗鏘入耳警。游波弄海石，竭來任撲打。衝流斷復續，長夜發悲哽。在昔希臘賢，此聲聽伊景。苦海嘆茫茫，溯洄遞灾眚。北海千載下，吾乃同深省。懷彼上世民，天真曷完整。方寸生春潮，忠信溢耿耿。季葉風陵遲，此道不復永。希微蕩歸汐，凄風送餘騁。但見新奇生，大地成幻境。豈知嚼臘味，親仇出暖冷。風雷無定姿，洪波恣驕逞。翳曜有浮雲，援溺孰從井。深屑短兵接，奔驣雜頑獷。月黑風雨晦，終古無恬靖。[④]

點兵行[⑤]

讀工部《兵車行》，擬書所感，久而不成。頃見西人點兵之歌，其寫戰事慘況，亦復盡致，以視杜作，特異同工爾，爰譯之。譯事之難，盡人而知，而譯韻文尤難。譯以白話，或可得仿佛，其文言直不足以言譯事矣。而今之譯此，猶以文言者，將使讀原詩者，持余作以證之，乃知文言譯詩，果能存原意之仿佛者幾何，亦所以彰文言之罪也。蓋余譯此詩，四日而畢，誠已嘔盡心血矣。然世有善譯者，更倍

① 本詩原載1919年5月《清華學報》第4卷第6期，署名聞多。1921年收入手寫本《古瓦集》，文字小有出入。
② 英國詩人阿諾德（Matthew Arnold，1822—1888）的詩作《多佛灘》。
③ “氣”《古瓦集》作“颸”。
④ 詩末《古瓦集》另有“良人慎相愛，眾醉保獨醒！”一句。
⑤ 本譯詩作於1920年春，是聞一多先生在清華學校讀書時的習作，老師評曰：“悱惻動人。”1921年7月收入手寫本《古瓦集》。1994年《聞一多全集》據手稿編入，加詩名“點兵之歌”。現內容據手稿排，詩題從《古瓦集》。

蓰其力以爲之，寧知其不能勝余作耶。①

都司點兵先伍長，
諾聲側起清且吭，
再呼再諾無漏失，
呼"朱西儒②"，——乃寂默，
遲遲不復聞答應，
但聞儕侶願有述，
"習流始合見仆地，
存亡死③傷匪所識。"
三軍慘集餘暉稀，
天高夜黑貔貅悲。
愁容④怒目見心臆，
朗如披卷闋其辭。
自從項軍破釜甑，
齊牛猖獗哀池鰤，
金烏赤龍叱不滅，
歸川蕩血朱寒漪，
稠禾羊齒載山脚，
蘸血紅勝鶯粟姿。

① 本詩序言，《古瓦集》載與手稿有所差異，爲：

讀工部《兵車行》，擬書所感，久而不成。適見英人坎白爾點兵之歌，其寫戰事慘況，亦復盡致，以視杜作，特異同工爾，爰譯之。譯事之難，盡人而知，而譯韻文尤難。譯以白話，或可得其仿佛，文言直不足以言譯事矣。今之譯此，猶以文言者，正使讀者得持以證原作，乃知文言譯詩，果能存原意之仿佛者幾何，亦所以昭文言之罪也。

② "儒"《古瓦集》作"于"。

③ "死"《古瓦集》改作"創"。

④ "容"《古瓦集》改作"顏"。

次及克來海伯特，
二夫并進步躞蹀，
交腕共界克來前，
喋血茹創對軍帖。

“克愛芝！”應曰，“唯！”
應克西蘭者誰爾？
在原鶺鴒本伯仲，
急難莫救咫尺邇。
凄風忽動知太息，
颼飀乃駛田禾裏。

“丁愛弗雷！”答者道，
“方丁搴旗，飲流矢，
虜亂而破，丁亦危，
伏尸道旁索漿水，
喃喃疑聞呼母聲，
呼母弗應瞑目死。”

凱歌露版誠足愜，
沙蟲慘化何紛沓。
蒼頭利趾千人軍，
誓戰朝餐“霸先鴨”，
夜來唱名“偃月壘”，
生還“潑喜”[1]纔二十。

① “生還‘潑喜’”《古瓦集》改作“‘潑喜’生還”。

沙漠裏的星光[1]

勞倫斯・霍普　著

黄沙萬里圍着我們的營帳，
　静夜的天空裹燃起了繁星，
沉默中咆哮着寂寞的豺狼，
　驚醒了倦馬長嘶數聲。

衹三尺的黄沙隔着我們——
　我們衹隔着一層薄薄的營帳；
但是我知道你離我遠得很，
　你彷佛住在極北的遠方。

我望着你帳裹的燈火暗影，
　我在我的營帳門前徘徊，探望，
我身中燃燒着飢餓的靈魂，
　像東方通夜燃着的星光。

我知道你睡時的模樣如此：
　我知道你的腦袋向後仰靠，
你的睡眼朦朧，你的亂髮如絲，
　你的睫毛映出了黑圈一道。

我聽着你那應節的呼吸
　從微張的彎唇裹吐放出來；
衹一層帳幙隔着我和你，

① 本詩原載 1925 年 8 月 17 日《晨報副刊》第 1252 號。

一層帳幙在風中顫擺。

你睡，我默默的守望你的營帳
好像沙漠海上的白帆一匹。
我知道便是這沙漠的寬廣
也不及你我之間的距離。

你是天空正中的白星一顆，
我是低處燃着的紅色星球。
我知道我在你心中不算什麼，
還不及荒沙上哀嗥的野獸。

你睡，你睡，沙漠睡在你的四周，
緊張的金星照耀在頭上，
我們都睡；你睡到無憂的醒後，
我把失戀的悲哀帶入夢鄉。

我要回海上去①

John macbeiull 著
與饒孟侃合譯

我要回海上去，再回到荒凉的天涯海角，
我要求的是一隻樓船，一顆星兒作她的向導，
還有龍骨破着浪，風聲唱着歌，白帆在風裏摇，
海面上一陣灰色的霧，一個灰色的破曉。

① 本詩原載 1927 年 5 月 9 日上海《時事新報・學燈》。

我要回海上去，因爲那一陣潮水的呼聲
是狂暴的呼聲，嘹亮的呼聲，你没有法子否認，
我要求的是一個颳風的天兒，還飛着些白雲，
再加上海水翻着浪花兒，海鷗也在叫你。

我要回海上去，再過那飄泊的生涯纔好！
走上海鷗的道，鯨魚的道，那裏的風像把快刀；
我要的是做完了活，大伙兒談着天兒説着笑，
臨了，來一場甜蜜的夢，一宿安穩的覺。

櫻　　花[1]

譯郝思曼詩

最可愛的如今是櫻花，
鮮花沿着枝丫上懸挂，
它站在林野的大路上，
給復活節穿着白衣裳。

算來我的七十個春秋，
二十個已經不得回頭，
七十個春減去二十個，
可不衹剩下五十給我？

既然看看開花的世界，
五十個春説不上多來，
我得到林子裏去望望，

① 本詩原載 1927 年 10 月 8 日上海《時事新報·文藝周刊》第 5 期。

那白雪懸在櫻花樹上。

像拜風的麥浪 ①

譯 Sara Teasdale

像拜風的麥浪
　　在海濱的沙地裏，
跟着暴風叫喚
　　不歇氣；

像拜風的麥浪
　　拜倒了又竪起來，
我的頭在苦惱裏
　　也能抬；

輕輕的，整天裏，
　　整夜裏，你且聽我，
把我的悲哀都
　　變作歌。

禮拜四 ②

Edna st Vincent millay

即使我禮拜三愛你，
　　你管它做什麼？

① 本詩原載 1927 年 10 月 29 日上海《時事新報・文藝周刊》第 8 期。
② 本詩原載 1927 年 11 月 5 日上海《時事新報・文藝周刊》第 9 期。

禮拜四我并不愛你，
　却一點也不錯。

我真不懂，你何爲還
　找着我來糾纏。
禮拜三我愛你一對一
　可是那與我又何干？

希臘之群島①

拜倫　著

希臘之群島，希臘之群島！
　你們那兒莎浮唱過愛情的歌，
那兒萌芽了武術和文教，
　突興了菲芭，還崛起了德羅！
如今夏日還給你們鍍着金光，
　恐怕什麽都墮落了，除却太陽？

那茜歐的彩筆，梯歐的歌喉，
　壯士的瑶琴，情人的錦瑟，
給你們贏得了光榮，你們不受，
　如今你們祇是死守着緘默；
你們祖先的英名簸蕩在西方，
　祇你們聽不見，你們一聲不響。

高山望着平原，平原望着海！

① 本詩原載 1927 年 11 月 19 日上海《時事新報·文藝周刊》第 11 期。

　我在馬拉桑的疆場上閑游，
我一面在夢想，一面在徘徊，
　我夢想着希臘依然享着自由；
因爲我脚踏着波斯人的白骨，
　我不相信我像是一個俘虜。

巉崖的額上坐着一位君王，
　巉崖的額下便是沙粒米；
千艘的舳艫，橫繫在下方
　百譯的臣民，都是君王的！
破曉的時分，君王點了卯，
　等到日落，一個也找不着。

那裏找他們，又那裏去找你，
　我的祖國呀？這寞的海邊上，
那慷慨的歌聲是聽不着了的，
　再也不會鼓蕩，那慷慨的胸膛！
但是這神聖的瑶琴，你怎麽説，
　難道就讓它在我手裏墮落？

這總算是難能可貴的事，
　在如今這名節凋喪的殘冬！
像我唱着悲歌，臉上還潮着羞耻，
　縱然是株連在奴隸的族中。
因爲到這裏，教詩人怎麽辦？
　不過爲希臘流泪，爲希人紅臉。

什麽？衹會爲盛時流幾行泪？

　祇會紅臉？我們的祖宗流過血！
大地呀！請從你胸口裏退回，
　退回我們那志士的遺骸！
三百個斯巴達的健兒，還我
　三個，我能教射馬披離復活！

怎麽還没有回話？都不回話？
　不見得罷？聽那衆鬼的答聲
仿佛遥遠的波濤奔瀉：
　“祇要一個活人抬起頭來，一個人，
我們就來，馬上就來幫忙！”
　祇有活着的人們一響也不響。

罷了！罷了！换一個調子彈彈；
　快斟上一杯沙蜜的美酒
讓突厥的蠻夫誇着血戰
　我們祇要葡萄的赤血能流！
聽！這不是貝坎羅的鬼舞巫歌，
　響應的聲音偏是那般踴躍！

辟魯的名舞依然在風行，
　那辟魯的名陣上那裏去找？
爲什麽同樣兩種的遺訓，
　却把那莊嚴豪俠的忘掉？
請問佉摩賜給你們的文字，
　是賜給一群奴隸的不是？

快斟上一杯沙蜜的美酒！

　再不要想那些傷心的事！
這酒給安勒滋潤過歌喉。
　安勒曾在波理的朝裏服仕，
波理克雷誠然是個暴君，
　那暴君却都是我們的族人。

你可知道那絜爽的霸王，
　是自由的最相絜的朋友！
最忠實又最勇武的保障。
　米爾泰亞底便是那王侯。
如今再有他那條鐵練存在，
　定好將希臘再捆鎖起來。
快斟上一杯沙蜜的美酒！
　蘇利的山頭和巴辯的海岸，
如今還散布着一枝遺胄，
　多里的苗裔還在那裏孳衍；
說不定赫拉可里的遺風，
　還埋伏在他們的族中。

不要相信法人能給你自由，
　他們那國王是一個奸商；
自己的士卒，自己的刀矛，
　纔是自强的唯一希望；
可是突厥的武力，拉丁的賄賂，
　便再大的盾甲也抵擋不住。

快將沙蜜的美酒斟滿一杯！
　我們的少女又在綠蔭中舞唱，

我望見她們那眼中的秋水，
　望見每個嬌艷的女郎，我想
那懷裏又要哺出一群奴隸，
　如是我不禁熱泪往臉上洗。

放我在蘇尼歐的白石岩上，
　那邊什麽都没有，祇海濤和我，
讓我對着海濤互相哀唱；
　讓我唱完歌就死，像那天鵝：
這奴隸之邦不是我的家！
　把沙蜜的酒杯摔破了它！

春齋蘭 ①

郝士曼　著

春來了，走出來逛逛，
　　繞着那叢蕪的陂陀，
你瞧，那窪地的近傍，
　　荆榛底下，一朵一朵，
　　不是蓮馨花是什麽？

還有那迎風花，你看，
　　和陣陣的春風游戲，
再有就是那春齋蘭 ②，
　　他是没有幾天待的，

① 本詩原載 1927 年 12 月 31 日上海《時事新報·文藝周刊》第 16 期。
② 原注：春齋蘭（Lent Lily）便是 Daffodil，或譯作水仙花。

許要死在復活節裏。

既然在游春的時候，
　　蓮馨你還看得見他，
你看得見迎風依舊，
　　和春風自在的玩耍，
　　看不見的祇水仙花；

那麽把筐子帶着罷，
　　快衝進春光的世界，
從山上采，采到山下，
　　把水仙花都帶回來，——
　　水仙花死得那樣快！

白朗寧夫人的情詩①

（一）

我想起昔年那位希臘的詩人，
唱着流年的歌兒——可愛的流年，
渴望中的流年，一個個的宛然
都手執着頒送給世人的禮品：
我沈吟着詩人的古調，我不禁
泪眼發花了，於是我漸漸看見
那温柔凄切的流年，酸苦的流年，

① 本詩原載 1928 年 3 月 10 日《新月》第 1 卷第 1 號和 1928 年 4 月 10 日《新月》第 1 卷第 2 號。

我自己的流年，輪流擲着暗影，
掠過我的身邊。馬上我就哭起來，
我明知道有一個神秘的模樣
在背後揪住我的頭髮往後掇，
正在掙扎的當兒，我聽見好像
一個厲聲“誰掇着你，猜猜！”
“死，”我説。“不是死，是愛，”他講。

（二）

可是在上帝的全宇宙裏，總共
纔有三個人聽見了你那句話——
除了講話的你，聽話的我，便是他——
上帝自己！并且我們三人之中，
還有一個答話的……那話來得可凶！
詛得我一陣的昏迷，一陣的眼花……
我瞎了，看不見你了……那一刹那
的隔絶，真是比“死”還要嚴重。
因爲上帝一聲“不行”比誰都厲害！
塵世的傾軋搗不毀我們的親暱，
風雷不能屈撓我們，海洋不能更改，
我們的手要伸過峻嶺，互相提携，
臨了，天空若滾到我們中間來，
我們爲星辰起誓，還要更加激勵。

（三）

我們原不一樣，愛呀，你信不信？
我們的職司和前程都不一樣。
我們倆人的天使迎面飛來，翅膀

摩着翅膀，大家瞪着驚愕的眼睛。
你想想啊，你乃是后妃的上賓，
滿宮的明眸飛着眼色，請你主掌
歌筵——我這一雙眼睛，不用講，
縱然流着泪，也没有那樣鮮明。
那麼，你還幹什麼那樣望着我，
站在那燈光輝映的窗櫺裏邊？
我，一個凄惶流落的歌者，靠着
柏樹上，歌聲通過了黑暗的亭園……
你頭上是聖油——我頭上是露顆；
除了死，你我間的差異怎修得圓？

（四）

你曾經奉到聖旨召入了宮庭，
翩翩的歌者，你歌着名貴的詩篇，
嬪妃們爲你止舞，要你再唱一遍，
人人都注視着你那殷實的歌唇。
你真要抽起我這門閂？你果真
不嫌它辜負了你的手？你想想看，
你能讓你那音樂掉在我這門前，
叠作一層層金色的富麗？你忍不忍？
你再往上瞧瞧這窗櫺都被闖破，
蝙蝠和夜鷹的巢窠全在梁上！
我的蟋蟀，應和着你琵琶的高歌，
住聲，别再激起回音來證實荒凉！
我心裏有悲哭聲，正如你在浩歌，
可憐我衹是在孤獨中悲傷。

（五）

我嚴肅的捧起了我的心來，
像當年綺雷克拉捧着那尸灰罎，
猛然看着你，把灰灑在你身畔。
請看呀，我這心裹藏着的悲哀，——
偌大的一堆悲哀！你再看呀，愛，
再看火星在灰堆裹奄奄的爍閃。
假如你肯踩它幾脚，踩熄了火焰，
倒也罷了。可惜你不肯那般爽快，
偏要等在我身邊，等一陣狂風
把死灰又吹活……我真爲你擔憂，
愛呀，那頭上的桂冠原不中用，
它不能給你做什麽的保障。回頭
死灰又燒着了，小心火焰一迸
燒焦了頭髮。快走遠些呀！走。

（六）

走遠些。可是我心裹覺着，從今
我永遠要在你的身影裹糾纏。
從今我徘徊在我的生命的門前，
再不能一人私自的驅使我的靈魂
也不能再把這手往日光裹伸，
像從前那樣，覺不到你的指尖
碰上我的掌心。劫運教萬重雲山
阻隔了我們，却不知道你的心
還躲在我心裹跳成雙響的脉息。

酒漿總嘗得出萄萄[1]的滋味，
我的起居和夢寐裏也少不了你。
我爲自身祈禱着上帝的慈悲，
他聽見的姓名那個却是你的，
他在我眼眶裏看出倆人的眼泪。

（七）

我想全世界的面目已經改變，
自從我聽見你那靈魂的步履
經過我的身邊，悄悄的走去，
通過了我和幽冥的邊塞之間。
我跌進那幽冥的絶壑，心裏盤算，
定是没救了，誰知道却是過慮……
愛把我一手撈起，還教了我一曲
生命的新歌。上帝賜我一盞辛酸，
本是給我施洗的，我情願喝一口，
贊揚它的芬芳，因爲你在我身旁。
你足迹所到，無論生前或死後，
諸天和百國的名號都要更張，
這一闋歌，一枝笛，恩情這樣厚，
也衹因你的名字在那裏鏗鏘。

（八）

你那樣的慷慨，又那樣的豪華，
你把你靈府的寶藏全帶了來，
儘量的給帶了來，堆在我墻外，

① “萄萄”應爲“葡萄”之誤植。

任憑我拾起來也罷，丢掉也罷。
但是我有什麽能送你呢？你説
我冷淡？責我寡恩？——你那樣慷慨，
我却没有一些酬答？你别見怪，
我并不是寡恩——天知道，你問他——
我實在是窮得很。繽紛的泪雨，
洗毁了我生命中的顔色，并且
留下的這東西，又灰白，又枯癯，
實在不該送來給你，我不敢瀆褻，
不敢送來做你的枕頭。走遠些，去！
這東西衹配給人們踩一個癟！

（九）

我應不應有什麽，就送什麽給你？
應不應讓你坐下，靠着我的胸懷，
讓我那樣的鹹泪灑上你的臉腮，
還讓你聽流年又在我唇邊太息？
并且那嘴唇爲了忙着獻嘆，所以
聽憑你怎樣的給我賭誓，愛，
那奄奄垂斃的微笑總救不回來。
我衹怕，愛，那樣待你，是不應當的！
我們不同流亞，怎好配作情耦？
我承認，我也抱歉，我這樣的施主
未免太寒傖。嗳呀！我不能够，不能够
叫我的塵土污穢了你的章服，
不能吹出毒氣，炸了你那破璃甌，
我不給什麽；我衹愛你，便足了數。

（十）

不過衹要是愛，是愛，就够你贊美，
值得你容受。你知道，愛便是火，
火總是光明的，不問是焚着樓閣，
還是荆榛；你燒着松柏，燒着蘆葦，
火焰裏總跳得出同樣的光輝。
所以每回靈府的要求吩咐我説：
“我愛你，我愛你，”便在那頃刻，
我就會愛①變成不壞的金身，并且會
覺得我臉上的靈光射到你臉上。
講到愛，本説不上什麽寒傖來；
最渺末的生靈獻愛給上帝，你想，
上帝受了他的愛，還賜給他愛。
我心靈的光，閃過我醜陋的皮囊，
愛的意匠便改繕了造物的心裁。

（十一）

既然愛是寶貴的，我就沾愛的光。
這樣蒼白的雙腮足膝這樣的抖顫，
仿佛是當不起那顆心兒的重擔，——
這吹簫乞食的身世，束上了行裝，
打算翻山越嶺，如今却幾乎吹不上
一隻凄凉的歌兒來響應那啼鵑——
愛呀，這身世雖則是一籌莫展，
你爲什麽要躲避它？你何必懊喪？
不用講，我本是配不上你的身分，

① “愛”應爲衍文。

愛，我太不值，我不是你的儔匹！
可也不盡然，正因爲我愛你，我的痴情
便救了我，許還活着愛你到底……
可又不成，——真教我鬧不清，我分明
要給你祝福，却又當面拒絕了你。

（十二）

老實説，我所自誇的這一般[①]愛，
從我胸中升到額上，就仿佛是，
給我戴上了一顆緋紅的寶石，
人人都瞧得見，認識它的珍環——
老實説這愛不是我自己的私財。
我那會曉得愛是怎麽一回事，
除非你給我立個榜樣，給我指示，
像頭回我們的目光交互的飛來，
馬上愛就唤醒了愛？分明得很，
這愛是不好算作我自己家當；
因爲你的靈魂帶住了我的靈魂，
便往你那尊前的寶座上一放，
從此我愛，完全是叨着你恩，
完全因爲你，你唯一的情郎！

（十三）

你定要我把我贈你的這段愛，
製成語言，尋出相當的字句，
給端出來，像在狂風裏擎着火炬，

① “一般”疑爲“一段”之誤植。

讓它往我們的臉上射着光彩?
我把它往你脚下一摔。我不能差
我的手把我這心靈那樣端出去,
離我自己那樣遠;我不能用言語
給你證明我這深藏的愛。你明白:
我是不動心的,憑你怎樣央求,
我還把生命的衣裳狠心撕破,
生怕這心給碰一下,泄露了隱憂——
你既白了這種真相,你就讓我,
讓我用我們那女兒們的不開口
來證實我這女兒的愛,可不可?

(十四)

既然要愛我,別的就都不要管,
你就專爲愛我而愛我。不要講;
“我愛她,是爲着那一笑——那一望——
那談吐裏的一種温存——那一段
玲瓏的思想,恰合我的脾胃,還
在某一天博得了我滿心的歡暢。”
不要這樣!講,因爲,愛呀,這些花樣,
作與[1]改變,或者從你眼光裏看,
忽然變了。愛是怎樣的成功,
便怎樣失敗——也不要爲你那慈悲
擦乾了我這泪頰而愛我,懂不懂?
一個人,衹要長久得到你的撫慰,
就許忘記哭了,因此又失你的愛寵。

① “作與”似是“作興”之誤。

可是爲愛而愛我，你便能愛我萬歲！

（十五）

不要罵我對你挂起沉沉的臉；
我們是各奔着各人的路程，
一種的日光照不上，我們的眉鬢。
我好似晶珠裏鎖着的蜜蜂一般，
不能你爲我起什麽驚猜的眷念；
因爲悲哀既把鎖進戀愛的神聖，
叫我張開翅膀往外飛，那怎麽成？
從（縱）使我多方的掙扎，也還是枉然。
你知道望着你，望着你，望到
戀愛和戀愛的結局，仿佛一個人
踞坐在高處，俯瞰着江河的滔滔，
江河以外，又浮着大海的陰沉——
我望你時，我聽見記憶外層的寂寥，
也明白記憶温柔，和泯滅的寒凜。

（十六）

但是，正因你能那樣的征服我，
正因你那般豪邁，好似一位帝王，
你便能把你的綉蟒不顧我的恐惶，
一甩，給裹在我身上，叫我的心和
你的心貼得更緊，從此遇着離索，
我的心便永不會怔忡。征服是一樁
高尚而澈底的事愛，無論是向上
的感化，或往下的摧殘與壓迫！
像一個負創的敗卒，輾轉在地下，

被敵人扶起，便把手裏的寶劍
移交給他，——我畢竟也和你這冤家
講了和愛，你再請我走上你跟前，
你一句話，就恢復了我的身價。
愛，擴大你的愛來抬高我的體面！

（十七）

上帝排在那往古來今裏的徽弦，
我的詩人，你都能彈；你一揮手，
便奏出戛絕的樂曲，在塵囂上飄浮，
在塵囂外飄浮。好比藥石一般，
你的音樂吐了出去，能給人寰
攻砭着毒穢，解除着苦痛和煩憂。
愛呀，上帝派給了你這種職守，
派我給你伺候。你打算打算
最好是用什麼方法來使用我？——
一點點希望來給你歡唱也許
一段纏綿的記憶，給參進你的歌？
一樹濃蔭，給遮你唱——是棕櫚，
還是松楸？要不就是座墳墓，
給你唱完睡下？聽憑你選去。

（十八）

愛呀，我沒有拿頭髮奉送過誰，
除了這回，默默的把這一鬈鬈
左手裏牽得頂長的，叫你來拿。
我知道青春去了，我的髮再不會
跟着脚步跳踉又不好好女兒輩，

再向那番榴樹底，或薔薇花下，
去種新髮。你瞧，這鬆的一把，
早在悲哀裏學會了一種憨態，——
頭那麼一歪，垂了下來；我衹好
讓它垂，垂在臉上，把泪痕遮起。
這東西我想逃不脱死神的剪刀，
其實是歸愛得的。愛現在我給你……
這兒有我母親臨終的一吻，你瞧，
除則隔了多年却依然是純潔的。

（十九）

靈魂的市廛也自有它的貨物；
我在那市上拿頭髮换着頭髮。
這一鬈，從我詩人的頭上摘下，
收進我心裏，這些[1]龘戴的舳艫
還要寶貴；即便是詩品大當初
懸擬，的九神[2]，額前都斜拖着一把
黝紫的鬈髮，也不過是這樣罷！
愛，我想，你那桂冠的影子還停駐
在這髮上，我輕輕的吻上一嘴，
讓一縷呼吸那影子給纏牢，
（我把禮物往没有障礙的地方堆）
然後這髮在我心上你可記好，
也和在你頭上一樣，永遠總會
熱烘烘的除非人死了，心冷掉。

① “這些”疑爲“這比”之誤。
② “懸擬，的九神”似應作“懸擬的九神”。

（二十）

愛呀，我的愛，我回想一年以前，
那時人間早有你，我獨坐在
這雪地裏，却聽不見你的大咳
衝破寂寞，你的脚印我也没瞧見，
我衹一節節的數着生命的連環，
那料得到還有你那一拳要打來，
把連環給打掉？我想起那時，愛
我便嘗到了生命的奇妙！你看，
真是奇妙，居然覺不出你的舉動，
你的言談會來震動我的朝夕——
也不曾從你看着長成的那一本
白花裏拈出一瓣關於你的消息。
那些人們，和我一樣，也够愚蠢①，
猜不透他們自己看不見的上帝。

（二十一）

請你再講一回，還要再講一回，
講你愛我。雖則那重叠的空音
正如你説明，好似杜鵑的歌聲；
可是記取全盛的青春從不會
來到山上，郊中，林間或谷裏，除非
杜鵑的音樂也隨着春來臨。
愛，我在那黑暗裏曾經傾聽，
聽到一種遲疑的縹渺的呼聽②，

① “愚蠢”似爲“愚蠢”之誤植。
② “呼聽”疑爲“呼聲”之誤。

於是在遲疑的苦悶裹，我喊道，
“既愛我，就再講一遍！”怕什麽
四季的花太鬧？天上的星太多
説，你愛我，你愛我，你愛我，説——
重椀的説[①]，像急着撞銀鐘；衹記好
還要用那靈魂默默的愛我。

幽舍的麋鹿[②]

哈代　著

今晚有人從外邊望進來，
　從窗簾縫裹直望；
窗外亮晶晶的滿地發白，
今晚有人從外邊望進來，
　我們衹坐着想，
靠近那火爐旁。

我們看不見那一雙眼睛，
　在窗外的雪地上；
桃色的燈光輝映着我們，
我們看不見那一雙眼睛，
　直發楞，閃着光，
　四隻脚，跤着望。

① “重椀的説”似應作“重複的説”。
② 本詩原載 1928 年 4 月 10 日《新月》第 1 卷第 2 號。

情　　願①

郝士曼　著

是酒，是愛，是戰爭，祇
　要能永遠使人沉醉，
我情願天亮就醒來
　我情願到天黑就睡。

無奈人又有時清醒，
　一陣陣的胡思亂想，
每逢他思想的時候，
　便把雙手鎖在心上。

"從十二方的風穴裏"②

郝士曼　著
與饒孟侃合譯

從十二方的風穴裏，
　從旭旦黃昏的邊際，
生命的絲把我織成，
　一陣風吹我到這裏。

我還有一息的留連，
　還不致於馬上消逝——
捉住我的心，告訴我，

① 本詩原載 1928 年 6 月 10 日《新月》第 1 卷第 4 號。
② 本詩原載 1928 年 9 月 10 日《新月》第 1 卷第 7 號。

你心裹有點什麽事。

講出來，我立刻回答；
　我能幫你點什麽忙，
講，乘我還没有登程，
　走向那縹緲的家鄉。

山　花[1]

郝士曼　著
與饒孟侃合譯

郝士曼寫完他的第一部詩集時，準備告一段落（他的第二部——即最末一部集子是二十六年以後纔出世的），因此在詩集後，綴上這一首跋尾式的詩，表明他對於自己的作品的估價。他這謙虚的態度適足以顯着他的偉大。原詩没有題目，這裏用的，是譯者擅自加上的。

我割下了幾束山花，
我把它帶進了市場，
悄悄的又給帶回家；
論顔色本不算漂亮。

因此我就到處種播，
讓同調的人去尋求，
當那花下埋着的我

① 本詩原載 1929 年 11 月 10 日《新月》第 2 卷第 9 號。

是一具無名的尸首。

有的種子喂了野鳥，
有的讓風霜給摧殘，
但總有幾朵會碰巧
開起來像稀星一般。

年年野外總有得開，
春來了，不幸的人們
也不愁没有得花戴，
雖則我早已是古人。

附　録

現代詩抄[1]

①《現代詩抄》是聞一多先生在20世紀40年代中期編輯的一部中國現代新詩選集，先生生前似未最後編定。1948年上海開明書店出版的《聞一多全集》將其收入。這次是根據先生編選的手稿整理的，所有作家作品的編排順序均依原樣，未作任何更動。祇有個别作家如田間、鷗外鷗的作品在抄稿中分列兩處的則予以歸并。凡與開明版《聞一多全集》有出入的地方，均因原抄稿如此，特加以説明，不再一一加注。

目　録

新詩彙目

詩集
選本
期刊
事略
批評
論説

新詩過眼録

别集

卞之琳　十年詩草（一九三〇——一九三九）明日社　桂林　民國卅一（一九四二）年五月初版

艾　青　大堰河　文學小叢刊第一集　文化生活出版社　廿八年八月初版

火把　烽火文叢之三　烽火社　卅年六月

黎明的通知　文學創作叢刊　文化供應社　桂林　卅二年五月

他死在第二次　每月文庫一輯之六　上海雜志公司　廿八年十一月

曠野　生活書店　二十九年九月

向太陽　七月詩叢三　海燕書店　桂林　三十一年三月

任　鈞　後方小唱　每月文庫二輯之三　上海雜志公司　卅年四月

陳　原　母與子　詩創作叢書之六　詩創作社　桂林　卅一年九月

征　軍　紅蘿蔔　詩創作叢書之七　詩創作社　卅一年九月

胡危舟　金剛坡下　詩創作叢書之十　詩創作社　卅一年五月

戈　茅　草原牧歌　遠方書店　桂林　卅一年五月

S.M.　無弦琴　七月詩叢第一集　南天出版社　桂林　卅一年八月

戴望舒　望舒草　復興書局　上海　二十五年六月

蕭三等　禮物（蕭三　石星　天藍）文化出版社　桂林　卅一年八月

田　間　呈在大風砂裏奔走的岡位們　西北戰地服務團　叢書之八　丁玲主編　生活書店　二十七年七月漢口

中國·村底故事　詩人社版　一九三六年六月序七月補記
何其芳　夜歌和白天的歌　稿本
高　蘭　高蘭朗誦詩集　大路書店　廿七年二月
徐志摩　志摩的詩
翡冷翠的一夜
雲游　新月書店　一九三二年七月猛虎集
梁宗岱　晚禱　文學研究會叢書　商務　十三年十二月初版
嚴杰人　今之普羅蜜修士　今日文藝叢書　今日文藝社（桂）　卅年十一月
臧克家　古樹的花朵　東方書社（渝）　卅一年十二月
泥土的歌　今日文藝社叢書第十二種　今日文藝社　卅二年六月
嗚咽的雲烟　創作小叢刊第一輯　創作出版社（桂）　二十九年七月
從軍行　抗戰詩集　生活書店　廿七年六月初版
柯仲平　邊區自衛軍　大衆朗誦詩　戰時知識社　一九三八年十月
莊　涌　突圍令　七月詩叢二　聯華書店　一九三九年四月後序
華　鈴　滿天星　自刊　一九三六年六月
方　敬　雨景　文化生活出版社　卅一年一月
聲音　工作社　卅二年四月
鄒荻帆　塵土集　文化生活出版社　廿八年三月初版
陳夢家　夢家存詩　新詩庫第一輯第三種　上海時代圖書公司　廿五年三月
馬君玠　北望集　開明文學新刊　開明書店　卅二年八月
趙蘿蕤　蘿蕤詩集　稿本
孫　鈿　旗　七月詩叢　南天出版社　卅一年八月
王廷熙　濤聲集　北新書局　廿五年六月
鍾敬文　海濱的二月　北新書局　一九二九年十一月

劉廷芳　山雨　風滿樓叢書之三　北新書局　一九三〇年十一月
劉廷蔚　山花　風滿樓叢書之一　北新書局　一九三〇年七月
陸印全　柔夢帖　詩歌月報叢輯之一　詩歌月報社現代書局總代售　一九三四年七月
孟　超　候　光華書局　十六年（一九二七）九月
馮乃超　紅紗燈　創造社叢書第二十種　一九二×年九月序　創造版　一九二八
冰心女士　冰心詩集　冰心全集之二　北新書局　廿一年八月初版
孫毓棠　寶馬
華　鈴　玫瑰　自刊　五洲書報社　一九三八年十二月
王統照　江南曲　文學叢刊第六集　文化生活出版社　廿九年四月
王獨清　獨清詩選　新宇宙書店　一九二九年五月
王獨清詩歌代表作　亞東圖書館　廿四年十二月
胡　風　野花與箭　文學叢刊第四集　文化生活出版社　廿六年一月
楊　剛　我站在地球中央　文學小叢刊第二集　文化生活出版社　廿九年七月
李金發　微雨　新潮社文藝叢書之八　北新書局　一九二五年十一月初版
錢君匋　水晶座　亞東圖書館　十八年三月
羅寶册　花要落去　草蟲社　十九年四月
高長虹　給——　狂飆社叢書第三（第六種）　光華書局　一九二七年九月
鍾天心　追尋　北新書局　一九三〇年十二月
田植萍　落月集　北新書局　一九三五年三月
宋琴心　冷的心曲　世界文藝社　一九二九年三月（最後作品）
阜東生　雙木集　時青社　二十二年二月
蓬　子　銀鈴　水沫書店　一九二九年三月

選集

王亞平　新詩源　中華正氣社（贛縣）　卅二年二月
胡明樹　若干人集　詩社印行　白虹書店總經售　卅一年六月
陳夢家　新月詩選　新月書店　一九三一年九月

專刊

現代詩風　戴望舒主編　脉望社版　第一册　一九三五年十月
新　　詩　編委：卞之琳、孫大雨、梁宗岱、馮至、戴望舒新詩社版　第一（一九三六年十月）至第六期（一九三七年三月）

待訪録

別集

華　鈴　牽牛花　上海山東路五洲書報社福州路兄弟圖書雜志公司　愛文義路卡德路口聯益書社

向日葵　同上

曇花

勿忘儂　以上兩種印刷中

田　間　給戰鬥者

魯　藜　爲着未來的日子

天　藍　隊長騎馬去了

冀　湯　躍動的夜

鄒荻帆　意志的賭徒

緑　原　童話（以上七月詩叢第一集）　南天出版社

胡　風　爲祖國而歌　海燕書店

戰地歌聲

艾　青　北方　文化生活出版社　文學叢刊第七集

何其芳　預言　工作社

李廣田　地之子　同上

周　爲　海沙　今日文藝社　桂林

杜　谷　泥土的夢　七月詩叢第一集

絳　燕（沈祖棻女士）　微波辭　中國詩藝社叢書　獨立出版社　一九三六——一九三九

常任俠	收穫期　中國詩藝社叢書　獨立出版社　一九三五—一九三七
金克木	蝙蝠集　時代版　一九三六
侯汝華	海上謠
陳江帆	南國風
玲　君	緑
徐　遲	二十歲人　時代版
施蟄存	紈扇集？以上六種脉望社預告
李長之	夜宴　北平文學評論社
林　庚	夜
	春野與窗　文學評論社叢書　北平文學評論社
路易士	行過之生命　自刊　新詩社
辛　笛 辛　谷	珠貝集
南　星	石像辭　以下六種新詩社預告
路易士	二月之窗
南　星	響尾蛇集
徐　遲	明麗之歌
路易士	火灾的城
李白鳳	鳳之歌
畢奂午	掘金記　文學叢刊第二集　文化生活出版社
臧克家	運河　文學叢刊第三集　文化生活出版社
曹葆華	無題草　文學叢刊第五集　文化生活出版社
鄒荻帆	木廠　文學叢刊第六集　文化生活出版社
胡　適	嘗試集
康白情	草兒在前集
	河上集
俞平伯	冬夜

汪静之　蕙的風
陸志韋　渡河
宗白華　流雲小詩
胡思永　胡思永的遺詩
何植三　農家的草紫　以上十種亞東圖書館

選集

胡　風　我是初來的　七月詩叢第一集　南天出版社
北　社　一九一九新詩年選　亞東圖書館

專刊

小雅詩刊　吴奔星、李伯章合編　小雅詩社（平）
菜花詩刊　路易士、韓北屏合編　菜花社（蘇州）
詩　志　雙月刊　路易士、韓北屏合編　菜花社（蘇）

徐志摩

月下雷峰影片

我送你一個雷峰塔影，
　滿天稠密的黑雲與白雲；
我送你一個雷峰塔頂，
　明月瀉影在眠熟的波心。

深深的黑夜，依依的塔影，
　團團的月彩，纖纖的波鱗——
假如你我蕩一隻無遮的小艇，
　假如你我創一個完全的夢境！

五老峰

不可搖撼的神奇，
　　不容注視的威嚴，
這聳峙，這橫蟠，
　　這不可攀援的峻險！
看！那巉岩缺處
　　透露着天，窈遠的蒼天，
在無限廣博的懷抱間，

　　這磅礴的偉象顯現！

是誰的意境？是誰的想象？
　　是誰的工程與搏造的手痕？
在這亘古的空靈中
　　陵慢着天風，天體與天氛！
有時朵朵明媚的彩雲，
　　輕顫的妝綴着老人們的蒼鬢，
像一樹虬幹的古梅在月下
　　吐露了艷色鮮葩的清芬！

山麓前伐木的村童，
　　在山澗的清流中洗濯，呼嘯，
認識老人們的嗔顰，
　　迷霧海沫似的噴涌，鋪罩，
淹没了谷内的青林，
　　隔絕了鄱陽的水色裊淼，
陡壁前閃亮着火電，聽呀！
　　五老們在渺茫的霧海外狂笑！

朝霞照他們的前胸，
　　晚霧戲逗着他們赤禿的頭顱；
黄昏時，聽異鳥的歡呼，
　　在他們鳩盤的肩旁怯怯的透露
不昧的星光與月彩：
　　柔波裏緩泛着的小艇與輕舸。
聽呀！在海會静穆的鐘聲裏
　　有朝山人在落葉林中過路！

更無有人事的虛榮，
　　更無有塵世的倉促與噩夢，
靈魂！記取這從容與偉大，
　　在五老峰前飽啜自由的山風！
這不是山風，這是古聖人的祈禱，
　　凝聚成這“凍樂”似的建築神工，
給人間一個不朽的憑證——
　　一個“倔强的疑問”在無極的藍空！

殘　詩

怨誰？怨誰？這不是青天裏打雷？
關着，鎖上；趕明兒瓷花磚上堆灰！
別瞧這白石臺階兒光滑，趕明兒，唉，
石縫里長草，石板上青青的全是霉！
那廊下的青玉缸裏養着魚，真鳳尾，
可還有誰給換水，誰給撈草，誰給喂？
要不了三五天，準翻着白肚鼓着眼，
不浮着死，也就讓冰分兒壓一個扁！
頂可憐是那幾個紅嘴綠毛的鸚哥，
讓娘娘教得頂乖，會跟着洞簫唱歌，
真嬌養慣，喂食一遲，就叫人名兒駡，
現在，您叫去！就剩空院子給您答話！……

常州天寧寺聞禮懺聲

有如在火一般可愛的陽光裏，偃卧在長梗的，亂
　雜的叢草裏，聽初夏第一聲的鷓鴣，從天邊直
　響入雲中，從雲中又回響到天邊；
有如在月夜的沙漠裏，月光温柔的手指，輕輕的
　撫摩着一顆顆熱傷了的沙礫，在鵝絨般軟滑
　的熱帶的空氣裏，聽一個駱駝的鈴聲，輕靈
　的，輕靈的，在遠處響着，近了，近了，又遠
　了……
有如在一個荒凉的山谷裏，大膽的黄昏星，獨自
　臨照着陽光死去了的宇宙，野草與野樹默默的
　祈禱着，聽一個瞎子，手扶着一個幼童，鐺的
　一聲算命鑼，在這黑沉沉的世界裏回響着；
有如在大海里的一塊礁石上，浪濤像猛虎般的狂
　撲着，天空緊緊的繃着黑雲的厚幕，聽大海向
　那威嚇着的風暴，低聲的，柔聲的，懺悔他一
　切的罪惡；
有如在喜馬拉雅的頂顛，聽天外的風，追趕着天
　外的雲的急步聲，在無數雪亮的山壑間回響
　着；
有如在生命的舞臺的幕背，聽空虛的笑聲，失望
　與痛苦的呼籲聲，殘殺與淫暴的狂歡聲，厭世
　與自殺的高歌聲，在生命的舞臺上合奏着；

我聽見了天寧寺的禮懺聲！

這是那裏來的神明？人間再没有這樣的境界！

這鼓一聲，鐘一聲，磬一聲，木魚一聲，佛號一聲……樂音在大殿裏，迂緩的，曼長的回蕩着，無數衝突的波流諧合了，無數相反的色彩净化了，無數現世的高低消滅了……

這一聲佛號，一聲鐘，一聲鼓，一聲木魚，一聲磬，諧音盤礴在宇宙間——解開一小顆時間的埃塵，收束了無量數世紀的因果；

這是那裏來的大和諧——星海里的光彩，大千世界的音籟，真生命的洪流：止息了一切的動，一切的擾攘；

在天地的盡頭，在金漆的殿椽間，在佛像的眉宇間，在我的衣袖裏，在耳鬢邊，在官感裏，在心靈裏，在夢裏……

在夢裏，這一瞥間的顯示，青天，白水，緑草，慈母温軟的胸懷，是故鄉嗎？是故鄉嗎？

光明的翅羽，在無極中飛舞！

大圓覺底裏流出的歡喜，在偉大的，莊嚴的，寂滅的，無疆的，和諧的静定中實現了！

頌美呀，涅槃！頌美呀，涅槃！

毒　　藥

今天不是我歌唱的日子，我口邊
　涎着獰惡的微笑，不是我説笑
　的日子，我胸懷間插着發冷光
　的利刃；
相信我，我的思想是惡毒的，因
　爲這世界是惡毒的，我的靈魂
　是黑暗的，因爲太陽已經滅絶
　了光彩，我的聲調是像墳堆裏
　的夜鴞，因爲人間已經殺盡了
　一切的和諧，我口音像是冤鬼
　責問他的仇人，因爲一切的恩
　已經讓路給一切的怨；
但是相信我，真理是在我的話裏，
　雖則我的話像是毒藥，真理是
　永遠不含糊的，雖則我的話裏
　彷彿有兩頭蛇的舌，蝎子的尾
　尖，蜈蚣的觸鬚；祇因爲我的
　心裏充滿着比毒藥更强烈，比
　咒詛更狠毒，比火焰更猖狂，
　比死更深奥的不忍心與憐憫心
　與愛心，所以我説的話是毒性
　的，咒詛的，燎灼的，虚無的；
相信我，我們一切的準繩已經埋
　没在三合土打緊的墓宫裏，最
　勁冽的祭肴的香味也穿不透這
　嚴封的地層：一切的準則是死

了的；
我們一切的信心像是頂爛在樹枝
上的風箏，我們手裏擎着這并
斷了的鷂綫：一切的信心是爛
了的；
相信我，猜疑的巨大的黑影：像
一塊烏雲似的，已經籠蓋着人
間一切的關係：人子不再悲哭
他新死的親娘，兄弟不再來
携着他姊妹的手，朋友變成了
寇仇，看家的狗回頭來咬他
主人的腿：是的，猜疑淹没了
一切；在路旁坐着啼哭的，在
街心裏站着的，在你窗前探望
的，都是被奸污的處女：池潭
裏祇見些爛破的鮮艷的荷花；
在人道惡濁的澗水裏流着，浮荇
似的，五具殘缺的尸體，他們
是仁義禮智信，向着時間無盡
的海瀾裏流去；
這海是一個不安靖的海，波濤猖
獗的翻着，在每個浪頭的小白
帽上分明的寫着人欲與獸性；
到處是奸淫的現象，貪心摟抱着
正義，猜忌逼迫着同情，懦怯
狎褻着勇敢，肉欲侮弄着戀愛，
暴力侵凌着人道，黑暗踐踏着
光明；

聽呀！這一片淫猥的聲響，聽呀！
　　這一片殘暴的聲響；
虎狼在熱鬧的市場裏，强盜在你
　　們妻子的床上，罪惡在你們深
　　奥的靈魂裏……

多謝天！我的心又一度的跳蕩

多謝天！我的心又一度的跳蕩，
這天藍與海青與明潔的陽光
驅净了梅雨時期無歡的踪迹，
也放散了我心頭的網羅與紐結，
像一朵曼陀羅花英英的露爽
在空靈與自由中忘却了迷惘：
迷惘！迷惘！也不知來自何處，
囚禁我心靈的自然的流露，
可怖的夢魘，黑夜無邊的慘酷，
蘇醒的盼切，衹增劇靈魂的麻木！
曾經有多少的白晝，黄昏，清晨，
嘲諷我這蠶繭似不生產的生存？
也不知有幾遭的明月，星群，晴霞，
山嶺的高亢與流水的光華……
辜負！辜負自然界叫唤的殷勤，
驚不醒這沉醉的昏迷與頑冥！

如今，多謝這無名的博大的光輝，
在艷色的青波與緑島間縈洄，

更有那漁船與航影，亭亭的黏附
在天邊，喚起遼遠的夢景與夢趣：
我不由的驚悚，我不由的感愧；
（有時微笑的嫵媚是啓悟的棒槌！）
是何來倏忽的神明，爲我解脱
憂愁，新竹似的豁裂了外籜，
透露内裏的青篁，又爲我洗净
障眼的盲翳，重見宇宙間的歡欣。

這或許是我生命重新的機兆；
大自然的精神！容納我的祈禱，
容許我的不躊躇的注視，容許
我的熱情的獻致，容許我保持
這顯示的神奇，這現在與此地，
這不可比擬的一切間隔的毁滅！
我更不問我的希望，我的惆悵，
未來與過去祇是渺茫的幻想，
更不向人間訪問幸福的進門，
祇求每時分給我不死的印痕，——
變一顆埃塵，一顆無形的埃塵，
追隨着造化的年輪，進行，進行……

再别康橋

輕輕的我走了，
　正如我輕輕的來；
我輕輕的招手，

　作別西天的雲彩。

那河畔的金柳
　是夕陽中的新娘；
波光裏的艷影
　在我的心頭蕩漾。

軟泥上的青荇
　油油的在水底招摇：
在康河的柔波裏
　我甘心做一條水草！

那榆蔭下的一潭
　不是清泉，是天上虹
揉碎在浮藻間，
　沉澱着彩虹似的夢。

尋夢？撑一支長篙
　向青草更青處漫溯，
滿載一船星輝，
　在星輝斑斕裏放歌。

但我不能放歌，
　悄悄是别離的笙簫；
夏蟲也爲我沉默，
　沉默是今晚的康橋！

悄悄的我走了，

　正如我悄悄的來；
我揮一揮衣袖，
　不帶走一片雲彩。

哈　　代

哈代，厭世的，不愛活的，
　這回再不用怨言，
一個黑影蒙住他的眼？
　去了，他再不漏臉。

八十七年不容易過，
　老頭活該他的受，
抗着一肩思想的重負，
　早晚都不得放手。
爲什麼放着甜的不嘗，
　暖和的座兒不坐，
偏挑那陰凄的調兒唱，
　辣味兒辣得口破？

他是天生那老骨頭僵，
　一對眼拖着看人，
他看着了誰誰就遭殃，
　你不用跟他講情。

他就愛把世界剖着瞧，
　是玫瑰也給拆壞；

他没有那畫眉的纖巧，
　他有夜鴞的古怪！

古怪，他争的就衹這一點——
　一點靈魂的自由，
也不是成心跟誰翻臉，
　真就得認個透。

他可不是没有他的愛——
　他愛真誠，愛慈悲：
人生就説是一場夢幻，
　也不能没有安慰。

這日子你怪得他惆悵，
　怪得他話裹有刺？
他説樂觀是“死尸臉上
　抹着粉，搽着胭脂！”

這不是完全放棄希冀，
　宇宙還得往下延，
但如果前途還有生機，
　思想先不能隨便。

爲維護這思想的尊嚴，
　詩人他不敢怠惰，
高擎着理想，睁大着眼。
　抉剔人生的錯誤。

現在他去了，再不説話，
（你聽這四野的静，）
你愛忘了他就忘了他，
（天吊明哲的凋零！）

雲　　游

那天你翩翩的在空際雲游，
自在，輕盈，你本不想停留
在天的那方或地的那角，
你的愉快是無攔阻的逍遥。
你更不經意在卑微的地面
有一流澗水，雖則你的明艷
在過路時點染了他的空靈，
使他驚醒，將你的倩影抱緊。
他抱緊的衹是綿密的憂愁，
因爲美不能在風光中静止；
他要，你已飛度萬重的山頭，
去更闊大的湖海投射影子！
他在爲你消瘦，那一流澗水，
在無能的盼望，盼望你飛回！

火車禽住軌

火車禽住軌，在黑夜裏奔：
過山，過水，過陳死人的墳；

過橋，聽鋼骨牛喘似的叫
過荒野，過門户破爛的廟，

過池塘，群蛙在黑水裏打鼓，
過噤口的村莊，不見一粒火；

過洋清的小站，上下没有客，
月臺袒露着肚子，像是罪惡。
這時車的呻吟驚醒了天上
三兩個星，躲在雲縫裏張望：

那是幹什麽的，他們在疑問，
大凉夜不歇着，直鬧又是哼，

長蟲似的一條，呼吸是火焰，
一死兒往暗裏闖，不顧危險，

就憑那精窄的兩道，算是軌，
馱着這分重，夢一般的纍墜。

纍墜！那些奇異的善良的人，
放平了心安睡，把他們不論

俊的村的命全盤交給了它，
不問爬的是高山，還是低窪，

不問森林裏有怪鳥在詛咒，
天象的輝煌，全對着毁滅走；

祇圖眼前過得，裂大嘴打呼，
明兒車一到，搶了皮包走路！

這態度也不錯！愁没有個底；
你我在天空，那天也不休息，

睁大了眼，什麽事都看分明，
但自己又何嘗能支使命運？

説什麽光明，智慧，永恒的美？
彼此同是在一條綫上受罪，

就差你我的壽數比他們强，
這玩藝反正是一片糊塗賬！

在病中

我是在病中，這懨懨的倦卧，
看窗外雲天，聽木葉在風中……
是鳥語嗎？院中有陽光暖和，
一地的衰草，墻上爬着藤蘿，
有三五斑猩的，蒼的，在顫動。
一半天也成泥……
　　　　　　城外，啊西山！
太辜負了，今年，翠微的秋容！
那山中的明月，有彎，也有環：

黄昏時誰在聽白楊的哀怨?
誰在寒風裏賞歸鳥的群喧?
有誰上山去漫步，静悄悄的，
去落葉林中檢三兩瓣菩提?
有誰去佛殿上披拂着塵封，
在夜色裏辨認金碧的神容?

這病中心情：一瞬瞬的回憶，
如同天空，在碧水潭中過路，
透映在水紋間斑駁的雲翳;
又如陰影閃過虚白的墻隅，
瞥見時似有，轉眼又復消散;
又如縷縷炊烟，纔裊裊，又斷……
又如暮天裏不成字的寒雁，
飛遠，更遠，化入遠山，化作烟!
又如在暑夜看飛星，一道光
碧銀銀的抹過，更不許端詳。
又如蘭蕊的清芬偶爾飄過，
誰能留住這没影踪的婀娜?
又如遠寺的鐘聲，隨風吹送，
在春宵，輕摇你半殘的春夢!

二十（一九三一）年五月
續成七年前殘稿

領　　罪

這也許是個最好的時刻，
不是静。對面園裏的鳥，
從杜鵑到麻雀，已在叫曉。
我也再不能抵抗我的睏，
它壓着我像霜壓着樹根；
斷片的夢已在我的眼前
飄拂，像在曉風中的樹尖。
也不是有什麼非常的事，
逼着我决定一個否與是。
但我非得留着我的清醒，
用手推着黑甜鄉的誘引：
因爲這是我唯一的機會，
自己到自己跟前來領罪。
領罪，我説不是罪是什麼？
這日子過得有什麼話説！

愛的靈感

——奉適之

下面這些詩行好歹是他撩撥出來的，正如這十年來大多數的詩行好歹是他撩撥出來的！

不妨事了，你先坐着罷，
這陣子可不輕，我當是
已經完了，已經整個的

脱離了這世界，飄渺的，
不知到了那兒。仿佛有
一朵蓮花似的雲擁着我，
（她臉上浮着蓮花似的笑）
擁着到遠極了的地方去……
唉，我真不希罕再回來，
人説解脱，那許就是罷！
我就像是一朵雲，一朵
純白的，純白的雲，一點
不見分量，陽光抱着我，
我就是光，輕靈的一球，
往遠處飛，往更遠的飛；
什麽纍贅，一切的煩愁，
恩情，痛苦，怨，全都遠了，
就是你——請你給我口水，
是橙子吧，上口甜着哪——
就是你，你是我的誰呀！
就你也不知那裏去了：
就有也不過是曉光裏
一髮的青山，一縷游絲，
一翳微妙的暈；説至多
也不過如此，你再要多，
我那朵雲也不能承載，
你，你得原諒，我的冤家！……
不礙，我不累，你讓我説，
我祇要你睁着眼，就這樣，
叫哀憐與同情，不説愛，
在你的泪水裏開着花，

我陶醉着它們的幽香；
在你我這最後，怕是吧，
一次的會面，許我放嬌，
容許我完全占定了你，
就這一晌，讓你的熱情，
像陽光照着一流幽澗，
透澈我的凄冷的意識，
你手把住我的，正這樣，
你看你的壯健，我的衰，
容許我感受你的温暖，
感受你在我血液裹流，
鼓動我將次停歇的心，
留下一個不死的印痕：
這是我唯一，唯一的祈求……
好，我再喝一口，美極了，
多謝你。現在你聽我説。
但我説什麽呢？到今天，
一切事都已到了盡頭，
我衹等待死，等待黑暗，
我還能見到你，偎着你，
真像情人似的説着話，
因爲我够不上説那個，
你的温柔春風似的圍繞，
這於我是意外的幸福，
我衹有感謝，（她合上眼。）
什麽話都是多餘，因爲
話衹能説明能説明的，
更深的意義，更大的真，

朋友，你衹能在我的眼裏，
在枯乾的泪傷的眼裏
認取。
　　我是個平常的人，
我不能盼望在人海里
值得你一轉眼的注意。
你是天風：每一個浪花
一定得感到你的力量，
從它的心裏激出變化，
每一根小草也一定得
在你的踪迹下低頭，在
绿的顫動中表示驚異；
但誰能止限風的前程，
他横掠過海，作一聲吼，
獅虎似的掃蕩着田野，
當前是冥茫的無窮，他
如何能想起曾經呼吸
到浪的一花，草的一瓣？
遥遠是你我間的距離；
遠，太遠！假如一隻夜蝶
有一天得能飛出天外，
在星的烈焰裏去變灰，
（我常自己想）那我也許
有希望接近你的時間。
唉，痴心，女子是有痴心的，
你不能不信罷？有時候
我自己也覺得真奇怪，
心窩裏的牢結是誰給

打上的？爲什麼打不開？
那一天我初次望到你，
你閃亮得如同一顆星。
我衹是人叢中的一點，
一撮沙頭，但一望到你，
我就感到異樣的震動
猛襲到我生命的全部，
真像是風中的一朵花，
我內心摇晃得像昏暈，
臉上感到一陣的火燒，
我覺得幸福，一道神異的
光亮在我的眼前掃過，
我又覺得悲哀，我想哭，
紛亂占據了我的靈府。
但我當時一點不明白，
不知這就是陷入了愛！
“陷入了愛”真是的！前緣，
孽債，不知到底是什麼？
但從此我再没有平安，
是中了毒，是受的催眠，
教命運的鐵鏈給鎖住，
我再不能躊躇：我愛你！
從此起，我的一瓣瓣的，
思想都染着你，在醒時，
在夢裏，想躲也躲不去，
我抬頭望，藍天裏有你，
我開口唱，悠揚裏有你，
我要遺忘，我向遠處跑，

另走一道，又碰到了你！
枉然是理智的殷勤，因爲
我不是盲目，我衹是痴。
但我愛你，我不是自私。
愛你，但永不能接近你。
愛你，但從不要享受你。
即使你來到我的身邊，
我許向望你，但你不能
絲毫覺察到我的秘密。
我不妒忌，不艷羡，因爲
我知道你永遠是我的，
它不能脱離我正如我
不能躲避你。别人的愛
我不知道，也無須知曉，
我的是我自己的造作，
正如那林葉在無形中
收取早晚的霞光，我也
在無形中收取了你的。
我可以，我是準備，到死
不露一句，因爲我不必。
死，我是早已望見了的。
那天愛的結打上我的
心頭，我就望見死，那個
美麗的永恒的世界；死，
我甘願的投向，因爲它
是光明與自由的誕生。
從此我輕視我的軀體，
更不計較今世的浮榮，

我祇企望着更綿延的
時間來收容我的呼吸，
燦爛的星做我的眼睛，
我的髮絲，那般的晶瑩，
是紛披在天外的雲霞，
博大的風在我的腋下
胸前眉宇間盤旋，波濤
衝洗我的脛踝，每一個
激蕩涌出光艷的神明！
再有電火做我的思想，
天邊掣起蛇龍的交舞，
雷震我的聲音，驀地裏
叫醒了春，叫醒了生命。
無可思量，啊，無可比况，
這愛的靈感，愛的力量！
正如旭日的威棱掃蕩
田野的迷霧，愛的來臨
也不容平凡，卑瑣以及
一切的庸俗侵占心靈，
它那原來清爽的平陽。
我不説死嗎？再不畏懼，
再没有疑慮，再不吝惜
這軀體如同一個財虜，
我勇猛的用我的時光。
用我的時光，我説？天哪，
這多少年是虧我過的！
没有朋友，離背了家鄉，
我投到那寂寞的荒城，

在老農中間學做老農，
穿着大布，脚登着草鞋，
栽青的桑，栽白的木棉，
在天不曾放亮時起身，
手攪着泥，頭戴着炎陽，
我做工，滿身浸透了汗，
一顆熱心抵擋着勞倦；
但漸次的我感到趣味，
收拾一把草如同珍寶，
在泥水裏照見我的臉，
塗着泥，在坦白的雲影
前不露一些羞愧！自然
是我的享受；我愛秋林，
我愛晚風的吹動，我愛
枯葦在晚凉中的顫動，
半殘的紅葉飄摇到地，
鴉影侵入斜日的光圈；
更可愛是遠寺的鐘聲
交挽村舍的炊烟共做
静穆的黄昏！我做完工，
我漫步的歸去，冥茫中
有飛蟲在交哄，在天上
有星，我心中亦有光明！
到晚上我點上一支蠟，
在紅焰的摇曳中照出
板壁上唯一的畫像，
獨立在曠野裏的耶穌，
（因爲我没有你的，除了

懸在我心裏的那一幅，）
到夜深静定時我下跪，
望着畫像做我的祈禱，
有時我也唱，低聲的唱，
發放我的熱烈的情愫
縷縷青烟似的上通到天。
但有誰聽到，有誰哀憐？
你踞坐在榮名的頂顛，
有千萬人迎着你鼓掌；
我，陪伴我的有冷，有黑夜，
我流着泪，獨跪在床前！
一年，又一年，再過一年，
新月望到圓，圓望到殘，
寒雁排成了字，又分散，
鮮艷長上我手栽的樹，
又叫一陣風給刮做灰。
我認識了季候，星月與
黑夜的神秘，太陽的威，
我認識了地土，它能把
一顆子培成美的神奇，
我也認識一切的生存，
爬蟲，飛鳥，河邊的小草，
再有鄉人們的生趣，我
也認識，他們的單純與
真，我都認識。
　　　　　　跟着認識
是愉快，是愛，再不畏慮
孤寂的侵凌。那三年間

雖則我的肌膚變成粗，
焦黑熏上臉，剥坼刻上
手脚，我心頭衹有感謝：
因爲照亮我的途徑有
愛，那盞神靈的燈，再有
勞苦給我精力，推着我
向前，使我怡然的承當
更大的勞苦，更多的險。
你奇怪吧，我有那能耐?
不可思量是愛的靈感!
我聽説古時間有一個
孝女，她爲救她的父親
膽敢上犯君王的天威，
那是純愛的驅使，我信。
我又聽説法國中古時
有一個鄉女子叫貞德，
她有一天忽然脱去了
她的村服，丢了她的羊，
穿上戎裝拿着刀，帶領
十萬兵，高叫一聲“殺賊”！
就衝破了敵人的重圍，
救全了國，那也一定是
愛！因爲衹有愛能給人
不可理解的英勇和膽，
衹有愛能使人睁開眼，
認識真，認識價值，衹有
愛能使人全神的奮發，
向前闖，爲了一個目標，

忘了火是能燒，水能淹。
正如没有光熱，這地上
就没有生命，要不是愛，
那精神的光熱的根源，
一切光明的驚人的事
也就不能有。
　　　　　　啊，我懂得！
我説"我懂得"，我不慚愧：
因爲天知道我這幾年，
獨自一個柔弱的女子，
投身到灾荒的地域去，
走千百里巉岈的路程，
自身挨着餓凍的慘酷，
以及一切不可名狀的
苦處，説來够寫幾部書，
是爲了什麽？爲了什麽
我把每一個老年灾民，
不問他是老人是老婦，
當作生身父母一樣看，
每一個兒女當作自身
骨血，即使不能給他們
救度，至少也要吹幾口
同情的熱氣到他們的
臉上，叫他們從我的手
感到一個完全在愛的
純凈中生活着的同類？
爲了什麽我甘願餔啜
在平時乞丐都不屑的

飲食，吞咽腐朽與骯髒
如同可口的膏粱；甘願
在尸體的惡臭能醉倒
人的村落裏工作，如同
發見了什麽珍異？爲了
什麽？就爲“我懂得”，朋友，
你信不？我不説，也不能
説，因爲我心裏有一個
不可能的愛，所以發放
滿懷的熱到另一方向，
也許我即使不知愛，也
能同樣做，誰知道？但我
總得感謝你，因爲從你
我獲得生命的意識和
在我内心光亮的點上，
又從意識的沉潛引渡
到一種靈界的瑩澈，
又從此産生智慧的微芒
到無窮盡的精神的勇。
啊！假如你能想像我在
灾地時一個夜的看守！
一樣的天，一樣的星空，
我獨自在曠野裏，或在
橋梁邊，或在剩有幾簇
殘花的藤蔓的村籬邊
仰望，那時天際每一個
光亮都爲我生着意義，
我飲咽它們的美如同

音樂，奇妙的韻味通流
到內臟與百骸，坦然的
我承受這天賜，不覺得
虛怯與羞慚，因我知道
不爲己的勞作，雖不免
疲乏體膚，但它能拂拭
我們的靈竅如同琉璃，
利便天光無礙的通行。

我話說遠了不是？但我
已然訴說到我最後的
回目，你縱使疲倦，也得
聽到底，因爲別的機會
再不會來。你看我的臉
燒紅得如同石榴的花；
這是生命最後的光焰，
多謝你不時的把甜水
浸潤我的咽喉，要不然，
我一定早叫喘息窒死。
你的“懂得”是我的快樂。
我的時刻是可數的了，
我不能不趕快！
　　　　　　我方纔
說過我怎樣學農，怎樣
到災荒的魔窟中去伸
一隻柔弱的奮鬥的手，
我也說過我靈的安樂，
對滿天星斗不生內疚。

但我終究是人，是軟弱，
不久我的身體得了病，
風雨的毒浸入了纖維，
釀成了猖狂的熱。我哥
將我從昏盲中帶回家，
我奇怪那一次還不死，
也許因爲還有一種罪
我必得在人間受。他們
叫我嫁人，我不能推托。
我或許要反抗，假如我
對你的愛是次一等的，
但因我的既不是時空
所能衡量，我即不計較
分秒間的短長，我做了
新娘，我還做了娘，雖則
天不許我的骨血存留。
這幾年來我是個木偶，
一堆任憑擺布的泥土，
雖則有時也想到你，但
這想到是正如我想到
西天的明霞或一朵花，
不更少也不更多。同時
病，一再的回復，銷蝕了
我的軀殼，我早準備死，
懷抱一個美麗的秘密，
將永恒的光明交付給
無涯的幽冥。我如果有
一個母親，我也許不忍

不讓她知道，但她早已
死去，我更沒有沾戀，我
每次想到這一點，便忍
不住微笑漾上了口角。
我想我死去再將我的
秘密化成仁慈的風雨，
化成指點希望的長虹，
化成石上的苔蘚，葱翠
淹没它們的冥頑；化成
黑暗中翅膀的舞，化成
晨時的鳥歌；化成水面
錦綉的文章；化成波濤，
永遠宣揚宇宙的靈通；
化成月的慘緑在每個
睡孩的夢上添深顏色；
化成係星間的妙樂……
最後的轉變是未料的；
天不遂我理想的心願，
又叫在熱譫中漏泄了
我的懷内的珠光！但我
再也不夢想你竟能來，
血肉的你與血肉的我
竟能在我臨去的俄頃
陶然的相偎倚，我説，你
聽，你聽，我説。真是奇怪，
這人生的聚散！
　　　　　　現在我
真，真可以死了，我要你

這樣抱着我直到我去，
直到我的眼再不睜開，
直到我飛，飛，飛去太空，
散成沙，散成光，散成風，
啊苦痛，但苦痛是短的，
是暫時的；快樂是長的，
愛是不死的：

我，我想睡……

十二月二十五日晚六時完成

聞一多

你指着太陽起誓

你指着太陽起誓，叫天邊的寒雁
説你的忠貞。好了，我完全相信你，
甚至熱情開出泪花，我也不詫異。
衹是你要説什麽海枯，什麽石爛……
那便笑得死我。這一口氣的工夫
還不够我陶醉的？還説什麽“永久”？
快來箍緊我的心，快！啊，你走，你走……

我早算就了你那一手——也不是變卦——
愛，你知道我衹有一口氣的貪圖，
“永久”早許給了别人，粃糠是我的分，
别人得的纔是你的菁華，不壞的千春。
你不信？假如一天死神拿出你的花押，
你走不走？去去，去戀着他的懷抱，
跟他去講那海枯石爛不變的貞操！

也　　許

——葬歌

也許你真是哭得太累，
也許，也許你該睡一睡，
那麼叫夜鷹不要咳嗽，
蛙不要號，蝙蝠不要飛。

不許陽光撥你的眼簾，
不許清風刷上你的眉，
無論誰都不能驚醒你，
撑一傘松陰庇護你睡。

也許你聽這蚯蚓翻泥，
聽這小草的根鬚吸水，
也許你聽着這般音樂，
比那咒駡的人聲更美；

那麼你先把眼皮閉緊，
我就讓你睡，我讓你睡，
我把黄土輕輕蓋着你，
我叫紙錢兒緩緩的飛。

末　　日

露水在筧筒裏哽咽着，
　芭蕉的緑舌頭舐着玻璃窗，

四圍的埾壁都往後退，
　我一人怎填得滿偌大一間房！

我心房裏燒上一盆火，
　静候着一個遠道的客人來，
我用蛛絲鼠矢喂火盆，
　我又用花蛇的鱗甲代劈柴。

鷄聲直催，盆裏一堆灰，
　一股陰風偷來摸着我的口，
原來客人就在我眼前，
　我咳嗽一聲，就跟着客人來。

死　水

這是一溝絶望的死水，
清風吹不起半點漪淪，
不如多扔些破銅爛鐵，
爽性潑你的剩菜殘羹。
也許銅的要緑成翡翠，
鐵罐上銹出幾瓣桃花；
再讓油膩織一層羅綺，
霉菌給他蒸出些雲霞。

讓死水酵成一溝緑酒，
漂滿了珍珠似的白沫；
小珠們笑聲變成大珠，

又被偷酒的花蚊咬破。

那麽一溝絶望的死水，
也就誇得上幾分鮮明，
如果青蛙耐不住寂寞，
又算死水叫出了歌聲。

這是一溝絶望的死水，
這裏斷不是美的所在，
不如讓給醜惡來開墾，
看他造出個什麽世界。

春　光

静得像入定了的一般——那天竹，
那天竹上密葉遮不住的珊瑚；
那碧桃；在朝暾裏運氣的麻雀——
春光從一張張緑葉上爬過，
驀地一道陽光晃過我眼前，
我眼睛裏飛出了萬隻金箭，
我耳邊又謡傳着翅膀的摩聲，
仿佛有一群天使在紫霄邏巡……

忽地深巷裏迸出一聲清籟：
“可憐可憐我這瞎子，老爺太太！”

詩二首[①]

一

你隽永的神秘，你美麗的謊，
你倔强的質問，你一道金光，
一點兒親密的意義，一股火，
一縷縹渺的呼聲——你是什麽？
我不疑，這因緣一點也不假，
我知道海洋不騙他的浪花。
既然是節奏，就不該抱怨歌。
啊，横暴的威靈，你降伏了我，
你降伏了我！你絢縵的長虹——
五千多年的記憶，你不要動，
如今我衹問怎樣抱得緊你……
你是那樣的横蠻，那樣美麗！

二

我來了，我喊一聲，迸着血泪，
“這不是我的中華，不對，不對！”
我來了，因爲我聽見你叫我；
鞭着時間的罡風，擎一把火，
我來了，那知道是一場空喜。
我遇見的是噩夢，那裏是你！
那是恐怖，是噩夢挂着懸崖，

① 這兩首詩選自詩集《死水》，第一首原題《一個觀念》，第二首原題《發現》，個别文字作了改動，請參看。

那不是你，那不是我的心愛！
我追問青天，逼迫八面的風，
我問，拳頭擂着大地的赤胸，
總問不出消息；我哭着叫你，
嘔出一顆心來，你在我心裹。

飛毛腿

我説飛毛腿那小子也真彆扭
管包是拉了半天車，得半天歇着，
一天少了説也得二三兩白乾兒，
醉醺醺的一死兒拉着人談天兒。
他媽，誰能陪着那個小子混呢！
“天爲啥是藍的？”他該問你。
還吹他媽什麽簫，你瞧那副神兒，
窩着件破棉襖，老婆的，也没準兒，
再瞧他擦着那車上的兩大燈罷，
擦着，擦着，問你曹操有多少人馬。
成天兒車燈，車把，且擦且不完啦，
我説“飛毛腿，你怎不擦擦臉啦？”
可是，飛毛腿的車擦的真够亮的，
許是得擦到和他那心地一樣的？
嗐！那天河裹漂着飛毛腿的尸首……
飛毛腿那老婆也死得太不是時候！

奇　迹

我要的本不是火齊的紅，或半夜裏
桃花潭水的黑，也不是琵琶的幽怨，
薔薇的香；我不曾真心愛過文豹的矜嚴，
我要的婉孌也不是任何白鴿所有的。
我要的本不是這些，而是這些的結晶，
比這一切更神奇得萬倍的一個奇迹！
可是，這靈魂是真餓得慌，我又不能
讓他缺着供養，那麽，即便是糟糠，
你也得募化不是？天知道，我不是
甘心如此，我并非倔强，亦不是愚蠢，
我是等你不及，等不及奇迹的來臨！
我不敢讓靈魂缺着供養，誰不知道
一樹蟬鳴，一壺濁酒，算得了什麽；
縱提到烟巒，曙壑，或更璀璨的星空，
也衹是平凡，最無所謂的平凡，犯得着
驚喜的没主意，喊着最動人的名兒，
恨不得黄金鑄字，給裝在一隻歌裏？
我也説但爲一闋鶯歌便噙不住眼泪，
那未免太支離，太玄了，簡直不值當。
誰曉得，我可不能不那樣：這心是真
餓得慌，我不能不節省點，把藜藿
權當作膏粱。

　　　　　　可也不妨明説，衹要你——
衹要奇迹露一面，我馬上就抛棄平凡，
我再不瞅着一張霜葉夢想春花的艷，
再不浪費這靈魂的膂力，剥開頑石

來誅求白玉的温潤；給我一個奇迹，
我也不再去鞭撻着“醜”，逼他要
那分背面的意義；實在我早厭惡了
這些勾當，這附會也委實是太費解了。
我衹要一個明白的字，舍利子似的閃着
寶光；我要的是整個的，正面的美。
我并非倔强，亦不是愚蠢，我不會看見
團扇，悟不起扇後那天仙似的人面。
那麽

我便等着，不管等到多少輪回以後——
既然當初許下心願，也不知道是在多少
輪回以前——我等，我不抱怨，衹静候着
一個奇迹的來臨。總不能没有那一天，
讓雷來劈我，火山來燒，全地獄翻起來撲我，
……害怕嗎？你放心，反正罡風
吹不息靈魂的燈，願這蜕殼化成灰燼，
不礙事，因爲那，那便是我的一刹那——
一刹那的永恒——一陣異香，最神秘的
肅静，（日，月，一切星球的旋動早被
喝住，時間也止步了）最渾圓的和平……
我聽見閶闔的户樞砉然一響，紫霄
上傳來一片衣裙的綷縩——那便是奇迹——
半啓的金扉中，一個戴着圓光的你！

饒孟侃

呼　　喚

有一次我在白楊林中，
　聽到親切的一聲呼喚；
那時月光正望着翁仲，
　　翁仲正望着我看。

再聽不到呼喚的聲音，
　我吃了一驚，四面尋找；——
翁仲祇是對月光出神，
　　月光祇對我冷笑。

招　　魂

——吊亡友楊子惠

　來，你不要遲疑，
趁此刻鷄還没有啼；
你瞧遠遠一點燈光，
漁火似的一暗一亮——
那燈下是我在等你。
　來，你不要遲疑！

　來，爲什麽徘徊?
我泡一壺茶等你來。
你看這一隻隻白鶴
一隻隻在壺上飛着，
像不像往日的安排?
　來，爲什麽徘徊?

　來，用不着猶夷；
趁我在發愣，没想起，
你祇管輕輕飄進來，
像落葉飄下了庭階，
冷不防給我個驚喜。
　來，用不着猶夷!

走

我爲你造船不惜匠工，
我爲你三更天求着西北風，
祇要你輕輕説一聲走，
桅杆上便立刻挂滿了帆篷。

無　題

就是世上認不出真面目，
我們也不含糊的過一天；
問他們從海島逃到山谷，

可是誰逃出了這個牢圈？
　那麽你爲什麽還要悲嘆？
既然世上容不得真面目，
我們爽興熱鬧的做一場，
讓你做歌女背一面大鼓，
我來扮作個琴師的模樣——
　撥起了三弦便摇着板唱。

三月十八

——紀念鐵獅子胡同大流血

"平兒，你回來！""是的，母親。"
"你爲什麽走路捲着大襟？"
"那是在路上弄髒了一點，
不要緊，讓我去换上一件。"
"兄弟呢，怎麽没同你回來？"
"他，他許是没有我跑來快；……
没什麽，母親，没什麽，他，他
自己難道還不認得回家？"
"不是，昨晚我夢見你兄弟……
一醒來，又聽見烏鴉在啼……"
"我説，你老人家不要迷信；
烏鴉那兒管得着人的事情！"
"怎麽，你兩隻眼睛腫得通紅？"
"哦，這沙子兒軋得好凶，好凶！"
"嚇！你大襟上是血，可不？"
"剛纔，嗳，遇見宰羊髒了衣服。"

"平兒，你，你分明是在説謊；
他，告訴我，他到底怎麽樣？……"

朱　湘

美　麗

美麗把裝束卸下了，鏡子
　知道它可是真的，還是謊；
　他對着靈魂，照見了真相，
照不見“善”“惡”——人造的名字。

不響，成天裏他衹深思
　又深思——平坦在他的面上，
　還有冷靜，明白；不是往常
那些幻影與它們的美疵。

當　鋪

“美”開了一家當鋪，
　專收人的心，
到期人拿票去贖，
　它已經關門。

雨　　景

我心愛的雨景也多着呀：
春夜春夢時窗前的淅瀝；
急雨點打上蕉葉的聲音；
霧一般拂着人臉的雨絲；
從電光中潑下來的雷雨——
但將雨時的天我最愛了。
它雖然是灰色的却透明；
它蘊着一種無聲的期待。
并且從雲氣中，不知哪裏，
飄來了一聲清脆的鳥啼。

有　　憶

　淡黄色的斜暉，
轉眼中不留餘迹。
一切的擾攘皆停，
一切的喧囂皆息。

　入了夢的烏鴉，
風來時偶發喉音；
和平的無聲晚汐
已經淹没了全城。

　路燈亮着微紅，
蒼鷹飛下了城堞，

在暮烟的白被中
紫色的鐘山安歇。

　寂寥的街巷内，
王侯大第的墻陰，
當的一聲竹筒響，
是賣元宵的老人。

孫大雨

訣　　絶

天地竟然老朽得這樣不堪！
　我怕世界就要吐出他最後
　一口氣息。無怪老天要破舊，
唉，白雲收盡了向來的燦爛，
太陽暗得像死尸的白眼一般，
　肥圓的山嶺變幻得像一列焦瘤，
　没有了林木和林中啼緑的猿猴，
也不再有山泉對着好鳥清談。

大風抱着幾根石骨在摩挲，
　海潮披散了滿頭滿背的白髮，
悄悄退到沙灘下獨自嘆息
去了：就此結束了她千古的喧嘩，
　就此也開始天地和萬有的永劫。
爲的都是她向我道了一聲訣絶！

回　　答

你問我對她有多少愛，我不知

　怎樣回答。愛情是活命的米糧，
　不幸這人間缺少了一種衡量；
它也是生命的經緯，可是誰是
造物自己，能把它析了縷，分成絲，
　再用天上的尺寸量它底短長？
　不過少年人有個共同的信仰；
都信假使没有它，大家不如死。

　我對她的愛，可以比着一片海：
零碎的殷勤好比銀白的浮漚，
再没有人能把它們計數得清；
　這海没大小，輕重，也没有邊界——
她不愛我，浪頭刀削一般的陡，
愛我時，太陽照着萬頃的晴明。

老　　話

自從我披了一襲青雲，憑靠在
　渺茫間，頭戴一頂光華的軒冕，
　四下裏拜伏着千峰默默的層巒，
不知經過了多少年，你們這下界
纔開始在我底脚下盤旋往來，——
自從那時候，我便在這地角天邊，
　蘸着日夜的頹波，襟角當花箋，
起草造化的典墳，生命的記載，

（登記你們萬衆人童年底破曉，

　少壯底有爲，直到成功而歌舞；
也登記失望怎樣推出了陰雲，
痛苦便下一陣秋霖來嘲弄：）到今朝
　其餘的記載都已經逐漸模糊，
衹剩星斗滿天還記着戀愛的光明。

邵洵美

女　　人

我敬重你，女人，我敬重你正像
我敬重一首唐人的小詩——
你用温潤的平聲，乾脆的仄聲
來捆縛住我的一句一字。

我疑心你，女人，我疑心你正像
我疑心一彎燦爛的天虹——
我不知道你的臉紅是爲了我，
還是爲了另外一個熱夢。

林徽音

笑

笑的是她的眼睛，口唇，
和唇邊渾圓的漩渦。
艷麗如同露珠，
朵朵的笑向
貝齒的閃光裏躲。
那是笑——神的笑，美的笑：
水的映影，風的輕歌。

笑的是她惺鬆的鬈髮
散亂的挨着她耳朵。
輕軟如同花影
癢癢的甜蜜
涌進了你的心窩。
那是笑——詩的笑，畫的笑：
雲的留痕，浪的柔波。

陳夢家

一朵野花

一朵野花在荒原裏開了又落了，
不想到這小生命，向着太陽發笑，
上帝給他的聰明他自己知道，
他的歡喜，他的詩，在風前輕摇。

一朵野花在荒原裏開了又落了，
他看見青天，看不見自己的渺小，
聽慣風的温柔，聽慣風的怒號，
就連他自己的夢也容易忘掉。

十八（一九二九）年一月

雁　子

我愛秋天的雁子
　　終夜不知疲倦；
（像是囑咐，像是答應，）
　一邊叫，一邊飛遠。

從來不問他的歌
　　留在哪片雲上，

祇管唱過，祇管飛揚——
黑的天，輕的翅膀。

我情願是隻雁子，
一切都使忘記——
當我提起，當我想到，
不是恨，不是歡喜。

十九（一九三〇）年十月

潘彼得的夢

彼得做了一場夢，
在昨天的晚上，
他看見一片落葉
發出一點聲浪：
彼得，我是文黛！
彼得的心裏
跳出一個奇怪。

但是早晨的鐘響
掀亮他的眼睛，
他纔醒悟這一夜
在一座古塔頂
挂住他的瞌睡。
彼得哭一聲，
依舊往天上飛。

二十（一九三一）年六月

鷄鳴寺的野路

這是一座往天上的路，
夾着兩行撑天的古樹；
　烟樣的烏鴉在高天飛，
　鐘聲幽幽向着北風追；
我要去，到那白雲層裏，
那兒是蒼空，不是平地。

大海，我望見你的邊岸，
山，我登在你峰頭呼喊……
　劫風吹没千載的城郭，
　何處再有鳳毛與麟角？
我要去，到那白雲層裏，
那兒是蒼空，不是平地。

廿一（一九三二）年一月

白俄老人

　他莊嚴依舊像秋天，
　一柱静穆蒼老的山尖。
有時候肺腑間的塊結
引起他咳嗽或是嘆息——
　那一陣痙攣輕輕摇下
他黄鬚上氣凝的水滴，
　衹頻頻摇頭，他不説話。

　是沉默，他銜着烟斗，
　眼光在報紙上來回走；
有什麼打攪他的心思，
他停下來，把眼睛舉起——
輕的一瞥，落在尼古拉
　神武的遺像上。也許是
　寒冷使他嗆，他喊：“陀娜！”

廿一（一九三二）年六月

西　山

多少白皮松的蕭蕭？
　多少雲紗挂在松梢？
多少山泉流的幽梢？
　山下的駝鈴，有多少？

誰信雲紗還送羊群
　踩着松梢下山？誰信
今夜遠遠的駱駝鈴
　在十七的月下，像星？

影

是一棵樹的影子，
一步一步它在移，——
也許它有點心思，
也許它不大願意——

　月亮自東往西。

最初它睡在泥地，
隨後像是要站起，
慢慢它抱着樹枝，
到了又倒在樹底——
　月亮已經偏西。

廿一（一九三二）年十二月

雨中過二十里鋪

水車上停着的烏鴉，
什麼事不飛呀？飛呀！
葫蘆爬上茅頂不走了，
雨落在葫蘆背上流。
静静的老牛不回家，
在田塍上聽雨下。

草屯後走來了一群
白鵝，在菱塘裏下碇。
小村姑荷葉做蓑衣，
采采紅菱罷，雲在飛呢！
雨，洗净了紅菱，洗净
那一雙藕白的雪脛。

廿二（一九三三）年十月

小廟春景

要太陽光照到
我瓦上的三寸草，
要一年四季
雨順風調。
讓那根旗杆
倒在敗墻上睡覺，
讓爬山虎爬在
它背上，一條，一條……
我想在百衲衣上
捉虱子，曬太陽；
我是菩薩的前身，
這輩子當了和尚。

廿四（一九三五）年二月

當　　初

當初那混沌不分的乳白色，
在沒有顏色的當中，它是美。
從大地的無垠，與海，與穹蒼，
是這白雪一片的霧氣，在天地間
升起，瀰滿，它沒有方嚮的圓妙，
它是單純，又是所有一切的完全：
我母親溫柔的呼吸，是其中
微微的風，溫柔是她的呼吸；
那亮光是我父親在祈禱裏

閉着的眼睛，他與主的神光相遇。
啊，我衹是微小的一粒，在混沌間
没有我自己的顔色，没有分界；
那乳白色的一片，多麼深遠，
但我米小的在其中，也無有邊緣，
我就是那渺渺乳白色間的一點——
他通到無窮去的周圍，是乳白色，
他自己占到米小的一點，也是。
我有呼吸的從容，因爲無一絲
阻礙我自由的伸舒，我從容的
在没遮攔的渺茫間浮沉，我又
借取了天使的翅膀，向空周旋。
不用辨識那完全清楚的一色，
天地與海的名稱，不能妄稱，
不能妄稱神的世界間的神名，
不能喊出我自己的名，我原没有。
但是我和母親的相合的呼吸，
它們全無分别的呼吸在一氣，
融融如水乳的天籟；
我在那中間，吹一口氣的泡沫
翻出那不受勸服的波浪，既然這樣，
我聽便自己無思想的飛射。……
到時候我清醒了，
那頭上的天花板，摇籃的白
和陳舊的白窗簾，也使我混亂
究竟那和剛纔夢裏有什麽分别。
我没有智慧去分别，夢和醒
在我是一樣；母親乳白的胸脯，

我埋在她的温柔裹，我吞進
那一點紫紅的星——是愛，是温，
是我生命的泉源，更是我
在乳白色間想到的日光。
母親淡淡黃的白胸脯，她是
我醒來時唯一的顏色，
我聞到那從紫星中流出來
生命的芬芳，醒的芬芳；
都是淡而不濃的，它們原和
我夢裹的光景一樣，一樣，一樣，
它們就是這樣引誘我去
那乳白色間的夢……

廿二（一九三三）年十月

方瑋德

海上的聲音

那一天我和她走海上過，
她給我一貫鑰匙一把鎖，
她說：“開你心上的門，
讓我放進去一顆心，
　請你收存，
　請你收存。”

今天她叫我再開那扇門，
我的鑰匙早丢掉在海濱。
成天我來海上找尋，
我聽到雲裏的聲音——
　“要我的心，
　要我的心！”

幽　　子

每到夜晚我躺在床上，
一道天河在夢裏流過，
河裏有船，船上有燈光，

我向船夫呼喚
"快摇幽子渡河！"

天亮我睁開兩隻眼睛，
太陽早爬起比樹頂高，
老狄打開門催我起身，
我向自己發笑：
"幽子不來也好。"

風　　暴

滿天刮起一團風暴，
電火在林子裏奔跑，
這不是風聲，誰在叫；
一張臉湊近耳朵，
（一堆熱情，一把火。）
"愛，别怕，是我！"
一團風暴起在心底，
漆黑，我看不清天地，
這分明是在白晝裏，
没有雷，風也不吹；
一隻影子向前飛，
"啊，天，那是誰？"

微　　弱

我在數天上的星，

我問："是哪一顆星
正照着她的家鄉？"
　　星子不做聲，
　　這一夜
露水落在我的臉上。

我走過一條江水，
我問是："哪個時候
你流過她的家鄉？"
　　水不答我話，
　　這一夜
沉默落在我的心上。

朱大枏

笑

赤霞紗裏跳着一炷笑，
輕盈的，是紅燈的火苗，
有的笑，温慰你黯淡的長宵。

翠羽湖裏摇着一朵笑，
清癯的，是白蓮的新苞，
有的笑，清醒你昏沉的初曉。

青銅鞘裏晃着一柄笑，
霍霍的，是雪亮的寶刀，
有的笑，斬斷你靈府的逍遥。

梁　鎮

默　示

弦琴已經沉到了海底，
月亮不再露她的圓光，
地平上浮起一道霞彩，
使我歡喜，也使我絶望。

　愛，這時候我在玩味
　你的嘆息，你的眼泪。

最温柔的四月，他們説；
花在迸發，林鳥在歌唱。
你聽，那緑野上，幽谷裏，
蜂群顫動金色的翅膀。

　愛，這時候我挨近你，
　低聲唤出你的名字。

天是那樣青，又那樣美，
隱約傳來城市的喧響；
啊，寧謐的生命的偉力，
你在從穹蒼慢慢下降！

愛，我怎能説這默示
在我們心裏會消逝?

郭沫若

天　狗

我是一條天狗！
我把月來吞了，
我把日來吞了，
我把一切的星球來吞了，
我把全宇宙來吞了，
我便是我了！
我是月的光，
我是日的光，
我是一切星球的光，
我是 X 光綫的光，
我是全宇宙的 energy① 的總量！

我飛奔，我狂叫，我燃燒。
我如烈火一樣地燃燒！
我如大海一樣地狂叫！
我如電氣一樣地飛跑！
我飛跑，我飛跑，我飛跑，
我剥我的皮，

① 英語，物理學所研究的“能”。

我食我的肉，
我嚼我的血，
我噛我的心肝，
我在我神經上飛跑，
我在我脊髓上飛跑，
我在我腦經上飛跑，
我便是我呀！
我的我要爆了！

一九二〇年二月

筆立山頭展望

筆立山在日本門司市西。登山一望，海陸船廛，了如指掌。

大都會的脉搏喲！
生的鼓動喲！
打着在，吹着在，叫着在……
噴着在，飛着在，跳着在……
四面的天郊烟幕蒙籠了！
我的心臟呀快要跳出口來了！
哦哦！山岳的波濤，瓦屋的波濤，
涌着在，涌着在，涌着在，涌着在呀！
萬籟共鳴的 symphony①，
自然與人生的婚禮呀！
彎彎的海岸好像 Cupid② 的弓弩呀！

---

① 英語，交響樂。
② 邱比特，羅馬神話中的愛神，其形象爲一背生雙翼、手持弓箭的美童。

人的生命便是箭，正在海上放射呀！
黑沉沉的海灣，停泊着的輪船，進行着的輪船，
　　數不盡的輪船，
一枝枝的烟筒都開了朵黑色的牡丹呀！
哦哦，二十世紀的名花！
近代文明的嚴母呀！

一九二〇年六月

立在地球邊上放號

無數的白雲正在空中怒涌，
啊啊！好幅壯麗的北冰洋的情景喲！
無限的太平洋提起他全身的力量來要
　把地球推倒。
啊啊！我眼前來了的滚滚的洪濤喲！
啊啊！不斷的毀壞，不斷的創造，不
　斷的努力喲！
啊啊！力喲！力喲！
力的繪畫，力的舞蹈，力的音樂，力
的詩歌，力的 Rhythm[①] 喲！

一九一九年九十月間

夜步十里松原

海已安眠了。

① 英語，律吕。

遠望去，祇看見白茫茫一片幽光，
聽不出絲毫的波聲濤語。
哦，太空！怎麽那様地高超，自由，雄渾，清寥！
無數的明星正圓睁着他們的眼兒，
在眺望這美麗的夜景。
十里松原中無數的古松，
都高擎着他們的手兒沉默着在贊美天宇。
他們一枝枝的手兒在空中戰栗，
我的一枝枝神經纖維在身中戰栗。

燈　　臺

那時明時滅的，
那是何處的燈臺？
陸地已近在眼前了嗎？
轉令我心中不快。

啊，我怕見那黑沉沉的山影，
那好像童話中的巨人！
那是不可抵抗的，
陸地已近在眼前了！

新　　芽

新芽！嫩松的新芽！
比我拇指還大的新芽！
一尺以上的新芽！

你是今年春天的紀念碑呀！
生的躍進喲！
春的沉醉喲！
哦，我！
我是個無機體麼？

冰心女士

繁　星

七

醒着的，
　祇有孤憤的人罷！
聽聲聲算命的鑼兒，
　敲破世人的命運。

四八

弱小的草呵！
驕傲些罷，
　祇有你普遍的裝點了世界。

六〇

輕雲淡月的影裏，
　風吹樹梢——
　　你要在那時創造你的人格。

七五

父親呵！

出來坐在月明裏，
　我要聽你説你的海。

一三一

大海呵，
　哪一顆星没有光？
　哪一朵花没有香？
　哪一次我的思潮裏
　　没有你波濤的清響？

一四七

將來
　明媚的湖光裏，
　　可有個矗立的碑？
怎敢這般沉默着——想。

春　水

四一

小松樹，
　容我伴你罷，
　山上白雲深了！

四八

螢兒自由的飛走了，
　無力的殘荷呵！

一二四

黄昏了——
　　湖波欲睡了——
走不盡的長廊呵！

袁水拍

小詩四首

一　贈友

小小的牛犢在山坡上，
尖尖的耳朵擺了又擺。
斜着的眼睛像榆葉的形狀，
膽小地朝我望望。
背脊骨是彎下的，
腹部的肋骨一條一條，
稀稀的頸毛没有一點光澤。
一匹没有母親也没有親人的
小小的牛犢在山坡上。

二　折斷的松樹

一棵小松樹齊腰折斷了，
半個身體倒在地上。
松針還是緑的，
但是，我曉得它，
明天就是焦黄。

折斷的樹杆，

像折斷的骨骼。
就這樣斷在那兒，
就這樣斷在地上。

我俯下身去看看，
看看那折斷的傷口，
是不是濕潤的，
還是已經枯乾，
但是，這有什麽兩樣！

三 城市

城市在前面等着你，
它有酒館的氣味，
它有汽車的氣味，
它有車輪捲起的塵埃，
它有説謊的商業和標語。

它將招待你，用吵鬧的市街，
用人與人之間的隔膜和欺騙，
用麻痹了的心腸，
像一匹野獸似的蹲着，
城市在前面等着你。

四 理髮匠

理髮匠熟悉地運用着他的剪子，
把剪子嚓嚓嚓地在空中敲響。
夾着梳子的手搬弄你的頭，

像整理一塊荒蕪已久的草場，
他整理着你這鄉下來的人。

洗掉你鬢髮裏的稻草屑，
塞没你皮膚上的毛孔，不能呼吸，
剃掉你臉頰上的太陽光，
用膏，用油，再用粉，塗着，抹着，
他整理着你這鄉下來的人。

——《現代中國詩選》

汪銘竹

紀德與蝶

熱情的細網，重又絡住他徬徨的心。紀德
向非洲發掘新的食糧去，驀地像
春天往他身上撲來，於是開始了蝶的狩獵。

他説：這是一種青年時的計劃，在老年時
纔實現。向往着這簇新的世界，已往
二十年，或許三十年了，仿佛一支隱秘的夢。

非洲誠然是塊迷人的土地，有緑色大蛇，
有羚羊，有龐大的紙草田，灰色蜥蜴與大白鷺，
古代白蟻居室，如座圓頂的短山丘。

木棉樹，旅人樹，棕櫚樹，像銀耳般大的
巨大的羊齒類寄生；鰐魚身上，是多好的
美的斑紋，野火燒過的荒地上，有獅子來往。
魔鬼一般的孩子們，頭頂上插着一翎大羽毛，
美的上肢之女人，骼骨上裝起金燦燦的銅環，
并以棕櫚纖維編成短短的裙，此外，還有文面
　的土人。

凌壓在這一切奇異之上的，非洲更是蝶之王國；
大的燕尾蝶，蔚藍色，珍珠色，硫磺色嵌着
黑的斑點，有的翼背上更閃灼金光……

但不久紀德的壞時辰到來了，他的熱心
照射了非洲的空間，他闖入了後臺，扯開了
眩目的布景，在那裏他目擊了醜陋與可耻。

孩子們赤裸着上身，没一片布，生疥瘡，生癬，
生癩痢，象皮症，瞌睡病，像播種落在
每個人身上。死亡牽起手，拜訪着家家。

全像没有牧者的愁慘的人畜呀，女人在
雨淋下漏夜給修着汽車路，割樹胶者
已是被榨乾的橘，剩下了空的皮殼。

太重的徭役，土人全都逃往荆棘中去了，
如一隻隻被獵逐的野獸。部落抛下了，鄉村
抛下了，自然更顧不了家庭與耕種。

一舉眼，荒蕪的田成了一片柴草，蟄伏在
向無人居的洞穴中，以草根果腹。在荆棘中，真理有
何等昂貴之代價呀！一個土人頭目如是説。

於是從憧憬之高塔跌下了，紀德深深詛咒
自己着了魔。眼光失却了新奇的感覺，忘了蝶，
忘了長柄的捕蝶網，終於他衝出謊言的黑屋。

三十年三月一日

法蘭西與紅睡衣

巴黎，世界的花床，
剩下一堆灰燼，没一星火。

千夫所指，十目所視，
紅睡衣是壓着法蘭西的魘魔。

黑蜘蛛拼命放出死前回光，
又紡織了一面毒網。

自柏林鐵甲車紛至沓來，
飽吞下法蘭西煤炭。

播音員不斷喊着待訪的男和女；
夜沙龍中，竪琴小鼓失了聲。
一扇扇鐵欄門，風癱
在地上，碎玻璃，五彩繽紛。

千千萬萬的人，啞了，
喉頭裏則異様的怪癢。

集中營擁擠着人衆，
人衆日夜作聖貞德之幻想。

三十年十一月十日

夏　蕾

山

舟行七日，
我從海的波濤上
投入了山的波濤。

是第一次
當我的雙足踏上
這北國底鬆軟的黄土，
雖曾有
像哥倫布的伙伴似的，
俯伏在證實了的新大陸上，
將嘴唇去吻接大地的心情，
我也不能絶無眷戀於海。

我曾是一個多夢的孩子：
從我睡着的眠床上
垂下薄薄的紗帳，
那是染了
海的顏色，
海的喜悦的笑影，
在帳裏，

我夢見過海上的初陽。

我曾有一段沉醉的日子：
像嗜飲者沉浸在
深夜的酒店的燈光裏，
我沉浸在
薄暮的小湖之濱；
在暮靄下閃着微光的湖水，
我想像它是海上的黎明。

我説過“我是愛水的人”，
但今天却浮沉在山國裏。
雖也有延水潺潺，
召喚着遥遠的憶念，
然而山，
却以頑强的不移的姿態，
把握着我：
猶如水啓示了我的夢幻，
它啓示了我的勞作。

雖説是荒瘠的禿頂的山
像守財奴的撲滿，
不輕易給人以一草一木，
當我們有鋤頭在手，
它也大量地
獻出了黄金一樣的小米的顆粒。

雖説是低矮的醜陋的山

靠幾千年前的洪水
衝積了瘦磷磷的石骨,
當我們有長槍在握,
它也英勇地
擔負了保衛子民的屏障。

如果説我是熱愛着
這北國的山的波濤,
那是因爲我投入了人的波濤!

二　月

二月
溶雪的日子,
雪溶化在
它原先占領了的
山上,
路上,
茅屋頂上,
枯草的根上,
秃樹的枝杈上,
怕冷的人們底心上。
山依然是山,
將那些滿覆着的
　白的團塊,
　白的斑點,
　白的微粒,

吞没在
筋脉縱横的肌膚裏，
像一雙從戰鬥中
抽出的手，
毛孔裏騰着熱氣。

而太陽，
那火熱的紅球，
在淡藍而閃光的太空，
驅逐着灰色的雲塊，
而且像在呼嚷着什麼，
像致一篇歡迎詞，
二月，
解凍的日子。

那結凍的啞暗的小河，
今天
却在嘶着龜裂的冰塊，
嗞喳嗞喳
嗞喳嗞喳地響，
然後，
又訪問别一條溪流去了；
它們談得怎樣地歡暢呵！

那挂在嶙峋的石崖上的
錐形的冰柱，
我們的山的白髯，
今天哪裏去了？

代替它的是微温的水滴，
是歡喜的泪珠，
流在古老的
山的多皺的臉上，
低聲的訴説
又一代的年青。

而風，
挾着醉人的呼吸，
吹着復蘇的大地，
吹過教堂的塔尖，
在無聲的鐘樓下，
在被綴上了紅星的
聖母龕前，
就爆發了歌聲：
是迎接世紀的春天的
中國的戰歌，
是迎接世紀的春天的
没産者的進行曲。

一九四〇年二月

杜　谷

江，車隊，巷

江

喑啞的江
瘦弱的江
來自荒遠的山中的
古老的江
你是病了嗎

在冬天的灰沉的天幕下
你沉默地流過城市的邊沿

當更深的夜
你江上沉落着潮濕的霧
我仿佛聽到你無聲的
悲哀的啜泣
是嗎？你
你是不是回憶起
綠色的六月
羞慚你失去了洪水時節的
强壯的力？

不，你不要悲哀
你不是還
爲祖國
從星散在你身旁的僻小的村莊
運來了城市的食糧

你不是還
爲祖國
載運了大隊的兵馬
向東方去
征伐他們的仇敵嗎?
喑啞的江
瘦弱的江呀
你不要再
悲哀吧！因爲
春天
又要來了

車　隊

廣大的
遼闊的
祖國的原野！
我每天大早一爬起床
就跑到窗口
向你問安好

今天我看見

遼闊的江的對岸呀!
有來自南方的
載重汽車隊

它們披一身塵沙
從遥遠的山中
那覆蓋着霧的輕紗的
紅色的草坡上
出現
穿過疏林
唱着歌迅急地奔來

唱着愉快的歌
唱着發散着藍色的海水氣息的歌

到了渡口
向聳立在山岡上的，祖國的
發光的大城
揚起手
它們排列着爬上渡船
過江來了
眼裏射出親切的光輝
伸開手臂
啊！母親
它們的眼裏流下
欣悦的眼泪

它們載一車南國的温暖

開進了祖國的懷抱

巷

破碎的巷
坍倒的巷呀!

我看到了
灾難的風暴
刮過我們城市的廢墟
你破碎的窗欞
你坍倒的樓
你無遮的庭園
你無頂的房舍
你燒斷的墻
你横七竪八的木柱
……
都掩着憔悴的污髒的臉
祇把焦黑的疤痕
悲哀的裸露着

扶着那
年老人的牙齒似的一段危墻
在破瓦堆上
一拐，一拐
艱困地走着的
老母親
你臉苦痛地皺結着
喃喃地詛咒些什麼?

是的，我知道
我們每一個
每一個祖國的子民
心裏都種着仇恨

四〇年冬末寫於樓上

泥土的夢

泥土的夢是黑膩的

當春天悄悄爬行到北温帶的日子
泥土有最美麗的夢

泥土有緑鬱的夢
灌木林的夢
繁花的夢
發散着果實的酒香的夢
金色的穀粒的夢
它在夢中聽見了孩子們的刈草鐮
和風車，水磨轉動的聲音

它在夢中聽見了
潺潺的河水
和牝牛低沉的鳴叫
和布穀鳥催耕的歌
和在温暖的池沼
劃着橘色的槳的白鵝的長曲

我們從南方回來的漂亮的旅客
太陽，却正用金色的修長的睫毛
搔癢着它
春風又吹着它隆起的乳房
它美麗的長髮
它紅潤的裸足
又吹捲着
它的寬大的印花布衫的衣角

一天夜裏
曠野降下了滂沱的大雨
雨以它密密的柔和的小蹄
不停地吻着泥土
激動地搖拍着泥土
熱情地撫摸着泥土

泥土從深沉的夢裏醒來
慢慢睁開它美麗的大眼
它眼裏充滿了喜悦的泪
看，我們的泥土是懷孕了

四〇年春三月，四一年四月改

艾　漠

生　　活

我們的生活：
太陽和汗液。

太陽從我們頭上升起，
太陽曬着我們，
像小麥
我們生長
在五月的田野。

我們是小麥，
我們是太陽的孩子。

我們流汗，
發着太陽味，
工作
在小麥色的愉快裏。
歌唱
歌唱
在每個早晨和晚上。

生活,
甜蜜而飽滿的穗子。
我們兄弟般的
結緊在穗子上,
我們——熟透的麥粒呀。

趙令儀

馬上吟

——去國草之二

停馬於祖國的邊疆上，
我們守衛着祖國的門。

曾如條長壽的巨龍，
我們爬過了橫斷山脉。
馬蹄踏過
雲嶺山上軟軟的雪
也踏過高黎貢山的草
山茶逗着春天
我們的馬也笑了。

（我們的馬是多情的哩。
他會悄悄停下
吻一下山地的花，
吻一下帶翠的新芽。）
一如飛地，我們的馬
奔馳在草原上。
草原悄悄綠了，

緑透了遼闊的邊疆。
馬蹄輕輕起落，
起落在春天的胸脯上。

（而我們聽見土地
輕快地舒息着。
土地長成了春天，
春天戀着我們
多情的馬蹄。）

我們越過瀾滄江，
江水如一面鏡
照着我們
紅得發光的臉，
紅得發光的旌旗。
怒江的水陪我們笑，
陪伴我們的寂寞。

（我們有一片
淡淡的鄉愁哩。
如一粒沙子，昨天
我們把它丢在山上，
丢在怒江的水底。）
我們寶愛着馬，
更寶愛生長我們的土地。
揚揚鞭，把戰鬥的種子
撒在馬蹄穴裏，
讓戰争强健我們的土地。

如今停馬於祖國的邊疆上，
我們守衛着祖國的門。

伍棠棣

芋田上

南方雨後的黄昏
短得像羊兒的尾巴。
暮靄杖着松林
從遥遠的山脊
走回郊原上的家。
郊原上，我牧看着牛群。

收穫的季節，
是耕牛享福的日子，
望着自己耕過的田地，
長滿穀粒，埋着紫芋，
摇摇尾，舐舐舌尖：
“假若我不吃草
又怎能養活田地呢？”
耕牛笑了，又低頭啃着青草。
透熟的穀粒，
必須再喝許多水。
我叫稻田掀開嘴巴，
愉快地，親切地，
將水輕吐給芋田，

讓新生的紫芋長得美，
長得甜，長得肥大。

芋田，
多遼闊啊！
這緑色的長堤，
這短矮的緑堤啊！
緑堤抱着禾穗的金浪，
金浪也抱着緑堤：
糾纏的，蓬勃的，
以無邊無極的
健康的綫條
描一抹無垠的希望，
飄向多霧的遠方。

緑色的堤，
愛護着我們艱苦的命，
教喝血的饑荒
揚着黑色的翅膀
永離我們的田莊。
而我們
用艱苦生命的血汗
築起緑色的長堤
永遠的衛護着大地。

“白飯好吃田難種，
紫芋好吃地難耕；
嬌娥生在人家裏，

風流好耍路難行。”

“一塊大田長又長，
九個横牛耕一行，
三百大船溯江上，
還嫌船少不開倉！”

歌聲
像一檣白帆
從東山蕩到西山，
蕩着愛慕，
也蕩着夢想……

芋田上，
用鋤頭挖掘紫芋，
我應和着蕩漾的歌。
黄昏老了，
用芋田的緑掌
捧着隻隻芋，
我跨在牛背上
隨一串熟悉蹄聲
信步回家……

陳邇冬

猫

一九四一年就要完了
時間在你雙瞳上
像雨水落在屋脊
分兩邊流，流去……

你翠綠的虹彩
把時間，像魔術家
玩弄着，變幻着
如賽馬者的鞭撻
如真空，讓一片羽毛
比野馬塵埃還落得快
落得沉重，没半點兒憐惜
像對殖民地的蹂躪
和剩餘價值的剥削

在今夜，要你那瞳孔
縮成一條綫啊，在今夜
衹要古銅鏤花的舊鐘
時針，分針與秒針
也叠成一條綫，齊指着

羅馬字“Ⅶ”：
今夜便完了
度過了一年

趁今夜——你瞧
今夜多熱鬧：
有猛虎在咆哮，狼子磨牙
沐猴衣冠從市街到市街
大肚皮的肥猪把背皮
擠着木栅衹管擦，擦
哪一匹狗兒不叫，狐狸不發騷
哪一匹秏子不往洞裏逃……

你太冷情了
你在灰竈上
印一朵梅花！
又一朵梅花！

一九四一年已快完了
原諒我，我不曾爲你寫過
十四行或者八行的歌……

一九四一年十二月夜未央時

空　　街

空街是一無所有，像一條
四百米突長的跑道，

除了土地，連青草
也不見半片兒飄摇。

白日哪，白日的空街，
空街要趁着白日
來表演它的能耐：
不要半間房屋或一張廣告，
空街自有它的繁華，
如水的流蕩，火的喧嘩。

是人的流蕩與人的喧嘩，
空街又没有馳驅或停留的車馬，
没有招牌也没有插草標，
空街竟招徠了遠近的
農工，工人，文化人，
學生，公務員，有閑者，
娼妓與流氓也穿插在
貴婦與紳士的行列。
讓空街，給赤足草鞋
長釘馬靴和高跟鞋
盡情的摩擦，盡情的敲打！

斜肩着扁擔的過去了，
斜着眼斜着頭的過去了，
嘴角斜挂着半枝烟捲的
過去了，過去又過來了，
鬈髮細腰肢的背影
是那樣的婀娜，你瞧，

又飄過了紅的領巾，黑的領巾，
彩色的領巾與彩色的人群。
就在這些彩色的人群的脚邊，
空街陳列着褪色的貨物：
銅邊爐，錫鍋，白鐵鋏子，
金絲眼鏡，珐瑯的彩瓶，
各式的挂鐘，座鐘，挂錶和手錶，
各式的自來水筆，各式的鏡屏，
各式的“響器”候你來吹敲……

皮統子，皮靴，皮手套，
皮大衣和皮短褂
全是尖子貨——最好銷！
今天你不買，看明天
明天又漲上了，它們隨着
油鹽柴米，隨着洋紗，
物價像黄河的河床，
別説一年，就一天
一天也比一天高！

在那些華達呢，馬口呢，
嗶嘰絨的體面服飾旁邊，
也擺着像失了生命的
粗布的草緑色的脚綁，
販賣者當然不知道
它是羞怯還是驕傲，
反正尋不出一點血痕，
一點汁漬或一點瘡疤。

這空街，連紅豆也是商品，
佩劍一柄一柄地閃着光輝。
一毛錢買一顆愛情，
兩毛錢買一對相思！
要不然，就花三塊五塊
來打扮成一個摩登的騎士！

空街是平坦的，像一條
四百米突長的跑道。
衹瞎子纔那樣的躊躇
用手杖探索着空街，
而我們，光明的人群，
那一個不是大踏步，
從不曾意識到空街不平坦。
白日哪，我也趁着白日
在空街，帶回一件東西！
我花三毛錢買了一枚
銅綠了的“宣和通寶”，
它不會告訴我它的遭遇
和它那個時代的故事……

麗　砂

昆蟲篇

蚯　蚓

你錐破了完美的地殼
給大地加添着創洞，
然後是疲倦了睡在粉碎的泥土下
而咒恨着粗暴的草根戳傷了你的夢

蝶

你是春天的燈，
在綠野上照明了
一條走向花林的路徑

魯　藜

野　　花

野花生長在荆棘裹
好像理想活躍在監獄裹

在河邊，我們走
崖上野花向我們點頭

望着野花
我們不再怕艱難的道路

——録自常任俠《抗戰四年來的詩創作》
（一九四一），原有第四節删去

力 揚

短 歌

一手執着《可蘭經》
一手執着寶劍
穆罕默德
向理想的默伽
戰鬥而前

我把自己的生命
磨成匕首
把人民的聲音
當作最寶貴的經典
向明天歌唱而前

侯唯動

血　　債

春天，
一樣地
没有温暖，
像討債人底臉，
冷冰冰，
又難看。

透出殘雪層的
——迎春花
開了！
那金黄的
生在血迹裏，
象徵着鬥争就有勝利。

“血債
　必須用同物償還，
　拖欠得愈久，
　就要付更大的利息！”——魯迅
世紀的紀録裏
滿印上我們底血滴，

今天——
便是翻轉的起頁！
把慘痛的過去
算一算吧，
另開下一篇賬册。

起來
被壓迫的人們，
我們
把握着
全世界血的債權，
聯合起來，
債主底陣綫，
拿好啊
血寫的清單。

要收賬，
拿起槍杆，
叫他們
——我們的敵人
照碼十足地還，
本和利
要一期交完！

遺　　囑

白樺
赤松
仍舊粘着雪片，
枯枝交織着
森林底銀色綫。

林深處的蒼鷹
聲聲地叫喚，
那尖厲的歌唱
怪凄凉，
呻吟着
在山坡上：

孩子
我就落下鬥争了一生的
最後一口氣，
現在要特别吩咐你，
并不是没有遺産，
祇爲了
全被敵人占據。
可是——
也在你呢！
祇要肯争氣，
哪兒
不是肥大的土地？

現在
祇有卸給你
没完成的負擔，
忘記我，
扛着上前！

孩子，
拿起我們的槍吧，
這殺過
多少敵人的武器，
這是我
丢給你的
頂現成的東西。

没走完的路呵，
踏向前，
有一點氣，
就幹！……
去吧，
看大隊走得太遠；
死了没有悔恨，
我永遠閉上眼……

一九三七年底完成，《我是初來的》

王獨清

我從 CAFE 中出來

我從 café 中出來，
身上添了
中酒的
疲乏，
我不知道
向哪一處去，纔是我底
暫時的住家……
啊，冷静的街衢，
黄昏，細雨！

我從 café 中出來，
在帶着醉
無言地
獨走，
我底心内
感着一種，要失去了故國的
浪人底哀愁……
啊，冷静的街衢，
黄昏，細雨！

月　光

Pes Amica Silentia Lunae

——Vergilius[1]

月兒，你向着海面展笑，
在海面上畫出了銀色的裝飾一條。
這裝飾畫得真是奇巧，
簡直是造下了，造下了一條長橋。
風是這樣的輕輕，輕輕，
把海面吻起了顫抖的嘆聲。
月兒，你底長橋便像是有了彈性，
忽高忽低地祇在閃個不停。

哦，月兒，我願踏在你這條橋上，
就讓海底嘆息把我圍在中央，
我好一步一步地踏着光明前往，
好走向，走向那遼遠的，人不知道的地方……

① 拉丁文，羅馬詩人維吉爾（公元前 70—前 19 年）的詩句，大意爲：月神在和善安閑地行走。

沈從文

我歡喜你

你的聰明像一隻鹿，
你的别的許多德性又像一匹羊；
我願意來同羊温存，
又躭心鹿因此受了虚驚：
故在你面前衹得學成如此沉默，
（幾乎近於抑鬱了的沉默！）
你怎麽能知道？
我貧乏到一切：
我不有美麗的毛羽，
并那用言語來裝飾他熱情的本能也無！
臉上不會像别人能挂上點殷勤，
嘴角也不會怎樣來常深着微笑，
眼睛又是那樣笨——
　追不上你意思所在。
别人對我無意中念到你的名字，
我心就抖戰，身就沁汗！
并不當着别人，
衹在那有星子的夜裏，
我纔敢低低喊你的名字。

廢　名

燈

深夜讀書，
釋手一本老子《道德經》之後，
若抛却吉凶悔吝
相晤一室。
太疏遠莫若拈花一笑了，
有魚之與水，
猫不捕魚，
又記起去年冬夜裏地席上看見一隻小耗子走路，
夜販的叫賣聲又做了宇宙的言語，
又想起一個年青人的詩句
魚乃水之花。
燈光好像寫了一首詩，
他寂寞我不讀他。
我笑曰，我敬重你的光明。
我的燈又叫我聽街上敲梆人。

——《新詩》第六期，一九三七年三月

理髮店

理髮匠的胰子沫
同宇宙不相干
又好似魚相忘於江湖。
匠人手下的剃刀
想起人類的理解
劃得許多痕迹。
墻上下等的無綫電開了，
是靈魂之吐沫。

戴望舒

款步一

這裏是愛我們的蒼翠的松樹，
它曾經遮過你的羞澀和我的膽怯，
我們的這個同謀者是有一個好記心的，
現在，它還向我們説着舊話，但并不揶揄。

還有那多嘴的深草間的小溪，
我不知道它今天爲什麼緘默：
我不看見它，或許它已换一條路走了，
饒舌着，施施然繞着小村而去了。

這邊是來做夏天的客人的閑花野草，
它們是穿着新裝，像在婚筵裏，
而且在微風裏對我們作有禮貌的敬禮，
好像我們就是新婚夫婦。
我的小戀人，今天我不對你説草木的戀愛，
却讓我們的眼睛静静的説我們自己底，
而且我要用我的舌頭封住你的小嘴唇了，
如果你再説：我已聞到你的願望的氣味。

款步二

答應我繞過這些木栅，
去坐在江邊的游椅上。
嚙着沙岸的永遠的波浪，
總會從你投出着的素足
憾動你抿緊的嘴唇的。
而這裏，鮮紅并寂静得
與你底嘴唇一樣的楓林間，
雖然殘秋的風還未來到，
但我已經從你的緘默裏，
覺出了它的寒冷。

夜行者

這裏他來了：夜行者！
冷清清的街上有沉着的跫音，
從黑茫茫的霧，
到黑茫茫的霧。

夜的最熟稔的朋友，
他知道它的一切瑣碎，
那麽熟稔，在它的薰陶中
他染了它一切最古怪的脾氣。

夜行者是最古怪的人。
你看他走在黑夜裏：

戴着黑色的氈帽，
邁着夜一樣静的步子。

——《望舒草》

玲　君

鈴之記憶

悠長地，連綿地，
是那樣遼敻的鈴聲吧？
如銀色之吹管，
冷氣透過做琥珀色神秘之林屋
海上浮來了薄暮的景色。

而又驟然變成蒼老氣息的，
翻開輝煌的古代舊事，
饒舌在迷茫的夜裏。

我聽見了閃動在吉普賽人的野火旁
那奇異的車鈴的聲音；
我聽見了，在往昔莫斯科的夕暮
那哥薩克騎隊的馬鈴聲音。
你交結了浮動的
青的天，水，樹，夢於一色，
又魔法地搖去我的過去，現在，與未來，
做爲時時思憶的依據。

可是，你終於斷續地消沒了，

衹零落如過時的薔薇花瓣，
傳出單純的，
遼遠的，幽寂的聲音。

——《現代詩風》第一册，一九三五年十月

山　居

午間聽騎驢的鈴聲由遠方來，
夜裏看山的眼睛巡邏似探海燈；
我的寥寂，你的冷静，
與山的憂鬱是
三位一體的。

牛群，羊群，風群，
及穿過泉水之群的，
那是山岳的四重奏啊，
我們的皮膚，衹隨我們的青春
做黑色的洗禮。

我的心遂爲大心所桎梏了，
我又成一個有信心的香客，
渴望着在深山中能見聖迹的顯靈啊，
但我實不希望目睹
那斷層岩石猙獰的面龐。

讓緑色在這裏做我們孤寂的標識吧，

讓我們永獲異教文學的禁欲感，
讓我們永遠的戀着
有憂鬱味發散的山，我，及你——
我日夜朝拜的山中女神啊。

——《現代詩風》第一册，一九三五年十月

噴水池

面向着你，散開
白銀鍛的裙裾的女神啊，
人説你吮吸大地母親的乳汁而生長，
你却隱晦地遮蔽你的身世。
你象徵一株樹，佇立
在蒸騰的人間，你噴射
晶潔清冽的花蕊——
你的顔色，你的言語。

你不曾看到風，雨，雲，雪的奔馳，
這些衝出栅欄的驕傲詭異的走獸？
你不要模仿他們的表情與衣飾，
從掩映着你的四季的屏風後？

但我從未顯示過
“我應當屬於動物的綱目，
我本不是陸地上的産物”
的言語。 你沉默。

你衹是不住地憂鬱地旋舞，
好像吐出對於河海的戀思；
雖然你韻律地揚起水沫的拍節，
對於你移植的地域，你沉默。

整個梗幹應當是花蕊的噴射——
增强她的言語，他的顏色；
整個植物應當是葉叢的墮落，
把這個大城市的邊際完全埋没。

——《新詩》第五期，一九三七年二月

侯汝華

水　　手

桅檣上旋轉着
七色的明燈，
蔚藍的海面上白色的帆遠了，
許多人的夢
迷失於汪洋的波濤中，
但没有一個人
知道你心中的大海。

地中海畔的去年的葡萄藤
挨過了嚴厲的秋天
可還是一樣的凝緑?
而你的眼睛却凋謝了。
當薄暮的黄光
被天外的風吹動時，
你可曾感到那一年
在南中國嗅過的橙花香?

待到夜色垂落了
繁星跟燈塔的秋波
參雜着一個肺病女

歌唱城頭的古調，
而你的多年的劫運
又在記憶裏浮上了黑影，
爲的是海已幽暗，
你却離家鄉的果樹園更遠了。

一九三五年四月十八日

——《現代詩風》第一册，一九三五年十月

燈與影

我不會曉得
燈與你怎樣，
自從我的靈魂
迷亡在你的髮間，
我的影子
便觳觫無地了。
被囚在寂寞裏
我不敢揚起眼皮，
我知道你走了
走避在夢的彼岸，
但我又時常看見你
在恐嚇我的影子。

——《新詩》第四期，一九三七年一月

林　庚

秋之色

像海樣的生出珊瑚樹的枝
像橄欖的明净吐出青的果
秋天的熟人是門外的歲月
當凝静的原上有靈星的火
清藍的風色裏早上的凍葉
高高的窗子前人忘了日夜
你這時若打着口哨子去了
無邊的顏料裏將化爲蝴蝶

——《文藝先鋒》第一卷第一期，
民國三十一年（一九四二年）十月

史衛斯

獨　游

我的代步也有了故國之悲?
拉長的臉如欲哭無泪。
我的目光倦停在白雲上,
一搖鞭，動一動我的鄉思。

南屏山如今也變得這樣多鬱,
鐘聲壓住旅行人的帽子。
我問你：可像個行脚的少僧?
四蹄雙足一般沉重。

——《新詩》第三期，一九三六年十二月

錢君匋

路　　上

一乘雙飛掠過柏油的路面，
衹揚起一些青烟的輕塵。
舉着千臂的冬樹，
在路上揖着，迅速地退去。

幽歌着的電訊木，
三角與立方組成的住宅
襯着青的遠天。
一切平静，我獨自步行着。

——《新詩》第六期，一九三七年三月

李白鳳

夢

五百小夢的悲歡離合
一個大夢又團圓了
乃有理想的小號兵
吹不響一串高度的點名號——
暗室若有透明的珍珠
我將爲你用五百首好詩
穿起一年的眼泪……

——《新詩》第四期，一九三七年一月

小　　樓

山寺的長檐有好的磬聲
江南的小樓多是臨水的
水面的浮萍被晚風拂去
藍天從水底躍出

小笛如一陣輕風
家家臨水的樓窗開了

妻在點染着晚妝
眉間盡是春色

——《新詩》第三期，一九三六年十二月

沈　洛

夜　行

隨黄葉俱至，
蕭風往來於林間。
晚行人走在荒山的破廟前，
欲想吐露一些氣候的嗟嘆！
風翼掠肩而過。
嗚咽的哭聲止住行人的脚步，
互相换一片苦味的笑。
想一個千年的老狐，
張燈於秋日的山道中。
引取路人的問詢；
使一個不小的神奇，
使人止於荒草萬冢間；
不復以迢迢的道路爲重，
晝一個荒唐夢於床頭人的枕邊，
一覺醒來已是千古。

——《新詩》第四期，一九三七年一月

陳雨門

秋　晚

我愛這蝙蝠飛
這耳語似的詩思
我的心跟着落葉流
聲音沙沙地
飛亂黄昏
剪破雲
吹遠記憶
記掉秋天應該嘆息的嘆息

——《新詩》第四期，一九三七年一月

陳　時

標　本

它們是在凝視着藍天嗎?
它們還有繁多的幻想的夢嗎?

那些有優美的靈魂的,
爲人們殺死了,嵌着玻璃質的
假眼睛,塗着彩色油漆在嘴上,
陳列着的鳥類的標本,獸類的標本。

它們是生活在永恒的憂愁中吧,
有華麗的驕傲的扇尾的孔雀,
天空的帝王鷹,
替老漁人捉魚的鸕鷀,
懷戀着月夜的小白鹿啊,
虎,寂寞的駝鳥……
它們都不再訴説着他們的不幸,
因爲它們已没有美好的聲音了。
它們的眼睛像是記憶的泉,
它們是思想的顔色與寂寞諧合了。

——《新詩》第四期,一九三七年一月

蘇金傘

雪　　夜

未曾打過獵，
不知何故，
忽然起了夜獵銀狐的憧憬：

夜雪的靴聲是甘美醉人的；
雪片潛入眉心，
銜啄心中新奇的顫震，
像錦鷗投身湖泊擒取游魚。

林葉的乾舌，
默頌着雪的新辭藻，
不提防滑脱兩句，
落上弓刀便驚人一跳。
羊角燈抖着薄暈，
彷彿出嫁前少女的尋思，
羞澀——但又不肯輟止。

并不以狐的有無爲得失，
重在獵獲雪夜的情趣；
就像我未曾打過獵，

却作這首夜獵銀狐詩。

——《新詩》第六期，一九三七年三月

羅莫辰

永　　夜

夢在無夢的夢中
知道跋涉的重量麼
悄悄地落在松林外的
流星而已
古代行脚僧人
一一閉目遠去
當我們懷歸的時候
我們是魚
夜在盲人眼裏
蓮華開遍大千世界

——《新詩》第一期，一九三六年十月

無法投遞

無法投遞
退回原處

没有名號的街道

唉正小病初愈

墻是獨白
窗是對語

下雨的晴天的漫游
破皮鞋補了又補

一到深夜如海
細數鄰人的脚步

無法投遞
退回原處

——《新詩》第五期，一九三七年二月

徐　遲

蝶戀花

春雲春樹下，
蝶亂飛，
花也亂飛，
悠思遂轆轤了：
　　郎如薄幸，
　　妾即薄命；
但是，蝶貪歡，花也貪歡，
　　蝶亂飛，花也亂飛，
金井燦爛處：
　　蝶戀花，花戀蝶，

鶯到了。
啊——

——《新詩》第一期，一九三六年十月

橹[1]

你没入霧裏去的時候，我把你比做了橹；橹這樣摇曳的遠去了，没入深霧裏去了。在美麗的河床上，須有更美麗的橹的步伐的。水的花上，沾着霧，然而在這冬天的市街上，氣候凝固，你爲什麽不借着這冰凍的掩袂的夕暮的街燈之光，投我一個側影的魚似的視綫呢？橹的胴體上，抹着黄色的桐油；橹是人魚，橹是游泳的女郎——你是愛側游的嗎？我目送你，側往左，側往右，度水，度橋，在桅檣之影的林中隱没入霧裏了。載着我的心的是你這美麗的船舶，而你這支美麗的橹摇着了我的戀愛了。

——《現代詩風》第一册，一九三五年十月

① 原注：此詩原爲 *A Love Letters*（《一封情書》）中之一章，編者改題今名。

上官橘

窗

在窗前有兩個人對語。

一個有青銅髮鬢藍寶石眼睛的男人，一個是有海水的青色捲髮的少女，她穿着一件白雲的衫子。

——黎明叫我送信給你們，在夏天她來的更要早了。

——我們要用智慧的歌聲迎接她，用感激的眼泪迎接她。

——她更美麗了，她已脱去了白雲的羊毛衫子，而穿上金色的上衣和藍色的長裙了。

——我們要用青色的草原和山峰迎接她，用夢的五彩的記憶迎接她。

——她將爲你們帶來禮品：青白色的霧的大幔帳，和奔馳的淡金色的鹿車，上面載滿了充溢着夜的香氣的水藻和花朵。

——我們要用古老的魔術的圖案迎接她，用堅硬的化爲岩石的肉體迎接她。

——《新詩》第五期，一九三七年二月

陳江帆

欲　　曙

耿耿欲曙天，
窗牖飄起一片鼠灰色，
是有飛鼠在翻飛麼?
它翻飛着，沿那窗際，
輕輕移過墻陰，
又輕輕落在地板上。

但俄頃消失去，
窗下不再是鼠灰色，
却以翻飛着無數乳鴿之羽
使我辨識小書桌的脚。
林間第一隻鳥唱，
厨娘輕輕走下樓來。

——《新詩》第五期，一九三七年二月

俞銘傳

拍賣行

來自不同的門第的
一群失寵的尤物。
以往的日子乃是潘彼得的夢。

曾經在香艷的嘴唇上親吻的；
曾經與女人的手指同謀的；
曾經隨着蜜蠟的胸脯而起伏的；
曾經以神秘的圓眼睛
　　攝取歡樂的靈魂的；
曾經不分永晝與永夜地
　　用象牙的吸盤吮血的；
曾經借浩渺的風雲或蒼老的松石
　　裝飾着華麗的客廳的；
曾經任勞任怨地越過
　　千重山；萬重水的……
以往的日子乃是潘彼得的夢。
王昭君還在依戀漢宮嗎？

那邊却是芝加哥的屠場：
吊在鐵絲的脖子上的

　　皮革的縱隊，
　　嗶嘰的縱隊，
　　綢緞的縱隊，
還有使馬納的眼睛迷離的
　　説不出名字來的縱隊；
還有羊毛與駝毛的　torsi：
　　汽油，脂粉與香水
　　以及梅毒的細菌
　　釀造着都市的氛圍。

它們已經失去了處女的顏色。
它們果真失寵了呢，還是戰爭消瘦了它們
　的恩人？
且聽門楣上的收音機。
吉卜賽的女人替它們算命了。

夜不寐

一千隻墨魚受驚了
哪兒是鰐之齒呢？
徒然望斷秋水
也不見一朵鹹的花。

錦被上長滿大薊小薊
翻轉來吧，再翻過去……
鐘擺拖曳着沉重的時間，

可憐的 Atlas[①] 的兄弟！

一九三七年

以呢帽當雨傘

以呢帽當雨傘
頭的感覺漸漸和心的感覺平衡了。
踏着路上的泥水，
踏着水中的燈光，
阿拉伯人騎一匹駱駝
獨過月光下的千里沙漠。

一九三八年

夢去了

夢去了，
留下一列特別快車
深夜裏蜿蜒於山谷中
聽自己的心臟跳動。

夢有香蕉的味，
夢有文旦的味，
夢有貝多芬的交響樂的味，
　　有明礬的味，
　　有什景菜的味。

① 阿特拉斯，希臘神話中泰頓巨神之一。

一個細胞有一個旅客的心情，
旅行者或以希望爲餐，
　　或以憂慮爲飲。
　　　　　　　　一九三八年四月二十一日宜昌

隱居者

隱居者常緑樹
用蔭影撫摩羊腸小徑。
竹林裏的弦絲居然斷了，
因爲我曾經聽過你的低語。

不禁想起你在青苔上
踏着雀躍的脚步，
我把身子彎成一隻圓規
吻着輕快的音符。
　　　　　　　　一九三九年三月二十二日烏尤寺

郊

十二月的夜
伸着 Mephistopheles[①] 的手
（手背上長滿一叢一叢的黑毛），
在樹枝上，在草葉上，在池塘上，

① 靡菲斯特，歌德《浮士德》中的惡魔。

用冰霜製造着疲勞毒素。

就寢號在空曠上巡邏了一遭。
游魂們從泥土的縫裏鑽出來
伸一伸懶腰，
作一次深呼吸，
手挽手地在林蔭道上舞蹈。

耶穌的胸膛仰卧在十字路口，
他的頭上，他的脚上，
他的左右手上，
四連串的路燈
釘着四顆生銹的驚嘆號。

壓路機

壓路機表現坦克的姿態，
計算着穩健的步履，
而且替自己解嘲，
“地呵，我的身分一萬斤！”

鐵輪碾着石子，
石子壓着白骨。
剪去了鋒芒和棱角，
它們也許有翻身的日子，
却再也不能望見自己的老家——
　　有陽光訪問的老家，

　　有岩鷹守護的老家。

千千萬萬的石子
在壓路機的威力下
組織了一條漫長的路,
從鄉村通到城市,
從精神通到物質。

一九四四年二月八日清華

何其芳

河

我散步時的侶伴，我的河，
你在歌唱着什麼？
我這是多麼無意識的話啊。
但是我知道没有水的地方就是沙漠。
你從我們居住的小市鎮流過。
我們在你的水裏洗衣服，洗脚。
我們在沉默的群山中間聽着你
像聽着大地的脉搏。
我愛人的歌，也愛自然的歌，
我知道没有聲音的地方就是寂寞。

——《夜歌和白天的歌》

醉　　吧

諷刺詩一首
借波德萊爾散文小詩題目

醉吧。　醉吧。
真正的醉者有福了，

因爲天國是他們的。

如其酒精和書籍
和滴蜜的嘴唇
都掩不住人間的苦辛，
如其由陶醉而蘇解
而終於全醒，

是否還斜戴帽子，
還半閉着眼皮，
扮演着一生的微醺？

震懾於寒風的蒼蠅
撲翅於紙窗間，
夢着死尸，
夢着盛夏的西瓜皮，
夢着無夢的空虛。
我在我的嘲笑的尾聲上
聽見了自己的羞耻：
“你也不過嗡嗡嗡
像一隻蒼蠅。”

如其我是蒼蠅，
我期待着鐵絲的手掌
擊到我頭上的聲音。

十二月十一日草成

——《新詩》第四期，一九三七年一月

艾　青

青色的池沼

青色的池沼，
長滿了馬鬃草；
透明的水底，
映着流動的白雲……

平静而清澈……
像因時序而默想的
藍衣少女
坐在早晨的原野上。

當心呵——
脚蹄撩動着薄霧，
一匹栗紅色的馬
在向你跳躍來了……

秋

霧的季節來了——
無厭止的雨又徘徊在

收割後的田野上……
那裏，翻耕過的田畝的泥黑
與遺落的穀粒所長出的新苗的緑色
綴成了廣大，陰暗，多變化的平面；
而深秋的訪問者——無厭止的雨
就徘徊在它的上面……
人們都開始蟄伏到
那些濃黑的屋檐裏去了；
衹有兩匹鬃毛已淋濕的褐色的馬，
慢慢地走向地平綫
搜索着田野的最後的緑色……

太　陽

從遠古的墓塋
從黑暗的年代
從人類死亡之流的那邊
震驚沉睡的山脉
若火輪飛旋於沙丘之上
太陽向我滚來……

它以難遮掩的光芒
使生命呼吸
使高樹繁枝向它舞蹈
使河流帶着狂歌奔向它去

當它來時，我聽見

冬蟄的蟲蛹轉動於地下
群衆在曠場上高聲説話
城市從遠方
用電力與鋼鐵召喚它

於是我的心胸
被火焰之手撕開
陳腐的靈魂
擱棄在河畔
我乃有對於人類再生之確信

生　命

有時
我伸出一隻赤裸的臂
平放在壁上
讓一片白堊的顔色
襯出那赭黄色的健康

青色的河流鼓動在土地裏
藍色的静脉鼓動在我的臂膀裏

五個手指
是五支新鮮的紅色
裏面旋流着
土地耕植者的血液

我知道
這是生命
讓愛情的苦痛與生活的憂鬱
給它去擔戴罷
讓它喘息在
世紀的辛酷的犁軛下
讓它去歡騰，去煩惱，去笑，去哭罷
它將鼓舞自己
直到頹然地倒下！

這是應該的
依照我的願望
在期待着的日子
也將要用自己的悲慘的灰白
去襯映出
新生的躍動的鮮紅

煤的對話

A.Y.R.

你在哪裏？

我住在萬年的深山裏
我住在萬年的岩石裏

你的年紀——

我的年紀比山的更大
比岩石的更大

你從什麽時候沉默的？

從恐龍統治了森林的時代
從地殼第一次震動的時代

你已死在過深的怨憤裏了麽？

死？不，不，我還活着——
請給我以火，給我以火！

浪

你也愛那白浪麽——
它會嚙啃岩石
更會殘忍地折斷船櫓
　　　　　撕碎布帆

没有一刻静止
它自滿地談述着
從古以來的
航行者的悲慘的故事

或許是無理性的
但它是美麗的

而我却愛那白浪
——當它的泡沫濺到我的身上時
我曾起了被愛者的感激

老　　人

在那條垂直綫的右面
半件襤褸的黑制服
三顆銅紐扣沿着直綫
晃着三盞淡黃的油燈
——油已快乾了
紫銅的面色有古舊的光
彎着的手的皺裂的手掌的
皮膚裏蜷伏着衰老的根鬚
他在緊握着痙攣的生活的尾巴
——滑進了泥污裏的鰍
他摇擺着古銅的前額
白沫裏濺出咒詛的花
飢餓的顏色
染上了他一切的言語

他死在第二次

一　舁床

等他醒來時

他已睡在舁床上
他知道自己還活着
兩個弟兄抬着他
他們都不説話

天氣凍結在寒風裏
雲低沉而移動
風静默地擺動樹梢
他們急速地
抬着舁床
穿過冬日的林子

經過了燒灼激劇的痛楚
他的心現在已經安静了
像剛經過了可怕的惡鬥的戰場
現在也已安静了一樣

然而他的血
從他的臂上滲透了繃紗布
依然一滴一滴地
淋滴在祖國的冬季的路上

就在當天晚上
朝向和他的舁床相反的方向
那比以前更大十倍的莊嚴的行列
以萬人的脚步
擦去了他的血滴所留下的紫紅的斑迹

二　醫院

我們的槍那兒去了呢
還有我們的塗滿血漬的衣服呢
另外的弟兄帶上我們的鋼盔
我們穿上了綉有紅十字的棉衣
我們躺着又躺着
看着無數的被金屬的溶液
和瓦斯的毒氣所嚙蝕過的肉體
每個都以疑懼的深黑的眼
和連續不止的呻吟
迎送着無數的日子
像迎送着黑色棺材的行列
在我們這裏
没有誰的痛苦
會比誰少些的
大家都以僅有的生命
爲了抵擋敵人的進攻
迎接了酷烈的射擊——
我們都曾把自己的血
流灑在我們所守衛的地方啊……
但今天，我們是躺着又躺着
人們説這是我們的光榮
我們却不要這樣啊
我們躺着，心中懷念着戰場
比懷念自己生長的村莊更親切
我們依然歡喜在
烽火中奔馳前進啊

而我們，今天，我們
竟像一隻被捆綁了的野獸
呻吟在鐵床上
——我們痛苦着，期待着
要到何時呢?

三　手

每天在一定的時候到來
那女護士穿着白衣，戴着白帽
無言地走出去又走進來
解開負傷者的傷口的綳紗布
輕輕地扯去藥水棉花從傷口
洗去傷口的發臭的膿與血
纖細的手指是那麼輕巧
我們不會有這樣的妻子
我們的姊妹也不是這樣的
洗去了膿與血又把傷口包扎
那末輕巧都用她的十個手指
都用她那纖細潔白的手指
在那十個手指的某一個上閃着金光
那金光晃動在我們的傷口
也晃動在我們的心的某個角落……
她走了仍是無言地
她無言地走了後我看着自己的一隻手
這是曾經拿過鋤頭又舉過槍的手
爲勞作磨成笨拙而又粗糙的手
現在却無力地擱在胸前
長在負了傷的臂上的手啊

看着自己的手也看着她的手
想着又苦惱着
苦惱着又想着
究竟是什麼緣分啊
這兩種手竟也被擱在一起?

四　愈合

時間在空虛裏過去
他走出了醫院
象一個囚犯走出了牢監
身上也脱去笨重的棉衣
换上單薄的灰布制服
前襟依然綉着一個紅色的十字
自由，陽光，世界已走到了春天
無數的人們在街上
使他感到陌生而又親切啊
太陽强烈地照在街上
從長期的沉睡中驚醒的
生命，在光輝裏躍動
人們匆忙地走過
祇有他仍是如此睏倦
誰都不曾看見他——
一個傷兵，今天他的創口
已愈合了，他歡喜
但他更嚴重地知道
這愈合所含有的更深的意義
祇有此刻他纔覺得自己是一個兵士
一個兵士必須在戰爭中受傷

傷好了必須再去參加戰爭
他想着又走着
步伐顯得多麽不自然啊
他的臉色很難看
人們走着，誰都不曾
看見他臉上的一片痛苦啊
衹有太陽，從電杆頂上
伸下閃光的手指
撫慰着他的慘黄的臉
那在痛苦裏微笑着的臉……

五　姿態

他披着有紅十字的灰布衣服
讓兩襟攤開着，讓兩袖懸挂着
他走在夜的城市的寬直的大街上
他走在使他感到陶醉的城市的大街上
四周喧騰的聲音，人群的聲音
車輛的聲音，喇叭和警笛的聲音
在緊迫地擁擠着他，推動着他，刺激着他，
在那些平坦的人行道上
在那些眩目的電光下
在那些滑溜的柏油路上
在那些新式汽車的行列的旁邊
在那些穿着艷服的女人面前
他顯得多麽襤褸啊
而他却似乎突然想到把脚步放寬些
（因爲他今天穿有光榮的袍子）
他覺得他是應該

以這樣的姿態走在世界上的
也衹有和他一樣的人纔應該
以這樣的姿態走在世界上的

然而，當他覺得這樣地走着
——昂着頭，披着灰布的制服，跨着大步
感到人們的眼都在看着他的脚步時
他的浴在電光裏的臉
却又羞愧地紅起來了
爲的是怕那些人們
已猜到了他心中的秘密——
其實人家并不曾注意到他啊

六　田野

這是一個晴朗的日子
他向田野走去
像有什麽向他召呼似的

今天，他的脚踏在
田堤的温軟的泥土上
使他感到莫名的歡喜
他脱下鞋子
把脚浸到淺水溝裏
又用手拍弄着流水
多久了——他生活在
由符號所支配的日子
而他的未來的日子
也將由符號去支配

但今天，他必須再在田野上
就算最後一次也罷
找尋那像在向他召呼的東西
那東西他自己也不曉得是什麼
他看見了水田
他看見一個農夫
他看見了耕牛
一切都一樣啊
到處都一樣啊
——人們説這是中國
樹是緑了，地上長滿了草
那些泥墻，更遠的地方
那些瓦屋，人們走着
——他想起人們説這是中國
他走着，他走着
這是什麼日子呀
他竟這樣愚蠢而快樂
年節裏也没有這樣快樂呀
一切都在閃着光輝
到處都在閃着光輝
他向那正在忙碌的農夫笑
他自已也不曉得爲什麼笑
農夫也没有看見他的笑

七　一瞥

沿着那伸展到城郊去的
林蔭路，他在濃藍的陰影裏走着
避開刺眼的陽光，在陰暗裏

他看見：那些馬車，輕快地
滾過，裏面坐着一些
穿着那麽整齊的男女青年
從他們的嘴裏飄出笑聲
和使他不安的響亮的談話
他走着，像一個衰憊的老人
慢慢地，他走近一個公園
在公園的進口的地方
在那大理石的拱門的脚旁
他看見：一個殘廢了的兵士
他的心突然被一種感覺所驚醒
於是他想着：或許這殘廢的弟兄
比大家都更英勇，或許
他也曾願望自己葬身在戰場
但現在，他必須躺着呻吟着
呻吟着又躺着
過他生命的殘年
啊，誰能忍心看這樣子
誰看了心中也要燒起了仇恨
讓我們再去戰爭吧
讓我們在戰爭中愉快地死去
却不要讓我們衹剩了一條腿回來
哭泣在衆人面前
伸着污穢的飢餓的手
求乞同情的施捨啊！

八　遞換

他脱去了那綉有紅十字的灰色制服

又穿上了幾個月之前的草緑色的軍裝
那軍裝的血漬到哪兒去了呢
而那被子彈穿破的地方也已經縫補過了
他穿着它，心中起了一陣激動
這激動比初入伍時的更深沉
他好像覺得這軍裝和那有紅十字的制服
有着一種永遠拉不開的聯繫似的
他們將永遠穿着它們，遞換着它們
是的，遞換着它們，這是應該的
一個兵士，在自己的
祖國解放的戰争没有結束之前
這兩種制服是他生命的旗幟
這樣的旗幟應該激劇地
飄動在被踐踏的祖國的土地上……

九　歡送

以接連不斷的爆竹聲作爲引導
以使整個街衢都激動的號角聲作爲引導
以擠集在長街兩旁的群衆的呼聲作爲引導
讓我們走在衆人的願望所鋪成的道上吧
讓我們走在從今日的世界到明日的世界的道
　上吧
讓我們走在那每個未來者都將以感激來追憶
　的道上吧
我們的胸膛高挺
我們的步伐齊整
我們在人群所砌成的短墻中間走過
我們在自信與驕傲的中間走過

我們的心除了光榮不再想起什麽
我們除了追踪光榮不再想起什麽
我們除了爲追踪光榮而欣然赴死不再想起什
　麽……

一〇　一念

你曾否知道
死是什麽東西?
——活着，死去，
蟲與花草
也在生命的蜕變中蜕化着……
這裏面，你所能想起的
是什麽呢?
當兵，不錯，
把生命交給了戰争
死在河畔!
死在曠野!
冷露凝凍了我們的胸膛
尸體腐爛在野草叢裏
多少年代了
人類用自己的生命
肥沃了土地
又用土地養育了
自己的生命
誰能逃避這自然的則律
——那末，我們爲這而死
又有什麽不應該呢?
背上了槍

搖搖擺擺地走在長長的行列中
你們的心不是也常常被那
比愛情更强烈的什麽東西所苦惱嗎?
當你們一天出發了，走向戰場
你們不是也常常
覺得自己曾是生活着
而現在却應該去死
——這死就爲了
那無數的未來者
能比自己生活得幸福麽?
一切的光榮
一切的歌贊
又有什麽用呢
假如我們不曾想起
我們是死在自己聖潔的志願裏?
——而這，竟也是如此不可違反的
民族的偉大的意志呢?

一一　挺進

挺進啊，勇敢啊
上起刺刀吧，兄弟們
把千萬顆心緊束在
同一的意志裏:
爲祖國的解放而鬥争呀!
什麽東西值得我們害怕呢——
當我們已經知道爲戰鬥而死是光榮的?
挺進啊，勇敢啊
朝向炮火最濃密的地方

朝向噴射着子彈的塹壕
看，膽怯的敵人
已在我們馳奔直前的步伐聲裏顫抖了！
挺進啊！勇敢啊
屈辱與羞恥
是應該終結了——
我們要從敵人的手裏
奪回祖國的命運
祇有這神聖的戰爭
能帶給我們自由與幸福……
挺進啊，勇敢啊
這光輝的日子
是我們所把握的！
我們的生命
必須在堅强不屈的鬥争中
纔能衝擊奮發！
兄弟們，上起刺刀
勇敢啊，挺進啊

一二　他倒下了

竟是那末迅速
不容許有片刻的考慮
和像電光般一閃的那驚問的時間
在燃燒着的子彈
第二次——也是最後一次啊——
穿過他的身體的時候
他的生命
曾經算是在世界上生活過來的

終於象一株
被大斧所砍伐的樹似的倒下了

在他把從那裹可以看着世界的窗子
那此刻是蒙上喜悦的泪水的眼睛
永遠關閉了之前的一瞬間
他不能想起什麽
——母親死了
又没有他曾親昵過的女人
一切都這末簡單

一個兵士
不曉得更多的東西
他衹曉得
他應該爲這解放的戰争而死
當他倒下了
他也衹曉得
他所躺的是祖國的土地
——因爲人們
那些比他懂得更多的人們
曾經如此告訴過他

不久，他的弟兄們
又去尋覓他
——這該是生命之最後一次的訪謁
但這一次
他們所帶的不再是舁床
而是一把短柄的鐵鏟

也不曾經過選擇
人們在他所守衛的
河岸不遠的地方
挖掘了一條淺坑……

在那夾着春草的泥土
覆蓋了他的尸體之後
他所遺留給世界的
是無數的星布在荒原上的
可憐的土堆中的一個
在那些土堆上
人們是從來不標出死者的名字的
——即使標出了
又有什麽用呢?

一九三九年春末

透明的夜

一

透明的夜

……闊笑從田堤上煽起……
一群酒徒，望
沉睡的村，嘩然的走去……
村

狗的吠聲，叫顫了
滿天的疏星。

村
沉睡的街
沉睡的廣場，衝進了
醒的酒坊。

酒，燈光，醉了的臉
放蕩的笑在一團……

“走
到牛殺場，去
喝牛肉湯……”

二

酒徒們，走向村邊
進入了一道燈光敞開的門，
血的氣息，肉的堆，牛皮的
熱的腥酸…
人的囂喧，人的囂喧。

油燈像野火一樣，映出
十幾個生活在草原上的
泥色的臉。

這裏是我們的娛樂場，
那些是多諳熟的面相，

我們拿起
熱氣蒸騰的牛骨
大開着嘴，咬着，咬着……
“酒，酒，酒
我們要喝。”

油燈像野火一樣，映出
牛的血，血染的屠夫的手臂，
濺有血點的
　屠夫的頭額。

油燈像野火一樣，映出
我們火一般的肌肉，以及
——那裏面的——
痛苦，憤怒和仇恨的力。

油燈像野火一樣，映出
——從各個角落來的——
夜的醒者
醉漢
浪客
過路的盜
偷牛的賊……

“酒，酒，酒
我們要喝。”

三

……

“趁着星光，發抖
我們走……”
闊笑從田堤上煽起……
一群酒徒，離了
沉睡的村，向
沉睡的原野
　嘩然的走去……

夜，透明的
夜！

一九三二年九月十日

聆　　聽

馳蕩呀
馳蕩呀
法南水電廠的吼聲
澈叫着：夜
沉在監獄的房裏
震摇的
夾着難友的鼾聲呀
像大航輪般
在深藍的海洋上
以速力鑽開了水波
夜

它前進着……

一九三二年上海

馬　賽

如今，
無定的行旅已把我抛到
這陌生的海角的邊灘上了。

看城市的街道
擺蕩着，
貨車也像醉漢一樣顛仆，
不平的路
使車輛如村婦般
連咒帶駡的滚過……
在路邊
無數商鋪的面前，
潛伏着
期待着
看不見的計謀，
和看不見的欺瞞……
市集的喧聲
像出自運動場上的千萬觀衆的喝采聲般
從街頭的那邊
衝擊的
播送而來……
接連不斷的行人

匆忙的
踉蹌的，
在我這遲緩的脚步旁邊擁去……
他們的眼都一致的
觀望他們的前面
——如海洋上夜裏的船隻
朝向燈塔所指示的路，
像有着生活之幸福的火焰
在茫茫的遠處向他們招手
……
在你這陌生的城市里，
我的快樂和悲哀，
都同樣的感到單調而又孤獨！
像唯一的駱駝，
在無限風飄的沙漠中，
寂寞的寂寞的跨過……
街頭群衆的歡騰的呼嚷，
也像颶風所煽起的砂石，
向我這不安的心頭
不可抗的飛來……
午時的太陽，
是中了酒毒的眼，
放射着混沌的憤怒
和混沌的悲哀……
它
嫖客般
凝視着
廠房之排列與排列之間所伸出的

高高的烟囱。
烟囱！
你這爲資本所奸淫了的女子！
頭頂上
憂鬱的流散着
棄婦之披髮般的黑色的煤烟……
多量的
裝貨的麻袋，
像肺結核病患者的灰色的痰似的
從廠旁的門口，
不停的吐出……看！
工人們搖搖擺擺的來了！
如這重病的工廠
是養育他們的母親——
保持着血統
他們也像她一樣的肌瘦枯乾！
他們前進時
濺出了沓雜的言語，
而且
一直把繁瑣的會話
帶到電車上去，
和着不止的狂笑
和着習慣的手勢
和着紅葡萄酒的
空了的瓶子。

海岸的碼頭上，
堆貨棧

和轉運公司
和大商場的廣告，
强硬的屹立着，
像林間的盜
等待着及時而來的財物。
那大郵輪
就以熟識的眼對看着它們
并且彼此相理解的喧談。
若説它們之間的
震響的
冗長的語言
是以鋼鐵和礦石的詞句的，
那起重機和搬運車
就是它們奇怪的嘴。
這大郵輪啊
世界上最堂皇的綁匪！
幾年前
我在它的肚子裏
就當一條米蟲般帶到此地來時，
已看到了
它的大肚子的可怕的容量。
它的饕餮的鯨吞
能使東方的豐饒的土地
遭難得
比經了蝗蟲的打擊和旱灾
還要廣大，深邃而不可救援
半個世紀以來
已使得幾個民族在它們的史頁上

塗滿了污血和耻辱的泪……
而我——
這敗頽的少年啊，
就是那些民族當中
幾萬萬裏的一員。
今天
大郵輪將又把我
重新以無關心的手勢，
抛到它的肚子裏，
像另外的
成百成千的旅行者們一樣。
馬賽！
當我臨走時
我高呼着你的名字！
而且我
以深深瞭解你的罪惡和秘密的眼，
依戀的
不忍捨去的看着你，
看着這海角的沙灘上
叫囂的
叫囂的
繁殖着那暴力的
無理性的
你的臉顔和你的
向海洋伸張着的巨臂，
因爲你啊
你是財富和貧窮的鎖孔，
你是掠奪和剥削的贜庫。

馬賽啊
你這盜匪的故鄉
可怕的城市

柳木下

在最前列

馬格里是我的戀女
又是一個孩子的母親

我看見馬格里
舉起微赤的圓臉
在搖籃傍邊

我看見馬格里
抱起小惠克
放下《反杜林論》

我看見馬格里
推着搖籃唱着歌
聲音又細又悠長
一朝我從遠方歸來
五一節的歌聲震撼着這城市
我看見馬格里
　　舉起右手
　　在最前列

——《若干人集》

貧　　困

像顯赫的人佩着勛章
像選手把標幟綉在襟上
在人衆中
我帶着我的貧困

我昂然舉步
穿過市街
走向海濱
鷗鳥在海上飛鳴

——《若干人集》

嬰　子

松　林

月下的松林
頂着寂寥的銀色的夢
一陣可惡的風從天邊吹來
它便從夢裏叫罵起來了

這是座松林
是這座深幽的松林呀
我熟悉那些小徑
那些綠葉
甚至那些樹根下的野蕈
我熟悉着
我失去的我都熟悉着

我愛騎一匹白馬
奔馳於陽光的林下
迎着長風
捲過林綠
捲過曠野

然後

我興盡的停步在
林深處的
柴門前

我眷戀着
這些熟悉的
失去的日子呵

且待那要來的時候吧
我當騎馬來到那座林的
馬馱着我，我馱着勝利
以折斷的敵旗杆敲開柴門

——《若干人集》

營　　外

營門外的夜
藍色的夜
我枕着草原
仰着頭數滿天星
把深思停在雲片上
遠天的雲片吐食着初月

想到有好些地方
有人不能以一隻歌呼喚自由了
不能無事的高卧草原

閑看日月了
爲的是那裏有耻辱的足迹
血的記憶
凶暴的眼睛

請不要説我於百忙的營中
却偷閑於營外寫了一首詩
正因爲我隨了營隨了戰争
我纔有步伐
奔忙在復仇的草原。

——《若干人集》

S.M.

哨

　一月的夜的延安：
前綫帶回來的一身睏倦
從這深深的夜逾越過去
又是新紅太陽的戰鬥的明天，
戰士們需要香甜的休眠。
嘉嶺山上的塔對着蹀躞在廣場上的伙伴
他在他底哨位上！
深沉的夜底十二點到一點，
天上
Orion① 横着燦爛的劍，
北極星永恒的光
從太古以前
直到春風的將來
照着人間。

一九三九．二．四

——《無弦琴》

① 星名，獵户座。

老　兵

　老兵
騎在瘦馬背上
從清晨的薄霧裏
朦朧地走到樹林邊來，
又朦朧地深入薄霧裏去。
他
一頂污穢的軍帽低壓着多紋的額
鬍子上凝着濃霧
鼻子裏噴出熱息
凹入的小眼合着
皺癟的兩頰下垂
手深縮在棉袖筒裏
馬韁絡在枯禿的馬頭上
背影
睏倦地駝着
讓波動不定的慢步把自己送到什麼地方，
一天又一天
背了刀——
有一點灰土
有一點鐵光
有一點銹蝕
有一點霜
有一點血影照着朝陽

——《無弦琴》

縴　　夫

嘉陵江

風，頑固地逆吹着，
江水，狂蕩地逆流着，
而那大木船
衰弱而又懶惰
沉湎而又笨重，
而那縴夫們
正面着逆吹的風
正面着逆流的江水
在三百尺遠的一條纖繩之前
又大大地——跨出了一寸的脚步！……

　風，是一個絶望於街頭的老人
伸出枯癟成生鐵的老手隨便拉住行人（不讓再走了）
要你聽完那永不會完的破落的獨白，
江水，是一枝生吃活人的卐字旗麾下的鋼甲軍隊
集中攻擊一個據點
要給它盡興的毁滅
而不讓它有一步的移動！
但是縴夫們既逆着那
逆吹的風
更逆着那逆流的江水。

大木船

活過兩百歲了的樣子，活够了的樣子
污黑而又猥瑣的，
灰黑的木頭處處蛀蝕着
木板坼裂成黑而又黑的巨縫（裏面像有陰謀和臭蟲在做窠的）
用石灰，竹絲，桐油搗製的膏深深地填嵌起來（填嵌不好的）
在風和江水裏
像那生根在江岸的大黄桷樹，動也——真懶得動呢
自己不動影子也不動（映着這影子的水波也幾乎不流動起來）
這個走天下的老江湖
快要在這寬闊的江面上躺下來睡覺了（毫不在乎呢），
中國的船啊！
古老而又破漏的船啊！
而船艙裏有
五百擔米和穀
五百擔糧食和種子
五百擔，人底生活的資料
和大地底第二次的春底胚胎，酵母，
縴夫們底這長長的纖繩
和那更長更長的
道路
不過爲的這個！

一繩之微

緊張地曳引着
作爲人和那五百擔糧食和種子之間的力的有機聯繫，
緊張地——曳引着

前進啊；
一繩之微
用正確而堅强的脚步
給大木船以應有的方向（像走回家的路一樣有一個確信而又
　滿意的方向）：
向那炊烟直立的人類聚居的、繁殖之處
是有那麼一個方向的
向那和天相接的迷茫一綫的遠方
是有那麼一個方向的
向那
一輪赤赤地熾火飛爆的清晨的太陽！——
是有那麼一個方向的。
傴僂着腰
匍匐着屁股
堅持而又强進！
四十五度傾斜的
銅赤的身體和鵝卵石灘所成的角度，
動力和阻力之間的角度，
互相平行地向前的
天空和地面，和天空和地面之間的人底昂奮的脊椎骨
昂奮的方向
向歷史走的深遠的方向，
動力一定要勝利
而阻力一定要消滅！
這動力是
創造的勞動力
和那一團風暴的大意志力。

脚步是艱辛的啊
有角的石子往往猛鋭地楔入厚繭皮的脚底
多紋的沙灘是鬆陷的，走不到末梢的
鵝卵石底堆積總是不穩固地滑動着（滑頭滑腦地滑動着），
大大的岸岩權威地當路聳立（上面的小樹和草是它底一臉威嚴的大鬍子）
——禁止通行！
走完一條路又是一條路
越過一個村落又是一個村落，
而到了水急灘險之處
嘩噪的水浪强迫地奪住大木船
人半腰浸入洪怒的水沫飛漩的江水
去小山一樣扛抬着
去活鯨魚一樣拖拉着
用了
那最大的力和那最後的力
動也不動——幾個縴夫徒然振奮地大張着兩臂
（像斜插在地上的十字架了）
他們决不絶望而用背退着向前硬走，
而風又是這樣逆向的
而江水又是這樣逆向的啊！
而縴夫們，他們自己
骨頭到處格格發響像會片片迸碎的他們自己
小腿脹重像木柱無法挪動
自己底辛勞和體重
和自己底偶然的一放手的鬆懈
那無聊的從憤怒來的絶望和可耻的從畏懼來的冷淡
居然——也成爲最嚴重的一個問題

但是他們——那人和群
那人底意志力
那堅凝而渾然一體的群
那群底堅凝成鋼鐵的集中力
——於是大木船又行動於緑波如笑的江面了。

一條纖繩

整齊了脚步（像一隊向召集令集合去的老兵），
脚步是嚴肅的（嚴肅得有沙灘上的晨霜底那種調子）
脚步是堅定的（堅定得幾乎失去人性了的樣子）
脚步是沉默的（一個一個都沉默得像鐵鑄的男子），
一條纖繩維繫了一切
大木船和縴夫們
糧食和種子和縴夫們
力和方向和縴夫們
縴夫們自己——一個人和一個集團，
一條纖繩組織了
脚步
組織了力
組織了群
組織了方向和道路，——
就是這一條細細的，長長的似乎很單薄的苧蔴的纖繩。
前進——
强進！
這前進的路
同志們！
并不是一里一里的
也不是一步一步的

而祇是——一寸一寸那麼的，
一寸一寸的一百里
一寸一寸的一千里啊！
一隻烏龜底競走的一寸
一隻蝸牛底最高速度的一寸啊！
而且一寸有一寸的障礙的
或者一塊以不成形狀爲形狀的岩石
或者一塊小諷刺一樣的自己已經破碎的石子
或者一枚從三百年的古墓中偶然給兔子掘出的銹爛釘子……
但是一寸的强進終於是一寸的前進啊
一寸的前進是一寸的勝利啊，
以一寸的力
人底力和群底力
直迫近了一寸
那一輪赤赤地熾火飛爆的清晨的太陽！

一九四一．一一．五　方林公寓

——《無弦琴》

王佐良

詩

六

看他那直立的身子
對着布告，命令，或者
將軍們長長的演講，
對着歌聲和行列，對着
於我們是那樣可怕而又願
别人跌進的死。看他們直立。

那點愚笨却有影子，有你我
脆弱的天秤所經不住的
重量。那愚笨是土地，
和永遠受城裏人欺侮的
無聲的村子。那點愚笨
是粗糙的兒女和災難。
我們是長身的瘦子，
我們永遠立在水邊，
用敏感的文字凝思
不朽的緑樹，不朽的蝴蝶，
我們容易傷風和妒忌，我們

煩膩，心薄得像嘴唇。

而嘴唇又薄又闊，像一張
拍賣行長開的舊唱片。

但我們憑藉正義，穿起了短褲
要做所有球場的裁判員；
我們得體的憤激，在那些
看鬥獸和强奸的人群裏；
我們用手比畫，或寫了長長的
書，證明愚笨的優越。

於是你的兄弟和我的丈夫
愚笨而强壯的男人，昨天
還穿了藍布褂去叩頭，今天
給蟲蛀，人咬，給遺忘在長途，
背負着走不完的山，和城鎮的咒駡，
給虱子和疥瘡，給你我吞滅。

然而他没有生命，没有享受，
也就没有死。愚笨是强頑
而不倒的，固執地，像你我的怪癖
長起來，生起來，大了粗了，
駝背的又挺起胸，我們發着脾氣，
因爲那些賤命的又直立。

記載了愚笨的歷史，
又被愚笨開了玩笑。

七

我們變老，
我們的眼睛迷失，
我們的日子同我們的
話，一樣屑碎，一樣充滿了惡意。
我們住在屋子裏而没有遮蓋，
我們赴宴而没有食欲，
我們受驚而又恐嚇人，
我們看着各自的眼睛而咒駡。
我們是風季裏的地。

你走在什麽人之間？旁邊是誰？
殘忍的春天？不真實的春天？
你移動在河畔的霧裏，
你看見所有你朋友的臉，
你看見而無法捉摸，
你連自己也丢掉了影子，
但你走在城市的人群裏。
理論上的事情難得説，
理論要四月開花，要你在
太陽當頂的時候，縮短
你地上水平的長度，
理論又使你哭泣，當你的
生長被阻擋，像你的手錶，
忽然有暫時的停息。

什麽人揮着手，揮着緑色的光？

河水又一下流動，春天又一下
閃動，我們的眼睛又一下轉動，
生命，車輪，樹葉的靈魂，
孩子的啼哭，一點愚笨的欲望，
香氣，女人的綢巾，反叛的
企圖，你，我，都一下轉動。
但我們變老，我們變老，
大地蘇醒一百次，也死去一百次。

時間在緑色裏尾追河水，
時間在無聲的停止裏却又
凝結，滯在我們的手上，成了
不朽的同謀者。我們都厚重
如小鎮上紳士的臉，
但我們却又落難在敏感的
都市，真實而又不真實的
都市。

黄昏的霧却是真實的，
你尋着自己，如尋着大地
而忘了自己在水盆裏的臉，
永遠是醜惡的臉，因爲
黄昏是曲綫，而没有死角。
黄昏讓你腐朽的窗木，
做了天體的鏡框，黑暗
又贈送了光。

我們忘了口角，

我們忘了埋在手裏的頭，
我們看見燈光，并在燈光之中，
但我們却有心裏的一片黑暗，
穩住我們，安慰了我們，
使我們沉静，使我們聽見
河水和時間的聲音。

穆　旦

詩八首

一

你的眼睛看見這一場火災，
你看不見我，雖然我爲你點燃；
唉，那燃燒着的不過是成熟的年代，
你的，我的。我們相隔如重山！

從這自然底蜕變底程序裏，
我却愛了一個被并合的你。
即使我哭泣，變灰，變灰又新生，
姑娘，那衹是上帝玩弄他自己。

二

你的年齡裏的小小野獸，
它和春草一樣的呼吸，
它帶來你的顔色，芳香，豐滿，
它要你瘋狂在温暖的黑暗裏。

我經過你大理石的理智底殿堂，
而爲它埋藏的生命珍惜；

你我底手底接觸是一片草場，
那裹有它底固執，我底驚喜。

三

水流山石間沉澱下你我，
而我們成長，在死的子宫裏。
在無數的可能裹，一個變形的生命
永遠無法完成他自己。

我和你談話，相信你，愛你，
這時候就聽見我底主暗笑，
不斷地他添來另外的你我，
使我們豐富而且危險。

四

静静地，我們擁抱在
用言語所能照明的世界裏，
而那未成形的黑暗是可怕的，
那可能和不可能的使我們沉迷。

那窒息着我們的
是甜蜜的未生即死的言語，
它的幽靈籠罩，使我們游離，
游進混亂的愛底自由和美麗。

五

夕陽西下，一陣微風吹拂着田野，

是多麽久的原因在這裏積累。
那移動了景物的移動我底心，
從最古老的開端流向你，安睡。

那形成了樹木和屹立的岩石的
將使我此時的渴望永存；
一切在它底過程中流露的美
教我愛你的方法，教我變更。

六

相同和相同溶爲怠倦，
在差别間又凝固着陌生；
是一條多麽危險的狹路裏
我製造自己在那上面旅行。

他存在，聽從我的指使，
他保護，而把我留在孤獨裏；
他底痛苦是不斷地尋求
你底秩序，求得了又必須背離。

七

風暴，遠路，寂寞的夜晚，
丢失，記憶，永續的時間，
所有科學不能祛除的恐懼
讓我在你的懷裏得到安眠——

呵，在你底不能自主的心上，

你底隨有隨無的美麗的形象，
那裏，我看見你孤獨的愛情
筆立着，和我底平行着生長！

八

再不能有更近的接近，
所有的偶然在我們間定型，
衹有陽光透過繽紛的枝葉
分在兩片情願的心上，相同。

等季候一到，就要各自飄落，
而賜生我們的巨樹永青。
它對我們的不仁的嘲弄
（和哭泣）在合一的老根裏化爲平静。

一九四二年二月

出　發

告訴我們和平又必須殺戮，
而那可厭的我們先得去歡喜；
知道了“人”不够，我們再學習
蹂躪他的方法，排成機械的陣式，
智力體力蠕動着像一群野獸。

告訴我們這是新的美。因爲
我們吻過的已經失去了自由；
好的日子去了，可是接近未來：

給我們希望和失望，給我們死，
因爲那死底製造必須摧毁。

給我們善感的心靈又要它歌唱
粗糙的聲音。個人的哀喜
被大量製造又該被蔑視，
被否定，被僵化，是人生的意義；
在你的計劃裏有毒害的一環。

就把我們囚進現在，　上帝！
在犬牙的甬道中讓我們反復
行進，讓我們相信你句句的紊亂
是一個真理。而我們是皈依的，
你給我們豐富，和豐富的痛苦。

一九四二年二月

還原作用

污泥裏的猪夢見生了翅膀，
從天降生的渴望着飛揚，
當他醒來時悲痛的呼喊。

胸裏燃燒了却不能起床，
跳蚤，耗子，在它的身上黏着：
你愛我嗎？我愛你，他説。

八小時工作。挖成一顆空殼，

蕩在小網裏，害怕把絲弄斷，
蜘蛛嗅過了，知道没有用處。

他的安慰是求學時的朋友，
三月的花園怎麽樣盛開，
通信聯起了一大片荒原。

漸漸看出了變形的枉然，
開始學習着在地上走步，
一切是無邊的，無邊的遲緩。

幻想的乘客

由幻想底航綫卸下的乘客
永遠走上了錯誤的一站
而他，這個鐵掌下的犧牲者
當他意外地投進别人的願望。

多麽迅速他底光輝的概念
已化成瑣碎的日子不忠而紆緩，
是巨輪底一環，他漸漸旋進了
一個奴隸制度附帶一個理想。

這裏的恩惠憎恨陌生，
而婉留他的是臨别的贈言，
那使他自由的衹有忍耐的微笑，
秘密地回轉，秘密地絶望。

親愛的讀者，你就會贊嘆：
爬行在懦弱的，人和人底關係間，
化無數的惡意爲自己營養，
他已經開始學習做主人底尊嚴。

一九四二年十一月

——《一棵老樹》
（《文聚》第一卷第五、六期合刊）

羅寄一

詩

陽光又給我慈愛的提携,
要是能用敏感多血的手掌,
撫摸皺折的山巒, 起伏與光暗
有如人類全部波濤的凝固;

要是能摹擬鵬鳥的輕盈
也將振翼而起, 在無窮廣遠的
高空, 凝視地球的整體,
它的歡笑與泪水的縱横;

要是能實現一個龐大的距離,
我將更領悟血和肉底意義,
感官世界如一幅畫的烟雲,
和他面對, 如我面對沉默的愛人,
怎麼能不流下透明的眼泪,
呼吸她深深的情熱與悲哀,
我像一朵凌空的嘆息,
在静寂裏緩緩地展開……

五月風

如果我，我和你并合，
海上去，掠過成熟的波濤，
無往不在的整體，磅礴的
五月風，飄散開而沉落。

如果我，夢如一隻小蜉蝣，
夜來晝去有龐大的寂寞，
幻象都如白雲的美麗豐滿，
吹啊，高速率，占有與拋棄的電閃。

如果有匍伏的蜕化的軀殼，
偉大的祭壇正烟火繚繞，
五月風悲痛而輕盈，它漸漸
没入天與水與無邊的寧静。

月，火車

　　夜底露水冷，
　　夜底露水輕。

冰冷的雙軌如銀色絲帶的飄摇，
回聲悠遠地來自世界的峰頂，

火車在戰栗，雖然他急馳像枝箭
廢墟，墳地，荒野，廢墟，墳地，荒野，

想追求什麽可更想逃避許多，
速度也白費，這跌碎在地面的概念，

空喚起可怕的消耗，一陣烟，一陣氣，
血肉的灰燼都升起而没入天邊……

當月底清紗拂過席終人散的地面，
點化每一寸空間都飽含憂戚的温柔，

　　起來，起來，半寐的小草，
　　五月的花朵，起來，起來，
　　（夢的密語，天上枝葉的微顫）
生命徘徊在鐵皮車廂裏，它諦聽，渴望
彌散，徐徐的，如一曲典麗的幻想。

廢墟，墳地，荒野，廢墟，墳地，荒野，
怎麽能解脱這激怒的衝動，沉重的
古代的烟火正彌漫這静謐的大謊，

槍彈刺刀在多重幻想外沸騰，
静静地沁入我不幸的運命，夜，
深沉，高大的實體從多度空間奔來，

我要求絶對，它們都要求絶對，
從這些對立中間，徒然去搜索
迷茫中起伏的雙軌底交點。

久旱，五月的温暖，田園龜裂
風正柔，一片不能凝結的
樂章，洞穿我全部感情。

廢墟，墳地，荒野，廢墟，墳地，荒野，
加速度馳騁，絶望的年青，

滑出去，翻倒，一顆黑甲蟲的腐爛，
在冷漠的記憶裏不留下一個斑點，
或者前面是海，透過風暴，底下有不滅的微明，
我將有顏色，有音樂的大諧和，無爲的執着。

死，是寂静的羽毛，從遠方來，向遠方飄，
廢墟，墳地，荒野的連綿，什麼也不多，不少。……

　　夜底露水冷，
　　夜底露水輕。

楊周翰

女面獅（四）

我們肩靠着肩，膝蓋倚住
膝蓋，親愛的，坐在這節列車上，
綠草上翻筋斗的陽光向車窗歡呼，
車輪單調的韻律又把它輾傷。

親愛的，車外鮮活的故事在我們
頭腦的銀幕上映成一串連續
不起的影片，我們在想，在做夢，
直到我們是奇怪的大頭的動物；

生命載着永恒的蜜月中的你我，
在迷宮的循環鐵道上，煤烟的長城裏，
走向我們所自來的開始，

那就是母胎裏的黑暗；黑暗爬過
高墻，又來撫摩我的靈魂，
我們停止了，没有一切的責任。

山　　景

山峰擁擠着山峰，衰老。
乾枯的歲月榨出一滴樹，
又在空中升化，像貧民窟
屋頂上一撮黃色的小草。
山峰的心腑似乎在跳躍，
這些孕育着秘密的墳墓！
這些扭曲的土塊是痛苦
照見的形相？心臟病的朕兆？

杜運燮

無　　題

一

親愛的，這樣我也快樂；
雖然這 cafe 不屬於我們，
燙過衣服，抹過脂粉的賓客
不對我們講援例的應景好話，
雖然這都是表面的，像他們
挽着手臂，在人行道上抱着糖果，
舉行婚禮般一寸一寸地走……
但我也快樂：你在笑，在望着我。

他們整齊地圍住白桌布，
和無葉的花和戴花的點心，
都有所計算，有所防備，
都還有笑聲，用眼角迷人，
都無心看我們，像鄰桌的牙籤，
但我也快樂：親愛的，有你的手
掩住打哈欠的嘴，有你的眼睛
瞪住我，不許講昨夜的表情。

這樣我也快樂：如同在卧室裏，
如同在海邊樹蔭的一方大石上面，
侍者的來去像窗外來的疏影，
四周響着單調的海水，浪花的
破碎，你皺起眉尖，喝下一大口
不放糖的咖啡，扭一扭腰説：
“似乎這裏的嘈雜，我最需要。”
但我也快樂：你在望着我，説屬於我，
在洶涌的渺茫中我有所攀泊。

二

讓我們暫時擺脱“意識”，親愛的，
靈魂要脱離所有唯物的引力，
飛行於時空以外：那裏
再不會有“二”；不要再説“幸福”：
已不容我們那麽狹窄而污濁。

看着我的整體與最深處，親愛的，
想着與我們相聯的一切，親愛的，
連接永恒與刹那，贊美與惋惜，
空虚與太多，趁還没有緊縛住自己，
珍惜有夢，有真正純潔的執着，
像一株高山上的植物，又深又廣地
植了根：親愛的，我有了一切；
（雖也許是一種力量的傀儡）
但眼前確要改變；閉起眼睛吧，
我們還要超臨一切，抛棄一切。

滇緬公路

不要説這祇是簡單的現實；
試想没有血脉的軀體，没有油管的
機器；你們該起來歌頌：就是他們，
（營養不足，半裸體，掙扎在死亡的邊沿）
就是他們，冒着飢寒與瘧蚊的襲擊，
每天不讓太陽占先，從匆促搭蓋的
土穴草窠裏出來，揮動起原始的
鍬鏟，不惜僅有的血汗，一厘一分地
爲民族争取平坦，争取自由的呼吸。

歌唱呵，你們，就要自由的人民，
路給我們希望與幸福，而就是他們
（還帶着沉重的枷鎖而任人播弄）
給我們明朗的信念，光明閃爍在眼前。
我們都記得無知而勇敢的犧牲，
永在陰謀剥削而支持享受的一群，
與一種新聲音在響，一個新世界在到來，
如同不會忘記時代是怎樣無情，
一個浪頭，一個輪齒都是清楚的教訓。

看，那就是，那就是他們不朽的化身：
穿過高壽的森林，經過萬千年風霜
與期待的山嶺，蠻横如野獸的激流，
以及神秘如地獄的瘧蚊大本營……
就用勇敢而善良的血汗與忍耐
踩過一切阻擋，走出來，走出來，

給戰鬥疲倦的中國送鮮美的海風,
送熱烈的鼓勵,送血,送一切,於是
這堅韌的民族更英勇,開始歡笑:
“我起來了,我起來了,我已經自由!”

路永遠使我們興奮,都來歌唱啊!
這是重要的日子,幸福就在手頭。
看它,風一樣有力,航過緑色的田野,
蛇一樣輕靈,從茂密的草木間
盤上高山的背脊,飄行在雲流中,
儼然在飛機的坐艙裏,發現新的世界,
而又鷹一般敏捷,畫幾個優美的圓弧
降落下箕形的溪谷,傾聽村落裏
安息前歡愉的匆促,輕烟的朦朧中
溢着親密的呼唤,人性的温暖,
於是更懶散,沿着水流緩緩走向城市。

而,就在粗糙的寒夜裏;荒冷
而空洞,也一樣負着全民族的
食糧:載重車的黄眼滿山搜索,
搜索着跑向人民的渴望;
沉重的橡皮輪不絶滚動着,
人民興奮的脉搏,每一塊石子
一樣覺得爲勝利盡忠而驕傲:
微笑了,爲滿足而微笑着的星月下面,
微笑了,在豪華的凱旋日子的好夢裏。

征服了黑暗就是光明,它曉得;

你看，黎明紅色的消息已寫在
每一片雲上，攢涌着多少興奮的頭顱，
七色的光在忙碌調整布景的效果，
星子在奔走，鳥兒在轉身睜眼，
遠處沿着山頂閃着新彈的棉花，
滇緬公路得萬物朝氣的鼓勵，
狂歡地引負遠方來的貨物，
山峰頂看霧，看山坡上的日出，
修路工人在草露上打欠伸，“好早啊！”

早啊！好早啊！路上的塵土還沒有
大群的起來追逐，辛勤的農夫
因爲太疲勞，肌肉還需要鬆弛，
牧羊的小孩正在純潔的忘却中，
城里人還在重復他們枯燥的舊夢，
而它，就引着成群各種形狀的影子
在荒廢久年的森林草叢間飛奔：
一切在飛奔，不准許任何人停留，
遠方的星球被轉下地平綫，
擁擠着房屋的城市已到面前，
可是它，不能停，還要走，還要走，
整個民族在等待，需要它的負載。

民衆夜校

不不，“知識”不能再讓誰專利了，
有土地纔有花朵，有你們纔有文明，

而且，過了這些年代，這美麗的花朵
已被一些有毒寄生蟲蛀得枯萎了。
翻個身呀，你們都是有力的，
知道創造的，過去，你們的血汗養肥多少人；

你做得很好的大小螺絲，他在城外
種得很胖很緑的青菜，她紡得
好紗，織得結實的布……方塊字
是像一面墻，可抵不了你們的手足。
翻過身呀，越過這面墻，那邊
就有更好的鋼，更肥的地，更輕便的織布機。

“這是臺灣，琉球，這是高麗，
那裏的人民做了一百年奴隸……
這是農奴的地獄，不久以前
剛點起火把將它粉碎的……”
看呀，學呀，現在該明白了，
不久，就要走在我們的前面：

從來，你們都堅定而利落，看
清楚了，就像閃電劃割太空的平静；
你們固執而堅决，一見到光明，
就像大蛾，面着生命的犧牲也要奪取，
你們都健康而有力，懷着幾千年的仇恨，像
經過洪爐，壓縮機的，不怕任何扭轉，敲擊。

田　間

自由，向我們來了

悲哀的
種族，
我們必須戰爭啊！
九月的窗外，
亞細亞的
田野上，
自由啊……
從血的那邊
從兄弟尸骸的那邊，
向我們來了，
像暴風雨，
像海燕。

五個在商議

在潼關一所棉花廠裏（我們底宿營地），晚上，五個通訊股員，在開小組會。——燭光在廠内照着，大風沙在外面刮着……

我們是五個。

我們五個，
屈着腿，
　　——坐在一張蘆席上，

五個底
呼吸，
接近
燭光，
攙和着，混流着，
在一氣……

——那樣，
我們抛下烟蒂，
手指，
握住
小組會底問題；
五個，
在商議！

我們是五個。

五個底
寬闊的
肩膀，
　　——也靠在一處，
很滿，
很密。

一九三八年三月在潼關

給飼養員

飼養員啊，
把馬喂得它刮刮叫，
因爲你該明白，
它底主人
不是我和你，
是
　中國！

多一些

“多一顆糧食，
就多一顆消滅敵人的槍彈！”

聽到嗎？
這是好話哩！

聽到嗎？
我們
要趕快鼓勵自己的心
到地裏去！

要地裏
長出麥子；

要地裏

長出小米；

拿這些東西
　當做
　持久戰的武器。

　（多一些！
　多一些！）

多點糧食
就多點勝利。

冀察晋在向你笑着

冀察晋
還在活着，

（而且
在很好的
活着啊！）

無邊的
山溝，
　我們的馬
在跑着；
那角蹄
響出

愉快的
大膽的
口號。

你看
冀察晋
在向你笑!

——歡迎外國朋友街頭詩之一

人民底舞

——人民底舞，是不死的光芒！北平游擊隊於一九三八年元旦，在所謂慶祝敵軍閥的勝利的一天，他們借秧歌舞的姿勢，跳躍在西直門外，跳躍在觀察的敵人身邊。結果，一百多名日兵被殲滅了；之後，他們完全平安地踏着敵人的血回來。我無法想像那神聖的場面，但我總等待着有一次會看見。

四月間，我們在西安一個劇社公演“打倒日本升平舞”（秧歌舞改編），故事簡單。主要目的説中國人民團結起來，將敵人及漢奸打倒。人物爲工，農，兵，學，商及日兵，漢奸。

——爲紀念北平游擊隊，爲記述我們底公演，兹就我得到的那一天舞臺上的印象，而寫《人民的舞》。

一九三八年四月在西安，田間附記

一個，
一個，
嚓嚓地
出場。

跳躍……
跳躍……

(——那樣子,
不是叛徒
在反變;
不是漢奸
在出賣祖國;
也不是
膽小的婦人
跪在地上
向上帝
祈禱……)

一個,
一個,
嚓嚓地
出場。

跳躍……
跳躍……

(——那聲音,
不是客商
在酒店底
談話;
不是農民
在田野

吹起的
蘆笛；
也不是
嬰兒的
啼泣。……）

一個，
一個，
嚓嚓地
出場。

跳躍……
跳躍……

興奮，
激越，
走上——
人類的
舞臺。

（——以被侮辱與被害的人民底姿勢，奏着反抗的
山歌，血的民謡，要走向山，要走向海。……）
老 kue[①]
領導着
這一大群
——農民，

① 原注：秧歌舞中之領頭者。

——工人，
……
在一塊。

在一塊，
興奮，
激越。

濃白的
面孔，
深黑的
眼瞳，
……
搬動，
在漢奸底
身邊；
搬動，
在敵兵底
身邊；
（因爲——
漢奸和敵兵，
無耻着，荒唐着，陰笑着，
走到他們面前。……）

你看，——
他們底
仇恨的
力，

他們底
仇恨的
血，
他們底
仇恨的
歌，
握在
手裏。

握在
手裏，
要灑出來……
幾十個，
很響地
——在一塊；
幾十個，
噠噠地
——在一塊；

回旋……
狂蹈……

聳起的
筋骨，
凸出的
皮肉，
挑負着
——種族的

　　瘋狂，
　　種族的
　　咆哮！……

大膽！
剛强！

（他們張開胳膀，
要打斷封鎖在這渴望着的種族底身上
那野蠻的鐐銬；
他們伸出手掌，
要把敵人與漢奸綁上絞架。……）

一氣
唱着：

一氣
喊着：
（——驅逐日本强盜，
滚蛋！……
……）

一起
唱着：

一起
喊着：

（——我們要活！
要活在自己底廠裏，自己底樹蔭下，
自己底店裏，自己底教室裏，
和自己底兵營；
在那些地方，
没有人阻擋！
……不能這樣，我們，
我們就死亡，
要爲祖國而死，要爲鬥争而死！……）

啊，
歌唱！
啊，
舞蹈！
啊，
棒子！
啊，
刀子！
啊，
鋤頭！
啊，
槍！
啊，
人民！

它們，
更響地
——在舞臺上

在祖國的舞臺上
敲着
棒子，
磨着
刀子，
拔着
槍機，
舞着
鋤頭；
扭着
腰，
擦着
手，
舉着
拳頭。

老 Kue
指揮着
這一大群，
——農民，
——工人，
……

聚攏，
散開。

散開，

聚攏。

——踏着敵兵和漢奸的血膿，
舞着……

在撞，
在衝，
在前進……

棕紅的
棒子，
紫黑的
槍，
土黄的
鋤頭，
白亮的
刀子……
……
——全升起來了，都響了……

幾十個
跳蕩，
歡狂；
……
——他們底道路，
跟從着
一個
音響。

今天，
在舞臺上，

他們，
像來自——
人民自己底
街，
像來自——
人民自己底
巷；
他們，
又匯合——
向
人民自己底
街，
向
人民自己底
巷。

一小隊，
一小隊。

一小行，
一小行。

（——在一起呼喊，在一起歌唱！……）

幾十個，
硏硏，
磅磅。

幾十個，
浩浩
蕩蕩。
啊，
人民！
啊，
槍！
啊
鋤頭！
啊，
刀子！
啊，
棒子！
啊，
舞蹈！
啊，
歌唱！

（——在動亂時代，在争自由的夜晚，
人民底脚步，人民底喉音，
正鍛煉在人類鬥争底舞臺上！……）

粗壯的
節奏，

走向很遠，很長……

又走回來，
很響，
很亮。
黑色的
布幕，
拉下；

——但是，
也擋不住，
人民底
交響！

——《呈在大風砂裏奔走的崗衛們》

何　達

我們開會

我們開會
我們的眼睛
像車輻
　集中在一個軸心

我們開會
把我們的背
都向外
　砌成一座堡壘

我們開會
我們的靈魂
緊緊地
　擰成一根巨繩

面對着
共同的命運
我們開着會
　就變成一個巨人

老鞋匠

爲了别人的脚
兩手繃着青筋
一生
撫摸過多少雙鞋底
一針一用力
一錐一喘氣
要把磨過了多少碎石的
踹過了多少爛泥的破鞋修好

像醫生
治好損傷了皮骨的人們
却改不了人們勞碌的命運
他——
老鞋匠
也不能使道路更平坦
於是桌底下
像停尸房
狼藉着
　無法補救的破皮
他老了
他失去了青春
就像那些破皮
　失去了光采

他也是一雙快要解體的舊鞋
被拖曳在

　漫長而破爛的
　生活的道路上
這老鞋匠！

過昭平

我們
在夜的奔流裏
趕到
灕江中流的小市鎮
探索着藏在黑暗裏的
　陌生的路徑
任挾帶着外省泥土的布鞋
　在不平的石板路上
　濺踏着積水

沿路的門板緊緊地扣着
像一排閉了眼睛的
　没有知覺也没有夢的
　死板板的臉孔
没有一隻眼睛輕輕睁開來看看我們
没有一隻嘴角搐動一下
　來對我們表示一丁點歡情

終於在冷氣未消的清晨
清楚地看到
你的身上

暴露着
巨大焦黑的傷口
也暴露着
折斷了的筋骨
和粉碎了的皮肉
你不可幸免地
烙上了時代的苦難的火印
你也變成
怕見太陽的膽怯的小市鎮了

我們
一步步地走過中國的
　　　　田野和山林
我們的熱情透過鞋泥
一步步地吻過中國的土地
你這冷淡淒慘的小市鎮呀
我們願流出我們的血
好灌輸給你一點温暖
好使你快一點蘇生

望着青緑的榕樹
英雄地立在你的地上
向四外伸出
茂密的枝葉
蔭蔽着你
像一把巨傘
我們也願
像榕樹的根

張着粗大的多指的長爪
緊緊地
抓住你的土泥

風

我叫你給我一個名字
你説：風

我立刻就聽到
　風的呼嘯，
像是捲起了雪
又從頭上砍下來。
你是要我
用巨手
推送着千張白帆萬條浪，
追趕你
像追趕着光嗎？

假使我名叫“風”，
請不要誤認
那輕輕鑽過了平静的柳條的
　　　　　　　　　　是我；
倘若我來找你，
我要帶着千里外的黄沙
向你傾瀉直率的狂歌

沈季平

山，滚動了！

山，拉着山
山，排着山
山，追着山
山，滚動了！
霜雪爲他們披上銀鎧
山群，奔馳向戰場啊！

奔馳啊！
你强大的巨人行列
向鴨緑
　黄河
　揚子
　怒江
　奔流的方向；
和你們在苦鬥中的弟兄
　長白
　太行
　大别
　野人山
拉手啊！

當你們面前的太平洋掀起了勝利的狂濤
山啊!
我願化一道流星
爲你們飛傳捷報

韓北屏

牧

——寫給舞鷹

我與你像游牧時代的人們一樣，
一心選擇那多草
多陽光的平地，
我們也是爲了放牧而來的，
不過被牧的不是牛羊，
而是我們愛自由愛闊大的心與眼。

在那平地上
你底胸貼着地，
你底赤裸的雙足敲擊着地，
你底兩手戲弄着毫無禮貌的小草，
而你底眼睛，
智慧的眼睛啊，
凝視着那些爲蚯蚓所織的
　泥土的花朵。

我攙着你底手
讓你初初踏着泥土的雙足，

踏過起伏的丘陵，
我們踏在隆起的小丘上，
好像踏在巨人的手臂上，
深深地感到生命的甜美，
與天地無限的空曠寧静。

一隻矯捷的蒼鷹底影子
掠過你眼前的草上，
你仰起分披栗色柔髮的頭，
注意着自由翱翔的巨禽，
在藍色的溶液中飛舞。

你扶着我底膝蓋站了起來，
伸出了你底小手，
對着飛舞的蒼鷹在招摇。
你天真而驕傲地
發出了真純的感情的對呼，
你神往於鷹的飛舞，
而我陶醉在你莊嚴的表情之中。

——《若干人集》

鐵的語言

一座破落的村莊，
像一個久病之後的老人，
猥瑣而且衰弱地

蹲坐在青灰的石山之旁。
村莊没有言語，
村外的大樹低垂着頭，
淡淡的白雲穿鑿山巔，
淡淡的陽光蓋着村莊，
溪流乾涸了，
讓灰白的河床
與灰白的村莊一同曝露。
但是，在肺結核患者底胸脯似的
骨瘦棱棱的破墻上
却有錚錚的聲音：
　　“過往行人　聞聲答話
　　夜行明燈　槍火無情”
這是森嚴的命令，
這是鐵的語言。
一面變得灰淡的藍色哨旗之下，
兩個襤褸的農民，
一枝土造槍，一柄縛紅纓的大刀，
他們正直莊嚴而且毫不靦覥，
肩擔苦難的闊肩膀，
肩擔着新的使命；
用古潭一樣深沉的眼睛
看着古潭一樣幽邃的遠方。
襤褸的人守衛着灰白的村莊，
他們没有語言，
可是墻壁上有森嚴的命令，
土造槍與紅纓刀有鐵的語言。

——《若干人集》

鷗外鷗

和平的礎石

東方國境的最前綫的交界碑！
太平山的嶺上樹立了最初歐羅巴的旗。

Sir France Henry May①
從此以手支住了腮了。
香港總督的第一人，
思慮着什麼呢？
憂愁着什麼的様子，
向着遠地方，
不允説出他的名字。

金屬了的他，
是否懷疑巍巍高聳在亞洲風雲下的
休戰紀念坊呢。
奠和平的礎石於此地嗎？
那様想着而不瞑目的總督，
日夕踞坐在花崗石上永久的支着腮，
腮與指之間

---

① 法朗士·亨利·梅爵士。

生上了銅綠的苔蘚了——
在他的面前的港內，
下碇着大不列顛的鷹號母艦和潛艇母艦美德威
　號，
生了根的樹一樣的；
肺病的海空上
夜夜交錯着探照燈的 X 光；
縱橫着假想敵的飛行機，
銀的翅膀，
白金的翅膀。

手永遠支住了的總督，
何時可把手放下來呢？
那隻金屬了的手。

——《若干人集》

都會的悒鬱

蔬菜貴
茄子，馬鈴薯都貴

我的住宅
一座小木屋的樓上
一個面積有限的房間
全部木板
使我無限感慨

没有一寸過剩的土地
播種在地板上嗎
俯視紙窗的下面
鄰家的竹籬内
却廣植着鬱金香，夾竹桃與薔薇
抒情的植物啊

花匠每早起來
剪裁着枝葉，落肥和灌溉
主人咬着板烟咀
坐在院子裏讀早報
無憂無慮的把經濟版新聞翻過背後

我患眼充血的眼
滴着病眼藥水

男人身上的虱子

那浮凸起的眼睛
那懷孕的肚
　　懷着不義之脂膏的肚
　　蓄着不道德的髒物的肚
穿着故作尖鋭狀的 K 字牌的鞋的厚笨的足[①]
一尾金魚一樣的
你却以一匹雌的虱子的女性的眼戀上了那樣的男子
念念不忘的想咬他一口

① 原注：K 字牌的鞋，歐洲最名貴的鞋。

他們説話用“混血語”的
一種特殊的人種
宗主國與殖民地的變種的無名的“殖”物

而你却是虱子，男人身上的虱子
專咬男性的虱子
那懷孕的肚
被咬了也不知痛苦的
展着戀愛的笑顏垂涎欲滴的向住了你
你男人身上的虱子張牙露齒的
手執麥氏佛陀的 Lip stick 繪着專咬男人的嘴唇[1]

父的感想

——給女兒李朗的詩

第二帖

麗麗卡呀[2]，你安卧着吧（不能够入眠嗎？）
母親的口笛吹着
“我們萬衆一心
冒着敵人的炮火……”

在摇籃的上端，有黑的黯然的夜
交錯的魚尾的爆炸彈

① 原注：Lip stick，唇脂。麥氏佛陀，美國一家化妝品製造廠，貨品暢銷於中國市場。
② 原注：愛兒乳名麗麗卡。

Japanese Sandman！[1]
日本兵工廠的安眠藥
刻着“昭和十三年製”的字樣
——遠，近，大，小的三枚
采取疾降的
魚様的態勢
向你疾趨而下的轟擊着
在意料中的吧

十月的雨季
降炸彈比降雨還多的這氣候環境
我們的生命，左閃右避在炸彈的雨的隙處
殘廢的國際正義盲目而啞
父的心
不勝危懼的啊
你，不設防的生命
窗外探照燈的監視哨的觸手
縱横着
縱横在國境的夜空，猫演習

我與母親怎樣也不能入眠了
守護着你
而且守候着
“日本的飛機來襲了！”
“日本的飛機來襲了！”
“日本的飛機來襲了！”

① 原注：Japanese Sandman 意即“日本人的睡魔”，指炸彈。

凄厲的呼號中國人民起來的電汽笛

一九三七年

穆　芷

城

他——古老的城墙啊
沉默的
堅毅的
站立着
在南國——緑色的原野

珠江的水
帶着輕盈的歌唱
投向他的懷抱
又悠悠的瀉向遠天
嵌襯於天脚的峰巒
那黛色的圍屏
爲他擋住了多少暴風急雨
在他胸膛的護衛裏
善良的人群
絮語平常恬静的歲月
灾難把他們遺忘了

春天，秋天
慣常的一串歌聲

（吐自那壯健的少年農的嘴裏）
聯起高低的田疇
田疇裏
是嫩綠的新秧
是肥大的黃金的穀粒
芭蕉樹下
閃過多話的村姑的臉
一串銀鈴的笑聲
曾拖住了多少年青人的眼睛

他——古老的城墻呵
他曾看見——
這原野上
人們孩子的孩子
長大了
又添上了滿頭霜髮
他曾看見——
罕有的饑饉
人們用顫抖無力的手
掘食山谷中剩餘的草，葉，樹根
他曾看見——
暴虐的劫掠者
要劫殺善良的人群
是他墻圍的鐵臂的遮攔
叫劫掠者得不到一根針
　　　　　　　一粒米
人群又英勇的把他們趕走……
他曾看見——

黄龍旗下的奴隸受不住壓榨
在他脚下
瘋狂的作叛亂的呼叫
金田村一聲怒吼
牽起多少不願做奴隸的聲音
叫頭上拖着紅纓尾巴的韃子
永遠失了安寧……
他曾看見——
這原野上多少滄桑事故
風霜畫筆
在他身上
寫下無限蒼黑的記憶

如今，春又來了
熟習而又生疏的
三月温暖的風
帶來了遠方血腥的灰沙
梳理着他頭上的荒草
敵人——那來自海上的暴徒
從空中撒下灾禍
毁滅了人們恬静的日子
恐怖扎下羅網
在每一顆急跳的心裏

啊——
如舊的歌唱的春水
如舊的碧緑的芭蕉
衹不見了

少年農愉悦的歌聲
村姑的誘惑的笑
和那長街上
安閑的行人

每日從曙色裏
震驚於遼闊傳來的每一聲音響
爲避免暴徒空中的襲擊
善良的人群
背起殘舊的雜物
踏過長街上
被暴徒毒火毀滅的
房子的瓦礫，木片，
踏過那瓦礫，木片上
殘缺的尸肉，血迹
在每一脚步的舉落裏
投下記憶的哀愁
然後躑躅於幽谷荒郊
飢餓與疲倦啃嚙着他的心
在每一秒鐘的移動裏
直到黄昏

他——憂鬱的城墻啊
太息於人群悲愴的命運
他明白自己古老的墻圍
攔不住二十世紀暴徒的空中虐殺
他將倒坍了
（像永遠安息於他底下的老人一樣）

然而，他還是掙扎的站立着
矚望着那
崇高的峰巒上
比他年輕的鋼鐵的堡壘
和那武裝了的人群英勇的子孫
比前一代更强硬
他將看着他們英勇的戰鬥

他——古老的城墻啊
堅毅的
沉默的
站立着
在南國——緑色的原野

——《若干人集》

胡明樹

二百立方尺間

將被免本兼各職的寢房

寬闊的宇宙啊，現在
我僅能占有你
二百立方公尺的空間——
它充當了
我的寢室，
兼職了
我的會客廳
讀書間與厨房……

租金像細菌的繁殖之快
突增了一倍
我那心——我那秘書
擬好了一篇
待行的令
“該房另有任用
着免本兼各職”
衹待我説一個“行”字
那時啊

我又將成爲
一個浪子了啊……

生活的藝術之一

兼職了厨房的寢房裏
一個慶遠爐
占了九十立方寸的空間

擱了筆，閉了房門
米在瓦罐子裏谷谷地滾
依着其拍律
我兢兢地唱着短歌
生怕又燒焦了飯

一位善於炊事的朋友
曾告訴我
一些做飯的道理——

“快三百元了的米價
做飯的技術
不能燒焦了一粒米啊
應把做飯的事
作爲生活的藝術之一來看！”
“對！”——我答

大提琴與秏子

我午夜醒來

聽見了 do re mi，do re mi 的樂聲
是秏子經由大提琴的弦綫
爬到我的桌上
偷我的餘糧
我——它心目中的
囤積居奇的米商

兼職了音樂家的秏子
每天晚上 do re mi，do re mi 地彈着
滿蒙着灰塵的
占了十立方尺空間的大提琴

它自然不會知道
壁上的石膏挂像
是名叫貝多芬啊

安分於狹小

宇宙越大
我就越怕：
（假若房外是充斥着謊話與謡言的世界）
因此，我更安分
這二百立方尺的狹小
因此，對這二百立方尺間
没有謊話，没有謡言的事
我就更驕傲

我的短歌是謊話麽？
瓦罐裏的谷谷聲

大提琴的 do，re，mi，do re mi
是謡言麽?
不!

檢討的鏡子

對着一個二十平方寸大小的鏡
我看見了一個病瘦了的我

忽然，鏡中現出了：另一個
若干年前的我——
他僑居在異邦
以一支多彩的筆
繪出了一幅苦鬥着的“朝鮮婦”[①]
又沉思地録下了一幅
健康的風俗畫“五月的龍舟”
後來終於經由了“難民船”
回到了祖國
於是又盡情地歌唱於
“緑的地平綫上”……

今天，我又帶着我底歌
捲土地重來“旱海”
要以戀人的熱情
感動這“愛的吝嗇者”
但今天，我却從鏡中

---

① 原注：引號中的都是拙作的題名或拙作中的句子。

發現了一個病瘦了的我
檢查了我底心
又檢查了我底腦
如前地健康啊
但爲什麼又病了呢?
是憤世的肝火發作了麽?
是缺乏營養的貧血病麽?
是瘧菌又侵進了血液裏了麽?

病呀，跟着藥瓶滚吧!
我無情於你
我有心於唱出人類的情歌……

——《若干人集》

周　爲

冬　天

冬天的到來

不是爲了街上那些有錢人的過早的冬裝
不是爲了那些賣補品的特别廣告
是因爲那賣油條燒餅的特别響朗的聲音
告訴我，又一個冬天的到來

“油條燒餅
燒餅油條……”
當我的紙窗還未睁開眼睛
這響朗的聲音就把我叫醒

我便看到了一盆熊熊的炭火
一盤黄色而黏韌的土面
數不盡的孩子啼冷的哭聲
纔把赤脚的父親送到街上……
我想祝福你呢
你第一個告訴我冬天來了的勞動者！

從鄉村走來

而這時候
在以城市作軸心
而輻射出去的許多大小的道路
正走着許多與太陽競賽早起的人

你昨夜整夜守着水春
現在挑着兩籮肥大白米的
你挑着兩籮肥大的白菜
頭上扎着藍布頭巾的
你穿着昨天編好的草鞋
挑着紅薯和鷄蛋的……
你們脚踏着這些砂礫的道路
黏濕着露水的道路
向城市走來

於是第一個早市開了
第二個早市開了
你們把你們的所有坦露着
任每一個人選擇

冬天，城市有更大的食慾
城市天天盼望着你們呢
你們從鄉村走來的人——
城市的維他命

襤褸的馬路

太陽升起來
用温情的眼睛看過了海
然後用發紅的眼睛看着馬路

這裏是一條襤褸的馬路
這邊，那邊，張起了
補綴而斑駁的布帳
布帳下面擺着可憐的衣物
如果我拿來嗅一下
我可以嗅出東南西北的氣息

一塊錢，二塊錢，十塊錢……
以有限的價錢
出賣無限的温暖
因爲人家的需要
出賣自己的需要

布帳在北風裏顛簸着
一高一低
南方人想起了温暖的海浪
　　　　　　狂暴的海浪
北方人想起了廣闊的平原
遼敻的沙漠
想起了那悲哀的夢：
那雪地上的行進
帶着紅纓槍

帶着鑼鼓
帶着輕佻的猴子
帶着笨鈍的狗熊……

我在布帳前駐足
我聽到一個年老的父親
向一個年幼的兒子講述遠天的風雪
一句，一句
像撒播一粒粒仇恨的種子

我祝福

以前，每當風雪像一個暴虐的邏者
用槍杆撞着我的木門
它擊打着我的紙窗
使我不能説話的時候
我又想着一個在地球的極北的地方
在那裏，一尺，十尺，就是百尺的
風雪也蓋不住温暖的微笑

大清早，無數的烟突噴出了第一口氣
每一個城市又流動着勞動的血液
無數的手爲人類的春天造像
而且向我，向全世界痛苦的眼睛
驕傲的伸出

而現在，我從馬路上回來
我攤開了當天的報紙
我知道了在遥遠的白海

　　　　　遥遠的波羅的海的邊緣
已降下了一九一四年的初雪
雪它正以嘶嘶的聲音
爲拿破侖的後裔唱着悲歌

那麽，在這個冬天
讓希特拉穿起在挪威訂購的雪屐
第一次的滑倒吧
而你們，却裂出那笑在最後的笑

我祝福

——《若干人集》

陳善文

苦撐着拼

牙貼着心，
咬了一口！
齒痕嵌在心的深處；
頂不住，倒在血泊裏，堆着的骷髏。
無邊的黑暗，風帶來一陣刺耳的獰笑。
不行！還得從這尸場上苦撐着站起；
跟連串的苦難拼！
苦酒比醍醐更够味兒，
呷着苦杯，挨着鞭，
在没有斷氣之前

——香港《大公報·文藝》八八二期
一九四〇年七月十五日

任　鈞

警　報

一聲尖銳而悠長的汽笛
　在天空放射出來
　　仿佛聞得到血腥的信號
——空襲警報又發出來了！

警報——
誠然帶來了恐怖和震驚，
但同時也好像在敵我中間
　劃下了一條紅綫，
使得雙方的界限更加分明！
可不是嗎？
在那驚心動魄的長嘯聲中：
　用同樣的動作
　　同樣的心情
千萬人都同時站攏在一邊，
　　　　同時感到共通的運命！

——《後方小唱》

孫　鈿

雨

——要使人值得一活，就必須爲一種偉大的理想所貫注。

下過雨的第二天
從水潭裏
我照見
近來
我底影子又長得高了

有一個夜間
我夢見
胸口給日本鬼子戳了個窟窿
鮮血奔涌出來
好像扭開了水龍
驚醒了
我纔知道降着暴雨
雨水從破屋頂上漏進來
滴在我底胸上
我感到好笑
翻了個身
一隻手按住槍

去找尋第二個夢了

當着
雨拖着寂寞
來到了人間
在我們
從來没有人説起雨
祇有我
在心裏説我愛雨
他們祇懂得
如果不把槍包好
準會上銹的……

雨也會撩起我們歡喜
時常在雨中
穿過從山澗奔瀉下來的洪流
我們出擊去
即使雨裹住了我們底呼吸
也没有忘記瞄準敵人
　　　　扳動槍的機扭
這暴雨，這時代
垂下了頭
母親一般
用血的乳漿哺養我們

苦暗的雨中長大的我
終於振撲着堅强的翅翼了
我叩響新的光明的門扉了

太陽在我生命上照着

昔日在雨天同我摺紙船的鄰兒
如今也掮上了槍出征了
輝煌的革命書籍
輝煌的戰鬥歷史
把我們底思想
鑿開了一條寬闊的河流
因此，我們不祇是
拿了槍的戰鬥員

風暴帶來的雨
衝洗了這古老的大地
大地呀
負載着我們這一代的狂熱
而我們底改造
就要成熟了
不管雨是如何纏綿
或是如何陰鬱
我脱掉草鞋
在給雨搗爛了的泥地上
向一座破屋走去
那裏
　　“××日報”到了

——《旗》，一九四二年八月出版

荊楚文庫

聞一多全集（二）

聞一多 著
孫黨伯 袁謇正 主編

荊楚文庫編纂出版委員會
湖北人民出版社

荊楚文庫

散文　雜文

唐達暉　整理

編者説明

本編收作者各時期散文、雜文。

散文、雜文部分，包括各體散文、雜感、時評、政論、札記、講演、談話等，并收早期文言文。

收入本編的著作，一般采用最初發表的版本。未見最初版本的，均注明據何書、何刊排印。

收入本編的著作，依寫作先後順序排列。寫作時間不詳的，依發表時間。寫作（或發表）月份不詳，僅知年份的，繫於該年之末。個別著作寫作和發表年月均不明的，參考文章内容酌定。各篇最初發表的時間、刊（或書）名，均在校注中注明；少數未見原刊，發表時間、刊物未能確認的，則注明據何資料。發表時的作者署名，也同時注出，但署"聞一多"者，從略。

文字校勘方面，除明顯印錯的個别文字徑行改正外，餘均儘量保存原文本來面貌，凡有增删改動或存疑之處，皆作校注説明，以備查考。

幾篇譯文、殘稿一并置於編末。

目　録

名譽談①

處百齡之内，居一世之中，倏忽比之白駒，寄寓謂之逆旅。所謂結駟連驪之游，侈袂執圭之貴，樂既樂矣，特黄粱一夢耳。其能存紀念於世界，使體魄逝而精神永存者，惟名而已。名之大小久暫，常視其有益於一群之深淺高下以爲之衡，吾輩今日所享之文明，其何以致之，皆古人好名之一念所留耳。文明無極境，故求名之心亦無窮期。所求之名大，其所遭拂戾之境益衆，而其人之價值亦與俱高。古今豐功偉烈，當其發端之始，莫不有至艱至險之象横於其中，稍一遲回立歸失敗。惟有此“千古不朽”之希望，以策其後，故常冒萬難而不辭，務達其鵠，以爲歸宿。古來豪杰之士，恒犧牲其及身現存之幸福，數瀕於危而不悔者，職此故耳。然則名之一字，固斯人第二之生命，而九洲風雲之生氣，所以稽天柱而絙地維者也。孔子曰：君子疾没世而名不稱焉。孟子曰：好名之人，能讓千乘之國，苟非其人，簞食豆羹而見於色。（此章趙注本極分明，自晦庵誤解，翳障始生，宋儒賤名學説，半以此爲根據，不知其字正上文好名者之代名詞，明白易曉，過於求深，反不辭矣。是故文法不可以不急講也。）聖人之重名也至矣。惟老氏始以名爲大戒，其言道也，曰無名天地之始；其訓世也，曰爲善無近名。今講聖賢行義達道之學，而傅之以老莊絶聖棄智之旨，吾不知其何説也。自秦漢以及唐，好名之念，猶未絶於士大夫之心，跅弛不羈之士，史不絶書，而國威賴以不替。洎宋學家言，風靡一世，神州俗尚，爲之一變，尚知足而絶希望，重保身而戒冒險，主退讓而斥進取，謬種傳流，天下事乃盡壞於冥冥之中。千年以來，了無進步，而退化之徵，不一而足。束身

① 原載清華學校《課餘一覽》第1期第2號，1914年6月15日出版，由聞一多參與編輯。現據本書第15册《聞一多年譜長編》（聞黎明、侯菊坤編）編入。據云：該號刊有聞一多的論説《名譽談》、小説《汨蕊》（與時昭涵合著）、雜俎《曹大鎬先生絶命詞》《髯仙》《人名妙對》五篇。原刊已殘，上文僅見於目録，唯存《名譽談》一篇，目録署名聞多，然正文署名“漱仙”，當是筆名。《名譽談》爲現今發現之聞一多發表的第一篇文章。

自好之士，讀孔孟之書，而堅守老子不爲天下先之教，凡慷慨尚氣磊落光明者，皆中以好名之咎而擯斥之。彼鄉里謚爲善人，廟堂進爲耆德者，曾無雄奇進取之氣，惟餘靡靡頹惰之音。宋明之喪，皆若輩之毒炎致之耳。士生今日，人格之高下，當以輿論之榮辱判之；而輿論予奪之衡，必以有益於人群與否爲準，凡一切獨善其身之説，皆斯世之蝥賊也，學者苟力崇進取，不避艱難，以急功近名之心，而蘄於開物成務之哲，神州之患，豈無豸乎。而我清華士子，際此清年，旭日方東，曙光熊熊，叱咤羲論，放大光明，赫耀寰中。河出伏流，狂濤怒吼，乘風揚帆，破萬里浪，以横絶五洲，騰雲駕霧，海闊天空，美哉前途，鬱鬱葱葱，大好良機，正吾人大有作爲之日，幸勿交臂失之也。岳武穆詞云："莫等閑，白了少年頭，空悲切。"良有以也。

二月廬漫紀[1]

張玄羽《支離謾語》[2]載廣南有韋士官者，自云淮陰侯後。當鐘室作亂，淮陰侯家有客匿其三歲兒，知蕭相國素與侯相得，不獲已，爲皇后所劫，私往見之，微示侯無後意。相國仰天嘆曰："冤哉！"泪涔涔下。客見其誠，以情告之。驚曰："若能匿淮陰兒乎？中國未可居也！急逃南粤，趙佗必能保此兒。"遂作書遣客致兒於佗曰："此淮陰侯兒，公善視之。"佗養以爲己子，而封之海濱，賜姓韋，用韓之半也。今其族世豪於海壖間，有酇侯所遺之書、尉佗所賜之詔，勒之鼎器。夫吕氏當惠帝末已無血胤，而淮陰後猶存。是亦奇聞，史家不識也。惜客失姓名，不得比於程嬰，則有幸有不幸耳。

余祖信國公天祥，軍隤於空坑[3]，被執，家屬潛逃於楚北蘄水之永福鄉，改文爲聞，史亦失傳，而家乘相沿久矣；其與取韓之半爲韋事將毋同？或疑景炎二年，元人送公家屬於燕，二子死；其明年，長子復亡，家屬皆盡。是猶《雲漢》之詩所云，黎民靡有孑遺耳！古稱盡信書不如無書，有以也。

方孝孺之被族也，尚書魏公澤時謫爲寧海典史，當捕方氏，悉力保護周旋，以故方氏爲遺育。謝文肅詩所謂"孫枝一葉"者，澤之力也。澤後過孝孺故居，爲詩悲悼有云："黄鳥向人空百囀，清猿墮泪祇三聲。"讀之惻然。

蘇子卿娶胡婦，卒蒙後世訾議，私竊疑之。《新安文獻志》載宋建炎中有朱勣者，以校尉隨奉使行人，在粘罕所數日，便求妻室。粘罕

---

① 本篇原載1916年4月19日《清華周刊》第73期，署名多，是作者早年在清華求學期間暑假回鄉時寫的讀書筆記之一。"二月廬"是他的書房名。這組筆記共發表16篇，文題初作《二月廬漫記》，第三篇起改"漫記"爲"漫紀"。

② 《支離漫語》四卷，明張大齡撰。據明萬曆三十九年張養正刻本卷三第九則《淮陰有後》，"韋士官"作"韋土官鐘室作亂"作"鐘室難作"，其他還有一些文字上的出入。

③ "坑"，原作"阬"，誤。

喜，令所虜内人中自擇，乃取其最陋者，人莫能曉。不半月，勛遂逃去，人始悟。求妻以固粘罕，使不疑；受其陋者，無顧戀也。子卿之妻於胡，得非勛之見耶？

二月廬漫紀（續一）[1]

自古文章於人主，未必即遇，遇亦不必佳也。獨司馬相如於漢武帝，奏《子虛賦》，不謂其令人主嘆曰：“朕獨不得此人同時哉！”奏《大人賦》，則大悦，飄飄有凌雲之氣，似游天地間。既死，索其遺篇，得《封禪書》，覽而異之，此千古君臣相遇。今傳[2]粉大家讀之，且不能句矣。下此則隋煬帝恨空梁於道衡，梁武帝絀徵事於孝標，庶幾近之。

史遷載《子虛》《上林》，以其文辭宏麗爲世所珍而已，豈真能賞咏之哉！觀其推重賈生諸賦，可知賈生，暢達用世之才耳，所爲賦，自是一家。太史公亦自有《悲士不遇賦》，先儒譏其[3]絶不成文理。千秋軼才，而絀於雕蟲之技，豈人各有所能，不可强耶！

居常讀《美人賦》，至“弱骨豐肌，時來親臣，臣之氣服於内，心正於懷，信誓旦旦，秉志不回”，則奮袂呼：“長卿長卿，若子所言，魯男子不啻也！其在卓氏前耶？後耶？”可發一噱。西漢文帝自王褒而降則聿事詞藻，不復簡古矣。而永谷等書，樊引經傳，無復己見，於是古學益遠。又文章用事，肇自鄒陽。太史公曰，“比物連類，有足多者”，詎意其遂爲方便法門耶？洎乎今日，則末流之濫觴矣。

宣和間申禁東坡文字甚嚴，有士人竊携坡集出城爲閽者所覺，執送有司。見集後有一詩云：“文星落處天地泣，此老已亡吾道窮。才力謾超生仲達，功名猶忌死姚崇；人間便覺無清氣，海内何曾識古風！平日萬篇誰愛惜，六丁收拾上瑶宫。”京尹義其人，乃陰縱之。坡公有知，當何以謝之耶？

---

① 本篇原載 1916 年 4 月 26 日《清華周刊》第 74 期，署名多。標題後的篇次是後加的，下同。

② “傳”，疑爲“傅”誤。

③ “譏其”，原作“其譏”，參酌文意改。

二月廬漫紀（續二）[1]

揚子雲古以比孟軻[2]。紫陽氏著《通鑒綱目》，直書之曰："莽大夫揚雄死"，蓋舉市國之褚淵，歷姓之馮道，所未嘗加者而加之。不知雄至京見成帝，年四十餘矣；自成帝建始改元至天鳳五年，計五十有二年；以五十二合四十餘，已近百年，則與所謂年七十一者，又相牴牾矣。又考雄至京，大司馬王音奇其文，而音薨永始初年，則雄來必在永始之前無疑；然則謂雄延於莽年者又妄也。其云媚莽，妄可知矣。按雄簒縣人[3]，郫人簡公紹帝辯證尤悉。簡引桓譚《新語》曰："雄作《甘泉賦》一首，夢腸出，收而内之，明日遂卒。"而祠甘泉在永始四年；雄卒永始四年，去莽簒尚遠，而《劇秦美新》，或出於谷子雲。然考之《法言》云；漢興二百一十載，爰自高帝至平帝末，蓋其數也。而謂雄卒永始亦未必然，計雄之終或在平帝末，則其年正七十餘矣。因雄歷成、哀、平，故稱"三世不徙官"；若復仕莽，詎止三世哉？由是則知雄決無仕莽投閣美新之事，紫陽亦未可爲實録也。

光武，中興令主也，而廢郭后及太子疆，頗爲後世口實。方正學題《嚴陵圖》有云："糟糠之妻尚如此，貧賤之交可知矣。羊裘老子蚤見幾，故向桐江釣烟水。"宛轉二十八字，可謂發千古之隱矣。

《晋書》載惠帝聞蛙鳴，問爲官蛙私蛙。見餓者云："何不食肉糜？"由此言之，愚昧甚矣。及蕩陰之敗，兵入引嵇紹斬之，帝曰："忠臣也，勿殺！"紹血濺帝衣，左右欲浣衣，帝曰："嵇侍中血，勿浣也。"由此言之，英明甚矣。一惠帝也，相去數年，何其乍愚乍明如此？史之言或虚或實，必居一於此矣。

① 本篇原載1916年5月3日《清華周刊》第75期，署名多。
② "軻"，原作"荷"。
③ "按雄簒縣人"，此句疑有脱誤。

二月廬漫紀（續三）[1]

雁足傳書，世傳爲蘇武事；但武實未嘗以書縛雁足，蓋漢使者常惠托言耳。元中統間，有宣慰副使郝經，充信使使宋。宋留之真州，十六年不還。有以雁獻經者，經畜之。雁見經輒鼓翼引吭，似有所訴。經感悟，擇日率從者具香案，北向拜，畀雁至前，手書一詩於尺帛，繫雁足而縱之。其詩曰："露落風高恣所如，歸期回首是春初。上林天子援弓繳，窮海纍臣有帛書。"復書於左："中統十五年九月一日放雁，獲者勿殺。國信大使郝經書於真州忠勇軍營新館。"虞人獲之，以獻元主。惻然曰："四十騎留江南，曾無一人雁比乎？"遂進師南伐。越二年，宋亡。此又效蘇武而爲之也。然武留胡中十九年始還，漢家不能爲武問罪於胡；經留宋十六年始還，而元主卒以此滅宋。爲之一嘆。

清聖祖親征準噶爾部，次歸化城，犒勞凱旋之師。士卒獻厄魯特之俘。有老胡，工笳，口辯，有膽氣，兼嫻漢語。帝賜之飲，令奏技，音調悲壯。歌曰："雪花如血撲戰袍，奪我黃河爲馬槽；滅我名王兮虜我使歌，我欲走兮無騾駝。嗚呼黃河以北奈若何！嗚呼北斗以南奈若何！"帝爲之啞然失笑。

宋時御前内宴，翰苑撰致語八節。撰帖子，雖歐蘇曾王司馬范鎮皆爲之。蓋張而不弛，文武不能；百日之蠟，一日之澤，聖人所制也。成化中黄編修仲照、莊檢討泉不撰元宵詞，又上疏論列以去，以此得名。然自是而後，内外隔絶，每有文字，别開幸門。有文華門仁智殿輩，每得美官，甚至蠹政害人，曷若仍舊之爲愈乎？余謂於麗語中寓規諫意，如南唐李後主游燕，番佑制詞云："樓上春寒山四面，桃李不須誇爛漫，已失了春風一半！"意謂外多敵國，而北日侵削也；後主爲之罷宴。填詞如此，何異諫書！工執藝事以諫，况翰苑本以文詞諷諫乎？諸公毋乃未習聲律而托爲此耶？

---

① 本篇原載1916年5月10日《清華周刊》第76期，署名多。

二月廬漫紀（續四）[1]

東晋張翰，吴人，仕齊王冏，不樂於官。一日在京師見秋風忽起，因作歌曰：“秋風起兮佳景時，吴江水兮鱸正肥；三千里兮家未歸，恨難得兮仰天悲。”遂棄官而歸。王贊過吴江有詩云：“吴江秋水灌平湖，水闊烟深恨有餘。因想季鷹當日事，歸來未必爲蓴鱸！”此語甚有思。至東坡《三賢贊》則曰：“浮世功名食與眠，季鷹真得水中仙。不須更説知幾早，衹爲蓴鱸也自賢。”其説又高一着矣。

吾鄉有閔佩鍔者，字侶華，詩有清才。曩嘗讀其《茶餘清課》詩集，玲瓏滿目，美不勝收。近復得其《咏漁舟》云:“一葉蒲帆雨後收，蘆花淺水便勾留。任他前處風波惡，衹傍垂楊下釣鈎。”語亦可味。

清徐電發《十八灘詩》：“萬壑千峰送客舟，槎牙怪石水交流。巔猿莫更啼深樹，衹聽灘聲已白頭！”與太白《下江陵》：“朝辭白帝彩雲間，千里江陵一日還。兩岸猿聲啼不住，輕舟已過萬重山。”同一機局，而不相襲，此古人善用意處。

近所見咏梅之作，當以庾子山之“枝高出手寒”，東坡之“竹外一枝斜更好”爲上。林和靖之“雪後園林纔半樹，水邊籬落忽横枝”，高季迪之“流水空山見一枝”亦善。至高續古之“舍南舍北雪猶存，山外斜陽不到門。一夜冷香清入夢，野梅千樹月明村”，可謂傳神好手。沈得輿有聯云：“獨立江山暮，能開天地春。”氣骨豪邁，有舉頭天外之慨，脱盡咏梅恒徑。蕭千岩之“百千年蘚着枯樹，一兩點花供老枝”，則奇崛可驚。朱希真詞云：“横枝清瘦衹如無，但空裏疏花數點。”亦得梅花之神。

---

① 本篇原載1916年5月24日《清華周刊》第78期，署名多。

二月廬漫紀（續五）[①]

韓魏公常謂保初節易，保晚節難，故晚年事事着力。在北門時有《九日詩》云："不羞老圃秋容淡，且着黄花晚節香。"

明蘇人劉完庵爲僉事，將致政，有憲司索題《牧牛圖》。完庵題曰："牧子騎牛去若飛，免教風雨濕蓑衣。回頭笑指桃林外，多少牧牛人未歸。"憲司感悟，即掛冠去。魯真八歲時賦《童詩》曰："騎牛遠遠過前村，短笛横吹隔隴聞。多少長安名利客，機關用盡不如君。"亦足發人深省。又清狂道人郭翌畫有天趣，王陽明初以尋常畫史目之；後見其畫《牧牛晚歸圖》題云："兩脚風聲吹滿頭，隨身蓑笠勝羊裘。柴門猶道牛歸晚，江上風波未泊舟。"陽明稱賞，以賓禮優之。

陳秋舫爲有清名詩家之一。魏默深嘗題《簡學齋詩集》有云："空山無人，沈思獨往；木葉盡脱，石氣自青；羚羊掛角，無迹可求；成連東海，刺舟而去。漁洋山人能言之而不能爲之也。太初其庶幾乎？其庶幾乎？"其《喜項師竹張馥亭自麻城來訪》曰："快雪天易晴，蕭然獨成醉。梅間一雀噪，雙雙故人至。知我相念深，感君遠來意。前夜江上風，舟來亦不易。相逢且爲歡，誰問别後事。空山不知寒，星月同寤寐。"子美夢太白之意，而韋蘇州《寄山中道士》之格也。

又《甲戌南歸道中作》云："朝見太行青，暮見太行碧。行人無時休，山意去不息。立馬望中原，縱横見城邑。去雁無定聲，垂雲可憐色。戰餘草木荒，歲晚風沙直。萬事信冥冥，我行徒惻惻。不有霜雪威，詎知陽春德？"骨重神寒，直逼少陵矣。

① 本篇原載1916年5月31日《清華周刊》第79期，署名多。

二月廬漫紀（續六）[1]

唐文宗詩曰："人皆苦炎熱，我愛夏日長。"柳公權續後云："薰風自南來，殿閣生微凉。"或者謂其不能因詩以諷。後蘇子瞻爲續之云："一爲居所移，苦樂永相忘。願言均此施，清陰分四方。"亦未免畫蛇添足，不知柳句正所以諷也。蓋薰風之來，惟殿閣穆清高爽之地，始知其凉；而征夫耕叟方奔馳作勞，低垂喘汗於黄塵赤日之中，特苦夏日之長，雖有此風，安知所謂凉哉？此與宋玉對楚王曰"此獨大王之風耳，庶人安得而共之"者同意。

范堯夫麥舟助喪，千古傳爲美談，不知所贈者石曼卿耳。范公父子盛德，此非其所難。石曼卿天下豪士也，狀貌岸偉，文采氣誼豪一世。所交如歐文忠、張文節，皆奇之，特落落當其意者無幾；故嘗爲大理丞而貧不能葬母。文正父子見之，自傾舟相助，何足爲范公重？如曼卿之貧，乃可重也！郭元振家送資錢四十萬，會有縗服叩門者，自言五世未葬，盡數與之。况范公父子耶？况曼卿又爲公東吴故舊耶？歐陽作《文正墓志銘》《石曼卿墓表》，皆不載麥舟事；以知公之盛德，不專在此。正如小説載雲長秉燭達旦，使其事即真，亦烏足以概雲長大節哉！

楚子問齊師之言曰："君處北海，寡人處南海，唯是風馬牛不相及也。不虞君之涉吾地也，何故？"劉元城以此爲醜詆之辭，言齊楚相去南北，如此遠離，馬牛之病風者猶不相及，今汝人也，而輒入吾地何也？其説即《書》所謂"馬牛其風"意。近有解者，牛走逆風，馬走順風，故不相及。此説亦新。

---

① 本篇原載1916年9月27日《清華周刊》第80期，署名多。

二月廬漫紀（續七）[1]

孔子生平，唯於《周易》有贊，《詩》《書》則删之，《禮》《樂》則定之，《春秋》則筆削之。筆但筆其舊文，有削則不盡筆，定亦不添一筆，删則不筆者多矣。蓋不貴增而貴減。文王周公之彖象多詭奇，而孔子之傳文極顯淺；殷《盤》周《誥》之書詞多澀舌，而《魯論》之紀載無聱牙。古文自古，今文自今，要以暢事理，覺後覺而止矣。蓋不尚詭而尚平。嗚呼！此聖人竊比之深意，非若後世爭妍筆楮者也。

《桑中》《東門之墠》《溱洧》《東方之日》《東門之池》《東門之楊》《月出》，《序》以爲刺淫，而《朱傳》以爲淫者所自作。《静女》《木瓜》《采葛》《丘中有麻》《將仲子》《遵大路》《有女同車》《山有扶蘇》《籜兮》《狡童》《褰裳》《豐》《風雨》《子衿》《揚之水》《出其東門》《野有蔓草》，《序》本别指他事，而《朱傳》亦以爲淫者所自作。夫以淫昏不檢之人，發而爲放蕩無耻之詞，而其詩篇之繁多如此，夫子猶存之，則不知其所删何等一篇也。夫子之言曰："思無邪。"如序者之説，則雖詩詞之邪者，亦必以正視之。如朱子之説，則雖詩詞之正者，亦必以邪視之。文公其合九州之鐵，鑄一大錯耳！

"匏瓜"，星名。"繫"即"日月星辰繫焉"之"繫"，見應柳之《天文圖》。[2] 蓋星有"匏瓜"之名，徒[3] 繫於天，而不可食；正與"維南有箕，不可以簸揚；維北有斗，不可挹酒漿"同義。

孔子夢周公，尚是耳中鳴磬，眼中金屑也，直到不夢見周公時，便是齊放下。所謂"去年貧未是貧，今年貧始是貧"耳。其所云"吾衰"，正已到大休歇處也。

---

① 本篇原載1916年10月4日《清華周刊》第81期，署名多。

② 此句下原有"該港二三次後，即可不需領港者之引導，自行駛進。倘"等一行21字，與上下文不相銜接。經查明係本文前頁另一作者所撰《海行雜記》一文中的文字誤植於此者，故删。

③ "徒"，原作"徙"，參酌文意改。

莊周妻亡，鼓盆而歌，世以爲達。此殆不然。未能忘情，故以歌遣之耳，情若能忘，又何必歌？

二月廬漫紀（續八）[1]

《三國典略》曰：蕭明《與王僧辯書》，“凡諸部曲，并使招攜，赴投[2]戎行，前後雲集；霜戈電戟，無非武庫之兵；龍甲犀渠，皆是雲臺之俠[3]”。唐王勃《滕王閣序》“紫電清霜，王將軍之武庫”，正用此事。以十四歲童子，胸中萬卷；千載之下，宿儒將不能知其出處，豈非奇才！杜子美、韓退之極其推服，良有以也。使勃與杜、韓并世對毫，恐地上老驥不能追雲中俊鶻。後生之指點流傳妄矣！

杜牧之《阿房宫賦》云：“六王畢，四海一；蜀山兀，阿房出。”陸傪作《長城賦》云：“干城絶，長城列；秦民竭，秦君滅。”傪輩行在牧之前，則《阿房宫賦》又祖《長城》句法矣。牧之云：“明星熒熒，開妝鏡也；緑雲擾擾，梳曉鬟也；渭流漲膩，棄脂水也；烟斜霧横，焚椒蘭也；雷霆乍驚，宫車過也；轆轆遠聽，杳不知其所之也。”盛言秦之奢侈。楊敬之作《華山賦》有云：“見若咫尺，田千畝矣；見若環堵，城千雉矣；見若杯水，池百里矣；見若蟻垤，臺九層矣；蜂窠聯聯，起阿房矣；小星熒熒，焚咸陽矣。”《華山賦》杜司徒佑己常稱之。牧之乃佑孫也，當是效敬之所作信矣。牧之亦可謂工於襲也。唐室宦官用事，呼吸之間，生殺隨之。李太白以天挺之才，自結明主；意有所疾，殺身不顧。坡公作《太白畫贊》云：“生平不識高將軍，手涴吾足乃敢嗔。”此語甚妙。王介甫乃言太白人品污下，詩中十句九句説婦人與酒。果爾，直是咳嗽亦不可也。卓老有詩云天寶年間事已非，先生不醉將安歸？”他人有心，余忖度之矣。

曾南豐有《錢塘上元夜祥符寺燕席》詩云：“月明如晝露華濃，錦帳名郎笑語同。金地夜寒消美酒，玉人春睏倚東風。紅雲燈火浮滄海，

---

① 本篇原載1916年10月11日《清華周刊》第82期，署名多。

②③ “赴投”，當作“投赴”；“俠”當作“仗”（據《太平御覽》卷二九九《兵部三〇》，中華書局1985年11月影印本，第1379頁）。

碧水樓臺浸遠空。白髮蹉跎歡意少，强顔猶入少年叢。”昔人謂子[1]固不能詩，學者不察，隨聲附和，謬矣。

① “子”，原作“予”，誤。

二月廬漫紀（續九）[1]

昔晋文之拔郤縠，孫權之勖吕蒙，蓋欲其武而能文也。岳飛本以勇敢進，而旁通儒業；其《謝講和》一表，藹然有孔明之風。高宗《良馬對》，則淵淵乎有道之言也。

又嘗題詩鄱陽龍居寺，有“潭水寒生月，松風夜帶秋”之句，直逼唐人佳境矣。余屈指上下數千載，蓋有唐張睢陽庶幾近之。二者當亦間氣之所鍾也。

杜子美父名“閑”，故詩中不用“閑”字。“娟娟戲蝶過閑幔”，原作“開幔”，刻本之誤也。母名海棠，故不咏海棠。坡公有詩云：“少陵爲爾牽詩興，可是無心賦海棠。”豈未之考也。

白樂天晚年極喜義山詩，嘗云：“我死得爲爾子足矣。”義山生子遂以白老名之。既長，略無文性，温庭筠戲之曰：“以爾爲樂天後身，不亦忝乎？”然義山有“衮師我驕兒，美秀乃無匹”之句，不知詩之所稱即此否？不然後何其無聞也。

《續甬上耆舊詩集》載董子光《六月》詩云：“鷙鷹擊千里，驚悼六月息。披髪納新凉，依依見斗色。”又屠表聖《清和道中觀漲感懷》云：“盱駭風波涌，天吴勢欲包。村空魚入舍，樹獨鳥争巢。野泊凄飄絮，炊烟寂斷茅。寒聲那聽處，瑟瑟起蘆梢。水國少生涯，爲魚衹釣槎。飢鷗輕點雪，寒浪故飛花。鄉曲經冬散，村醪何處賒？前灘明月上，歸去復無家。”董千秋《解維見夜色悵然有咏》：“長河萬里勢，乘此月明行。岸闊開天影，形勞計物情。榜聲人語亂，秋色浪花明。細酌商行歷，吴雲透去程。淡月凉於水，客心終夜醒。來餘千里路，留衹故園情。市近鷗迷迹，天高鶴放行。高堂知此際，不爲暮寒生。”皆佳什也。

---

① 本篇原載1916年10月18日《清華周刊》第83期，署名多。

二月廬漫紀（續十）[①]

“尾大不掉”，此非寓言也。古言西域有獸曰羯，尾大於身之半，非以車載尾則不可行。先白湛淵有《咏羯》詩：“羯尾大於斛，堅車載不起。此以不掉滅，彼以不掉死。”

穆公秦之賢君也，三良殉而《黄鳥》興哀，識者以爲公之遺命，非也。穆公不忍殺敗軍之三大夫，豈以無罪之三良，而命之從死？按魏人《哀三良詩》云：“功名不可爲，忠義我所安。秦穆先下世，三臣皆自殘。生時等榮樂，既歿同憂患。誰言捐軀易，殺身誠獨難。”味詩人之旨，則知三良之從穆公，實出其感恩殉主之誼，初非有遣之者。然後知東坡之論，所謂三子之殉君，亦猶齊二客之從田横，其説因有所本也。獨其子若康公者，遂坐視而不之止，何哉？

舜重瞳子，羽亦重瞳子，不必皆仁。句踐長頸烏喙，禹亦長頸烏喙，而長頸烏喙，不必皆仁也。彼皮相者，其足與論士乎？

柳生於葉間，成穗作鵝黄色者，柳花也；花既褪，就蒂結實，熟則亂飛如絮者，柳絮也。杜詩：“雀啄江頭黄柳花。”又云：“生憎柳絮白於綿花。”與絮不同，顯然可見。

某《調笑令》詞云：“楊柳楊柳，管甚灞橋分手？黄鸝罵斷枝枝路，是春光飛絮。飛絮飛絮，分付雨絲粘住！”頗有瀟灑之致。

章碣題《焚書坑》云：“竹帛烟銷帝業虚，當年曾是[②]祖龍居。坑灰未冷江東[③]亂，劉項原來不讀書。”按某讀秦絶云：“謗聲易弭怨難除，秦法雖嚴亦甚疏。夜半橋邊呼孺子，人間猶有未燒書。”此與章作立論各異，而語意較淡遠。

---

① 本篇原載1916年11月1日《清華周刊》第85期，署名多。

② “當年曾是”，《全唐詩》卷六六九《章碣》（中華書局1960年4月第1版，第20册，第7654頁）作“關河空鎖”。

③ “江東”，《全唐詩》卷六六九《章碣》（中華書局1960年4月第1版，第20册，第7654頁）作“山東”。

二月廬漫紀（續十一）[①]

宋朝廢后入道，謂之“教主”。郭后曰“金庭教主”，孟后曰“華陽教主”，其實乃一師號耳。厥後群黄冠乃敢上道君尊號曰“教主”，不祥甚矣！孟后出瑶華宫遂去教主之稱以避尊號，吁可怪也。及今尊孔氏爲教主，則益濫矣。

宋儒闢佛老者，目曰虚無之教。觀之《詩》曰：“無聲無臭”，未嘗以無[②]爲諱也；世亦有疑及無聲無臭者乎？《易》曰：“無方無體”，《易》未嘗以無爲諱也；世亦有疑及無方無體者乎？無意，無必，無固，無我，即《論語》亦未嘗以無爲諱也；世亦疑及無意無必無固無我者乎？又如曾子云：“有若無，實若虚。”則是爲道者政患不虚不無耳；世亦有疑及若無若虚者乎？使之數言者不出於儒書，而出於佛氏之口，人亦必吹毛而求其疵矣。

林古度居金陵，年八十餘，貧甚，冬夜眠敗絮中。其詩有“恰如孤鶴入蘆花”之句，誦之凄然！

有兄弟惑[③]於婦言争財構訟，吏判之，且題句云：“祇緣花底鶯聲巧，竟使天邊雁影疏。”兄弟慚泣謝，自是不復起争端。

邑之高絜平有《閏六月七夕句》云：“何不閏年偏閏月，又添三十日相思！”穎語頗耐人尋味。絜平亦善畫，且工鐵筆。

有人作《游女詩》云：“不曾憐玉笋，相競采金鹽。”人多不識“金鹽”爲何物，或以爲花名。按《煮石經》云：“五加皮亦名金鹽。”

---

① 本篇原載1916年11月8日《清華周刊》第86期，署名多。

② 原無“無”字，參酌文意及下文句式補。

③ “惑”，原作“感”，參酌文意改。

二月廬漫紀（續十二）[1]

某閨秀《咏漁父》云：“起家紅蓼岸，傳世緑蓑衣。”妙語可喜也。

自杜牧有“西子下姑蘇，一舸逐鴟夷”之句，世皆傳范蠡載西施以逃。及觀《修文御覽》引《吴越春秋》有云：“吴亡後，浮西施於江，令隨鴟夷以終浮沈也。”子胥之被讒，西施有力焉；子胥死，以鴟夷浮之江；今沈西施於江，所以謝子胥也。范蠡去越亦號鴟夷子，牧遂誤以胥爲蠡耳。墨子曰：“吴起之裂其功也，西施之沈其美也。”豈非明證哉！文士一時趁筆，遂墮後人於疑網。又唐景文館記宋之問，分題得《浣紗篇》云：“越女顔如花，越王聞浣紗。國微不自寵，獻作吴宫娃。一行霸句踐，再笑傾夫差。一朝還舊都，靚妝尋若耶。鳥驚入松蘿，魚畏沈荷花。”觀此則西施後還會稽矣。要之沉江之説爲信。

曹操疑冢在漳河上，宋人俞符有詩曰：“生前欺天絶漢統，死後欺人設疑冢。人生用智死即休，何用餘機到丘壟！人言疑冢我不疑，我有一言君未知。直須掘盡疑冢七十二，必有一冢葬君尸！”陶九成以爲此言詩之斧鉞也。明張燧曰：“此孺子之見耳，使孟德聞之，必見笑於地下。夫孟德之棺，豈真在於疑冢哉！多設以疑人耳。”然始爲疑冢者孔休。

近人有《卜算子》詞云：“秋雨忒多情，灑下芭蕉去；惹得羈人聽不堪，續斷孤蛩語。秋月忒多情，飛上梧桐樹；惹得羈人望不堪，寂寞驚鴻舞。”亦别具情韻。

① 本篇原載1916年11月15日《清華周刊》第87期，署名多。

二月廬漫紀（續十三）[1]

《史記》謂孔子見衛靈公之寵姬南子。非也。孔子適衛，門人爲僕。靈公與夫人南子同車出游，令宦者雍梁驂乘，使孔子爲次乘，游於市。孔子耻之。夫聖人方以季桓子受齊女樂而去魯適衛，至衛而耻爲靈公南子之次乘，豈肯輕身往見之？南子蓋魯之南蒯耳。南蒯以費畔。昭公十四年奔齊，侍飲於景公。公曰："叛夫！"對曰："臣欲張公室也。"南蒯欲弱季氏而張公室，夫子見之，將以興魯也，與見佛肸事不約而合。佛肸之召，子路曾致疑矣，此又不悦。夫子以堅白匏瓜，微言不足以醒之，故復有天厭之誓。比類以觀，則知其非見衛之南子，而見魯之南子必矣。

堯禪天下於許由，許由不受，天下後世皆高之。陳眉公有云：當堯之時，盡大地是洪水，盡大地是獸蹄鳥迹。禹荒度八年，水乘舟，陸乘車，泥乘輴，山乘樏，方得水土漸平，教民稼穡。此時百姓甚苦，換鮮食艱食粒食，三番境界，略其生理。蓋洪荒天地，衹好盡力生出幾個聖人，不及鋪張妝點，粗得一片乾坤草稿而已，何曾有受用處！茅茨不剪，樸桷不斲，素題不枅，大路不畫，越席不緣，太羹不和；鉶簋之食，聊以充飢；鹿裘之衣，聊以禦寒；不惟不享天下之樂，而且有叢天下之憂。堯黧舜黑，固其宜耳，許由亦何所艷羡而受之也哉！嗟乎！今之天下濃，濃則誨盜；古之天下淡，淡則拱手以與人，而人不納。老氏有云不見可欲，使心[2]不亂。"其許由之謂乎？雖然，堯爲天下粗衣惡食；許由一荒山匹夫，其所受用，又可知已。今之田家，隻鷄斗黍，便相嗔目，何曾有濃艷可羡得來！千乘可讓，簞豆見色，人之賦性殊哉！

① 本篇原載 1916 年 11 月 15 日《清華周刊》第 87 期，署名多。

② "使心"，王弼《老子注》第 3 章（《諸子集成》第 3 册，中華書局 1954 年 12 月初版）作"使民心"。又魏源《老子本義》（同上書）注云："傅奕本作使民心，《淮南子》無民字。"

二月廬漫紀（續十四）[1]

清曹[2]文正公振鏞，兒時好弄。嘗於塾中爲龜戲，匍匐地上，覆大木盆於背，手足并進，蠕蠕然固一大龜也。太翁亦顯宦，深怒其無狀。一日偵其爲是戲時，突入塾中。公窘急，即縮其四體於盆内；太翁佯爲不知也，就坐盆上，與塾師談，日昃而退。師懼公不堪，揭盆視，乃呼噪而出，如無所苦焉。顧自是不復敢爲是戲矣。

吴縣潘文勤公祖蔭，於清光緒初葉長刑部。滿司員某，聞其好衡文，雅思所以媚之者，乃急就成詩數十首，恭楷録正，於堂上署諾時，揖而進之。文勤即時閲之。見首章題曰"跟二太[3]爺阿媽逛廟"八字，（都人謂從曰跟；謂伯父曰太爺。阿媽者，滿人稱父之詞。都中名刹寺，月有常期，陳列百物，以待售。往游者輒謂之逛廟云。）不禁狂笑，冠纓幾絶；某則面若死灰，逡巡自退矣。

明戴大賓幼聰穎，讀書輒過目不忘。在館時嬉戲，鄰師過之，以其幼也，因出聯曰："月圓。"大賓應聲曰："風扁。"師笑曰："風何以言扁？"大賓曰："風不扁，何穿透門隙也？"師又曰："馬嘶。"對曰："牛舞。"師曰："牛何以舞？"曰："大舜作樂，百獸率舞，牛不在中乎？"時方七歲也。

吾友羅君魯參，言今夏嘗與人戲作辯論，以牛與羊孰爲有用爲題。魯參曰："牛音樂家也。"其人曰："何以言之？"曰："語稱對牛彈琴，牛得非音樂家乎？"聞者不禁失笑。引用成語之妙，視大賓殆尤過之。

王禹偁七歲能文，畢文簡公爲郡從事始知之。聞其家以磨麵爲生，因命作"磨"詩。元之對曰："但存心裏正，何愁眼下遲！得人輕借力，便是轉身時。"文簡大奇之。

---

① 本篇原載 1916 年 11 月 30 日《清華周刊》第 89 期，署名多。

② "曹"，原作"曾"，誤。

③ "太"，似當作"大"，下同。

二月廬漫紀（續十五）[1]

子陵不事光武，歸隱富春。迄今嚴州江頭，東釣臺之古迹，昭然可尋。後之文人懷古，多致吊挽。方孝孺李太白兩詩，辭得正者。曾文正旅京赴考，經臺下，有詩云："子爲功名隱，我爲功名來；羞見先生面，黄昏過釣臺。"又有清時士子多人，乘輿過其地，正相綴擬，一抬從失口曰："好個嚴子陵！可惜漢光武。子陵有釣臺，光武無寸土！"語感滄桑，可爲現今世境道，非徒以贊子陵也。其人所以甘没賤業者，殆圬者王承福之流歟？亦可傳矣。

清時有童生應送省試，縣守嫌其幼也，欲勿發資，告以大器晚成，宜益進於學。童生曰："吾學已進矣。"固請無已。縣守因指衙前矮松一株命題，曰："姑以試汝。"童生頷之，索筆立成。中有二句云："今朝正好低頭看，他日凌雲仰面難！"縣守感悟，卒應其行。

---

① 本篇原載1916年12月14日《清華周刊》第91期，署名多。

論振興國學[①]

國於天地，必有與立，文字是也。文字者，文明之所寄，而國粹之所憑也。希臘之興以文，及文之衰也，而國亦隨之。羅馬之强在奥開斯吞時代，及文氣蘭敝，禮淪樂弛，而鐵騎遂得肆其蹂躪焉！吾國漢唐之際，文章彪炳，而郅治躋於咸五登三之盛。晋宋以還，文風不振，國勢披靡。洎乎晚近，日趨而僞，亦日趨而微。維新之士，醉心狄鞮，幺麽古學。學校之有國文一科，衹如告朔之餼羊耳。致有心之士，三五晨星，欲作中流之柱，而亦以杯水車薪，多寡殊勢，卒莫可如何焉。嗚呼！痛孰甚哉！痛孰甚哉！吾國以幅員寥廓，人物駢闐之邦，而因循苟且，廓廑自大，政治窳壞能是，工藝薜暴若是者，職是故也。夫賦一詩不能退虜，撰一文不能送窮，恒年矻矻，心瘁肌瘦。而所謂誦《詩》三百，使於四方，不能専對者，遍於天下，斯誠然矣。顧《禮》以節人，《樂》以發和，《書》以道事，《詩》以達意，《易》以道化，《春秋》以道義。江河行地，日月經天，亘萬世而不渝，臚萬事而一理者，古學之爲用，亦既廣且大矣。苟披天地之純，闡古人之真，俾内聖外王之道，昭然若日月之揭。且使天下咸知聖人之學在實行，而戒多言。葆吾國粹，揚吾菁華，則斯文不終喪，而五帝不足六矣。尤有進者，以吾國文字，發明新學，俾不嫻呿廬文字者，咸得窺其堂奥，則詎第新學日進，新理日昌而已耶？即科斗之文，亦將渡太平洋而西行矣。顧不盛歟？今乃管蠡自私，執新病舊，斥鷃笑鵬，澤鯢嗤鯤。新學浸盛而古學浸衰；古學浸衰而國勢浸危。嗚呼！是豈首倡維新諸哲之初心耶？《易》曰："碩果不食。"《詩》曰："風雨如晦，鶏鳴不已。"吾言及吾國古學，吾不禁愀焉而悲。雖然，亡羊補牢，未爲遲也。今之所謂勝朝遺逸，友麋鹿以終歲；骨鯁耆儒，似中風而狂走者，已無能爲矣。而惟新學是騖者，既已習於新務，目不識丁，則振興國學，尤非若輩之責。惟吾清華以預備游

① 本篇原載 1916 年 5 月 17 日《清華周刊》第 77 期，署名多。

美之校，似不遑注重國學者，乃能不忘其舊，刻自濯磨。故晨鷄始唱，踞阜高吟，其惟吾輩之責乎！諸君勉旃。

美國學校畢業典禮之一斑 ①

棫樸勉勉，文王亹亹。三王之大學曰辟雍，五帝之大學曰成均；吾國昔日學校之盛若此。其畢業升學之典，在有所聞，奈失之龐獎，莫由稽考。洎後王失政，教育薛暴，學校寢衰，科舉制作。士子惟於應試時僅一覿面；常日黄卷青燈，株守牖下，與古人相對，與世人無緣；致埋首閉户，而以勤稱，奚怪其孤陋寡聞而遺譏鼠目也。稽歐美各邦，每視學校畢業爲重典，其風俗有大别於吾人者。故學者幼而同學，有朋友麗澤之益；長而共事，有明良翼贊之功；其所裨益，顧不巨歟！兹將美國大學畢業日之典禮與風俗，略述一斑，未可以概全豹也。

聞諸吾校教員力綺薩女士，美國大學校舉行畢業之禮節，經數日方竣。而以五月下旬之禮拜六日始。是晨，校長作訓辭於禮拜堂。堂中旌彩璘玢，管樂鏗鏘，蔚爲大觀。學生方冠制服聚於門首，校長亦冠服率隊魚貫而入，諸教員尾之，惟學生列最前席。是日與會特夥，故禮拜堂每爲之擁擠也。

是晚，青年會於本校開音樂祈禱，又有前届畢業生之演説焉。

下禮拜一晚，校中音樂團開音樂會，雅樂高歌，貫珠繞梁，聿臻華膴。三年級學生作提燈會，游行校周，燭龍吐輝，翳陽復旭，焰炟爚於遐邇，騰寥亮於雲衢，所以申賀也。

禮拜二日爲級日。午前後爲舊畢業生集會，晚則有宴飲焉。

禮拜三爲行畢業禮之日。上午十時爲畢業生之宴會，開玉照之堂，張紅羅之宴，金樽檀板，茵席珠簾，備極焜煌，蓋盛舉也。

此數日中，畢業生之父兄戚友，不遠千里而來，洵盛事也。

① 本篇原載 1916 年 6 月 17 日《清華周刊》第二次臨時增刊，署名多。

新君子廣義[1]

月之八日，周辨明先生演述英人巴登波威（Baden Powell）事略，中等科倫理演説之一也。先生言童子軍之所由創者，計以範成新君子也。記者竊喜新君子之稱良新，退而思其義，蓋精且博，因爲之説以廣先生之意。夫新君子者，對於舊君子而言也。禮義自繩，審幾燭微，造次顛沛，靡斯須之或弛，此我國人所稱爲君子者，吾稱之曰舊君子。《易·繫辭》曰："無思也，無爲也，寂然不動，感而遂通天下之故。"是以舊君子之旨主静，静則尚保守。其弊不外徒言道義，而鮮實踐；馬遷所謂博而寡要，勞而少功者是也。新君子之旨主動，動則尚進取。其學以博愛爲本，而體諸人群日用之間。蓋君子習夫人群日用之務，則不賴於人，而廉耻立；知夫人群日用之務，則不奪於人，而禮讓興。廉耻立，禮讓興，此泰西之治，治於多新君子也。夫吾國自四民之途分，農以給食，工以成器，賈以資用，以及監門畜之，臧獲任之，皆莫非益我者。獨士自稱君子，弗屑於細人之務。於是舒步蘧篨之謂道，裒衣博袖之謂儒，呫嗶咿唔之謂學；謬種流傳，每況愈下。而所謂僞聖賢者，遂接迹於天下，以成今日之薾憊焉。嗚呼！袁枚氏所謂士少則天下治，詎無謂哉！今童子軍之所習者，若結繩、烹飪，若縫紝，皆所以鍛煉而範成新君子者也，豈得以瑣屑病之哉！吾校前者有築路之舉，以士人而勞身役形，以事版築之瑣務，蓋以也[2]。吾同學其毋墮此新君子之精神焉！

---

① 本篇原載 1916 年 12 月 21 日《清華周刊》第 92 期，署名多。

② "蓋以也"，此句疑有脱誤。

致友人書[1]

白日不居，别來半載，引企蘭光，瞻思何極！常欲裁尺一書，面付河鯉。祇以足下剖蛤之醫百就，飛蓬之客長馳，山河有戒，萍踪無方，良恐歧違，遂成阻輟。今春某君等約詣院省視[2]，本擬借[3]行，嗣以魚忙鮮暇，命駕不發，鶴望興嗟，鼓瑟彌感，邢非避尹，參若仇商，咫尺天涯，恨何如也！伏讅邇來餐衛適時，定動多豫。國手折肱，終逢越[4]；夔足迅步，健於邯鄲。倏將驅車北平，稽吕之來輒千里；剪燭西牖，杜李之文可細論，甚善甚善！某荆楚委蜕，因艷多才之士；燕趙負書，劇憐慷慨之夫。自辭鸛室，蹤迹蝸居，人事罕接，素心靡棼。湖水灝瀚，望天不波；岩峰巉岏，帽雲欲碧（望天湖碧峰岩俱近二月廬也）。鍥鏤疲瓿[5]，涵飫搜獵。永叔蠶食，落紙有聲；義山獺祭，陳書如次。油燈不輝，尚勝車胤之螢；雄鶏警宵，起舞越石之劍。詎不知詩莫退虜，文靡送窮；太白謫仙，尚譏杯水；子雲壯夫，亦悔雕蟲哉！第苟能伐毛九度，學務立言，誦《詩》三百，使能專對，則聖籍傳德，金紙滿簏；《太玄》闡道，文不覆瓿。以視生弗益時，死莫聞後，蜉蝣寄身，草木同腐者，不猶愈乎！不猶愈乎！足下江東獨步，冀北擅名，駕學浩浩之表，飛才摶摶之區；矧復體匪彦伯之澀，訣獲昌黎之真；領袖英絶，潤色鴻業，斯文不墜，大疋必扶，直券受耳，尚其勉旃。時因朔風，輒抒近感，摛詞多狂，倘所樂耳。鱸膾正鮮，季鷹在吴；鱣序伊始，我駕獨北。長安近日，夢月爲勞，江南有梅，逢驛可達。

---

① 本篇原載1917年2月22日《清華周刊》第97期，署名多，并編入《辛酉鏡》。

② “省”下一字原作“觇”，據文意當爲“視”誤。

③ “借”，疑爲“偕”誤。

④ “越”下原脱一字，疑當作“人”。“越人”，扁鵲名。

⑤ 原文此字不清。

辨　質[1]

君子爲學，必先明氣質。歧途百别，智巧日甚；而衆態憧於外，六鑿攘於内，質之不明，學將焉本？是以蛀蝕之木，雕鏤不加；糞土之墻，髹堊不施；君子質有未明，則學莫成，即成亦適增天下之害耳！夫氣質之病，未可勝窮，要之：毗於動者爲妄，毗於静者爲惰，而動者不嫥妄，静者不嫥惰；妄者惰之因，惰者妄之果；妄者必惰，惰者必妄。心無所主，時而氣溢於外故爲妄，氣藴於内故爲惰，譬之感疾者，凉燠交作，靡有定象也。凡少年多發揚之氣，故喜動，好矜而樂群，質之不明，則流爲妄。負意氣，騖聲譽，卓詭其行；虓然與人争，勝則沾沾自喜，以爲天下莫己若，於是益爲之横暴而無藝；偶[2]見屈於人，則必嫉之、仇之，至不謀所以擯斥之而不快；甚或結儔侣，圖標榜，小以害大，寡以隳衆，是之謂囂張，是妄之病也。耆老多衰頽之氣，故喜静而好獨，舊之學者多病是，今則猶有其倫。甘其味，華其服，讀書以求一己之利；非己也，莫肯費錙銖，莫肯舉手[3]足；或則鼂作而夕暝，孜孜而修，逍遥而息；觀書矣，不窺園也；對古人矣，不接今人也；是之謂曠夫，是惰之病也。惰者蠹已，猶不失爲庸懦；妄者則爲小人：辨察以資聲色之契券，淹博以爲權門之禽犢，通達時務以爲盗賊之嚆矢；其爲害有不止於天下後世者哉！是故，多庸懦，昔之中國之所以不振；多小人，今之中國之所以亂。雖然，學者氣質之病而至於妄，妄蓋蔑以加矣。欲療斯疾，則奈之何？《説命》曰：“遜志務時敏”，斯言可味矣。方寸之明，皎如白日；人之爲惰爲妄，蓋莫不自知；知爲妄則務遜志，知爲惰則務時敏。此其事不求諸人，而求諸己；不求諸己之氣質，而求諸己之心。蓋氣質傳於四體五官，四體之惰，心之惰也，五官之妄，心之妄也。務遜志時敏者亦以心。以心治心，無不成；不則心有不明而反

---

① 本篇原載 1917 年 3 月 22 日《清華周刊》第 101 期，署名多。

② “偶”，原作“隅”，參酌文意改。

③ “手”，原作“子”，參酌文意改。

役於質，則掩飾彌縫之事生，若是病不入於膏肓者幾希。吁！可不慎哉！

《辛酉鏡》發刊辭[①]

吾校中等科諸級，值畢業時，述其學績以爲雜志者：戊午有《進步》，己未有《留音》，庚申有《級史》。陽林舒蔭，衆羽并翔，康衢揚鑣，千馬合轍；志同體殊，然胥歸於紀念云爾，謂爲嗜學則誇矣。丁巳夏，吾辛酉級，將升入高等。級友等愧大道之未明，幸小成之可喜；乃綴成績，紀沿革，表姓氏，攝像影，以編輯成書，顏之曰《辛酉鏡》，而付諸剞劂，亦所以紀吾學，志吾修，而藉云自鏡耳。顧或謂靈均製騷，班氏謂其露才；李泌夙穎，張子戒以韜晦；是故和光可以成德，揚己必致損慧；今縱有成績可紀，奚必顯以示諸人哉！夫游夏之科，照耀孔門；藝文一志，炳麟漢史；萬寶争輝，始能奪目；五音繁會，斯乃鏗耳。兹者才短襪綫，匪子產之博物；學愧膚受，無夷吾之通疋；而欲巧弄翰墨，遽灾梨棗，是亦啄萢之慕鸞音，疲驢之追駿步也！記者聞之，喟然而嘆曰：夫榆枋橘柚，約爲弟昆；翔麟褭驥，共試鬃蹄；四載以來，三育兼進，兹值畢業，可無紀念？同人雖陋，豈不知杯水坳堂，僅載芥舟，支辭片論，無當崇議哉！特以衡陽之木，萌於拱把；千里之程，肇自跬步；苟蚍蜉弗舍，丘垤可成；精衛不輟，溟渤可塞；是故欂櫨侏儒，棖闑扂楔，靡不竭智殫精，旁收遠紹，詮實臚陳，用資自鏡；不侈卮言之濫，不希躐等之功；抑亦往事不忘，用師後事，前車覆轍，以鑒來車之意云爾。而必欲以比於古之作者，是猶强燕雀以步鴻鵠，挾泰山以超北海也。且歲華輪轉，身世飄浮，今共硯席，倏作箕斗；苟鴻爪不忘，尺簡恒握，則蒹葭懷想，千里如面。蓋上景下景，墨子之别傳可籍；人相我相，如來之大意猶存；顧不懿與！兹出版有日，爲括其門類，約十有三；各詮其義，列之於後，讀者鑒焉。

班次之分，以便教授，升降靡定，祇以合數，甲乙殊號，不區程度。詮班次第一。

---

① 本篇原載 1917 年 6 月 15 日《辛酉鏡》，未署名。

學術百端，陸厨鄴架，充棟汗牛；兹之所肄，胥尚普通，未能深求。書籍表帙，久懼失徵，表以備佚。詮課程第二。

啓蒙解惑，師德難忘；桷榱梏質，繆厠門墻；游楊立雪，感祝瓣香。詮教員第三。

榆枋橘柚，異苔同岑；兑能麗澤，豫應盍簪；學修并載，用資規箴。詮級友第四。

歐學東來，群忘國粹；學校有文，奚翅疣贅；清華規課，新舊靡盭；同人雖陋，尚知濯厲；亘兹四載，不乏合制。詮課藝第五。

精研覃思，蘊奥雲披，鋭比莫邪，秀類青芝；并蓄俱收，大放厥辭。詮論著第六。

韓歐徐庾，駢散異體，各擅厥趣，未可偏詆；茹古含今，我心則取，幼稚不揣，操觚喜試。詮藝林第七。

維兹之世，種族繁浩，黄皙棕黑，譯移斯寶；呿盧鴻制，愧鮮深造，爬羅剔抉，簡易是考。詮譯叢第八。

矯尾厲角，獨號季子，嘘枯吹生，允推公緒；碧鷄白馬，能究天人，宣尼四科，亦重言語。詮辯論演説第九。

文育齠齡，躍高六尺，羊侃總髫，蹋壁五尋；血氣之勇，固匪君子，筋骨之秀，詎乏儒林？中土尚文，積弱既久，願作先聲，雄鷄踞阜。詮體育第十。

陶[①]性怡神，書畫不廢；墨翟製鳶，始肇儒工；孔稱游藝，由來尚矣；新學東漸，於兹尤崇。詮美術第十一。

折楊皇荂，嗑然增噱；優孟濫觴，淫攡風作；慨兹横流，用振先鐸。詮樂劇第十二。

校風尚競，借區優劣，外務乃妓，級事轇轕；改弦更張，日新月異，前事不忘，後事之師；鈎玄纂要，用作箴規。詮大事記第十三。

① “陶”，原作“淘”。

聞　　多[1]

聞多，字友三，亦字友山，湖北蘄水人。先世業儒，大父尤嗜書，嘗廣鳩群籍，費不貲，築室曰“綿葛軒”，延名師傅諸孫十餘輩於内。時多尚幼，好弄，與諸兄競誦，恒絀。夜歸，從父閲《漢書》，數旁引日課中古事之相類者以爲比。父大悦，自爾每夜必舉書中名人言行以告之。十二歲，至武昌，入兩湖師範附屬高等小學校。甫一載，革命事起，遂歸。翌年春，復晋省，入民國公校。旋去而之實修學校。越月，試清華，獲選。來校時，距大考僅一月，又不審英文，次年夏，遂留級。喜任事，於會務無洪纖劇易悉就理。所見獨不與人同，而强於自信，每以意行事，利與鈍不之顧也。性簡易而慷爽，歷落自喜，不與人較短長；然待人以誠，有以緩急告者，雖無貲，必稱貸以應。好文學及美術，獨拙於科學，亦未嘗强求之；人或責之，多嘆曰：“吁！物有所適，性有所近，必欲强物以倍性，幾何不至抑鬱而發狂疾哉？”每暑假返家，恒閉户讀書，忘寢饋。每聞賓客至，輒踧踖隅匿，頓足言曰：“胡又來擾人也！”所居室中，横臚群籍，榻几恒滿。閑爲古文辭，喜敷陳奇義，不屑屑於淺顯。暇則歌嘯或奏簫笛以自娱，多宫商之音。習書畫，不拘拘於陳法，意之所至，筆輒隨之不稍停云。

① 本篇爲聞一多自撰小傳，原載1917年6月15日《辛酉鏡》“級友”欄，未署名。

陳涉亡秦論[1]

客或問於聞子曰："陳涉亦嘗亡秦乎？"對曰："秦之亡久矣。商君亡其法度，李斯亡其文獻，吕不韋亡其宗嗣。三者，國之所與立，三者亡，而斧扆圖籍雖存，亡無日矣。涉特亡其斧扆圖籍者耳，豈真亡秦者哉！"曰："秦無道，故家遺俗、豪人俠士之彎弓報怨者，尚鮮其人。涉聚罷散之衆，揭竿斬木，奮臂一呼，而豪俊蜂起，天地瓦崩，其所福吾民者大矣！"曰："唯唯，否否。嬴秦虐民，海内側目，涉首義誅秦，以蘇民困；吾子稱涉以罪秦，當矣。然而涉起讁戍而首事，非有一日之規，計自免於刑耳。稱之，吾恐後世亂臣賊子，將假涉之名，以玩法殃民；無如貶之，以無貽以口實也。夫秦猶桀紂也，人胥知其暴，以得而誅之；斯輩假湯武之名，以肆其蹂躪，人莫敢罪之者矣，其爲害不且百倍於秦耶？"客乃喟然而嘆曰："誠如子言，則苗莠莫分，是非混淆；孰也仁，孰也暴，何莫非吾民之蟊賊哉！嗚呼，吾用是爲天下後世懼！"

① 本篇原載 1917 年 6 月 15 日《辛酉鏡》，署名聞多。

生於憂患死於安樂論[1]

天道循環也，憂患之極，安樂隨之；安樂之極，憂患隨之。故天下無憂患，而天下皆憂患；天下無安樂，而天下皆安樂；惟聖賢明乎此。憂患而安樂之，是能忍；安樂而憂患之，是能慮；能忍能慮，故無往而不生。愚庸昧乎此，憂患而憂患之，是無勇；安樂而安樂之，是無智；無勇無智，故無往而不死。孟子曰："生於憂患而死於安樂。"斯言也，竊有疑焉。夫生人者豈必憂患，而死人者必安樂邪？抑能忍能慮，有以生之，而無勇無智，有以死之也？是故天不生無用之物，亦不造無用之境。憂患安樂，皆所以益我者；處之不以其道，斯害也已。異哉！物之害者，即其益我者也，可不惆歟！

① 本篇原載 1917 年 6 月 15 日《辛酉鏡》，署名聞多。

童子軍[1]

童子軍之關係於文明者甚巨，其進步之速，成功之著，頗足供吾人之研究。茲所述，特其大略耳，未可以概全豹也。

童子軍之由來尚矣。亘古以來，殆無代無之。古昔士卒之選與小戰者，童子軍也。殖民者，童子軍也。武士之爲宗教而戰者，童子軍[2]也。以及班超之西征、張騫之通西域皆庶幾近之也。其他類此者更仆難數。然而童子軍之名稱，則創自英國之白敦波威將軍。將軍之始來非洲也，初無心於發起童子軍也。及見投效之土人，其操作之力，勝於英兵，始悟高尚之學識，不若尋常事物之適用也。乃得兵士中經驗幼稚者區爲二三小隊，使居曠野，以自求生活，而資實習。未幾事頗有效，而辦理童子軍之心以萌。洎戰事畢，率新聯軍返英倫，見國内少年，大都類於本國兵卒，乃决意提倡童子軍。一九零七年之夏，將軍集童子若干人，於多科地地方（Dorset），編制之童子軍。明年著《童子軍要旨》（Scouting for Boys）一書，而童子軍始風行天下矣。

童子軍之目的，在教童子以自治與自衛[3]之法。童子每喜習於郊外之生活，故恒視童子軍爲極大樂趣。童子之親長，亦以其能使子弟强健身體，改良氣質，故樂爲之勖勉，而國家則以童子軍能造就完善國民，故亦樂爲之提倡也。英國魯斯伯（Lord Rosebery），美國羅斯福、威爾遜諸人，皆極口稱贊童子軍者正以此也。雖然，童子軍誠善矣，苟徒作空言，不能施之實行，亦不足貴也。故童子軍之格言，爲“預備”，軍人之常語爲“每日作一善事”。

童子軍可分二種，曰軍事童子軍，曰尋常童子軍。軍事童子軍，必

① 本篇係聞一多與人合撰。原載1917年6月《清華學報》第2卷第8期，署名聞多、時昭涵。文前有“編者記”云：“本報第一卷第三期所載童子軍一篇，簡略寡要，是篇係由各書搜集而成，童子軍概略於此可見一斑。”

② “軍”，原作“風”。

③ “衛”，原作“術”。

警敏機練，故常爲軍中偵探。縱觀青史，童子軍之死於疆場者，比比而是，即於今之歐戰中，亦數見不鮮焉。尋常童子軍，必習於森林中之生活，視日星以辨方向，見微隱之記號，必能立明其義，能自協衛，而不假援於醫，遭大危險，必能措置自如。蓋與軍事童子軍之所當習者，無大異也。

人每誤童子軍爲軍人之預備，此實大謬。童子軍者，所以練習童子之愛國心，及他種美德也。童子軍含防範軍事之性質，非軍事之預備也。

童子軍亦教育之一大端也。教育之旨，在於實用，而實用必於經驗中求之，不可求之書籍也。哥侖比亞大學盧色爾氏（Dean Russell）嘗稱童子軍爲近世教育法之最高者，蓋有以也。童子軍置[①]專技獎章，有救火者，有治傷者，有操舟者，有救生者，皆所以資鼓勵者也。他如各種游戲，及運動，尤足以廉制[②]其筋骨；諸如此者，苟求之於丹鉛几席之間，吾未見其有成也。蓋學者，逆其意必敗，順其性則成者，理固然也。質而言之，童子軍之動作，多使童子，時具樂觀，以促其成。故童子軍人，祇能嫻誦軍律，或華於軍服者，非真童子軍；真童子軍者，必求務實。

童子軍之課程　童子軍必能周於事變，故其所當學者，不一而足。其課程至龐雜，而難於劃一。兹述其最要者數種，爲童子軍所當一習者。

射獵：射獵之技，至不一也。習斯技者，必先知蟲魚鳥獸之天性，與夫果木之根實，以便亟需時，知所求食，但不可藉此以暴殄天物。蓋童子軍，必知愛物，是其軍律也。童子軍又當習潛行。潛行時，置身處之顔色，必與衣服之顔色相同。如見敵時，切不可行動，以防敵之知覺，行經曠野，當能辨人類或禽獸之足迹。居城市，當能於人民之行動，及裝飾中，辨其性質，以逃於險難，或遇他人有危厄時，則當救

① “置”，原作“童”。
② “廉制”，疑誤。

之。此皆所以練習其觀察之力也。

帳幕：帳幕乃野居之生活。居帳幕者，吸新鮮之空風，作快愉之游戲，圍帳大宿，野外觀星，朝則習泅，暮則打槳，其樂無涯也。然身體之强健，亦靡不由此。

至於扎帳幕，燃火柴，安榻治饌，以及覘察方向，皆練習自治之良機也。或野居時，建橋梁，作游戲，獵鳥獸，陟巉岩，以及治瀡滫器，巡防守衛，互相爲助，則又增進協力精神之良機也。至於眠時，以鼻代口作呼吸，以油或皂液潔耳，飯後寢前，刷牙齒，剪指甲，常糞除穢污等事，此又養成清潔勤儉之習也。

童子軍亦當恭敬婦女，而保護之。古之武士，恒遇婦孺孱弱，必極力相助；信宗教，崇儉德；有服從心，具冒險性；節口體，以周人之急，冒生命，以赴人之難；以信義相勖，不僥幸以取利，不苟且以偷生。今之童子軍，猶昔之武士也。故亦當如是。

風雲變幻，未可預測。童子軍既有救生之責，則當隨時隨地，考察變故之由，而預防之。譬如救火一事，尤當注意。救火時，最不可藉口於幼稚，以圖逸豫。蓋既爲童子軍，則當爲童子軍一份子之義務也。

荷蘭之童子軍，亦甚衆。善用拉所（lasso）。拉所者，結繩之一種也。可以建橋，作梯，或以救火中之人。比利時之童子軍亦稱精練。其旗號通信治傷造室等技，爲他國童子軍所不可及。法俄之童子軍，大有功於現今之戰争。法之童子軍，以治傷及秘密通信稱。俄之童子軍，以通警信及扶助弱者稱。美國之童子軍，占世界最多數，其在紐約一城者，長官約有一千三百人，童子軍二十萬人。又有混成隊，以華人及黑人組成。又有盲人童子軍，其成績如操練木之縫經[①]音樂繪圖打字等技，有足令人驚訝者。

愛國吾人盡知人人皆當愛國，然知愛國而不能爲國盡力者，是人體之徒具形骸，而無筋骨也。既知愛國，則當隨地爲國盡力。盡力之道，

① “木之縫經”，疑或“木工縫紝”之誤。

無論巨細輕重，皆足以表其愛國之熱誠也。

童子軍流行之速，有足令人驚訝者。其在歐洲，於挪威、瑞典、丹麥、荷蘭、比利時、法蘭西、俄羅斯諸國爲尤盛。諸國童子軍之辦法皆無大異，然其成績則各有特長。挪威之童子軍，與英國大相彷彿。丹麥之童子軍，爲數最夥，其於治傷一技尤精。

加拿大之童子軍，多英人或印度土人。皆習於游獵迹狩摇船等技，及他種户外工作。

南美洲童子軍之組織寥寥無幾，然土人於視察游獵以及爇火等術甚精，爲他人所不及。

近數年間，童子軍始傳入中國。有中華全國童子軍協會設於上海。入會者不論屬何信仰，凡敢贊助童子軍之進行者，皆收録之。會中組織法，大都根據於英國童子軍。今上海、廣東、南京、漢口、北京、天津、蘇州各處，皆有支部。中國之童子軍尚在幼稚時代，然睹其進步之速，及踴躍之精神，將來童子軍之發達，可預卜也。

《古瓦集》序[1]

閑空裏翻閲舊作的詩、古文辭，從前那種忘飧廢寢，蕩肝伐肺底情形，歷歷如同隔日的事。因念他（它）們實能代表當時的一番精力，便隨時擇着録了下來。現在寫完了，把古文辭十五首、駢文三首做上卷，詩三十八首做下卷，總名曰“古瓦集”。因爲我這幾件零星古董不配比湯盤孔鼎，不過是漢瓦秦磚罷了。磚瓦既没有盤鼎那樣尊貴，可也算得一種古董，抛掉了怪可惜的；保存起來，到（倒）一則可以供摩挲，二則也是一個紀念品。

駢文同賦作得最早，無非是東扯西拉，生吞活剥，没有什麽價值。古文都是一九一七秋到一九一八夏應課底作品。《〈陶淵明撫松待琴圖〉記》同《記清華園工字廳後荷池》都有兩首，其中各有一首是替人作的。兩首祭文産生底時代跟這些古文差不多。這幾篇文章都是一番鑽研揣摩底結果。於今姚選、黎選的兩部《類纂》裏紅的圈，黄的、緑的點，仿佛珊瑚、翡翠、琥珀嵌排在紙上似的——便是當時底成績。

詩中《項羽》同《擬李陵與蘇武詩》跟駢文同時。從《夜泊漢口，將發，遇同學王君》到《入都留題二月廬》十三首，名“二月集”，是一九一八年暑假在家裏作的。《齒痛》《夜坐，風雨雷電交至，凛〔懔〕然賦此》《上海寄騆弟》同《朝霧》四首，是一九一九年夏在上海作的；從《昆（崑）山午發》到《維摩寺》八首是同年游虞山底作品；加上同年在家裏作的《清封恭人南母裴恭人五十壽詩》，名曰“戀戀集”。這時已經作了白話散文，文言詩却還捨不得丢掉。除上述各詩外，都是在校裏的産品，其中《清華園秋日》《提燈會》《清華體育館》《清華圖書館》《渡飛磯》誕生底時間，還在“戀戀集”之前，做古文之後。一九二〇年春作了一首應課的白話詩，趙瑞侯先生評曰：“生本風騷中後起之秀，似不必趨附潮流。”這時已經做了很多白話詩，第二次月課勉强用文言

---

① 本篇是聞一多爲《古瓦集》所作的序文。《古瓦集》彙編於 1921 年 7 月，是聞一多親手删存、俊秀手書的自己在清華讀書時期所作舊體詩文的作品集。

譯了《點兵行》，是敷衍面子的，序子裏且有“亦以昭文言之罪也”一句話。《項羽》是初學詩底“破題兒第一遭”，《點兵行》是殿尾的一首文言詩。

一九二一．七．四

一多識於二月廬

得天下英才而教育之三樂也論①

天下不患無才智，而常患無聖人。雖有才智，不由訓迪，不就陶埴，亦終於汩没，不以才智稱也。才智者之巧能恒有以過人，注錯之不當，且欲不流於污僈突盜不可得。是以有志之士，其求師也汲汲；中才求師於賢智，賢智者又求師焉，則歸聖人。聖人，衆所賴以成其才者；然聖人更得所謂才者而教之，則孕爲政教，歷萬禩，薄九閡，彌厚土；聖人之於才，求之固不可不亟哉！蓋傳之或非其人，至并其真以失之，雖傳猶不傳。聖人之於才，求之尤不可不亟哉？夫才智之出，幸遇聖人，聖人作焉，復有以成就天下之才智，諒哉其難之歟；惟其難而得之，其爲樂也何如乎？

昔孔孟之徒皆數千人，而後之散游諸侯，又友其士之仁，事其大夫之賢，二聖人之安貧樂道，優游耋耄，豈不以此？雖然，天下才智之衆，必不盡出於孔孟之門；不然，九流十家倡異説者，不至若是之衆。九流十家者，其言雖龐，要推其旨，未嘗大倍於聖，其亦不幸而不折衷於孔孟以軌於正也，惜哉！

嗚呼！成康以還，數百年間，聖人凡再見，士之不獲被其澤者，乃多至此。今又二千年已，不聞又有聖人者，綴學之士，誦其言而向往之，更莫得其人以爲依歸，則相嫗乎其差近於聖人者；若文中子、朱子、陽明子者，門下士咸以千萬計，不爲不盛，及睹其間，求能縱迹閔、顔、萬章之倫者，寥寥耳，又何怪哉，嗚呼！去聖益遠，微言益希，而士乃益孤，能不令人益思慕聖人乎哉！

① 本篇原載 1921 年 7 月手寫本《古瓦集》，是 1917 年秋至 1918 年夏清華學校作文課的習作之一，作者時年 17 或 18 歲。

助戰平議[1]

或問："歐西各國相戰，力疲財殫，勢不能自已。協約國更嗾我絶德，復乞兵助戰。我義不容辭，投鼠忌器，進退維谷。此其臧否，莫可預逆；敢問孰爲近？"

對曰："辛亥以還，中國無寧日，今兹益甚：西南稱戈，海内騷動，不能撫也；武夫强梁，弁髦中央，不能討也；封豨長蛇，上下交競，不能禁也；赭衣半道，群盗莽蟄，不能戢也；河渠閼淤，沉竈産鼃，不能治也；饑饉薦臻，易子爲食，不能恤也。爲今之計，補苴罅漏，惟曰不足，尚何暇及於干戈哉？譬之八口之家，饑其父母妻子，節食以豢鬥者使助鄰人鬥；鬥者勝，不能活父母妻子，況其人朽弱不習於鬥乎？況賊有搴刃以臨其堂者乎？是故力不足戰者不能戰，勢不可戰者不能戰。反乎是，滅亡之道也。今之出兵，奚以異此？"

客曰："不然，庚子之役，殘吾民，據吾土，掠吾財，火吾闤闠寶貨者，非諸國邪？爾後蜂集吾宇，日切齒以求噬吾胾者，非諸國邪？夫耻不可久蓄，敵不可寬縱；乘人之憊，并吾之力，一擊以復吾仇，而振吾氣，此其時也。即不幸而敗，吾將士以羞憤之餘，睹夫他人士卒之慓，器械之精，軍備之整，與其人民之勇武好義，亦將睪然而思，默而然赧，必有所激勵而猛醒矣。此機又可失哉？"

曰："衆敵相鬥，我之利也；敵衆勢分，相持莫敢爲先，我之幸也。助一而勝，勝則勢專而力厚；彼厚我薄，必反目相搏。人之亟難，我則濟之，我或受虐，誰助我者？若曰藉資睹摩，則又非的論矣。歐美士卒之僑吾華者夥矣，我將士之游歐美者亦夥矣，不足以資睹乎？甲午之衄，庚子之辱，乙卯之屈，不足以厲其耻，辛亥以來之屯蹇多艱，不足以激其氣，則雖去故國，走萬里，亦奚以爲？"

"且夫善謀國者，求諸己，不求諸人；求諸内，不求諸外。鄭伯不

---

① 本篇原載 1921 年 7 月手寫本《古瓦集》，是 1917 年秋至 1918 年夏清華學校作文課的習作之一，作者時年 17 或 18 歲。

耻城下之盟，越王不耻稽會之困者，尺蠖之屈，以求伸也；鷙鳥未擊，不能勝其身也。是以‘無敵國外患者國恒亡’，不經盤根錯節者功不就。列强非吾敵，武夫專橫，群小黨争，敵之勁者；戰敗非吾耻，草莽遍野，水旱頻仍，耻之甚者。數者不除，雖今日克一城，明日却一敵，無益也。若能内治修而國基固，天下且倒戈相向，外患何自來哉？惜乎，今之謀國者，徒知黷武以自耀，而不是察也。”

《史記·曹相國世家》書後[①]

天下治亂之所繫，天子而下，相臣而已。故天子爲太甲、成王，得相如伊、周，猶不失爲賢主。漢惠帝以冲幼履至尊，曹參爲相，飲酒歌呼，無所事事。參歿無幾，帝遭吕后之虐，虧損至德，抑鬱以死；諸吕因而危劉氏，賴平、勃、朱虚以僅全。自是匈奴驕横，南粤僭帝，宗族侯王，異姓功臣，鞅鞅無寧日矣。

天下治安之日，恒視若無事，乃有大疑大難，出耳目智慮之外，非二三小臣所及知，知之亦莫敢言，此其責乃在相臣。高帝新崩，主弱臣悍，不測之禍，昭然無可諱。參誠心乎漢室，漢丞相權最重，孝惠尤寬仁，優禮大臣，則深謀敏事，罅漏補苴，以杜其漸，絶其萌，甚或迫不得已，犯太后之嚴，冒群臣之怨，毅然爲之，大患何自來哉？計不此出，而尸位素餐，以貽憂社稷，參之辠，無可逃矣。而世或稱之“合道”，何哉？自來賢相，自舜、禹以至韓、范，咸莫不有望功偉烈，彰彰在人耳目；至於曹參，吾不知其何以爲賢也。

且夫病者出死再蘇，神耗血涸，餘衞未殲，則凡餐衛興居，調護之勞，至煩以瑣；忽之，病且再作，危乎殆矣。暴君處劉，生民倒懸，一旦離於水火，養民者宜撫之，恤之，慰之，育之，因其疾苦，奉法順流，以與之更始，然後元氣可復。故守成之功難於創始。周公一沐三握髮，一飯三吐餔，猶不免於三監之叛。今孝惠之爲君，不賢於成王，諸吕之爲臣，不親於管、蔡、嬴秦之暴，不減於商受，而曹參爲相，飲酒歌呼，不事事，然則參乃賢於周公乎？太史公謂參攻城野戰之功所以多若此者，以與淮陰侯俱。吾亦謂參究爲庸人，方其居相，非不知大亂未形，有如積薪厝火者，其謹守管籥，一遵酇侯之舊，以苟安旦夕者，惟力不足耳。姚崇以十事要玄宗，僞命之議不行，李忠定免冠求去；爲相臣者不當若是耶？

---

① 本篇原載 1921 年 7 月手寫本《古瓦集》，是 1917 年秋至 1918 年夏清華學校作文課的習作之一，作者時年 17 或 18 歲。

嗚呼！自曹參以飲酒不當事事稱賢，漢、唐以還，相沿成風；爲大臣者不敢决天下事，與進退賢不肖，曰“吾知循故事爾，專則罪也”；爲郡、爲縣，以至廣察一道，視政之弊不敢革，視民之疾不敢去，曰“吾知事法爾，違乃辟也”；若是，不惟時君以爲賢，天下亦以爲賢，於是内外相濟以成俗，而不之怪，國日削，民日弊，因循以須亂亡而已，豈不哀哉？

孔子曰：“如有周公之才之美，使驕且吝，其餘不足觀也已。”如參者，苟且偷惰，容悦骫瑣，先其身而後國家，是吝之類與。近古以來，失於此者，蓋不可枚計。然其有勵精圖治之志，如王荆公、張江陵者，又皆以驕自敗，爲天下後世所詬病。嗚呼！驕者吾哀其志，愛其才，而惜其無量；吝者吾無取焉。

讀曾國藩《聖哲畫像記》[1]

君子之所貴乎學問者何？曰復性而當才爾。天播五行於萬覊，人固備而有也，失之則獲罪於天，失而復得亦足以自解，故君子必復性以全天。凡人之所以生者，莫不取給於世，不有所以當其才以償之，是取貲於賈而逃其值，故君子必當才以澤世。性復則無憾於己。才當則無愧於人，夫豈名利之求哉？自學者讀書以遂其名利之心，而真儒不復睹矣。

曾文正公所圖聖哲三十二人，文、周、孔、孟皆能全其性者也；文、周才之所施，事言俱至，而孔、孟僅見於言，則亦有幸有不幸耳。下焉者或兼至或顓精，咸不廢其才，其能全其性，卓卓如四聖人者寡矣；則豈非去古日遠，習俗有以使之然哉？要之，三十二子者皆醇乎醇者也。學者苟取一於此，習其器，誦其言，外利祿而棄毀譽，誠心而求之，以俟命於天，將至於所謂復性而當才者不遠矣。

雖然，任重道遠而利鈍顯晦係乎命，不可以妄求。性之復，才之當，不其難乎？强吾心以從善，則一念之性可復；竭吾力以行善、以言善，則一行一言之才可當。必也成聖賢之名，然後爲復性，此僞君子之所以日多；必也擅公卿之位，躋作者之林，然後爲當才，此鑽營苟且之所以不免，而著述之所以濫，斯文之所以墜也。

---

① 本篇原載1921年7月手寫本《古瓦集》，是1917年秋至1918年夏清華學校作文課的習作之一，作者時年17或18歲。

讀熊希齡《論聯邦政制書》[1]

餘讀史，曰德，曰美，曰匈奥，外患逼臨，厚其力於内以禦之，聯邦制於是行矣。異哉！今之中國，視德美匈奥爲何如乎？乃分其内勢以弭内亂，是亦不可以已乎？民之苦亂久矣。亂信可以分弭，聯邦其不可不亟也。雖然，武夫難與言也，争不决，憤不泄，欲不饜，强使遏之，難矣哉。遏之終必發爲大亂，今之争者二，後之争者什之，亂其靡有既乎！專制無足道，共和吾見之矣，聯邦又可知也。孔子曰："有治人，無治法。"吾讀熊氏《論聯邦政制書》，惜其無所用於中國。

① 本篇原載 1921 年 7 月手寫本《古瓦集》，是 1917 年秋至 1918 年夏清華學校作文課的習作之一，作者時年 17 或 18 歲。

感　　言[1]

有操舟入海者，載重而風迅，琅琅然望沆瀣而吟，不知禍之將至。更而舟果危，或奪其舵以救舟，弗予。與之鬥，方酣，顧視海波潰濩，天旲晱睗，惴惴然魄動；然皆以爲舟覆，同飽鮫黿；幸不覆，鬥而勝，舟之載皆我有也。甚矣，人之鬥利而殉其生哉？夫利孰大於生，而不利孰大於死？二人死，不足惜，同舟者慘矣；且其妻孥亦何爲凍餒以死？二人不顧其妻孥，同舟之人，寧亦如是者？今南北之争，勢不底於亡國滅種不已，則猶舟人之不顧其妻孥爾。人至以其妻孥市利禄，其國之不亡者幸而免已。

① 本篇原載 1921 年 7 月手寫本《古瓦集》，是 1917 年秋至 1918 年夏清華學校作文課的習作之一，作者時年 17 或 18 歲。

辛亥紀事[①]

曩偕諸兄弟游學武昌，館於三佛閣。辛亥秋，諸兄弟至者益衆。季父督課嚴，匪故莫得入肆。八月之望，校中有假，乃以其夕登黃鶴樓睹月。天高風寒，江流有聲。徘徊久之，密雲從東南起，滃浥浡鬱，氣薄無際，遂不見月，索然而返。置茗小憩，各就榻，相與笑語失寐。及夜深，聞風雨颯然至，屋瓦皆鳴，霹靂轟㕁，騰響不絕；飄灑噌吰之音相雜，遥邇崇庳，耳聽皆滿。起自牖中視之，四檐無霤，月在高樹。疑未釋而響益亟；甚恐，率擁衾屏息，相媛不敢反側。有頃，季父從沙門至，呼曰："起！聞戰聲乎？不速去，性命且不保。"乃皆起，拭目相嗔視者。頃之，杭聲曰："有變乎？是革命黨也。"季父急曰："毋妄言，誅矣。"於是牕中露微光，謂且曙，各胠篋鳌衣物圖籍實其中而鍵之。少待，聲益厲而光益大，映墻壁皆赤。僕至，始知督署火爾。昧爽，出户見甓兵右臂束白巾，支槍而遇，因問所以出城，則西指。乃畢亀食，趣文昌門，不得渡，步抵漢陽門，始得舟渡江。至漢口，日莫。以輪舟抵黃州，方中夜。更水行溯流而東，據舷美睡，驚始集；達巴河，聞鷄唱矣。

① 本篇原載 1921 年 7 月手寫本《古瓦集》，是 1917 年秋至 1918 年夏清華學校作文課的習作之一，作者時年 17 或 18 歲。

《陶淵明撫松待琴圖》記一[1]

《陶淵明撫松待琴圖》，趙文敏原畫，書賈以西法縮印者，懸於余讀書室外。山之遠者有岫有峰，近者有岩有嵎。童子挾琴拾級而上。樹有楓有松。右手摩松袒胸而望者爲淵明。余朝夕過圖下，輒想像靖節隱居之樂，爲之神往。

嗚呼！漢衰，有"黨錮之禍"。諸賢以高尚自持，天下相習成風，至於魏晋，高潔之士猶踵相接。蓋陶、阮之走匿冥遐，與李、杜之抗節混濁，所謂殊途而同歸者非歟？聖門諸賢，多轍迹環天下，義在濟物，然而曾皙言志，子曰："吾與蒧也！"窮通進止之道，詎易與俗人言哉？靖節之所遇則然，自不能以此易彼也。

然昔吾浮江過彭澤，賦詩吊靖節，以爲使生於今，觀夫波蘭、印度之所以爲國，不將有以惕其詩酒之閑心乎？今忽忽經載，國事益不可問，不知雖有靖節者，亦能爲力邪？攬斯圖，不禁有餘悲。

方文敏矜重於時，日逍遥於藝事，無憂無戚，庶幾有靖節琴歌詩酒，酣嬉偃卧之風；斯圖之作，所以自況乎？或曰文敏以勝國爲顯仕，雖遭遇之隆，適以導其"黍離"之感耳，故作此以見志。甚矣，人之不可以無國，豈自古而然哉？吾聞文事者性情之所寄；吾於靖節之持身，諷其詩文而知之，至玩文敏之書畫，乃不逆其有大謬大然者，則又何哉？

---

① 本篇原載 1921 年 7 月手寫本《古瓦集》，是 1917 年秋至 1918 年夏清華學校作文課的習作之一，作者時年 17 或 18 歲。

《陶淵明撫松待琴圖》記二[1]

畫絹一幀，長一尺有奇，寬半之。郤而立者爲峰，伏而累者爲巒，突者爲岩，偃者爲石。佐以雲靄草木；有松弩出而蓋張。老人立其下，昂然翹首，如有所思；有童子抱琴蹣然至。是爲《陶淵明撫松待琴圖》，元趙子昂畫也。

子昂以宗室仕元，致顯宦，後世薄其爲人。獨其書畫清超拔俗，千古珍之。夫士居塵世喧闐之中，偶一至乎山林，未嘗不顧而樂之；迨久而更厭，則鳥獸嗥音，風日震烈，或以導憂而增戚。及其去山林而之朝廷，或稍感事物之不足於己，又憤然思復於偃蹇放蕩以自逃。此其人之隱也，徒寄於耳目之清曠；其仕也，誘於聲利之榮厚耳。子昂之仕，吾未見其不出於此也。故其居官，常戀戀於山林，志之莫遂，則寄於畫圖之仿佛以自解。吾故又疑其敝塞時之所作，必有擬乎雲旌華轂，象笏節符之物者也。

① 本篇原載 1921 年 7 月手寫本《古瓦集》，是 1917 年秋至 1918 年夏清華學校作文課的習作之一，作者時年 17 或 18 歲。

記清華園工字廳後荷池一[①]

導玉泉使注圓明園，近春、清華二園得其委耳。其入清華也，爲溪，爲渠，爲池。池之廣不能一畝，荷芡其中，而榆柳其旁。水清，見魚；唾之，争喋不去。工字廳背池而構。池北負山，多松柏，多雜樹。山西轉漸卑，樹漸疏。立山腰，見倒影池面，丹緑蕩漾者，池東凉亭也。周池多美石，可代几案，宜讀，宜畫，宜奕，宜觀荷。

園荒廢已久，自建清華學校，景物始稍復舊觀。中夏荷華盛張，逌逌來游人。而余就學五年乃每以暑假南歸，不獲一攬其勝。余嘗於畫窺天下名山大川、通都廣邑之奇；使皆如此，其可必乎？

① 本篇原載 1921 年 7 月手寫本《古瓦集》，是 1917 年秋至 1918 年夏清華學校作文課的習作之一，作者時年 17 或 18 歲。

記清華園工字廳後荷池二 [1]

玉泉之水，引之東行，入清華園，瀦爲荷池。池方不及百尺，深不及仞，膏渟黛蓄，澂然無聲。小山環其北，工字廳峙其南。東西各釃小溪，縱雜橫錯，皆架小橋。周池多佳石，几列屏竪，不可枚計。夏日景物之盛，疏風徐振，萬緑齊鳴。菡萏側垂，右挹左引。憑石而坐，蕤葳上翳，驕陽不亢，爽心悦目，信足樂矣。

雖然，余流連其間，多可喜亦多可悲。有清失政，英法燔毁圓明園。後數十載而八國閧京師，於是互市，割疆，輸幣，求無不饜。洎美人却幣不受，乃以建學校於斯園。嗚呼！國貧，鄰人憫而助之資以興學。鄰之惠我洵厚，當之者誠亦可耻而可悲矣！余每游池上，步山椒，隱隱望見圓明故墟，荒邱萬莽，凄愴彌目，則悲亦益甚，不知泪之何自也。

① 本篇原載 1921 年 7 月手寫本《古瓦集》，是 1917 年秋至 1918 年夏清華學校作文課的習作之一，作者時年 17 或 18 歲。

清華園中秋賞桂序[1]

夫牛渚之會，金山之游，勝侶嘉賓，敻乎尚已。爾其金商屆節，月夕逢時，清華名園，林泉勝處；冰輪流耀，金粟蒸芳，月映花而瘦度，花受月而濃遮。叢是香林，風紆縈於曲徑，葉成芳葆，影倒印於方塘。嗣宗閉户，游月隅新；蒙叟臨濠，會心不遠。觴飛綠蟻，獨酌賡李白之歌；袖拂玉屏，一枝想郄詵之對。寒蟬抱葉，嫩蕊分香，敗荷翻風，微瀾卧影。外物厭美，中懷融歡，麗矚終宵，遠懷千載；方斯勝賞，孰與古人？故知樂貴遺形，游當適性，不必一静躁以聚類，强發揚以耀俗也。

於是沐零露，眄斜漢，怵鯨鐘，警魚鑰；一觴一咏，載行載歌，歌曰：

山杳靄兮月揚輝，
秋風凉兮桂蕊飛；
幽人眇兮吾何歸！
夜厭厭兮風吹衣。

① 本篇原載 1921 年 7 月手寫本《古瓦集》，是 1917 年秋至 1918 年夏清華學校作文課的習作之一，作者時年 17 或 18 歲。

儆官邪議①

長蛇封豨，舉國腥臊。憂國者曰：不有以創之，將不至於覆國不已？噫！豺虎殺人，揭竿鳴金而驅之矣。將謂其不復爲害乎？“五四”之事，似足以懲，而鼠竊狗偷不稍戢也。夫官之邪，非今日而然也。積習既深，爲之者不知其非，受之者莫以爲怪；雖有廉介，一旦居官，而暮夜之事亦所不免。何者？習俗之染也。莠之在田，根深蒂固，治田者鋤而發之，烈火而焚之，然後能除。官習之邪，其深入人心，甚於莠之在田矣。是故欲正官邪，寧徒托空言之能爲功？必也鋤發火焚而已耳！

① 本篇是清華學校作文課的習作之一，寫於 1919 年五四運動以後，大約在 1921 年 7 月手寫本《古瓦集》結集以前，作者時年 19 或 20 歲。原稿今存北京圖書館。現據聞翾編注《聞一多青少年時代舊體詩文淺注》編入。

代清華全體同學祭孫作周文①

維中華民國七年七月，孫君作周殁於天津。十月十九日，清華全體同學始克開會追悼，并致清泉庶核之奠，爲位而哭之曰：雲火孕劫，豺虎集廬，噬齧嘬膏，遂滋瘡疽；澶淵却幣，阿房遺墟，鳩工鳸籍，群士是居。於中有人，維吾作周：渾剛其德，夐②厲其修，士氣之卑，言甘貌柔；君企古人，砭失針尤，凡吾頑騃，孰敢且偷。銅駝寂寂，麥秀離離，有觸君目，太息嗟咨；亦憾彼賊，亦哀此蚩，烹桑禍黿，及我何時；前車之鑒，念兹在兹；感發憤勵，苦研湛思，灌新沃舊，蔚爲華滋；學則鋭進，身先年衰，凶徵夙覿，髮斑顑黧。析津度假，諸父是依，胡爲一病，溘然永辭。嗚呼作周，天脱駿彈，聊浪九野，半駕而蹉，縱不君慟，謂邦國何！君器未利，君學方始，匪曰邦國，惟君是倚；有生雖衆，庸庸難恃，卓卓如君，遠大可企；懷才不伸，而竟以死，昊天罔極，吾悲曷已！豈惟悲君，兼悼吾類。自君之殁，繼逝者二。濟濟清華，數百同輩，七年於兹，死亡相逮。死也曷既，生者有涯，生我父母，育我國家，師迪友磨，後望正奢。匆匆一逝，萬古長嗟，藏舟亡壑，痛孰有加！死者死耳，君則何恫，惟君英靈，宜爲鬼雄。夷氛日逼，鷸蚌方訌，相國毋亂，惟君之忠。嗚呼哀哉，尚饗！

---

① 本篇原載1919年5月《清華學報》第4卷第6期，署名聞多。1921年7月收入手寫本《古瓦集》，標題小有改動。

② “夐”，此字疑誤。

清華學生代表團祭徐君曰哲文[1]

萃群袄於九區兮，莫赤匪狐；啓層關以揖盜兮，𠠝我版圖；目負豕於道路兮，孰敢詣而張弧；徐君哀彼啜醨兮，距六衢以疾呼。君之居兮病在身，君之行兮不戚以嚬，君朝出兮莫來歸，搴兩旗兮風繙，宛言笑兮在耳，胡一夕兮已陳？念魯難之未艾兮，何以慰兹忠魂？指九天以爲正兮，誓三户以亡秦。謹陳辭而薦醴兮，魂來享其無懂！

① 本篇原載 1919 年 7 月《清華學報》第 4 卷第 8 期，署名聞多。1921 年 7 月收入手寫本《古瓦集》。

旅客式的學生 ①

洋樓，電話，電燈，電鈴，汽爐，自來水；體育館，圖書館，售品所，“雅座”，電影；胡琴、洋笛，中西并奏，象棋、“五百”，夜以繼日，厨房聽差，應接不暇，汽車膠皮，往來如織——你看！好大一間清華旅館！“衹此一家”“中外馳名”的旅館！如何叫他的生意不發達呢？於是官僚來養病，留學生來候補差事，公子少爺們來等出洋——我説“等”出洋，不是預備出洋。旅館底生意好了。掌櫃的變大意了，瞧不起旅客了！旅客不肯受他的欺負，就鬧起來要改良旅館。諸位！想一想，你們旅客有什麽權柄可以要求旅館改良！你們愛住不住！你們改良了旅館，於你們有什麽利益？等到旅館改良了，你們已經走了。

中國有一位文學家講，“天地者萬物之逆旅”。呸！這是什麽話？中國的文化底退步，就是這般非人的思想的文學家底罪孽。人類是進化的。我們生到這個世界來，這個世界就是我們的。我們的天性叫我們把這個世界造成如花似錦的，所以我們遇着事，不論好壞，就研究，就批評，找出缺點，就改良。這是人底天性，沒有這種天性，人不會從下等動物進化到現在的地位，失這種天性，社會就會 ② 退化到本來的地位。

我們把眼光放開看，我們是社會底一分子，學校是社會裏一種組織，我們應該改良社會，就應從最切近的地方——我們的學校做起點。學校是我們的家——不是我們的旅館。學校之中，學生是主體，職員、教員、校役都是客聽。對於學校，我們不負責任，誰負責任呢？有人自視爲世界底旅客，就失了做人的資格；有學生自視爲學校底旅客，就失了做學生的資格。

旅客式的學生有三種。對待他們的方法有四種。實行這四種方法，纔是真正的改良。

（一）旅客式的少爺學生。貴胄子弟，自己可以出洋的，年紀太輕，

---

① 本篇原載 1920 年 4 月 24 日《清華周刊》第 185 期，署名聞多。

② 原無“就會”二字，參酌文意補。

不能立刻出洋，先要在本國等一等！但上了别的學校，又太吃苦了，祇有清華旅館裏“百應俱全”，剛合少爺們的身份。所以他們除了打球、唱戲、“雅座”、售品所以外，不知道别的。對於功課，用“滿不在乎”四字了結他。横竪他們是不靠畢業出洋的，他高興幾時走，就幾時走。這種旅客式的學生，是人人承認的。

（二）旅客式的孩子學生。清華中等科底學生有住過高等小學的，有住過初等小學的，有住過幼稚園的，有什麽也没有住，乳臭未乾的嬰兒，總之真正高小畢業，剛合中等科程度的有幾個？這般同學，當然不[1]能怪他們没有成人的思想。等他們畢了中等科的業，到高等一二年級，還是年紀很輕。就算到了成人的年歲，還脱不了孩子氣。他們初進學校底目的，固然跟少爺學生不同，不過他們的行爲跟少爺們一樣的。他們年幼連自己本身都顧不了，還説别的嗎？

（三）旅客式的書蟲學生。有一般人本知道學校應該改良，但是出洋問題要緊。功課一急競争的烈，每天點洋燭的工夫都不够，不用説别的。所以他們目擊各種腐敗的情形，也祇好嘆一口氣道曰：“没有法子！”這種學生，也是旅客式的學生。他們是讀書的旅客，同那打球、唱戲、“雅座”、售品所的旅客，不過是臧與穀底比例。

以下是整頓旅客式的學生底方法。

第一種旅客式的少爺學生可算是不可救藥了。他們横竪不是來念書的。如果要住旅館，他們有的是錢，六國飯店，比清華旅館舒服得多呢。

第二種，對於旅客式的孩子學生，也没有别的辦法。他們没有到上學的年紀，最好是不要來，免得他們的父母擔憂。他們上學還要帶聽差來替他們鋪床叠被，收檢衣服；他們不會用功，還要請高等科的學生當他們的“指導員”。清華中等科不是幼稚園，高等科的學生，也不是來替人家管孩子的，這些幼稚園的兒童應該送到幼稚園裏去。

① 原無“不”字，參酌文意補。

第三種，旅客式的書蟲學生，我們衹好鼓勵他們，勸他們，把讀書底勇氣，分一點到書本外頭來。

第四種，在學生一方面，固然應當自己覺悟，打破這種旅客式的思想，但是學校一方面，也應當有一番整頓，使得那些旅客式的少爺、孩子們，不會混到學堂裏來，并且同時解放這種玉成學生底奴①隸性的積分制度，庶幾學生不致把一切都犧牲到書卷本裏去了。

① 原無“奴”字，參酌文意補。

清華底出版物與言論家[1]

清華的出版改良，自從在“去張”運動底風潮裏醞釀成熟了，後來便七節八枝，荆天棘地，急進的既灰了心，守舊的也癟了氣，於是風波陡落，一覺[2]瞌睡睡到今年四月，《周刊》纔醒起來了。《學報》底糾葛更深，到暑假前纔有集稿部底會議同宣言，也算他睁開眼皮，打了一口呵欠。但就那七期《周刊》底成績論，我們的出版界敢吹改良兩字嗎？改良就是换上幾句白話文，插進幾個新標點嗎？《周刊》如此，《學報》可知。唉！清華底出版物！清華底言論家！

但這是集稿員底過嗎？——集稿員也不能盡辭其咎——不過最大的罪名，應加在全體同學裏那一部分負有言論底特殊責任的身上。怎樣講呢？我們既采了集稿制，供給言論底泉源就在集稿部外——在全體同學裏。但根據分工論，一校内人人應各依他的本能底特長，在各種課外作業裏，擇負一種責任；言論就是這許多責任中間底一種。（這裏負責是對於學校的，不是個人的；“挖”是個人的責任，有人當他對於學校的責任，自然變了分數底奴隸。）不是説言論家以外，就没有别人可以發表言論，他們在執行他們的職務底餘暇，也應該時時告些奮勇，大大方方地講幾句話。

言論同社會底關係是怎樣呢？人人底腦筋都有受對象底戟刺而起衝動底本能，環境裏有這個缺點，我們的腦海里纔起這種“不快感”；有這種感覺，影響到理性底活動，纔有這種理想；有這種理想，纔發爲這種言論，口頭的或筆著的。所以每篇言論，在環境裏，必有個確定的根據；環境不需要這種言論，這篇言論就無從產出；人人不肯發表這篇言論，這個需要，就永遠不能補足。言論裏所包含的解決問題底方法，不一定都同環境底需要，針鋒相對，但社會自有裁判力，决不致盲從，所以取捨言論，是社會底事，聯續地接濟社會取捨底材料，是言論家底事。

---

① 本篇原載 1920 年 10 月 1 日《清華周刊》第 192 期，署名聞多。

② “覺”，原作“告”，係方音。

言論家當然包括兩種，口頭的同著作的。出版物所歡迎的，是著作的言論家，其餘一種，有與没有，跟他毫無關係。清華出版物不能發達，衹因一般言論家都巧避著作，争趨口論底一條道上。記者不知道别人，却願將我個人現在所以漸趨這“擱筆派”底原因照直供來，做大家討論底資料，藉以志我的罪。

自己缺少心性底修養，失了批評家底地盤，見了别人底行爲，本能辨得黑白分明，衹不敢提起筆寫。關於學術問題底討論，自己的腦筋乾枯，讀書還讀不及，那有工夫著作呢？而且稍稍一開書本，更像河伯到了海洋似的，那裏還有膽量去著作呢？再加平日專喜冷譏熱嘲地批評别人，所以每到提起筆來，就彷彿看見那裏森森地排着無數的韓[1]仇的筆鋒，等着這張紙一出世，便一齊射來似的。於是駭[2]得“風聲鶴唳，草木皆兵”，甚至有一篇稿子寫完了，終久不敢塞到投稿箱裏去。這種由懦弱産出的滑頭政策爲個人計，未嘗不是上策；殊不知言論是爲社會的，那能帶着一點主觀的滋味？縱他惹起社會底反擊，那更應是我們無任歡迎的了。

像我這樣不才，原不足輕重。還有一般品學遠出我上的朋友們，老手的言論家，現在既流入“擱筆派”了，新進的，天天喊道：“研究！批評！改造！奮鬥！”但查查他們所發表的言論，也是比鳳毛麟角還稀奇些呢。我希望他們都有他們的充分的理由，足以塞同學底口實，我不希望，却又害怕他們同我患了一樣的“怯弱症”。唉！鼓吹出版改良，不是我們這般朋友嗎？到了實行改良底時候，一個個却都“噤若寒蟬”呢！周君念誠在他的《投稿用别名是不負責》裏罵道：“所以卑怯的作者更是狡猾，更是盜竊，我無以名之，名之曰蟊賊。”我説用别名，“隱在霧裏放暗箭”，總算是有責任心的呵！一張白嘴，説得天花亂墜，嘴唇一闔，都化爲烏有了，誰還能代他負責呢？大家抱着“擱筆”主義，比抵制仇貨還眼心些，可憐那兩家鋪子，再不關門，纔怪呢！

---

① “韓”，此字疑誤。

② “駭”，原作“愘”，參酌文意改。

但是諸君不要誤會，以爲我把口頭的言論家，當作一文不值。其實，是言論，我都尊敬，不過對於著作的言論家，比清談的言論家還要十倍地尊敬。須知更有“三緘其口”的金人，那纔真是社會底蟊賊。中國人最卑劣的表德，就是“顧面子”，“不好意思”。多多批評，多多發表言論，正是打破這種惡習，練習公開的精神底妙法。你罵完了我，我又罵你，兩人都受了“聞過”底益。梁山泊底弟兄，不打不親熱；世界上那有公開底快樂？

朋友們總説我們那裏想的清華出版物底實現，是不可能的，試問我們可曾奮鬥到最末的一分鐘？現在正當一個學年底新紀元，上半年還衹一家《周刊》，現在《學報》也快開張了，零售躉批，家家缺貨。我謹將這兩句話送給言論界底同行們，做首座右銘，并祝兩家出版物底生意興隆：

“小心些做文章！大膽些發表文章！”

清華周刊革新底宣言[①]

二月十四日金校長在開學式底演説裏再三提及《周刊》改良底問題，十七日又召集舊集稿員開會，徵求革新底意見。校長所致意的可括爲兩大點：1. 對於集稿制的懷疑，2. 關於内容的改良，即增多學術底討論。以後評議部選出我們新集稿部，便將這些問題移給我們討論。我們開過兩次會，還討論些别的問題。今將其結果揭出，并附以簡略的解釋如下：

一、集稿制底革新　集稿制如今試驗出很多罅漏來了；我們應因宜補苴，以求革新，若是徑直回去起用編輯制，那就同鑒於共和不能弭亂，便要復辟一樣了。時間是向前流的，制度是他波上的一葉浮萍，當然不好打後退。集稿制是怎樣革新的呢?

A. 集稿部委員　集稿制最明顯的缺點是没有一個集中的官器以貫通内部底氣息而應外界底接洽，結果便是人人負責等於無人負責。現在我們有一個三人委員會司理上述的職務，却無取捨稿件底最末裁判權，所以他們有做集稿部底公僕底義務，而無總編輯居高臨下，統轄群僚底權利。

B. 集稿員長期負責　從前集稿員每三人管一期，這一期出了版，這三人底責任算完了。各期集稿員各不相助，所以雖有十八人，其實每期所集的材料衹能代表三人底精力。現在將《周刊》分爲四欄，十八人各擇一欄，每期都負集稿底責任。從前的《周刊》是三人集稿，現在的是十八人集稿，六倍從前的精力。

C. 分欄集稿　集稿員依分工底原則，於四欄中各擇一欄，一學期中從頭到尾，專負收集、選擇這一欄的稿件底責任；這樣便人有專司，集稿既易於豐富，選材也易於精嚴。

---

① 本篇原載 1921 年 3 月 4 日《清華周刊》第 210 期“言論”欄，未署名。同期刊物“校聞”欄的《本刊啓事》有如下記載：“二十二日午後一時底會：集稿部擇任采訪各處新聞。通過將本刊革新底情形作爲宣言登載首期，并舉聞一多作。”

D. 每周常會　集稿部每周會議一次，討論選材及其他隨時改良底事務。如此集稿部底精神便可望團結，機體也可望靈敏了。

二、內容的擴充　本刊現分言論、新聞、學術、文藝四大欄。言論、新聞當然是《周刊》底兩重大部分。學術、文藝從前偶爾登載，却不常有；他們雖難同前兩項比肩，但也各有獨具的價值，不可輕視，所以我們現在要更加擴充。

A. 言論　《周刊》是清華自治底一大成績，因他能代表我們自治底真精神——是一種醉心，預祝自治底達於焦點的熱誠，即預報自治實現底先聲。我們看從前的《周刊》裏，冷譏熱嘲，怨氣衝天，細細推測其來源，無非是不滿足於環境，滿腔熱血，力圖改革，又不見實效，於是抑鬱而發爲憤詞疾論而已。這些文字都是從熱烈的心窩裏流出的，代表一種最可寶貴的、誠懇的進步底精神。清華底自治精神，清華底生氣可説盡結晶於《周刊》底幾張紙上。目前校中美的惡的原素方在奮長争霸，《周刊》是輿論底正鵠，正需一種危詞讜論，監示着這惡芽，不讓他發育。所以今後本刊還是以言論爲主要部分，而言論還是要保存批評底精神。不過批評須守着這五個條件：

1. 鼓勵善良　批評不專是揭短。同學之間，過固然要規，善也要勸。以後有鼓勵我校各種良風美德的言論，我們特別歡迎。

2. 注重建設　批評是方法，建設是目的；我們因爲要建設，便不得不先批評。所以我們以後特別歡迎有建設計畫的批評。

3. 務避憤激　批評是不得已的事；我們對於受評的人或事，應抱一種愛惜的同情，我們的態度要和平公正。偏重感情，反蔽理性；個人攻擊，徒起争端。以後凡是這類的言論，我們一概拒絕。

4. 力矯浮誇　先洞曉事實底真相，解透其所以然，纔下斷語，這樣的斷語便有價值。我們以後對於浮誇失實的批評也一概拒絕。

5. 删除瑣碎　批評是樣兵器，他的鋒鋭不可輕試。批評若用到尋常瑣碎的事上，便成殺鷄用牛刀了。所以我們以後專收容討論重大切要的問題底言論。

以上五條是應注意改正的。有那樣誠懇求進底精神，加以這些改正了的方法，不愁没有正確醇善的言論。

B. 新聞　新聞分校聞，通信同國內大事記。校聞總務求豐富翔實便是。德州保定順德各災區都有我校同學服務，深望同學常將他們的通信交來，以便每期摘要登載。別類的通信，如來自美國者等等都歡迎。

C. 學術　學術底討論本是《學報》底材料，但是《周刊》向來也没有十分謝絶他們。自從《學報》夭折，各種學會又紛紛蜂起，應該有很多這類的材料堆積着没有機會銷行。現在《周刊》大開門户，專闢新欄，他們將來定可替他放一異彩。

D. 文藝　從來最不受歡迎的恐怕是這一欄，一因真有藝術價值的作品底稀少，二因能鑒賞這種作品者底稀少。惟其真佳品難得，所以選材要寧缺勿濫。惟其能鑒賞文藝者難得，所以文藝更不能不提倡。

本刊革新底計畫，已縷述如上。從此我們集稿員願同全體同學準着這些條件，各盡其最高度的心力，扶着這個出版物向興旺底境域走去。他若闖進了歧路，也是我們大家領導監察他的人底疏忽。我們不應一味地怨他，氣他，甚至忍起心來還想戕害他。

我們應撫助他，愛護他，尊敬他；他是我們學校底生命底一部分，我們的喉舌。

中文課堂底秩序底一斑[1]

先生："今天要考了。"滿堂大哄，有的駡，有的笑，强狠的開門要走，和平的講這學堂從來不興月考。好容易經先生敷衍了半天，纔慢慢地坐定了。先生把題目剛寫完了，屋後一個聲音叫道："咳，混賬嗎！出這些題哪做得完？……"

從"去張"運動以來，天天喊改良中文，到今天中文課堂底情形便是這樣。難道考月考也是教員底錯嗎？中文所以不能改良，學校怕麻煩，教員不自愛，當然要負一份責任，恐怕罪魁禍首還是這一般負自治底盛名的學生吧！在英文課堂講誠實，講人格，到中文課堂便譎騙欺詐，放僻嚚張，醜態惡聲，比戲園、茶館、賭博場還不如。纔吃過一餐飯，便把那騙洋人的假具扯破了，露出中國人的真相來了。這樣還講改良，講自治，不要愧殺人嗎？

現在人人正忙着預備十周年紀念會；成績展覽，演戲，刊雜志，五花八門，輝煌燦爛，可惜都是騙人的呵。把這中文課堂底跟同類的醜態展覽出去，纔是真清華呢！

① 本篇原載 1921 年 4 月 1 日《清華周刊》第 214 期，署名一多。

恢復倫理演講[①]

自從杜威博士底演講以後，倫理演講便變爲學術演講了；杜威講的還是關於倫理底學説，杜威以後竟成純粹地學術的演講，與倫理毫無關係。這個變更，在學校，是有意的還是無意的，我不知道。他的得失，從來没有人討論過；大概同學中大多數是不關心的，小部分醉心知識的人是歡迎的；而我却以爲這個變更於全校底思想同風氣（即“道德的音調”）很有影響，這確是學校底一個大錯誤。

我們承認現在我們學校風氣底墮落，思想底鄙陋，幾乎到了無以復加之點。其原因固甚複雜，我以爲取消倫理演講，也是一端。倫理演講雖没有積極地提高“道德音調”之力，可是確有“杜漸防微”，禁惡於未萌底一種消極的功用，至少也能指示給我們什麽是善，什麽是惡，使我們知道世界上還有個真確純粹的是非。（我們作事縱然不能一一循規蹈矩，衹要出了軌道的時候，自己知道出了軌道，也是好的。）所以倫理演講底功用便是勸善。學校有章程，犯章便記過，開除；這是懲惡。有懲惡而無勸善，是什麽教育？

現在一般青年完全是唯物思想底奴隸，除了裝智識，煉身體以外，不知有别事。新思潮衝進之後，孔子底偶像打碎了，舊有的社會的裁制，不發生效力了，西方來的宗教又嫌他近乎迷信，不合科學精神，而對於藝術又没有鑒賞底能力，於美育底意義更無從捉摸，於是這“青黄不接”時期，竟成了“無法無天”“洪水猛獸”底時期了！

發達精神的生活，以調制過度的物質生活底流弊，衹有三種方法：1. 倫理，2. 宗教，3. 藝術。而這三者之中，數倫理爲最下乘。現在我姑且“卑之無甚高論”，衹要小心地使用這最下乘的方法，也就聊勝於無。不料我們連最下乘的也得不着，并且一方面還有那萬惡的電影百方地誨淫誨盜；長此以往，那衹好讓我們慢慢變成禽獸了罷！

---

① 本篇原載 1921 年 4 月 29 日《清華周刊》第 218 期，署名一多。

學校衹管天天在科學記分法同實效試驗上推敲，於我們的智識同身體，到都照料得很周到，可是對於我們的精神上的訓養，滿没有理會。上次忽然有個賴大夫演講“心靈的衛生”，真乃破天荒的大奇事。從衛生上去勸人講道德是否完善的方法，還是個問題。但是不知道再等幾年纔能再得一次這樣的福音呢！

*　　　　*　　　　*　　　　*

犧牲倫理演講，改爲學術演講，或者於我們的知識上還有點輔助罷？但是不然。我們大多數的人一個星期裏被功課忙得要死，到這天還加上幾點鐘底聽講，聽的又是格格不入，堅深玄妙的哲理，此杜威之所以有“催眠”之號，同以後的演講之所以不能“叫座”底原因。名人演講偶爾有一次，是很好的，但[①]是那是爲名人去聽講，不是爲求知識去聽講。至於長期的學術演講，一般對於那門學術有興趣的人固是歡迎，但是照近來的情形，拿他們同全體同學比較，纔不過十分之一。學校與其費許多精力請來長期演講員，十分之九的同學受不着益處，不如隨時幫助各研究學術的會請幾個演講員，到可以減少各會關於這項進行的困難，因此可以促進學會同學術的發達呢。

*　　　　*　　　　*　　　　*

不過恢復倫理演講有兩件事要注意：（一）材料問題；（二）人底問題。鼓勵崇拜英雄的演講，務當屏棄；如從前講的威廉第二同鋼鐵大王康奈奇底傳略等題，講給我們聽，便同教我們殺人打劫一樣。講倫理的人，自身須可以作人的模範，至少也不當被聽者鄙厭，因爲這於聽者底心理上很有關係。願當事者特别注意這兩層。若叫“望之不是人君”的人講那强盜式或市儈式的英雄底事迹，便成“非倫理的”演講了。這樣的演講反不如没有。

① “但”，原作“因”，參酌文意改。

公共機關底威信[1]

公共機關是公衆底産物。愛“德謨克拉西”的，便當愛公共機關。愛他，便不得不監視他，使遵於正軌；也不得不尊敬他，以保持其威信。他若走出了軌道，人人有糾正懲罰之權；他若没有出軌，而有人侮辱他，這加侮辱者人人便當認爲公敵。公共機關本是爲謀公衆底幸福的，他的威信一失，公衆底幸福便受摧殘。所以公共機關底威信，當犧牲一切以保存之！神聖的清華學生會同《清華周刊》向來零丁孤苦，受人糟蹋，無所不至，自己又不知争[2]氣，往往貽人以口實；可憐極了！近來他們幸能稍自振作，信用似可日漸恢復。願他們更加勉勵，以副公衆委托底盛意。如果有人妄加凌辱於他，便等於凌辱我們公衆底人格，讓我們五百人奮袖群起，“鳴鼓而攻之”！

① 本篇原載 1921 年 4 月 29 日《清華周刊》第 218 期，署名一多。

② “争”，原作“尊”。

痛心的話①

"不教民戰"的辦事人同

"漏網之魚"的學生，聽着!

學校近來開除了三個人，"大快人心"的事。一因害群之馬，畢竟驅除了；二因他表明學校管理底當事者，畢竟没有十分睡着。

但是學校素來於積極的訓善底事毫不注意，一旦學生犯了規矩，就要開除。"不教民戰，是謂棄之。"辦事人怎樣對得起這幾個學生底家庭？怎能問得過自己的良心？

"前車之覆，後車之鑒"，同學從此也自加勉勵，再切莫②入歧途了。那些"漏網之魚"，尤急當痛改前非，切莫恃着你們"洪福齊天"，以爲可以永遠"逍遥法網之外"，逃脱"最末的審判"！願同學幫着辦事人睁開眼睛監守着他們，若他們還不能改過，那真是不堪造就，便是淘汰了，也不足惜。

① 本篇原載1921年5月13日《清華周刊》第219期，署名一多。

② 原無"莫"字，參酌文意補。

《清華周刊》底地位——一個疑問[1]

《周刊》本來是一個交換消息底媒介物。從一九二〇年春季他的革命以後，學生底言論自由得到了手，《周刊》裏便有誠懇的、切實的校風底批評同問題底討論；於是新聞欄一向的主位，被言論欄篡奪了。這個變更已替現在隱伏於《周刊》背面的一個轇轕的問題下了種子。傳遞新聞，記載陳迹的《周刊》對於學校底改良衹有微弱的、間接的提示力；有了誠懇的、切實的言論底幫助，《周刊》便具一種直接地催促學校底進步底活的、創造的作用。一個出版物既包括這兩種內容，他便代表一般腦筋[2]底理想、態度同觀念——便萬難保其純粹地客觀的性質。換言之，《周刊》必有一種主張與態度。但是這個主張同態度該依什麽做根據呢？

《周刊》底職員是同學初選的，學生會復選的；他的經費又是學校供給的。據學生會章程，《周刊》對於學生會是獨立機關。邏輯地講來《周刊》是學生會産生的，對於他，怎能算獨立呢？試問一個素來主張廢止學生會的人多半會不會當選爲《周刊》職員呢？上年《周刊》同董君鳳鳴底交涉，便曾上控學生會。前者底不能不仰息於後者，可見一斑。同學不但是職員底初選者，供給稿件同銷售兩事也都靠他們。學校底能致《周刊》底死命，上學期爲增刊底經費問題的糾葛，便是鐵證。《周刊》對於三方面，既都不能獨立，假若三方面底理想態度同觀念是調和的，《周刊》底主張態度便不生問題。但是觀現在的情勢，三方面底調和是一個不能實現的理想。那麽遇有某方面發生衝突時，《周刊》應該持個什麽態度呢？大概我們臆想所及的不過如下幾種，現在逐一討論之：

（一）代表同學以監督學生會對付學校當局。因爲選舉、稿件、銷售三種扼要的關係，説同學是《周刊》底最大的股東，是很合理的。那

① 本篇原載 1921 年 9 月 15 日《清華周刊》第 223 期，署名一多。

② “筋”，原作“經”。

麽多數同學底意見該是《周刊》底主張了。但是群衆精神是不負責的，破壞的，没有理性的根據的。平心而論，有時多數同學底意見是不應盲從的。教訓很多，不必細數。總之，一味地隨波逐流，以博同學底歡心，不是《周刊》應取底政策。

（二）幫助學生會以接洽學校當局輔導同學。未來的學生會不知道。若論“六三”罷課期中被推翻的學生會底價值，輿論自在。假若不幸又産生了一個同類的學生會，《周刊》當然不能擁護羅。

（三）附麗學校當局以管轄同學及學生會。學校對於學生方面底實情，常常隔膜。隨時的，公開的提示同解釋，當然是必要的。象“去張”運動以前的歌頌功德，粉飾太平的《周刊》，還有什麽存在底價值呢？現在同學們底普通的自覺底程度，迥異昔日。《周刊》應該利用這種情形，以輔助他們成爲自動的、有個性的國民；不應逼迫他們俯首貼耳地做威權底奴隸！

以上的是説《周刊》底主張理論上怎樣不應該偏於那一方面。其實縱要這樣辦去，事實上也是不可能的。因爲《周刊》既於三方面都有密切的關係，倘若或是直接地得罪了那一方面，或因袒護甲方面而間接地觸犯了乙方面，他的存在或進行便要立受影響。爲保全他的生命底康健起見，這三種態度都不是《周刊》所當試采的。

（四）不取固定的態度。還有一個可能的辦法，那便是做個朝秦暮楚，三面敷衍的中間人，無所謂態度，無所謂主張。這個政策或能得許多喜歡息事寧人的人底贊同。但這種潦草塞責的，木偶式的出版物，有同没有，有什麽關係呢？

（五）自定絶對地獨立的態度。這便是三方面都不袒護，遇有不當存在的情形，無論屬於那一方面，都力肆攻擊，遇有無論那一方面底良美的政策，都極力鼓吹。《周刊》常常有一種積極的主張，但是絶對地獨立的。他所認識的是真理，是公道；并不知道什麽同學，學生會或學校。這樣，纔配稱爲輿論機關，公正的輿論機關。這樣，《周刊》底威信，便不難成立而且持久。一個社會——“學校是雛形的社會”——必需一個公理底正鵠，然後是非就有標準，然後纔可以談改良與進步。我們知道欲求一種改良底成功，必須有一種實力以爲之後盾。法律是一切行政底後盾；社會的裁制即輿論是一切道德底後盾。輿論不但可以鞭驅，還可以鼓舞；所以同法律比，還是更良的催促社會進步底工具。如今學生法庭又歸失敗，若能將《周刊》辦到上述的程度，也是個“亡羊補牢”底方法。

但是這樣的《周刊》好到好，衹是恐怕做不到。所謂獨立的主張，到底是怎樣産生的呢？十八個集稿員底意見怎樣會一致呢？又怎能保他們都是强正不屈的公道底主持者？更怎能保同學、學生會或學校不加以威脅使他們中途變志呢？社會裏的理想的言論機關，是好公理者自動的組織，所以能脱離一切的牽制。我們的《周刊》底性質完全不同，想辦成一個如上的理想的言論機關，是絶對地不可能的。

這樣看來，《周刊》底地位竟没有方法訓釋，所以他的態度主張也没有方法揀定。但是這個問題一天不解决，《周刊》底機體便一天不能健全。《周刊》長爲半身不遂的機關，學校底改良便永缺一個寶貴的工具。

八．一〇

節譯阿諾底《納克培小會堂》
Rugby Chapel by Matthew Arnold[①]

我們讀 Tom Brown's *School Days* 都知道他們的校長 Thomos Arnlod 是如何地起人景仰，因回顧我們清華學生近來的境遇，又如何到至此呢！如今“時日曷喪”之聲，可以稍衰了。但那順天應民的真命天子，還不知在那裏呢！ Thomos Arnold 死後十五年，他的後子 Matthew 作此詩以追念其父。其大意可包括在這幾行裏——

十五年來，
我們這一向在你的庇陰下——
彷佛在一□大橡底枝葉下——
休息的，受了驕陽。
同冷雨、赤科、孤淒，
没有遮蓋，缺欠了你的蔽陰。

可憐！我們清華學生那一天不去驕陽冷雨之下！我們爲密陰的大橡做夢到如今，祇怕還免不了“一場喜歡一場空”吧？我讀阿諾底詩再喚起近來校中糜爛的現狀，泪珠兒幾乎滚了下來呢。還有人説學生野心，干預校政。唉——

知我者謂我心憂，
不知我者謂我何求！

原作太長不能全録，如今取的是殿尾的兩節。這并不是最好的部分。我

① 原載 1921 年 10 月 21 日《清華學生周刊》第 1 期。署名風葉。現據本書第 15 册《聞一多年譜長編》（聞黎明、侯菊坤編）編入。據云：“該文似乎排版有誤，此僅據原版鈔録。”

摘取了他，是前（？）有用意的。孔子說："興於《詩》。"我們讀阿諾之作，怎好没有一點感觸呢？在我個人，不得"大橡"，誓不甘休；什麼蒲柳散材，尚不在眼裏，何况那些荆棘敗類那配來污我"水木清華"的靈境呢？

看！在世界的巉岩裏
走着人類的隊伍，
一條軟弱飄蕩的綫。
他們是到那裏的？——一個上帝
帥着他們，給他們鵠的。——
啊！但是路這樣長！
他們在漠野裏多年了！
酷渴磨厄他們，巉岩
四起，威嚇他們；
朋黨分裂他們，他們的
隊伍拿破裂、潰散來要挾。
啊！使，使他們團結着！
不然，組織那軍隊的
無量敵，没有一個到得了；
五［吾？］們將孤身徘徊；永遠
在岩石上不生效力地撞碰，
一個；地死在荒里。
然後，當你的神昏氣詛
之族處救底時候，
你，如同天使，出現了，
神聖的精誠，晶光四射。
希壹底烽火，你出現了！
你的心裏没有倦怠，

你的口裹没有軟弱，
你的眉上没有疲困。
你站在我們的先鋒裏！
遇着你的聲音，想慌與絶壹道走。
你在隊中巡邏，喚回遲情，
振刷疲衰，鼓勵勇敢。
秩序，膽量重新來回了；
眼睛又燃亮了，禱祈
跟隨着你的脚步走。
你填滿我們行裏的缺罅，
振起散漫的陣綫，
整頓延續我們的行步，
前進於廣漠之涯，
前進於上帝之都。

恢復和平！[1]

在一個顛倒錯亂的畸形的社會之中，一切的事變，幾乎都要用顛倒錯亂的方法去應付；這樣積久而鑄成習慣，畸形的觀念沉到人們底腦筋[2]底下去着土生根了，他們便徑直認權爲經，安變如常了。這種現象是新舊過渡程中底一個大礁石。溯其來因可分兩端：

一、社會現狀底反響。“莫赤匪狐”，“莫黑匪烏”，“司空見慣”，印象深刻；於是見了公共機關，不問青紅皂白，便一概地痛心嫉首，如對蛇蝎一般。觀察地對象，本没有絲毫變更，我們偏看出千形百態光怪陸離來了，其實都是我們的主觀的幻象。在心理學裏 illusion 底一種原因是 frequency。如今我們看着一切的公共機關都是一種黑幕底 illusion，便是從前看多了公共機關底黑幕底結果。

二、新思潮底遺毒。幾千年底纆鎖，一朝打破；蠢動泛駕底原始的衝動，如同被壓而未熄的薪火一般，忽遭新思想底乾風一吹，不覺燎原大燒起來。可憐的時代底犧牲者，他們的神經竟被波爾希維克的赤幟螫得發狂了。一個著名的美國畫家講：假若一個發怒的神靈要用一種特别地酷暴的刑具懲罰人類，再没有什麽東西，比將全世界底緑色都變成赤色更可怕些的。在這樣一個赤色的世界之中，人類不久定都變成瘋子了。俄羅斯底赤色在中國的影響，大概同這差不多。青年們竟以爲解放便抹殺一切法律主權同習慣，以爲社會的平等便包括知識的平等呢。這不是瘋癲是什麽？

若要挽回這種狂瀾，没有别的方法，全在我們善於驅使理智節制感情。换言之，我們的頭腦都太熱了，若能少任血性，多用考慮，便不致有這種毛病。

出虎進狼，以暴易暴。好好一顆橘樹，渡過淮水了，便度成枳樹。其實這也不過是人類底長久的歷史中一個片段裏底現象，正如人生

① 本篇原載 1921 年 11 月 19 日《清華周刊》第 226 期，署名一多。

② “筋”，原作“經”。

七八十年中一兩天底疾病罷了。那裏便可以判决凡是執事的都是奸惡，更那裏可以遷怒嫁怨，囫圇地宣布一切行政機關底死刑呢？一方面我們既相信公共事業是要人做的，又相信公共事業是有人能做配做的，但是一方面又因一時的失望便要不分玉石搗亂一切。長照這樣鬧下去，衹恐怕終久鬧得天翻地覆纔完事呢！

時局蜩螗，學生不得不拋了書本來倡一種運動；校事弛廢，學生又不得不偷着閑暇去倡一種運動。這并不是説學生總是比當軸高明些，應該起而代庖。乃是外界既不幸有了這些麻煩生厭的畸形的狀況，我們也衹得耐着性兒破一個例，幫助大家把不正的扭正了，非常的復常了；爲的是要這樣，我們纔好安心樂業做我們應做的事。所以我們没有恢復原狀底機會則已，若有了，那肯不捉住這機會做去的呢！

況且我們是社會的一份子。社會的幸福建於秩序與和平的基礎上。所以他的秩序將破則維持，既破則恢復纔是我們的天職。愛和平重秩序，是我們中國民族底天性。我不願我們青年一味地眩於西方文化的新奇，便將全身做了他的犧牲。

和平秩序之不見於清華久矣。如今他似乎又隱約地在我們目前盤旋，我們千萬要拉住了歡迎回來。所以我們的太烘熱的腦筋[①]要盡力地冷下來，我們要盡力地想象以置身於太平景象之中，用慈祥赤裸的心相待。我們要快把那不受繮鎖的，安那其的（Anarchical），浮躁蠢野的"赤"氣擺脱，三熏三沐降心屏息地整頓大局。萬一不幸又有需要我們的時候，我們不妨再破一個例出來趨應責任的詔命。但是我們總要記着這是一個例外萬不得已的事！在不需要這種舉動時，最好不要枉費精神。

我們學校與當局[②]一向取對敵的態度，一言一動，輒藏機心。如今我們若認爲這種態度是用不着的呢，便不妨拋掉了他。還是和衷共濟赤誠相待的，舒服得多，痛快得多。我們對於我們自主的機關學生會，一

---

① "筋"，原作"經"。

② "我們學校與當局"，似應作"我們與學校當局"。

向都没有信用，没有敬心。我們知道要使清華振起一點新氣象來，非藉學生會爲工具不可。假若我們認爲他不滿意，便急起用正大光明的方法圖謀改良。假若看不出要改良的地方，便需信他，敬他，護他，愛他。不要隨隨便便就大書特書地，説他庸懦，説他專横，忤辱他的人格。在法律中公共機關稱爲“法人”（Artificial person），尋常我們若隨便出條駡人，被駡人必拉我們上齋務處去要我們賠償名譽。須知學生會是個“法人”，他的名譽也是不好隨意毁敗的，他的人格也是不好隨意忤辱的。

同學之間若得相親相愛還是這樣爲好。我們常常猜疑某某爲政客，某某爲流氓，某某爲軍閥，其實都是我們主觀的判斷。我們若大家平心静氣存點恕道，這些名詞根本地都消滅了。其實我是一個人，别人也是一個人，難道我們好别人就那樣壞嗎？中國人最講究家族主義。我們若能將對待家人底一種和愛的心境來施及於學校，假定校中人個個都是我們的家人，那就好了。

如今校中各方面（學校與學生，學生與學生）的搗亂也搗够了。亂極思治，人同此心。大家何必不即早回頭呢！諸君！我們的夢做得久了；黎明來了，我們醒罷！

取消留級部令之研究[①]

我們現在對於此次取消留級底部令，稍微有點意見，願同諸君商榷之。我們身爲大二級友，對於這個問題所講的話，本難發生效力，就是本日敝級已經通過不早放洋，不承受“三條件”（即便給我們，我們也

① 本篇原載1922年4月21日《清華周刊》第244期“校聞”欄，文前附有關於“取消留級運動”一事的報導和評論。全文如下：

·校　聞·

怎樣過去？　自“利害不論是非必争”的戰鬥，一變而爲“具結”“悔罪”“道歉”“謝過”的取消留級運動以後，記者即知這場兒好事，馬上就要成功。而奔走東堂子胡同及北河沿的一班代表人物，又拿着一面“雙方過得去”的旗子，招摇號召，記者以爲“君子不欲多上人”，果真能“雙方過去”，那麽，大家糊糊塗塗過去也就罷了，故屢次記載，雖有幾句警唤的話，亦不過指點代表小心着意，不要算了一班老外交家的賬，讓人家過去了，自己過不去。乃不幸言以人廢，忠誠不納，始則明珠彈雀，終且白晝竊會，以“裸體之譏”的賠罪换一場“束身自愛”“以勵前修”的没趣。到頭來留級事雖得暫緩執行，而所謂“雙方過得去”的招牌，則毁滅無餘矣。

兹將部令照録於下

通告第三十四號

查本校前以應否取消留級辦法陳請

外交部批示，本月十一日奉指令開，據呈留級辦法，應否取消，亟待解决，以便進行等情到部，當經發交董事會核議具覆，兹據覆稱：該校學生會一再呈請取消留級辦法，并聲明悔過，情詞懇切，似可予以自新，擬請將留級辦法暫緩執行等語前來。查上年諸生等罷課避考，顯違校章，於管理原則上，本難稍事通融，第念諸生當時尚非主動，事後深知改悔，酌理衡情，不無可恕，應准將留級辦法暫緩執行以觀後效，合行令仰該主任，轉飭諸生一體遵照，此令，等因，奉此，特遵令將留級辦法，暫緩執行，嗣後諸生務須束身自愛以勵前修，毋負外交部培植之至意爲要，此告。

記者讀這部令以後，真有“汗未嘗不浹背沾衣”的情形，以爲這污辱人格的部令，必有一種反動的表示。乃事實又大謬不然。前日自認“裸體之譏”者，固已遵令“束身自愛”去了，而一班反對留級運動及一班堅持留級的君子，亦鴉雀無聲，倘真藉着“一體遵照”四字，做一場投機漁利的事業，那更令人失望啊！記者這些話，不是有意刁難，希望出洋，亦是人情有所不爲而後可以大有爲”，氣節所關，亦不應過事抹煞耳！多言害道，記者且將從此擱筆不語，惟所謂“雙方過得去”者，我們到底怎樣過去，此則望諸君平心静氣，有以語我來！

部令發表以後，有同學數人，發表一篇《取消留級部令之研究》，兹并録於後。（下接本文）

不要）等議案，我們的地位，仍是不便講話。不過我們看見部令時，我們的良心便吩咐我們非講不可。從前當局曾經屢次説過，對於這件事的辦法，總要“雙方過得去”。如今根據這個部令看來，他們過去了，我們可太過不去！兹將何以過不去的四端，分别述之：

（一）污辱人格。去年我們罷課以後，堅持不考，實爲良心上底主張，而部令偏説“當時尚非主動”。試問當時三度表决，幾次宣言，到底是誰的主動？這次罷課風潮，一部分人或者認爲手續上稍有疏忽。這種疏忽，就是有可悔之處，也不會牽涉到主張上來。而部令説“事後深知改悔”。試問對於這種正大光明的同情底主張，諸君果然“深知改悔”嗎？他説“予以自新”，諸君果有“自新”之必要嗎？他説“以觀後效”，諸君底“後效”果然要“觀”嗎？其令人尤難堪者，則校令中之“諸生務須束身自愛，以勵前修，毋負外交部培植之至意”數語。試問當日同情罷課時，我們果然是卑污苟賤，不知自愛的學生嗎？我們果然有“負外交部培植之至意”嗎？

（二）捏造罪名。罷課一事，師出有名，全國皆知。事前三次投票，手續何等鄭重？事後追求補考，心迹亦[1]屬光明。而部令乃説“罷課避考”。試問“避考”二字果能抹殺當時罷課底初衷嗎？

（三）滑頭手段。這次取消留級之要求，同學方面是請其將原案完全推翻，并非暫緩執行。外部果然已認留級辦法爲不妥當，就當爽爽快快將該案取消。而部令乃三次申明“暫緩執行”，顯屬别有用意。試問將來學校經費發生問題時，留級一案是否仍能發生效力？試問將來學生無論何種舉動當局認爲不滿意者，留級一案是否又能發生效力？“人無遠慮必有近憂”。這種地方，低級諸君當特别注意！

（四）威壓政策。取消留級運動發生之後，許多人實居反對地位，但因抱定多留一年之堅心，不願出頭破壞他人的成功，無非欲遂其各行其是之目的。今觀部令“一體遵照”一語，又據王代理校長之談話，留

① 原無“亦”字，參酌文意補。

校一事，完全絶望，則不服從部令，衹有退學一途。試問決定多留一年之諸君，是甘心自行退學呢，還是屈伏於威壓政策之下呢？

上面這番話，我們自知不一定是對。就是有對的地方我們也知道不一定能發生什麼效力。不過我們看見部令時，我們的良心便吩咐我們非講不可。我們也知道諸君看到部令時底感想，比較我們的還要深切，因此我們更知道諸君將有更具體的表示出來。諸君啊！天下底事還有比出洋更要緊的没有？

聞一多　　羅隆基
吴澤霖　　高鏡瑩

美國化的清華[1]

用美國退回賠款辦的預備留美底學校，他的目的當然是吸收一點美國文化。所以清華若真做到美國化底程度，是一樁大幸事。實在我常聽到我們這裏一般美國教授們抱怨中國留美學生——清華當然在内——太不懂美國，太没受着美國文化底好處。他們的意思當然是説清華底教育，雖不算失敗，但總有些令人不滿意。我説他們的話是一半對，一半不對。怎樣講呢？中國人在他們美國人眼裏，隨便受他們的同化到什麽地步，總不會同一個美國本地人一樣，但是這個人在中國人眼裏，總太像一個外國人；這仿佛是一個中國人穿着洋服，説着洋話，站在一群中國人裏，儼然是一個洋人，但是走到一群洋人裏，總是没有他們自己那樣洋。一個留學生真是個“四不像”了。但是正好，他們應該是這樣的。清華學生是要受點美國化，當然，不是要變成美國人。這是一般有知識的人底意見。但是我個人的意見比這還不如。

我這意見講出來，恐怕有點駭人，也有點得罪人。但是這種思想在我腦筋[2]醖釀了好久，到現在我將離開清華，十年底母校，假若我要有點臨别的贈言，我衹有這幾句話可以對他講。

我説：清華太美國化了！清華不應該美國化，因爲所謂美國文化者實不值得我們去領受！美國文化到底是什麽？據我個人觀察清華所代表的一點美國化所得來的結果是：籠統地講，物質主義；零碎地數，經濟、實驗、平庸、膚淺、虚榮、浮躁、奢華——物質的昌盛，個人的發達……。或者清華不能代表美國，清華里的美國人是[3]不是真正的美國人，我不知道。不過清華里的事事物物，（我又拿我那十年底經驗底招牌來講話）我是知道得清清楚楚的。我敢於説我講的關於清華的話，是没有錯的。我現在没工夫仔細將清華底精神分析出來，以同所謂美國化

---

① 本篇原載 1922 年 5 月 12 日《清華周刊》第 247 期，署名一多。

② “筋”，原作“經”。

③ 原無“是”字，參酌文意補。

者對照；我衹好舉其犖犖大者數端。

（一）經濟。除了經濟，美國文化還有什麽？我們看近來清華要學這個的該有多少？再看别的不學這個的，誰不是以“吃飯”作標準去挑他們的學業？再看從美國回來當買辦、經理的該有多少？再聽一般人底論調，總是這個有什麽“用”？那個有什麽“用”？他們除了衣食住底“用”外，還知道什麽？他們的思想在哪裏？他們的主義在哪裏？他們對於新思潮的貢獻在哪裏？他們的人格理想在哪裏？他們的精神生活又在哪裏？

（二）實驗。很好！清華學生真有幹練敏捷之才！“五四”運動證明了，童子軍證明了，世界基督教學生同盟大會證明了，幾次的灾區服務證明了。但是也衹是 efficient 而已啊！

（三）平庸（mediocrity）。清華學生不比别人好，何嘗比别人壞呢？很整齊，很靈敏，很乾净，很有禮貌，——很過得去。多數不吃烟，不喝酒，不打牌，不逛胡同，——很有規矩。表面上看來清華學生真令人喜歡，但是也衹是令人喜歡，不能引[①]起人底敬愛，因爲他們没有驚人之長。

（四）膚淺。清華學生真浮淺極了！哪裏談得上學問？哪裏談得上知識？一個個見了人，笑笑彌彌的，真是 A very good fellow，但是真有什麽誠意待人嗎？外觀講得真好，形勢極其整齊，正同這幾間大洋樓——禮堂、圖書館……——一種風味。隨便在哪，面子總不能不顧。講新也新得不徹底；講舊也舊得不徹透。淺啊！淺極了！真是些小孩子們啦！

（五）虛榮。人説我們“急公好義”，我們捐罷，把飯錢都捐了罷，反正菜不够吃，總是要添的。人説我們能自治，學生會，法庭都幹起來罷；回頭會也没有人到，費也没有人交，什麽也都忘掉了。運動啊，演説啊，演戲啊，一切的啊，都是出風頭底好工具。

① 原無“引”字，參酌文意補。

“Our Tsing Hua's pride does still abide, and ever more shall stay!”

（六）浮躁。這更不用講了。這本來是少年底氣象，男兒好身手底本色！不獨舉動浮躁，行爲也浮躁，語言也浮躁。mob spirit！！

（七）奢華。誰説清華學生不浪費？厨房、售品所不用講，每星期還非看電影不可。貴胄公子，這一點安逸不能不講。清華底生活看着尋常，其實比一般中等社會人都高；在平時還不覺得，到出洋時，真不差似中了狀元，三、四、五、六百塊，闊給你瞧瞧！

以上所述的這些，那樣不是美國人底特色？没有出洋時已經這樣了；出洋回來以後，也不過戴上幾個碩士、博士、經理、工程師底頭銜而已；那時這些特色衹有變本加厲的。美國化呀！够了！够了！物質文明！我怕你了，厭你了，請你離開我罷！東方文明啊！支那底國魂啊！“盍歸乎來！”讓我還是做我東方的“老憨”吧！理想的生活啊！

“Oh! raise up, return to us again.

And give us manners, virtue, freedom, power.”

一九二一級紐約重聚會[1]

一九二五年一月三日，中華園[2]。在紐約讀書有一樁好處，便是你若好玩而且會玩，可以玩得你不要讀書了。我們一九二一的這幾位級友（除了我一人以外）到紐約來，真是可惜了紐約。你看他們一個個都是書蟲：張杰民，吴宗如，廖芸皋，張祖蔭，黄憲儒，熊祖同，段茂瀾，顧德銘，王際真，沈仁培，李運華……都已經在學位上堆學位了。最明顯的例是費培杰用功已經用到醫院里去了。用功的人也有他們的好處，因爲他們無往而不勇敢，無往而不努力，便是宴會的時候，也是這樣。如果再加上幾位外來的健將，例如王德郅，汪泰經，尤其是那著名的食量大王昭涵，那這番的宴會，其痛快淋漓，可想而知了。

這次聚會，因爲與周刊讀者面熟的滑稽新聞記者李運華先生缺席，没有人作報告，記者便抓著我了。我同 Bob Li 比，“賜也何敢望回”。

---

① 原载 1925 年 3 月 6 日《清华周刊》338 期“新闻”栏，末署“闻一多”。現據本書第 15 册《聞一多年譜長編》（聞黎明、侯菊坤編）編入。

② 此句原刊無標點。

武漢大學紀念孫總理奉安典禮祭文[1]

烏乎！神州陸沉，受制異族，民權不伸，民生彌蹙，厝火積薪，危機潛伏，衆人熙熙，酣夢方熟。繄維總理，先覺先知，四十年前，獨抱憂危，結納同志，密展宏規，光復故物，金甌不虧。

國體共和，首崇讓德，成功不居，退然拱默。咄哉叛夫，大盜移國，爰構厲階，禍延南北。公謀建設，主義昭宣，建國方略，憲法五權。億兆服膺，全體動員，催公北上，耆定坤乾。胡天不仁，沉疴遽染，扁鵲華陀，莫救斯險。壯志甫伸，榮光俄掩，載德垓埏，銘勛琬琰。

煌煌遺教，奉作寶書，和平統一，實踐非虛，遷都金陵，力行其餘，國民會議，苛約廢除。遏密八音，倏焉三載，奉安鍾山，兆域爽塏，墳對孝陵，徽揚寰海，舉哀陳詞，上訴真宰。滔滔江漢，載纘武功，辛亥首義，遐邇來同，學府既建，棫樸芃芃，敢獻樂章，被之絲桐。尚饗。

① 本篇録自 1929 年 6 月 10 日《國立武漢大學周刊》第 25 期所載《國立武漢大學紀念總理奉安典禮之聯語及祭文》，原未署名。按：1929 年 6 月 1 日，孫中山靈柩由北平碧雲寺移至南京紫金山中山陵安葬，并舉行奉安大典。前此，5 月 28 日武漢大學第 36 次校務會議曾就“武漢奉安委員會爲奉安典禮各界届時應各備祭文一份并推主祭一人案”作出決議：“祭文請聞院長擬就。”（見 1929 年 6 月 3 日《國立武漢大學周刊》第 24 期）

敗①

畢業後十二年，又回到母校，碰上第五級同學將畢業，印行年刊，要我幾句話作紀念。這話應該有的是可說説的。真的，話太多，不知從何處説起。所以屢次抵賴，想索性不説了，正因這緣故。

要當兵，先去報名入伍，檢驗體格，及格了，纔算一名入伍兵。（因爲體格不合，以及其他的關係，求當兵而當不上的多着呢！）三個五個月不定，大早上操，下半天上講堂，以後是野外實習，實彈射擊。兵丁入伍以後，營盤裏住下一年半載，曉得步法陣勢射擊等等，但是還算不得一個兵。要離開營盤，守壕衝鋒，把死人踩在脚下，自己容許也掛了彩，這人纔漸漸像一個兵了。什麽時候纔真正完成當兵的意義？打了敗仗，帶着遍體的鱗傷回來，剩下一絲氣息，甚至連最後的這一點也没有，那也許更好。一個兵最大的出息，最光明的前途，是敗，敗得精光。

朋友們，現在我歡送你們這支生力軍去應戰。三年五年，十年八年後，再遇到你們，要看見你們爲着争一個理想而贏來的那遍體的鱗傷。去了！我祝福你們——敗！

可講的話雖多，但精義已包括在這裏了。恭維的話，吉利的話，是臭紳士的虚僞，我鄙棄，想你們也厭惡。

民國二十二年三月十日

① 本篇原載 1933 年《國立清華大學年刊》。

青　　島[1]

海船快到膠州灣時，遠遠望見一點青，在萬頃的巨濤中浮沈；在右邊嶗山無數柱奇挺的怪峰，會使你忽然想起多少神仙的故事。進灣，先看見小青島，就是先前浮沈在巨浪中的青點，離它幾里遠就是山東半島最東的半島——青島。簇新的、整齊的樓屋，一座一座立在小小山坡上，筆直的柏油路伸展在兩行梧桐樹的中間，起伏在山岡上如一條蛇。誰信這個現成的海市蜃樓，一百年前還是個荒島？

當春天，街市上和山野間密集的樹葉，遮蔽着島上所有的住屋，向着大海碧綠的波浪，島上起伏的青梢也是一片海浪，浪下有似海底下神人所住的仙宮。但是在榆樹叢蔭，還埋着十多年前德國人堅偉的炮臺，深長的甬道裏你還可以看見那些地下室，那些被毀的大炮機，和墻壁上血塗的手迹。——歐戰時這兒剩有五百德國兵丁和日本争奪我們的小島，德國人敗了，日本的太陽旗曾經一時招展全市，但不久又歸還了我們。在青島，有的是一片緑林下的仙宮和海水泱泱的高歌，不許人想到地下還藏着十多間可怕的暗窟，如今全毀了。

堤岸上種植無數株梧桐，那兒可以坐憩，在晚上憑欄望見海灣裏千萬隻帆船的桅杆，遠近一盞盞明滅的紅緑燈飄在浮標上，那是海上的星辰。沿海岸處有許多伸長的山角，黄昏時潮水一捲一捲來，在沙灘上飛轉，濺起白浪花，又退回去，不厭倦的呼嘯。天空中海鷗逐向漁舟飛，有時間在海水中的大岩石上，聽那巨浪撞擊着岩石激起一兩丈高的水花。那兒再有伸出海面的站橋，去站着望天上的雲，海天的雲彩永遠是清澄無比的，夕陽快下山，西邊浮起幾道鮮麗耀眼的光，在别處你永遠看不見的。

過清明節以後，從長期的海霧中帶回了春色，公園裏先是迎春花和連翹，成籬的雪柳，還有好像白亮燈的玉蘭，軟風一吹來就憩了。四

---

[1] 本篇寫作時間未詳，現據徐蔚南主編、1936 年 9 月上海大衆書局出版的《古今名文八百篇》第 1 册排印，原注釋略。

月中旬，奇麗的日本櫻花開得像天河，十里長的兩行櫻花，蜿蜒在山道上，你在樹下走，一舉首衹見櫻花綉成的雲天。櫻花落了，地下鋪好一條花蹊。接着海棠花又點亮了，還有躑躅在山坡下的“山躑躅”、丁香、紅端木，天天在染織這一大張地氈；往山後深林裏走去，每天你會尋見一條新路，每一條小路中不知是誰創製的天地。

到夏季來，青島幾乎是天堂了。雙駕馬車載人到匯泉浴場去，男的女的中國人和十方的異客，戴了闊邊大帽，海邊沙灘上，人像小魚一般，曝露在日光下，懷抱中是薰人的鹹風。沙灘邊許多小小的木屋，屋外搭着傘篷，人全仰天躺在沙上，有的下海去游泳，踩水浪，孩子們光着身在海濱拾貝殼。街路上滿是爛醉的外國水手，一路上胡唱。

但是等秋風吹起，滿島又回復了它的沉默，少有人行走，衹在霧天裏聽見一種怪木牛的叫聲，人説木牛躲在海角下，誰都不知道在那兒。

在魯迅追悼會上的講話①

魯迅先生死了，除了滿懷的悲痛之外，我們還須以文學史家的眼光來觀察他。我們試想一下，在中國文學史上的人物中，支配我們最久最深刻，取着一種戰鬥反抗的態度，使我們一想到他，不先想到他的文章而先想到他的人格的，是誰呢？是韓愈。唐朝的韓愈跟現代的魯迅都是除了文章以外還要顧及到國家民族永久的前途，他們不勸人作好事，而是駡人叫人家不敢作壞事。他們的態度可說是文人的態度而不是詩人的態度，這也是詩人與文人的不同之點。

……我跟魯迅先生從未見過，不過記得有一次，是許世英組閣的時候，我們教育界到財政部去索薪，當時我也去了，談話中間記得林語堂先生説話最多，我是一向不喜歡説話的，所以一句也没有説，可是我注意到另外一個長鬍鬚的人也不説話，不但不説話，并且睡覺。事後問起來，纔知道那位就是魯迅。

① 本篇録自1936年11月2日《清華副刊》第45卷第1期所載《魯迅追悼會記》（作者署名儷）。這是聞一多在1936年10月24日清華大學舉行的魯迅追悼會上講演的部分内容。

屈　　原[1]

將《離騷》以下所有認爲是屈原的作品，再加上一篇《九辯》，排成一個年曆的次序，“所有考證家提出過的問題，一概置之不理”，便依這次序來解釋作者——屈原的心靈遭變的過程，和藝術的發展——，這事衹有梁先生的識見，魄力和自信心，纔想象得到，并完成得了的一本書。考證本是□□的勾當，一發動，似乎就没有完似的，等考證家的問題都論定了，再開始欣賞文藝，那真是“俟河之清，人□幾何”？快刀斬亂麻，本來也不失爲一種辦法，文學史上的問題固然應當細心研究，舊文學中那種評等式和詩話式的批評不也應該廓□嗎？也許舊式的冬烘的批評不廓□，文學史的問題也就更難解决。這樣説來，梁先生是間接的在幫助文學史家解决問題，直接的已替舊文學的批評事業開了一個新紀元。如今關於文學史的好考證文章似乎不在少數，但一位够得上稱批評家的人來嘗試歷史上一部如此偉大的名著，就筆者所知道的，梁先生這本《屈原》要算破開荒了。誠然，我們想象梁先生嘗試的是□，謝，李杜等任何一家，而不是這位碰巧在文學史上糾葛最多的屈原，我們對於他的成績一定更要感覺滿意。但是老實説，得了這本《屈原》，我們已經應該感激之不暇了，至少在氣味上，這位屈原，比起那位在二十世紀的燈光照明下粉墨登場的屈原，要强得多。

---

① 原載 1943 年昆明出版之《春秋導報》，係對梁宗岱《屈原》一書的書評。現據本書第 16 册《聞一多年譜長編》（聞黎明、侯菊坤編）編入。

復古的空氣[1]

近來在思想和文學藝術諸方面，復古的空氣頗爲活躍，這是值得注意的一個現象。就一般民衆講，文化是有惰性的，而農業社會尤其如此。幾千年積下來的習慣和觀念，幾乎成了第二天性，驟然改動，是不舒服的。其實就這群渾渾噩噩的大衆説，他們始終是在“古”中没有動過，他們未曾維新，還談得到什麼復古！我們所謂復古空氣，自然是專指知識和領導階級説的。不過農民既幾乎占我們人口百分之八十，少數的知識和領導階級，不會不受他們的影響，所以談到少數人的復古空氣，首先不能不指出那作爲他們的背景的大衆。至於少數人之間所以發生這種空氣，其原因與動機，可以分作四個類型來講。

（一）一般的説來，復古傾向是一種心理上的自衛機能。自從與外人接觸，在物質生活方面，發現事事不如人，這種發現所給予民族精神生活的擔負，實在太重了。少數先天脆弱的心靈確乎給它壓癟了，壓死了。多數人在這時，自衛機能便發生了作用。本來文學藝術以及哲學就有逃避現實的趨勢，而中國的文學藝術與哲學尤其如此。

中國人現實方面的痛苦，這時正好利用它們來補償。一想到至少在這些方面我們不弱於人，於是便有了安慰。説壞了，這是“魚處於陸，相濡以濕，相嘘以沫”的自慰的辦法。説好了，人就全靠這點不肯絶望的剛强性，纔能够活下去，活着奮鬥下去。這是緊急關頭的一帖定心劑。雖不徹底，却也有些暫時的效用。代表這種心理的人，雖不太强，也不太弱，惟其自知是弱，所以要設法“自衛”，但也没有弱到連“自衛”的意志都没有，所以還算相當的强，平情而論，這一類型的復古傾向，是未可厚非的。

（二）另一類型是帶有[2]報復意味的自尊心理，凡是與外人直接接觸較多，自然也就飽嘗屈辱經驗的人，一方面因近代知識較豐富，而能虚

---

① 本篇原載 1944 年 2 月 20 日《雲南日報》第 2 版“星期論文”欄。

② “有”，原作“於”，據開明版《聞一多全集》改。

心承認自己落後，另一方面，因爲往往是社會各部門的領袖，所以有他們應有的驕傲和自尊心，然責任又教他們不能不忍重負辱，那種矛盾心理的壓迫是够他們受的。壓迫愈大，反抗也愈大。一旦機會來了，久經屈辱的自尊心是知道圖報復的，於是緊跟着以抗戰换來的民族榮譽和國家地位，便是甚囂塵上的復古空氣。前一類型的心理説我們也有不弱於人的地方，這一類型的簡直説我們比他們高。這些人本來是强者，自大是强者的本色，民族榮譽和國家地位也實在來得太突然，教人不能不迷惑。依强者們看來，一種自然的解釋，是本來我們就不是不如人，榮譽和地位是我們應得的。誠然——但是那種趾高氣揚的神情總嫌有些不够大方罷！

（三）第三個類型的復古，與其説是自尊，無寧説是自卑，不少的外國朋友捧起中國來，直使我們茫然。要曉得西洋的人本性是浪漫好奇的，甚至是怪僻的，不料真有人盲從别人來捧自己，因而也大幹起復古的勾當來。實在是這種復古以媚外的心理，也并不少見。

（四）如果第三種人是完全没有自己，第四種人便是完全爲自己打算的。有的是以復古來掩飾自己不懂近代知識，多半的老先生們屬於這一類，雖則其中少年老成的分子也不在少數。有的正相反，又以復古來掩飾自己不大懂綫裝書的内容，暴發户的“二毛子”屬於這一類，雖則衹讀洋裝書的堂堂學者們也有時未能免俗。至於有人專門搬弄些“假古董”在國際市場上吸收外匯，因而爲對外推銷的廣告用，不得不響應國内的復古運動，那就不好批評了。

復古的心理是分析不完的。大致説來，最顯著的不外上述的四類型。其中有比較可取的，有居心完全不可問的。純粹屬於某一類型的大概很少，通常是幾種揉合錯綜起來的一個複雜體。説復古空氣是最近新興的現象，也不合事實。趨勢早已在醖釀，不過最近似乎更表面化了一點。爲什麽最近纔表面化？當然與抗戰有關。歷史在轉向，轉向時的心理是不會有平静。轉得愈急，波動愈大，所以在這抗戰期間，一面近代化的呼聲最高，一面復古的空氣也最濃厚。

就一般的人説，心理的波動，不足怪，但少數的知識和領導分子，却應該早已認清歷史，拿定主意，游移雖不致改變歷史，但是會延緩歷史的進展，須知我們的時間和精力都不容浪費。

我們的民族和文化所以能存在到今天，自然有其生存的道理在，這道理并不像你所想的，在能保存古的，而是正相反，在能吸收新的。歷史告訴我們，中國文化并不是一個單純的，一成不變的文化，（如果是那樣的，它就早完了。）最初東西夷夏兩民族，分明代表着兩個不同的文化。

如果你站在東方，以夷（殷人及東夷）爲本位，那便是夷吸收了夏；如果站在西方，以夏（夏、周）爲本位，那便是夏吸收了夷。但是這兩個文化早已融合到一種程度，使得我們分辨不出誰是主，誰是客來。在血緣上，楚與北方夷夏二族的關係，究竟如何，現在還不知道。無論如何，在文化上，直至戰國，他們還是被視爲外國人的。逐漸的這一支文化也被吸收了，到了漢朝，南北又成了一家，分不出主客來。究竟誰是我們的“古”？嚴格的講，殷的後裔孔子若要復古，文武周公就得除外，屈原若要復古，就得否認《三百篇》。從西周到戰國，無疑是我們文化史中最光榮的一段，但從没有聽説那時的人站在民族的立場上講復古的。即便依你的説法，先秦北方的夷夏和南方的楚，在民族上還是一家，文化也不過是大同小異，不能和今天的情形相比。那麽，打漢末開始的一整部佛教史又怎樣呢？宋明人要講復古，會有他們那“儒表佛裏”的理學嗎？會有他們那《西廂》《水滸》嗎？還有一部清代的樸學史，也不能不承認是耶穌教士帶來的西洋科學精神的賜予。以上都是極顯而易見的歷史事實，文化史上每放一次光，都是受了外來的刺激，而不是因爲死抓着自己固有的東西。

不但中國如此，世界上多少文化都曾經因接觸而交流，而放出異彩。凡是限於天然環境，不能與旁人接觸，或有接觸，而自己太傻太笨，不能，因此就不願學習旁人的民族，没有不歸於滅亡的。天然環境的限制，祇要有決心，有勇氣，還可以用人力來打開（例如我們的法顯，玄奘，義净諸人的故事）。怕的是自己一味固執，不肯虚懷受善。其實那裏是不肯，恐怕還是不能，不會罷！如果是這種情形，那就慘了。我深信我們今天的情形，不屬於這一類，然而我仍然有點不放心。佛教思想與老莊本就有些相近，讓我們接受佛教思想，比較容易。今天來的西洋思想確乎離我們太遠，是不是有人因望而生畏，索性就提倡復古以資抵抗呢？幸而今天喜歡嚷嚷孔學，和哼哼歪詩的人，究竟不算太多，而青年人尤其少。

我得强調的聲明，民族主義我們是要的，而且深信是我們復興的根本。但民族主義不該是文化的閉關主義。我甚至相信正因我們要民族主義，纔不應該復古。老實説，民族主義是西洋的產物，我們的所謂“古”裏，并没有這東西。談談孔學，做做歪詩，結果衹有把今天這點民族主義的萌芽整個毁掉完事。其實一個民族的“古”是在他們的血液裏，像中國這樣一個有悠久歷史的民族，要取消它的“古”的成分，并不太容易。難的倒是怎樣學習新的，因爲我們在上文已經提過，文化是有惰性的，而愈老的文化，惰性也愈大。克服惰性是一件難事啊！

有人説，你太傻了，你忘了“儒表佛裏”的理學家的道統是從文武周公算起的，而不從釋迦牟尼算起，接受西洋科學精神的樸學，仍稱爲漢學，而不稱西學。内容無妨接受人家，外表還得是自己的。這是面子問題，而面子也不能不顧。今天的復古，也可以作如是觀。我但願自己太傻，然而我又擔心擁護復古的人們和我一樣的傻。傻到真正言行一致。

家族主義與民族主義 ①

周初是我們歷史的成年期，我們的文化也就在那時定型了。當時的社會組織是封建的，而封建的基礎是家族，因此我們三千年來的文化，便以家族主義爲中心，一切制度，祖先崇拜的信仰，和以孝爲核心的道德觀念等等，都是從這裏産生的。與家族主義立於相反地位的一種文化勢力，便是民族主義。這是我們歷史上比較晚起的東西。在家族主義的支配勢力之下，它的發展起初很遲鈍，而且是斷斷續續的，直至最近五十年，因國際形勢的刺激，纔有顯著的持續的進步。然而時代變得太快，目前這點民族意識的醒覺，顯然是不够的。我們現在將三千年來家族主義與民族主義兩個勢力發展的情形，作一粗略的檢討，這對於今後發展民族主義許是應有的認識。

上文已經説過，建立封建制度的基礎是家族制度。但封建制度的崩潰，也正由於它這基礎。一個最强固的家族，是在它發展得不大不小的時候。太小固然不足以成爲一個力量，太大則内部散漫，本身力量互相抵消，因此也不能成爲一個堅强統一的有機體。封建的重心始終在中層的大夫階級，理由便在此。重心在大夫，所以侯國與王朝必趨於削弱，以至制度本身完全解體。一方面封建制度下所謂國，既衹是一群家的組合體，其重心在家而不在國，一方面國與國間的地理環境，既無十分難以打通的天然墻壁，而人文方面，尤其是文字的統一，處處都是妨礙任何一國發展其個别性的條件，因此在列國之間，類似民族主義的觀念便無從産生。春秋時誠然喊過一度“尊王攘夷”的口號，但是那“夷”畢竟太容易“攘”了（有的還不待攘而自被同化），所以也没有逼出我們的民族主義來。我們一直在爲一種以家族主義爲基礎的天下主義努力，那便是所謂“天下一家”的理想。到了秦漢，這理想果然實現了。就以家族主義爲基礎的精神看來，郡縣衹是抽掉了侯國的封建——一種階層

① 本篇原載 1944 年 3 月 1 日昆明《中央日報》第 2 版“周中專論”欄。

更簡單，組織更統一，基礎更穩固的封建制度，換言之，就是一種更徹底，更合理的家族主義的社會組織。漢人看清了這一點，索性就以治家之道治天下，而提倡孝，尊崇儒術。這辦法一直維持了二千餘年，没有變過，可見它對於維持内部秩序相當有效。可惜的是一個國家的問題不僅從内部發生，因而家族主義的作用也就有時而窮了。

自漢朝以孝行爲選舉人才的標準，漸漸造成漢末魏晋以來的門閥之風，於是家族主義更爲發達。突然來臨的五胡亂華的局面，不但没有刺激我們的民族主義，反而加深了我們的家族主義。因爲當時的人是用家族主義來消極的抵抗外患。所以門閥之風到了六朝反而更盛，如果當時侵入的異族講了民族主義，一意要胡化中國，我們的家族主義未嘗不可變質爲民族主義。無奈那些胡人衹是學華語，改漢姓，一味向慕漢化，人家既不講民族主義，我們的民族主義自然也講不起來。一方面我們自己想借家族主義以抵抗異族，一方面異族也用釜底抽薪的手段，附和我們的家族主義，以圖應付我們，於是家族主義便愈加發達，而民族意識便也愈加消沉。再加上當時内侵的異族本身，在種族方面萬分複雜，更使民族主義無從講起。結果到了天寶之亂，幾乎整個朝廷的文武百官，都爲了保全身家性命，投降附逆了。一位“麻鞋見天子，衣袖露兩肘”的詩人便算作了不得的忠臣，那時代的忠的觀念之缺乏，真叫人齒冷！這大概是歷史上民族意識最消沈的一個時期了。

然而唐初已開始設法破壞門閥，而輕明經，重進士的選舉制度也在暗中打擊擁護家族主義的儒家思想，這些措施雖未能立刻發生影響而消滅門閥觀念，但至少中唐以下，十分不盡人情的孝行是不多見了。（韓愈辯諱便是孝的觀念在改變中之一例。）這是歷史上一個重要的轉捩點。因爲老實説，忠與孝根本是衝突的，若非唐朝先把孝的觀念修正了，臨到宋朝，無論遇到多大的外患，還是不會表現那麼多忠的情緒的。孝讓一步，忠纔能進一步，忠孝不能兩全，家族主義與民族主義不能并立，不管你願意與否，這是鐵的事實。

歷史進行了三分之二的年代，到了宋朝，民族主義這纔開始發芽，遲是太遲，但仍然是值得慶幸的。此後的發展，雖不是直綫的，大體説來，還是在進步着。從宋以下，直到清末科舉被廢，歷代皆以經義取士，這證明了以孝爲中心思想的家族主義，依然在維持着它的歷史的重要性。但蒙古滿清以及最近異族的侵略，却不斷的給予了我們民族主義發展的機會，而且每一次民族革命的爆發，都比前一次更爲猛烈，意識也更爲鮮明。由明太祖而太平天國，而辛亥革命，以至目前的抗戰，我們確乎踏上了民族主義的路。但這條路似乎是扇形的，開端時路面很窄，因此和家族主義的路兩不相妨，現在路面愈來愈寬，有侵占家族主義的路面之勢，以至將來必有那麽一天，逼得家族主義非大大讓步不可。家庭是永遠不能廢的，但家族主義不能存在。家族主義不存在，則孝的觀念也要大大改變，因此儒家思想的價值也要大大減低了。家族主義本身的好壞，我們不談，它妨礙民族主義的發展是事實，而我們現在除了民族主義没有第二條路可走（因爲這是到大同主義必經之路），所以我們非請它退讓不可。

有人或許以爲講民族主義，必需講民族文化，講民族文化必須以儒家爲皈依，因而便不得不替家族主義辯護。這似乎是没有認清歷史的發展。而且中國的好東西至少不僅僅是儒家思想，而儒家思想的好處也不在其維護家族主義的孝的精神。前人提過“移孝作忠”的話，其實真是孝，就無法移作忠，既已移作忠，就不能再是孝了。倒是“忠孝不能兩全”真正一語破的了。

從宗教論中西風格①

要説明中西人風格的不同，可以從種種不同的方面着眼，從宗教着眼，無疑是一個比較扼要的看法。所謂宗教，有廣義的，有狹義的。狹義的講來，中國人没有宗教，因此我們若能知道這狹義宗教的本質是什麼，便也知道了中西風格不同之點在那裏。至於是宗教造成了西洋人的性格，還是西洋人的性格産生了他們的宗教，那是一個鷄生蛋還是蛋生鷄的辯論，我們不去管它。目下我們要認清的一點，是宗教與西洋人的性格是不可分離的。

要確定宗教的本質是什麽，最好是溯源到原始思想。生的意志大概是人類一切思想的根苗。人類生活愈接近原始時代，求生意志的强烈，與求生能力的薄弱，愈有形成反比例之勢。但是能力愈薄弱，不僅不能減少意志的强烈性，反而增加了它。在這能力與意志不能配合的難關中，人類乃以主觀的“生的意識”來補償客觀的“生的事實”之不足，换言之，因一心欲生，而生偏偏是不完整，不絶對的，於是人類便以“死的否認”來保證“生的真實”。這是人類思想史的第一頁，也實在是一個了不得的發明。我們今天都認爲死是一個千真萬確的事實，原始人并不這樣想。對於他們，死不過是生命途程中的另一階段，這衹看他們對祭祀態度的認真，便可知道。我們也可以説，他們根本没有死的觀念，他們求生之心如此迫切，以至忽略了死的事實，而不自覺的做到了莊子所謂“以死生爲一體”的至高境界。我説不自覺的，因爲那不是莊子那般通過理智的道路然後達到的境界，理智他們絶對没有，他们衹是一團盲目的求生的熱欲，在熱欲的昏眩中，他們的意識便全爲生的觀念所占據，而不容許那與生相反的死的觀念存在，誠然，由我們看來，這是自欺。但是，要曉得對原始人類，生存是那樣艱難，那樣没有保障，如果没有這點生的信念，人類如何活得下去呢？所以我們説這人類思想

① 本篇原載1944年4月23日《生活導報》第65期（據季鎮淮《聞朱年譜·聞一多先生年譜》）。現據聞一多遺稿中保存的原刊剪報排印。

史的第一頁，是一個了不得的發明。

原始人類不承認死的事實，那不死簡直是肉體的不死，這還是可以由他們對祭祀的態度證明的。但是知識漸開，他們終於不得不承認死是一個事實。承認了死，是否便降低了生的信念呢？那却不然。他們承認的是肉體的死，至於靈魂他們依然堅持是不會死的。以承認肉體的死爲代價，换來了靈魂不死的信念，在實利眼光的人看來，是讓步，是更無聊的自欺，在原始人類看來，却是勝利，因爲他們認爲靈魂的存在比肉體的存在還有價值，因此，用肉體的死换來了靈魂的不死，是占了便宜。總之他們是不肯認輸，反正一口咬定了不死，講來講去，還是不死，甚至客觀的愈逼他們承認死是事實，主觀的愈加强了他們對不死的信念。他們到底爲什麽要這樣倔强，這樣執迷不悟？理智能力薄弱嗎？但要記得這是理智能力進了一步，承認了肉體的死是事實以後的現象。看來理智的壓力愈大，精神的信念跳得愈高。理智的發達并不妨礙生的意志，反而鼓勵了它，使它創造出一個永生的靈魂。這是人類思想史的第二頁，一個更荒唐，也更神妙的發明。

人類由自身的靈魂而推想到大自然的靈魂，本是思想發展過程中極自然的一步。想到這個大自然的靈魂實在就是人類自己的靈魂的一種投射作用，再想到這投射出去的自己，比原來的自己幾乎是無限倍數的偉大，并又想到在强化生的信念與促進生的努力中，人類如何利用這投射出去的自己來幫助自己——想到這些複雜而紆回的步驟，更令人驚訝人類的“其愚不可及”，也就是他的其智不可及。如今人畢竟承認了自己無能，因爲他的理智又較前更發達了一些，他認清了更多的客觀事實，但是他就此認輸了嗎？没有。人是無能，他却創造了萬能的神。萬能既出自無能，那麽無能依然是萬能。如今人是低頭了，但衹向自己低頭，於是他愈低頭，自己的地位也愈高。你反正不能屈服他，因爲他有着一個鐵的生命意志，而鐵是愈錘煉愈堅韌的。這人類思想史的第三頁，講理論，是愈加牽强，愈加支離，講實用，却不能不承認是不可思議的神奇。

如果是以賄賂式的祭祀爲手段，來誘致神的福佑或杜絶神的災禍，或有時還不惜用某種恫嚇式的手段，來要挾神做些什麽或不做些什麽——對神的態度，如果是這樣，那便把神的能力看得太小了。人小看了神的能力其實也就是小看了自己的能力，嚴格的講，可以恫嚇與賄賂的手段來控制的對象，祇能稱之爲妖靈或精物，而不是神，因之，這種信仰也祇能算作迷信，而不是宗教。宗教崇拜的對象必須是一個至高無上的，神聖的，萬能而慈愛的神，你向他祇有無條件的依皈和虔誠的祈禱。你的神愈是全德與萬能，愈見得你自己全德與萬能，因爲你的神就是你所投射出去的自身的影子。既然神就是像自己，所以他不妨是一個人格神，而且必然是一個人格神。神的形象愈像你自己，愈足以證明是你的創造。正如神的權力愈大，愈足以反映你自己權力之大。總之，你的神不能太不像你自己，不像你自己，便與你自己無關，他又不能太像你自己，太像你自己，便暴露了你的精神力量究竟有限。是一個不太像你，又不太不像你的全德與萬能的人格神，不多不少，恰恰是這樣一個信仰，纔能算作宗教。

按照上述的宗教思想發展的程序和它的性質，我們很容易辨明中西人誰有宗教誰没有宗教。第一，關於不死的問題，中國人最初分明祇有肉體不死的觀念，所以一方面那樣着重祭祀與厚葬，一方面還有長生不老和白日飛升的神仙觀念。真正靈魂不死的觀念，我們本没有，我們的靈魂觀念是外來的，所以多少總有點模糊。第二，我們的神，在下層階級裏，不是些妖靈精物，便是人鬼的變相，因此都太像我們自己了，在上層階級裏，他又祇是一個觀念神而非人格神，因此又太嫌不像我們自己了。既没有真正的靈魂觀念，又没有一個全德與萬能的人格神，所以説我們没有宗教，而我們的風格和西洋人根本不同之處恐怕也便在這裏。我們説死就是死，他們説死還是生，我們説人就是人，他們説不是，人是神。我們對現實屈服了，認輸了，他們不屈服，不認輸，所以他們有宗教而我們没有。

我們在上文屢次提到生的意志，這是極重要的一點，也許就是問題的核心。往往有人説弱者纔需要宗教，其實是强者纔能創造宗教來扶助弱者，替他們提高生的情緒，加强生的意志。就個人看，似乎弱者更需要宗教，但就社會看，强者領着較弱的同類，有組織的向着一個完整而絶對的生命追求，不正表現那社會的健康嗎？宗教本身盡有數不完的缺憾與流弊，産生宗教的動機無疑是健康的。有人説西洋人的愛國思想和戀愛哲學，甚至他們的科學精神，都是他們宗教的産物，他們把國家，愛人和科學的真理都“神化”了，這話并不過分。至少我們可以説，産生他們那宗教的動力，也就是産生那愛國思想，戀愛哲學和科學精神的動力。不是對付的，將就的，馬馬虎虎的，在飢餓與死亡的邊緣上彌留着的活着，而是完整的，絶對的活着，熱烈的活着——不是彼此都讓步點的委曲求全，所謂“中庸之道”式的，實在是一種虛僞的活，而是一種不折不扣的，不是你死我活，便是我死你活的徹底的，認真的活——是一種失敗在今生，成功在來世的永不認輸，永不屈服的精神。這便是西洋人的性格。這性格在他們的宗教中表現得最明顯，因此也在清教徒的美國人身上表現得最明顯。

人生如果僅是吃飯睡覺，寒暄應酬，或囤積居奇，營私舞弊，那許用不着宗教。但人生也有些嚴重關頭，小的嚴重關頭叫你感着不舒服，大的簡直要你的命，這些時候來到，你往往感着没有能力應付它，其實還是有能力應付，因爲人人都有一副不可思議的潛能。問題祇在用一套什麽手法把它動員起來。一挺胸，一咬牙，一轉念頭，潛能起來了，你便能排山倒海，使一切不可能的變爲可能了。那不是技術，而是一種魔術。那便是宗教。中國人的辦法，似乎是防範嚴重關頭，使它不要發生，藉以省却自己應付的麻煩。這在事實上是否可能，姑且不管，即使可能，在西洋人看來，多麽泄氣，多麽没出息！他們甚至没有嚴重關頭，還要設法製造它，爲的是好從那應付的掙扎中得到樂趣。没事自己放火給自己撲滅，爲的是救火的緊張太有趣了，如果救火不熄，自己反被燒死，那殉道者的光榮更是人生無上的滿足！你説荒謬絶倫，簡直是瘋子！對了，你就是不會發瘋，你生活裏就缺少那點瘋，所以你平庸，懦弱。人家在天上飛時，你在糞坑裏爬！

中西風格的比較？你拿什麽跟人家比？你配？儘管有你那一套美麗的名詞，還是掩不住那渺小，平庸，怯懦，虚僞，掩不住你的小算盤，你的偷偷摸摸，自私自利，和一切的醜態。你的孝悌忠信，禮義廉耻，和你古聖先賢的什麽哲學衹令人作嘔，我都看透了！你没有靈魂，没有上帝的國度，你是没有國家觀念的一盤散沙，一群不知什麽是愛的天閹（因此也不知什麽是恨），你没有同情，也没有真理觀念。然而你有一點鬼聰明，你的蕃殖力很大。因爲聰明所以會鼠竊狗偷——營私舞弊，囤積居奇。因爲蕃殖力大，所以讓你的同類成千成萬的裹在清一色的破棉襖裹，排成番號，吸完了他們的血，讓他們餓死，病死……這是你的風格，你的仁義道德！你拿什麽和人家比！

没有宗教的形式不要緊。衹要有産生宗教的那股永不屈服，永遠向上追求的精神，换言之，就是那鐵的生命意志，有了這個，任憑你向宗教以外任何方向發展都好，怕的是你這點意志，早被瘺死了，因此除了你那庸俗主義的儒家哲學以外，不但宗教没有，旁的東西也没有。更可怕的是宗教到你手裹，也變成了庸俗，虚僞，和鼠竊狗偷的工具。怕的是你衹存在，而没有生活，因爲你的生命的前提是敗北主義，和你那典型的口號“没有辦法！”於是你衹好嘲笑，説俏皮話。是啊，你有聰明，有蕃殖力，所以你可以存在，（耗子蒼蠅不也存在嗎？）但你没有生活，因爲我看透了你，你打頭就承認了死是事實，那證明了你是怕死的。惟其怕死，所以你也怕生，你這没出息的“四萬萬五千萬”！

五四歷史座談①

時間——三十三年五月三日晚

地點——聯大新舍南區十號教室

剛纔周炳琳先生報告了五四時候北大的情形，五四運動的中心是在北大，而清華是在城外，五三那天的會不能够去參加。（記者按：周炳琳先生方纔説到五三晚上北大學生集會於北大第三院大禮堂，決定次日的游行示威。）至於後來的街頭演講，清華倒幹得很起勁，一千多人被關起來，其中有許多是清華的。我那時候呢？也是因爲喜歡弄弄文墨，而在清華學生會裏當文書。我想起那時候的一件呆事，也是表示我文人的積習竟有這樣深：五四的消息傳到了清華，五五早起，清華的食堂門口出現了一張岳飛的《滿江紅》，就是我在夜裏偷偷地去貼的。所以我今天看了許多同學的壁報，覺得我那時候貼的東西真太不如今天你們的壁報了。我一直在學校裏管文件，没有到城裏參加演講，除了有一次是特殊的之外。那年暑假到上海開學生總會，周先生（炳琳）代表北大，我代表清華到上海聽過中山先生的演講，我的記憶極壞，此外没有甚麽事實可以報告，衹知道當時的情緒，就像我的貼《滿江紅》吧！

方纔張先生説五四是思想革命是正中下懷，（記者按：張奚若先生説到："辛亥革命是形式上的革命，五四則是思想革命。"）但是你們現在好像是在審判我，因爲我是在被革的系——中文系裏面的。但是我要和你們裏應外合！張先生説現在精神解放已走入歧途，我認爲還是太客氣的説法，實在是整個都走回去了！是開倒車了！現在有些人學會了新名詞，拿他來解釋舊的，説外國人有的東西我國老早就都有啦！我爲什麽教中國文學系呢？五四時代我受到的思想影響是愛國的，民主的，覺得我們中國人應該如何團結起來救國。五四以後不久，我出洋，還是關心國事，提倡 Nationalism，不過那是感情上的，我并不懂得政治，也不

① 本篇據開明書店 1948 年版《聞一多全集》排印。文末注"原載《大路》第 5 期"。

懂得三民主義，孫中山先生翻譯 Nationalism 爲民族主義，我以爲這是反動的。回國以後在好幾次的集會中曾經和周先生站在相反的立場。其實現在看起來，那是相同的，周先生：你説是不是？我在外國所學的本來不是文學，但因爲這種 Nationalism 的思想而注意中文，忽略了功課，爲的是使中國好，并且我父親是一個秀才，從小我就受《詩》云子曰的影響。但是愈讀中國書就愈覺得他是要不得的，我的讀中國書是要戳破他的瘡疤，揭穿他的黑暗，而不是去捧他。我是幼稚的，但要不是幼稚的話，當時也不會有五四運動了。青年人是幼稚的，重感情的，但是青年人的幼稚病，有時并不是可耻的，尤其是在一個啓蒙的時期，幼稚是感情的先導，感情一衝動，纔能發出力量。所以有人怕他們矯枉過正，我却覺得更要矯枉過正，因爲矯枉過正纔顯得有力量。當時要打倒孔家店，現在更要打倒，不過當時大家講不出理由來，今天你們可以來請教我，我念過了幾十年的《經》書，愈念愈知道孔子的要不得，因爲那是封建社會底下的，封建社會是病態的社會，儒學就是用來維持封建社會的假秩序的。他們要把整個社會弄得死板不動，所以封建社會的東西全是要不得的。我相信，憑我的讀書經驗和心得，他是實在要不得的。中文系的任務就是要知道他的要不得，纔不至於開倒車。但是非中文系的人往往會受父輩《詩》云子曰的影響，也許在開倒車……負起五四的責任是不容易的，因爲人家不許我們負呀！這不是口頭説説的，你在行爲上的小地方是會處處反映出孔家店的。

偉大的事實　不朽的意義[1]

——給教導團諸君致敬

正如日前天空中有一個人一生見不到一次的“白虹貫日”的異象顯現，我却在屋子裏亂忙，没有看見，我們也常常讓偉大的歷史從我們身邊過去，當時漫不經心，却等事後再去追懷，向往，去懸旗，放假，在紀念會中慷慨陳詞，溢洋贊嘆。假如我們能將那分熱情，就在當時，親手獻給那些活生生的歷史英雄，説不定那對於他們更是一個實惠，他們帶着那分慰藉與同情，在艱辛困苦的搏鬥中，説不定會更有勇氣，更有力量，能創造出更瑰偉的奇迹來。這次由青年知識分子組成的教導團第一團第一二三營諸君過昆飛印的壯舉，無疑是偉大歷史中最偉大的一頁。它應當是這幾日報紙上最大的標題，甚至號外的資料，它應該在舉國若狂的歡呼與流泪中，接受更多的熱，好叫它自己的成就發出更大的光。然而我們這生活在八股傳統裏的民族，衹會在粉墻上寫“好男兒，要當兵”一類的官樣文章，等真正的“好男兒”露了面，反讓他們悄悄的自來自去，連一個招呼也没有。試想這是一個什麼國度！没有同情，没有熱，是麻木不仁？還是忘恩負義？不過也許惟其如此，“好男兒”們纔更覺可敬，可佩。偉大的永遠是孤寂的。讓千百年後流着感激的泪，騰起贊美的歌聲，但在他們自己的歲月中，悄悄的自來自去，正是他們的風度。

舊式的營伍訓練，目的衹在教士兵的心理上消除恐懼，鼓起勇氣，增加忿怒，盲目的服從長官。這些爲舊式的戰争，是足够的，但對於使用新式武器的[2]新式的戰争，就不適合了。據説機械化的進步産生了一種新的訓練方法的需要，一個新式士兵必須知道如何同一小隊士兵合作，如何作臨機應變的决定，如何用自己的眼光來判斷。衹是聽人指揮，受

---

① 本篇原載 1944 年 6 月 4 日昆明《正義報》第 2 版“星期論文”欄。

② “新式武器的”，原作“新式的武器”，據開明版《聞一多全集》改。

人驅策，説打就打，説死就死，像詩人鄧尼孫在《六百壯士衝鋒歌》裏所説的一般，在九十年前行，今天在坦克車上，在裝配機關槍的摩托車上，士兵也會打，也會死，但也要瞭解爲何而打，爲何而死。這種戰争的變質，已够説明了爲應付現階段戰争，我們兵員的來源應該在那裏。僅僅具有奮勇與耐勞等美德的從農民出身的戰士，可以擔當前幾期抗戰的任務，那便是消極的使我們少敗一點的任務。但目前的工作，是與盟邦合作，運用真正近代的戰術來積極的争取勝利，我們知道能擔當這樣工作的戰士，除了上述諸美德外，還需要知識與機警。所以最有資格充當這種戰士的，無非是青年知識分子。情勢不許我們再彌留在少敗一點的局面中，我們得趕緊攫取勝利，時機已經來到，我們非拿出"最後一張牌"不可，爲了民族的永生，我們不能再吝惜我們最寶貴的血。果然知識青年認清了時代的使命，站起來了，承受了他們的責任，談[1]勝利，這纔是我們最確切的勝利的保證。然而教導團的意義，還不止此。在建國的工作中，如同在抗戰的工作中一樣，他們也享有不朽的光輝，因爲我們知道戰術的近代化不衹在器械，也包括了運用器械的人，而人究竟比器械更重要，所以他們又實在代表了我們國防近代化的開端。

以上關於教導團在抗戰與建國工作上雙重的軍事意義，是比較淺而易見的，現在我們還要指出另外兩種也許更深遠的意義。在二千年君主政治之下，國家的土地和與土地不能分離的生産奴隸——人民，都是帝王們的私産。奴隸照例得平時勞力，戰時賣命，反正他們是工具，不是"人"。衹有那由部分的没落的貴族，和部分的超升的奴隸組成的士大夫階級，因爲替帝王當管家，任官吏，而特蒙恩寵，他們纔享受"人"的權利，既不必十分勞力，也不需要賣命。衹是遇到財産的安全發生了問題，管家這纔有時不能不在比較没有生命危險的"運籌帷幄"的方式之下，盡其捍衛之責，那便是所謂儒將了。這種工作其實并不是他們的職責，他們衹是以"票友"的資格來參加的。至於那真正需要賣命的士卒

① "談"字原文不清，參酌文意補。

的任務，自然更不在他們分内。所謂“好人不當兵”，便等於説“管家不管賣命”。本來管的是旁人的家，爲旁人的事賣自己的命，“好人”當然不幹，所以自古衹聞有儒將（數目也不太多），不聞有“儒兵”之稱。這一切的癥結衹在國家的主人是帝王，在管家的看來，誰做主人都不是一樣？犯得上爲新舊主人間的厮殺，賣自己的命嗎？但是如果誰自己想當主人，那情形就不同了，那他就不妨把自己的家族變成子弟兵，而自身也得身先士卒，做個賣命的表率。這一來，問題的真相便更明白了，要“好人”當兵，便非允許他做自家的主人不可。在原則上，辛亥革命以後，每一個中華民國的國民，已經取得了主人的資格，但打了七年仗，爲什麽直到最近，纔有真正的“儒兵”出現呢？這可見我們的“好人”一向衹以得到主人的名爲滿足，而不顧主人的實，所以他們既不願意盡主人的義務，也不大關心於主人的權利。今天成千的青年知識分子，爲了一個神聖的呼唤，站起來了，準備以他們那寶貴的“好人”的血捍衛他們自己的“家”，這是二千年來“好人”階級第一次决心放棄“管家”的職業，親身負起主人的責任。我們相信義務與權利之不可分離，有其絶對的必然性，所以我們看出成千的盡義務的身手，也就是討權利的身手，正如那數目更爲廣大的在各級學校裏盡義務的唇舌，也就是索權利的唇舌一樣。

不要忽略知識青年從軍的政治意義，這是民主怒潮中最英勇的急先鋒。先盡義務，不怕權利不來，人民進步了，政府也必然進步！

至於在君主政治下，那不屬於管家階級的不會想，不會講的人群，在主人眼裏原是附屬於土地上的一種資産，既是資産，就可被愛惜，也可供揮霍，全憑主人的高興，所以賣命幾乎是這般人不容旁貸的責任。所謂“寓兵於農”，便等於説：“勞了力的還要賣命，賣命的也要勞力。”

爲什麽没聽説：“寓兵於士”呢？是否“好人”既不屑勞力，更説不上[①]賣命呢？好了，君主政治下是談不到平等的，所以，我們要民主。但是中華民族抗戰了七年，也還一向是某一種出身的人單獨擔任着“成仁”的工作，這是平等嗎？姑無論在那種不平等的狀態下，勝利未見真能到手，即令能够，這樣的勝利，與其説是光榮，不如説是耻辱。因此我們又得感謝這群青年，耻辱已經由他們開始洗清了，他們已正式加入了偉大的行列，分擔着艱難的責任。爲了他們的行動，從今天起，中國人再無須有“好人”與“非好人”的分别，反正大家都可以當兵，如果國家真需要他。這平等精神的表現，又是知識青年從軍所代表的重大的社會意義，這一點也是我們不應忽略的。

知識青年從軍運動剛在發軔的期間，它的規模還不够廣大，但它的意義是深遠的，而且豐富的。如何愛護，并培養這個嫩芽，使它滋生，長大，開出燦爛的花，結成肥碩的果，這是國家，社會，尤其是該團各位長官的責任！但是可愛的孩子們！你們脚下是草鞋，夜間祇有一床軍毯，你們臉上是什麽？風塵，還是菜色？還有身上的，是瘡疤，還是傷痕？然而我知道，你們還没上過戰場！長官們，好生看着你們的孩子吧！他們的父母會心疼的，何況這些又是國家的光榮，民族的命脉呢！

① “更説不上”，原作“説不上更”，據開明版《聞一多全集》改。

可怕的冷静[①]

一個從災荒里長成的民族，挨着一切的苦難，總像挨着天災一樣，以麻木的堅忍承受打擊，没有招架，没有憤怒，甚至没有呻吟，像冬眠的蟄蟲一般，衹在半死狀態中静候着第二個春天的來臨，——這樣便是今天的中國，快挨過了第七個年頭的國難，它還準備再挨下去，直到那一天，大概一覺醒來，自然會發現勝利就在眼前。客觀上，戰争與飢餓本也久已打成一片了，因此，愈是實質的戰鬥員，愈有挨餓的責任，不像人家最前綫的人們吃得最好最飽，我們這裏真正的餓莩恰恰就是真正的兵士。抗戰與災荒既已打成一片，抗戰期中的現象，便更酷肖荒年的現象了。照例是災情愈重，發財的愈多，結果貧窮的更加貧窮，富貴的更加富貴[②]。照例是災情嚴重了，呼籲的聲音海外比國内更響，於是救濟的主要責任落在外人身上，而國内人士，相形之下，便愈能顯出他們那“不動心”的沉着而雍容的風度了。現在一切荒年的社會現象在抗戰中又重演一次，不過規模更大，嚴重性更深刻些罷了。但是説來奇怪，分明是痼疾愈深，危機愈大，社會表層偏要裝出一副太平景象的面孔。配合着冠冕堂皇的要人談話和報紙社評的，是一般社會情緒——今天一個畫展，明天一個堂會，“顧左右而言他”的副刊和小報一天天充斥起來，内容一天比一天軟性化。從抗戰開始以來，没有見過今天這樣“衆人熙熙，如享太牢，如登春臺”的景象，這不知道是肺結核患者臉上的紅暈呢，還是將死前的回光返照！

一部分人爲着旁人的剥削，在飢餓中畜生似的沉默着，另一部分人却在舒適中興高采烈的粉飾着太平，這現象是叫人不能不寒心的，如果他還有一點同情心與正義感的話。然而不知道是爲了誰的體面，你還不能聲張。最可慮的是不通世故而血氣方剛的青年，面對這種事實，又將作何感想？對了，怕動摇抗戰，但飢餓能抗戰嗎？粉飾飢餓就是抗戰

① 本篇原載 1944 年 6 月 25 日《雲南日報》第 2 版“星期論文”欄。

② 此句兩個“貴”字原均作“實”，據開明版《聞一多全集》改。

嗎？如果抗戰是天經地義，不要忘記當年的青年，便是撑持這天經地義最有力的支柱，可見青年盲目而又不盲目，在平時他不免盲目，在非常時期他却永遠是不盲目的。原來非常時期所需要的往往不是審慎，而是勇氣，而在這上面，青年是比任何人都强的。正如當年激起抗戰怒潮的是青年，今天將要完成抗戰大業的力量，也正是這蘊藏在青年心靈中的煩躁。這不是浮動，而是活力的脉搏。民族必需生存，抗戰必需勝利，在這最高原則之下，任何平時的軌範都是可以暫時擱置的枝節。火燒上了眉毛，就得搶救。這是一個非常時期！

如果老年人中年人能負起責任，那自然更好，但事實上，戰争先天的是青年人的工作（它需要青年的體質和青年的熱情），所以如果老年人中年人肯負起責任，也祇是參加青年的工作，或與青年分工合作，而不是代替青年的工作。戰争既先天的是青年的工作，那麽戰時的國家就得以青年的意志爲意志，雖則在戰争的技術上，老年人中年人的智慧也是不可少的。

從抗戰開始到今天，我們遭遇過兩個關鍵，當初要不要抗戰，是第一個關鍵，今天要不要勝利，是第二個關鍵，而第一個關鍵本來早已決定了第二個，因爲既打算抗戰，當然要勝利。但事實上目前的一切分明是朝着與勝利相反的方嚮發展，所以可怪的，是一部分人雖然看出方嚮的錯誤，却還要力持冷静，或從一些煩瑣的立場，認爲不便聲張，不必聲張。眼看青年完成抗戰，争取勝利的意志必須貫徹，然而没有老年人中年人的智慧予以調節與指導，青年的力量不免浪費。萬一還有人固執起來，利用他們的地位與力量，阻止了青年意志的貫徹，那結果便更不堪設想了。時機太危急了，這不是冷静的時候，希望老年人中年人的步調能與青年齊一，早點促成勝利的來臨！大衆的堅忍的沉默是可原諒的，因爲他們是灾荒中生長的，而灾荒養成了他們的麻木，有着粉飾太平的職責的人們是可原諒的，因爲他們也有理由麻木。可是負有領導青年責任的人們，如果過度的冷静，也是可怕的，當這不宜冷静的時候！

關於儒·道·土匪[1]

醫生臨症，常常有個觀望期間，不到病勢相當沈重，病象充分發作時，正式與有效的診斷似乎是不可能的。而且，在病人方面，往往愈是痼疾，愈要諱疾忌醫，因此恐怕非等到病勢沈重，病象發作，使他諱無可諱，忌無可忌時，他也不肯接受診斷。

事到如今，我想即便是最冥頑的諱疾忌醫派，如錢穆教授之流，也不能不承認中國是生着病，而且病勢的嚴重，病象的昭著，也許賽過了任何歷史記録。惟其如此，爲醫生們下診斷，今天纔是最成熟的時機。

向來是"旁觀者清"，無怪乎這回最卓越的斷案來自一位英國人。這是韋爾斯先生觀察所得：

> 在大部分中國人的靈魂裏，鬥争着一個儒家，一個道家，一個土匪。(《人類的命運》)

爲了他的診斷的正確性，我們不但欽佩這位將近八十高齡的醫生，而且感激他，感激他給我們查出了病源，也給我們至少保證了半個得救的希望，因爲有了正確的診斷，纔談得到適當的治療。

但我們對韋爾斯先生的擁護，不是完全没有保留的，我認爲假如將"儒家，道家，土匪"，改爲"儒家，道家，墨家"，或"偷兒，騙子，土匪"，這不但没有損害韋氏的原意，而且也許加强了它，因爲這樣説話，可以使那些比韋氏更熟悉中國歷史和文化的人，感着更順理成章點，因此也更樂於接受點。

先講偷兒和土匪，這兩種人作風的不同，衹在前者是巧取，後者是豪奪罷了。"巧取豪奪"這成語，不正好用韓非的名言"儒以文亂法，俠以武犯禁"來説明嗎？而所謂俠者不又是墮落了的墨家嗎？至於

① 本篇原載 1944 年 7 月 20 日昆明《中央日報》第 2 版"周中專論"欄。

以“騙子”代表道家，起初我頗懷疑那徽號的適當性，但終於還是用了它。“無爲而無不爲”也就等於説：無所不取，無所不奪，而看去又像是一無所取，一無所奪，這不是騙子是什麽？偷兒，騙子，土匪是代表三種不同行爲的人物，儒家，道家，墨家是代表三種不同的行爲理論的人物，儘管行爲産生了理論，理論又産生了行爲，如同鷄生蛋，蛋生鷄一樣，但你既不能説鷄就是蛋，你也就不能將理論與行爲混爲一談。所以韋爾斯先生叫儒家，道家和土匪站作一排，究竟是犯了混淆範疇的邏輯錯誤。這一點表過以後，韋爾斯先生的觀察，在基本意義上，仍不失爲真知灼見。

就歷史發展的次序説，是儒，墨，道。要明白儒墨道之所以成爲中國文化的病，我們得從三派思想如何産生講起。

由於封建社會是人類物質文明成熟到某種階段的結果，而它自身又確乎能維持相當安定的秩序，我們的文化便靠那種安定而得到迅速的進步，而思想也便開始産生了。但封建社會的組織本是家庭的擴大，而封建社會的秩序是那家庭中父權式的以上臨下的强制性的秩序，它的基本原則至多也衹是强權第一，公理第二。當然秩序是生活必要的條件，即便是强權的秩序，也比没有秩序好。尤其對於把握强權，制定秩序的上層階級，那種秩序更是絶對的可寶。儒家思想便是以上層階級的立場所給予那種秩序的理論的根據。然而父權下的强制性的秩序，畢竟有幾分不自然，不自然的便不免虚僞，虚僞的秩序終久必會露出破綻來，墨家有見於此，想以慈母精神代替嚴父精神來維持秩序，無奈秩序已經動摇後，嚴父若不能維持，慈母更不能維持。兒子大了，父親管不了，母親更管不了，所以墨家之歸於失敗，是勢所必然的。

墨家失敗了，一氣憤，自由行動起來，産生所謂游俠了，於是秩序便愈加解體了。秩序解體以後，有的分子根本懷疑家庭存在的必要，甚至咒詛家庭組織的本身，於是獨自逃掉了，這種分子便是道家。

一個家庭的黄金時代，是在夫婦結婚不久以後，有了數目不太多的子女，而子女又都在未成年的期間。這時父親如果能幹保持着相當豐裕的收入，家中當然充滿一片天倫之樂，即令不然，兒女人數不多，衹要分配得平均，也還可以過得相當快樂，萬一分配不太平均，反正兒女還小，也不至鬧出大亂子來。但事實是一個龐大的家庭，兒女太多，又都成年了，利害互相衝突，加之分配本來就不平均，父親年老力衰，甚至已經死了，家務由不很持平的大哥主持，其結果不會好，是可想而知了。儒家勸大哥一面用父親在天之靈的大帽子實行高壓政策，一面叫大家以黄金時代的回憶來策勵各人的良心，説是那樣，當年的秩序和秩序中的天倫之樂，自然會恢復。他不曉得當年的秩序，本就是一個暫時的假秩序，當時的相安無事，是沾了當時那特殊情形的光，於今情形變了，自然會露出馬脚來。墨家的母性的慈愛精神不足以解决問題，原因也衹在兒女大了，實際的利害衝突，不能專憑感情來解决，這一層前面已經提到。在這一點上，墨家犯的錯誤，和儒家一樣，不過墨家確乎感覺到了那秩序中分配不平均的基本癥結，這一點就是他後來走向自由行動的路的心理基礎。墨家本意是要實現一個以平均爲原則的秩序，結果走向自由行動的路，是破壞秩序。衹看見破壞舊秩序，而没有看見建設新秩序的具體辦法，這是人們所痛惡的，因爲，正如前面所説的，秩序是生活的必要條件。尤其是中國人的心理，即令不公平的秩序，也比完全没有秩序强。

這裏我們看出了墨家之所以失敗，正是儒家之所以成功。至於道家因根本否認秩序而逃掉，這對於儒家，倒因爲减少了一個掣肘的而更覺方便，所以道家的遁世實際是幫助了儒家的成功。因爲道家消極的幫了儒家的忙，所以儒家之反對道家，衹是口頭的，表面的，不像他對於墨家那樣的真心的深惡痛絶。因爲儒家的得勢，和他對於墨道兩家態度的不同，所以在上層階級的士大夫中，道家還能存在，而墨家却絶對不能存在。墨家不能存在於士大夫中，便一變爲游俠，再變爲土匪，愈沈愈下了。

搗亂分子墨家被打下去了，上面衹剩了儒與道，他們本來不是絶對不相容的，現在更可以合作了。合作的方案很簡單。這裏恕我曲解一句古書，《易經》説“肥遁，無不利”，我們不妨讀肥爲本字，而把“肥遁”解爲肥了之後再遁，那便是説一個儒家做了幾任“官”，撈得肥肥的，然後撒開腿就跑，跑到一所别墅或山莊裏，變成一個什麽居士，便是道家了。——這當然是對己最有利的辦法了。甚至還用不着什麽實際的“遁”，衹要心理上念頭一轉，就身在宦海中也還是遁，所謂“身在魏闕，心在江湖”和“大隱隱朝市”者，是儒道合作中更高一層的境界。在這種合作中，權利來了，他以儒的名分來承受，義務來了，他又以道的資格説，本來我是什麽也不管的。儒道交融的妙用，真不是筆墨所能形容的，在這種情形之下，稱他們爲偷兒和騙子，能算冤曲嗎?

“成者爲王，敗者爲寇”，“竊鈎者誅，竊國者侯”，這些古語中所謂王侯如果也包括了“不事王侯，高尚其事”的道家，便更能代表中國的文化精神。事實上成語中没有駡到道家，正表示道家手段的高妙。講起窮凶極惡的程度來，土匪不如偷兒，偷兒不如騙子，那便是説墨不如儒，儒不如道。韋爾斯先生列舉三者時，不稱墨而稱土匪，也許因爲外國人到中國來，喜歡在窮鄉僻壤跑，吃土匪的虧的機會特别多，所以對他們特别深惡痛絶。在中國人看來，三者之中，其實土匪最老實，所以也最好防備。從歷史上看來，土匪的前身墨家，動機也最光明。如今不但在國内，偷兒騙子在儒道的旗幟下，天天剿匪，連國外的人士也隨聲附和的口誅筆伐，這實在欠公允，但我知道這不是韋爾斯先生的本意，因爲我知道在他們本國，韋爾斯先生的同情一向是屬於那一種人的。

話説回來，土匪究竟是中國文化的病，正如偷兒騙子也是中國文化的病。我們甚至應當感謝韋爾斯先生在下診斷時，没有忘記土匪以外的那兩種病源——儒家和道家。韋爾斯先生用《春秋》的書法，將儒道和土匪并稱，這是他的許多偉大貢獻中的又一個貢獻。

愈戰愈强[1]

回憶抗戰初期，大家似乎不大講到“勝利”，那時的心理與其説是勝敗置之度外，還不如説是一心想着雖敗猶榮。敵人是以“必定勝”的把握向我們侵略，我們是以“不怕敗”的決心給他們抵抗。你無非是要我敗，我偏偏不怕敗，我不怕敗，你便没有勝。那時人民的口號是“豁出去了！”“跟你拼了！”政府的策略是“破釜沉舟”，是“置之死地而後生”，人民和政府都不怕敗，自然大家也不諱敗，結果是我們愈敗愈奮勇，而敵人是真把我們没辦法。

武漢撤退以後，漸漸聽到“争取勝利”的呼聲，然而也就透露了怕敗的顧慮了。

開羅會議以後，勝利儼然已經到了手似的，而一般現象，則正好表示着一些人的工作，是在“争取失敗”。事實昭彰，凡是有眼睛的都看到了，有良心的都指出了，這裏無需我再説，我也不忍再説，於是愈是趨向失敗，愈是諱言失敗，自己諱言失敗，同時也禁止旁人言失敗。是否表面上“失敗”絶迹了，暗地裏便愈好製造失敗呢？抗戰到了這地步，大概也是一種“置之死地而後生”的辦法罷？好了，那我以老百姓的資格，也就“豁出去了！”“跟你拼了！”

所以我今天想要算賬！

算賬是一件麻煩事，但不要緊，大的做大的算，小的做小的算，反正從今以後，我不打算有清閑日子了！

比如眼前在我們昆明，就有一筆不大不小的賬值得算一算。

昨天早起出門找報看，第一家報紙給了我一個喜訊，它老老實實地告訴我，衡陽的仗咱們打好了一點，我當然很高興。但是看到第二家報紙，却把我氣昏了，就因爲那標題中“我軍愈戰愈强”六個大字。

編輯先生！我是有名有姓的，我雖不知道你姓名，但你也必然有

---

① 本篇原載 1944 年 7 月《生活導報》（據季鎮淮《聞朱年譜·聞一多先生年譜》），期次未詳。現據聞一多遺稿中保存的原刊剪報排印。

名有姓，你若是好漢，就請出來跟我算清這筆賬！你所謂“愈戰愈强”者，如果就是今天另一家報紙標題所謂“愈戰愈奮”的意思，那我就原諒你，我可憐你中國人不大會處理中國文字。如果你那“强”字是甚麽“四强之一”那類“强”的意思，那我就要控告你兩大罪狀：一、你侮辱了我們老百姓的人格。二、你出賣了你的祖國。

難道你就忘記了，蘆溝橋的烽火一起，我們挺身應戰，是爲了我們有十二萬分勝算的把握嗎？老實告訴你，除了存心利用抗戰來趁火打劫的敗類之外，我們老百姓果真是怕敗的話，就早已都投汪精衛去了。我相信在自由中國，每一個良善的中國人，當初既是抱了拼命的決心，勝也要打，敗也要打，今天還是抱定這決心，勝也要打，敗也要打，何况國際的客觀環境已經好轉，誰又是那樣的傻子，情願讓它“功虧一簣”呢？所以你如果多多給我們報導些自身的缺點，那祇會增加我們的戒懼心，刺激我們的努力。你以爲我們真是那樣“聞敗則餒”的草包嗎？你若那樣想，便把我們看同汪精衛之流了，你曉得那是侮辱别人的人格嗎？

聞敗則餒的必也聞勝則驕，你既把我們當作聞敗則餒的人，那你泄露了（杜撰罷？）許多樂觀的消息，難道又不怕我們驕起來嗎？明知驕是抗戰的鴆毒，而偏要用“愈戰愈强”來灌溉我們的驕，那你又是何居心？依據你自己的邏輯，你這就是漢奸行爲，因此你是出賣了你的祖國，你又曉得嗎？

我們倒不怕承認自身的“弱”，愈知道自身弱在那裏，愈好在各人自己的崗位上來盡力加强它。你説我們“愈强”，我倒要請你拿出事實來，好教我們更放心點。誰不願意自己强呢！但信口開河是不負責任，存心欺騙更是無耻。六個字的標題，看來事小，它的意義却很重大。

用這字面的，本不祇你一人，但是，先生，恕我這回摎住你了！你氣得我一頓飯没吃好啊！然而如果在原則上你是受了誰的指示，那個指示你的人不也該是有名有姓的嗎？如果他高興，就請他出來説明也好。抗戰是大家的抗戰，國家是大家的國家，誰有權利來禁止我發問！

在一次時局座談會上的發言①

（1944年8月18日）

兄弟什麽都不懂，衹有用文學精神提起大家的情緒。今天各位提出各種問題，如果在英美有一於此，一定會舉國嘩然，而我們百美俱全，仍然衹是一些有心人坐着談談。現在好比是房子失火，大家要來搶救。以前我們看一切都可悲觀，還希望也許在戰略上有點辦法。今天在這裏聽見各位長官的話，纔知道戰略上也很有問題。我衹差要在街上號啕大哭。我們可憐到如此地步仍然在座談。在英美不是没有壞人，衹是他們不敢作壞事，一作壞事，大家群起而攻之。因此也没有什麽討論的，衹有幹，非常時期要用非常的手段來幹。

① 原載《目前局勢與中國的反攻問題——第×軍高級長官、聯大十一位教授座談記録》，《雲南日報》1944.8.19–20。現據本書第16册《聞一多年譜長編》（聞黎明、侯菊坤編）編入，標題爲編者加。據云：又有一則記録，記録先生説："對目前問題，希望大家用文學精神，把情緒提高。衹是自己不做壞事，不管别人，這種獨善其身的態度還是不够的。"（《文武合一的橋梁——記軍官與教授座談會》，昆明《掃蕩報》，1944.8.20）季鎮淮《聞一多先生年譜》則記述先生發言爲："以前我們看到各方面没辦法，還以爲軍事上有辦法。剛纔聽了各位長官的話，方纔知道軍事上也毫無辦法。……現在衹有一條路——革命！"（《聞朱年譜》，第48頁）

組織民衆與保衛大西南[①]

民國三十三年昆明各界雙十節紀念大會演講詞

諸位！我們抗戰了七年多，到今天所得的是什麽？眼看見盟國都在反攻，我們還在潰退，人家在收復失地，我們還在繼續失地。雖然如此，我們還不警惕，還不悔過，反而涎着臉皮跟盟友説：“誰叫你們早不幫我們，弄到今天這地步！”那意思彷佛是説：“現在是輪着你要勝利了，我偏敗給你瞧瞧！”這種無賴的流氓意識的表現，究竟是給誰開玩笑！潰退和失地是真不能避免的嗎？不是有幾十萬吃得頂飽，鬥志頂旺的大軍，被另外幾十萬餵得也頂好，裝備得頂精的大軍監視着嗎？這監視和被監視的力量，爲什麽讓他們凍結在那裏？不拿來保衛國土，抵抗敵人？原來打了七年仗，犧牲了幾千萬人民的生命，數萬萬人民的財産，衹是陪着你們少數人鬧意氣的？又是給誰開的玩笑！幾個月的工夫，鄭州失了，洛陽失了，長沙失了，衡陽失了，現在桂林又危在旦夕，柳州也將不保，整個抗戰最後的根據地——大西南受着威脅，如今誰又能保證敵人早晚不進攻貴陽，昆明，甚至重慶？到那時，我們的軍隊怎樣？還是監視的監視，被監視的被監視嗎？到那時我們的人民又將怎樣，準備乖乖的當順民嗎？還是撒開腿逃？逃又逃到那裏去？逃出去了又怎麽辦？諸位啊！想想，這都是你們自己的事啊！國家是人人自己的國家，身家性命是人人自己的身家性命，自己的事爲甚麽要讓旁人擺布，自己還裝聾作啞！誰敢掐住你們的脖子！誰有資格不許你們講話！用人民的血汗養的軍隊，爲什麽不拿出來爲人民抵抗敵人？以人民的子弟組成的隊伍，爲什麽不放他們來保衛人民自己的家鄉？我們要抗議！我們要叫喊！我們要憤怒！我們的第一個呼聲是：拿出國家的實力來保

---

① 本篇原載1944年10月22日昆明《真報·評論周刊》第16期，編者在文末説明：“本文中各段遵檢約五百字。”現據開明書店1948年版《聞一多全集》排印，部分文字與《真報》略有出人，被删的文字已補入。

衛大西南，這抗戰的最後根據地的大西南！

但是，今天站在人民的立場，我們一方面固然應當向政府及全國呼籲，另一方面我們也得認清我們人民自身的責任與力量。對於保衛大西南，老實說，政府的决心是一回事，他的能力又是一回事。鄭州洛陽長沙衡陽的往事太叫我們痛心了，保衛國土最後的力量恐怕還在我們人民自己的身上。一切都有靠不住的時候，最可靠的還是我們人民自己。而我們自己的力量，你曉得嗎？如果善於發揮，善於利用，是不可想象的强大呀！今天每一個中國人，以他人民的身分，對於他自己所在的一塊國土，都應盡其保衛的責任，也盡有保衛的方法。我們這些在昆明的人無論本省的或外來的，對於我們此刻所在的這塊國土——昆明市，在萬一他遭受進攻時，自然也應善用我們自己的方法來盡我們自己的責任。諸位，昆明在抗戰中的重要性，不用我講，保衛昆明即所以保衛雲南，保衛雲南即所以保衛大西南，保衛大西南即所以保衛中國，不是嗎？

在今天的局勢下，關於昆明的前途，大概有三種看法，每種看法代表一種可能性。第一種是敵人不來，第二種是來了被我們打退，第三種是不幸我們敗了，退出昆明。第一種，客觀上即會有多少可能性，我們也不應該作那打算，果然那樣，老實説，那你就太没有出息了！我們應該用奮發的心情準備迎接敵人的進攻，并且立志把他打退，萬一不能，也要逼他付出相當代價，再作有計劃的，有秩序的榮譽的退却。然後走到敵後，展開游擊戰爭，給敵人以經常的擾亂與破壞，一方面發動并組織民衆，使他成爲堅强的自衛力量，以便配合着游擊軍。等盟國發動反攻時，我們便以地下軍的姿態，捲土重來，協同他們作戰以至趕走敵人，完成我們的最後勝利。我們得準備前面所説的第二種，甚至乾脆的就是第三種可能的局面，我們得準備迎接一個最黑暗的時期，然後從黑暗中，用我們自發的力量創造出光明來！這是一個夢，一個美夢。可是你如果不願意實現這個夢，另外一個夢便在等着你，那是一個惡夢。惡夢中有兩條路，一條是留在這裏當順民，準備受無窮的耻辱。一條是逃，但在還没有逃出昆明城郊時，就被水泄不通的混亂的人群車馬群擠死，踏死，輾死，即使逃出了城郊，恐怕走不到十里二十里就被盜匪戳死，打死，要不然十天半月内也要在途中病死餓死。……衡陽和桂林撤退的慘痛故事，我們聽够了，但昆明如有撤退的一天，那慘痛的程度，不知道還要幾十倍幾百倍於衡陽桂林！諸位，你能擔保那慘痛的命運不落到你自己頭上來嗎？惡夢中的兩條路，一條是苟全性命來當順民，那樣可以説是一種“不自由的生”，另一條是因不當順民就當難民，那樣又可説是一種“自由的死”。但是，諸位試想爲什麽必得是：要不死便得不自由，要自由就得死？自由和生難道是宿命的仇敵嗎？爲什麽我們不能有“自由的生”！是呀！到“自由的生”的路就是我方纔講的那個美夢啊！敵人可能給我們選擇的是不自由和死，假如我們偏要自由和生，我們便得到了自由的生，這便叫作“置之死地而後生”。

諸位，記住我們人民始終是要抗戰到底的，萬一敵人進攻，萬一少數人爲争奪權利鬧意氣而不肯把實力拿出來抵抗敵人，我們也有我們的辦法。不要害怕，不管人家怎樣，我們人民自始至終是有决心的，而有决心自然會有辦法的。還要記住昆明在國際間“民主堡壘”的美譽，我們從今更要努力發揚民主自由的精神。那一天我們的美夢完成了，我們從黑暗中造出光明來了，到那時中國纔真不愧四强之一。强在那裏？强在我們人民，强在我們人民呀！今天政府不給人民自由，是他不要人民，等到那一天，我們人民能以自力更生的方式强起來了，他自然會要我們的。那時我們可以驕傲的對他説：“我們可以不靠你，你是要靠我們的呀！”那便是真正的民主！我們今天要争民主，我們便當趕緊組織起來，按照實現那個美夢的目標組織起來，因爲這組織工作的本身便是民主，有了這個基礎，我們便更有資格，更有力量來争取更普遍的，完整的和永久的民主政治。

在魯迅逝世八周年紀念會上的講話[1]

有些人死去，儘管鬧得十分排場，過了没有幾天，就悄悄地隨着時間一道消逝了，很快被人遺忘了。有的人死去，儘管生前受到很不公平的待遇，但時間越過的久，形象却越加光輝，他的聲名却越來越偉大。我想，我們大家都會同意，魯迅是經受得住時間考驗的一位光輝偉大的人物。因爲他對中華民族的文化事業留下了寶貴的遺産。他是中國歷史上最偉大的文學家。

魯迅生前所處的環境異常危險，他是一個被“通緝”的“罪犯”！但是他無所畏懼，本着有一分熱，發一分光的精神，他勇敢、堅決地做他自己認爲應做的事，在文化戰綫上打着大旗衝鋒陷陣，難怪有的人爲什麽那麽恨他！

魯迅在日本留學，住在十里洋場的上海，他和洋人，和大官打過不少交道。但他對帝國主義，對買辦大亨，對當權人物，没有絲毫的奴顔媚骨，寧可流亡受苦，也不妥協。魯迅之所以偉大，之所以能寫出那麽多偉大的作品，和他這種高尚的人格是分不開的，學習魯迅，我想先得學習他這種高尚的人格。

有人不喜歡魯迅，也不讓别人喜歡，因爲嫌他説話討厭，所以不准提到魯迅的名字。也有人不喜歡魯迅，倒願意常常提到魯迅的名字，是爲了駡駡魯迅。因爲，據説當時一旦魯迅回駡就可以出名。現在，也可以對某些人表明自己的“忠誠”。前者可謂之反動，後者衹好叫做無耻了。其實，反動和無耻本來也是分不開的。

除了這樣兩種人，也還有一種自命清高的人，就象我自己這樣的一批人。從前我們住在北平，我們有一些自稱“京派”的學者先生，看不起魯迅，説他是“海派”。就是没有跟着駡的人，反正也是不把“海派”

---

① 本篇録自王康著、湖北人民出版社 1979 年 5 月出版的《聞一多傳》。這是聞一多 1944 年 10 月在昆明舉行的魯迅逝世八周年紀念會上講話的部分内容，王康記録整理。

放在眼上的。現在我向魯迅懺悔：魯迅對，我們錯了！當魯迅受苦受害的時候，我們都正在享福，當時我們如果都有魯迅那樣的骨頭，那怕衹有一點，中國也不至於這樣了。

罵過魯迅或者看不起魯迅的人，應該好好想想，我們自命清高，實際上是做了幫閑幫凶！如今，把國家弄到這步田地，實在感到痛心！現在，不是又有人在説什麽聞 ×× 在搞政治了，在和搞政治的人來往啦，以爲這樣就能把人嚇住，不敢搞了，不敢來往了。可是時代不同了，我們有了魯迅這樣的好榜樣，還怕什麽？紀念魯迅，我想應該正是這樣。

一個白日夢[1]

林蔭路旁侍立着一排像是没有盡頭的漂亮的黄墻，墻上自然不缺少我們這“文字國”最典型的方塊字的裝飾，祇因馬車跑得太快，來不及念它，心想反正不是機關，便是學校，要不就是營房。忽然兩座約莫二丈來高，影壁不像影壁，華表不像華表，極盡醜惡之能事的木質構造物闖入了視野，像黑夜裏冷不防跳出一聲充滿殺氣的“口令”！那東西可把人嚇一跳！那威風凜凜的稻草人式的構造物，和它上面更威風的藍地白書的八個擘窠大字：

頂天立地
繼往開來

也不知道是出自誰人的手筆，或那部“經典”，對子倒對得頂穩的。可是當時我并没有想到那些，我祇覺得一陣頭昏眼花，不是嚇唬的，（稻草人可嚇得倒人？）我的頭昏眼花恰恰是像被某種氣味薰得作嘔時的那一種。我問我自己，這究竟是一種什麼氣味？怎麼那樣衝人？

我想起十字牌的政治商標，我明白了。不錯，八個字的目的如果在推銷一個個人的成功秘訣，那除了希特勒型的神經病患者，誰當得起？如果是標榜一個國家的立國精神，除了納粹德國一類的世界裏，又那兒去找這樣的夢？想不出我們黄炎子孫也變得這樣偉大！果然如此，區區個人當然也“與有榮焉”，——我的耳根發熱了。

個人主義和由它放大的本位主義的肥皂水，居然吹起了這樣大而美麗的泡，看，它不但囊括了全部的空間（頂天立地），還壟斷了整個的時間（繼往開來）！怕祇怕一得意，吹得太使勁兒，泡炸了，到那時原形畢露，也不過那麼小小一滴水而已。我真爲它——也爲我自己——捏

---

① 本篇原載1944年12月10日《自由論壇》第11期（據季鎮淮《聞朱年譜·聞一多先生年譜》）。現據聞一多遺稿中保存的原刊剪報排印。

一把汗。

個人之於社會[1]等於身體的細胞，要一個人身體健全，不用説必需每個細胞都健全。但如果某個細胞太喜歡發達，以至超過它本分的限度而形成瘻瘤之類，那便是病了。健全的個人是必需的，個人發達到排他性的個人主義却萬萬要不得。如今個人主義還不祗是瘻瘤，它簡直是因毒菌敗壞了一部分細胞而引起的一種惡性發炎的癰疽，浮腫的肌肉開着碗口大的花，那何嘗不也是花花緑緑的絢爛的色彩，其實祗是一堆臭膿爛肉。唉！氣味便是從那裏發出的吧！

從排他性的個人主義到排他性的民族主義，是必然的發展。我是英雄，當然我的族類全是英雄。炎性是會得蔓延的，這不必細説。

極端的個人主義者必然也是個唯心主義者。心靈是個人行爲的發號施令者，誇大了個人，便誇大了心靈。也許我祗是歷史上又一個環境的幸運兒，但我總以爲我的成功，完全由於自己的意志或精神力量，祗因爲除了我個人，我什麽也没看見。我祗知道向自己身上去發現成功的因素，追得愈深，想得愈玄，於是便不能不墮入唯心論的迷魂陣中。

一切環境因素，一切有利的物質條件，一切收入的賬都被轉到支出項下了，我驚訝於自身無盡的財富，而又找不出它的來源，我的結論祗好是“天生德於予”了。於是我不但是英雄，而且是聖人了！

由不曾失敗的英雄，一變而爲不曾錯誤的聖人，我便與“真理”同體化了，因而“我”與“人”就變成“是”與“非”的同義語了。從此一切暴行祗要是出於我的，便是美德，因爲“我”就是“是”。到這時，可憐的個人主義便交了惡運，環境漸漸於我不利，我於是猜忌，瘋狂，甚至迷信，我的個人主義終於到了惡性發炎的階段，我的結局……天知道是什麽！

---

① 原無“之於社會”四字，據開明版《聞一多全集》補。

答《正義報》問[1]

（問：過去一年，在國内或國際間，有那些成功的或失敗的教訓最值得記取？）

我不知道這是否所答非所問。

按“勞心者治人，勞力者治於人”的原則來説，誰能否認，局面糟到這樣，完全是“治人”的勞心者的罪，而局面還没有鬧到一種更糟的程度（假如你能想象那樣一個局面的話），那倒是“治於人”的勞力者的功。所謂勞心者，倒未必有在朝與在野之分，就某種觀點説，也許在野者負的責任更大。事情是别人弄糟的，誠然，但也得咱們讓他們那樣做。你曉得嗎？咱們不但縱容了他們，你還包庇了他們，然而咱們有種種方法替你自己卸責——從最愚蠢的到最巧妙的方法，這裏不必細數。是羞澀，還是膽小，你是麻木不仁，還是别人神經過敏，是你没有高見，還是生來就是遺[2]感的天閹！這畢竟是一切問題的根本。一句話，問題還是在咱們自己身上，請仔細想想吧！

---

① 本篇是聞一多對昆明《正義報》所提“新歲五問”中第五問的回答，原載 1945 年 1 月 7 日《正義報·新論衡周刊》第 13 期《“新歲五問”筆談（二）》。

② 原文此字不清。

什麼是儒家①

——中國士大夫研究之一

“無論在任何國家，”伊里奇在他的《國家論》裏説，“數千年間全人類社會的發展，把這發展的一般的合法則性，規則性，繼起性，這樣的指示給我們了：即是，最初是無階級社會——貴族不存在的太古的，家長制的，原始的社會；其次是以奴隸制爲基礎的社會，奴隸占有者的社會。……奴隸占有者和奴隸是最初的階級分裂。前一集團不僅占有生産手段——土地，工具（雖然工具在那時是幼稚的），而且還占有了人類。這一集團稱爲奴隸占有者，而提供勞動於他人的那些勞苦的人們便稱爲奴隸。”中國社會自文明初發出曙光，即約當商盤庚時起，便進入了奴隸制度的階段，這個制度漸次發展，在西周達到它的全盛期，到春秋中葉便成强弩之末了，所以我們可以概括的説，從盤庚到孔子，是我們歷史上的奴隸社會期。但就在孔子面前，歷史已經在劇烈的變革着，轉向到另一個時代，孔子一派人大聲急呼，企圖阻止這一變革，然而無效。歷史仍舊進行着，直到秦漢統一，變革的過程完畢了，這纔需要暫時休息一下。趁着這個當兒，孔子的後學們，以董仲舒爲代表，便將孔子的理想，略加修正，居然給實現了。在長時期變革過程的疲憊後，這是一帖理想的安眠藥，因爲這安眠藥的魔力，中國社會便一覺睡了兩千年，直到孫中山先生纔醒轉一次。孔子的理想即是恢復奴隸社會的秩序，而董仲舒是將這理想略加修正後，正式實現了，那麽，中國社會，從董仲舒到中山先生這段悠長的期間，便無妨稱爲一個變相的奴隸社會。

董仲舒的安眠藥何以有這大的魔力呢？要回答這問題，還得從頭説起。相傳殷周的興亡是仁暴之差的結果，這所謂仁與暴分明代表着兩種不同的奴隸管理政策。大概殷人對於奴隸榨取過度，以至奴隸們“離心

① 本篇原載 1945 年 1 月 13 日昆明《民主周刊》第 1 卷第 5 期。

離德”而造成“前途倒戈”的後果，反之，周人的榨取比較温和，所以能一方面贏得自己奴隸的“同心同德”，一方面又能給太公以施行“陰謀”的機會，教對方的奴隸叛變他們自己的主人。仁與暴是漂亮的名詞，實際祇是管理奴隸的方法有的高明點，有的笨點罷了。周人還有個高明的地方，那便是讓勝國的貴族管理勝國的奴隸。《左傳》定四年說“周公相王室，分魯公以……殷民六族……使帥其宗氏，輯其分族，將其類醜……使之職事於魯……分之土田陪敦（附庸，即僕庸），祝宗卜史，備物典策，官司彝器。……分康叔以……殷民七族。……”這些殷民六族與七族便是勝國投降的貴族，那些“備物典策，官司彝器”的“祝宗卜史”便是後來所謂“儒士”——寄食於貴族的智識分子。讓貴族和智識分子分掌政教，共同管理自己的奴隸（附庸），這對奴隸們和奴隸占有者（周人）雙方都有利的，因爲以居間的方式他們可以緩和主奴間的矛盾，他們實在做了當時社會機構中的一種緩衝階層。後來勝國貴族們漸趨没落，而儒士們因有特殊智識和技能，日漸發展成一種宗教文化的行幫企業，兼理着下級行政幹部的事務，於是緩衝階層便爲儒士們所獨占了。（當然也有一部分没落的勝國貴族，改業爲儒，加入行幫的。）

明白了這種歷史背景，我們就可以明白儒家的中心思想。因爲儒家是一個居於矛盾的兩極之間的緩衝階層的後備軍，所以他們最忌矛盾的統一，矛盾統一了，没有主奴之分，便没有緩衝階層存在的餘地。他們也不能偏袒某一方面，偏袒了一方，使一方太强，有壓倒對方的能力，緩衝者也無事可做。所謂“君子和而不同”，便是要使上下在勢均力敵的局面中和平相處，而切忌“同”於某一方面，以致動摇均勢，因爲動摇了均勢，便動摇自己的地位啊！儒家之所以不能不講中庸之道，正因他是站在中間的一種人。中庸之道，對上説，愛惜奴隸，便是愛惜自己的生産工具，也便是愛惜自己，所以是有利的；對下説，反正奴隸是做定了，苦也就吃定了，祇要能吃少點苦就是幸福，所以也是有利的。然而中庸之道，最有利的，恐怕還是那站在中間，兩邊玩弄，兩邊鎮壓[①]，兩邊勸諭，做人又做鬼的人吧！孔子之所以憲章文武，尤其夢想周公，無非是初期統治階級的奴隸管理政策，符合了緩衝階層的利益，所謂道統者，還是有其社會經濟意義的。

可是切莫誤會，中庸决不是公平。公平是從是非觀點出發的，而中庸衹是在利害上打算盤。主奴之間還講什麽是非呢？如果是要追究是非，勢必牽涉到奴隸制度的本身，如果這制度本身發生了問題，那裏還有什麽緩衝階層呢？顯然的，是非問題是和儒家的社會地位根本相抵觸的。他衹能一面主張"成事不説，遂事不諫，既往不咎"，一面用正名（君君臣臣，父父子子）的理論，維持現有的秩序（既成事實），然後再苦口婆心的勸兩面息事寧人，馬馬虎虎，得過且過。我疑心"中庸"之庸字也就是"附庸"之庸字，换言之，"中庸"便是中層或中間之傭。自身既也是一種傭役（奴隸），天下那有奴隸支配主人的道理？所以緩衝階層的真正任務，也不過是懇求主子刀下留情，勸令奴才忍重負辱，"執中無權，猶執一也"，天秤上的碼子老是向重的一頭移動着，其結果，"中庸"恰恰是"不中庸"。可不是嗎？"爵禄可辭也，白刃可蹈也，中庸不可能也！"果然你辭了爵禄，蹈了白刃，那於主人更方便（因爲把勸架的人解决了，奴才失去了掩蔽，主人可以更自由的下毒手），何况爵禄并不容易辭，白刃更不容易蹈呢？實際上緩衝階層還是做了幫凶，"季氏富於周公，而求也爲之聚斂而附益之"，冉求的作風實在是緩衝階層的唯一出路。孔子喝令"小子鳴鼓而攻之！"是冤枉了冉求，因爲孔子自己也是"三月無君則皇皇如也"的，冉求又怎能餓着肚子不吃飯呢？

但是，有了一個建築在奴隸生産關係上的社會，季氏便必然要富於周公，冉求也必然要爲之聚斂，這是歷史發展的一定的法則。這法則的意義是什麽呢？恰恰是奴隸社會的發展促成了奴隸社會的崩潰。緩衝階層既依存於奴隸社會，那麽冉求之輩的替主人聚斂，也就等於替緩衝階

① "壓"，原作"押"。

層自掘墳墓。所以畢竟是孔子有遠見，“留得青山在，不怕没柴燒”，冉求是自己給自己毀壞青山啊！然而即令是孔子的遠見也没有挽回歷史。這是命運的作劇吧？[1]做了緩衝階層，其勢不能不幫助上頭聚斂，不聚斂，階層的地位便無法保持，但是聚斂得來使整個奴隸社會的機構都要垮臺，還談得到什麼緩衝階層呢？所以孔子的呼籲如果有效，青山不過是晚壞一天，自己便多燒一天的柴。如果無效，青山便壞得更早點，自己燒柴的日子也就更有限了，孔子的見地遠是遠點，但比起冉求，也不過是“以百步笑五十步”而已。結果，歷史大概是沿着冉求的路綫走的，連比較遠見的路綫都不曾蒙它采納，於是春秋便以高速度的發展轉入了戰國，儒家的理想，非等到董仲舒是不能死灰復燃的。

話又説回來了，儒家思想雖然必需等到另一時代，客觀條件成熟，纔能復活，但它本身也得有其可能復活的主觀條件，纔能真正復活，否則便有千百個董仲舒，恐怕也是枉然。儒家思想，正如上文所説，是奴隸社會的産物，而它本身又是擁護奴隸社會的。我們都知道，奴隸社會是歷史必須通過的階段[2]（它本身是社會進步的果，也是促使社會進步的因）。既然必須通過，當然最好是能過得平穩點，舒服點。文武周公所安排的，孔子所表章的奴隸社會，因爲有了那緩和的榨取政策，和爲執行這政策而設的緩衝階層，它確乎是一比較舒服的社會，因爲舒服，所以自從董仲舒把它恢復了，二千年的歷史便在它的懷抱中睡着了。

誠然，董仲舒的儒家不是孔子的儒家，而董仲舒以後的儒家也不是董仲舒的儒家，但其爲儒家則一，换言之，他們的中心思想是一貫的。二千年來士大夫没有不讀儒家經典的，在思想上，他們多多少少都是儒家，因此，我們瞭解了儒家，便瞭解了中國士大夫的意識觀念。如上文所説，儒家思想是奴隸社會的産物，然則中國士大夫的意識觀念是什麼，也就值得深長思之了！

---

① “劇”下一字不清，參酌文意補。

② “段”，原作“級”。

五四運動的歷史法則[①]

大家都知道，近百年來，中國社會是處於一種半封建性半殖民地性的狀態中。封建的主人地主官僚與殖民國的主人帝國主義，這兩個勢力之能够同時并存於我們這裏，已經説明了它們之間的一種奇異的關係，一種相反而又相成，相克而又相生的矛盾關係。在剥削人民的共同目的上，它們利害相同，所以能够互相結合，互相維護。同時分贓不匀又使它們利害衝突而不能不互相齟齬。然而它們却不能决裂。因爲，他們知道，假如帝國主義獨占了中國，任憑它的武器如何鋒利，民族的仇恨會梗塞着它的喉頭，使它不能下咽，假如封建勢力壟斷了中國，那又衹有加深它自己的崩潰，以致在人民革命勢力之前，加速它自己的滅亡。總之，被壓迫被榨取的，究竟是“人”，而人是有反抗性的，反抗而團結起來，便是力量，不是民族的力量，便是民主的力量，這些對於帝國主義或封建勢力，都是很討厭的東西。於是他們想好分工合作，讓地主官僚出面執行榨取的任務，以緩和民族仇恨。（這是帝國主義借刀殺人！）讓帝國主義一手把着槍炮，一手提着錢袋，站在背後保鏢，以軟化民主勢力。（這是地主官僚狗仗人勢！）它們是聰明的，因爲，雖然它們的欲壑都有着壟斷性與排他性，它們却都願意極力克制這些，彼此互相包容，互相照顧，互相妥協，而相安於一種近乎均勢的狀態中。果然，愈是這樣，它們的壽命愈長，那就是説，惟其是半封建，半殖民地，中國人民的解放纔愈難實現。

可是，帝國主義和封建勢力的壽命偏是不能長，而中國人民畢竟非解放不可！基於資本主義國家間内在的矛盾，帝國主義對中國的威力大大的受了制約，矛盾尖鋭化到某種程度，使它們自相火拼起來，帝國主義就得暫時退出中國。帝國主義退出了中國，人民的對手便由兩個變成一個，這便好辦了！衹要能讓人民和封建勢力以一比一的力量來决鬥，

---

① 本篇原載 1945 年 5 月 10 日昆明《民主周刊》第 1 卷第 20 期。

最後勝利定屬於人民。我説最後勝利，因爲一上來，封建勢力憑了它那優勢的據點和優勢的武器，確乎來勢汹汹，幾乎有全盤勝利的把握。但它究竟是過了時的乏貨，内部的腐化將逼得它最後必需將據點放棄，武器交出，而歸於失敗。五四運動及其前前後後，便是這個歷史事實的具體説明。

一九一四年以前，活動於中國這個政治經濟戰場上的，是一種三角鬥争，包括（一）各個字號的帝國主義，（二）以袁世凱爲中心的封建殘餘勢力，以及（三）代表人民力量的市民層民主革命的兩股潛伏勢力：（甲）國民黨政治集團，（乙）北京大學文化集團。那時三個力量中，帝國主義勢焰最大，封建勢力僅次於帝國主義，政治上代表人民願望的國民黨，幾乎是在苟延殘喘的狀態中保持着一綫生機，至於作爲後來文化革命據點的北京大學，在政治意義上，更是無足輕重。但等一九一四年，歐洲諸帝國主義國家内在的矛盾，尖鋭化到不能不爆發爲第一次世界大戰，中國的情形便大變了。歐洲列强，不論是協約國或同盟國，爲着忙於上前綫進攻，或在後方防守，忽然都退出了中國。歐洲帝國主義退出了，中國社會的本質，便立時由半封建半殖民地，變爲約當於百分之九十的封建，百分之十的殖民地（這百分之十的主人，不用説，就是日本）。於是袁世凱和他的集團忽然交了紅運，可是袁世凱的紅運實在短得可憐，而他的餘孽，北洋軍閥的紅運也不太長。真正走紅運的倒是人民，你不記得僅僅距袁氏稱帝後四年，督軍團解散國會和張勛復辟後二年，向封建勢力突擊的文化大進軍，五四運動便出現了嗎？從此中國土地上便不斷的涌着波瀾日益壯闊的民主怒潮，終於使國民革命軍北伐成功，北洋軍閥徹底崩潰。這時人民力量不但鏟除了軍閥，還給剛從歐洲抽身回來的帝國主義吃了不少眼前虧。請注意：帝國主義突然退出，封建勢力馬上抬頭，跟着人民的力量就將它一把抓住，經過一番苦鬥，終於將它打倒——這一歷史公式，特別在今天，是值得我們深深玩味的！

誰説歷史不會重演？雖然在細節上，今天的“五四”不同於二十六年前的“五四”，可是在主要成分上，兩個時代幾乎完全是一樣的。第二次世界大戰爆發，歐洲帝國主義退出，於是中國半殖民地的色彩取消了，半封建便一變而爲全封建，（請在復古空氣和某種隆重禮物的進獻中注意籌安會的鬼，還有這群鬼群後的袁世凱的鬼！）現在封建勢力正在囂張的時候，可是，人民也并没有閑着，代表人民願望，發揮人民精神，唤醒人民力量的政治、文化種種集團也都不缺少，滿天烏雲，高聳的樹梢上已在沙沙發響，近了，更近了，暴風雨已經來到，一場苦鬥是不能避免的。至於最後的勝利，放心吧！有歷史給你做保證。

歷史重演，而又不完全重演。從二十六年前的“五四”到今天，恰是螺旋式的進展了一周。一切都進步了。今天帝國主義的退出，除了實際活動力量與機構的撤退，還有不平等條約的取消，中國人賣身契的撕毁。這回帝國主義的退出是正式的，至少在法律上，名義上是絶對的，中國第一次，坐上了“列强”的交椅。帝國主義進一步的撤退，是促使或放縱封建勢力進一步的伸張的因素，所以隨着帝國主義的進步，封建勢力也進步了。戰争本應使一個國家更加堅强，中國却愈戰愈腐化，這是什麽緣故？原來腐化便是封建勢力的同義語，不是戰争，而是封建餘毒腐化了中國。今天政治經濟，社會，文化的腐化方面，比二十六年前更變本加厲，是公認的事實。時髦的招牌和近代化的技術，并不能掩飾這些事實。反之，都是加深腐化的有力工具，和保育毒菌的理想温度。然而封建勢力的進步，必然帶來人民力量的進步，這可分四方面講。（一）西南大後方市民階層的民主運動。這無論在認識上，組織上或進行方法上，比起五四時代都進步多了，詳情此地不能討論。（二）敵後的民主中國。這個民主的大本營，論成績和實力，遠非五四時代的□[①]東所能比擬，是人人都知道的。（三）封建勢力内部的醒覺分子。這部分民主勢力，現在還在潜伏期中，一旦爆發，它的作用必然很大。這是五四時代幾乎完全没有過的一種勢力，今天在昆明，它尤其被一般人所

① 此字原文不清，疑爲“廣”。

忽略。以上三種力量都是自覺的，另有一種不自覺的，但也許比前三者更强大的力量，那便是（四）大後方水深火熱中的農民。雖然他們不懂什麼是民主，但是誰逼得他們活不下去，他們是懂得的。五四時代，因帝國主義退出，中國民族工業得以暫時繁榮，一般説來，人民的生活是走上坡路的。今天的情形，不用説，和那時正相反。這情形是政治腐化的結果，而政治腐化的責任，正如上文所説，是不能推在抗戰身上的。半個民主的中國不也在抗戰嗎？而且抗得更多，人民却不餓飯。（還不要忘記那本是中國最貧瘠的區域之一。）原來抗戰在我們這大後方，是被人利用了，當作少數人吸血的工具利用了。黑幕已經開始揭露，血債早晚是要[1]還清的，到那時，你自會認識這股力量是如何的强大。

帝國主義的進步，封建勢力的進步，結果都祇爲人民的進步造了機會，爲人民的勝利造了機會。不管道路如何曲折，最後勝利永遠是屬於人民的，二十六年前如此，今天也如此。在“五四”的鏡子裹，我們看出了歷史的法則。

一九四五．四．二七

① 原無“要”字，參酌文意補。

人民的世紀 ①

——今天祇有“人民至上”纔是正確的口號

廿六年的光陰似乎白費了。今年我們這樣熱烈的迎接“五四”，證明我們還需要它，不，我們今天需要的，是一個比當年更堅强、更結實的“五四”，因爲，很簡單，今天的局面更嚴重了。

在説明這一點前，有一個觀念得先弄弄明白，那便是多年來人們聽慣了那個響亮的口號“國家至上”，國家究竟是什麽？今天不又有人説是“人民的世紀”嗎？假如國家不能替人民謀一點利益，便失去了它的意義，老實説，國家有時候是特權階級用以鞏固并擴大他們的特權的機構。假如根本没有人民，就用不着土地，也就用不着主權。祇有土地和主權都屬於人民時，纔講得上國家，今天祇有“人民至上”，纔是正確的口號。

知道國家并不等於人民，知道國家與人民的對立，纔好進而比較今天和二十六年前的中國。

二十六年前的中國，國家蒙受絶大的耻辱，人民的地位却暫時提高了。第一次世界大戰中袁世凱和日本帝國主義簽訂的二十一條件，是國家主權的重大損失，中國一心想趁巴黎和會的機緣把它收回，而終歸失敗，這對國家是直接的損失，對人民，老實説，并没有多大影響，而因了歐洲發生戰事，帝國資本主義暫時退出，中國民族工業却僥幸的得着一個繁榮機會，這對於人民的經濟生活，倒是有一點實惠。今天情形和二十六年前，恰好是個反比例，國家在四强之一的交椅上，總算出了從來没有出過的風頭，人民則過着比戰前水準更低的生活。英美不但將治外法權自動取消，而且看樣子美國還要非替中國收復失地不可，八年抗戰，中國國家的收穫不能算少，然而於人民何所有？老百姓的負擔加重

---

① 本篇據 1949 年 7 月 20 日上海《文匯報》排印。文末“編者按”説：“這篇文章是聞先生爲紀念三十四年‘五四’寫的，原載昆明《大路周刊》創刊號上。”

了，農民的生活尤其慘，國家所損失的已經取償於人民，萬一一塊塊的土地和人民賴以生存的物資連同人民一塊兒丟給敵人，於國家似乎也無關痛癢，今天我纔明白，所謂中國愈戰愈强，大概强的是國家而不包括人民。

二十六年前，我們的國家還不大明白主權之所屬，所以還不惜拿一大堆關係自己命脉的主權去爲一個人換一頂過時的、褪色而戴起了并不舒服的皇冕，結果那人皇冕没有戴上，國家的主權已經失了，若不是人民起來一把攔住，還差點在賣身契上親自打下手印，當時人民之所以這樣做，當然以爲主權還有着自己很大的份兒，所以實際上，那回是人民幫了國家一個大忙，雖則國家和人民都不知道。

經過二十六年的學習與鍛煉，國家聰明了，它知道主權之可貴，所以對既失的主權，想盡方法向帝國主義索回，一方面對於未失去的主權，儘量從人民手裏集中到自己手裏來，有時它還會使點權衡（編者注：疑爲術字），犧牲點尚未集中的主權給鄰居，這是因爲除非是集中了主權不能算是它自己的主權，它當然也知道向人民不斷的保證：凡是主權都是人民的，叫人民獻出一切，縮緊腰帶，拼了老命，捍衛了國家，自己却一無所得，連原有難足維持的生活的那點，都要丟光，這樣，目前的國家和人民便對立起來了。

然而二十六年的光陰對人民也不能説是完全白費。至少，人民學了不少的乖，“上一回當，學一回乖”，人民永遠是上當的，所以人民永遠是進步的。

進一步的認識便是進一步的力量，所以今天我們期待着的“五四”是一個比二十六年前更堅强更結實的“五四”，我們要争取民主的國家，因爲這是一個人民的世紀呀！

在五四青年運動座談會上的發言①

今天這會是歷史學會主辦的，我願以讀史的立場來説幾句話。當初五四運動是一個零碎的青年運動，没有組織，慢慢纔出現群衆的運動，那時由於國民黨的加强，這運動轉成了一個具體的政治運動：由於一個黨派，有組織的集團的接受和領導，於是這運動有了結果。當時我們感激國民黨，感激孫中山先生的領導。但是先生們却漸漸地冷落起來了。於是用各種方法來阻止我們，當然那時還没有今天這樣高明用請看電影的方法。他們認爲有了黨派問題就嚴重了，於是企圖高壓制止，有些同學也因此觀望不前。當我們讀史的時候，我們慶幸有這個黨派來檢起這個運動，而當時的人却討厭什麼黨派，這個教訓是應該特別深深體會的。老輩如果退後幾十年以史家的眼光來認識它，他一定高興於當時國民黨的起來，而絶不會厭惡或害怕。讀書的人看事應特別加上智力，今天的情形，一定還有人徘徊猶豫，怕受黨派利用，因爲某某黨也在喊民主，這特別是因爲中國人向有所謂清高的風氣，請諸位特別留意這點。今後廿六年，當你讀到今天的歷史時，你一定會感到慶幸，今天有某某黨派，就象慶幸當時有國民黨一樣。我們讀書的人不是人云亦云的，也不被人利用離間的，我們應以讀史的眼光來看我們所處的時代。

① 本篇是 1945 年 5 月 3 日聞一多在西南聯大歷史學會主辦的“五四青年運動座談會”上就“史實的追憶”這一討論題所作的發言。録自 1945 年 5 月 21 日《聯大通訊》第 2 期第 5 版《歷史是我們的指標——五四青年運動座談會》。

“五四”斷想[①]

舊的悠悠死去，新的悠悠生出，不慌不忙，一個跟一個，——這是演化。

新的已經來到，舊的還不肯去，新的急了，把舊的擠掉，——這是革命。

擠是發展受到阻礙時必然的現象，而新的必然是發展的，能發展的必然是新的，所以青年永遠是革命的，革命永遠是青年的。

新的日日壯健着（量的增長），舊的日日衰老着（量的減耗），壯健的擠着衰老的，没有擠不掉的。所以革命永遠是成功的。

革命成功了，新的變成舊的，又一批新的上來了。舊的停下來攔住去路，説：“我是趕過路程來的，我的血汗不能白流，我該歇下來舒服舒服。”新的説：“你的舒服就是我的痛苦，你耽誤了我的路程”，又把他擠掉……如此，武戲接二連三的演下去，於是革命似乎永遠“尚未成功”。

讓曾經新過來的舊的，不要衹珍惜自己的過去，多多體念别人的將來，自己腰酸腿痛，拖不動了，就趕緊讓。“功成身退”，不正是光榮嗎？“後生可畏，焉知來者之不如今也！”這也是古訓啊！

其實青年并非永遠是革命的，“青年永遠是革命的”這定理，衹在“老年永遠是不肯讓路的”這前提下纔能成立。

革命也不能永遠“尚未成功”。幾時舊的知趣了，到時就功成身退，不致阻礙了新的發展，革命便成功了。

舊的悠悠退去，新的悠悠上來，一個跟一個，不慌不忙，那天歷史走上了演化的常軌，就不再需要變態的革命了。

但目前，我們還要用“擠”來争取“悠悠”，用革命來争取演化。“悠悠”是目的，“擠”是達到目的的手段。

---

① 本篇原載 1945 年 5 月西南聯大《悠悠體育會周年五四紀念特刊》。

於是又想到變與亂的問題。變是悠悠的演化，亂是擠來擠去的革命。若要不亂擠，就祗得悠悠的變。若是該變而不變，那祗有擠得你變了。

子在川上，曰："逝者如斯夫，不舍晝夜！"古訓也發揮了變的原理。

婦女解放問題[①]

認[②]清楚對象

争取婦女解放的對象該是整個社會而不是男性。一切問題都是這不合理的社會所産生，都該去找社會去算賬。但社會是看不見的，在這裏衹能用個人的想象來把它看成一個集體的東西——房屋。我們在這房屋中間生活了幾千年，每人都被安放在一個角落上，有的被放得好，放得正，生活過得舒服，有的被放得不正，生活不舒服，就想法改良反抗，於是推推擠擠拿旁人來出氣，其實，旁人也没有辦法，也不能負責的，這是整個社會結構的問題，就像一座房屋，蓋得既不好，年代又久了，住得不舒服，修修補補是没有用處的，就衹有小心地把房屋拆下，再重新按照新的設計圖樣來建築。對於社會而言，這種根本的辦法，就是"革命"。革命并非毁滅，衹是小心地把原料拆下來，重新照新計劃改造。所以計劃得很好的革命，并不是太大的事情。

奴隸制度産生的因素有二：一是種族，二是兩性

現在的社會是不合理的，因爲這社會裏有階級，階級的産生由於奴隸制度。奴隸制度産生的因素有兩個：一是種族，二是兩性。在兩個種族打仗的時候，甲族的人被乙族俘去了，作爲生産工具，即是奴隸，原來平等的社會就開始分裂成主奴兩個階級。奴隸的數目愈來愈多的時候，這兩個階級的分别也愈爲明顯，倘没有另外的種族，那麽一切不平

① 本篇原載《大路》第5期。文末編者云："本篇是聞先生準備對聯大女同學會演講的原稿，後因演講會未能舉行，便改在五五文藝晚會上和《屈原》一并講出，今仍原稿。"

② "認"字原缺，據開時版《聞一多全集》補。

等，階級產生的可能性也可減少。其次，問到最初被俘的甲族人是男的還是女的，回答説是女的。被俘來的不僅作奴隸，還可作妻子。因爲在圖騰社會中有一種很重要的制度叫“外婚制”，就是男子不能和他本族的女子結婚，一定得找外族的女子作配偶。在這制度下兩族本可交換女子結婚，但因古代婚姻，不單是解決兩性的問題，重要的還是經濟的問題，大家都需要生產，勞動力，女子在未嫁前幫娘家作活，娘家當然不願她出嫁而減少一個幫手，使自己受到損失，所以老把女兒留在家裏。但另一邊同樣急切地需要她去生產孩子，在這爭持的情形下，產生了搶婚的行爲，她既是被搶來的生產工人，便怕她逃回去，或被娘家的人搶回，纔用繩子捆起，成爲這族的奴隸，所以談到奴隸制度時，兩性的因素不可缺少，甚至“奴隸制”是“外婚制”的發展呢！

女性·奴性和妓性

中國的古人造字，“女”字是“”①或“”，象徵繩子把坐着的人捆住，而“女”字和“奴”字在古時不但聲音一樣，意義也相同，本來是一個字，衹是有時多加一隻手牽着“”而已，那時候，未出嫁的女兒叫“子”，出嫁後纔叫“女”或“奴”，所以婦女的命運從歷史的開始起，就這麽慘了。

現在的社會裏，奴隸已逐漸解放了，最先被解放的奴隸是距主人最遠的農業奴隸，主人住在城裏，他們住在鄉間。其次被解放的是貴族的工商職奴隸，主人住在内城，他們住在外②城。再其次是在主人身邊伺候主人的聽差老媽子，而資格最老，歷史最久的奴隸——婦女——却還沒有得到解放，因爲她們和她們的主子——丈夫——的距離太近，關係太密切了，而且生活過得也還可以，不覺得要解放。

從歷史上看中國的女性，就是奴性的同義字，三從四德就是奴性

① 原刊“女”“奴”二字三種甲骨文寫法均缺，現據開明版《聞一多全集》補。
② “外”，原作“内”，據開明版《聞一多全集》改。

的内容。再不客氣地説一句，近代西洋女性的妓性比較起來也好不了多少，衹是男女關係不固定些而已。奴則老是呆在家裏，不准外出，而且固定屈於一個男子，妓則要自由得多，妓因[1]有被迫去當的，但自動去當妓，多少帶點反抗性，所以近代西洋的妓性比中國的奴性要好一點，因爲已解放了一綱，衹是不徹底而已。

真女性應該從母性出發而不從妻性出發

徹底解放了的新女性應該是真女性。我們先設想在奴隸社會没開始時的那個没有階級，没有主奴關係的社會，真女性就該以那社會中的天然的，本來的，真正的女性做標準。有人説女子總是女子，在生理上和男子不同，就進化來證明女子該進厨房，其實是不對的。根據人類學，在原始時的女性中心社會裏的女子，長得和這時代的女子不同，胸部挺起，聲量寬洪，性格剛强，而那時候的男子反因坐得久了，脂肪積儲在下體，使臀部變大，同時又因須撫養兒女，性情温柔，聲音細弱，所以除了女子能生育而産生母子關係而外，和男子并没有什麽不同。真女性就應該從母性出發而不從妻性出發，（從妻性出發不成爲奴即成妓。）母親對待兒子總是慈愛的，願爲兒子操勞，忍耐，甚至勇敢地犧牲，從母性出發的真女性是剛强的，具備一切美德如：仁慈，忍耐，勇敢，堅强。就是雌性的動物在哺乳的時候，總是比雄的還來得凶，來得可怕，俗語中的“母大蟲”，“雌老虎”，古書上稱獵得乳虎的做英雄，都是這個意思。女子徹底解放以後，將來的文化要由女子來領導，一切都以婦女爲表率，爲模範，爲中心。

① “因”，疑爲“固”誤。

我們不反對女子中看又中用，但最要緊的還是中用

婦女的解放，并不是個人的努力所能成功的，必須從整個社會下手，拆下舊房屋，再按照新計劃去蓋造，使成爲没有階級，没有主奴關係的社會。歷史照螺旋形發展，從當初開始有奴隸的社會到今天剛好繞了一圈，現在又要到没有奴隸的社會了，這并不是進化，不過這得有理想，有魄力，纔能改變到一個新社會。三千年來的歷史全錯了，要是有一點地方對的，也是偶然碰上了而已。我的這種想法也許有點大膽，有點浪漫；但在有些地方——譬如蘇聯，已經試驗成功了。臺維斯的《出使莫斯科記》裏説："美國的女子中看不中用，蘇聯的女子中用不中看。"蘇聯的女子就是從母性出發的真女性，是實際有用的，并不是供人看看的花瓶。當然我們不反對女子中看又中用，但最要緊的還是中用，倘以中看爲標準而做去，充其量，衹是表現出妓性。還有《延安一月》的作者告訴我們延安的婦女已不像女性，也就是説延安的婦女是真正的解放了，已不再是奴隸了。現在既有具體的，試驗成功的榜樣供大家學習，爲什麽還躲在這社會裏呻吟而逃避呢？畢竟婦女解放問題被提出了，熱烈地展開討論了，表示婦女解放的條件已成熟，離真正解放的日子也不遠了，一旦婦女真正解放，文化也就變成新的，文學藝術各部門都要以新姿態出現了！

給西南聯大的從軍回校同學講話[1]

我也是參加校務會議的一分子，但我所講的祇代表我個人。關於治標治本的問題，剛纔查先生馮先生説的很清楚，很詳細。我也替大家感到很高興。不過我想，大家是去從軍，而不是去治標。這些治標的對象是我們造出來的，所謂“天下本無事，庸人自擾之”。自縛自解祇是繞圈子而已。但是這種治標，不是我們從軍的目的，從軍的目的就是治本。假使不抱治本的目的去從軍，則我們還配得上做一個知識分子麼？談到知識分子，我們總以知識分子自誇，覺得很驕傲，很光榮。這，與其説是光榮，不如説是恥辱。由於知識分子少，固然顯得寶貴，顯得身價高。因此我們的地位之尊貴是由和一般没知識的大衆相形之下而成的。所以我們個人之光榮，是以國家之不光榮换得來的。我聽到很多從軍同學回來訴説在印所受的污辱。如有一個盟軍俱樂部，英國美國法國……連印度人也准進去，獨不准中國人進去，因爲他們認爲我們是“China man”，不管你知識分子不知識分子。可見你們個人在國内，可以很神氣，而在國外，人家就不管你什麽東西了。所以國内不改善，在外人看來，你們祇是一樣的中國人！把這些經歷，反省反省，認得清清楚楚，就不會白去了。

我們去從軍，受那些連長，排長，那些老粗的虐待，或是過分的恭維，也還是如刀割般苦痛的。我們可以駡他們：“正是你們丢了我們的臉，使我們受外國人的罪！”大家想想，爲什麽他們這樣？想一想吧，這原是我們的責任！抗戰以來，感到軍隊裏知識分子太少，都希望趕快讓知識青年去從軍，借此機會改善軍隊。但是爲什麽到今日纔曉得要找知識青年？根本我們的打仗就不想要知識青年來打的！本來，戰争之發動就是用農民壯丁來幹，農民去送死，我們去建國。這説來好聽，根本當時的軍隊就没有組織，没有計劃。送死，由他們去！以前賣命由他們

---

① 本篇原載刊物未詳。現據開明書店 1948 年版《聞一多全集》排印。講話時間約在 1945 年 7 月。

去，現在就輪到他們管你們了！當初，苦事讓人家幹，現在因他們而丟臉，我們是不應該把他們當作敵人來仇恨他們或可憐他們，這是錯的！這是整個社會制度表現出來的現象。當初他們入伍時候，是没有知識就拉過來的，等到入伍後，也從未教一點知識給他們。相反的倒是讓他們身體没閑，或者寧願他們睡死，病死，却千萬不要讓他們的腦筋清醒，不讓他們有知識。

統治者衹要奴才去打仗，不要知識分子去打仗！好像現在要打内戰啦，你們肯幹嗎？所以他們當初一時妙想天開，想找些知識分子去從軍。他們一則糊塗，一則聰明。聰明的是這麽一來，他們衹把你們當一般壯丁一樣訓練。你們受得了就來，受不來就活不了。他們要把你們壯丁化，麻醉你們；麻醉得越多越好，奴化得越多越好。所以，人家是聰明的，我們就不能太笨了！現在我們可以反省一下，到底是怎樣一回事？想對了，也還不愧爲一個知識分子。上了當就要變乖。要知道絶不是幾個知識分子抱着空中樓閣的理想，老是想從事改良改良，這麽天真就辦得到的。但是我們的思想就是我們的武器！衹要我們是人，有人格，這人格的尊嚴就是我們的武器！千萬不要自己欺騙自己。作知識分子就要作一個真的知識分子！不是普通的技術青年而要作個智慧的青年！千萬不要因爲人家多給你們幾個錢的待遇就算了事，要從大處看！

今早，有一個從軍同學給一首詩我看。好詩，但寫得我不同意。他説印度人怎的没希望了。是人就有希望，衹要我們團結和醒覺！除非我們是蒼蠅，是臭蟲，……打了八年仗，八年前和八年後的蒼蠅都是一樣的，是人就變了，受了這麽多的苦是會變的！儘管受盡壓迫和痛苦，終有一天是印度人的世界，而不是英國人的世界。印度有希望，何况我們中國！

還有一點，以爲衹有知識分子，纔有辦法，别人一概不成。這種想法是錯的。不要以爲有了知識分子就有力量，真正的力量在人民。我們應該把自己的知識配合他們的力量。没有知識是不成的，但是知識不配合人民的力量，决無用處！我們知識分子常常誇大，以爲很了不起，却没想到人民一醒覺，一發動起來，真正的力量就在他們身上。一班人活不好，吃不好，聯大再好，也没有用的。我們是知識分子，應有我們的天職。我們享受好，義務也多，我們要努力。但以爲自己努力就成了，就根本錯！剛纔那位寫詩的同學説：印度人像没有生命似的，這纔厲害。祇有我們知識分子纔怕死，人家不知死，渾渾沌沌的把生命分的不清楚，一旦把他們號召起來，還得了！武器在我們手裏時，就覺得這是不好玩的，要人命的東西；在他們手裏，幹起來就拼！因爲真正的力量在人民，所以越壓迫，越吃苦，報復起來就越厲害！因此我希望諸位無論幹那種工作，不要以爲自己是大學生。這不該看成普通的謙虚，一種做人的手段；因爲我們確實不如他們。不但口裏説，而且心裏也硬是要想：我們是不如他們的。我們的知識是一種髒物，是犧牲了大多數人的幸福而得來的。可是知識救不了我們；他們那些人敢説敢做，假如真要和我們拼起來，我們祇有怕，没有辦法！所以，問題就在他們要拼不要拼的問題；如果要，那我們就完了！

祇有在一個合理的社會裏，在一個没有人剥削人，人食人的社會裏，知識纔是一個武器，知識在一個合理的社會裏纔有大用；不然，是不中用的。所以，我希望各位能較抽象，較遠大，較傻勁地看去。我所以説是傻，因爲許多人都以他們的經驗，説我們這樣作是幼稚，是傻。其實我們的經驗越多，祇越教我們怯懦而已。現在，在軍隊裏，可惜不是你們作主；但假如我們是和人民在一起，我們就有希望了。

（黄海記）

謹防漢奸合法化[①]

百年以來，中華民族的歷史是一部不斷的反帝國主義反封建的鬥争史，八年抗戰依然是這鬥争的繼續。由於帝國主義與封建勢力永遠是互相勾結，狼狽爲奸的，所以兩種鬥争永遠得雙管齊下。雖則在一定的階段中，形式上我們不能不在二者之中選出一個來作爲主要的鬥争的對象，但那并不是説，實質上我們可以放鬆其餘那一個。而且鬥争愈尖鋭，他們二者團結得也愈緊，抓住了一個，其餘一個就跑不掉，即令你要放走他，也不可能。這恰好就是目前的局勢。對外民族抗戰階段中的敵僞，就是對内民主革命階段中的帝（國主義）封（建勢力），這是無須説明的，而目前的敵僞，早已在所謂"共榮圈"中，變成了一個渾一的共同體，更是鮮明的事實。現在日寇已經投降，懲治日寇戰犯的辦法，固然需待同盟國共同商討，但懲治漢奸是我們自己的事，然而直到今天，我們還没有聽見任何關於處理漢奸的辦法。

當初我們那樣迫切要求對日抗戰，一半固然因爲敵人欺我太甚，一半也是要逼着那些假中國人和抱着委曲勉强做中國人的中國人，索性都滚到他們主子那邊去，讓我們陣綫上黑白分明，便於應戰，并且到時候，也好給他們一網打盡。果然抗戰爆發，一天一天，漢奸集團愈匯愈大，於是一年一年，一個僞組織又一個僞組織，一批僞軍又一批僞軍。但是那時我們并不着急，我們衹有高興，因爲，正如上面所説，這樣在戰術上是於我們絶對有利的。可是到了今天，八年浴血苦鬥所争來的黑白，恐怕又要被攪成八年以前黑白不分的混沌狀態了。這種現象是中國人民所不能忍受的。硬把漢奸合法化了，衹是掩耳盜鈴的笨拙的把戲，事實的真相，每個人民心頭是雪亮的。并且按照邏輯的推論，人民也會想到：使漢奸合法化的，自己就是漢奸，而對於一切的漢奸，人民的决心是要一網打盡的。因此，我們又深信八年抗戰既已使黑白分明，要再

① 本篇原載 1945 年 9 月 3 日昆明《中央日報勝利日特刊》第 3 版。

混淆它，已經是不可能的。誰要企圖這樣做，結果衹是把自己混進“黑名單”裏，自取滅亡之道！

獸·人·鬼[①]

劊子手們這次杰作，我們不忍再描述了，其殘酷的程度，我們無以名之，衹好名之曰獸行，或超獸行。但既已認清了是獸行，似乎也就不必再用人類的道理和它費口舌了。甚至用人類的義憤和它生氣，也是多餘的。反正我們要記得，人獸是不兩立的，而我們也深信，最後勝利必屬於人！

勝利的道路自然是曲折的，不過有時也實在曲折得可笑。下面的寓言正代表着目前一部分人所走的道路。

村子附近發現了虎，孩子們憑着一股鋭氣，和虎搏鬥了一場，結果遭犧牲了，於是成人們之間便發生了這樣一串紛歧的議論：

——立即發動全村的人手去打虎。

——在打虎的方法没有布置周密時，勸孩子們暫勿離村，以免受害。

——已經勸阻過了，他們不聽，死了活該。

——咱們自己趕緊别提打虎了，免得鼓勵了孩子們去冒險。

——虎在深山中，你不惹它，它怎麽會惹你？

——是呀！虎本無罪，禍是喊打虎的人闖的。

——虎是越打越凶的，誰願意打誰打好了，反正我是不去的。

議論發展下去是没完的，而且有的離奇到不可想像。當然這裏衹限於人——善良的人的議論。至於那“爲虎作倀”的鬼的想法，就不必去揣測了。但願世上真没有鬼，然而我真擔心，人既是這樣的善良，萬一有鬼，是多麽容易受愚弄啊！

---

① 本篇據開明書店 1948 年版《聞一多全集》排印，文末注：“原載三十四年十二月九日三版《時代評論》第六期。”

八年的回憶與感想①

說到聯大的歷史和演變，我們應追溯到長沙臨時大學的一段生活。最初，師生們陸續由北平跑出，到長沙聚齊，住在聖經學校裏，大家的情緒祇是興奮而已。記得教授們每天晚上吃完飯，大家聚在一間房子裏，一邊吃着茶，抽着烟，一邊看着報紙，研究着地圖，談論着戰事和各種問題。有時一個同事新從北方來到，大家更是興奮的聽他的逃難的故事和沿途的消息。大體上說，那時教授們和一般人一樣祇有着戰事剛爆發時的緊張和憤慨，没有人想到戰争是否可以勝利。既然我們被迫得不能不打，祇好打了再說。人們祇對於保衛某據點的時間的久暫，意見有些出入，然而即使是最悲觀的也没有考慮到戰事如何結局的問題。那時我們甚至今天還不大知道明天要做什麽事，因爲學校雖然天天在籌備開學，我們自己多數人心裏却懷着另外一個幻想。我們腦子裏裝滿了歐美現代國家的觀念，以爲這樣的戰争，一發生，全國都應該動員起來，自然我們自己也不是例外。於是我們有的等着政府的指示：或上前方參加工作，或在後方從事戰時的生産，至少也可以在士兵或民衆教育上盡點力。事實證明這個幻想終於祇是幻想，於是我們的心理便漸漸回到自己崗位上的工作，我們依然得準備教書，教我們過去所教的書了。

因爲長沙聖經學校校舍的限制，我們文學院是指定在南岳上課的。在這裏我們住的房子也是屬於聖經學校的。這些房子是在山腰上，前面在我們脚下是南岳鎮，後面往山裏走，便是那探索不完的名勝了。

在南岳的生活，現在想起來，真有“恍如隔世”之感。那時物價還没有開始跳漲，祇是在微微的波動着罷了。記得大前門紙烟漲到兩毛錢一包的時候，大家曾考慮到戒烟的辦法。南岳是個偏僻地方，報紙要兩三天以後纔能看到，世界注意不到我們，我們也就漸漸不大注意世界了，於是在有規則性的上課與逛山的日程中，大家的生活又慢慢安定下

① 本篇原載西南聯大學生出版社 1946 年 7 月出版的《聯大八年》。

來。半輩子的生活方式，究竟不容易改掉，暫時的擾動，衹能使它表面上起點變化，機會一來，它還是要恢復常態的。

講到同學們，我的印象是常有變動，仿佛隨時走掉的并不比新來的少，走掉的自然多半是到前綫參加實際戰争去的。但留下的對於功課多數還是很專心的。

抗戰對中國社會的影響，那時還不甚顯著，人們對蔣委員長的崇拜與信任，幾乎是没有限度的。在没有讀到史諾的《西行漫記》一類的書的時候，大家并不知道抗戰是怎樣起來的，衹覺得那真是由於一個英勇堅毅的領導，對於這樣一個人，你除了欽佩，還有什麽話可説呢！有一次，我和一位先生談到國共問題，大家都以爲西安事變雖然業已過去，抗戰却并不能把國共雙方根本的矛盾徹底解决，衹是把它暫時壓下去罷了，這個矛盾將來是可能又現出來的。然則應該如何永久徹底解决這矛盾呢？這位先生認爲英明神聖的領袖，代表着中國人民的最高智慧，時機來了，他一定會向左靠攏一點，整個國家民族也就會跟着他這樣做，那時左右的問題自然就不存在了。現在想想，中國的“真命天子”的觀念真是根深蒂固！可惜我當時没有反問這位先生一句：“如果領袖不向平安的方向靠，而是向黑暗的深淵裏衝，整個國家民族是否也就跟着他那樣做呢？”

但這在當時究竟是遼遠的事情，當時大家争執得頗爲熱烈的倒是應否實施戰時教育的問題。同學中一部分覺得應該有一種有别於平時的戰時教育，包括打靶，下鄉宣傳之類。教授大都與政府的看法相同：認爲我們應該努力研究，以待將來建國之用，何况學生受了訓，不見得比大兵打得更好，因爲那時的中國軍隊確乎打得不壞。結果是兩派人各行其是，願意參加戰争的上了前綫，不願意的依然留在學校裏讀書。這一來，學校裏的教育便變得更單純的爲教育而教育，也就是完全與抗戰脱節的教育。在這裏，我們應該注意：并不是全體學生都主張戰時教育而全體教授都主張平時教育，前面説過，教授們也曾經等待過徵調，衹因徵調没有消息，他們纔回頭來安心教書的。有些人還到南京或武漢去向政府投效過的，結果自然都敗興而返。至於在學校裏，他們最多的人并不積極反對參加點配合抗戰的課程，但一則教育部没有明確的指示，二則學校教育一向與現實生活脱節，要他們炮聲一響馬上就把教育和現實配合起來，又叫他們如何下手呢？

武漢情勢日漸危急，長沙的轟炸日益加劇，學校决定西遷了。一部分男同學組織了步行團，打算從湖南經貴州走到雲南。那一次參加步行團的教授除我之外，還有黄子堅，袁復禮，李繼侗，曾昭掄等先生，我們沿途并没有遇到土匪，如外面所傳説的。祇有一次，走到一個離土匪很近的地方，一夜大家緊張戒備，然而也是一場虚驚而已。

那時候，舉國上下都在抗日的緊張情緒中，窮鄉僻壤的老百姓也都知道要打日本，所以沿途并没有作什麽宣傳的必要。同人民接近倒是常有的事。但多數人所注意的還是苗區的風俗習慣，服裝，語言，和名勝古迹等等。

在旅途中同學們的情緒很好，仿佛大家都覺得上面有一個英明的領袖，下面有五百萬勇敢用命的兵士抗戰，反正是没有問題的。我們祇希望到昆明後，有一個能給大家安心讀書的環境。大家似乎都不大談，甚至也不大想政治問題。有時跟輔導團團長爲了食宿鬧點彆扭，也都是很小的事，一般説來，都是很高興的。

到昆明後，文法學院到蒙自呆了半年，蒙自又是一個世外桃源。到蒙自後，抗戰的成績漸漸露出馬脚，有些被抗戰打了强心針的人，現在，興奮的情緒不能不因爲冷酷的事實而漸漸低落了。

在蒙自，吃飯對於我是一件大苦事。第一我吃菜吃得鹹，而雲南的菜淡得可怕，叫厨工每餐飯準備一點鹽，他每每又忘記，我也懶得多麻煩，於是天天祇有忍痛吃淡菜。第二，同桌是一群著名的敗北主義者，每到吃飯時必大發其敗北主義的理論，指着報紙得意洋洋説：“我説了要敗，你看罷！現在怎麽樣？”他們人多勢衆，和他們辯論是無用的。這樣，每次吃飯對於我簡直是活受罪。

雲南的生活當然不如北平舒服。有些人的家還在北平，上海或是香港，他們離家太久，每到暑假當然想回去看看，有的人便在這時一去不返了。

等到新校舍築成，我們搬回昆明。這中間聯大有一段很重要的歷史，就是在皖南事變時期，同學們在思想上分成了兩個壁壘。那年我正休假，在晋寧縣住了一年，所以校内的情形不大清楚，祇聽説有一部分同學離開了學校，但是後來又陸續回來了。

教授的生活在那時因爲物價還没有很顯著的變化，并没有大變動。交通也比較方便，有的教授還常常回北平去看看家裏的人。如劉崇鋐先生就回去過幾次。

一般説來，先生和同學那時都注重學術的研究和學習，并不像現在整天談政治，談時事。

《中國之命運》一書的出版，在我一個人是一個很重要的關鍵。我簡直被那裏面的義和團精神嚇一跳，我們的英明領袖原來是這樣想法的嗎？“五四”給我的影響太深，《中國之命運》公開的向“五四”宣戰，我是無論如何受不了的。

大學的課程，甚至教材都要規定，這是陳立夫做了教育部長後纔有的現象。這些花樣引起了教授中普遍的反感。有一次教育部要重新“審定”教授們的“資格”，教授會中討論到這問題，許多先生，發言非常憤慨，但，這并不意味着反對國民黨的情緒。

聯大風氣開始改變，應該從三十三年算起，那一年政府改三月二十九日爲青年節，引起了教授和同學們一致的憤慨。抗戰期中的青年是大大的進步了，這在“一二・一”運動中，表現得尤其清楚。那幾年同學中跑仰光賺錢的固然有，但那究竟是少數，并且這責任歸根究底，還應該由政府來負。

這兩年來，同學們對學術研究比較冷淡，確是事實，但人們因此而悲觀，却是過慮。政治問題誠然是暫時的事，而學術研究是一個長期的工作。有些人主張不應該爲了暫時的工作而荒廢了永久的事業，初聽這説法很有道理，但是暫時的難關通不過，怎能達到那永久的階段呢？而且政治上了軌道，局勢一安定下來，大家自然會回到學術裏來的。

這年頭愈是年青的，愈能識大體，博學多能的中年人反而衹會挑剔小節，正當青年們昂起頭來做人的時候，中年人却在黑暗的淫威面前屈膝了。究竟是誰應該向誰學習？想到這裏，我覺得在今天所有的不合理的現象之中，教育，尤其大學教育，是最不合理的。抗戰以來八九年教書生活的經驗，使我整個的否定了我們的教育。我不知道我還能繼續支持這樣的生活多久，如果我真是有廉耻的話！

（際戡筆録）

一二·一運動始末記[①]

民國三十五年二月聞一多撰

自從民國三十三年雙十節，昆明各界舉行紀念大會，發表國是宣言，提出積極的政治主張，這裏的學生，配合着文化界、婦女界、職業界的青年，便開始團結起來，展開熱烈的民主運動，不斷地喊出全國人民最迫切的要求。各大中學師生關於民主政治的無數次演講、討論和各種文藝活動的集會，各界人士許多次對國是的宣言，以及三十三年護國紀念，三十四年五四紀念的兩次大游行，這些活動，和其它後方各大城市的沈默，恰好形成一個鮮明的對照。在這沈默中，誰知道他們對昆明，尤其昆明的學生，懷抱着多少欣羡，寄托着多少期望！

三十四年八月，日本正式投降，全國歡欣鼓舞，以爲八年來重重的苦難，從此結束。但是不出兩月，便在十月三日，雲南省政府突然改組，駐軍發生衝突，使無辜的市民飽受驚擾，而且遭遇到并不比一次敵機的空襲更少的死傷。昆明市民的喘息未定，接着全國各地便展開了大規模的內戰。人人懷着一顆沈重的心，瞪視着這民族自殺的現象。昆明，被人們欣羡和期望着的昆明，怎麽辦呢？是的，暴風雨是要來的，昆明再不能等了，於是十一月二十五日晚，國立西南聯合大學，國立雲南大學，私立中法大學，和省立英語專修學校等四校學生自治會，在西南聯大新校舍草坪上，召開了反對內戰呼籲和平的座談會，到會者五千餘人。似乎反動者也不肯遲疑，在教授們的講演聲中，會場四周，企圖威脅到會群衆和擾亂會場秩序的機關槍、衝鋒槍、小鋼炮一齊響了，散會之後，交通又被斷絶，數千人在深夜的寒風中躑躅着，抖顫着。昆明憤怒了！

翌日，全市各校學生，在市民普遍的同情與支持之下，相率罷課，

① 本篇是聞一多爲“一二·一”四烈士所撰碑文，鐫刻在昆明四烈士墓前兩根石柱的基座上。現據手稿排印。

表示抗議，并要求當局查辦包圍學校開槍的軍隊，撤銷事前號稱地方黨政軍聯席會議所頒布的禁止集會游行的非法禁令。當局對學生們這些要求的答復是什麽呢？除種種造謠誣衊和企圖破壞學生團結的所謂“反罷課委員會”的卑劣陰謀外，便是十一月三十日，特務們的棍子、石頭、手槍、刺刀，對全市學生罷課聯合委員會宣傳隊的沿街追打。然而這祇是他們進攻的序幕。十二月一日，從上午九時到下午四時，大批的特務和身着制服、佩帶符號的軍人，携帶武器，分批闖入雲南大學，中法大學，聯大工學院，師範學院，聯大附中等五處，搗毁校具，劫掠財物，毆打師生。同時在聯大新校舍門前，暴徒們於攻打校門之際，投擲手榴彈一枚，結果南菁中學教員于再先生中彈重傷，當晚十時二十分，在雲大醫院逝世。同時在聯大師範學院，正當鐵棍、石頭飛舞之中，大批學生已經負傷倒地，又飛來三顆手榴彈，中彈重傷的聯大學生李魯連君，僅祇奄奄一息了，又在送往醫院的途中，被暴徒攔住，慘遭毒打，遂至登時氣絶。奮勇救護受傷同學的聯大學生潘琰小姐，已經胸部被手榴彈炸傷，手指被彈片削掉，倒地後，腹部上又被猛戳三刀，便於當日下午五時半在雲大醫院的病榻上，喊着“同學們團結呀！”與世長辭了。昆華工校學生張華昌君，聞變趕來援救聯大同學，頭部被彈片炸破，右耳滿盛着血液，紅色上浮着白色的腦漿，這條僅祇十七歲的生命，綿延到當日下午五時在甘美醫院也結束了。此外聯大學生繆祥烈君，左腿骨炸斷，後來醫治無效，祇好割去，變成殘廢。總計各校學生受重傷者十一人，輕傷者十四人，聯大教授也有多人痛遭毆辱的。各處暴徒從肇事逞凶時起，到任務完成後，高呼口號，揚長過市時止，始終未受到任何軍警的干涉。

這就是昆明學生的民主運動，和它的最高潮“一二·一”慘案的概略。

“一二·一”是中華民國建國以來最黑暗的一天，但也就在這一天，死難四烈士的血給中華民族打開了一條生路。從這天起，在整整一個月中，作爲四烈士靈堂的聯大圖書館，幾乎每日都擠滿了成千成萬，扶老携幼的致敬的市民，有的甚至從近郊幾十里外趕來朝拜烈士們的遺骸。從這天起，全國各地，乃至海外，通過物質的或精神的種種不同的形式，不斷地寄來了人間最深厚的同情和最崇高的敬禮。在這些日子裏，昆明成了全國民主運動的心臟，從這裏吸收着也輸送着憤怒的熱血的狂潮。從此全國的反内戰、争民主的運動，更加熱烈地展開，終於在南北各地一連串的血案當中，促成了停止内戰，協商團結的新局面。

願四烈士的血是給新中國的歷史寫下了最初的一頁，願它已經給民主的中國奠定了永久的基石！如果這願望不能立即實現的話，那麽，就讓未死的戰士們踏着四烈士的血迹，再繼續前進，并且不惜匯成更巨大的血流，直至在它面前，每一個糊塗的人都清醒起來，每一個怯懦的人都勇敢起來，每一個疲乏的人都振作起來，而每一個反動者都戰栗地倒下去！

四烈士的血不會是白流的。

調整大學文學院中國文學外國語文學二系機構刍議[①]

建　議

將現行制度下的中國文學系（文學組、語言文字組）與外國語文學系改爲文學系（中國文學組、外國文學組）與語言學系（東方語言組、印歐語言組）。

説　明

舊制的特點，是中西對立，語文不分。我們願就這兩點來檢討一下。先講中西對立。現在大學中文、法兩學院絶大多數學系所設的課程，都包括本國的與外國（西洋）的兩種學問：如哲學系講中國哲學，也講西洋哲學；政治學系講中國政治制度和思想，也講歐美政治制度和思想；但現在并没有一個大學把中國哲學和西洋哲學，或把中國政治學和西洋政治學分爲兩系的。這便是説：絶大多數文、法學院的系是依學科性質分類的。惟一的例外是文學語言，仍依國别，分作中國文學與外國語文學兩系。這現象顯然意味着前者（絶大多數系）的分類是正常的，後者（文學語言）是畸形的。

畸形現象的存在，當然不是没有原因的。如所周知，近百年來中國社會的性質是半封建、半殖民地的。我們不能諱言，許多大學的中國文學和外國語文學兩系，恰好代表着這兩種社會的殘餘意識，至少也犯着那種嫌疑。一方面是些以保存國粹爲己任的小型國學專修館，集合着一群遺老式的先生和遺少式的學生，抱着發散霉味的經、史、子、集，夢想五千年的古國的光榮。一方面則，恕我不客氣，稱它爲高等華人養

---

① 本篇原載 1948 年《國文月刊》第 63 期。署名聞一多遺稿。

成所，惟一的任務是替帝國主義（尤其是大英帝國主義）承包文化傾銷，因此你也不妨稱他們爲文化買辦。他們的利得的來源正是中國的落後性。這些典型的中國文學系和外國語文學系，無疑都是我們親眼見過的，甚至親身經歷過的。雖然近年來情形已在轉變，可是我們不能不承認，殘餘的習氣，在許多大學的這兩系中，依然保存得不少。

上述典型的中國文學系和外國語文學系，各處極端，不易接近，甚至互相水火，是不用講的。但這現象并不妨礙兩邊都有着反動分子出現，不，正因極端，纔會反動。極端守舊的國粹派學起時髦來比誰還要肉麻，相反的，假洋鬼子也常常會醉心本位文化到歇斯的里的程度。這樣的分子，目前在兩系中，也是有的；但對於真正溝通融會中西文化的工作，大概不會起什麽作用；因此，在歷史演化的進程中，許多原來中西分設的學系都合流了，直到今天，文學語言仍然是中西對立、各不相干的兩系。

（以上是聞先生的原文，以下是就聞先生的原稿的綱要聯綴而成。）

再講文語不分。

我們先是有中國文學系和外國文學系。中國文學系以文學爲主，文字學是文學的附庸。固然我們在傳統上也注重所謂小學，認爲讀書必先識字，但是小學究竟祇是工具，没有獨立的地位。所以包括形、音、義的文字學，雖然指引學生去研究語言的符號和符號的聲音，真正對它發生興趣的却不多。外國文學系的情形恰相反，好像“譯學館”，專重語言訓練，特别是英語訓練。自然也教授文學名著，但祇是藉文學名著訓練語言。這是第一期。

第二期是走向分化的路。外國文學系改爲外國語文學系，除英語外也注重第二外國語，并且有了古典語言（希臘、拉丁）與梵語的科目。中國文學系也分了文學與語言文字二組，語言文字組注重語音、文字、文法以及少數民族語言的研究。於是語言由“附庸蔚爲大國”。

上文的建議是根據語言學發展的趨勢與新時代的新使命。先説前者。

所謂語言學發展的趨勢，就是語言學的科學化。語言學已經成爲科學，中國語言文字的研究是這門科學的一個分支；而文學是屬於藝術的範疇。文學的批評與研究雖也采取科學方法，但文學終非嚴格的科學，也不需要，不可能，不應該是嚴格的科學。語言學與文學并不相近，倒是與歷史考古學，尤其社會人類學相近些。所以讓語言學獨立成系，可以促進它本身的發展，也可以促進歷史考古學與社會人類學的發展。一方面在語言訓練上也因爲集中而更容易收效些。但現在我們要有自主的外交，除英、美外，應增進與大陸的關係，尤其是與蘇聯的關係，所以我們應注重歐洲各個主要的語言，不能衹以英語爲主。另一面我們要争取國内少數民族的合作，要領導東方弱小民族的發展，扶助東方殖民地的解放，這責任是在中國人身上，所以應發展東方語言。

這就説到了新時代的新要求。戰後時代轉變了，次殖民地解放了，中國要近代化。我們要繼續大革命後反封建反帝國主義的努力，不復古，也不媚外。這是新中國的開端。文學應配合我們的政治經濟及一般文化的動向，所謂國情的、自主的接受本國文化與吸收西洋文化。説文學是精粹的語言，等於説文學是修辭學，偏重形式，是錯誤的。我們要放大眼光。建設本國文學的研究與批評，及創造新中國的文學，是我們的目標；采用舊的，介紹新的，是我們的手段。要批判的接受，有計劃的介紹，要中西兼通。我們建議文學系分爲中國文學，與外國文學兩組，這兩組出發點雖不同，歸趣則一。這是統一目標，分工合作；這是有計劃的分工，有系統的合作。

我們認爲調整大學文學院中國文學外國語文學二系機構，是民族復興中應有的“鴻謨”。

* * * *

聞先生去年暑假前曾經口頭向清華大學提出這個建議，但是一時還不能够施行。這篇文章不幸未曾完成，可是綱要是完成了的。他的建議很值得大家討論，所以我將原稿聯綴成篇發表。

卅六年十二月五日朱自清記

民盟的性質與作風 ①

（這篇稿子是從幾次談話中綜合而成的）②

諸位來賓，今天承諸位光臨，給我這個機會，以一個政治團體代表人之一的資格向諸位領教。這給予我個人的感覺，除了光榮之外還有無限的感慨與興奮。此刻我的心事真是千頭萬緒，但爲了避免浪費諸位的寶貴時間起見，我還是把我的話頭儘量限制在少數的幾點上談罷。

首先，我要向諸位説明的，是無黨無派在中國民主同盟中的地位。剛纔李公樸先生向諸位報告過，今天我們百分之八十的盟員是無黨無派，但是他還忘記了同樣重要的一點，那便是我們最高的領導人張表方老先生也是一個無黨無派。在上最高的領導人，在下絶大多數的群衆，都是無黨無派，這現象説明着，到了今天無黨無派確乎是民主同盟的主要力量。而在將來我們組織的發展中，無黨無派盟員的數量一定更加擴大，無限度的擴大，所以，無黨無派在我們内部，又不衹是今天起着決定作用，而且恐怕永遠要起着決定作用。

這是一件有趣的事，對内我們是無黨無派，而對外我們又是有黨有派。無黨無派，因爲我們昨天不問政治，有黨有派，因爲我們今天在問着政治。從不問政治到問政治，從無黨無派到有黨有派，這一轉變，從客觀環境説，是時代的逼迫，從主觀認識説，是思想的覺悟，我們覺悟了我們昨天那種嚴守中立，不聞不問的超然態度，不是受人欺騙便是自欺欺人。昨天如果我們是因爲被人捧爲超然的學者專家，超然起來的，那麽我們今天確是覺悟了，知道那種捧是不懷好意的灌米湯，因爲衹有我們超然，老爺們纔更好放手幹他們那套卑鄙的吃人勾當。如果我們昨天的超然，是掩飾自身的怯懦，無能和自私自利的美麗的幌子，那便是比自己幹着吃人勾當更爲卑鄙的卑鄙行爲，我們今天更應該懺悔。好

① 本篇原載 1946 年 7 月 9 日昆明《民主周刊》第 3 卷第 17 期。

② 開明版《聞一多全集》此文後的“附記”説：“這篇演講稿是民國三十五年六月二十八日聞先生在昆明民主同盟雲南省支部招待各界賢達席上的演講稿。”

了，不管昨天怎樣，我們今天總算醒了，我們也不諱言我們爲自己今天的覺醒而驕傲。

今天我們再不是袖手旁觀或裝聾作啞的消極的中立者了，今天我們要站出來，做活動於兩極之間的積極的中間人。但是所謂中間人并不是等於無原則的和事佬。我們要明是非，辨真僞，要以民主爲準繩來做兩極之間的公斷人。我們除了牢不可破的對民主的信念以外，没有任何成見，也不可能有任何成見。爲什麽我們不可能有成見呢？因爲我們絶大多數是有黨有派中的無黨無派，因此我們的黨派，在本質上，便帶着某種程度的無黨無派性。你也可以説，我們是今天各黨各派中最富於無黨派性的一個黨派，或是説，最無黨派成見的一個黨派。不是説我們昨天還是不問政治的無黨無派，今天問政治了，纔變成有黨有派的嗎？我們固然“覺今是而昨非”，但也正因我們一向是不問政治的無黨無派，所以今天問起政治來，衹有政治主張，而無黨派成見。惟其無黨派成見，所以我們願意不憚煩難的在兩極之間做中間人，而不打算排斥任何一個。惟其有政治主張，所以我們不能做無原則性的和事佬，而要在兩極之間，做個明是非，辨真僞的公[①]斷人。

以上我從無黨無派在同盟中的重要性，證明了同盟本質上的中間性。不用説，中間是從兩極生出的，兩極的存在是中間的存在的先决條件，所以説到同盟的中間性，同時就説明了民主同盟是國共兩黨的小兄弟。小兄弟年紀輕，不免情急一點，并且“新生之犢不畏虎”，自然也就顯得火氣大而嘴頭硬了。但説嘴頭硬便是完全因爲年紀輕，那也不盡然，我們實在還有一個更正大的理由使自己有恃而無恐。老實説，我們是一個光杆，既没有武力，又没有政權，而我們偏要説話，嘴頭再不硬點，還中什麽用呢？而且，還要記得，也正因爲我們是這樣一個光杆，我們纔可以硬，值得硬啊！誰都知道，我們民主同盟没有武力，也不要武力，所以談起政治來，我們的脚跟是比任何人都站得穩些的，脚跟站

① 原無“公”字，據開明版《聞一多全集》補。

穩了，自然説話也就響亮了。同時因爲衹是動口不動手，這手也便可以隨時伸出來給你看的。

所以，我們的和平的手段又天然的決定了我們公開的態度。手段必需和平，態度必需公開。這裏道理講起來自然多得很，但我們今天無須在此地講它。我今天要説明的，倒是我們所以要這樣做，一半也是由於自己的積習。大家知道，我們多數人是從事教育文化工作的，而和平不正是教育的手段，公開不正是教育的態度嗎？如果承認暴力和欺騙正是教育的敵人，那麽，我們多數人幹了一輩子教育工作，便證明我們的生活記録上不可能有半點使用過暴力和欺騙的污點，而今後我們的政治活動中，也不可能有那一套。老實説，我們就是抱這樣一個傻念頭來從事政治的，那便是，用教育的手段和教育態度來改造政治，把整個國家社會變成一個學校，我們相信政治本來就應該照我們這樣做，不照我們這樣做的政治，本來就不應該存在。我們也相信，不應該存在的政治，衹要我們决心不許它存在，它早晚就得消滅。除非我們不管，我們管了，一切就必然服從我們。我們對我們的這一套，因爲有了科學的認識，所以有着宗教的信心。

我剛纔講同盟的中間性的時候，曾説到中間是從左右兩極生出的，更具體的就左右兩極與中間發展的程序説，其實是因先有右，而後有左，既有左右，便自然有了中間。用古代哲學家的話，這正是“一生二，二生三”的發展程序。但是從一發展到三便是終結，從四以下以至無盡數，都不過是一或二或三的重復和再重復。近來報上常常把民主同盟，青年黨，和無黨無派的社會賢達總稱爲第三方面，而這其間主幹顯然是民主同盟。這就説明了，民主同盟是最第三性的第三方面，也可以説是中間的中堅。因此我們可以肯定，凡是真正第三性的黨派或個人必與我們合作，不與我們合作的必非真第三性，或者衹有在與我們合作的期間，一個黨派或個人纔配稱第三性，一旦停止與我們合作便立刻失却它或他的第三性的資格了。反過來也是很明白的，凡是我們願與之合作的，也必然真是屬於第三性的，否則必是由第一或第二性假冒的第三性。

最後，特別要請諸位注意的是，當我們承認自己是第三的時候，我們同時也就承認了第一和第二，當我們承認自己是中間的時候，我們同時也就承認了左右兩極，因爲有第一第二，纔可能有第三，有了左右兩極，纔可能有中間。換言之，我們必需先承認了別人然後纔談到我們自己。我們是待他而後存的，所以我們不可能是排他的，和獨占的。我們知道排他和獨占就是毁滅我們自己，正如今天任何一個中國的政黨，如果是排他和獨占的，我們深信都要歸於毁滅一樣。因此，我們對於旁人的批評，不管如何嚴厲，目的總是要成全他，以便與他合作。我們既批評别人，當然也不拒絶别人的批評；但是污衊毁謗和造謡中傷，我們是不受的。誰要使用這樣的手段，誰便犯了排他和獨占的嫌疑，而排他和獨占是我們堅決反對的。總之，我們的目標是合作，自己與一二兩個大黨合作，同時也要一與二彼此互相合作。我們民主同盟自身便是一個各黨各派與無黨無派共同合作的榜樣，我們願把我們内部合作的精神和經驗，貢獻給全國的各黨各派，乃至無黨無派，來共同完成和平民主團結的新中國的建設。

我們個人間平時很少有見面的機會，一則因爲大家都忙於職務，難得抽身；二則也因爲我們這些作爲一個政治團體的代表人，明珠不能暗投，縱有機會和諸位個别的見面，也不願談到政治。今天承諸位光臨，得到和諸位見面的機會，感謝之餘，就讓我們趁此正式的，公開的向諸位伸出我們這隻合作的手吧！請諸位認清：這隻“無縛鷄之力”的書生的手，不可能，也不願意以威逼人，因此也不受人的威逼；這隻“空空如也”的窮措大的手，不可能，也不願意以利誘人，因此也不受人的利誘。你儘可瞧不起它，但是不要怕它，真是，有什麽可怕的呢？不信，你聞聞看，這上面可有一絲一毫血腥味兒？這隻拿了一輩子粉筆的手，是可以隨時張開給你看的。你瞧，這雪白的一把粉筆灰，正是它的象徵色。我再説一句，不要怕，這是一隻潔白的手啊！然而也不可以太小看了它。當許許多多這樣的手團結起來，它可以團結更多更多的手，無數的拿鋤頭的手，開馬達的手，打算盤的手，拉洋車的手，乃至縫衣煮飯，掃地擦桌子的手……到那時，你自然會驚訝於這隻手的神通，因爲它終於扭轉了歷史，創造了奇迹。

你説這是空想，是夢話嗎？不，不，一點也不是。假設今天每一個中國人都非入一個政黨不可，而這一個黨又是可以按各人自己的意願，毫不受拘束的來選擇的，那麽大家不妨想想看，在今天三大政黨中，絶大多數的中國人會選擇那一個。讓我大膽的説一句吧：中國民主同盟！你説這又是空想，是夢話，如果那個假設真能成立，你的話也許不錯，但是那個假設根本就不能成立。我説假設是可以成立的，可以的，因爲成立的條件已經具備了。今天客觀的情勢不是在逼迫着每一個中國人，爲[①]他自己生存的條件和生存的權利，不得不加入一個團體來奮鬥嗎？而且這逼迫不是正在一天天的加緊嗎？我知道我們自己便是這樣逼出來的，而我也相信，照這樣下去，是會逼到每一個中國人頭上來的。今天逼人者似乎已經下定了决心，逼的機構與計劃似乎已經布置得十分充分，所以逼已經是定局了。衹看這被逼者投奔的去處，是否有能力收容他們并善用他們的力量。我們中國民主同盟十分明白時代所課與他自己的任務，衹是這任務如何完成，一半固然靠我們自身的努力，一半也得靠大家的鼓勵和支持，所以我們這隻手也是同樣向大家伸出的。

① “爲”，原作“有”，據開明版《聞一多全集》改。

爲李公樸死難題詞[1]

鬥士的血不是白流的。反動派：你看見一個倒了，可也看得見千百個繼起的人？

[1] 本篇録自1946年7月14日昆明《民主周刊》第3卷第18期《憤怒的誄詞》。

最後一次的講演[①]

這幾天，大家曉得，在昆明出現了歷史上最卑劣，最無耻的事情！李先生究竟犯了什麽罪？竟遭此毒手，他衹不過用筆寫寫文章，用嘴説説話，而他所寫的，所説的，都無非是一個没有失掉良心的中國人的話！大家都有一支筆，有一張嘴，有什麽理由拿出來講啊！有事實拿出來説啊！爲什麽要打要殺，而且又不敢光明正大的來打來殺，而偷偷摸摸的來暗殺！（鼓掌）這成什麽話？（鼓掌）

今天，這裏有没有特務？你站出來，是好漢的站出來！你出來講！憑什麽要殺死李先生？（厲聲，熱烈的鼓掌）殺死了人，又不敢承認，還要誣衊人，説什麽"桃色案件"，説什麽共産黨殺共産黨，無耻啊！無耻啊！（熱烈的鼓掌）這是某集團的無耻，恰是李先生的光榮！李先生在昆明被暗殺，是李先生留給昆明的光榮！也是昆明人的光榮！

去年"一二・一"昆明青年學生爲了反對内戰，遭受屠殺，那算是年青的一代，獻出了他們的血，獻出了他們最寶貴的生命！現在李先生爲了争取民主和平，而遭受了反動派的暗殺，我們驕傲一點説，這算是像我這樣大年紀的一代，我們的老戰友，獻出了最寶貴的生命。這兩樁事發生在昆明，這算是昆明無限的光榮！（熱烈的鼓掌）

反動派暗殺李先生的消息傳出後，大家聽了都摇頭，我心裏想，這些無耻的東西，不知他們是怎麽想法？他們的心理是什麽狀態？他們的心是怎樣長的？其實很簡單，他們這樣瘋狂的來製造恐怖，正是他們自己在慌啊！在害怕啊！所以他們製造恐怖，其實是他們自己在恐怖啊！特務們，你們想想，你們還有幾天，你們完了，快完了！你們以爲打傷幾個，殺死幾個，就可以了事，就可以把人民嚇倒了嗎？其實廣大的人民是打不盡的，殺不完的，要是這樣可以的話，世界上早没有人了。你

---

① 本篇是 1946 年 7 月 15 日上午聞一多在雲南大學至公堂李公樸夫人張曼筠報告李先生死難經過大會上的講演。原載 1946 年 8 月 2 日《民主周刊》第 3 卷第 19 期，題作《聞一多同志不朽的遺言》，現題是據開明版《聞一多全集》所改。

們殺死了一個李公樸，會有千百萬個李公樸站起來！你們將失去千百萬的人民！你們看着我們人少，没有力量。告訴你們，我們的力量大得很！多得很！看今天來的這些人，都是我們的人，都是我們的力量！此外還有廣大的市民！我們有這個信心：人民的力量是要勝利的，真理是永遠存在的，歷史上没有一個反人民的勢力不被人民毁滅的！希特勒，莫索里尼不都在人民之前倒下去了嗎？翻開歷史看看，你還站得住幾天！你完了，快完了！我們的光明就要出現了。我們看，光明就在我們的眼前，而現在正是黎明之前那個最黑暗的時候。我們有力量打破這個黑暗，争到光明！我們的光明，就是反動派的末日！（熱烈的鼓掌）

反動派故意挑撥美蘇的矛盾，想利用這矛盾來打内戰。任你們怎麽樣挑撥，怎麽樣離間，美蘇不一定打呀！現在四外長會議已經圓滿閉幕了。這不是説美蘇間已没有矛盾，但是可以讓步，可以妥協。事情是曲折的，不是直綫的。我們的新聞被封鎖着，不知道美蘇的開明輿論如何抬頭，我們也看不見廣大的美國人民的那種新的力量，在日益增長。但是，事實的反映，我們可以看出。

第一，現在司徒雷登出任美駐華大使，司徒雷登是中國人民的朋友；是教育家，他生長在中國，受的美國教育。他住在中國的時間比住在美國的時間長，他就如一個中國的留美生一樣，從前在北平時，也常見面，他是一位和靄可親的老者①，是真正知道中國人民的要求的。這不是説司徒雷登有三頭六臂，能替中國人民解决一切，而是説美國人民的輿論抬頭，美國纔有這轉變。

其次，反動派幹得太不像樣了，在四外長會議上，纔不要中國做二十一國和平會議的召集人，這就是做點顔色給你看看，這也説明美國的支持是有限度的，人民的忍耐和國際的忍耐也是有限度的。

李先生的血，不會白流的。李先生賠上了這條性命，我們要换來一個代價。“一二·一”四烈士倒下了，年青的戰士們的血，换來了政治

① “老”，一作“學”。見1946年7月28日重慶《新華日報》載《聞一多先生最後的一次講演！》。

協商會議的召開，現在李先生倒下了，他的血要換取政協會議的重開！（熱烈的鼓掌）我們有這個信心！（鼓掌）

“一二·一”是昆明的光榮，是雲南人民的光榮，雲南有光榮的歷史，遠的如護國，這不用說了，近的如“一二·一”，都是屬於雲南人民的，我們要發揚雲南光榮的歷史！

反動派挑撥離間，卑鄙無恥，你們看見聯大走了，學生放暑假了，便以爲我們没有力量了嗎？特務們！你們錯了！你們看看今天到會的一千多青年，又握起手來了，我們昆明的青年决不會讓你們這樣横幹下去的！

歷史賦予昆明的任務是争取民主和平，我們昆明的青年必須完成這任務！

我們不怕死，我們有犧牲的精神，我們隨時像李先生一樣，前脚跨出大門，後脚就不準備再跨進大門！（長時間熱烈的鼓掌）

臺灣一月記[①]

譯 Hosea B.Morse 原著

一千八百九十四年七月，中日開釁；明年四月十二日，馬關約成；戰事寢，中國割臺灣澎湖諸島以歸日本。日人方經營滿洲軍事，不及入，臺灣已厲兵相待。臺灣固弱小，合步騎當計四萬至六萬。滿洲戰事畢，日人并力向臺灣，以三月二十三日入澎湖，二十五日臺灣澎湖下。

日人稱克臺時，戰不烈，輸械來降者千餘人，各炮臺營壘抗禦亦不力。顧臺北總督所接報告則曰："二十三日午候，日艦八艘進攻，諸炮臺力禦之；明日，敵艦沉者二，重創者二。越二日，晨三時，又來攻，我軍堅守，敵不得逞而退；二十七日夜，報挫，士卒竄退者可千人；日軍初猶逡巡，後乃猛擊，遂以二十五日，盡奪我炮臺；然兩軍損失皆甚巨"云。

三十一日，居民知臺灣不列和議，僉大恚，以爲見棄於朝廷，群疑騰沸，發怒如水火，誓死力拒。告諸吏，不得絜眷離島；又悉發其素所攫取於民之財貨，或日人之賄賂，及軍械於民間，以資取用。於是日本公司遂有私爲諸官吏收匿資財者。

總督有母，年邁，請離島，許之。將行，傳行李中藏寶貨；遂擊潰其扈從，包解，罄其藏，扈從復聚；則又追北之，次督署第三門，不得前，遂退；死者十六人（或作三十），傷者五六十人。自是多巷戰，然皆不烈。

四月二十一日，德大將及水手二十五名登陸保護僑商。五月二日，英大將亦以水手三十名至，有武裝汽輪一艘，駛行 Twatutia 及 Tamsui 之間。又有英炮艇"紅胸"號，德炮艇"臭猫"號，泊港内。Twatutia 之洋商亦咸震駭。某公司代香港匯豐銀行存款甚巨，因臺灣人民之請，又

① 本篇原載 1919 年 7 月《清華學報》第 4 卷第 8 期，現據孫敦恒編、教育科學出版社 1989 年 9 月出版的《聞一多集外集》排印。

以戰事發生，金融日緊，遂不能鈔轉他處；是公司距督署僅一哩，富於居蓄；咸以爲苟有變，此必首受劫掠；公司中所傭華工製臺灣茶者達千人，其間接爲之役轉運者亦以千數，以不欲此輩失業，又私賴有英德兵二三十人之保護，即不他徙；仍張其國旗，貿易如故。初居民聞臺灣隸日本，咸忿激震恐，謡諑猬起。或傳俄法德迫日人還遼東於中國，臺灣亦且歸中國。實則臺灣已公決，將遞屬於列强爲殖民地，如塞勃瑞斯之於土耳其也。嗣以列强意稍弛，其議遂隳。然臺灣人民之精神終以是益振，而挽留總督之志亦益堅。

五月八日，《馬關條約》經中日兩政府正式承認，日政府遂實行合并臺灣。未幾乃有應募之廣東兵二千五百人，挾軍火至臺灣求戰，以是知李鴻章所定和策之不滿意於人也。五月十六日，居民舉代表數人入督署，要求悉以行政軍備及財政權交出。是日午後，有正式宣告；又奏聞清廷，島民仍願奉正朔。

一千八百九十五年五月二十四日，臺灣民主國宣布獨立；其國旗藍地繪虎，總督被選爲大總統，堅持不果；乃召集臨時國會。列席之議員，日受俸金一元。人民咸大慰，列强亦無反對之表示。中國以新締條約，故不加干涉。明日，各炮臺舉升旗禮，時有日艦數艘尚泊 Tamsui 也。

六月一日，清廷欽差李晋芳（一千九百零七年至十年曾充駐英欽差大臣）偕法律及外交顧問，前美國國務卿 John W.Foster 抵 Tamsui；即得聞十日來之情形於莫爾斯君（Morse），乃乘舟赴 Kelung，與日本海軍大將完結交涉。時臺灣諸官吏，除總統皆離島赴華境。

日本政府聞臺灣獨立，即準備軍事。三十日，日本禁衛軍三千人抵 Aotikong，去 Kelung 僅二十哩。是軍乃事前遣赴滿洲之後備隊，未嘗歷戰事；抵島時，猶冬服。五月三十一日，日軍與前至之粤軍戰於 Polon Point。粤軍僅有毛塞槍及有烟火藥，又飲食不給，遂敗潰；死者達百人，日軍死者僅十七人。六月三日，小戰於 Kelung 城外，歷時十五分鐘，此外臺民更無抗拒也。

Kelung 炮臺守者滿萬人，大炮計十二吋口徑者一，十吋口徑者二，七吋口徑者十。三日中午，日人來襲，咸自降。又日軍駐臺北（Tamsui）者約萬五千人，防範甚密。

臺灣民國既隳，四日晨，北部官吏悉自竄；士卒四出劫掠，居民大擾。

四日，臺北督署先被劫；然騷及全城，Twatutia 居民三日内無幸免者，而豪族巨紳受害尤甚。七日，日本軍至，居民皆懸日旗，大書日本帝國良民住宅。外國商民以有英、德海軍之保護，皆免於害。

Tamsui 受害最烈，作者皆目擊其狀，兹臚述於次：

官吏避亂者悉竄集於阿蘇（Arther）輪舟中，舟屬臺灣政府，計載重七百噸，是日凡容人二千五百；未啓碇，叛軍揚言苟啓碇，即立沉之；船長被拘，夜深乃釋；懼有水雷潛伏，不敢輕駛。蓋叛軍必留是舟，乃以不得餉，怨官吏富豪挾貲遠去耳。

四日夕，Kelung 軍至，則聯 Tamsui 炮臺，於次日九時自岸上擊阿蘇。阿蘇時距岸僅百碼。日既暮，槍聲漸稀；迄翌晨，炮彈復大哄，聲隆隆然，如是者數小時。至午，臺灣政府銀行經理，悉出其所携之銀四萬五千元（約五千磅），令各叛軍士卒分取之，每人獲一月餉，猶以爲未足；復拘縶總督之侄於其宅中，旋逸去，則拆隳其宅。計是次避亂舟中，無辜死傷者，亦五六十人。

是日（即六月五日）午前，Tamsui 酣戰時，叛兵去來倏忽，絡繹不絶；岸上常駐兵亦三四千人，皆轟擊阿蘇者也。午後，阿蘇仍不得起碇。自税關至河，不越五十碼，武裝兵士巡邏其間者數百人，意皆在劫掠；然私家財物，非食品，皆不犯。其有顔某某官銜者，皆攫取無遺，一若己有。至於税關營業，仍秋毫不犯；是輩亦知其中存現金數千元，鴉片值約十萬元，而外人僑居中國，又雖號富有，顧余（作者自稱，下同此）當時未嘗令一外兵登陸，而叛兵終不敢相侵；余之司員有就叛兵談者，則亦咸無激言，凡此皆炮艇泊口内有以威之也。

是時商業尚不停滯，茶葉出口仍如故。自澎湖陷後（五月二十五日），港口閉，輪船悉止口外。凡轉貨小舟，必經察驗，無富紳官吏匿其間，或代運公款軍火者，乃許放行。按清律税金悉入國帑，税關司員不得過問；惟是時銀行司員，皆竄舟上；以是六月五日茶葉出口税，余不得不躬親之，是日計得現金四千五百元，厦門銀行支票一萬元，余方計其數，聲鏘鏘然，懼爲叛兵所聞，且不得運歸，乃置，徑移金於税關。余之薪貲，固先存厦門，此四千五百元，乃於次夜之事，大有裨益。

先是步兵得金乃散，炮兵猶以爲不足，仍沮舟不使啓碇，且揚言翌晨必沉舟。午後，或丐余爲調停人；余乃造炮臺司令，司令稱貲匱，已不能令其部下，苟得千金贖全舟生命財産，決其麾下勿擾亂也。

余羈於公事，恒留税關中，是晚九時返私宅；遇國家銀行司員，臺灣共和國外交總長，及著作家鄭啓彤將軍，請余爲説項，釋阿蘇出港，以濟全舟生衆。余問總督去向，皆曰不知；更問總督之侄，亦不知，總督之侄承總督命，來 Tamsui 傳遞消息，余又允保護其家族，故余欲〔救〕之之心，良不後於救總督。又恐調停或不利於 Tamsui 及 Twatutia 之西人，（婦稚早至厦門，此專指壯丁言。）乃謀於英國交涉員，皆決調停非上策，且頗望英國一等巡洋艦斯巴旦（Spartan）於次日抵埠也。余既返寓，總督侄適亦至，求保護；且言總督實匿阿蘇船中；余即決爲之助。洎余返海關，鄭將軍謂余曰："此事文明國亦有之乎？"余不覺失笑。此人之文明觀念，余蓋自視弗及也。

余計算余之貲財，得洋四千五百元，益以私蓄爲五千元，於是遣二人詣炮臺；其一爲瓦特斯君，歷任皇家炮隊炮手，税關辦事員，及臺灣共和國炮兵教授，現避難於阿蘇中；一爲余之司員，賴廷格君，賴君機練强幹，且嫻中文，是日自請前往者也。二人之行，將洋五千元，請盡斷水雷綫，并以炮門交税關。以十時出發，出發後，余視積銀纍然，中心忑忐，至不懌也。半小時後，二人偕炮臺司令官來，争辯二小時，始可；但面峽口有四十二噸大炮，其炮門必得款後，乃交出；司令官又請得駐阿蘇舟中，余漫應之，告以彼身利害，余不能負責任。午後三時，水雷綫斷，炮門除大炮外悉交來；四時，大炮門亦至。余乃加以包裹，藏之棧中。徹曉，潮不至，不能行舟。八時，距河之南岸三千碼，有過山炮飛彈至，德國炮艦伊爾提師（Iltis）反擊之，遂止。八時半，阿蘇始啓碇脱險而出。

余既以金錢，易得一炮臺，并一百六十噸之炮，皆實以藥彈，爲此炮臺之主人翁者，凡三日。第四日，傍晚，方巡視與大陸交通之電信，遇電報局司機者，衣裳楚楚，將藉阿蘇以離島，余勸止之，且允保護其生命財産，一如余之中國司員，遂不行。明日復相遇於局中，時槍彈交轟，頗生畏懼，又將潛行以去。余又止之，保護之益力，且移其機械於余宅中；於是島國與大陸之交通，賴以不斷。其尤奇者，福州電局能辨及發電人之觸法，非是人之電不收；是以日人占臺後，亦必藉余及此司機者，以與其政府傳遞消息。

六月六日，被解散之中國兵群集於 Tamsui 市中，或微有餘蓄，或無，然皆知禍變已亟，不自戢，且罹不測；故大勢尚不破。七日皆散走境内。先是六日有三百人集余户乞飲食；咸身懷餘資，以閉市不得飲食，又不欲出之搶奪。余乃稱：若能去武裝，則飲食立至。然是輩無武裝，即不能自衛，余又許爲保護，於是武裝悉去。余立命余之二隨員，侍於院之左右，二人雖無武裝，而氣象森嚴，足令人生畏懼，故秩序卒不亂。蓋是時三百餘人集食院中，三五武裝游兵枵腹立門外，以一二白人之故，卒不敢入，吾白人何令人畏懼若此哉！上述二事，可見當時風聲鶴唳，朝不保夕之概。未幾，大勢日平，居民亦漸安堵。

外人之雜居此地者，有英、法、德、美、丹麥人，Twatutia 商民咸受衛於新至之巡士。旅居 Tamsui 者，有炮艇二相衛，衛兵雖不登陸，然犄角相望，有響斯應，市面因以漸復故常。六月七日，平明，日軍抵臺北。八日薄暮，先鋒騎兵十八人抵 Tamsui。明日午前，全軍抵埠，是時中國兵已潰，日本兵服氈罽，往來烈日下，竄芰殘醜，而北部以粗安。臺之南部，劉永福之軍在焉。至十日，日軍至；與戰，大敗，全軍盡歿。於是臺灣不復爲中國有。

是役交戰者咸舊軍，不由訓練，槍械不完，餉亦不給。李鴻章所訓北軍差勝，然一望日軍，輒走。此後所制新軍，頗受識者稱美；他日陸軍之振興，將惟是之賴乎！

鈴　　聲[①]

愛爾克曼（Erckmann）
夏　椿（Chatrian）合著

第一齣　聖誕前一日

愛爾斯客棧裏一間屋子。屋裏有桌、凳、火爐、大鐘。後面的門窗開向街道上。右邊一個門，通到裏邊去。左邊一個門通到厨房。在門旁邊是一個大橡木橱。桌上點着一支蠟燭。市長底妻卡德林坐在紡機前面。園丁亨瑞奇從後邊進來，滿身都是雪。

第一幕

卡德林，亨瑞奇

亨　（踏足）雪呀，馬提[②]太太，老是下雪。

（將他的槍放在鐘後面）

卡　還在城裏，亨瑞奇?

亨　可不是；聖誕前一天，得好好地快活快活。

卡　你知道你的麵袋得了嗎，在磨房裏?

亨　好了，好了，不用忙；瓦特剛在往車上裝。

卡　那“安拉伯普提斯提”[③]還在這兒嗎? 我想我早就看見他走了。

亨　没有，没有! 他還在“金羊”[④]裏喝酒哩。我纔看見他的車子在

---

① 本篇是聞一多早期在清華學校求學時所譯，未見發表。現據手搞排印。劇本不全，是原未譯完還是手稿散失，未詳。

② “馬提”，劇中有時譯作“馬狄”，現統一改作“馬提”。

③ 譯者注：“安拉伯普提斯提”，反對兒時受洗禮的人。

④ 譯者注：“金羊”，客棧的名字。

哈菲的店底前面，堆着糖、茄菲、肉桂，都被雪蓋上了。嘿！嘿！嘿！……那是很有意思的個伙計……他喜歡喝點酒……他很對的。我們一塊兒去的。

卡　你不怕壞事嗎？

亨　咦！咦！借我們一個燈籠吧。誰給我一排[1]白酒；您知道那個淡的魚里菲的白酒？（笑着坐下來）

卡　（喊）羅姨！

羅　（厨房裏）太太？

卡　一排魚里菲，給亨瑞奇先生的。

羅　（同上）就來。

亨　那點熱酒，在這時候，很用得着。

卡　是，可得小心，他還是很利害的。

亨　別了罷，出不了錯兒的。可是告訴我，馬太太，我們市長，怎麼沒看見啦？……是病了嗎？

卡　他上芮波菲埃去了，已經五天了。

第二幕

前人，羅姨

羅　（進）瓶子杯子在這兒，亨司夫。

亨　好，好！（傾酒）呵！市長上芮波菲埃了。

卡　是，我們今晚上等他；可是人出門了總別算穩了。

亨　他一定是去買酒去了吧？

卡　是。

亨　嘿！您可想到了您的侄子波提不會讓他立刻就走的。有一個於我很合式的事情，常上出酒的地間兒走走。我樂意那麼着比在樹林裏跑還

① 譯者注：“排”，Pint。

好。——祝您的福，馬太太。

卡　（向羅姨）你聽什麽，羅姨？是不是没事幹？（羅姨不響就走了）放點油在燈籠裏，亨瑞奇要帶走。

第三幕

前人，除羅姨

卡　底下人們是要聽聽一切的事件！

亨　我管保市長是去買喜事用的酒去了吧？

卡　（笑）也許是。

亨　對了……方纔在"金羊"裏，他們講馬小姐同地方警衛軍分隊長克里斯提昂快要過喜事了。我不大相信。克里斯提昂到是很規矩很有膽的個人，人兒也很漂亮，誰都是這麽説的。但是他除了他的薪水没有别的進項，馬小姐可是村莊裏頂有錢的閨女。

卡　你相信，亨瑞奇，人總得講錢嗎？

亨　不，不，簡直不是這麽説！不過，我想市長……

卡　好！你正錯了。馬提不會衹問——你有多少錢？他早就説了——要是安麗願意了，我也答應！

亨　那嗎安麗小姐願意了嗎？

卡　唉，她樂意克里斯提昂。我們既是衹希望我們女兒的快樂，我們就不管錢財了。

亨　要是你們都心足了嗎……我也心足了！我看克里斯提昂先生真是好運氣，我盼望我就是他。

第四幕

前人，黎克爾

黎　（進，頭上頂着一個灰麵袋）你的麵袋，亨司夫，已經得了！

亨　好了！黎克爾，好了，放在一個犄角上。

卡　（向厨房底門走）羅姨，你們可以把黎克爾底湯擺上來。

亨　（起身）啊！看看我的東西全在這兒没有。（他開他的口袋）第一樣灰麵……這是烟、肉桂、鳥彈，……這是兩磅胰子……還短一樣東西……啊！鹽……我把鹽掉在哈菲底櫃檯上了……我老婆又得嚷了！……（下）

第五幕

卡德林，黎克爾，亨瑞奇後上

黎　我得告訴您，太太，那條小河凍得這樣快，要是我們一不磨，冰立刻就要到水門裏頭來了，要是我們連着磨下去呢，恐怕又要像那回一樣，那個大輪子就得碎。又是雨，又是雪，老……我可不知道怎麼辦。

卡　總得等馬提回來。我們再没有什麽磨的了吧，這個禮拜?

黎　唉，趕聖誕的已經完了……，有二十來袋。

卡　好了，你喝你的湯罷；馬提不會久耽擱的。（亨瑞奇上，手裏拿着一個包）

亨　這就對了！現在都齊了。（將包放在袋裏）

黎　那麽，我可以把磨子打住了吧，太太?

卡　對了，你待會兒再喝罷。（黎克爾從厨房門出去，安麗從右邊進來）

第六幕

卡德林，亨瑞奇，安麗

安　你好，亨瑞奇先生。

亨　（轉身）唉！是你，安麗小姐；你好……你好！我們剛在講你。

安　講我?

亨　可不是，可不是……（將袋置凳上，然後作驚羡狀）啊！啊！你瞧你穿得多漂亮……真巧，人家説你要過喜事了。

安　你在跟我開玩笑吧，亨瑞奇先生?

亨　那裏，那裏，我不開玩笑的；我想着什麽説什麽，您可知道的。那一雙桃紅臉兒，那一頂帽子，同那一衣漂亮小衫子，加上那一雙小鞋，不是給咱們這樣的老園丁的眼睛瞧的。這爲一個别人（霎眼），爲一個别人我知道的，哈！哈！哈！

安　呵！這是什麽意思?……

亨　嘸，嘸，這是説你是一個好女家，什麽都好，又熱鬧，又精緻，……跟那個大……你知道的，黄鬍鬚同大靴子，并不可憐……哼……我纔不可憐他咧。

（瓦特將門推開半邊，伸進頭來。安麗望他）

第七幕

前人，瓦特

瓦　（笑）哈！她調過腦袋來了……這不是他……這不是他！（進）

安　誰，瓦特?

瓦　（大笑）哈！哈！哈！你瞧這些姑娘們……不到末末了兒，她們不露一點風。

安　（好像没有事樣）我不懂……我不懂你們什麽意思。

瓦　（舉指頭）啊！還要那麽着，安麗……好嗎，你聽着，既是你要捜起來，你不懂這是什麽意思，你把我當一個老傻瓜，什麽也看不見，什麽也不懂，將來還是我，丹涅·瓦特，替你綁襪帶。

卡　（笑）你們是兩個老糊塗。

瓦　我們并不是像我們顯着那樣糊塗。我説我將來要綁那新人底襪帶，而且現在我們還要一塊兒替克里斯提昂進一杯酒。我們現在看安麗有這個膽子推辭没有。我説要是她辭了，她就不愛克里斯提昂。

安　呵！我，我愛的是白酒，有人給我喝我就喝……你瞧！

衆　（笑），哈！哈！哈！現在都明白了。

瓦　拿酒瓶來，拿來，我們跟安麗一塊兒喝。這纔是第一次，可是我想這還不是第末次，我們來碰杯子，大家合兒都來。

卡　（喊）羅姨！羅姨！……下窖房去一趟……到小窖房去取一瓶酒來。（羅姨進，隨手放一個點着了的燈籠在桌上，又走進去）

瓦　這個燈籠是幹麽的？

亨　帶到車上去的。

安　（笑）你們在月亮底下走罷。（她將燈籠吹熄了）

瓦　（同）好……好……在月亮底下走……（羅姨拿了酒瓶同玻璃杯，又到厨房去了。亨瑞奇倒酒）恭賀警衛軍分隊長同可愛的安麗。（他們一齊碰了杯子就喝）

亨　（擱下杯子）好極了……好極了……對，我們那早總没有這麽一回事。

卡　什麽事？

亨　喜事。（他站起來，整整衣服，頓頓脚）得做……（坐下）對，假使不幸有一個外地人來得了鄉里頂漂亮頂精緻頂有錢的姑娘……好傢伙！……亨瑞奇，希米得喊：打住！打住！咱們還有話講！

瓦　咱也得拿起釵[①]子來衝上去。

亨　對，可是那早年輕的没有這種骨頭；他們衹想着抽喝。多該死！這不是跟克里斯提昂作對，不是，我們得恭維他，敬重他；可是我還説這宗親事是我們村莊裏孩子們底個羞辱。

安　要是我自己不願意要别人呢？

亨　（笑）那還是得照樣地争。

安　唉，但是我要幫助我的所喜歡的人争。

---

① “釵”，疑爲“杈”誤。

亨　啊！要是這様，我就不用往下講了。去跟安麗作對，還不如喝杯酒跟克里斯提昂道喜。（他們笑又碰杯子）

瓦　（作莊嚴狀）聽着，安麗，我要討你一個好。

安　什麽，瓦特？

瓦　剛纔我進來的時候，我看見分隊長帶着兩個警兵回來了。他正在脱靴子，我管保一刻鐘裏……

安　聽！

卡　風又起來了。衹盼望現在馬提不在道上。

安　不是……不是……是他！……（克里斯提昂上）

第八幕

前人，克里斯提昂

衆　（笑）是他！……是他！……

克　（摇帽子，踏脚）好冷天氣！晚好，馬太太；晚好，安麗小姐。（握手）

瓦　她没有錯！

克　（驚訝，看着别人笑）唉，什麽新鮮事？

亨　分隊長，我們笑因爲您還没有進來安麗小姐就講：是他！

克　更好；那證明她是在想我。

瓦　我很相信；每次有人開門，她總掉過頭來。

克　真的嗎，安麗小姐？

安　唉，真的。

克　對呀！應該這麽着。我聽安麗説這句話，我真快活（把帽子掛在壁上，又把刀靠在一個犄角上）那個可以暖一暖我，我正用得着。

卡　你出城了的，克里斯提昂先生？

克　上河窪了的，馬太太，上河窪了的。好大雪啦！我看見過窩芬同皮芮雷底雪，却從來没有見過這樣的。（他坐下，在火爐上烘手，一邊

發抖着。安麗，先忙慌地走出去，又從厨房出來，拿着一個酒瓶放在火爐上）

安　得讓他熱了，熱的好一點。

瓦　（向亨瑞奇笑）你瞧她照拂他，照拂得多好！爲我們給她買糖買肉桂的，不能這樣。

克　嘿！你們那一個也没有在雪裏走過道；你們用不着取暖。

瓦　（笑）而且我們不短熱氣的，謝謝罷！我們也没有像分隊長那樣發抖。這也奇怪，一個警衛軍底分隊長，反在拿糖同肉桂的一位姑娘身邊發起抖來了。

安　算了罷，瓦特，你真好意思還講這些事。

克　（微笑）幫我的忙，安麗，不要讓我被這位瓦特欺負了，他躲在火的犄角上笑話風和雪。要是他像我一樣在外邊過得五點鐘，我看他該帶個什麼神氣。

卡　你在河窪待了五點鐘了，克里斯提昂？我的天啦！可真是了不得的個差事。

克　你有什麼法子？……在兩點鐘底時候有人來報從本得拉羅希來的販私的今天黄昏底時候要帶着烟同鳥槍彈過河來；得有人騎馬去。

亨　那些販私的已經來了。

克　没有，那些流氓！他們已經得着信息了；他們到别處去了。到現在我還是没有知覺，因爲我的手指頭都凍僵了。（安麗把酒倒到杯子裏，遞給我[①]）

安　哈，克里斯提昂，熱和熱和罷。

克　勞駕，安麗。（他喝）這下好多了。

瓦　這并没有什麼奇怪，分隊長。

卡　安麗，拿那個水瓶來；我的水罐裏没有水了。（安麗在左邊的橱裏找水瓶。向克里斯提昂）不錯，克里斯提昂，你的運氣還算好的；你

---

① “我”，當作“他”。

聽聽外邊多大的風。

克　是，我碰佛郎士大夫的時候，風正起來。（笑）想想那個老糊塗從雪山回來，帶着一個從荒墟里挖出的石頭；風刮起來，差不多把人和車子一齊都埋在雪裏去了。

卡　（向安麗，她正在倒水到罐裏去）好了，……勞駕。（安麗又把水瓶還到橱裏，再拿起做活的筐子，坐在卡德林身邊）

亨　（笑）你們可以知道凡是有學問的都是傻子。我看見多少次這位老大夫跑到一里遠，去看那些長滿了青苔的一點也不好的石頭，這不簡直是發瘋嗎?

瓦　是，這他的個老脾氣，他愛的是古東西：古風俗和古石頭；但是那并不妨礙他在這裏做一個頂好的醫生。

克　（裝着烟袋）一點不差……一點不差。

卡　好大風！我盼望馬提會知道在那兒歇歇。（向瓦特和亨瑞奇）我告訴你們走……你們回去了可以放心一點。

亨　（笑）全是安麗小姐鬧的；她不應當把燈籠吹熄了。

安　呵！你很願意待着。

瓦　好了，馬太太是對的：我們頂好是走。

克　你們這兒過冬可真不舒服。

瓦　呵！不是年年這樣的，分隊長；十五年來總没有這樣的天氣。

亨　對的，打波蘭人來的那個冬天以後，我就不記得多早看過這大的雪。可是，那一年，雪山在十一月初就已經白了，到下年三月纔冷完。冰一化，所有的河都開口子了，滿地上祇看見淹死的老鼠、土龍和田鼠。

克　這就是他們叫那年冬天做波蘭人的冬天的緣故嗎?

瓦　不對，還爲點别的事情，别的怪事，鄉里人老記得的。馬太太應該也記得。

卡　自然，瓦特；那早這件事鬧得很利害。

亨　分隊長，這件事，你很可以落個十字章。

克　可是什麽事情？（外邊風聲颯然）

安　風長了。

克　對，我的孩子，衹盼望你爸爸没有在道上。

瓦　（向克里斯提昂）那嗎我就從頭到尾告訴你那件事，因爲我親眼看見了的。十五年前底正今天，我同馬提在這一個圓桌子上坐着，他剛買過這個棧房來纔五六個月，還有戴特里·伍麻希，約翰·羅伯爾，人家叫他作小木鞋匠，再有别的幾個人，他們現在都睡在這個山坡上的大柏樹後邊了。早晚我們都要上那兒去的；這些人快活在良心上没有什麽事件。（這時候克里斯提昂彎下腰來，拿一塊着炭燃他的烟袋。）我們正在打牌，廳裏還有許多人，正打十點底時候，聽見一陣雪車上底鈴子在門口打住了，立刻一個波蘭人進來了，一個波蘭的猶太，一個四五十歲的人，又結實，個子又膀[①]。我還記得看着他進來，穿着鑲毛邊的緑袍子，戴着黑貂皮帽子，一嘴黄鬍子，穿着大皮靴，邊上鑲的兔皮。是個做糧食生意的。進來底時候，他講："你們多舒服啊！"大家都掉過頭來了，心裏想着："他是打那兒來的？……他要什麽？"因爲那些賣種子的波蘭猶太衹二月間到這裏來。馬提問他："這位有什麽貴幹？"但是他没有回答，起手就脱他的袍子，解他的粗腰帶，裏邊并没有什麽。他把帶子放在桌子上，聽見錢打得一響，他説："雪深得很，道很難走……把我的馬放到馬房裏去；一點鐘内，我就要走。"然後喝一瓶酒，也没有跟那人講話，好講[②]很憂愁似的一個人想他的心事。到十一點鐘，守更的葉理進來了，大家都走了，這個波蘭老一個待着。（外邊風聲大振，連着一個打碎窗子玻璃底聲音）

克[③]　我的天，怎麽一回事？

亨　没有什麽，馬太太，這是一個窗子玻璃打碎了；有人一定讓窗子還

---

① "膀"，棒。

② "講"，當作"像"。

③ "克"，當作"卡"。

開着了。

克[①] （站起來）我得去看看。（下）

安 （叫）你別去了……

克[②] （從厨房裏）別嚷了，我一會兒就回來了。

第九幕

前人，除卡德林

克 我還是不曉得我怎麽能得個十字章，瓦特。

瓦 是，克里斯提昂先生，你等等：第二天，他們看見這個波蘭老底馬在魏鄉橋底下，他的緑袍子同塗滿血的帽子在一條河裏，一百步遠底樣子。講到他的人，從來没人知道是怎麽一回事。

亨 這全是的的確確的。第二天，雖是下雪，盧兜底警衛軍來了，好像我們現在招呼旅裏人來一般。

克 他們還没有查辦？

亨 查辦！我想一定查了……前任那個分隊長克芝費了多少事！爲這樁事路也跑了，證據也找了，報告也做了！還別提那保安承審官白雷敦，李熙臺律師，同那個老大夫霍爾勒，他們都來瞧這個袍子、帽子、手杖了的。

克 但是他們總知道些行迹可疑的人。

亨 那不用講了，嫌疑是有的；可是要的是證據。那早，您知道，有個卡斯培（名）同尤開（名）易愛推（姓）哥兒倆[③]，住在村莊尾上，有一個老狗熊，耳朵鼻子都撕壞了，還有一個猴子和三隻大狗，常領着上市場去耍把戲。他們給他掙了不少錢，他們一來就喝白蘭地。碰巧，這個波蘭老不見了底時候，他們剛好在魏鄉，所以人家就告他叫

① “克”，當作“卡”。

② “克”，當作“卡”。

③ 即卡斯培·易愛推和尤開·易愛推哥兒倆。括號内的字是譯者注。

他的畜生把人吃了，除了袍子帽子找不出别的東西，因爲熊同狗子都留下了很够的殘東西。自然他就把這兩個傢伙㨫[1]着了，他們在獄裏待了十五個月了；但是始終没有人能證明這倆易愛推的罪，没有法子，衹好把他們放了。他們的猴子、狗同熊都死了。他們衹好補補窩，馬提先生租給他們薛勒菲愛爾角上那間草房住。他們住在那裏，從來没有給過一個里雅的租錢。

瓦　馬提待這些渾渾兒太好了。他早應該哄他們出來。

克　你們告訴我的叫我聽着奇怪；我從前一個字也没聽説。

亨　將來一定有機會……我相信您會比我們知道的還多咧。

克　那裏，這是第一個新聞。（卡德林又進來了）

第十幕

前人，卡德林

卡　我早知道羅姨把厨房底開着了。你告訴她關上窗子，算白告訴了，這個女兒她不聽你的。如今玻璃都打碎了。

瓦　嘿！馬太太，這女孩兒還年輕咧；她這麽大歲數的孩子們心思雜。

卡　（坐下）佛里芝在外邊，克里斯提昂，他要跟你講話。

克　佛里芝，那個警兵嗎？

卡　唉，我告訴他進來，可是他不肯。這是有什麽公事。

克　啊！好了，我知道是什麽事情了。（他起身，拿他的帽子，往門那邊走）

安　你要回來的，克里斯提昂！

克　（門上）是……一會兒。（下）

---

① “㨫”，當作“逮”。

第十一幕

前人，除克里斯提昂

瓦　那纔叫一個好人，一個和順人，可是他不同那些渾渾兒玩笑的。

亨　唉，馬先生真好運氣，找着這樣一位姑少爺了；打我認識他，什麼事都跟他對勁兒。打頭他就買了這個客棧，喬治·吴提在那兒倒了霉的。大家都想他一定顧不上本兒來，誰知道果必然顧主來了；他困着，困着……車兒顧上了……買了卜吕奇的一塊場子，霍後邊的麻地，芬克馬司的十二畝，三橡的鋸廠……後來又是磨坊，後來又是雜貨店。安麗小姐長大了……他把錢存得穩穩地……人家舉他做市長……他衹短一位姑少爺，一個又好，又穩當，又小心的人，不亂花錢，什麼事件又能讓他小姐如意……克里斯提昂·卞姆來了，一個能幹人，人家衹能説他好！你有什麼法子？馬先生生來命好！别人拼着命去幹，累得要死到年頭，總得不着一點好財喜，過得順利一點，鬧得興旺一點。對不對，馬太太？

卡　我們不怨的，亨瑞奇，不對的。

亨　唉，頂好的是，你們很值的，没人忌妒你們；人人都想：他們是好人，他們是從作活得來的好處。并且人人都替安麗小姐心足。

瓦　咳，這是一門好親事。

卡　（聽着）克里斯提昂回來了。

安　咳，我聽見踢馬刺在樓梯上打得響。（門開了，馬提進來了，捲着一件大袍子，全給雪塗白了，戴着一頂獺皮帽子，一根粗馬鞭在手裏，踢馬刺在脚後根上）

第十二幕

前人，馬提

馬　（快樂的聲音）哈！哈！哈！是我……是我！……

卡　（起立）馬提！

亨　市長！

安　（跑與擁抱）你呀！

馬　咳……咳……謝上帝！這麼大的雪……這麼大的雪！我把車子跟約翰留在比鄉了，他明天帶回來。

卡　（她去擁抱他，又替他脱袍子）給我那個……我告訴你，你今晚上回來了，我們都快活了。我們着了多少急！

馬　我倒想到了，卡德林；所以我就回來了。（四顧室中）哈！哈！哈！瓦特跟亨瑞奇。你們回去底時候可不好受！

卡　（向厨房門裏喊）羅姨……羅姨……把先生底大拖鞋來了[①]。告訴黎克兒把馬牽到馬房裏去。

羅　（門上）是，太太，這就去。（笑着看半天，又進出）

亨　（笑）安麗小姐要我們在月亮光底下走回了。

馬　（同）哈！哈！哈！……對……對……那好啊，月亮光。

安　（替他脱手套）我們想波梯一定不讓你走。

馬　我的事昨天早上就完了，我本想回來；但是波梯留我看戲了的。

安　安瑟司狄在芮波菲埃？

馬　不是安瑟司狄，是一個巴黎的耍把戲的……他會叫人睡覺！

安　他會叫人睡覺？

馬　咳。

卡　他一定叫他們喝了點什麼，馬提？

馬　没有，他瞧[②]着他們比畫比畫……他們自己就睡着了。那是椿怪事；我要是没有看見，我不會相信的。

亨　啊！司唐歇警官那天還告訴我這個；他在沙菲見過這一樣的東西。那個巴黎人叫他們睡覺，他們睡着了，他弄得要他們講什麼就講什麼。

① “來了”，當作“拿來”。

② “瞧”，當作“瞅”。

馬　（坐下起手脫他的靴子）剛好！（向他的女兒）安麗？

安　什麼？我爸爸？

馬　看看外套底大口袋裏邊。

瓦　這些人變的太狡滑了……世界要快完了。（羅姨帶着市長底拖鞋進去）

真的屈原[1]

戰國時有一派“刻意尚行，離世異俗，高論怨非[2]”，并且“易愧而輕死”的不合作主義者，當時稱爲“廉士”，或“烈士”，或“枯槁之士”。要知道當時統治階級及其走狗們如何痛恨他們，衹看他們的代表人物陳仲的聲譽就行了。齊使到趙國，趙威后問道：“於陵仲子（即陳仲）尚在乎？……何爲至今不殺乎？”荀卿也嘆惜“盜名不如盜貨，田（同陳）仲史鰌不如盜也！”韓非則編了一個故事，在那裏面假手於太公望，把齊國的“不臣天子，不友諸侯，耕作而食之，掘井而飲之”的“狂矞、華士昆弟二人”一齊殺掉，那大概也是影射陳仲一流人物的。韓非爲什麼要這樣主張呢？他借太公望的口吻袒白的説道：

> 彼不臣天子者，是望不得而臣也，不友諸侯者，是望不得而使也。耕作而食之，掘井而飲之，無求於人者，是望不得以賞罰勸禁也。且無上名，雖知（智）不爲望用，不仰君禄，雖賢不爲望功。不仕則不治，不任則不忠。且先王之所以使其臣民者，非爵禄則刑罰也，今四者不足以使之，則望當誰爲君乎？

他又用一個比喻來進一步的闡發他的理論：

> 今有馬於此，爲驥之狀者，天下之至良者也，然而驅之不前，却之不止，左之不左，右之不右，則臧獲雖賤，不託其足。

---

① 本篇約作於1944年，作者生前未發表過。現據手稿排印。全文未完。又據王康著《聞一多傳》（湖北人民出版社，1979年）所引，則比現存手稿多一段文字：“統治者的猙獰面目没有比這裏暴露得更清楚的。聽韓非這一類的瘋狂的咆哮。我們也可以想象那時代的統治者和一部分知識分子的對立，尖鋭到什麼程度。”但從全文内容看，顯然仍未完。

② “非”，王先謙《莊子集解》卷四《刻意第十五》（《諸子集成》第3册，中華書局1978年8月3卷1版）作“誹”。

最後，他的結論是：既不被我用，就得毁滅他——“是以誅之！”

孔子與獨裁主義[①]

魯是一個典型的封建邦國，宗周的文物制度在這裏保存得特别多，這裏封建文化的水準特别高，所以人們對於封建傳統的保守性也特别大。孔子是一個没落的貴族，又生在魯國，這便决定了他在精神上成爲封建靈魂——文武周公的替身，在思想上成爲封建文化最頑强的擁護者。但他又祇是一個“師儒”——民間的教書匠，而儒本是以替貴族們治喪相禮爲生的一種“僧侣”之流，是封建社會中從事精神勞役的一種寄生階級，因此他對於支持當時那瓦解中的封建秩序，除了勸人加强個人（尤其指統治階級）的道德修養外，并無任何實際的有效辦法。根本封建道德是一種强權的道德，强權道德就不成其爲道德，如果統治者無力，這種道德是嚇不倒人的紙老虎，所以孔子和整個儒家在當時并不能阻止封建的崩潰，如果統治者有力，再加上這道德的精神力量，那就能使他“如虎傅翼”了，所以在後世孔子以“萬世師表”的資格，實在維護了二千年君主專制的極權政治。在政治上，一如經濟上，不能使無者變爲有，却使有者變爲更有，這勢利眼的作風，這不道德的道德，是孔子思想的特質，也是封建文化的特質。

自己承認“述而不作”的孔子，真没有什麽獨創的思想，他的思想不是因襲以往，便是接受當時的。但在因襲與接受中，尤其在後者，他不能無所抉擇，（這就算是他的“以述爲作”罷！）他是封建社會中從事精神勞役的一種寄生階級，因此他必然，也祇能在這階級的立場上來因襲和接受。現在看他因襲了些什麽，接受了些什麽。

中國封建社會的本質當從宗法制度來認識，而宗法制度實在是一種家族制度，所以在封建社會裏，國與家不能分離，因而君臣的關係實即父子的關係。父子的關係是生理的，他們的名分是先天的，命定的，所以古稱父子爲“天屬”。

---

① 本篇約作於 1944 年至 1945 年間，未完成。現據手稿排印。

荆楚文庫

文藝評論

唐達暉　整理

編者説明

本編收作者各時期的文藝評論。

文藝評論部分，包括各種形式的文藝批評、文藝理論及其他有關文藝問題的論述。但關於古典文學及文學史問題的專門研究不在其内。

收入本編的著作，一般采用最初發表的版本。未見最初版本的，均注明據何書、何刊排印。

收入本編的著作，依寫作先後順序排列。寫作時間不詳的，依發表時間。寫作（或發表）月份不詳，僅知年份的，繫於該年之末。個别著作寫作和發表年月均不明的，參考文章内容酌定。各篇最初發表的時間、刊（或書）名，均在校注中注明；少數未見原刊，發表時間、刊物未能確認的，則注明據何資料。發表時的作者署名，也同時注出，但署“聞一多”者，從略。

文字校勘方面，除明顯印錯的個别文字徑行改正外，餘均儘量保存原文本來面貌，凡有增删改動或存疑之處，皆作校注説明，以備查考。

目　録

建設的美術[1]

世界本是一間天然的美術館。人類在這個美術館中間住着，天天摹倣那些天然的美術品，同造物爭妍鬥巧。所以凡屬人類所有東西，例如文字、音樂、戲劇、雕刻、圖畫、建築、工藝，都是美感的結晶，本不用講，就是政治、實業、教育、宗教，也都含着幾層美術的意味。所以世界文明的進步同美術的進步，成一個正比例。

文明分思想的同物質的兩種。美術也分兩種，有具體的美術，有抽象的美術。抽象的美術影響於思想的文明。具體的美術影響於物質的文明。我們中國對於抽象的美術，從前倒狠講究，所以爲東方舊文化的代表。對於具體的美術，不獨不提倡，反而竭力摧殘，因此我們的工藝腐敗到了極點。

歐戰完了。地球上從前那層腐朽的外殼已經脱去了。往日所夢想不到的些希望，現在也不知不覺的達到了。其中有一種反抗陋劣的生活的運動，也漸漸的萌芽了。歐美各國的人天天都在那裏大聲急呼的鼓吹一種什麼叫作國家美術（National Art）。他們都説無論那一個國家，在現在這個二十世紀的時代——科學進步、美術發達的時代，都不應該甘心享受那種陋劣的、没有美術觀念的生活，因爲人的所以爲人，全在有這點美術的觀念。提倡美術就是尊重人格。照這樣看來，祇因爲限於世界的潮流，我們中國從前那種頑固不通的、輕視美術的思想，已經應該破除殆盡了。况且從國内情形看起來，象中國這樣腐敗的工藝，這樣腐敗的教育，非講求美術决不能挽救的。現在把怎麼挽救這兩樣東西的方法，同爲什麼要挽救他們的道理，稍微講一講，可見得美術不是空洞的，是有切實的建設力的。

（一）振興工藝的美術

納斯根（John Ruskin）説，“生命無實業是罪孽，實業無美術是獸

---

① 本篇原載 1919 年 11 月《清華學報》第 5 卷第 1 期，署名聞多。

性（Life without industry is guilt，industry without art is brutality）。” 我們中國當宋、明、清富强的時期，美術最發達，各種工藝例如建築、陶瓷、染織、刺綉、髹漆、同金玉雕刻，也很有成績。衹到清朝咸、同以後，美術凋零了，工藝也凋零了。社會的生活呈一種萎靡不振的病氣。建房屋的、製傢具的、造器皿的都是潦草塞責，完全失了他們從前做手藝的趣味。所製造出來的東西都是粗陋呆蠢到萬分，令人看着，幾乎要不相信這種工藝界從前還會有那一段光明的歷史。所以現在要整頓工藝，當然不能不先講求美術。

在没有討論美術應該如何講求的方法以前，我們先有一個問題要解决，就是我們要振興工藝，是抱定一個什麽目的。一國的工藝出産品，假設盡仗着國内的銷行，是不中用的。最要緊是在出口的多纔好。所以我們要講振興工藝，就得使我們的貨在國外能够銷行得多。這本是商學的定理，不待細講。

我們從來没看見一個外國人不喜歡我們舊時的瓷器、陶器、銅錫器、絲織物、刺綉品、髹漆器、同金玉器的。質而言之，衹要是純粹的中國的工藝美術品，决没有不受外國人的歡迎的。自然在我們自己的眼光看起來，這些東西都是狠平常，總没有舶來品的新鮮。我們的工商界因此就以爲中國貨果然是不如外國貨。於是拼命的仿效外國。把頂好的瓷品上塗了一點不中不西的薔薇花，或是一雙五色旗，就算是改良的了。一般絶無美術知識的人，居然就買他的，因爲他狠象洋式。那曉得叫外國人看着，真要笑死了呵！我們常聽見外國人講，要買真正的中國東西。我們又常碰着外國人勸我們學我們自己的畫，不要學西洋畫。所以我們現在不想發達瓷業則已，要想發達瓷業，爲什麽不趕快恢復從前的宣霽、雍霽、乾霽、康熙美人霽種種的色釉，同從前所行的純粹中國式的花彩——圖案畫或景物畫，以便去迎合外國人的心理呢？衹要我們的景德、醴陵、宜興等窑的出産都能銷到外國去，我們的利權就保住了。那時候，我們自己喜歡用東西洋瓷的衹管去買真正的東西洋貨，還要那些不中不外的假洋貨幹什麽呢？這裏所講的不過挑瓷器一樁做個例，其餘各種工藝，可以類推。

上邊所講的中國工藝美術的價值，恐怕有人還不相信。其實照美術學理上分析起來，是一點也不奇怪的。中國畫重印象，不重寫實，所以透視、光綫都不講。看起來是平坦的，是鳥眼的視景（Bird's–eye View），是一幅圖，不是畫。但是印象的精神狠足，所以美觀還是存在。這種美觀不是直接的天然的美，是間接的天然的美，因爲美術家取天然的美，經他的腦筋製造一過，再表見出來。原形雖然失了，但是美的精神還在。這是中國美術的特點。裝飾美術（Decorative Art）最合這種性質。所以中國從前的工藝狠發達，也就是這種美術的結果。

我們近來喜歡講保存國粹畫，可不知道怎樣保存的法子。“保存”兩字不能看死了。凡是一件東西没有用處，就可以不必存在。假設國粹畫是真好，我們就應當利用他。與其保存國粹不如利用國粹。利用是最妙的保存的方法。中國的美術要藉工藝保存。中國的工藝要藉美術發達。

中國人的美術知識還有一個大缺點，就是藐視圖案畫。裝飾美術裏邊最要緊的一大部分就是圖案畫。我方纔講過了，中國美術最宜於裝飾。中國圖案畫實在是特別的富於美觀。但是圖案畫的一個名詞，在中國畫史上是没有的。我們所有的這種美術，全是尋常技師自出的心裁，没有經過學理的研究。我們尋常衹知道六朝三大家同吴裝的人物，南北兩宗的山水，没骨體鈎勒體的花鳥，同蘇趙諸家的墨戲，就是中國的美術。那裏知道中國最有價值的美術家，還有歷代造陶、瓷器、商嵌、七寶燒、景泰藍的那些技師？更有誰知道什麽製雜花夾纈的柳婕妤妹，製蜀錦的竇師綸，製神絲綉被的綉工上海顧氏，同漆工張成、楊茂？我們中國人既然有天賦的美術技能，再加上學理的研究，將來工藝的前途，誰能料定？可惜我們自暴自棄，衹知道一味的學洋人，學又學不到家，弄得烏七八糟，豈不是笑話嗎？日本人學西洋人，總算比我們學西洋人學得高明。但是他們現在也明白了他們自己的美術的價值，竭力提倡保存他們的國粹。我們中國的美術，比日本是怎麽樣？再不學乖，真是傻了。（未完）

出版物底封面[①]

我早就要在這個題上講幾句話。今天看到我們的改良了的《清華周刊》不覺吃了一驚，忽然心血來潮，把平日對於這個題目的意見，拉雜地寫下了。我講話免不了太鹵的地方，我不知道這個封面底圖案底作者是誰，我深望他原諒我。我要批評的不衹《周刊》，凡我所見的目前社會上底出版物（專指雜志之類）都在內。現在先把這個題底各方面討論一下，作批評底背景。我没有工夫詳細地説明，衹得寫一個大綱。

（一）出版物底封面圖案底價值

（甲）主體的。

1. 美的封面可以引買書者注意。

2. 美的封面可以使存書者因愛惜封面而加分地保存本書。

3. 美的封面可以使讀者心怡氣平，容易消化并吸收本書底内容。

（乙）客體的。

1. 美的封面可以輔助美育。

2. 美的封面可以傳播美術。

此外還有别種的直接的或間接的經濟價值，不勝詳述。

（二）中國出版物底封面圖案底藝術不發達底原由

（甲）藝術不精。

（乙）印刷不良。

（丙）發行者底經濟不足——推源還是社會生活程度太低。假使買者能出高價買，發行者當然肯費錢印華麗的封面；横竪他們總不會虧本。

（丁）以前的書籍没有美術的封面底習慣——結果，現在的社會没有美術的封面底要求。

（三）補救底方法——這層，我衹能在藝術上着手。别的方面，不

① 本篇原載 1920 年 5 月 7 日《清華周刊》第 187 期，署名聞多。

是作這篇文底本旨底範圍以內的。

（甲）美的封面圖案底要例——圖案是廣義的，不專指圖畫底構造，連字底體裁、位置，他們底方法，同封面底面積，都是圖案底全體底元素。

1. 畫底要例

A. 須合藝術底法義——如條理（order），配稱（proportion），調和（harmony）等。

B. 須與本書内容有連屬的或象徵的意義。

C. 不宜過於繁縟。

2. 字底要例

A. 須清楚。

B. 總體須合藝術底法義。

C. 宜美術的書法（除篆、籀、大草外）——刻板的宋體同日本式方體字宜少用。

D. 最忌名人題籤——除非他是書法名家。

E. 集碑帖可以用——不可太背 A、C 兩條。

3. 面積底要例

A. 宜長方，忌正方。

恐怕還有許多要點不能盡舉，衹待圖案底作者用他的腦筋[①]去酌定。總而言之，圖案是一個專門的藝術，不深知藝術的，不宜輕試。

批　評

中國現代的出版物底封面圖案底藝術，籠總我可以送他兩個字底批評："太差"。够批評底資格的，衹有《鐵路協會會報》，商務印書館的

① "筋"，原作"經"。

各種雜志，如《教育雜志》《學生雜志》《東方雜志》《婦女雜志》等等，《覺悟》《曙光》同《青年進步》。《科學》《少年中國》《少年世界》不討厭，因爲布置頗得法，字有美術的意味，也可使人注意。《曙光》第一、二期底圖案很能代表“曙光”二字底意義，也很能引人注意，但大體尚欠藝術的發揮。第一期“曙光”二字是[①]歪的，不合生理作用，第二期改正了，可又把要目硬擠進去，更套上一個菱形的邊，真是没有道理。第一、二期本有點美術的意味，不知道爲什麽第三期忽然改了。雖然這一期的布置很合法（衹有“曙光”二字不該用宋體），但我以爲這一改終久是很可惜的。《國民》也是犯的一樣的毛病。從前的圖案雖没有大的藝術上的價值，但他没有忘却美術，就算很可佳的。這一改，又改退步了。他們這種概念是從那裏來的，真是奇怪！

《覺悟》“嬌小玲瓏”很可愛。

《鐵路協會會報》最好的，數第七十九期。壞處衹在名目底字太機械的了。英文字更是非花十分鐘認不出，太不合圖案畫底實利基礎了。第八十期也不錯。名目底字用紅或黄色恐怕要更好一點。

《青年進步》很清秀，很大方。

商務印書館的各雜志，大致都不差。第十二卷第二號的《教育雜志》眉目清秀，色彩調和，很有價值。第十七卷的《東方雜志》用中國古式圖案做背地，黄色上加紅字也不俗。其餘象《小説月報》《婦女雜志》有時用中國畫嵌入圖案中，加上清淡的點綴色彩也能調和，字也不惡，到是很好。（近來的這幾種雜志，我不常見，不知道有改變没有。）《學生雜志》有時也有可取的。但這位圖案家衹會用綫（lines），不常用塊（masses），并且格式也是差不多的，未免太少變化。

那些美人怪物的封面，不要説看着好看，實在一文不值。他們已經有人批評了，我不必講。其餘完全没有藝術的氣味的也不必講了，衹把幾個最壞的提一提。

---

① “是”下原有一“否”字，參酌文意删。

我看到《工學》底封面，就不想看他的內容了。《留美學生季報》是一樣的。《唐山工業專門學校雜志》底字醜得出奇（并且是篆體），畫更是不用説了。看了這本雜志，同他們的《科學的唐山》，同高等師範的《理化雜志》，我就想到世界上如果全是這樣的科學家，這個世界一定要變成一個乾枯憔悴，陰凄僵冷的地獄，充滿了顛狂麻木的“行尸走肉”的人類；如果真壞到了這一日，我真情願“蹈東海而死”。《解放與改造》底壞處又是在宋體字。中國字是一種重要的藝術，這是别國所羡慕的，而我們自己反不知道利用他。隨便那種尋常的字體，都比宋體好，我不知道爲何偏有人專好他，真是“拂人之性”。還有一樁最可笑的事，《新青年》是中國新文化的鼻祖，當然受一般人底崇拜，但他的價值决不是從他的封面圖案得來的，偏有許多“愛人及屋，愛屋及烏”的人，拼命地摹仿他那三井洋行底商標式的封面圖案，我真莫名其妙。我衹記得摹仿這個圖案的，有《南開校風》《新社會》同今天看見的《清華周刊》，其餘的一時還想不起來。不過我相信至少還可以找出兩三個來。這個井字式的圖案没有一點美觀，并且《新青年》把卷號底數目同印行所底名字放在兩條綫上，陡然一看衹有兩條綫，看不出字來。《南開校風》偏衹把直的變成横的，整個兒抄下來了。我們一定要摹仿，也得選一個有價值的樣本；但是《新青年》底面圖案底價值，同他的内容底價值，剛好成一個反比例。中國人評判藝術底眼光怎麽低到這個地步！

現在到了《清華周刊》我很不願意講，我們的《清華周刊》底封面圖案，也該列入最壞的一類。我把他仔細地分析了一下，其結果如此：

（1）完全違反圖案底組織底要素。

（A）没有條理。　這個圖案看起來盡是條，可是這些條，是無理之條。我們看着這些條，不知道是從那裏起，到那裏止。看上半，他們引着我們的眼睛往下跑；看下半，他們又引着我們的眼睛往上跑。看書裏頭，他們引着我們的眼睛上下跑，跑到書外頭去了。那個井字，要是别的亮一點的顔色，許可以把我們的眼睛鎖住了，叫我們注意裏面的“清華周刊”四個字，可惜他又是很烏暗的黑色，他的力量實在敵不住那光亮的紫色，所以看起來盡是亂七八糟。

（B）不配稱。　上面有個黑井字圍着“清華周刊”四個字，下面的目次又是敞的。上面的紫條比下面的長了三倍半的，所以上面覺得太空。井字底綫比起“第一百八十五期”外頭的邊，粗細也太不齊。目次右邊有“本期目次”四大字。左邊什麽也没有，也是不配稱。

（C）不調和。　有統屬就有調和；但這個圖案完全是散的；那十條紫帶從頭到尾没有一個歸宿，目次底四周又没有邊，他的結果如何能調和呢？論起色彩來，黑紅紫白四色也不是好的組合。

（D）不平静（without repose）。　這層完全缺乏。那十條紫帶，我上面已經講了，拉着我們的眼睛上下亂跑。我們衹有兩個眼睛，怎能禁得住十條力量底拉拽？况且紫又是很强的顏色，加上紅的黑的，真是叫人看着害怕。

（2）違反圖案底實利基礎。　白奇德（Batchelder）講：“爲求一個物件底美觀，犧牲其實用，是時間與筋力底浪費。”我們知道這個圖案美觀没有得着，但又犧牲了實用，何以見得呢？推想最初用封面底時候，一定衹有書名，圖案是後來的裝飾品。這裏“清華周刊”四字當然最重要，我們應該使他們特别地明顯，好引人注意；但我一看這個圖案，我眼裏衹有十條紫帶，别的都是迷迷糊糊的。

（3）與本書内容無連屬或象徵的意義。　這個圖案，除紫白兩色是我們的校色外，他的圖案底組織上，没有一點意義，所以不是有價值的藝術。

（4）字没有藝術底價值，因爲都是宋體。

（5）三樣色彩，太費經濟，仍無益於美觀。

我的批評完了。現在將我們圖書館裏封面圖案有價值的外國雜志録下幾本，請大家參觀參觀。

《Wide World》，《Country Life》，《Current Opinion》，《St.Nicholas》，《The Art World and Arts and Decoration》，《The World Outlook》，羅斯金（Ruskin）講："圖畫可以由導師教授；但是圖案是天授的。"圖案原是很不容易的事，不是深究藝術的，很難收美滿的效果。上海美術學校的改良了的《美術》不知道出版了没有，我没有見過，北大的《美術雜志》也快出版了；我盼望他們兩個能替我們藝術界撐一撐門面。

一九二〇. 四. 廿四夜

徵求藝術專門的同業者底呼聲[①]

有藝術天能的聽者!

藝術確是改造社會底急務

藝術能替個人底生計保險

"朋友，你很擅場藝術，你將來選擇職業，許不致越出藝術界底範圍吧。"

"吾……倒不一定呢。"這是十有八九，你必得的答辭。若要追究他們的理由，大約可分兩種：（1）藝術不是改造社會底急務；（2）藝術不能保險個人底生計。如今且看這兩層理由到底有多少的根據。

（1）關於社會改造問題

要解决藝術是不是改造社會底急務，須看社會底需要同藝術底價值如何。歐戰以後，世界底潮流趨重精神方面，菲薄物質方面。奇德（Benjamin Kidd）在他的《勢力底科學》裹硬講："文化底勢力是根據於集合的感情，不是理性。"他又説人類進化底動機的原質不是像達爾文所主張的"科學在這個期程裹是勢力底[②]理性的知識"。但是"藝術，在這個期程裹是普遍的底感情的知識"。人類從前依賴物質的文明，所得的結果，不過是一場空前地怵目驚心的血戰，他們於是大失所望了，知道單科學是靠不住的，所以現在都傾向於藝術，要庇托於她的保護之下。中國雖没有遭戰事的慘劫，但我們的生活底枯澀，精神底墮落，比歐洲祗有過之無不及，所以我們所需要的當然也是藝術。

以上所述的是社會的需要。要問藝術底價值，就不能不鈎玄提要，徵引前人的陳説，來作一種暫時承認的結論，因爲在這《周刊》底篇幅裹，要剖析精微，探搜冥眇，以推闡美學的原理，是不可能的。

克魯泡特金講："人生豈僅得衣食住就罷了嗎？物質的欲望，既已滿足；藝術的欲望，自然涌激而出。"基耀（Guyau）、格魯斯（Groos）

---

① 本篇原載 1920 年 10 月 1 日《清華周刊》第 192 期。

② "底"下原有一"裹"字，參酌文意删。

等都講人生所貯蓄的餘力，若不宣泄出來，必不快樂；游戲或藝術就是宣泄這種餘力底結果。看這藝術底起源，就容易明白他的性質了。托爾斯泰希望於藝術的是[1]一種人類中情同手足的團結底實現；康德（Kant）費希脱（Fichte）都説藝術是介於實體世界同現象世界之間，作他們的橋梁的。换言之，前者是講藝術可以促進人類底友誼，後者是講藝術可以抬高社會底程度——這就是藝術底功用。利用人類内部的、自動的勢力來促進人類底友誼，抬高社會底程度——這纔是藝術底真價值。（宗教、倫理也有這兩種功用，但都依靠外界的、强制的勢力，所以不如藝術。）現在有人否認促進人類底友誼，抬高社會底程度是改造社會底根本方法嗎？或主張改造社會借外界的、强制的勢力，比内部的、自動的勢力，更容易收效些嗎？如果没有，藝術就是改造社會底急務了。

有一樁事我們應當注意，就是我們談到藝術的時候，應該把腦筋裏原有的一個舊藝術底印象掃去，换上一個新的，理想的藝術底想象，這個藝術不是西方現有的藝術，更不是中國的偏枯腐朽的藝術底僵尸，乃是熔合兩派底精華底結晶體。

當這物質底腐敗已極，科學底興味剛醒的中國，難怪一般青年對於藝術漠不關心，因爲科學主理性，主經驗，藝術主感情，主直覺，表面上兩個似相衝突，供奉科學，就不能禮拜藝術了。這個誤會也是不能不解釋的。盧瑟德比爾（Roussel Despierres）講過："科學同藝術應該互助。但他們職務要分清楚，人類底目的即是美底理想；科學是藝術底僕役，理想底共作者。科學先，藝術後，科學是爲藝術的。（機械可以節省工人作工底時間，讓他們多得消遣底機會；醫藥同衛生能使身體强壯而且加倍地美觀。）"就此可見藝術科學是"并行不悖"的，并且是缺一不可的。現在我們對於科學那樣熱中，而對於藝術這樣冷淡，將來勢必將社會完全變成一副機器，他的物質的運動當然是靈敏萬分，但是理想底感情，完全缺乏。啊！我們如果不願把中國變成一個瘋人院，再蹈

---

① 原無"的是"二字，參酌文意補。

歐洲底覆轍，演成世界第二次軍事慘劇，我們就應當注意藝術，趕急注重藝術！

藝術底關係既是這樣重要，而藝術的人才又是有限的（科學的知識可以“困而學之”，但是藝術的才能是天賦的），我們有藝術的天能的人底責任該是如何地重大呢？現在研究科學的，一天多似一天，研究藝術的（包括音樂、繪畫、雕刻、文學等），還是寥寥如晨星。這種現象，真是可慮得很。我以爲就理論上講來，應從科學界裏至少分出三分之一底人才到藝術界來，纔是公平，纔能操社會改造底左券。這瓜分人才底辦法究竟是否可能呢？是的，因爲很多人兼秉藝術同科學——自然的或社會的——的本能，衹要他們捨得屏棄科學，把他們全副底精神奉獻於藝術，藝術定肯放她的秘篋，讓他們儘量地探取她的寶藏。但是她是一個妒婦，我們須專心竭誠地服役於她。許多人以科學爲正科，以藝術爲副科，這種折中態度決不適於學術底研究。藝術底價值若不在科學之上，也決不是跟科學當“配角”的。我們需要的是藝術專家，不是一知半解的藝術家。我們的目的在量質并重：一方面要造詣精深的大藝術家，藉他們，中國希望能將其四千年來所積蓄的文化底私財，加入世界底資産裏，使人類底精神的生活更加豐富；一方面要普及藝術，以“藝術化”我們的社會。但先須有專門的人才，方能做普及底事業。有藝術的天能的朋友們，快起來呀！

（2）關於個人生計問題

羅素講：“最好照無强權主義派的辦法，不論做工與否，都使人人得到生活必需品，於是願意終日治藝術的藝術家，可以隨意旅行各地，不起生活底顧慮。”但是在中國這樣的社會組織裏，我們既要以專門藝術爲職業，就不能不顧及於生計問題。藝術雖然要緊，要使我們餓着肚皮去治藝術，似乎不近情理。但是藝術家底生活，將來到底是不是餓肚皮的生活，還是一個問題。從前的大藝術家固然也有因爲不肯跟社會“同流合污”，鬧到一生底“潦倒窮途”的，但也很有一般上等游民因爲無計爲生，就襲取一點藝術家底皮毛來騙飯碗。我們決不能因爲藝術家多半是窮漢，就斷定藝術是一個窮事業；其實從前很多人是已窮之後，纔混到藝術界來，不是進了藝術界就會鬧窮了，我們看那因藝術致富的，就可以證明了。（“致富”在這裏專指承受自來的、不關心的金錢的償值，不是像現在鄭曼陀一般人拿着幾筆時裝仕女做摇錢樹。）

我們好像總想着除藝術以外，别條職業底道路上，正堆着金銀寶貨，衹等我們去取似的。殊不知中國今日實業底不發達跟藝術底不發達如同半斤八兩一樣，藝術家固是不能發展，但科學家、實業家是不是人人都所用合所學呢？現在科學底興趣日濃，藝術底風氣也日開，就論他們將來發展底機會，也很難分高低。况且前面已講過歐戰之後，物質文明破産，科學底霸權墮地了，跟他代庖的是藝術。拿現在新文化運動在中國發展底速率，來推測中國底新藝術底前途，當然也可想而知了。藝術底前途，就是藝術家底前途，衹要我們真成爲“藝術家”，還要着“飯碗”底急，不真是杞人憂天嗎？

十年前的中國學生以爲頭等“飯碗”在官場裏，他們要顧全“飯碗”，都跑到政治，法律，經濟幾條道上去了，有治科學的，真是大冒險家了，所以造成現在官僚有餘而實業家不足的現象；現在的學生又以爲頭等“飯碗”在實業界裏，他們要顧全“飯碗”，都擠到工程，農藝，畜牧，銀行場中去了，有治藝術的，在他們眼裏，不啻是一個怪物。十年以後，焉知没實業家有餘而藝術家不足之嘆呢？惟其藝術不發達，纔需求藝術的人才去發達他；我們反因他的“財喜”不好，而多方巧避他。唉！照這樣，藝術底血胤豈不要絶嗣了嗎？

更進一層講，我們所討論的不是職業問題嗎？我們可曾認識職業底真意義？假使“職業”可以當“飯碗”講，我剛纔談的一段話，就算有意識。但是找“飯碗”底方法多着，何必得有職業呢？在中國今日，方法越正當，“飯碗”越難找。我們若以“飯碗”或延長生命爲人生唯一的目的，什麼理想底感情，一概不管，我們衹要仔細想想，人類的生活與下等動物的，有什麼分别，便當驚訝，羞赧，且椎胸狂叫：“‘人’呀！你如何不做腦筋底僕役，而做肚皮底奴隸？”人類生活底鵠的，到了現代，應從延長個人底生命而變成延長社會底生命；人類底職業，應從單獨的事業變成集合的事業。换言之，職業是對社會負責的，不是對個人負責的；——每個人將其本能貢獻於人類一切的組織，以凑成其集合的實力，這纔是“適合生存”底正當結果。所以我們選擇職業，應該從長計較，不以個人的，但以社會的需要爲標準。現在藝術或理想底感情是社會的需要，“飯碗”或生命底延長是個人的需要；姑且不講藝術真能替我們的“飯碗”保險，即使不能，我們有藝術的天能的人，難道可以放棄我們組成社會底集合的實力底責任嗎？

職業還包藴一個意義——個性底發展。强迫一個科學家去治藝術，既是不近人情，所以叫一個性近藝術的，爲了“飯碗”問題，摧殘他的個性，流離顛沛於科學界裏，也要算天下最悲慘的一椿事了。在我個人，寧能犧牲生命，不肯違逆個性。何况我們治藝術，肉體上雖稍受點苦痛，精神上却得了自由底快樂底賠償呢？所以講到造成社會底集合的實力，職業是一個義務，講到發展個性，職業是一個權利，我們有藝術的天能的，存了這兩個觀念，去選擇職業，當然不能出，也不願出藝術底範圍了。

現在把全篇底大意綜括起來，申述一遍。藝術科學本當并重；當今中國，科學已有萌蘗了，藝術却毫無消息。藝術的人才既是有限，有藝術的天能的自當急起負責。他們還當拿全副精神，專攻藝術。因爲我們希望於他們一種新藝術底實現，這種事業决不是一知半解的藝術家所能勝任的。講到以藝術專門爲職業，我們總喜歡牽涉到生計問題，但這是一個大錯。如果我們都認官僚富豪底生活爲最理想的生活，當然瞧不起藝術。但是生計若專指人生底需要品——衣，食，住——加以尋常的繁華品同相當的貯蓄，藝術準能供給。况且講到組成社會底集合的實力同個性底發展，一切的職業，就同時是我們的義務與權利；存了這個觀念，恐怕也想不到什麼生計問題了。

現在應講的話都完了，我再學隻踞阜的雄鷄，引嗓高呼一聲：

有藝術的天能的朋友們，快起來呀！

對於雙十祝典的感想①

——以節期證明美育底實力清華藝術底破産

我校學生主動籌備國慶祝典，這回是“破題兒第一遭”，我想同學注意這件事的不少。許多人都以爲學生會辦這件事是應當的，却不該辦得這樣闊。我説這回辦得闊不闊，另是一個問題。就是闊辦了，也是很值得的。我所持的理由定不是學生會底理由，所以我今天講這些話，不是替學生會當訟棍，不過是要宣傳一種主義罷了。

我們往往懷疑美育的實力，這種疑惑，如同宗教的疑惑，本不容易解釋，但是有人若能從具體的實驗中指出證據來，我想我們再不能判定這種學説爲痴人説夢話了。現在雙十節剛過，他的印象還鮮着於我們腦筋裏，我就藉節期 Festival 來證明美育底實力。

蔡孑民先生講美育底功用是：“提起一種超越利害的興趣，融合一種畫分人我的僻見，保持一種永久平和的心境。”這三個條件，節期完全“包辦”了。節期是人類流泄其最高情感底時候：這時最險惡虚僞的心也能閃出慈柔誠懇的光耀；這時什麽沉憂煩慮都匿形遁迹了；這時人類中男女、長幼、富貴貧賤各種界限，同各種禮教的約束都無形消滅了，所以是自由平等底最高水漲標；而且這時我們不獨圖一己的快樂，并處處使别人快樂，平時最不喜修飾的，這時一個個也都“衣裳楚楚”，平時最拘板的，這時也唱兩句皮簧歌曲，談幾句笑話跟大家開開心。總而言之，當一個節期底時候，即快樂膨脹最高底時候，人的一切美德，都泄露無遺了。我們度節期時，如果也有過這種經驗，我們便受過美底魔力底作用了。我們不反對節期底存在，更不反對利用節期所激起的快樂來陶鑄我們的心性，無形中我們不啻已經承認美育了。

節期實在是美育底一種方法；假若我們社會底設備能時時刻刻和過節期一樣，我們的心境便也時時刻刻和過節期一樣，我們便時時刻刻在

---

① 本篇原載 1920 年 10 月 22 日《清華周刊》第 195 期，署名一多。

美育之中，我們的生活便到了極軌。我們提倡美育，不啻要把時間變成一個大節期，世界變成[①]一個大會場，使人類永久在快樂底海里游泳了。所以我贊成今年闊辦雙十祝典，是爲提倡美育而提倡節期。我深信美育底功效，以爲衹要能引起群衆底美感，便闊一點辦也很值得。過一回節期，比進一回“潔心室”，或到一回主日服務，不知道强幾萬倍呢！

* * * *

但是我講到這裏來，我回想到七號午後同晚上的會序，未免有點寒心。節期是個空名詞，有了藝術，節期纔具形體，纔有作用，質言之，没有藝術，節期就不能成立，也不必成立。節期是藝術底總匯。節期底本身没有什麽大價值，他的價值是藝術底價值。所以假設没有藝術，或衹有粗陋的藝術，節期當然也没有價值了。實在分開講，便是音樂，演劇，跳舞，演説，同各種形式的裝飾；合起來講，便是一套慶祝節期底會序。没有藝術的節期，必不能引起人類底快感與同情，所以失了節期底作用。（孔子聖誕節衹是一種乾枯的典禮，耶穌聖誕節實能引起信徒底快樂與同情，因爲他有藝術的點綴。）

現在我們看這回的國慶祝典底會序怎樣，就可見清華底藝術底程度了。音樂是這類機會最不可缺的，可是我們的音樂，除了國聲社，什麽銅樂隊，笛鼓隊，（童子軍底）弦樂隊，唱歌團都上不了臺。講起“希望”來，他們編演的人都不好意思叫他作戲，衹講是化裝，但是這樣的化裝也就足以“令人作三日嘔”了。至於一切布置裝飾，也很俗陋。（不過我們不能拿這作判定我們的具形美術底程度底標準。）今年的清華，恰好是藝術破産的清華。這次的雙十祝典，也衹是熱鬧熱鬧而已，那講得到藝術，那講得到美育呢？這種節期，有與没有，有什麽關係！

有人説在美底範圍裏，臭官味官不列位置，清華學生底官能的美感，别的都衰敗了，衹有味官倒依然發達得很，你看預祝國慶的筵席，便爲賑濟灾民這樣大的問題，都不能犧牲。我説這不足怪。節期底要素

① 原無“變成”二字，參酌文意補。

是快樂，不講清華没有藝術，我們這樣鄙野卑濁的生物，本不知藝術是什麽東西，即算有了，那會鑒賞他呢？所以我們的高等的感官（聽官、視官）既得不着快樂，便不得不從低等的感官（臭官、味官）求快樂。所以有人講我們過一個節期，别的費用都可省，惟有添菜的錢不能省。這話確有見地。新年底元宵，端陽底粽子，中秋底月餅，壽典底面，此外差不多每一個小節期都有一種好吃的；我們所希望的唯一快樂，衹是到了一個節期就肥肉美酒，大消受一頓罷了。唉！一個人底生活，到了這步田地，也就可憐極了啊！

黄紙條告[①]

萬頭攢動，接踵摩肩，擠在禮堂底赭色門前，好像廟會時候護國寺底香客們朝見佛爺似的；他們的馨香頂祝的熱誠，即表現於那波濤澎湃的聲潮裏。“好極了！陡起來了！這個星期有好片子看了！”過路的人碰着這一團“觸手可炙”的熱氣，他們的神經也被溶化了，他們的身體不覺流入這人群裏，越流越多，赭色門前底大道竟遭人濤泛濫，斷絶交通了，於是站崗的聽差未免小起恐慌。

什麽神通廣大的魔力竟能絆住許多視綫，搗爛許多神經？

*　　　　*　　　　*　　　　*

一張方不滿尺的鵝黄紙上，斜撑着幾條黄子久皴[②]石法的赤痕：這算是什麽東西底圖形？是鍛鐵的鎚子？那裏？你瞧那鮮血淋漓，便知道是一把殺人的斧子。都錯了，不是什麽希奇的玩意兒，是你我都有的那隻手——你我當工匠最寶貴的工具。

慢着，你我的手是這樣的嗎？你瞧那裏大書特書着三個日本式的隸體字：“毒手盜”。“毒”，你我的手肯受這個頭銜嗎？你我的手肯替“盜”當經理嗎？不！他是你我當工匠最寶貴的工具。

*　　　　*　　　　*　　　　*

但是我們的手拒絶罪惡，我們的眼却歡迎他，眼把罪惡底圖形進貢到腦宫裏去，又使天心大悦，立刻喉、舌、唇收到聖旨，奏了這闋頌歌：“好極了！好片子呀！……”

*　　　　*　　　　*　　　　*

好片子？怎麽好法？《黑衣盜》《毒手盜》，好盜，可敬可愛的盜，“飛彈走肉”，殺人如同打鳥！

好片子，多謝你輸入無量的新財寶到我們智囊裏來了。若不是你的鴻賜，這些財寶，我們除非鑽進地獄，那能找得這樣齊備？我們整星期

---

① 本篇原載 1920 年 11 月 12 日《清華周刊》第 198 期，署名一多。

② “皴”，原作“皺”，誤。

囚在這“水木清華”的，但是平淡的世界裏，多虧你常常餉以“五花十色，光怪陸離”的地獄底風光，我們的眼福不小。

*　　*　　*　　*

不過我很懷疑假若你熟悉天堂底路，要領我們去那裏游覽，我們會不會一樣地興高采烈？

有人說不會。淫暴是我們獸族的鼻祖。遺風餘韻，我們置身於古物陳列所裏，誰不顧盼低徊，爲之神往？所以喜入地獄是人情。但天堂是個新地方，我們没有去慣。

我說却不盡然。我引卜郎林（Browning）一句詩來申釋我的意思。

Ah, but a man's reach should exceed his grasp, or what's a heaven for?

電影是不是藝術?[①]

電影是不是藝術? 爲什麼要發這個疑問? 因爲電影是現在最通行，最有勢力的娱樂品，但是正當的，適合的娱樂品必出於藝術；電影若是藝術，便没有問題，若不是，老實講，便當請他讓賢引退，將娱樂底職權交給藝術執行。

許多人以爲娱樂便是娱樂，可樂的東西，我們便可取以自娱，何必“吹毛求疵”，自尋纆鎖呢? 快樂生於自由；假若處處都是約束，“投鼠忌器”，那還有什麼快樂呢? 這種哲學衹有一個毛病，就是盡照這樣講來，那“章臺走馬，陌巷尋花”也可以饜我們的獸欲，給我們一點最普通可是最下等的快樂呢。

我不反對求快樂，其實我深信生活底唯一目的衹是快樂。但求快樂底方法不同，禽獸底快樂同人底快樂不一樣，野蠻人或原始人底快樂同開化人底快樂不一樣。在一個人身上，口鼻底快樂不如耳目底快樂，耳目底快樂又不如心靈底快樂。藝術底快樂雖以耳目爲作用，但是心靈的快樂，是最高的快樂，人類獨有的快樂。(參看本期光旦君底《清華電影和今後的娱樂》)

人是一個社會的動物，我們一舉一動，不能同我們的同類没有關係。所以我們講快樂，不能不顧及這個快樂是否有害别人——同時的或後裔。這種顧慮，常人謂爲約束，實在就是我們的未來的快樂底保險器。比如盜賊奸淫，未嘗不是作者本人底快樂，但同時又是别人的痛苦；這種快樂因爲他們是利一害百的，所以有國家底法網、社會底裁制同良心底譴責隨其後。這樣，“今日盜賊奸淫之快感預爲明日刑罰裁制之苦感所打消矣”，所以就没有快樂了。但是藝術是精神的快樂；肉體與肉體纔有衝突，精神與精神萬無衝突，所以藝術底快樂是不會起衝突的，即不會妨害别人的快樂的，所以是真實的、永久的快樂。

---

① 本篇原載 1920 年 12 月 17 日《清華周刊》第 203 期，署名一多。

我們研究電影是不是藝術底本旨，就是要知道他所供給的是那一種的快樂，真實的或虛僞的，永久的或暫時的。抱“得過且過”底主義的人往往被虛僞的、暫時的快樂所欺騙，而反笑深察遠慮的人爲多事，這是很不幸的事。社會學家頡德（Kidd）講現在服從將來是文明進化底原理。我們求快樂不應抱“得過且過”底主義，正因他有礙文明底進化。有人疑我們受了“非禮勿視”底道學底毒，纔攻擊電影，恐怕太淺見了罷?

* * * *

電影到底是不是藝術？普通一般人都説是的。他們大概是惑[①]於電影底類似藝術之點，那就是戲劇的原質同圖畫的原質。電影底演習底過程很近啞戲（pantomine），但以他的空間的原質論，又是許多的攝影，攝影又很象圖畫。這便是他的“魚目混珠”底可能性。許多人没有剖析他的内容底真相，竟錯認他爲藝術，便是托爾斯泰（Tolstoy），林賽（Vachel lindsay），侯勾（Hugo），彌恩斯特伯（Münsterberg）那樣有學問的人，也不免這種謬誤。我們切不可因爲他們的聲望，瞎着眼附和。

我們有三層理由可以證明電影决不是藝術：一、機械的基礎，二、營業的目的，三、非藝術的組織。

我們知道藝術與機械是象冰炭一樣的，所以藝術最忌的是機械的原質。電影起於攝影的機械底發明，他的出身就是機械；他永久脱離不了機械底管轄。編戲的得服從機械底條件去編戲，演戲的得想怎樣做去纔能照出好影片來，布景的也得將就照相器底能率，没有一部分能够自由地發揮他的技能同理想。電影已經被機械收爲奴隸了，他自身没有自由，他屢次想跳出他的監牢，歸服藝術界，但是屢次失敗。可憐的卜拉帝（William A.Brady，美國全國電影營業公會會長）已經正式宣布了電影底改良衹能依靠照相器底進步，不能企望戲劇底大著作家或演習家。

電影底營業的目的是人人公認的。營業的人衹有求利底欲望，那能

① “惑”，原作“或”，參酌文意改。

顧到什麽理想？他們的唯一目的就是迎合底心理——這個心理是於社會有益的或是有害的，他們管不着。凶猛的野獸練得分外地凶猛，要把戲的耍出比尋常十倍地危險的把戲，火車故意叫他們碰頭，出軌，摩托車讓他們對崖墻撞，烈馬不要命地往水裏鑽，——這些驚心怵目的，豢養人類底占有的衝動的千奇百怪是幹什麽的？無原無故地一個妖艷的少婦跳上屏風來，皺着眉頭嘆氣，掉眼泪，一回兒又捧着腮兒望你丢眼角，忽然又張嘴大笑，醜態百出，鬧了一大頓，是爲什麽的？這種結構有什麽用意？這種做派是怎樣地高妙？他們除了激起你的一種劇烈的驚駭，或挑動你的一種無謂的，浪漫的興趣，還能引起什麽美感嗎？唉！這些無非是騙錢的手段罷了。藝術假若是可以做買賣的，藝術也太没有價值了。

前面已講過電影有兩個類似藝術之點，就是戲劇的原質同圖畫的原質。要證明他是假冒的戲劇而非真戲劇，需從三處下手：一結構，二演習，三臺裝。關於結構的非藝術之點有六：

一、過度的寫實性。現代藝術底趨勢漸就象徵而避寫實。自從攝影術發達了，就産生了具形藝術界底未來派、立方派同前印象派，於是藝術界漸漸發覺了他們的真精神底所在，而藝術底位置也漸漸顯得超絶一切，高不可攀了。戲劇與電影正同繪畫與攝影一樣的。電影發明了，越加把戲劇底地位抬高了。電影底本領祇在寫實，而寫實主義正是現代的藝術所唾棄的。現代的藝術底精神在提示，在象徵。“把幾千人馬露在戰場上或在一個地震、灾荒底擾亂之中，電影以爲他得了寫實底原質，不曉得群衆已失了那提示底玄秘的意味。理想的戲劇底妙處就是那藉提示所引起[①]的感情的幻想。一個從提示裏變出的理想比從逼真的事實裏顯出的總是更深入些。在這人物紛紜的一幅景裏，我們看着的衹有個個的人形罷了，至於那作者底理想完全是領會不到的，因爲許多的印象擠在我們腦筋[②]裏，已經把我們的思想弄亂了。”這便是過分的寫實底毛

① 原無“起”字，參酌文意補。

② “筋”，原作“經”。

病，而電影反以爲得意，真是不值識者一笑。

二、過度的客觀性。客觀與寫實本有連帶的關係，藝術家過求寫實，就顧不到自己的理想，没有理想就失了個性，而個性是藝術底神髓，没有個性就没有藝術。“圖畫戲（指電影）講到表現客觀的生命，他的位置本很高，但照他現在的情形推測，永遠不能走進靈魂底主觀的世界。客觀的同主觀的世界是一樣地真實，但對於戲劇不是一樣地重要。戲劇，偉大的戲劇底唯一的要素是‘衝突中的人類的個性’。靈魂底競争怎能用啞戲描寫得完備呢。感情，或者深摯的肉體的感情能用面貌，姿勢表現出來，但是講到描寫衝突，言語同他的豐富的提示底幫助是不可少的。”電影完全缺少語言底質素，當然於主觀的個性底衝突無法描寫了。

三、過分的長度。科倫比亞大學影戲部主講，福利伯博士（Dr. Victor Freeburg）講：“理想的影戲應該從三卷到十卷長。爲什麽我們必定五千尺爲我們一切的影片底正當的長度？影片底長度應該依他的故事底内部的價值爲標準。譬如，我們要叫裴圖芬（Beethoven）一個月做一闋琴樂，并且每闋限定二十一頁長，或是請一個詩家做詩每首要七十九行，那不是一個笑話嗎？但是我們現在對於電影便是這樣的。”很多片子若僅有他的一段到是很好的情節，但不知道爲什麽要故意把他壓扁了，拉長了，再不够，又硬添上許多段數，反弄到他的結果又平淡，又冗長，又不連貫，一點精采也没有？我們這裏演過的 Brass Bullet, Hooded Terror 等都屬這類的。

四、過分的速度。這層一半是他的機械的原質底關係，一半是脚[①]本底結構底關係。卜拉帝講因爲他的（電影底）深度不够，“他的動作衹能表現作者原有的感情底一半，要把這個缺點遮蓋起來，使觀者忘却他們所見的衹是人世底一個模糊影響的表現，就不得不把許多的事實快快地堆積起來。”我們看電影裏往往一個主角底一生塞滿了情緒的或肉

① “脚”，原作“角”。

體的千磨萬劫，一波未平，一波又起。我們若想象我們的生命如果也是如此，恐怕我們要活不長了。“理想的感情底條件與自然底無形的情緒而并長。”我們從來没有看見一株樹忽然從一粒種子裏跳出來，我們也從來没有看見太陽在他的軌道上繞着地球轉底二十四點鐘底速度。一切的藝術必須合乎自然底規律，纔能動人。

大概長於量就不能精於質，顧了速度就衹有面積没有深度。質既不能精，又不能深，如何能够感人呢？葛司武西（John Galsworthy）關於這點講得最愷切詳明，“影片在很短的時間裏包羅了很廣的生命底面積；但是他的方法是平的，并且是没有血的，照我的經驗，在藝術裏不論多少面積同量從來不能彌補深度同質底缺耗。”

五、缺少靈魂。我們看見“靈魂”這兩字，便知道這樣東西底價值了。人若没有靈魂，算得了人嗎？“藝術比較的不重在所以發表的方法或形式，而在所内涵的思想和精神。”這種内涵的思想和精神便是藝術底靈魂。靈魂既是一件抽象的東西，我們又不能分析一幅幅的影片以考察他們的靈魂底存在與否，我們衹好再援引一個有主權的作家底意見來作斷語。美詩人霍韋爾司（Howells）講這個“黑藝術”做什麽都可以，除却“調合風味，慰藉心靈”。他不敢相信電影永久能不能“得着一個靈魂”。

我們再看電影底靈魂是怎麽失掉的呢。“藝術品的靈魂實在便是藝術作者的靈魂。作者的靈魂留着污點，他所發表的藝術亦然不能免相當的表現。藝術作者若是没有正當的人生觀念，以培養他的靈魂，自然他所發表的或是紅男緑女的小説，或是牛鬼蛇神的筆記，或是放浪形骸的繪畫，或是提倡[①]迷信的戲劇，再也够不上説什麽高潔的内容了。”捷斯特登（Chesterton）把電影比作歐洲二十世紀底“毛錢小説”（dime novels）同“黎克惟”（nickel shockers）底替身，實在是很正確、恰當的比喻。李德（William Marion Reedy）在他的《何以影戲中没有藝術

① “倡”，原作“創”。

底希望》裏告訴我們，就是那些脚[①]本底作家也得到公司底辦事處裏辦公。他們得遵着總理底指揮去盜襲别人的曾受歡迎的著述底資料，七攙八凑，來拼成他們的作品。我們試想這樣地製造藝術還能産出有價值的結果嗎？無怪捷斯特登又駡道，“隨便那一個深思的人到過五六次電影園的，一定知道那種的工具底危險的限制，知道普通影戲底完全缺乏知識工質素同平均[②]，實在完全缺乏一切使最好的言語戲成爲那樣優尚的東西的原素，除却那些能用軀體的動作，同默静的手勢同面貌底表現法。——質言之，用那些能指入照片的戲劇的原素的神速的感情的激動。多數的人總滿足於陳腐的，淺顯的，沈淡的，滿足於蠢野的趣劇同令人發笑的感情戲；這些東西完全不合於人生，浮誇而偏於感情……”

六、缺少語言底原質。以上五部理由或關於電影底構造，或關於電影底精神，拿他們來證明電影不是藝術當然没有疑問，若以缺語言底原質來攻擊電影，似乎不大公平，因爲有没有語言是藝術底材料，我們不能因爲電影没有采用這一[③]種材料，就不准他稱藝術。不過，電影總逃不掉戲劇、圖畫二種藝術底範圍，或者有少數人把他歸到圖畫類，不過多數人都承認他是戲劇。戲劇底最緊要的一部分是語言，電影既没有語言算不了戲劇。卜拉帝又講過，“人類底常識感情再没有比聲音更重要的，電影底没有聲音，就是他的最大的困難”。因爲“一個人或婦人在經歷一個感情的極處的時候有一種表明他們對於生命的忠誠的音樂，在這些聲音底調子裏有一種無綫電的交通，電影不能利用這種能力，所以感人不深”。黑哲司（H.M.Hedges）也提到這層，他説“所以圖畫戲不能成爲生命底完全的表現，因爲他失掉了那個最富於藝術性的助擘——聲音的言語”。

電影底結構已經證明是非藝術的了。現在再看他的演習何如。有

① “脚”，原作“角”。
② “知識工質素同平均”，此處疑有脱誤。
③ “一”，原作“三”，參酌文意改。

一個觀念我們要始終存在腦筋[1]裏，就是我們現在對於電影的批評是拿戲劇作比較的。卜拉帝自己講電影底演家都是第二流的角色。前面講了語言是戲劇中重要部分，而演電影的角色不是没有嗓子的就是不會講話的，這種人材是被戲園淘汰了而投身電影界的。他們的演習又處處受攝影器底限制牽累，無怪電影底演習永遠不能像舞臺戲那樣有聲有色，引人入勝。

蕭伯訥（Bernard Shaw）一方面承認電影於“人類底偉大的思想與偉大的才智底高等的發泄，詩詞與預言底發泄”，是萬萬不能同戲劇比肩的，但是一方面又稱贊電影底演習底快樂，道：“再想那野外的演習那像那幽黯森冷的戲場！想那躍馬康莊，投身急流，鼓棹鹹浪之中，翔機九霄之外——這些快樂，衹要他們（演家）不如是地急於出世，都在他們掌握之中！”我們應知道在這裏衹講演家底痛快，并没有論到戲劇底藝術底結果。演家一到貪嗜快樂，藝術非受影響不可。

關於電影底臺裝同戲劇底臺裝底比較，我們又要引到卜拉帝底話了。他講：“光綫底美，舞臺底産品底緊要部分在電影裏變成一個純粹的機械底事。把影片染成月色，夕陽，風暴同火光，我們便完全失了調制底力量，但戲臺上便不然。爲戲劇的理想底普通的目的起見，舞臺底光比白晝底明顯的日光，總格外好看得多，并且激動感情更爲深切。”總而言之，電影所得的是真實，而藝術所求的是象徵，提示與含蓄是藝術中最不可少的兩個元素，而電影完全缺乏。所以電影底不能成藝術是萬無疑義的。

或者有人疑電影應列入繪畫藝術裏，這一層很容易辯駁。影片是攝影底變形，攝影不能算藝術，影戲如何能算藝術呢？李德講無論那種圖畫（文學的描寫也在内），應有這三種能力：能增加生活底興趣，能增加預察詳辨環境變態底能力，同能增加捉摸與鑒賞想象底能力。但是電影，據他講，於這些能力完全乏少。這可算是證明電影不是圖畫藝術底

---

① “筋”，原作“經”。

最精深的解說。

我們既證明了電影不是戲劇藝術，又不是圖畫藝術；他當然算不得音樂，詩歌，小説，雕刻，建築。藝術祇有這幾種，電影既不是這，又不是那，難道電影能獨樹一幟，成一種新藝術嗎？前面已經證明了他的基礎是機械的，他的性質是營業的，這兩樣東西完全是藝術底仇敵。所以總結一句，這位濫竽於藝術界的南郭先生，實在應當立刻斥退。

*　　　　*　　　　*　　　　*

電影雖不是藝術，但還是很有存在，發展底價值。葛司武西講：“影片若就一個描寫各種的生命底方法論，到是很有深趣與極大的教育的價值。”李德也講：“電影底將來是教育的。”（參觀上期吴澤霖君底《電影與教育》）電影底存在是以教育的資格存在，電影底發展是在教育底範圍裏發展。教育一日不滅亡，即電影一日不滅亡。

電影不是藝術。但是一方面我們看電影時往往能得一種半真半假的藝術的趣味，那是不能否認的。實在不是這一點半真半假的藝術的趣味，電影也没有這樣好看。一個巷娃里女本没有西施、王嬙底姿容，但穿上西、王底裝束，再佐以脂粉香澤，在村夫俗子底眼裏便成天使了。個個巷娃里女不是西施、王嬙，但是個個有用脂粉香澤，穿西、王底裝束——“西王化”底權利。電影底本質不是藝術，但有“藝術化”底權利，因爲世界上一切的東西都應該“藝術化”，電影何獨不該有這權利呢？至於電影現在已經稍稍受了點藝術化這個事到是我們不應一筆抹煞的。不過因爲他剛受了一點藝術化，就要越俎代庖，擅離教育的職守而執行娛樂的司務，那是我們萬萬不准的！

十二. 十

敬告落伍的詩家[1]

告人此路不通行，可使脚力莫枉費。

——胡適

詩體底解放早已成了歷史的事實，我今天還來攻擊“斗方派”的詩家，那不是一個笑話嗎？可是如今真有不能不拿笑話當正話講底情形呢。

清華本不曾識過文學底面。新文學底聲音初傳到我們耳朵裏的時候，曾惹起一陣“吴牛喘月”底聲潮，但是那值得了些什麽？新的做了一回時髦，舊的發了一頓腐氣，其實都是“夏蛙語冰”，誰也不曾把文學底真意義鬧清楚了。

到了一九二〇秋天，國文部忽然心血來潮，添了一門美術文，把一堆《兵車行》《將進酒》《琵琶行》《永和宫詞》一類的“陳猫古老鼠”又搬出來賣了一回看。不獨美術文底講義是詩，便是國文，外交史，倫理學，文學史，那個教室裏不談幾句詩？惹動一般人興會盎然，躍躍欲試。老師們又常用“熟讀唐詩三百首，不會吟詩也會吟”底陳話來鼓勵鼓勵。於是人人都摇起筆來，“平平仄仄……”的唱開了，把人家鬧了幾年的偌大一個詩體解放底問題，整個忘掉了。唉，真有桃花源裏“不知有秦[2]，漢，遑論魏晋”底遺風呵！現在《周刊》新辟了一個文藝欄，我恐怕不久那些《晚眺》《圓明園懷古》《游大鐘寺》《哭亡友某君》等等底玩意兒都要出現了呢！

括達括達，一齊在岸邊大道上往前走。
好夢初醒的人，
今番再不使出一點脚腿底本能來，

① 本篇原載1921年3月11日《清華周刊》第211期，署名風葉。
② “秦”，當係衍字。

可就要"拉下"了。

——沈兼士

我誠誠懇懇地奉勸那些落伍的詩家，你們要鬧玩兒，便罷，若要真做詩，衹有新詩這條道走，趕快醒來，急起直追，還不算晚呢。若是定要執迷不悟，你們就刊起《國故》來也可，立起"南社"來也可，就是做起試帖來也無不可，衹千萬要做得搜藏一點，顧顧大家底面子。有人在那邊鼓着嘴笑我們腐敗呢！

若要知道舊詩怎樣做不得，要做詩，定得做新詩，看看下列這幾篇文就够了：

《我爲什麽要做新詩？》

——胡適（《新青年》六卷五號或《嘗試集》）

《談新詩》

——胡適（八年十月《星期評論》五號）

《新詩底我見》

——康白情（《少年中國》一卷九期）

三．三

景超《出俱樂會場的悲哀》附識[①]

景超以爲我們的俱樂場中底種種游戲，總不外性欲殺欲兩個半被文化征服的原始衝動底發泄。這種衝動是破壞文化的，所以我們不應給他們發泄機會。可是現在校中使用這種游戲底風氣很盛，少數能置身於物質世界之上的人還不致受他的影響，但多數的“弄潮兒”恐怕難免慘遭不測，葬身魚腹之險。我讀這首詩，想叫[②]那充滿性欲殺欲底表現的電影片，全校的人把他當飯吃，我便“不寒而栗”呢！不知景超曾否爲他們祈禱過：

“天可憐那弄潮兒們，

少叫他們遭幾場危險！”

一多附識

---

① 本篇原載 1921 年 6 月 3 日《清華周刊》第 222 期，附印在吴景超詩《出俱樂會場的悲哀》後。

② “叫”，疑爲“到”誤。

評本學年《周刊》裏的新詩[1]

我個人最不滿意於《周刊》的是文藝欄，文藝欄底壞就在幾首詩，其中除極少數外，不論新體舊體，都不應登出。

舊詩底破產，我曾經一度地警告落伍的詩家了，無奈他們還是執迷不悟，真叫我好氣又好笑。舊詩既不應作，作了更不應發表，發表了，更不應批評。蒲撲（Pope）講：

> The generous critic fanned the poet's fire,
> And taught the world with reason to admire.
> Then criticism the Muse's handmaid proved,
> To dress her charms and make her more beloved.

所以批評舊詩便是提倡[2]舊詩了。這與我的主張有衝突。一年來《周刊》所載的新詩共十六首，其中《西岸》《時間底教訓》《黄昏》《印象》《美與愛》同《愛的風波》六首是我自己的作品，不便批評。其餘十首將逐一論之。

詩底真價值在内的原素，不在外的原素。"言之無物""無病而呻"的詩固不應作，便是尋常瑣屑的物，感冒風寒的病，也没有入詩底價值。下面的批評首重幻象，情感，次及聲與色底原素。

（一）《一回奇異的感覺》

這個作品確是詩人底詩。"奇異的感覺"便是 ecstasy，也便是一種熾烈的幻象；真詩没有不是從這裏産生的。克慈（Keats）底名句：

---

① 本篇原載 1921 年 6 月《清華周刊》第七次增刊，署名一多。
② "倡"，原作"創"。

——Then on the shore
Of the wide world I stand alone, and think
Till love and fame to nothingness do sink.

便是一個好例。真詩人都是神秘家（mystics）。《一回奇異的感覺》所占位置很高，就因他的神秘的原素。看這兩行便知道作者那“遺世高舉”，“御風而行”底幻象：

嫌森森的松柏影，叠叠的潭波光，
和雲尾粉紅的淺霞，阻我同自然體會[①]。

作者底靈魂希與自然結合，却嫌外物擾亂他的官能，打斷那一縷游絲的幻想。這同莊子“心無天游，則六鑿相攘”一語正互相發明。

然而靈鳥飛去了，耳邊回復淌來遠近的聲音。小魚分外崩崩地在池裏跳。

睁眼看，他們點水微躍；
一轉念，連魚也不見了。

蘇軾《和桃花源詩》裏有“心閑偶自見，念起忽已逝”兩句，便同這一般的經驗。

這首詩調底音節也極好。第一節第二句底兩套雙聲尤其鏗鏘。周君自己曾講過，“——森森——松”“叠叠——潭——”很合調。那回做首彈棉詩，這韻定須記取。詩中好幾處描寫我還以爲未到“盡美”底地步，我曾有幾個修改底提議，周君没有全數采納，到如今這幾個未蒙采納的意見，我還不肯取消，現在提出同大家討論。第一節第二句頂上

① “體會”，疑爲“結合”誤。

我想加個"還"字，這樣將在句底音節似能變得更加靈活一點，并且"還"字回應上句"夭幸"，意思更緊一層。"叠叠的潭波光"底的"潭"字，我擬以"簟"字代替。李益詩"水紋珍簟思悠悠"。以簟紋比波紋不獨形相酷似且能暗示水波底凉意。這樣一個好比喻不用反用那抽象的"潭"字，豈不可惜？况且"潭波光"連着三個平聲，很不諧和，换進一個仄聲的"簟"字，便可免去這個毛病。"和雲尾粉紅的淺霞"我以爲也還可"精益求精"。前句裏講到了松柏影子同潭水底光，可見這時陽光很烈，在這句裏寫雲霞便當特别把他映射着閃耀奪目的日光底神氣繪出來。但是粉色是不透光的，"淺"字也不能提示光閃底意思，所以"粉紅"同"淺霞"有修改底餘地。我的意思是"粉"改"嫩"，"淺霞"改"薄綃"。我不知道這個改法達到我的目的没有。有人或要説我這樣評詩太膩煩了，未免失之小氣。我的答復是：若不這樣洗刷一番，這首詩底内部底美便可惜了。魯瑟提（Rossetti）説得好：

Whose speech truth knows not from her thought,
Nor love her body from her soul.

美的靈魂若不附麗於美的形體，便失去他的美了。

（二）《給玳姨娜》

批評這首詩嗎？從哪裏講起呢？詩人説：

玳姨娜，可使我的心
同你這顆鑽一樣？

我衹覺得他若没有一顆寶鑽的心，那吐得出這樣清光奪目，纖塵不染的寶鑽的作品呢！這裏的行數、音節、韻脚完全是一首十四行詩

（sonnet）。紹介這種詩體，恐怕一般新詩家縱不反對，也要懷疑。我個人[①]的意見是在贊成一邊。這個問題太重太複雜，不能在這裏討論。我作《愛底風波》，在想也用這個體式，但我的試驗是個失敗。恐怕一半因爲我的力量不够，一半因爲我的詩裏的意思較爲複雜。浦君這個作品裏有些地方音節稍欠圓潤；不過這是他初次試驗這種體式，已有這樣的結果，總算是難能可貴了。

（三）《圓黄的月》

這是一首譯詩。他的句法整飭而不現拘板，辭指曑達而不乖原意，確是譯中佳品。

（四）《憶舊游》

這首詩以末一節爲最佳：

> 笑語清歌依舊回到心頭，
> 重温舊時游，衹低頭踟躕，
> 低頭踟躕，究竟難於久留；
> 且留——且留——，讓心頭被——酸——冷——浸透。

寫"離群索居"底一種心境恰到好處。他的音節底優美有二種關係。（一）雙聲、叠韻底關係：四行中叠尤韻十五次（舊、頭、舊、游、頭、躊、頭、躊、究、久、留、留、留、頭、透），叠青韻七次（清、心、温、竟、心、冷、浸），叠支韻七次（依、低、衹、脚、時、低、踟）；又到、頭、低、頭、低、頭、頭、透，是八個雙聲字，重、時、衹、

① 原無"人"字，參酌文意補。

踟、躕、踟、躕、酸，又是八個雙聲字，舊、舊、究、竟、久、浸，是六個雙聲字。（二）引起聽官的明瞭感覺的字法底關係：四句中幾乎都是低窄沈緩的聲響，正好引起“低頭踟躕”底感覺。姜白石詞，“漸唤我一葉夷猶乘興”，便是用這一樣的方法來形容平湖蕩舟底感覺。前兩節意境尋常，第二節尤落窠臼，似乎同末節不大相稱。

（五）《出俱樂會場的悲哀》

這首詩底背景裏藏着一個重要的社會問題，很有研究底價值。性欲同殺欲這兩個衝動雖已被文化征服，但其遺根未斷，常時於無意中發泄出來。他們發泄底時候能唤起一種特别的快感，這是天性受强勉的壓制底反動底結果。試看我們在俱樂場中所作種種游戲，同所行種種罰令便知道。例如游戲的格鬥同比賽，猜謎同引人入阱，令人作難的“惡作劇”，又如假示愛情的言語同行動，如接吻，寵媚擁抱等罰令，我們爲什麼都認爲極有趣味的事呢？因爲我們的原始的衝動得了發泄的機會，换言之，即性欲殺欲發作了。研究“精神分析”者佛洛德（Freud）指明嬰孩底性的生活對於成人生活有四種影響：（一）sadism（虐待别人），（二）masochism（虐待自己以取快感），（三）voyeur's instinct（窺看别人的裸體），（四）exhibitionism（自露不以爲耻）。上述各例中，格鬥，競賽同種種引人入阱，令人作難的“惡作劇”是 sadistic；猜謎同拼字比賽等是 masochistic。（莫德爾 Albert Mordell 底《文學中愛的原素》一書裏講：“虐待自己以取快感的嬰孩，長大時，必喜解决困難的問題，他甘受這種痛苦以爲樂。”）俱樂場裏常常罰人解脱衣襪，這又是 voyeur 底行爲了。至於接吻，擁抱，同表示愛情的話當然是性欲底表現了。這些隱伏的欲望在一個普通合理的人不會發現，假若發現，我們不説他瘋癲，必斥爲下流。但是一到大庭廣衆的俱樂場中，人人底理性弛放了，而伏命於原始的衝動之下，不獨不以這種舉動爲醜，并且以爲可樂。電影誘人，便是利用這種心理。這種現象是文化底仇敵，除極少數人能置身於物質世界之上，一大半人不能逃脱他的影響。作者在一個俱樂會場——一個原始衝動猖獗最甚的環境裏，自己因有把握，不怕受他的害，所以

便濕了無妨，脱却濕衣還是我；

但他很替别的“弄潮兒們”擔憂，喊道：

天可憐那弄潮兒們，
少叫他們遭幾場危險！

論到這首詩底藝術，思想超卓，情感真摯，可惜詞略旨晦，而且幻象力甚薄，不能引起讀者渾身底明瞭真切的感覺，所以不能算完美的作品。

（六）《雪》

《雪》的序子裏講：“我因此類題目，已被已往的‘詩人’糟蹋得不成模樣，無心於發揮本題，轉而罵人。”没有感興不能作詩。這是一首應試底作品，作者於本題原來没有真實的感興，所以他不作無病之呻，而在題外發揮議論。作者既自己承認了這一點，我就當這個作品一篇論讀，不當他一首詩讀，所以他的乾燥枯索，缺乏詩的滋味，我也不怪他。他的音節可是極鏗鏘，但是單靠音節，不能成詩。有一個問題我到願同作者討論，便是他那清教主義（Puritanism）到底宜否施於藝術呢？

作者説“詩人”不應該將“冰肌，玉骨，素服，淡妝”等字様來“女化”（effeminize）雪。試問詩人爲什麼要這樣描寫雪呢？因爲女性是詩人底理想，詩人眼裏宇宙間最高潔醇美的東西便是女性，所以他要用最高貴的言語贊頌雪底美，便不得不講女性。吴次沃（Wordsworth）底

She was a phantom of Delight 底結局最足代表詩人世界底女性：

A perfect woman, nobly planned,
To warm, to comfort and to command.
And yet a spirit still and bright,
With something of angelic light.

若是没有女人，一大半的詩——一大半最寶貴的詩，不會産生了。况且雪底潔白尤能代表女性底 angelic light 所以我們可以想到沈約底“嬋娟入綺窗，徘徊鶩情極”，孟浩然底“態比洛川神”同蘇軾底“作態至飛正愁絶”一類的句子裏都是無意中想着雪是個美女。這種想象是極天然的，并不是牽强搊作的。至於下面這一律：

寒氣先浸玉女扉，
清光旋透省郎闈。
梅花大庾嶺頭發，
柳絮章臺街裏飛。
欲舞定隨曹植馬，
有情應濕謝莊衣。
龍山萬里無多遠，
留待行人二月歸。

非李商隱那樣墮落的詩家决做不出。我想温飛卿、李義山這派人底思想根本已經受毒了，所以他所見所聞的無往而非“章臺舞絮，陌巷飛花”，這便是俗語講的“狗嘴裏吐不出象牙來”。這種詩家究竟是時代的畸形底産物。有人説義山底作品是“美人香草”之遺音，未免污辱屈原底人格罷。《雪》底作者説：

虧得你的歌謳——文章，
變做了“倚市門”的私娼。
宇宙化的“琵琶巷”！

這若是概指古來全體的詩家，便太武斷了！

（七）《慈母》

我不能懷疑《慈母》底情感的根據，但作者不懂藝術，所以有了意思達不出來，達的不象詩。引孟東野“慈母手中綫，游子身上衣”之句，當加以括弧，這是文法底通例，作者應該知道。并且原句的次序可以不必顛倒，因顛倒了，没有好處，依原樣，“衣”還可同“記”“子”爲韻。這樣不要錢買的天然的韻脚，何必不用呢？“你衹用你慈母心”不成一句話。

（八）《冬天》

這首詩底要旨是在這兩句：

窮人凍餓交迫，轉於溝壑……
心正嚴肅的冬天也會殺人麽？

這個詩人不是無病而呻，乃是小小感冒，不必呻而呻。詩人胸中底感觸，雖到發酵底時候，也不可輕易放出，必使他熱度膨脹，自己爆裂了，流火噴石，興雲致雨，如同火山一樣——必須這樣，纔有驚心動魄的作品。詩人總要抱着這句話做金科玉律：“可以不作就不作。”現在一般作詩文底一個通病便是動筆太容易了。《冬天》裏這種感觸雖是真摯，但尋常得很，若照這樣作詩，那一個普通有心腸的人一天不知要作多少詩。尋常的情操（sentiment）不是不能入詩，但那是點石成金的大手筆底事，尋常人萬試不得。伯恩（Burns）便是以情操勝；“Cotter's Saturday night”是一個好例。

《冬天》還犯一個難赦的大罪，便是説話没有邏輯。

一夜北風，吹不破我的夢。
落葉滿地；幾條吹不斷的枯枝，顫嶷嶷[①]的摇動。
可憐小鳥，飛去又飛來，何處傍依……
我自被裏探頭一樂，
纔曉得無情的冬天已經趕到了。

北風都吹不破他的夢，可見他睡得很熟了。然則那葉，摇動的枯枝同飛翔的小鳥是怎樣看見的呢？是夢裏看見的嗎？看見了落葉，枯枝，小鳥，然後從被裏探出頭來，更是奇事了。這些地方證明作者并不衹不會作詩，還不會講話呢。“樂”字用得也怪；是排印底錯誤？“窮人凍餓交迫，轉於溝壑”一句怎樣見得是詩，不是散文？

（九）《月食》

這是以月蝕比目前的中國，受人凌辱，耻笑，將來劫運退了，還能重見光明。這個比喻未嘗不確當，并且能演成一首好詩。但是這一首可鬧糟了，最大的原因便是詩人自身在詩中處什麽地位，持什麽態度，太没有表明清楚。要知道詩是個最主觀的藝術，而這個又是一首抒情詩（lyric），作者怎能這樣疏忽呢？他先講，“好象人間衹有我。”好極了，這正是詩人底口氣；詩人應當以

① “嶷嶷”，疑爲“巍巍”誤。

…………

the only holders by
His sun-skirts, through conventional gray glooms,
The only teachers who instruct mankind.

自居。所以下面講“天黑地暗”底地方，我們當然盼望這位詩人定能做點“扶天柱，繫地維”底大事業。誰知道他衹“欲救不能的望着”，直望到“倦了”，望到“好像人間没有我”了！來無影，去無踪，白白地望了一生，這就是詩人底生活嗎？他或要説他的哲學是出世的；“人間没有我”，“我”許在理想世界裏。這也説得過去，但是再往下讀：

但是不到三點鐘的功夫，
我還是我，

這個“我”又是從那裏來的呢？我來我去，神出鬼没，到底不知爲的什麽。照詩面看來，世界初是光明，次變黑暗，終復光明；這有①無變遷都是自然而然的。世界既會自明自暗，要這位詩人在那裏空忙些什麽呢？所以這樣看來，作者就不應把“我”字拉進詩裏去。既拉進了，便應清清楚楚地派他一個位置，或主體或客聽。换言之，詩家須有一種哲學，那便是他賜給人類的福音。作者若有一種人生觀，——我不知道他有没有，若是有，他應該講出來——這詩裏便是表現底好機會；并且若是表現的得法，這首詩也就成了好詩。如今國運興而②復衰，衰而復興，“吹皺一池春水，干卿何事！”象這樣的詩似可不作。作者或要講他并不是詩家，不過隨着興會，寫了幾句，藉以消遣。啊，對了！你説你不是詩家，你便不當做詩。詩不是爲消遣的。做詩不能講德謨克拉西。詩是詩家做的，猶之機器是工程師管的，病是醫生診的。

① 原無“有”字，參酌文意補。
② 原無“而”字，參照下文句式補。

同是寫月底詩，都講到星，都講到銀河，《給玳姨娜》多麼字烹句煉，清光爛然，《月食》便落窠臼了。詩人遇到容易描寫的題目，偏自限於窄狹的方法，而愈見精采。我相信《月食》若到《給玳姨娜》底作者手裏，他定能製出一首很好的緊緊凑凑的十四行詩。《月食》底作者若肯多費一番“劌目鉥心”的鍛煉底功夫，他的結果又何至如現在這樣滿紙空話，索然無味呢?

詩能感人正在一種“龍文百斛鼎，筆力可獨扛”之處，這種力量（英文當譯爲 intensity）有時一個字便可帶出，如東坡底“欲把笙歌暖鋒鏑”底“暖”字直能嚇煞人。克兹所謂“不是使讀者心滿意足，是要他氣都喘不出”，便是這個意思。造成這種力量，幻象最要緊。《月食》底作者描寫夜景，將天空、星辰、銀河、花鳥、楊柳、燈光、空氣等如同記賬樣報過一遍，我們看了，一點真確明瞭的幻象也感覺不到。我恐怕作者當時自身的感覺也不十分劇烈，不能唤起自己的明瞭的幻象，衹爲要做詩，便忙忙寫下，所以得了這個不能唤起讀者底幻象的“麻木不仁”的作品。

> 忽然東鄰的黑雲蠶食你，
> 點點的星光恥笑你，
> 簇簇的天河不顧你。

這一節裏稍有幾分薄弱的幻象力，但離美滿的程度還遠。我的《美與愛》裏也有同樣的一節：

> 屋角底凄風嘆了一聲，
> 驚醒懶蛇滚了幾滚；
> 月色白得可怕，許是惱了?
> 張着大嘴的窗子又象笑了!

我覺得我的幻象比較地深熾，所以我這幅畫比較地逼真一點。耻笑的星，漠不關心的天河該是個什麽狀態，《月食》底作者應用幾個生動的形容詞描寫出來，但他隨便用“點點”“簇簇”四個無聲無色的字帶過去了，好象用他們是爲凑滿字數的。“點點”同“耻笑”、“簇簇”同“不顧”有什麽關係呢？既没有關係，何必用他們呢？科雷磯（Coleridge）講詩是 The best words in best order，所以詩裏不應有一個虚設的字。

月色白得可怕，許是惱了？
張着大嘴的窗子又象笑了！

可怕的白色的確是生氣底模樣，張着大嘴的確是笑底模樣；有了這兩個形容小句，然後惱了的月兒同笑着的窗子兩副面孔，便歷歷地呈露於讀者底眼前。這便是幻象底功用。

但是不到三點鐘底功夫……

詩人底時間底觀念這樣 mathematicmy accurate！但是他豈不是兩點五十九分五十九秒嗎？畢竟藝術是藝術，科學是科學，請作者特别留意。

（十）《游圓明園》

這位詩人作慣舊詩，還脱不了那對仗排偶底“枷鎖鎊鐐”。這一首詩徑直是一段大鼓詞，没有幻象，没有感情，而且風格俗得不堪。看這幾句笨得多厲害！

昔日金鑾玉輦相經過，今日牧童樵夫空來往。可知天地靡窮極，盛衰變化本無常。

安知今日富家翁，他日不作乞錢郎？

這不過是舉一個例，其實全首差不多都是這個“酸”調兒，他引起我近來聽到大樓地室裏的國粹音樂底滋味兒。這首詩實在不過是一首舊詩，插進幾個“了”“的”，注上一套“！”“？”罷了。新詩决不是這樣做的。我并不是説做新詩不應取材於舊詩，其實没有進舊詩庫裏去見過識面的人决不配談詩。舊詩裏可取材的多得很，衹要我們會選擇。例如那鑼鼓式的音節决定學不得。樂府，詞，曲底音節比較地還可以借用，詩底音節决不可借。如前面評過的《憶舊游》底末節便是脱胎於詞調的。但那種音節總不若借内部詞句底組織而發生的音節爲妙。我節録康白情底《送客黄浦》作例：

送客黄浦，
我們都攀着纜，——風吹着我們的衣裳，——
站在没遮闌的船樓邊上。
看看凉月麗空，
纔顯出淡妝的世界。
我想世界上衹有光，
衹有花，
衹有愛！

總括起來講，上面這十首詩中《圓黄的月》是件譯品，當作例外，其餘的，《一回奇異的感覺》以幻象、音節勝，《給玳姨娜》以情感、藻繪勝，我不能强分軒輊。其次便算《憶舊游》，但看他的頭兩節，似乎又不應列的這樣高上。《出俱樂會場的悲哀》同《雪》各有長短，難分甲乙。我把《慈母》《冬天》放在《月食》之前，因爲兩首有情感的根據，不是無病而呻（《慈母》尤勝於《冬天》），但是《月食》似乎是“做”詩了。兩位作家底藝術都太不講究。《游圓明園》盡是舊詩底渣滓，新詩底精神又没有捉摸到，所以是劣等的作品。

本來不是專門詩家的詩，不必批評，因爲他經不起批評。但是《周刊》要出批評號，别的部分都有了，批評這一部分似乎不可獨缺。况且我也不是專門批評家，以初學的批評家批評初學的作家，想没有什麼不可罷。我的批評有太過或不及之處，希望作者同讀者指教。願大家拿討論各校内問題底精神來討論文學！

五．二八

詩歌節奏的研究①

節　　奏

Ⅰ、**定義**

A.“節奏”一詞的來歷

B. 節奏的兩個含意

1. 拍子

2. 韻律

Ⅱ、**生理基礎**

A. 脉搏跳動

B. 緊張和鬆弛

C. 聲波和光波

Ⅲ、**證據**

A. 日常生活經驗

B. 原始人

C. 兒童

D. 瘋人

Ⅳ、**特性**

A. 節奏的組成因素

1. 時間

2. 重音

---

① 本篇據武漢大學聞一多研究室編、武漢大學出版社 1985 年 4 月出版的《聞一多論新詩》排印。

B. 節奏的美學基礎

1. 一致——關於“清一色”的理論

2. 變化——關於多種趣味的理論

Ⅴ、作用

A. 實用性的

1. 個人的

a. 聯結記憶

b. 引起注意

c. 節約精力

2. 社會的

a. 協同作用

b. 情感的一致

B. 美學的

1. 整體的重要性

2. 一致中的變化

3. 注意力的懸置

4. 結構的框架

Ⅵ、自然界的節奏

Ⅶ、各種藝術中的節奏

A. 淵源

1. 適應自然

2. 摹仿自然

B. 分類

1. 音樂的節奏

2. 舞蹈的節奏

3. 詩歌的節奏
4. 造型藝術的節奏

Ⅷ、詩歌的節奏
A. 有關詩歌節奏的爭論
1. 爭論的雙方
a. 反對的一方
b. 贊成的一方
2. 爭論是如何發生的
3. 僅僅是理論上的衝突
B. 詩歌節奏的分類
1. 內部的
a. 韻律
2. 外部的
a. 韻脚
b. 詩節
3. 總的效果
C. 詩歌節奏的作用
1. 作爲美的一種手段
a. 一致中的變化
b. 完整感
（1）完整
（2）永恒
c. 克服困難所得的喜悅
2. 作爲表達情感的手段
a. 各種人的情感的自由表達
（1）兒童的
（2）野蠻人的

（3）瘋人的
b. 他們的表達情感的方式
（1）身體的搖擺動作
（2）有節奏的發聲
c. 文明的效果
（1）舞蹈成爲一種純粹的娛樂
（2）唱歌强調旋律與和聲
（3）用修辭方式，而不用韻律方式來朗誦詩行
d. 但自然的本能仍然存在
（1）情感對節奏的作用
（a）情感產生節奏
（b）情感破壞節奏
（2）節奏對情感的作用
（a）節奏傳達情感
（b）節奏激發情感
（c）節奏緩和情感
3. 作爲憑藉想象加以理想化的一種手段
a. 詩的節奏促進想象的飛馳
（1）刺耳的、不和諧的散文不利於達到這一目的
b. 詩的節奏提供一種產生特別崇高的想象力的工具
（2）散文在試圖運用一種特別崇高的浮想聯翩的風格時，往往會失敗。其結果則成爲：
（a）荒誕
（b）笨拙
c. 詩的節奏用以下方式改變粗糙的現實
（1）使現實和諧、美化
（2）表現現實的普遍意義
（a）歌德的論證

D. 詩歌節奏的特性
  1. 三種成分
    a. 音量
    b. 重音
    c. 字[1]或音節
  2. 與音樂節奏相比較
  3. 與散文節奏相比較
E. 韻
  1. 韻的功能
    a. 旋律
    b. 組成部分的布局
    c. 與短語的關係
    d. 預期效果的滿足
    e. 恢復想象力的活動
  2. 韻的分類
    a. 按用韻的位置分
      （1）脚韻
      （2）頭韻
      （3）中韻，或内韻
    b. 按韻的性質分
      （1）完全的或同一的韻
      （2）陽韻
      （3）陰韻
F. 詩節
  1. 意義——一般公認詩節爲詩歌韻律的最大單位
  2. 詩節以下列因素爲基礎

① 譯者注：字（character），是指漢語的“字”。

a. 修辭句
b. 旋律句

Ⅸ、**自由詩**

A. 妄圖打破規律
1. 在排字形式上對詩節的影響
2. 文字游戲
3. 在拋棄節奏方面的失敗

B. 目的性不明確

C. 令人遺憾的後果
1. 平庸
2. 粗糙
3. 柔弱無力

Ⅹ、**中國詩歌中的節奏**

參考書目

1.《韋氏新國際英語詞典》
2.《不列顛百科全書》
3. 朱里・貢巴里歐:《音樂,及其規律和演變》
4. 布里斯・佩里:《詩歌研究》
5. 西蒙斯:《英國詩歌的浪漫主義運動》
6. 雷蒙德・麥克唐納・奥爾登:《詩歌引論》
7.《藝術世界》
8.《世紀詞典與百科全書》
9. 喬治・桑塔雅納:《美感》
10. 伊爾約・希魯:《藝術的起源》
11. 吉・貝爾格・艾森韋恩;瑪麗・艾蓮諾爾・羅伯茨:《詩歌格律

的藝術》
12. 胡適:《嘗試集》
13. 克拉默—賓:《玉琴集》
14. 阿瑟・魏里:《一百七十首中國詩》
15. 丹尼爾:《爲詩韻辯護》
16. 威廉・華滋華斯:《抒情歌謠集》
17. 布切爾:《亞理斯多德關於詩歌和藝術的理論》
18. 薩繆爾・泰勒・柯爾律治:《文學生涯》
19. 菲立浦・錫德尼:《爲詩辯護》
20. 古默爾:《詩學手册》
21. 阿諾德・貝内特:《論文學鑒賞力》
22. 胡適:《談新詩》
23. 納爾遜:《詩歌精義》

（聶文杞譯，1984 年 12 月）

＊譯者附記：本文是聞一多先生在清華文學社所作的一次報告的提綱的漢譯，原提綱是用英文寫的。此譯文係根據他的手稿複印件譯出。手稿上註明作報告的日期是 12 月 2 日，未注年份，推算當爲 1921 年。提綱原名 A Study of Rhythm in Poetry。英文題名的下面附有作者用較小的字體寫的漢譯題名：《詩底音節的研究》。作者當時把英文“Rhythm”一詞譯爲“音節”（聲音節奏的簡稱），而現在我國學術界一般都譯成“節奏”；目前“音節”一詞則是指“Syllable”（一個元音和一個或幾個輔音音素組成的語音結構最小單位）。爲了避免讀者誤解，譯者仍按目前的一般譯法譯成“節奏”。《提綱》所附參考書目係聞先生準備報告時所用，他在手稿中列出，附在《提綱》之前，現按目前一般慣例，移至《提綱》之後。此文曾請北京大學李賦寧教授校閱，特此致謝。

《冬夜》評論①

一

他們喊道："詩壇空氣太沉寂了！"於是《冬夜》《草兒》《湖畔》《蕙底風》《雪朝》繼踵而出；沉寂的空氣果然變熱鬧了。唉！他們終於是湊熱鬧啊！熱鬧是個最易傳染的症；所以這時難得是坐在一邊，虛心下氣地就正於理智的權衡；縱能這樣，也未見得受人歡迎。但是——

"慷慨的批評家扇着詩人底火，
并且教導世界憑着理智去景仰。"

所以越求創作發達，越要扼重批評。尤其在今日，我很懷疑詩神所踏入的不是一條迷塗，所以更不忍不厲顔正色，唤他趕早回頭。這條迷塗便是那畸形的濫觴的民衆藝術。鼓吹這個東西的，不止一天了；衹到現在濫觴的效果明顯實現，纔露出他的馬脚來了。拿他自己的失敗的效果作贜證，來攻擊這種論調的罪狀，既可幫助醒豁群衆底瞭解，又可省却些批評家底口舌。早些兒講是枉費精力，晚些兒呢，又恐怕來不及了；衹有今天恰是時候。

我本想將當代詩壇中已出集的諸作家都加以精慎的批評，但以時間的關係，衹能成此一章。先評《冬夜》雖是偶然揀定，但以《冬夜》代表現時底作風，也不算冤枉他。評的是《冬夜》，實亦可三隅反。

"撼樹蚍蜉自覺狂，
書生技癢愛論量。"——元好問

① 本篇原載聞一多、梁實秋著，清華文學社1922年11月1日出版的《冬夜草兒評論》。該書爲《清華文學社叢書》第1種，除本篇外，還收入梁實秋的《草兒評論》。

《冬夜》作者自己説第一輯“大都是些幼稚的作品”，“第二輯的作風似太煩碎而枯燥了，且不免有些晦澀之處”。照我看來，這兩輯未見得比後兩輯壞得了多少，或許還要强一點。第一輯裏《春水船》《蘆》，第二輯裏《紹興西郭門頭的半夜》《潮歌》同《無名的哀詩》都是《冬夜》裏出色的作品。當然，依作者自己的主張——所謂詩底進化的還原論者——講起來，《打鐵》《一勺水啊》等首要算他最得意的了；若讓我就詩論詩，我總覺得第四輯裏沒有詩，第三輯裏倒有些上等作品，如《黄鵠》《小劫》《孤山聽雨》同《凄然》。

二

《冬夜》給我最深刻的印象是他的音節。關於這一點，當代的諸作家，沒有能同俞君比的。這也是俞君對於新詩的一個貢獻。凝煉，綿密，婉細是他的音節底特色。這種藝術本是從舊詩和詞曲裏蜕化出來的。詞曲的音節當然不是自然的音節；一屬人工，一屬天然，二者是迥乎不同的。一切的藝術應該以自然作原料，而參以人工，一以修飾自然的粗率相，二以滲漬人性，使之更接近於吾人，然後易於把捉而契合之。詩——詩的音節亦不外此例。一切的用國語作的詩，都得着相當的原料了。但不是一切的語體詩都具有人工的修飾。别的作家間有少數修飾的産品，但那是非常的事。俞君集子裏幾乎沒有一首音節不修飾的詩，不過有時太嫌修飾過火些。（或許這“修飾”兩字用得有些犯毛病。我應該説“藝術化”，因爲要“藝術化”纔能産出藝術，一存心“修飾”恐怕沒有不流於“過火”之弊的。）

胡適之先生自序再版《嘗試集》，因爲他的詩由詞曲的音節進而爲純粹的“自由詩”的音節，很自鳴得意。其實這是很可笑的事。舊詞曲的音節并不全是詞曲自身的音節。音節之可能性寓於一種方言中；有一種方言，自有一種“天賦的”（inherent）音節。聲與音的本體是文字裏内含的質素；這個質素發於詩歌底藝術，則爲節奏，平仄，韻，雙聲，叠韻等表象。尋常的語言差不多没有表現這種潛伏的可能性底力量，厚載情感的語言纔有這種力量。詩是被熱烈的情感蒸發了的水氣之凝結，所以能將這種潛伏的美十足的充分的表現出來。所謂“自然音節”最多不過是散文的音節。散文的音節當然没有詩底音節那樣完美。俞君能熔鑄詞曲的音節於其詩中，這是一件極合藝術原則的事，也是一件極自然的事。用的是中國底文字，作的是詩，并且存心要作好詩，聲調鏗鏘的詩，怎能不收那樣的成效呢？我們若根本地不承認帶詞曲氣味的音節爲美，我們祇有兩條路可走：甘心作壞詩——没有音節的詩，或用别國底文字做詩。

但是我在前面講到舊詞曲的音節并不“全”是詞曲自身的音節。然則有一部分是詞曲自身的音節嗎？是的，有一小部分。舊詞曲所用的是“死文字”。（却也不全是的，詞曲文字已漸趨語體了。）如今這種“死文字”中有些語助辭應該屏棄不用，有些文法也該屏棄不用。這兩部分删去，於我們文字底聲律（prosody）上當然有些影響；但這種影響并不能及於詞曲音節的全部。所以我們不好説因爲其中有些語助辭同文法不當存在，詞曲的音節便當完全推翻。總括一句：詞曲的音節，在新詩底國境裏并不全體是違禁物，不過要經過一番查驗揀擇罷了。

現在祇要看在《冬夜》裏這種查驗揀擇的手段做到家了没有。朱序裏説道：“後來便就他們的腔調去短取長，重以己意熔鑄一番，便成了他自己的獨特的音律。”我倒有些懷疑這句話呢！象這樣的句子——

“看雲生遠山，
聽雨來遠天，”——《孤山聽雨》★[①]

① 原文所引《冬夜》集中詩句，現經與原詩集（1922 年 3 月亞東圖書館版）核對，有出入者，均按原集校正，不一一加注。又，原文引《冬夜》詩句，有時註明了詩題或原書頁碼，有時未注，現將未注的補上，并加“★”號爲記。

"既然孤冷，因甚風顛?
仰頭相問，你不會言！"——《僅有的伴侶》★

"皺面開紋，活活水流不住。"——《春水船》

徑直是生吞活剥了，那裏見出得"熔鑄"的功夫來呢?《憶游雜詩》幾乎都是小令詞。現在信手摘幾段來做例：——

"白象鼻，青獅頭，
上垂嫋嫋青絲蘿；
大魚潭底游。"

"到夕陽樓上；
慢步上平岡，山頭滿夕陽。"

"野花染出紫春羅，
城郭江河都在畫圖；
霎眼千山雲白了，
如何？如何？"

"瓜州一緑如裙帶，
山色蒼蒼江色黄；
爲什麽金山躲了水中央？"

這些不過是幾個極端的例子；還有那似熔非熔，半生不熟的篇什，不勝枚舉了。《歸路》《僅有的伴侶》可以作他們的代表。至於《冬夜》底音節的好的一方面，朱序裏論"精煉的詞句和音律"一節内已講得很够了。除要我訂正而已經在上面訂正了的一點以外，我還要標出《凄然》

一首爲全集最佳的音節底舉隅。不滑，不澀，恰到好處，兼有自然與藝術之美的音節，再没有能超過這一首的了。

*　　　　*　　　　*　　　　*

上面所講的這一大堆話，纔籠統的説明了一件事——《冬夜》與詞曲底音節之關係。在詞曲的音節之背地到底有些什麽東西襯住他，或是詞曲底音節到底有些什麽條件同限度，或是他同詩中别種原素有些什麽相互的因果的關係同影響，——這些都是我要在下面詳細地討論的。

象《冬夜》裏詞曲音節底成分這樣多，是他的優點，也便是他的劣點。優點是他音節上的贏獲，劣點是他意境上的虧損。因爲太拘泥於詞曲底音節，便不得不承認詞曲的音節之兩大條件：中國式的詞調及中國式的意象。中國式的詞調同意象是怎樣的粗率簡單，或是怎樣的不敷新文學的用，傅斯年君底《怎樣作白話文》裏已講得很透徹了（《新潮》一卷二號）。我們知道那些，便容易瞭解《冬夜》該吃了多大一個虧。如今我們先論詞調。傅君所説"横裏伸張"，真當移作《冬夜》裏一般作品的寫照。讓我從《僅有的伴侶》裏抽一節出來作證——

"可東可西，飛底踪迹；
没曉没晚，滚底間歇；
無遠無近，推底了結；
呆瞧人家忙忙碌碌。
祇瞧忙碌！
不曉"什麽？爲什麽？"
飛——飛他底；
滚——滚他底；
推——推他們底。
有從來，有處去，
來去有個所以。
盡飛，盡滚，盡推；

自有飛不去，滾不到，推不動的時候。
伙伴散了——分頭，
他們悠悠，
我何啾啾！
況——踪迹，間歇，了結，
是他們，是我底，
怎生分別。”

我不知道這十九行裏到底講了些什麼話。祇聽見“推推”“滾滾”嘍唆了半天，故求曲折，其實還是其直如矢，其平如砥。但是不把他同好的例來比照，還不容易覺得他的淺薄。

我們再看下面郭沫若君底兩行字裏包括了多少意思——

“雲衣燦爛的夕陽
照過街坊上的屋頂來笑向着我。”——《無烟煤》

我們還要記着《冬夜》裏不祇《僅有的伴侶》一首有這種鬆淺平泛的風格，且是全集有什之六七是這樣的。我們試想想看：讀起來那是怎樣地令人生厭啊！固然我們得承認，這種風格有時用的得當，可以變得極綿密極委婉，如本集中《無名的哀詩》便是。但是到“言之無物”時，便成魔道了。

* * * *

以上是講他的章底構造；次論句底構造。《冬夜》裏句法的簡單，祇看他們的長度就可證明了。一個主詞，一個謂詞，結連上幾個“用言”——或竟是一個也沒有——凑起多不過十幾個字。少纔兩個字的也有。例是：《起來》《別後的初夜》《最後的洪爐》《客》《夜月》等等不計其數。象《女神》這種曲折精密層出不窮的歐化的句法，那裏是《冬夜》夢想得到的啊！——

"啊！我與其學做個泪珠的鮫人，
返向那沉黑的海底流泪偷生，
寧在這縹緲的銀輝之中，
就好象那個墮落了的星辰，
曳着帶幻滅的美光，
向着'無窮'長殞！"——《密桑索羅普之夜歌》

傅斯年君講中國詞調底粗率是"中國人思想簡單的表現"。我可不知道是先有簡單的思想然後表現成《冬夜》這樣底粗率的詞調呢？還是因爲太執着於詞曲底音節——一種限於粗率的詞調底音節——就是有了繁密的思想，也無從表現得圓滿。我想末一種揣度是對些。或者兩説都不對。根據作者底"詩底進化的還原論"底原則，這種限於粗率的詞調底詞曲底音節，或如朱自清所云"易爲我們領解，采用"，所以就更近於平民的精神；因爲這樣，作者或許就寧肯犧牲其繁密的思想而不予以自由的表現，以玉成其作品底平民的風格罷。衹是，得了平民的精神，而失了詩底藝術，恐怕有些得不償失喲！

現今詩人，除了極少數的——郭沫若君同幾位"豹隱"的詩人梁實秋君等——以外，都有一種極沈痼的通病，那就是弱於或竟完全缺乏幻想力，因此他們詩中很少濃麗繁密而且具體的意象。關於幻想底本身，在後面我還要另論。這裏我衹將他所影響於或受影響於詞曲底音節者講一講。音節繁促則詞句必短簡，詞句短簡則無以載濃麗繁密而且具體的意象。——這便是在詞曲底音節之勢力範圍裏，意象之所以不能發展的根由。詞句短簡，便不能不衹將一個意思底模樣略略地勾勒一下，至於那些枝枝葉葉的裝飾同雕鏤，都得犧牲了。因爲這樣，《冬夜》所呈於我們的心眼之前底些圖畫不是些——

"疏疏的星，
疏疏的樹林，
疏林外，疏疏的燈。"（二四二頁）★

同——

"幾筆淡淡的老樹影"，（二四二頁）★

便是些——

"在迷迷矇矇裏。
離開，依依接着；
纔來，翩翩忽去。"（四三頁）★

同——

"亂絲一球的蓬蓬鬆鬆着"（一〇二頁）★的東西。

換言之，他所遺的印象是沒有廓綫的，或衹有廓綫的。假使《冬夜》有香有色，他的

"香衹悠悠着，
色衹渺渺着！"（七四頁）★

我們試拿一本詞或曲來看看，我們所得的印象，大體也同這差不多；不過那些古人底藝術比我們高些，就繪出那——

"一春夢雨常飄瓦，

盡日靈風不滿旗”

的仙境，

“一個綺麗的蓬萊底世界，

被一層銀色的夢輕輕鎖着在”，

但是我總覺得作者若能擺脱詞曲底記憶，跨在幻想底狂恣的翅膀上遨游，然後大着膽引嗓高歌，他一定能占得更加開擴的藝術。

西詩中有一種長的複雜的 Homeric simile。在中國舊詩裏找不出的；在詞曲裏，因爲他們的篇幅同音節的關係，更難夢見。這種寫法是大模範的叙事詩（epic）中用以減煞叙事底單調之感效底技倆。中國舊文學裏找不出這種例子，也正是中國没有真正的叙事詩底結果。假若新詩底責任中含有取人底長以補己底短之一義，這種地方不應該不特加注意。

三

我們若再將《冬夜》底音節分析下去，還可發現些更爲《冬夜》之累的更抽象更瑣碎的特質；他們依然是跟着詞曲底音節一塊走的些質素。

破碎是他的一個明顯的特質。零零碎碎，雜雜拉拉，象裂了縫的破衣裳，又象脱了榫的爛器具，——看啊！——

“一所村莊我們遠遠望到了。

‘我很認得！

那小河，那些店鋪，

我實在認得！’

‘什麼名兒呢？’

‘我知道呢！’

‘既叫不出如何認得？’
‘也不妨認得，
認得了却依然叫不出。’
‘你不怕人家笑話你？’
‘笑什麼！要笑便笑你！’
走着，笑着。
我們已到了！”（七五頁）

再看——

“仔細的瞅去，再想去，
可瞅够了？可想够了？
可來了嗎？什麼？
想想！……又什麼？”（一四八頁）★

《冬夜》裏多半的作品不獨意思散漫，造句破碎，而且標點也用的過度的多，所以結果便越加現着象——

“零零落落的各三兩堆。
……①
碎瓦片，小石頭，
都精赤的露着。”（一二六頁）★

標點當然是新文學底一個新工具——很寶貴的工具。但是小孩子從來没使過刀子，忽然給了他一把，裁紙也是他，削水果也是他，雕桌面也是他，砍了指頭也是他。可憐！没有一種工具不被濫用的，更没有一種鋭

① 此行原詩集中作“遮了些，有些没遮住；”無省略號。

利的工具不被濫用以致招禍的！《冬夜》裏用標點用得好的作品固有，但是這幾處竟是小孩子拿着刀子砍指頭了——

“一切啊……
牲口，車子，——走。”（一四七頁）★

同

“一陣麻雀子（？）驚起了。（一〇七頁）★
你！
你！！……”（一八一頁）★

同

“我忍不得了，
實在眷戀那人世底花。”
……
“然則——你去吧！”（一九五頁）★

我總覺得一個作者若常靠標點去表示他的情感或概念，他定缺少一點力量——“筆力”。當然在上邊最末的兩個例裏，作者用雙驚嘆號（！！）同删節號（……）所要表現的意義是比尋常的有些不同。在别的地方，哭就説哭，笑就説笑，痛苦激昂，就説痛苦激昂；但在這裏的，似乎是一種逸於感覺底疆域之外的——

“Thoughts hardly to be packed.
Into a narrow act.
Fancies that broke thro'language and escaped.”

在一個藝術幼稚的作家，遇着這種境地，當然迫於不得已就玩一點滑頭用幾個符號去混過他。但是一個

“龍文百斛鼎，筆力可獨扛”

底健將，偏認這些險隘的關頭爲擺弄他的神技底最快意的地方。因爲藝術，誠如白爾（Clive Bell）所云，是“一個觀念底整體的實現，一個問題底全部的解決”。藝術家喜給自己難題作，如同數學家解決數學的問題，都是同自己爲難以取樂。這種嗜好起源於他幼時底一種自虐的本能（masochistic instinct，見莫德爾 Mordell 底《文學中愛的動機》）。在詩底藝術，我們所用以解決這個問題的工具是文字，好象在繪畫是油彩和帆布，在音樂是某一種樂器一般。當然，在藝術底本體同他的現象——藝術品底中間，還有很深的永難填滿的一個坑谷；換言之，任何一種藝術底工具，最多不過能表現藝術家當時底[1]aesthetic ecstasy 之一半。這樣看來，工具實是有礙於全體的藝術之物；正同肉體有礙於靈魂，因爲靈魂是絶對地依賴着肉體以爲表現其自身底唯一的方便。

“無端的被着這囚籠，
悶損了心頭的快樂，——
哇的一聲要吐出來了，
終於脱不了皮肉的枷鎖！”

但是藝術的工具又同肉體一樣，是個必須的禍孽；所以話又説回來了，若是没有他，藝術還無處寄托呢！

“Spite of this flesh today.

① “底”字下，開明版《聞一多全集》有“美感三昧”4 字。

I strove, made head, gained ground upon the whole."

文字之於詩也正是這樣的。詩人應該感謝文字，因爲文字作了他的“用力的焦點”；他的職務（也是他的權利）是，依然用白爾的話，“征服一種工具底困難”，——這種工具就是文字。所以真正的詩家，正如韓信囊沙背水，鄧艾縋兵入蜀，偏要從險處見奇。下面是克慈（Keats）底一段神奇的戰績——

"Obstinate, Silence came heavily again,
Feeling about for its old couch of space,
And airy cradle."

在這個場合，給《冬夜》底作者恐怕又是一行“……”就完了。臨陣脱逃的怯懦者喲!

再一個特質是嘍唆。本來是一個很簡單的意思，要反反復復地盡“要”半天；故作風態，反得拙笨，强求深蘊，實露淺欲。——這都由於“言之無物”，所以成爲貌實神虚。《哭聲》底第二節正是這樣的；但因篇幅太長，不便徵引。現在引幾個短的——

“不信他，還信什麽?
信了他，我還浮游着;
信他又爲什麽？”（二八頁）★

“這關着些什麽?
且正遠着呢!
是的，原不關些什麽！”（五九頁）★

“……

錯是錯了，
不解祇是不解了！

不解所以錯了，
不解就是錯了；
這或然是啊！
我錯了！
我將終於不解了！”（二二三頁）★

還有一首《願你》同《嘗試集》裏的《應該》是一個模子裏鑄出來的，不過徒弟比師父還要變本加厲罷了。——

“願你不再愛我，
願你學着自愛罷。
自愛方是愛我了，
自愛更勝於愛我了！

我願去躲着你，
碎了我底心，
但却不願意你心爲我碎呵！
好不寬恕的我，
你能寬恕我嗎?
我可以請求你底寬恕嗎?

你心裏如有我，
你心裏如有我心裏[①]的你；

① “裏”，本文原文及原詩集均作“哀”，據開明版《聞一多全集》改。

不應把我怎樣待你的心待我，
應把我願意你怎樣待我的心去待我。”

作者或許以這堆“俏皮話”很能表現情人底衷曲；其實是同東施效顰一樣，扭腰癟嘴地故作媚嫵，祇是令人作嘔罷了！新詩底先鋒者啊！“始作俑者，其無後乎！”

又一個特質是重復。這也可説是從嘍唆旁出的一種毛病。他在《冬夜》裏是再普遍没有了。篇幅祇許我稍舉一兩個例——

“雖怪可思的，也怪可愛的；
但在那裏呢？
但在那裏呢？”（二二七頁）

“這算什麽，成個什麽呢！
唉！已前的，已前的幻夢，
都該抛棄，都該抛棄。”（一七頁）

這是句底重復，還有字底重復更多極了。什麽“來來往往”，“迷迷矇矇”，“慢慢慢慢地”，“遠遠遠遠地”，——這類的字樣散滿全集。還有這樣一類的句子，——

“看絲絲縷縷層層叠叠浪紋如織，”（三頁）

“推推擠擠往往行行，越去越遠。”（二三頁）

“嘮嘮叨叨，顛顛倒倒的咕嚕着。”（一七八頁）

“隨隨便便歪歪斜斜積着，鋪着，豈不更好！”（一五八頁）

疊句疊字法，一經濫用到這樣，他底結果是單調。

關於《冬夜》底音節，我已經講得很多了，太多了。詩底真精神其實不在音節上。音節究屬外在的質素，外在的質素是具質成形的，所以有分析，比量底餘地。偏是可以分析比量的東西，是最不值得分析比量的。幻想，情感——詩底其餘的兩個更重要的素質——最有分析比量底價值的兩部分，倒不容分析比量了；因爲他們是不可思議，同佛法一般的。最多我們衹可定奪他的成分底有無，再多許可揣測他的度量底多少；其餘的便很難象前面論音節論的那樣詳殫了。但是可惜得很，正因他們這樣的玄秘性，他們遂被一般徒具肉眼——或竟是瞎眼的詩人——詩底罪人——所忽視，他們償了玄秘性底代價。不幸的詩神啊！他們争道替你解放，“把從前一切束縛‘你的’自由的枷鎖鐐銬……打破”；誰知在打破枷鎖鐐銬時，他們竟連你底靈魂也一齊打破了呢！不論有意無意，他們總是罪大惡極啊！

四

在這裏我們没有工夫討論情感同幻想爲什麼那樣重要。天經地義底道理底本身光明正大，有什麼可笑的呢？不過正因爲他們是天經地義，人人應該已經習知，誰若還來講他，足見他缺乏常識，所以可笑了。我們現在要研究的是《冬夜》裏這兩種成分到底有多少。先講幻象。

幻象在中國文學裏素來似乎很薄弱。新文學——新詩裏尤其缺乏這種質素，所以讀起來，總是淡而寡味，而且有時野俗得不堪。《草兒》《冬夜》兩詩集同有此病；今來查驗《冬夜》。先從小的地方起，我們來看《冬夜》底用字何如。前面我已指出疊字法底例子很多；在那裏從音節一方面看來，濫用疊字便是重復，其結果便是單調底感效。在這裏從幻想一方面看來，濫用疊字的罪過更大，——就是幻想自身底虧缺。魏萊（Arthur Waley）講中國文裏形容詞没有西文裏用得精密；如形容天則曰“青天”，曰“藍天”，曰“雲天”，但從没有稱爲“凱旋”（triumphant）或“鞭於恐怖”（terror scourged）者。這種批評，《冬夜》也難脱逃。他那裏所用的字眼——形容詞，狀詞——差不多還是舊文庫裏的那一套老存蓄。在這堆舊字眼裏，叠字法究居大半；如“高山正蒼蒼，大野正茫茫”；“新鬼們呦呦的叫，故鬼們啾啾的哭”；“風來草拜聲蕭蕭”；“華表巍巍没字碑”等等不計其數。這種空空疏疏模模糊糊的描寫法使讀者絲毫得不着一點具體的印象，當然是弱於幻想力底結果。斯賓塞同拉拔克（Lubbock）兩人都講重復底原則——即節奏——幫助造成了很“原始的”字。拉拔克并發現原始民族底文字中每一千字有三十八至一百七十字是叠音字，但歐洲底文字中每千字衹有兩字是的。這個統計正好證明歐洲文字底進化，不復依賴重叠抽象的聲音去表示他們的意象，但他們底幻想之力能使他們以具體的意象自綴成字。中國文字裏叠音字也極多，這正是他底缺點。新詩應該急起擔負改良的責任。

《冬夜》裏用字既已如上述之空疏庸俗，大體上也可想而知了。全集除極少數外，稍微有些淡薄的幻想底點綴，其餘的恰好用作者自己的話表明——

> “這間看看空着，
> 那間看看還是空着，
> ……
> 怎樣的空虚無聊！”（一〇八頁）

最有趣的一個例是《送緝齋》底第三四行——

> “行客們磨蟻般打旋，
> 等候着什麽似的。”（五〇頁）

用打旋的磨蟻比月臺上等車底熙熙攘攘的行客們真是再妙沒有了；但是底下連着一句“等候着‘什麽’似的”，那“什麽”到底是什麽呢，就想不出了。兩截互相比照，可以量出作者底“筆力”之所能到同所不能到之處了。《冬夜》裏見“筆力”——富於幻想的作品也有些。寫景的如《春水船》裏胡適教授所賞的一段不必再引了。《紹興西郭門頭的半夜》底頭幾行徑直是一截活動影片了——

“烏篷推起，我踞在船頭上。
三里——五里——
如畫的女墻傍在眼前；
臃腫的山，那瘦怯的塔，
也悄悄的各自移動。”（四六頁）

同首末節裏描寫鐵爐底一段也就惟妙惟肖了——

“風爐抽動，蓬蓬地涌起一股火柱，
上下眩耀着四周。
醬赭的皮肉，藍紫的筋和脉，
都在血黄的芒角下赤裸裸地。
流鐵紅滿了勺子，猛然間瀉出；
銀電的一溜，花筒也似的噴濺。
眩人底光呀！勞人底工呀！”（四八頁）

還有《在路上的恐怖》中的這一段也寫得歷歷如畫——

“一盞黄蠟般油燈，
射那灰塵撲落的方方格子。
她燈前做着活計，

紅皺皺的臉映着側面來的火光，
手很應節的來往。”（六三頁）

有一處用筆較爲輕淡，而其成效則可與《草兒》中寫景最佳處抗衡。——

“落日戀着樹梢，
羊縛在樹邊低着頭頸吃草，
墩旁的人家趕那晚晴晾衣。”（一〇九頁）

其餘的意象很好頗有徵引底價值者，便是下面這些了。——

“……
也暫時温暖起‘兒時’底滋味，
依稀酒樣的釅，睡樣的甜。”（一一一頁）

“或者傻小孩子底手，
把和生命一起來的鐵鏈，
像粉條扯得寸斷了，
抹一抹尊者底金臉。”（一一六頁）

“鋤頭親遍地母嘴，
刀頭喝飽人間血！”（一九八頁）

“……煨竈猫般的蜷着，
聽風雨底眠兒歌，
催他迷迷胡胡向着一處。”（六二頁）

上列的四個例在《冬夜》裏都算特出的佳句；但是比起冰心女士底——

“聽聲聲算命的鑼兒，
敲破世人的命運。”

或郭沫若君底——

“彎彎的海岸，好象 Cupid 底弓弩呀！
人底生命便是箭，正在海上放射呀！”

便又差遠了。這兩位詩人底話，不獨意象奇警，而且思想雋遠，耐人咀嚼。《冬夜》還有些寫景寫物的地方，能加以主觀底渲染，所以顯得生動得很。此即華茨活所謂“滲透物象底生命裏去了”。——

“岸旁的叢草没消盡他底緑意，
明知道是一年最晚的容光了，
垂垂的快蘸着小河底臉。

樹迎着風，草迎着風；
他倆實在都老了，
盡是皮賴着。
不然——
晚秋也太憔悴啊！”（七二頁）

但這裏的意思和《風底話》裏頗有些雷同。——

“白雲粘在天上，
一片一團的嵌着堆着。
小河對他，

也板起灰色臉皮不聲不響。
枝兒枯了，葉兒黄了，
但他倆忘不了一年來的情意，
願厮守老醜的光陰，
安安穩穩的挨在一起。”（二二頁）

集中有最好的意象的句子現在我差不多都舉了。可惜這些在全集中衹算是一個很微很微的分數。

恐怕《冬夜》所以缺少很有幻象的作品，是因爲作者對於詩——藝術的根本觀念底錯誤。作者底《詩底進化的還原論》内包括二個最緊要之點，民衆化的藝術，與爲善的藝術。這篇文已經梁實秋君駁過了，我不必贅述，且限於篇幅也不能贅述。我現在衹要將俞君底作品底缺憾指點出來，并證明這些缺憾確是作者底謬誤的主張底必然的結果。《冬夜》自序裏講道：“我衹願隨隨便便的，活活潑潑的，借當代的語言，去表現出自我，在人類中間的我，爲愛而活着的我。至於表現的……是詩不是詩，這都和我的本意無關，我以爲如要顧念到這些問題，就可根本上無意於做詩，且亦無所謂詩了。”俞君把作詩看作這樣容易，這樣隨便，難怪他作不出好詩來。鳩伯（Joubert）講：“没有一個不能馳魂褫魄的東西能成爲詩的，在一方面講，Lyre 是樣有翅膀的樂器。”麥克孫姆（Hiram Maxim）講：“作詩永遠是一個創造莊嚴底動作。”詩本來是個抬高的東西，俞君反拼命地把他往下拉，拉到打鐵的抬轎的一般程度。我并不看輕打鐵抬轎的底人格，但我確乎相信他們不是作好詩懂好詩的人。不獨他們，便是科學家哲學家也同他們一樣。詩是詩人作的，猶之乎鐵是打鐵的打的，轎是抬轎的抬的。惟其俞君要用打鐵抬轎底身分眼光，依他們底程度去作詩，所以就鬧出這一類的把戲來了。——

“怕疑心我是偷兒呢；
這也説不定有的。

但他們也太裝幌子了！
老實説一句；
在您貴廟裏
我透熟的了，
可偷的有什麼？
神象，房子，那地皮！”（一〇七頁）

“列車門的寂然，
到那一站了？
我起來看看。
路燈上寫着“泊頭”，
我知道，到的是泊頭。

過了多少站，
泊頭底經過又非一次，
我怎麼獨關心今天底泊頭呢？”（二三四頁）

“‘八毛錢一筐！’
賣梨者呼聲。
我渴極了，
却没有這八毛錢。

梨始終在筐子裏，
現在也許還在筐子裏，
但久已不關我了，
這是我這次過泊頭，最遺恨的一件事。”（二三五頁）

照這樣看來，難怪作者講：“我嚴正聲明我做的不是詩。”新詩假若還受人攻擊，受人賤視，定歸這類的作品負責。《冬夜》裏還有些零碎的句子，徑直是村夫市儈底口吻，實在令人不堪。——

> "路邊，小山似的起來，
> 是山嗎？呸！
> 瓦礫堆滿了的'高墩墩'"。（一二六頁）

> "枯骨頭，華表巍巍没字碑，
> 招甚麼？招個——呸！"（二〇一頁）

> "去遠了——
> 噲！回來罷！"（一五五頁）

> "來時拉縴，去時溜烟；"（一〇九頁）

同

> "就難免'蹩脚'樣的拖泥帶水。"（一〇一頁）

戴叔倫講："詩人之詞，如藍田日暖，良玉生烟。"作詩該當怎樣雍容衝雅，"温柔敦厚"！我真不知道俞君怎麽相信這種叫囂粗俗之氣便可入詩！難道這就是所謂"民衆化"者嗎？

五

《冬夜》裏情感底質素也不是十分地豐富。熱度是有的，但還没有到史狄芬生所謂"白熱"者。集中最特出的一種情感是"人的熱情"——對於人類的深摯的同情。《游皋亭山雜詩》第四首有一節很足以表現作者底胸懷——

“在這相對微笑的一瞬，
早拴上一根割不斷的帶子。
一切含蓄着的意思，
如電的透過了，
如水的融和了。
不再説我是誰，
不再問誰是你，
祇深深覺着有一種不可言，不可説的人間之感！”（七七頁）

集中表現最濃厚的“人間之感”的作品當然是《無名的哀詩》——

“酒糟的鼻子，酒糟的臉，
抬着你同樣的人，喘吁吁的走；”

祇這“同樣”兩個字裹含着多少的嫉憤，多少的悲哀！其次如《鷂鷹吹醒了的》也自纏綿悱惻，感人至深。這首詩很有些象易卜生底《傀儡之家》。

“……
哭够了，撇了跑。
不回頭麽，回頭説一句話：
‘幾時若找着了人間底愛，
我張開手摟你們倆啊！’”(一四五頁)

比比這個——

“郝爾茂　但是我却相信他。告訴我？我們須變到怎樣？——
娜拉　須變到那步田地，使我們同居底生活可以算得真正的夫妻。再見罷。”

《哭聲》比較前兩首似乎差些。他着力處固是前兩首所没有的，——

“説是白哟！
埋在灰燼下的又焦又黑。
讓紅眼睛的野狗來收拾，
刮刮地，銜了去，慢慢齦着吃，
咂着嘴舐那附骨的血。
銜不完的扔在瓦礫。”（一三二頁）

但總覺有些過火，令人不敢復讀。韓愈底《元和聖德詩》裏寫劉闢受刑底一段至因這樣受蘇轍底批評。我想蘇轍底批評極是，因爲“醜”在藝術中固有相當的地位，但藝術底神技應能使“‘恐怖’穿上‘美’底一切的精緻，同時又不失其要質”。（Horror puts on all the daintiness of beauty，losing none of its essence.）如同薛雷底——

“Foodless Toads
Within voluptuous chambers panting crawled.”

首節描寫“高墩墩”上“披離着幾十百根不青不黄的草”，將他比着“禿頭上幾簇稀稀剌剌的黄毛”，也很妙。比比卜郎寧手技看——

“Well now, look at our villa! stuck like
The horn of a bull
Just on a mountain edge as bare

As the creature's skull
Save a mere shag of a bush
With hardly a leave to pull![1]"

到是下面這幾行寫的極佳，可謂“哀而不傷”——

“高墩墩被裹在‘笑’底人間裏，
一年底春風，一年底春草，
長了，又綠一片了！
辨不出血沁過的根苗枝葉。”（一三三頁）

這首詩還有一個弱點，——其實是《冬夜》全集底弱點——那就是拉的太長了。拉長了，縱有極熱的情感也要冷下去了，更怕在讀者方面，起了反響，漸生厭惡呢！這首詩裏第二節從“顛狂似的……”以至“這誠然……”凡二十二行，實在可以完全刪去。況且所拉長的地方都是些帶哲學氣味的教訓，如最末的三行——

“我們原不解超人間底‘所以然’；
真感到的，
無非人間世底那些‘不得不’！”（一三六頁）

象這種東西也是最容易減殺情感的。克慈講：

“All charms fly
At the mere touch of philosophy.”

---

① 原文此節引詩排作三行，現據開明版《聞一多全集》排。

近來新詩裏寄懷贈别一類的作品太多。這確是舊文學遺傳下來的惡習。文學本出於至性至情，也必要這樣纔好得來。寄懷贈别本也是出於朋友間離群索居底情感，但這類的作品在中國唐宋以後的文學界已經成了一種應酬底工具。甚至有時標題是一首寄懷底詩，内容實是一封講家常細故底信。《東坡集》中最多這類作品。作詩到了這步田地，真是不可救藥了。新文學界早就有了這種覺悟，但實際上講來，我們中慣習底毒太深，這種毛病，犯的還是不少。我不知道《冬夜》底作者作他那幾首送行的詩——《送金甫到紐約》《和你撒手》和《送緝齋》——是有深摯的"離恨"没有？倘若有了，這幾首詩確是没有表現出來。《屢夢孟真作此寄之》是有情感的根據，但因拉的太長，所以也不能動人。魏萊在他的《百七十首中國詩序》裏比較中國詩同西洋詩中底情感，講得很有意思。他説西洋詩人是個戀人，中國詩人是個朋友："他（中國詩人）衹從朋友間找同情與智識的侣伴，""他同他底妻子的關係是物質的。"我們歷觀古來詩人如蘇武同李陵，李白同杜甫，白居易同元積，皮日休同陸龜蒙等等底作品，實有這種情形。大概古人朋友底關係既是這樣，我們當然允許他們，什麽寄懷贈别一類的作品，無妨多作，也自然會多作。他們已有那樣的情感，又遇着那些生離死别的事，當然所發泄出的話没有不真摯的，没有不是好詩的。我很不相信杜甫底《夢李白》裏這樣的話——

"水深波浪闊，無使蛟龍得！"

是尋常的交情所能産出的。但是在現在我們這漸趨歐化的社會裏，男女關係發達了，朋友間情感不會不減少的，所以我差不多要附和奈爾孫（William Alien Nelson）底意見，將朋友間的情感編入情操（sentiment）——第二等的情感——底範疇中。若照這樣講，朋友間的情感以後在新詩中底地位恐怕要降等了。《屢夢孟真作此寄之》中間的故事雖似同杜甫三夜頻夢李白相彷彿，但這首詩同《夢李白》徑直没有比例了。這雖因俞君的藝術不及杜甫，但根本上我恐怕兩首詩所從發源的情感也大不相同罷！近來已出版的幾部詩集裏這種作品似乎都不少（《草兒》裏最多），而且除了康白情君底《送客黄浦》同郭沫若君底《新陽關三叠》之外，差不多都非好詩；所以我講到這地方來，就不知不覺地説了這些閑話。

《冬夜》裏其餘的作品有咏花草的，如《菊》《蘆》《臘梅和山茶》；有咏動物的，如《小伴》《黄鵠》《安静的綿羊》；有咏自然的，如《風底話》《潮歌》《風塵》《北京底又一個早春》等；有紀游的，如《冬夜之公園》《紹興西郭門頭的半夜》《如醉夢的躑躅》《孤山聽雨》《游皋亭山雜詩》《憶游雜詩》《北歸雜詩》；還有些不易分類的雜品。這些作品中有的帶點很淡的情緒，有的比較地濃一點；但都可包括在下面這幾種類裏，——諷刺，教訓，哲理，玄想，博愛，感舊，懷古，思鄉，還有一種可以叫做閑愁。這些情感，加上前面所論的贈别，寄懷，都是第二等的情感或情操。奈爾孫講："情操"二字，"是用於較和柔的情感，同思想相連屬的，由觀念而發生的情感之上，以與熱情比較爲直接地倚賴於感覺的情感相對待。"他又講："象友誼，愛家，愛國，愛人格，對於低等動物的仁慈的態度一類的情感，同别的尋常稱爲'人本的'（humanitarian）之情感；……這些都屬於情操。"我們方纔編彙《冬夜》底作品所分種類，實不外奈爾孫所述的這幾件。而且我尤信作者底人本主義是一種經過了理智的程序底結果；因爲人本主義是新思潮底一部分，而新思潮當然是理智的覺悟。既然人本主義這樣充滿《冬夜》，我們便可以判定《冬夜》裏大部分的情感是用理智底方法强造的，所以是第二流底情感。

我們不妨再把《冬夜》分析分析，看他有多大一部分是映射着新思潮底勢力的。《無名的哀詩》《打鐵》《紹興西郭門頭的半夜》《在路上的恐怖》是頌勞工的；《他們又來了》《哭聲》是刺軍閥的，《打鐵》也可歸這類；《可笑》是諷社會的；《草裏的石碑和贔屓》和《所見》是嫉政府底壓制的；《破曉》《最後的洪爐》《歧路之前》是鼓勵奮鬥的；《小伴》是催促覺悟的；《挽歌》《游皋亭山雜詩》中一部分是提倡人道主義的；至於《不知足的我們》更是新文化運動裏邊一幕底實録。大概統計這類的作品要占全集四分之一，其餘還有些間接地帶着新思潮的影響的不在此内。所以這樣看來，《冬夜》在藝術界假若不算一個成功，至少他是一個時代底鏡子，歷史上的價值是不可磨滅的。

嚴格地講來，祇有男女間戀愛底情感是最烈的情感，所以是最高最真的情感。《冬夜》裏關於這種情感的作品也有；如《別後底初夜》《願你》便是。《願你》前面已講過了；現在研究研究《別後底初夜》——

> "我迷離在夢兒間
> 你長伴我在夢兒邊。
> 雖初冬底夜長，
> 太快了，來朝底天亮！
> 他將消失我清宵底戀鄉。
>
> 天匆匆的亮了，
> 你匆匆的遠了，
> 方纔真遠了！
>
> 盼你來罷！
> 盼夜來罷！"（二一三頁）

將上面這一段試比梁實秋君的《夢後》何如？

> "'吾愛啊！
> 你怎又推薦那孤另的枕兒，
> 伴着我眠，偎着我底臉？'"
>
> 醒後的悲哀啊！

夢裏的甜蜜啊！

我怨雀兒，
雀兒還在檐下蜷伏着呢！
他不能喚我醒——
他怎肯拋棄了他的甜夢呢？

‘吾愛啊！
對這得而復失的饋禮，
我將怎樣的怨艾呢！
對這縹緲濃甜的記憶，
我將怎樣的咀嚼哟！’

孤另的枕兒啊！
想着夢裏的她，
捨不得不偎着你；
她的臉兒是我的花，
我把泪來澆你！”

衹這一相形之下，美醜，高低，便了如指掌了，别的話何必多説？但是有一個地方我很懷疑，不知到底講好，還是不講好。還是講了罷！看下面這幾行——

“被窩暖暖地，
人兒遠遠地；
我怎想不起人兒遠呢！”（二一二頁）

我的朋友們讀過這首詩的，看到這幾行，没有不噗嗤地笑了的。我想古來詩中戀者觸物懷人，有因帳以起興的，如曹武底“白玉帳寒鴛夢絶”；有因簟以起興的，如李商隱底“欲拂塵時簟竟床”；也有因枕以起興的，如李白底“爲君留下相思枕”，就如前面梁君詩中也講到“枕兒”；大概這些品物都可以入詩，獨有講到“被窩”總嫌有點欠雅。舊詩裹這種例也有，如“願言捧綉被，長就越人宿”，“珠被玳瑁床，感郎情意深”，“横波美目雖復來，羅被遥遥不相及”等等，正復不少。但終覺穢褻，不堪設想。舊詩有詞藻底遮飾同音節底調度，已能減少原意底真實性，但尚且這樣的不堪，何况是用當代語言作的新詩，更是俞君這樣寫實的新詩呢?

總之,《冬夜》裹所含的情感的質素，十之八九是第二流的情感。一兩首有熱情的根據的作品，又因幻象缺乏，不能超越真實性，以至流爲劣等的作品；所以若是詩底價值是以其情感的質素定的，那麽《冬夜》的價值也就可想而知了。我再引奈爾孫底的話來作證：“從表現他們‘情操’最明顯的詩看來，這些質素當然不算微瑣，并且也許是最緊要的特質，但是從詩底大體上看來，他們可要算微瑣的了，因爲偉大的作品可以捨他們而存在。”

我們現在也不妨根據奈爾孫這句話前半底條件，來將《冬夜》裹富於情操的作品，每首單獨地講講。我恐怕在前面我將《冬夜》抑之過甚；現在這樣一做，定能訂正前面“一筆抹殺”底毛病。就一詩論一詩,《凄然》確乎是一首完美的作品。作者序裹講：“豈非情緣境生，而境隨情感耶？”惟其有境有情，所以就有好詩，正不必因“文人結習”而病之。

“明艷的鳳仙花，
喜歡開到荒凉的野寺；
那帶路的姑娘，
又想染紅她底指甲，
向花叢去掐了一握。

他俩衹隨隨便便的，
似乎就此可以過去了；
但這如何能，在不可聊賴的情懷？”（一七四頁）

這種神妙的“興趣”是“不以言詮”的！除《凄然》外，還有幾首詩放在《冬夜》裏太不象了；這便是《黄鵠》《小劫》同《歸路》。這幾首詩都有一種超自然的趣味，同集中最足代表作者底性格的作品如《打鐵》《一勺水啊》等正相反，——太相反了！徑直是兩個極端；一個在雲外，一個在泥中。當然他們是從騷賦裏脱胎出來的，但這種熔鑄舊料的方法是没有害處的。假若俞君所主張的平民的風格，可以比擬華茨活底態度，這幾首詩當可比之科立璣底態度了。（見 Lyrical Ballads 序中。）《黄鵠》似乎暗示於我科立璣底《古舟子咏》中之神鳥，《歸路》則暗示《忽必烈汗》（亦得之於夢中）。華茨活與科立璣衹各盡一端以致勝，而俞君乃兼而有之；這又是我不能懂的一件怪事了。一面講着那樣鄙俗的話語，一面又唱出這樣高超的調子來；難道作者有兩個自我嗎？啊！如何這樣的矛盾啊！啊！叫我贊頌呢？還是叫我詛罵呢？詩人啊！明知道“看下方”會“撕碎吾身荷芰底芳香”，“爲什麽‘還’要低頭”呢？

“鳳凰翔於千仞兮，覽德輝而下之！”

六

總括地講幾句作個收束。大體上看來，《冬夜》底長處在他的音節，他的許多弱點也可推源而集中於他的音節。他的情感也不摯，因爲太多教訓理論。——一言以蔽之，太忘不掉這人間世。但追究其根本錯誤，還是那“詩底進化的還原論”。俞君不是没有天才，也不是没有學力，雖於西洋文學似少精深的研究。但是他那謬誤的主義一天不改掉，雖有天才學力，他的成功還是疑問。培根講“詩中有一點神聖的東西，因爲他以物之外象去將就靈之欲望，不是同理智和歷史一樣，屈靈於外物之下，這樣他便能抬高思想而使之以入神聖”。所以，俞君！不作詩則已，要作詩，決不能還死死地貼在平凡瑣俗的境域裏！

莪默伽亞謨之絶句[①]

（Ⅰ）郭譯訂誤

當今國内文學界所譯西洋詩歌本來寥如晨星，而已譯的又幾乎全是些最流行的現代作品。當然没有人敢説西洋衹有這些好詩或再没有更好的詩。不過太戈爾底散文詩，學過幾年英文的有本字典，誰都譯得出來，所以幾乎太戈爾底每一個字都搬運到中文裏來了。至於西洋的第一流的古今名著，大點篇幅的，我衹見過田漢君譯的莎士比亞底 Hamlet 同郭沫若君這首莪默同一些歌德。胡適教授、蘇曼殊大師都譯過一點拜輪，但那都是些舊體的文字。此外縱已見過些零星的譯品，然而他們不能遺我以深刻的印象，大概對於一般人也不會發生什麼影響。總之西洋詩底真面目我們中國人可説還不曾認識。我們認識過的不過是些較爲淺近較爲時髦的玩藝兒罷了。“取法乎中僅得其下。”這種情勢不用講是當今詩壇上瓦缶雷鳴底最大原因之一。我讀到郭譯的莪默，如聞空谷之跫音，故樂於與譯者進而爲更縝密的研究。

這一篇名詩很不容易翻譯，其中有兩種難處：第一，詩中文字本有艱深費解之處，然而這還不算什麼，第二種難處却真難了，那便是要用中文從英文裏譯出波斯文底精神來呢。譯者於此首先要對莪默負責；其次要對斐芝吉樂負責[②]，因爲是斐氏底詩筆使這些 Rubaiyat 變爲不朽的英文文學；再次譯者當然要對自己負責……那便是他要有枝詩筆再使這篇詩籍轉爲中文文學了。

---

① 本篇原載 1923 年 5 月《創造季刊》第 2 卷第 1 號。

② 原注：斐氏本人已申明了他的譯品并没有嚴格地根據原作，他不過做了一番剪裁，拼配和解講底工夫。我們若更參看諸家底譯本，定還要驚異以爲斐譯直不啻一篇創作了。Richard le Gallienne 譯本之序中講得好：“也許莪默底原來的薔薇，可説并不是一朵薔薇，但是將要湊成一朵花底碎瓣而已；也許斐芝吉樂并不是使莪默底薔薇重新開放，但是使他初次開放呢。瓣兒是從波斯來的，却是一個英國的術士把他們咒成一朵鮮花了。”然而斐譯之不可及處正在這裏。所以我們轉譯斐本，應特别留意其中斐氏之一部分。

郭君步武斐氏意譯底方法，很對。大體上他表現原義表現的很正確。不過下舉各端，我經了仔細的考察，覺得確是解釋原義底疏誤，并非有意泛出原義，以圖迻譯之圓滿：

（1）第十五首末二行原文是——

Alike to no such aureate Earth are turn'd
As, buried once, Men want dug up again.

這本是説前面所舉的“節穀如金”同“揮金如土”的兩種人身死以後，埋入黄泉，决没有人把他們當作金子似的又從土裏挖起來。參看 Arthur B.Talbot，E.H.Whinfield，Richard le Gallienne 同 J.H.McCarthy 四家底譯本，便更明瞭了[①]。譯者誤解 turn'd 爲 returned 而以爲 dug 底主詞即上文之 Golden grain，於是譯作——

死後人再掘出金山，
同一不歸於己。

（2）第三十三首底後半原文曰——

① 原注：

Thy body hath no value; from the grave
No man will dig up for treasure trove!——Talbot

You are not gold, that hidden in the earth,
Your friends should care to dig you up again!——Whinfield

Our bodies are not gold that we should hope
For men to dig us up when we are dead.——le Gallienne

Thou art not made of gold, O thoughtless fool, that thou
Shouldst hope to be dug up after thou art laid in the earth——McCarthy.

Nor rolling heaven, with all his signs reveal'd
And hidden by the sleeve of Night and Morn.

此處 signs 乃 signs of zodiac，黄道之“宫”也。晝夜來往，黄道十二宫隱現不常，仿佛是被晨夕之衣袖障而復露，露而復障。郭君誤解 signs 爲印記，又把 reveal'd 字完全抹殺了，遂譯成——

滚滚的太空，受了重重的封印
掩在晨夕的衣袂内也是不作聲響。

纔想本段當這樣譯纔較爲正確——

滚滚的太空也是不作聲響，
他的“宫象”衹被晨夕底衣袖更迭露障。

（3）第四十首末二行原文爲——

Do you devoutly do the like, till Heaven
To earth invert you——like an empty Cup.

意謂請你痛飲，飲到醉而倒卧地上像一隻欹側的空杯[①]。J.H.McCarthy 底散文譯本作“For yon blue wheel may like a whirlwind at any moment dash you down，”則更明顯了。郭君譯作——

你也請舉起杯來痛醉，

① 原注：李太白底“玉山自倒非人推”與此意頗相仿佛。

醉到天空覆地——如像空杯。

他竟把人倒誤作天倒了。大概引起他的誤會的是第七十二首之首行——

And that inverted bowl they call the sky.

我的私意倒覺得誤會的意義比原義美得多，有詩味得多。如果譯者願師從斐芝吉樂多使用一點自由權，把他自己的意思保留着，我并不十分反對。

（4）第六十首第一行中之 Allah-breathing 當作 Allah-worshipping 解[①]，郭君把兩字之間的連號看漏了，又把兩字顛倒念了，遂解爲 breathing Allah 而譯成了“活的啊拉”。

第九十首底原文如下——

So while the vessels one by one were speaking,
The little Moon look'd in that all were seeking:
And then they jogg'd each other, “Brother! Brother!
Now for the Porter's shoulder-knot a-creaking!”

Ramazan（回教之九月）完了，齋期也過了，新月之出現是人人所渴望而歡迎的。因爲到這時可以開齋飲酒了，故能聽到脚夫從酒窖裏搬運酒罎出來，肩飾被酒罎底重量壓而出聲[②]。新月出現，齋期已盡，又可以喝酒了——直截了當，這便是全首底意義，再明顯也没有了。譯者穿鑿過深，費了九牛二虎之力，從新月底彎形同肩飾傅會到扁擔，從扁擔底聲響傅會到酒罎，又從前首拉個“買”字來傅會出個“賣”字，説是“挑脚來擔土瓶去賣”——這些周周折折，其實都用不着。况且近東

① 原注：此行之 Allah-worshipping 與下行之 Misbelieving 正相反照。
② 原注：此段解説乃根據斐氏之原注。

民族及印度取水或其它液體，都用瓦罋載於頭頂或負於肩上而行。扁擔恐怕衹中國底南方同日本（？）有。譯者還有一個没鬧清文法的結構底錯誤，更是難以赦宥——那便是第二句分明是

大家盼待的新月照了進來，

他却説是——

新月照了進來，大家便一齊翹首。

這豈非西諺所謂“車子放在馬前頭了”嗎？這一句底原文本極清晰。我默還另有一詩同這一樣的意義，我也不妨譯來參較一下——

高興些吧——愁悶的月份終要滅亡，
新生的月兒漸漸將給我們酬償：
看啊！那龍鍾飢餓的老月，
憔悴佝僂，已奄奄然垂斃於天上！[1]

（5）第九十五首原文有這樣兩行——

I wonder often what the vintners buy
One half so precious as the stuff they sell.

---

① 原注：譯自斐芝吉樂底英譯本——
Be of good cheer——the sullen month will die,
And young Moon requite us by and by:
  Look how the old one, meagre, bent and worn
With Aged Fast, is fainting from the Sky!

當譯爲——

我不懂酒家買的什麽東西
能有他賣的物貨一半珍貴。

郭譯則曰——

我不解賣酒之家，
何故换去我高貴之物如此。

原文所謂 precious stuff 本指酒言。莪默意謂酒家何以這樣傻笨，把酒這樣珍貴的東西都賣出去了，還有什麽好東西買回來呢？譯者以爲 precious stuff 指上文底 Robe of Honour，意謂酒家换得這“榮名的衣裳”，占了一個大便宜；其實莪默底意思是笑酒家吃了一個大虧呢！[1]

（6）第九十九首第一行末三字是 With Him conspire，譯者誤爲 against Him conspire，遂譯爲“反畔‘他’”。我想這樣譯這一首——

愛喲！你我若能和“他”鈎通好了，
將這全體不幸的世界攫到，
我們怕不要搗得他碎片紛紛，
好依着你我的心願去再摶再造！

這一首便是《嘗試集》裏的《希望》。胡譯雖過於自由，毫未依傍原文，

① 原注：下面前段是 Whinfield 底譯文，後段是 Talbot 底，都可作斐譯底注解——
O foolish publicans, what can you buy
One half so precious as the goods you sell?
*　　*　　*　　*
How can the vintners purchase better goods
Than those which to the market they have sent?

然而精神尚在。

（7）第一百首也譯走了好些。原文是——

Yon rising Moon that looks for us again——
How oft hereafter will she wax and wane;
How oft hereafter rising look for us
Through this same Garden——and for one in vain!

下面是郭譯——

那兒方升的皓月又來窺人了——
月喲，你此後又將殘缺去了；
你此後又來這花園尋人時，
恐怕我們之中一人也難尋到！

我擬訂正末三行，重譯之如此——

月喲，你此後又將圓缺幾遭；
又幾遭來這花園尋覓我們，
恐怕此中有一人再難尋到！

原文末句中之活體字 one 明是詩人自指，有第一版底原文作證——

How oft hereafter rising shall she look
Through this same Garden after me——in vain!

此處詩人尋找不到，故下首結尾纔好講——

And in your joyous errand reach the spot
Where I made One——turn down an empty Glass!

我在前邊已經提到，凡是我覺得郭譯本與原文詞句不符而意旨未失之處，我都承認那正是所謂“意譯”者，我概未列入上述的誤解各例之中。現在我舉第十九首作例，其原文曰——

I sometimes think that never blows so red
The Rose as where some buried Caesar bled;
That every Hyacinth the Garden wears
Dropt in her Lap from some once lovely Head.

嚴格地譯起來或當如此——

我怕最紅的紅不過
生在帝王喋血處的薔薇；
園中朵朵的玉簪兒怕是
從當年美人頭上墜下來的。

郭君譯作——

帝王流血處的薔薇花
顏色怕更殷紅；
花園中的玉簪兒
怕是植根在美女尸中。

這裏的末行與原文尤其大相徑庭，但我們不妨讓它“通過”，因爲這樣的意譯不但能保存原詩底要旨，而且詞意更加醒豁，色采更加濃麗，可説這一譯把原詩譯好了。

（Ⅱ）郭譯總評

翻譯底程序中有兩個確劃的步驟。第一是瞭解原文底意義，第二便是將這意義形之於第二種（即將要譯到的）文字。在譯詩時，這譯成的還要是“詩”的文字，不是僅僅用平平淡淡的字句一五一十地將原意數清了就算够了。在上一章裏我們已將郭譯中之第一個步驟分析并且訂正了。如今我們再將其第二步驟化驗一番罷。

我覺得郭譯在第二步驟比在第一步驟的成績好些。原來第二步驟已從方言家之事變爲詩人之事了。我們無怪乎郭君之成功於此，因爲他自身本是一個詩人。第一步驟是件機械式的工作，第二步驟纔是真正的藝術了。郭君若將那百零一首原詩再多讀幾遍，更有像我這樣的好運氣得到許多的參考書供其參證比驗，我想如上述各誤解之例郭君定能自己改正。但是我現在估定這件譯品底價值是要以其第二步驟底成績爲標準的。郭君贏得我的欽佩是由於他的第二步驟裏的成功；郭君又令我大失所望也是由於他的第二步驟裏的失敗。然而好在失敗終不能掩没成功。

全詩有一大部分詞句圓活，意旨鬯達，譯者彷彿是用自己的喉舌唱着自己的歌兒似的。便拿開張發市的第一首詩來講，那層叠的句法，複雜的修詞，加以那種濃縟而荒怪的東方色彩（Oriental colour），可算全詩中最難翻譯的一首了。然而譯者把捉住了它的精神，很得法地淘汰了一些贅纍的修詞，而出之以十分醒豁的文字，鏗鏘的音樂，毫不費力地把本來最難譯的一首詩譯得最圓滿。這下面便是他那神奇的工作——

醒呀！太陽驅散了群星，
暗夜從空中逃遁，
燦爛的金箭

射中了穌丹的高瓴。[①]

我讀這首譯詩時，可以想像譯者最初開始工作，氣充神旺，筆酣墨飽，就如同詩中這一輪初升的旭日，他的"金箭"一般的筆鋒，摩天掃地，塗成了一幅燦爛的圖畫。但是可惜得很，譯者又和太陽一樣，燦爛的金光衹能在他的行程發軔底頃刻放射；過了一會兒，便要漸漸變得平淡了；而且有時遇着幾片烏雲，不但不復能如初升時，用其魔術使之變成焕麗的彩霞，反而全無能力征服他們，至被他們踐踏過去了，使人們感着一時的陰閉沈鬱之失望底情緒。

第十二首是原詩中最有名的一首。郭君底翻譯可以使他本人大膽地與斐芝吉樂相視而笑——

樹蔭下放着一卷詩章，
一瓶葡萄美酒，一點乾糧，
有你在這荒原中傍我歡歌——
荒原呀，啊，便是天堂！

有時雖是絶對的直譯，然而神工鬼斧，絲毫不現痕迹；例如二八，五五，八七，一〇一諸首都有這種長處。

① 原注：諸家皆認第一版第一首比較第四版第一首好多了。下面原詩和拙譯：

Awake! for Morning in the Bowl of Night
Has flung the Stone that puts the Stars to flight:
And Lo! the Hunter of the East has caught
The Sultan's Turret in a Noose of Light.

醒呀！石彈拋進了天碗，
已經驅得群星四散：
東方的獵人放出光繩
又套住了蘇丹底塔尖。

按旅行沙漠者拋石碗中是上馬起程底暗號。此詩所謂"石彈"指新升的太陽。

但是郭君每一動筆我們總可以看出一個粗心大意不修邊幅的天才亂跳亂舞游戲於紙墨之間，一筆點成了明珠艷卉，隨着一筆又灑出些馬勃牛溲。我們若看下方各例，我們不能不埋怨他太不認真把事當事做了——

人所欲測的一切，
除酒而外我無所更深。（五六）

詛咒這禁斷了的歡快爲枷。（七八）

何故換去我高貴之物如此。（九五）

這樣的例實不勝枚舉。這些本是極忠實的翻譯，但忠實到這地步便成笨拙了。又如三八，七七，七九諸首也是忠實的翻譯，但那裏衹有翻譯而没有詩。全篇還有一個通病，便是文言白話硬凑在一塊，然而終竟油是油，水是水總混合不攏。我不反對用文言來周濟貧窘的白話，但是恐怕不好用郭君那樣的笨法子罷？最奇怪的是他説五一，五二兩首“衹是一節是一種形而上學的理論；頗含嘲笑之意，故變調譯之”。奇怪！奇怪！爲什麽思想蟬聯數首可并作一首的，或屬形而上學的，或含嘲笑之意的就該變調呢？况且詩中多少蟬聯的思想[①]，多少形而上學的理論，多少嘲笑之意，爲什麽單獨這兩首該變調呢？總之像這樣自我作古，未免太是英雄欺人了！

（Ⅲ）怎樣讀莪默？

在《創造》裏發見了這篇莪默底詩，頹廢派底罪名恐怕又加了一層印證。但是，譯者不用講并無頹廢底嫌疑，這在他的“感想”裏已説

① 原注：土瓶談話諸首在第一二版本另作一節，標題曰：“Kuza-Nama”。

得清楚了；便是這篇詩底本身——莪默底原著兼斐芝吉樂底英譯——底價值，讀者須記取，是在其藝術而不在其哲學。（我并不是説他的哲學有毛病，其實我正與同情——無論如何，那另是一個問題，這裏尚講不到。）我們讀《酒德頌》或《春夜宴桃李園序》時，幾回不是陶醉於其文詞之中，高吟朗誦，心悦神怡，而竟不知絶望之爲何物呢？我們感覺悲觀非無其時，但感覺悲觀自有更切實，更具體的原因，决不自讀他人之詩文而起。Mr.Duncan Phillips 講："我們每以色彩連屬於韻語。實在我們從斐芝吉樂底莪默所得的愉快，其一大部分，不由於他的哲學，而由於他那感覺的魔術表現於精美的文字底音樂之中，這些文字在孤高的悲觀主義底暗影之外，隱約地露示一種東方的錦雉與象牙底光彩……這些字變成了夢幻，夢幻又變成了圖畫。"讀詩底目的在求得審美的快感。讀莪默而專見其哲學，不是真能鑒賞文藝者，也可説是不配讀莪默者。因爲鑒賞藝術非和現實界隔絶不可[①]，故嚴格講求，讀莪默就本來不應想到什麽哲學問題，或倫理問題。我也相信譯者之介紹此詩，是爲其文學而非爲其哲學；不然，他爲什麽不從别家的更正確的譯本轉譯爲中文而獨擇到斐氏底譯本呢？但是郭君底那洋洋大篇的讀 Rubaiyat 後之感想我又怕引起了那一般已經中了"藝術爲人生"底毒的讀者之誤會，故此不辭口舌之勞，附了這一條解釋，不知郭君以爲然否？

我的朋友錢君宗堡替我搜羅了許多參考書，又供給了一些意見，照規矩（雖然錢君自己大起反對）還是應該申明致謝的。

---

① 原注：Dr.Bullough 謂在鑒賞藝術時須保持"心理的距離"。所謂距離是與現實界相去的距離。Prof.Langfeld 講道："審美的態度是與我們尋常對於環境的態度正相悖謬的，尋常的態度是爲生存競争而養成的，此時我們在不息地抵抗自然的勢力。我們的機體準備好了，安排好了以便接應而征服環境中之阻礙；至於審美的準備却是與此相反的，他是爲着體會對象中各部分之間相互的關係，不是爲着考察我們自身和對象的關係，以便施行應付動作。"哲學倫理都有關於（直接或間接）生存競争底問題，鑒賞藝術時，被這些觀念侵入了，那審美的態度便是虚僞的或至少也是膚淺的了。

作者附識

三．二．一九二三

*　　*　　*　　*

實秋把一多這篇文章寄給我時叫我先寄給沫若一看，但是我想沫若此刻正忙，寄去也未必能仔細看，再過些時，他就要回到上海來，用不着寄去。我想此刻就由我在這裏寫幾句話。

本來這些譯詩是我催他寄了來的。他寄來時，他說很忙，要我給他校對一下，那時候因爲《創造》第三期已經遲了不少的日子，要快點拿去排印，我衹把譯稿與原詩對看了一次。并且從頭看起來，大抵不錯，所以以後我衹把英文念一遍，再把譯詩念一遍，衹就這兩遍批評，好就繼續讀下，不好便給他加以修改。這些譯詩是這樣弄出來的。一多指出這許多誤譯出來，倒使我惶愧無地了。

本來詩是最容易誤解的東西，稍不注意，就會差到與原詩相反。何况又是重譯。沫若既不解波斯文，所靠的又衹有一種皮裝小本（沫若是最喜考據的人，這回并不是他畏難，實是他案頭没有參考本），這樣匆促弄出，就希望他完全，實是不可能的事。僥幸據一多所説，知道尚無大錯，衹是解釋原義的疏誤，我想沫若聽了，也還要引爲榮幸的。不過關於一多所舉的各條，我也有點感想，不妨在此地説説。

第十五首的末二行，若有别人譯的參考，當然會采用 such……as……的關係。大概沫若那時候因爲想使末二行與首二行更加密切，纔把 such aureate Earth 當做了前面的 Golden grain，把 as 當做表示原因。

第三十三首的後半“受了重重的封印”，重重二字想來便是 revealed and hidden，我當時却把他通過了。

第六十首的 Allah 與 breathing 之間，沫若寄來的英文本上，没有 hyphen（連號）。

第九十首的穿鑿，我也不知是沫若的發明，或是别有所本，我衹覺得也還説得過去，却没有想到扁擔的問題。“大家便一齊翹首”本來不好，不過這樣打斷他們的談論時，意思雖然不對，情調却顯出來了。

第九十五首的末二句，不知沫若另有所本没有，我疑又是他的穿鑿。我現在覺得 well 一字很可注意，我想就叫酒家吃個大虧，把全體改一下的好：

酒便是我的叛徒，
屢次把我“榮名的衣裳”竊去——
可我不懂酒家買的什麼東西，
能有他賣的東西一半珍貴。

第九十九首的 conspire with 譯作鈎通，也不大好。一多説胡適之的《希望》精神尚在，我却不以爲然。胡譯不僅與原文相左，而且把莪默的一貫的情調，用“炸彈！炸彈！炸彈！幹！幹！幹！”一派的口氣，炸得粉碎了。

第一百首的 one 我當時也疑是詩人自指。

三月五日，仿吾

*　　*　　*　　*

一多：

你寫給我的第二信我早收到了。因爲當時試事正忙，所以未即作復。你的這篇文章我見你信時，早就想讀，想早收些教益。我於四月二日返滬時，你這篇文章已經交到印刷所去了，直至今晨纔送校稿來，我便親自替你校對。我一面校對，一面對於你的感謝之念便油然而生。你所指摘的錯誤，處處都是我的弱點，我自己也是不十分相信的地方，有些地方更完全是我錯了。你說 Fitzgerald 的英譯前後修改了四遍，望我至少當有再譯三譯。你這懇篤的勸誘我是十分尊重的。我於改譯時務要遵循你的意見加以改正。我在此深表誠摯的謝意於你和你的友人錢君。

此次在滬得與實秋相晤，足慰生平。他往南京時，我和仿吾往北站去送行竟至遲了刻，我們衹得空空望送了一回。

你的《首陽山下的餓人》作成了麼?

沫若　（四月十五日）

《女神》之時代精神[①]

若講新詩，郭沫若君底詩纔配稱新呢，不獨藝術上他的作品與舊詩詞相去最遠，最要緊的是他的精神完全是時代的精神——二十世紀底時代的精神。有人講文藝作品是時代底産兒。《女神》真不愧爲時代底一個肖子。

（一）二十世紀是個動的世紀。這種的精神映射於《女神》中最爲明顯。《筆立山頭展望》最是一個好例——

> 大都會底脉搏呀！
> 生底鼓動呀！
> 打着在，吹着在，叫着在，……
> 噴着在，飛着在，跳着在……
> 四面的天郊烟幕蒙籠了！
> 我的心臓呀，快要跳出口來了！
> 哦哦，山岳底波濤，瓦屋底波濤，
> 涌着在，涌着在，涌着在，涌着在呀！
> 萬籟共鳴的 symphony，
> 自然與人生底婚禮呀！
> ……

恐怕没有别的東西比火車底飛跑同輪船底鼓進（閱《新生》與《筆立山頭展望》）再能叫出郭君心裏那種壓不平的活動之欲罷？再看這一段供招——

> 今天天氣甚好，火車在青翠的田疇中急行，好象個勇猛沈毅的少年向着希望彌滿的前途努力奮邁的一般。飛！飛！一切青翠的生

① 本篇原載 1923 年 6 月 3 日《創造周報》第 4 號。

命，燦爛的光波在我們眼前飛舞。飛！飛！飛！我的"自我"融化在這個磅礴雄渾的 Rhythm 中去了！我同火車全體，大自然全體，完全合而爲一了！我憑着車窗望着旋回飛舞着的自然，聽着車輪鞺鞳的進行調，痛快！痛快！……

——《與宗白華書》(《三葉集》一三八)

這種動的本能是近代文明一切的事業之母，他是近代文明之細胞核。郭沫若底這種特質使他根本上異於我國往古之詩人。比之陶潜之——

結廬在人境，而無車馬喧。

一則極端之動，一則極端之静，静到——

心遠地自偏，

隱遁遂成一個贅疣的手續了，——於是白居易可以高唱着——

大隱隱朝市，

蘇軾也可以笑那——"北山猿鶴漫移文"了。

(二)二十世紀是個反抗的世紀。"自由"底伸張給了我們一個對待威權的利器，因此革命流血成了現代文明底一個特色了。《女神》中這種精神更瞭如指掌。衹看《匪徒頌》裏的一些。——

一切……革命底匪徒們呀！
萬歲！萬歲！萬歲！

那是何等激越的精神，直要駭得金臉的尊者在寶座上發抖了哦。《勝利的死》真是血與泪的結晶；拜輪，康沫爾底靈火又在我們的詩人底胸中燒着了！

> 你暗淡無光的月輪喲！我希望我們這陰莽莽的地球，在這一刹那間，早早同你一樣冰化！

啊！這又是何等地疾憤！何等地悲哀！何等地沈痛！——

> 汪洋的大海正在唱着他悲壯的哀歌，
> 穹窿無際的青天已經哭紅了他的臉面，
> 遠遠的西方，太陽沈没了！——
> 悲壯的死喲！金光燦爛的死喲！凱旋同等的死喲！勝利的死喲！
> 兼愛無私的死神！我感謝你喲！你把我敬愛無暨的馬克司威尼早早救了！
> 自由底戰士，馬克司威尼，你表示出我們人類意志底權威如此偉大！
> 我感謝你呀！贊美你呀！“自由”從此不死了！
> 夜幕閉了後的月輪喲！何等光明呀！

（三）《女神》底詩人本是一位醫學專家。《女神》裏富於科學底成分也是無足怪的。況且真藝術與真科學本是携手進行的呢。然而這裏又可以見出《女神》裏的近代精神了。略微舉幾個例——

> 你去，去尋那與我的振動數相同的人；
> 你去！去尋那與我的燃燒點相等的人。
>
> ——《序詩》

否，否。不然！是地球在自轉，公轉，

——《金字塔》

我是X光綫底光，
我是全宇宙底 energy 底總量！

——《天狗》

我想我的前身，
原本是有用的棟梁，
我活埋在地底多年，
到今朝纔得重見天光。

——《爐中煤》

你暗淡無光的月輪喲！……早早同你一樣冰化！

——《勝利的死》

至於這些句子象——

我要把我的聲帶唱破

——《梅花樹下醉歌》

我的一枝枝的神經纖維在身中戰栗，

——《夜步十里松原》

還有散見於集中的許多人體上的名詞如腦筋，脊髓，血液，呼吸……更完完全全的是一個西洋的 doctor 底口吻了。上舉各例還不過詩中所運用之科學知識，見於形式上的。至於那謳歌機械底地方更當發源於一種内在的科學精神。在我們的詩人底眼裏，輪船底烟筒開着了黑色的牡丹是“近代文明底嚴母”，太陽是亞波羅坐的摩托車前的明燈；詩人底心同太陽是“一座公司底電燈”；雲日更迭的掩映是同探海燈轉着一樣；火車底飛跑同於“勇猛沈毅的少年”之努力，在他眼裏機械已不是一些無生的物具，是有意識有生機如同人神一樣。機械底醜惡性已被忽略了；在幻象同感情底魔術之下他已穿上美麗的衣裳了呢。

這種技倆恐怕非一個以科學家兼詩人者不辦。因爲先要解透了科學，親近了科學，跟他有了同情，然後纔能馴服他於藝術底指揮之下。

（四）科學底發達使交通底器械將全世界人類底相互關係捆得更緊了。因有史以來世界之大同的色彩没有象今日這樣鮮明的。郭沫若底《晨安》便是這種 cosmopolitanism 底證據了。《匪徒頌》也有同樣的原質，但不是那樣明顯。即如《女神》全集中所用的方言也就有四種了。他所稱引的民族，有黄人，有白人，還有“有火一樣的心腸”的黑奴。他所運用的地名散滿於亞美歐非四大洲。原來這種在西洋文學裏不算什麽。但同我們的新文學比起來，纔見得是個稀少的原質，同我們的舊文學比起來更不用講是破天荒了。啊！詩人不肯限於國界，却要做世界底一員了；他遂喊道——

> 晨安！梳人靈魂的晨風呀！
> 晨風呀！你請把我的聲音傳到四方去罷！
>
> ——《晨安》

（五）物質文明底結果便是絶望與消極。然而人類底靈魂究竟没有死，在這絶望與消極之中又時時忘不了一種掙扎抖擻底動作。二十世紀是個悲哀與奮興底世紀。二十世紀是黑暗的世界，但這黑暗是先導黎明的黑暗。二十世紀是死的世界，但這死是預言更生的死。這樣便是二十世紀，尤其是二十世紀底中國。

流不盡的眼泪，
洗不净的污濁，
澆不熄的情炎，
蕩不去的羞辱。

——《鳳凰涅槃》

不是這位詩人獨有的，乃是有生之倫，尤其是青年們所同有的。但別處的青年雖一樣地富有眼泪，污濁，情炎，羞辱，恐怕他們自己覺得并不十分真切。衹有現在的中國青年——“五四”後之中國青年，他們的煩惱悲哀真象火一樣燒着，潮一樣涌着，他們覺得這“冷酷如鐵”，“黑暗如漆”，“腥穢如血”的宇宙真一秒鐘也羈留不得了。他們厭這世界，也厭他們自己。於是急躁者歸於自殺，忍耐者力圖革新。革新者又覺得意志總敵不住衝動，則抖擻起來，又跌倒下去了。但是他們太溺愛生活了，愛他的甜處，也愛他的辣處。他們决不肯脱逃，也不肯降服。他們的心裏衹塞滿了叫不出的苦，喊不盡的哀。他們的心快塞破了，忽地一個人用海濤底音調，雷霆底聲響替他們全盤唱出來了。這個人便是郭沫若，他所唱的就是《女神》。難怪個個中國青年讀《女神》没有不椎膺頓足同《湘累》裏的屈原同聲叫道——

哦，好悲切的歌詞！唱得我也流起泪來了。
流罷！流罷！我生命底泉水呀！你一流出來，
好象把我全身底烈火都澆息了的一樣。
……你這不可思議的内在的靈泉，你又把我蘇活轉來了！

啊！現代的青年是血與泪的青年，懺悔與奮興的青年。《女神》是血與泪的詩，懺悔與奮興的詩。田漢君在給《女神》之作者的信講得對：“與其説你有詩才，無寧説你有詩魂，因爲你的詩首首都是你的血，你的泪，你的自叙傳，你的懺悔録啊！”但是丹穴山上底香木不衹焚毁了詩人底舊形體，并連現時一切的青年底形骸都毁掉了。鳳凰底涅槃是詩人與一切的青年底涅槃。鳳凰不是唱道？——

我們更生了！
我們更生了！
一切的一更生了！
一的一切更生了！
我們便是他，他們便是我！
我中也有你，你中也有我！
我便是你，
你便是我！

奇怪得很，北社編的《新詩年選》偏取了《死的引誘》作《女神》底代表之一。他們非但不懂讀詩，并且不會觀人。《女神》底作者豈是那樣軟弱的消極者嗎？

你去！去在我可愛的青年的兄弟姊妹胸中，
把他們的心弦撥動，
把他們的智光點燃罷！

——《序詩》

假若《女神》裏盡是《死的引誘》一類的東西，恐怕兄弟姊妹底心弦都被他割斷，智光都被他撲滅了呢！

原來蹈惡犯罪是人之常情。人不怕有罪惡，衹怕有罪惡而甘於罪惡，那便終古沈淪於死亡之淵裏了。人類底價值在能懺悔，能革新。世界底文化亦不過由這一點動機發生的。懺悔是美德中最美的，他是一切的光明底源頭，他是尺蠖的靈魂渴求展伸底表象。

唉！泥上的脚印！
你好象是我靈魂兒的象徵！
你自陷了泥塗，
你自會受人蹂躪！
唉，我的靈魂，
你快登上山頂！

——《登臨》

所以在這裏我們的詩人不獨喊出人人心中底熱情來，而且喊出人人心中最神聖的一種熱情呢！

《女神》之地方色彩[①]

現在的一般新詩人——新是作時髦解的新——似乎有一種歐化底狂癖，他們的創造中國新詩底鵠的，原來就是要把新詩做成完全的西文詩（有位作者曾在《詩》裏講道他所謂後期底作品“已與以前不同而和西洋詩相似”，他認爲這是新詩底一步進程，……是件可喜的事）。《女神》不獨形式十分歐化，而且精神也十分歐化的了。《女神》當然在一般人底眼光裏要算新詩進化期中已臻成熟的作品了。

但是我從頭到今，對於新詩底意義似乎有些不同。我總以爲新詩徑直是“新”的，不但新於中國固有的詩，而且新於西方固有的詩；換言之，他不要做純粹的本地詩，但還要保存本地的色彩，他不要做純粹的外洋詩，但又要儘量地吸收外洋詩底長處；他要做中西藝術結婚後產生的寧馨兒。我以爲詩同一切的藝術應是時代底經綫，同地方底緯綫所編織成的一匹錦；因爲藝術不管他是生活底批評也好，是生命底表現也好，總是從生命產生出來的，而生命又不過時間與空間兩個東西底勢力所遺下的脚印罷了。在尋常的方言中有“時代精神”同“地方色彩”兩個名詞，藝術家又常講自創力 originality，各作家有各作家底時代與地方，各團體有各團體底時代與地方，各不皆同；這樣自創力自然有發生底可能了。我們的新詩人若時時不忘我們的“今時”同我們的“此地”，我們自會有了自創力，我們的作品自既不同於今日以前的舊藝術，又不同於中國以外的洋藝術。這個然後纔是我們翹望默禱的新藝術了！

我們的舊詩大體上看來太没有時代精神的變化了。從唐朝起我們的詩發育到成年時期了，以後便似乎不大肯長了，直到這回革命以前，詩底形式同精神還差不多是當初那個老模樣（詞曲同詩相去實不甚遠，現行的新詩却大不同了）。不獨藝術爲然，我們的文化底全體也是這樣，好象吃了長生不老的金丹似的。新思潮底波動便是我們需求時代精神

① 本篇原載 1923 年 6 月 10 日《創造周報》第 5 號。

底覺悟。於是一變而矯枉過正，到了如今，一味地時髦是騖，似乎又把“此地”兩字忘到踪影不見了。現在的新詩中有的是“德謨克拉西”，有的是泰果爾、亞坡羅，有的是“心弦”“洗禮”等洋名詞。但是，我們的中國在那裏？我們四千年的華胄在那裏？那裏是我們的大江，黄河，昆侖，泰山，洞庭，西子？又那裏是我們的《三百篇》,《楚騷》，李，杜，蘇，陸？《女神》關於這一點還不算罪大惡極，但多半的時候在他的抒情的諸作裏他并不强似别人。《女神》中所用的典故，西方的比中國的多多了，例如 Apollo，Venus，Cupid，Bacchus，Prometheus，Hygeia……是屬於神話的；其餘屬於歷史的更不勝枚舉了。《女神》中底西洋的事物名詞處處都是，數都不知從那裏數起。《鳳凰涅槃》底鳳凰是天方國底“菲尼克司”，并非中華的鳳凰。詩人觀畫觀的是 Millet 底 Shepherdess，贊像贊的是 Beethoven 底像。他所羨慕的工人是炭坑裏的工人，不是人力車夫。他聽到鷄聲，不想着笙簧底律吕而想着 orchestra 底音樂。地球底自轉公轉，在他看來，“就好象一個跳舞着的女郎”，太陽又“同那月桂冠兒一樣”。他的心思分馳時，他又“好象個受着磔刑的耶穌”。他又説他的胸中象個黑奴。當然《女神》產生的時候，作者是在一個盲從歐化的日本，他的環境當然差不多是西洋的環境，而且他讀的書又是西洋的書；無怪他所見聞，所想念的都是西洋的東西。但我還以爲這是一個非常的例子，差不多是個畸形的情況。若我在郭君底地位，我定要用一種非常的態度去應付，節制這種非常的情況。那便是我要時時刻刻想着我是個中國人，我要做新詩，但是中國的新詩，我并不要做個西洋人説中國話，也不要人們誤會我的作品是翻譯的西文詩；那末我著作時，庶不致這樣隨便了。郭君是個不相信“做”詩的人；我也不相信没有得着詩的靈感者就可以從揉煉字句中作出好詩來。但郭君這種過於歐化的毛病也許就是太不“做”詩底結果。選擇是創造藝術底程序中最緊要的一層手續，自然的不都是美的；美不是現成的。其實没有選擇便没有藝術，因爲那樣便無以鑒别美醜了。

《女神》還有一個最明顯的缺憾那便是詩中夾用可以不用的西洋文

字了。《雪朝》《演奏會上》兩首詩徑直是中英合璧了。我以爲很多的英文字實没有用原文底必要。如 pantheism，rhythm，energy，disillusion，orchestra，pioneer 都不是完全不能翻譯的，并且有的在本集中他處已經用過譯文的。實在很多次數，他用原文，并非因意義不能翻譯底關係，乃因音節關係，例如——

> 我是全宇宙底 energy 底總量！

象這種地方的的確確是興會到了，信口而出，到了那地方似乎爲音節底圓滿起見，一個單音是不够的，於是就以“恩勒結”（energy）三個音代“力”底一個音。無論作者有意地歐化詩體，或無意地失於檢點，這總是有點講不大過去的。這雖是小地方，但一個成熟的藝術家，自有餘裕的精力顧到這裏，以謀其作品之完美。所以我的批評也許不算過分罷？

我前面提到《女神》之薄於地方色彩底原因是在其作者所居的環境。但環境從來没有對於藝術産品之性質負過完全責任，因爲單是環境不能産生藝術。所以我想日本底環境固應對《女神》之内容負一份責任，但此外定還有别的關係。這個關係我疑心或就是《女神》之作者對於中國文化之隔膜。我們在前篇已看到《女神》怎樣富於近代精神。近代精神——即西方文化——不幸得很，是同我國的文化根本地背道而馳的；所以一個人醉心於前者定不能對於後者有十分的同情與了解。《女神》底作者，這樣看來，定不是對於我國文化真能瞭解，深表同情者。我們看他回到上海，他衹看見——

> 游閑的尸，淫囂的肉，長的男袍，短的女袖，滿目都是骷髏，滿街都是靈柩，亂闖，亂走。

其實他那知道“滿目骷髏”“滿街靈柩”的上海實在就是西方文化

遺下的罪孽？受了西方底毒的上海其實又何異於受了西方底毒的東京，横濱，長崎，神户呢？不過這些日本都市受毒受的更徹底一點罷了。但是這一段閑話是節外生枝，我的本意是要指出《女神》底作者對於中國，祇看見他的壞處，看不見他的好處。他并不是不愛中國，而他確是不愛中國底文化。我個人同《女神》底作者底態度不同之處是在：我愛中國固因他是我的祖國，而尤因他是有他那種可敬愛的文化的國家；《女神》之作者愛中國，祇因他是他的祖國，因爲是他的祖國，便有那種不能引他的敬愛的文化，他還是愛他。愛祖國是情緒底事，愛文化是理智底事。一般所提倡的愛國專有情緒的愛就够了；所以没有理智的愛并不足以詬病一個愛國之士。但是我們現在討論的另是一個問題，是理智上愛國之文化底問題。（或精辨之，這種不當稱愛慕而當稱鑒賞。）

愛國底情緒見於《女神》中的次數極多，比别人的集中都多些。《棠棣之花》，《爐中煤》，《晨安》，《浴海》，《黄浦江口》，都可以作證。但是他鑒賞中國文化底地方少極了，而且不徹底，在《巨炮之教訓》裏他藉托爾斯泰底口氣説道——

> 我愛你是中國人。我愛你們中國的墨與老。

在《西湖紀游》裏他又稱贊——

> 那幾個肅静的西人一心在勘校原稿。

但是既真愛老子爲什麽又要作“飛奔”，“狂叫”，“燃燒”的天狗呢？爲什麽又要吼着——

> 啊啊！不斷的毁壞，不斷的創造，不斷的努力喲！
>
> ——《立在地球邊上放號》

我崇拜創造底精神，崇拜力，崇拜血，崇拜心臟；我崇拜炸彈，崇拜悲哀，崇拜破壞。

——《我是個偶像崇拜者》

我要看你“自我”底爆裂開出血紅的花來哟！

——《新陽關三叠》

我不知道他的到底是個什麼主張。但我衹覺得他喊着創造，破壞，反抗，奮鬥的聲音，比——

倡道慈，儉，不敢先底三寶

底聲音大多了，所以我就决定他的精神還是西方的精神。再者他所歌謳的東方人物如屈原，聶政，聶嫈，都帶幾分西方人底色彩。他愛莊子是爲他的泛神論，而非爲他的全套的出世哲學。他所愛的老子恐怕衹是托爾斯泰所愛的老子。墨子底學説本來很富於西方的成分，難怪他也不反對。

《女神》底作者既這樣富於西方的激動底精神，他對於東方的恬静底美當然不大能領略。《密桑索羅普之夜歌》是個特别而且奇怪的例外。《西湖紀游》不過是自然美之鑒賞。這種鑒賞同鑒賞太宰府，十里松原底自然美，没有什麽分别。

有人提倡什麽世界文學。那麽不顧地方色彩的文學就當有了托辭了嗎？但這件事能不能是個問題，宜不宜又是個問題。將世界各民族底文學都歸成一樣的，恐怕文學要失去好多的美。一樣顔色畫不成一幅完全的畫，因爲色彩是繪畫底一樣要素。將各種文學并成一種，便等於將各種顔色合成一種黑色，畫出一張 sketch 來。我不知道一幅彩畫同一幅單色的 sketch 比，那樣美觀些。西諺曰“變化是生活底香料”。真要建設一個好的世界文學，衹有各國文學充分發展其地方色彩，同時又貫以一種共同的時代精神，然後并而觀之，各種色料雖互相差異，却又互相調和。這便正符那條藝術底金科玉臬“變異中之一律”了。

以上我所批評《女神》之處，非特《女神》爲然，當今詩壇之名將莫不皆然，衹是程度各有深淺罷了。若求糾正這種毛病，我以爲一樁，當恢復我們對於舊文學底信仰，因爲我們不能開天闢地（事實與理論上是萬不可能的），我們衹能够并且應當在舊的基石上建設新的房屋。二樁，我們更應了解我們東方底文化。東方底文化是絶對地美的，是韻雅的。東方的文化而且又是人類所有的最徹底的文化。哦！我們不要被叫囂獷野的西人嚇倒了！

東方的魂喲！
雍容温厚的東方的魂喲！
不在檀香爐上裊裊的輕烟裏了，
虔禱的人們還膜拜些什麼？

東方的魂喲！
通靈潔澈的東方的魂喲！
不在幽篁的疏影裏了，
虔禱的人們還供奉着些什麼？

——梁實秋

泰果爾批評 ①

聽説 Sir Rabindranath Tagore 快到中國來了。這樣一位有名的客人來光臨我們，我們當然是歡迎不暇的了。我對客人來表示了歡迎之後，却有幾句話要向我們自己——特別是我們的文學界——講一講。

無論怎樣成功的藝術家，有他的長處，必有他的短處。泰果爾也逃不出這條公例。所以我們研究他的時候，應該知所取捨。我們要的是明察的鑒賞，不是盲目的崇拜。

哲理本不宜入詩，哲理詩之難於成爲上等的文藝正因這個緣故。許多的人都在這上頭失敗了。泰果爾也曾拿起 Ulysses 底大弓嘗試了一番，他也終於沒有彎得過來。國内最流行的《飛鳥》，作者本來就没有把他當詩做；（這一部格言，語録和“寸鐵詩”是他游歷美國時寫下的。Philadelphia Public Ledger 底記者衹説“從一方面講這些飛鳥是些微小的散文詩”，因爲他們暗示日本詩底短小與輕脆。）我們姑且不必論他。便是那贏得諾貝獎的《偈檀迦利》和那同樣著名的《采果》，其中也有一部分是詩人理智中的一些概念還不曾通過情感的覺識。這裏頭確乎没

① 本篇原載 1923 年 12 月 3 日《時事新報》副刊《文學》第 99 期。文前有如下“編者附言”：

此篇作者由美國寄來，故首句曰：“聽説泰果爾快到中國來了。”自泰果爾來華消息傳布後，國内文壇議論風生，就記者所見到的，前數星期出版的《中國青年》周刊，有實庵先生的一篇《我們爲什麽歡迎泰果爾》，最近出版的《創造周報》上也有沫若先生的一篇《泰果爾來華的我見》；這兩篇文章，都就國内思想界與泰果爾思想的關係立言，而致疑於泰果爾來華之是否必要，或有益的。

我們以爲若要討論“請泰果爾來華”的是否有多大意義，應該從兩方面看：一是思想家的泰果爾對於我國現在青年思想的關係；二是文學家的泰果爾對於我國新文學的關係。就前者而言，記者贊同實庵沫若二位的話——他倆都是説思想家的泰果爾。至於文學家的泰果爾，到中國後對於中國現在的新文學有怎樣的影響，記者以爲無論大小，這所生的影響一定是好的。但這衹是一人的私見，如果大家肯來注意這個問題，那是再好没有了。

聞一多先生此篇文章就是專從文學上討論泰果爾來華之意義的；雖然他的批評不盡與我們的意見相合，然而這文章是有意義的文章，我們很喜歡在此地發表，并且注上這一段附言，恭敬地表明我們對於這個問題的見解。

有詩。誰能把這些哲言看懂了，他所得的不過是猜中了燈謎底勝利的歡樂，决非審美的愉快。這一類的千熬百煉的哲理的金丹正是詩人自己所謂

Life's harvest mellows into golden wisdom.

然而詩家底主人是情緒，智慧是一位不速之客，無須拒絶，也不必强留。至於喧賓奪主却是萬萬行不得的！

《偈檀迦利》同《采果》裏又有一部分是平凡的禱詞。我不懷疑詩人祈禱時候的心境最近於 ecstacy，ecstacy 是情感底最高潮，然而我不能承認這些是好詩。推其理由，也極淺鮮。詩人與萬有冥交的時候，已經先要擺脱現象，忘棄肉體之存在，而泯没其自我於虛無之中。這種時候，一切都没有了，那裏還有言語，更那裏還有詩呢？詩人在别處已説透了這一層秘密——他説在上帝底面前他的心靈 vainly struggles for a voice。從來贊美詩（hymns）中少有佳作，正因作者要在“入定”期中説話；首先這種態度就不誠實了，講出的話，怎能感人呢？若擇定在準備“入定”之前期或回憶“入定”之後期爲詩中之時間，而以現象界爲其背景，那便好説話了，因爲那樣纔有説話底餘地。

泰果爾底文藝底最大的缺憾是没有把捉到現實。文學是生命底表現，便是形而上的詩也不外此例。普遍性是文學底要質而生活中的經驗是最普遍的東西，所以文學底宫殿必須建在生命底基石上。形而上學惟其離生活遠，要他成爲好的文學，越發不能不用生活中的經驗去表現。形而上的詩人若没有將現實好好地把捉住，他的詩人的資格恐怕要自行剥奪了。

印度的思想本是否定生活的，嚴格講來，不宜於藝術底發展。泰果爾因爲受了西方文化底陶染，他的思想已經不是標類的印度思想了。他曾宣言了——Deliverance is not for me in renunciation；然而西方思想究竟祇是在浮面上粘貼着，印度的根性依然藏伏在裏邊不曾損壞。他懷慕死

亡的時候，究竟比歌謳生命的時候多些。從他的藝術上看來，他在這世界裏果然是一個生疏的旅客。他的言語，充滿了抽象的字樣，是另一個世界底方言，不象我們這地球上的土語。他似乎不大認識我們的環境與風俗，因爲他提到這些東西的時候，衹是些膚淺的觀察，而且他的意義總是難得捉摸。總而言之，他的舉止吐屬，無一樣不現着 outlandish，無怪乎他常感着

homesick……for the one sweet hour across the sea of time,

因爲他不曾明白地講過了嗎？

I came to your shore as a stranger, I lived in your house as a guest……my earth.

泰果爾雖然愛好自然，但他愛的是泛神論的自然界。他并不愛自然底本身，他所愛的是 the simple meaning of thy whisper in showers and sunshine，是 God's great powet……in the gentle breeze，是鳥翼，星光同四季的花卉所隱藏着的，the unseen way。人生也不是泰果爾底文藝底對象，衹是他的宗教底象徵。穿絳色衣服的行客，在床上尋找花瓣的少女，僕人或新婦在門口佇望主人回家，都是心靈向往上帝底象徵；一個老人坐在小船上鼓瑟，不是一個真人，乃是上帝底原身。詩人底“父親”，“主人”，“愛人”，“弟兄”，“朋友”都不是血肉做的人，實在便是上帝。泰果爾記載了一些自然的現象，但没有描寫他們；他衹感到靈性的美；而不賞識官覺的美。泰果爾也摘録了些人生的現象，但没有表現出人生中的戲劇；他不會從人生中看出宗教，衹用宗教來訓釋人生。把這些辨别清楚了，我們便知道泰果爾何以没有把捉住現實；由此我們又可以斷言詩人的泰果爾定要失敗，因爲前面已經講過了，文學底宫殿必須建在現實的人生底基石上。果然我們讀《偈檀迦利》，《采果》，《園

丁》,《新月》等等，我們彷彿寄身在一座雲霧的宮闕裏，那裏衹有時隱時現，似人非人的生物。我們初到之時，未嘗不覺得新奇可喜；然而待久一點，便要感着一種可怕的孤寂，這時我們渴求的衹是與我們同類的人，我們要看看人底舉動，要聽聽人底聲音，纔能安心。我們在泰果爾底世界裏要眷念着我們的家鄉，猶之泰果爾在我們的地球上時時懷想他的故土一樣。

多半的時候泰果爾衹能訴於我們的腦筋[1]，他常常能指點出一個出人意外入人意中的真理來。但是他并不能激動我們的情緒，使我們感覺到生活底溢流。這也是沒有把捉住人生底結果。他若是勉强彈上了情緒之弦，他的音樂不失之於渺茫，便失之於纖弱。渺茫到了玄虛的時候，便等於沒有音樂！纖弱底流弊能流於感傷主義。我們知道做《新月》的泰果爾很能瞭解兒童，却不料他自己竟變成一個兒童了，因爲感傷主義正是兒童與[2]婦女底情緒。（寫到這裏，我記起中國最善學泰果爾的是一個女作家；必是詩人底作品中女性底成分纔能引起女人底共鳴。）泰果爾底詩是清淡，然而太清淡，清淡到空虛了；泰果爾的詩是秀麗，然而太秀麗，秀麗到纖弱了。Mr. John Macy 批評《園丁》裏一首詩講道：（it）would be faintly impressive if Walt Whitman had never lived，我們也可以講若是李杜没有生，韋孟也許可以作中國的第一流詩人了。

在藝術方面泰果爾更不足引人入勝。他是個詩人，而不是個藝術家。他的詩是没有形式的。我講這一句話恐怕又要觸犯許多人底忌諱。但是我不能相信没有形式的東西怎能存在，我更不能明瞭若没有形式，藝術怎能存在！固定的形式不當存在；但是那和形式的本身有什麼關係呢？我們要打破一種固定的形式，目的是要得到許多變異的形式罷了。泰果爾底詩不但没有形式，而且可説是没有廓綫。因爲這樣，所以單調成了他的特性。我們試讀他的全部的詩集，從頭到尾，都彷彿是些不成形體，没有色彩的 amoeba 式的東西。我們還要記好這是些抒情詩。别

---

① “筋”，原作“經”。

② “與”，原作“者”，據開明版《聞一多全集》改。

種的詩若是可以離形體而獨立，抒情詩是萬萬不能的。Walter Pater 講了："抒情詩至少從藝術上講來是最高尚最完美的詩體，因爲我們不能使其形式與内容分離而不影響其内容之本身。"

泰果爾底詩之所以偉大是因爲他的哲學，論他的藝術實在平庸得很。他在歐洲的聲望也是靠他詩中的哲學贏來的。至於他的知音夏芝所以賞識他，有兩種潛意識的私人的動機，也不必仔細去講他。但是我們要估定泰果爾底真價值，就不當取歐洲人底態度或夏芝底態度，也不當因爲作者與自己同是東方人，又同屬於倒霉的民族而受一種感傷作用底支配；我們但當保持一種純客觀的，不關心的 disinterested 態度。若真能用這種透視法去觀賞泰果爾底藝術，我想我們對於這位詩人底價值定有一番新見解。於今我們的新詩已經够空虛，够纖弱，够偏重理智，够缺乏形式的了，若再加上泰果爾底影響，變本加厲，將來定有不可救藥的一天。希望我們的文學界注意。

美國著名女詩人羅艾爾逝世①

羅艾爾女士（Amy Lowell）是映象派（lmagist School）的首領。她是詩人，批評家，著作家，翻譯家。她的詩名與 Robert Frost，Edwin Arlington Robinson，Edgar Lee Masters，Vachel Lindsay， 及 Carl Sandberg 諸人并稱爲美國當代六大家。她的詩集是 A Dome of Many—Colored Glass（1912），Sword Blade and Poppy Seed（1914），Men，Women and Ghosts（1916），Can Grande's Castle（1918），Pictures of the Floating World（1919）。她又寫了兩本批評，一本是 Six French Poets，一本是 Tendency in Modern American Poetry。她最近寫的《濟慈傳》，材料的豐富，考證的精核，持論的公允，推爲空前的杰作。她又同 Mrs.Ascough 合作翻譯了一本中國詩名曰《松花箋》（Fir Flower Tablets）。其中以李太白的作品爲最多。羅艾爾女士對於中國詩有極大的敬仰，她的創作往往模仿中國詩，具有特異的風味。這位女詩人就是詩人 James Russell Lowell 的侄孫女，現任哈佛大學校長 Abbot Lawrence Lowell 是她的哥哥。她生於一八七四年二月九日，死於一九二五年五月十二日。她的死是美國文學界的大損失。她死了，中國的文學與文化失了一個最有力的同情者。

一多識

① 本篇原載 1925 年 7 月 1 日《京報副刊》第 195 號。

文藝與愛國——紀念三月十八[1]

鐵獅子胡同大流血之後《詩刊》就誕生了，本是碰巧的事，但是誰能説《詩刊》與流血——文藝與愛國運動之間没有密切的關係？

“愛國精神在文學裏，”我讓德林克瓦特講，“可以説是與四季之無窮感興，與美的逝滅，與死的逼近，與對婦人的愛，是一種同等重要的題目。”愛國精神之表現於中外文學裏已經是層出不窮，數不勝數了。愛國運動能够和文學復興互爲因果，我衹舉最近的一個榜樣——愛爾蘭，便是明確的證據。

我們的愛國運動和新文學運動何嘗不是同時發軔的？他們原來是一種精神的兩種表現。在表現上兩種運動一向是分道揚鑣的。我們也可以説正因爲他們没有携手，所以愛國運動的收效既不大，新文學運動的成績也就有限了。

愛爾蘭的前例和我們自己的事實已經告訴我們了：這兩種運動合起來便能互收效益，分開來定要兩敗俱傷。所以《詩刊》的誕生剛剛在鐵獅子胡同大流血之後，本是碰巧的；我却希望大家要當他不是碰巧的。我希望愛自由，愛正義，愛理想的熱血要流在天安門，流在鐵獅子胡同，但是也要流在筆尖，流在紙上。

同是一種熱烈的情懷，犀利的感覺，見了一片[2]紅葉掉下地來，便要百感交集，“泪浪滔滔”，見了十三齡童的赤血在地下踩成泥漿子，反而漠然無動於中。這是不是不近人情？我并不要詩人替人道主義同一切的什麽主義捧場。因爲講到主義便是成見了。理性鑄成的成見是藝術的致命傷；詩人應該能超脱這一點。詩人應該是一張留聲機的片子，鋼針一碰着他就響。他自己不能决定什麽時候響，什麽時候不響。他完全是被動的。他是不能自主，不能自救的。詩人做到了這個地步，便包羅萬有，與宇宙契合了。换句話説，這就是所謂偉大的同情心——藝術的真

① 本篇原載 1926 年 4 月 1 日《晨報副刊 · 詩鎸》第 1 號。

② “片”，原作“個”，據開明版《聞一多全集》改。

源。

并且同情心發達到極點，刺激來得强，反動也來得强，也許有時僅僅一點文字上的表現還不够，那便非現身說法不可了。所以陸游一個七十衰翁要“泪灑龍床請北征”，拜倫要戰死在疆場上了。所以拜倫最完美，最偉大的一首詩也便是這一死。所以我們覺得諸志士們三月十八日的死難不僅是愛國，而且是最偉大的詩。我們若得着死難者的熱情的一部分，便可以在文藝上大成功；若得着死難者的熱情的全部，便可以追他們的踪迹，殺身成仁了。

因此我們就將《詩刊》開幕的一日最虔誠的獻給這次死難的志士們了！

鄧以蟄《詩與歷史》附識①

作者本來受了一位朋友的委托，打算替一本新詩寫點批評，結果批評没有寫成，却在病中化了三通夜的心血草成了這一篇刊心刻骨，詰屈聱牙的論文。作者本不想發表他，但是文章終於發表在《詩刊》上了，那是經我幾次懇求的結果。我既替《詩刊》拉了這篇稿子，就有替《詩刊》的讀者介紹這篇稿子的義務。刊物上登一篇文章并没有需要介紹的通例；有這種需要没有，可全靠那文章的價值如何了。

作者一向在刊物上發表的文章并不多（恐怕總在五數以下），但是没有一篇不詰屈聱牙，使讀者頭痛眼花，茫無所得，所以也没有一篇不刊心刻骨，博大精深，衹要你肯埋着頭，咬着牙，在岩石裏邊尋求金子，在海洋絶底討索珍珠。如今有的是咳嗽成璣珠的漂亮文字，有的是嬉笑怒駡皆成文章的大手筆。但是在病中拼着三通夜的心血，製造出這樣一篇讓人看了頭痛眼花的東西出來，可真傻了！聰明人誰犯得上挨這種駡！但是我以爲在這文藝批評界正患着血虚症的時候，我們正多要幾個傻人出來賜給我們一點調補劑纔好。調補劑不一定象山珍海味那樣適味可口，但是他於我們有益。

作者這篇文有兩層主要的意思：（一）懷疑學術界以科學方法整理國故，研究歷史的時論。（二）診斷文藝界的賣弄風騷專尚情操，言之無物的險症。他的結論是歷史與詩應該携手；歷史身上要注射些感情的血液進去，否則歷史家便是發墓的偷兒，歷史便是出土的僵尸；至於詩這個東西，不當專門以油頭粉面，嬌聲媚態去逢迎人，她也應該有點骨格，這骨格便是人類生活的經驗，便是作者所謂“境遇”。這第二個意思也便和阿諾德的定義：“詩是生活的批評”正相配合 9

以上不過是本篇的大意。但是篇中可寶貴的意見不止這一點。差不

① 本篇原載 1926 年 4 月 8 日《晨報副刊·詩鐫》第 2 號，附印在鄧以蟄的論文《詩與歷史》前。

多全篇每一句是孫悟空身上的一根毫毛，每一根毫毛可以變成一個齊天大聖，每一個齊天大聖可以一筋斗打到四萬八千里路之遠。這裏面的神秘我可没有法子一一的解釋，還請讀者各人自己去領會罷。假如你因爲那詰屈聱牙的文字，望難生畏，以致失掉了石心的金子，海底的珍珠，那我可衹好告訴你一句話："你活該！"

我也可以附帶的介紹作者另外的二篇文字：

（一）《藝術家的難關》（《晨報副刊》）

（二）《從林風眠的畫論到中西畫的異同》（《現代評論》第三卷第六十七期）

一多附識

詩的格律 ①

一

假定“游戲本能説”能够充分的解釋藝術的起源，我們儘可以拿下棋來比做詩；棋不能廢除規矩，詩也就不能廢除格律。（格律在這裏是form的意思。“格律”兩個字最近含着了一點壞的意思；但是直譯form爲形體或格式也不妥當。并且我們若是想起form和節奏是一種東西，便覺得form譯作格律是没有什麽不妥的了。）假如你拿起棋子來亂擺布一氣，完全不依據下棋的規矩進行，看你能不能得到什麽趣味？游戲的趣味是要在一種規定的條律之内出奇致勝。做詩的趣味也是一樣的。假如詩可以不要格律，做詩豈不比下棋、打球、打麻將還容易些嗎？難怪這年頭兒的新詩“比雨後的春笋還多些”。我知道這些話準有人不願意聽。但是Bliss Perry教授的話來得更古板。他説“差不多没有詩人承認他們真正給格律縛束住了。他們樂意帶着脚鐐跳舞，并且要帶别個詩人的脚鐐”。

這一段話傳出來，我又斷定許多人會跳起來，喊着“就算它是詩，我不做了行不行？”老實説，我個人的意思以爲這種人就不做詩也可以，反正他不打算來帶脚鐐，他的詩也就做不到怎樣高明的地方去。杜工部有一句經驗語很值得我們揣摩的，“老去漸於詩律細。”

詩國裏的革命家喊道“皈返自然！”他們以爲有了這四個字，便師出有名了。其實他們要知道自然界的格律，雖然有些象蛛絲馬迹，但是依然可以找得出來。不過自然界的格律不圓滿的時候多，所以必須藝術來補充它。這樣講來，絶對的寫實主義便是藝術的破産。“自然的終點便是藝術的起點”，王爾德説得很對。自然并不盡是美的。自然中有美

① 本篇原載1926年5月13日《晨報副刊·詩鐫》第7號。

的時候，是自然類似藝術的時候。最好拿造型藝術來證明這一點。我們常常稱贊美的山水，講它可以入畫。的確中國人認爲美的山水，是以象不象中國的山水畫做標準的。歐洲文藝復興以前所認爲女性的美，從當時的繪畫裏可以證明，同現代的女性美的觀念完全不合；但是現代的觀念又同希臘的雕像所表現的女性美相符了。這是因爲希臘雕像的出土，促成了文藝復興，文藝復興以來，藝術家描寫美人，都拿希臘的雕像做藍本，因此便改造了歐洲人的女性美的觀念。我在趙甌北的一首詩裏發現了同類的見解。

> 絶似盆池聚碧孱，嵌空石笋滿江灣。
> 化工也愛翻新樣，反把真山學假山。

這徑直是講自然在模仿藝術了。自然界當然不是絶對没有美的。自然界裏面也可以發現出美來，不過那是偶然的事。偶然在言語裏發現了一點類似詩的節奏，便説言語就是詩，便要打破詩的音節，要它變得和言語一樣——這真是詩的自殺政策了。（注意我并不反對用土白做詩，我并且相信土白是我們新詩的領域裏一塊非常肥沃的土壤，理由等將來再仔細的討論。我們現在要注意的衹是土白可以“做”詩；這“做”字便説明了土白須要經過一番鍛煉選擇的工作然後纔能成詩。）詩的所以能激發情感，完全在它的節奏；節奏便是格律。莎士比亞的詩劇裏往往遇見情緒緊張到萬分的時候，便用韻語來描寫。葛德作《浮士德》也曾采用同類的手段，在他致席勒的信裏并且提到了這一層。韓昌黎“得窄韻則不復傍出，而因難見巧，愈險愈奇……”這樣看來，恐怕越有魄力的作家，越是要帶着脚鐐跳舞纔跳得痛快，跳得好。衹有不會跳舞的纔怪脚鐐礙事。衹有不會做詩的纔感覺得格律的縛束。對於不會作詩的，格律是表現的障礙物；對於一個作家，格律便成了表現的利器。

又有一種打着浪漫主義的旗幟來向格律下攻擊令的人。對於這種人，我衹要告訴他們一件事實。如果他們要象現在這樣的講什麽浪漫主義，就等於承認他們没有創造文藝的誠意。因爲，照他們的成績看來，他們壓根兒就没有注意到文藝的本身，他們的目的衹在披露他們自己的原形。顧影自憐的青年們一個個都以爲自身的人格是再美没有的，衹要把這個赤裸裸的和盤托出，便是藝術的大成功了。你没有聽見他們天天唱道“自我的表現”嗎？他們確乎衹認識了文藝的原料，没有認識那將原料變成文藝所必需的工具。他們用了文字作表現的工具，不過是偶然的事。他們最稱心的工作是把所謂“自我”披露出來，是讓世界知道“我”也是一個多才多藝，善病工愁的少年；并且在文藝的鏡子裏照見自己那倜儻的風姿，還帶着幾滴多情的眼泪，啊！啊！那是多麽有趣的事！多麽浪漫！不錯，他們所謂浪漫主義，正浪漫在這一點上，和文藝的派别絶不發生關係。這種人的目的既不在文藝，當然要他們遵從詩的格律來做詩，是絶對辦不到的；因爲有了格律的範圍，他們的詩就根本寫不出來了，那豈不失了他們那“風流自賞”的本旨嗎？所以嚴格一點講起來，這一種僞浪漫派的作品，當它作把戲看可以，當它作西洋鏡看也可以，但是萬不能當它作詩看。格律不格律，因此就談不上了。讓他們來反對格律，也就没有辯駁的價值了。

上面已經講了格律就是 form。試問取消了 form，還有没有藝術？上面又講到格律就是節奏。講到這一層更可以明瞭格律的重要；因爲世上衹有節奏比較簡單的散文，决不能有没有節奏的詩。本來詩一向就没有脱離過格律或節奏。這是没有人懷疑過的天經地義。如今却什麽天經地義也得有證明纔能成立？是不是？但是爲什麽鬧到這種地步呢——人人都相信詩可以廢除格律？也許是“安拉基”精神，也許是好時髦的心理，也許是偷懶的心理，也許是藏拙的心理，也許是……那我可不知道了。

二

前面已經稍稍講了講詩爲什麽不當廢除格律。現在可以將格律的原質分析一下了。從表面上看來，格律可從兩方面講:（一）屬於視覺方面的，（二）屬於聽覺方面的。這兩類其實不[1]當分開來講，因爲它們是息息相關的。譬如屬於視覺方面的格律有節的勻稱，有句的均齊。屬於聽覺方面的有格式，有音尺，有平仄，有韻脚；但是没有格式，也就没有節的勻稱，没有音尺，也就没有句的均齊。

關於格式、音尺、平仄、韻脚等問題，本刊上已經有饒孟侃先生論新詩的音節的兩篇文章討論得很精細了。不過他所討論的是從聽覺方面着眼的。至於視覺方面的兩個問題，他却没有提到。當然視覺方面的問題比較占次要的位置。但是在我們中國的文學裏，尤其不當忽略視覺一層，因爲我們的文字是象形的，我們中國人鑒賞文藝的時候，至少有一半的印象是要靠眼睛來傳達的。原來文學本是占時間又占空間的一種藝術。既然占了空間，却又不能在視覺上引起一種具體的印象——這本是歐洲文字的一個缺憾。我們的文字有了引起這種印象的可能，如果我們不去利用它，真是可惜了。所以新詩采用了西文詩分行寫的辦法，的確是很有關係的一件事。姑無論開端的人是有意的還是無心的，我們都應該感謝他。因爲這一來，我們纔覺悟了詩的實力不獨包括音樂的美（音節），繪畫的美（詞藻），并且還有建築的美（節的勻稱和句的均齊）。這一來，詩的實力上又添了一支生力軍，詩的聲勢更加浩大了。所以如果有人要問新詩的特點是什麽，我們應該回答他：增加了一種建築美的可能性是新詩的特點之一。

近來似乎有不少的人對於節的勻稱和句的均齊表示懷疑，以爲這是復古的象徵。做古人的真倒霉，尤其做中華民國的古人！你想這事怪不怪？做孔子的如今不但“聖人”“夫子”的徽號鬧掉了，連他自己的名號也都給褫奪了，如今祇有人叫他作“老二”；但是耶穌依然是耶穌基督，蘇格拉提依然是蘇格拉提。你做詩摹仿十四行體是可以的，但是你得十二分的小心，不要把它做得象律詩了。我真不知道律詩爲什麽這樣

① “不”，原作“又”，參酌文意改。

可惡，這樣卑賤！何況用語體文寫詩寫到同律詩一樣，是不是可能的？并且現在把節做到匀稱了，句做到均齊了，這就算是律詩嗎？

誠然，律詩也是具有建築美的一種格式；但是同新詩裏的建築美的可能性比起來，可差得多了。律詩永遠祇有一個格式，但是新詩的格式是層出不窮的。這是律詩與新詩不同的第一點。做律詩，無論你的題材是什麼，意境是什麼，你非得把它擠進這一種規定的格式裏去不可，彷彿不拘是男人，女人，大人，小孩，非得穿一種樣式的衣服不可。但是新詩的格式是相體裁衣。例如《采蓮曲》的格式决不能用來寫《昭君出塞》，《鐵道行》的格式决不能用來寫《最後的堅决》，《三月十八日》的格式决不能用來寫《尋找》。在這幾首詩裏面，誰能指出一首内容與格式，或精神與形體不調和的詩來，我倒願意聽聽他的理由。試問這種精神與形體調和的美，在那印板式的律詩裏找得出來嗎？在那亂雜無章，參差不齊，信手拈來的自由詩裏找得出來嗎？

律詩的格律與内容不發生關係，新詩的格式是根據内容的精神製造成的。這是它們不同的第二點。律詩的格式是别人替我們定的，新詩的格式可以由我們自己的意匠來隨時構造。這是它們不同的第三點。有了這三個不同之點，我們應該知道新詩的這種格式是復古還是創新，是進步還是退化。

現在有一種格式：四行成一節，每句的字數都是一樣多。這種格式似乎用得很普遍。尤其是那字數整齊的句子，看起來好象刀子切的一般，在看慣了參差不齊的自由詩的人，特别覺得有點希奇。他們覺得把句子切得那樣整齊，該是多麼麻煩的工作。他們又想到做詩要是那樣的麻煩，詩人的靈感不完全毁壞了嗎？靈感毁了，還那裏去找詩呢？不錯，靈感毁了，詩也毁了。但是字句鍛煉得整齊，實在不是一件難事；靈感决不致因爲這個就會受了損失。我曾經問過現在常用整齊的句法的幾個作者，他們都這樣講；他們都承認若是他們的那一首詩没有做好，祇應該歸罪於他們還没有把這種格式用熟；這種格式的本身不負絲毫的責任。我們最好舉兩個例來對照着看一看，一個例是句法不整齊的；一個是整齊的，看整齊與凌亂的句法和音節的美醜有關係没有——

“我願透着寂静的朦朧，薄淡的浮紗，
細聽着淅淅的細雨寂寂的在檐上，激打遥對着遠遠吹來的空虚中的嘘嘆的聲音，
意識着一片一片的墜下的輕輕的白色的落花。”

“説到這兒，門外忽然風響，
老人的臉上也改了模樣；
孩子們驚望着他的臉色，
他也驚望着炭火的紅光。”

到底那一個的音節好些——是句法整齊的，還是不整齊？更徹底的講來，句法整齊不但於音節没有妨礙，而且可以促成音節的調和。這話講出來，又有人不肯承認了。我們就拿前面的證例分析一遍，看整齊的句法同調和的音節是不是一件事。

孩子們 | 驚望着 | 他的 | 臉色
他也 | 驚望着 | 炭火的 | 紅光

這裏每行都可以分成四個音尺，每行有兩個“三字尺”（三個字構成的音尺之簡稱，以後仿此）和兩個“二字尺”，音尺排列的次序是不規則的，但是每行必須還他兩個“三字尺”兩個“二字尺”的總數。這樣寫來，音節一定鏗鏘，同時字數也就整齊了。所以整齊的字句是調和的音節必然產生出來的現象。絶對的調和音節，字句必定整齊。（但是反過來講，字數整齊了，音節不一定就會調和，那是因爲衹有字數的整齊，没有顧到音尺的整齊——這種的整齊是死氣板臉的硬嵌上去的一個整齊的框子，不是充實的内容產生出來的天然的整齊的輪廓。）

這樣講來，字數整齊的關係可大了，因爲從這一點表面上的形式，可以證明詩的内在的精神——節奏的存在與否。如果讀者還以爲前面的證例不够，可以用同樣的方法分析我的《死水》。

這首詩從第一行

這是｜一溝｜絶望的｜死水

起，以後每一行都是用三個“二字尺”和一個“三字尺”構成的，所以每行的字數也是一樣多。結果，我覺得這首詩是我第一次在音節上最滿意的試驗。因爲近來有許多朋友懷疑到《死水》這一類麻將牌式的格式，所以我今天就順便把它説明一下。我希望讀者注意，新詩的音節，從前面所分析的看來，確乎已經有了一種具體的方式可尋。這種音節的方式發現以後，我斷言新詩不久定要走進一個新的建設的時期了。無論如何，我們應該承認這在新詩的歷史裏是一個軒然大波。這一個大波的蕩動是進步還是退化，不久也就自然有了定論。

詩人的橫蠻[①]

孔子教小子，教伯魚的話，正如孔子一切的教訓，在這年頭兒，都是犯忌諱的。依孔子的見解，詩的靈魂是要“温柔敦厚”的。但是在這年頭兒，這四個字千萬説不得，説出了，便證明你是個弱者。當一個弱者是極寒愴的事，特別是在這一個橫蠻的時代。在這時代裏，連詩人也變橫蠻了；做詩不過是用比較斯文的方法來施行橫蠻的伎倆。我們的詩人早起聽見鳥兒叫了幾聲，或是上萬牲園逛了一逛，或是接到一封情書了……你知道——或許他也知道這都不是什麼了不得的事件，够不上爲它們就得把安居樂業的人類都給驚動了。但是他一時興會來了，會把這消息用長短不齊的句子分行寫了出來，硬要編輯先生們給它看過幾遍，然後又耗費了手民的筋力給它排印了，然後又占據了上千上萬的讀者的光陰給它讀完了，最末還要叫世界，不管三七二十一，承認他是一個天才。你看這是不是橫蠻？并且他憑空加了世界這些擔負，要是那一方面——編輯，手民或讀者——對他大意了一點，他便又要大發雷霆，駡這世界盲目，冷酷，殘忍，蹂躪天才……這種行爲不是橫蠻是什麼？再如果你好心好意對他這作品下一點批評，説他好，那固然算你没有瞎眼睛，你要是敢説了他半個壞字，那你可觸動了太歲，他能咒到你全家都死盡了。試問這不是橫蠻是什麼？

我看如果詩人們一定要這樣橫蠻，這樣驕縱，這樣跋扈，最好早晚由政府頒布一個優待詩人的條例，請詩人們都帶上平頂帽子，穿上灰色的制服（最好是粉紅色的，那最合他們的身分）以表他們是屬於享受特殊權利的階級，并且仿照優待軍人的辦法，電車上，公園裏，戲園裏……都准他們自由出入，讓他們好隨時隨地尋求靈感。反正他們享受的權利已經不少了，政府不如賣一個面子，追認一下。但是我怕這一來，中國詩人一向的“温柔敦厚”之風會要永遠滅絶了！

---

① 本篇原載1926年5月27日《晨報副刊·詩鎸》第9號，署名一多。

戲劇的歧途[①]

近代戲劇是碰巧走到中國來的。他們介紹了一位社會改造家——易卜生。碰巧易卜生曾經用寫劇本的方法宣傳過思想，於是要易卜生來，就不能不請他的“問題戲”——《傀儡之家》,《群鬼》,《社會的柱石》等等了。第一次認識戲劇既是從思想方面認識的，而第一次的印象又永遠是有威權的，所以這先入爲主的“思想”便在我們腦筋[②]裏，成了戲劇的靈魂。從此我們彷彿説思想是戲劇的第一個條件。不信，你看後來介紹蕭伯納，介紹王爾德，介紹哈夫曼，介紹高斯俄綏……那一次不是注重思想，那一次介紹的真是戲劇的藝術？好了，近代戲劇在中國，是一位不速之客；戲劇是沾了思想的光，僥幸混進中國來的。不過藝術不能這樣没有身分。你没有誠意請他，他也就同你開玩笑了，他也要同你虛與委蛇了。

現在我們許覺悟了。現在我們許知道便是易卜生的戲劇，除了改造社會，也還有一種更純潔的——藝術的價值。但是等到我們覺悟的時候，從前的錯誤已經長了根，要移動它，已經有些吃力了。從前没有專誠敦請過戲劇，現在得到了兩種教訓。第一，這幾年來我們在劇本上所得的收成，差不多都是些稗子，缺少動作，缺少結構，缺少戲劇性，充其量不過是些能讀不能演的 closet drama 罷了。第二，因爲把思想當作劇本，又把劇本當作戲劇，所以縱然有了能演的劇本，也不知道怎樣在舞臺上表現了。

劇本或戲劇文學，在戲劇的家庭裏，的確是一個問題。衹就現在戲劇完成的程序看，最先産生的，當然是劇本。但是這是丢掉歷史的説話。從歷史上看來，劇本是最後補上的一樣東西，是演過了的戲的一種記録。現在先寫劇本，然後演戲。這種戲劇的文學化，大家都認爲是戲劇的進化。從一方面講，這當然是對的，但是從另一方面講，可又錯

---

① 本篇原載 1926 年 6 月 24 日《晨報副刊·劇刊》第 2 期，署名夕夕。

② “筋”，原作“經”。

了。老實説，誰知道戲劇同文學拉攏了，不就是戲劇的退化呢？藝術最高的目的，是要達到“純形”pureform 的境地，可是文學離這種境地遠着了。你可知道戲劇爲什麼不能達到“純形”的涅槃世界嗎？那都是害在文學的手裏。自從文學加進了一份兒，戲劇便永遠注定了是一副俗骨凡胎，永遠不能飛升了；雖然它還有許多的助手——有屬於舞蹈的動作，屬於繪畫建築的布景，甚至還有音樂，那仍舊是没有用的。你們的戲劇家提起筆來，一不小心，就有許多不相干的成分粘在他筆尖上了——什麼道德問題，哲學問題，社會問題……都要粘上來了。問題粘的愈多，純形的藝術愈少。這也難怪。文學，特别是戲劇文學之容易招惹哲理和教訓一類的東西，如同腥膻的東西之招惹螞蟻一樣。你簡直没有辦法。一齣戲是要演給大衆看的；没有觀衆，也就没有戲，嚴格的講來。好了，你要觀衆看，你就得拿他們喜歡看，容易看的，給他們看。假若你們的戲劇家的成功的標準，又衹是寫齣戲來，演了，能够叫觀衆看得懂，看得高興。那麼他寫起戲來，準是一些最時髦的社會問題，再配上一點作料，不拘是愛情，是命案，都可以。這樣一來，社會問題是他們本地當時的切身的問題，準看得懂；愛情，命案，永遠是有趣味的，準看得高興。

這樣一齣戲準能哄動一時。然後戲劇家可算成功了。但是，戲劇的本身呢？藝術呢？没有人理會了。犯這樣毛病的，當然不衹戲劇家。譬如一個畫家，若是没有真正的魄力來找出“純形”的時候，他便摹仿照像了，描漂亮臉子了，講故事了，談道理了，做種種有趣味的事件，總要使得這一幅畫有人瞭解，不管從那一方面去瞭解。本來做有趣味的事件是文學家的慣技。就講思想這個東西，本來同“純形”是風馬牛不相及的，但是那一件文藝，完全脱離了思想，能够站得穩呢？文字本是思想的符號，文學既用了文字作工具，要完全脱離思想，自然辦不到。但是文學專靠思想出風頭，可真是没出息了。何況這樣出風頭是出不出去的呢？誰知道戲劇拉到文學的這一個弱點當作寶貝，一心衹想靠這一點東西出風頭，豈不是比文學還要没出息嗎？其實這樣鬧總是没有好處的。你儘管爲你的思想寫戲，你寫出來的，恐怕總衹有思想，没有戲。果然，你看我們這幾年來所得的劇本裏，不是没有問題，哲理，教訓，牢騷，但是它禁不起表演，你有什麽辦法呢？况且這樣表現思想，也不准表現得好。那可真冤了！爲思想寫戲，戲當然没有，思想也表現不出。“賠了夫人又折兵”，誰説這不是相當的懲罰呢？

不錯，在我們現在這社會裏，處處都是問題，處處都等候着易卜生，肖伯納的筆尖來給它一種猛烈的戟刺。難怪青年的作家個個手癢，都想來嘗試一下。但是，我們可知道真正有價值的文藝，都是“生活的批評”；批評生活的方法多着了，何必限定是問題戲？莎士比亞没有寫過問題戲，古今有誰批評生活比他更批評得透徹的？辛格批評生活的本領也不差罷？但是他何嘗寫過問題戲？衹要有一個脚色，便叫他會講幾句時髦的駡人的話，不能算是問題戲罷？總而言之，我們該反對的不是戲裏含着什麽問題；若是因爲有一個問題，便可以隨便寫戲，那就把戲看得太不值錢了。我們要的是戲，不拘是那一種的戲。若是僅僅把屈原，聶政，卓文君，許多的古人拉起來，叫他們講了一大堆社會主義，德謨克拉西，或是婦女解放問題，就可以叫作戲，甚至於叫作詩劇，老實説，這種戲，我們寧可不要。

因爲注重思想，便衹看得見能够包藏思想的戲劇文學，而看不見戲劇的其餘的部分。結果，到於今，不三不四的劇本，還數得上幾個，至於表演同布景的成績，便幾等於零了。這樣做下去，戲劇能够發達嗎？你把稻子割了下來，就可以擺碗筷，預備吃飯了嗎？你知道從稻子變成飯，中間隔着了好幾次手續；可知道從劇本到戲劇的完成，中間隔着的手續，是同樣的複雜？這些手續至少都同劇本一樣的重要。我們不久就要一件件的討論。

先拉飛主義[1]

味摩詰之詩，詩中有畫；觀摩詰之畫，畫中有詩。

——《東坡志林》

首先這題目許用得着給下一點注脚。

最初用“先拉飛”這名詞的是僑寓在意大利的一群法國畫家，他們的目的是要在畫裏恢復中世紀的——拉飛兒（Raphael）以前的樸質的作風。現在講到“先拉飛派”，它[2]是指英國的羅瑟蒂（Dante Gabriel Rossetti），韓德（Holman Hunt）和米雷（Sir John Millais）等等七個人。“先拉飛兄弟會”（The Pre-Raphaelite Brotherhood）是在一八四八年組織的；内中有畫家，有雕刻家，有詩人。他們在畫上簽名便簡寫爲P.R.B.。他們的言論機關叫作《胚胎》(The Germ)。他們會同批評家羅斯金，主張掃除拉飛兒以後的種種秀麗，纖弱的習氣，恢復早期作家的簡潔，真誠與篤實；還有當時那物質的潮流和懷疑的思想，他們也要矯正，因此他們要在畫裏表現出那中世紀的“驚異，虔誠，和懔栗”等等的宗教情調。這運動的壽命并不長。不久“兄弟們”漸漸分散了，各人走上各人自己的蹊徑，於是“先拉飛兄弟會”就無形的瓦解了。可是這次運動，在英國藝術上，確乎深深的印了一個戳記，特别是在裝飾藝術上的影響很深。

以上可算“先拉飛運動”的一篇簡明的歷略。“先拉飛主義”給當時的批評界引起了不少的争辯。這主義所包含的原則很多，可討論的也實在不少。我們現在要談的，單是“先拉飛派”的畫與“先拉飛派”的詩，兩者之間互相的關係，和這種關係的評價。

文學裏的“先拉飛主義”是個借用的名詞。“先拉飛主義”在文學裏并没有明確的定義。爲便利起見，我們纔借它來標明當時文學界的一

---

① 本篇原載1928年6月10日《新月》第1卷第4期。

② “它”，原作“老”，據開明版《聞一多全集》改。

種浪漫趨勢，例如羅瑟蒂，莫理士，史文朋諸家的作品。所以文學與“先拉飛運動”即便有關係，也是一種旁支庶出的關係，正如羅瑟蒂自稱繪畫是他的主業，詩衹是副産品一樣。不過拿“先拉飛”來形容那一幫人的作品，實在是比較最近於妥當的一個名詞。再説他們的詩和“先拉飛派”的畫也的確很有關係。不但他們有一部分人同時是詩人又是畫家，并且他們還屢次在詩裏表現畫，或在畫裏表現詩。羅瑟蒂本人的集子裏就有一大堆題畫的商籟體。

美術和文學同時發展，在歷史上，本是常見的事。最顯著的文藝復興，便是一個偉大的美術時期，同時又是偉大的文學時期。因此有人稱英國的十九世紀末葉爲英國的文藝復興。但是美術和文學從來没有在同一個時期裏，發生過那樣密切的關係；不拘在那個時期，斷没有第二幫人象“先拉飛派”的“弟兄們”那樣有意的用文學來作畫，用顔料來吟詩的。“先拉飛主義”引起我們——至少作者個人的注意，便在這一點上。

講到這裏，我們馬上想起王維的“詩中有畫，畫中有詩”那句老話。王維的“詩中有畫，畫中有詩”，比方，和羅瑟蒂的“詩中有畫，畫中有詩”同不同，是另一問題，不過拿這八個字來包括“先拉飛派”的藝術，倒是一個頂輕便的辦法。這兩句話我以後還要常常借用，但是請讀者注意，我聲明在先，那是有條件，有範圍的借用。

“先拉飛派”的畫，和“先拉飛派”的詩，何以發生那樣密切的關係呢？我們研究這裏種種的動因，有的屬於時代的趨勢，有的屬於個人的天才，有些是機會凑成的，有些是人力强造的——極複雜，也極有趣。

藝術型類的混亂是“先拉飛派”的一個特徵，開混亂藝術型類之端的可不是“先拉飛派”。一七六六年，將近新古典運動的末葉，勒沁的《雷阿科恩》已經在攻擊那種趨勢。到十九世紀，那趨勢反而變本加厲了，趨勢簡直變成了事實，并且不僅詩和畫的界綫抹殺了，一切的藝術都丢了自己的工作。給鄰家代庖，羅瑟蒂的“詩中有畫，畫中有詩”

衹是許多現象中之一種。此外還有戈提葉（Gautier）的“藝術之移置”（“Transposition d'Art”），馬拉美（Mallarmé）要用文學製成和合曲……諸如此類，數都數不清。看來這種現象不是局部的問題，乃是那時代裏全部思潮和生活起了一種變化——竟或是腐化。關於這一點，白壁德教授在他的《新雷阿科安》裏已經發揮得十分盡致了，不用我們再講。我們要知道的衹是那時代潮流的主因之外，還有許多副因和近因。下面這幾點，對於闡明“先拉飛主義”發展的痕迹，許可以供給些參證。

“先拉飛兄弟會”成立的頭年（一八四七），羅瑟蒂和他那般朋友對於濟慈的詩發生了很深的興味。這是一件值得注意的事。本來羅瑟蒂早就在濟慈和柯立基的作品裏看出了一種最高的浪漫的元素。後來他和韓德，米雷讀霍頓的《濟慈傳》，又同時都覺得那詩人的作品，已經達到古典與浪漫調和到最適當的境地，并且那正是他們自己在美術裏企望不到的最高目的。現在他們的願望是要把這“靈”與“肉”的諧和移植到繪畫裏來。於是他們糾合了一般同志，組織了一個團體，規定每人得按時交進畫稿來給大衆批評，題目往往是由羅瑟蒂擬。下面這些畫題，便是從濟慈的《綺薩白娜》（Isabella）裏選出的：

（1）《情耦》

（2）《綺薩白娜的三個弟兄》

（3）《分離》

（4）《幻象》（綺薩白娜夢見他的哥弟們把情郎殺死了）

（5）《林中》（綺薩白娜到林子裏把情郎的首級偷來了）

（6）《紫蘇罎》（她把首級埋在罎裏）

（7）《弟兄們發現了紫蘇罎》

（8）《綺薩白娜之瘋魔》

“兄弟會”未成立之前，他們和濟慈已經有這樣的關係，既成立以後，關係仍然没有改變。例如米雷的首屈一指的杰作《聖愛格尼節之前夕》（The Eve of St. Agnes）便取材於濟慈的那首同名的詩；并且韓德的第一次重要的産品《馬德林與波菲羅之出奔》（The Flight of Madeline and

Porphyro）也是由那首詩脱胎的。還有濟慈的《無情的美女》（La Belle Dame sans Mercé）他們也都畫過。

三人都是“先拉飛兄弟會”的臺柱子，和濟慈的關係又都那樣深，看來是不是“先拉飛運動”之産生，濟慈要負一分責任？再看他們崇拜濟慈是因爲他的詩是調和古典浪漫的大成功，“先拉飛運動”，所以又可以説是借改造詩的方法來改造畫，正如他們後來又借改造畫的方法去改造詩。這樣不分彼此的挪借，便造就了詩與畫裏的許多新花槍，同時也便是藝術型類的大混亂。

假若没有個濟慈，或是他們湊巧没有注意到濟慈的詩，“先拉飛運動”還會不會實現呢？我們的答案大概屬於正面。因爲前面已經提過，“兄弟會”裏以畫家兼詩人的會員不在少數。羅瑟蒂本人不用講了，此外吴勒（Thomas Woolner）在他的雕刻還没有成名以前，已經是一個很有天才的詩人；喀林生（James Collinson）在詩上也有相當的成績，他在第二期《胚胎》上發表的作品，據説很能代表“先拉飛派”的那宗教的象徵主義，和半禁欲，半任情的憂鬱情調；裴登（Sir J.Noel Paton）和施高達（William Bell Scott）兩個人也是詩畫兩方面都有貢獻的；威廉・羅瑟蒂在兩種藝術上都嘗試過，他開始習畫許太遲點，所以不能終局，他放棄做詩，據韓德説，爲的是自己覺得不如老兄纔擱筆的；還有老畫家卜朗（Ford Madox Brown），羅瑟蒂的老師，也能做詩，在《胚胎》上投過稿。以上都是畫家兼詩人。其餘的，是會員也好，非會員而與他們有瓜葛的也好，幾乎没有一個不是具有雙料的興趣，雖則畫畫的不必實行做詩，做詩的不必實行畫畫。最足以代表這一類的，便是兩個“先拉飛派”的後勁，白恩・瓊士（Sir Edward Burne-Jones）和威廉・莫理士（William Morris）。這樣看來，他們自身本有雙方發展的可能性，恐怕用不着多少外來的刺激和指點，纔會産生那種“詩中有畫，畫中有詩”的藝術。

我們許要問，怎麽這麽湊巧，恰恰讓那樣一群人聚到一堆來了，這現象是否和他們的中心人物——羅瑟蒂個人的天性，有點因果的關係？

换句話説，“先拉飛派”的命運，是不是由羅瑟蒂一手造成的，是不是因爲主將的“詩中有畫，畫中有詩”，纔有大家①的“詩中有畫，畫中有詩”？不見得，羅瑟蒂的魔力不見得有那樣大。不錯，堅强自信的羅瑟蒂，富於“個人吸引力”的羅瑟蒂，慣於高興支配别人，别人也樂於被他支配，但是我們决不相信，偌大一個運動，是誰一個人的能力所能造設的。羅瑟蒂不過是許多分子之一；與其説羅瑟蒂支配衆人，不如説大家互相支配，或許其中羅瑟蒂的勢力比較大點。大家都是多才多藝，因爲多才多藝，纔要左手畫圓，右手畫方，結果當然圓裏有方，方裏也有圓了。“兄弟會”的事業，就是這麽一回事。

單就“畫中有詩”講，英國也不僅“先拉飛派”的畫家是那樣，自從英國有畫以來，可以説没有完全脱離過文學的色彩。英國人天生就不是意大利人，法蘭西人，西班牙人或荷蘭人那樣的圖畫天才。繪畫——由綫條色彩構成的繪畫，仿佛他們從來没有瞭解過。他們不是不能審美，他們的美，是從詩和其他的文學裏認識的。他們有的是思想家，道德家，著作家；他們會“想”，可不大會“看”。自從阿瑟王和“圓桌”的時代，英國就有了詩，英國的畫却是比較晚出的産品，所以難怪他們的興趣根本在文學上，甚至於文學的勢力還要偷進繪畫裏來。認真的講，英國的畫衹算得一套文學的插圖。就“先拉飛派”講，羅瑟蒂的畫是但丁的插圖，韓德的是《聖經》的插圖。再從全部的英國美術史看，從侯加士（Hogarth）數到白蘭格文（Brangwyn），那一個不是插圖家？一個勃莱克（Blake），一個皮雅次蕾（Beardsley），兩座高峰，遥遥相對，四圍兀兀的布滿了大大小小的山頭，結構和趣味差不多屬於一種的格調。芮洛慈（Reynolds），蓋恩斯伯洛（Gainsborough）以下的肖像畫家，和魏爾生（Wilson），康士塔孛（Constable）以下的風景畫家，算是例外。可是你知道這兩派都是荷蘭人的傳授，衹可説是英國寄籍的荷蘭畫。（肖像和風景根本也是不容易文學化的）。你簡直没有法子叫英國人

① “家”，原作“衆”，據開明版《聞一多全集》改。

不在畫里弄文。連蘭西兒（Landseer）的狗子都要講故事。文學是英國人的根性，所以羅瑟蒂纔有這樣的議論——他對白恩·瓊士説——“誰心裹若是有詩，他最好去畫畫，因爲所有的詩都早已講過了，寫過了，但差不多没有人動手畫過”。可見羅瑟蒂畫畫的動機是要做詩。你不能禁止英國人做詩，如同不能禁止他們的百靈鳥唱歌一樣。

還有一種原因也足以使詩畫的界綫容易混亂。在《胚胎》的弁言裹他們已經聲明過，在畫上應用過的原則，也要在詩上應用；其實在詩上應用的理由更大因爲繪畫的旨趣非借具體的物象來表現不可，詩却可以直接達到它的鵠的。譬如畫家若要在作品裹表現一種精神的簡潔性，必需想出各種方法來布置，描寫他身外的對象；但是一個詩人——假如他是個能手——頓時就能捉住他那題材的精神，精神捉到了，再拿象徵的或戲劇的方法給裝扮起來，就比較容易了。柏爾（Clive Bell）在他的《藝術論》裹，辨別美感和實用觀念的區別，有一段話：“一個實際的人走進屋子裹，看見幾張椅子，桌子，沙發，一幅地氈，和一座壁爐。他的理智認識了這些物件；假如他要在那裹待下，或是放下一隻杯子，他曉得他應該怎麼辦。那些物件的名字告訴了他許多方法——怎樣應付那些實際問題的方法。但是在各個名字背後藏着的那些物件的本體，他不知道。藝術家可不同，名字不關他的事。他們衹知道一件東西是產生一種情緒的工具，那便是説，他們衹管得着物件本身的價值……。”好了，我們現在該明白了什麼是供應實用的物件，什麼是供應美感的物件。譬如一隻茶杯，我們叫它作茶杯，是因爲它那盛茶的功用；但是畫家注意的衹是那物象的形狀，色彩等等，它的名字是不是茶杯，他不管。但是一個畫家怎麼纔能把那物象表現出來，叫看畫的人也衹感到形狀色彩的美，而不認作茶杯呢？現在我們回到本題了，繪畫的困難便在這裹，繪畫的困難比文學的大，也在這裹。

White plates and cups clean-gleaming,
Ringed with blue lines,

白禄克（Rupert Brooke）這種捉拿生魂的神通，決不是畫家夢想得到的。就叫寨桑（Cézanne）來動手，結果恐怕還免不掉有點隔膜。這是因爲文學的工具根本是富於精神性的。"先拉飛主義"，在詩上的問題小，在畫上的問題大，并且他們的詩的成功比畫的成功更加可觀，便是這個道理。但是不幸的是詩的地位占便宜些，就短[①]不了要引起畫的妒忌和羡慕。"先拉飛派"的畫家看出了詩的可羡慕的地位，是對的，是他們有眼光；但是他們實際的羡慕了，并且不惜犧牲自家的個性，放棄自家的天職，去求繪畫的詩化，那便錯了，那便是没有眼光。

羅斯金的藝術主張，和"先拉飛派"的主張，本是兩方面獨自發現的，雖是兩方面不約而同的發現，不過自從他們互相認識以後，"先拉飛派"從羅斯金得來的贊助和指導，的確是很多。羅斯金的影響好的，健全的固然不少，但是"先拉飛派"所以用做詩的方法作畫，我們飲水思源，實在不能不把一部分的罪過堆在羅斯金身上。我們也承認"先拉飛派"對於宗教——更正確點，宗教方面的中世紀主義——的熱心，難免是"牛津運動"的餘波，可是如果没有羅斯金那樣明白的表示和大聲急呼的提倡，我們也可以斷定"先拉飛派"是不會得有那樣堅決的，極端的主張，因此流弊也不致那樣大。羅斯金説：

> 譬如，雷蘭派的一般作品——魯奔斯（Rubens），樊代克（Vandyke）和冷伯蘭提（Rembrandt）永遠在例外——都是誇耀畫家的口才，都是用清晰而有力的發音術咬着既無用又無味的字眼；至於齊瑪孛（Cimabue）和吉莪陀（Giotto）早年的成績乃是嬰孩嘴唇裏吐出的熱烈的預言。明哲的批評家應該負起責任來，審慎辨别什麽是語言，什麽是思想，還要專心尊崇，贊頌思想，把語言認爲下乘，絶對不當與思想相提并論或較量短[②]長。一幅畫，如果有的

①② "短"，原作"矩"，參酌文意改。

是較高尚較豐富的意義，不問表現得怎樣笨拙，比起那表現美滿而意義凡庸貧困的作品，定是一幅較偉大的較好的畫。

羅斯金的主意是要藝術有一種最高無上的道德的目的，他以爲藝術的價值是隨着這目的之有無或高下爲轉移的，所以他注重的是繪畫的“思想”，不是“語言”。這話當然不錯，可是問題不是那樣簡單。試問到底那裏是“思想”和“語言”的分野？在繪畫裏，離開綫條和色彩的“語言”，“思想”可還有寄托的餘地？如果思想有了，就可以不擇表現的方法，衹要能達意就成了嗎？譬如，在羅瑟蒂的《聖母的童年》裏，我們看見一瓶百合，一把荆棘，知道百合象徵貞潔，荆棘象徵悲哀。好了，畫家的意義我們明白了，可是那與繪畫本身價值有什麽關係？明白了是一[1]個“文學的”概念。“文學的”概念衹能間接的引起情感的反應，并且那種情感也未見得純潔。當然，羅斯金并没有教畫家拿那樣潦草，膚淺的方法來表現“思想”，但是我們得承認有了羅斯金的推重“思想”，纔有羅瑟蒂的衹認目的，不擇手段的流弊。不但羅瑟蒂，便是韓德的衹求局部之精確，忘了全體的諧和，和米雷的歡喜在畫裏講故事，何嘗不是羅斯金的影響！

但是話又説回頭了，我們也不必十分逼羅斯金，連老頭子自己都没辦法，因爲批評家和創作家都是英國人，文學是英國人的天才，也是英國人的癖氣。

否定肉體，偏執靈魂的中世紀主義，也是能損毁繪畫的純粹性的一種勢力。我們拿中世紀色彩最濃的羅瑟蒂來作例。但是我們先得認清他的文學作品被人攻擊爲“肉體派的詩”，實在是個大冤枉，幸而攻擊他的人，巴坎倫（Robert Buchanan）後來懺悔了。其實在羅瑟蒂的詩裏，“肉體美”所以可貴的，完全因爲它是“靈魂美”的佐證，所謂“内在的，精神的美德的一種外在的，有形的符號”，我們讀他的《身體的美》

① “一”，原作“兩”，參酌文意改。

（Body's Beauty）那首商籟體便知道了。詩人又在一首題名 Lovesight 的商籟體裏問道：

When do I see the most, beloved one?
　　When in the light the spirit of mine eyes,
　　Before thy face, their altar, solemnize
The Worship of that love through thee made known?
Or When in the dusk hours,（we two alone,）
　　Close-kissed and eloquent of still replies
　　Thy twilight-hidden glimmering visage lies,
And my soul only sees thy soul its own?

這種神秘性充滿了羅瑟蒂全部的著作，可是要把它運用到畫裏來，問題就困難了，因爲神秘性根本是有詩意的，和畫却隔膜得多。羅瑟蒂既拿定了主意要神秘化他的畫，没有辦法，就拐一個彎，借那屬於文學的，抽象的象徵來幫忙，結果我們便得了這樣一幅畫，例如他的《但丁之夢》。在這畫裏，神秘的含義誰也承認是十分的豐富，豐富的含義總算都表現得够分明的了。但是把它當作畫看，未免太分明了，因爲所謂“分明”是理智的瞭解，不是感覺的認識，所以在文學裏可以立脚，在畫裏没有存在的餘地。

也許有人又要發問，神秘主義果真不在繪畫的範圍裏嗎？繪畫絶對不許采取象徵做手段嗎？吉莪陀，齊瑪孛，馬沙奇俄（Masaccio）的地位應該推翻嗎？不錯，早期意大利的名手都是神秘家，都没有鄙視過象徵。但是他們的時代是中世紀，不是做中世紀的夢的十九世紀；他們是在宗教裏生活着，用不着靠宗教運動求生活；神秘是他們的天性，不是他們的主義；在他們無所謂象徵，象徵便是實體。我們認爲實體的，在他們都是象徵。有了那種精神，豈獨在美術上可以創造奇迹，在文學上，在生活上，那一項不够我們驚異，拜倒，向往的？“兄弟會”雖是會模仿，甚至模仿古人的那隱遁的生活，保持着一種宗教式的誠懇態度，但是没有用，模仿畢竟是模仿。何况他們對於宗教并没有正確的領悟。羅瑟蒂對於宗教是一種浪漫的癖好，正如韓德對於宗教是一種歷史的好奇心。韓德向巴勒斯登搜集材料，羅瑟蒂向中世紀搜集材料，不過因爲那一種空間的，一種時間的距離，能滿足他們好奇的欲望罷了。他們的靈感的來源既不真，他們的作品當然是空洞的，軟弱的，没有紅血輪的。

上面所討論的，是站在繪畫的立脚點上看爲什麼“先拉飛派”的畫中有詩。我們拉雜的舉了七種理由。如果翻過面來問爲什麼“先拉飛派”的詩中又有畫，理由當然有許多和上面相同。也有看了彼方面的理由，馬上就可想起此方面的。例如單講羅瑟蒂兄妹，知道安格魯撒遜民族的天才是文學，也便想得起拉丁民族的天才是造型藝術——羅瑟蒂兄妹是四分之三的意大利人，四分之一的英國人。還有知道他們的中世紀主義，也不能忘記他們的希臘主義。上文已經提過，他們在濟慈的詩裏發現了“靈”與“肉”最圓滿的調和，并且要把它移植到畫裏來，可見他們的主張和片面的禁欲主義完全兩樣。他們的詩裏所以充滿了屬於感覺的繪畫，便是這個緣故。

我講了許多不利於“先拉飛派”或羅瑟蒂個人的話，讀者可不要誤會，以爲我完全不承認他們的價值。尤其是羅瑟蒂的作品，我不僅認爲有價值，并且講老實話，我簡直不能抵抗他那引誘，雖是清醒的自我有時告訴我，那艷麗中藏着有毒藥。不用講，我承認我的弱點，便是承認羅瑟蒂的魔力！例如《受祐的比雅特麗琪》（Beata Beatrix），《潘多娜》（Pandora），《窗前》（La Donna della Finestra）等等作品裏的那可歌可泣的神秘的詩意，誰不陶醉，誰不折服，誰還有工夫附和契斯脱登（G.K.Chesterton）來説那冷心的，狠心的話——“這個大藝術家的成功，是由於不曾辨清他的藝術的性質！”再看他的詩。舉一個極端的例：

Herself shall bring us, hand in hand,

To him round whom all souls
Kneel, the clear-ranged unnumbered heads
Bowed with their aureoles:
And angels meeting us shall sing
To their citherns and citoles.

我們明曉得這不但是畫意，簡直是圖畫——是中世紀道院裏那一個老和尚（也許是 Fra Angelico）用金的，寶藍的，玫瑰紅的，和五光十色的油漆堆起來的一幅圖畫。"詩中有畫"我們見得多，從莎士比亞，斯賓叟以來的詩人，誰不會在文學裏創造幾幅畫境？但是羅瑟蒂這樣的，我們沒有見過。我們也知道這正是亞里士多德説的"Shifting his ground to another kind"，但是這"移花接木"的本領是值得佩服的，并且這樣開出的花是有一種奇異的芬芳和顏色，特别能勾引人們的賞玩。

總結一句，"先拉飛派"的詩和畫，的確是有它們的特點，"先拉飛主義"，無論在詩或畫方面，似乎是一條新路。問題衹是藝術的園地裏到底有開闢新畦畛的必要與可能没有？勉强造成的花樣，對於藝術的根本價值，是有益還是有損？契斯脱登的評論，我們現在可以全段的徵引了：

羅瑟蒂是一個多方面而特出的人才；他并没有在任何方面成功；不然，也許不會有人知道他。在那兩種藝術上，他是一半成功，一半失敗；他的成功完全是他那失敗的巧術凑成的。假使他是鄧尼生那樣一個詩人，也許會成一個能畫畫的詩人，假使他是白恩·瓊士那樣一個畫家，也許會成一個能作詩的畫家。説也奇怪，在這極端的藝術運動的門限上，我們倒發現了這個大藝術家的成功是由於不曾辨清他的藝術的性質。他的詩太象畫了。他的畫太象詩了。正因爲這種緣故，他的詩和畫纔能征服維多利亞時代的那冷淡的滿意，因爲他那種作品總算是有東西的，雖則在藝術上是不值些什麽的東西。

我們再談談王摩詰的“詩中有畫，畫中有詩”，做個結束。其實這話也不限於王摩詰一個人當得起。從來那一首好詩裏没有畫，那一幅好畫裏没有詩？恭維王摩詰的人，在那八個字裏，不過承認他符合了兩個起碼的條件。“先拉飛派”的“詩中有畫，畫中有詩”可不同，那簡直是“張冠李戴”，是末流的濫觴；猛然看去，是新奇，是變化，仔細想想，實在是藝術的自殺政策。

五月二十六日，南京

論《悔與回》[1]

夢家：在自己做不出詩來的時候，幾乎覺得没有資格和人談詩。詩如今做出了（已寄給志摩先生了），資格恢復了，信當然也可以寫。《悔與回》自然是本年詩壇最可紀念的一件事。我曾經給志摩寫信説：我在捏着把汗誇奬你們——我的兩個學生；因爲我知道自己决寫不出那樣驚心動魄的詩來，即使有了你們那樣[2]哀艷凄馨的材料。有幾處小地方，却有商酌的餘地。（一）不用標點，不敢贊同。詩不能没有節奏。標點的用處，不但界劃句讀，并且能標明節奏（在中國文字裏尤其如此），要標點的理由如此，不要它的理由，我却想不出。（二）"生殖器的暴動"一類的句子，不是表現怨毒，憤嫉時必需的字句。你可以换上一套字樣，而表現力能比這增加十倍。不信，拿志摩的《罪與罰》再讀讀看。瑋德的文字比夢家來得更明澈，是他的長處，但明澈則可，赤裸却要不得。這理由又極明顯。赤裸了便無暗示之可言，而詩的文字那能丢掉暗示性呢？我并非紳士派，"蒼蠅似的思想垃圾桶裏爬"，我也有顧不到體面的時候，但碰到"梅毒""生殖器"一類的字句，我却不敢下手。（三）長篇的"無韻體"式的詩，每行字數似應多點，纔稱得住。（四）句子似應稍整齊點，不必呆板的限定字數，但各行相差也不應太遠，因爲那樣纔顯得有分量些。以上兩點是我個人的見解，或許是偏見。我是受過繪畫的訓練的，詩的外表的形式，我總不忘記[3]。既是直覺的意見，所以説不出什麽具體的理由來，也没有人能駁倒我。（五）我認爲長篇的結構，應拿瑋德他們府上那一派的古文來做模範。謀篇布局應該合乎一種法度，轉折處尤其要緊——索性腐敗一點[4]——要有懸崖勒馬的神氣與力量。再翻開《古文辭類纂》來體貼一回，你定可以發現其間藝術

① 本篇原載 1931 年 4 月《新月》第 3 卷第 5、6 期合刊。
② 原無"樣"字，據開明版《聞一多全集》補。
③ "不忘記"，原作"忘不記"，據開明版《聞一多全集》改。
④ "點"，原作"氣"，據開明版《聞一多全集》改。

的精妙。照你們這兩首看來，再往下寫三十行五十行，未嘗不可，或少寫十行二十行，恐怕也無大關係。藝術的 finality 在那裏？

講的誠然都是小地方，但如今没有人肯講，敢講。我對於你們既不肯存一分虚僞，也不必避什麽嫌疑，拉雜的寫了許多，許也有可采的地方。

瑋德原來也在中大，并且我在那裏的時候，曾經與我有過一度小小的交涉。若不是令孺給我提醒，幾乎全忘掉了。可是一個泛泛的學生，在他没寫出《悔與回》以前，我有記得他的義務嗎？寫過那樣一首詩以後，即便我們毫無關係，我也無妨附會説他是我的學生，以增加我的光榮。我曾經托令孺向瑋德要張相片來，爲的是想藉以刷去記憶上的灰塵，使他在我心上的印象再顯明起來。這目的馬上達到了，因爲湊巧她手邊有他一張照片——我無法形容我當時的愉快！現在我要《悔與回》的兩位詩人，時時在我案頭，與我晤對，你們可能滿足我這點痴情嗎？

祝

二位康健！

聞一多，十二月廿九日

談商籟體①

夢家：商籟體讀到了，印象不大深，恐怕這初次的嘗試，還不能算成功。這體裁是不容易做。十四行與韻脚的布置，是必需的，但非最重要的條件。關於商籟體裁早想寫篇文章談談，老是忙，身邊又没有這類的書，所以没法動手。大略的講，有一個基本的原則非遵守不可，那便是在第八行的末尾，定規要一個停頓。最嚴格的商籟體，應以前八行爲一段，後六行爲一段；八行中又以每四行爲一小段，六行中或以每三行爲一小段，或以前四行爲一小段，末二行爲一小段。總計全篇的四小段，（我講的依然是商籟體，不是八股！）第一段起，第二承，第三轉，第四合。講到這裏，你自然明白爲什麽第八行尾上的標點應是“。”或與它相類的標點。“承”是連着“起”來的，但“轉”却不能連着“承”走，否則轉不過來了。大概“起”“承”容易辦，“轉”“合”最難，一篇的精神往往得靠一轉一合。總之，一首理想的商籟體，應該是個三百六十度的圓形；最忌的是一條直綫。你試拿這標準去繩量繩量你的《太湖之夜》，可不嫌直一點嗎？至於那第二行的“太湖……的波紋正流着泪”與第三行的“梅苞畫上一道清盾”，究竟費解。還有一點，十一、十四兩行的韻，與一，四，五，八重復，没有這種辦法。第一行與第十四行不但韻重，并且字重，更是這體裁所不許的。“無限的意義都寫在太湖萬頃的水”——這“水”字之下，如何少得一個“上”字或“裏”字？我説破以後，你能不啞然失笑嗎？“耽心”的“耽”字，是“樂”的意思（《書經》：“惟耽樂之從”），從“目”的“虎視眈眈”的“眈”也不對。普通作“單心”，也没有講。應該是“擔心”，猶言“放不下心”。“擔心”這兩字多麽生動，具體，富於暗示，丢掉這樣的字不用，去用那無意義，無生氣的“耽心”，豈不可惜？音節和格律的問題，始終没有人好好的討論過。我又想提起這用字的問題來，又怕還是一場

① 本篇原載 1931 年 4 月《新月》第 3 卷第 5、6 期合刊。

自討没趣。總之這些話，深的人嫌它太淺，淺的人又嫌它太深，叫人不曉得如何開口。

一多　二月十九夜，青島

《現代英國詩人》序[1]

三年前在南京中央大學講“現代英美詩”，鑒照也在班上，他對於現代詩人發生興趣，據他説，當推源於那時候。但這還不是我賴不掉寫這篇序的唯一的理由，因爲在後他陸續的撰這幾篇論文，實在也是我的慫恿居多。九篇文章每篇脱稿之後，我都看過，其間的見解，有與我符合的，有使我驚喜而慚愧，因爲是我没有悟到的，總之，全是我所贊同的。現在論文已經匯聚起來，快要付印了，縱使没有作者那不容情的無數次快郵的催索，我也知道這篇序是不能不作。

衹是，鑒照，我真得向你請罪。你知道，我并不惜爲你破戒作一篇序，所以遲延着老不動筆的緣故，可以分作兩層講。第一，懶是無可諱言的。第二，序我真不知道如何作法。對於英國文學的興趣早被綫裝書劫去了，哈代是什麽一套腔調，梅奈爾是一種什麽丰姿，幾乎没留下一點印象。如果作序不能不在内容上説幾句中肯的話，那麽這序我怎麽敢寫呢？但是，我感謝你的逼迫。因爲要作序，這纔從朋友處找到一兩種現代詩的選本，涉獵了幾晚，（那幾晚的享受不用提了！）結果是恢復了談現代詩興趣，雖則作序的把握還不敢説有。關於現代——姑就本書的範圍講——英國詩，最近我有一點感想。

當然一提到“現代”兩字，中國人的腦筋[2]裏必浮現着一幅有趣而驚人的圖畫：青面獠牙，三首六臂，模樣得怪到不合常理，因爲那當然是具有一套不可思議的神通——瞧那樣子便知道。本書講的是現代詩人，而英國最值得講的幾位現代詩人，不幸都没有進化到那程度。關於這一點，我想本書的作者也是没有辦法的。其實屬於前一種意義的現代詩人，英國不是絶對没有，不過一般人都不大能舉出他們的名字來。

本書所提到的，除奈陀夫人外，那八個英國詩人，在他們文學史上的位置，却大都已經站穩了的。作者挑出他們來討論，所根據的倒是

① 本篇原載費鑒照著、新月書店 1933 年 2 月出版的《現代英國詩人》。

② “筋”，原作“經”。

公論，不是偏見。依我個人的意思，或許要抽出白理基斯來，換上一位 W.H.Davies，但這也無大關係，因爲這人守舊的程度并不次於白理基斯，這人有點象跟 Robert Burns 學。

我們這時代是一個事事以翻臉不認古人爲標準的時代。這樣我們便叫作適應時代精神。墻頭的一層磚和墻脚的一層，論質料，不見得有什麽區别，然而碰巧砌在頂上的便有了資格瞧不起那墊底的。何等的無耻！如果再説正因墊底的磚是平平穩穩的砌着的，我們偏不那樣，要竪着，要側着，甚至要歪着砌，那自然是更可笑了。所謂藝術的宫殿現在確乎是有一種怪現象：竪着，側着，歪着的磚處處都是。這建築物的前途，你去揣想罷。

認清了這一點，我覺到現代的英國詩纔值得一談，而作者揀出本書所包括的這幾家來討論，更足見不是没有標準的。這裏所論列的八家：哈代、白理基斯、郝思曼、梅奈爾、夏芝、梅士斐、白魯克、德拉邁爾，没有一個不是跟着傳統的步伐走的。梅士斐的態度，在八人中，可説最合乎現代的意義，不料他用來表現這態度的工具，却回到了十四世紀的喬塞。講守舊，不能比這更守舊了。然而除了莎翁，英國詩人中能象 Dauber 與 *The Widow in the Bye Street* 的作者那樣訓釋人生的，數得上幾個?

不但梅士斐如此，衹要你撇開偏見，自然看得出這八家與傳統的英國詩差異的地方都不如相同的地方多；那差異實在不比八人間相互的差異大，也不比前人中例如華茨渥斯與柯立基間的差異大。大概詩人與詩人之間不拘現代與古代，衹有個性與個性的差别，而個性的差别又是有限度的，所以除了這有限的差别以外，古代與現代的作品之間，不會還有——也實在没有過分的懸殊。

差異當然比從同打眼些。抓到打眼的一方面，恣意的發揮，仿佛其餘一面完全不存在似的，這是談斷代文學的通病。這樣談文學，談任何時代都不行，而在目前時代談現代的文學，這樣談法，尤其不妥。所以雖知道現代英國詩與古代不同的地方不少，我仍不願在那一方多講話。

如果矯枉過正也是在討論文學上有時不可免的一種方法，那麽，我今天用這方法來介紹本書，想來必是鑒照所容許的。

若是人還不明白，還要問到底爲什麽要扼重那祖護傳統的從同性？不斷的改革，不斷的求新，豈不更可貴？那麽我就衹[1]好説這道理非問英國人不可。在詩上，正如在許多事業上都能出人頭地的英國人，許是天賦給了他們一種特殊的智慧。對那暴躁、輕佻，或因喪心病狂而失掉智慧的人們談這一套，從那裏談起！

關於正在那裏爲祖國争獨立自由的奈陀夫人，我們應該體貼并尊重她自己的意見，把她請到附録裏去。爲的是好和英國詩人分開，使她不致有被誣爲英倫的臣僕的嫌疑，雖則她所用的是她的敵人的文字。夏芝又當别論，愛爾蘭與印度的情形，究竟不同。

聞一多　二十年二月二十五日，青島

① 原無“衹”字，參酌文意補。

《烙印》序[①]

克家催我給他的詩集作序，整催了一年。他是有理由的。便拿《生活》一詩講，據許多朋友説，并不算克家的好詩，但我却始終極重視它，而克家自己也是這樣的。我們這意見的符合，可以證實，由克家自己看來，我是最能懂他的詩了。我現在不妨明説，《生活》確乎不是這集中最精彩的作品，但却有令人不敢褻視的價值，而這價值也便是這全部詩集的價值。

克家在《生活》裏説：

> 這可不是混着好玩，這是生活。

這不啻給他的全集下了一道案語，因爲克家的詩正是這樣——不是“混着好玩”，而是“生活”。其實衹要你帶着笑臉，存點好玩的意思來寫詩，不愁没有人給你叫好。所以作一首尋常所謂好詩，不是最難的事。但是，做一首有意義的，在生活上有意義的詩，却大不同。克家的詩，没有一首不具有一種極頂真的生活的意義。没有克家的經驗，便不知道生活的嚴重。

> 一萬枝暗箭埋伏在你周邊，
> 伺候你一千回小心裏一回的不檢點，

這真不是好玩的。然而他偏要

> 嚼着苦汁營生，
> 象一條吃巴豆的蟲。

---

① 本篇原載臧克家著《烙印》。該書 1933 年 7 月自印出版，1934 年 3 月改由開明書店出版。現據開明書店 1948 年 4 月 4 版排印。

他咬緊牙關和磨難苦鬥，他還説，

同時你又怕克服了它，
來一陣失却對手的空虛。

這樣生活的態度不够寶貴的嗎？如果爲保留這一點，而忽略了一首詩的外形的完美，誰又能説是不合算？克家的較壞的詩既具有這種不可褻視的實質，他的好詩，不用講，更不是尋常的好詩所能比擬的了。

所謂有意義的詩，當前不是没有。但是，没有克家自身的“嚼着苦汁營生”的經驗，和他對這種經驗的瞭解，單是嚷嚷着替别人的痛苦不平，或慫恿别人自己去不平，那至少往往象是一種“熱氣”，一種浪漫的姿勢，一種英雄氣概的表演，若更往壞處推測，便不免有傷厚道了。所以，克家的最有意義的詩，雖是《難民》《老哥哥》《炭鬼》《神女》《販魚郎》《老馬》《當爐女》《洋車夫》《歇午工》，以至《不久有那麽一天》和《天火》等篇，但是若没有《烙印》和《生活》一類的作品作基礎，前面那些詩的意義便單薄了，甚至虚僞了。人們對於一件事，往往有追問它的動機的習慣，（他們也實在有這權利）對於詩，也是這樣。當我們對於一首詩的動機（意識或潛意識的）發生疑問的時候，我很擔心那首詩還有多少存在的可能性。讀克家的詩，這種疑問永不會發生，爲的是有《烙印》和《生活》一類的詩給我們擔保了。我再從歷史中舉一個例。作“新樂府”的白居易，雖嚷嚷得很響，但究竟還是那位香山居士的閑情逸致的冗力（surplus energy）的一種舒泄，所以他的嚷嚷實際衹等於猫兒哭耗子。孟郊并没有作過成套的“新樂府”，他如果哭，還是爲他自身的窮愁而哭的次數多，然而他的態度，沈着而有鋒棱，却最合於一個偉大的理想的條件。除了時代背景[①]所産生的必然的差别不

① “景”，原作“境”，據開明版《聞一多全集》改。

算，我拿孟郊來比克家，再適當不過了。

談到孟郊，我於是想起所謂好詩的問題。（這一層是我要對另一種人講的！）孟郊的詩，自從蘇軾以來，是不曾被人真誠的認爲上品好詩的。站在蘇軾的立場上看孟郊，當然不順眼。所以蘇軾詆毁孟郊的詩。我并不怪他。我衹怪他爲什麽不索性野蠻一點，硬派孟郊所作的不是詩，他自己的纔是。因爲這樣，問題倒簡單了。既然他們是站在對立而且不兩立的地位，那麽，蘇軾可以拿他的標準抹殺孟郊，我們何嘗不可以拿孟郊的標準否認蘇軾呢？即令蘇軾和蘇軾的傳統有優先權占用"詩"字，好了，讓蘇軾去他的，帶着他的詩去！我們不要詩了。我們衹要生活，生活磨出來的力，象孟郊所給我們的。是"空螯"也好，是"蜇吻澀齒"或"如嚼木瓜，齒缺舌敝，不知味之所在"也好，我們還是要吃，因爲那纔可以磨煉我們的力。

那怕是毒藥，我們更該吃，衹要它能增加我們的抵抗力。至於蘇軾的丰姿，蘇軾的天才，如果有人不明白那都是笑話，是罪孽，早晚他自然明白了。早晚詩也會

> 捫一下臉，來一個奇怪的變！

一千餘年前孟郊已經給詩人們留下了預言。

克家如果跟着孟郊的指示走去，準没有錯。縱然象孟郊似的，没有成群的人給叫好，那又有什麽關係？反正詩人不靠市價做詩。克家千萬不要忘記自己的責任。

民國二十二年七月聞一多謹識

論形體——介紹唐仲明先生的畫 ①

仲明先生在繪畫上的成功是多方面的，内中最基本的一點，是形體的表現。要明白這一點的意義的重大，得遠遠的從頭説來。

繪畫，嚴格的講來，是一種荒唐的企圖，一個矛盾的理想。無論在中國，或西洋，繪畫最初的目標是創造形體——有體積的形。然而它的工具却是絶對限於平面的。在平面上求立體，本是一條死路。浮雕的運用，在古代比近代來得多，那大概是畫家在打不開難關時，用來饜足他對於形體的欲望的一種方法。在中國，“畫”字的意義本是“刻畫”，而古代的畫見於刻石者又那麽多，這顯然告訴我們，中國人當初在那抓不住形體的煩悶中，也是借浮雕來解嘲。這現象是與西方没有分别的。常常有人説中國畫發源於書法，與西洋畫發源於雕刻的性質根本不同。其實何嘗有那樣一回事。畫的目標，無分中西，最初都是追求立體的形，與雕刻同一動機。中國畫與書法發生因緣，是較晚的一種畸形的發展。大概等到畫家不甘心在浮雕中追償他的缺欠，而非尋出他自家獨立的工具不可的時候，繪畫這纔進入完全自覺的時期。在繪畫上東方人與西方人分手，也正是這時的事。西方人認爲目的既在創造有體積的形，畫便不能、也不應擺脱它與雕刻的關係（他的理由很乾脆），於是他用種種手段在畫布上“塑”他的形。中國人説，不管你如何努力，你所得到的永遠不過是形的幻覺。你既不能想象一個没有輪廓的形體，而輪廓的觀念是必須寄於綫條的，那麽，你不如老老實實利用綫條來影射形體的存在。他説，你那形的幻覺無論怎樣奇妙，離着真實的形，畢竟遠得很。但我這影射的形，不受拘攣，不受污損，不牽就，纔是真實的形。他甚

① 本篇原載 1956 年 11 月 17 日上海《文匯報》副刊《筆會》，署名聞一多先生遺作。與此文同時發表的還有陳夢家的《藝術家的聞一多先生》，文中説：“這裏，我檢出聞一多先生一篇論繪畫的舊文，因未入全集，重刊於此。這是 1934 年他爲了畫家唐亮的西洋畫展覽而寫的。這畫展是在北京南河沿舉行的。當時印了一個很小的目録，此文即載於前。他當時以爲此文尚有未盡之意，打算以後重新續寫，但一直没有寫。”

至於承認綫條本不存在於形體中，而衹是人們觀察形體時的一種錯覺，但是他説，將錯就錯也許能達到真正不錯的目的。這樣一來，玄學家的中國人便不知不覺把他們的畫和他們的書法歸進[①]一種型類内去了。

這兩種追求形體的手段，前者可以説是正面的，後者是側面的。換言之，西方人對於問題是取接受的態度，中國人是取回避的態度。接受是勇氣，回避是智慧。但是回避的最大的流弊是“數典忘祖”。當初本爲着一個完整的真實的形體而回避那不能不受虧損的幻覺的形體，這樣懸的誠是高不可攀。但懸的愈高，危險便愈大。一不小心，把形體忘記了，繪畫便成爲一種平面的綫條的馳騁。綫條本身誠然具有偉大的表現力，中國畫在這上面的成績也委實令人驚奇。但是以繪畫論，未免離題太遠了！誰知道中國畫的成功不也便是它的失敗呢？

認清了西洋畫最主要的特性，也是繪畫自身最基本的意義，而同時這一點又恰好足以彌補中國畫在原則上最令人懷疑的一個罅隙——認清了這一點，我們便知道仲明先生的作品的價值。仲明先生的成就不僅在形體上，正如西洋畫的内容也不限於形體的表現一端，但形體是繪畫中的第一義，而且再没有比它更重要的了，那麼，要談仲明先生的成功，自當從這一點談起，可惜的衹是這一次的篇幅，不許我們繼續談到其餘的種種方面罷了。

一九三四年一月，北京

① “進”，原作“盡”，參酌文意改。

匡齋談藝①

一

彝器銘文畫字從“周”聲，周與畫聲近，所以就字音説，畫本也可讀如“畫”，就字義説，“畫”也就是古“雕”字。這現象告訴我們：畫字的本義是刻畫，那便是説，在古人觀念中，畫與雕刻恐怕没有多大分别。就工具説，刀的發明應比筆早，因此産生雕刻的機會也應比産生繪畫的機會較先來到。當然刀也可以僅僅用來在一個面積上刻畫一些綫條，藉以模擬一個對象的形狀，因此刀的作用也就等於筆。但是我們可以想象，當那形成某種對象的輪廓的綫條已經完成之後，原始藝術家未嘗不想進一步，削削挖挖，使它成爲浮雕，或更進一步，使它成爲圓雕。他之所以没有那樣做，衹是受了材料，時間，或别種限制而已。在這種情形下，畫實際是未完成的雕刻。未完成的狀態久而久之成爲定型，畫的形式這纔完成。然而畫的意義仍舊是一種變質的雕刻，因爲那由綫條構成的形的輪廓，本身依然没有意義，它是作爲實物的立體形的象徵而存在的。

二

繪畫嚴格的講來，是一種荒唐的企圖，一個矛盾的理想。無論在中國，或西洋，繪畫最初的目標是創造形體——有體積的形。然而它的工具却是絶對限於平面的。在平面上求立體，本是一條死路。浮雕的運

① 本篇原載1948年9月《文學雜志》第3卷第4期，署名聞一多遺著。文末另有“本篇最近纔在遺稿裏找出來，來不及加入全集，衹好將來編作補遺罷。三十七年七月朱自清記。”文章主要内容與《論形體——介紹唐仲明先生的畫》相同，據陳夢家的回憶推斷，本文可能是因上文有未盡之意而續寫的，寫作日期當相近。但續寫的内容不多，疑是未成稿。（參看第951頁注①）

用，在古代比近代來得多，那大概是畫家在打不開難關時，用來饜足他對於形體的欲望的一種方法。在中國，“畫”字的意義本是“刻畫”，而古代的畫見於刻石者又那麽多，這顯然告訴我們，中國人當初在那抓不住形體的煩悶中，也是藉浮雕來解嘲。這現象是與西方没有分别的。常常有人説中國畫發源於書法，與西洋畫發源於雕刻的性質根本不同。其實何嘗有那樣一回事！畫的目標，無分中西，最初都是追求立體的形，與雕刻同一動機。中國畫與書法發生因緣，是較晚的一種畸形的發展。

大概等到畫家不甘心在浮雕中追償他的缺欠，而非尋出他自家獨立的工具不可的時候，繪畫這纔進入完全自覺的時期。在繪畫上東方人與西方人分手，也正是這時的事。目的既在西方人認爲創造有體積的形，畫便不能，也不應擺脱它與雕刻的關係（他的理由很乾脆），於是他用種種手段在畫布上“塑”他的形。中國人説，不管你如何努力，你所得到的永遠不過是形的幻覺；你既不能想象一個没有輪廓的形體，而輪廓的觀念是必須寄於綫條的，那麽，你不如老老實實利用綫條來影射形體的存在。他説，你那形的幻覺無論怎樣奇妙，離着真實的形，畢竟遠得很，但我這影射的形，不受拘攣，不受污損，不牽就，纔是真實的形。他甚至於承認綫條本不存在於形體中，而衹是人們觀察形體時的一種錯覺，但是他説，將錯就錯也許能達到真正不錯的目的。這樣一來，玄學家的中國人便不知不覺把他們的畫和他們的書法歸入一種型類内去了。

這兩種追求形體的手段，前者可以説是正面的，後者是側面的。換言之，西方人對於問題是取接受的態度，中國人是取回避的態度。接受是勇氣，回避是智慧。但是回避的最大的流弊是“數典忘祖”。當初本爲着一個完整的真實的形體而回避那不能不受虧損的幻覺的形體，這樣懸的，誠然是高不可攀。但懸的愈高，危險便愈大，一不小心把形體忘記了，繪畫便成爲一種平面的綫條的馳騁。綫條本身誠然具有偉大的表現力，中國畫在這上面的成績也委實令人驚奇。但是以繪畫論，未免離題太遠了！誰知道中國畫的成功不也便是它的失敗呢？

三

宋迪論作山水畫曰：

> 先當求一敗墻，張絹素訖，朝夕視之。既久，隔素見敗墻之上，高下曲折，皆成山水之象。心存目想，高者爲山，下者爲水，坎者爲谷，缺者爲澗，顯者爲近，晦者爲遠。神領意造，恍然見人禽草木飛動往來之象，瞭然在目。則隨意命筆，默以神會，自然景皆天就，不類人爲，是謂活筆。

達芬奇 Leonardo da Vinci 作畫前，看大理石以求構圖之法，與此如出一轍。

悼瑋德 [1]

這樣一個不好炫耀，不肯盤剥自己的才力的青年作家，他的存在既没有十分被人注意，他的死亡在社會上諒也不算一件了不得的事。這現象談不到什麽公平不公平。

在作品的産出上既不曾以量勝人，在表襮自己的種種手法上又不像操過一次心，結果，他受着社會的漠視，還不是應該的？瑋德死了，寂寞的死了，在幾個朋友的心上自然要永遠留下一層寂寞的陰影，但除此以外，恐怕就没有什麽了。歷史上的定價是按成績折算的。這人的成績誠然已經可觀了，但他前途的希望却遠過於他的成績。

“希望”在深知他的人看來，也許比成績還可貴，但深知他又怎麽着，你能憑這所謂“希望”者替他向未來争得一半個煊赫的地位嗎？地位不地位，在瑋德自己本是毫不介意的，（一個人生前尚不汲汲於求知，難道死後還會變節？）倒是我們從此永遠看不到那希望形成燦爛的事實，我們自己的損失却大了。

瑋德死了，我今天不以私交的情誼來哀悼他。在某種較廣大的意義上，他的死更是我們的損失，更令我痛惜而深思。

國家的軀體殘毁到這樣，國家的靈魂又在悠久的文化的末路中喘息着。一個孱弱如瑋德的文人恐怕是擔不起執干戈以衛社稷的責任的，而這責任也不見得是從事文藝的人們最適宜的任務。但是爲綿續那殘喘中的靈魂的工作設想，瑋德無疑的是合格的一員。我初次看見瑋德的時候，便想起唐人兩句詩：“幾度見詩詩盡好，及觀標格過於詩。”瑋德的標格，我無以名之，最好借用一個時髦的話語來稱它爲“中國本位文化”的風度。時賢所提出的“本位文化”這名詞，我不知道能否應用到物質建設上，但談到文學藝術，則無論新到什麽程度，總不能没有一個民族的本位精神存在於其中。可惜在目前這西化的狂熱中，大家正爲着摹仿某國或某派的作風而忙得不可開交，文藝作家似乎還没有對這問題

---

① 本篇原載 1935 年 6 月 11 日《北平晨報》第 11 版《瑋德紀念專刊》。

深切的注意過。即令注意到了，恐怕因爲素養的限制一時也無從解決它。因爲我所指的不是掇拾一兩個舊詩詞的語句來妝點門面便可了事的。事情没有那樣的簡單。我甚至於可以說這事與詩詞一類的東西無大關係。要的是對本國歷史與文化的普遍而深刻的認識，與由這種認識而生的一種熱烈的追懷，拿前人的語句來説，便是“發思古之幽情”。一個作家非有這種情懷，决不足爲他的文化的代言者，而一個人除非是他的文化的代言者，又不足稱爲一個作家。我們既不能老恃着 Pearl Buck 在小説裏寫我們的農村生活，或一二準 Pearl Buck 在戲劇裏寫我們的學校生活，那麽，這比小説戲劇還要主觀，還要嚴重的詩，更不能不要道地的本國人，并且徹底的瞭解，真誠的愛慕“本位文化”的人來寫它了。技術無妨西化，甚至可以儘量的西化，但本質和精神却要自己的。我這主張也許有人要説便是“中學爲體，西學爲用”。對了，我承認我對新詩的主張是舊到和張之洞一般。惟其如此，我纔能愛瑋德的標格，纔極其重視他的前途。我并不是説瑋德這樣年青的人，在所謂“中學”者上有了如何精深的造詣，但他對這方面的態度是正確的，而向這方面努力的意嚮决是一天天的在加强。夢家有一次告訴我，説接到瑋德從厦門來信，説是正在研究明史。

那是偶爾的興趣的轉移嗎？但那轉移是太巧了。和瑋德一起作詩的朋友，如大綱原是治本國史的，毓棠是治西洋史的，近來兼致力於本國史，夢家現在也在從古文字中追求古史。何以大家都不約而同的走上一個方嚮？我期待着早晚新詩定要展開一個新局面，瑋德和他這幾位朋友便是這局面的開拓者。可是正當我在爲新詩的遠大的前途欣慰着的時候，瑋德死了，這樣早就摔下他的工作死了！我想到這損失的意義，更不能不痛惜而深思。

《晨夜詩庋》跋[1]

這是一個人六年中的成績，其間也并未以全副精力費在這上面，但這裏有獨到的風格，有種種嶄新的嘗試。新詩在旁的路綫上現在已經走的很遠了，這裏有着的幾條蹊徑，似乎都未經人涉足。正因旁人不走，道上許太嫌冷落，所以這本書的出世，纔需要我來湊湊熱鬧，說得鄭重點，便是作個介紹。然而奇怪爲什麽作介紹的乃是一個對走任何道都無興趣的人呢？說來却是一段因緣。當麗天初碰見我的時候，我對新詩還是熱心的，自己熱心作，也熱心勸别人作。麗天之走上詩的道上來，總算是因爲我的鼓勵而感着更起勁的。不料把他（還有不少别的人）邀到了那裏之後，我自己却抽身逃了。我之變節，雖有我的理由，但想起這些朋友們，總不免感着一種負心的慚愧。現在麗天願意將已往的收穫印出，以告一段落，便爲替自己贖罪計，我也不能不趁此說幾句話。也許這是我對新詩最後一次插嘴的義務罷！

聞一多民國二十六年．四月．六日

---

① 本篇原載彭麗天著《晨夜詩庋》。該書1937年4月自印出版，發行者聞一多，北平佩文齋書店代售。

宣傳與藝術①

在抗戰第二期開始時，蔣委員長曾以“政治重於軍事”的方針昭示國人。政治所包甚廣，但喚起并組織民衆以期達到真正的全面抗戰當然是其中最主要部分。最近開第三次國民參政會議，委員長又提出精神動員的方案。舉凡領袖所側重各點，在理論上其重要性無庸申述，問題衹在如何實施。實施的步驟當然首重宣傳，這就不是一件簡單的事。

宣傳不得法，起碼是枉費精力，甚至徒然引起一些不需要的副作用。或者更嚴重的反作用。宣傳之不可無技巧，猶之乎作戰之不可無器械，器械出於科學，技巧基於藝術。

回顧抗戰以來我們宣傳的工作實在難令人滿意。我們所有的宣傳似乎大部分還不離口號標語，文字的宣傳固然是放大的口號標語，即音樂圖畫戲劇各部門亦何莫非變相的口號標語？大致説來，從事這種工作的人似乎衹顧宣泄自己的感情，而不知道如何將它傳達給别人，所以結果衹有宣（或竟是喧）而無傳，於是多數的宣傳品便成爲大家壓驚壯膽的咒語符籙，數量儘管多，内容却不必追究了。總之，我們的宣傳品徒有形式而缺乏内容，其原因則在做宣傳工作的人熱情有餘，技巧不足。

首先在宣傳工具的選擇上，太重視文字，就是錯誤，須知文字根本是一種叙事與説理的工具，在感動的功能上，它須經過一段較迂緩的過程，因此它的效用便遠不如音樂圖畫戲劇來得迅速而直捷。對於識字階級，文字宣傳的力量已經有限，何况我們絶大多數的民衆是文盲，文字對他們，根本無效呢？既然我們宣傳主要的對象是一般，尤其是農村的民衆，而大部分宣傳品的影響恰恰是達不到他們，這是何等嚴重的矛盾！便就現今已有的文字宣傳而論，我們似乎將宣傳的意義看得太窄點。符籙式的標語，對於知識稍高的人們，不久已是一種侮辱嗎？關於抗戰理論的文字，不已經成爲“抗戰八股”嗎？報紙上的新聞，不是常

① 本篇原載 1939 年 2 月 26 日昆明《益世報》“星期論評”欄。

常被認爲“宣傳”，意思說是假的嗎？這些工作我們做得不少了，雖則其效果有多少畢竟是疑問。也許正如間諜工作是收入消息，這種宣傳工作是放出消息，也許這是戰時不可少，甚至極重要的工作，但這不是我所謂宣傳。我所謂宣傳，在文字方面，是態度光明而誠懇的文藝作品，在形式上它甚至可以與抗戰無大關係，但實際能激發我們敵愾同仇的情緒，它的手段不是説服而是感動，是燃燒！它必須是一件藝術作品。這類的文字，就我個人所知道的而論，除了幾篇委實可歌可泣的報告文學（戰地通訊）之外，似乎没有多少值得注意的東西了。但是我們勝任的作家應當不少，他們都藏到那裏去了？

不過真正能讀懂一篇文藝作品的人究竟太少，在我們特殊情況之下，文字宣傳究不如那“不落言詮”的音樂圖畫戲劇等來得有效。

在情緒傳播的迅速上，音樂是再好没有的了。我們的宣傳工作在這方面正大有可爲。過去在這方面的成績總算比較令人滿意，但仍欠普及，欠深入。最近我看過一個劇團的公演，在最末一幕終了時，幾個游擊隊正在和敵人苦撑，青天白日旗忽然從山後飄揚起來，隨着一陣救亡歌曲的聲音，援軍到了，幕下了，幕後歌聲仍然不斷，并且愈加激蕩了，想必舞臺上全體人員都加入了。這時我滿以爲臺下全體觀衆也會響應起那“起來，不願做奴隸的人們！”多麼偉大！全堂六七百人一齊怒吼起來，那點經驗的教育作用，不要勝過千百篇痛哭流涕或激昂慷慨的論説或演辭嗎？

然而幕下了，臺下一陣喧嘩，散戲了。我急得直踩脚。這是我們音樂宣傳不够普及與深入的一個實例。

講到圖畫，也許最令人傷心。辦了一二十年藝術教育，到如今没有幾個人能够畫出一個人體，不帶上許多解剖學的錯誤。

大師們追着這派那派西洋潮流效颦，却有始終不曾使木炭在張白紙上老老實實研究過一個人體的。結果徒弟們相習成風，在漫畫木刻裏勉强描個似是而非的人模樣，加上一個標題，就算是畫了。就抗戰以後我曾到過的武漢、長沙、貴陽、昆明四個都市講，我就從未見過一幅像樣的宣傳畫。特别在長沙，你走過一條街，往兩邊墻壁上一望，不啻是做着一場噩夢。在武昌街上我倒發現過一幅在人體上還站得住的宣傳畫，但那作意真彆扭得可以。我親耳聽見一群鄉下人聚在畫前發議論，原來把畫中的意義整個弄反了。

同類的情形若發生在戲劇裏，結果可就嚴重了。聽説某處開傷兵慰勞會，演了一齣話劇，傷兵認爲是對他們的侮辱，把演員打了。平情而論，抗戰以來，戲劇真够努力的了。可惜的是愈努力愈感覺“劇本荒”。把僅有的劇本，一堆堆的口號，勉强搬上臺，導演者十九又不能盡其責。在這劇作家與導演家兩頭不得力的苦境之中，真辜負了不少的好演員。

要曉得上述各種工作，除了那與間諜工作異曲同工的文字宣傳是由政府主持的，其他則差不多全是人民自動的工作。在此情形之下，人力不能集中與夫財力不濟，往往使工作不能得到預期的效果，是應該原諒的。説政府知道了宣傳的重要，但何以對宣傳工作進行的方法這樣大意，而把最有效的部分丢着不管呢？誠然像這次抗戰在我們歷史上是第一次，所謂發動整個民族力量的全面抗戰更是聞所未聞，因此對這種抗戰的技術我們完全不嫻習，但是現成的西方國家，在這方面都有很好的成績，我們爲什麽不知道借鏡呢？難道我們真依然是八股腦筋，衹知道舞文弄墨的宣傳纔是宣傳，而别的全不認識嗎？我要問後方工作究竟是否至少與前方工作同樣重要？若然，這樣鬆懈，這樣低劣的宣傳就可了事嗎？時機迫切了，不趕緊想辦法，還談什麽最後勝利？其實這點工作，衹要政府真正推行起來，并不甚難。把一切勝任的人才動員起來（現在有的是在西洋受過很好訓練的藝術專門人才閑着没有事做），組織起來，撥一筆在整個國家預算中微乎其微的款子，就中一部分可以用來購置一點新式設備（如製版，印刷設備，舞臺的燈光設備等等），再斟酌各部門的需要，無妨向國外聘請些專家來作顧問導師。在軍事上可以“楚材晋用”，在文化上何嘗不可如此？這般大規模的幹起來，纔配得上稱宣傳，不，以前狹義的“宣傳”二字還不能包括上述的計劃。這是在

“精神動員”工作中增加“精神食糧”的大量生産計劃。

這不衹是抗戰工作，同時也是建國工作。在築鐵路，設工廠的物質建國時，我們别忘了也要精神建國。讓我們在抗戰的宣傳工作裏，奠定建國大業中藝術生活、精神生活的基礎。

《西南采風録》序[1]

正在去年這時候，學校由長沙遷昆明，我們一部分人組織了一個湘黔滇旅行團，徒步西來，沿途分門别類收集了不少材料。其中歌謡一部分，共計二千多首，是劉君兆吉一個人獨力采集的。他這種毅力實在令人驚佩。現在這些歌謡要出版行世了，劉君因我當時曾掛名爲這部分工作的指導人，要我在書前説幾句話。我慚愧對這部分材料在采集工作上，毫未盡力，但事後却對它發生了極大興趣。一年以來，總想下番工夫把它好好整理一下，但因種種關係，終未實行。這回書將出版，答應劉君作序，本擬[2]將個人對這材料的意見先詳盡的寫出來，作爲整理工作的開端，結果又一再因事耽延，不能現實。這實在對不起劉君。[3]然而我讀過這些歌謡，曾發生一個極大的感想，在當前這時期，却不能不儘先提出請國人注意。

在都市街道上，一群群鄉下人從你眼角滑過，你的印象是愚魯，遲鈍，畏縮，你萬想不到他們每顆心裏都自有一段驕傲，他們男人的憧憬是：

快刀不磨生黄銹，
胸膛不挺背腰駝。（安南）

女子所得意的是：

斯文滔滔討人厭，
莊稼粗漢愛死人，
郎是莊稼老粗漢，

① 本篇原載劉兆吉編纂、上海商務印書館 1946 年 12 月出版的《西南采風録》。
② 手稿“擬”下有“趁此”二字。
③ “這實在對不起劉君”，手稿作“這實在不但對不起劉君，也辜負了這寶貴的材料”。

不是白臉假斯文。（貴陽）

他們何嘗不要物質的享樂，但鼠竊狗偷的手段，却是他們所不齒的：

吃菜要吃白菜頭，
跟哥要跟大賊頭，
睡到半夜鋼刀響，
妹穿綾羅哥穿綢。（盤縣）

那一個都市人，有這樣氣魄[①]講話或設想？

生要戀來死要戀，
不怕親夫在眼前，
見官猶如見父母，
坐牢猶如坐花園。（盤縣）

火燒東山大松林，
姑爺告上丈人門，
叫你姑娘快長大，
我們没有看家人。（宣威）

馬擺高山高又高，
打把火鉗插在腰，
那家姑娘不嫁我，
關起四門放火燒。

① “這樣氣魄”，手稿作“氣魄這樣”。

你説這是原始，是野蠻。對了，如今我們需要的正是它。我們文明得太久了，如今人家逼得我們没有路走，我們該拿出人性中最後最神聖的一張牌來，讓我們那在人性的幽暗角落裏蟄伏了數千年的獸性跳出來反噬他一口。打仗本不是一種文明姿態，當不起什麽“正義感”，“自尊心”，“爲國家争人格”一類[1]的奉承。乾脆的，是人家要我們的命，我們是豁出去了，是困獸猶鬥。如今是千載一時的機會，給我們試驗自己血中是否還有着那隻猙獰的動物，如果没有，衹好自認是個精神上“天閹”的民族，休想在這地面上混下去了。感謝上蒼，在前方，姚子青，八百壯士，每個在大地上或天空中粉身碎骨了的男兒，在後方，幾萬萬以“睡到半夜鋼刀響”爲樂的“莊稼老粗漢”，已經保證了我們不是“天閹”！如果我們是一個樂觀主義者，我的根據就衹這一點。我們能戰，我們渴望一戰而以得到一戰爲至上的愉快。至於勝利，那是多麽泄氣的事，勝利到了手，不是搏鬥的愉快也得終止，“快刀”又得“生黄銹”了嗎？還好，還好，四千年的文化，没有把我們都變成“白臉斯文人”！

民國二十八年三月五日聞一多序

① 手稿“類”下有“徽號”二字。

時代的鼓手[①]

——讀田間的詩

鼓——這種韻律的樂器[②]，是一切樂器的祖宗，也是一切樂器中之王。音樂不能離韻律而存在，它便也不能離鼓的作用而存在。鼓象徵了音樂的生命。

提起鼓，我們便想到了一串形容詞：整肅，莊嚴，雄壯，剛毅，和粗暴，急躁，陰鬱，深沈……鼓是男性的，原始男性的，它蘊藏着整個原始男性的神秘。它是最原始的樂器，也是最原始的生命情調的喘息。

如其鼓的聲律是音樂的生命，鼓的情緒便是生命的音樂。音樂不能離鼓的聲律而存在，生命也不能離鼓的情緒而存在。

詩與樂一向是平行發展着的。正如從敲擊樂器到管弦樂器是韻律的音樂發展到旋律的音樂，從三四言到五七言也是韻律的詩發展到旋律的詩。音樂也好，詩也好，就聲律説，這是進步。可痛惜的是，聲律進步的代價是情緒的萎頓。在詩裏，一如在音樂裏，從此以後以管弦的情緒代替了鼓的情緒，結果都是“靡靡之音”。這感覺的愈趨細緻，乃是感情愈趨脆弱的表徵，而脆弱的感情不也就是生命疲睏，甚或衰竭的朕兆嗎？二千年來古舊的歷史，説來太冗長。單説新詩的歷史，打頭不是没有一陣樸質而健康的鼓的聲律與情緒，接着依然是“靡靡之音”的傳統，在舶來品的商標的僞裝之下，支配了不少的年月。疲睏與衰竭的半音，似乎比歷史上任何時期都變本加厲了的風行着。那是宿命，是歷史發展的必然階段嗎？也許。但誰又叫新生與震奮的時代來得那樣突然！簫聲，琴聲（甚至是無弦琴）自然配合不上流血與流汗的工作。於是忙亂中，新派，舊派，人人都設法掏出一面鼓來，你可以想象一片潮濕而發霉的聲響，在那壯烈的場面中，顯得如何的滑稽！它給你的印象仍然

---

① 本篇原載 1943 年 11 月 13 日《生活導報周年紀念文集》。

② “器”，原作“品”。

是疲睏與衰竭。它不是激勵，而是揶揄，侮蔑這戰爭。

於是，忽然碰到這樣的聲響，你便不免吃一驚：

“多一顆糧食，
就多一顆消滅敵人的槍彈！”

聽到嗎
這是好話哩！

聽到嗎
我們
要趕快鼓勵自己底心
到地裏去！

要地裏
長出麥子；

要地裏
長出小米；

拿這東西
當做
持久戰的武器。

（多一些！
多一些！）

多點糧食，

就多點勝利。

——田間：《多一些》

這裏没有“弦外之音”，没有“繞梁三日”的餘韻，没有半音，没有玩任何“花頭”，衹是一句句樸質，乾脆，真誠的話，（多麽有斤兩的話！）簡短而堅實的句子，就是一聲聲的“鼓點”，單調，但是響亮而沉重，打入你耳中，打在你心上。你説這不是詩，因爲你的耳朵太熟悉於“弦外之音”……那一套，你的耳朵太細了。

你看，——
他們底
仇恨的
力，
他們底
仇恨的
血，
他們底
仇恨的
歌，
握在
手裏。

握在
手裏，
要灑出來……
幾十個，
很響地
——在一塊；

幾十個
達達地，
——在一塊；

迴旋……
狂蹈……

聳起的
筋骨
凸出的
皮肉，
挑負着
——種族的
　　瘋狂
　　種族的
　　咆哮！……

——田間：《人民底舞》

這裏便不祇鼓的聲律，還有鼓的情緒。這是鞍之戰中晋解張用他那流着鮮血的手，搶過主帥手中的槌來擂出的鼓聲，是彌衡那噴着怒火的“漁陽摻撾”，甚至是，如詩人 Robert Lindsey 在《剛果》中，劇作家 Eugene O'Neil 在《瓊斯皇帝》中所描寫的，那非洲土人的原始的鼓，瘋狂，野蠻，爆炸着生命的熱與力。

這些都不算成功的詩，（據一位懂詩的朋友説，作者還有較成功的詩，可惜我没見到。）但它所成就的那點，却是詩的先決條件——那便是生活欲，積極的，絶對的生活欲。它擺脱了一切詩藝的傳統手法，不排解，也不粉飾，不撫慰，也不麻醉，它不是那捧着你在幻想中上升的迷魂音樂。它衹是一片沈着的鼓聲，鼓舞你愛，鼓動你恨，鼓勵你活着，用最高限度的熱與力活着，在這大地上。

當這民族歷史行程的大拐彎中，我們得一鼓作氣來渡過危機，完成大業。這是一個需要鼓手的時代，讓我們期待着更多的“時代的鼓手”出現。至於琴師，乃是第二步的需要，而且目前我們有的是絶妙的琴師。

畫　　展①

我没有統計過我們這號稱抗戰大後方的神經中樞之一的昆明，平均一個月有幾次畫展，反正最近一個星期裏就有兩次。重慶更不用説，恐怕每日都在畫展中，據前不久從那裏來的一個官説，那邊畫展熱烈的情形，真令人咋舌。（不用講，無論那處，衹要是畫展，必是國畫。）這現象其實由來已久，在我們的記憶中，抗戰與風雅似乎始終是不可分離的，而抗戰愈久，雅興愈高，更是鮮明的事實。

一個深夜，在大西門外的道上，和一位盟國軍官狹路當逢，於是攀談起來了。他問我這戰争幾時能完，我説“這當然得問你”。

“好罷！”他爽快的答道，“老實告訴你，戰争幾時開始，便幾時完結。”事後我纔明白他的意思是説，衹要他們真正開始反攻，日本是不值一擊的。一個美國人，他當然有資格誇下這海口。但是我，一個中國人，尤其當着一個美國人面前，談起戰争，怎麽能不心虚呢？我當時誤會了他的意思，但我是愛説實話的。反正人家不是傻子，咱們的底細，人家心裏早已是雪亮的，與其欲蓋彌彰，倒不如自己先認了，所以我的答話是：“戰争幾時開始？你們不是早已開始了嗎？没開始的衹是我們。”

對了，你敢説我們是在打仗嗎？就眼前的事例説，一面是被吸完血的 ×× 編成“行尸”的行列，前仆後繼的倒斃在街心，一面是“琳瑯滿目”，“盛况空前”的畫展，你能説這不是一面在“奸污”戰争，一面在逃避戰争嗎？如果是真實而純潔的戰争，就不怕被正視，不，我們還要用鍾愛的心情端詳它，撫摩它，用驕傲的嗓音謳歌它。唯其戰争是因被“奸污”而變成一個腐爛的，臭惡的現實，所以你就不能不閉上眼睛掩着鼻子，趕緊逃過，逃的愈遠愈好，逃到“雲烟滿紙”的林泉丘壑裏，逃到“氣韻生動”的仕女前……反之，逃得愈遠，心境愈有安頓，

① 本篇原載 1943 年昆明《生活導報》（據開明版《聞一多全集》），期次未詳。現據聞一多遺稿中保存的原刊剪報排印。

也愈可以放心大膽讓雙手去製造血腥的事實。既然“立地成佛”有了保證，屠刀便不妨隨時拿起，隨時放下，隨時放下，隨時拿起。原來某一類説不得的事實和畫展是互爲因果的，血腥與風雅是一而二，二而一罷了。誠然，就個人説，成佛的不一定親手使過屠刀，可是至少他們也是幫凶和窩户。如果是借刀殺人，讓旁人擔負使屠刀的勞力和罪名，自己幹没了成佛的實惠，其居心便更不可問了。你自命讀書明理的風雅階級，説得輕點，是被利用，重點是你利用别人，反正你是逃不了責任的！

藝術無論在抗戰或建國的立場下，都是我們應該提倡[①]的，這點道理并不衹你風雅人士們纔懂得。但藝術也要看那一種，正如思想和文學一樣，它也有封建的與現代的，或復古的與前進的（其實也就是非人道的與人道的）之别。你若有良心，有魄力，并且不缺乏那技術，請站出來，學學人家的畫家，也去當個隨軍記者，收拾點電網邊和戰壕裏的“烟雲”回來，或就在任何後方，把那“行尸”的行列速寫下來，給我們認識認識點現實也好，起碼你也該在隨便一個題材裏多給我們一點現代的感覺，八大山人，四王，吴惲，費曉樓，改七薌，乃至吴昌碩，齊白石那一套，縱然有他們的歷史價值，在珂羅板片中也够逼[②]真的了，用得着你們那笨拙的複製嗎？在這復古氣焰高張的年代，自然正是你們揚眉吐氣的時機。但是小心不要做了破壞民族戰鬥意志的奸細，和危害國家現代化的幫凶！記着我的話，最後裁判的日子必然來到，那時你們的風雅就是你們的罪狀！

---

① “倡”，原作“創”。
② “逼”，原作“畢”。

字與畫①

原始的象形文字，有時稱爲繪畫文字，有時又稱爲文字畫，這樣含混的名詞，對於字與畫的關係，很容易引起誤會，是應當辨明一下的。

一切文字，在最初都是象形的，換言之，都是繪畫式的。反之，任何繪畫都代表着一件事物，因此也便具有文字的作用。但是，繪畫與文字仍然是兩件東西，它們的外表雖相似，它們的基本性質却完全兩樣。一幅圖畫在作者的本意上，決不會變成一篇文字，除非它已失去原來的目標，而僅在説明某種概念。繪畫的本來目的是傳達印象，而文字的本來目的則是説明概念。要知道二者的區别，最好是看它們每方面所省略的地方。實際上便是最寫實的繪畫，對於所模擬的實物，也不能無所省略，文字更不用説了。往往爲了經濟和有效的雙重目的起見，繪畫所省略處正是文字所要保留的，反之，文字所省略處也正是繪畫所要保留的。以現代澳洲爲例，什麼是純粹的繪畫，什麼是文字性質的繪畫，不但土人看來，一望而知，就在我們看來，也不容易混淆。在他們的繪畫中，我們可以看到每一筆都證明作者的用意是在求對原物的真實和生動，但在他的文字性質的東西裏，情形便完全不同。那些綫與點祇是代表事物概念的符號，而非事物本身的摹繪。

大體説來，繪畫式的文字總比純粹繪畫簡單些。但照上面所説的看來，繪畫式的文字，却不是簡化了的繪畫。由此我們又可以推想，我們現在所見到刻在甲骨上的殷代象形文字，其繁簡的程度，大概和更古時期的象形文字差不多。我們不能期望將來還有一批更富繪畫意味的甲骨文字被發現。文字打頭就祇是文字——祇是近似繪畫的文字，而不是真正的繪畫。

但是就中國的情形論，文字最初雖非十足的繪畫，後來的發展却和

① 本篇據手稿排印。據《江海學刊》1984 年第 6 期凌波的《手稿收藏經過》稱，此文原係聞一多在 1943 年爲《綜合》周刊所寫，因刊物僅出兩期即被迫停刊，未及刊出。手稿現藏南京博物院。

繪畫愈走愈近。這種發展的過程包括兩個階段，和繪畫本身的發展過程完全相合。兩個階段（一）是裝飾的，（二）是表現的。

離甲骨略後而幾乎同時的銅器上的文字，往往比甲骨文字來得繁縟而更富於繪畫意味，這些我從前以爲在性質上代表着我國文字較早的階段，現在纔知道那意見是錯的。鎸在銅器上的銘辭和刻在甲骨上的卜辭，根本是兩種性質的東西。卜辭的文字是純乎實用性質的紀録，銘辭的文字則兼有裝飾意味的審美功能。裝飾自然會趨於繁縟的結構與更濃厚的繪畫意味。沿着這個路綫發展下來的一個極端的例，便是流行於戰國時的一種鳥蟲書，那幾乎完全是圖案，而不是文字了。字體由篆隸變到行楷，字體本身的圖案意味逐漸減少，可是它在藝術方面發展的途徑不但并未斷絶，而且和繪畫拉攏得更緊，共同走到一個更高超的境界了。

以前在裝飾的階段中，字衹算得半裝飾的藝術，如今在表現的階段中，它却成爲一種純表現的藝術了。以前作爲裝飾藝術的字，是以字來模仿畫，那時畫是字的理想。現在作爲表現藝術的字，字却成了畫的理想，畫反要來模仿字。從藝術方面的發展看，字起初可説是够不上畫，結果它却超過了畫，而使畫够不上它了。

字在藝術方面，究竟是仗了什麽，而能有這樣一段驚人的發展呢？理由很簡單。字自始就不是如同繪畫那樣一種拘形相的東西，所以能不受拘牽的發展到那種超然的境界。從裝飾的立場看，字盡可以不如畫，但從表現的立場看，字的地位一上手就比畫高，所以字在前半段裝飾的競賽中吃虧的地方，正是它在後半段表現的競賽中占便宜的地方。這一點也可以證明文字的本質與繪畫不同，所同的衹是表面的形式而已。

評論書畫者常説起“書畫同源”，實際上二者恐怕是異源同流。字與畫衹是近親而已。因爲相近，所以兩方面都喜歡互相拉攏，起初是字拉攏畫，後來是畫拉攏字。字拉攏畫，使字走上藝術的路，而發展成我們這獨特的藝術——書法。畫拉攏字，使畫脱離了畫的常軌，而産生了我們這有獨特作風的文人畫。

説　　舞[1]

一場原始的羅曼司

假想我們是在參加着澳洲風行的一種科羅潑利（Corro-Borry）舞。

灌木林中一塊清理過的地面上，中間燒着野火，在滿月的清輝下吐着熊熊的赤焰。現在舞人們還隱身在黑暗的叢林中從事化裝。野火的那邊，聚集着一群充當樂隊的婦女。忽然林中發出一種坼裂聲，緊跟着一陣沙沙的磨擦聲——舞人們上場了。闖入火光圈裏來的是三十個男子，一個個臉上塗着白堊，兩眼描着圈環，身上和四肢畫着些長的條紋。此外，脚踝上還繫着成束的樹葉，腰間圍着獸皮裙。這時那些婦女已經面對面排成一個馬蹄形。她們完全是裸着的。每人在兩膝間綳着一塊整齊的鼦鼠皮。舞師呢，他站在女人們和野火之間，穿的是通常的鼦皮圍裙，兩手各執一棒。觀衆或立或坐的圍成一個圓圈。

舞師把舞人們巡視過一遭之後，就回身走向那些婦女們。突然他的棒子一拍，舞人們就閃電般的排成一行，走上前來。他再視察一番，停了停等行列完全就緒了，就發出信號來，跟着他的木棒的拍子，舞人們的脚步移動了，婦女們也敲着鼦皮唱起歌來。這樣，一場科羅潑利便開始了。

拍子愈打愈緊，舞人的動作也愈敏捷，愈活潑，時時扭動全身，縱得很高，最後一齊發出一種尖鋭的叫聲，突然隱入灌木林中去了。場上空了一會兒。等舞師重新發出信號，舞人們又再度出現了。這次除舞隊排成弧形外，一切和從前一樣。婦女們出來時，一面打着拍子，一面更大聲的唱，唱到幾乎嗓子都要裂了，於是聲音又低下來，低到幾乎聽不見聲音。歌舞的尾聲和第一折相仿佛。第三、四、五折又大同小異的表演過了。但有一次舞隊是分成四行的，第一行退到一邊，讓後面幾行向

---

① 本篇原載 1944 年 3 月 19 日《生活導報》第 60 期（據季鎮淮《聞朱年譜·聞一多先生年譜》）。現據聞一多遺稿中保存的原刊剪報排印。

前邁進，到達婦人們面前，變作一個由身體四肢交鎖成的不可解的結，可是各人手中的棒子依然在飛舞着。你直害怕他們會打破彼此的頭，但是你放心，他們的動作無一不遵守着嚴格的規律，决不會出什麽岔子的。這時情緒真緊張到極點，舞人們在自己的噪呼聲中，不要命的頓着脚跳躍，婦女們也發狂似的打着拍子引吭高歌。響應着他們的熱狂的，是那高燭雲空的火光，急雨點似的劈拍的噴射着火光。最後舞師兩臂高舉，一陣震耳的掌聲，舞人們退場了，婦女和觀衆也都一哄而散，抛下一片清冷的月光，照着野火的餘燼漸漸熄滅了。

這就是一場澳洲的科羅潑利舞，但也可以代表各地域各時代任何性質的原始舞，因爲它們的目的總不外乎下列這四點：（一）以綜合性的形態動員生命，（二）以律動性的本質表現生命，（三）以實用性的意義强調生命，和（四）以社會性的功能保障生命。

綜合性的形態

舞是生命情調最直接，最實質，最强烈，最尖鋭，最單純而又最充足的表現。生命的機能是動，而舞便是節奏的動，或更準確點，有節奏的移易地點的動，所以它直是生命機能的表演。但祇有在原始舞裏纔看得出舞的真面目，因爲它是真正全體生命機能的總動員，它是一切藝術中最大綜合性的藝術。它包有樂與詩歌，那是不用説的。它還有造型藝術，舞人的身體是活動的雕刻，身上的文飾是圖案，這也都顯而易見。所當注意的是，畫家所想盡方法而不能圓滿解决的光的效果，這裏藉野火的照明，却輕輕的抓住了。而野火不但給了舞光，還給了它熱，這觸覺的刺激更超出了任何其它藝術部門的性能。最後，原始人在舞的藝術中最奇特的創造，是那月夜叢林的背景對於舞場的一種鏡框作用。由於框外的静與暗，和框内的動與明，發生着對照作用，使框内一團聲音光色的活動情緒更爲集中，效果更爲强烈，藉以刺激他們自己對於時間（動静）和空間（明暗）的警覺性，也便加强了自己生命的實在性。原始舞看來簡單，唯其簡單，所以能包含無限的複雜。

律動性的本質

上文説舞是節奏的動，實則節奏與動，并非二事。世間决没有動而不成節奏的，如果没有節奏，我們便無從判明那是動。通常所謂“節奏”是一種節度整齊的動，節度不整齊的，我們衹稱之爲“動”，或亂動，因此動與節奏的差别，實際衹是動時節奏性强弱的程度上的差别，而并非兩種性質根本不同的東西。上文已説過，生命的機能是動，而舞是有節奏的移易地點的動，所以也就是生命機能的表演。現在我們更可以明白，所謂表演與非表演，其間也衹有程度的差别而已。一方面生命情緒的過度緊張，過度興奮，以至成爲一種壓迫，我們需要一種更强烈，更集中的動，來宣泄它，和緩它，一方面緊張與興奮的情緒，是一種壓迫，也是一種愉快，所以我們也需要在更强烈，更集中的動中來享受它。常常有人講，節奏的作用是在减少動的疲乏。誠然。但須知那减少疲乏的動機，是積極而非消極的，而節奏的作用是調整而非限制。因爲由緊張的情緒發出的動是快樂，是可珍惜的，所以要用節奏來調整它，使它延長，而不致在亂動中輕輕浪費掉。甚至這看法還是文明人的主觀，態度還不够積極。節奏是爲减輕疲乏的嗎？如果疲乏是討厭的，要不得的，不如乾脆放棄它。放棄疲乏并不是難事，在那月夜，如果怕疲乏，躺在草地上對月亮發愣，不就完了嗎？如果原始人真怕疲乏，就乾脆没有舞那一套，因爲無論怎樣加以調整，最後疲乏總歸是要來到的，不，他們的目的是在追求疲乏，而舞（節奏的動）是達到那目的最好的通路。一位著者形容新南威爾斯土人的舞説：“……鼓聲漸漸緊了，動作也漸漸快了，直至達到一種如閃電的速度。有時全體一跳跳到半空，當他們脚尖再觸到地面時，那分開着的兩腿上的肉腓，顫動得直使那白堊的條紋，看去好象蠕動的長蛇，同時一陣强烈的嘶——聲充滿空中（那是他們的喘息聲）。”非洲布須曼人的摩科馬舞（Mokoma）

更是我們不能想象的。“舞者跳到十分疲勞，渾身淌着大汗，口裏還發出千萬種叫聲，身體做着各種困難的動作，以至一個一個的，跌倒在地上，浴在源源而出的鼻血泊中。因此他們便叫這種舞作摩科馬，意即血的舞。”總之，原始舞是一種劇烈的，緊張的，疲勞性的動，因爲祇有這樣他們纔體會到最高限度的生命情調。

實用性的意義

西方學者每分舞爲模擬式的與操練式的二種，這又是文明人的主觀看法。二者在形式上既無明確的界綫，在意義上尤其相同。所謂模擬舞者，其目的，并不如一般人猜想的，在模擬的技巧本身，而是在模擬中所得的那逼真的情緒。他們甚至不是在不得已的心情下以假代真，或在客觀的真不可能時，乃以主觀的真權當客觀的真。他們所求的祇是那能加强他們的生命感的一種提煉的集中的生活經驗——一杯能使他們陶醉的[①]醇醴而酷烈的酒。祇要能陶醉，那酒是真是假，倒不必計較，何況真與假，或主觀與客觀，對他們本没有多大區别呢！他們不因舞中的“假”而從事於舞，正如他們不以巫術中的“假”而從事巫術。反之，正因他們相信那是真，纔肯那樣做，那樣認真的做。（兒童的游戲亦復如此。）既然因日常生活經驗不够提煉與集中，纔要藉藝術中的生活經驗——舞來獲得一醉。那麽模擬日常生活經驗，就模擬了它的不提煉與不集中，模擬得愈像，便愈不提煉，愈不集中，所以最徹底的方法，是連模擬也放棄了，而僅剩下一種抽象的節奏的動。這種舞與其稱爲操練舞，不如稱爲“純舞”，也許還比較接近原始心理的真相。一方面，在高度的律動中，舞者自身得到一種生命的真實感（一種覺得自己是活着的感覺），那是一種滿足。另一方面，觀者從感染作用，也得到同樣的生命的真實感，那也是一種滿足，舞的實用意義便在這裏。

① 原無“的”字，據開明版《聞一多全集》補。

社會性的功能

或由本身的直接經驗（舞者），或由感染式的間接經驗（觀者），因而得到一種覺着自己是活着的感覺，這雖是一種滿足，但還不算滿足的極致。最高的滿足，是感到自己和大家一同活着，各人以彼此的“活”互相印證，互相支持，使各人自己的“活”更加真實，更加穩固，這樣的滿足纔是完整的，絶對的。這群體生活的大和諧的意識，便是舞的社會功能的最高意義。由和諧的意識而發生一種團結與秩序的作用，便是舞的社會功能的次一等的意義。關於這點，高羅斯（Ernest Groose）講得最好：“在跳舞的白熱中，許多參與者都混成一體，好象是被一種感情所激動而動作的單一體。在跳舞期間，他們是在完全統一的社會態度之下，舞群的感覺和動作正象一個單一的有機體。原始跳舞的社會意義全在乎統一社會的感應力。他們領導并訓練一群人，使他們在一種動機，一種感情之下，爲一種目的而活動（在他們組織散漫和不安定的生活狀態中，他們的行爲常被各個不同的需要和欲望所驅使）。它至少乘機介紹了秩序和團結給這狩獵民族的散漫無定的生活中。除戰争外，恐怕跳舞對於原始部落的人，是唯一的使他們覺着休戚相關的時機。它也是對於戰争最好的準備之一，因爲操練式的跳舞有許多地方相當於我們的軍事訓練。在人類文化發展上，過分估計原始跳舞的重要性，是一件困難的事。一切高級文化，是以各個社會成分的一致有秩序的合作爲基礎的，而原始人類却以跳舞訓練這種合作。”舞的第三種社會功能更爲實際。上文説過，主觀的真與客觀的真，在原始人類意識中没有明確的分野。在感情極度緊張時，二者尤易混淆，所以原始舞往往弄假成真，因而發生不少的暴行。正因假的能發生真的後果，所以他們常常用這假的作爲勾引真的媒介。許多關於原始人類戰争的記載，都説是以跳舞開場的，而在我國古代，武王伐紂前夕的歌舞，即所謂“武宿夜”者，也是一個例證。

新文藝和文學遺産[1]

地點——聯大文藝晚會（在新校舍圖書館前草地上）

時間——三十三年五月八日晚

“今天晚上在場發言的，建設新文藝的人物有八位教授，（記者按：八教授爲馮至，朱自清，孫毓棠，沈從文，卞之琳，聞家駟，李廣田，楊振聲。）而我和羅先生（常培）是幹破壞的，破壞舊的東西，……月亮出來了（聞先生指着初從雲中鑽出的滿月説），烏雲還等在旁邊，隨時就會給月亮蓋住。我們要特别注意……要記住我們這個五四文藝晚會是這樣被人陰謀破壞的；但是我們不用害怕，破壞了，我們還要來！五四的任務没有完成，我們還要幹！我們還要科學，要民主，要打倒孔家店和封建勢力！……文學遺産在五四以前是叫做國粹，五四時代叫做死文學，現在是借了文學遺産的幌子來復古，來反對新文藝，現在我就是要來審判它：中國在君主政治底下，‘君’是治人的，但不是‘君’自己去治，而實際治人的是手下的許多人，治人就是吃人！……中國的政治由封建而帝制，再由帝制而民治……中國的封建社會裏面有四種家臣：第一種是絶對效忠主子的，是儒家，第二種次之，是法家，第三種更次之，是墨家，而莊子是第四種，是拒小惠而要徹底的拆臺的，但是因爲有前三種人的支持，所以没有效果，後來，由反抗現實而逃到象牙塔中，辛亥以後，治人吃人的觀念并没有打倒。管家人吃人，借了君子的名字。在五四，第四種人出塔了，他們要自己管理自己，管家的無立足餘地了，但是他們仍舊可以存在的，不過不再是替君子管而是替人民管了。可惜第四種人在塔外住不慣，又回到塔裏面去了！那麼前三種人又活躍了！但他們覺得新主子不如舊主子好，所以纔有‘獻九鼎’啊！新主子一出來首先要打擊五四運動，要打擊提倡民治精神的禍因。後來他們發現民主是從外國來的，於是義和團精神又出現了，跟外國人絶交。

① 本篇原載刊物未詳。現據開明書店 1948 年版《聞一多全集》排印。

現在談第四種人，他們拼命搬舊塔的磚瓦來造新塔，就如有人在提倡晚明小品，表面上是新文藝，其實是舊的。新文學同時是新文化運動，新思想運動，新政治運動，新文學之所以新就是因爲它是與思想，政治不分的，假使脱節了就不是新的。文學的新舊不是甚麽文言白話之分，因爲古文所代表的君主舊意識要不得，所以要提倡新的。第四種人中的道家則劣處較少。新文學是要和政治打通的。至於文學遺産，就是國粹，就是桐城妖孽，就是骸骨，就是山林文學。中國文學當然是中國生的，但不必嚷嚷遺産遺産的，那就是走回頭路，回去了！現在感到破壞的工作不能停止，講到破壞，第一當然仍舊要打倒孔家店，第二要摧毁山林文學。從五四到現在，因爲小説是最合乎民主的，所以小説的成績最好，而成績最壞的還是詩。這是因爲舊文學中最好的是詩，而現在做詩的人漸漸地有意無意地復古了。現在卞先生（之琳）已經不做詩了，這是他的高見，做新詩的人往往被舊詩蒙蔽了漸漸走向象牙塔。”

詩與批評[①]

什麽是詩呢？我們誰能大膽地説出什麽是詩呢？我們誰敢大膽地決定什麽是詩呢？不能！有多少人是曾對於詩發表過意見，但那意見不一定合理的，不一定是真理；那是一種個人的偏見，因爲是偏見，所以不一定是對的。但是，我們怎樣決定詩是什麽呢？我以爲，來測度詩的不是偏見，應該是批評。

對於“什麽是詩”的問題，有兩種對立的主張：

有一種人以爲：“詩是不負責的宣傳。”

另一種人以爲：“詩是美的語言。”

我們念了一篇詩，一定不會是白念的，衹要是好詩，我們念過之後就受了他的影響：詩人在作品中對於人生的看法影響我們，對於人生的態度影響我們，我們就是接受了他的宣傳。詩人用了文字的魔力來征服他的讀者，先用了這種文字的魅力使讀者自然地沉醉，自然地受了催眠，然後便自自然然地接受了詩人的意見，接受了他的宣傳。這個宣傳是有如何的效果呢？詩人不問這個，因爲他的宣傳是不負責的宣傳。詩人在作品裏所表示的意見是可靠的嗎？這是不一定的，詩人有他自己的偏見，偏見是不一定對的。好些人把詩人比做瘋子，瘋子的意見怎麽能是真理呢？實在，好些詩人寫下了他的詩篇，他并不想到有什麽效果，他并不爲了效果而寫詩，他并不爲了宣傳而寫詩，他是爲寫詩而寫詩的；因之，他的詩就是一種不負責的東西了，不負責的東西是好的嗎？這是一個很重要的問題，所以，第一種主張就側重在這種宣傳的效果方面，我想，這是一種對於詩的價值論者。

好些人念一篇詩時是不理會它的價值的，他衹吟味於詞句的安排，驚喜於韻律的美妙：完全折服於文字與技巧中。這種人往往以爲他的態度僅止於欣賞，僅止於享受而已，他是爲念詩而念詩。其實這是不可能

---

① 本篇原載 1944 年 9 月 1 日《火之源文藝叢刊》第 2、3 輯合刊。

的事，在文字與技巧的魅力上，你并不衹享受於那份藝術的功力，你會被征服於不知不覺中，你會不知不覺的爲詩人所影響，所迷惑。對於這種不顧價值，而衹求感受舒適的人，我想他們是對於詩的效率論者。

這兩種態度都不是對的。因爲單獨的價值論或是效率論都不是真理。我以爲，從批評詩的正確的態度上説，是應該二者兼顧的。

伯拉圖在他的《理想國》中趕走了詩人，因爲他不滿意詩人。他是一個極端的價值論者，他不滿意於詩人的不負責的宣傳。一篇詩作是以如何殘忍的方式去征服一個讀者。詩篇先以美的顔面去迷惑了一個讀者，叫他沉迷於字面，音韻，旋律，叫他爲了這些而奉獻了自己，然而又以詩人的偏見生生烙印在讀者的靈魂與感情上。然而這是一個如何殘酷的烙印。——不負責的宣傳已是詩的頂大的罪名了，我們很難有法子讓詩人對於他的宣傳負責，（詩人是否能負責又是一個問題。）這樣一來，爲了防範這種不負責的宣傳，我們是不是可以不要詩了呢？不行，我們覺得詩是非要不可，詩非存在不可的。既然這樣，所以我們要求詩是“負責的宣傳”。我們要求詩人對他的作品負責，但這也許是不容易的事，因之，我們想得用一點外力，我們以社會使詩人負責。

負責的問題成爲最重要的了，我們爲了詩的光榮存在而辯護，所以不能不要求詩的宣傳作用是負責的，是有利益於社會的。我們想，若是要知道這宣傳是否負責而用新聞檢查的方式，實在是可笑的，我們不能用檢查去瞭解，我們要用批評去瞭解；目前的詩著是可用檢查的方法限制的，但這限制至少對於古人是無用的；而且事實上有誰會想出這種類似焚書坑儒的事來折磨我們的詩人呢？我想應該不會。在蘇聯和也許別的些個什麽國家用一種方法叫詩人負責，方法很簡單，就是，拉着詩人的鼻子走，如同牽牛一樣，政府派詩人做負責的詩，一個紀念，叫詩人做詩，一個建築落成，叫詩人做詩，這樣，好些“詩”是給寫出來了，但結果，在這種方式下産生出來的作品，衹是宣傳品而不是詩了，既不是詩，宣傳的力量也就小了或甚至没有了，最後，這些東西既不是詩又不是宣傳品，則什麽都不是了，我們知道馬也可夫斯基寫過詩，也寫過宣傳品，後來他自殺了，誰知道他爲什麽自殺呢？所以我想，拉着詩人的鼻子走的方式并不是好的方式。

政府是可以指導思想的。但叫詩人負責，這不是政府做得到的；上邊我説，我們需要一點外力，這外力不是發自政府，而是發自社會。我覺得去測度詩的是否爲負責的宣傳的任務不是檢查所的先生們完成得了的，這個任務，應該交給批評家。

每個詩人都有他獨特的性格，作風，意見與態度，這些東西會表現在作品裏。一個讀者要衹單選上一位詩人的東西讀，也許不是有益而且有害的，因爲，我們無法擔保這個詩人是完全對的，我們一定要受他影響，若他的東西有了毒，是則我們就中毒了。鷄蛋是一種良好的食品，既滋補而又可口，但據説多吃了是有毒的，所以我們不能天天衹吃鷄蛋，我們要吃些[1]别的東西。讀詩也一樣，我覺得無妨多讀，從龐亂中，可以提取養料來補自己，我們可以讀李白、杜甫、陶潜、李商隱、莎士比亞、但丁、雪萊，甚至其他的一切詩人的東西，好些作品混在一起，有毒的部分抵消了，留下滋養的成分；不負責的部分没有了，留下負責的成分。因爲，我們知道凡是能够永遠流傳下去的東西差不多可以説是好的，時間和讀者會無情地淘汰壞的作品。我以爲我們可以有一個可靠的選本，讓批評家精密地爲各種不同的人選出適於他們的選本，這位批評家是應該懂得人生，懂得詩，懂得什麽是效率，懂得什麽是價值的這樣一個人。

我以爲詩是應該自由發展的。什麽形式什麽内容的詩我們都要。我們設想我們的選本是一個治病的藥方，那末，裏邊可以有李白，有杜甫，有陶淵明，有蘇東坡，有歌德，有濟慈，有莎士比亞；我們可以假想李白是一味大黄吧，陶淵明是一味甘草吧，他們都有用，我們衹要適當的配合起來，這個藥方是可以治病的。所以，我們與其去管詩人，叫他負責，我們不如好好地找到一個批評家，批評家不單可以給我們以好

① “些”，原作“的”，參酌文意改。

詩，而且可以給社會以好詩。

歷史是循環的，所以我現在想提到歷史來幫助我們瞭解我們的時代，瞭解時代賦與詩的意義，瞭解我們批評詩的態度。封建的時代我們看得出衹有社會，没有個人，《詩經》給他們一個證明。《詩經》的時代過去了，個人從社會裏邊站出來，於是我們發覺《古詩十九首》實在比《詩經》可愛，《楚辭》實在比《詩經》可愛。因爲我們自己現在是個人主義社會裏的一員，我們所以喜愛那種個人的表現，我們因之覺得《古詩十九首》比《詩經》對我們親切。《詩經》的時代過去之後，個人主義社會的趨勢已經非常明顯了。而且實實在在就果然進到了個人主義社會。這時候衹有個人，没有社會。個人是耽沉於自己的享樂，忘記社會，個人是覓求“效率”以增加自己愉悦的感受，忘記自己以外的人群。陶淵明時代有多少人過極端苦難的日子，但他不管，他爲他自己寫下他閑逸的詩篇。謝靈運一樣忘記社會，爲自己的愉悦而玩弄文字，——當我們想到那時别人的苦難，想着那幅流民圖，我們實實在在覺得陶淵明與謝靈運之流是多麽無心肝，多麽該死，——這是個人主義發展到極端了，到了極端，即是宣布了個人主義的崩潰，滅亡。杜甫出來了，他的筆觸到廣大的社會與人群，他爲了這個社會與人群而同其歡樂，同其悲苦，他爲社會與人群而振呼。杜甫之後有了白居易，白居易不單是把筆濡染着社會，而且他爲當前的事物提出他的主張與見解。詩人從個人的圈子走出來，從小我而走向大我，《詩經》時代衹有社會，没有個人，再進而衹有個人没有社會，進到這時候，已經是成爲了個人社會（Individual society）了。

到這裏，我應提出我是重視詩的社會的價值了。我以爲不久的將來，我們的社會一定會發展成爲 Society of Individual，Individual for Society（社會屬於個人，個人爲了社會）的。詩是與時代同其呼吸的，所以，我們時代不單要用效率論來批評詩，而更重要的是以價值論詩了，因爲加在我們身上的將是一個新時代。

詩是要對社會負責了，所以我們需要批評。《詩經》時代何以没有批評呢？因爲，那些作品都是負責的，那些作品没有“效率”，但有“價值”，而且全是“教育的價值”，所以不用批評了。（自然，一篇實在没有價值的東西也可以“説”得出價值來的，對這事我們可以不必論及了。）個人主義時代也不要批評，因爲詩就衹是給自己享受享受而已，反正大家標準一樣，批評是多餘的；那時候不論價值，因爲效率就是價值。（詩話一類的書就衹在談效率，全不能算是批評。）但今天，我們需要批評，而且需要正確而健康的批評。

春秋時代是一個相當美好的時代，那時候政治上保持一種均勢。孔子删詩，孔子對於詩作過最好的，最合理的批評。在《左傳》上關於詩的批評我認爲是對的；孔子注重詩的社會價值。自然，正確的批評是應該兼顧到效率與價值的。

從目前的情形看，一般都衹講求效率了，而忽視了價值，所以我要大聲疾呼請大家留心價值。有人以爲着重價值就會忽略了效率，就會抹煞了效率，我以爲不會，這種擔心是多餘的。我們不要以爲效率會被抹煞，衹要看看普遍的情形，我們不是還叫讀詩叫欣賞詩嗎？我們不是還很重視於字句聲律這些東西嗎？社會價值是重要的，我們要詩成爲“負責的宣傳”，就非得着重價值不可，因爲價值實在是被“忽視”了。

詩是社會的産物。若不是於社會有用的工具，社會是不要它的。詩人掘發出了這原料，讓批評家把它做成工具，交給社會廣大的人群去消化。所以原料是不怕多的，我們什麼詩人都要，什麼樣詩都要，衹要製造工具的人技術高，技術精。

我以爲詩人有等級的，我們假設説如同别的東西一樣分做一等二等三等，那麼杜甫應該是一等的，因爲他的詩博、大。有人説黄山谷，韓昌黎，李義山等都是從杜甫來的，那麼，杜甫是包羅了這麼多“資源”，而這些資源大部是優良的美好的，你衹念杜甫，你不會中毒；你衹念李義山就糟了，你會中毒的，所以李義山衹是[①]二等詩人了。陶淵明的詩

① 原無“是”字，據開明版《聞一多全集》補。

是美的，我以爲他詩裏的資源是類乎珍寶一樣的東西，美麗而不有用，是則陶淵明應在杜甫之下。

所以，我們需要懂得人生，懂得詩，懂得什麼是效率，懂得什麼是價值的批評家爲我們製造工具，編製選本。但是，誰是批評家呢？我不知道。

論文藝的民主問題[①]

（下面的意見，是根據聞先生事後的補述記録下來的，記録的文字，曾送給聞先生過目。[②]）

前天有兩個外國朋友先後來看我，談到中國民主問題。一位是美國朋友，他站在美國人的立場，希望中國有第三個力量起來，擔負建立新中國的責任，我説第三個力量有是有的，目前還在生長發展中。另一位是澳洲朋友，站在澳洲人的地位，比較傾向於英國方面，一方面駡美國人，一方面却更多地同情中國。他問中國究竟需要怎樣的民主，他的意見，應該是社會主義的民主。他説英國目前正一天天地接近蘇聯，打算向着那個方向走去。他曾和邱吉爾談話，邱氏也承認了這一點。邱氏的矛盾是印度問題；不過一般的英國人，認爲邱氏適合於做戰時的領袖，戰後建設大概不大合適，他們希望以後對印度問題能有更開明的辦法。這位澳洲記者問起我：中國的民主運動是否太温和了？戰鬥性是否還不够强烈？我説我是站在青年人一邊的，和老輩人的看法不同；我個人看來，目前的民主運動的確戰鬥性不够，也許有些老輩人認爲操之過急反而不好。

這位澳洲記者也寫小説的，和我一樣，過去也曾學過畫，因此他很關心中國文藝界的情形。他聽説最近世界上最好的短篇小説是中國的；我問他從那裹聽來的，我説我們倒有些受寵若驚了。

外國朋友的確很想瞭解中國。譬如今天來看我的另一位美國朋友對

① 本篇原載以群、光未然主編、重慶北門出版社 1945 年 3 月 31 日出版的《民主文藝叢刊》之一《文藝的民主問題》。

② 1944 年 9 月 24 日一部分文化界、文藝界人士在昆明舉行座談會，討論關於當時民主運動與文藝運動的問題。這個會由光未然主持，出席的有楚圖南、章泯、李何林、尚鉞、李公樸等 11 人。聞一多因病未赴會。事後光未然走訪了聞一多，并將他的談話和其他與會者的發言一起發表在《文藝的民主問題》一書中，總的標題是《文藝的民主問題座談會》。

我説：我來到中國，爲的要看看活着的中國人民。他説現在在美國替中國説話的有三個人：一個是落了伍的胡適之；一個是國際文藝的投機家林語堂；一個是感傷的女人賽珍珠。他們的文章，都不能表現中國的真實。他説他每回讀到林語堂的文章，描寫中國農民在田裏耕作時如何地愉快，以及中國的刺綉，磁器如何地高貴……他就很生氣地把這位林博士的著作撕毀了擲到墻角裏去。我聽到這裏，感激地向他伸出手來，我説：你是我所遇到的少有的美國人！

座談會上的報告和各位先生的發言，我大體上是同意的。談到文藝家和民主運動的問題，有人説一個文藝家應該同時是一個中國人，這是對的；就現在的情形看來，恐怕做一個中國人比做一個文藝家更重要。因爲現在是搶救的工作，不能太慢了。我甚至還懷疑，就是現在的作家，在寫作以外，實際生活的政治程度是不是够高，恐怕還是問題。政治工作較文藝寫作更難，正像在前綫衝鋒肉搏較之在後方的工廠中做苦工更難一樣。更進一步地説，如無衝鋒經驗而描寫前綫衝鋒的故事，因體驗的不真切，寫出的也一定没有力量。——這是一個生活與寫作的老問題。

没有民主運動的實踐，一定創造不出民主主義的作品。假使在英美的社會，作家自己如果不做民主的戰士，由於社會周圍充滿了民主的空氣，作家也許可以用觀察來彌補。在中國缺少這種空氣，自己不做便體驗不着，觀察不到。寫作的問題便是一個做人的問題，人的火候到了，寫出的東西自然是對的。——這樣的説法，同時也解答了第二個問題——文藝作品如何反映民主主義内容的問題。

誠如大家所指出的，目前還有許多有知識有成就的文藝家，本身還站在民主運動之外，他們的生活與寫作甚至有了反民主的傾向。對於這些人，大家主張，除了加强勸導之外，還要加强理論上的批評。這點我是贊同的。我還主張，應該無情地打擊。目前在進步的朋友中間，委曲求全的思想還是很盛行。我以爲社會上没有那麽容易的事，在大變革的時期，一定需要大犧牲，不能顧忌太多。政治上的委曲求全，我是瞭解的，但我還是要堅持，在文藝工作上，委曲還是應該有限度。我想，我們理想的本身，就是一首詩，今天應該堅持這種精神，不要要求成功太切。中國人自來是善於委曲求全的，用不着我們再來宣傳這種思想。

關於如何創造民主主義新文藝的問題，我想先提出形式問題來談談。前些時何其芳先生有信來，説起張恨水的小説在重慶很盛行，他認爲這個形式（章回小説的形式）很可利用，并問到我的意見。我所想到的，是最接近我們的這個圈子，智識分子的圈子。——對大衆自然應該給予教育，好在他們是一張白紙，没有成見，新形式也許一樣可以接受。至於智識分子和學生，問題最多，挑剔相當厲害。所以藝術技巧方面，是要極力提高。舊形式恐怕打不到他們的面前，恐怕還是要用西洋最高的東西，纔能打動他們。我看那些容易和民衆接近的地方，問題倒比較簡單，比較順利；我們住在大後方，不可忽略了後方的另一面。這裏纔是苦海，周圍的人難對付；艱巨的工作在這裏。

舊形式是一種舊習慣；如果認爲非利用舊形式不可，便無異承認習慣是不可改變的。我的性格，喜歡走極端，我對一切舊的東西都反對，希望最好一點也不要留。我所以贊成田間的詩，原因也在這裏，因爲他把舊腔調擺脱得最乾凈。這種極端的感情，也許是近二十年來鑽進舊圈子以後的徹底的反感，説不定過分了一點，但暫時我還願意堅持我的意見。（L記）

《三盤鼓》序 ①

誠之最近生過一次相當嚴重的病，在危險關頭，他幾乎失掉挣扎的勇氣，事後據他説，是醫生的藥，也是我在他榻前一番鞭策性的談話，幫他挽回了生機。經過這番折磨，這番鍛煉，他的身體是照例的比病前更加健康了。就在這當兒，他準備已久的詩集快出版了，要我説幾句話，我想起他生病的經過，便覺得這詩集的問世特别有意義。

從來中華民族生命的危殆，没有甚於今天的，多少人失掉挣扎的勇氣也是事實，這正是需要藥石和鞭策的時候。今天誠之這象徵搏鬥姿態的“仙人掌”②，這聲言“For the worried many”的詩集（參看本書後記）③ 的問世，是負起了一種使命的，而且我相信也必能完成它的使命，因爲這裏有藥石，也有鞭策。

詩的女神良善得太久了，她的身世和“小花生米”或那

……靠着三盤鼓
到處摸索她們的生命綫

的三個，没有兩樣，她又像那

懷私生子的孕婦，
孕育着
愛與恨的結晶，
交織着

---

① 本篇原載薛誠之（原署薛沉之）著、昆明百合出版社1944年11月出版的《三盤鼓》。

② 詩集初擬名《仙人掌》，出版時改名《三盤鼓》。

③ 原作者《後記》説：“斯當達耳（H.B.Stendhal）愛在他自己的書上寫着‘For the happy few’；現在我也具着一種微妙的心情，不過我想反他的意思説着‘For the worried many’。”

愛戀和羞耻的心情，

她受盡了侮辱與欺騙，而自己却天天還在抱着“温柔敦厚”的教條，做賢妻良母的夢。這都是爲了心腸太軟的緣故。多數從事文藝的人們都是良善的，而做詩的朋友們心腸尤其軟。這是他們的好處。但如果被利用了，做了某種人“軟”化另一種人，以便加緊施行剥削的工具，那他們的好處便變成了罪惡。我在“温柔敦厚，詩之教也”這句古訓裏嗅到了幾千年的血腥。誠之的詩有詩的好處，没有它的罪惡，因爲我説過，這裏有的是藥石和鞭策，不過我希望他還要加强他的藥石性的猛和鞭策性的力。

三十三年十一月
聞一多於昆明

五四與中國新文藝[1]

——現在是群衆的時代，讓文藝回到群衆裏去！

從“五四”開始，中國文藝的現實主義開始萌芽，它表示中國社會必然的發展和要求。歐戰期間，中國民族工業開始抬頭，新興階級需要一個新的政權扶植他們發展，但是歐戰之後，國際政治的黑流以及國内軍閥的反動使新興階級的願望遭受挫折，這時新興階級的代言人——學生，小市民——便起來了，對外他們要求打倒帝國主義，以求本階級的解放，對内打倒軍閥，以求民主政治的發展。不管他的階級性如何，這個運動需要廣大群衆的支持，領導階級的眼光不得不放到群衆裏去，因此，他們必運用一種新的宣傳方式以表達他們的思想，進而喚醒群衆的鬥争情緒，這個方式就是白話文，以及用白話文表現的中國的舊的寫實主義的文學。

辛亥革命時代的文藝與“五四”時代有什麽不同呢？辛亥革命是士大夫領導的，他們的群衆是士大夫，因此，表現文藝的形式的還是士大夫所用濫了的古文，“五四”時代則不然，“五四”運動是一個群衆運動，雖然并不廣泛也不深入，但是，因爲它接近群衆，因此，在文藝表現的方式，多少有一些群衆性。

民族工業的興起，同時產生了工人階級，“五四”運動也得到工人的贊助，這是“五四”進步性的一點證明，但是，工人并没有居於領導的地位，這是“五四”民主運動不徹底的地方，因爲這樣，所以“五四”時代所謂中國的新文藝，還是舊的寫實主義。

中國新文藝運動應該隨着中國社會發展而發展，或者説，中國新文藝應該徹底盡到它反應現實的任務，目前我們需要嶄新的文藝形式和内容，我們要讓文藝回到群衆那裏去，去爲他們服務。目前我們要求“民

① 本篇原載國立西南聯合大學、雲南大學、私立中法大學、雲南省立英語專科學校學生自治會主編的《五四特刊》，1945 年 5 月 4 日出版。

主”下鄉，進工廠，我們的文藝也要這樣。因此，在我看來，目前最恰當的文藝形式是朗誦詩和歌劇，此外，我們還需要與其他部門配合纔能收到更大的效果，我所説的其他部門大抵指電影，漫畫等。

中國新文藝發展的事業與民主事業同樣艱巨，我們需要加倍努力，我們相信，衹有廣大的群衆是主人，群衆的利益定會戰勝少數人的特權的。

艾青和田間[1]

（這是聞一多先生在去年昆明的詩人節紀念會上的講演，在這講演之前，兩位聯大的同學朗誦了艾青的《向太陽》和田間的《自由向我們來了》,《給戰鬥者》，聽衆們都很激動，接下來，聞先生説：）

一切的價值都在比較上，看出來。

（他念了一首趙令儀的詩，説：）

這詩裏是些什麼山茶[2]花啦，胸脯啦，這一套諷刺戰鬥，粉刷戰鬥的東西，這首描寫戰争的詩，是歪曲戰争，是反戰，是把戰争的情緒變轉，縮小。這也正是常任俠先生所説的鴛鴦蝴蝶派。（笑。）

幾乎每個在座的人都是鴛鴦蝴蝶派。（笑。）我當年選新詩，選上了這一首，我也是鴛鴦蝴蝶派。（大笑。）

艾青當然比這好。他表現人民及戰争，用我們知識分子最心愛的，崇拜的東西與裝飾，去理想化。如《向太陽》這首詩裏面，他用浪漫的幻想，給現實鍍上金，但對赤裸裸的現實，他還愛得不够。我們以爲好的東西的裏面，往往也有壞的東西。

如在太陽底下死，是 Sentimental 的，是感傷的，我們以爲是詩的東西都是那個味兒。（笑。）

我們的毛病在於眼泪啦，死啦。用心是好的，要把現實裝扮出來，引誘我們認識它，愛它，却也因此把自己的狐狸尾巴露出來了。

這一些，田間就少了，因此我們也就不大能欣賞。

胡風評田間是第一個拋棄了知識分子靈魂的戰争詩人，民衆詩人。他没有那一套泪和死。但我們，這一套還留得很多，比艾青更多。我們能欣賞艾青，不能欣賞田間，因爲我們跑不了那麼快。今天需要艾青是爲了教育我們進到田間，明天的詩人。但田間的知識分子氣，胡風説拋

① 本篇原載 1946 年 6 月 22 日上海《聯合晚報》副刊《詩歌與音樂》第 2 號。

② “茶”，原作“查”。

棄了，我看也没有完全抛棄。如“自由向我們來了”，爲什麽我們不向自由去呢？艾青説“太陽滚向我們”，爲什麽我們不滚向太陽呢？（笑，鼓掌。）

艾青説自己是農民的兒子，我説他是農民的少爺，田間是少爺變農民。

艾青的《北方》寫乞丐，田間的一首詩寫新型的女人，因爲田間已是新世界中的一個詩人。我們不能怪我們不欣賞田間：因爲我們生在舊社會中。我們衹看到乞丐，新型的女人我們没有看到過。

有人漫駡田間，衹是他們無知。

關於艾青、田間的話很多，時間短，講到這兒爲止。

“新中國”給昆明一個耳光罷！①

舊劇本是人民的藝術，至今也還是最忠實於人民的一種藝術形式。惟其如此，所以它有着人民的種種優點，而不可諱言，也有着人民的弱點。這弱點，概括的講，就是人民的落後性。（被愚弄壓榨了幾千年的人民，叫他怎麽不落後呢！）

反之，話劇是知識分子剛從海外輸入的一種藝術形式，它是知識分子一手包辦的，也是純粹爲着知識分子的興趣的，所以在藝術上，它固然有着一些知識分子的進步性，同時在題材和觀點上，也就不可避免的包含了知識分子的偏狹，軟弱，虛僞等等缺點，而在脱離了人民的現實生活這一偏狹性上，尤其使它對於廣大的人民永遠是陌生的，因此也就永遠限制了它自身的發展。所以關於目前話劇運動的麻痹狀態，問題的癥結，倒不在它的形式，而是在它的内容。寫實主義的作風，應該衹有更能吸引人民觀衆的，决不會排斥他們。衹有完全脱離了人民現實生活的題材與觀點，纔是話劇的致命傷。脱離了廣大人民，知識分子不能挽救中國戲劇前途的危機，正如他們不能挽救中國政治前途的危機一樣！

新中國劇社，是我所知道的大後方第一個能把握人民現實生活的話劇團體。在這意義上，它不但指示了中國戲劇工作的新道路，而更要緊的是表現了中國知識分子的新覺悟，因此也就真能名副其實的象徵了“新中國”。今天凡是看過他們的“活報”，聽過他們的歌咏的人，没有不驚訝於他們的天才式的作風的，凡是聽過他們在桂林撤退前的工作和在黔桂綫上流亡的故事的人，也没有不激動於他們的英雄式的氣派的。你問：同是劇團，甚至同是中國人，“新中國”何以表現得這樣卓越，這樣動人？“新中國”簡直是一篇傳奇故事，一個神迹，這秘密究竟在那裏？我説：很簡單，認識了人民，熱愛着人民，覺醒了的知識分子！不但戲劇，而且“行行出狀元”，衹要認識人民，每一個知識分子，都

① 本篇原載刊物未詳。現據聞一多遺稿中保存的原刊剪報排印。

是一個可能的天才和英雄。

因此，今天我們特别歡迎“新中國”來到昆明，因爲，這是一個特别充滿了僞善和臭美的頑固知識分子的城，因爲，這是以一個什麼學府自誇的城。“新中國”對昆明應該是一個嚴重的抗議。不，得給他們當胸一拳，再找上兩個耳光，這些僞善和臭美的先生們，這些知識分子們，他們自己也該受點教育。告訴他們，該醒醒了，這是“人民的世紀”啊！

一九四五. 七. 七

戰後文藝的道路 ①

“道路”不一定是具體計劃，祇是一種看法；戰後不是善後，善後是暫時的，戰後是相當長時期的將來。根據已然推測必然，是科學的客觀預見，歷史是有其客觀的必然性的，所以要講到戰後文藝的道路，必須根據文學史及社會發展作一番討論。

關於文學史，應根據新的世界觀來分析：我們承認最根本决定社會之發展的是階級，有統治階級，有被統治階級。中國過去的文學史却抹煞了人民的立場，祇講統治階級的文學，不講被統治階級的文學。今天以人民的立場來講文學，對統治階級的文學亦不抹煞。

觀察中國的社會，有下面幾個階段：

一、奴隸社會階段，

二、自由人階段，

三、主人階段。

奴隸社會的組織是奴隸和奴隸主，自由人是解放了的奴隸，戰國和西漢的奴隸氣質在文學上很明顯。魏晋以後嵇康阮籍解放了，但由建安到今天都無大變。

建安前是奴隸文藝，建安後是自由人的文藝。奴隸的反面不是自由人，奴隸的反面是主人。西方民主國家還要争自由，何况中國！奴隸是有主人的奴隸，自由人是脱離主人的奴隸。今後的主人，則是没有奴隸的主人；有奴隸的主人是法西斯。

現在再看每個階段的特質。

（一）奴隸階段：——

今天所謂奴隸與歷史上的奴隸不同，真性奴隸是無身體自由的，使其身體虧損如劓，刖，墨，剕，宫等是奴隸的象徵，再一種是手銬脚鐐的束縛，這可呼爲真性的奴隸。和這相反的要身體有自由發育，自由活

① 本篇原載《文匯叢刊》第 4 輯《人民至上主義的文藝》，1947 年 9 月出版。

動的纔是主人。在真性奴隸社會中作業是分工的，主人也做事，大致爲君，爲政，戰争，行刑是主人幹的，他做事是自由的。奴隸的事，一是物質生產的技術，如農工等類；一是非物質的生產，如藝術，卜卦，算命，音樂。統治者擔任的是治術，奴隸擔任的是技術和藝術。技術供主人消費，藝術供主人消遣。歷史上有名的音樂家師曠是瞎子，可以作爲證明。

古代的藝術家是奴隸幹的，如王維在《唐書》上就没有他的傳，因爲他是奴隸；幹藝術是下流的，像今天看戲子和娼妓是一個樣。荆軻的好友高漸離會擊筑，爲秦始皇挖去二目，再來聽他的音樂。如果身體不虧損，你就衹能作漢武帝時候的李延年，漢武帝當他作女人看。

真性奴隸社會在戰國時是没有了，在春秋時即已逐漸瓦解。但奴隸社會的遺留太多，太明顯，《史記·滑稽列傳》淳于髡爲齊國贅婿，髡是受剃了髮的髡刑的，名字都已證明他是奴隸了。其他屈原，宋玉，東方朔，枚皋，司馬遷都是奴隸，司馬遷受宫刑是奴隸的標幟，這些人比真性社會的奴隸身體稍自由。

古代藝術家身體上受創傷，心理上也受創傷，常云“文窮而後工”；厨川白村的《苦悶的象徵》謂“不自由即奴隸的别名”。藝術是身體或心理受創傷後産生的花朵，是用血泪來培養的。金魚很好看，是人看他好看，金魚的本身并不會覺得好看；盆景也如此。在階級社會裏的文藝都是悲慘的，一般有天才的奴隸爲要主人賞識，主人免其勞動而養活他，他就歌功頌德，宣揚統治者的思想，爲主人所豢養，他幫助主人壓迫其同類。技術奴隸如傅説的板築。因此我們可以説：一，技術是不自由的勞動；二，文藝是不自由的不勞動；三，治術是自由的不勞動；四，幫閑文人寄生者是不自由的不勞動。

當藝術家作爲消閑的工具時是消極的罪惡，但當藝術家去替統治者作統治的工具時，就成了積極的罪惡。

除了人民自己的文藝之外，一切的文藝都是奴隸作的。今日的文藝傳統不是如《詩經》那樣由人民的傳統來，而是由奴隸來，所以往往作了奴隸的子孫而不自察。

（二）自由人階段：——

自封建時代奴隸的解放，就有了自由人，自由人的實際地位是自己選擇自己的道路，願不願作奴隸？儒家願作奴隸，道家不願作奴隸。所以：

一、楚狂避世，怕惹禍。

二、楊朱不合作，爲我，先顧自己，不管他人是非。你是你，我是我，我不惹你，你莫管我，但承認人家的勢力。

三、程明道，程伊川一個對妓女坐，一個背妓女坐，人家批評他倆一個是目中有妓，心中無妓，一個是目中無妓，心中有妓。這種是忘了你我，逃避在觀念社會裏，我不見妓女，就没有妓女。

四、莊周夢爲蝴蝶，但莊周并不能爲蝴蝶。

前三種是逃避他人，莊周却逃避自己。

五、東方朔避世朝廷；小隱山林，大隱朝廷，衹要我心裏没有官，作了官也等於不作官。

六、唐司馬承禎居長安終南山，爲作官的終南捷徑，後來就作官。

七、先作官而後歸隱。

八、可憐主人而去幫忙。

以下道家儒家不能分。這些人象徵思想的解放，春秋後此種思想即已産生，東漢魏晋以至今日，都是這一種傳統没有變。到了近一百年，除了作自己人的奴隸外，還要作外國人的奴隸。

自由人是被解放了的奴隸，但我們今天還一直跟着這後塵。

上面列舉的前四種人的態度是誠懇的，自己求解放，後面幾種人都是自己騙自己。由魏晋到盛唐，勉强可以，以後就不行了。唐以後的詩不足觀，是人根本要不得。前面的解放衹是主觀的解放，自己在麻醉自己。自己麻醉不外飲酒，看花，看月，聽鳥説甚，對人的社會裝聾，表現在藝術作品中的麻醉性，那就更高。魏晋藝術的發展是將藝術作麻醉的工具，阮籍怕腦袋掉是超然，陶潛也是逃避自己而結廬在人境，是積極的爲自己。阮是消極的爲人，阮對着的是壓迫他的敵人，是有反抗性的；陶没有反抗性，他對面没有敵人，故阮比陶高。阮是無言的反抗，陶是無言而不反抗，能在那裏聽鳥説甚，他更可以要幹什麽便幹什麽。①

西洋藝術爲宗教，解放後的自由人則爲藝術而藝術，到貴族打倒後，没有反抗性而變爲消極的東西。

總結以上有怠工的奴隸，有開小差的奴隸，有以罷工抬高價錢的奴隸。各種奴隸都有，但没有想作主人的。這些人雖間不容髮，但是都没有想到當主人。倒是農民想要當主人反而當成了，如劉邦、朱元璋是；張獻忠、李自成、洪秀全等是没有當成功的。士大夫衹想做官，衹想到最高的理想最大膽的手腕是作一人之下萬人之上的宰相。這種人不需要革命，無革命的觀念和欲望，故士大夫從來不需要革命。農民從來得不到主人給他的麵包渣，骨頭，故他可以反抗，可以成功。

往後要作主人，要作無奴隸的主人。

（三）主人階段——②

自由人不是主人，但像主人，似是而非。士大夫作自由人就够了，無需爲主人，等自由人的自由被剥奪了，成了有形的奴隸，他就可以回頭來幫助别人革命。最不能安身的是奴隸農民，因爲他無處藏身，他就要起來積極地革命。

法西斯要將人都變成奴隸，每個人都有當奴隸的危機，大家要反抗，抗了法西斯，不僅要作自由人，而是要真正作主人。

所以我對於戰後文藝的道路有三種看法：

一、恢復戰前。

二、實現戰前未達到的理想。

三、提高我們的欲望。

前兩種都較消極，第三種却是積極的提高，因爲打了仗後，人民理

① 在本文提綱（手稿）中，此處有“陶無反抗意識，其無言即等於無言的支持”，“主觀的放棄，即客觀的放縱”等語。

② 在本文提綱（手稿）中，此處特注明是“社會主義社會”。

想的身價應與今日的通貨膨脹一樣的增高。今日有人要内戰，我們當然要更高的代價，這是歷史發展的必然性。戰後之文藝的道路是要作主人的文藝。有了戰爭就產生了我們新的覺悟，我們認清自己身分的本質，我們由作奴隸的身分而往上爬，祇看見上面的目的地而祇顧往上爬，不知往下看。雖然看見目的地快到，但這是我們的幻覺，這是有隨時被人打下來的危險。我們不能單往上看，而是要切實的往下看，要將在上面的推翻了，大家纔能在地上站得穩。由這個觀點上看：如果我們僅祇是追求我們更多的個人自由，讓我們藏的更深，那就離人民愈遠。今天我們不這樣逃，更要防止別人逃，誰不肯回頭來，就消滅他！

我們大學的學院式的看法太近視，我們在當過更好一點的奴隸以後，對過去已經看得太多，從來不去想別的，過去我們騎在人家頸上，不懂希望及展望將來的前途，書愈讀的多，就像耗子一樣祇是躲，不敢想，没有靈魂，爲這個社會所限制住，爲知識所誤，從來不想到將來。

將來這條道路，不但自己要走，還要將別人拉回來走，這是歷史發展的法則。如果還有要逃的，消滅他，服從歷史。

（史勁記）

馮法祀戰地寫生畫展觀後感[①]

首先的印象是自然的景色多，而人物的刻畫少。就現在展覽的作品看，大都是以大自然爲背景的，而人却站在次要的地位。在西洋畫上，這不是主要的作風。中國畫是以山水爲主，而西洋畫則以人爲主。多年來，這兩方面在學院當中都不能滿足。在西洋畫中，目前究竟走哪一條路子，似乎也還没有確定。我在外國時，他們對我説，你們自己的畫好多了，何必要來向我們學習？那時在五四時代，我們往往具有民族主義的看法，對於國畫十分推崇，其實國畫之好，有些也是我們自己在吹噓。在外國，從没有到外地去寫生，是由自然的描摹發展到静物與人物的寫真。從自然走到人，儘管畫的還是個人，仍是好的傾向。而中國，又由人回到自然，是壞的路子。從人與人之間去表現社會關係與作者的思想，這纔是我們應做的事。如果盡在描寫自然，在我看來，是一種浪費，因爲這恐怕耽擱了時間去注意人的表現。描寫大自然是學院派的作風，也是中國一般美術界的現象。現在，中國的美術所要走的路子，到底是中國的呢？還是西洋的呢？我認爲馮先生對這應該忍痛地放棄技術上的追求，要多多表現人間的現實生活。西洋畫的人物縱然多是個人的，而二十多年來，中國的新繪畫連這一點都没有什麽大的成就。依照我的看法，我們要畫人物，不僅要畫個人，而且要畫群衆，要畫人與人之間的關係，要表現出人在社會上的關係。關於這問題，我現在還不曉得西洋如何解決。因此，我十分喜歡他的那幅《捉虱》，這是人間生活的寫照，在畫面上是以人爲主體的。至於表現人與人的關係上，這涉及到畫家對於社會與人生的思想與態度問題，而不單是個人的技術問題。

---

① 本篇是 1946 年 2 月 18 日聞一多參觀馮法祀戰地寫生畫展後在座談時的發言。初見於 1946 年 2 月 25 日昆明《正義報》副刊《文藝》第 23 期白澄的《我們的觀感——馮法祀先生戰地寫生畫展》。後又以《新美術的路向——畫展觀後感》爲題發表於 1947 年 1 月 9 日天津《益世報》副刊《藝術周刊》（徐悲鴻主編）第 2 期，署聞一多講、白登（當作澄）記。兩篇主要内容相同，後者稍詳。現在是以前一篇爲根據，參照後一篇補充整理而成。

昆明的文藝青年與民主運動[1]

在抗戰期間，昆明是後方，留在此地的本地人，和外面逃來的外省人，不管他們的目的是生産工作，還是逃難，或二者兼而有之，總之，他們是離着戰争很遠。在所有的大都市中，昆明無疑是最後的後方。雖然有一個時期，它幾乎變成了前方，但那個威脅并没有成爲事實。這并不是説在昆明的人没有受到戰争的痛苦，恰恰相反，昆明人的苦難比誰都深沉，這是因爲除了物質損失以外，在抗戰期中，八年來昆明人精神上留下的傷痕最深，因爲這裹的灾難，與其説是敵人造成的，無寧説是自家人的賜予。抗戰是我們自己要求的，爲抵抗敵人的侵略而流血流汗，我們甘心情願。但是眼看見自家人分明在給自家人造灾難，那就不能不使我們惶惑了。是的，我們惶惑了一個時期，我們苦悶，我們想，最後我們想通了，我們明白了，於是從一個民族的自衛戰争中，孕育出一個民主自救的運動來了。民主運動是民族戰争的更高一級的發展。更高的發展是由於更深的體驗[2]和更深的覺悟。

正如在抗戰初期，武漢是民族戰争的前衛，在抗戰末期，昆明是民主運動的先鋒。也正如當武漢負起它的民族戰争前衛的任務時，文藝曾經是一個最活躍的工作部門，昆明的文藝工作者在民主運動中的貢獻，歷史將會證明它是不容低估的。這不是説這裹産生了多少偉大的作家和作品，而是説這裹的文藝工作者是真正爲人民服務了的一群。他們一面曾將文藝的種子散播在民間，一面又曾將人民的藝術介紹給都市的知識層。通過文藝的橋梁，這裹的詩歌、音樂和戲劇工作者已經開始把農村和都市聯繫起來了。正如民主的争取是一件長期艱苦的工作，今天昆明的文藝工作者的工作成效，也許得見之於五年，十年，乃至二十年以後，但這成效必然是偉大的。

---

① 本篇據 1979 年 12 月 19 日《人民日報》排印，文末注“原載 1946 年昆明出版的《今日文藝》”。

② “驗”，原作“念”，參酌文意改。

經過勝利復員之後，今後昆明文藝工作隊伍必然要有些變化。繼起的後備軍自然是今天昆明廣大的知識青年。希望他們認定此地的文藝工作者已經開闢了的道路，繼續爲人民服務和向人民學習。不要忘記西南的人民，尤其是那些少數民族，是今天受苦難最深的中國農民，也是代表最優良的農民品質的中國農民。西南是我們今天最好的工作與學習的園地。昆明的文藝青年不應辜負這塊園地，相反的，應該勤勞的墾殖它，把它變成更堅强的民主力量。都市中知識層的民主運動，已經由昆明的發動而廣泛的展開了，希望將來廣大的勞動人民的民主運動，也從昆明發軔，而充當這運動的先鋒的，應該是今天昆明的文藝青年。

爲彝族樂舞團演出題詞[1]

從這些藝術形象中，我們認識了這民族的無限豐富的生命力。爲什麽要用生活的折磨來消耗它？爲什麽不讓它給我們的文化增加更多樣的光輝？

① 原載《時代評論》的演出評論專集，出版時間未詳。現據本書第17册《聞一多年譜長編》（聞黎明、侯菊坤編）編入，標題爲編者擬。彝族樂舞演出，時在1946年5月，昆明。

荊楚文庫

聞一多全集（三）

聞一多　著
孫黨伯　袁謇正　主編

荊楚文庫編纂出版委員會
湖北人民出版社

荆楚文库

神話編

袁謇正　整理

編者説明

本编包括聞一多關於神話的研究論著七種。《高唐神女傳説之分析》《姜嫄履大人迹考》《伏羲考》《神仙考》《龍鳳》五種，據開明版《聞一多全集》收入本編；《朝雲考》《兩種圖騰舞的遺留》據作者手稿照相複製件收入本編。

本編大體按論著寫作或發表的時間先後編次。時間無考者或以類相從，或酌情放在適當的位置。

本編對從開明版《聞一多全集》中收入的論著的標點，在統一體例而不影響原意的條件下，作了許多改動，也訂正了不少錯字（包括印刷上的錯字），不一一出注説明。

目　　録

高唐神女傳說之分析[①]

一　《候人》詩釋義

要想明白這位神女的底蘊，唯一的捷徑恐怕還是從一個較迂遠的距離——《詩經·曹風》的《候人》篇出發。從《候人》詩到《高唐賦》是一個大彎子，然而這趟路程無法縮短。

《候人》是怎麼一回事呢？《序》曰："刺近小人也，共公遠君子而近小人焉。"朱子說："此詩但以'三百赤芾'合於左氏所記晋侯入曹之事，《序》遂以爲共公，未知然否。"這句"未知然否"太客氣了。我認爲不但共公與詩無關，連那所謂"近小人"也是謊話。"遠君子"則又是謊話中的廢話。一個少女派人去迎接他所私戀的人，没有迎着。詩中大意如此而已。若要摹仿作《序》者的腔調，我們便應當說："《候人》刺淫女也。"理由可以分作三點來陳述。

《候人》三章曰：

維鵜在梁，不濡其咮——彼其之子，不遂其媾。

在《國風》裏男女間往往用魚來比喻他或她的對方。例如：

① 原載《清華學報》第 10 卷第 4 期，1935 年。據開明版《聞一多全集·神話與詩》編入本編。

豈其食魚，必河之魴？豈其取妻，必齊之姜？（《陳風·衡門》）

是以魚比女人。又如：

魚網之設，鴻[1]則罹之——燕婉之求，得此戚施。（《邶風·新臺》）

九罭之魚鱒魴——我覯之子，衮衣綉裳。（《豳風·九罭》）

敝笱在梁，其魚魴鰥——齊子歸止，其從如雲。（《齊風·敝笱》）

魴魚赬尾，王室如燬。（《周南·汝墳》）

全是以魚比男人。此外若：

籊籊竹竿，以釣于淇——豈不爾思？遠莫致之。（《衛風·竹竿》）

其釣維何？維絲伊緡——齊侯之子，平王之孫。（《召南·何彼襛矣》）

雖不露出魚字，而意中皆有魚。《候人》的“維鵜在梁，不濡其咮”，正屬於這一例。鵜即鵜鶘，是一種捕魚的鳥[2]。鵜在梁上，不濡其咮，當然没有捕着魚。詩的意思是以鵜不得魚比女子没得着男人，所以下文説：“彼其之子，不遂其媾。”

① 原注：參看拙著《詩新臺鴻字説》。

② 原注：陸疏：“鵜，水鳥，形如鶚，極大。喙長尺餘，直而廣。口中正赤，頷下胡大如數升囊。若小澤中有魚，便群共抒水，滿其胡而弃之，令水竭盡，魚在陸地，乃共食之，故曰淘河。”

《候人》四章曰：

> 薈兮蔚兮，南山朝隮——婉兮孌兮，季女斯飢。

朝隮是後話。目前我們要檢驗的是這“飢”字。解詩者因爲昧於古人的語言中照樣的也有成語，往往把一句詩照字面硬講去，因而鬧出笑話來，這裏的“季女斯飢”便是一個例。説遇着荒年，最遭殃的莫過於少女，因爲女弱於男，禁不起捱餓，而少女尤甚。天下有這樣奧妙的道理嗎？其實稱男女大欲不遂爲“朝飢”，或簡稱“飢”，是古代的成語。在《國風》稱“朝飢”的有

> 未見君子，惄如調飢。(《周南·汝墳》)

“惄如”當讀爲惄然，“調飢”即朝飢。下文曰“魴魚赬尾”，魚是比男子的，前面講過了。《左傳》哀十七年：“衛侯貞卜，其繇曰：‘如魚竀尾，衡流而方羊。’”疏引鄭衆説曰：“魚肥[①]則尾赤，方羊游戲，喻衛侯淫縱。”拿鄭衆解《左傳》的話來和《汝墳》相參證，則朝飢的飢自然指情欲，不指腹欲。稱“飢”的則有

> 泌之洋洋，可以樂飢。(《陳風·衡門》)

“樂”鄭作𤻲，魯、韓并作療。下文曰：“豈其食魚，必河之魴？豈其取妻，必齊之姜？”洋洋的泌水，其中多魚，故可以療飢。但下文又以食魚比取妻，則療飢的真諦還是以療情欲的飢爲妥。既以“飢”或

① 原注：本疏引作“魚勞則尾赤”，《詩·汝墳》疏引作“魚肥則尾赤”。劉文湛、李貽德并云勞字誤，當作肥，今據改。

“朝飢”代表情欲未遂，則説到遂欲的行爲，他們所用的術語，自然是對“飢”言之則曰“食”，對“朝飢”言之則曰“朝食”了。稱“朝食”的例如

乘我乘駒，朝食于株。(《陳風·株林》)

這詩的本事是靈公淫於夏姬，古今無異説。我以爲“朝食”二字即指通淫。《楚辭·天問》裏有很好的證據。屈原問禹娶塗山事曰：

禹之力獻功，降省下土四方，焉得彼嵞山女，而通之于台桑？閔妃匹合，厥身是繼，胡維嗜欲同味，而快鼂飽？

飽與繼不押韻，當爲飼之誤。朝鼂古今字，飼與食通，鼂飼即朝食[①]。上文曰“通之于台桑”，下文曰“快朝食”，語氣一貫。王逸注曰：“何特與衆人同嗜欲，苟欲飽快一朝之情乎？”雖據誤字爲説，但不曰飽腹而曰飽情，却抓着屈原的意思了。屈原用“朝食”二字，意指通淫，則詩中“朝食”的意義可以類推了。正如朝飢可省爲飢，朝食也可省爲食。

彼狡童兮，不與我食兮，維子之故，使我不能息兮。(《鄭風·狡童》)

“息”即《葛生》“予美亡此，誰與獨息”，《北山》“或息偃在床”之息，所以“不能息”與一章的“不能餐”對舉。“不能息”既是不能寢息，則上文“不與我食”便非認爲一種隱語不可了。食字的這種用法到漢朝

① 原注：詳拙著《楚辭斠補》，見武漢大學《文哲季刊》第五卷第一期。

還流行着。

> 《漢書·外戚傳》"房與宫對食"注載應劭説曰:"宫人自相與爲夫婦名對食。"[1]

這是古人稱性交爲食的鐵證。因而我想把男女的私事很天真的放在口頭上講,衹有六朝樂府在這一點上,還保存着古風,所以《子夜歌》

> 誰能思不歌?誰能飢不食?日冥當户倚,惆悵底不憶?

的"飢""食"似乎也含有某種特殊意義,可與《詩經》《楚辭》《漢書》互證。總之,《候人》"季女斯飢"之飢,由上面各證例看來,當指情欲之飢,是無可疑的。

再把《詩經》中稱"魚"與稱"飢"的例合起來看,《汝墳》曰"惄如朝飢",又曰"魴魚赬尾",《衡門》曰"可以樂飢",又曰"豈其食魚"。魚既是男女互稱其配偶的比喻,則爲魚而飢即等於爲配偶而飢。試想這飢字若果指口腹之欲而言,那不嚇壞人嗎?不必追究了。這已經太不成話了。要緊的是記住《候人》也是提到"飢",又變相的提到"魚"的,因此那"飢"字也是斷斷不容有第二種解釋的。

以上將本篇中鵜不得魚的比喻及飢字的含義説明了,意在證明《候人》的曹女是在青春的成熟期中,爲一種迫切的要求所驅使,不能自禁,因而犯着倫教的嚴限,派人去迎候了她所不當迎候的人。這從某種觀點看來,是不妨稱爲淫女的。這是第一點。

《鄘風·蝃蝀》篇,《毛序》説是"刺奔女"。詩曰"朝隮于西,崇

① 原注:此文脱稿後,吴景超先生告訴我這點材料。我得深深的謝他,因爲有了他這條證據,我前面的話便可成爲鐵案了。

朝其雨”，這與《候人》的“薈兮蔚兮，南山朝隮”原是一回事，理由看下文自明。《蝃蝀》又曰：“乃如之人也，懷昏姻也，大無信也，不知命也。”《候人》曰：“婉兮孌兮，季女斯飢。”“懷昏姻”猶之乎《野有死麕》的“懷春”，也與上文所解的“飢”字義相合。由以上兩點可以決定《候人》與《蝃蝀》二詩性質大致相同。因而《蝃蝀》的女子是奔女，《候人》的女子也必與她同類了。這是第二點。

《吕氏春秋·音初篇》曰：

> 禹行功，見塗山之女。禹未之遇而巡省南土。塗山氏之女乃命其妾待禹於塗山之陽，女乃作歌，歌曰：“候人兮猗！”實始作爲南音。

《楚辭·天問》述這故事頗有微詞。原文上面已經引過。爲對照的便利計，我們再録一遍。

> 禹之力獻功，降省下土四方，焉得彼嵞山女，而通之于台桑？閔妃匹合，厥身是繼，胡維嗜欲同味，而快鼂飽（飼）？

曰“通”曰“鼂飼”，都是帶褒貶的字眼，這是上文已經證明過的。就全段文字的語氣看，屈原的意思也是説禹與塗山氏的結合不大正經。這意見雖不合於傳統觀念中那位聖王的身分，但并不足怪，因爲屈原是生在許多傳統觀念尚未凝固以前。《吕氏春秋·當務篇》曰：“堯有不慈之名，舜有不孝之行，禹有淫湎之意，湯武有放殺之事。”《莊子·盗跖篇》曰：“堯不慈，舜不孝，禹偏枯，湯放其主，武王伐紂。”馬叙倫説“偏枯”是“淫湎”之誤，是很對的①。《吕覽》《莊子》與屈原

---

① 原注：《莊子義證》卷二九。

的態度一致，確乎代表一部分較老實的，不負托古改制的使命的先秦人對於古事的觀念。但是據《音初篇》，本是塗山氏追求禹，所以我想淫湎的罪名與其加在禹身上，不如加在塗山氏身上爲較公允。明白了這一點，則《音初篇》所載的古《候人歌》和《曹風・候人》間的關係便很顯著了。曹女因"飢"而候一個人，塗山氏爲"快鼂飼"而候禹，候人的動機同，此其一。曹女派"三百赤芾"的"候人"去候他的男子，塗山氏令其妾去候禹，候的方法也同，此其二。曹女與塗山氏的情事如此的肖似，所以詩人即用舊傳《候人歌》的典故來咏曹女，以古《候人歌》證曹《候人》詩。塗山氏的行爲既有招物議的餘地，則曹女的行爲可以想見了。這是第三點。

以上用《候人》的本文，《鄘風・蝃蝀篇》，以及古《候人歌》的本事，分别的將《曹風・候人篇》的性質闡明了。現在我們纔可以拿它和《高唐賦》比較。

二　《候人》詩與《高唐賦》

《文選》江文通《雜體詩》注引《宋玉集》曰：

> 楚襄王與宋玉游於雲夢之野。望朝雲之館，有氣焉，須臾之間，變化無窮。王問："是何氣也？"玉對曰："昔先王游於高唐，怠而晝寢，夢見一婦人，自云：'我帝之季女，名曰瑶姬，未行而亡，封於巫山之臺。聞王來游，願薦枕席。'王因幸之。去乃言：'妾在巫山之陽，高邱之岨，旦爲朝雲，暮爲行雨，朝朝暮暮，陽臺之下。'旦而視之，果如其言。爲之立館，名曰朝雲。"

這是《宋玉集》中的《高唐賦》所叙的情節，比《文選》上載的《高唐賦》較詳[①]。拿這和《候人》詩相較，消息相通之處很多。舉其犖犖大者：（一）詩曰季女，賦亦曰季女[②]。（二）詩曰"季女斯飢"，賦曰"願薦枕席"。（三）詩曰朝隮，賦曰朝雲，而傳、箋皆訓隮爲雲，則朝隮即朝雲。（四）詩的朝隮在南山，賦的朝雲在巫山。（五）據《蝃蝀》"朝隮于西，崇朝其雨"，知《候人》的朝隮也能致雨[③]；詩之朝隮既能

① 原注：《文選》上載的《高唐賦》録之如下，以資比較。

昔者楚襄王與宋玉游於雲夢之臺，望高唐之觀。其上獨有雲氣，崪兮直上，忽兮改容，須臾之間變化無窮。王問玉曰："此何氣也？"玉對曰："所謂朝雲者也。"王曰："何謂朝雲？"玉曰："昔者先王嘗游高唐，怠而晝寢。夢見一婦人曰：'妾巫山之女也，爲高唐之客。聞君游高唐，願薦枕席。'王因幸之。去而辭曰：'妾在巫山之陽，高邱之岨，旦爲朝雲，暮爲行雨，朝朝暮暮，陽臺之下。'旦朝視之，如言，故爲立廟，號曰朝雲。……"

此與《雜體詩》注所引《宋玉集》最大的區别，在詩注所引"我帝季女"數語，此作"巫山之女"，又無以下數語。考同書《别賦》注引《高唐賦》及《襄陽耆舊傳》并與《雜體詩》注引略同。知《文選》所載，乃經昭明删節，非宋賦之舊，故不從之。《别賦》注引《高唐賦》文如下：

我帝之季女，名曰瑶姬，未行而亡，封於巫山之臺，精魂爲草，實爲靈芝。

《渚宫舊事》三引《襄陽耆舊傳》如下：

襄王與宋玉游於雲夢之臺。望朝雲之館，其上有雲氣，變化無窮。王曰："何氣也？"玉曰："昔者先王游於高唐，怠而晝寢。夢見一婦人，暖乎若雲，皎乎若星，將行未止，如浮忽停，詳而觀之，西施之形。王悦而問之。曰：'我夏帝（《文選·高唐賦》注引作赤帝）之季女也，名曰瑶姬，未行而亡，封乎巫山之臺。精魂爲草，摘而爲芝，媚而服焉，則與夢期。所謂巫山之女，高唐之姬。聞君游於高唐，願薦枕席。'王因幸之。既而言曰：'妾處之羭，尚莫可言之。今遇君之靈，幸妾之搴。將撫君苗裔，藩乎江漢之間。'王謝之。辭去曰：'妾在巫山之陽，高邱之岨，旦爲朝雲，暮爲行雨，朝朝暮暮，陽臺之下。'王朝視之，如言，乃爲立館，號曰朝雲。"王曰："願子賦之，以爲楚志。"

又《水經注·江水注》曰："巫山，帝女居焉；宋玉所謂天帝之季女，名曰瑶姬，未行而亡，封於巫山之陽，精魂爲草，實爲靈芝。"與《别賦》注同。

② 原注：《召南·采蘋》"誰其尸之，有齊季女"，傳曰："古之將嫁女者，必先禮之於宗室。"《小雅·車舝》曰"思孌季女逝兮"，又曰"覯爾新昏，以慰我心"。《候人》曰"彼其之子，不遂其媾"，又曰"季女斯飢"。凡《詩》言季女，皆將嫁而未嫁之女，賦曰"我帝季女，未行而亡"，行亦嫁也。是賦之季女與《詩》之季女，不惟字面相同，義亦相應也。

③ 原注：《易林·履之恒》曰："潼滃蔚薈，膚寸來會，津液下降，流潦滂霈。"此據《候人》詩爲説，可證漢人亦以《候人》之朝隮即《蝃蝀》"崇朝其雨"之朝隮。

致雨，則賦曰“旦爲朝雲，暮爲行雨”，亦與詩合。詩與賦相通之處這樣多，我的解釋如此。《候人》的“朝隮”與下文“季女”，是一而二，二而一，猶之乎《高唐賦》的朝雲便是帝之季女；南山朝隮與巫山朝雲都是神話的人物，賦中“須臾之間變化無窮”的朝雲是一個女子的化身，詩中“薈兮蔚兮”[①]的朝隮也是一個女子的化身。因此《候人》末章四句全是用典，用一個古代神話的典故來咏那曹女。惟其是用典，所以乍看不大容易摸着頭緒。但是，因爲朝隮與朝雲兩個神話本是一個（起碼也有着共同的來源），所以詩意義若嫌朦朧，拿賦來比照一下，便立刻明朗了，反之，賦中若有了疑滯，也可借詩來解決。

總之，朝隮與朝雲的關係非常密切，密切到幾乎融爲一體，下面還有更詳細的論證。

三 釋隮

《蝃蝀》《候人》兩詩及《高唐賦》所提到的，有蝃蝀，有隮，有氣，有雲。這些名詞不能不加以剖析。蝃蝀即虹，虹又名蜺，這是我們早曉得的。但古人每以“雲蜺”連稱，如《孟子・梁惠王下篇》“如大旱之望雲霓”，《離騷》“帥雲霓而來御”，“揚雲霓之晻藹兮”（霓與蜺同），可知他們認爲雲蜺是一物了。古人又以“虹氣”“雲氣”連稱，如《蝃蝀》傳“夫婦過禮則虹氣盛”，《文選・高唐賦》“其上獨有雲氣”及《莊子・逍遥游篇》“乘雲氣，負青天”，則對於虹與雲與氣之間，他

① 原注：薈之言繪也，《説文》曰：“繪，會五采綉也。”蔚者，《易・象傳》曰：“其文蔚也。”《漢書・叙傳下》注曰：“蔚，文綵盛也。”薈蔚聯緜詞，故二字一義。《詩》以薈蔚形容朝隮，猶《神女賦》形容朝雲曰“曄兮如華，温乎如瑩，五色并馳，不可殫形”也。《傳》釋薈蔚爲雲興貌，失之籠統。

們都不加區别了[①]。蝃蝀（虹）雲氣的問題已經解决了。然則隮是什麽呢？有以爲隮是氣的：

《蝃蝀》傳曰："隮，升〔氣〕[②]也。"箋曰："朝有升氣於西方。"

《周禮·眡祲》先鄭注曰："隮，升氣也。"

《古微書》引《春秋感精符》宋均注曰："隮謂暈氣也。"

有以爲是雲的：

《候人》傳曰："隮，升雲也。"箋曰："薈蔚之小雲升於南山。"李氏《易傳》二引《需卦》荀爽注曰："雲上升極則降而爲雨，故《詩》云：'朝隮于西，崇朝其雨。'"

---

① 原注：古籍中有謂霓爲雲者：

《楚辭天問》注："蜺，雲之有色似龍者也。"

有謂虹爲氣者：

《古微書》引《尚書璇璣鈐》："日旁氣白者爲虹。"

《後漢書·郎顗傳》："凡日旁氣色白而純者，名爲虹。"

有謂霓爲氣者：

《漢書·五行志》下之上："蜺，日旁氣也。"

《文選·東京賦》薛注："霓，天邊氣也。"

有謂虹霓爲氣者：

《太平御覽》一四引《河圖稽耀鉤》："虹霓者氣也，起在日側，其色青赤白黄。"

《列子·天瑞篇》："虹蜺也……此積氣之存乎天者也。"

其以雲爲氣者，尤數見不鮮，略舉數例：

《説文》："雲，山川氣也。""氣，雲氣也。"

《論衡·藝增篇》："山氣爲雲。"

《素問·陰陽應象大論》："地氣上爲雲。"

以上皆魏、晋以前人之説，亦古人虹霓雲氣不分之確證。又《説文》氛之重文作雰（從雲省，許云從雨，非是），尤爲雲氣不分之明驗。

② 原注：原作"隮，升也"，脱氣字，據鄭箋及諸書補。

又有以爲是虹的：

《周禮・眡祲》後鄭注曰："隮，虹也。"

隮可訓氣，可訓雲，又可訓虹，這在一方面坐實了我前面所説的虹、雲、氣古人不分，在另一方面又證明了虹、雲、氣與隮原來也是互相通用的名詞。

但是爲什麽叫"隮"呢？是因爲隮之本義爲升，而雲氣能上升，故稱雲氣爲隮嗎？然而雲氣可曰升，虹亦可曰升嗎？何以古人又稱虹爲隮呢？我以爲諸家中，祇有後鄭訓《周禮》的隮爲虹，宋均訓《春秋感精符》的隮爲暈氣，是切當的，其餘或曰升氣，或曰升雲，都不免望文生義。原來這隮字是個假借字，所以它的意義和訓升的隮絶對無關。何以知其然呢？《周禮》故書隮作資。作資，我想確乎比作隮近古些。因爲資字從次，次字則無論在形或義上都可以與虹雲氣連貫得上，隮字便毫無這樣的可能了。

《説文》次之古文作。朱駿聲曰："本爲茨之古文，象茅蓋屋次第之形。"案確當爲茨之古文，但字似當作，上半的是的訛變。茨蓋義同[1]，古璽文"蓋遂"字作[2]，從，似即茨之古文的微變。古文茨作，則古文次必有作的了[3]。正象虹蜺的采色相比次之形，所以古人便稱虹爲次。《周禮》故書寫作資，還不失命名之義，其他諸書均作隮，聲雖没變，形義可遠了去了。

再看次字的結體：

① 原注：《説文》："茨，以茅葦蓋屋也。"《釋名・釋宫室》："屋以草蓋曰茨。"
② 原注：《説文古籀補》。
③ 原注：小篆次作，許書曰："不前不精也，從欠二聲。"不前不精，義本難明，而從欠與次第義尤無涉。竊疑次第本字當以作爲正。

卜辭[①] 次爐王子嬰 （反文）其次句鑃 （脊字偏旁）陳侯因脊鐘 小篆

卜辭象人張口吐氣之形，右面的（即反旡字）象人張口，左面的即代表氣。次字的本意既如此，所以小篆改象張口形之爲象氣形，亦即反（氣）字之，旡與氣義既相通，則氣之别構作炁，實與金甲文相符合，不得認爲俗體了。次字依金甲文從反旡，則與炁相通，依小篆從，則與气（氣）相通，可知次字本來就有氣的意思。《周禮》故書隮作資，而資所從的次有氣義，則毛公、二鄭及宋均皆以氣釋隮字，必是有來歷的。但毛公、鄭衆承用古訓，知其然未必知其所以然，因爲看他們都訓隮爲升氣，大概是一壁沿用了古訓，一壁又讀隮如字而訓爲升，合攏來便成爲升氣了。

總之，隮之本字當作資，資又是次的借字。次字若依古文作，則正象虹之形，若依金甲文及小篆，則含有氣義。由前説，隮即虹，由後説，隮即氣，而雲也是氣之一種，則隮也可以説即是雲了。隮之與雲，名異而實同，則毛公、鄭玄、荀爽等皆釋隮爲雲，固然不錯，而我説詩之朝隮即賦之朝雲，也就更有根據了。

以上就字的形義説，資（隮）與虹的關係已經够密切的了。若就字音説，關係還要密切。因爲虹蜺是一物，而資與蜺古音同，資是蜺的假借字。

《説文》霓從兒聲，次從二聲，兒與二同音，則霓與次古音亦同。霓與次音理可通，還可從與這兩字聲類相近的字中找到不少的旁證。屬於諧聲的，例如：（一）癡從疑聲，（二）耻從耳聲，（三）咠從耳聲，（四）耴從耳聲，（五）尼從匕聲。以上疑耳尼與兒聲近；癡耻咠耴匕與次聲相近。屬於名物訓詁的，例如：（一）《書·舜典》鄭注“能，咨也”；（二）《説文》“姿，態也”，態從能聲；（三）《説文》“佴，佽

① 原注：《殷虚書契後編》卷下，第四十二葉，第六片。

也”；（四）《説文》資之重文作籲，《廣雅·釋器》“籲，餌也”；（五）《爾雅·釋宮》“栭謂之楶”；（六）玄應《一切經音義》十一引《通俗文》“朒，再生也”，《説文》“凡戰死而復生曰殎”。以上能耳而内皆與兒聲近，而皆與從次聲之字同義。其實霓古讀如次，在霓的音符兒字上還可以找到更直接的理由。

 卜辭[①]  小臣兒卣  易兒鼎  寡兒鼎  小篆

  即《説文》齒之古文  。兒字從  ，在意義上，本象小兒張口露齒之形，所以俗呼小兒爲牙（《説文》牙之古文作  ），在聲音上是從  得聲，所以兒一曰子，子與齒音近。兒字既有齒音，則霓與次自然可以因爲音近而相通假了[②]。

總之，霓與資，無論在形義或聲音上都相合，所以《周禮》故書以資代霓。資與隮又是同聲通用的字[③]，所以《毛詩》《周禮》及《春秋感精符》又以隮代資。隮既是霓的二重假借字，所以《周禮》鄭注訓爲虹。但虹霓雲氣古人不分，所以《候人》傳、箋及荀爽《易注》皆訓隮爲雲，而《蝃蝀》傳、箋，先鄭《周禮注》，宋均《春秋緯注》又皆訓爲氣。隮即霓，霓雲又可以不分，所以我們説詩的朝隮即賦的朝雲。

四　虹與美人

《周禮·眡祲》之職“掌十煇之灋，以觀妖祥，辨吉凶”。隮是十煇之一，在古人心目中必有所象徵，纔可以爲“觀妖祥，辨吉凶”之用。

① 原注：《殷虚書契前編》卷七，第十六葉，第二片。

② 原注：《説文》以爲“象小兒頭囟未合”，形既不似，理亦迂闊。《繫傳·通論》云：“與古文齒相類。”所見與余合，惟未質言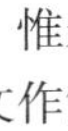即齒耳。

③ 原注：《説文》齋重文作楶，餈重文作籲，鄭子嬰齊金文《王子嬰次爐》齊作次，齊威王因齊金文《陳侯因資錞》齊作資。

隮所象徵的是什麽，經典中未曾明言。但隮即虹，上文已經説過，而虹這東西據漢以來一般的意見，正是有着一種象徵的意義的。有以虹爲陰陽二氣交接之象者：

《淮南子·説山篇》曰："天二氣則成虹。"高誘注："陰陽二氣[1]相干也。"

《吕氏春秋·節喪篇》高誘注曰："虹，陰陽交氣也。"

《漢書·天文志》曰："虹霓者，陰陽之精也。"

《初學記》一引《春秋元命苞》曰："陰陽交爲虹蜺，虹蜺者陰陽之精。"

《易通卦驗》鄭玄注曰："虹者，陰陽交接之氣。"

《藝文類聚》二引蔡邕《月令章句》曰："虹，螮蝀也，陰陽交接著於形色者也。"

因之，虹即爲淫邪之象：

《逸周書·時訓篇》曰："虹不見，婦人苞亂……虹不藏，婦不專一。"

《詩·蝃蝀》毛傳曰："夫婦過禮則虹氣盛。"

《後漢書·楊賜傳》引《易稽覽圖·中孚經》曰："蜺之比，無德以色親。"

《開元占經》九八引《春秋潛潭巴》曰："虹蜺主内淫。"

也有單説虹爲陰性者：

《説文·雨部》曰："霓，屈虹，青赤，或白色，陰氣也。"

① 原注：原作"陰陽相干二氣也"，不成文義，今以意改之如此。

《後漢書·楊賜傳》注引《春秋文耀鈎》宋均注曰:“虹蜺,陰氣也。”

《開元占經》九八引《春秋感精符》曰:“九虹俱出,五色縱横,或頭銜尾,或尾繞頭,失節,九女并訛,正妃悉黜。”

或又以爲虹是陰淫於陽的象徵:

京房《易傳》曰:“蜺,日旁氣也,其占云,妻乘夫則見之,陰勝陽之表也。”

《易是類謀》曰:“二曰離氣不效,赤帝世屬軼之名曾之,候在坎,女訛誣,虹蜺數興。”鄭玄注曰:“……亦又候其衝,出在南方,爲太陽徵,陰類栽也,故女子爲訛誣。虹蜺,日旁氣也。皆陰,故蔽陽。”

《釋名·釋天》曰:“虹,攻也,純陰攻陽氣也。”①

以上所引的雖然幾乎全是漢人的論調,但他們必是根據在他們以前早已存在着的一種觀念而加以理論化②。

《太平御覽》一四引張璠《漢紀》曰:“靈帝光和元年,虹晝見御座殿庭前,色青赤。上引蔡邕問之,對曰:‘虹霓,小女子之神……’”

另一種説法是:

《釋名·釋天》曰:“虹……又曰美人。”

① 原注:今本陰陽二字互倒,從王先謙校改。

② 原注:《周禮》出於漢人之手,故不盡可靠。所説十煇之瀇蓋亦漢人之觀念,故與以上所引漢人之説相合。

《爾雅·釋天》："螮蝀，虹也。"郭璞注曰："俗名爲美人虹。"

《異苑》一曰："古語有之曰：古者有夫妻荒年菜食而死，俱化成青虹[①]，故俗呼美人虹。"

我認爲這便是漢儒所據以推衍成他們那些灾異論的核心。雖然劉熙、郭璞、劉敬叔是三國至劉宋間的人，但他們所記的俗語，比起在他們以前的那灾異論，實在還要古些。因爲凡是一種民間流行的俗語，决不能産生於短促的時間裏，這是不易的通例。不但《高唐賦》所傳的虹的化身是一位美人，而且在《詩經》中就已經屢次以虹比淫奔的女子，那很分明的顯示着美人虹的傳説，當時已經有了。因此你想劉敬叔所謂古語，不是可以一直古到《詩經》的時代嗎？

美人虹故事綿亘的期間，往前推，可以到《詩經》時代，往後推，可以到隋唐朝。《窮怪録》載[②]：

後魏明帝正光二年夏六月，首陽山中有晚虹下飲於溪泉。有樵人陽萬於嶺下見之。良久化爲女子，年如十六七。異之，問，不言。乃告蒲津戍將宇文顯，取之以聞。明帝召入宫，幸未央宫視之，見其容貌姝美。問，云："我天女也，暫降人間。"帝欲逼幸，而色甚難。復令左右擁抱，聲如鐘磬，化爲虹而上天。

這和《高唐賦》的故事相合的地方很多，而最可注意的是那邊説"我帝之季女"，這邊也説"我天帝女也"。何以凑巧到這樣？有人或許要抓住這一點來斷定《窮怪録》的作者是剿襲《高唐賦》的故事，或最少也受了它的暗示。但是不然。《高唐賦》衹説神女的原身是雲是氣，并没有

① 原注：虹原作絳，從《太平御覽》一四引改。
② 原注：見《圖書集成》虹霓部外編之二。《窮怪録》著者姓氏未詳，疑爲隋唐間人。《太平廣記》三九六引《八朝窮怪録》同。

説是虹，而在《窮怪録》的作者的時代，虹與雲氣之間應當已經有了明晰的界限，恐怕他不能知道雲即是虹罷。即使退一百步來講，他真知道古人曾經雲虹通稱過，但是倘若依照《高唐賦》的字面，説那女子是一朵彩雲化的，就不説意象更加美了的話，單就故事的機構講，那樣又有什麽違礙，而非把雲改爲虹不可呢？《窮怪録》的作者，在事實上既不會是像我這樣多事的一個人，花上九牛二虎之力去推敲雲虹的關係，因而得到如同我所得到的結論；而在藝術的選擇中，他更不會無緣無故捨弃了一個頂好的“雲化爲女子”的意象，换上“虹化爲女子”。既然如此，所以我説《窮怪録》所同於《高唐賦》之處并非剿襲，而衹是偶合，惟其二者同出於一個來源，所以偶合是應當而且不可避免的。

由《蝃蝀》《候人》二詩而《高唐賦》，而漢人的灾異論，而劉熙、郭璞、劉敬叔等所記的方俗語，而《窮怪録》中的故事，這顯然是一脉相承的。雖然有的是較完整的故事，有的是些片段（雖零星而尚可補綴的片段），有的又衹是投映在學説或俗語中的一些蕩動的影子——雖然神話存在的證件有不同的方式，可是揣想起來，神話仍當是很久遠的存在過，亘千有餘年的而未曾間斷的存在過。

五　曹衛與楚

朝隮即朝雲，而朝雲的神話在《詩經》時代已經産生了，這些前面都已交代清楚了。《詩經》的朝隮一見於《鄘風・蝃蝀》，一見於《曹風・候人》，《鄘風》即《衛風》，而曹、衛是鄰國，所以流傳着同樣的神話，這也是容易明白的。至於高唐在楚的境内，離曹、衛那樣遼遠，却也有着同樣的神話，那又怎麽解答呢？問題其實也簡單，衹要你記得在古代，一個民族不是老守着一個地域的。近來許多人都主張最初的楚民族是在黄河下游，這是可信的。胡厚宣的《楚民族源於東方考》[1]舉了許多證據，其中有一項尤其能和我們的問題互相發明。他據春秋時曹、衛皆有地名楚丘，楚丘即楚的故墟，證明最初的楚民族是在曹、衛地帶住過的。對了，楚國的神話發見於曹、衛的民歌中，不也是絶妙的證據嗎？此外我想曹還有鄸邑，而在古代地名上加邑旁是漢人的慣例，則鄸邑字本作"夢"，與楚地雲夢之夢同字。楚高唐神女所在的巫山是在雲夢中，而曹亦有地名夢，這一來，朝隮與朝雲間的瓜葛豈不更加密一層，而二者原是出於一個來源，不也更可靠了嗎？總之，曹、衛曾經一度是楚民族的老家，所以二國的民歌中還保留楚民族神話的餘痕，所以楚神話人物所居的地名，在曹國也有，這道理是極明顯的。

六　高唐與高陽

《墨子・明鬼篇》曰：

> 燕之有祖，當齊之社稷，宋之桑林，楚之雲夢也。此男女之所屬而觀也。

郭沫若先生以爲這和祀高禖的情形相合，因而説祖、社稷、桑林和雲夢即諸國的高禖[2]。這見解是很對的。《禮記・月令》曰：

> 仲春之月：是月也，玄鳥至。至之日，以太牢祠於高禖。天子親往，后妃帥九嬪御，乃禮天子所御，帶以弓韣，授以弓矢於高禖之前。

① 原注：見北京大學潛社《史學論叢》第一册。
② 原注：《釋祖妣》（《甲骨文字研究》上）。

《春秋》莊公三十三年“公如齊觀社”，三傳皆以爲非禮，而《穀梁》解釋非禮之故曰“是以爲尸女也”。郭先生據《説文》“尸，陳也，象卧之形”，説尸女即通淫之意，這也極是。社祭尸女，與祠高禖時天子御后妃九嬪的情事相合，故知社稷即齊的高禖。桑林與《詩·鄘風·桑中》所咏的大概是一事，《鄘風》即《衛風》，而衛、宋皆殷之後，故知桑林即宋的高禖。雲夢即高唐神女之所在，而楚先王幸神女，與祠高禖的情事也相似，故知雲夢即楚的高禖。燕之祖雖無事實可徵，但《墨子》分明説它等於齊之社稷，宋之桑林，楚之雲夢，則祖是燕的高禖也就無問題了。

雲夢的神是楚的高禖，而雲夢又有高唐觀，看來高唐與高禖的關係非常密切，莫非是一回事嗎？郭沫若先生便是這樣主張的一個人。他説高唐是高禖之音變。但我覺得説二者之間有着密切的關係是可以的，説高唐即高禖的音變則欠圓滿[①]。禖與唐在聲音上相隔究嫌太遠。與其説高唐即高禖，不如説即高陽，因爲唐陽確乎是同音而通用的字，卜辭成湯字作唐，《説文》唐之古文作啺，都是例證。

《路史·餘論》二引束晳曰：“皋禖者，人之先也。”古代各民族所記的高禖全是各該民族的先妣。夏人的先妣是塗山氏，《史記·夏本紀》索隱引《世本》曰：“塗山氏名女媧。”[②]而《路史·後紀》二以女媧爲神禖[③]，《餘論》二又曰：“皋禖古祀女媧。”這是夏人的高禖祀其先妣

① 原注：郭又謂高唐爲郊社之音變，則確不可易，詳下。

② 原注：這位女媧即煉石補天，斷鰲立極，始作笙簧，摶土作人而一日七十化之女媧，我另有考證。

③ 原注：《路史·後紀》二：“少佐太昊禱於神祇，而爲女婦正姓氏，職昏姻，通行媒，以重萬民之則，是曰神媒。”注曰：“《風俗通》云，女媧禱祠神祇而爲女媒，因置昏姻，行媒始此明矣。”《後紀》又曰：“以其載媒，是以後世有國是祀爲皋禖之神，因典祠焉。”

之證[①]。《禮記·月令》鄭注曰："高辛氏之出[②]，玄鳥遺卵，娀簡吞之而生契，後王以爲媒官嘉祥而立其祠焉。"[③]疏引《鄭志》焦喬答王權曰："娀簡狄吞鳳子之後，後王以[④]爲媒官嘉祥，祀之以配帝，謂之高禖。"這是殷人的高禖亦祀其先妣之證。《魯頌·閟宫》傳説閟宫是妣姜嫄的廟，又引孟仲子説曰："是禖宫也。"禖宫即高禖之宫。閟宫是高禖之宫，又是姜嫄的廟，這是周人的高禖亦祀其先妣之證。夏、殷、周三民族都以其先妣爲高禖，想來楚民族不會是例外。因爲我以爲楚人所祀爲高禖的那位高唐神，必定也就是他們那"厥初生民"的始祖高陽，而高陽則本是女性，與夏的始祖女媧，殷的始祖簡狄，周的始祖姜嫄同例。既然如此，則楚的先祖（毋寧稱爲先妣）按規矩説，不是帝顓頊，而是他的妻女禄[⑤]。本來所謂高陽氏應該是女禄的氏族名，不是顓頊的，因爲在母系社會中，是男子出嫁給女子，以女家的氏爲氏[⑥]。許是因爲母系變爲父系之後，人們的記憶隨着悠久的時間漸漸消逝了，於是他們衹知道一個事實，那便是一切主權衹許操在男人手裏，因而在過信了以今證古的邏輯之下，他們便鬧出這樣滑稽的錯來，把那"生民"的主權也移歸給男人了——許是因爲這個緣故，楚人的先妣女禄纔化爲一位丈夫了。與這同類的例子似乎還有。《史記·夏本紀》索隱引《世

① 原注：《隋書·禮儀志》二："晋惠帝元康六年，禖壇石中破爲二。詔問，石毁今應復不……束皙議以石在壇上，蓋主道也，祭器敝則埋而置新。今宜埋而更造，不宜遂廢。時此議不用。後得高堂隆故事；魏青龍中造立此石，詔更鎸石如舊制高禖壇上；埋破石入地一丈。據梁太廟北門内道西，有石，文如竹葉，小屋覆之，宋元嘉中修廟所得，陸澄以爲孝武時郊禖之石。然則江左亦有此禮矣。"案此，則古之高禖以石爲主。《漢書·武帝紀》元封元年，登禮中岳，見夏后啓母石，注引《淮南子》説塗山氏化爲石，石破生啓。竊疑塗山氏本古之高禖，而高禖以石爲主，故後世有塗山氏化爲石之傳説。此亦夏之高禖祀其先妣之證。

② 原注：出疑爲世之訛。

③ 原注：《正義》誤會鄭意，以高禖爲高辛氏。觀下文引《鄭志》焦喬答王權語，其謬可知。

④ 原注：以字從段玉裁校增。

⑤ 原注：帝顓頊的妻是女禄，見《大戴禮記·帝繫篇》。

⑥ 原注：參看吕振羽《史前期中國社會研究》頁136—146。

本》,《吴越春秋・越王無余外傳》,都稱禹爲高密。我常常懷疑禹從那裏得來這樣一個怪名字。如今纔恍然大悟,高密即高禖(禖通作密,猶之乎禖宫通作閟宫),高密本是女媧的稱號,却變成禹的名字,這不和高陽本指女禄,後人指爲顓頊相仿佛嗎?

高陽在始祖的資格之下,雖變成了男性,但在神禖的資格之下,却仍然不得不是個女子。一方面變,一方面不變,而彼此之間誰又不能遷就誰,於是一人衹好分化爲二人了。再爲避免糾紛起見,索興把名字也區别一下:性别不變的,當然名字也可以照舊寫他的"高唐",性别變了的,名字最好也變一下,就寫作"高陽"罷。於是名實相符了。於是一男一女,一先祖一神禖,一高陽一高唐,各行其是,永遠不得回頭了。

至於高唐這名稱是怎麽發生的呢?郭沫若先生説它是郊社的音變,是很對的。高禖即郊禖,高郊可通,是不成問題的。唐社在音理上可通,郭先生已經説明了,但没有舉出實例來。今案古有唐杜氏,孫詒讓説:"杜本唐之别名,若楚一言荆也,累言之,楚曰荆楚,故唐亦曰唐杜。"唐一曰杜,而杜社皆從土聲,這是唐可與社通的一個證例[①]。《爾雅・釋木》:"杜,甘棠。"棠唐聲同,所以唐棣一作棠棣。杜一曰棠,而杜與社,棠與唐皆同聲而通用。這是唐與社可通的又一個證例。這樣看來,高唐是郊社的音變,毫無問題了。郊社變爲高唐,是由共名變爲專名,高唐又變爲高陽,由是女人變爲男人,這和高禖變爲高密,高密又由塗山變爲禹,完全一致了。

七　高唐神女與塗山氏

方纔我們講到楚民族的高唐(陽)以先妣而兼神媒,與夏民族的

① 原注:《史記・秦本紀》寧公二年遣兵伐蕩社。孫詒讓云蕩社即唐杜。

塗山氏同類。其實二者不但同類，而且關係密切。這道理假如我們把前面的文章温一遍，自然就明瞭了。在前面我們講到《候人》詩的朝隮即《高唐賦》的朝雲，那麼朝隮便是高唐神女的前身了。我們又講到古《候人歌》與曹《候人》詩有着很深的關係，那麼朝隮又像就是古《候人歌》的中心人物塗山氏了。朝隮一面關連着高唐神女，一面又關連着塗山氏，高唐神女豈不與塗山氏也有了關係嗎？果然，我們又講到高唐神女與塗山氏的行爲極相似。因爲，塗山氏迎候禹，是以女追求男，再以先秦人説禹“通之于台桑”，又目禹爲淫湎，而我們覺得禹既是被動者，則假如他的行爲是失德的話，責任還該由塗山氏負——把這幾點綜合起來，則塗山氏的舉止太像奔女了。與那“聞王來游，願薦枕席”的神女生涯幾乎没有區别了。這樣看來，高唐神女與塗山氏不但有關係，而且關係密切。但是高唐神女不僅在行爲的性質上與塗山氏相同。她們另有兩點相同之處，我們得趕快補充上。

《藝文類聚》一一引《禮含文嘉》曰：“禹卑宫室，垂意於溝洫，百穀用成，神龍至，靈龜服，玉女敬養，天賜妾。”[①]

《□□□□》引《樂動聲儀》曰：“禹治水，昊天賜神女聖姑。”[②]

禹娶塗山氏，而緯書一則曰“玉女敬養，天賜妾”，再則曰“昊天賜神女聖姑”，這與高唐神女是天帝之女而又名曰瑶姬，不是一樣的嗎[③]？還有塗山氏所奔的禹，高唐神女所侍宿的楚之先王，都是帝王，這又何其相似！不，從這種種方面看，高唐神女與塗山氏，不僅相似，簡直是雷

① 原注：原脱妾字，從《太平御覽》八二引補。“敬養”《御覽》八七二引作“降”，《開元占經》作“敬降養”，《古微書》一云“神農女降”。

② 原注：見馬輯本，不云出何書。黄輯《樂緯》無《動聲儀》，故亦無從取證。姑闕之以待博識。

③ 原注：《御覽》四七引《會稽記》：“東海聖姑從海中乘舟張石帆至，二物見在廟中。”此聖姑亦謂塗山氏。

同。這是大可注意的。按神話傳説的分合無常的詭變性説，二者莫非本是一人罷？對了，我有證據，是從地理中得來的。

《左傳》哀公七年："禹合諸侯於塗山。"杜注曰："塗山在壽春東北。"

壽春東北的塗山，即《蘇氏演義》所謂四塗山中的濠州塗山，在今安徽懷遠縣東南八里。《元和郡縣志》九："濠州鍾離縣有塗山，在縣西九十五里。"又説："當塗縣故城，本塗山氏國，在縣西南一百一十七里，禹娶於塗山，即此也。"但《南部新書》庚[①]曰：

濠州西有高唐館[②]，附近淮水。御史閻欽授[③]宿此館，題詩曰："借問襄王安在哉？山川此地勝陽臺。今朝寓宿高唐館，神女何曾入夢來？"軺軒來往，莫不吟諷，以爲警絶。有李和風者至此，又題詩曰："高唐不是這高唐，淮畔江南各異方[④]，若向此中求薦枕，參差笑殺楚襄王。"

近來錢賓四先生據《方輿紀要》"霍邱縣西北六十里有高唐店，亦曰高唐市，宋紹興初，金人繇潁、壽渡淮，敗宋軍於高唐市，進攻固始"，説："依此言之，淮上固有高唐。襄王既東遷，都於陳城，豈遽游江南？則求神女之薦枕者，與其在江南不如在淮上。參差之笑，恐在彼不在此

① 原注：此事首見《封氏聞見記》七，又見《南部新書》庚，《詩話總龜》三五。《聞見記》前半缺脱。今從《南部新書》校證。
② 原注：唐原作塘，改從《詩話總龜》。下"高唐館"及"這高唐"兩唐字亦并作塘，今并從《聞見記》及《詩話》改。
③ 原注：欽授原作敬愛，改從《詩話》。
④ 原注：異原作一，從《聞見記》及《詩話》改。

也。"[1]錢先生駁李和風的話，可謂中肯極了[2]。安徽有塗山又有高唐館，這是很有趣的。但更加有趣的，是有塗山又有高唐的還不僅安徽一處。

《華陽國志·巴志》曰："禹娶於塗山……今江州塗山是也。"

《水經注·江水注》曰："江之北岸有塗山，南有夏禹廟、塗君祠。廟銘存焉。"

這座塗山在今四川巴縣東一里。離此不遠，便是《高唐賦》中的巫山[3]，而據賦説古高唐觀便坐落在那附近。然則四川也是有塗山又有高唐的。有這樣凑巧的事！幾乎不可思議了。這兩個人——塗山氏與高唐神女，家世一樣，行爲一樣，在各自的民族裏，同是人類的第一位母親，同是主管婚姻與胤嗣的神道，并且無論漂流到那裏，總會碰到一起，這其間必有緣故。

八 雲夢與桑林

我們在上文根據《墨子》以桑林與雲夢并舉的話，又以《鄘風·桑中》爲參證，於是斷定桑林即宋的高禖與楚之高禖雲夢同類。不過有一個極有趣的證據在那邊我們也不及提出，現在有了機會可以補充了。

《吕氏春秋·順民篇》："天大旱，五年不收，湯乃以身禱於桑林。"高注曰："桑林，桑山之林，能興雲作雨也。"

① 原注:《楚辭地名考》，載《清華學報》第九卷三期。
② 原注:《水經注》謂此即《高唐賦》中之巫山，歷來無異説。
③ 原注:《御覽》四三引《壽春圖經》："濠塘山在縣南六十里，有濠水出焉。"案《莊子·秋水篇》之濠梁即此濠水。《釋文》濠水亦作豪。豪從高聲，豪塘即今高唐之訛變。

《淮南子·脩務篇》："湯苦[①]旱，以身禱於桑山之林。"高注曰："桑山之林能爲雲雨，故禱之。"

《呂氏春秋·慎大篇》："武王勝殷立成湯後於宋，以奉桑林。"高注曰："桑山之林，湯所禱也，故所奉也。"

桑林本是桑山之林的省稱，這是很有關係的一點。桑林之神是住在桑山[②]上，與雲夢之神住在巫山上同類，拿這一點來證明楚之雲夢相當於宋之桑林，已經够了[③]。何況桑林之神能興雲作雨，與雲夢之神"旦爲朝雲，暮爲行雨"[④]又是不約而同呢？

湯禱雨，據《藝文類聚》一二引《帝王世紀》又説是

禱於桑林之社。

這一個社字很要緊。我們先將社的制度説明一下。

《論語·八佾篇》曰："哀公問社於宰我，宰我對曰：'夏后氏以松，殷人以柏，周人以栗。'"

《白虎通義·社稷篇》引《尚書》逸篇曰："大社爲松，東社爲柏，西社爲栗，北社爲槐。"

《周禮·大司徒》曰："設其社稷之壝，而樹之田主，各以其野之所宜木，遂名其社與其野。"

---

① 原注：原脱苦字，從王念孫增。

② 原注：《左傳》昭公十六年："鄭大旱，使屠擊、祝欵、豎柎有事於桑山，斬其木，不雨。子産曰：'有事於山，蓺山林也，而斬其木，其罪大矣。'奪之官邑。"案鄭、宋地近，風俗相同，故宋有桑山，鄭亦有桑山，且皆爲禱雨之所。然據此則鄭民族（指鄭地居民，非鄭之統治者）似爲殷之支裔，容更詳之。

③ 原注：《説苑·善説篇》："齊宣王出獵於社山。"齊社稷之神似亦在山上，亦與桑林、雲夢同類。

④ 原注：《路史·餘論》二引《尸子》："神農之理天下，欲雨則雨，五日爲行雨，旬日爲穀雨，旬五日爲時雨，萬物載利，故曰神雨。"此"行雨"之義也。

凡社必有木，所以《説文》社之古文作䄕，從示從木從土。不過諸書所説的，似乎是後世在都邑之内，封土種樹以爲之的仿造的變相的社。原始時期的社，想必是在高山上一座茂密的林子裏立上神主，設上祭壇而已。社一名叢，便是很好的證據。

《墨子·明鬼篇》曰："建國營都……必擇木之修茂者立以爲叢位。"

《六韜·略地篇》曰："社叢勿伐。"

《戰國策·秦策》三曰："亦聞恒思有神叢與？"

《漢書·陳勝項籍傳》曰："又間令廣之次所旁叢祠中。"（注引張晏説曰："叢，鬼所憑也。"）

《太玄·聚篇》曰："示於叢社。"

《急就篇》曰："祠祀社稷叢臘奉。"

《華陽國志·蜀志》曰："迄今巴蜀民農時先祀杜主君（案社杜古通，杜主即社主）開明位，號曰叢帝。"

《淮南子·俶真篇》"獸走叢薄之中"，注曰："聚木曰叢。"叢與林同義，社可曰叢則亦可曰林。桑林即桑社，所以墨子以宋之桑林與齊之社稷并稱，而皇甫謐又稱之爲桑林之社[①]。因而《爾雅·釋詁》"林烝天帝"并訓爲君的意義也可以洞澈了。叢從取聲，字一作菆。（《禮記·喪大記》："欑猶菆也。"《釋文》："菆本亦作叢。"）《説文》："菆，麻蒸也。"《文選·西征賦》"感市閭之菆井"，注曰："菆井，即渭城賣蒸之市也。"烝與蒸通。林烝之義皆與叢通，叢即社，所以林烝與天帝同類。總之，社必在林中，所以社一曰林。林與社同，所以桑林即桑社了。

我們在前面説桑林是宋的高禖，現在又知道桑林是宋的社，這又給前面的推測加了一個强有力的證據。因爲《周禮·媒氏》曰：

① 原注：桑林爲社，宋人羅泌猶知之。《路史·餘論》六曰："桑林者，社也。"

> 中春之月，令會男女。於是時也，奔者不禁。若無故而不用令者罰之。司男女之無夫家者而會之。……凡男女之陰訟，聽之於勝國之社。

我們先講聽陰訟一層。勝國之社，鄭注説是“奄（掩）其上而棧其下”的亡國之社。有人疑心這和普通有樹木的社不同，似乎不然。《詩·召南·甘棠》傳曰：“召伯聽男女之訟。”試看《甘棠》後緊接着《行露》，毛公這一説確乎是可靠的。召伯聽男女之訟，在甘棠下，甘棠即社木（詳下），可知古時媒氏聽陰訟的地方——勝國之社，依然是有樹木的。總之，媒氏的聽陰訟的職務是在社中履行的。這是媒氏與社有關係的左證。

講到媒氏的另一項職務，即“令會男女……奔者不禁”一層，你定會聯想起《詩經》的桑中。你如果又由桑中那地名（或稱桑間）聯想到桑林之社，那也極其合理。宋、衛皆殷之後，所以二國的風俗相同，都在桑林之中立社，而在名稱上，一曰桑林，一曰桑中或桑間，相差也實在太有限了。媒氏所主管的“會男女”的事務同聽陰訟一般，也在社中舉行，則媒氏與社的關係又加深一層。因此我們説社神即禖神，而桑林之神即宋之高禖不也加了一重證據嗎？

話談得稍遠點，現在可以回到本題了。桑林之神是宋的高禖，而宋是殷後，則宋的高禖實即殷的高禖，亦即他們的先妣簡狄。這一層説明白了，我們可將楚雲夢之神高唐（陽）氏女祿和宋桑林之神有娀氏簡狄比比了。前者住在巫山上，能爲雲雨，後者住在桑山上，也能爲雲雨。前者以先妣而兼神禖，後者亦以先妣[1]而兼神禖。前者在《高唐賦》所代表的神話中，後者如玄鳥遺卵的神話所暗示，又都是有着淫亂嫌疑的行爲。高唐與簡狄相同之處也是如此之多。這其間不能没有緣故。

---

① 原注：《周禮·大司樂》“舞《大濩》以享先妣”，注謂先妣爲姜嫄，其廟爲閟宫。《大濩》即桑林之樂。周人以《大濩》享其先妣，蓋沿殷之舊俗。此亦桑林之神即殷先妣之證。

九 結論

高唐與塗山、簡狄都那樣相似，我們屢次講那必有緣故。讀者或許想我的意思是説他們本是一個人。這話是對的，却又不對。若説塗山即簡狄，簡狄即高唐，那顯然是錯誤。若説這幾個民族最初出於一個共同的遠祖（當然是女性），塗山、簡狄、高唐，都是那位遠祖的化身，那便對了。因此，我們若説姜嫄（或古代其他民族的先妣）也是她的化身，那亦無不可，雖則關於姜嫄的事迹與傳説，我們知道的不多，不能和其餘幾位先妣作更細密的比較。反正幾位先妣既然是從某一位先妣分化出來的，我們就不妨將她們各人的許多故事合起來，當作一個人的故事看，至少爲討論的方便計，不妨這樣辦。這一層説明了，我們可以開始下總結論了。

在農業時代，神能賜與人類最大的恩惠莫過於雨——能長養百穀的雨。大概因爲先妣是天神的配偶[①]，要想神降雨，惟一的方法是走先妣的門路（湯禱雨於桑林不就是這麼回事？）[②]，後來因先妣與雨常常連想起，漸漸便以爲降雨的是先妣本人了。先妣能致雨，而虹與雨是有因果關係的，於是便以虹爲先妣之靈[③]，因而虹便成爲一個女子。朝隮（霓）、朝雲以及美人虹一類的概念便是這樣産生的。

但是先妣也就是高禖。齊國祀高禖有“尸女”的儀式，《月令》所載高禖的祀典也有“天子親往，后妃帥九嬪御”一節，而在民間，則

① 原注：契與稷皆感天而生，即基於此種觀念而産生之傳説。

② 原注：請雨禱於先妣，止雨亦禱於先妣。《春秋繁露》有《請雨篇》《止雨篇》。其《止雨篇》中，據《論衡》似有祭女媧一法，今本脱之。《論衡·順鼓篇》曰：“俗圖畫女媧之象爲婦人之形，又其號曰女，仲舒之意殆謂古婦人帝王者也。男陽而女陰，陰氣爲害，故祭女媧求福祐也。”

③ 原注：古人謂神之光氣曰靈。《離騷》：“皇剡剡其揚靈。”注：“剡剡，光貌。”漢《郊祀歌》十九“靈殷殷，爛揚光”是也。神不可見，見有光氣即以爲神至，《漢書·郊祀志》曰“是夜有美光”，曰“神光興於殿旁”，曰陳寶祠“漢興世世常來，光色赤黄，長四五丈”，皆爲神降也。虹亦光氣也，故先民以爲神之表徵，其爲光氣，采色眴爔，動人美感，故又以爲女性之神。

《周禮・媒氏》“中春之月，令會男女”，與夫《桑中》《溱洧》等詩所昭示的風俗，也都是祀高禖的故事。這些事實可以證明高禖這祀典，確乎是十足的代表着那以生殖機能爲宗教的原始時代的一種禮俗[①]。文明的進步把羞耻心培植出來了，虔誠一變而爲淫欲，驚畏一變而爲玩狎，於是那以先妣而兼高禖的高唐，在宋玉的賦中，便不能不墮落成一個奔女了。

《高唐神女傳説之分析》補記

杜光庭《墉城集仙録》裏有這樣一個故事：

雲華夫人，王母第二十三女，太真王夫人之妹也。名瑶姬。受徊風混合萬景煉神飛化之道。嘗東海游還，過江上，有巫山焉，峰岩挺拔，林壑幽麗，巨石如壇，流連久之。時大禹理水，駐山下，大風卒至，崖振谷隕，不可制。因與夫人相值，拜而求助。即敕侍女授禹策召鬼神之書，因命其神狂章、虞余、黄魔、大翳、庚辰、童律等（案庚辰、童律二名又見唐人李公佐僞撰《古岳瀆經》第八卷，《岳瀆經》亦説禹治水之故事。《路史・餘論》九云：“虞余、庚辰，案《楚詞》，乃益稷之字。”今《楚辭》無此語）。助禹斫石

① 原注：《魯頌・閟宫》曰“《萬舞》洋洋”，閟宫爲高禖之宫，是祀高禖時用《萬舞》。《萬舞》蓋即《大濩》（《大濩》又名《湯樂》，故祀成湯的《商頌・那篇》亦曰“《萬舞》有奕”），故《周禮・大司樂》曰“舞《大濩》以享先妣”，注以先妣爲姜嫄，其廟謂之閟宫。《左傳》隱公五年：“考仲子之宫，將《萬》焉。”仲子者，公之祖母，考其廟，用《萬舞》，可知《萬舞》與婦人有特殊關係。然而《左傳》莊公二十八年又曰：“楚令尹子元欲蠱文夫人，爲館於其宫側而振《萬》焉。”注：“蠱惑以淫事。”《邶風・簡兮》曰“方將《萬舞》”，“公庭《萬舞》”，又曰“云誰之思，西方美人”，似亦男女愛慕之詩。愛慕之情，生於觀《萬舞》，此則舞之富於誘惑性，可知。夫《萬舞》爲祀高禖時所用之舞，而其舞富於誘惑性，則高禖之祀，頗涉邪淫，亦可想見矣。

疏波，决塞導厄，以循其流。禹拜而謝焉。禹嘗詣之崇巘之巔。顧盼之際，化而爲石，或倏然飛騰，散爲輕雲，油然而止，聚爲夕雨，或化游龍，或爲翔鶴，千態萬狀，不可親也。禹疑其狡獪怪誕，非真仙也。問諸童律。律言：……雲華夫人，金母之女也，昔師三元道君，受《上清寶經》，受書於紫清闕下，爲雲華上宫夫人，主領教童真之士，理在玉英之臺。隱見變化，蓋其常也，亦由凝氣成真，與道合體，非寓胎稟化之形，是西華少陰之氣也。且氣之彌綸天地，經營動植，大包造化，細入毫髮，在人爲人，在物爲物，豈止於雲雨龍鶴飛鴻騰鳳哉？禹然之。後往詣焉。匆見雲樓玉臺瑶宫瓊闕森然，靈官侍衛，不可名識，獅子抱關，天馬啓途，毒龍電獸，八威備軒，夫人宴坐於瑶臺之上。禹稽首問道。召禹使坐而言曰……因命侍女陵容華出丹玉之笈，開上清寶文以授禹。〔禹〕受而去，又得庚辰、虞余之助，遂能導波决川，以成其功，奠五岳，别九州，而天錫玄圭，以爲紫庭真人。其後楚大夫宋玉以其事言於襄王。王不能訪道要以求長生，築臺於高唐之館，作陽臺之宫以祀之。宋玉作《神女賦》（女原誤仙）以寄情，荒淫穢蕪。高真上仙，豈可誣而降之也？有祠在山下，世謂之大仙。隔岸有神女之石，即所化也。復有石天尊神女壇，側有竹垂之若彗。有槁葉飛物著壇上者，竹則因風掃之，終瀅潔不爲所污。楚人世祀焉。

這裏高唐神女簡直就是塗山氏。這給上文第七段的推測完全證實了。此外有幾個細節似乎得説明一下。（一）所謂“東海游還”，蓋指會稽。禹娶妻及會諸侯的塗山，舊傳也有説是在會稽的。從東海來的雲華夫人本是禹自己的髮妻，到了巫山，却成陌生人，神話演變中之矛盾性，往往如此，并不足怪。（二）童律説雲華夫人“凝氣成真”，又説他是“西華少陰之氣”。（西華似乎是與太華玉女相混了，張衡《思玄賦》云：“載太華之玉女兮。”）雲華夫人是氣所變，則朝雲即朝隮（氣）又得到一個證據了。（三）我在附注三〇[①]中轉引《漢書》注引《淮南子》稱塗山氏化石，而這裏説雲華夫人化石，這也是很要緊的一點。（四）《隋書·禮儀志》稱梁太廟有石，"文如竹葉"，據陸澄説是孝武時郊禖之石（引見同注）。這裏説"石天尊神女壇側有竹垂之若彗"，與《隋志》所載頗有相似之處，大概石天尊之石亦即郊禖之石。果然如此，則我説高唐神女即楚之高禖，更愈加可以成立了。（五）我又説塗山氏即女媧，全部的論證因篇幅的關係，不能拿出，現在還是不能，不過就雲華夫人的故事中可以先提出一點來談談。《淮南子·覽冥篇》有女媧積蘆灰以止淫水的話，可知古來相傳女媧是助禹治水的。雲華夫人助禹治水的方法雖神怪化了，但治水這主幹的事實并没變。雲華夫人即塗山氏，則女媧亦即塗山氏了。

《集仙録》雖把高唐神女與塗山氏合爲一人，但我仍然不主張她們本是一人。我仍然相信她們以及旁的中國古代民族的先妣，都是從某一位總先妣分化出來的，這位總先妣，我從前想許就是西王母。《集仙録》上説雲華夫人是王母第二十三女，當然是後世道家捏造的譜系，但説不定這個謊給他們撒得幾分對了。最後有一件事，也是前次想到而未敢説出的，現在得了《集仙録》這點新材料，我纔感覺把握較多點。我想塗、社古音近，塗或即社的音變，而塗山實即社山。高唐即郊社，上文已經説過。現在我們又可以説塗、唐、社都是一聲之轉了。

---

① 案即第 1034 页脚注①。

朝雲考①

一 《候人》詩釋義

彼候人兮，何戈與祋，彼其之子，三百赤芾。
維鵜在梁，不濡其翼，彼其之子，不稱其服。
維鵜在梁，不濡其咮——彼其之子，不遂其媾。
薈兮蔚兮，南山朝隮——婉兮孌兮，季女斯飢。

（《曹風·候人》）

《序》曰：“《候人》刺近小人也。共公遠君子，近小人焉。”朱子說：“此詩但以‘三百赤芾’合於左氏所記晋侯入曹之事，《序》遂以爲共公，未知然否？”其實不但共公與詩無關，連“近小人”恐怕也是謊話。（“遠君子”更是謊話中的廢話）一位少女帶着三百名衛士，身着赤紱，去迎接一個人，没有迎着。詩中大意如此而已。若仿《序》的口氣，依它的道德標準説話，就得説：“《候人》，刺淫女也。”理由可以分爲三方面來陳説。

在《國風》的詞彙裏，“魚”往往是情偶的代語。這我在《説魚》

① 此文據作者手稿照相複製件整理而成。從内容看，它是據《高唐神女傳説之分析》增補改寫的。改寫到第五節《釋虹》，没有最後完成。《釋虹》中説：“郭氏釋蜺也不見得錯，説詳下文”，但這篇文章下文并没有講。而在作者遺留下來的殘稿中有這樣一段話：“既然古虹字從二鹿，而霓出於麑，隮出於麡，則此字依郭沫若釋霓或釋隮，均無不可。在文字畫的時代，一字儘可有數讀。依弧形則讀若虹，依鹿形則讀若霓（麑）或隮（麡）是一樣合理的。”這可能是作者打算要講的，準備放在第六節，而第六節没有寫成，就成爲現在這個樣子。

裏，有過詳細的討論。又有字面雖没有魚，而意中實指魚的，《候人》的“維鵜在梁，不濡其味”便屬這一例。鵜是食魚的鳥，鵜在梁上“不濡其味”，可見其没吃着魚。詩人是以鵜不得魚比女子没得着配偶，所以下文説“彼其之子，不遂其媾”。我在《説魚》中又討論到《風》詩裏的“飢”字，斷定它也是一種代語，表明性欲未滿足時的生理和心理狀態。《候人》“季女斯飢”之“飢”正是這種意思。舊説遇着荒年，少女們最遭殃，因爲女弱於男，本禁不起捱餓，而少女尤甚。古今没有這樣奥妙的道理吧！鵜不濡味及飢字的寓意既如上説，再參以“彼其之子，不遂其媾”二語，我們不難知道這位女子衹是被一種迫切的要求所驅使，犯着倫教的嚴限，親身率領了人衆去歡迎她一個初入青春期的女子見了面應該紅臉的一個人。這從某種觀點看來，是不妨稱爲淫女的。這是第一點。

《鄘風·蝃蝀篇》，《韓序》説是“刺奔女”，《毛序》説“止奔”。詩曰：“朝隮於西，崇朝其雨。”這與《候人》“薈兮蔚兮，南山朝隮”的朝隮原是一回事。《蝃蝀》又曰：“乃如之人也，懷昏姻也，大無信也，不知命也。”“懷昏姻”猶如《野有死麕》的“懷春”，這與《候人》的“季女斯飢”的飢字含義相合。由以上各點可以决定《候人》與《蝃蝀》二詩性質大致相同，《蝃蝀》的女子是奔女，《候人》的女子想必與她同類了。這是第二點。

《吕氏春秋·音初篇》曰：

> 禹行水，竊見塗山之女，禹未之遇而巡省南土。塗山氏之女乃令其妾待於塗山之陽。女乃作歌，歌曰：“候人兮猗！”實始作爲南音。

《楚辭·天問》述這故事，頗有微詞。

> 禹之力獻功，降省下土方，焉得彼塗山女，而通之于台桑。閔

> 妃匹合，厥身是繼，胡維嗜欲同味，而快鼂（朝）飽。

曰通曰朝飽，都帶褒貶的字眼（朝飽的意義詳《説魚》），而就全段語意看，作者似乎也是説禹與塗山氏的結合不甚正常。參以《吕氏春秋·當務篇》所謂“禹有淫湎之意”，《天問》這種口氣確乎代表一部分較老實的不以托古改制爲己任的先秦人對古史的觀念。不過據《音初篇》本是塗山氏追求禹，所以我想淫湎的罪名與其加在禹身上，不如加在塗山氏身上爲公允。明白了這一點，則《塗山歌》與《候人》詩的本事之相似處更爲顯著了。以彼證此，塗山氏的行爲既有招物議的餘地，則曹女的行爲也正犯着很大的嫌疑，是不成問題的。這是第三點。

以上用（一）《候人》詩本文，（二）《蝃蝀》詩，以及（三）《塗山歌》本事分别將《候人》詩的意義闡明過了，我們纔可以拿它和《高唐賦》比較。

二 《候人》詩與《高唐賦》

《文選·高唐賦》曰：

> 昔者楚襄王游於雲夢之臺，望高唐之觀（館），其上獨有雲氣，崪兮直上，忽兮改容，須臾之間，變化無窮。王問玉曰：“此何氣也？”玉對曰：“昔先王嘗游高唐，怠而晝寢，夢見一婦人（《渚宫舊事》三引《襄陽耆舊傳》有‘曖乎若雲，皎乎若星，將行未止，如浮忽停……’數句）曰：‘我帝之季女，名曰瑤姬，未行而亡，封於巫山之臺（從《文選》江文通《雜體詩》注引《宋玉集》，《别賦》注引《高唐賦》補），聞君游高唐，願薦枕席。’王因幸之。去而辭曰：‘妾在巫山之陽，高邱之岨，旦爲朝雲，暮爲行雨，朝朝暮暮，陽臺之下。’旦朝視之，如言，故爲立廟，號曰

朝雲。……"

這和《候人》詩消息相通之處甚多，爲醒目起見，列表如下：

故事的母題		《候人》詩	《高唐賦》
自然方面	山	"南山朝隮。"	"封乎巫山之臺。""所謂巫山之女。""妾在巫山陽。"
	朝時雲氣上升	"南山朝隮。" 《傳》曰："隮，升雲也。"《箋》曰："薈蔚之小雲升於南山。"	"其上獨有雲氣，崒兮直上……所謂朝雲者也。"（按直上即升也。）"……在巫山之陽，高邱之岨，旦爲朝雲……"
	雲變爲雨	（《易林·履之恒》曰："潼滃蔚薈，膚寸來會，津液下降，流潦滂霈。"是《齊詩》謂朝隮可以致雨。證以《蝃蝀》詩"朝隮于西，崇朝其雨"之語，其説可信。）	"旦爲朝雲，暮爲行雨。"
人事方面	少女	"季女斯飢。"	"我帝之季女。"
	未婚	"彼其之子，不遂其媾。"	"未行而亡。"（按行猶嫁也。）
	情欲	"季女斯飢。"	"聞王來游，願薦枕席。"

詩與賦吻合之處這樣多，我們的解釋如下：《候人》的"朝隮"是下文季女的化身，正如《高唐賦》的"朝雲"便是帝之季女一樣；南山朝隮與巫山朝雲其實是同一個神話的人物，因此《候人》末章四句可説是用典——用一個古代神話的典故來諷刺那位曹女，因爲那號稱朝隮或朝雲的神女，原是一位"願薦枕席"的奔女。

三 説隮

《詩·候人》"南山朝隮"，傳曰："隮，升雲也。"箋曰："薈蔚之小雲升於南山。"《蝃蝀》"朝隮于西"，傳曰："隮，升氣也。"箋曰："朝有升氣於西方。"《周禮·眂祲》説十煇，其中之一曰隮，先鄭注亦曰："隮，升氣也。"雲本是一種氣，升氣也就是升雲。《高唐賦》曰："其上獨有雲氣，崒兮直上……"又述襄王問："此何氣也？"宋玉答道："所謂朝雲者也。"這裏既稱雲爲氣，又形容其狀爲"崒兮直上"，與諸家訓隮爲升氣之義全合，以證朝隮便是朝雲，本够明顯的了。但是我們對於隮字訓雲訓氣，畢竟感着有些生疏，所以很想替它尋出個究竟來。

古書中關於這類隮字的訓詁，除上引各説外，還有二説：

《古微書》引《春秋感精符》宋均注曰："隮謂暈氣也。"

《周禮·眂祲》後鄭注曰："隮，虹也。"

這後一説尤可注意。漢人多訓霓爲虹，而鄭訓隮爲虹，似乎隮就是霓。以聲求之，隮霓聲通韻近，可以相轉，試舉三事爲證。（一）春秋楚有公子嬰齊，"嬰齊"即潞子嬰兒之"嬰兒"。（二）蟬類有一種名蜺（見《爾雅·釋蟲》郭注），而據《古今注·問答釋義篇》，蟬一名齊女。（三）霓古讀如嚙，嚙勶音近，而金文辛鼎"虘用替氒勶多友贅"，叔夷鐘"造爾朋勶"皆以勶爲儕。《詩經》以隮爲霓，與春秋人名以齊爲兒，晋人呼蜺爲齊女，金文以勶爲隮，可視爲同例，所以我疑隮就是霓。漢人多以隮爲氣（詳上），隮即霓，所以據説霓也是一種氣。

蜺（同霓），日旁氣也。（《漢書·五行志》下之上）

霓，天邊氣也。（《文選·東京賦》薛注）

霓，屈虹，青赤或白色，陰氣也。（《説文》）

凡日旁氣色白而純者，名爲虹。（《後漢書·郎顗傳》）

虹霓者氣也，起在日側，其色青赤白黄。（《太平御覽》卷十四引《河圖稽耀鈎》）

虹蜺也……此積氣之存乎天者也。（《列子·天瑞篇》）

《候人》詩曰："薈兮蔚兮，南山朝隮。"薈與繪同,《説文》曰："繪，會五采綉也。"《漢書·叙傳下》注曰："蔚，文綵盛也。"朝隮即朝霓，霓色青赤白黄，所以説"薈兮蔚兮"。《蝃蝀》詩"朝隮于西"即朝霓在西。"朝隮于西，崇朝其雨"，猶之乎《楚辭·哀時命》曰："虹霓紛其朝霞兮，夕淫淫其淋雨。"

隮即霓，諸家訓爲一種氣，所以漢人或訓隮爲氣，説已詳上。他們有時又訓隮爲雲，那也是有道理的。霓本是一種形長而屈曲的彩雲，《楚辭·天問》王注曰："蜺，雲之有色似龍者也。"可證。形長而屈曲，狀似龍蛇，所以字又從虫作蜺。霓是雲之一種，因而在一般的詞彙中，雲霓往往連稱，如《孟子·梁惠王下篇》"如大旱之望雲霓",《離騷》"帥雲霓而來御"等都是。至如虹霓連稱，則因在形長與有彩色二點上，霓又與虹相似，所以二者有時被認爲同類，或竟混爲一物。像《高唐賦》以雲爲神女的化身，而《楚辭·遠游》"雌蜺便娟以增撓兮"，王注曰："神女周旋，侍左右也。"則以霓爲女神的化身，這便是神女傳説中雲霓通稱的實例。其實以本質言，霓是雲，以其形狀色彩像虹而以爲與虹同類，乃是一種錯誤的觀察。由此看來，鄭注《周禮》，訓隮爲虹，依常識的看法是對的，嚴格講來，却又不妥當。雖然如此，這條訓詁對於我們還是一個極好的啓示。

根據上文的分析，漢人説隮是氣或是雲，都對，但他們都在氣與雲上加個"升"字，却近乎畫蛇添足了。隮在這裏本是霓的借字，與隮的本義無關，他們訓爲"升氣"或"升雲"，那升字分明是從"隮"的本義生出來的一層意思，這正蹈了所謂"望文生義"的毛病。不過這層誤解的意義保存到現在，倒於我們很有利益，因爲它幫助我們瞭解了朝隮與朝雲的關係。"朝隮"被解爲"升雲""升氣"，朝雲在《高唐賦》被形容爲"崪兮直上"的雲氣，"直上"等於"升"，那麽朝隮不也就是朝雲了嗎?

隮即霓，而霓是一種有彩色的雲，所以《候人》曰："薈兮蔚兮，南山朝隮。"薈蔚即彩色貌。朝雲與朝隮是一物，朝隮被稱爲薈蔚，所以朝雲在《神女賦》中被形容爲"曄兮如華，温乎如瑩，五色并馳，不可殫形"。原來朝雲之雲是一朵彩雲。明白了這層，然後以"雲想衣裳花想容"的方式來擬想那位神女的儀形，毫無問題，我們的印象更爲豐富，更爲美麗了。

四　虹與美人

我們在上文説到霓與虹的分别時，曾指出鄭注《周禮》訓隮爲虹的不妥，我們説那衹是依常識看法纔能算是對的。其實我們太拘泥了。我們研究的是古代傳説而非科學，科學上的對不對不在我們的分内，我們問的是在歷史上人們對於某種現象的種種看法。古代人們對於虹與霓確乎曾經認爲是同一物體的兩種形態。鄭玄謂隮（霓）爲虹，若是一種錯誤的觀察，那錯誤也不是他個人的錯誤，而是他們那時代一般人的錯誤，而且説是他們那一個時代的錯誤也不對，事實上以霓爲虹，恐怕在他們以前早已如此。

漢以來傳説常稱虹爲美人或美人虹：

> 《釋名·釋天》曰："虹……又曰美人。"
> 《爾雅·釋天》："螮蝀，虹也。"郭注曰："俗名爲美人虹。"
> 上官儀《八咏應制》："虹共美人歸。"
> 蘇味道《咏虹》："空因壯士見，還共美人歸。"

這已經使我們極容易聯想到《詩經》以朝隮（霓）爲婉孌的季女，古賦以朝雲爲神女的傳説了。再看劉敬叔解釋虹所以稱美人的説法：

> 古語有之曰：古者有夫妻荒年菜食而死，俱化成青虹，故俗呼

美人虹。(《異苑》一)

分明是和《候人》詩鄭箋一鼻孔出氣。《候人》:“薈兮蔚兮,南山朝隮,婉兮孌兮,季女斯飢。”箋曰:“天無大雨,則歲不熟,而幼弱者飢……”飢字的正解,我們在上文已經談過,鄭箋的錯誤是不用講的。要緊的是劉敬叔襲用鄭玄箋詩的話來解釋虹所以稱美人的原因,可見六朝人還知道朝隮就是虹,與鄭注《周禮》訓隮爲虹正相合。又《太平御覽》卷一四引張璠《漢紀》曰:

靈帝光和元年,虹晝見御座殿庭前,色青赤。上引蔡邕問之,對曰:“虹霓,小女子之神……”

小女子不就是季女嗎?蔡邕的根據不是《高唐賦》,就是與賦中本事同一來源的傳説。最有趣的是《太平廣記》三九六引《八朝窮怪録》中一段故事:

後魏明帝正光二年夏六月,首陽山中有晚虹下飲於溪泉,有樵人陽萬於嶺下見之。良久化爲女子,年如十六七。異之,問,不言。乃告蒲津戍將宇文顯,取之以聞。明帝召入宫,幸未央宫視之,見其容貌姝美,問,云:“我天女也,暫降人間。”帝欲逼幸,而色甚難。復令左右擁抱,聲如鐘磬,化爲虹而上天。

這太像《高唐賦》的故事了,衹那邊的雲氣,這邊變了虹。

論本質,霓本是一種雲,論形狀,霓也確乎有些像虹,所以在詞彙中,“雲霓”或“虹霓”都可連稱。《詩》的“朝隮(霓)”和《賦》的“朝雲”在上揭諸傳説中都變了虹,是不足異的。但我們要問霓、雲、虹三種形態,在這傳説中産生的次序究竟如何?按前面的説法,霓與雲有本質的關係,虹與霓有形相的關係,所以“雲霓”“虹霓”都曾被用爲混合詞彙。但我們要注意，“雲虹”或“虹雲”的字樣從來未見過，這顯然是因爲雲與虹，除了古人觀念中同屬於氣體外，并没有任何顯著的關係——以霓爲媒介的間接關係。因此，在各種形態發生的次第中，霓在中間，是可以斷言的。其餘雲與虹二者，誰在頭，誰在尾，則尚待研究。用公式來表明，總不外下列這兩種：

（一）雲——→霓——→虹

（二）虹——→霓——→雲

依記載的時代來推測，第二式似乎可能性較大，因爲霓即隮，見於《詩經》，雲見於《高唐賦》，雲在霓後是較合理的排列。虹的傳説見於漢至唐，表面上似乎應在雲後，但前面已説過，雲與虹不能有直接關係，所以由雲演變爲虹在純理論的原則上是絶對不許可的。反之，在事實上，虹倒是可認爲與霓曾在同一時間出現過。《蝃蝀》詩一章曰：“蝃蝀在東，莫之敢指。”二章曰：“朝隮于西，崇朝其雨。”蝃蝀即虹，古今無異説。一章下文曰：“女子有行，遠父母兄弟。”二章下文曰：“女子有行，遠兄弟父母。”一章以蝃蝀比女子，二章以朝隮比女子，兩章的女子是一人，則在詩人的觀念中，蝃蝀（虹）與朝隮（霓）是同一物體的兩種形態，可無疑義了。虹霓同時并見，則在傳説變的歷程中，虹先於霓，便不無可能了。但以上的話全是推想，要解決問題，還得考察虹字的歷史。

五　釋虹

商代晚期彝器銘識中有䗖虹字，都是形聲字，（前 7.43.2），（前 7.7.1），（菁 4.1），其原始象形文，據于省吾氏的考釋，見於武丁時的卜辭，如上圖。卜辭説虹“歙（飲）於河”，于氏引《漢書·燕王旦傳》《釋名·釋天》《黄帝占軍訣》及《異苑》等文中虹飲之説以證明那字確當釋虹。其實《八朝窮怪録》還有“虹下飲于泉”，古

代傳其事，那和卜辭“飲於河”之説，尤其密合。總之在古人觀念中，虹是一種生物是毫無問題的。于氏又接受郭沫若氏的觀察，認爲卜辭此字兩端有首，并據此以證明字當釋虹而不當如郭氏釋蜺。他的證據最主要的是《海外東經》説䖬䖬有兩首，䖬即虹字。又《搜神記》載孔子作《孝經》成，虹下化爲玉璜，而近世出土的古玉中之璜正作半璧形，而兩端多刻作龍蛇首或獸首形。于氏釋此字爲虹，我們不能反對（雖則郭氏釋蜺也不見得錯，説詳下文）。但既以兩端爲首，則無疑中間兩道弧綫是身，身長而曲，自然是龍蛇之角，并且後起的形聲字“虹”分明從虫，所以于氏又舉《逸莊子》的“蜺二首”和《韓非子》的“蜺兩口”諸説，以及銅器上身曲而兩端有首的蟠虺紋爲例，以推證卜辭字當釋虹，因爲據他想，蜺虺是一字，虺虹是雙聲，身曲而兩端有首名虹，猶之乎身曲兩端有首名虺。總之于氏雖反對華學涑氏釋虹之説，自己却相信字形是像蛇狀的。這一點我們認爲于氏與郭、華二氏都錯了。以虹爲蛇類，商代末葉以後確乎如此，這有彝銘中的虹字以及文獻中各種傳説爲證。但是卜辭中的象形文并不是如諸家所想象的一種兩頭的蛇類。細察字形，兩端并不像蛇頭，而實是二隻背立的鹿形的簡化。（因爲無角，故曰簡化）中間兩道弧綫也不代表蛇身，而實是在六書中屬於指事的兩道表示連繫的筆畫而已。

古書中常説到一種兩頭八足或兩頭的神鹿：

> 天撰十二神鹿，一身八足兩頭。（《天問》王注）
>
> 雲南縣有神鹿，兩頭，能食毒草。（《後漢書・西南夷傳》）
>
> 雲南郡……有熊倉，山上有神鹿，一身兩頭，食毒草。（《華陽國志・南中志》）
>
> 雲南郡出茶首機，音蔡茂機，是兩頭鹿名。永昌亦有之。（《博物志》佚文。案機蓋即鹿）
>
> 武陵郡西有獸如鹿，前後有頭，常以一頭食，一頭行。（□□□引盛弘之《荆州記》）

一獸兩頭是生物學上不可能有的。兩頭八足的鹿，實在是兩鹿交尾之狀。這可以由兩頭彘的名號“屏蓬”一詞來證明。

區陽有鱉封，鱉封者彘，前後有首。(《周書·王會篇》)

并封在巫咸東，其狀如彘，前後皆有首，黑。(《山海經·海外西經》)

大荒之中有山名鏖鏊鉅，日月所入者，有獸，左右有首，名曰屏蓬。(《山海經·大荒西經》)

鹿（麃）鏊山獸，左右有首，名并蓬。（劉賡《稽瑞録》)

説前後有首，要是側看則成左右有首，所以鱉封、荓蜂、并封、屏蓬均是一種。《周頌·小毖》：“予其懲而毖後患，莫予荓蜂。”傳曰：“荓蜂，摩曳也。”一作甹夆。《爾雅·釋訓》：“甹夆，掣曳也。”郭注曰：“謂牽拕。”鱉封、并封即屏蓬之轉，屏蓬又即荓蜂、甹夆，都是牽制的意思。兩獸交尾，各欲前行，互相牽掣，故曰屏蓬。但依《山海經》的通例，地方往往以産物之名爲名，所以鏖鏊鉅應該就是屏蓬的别名。鏖，《集韻》音悲驕切，疑即鑣之省，假借爲麃字。麃是一種鹿。鏖鏊疊韻連語，與鏖同。鉅即蛩蛩距虚之距（詳下）。鏖鏊鉅《稽瑞録》省鉅而單稱麃鏊，正如蛩蛩距虚有時省距虚而單稱蛩蛩一樣。屏蓬一名鏖鏊鉅，可見這獸有時又被認爲鹿類，大概就是前面所謂兩頭神鹿荼首機（鹿）吧。鏖鏊又聲轉爲蓱號。《天問》曰：

蓱號起雨，何以興之？撰體協鹿，何以膺之？

王注以蓱爲蓱翳，訓號爲呼，又以一身八足兩頭的神鹿解釋下二句。其實蓱鏖（鹿）雙聲，鏊號疊韻，蓱號即鏖鏊，亦即屏蓬。（蓱號《文選》張載《雜詩》注，又《文選》陸機《贈顧彦先》詩注，《五百家注韓昌黎集》八《遠游聯句》孫注引并作屏。）撰體便是説二獸身體相連，八足兩頭之説便是這樣發生的。屏蓬前後有首而有時被認作鹿類，萍號是八足兩頭的神鹿，加以萍號又與屏蓬的别名鏖鍪聲音極近，看來萍號就是屏蓬——也就是由交尾的兩鹿傅會而成的一種兩頭神鹿。然而兩鹿交尾與雨能有何關係？傳説以爲那名萍號的能起雨，究竟是怎樣得來的觀念呢？如果不是卜辭那兩鹿背立，中連弧形的古虹字，這個謎我們恐怕永遠不能猜破。原來虹見是將雨的象徵，鹿能起雨乃是因虹能致雨的觀念而來的。反過來説，若不是《天問》留下了這“萍號起雨”的傳説，卜辭那虹字，我們雖認識了它是從兩鹿，但没有證據，我們終久是不能相信的。綫索摸着了，路向走對了，也許其它的證據還可以源源而來。説不定虹所以又稱霓稱隮，就因爲鹿又稱麑稱麛麑。

我們説古虹字兩端是兩鹿，中間的雙弧綫表示連繫之意，這後一點最初固然也是純粹從觀察字形得來的啓示。但是啓示得到之後，再考查文獻中關於虹的材料，仿佛也能左右逢源。《爾雅·釋文》曰：

蜺爲挈貳。

郭注説：“挈貳其别名，見《尸子》。”挈貳這名字的意義，也祇有看過卜辭古虹字的形狀纔能瞭解。挈訓結，又與摩通，訓牽。與卜辭字形相證，《爾雅》所謂指字中的兩鹿，便是道弧綫了。我們因此又想到《淮南子·説山篇》：

天二氣成虹。

這“二”字即《爾雅》之“貳”，亦即古虹字中的二鹿。至於那“氣”字，玄學氣味太重，一望就知道是後起的觀念，下文再説。現在我們要知道的是古字中的弧形和《爾雅》的挈字是代表交尾的意思。對這問題，在漢人的論調中有着極具體的回答。

虹霓者，陰陽之精也。(《漢書·天文志》)

陰陽交爲虹蜺，虹蜺者陰陽之精。(《初學記》一引《春秋元命苞》)

虹，陰陽交氣也。(《吕氏春秋·節喪篇》高注)

虹者，陰陽交接之氣。(《易通卦驗》鄭注)

虹……陰陽交接著於形色者也。(《藝文類聚》二引蔡邕《月令章句》)

陰陽交接從倫理的觀點看，自然是淫邪。

虹不見，婦人苞亂……虹不藏，婦不專一。(《逸周書·時訓》)

夫婦過禮則虹氣盛。(《詩·蝃蝀》毛傳)

虹蜺主内淫。(《開元占經·虹蜺占》引《春秋潛潭巴》)

蜺之比，無德以色親。(《後漢書·楊震附賜傳》引《易稽覽圖·中孚經》)

齊舉管夷吾，虹貫牛山，趣齊去婦，毋近妃宫，齊侯大懼，更立賢輔。(《開元占經·虹蜺占》引《春秋文耀鈎》)

我們或許因爲上面所引的都是漢人的話，於是疑心虹之成爲灾異，完全是漢人鬧出來的。其實不然，《周禮》是有嫌疑的書，《眡祲》十煇之中有彌有隮，可以不論。但《蝃蝀》詩曰："蝃蝀在東，莫之敢指。"是《詩經》時代虹已成爲禁忌的鐵證。不但如此，卜辭曰：

王占曰：出希(祟)。八日庚戌，㞢各云(雲)自東臣，母昃，亦有出(屈)虹自北歙於河。(菁 4.1)

以"有屈虹……歙於河"爲"㞢祟"，這與《詩經》和漢人的論調分明是一貫的，可見以虹爲灾異是很古的一個觀念。但是依常識的推測，虹是極易引起人的美感的，縱不成爲吉象，又何至被視爲凶象呢？其所以如此，除了導源於性的“塔布”，恐怕没有更圓滿的方法來解答的。古虹字像二鹿交尾之形，虹因此成爲性的“塔布”，於是卜辭便以屈虹爲有祟，詩人以蝃蝀不敢指，而漢人更明顯的認爲淫亂的象徵了。讀者也許要説，殷代末葉已有從虫的虹字，詩人稱爲蝃蝀，其意分明也屬蛇類，如果認古虹字爲象二蛇交接之象，不同様的可以變爲“塔布”嗎？我們説不然。卜辭虹字祇能説有被誤會爲兩頭蛇的可能，但斷斷不是二蛇交尾的様子。祇有漢畫如武梁祠刻石等所畫人首蛇身的伏羲女媧像，纔真正寓有蛇交尾的意思。卜辭虹字的構造却與那完全不同。所以後世的傳説中之所以有陰陽交接一義，其起源必須是二鹿而非二蛇。

我們方纔説到殷末已有從虫的虹字，而詩人稱虹爲蝃蝀，分明也以爲蛇類，可見虹之被認爲蛇類確實是很早的事。這大概由於虹的本身和古虹字的形狀本都容易連想到蛇的形狀，所以很早人們便已忘記虹是鹿而直以爲蛇了。但由鹿變蛇之間，似乎還有個過渡的階段，那便是龍了。龍的頭尾與四足全與鹿同，祇有身軀拉長像蛇罷了。於字音，鹿龍對轉，虹從工聲，而工龍爲 gl 複輔音，其演變的痕迹也歷歷可尋。虹能致雨，龍亦能致雨，也可見二者關係的一斑。總之有了龍作爲過渡階段，則古人觀念中的虹，最初是鹿，便更可信了。

范　寧　整理

姜嫄履大人迹考[①]

周初人傳其先祖感生之故事曰：

> 厥初生民，時維姜嫄，生民如何？克禋克祀，以弗無子，履帝武敏歆，攸介攸止，載震載夙，載生載育，時維后稷。(《詩·大雅·生民》)

武各家皆訓迹，敏《爾雅》訓拇，謂足大趾，然“武敏”雙聲，疑係連語，總謂足迹耳。歆各家多讀爲欣，訓喜[②]，疑字本作喜，祀子喜止四字爲韻。“克禋克祀，以弗無子”，弗讀爲祓，毛、鄭皆以爲祀郊禖之祭，《御覽》一三五引《春秋元命苞》：“周本姜嫄，游閟宫，其地扶桑，履大迹，生后稷。”閟宫即禖宫，説與毛、鄭同。上云禋祀，下云履迹，是履迹乃祭祀儀式之一部分，疑即一種象徵的舞蹈。所謂“帝”實即代表上帝之神尸。神尸舞於前，姜嫄尾隨其後，踐神尸之迹而舞，其事可樂，故曰“履帝武敏歆”，猶言與尸伴舞而心甚悦喜也。“攸介攸止”，介林義光讀爲愒，息也，至確。蓋舞畢而相携止息於幽閑之處，因而有孕也。《論衡·吉驗篇》：

> 后稷之時，履大人迹，或言衣帝嚳衣，坐息帝嚳之處，有妊。

---

① 原載昆明《中央日報·史學》第72期。據開明版《聞一多全集·神話與詩》編入本編。

② 原注:《史記·周本紀》“心忻然悦欲踐之”,《列女傳》一《棄母姜傳》“行見巨人迹，好而履之”,《吴越春秋》一“中心歡然喜其形象，因履而踐之”,《詩》鄭箋：“履其拇指之處，心體歆歆然。”

此説當有所本。帝嚳與衣，説并詳後，其云“坐息帝嚳之處”'，則與《詩》“攸介攸止”合，此可證息爲與帝同息，猶前此之舞亦與帝同舞也。

關於履迹事，漢人尚有一異説，亦可注意。《爾雅·釋訓》“履帝武敏”，《釋文》引舍人本敏作畝，注云：

> 古者姜嫄履天帝之迹於畎畝之中，而生后稷。

如舍人説，則“履帝武敏歆”爲“踐帝之迹於畎畝之中而欣喜”，於文略嫌晦澀，似仍不若以“武敏”爲連語，義較明暢。然畎畝與后稷之關係則至明顯，舍人此説，要亦不爲無因。竊意履迹確係在畎畝中，但不必破敏字爲畝耳。此可以時之沿革及形制證之。

《史記·封禪書》言“自禹興而修社祀，后稷稼穡，故有稷祠”，下即歷叙秦以來所作諸時，計有：

> 秦襄公作西時，祭白帝；
> 文公作鄜時，祭白（白當爲青，詳下）帝；
> 宣公作密時，祭青帝；
> 靈公作吴陽上時，祭黄帝，作下時，祭炎帝；
> 獻公作畦時，祭白帝；
> 漢高祖作北時，祭黑帝。

是時本社稷之變相，蓋稷出於社，時又出於稷也。《史記》又曰：

> 自未作鄜時也，而雍旁故有吴陽武時，雍東有好時，皆廢無祠。或曰自古以雍州積高，神明之隩，故立時郊上帝，諸神祠皆聚云。蓋黄帝時嘗用事，雖晚周時亦郊焉。其語不經見，搢紳者不道。

云“其語不經見，搢紳者不道”，是史公審慎處。實則時之起源甚早，了無可疑。既云“雖晚周時亦郊”，則武畤、好畤即周人所立。畤出於稷，本係周物，雍爲周地，故群畤聚焉，非以其積高爲神明隩故也。平王東遷，始封秦襄公爲諸侯，賜之岐以西地，襄公始國而作西畤。畤本周人郊天配后稷之處，秦未列侯前，不得郊天，即不得有畤。秦之有畤，以有周地而修周故事，猶後此漢代秦祚，復因秦故事以立畤也。雖然，秦立國後，郊天則可，立畤則不可。何以言之？漢人傳畦畤形“如種韭畦”[1]，然畤字從田，疑凡畤皆然，不但畦畤。“如種韭畦”即田疇之狀，周祖后稷教稼穡，故祭之之壇如此；秦雖郊天，不當以周人之祖配食，焉用爲壇如田疇之狀哉？晚周禮樂廢弛，立畤郊天，但存儀式，而意義全失，秦人不察，輒承其制，不爲典要矣。要之，畤本周人舊俗，周人郊天，以后稷配享，而后稷始教稼穡者，故祭之之處，設畤以象田疇焉。漢人所傳秦畤畦畤在人先祠下[2]，秦承周制，是周諸畤所在之祠宜亦有“人先”之名。壇狀如田疇而祠名“人先”，非后稷而誰？故曰畤出於稷也。如周人郊天配稷，以畤爲壇，則舍人説“履帝武敏”爲“履天帝之迹於畎畝之中”，果不爲無因，而余所疑履迹爲祭禮中一種象徵的舞蹈，其所象者殆亦即耕種之事矣。古耕以足踏耜，其更早無耜時，當直以足踐土，所謂畯是也。《公羊傳》宣六年注：“以足蹋曰踆。”《續漢書・郡國志》注引《博物志》：“東陽縣多麋，十千爲群，掘食草根，其處成泥，名曰麋畯。”畯之言踆也，以足踐而耕之曰畯，麋畯猶言麋耕耳。履帝迹於畎畝中，蓋即象徵畯田之舞，帝（神尸）導於前，姜嫄從後，相與踐踏於畎畝之中，以象耕田也。

周祖后稷，字當作畟，稷乃穀之類名。《説文》：“畟，治稼畟畟進也。”畟當從田從夋省，畟畯一聲之轉，本爲一字。周人稱其田神曰田畯，實即后稷也。傳言棄爲帝嚳子，帝嚳者一曰帝俊，俊亦與畯同。古

---

[1][2] 原注：《史記・封禪書》“獻公……作畦畤櫟陽而祀白帝”，集解引晋灼曰：“漢注，在隴西西縣人先祠下，形如神韭畦，畦各一土封。”索隱引《漢舊儀》：“祭人先於隴西西縣人先山，山上皆有土人，山下有畤，如神韭畦，畤中各有二土封，故云畦畤。”

周字從田，而周疇音復同，周蓋即田疇本字。天神曰俊，田神曰畯，先祖曰后稷，氏曰有周，義皆一貫，然則郊祀而有象耕之舞，又何疑哉？

《論衡》云“衣帝嚳衣”，帝嚳即帝俊，爲周人之上帝，説已詳上。衣者，《周頌·絲衣》序：“《絲衣》繹賓尸也，高子曰靈星之尸也。”《通典》禮四引劉向《五經通義》：“靈星爲立尸，故曰：‘絲衣其紑，會弁俅俅。’傳言王者祭靈星，公尸所服之衣也。”説者謂高子即《孟子》所載論《小弁》詩之高子，是其人生於戰國，而靈星亦當爲周時祀典，故《論衡·明雩篇》曰：“今有靈星，古昔之禮也。”《史記·封禪書》曰：

> 漢興八年，或曰周興而邑邰，立后稷之祠，至今血食天下，於是高祖制詔御史，其令郡國縣立靈星祠，當以歲時祠以牛。

《續漢書·禮儀志》曰：“言祠后稷而謂之靈星者，以后稷又配食靈星也。”是靈星亦周郊祀之異名。祠靈星，公尸衣絲衣，載會弁，以象天帝，是姜嫄衣帝嚳衣，即衣尸衣，衣尸衣而坐息於尸處，蓋即“攸介攸止”時行夫婦事之象徵，此或據晚世之制言之，其事雖與古異，其意則同也。

以上專就《生民》詩爲説。詩所紀既爲祭時所奏之象徵舞，則其間情節，去其本事之真相已遠，自不待言。以意逆之，當時實情，祇是耕時與人野合而有身，後人諱言野合，則曰履人之迹，更欲神異其事，乃曰履帝迹耳。

“履帝武敏”之解釋，既如上述，請進而論此事與姬姓之關係。

《左傳》隱八年衆仲曰：“天子建德，因生以賜姓，胙之土而命之氏。”此釋姓氏二字之義最晰。考氏即古地字，如云“有周氏”即保有周地之人，故曰“胙之土而命之氏”；姓生一字，某姓即某所生，故曰“因生以賜姓”。傳説修已吞薏苡而生禹，故禹爲姒姓，簡狄吞燕卵而生契，故契爲子姓，姜嫄履大人迹而生棄，故棄爲姬姓。苡姒例爲同字，姒姓者猶言苡所生也，卵一曰子[①]，子姓者猶言卵所生也，此皆易曉。獨迹姬字形字義，了不相涉，履大人迹而姬姓，其故難詳，故王充疑其非實。其言曰：

> 失道之意，還反其字。蒼頡作書，與事相連。姜嫄履大人迹，迹者基也，姓當爲“其”下“土”，乃其“女”旁“𦣞”，非基迹之字，不合本事，疑非實也。(《論衡·奇怪篇》)

案王説非是。姬字從𦣞，𦣞古頤字，顎骨也。古語𦣞齒通稱（詳《説𦣞》），齒從止聲，故𦣞聲字或變從止。（一）《爾雅·釋草》“蘄茝，蘪蕪”，樊光本茝作芷。《禮記·内則》“婦或賜之茝蘭”，《釋文》本茝又作芷，《名醫别録》“白芷一名白茝”。（二）《玉篇》嶌亦賾字。案《易·繫辭上傳》“聖人有以見天下之賾”，依文義，賾當爲蹟，從足與從止同。（三）《字彙補》有𪗋字，音義與賾同，當即賾之别構。《隸釋》漢碑頤作頙，從正亦與從止同。以上列三事例之，則姬亦可作𡚱。漢碑姬作姃，從正與從止同，是其確證。止爲趾本字，古通稱足爲止，足迹亦爲止。姬從𦣞猶從止，是姬姓猶言足迹所生矣。王氏拘於字形，不知求之於聲，因疑乎周初以來所不以爲疑者，而斥爲“不合本事”，不亦誣乎？且王氏知迹訓基，而不知姬基音同，音同則義同，故姬亦可訓基。《廣雅·釋言》：“姬，基也。”《史記·三代世家》褚先生曰：“姬者，本也。”本亦基也。王氏訓詁遜褚、張輩遠遠矣[②]。又《説文》巸

① 原注：《白虎通·姓名篇》引《尚書·刑德放》“殷姓子氏，祖以玄鳥子生也”，《史記·五帝紀》索隱引《禮緯》“契姓子氏者，亦以其母吞乙子而生”（各本子生二字互倒，從《殷本紀正義》引乙正），《月令》疏引《鄭志》焦喬答王權“娀簡吞鳳子之後，後王〔以〕（從段玉裁補）爲媒官嘉祥”。凡此稱子猶他書稱卵也。今俗語猶曰鷄子魚子。

② 原注：《字典》引《同文備考》“𡚦古姬字”，不知出何書。案《説文》“丌，下基也”，丌實基之本字。姬一作𡚦，此褚、張説之佳證。

古文作阯[1]，《書·顧命》“夾兩階阯”，《西京賦》“金階玉阯”，阯即基字。《公羊傳》莊十三年注“土基三尺土階三等曰壇”，階阯即階基。墻之基阯謂之𨸏，齒之基止謂之𦣞，足所基止處謂之𧾕，其義一也。𦣞蹟一字，説具上文，而蹟於許書又爲迹之重文，然則謂“姬之爲言𦣞也，𦣞蹟迹一字，故履迹而生即得姬姓”，亦無不可。王氏必執女旁姬之字與迹無涉，豈其然乎？

復考舊傳古帝王感生之事，由於履迹者，后稷而外，惟有伏羲。

> 《御覽》七八引《孝經鈎命决》：“華胥履迹，怪生皇犧。”
>
> 同上引《詩含神霧》：“大迹出雷澤，華胥履之，生宓犧。”
>
> 《山海經·海内東經》引《河圖》：“大迹出（各本誤在）雷澤，華胥履之而生伏羲。”
>
> 《潛夫論·五德志篇》：“大人迹出雷澤，華胥履之，生伏羲。”

余嘗疑伏羲爲犬戎之祖，犬戎與周或本同族，故傳言伏羲畫八卦，文王演之，而《易》稱《周易》。今復得此證，益信前説之不謬。《樂記》疏引《孝經鈎命决》曰：

> 伏羲樂爲立基。

立大古字通，基者迹也，立基即大迹耳。立基爲伏羲樂名，正“履帝武敏”爲舞之比。《封禪書》“秦宣公作密畤於渭南，祭青帝”，伏羲字或作宓若虙，密宓虙一字，密畤即伏羲之畤，故曰青帝也。《封禪書》又曰：“德公……用三百牢於鄜畤，作伏祠，磔狗邑四門以禦蠱菑。”鄜伏音近，鄜畤亦伏羲之畤，伏祠即伏羲之祠，因知上文云文公作鄜畤，祭白帝，白實青之誤。伏字從犬，伏羲、盤古、槃瓠本一人，傳説槃瓠

① 原注：𦣞户金文二形相近，阯實𨸏之形誤。許以阯爲古文，清儒復疑從户爲石之訛，皆非。

爲犬，與此祭伏祠，磔狗以禦蠱菑亦合。蓋平王受逼於犬戎而東遷，秦襄公逐犬戎，收周故地，因受封焉，秦立伏羲之時，因犬戎之神而祭之也。伏羲履迹而生，后稷亦履迹而生，事爲同例，然則秦因犬戎之俗祭伏羲於時，亦周祭后稷於時之比矣[①]。

廿九年一月九日，晋寧

【附注一】

《續漢書·祭祀志》："漢興八年，有言周興而邑部，立后稷之祀，於是高帝令天下立靈星祠，以后稷配食，舊説星謂天田星也，一曰龍左角爲天田官，主穀，祀用壬辰位祠之，舞者用童男十六人，舞者象教田，初爲芟除，次耕種耘耨：驅爵，及穫刈舂簸之形，象其功也。"

【附注二】

或疑嚳爲殷人之上帝，周、殷異族不當同帝。案殷、周二族最初是否同源，尚爲懸案，以見存文獻論之，嚳本似漢族稱天帝之公名，書傳嚳、舜、俊三名互出通稱，爲今世學者公認之事實，故案實論之，同之中恐仍當有異。在殷稱嚳，在陳稱舜，在周稱俊，殷、周、陳蓋異出同源之三族也。惟其同源，故嚳、舜、俊有時而混稱。就中陳、周關係似尤密。陳出於舜，舜爲黄帝後，黄帝姬姓也，此其一。陳本稱田，古周字亦從田，是陳周古同字，此其二。舜、俊音近，舜從舛，夋從夊，又皆爲足形，舜俊恐亦本係一字。陳與周同，舜與俊同，在陳稱舜，則在周當稱俊矣。周之田神曰田畯，俊即畯矣。字變作舜，故傳説舜耕於歷山，又云象爲舜耕。（踆畯爲耕田之法，説已詳上。）

① 原注：關於伏羲與犬戎，犬戎與周之淵源，余將別爲文論之，本篇姑發其凡，不能詳也。

伏羲考[1]

一　引論

伏羲與女媧的名字，都是戰國時纔開始出現於記載中的。伏羲見於《易·繫辭下傳》，《管子·封禪篇》《輕重戊篇》，《莊子·人間世篇》《大宗師篇》《胠篋篇》《繕性篇》《田子方篇》，《尸子·君治篇》，《荀子·成相篇》，《楚辭·大招》，《戰國策·趙策》二。女媧見於《楚辭·天問》《禮記·明堂位篇》《山海經·大荒西經》，但後二者衹能算作漢代的典籍，雖則其中容有先秦的材料。二名并稱者則始見於《淮南子·覽冥篇》，也是漢代的書。關於二人的親屬關係，有種種說法。最無理由，然而截至最近以前最爲學者們樂於擁護的一說，便是兄弟說。《世本·姓氏篇》曰：

> 女氏：天皇封弟㛂於汝水之陽，後爲天子，因稱女皇。

此說之出於學者們的有意歪曲事實，不待證明。羅泌《路史·後紀》二和梁玉繩《漢書人表考》中的論調，不啻坦白的供認了他們所以不能不如此歪曲的苦衷，所以關於這一說，我們没有再去根究的必要。此外，較早而又確能代表傳說真相的一說，是兄妹說。《路史·後紀》二注引《風俗通》曰：

---

① 據開明版《聞一多全集·神話與詩》編入本編。其中《從人首蛇身像談到龍與圖騰》一節，最初載《人文科學學報》。

女媧，伏希（羲）之妹。

《通志·三皇考》引《春秋世譜》,《廣韻》十三佳,《路史·後紀》二，馬縞《中華古今注》等説同。次之是夫婦説。《唐書·樂志》載張説唐《享太廟樂章·鈞天舞》曰：

合位媧后，同稱伏羲。

據《樂志》,《鈞天舞》是高宗時所用的樂章。這裏以伏羲、女媧比高宗武后，正表示他們二人的夫婦關係。稍後盧仝《與馬異結交詩》説得更明顯：

女媧本是伏羲婦。

此後同類的記載有宋人僞撰的《三墳書》，元杜道堅《玄經原旨發揮》，和一些通俗小説之類。夫婦説見於記載最晚，因此在學者心目中也最可懷疑。直至近世，一些畫象被發現與研究後，這説纔稍得確定。這些圖象均作人首蛇身的男女二人兩尾相交之狀，據清代及近代中外諸考古學者的考證，確即伏羲、女媧，兩尾相交正是夫婦的象徵。但是，依文明社會的倫理觀念，既是夫婦，就不能是兄妹，而且文獻中關於二人的記載，説他們是夫婦的，也從未同時説是兄妹，所以二人究竟是兄妹，或是夫婦，在舊式學者的觀念裏，還是一個可以争辯的問題。直至最近，人類學報告了一個驚人的消息，説在許多邊疆和鄰近民族的傳説中，伏羲、女媧原是以兄妹爲夫婦的一對人類的始祖，於是上面所謂可以争辯的問題，纔因根本失却争辯價值而告解決了。總之，“兄妹配偶”是伏羲、女媧傳説的最基本的輪廓，而這輪廓在文獻中早被拆毁，它的復原是靠新興的考古學，尤其是人類學的努力纔得完成的。現在將這兩方面關於這題目的貢獻略加介紹如下：

關於伏羲、女媧，考古學曾發現過些石刻和絹畫兩類的圖象。屬於石刻類者有五種。

武梁祠石室畫象第一石第二層第一圖（參觀附圖）
同上左右室第四石各圖（參觀附圖）
東漢石刻畫象（參觀附圖）
山東魚臺西塞里伏羲陵前石刻畫象
蘭山古墓石柱刻象（以上二種均馬邦玉《漢碑録文》所述）

東漢武梁祠石室畫象之一（仿錢唐黄氏摹刻唐搨本。原圖左柱有隸書“伏戲倉精初造王業畫卦結繩以理海内”十六字，此未摹出）

東漢武梁祠石室畫象之二（仿《東洋文史大系·古代支那及印度》第一三七頁插圖）

東漢石刻（仿同上《東洋文史大系》第一七一頁插圖）

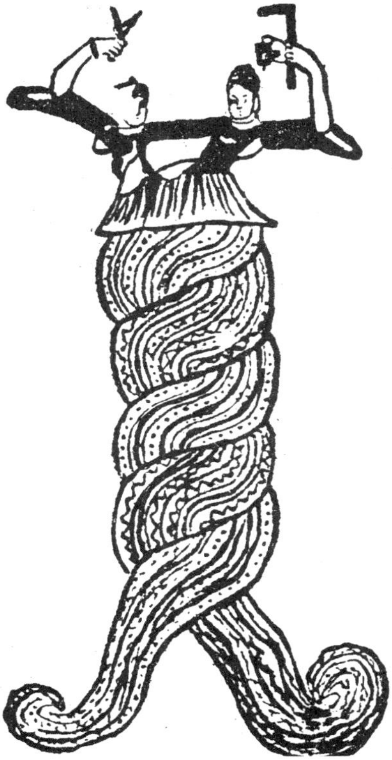

隋高昌故址阿斯塔那（Astana）墓室彩色絹畫［仿史坦因（Aurel Stein）《亞洲腹地考古記》（Inner most Asia）圖 C ix］

重慶沙坪壩石棺前額畫象（仿常任俠《沙坪壩出土之石棺畫象研究》插圖。《時事新報》渝版《學燈》第四十一期）

《洞神八帝妙精經》畫象。（左）後天皇君，人面蛇身，姓風，名庖羲，號太昊。（右）後地皇君，人面蛇身，姓雲，名女媧，號女皇。（仿《道藏·洞神部·洞神八帝妙精經》插圖）

新鄭出土罍腹上部花紋（仿《新鄭彝器》第八十八頁）

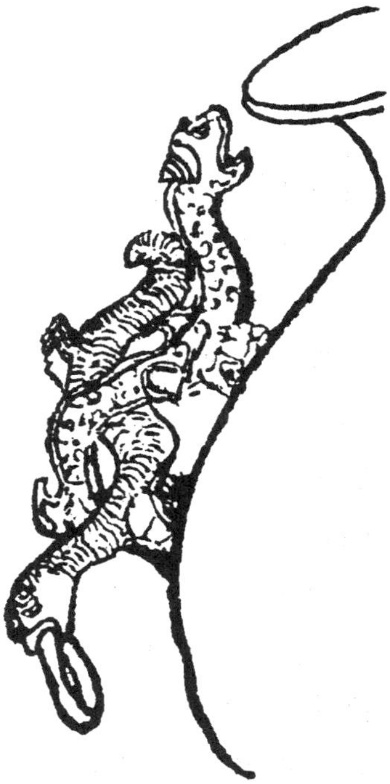

同上環鼻（仿《鄭冢古器圖考》卷五，
頁二十，第二十四圖）

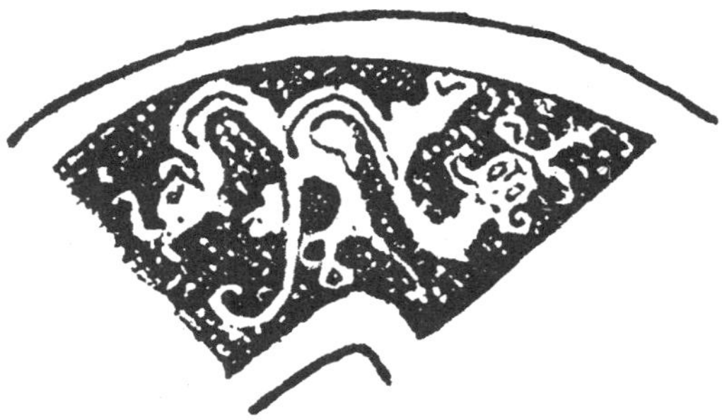

鐸舞花紋［仿葉慈（W. Parceval Yetts）《卡爾中國銅器》
（The Cull Chinese Bronzes）圖 21］

兵古器花紋
（仿《鄴中片羽》卷下第四頁）

屬於絹畫類者有二種。

隋高昌故址阿斯塔那（Astana）墓室彩色絹畫（史坦因得）（參觀附圖）

吐魯番古塚出土彩色絹畫（黄文弼得）

中以武梁祠畫象尤其著名，諸家考釋亦皆以此爲根據。其中討論得比較詳細的，計有瞿中溶《武梁祠堂畫象考》，馬邦玉《漢碑録文》，容庚《武梁祠畫象考釋》。“伏羲、倉精”之語，既明見於畫象的題識，則二人中之一人爲伏羲，自不成問題，因而諸家考釋的重心大都皆在證明其另一人爲女媧。他們所用的證據，最主要的是諸書所屢見提到的伏羲、女媧人首龍身（或蛇身）之説，與畫象正合。總之，考古家對本題的貢獻，是由確定圖中另一人爲伏羲的配偶女媧，因而證實了二人的夫婦關係。

人類學可供給我們的材料，似乎是無限度的。我并不曾有計劃的收集這些材料。目前我所有的材料僅僅是兩篇可説偶爾闖進我視綫來的文章。

1. 芮逸夫：《苗族的洪水故事與伏義女媧的傳説》（中央研究院歷史語言研究所《人類學集刊》第一卷第一期）

2. 常任俠：《沙坪壩出土之石棺畫象研究》（《時事新報》渝版《學燈》第四十一、四十二期，又《説文月刊》第一卷第十、十一期合刊）

前者搜羅材料，範圍甚廣。記録着芮氏自己所采集和轉引中外書籍裏的洪水故事，凡二十餘則，是研究伏羲、女媧必不可少的材料。後者論材料的數量，雖遠非前者之比，論其性質，却也相當重要。所載傜族洪水故事，和漢譯苗文《盤王歌》一部分，也極有用。現在合并二文所記，依地理分布，由近而遠，列號標目如下：

1. 湘西鳳凰苗人吴文祥述洪水故事（芮文——《人類學集刊》一卷一期 156—158 頁）

2. 湘西鳳凰苗人吴佐良述洪水故事（同上 158—160 頁）

3. 湘西鳳凰苗人《儺公儺母歌》（同上 160—161 頁）

4. 湘西乾城苗人《儺神起源歌》（同上 161—163 頁）

5. 葛維漢（D.C.Graham）述川南苗人洪水故事（同上 174 頁）

6. 貴州貴陽南部鴉雀苗洪水故事［同上 174 頁引克拉克（Samuel R.Clarke）《中國西南夷地旅居記》（Among the Tribes in South-west China）pp.54—55］

7. 貴州安順青苗故事（同上 169—170 頁引鳥居龍藏《苗族調查報告》——國立編譯館本 49 頁）

8. 同上又一故事（同上 170 頁引前書 48 頁）

9. 苗人洪水故事［同上 170—171 頁引薩費那（F.M.Savina）《苗族史》（Histoire des Miao）pp.245—246］

10. 黑苗《洪水歌》本事（同上 173—174 頁引克拉克《中國西南夷地旅居記》pp.43-46）

11. 赫微特（H.J.Hewitt）述花苗洪水故事（同上 171—173 頁引前書 pp.50—54）

12. 廣西融縣羅城傜人洪水故事（常文——《説文月刊》一卷十、十一期合刊 714—715 頁）

13. 廣西武宣修仁傜人洪水故事（同上 717 頁）

14. 漢譯苗文《盤王歌書葫蘆曉歌》（同上 715—716 頁）

15. 雲南倮儸洪水故事［芮文——《人類學集刊》一卷一期 189 頁引維亞爾（Paul Vial）《倮儸族》（Les Lolos）pp.8—9］

16. 雲南耿馬大平石頭寨栗粟人洪水故事（同上 189 頁）

17. 雲南耿馬蚌隆寨老亢人洪水故事（同上 189 頁）

18. 拉崇幾哀（Lunnet de Lajonguiere）記法領東京蠻族（Man）洪水故事（同上 190 頁引薩維那《苗族史》P.105）

19. 交趾支那巴那族（Ba–hnars）洪水故事［同上引蓋拉希（Guerlach）《巴那蠻族的生活與迷信》（Moeuts et sperstitions de Souvages Ba–hnars，Les Mission Catholigue xix）p.479］

20. 印度中部比爾族（Bhils）洪水故事［同上 190 頁引魯阿特（C.E.Luard）《馬爾瓦森林部族》（The Iungles Tribes of Malwa）p.17］

21. 印度中部坎馬爾族（Kammars）洪水故事［同上 190—191 頁引羅塞爾（R.V.Russell）《印度中部的土族與社會階級》（Tribes and Casts of the Central Provinces of India）iii pp.326—327］

22. 北婆羅洲配甘族（Pagans）洪水故事［同上 190 頁引勃特（Owen Butter）《北婆羅洲的配甘族》（The pagans of the North Borneo）pp.248—249］

23. 同上又一故事（同上 190 頁引前書同頁）

24. 海南島加釵峒黎人洪水故事（同上 189 頁引劉咸《海南島黎人文身之研究》——《民族學研究集刊》一期 201 頁）

25. 臺灣島阿眉族（Ami）三洪水故事［同上 189—190 頁引石井信次（Shin ji Ishii）《臺灣島及其原始住民》（The Island of Formosa and its Primitive Inhabitants）p.13］

以上這些故事，記載得雖有詳有略，但其中心母題總是洪水來時，祇兄妹（或姊弟）二人得救，後結爲夫婦，遂爲人類的始祖。3、12，兄名皆作伏羲，13 作伏儀，也即伏羲。18 兄名 Phu–Hay，妹名 Phu–Hay–Mui，顯即伏羲與伏羲妹的譯音。6 兄名 Bu–i，據調查人克拉克氏説，用漢語則曰 Fu–hsi，也是伏羲的譯音。同故事中的妹曰 Kueh，芮氏以爲即媧的對音，那也是可信的。除上述兄妹的名字與伏羲、女媧的名字相合外，芮氏又指出了故事中（一）創造人類與（二）洪水二點，也與文獻中的伏羲、女媧傳説相合。這來故事中的兄妹即漢籍中的伏羲、女媧，便可完全肯定了。但人類學對這問題的貢獻，不僅是因那些故事的發現，而使文獻中有關二人的傳説得了印證，最要緊的還是以前七零八落的傳説或傳説的痕迹，現在可以連貫成一個完整的有機體了。從前是兄妹，是夫婦，是人類的創造，是洪水等等隔離的，有時還是矛盾的個別事件，現在則是一個整個兄妹配偶兼洪水遺民型的人類推源故事。從傳統觀念看來，這件事太新奇，太有趣了。

以上介紹的芮、常二文，芮文以洪水遺民故事爲重心，而旁及於人首蛇身畫象，常文則以人首蛇身畫象爲主題，而附論及洪水遺民故事。前者的立場是人類學的，後者是考古學的。而前者論列的尤其精細，創見亦較多。本文的材料既多數根據於二文，則在性質上亦可視爲二文的繼續。不過作者於神話有癖好，而對於廣義的語言學（Philology）與歷史興味也濃，故本文若有立場，其立場顯與二家不同。就這觀點説，則本文又可視爲對二文的一種補充。總之，二君都是我的先導，這是我應該聲明的。

二　從人首蛇身像談到龍與圖騰

1. 人首蛇身神

人首蛇身像實有二種。一種是單人像，可用上名。一種是雙人像，可稱爲人首蛇身交尾像。後者在我們研究的範圍裏尤其重要。目前我們所知道的交尾像計有七件，如前所列。今就畫象的質地分爲二類，一是石刻類，二是絹畫類。畫象中的人物即伏羲、女媧夫婦二人，早有定論。但那人首蛇身式的超自然的形體，究竟代表着一種什麽意義？它的起源與流變又如何？這些似乎從未被探討過的問題，正是本文所要試求解答的。

文獻中關於伏羲、女媧蛇身的明文記載，至早不能超過東漢。

王逸《楚辭·天問》注："女媧人頭蛇身。"

王延壽《魯靈光殿賦》："伏羲鱗身，女媧蛇軀。"

曹植《女媧畫贊》："或云二皇，人首蛇形。"

僞《列子·黄帝篇》："庖犧氏，女媧氏……蛇身人面。"

《帝王世紀》："庖犧氏……蛇身人首。""女媧氏……亦蛇身人首。"(《類聚》二引)

《拾遺記》："又見一神，蛇身人面……示禹八卦之圖，列於金版之上。……蛇身之神，即羲皇也。"

《玄中記》："伏羲龍身，女媧蛇軀。"(《文選·魯靈光殿賦》注引)

不過《魯靈光殿賦》雖是東漢的作品，所描寫的則確乎是西漢的遺物。

靈光殿是魯恭王餘（前一五四——一二七）的建築物。賦中所描寫的是殿内類似武梁祠刻石的壁畫。從恭王餘到王延壽約三百年間，殿宇可以幾經修葺，壁外層的彩色可以幾經刷新，但那基本部分的石刻是不會有變動的。人首蛇身的伏羲、女媧象，在西漢初期既已成爲建築裝飾的題材，則其傳説淵源之古，可想而知。有了這種保證，我們不妨再向稍早的文獻中探探它的消息。

《山海經·海内經》曰：

南方……有人曰苗民。有神焉，人首蛇身，長如轅，左右有首，衣紫衣，冠旃冠，名曰延維。人主得而饗之，伯天下。

郭璞注説延維即《莊子》所謂委蛇，是對的。委蛇的故事見於《莊子·達生篇》：

> 桓公田於澤，管仲御，見鬼焉。公撫管仲之手曰："仲父何見？"對曰："臣無所見。"公反，誒詒爲病，數日不出。
>
> 齊士有皇子告敖者曰："公則自傷，鬼則惡能傷公？……"
>
> 桓公曰："然則有鬼乎？"曰："有。沈（湛，《釋文》：水污泥也）有履，竈有髻。户内之煩壤，雷霆處之。東北方之下者，倍阿鮭蠪躍之。西北方之下者，則泆陽處之。水有罔象，丘有莘，山有夔，野有彷徨，澤有委蛇。"公曰："請問委蛇之狀何如？"皇子曰："委蛇，其大如轂，其長如轅，紫衣而朱冠。其爲物也惡雷[1]，聞雷車之聲，則捧其首而立。見之者殆乎霸。"桓公輾然而笑曰："此寡人之所見者也。"於是正衣冠與之坐，不終日而不知病之去也。

關於"左右有首"，也許需要一點解釋。《山海經》等書裏凡講到左右有首，或前後有首，或一身二首的生物時，實有雌雄交配狀態之誤解或曲解。（正看爲前後有首，側看爲左右有首，混言之則爲一身二首。詳下。）綜合以上《山海經》和《莊子》二記載，就神的形貌說，那人首蛇身，左右有首，和紫衣旃冠三點，可說完全與畫象所表現的相合。然而我們相信延維或委蛇，即伏羲、女媧，其理尚不祗此。（一）相傳伏羲本是"爲百王先首"的帝王，故饗之或見之者可以霸天下。（二）上揭洪水故事 1、2、3、4、12、13、18，都以雷神爲代表惡勢力的魔王，他與兄妹的父親（即老伏羲）結了仇怨，時時企圖着傷害老伏羲，最後竟發動洪水，幾乎將全人類滅絶。這來，伏羲怕雷不是很自然的麽？所以在《莊子》裏，委蛇"聞雷車之聲，則捧其首而立"，是不爲無因的。最後，也最重要的，是（三）那以伏羲、女媧爲中心的洪水遺民故事，本在苗族中流傳最盛，因此芮氏疑心它即起源於該族。依芮氏的意想，伏羲、女媧本當是苗族的祖神。現在我既考定了所謂"延維"或"委

① 原注：原脱此雷字，今依文義補。

蛇”者即伏羲、女媧，而《山海經》却明説他們是南方苗民之神。這與芮氏的推測，不完全相合了嗎?

《海内經》據説是《山海經》裏最晚出的一部分，甚至有晚到東漢的嫌疑。但傳説同時又見於《莊子·達生篇》。屬於《莊子·外篇》的《達生篇》，想來再晚也不能晚過西漢，早則自然可以到戰國末年。總觀上揭所有的人首蛇身神的圖象與文字記載，考其年代，大致上起戰國末葉，下至魏晋之間。這是一個極有趣的現象，因爲那也正是古帝王的伏羲、女媧傳説在史乘中最活躍的時期。最初提到伏羲或伏羲氏的典籍，是《易經》(《繫辭下傳》)、《管子》(《封禪篇》《輕重戊篇》)、《莊子》(《人間世篇》《大宗師篇》《胠篋篇》《繕性篇》《田子方篇》)、《尸子》(《君治篇》，又《北堂書鈔》一五三引佚文)、《荀子》(《成相篇》)、《楚辭》(《大招》)、《戰國策》(《趙策》二)。女媧則始見於《楚辭》(《天問》)和《禮記》(《明堂位篇》)、《山海經》(《大荒西經》)。二人名字并見的例，則始於《淮南子》(《覽冥篇》)。他們在同書裏又被稱爲二神(《精神篇》)，或二皇(《原道篇》《繆稱篇》)。不久，在緯書中(《尚書中候》《春秋元命苞》及《運斗樞》)，我們便開始看見他們被列爲三皇中之首二皇。大概從西漢末到東漢末是伏羲、女媧在史乘上最煊赫的時期。到三國時徐整的《三五歷記》，盤古傳説開始出現，伏羲的地位便開始低落了。所以我們擬定魏晋之間爲這個傳説終止活躍的年代。史乘上伏羲、女媧傳説最活躍的時期，也就是人首蛇身神的畫象與記載出現的時期，這現象也暗示着人首蛇身神即伏羲、女媧的極大可能性。

因左右有首的人首蛇身神而産生的二首人的傳説，也是在這個時期中發現的。

> 睽孤，見豕負塗，厥妖人生兩頭。(京房《易傳》)
>
> 平帝元始元年……六月，長安女子生兒，兩頭異頸，面相鄉，四臂共匈，俱前鄉。……(《漢書·五行志》下之上)

> 蒙雙民。昔高陽氏有同産而爲夫婦，帝放之此野，相抱而死。神鳥以不死草覆之，七年男女皆活，同頸二頭四手。是爲蒙雙民。（《博物志》二）

最後一故事説“同産而爲夫婦”，與伏羲、女媧以兄妹爲夫婦尤其類似。看來，不但人首蛇身象的流傳很早，連兄妹配偶型的洪水故事，在漢族中恐怕也早就有了。

2. 二龍傳説

揣想起來，在半人半獸型的人首蛇身神以前，必有一個全獸型的蛇神的階段。《鄭語》載史伯引《訓語》説：

> 夏之衰也，褒人之神化爲二龍，以同於王庭，而言曰：“余，褒之二君也。”夏后卜殺之，與去之，與止之，莫吉。卜請其漦而藏之，吉。乃布幣焉，而策告之。龍亡而漦在，櫝而藏之，傳郊之，般周莫之發也。及厲王之末，發而觀之，漦流於庭，不可除也。王使婦人不幃而譟之，化爲玄黿。

“同”即交合之謂。《海内經》：“伯陵同吴權之妻阿女緣婦。”郭注曰“同猶通淫之也”，《急就篇》亦有“沐浴揃搣寡合同”之語。“二龍同於王庭”使我們聯想起那“左右有首”的人首蛇身交尾象。

“二君”韋注曰“二先君”，《史記·周本紀》集解引虞翻曰“龍自號褒之二先君也”。由二龍爲“同於王庭”的雌雄二龍推之，所謂“二君”自然是夫婦二人。夫婦二人有着共同爲人“先君”的資格，并且是龍的化身，這太像伏羲、女媧了。伏羲本一作包羲，包褒同音，説不定伏羲氏與褒國果然有着極其密切的關係。至少我們以這二龍之神，與那人首蛇身的二神，來代表一種傳説在演變過程上的前後二階段，是毫不牽强的。

在現存的文獻中，像《鄭語》所載的那樣完整的故事，那樣完好的保存着二龍傳説的原型，不用説，是不易找到第二個的。不過關於這傳説的零星的“一鱗半爪”，祇要我們肯留心，却幾乎到處都是。現在我們略舉數例如下。

（一）交龍

> 交龍爲旂。（《周禮·司常》）
> 昔黄帝駕象車，交龍畢方并轄。（《風俗通·聲音篇》）
> 錦有大交龍，小交龍。（《鄴中記》）

什麽是交龍？鄭玄注《周禮·司常》“諸侯建旂”曰：“諸侯晝交龍，一象其升朝，一象其下復也。”“升朝”“下復”的解釋很可笑，但注文的意思，以爲交龍是兩龍相交，一首向上，一首向下，却不錯。他注《覲禮記》“天子載大旂，象日月，升龍降龍”曰：“大旂，大常也。王建大常，縿首晝日月，其下及旒交晝升龍降龍。”所謂“交晝升龍降龍”，正是兩龍相交，一首向上，一首向下之狀。《釋名·釋兵》曰：“交龍爲旂。旂，倚也，晝作兩龍相依倚。”劉熙的解釋與鄭玄略異，但以交龍爲兩條龍，則與鄭同。

所謂交龍者既是二龍相交的圖象，而繪着這種圖象的旂又是天子諸侯的標識，則交龍與那“同於王庭”的褒之二龍是同一性質的東西，可無疑問了。《漢書·高帝紀》上説：

> 母劉媪，嘗息大澤之陂，夢與神遇。是時雷電晦冥。父太公往視，則見交[1]龍於上。已而有娠，遂産高祖。

① 原注：《史記》作“蛟”，誤。説詳下注。

這交龍也是指相交的雌雄二龍——雄龍神，雌龍劉媪[1]。代表神與劉媪的二龍，與代表褒之二君的二龍，仍然是同一性質的東西。我們在上文已經指出伏羲、女媧與褒之二君的類似處，再看《路史·後紀》一注引《寶櫝記》：

帝女游於華胥之淵，感蚍而孕，十三年生庖犧。

這和"赤龍感女媪"（《太平御覽》八七引《詩含神霧》）而生劉邦的故事，又何其相似！

（二）螣蛇　古書有所謂"螣蛇"者，或作"騰蛇"。

飛龍乘雲，騰蛇游霧。（《韓非子·難勢篇》引《慎子》）
螣蛇無足而飛。（《荀子·勸學篇》）
螣蛇伏地，鳳皇覆上。（《韓非子·十過篇》）
騰蛇游霧而殆於蝍蛆。（《淮南子·説林篇》）
騰蛇游於霧露，乘於風雨而行，非千里不止。（《説苑·雜言篇》）

許慎説螣是一種神蛇，郭璞説它是龍類。看它"能興雲霧而游其中"（《爾雅》郭注），又有鱗甲（《後漢書》注引《爾雅》舊注），説它是屬於龍類的一種神蛇，是可信的。《漢書·天文志》"權，軒轅，黄龍體"，注引孟康曰："形如騰龍。"如果這所謂騰龍即騰蛇，則螣蛇之爲龍類，更無問題了。但螣字的含義，似乎從未被説明過。我們則以爲螣蛇之"螣"與交龍之"交"的意義一樣。"螣"從"朕"聲。"朕"聲字多有

① 原注：下文説高祖"醉卧，武負王媪見其上常有龍"。高祖自己是龍，他母親也當是龍。《正義》引《陳留風俗傳》曰："沛公起兵野戰，喪皇妣於黄鄉，天下平定，使使者以梓宫招幽魂，於是丹蛇在水，自灑躍入梓宫。"可證劉媪也原是龍。這裏劉媪一龍，神一龍，正是二龍。

“二”義，最明顯的，如“滕”（從朕省聲）訓雙（《方言》二），“賸”訓二（《廣雅·釋詁》四），“塍”訓儋兩頭有物（《方言》七郭注），皆是。引申起來，物相增加則謂之“賸”（《説文》），牝牡相交謂之“騰”。相交與相加之義極近。《月令》：“乃合累牛騰馬，游牝於牧。”鄭注曰：“累騰皆乘匹之名。”“乘匹”即《周禮·牧師》“仲春通淫”及《校人》“春執駒”之謂，故鄭注《校人》曰：“春通淫之時，駒弱，爲其乘匹傷之也。”螣蛇之“螣”本一作“騰”，“螣蛇”的本義應是“乘匹之蛇”。《淮南子·泰族篇》曰：

騰蛇雄鳴於上風，雌鳴於下風，而化成形，精之至也。

劉勰《新論·類感篇》作“螣”①。“雄鳴於上風，雌鳴於下風，而化成形”，正是由二蛇相交的觀念演化出來的一種傳説。螣蛇又名奔蛇，見《淮南子·覽冥篇》高注，及《爾雅·釋魚》郭注。“奔”亦有乘匹之義。《鄘風·鶉之奔奔篇》“鶉之奔奔，鵲之彊彊。”《釋文》引《韓詩》曰：“奔奔彊彊，乘匹之貌。”《左傳》襄二十七年，伯有賦《鶉之賁賁》，趙孟斥之爲“床笫之言”，可作韓義的佳證。螣蛇又名奔蛇，而“螣”（騰）“奔”皆訓乘匹，可見“螣蛇”的本義確與上文所解説的交龍一樣。并且“螣”之言“縢”也，“交”之言“絞”也，若舍用而言體，則螣蛇亦可謂之縢蛇，交龍亦可謂之絞龍。“縢”“纏”一聲之轉，《雜記》疏曰：“〔繩〕兩股相交謂之絞。”“纏”與“絞”同義，正如“螣”（騰）與“交”同義一樣。又《方言》五“槌，其横關西曰㮰”，郭注曰：“亦名校。”錢繹箋疏曰：“栚（㮰）亦名校者，猶機持會者謂之交也。《説文》：‘複，機持會者。’又魯季敬姜説織曰：‘持交而不失，出入不絶者棞也。’持交即持會也。”螣蛇一名交龍，與㮰

① 原注：《莊子·天運篇》作“蟲雄鳴於上風，雌鳴於下風而風化”。蟲即螣之聲轉。螣從朕聲，侵部，蟲冬部，二部古音最近，故章炳麟合爲一部。《韓非子·十過篇》“螣蛇伏地”，《事類賦》注十一引螣亦作蟲。

一名校，又屬同例。校既是取義於“交會”，則椺之取義於“縢纏”可知。交龍與螣蛇之名，即取交合與縢纏之義，也同校與椺之取義於交會與縢纏一樣。總之“螣蛇”與“交龍”，不拘就那種觀點說，都是同義語。交龍和那“同於王庭”的褒之二龍，是同一性質的東西，我們在上文已經講過。如今又證明了螣蛇與交龍爲同義語，則螣蛇與褒之二龍的關係可以不言而喻了。

（三）兩頭蛇　兩頭蛇又有種種異名。現在將傳説中凡具有這種異狀的蛇，都歸爲一類。

> 中央有枳首蛇焉。(《爾雅·釋地》)
>
> 楚相孫叔敖爲兒之時，見兩頭虵，殺而埋之。(《論衡·福虛篇》)
>
> 今江東呼兩頭蛇爲越王約髮。(《爾雅·釋地》郭璞注)
>
> 𧌒𧌒在其（君子國）北，各有兩首。(《海外東經》)
>
> 螝（虺）二首。(《顔氏家訓·勉學篇》引《莊子》佚文)
>
> 蟲有螝者，一身兩口。(《韓非子·説林下篇》)
>
> 方皇狀如蛇，兩頭，五采文。(《莊子·達生篇》司馬彪注)

謂之“兩頭”者，無論是左右兩頭，或前後兩頭，不用講，都是兩蛇交尾狀態的誤解或曲解。這可以由參考關於兩頭鳥和兩頭獸的幾種記載而得到證明。(1)鳥名鸓者兩首四足，牛狀的天神八足二首，均見《西山經》。神鹿一身八足兩頭，見《楚辭·天問》王注。鳥有兩頭，同時也有四足，可見原是兩鳥。獸有兩頭，同時也有八足，可見原是兩獸。(2)《公羊傳》宣五年楊疏引舊説曰：“雙雙之鳥，一身二首，尾有雌雄，常不離散。”既雌雄備具，又常不離散，其爲兩鳥交配之狀，尤爲明顯。(3)兩頭獸名曰并封(《海外西經》)，一作屏蓬(《大荒西經》)。一種名蟜蟲的二首神所居的山，名曰“平逢之山”(《中山經》)。“并封”“屏蓬”“平逢”等名的本字當作“并逢”。“并”與“逢”都有合義。獸牝牡相合名曰“并逢”，猶如人男女私合曰“姘”（《蒼頡篇》）。《周頌・小毖》“予其懲而毖後患，莫予荓蜂”，毛傳曰：“荓蜂，摩曳也。”荓蜂字一作甹夆。《爾雅・釋訓》“甹夆，掣曳也”，郭注曰：“謂牽拕。”荓蜂（甹夆）亦即并逢。交合與牽掣，衹是一種行爲中向心與離心兩種動作罷了。盛弘之《荆州記》描寫武陵郡西的兩頭鹿爲“前後有頭，常以一頭食，一頭行”，正是“并逢”所含的“掣曳牽拕”之意的具體説明。（4）《西山經》“其鳥多鸓……赤黑而兩首四足”，“鸓”當與《月令》“累牛騰馬”之“累”通，鄭注訓爲“乘匹之名”。“乘匹”的解釋，已詳上文。“累”“騰”同義，而“累”與“鸓”，“騰”與“螣”字并通，然則乘匹之鳥謂之鸓，亦猶乘匹之蛇謂之螣。以上我們由分析幾種兩頭鳥和兩頭獸的名稱與形狀，判定了那些都是關於鳥獸的性的行爲的一種歪曲記録。

兩頭蛇可以由此類推。我們又注意到鸓鳥與螣蛇的命名完全同義。若許由這一點再推論下去，兩頭鳥既名曰鸓鳥，則所謂兩頭蛇者莫非就是螣蛇罷！這不是不可能的，如果我們明瞭由交龍到螣蛇，由螣蛇到兩頭蛇，是傳説演變過程中三個必然的步驟。

在“交龍”一詞中，其龍之必爲雌雄二龍，是顯而易見的。“螣蛇”則不然。若非上揭《淮南子》“雄鳴於上風，嶋鳴於下風”那兩句話，這蛇之爲雌雄二蛇，便毫無具體的對證。然而在這裏，“二蛇”的涵義，畢竟衹是被隱瞞了，充其量，也衹是對那一層消極的保持緘默。説到“兩頭蛇”，那便居然積極的肯定了衹有一條蛇。三種名稱正代表着去神話的真相愈來愈遠的三種觀念。然而即在訛變最甚的兩頭蛇傳説中，有時也不免透露一點最真實的，最正確的消息。江東呼兩頭蛇爲“越王約髮”。“約髮”雖不甚可解，“越王”二字所顯示的身分，不與那身爲“褒之二君”的二龍相埒嗎？孫叔敖殺死兩頭蛇的故事，經過較縝密的分析，也可透露同類的消息。不過這問題太複雜，這裏無法討論。

（四）一般的二龍　古書講到龍的故事，往往説是二龍。

帝賜之（孔甲）乘龍，河漢各二，各有雌雄。（《左傳》昭二十九年）

今王（魏安釐王）四年，碧陽君之諸御産二龍。（《開元占經·人及鬼神占篇》引《紀年》）

秦犯夷，輸黄龍一雙。（《後漢書·南蠻傳》載秦昭王與板楯蠻夷盟）

惠帝二年正月癸酉旦，有兩龍見於蘭陵廷東里温陵井中。（《漢書·五行志》下之上）

孔子生之夜，有二蒼龍自天而下。（《伏侯古今注》）

（甘露）四年春正月，黄龍二見寧陵縣界井中。（《魏志·高貴鄉公傳》）

孫楚上書曰："頃聞武庫井中有二龍。"（《開元占經·龍魚蟲蛇占篇》引《晋陽秋》）

謝晦家室□宅南路上有古井，以元嘉二年，汲者忽見二龍，甚分明。（同上引《異苑》）

神人乘駕二龍，尤其數見不鮮。

駕兩龍兮驂螭。（《九歌·河伯》）

禹平天下，二龍降之，禹御龍行域外[1]，既周而還。（敦煌舊抄《瑞應圖》殘卷引《括地圖》）

大樂之野，夏后啓於此儛九代，乘兩龍。（《海外西經》）

南方祝融，獸身人面，乘兩龍。（《海外南經》）

西方蓐收，左耳有蛇，乘兩龍。（《海外西經》）

① 原注：原缺"外"字，依《博物志》二補。

北方禺彊，人面鳥身，黑身手足，乘兩龍。[1]（《海外北經》）

東方句芒，馬身人面，乘兩龍。（《海外東經》）

在傳説裏，五靈中鳳麟虎龜等四靈，差不多從不聽見成雙的出現過，惟獨龍則不然。除非承認這裏有着某種悠久的神話背景，這現象恐怕是難以解釋的。與這等情形相似的，是古器物上那些雙龍（或蛇）相交型的平面的花紋，或立體的附加部分，如提梁、耳環、紐、足等[2]。這些或爲寫實式的圖象，或爲"便化"的幾何式圖案，其淵源於某種神話的"母題"，也是相當明顯的。上揭《鄴中記》"錦有大交龍，小交龍"，本指錦的圖案而言，所以也可歸入這一類。以上這些見於文字記載和造型藝術的二龍，在應用的實際意義上，誠然多半已與原始的二龍神話失去連繫，但其應用範圍之普遍與夫時間之長久，則適足以反應那神話在我們文化中所占勢力之雄厚。這神話不但是褒之二龍以及散見於古籍中的交龍、螣蛇、兩頭蛇等傳説的共同來源，同時它也是那人首蛇身的二皇——伏羲、女媧，和他們的化身——延維或委蛇的來源。神話本身又是怎樣來的呢？我們確信，它是荒古時代的圖騰主義（Totemism）的遺迹。

3. 圖騰的演變

我們在上文時而説龍，時而又説蛇。龍蛇的關係究竟怎樣？它們是一種生物呢，還是兩種？讀者們心中恐怕早已在爲這些問題納悶。在解答這些問題之前，我們先要問究竟什麼是龍？是的，什麼是龍，確乎是一個謎。天文房星爲龍，又爲馬。《尚書中候握河紀》説："龍馬銜甲……自河而出。"《論衡·龍虚篇》説："世俗畫龍之象，馬頭蛇尾。"可見龍確像馬。龍像馬，所以馬往往被呼爲龍。《月令》"駕蒼

① 原注：今本"黑身手足乘兩龍"作"珥兩青蛇踐兩青蛇"，此從郭注引一本改。

② 原注：參看附圖。

龍”,《尸子·君治篇》“人之言君天下者……騏驎青龍，而堯素車白馬”,《吕氏春秋·本味篇》“馬之美者，青龍之匹”,《周禮·庾人》“馬八尺以上爲龍”，皆其例。龍有時又像狗。《後漢書·孔僖傳》“畫龍不成反類狗”,《列仙傳·呼子先傳》“有仙人持二茅狗來……子先與酒媪各騎其一，乃龍也”,《博物志》八引《徐偃王志》“有犬名鵠倉……臨死生角而九尾，實黄龍也”,《陳書》“正元元年有黑龍如狗走宣陽門”。龍像狗，所以狗也被呼爲龍。《搜神後記》九：“會稽句章民張然……在都養一狗，甚快，名曰烏龍。”此外還有一種有鱗的龍像魚，一種有翼的又像鳥，一種有角的又像鹿。至於與龍最容易相混的各種爬蟲類的生物，更不必列舉了。然則龍究竟是個什麽東西呢？我們的答案是：它是一種圖騰（Totem），并且是祇存在於圖騰中而不存在於生物界中的一種虚擬的生物，因爲它是由許多不同的圖騰糅合成的一種綜合體。因部落的兼并而産生的混合的圖騰，古埃及是一個最顯著的例。在我們歷史上，五方獸中的北方玄武本是龜蛇二獸，也是一個好例。不同的是，這些是幾個圖騰單位并存着，各單位的個别形態依然未變，而龍則是許多單位經過融化作用，形成了一個新的大單位，其各小單位已經是不復個别的存在罷了。前者可稱爲混合式的圖騰，後者化合式的圖騰。部落既總是强的兼并弱的，大的兼并小的，所以在混合式的圖騰中總有一種主要的生物或無生物，作爲它的基本的中心單位，同樣的在化合式的圖騰中，也必然是以一種生物或無生物的形態爲其主幹，而以其他若干生物或無生物的形態爲附加部分。龍圖騰，不拘它局部的像馬也好，像狗也好，或像魚，像鳥，像鹿都好，它的主幹部分和基本形態却是蛇。這表明在當初那衆圖騰單位林立的時代，内中以蛇圖騰爲最强大，衆圖騰的合并與融化，便是這蛇圖騰兼并與同化了許多弱小單位的結果。金文龍字（《郘鐘》《王孫鐘》）和龔字（《頌鼎》《頌毁》《禾毁》《秦公毁》《陳侯因資鐘》）的偏旁皆從巳，而巳即蛇[1]，可見龍的基調還是蛇。

① 原注：王充、鄭玄、許慎都以巳爲蛇，不誤。不但古字象蛇形，上古聲母巳（*dz—）蛇（*dé–）亦相近。

大概圖騰未合并以前，所謂龍者衹是一種大蛇。這種蛇的名字便叫作“龍”。後來有一個以這種大蛇爲圖騰的團族（Klan）兼并了吸收了許多别的形形色色的圖騰團族，大蛇這纔接受了獸類的四脚，馬的頭，鬣的尾，鹿的角，狗的爪，魚的鱗和鬚……於是便成爲我們現在所知道的龍了。這樣看來，龍與蛇實在可分而又不可分。説是一種東西，它們的形狀看來相差很遠，説是兩種，龍的基調還是蛇。并且既稱之爲龍，就已經承認了它是蛇類，因爲上文已經説過，“龍”在最初本是一種大蛇的名字。總之，蛇與龍二名從來就糾纏不清，所以我們在引用古書中關於龍蛇的傳説時，就無法，也不必將它們分清。甚至正因其分不清，這問題對於我們，纔特别有意義。不錯，惟其龍蛇分不清，我們纔更能確定龍是古代圖騰社會的遺迹，因爲我們知道，圖騰的合并，是圖騰式的社會發展必循的途徑。

圖騰有動物，有植物，也有無生物，但最習見的還是動物。同一圖騰的分子都自認爲這圖騰的子孫。如果圖騰是一種動物，他們就認定那動物爲他們的祖先，於是他們自己全團族的男男女女，老老少少也都是那種動物了。在中國的落後民族中，曾奉狗爲圖騰的傜族，如今還很鮮明的保存着這種意識。陸次雲《峒谿纖志》説他們“歲首祭盤瓠，揉魚肉於木槽，扣槽群號以爲禮”。劉錫蕃《嶺表紀蠻》也説：“狗王惟狗傜祀之。每值正朔，家人負狗環行爐竈三匝，然後舉家男女向狗膜拜。是日就餐，必扣槽蹲地而食，以爲盡禮。”這種風俗與現代世界各處的圖騰團族舉行舞會，裝扮并摹仿其圖騰的特性與動作，是同樣性質的。我國古代所謂“禹步”的一種獨脚跳舞，本是仿效蛇跳，也屬於這類。他們之所以要這樣做，確有其絶對的實際作用。凡圖騰都是那一圖騰團族的老祖宗，也是他們的監護神和防衛者，它給他們供給食物，驅除災禍，給他們降示預言以指導他們趨吉避凶。如果它是一種毒蟲或猛獸，那更好，因爲那樣它更能爲兒孫們盡防衛之責。每個老祖宗當然知道誰是它的兒孫，認識他們的相貌和聲音。但兒孫太多時，老祖宗一時疏忽，認錯了人，那是誰也不能擔保的。所以爲保證老祖宗的注意，兒孫們最好是不時在老祖宗面前演習他們本圖騰的特殊姿態、動作與聲調，以便提醒老祖宗的記憶。這便是前面所講的傜族祭狗王時“扣槽群號”而食和“禹步”的目的。另一種保證老祖宗注意的方法，是經常的在裝飾上表現着本圖騰的特殊形相，以便老祖宗隨時隨地見面就認識。代表這一種手段的實例，便是我們馬上就要討論的龍圖騰的“斷髮文身”的風俗。

“阿瑪巴人（Omabas）的‘龜’部族，把頭髮剪成和龜的甲殼同樣的形式，在四邊分成六條小辮，代表龜的四足與頭尾。小鳥的部族，則在額上梳成鳥的喙，有的又在腦後留小辮，以代表鳥的尾，在兩耳上梳成兩簇頭髮，以代表鳥的兩翼。有時更在身上刺畫種種花紋，力求與其圖騰的形態相類似。”（胡愈之譯《圖騰主義》三〇頁）在我國古代，有幾個著名的修剪頭髮（斷髮），刺畫身體（文身）的民族，其裝飾的目的則在摹擬龍的形狀。

> 九疑之南，陸事寡而水事衆，於是民人劗[1]髮文身，以像鱗蟲。（《淮南子·原道篇》。高誘注曰：“文身，刻畫其體，內墨其中，爲蛟龍之狀。以入水，蛟龍不害也，故曰以像鱗蟲也。”）
>
> 諸發曰：“彼越……處海垂之際，屏外蕃以爲居，而蛟龍又與我争焉。是以剪髮文身，爛然成章，以像龍子者，將避水神也。”（《説苑·奉使篇》）
>
> （粤人）文身斷髮，以避蛟龍之害。（《漢書·地理志》下）
>
> 越人以箴刺皮爲龍文，所以爲尊榮之也。（《淮南子·泰族篇》許慎注）
>
> （越人）常在水中，故斷其髮，文其身，以象龍子。故不見傷害也。（《漢書·地理志》下應劭注）
>
> （哀牢）種人皆刻畫其身，像龍文。（《後漢書·西南夷傳》）

① 原注：“劗”原誤作“被”，從王引之校改。

《淮南子》《説苑》和班固、高誘、應劭等一致都認爲文身的動機是要避蛟龍之害。内中《説苑》所載越人諸發的故事又見於《韓詩外傳》八(《外傳》裏“諸發”作“廉稽”),《韓詩外傳》和《説苑》都是典型的抄撮古書的書，這故事必出自先秦古籍。避害之説可能就是實行文身的越人自己的解釋，所以這點材料特別寶貴，我們得將它仔細分析一下。爲什麼裝扮得像龍，就不爲蛟龍所害呢？人所僞裝的龍，其像真龍能像到什麼程度？龍果真那樣容易被騙嗎？并且水裏可以傷害人的東西，不見得衹有龍一種。越人縱然“常在水中”，也不能一輩子不登陸，對陸上害人的虎豹之類，何以又毫無戒心呢？然則斷髮文身似乎還當有一層更曲折，更深遠的意義。龍之不加害於越人，恐怕不是受了越人化裝的蒙蔽，而是它甘心情願如此。越人之化裝，也不是存心欺騙，而是一種虔誠心情的表現。换言之,“斷髮文身”是一種圖騰主義的原始宗教行爲。(圖騰崇拜依然是一種幼稚的宗教)他們斷髮文身以象龍，是因爲龍是他們的圖騰。换言之，因爲相信自己爲“龍種”，賦有“龍性”，他們纔斷髮文身以象“龍形”。諸發所謂“以像龍子”者，本意是説實質是“龍子”，所差的衹是形貌不大像，所以要“斷其髮，文其身”以像之。既然“斷髮文身”衹是完成形式的一種手續，嚴格説來，那件事就并不太重要。如果一個人本非“龍子”，即使斷髮文身，還是不能避害的。反之，一個人本是“龍子”，即使不斷髮，不文身，龍也不致傷害他。不過這是純理論的説法。實際上，還是把“龍子”的身分明白的披露出來妥當點，理由上文已經説過。還有龍既是他們的圖騰，而他們又確信圖騰便是他們的祖宗，何以他們又那樣擔心蛟龍害他們呢？世間豈有祖宗會傷害自己的兒孫的道理？講到這裏，我們又疑心斷髮文身的目的，固然是避免祖宗本人誤加傷害，同時恐怕也是給祖宗便於保護，以免被旁人傷害。最初，後一種意義也許比前一種還重要些。以上所批評的一種“斷髮文身”的解釋，可稱爲“避害説”。這樣還不能完全説明斷髮文身的真實動機和起源，但其中所顯示的圖騰崇拜的背景却是清清楚楚的。例如説“常在水中”，“蛟龍又與我争焉”，等於説自己是水居的生物。説“龍子”更坦白的承認了是“龍的兒子”。説“將避水神”，也可見那龍不是尋常的生物，而是有神性的東西。

至於許慎所謂“刺皮爲龍文，所以爲尊榮之也”，可稱爲“尊榮説”。這一説似乎與圖騰無關，其實不然。就現代人觀點看來，人决不以像爬蟲爲尊榮。這完全是圖騰主義的心理。圖騰既是祖宗，又是神，人那有比像祖宗，像神更值得驕傲的事呢！龍之所以有資格被奉爲圖騰，當然有個先决條件。一定是假定了龍有一種廣大無邊的超自然的法力，即所謂“魔那”（Manna）者，然後纔肯奉它爲圖騰，崇拜它，信任它，皈依它，把整個身體和心靈都交付給它。如果有方法使自己也變得和它一樣，那豈不更妙？在這裏，巫術——模擬巫術便是野蠻人的如意算盤。“斷其髮，文其身”——人一像龍，人便是龍了。人是龍，當然也有龍的法力或“魔那”，這一來，一個人便不待老祖宗的呵護，而自然没有誰敢傷害，能傷害他了。依“避害説”的觀點，是一個人要老祖宗相信他是龍，依“尊榮説”的觀點，是要他自己相信自己是龍。前者如果是“欺人”，後者便是“自欺”了。“自欺”果然成功了，那成就便太大了。從前一個人不但不怕灾害的襲擊，因而有了“安全感”，并且也因自尊心之滿足而有了“尊榮感”了。人從此可以神自居了！《桂海虞衡志·志蠻篇》曰：“女及笄，即黥頰爲細花紋，謂之綉面女。既黥，集親客相慶賀。惟婢獲則不刺面。”這也是尊榮説的一個實例。

先假定龍是自己的祖宗，自己便是“龍子”，是“龍子”便賦有“龍性”，等裝扮成“龍形”，愈看愈像龍，愈想愈是龍，於是自己果然是龍了。這樣一步步的推論下來，可稱爲“人的擬獸化”，正是典型的圖騰主義的心理。這是第一個階段，從第一階段到第二階段，便是從圖騰變爲始祖。杜爾幹（Durkheim）説“始祖之名仍然是一種圖騰”（宗教生活的初級形式），是對的。上文所討論的人首蛇身神，正代表圖騰開始蜕變爲始祖的一種形態。我們疑心創造人首蛇身型的始祖的藍本，便是斷髮文身的野蠻人自身。當初人要據圖騰的模樣來改造自己，那是我們所謂“人的擬獸化”。但在那擬獸化的企圖中，實際上他衹能做到人首蛇身的半人半獸的地步。因爲身上可以加文飾，儘量的使其像龍，頭上的髮剪短了，也多少有點幫助，面部却無法改變，這樣結果不正是人首蛇身了嗎？如今智識進步，根據“同類産生同類”的原則，與自身同型的始祖觀念産生了，便按自己的模樣來擬想始祖，自己的模樣既是半人半獸，當然始祖也是半人半獸了。這樣由全的獸型圖騰蜕變爲半人半獸型的始祖，可稱爲“獸的擬人化”。這是第二個階段。在這階段中，大概文身的習俗還存在，否則也離那習俗被廢弃時不久。等到文身的習俗完全絶迹，甚至連記憶也淡薄了，始祖的模樣便也變作全人型的了。這是第三個階段。

當然每一新階段産生之後，前一階段的觀念并不完全死去。幾個觀念并存時，不免感覺矛盾，矛盾總是要設法調解的。調解的方式很多，這裏衹舉一種較爲巧妙的例。傳説中禹本是龍（詳下）。《天問》：“應龍何畫？河海何歷？”王注曰：“禹治洪水時，有神龍以尾畫地，導水所注當決者，因而治之。”這裏畫地成河的龍實即禹自己，能畫地成河就是禹疏鑿江河。圖騰的龍禹，與始祖的人禹并存而矛盾了，於是便派龍爲禹的老師，説禹治水的方法是從龍學來的。洪水故事22説洪水退後，衹賸姊弟二人。弟弟見蜥蜴交尾，告訴姊姊，二人便結爲夫婦。後生雙胎，即現代人類的始祖。這裏交尾的蜥蜴實即姊弟二人。故事的産生，也爲着調解圖騰的蜥蜴與始祖的姊弟二説。這故事的格式與禹學龍治水正是同一類型。

圖騰與“沓布”（taboo）是不能分離的。文獻中關於龍蛇的傳説與故事，可以“沓布”來解釋的着實不少，如上文所引齊桓公見委蛇與孫叔敖殺兩頭蛇二故事都是。但是談到沓布，似乎得另起端緒，而且説來話長，非本文篇幅所許，所以衹好留待以後再討論了。

4. 龍圖騰的優勢地位

假如我們承認中國古代有過圖騰主義的社會形式，當時圖騰團族必然很多，多到不計其數。我們已説過，現在所謂龍便是因原始的龍（一種蛇）圖騰兼并了許多旁的圖騰，而形成一種綜合式的虛構的生物。這綜合式的龍圖騰團族所包括的單位，大概就是古代所謂“諸夏”，和至少與他們同姓的若干夷狄。他們起初都住在黄河流域的上游，即古代中原的西部，後來也許因受東方一個以鳥爲圖騰的商民族的壓迫，一部分向北遷徙的，即後來的匈奴，一部分向南遷移的，即周初南方荆楚、吴越各蠻族，現在的苗族即其一部分的後裔。留在原地的一部分，雖一度被商人征服，政治勢力暫時衰落，但其文化勢力不但始終屹然未動，并且做了我國四千年文化的核心。東方商民族對我國古代文化的貢獻雖大，但我們的文化究以龍圖騰團族（下簡稱龍族）的諸夏爲基礎。龍族的諸夏文化纔是我們真正的本位文化，所以數千年來我們自稱爲“華夏”，歷代帝王都説是龍的化身，而以龍爲其符應，他們的旗章、宫室、輿服、器用，一切都刻畫着龍文。總之，龍是我們立國的象徵。直到民國成立，隨着帝制的消亡，這觀念纔被放弃。然而説放弃，實地裏并未放弃。正如政體是民主代替了君主，從前作爲帝王象徵的龍，現在變爲每個中國人的象徵了。也許這現象我們并不自覺。但一出國門，假如你有意要强調你的生活的“中國風”，你必多用龍文的圖案來點綴你的服飾和室内陳設。那時你簡直以一個舊日的帝王自居了。

現在我們仍舊回到歷史。究竟哪些古代民族或民族英雄是屬於龍族的呢？風姓的伏羲氏，和古代有着人首蛇身神，近代奉伏羲、女媧爲儺公儺母的苗族，不用講了。與夏同姓的褒國，其先君二龍的故事，我們也引過，這也不成問題。越人“斷髮文身以像龍子”，又相傳爲禹後（詳後），則與褒同出一源，其爲龍族，也不用懷疑。此外還有幾個龍圖騰的大團族，可以考見的，分述之如下。

（一）夏　夏爲龍族，可用下列七事來證明。（1）傳説禹自身是龍。

《海内經》注引《歸藏·啓筮篇》“鯀死，三歲不腐，剖之以吴刀，化爲黄龍”，《初學記》二二、《路史·後紀》一二注并引末句作“是用出禹”。禹是龍，所以《列子·黄帝篇》説夏后氏也是“蛇身人面”。應龍畫地成河實即禹疏鑿江河，説已詳上。（2）傳説多言夏后氏有龍瑞。《史記·封禪書》：“夏得木德，青龍止於郊。”《尚書大傳》描寫禹受禪時的情形，説“於是八風循[①]通，慶雲叢聚，蟠龍奮迅於其藏，蛟魚踴躍於其淵，龜鱉咸出於其穴，近虞而事夏”。（這大概就是後來的魚龍漫衍之戲。）龍是水族之長，所以龍王受禪，蛟魚龜鱉之屬都那樣歡欣鼓舞。（3）夏人的器物多以龍爲飾。《禮記·明堂位》“有虞氏之旂，夏后氏之綏”，鄭注謂“有虞氏當言綏，夏后氏當言旂”，甚確。《周禮·司常》：“交龍爲旂。”《明堂位》又曰“夏后氏以龍勺”，“夏后氏之龍簨虡”。要曉得原始人器物上的裝潢，往往是實用的圖騰標記，并無純粹的審美意義。（4）傳説夏后氏諸王多乘龍。《括地圖》説禹乘二龍，引見上文。《大荒西經》注引《歸藏鄭母經》曰：“夏后啓筮御飛龍登於天。”《海外西經》《大荒西經》都説啓乘兩龍，《左傳》説帝賜孔甲乘龍，亦均見上文。（5）夏人的姓和禹的名，其字都與龍有關。劉師培《姒姓釋》説“姒”“巳”同文，姒姓即巳姓（《左盦集》五）。實則“巳”“蛇”古同字，金文龍字多從“巳”，已詳上文。“禹”字從“虫”，“虫”與“虫”同。“虫”在卜辭裏又與“巳”同字，并即虺蛇等字所從出。再則“巳”向來讀如“辰巳”之巳，其實現在的“辰巳”之巳字，在金甲文裏是“已然”之已字。“已然”之“已”與“禹”雙聲。聲近則義近，所以禹巳都是蛇名。（6）禹的後裔多屬龍族。《史記·夏本紀》曰：“禹爲姒姓，其後分封，用國爲姓……有褒氏……”《越世家》曰：“越王句踐，其先禹之苗裔，而夏后帝少康之庶子也。封於會稽，以奉守禹之祀。”褒越都是龍族，已詳上文。又《匈奴列傳》曰：“匈奴，其先祖夏后氏之苗裔也。”匈奴也是龍族，詳下。（7）禹與伏羲同姓。

① 原注：“循”原誤作“修”。

禹妻塗山氏,《史記·夏本紀》索隱引《世本》曰:“塗山氏名女媧。”《淮南子·覽冥篇》有女媧“積蘆灰以止淫水”之語,而《墉城集仙録》述塗山氏助禹治水之事甚詳。看來,《世本》的“媧”字未必是傳本之誤,當初或許真有此一説。上文節引過《拾遺記》裏禹遇伏羲的故事,其詳情如下:

> 禹鑿龍關之山——亦謂之龍門——至一空岩,深數十里,幽暗不可復行。禹乃負火而進……見一神,蛇身人面。禹因與語。神即示禹八卦之圖,列於金版之上。又有八神侍側。禹曰:“華胥生聖子,是汝耶?”答曰:“華胥是九河神女,以生余也。”乃探玉簡授禹,長一尺二寸,以合十二時之度,使量度天地。禹即持執此簡,以平定水土。蛇身之神即羲皇也。

據此,則禹平水土的方略乃是九河神女華胥的兒子——伏羲傳授的。《封禪書》以夏爲木德,有青龍之瑞(詳上),木德青龍都是伏羲,所以《禮稽命徵》曰:“禹建寅,宗伏羲。”(《開元占經·龍魚蟲蛇占篇》引)禹與伏羲,塗山氏與女媧的結合,或許因爲兩方都出於龍圖騰吧?《史記》分明説褒國是禹後,而《潛夫論》又説是伏羲之後。褒國的“褒”本一作“庖”。(《春秋世族譜》,又《路史·國名紀》丁引《盟會圖》一作“苞”。)《路史·後紀》一注引《潛夫論》曰:“太昊之後有庖國,姒姓。”《國名紀》甲注又引曰:“夏封伏羲之後。”《潛夫論》所謂庖國即褒國,毫無問題。但伏羲本是風姓,以“夏封伏羲之後”來解釋伏羲之後所以爲姒姓,實在牽强得很。其實姒與風本是一姓,禹與伏羲原是一家人。姒姓即巳姓,已詳上文。“風”字從“虫”,“虫”與“巳”在卜辭裏是一字。原來古人説“風姓”或“巳姓”,譯成今語,都是“蛇生的”(“生”“姓”古今字)。這裏有一個重要的觀念,非辨清楚不可。古代所謂姓,其功用衹在説明一個人的來歷,略等於後世的譜系,有必要時纔提到它,并不像現在一開口喊人,就非“王先生”“李先生”不可。既然不是常在口頭上用的一種稱謂，便衹要意義對就行，字音毫無關係。譬如我説某人是蛇生的，你説他是長蟲生的，我們并不衝突，在第三者聽來也決不會發生任何誤會。總之，風與巳（姒）是同義字，伏羲與禹是同姓，所以庖國是姒姓，也是風姓，是禹後，也是伏羲之後了。所謂同姓實即同圖騰，知道伏羲的圖騰是龍，則禹的圖騰是什麽也就解决了。

（二）共工　相傳共工也是人面蛇身，其證如下：

> 共工人面蛇身朱髮。（《大荒西經》注引《歸藏·啓筮篇》）
>
> 共工，天神，人面蛇身。（《淮南子·墬形篇》高注）
>
> 西北荒有人焉，人面朱鬗（髮），蛇身人手足，而食五穀，禽獸頑愚，名曰共工。（《神異經》）

此外又有三個旁證。（1）共工氏之子曰句龍。《左傳》昭二十九年蔡墨曰：“共工氏有子曰句龍，爲后土。”（2）共工氏之臣人面蛇身。《海外北經》曰：“共工之臣曰相柳氏……九首人面蛇身而青。”《大荒北經》曰：“共工臣名曰相繇，九首蛇身自環。”郭璞説相繇即相柳。《廣雅·釋地》曰：“北方有民焉，九首蛇身，其名曰相繇。”（3）共工即雄虺。《天問》：“康回馮怒，墬何[①]以東南傾？”王注曰：“康回，共工名也。”“康”與“庸”俱從“庚”聲，古字通用，故《史記·楚世家》“熊渠……乃立其長子康爲句亶王”，索隱引《世本》“康”作庸，《秦詛楚文》“今楚王熊相康回無道”，董逌釋作“庸回”。《天問》之“康回”即《堯典》之“庸違”。不過《堯典》那一整段文字似乎從未被讀懂過。原文如下：

① 原注：“何”下原衍“故”字，從《御覽》三六，《事類賦》注四引删。

帝曰："咨疇[1]若予采。"

驩兜曰："都共工方鳩僝（栫）功。"

帝曰："吁！静言庸違（回），象（潒）恭（洪）滔天。"帝曰："咨四岳。湯湯洪水方割（害），[2]懷山襄（囊）陵，浩浩滔天。下民其咨，有能俾乂？"

僉曰："於！鮌哉。"

《周語》下靈王太子晋説："昔共工氏……壅防百川，墮高堙庳，以害天下，禍亂并興，共工用滅。其在有虞，有崇伯鮌，播其淫心，稱遂共工之過。"《堯典》的話完全可與《周語》相印證。"僝"當讀爲栫，《説文》曰："以柴木壅水也。""方鳩栫功"即《周語》之"壅防百川"[3]。"象"是"潒"之省，"潒"即"蕩"字。"恭"當從"水"作"㳟"，即"洪"之别體。"滔天"即下文之"浩浩滔天"，指洪水。"潒洪滔天"即《淮南子·本經篇》所謂"共工振滔洪水，以薄空桑"，《周語》之"害天下"亦指此而言[4]。"庸違"當從《左傳》文十八年、《論衡·恢國篇》、《潜夫論·明暗篇》、《吴志·陸抗傳》作"庸回"。但自《左傳》以來，都將"庸回"解爲"用邪"，《史記·五帝本紀》也譯爲"用僻"，實在是大錯。（向來解釋下句"象恭滔天"的各種説法，也極可笑。）實則"庸回"是"潒洪滔天"的主詞，正如"共工"是"方鳩栫功"的主詞，庸回與共工是一個人。《天問》《招魂》都有"雄虺九首"之語，郝懿行説就是《山海經》"九首蛇身"的相柳，很對。其實共工之臣與共工還是一樣，相柳九首，共工也可以九首。"雄虺"與"庸回"聲近，"雄虺九首"就是共工。共工人面蛇身，所以又

① 原注："咨疇"二字原倒，從段玉裁乙正。

② 原注："懷"上原衍"蕩蕩"二字，從臧琳删。

③ 原注：《廣雅·釋器》："湰，㳂，栫也。"《天問》問鮌事曰："僉曰可（原誤何）憂，何不課而行之？"憂即湰字。共工壅水曰栫，鮌壅水曰湰，栫湰字異而義同，可以互證。

④ 原注：徐文靖已疑"滔天"即下文之"浩浩滔天"，但仍未解"象恭"二字。

稱雄虺。“庸回”是“雄虺”的聲假字,“康回”則“庸回”的異文。

（三）祝融　據《鄭語》,祝融之後八姓,《世本》(《史記·楚世家》索隱引）及《大戴禮記·帝系姓篇》,均作六姓。據《鄭語》韋昭注,八姓又可歸并爲五姓。現在對照各説,列表如下:

鄭語	世本	帝系姓	楚世家	韋注
已（昆,吾,蘇,顧,温,董）	樊（是爲昆吾）	樊（是爲昆吾）	昆吾	巳（董爲巳之别封）
董（豷夷,豢龍）				
彭（彭祖,豕韋,諸稽）	籛鏗（是爲彭祖）	籛（是爲彭祖）	彭祖	彭（秃爲彭之别封）
秃（舟人）				
妘（鄔,鄶,路,偪陽）	求言（是爲鄶人）	萊言（是爲云鄶人）	會人	妘
曹（鄒,莒）	安（是爲曹姓）	安（是爲曹姓）	曹姓	曹（斟爲曹之别封）
斟（無後）	惠連（是爲參胡——宋忠注云斟姓）	惠連（是爲參胡）	參胡	
芈（夔,越,蠻芈,荆）	季連（是爲芈姓）	季連（是爲芈姓）	季連	芈

巳姓是龍族（詳上）,所以巳的别封董姓中有豢龍氏。芈姓的越也是龍族（亦詳上）,而夔也有説是龍類的。《説文》曰:“夔,神魖也,如龍一足。從夊。象有角手人面之形。”《文選·東京賦》薛綜注曰:“夔,木石之怪。如龍有角,鱗甲光如日月。見則其邑大旱。”小篆“夔”亦從“巳”,與金文“龍”從“巳”同意,所以《尚書》夔龍通稱。芈姓又有蠻芈,而荆本在荆蠻。其實古代南方諸侯都稱蠻,所以夔越也還是蠻。芈姓四支都是蠻,“芈”也許就是“蠻”之聲轉。“蠻”字從“虫”,《説文》曰“南蠻蛇種”,尤爲芈姓是龍族的確證。巳、芈二姓都是龍族,而都出於祝融,則祝融可能也是龍子。“融”字從“虫”,本義當是一種蛇的名字。《東山經》曰:

獨山塗末之水，東南流注於沔。其中多偹蟰，其狀如黄蛇，魚翼，出入有光。見則其邑大旱。

“偹蟰”郭注曰：“條容二音。”金文《邾公釛鐘》“陸𩏂之孫邾公釛”，王國維説“陸𩏂”即“陸終”（《觀堂集林》一八《邾公鐘跋》），郭沫若説亦即“祝融”（《金文叢考·金文所無考》）。兩説都對。其實“𩏂”“亯”古同字，“𩏂”亦可釋“蜳”。《莊子·外物篇》“螴蜳不得成”，司馬彪注曰：“‘螴蜳’讀曰‘忡融’。”𩏂讀曰融，是陸𩏂即祝融的佳證。但是“𩏂”所從的“亯”又是古文“墉”字，所以“𩏂”又可釋爲“墉”，而“祝”“偹”聲亦近，“陸𩏂”“祝融”實在都是《山海經》的“偹蟰”。《鄭語》史伯曰：“夫黎爲高辛氏火正，以淳（焞）耀敦大天明地德，光照四海，故命之曰‘祝融’。”又曰：“祝融亦能昭顯天地之光明。”“光照四海”與“出入有光”合，火正與“見則其邑大旱”合，祝融即偹蟰，是没有問題的。祝融即偹蟰，偹蟰“見則其邑大旱”，夔是祝融之後，所以也是“見則其邑大旱”。祝融是一條火龍，所以又與火山黏合而成爲火山的神。

西北海之外，赤水之北，有章尾（焜）山。有神人面蛇身而赤，身長千里[1]。直目正乘，其瞑乃晦，其視乃明。不食，不寢，不息。風雨是謁。是燭九陰，是謂燭龍。（《大荒北經》）

鍾山之神，名曰燭陰。視爲晝，瞑爲夜，吹爲冬，呼爲夏。不飲不食，不息，息爲風。身長千里。……其爲物，人面蛇身，赤色，居鍾山下。（《海外北經》）

燭龍在雁門北，蔽於委羽之山，不見日。其神人面龍身而無足。（《淮南子·墬形篇》）

① 原注：“身長千里”原誤作注文，四字從《類聚》七九《楚辭補注》一〇引補。

燭龍即祝融，楊寬已講過（《中國上古史導論》——《古史辨》第七册上編），那是對的，但説是日神，却不然。《淮南子》分明説“不見日”。“鍾”“章”一聲之轉。（《漢書・廣川惠王越傳》“尊章”注曰：“今關中婦呼舅爲鍾，鍾者章聲之轉。”）“尾”當讀爲“焜”，《説文》：“焜，火也。”《洞冥記》曰：“東方朔北游鍾火山，日月不照，有青龍銜燭，照山四極。”章焜山即鍾火山，鍾山又是鍾火山之省。上揭各書所描寫的情形，顯然都是由火山的性能傅會出來的。但説鍾山之神燭龍即祝融，確乎可信。《周語》上内史過曰：“昔夏之興也，融降於崇山。”融即祝融，崇山即鍾山，韋昭説是陽城附近的崇（嵩）高山，恐怕不對。《西次三經》又説：

> 鍾山（之神）其子曰鼓，其狀如人面而龍身。是與欽䲹殺葆江於崑崙之陽。帝乃戮之鍾山之東曰瑶崖。欽䲹化爲大鶚。其狀如雕而黑文，白首赤喙而虎爪，其音如晨鵠。見則有大兵。鼓亦化爲鵕鳥，其狀如鴟，赤足而直喙，黄文而白首，其音如鵠。見即其邑大旱。

鍾山本在北方，祝融是顓頊的孫子，顓頊是北方之神，所以祝融本當在北方。鍾山之神燭龍的兒子—鼓化爲鵕鳥，大概即祝融的後裔遷到南方，征服了南方的淮夷而占其地的故事。淮夷是鳥圖騰的團族，帝俊之後，所以説“化爲鵕鳥”。帝俊即帝嚳。《鄭語》曰：“黎爲高辛氏火正。”《楚世家》曰：“重黎爲帝嚳高辛氏居火正，甚有功，能光融天下，帝嚳命曰祝融。”大概是同一故事的另一種傳説。鼓“見則其邑大旱”與倏𧉸的傳説相同。倏𧉸即祝融，鼓是祝融之子，所以傳説相同。楚的始祖祝融是赤龍，漢高祖是楚人，所以也是赤龍或赤蛇之精。祝融之子是龍化爲鳥，又和《春秋握誠圖》所記“劉媪夢赤鳥如龍戲己，生執嘉”（《史記・高祖本紀》正義引）的傳説相合。

（四）黄帝　黄帝是龍的問題很簡單。

> 軒轅之國……人面蛇身，尾交首上。(《海外西經》)
>
> 軒轅黄龍體。(《史記·天官書》)
>
> 中央土也，其帝黄帝，其佐后土……其獸黄龍。(《淮南子·天文篇》)
>
> 黄帝得土德，黄龍地螾見。(《史記·封禪書》)
>
> 黄帝將亡，則黄龍墜。(《開元占經·龍魚蟲蛇占篇》引《春秋合誠圖》)

現在祇舉黄帝後十二姓中的僖、巳二姓爲例，來證明黄帝的别姓也是龍族。(1)《晋語》四司空季子曰："凡黄帝之子二十五宗，其得姓者十四人，爲十二姓：姬，酉，祁，巳，滕，箴，任，荀，僖，姞，嬛，依是也。"舊音曰："僖或爲釐。"《潛夫論·志氏姓篇》亦作釐。《魯語下》仲尼曰："(防風)汪芒氏之君也，守封嵎之山者也，爲漆姓。在虞、夏、商爲汪芒氏，於周爲長狄，今爲大人。"《史記·孔子世家》"漆"作"釐"(《説苑·辨物篇》同)，索隱曰："釐音僖。"王引之説"漆"爲"來"之誤，"來"與"釐"通(《經義述聞》二〇)，甚確。據孔子説，防風氏春秋時爲"大人"，《大荒北經》曰"有大人之國，釐姓"，這是王説很好的證據。王氏又據《晋語》黄帝之後有僖姓，即釐姓，來證明防風氏是黄帝之後，這説也確。《博物志》二曰："大人國，其人……能乘雲而不能走，蓋龍類。"《大荒東經》注引《河圖玉版》曰："從崑崙山以北九萬里，得龍伯國，人長三十丈。"《初學記》一九引《河圖龍魚》作"長三丈"，《列子·湯問篇》曰："龍伯之國有大人，舉足不盈步而暨五山之所，一釣而連六鰲。"龍伯國即大人國，大人國是"龍類"，所以又名龍伯國。黄帝是龍，大人國是黄帝之後，所以也是龍類。(2)黄帝十二姓中也有巳姓，巳是龍(見上)。黄帝之後的巳姓與祝融之後的巳姓，從圖騰的立場看來，還是一姓，因爲黄帝、祝融都是龍。

(五)匈奴　匈奴的龍圖騰的遺迹，可以下列各點來證明。(1)每年祭龍三次，名曰“龍祠”。《後漢書·南匈奴傳》：“匈奴歲有三龍祠。常以正月、五月、九月戊日祭天神。”（2）舉行龍祠時，首領們會議國家大事，名曰“龍會”。《南匈奴傳》又曰：“單于每龍會議事，（左賢王）師子輒稱病不往。”（3）祭龍的地方名曰“龍城”，或“龍庭”。《史記·匈奴傳》“五月大會龍城，祭其先、天地、鬼神”（龍城《漢書》作“龍庭”），索隱引崔浩曰：“西方胡皆事龍神，故名大會處爲龍城。”《文選》班固《封燕然山銘》“躡冒頓之區落，焚老上之龍庭”，注曰：“龍庭，單于祭天所也。”（4）習俗有“龍忌”。《淮南子·要略篇》“操合開塞，各有龍忌”，許注曰：“中國以鬼神之事曰忌，北胡南越皆謂‘請龍’。”《後漢書·周舉傳》“太原舊俗，以介子推焚骸，有龍忌之禁。至其亡月，咸言神靈不樂舉火，由是士民每冬中輒一月寒食，莫敢烟爨。”晋染胡俗是深，故也有龍忌。《墨子·貴義篇》：“子墨子北之齊，遇日者。日者曰：‘帝以今日殺黑龍於北方，而先生之色黑，不可以北。’子墨子不聽，遂北至淄水，不遂而反焉。日者曰：‘我謂先生不可以北。’子墨子曰：‘南之人不得北，北之人不得南，其色有黑者，有白者，何故皆不遂也？且帝以甲乙殺青龍於東方，以丙丁殺赤龍於南方，以庚辛殺白龍於西方，以壬癸殺黑龍於北方，若用子之言，則是禁天下之行者也。’”這大概也是龍忌。劉盼遂説墨翟是北狄種，這裏所講的是匈奴風俗（《燕京新聞》民國二十七年十一月十八日）。（5）自認爲龍類。《晏子春秋·諫下篇》曰：“維翟（狄）人與龍蛇比。”《吕氏春秋·介立篇》：“晋文公反，介子推不肎受賞，自爲賦詩曰：‘有龍于飛，周遍天下，五蛇從之，爲之丞輔。龍反其鄉，得其處所，四蛇從之，得其露雨。一蛇羞之，槁死中野。’懸書公門而伏於山下。”稱君爲龍，臣爲蛇，也是胡俗，即所謂“維翟人與龍蛇比”（互參上條）。（6）人面龍身。《開元占經·客星占六篇》引郗萌曰：“客星舍匈奴星，人面龍身留十餘日不去，胡人内相賊，國家兵起，邊人來降。”

由上觀之，古代幾個主要的華夏和夷狄民族，差不多都是龍圖騰的團族，龍在我們歷史與文化中的意義，真是太重大了。關於龍可説的話，還多得很，因爲限於篇幅，我們衹能將《山海經》裏所見的人面蛇身或龍身的神（包括上文已討論的和未討論的），列一總表於下，以結束本文。請注意表中各神的方位分布。

<table>
<tr><td>中</td><td colspan="2">《中山經》（次十）</td><td>首山至丙山諸神</td><td>皆龍身人面</td></tr>
<tr><td rowspan="2">南</td><td colspan="2">《南山經》（次三）</td><td>天吳之山至南禺之山諸神</td><td>皆龍身而人面</td></tr>
<tr><td colspan="2">《海內經》（南方）</td><td>延維</td><td>人首蛇身</td></tr>
<tr><td rowspan="2">西</td><td colspan="2">《西山經）（次三）</td><td>鼓</td><td>人面龍身</td></tr>
<tr><td colspan="2">《海外西經》</td><td>軒轅</td><td>人面蛇身尾交首上</td></tr>
<tr><td rowspan="5">北</td><td rowspan="2">《北山經》</td><td>（首）</td><td>單狐之山至隄山諸神</td><td>皆人面蛇身</td></tr>
<tr><td>（次二）</td><td>管涔之山至敦題之山諸神</td><td>皆蛇身人面</td></tr>
<tr><td colspan="2" rowspan="2">《海外北經》又《大荒北經》</td><td>燭龍（燭陰）</td><td>人面蛇身赤色</td></tr>
<tr><td>相柳（相繇）</td><td>九首人面蛇身自環色青</td></tr>
<tr><td colspan="2">《海內北經》</td><td>貳負[1]</td><td>人面蛇身</td></tr>
<tr><td>東</td><td colspan="2">《海內東經》</td><td>雷神</td><td>龍身而人頭</td></tr>
</table>

民國三十一年，十一月，十五日，昆明

三　戰争與洪水

我們分析多數的洪水遺民故事，發現其中心母題總不外（一）兄妹之父與雷公鬥争，（二）雷公發洪水，（三）全人類中惟兄妹二人得救，（四）二人結爲夫婦，（五）遺傳人類。這些又可歸納爲二個主要原素。洪水不過是一種戰略，或戰禍的頂點，所以（一）（二）可歸并爲A戰争。兄妹配婚與遺傳人類是祖宗崇拜的推源故事，所以（四）（五）

① 原注:《海內西經》"窫窳者蛇身人面貳負臣所殺也"，此"蛇身人面"四字形容貳負，非形容窫窳。《北山經》説窫窳"如牛而赤身人面馬足"，《海內南經》説它"龍首"，《爾雅·釋獸》作貏貐，説是"似貙虎爪"，可見窫窳不是蛇身。

可歸并爲B宗教。（三）兄妹從洪水中得救，是A與B間的連鎖。這兩個原素恰恰與那説明古代社會的名言“國之大事，在祀與戎”的原則相合。關於B項，即祖宗崇拜的宗教，上節已講得很多了。在本節我們要專門討論屬於A項的戰争故事了。

我們若要在漢籍中尋找這故事的痕迹，洪水是個好綫索。《淮南子·覽冥篇》曰：

> ……然猶未及虙羲氏之道也。往古之時，四極廢，九州裂，天不兼覆，地不周載，火爁炎而不滅，水浩洋而不消，猛獸食顓民，鷙鳥攫老弱。於是女媧煉五色石以補蒼天，斷鰲足以立四極，殺黑龍以濟冀州，積蘆灰以止淫水。蒼天補，四極正，淫水涸，冀州平，狡蟲死，顓民生。

這故事與共工有關。可以由下列幾點證明。（一）黑龍即共工，詳上文論句龍。（二）“四極廢，九州裂，天不兼覆，地不周載”，即所謂“天傾西北，地傾東南”，其事據《楚辭》《淮南子》，乃是共工觸山的結果。《楚辭·天問》曰：“康回馮怒，墜何以東南傾？”王注曰：“康回，共工名也。”《淮南子·原道篇》曰：“昔共工之力觸不周之山，使地東南傾。”《天文篇》曰：“昔者共工與顓頊争爲帝，怒而觸不周之山，天維絶，地柱折，天傾西北，故日月星辰移焉，地傾西南，故水潦塵埃歸焉。”（三）所謂“淫水”即洪水，相傳爲共工所致。《書·堯典》曰：“静言庸違，象（潒）恭（洪）滔天。”庸違《論衡·恢國篇》《潛夫論·明暗篇》作庸回，即《天問》之康回，亦即共工。“潒（同蕩）洪滔天”即《淮南子·本經篇》所謂“共工振滔洪水”。又《周語》下曰：“昔共工氏……壅防百川，墮高堙庳，以害天下”，《荀子·成相篇》曰“禹有功，抑下鴻（洪），辟除民害逐共工”，《史記·律書》曰“顓頊有共工之陣以平水土”，都暗示洪水與共工有關。《補史記·三皇本紀》直説女媧收拾的殘局是共工造成的。

當其（女媧）末年也，諸侯有共工氏，任智刑以强霸而不王，以水乘木，乃與祝融戰。不勝而怒，乃頭觸不周山崩，天柱折，地維缺。女媧乃煉五色石以補天，斷鰲足以立四極，聚蘆灰以止滔水，以濟冀州。於是地平天成，不改舊物。

《路史·後紀》二并説共工是女媧滅的。

太昊氏衰，共工惟始作亂，振滔洪水，以禍天下。隳天綱，絶地紀，覆中冀，人不堪命。於是女皇氏（即女媧）役其神力，以與共工氏較，滅共工氏而遷之。然後四極正，冀州寧，地平天成，萬民復生。

司馬貞將《淮南子·原道篇》與《天文篇》的共工争帝觸山和《覽冥篇》的女媧補天治水揉在一起説，羅泌又將《本經篇》的共工振滔洪水和《覽冥篇》的女媧故事打成一片，確乎都是很有道理的。

在漢籍中發動洪水者是共工，在苗族傳説中是雷公，莫非雷公就是共工嗎？我們是否能找到一些旁證來支持這個假設呢？較早的載籍中講到雷公形狀的都説是龍身人頭。

《海内東經》："雷澤中有雷神，龍身而人頭，鼓其腹則雷。"

《淮南子·墜形篇》："雷澤有神，龍身人頭，鼓其腹而熙。"

共工亦人面蛇身。

《淮南子·墜形篇》高注："共工，天神，人面蛇身。"

《大荒西經》注引《歸藏·啓巫》："共工人面蛇身朱髮。"

《神異經》："西北荒有人焉，人面朱鬚，蛇身人手足，而食五穀，禽獸頑愚，名曰共工。"

而其子名曰句龍（見前），其臣亦人面蛇身。

> 《海外北經》："共工之臣曰相柳氏……九首人面蛇身而青。"
> 《大荒北經》："共工臣名相繇，九首蛇身自環。"

然則共工的形狀實與雷神相似，這可算共工即雷神的一個有力的旁證。古字回與雷通，吴雷（《楚公鎛》）一作吴回（《大戴禮記·帝繫篇》《史記·楚世家》《大荒西經》），方雷（《晋語》四）一作方回（《淮南子·俶真篇》，《後漢書·周磐傳》注引《列仙傳》，四八目），雷水（《穆天子傳》《水經·河水注》）一作回水（《天問》《漢書·武帝紀·瓠子歌》），是其例。共工，《論衡》、《潛夫論》引《尚書》作庸回，《天問》作康回，疑庸回、康回即庸雷、康雷。此説如其可靠，則共工即雷神，完全證實了。

共工在歷史上的聲譽，可算壞極了。他的罪名，除了召致洪水以害天下之外，還有"作亂"和"自賢"兩項。前者見《吕氏春秋·蕩兵篇》和《史記·楚世家》，後者見《周書·史記篇》。在《左傳》中則被稱"四凶"之一。

> 少皞氏有不才子，毁信廢忠，崇飾惡言，靖譖庸回，服讒蒐慝，以誣盛德。天下之民謂之窮奇。

注家都説窮奇即共工，大概是没有問題的。因此許多有盛德的帝王都曾有過誅討共工的功。帝嚳誅滅共工，見《淮南子·原道篇》和《史記·楚世家》。顓頊戰敗共工之卿浮游，見《汲冢瑣語》。唐氏（帝堯）伐共工，見《周書·史記篇》。帝舜流共工於幽州，見《尚書·堯典》。

禹的功勞尤其多，攻共工，見《大荒西經》，伐共工，見《荀子·議兵篇》及《秦策》，逐共工，見《荀子·成相篇》，殺共工之臣相柳或相繇，見《海外北經》及《大荒北經》。此外不要忘記上文已表過的女媧殺黑龍，實即殺共工。苗族傳説没有把共工羅織成一個千古罪人。他們的態度較老實，較幼稚，衹説兄弟二人因争財産不睦，哥哥一氣，便發起洪水來淹没弟弟所管領的大地。如故事（10）。他們也不諱言自己的祖先吃了敗仗，以致受傷身死，如故事（2）。因此將這仇恨心理坦率的表現在故事（1）中，便説母親病重，告訴兒子："若得天上雷公的心來吞服，便可痊癒。"總之，漢、苗兩派的故事，作風雖不同，態度雖有理智的與感情的之别，但内中都埋藏着一個深沉的、遼遠的仇恨，却没有分别。

這次戰争之劇烈，看《淮南子·覽冥》《天文》兩篇所述，便可想見。四極廢，九州裂，天傾西北，地傾東南，其破壞性之大一至於此。神話期歷史上第一有名的涿鹿之戰，也許因時期較近，在人們記憶中較爲鮮明，若論其規模之大，爲禍之慘烈，似乎還比不上這一次。但洪水部分，我以爲必係另一事，它之加入這個戰争故事，是由於傳説的黏合作用。遠在那渺茫的神話時期，想來不會有如後來智伯、梁武所用的水戰的戰術。洪水本身是怎麽回事，是另一問題。它的慘痛的經驗，在人類記憶中留下很深的痕迹，那是顯而易見的。它的被羼入這戰争故事，正表示那場戰争之激烈，天灾與人禍，正以慘烈性的程度相當，而在人類記憶中發生黏合作用。爲明瞭戰争在這故事中的重要性高於洪水，我們還可以引另一故事作一比較。奉祀槃瓠的傜畲，雖與奉祀伏羲的苗不同族，但是同系的兩個支族，那是不成問題的。而且"槃瓠""伏羲"一聲之轉，明係出於同源，而兩故事中相通之處也很多。這些問題下文還要詳細討論。現在我們要提出的是槃瓠故事中完全没有洪水，而戰争却是故事的一個很重要的成分。這也反映出在伏羲故事中，洪水本不是包含在戰争中的一部分，而是另外一件獨立的事實，和戰争偶然走碰頭了，因而便結了不解之緣。换言之，戰争的發生或許在苗和傜畲未分居的時代，所以在兩支傳説中都保存着這件事的記憶。洪水則是既分居後苗族獨有的經驗，所以它衹見於苗族傳説，而不見於傜畲傳説。

古代民族大都住在水邊，所謂洪水似乎即指河水的泛濫。人們對付這洪水的手段，大致可分三種。（一）最早的辦法是“擇丘陵而處”，其態度是消極的，逃避的。消極中稍帶積極性的是離水太遠的高處不便居住，近水的丘陵不够高時，就從較遠的高處挖點土來把不够高的填得更高點，這便是所謂“墮高堙庳”。次之（二）是壅防，即築初步的或正式的隄。後（三）是疏導，堙塞從古以來就有了，疏導的發明最晚，都用不着討論。壅防的起源却不太早。《穀梁傳》僖九年載齊桓公葵丘之盟（前六五一）曰“毋壅泉”，似乎是最早的記載。一百年後，周“靈王二十二年（前五五〇），穀洛鬥，將毀王宫，王欲壅之”（《周語》下）。太子晋大大發揮一頓壅防的害處。大概春秋中葉以後，壅防之事已經盛行了。以農業發展與土地開闢的情形推之，“壅泉”之盛於此時，倒是合理的。再早便不大可能了。若説神話初産生時，人們便已知道“壅泉”之法，因而便説共工曾實行此法，那却很難想象了。

古籍説到共工與洪水的有下列各書：

> 《書·堯典》：“共工方鳩僝（栫）功……象（潒）恭（洪）滔天。”
>
> 《周語》下：“昔共工氏……欲壅防百川，墮高堙庳，以害天下。”
>
> 《淮南子·本經篇》：“共工振滔洪水，以薄空桑。”

《堯典》“潒洪滔天”即《淮南子》“振滔洪水”，已詳上文。但這是説激動洪水，而没有説到如何激動的方法。“墮高堙庳”假定是共工時代可能的現象，大致没有什麽問題。《堯典》“方鳩僝功”之僝應讀爲栫，《説文》訓爲“以柴木壅”，此即《周語》所謂“壅防百川”。如果上文我們判斷的不錯，壅泉之法，至春秋時代纔開始盛行，那麽傳説中共工壅防百川的部分，可能也是春秋時産生的。本來《周語》“共工氏……欲壅防百川”的話就是太子晋口中的，而説到“共工方鳩僝功”的《堯典》，有人説是戰國作品，雖未必對，但恐怕最早也不能超過春秋之前。

總之，我們相信洪水傳説儘可很早，共工發動洪水，尤其以壅防百川的方法來發動洪水，却不必早。共工發動洪水的傳説既不能太早，則在顓頊、共工的戰爭故事中，洪水部分是比較後加的，也就不言而喻了。

四　漢苗的種族關係

上文我們已經證明了伏羲、女媧確是苗族的祖先，我們又疑心那稱爲伏羲氏的氏族或是西周褒國後裔之南遷者。褒是姒姓國，夏禹之後，然則伏羲氏的族屬與夏后氏相近了。伏羲與龍的關係是無可疑的事實。夏與龍的關係，以下面各事證之，似乎也不成問題。（一）《海内經》注引《歸藏・啓筮篇》曰："鯀死三歲不腐，剖之以吴刀，化爲黄龍。"《初學記》二二，《路史・後紀》一二注引"化爲黄龍"并作"是用出禹"。（二）《天問》："應龍何畫？河海何歷？"王注曰："禹治洪水時，有神龍以尾畫地，導水所注當决者，因而治之也。"其實助禹治水的龍本即禹自己，後期傳説始分爲二。（三）古禹字作 ，從 （虫）從 （手）執之。虫古虺字，與龍同類。（四）夏王多乘龍的故事。A《御覽》九六引《括地圖》"夏后德盛，二龍降之，禹使范氏御之以行"。（《博物志》八，敦煌舊抄《瑞應圖》引《神靈記》略同）B《海外西經》"夏后啓於此儛九代，乘兩龍"，《大荒西經》"有人珥兩青蛇，乘兩龍，名曰夏后開"，注引《歸藏・鄭母經》"夏后啓筮御飛龍登於天，吉"。C《左傳》昭二十九年"帝賜之（孔甲）乘龍，河漢各二"。（五）《史記・封禪書》"夏得木德，青龍止於郊"。伏羲氏與夏后氏既皆與龍有這樣密切的關係，我疑心二者最初同屬於一個龍圖騰的團族。在後圖騰社會變爲氏族社會，這團族纔分爲若干氏族，伏羲氏與夏后氏便是其中之二。既爲兩個分離的氏族，所以各自有姓，伏羲氏姓風，夏后氏姓姒。褒亦姒姓國，本是龍圖騰的支裔，所以也有先君二龍的傳説。

漢族所傳的共工，相當於苗族所傳的雷神，也是上文證明過的。共工既相當於雷神，則共工的對手可能也相當於雷神的對手了。雷神的對手是伏羲。共工的對手，據漢籍所傳，有以下各種説法：

（一）帝嚳高辛氏

《淮南子·原道篇》："昔共工……與高辛争爲帝。"

《史記·楚世家》："共工氏作亂，帝嚳使重黎誅之而不盡。"

（二）顓頊

《淮南子·天文篇》："昔者共工與顓頊争爲帝。"

同上《兵略篇》："顓頊嘗與共工争矣。"

《史記·律書》："顓頊有共工之陣以平水害。"

《瑣語》："昔者共工之卿浮游敗於顓頊。"

（三）帝堯陶唐氏

《韓非子·外儲説左上篇》："堯……又舉兵而誅共工於幽州之都。"

《周書·史記篇》："昔有共工自賢……唐氏伐之，共工以亡。"

《大戴記·五帝德篇》："帝堯……流共工於幽州，以變北狄。"

（四）帝舜

《書·堯典》："舜……流共工於幽州。"

《淮南子·本經篇》："舜之時，共工振滔洪水，以薄空桑。"

及（五）禹

《荀子·議兵篇》："禹伐共工。"（《秦策》同）
《荀子·成相篇》："禹有功，抑下鴻，辟除民害逐共工。"
《大荒西經》："西北海之外……有禹攻共工之山。"
《海外北經》："共工之臣曰相柳氏……禹殺相柳。"（《大荒北經》作相繇）

除帝嚳外，其餘各説都可以有法溝通。舜流共工，據《堯典》，本在舜受禪後堯未死前，故共工也可説是堯流的。若依《韓非子》，堯禪位於舜，共工以爲不平，堯逐流之，則流共工正在唐、虞禪讓之際，其負責的人更是兩説皆可了。《周書》的看法與韓非同，大概是比較近確的。流共工的事既可以這樣看，關於四凶中其餘三凶，可以類推。講到四凶，有一個極有趣的現象，那便是不但如世人所習知的堯（或舜）誅四凶，顓頊與禹似乎也有同樣的事迹。試分别證之如下：

（一）三苗　《墨子·非攻下篇》曰：

昔者三苗大亂，天命殛之。……高陽乃命禹於玄宫……以征有苗。

然則誅三苗是顓頊的命令，而禹執行之。此外諸書單説禹伐有苗很多，不具舉。總之，對誅三苗這事，顓頊和禹都有分兒。

（二）鯀　經注引《紀年》曰：

顓頊產伯鯀，是維若陽。

《世本》及《大戴記·帝繫篇》亦皆曰："顓頊產鯀。"《墨子·尚賢中篇》曰：

昔者伯鯀，帝之元子，廢帝之德庸，既乃刑之。

五　伏羲與葫蘆

1. 洪水造人故事中的葫蘆

在中國西南部（包括湘西、貴州、廣西、雲南、西康），東及臺灣，諸少數民族中，乃至在域外西及越南與印度中部，都流傳着一種兄妹配偶型的洪水遺民再造人類的故事（下簡稱爲洪水造人故事），其母題最典型的形式是：

> 一個家長（父或兄），家中有一對童男童女（家長的子女或弟妹）。被家長拘禁的仇家（往往是家長的弟兄），因童男女的搭救而逃脱後，發動洪水來向家長報仇，但對童男女，則已預先教以特殊手段，使之免於災難。洪水退後，人類滅絶，衹剩童男女二人，他們便以兄妹（或姊弟）結爲夫婦，再造人類。

這是原始智慧的寶藏，原始生活經驗的結晶，舉凡與民族全體休戚相關，而足以加强他們團結意識的記憶，如人種來源，天災經驗，與夫民族仇恨等等，都被象徵式的糅合在這裏。它的内容是複雜的，包含着多樣性而錯綜的主題，因爲它的長成是通過了悠久時間的纍積。主題中最重要的，無疑是人種來源，次之或許是天災經驗，再次是民族仇恨等等。本文便專以人種來源這個主題爲研究對象，所有將被討論的諸問題都以這一點爲中心。

普通都稱這些故事爲“洪水故事”，實有斟酌餘地。我們在上文已經提到故事的社會功能和教育意義，是在加强民族團結意識，所以在故事中那意在證實血族紐帶的人種來源——即造人傳説，實是故事最基本的主題，洪水衹是造人事件的特殊環境，所以應居從屬地位。依照這觀點，最妥當的名稱該是“造人故事”。如果再詳細點，稱之爲“洪水造人故事”，那“洪水”二字也是帶有幾分限制詞的意味的。我疑心普通衹注意故事中的洪水部分而忽略了造人部分，是被洪水事件本身的戲劇性所迷誤的。其實這純是我們文明社會的觀點，我們知道，原始人類從不爲故事而講故事，在他們任何行爲都是具有一種實用的目的。

正如造人是整個故事的核心，葫蘆又是造人故事的核心。但在討論故事中作爲造人素材的葫蘆之前，我們得先談談作爲避水工具的葫蘆。

分析四十九個故事的内容（參看表一），我們發現故事情節與葫蘆發生關係的有兩處，一是避水工具，一是造人素材。本來在原始傳説中，説法愈合理，照例是離原始形態愈遠，因此在避水工具中（參看表二），葫蘆和與它同類的瓜，我們疑心應該是較早期的説法，其餘如鼓桶臼箱甕床和舟，説得愈合理，反而是後來陸續修正的結果。這一點交代以後，我們再來研究造人素材（參看表三）。在那第一組（物中藏人，由物變人）的六種不同的形式中，

一、男女從葫蘆中出；
二、男女坐瓜花中，結實後，二人包在瓜中；
三、造就人種，放在鼓内；
四、瓜子變男，瓜瓤變女；
五、切瓜成片，瓜片變人；
六、播種瓜子，瓜子變人。

五種屬於葫蘆和與之同類的瓜，一種是鼓，看來鼓中容人，似比葫蘆和瓜更合理，實則它的合理性適足以證明它的訛誤性，説不定鼓中藏人種，正是受了那本身也是訛變的“鼓中避水説”的感染而變生的訛變。因此，我們主張在討論問題時，這一條“造就人種，放在鼓内”，

可以除外，要不就權將“鼓”字當作“瓜”字之訛也行。這一點辯明以後，我們可以進而討論全部造人素材的問題，便是造人素材與葫蘆的關係問題。

和避水工具一樣，關於造人素材的説法，也可分爲較怪誕與較平實的兩組，前者我們稱爲第一組，後者稱爲第二組。第一組的六種形式上文已經列舉過，現在再將第二組分作兩類列舉於下：

第一類像物形

一、像瓜　二、像鷄卵　三、磨石仔

第二類不成人形

一、肉球，肉團（陀），肉塊　二、無手足（腿臂），無頭尾，無耳目口鼻（面目）　三、怪胎　四、血盆

第一類的第三項與第二類的第二項，没有嚴格的界限。有時説到“磨石仔”，又説到“無手足”之類，在這種場合，我們便將它歸入“無手足……”項下。依上述愈合理愈失真的原則，我們疑心這第二組内離葫蘆愈遠，離人形愈近的各種形式，也是後起的合理化的觀念形態。而最早的傳説衹是人種從葫蘆中來，或由葫蘆變成。八寨黑苗（7），短裙黑苗（8），説童男女自身是從石蛋出來的，生苗或説蛋（15），或説白蛋（17），或説飛蛾蛋（18），暗示最初的傳説都認爲人類是從自然物變來，而不是人生的。而且蛋與葫蘆形狀相近，或許蛋生還是葫蘆生的變相説法。至於避水工具中的葫蘆，也還是抄襲造人素材的葫蘆的。可能造人和洪水根本是兩個故事，《生苗起源歌》（16，17，18）衹講造人，不提洪水，似乎還保存着傳説的原始形態（生苗是一個在演化進程中最落後的民族）。我們疑心造人故事應産生在前，洪水部分是後來黏合上去的，洪水故事中本無葫蘆，葫蘆是造人故事的有機部分，是在造人故事兼并

洪水故事的過程中，葫蘆纔以它的渡船作用，巧妙的做了綴合兩個故事的連鎖。總之，没有造人素材的葫蘆，便没有避水工具的葫蘆，造人的主題是比洪水來得重要，而葫蘆則正做了造人故事的核心。

2. 伏羲女媧與匏瓠的語音關係

以上所論都是純理論的假設，最後判斷當然有待於更多更精密的民俗調查材料。這樣的材料，可惜我們目前幾乎一點也没有。然而説除了民俗調查材料，目前我們在這題目上，便没有一句話可説，那又不然。

總觀以上各例，使我們想到伏羲、女媧莫不就是葫蘆的化身。或仿民間故事的術語説，一對葫蘆精。於是我注意到伏羲、女媧二名字的意義。我試探的結果，“伏羲”“女媧”果然就是葫蘆。

伏字《易·繫辭傳》下作包，包匏音近古通，《易·姤》九五“以杞包瓜”，《釋文》引《子夏傳》及《正義》包并作匏。《泰》九二：“包荒，用馮河，不遐遺。”包亦當讀爲匏，可證。匏瓠《説文》互訓，古書亦或通用，今語謂之葫蘆。羲一作戲，《廣雅·釋器》：“瓠，蠡，蓋，甗，瓢也。”《一切經音義》十八引作䖒，音羲。王念孫云，甗與䖒同，即櫼字（《莊子·人間世篇》《大宗師篇》《田子方篇》，《管子·輕重戊篇》，《荀子·成相篇》，《趙策》四）。或作虧（《月令》釋文），其本字當即甗。《集韻》甗虚宜切，音犧，訓“瓠，瓢也”。譯爲今語則爲葫蘆瓢。又有櫼、檥、桸三字，當即甗之别體。

《方言》二：“蠡，陳、楚、宋、魏之間或謂之簞，或謂之櫼，或謂之瓢。”郭注曰：“瓠，勺也，今江東通呼爲櫼。櫼音羲。”

《玉篇·木部》：“櫼，杓也。”《一切經音義》十八：“南曰瓢櫼，蜀人言蠡櫼。”

《集韻·五支》：“櫼，蠡（蠡）也，或作檥。”

陸羽《茶經》引《神異記》：“晋永嘉中，餘姚人虞洪，入瀑布山采茗，遇一道士。云，吾丹邱子，祈子他日甌犧之餘，乞相遺也。”（案《茶經》曰：“犧，木杓也。”又曰：“瓢一曰犧杓，剖瓠爲之，或刊木爲之。”）

《説文·木部》：“桸，杓也。”（案《類篇》桸通作㰤）

伏羲字亦有“羲”“戲”“希”三形。羲戲習見，希則見《路史·後紀》二注引《風俗通》。（女媧一作女希，見《初學記》九引《帝王世紀》，及《史記·補三皇本紀》。）我以爲包與戲都是較古的寫法。包戲若讀爲匏𤬛（㰤、犧、桸），即今所謂葫蘆瓢。但戲古讀如乎，與匏音同。若讀包戲爲匏瓠，其義即爲葫蘆。既剖的葫蘆謂之瓢，未剖的謂之葫蘆，古人於二者恐不甚分，看瓠（葫蘆）𤬛（瓢）上古音全同便知。女媧之媧，《大荒西經》注、《漢書古今人表》注、《列子·黄帝篇》釋文、《廣韻》、《集韻》皆音瓜。《路史·後紀二》注引《唐文集》稱女媧爲“炮媧”，以音求之，實即匏瓜。包戲與炮媧，匏瓠與匏瓜皆一語之轉。（包戲轉爲伏希，女媧轉爲女希，亦可見戲媧二音有可轉之道。）然則伏羲與女媧，名雖有二，義實衹一。二人本皆謂葫蘆的化身，所不同者，僅性别而已。稱其陰性的曰“女媧”，猶言“女匏𤬛”“女伏羲”也。

苗族傳説以南瓜爲伏羲、女媧的第二代。漢族以葫蘆（瓜）爲伏羲、女媧本身，這類親與子易位，是神話傳説中常見的現象，并不足妨礙苗族的伏羲與伏羲妹即漢族的伏羲、女媧。至於爲什麼以始祖爲葫蘆的化身，我想是因爲瓜類多子，是子孫繁殖的最妙象徵，故取以相比擬。《開元占經》六五《石氏中官占篇》引《黄帝占》曰：“匏瓜星主后宫。”又曰：“瓠瓜星明，則……后宫多子孫，星不明，后失勢。”同上引《星官制》曰：“匏瓜，天瓜也。性内文明而有子，美盡在内。”《大雅·緜篇》以“緜緜瓜瓞”爲“民之初生……”的起興，用意與此正同。

根據上面的結論，有些零星問題，可以附帶的得到解決。

（一）女媧作笙　古代的笙是葫蘆做的。《白虎通·禮樂篇》：“瓠曰笙。”苗人亦以葫蘆爲笙，見劉恂《嶺表録異》，朱輔《溪蠻叢笑》。女媧本是葫蘆的化身，故相傳女媧作笙。《禮記・明堂位》“女媧之笙簧”，注引《世本》曰“女媧作笙簧”。

（二）伏羲以木德王　葫蘆是草木之類，伏羲是葫蘆的化身，故曰伏羲木德。曹植《庖犧畫贊》“木德風姓”，宋均《春秋内事》“伏羲氏以木德王”。《御覽》七八引《帝王世紀》：“太昊庖犧氏……首德於木，爲百王先。”

據上文伏羲與槃瓠誠屬二系，然細加分析，兩者仍出同源。“槃瓠”名字中有瓠字而《魏略》等述繭末化生時復有“婦人盛瓠中，覆之以槃”之語，可見瓠亦爲此故事母題之一部分。實則槃即剖匏爲之，“槃瓠”猶匏瓠，仍是一語。是“槃瓠”與“包羲”字異而聲義同。在初本係一人爲二民族共同之祖，同祖故同姓。舊説伏羲、女媧風姓，而《圖書集成・畲民調查記》及《狗皇歌》皆有姓槃之説。風從凡聲，古作，槃從般，古作，亦從聲，然則風槃亦一姓也。

卜辭或省鳥形，直作。古器物先有匏，而刳木，編織，陶埴，鑄冶次之。横置作，象剖匏之形，下有爲基址。然則風姓、槃姓，其初皆即匏生耳。

表一

		流傳地域與講述人	童男	童女	家長	仇家	贈遺	洪水	避水	占婚	造人	采集者
1.	湘西苗人故事（一）	湖南鳳凰東鄉苗人吴文祥述	兄	妹	Ay Pégy Koy Péiy	Koy Soy		雷公怒發洪水數十日	兄妹各入黄瓜避水	扔磨石東西分走	生下肉塊割弃變人	芮逸夫
2.	湘西苗人故事（二）	鳳凰北鄉苗人吴良佐述	兒	女	Koy Peny	Koy Soy		雷公發洪水七日七夜	共入葫蘆	金魚老道撮合		芮逸夫
3.	儺父儺母歌	吴良佐抄	兄（伏羲）	妹	張良	Koy Soy		玉皇上帝發洪水七日七夜	共入葫蘆	分赴東山南山焚香香烟結團	生肉塊割開發現十二童男女	芮逸夫
4.	儺神起源歌	湖南乾縣城北鄉仙鎮營苗人石啓貴抄	兒	女	禾壁	禾聳		雷公發洪水七日七夜	兄妹共入仙瓜	扔竹片扔磨石	生下怪胎割弃變人	芮逸夫
5.	苗人故事		弟	姊		另一對男女			入木鼓	滚磨抛針抛綫	生子如鷄卵切碎變人	Savina，F.M.

续表

		流傳地域與講述人	童男	童女	家長	仇家	贈遺	洪水	避水	占婚	造人	采集者
6.	黑苗洪水歌		弟（A-Zie）			兄（A-F'o）		雷發洪水	弟入葫蘆避水	滚磨扔刀	生子無手足割弃變人	Clarke，Samuel，R.
7.	八寨黑苗傳説	貴州八寨	兄 妹 鄰居		老岩（九蛋中最幼者司地）	雷（九蛋中最長者司天）	雷勸兄妹種葫蘆	雷發洪水	入葫蘆	結婚	繁衍人類	吴澤霖
8.	短裙黑苗傳説	貴州爐山麻江丹江八寨等縣交界處	小弟	幼妹		石蛋中出十二弟兄長兄被害變成雷公上天		小弟害死諸兄雷公發洪水報仇	小弟作法上天	水退下地與妹相遇結婚	生子無眼形如球切碎變人	吴澤霖
9.	花苗故事		弟	妹	兄	老婦（從天下降）			弟妹入木鼓	扔磨石扔針綫	生子無手足割弃變人	Hewitt，H.J.
10.	大花苗洪水滔天歌	貴州	二兄（智萊）	妹（易明）		大兄（愚皇）		安樂世君發洪水	杉舟	滚磨	生三子	楊漢先

续表

		流傳地域與講述人	童男	童女	家長	仇家	贈遺	洪水	避水	占婚	造人	采集者
11.	大花苗洪水故事	貴州威寧	弟	妹	兄				木鼓	滾磨穿針雷公命樂世君指示	生子無腿無臂	
12.	雅雀苗故事	貴州南部	兄（Bu-i，Fu-hsi）	妹（Ku-eh）					入葫蘆避水	扔磨石扔樹	生二子無手足不哭割弃變人	Cla. Ke
13.	生苗故事（一）	貴州	兄	妹			天上老奶種瓜結瓜王可容數十人	大雨成灾洪水滅盡人類	兄妹入瓜漂浮上天	天上人教二人下來結爲夫婦	吃瓜生瓜兒剖碎變人	陳國鈞
14.	生苗故事（二）	貴州	長兄（恩——居地）	妹（明——居地）		次兄（雷——居天）		雷發洪水	乘船漂浮上天（以葫蘆盛馬蜂螯雷）	小蟲教二人打傘在山坡相逢如遠來的表親遂結爲夫婦	生子無四肢如瓜形割弃變人	陳國鈞

续表

		流傳地域與講述人	童男	童女	家長	仇家	贈遺	洪水	避水	占婚	造人	采集者
15.	生苗洪水造人歌	貴州	兄（恩——居地）	妹（媚——居地）		長兄（雷——居天）	雷報媚以瓜子結實如倉大	雷發洪水	乘南瓜漂浮上天	老奶指點	偷吃瓜被老奶責罵生子無耳目如瓜斫碎變人	陳國鈞
16.	生苗起源歌（一）		兄	妹						結婚	生兒無手足割碎變人	陳國鈞
17.	生苗起源歌（二）	貴州	兄　妹 由白蛋生出							結婚	生瓜兒切碎變人	陳國鈞
18.	生苗起源歌（三）	貴州	兄　妹 由飛蛾卵生出			雷公（另一飛蛾卵生出）				兄妹相愛結婚	生南瓜斫碎變人	陳國鈞
19.	侗人洪水歌	貴州	兄（伏羲）	妹				洪水來時	將造就的人種放在鼓内			

续表

		流傳地域與講述人	童男	童女	家長	仇家	贈遺	洪水	避水	占婚	造人	采集者
20.	苗人譜本	廣西北部	兄（張良一作姜良）	妹（張妹一作姜妹）	卷氏夫人（生七子女）	雷公雷母	雷公贈仙瓜子	鐵雨成灾	兄妹入葫蘆避水	太白仙人金龜老道撮合	生肉陀（團）割碎變人	徐松石
21.	偏苗洪水横流歌	廣西西隆	兄（伏羲）	妹				洪水	將造就的人種放在鼓内			雷雨
22.	傜人洪水故事	廣西融縣羅城	女（伏羲）	兒	父	雷公	雷公贈牙種成葫蘆	天發洪水	兄妹入葫蘆避水	繞樹相追	生肉球割碎變人	常任俠
23.	葫蘆曉歌		伏羲					寅卯二年發洪水	入葫蘆避水			常任俠
24.	傜人故事	廣西武宣修仁之間	子		神人		贈牙種而生瓠破瓠裂爲團船	洪水	神人率子入坐鐵鑊浮至天門			常任俠
25.	板傜五穀歌	廣西三江	兄（伏羲）	妹				寅卯二年發洪水	兄妹入葫蘆避水	燒香禮拜結爲夫婦	置人民	樂嗣炳

续表

		流傳地域與講述人	童男	童女	家長	仇家	贈遺	洪水	避水	占婚	造人	采集者
26.	板傜盤王歌	廣西象縣	兄（伏羲）	妹				洪水七日七夜	入葫蘆避水	金龜撮合	生“團乙”	
27.	儂傜盤傜盤王書中洪水歌	廣西都安	兄（伏羲）	妹	蔣家			洪水七日七夜	入葫蘆避水	烟火	生血盆玉女分之爲三十六姓	
28.	盤傜故事	鎮邊盤傜盤有貴述	兄（伏羲）						入瓢瓜避水	滚磨石燒烟火看竹枝	撒出瓜子瓜瓤瓜子變男瓜瓤變女	
29.	盤傜故事	灌陽布坪鄉	男孩	女孩	盤王		盤王打落牙齒種牙成瓜	下雨三年六個月	盤王將瓜穿眼命小孩坐入	生磨石仔盤王切碎變人		
30.	紅傜故事	廣西龍勝三百坤紅傜張老老述	兄（姜良）	妹（姜妹）	姜氏太婆（生子女六人或説七人）	雷公雷婆	雷公雷婆贈白瓜子	大雨成灾	兄妹坐入瓜花結實二人包在瓜内	看烟柱種竹滚磨繞山走	繼續人種	徐松石

续表

		流傳地域與講述人	童男	童女	家長	仇家	贈遺	洪水	避水	占婚	造人	采集者
31.	東隴傜故事	上林東隴傜藍年述	伏羲		父别母别		雷公贈牙		乘瓜上浮		生磨石仔無頭無尾切碎變猴再變人	陳志良
32.	藍靛傜故事	田西藍靛傜李秀文述				閃電仙人	仙人贈瓜子	大雨成災	入瓢瓜避水	燒烟火種竹滾磨	生子無手足頭尾切碎變人	陳志良
33.	背籠傜故事	凌雲背籠傜臘承良述	兄（伏 Lin）	妹（義 Cein）				久雨成災	入瓢瓜避水	滾磨	生肉團無手足面目切碎變人	陳志良
34.	背籠傜遺傳歌	臘承良譯	兄（伏羲）	妹			自種瓢瓜結實如倉大	皇天降大雨	入瓜内避水	結爲夫婦	生磨石兒割碎變人	陳志良
35.	蠻傜故事	廣西東二闌蠻傜侯玉寬述	兄（伏 dn）	妹（羲 Cε）				久雨成災	入大甕避水	燒烟火滾磨石	生子無手足面目	陳志良
36.	獨傒傜故事	都安獨傒傜蒙振彬述	兄（伏羲）	妹				雷電大雨成災	入瓢瓜避水		生磨石兒劈碎變人	陳志良

续表

		流傳地域與講述人	童男	童女	家長	仇家	贈遺	洪水	避水	占婚	造人	采集者
37.	西山傜故事	隆山西山傜袁秀林述	特門、馱豆（伏義）		卜白（居天上司雷雨）	雷王（居地下）	雷王贈牙	雷王下雨發洪水	入葫蘆避水	燒烟火	生子無耳目口鼻如磨石切碎變人	陳志良
38.	儂人故事	都安儂人韋武夫述			仙人	仙人贈牙作船髮作槳						陳志良
39.	倮儸故事		弟	妹		兩兄		洪水發時	弟妹入木箱上浮			Vial，Paul
40.	夷人故事	雲南尋甸鳳儀鄉黑夷李忠成宣威普鄉白夷田靖邦述	三弟	美女			白髮老人教造木桶	洪水發時	入桶避水	遵老人命與女結婚	生三子是爲乾夷黑夷漢人之祖	馬學良
41.	漢河倮儸故事	紅河上游漢河丙冒寨夷人白成章述						洪水中人類滅絶	葫蘆從天降下一男一女從中而出			邢慶蘭
42.	老亢故事	雲南西南邊境耿馬土司地蚌隆寨	兄	妹				洪水發時	兄妹同入木床避水	結婚	生子砍碎變人	芮逸夫

续表

		流傳地域與講述人	童男	童女	家長	仇家	贈遺	洪水	避水	占婚	造人	采集者
43.	栗粟故事	耿馬土司地大平石頭寨	兄	妹				洪水發時	兄妹同入葫蘆避水	結婚	生七子	芮逸夫
44.	大凉山倮儸人祖傳説（一）	西康甯族夷族	喬姆石奇（Gomzazi）鹽源一帶稱陶姆石孃（Domzanyo）	天女		天公		天公發洪水毀滅人類	石奇作桐木舟避水	青蛙設計要求天女與石奇結婚	生三子	莊學本
45.	大凉山倮儸人祖傳説（二）		兄（喬姆石奇）	妹（天宮仙女）				洪水泛濫	石奇乘桐木舟得救	經衆動物設法將妹請下滾磨成婚		莊學本
46.	東京蠻族故事		兄（Phu-Hay）	妹（Phu-Hay-Mui）	Chang Lô-Cô			洪水泛濫	兄妹同入南瓜避水	結婚	生南瓜剖瓜得子播種變人	de Lajonquiere，Lunet
47.	巴那（Bahnars）故事	交趾支那	兄	妹				洪水泛濫	入大箱避水			Guerlack
48.	阿眉（Ami）故事	臺灣	兄	妹				洪水泛濫	入木臼避水	結婚	生子傳人類	Lshii，Shinji

续表

		流傳地域與講述人	童男	童女	家長	仇家	贈遺	洪水	避水	占婚	造人	采集者
49.	比爾（Bhils）故事	印度中部	兄	妹				洪水泛濫	入木箱避水	結婚	生七男七女	Luard，C.E.

表二

避水工具	故事號數	總　計
葫蘆（瓠　瓢瓜）	二·三·六·七·一二·二〇·二四·二五·二六·二七·二八·三二·三三·三六·三七·四一·四三	一七 } 自然物百分之五七·二
瓜（仙瓜　黄瓜　南瓜）	一·四·一三·一五·二九·三〇·三一·三四·四六	九 }
鼓（木鼓）	五·九·一一·一九·二一·二二·二三	七 } 人造器具百分之四一·八
甕	二五	一 }
木桶　木臼　箱	三九·四〇·四七·四八·四九	五 }
床	四二	一 }
舟（桐舟　杉舟）	一〇·一四·三八·四四·四五	五 }

表三

	造人素材			故事號數	總計	
第一組	物中藏人	葫蘆	男女從葫蘆中出	四一	一	四
		瓜	男女坐瓜花中結實後二人包在瓜中	三〇	一	
		鼓	造就人類放在鼓内	一九・二一	二	
	物變人	瓜	瓜子變男瓜瓤變女	二八	一	一
	人生物物再變人	瓜	切瓜成片瓜片變人	一三・一八・四二	三	四
			播種瓜子瓜子變人	四六	一	
第二組	生子像物或不成人形割碎始變成人	像物形	像瓜	八・一四・一五・一六	四	二四
			像鷄卵	五	一	
			磨石仔	二九・三四・三六	三	
		不成人形	肉球肉團（陀）肉塊	一・三・二〇・二六・三三	五	
			無手足（腿臂）無頭尾無耳目口鼻（面目）	六・九・一一・一二・一六・三一・三二・三五・三七	九	
			怪胎	四	一	
			血盆	二七	一	

神仙考[1]

一　神仙思想之發展

最大多數銅器銘文的最大共同點，除了一套表示虔敬態度的成語外，就是祈眉壽一類的嘏辭[2]。典型的儒家道德觀念的核心也是個“敬”字，而《洪範》五福第一便是壽。這表明以“壽”爲目的，以“敬”爲手段，是古代人生觀最大特色。這觀念的背景是什麽？原來“敬”“驚”“儆”最初衹是一字，而“祈眉壽”歸根無非是“救命”的呼聲。在人類支配環境的技術尚未熟練時，一個人能不死於非命，便是大幸，所以嘏辭又曰“霝冬”，《詩》曰“令終”[3]，五福之五曰“考終命”，皆以善終爲福。曰“眉壽”，曰“令終”，可見那時的人衹求緩死，求正死，不作任何非分之想。《詩》及嘏辭又曰“祈黄髮”“祈黄耇”[4]，這又表明人爲

---

① 據開明版《聞一多全集·神話與詩》編入本編。

② 原注：詳徐中舒《金文嘏辭釋例》。

③ 原注：《大雅·既醉》。

④ 原注：《小雅·南山有臺》“遐不黄耇”，《大雅·行葦》“以祈黄耇，黄耇台背”，《商頌·烈祖》“黄耇無疆”，《儀禮·士冠禮》同。《魯頌·閟宫》“黄髮台背”，又“黄髮兒齒”，《書·秦誓》“尚猶詢兹黄髮”，《韓詩外傳》五“吾受命國之黄髮”。案《詩》言“黄耇台背”，是黄耇即黄髮。耇蓋讀爲毫（《莊子·知北游篇》“而不失豪芒”，唐寫本豪作鈎，《淮南子·道應篇》亦作鈎，是其比），豪亦髮也。台讀爲炱（《楚辭·九辯》“收恢台之孟夏兮”，台一作炱，《文選·舞賦》：“舒恢炱之廣度。”），《説文》曰“炱，灰炱，煤也”，一作炲，《素問·風論》“其色炲”，王注“炲，黑色也”，案炱淺於黑，今所謂灰色是也。“黄耇”與“台背”對文。《論衡·無形篇》曰：“人少則髮黑，老則白，白久則黄。人少則膚白，老則膚黑，黑久則黯，若有垢矣。髮黄而膚有垢，故《禮》曰‘黄耇無疆’，《詩》《書》有言‘黄髮’者。”案王氏謂人老極則髮黄膚黯，甚是，其讀耇爲垢，而以黄耇二字分指髮膚，則不確。

求緩死而準備接受緩死的條件。他説：既然死可緩而老不可却，那就寧老而勿速死。橫竪人是牽就天的。大概當時一般中國人都這樣想。惟獨春秋時齊國及其鄰近地帶的人有些兩樣，而提出了"難老"的要求：

以旂眉壽，霝命，難老（《齊甾盤》）；
用旂眉壽，霝命，難老（《齊叔夷鎛》）；
用旂匄眉壽，其萬年，霝冬，難老（《殳季良父壺》）[①]；
永錫難老（《魯頌·泮水》）。

然而曰"難老"而不曰"不老"，措詞總算有些分寸，這樣事實上也還相對的可能。若想到"不死"，如：

齊侯（景公）至自田，晏子侍於遄臺……飲酒樂，公曰："古而無死，其樂若何？"（昭二十年《左傳》）

用旂壽老毋死。（《齊綸鎛》）

那就近乎荒唐了。景公酒酣耳熱，一時失言，猶可原諒。《綸鎛》則是宗廟的祭器，何等嚴重，何以銘詞中也載着這樣的怪話？怪話何以又專出自齊人之口呢？學者必連想到戰國時齊國的方士，以及一般人所深信的神仙説出於齊地的觀念，因而斷定這不死觀念即神仙説之濫觴。至於神仙説何以産生在齊，則大家似乎已經默認了，是由於齊地濱海，海上島嶼及蜃氣都是刺激幻想的對象。這兩説都有相當的是處，但都不免把

① 原注：《海内經》"炎帝之孫伯陵，伯陵同吴權之妻阿女緣婦，緣婦孕三年，是生鼓延殳，始爲侯"，郭注曰"三子名也"。案《周語》下"則我皇妣大姜之姪，伯陵之後，逄公之所憑神也"，韋注曰："大姜，大王之妃，王季之母，姜女也。……伯陵，大姜之祖，有逄伯陵也。逄公，伯陵之後，大姜之姪，殷之諸侯，封於齊地。"《左傳》昭二十年："昔爽鳩氏始居此地，（齊）季萴因之，有逄伯陵因之，蒲姑氏因之，而後大公因之。"據此，則殳是殷時據有齊地之姜姓諸侯逄伯陵的别封。周時殳國所在地未詳，想與齊必相去不遠。

問題看得太簡單了。實則春秋時的不死觀念不曾直接産生戰國時的神仙説，齊國（山東半島）也并非神仙的發祥地，因之海與神仙亦無因果關係。齊之所以前有不死觀念，後有神仙説，當於種族來源中求解答。

齊姜姓，四岳之後，春秋有姜戎，自稱亦四岳之後，[①] 看來齊與姜戎本是同種。同姓之國，或在諸夏，或在四夷，這種情形在春秋時太尋常了。但遇到這種情形時，有一問題不易回答，即此種氏族的共同祖先，本屬諸夏集團呢，還是夷狄集團？以姜姓爲例，也許姜戎是夷化了的諸夏，也許齊、吕、申、許、向、紀、州、鄣、厲等是華化了的夷狄。按普通的想法，似乎傾向前説者居多。實際上後説的可能性一樣大。周人所謂戎，本是諸異族的大名。以血族言，一部分西戎是羌族。姜羌一字，或從女或從人，衹性别不同。因之種名從人，姓氏從女，實質上也没有分别。周與羌族世爲婚姻，棄母姜嫄，太王娶太姜，武王娶邑姜，皆姜族女。參與牧野之戰的“西土之人”中的羌，大概就是武王的外家，而太公很可能就是他們的君長。太公以宗親，兼伐紂有大功，受封於吕，這是這支羌人内徙與華化的開端，後來太公的兒子丁公，又以平蒲姑有功，領着一部分子姓就地受封，都於營邱，是爲齊國。[②] 蒲姑是商世大國，東方文化的一個中心，丁公的子孫世居其地，華化的機會更多了。齊之内遷與華化，其事和他同姓的申同類。《周書・王會篇》有西申，次在氐羌之前，應該也是羌族，南陽的申國即其種人之内徙而華化者。《大荒北經》“有北齊之國，姜姓，使虎豹熊羆”，此齊人之留在夷狄者。齊有北齊，申有西申，可證其先皆自夷狄遷來，本不屬於諸夏集團。至於姜戎之逼處華夏而遲遲未被華化，則又似與萊人同類。萊亦姜姓，大概是和丁公同搬到東方的一支羌族，不知爲什麽和丁公決裂了，被屏弃在海濱，許久未受諸夏同化。同一種姓，或同化，或不同

① 原注：姜戎，陸渾戎之一種，本居瓜州，爲秦人所迫逐，歸於晋，惠公賜以南鄙之田以供晋之兵役。見《左傳》僖二十二年、襄十四年、昭九年，襄十四年戎子駒支曰：“我諸戎是四岳之裔胄也。”

② 原注：見傅斯年《大東小東説》。

化，這許多原因中，婚姻許是一個最重要的因子。齊、申皆周室的宗親，故同化的時期早而程度深，萊、姜戎不與諸夏通婚，故終春秋之世未被同化[①]。

由上觀之，齊人本爲西方的羌族，大致不成問題，現在我們就根據這點來探尋他們那不死觀念的來源。

《墨子·節葬下篇》曰：

> 秦之西有儀渠之國者，其親戚死，聚柴薪而焚之，燻上，謂之登遐。

儀渠即義渠，當是羌族，《吕氏春秋·義賞篇》曰：

> 氐、羌之民，其虜也，不憂其繫累，而憂其死不焚也。

并可證。以上所説都是火葬，火葬的意義是靈魂因乘火上天而得永生，故古書所載火葬俗流行的地方，也是“不死”傳説發生的地方。今甘肅、新疆一帶，正是古代羌族的居地，而傳説中的不死民，不死之野，不死山，不死樹，不死藥等[②]也都在這裏。很可能齊人的不死觀念是當初從西方帶進來的。

---

① 原注：《左傳》襄二年：“齊姜薨……齊侯使諸姜宗婦來送葬，召萊子，萊子不會。”雷學淇云：“據此，則萊亦姜姓之戎可知。”（《竹書紀年義證》十九）案夾谷之會，齊使萊人以兵劫魯侯，孔子以公退，曰：“士兵之！兩君合好而裔夷之俘以兵亂之，非齊君所以命諸侯也。裔不謀夏，夷不亂華。”（《左傳》定十年）《經》《傳》稱萊亦皆曰萊夷，蓋萊在被齊滅以前，始終拒絶同化。

② 原注：《海外南經》：“不死民……其爲人黑色，壽不死。”案經文，不死民在崑崙虚西。海内西北即海外東南，故此經亦有崑崙，然則以中國言之，不死民仍在西北也。又《大荒南經》“有不死之國”，《吕氏春秋·求人篇》“禹南至不死之鄉”，《淮南子·墜形篇》“自西南至東南方有……不死民”，《遠游》“留不死之舊鄉”，亦在南方，皆據海外言之也。《淮南子·時則篇》“三危之國，石室金城，飲氣之民，不死之野”，《天問》“黑水玄阯，三危安在？延年不死，壽何所止？”王注：“玄阯、三危，

皆山名也，在西方。黑水出崑崙山也。”案玄阯一名玄丘。《補史記·三代世表》引《詩》傳：“契母與姊妹浴於玄丘水。”《御覽》引《張掖記》：“黑水出縣界鷄山，昔有娀女簡狄浴於玄丘之水，即黑水也。”一名員丘，《海内經》“流沙之東，黑水之間，有山名不死之山”，郭注曰“即員丘也”，《水經・河水注》曰“流沙又歷員丘不死山之西”。是玄阯、玄丘、員丘，異名同實，在黑水中，即所謂不死之山。又《水經・汾水注》“黑水出黑山”，《太平寰宇記》“〔神山縣〕黑山在縣東四十里，一名牛首山，今名烏嶺山”，又“〔臨汾縣〕澇水源出烏嶺山，俗名長壽水”。案黑山即烏嶺山，黑水即澇水，一名長壽水。黑山爲長壽水所出，故又名神山，縣即因山得名也。依地名遷徙之例，域内之黑山即域外之玄阯、玄丘，玄阯、玄丘一名不死山，故黑水一名神山。域内之黑水即域外之黑水，域外黑水爲不死山之所在，故域内黑水一名長壽水。地名遷徙之迹可據以考見民族遷徙之迹。

《海内西經》“開明獸……立崑崙上……開明北有……不死樹”，郭注曰“言長生也”，《文選・思玄賦》李注引《古今通論》“不死樹在層城西”。《大荒南經》“有不死之國，阿姓，甘木是食”，郭注曰“甘木即不死樹，食之不老”。又《海外南經》“不死民”，注曰“有員丘山，上有不死樹，食之乃壽”。此皆據海外言之，海外東南即海内西北。説已詳上。《吕氏春秋・本味篇》“菜之善者……壽木之華”，高注曰：“壽木，崑崙山上木也。華，實也。食其實者不死，故曰壽木。”郝懿行云疑即不死樹，近是。

《淮南子・覽冥篇》：“羿請不死之藥於西王母，姮娥竊之以奔月。”《後漢書・天文志》注引張衡《靈憲》曰：“羿請無死之藥於西王母，姮娥竊之以奔月。將往，枚筮之於有黄。有黄占之曰：‘吉，翩翩歸妹，獨將西行，逢天晦芒，毋驚毋恐，後且大昌。’姮娥遂托身於月，是爲蟾蜍。”《乙巳占》引《連山易》略同。《北堂書鈔》一五〇引《歸藏》曰：“昔常娥以西王母不死之藥服之，遂奔爲月精。”《文心雕龍・諸子篇》曰：“《歸藏》之經，大明迂怪，乃稱……姮娥奔月。”《海内西經》“崑崙之虚方八百里，高萬仞……在八隅之岩，赤水之際，非仁（夷）羿莫能上岡之岩”，郭注曰：“羿嘗請藥西王母，亦言其得道也。”《類聚》八八引《山海經圖贊》：“不死之樹，壽蔽天地，請藥西姥，焉得爲羿？”案嫦娥竊藥事亦見《天問》。《天問》曰：“白蜺嬰茀，胡爲此堂？安得夫良藥，不能固臧（藏）？”近人傅斯年、郭鏤冰、童書業三氏均以嫦娥事説之，近確。余謂《天問》上文曰：“夜光何德（得），死則又育？厥利維何，而顧菟在腹？”亦與此事有關。王注：“夜光，月也；育，生也。”德與得通；《書鈔》一五〇、《事類賦》注一引并作得。則猶而也；《類聚》一，《初學記》一，《御覽》四，《事類賦》注一，《海録碎事》一引并作“死而又育”。古稱月之盈虧爲生魄死魄，故《孫子・虚實篇》曰：“月有生死。”此文上二句問月何所得，乃能死而復生，其意蓋即謂月精嫦娥嘗得不死之藥，故能死而復生也。下二句即承此意而問白菟擣藥事。《漢樂府・董逃行》曰：“采取神藥若木端，白菟擣藥蝦蟆丸。”傅咸《擬天問》曰：“月中何有，白兔擣藥。”“厥利維何，而顧菟在腹”者，正謂利兔之能擣藥也。《天問》前後二文可以互相發明。《天問》著作時期至遲當在戰國初，然則嫦娥竊藥故事戰國初已流行矣。《海内西經》：

但火葬所代表的不死，與不死民等傳説的不死，大有分别。火葬是求靈魂不死。靈魂不死的先决條件，是“未來世界”的存在，一個遠較這現實世界爲圓滿的第二世界，人死後，靈魂將在那裏永恒的生存着，享樂着。又基於一種先决的事物對立觀念，認爲靈魂與肉體是相反相妨的，所以他們又想到非毁盡肉體，不足以解放靈魂，於是便産生了焚尸火葬的禮俗。《後漢書·西羌傳》稱其人

以戰死爲吉利，病終爲不祥。

這也是很重要的材料。吉利大概即靈魂能升天之意。這可見他們因爲急於要靈魂上天，甚至等不及老死，就要乘機教人殺死自己，好把軀體割斷，讓靈魂早早放出來。這與後來不死民等傳説的靈肉合一，肉體不死即靈魂不死的觀念相差太遠了。但這種不死論，比起齊人的不死論，已經算玄虚的了。齊人所謂不死，當然是純粹的肉體不死，靈魂的死不死，甚至靈魂的有無諸問題，他們似乎不曾注意。然而比較起那以殷民族爲代表的東方諸土著民族來，這自西方移來的客籍齊人，又太嫌古怪了。依東方人説，人那有不死的道理？齊人真是妄想。至於肉體可隨着靈魂而不死，或肉體必須毁盡而後靈魂乃能永生一類觀念，那更是不可思議了。土著東方人與齊人之間是一條鴻溝。齊人與其老家的西方人比較的是相近。同是奢望，是痴想，是浪漫的人性不甘屈服於現實的表示，西方人前後兩種不死觀，以及齊人的不死觀，衹是程度深淺不同而已。非肉體死不足使靈魂生這種説法，本是違反人性的，其不能行通而

“開明東有巫彭、巫抵、巫陽、巫履、巫凡、巫相，夾窫窳之尸，皆操不死之藥以距之。窫窳者，蛇身人面貳負臣所殺也。”《大荒西經》：“有靈山，巫咸、巫即、巫肦、巫彭、巫姑、巫真、巫禮、巫抵、巫謝、巫羅十巫從此升降，百藥爰在。”亦謂不死之藥。又《大荒南經》“有巫山者，西有黄鳥，帝藥八齋”，郭注曰“天帝神仙藥在此也”，《經》又曰“雲雨之山……有赤石焉，生欒，黄本赤枝青葉，群帝焉取藥”，注曰“言樹花實皆爲神藥”。案此亦據域外言之，仍在中國西北也。

卒變爲肉體與靈魂同生，乃是必然的趨勢。肉死靈生的極端派一旦讓步而變爲靈肉同生的中和派，便根本失了唯靈論的立場，唯靈論的立場既經失去，便不難再讓一步而成爲齊人的純肉不死論。加上内徙後的齊人，受了土著東方人的同化，其放弃靈魂觀念的可能自然更大了。

上文我們説明了齊人本是西方遷來的羌族，其不死觀念也是從西方帶來的。但西方所謂不死本專指靈魂，并主張肉體毁盡，靈魂纔得永生。這觀念後來又演變爲肉體與靈魂并生。齊人將這觀念帶到東方以後，特别因爲當地土著思想的影響，漸漸放弃了靈魂觀念，於是又演變爲純粹的肉體不死。齊人内徙日久，受同化的程度應當愈深，按理没有回到唯靈原則下的各種不死論的可能。然而事實上，戰國初年燕、齊一帶突然出現了神仙傳説，所謂神仙者，實即因靈魂不死觀念逐漸具體化而産生出來的想象的或半想象的人物（解釋詳下）。這現象也很怪。靈魂不死論本産生在西方，難道這回神仙傳説之出現於燕、齊，也是從西方來的嗎？對了，這回是西方思想第二度訪問中國。神仙的老家是在西方，他的習慣都是西方的，這些在下文討論神仙説及其理論與技術時，隨時隨地都是證據，現在我們衹舉一個最鮮明的例來作個引子。據後來漢武帝求神仙時屢見大人迹[①]，及司馬相如《大人賦》推之，秦始皇時因臨洮見大人而鑄的“金人十二”，實在是十二位仙人的造像，難怪唐詩人李賀誤秦皇的金人爲漢武承露盤的仙人，而作《金銅仙人辭漢歌》[②]。

① 原注：《史記·封禪書》：“公孫卿……言夜見大人，長數丈，就之則不見，見其迹甚大，類禽獸云。群臣有言見一老父牽狗，言‘吾欲見巨公’，已忽不見。上即見大迹，未信，及群臣有言老父，則大以爲仙人也。”又：“公孫卿言見神人東萊山，若云欲見天子，天子……遂至東萊宿留之，數日無所見，見大人迹云。”魏咸熙二年大人見襄武縣迹長三尺二寸，唐則天長安元年司刑寺囚僞作大人迹五尺，改元大足。

② 原注：李賀《金銅仙人辭漢歌·序》曰：“魏明帝青龍元年八月，詔宫官牽車西取漢孝武捧露盤仙人，欲立置前殿，宫官既拆盤，仙人臨載乃潸然泪下。”案李説多誤。《史記·秦始皇本紀》正義引《關中記》曰：“董卓壞銅人，餘二枚，徙清門裏。魏明帝欲將詣洛，載到霸城，重不可致，後石季龍徙之鄴。苻堅又徙入長安而銷之。”又引《英雄記》曰：“昔大人見臨洮而銅人鑄，至董卓而銅人毁。”

這十二位仙人，據《漢書·五行志》説“皆夷狄服”[①]，可見始皇時還知道真正老牌的仙人是西域籍。我們不但知道神仙來自西方，并且知道他是從那條道路來的。六國、秦時傳播神仙學説，及主持求仙運動的方士，據現在可考的，韓、趙、魏各一人，燕六人，齊二人[②]。這不是分明指出了神仙説東漸的路綫嗎？那時方士的先頭部隊剛到齊，大隊人馬則在燕，到漢武時全體都到達齊了，所以當時的方士幾乎全是齊人。由此我們可以推想，在較早的時候，大隊恐怕還在三晋，并且時代愈早，大隊的行踪愈偏西。《晋語》九：“趙簡子嘆曰：‘雀入於海爲蛤，雉入於淮爲蜃，黿鼉魚鱉，莫不能化，唯人不能，哀夫！’竇犨侍曰：‘臣聞之，君子哀無人，不哀無賄，哀無德，不哀無寵，哀名之不令，不哀年之不登。’”注：“登，高也。”至於神仙思想所以終於在齊地生根了，那自然因爲這裏的不死思想與他原是一家人，所以他一來到便感着分外融洽，親熱，而樂於住下了。這與齊之地勢濱海毫無關係。神仙并不特别好海。反之，他們最終的歸宿是山——西方的崑崙山。他們後來與海發生關係，還是爲了那海上的三山。其實連這也是偶然的，即使没有那海上三山，他們還是要在這裏住下的。總之，神仙思想是從西方來的，他祇是流寓在齊地因而在那裏長大的，并非生在齊地。齊地的不死思想并没有直接産生神仙思想，雖則他是使神仙思想落籍在齊地的最大吸引力。因此，海與神仙并無因果關係，三山與神仙祇是偶然的結合而已。

---

① 原注：《漢書·五行志》下之上：“史記秦始皇帝二十六年，有大人長五丈，履六尺，皆夷狄服，凡十二人，見於臨洮……始皇……喜，以爲瑞，銷天下兵器，作金人十二以象之。”案收兵器與鑄金人爲二事。蓋先收天下兵器，其作用爲政治的，後銷兵器以鑄金人，其作用爲宗教的。舊多混爲一談，失之。

② 原注：《史記·樂毅傳》：“樂氏之族有樂瑕公、樂臣公。趙且爲秦所滅，亡之齊高密。樂臣公善修黄帝、老子之言，顯聞於齊，稱賢師。”又曰：“樂臣公學黄帝、老子，其本師號曰河上丈人，不知其所出。河上丈人教安期生，安期生教毛翕公，毛翕公教樂瑕公，樂瑕公教樂臣公，樂臣公教蓋公，蓋公教於齊高密膠西，爲曹相國師。”案集解、索隱并云“臣公一作巨公”,《田叔傳》“學黄老術於樂巨公”,《漢書》作鉅公，巨鉅同,《御覽》五一〇引《道學傳》亦作樂鉅公，是臣爲巨之訛無疑。

巨公者,《史記·封禪書》“言吾欲見巨公”,《漢書·郊祀志》下作鉅公，注引張晏曰“天子爲天下父，故曰鉅公也”，是巨公之稱，亦猶丈人，老子，太公，長者之類也。論其傳受,《史記》謂樂瑕公、樂巨公於趙且爲秦滅時亡之齊，則其人尚在戰國晚世。蓋公受樂巨公、黄老術，爲曹參師，田叔學黄老術於樂巨公，而仕趙王張敖，則樂巨公下及秦漢之交。今二樂治黄老，得於毛翕公，毛翕公得於安期生,則安期生年世不能甚後。然史公又謂:“蒯通善齊人安期生。安期生嘗干項羽，羽不能用。已而羽欲封此兩人，兩人終不肯受，亡去。及曹參爲相，請蒯通爲客。”蒯生之年，不能高於蓋公，則安期生何遽爲蓋公四傳之師哉?（以上説本錢穆《先秦諸子繫年考辨》二《老子雜辨》。）夫言家世之譜系，紀學派之傳授者，孰不欲其淵源之遠? 故每分一人爲數人，遞相比次，以極於邈迒難知。其事或出於無意的誤信傳聞，或出於有意的捏造姓字，要其不欲求真之心理則一也。

考瑕巨古音近義通（瑕通嘏，嘏訓大，巨亦訓大)，樂瑕公蓋即樂巨公之誤分，而由安期生至盖公僅三傳耳。然如此,安期生仍不得與蒯通、項羽、曹參等同世。《御覽》五一〇引《道學傳》:“樂鉅公宋人，號曰安丘丈人。”期丘古同音，安期即安丘。《漢書·地理志》北海郡、琅邪郡均有安丘,此當是琅邪之安丘,故《列仙傳》曰:“安期生，瑯琊阜鄉人。”古言生，猶今言先生，先生丈人皆老者之尊稱，故安期生即安丘丈人。樂巨公號曰安丘丈人，是安期生又即樂巨公，亦即蓋公本師。安期生傳蓋公，蓋公傳曹參，安期生自得與曹參相接，因之亦得與蒯通、項羽相接矣。要之，樂巨（瑕）公即安期生，樂，稱其姓，安期（丘）稱其地，巨公與生（先生）義亦同。樂氏本趙人，史稱趙且爲秦所滅，二樂亡之齊，故安期生又爲齊人。樂巨公以善修黄老之言，顯聞於齊，稱賢師，蓋没後而名益彰，故至孝武時，東齊方士如李少君、樂大、公孫卿等,皆傳安期生爲仙人(俱詳《封禪書》)。《高唐賦》曰:“有方之士，羨門高谿、上成鬱林、公樂聚穀，進純犧，禱璇室，醮諸神，禮太一。”疑公樂爲樂公之倒，即樂巨公，羡門高、聚穀皆戰國末人（并詳下)，故與樂巨公并舉。若然，則安期生（樂巨公）蓋亦方士之流而未甚涉於迂怪者。以上趙一人:安期生。

《史記·秦始皇本紀》:“三十二年……使韓終、侯公、石生求仙人不死之藥。”案此石生,錢穆疑即古星曆家石公,近確。又謂石公殆如張蒼生六國以下逮漢世者。其舉證如下:《史記·天官書》:“周室史佚、萇弘，於宋子韋，鄭則裨竈，在齊甘公，楚唐昧，趙尹皋，魏石申夫。”《漢書·藝文志》序術數云:“六國時楚有甘公，魏有石申夫。”《史記正義》引《七録》曰:“石申魏人，戰國時作《天文》八卷。”然《郡齋讀書志》“《甘石星經》一卷，漢甘公石申撰”，又以甘石爲漢人，其説蓋别有所本。《御覽》二三五引應劭《漢官儀》曰:“當春秋時魯梓慎，晋卜偃，宋子韋，鄭裨竈，觀乎天文，以察時變，其言屢中，有備無害。漢興甘石唐都司馬父子，抑亦次焉。”亦以甘石爲漢人。《史記·張耳傳》:“耳欲之楚，甘公曰:‘漢王入關，五星聚東井，楚雖强，必屬漢。’”集解引文穎曰“善説星者甘氏”，則甘公固及漢初，而石公亦可知。《漢書·天文志》曰:“古曆五星之推，亡逆行者，至《甘氏石氏經》，以熒惑太白爲有逆行。”沈欽韓曰:“《隋志》秦曆始有金水之逆,

二　神仙説及其理論與技術

上文講神仙是隨靈魂不死觀念逐漸具體化而産生的一種想象的或半想象的人物，這可從火葬得到證明。上引《墨子·節葬下篇》説義渠風俗“親戚死，聚柴薪而焚之，燻上，謂之登遐”，登遐，劉晝《新論·風俗篇》作“升霞”，《太平廣記》引《博物志》作“登霞”。據此，則遐當讀爲煆，本訓火焰，因日旁赤光，或赤雲之似火者謂之霞，故又

又甘石并時，自有差異，漢初測候，乃知五星皆有逆行。”則甘石明及秦漢之際矣（《先秦諸子繫年考辨》四《諸子攟逸》）。今姑依錢説，定石生即石申夫。以上魏一人：石生。

《史記·秦始皇本紀》：“三十五年，侯生、盧生相與謀曰：‘始皇爲人……貪於權勢至於此，未可爲求仙藥。’於是乃亡去。”集解曰：“《説苑》曰：‘韓客侯生也。’”案即三十二年與韓終、石生求仙人不死藥之侯公。以上韓一人：侯生。

《史記·封禪書》：“宋毋忌、正伯僑、充尚、羨門高、最後，皆燕人，爲方仙道，形解銷化，依於鬼神之事。”服虔、司馬貞皆以爲宋毋忌至羨門高四人，韋昭、劉伯莊、顔師古皆合最後爲五人。王念孫謂韋、劉、顔説是，并云最後即《高唐賦》之聚穀（引見上文），最與聚，後與穀聲皆近，其説至碻。余謂最聚并與鄒通（《周禮·大司馬》鄭衆注引《鄹子》“春取榆柳之火”云云，王應麟云即鄒衍四十九篇文，《漢書·古今人表》有㮃子，錢大昕、沈欽韓并云即《藝文志》《鄒氏春秋傳》之鄒氏），其人或即鄒衍後裔之留滯於燕者。充尚《漢書·郊祀志》上作元尚，沈濤曰：“當作元谷，即《列仙傳》之元俗也。谷，俗之渻，篆書谷字與尚字相近，訛而爲尚，《史記》又誤元爲充，遂不可曉。《列仙傳》言元俗河間人，亦與燕人相合。”《漢書·司馬相如傳·大人賦》“厮征伯僑而役羨門兮”，注引張楫曰“羨門，碣石山上仙人羨門高也”，碣石在燕。《史記·秦始皇本紀》“三十二年，始皇之碣石，使燕人盧生求羨門高”，又“燕人盧生，使入海還，以鬼神事，因奏録圖書曰‘亡秦者胡也’”。或疑盧生即《淮南子·道應篇》之盧敖，未知然否。（《御覽》三六九引《莊子》“盧敖見若士，深目鳶肩”，或係《淮南子》之訛。）以上燕六人：宋毋忌、正伯僑、羨門高、元谷、最後（聚穀）、盧生。

《史記·秦始皇本紀》：“二十八年，齊人徐市等上書，言海中有三神山，名曰蓬萊、方丈、瀛洲，仙人居之，請得齋戒與童男童女求之。”《漢書·郊祀志》下谷永上封事：“秦始皇初并天下，甘心於神仙之道，遣徐福、韓終之屬，多齎童男童女，入海求神采藥，因逃不還。”案徐市之市即韍之本字，音敷勿切，故《漢書》作福，俗書作市，誤。韓終，《始皇本紀》三十五年作韓衆，正義云“音終”，《楚辭·遠游》“羨韓衆之得一”，衆一作終。《列仙傳》韓終齊人。以上齊二人：徐市、韓終。

或借霞爲之。登霞的本意是火化時靈魂乘火上升於天，這名詞傳到中國後，有兩種用法。一是帝王死謂之登霞，二是仙人飛升謂之登霞。帝王死後有升天的資格，是中國自古相傳的觀念，現在借用西方登霞的名詞以稱帝王之死，倒頂合適的。至於仙人飛升稱登霞，則無所謂借用，因爲飛升與火化本是一回事，仙人飛升是西方傳來的故事，“登霞”當然也是用的西方的名詞。《遠游》曰：

載營魄而登霞兮，掩浮雲而上征。

營魄即魂魄，既曰“載魂魄”，又曰“登霞”，與火葬的意義全合。《列仙傳》稱嘯父既傳其“作火法”於梁母，“臨上三亮山，與梁母別，列數十火而升”，又師門“亦能使火”，死後，“一旦風雨迎之，訖則山木皆焚”。這些仙人的故事，都暗示着火化的意味。又云赤松子

能入火自燒，往往至崑崙山上……隨風雨上下，

證以《遠游》亦稱赤松子“化去而不見”，這其間火化的痕迹也頗鮮明。至於寧封子的傳說，則幾乎明白承認是火葬了：

寧封子者，……世傳爲黄帝陶正，有〔神〕人過之，爲其掌火，能出五色烟，久則以教封子。封子積火自燒，而隨烟氣上下。視其灰燼，猶有其骨，時人共葬於寧北山中，故謂之寧封子焉。

又《史記·封禪書》稱燕人宋毋忌等

爲方僊道，形解銷化，依於鬼神之事。

形解銷化，據服虔説即“尸解”，而索隱曰：“《白澤圖》云‘火之精曰

宋毋忌'，蓋其人火仙也。”尸解而成火仙，大概也是火化的變相的説法。又張晏曰人老，如解去故骨，則變化也，今山中有龍骨，世人謂之龍解骨化去也如張説，則宋毋忌之“形解銷化”，是形化而骨留，與寧封子之燒後灰燼中有遺骨正合，無疑的這就是仙家尸解中之“火解法”的來源。尸解的另一種方法是“兵解”。上引《後漢書》稱西羌人“以戰死爲吉利，病終爲不祥”，大概戰死者軀體破碎，靈魂得以立時逃出而升天，所以吉利，病死者軀體完整，靈魂被困在内，遲久不得自由，所以不祥。如此説來“兵解”乃是由戰死吉利的觀念蜕化來的一種飛升的手段。火解兵解，總共謂之“尸解”，正是解開尸體，放出靈魂的意思，然則所謂“神仙”不過是升天了的靈魂而已。仙字本作僊，《説文》“䙴，升高也”，䙴即僊字[①]。僊字本是動詞，先秦典籍中皆如此用。升去謂之僊，動詞名化，則升去了的人亦謂之僊。西方人相信天就在他們那崑崙山上[②]，升天也就是升山，所以僊字别體作

① 原注：《小雅·賓之初筵》“屢舞僊僊”，《莊子·在宥篇》“僊僊乎歸矣”，皆謂輕舉之貌。鮑照《書勢》“鳥仚魚躍”，仚即仙字，仚躍對舉，仚亦躍也。舉，躍，升，義并相近，此僊之本義。又以聲求之，《説文》遷之古文作拪，訊之古文作㴂，是䙴聲與卂聲近。《説文》：“卂，疾飛也。”《楚辭·九章·思美人》：“因歸鳥而致辭兮，羌迅（今作宿，此從一本及《文選》王仲宣《贈公孫文始詩》注引）高而難當。”《西京賦》：“紛縱體而迅赴。”迅皆謂飛躍。僊之爲言猶迅也，飛躍而上之貌也。《説文》：“僊，長生遷去也。”“遷，登也。”遷去之義，尚無不合，長生則古衹謂壽，飛升乃稱僊，許君混爲一談，此本土觀念與外來觀念混合以後之意義，非僊之本誼也。

② 原注：崑崙山即今之天山。（《西山經》：“又西三百五十里曰天山。……有神焉，其狀如黄囊，赤如丹火，六足四翼，渾敦無面目，是識歌舞，實爲帝江也。”注：“莊生所云中央之帝混沌爲儵忽所鑿七竅而死者，蓋假此以寓言也。”《漢書·武帝紀》：“天漢二年與右賢王戰於天山。”顔注：“即祁連也，匈奴謂天爲祁連，今鮮卑語尚然。”《史記正義》引《括地志》：“祁連山在甘州張掖縣西南二百里，又云天山，一名白山。”《後漢書·明帝紀》注《西河舊事》：“白山冬夏有雪，故曰白山。匈奴謂之天山，過之皆下馬拜焉。”）

仙[1]，正是依照西方人的觀念所造的字。人能升天，則與神一樣，長生，萬能，享盡一切快樂，所以仙又曰“神仙”。升天後既有那些好處，則活着不如死去，因以活着爲手段，死去爲目的，活着的肉體是暫時的，死去所餘的靈魂是永久的，暫時是假的，永久是真的，故仙人又謂之“真人”。這樣看來，神仙乃是一種宗教的理想。凡是肉體能死，死而能毀的人，靈魂便能升天而成仙。仙在最初并不是一種特殊的人，衹是人生活中的一個理想的階段而已。既然人人皆可成仙，則神仙思想基本原則是平等。因此我們知道爲什麽春秋時代的齊國，雖有不死觀念，而不能發展爲神仙思想，衹因封建階級社會下，是不容平等思想存在的。到戰國時封建制度漸漸崩潰，所以建築在平等原則上的神仙思想可以乘機而入，以至逐漸繁盛起來。

上文已説過，登霞是由火化時靈魂乘烟霞上天而得來的觀念，故《遠游》曰：“載營魄而登霞兮。”（營與魂通）魂的特性是游動不定，故一曰游魂。《易·繫辭上傳》“游魂爲變”，韓康伯注曰：“游魂，言其游散也。”《白虎通·性情篇》曰：“魂猶伝伝也，行不休也。”行不休即游魂之義[2]。仙人登霞，本是從靈魂上天而游行不休産生的觀念，所以仙人飛升後最主要的活動是周流游覽。游是愈遠愈妙，《楚辭》所載著名的咏仙人的文章以“遠游”名篇，固是很明顯的例子，而最具體最有趣的莫如《淮南子·道應篇》所述盧敖的故事：

---

① 原注:《抱朴子·論仙篇》引《仙經》曰:“上士舉形升虚，謂之天仙，中士游於名山，謂之地仙，下士先死後蜕，謂之尸解仙。”此後起之觀念。實則最初游名山之仙，不但即舉形升虚之仙，且亦即先死後蜕之仙。《釋名·釋長幼》:“仙，遷也，遷入山也，故其製字人傍作山也。”是漢末人尚知仙與山的關係。《説文》:“仚，人在山上貌，從人從山。”仚即仙字。

② 原注：魂字本衹作云,《説文》云爲雲之古文，又作?,象烟雲之氣裊裊浮動之貌。《吕氏春秋·圜道篇》“雲氣西行云云”，高注曰：“雲，運也，周旋運布，膚寸而合，西行則雨也。”《古微書》引《春秋説題辭》曰：“雲之爲言運也，動陰路，觸石而起，謂之雲，合陽而起，以精運也。”人之靈魂不可狀，以烟雲之氣狀之，故曰魂。

盧敖游乎北海，經乎太陰，入乎玄闕，至於蒙轂之上，見一士焉，深目而玄鬢，渠頸[①]而鳶肩，豐上而殺下，軒軒然方迎風而舞，顧見盧敖，慢然下其臂，遯逃乎碑（崥）〔下〕[②]。盧敖就而視之，方倦（踡）龜殼而食蛤梨。盧敖與之語，曰："唯！敖爲背群離黨，窮觀於六合之外者，非敖而已乎？敖幼而好游，至長而不渝〔解〕（懈）[③]，周行四極，唯北陰之未闚。今卒睹夫子於是，子殆可與敖爲友乎？"若士蓋然而笑曰："嘻！子中州之民，寧肎而遠至此。此猶光乎日月而載列星，陰陽之所行，四時之所生，其比夫不名之地，猶窔奥也。若我南游乎岡㝗之野，北息乎沈墨之鄉，西窮窅冥之黨，東闞（貫）[④]鴻濛之光，此其下無地而上無天，聽焉無聞，視焉則[⑤]眴。此其外猶有汰沃之汜，其餘一舉而千萬里，吾猶未之能在。今子游始於此，乃語窮觀，豈不亦遠哉？然子處矣！吾與汗漫期於九垓之上[⑥]，吾不可以久[⑦]。"若士舉臂而竦身，遂入雲中。盧敖仰而視之，弗見。乃止駕，〔心〕[⑧]柸治（不怡），悖若有喪也，曰："吾比夫子，猶黄鵠與壤蟲也，終日行不離咫尺，而自以爲遠，豈不悲哉？"

此外《莊子》書中每講到至人、神人、真人、大人（皆仙人的别名）如

① 原注：原作洎注，從王念孫校改。

②③⑧ 原注：從王念孫校補。

④ 原注：闞原誤作開，從王念孫校改。案闞貫古字通。《九嘆·遠游》"貫澒濛以東朅兮"，澒一作鴻。

⑤⑥⑦ 原注：則原作無，上作外，久下衍駐字，從王念孫改删。

何游於六合之外，無何有之鄉[①]，《淮南子》也是如此，并且説得更有聲有色[②]，漢以來關於仙人的辭賦詩歌，幾乎全是講他們漫游的生活，晋、唐人咏仙人詩多稱“游仙詩”。游必需輿駕，所游的地方是天空，所以，以龍爲馬，以雲霓彗星之類爲旍旗[③]。有輿駕，還得有儀衛，這

① 原注：《莊子·逍遥游篇》：“夫列子御風而行，泠然善也，旬有五日而後反，彼於致福者未數數然也。此雖免乎行，猶有所待者也。若夫乘天地之正，而御六氣之辯（變），以游無窮者，彼且惡乎待哉？”又：“藐姑射之山，有神人居焉……不食五穀，吸風飲露，乘雲氣，御飛龍，而游乎四海之外。”《齊物論篇》：“至人神矣……乘雲氣，騎日月，而游乎四海之外，死生無變乎己，而况利害之端乎？”《大宗師篇》：“孰能登天游霧，撓挑無極，相忘以生，無所終窮？”《應帝王篇》：“予方將與造物者爲人，厭則又乘夫莽眇之鳥，以出六極之外，而游無何有之鄉，以處壙埌之野。”《在宥篇》：“出入六合，游乎九州，獨往獨來，是謂獨有。獨有之人，是之謂至貴。”《天地篇》：“天下無道，則修德就閑，千歲厭世，去而上僊，乘彼白雲，至於帝鄉。”《秋水篇》：“且彼方跐黄泉，而登大皇，無南無北，奭然四解，淪於不測，無西無東，始於玄冥，反於大通。”《徐無鬼篇》：“小童曰：‘……予少而自游於六合之内，予適有瞀病，有長者教予曰，若乘日之車而游於襄城之野，予少痊。予又且復游六合之外。’”《文選·車駕幸京口侍游蒜山作詩》注引《莊子》佚文：“閼奕之隸，與殷翼之孫，遏氏之子，三士相與謀致人於造物，共之元天之上。元天者，其高四見列星。”

② 原注：《淮南子·原道篇》：“昔者馮夷、大丙之御也，乘雲車，入雲蜺，游微霧，騖怳忽，歷遠彌高以極往，經霜雪而無迹，照日光而無景，抮抱扶摇羊角而上，經紀山川，蹈騰崑崙，排閶闔，淪天門。……是故大丈夫恬然無思，澹然無慮，以天爲蓋，以地爲輿，四時爲馬，陰陽爲騶，乘雲凌霄，與造化者俱，縱志舒節，以馳大區，可以步而步，可以驟而驟，令雨師灑道，使風伯掃塵，電以爲鞭策，雷以爲車輪，上游於霄雿之野，下出於無垠之門。”《俶真篇》：“若夫真人，則動溶於至虚，而游於滅亡之野，騎蜚廉而從敦圄，馳於外方，休乎内宇（二字原倒，從王念孫乙），燭十日而使風雨，臣雷公，役夸父，妾宓妃，妻織女，天地之間，何足以留其志？”《精神篇》：“若此人者，抱素守精，蟬蜕蛇解，游於太清，輕舉獨往，忽然入冥，鳳凰不能與之儷，而况斥鷃乎？”

③ 原注：《易·乾象傳》：“時乘六龍以御天。”《莊子·逍遥游篇》：“乘雲氣，御飛龍。”《韓非子·十過篇》：“昔者黄帝合鬼神於西泰山之上，駕象輿而六蛟龍。”《九歌·東君》：“駕龍輈兮乘雷，載雲旗之委蛇。”《雲中君》：“龍駕兮帝服。”《湘君》：“駕飛龍兮北征……飛龍兮翩翩。”《大司命》：“乘龍兮轔轔。”《河伯》：“駕兩龍兮驂螭。”《淮南子·覽冥篇》：“〔虙犧氏〕乘雷車，服應龍，驂青虬。”（以上神）《涉江》：“駕青虬兮驂白螭。”《遠游》：“駕八龍之婉婉兮，載雲旗之逶蛇，建雄虹之采旄兮，五色雜而炫燿……擥彗星以爲旍兮，舉斗柄以爲麾。”《七諫·自悲》：

是由風雨雷電以及其他種種神靈鬼怪組成的①，此之謂“役使鬼神”②。

神仙思想之産生，本是人類幾種基本欲望之無限度的伸張，所以

“借浮雲以送予兮，載雌霓而爲旌，駕青龍以馳鶩兮，班衍衍之冥冥。”《九懷·通路》：“乘虯兮登陽，載象兮上行。”《昭世》：“馳六蛟兮上征，竦余駕兮入冥。”《思忠》：“駕玄螭兮北征，曏吾路兮蔥嶺，連五宿兮建旄，揚氛氣兮爲旌。”《陶壅》：“駕八龍兮連蜷，建虹旌兮威夷。”《株昭》：“乘虹驂蜺兮，載雲變化。”《九嘆·遠逝》：“舉霓旌之墆翳兮，建黄纁之總旄。”《遠游》：“回朕車俾西引兮，褰虹旗於玉門，馳六龍於三危兮，朝四靈於九濱。”《九思·守志》：“乘六蛟兮蜿蟬，遂馳騁兮升雲，揚彗光兮爲旗，秉電策兮爲鞭。”《大人賦》：“乘絳幡之素蜺兮，載雲氣而上浮，建格澤之修竿兮，總光耀之采旄，垂旬始以爲幓兮，曳彗星而爲髾……攙擔搶以爲旌兮，靡屈虹而爲綢……駕應龍象輿之蠖略委麗兮，驂赤螭青虯之蚴蟉宛蜒。”（以上仙）

①② 原注：《韓非子·十過篇》：“昔者黄帝合鬼神於西泰山之上，駕象輿而六蛟龍，畢方并轄，蚩尤居前，風伯進掃，雨師灑道，虎狼在前，鬼神在後，鳳皇覆上。”《淮南子·覽冥篇》“〔虙犧氏〕乘雷車，服應龍，驂青虯，援絶應（元誤瑞，從王念孫改），席蘿圖，絡黄雲（元作黄雲絡，從俞樾乙），前白螭，後奔蛇，浮游逍遥，道鬼神，登九天，朝帝於靈門，宓穆休於太祖之下。”《九歌·大司命》：“令飄風兮先驅，使凍雨兮灑塵。”（以上神）《九辯》：“左朱雀之茇茇兮，右蒼龍之躣躣，屬雷師之闐闐兮，道飛廉之衙。”《遠游》：“召豐隆使先導兮，問太微之所居……歷太皓以右轉兮，前飛廉以啓路……風伯爲余先驅兮，氛埃辟而清涼，鳳皇翼其承旂兮，遇蓐收乎西皇……時曖曃其曭莽兮，召玄武而奔屬，後文昌使掌行兮，選署衆神以并轂……左雨師使徑侍兮，右雷公以爲衛……召黔嬴而見之兮，爲余先乎平路。”《惜誓》：“飛朱鳥使先驅兮，駕太一之象輿，蒼龍蚴虯於左驂兮，白虎騁而爲右騑。”《哀時命》：“使梟楊先導兮，白虎爲之前後。”《九懷·通路》：“騰蛇兮後從，飛駏兮步旁。”《昭世》：“使祝融兮先行，令昭明兮開門。”《株昭》：“鵾鵬開路兮，後屬青蛇。”《九嘆·遠游》：“登崑崙而北首兮，悉靈圉而來謁，選鬼神於太陰兮，登閶闔於玄闕……馳六龍於三危兮，朝四靈於九濱……徵九神於回極兮，建虹采以招指，駕鸞鳳以上游兮，從玄鶴與鷦鵬，孔鳥飛而送迎兮，騰群鶴於瑶光……凌驚雷以軼駭電兮，綴鬼谷於北辰，鞭風伯使先驅兮，囚靈玄於虞淵。”《大人賦》：“悉徵靈圉而選之兮，部署衆神於摇光，使五帝先導兮，反太壹而從陵陽，左玄冥而右黔雷兮，前長離而後矞皇，厮征伯僑而役羨門兮，詔岐伯使尚方，祝融警而蹕御兮，清氣氛而後行。”《淮南子·原道篇》：“令雨師灑道，使風伯掃塵。”《抱朴子·雜應篇》：“老君……從黄童百二十人，左有十二青龍，右有二十六白虎，前有二十四朱雀，後有七十二玄武，前道七十二窮奇，後從三十六辟邪，雷電在上，晃晃昱昱。”（以上仙）《招隱士·序》：“又怪其文，升天乘雲，役使百神，似若仙者。”《抱朴子·金丹篇》：“元君者，大神仙之人也，能調和陰陽，役使鬼神風雨。”

仙家如果有什麽戒條，那衹是一種手段，暫時節制，以便成仙後得到更大的滿足。在原始人生觀中，酒食，音樂，女色，可謂人生最高的三種享樂。其中酒食一項，在神仙本無大需要，衹少許瓊漿玉液，或露珠霞片便可解决。其餘兩項，則似乎是他們那無窮而閑散的歲月中唯一的課業。試看幾篇典型的描寫仙人的文學作品，在他們那雲游生活中，除了不重要的飲食外，實在衹做了聞樂與求女兩件具體的事。有時女與樂分爲二事，如《惜誓》既

載玉女於後車，

“以侍栖宿”（據王逸説），又

……至少原之壄兮，赤松、王喬皆在旁，二子擁瑟而調均兮，余因稱乎清商。

但往往是二者合爲一事，如《遠游》：

祝融戒而還衡兮，騰告鸞鳥迎宓妃，使湘靈鼓瑟兮，令海若舞馮夷。張《咸池》奏《承雲》兮，二女御《九韶》歌。玄螭蟲象并出進兮，形蟉虯而逶蛇，雌蜺便娟以增撓兮，鸞鳥軒翥而翔飛。音樂博衍無終極兮，焉乃逝以俳佪[1]。

這便叫作“快活神仙”！

現實生活既衹有暫時的，不得已的過渡作用，過渡的期程自然能愈縮短愈好，所以性急的人，不免要設法自動的解决這肉體的障礙，好叫

① 原注：又《九懷・昭世》：“聞素女兮微歌，聽王后兮吹竽。”《九思・傷時》：“使素女兮鼓簧，乘戈和兮謳謡，聲噭誂兮清和，音晏衍兮要媱。”《古樂府・王子喬》：“玉女羅坐吹笛簫。”

靈魂馬上得到自由。手段大概還是火解與兵解，方法却與以前不同。以前火解是死後尸體被人焚掉，兵解也是軀體被人砍斷。現在則是自焚自砍，合共可以稱爲“自解”。有了這種實行自解的人以後，仙的含義便爲之大變，從人人生活過程上的一個理想階段的名稱，變而爲采取一種超絶的生活形態的人的名稱。這新含義就是現在通用的仙字的意義。

不知何時，人們又改變了態度，不大喜歡那單憑一場火一把劍送靈魂上升的辦法了。他們大概對目前肉體的苦痛，漸漸感着真實起來，雖則對未來靈魂的快樂，并未減少信心，於是漸漸放弃了那自解的“頓”的辦法，而采用了種種修煉的“漸”的辦法。肉體是重濁的，靈魂是輕清的。但未始不可以設法去濁存清以變重爲輕，這樣肉體不就改造成靈魂了嗎？在這假定的原則之下，便産生了各種神仙的方術，從事於這些方術的人便謂之方士。

最低級的方術，是符呪祠醮一類的感召巫術，無疑的這些很早就被采用了。這可稱爲感召派。比感召高一等的是服食派。凡是藥物，本都具有，或被想象爲具有清潔作用。尤其植物（如菊、术等）的臭味，礦物（如玉、黄金、丹砂）等的色澤都極容易連想到清潔，而被賦予以銷毒除穢諸功能①。少見而難得與形狀詭異的自然物品（如芝菌、石乳等），都具有神秘性，也往往被認爲有同樣效驗。由於早就假定了濁與重爲同一物質的兩種德性，因之除穢便等於輕身，所以這些東西都成爲仙藥了。加之這些東西多生於深山中，山據説爲神靈之所在，這些説不定就是神的食品，人吃了，自然也能乘空而游，與神一樣了。最初是於日常飲食之外，加服方藥。後來許是有人追究過肉體所以濁重的原因，

① 原注：方藥的名目甚多，如《抱朴子·仙藥篇》所載，其中大概有不少的是先秦傳下的舊法。此外可以益壽補氣的植物礦物，散見於《本草》及《列仙傳》諸書者，亦不少。先秦古書中很少明確的記載。屬於植物類者，《楚辭》多言菊，《吕氏春秋·别類篇》曰：“夫草有莘有藟，獨食之則殺人，合而食之則益壽。”屬於礦物類的，大都衹稱玉，但這裏所謂玉，大概包括許多與玉同類或近似的礦物。

而歸咎於肉體所賴以長成的穀類[1]，恰巧被排泄出來穀類的渣滓，分明足以爲其本質濁穢的證驗，於是這人便提倡衹食藥，不食穀的辦法，即所謂“避穀法”。

但是最好的輕身劑恐怕還是氣——本質輕浮的氣。并且據説萬物皆待氣以生存[2]，如果藥物可以使人身輕，與其食藥物，何如食藥物所待以生存的氣，豈不更爲直捷，更爲精要？所以在神仙方術中，行氣派實是服食派進一步的發展。觀他們屢言“食氣”，可見氣在他們心目中，本是食糧的代替品，甚至即食糧本身[3]。氣的含義在古時甚廣，除了今語所謂空氣之外，還包括比空氣具體些的幾種物質。以前本有六氣的説法——陰，陽，風，雨，晦，明[4]，現在他們又加以整齊化、神秘化，而排列爲這樣的方式：

---

① 原注：他們説“穀氣”於人身有害，故《淮南子·墬形篇》曰：“食穀者知慧而夭。”《莊子·逍遥游篇》：“藐姑射之山，有神人居焉……不食五穀。”《吕氏春秋·必己篇》：“單豹好術，離俗弃塵，不食穀實。”注曰：“不食穀實，行氣道引也。”《史記·留侯世家》：“留侯性多病，即道引不食穀。”又：“乃學辟穀，道引輕身。”《新語·慎微篇》：“絶五谷（穀）……求不死之道。”《列仙傳》上《赤將子輿傳》：“不食五穀，而噉百草花。”都是避穀之例。

② 原注：《莊子·知北游篇》：“人之生，氣之聚也，聚則爲生，散則爲死。”《韓詩外傳》八：“然身何貴也？莫貴於氣。人得氣則生，失氣則死。”《抱朴子·至理篇》：“夫人在氣中，氣在人中，自天地至於萬物，無不須氣以生者也。”

③ 原注：《大戴禮記·易本命篇》：“食氣者神明而壽。”《御覽》六六八引《五符經》：“食氣者常有少容。”《淮南子·墬形篇》：“食氣者神明而壽，食穀者知慧而夭。”食氣與食穀并舉。《韓詩外傳》五：“聖人養一性而御六（元誤作大）氣，持（元誤作待）一命而節滋味。”御六氣與節滋味并舉，《素問·六節藏象論》：“天食人以五氣，地食人以五味。”五氣與五味并舉，可見古人視氣儼如一種糧食。《莊子·在宥篇》：“雲將曰：‘天氣不和，地氣鬱結，六氣不調，四時不節，今我願合六氣之精，以育群生。’”又：“〔黄帝曰〕：‘吾欲取天地之精，以佐五穀，以養民人。’”天地之精亦謂天地之氣。莊子之語與上揭各説可以互證。

④ 原注：《莊子·逍遥游篇》：“御六氣之辯。”《在宥篇》：“六氣不調……今我願合六氣之精，以育群生。”《管子·戒篇》：“御正六氣之變。”《遠游》：“餐六氣而飲沆瀣兮。”《韓詩外傳》五：“聖人養一性而御六氣。”

春食朝霞，朝霞者，日始欲出赤黄氣也[1]。秋食淪陰，淪陰者，日没以後赤黄氣也。冬飲沆瀣，沆瀣者，北方夜半氣也。夏食正陽，正陽者，南方日中氣也。并天地玄黄之氣，是爲六氣也。(《楚辭·遠游》注引《陵陽子明經》)

玄與黄是近天與近地的空氣，正陽即日光，依他們的説法可稱光氣，沆瀣即露水[2]，可稱水氣，朝霞淪漢即早晚的雲霞[3]，是水氣與光氣的混合物。先秦人對於氣是否有這樣整齊的分類，雖是疑問，但他們所食的氣，總不外這幾種。

食氣的方法，就是在如上面所指定的時刻，對着太陽或天空行深呼吸，以“吐故納新”，同時身體還作着“熊經鳥伸，鳧浴蝯躩，鴟視

① 原注:《文選·江賦》注及《御覽》五一引并無黄字，義長。霞本訓赤，字一作赮。《文選·蜀都賦》“舒丹氣而爲霞”，劉注曰:“霞，赤雲也。”《東京賦》“掃朝霞”，薛注曰:“霞，日邊赤氣也。”《漢書·揚雄傳·甘泉賦》“噏清雲之流瑕兮”，顔注曰:“瑕謂日旁赤氣也。”瑕與霞通。

② 原注:《文選·琴賦》“餐沆瀣兮帶朝霞”，五臣注:“沆瀣，清露。”

③ 原注:二陰字《御覽》引并作漢，疑漢爲漢之形誤(漢字見《廣韻》《集韻》)。《説文》:“英一曰黄英。”案《管子·禁藏篇》“毋夭英”，尹注曰:“英，草木之初生也。”今呼苗初生者曰秧，英秧一字，草木初生萌芽之色皆黄，故英有黄義。黄色謂之英，黄色的光亦謂之英。《九歌·雲中君》“華采衣兮若英”，《文選·月賦》“嗣若英於西冥”，注曰:“若英，若木之英也。”若木即西方之扶桑，今謂之晚霞，晚霞多黄，故曰若英。《漢書·揚雄傳·甘泉賦》:“噏青雲之流瑕(霞)兮，飲若木之露英。”朝見於東方而色赤者曰霞，暮見於西方而色黄者曰英，霞英皆日旁的光氣，故揚雄以朝瑕與露英對舉。(《蜀都賦》“江珠瑕英”，蓋亦謂珠光赤黄如日氣)淪露一聲之轉，淪漢當即露英，經以朝霞淪漢對舉，正猶賦以流瑕露英并稱，惟經以光氣爲水氣，故字變從水耳。王注引作陰者當讀爲《爾雅·釋畜》“陰白雜毛駰”之陰，舍人注曰“今之泥驄也”，郭注同，泥色黄，是陰有黄義。《爾雅》“黄白雜毛駓，陰白雜毛駰，蒼白雜毛騅”，相次爲文，蓋陰色黄中發黑，蒼又黑於陰也。陰從今聲，今聲字多有黄義。《小雅·車攻》“赤芾金舄”，箋:“金舄，黄朱色也。”《説文》:“頷，面黄也。”《廣雅·釋器》:“黅，黄也。”又《説文》:“稔，穀熟也。”案穀黄則熟也。《水經·涔水注》:“涔水即黄水也。”是陰亦可有黄義(《周書·王會篇》“埤上張赤帟陰羽”，疑陰亦謂黄色，赤帟陰羽對文。孔注:“陰，鶴也。”臆説無據)，陰漢皆訓黄，故淪陰一作淪漢。

虎顧”等等姿態的活動[①]，以助呼吸的運用。用術語説，這種呼吸謂之“行氣”，活動謂之“導引”[②]。行氣後來又稱“胎息”[③]，實是一種特殊的呼吸方法的名稱。導引不但是輔導氣流的運轉，還可以訓練肢體，使之輕靈趫捷，以便於迎風自舉。這後一種目的，大概後來又産生了一種

淪陰即日暮時的雲霞，既如上説，而雲本是水氣，所以淪陰又名飛泉。《莊子・逍遥游篇》“御六氣之辯”，李注曰：“平旦爲朝霞，日中爲正陽，日入爲飛泉，夜半爲沆瀣，〔并〕天地玄黄爲六氣也。”陵陽子明以日入爲淪陰，李奇以爲飛泉，名異而實同，蓋泉霰聲近，飛泉即飛霰。(《説文》綫古文作線，《集韻》亦作䊷，而《玉篇》霰一作霹，是線霰聲近，即泉霰聲近。）雨雪雜下曰霰，字一作霹，《説文》：“霹，小雨財雾也。”二義相近，無妨通稱。《韓詩・頍弁・薛君章句》曰：“霰，霙也。”(《文選・雪賦》注，《御覽》一二引。又《宋書・符瑞志》引作英。）淪漢一曰飛泉，猶霙一曰霰，漢霙一字，泉霰一字矣。又《説文》霰重文作霓，《釋天》“雨霓爲霄”(今本霄下有雪字，從《説文》删），是霰又曰霄，然霄或以爲即雲。《淮南子・原道篇》“乘雲陵霄”，《後漢書・張衡傳》注“霄，雲也”。或以爲即霞，《水經・洛水注》“長霄冒嶺，層霞冠峰”，《漢書・揚雄傳》注“霄，日旁氣也”，《後漢書・仲長統傳》注“霄，摩天赤氣也”。是霰又爲雲爲霞。淪漢本謂晚霞，而一曰飛泉，與霰爲雲霞，又爲雪雨，其例正同。

① 原注：《莊子・刻意篇》：“吹呴呼吸，吐故納新，熊經鳥申，爲壽而已矣， 此導引之士，養形之人，彭祖壽考者之所好也。”《淮南子・精神篇》：“若吹呴呼吸，吐故納新，熊經鳥伸，鳧浴蝯躩，鴟視虎顧，是養形之人也。”《泰族篇》：“王喬、赤松，去塵埃之間，離群慝之紛，吸陰陽之和，食天地之精，呼而出故，吸而入新，蹀虚輕舉，乘雲游霧，可謂養性矣。”《齊俗篇》：“今夫王喬、赤松子，吹嘔呼吸，吐故納新，遺形去智，抱素反真，以游玄眇，上通雲天，今欲學其道，不得其養氣處神，而放其一吐一吸，時詘時伸，其不能乘雲升假亦明矣。”《漢書・王褒傳》：“何必偃仰詘信若彭祖，呴噓呼吸如僑、松，眇然絶俗離世哉？”《王吉傳》：“休則俯仰詘信以利形，進退步趨以實下，吸新吐故以練藏，專意積精以適神，於以養生，豈不長哉？大王誠留意如此，則心有堯、舜之志，體有喬、松之壽，美聲廣譽，登而上聞，則福禄其輳而社稷安矣。”

②③ 原注：導引一曰步引，《漢書・藝文志》神仙家有《黄帝雜子步引》十二卷。《淮南子・天文篇》：“吐氣者施，含氣者化，是故陽施陰化。”《大戴禮記・曾子天圓篇》略同。《論衡・自然篇》：“夫人之施氣也，非欲以生子，氣施而子自生矣。”《韓詩外傳》一：“賢者不然，精氣闐溢而後傷時〔之〕(從《説苑・辨物篇》補）不可過也，不見道端，乃陳情欲以歌道義。”《醫心方》二八引《玉房秘訣》：“求子之法，當蓄養精氣，勿數施捨。”《抱朴子・對俗篇》引《仙經》曰：“服丹守一，與天相畢，還精胎息，延壽無極。”又《釋滯篇》：“故行炁……其大要者，胎息而已。”

專門技術，謂之“乘蹻”。胎息與乘蹻發展（毋寧是墮落）到某種神秘階段，都變成了魔術，於是又和原始的巫術合流了。以上是導引派及其流變。

新氣既經納入，還要設法固守，不使它泄散。《玉柲銘》曾發揮過這派守氣的理論：

> 行氖（氣）实（居）則適，適則神，神則下，下則定，定則固，固則明，明則張，張則遉（優），遉則天，天丌（其）沓才（在）上，墜（地）丌（其）沓才（在）下，巡（順）則生，逆則死。

大約是在守氣論成立以後，行氣派又演出一條最畸形的支流。上文說過氣有水氣，水可稱氣，則人之精液也是氣了，這樣兒戲式的推論下來，便產生了房中派的“還精補腦”的方術。原來由行氣到房中，正如由服食到行氣一般，是一貫的發展，所以葛洪說：

> 服藥雖爲長生之本，若能兼行氣者，其益甚速……然又宜知房中之術，所以爾者，不知陰陽之術，屢爲勞損，則行氣難爲力也[①]。（《抱朴子·至理篇》）

這裏雖衹說長生，但最終目的還是飛升，下文有詳細的說明。

神仙的目的是飛升，而飛升的第一要圖是輕身。照上面那些方案行來，相對的輕身的效果是可以擔保的。尤其避穀而兼食氣，如果嚴格實行起來，其成效可想而知，所以司馬相如說：“列仙之傳，居山澤間，形容甚臞。”形容臞瘦，自然體重減輕了。然而要體重減輕到能飛的程

---

① 原注：《抱朴子·微旨篇》曰：“九丹金液，最是仙主，然事大費重，不可卒辦也。寶精愛炁，最其急也，并將服小藥以延年命，學近術以辟邪惡，乃可漸階精微矣。”《釋滯篇》曰：“欲求神仙，唯當得其至要。至要者，在於寶精行炁，服一大藥便足，亦不用多也。”以上皆房中行炁與服藥并舉，亦可見長生要訣，不外此三大端。

度，還是不可能，除非在某種心理狀態之下，你一意堅持着要飛，主觀的也就不難果真飛上去了。在生理狀態過度失常時——如胃臟中過度的空乏，或服進某種仙藥後，過度的飽厭等等情況之下，這種愜意的幻覺境界并不難達到。上述那催眠式的法術，他們呼作“存想”。

無論各種方術，歷經試驗後，功效有限，即令有效，對於高貴階級的人們，尤其那日理萬機的人主，太不方便。最好還是有種“頓”的手段，一經使用，便立時飛去。大概是爲供應這類人的需求，那一服便仙的神丹大藥，纔開始試造的。

龍　　鳳[1]

前些時接到一個新興刊物負責人一封徵稿的信，最使我發生興味的是那刊物的新穎命名——“龍鳳”，雖則照那篇《緣起》看，聰明的主編者自己似乎并未瞭解這兩字中豐富而深邃的含義。無疑的他是被這兩個字的奇異的光艷所吸引，他迷惑於那蛇皮的奪目的色彩，却没理會蛇齒中埋伏着的毒素，他全然不知道在玩弄色彩時，自己是在與毒素同謀。

就最早的意義説，龍與鳳代表着我們古代民族中最基本的兩個單元——夏民族與殷民族，因爲在“鮌死……化爲黄龍，是用出禹”和“天命玄鳥（即鳳），降而生商”兩個神話中，我們依稀看出，龍是原始夏人的圖騰，鳳是原始殷人的圖騰（我説原始夏人和原始殷人，因爲歷史上夏殷兩個朝代，已經離開圖騰文化時期很遠，而所謂圖騰者，乃是遠在夏代和殷代以前的夏人和殷人的一種制度兼信仰），因之把龍鳳當作我們民族發祥和文化肇端的象徵，可説是再恰當没有了。若有人願意專就這點着眼，而想借“龍鳳”二字來提高民族意識和情緒，那倒無可厚非。可惜這層歷史社會學的意義在一般中國人心目中并不存在，而“龍鳳”給一般人所引起的聯想則分明是另一種東西。

圖騰式的民族社會早已變成了國家，而封建王國又早已變成了大一統的帝國，這時一個圖騰生物已經不是全體族員的共同祖先，而衹是最高統治者一姓的祖先，所以我們記憶中的龍鳳，衹是帝王與后妃的符瑞，和他們及她們宫室輿服的裝飾“母題”，一言以蔽之，它們衹是

① 據開明版《聞一多全集·神話與詩》編入本編。

“帝德”與“天威”的標記。有了一姓，便對待的産生了百姓，一姓的尊榮，便天然的决定了百姓的苦難。你記得復辟與龍旗的不可分離性，你便會原諒我看見“龍鳳”二字而不禁怵目驚心的苦衷了。我是不同意於“天王聖明，臣罪當誅”的。

《緣起》中也提到過“龍鳳”二字在文化思想方面的象徵意義，他指出了文獻中以龍比老子的故事，却忘了一副天生巧對的下聯，那便是以鳳比孔子的故事。可巧故事都見於《莊子》一書裏。《天運篇》説孔子見過老聃後，發呆了三天説不出話，弟子們問他給老聃講了些什麽，他説：“吾乃今於是乎見龍——龍合而成體，散而成章，乘雲氣而養（翔）乎陰陽，予口張而不能嚕，舌舉而不能訊[①]，予又何規老聃哉！”這是常用的典故。（也就是許多姓李的楹聯中所謂“猶龍世澤”的來歷。）至於以鳳比孔子的典故，也近在眼前，不知爲什麽從未成爲詞章家“獺祭”的資料，孔子到了楚國，著名的瘋子接輿所唱的那充滿諷刺性的歌兒——

> 鳳兮鳳兮！何如（汝）德之衰也！來世不可待？往世不可追也……

不但見於《莊子》（《人間世篇》），還見於《論語》（《微子篇》）。是以前讀死書的人不大認識字，不知道“如”是“汝”的假借，因而没弄清話中的意思嗎？可是漢石經《論語》“如”作“而”，“而”字本也訓“汝”，那麽歌辭的喻意，至少漢人是懂得。另一個也許更有趣的以鳳比孔子的出典，見於唐宋《類書》[②]所引的一段《莊子》佚文：

> 老子見孔子從弟子五人，問曰：“前[③]爲誰？”對曰：“子路，

① 原注：以上六字從江南古藏本補。
② 原注：《藝文類聚》九〇，《太平御覽》九一五。
③ 原注：《類聚》脱“前”字，依《御覽》補。

> 勇且力[1]。其次子貢爲智，曾子爲孝，顔回爲仁，子張爲武。”老子嘆曰：“吾聞南方有鳥，其名爲鳳……鳳鳥之文，戴聖嬰仁，右智左賢……”

這裏以鳳比孔子，似乎更明顯。尤其有趣的是，那次孔子稱老子爲龍，這次是老子回敬孔子，比他作鳳，龍鳳是天生的一對，孔老也是天生的一對，而話又出自彼此的口中，典則同見於《莊子》。你説這天生巧對是莊子巧思的創造，意匠的游戲——又是他老先生的“謬悠之説，荒唐之言，無端崖之辭”嗎？也不盡然。前面説過原始殷人是以鳳爲圖騰的，而孔子是殷人之後，我們尤其熟習。老子是楚人，向來無異詞，楚是祝融六姓中芈姓季連之後，而祝融，據近人的説法，就是那“人面龍身而無足”的燭龍，然則原始楚人也當是一個龍圖騰的族團。以老子爲龍，孔子爲鳳，可能是莊子的寓言，但寓言的産生也該有着一種素地，民俗學的素地。（這可以《莊子》書中許多其它的寓言爲證。）其實鳳是殷人的象徵，孔子是殷人的後裔。呼孔子爲鳳，無異稱他爲殷人；龍是夏人的，也是楚人的象徵，説老子是龍，等於説他是楚人，或夏人的本家。中國最古的民族單元不外夏殷，最典型中國式而最有支配勢力的思想家莫如孔老，刊物命名爲“龍鳳”，不僅象徵了民族，也象徵了最能代表民族氣質的思想家，這從某種觀點看，不能不説是中國有刊物以來最漂亮的名字了！

然而，還是莊子的道理，“腐臭復化爲神奇，神奇復化爲腐臭”——從另一種觀點看，最漂亮的説不定也就是最醜惡的。我們在上文説過，圖騰式的民族社會早已變成了國家，而封建的王國又早已變成了大一統的帝國，在我們今天的記憶中，龍鳳衹是“帝德”與“天威”的標記而已。現在從這角度來打量孔老，恕我衹能看見一位“申申如也，夭夭如也”而諂上驕下的司寇，和一位以“大巧若拙”的手段“助

---

① 原注：《類聚》作“子路爲勇”，此從《御覽》。

紂爲虐”的柱下史（五千言本也是“君人南面之術”），有時兩個身影叠成一個，便又幻出忽而“内老外儒”，忽而“外老内儒”，種種的奇形怪狀。要曉得這條“見首不見尾”的陰謀家——龍，這隻“戴聖嬰仁”的僞君子——鳳，或二者的混合體，和那象徵着“帝德”“天威”的龍鳳，是不可須臾離的，有了主子，就用得着奴才，有了奴才，也必然會捧出一個主子；帝王與士大夫是相依爲命的。主子的淫威和奴才的惡毒——暴發户與破落户雙重勢力的結合，壓得人民半死不活。三千年慘痛的記憶，教我們面對這意味深長的“龍鳳”二字，怎能不怵目驚心呢！

事實上，生物界衹有窮凶極惡而詭計多端的蛇，和受人豢養，替人幫閑，而終不免被人宰割的鷄，那有什麽龍和鳳呢？科學來了，神話該退位了。辦刊物的人也得當心，再不得要讓“死的拉住活的”了！

要不然，萬一非給這民族選定一個象徵性的生物不可，那就還是獅子罷，我説還是那能够怒吼的獅子罷，如其它不再太貪睡的話。

兩種圖騰舞的遺留①

《尚書大傳·虞傳》載有一段三代禪讓改樂的故事，雖是秦漢間人所述，但所依據的材料，必然是很古的。《虞書》説：

> 維（舜）五祀，定鐘石，論人聲，乃及鳥獸，咸變於前（舜始欲改堯樂），故更著四時，推六律六呂，詢十有二變而道宏廣，五作十道，孝力爲右，秋養耆老而春食孤子，乃浡然招樂興於大鹿（麓）之野。執事還歸，二年，謖然乃作大唐之歌，以聲帝美。（美堯之禪也。）聲成而紩（朱）鳳至，故其樂曰："舟張辟雍，鶬鶬相從，八風回回，鳳皇喈喈。"歌者三年，昭然乃知乎王世明有不世之義。
>
> 維十有三祀，帝（舜）乃稱王而入唐郊，猶以丹朱爲尸，於時百執事咸昭然乃知王世不絶，爛然必自有繼祖守宗廟之君。
>
> 維十有四祀，鐘石笙筦變聲，樂未罷，疾風發屋（拔木），天大雷雨，桴鼓播地，鐘聲亂行，舞人頓伏，樂正狂走。帝乃擁璿持衡沈首而笑曰："明哉！天下非一人之天下也，乃見於鐘石笙筦乎！"帝乃擁（原誤雍）璿持衡而歌者重篇，樂正重贊，舞人復綴，乃更容貳節，備十有二變，招爲賓客（賓入奏招）而雍爲主人（主人入奏雍），始奏"肆夏"，納以"孝成"。遂歸二年，而廟中苟有歌大化、大訓、六府、九原而夏道興。

① 此文據作者手稿照相複製件整理而成。

維十有五祀，祀者貳尸，舜爲賓客而禹爲主人。（舜既使禹攝天子之事，於祭祀，避之居賓客之位，獻酒則爲亞獻也。）樂正贊曰："尚考太室之義（儀），唐爲虞賓（堯爲舜賓），至今衍於四海，成禹之變，垂於萬世之後。"於是卿（慶）雲聚，俊乂集，百工相和而歌卿雲。帝乃倡之曰：

卿雲爛兮！紏縵縵兮！日月光華，旦復旦兮！

八伯咸進稽首，曰：

明明上天！爛然星陳，日月光華，宏予一人。

帝乃再歌，擁旋持衡，曰：

日月有常，星辰有行，四時從經，萬姓允誠。於予論樂，配天之靈，遷於聖賢，莫不咸聽。鼚乎鼓之，軒乎舞之，菁華已竭，褰裳去之。

於時八風循通，卿雲藂藂，蟠龍賁信（奮迅）於其藏，蛟魚踴躍於其淵，龜鱉咸出於其穴，遷虞而事夏也。

根據以上，我們知道：每一次易代，便要改一次樂。虞受唐禪後，曾經"定鐘石，論人聲，乃及鳥獸，咸變於前"，"詢十有二變"，"乃浡然招樂興於大鹿之野"，同樣夏受虞禪後，在音樂上也是曾經"備十有二變"以"成禹之變"的。所變的，在樂容方面，尤其顯著。從唐變到虞，因爲衹提到"乃及鳥獸，咸變於前"，所以唐樂究竟是個什麼樣子，無從知道。從虞變到夏，則分明是由模擬羽族的跳舞變爲模擬水族的跳舞。所謂"聲成而紩鳳至"和"鳳皇喈喈"，自然就是《皋陶謨》的"鳳皇來儀"，所謂"咸變於前"的"鳥獸"就是那裏的"鳥獸蹌蹌"和"百獸率舞"。這以鳳皇爲主而配以百鳥百獸的跳舞，是虞樂的特徵。至於夏樂，則完全是另一種場面，那是"蟠龍賁信於其藏，蛟魚踴躍於其淵，龜鱉咸出於其穴"一類的"魚龍曼衍之戲"。以上這兩種不同的跳舞，反映着這兩個民族曾經是兩個不同的圖騰族團，前者是羽族的鳳，後者是水族的龍。關於這一點的詳細論證，這裏不暇陳述，就本文的範圍說，目前衹提到這一點就够了。

范 寧 整理

荊楚文庫

詩經編

袁謇正　整理

編者説明

本編包括聞一多關於《詩經》的研究著作十一種。《詩新臺鴻字説》《匡齋尺牘》《説魚》《詩經新義》《風詩類鈔甲》《風詩類鈔乙》和《詩經通義甲》七種，據開明版《聞一多全集》收入本編；《詩經的性欲觀》據 1927 年 7 月《時事新報》，收入本編；《詩經詞類》《詩經通義乙》屬未完、未定、未刊稿，據北京圖書館所藏手稿照相複製件整理，收入本編；《詩風辨體》，據北京圖書館所藏清華大學講義照相複製件收入本編。由於它是按體制編次的風詩白文本，收入本編的衹是它的目録。

本編對從開明版《聞一多全集》中收入的論著的標點，在統一體例而不影響原意的條件下，作了許多改動，也訂正了不少錯字（包括印刷上的錯字），不一一出注説明。

目　録

詩經的性欲觀①

孔子說："《關雎》樂而不淫，哀而不傷。"《關雎》一詩誠然當得起這八個字的批評。但是淮南王安把孔子的意思擴充了，說"國風好色而不淫，小雅怨誹而不亂"，那就有點言過其實了。（太史公評《離騷》亦有此語，其實他是借用淮南王安的。）清人江永、崔適大概看着《國風》淫得太不成話，於是根本的懷疑孔子未曾刪《詩》。江氏說"孔子未嘗刪《詩》，《詩》亦自有淫聲"；崔氏說"孔子曰'鄭聲淫'，是鄭多淫詩也"。前輩讀《詩》，總還免不掉那傳統的習氣，曲解的地方定然很多，却已經覺得《詩經》云淫是不可諱言的了。現在我們用完全赤裸的眼光來查驗《詩經》，結果簡直可以說"好色而淫"，淫得厲害！

當然講《詩經》淫，并不是罵《詩經》。尤其從我們眼睛裏看着《詩經》淫，應當一點也不奇怪。我們在什麼時代？《詩經》的作者在什麼時代？如果從我們眼睛裏看不出《詩經》的淫，不是我們的思想有毛病，便是《詩經》有毛病。譬如讓張競生和免耻會的太太小姐們來讀《詩經》，當然《詩經》還不够淫的。可是讓我們一般平淡無奇的二十世紀的人（特別是中國人）來讀這一部原始的文學，應該處處覺得那些勞人思婦的情緒之粗獷，表現之赤裸！處處覺得他們想的，我們决不敢想，他們講的，我們决不敢講。我們要讀出這樣一部《詩經》來，纔不失那原始文學的真面目。若不是這樣，關於《詩經》便要發生兩大問題了。（一）性欲的本能抑制得那樣到家，那産生《詩經》的時代，在人類進化史中，不是一件大怪事嗎？（二）即便《詩經》的時代没有毛

① 原載《時事新報·學燈》1927年7月9、11、12、14、16、19、21日。

病,《詩經》的本身也要發生疑問了，換言之，這三百〇五篇詩，不知道又是誰造出來的贋鼎。《詩經》時代的生活，我們既知道，没有脱盡原始人的蜕殼，而《詩經》本身，又不好説是贋品，那麽，用研究性欲的方法來研究《詩經》，自然最能瞭解《詩經》的真相。其實也用不着十分的研究，你打開《詩經》來，衹要你肯開誠布公讀去，他就在那裏。自古以來苦的是開誠布公的人太少，所以總不能讀到那真正的《詩經》。

《詩經》表現性欲的方式，可分五種。(一)明言性交,(二)隱喻性交,(三)暗示性交,(四)聯想性交,(五)象徵性交。明言用不着解釋。隱喻和暗示的分别，前者是説了性交，但是用譬喻的方法説出的，後者是衹説性交前後的情形，或其背影，不説性交，讓讀者自己去想象。聯想又有點不同，是無意的説到和性交有關係的事物，讀者不由得要聯想到性交一類的事。象徵的説到性交，簡直是出於潛意識的主動，和無意識的又不同了。當然一首詩可以包括幾種的表現方法，又有介乎兩種之間的表現方法，所以極端嚴格的分野，是不可能的。

一

> 喓喓草蟲，趯趯阜螽——未見君子，憂心忡忡。亦既見止，亦既覯止，我心則降!
>
> ……

這講得如何的痛快，如何的大方!可是那所講的是什麽?《鄭箋》釋“覯”字，引《易》曰:“男女覯精，萬物化生。”古代昏禮，主人(即新郎)和新婦先要用過“同牢之饌”，然後有人“御衽席於奥”，然後“主人入，親脱婦纓，燭出……”這詩裏“亦既見止”便指同牢時的相見。有人又釋覯爲見，同牢時既然見了，再講見，豈不重複了嗎?其實她的願望，不是空空見一見，就够了；她必待“亦既覯止”，然後她那像阜螽趯趯跳着的心，纔“則降”，“則説”，“則夷”了。《儀禮》鄉飲酒，射燕諸禮都要奏二南的六詩，召南的三篇是《鵲巢》《采蘩》《采蘋》，偏偏把中間的《草蟲》抽掉了。惠棟解釋這理由是：“始見君子之事，昏禮所謂主人揖婦以入，御衽席於奥之時也。始曰我心降，再曰我心説，又曰我心夷，其言近乎褻矣。”《詩序》偏説是“能以禮自防”。不知道那不能以禮自防的，還要褻到什麽程度！

孔子説：“鄭聲淫。”班固説：鄭國“土陋而險，山居谷汲，男女亟聚會，故其俗淫。鄭詩曰‘出自東門，有女如雲’，又曰‘溱與洧方涣涣兮，士與女方秉蕳兮，此其風也”。《太平御覽》引韋昭答云：“時草始生，而云蔓者，女情急，欲以促時也。”從孔子到漢晋人都不懷疑鄭詩的淫，爲什麽後人倒懷疑起來了？最近我們纔完全看破了“村野妄人”（鄭樵駡毛公的話）的騙局，《詩經》終於出頭了，現在我們可以欣賞那真正道地的鄭國文學。現在我們看二十一篇鄭詩，差不多篇篇是講戀愛的。但是説來也奇怪，講到性交的詩，也不過《野有蔓草》和《溱洧》兩篇。

《周禮》講“仲春之月，令會男女之無夫家者”。這種風俗在原始的生活裏，是極自然的。在一個指定的期間時，凡是没有成婚的男女，都可以到一個僻遠的曠野集齊，吃着，喝着，唱着歌，跳着舞，各人自由的互相挑選，雙方看中了的，便可以馬上交媾起來，從此他們便是名正言順的夫婦了。這一回《野有蔓草》的詩人可真適意了，居然給他挑上了一個眉清目秀的美人，他禁不住要唱出來！

野有蔓草，零露漙兮！有美一人，清揚婉兮！邂逅相遇，適我願兮！

野有蔓草，零露瀼瀼。有美一人，婉如清揚。邂逅相遇，與子皆臧！

你可以想象到了夜深，露珠漸漸綴滿了草地，草是初春的嫩芽，摸上去，滿是清新的涼意。有的找到了一個僻静的岩下，有的選上了一個幽暗的樹陰。一對對的都坐下了，躺下了，嘹喨的笑聲變成了低微的絮語，絮語又漸漸消滅在寂默裏，彷彿雪花消滅在海上。他們的靈魂也消滅了，這個的靈魂消滅在那個的靈魂裏。停了半天，他纔嘆一聲："適我願兮！""與子皆臧"也許是她的回答。没有問題，《野有蔓草》一詩，從頭到尾，都是寫實的。毛亨偏偏不做美，硬派那"零露漙兮"，"零露瀼瀼"是反興"君之恩澤不流下"，真是"匪夷所思"的怪話。至於那"邂逅相遇"四個字也不應解作不期而遇。陳奂《詩毛氏傳疏》辨得極清楚，他講邂逅當依《綢繆》釋文作解覯。《淮南子·俶真篇》"孰有解搆人間之事"，高注云："解搆，猶合會也。搆與覯通。"逅，《五經文字》亦作覯。再證之"男女覯精"，則邂逅本有交媾的意義。《爾雅·釋詁》："覯，遇也。"然則遇字也有同樣的意義。這樣看來，"邂逅相遇"，不是邂逅，便是遇，總有一個是指性交那回事的。

> 溱與洧方渙渙兮，士與女方秉蕳兮。女曰："觀乎？"士曰："既且！""且往觀乎！洧之外洵訏且樂。"維士與女，伊其相謔，贈之以勺藥。
>
> 溱與洧瀏其清矣，士與女殷其盈矣。女曰："觀乎？"士曰："既且！""且往觀乎！洧之外洵訏且樂。"維士與女，伊其將謔，贈之以勺藥。

《溱洧》是鄭詩裏第二篇講性交的。孔穎達發揮這篇詩的意義最爲詳盡。"溱水與洧水春冰既泮，方欲渙渙然流盛兮。於此之時，有士與女，方適田野，執芳香之蘭草；既感春氣，托采香草，期於田野共爲淫泆。士既與女相見，女謂士曰：'觀於寬閒之處乎？'意願與男俱行。士曰：'已觀乎！'止其欲觀之事，未從女言。女情急，又勸男云：'且復更往觀乎？我聞洧水之外信寬大而且樂，可相與觀之。'士於是從之。維士與女，因即其相與戲謔，行夫婦之事。及其别也，士愛此女，贈送之以勺藥之草，結其恩情！以爲信約。”案《韓詩内傳》：“……三月桃花水下之時至盛也。……當此之時，衆士與衆女方執蘭祓除邪惡。鄭國之俗，三月上巳之辰，於此兩水之上，招魂續魄，祓除不祥，故詩人願與水悦者俱往觀之。”難怪在這種背景之下，有桃花，有流水，有成群結隊的士女，“花鬟柳眼各無賴，紫蝶黄蜂俱有情”！難怪在這種時候，他們要“感春氣”，“爲淫佚”了。

謔字，我没有找到直接的證據，解作性交。但是我疑心這個字和sadism，masochism有點關係。性的心理中，有一種以虐待對方，同受虐待爲愉快之傾向。所以凡是喜歡虐待别人（尤其是異性）或受人虐待的，都含有性欲的意味。《國風》裏還用過兩次謔字。《終風》的“謔浪笑敖”很像是描寫性交的行事。總觀全詩，尤其是sadism，masochism的好證例。《淇奥》云：“善戲謔兮，不爲虐兮。”馬瑞辰《毛詩傳箋通釋》云：“《書・西伯戡黎》‘維王淫戲用自絶’，《史記・殷本紀》作‘淫虐’，昭四年《左傳》亦云‘紂作淫虐’。又襄四年《左傳》‘臧紇如齊唁衛侯，衛侯與之言虐’。虐即此詩‘不爲虐兮’之虐，謂戲謔之甚。故紇云‘其言糞土’，謂其言污也。”然則虐字本有淫穢的意思（所謂“言虐”定是魯迅先生所謂“國駡”者），《説文》：“虐，殘也，從虎爪人，虎足爪人也。”注：“覆手曰爪，反爪向外攫人是曰虐。”覆手爪人，也可以聯想到，原始人最自然的性交的狀態。謔字可見也有性欲的含義。

前人説鄭衛多淫詩。我説齊風之淫，恐怕還在鄭衛之上。詳細的理由，後面再説。現在先提出一篇實指性交的詩來討論。這篇詩便是《東方之日》。

> 東方之日兮，彼姝者子在我室兮，在我室兮，履我即兮。
> 東方之月兮，彼姝者子在我闥兮，在我闥兮，履我發兮。

鄭玄説這是男子淫奔來到女子之室。揣摩詩中的詞意，正是那麼一回事，但是他把“履”字訓錯了。“履”當依段注訓踐。《説文》：“履，足所依也；從尸，服履者也；從彳夂（注云，彳夂皆行也），從舟，象履形。”詩裏這個字用得妙極了。走路而覺得有鞋在脚上，是踏得極輕，或怕被人發覺了，正好描寫做虧心事的人走路的神氣。“即”訓就，“發”訓亂；《谷風》“毋發我笱”，《韓詩》訓爲亂，同這裏的意義一樣。馬瑞辰訓爲開。發又與撥的意義相近。《長發》傳云：“撥，治也。”簡潔了當。“履我發兮”就是偷偷的走來，和我舉行夫婦之事。

曹風的《候人》也是實指性交的。

彼候人兮，何戈與祋。彼其之子，三百赤芾。
維鵜在梁，不濡其翼。彼其之子，不稱其服。
維鵜在梁，不濡其咮。彼其之子，不遂其媾。
薈兮蔚兮，南山朝隮。婉兮孌兮，季女斯飢。

《毛傳》訓“媾”爲厚，訓“遂”爲久。歐陽修已經反對過了，説“遍考前世訓詁無久厚之訓”。（胡承珙據《一切經音義》引《白虎通》云“媾，厚也”，以駁歐陽。殊不知毛亨是荀卿的弟子；《白虎通》作於後漢章帝時，當然是襲用《毛傳》的意見。）歐陽修主張“媾”是婚媾之媾，離交媾之媾已經很近了。如今我確定“媾”當訓作性交，還有幾個鐵證。《蝃蝀》詩云“朝隮于西”，隮便是蝃蝀，蝃蝀便是虹。虹是性交的象徵，我已得着充分的證據，容待後面講象徵的時候再説明。這詩裏的“南山朝隮”和《蝃蝀》所稱的“朝隮”是一樣的。還有《詩經》裏常常用水鳥比男性，魚比女性，鳥入水捕魚比兩性的結合。如《白華》云“有鶖在梁，有鶴在林，維彼碩人，實勞我心”，和這詩裏的“維鵜在梁，不濡其咮。彼其之子，不遂其媾”，都是講水鳥不入水捕魚，衹閑着站在梁上，譬如男人不來找女人行樂，所以致令她等得心焦。（詳細的説明見於後。）把“媾”“朝隮”和水鳥在梁的涵義講清楚了，《候人》的内容便解决了一大半。再談談幾個小的問題。

《周禮・夏官》云："候人各掌其方之道治，與其禁令，以設候人。"注云："禁令，備奸寇也。以設候人者，選士卒以爲之。"并引此詩"彼候人兮，何戈與祋"爲證。前人説《詩》，衹談到迎送賓客的候人，没有提起守備奸寇的候人，所以總是隔靴搔癢。再者，"季女斯飢"之"飢"，衹可作"惄如調飢"解，看作没有吃飽飯的飢，便太笨了。《毛傳》最無理的，是説"季，人之少子也；女，民之弱也"。"季女"當然是年輕的女子，怎麽會跑出個"人之少子，民之弱"的意思來呢？這簡直不值一笑。

可是因爲誤信了毛公那瘋子，古今講這篇詩的，便没有一個人講對。魏源瞄得比較準一點，不料他的箭快飛到靶子面前，忽然拐了一個彎，仍舊没有射着圈心。他説："《候人》，刺共公也。不用賢士，而美女乘軒者三百人，使賢者荷戈與祋如季女之斯飢，用欲不亡，得乎？古時曹濮爲貨財聲色之都會，故國小而色荒若斯之盛矣。"第一，他根據《魯詩》和《史記》，説"三百赤芾"是指美女乘軒者三百人，不是《毛傳》所謂大夫乘軒，這是對的。第二，他指出曹濮是貨財聲色的都會，和共公的色荒，也有眼光。此外的話，都是捕風捉影了。

《候人》不是刺共公的，更没有"遠君子而近小人"的深意。詩人恐怕是一個血氣方剛，而性欲不大滿足的少年。他走過共公的宫院，前面看見一個個的侍衛扛着六尺多長的戈，一丈多長的殳，森森的排列着，把守那宫門。這禁衛森嚴的景象，促醒了他，今天他特别感到一種强烈的引誘，那三百個宫女，三百顆怒放的花苞，都活現到他眼前。他看見她們臉上都挂滿了顛頷[1]，仿佛是鐵籠關病了的鳥兒。他又看見她們笑了，對他自己笑，她們在熱烈的要求他，要求他的青春，他的熱，他的力，他的生命。但是看看情形，他是不能應付這要求的。他如今真像那刁着一尺多長的嘴，頸下吊着一隻口袋的水鳥，不知道去捕魚，衹

① "顛"字據文義補。

呆呆的站在石梁上，翅膀和喙子連一滴水也没有沾，他不免恨他自己太無用了。他想："你看南山上起了一陣寒雲，雲裏交卧着鮮艷的虹蜺。他們真是幸運！但是你婉孌的少女，你衹在那裏乾熬着肉欲的飢荒。你真可憐呀！"其實他自己也是一樣的可憐。

這便是我們詩人的心理。恐怕當時他没有許多心思來"美"這個，"刺"那個罷。

二

前面講到古時虹是性交的象徵。現在看看古書上是怎樣講的。

（一）《爾雅》邢疏：虹是陰陽交會之氣，純陰純陽則虹不見。

（二）《説文》：申，電籀文。虹從申，電也。電，陰陽激耀也。（案李黼平曰：據此則陰陽交而爲虹，過則激而爲電，故虹從申。夫婦一陰陽也。過禮則象應於天而色盛如電。……黄帝母附寶夢大電繞北斗樞，而生黄帝。大電即虹也。）

（三）《春秋元命苞》：陰陽之氣聚爲雲氣，立爲虹蜺。

（四）《爾雅》郭注：虹，俗名爲美人。《音義》：虹雙出。色鮮盛者爲雄，雄曰虹；闇者爲雌，雌曰蜺。

（五）《逸周書》：虹不收藏，婦不專一。

（六）《河圖稽耀鈎》：虹蜺主内淫。

（七）京房《易傳》：妻乘夫曰蜺見。

（八）《淮南子》：虹霓者，天之忌也。

（九）蔡邕《月令章句》：虹，陰陽交接之氣，著於形色。陰陽不和，婚姻失序，即生此氣。

（十）《爾雅》《釋名》：虹見於西方曰朝升[1]。

（十一）《詩經》鄭箋：朝有升氣於西方，終其朝則雨，氣應自然。（案馬瑞辰曰：是古以晚虹爲淫氣所感，朝虹爲正氣所應。）

據（一）（二）（三）（四）（六）（八）條，虹是男女交合的象徵。據（五）（九）條，虹是不正當的交合，或苟合。（二）條又把虹與電分開來講，説電纔是苟合，虹是正當的交合。（七）條又把虹與蜺分開講，説妻乘夫則蜺見。可見夫乘妻則虹見了。（十）（十一）條又指出朝虹與晚虹的區别，説前者是正當的交合，後者是不正當的。後來惠棟又講："蝃蝀在東，陰方之氣交於陽，爲女惑男而蠱，朝隮于西，陽方之氣交於陰，爲男先女而惑，故得雨則虹滅，陰陽和也。"這是説晚虹是女爲主動，朝虹是男爲主動，愈説愈玄了。不過，一塌括子，虹是象徵性交的。《蝃蝀》第一章云：

蝃蝀在東，莫之敢指。

或許是直言男女苟合之行事，有人瞥見了，難以爲情，不敢指給别人看的；或許衹是象徵的説法，也未可知；或許當時有這種禁忌，虹是指不得的，因爲那是"天之忌也"。這兩種解釋都可能，但是都逃不脱性交的關係。

這裏我用了好幾次"象徵"二字。我得聲明，這和前面第五種表現方式的象徵不同。這裏，虹本是性交的象徵，但是詩人講虹，是隱喻的講法，因爲以虹象徵性交既是當時風行的觀念，詩人講到"蝃蝀"和"朝隮"實在心裏有了性交的意義。那第五種表現方式的象徵，就完全是潛意識的活動了。象徵本不專指潛意識。我因爲找不到恰當的名詞，所以後面講到第五種表現方式時，依舊稱它爲象徵，不過另加上了一層

① 《爾雅》《釋名》當作《釋名·釋天》。"朝升"當作"升朝"。

狹義的含意罷了。

《蝃蝀》第二章云：

> 朝隮于西，崇朝其雨。

古時虹、雲、電，分不清楚，所以有講隮是虹的，有講隮是雲的，有講隮是升氣的。總之，雲又是和性交有關係的。所以看上面兩句詩，就可以知道《高唐賦》裏面的故事，不是宋玉憑空造的。《高唐賦序》曰：

> 昔者楚襄王與宋玉游於雲夢之臺，望高唐之觀；其上獨有雲氣，崒兮直上，忽兮改容，須臾之間，變化無窮。王問玉曰："此何氣也？"玉對曰："所謂朝雲者也。"王曰："何謂朝雲？"玉曰："昔者先王嘗游高唐，怠而晝寢，夢見一婦人曰：'妾巫山之女也，爲高唐之客，聞君游高唐，願薦枕席。'王因幸之。去而辭曰：'妾在巫山之陽，高邱之岨，旦爲朝雲，暮爲行雨，朝朝暮暮，陽臺之下。'旦朝視之如言，故爲立廟，號曰朝雲。"

《蝃蝀》之詩曰："朝隮于西，崇朝其雨。"《高唐賦》則曰："旦爲朝雲，暮爲行雨。"雲必依山，《候人》之詩曰："薈兮蔚兮，南山朝隮。"到了宋玉的時候，便演化成了一個女神，"在巫山之陽，高丘之岨"，并且還有了朝雲之廟。郭璞説："虹，俗名爲美人。"宋玉所賦的也是一個"曄兮如華，温乎如瑩，五色并馳，不可殫形"的神女。虹和雲古時既然差不多，是一樣東西，這神女大概就是那美人。

朝隮能致雨，神女能"暮爲行雨"，於是雨又漸漸獨立的成爲性交的象徵。《伯兮》之"其雨，其雨，杲杲日出"，是一個證佐，并且《敝笱》云"齊子歸止，其從如雲"，又云"齊子歸止，其從如雨"，已經是雲雨并舉了。

齊詩《東方未明》云：

東方未明，顛倒衣裳；顛之倒之，自公召之。
東方未晞，顛倒裳衣；倒之顛之，自公令之。
折柳樊圃，狂夫瞿瞿；不能辰夜，不夙則暮。

這篇詩，也有可疑的地方。“東方未明，顛倒衣裳”，已經給了一種暗示。“不能辰夜，不夙則暮”，是好事多磨，他不是回得太晚，便是走得太早的意思。前後説得很像了，中間忽然插上兩句莫明其妙的“折柳樊圃，狂夫瞿瞿”，陡然看起來，實在有點文氣不接。殊不知《詩經》裏使用這種手段的時候極多。凡是詩人想到那種令人害羞的事體，想講出來，而又不敢明講，他就製造一種謎語填進去，讓讀者自己去猜——換言之，那就是所謂隱喻的表現方法。懂得這種方法，《詩經》裏有許多的作品便容易瞭解了，例如《谷風》之“毋逝我梁，毋發我笱”；《伯兮》之“其雨，其雨，杲杲日出”；以及現在討論的“折柳樊圃，狂夫瞿瞿”都是。何以證明“折柳樊圃”與性欲有關係呢？《將仲子》有“無逾我墻，無折我樹桑”，“無逾我園，無折我樹檀”等語，和這極相像。《將仲子》是一篇淫奔的詩，大概這篇詩的性質也差不離。再看下面“狂夫瞿瞿”一句更像了。“瞿瞿”是驚顧之貌。

詩人屢次講到捕魚的笱，實在不是指笱的本身，是隱喻女陰的。我們先看笱到底是個什麽樣的東西。《説文》：“笱，曲竹爲之，以承（堰空），使魚入其中不得去者。”程大昌《演繁露》引《唐書·王君廓傳》：“君廓無行，善盜。嘗負竹笱如魚具，内置逆刺；見鬻繒者，以笱承其頭，不可奪，乃奪繒去。”程氏説：“魚具而内有逆刺，此吾鄉名爲‘倒鬚’者也。”可見宋時名魚具爲“倒鬚”。現在鄉下捕魚捕鱔，還有用它的。這樣講來，笱頗有一點類似女陰。至於所謂“入其中不得去”，所謂“逆刺”“倒鬚”，便有點誇大其詞了。但是也説不定，你若以神似求之，兩種東西也不見得絶對不可相提并論。

再從訓詁方面研究研究笱字。

《説文》笱字“從竹句，句聲”。句字，“句，曲也；從口，丩聲”。

注："凡曲折之物，侈爲倨斂爲'句'。……凡地名有句字者，皆謂山川紆曲，如句容、句章、句餘、高句驪皆是也。凡章句之句，亦取稽留可鈎乙之意。"歸納上文，句字共含三義：

（一）凡曲折之物，如"山川紆曲"者爲句；

（二）凡富於彈性，能伸能縮（即"侈爲倨斂"）之物爲句；

（三）凡能稽留他物者爲句。

以上的三種意義，都是女陰所有的。但是這還不能證明《詩經》裏所用的笱字便是隱喻女陰的。

《小雅·魚麗》云："魚麗于罶。"《毛傳》："罶，曲梁寡婦之笱也。""嫠婦之笱，謂之罶。"孫炎曰："罶，曲梁，其功易，故謂之寡婦之笱。"歐陽修説："以簿（葦簿也）爲魚笱，其功易，故號之寡婦笱耳，非寡婦所作也。"這便清楚了。寡婦之笱，并不是寡婦發明的笱，乃是那一種"其功易"的笱，像寡婦的性部一般，易入而難出。所以寡婦之笱名罶；《説文》講"罶，……寡婦之笱，魚所留也"。

這樣看來，恐怕不但笱字可以隱喻女的性部，或許古時便稱女的性部爲笱，或句。因此你也可以從笱句的聲音，想到"媾""覯"和許多從這些字引申出來的字。據丁以此《毛詩字分韻》，下列各字都在候部：

㈠"笱"，"口"，"谷"；

㈡"冓"，"媾"，"覯"，"構"，"耦"，"遇"，"逅"；

㈢"垢"，"侮"，"辱"，"寇"，"苟"，愉"（《韓詩》作"偷"）；

㈣"枸"。

第一類，形狀類似女陰。第二類，指女陰的作用，及和性交相近的各種意義。第三類，也是從性交轉變出來的意義。第四類，些微費一點解釋。古諺云："去家千里，勿食蘿摩枸杞！"陶隱居説："以其補精强陰也。"枸字從木從句，句恐怕就是女陰，因此申引爲"補精强陰"的藥材——枸杞。（《説文》："枸，從木，句聲。"現在看來，應改作："從木句，句亦聲。"）

把笱字講清楚了，現在我們可以讀讀下面這篇詩：

敝笱在梁，其魚魴鰥；齊子歸止，其從如雲。
敝笱在梁，其魚魴鱮；齊子歸止，其從如雨。
敝笱在梁，其魚唯唯；齊子歸止，其從如水。

前人總喜歡用史事來解《詩經》，往往牽强附會，不值一笑。不過有一部分的詩，本文裏已經講明了某人名或某地名，再斟酌詩人的口氣，如果差不離，然後斷定是直咏某事，那是可信的。例如講齊詩《南山》《敝笱》《載驅》，射文姜和襄公的事，是有真憑實據的。襄公文姜兄妹通姦，國人恨到極點，所以[1]駡得那樣的刻薄。敝笱是用壞了的笱。笱壞了，所以鰥鱮那樣的大魚，可以出入自如，和現在駡淫蕩的婦人爲爛東西一樣。這篇詩明明是刺文姜的。作《詩序》的，或許已經領悟到那層意思，可是又不敢講出來，所以先説了刺文姜，回頭又説惡桓公，支吾其詞，自相矛盾。有疑《詩序》不是一個人的手筆，這樣看來，許是對的。

有一個照常的問題不妨乘這個機會，辨白一下。段玉裁説：“曲梁别於凡梁，寡婦之笱别於凡笱。曲梁者，僅以簿爲之，寡婦之笱，笱之敝者也。”胡承珙的《毛詩後箋》也贊成這一説。其實是一個大錯。《敝笱》之詩曰：“敝笱在梁，其魚唯唯。”“唯唯”，《傳》曰：“出入不制也。”《箋》曰：“行相順隨之貌。”《韓詩》作“遺遺”，亦訓曰“不能制”。《玉篇》：“瀢瀢，魚行相隨貌。”《廣韻》五旨：“瀢，魚盛貌。”皆本此詩。敝笱失了作用，不能制止魚的出入，所以看得見衆魚紛紛的跑出跑進。敝笱不能留魚，所以得魚少。寡婦則適得其反，易入而不得出，所以《魚麗》之詩，一則曰“魚麗于罶”，再則曰“物其多矣”，可見那是得魚多了。段、胡兩種的東西，混爲

① “以”字據文義補。

一談，錯得厲害！

《詩經》裏多數的情詩或淫詩，往往不能離開風和雨。例如《谷風》之“習習谷風，以陰以雨”；《北風》之“北風其涼，雨雪其雱”；《風雨》之“風雨凄凄，鷄鳴喈喈”，都是風雨并提。雨是性的象徵，上面講到了。風雨常常一塊兒來，雨既含有性的意義，或許風間接的也和性發生關係了。但是間接的關係，算不得真憑實據。《谷風》毛傳云：“陰陽和而谷風至，谷風至而雲雨成；夫婦和而家室成，家室成而繼嗣生。”（據段玉裁所訂《毛詩故訓傳》）這種講法，衹説出了風雨和男女間的一種似是而非的關係，這種議論太玄了，所以我們也不能拿它來作根據。風同性應該有一種單獨的，直接的關係。不然爲什麽《詩經》的情詩和淫詩，單以風起興的，也那樣多呢？你看《終風》《凱風》《晨風》《匪風》，都是從風講到愛情或性欲。還有一篇《蘀兮》，也講到“風其吹女”，“風其漂女”，那也是一首戀歌。詩人和風，怎樣會發生這一段不解的因緣？那一定是有道理的。

果然，風字裏邊，也有一段秘密：

（一）《尚書·費誓》：“馬牛其風，臣妾逋逃……”《正義》曰：“僖四年《左傳》云：‘唯是風馬牛不相及也。’賈逵曰：‘風，放也。牝牡相誘謂之風。’然則牛馬風佚，因牝牡相逐而遂至放佚遠去也。”

（二）《左傳》（僖四年）：“唯是風馬牛不相及也。”杜解云：“馬牛風逸，乃末界之微事，故以取喻。”李惇曰：“牝牡相誘曰風，《書》‘牛馬其風’是也。《尚書正義》亦引此爲證。賈逵曰：‘風，放也。風馬牛不相及，言其相去之遠也。杜氏捨常立説，於文義終不分明。’”（見《群經識小》）

（三）《釋名·釋天》[1]：“風，氾也；其氣博氾而動物也。”

---

① 原文“《釋名·釋天》”前有《爾雅》，今删。

（四）《釋名·釋天》[1]："風之爲言萌也。"《白虎通》亦曰："風之爲言萌也；其立字蟲動於几中者爲風。"

綜合上面的各種意義，風便是性欲的衝動。由牝牡相誘之風，後來便申引爲"風流""風騷"之風，也都含有性的意味。至於"瘋癲"的瘋字，諒必也是從風字的這一種意義演化出來的。大概古人看着動物起了性欲衝動時，和神經錯亂時，没有什麼分别。所以一種叫作風，一種叫作瘋，聲音是一樣的。還有極有趣味的一點，古時稱牝牡相誘曰風，那是指下等動物而言的。男女相誘是否也稱爲風，我們不知道。然而《尚書》曰"馬牛其風，臣妾逋逃"，確乎是將牝牡相誘和男女相誘，一樣的看待了。可見當時的人類，至少在性欲上，是和下等動物差不多一樣的没有節制。

幾篇以風起興的詩，要算《終風》寫得最淫了。第一章云：

終風且暴，顧我則笑，謔浪笑敖，中心是悼。

《箋》云："悼者，傷其如此，然而已不能得而止之。"爲什麼"止之"呢？因爲終風來得太"暴"了。這是又愛又怕的意思。所以下章講"莫往莫來，悠悠我思"。那是説，你若是不和我來往，我又怪想你的。前面講到這篇詩是研究 sadism 和 masochism 的好材料。現在看來，更明顯了。前兩章説"終風且暴"，"終風且霾"；後來變本加厲，便是"終風且曀，不日有曀"，以至於"曀曀其陰，虺虺其雷"。但是他愈凶猛，她愈能忍受，愈情願忍受。所以一則曰"寤言不寐，願言則疐"，再則曰"寤言不寐，願言則懷"。她以痛苦爲快樂，所以情願一夜不睡覺來享受那虐刑，即便是"則疐"，"則懷"，也是甘心的。

關於"疐"字，有一段糾紛。《釋文》據《毛詩》經文當作"疐"，

① 原文"《釋名·釋天》"前有《爾雅》，今删。

又作“嚏”，編王肅[①]、孫毓、崔靈恩以至陸孔經，皆不作“嚏”。自從鄭玄讀“疐”爲“嚏”，解作嚏咳的意義，後人便徑改經文的“疐”爲“嚏”。《傳》訓“疐”爲“跲”，和《狼跋》“載疐其尾”的“疐”一樣。那便是礙而難行的意思。但是毛氏解作莊姜看着州吁的狂暴，心裹難受，於是説“我寤覺而不能寐，願以母道往加之，我則嚏跲而不行”，那便太牽强了。這句詩，要用 masochism 的眼光看去，纔對了。《傳》訓“懷”爲傷。“言”，我也。

傳、箋都主張《終風》是莊姜爲州吁作的。依他們的話，州吁豈不是忝了母親嗎？州吁是個壞人，可還没有壞到那樣。《終風》不是爲州吁作的，前人已經辨得很清楚了。不但不是爲州吁作的，并且誰也不能證明那作者便是莊姜。朱子説這篇詩裹“有夫婦之情，無母子之意”，是很對的。可是那夫婦也不見[②]就是莊公伺莊姜。胡承珙明知道“此詩不過《長門》一賦耳”，却又不肯相信他自己，解出許多“君薨子弑，國靡有定；悠悠我思，不遑假寐”的話來了。（其實《終風》不但是《長門賦》，其淫蕩的程度，還遠在《長門賦》之上。）那都是誤認作者便是莊姜的結果。

三

有一種作品，不必明白的談到性交，但是烘雲托月的寫來，刺戟性還來得更强烈。這種暗示性交的詩，例如《野有死麕》《桑中》《載驅》等等，幾乎數不勝數。我現在挑出一篇詩來，尋常不大談到的，并且尋常也萬不敢疑它是淫詩。但是我這回太狂悖了，這回我要污衊聖人一下，要不是豳風和周公的關係太深了，要不是“衮衣綉裳”和“公歸無所”，“公歸不復”，“無以我公歸兮”那三個“公”字，也許我可以厚道

① “編”字疑誤，似當作偏。

② “見”下疑脱得字。

一點，赦了周公，就算《九罭》不是爲他作的。但是我回念一想，就不作興有人和周公挑情的嗎？鐵證就在這裏：

> 九罭之魚鱒魴。我覯之子，袞衣綉裳。
> 鴻飛遵渚，公歸無所，於女信處！
> 鴻飛遵陸，公歸不復，於女信宿！
> 是以有袞衣兮，無使我公歸兮，無使我心悲兮！

這一位女性雙手抱着一件畫着卷龍的袞衣，死命的抱着，她的情郎追着來搶，她在情郎前頭跑，她的勝利的笑聲弄到情郎十分的窘迫；最後跑累了，笑累了，她便回轉身來，發出誠懇的哀求，對他説："我的好人，我今天會見了你，你穿着那樣華麗的衣裳，畫的是卷龍，綉的是五彩的黼黻文章。你那樣的美麗，我那肯放你走？你走不了，走不了！鱒魴的大魚那能逃出九罭的密網！我抱住了你的衣裳，你逃不掉了！一隻孤鴻，往水上飛過，誰知道會飛到那裏去？你若是飛了，我往那裏去找你？你還是和你的女人再住一宿罷！孤鴻往大陸上飛了，從此就不會回來。你不要飛了，我要你再等一宿。你們男人的事真説不定。我知道你這回定是一去不復返。所以我抱着你的袞衣，不放你走。我不願惹起我自己的悲傷，所以把你的袞衣搶來了。"這是詩裏所講的故事，没有誇張，也没有挂漏，恰恰是《九罭》詩中應有之義。至於那情郎是否周公，本來没有關係，不過那客人的確是一位達官貴人，留客的詩人乃是一位多情的小家碧玉。

四

《小星》曰"抱衾與裯，寔命不猶"；《大車》曰"豈不爾思，畏子不奔"；又曰"穀則異室，死則同穴"；《葛生》曰"角枕粲兮，錦衾爛兮”。這些都是情詩，然而情詩説到同床共枕之事，以現在的眼光看來，便難免不近於穢褻了。至於齊風的《鷄鳴》形容一個國王的好色，不講别的，偏挑出早上起床時那一段來描寫，尤其容易聯想起性交。詩裏講一個國王正擁着他的嬌妻貪着春睡。天亮了，她催他起床，他直跟她抬杠，因爲他還捨不得起來！

鷄叫了，上朝的人已經滿了。
不是鷄叫，那是蒼蠅的聲音。
不信，你看東方發白了，上朝的越來越多了。
那裏是東方發白？那是月亮的光。
如果那是蟲飛的聲音，我情願你多睡一會兒；可是他們快要走了。我是爲你好，不要説我喜歡你！

他們這樣争辯着，到底他起來没有，還是不知道。

《芄蘭》云“能不我甲”，鄭、王皆以甲爲狎。這篇詩顯然是一個急色的婦人，羨慕一個十五六歲的童子，想他來和自己狎玩，無奈他從從容容的走過了，紳帶在他身邊飄動着。他不能瞭解她的心事。詩云：

芄蘭之支，童子佩觿；雖則佩觿，能不我知。容兮遂兮，垂帶悸兮！

據陸疏芄蘭又名蘿摩。陶隱居説：“其葉生啗煮食，俱可與枸杞同功。”枸杞的功用是什麽？前面已經講過了。如果詩人用芄蘭起興，是具有那一層深意的，她不是一個情急的寡婦了嗎？

這一類的詩一説破了，真禁不起你細想。

著名的《桑中》也是這一類性質的。不過這回是男性垂涎於女性罷了。詩人許是一個莊稼漢，在沫上做活的時候，也許瞅見一輛貴婦的車子走過，他就起了衝動，想吃天鵝肉，所以他唱道：

……云誰之思？美孟姜矣。期我乎桑中，要我乎上宫，送我乎淇之上矣！

這些人没有什麽客氣，他要想什麽，就想什麽，你不能禁止，你也用不着替他回護，掩飾。

《東門之枌》云“視爾如荍”，羅典《説詩》講“荍”是陽具（見顧頡剛《古史辨》）。羅氏的書，我没有見過，不知道那一全篇他是怎樣解釋的。我們知道的是《東門之枌》也是一首情詩。不過詩裏公開的講到陽具，便又是過分的大膽了。何况做詩的還是一位女性呢？

五

現在正式的講到象徵性交的詩了。我屢次的聲明過我所謂象徵的表現方法，是出於詩人的潛意識。那麽，假如有人要認爲這種作品太傷風化了，我可以替詩人辯護一句，一個人的潛意識要活動起來，他自己實在不能負責任。做詩的人不能負責，那麽這責任就該輪到講詩的人身上來了罷？那也未始不可。我記得宋朝黎立武有一段話：“小時讀箕子《禾黍歌》，愍然流涕。稍長讀鄭風《狡童》詩，而淫心生焉。出而視鄰人之婦，皆若目挑心招。怪而自省。夫猶是‘彼狡童兮，不與我好兮’二語，而一讀之而生忠心，一讀之而生淫心者，豈其詩有二乎，解之者之故也。”不錯，從前的人，即便認出一首淫詩來，也不敢那樣講，因爲一個學者得顧全他的身分，他的名譽。如今這世界可不同了。譬如鄭風《大叔于田》，即便我不説那是一首象徵性交的詩，Frued 恐怕要説出來了。所以如果 Browning 的 Htw They Brought the rood news from Ghent of aix 可以看作性交的寫照，爲什麽《大叔于田》不可以呢？我把全詩録下來，讓讀者們自己去“仁者見仁，智者見智”罷！

大叔于田，乘乘馬，執轡如組，兩驂如舞。叔在藪，火烈具舉，襢裼暴虎，獻于公所。將叔無狃，戒其傷女！叔于田，乘乘黄，兩服上襄，兩驂鴈行。叔在藪，火烈具揚。叔善射忌，又良御忌；抑磬控忌，抑縱送忌。

叔于田，乘乘鴇，兩服齊首，兩驂如手。叔在藪，火烈具阜。叔馬慢忌，叔發罕忌；抑釋掤忌，抑鬯弓忌。

這一類的材料，《詩經》裏還極多，例如《鵲巢》《谷風》《叔于田》《清人》《猗嗟》《小戎》諸詩裏，都找得出來。但是中國文學裏最好的例子恐怕要算魚玄機的《打毬作》，和韓愈《送李愿歸盤谷》的一首四言詩。《韓詩》云：

盤之中，維子之宫。盤之土，維子之稼。盤之泉，可濯可沿。盤之阻，誰争子所？窈而深，廓其有容；繚而曲，如往而復。嗟盤之樂兮，樂且無央！虎豹遠迹兮，蛟龍遁藏。鬼神守擁兮，呵禁不祥，飲且食兮，壽而康；無不足兮，奚所望？膏吾車兮，秣吾馬，從子之盤兮，從吾生以徜徉！

魚玄機是一個薄命而多情的女道士，性欲之不滿足，可想而知。《打毬作》的象徵，比前面兩首詩，更要明顯。

堅圓凈滑一星流，月杖争敲未擬休。無滯礙時從撥弄，有遮攔處任鉤留。不辭宛轉長隨手，却恐相將不到頭。畢竟入門應始了，願君争取最前籌！

這一篇文章已經完了。“離經畔道”到了這步田地，恐怕要算至矣，盡矣，蔑以加矣！但是讀者讀完了這篇文章，不要忘了我的主意是要證明《詩經》的時代雖然出了幾個聖人（？），却還不是什麽黄金時代。前面講了,《詩經》時代的生活，還没有脱盡原始的蜕殼。現在我還要肯定的説一句，真正《詩經》時代的人祇知道殺、淫。一部《左傳》簡直充滿了戰争和姦殺。《左傳》裏的人物，是有理智，講體面的上層階級，尚且如此，那《詩經》裏的榛榛狉狉的平民，便可想而知了。不管十五《國風》裏那大多數的詩，是淫詩，還是刺淫的詩，即便退一步來講，承認都是刺淫的詩，也得有淫，然後纔可刺。認清了《左傳》是一部穢史,《詩經》是一部淫詩，我們纔能看到春秋時代的真面目。可是等看到了真面目的時候，你也不必怕，不必大驚小怪。原始時代本來就是那一回事。也不要提原始時代了，咱們這開化的二十世紀還不是一樣的?我們應該驚訝的，倒是《詩經》怎麼没有更淫一點!

詩新臺鴻字說①

一

《詩·邶風·新臺篇》曰：

魚網之設，鴻則離之。

《傳》不爲“鴻”字作訓，殆以爲鳥名，人所習之，無煩詞費。雖然，余竊有疑焉。夫鴻者，高飛之大鳥②，取鴻當以矰繳③，不聞以網羅也。此其一。藉曰誤得，則施罛水中，亦斷無得鴻之理。何則？鴻但近水而栖，初非潛淵之物，鴻既不入水，何由誤絓於魚網之中哉？此其二。抑更有進者，上文曰“燕婉之求，籧篨不鮮”，“燕婉之求，籧篨不殄”，下文曰“燕婉之求，得此戚施”。籧篨戚施皆喻醜惡（詳下），則此曰“魚網之設，鴻則離之”者，當亦以魚喻美，鴻喻醜，故《傳》釋之曰：“言所得非所求也。”然而夷考載籍，從無以鴻爲醜鳥者。《說文·鳥部》曰：“鴻，鴻鵠也。”《史記·留侯世家》索隱曰：“鴻鵠一鳥，若

---

① 原載《清華學報》第10卷第3期，1935年7月。據開明版《聞一多全集·古典新義》編入本編。

② 原注：《史記·留侯世家》載高帝歌：“鴻鵠高飛，一舉千里。”賈誼《惜誓》：“黃（一作鴻）鵠之一舉兮，知山川之紆曲，再舉兮，睹天地之圓方。”

③ 原注：《左襄一四年傳》：“射鴻於圃。”《孟子·告子上篇》：“一心以爲有鴻鵠將至，思援弓繳而射之。”《藝文類聚》九〇引《莊子》：“人知飛鴻者，吾必矰繳而射之。”（語在《天運》篇，今本《莊子》脱之，唐寫本《華林遍略》殘卷亦引。）《淮南子·人間篇》：“夫鴻鵠凌乎浮雲，背負青天，膺摩赤霄……雖有勁弩利矰微繳蒲且子之巧，亦弗能加也。”

鳳凰。”賈誼《惜誓》曰：“黄（一作鴻）鵠後時而寄處兮，鴟梟群而制之，神龍失水而陸居兮，爲螻蟻之所裁。”黄鵠與神龍并舉，其見重如此，而鴻鵠與黄鵠實一鳥而毛色微異，則古不以鴻爲醜鳥明矣。又陸機《毛詩義疏》曰：“鴻鵠羽毛光澤純白，似鶴而大。”是鴻鶴同類。《韓詩外傳》有齊使獻鴻於楚王之事，《魯連子》又有展毋所爲魯君使遺鴻於齊襄君之事[①]，意者鴻鶴古者并爲珍禽，楚齊二君之好鴻，亦衛懿公好鶴之類歟？若然，則古不以鴻爲醜鳥，益有徵矣。至於後世詞人賦咏所及，則靡不盛言此鳥之美。

晋成公綏《鴻雁賦》曰：“夫‘鴻漸’著羽儀之嘆，《小雅》作于飛之歌，斯乃古人所以假象興物，有取其美也。”[②]

晋曹毗《雙鴻詩序》曰：“近行東野，見有養雙鴻者，其儀甚美，又善鳴舞。”[③]

今乃令鴻與戚施爲伍，至目爲醜惡之象徵，竊恐古今人觀念之懸絶不至如是也。此其三。鴻之爲鳥，既不可以網取，又無由誤入於魚網之中，而以爲醜惡之喻，尤大乖於情理，則《詩》之“鴻”，其必别爲一物，而非鴻鵠之鴻，尚可疑哉？

二

然則鴻果何物乎？曰，以《詩》之上下文義求之，“鴻”與“籧篨”“戚施”當爲一物。戚施者，《太平御覽》九四九引《韓詩》薛君

① 原注：唐寫本《華林遍略》殘卷，《初學記》二〇，《太平御覽》九一六并引。展毋所《初學記》作展無所，齊襄君《御覽》作齊襄公。

② 原注：《藝文類聚》九〇引。

③ 原注：同書同卷引，近下脱行字，從唐寫本《華林遍略》引補。

《章句》曰："戚施，蟾蜍，蝛蝤，喻醜惡。"字一作䵶䵹。《説文·黽部》曰"䵶䵹，詹諸也"。引詩作䵶䵹。是戚施即蟾蜍也。籧篨與戚施并舉，以《三百篇》文例推之，二者當爲一物。余謂籧篨爲蟾蜍之異名，前著《天問·釋天》[①]既列十有一事以證之矣。今案《詩》曰"籧篨不鮮"，又曰"籧篨不殄"，鮮殄皆屬魚言。鮮者美也，殄借爲珍，亦美也。鮮珍爲味之美，亦爲容貌之美。魚爲鮮物珍物，故詩人即借求魚以喻求燕婉之美壻[②]。知鮮珍皆屬魚言，則"籧篨不鮮""籧篨不殄"，猶言所得者是籧篨而非魚耳。魚與籧篨對舉以喻美醜，則籧篨之物，必魚之同類而品質相反者，此則非下文之戚施亦即蟾蜍者何足以當之[③]？

《詩》意以戚施籧篨與魚對舉，又以鴻與魚對舉，戚施籧篨并即蟾蜍，則鴻亦當即蟾蜍矣。

三

《説文·黽部》所載諸名皆大腹蟲，是黽本有大腹義。蟾蜍一名黽

---

① 原注：《清華學報》第九卷第四期。

② 原注：《説文》鮮古文作鱻，從三魚，是以魚爲鮮；《禮記·内則》曰"冬宜鮮羽"，《老子》六〇章曰"治大國若烹小鮮"，《易林·兑之无妄》曰"結網得鮮"，又并以鮮爲魚。鮮訓美，而魚鮮義可互通，故魚可爲美之象徵。《國風》中男女之間互以魚比其對方者，其例至繁，容續爲文論之。

③ 原注：《説文·厂部》曰："厜諸，治玉石也。"《廣雅·釋器》曰："礷礸，礪也。"案厜諸謂之礪者，謂其質粗厲也。《説文·黽部》："𪓰鼀，詹諸也，其鳴詹諸（此解誤甚，詳下），其皮鼀鼀，其行𠂒𠂒。"其皮鼀鼀，亦謂其粗厲，《名醫别録》陶注所謂"皮上多痱磊者"是矣。厜諸詹諸，蓋異物而同名，以其粗厲，故厜諸亦名礪，詹諸亦名癩蝦蟆。癩即癘字。《説文·疒部》："癘，惡疾也。"引申爲人貌醜惡之稱。字或作厲，《莊子·齊物論篇》"厲與西施"是也。《詩》以蟾蜍喻醜男子，意實謂其爲厲耳。今俗語曰"癩蝦蟆想吃天鵝肉"，其所由來舊矣。又案厜諸之名，近人章鴻釗謂本西域語（説見《石雅》中編頁一八〇）。果爾，則蟾蜍（戚施，籧篨）亦西域語。蓋厜諸蟾蜍爲譯音，礪癘爲譯意。許君云"其鳴詹諸"，遠失之矣。

(《爾雅·釋魚》)，一名鼀黽(《周禮·蟈氏》)，一名耿黽(《蟈氏》鄭注)，其他異名若䵷䵶(《説文》)，鼀䵷(《爾雅》)，字亦皆從黽，蓋皆取義於大腹也。

《爾雅·釋魚》："鼀䵷，蟾諸，在水者黽。"郭注曰："耿黽也，似青蛙，大腹，一名土鴨。"

《名醫别録》："蝦蟆，一名蟾蜍，一名䵷，一名去甫，一名苦蠪。"陶注曰："此是腹大皮上多痱磊者。"

《玉篇·黽部》曰："黽，蝦蟆屬，似青蛙而大腹。"

諸書稱蟾蜍之狀皆曰大腹，則上揭之黽及從黽諸名皆取義於大腹，益無疑也。

鴻亦有大腹義。鴻古作鳿，

《一切經音義》十一引《聲類》曰："鳿或鴻字，同。"

《漢書·司馬相如傳》上顔師古注曰："鳿古鴻字。"

一作䧆。《説文·隹部》曰："䧆，鳥肥大䧆䧆然也。鳿，䧆或從鳥。"案肥大與大腹之義相因，䧆實即鴻字，許君訓䧆爲鳥肥大䧆䧆，又别載鴻於鳥部，云從鳥江聲，誤矣。諸工聲之字多與大腹之義相關。

《説文·人部》曰："仜，大腹也，讀若紅。"

《集韻》引《埤蒼》曰："胮肛，腹脹也。"

他若在器曰缸，在舟曰舽舡，并物之龐然有似大腹者。鳿(鴻)亦從工聲，則其本義當爲大腹鳥。蟾蜍爲大腹蟲，鴻爲大腹鳥，故蟾蜍亦得謂之鴻，形相似，斯名得相通也。

又《説文·大部》曰："奚，大腹也。"《黽部》曰："䵷，水蟲也，蕺貉之民食之。”章炳麟曰:“此即今人呼鼃爲田雞者,鼃大腹者,故雞從奚聲。”[①]案章説是也。《集韻》:“鼅雞,鼃類,似蜘蛛,出遼東,土人食之。”鼅雞蓋即田雞,《太平御覽》九四八引《夢書》曰:“鼅鼄爲大腹,其性使然也。”鼅雞似蜘蛛,正以其大腹耳[②]。然鼅雞字今俗徑書作“田鷄”,於義亦通。鷄亦大腹也,故蟲之大腹者謂之田鷄,形相似,斯名得相通也。蟾蜍謂之鴻,蝦蟆謂之田鷄,其例不殊,此亦鴻得爲蟾蜍異名之一證矣。

四

以上就蟾蜍之諸異名,觀其音義之會通,因以推知蟾蜍亦得稱鴻,其説既信而有徵矣。雖然,理論上蟾蜍有稱鴻之可能與否爲一事,事實上古人果嘗呼蟾蜍爲鴻與否又爲一事,故今所欲急知者,古稱蟾蜍爲鴻之實例,《詩》之外,尚有存在者乎?曰有之——變相的有之。

《廣雅·釋魚》曰:“苦蠪,蝦蟆也。”
《名醫别録》曰:“蟾蜍一名苦蠪。”

余謂苦蠪即鴻之古讀也。鴻之最初語根爲工,古當讀 Kung,然更早當有複輔音,讀爲 Klung,再由單音變爲雙音 K'ulung,即苦蠪矣。其演變歷程之全部蓋有如下圖:

① 原注:《新方言》。
② 原注:實則雞即鼃字,奚圭并在支部,古爲同音字,故從圭之字或亦從奚。謑一作謑,鞋一作鞵,《淮南子·俶真篇》高注曰“觟讀若傒”,《水經·鍾水注》曰“雞水一名桂水”,可證。

Kung ＞ hung

klung ＞ k' ulug ＞ k' unglung ＞鴻（古音） 鴻（今音）

苦蠪 lung

試舉三例以明之。

1. 空（孔）曰窟籠。近人林語堂《古有複輔音説》[1]有此條，引《宋景文筆記》曰"孔曰窟籠"，又引江南《志書》太倉州"黐語爲字者"條下曰"孔爲屈籠"，《嘉定縣志》亦云。又云北京上海猶有此語。（案此語是處有之，不獨北平上海。）又暹羅語，Klong 圓筒也，Klung 空也，有洞也，kuang 寬敞也，皆華文"孔"之轉語。

2. 項曰胡嚨。《説文》亢之重文作頏，《廣雅・釋親》："頏，項也。"《爾雅・釋鳥》"亢，鳥嚨。"郭注曰："嚨謂喉嚨。"《漢書・婁敬傳》注引張晏曰："亢，喉嚨也。"案喉嚨一曰胡嚨。

3. 鴻曰屈蘢。《淮南子・墬形篇》"海閭生屈蘢"，高注曰："屈蘢，游龍，鴻也。"

窟籠謂之空，胡嚨謂之項，屈蘢謂之鴻，并猶苦蠪謂之鴻也，而蟲之苦蠪謂之鴻，草之屈蘢亦謂之鴻，其例尤爲明著。以上由古代俗語，近代俗語并與我同系之暹羅語，推知鴻與苦蠪爲語之變，而苦蠪實蟾蜍之異名，則古有稱蟾蜍爲鴻者，亦從可知矣。

五

自《詩》之文義觀之，鴻之不當爲鳥名既如彼，自文字音義及語言演變之迹觀之，鴻爲蟾蜍之異名，其確切又如此，然則《詩》之"鴻"爲何物，乃常識之至淺近者，何二千年來説《詩》者無一人知之乎？

---

① 原注：《語言學論叢》。

曰，是不然也。《詩》“鴻”字之義，先秦師説不可考，漢儒固知之，不知者後人耳，魯韓之説不可考，《齊詩》家固知之，不知者《毛詩》家耳。《易林·漸之睽》曰：

> 設罟捕魚，反得居諸。

即用本詩。居諸者何？蟾蜍也。《初學記》一“居蠩”下注引《春秋元命苞》曰：“月之爲言闕也，兩[①]設蟾蠩與兔者，陰陽雙居，明陽之制陰，陰之倚陽。”以蟾蠩釋居蠩，是居蠩即蟾蠩也。居諸與居蠩同[②]。《詩》曰“鴻則離之”，《易林》曰“反得居諸”，非齊説以鴻爲蟾蜍之明驗乎？

① 原注：原誤而，今正。

② 原注：或曰《易林》之居諸，《初學記》之居蠩，二居字并詹之形誤，似亦可通，然蟾蜍一曰居諸，古實有此稱，説詳《天問·釋天》。

匡齋尺牘[1]

一　應下了工作

説起回信何以來得這樣晚，撇開了事忙一類的遁辭，還有一個較正大的理由。你提出的幾個問題，老實説，當時我都不能答，現在還是不能，雖則光陰過了將近半年，而這半年中，爲了那些疑團，我是不斷的在思考着。倒是今天從你提的另一件事上，又好像發覺了一個答案。你派給我那項講詩的工作，畢竟是個辦法。要解決關於《詩經》的那些抽象的、概括的問題，我想，最低限度也得先把每篇的文字看懂。所以，對於你所問的，我最忠實的答案是不答，或是説，我的答案是教你不要問。一朝你能把一部《詩經》篇篇都讀懂了——至少比前人懂得稍透些——那時，也許這些問題，你根本就不要問了，或者换了一種問法，問得更具體，更徹底點。來信指定的那幾首詩，我都願意給你講解。當然不嫌麻煩。我還有一個宏願，一個奢望——果然有這工夫，更有這耐性的話——索性繼續講下去，每封信講一兩篇，在不太遼闊的期間内，把全部《國風》講完。這樣給自己對於《詩經》的瞭解，來一次總檢舉，不是很好的嗎？我感謝你，如果真給我這樣一個機會。望你也不要懈怠，隨時來信問難。助我完成一項工作罷。零星的問題或掌故，也不妨隨時涉及，以免通信内容的單調，你以爲如何？

[1] 此文前十節原載《學文月刊》第1卷第1、3期（1934年），據開明版《聞一多全集・神話與詩》編入本編。十一至十四節爲續作，談《詩・兔罝》，爲梁實秋所藏未刊稿，今據1986年中國友誼出版公司出版的梁實秋《雅舍懷舊——憶故知・談聞一多》編入本編。

下次再開始講詩。

二　工作的三椿困難

在開始講詩以前，我最好先聲明我的困難是什麽，爲的是，如果我失敗了，你好知道我失敗在那裏。困難至少有三椿。

僞書的舉發曾經風行了好久。在“辨僞”的法庭上，《尚書》是受過了鞫訊的。但爲什麽偏把這與《尚書》同輩的《詩經》漏掉了，傳票裏連個名兒都没有呢？論情理，《詩經》决不能没有嫌疑。如果孔子删過詩，“删”不也是一個作僞嗎？何况，既然動了筆，就决不僅是删，恐怕還有改。不但孔子，説不定孔子以後，還隨時有着肯負責任的人，隨時可以揮霍他們的責任心，效法孔子啦。我相信，我們今天所見到的《三百篇》，尤其是二《南》十三《風》，决不是原來的面目。至於時間的自然的剥蝕，字體的變遷，再加上寫官的粗心與無識——一部書從那麽荒遠的年代傳遞下來，還不知道要受多少種折磨呢？以上所提的幾點，將來還要細談。暫時你衹記住，在今天要看到《詩經》的真面目，是頗不容易的，尤其那聖人或“聖人們”賜給它的點化，最是我們的障礙。當儒家道統面前的香火正盛時，自然《詩經》的面目正因其不是真的，纔更莊嚴，更神聖。但在今天，我們要的恐怕是真，不是神聖。（真中自有着它的神聖在！）我們不稀罕那一分點化，雖然是聖人的。讀詩時，我們要瞭解的是詩人，不是聖人。然而要去掉那點化的痕迹，又怎樣下手呢？這是困難的第一椿。

你也許説，點化是有的，但成分必很微細，大部分不妨仍然當它作一部民歌。好了，我可以不吹毛求疵。但第二椿困難又來了。你該記得《詩經》的作者是生在起碼二千五百年以前。用我們自己的眼光，我們自己的心理去讀《詩經》，行嗎？惟其如此，我們纔要設法建立一個客觀的標準，雖則客觀依然是相對的。但是要建立客觀的標準，最低限度恐怕也祇有采用推論法一途。然而推論的根據又在那裏？難題就在這一點上。你知道，要找推論的根據點，須守着一個條件，那便是，推論的根據，與推論的前提，必須性質相近，愈近愈好。現在，就空間方面看，與我血緣最近的民族，在與《詩經》時代文化程度相當時期中的歌謠，是研究《詩經》上好的參考材料，試驗推論的好本錢吧？但這套本錢，誰有，我不知道，反正不在我的手邊。再從時間方面打算，萬一，你想，一個殷墟和一個汲冢，能將那緊接在《三百篇》前後的兩分"三百篇"分别的給我們獻回來，那豈不更妙？有了《詩經》的前身和後身作參考的資本，這研究《詩經》的企業，不更值得一做了嗎？可是誰能夢想那筆横財，那樣一個奇迹的實現！時空兩方面推論的材料既都没有，所謂客觀的標準從何建立起？尤其令人悵惘的，是"王者之迹熄而詩亡"。從《三百篇》到漢樂府，那一截詩的傳統，萬不該教它中斷。（即令將《九歌》等零星的作品插進去，榫頭還是鬥不攏，這工作文學史家已經試過了。）損失有什麼方法追償？没有方法，祇好用漢魏樂府（專指民間的），甚至六朝樂府來解釋《詩經》。有人還説那很有用處。細想，是一句解嘲的話，説話的人自己還不知道呢。用漢後的民歌解釋周初的民歌，民歌與民歌比，誠然有點益處，但周初與漢後之間，你望，一重的時間的霧可密着咧！這方法的危險，你要小心，恐怕是與它的便利一般大的。以上是第二樁困難。

可是，慢一點。漢與周之間，相去很遠了。我們與漢之間呢？我們又準能懂漢人嗎？果然能够，拿我們所懂的漢人去解釋周人，已成問題，上文講過了。設若不能，以我們所不懂的漢人去解釋那更不好懂的周人，那還成話嗎？頭緒愈多，話愈不好講。姑且把漢人一層注銷了，現在專就我們和"詩人"立論，看究竟爲什麼我們不能懂他們。我想，這問題，幸與不幸，總歸該文化負責。同是人，但我們與"詩人"，在品質的精粗上，據説相距那樣遠，甚至學者們有采用"文明人"與"原始人"兩種迥殊的稱呼的必要。我們的官覺靈敏了，情感細膩了，思想縝密了，一切都變好了。二千五百年的文化將我們一步一步的改良到這樣，我們能够一下子退得回去嗎？雖然文化常常會褪色，忽然露出蠻性的原形，但那是意識，你那把門的失慎，偶然讓蠻性越獄了。你則既不能直接調遣你的蠻性，又不能號令你的意識。總之，你全不是你自己的主人。文化既不是一件衣裳，可以隨你的興致脱下來，穿上去，那麽，你如何能擺開你的主見，去悟入那完全和你生疏的“詩人”的心理！當然，這也是一切的文藝鑒賞的難關，但《詩經》恐怕是難中之難，因爲，它是和我們太生疏了。况且糾紛還没有完，能不能是一端，願不願又是一端。你想，戴上了那“文明人”的光榮的徽號，我們的得意，恐怕也要使我們不屑於瞭解他們——那，便更難辦了。以上是第三樁，也許最大的一樁困難，因爲，這回我們的障礙物乃是我們自己。

有了這三重魔障，我承應下的這份工作，便真成爲佛朗士所謂“靈魂的探險”了。我也許要領着你在時間的大海上兜了無數迂闊而棼亂的圈子，結果不但找不到我們的“三山”，不要連自己也失踪了吧！不過這險總是值得冒的。好罷，我將儘量的克服我的困難。

話不覺的談了這樣多，詩又不能講了。下次定依你指定的範圍與次第，開始講《芣苢》。决不失信。

三　芣苢

爲方便起見，還是把原詩録在下面：

> 采采芣苢，薄言采之！采采芣苢，薄言有之！
> 采采芣苢，薄言掇之！采采芣苢，薄言捋之！
> 采采芣苢，薄言袺之！采采芣苢，薄言襭之！（《周南》之八）

所遴選的幾首詩中有着這一首，不知道你有何用意。疑難是屬於文字的呢，還是文藝鑒賞的？但這兩層也有着連鎖的關係。比方説，一首詩全篇都明白，祇剩一個字，僅僅一個字没有看懂，也許那一個字就是篇中最要緊的字，詩的好壞，關鍵全在它。所以，每讀一首詩，必須把那裏每個字的意義都追問透徹，不許存下絲毫的疑惑——這態度在原則上總是不錯的。因此，這裏凡是稍有疑義的字，我都不放松，都要充分的給你剖析。雖然我個人却認爲《芣苢》之所以有討論的必要，乃是因爲字句縱然都看懂了，你還是不明白那首詩的好處在那裏。换言之，除了一種機械式的節奏之外，你并尋不出《芣苢》的"詩"在那裏——你祇聽見鼓板響，聽不見歌聲。在文字上，唯一的變化是那六個韻脚，此外，則講來講去，還是幾句原話，幾個原字，而話又是那樣的簡單，簡單到幼稚，簡單到麻木的地步。藝術在那裏？美在那裏？情感在那裏？詩在那裏？——你該問。你這回讀詩，我想，《芣苢》是憑着它的劣詩的資格，不是好詩的資格，而赚得你注意的。如果這樣是你當時的印象，我毫不詫異。但這祇是你的印象。對不對，還待商量。至於給你留下發生這印象的餘地，似乎責任又該《芣苢》負。惟其如此，《芣苢》纔有討論的價值。因爲《三百篇》裏這樣的詩很多，而《芣苢》又是其間最好的例，所以它便有提早討論的必要。這首詩你果然選對了。

什麽是"芣苢"？據《毛傳》説是如今的車前。車前，聽説北方山谷間頗多，但我没有見過，也許見過了，不認識。按植物家的説法，是一種多年草本植物。除了花是紫色的，小而且多之外，其餘葉與花莖都像玉簪。夏日結子，也是紫色的，那因爲成熟遲早不同，紫色便有從發赤到發藍種種不同的色調，想必是很悦目的。"采采"二字便是形容這花子的顔色。本篇的"采采芣苢"，《卷耳》的"采采卷耳"，同《秦風·蒹葭篇》的"蒹葭采采"一樣，全是形容詞。《小雅·大東篇》"粲粲衣服"，《文選》注引《韓詩》作"采采衣服"。"采采""粲粲"是同紐相轉的叠字，"粲粲"又變爲"璀燦""翠粲"等雙聲連綿詞，都是顔色鮮明之貌。《列女傳》曰"且夫采采芣苢之草"，劉向似乎認清了這兩個字的詞性。"采采芣苢"，若依毛、鄭以及薛君讀"采采"爲動詞，無論《三百篇》中無此文法，并且與下[①]的“薄言采之”的意義重複，在文法上恐怕也説不過去。極明顯、極淺近的一件事，不知道爲什麽向來没有人説破。

芣苡的形狀，你現在可以有點印象了。但是單知道它的形狀，還不算真懂芣苡。學了詩，誠如孔子説的，可以“多識草木鳥獸之名”。但翻過來講，“多識草木鳥獸之名”，未必能懂詩。如果孔子所謂“名”是“名實”之名，而他所謂識名，便是能拿“名”來和“實”相印證，便是知道自然界的某種實物，在書上叫作某種名字，那麽，識名的工夫，對於讀詩的人，決不是最重要的事。須知道在《詩經》裏，“名”不僅是“實”的標籤，還是“義”的符號，“名”是表業的，也是表德的，所以識名必須包括“課名責實”與“顧名思義”兩種涵義，對於讀詩的人，纔有用處。譬如《麟之趾篇》的“麟”字是獸的名號，同時也是仁的象徵，必須有這雙層的涵義，下文“振振公子”纔有着落。同樣的，芣苡是一種植物，也是一種品性，一個 allegory。

古代有種傳説，見於《禮含文嘉》《論衡》《吴越春秋》等書，説是禹母吞薏苡而生禹，所以夏人姓姒。這薏苡即是芣苡。古籍中凡提到芣苡，都説它有“宜子”的功能，那便是因禹母吞芣苡而孕禹的故事産生的一種觀念。一點點古聲韻學的知識便可以解決這個謎了。“芣”從“不”聲，“胚”字從“丕”聲，“不”“丕”本是一字，所以古音“芣”讀如“胚”。“苡”從“目”聲，“胎”從“台”聲，“台”又從“目”聲（《王孫鐘》《歸父盤》等器，“以”字皆從“口”作“台”），所以古音“胎”讀如“苡”。“芣苡”與“胚胎”古音既不分，證以“聲同義亦同”的原則，便知道“芣苡”的本意就是“胚胎”，其字本祇作“不以”，後來用爲植物名變作“芣苡”，用在人身上變作“胚胎”，乃是文字孳乳分化的結果。附帶的給你提醒一件有趣的事。“芣苡”既與“胚胎”同音，在《詩》中這兩個字便是雙關的隱語（英語所謂 Pun），這又可以證明後

① “下”下疑脱“面”字，或“下”上脱“以”字。

世歌謡中以蓮爲憐，以藕爲偶，以絲爲思一類的字法，乃是中國民歌中極古舊的一個傳統。

本來芣苢有宜子的功用，《逸周書・王會解》早已講過（《周書》作"桴苡"，"桴""芣"同音字），説《詩》的魯、韓、毛各家，共同承認，本草家亦無異議。衹近人説《詩》纔有放弃此説的。現在我把這觀念的源頭偵察到了，目的不定是要替古人當辯護，而是要救一首詩。因爲，"芣苢"若不是一個 allegory，包含着一種意義，一個故事的 allegory（意義的暗號，故事的引綫，就是那字音），這首詩便等於一篇囈語了。芣苢的故事，已經講過了，很簡單。它的意義，惟其意義總是没有固定輪廓的，便不能那樣容易捉摸了。現在從兩方面來解剖它。

先從生物學的觀點看去，芣苢既是生命的仁子，那麽采芣苢的習俗，便是性本能的演出，而《芣苢》這首詩便是那種本能的吶喊了。但這是何等的神秘！這無名的迫切，杳茫的敕令，居然能教那女人們熱烈的追逐着自身的毀滅，教她們爲着"秋實"，甘心毁弃了"春華"！你可以憤慨的説，"天地不仁，以萬物爲芻狗！"但是你錯了，你又是現代人在説話。

> 自是桃花貪結子，錯教人恨五更風！

在桃花，結子是快樂的滿足，光榮的實現，你曉得嗎？對於五更風，她是感激之不暇的。結子的欲望，在原始女性，是强烈得非常，强到恐怕不是我們能想象的程度。不信，看《三百篇》便知道。例如《螽斯》《桃夭》[①]《椒聊》不都是這樣欲望的暴露嗎？這篇《芣苢》不尤其是母性本能的最赤裸最響亮的呼聲嗎？正如它的表現方法是在原始狀態中，《芣苢》詩中所表現的意識也是極原始的，不，或許是生理上的盲目的衝動。

① 《桃夭》原誤作《夭桃》。

再借社會學的觀點看。你知道，宗法社會裏是没有“個人”的，一個人的存在是爲他的種族而存在的，一個女人是在爲種族傳遞并蕃衍生機的功能上而存在着的。如果她不能證實這功能，就得被她的儕類賤視，被她的男人詛咒以致驅逐，而尤其令人膽顫的是據説還得遭神——祖宗的譴責。環境的要求便是法律，不，環境的權威超過了法律。而“個人”偏偏是一種最柔順的東西，在積威之下，他居然接受集團的意志爲他個人的意志。所以，在生理上，一個婦人的母性本能縱然十分薄弱，可是環境的包圍，欺詐與恐嚇，自能給他逼出一種常態的母性意識來，這意識的堅牢性高到某種程度時，你便稱它爲“準本能的”，亦無不可。總之，你若想象得到一個婦人在做妻以後，做母以前的憧憬與恐怖，你便明白這采芣苡的風俗所含的意義是何等嚴重與神聖。

這樣看來，前有本能的引誘，後有環境的鞭策，在某種社會狀態之下，凡是女性，生子的欲望没有不强烈的。可不要把它和性的衝突混雜起來，這是一種較潔白的，閃着靈光的母性的欲望，與性欲不同。雖然，除非你能伸長你的想象的觸鬚，伸到二千五百年前那陌生得古怪的世界裏去，這情形又豈是你現代人所能領會的！

知道了芣苡是種什麽植物，知道它有過什麽功用，那功用又是怎樣來的，還知道由那功用所反映的一種如何真實的、嚴肅的意義——有了這種種知識，你這纔算真懂了《芣苡》，你現在也有了充分的資格讀這首詩了。

爲着可以得點較道地的風味，你最好試試用古音來讀它。當然目前我們對於三代的古音還是茫然的。暫時我們衹好對付點，借用高本漢的方法，再參點個人的意見。這起碼比二十世紀的北平官話較爲近古些。

‘ts ‘âi ‘ts ‘âi　p ‘jwi ‘i b ‘âk ˌngiѐn ‘t‘âi ˌt’si
(采采芣苡，薄言采之)
‘ts ‘âi ‘ts ‘âi　p ‘jwi ‘i b ‘âk ˌngiѐn ‘jiəu ˌt’si
(采采芣苡，薄言有之)

順手把幾個較有問題的字義解釋一下。“薄言”向來不曾有過確解。“薄”與“迫”通,《漢書·嚴助傳》曰:“王居遠,事薄遽。”“薄遽”即“迫遽”。“薄”本是外動詞,“薄言”二字連用便成了副詞成語。“薄言”即“薄而”,實際也就等於“薄薄然”,用今語説,就是“急急忙忙的”,“趕忙的”或“快快的”。“薄言”在《詩經》中,連本篇共見過十八次,都應該這樣解釋,没有半個例外。在本篇裏,這兩個字的意義尤有關係,一種迫切的情調,在字面上衹有這點記載。《散氏盤》有這樣一個字:

從艸從又(又即手),前人都釋爲“若”。唐蘭説“若”《説文》訓爲“擇菜”,即本篇“薄言有之”之“有”。這一説頗有道理,我想。本篇二章的“掇”“捋”意義相近,三章“袺”“襭”也相近,那麽一章的“采”“有”也應該是性質類似的兩種動作了。《詩經》用字的式例確乎有這一種。

‘tsâi ‘tsâi ˛p ‘jwi ‘i b ‘âk ˛ngiˋen t’iwät ˛t’si
(采采芣苡,薄言掇之)
‘tsâi ‘tsâi ˛p ‘jwi ‘i b ‘âk ˛ngiˋen liwät ˛t’si
(采采芣苡,薄言捋之)

“掇”“捋”兩字現代語裏還有,也許無須解釋。其實從 t’iwät,liwät 兩個聲音上,你就可以明白那是兩種多麽有勁的動作。審音的重要性於此可見一斑。

‘tsâi ‘tsâi ˛p ‘jwi ‘i b ‘âk ˛ngiˋen kiet ˛ts’i
(采采芣苡,薄言袺之)

‘tsâi ‘tsâi .p ‘jwi ‘i b ‘âk .ngi`en kiet .ts’i

（采采芣苢，薄言襭之）

“袺”“襭”兩字的區别，各家的訓釋不同。“袺”據《毛傳》説是用手提着大襟，“襭”據解《毛傳》的説是將大襟扎在衣帶上，其實他的意思是説把東西裝在兩種衣兜裏，一種動作叫“袺”，一種叫“襭”。但是《廣雅·釋器》曰：“袺謂之袸，襭謂之褱”。袸本是衣袖下的口袋（現在日本人的衣服還有這東西），把東西裝進袸裏的動作，也可稱“袸”。《管子·輕重戊篇》“丁壯者胡丸操彈”，“胡”即“袸”之初文，正是用爲動詞。“褱”即“懷抱”之“懷”的本字。《列女傳》曰：“始於捋采之，終於懷襭之，浸以益親。”與《廣雅》相合。這兩種解釋，我任你挑一種。

這會兒，你可以好好打口呵欠了。你可有點悶氣不？我嘮叨的也太久了。現在請你再把詩讀一遍，抓緊那節奏，然後合上眼睛，揣摩那是一個夏天，芣苢都結子了，滿山谷是采芣苢的婦女，滿山谷響着歌聲。這邊人群中有一個新嫁的少婦，正捻那希望的璣珠出神，羞澀忽然潮上她的靨輔，一個巧笑，急忙的把它揣在懷裏了，然後她的手衹是機械似的替她摘，替她往懷裏裝，她的喉嚨衹隨着大家的歌聲囀着歌聲——一片不知名的欣慰，没遮攔的狂歡。不過，那邊山坳裏，你瞧，還有一個傴僂的背影。她許是一個中年的磽确的女性。她在尋求一粒真實的新生的種子，一個禎祥，她在給她的命運尋求救星，因爲她急於要取得母的資格以穩固她的妻的地位。在那每一掇一捋之間，她用盡了全副的腕力和精誠，她的歌聲也便在那“掇”“捋”兩字上，用力的響應着兩個頓挫，彷彿這樣便可以幫助她摘來一顆真正靈驗的種子。但是疑慮馬上又警告她那都是枉然的。她不是又記起已往連年失望的經驗了嗎？悲哀和恐怖又回來了——失望的悲哀和失依的恐怖。動作，聲音，一齊都凝住了。泪珠在她眼裏。

采采芣苡，薄言采之！采采芣苡，薄言有之！

她聽見山前那群少婦的歌聲，像那回在夢中聽到的天樂一般，美麗而遼遠。

上面兩個婦人衹代表了兩種主要的型類。其餘的你可以類推。我已經替你把想象的齒輪撥動了，現在你讓它們轉罷，轉罷！……

四　續論“芣苡”——單調，簡單，不像詩嗎

昨天信發過了，纔記起還有幾點應補充的，因爲那與芣苡的鑒賞，頗有關係。

有人説《芣苡》太單調，老是那幾句簡單的話，完全不像詩。我舉幾條著名的單調的例：

江南可采蓮，蓮葉何田田，魚戲蓮葉間，魚戲蓮葉東，魚戲蓮葉西，魚戲蓮葉南，魚戲蓮葉北。

十三能織素，十四學裁衣，十五彈箜篌，十六誦詩書，十七爲君婦，心中常苦悲。

何以致拳拳，綰臂雙金環；何以致殷勤，約指一雙銀；何以致區區，耳中雙明珠；何以致叩叩，香囊繫肘後；何以致契闊，繞腕雙跳脱；何以結恩勤，美玉綴羅纓；何以結中心，素縷連雙針；何以結相於，金薄畫搔頭；何以慰别離，耳後玳瑁釵；何以結歡愉，素納三條裾；何以結愁悲，白絹雙中衣。

我還可以繼續的舉下去，但没有那必要。反正你是明白了，單調不犯忌諱。《芣苡》所以不能引起你的興趣，原因不在他的單調性。你若能懂上面的三個例，那是因爲它們的背景，它們的情緒，它們所代表的意

義，都和你熟識。譬如，拿采蓮和采芣苡比，對於前者，你可以有多少浪漫的聯想，美麗的回憶，整部的南朝樂府和無數的唐詩給它做注脚。但是後者，你若没有點古代社會，古代女性的知識，那便全是陌生，像不認識的字，没猜破的謎，叫你如何欣賞？

所謂簡單，大概指文字簡單而言。那更没有關係。Wordsworth 聲言：

> The dates on a tombstone spoke eloquently；and a parish register，without addition，touched the springs of sympathy and tears.

反正文字簡單，意義不一定簡單。甚至愈是簡單的文字，力量愈大，因爲字是傳達意義的，也是限制意義的，假如所傳達的抵不上所限制的，字倒是多一個，不如少一個。所以癥結不在簡單不簡單，衹看你懂不懂每個字的意義，那意義是你的新交還是故舊。如果是故舊，聯想就多了，衹須提一提它的名字，你全身的纖維都會震動，衹叫一聲，你的眼泪就淌。面生也不妨，衹要介紹的得法，你的感情也會移入。“采采芣苡，薄言采之”，是何等驚心動魄的原始女性的呼聲，如果你真懂了原始女性。

五　薏苡與芣苡，夏民族與周南

回信收到了。你問何以知道禹母吞的薏苡便是芣苡。答復如下：

薏苡便是馬援從交阯回來，載了滿車，被人誤會爲珠子的一種東西，據説“用能輕身寡欲”，《淮南萬畢術》又説：“門冬赤黍薏苡爲丸，令婦人不妒。”看來，薏苡的功用與婦人懷孕不相干，甚至是相反的。所以知道禹母吞的，馬援吃的，必是兩種東西。但這衹是一個反面的證據。

古籍中凡説到芣苡處，都説它有宜懷妊的功能（間或也有説治難産的），這與禹母吞薏苡而孕禹的傳説正相合，薏苡即芣苡，漸有可能了。現在就假定禹母吞的薏苡便是芣苡。但“芣”何以變成“薏”呢?

其實“薏”當作“蓓”，“意”“咅”是截然兩個字，隸書合而爲一，大錯。《説文》“蓓”字在“菩”字後，兩字形相近，大約本是一個字，“蓓”即“菩”之繁文，或“菩”爲“蓓”之省體，後來因所從之“咅”與“意”相混，“蓓”或書作“薏”，纔與“菩”分家了。這又有什麽證據呢?

《説文》“㥷”下曰“滿也”，“陪”下曰“重土也，一曰滿也”。又“噫”下曰“飽食息也”，“醅”下曰“醉飽也”。從“咅”的字有“滿”“飽”兩義，從“音”的字亦然，這不是“咅”“音”同字的明證嗎?因此，我們知道“咅”字篆文作咅，許慎説從言從中，純是附會。其實字形當作咅，從不，下二“○”，與“音”篆不下一“○”，相差有限了。不即不上加“・”（《王孫鐘》“不”作“不”，《齊陳曼簠》作“不”），不即“鄂（萼）不韡韡”及“華（花）不注（柱）山”之“不”，後世稱爲“花跗”“花趺”，今人稱爲“花萼”，到結子時，萼又托着子，又可以稱爲蒂了。（帝亦從不，字又通作“啻”，下有口，與“蓓”“菩”亦同意。）這裏“蓓”“菩”兩字所從的“不”應專指蒂言，“○”是代表花子的，兩個“○”自然表示子多的意思。許慎説咅從言從中，形既錯了，義便不能不附會了。“咅”字他既不懂，“音”“菩”兩字的意義自然也摸不着。説“音”是“相與語，唾而不受也”，固然離題太遠，訓“菩”爲“菩艸”，也不見得是本義。其實，“音”“菩”與“蓓蕾”之“蓓”不過是一個字在形體上的祖孫三代。而蓓字從“倍”更值得玩味。《墨子・經上篇》曰：“倍爲二也。”這與“咅”從二“○”，以及“陪”訓重土，如果不是巧合，那麽，我説“咅”即“菩”字，恐怕也不算牽强了吧?二爲雙數，成雙就多了，於是“㥷”訓滿，“陪”亦訓滿，飲食滿則飽，於是“噫”訓飽，“醅”亦訓飽。頭頭是道了。

“咅”“音”既都從“不”，蓓苡或菩苡便是芣苡，自然不成問題。事實太顯著，證據舉得太多了，反現着滑稽。挑兩個最醒豁的例。《説文》“髻，髮貌”，《西京賦》“猛毅髬髵”，字作“髬”。“丕”“不”本是通用字，而髻字一作髬，可知“咅”“不”也是通用字了。這是芣與菩通的佐證。“倍”爲雙數，“陪”爲重土（皆見上文），而《説文》“坏”下曰“丘再成（重）者也”。“秠”下曰“一稃二米也”，豈不又是“芣”與“菩”通的一個證例嗎？但是“咅”從雙“”，有“雙”義，豈不又與“坏”“秠”同例嗎？然則“芣”“蓸”相通，也有憑據了。[《鄦侯殷》“不”字作“”，實即“蓸”省去底下的“”，又將中間的“”填滿了。“”（丕）則又將頂上的一點省去了。這都是“芣”“蓸”同意的證據。]

彎子不能不繞大點，否則結論不結實。總之，“蓸”“菩”“芣”，形體衹有繁簡的區别，而聲與義則完全相同，我説三個字本是一個字的化身，你現在信了嗎？

前次信裏説，芣苡宜子的信仰，是打禹母吞芣苡的傳説來的。其實這一層你也可以追問，因爲我上次并没有充分的討論。

首先，禹母吞薏苡的傳説，僅見於漢以後的書，爲鄭重起見，似乎還需要點實證。這衹要把“姒”“苡”二字間的關係確定一下就成了。《説文》“已”下引賈侍中曰“薏已實也”。可見“薏苡”一稱“薏已”，“已”即“苡”字，而劉師培在《姒姓釋》（《左盦集》五）裏又很嚴密的證明了“姒”與“已”本爲一姓。然則姒姓的“姒”即薏苡的“苡”，就在“姒”通作“已”，“苡”亦通作“已”的事實上，可以證明了，换言之，兩“已”字碰頭了，即等於“姒”與“苡”碰頭了。還有一個旁證。殷的先祖簡狄吞燕卵而生契，而殷人姓子。“子”的籀文作，“孳”的籀文作（并見《説文》），而燕的篆文作，可知殷人姓即“燕”字。契母吞燕卵而生契，殷人即姓燕，與禹母吞薏苡而生禹，夏人即姓姒，正是同類。

因吞薏苡而懷妊，確乎是夏人祖先的故事，這已經無問題了。因求子而采芣苡，與因吞薏苡而懷妊，兩件事實的從同性也够明顯的了。不過説這兩件事之間，有着可能的因果關係則可，説是有必然的因果關係，則嫌早點，除非馬上提出證據來。你可以這樣的抗議。對了。這一點極有關係，尤其是對於古史。如果承認了采芣苢的風俗是從禹母的傳説來的，那不啻也承認了《周南》的作者，是夏禹的苗裔。（現在我們已經涉入歷史的範圍了，你對於這方面也有興趣嗎？）正是，我的意見正是如此。我想，湯放桀於南巢，當時桀不但是帶着妺喜一同走的，并且連他的人民——他的宗族，也帶走了。（不如説是被湯哄走的；你知道這類事是有着極大可能性的，如果你還記得原始社會的狀態。）這因被壓迫而南竄的夏民族，日子久了，定會把他們祖宗的籍貫也搬來了，於是禹便成了南方人。這當然衹是一種假設，（我再聲明一遍，這是暫時的假設！）但這樣倒可以解釋爲什麽許多禹的故事産生於南方，而《周南》中有着《芣苢》這樣一首詩，正可以我的假設互相參證。退一步講，《周南》的作者縱不必定是夏的嫡裔，至少，他們與這雖衰落而確是先進的民族爲鄰，在習俗上多少受點薰染，是極自然的事。《周南》的作者至少也是夏民族的近親。但我似乎不必退這一步。《吕氏春秋》幫了我一個證據：

> 禹行，竊（原作功，從吾友許維遹先生校改）見塗山之女，禹未之遇而巡省南土。塗山氏之女乃令其妾待禹於塗山之陽。女乃作歌，歌曰："候人兮猗！"實始作爲南音。周公及召公取風焉，以爲《周南》《召南》。（《音初篇》）

這點材料暫時保留在這裏，不加論斷。問題很複雜，等材料收得較充足時再討論。夜深了。我得擱筆。

六　閑話

這幾天太忙，講詩的課程衹得脱一期。今天和一位朋友講《詩經》，講到下面幾句話，現在寫給你，聊當交卷。其實也没有多大價值。

> 漢人功利觀念太深，把《三百篇》做了政治的課本；宋人稍好點，又拉着道學不放手——一股頭巾氣；清人較爲客觀，但訓詁學不是詩；近人囊中滿是科學方法，真厲害。無奈歷史——唯物史觀的與非唯物史觀的，離詩還是很遠。明明一部歌謡集，爲什麽没人認真的把它當文藝看呢！

七　狼跋與周公

> 狼跋其胡，載疐其尾——公孫碩膚，赤舄几几。
> 狼疐其尾，載跋其胡——公孫碩膚，德音不瑕。（《豳》三七）

在某種心理狀態之下，人們每喜從一個對象中——例如一部古朽——發現一點意義來灌溉自己的良心，甚至曲解了對象，也顧不得。這點方便像是人人的權利。舊時代中有理想的政客，和忠於聖教的學者，他們自然也各有權利去從《詩經》中發現以至捏造一種合乎他們"心靈衛生"的條件的意義。便是在這種權利的保障之下，他們曾經用了"深文周納"的手術把《狼跋》説成一首頌揚周公的詩。從一方面看，這也不能不算一種光明磊落的企圖，誰敢菲薄？即使今天還有人維持他們那種論調，也不算奇怪。衹是，萬一我個人的看法有些不同，朋友，那便得求你原諒。我，也有我的良心，而灌溉的方法也不見得衹限於一種。如果與那求善的古人相對照，你便説我這希求用"《詩經》時代"的眼光讀《詩經》，其用"詩"的眼光讀《詩經》，是求真求美，亦無不可。至於當我爲一個較新的觀點申訴理由時，若有非難旁人的地處，請你也記住，我的目的是要扎穩我自己的立足點，我并不因攻倒前賢而快意。這點動機上的微妙的差别，也不要忽略了纔好。

《狼跋》之所以和周公發生關係，根本的原因，前面已經提過。不過但有原因，没有機會，上述的那種論調還是不會成立的。促成《狼跋》和周公發生關係的機會，我想是這樣的。《豳風》裏有一首詩（《破斧》）分明説到了周公，另外一首（《東山》）也確乎與周公有關係，這現象，對於一般爲着一種使命過分熱心的人，是個含有大量引誘性的暗示。好容易碰到了聖人，還不好生利用一頓？於是在他們躊躇滿志之中，全數的《豳》詩便不覺都劃歸周公了，《狼跋》是《豳》詩之一，自然不在例外。

其實呢，《國風》裏與《狼跋》格調最近的一首詩，是《秦風》的《終南》，要辨識《狼跋》，最好是以《終南》爲借鏡。

> 終南何有？有條有梅。君子至止，錦衣狐裘，顔如渥丹，其君也哉。
>
> 終南何有？有紀有堂。君子至止，黻衣綉裳，佩玉將將，壽考不忘。

這一望就知道是一首“羌無故實”，泛泛的恭維某位貴族的詩。“公孫”便等於“君子”，“德音不瑕”便等於“壽考不忘”，此外則兩邊都有一番關於容儀與服飾的描寫。《狼跋》的格調與《終南》一樣，意義也實在不比《終南》多。《狼跋》的“公孫”究竟是誰，我們是無法知道的，正如我們不能實指《終南》的“君子”是誰一樣。《魯頌·閟宫篇》有“周公之孫”，《商頌·那篇》有“湯孫”，“孫”的意義都是廣義的胤嗣，不專指“子之子”。這裏公孫雖未嘗不可如毛説指成王，或如鄭説指周公，但周公也好，成王也好，《詩》中既無確證，我們倒不如安分點，僅僅説他是某一位公孫——不必是成王，也不必是周公。换言之，“公孫”兩字若必須加以解釋的話，最多也祇能説是“豳公之孫”，至於那位豳公之孫，或豳公的那位孫，乃至幾世孫，那恐怕都是些永世的秘密。總之，就詩論詩，我們實在無法知道公孫是誰，爲詩論詩，恐怕也無須知道。倒是公孫究竟屬於那個典型中的人物，他的儀表，他的姿態，他的服飾，乃至他的性情等等，若能尋出個頭緒來，這不比僅僅把史乘上的一個人名加在公孫身上，來得更有意義，更有趣味得多嗎？

八　狼跋——一幅 Caricature

《終南》和《狼跋》同是就豐采的摹繪上來贊美一位貴族，區别衹在《終南》是一幅素描，《狼跋》是一幅 Caricature 而已。要明瞭《狼跋》的這個特質，首先應明瞭“公孫碩膚”的“膚”字。《毛傳》訓“碩”爲大，訓“膚”爲美，“公孫大美”似乎没多大意義。據《説文》，“膚”是“臚”的籀文，而金文中“臚”作“膚”，“鑪”作“鏞”，盧國之“盧”作“簠”作“籚”，這是“臚”“膚”同字的鐵證。《藝文類聚》四九引《釋名》曰：

〔鴻臚〕：腹前肥者曰臚，此主王侯及蕃國，言以京師爲心體，王侯外國爲腹臚以養之也。

《詩》中“膚”字的意義，與“鴻臚”之“臚”正是一樣。“碩膚”也與“鴻臚”一樣，譯作近代語，便是“大腹”。《易林》中還有佐證。《震之恒》曰：

老狼白獹，長尾大胡，前顛從躓，岐人悦喜。

《蹇之剥》“獹”又作“驢”。驢狼不同類，“驢”字和“長尾大胡”也黏不攏，其爲訛誤，不必深辯了。但獹字也不對。獹是犬名，與狼雖可并稱，但“白獹”二字連用，却是不可能的。因爲，獹是黑犬。“獹”字諸書多省作“盧”，《文選·西京賦》“韓盧噬於緤末”，注曰：“韓盧，犬，謂黑色毛也。”“盧”是“黸”之省,《説文》、《廣雅》(《釋器》)均訓“黸”爲黑。獹是黑犬，正如壚是黑土（《漢書・地理志》上注,《楚辭・思古篇》注），瀘是黑水（《後漢書・光武紀》上注），櫨橘是黑橘（《漢書・司馬相如傳》上注引晋灼説），鸕鷀是黑鳥（《文選・南都賦》注引《蒼頡》,《一切經音義》十九引《字林》),“黸”“壚”“瀘”“櫨”皆可省作“盧”，也正如“獹”亦可省作“盧”。獹既是黑犬，决没有稱白獹的道理。况且《易林》的藍本是《詩經》,《詩》中衹有狼無獹,“獹”若不是“臚”之訛字（實即《毛詩》的“膚”字），它的來歷又在那裏呢?《易林・訟之小過》有“青牛白咽”之語，句法與“老狼白臚”一樣。凡獸類無論背上的毛色是什麼，項下與腹部總是白的,“老狼白臚”,“青牛白咽”，正是作者觀察周密的地方。這也是《易林》的“獹”當作“臚”的旁證。(《易林》的作者是學《齊詩》的,《齊詩》作“臚”，而《毛詩》作“膚”，毛用“古文”，這裏又添一個證據了。)

膚字的意義既經確定了，再拿《詩經》的“公孫碩膚”與《易林》的“老狼白臚”兩相印證，便知道詩意是以狼比公孫，而《毛傳》以爲狼“興”周公，公孫指成王，分爲二人，必是臆説了。但是以跋胡疐尾的狼比公孫，所比的究竟是公孫的那一方面呢?綫索我想是在“赤舄几几”一句裏。《詩》中關於公孫的裝束，别的都不提，單説了脚上那雙“几几”的“赤舄”，這似乎不是僅僅拿“趁韻”的理由來解釋得了的。在一個人的服裝中，鞋不是最打眼的一部分，除非你是在注意他走路的姿態。此詩上文以跋胡疐尾説明老狼行步艱難，下文即描寫公孫的赤舄，可知詩意是以狼之跋胡疐尾形容公孫的步態。一隻肥大的狼，走起路來，身子作跳板（seesaw）狀，前後更迭的一起一伏，往前傾時，前脚差點踩着頸下垂着的胡，往後坐時，後脚又像要踏上拖地的尾巴——這樣形容一個胖子走路時，笨重、艱難，身體摇動得厲害，而進展并未爲之加速的一副模樣，可謂得其神似了。

但是，如果你肯推敲下去，你許要疑心，一位公孫是何等的尊嚴，被比作一條野獸，不嫌褻瀆嗎?這又是你現代人過慮了。比方我説，有一位女郎，居然美到這樣：脖子細長細長的，像一條某種白色的幼蟲，或是頭髮的樣式像蝎子尾巴似的往上鈎着，這不要把你嚇得連汗毛都豎起來？可是，當詩人唱着“領如蝤蠐”（《衛·碩人》）或“卷髮如蠆”（《小雅·都人士》）的時候，你知道，他是在用着他最奢侈最得意的語言來歌頌他所愛慕的女子。這種隔離式的思維習慣，似乎也是一件遺失了的傳統，而爲現代人所缺乏的。在“詩人”看來，以蝎尾比婦人的髮，所講的本衹是蝎尾與髮的形狀，爲什麼要牽連的問到婦人的德性與蝎的德性有無相似之處呢？同樣的，以狼比公孫的步態，也決不會牽涉到狼的德性上頭去，而因此發生污衊公孫的人格的嫌疑。所以詩中儘管一面講到“狼跋其胡，載疐其尾”，一面還可以説“德音不瑕”，而不嫌其矛盾。况且這首詩整個的氛圍是幽默的，把公孫比作一隻狼，正是開玩笑。惟其是開玩笑——善意的開玩笑，所以縱然話稍過火點，“言之者”還是“無罪”。總之，你所疑慮的這點，是决不會真成問題的。

九　公孫的裝束

感謝這“尚文”的周人，他們的——尤其他們貴族的生活，可説完全是一套公式，這便給今天研究他們的人省了大勁了。既然什麼人，在什麼時候，穿什麼衣裳，配什麼帽子和什麼鞋子等等，是有一定的，那麼由局部推到全體，知道了公孫穿的是赤舄，便知道他其餘的服飾是什麼了。公式是“衣與冠同色，帶與衣同色，裳與韠同色，屨與裳同色”。公孫的舄既是赤色的，他的裳與韠當然也是赤色的。[《小雅·車攻》的“赤芾（韠）金舄”，便是一個實例，因爲古代稱黄朱色爲赤，金舄也便是赤舄了。］另一道公式：赤舄必須配衮冕，即所謂“冕服”，而“冕服”的彩色的分配，總是“上玄下纁”（纁即赤色）。知道公孫的韠裳與舄是赤色的，便知道他的冕，衣與帶必是玄色了。（這在《詩經》中也有着實例，《大雅·韓奕》曰“玄衮赤舄”，衮即是衮衣。）總述一遍：頭上有冕，脚下有舄，身上有衮衣，有裳。衣裳之間加帶，在前面的正中，帶上垂着韠，帶及由帶以上都是玄色的，帶以下都是赤色的，此外，不要忘記還有耳旁的瑱，腰間的佩，這都是玉的。這樣便是我們公孫的裝束。你想象去罷！細密的描寫起來，我没有那枝筆，也太嫌麻煩。

不過，那所謂赤舄者，既爲詩人所特别提到的，就不能不詳細的談談。

舄是屨之一種。古時的屨大致和現下的草鞋相仿佛。一種講究的，皮質，以絲爲飾（即“繶”“純”“絇”），而底中又襯着木頭的屨，便叫做舄。繶便是幫底接縫處的一道緄旁，純便是緄口。絇是一條絲綫打的帶子，從屨頭彎上來，成一小紐，“狀如刀衣鼻”，超出屨頭三寸；絇上有孔，從“後跟”牽過來的“綦”，便由這孔中通過，又繞回去，交互的繫在脚上。我想舊式鞋上的“鼻梁”正是古代絇的遺制。詩中“几几”二字，便是形容這絇的彎曲之貌的。然而《晏子春秋·諫下篇》有一段記載：

> 晏公爲屨，黄金爲綦，飾以組，連以珠，良玉之絇，其長尺。

絇可以用玉製，又那様長，這可古怪了。也許齊景公的屨是例外？也許我們公孫的屨絇也比尋常的長，長到令人特别注意的地步，因此詩人於叙述公孫的服飾時，其所以單舉赤舄，不提别的，這也是其間的一種原因？這些疑團我却無法解决了。

你見過些古代帝王的畫像嗎？姑且回憶一下罷。如果畫像是有設色的，就給它想象上一套强烈的顔色，上半截玄青，下半截橘紅（兩截上當然都有的是粗糙而奇詭的花紋），再加上些光怪陸離的副件的裝飾物，然後想象裹着這套“行頭”的一具豐腴的軀體，搬着過重的纍贅的肚子，一步一步摇過來了——那，你衹當就是咱們的公孫好了。這回换上全副“冕服”的公孫，也不知道是幹什麼來的。論理，“冕服”是最隆重的典禮（如祭祀，婚姻等）時纔能用的，但詩人既没有明白的告訴我們，文字又没有十分值得利用的綫索可尋，所以這回的事，我們也便無法推測了。

十　公孫的性情和關於狼跋的作者的一個假設

我曾經説《狼跋》是一幅 Caricature，其實那便等於説，詩人對於公孫，是取着一種善意的調弄的態度。這種態度，固然證明了調弄者——詩人的幽默，同時尤其昭示着受調弄者——公孫也必是富於幽默的。公孫自己必是“寬兮綽兮……善戲謔兮”，和《淇奥》的君子一樣，詩人纔敢對他開那種玩笑。如果常識的論斷不錯，一個肥腯的身體，常常附帶着一個和易的，滑稽的性情，那麽，我們公孫的“心廣”，不也就可以從他的“體胖”上得着證明了嗎？

然而公孫雖好説話，畢竟有他的尊嚴，誰敢在公孫面前嬉鼻笑臉，除非是和他十分親暱，而身分又與他相當的人？關於這一點，“德音不瑕”一句中似乎藏着一點消息了。先認識“瑕”字吧。馬瑞辰説：

> “瑕”“假”古通用。《爾雅》“假，已也”，《思齊》詩“烈假不瑕”，箋“瑕，已也”，正義以爲《雅詁》[①] 文。是“假”通作“瑕”之證。“德音不瑕”，“瑕”正當讀“假”，訓“已”，猶《南山有臺》詩云“德音不已”也。

不過證例還不衹此。《有女同車》的“德音不忘”，王引之讀“忘”爲“亡”，訓爲“已”，《小戎》的“秩秩德音”，《毛傳》訓“秩秩”爲“有常”，有常亦即不已。這些與“德音不瑕”句法一樣，不也是“瑕”當

① 《雅詁》疑係《釋詁》之誤。

訓爲“已”的旁證嗎?索性把《三百篇》裏所有帶“德音”的句子,都排列出來,審查一下。

乃如之人兮,德音無良。(《邶·日月》)

德音莫違,及爾同死。(《邶·谷風》)

彼美孟姜,德音不忘。(《鄭·有女同車》)

厭厭良人,秩秩德音。(《秦·小戎》)

公孫碩膚,德音不瑕。(《豳·狼跋》)

我有嘉賓,德音孔昭。(《小雅·鹿鳴》)

樂只君子,德音不已。……樂只君子,德音是茂。(《小雅·南山有臺》)

間關車之舝兮,思孌季女逝兮,匪飢匪渴,德音來括。(《小雅·車舝》)

既見君子,德音孔膠。(《小雅·隰桑》)

維此文王,帝度其心,貊其德音,其德克明。(《大雅·皇矣》)

威儀抑抑,德音秩秩。(《大雅·假樂》)

看出了没有?除了《狼跋》之外,十一首有“德音”字樣的詩中,六首毫無問題是男女相贈的詩。《日月》是妻怨夫之詞,《谷風》是弃婦别夫之詞,《有女同車》是男子(親迎時?)贈女之詞,《小戎》是妻念役夫之詞,《車舝》與《有女同車》同性質,而詞意尤爲明顯,《隰桑》與《國風》中的《汝墳》《草蟲》《風雨》等篇(也許還可加入《車鄰》及《唐·揚之水》)口氣一樣,自然也是妻贈夫之詞。(鮑照《紹古辭》“石席我不爽,德音君勿欺”,正與以上諸義相合。)另外四例,《鹿鳴》歡燕賓客,《南山有臺》及《假樂》贊美君子,《皇矣》歌頌文王,皆與男女無涉。以上顯然表示“德音”這個詞彙有兩種用法,一是專門用於男女——夫婦之際的,一是普泛的用法。《狼跋》裏的“德音”究竟該屬於那一種呢？若依多數表决的原則來取決，六與四之比，第一種——男女之際的用法，無疑的是占了優勝。但多數不一定就是對的，所以我并不根據這層理由來判定《狼跋》的“德音”應解作表明夫妻間對待關係的一種成語。我們要進一步的研究。

見於《國風》的五次“德音”，居然有四次是用爲表明男女關係的，其餘一次（即見於《狼跋》者）尚在疑似之間，所以確然當解爲普泛的用法的，可説一次也没有。反之，見於二《雅》的六次“德音”（《南山有臺》一詩中兩用，祇算它一次）倒有兩次與《國風》的用法相同，其餘兩次纔是普泛的用法。這現象分明告訴我們，《國風》中的用法是近於統一的，而二《雅》則分岐了。分岐的現象不見於《風》，而見於《雅》，這是什麽緣故？

有人説《雅》的産生晚於《風》，凡《雅》詩與《風》詩雷同或肖似的地方，都是《雅》勦襲或模仿《風》的地方。如果這話是可信的，那麽，“德音”這個詞彙，惟其是《雅》勦襲《風》，所以有時竟或有意或無意變通了，擴張了它的用法。“德音”二字的正解，這樣看來，與其向後起的，仿造的《雅》詩中尋繹，不如向先進的、老牌的《風》詩中去尋繹爲可靠，而《狼跋》中的“德音”，則與其依一部分《雅》而解爲普泛的祝頌之詞，又不如依大部分《風》和一部分《雅》而解爲專用作表明夫妻間對待關係之詞了。

上面的推測若能成立，《狼跋》的作者豈不是一位女子——具體點説，便是公孫的妻嗎？果然如此，詩中講話的便不是外人，而是我們公孫自己的“德配”，難怪她放肆到那樣，而不犯忌諱呢！有了這層保障，再回頭看，以狼比公孫的蓋然性也便更大了。

你所選定的這幾首詩，老實説，都有點“難”人。關於《狼跋》，在没有辦法中，我算勉强應命了。但這回我實在走了不少的險路，而在最後一點上所用的那種連環式的推論法，我尤其爲它捏一把汗。如果你是膽大的話，你不妨承認它爲一種有趣味的假設，雖然我并不十分慫恿你。新近讀到法人蘭松所著《文學史方法論》的譯文（《文史》第一卷第一、二兩號），作者在那裏爲了一種現象憤慨着説：“法國近代文學是種種臆想的戲院，是種種狂熱的戰場，并且……也是種種惰性的逋逃藪。”我想，我在研究《狼跋》的歷程中，把《詩經》當作“臆想的戲院”的嫌疑容或有之，但萬萬没有借它爲我的“惰性的逋逃藪”，因爲在擬定假設之後，我仍是極樂意耐煩的，小心的，客觀的搜羅證據，是不是？希望你對於我的觀點與我的方法，儘量的發表意見。

十一　布罝椓代，何用施敬？

《周南》之七《兔罝》：

> 肅肅兔罝，椓之丁丁——赳赳武夫，公侯干城。
> 肅肅兔罝，施于中逵——赳赳武夫，公侯好仇。
> 肅肅兔罝，施于中林——赳赳武夫，公侯腹心。

子題所引的是歐陽修的話。“肅肅”二字當然是形容兔罝的。毛衹訓“肅肅”爲“敬”，但未説明是講什麽的。諸家大概因爲“恭敬的兔罝”太不通了，爲避免太不通，不得不將就次不通，這纔把“肅肅”二字貼到裝兔罝的人身上去。不知道一個獵夫工作時的姿態，有什麽恭敬不恭敬？恭敬是怎樣作法，不恭敬又是怎樣？歐陽修首先揭破這一層，是很對的。俞樾據《文選·西京賦》“飛罕潚箾”，薛綜注曰“潚箾，罕形也”，而《説文》又訓“罕”爲“网”，便以爲“肅肅”即“潚箾”，是形容兔罝的。這却好多了，但還是不對。《説文·木部》曰“橚，長木貌”，《爾雅·釋木》“梢，梢櫂”，郭注曰“謂木無枝柯，梢櫂長而殺者”，又《説文·虫部》曰“蠨蛸，長股者”，《爾雅·釋虫》亦曰“蟰蛸，長踦”。諧肅聲肖聲的字，分爲單字或合爲謰語，皆訓爲長貌，則“潚箾”當然也是長貌了。罕是有長竿作柄的一種網，所以曰“潚箾飛罕”。捕獸的罝并没有柄，與捕鳥的罕不一樣，如何能説“肅肅”的含義便等於“潚箾”呢？

然則罝究竟是個什麼形狀呢？陳奂説罝即罥。罥又是什麼呢？

《説文·网部》：“罥，网也，從网繯，繯亦聲，一曰綰也。”又：“羂，网也。蹼，《逸周書》：‘不卵不蹼，以成鳥獸。’羂者罥獸足也，故或從足。”

《一切經音義》二引《三蒼》：“罥，古文作罥。”又十引《聲類》：“罥，以繩係取鳥獸也。”

《周禮·冥氏》注：“弧張罿罦之屬，所以扃絹（罥）禽獸。”《翨氏》注：“置其所食之物於絹（罥）中，鳥來下，則掎（羇）其脚。”

《容齋隨筆》：“麂行草莽中，畏人見其迹，但循一徑，無問遠近也。村民結繩爲罥，置其所行處，麂足一絓，則倒懸於枝上，乃生獲之。”

這樣看來，今俗語所謂“落圈套”的圈字即罥之訛變。罥一名招，

《孟子·盡心下篇》：“今之與楊墨辯者，如追放豚，既入其苙，又從而招之。”（趙岐注：“招，罥也。”孫奭《音義》：“罥謂羈其足也。”）

一名欙，

《廣雅·釋器》：“其罥謂之欙。”《初學記》二：“欙者，以綸爲之。”

又名係蹄，

《戰國策·趙策》三："人有置係蹄者，而得虎。虎怒，决蹯而去。虎之情非不愛其蹯也，然而不以環寸之蹯害七尺之軀者，權也。"（廷篤注："係蹄，獸絆也。"）

係蹄一作係纒，

《說文·糸部》："纒，係纒也。"

或作係蹏，

陳琳《檄吴將校部曲文》："係蹏在足，則猛虎跑（抛）其蹯。"（《北堂書鈔》四四引曹羲《肉刑論》亦有此語，蹏誤爲號。）

《莊子·外物篇》："蹏者所以在兔，得兔而忘蹏。"（《釋文》："蹏，兔罥也，係其脚，故曰蹏也。"）

《文選·吴都賦》："罠蹏連綱。"

繩子絆住獸脚，獸還可以拖着繩子逃走，所以必須要一種堅定的東西帶住它。《容齋隨筆》所載村民的辦法是將繩子係在樹上，所以説"麂足一絓，則倒懸於枝上"。《周南》的獵人則在地上釘一根木橛子，把繩子係在橛子上。《毛傳》訓"丁丁"爲"椓杙聲"，據《爾雅·釋宫》郭注，杙便是橛子。

罝既是那麽一種東西，而"肅肅"是形容罝的。所以這兩字還是馬瑞辰説得對。

肅宿古通用字，《少牢饋食禮》鄭注"宿讀爲肅"是也。肅亦訓縮，《豳》詩"九月肅霜"，《毛傳》"肅，縮也"是也。肅肅蓋縮縮之假借。《通俗文》："物不申曰縮。"兔罝本結繩爲之，言其結

> 繩之狀則爲縮縮。……《爾雅·釋器》"約謂之救，律謂之分"，王觀察云：《爾雅》係二者於釋羅網之後，蓋羅網之屬。律當作率，《説文》"率，捕鳥畢也"，"畢，田网也"。今案王説是也。救之言糾結也，分之言紛亂也，與此詩肅肅爲兔罝狀義相近。

馬氏説縮縮是結繩之狀，最有見地。《爾雅·釋器》曰"縮謂之繩"（今本作"縮之謂之繩之"，郝氏云二"之"字衍），縮是繩之狀，故繩亦謂之縮。又《釋詁》曰"縮，亂也"，"貉縮，綸也"；貉縮即縮，綸即亂，《釋詁》這兩條的性質完全相等。因爲，綸即紛綸，綸亂一聲之轉，紛綸即紛亂。綸是繩紛綸之狀，故繩亦謂之綸，猶之乎縮是繩貉縮之狀，故繩亦謂之縮。名詞的縮等於綸，則形容詞的貉縮即等於紛綸了，所以馬氏又謂《爾雅》"律（率）謂之分"，分即紛亂之紛，也是極對的。總之，《爾雅》的"貉縮"，《詩經》代替"縮縮"的"肅肅"僅有叠韻謰語與叠字謰語之分，其意義皆爲繩索紛亂之狀，却是毫無可疑的了。

縮字在《詩經》裏雖然少見（衹《大雅·綿》篇見過一次），實際上却出現了好幾次，不過都是帶着旁的字形的面具，令人一時不易認識罷了。就我現在所偵察到的，《詩經》裏至少有三篇詩用過"縮"字的意義，而字形却都寫作"肅"。《唐風·鴇羽篇》"肅肅鴇羽"，"肅肅鴇翼"，"肅肅鴇行（胻）"，《小雅·鴻雁篇》"肅肅其羽"，以及本篇"肅肅兔罝"都是除非認作"縮縮"的借字，決無法講通的。（《鴇羽》《鴻雁》兩篇的縮當訓爲《通俗文》"物不申曰縮"之縮，與本篇小異。）

十二　赳赳

經文明明説"赳赳武夫"，何須作傳者再訓"赳赳"爲"武貌"？"赳赳"如果須要訓釋的話，應該説得較明確較具體點。《説文·女部》

曰“嬗，竦身也，讀若《詩》赳赳葛屨”。案《魏風・葛屨篇》“赳赳葛屨”的赳赳即《豳風・狼跋》篇“赤舄几几”的几几，都是屨約上竦之貌。絇絇即嬗嬗，亦有上竦之義，與赳赳同，所以《後漢書・桓榮傳》注及《詩考》引本篇正作“糾糾武夫”。再者，《廣雅》(《釋詁》四)“嬗”“赳”皆訓“材”，材即《説文》訓“赳”爲“輕勁有才力”之才，然則“赳赳”三家詩或許有作“嬗嬗”的，也説不定。《説文》赳下又曰“讀若鐈”，鐈下曰“似鼎而長足”，足長則身體高，高與上竦之義亦相近（鐈所以得聲的喬，《漢廣篇》毛傳正訓爲“上竦”）。總之，高高的身材，胸膛挺得筆直，這纔是“赳赳”二字的確解，也便是這位武夫的儀表。

十三　中逵——中林

中逵即逵中。逵字毛訓爲“九達之道”，薛君訓爲“九交之道”。九是虛數，不當泥看。《淮南子・説林篇》“楊子見逵路而哭之”，逵路即歧路。中逵便是衆路交叉之點。至於罝何以要施於逵中，這衹看前面所引《容齋隨筆》的話便明白了。

打獵當然在林藪中，所謂“逵”也正是林中的迷離惝怳的小蹊。“中林”二字本是無可説的。馬瑞辰却引《爾雅》“牧外謂之野，野外謂之林”與夫《野有死麕》《株林》兩詩皆以“林”“野”對言的例，硬説“中林”與“中逵”爲一類，意以爲稱“林”不必有林木，這真奇怪了。

其實野之古文作埜，金文(《克鼎》)作𡊣，然則野實在也是林，所以他應用“林”字説“野”字，不當以“野”字説“林”字。并且這詩中的林，恐怕還是那充滿了神話的太始的森林，幽邃而黯淡：

> 罔兮沕，憭兮栗，虎豹穴，叢薄深林兮人上栗……樹輪相糾兮

林木茷鼥，青莎雜樹兮薠草靃靡。

這樣的林子，如今國内少有了，當時想必遍地皆是。

十四　干城——好仇——腹心

毛訓干爲扞，不妥。干即是盾，所以“干城”二字鄭皆讀爲名詞，解之曰“干也，城也，皆以禦難也”。一章曰“干城”，三章曰“腹心”，都是兩個并立的名詞，二章的“好仇”，不能是例外。“好”當讀爲《衛風·木瓜篇》“永以爲好也”之“好”。仇訓匹，好亦當訓匹，二字是并立的。本篇的“好仇”與《關雎》篇的“好逑”兩個好字，向來都誤爲形容詞，這在文義上雖無大關係，末篇（《鄭箋》曰“敵國有來侵伐者，可使和好之”，讀爲動詞，太可笑）從修辭學上看，却很有辨明的必要了。至於“公侯好仇”之義，則陳奂講得最好，雖則他是仍然讀仇爲形容詞的。

匹當讀“率由群匹”之匹，《假樂》箋云：“循用群臣之賢者，其行能匹耦己之心。”昭三十二年《左傳》：“史墨曰：物生有兩，有三，有五，有陪貳，故天有三辰，地有五行，體有左右，各有妃耦，王有公，諸侯有卿，皆有貳也。”《晋語》“國人誦之曰：若狄公子，吾是之依兮，鎮撫國家，爲王妃兮”，韋注云：“言重耳當伯諸侯，爲王妃耦。”《漢書·董仲舒傳贊》：“伊吕乃聖人之耦。”《文選》揚雄《甘泉賦》：“捜逑索偶，皋伊之徒，冠倫魁能。”并與詩仇字義同。

“公侯腹心”即與公侯一體之意，比“公侯好仇”的語意更深一層，猶之乎“好仇”比“干城”也深一層。《左傳》成二十年“略其武夫以爲己腹心，股肱，爪牙”，正以“股肱”釋“好仇”，以“爪牙”釋“干城”。《毛傳》釋“公侯腹心”爲“可以制斷公侯之腹心”（“制斷”即“裁斷”，“裁斷”猶“忖度”，即《小雅·巧言篇》所謂“他人有心，予忖度之”之意），似乎説得稍遠一點。然而後來解釋《毛傳》的人，因爲不懂“制斷”二字之義，便説得更遠了，那些都不必深辯了吧。

説　魚[1]

一　什麽是隱語

我們這裏是把“魚”當作一個典型的隱語的例子來研究的，所以最好先談談什麽是隱語。

隱語古人衹稱作隱（讔），它的手段和喻一樣，而目的完全相反，喻訓曉，是借另一事物來把本來説不明白的説得明白點；隱訓藏，是借另一事物來把本來可以説得明白的説得不明白點。喻與隱是對立的，衹因二者的手段都是拐着彎兒，借另一件事物來説明一事物，所以常常被人混淆起來。但是混淆的原因尚不止此，純粹的喻和純粹的隱，衹占喻和隱中的一部分，喻有所謂“隱喻”，它的目的似乎是一壁在喻，一壁在隱；而在多數的隱中，作爲隱藏工具的（謎面）和被隱藏的（謎底），常常是兩個不同量的質，而前者（謎面）的量多於後者（謎底），以量多的代替量少的，表面上雖是隱藏（隱藏的衹是名），實質上反而讓後者的質更凸出了。這一來，隱豈不變成喻了嗎？這便是説，喻與隱，目的雖不同，效果常常是相同的。手段和效果皆同，不同的衹是目的，同的占了三分之二，所以畢竟喻與隱之被混淆，還是有道理的。

隱在六經中，相當於《易》的“象”和《詩》的“興”（喻不用講，是《詩》的“比”），預言必須有神秘性（天機不可泄露），所以占卜家的語言中少不了象。《詩》——作爲社會詩、政治詩的雅，和作爲風情詩的風，在各種性質的沓布（taboo）的監視下，必須帶着僞裝，秘密

① 原載《邊疆人文》第2卷第3、4期。據開明版《聞一多全集·神話與詩》編入本編。

活動，所以詩人的語言中，尤其不能没有興。象與興實際都是隱，有話不能明説的隱，所以《易》有《詩》的效果，《詩》亦兼《易》的功能，而二者在形式上往往不能分别。下文所引的《剥》六五《爻辭》和衛侯貞卜的《繇辭》，便是明證。

隱語的作用，不僅是消極的解決困難，而且是積極的增加興趣，困難愈大，活動愈秘密，興趣愈濃厚，這裏便是隱語的，也便是《易》與《詩》的魔力的泉源。但，如果根本没有隱藏的必要，純粹的爲隱藏而隱藏，那便是興趣的游戲，魔力的濫用，結果便成了謎語。謎語是要把戲的語言，它的魔力是廉價的，因爲它不是必需品。

隱語應用的範圍，在古人生活中，幾乎是難以想象的廣泛。那是因爲它有着一種選擇作用的社會功能，在外交場中（尤其是青年男女間的社交），它就是智力測驗的尺度。國家靠它甄拔賢才，個人靠它選擇配偶，甚至就集體的觀點説，敵國間還靠它伺探對方的實力。一般説來，隱語的藝術價值，并没超過謎語，然而它的地位却在謎語之上，那正是爲了它的這種社會價值。不用講，我們之所以重視隱語，也就因爲它是這樣一種充沛着現實性的藝術。

《易》中的象與《詩》中的興，上文説過，本是一回事，所以後世批評家也稱《詩》中的興爲“興象”。西洋人所謂意象，象徵，都是同類的東西，而用中國術語説來，實在都是隱。

二　魚

在中國語言中，尤其在民歌中，隱語的例子很多，以魚來代替“匹偶”或“情侣”的隱語，不過是其間之一[1]。時代至少從東周到今天，

① 原注：作者十年前在一篇題名《高唐神女傳説之分析》的文章裏（《清華學報》第十卷第四期。編者案：見本卷），曾經討論過這個問題。十年來相關的材料搜集得更多（尤其在近代民歌方面），對於問題的看法似乎更深入，所牽涉到的方面也更廣泛，所以現在覺得有把它作爲專題，單獨提出，重新討論一次的必要。

地域從黄河流域到珠江流域，民族至少包括漢、苗、傜、僮，作品的種類有筮辭、故事、民間的歌曲和文人的詩詞——這是它出現的領域，現在我們依照不太嚴格的時代順序，舉例如下：

貫魚，以宫人寵，无不利。(《易·剥》六五爻)[①]

以猶於也，“以宫人寵”猶言“於宫人有寵”。貫魚是一連串的魚群，宫人是個集體名詞，包括后、夫人、嬪婦、御女等整群的女性，“貫魚”是宫人之象，因爲魚是代替匹偶的隱語。依《易經》體例説“以宫人寵”是解釋“貫魚”的象義的。李後主《木蘭花詞》“晚妝初了明肌雪，春殿嬪娥魚貫列”，第二句可以作本爻很好的注脚。它即令不是用《易經》的典，我們也不妨這樣利用它。

衛侯貞卜，其繇曰：“如魚竀尾，衡流而方羊……”(《左傳》哀公十七年)

疏引鄭衆説曰：“魚勞[②]則尾赤，方羊游戲，喻衛侯淫縱。”以魚的游戲喻衛侯的淫縱，則魚是象徵男性情偶的隱語。

遵彼汝墳，伐其條枚，未見君子，惄如調（朝）飢。
遵彼汝墳，伐其條肄，既見君子，不我遐弃。
魴魚赬尾，王室如燬，雖則如燬，父母孔邇。(《周南·汝墳》)

① 原注：注曰：“貫魚，謂比衆陰也，駢頭相次，似貫魚也。”《正義》曰：“貫魚者謂衆陰也，駢頭相次，似若貫穿之魚。此六五若能處待衆陰，但以宫人之寵相似。宫人被寵，不害正事，則終無尤過，無所不利，故云無不利。”《集解》引何晏曰：“夫剥之爲卦，下比五陰，駢頭相次，似貫魚也。魚爲陰物，以喻衆陰也。夫宫人者，后夫人嬪妾各有次序，不相瀆亂，此則貴賤有章，寵御有序，六五既爲衆陰之主，能有貫魚之次第，故得無不利矣。”又引崔憬曰：“魚貫與宫人皆陰類，以比小人焉，魚大小一貫，若后夫人嬪婦御女，大小雖殊，寵御則一，故終無尤也。”

② 原注：《詩·汝墳》疏引勞作肥。

窺赬一字，根據上條，本條魚字的隱語的性能，是够明顯的，所應補充的是，上文“未見君子，惄如調（朝）飢”的調飢也是同樣性質的隱語[1]。王室指王室的成員，有如“公子”“公族”“公姓”等稱呼，或如後世稱“宗室”“王孫”之類，燬即火字，“如火”極言王孫情緒之熱烈。“父母孔邇”一句是帶着驚慌的神氣講的。這和《將仲子篇》“仲可懷也，父母之言，亦可畏也”表示着同樣的顧慮。

敝笱在梁，其魚魴鰥——齊子歸止，其從如雲。
敝笱在梁，其魚魴鱮——齊子歸止，其從如雨。
敝笱在梁，其魚魴鯉——齊子歸止，其從如水。（《齊風·敝笱》）

舊説以爲笱是收魚的器具，笱壞了，魚留不住，便摇摇擺擺自由出進，毫無阻礙，好比失去夫權的魯桓公管不住文姜，聽憑她和齊襄公鬼混一樣[2]。

另一説：敝笱象徵没有節操的女性，唯唯然自由出進的各色魚類，象徵她所接觸的衆男子。這一説似乎更好，因爲通例是以第三句應第一句，第四句應第二句，并且我們也不要忘記，雲與水也都是性的象徵。但無論如何，魚是隱語，是不成問題的。

---

① 原注：飢字是性的象徵，詳《高唐神女傳説之分析》，《毛傳》以朝釋調，朝是通用的本字，其真正的本字，似乎當依《廣韻》作豚，是兩性的生殖器官和排泄器官的共名。在古書中，字或作州（《爾雅·釋畜》“白州，驠”），或作醜（《内則》“鱉去醜”），或作燭（《淮南子·精神篇》“燭營指天”高注），或作涿（《蜀志·周群傳》“諸毛繞涿居乎”），皆聲近通用。但普通都用朝字，所以《株林篇》的“朝食”，本篇的“調（朝）飢”，《天問》的“鼂（朝）飽”，《蝃蝀篇》和《候人篇》的“朝隮”，《高唐賦》的“朝雲”，涵義都頗爲猥褻，乃至邑名“朝歌”，爲了同字同音，犯着嫌疑，據説聖人之徒顔淵、曾子輩都得回避。

② 原注：《序》曰：“刺文姜也。齊人惡魯桓公微弱，不能防閑文姜，使至淫亂，爲二國患焉。”《箋》曰：“魴也，鰥也，魚之易制者，然而敝敗之笱不能制……喻魯桓微弱，不能防閑文姜，終其初時之婉順。”

桓公使管仲求甯戚，甯戚應之曰："浩浩乎！育育乎！"[1] 管仲不知，至中食而慮之。婢子曰："公何慮？"管仲曰："……公使我求甯戚，甯戚應我曰：'浩浩乎！育育乎！'吾不識。"婢子曰："《詩》有之：'浩浩者水，育育者魚，未有家室，而安召我居？'甯子其欲室乎！"（《管子》）

最後幾句的意義，經過尹注的解釋，尤其清楚，注曰："水浩浩然盛大，魚育育然相與而游其中，喻時人皆得配偶，以居其室中，甯子有伉儷之思，故陳此詩以見意。"[2]

江南可采蓮，蓮葉何田田，魚戲蓮葉間，魚戲蓮葉東，魚戲蓮葉西，魚戲蓮葉南，魚戲蓮葉北。（《江南》）

"蓮"諧"憐"聲，這也是隱語的一種，這裏是魚喻男，蓮喻女，説魚與蓮戲，實等於説男與女戲，上引鄭衆解《左傳》語："魚……方羊游戲，喻衛侯淫縱。"可供參證。唐代女詩人們還是此詩的解人，魚玄機《寓言詩》曰："芙蓉葉下魚戲，螮蝀天邊雀聲，人世悲歡一夢，如何得作雙成？"薛濤得罪了元稹後，獻給稹的《十離詩》之一，《魚離池》曰："戲躍蓮池四五秋，常摇朱尾弄銀鈎，無端擺斷芙蓉朵，不得清波更一游。"

……當復思東流之水，必有西上之魚，不在大小，但有朝於復來！（《前緩歌行》）

① 原注：從元刻本補，下同。

② 原注：《樂府詩集》載《甯戚歌》："滄浪之水白石粲，中有鯉魚長尺半……"無疑是後人根據《管子》這故事僞托的。

“不在大小”是以魚之大小喻人之美醜，和龍陽君說的“後得又益大”（詳下）之意相同。上文“但有意氣，不能自前”，意氣即情義，《白頭吟》“男兒重意氣，何用錢刀爲”可證。

枯魚過河泣，何時悔復及！作書與魴鱮，相教慎出入。（《枯魚過河泣》）

這是失戀的哀歌，下引《子夜歌》便是佐證。

……客從遠方來，遺我雙鯉魚，呼兒烹鯉魚，中有尺素書，長跪讀素書，書中竟何如？上言加飡飯，下言長相憶。（《飲馬長城窟行》）

這鯉魚指書函，書函刻成魚的形狀，所以烹魚而“中有尺素書”（《詳拙著《樂府詩箋》）。但書函何以要刻成魚形呢，我從前没有説明，現在纔恍然大悟，那是象徵愛情的。唐代女道士李治《結素魚貽友人詩》：“尺素如殘雪，結爲雙鯉魚，欲知心裏事，看取腹中書。”元稹《魚中素詩》：“重疊魚中素，幽緘手自開，斜紅餘泪漬，知著臉邊來。”用意也都一樣。

開門枕流水，三刀治一魚，歷亂傷殺汝。（《華山畿》）

“開門枕流水”——與《安南情歌》“妹家門前有條溝”，《黑苗情歌》“姐家門前有條溝”，是同類的隱語。

常慮有貳意，歡今果不齊，枯魚就濁水，長與清流平。（《子夜歌》）

回望高城落曉河，長亭窗户壓微波，水仙欲上鯉魚去，一夜芙蓉紅泪多。（李商隱《板橋曉別》）

小小魚兒粉紅腮，上江游到下江來，頭動尾巴擺。……（《揚州小調》）

天上星多月不明，河裏魚多水不清，朝中官多要造反，小大姊郎多要花心。（《靖江情歌》，都安《儂傜情歌》略同）

妹嬌娥，憐兄一個莫憐多，己娘莫學鯉兒子，那河游到别條河。（《粤風》）

行橋便行橋，船仔細細載雙娘，鯉魚細細會游水，郎君細細會睇娘。（《海豐輋歌》）

青銅纏在金杵上，花魚退下江水灘，二人林裏交情意，得道團圓去會央。

四（使）得有儀連着婦，無茶吃水尚甘心，東海鯉魚身代寶，西海鯉魚身代珠。

（以上榴江《板傜情游歌》）

氣死爲兄命一條，有病得來無人曉，魚在江邊曬日死，少個媒人在裏頭。

塘裏鬧魚氣死蝦，慢慢來把妹庚查，如今世界大不對，白鹽出賣有摻沙。

（以上榴江《板傜情歌》）

流落安南化媚洞，脚踏娥媚殿上飛，望情新年八未歲，灘魚下水好憂鰓。

自從離天隔萬丈，難比士英抛綉球，攬元無恩難靠水，蓮塘無水也無魚。

（以上賀縣《盤傜情歌》）

天上七星配七星，地下獅子配麒麟，山中禽獸皆有配，水裏無魚是配誰！（陵雲《背籠傜戀愛歌》）

妹是鯉魚不食鈎，哄哥食飯不成食，一條河水去悠悠，好是仙花水上浮。

有情有意跟花去，看花落在那灘頭，一條河水去悠悠，金魚鮮魚水上浮。

（以上鎮邊《黑衣戀愛歌》）

妹講信伴不信伴，好比鯉魚心事多，妹今話語説得好，妹的心事是如何？（三江《僮人情歌》）

壁上畫馬求麒麟，漂亮情妹邪死人，好似鯉魚浮水面，邪死一河兩岸人。（桂平《板傜情歌》）

鯉魚在水魚尾擺，大樹風吹尾摇摇，我倆有情當天拜，何用拿香進廟燒？（平治《白傜戀愛歌》）

火燒南京八過（角）樓，哥今無妻也要游，老虎想吃走夜路，鯉魚想水望灘頭。

哥爲妹來哥爲妹，鳥爲青山魚爲河，哥不成人因爲妹，糧田丢荒爲嬌娥。

（以上上東《隴傜合情歌》）

哥是畫眉同一行，哥是鯉魚同一郡，哥是牡丹同一樹，哥是 × 村來的人。

山羊食草在小坡，今矖（金色）鯉魚在黄河，哥有真心來連妹，説妹二人莫丢哥。

（以上都安《隴傜對歌》）

因爲乾坤愁憂憶，困在學堂難過秋，兩步合成心歡喜，同如春水配鯉魚。（荔浦《板傜寄情歌》）

重留姐妹二單身，破守清平受世虧，盛（勝）比鯉魚塘裏困，不有那日得歡時。

人亮勝比西洋鏡，地圖四國看清時，小肚勝如大（地？）中海，千魚銜選那分虧？

（以上修仁《板傜苦情歌》）

好股涼水出岩脚，太陽出來照不着，郎變犀牛來吃水，妹變鯉魚來會合。（《貴陽民歌》,《仲家情歌》略同）

妹家門前有條溝，金盆打水餵魚鰍，魚鰍不吃金盆水，郎打單身不害羞？（《安南民歌》[1]）

大風打動田坎塘，鯉魚打動水中央，唱個山歌打動妹，明明打動我同娘。

從没到過這個山，鯉魚没在這條江，丢久没見這個表，哥們回家睡不安。

吃了早飯爬大山，抓把木葉丢下灘，大魚小魚都死了，不得情哥心不甘。

（以上《黑苗情歌》）

初會娘，燕子初會高樓房，鯉魚初會大江水，我郎初會有錢娘。

哥哥送我到河中，對對金魚水上浮，魚兒也知風流事，可笑哥哥好朦朧。

十字街頭哥愛坐，跌水灘頭魚愛游，鯉魚就愛灘頭水，情哥就愛妹風流。

一蓬慈姑開白花，那時得你坐一家，那時得你同床睡，猶如鯉魚看龍蝦。

大河漲水水登坡，鯉魚銜花順水梭，青年時候不玩婊，臘月梅花枉自多。

魚在河中魚顯鰓，花在平河兩岸開，魚在水中望水漲，哥在床上望妹來。

魚在壩脚聽水響，哥在花園看花香，聽説表鄉花兒好，特意來看花朝陽。

枉自偷來枉自偷，好比鯉魚跳乾溝，乾溝無水枉自跳，姐們無心枉自偷。

（以上《仲家情歌》）

大河漲水白浪翻，一對鯉魚兩分散，衹要少郎心不死，那怕雲南隔

① 原注：貴州安南縣，今改晴隆縣。

四川。(《昆明民歌》)

大河漲水沙浪沙，一對鯉魚一對蝦，衹見鯉魚來擺子，不見小妹來探花。

新來秧雀奔大山，新來鯉魚奔龍潭，新來小妹無奔處，奔給小郎做靠山。

（以上《尋甸民歌》）

河中有魚郎來尋，河中無魚郎無影，有魚之時郎來赴，無魚之時郎費心。(《會澤民歌》)

依封建時代的觀念，君臣的關係等於夫妻的關係，所以象徵兩性的隱語，擴大而象徵君臣，蜀先帝得到諸葛亮，自稱“如魚得水”便是一例。

三　打魚　釣魚

正如魚是匹偶的隱語，打魚，釣魚等行爲是求偶的隱語。

1. 打魚

新臺有泚，河水瀰瀰，燕婉之求，籧篨不鮮。
新臺有灑，河水浼浼，燕婉之求，籧篨不殄。
魚網之設，鴻則離之——燕婉之求，得此戚施！（《邶風・新臺》）

舊説這是刺衛宣公强占太子伋的新婦——齊女的詩[①]，則魚喻太子（少男），鴻喻公（老公)。“鴻”“公”諧聲，“鴻”是雙關語。我從前把這鴻字解釋爲蝦蟆的異名，雖然證據也够確鑿的，但與

① 原注:《序》曰:“刺衛宣公也，納伋之妻，作新臺於河上而要之。……”《箋》曰:“設魚網者宜得魚，鴻乃鳥也，反離焉，猶齊女以禮來求世子，而得宣公。”

《九罭篇》的鴻字對照了看，似乎仍以訓爲鳥名爲妥。

九罭之魚鱒魴：我覯之子，衮衣綉裳。

鴻飛遵渚：公歸無所，於（與）女（汝）信處。

鴻飛遵陸：公歸不復，於（與）女（汝）信宿。是以有衮衣兮，無以我公歸兮，無使我心悲兮。（《豳風·九罭》）

這首詩相當麻煩，除非破一個字，讀“於”爲“與”是没有辦法的，扮演着詩中情節的角色，除詩人自身外，還有兩個，一個是公，一個是“之子”，似乎就是公的兒子，這從他的服裝“衮衣綉裳”可以證明。魚喻公子，鴻喻公（此“鴻”字也是諧“公”聲的雙關語）。再宿曰信。以，與也。故事是：公和公子因事來到她（詩人）這裏，她和公子發生了愛情。現在公該走了，爲了不許她所心愛的人跟公走掉，她把他的衮衣藏起了，并且對他説道：咱們公一走掉，就不知去向，也不知道何年何月再回來，萬一你也跟他走掉，還不是一樣嗎？得了，讓我跟你再住一夜吧！爲了這樁心事，所以我把你的衮衣藏起。是呀！請不要跟公走掉了；白叫我心裏難過！九罭是密網，鱒魴是大魚，用密網來攔大魚，魚必然逃不掉，好比用截留衮衣的手段來留公子，公子也必然走不脱一樣。

登白薠兮騁望，與佳期兮夕張（帳）。鳥何萃兮蘋中，罾何爲兮木上？（《九歌·湘夫人》）

“鳥何萃”二句是隱語，喻所求失宜，必不可得。罾在木上即緣木求魚之意。

張罾不得魚，不（？）櫓空罾歸。（《歡聞戀歌》）

手上無罾又無網，兩手空拍看魚浮，平地有柴妹不砍，鎮山英雄砍山峰。

不長不短盡好看，好比白馬配金鞍，好漢打魚來下水，那個貧漢不講笑！

（以上鎮邊《黑水戀愛歌》）

天上無風燕子飛，江河無水現沙磊，魚在深塘空得見，哄哥空把網來圍。（三江《僮人情重歌》）

半邊月亮兩頭鈎，照見雲南連貴州，塘水無風空起浪，哄哥拿網撒江頭。（榴江《板傜情歌》）

一條河水清又清，兩邊繞有打魚人，打魚不得不收網，連妹不得不放心。

哥講唱歌就唱歌，哥講打魚就下河，打魚不怕灘頭水，唱歌不怕歌人多。

（以上平治《白傜戀愛歌》）

大河裏漲水小河分，兩邊衹見打魚人，我郎打魚不到不收網，戀姐不到不放心。（《安化民歌》）

久不唱歌忘記歌，久不打魚忘記河，久不打魚河忘記，久不連姐臉皮薄。（《安南民歌》，《仲家情歌》略同）

砍柴要靠這邊山，打魚還靠這邊潭，玩娘要玩這一個，拿當别人不稀罕。（《仲家情歌》）

急水打魚儘網丢，有魚無魚慢慢收，食禄天注定，姻緣前世修。（未詳）

2. 釣魚

其釣維何？維絲伊緡——齊侯之子，平王之孫。（《召南・何彼穠矣》）

籊籊竹竿，以釣于淇——豈不爾思？遠莫致之。（《衛風・竹竿》）

魏王與龍陽君共船而釣，龍陽君得十餘魚而涕下，王曰："有所不安乎？如是，何不相告也？"對曰："臣無敢不安也。"王曰："然則何爲涕出？"曰："臣爲臣[①]之所得魚也。"王曰："何謂也？"對曰："臣之始得魚也，臣甚喜，後得又益大，今臣直欲弃臣前之所得矣。今以臣之凶惡，而得爲王拂枕席，今臣爵至人君，走人於庭，辟人於途，四海之内，美人亦甚多矣，聞臣之得幸於王也，必褰裳而趨王，臣亦猶曩臣之前所得魚也，臣亦將弃矣，臣安能無涕出乎？"（《魏策》四）

龍陽君顯然是因爲在魏王跟前，按照自己當時的身分，用習慣的象徵語言説，正當被呼作"魚"，所以就很自然的從魚的命運中看出了自己的命運。换言之，由於語言的魔術性的暗示，他早已將自己和魚同體化了，他看到魚，便看到了自己。因此忽然有所感觸，便本能的自悲起來，這和普通的比喻，無疑是不一樣的。

芳樹日月，君亂如（挐）於風。芳樹不上無心温，而鵠三而爲行。臨蘭池，心中懷我悵，心不可匡，目不可顧，妒人之子愁殺人，君有他心，樂不可禁，王將何似？如孫（蓀）如（伽）魚乎？悲矣！（《鐃歌·芳樹》）

這詩裏有很多字句不好懂，但是一首情詩則無問題。蘭池是池名，"孫"讀爲"蓀"，"蓀"即"荃"字，是一種餌魚的香草。下"如"字讀爲"伽"，《詩·民勞》"柔遠能邇"，箋："能猶伽也。"伽是懷徠招致之意，蓀喻王，魚是婦人自喻，"如蓀伽魚乎？"是説："你將香草鈎引魚一樣的收取我嗎？"[②]

凄凄復凄凄，嫁娶不須啼，願得一心人，白頭不相離，竹竿何嫋

① 原注：下臣字本作王，從鮑改。
② 原注：餘詳《樂府詩箋》。

嫋，魚尾何簁簁！男兒重意氣，何用錢刀爲！（《白頭吟》）

釣竿何珊珊！魚尾何簁簁！行路之好者，芳餌欲何爲！（魏文帝《釣竿篇》）

釣魚釣到正午後，魚未食餌心早操，收起釣竿回去室，打隔無還此路頭。（男唱）

釣魚釣到正午後，魚未食餌心勿操，日頭釣魚魚見影，有心釣魚夜昏頭。（女唱）

（《瓊崖民歌》）

七文溪水七文深，七個鯉魚頭帶金，七條絲綫釣不起，釣魚阿哥空費心。（《潮州民歌》）

太陽落坡坡背陰，坡背有個釣魚坑，有心釣魚用雙綫，有心連妹放寬心。

筋竹林頭砍釣竿，閑着無事釣魚玩，河中魚兒翻白肚，不上金釣也枉然。

（以上《安順民歌》）

姐家門口有條溝，有對金鶏在裹頭，哥打金鈎來下釣，好對鯉魚莫吃鈎。

山歌好唱難起頭，木匠難造吊角樓，瓦匠難燒透明瓦，鐵匠難打細魚鈎。

（以上《（黑苗情歌》）

一林竹子砍一棵，不釣深灘釣黄河，深灘黄河哥不釣，單釣城裏小么婆。（《青苗情歌》）

大河漲水灘對灘，沿河兩岸紫竹山，别人説他没有用，我説拿做釣魚竿。（《尋甸情歌》）

池中游紅魚，勸郎携釣竿。（《雲龍小調》）

四 烹魚 吃魚

以烹魚或吃魚喻合歡或結配。

匪風發兮，匪車楬兮，顧瞻周道，中心怛兮！

匪風飄兮，匪車嘌兮，顧瞻周道，中心吊兮！

誰能烹魚，溉（摡）之釜鬵——誰將西歸，懷（遺）之好音！（《檜風·匪風》）

溉，《釋文》本作摡，《説文·手部》亦引作摡，這裏當讀爲乞，今字作給，"摡之釜鬵"就是"給他一口鍋"，釜鬵是受魚之器，象徵女性，也是隱語，看上文"顧瞻周道"和下文"誰將西歸"，本篇定是一首望夫詞，這是最直捷了當的解釋[①]。

衡門之下，可以棲遲，泌之洋洋，可以樂（療）飢。

豈其食魚，必河之魴？——豈其娶妻，必齊之姜？

豈其食魚，必河之鯉？——豈其娶妻，必宋之子？（《陳風·衡門》）

前人説"衡門"是横木爲門，言其淺陋，并用這和下文"樂飢"之語，來證明本篇是一位隱士作的詩，這未免太可笑了。"衡"讀爲"横"，是對的，但不當釋爲横木，《南山篇》"衡從其畝"，

① 原注：《箋》曰："'誰能'者，言人偶能割亨者。"《正義》曰："'人偶'者，謂以人意尊偶之也。……亨魚小技，誰或不能？而云'誰能'者，人偶此能割亨者尊貴之，若言人皆未能，故云'誰能'也。"案：《正義》以"人偶"爲成語，是對的，但釋爲"尊貴之"之意却錯了。馬瑞辰指出"人偶"又有相親之義，所舉證例中，《賈子·匈奴篇》"胡嬰兒得近侍側，胡貴人更進，得佐酒上前，上時人偶之"一條，尤其確切，這裏"人偶"一詞，正是親昵之意，大概三家舊説有知道這篇是情詩的，康成箋《詩》，兼采衆説，不知不覺受了他的暗示，所以就將"誰能"二字解釋爲那情人間"相人偶"的撒嬌似的口氣。這對於我們認烹魚爲隱語的主張，直接的當然没有證明什麼，但間接的却未嘗不能給我們增加些力量。

《韓詩》作横，曰：“東西曰横。”（《一切經音義》三又六引）横門當是陳國都城東西頭之門，如他篇言東門、北門之類，漢代長安也有横門（《漢書・西域傳》），據《三輔黄圖》，是“長安城北出西頭第一門”，陳國横門命名之義，想必一樣。《國風》中講到男女相約之地，或曰城隅，或曰城闕，或曰某門，即國城的某門，本篇的衡門也還是這一類的場所，栖遲於衡門之下，和《静女篇》的“俟我于城隅”，《子衿篇》的“在城闕兮”，也都是一類的故事。并且古代作爲男女幽會之所的高禖，其所在地，必依山傍水，因爲那是行秘密之事的地方（《左傳》莊公三十二年：“初公築臺臨黨氏，見孟妊，從之閟，而以夫人言許之，割臂盟公，生子般焉。”閟密同，即行秘密之事），所以山和水，都叫作密，或分别字體，山名作密，水名作泌。本篇之泌水便是這樣一般的水，因爲水邊有山，而山名也叫密，所以有人説本篇的泌字是丘名（蔡邕《郭有道碑》“栖遲泌丘”，《周巨勝碑》“洋洋泌丘，于以逍遥”），《廣雅・釋丘》“丘下有水爲泌丘”，大概是調停二説的，其實要緊的是弄清這種山和這種水在民俗學中的性質，倒不必斤斤於山名水名的争執，詩人這回顯然是和女友相約，在衡門之下會面，然後同往泌水之上。《釋文》引鄭本樂作𤻲，即療字，《韓詩外傳》二，《列女傳・老萊子妻傳》，《文選・郭有道碑》注引《詩》并作療。“飢”是隱語，已見上文，泌之言秘密也，“療飢”是秘密之事，所以説“泌之洋洋，可以療飢”。

一條江水白漣漣，兩個鰱魚在兩邊，鰱魚没鱗正好吃，小弟單身正好憐。（《粤風》）

妹不吃魚哥不信，魚頭又有鯉魚鱗，妹講不吃塘中水，何必甘心去連人？（忻城《盤傜風流歌》）

山歌好唱口難開，仙桃好吃樹難栽，秘密痛苦實難説，鱗魚好吃網難抬。（《貴陽民歌》，淮南略同）

天上下雨地下滑，池中魚兒擺尾巴，那天得魚來下酒，那天得妹來當家！（《安南民歌》）

大河漲水小河翻，兩邊兩岸楊梅山，要吃楊梅上樹采，要吃鯉魚下水捉。（《黑苗情歌》）

吃魚要吃大頭魚，不吃細魚滿嘴流，連娘要連十八歲，不連小小背名偷。

大河漲水淹半岩，兩邊修起釣魚臺，有心吃魚放雙綫，有心玩姐忠心來。

（以上《仲家情歌》）

要吃辣子種辣秧，要吃鯉魚走長江，要吃鯉魚長江走，要玩小妹走四方。（《宣威民歌》，《仲家情歌》略同）

一對鯉魚活鮮鮮，小妹來在大河邊，要吃小魚隨郎檢，要吃大魚要添錢。（《晉寧民歌》）

五 吃魚的鳥獸

另一種更複雜的形式，是除將被動方面比作魚外，又將主動方面比作一種吃魚的鳥類，如鸕鷀、白鷺和雁，或獸類，如獺和野猫。

維鵜在梁，不濡其咮——彼其之子，不遂其媾。
薈兮蔚兮，南山朝隮——婉兮孌兮，季女斯飢。（《曹風·候人》）

鵜即鵜鶘，是一種捕魚的鳥，又名鸕鷀，俗名水老鴉，佇立在魚梁上，連嘴都没浸濕的鵜鶘，當然是没捕着魚的。這是拿鵜鶘捕不着魚，比女子見不着她所焦心期待的男人。和同類的篇章一樣，這也是上二句是隱語，下二句點出正意。朝隮即朝雲，這和飢字都是隱語，説已詳上。

朱鷺！魚以（已）烏（歍），路訾（鷺鷀）邪！鷺何食？食茄（荷）下，不之食，不以吐，將以問誅（姝）者？（《鐃歌·朱鷺》）

歍，吐也，“誅”疑讀爲“姝”，《詩·干旄》：“彼姝者子。”大意是説：鷺鷀捕到了魚，又把它吐出來了，那麽，鷺鷀呀！你吃什麽呢？現在你站在荷葉底下，把它含在嘴裏，既不吃下去，又不吐出來，這是幹什麽的？末句的意思不大懂，全篇大意，是諷刺男子和他的女友，老維持着藕斷絲連的關係，既不甘心放弃，又不肯娶她的[1]。

張罾不得魚，不（？）櫓空罾歸，君非鸕鷀鳥，底爲守空池？（《歡聞戀歌》）

第一龍宫女，相憐是阿誰？好魚輸獺盡，白鷺鎮長飢。（李群玉《龍安寺佳人阿最歌》）

魚喻阿最，獺喻惡少們，白鷺詩人自喻。

王彦齡妻舒氏，工篇翰，彦齡失禮於婦翁，婦翁怒，邀其女歸，竟至離絶，女在父家，偶獨行池上，懷其夫，作《點絳脣》詞云：“獨自臨池，悶來强把闌干憑，舊愁新恨，耗却年時興。鷺散魚潜，烟斂風初定，波心静，照人如鏡，少個年時影。”（《夷堅支志》）

“鷺散魚潜”，寫景兼寄興，是雙關語。

高季迪年十八未娶，婦翁周建仲出《蘆雁圖》命題，季迪賦曰：“西風吹折荻花枝，好鳥飛來羽翮垂，沙闊水寒魚不見，滿身風露立多

① 原注：作者前著《樂府詩箋》，解釋此詩，大致還是沿用舊説，那是錯的。

時。”翁曰：“是將求室也。”擇吉日以女妻焉。(《篷軒雜記》)

這酷似《管子》所載甯戚的故事，不知是否從那裏脱胎的。

遠望乖姐靠門旁，寒臉凸腮不理郎，鷺鷥飛到井沿站，看你不像養魚塘——小小年紀梳洋妝。(《淮南情歌》)

“洋妝”諧“佯裝”。

年年有個七月七，鷺鷥下田嘴銜泥，不是哥們巴結你，魚養你來水養魚。(《曲靖民歌》)

大河漲水滿河身，一對野猫順水跟，野猫吃魚不吃刺，小妹偷嘴不偷身。(《陸良民歌》)

六　探源

爲什麽用魚來象徵配偶呢？這除了它的蕃殖功能，似乎没有更好的解釋，大家都知道，在原始人類的觀念裏，婚姻是人生第一大事，而傳種是婚姻的唯一目的，這在我國古代的禮俗中，表現得非常清楚，不必贅述。種族的蕃殖既如此被重視，而魚是蕃殖力最强的一種生物，所以在古代，把一個人比作魚，在某一意義上，差不多就等於恭維他是最好的人，而在青年男女間，若稱其對方爲魚，那就等於説：“你是我最理想的配偶！”現在浙東婚俗，新婦出轎門時，以銅錢撒地，謂之“鯉魚撒子”，便是這觀念最好的説明，上引《尋甸民歌》“衹見鯉魚來擺子”，也暴露了同樣的意識。

文化發展的結果，是婚姻漸漸失去保存種族的社會意義，因此也就漸漸失去蕃殖種族的生物意義，代之而興的，是個人享樂主義，於是作爲配偶象徵的詞彙，不是魚而是鴛鴦，蝴蝶和花之類了。幸虧害這種“文化病”的，祇是上層社會，生活態度比較健康的下層社會，則還固執着舊日的生物意識。這是何等鮮明的對照。

城裏的瓊花城外的魚，花謝魚老可奈何！（《揚州民歌》）

讓不事生産的城里人去作裝飾品，鄉下人是要講實用的。

最後，一個有趣的事實，是以魚爲象徵的觀念，不限於中國人，現在的許多野蠻民族都有着同樣的觀念，而古代埃及，西部亞洲以及希臘等民族亦然。崇拜魚神的風俗，在西部亞洲，尤其普遍，他們以爲魚和神的生殖能力有着密切的關係。至今閃族人還以魚爲男性器官的象徵，他們常佩的厭勝物，有一種用神魚作裝飾的波伊歐式的（Boeotian）尖底瓶，這神魚便是他們媒神赫米斯（Hermes）的象徵[①]。任何人都是生物，都有着生物的本能，也都擺不脫生物的意識。我們發現在世界的别處，這生物的意識，特别發達於各野蠻民族和古代民族間，正如在中國，看前面所舉各例，漢族中，古代的多於近代的，少數民族的又多於漢族的。這裏揭露了在思想上，“文化的人”和“生物的人”的區别。

本文中所引的近代民歌，除作者自己采輯的一小部分外，大部出自下列各書刊：陳志良著《廣西特種民族歌謡集》，陳國鈞著《貴州苗夷歌謡》，《民俗》和北京大學研究所《國學門月刊》，兩種《歌謡集》都是承陳志良先生贈送的，謹此志謝。

朱佩弦先生指出：這個古老的隱語，用到後世，本意漸漸模糊，而變成近似空套的話頭。他這意見是對的，附志於此。

一九四五，五，二五，昆明

① 原注：Robert Briffault：Sex in Religion（V.F.Calverton and Schmalhausen：Sex in Civilization P.42）

詩經新義[①]

① 原載《清華學報》第12卷第1期，1937年1月。據開明版《聞一多全集·古典新義》編入本編。

目　録

一　好

君子好逑　〔《關雎》〕　傳："逑，匹也。言后妃有關雎之德，是幽閑貞專之善女，宜爲君子好匹。"箋："怨耦曰仇。言后妃之德和諧，則幽閑處深宫，貞專之善女，能爲君子和好衆妾之怨者。"

公侯好仇　〔《兔罝》〕箋："怨耦曰仇。此兔罝之人，敵國有來侵伐者，可使和好之。"

《兔罝篇》一章曰"公侯干城"，三章曰"公侯腹心"，"干城""腹心"皆二名詞平列而義復相近，則二章"公侯好仇"之"好仇"，亦當爲義近平列之二名詞。考卜辭辰巳之巳作𢀈，與子孫之子同，亦或作𠄏，又與巳然之巳同，是子巳巳古爲一字。〔子巳同源，篆書形復近似，故在後世，其用雖分，而字猶有時相混。《文選·辯命論》注引《韓詩》(《芣苢篇》)薛君《章句》曰，"詩人傷其君子有惡疾，人道不通，求巳不得"，案求巳即求子也。〕子巳一字，則好妃亦本一字(《大戴禮記·保傅篇》"及太子少長，知妃色"，《新書·保傅篇》作"好色"，此又好妃相混之例)，因之，《詩》之"好仇"字雖作好，義則或當爲妃。仇，匹也，好訓爲妃者，妃亦匹也，故《詩》以"好仇"二字連用，而與"干城""腹心"平列。"好仇"之語，經傳亦有直作"妃仇"者。《左傳》桓二年："嘉耦曰妃，怨耦曰仇。""妃仇"當爲古之成語，二字平列，不分反正，左氏所説，殆非其朔。字一作"嫛㚤"。《太玄》五《内》初一"僅于嫛㚤"，范望注曰"㚤，匹也"，《釋文》曰"嫛㚤古妃仇字"。一作匹儔。曹大家《雀賦》"乃鳳皇之匹儔"，曹植《贈王粲詩》"哀鳴求匹儔"。妃與匹，仇與儔，聲義并同，"匹儔"與"妃仇"實一語也。又作疋儔。《古文苑》杜篤《首陽山賦》"州域鄉黨親疋儔"。妃仇，嫛㚤，匹儔，疋儔，字有古今，義無二致。要皆"好仇"之云仍耳。《兔罝篇》"公侯好仇"，即公侯匹儔，逑仇古通，《關雎篇》"君子好逑”（魯、齊詩并作好仇），亦即君子匹儔也，《關雎》傳曰“是幽閑貞專之善女，宜爲君子好匹”，似讀好爲形容詞，失之。《關雎》《兔罝》兩箋更牽合怨耦曰仇之義，而讀好爲動詞，尤爲紕繆。惟《學齋佔畢》二引《尚書大傳》微子歌曰：“麥秀漸漸兮，禾黍油油，彼狡童兮，不我好仇。”雖用爲動詞，與《詩》微異，然以二字平列，則猶存古語之義，用知此歌之傳，由來舊矣。(《楚辭·九懷·危俊篇》曰“覽可與兮匹儔”，亦用爲動詞，《大傳》之“好仇”即《楚辭》之“匹儔”。)

二　覃誕

葛之覃兮　〔《葛覃》〕傳：“覃，延也。”
何誕之節兮　〔《旄邱》〕傳：“誕，闊也。”

覃，《釋文》本亦作蕈。《儀禮·鄉飲酒禮》《燕禮》兩鄭注《釋文》，《禮記·緇衣》鄭注《釋文》，張參《五經文字》，唐元度《九經字樣》并云葛覃本亦作蕈。蔡邕《協和婚賦》“葛蕈恐其失時”，陸雲《贈顧驃騎詩》“思樂葛藟，薄采其蕈”，字亦并作蕈。案覃爲蕈之省，蕈即藤聲之轉。(藤字《説文》所無，始見《廣雅》。)蕈從覃聲，藤從滕聲，滕從朕聲。朕聲字每與覃聲字通。(朕在蒸部，覃在侵部，聲類最近，例得相轉。)(一)《考工記·弓人》“撟角欲孰於火而無燂”，故書燂或作朕。(二)《方言》五“槌……其横關西曰㮳”，注：“縣蠶薄柱也。”《説文·木部》：“橝……一曰蠶槌也。”藤之爲蕈，猶朕之爲燂，㮳之爲橝矣。(《方言》八：“鳸鳩……東齊、海岱之間謂之戴南……或謂之戴勝。”戴勝謂之戴南，亦朕聲字轉入侵部之例。覃南聲類同，《釋文》覃徒南反。)葛之覃即葛之藤耳。陸雲詩“薄采其蕈”，正謂采其藤，若如《傳》訓覃爲延，則陸詩爲不辭矣。《旄邱篇》曰“旄邱之葛兮，何誕之節兮”，誕亦藤聲之轉。知之者：誕與覃通。《葛覃》傳曰“覃，延也”，《大戴禮記・子張問篇》“入宫修業，居久勿譚”，盧注曰“譚，誕也”，《僞書大禹謨》“誕敷文德”，亦作覃敷，并其比。覃與藤通，又與誕通，是誕亦可通作藤，此其一。延有長義，因之物之弱而長者，其命名多從延受義，《廣雅・釋器》曰“鞓，帶也”，《家語・正論篇》“加之以紘綖”，王注曰：“纓屈而上者謂之紘綖。”藤謂之誕，猶帶謂之鞓，纓謂之綖矣，此其二。節者，《節南山》傳曰：“節，高峻貌。”案山之高曰峻，草木之高亦曰峻。(《楚辭・離騷》“冀枝葉之峻茂兮”，《淮南子・覽冥篇》“山無峻幹”，《新序・雜事篇》“玄居桂林之中，峻葉之上”，《漢書・司馬相如傳》“實葉葰茂”。）峻節一聲之轉（真，屑陽入對轉），故山之高曰峻，亦曰節，草木之高曰峻，亦曰節。高與長義通，因之峻節又并訓長。《離騷》“冀枝葉之峻茂兮”，注“峻，長也”，《詩》“何誕之節兮”，猶言何藤之長耳。傳、箋既誤讀節如字(《説文・竹部》“節，竹約也”），因不得不訓誕爲闊。不知葛安得有節乎？葛既無節，則闊義自亦無所施矣。

三　汙

薄汙我私　〔《葛覃》〕傳：“汙，煩也。”箋：“煩撋之功用深，澣謂濯之耳。”

《詩》曰“薄汙我私，薄澣我衣”，私與衣爲互文，汙與澣亦不分二義。汙澣聲近對轉，汙亦澣也。列三事以明之。（一）《廣雅・釋詁》三“瀚，濁也”，瀚與澣同。澣訓濯，又訓濁，猶之汙訓濁，又訓濯也。（二）《説文・水部》“湔，一曰手瀚之”，瀚與澣亦同，《戰國策・齊策》“以臣之血湔其袵”，注：“湔，汙也。”湔訓澣，又訓汙，此相反爲義，明汙澣義本相通也。（三）《釋文》澣本又作浣。(《説文》浣爲澣之重文）《説文・目部》“盰，張目也”，玄應《一切經音義》十九引

《蒼頡篇》“睆，目出貌”，張目與目出貌義近。汙之爲澣，猶盰之爲睆矣。《傳》訓汙爲煩，《箋》釋煩爲煩撋，良是（煩撋是澣衣之貌。《釋文》引阮孝緒《字略》“煩撋猶挼抄也”，《説文·手部》“挼，一曰手切摩也”，挼抄即挼長言之），顧又謂其功用深，則是以爲汙之與澣，事有深淺之别，斯爲蛇足矣。

四 夭夭

桃之夭夭 〔《桃夭》〕傳：“夭夭，其少壯也。”
棘心夭夭 〔《凱風》〕傳：“夭夭，盛貌。”箋：“夭夭以喻七子少長。”

《説文·夭部》：“夭，屈也。”《凱風篇》曰：“凱風自南，吹彼棘心，棘心夭夭。”謂棘受風吹而屈曲也。樂府古辭《長歌行》曰“凱風吹長棘，夭夭枝葉傾，黄鳥飛相追，咬咬弄音聲”，語意全本《詩·風》，“夭夭枝葉傾”者，正以枝葉傾申夭夭之義，傾與屈義相成也。《桃夭篇》“桃之夭夭”義同。謝靈運《悲哉行》“差池燕始飛，夭裊桃始榮”，夭裊即屈折之貌。謝以夭裊易夭夭，亦善得《詩》旨。《桃夭》傳訓少壯，《凱風》傳訓盛貌，并失之。

五 肅肅

肅肅 〔《兔罝》〕傳：“肅肅，敬也。”箋：“兔罝之人，鄙賤之事，猶能恭敬，則是賢者衆多也。”

肅當讀爲縮（《豳風·七月》“九月肅霜”，傳“肅，縮也，霜降而收縮萬物”,《周禮・甸師》“祭祀共蕭茅”,鄭衆注“蕭字或爲莤,莤讀爲縮”,《儀禮・特牲饋食禮》“乃宿尸”,注“宿讀爲肅”),縮猶密也。《易林・豐之小過》曰“網密網宿,動益蹙急,困不得息”,是其義。字一作數。(《周禮・司尊彝》“醴齊縮酌”,注“故書縮爲數”,《方言》五“炊篔謂之縮”,《説文》作籔。)《小雅・魚麗》傳“庶人不數罟”,《釋文》曰:“數罟,細網也。”《孟子・梁惠王上篇》“數罟不入洿池”,趙注曰:“數罟,密網也。”《詩》“肅肅”即“縮縮”,“數數”,網目細密之貌也。傳、箋并訓肅肅爲敬,此其失固不足辯,而俞樾據《文選・西京賦》“飛罕潚箾”薛綜注曰“潚箾,罕形也”,謂肅肅即潚箾,亦未得其環中。案《説文・木部》曰“橚,長木貌”,《爾雅・釋木》“梢,梢櫂”,郭注曰“謂木無枝柯,梢櫂長而殺者”,是肅聲與肖聲字并有長義。《爾雅・釋蟲》曰“蠨蛸,長跨”,蠨蛸爲長貌,此蟲跨長,故即以爲名。潚箾之語與蠨蛸同,亦長貌也。罕有長柄者(《漢書・司馬相如傳》上注引張揖曰“罕,畢也”,《禮記・月令》注曰“小而柄長謂之畢”),故曰“潚箾長罕”。若罝則無柄與罕異制,今謂肅肅之義等於潚箾,庸有當乎?

六　干翰

公侯干城　〔《兔罝》〕傳:“干,扞也。”箋“干也,城也,皆以禦難也。”

之屏之翰　〔《桑扈》〕傳:“翰,榦。”箋:“王者之德,外能捍蔽四表之患難,内能立功立事爲之楨榦。”

王后維翰　〔《文王有聲》〕傳:“翰,幹也。”箋:“王后爲之幹者,正其政教,定其法度。”

大宗維翰　〔《板》〕傳:“翰,幹也。”箋:“王當用公卿諸侯及宗室之貴者爲藩屏垣幹爲輔弼。”

維周之翰 〔《崧高》〕傳："翰，榦也。"箋："入爲周之楨榦之臣。"

戎有良翰 〔《崧高》〕箋："翰，幹也。申伯入謝，遍邦内皆喜，曰女有善君也。"

召公維翰 〔《江漢》〕箋："召康公爲之楨幹之臣，以正天下。"

《説文·韋部》曰："韓，井垣也，從韋，取其帀也，倝聲。"相承皆用幹。韓垣聲近，蓋本一語。許君以爲井垣專字，非也。《詩》翰字當爲韓（幹）之假借。《桑扈篇》"之屏之翰"，翰與屏并舉，《板篇》"价人維藩，大師維垣，大邦維屏，大宗維翰……宗子維城"，翰與藩垣屏城并舉，《崧高篇》"維周之翰，四國于蕃（藩），四方于宣（垣）"，翰與蕃宣并舉，皆互文也。《説文·土部》曰"壁，垣也"，《廣雅·釋室》曰"廦，垣也"，是辟亦有垣義。《文王有聲篇》四章曰"四方攸同，王后維翰"，五章曰"四方攸同，皇王維辟"，辟訓垣，翰亦訓垣，翰與辟亦互文也。《崧高篇》紀申伯築城之事，又曰"戎有良翰"，猶言汝有良城耳。《江漢篇》"召公維翰"，與《文王有聲篇》"王后維翰"，《板篇》"大宗維翰"句法同，翰亦當訓爲垣。至《兔罝篇》"公侯干城"之干，則閈之省。閈亦韓也，知之者，韓訓垣，閈亦訓垣。《文選·西京賦》注引《蒼頡篇》："閈，垣也。"閈韓皆訓垣，而韓字今作幹，故《楚辭·招魂》"去君之恒幹"，舊校幹亦作閈。《兔罝篇》以干城并舉，猶之《板》以"大宗維翰"與"宗子維城"連言，干也，翰也，皆韓之借字也。諸翰字《傳》皆訓爲榦，字或作幹，《箋》皆釋爲楨榦，胥失之。干，《傳》訓爲扞，以名詞爲動詞，失之尤遠。《箋》讀爲干盾之干，似若可通，不知盾之與城，巨細懸絶，二名并列，未免不倫。以是知其不然。

七　游

漢有游女　〔《漢廣》〕傳："漢上游女，無求思者。"箋："賢女雖出游漢水之上，無欲求犯禮者，亦由貞絜使之然。"

《説文·水部》："汓，浮行水上也"，重文作泅。經傳皆作游，《書·君奭》"若游大川"，《周禮·萍氏》"禁川游者"，《禮記·祭義》"舟而不游"，并《詩·漢廣篇》"漢有游女"，《邶·谷風篇》"泳之游之"，是也。《谷風》以泳游并舉，其義至顯。《漢廣篇》"漢有游女"亦當用此義。三家皆以游女爲漢水之神，即鄭交甫所遇漢皋二女。鄭交甫事未審係何時代，然足證漢上實有此傳説。游女既爲水神，則游之義當爲浮行水上，如《洛神賦》云"凌波微步，羅韈生塵"之類。《詩》曰"漢有游女，不可求思"，下即繼之曰"漢之廣矣，不可泳思，江之永矣，不可方思"。夫求之必以泳以方，則女在波上，審矣。《文選·羽獵賦》曰"漢女水潛"。《説文·水部》"泳，潛行水中也"，《爾雅·釋言》"泳，游也"，注"潛行游水底"，《方言》十"潛亦遊也"，注"潛行水中亦爲遊也"（游與遊通），蓋游與泳潛對文異，散文通。揚雄取通義，故以潛釋游，然其讀《詩》游字爲水游則甚明。《箋》曰"賢女出游漢水之上，亦由貞絜使之然"，則以神爲人，讀游爲遊，不若三家義長。

八　楚

言刈其楚　〔《漢廣》〕箋："楚，雜薪之中尤翹翹者，我欲刈取之，以喻衆女皆貞絜，我又欲取其尤高絜者。"

不流束楚　〔《王風·揚之水》〕傳："楚，木也。"

不流束楚　〔《鄭風·揚之水》〕

綢繆束楚　〔《唐風·綢繆》〕

楚有草木二種，木類之楚，人盡知之，草類之楚，蓋知之者寡。《儀禮·士喪禮》注“楚，荆也”，疏曰“荆本是草之名”，斯説得之。古人服喪居倚廬，倚廬者，以草蓋屋（《荀子·禮論篇》“屬茨倚廬”，注“茨，蓋屋草也，屬茨，令茨相連屬”），而亦謂之梁闇［《書·無逸》“高宗亮陰”，《尚書大傳》作梁闇，云“高宗居倚廬，三年不言，百官總己以聽於冢宰而莫之違，此之謂梁闇”（《儀禮經傳通解續》十五喪禮義引），《禮記·喪服四制篇》引《書》作諒闇，鄭注“諒古作梁”，《史記·魯世家集解》亦引鄭作梁］，于省吾謂梁闇即荆庵，荆庵者，以荆草覆屋也。［案于説精碻。惟謂梁乃荆之訛，則非是。于氏曰：“《貞毁》‘貞從王伐荆’荆作□……《梁伯戈》梁作□，《⿰夫犬毁》‘⿰夫犬馭從王南征，伐楚荆’，荆作□，《説文》荆之古文作□，古籀從□者，今楷多作□，如爾作□，쮦作□是也。荆梁二字形近，故前人多誤釋。”案于氏謂梁闇即荆庵是也，謂梁爲荆之誤字則非。《説文》“刅，傷也”，重文作創，“刱，造法刱業也，讀若創”，經傳通作創，“刑，罰辠也”，“荆，楚木也”，案刅刱刑荆古當爲一字（有説别詳）。《貞毁》之□即刅字，《⿰夫犬毁》之□即刱字，而并讀爲荆。二字于皆釋荆，義得而形未符。以金文證之，許書荆從刀乃從刅之訛。《大梁鼎》梁作□，《曾伯簠》梁作□，《叔朕簠》作□，《史免匡》作□，并從刅，與《梁伯戈》同，亦與小篆同。荆梁并從刅聲，是二字古同音，故荆庵一作梁闇。古字假借，何嘗未有，安得盡以誤字目之哉？且《説苑·正諫篇》荆臺，《淮南子·原道篇》作京臺，而從京之字如凉諒倞等皆讀來母，《史記·刺客傳》“荆卿，衛人謂之慶卿”，而慶麠古同字，詳下“麟”字條。麠亦來母字，則荆古音亦正可隸來母而讀如梁矣。于氏知闇之可假作庵，而不知梁之可假作荆，此千慮之一失耳。］荆爲草類，故制字從草，楚即荆（如上説，荆亦從刅聲，則荆楚爲陽魚對轉），是楚亦草矣。楚爲草屬，故《管子·地員篇》曰“其木宜蚢菕與杜松，其草宜楚棘”。（《方言》三：“凡草木刺人……江湘之間謂之棘。”）《詩》中楚字亦多爲草名。《漢廣篇》二章曰“言刈其楚”，三章曰“言刈其蔞”，楚與蔞并舉，

《王·揚之水篇》一章曰“不流束薪”，二章曰“不流束楚”，三章曰“不流束蒲”，楚與薪蒲并舉，《鄭·揚之水篇》一章曰“不流束楚”，二章曰“不流束薪”，楚與薪并舉，《綢繆篇》一章曰“綢繆束薪”，二章曰“綢繆束芻”，三章曰“綢繆束楚”，楚與薪芻并舉，蔞蒲并草類，薪芻亦皆以草爲之（《説文·艸部》“薪，蕘也”，“蕘，薪也”，《詩·板》釋文，《文選·長楊賦》注并引《説文》作“蕘，草薪也”，《漢書·賈山傳》注，《揚雄傳》注亦并云“蕘，草薪”，是薪本謂草薪，故制字亦從艸），然則楚亦草矣。知楚爲草類，則《漢廣篇》曰“翹翹錯薪，言刈其楚，之子于歸，言秣其馬”，“翹翹錯薪，言刈其蔞，之子于歸，言秣其駒”，謂以楚與蔞爲秣馬之芻耳。刈楚與秣馬本爲一事，乃《箋》曰“楚，雜薪之中尤翹翹者，我欲刈取之，以喻衆女皆貞絜，我又欲取其尤高絜者”，又曰“於是子之嫁，我願秣其馬，致禮餼，示有意焉”，分刈楚秣馬爲兩事，蓋即坐不知楚爲草名之故與？《王·揚之水》傳訓楚爲木，其失亦顯。

九　枚

伐其條枚　〔《汝墳》〕傳：“枝曰條，幹曰枚。”

施于條枚　〔《大雅·旱麓》〕傳：“葛也，藟也，延蔓於木之枚本而茂盛。”

枚之言微也（《東山》傳“枚，微也”，《閟宫》“實實枚枚”，《文選·南都賦》作微微），故枝之小者謂之枚。《説文·木部》曰“條，小枝也”，《廣雅·釋木》曰“枚，條也”，《太玄》二《達》“陽氣枝枚條出”，宋衷注曰：“自枝别者爲枚，自枚别者爲條。”是條也，枚也，皆小枝也。《汝墳篇》二章“伐其條肄”，傳曰“斬而復生曰肄”。案斬而復生之枝亦小枝，詩一章曰“伐其條枚”，二章曰“伐其條肄”，條枚猶條肄矣。《旱麓篇》“施于條枚”義同。《汝墳》傳訓枚爲幹，《旱麓》傳訓枚爲本，并非。

十 麟

麟之趾 《序》：“《麟趾》，《關雎》之應也。《關雎》之化行，則天下無犯非禮，雖衰世之公子，皆信厚如《麟趾》之時也。”

古人婚禮納徵，用鹿皮爲贄。《儀禮·士婚禮》“納徵，玄纁束帛，儷皮”，注“皮，鹿皮”，崔駰《婚禮文》“委禽奠雁，配以鹿皮”，《説文·鹿部》：“麗……從鹿丽聲，禮麗皮納聘，蓋鹿皮也。”然以《野有死麕篇》證之，上古蓋用全鹿，後世苟簡，乃變用皮耳。《説文·鹿部》“慶，行賀人，從心從夂，吉禮以鹿爲贄，故從鹿省”，此據小篆爲説，殆不可信。慶，金文《秦公毁》作慶［文曰“以受屯魯多釐，釁壽無疆，畯疐在天，高弘又（有）慶，竈囿四方”，慶與疆方爲韻，宋人釋慶最碻］，其字於卜辭則爲麐之初文（辭曰“□戌卜貞……王……慶駁䮝……”字與駁䮝連文，諸家釋麐亦不可易），是慶與麐古爲同字。［《爾雅·釋獸》“麐，麕身牛尾一角”，又“麠，大麃，牛尾一角”。而《史記·五帝本紀》索隱引韋昭曰“楚人謂麖爲麃”（麖麠同），是麐與麠一物也。慶（慶）麠聲類同，麠蓋即慶（慶）之後起形聲字，慶則麐之訛變。然《説文》麠之重文作麖，而從京之字如凉倞諒等均讀來母，故麐又讀來母，而孳乳爲慶。］麐與麟同，鹿類之中，莫尊於麐，故古禮納徵用贄，麐爲最貴，因之麐遂孳乳爲慶賀字。［《爾雅·釋獸》“麐，麕身牛尾一角”，《説文·鹿部》“麖，麞也”，籀文作麠，是麖與麞同類。《易·豐》五六爻辭“來章有慶”，疑章當讀爲麞（《考工記·畫繢之事》“山以章”，亦以章爲麞）。以來章爲有慶，亦麐慶同字之證。喜慶之慶，乃慶賀之慶之引申義耳。］知納徵本用麐爲贄，而二《南》復爲房中樂（《詩譜・周南召南譜》，《儀禮・燕禮》注，《鄉飲酒禮》注），其詩多與婚姻有關，則《麟之趾篇》之麟，或係納徵所用。麐麕同類（詳上），《麟之趾篇》之以麟爲贄，猶《野有死麕篇》之以麕爲贄矣。且《序》曰"天下無犯非禮"，此禮字當即指婚禮納采、問名、納吉、納徵諸所以防淫佚，禁暴亂之節文。《漢廣》序曰"江漢之域，無思犯禮，求而不可得也"，《野有死麕》序曰"雖當亂世，猶惡無禮也"，《氓》序曰"禮義消亡，淫風大行，男女無别，遂相奔誘"，《有狐》序曰"古者國有凶荒，則殺禮，而多昏，會男女之無夫家者，所以育人民也"，《大車》序曰"禮義陵遲，男女淫奔"，《東門之墠》序曰"男女有不待禮而相奔者也"，《東方之日》序曰"君臣失道，男女淫奔，不能以禮化也"，《載驅》序曰"〔齊襄公〕無禮義……與文姜淫"，《猗嗟》序曰"不能以禮防閑其母"（謂魯莊公不能防閑其母文姜），凡《序》言禮，十九皆謂爲男女大防之禮。《麟之趾》序亦以禮爲言，是已暗示此詩與婚姻有關，因知所謂"無犯非禮"者，正謂夫家能行納徵之禮，不以强暴相陵，而求急亟之會耳。此《麟趾》爲納徵之樂歌，證諸本序而益明者也。至《序》又謂《麟趾》爲《關雎》之應，及《傳》所謂"麟信而應禮，以足至者也"，并以麟爲瑞獸，則俗師怪迂之談，無足深論，固知以讖緯説詩，不特齊學爲然矣。

又案詩曰"公子""公姓""公族"者，謂此納徵者乃公之子姓，公之族嗣也。《文選》王融《曲水詩序》張銑注曰："《麟趾》，美公族之盛也。"（王先謙定爲《韓詩》説）則誤以獨體名詞爲集體名詞，故爾爲此臆説。此亦不可不辯。

十一　角

誰謂雀無角　〔《行露》〕傳："雀之穿屋，似有角者。"箋：

“人皆謂雀之穿屋似有角……物有似而不同，雀之穿屋，不以角，乃以咮。”

角謂鳥喙，昔儒類皆知其然（吴仁杰、何楷、俞樾、于鬯、薛蟄龍并主此説），而未能明其所以然。請列五事，以證成之。（一）以語根爲證。喙者，《説文·口部》：“噣，喙也。”噣角古同音，觸亦作牮（《淮南子·齊俗篇》“獸窮則牮”，《新序·雜事篇》作觸，《晋書音義》下牮古文觸，《古文四聲韻》五引崔希裕《纂古》觸古文作牸。牸牮同），擉亦作捔（《集韻》擉同捔），并其證。噣角音同，角蓋噣之初文（詳下），故噣爲喙，角亦爲喙。（二）以文字畫爲證。古彝器銘識有大喙鳥。

鼎文（《續殷文存上》四）

其喙作形，與卜辭角字作者逼肖，與字之角形

（《前》七，四一，一）

（《前》二，三一，四）

（《前》四，四六，六）

筆意亦近，是古人造字，喙與角不分二物也。（三）以占諺爲證。《漢書·董仲舒傳》：“予之齒者去其角，傅之翼者兩其足。”角即咮也，二句以鳥獸對言，“予之齒者去其角”，謂獸有齒以齧，即不得有角以啄，“傅之翼者兩其足”，謂鳥有兩翼以飛，即不得有四足以走也。若以角爲獸角，則牛羊麋鹿之類，有齒復有角者多矣，安得云“予之齒者去其角”乎？（吴仁杰、俞樾説如此）古稱鳥咮爲角，此其明徵。（四）

以本系孳乳字爲證。角孳乳爲觜（今字作嘴），後世用爲鳥觜專字。《文選・射雉賦》“裂膆破觜”，注：“觜，喙也。”觜爲鳥喙，而獸角亦或稱觜。《説文・角部》：“觜，鴟舊頭上角觜也。”案頭上角觜即毛角。鳥之毛角，以象獸角而得名，毛角謂之觜，則獸角古亦或稱觜，從可知矣。獸角謂之角，鳥喙亦謂之角，鳥喙謂之觜，獸角亦謂之觜，其例一也。（五）以支系孳乳字爲證。角又孳乳爲桷。《廣雅・釋室》“桷，椽也”，案椽謂之桷，猶喙謂之角也。要之，獸角鳥喙，其形其質，并極相似，又同爲自衛之器，故古者角之一名，獸角與角喙共之。浸假而角字爲獸角所專，乃別製形聲之噣字以當鳥喙之名。噣行而其初文之角廢，故傳、箋説《行露篇》皆曰“雀之穿屋似有角”，謂雀似有角而實無，是讀角爲獸角之角，失之。（三章“誰謂鼠無牙”，牙即齒。牙與齒散文通，此稱齒爲牙，猶《泮水》“元龜象齒”又稱牙爲齒也。《傳》“視墻之穿，推其類，可謂鼠有牙”，謂牙爲牡牙亦誤。）至古諺“予之齒者去其角，傅之翼者兩其足”，惟董子所引，尚存其真，他若《大戴記・易本命篇》“四足者無羽翼，戴角者無上齒”，《太玄》九《玄挩》“嘖以牙者童其角，擢以翼者兩其足”，雖詞句各殊，而角皆謂獸角，蓋皆不達古語之義而妄改之。

十二　素絲

羔羊之皮素絲五紽　〔《羔羊》〕傳：“古者素絲以英裘，不失其制，大夫羔裘以居。”

羔羊之革素絲五緎　傳：“緎，縫也。”

羔羊之縫素絲五總

素絲紕之良馬四之　〔《干旄》〕傳：“紕，所以織組也。總紕於此，成文於彼，願以素絲紕組之法御四馬也。”箋：“素絲者，以爲縷，以縫紕旌旗之旒縿，或以維持之。”

素絲組之良馬五之 傳："總以素絲而成組也，驂馬五轡。"箋："以素絲縷縫組於旌旗，以爲之飾。五之者，亦爲五見之也。"

素絲祝之良馬六之 傳："祝，織也，四馬六轡。"箋："祝當作屬，屬，著也。六之者，亦謂六見之也。"

王闓運以《公食大夫禮》説《羔羊篇》，謂羔羊之皮即禮之庭實乘皮，素絲即禮之束帛［《儀禮·公食大夫禮》"庭實設（注"乘皮"）遂飲奠於豐上。公受宰夫束帛以侑，西鄉立。賓降筵，北面。擯者進相幣。賓降辭幣，升聽命。公辭。賓升再拜稽首受幣，當東楹北面，退西楹西，東面立。公壹拜，賓降也，公再拜。介逆出。賓北面揖，執庭實以出。公降立，上介受賓幣，從者訝受皮"］，其説甚新而塙。解《詩》如此，信乎可以擴萬古之心胸矣。惟《詩》曰素絲，《禮》曰束帛，帛之與絲，雖所異甚微，然慶賞用絲，經典究無明文，此惑不祛，恐終無以執閑者之口。今案以絲爲贈，的係古制，其證不在經典，而論其堅實可任，或百倍於經典所載。金文《守宫尊》曰："易（錫）守宫絲束，薦（苴）幙（幕）五，薦（苴）𥃝（冪）二，馬匹，毳𢇍（布）三，㯥倴三，𨰯朋。"此其鐵證也。《曶鼎》曰"我既賣（贖）女（汝）三□（夫），□（效）父用匹馬束絲限許（許）曶"，此以絲爲交易品，亦贈遺用絲之旁證。且《詩》曰"五紽""五緎""五總"，五數與束絲之義亦合。《公食大夫禮》注"束帛，十端也"，《周禮·媒氏》注"五兩，十端也"。《禮記·雜記》"納幣一束，束五兩"，是二端爲一兩，十端則五兩爲一束也。帛五兩爲一束謂之束帛，則絲必亦五兩爲一束，謂之束絲。"五紽"，"五緎"，"五總"并猶五兩也（説詳下條）。絲以五兩爲一束，是《詩》之"素絲五紽"云云者，即金文之束絲矣。《干旄篇》之"素絲"，當亦贈遺所用，其以絲馬并贈，則與上揭二彝銘所紀，尤爲密合。［金文錫馬數見，經傳亦每言賜馬贈馬，玆不備舉，舉其帛馬并用者。《儀禮·覲禮》"至於郊，王使人皮弁用璧勞……侯氏用束帛乘馬儐使者”，又“天子賜舍……儐之束帛乘馬”，又“天子賜侯氏以車服……儐使者，諸公賜服者束帛四馬，儐大史亦如之”。（以上諸侯朝覲所用）《聘禮》“賓覿，奉束錦總乘馬”，又“君使卿韋弁歸饔餼……奉束帛……〔儐以〕馬乘……束錦”，又“上介饔餼……下大夫韋弁用束帛致之……儐之兩馬束錦”，又“夫人使下大夫韋弁歸禮……以束帛致之……儐之乘馬束錦”，又“〔歸〕上介〔禮〕，儐之兩馬束錦”。（以上大夫聘禮所用，錦亦帛類。）《既夕禮》“公賵，玄纁束〔帛〕，馬兩”，《禮記·檀弓》上“伯高之喪，孔氏之使者未至，冉子攝束帛乘馬而將之”，《公羊傳》隱元年“喪事有賵，賵者蓋以馬，以乘馬束帛”，《禮記·少儀》“賻馬與其幣……不入廟門”。（以上喪禮賵賻所用，幣亦即帛。）此皆帛馬并用，與《詩》及金文之以絲馬并用，其例適同。〕曰“紕之”“組之”“祝之”者，紕之言比次也，組亦聚集之意，與紕義近，祝當從《箋》讀爲屬，《説文·尾部》“屬，連也”，《禮記·經解》“屬辭比事”，是屬紕義亦近。紕，組，祝皆束絲之法，無奥義。下文曰“畀之”“予之”“告之”（告與畀予義同，詳後），所畀所予所告之物，即此素絲良馬也。（金文每言賜旂，不知此詩“干旄”“干旟”“干旌”，亦在贈遺之列否，俟考。）要之，《羔羊篇》之皮與絲爲二，《傳》合而爲一，謂絲爲裘之英飾，不知皮既非裘，絲亦非英也。《干旄篇》之絲與馬亦不相謀，《傳》又牽合《皇皇者華》“六轡如絲”之語，以爲絲以喻轡，亦以絲馬混爲一談，《箋》則蒙上文“干旄”“干旟”“干旌”之詞而以絲爲旌旗旒縿之屬，俱不可憑。又案彝器銘文，自《守宫尊》《曶鼎》而外，未見以絲爲慶賞或貨幣之資者，經典之言贈絲者，亦僅此二詩而已，疑贈遺用絲，乃一時特殊之風尚。郭沫若定《守宫尊》爲懿王時器，《曶鼎》爲孝王時器（懿孝世次毗連），然則二詩亦西周末葉，懿孝前後所作歟？謹貢此疑，以俟博疋。

十三　紽　沱　差池　杝

素絲五紽　〔《羔羊》〕傳："紽，數也。"

江有沱　〔《江有汜》〕傳："沱，江之別者。"箋："岷山道江，東別爲沱。"

差池其羽　〔《燕燕》〕傳："燕之于飛必差池其羽。"箋："差池其羽，謂張舒其尾翼，興戴嬀將歸，顧視其衣服。"

析薪杝矣　〔《小弁》〕傳："析薪者隨其理。"箋："杝謂觀其理也，必隨其理者，不欲妄挫折之。"

《羔羊篇》釋文出它字，云"本又作佗……或作紽"。馬瑞辰曰佗即古他字。他者，彼之稱也，此之別也，由此及彼，則其數爲二。《管子·輕重甲篇》"〔則是農〕夫得居裝而賣其薪蕘，一束十他"，他一本作倍（多案《小弁》傳"佗，加也"，《莊子·養生主篇》釋文"倍，加也"，是他倍同義，灼然無疑。《管子》書多古字，此蓋本作他，後人注其義於旁，故傳寫又有作倍之本），《墨子·經上篇》"倍爲二也"，他與倍通，則他亦二數矣。《柏舟》"之死矢靡他"，猶云有死無二也。《小旻》"人知其一，莫知其他"，猶云知其一，不知其二也。紽通他，蓋二絲之數。（"當云絲之二數"）案馬説精覈。紽有二義，則與兩同（兩亦倍也，《小爾雅·廣度》"倍端謂之兩"），絲謂之紽，猶帛謂之兩，《周禮·媒氏》"凡嫁子娶妻，入幣，純帛毋過五兩"，絲稱五紽，亦猶帛稱五兩矣。紽義既明，二章之緎，三章之總，可以隅反。原本《玉篇·系部》引韓詩説曰"緎，數也"，毛傳"總，數也"，《西京雜記》鄒長倩遺公孫弘書曰"五絲爲𦃃，倍𦃃爲升，倍升爲緎，倍緎爲紀，倍紀爲緵，倍緵爲繸"，緵與總同。紽有倍義，而緎總均爲倍數，故得與紽并舉而爲互文。（紽緎總之實數雖異，其遞進之率，皆取倍數則同。三字并舉，則但論其同，不論其異。詩人用字不拘，往往如此。）凡從它聲之字，多有二義，馬氏已舉《柏舟》《小旻》二他字證之矣。今案《江有汜篇》

之沱，《小弁篇》之杝，以及《燕燕篇》“差池”之池，字亦皆從它，而義爲二之引申。《江有汜》傳、箋并以別訓沱，蓋水有別流，則一水歧而爲二，故謂之沱也。此詩本以江有別流，喻夫之情不專一（詳“汜沚”字條），則詩曰“江有沱”者，充其寄意所在，亦猶《氓篇》之曰“士貳其行”矣。《小弁篇》曰“析薪杝矣”，直謂一薪析爲二耳，傳、箋所說，咸失之鑿。《燕燕篇》曰“差池其羽”，差池者，《左傳》文二年注“忒，差也”，《釋文》“差，二也”，池即沱字，佗有二義，已見上文，則二字連文，正合聯緜字上下同義之例。差池并有二義，於此當訓兩翼舒張之貌。鳥飛則兩翼見，故曰“燕燕于飛，差池其羽”。《傳》説甚允，《箋》云“張舒其尾翼”，尾字可省。

十四　縫

羔羊之縫　〔《羔羊》〕傳：“縫言縫殺之大小得制。”

詩一章曰“羔羊之皮”，二章曰“羔羊之革”，三章曰“羔羊之縫”，皮革一義（《傳》“革猶皮也”），則縫亦當與之同。縫依字似當作韄。《集韻》引《字林》“韄，被韄也”，被韄之訓，或係後起，字從革作，本字當爲皮革之異名，《字林》以被韄訓韄，被謂之縫，亦猶皮謂之韄矣。又案金文革作（《鄭虢仲毁》霸字偏旁），皮作（《者減鐘》，《郐□句鑃》），王國維謂者革之半字，從又持半革，故爲剥去獸皮之名（《史籀篇》疏證）。案王説至塙，皮革不特古字形近，古語音亦近。嘗疑革古讀滂母，與皮爲雙聲，故霸從革聲而讀若膊（《説文・雨部》“霸，雨濡革也，從雨從革，讀若膊”，案當云從雨革聲），又孳乳爲霸。（《癸毁》“既生霸”，不從月。）知皮革古爲雙聲字，則《詩》之皮革縫皆一語之轉，故字雖三變，義則一而已矣。《傳》釋縫爲“縫殺之大小得制”，失之。

十五 摽

摽有梅 〔《摽有梅》〕傳："摽，落也。"

摽，即古抛字。《玉篇》曰"摽，擲也"，《説文新附》曰"抛，弃也"，重文作摽。《公羊傳》莊二年曰"曹子摽劍而去之"，《孟子·萬章下篇》曰"摽使者出諸大門之外"，二摽字并即抛。字亦作僄，《荀子·修身篇》"怠慢僄弃"，僄弃即抛弃也。（又作暴，《孟子·離婁上篇》"自暴者不可與有言也，自弃者不可與有爲也"，自暴自弃即自抛自弃。）擲物而弃之謂之摽，擲物以擊人亦謂之摽。《説文·手部》曰"摽，擊也"，又"抙，疾擊也"，案抙即抛字，當爲摽之重文，《廣雅·釋詁》三、《一切經音義》三引《埤蒼》、十六引《字林》并曰"抛，擊也"，可證。（今有兵器曰鏢，曰鏢槍。案鏢之言摽也。皆擲出以擊人之謂也。此義古亦借暴爲之，《穀梁傳》宣二年"靈公朝諸大夫而暴彈之。觀其避丸也"，謂飛彈以擊之也。又以同聲孳乳爲礮。《文選·閑居賦》"礮石雷駭"注"礮石，今之抛石也"，案抛出以擊人之石也。）擲物以予人亦謂之摽。《詩》曰"摽有梅"是也。《木瓜篇》曰"投我以木瓜，報之以瓊琚，匪報也，永以爲好也"，當是女之求士者，相投之以木瓜，示願以身相許之意，士亦嘉納其情，因報之以瓊瑶以定情也。[《丘中有麻》曰"彼留之子，貽我佩玖"，《女曰鷄鳴》曰"知子之來之，雜佩以贈之，知子之順之，雜佩以問之，知子之好之，雜佩以報之"，凡以玉爲贈者，莫非男贈於女（《渭陽》以"路車乘黄"與"瓊瑰玉珮"并贈，不屬此例），此詩報瓊琚者，亦當爲男報女。知報者爲男，則投者必爲女矣。秦嘉《留郡贈婦詩》"詩人感木瓜，乃欲答瑶瓊"，陸機爲《陸思遠婦作詩》"敢忘桃李陋，側想瑶與瓊"，何承天《木瓜賦》"願佳人之予投，想同歸以托好，顧《衛風》之攸珍，雖瓊瑶而匪報"，最合《詩》旨，或係三家舊義。]《摽有梅篇》亦女求士之詩，而摽與投字既同誼，梅與木瓜、木桃、木李又皆果屬，則摽梅亦女以梅摽男，而以梅相摽，亦正所以求之之法耳。意者，古俗於夏季果熟之時，會人民於林中，士女分曹而聚，女各以果實投其所悦之士，中焉者或以珮玉相報，即相約爲夫婦焉。《晋書・潘岳傳》“岳美姿儀……少時常挾彈出洛陽道，婦人遇之者，皆連手縈繞，投之以果，遂滿載以歸”，蓋猶有古俗之遺意歟？［《左傳》莊二十四年曰“女贄不過榛栗棗脩，以告虔也”，《禮記・曲禮》下曰“婦人之摯，椇榛脯脩棗栗”（疏：“椇即今之白石李也，形如珊瑚，味甜美”），并《古微書》引《春秋元命苞》“織女星主瓜果”，似亦與此俗有關，姑附着之，以俟續證］《傳》訓摽爲落，而以梅落喻女色浸衰，失之。

十六　今

迨其今兮　〔《摽有梅》〕傳：“今，急辭也。”

林義光曰：“今讀爲堪，堪字通作戡（昭二十年《左傳》“王心弗堪”，《漢書・五行志》作“王心弗戡”，孟康曰“戡，古堪字”，又《説文》引《書》“西伯既戡黎”，《爾雅》郭注引《書》作堪黎），戡亦後出字，古文省借，宜作今也。（古金文伯作白，仲作中，祖作且，錫作易，并是其例。）首章‘迨其吉兮’，言於衆士中求吉士而嫁之，此章則已以失時爲懼，故曰‘迨其堪兮’，言有可嫁者即嫁之，不暇審擇也。”案林讀今爲堪，是也，惟首章之吉既謂吉士（《野有死麕》“吉士誘之”，《卷阿》“王多吉士”，《書・立政》“庶常吉士”），則二章之堪亦當謂堪士，核諸詞例，最爲顯白。《吕氏春秋・報更篇》“堪士不可以驕恣有也”，是古有堪士之語。［堪能義近，堪士猶能士也，《荀子・王霸篇》“足以容天下之能士矣”，《韓非子・説難篇》“今以吾言爲宰虜，而可以聽用而振世，此非能士（今作仕，從《史記・老莊申韓列傳》索隱引改）之所耻］“迨其堪兮”，猶言庶幾此所求得之士爲堪士爾。《傳》誤讀今如字而訓爲急辭，林氏辯之審矣。然林氏讀今爲堪，而釋之曰“有可嫁即嫁之，不暇審擇”，則是名雖易《傳》而實從之，宜其進退失據，不能自圓其說也。

十七 墍 溉 介

頃筐墍之 〔《摽有梅》〕傳：“墍，取也。”箋：“頃筐取之，謂夏已晚，頃筐取之於地。”

溉之釜鬵 〔《匪風》〕傳：“溉，滌也。”

介爾景福 〔《小明》〕傳：“介景皆大也。”箋：“介，助也，神明聽之，則將助女以大福。”

介爾景福 〔《既醉》〕箋：“介，助，景，大也。成王，女有萬年之壽，天又助女以大福，謂五福也。”

介爾昭明 〔《既醉》〕

綏我眉壽介以繁祉 〔《雝》〕箋：“安助之以考壽，與多福禄。”

是用大介我龍受之 〔《酌》〕箋：“介，助也。……來助我者，我寵而受用之。”

《廣雅·釋詁》三“气，予也”，《漢書·朱買臣傳》“糧用乏，上計吏卒更乞匄之”（各本匄字重出，從王念孫删），乞爲气之省變，乞與匄同，皆與也，《西域傳》“我匄若馬”注“匄，乞與也”。（《左傳》昭十六年疏：“乞之與乞，一字也，取則入聲，與則去聲也。”案此相反爲義之例。）气既聲類同（《說文》氣之重文作槩），是乞可通作墍若溉。《摽有梅篇》“頃筐墍之”，即頃筐乞之，以頃筐與之也。詩一章曰“其實七兮”，謂十梅摽去其七，二章曰“其實三兮”，謂又摽其三，三章曰“頃筐墍之”，則梅實都盡，并頃筐亦摽與之也。《匪風篇》“溉之釜鬵”，溉亦當讀爲乞，訓與。詩曰“誰能亨魚，溉之釜鬵，誰將西歸，懷之好音”，傳“懷，歸也”，案懷讀爲歸（《禮記·緇衣》“私惠不歸德”，注“歸或爲懷”），《廣雅·釋詁》三“歸，遺也”，遺亦與也。“溉之釜鬵”與“懷之好音”句法同，溉之與懷之，對文也。金文乞取字多作匄，亦有作乞者（《都公鬹鼎》“用气釁壽，萬年無疆”，《洹子孟姜壺》“用气嘉命”），《詩》則多用介。匄介同祭部，乞在脂部，最相近，故三字通用。匄乞皆兼取與二義，介字亦然。《小明篇》“介爾景福”，《既醉篇》“介爾景福”，“介爾昭明”，林義光并讀匄訓予，得之。今案《雝篇》曰“綏我眉壽，介以繁祉”，綏讀爲遺（《那篇》“綏我思成”，林義光讀綏爲遺，云“與《列祖篇》‘賚我思成’，義正相同也。《周禮·夏采》‘以乘車建綏’，鄭注云‘故書綏爲襚’，是綏遺古同音。”吴闓生説同。案此篇及《烈祖》“綏我眉壽”，《載見》“綏以〔台〕多福”，諸綏字亦并當讀遺。又《易·繫辭》“夫坤隤然示人簡矣”，隤陸、董、姚并作妥，亦綏遺同音之比），遺亦與也，以當爲台，我也，“綏我眉壽”與“介以（台）繁祉”亦對文。介亦當訓與。《酌篇》曰“是用大介，我龍（龔）受之”，介字義同，大介猶大賜，上言介，下言受，義正相應。綜之，塈溉介聲近義同，并即訓與之匄若乞，今俗呼與爲給，亦即此字。《摽有梅》傳訓塈爲取，似知塈即乞字，特誤以乞與爲乞取爾。諸介字《箋》并訓爲助，未確。《匪風》傳訓溉爲滌，《小明》傳訓介爲大，則遠失之。

十八　謂

迨其謂之　〔《摽有梅》〕傳：“不待備禮也。三十之男，二十之女，禮未備，則不待禮，會而行之者，所以蕃育人民也。”箋：“謂，勤也。女年二十而無嫁端，則有勤望之憂。不待禮會而行之者，謂明年仲春不待以禮會之也。時禮雖不備，相奔不禁。”

瑕不謂矣 〔《隰桑》〕箋：“謂，勤。……君子雖遠在野，豈能不勤思之乎？宜思之也。”

謂讀爲歸。古音喉牙不分，故讀謂如歸。(《説文·口部》喟重文作嘳。《召旻篇》“草不潰茂”，箋云“潰當作彙”，而《説文》彙從胃省聲，重文作蝟，是胃聲與貴聲同。《釋名·釋言語》“汝潁言貴聲如歸往之歸”。然則謂亦可讀如歸矣。）聲同則義通。謂有趣義。《列子·説符篇》注“謂者所以發言之指趣”，《漢書·楊王孫傳》注“謂者名稱也，亦指趣”。《華嚴經音義》下引《漢書音義》“謂者，指趣也”。(《墨子·經上篇》“謂，移舉加也”，移此舉以加之於彼，即有所趣向歸往之義。）《淮南子·原道篇》注“趣亦歸也”。蓋謂之與歸，本爲一語，其分也，則意之所趣謂之“謂”，身之所趣謂之“歸”，其合也，則“歸”屬身言，而意有所趣亦謂之“歸”，漢嚴遵著書名《老子指歸》是也，“謂”屬意言，而身有所趣亦謂之“謂”，《詩》“迨其謂之”“瑕不謂矣”是也。(《説文》“謂，報也”。報赴古通，《禮記·少儀》“毋報往”注“報讀赴疾之赴”，《古詩爲焦仲卿妻作》“吾今且報府”，即赴府。謂報義同，歸赴義同，報赴可通，則謂歸亦可通。）《摽有梅篇》曰“求我庶士，迨其謂之”，猶言求我庶士，庶幾歸之，《隰桑篇》曰“心乎愛矣，瑕不謂矣”，猶言心既愛之，胡不歸之也。歸即“之子于歸”之歸。《摽有梅》傳曰“禮未備，則不待禮（句讀從馬瑞辰），會而行之”，行即“女子有行”之行，古謂女子適人爲行也。(《文選》江文通《雜體詩》注引《宋玉集·高唐賦》“我，帝之季女，未行而亡”，《列女傳》四《魯寡陶嬰傳》“雖有賢雄兮，終不重行”，《儀禮·喪服》“子嫁返”注“凡女行於大夫以上曰嫁，行於士庶人曰適人”，《釋名·釋親屬》“兄弟之女爲娣，娣，迭也，共行事夫，更迭進御也”，陳琳《飲馬長城窟行》“結髮行事君”，諸行字義與此同。）《傳》以“行之”釋“謂之”，似正讀謂爲歸。《箋》申《傳》曰“時禮雖不備，相奔不禁”，當矣，顧又訓謂爲勤，則仍未達夫經旨。《隰桑》箋亦訓謂爲勤，誤與前同。

十九　抱

抱衾與裯　〔《小星》〕箋："裯，床帳也。諸妾夜行，抱衾與床帳，待進御之次序。不若，亦言尊卑異也。"

《序》說此詩爲"夫人無妒忌之行，惠及賤妾，進御於君"，其言甚鄙，且於文義亦多不可通。自來解者，惟王質曰"婦人送君子以夜而行，事急則人勞"，最爲明通。然竊疑此行亦非必遠道行役。凡《詩》言"在公"，皆謂在公所在之地，《采蘩篇》曰"公侯之宮"，又曰"夙夜在公"，《有駜篇》曰"夙夜在公，在公飲酒"，《臣工篇》曰"敬爾在公"，《序》以爲"諸侯助祭遣於廟"之詩，并可參驗。他若《羔羊篇》之"退食自公"，《東方未明篇》之"自公召之"，"自公令之"，公亦皆謂公之所在地，而《七月篇》曰"獻豜于公"，《大叔于田篇》曰"獻于公所"尤爲明證。明乎此，則《小星篇》之"夙夜在公"，祇是辨色入朝而已，因之"抱衾與裯"即不得如姚際恒所云"猶後人言襆被之謂"，審矣。今案抱當讀爲拋。（包從勹聲，尥亦從勹聲，二字古爲同音。）《史記·三代世表》"姜嫄以爲〔后稷〕無父，賤而弃之道中，牛羊避不踐也，抱之山中，山者養之"，錢大昕謂抱即拋字，《北堂書鈔》四四引曹羲《肉刑論》"蛇蝮螫手，則士斷其腕，繫蹏（原誤號）在足，則虎抱（原誤跑）其蹯"，抱其蹯即拋其蹯也，又《玉臺新咏》十《近代吴歌》"芙蓉始結葉，拋艷未成蓮"，《樂苑》拋作抱，并二字古通之證。"拋衾與裯"者，婦人謂其夫早夜從公，拋弃衾調，不遑寢息，殆猶唐人詩"辜負香衾事早朝"之意與。其在三百篇中，則《雞鳴》《東方未明》并與此詩情事如一，惟《東方未明》怒夫之"不能辰夜"，辭忿而意蕩，《小星》惜夫之拋弃衾裯，言婉而情正，《雞鳴》則趣夫早起，愛之以德，語重而心長，此其異爾。《箋》沿舊説讀抱如字，非是。

二十　命

寔命不同　〔《小星》〕傳："命不得同於列位也。"箋："謂諸妾肅肅然夜行，或早或夜，在於君所，以次序進御者，是其禮命之數不同也。凡妾御於君不當夕。"

寔命不猶　傳："猶，若也。"箋："不若，亦言尊卑異也。"

命彼倌人　〔《定之方中》〕

不知命也　〔《蝃蝀》〕傳："乃如是淫奔之人也，不待命也。"箋："又不知昏姻當待父母之命。"

舍命不渝　〔《鄭·羔裘》〕箋："是子處命不變，謂守死善道，見危授命之類。"

我聞有命　〔《唐·揚之水》〕傳："聞曲沃有善政命，不敢以告人。"

《蝃蝀篇》"不知命也"，傳、箋并釋爲父母之命，最塙。（傳、箋此解，當以讀知爲待爲先決條件。知待古通，有説别詳。）自餘諸命字則皆謂君命。金文令命同字，經傳亦每通用，《小星篇》二命字實即《東方未明篇》"自公令之"之謂。《禮記·玉藻》："朝，辨色始入，君日出而視之。"此詩蓋以急事特召，早於常時，故曰"寔命不同"，"寔命不猶"。《東方未明》與《小星》情事本同，二詩合讀，詞旨自明（參閱上條）。金文屢言"舍命"，其義與敷命，施命同。（林義光、于省吾俱有説，不備引。）《羔裘篇》"舍命不渝"，戴震以命爲君命，證之金文而益信。《揚之水篇》"我聞有命"傳曰"聞曲沃有善政命"，是亦以命爲君命。《定之方中篇》"命彼倌人"之爲君命於臣，無待詮釋。以上《國風》中諸命字，用爲名詞者五，用爲動詞者一，要皆謂人事中上施於下之命令，而非天道中天授於人之命數，如修短之期，窮達之分諸抽象觀念。《小星》傳曰“命不得同於列位”，《羔裘》箋曰“見危授命”，皆以人事之命爲天道之命，斷不可從。（箋釋《羔裘》之命爲禮命，亦非。《周禮·小宰之職》“五曰聽禄位以禮命”，先鄭注曰“禮命謂九賜也”，後鄭彼注曰“禮命，禮之九命之差等”。《箋》既以賤妾進御於君釋此詩，不知九賜九命之事與賤妾何與？）若朱子訓《蝃蝀》之命爲“正理”，則又以宋儒心性之學説詩矣。《詩》中命字凡數十見，自來於《國風》中一部分之命字，誤解最深，即《雅》《頌》中諸命字，雖多屬天道之命，然核其涵義，亦與後世微異。今先取《國風》中諸命字，最而論之，去其氛障，求其通誼，以備治先秦思想者采擇焉。

二十一　汜沚

江有汜　〔《江有汜》〕傳：“決復入爲汜。”
湜湜其沚　〔《谷風》〕箋：“小渚曰址。”

《江有汜篇》一章曰“江有汜”，二章曰“江有渚”，三章曰“江有沱”，傳曰“水歧成渚”（今本上有“渚，小洲也”四字，《釋文》云“本或無此注”，陳奐云當據删，今從之），又曰“沱，江之别者”，歧别義同，是渚與沱皆江之枝流也。渚沱之義如此，汜亦宜然。《漢書·叙傳》“芊疆大於南汜”，注“汜，江水之别也”，最爲塙詁。《傳》曰“決復入爲汜”。水決則歧出，以決釋汜，固無不可耳。“復入”二字則斷非汜義，特因下文“其後也悔”，而傳會之耳。（《説文》“汜，水别復入水也”，水别猶言水之别枝，汜之義祇此“復入水”三字承毛之誤。）然則詩稱江汜云云者，究何所取義乎？曰：此當與《氓篇》參互求之。《氓篇》“淇則有岸，隰則有泮”，箋曰“言淇與隰皆有厓岸以自拱持，今君子放恣心意，曾無所拘制”。案婦人蓋以水喻其夫，以水道自喻（以佛洛德學説觀之，此自爲一種象徵），而以水之旁流枝出不循正道者，喻夫之情愛别有所屬。詩意謂淇隰有厓岸以自拱持，故得循其正道，而不旁流枝出。人亦當以禮自拘制，勿使其情泛濫而不專一，今君子二三其德，情愛旁移，斯淇隰之不足喻耳。《江有汜篇》取興與此略同。詩人蓋以江水之别出而爲汜爲渚爲沱，喻夫德之不專，下文"之子〔于〕（從《魯詩》增）歸"之子，新人也，"不我以"，新人歸則舊人弃也。《氓篇》以淇隰之不别出諷夫以守正，《江有汜篇》以江之别出喻夫之失德，雖語有反正，而所以取喻者則同。二篇之喻意既明，乃可以讀《谷風》。《谷風篇》曰"涇以渭濁，湜湜其沚，宴爾新昏，不我屑以"，下二句與《江有汜》"之子〔于〕歸，不我以"，語意適同。箋曰"小渚曰沚"，渚即《江有汜》傳"水歧成渚"之渚，因之，沚亦水之枝流也。實則巳止聲同之部，義本相通，沚即汜字耳。《詩》曰"涇以渭濁，湜湜其沚"者，以讀爲與，謂涇與渭同流則濁，及其溢爲枝流，則湜湜然清，以喻夫與己居則異心，與新人居則和樂，下云"宴爾新昏，不我屑以"，即申此義也。此亦以水爲喻，而造意與前二篇微異。《箋》曰"涇水以有渭，故見渭濁……喻君子得新昏，故謂己惡也，己之持正守初如沚然不動摇"，殆不可從。

二十二　處　癙　鼠

其後也處　〔《江有汜》〕傳："處，止也。"
癙憂以痒　〔《正月》〕傳："癙痒皆病也。"
鼠思泣血　〔《雨無正》〕箋："鼠，憂也。"

《正月篇》"癙憂以痒"，傳"癙痒皆病也"，王引之謂痒既訓病，則癙不得復訓爲病，癙與憂連文，癙亦憂也。《雨無正》"鼠思泣血"，箋"鼠，憂也"，癙憂猶鼠思耳。案王説是也。《江有汜篇》"其後也處"，處亦疑當讀爲癙，訓憂。癙處音同（并陰聲模部透母），例得相假。知之者：《山海經·中山經》“脱扈之山，有草名曰植楮，可以已癙”，注“癙，病也”。字一作鼠。《淮南子·説山篇》：“貍頭愈鼠（《山海經·中山經》注，《御覽》七四二，九一二并引作癙），鷄頭已瘻，蝱散積血，斲木愈齲，此類之推者也。”又作處。《吕氏春秋·愛士篇》：“趙簡子有兩白騾而甚愛之。陽城胥渠處，廣（黄）門之官（宦）夜款門而謁曰：‘主君之臣胥渠有疾，醫教之曰，得白騾之肝，病則止，不得則死。’”注：“處猶病也。”朱駿聲謂處爲癙之借字，殆不可易。今案訓病之癙通作處，則訓憂之癙亦可通作處。蓋病之與憂，義本相成（古人於心理之苦痛與生理之苦痛不甚區别，故病憂互訓。《禮記·雜記下篇》“病不得其衆也”，注“病猶憂也”，《孟子·公孫丑下篇》“有采薪之憂”，注“憂，病也”），故癙訓病亦訓憂，處訓病亦訓憂。《江有汜》一章曰“其後也悔”，《説文·心部》“悔，恨也”，恨憂義近。三章曰“其嘯也歌”，亦謂憂傷之情，發爲歌嘯，他篇有單言嘯者，如《中谷有蓷》“條其歗矣”與“嘅其嘆矣”“啜其泣矣”并舉，有單言歌者，如《園有桃》“心之憂矣，我歌且謡”，《四月》“君子作歌，維以告哀”，有嘯歌連言者，如《白華》“嘯歌傷懷”，并可互證。一章之悔，三章之嘯歌，皆與憂相關，則二章之處亦當訓憂。（《十月之交》“亦孔之痗”，《釋文》“痗本又作悔”，《爾雅·釋詁》釋文痗兼昧晦二音，是悔痗本爲一字。《伯兮》《十月之交》兩傳并云“痗，病也”。悔訓病亦訓恨，與處訓病亦訓憂，其例亦同）《傳》訓處爲止，斯爲皮相矣。雖然，訓病之字似本當作處，鼠癙皆後起。《説文·匸部》：“㔷，側逃也，從匸丙聲。”《淮南子·原道篇》“側谿谷之間”，注“側，伏也”，《周禮·保章氏》疏引《洪範五行傳》“朔而月見東方謂之側匿”，側匿連言，側亦匿也，《荀子·榮辱篇》注“逃，隱匿其情也”，《彊國篇》注“逃謂逃匿其情”，是側也，逃也，皆伏匿不出之謂。（甲金文丙與内同，内又與入通，是㔷從丙猶從入，故訓側逃。又㔷丙雙聲，㔷從丙得聲，丙當讀如内，乃見得聲之由。）㔷孳乳爲陋，《爾雅·釋言》“陋，隱也”，

《書·堯典》"明明揚側陋"，側陋猶今言隱逸，亦伏匿不出之謂也。㔷從丙聲，義爲伏匿，病亦從丙聲，其本義亦當爲病者伏匿不出。病有匿義，處亦有匿義（隱匿不出之女謂之處女，隱匿不仕之士謂之處士），故病亦謂之處。處鼠音同（鼠之爲物，晝伏夜出，常隱匿而不可見，鼠之得名，或即受義於處，然則處鼠不惟音同，義亦相通），因之處又或假鼠爲之，以其爲病名，乃又加疒作癙。然則處，正字也，鼠，假聲字也，癙，假聲兼意符之孳乳字也。癙行而處晦，俗師又競以鼠説癙義（高注《淮南》謂爲鼠齧人瘡，孫炎注《爾雅》又曰"癙者畏之病也"，則謂鼠性畏怯，病者多畏，似之，因謂之癙。既以癙爲鼠致之病，或似鼠之病，於是"貍頭愈鼠"之説從而興焉。《御覽》九一二引《淮南》許注曰"貍食鼠"，《物類相感志》又引曰"貍執鼠，故愈也"），於是言此字之沿革者，鮮不倒因爲果，謂癙爲正字，鼠爲涾字而處爲借字者矣。

二十三　唐棣　帷裳　常棣　維常

唐棣之華　〔《何彼襛矣》〕傳："唐棣，移也。"箋："喻王姬顔色之美盛。"

漸車帷裳　〔《氓》〕傳："帷裳，婦人之車也。"箋："帷裳，童容也。"

常棣之華鄂不韡韡　〔《常棣》〕傳："興也。常棣，棣也。鄂猶鄂鄂然，言外發也。韡韡，光明也。"箋："承華者曰鄂。不當作柎，柎，鄂足也。鄂足得華之光明，則韡韡然盛。興者，喻弟以敬事兄，兄以榮覆弟，恩義之顯，亦韡韡然。"

維常之華　〔《采薇》〕傳："常，常棣也。"箋："此言彼爾者乃常棣之華，以興將率車馬服飾之盛。"

《氓篇》“漸車帷裳”箋曰“帷裳，童容也”，案婦人之車以帷障其旁如裳，《列女傳》四《齊孝孟姬傳》“野處則帷裳擁蔽”，是也。一曰裳幃。《周禮·巾車》“王后之五路……皆有容蓋”，鄭司農注“容謂之幨車，山東謂之裳幃，或曰潼（幢）容”。幨字一作裧，《儀禮·士昏禮》“婦車有裧”，注“裧，車裳幃”（《詩·氓》正義引注裧作襜，襜即幨字），《既夕記》“主婦車，疏布裧”，注“裧者，車裳幃，於蓋弓垂之”。此皆婦人之車也。然《禮記·雜記》曰“其輤有裧，緇布裳帷”，是喪車亦有裳帷。或曰《記》以裧與裳帷并舉，似别爲二物，而二鄭并以裧即裳帷，何也？曰：裧也，裳幃也，對文異，散文通。其制，張蓋於車上，冒之以布，自上四旁垂而下。析而言之，蓋於上者謂之裧（幨），垂於旁者謂之裳幃，故《雜記》以裧與裳帷并舉，而《詩》“漸車帷裳”，易順鼎謂漸車即裧車，亦以漸與帷裳爲二。（易謂漸裧古音同部，《淮南子·兵略篇》“剡揕筡”注“揕，剡鋭也”，漸與裧通，猶揕與剡通。“淇水湯湯，漸車帷裳”，與《竹竿篇》“淇水悠悠，檜楫松舟”，句法正同。）然蓋與布實不可分離，故言襜亦可包裳幃，言裳幃亦可包襜（《士昏禮》注“有容則固有蓋”，容即裳幃，蓋即襜也。《氓》正義：“帷裳一名童容，童容與襜别，司農云謂襜車者，以有童容上必有襜，故謂之爲襜車也。”此説得之），因之，襜與裳幃又俱爲大名，而可互訓，先鄭謂幨車謂之裳幃，後鄭以裧爲車裳幃，即此義也。知裳幃一曰襜，則《戰國策·齊策》“攻城之費，百姓理襜蔽，舉衝櫓”，《淮南子·氾論篇》“隆衝以攻，渠幨以守”（注，幨，幰也，所以禦矢也），《兵略篇》“雖有薄縞之幨，腐荷之櫓，然猶不能獨穿也”，曰襜曰幨并即裳幃矣。此兵車亦有裳幃之證也。《采薇篇》曰“彼爾（薾）維何，維裳之華，彼路斯何，君子之車”，此出師之詩，維裳即帷裳，亦即《國策》之襜，《淮南》之幨。四句皆以車言，謂彼薾然繁盛者何，帷裳之華飾也，彼路然而大者何，君子之車也。（《箋》：“君子謂將率。”）《何彼襛矣篇》曰“何彼襛矣，唐棣之華，曷不肅雍，王姬之車”，句法與《采薇》四句適同，則上二句亦當指車服之飾。帷裳一稱裳帷（詳上），疑唐棣當讀爲裳帷。裳唐古音同，《詩》唐棣一作裳棣可證。帷棣聲同脂部，而隹在端母，隶在定母，古讀不分，是帷棣古亦同音。更列三事以明之。（一）《説文》隸從隶聲，讀若隗，《周禮·司尊彝》“祼用虎彝蜼彝”，鄭司農讀蜼爲隗，《淮南子·脩務篇》“嫫母仳倠”高注“倠讀近隗”。（二）肆《説文》作隸，從隶聲，《書·湯誥》“肆台小子”，《墨子·兼愛下篇》作“惟予小子履”（《詩》《書》之發語詞肆字，多可譯作惟，此意前人未發），《左傳》成十三年“昔逮我獻公及穆公相好”，即昔惟我獻公及穆公相好也，逮與遝通，《墨子·非攻下篇》“今遝夫好攻伐之君，又飾其説以非子墨子”，即今惟夫好攻伐之君也。（《離騷》“惟夫黨人之偷樂兮”，亦惟夫連用之例）（三）《敝笱篇》“其魚唯唯”，箋曰“唯唯，行相隨順之貌”，案《説文》“隶，及也”“逮，唐逮，及也”，行相隨順即前後相及之意，是唯唯即逮逮也。（《釋文》引《韓詩》作遺遺。逮遺亦聲近可通。《説文》“𩐍，臥息也”，“喟，大息也”，重文作嘳。案𩐍嘳喟一字。）裳與唐，帷與棣，古音既同，而核諸文義，句中所指，又非車服莫屬，則唐棣即裳帷，殆無可疑。且非如此，“何彼襛矣”之襛字從衣之故，亦難以解答。《五經文字》“襛字見《詩·風》，從禾者訛”，案《説文·衣部》襛字下引此詩，蕭子顯《代美女篇》“繁襛既爲李，照水亦成蓮”，字亦作襛，益信俗本從禾之誤。此雖半字之差，其關係於詩義者則甚大也。《裳棣篇》曰“裳棣之華，鄂（曷）不韡韡，凡今之人，莫如兄弟”，《序》以爲燕兄弟之詩，疑首二句祇謂兄弟偕來，其車飾之盛，有如此者。常即衣裳本字，棣亦當讀爲帷。“常棣之華，鄂（曷）不韡韡”，與“何彼襛矣，唐棣之華”語意全同，但二句互易其次爾。要之，《采薇篇》之“維常”即《氓篇》之“帷裳”，倒言之則曰裳帷，其名見於《禮·雜記》，帷或作幃，見於《周禮》先鄭注者一，見於《儀禮》後鄭注者二，《常棣篇》之“常棣”，《何彼襛矣篇》之“唐棣”，并即裳帷也。傳、箋於“唐棣”，“常棣”，并“維常”之常，概以本名當之，又讀維爲語詞，宜其説之不可通矣。

風詩類鈔甲

目　録

序例提綱

關於編次

　　三種舊的讀法

　　　　1. 經學的

　　　　2. 歷史的

　　　　3. 文學的

　　　　三種讀法的批評

　　本書的讀法——社會學的

　　略依社會組織的綱目將國風重新編次

　　　　三大類目　1. 婚姻　2. 家庭　3. 社會

　　　　小類目另見詳表

　　可當社會史料文化史料讀

　　對於文學的欣賞祇有幫助無損害

　　原書依照國別的編次甚有用今亦儘量保存

各詩題下注明國名及全書總號碼如《關雎》（周一）《竹竿》（衛五九）

另附國風通檢

關於寫定

　　今本《毛詩》錯誤不少

　　　　有可據三家《詩》訂正者

　　　　有可據舊本訂正者

　　　　有可據叶韻訂正者

　　　　有可據上下文義訂正者

　　今悉加改正夾注今本原文於下另附校勘記詳論改正的理由及依據

　　經文用假借字者則注正字於下

　　三家異文之勝於毛者以三家爲正字毛爲借字

關於箋注（目的經濟與效果）

　　三種詩體讀法各異

1. 歌體　數章詞句複叠衹换韻字則用横貫讀法取各章所换之字合并解釋

2. 詩體　用直貫讀法自上而下依次解釋以一章爲一段落

3. 綜合體

縮短時間距離——用語體文將《詩經》移至讀者的時代用下列方法帶讀者到《詩經》的時代

考古學　關於名物儘量以圖畫代解説

民俗學

語言學

聲韻　摹聲字標者以聲見義（聲訓）訓正字不理借字

文字　肖形字舉出古體以形見義（形訓）

意義　直探本源

注意古歌詩特有的技巧

象徵廋語　symbolism

諧聲廋語　puns

其他

以串講通全篇大義

附録五種

一　附圖

二　校勘記

三　引用書目

四　釋音

五　國風通檢

山有扶蘇（鄭八五）

山有扶蘇，隰有荷華。　不見子都，乃見狂且（者）。

山有喬松，隰有游龍（蘢）。　不見子充，乃見狡童。

扶蘇，大木名。 喬，高也。 游龍，水葒，一曰馬蓼。 子都、子充都是古代著名的美男子，這裏用爲標準男性的名號。

狡童（鄭八六）

彼狡童兮，不與我言兮。 維子之故，使我不能餐兮。
彼狡童兮，不與我食兮。 維子之故，使我不能息兮。

食，廋語。 息，寢息也。

羔裘（唐一二〇）

羔裘豹袪，自我人居居（倨倨）。 豈無他人，維（惟）子之（是）故（姻）？
羔裘豹褎，自我人究究（仇仇）。 豈無他人，維子之好？

袪，袖口。 褎即袖字。 羔裘以豹皮爲袖口之飾。 倨倨，仇仇，皆傲慢貌。 你羔裘豹袖的人，自是對我們傲慢，難道没有别人，非同你好不可。

褰裳（鄭八七）

子惠思我，褰裳涉溱。 子不我思，豈無他人？狂童之狂也且！
子惠思我，褰裳涉洧。 子不我思，豈無他士？狂童之狂也且！

見愛曰惠。 溱洧皆鄭國的水名。 未娶的男子曰士。 之猶其也，且猶哉也。

芄蘭（衛六〇）

芄蘭之支，童子佩觿。雖則佩觿，能（寧）不我知？容兮遂兮，垂帶悸兮。

芄蘭之葉，童子佩韘。雖則佩韘，能不我甲（狎）？容兮遂兮，垂帶悸兮。

芄蘭，一種多年蔓生草，葉作長心臟形，有長葉柄，柄向上，葉倒垂略向後彎，結莢實，兩兩對出成叉形。　支，叉也，指芄蘭的莢實。　觿，象骨製成的解結錐。　韘，射箭時帶在右手大拇指上的一種缺口扳指，也是象骨製的，缺口使一條皮帶聯着。　芄蘭的莢實，倒垂着，和觿一樣，葉子又活像韘。　觿與韘是成人隨身佩帶的工具，童子佩了觿韘，是已經成年的表徵。　知，是男女間私相愛戀，與普通知字的涵義不同（參《女曰鷄鳴篇》）。　狎，戲也。　這時的風俗，對於未婚的青年男女，社交似乎是自由的，一到成年結婚以後，便當隔離，所以這個女子説："你雖則成人而佩觿了，難道就不能和我相好了嗎？"容遂，雍容安閑貌。　悸，本訓驚動，借以形容男子走路時衣帶動摇之貌。末二句言外之意是説："瞧你那假正經！"

遵大路（鄭八一）

遵大路兮，摻（操）執子之袪兮。　無我惡兮，不寁（接）故（婟）也！

遵大路兮，摻執子之手兮。　無我䰢（醜）兮，不寁好也！

遵，遵循。　袪，袖口。　惡，厭惡。　醜，耻也。　接，繼續也。　婟，戀惜也。

柏舟（鄘四五）

泛彼柏舟，在彼中河。 髧彼兩髦，實維我儀，之死矢靡它。母也天只！不諒人只！

泛彼柏舟，在彼河側。 髧彼兩髦，實維我特，之死矢靡慝（忒）。 母也天只！不諒人只！

泛，漂流貌。 柏舟，柏木刳成的舟。（當時一般用的似乎是獨木舟，造船術尚未發達。） 中河，河中也。 髧，髮垂貌。 男子未冠之前，披着頭髮，長齊眉毛，分向兩邊梳着，叫作髦。 儀，特，皆配偶也。（特似乎又含有男性配偶之意，因爲雄獸曰特。） 之，至，矢，誓也。 靡它，靡忒，都是不變的意思。 只，語助，猶哉也。 “母也天只”，痛極而呼母呼天。 諒，信也。 詩中大意説：那河中泛舟的少年，我願以此身許配給他，至死不變節，無奈他不相信我喲！

蜉蝣（曹一五〇）

蜉蝣之羽，衣裳楚楚。 心之憂矣，於我歸處！

蜉蝣之翼，采采衣服。 心之憂矣，於我歸息！

蜉蝣掘閱（穴），麻衣如雪。 心之憂矣，於我歸説！

楚楚，采采，皆鮮潔貌。 蜉蝣卵在土中孵化成幼蟲，又漸漸羽化成蜉蝣，便鑿穿地面，飛出去了。 蜉蝣的羽極薄而有光澤，幾乎是透明的。 古人形容麻織品做成的衣服，往往比作蜉蝣的羽，因此便稱這種衣服爲羽衣。 本篇各章的首二句都是倒裝句法。 “蜉蝣之羽，衣裳楚楚”，猶言楚楚的衣裳，有如蜉蝣之羽，“蜉蝣之翼，采采衣服”，猶言采采的衣服，有如蜉蝣之翼，“蜉蝣掘穴，麻衣如雪”，猶言如雪的麻衣，有如穿穴而出的蜉蝣。 憂字本訓心動，詩中的憂往往指性的衝動所引起的一種煩躁不安的心理狀態，與現在憂字的涵義迥乎不同。處，息，說，都有住宿之意。這三句等於說："來同我住宿罷！"這樣坦直、粗率的態度，完全暴露了這等詩歌的原始性。在下二句中，作者表示純然自居於被動地位，這是典型的封建社會式的女子心理。

有狐（衛六三）

有狐綏綏，在彼淇梁。心之憂矣，之子無裳。
有狐綏綏，在彼淇厲（瀨）。心之憂矣，之子無帶。
有狐綏綏，在彼淇側（堋）。心之憂矣，之子無服。

狐喻男，參閱《北風篇》《南山篇》。綏綏，多毛貌。梁，橫亘水中的踏脚石。水流石上曰瀨，一曰灘。以土壅水曰堋。在梁，在瀨，在堋的狐，比涉水的"之子"。涉水就得將裳和帶捲起來扎在腰上，所以遠望看不見裳帶，并非真無裳帶。服是兼包裳帶的總名，無服即無裳，無帶。眼看見心愛的人漉着水過來和自己相會，斷無憂愁、憂傷的道理，這憂字也是該依照它的本義訓爲心動的。由以狐爲喻直接證明了"之子"是男，便間接證明了作者是女。

丘中有麻（王七四）

丘中有麻，彼留（劉）子嗟，彼留子嗟，其將來施。
丘中有麥，彼留子國，彼留子國，其將來食。
丘中有李，彼留之子，彼留之子，貽我佩玖。

劉是氏，子嗟、子國是字。古書說"天施地生"，又說"陽施陰化"，就是這施字的正解。食，即《有杕之杜篇》"曷飲食之"的食。玖，次於玉的黑色美石。總歸是合歡以後，男贈女以佩玉。（參《木

瓜篇》《女曰鷄鳴篇》)

甫田(齊一〇二)

無田甫(圃)田,維莠驕驕。　無思遠人,勞心忉忉。
無田甫田,維莠桀桀。　無思遠人,勞心怛怛。
婉兮孌兮,總角丱兮。　未幾見兮,突而弁兮。

圃田,未經墾治而多草之田。　維,其也。　莠,害苗的野草。驕驕,桀桀,長盛貌。　婉孌本是"畹矕",訓大目貌,引申爲美好貌,字乃變從女。　小兒髮飾總束兩髦(髦狀詳《鄘·柏舟篇》),狀如兩角,故曰總角。　丱即兩角的肖形字。弁,冠也。　男子二十而冠,亦二十而娶,突然看見人家戴弁了,不免有啞然自失之感。

子衿(鄭九一)

青青子衿(紟),悠悠我心。　縱我不往,子寧不嗣(詒)音?
青青子佩,悠悠我思。　縱我不往,子寧不來?
挑兮達兮,在城闕兮。　一日不見,如三月兮。

紟是繫佩玉的帶子,一曰綬。　佩則指佩玉。　什麽色的玉,就佩什麽色的帶,青佩所以用青紟。　音似指歌聲。　她想,果然是有事躭擱了,縱然我没去找你,難道你就不送一聲歌來打個招呼?　挑達(雙聲連語),往來輕疾貌。　城闕,城門兩邊的觀樓,是青年們慣常幽會的地方。　今天因爲等候的人老不來,急得她在這觀樓上衹是來回亂走。　想起那人青青的佩玉和帶,心就亂了。　一天不見面,簡直就像隔了三個月一樣啊!

東門之楊（陳一四〇）

東門之楊，其葉牂牂。 昏以爲期，明星煌煌。
東門之楊，其葉肺肺。 昏以爲期，明星晢晢。

東門，陳國的城門。 楊似即白楊，“圓葉弱帶，微風善摇”。 牂牂，肺肺（p’uat p’uat），風摇樹葉的聲音。 昏，黄昏。 明星即啓明星，朝見東方曰啓明，夕見西方曰長庚。 這裏應指夕見的長庚。

終風（邶三〇）

終風且暴，顧我則笑。 謔浪笑敖（謷），中心是（實）悼。
終風且霾，惠然肯來。 莫往莫來，悠悠我思。
終風且曀，不日有曀。 寤言（焉）不寐，願言（焉）則嚏（懥）。
曀曀其陰，虺虺其靁。 寤言不寐，願言則懷。

終，既也。 疾雷曰暴。 顧，還視。 則猶而也（下同）。 悼，懼也。 大風揚塵，從上而下曰霾。 曀，陰翳。 不日，無定期之意。 寤然，醒覺貌。 願然，沉思貌。 懥，忿怒也。 虺虺，雷聲。 懷，傷也。

東門之墠（鄭八九）

東門之墠，茹藘在阪。 其室則邇，其人甚遠。
東門之栗（堜），有踐（净）家室。 豈不爾思？ 子不我即。

東門是鄭國的城門。 墠塘一聲之轉，俗名水堰，小點的叫作堜。 茹藘即茜草，根可以染紅。 阪，斜坡。 净，潔净。 即，就也。

大車（王七三）

大車檻檻，毳衣如菼。豈不爾思？畏子不敢。
大車哼哼，毳衣如璊（穈）。豈不爾思？畏子不奔。
穀則異室，死則同穴。謂予不信。有如皦日！

古代使牛拉的，給商賈裝貨的車叫作大車。本篇的大車似乎就是那種車。檻檻（klam，klam），哼哼（tuen tuen），車聲。從這兩種車聲可以想見那車的笨重。毳，毳布，即氈子。衣似乎是車衣，車上蔽風雨的帷帳。菼，初生的荻，是騂赤色的。穈，一種赤苗的穀類。奔，私奔。穀，生也。如猶此也。皦，白也。她手指着太陽，説：“説我撒謊，還有這太陽作證。”

羔裘（檜一四六）

羔裘逍遥，狐裘以朝。豈不爾思？勞心忉忉。
羔裘翱翔，狐裘在堂。豈不爾思？我心憂傷。
羔裘如膏，日出有曜。豈不爾思？中心是悼。

大夫平時穿羔裘，入朝穿狐裘。堂，公堂。大夫朝拜人君，便在公堂上，“朝”和“在堂”是一回事。古曰膏，今曰油。太陽出來了，照在裘上發光，如同塗了油一般。古人穿裘，毛向外。悼，懼也。“中心是悼”即上一篇“畏子不敢”之意。

以下三篇，語氣相近，都是“女欲奔男之辭”。

將仲子（鄭七六）

將仲子兮，無踰我里，無折我樹杞。豈敢愛之？畏我父母。 仲可懷也，父母之言亦可畏也。

將仲子兮，無踰我牆，無折我樹桑。 豈敢愛之？ 畏我諸兄。 仲可懷也，諸兄之言亦可畏也。

將仲子兮，無踰我園，無折我樹檀。 豈敢愛之？ 畏人之多言。 仲可懷也，人之多言亦可畏也。

將，請也。 仲子，男子之字。 二十五家爲里，里外有牆，踰里亦踰里之牆。 園即里之園，踰園亦踰園之牆。 杞，欅柳。

汾沮洳（魏一〇八）

彼汾沮洳，言采其莫。 彼其之子，美無度，美無度，殊異乎公路！

彼汾一方，言采其桑。 彼其之子，美如英（瑛），美如英，殊異乎公行！

彼汾一曲，言采其藚。 彼其之子，美如玉，美如玉，殊異乎公族！

汾沮洳是汾水旁低濕的地處，又名汾隰。 古字方作匚，曲作凵，此處皆指水灣。 “言”“我”一聲之轉。 莫一名酸迷，藚一名水舄，皆野菜名。 桑與莫藚并舉，似乎也是菜名，其詳不可考。 彼，其，之，都是第三人稱代名詞，古語是不嫌重複的。 “彼其之子”或者稱“之子”，譯成今語，便是“那人兒”。 無度謂無限度，美無度猶言“美得没有法説”。 瑛，玉名。 殊異猶秀異，即與衆不同之意。 乎，感嘆詞，與哉同。 公路，公行，都是晋國的公車尉，必需由公族來充當。這裏公路，公行，公族，都是貴族的代稱。 這是女子思慕男子的詩。 采菜是女子的職務，所以“言”當指女子。 “彼其之子”是女子采菜時所見，稱之爲公路、公行，則當然是男子，因爲那些都是軍職的頭銜。

淇奧（衛五五）

瞻彼淇奧（澳），綠竹猗猗。　有匪（斐）君子，如切如磋，如琢如磨。　瑟（璱）兮僩（爛）兮，赫兮咺（烜）兮，有匪君子，終不可諼兮。

瞻彼淇奧，綠竹青青（菁菁）。　有匪君子，充耳琇瑩，會弁如星。　瑟兮僩兮，赫兮咺兮，有匪君子，終不可諼兮。

瞻彼淇奧，綠竹如簀。　有匪君子，如金如錫，如圭如璧。　寬（綰）兮綽兮，倚重較兮，善戲謔兮，不爲虐兮。

瞻，望也。　澳即水灣。　猗猗，柔弱下垂貌。　“有斐君子”以下五句皆以玉比君子。　斐，有文采貌。（這時候所謂玉衹是美石，所以有文采。）“有斐”形容詞，猶斐斐。　切，磋，琢，都是磨光的意思。　璱，爛，赫，烜，皆光澤貌。　終猶永也。　諼，忘也。　菁菁，美盛貌。　古人的帽子，名目甚多，内中最尊貴的一種叫冕，一種叫弁。　冕與弁加在髮髻上時，都要横着插上一根簪子來維持着，使它穩固。這簪子他們叫作笄。從笄的兩端各用一條名叫紞的絲繩，垂下兩顆玉來，那便叫作瑱。　因爲兩瑱正當左右兩耳門旁，所以一名充耳，又名塞耳。　琇瑩，美玉名。　弁是會合兩塊白鹿皮製成的，後世稱爲鹿皮冠。　鹿皮會合處的前後兩條縫中，綴上兩行玉石，閃閃發光，便和星子一樣。　簀即屋頂棚，一名棧。　金即銅。　古人鑄器的青銅，便是銅與錫的合金，所以二者極被他們重視，而且每每連稱。　圭璧，祀神所用的玉器名（附圖）。　綰綽本訓鬆緩，引申爲從容貌。　較是車箱兩旁高出軾上的部分。　古人立乘，乘車者的身體可以依靠在較上，所以又叫作輢。　較上加一層金質的裝飾，其狀自車前看去，如同向外翻着的兩耳，所以一名轓，又名耳（附圖）。　不爲虐是不涉穢褻之意。 大意與前篇相似，似乎也是女子的作品。 “不爲虐兮”一句，尤可玩味。

考槃（衛五六）

考槃在澗（干），碩人之寬（婠）。 獨寐寤（晤）言，永矢弗諼。

考槃在阿，碩人在薖（媧）。 獨寐寤歌，永矢弗過。

考槃在陸，碩人之軸（頔）。 獨寐寤宿（嘯），永矢弗告（牿）。

考槃，未詳。 《集傳》引陳氏曰：“考，扣也。槃，器名，蓋扣之以節歌，如鼓盆拊缶之爲樂。”可備一説。 干，山厓。 阿，山阿。 古人以身體碩大爲美，碩人猶美人。 婠，媧，頔，皆形容美好貌。 晤，對也。 “獨寐寤言”是説一人獨自睡去而夢與他人相對談話。 “獨寐寤歌”，“獨寐寤嘯”，義仿此。 矢，誓也。 諼，忘也。 過訓失誤，記憶的失誤便是遺忘。 牿即攪字，記憶攪亂了的結果也便是遺忘。 諼，過，牿在這裏是同義字。 兩性間用對唱的方式互通款曲，是近代邊區民族間還流行着的風俗。 同樣風俗之存在於《詩經》時代，則可由《陳風・東門之池篇》得到證明。 “晤言”“晤歌”見於《東門之池》，也見於本篇，《東門之池》是情詩，本篇想也是一樣。 可惜本篇作者的性别，無從推測，因此在編次上這首詩便發生了問題。 今姑依傳統次第，將它列在《淇奥》之後。 “永矢弗諼”與《淇奥篇》“終不可諼兮”，語意酷似，不知道可否算作兩篇間的一點連繫。

君子陽陽（王六七）

君子陽陽，左執簧（皇），右招我由房。　其樂只且！

君子陶陶，左執翿，右招我由敖（驁）。　其樂只且！

陽陽，陶陶，皆和樂貌。　皇，一名翿，舞師拿着的一把五采羽毛，跳舞時自己蓋在頭上，藉以裝扮鳥形。　房，《房中》驁，《驁夏》，皆舞曲名。　由疑即笙詩《由庚》《由儀》之由，其義未詳。　只且猶也哉。

簡兮（邶三八）

簡兮簡兮，方將萬舞。　日之方中，在前上處。　碩人俁俁，公庭萬舞。

有力如虎，執轡如組。　左手執籥，右手秉翟。　赫如渥赭。公言“錫爵（斝）”！

山有榛，隰有苓。　云誰之（是）思？　西方美人，彼美人兮，西方之人兮。

簡簡，鼓聲。　未奏舞前，必先鳴鼓以警衆。　萬舞，似是兩種不同性質的模擬舞之總稱，兩種，（一）曰武舞，用干（盾牌）戚（板斧），是模擬戰術的，（二）曰文舞，用羽（雉羽）籥（一種小笙），是模擬翟雉（一種與神話有關的長尾野鷄）的春情的。　前，前列，上處，上頭。　舞有行列，領導衆舞人的舞師是站在前列上頭的。　俁俁，肖形字，古字作吳，從夨，象舞者之形。　公庭，公堂前的庭院。　轡，馬韁繩。　一車四馬，每馬兩條韁，四馬共八條韁。　八條中兩條繫在車上，在御者手中的衹有六條。　技術熟練的御者牽着六條韁繩，整整齊齊，如同一排編織中的絲組一般（詩人有時又把它比爲一排琴弦）。

在這種狀況下，四馬的步伐自然調匀起來，而車上的和，鑾（軾與衡上的小鈴鐺）也隨着響成節奏了。但是上下文講的都是舞，中間忽講起御來，委實有些突兀。想起武舞本是模擬戰術的，而古用車戰，我們不禁疑心那行列整齊，進退如一的舞人，莫非是模擬衆馬的行動，而這指揮舞儀的舞師，也未嘗不可以想象爲相當於那制馭衆馬的御者。舞儀中至少可以有這樣模擬御法的一段，因之在詩中形容御，即所以形容舞了。全套的萬舞總歸是以武舞開始，以文舞收場的。這裏“有力如虎，執轡如組”二句指武舞，“左手執籥，右手執翟”二句指文舞。文舞所模擬的，上面已説過，是翟雉的春情。舞者一手拿着翟雉的羽毛，以象徵那種鳥形，一手拿着那名籥的三管小笙，邊舞邊吹着，以模擬雉的鳴聲。這種舞容，對於熟習它的意義的，是頗有刺激性的。赫，赤貌。舞畢，累得一頭大汗，滿臉通紅，好像抹上了一層紅土。錫，賜也。斝，酒器名（圖）。榛，榛栗。苓，有人説就是甘草。低濕的地處曰隰。“山有榛，隰有苓”是穩語。榛是喬木，在山上，喻男。苓是小草，在隰中，喻女。以後凡稱“山有□，隰有□”，而以大木小草對舉的，仿此。西方似指宗周。美人就是上文稱爲碩人的舞師。就第三章看，這詩的作者無疑也是一位女子。《左傳》載楚令尹子元曾想用萬舞來蠱惑新寡的夫人（莊二十八年），足見這種舞對於女性們可能發生的力量。我們從本詩第三章裏聽到的那熱戀的呼聲，完全是一二兩章所叙的那場舞藝應有的效果。

澤陂（陳一四五）

彼澤之陂，有蒲與荷。有美一人，傷（陽）如之何！寤寐無爲，涕泗滂沱。

彼澤之陂，有蒲與蕳（蓮）。有美一人，碩大且卷（拳）。寤寐無爲，中心悁悁。

彼澤之陂，有蒲菡萏。有美一人，碩大且儼。寤寐無爲，輾轉伏枕。

荷，蓮，菡萏，是一種花的三樣不同的名稱。陽一作姎，又作卬，是女性的第一人稱代名詞。“陽如之何”猶言“我奈他何”。爲猶由也。“寤寐無由”等於説睡不着覺。拳，有勇力貌。儼，矜莊貌。悁悁，恨也。詩人自稱曰陽，分明是位女子。從“陽如之何”和“涕泗滂沱”“輾轉伏枕”等語中，也可看出一副柔怯而任情的女性意態來。至於那被贊爲“碩大且拳”，“碩大且儼”的對手方，是位典型的男子，也是顯而易見的。

晨風（秦一三二）

鴥（翿）彼晨（鸇）風，鬱彼北林。未見君子，憂心欽欽。如何如何！忘我實多！

山有苞櫟，隰有六（蓼）駮。未見君子，憂心靡樂（療）。如何如何！忘我實多！

山有苞棣，隰有樹檖。未見君子，憂心如醉。如何如何！忘我實多！

青中發赤曰翿。鸇風，雉類，一名翰，一名天鷄，赤羽。鬱，出也。苞，叢生貌。棣，郁李，實如李，正赤。蓼，長貌。駮，赤李。樹，特立貌。檖，赤梨。欽欽，心跳聲。多猶甚也。

草蟲（召十四）

喓喓草蟲，趯趯阜螽。未見君子，憂心忡忡。亦既見止，亦既覯（媾）止，我心則降。

陟彼南山，言采其蕨。 未見君子，憂心惙惙。 亦既見止，亦既覯止，我心則説。

陟彼南山，言采其薇。 未見君子，我心傷悲。 亦既見止，亦既覯止，我心則夷。

草蟲亦阜螽，喓喓狀其鳴聲，趯趯言其跳狀。 蕨，薇，皆野菜。忡忡，惙惙，心跳的響音。 止猶矣也。 降，説，夷，皆和平也。

汝墳（周一〇）

遵彼汝墳（濆），伐其條枚。 未見君子，惄如調（朝）飢。

遵彼汝墳，伐其條肄（櫱）。 既見君子，不我遐弃。

魴魚赬尾，王室如毁。 雖則如毁，父母孔邇。

濆，水邊岸。 條枚，皆枝也。 斬後新生的枝曰櫱。 惄，空乏之意。 如猶然也。 朝飢是性的飢餓。 魚，象徵廋語，此處喻男。赬，赤貌。

東方之日（齊九九）

東方之日兮！ 彼姝者子，在我室兮，在我室兮，履我即（次）兮。

東方之月兮！ 彼姝者子，在我闥兮，在我闥兮，履我發（废）兮。

日月喻男。 姝，好貌。 闥，夾室，一曰門也。 履，躡也，躡迹，追踪也。 次，废，皆舍也。

有杕之杜（唐一二三）

有杕之杜，生于道左。 彼君子兮，噬（曷）肯適我！ 中心好之，曷飲食之！

有杕之杜，生于道周（肘）。 彼君子兮，噬肯來游！ 中心好之，曷飲食之！

杕，孤特貌。 杜即棠梨。 古人以東爲左。 手臂拐彎處叫肘，道肘是道路拐彎處。 曷是“何時”二字的合音。 適，投奔。 飲食是性交的象徵廋語。 首二句是唱歌人給對方的一個暗號，報導自己在什麽地方，以下便説出正意思來。 古人説牡曰棠，牝曰杜，果然如是，杜又是象徵女子自己的暗話。

摽有梅（召二〇）

摽有梅，其實七兮。 求我庶士，迨其吉兮！

摽有梅，其實三兮。 求我庶士，迨其今（堪）兮！

摽有梅，頃筐塈（摡）之！ 求我庶士，迨其謂（歸）之！

摽，古拋字。 七，十分之七，表多數。 三，十分之三，表少數。 摡與乞同，乞，給予也。 庶士猶庶人，庶民，指一種人的階級身分，不一定是多數。這樣庶士便等於士。 迨其猶庶幾，大概。 吉即吉士。 堪即堪士，古又稱作任士，指可以信任依托的男子。 歸，嫁也。 在某種節令的聚會裏，女子用新熟的果子，擲向她所屬意的男子，對方如果同意，并在一定期間裏送上禮物來，二人便可以結爲夫婦（參《木瓜篇》）。 這裏正是一首擲果時女子們唱的歌。 一章可拋的梅子，十分還有七分，心想這回求到的大概是吉士罷。 二章可拋的梅子，十分衹有三分，心想這回大概是位堪士罷。 三章梅子都拋光了，索興連筐子也扔給他，心想這回準是嫁給他了。

匏有苦葉（邶三四）

匏有苦（枯）葉，濟有深涉。深則厲，淺則揭。
有瀰濟盈，有鷕雉鳴。濟盈不濡軌，雉鳴求其牡。
雝雝鳴雁，旭日始旦。士如歸妻，迨冰未泮（牉）。
招招舟子，人涉卬否，人涉卬否，卬須我友。

匏，葫蘆。古人早已知道抱着葫蘆浮水能使身體容易漂起來，所以葫蘆是他們常備的旅行工具，而有"腰舟"之稱。葉子枯了，葫蘆也乾了，可以摘來作腰舟用了。濟，水名。涉（名詞），渡頭。八月間葫蘆乾了，而濟水漲了渡頭的水深起來了，也正是用得着葫蘆的時候。厲是帶在腰間，揭是挑在肩頭。出門人備好了葫蘆是不必發愁的，反正遇見水深了就繫起，水淺就挑起，愛怎麽着就怎麽着。有瀰相當於瀰瀰，與茫茫是一聲之轉。濟水漲滿了，望去茫茫一片。有鷕相當於鷕鷕，雉鳴聲。車軸的兩端叫作軌。那時人慣乘車子渡水，所以用車軸來作記録水位的標準。水浸不到車軸，還不算太深，意思是説有人要浮水渡河來，是没有什麽危險的。牡，雄也。她想，你們男人也該回來了，野鷄叫喚着找她的雄伴，我怎能不感着孤單呢？雁是候鳥，秋天往南來，春天往北去。日初出時曰旭日。旦，明也。迨，及也。牉，合也。古人以春秋爲嫁娶的正時。現在是秋天，男子們要回來娶親，正是時候。等到天氣冷了，河裹結了冰，就晚了，所以説"迨冰未牉"——趕在河冰未合以前。招招猶招摇，身體摇動貌。卬，我也，女性第一人稱代名詞。須，待也。

匪風（檜一四九）

匪（彼）風發兮，匪（彼）車偈兮。　顧瞻周道，中心怛兮。

匪風飄兮，匪車嘌兮。　顧瞻周道，中心吊兮。

誰能亨（烹）魚？溉（摡）之釜鬵。　誰將西歸？懷（遺）之好音。

發，飄，風聲。　偈，嘌，疾貌。　周道，大道。　怛，吊，傷悲也。　烹魚，廋語，大概是娶妻之喻。　摡同乞，給予也。　鬵，大釜。　遺，贈也。

著（齊九八）

俟我于著乎而？　充耳以素乎而？　尚之以瓊華乎而？

俟我于庭乎而？　充耳以青乎而？　尚之以瓊瑩（榮）乎而？

俟我于堂乎而？　充耳以黄乎而？　尚之以瓊英乎而？

古代婚姻有親迎之禮，婿乘車來到婦家，在庭中等候着，婦從内寢出來，父親將婦的手遞給婿，婿牽着婦的手走出門，一同上車載回自己家來。　我，女子自稱。　著，堂，都是庭中，著在正門内兩堂之間，靠外點，堂是堂階下的庭地，靠裏點。　充耳，詳《淇奥篇》。　素，青，黄，是紞的顔色。　尚，加也。　榮，英，也都是華。　瓊華，瓊榮，瓊英，是玉瑱。

丰（鄭八八）

子之丰（豐）兮，俟我乎巷兮，悔予不送兮。

子之昌兮，俟我乎堂兮，悔予不將兮。

衣錦褧衣，裳錦褧裳，叔兮伯兮，駕予與行。
裳錦褧裳，衣錦褧衣，叔兮伯兮，駕予與歸。

豐，昌，皆壯大之美。 巷，里中之巷。 先巷後堂，由遠而近。 送，將，都是陪行。 以前婿來迎親，婦不肯去，現在又後悔了。 褧衣是枲麻製的衣，加在錦衣之上來障蔽塵土的。 新婦上路，也加褧衣。 婦人之服，衣裳不分，所以褧衣也就是褧裳。 婦人呼其夫（已婚或未婚）曰叔伯。

北風（邶四一）

北風其涼，雨雪其雱。 惠而好我，携手同行。 其虚其邪（徐）！既亟（急）只且！

北風其喈（湝），雨雪其霏。 惠而好我，携手同歸。 其虚其邪！既亟只且！

莫赤匪（彼）狐，莫黑匪（彼）烏。 惠而好我，携手同車。 其虚其邪！既亟只且！

湝亦涼也。 雱，霏，雪盛貌。 既猶太也。 女對男説：“慢點慢點！跑的太快了！”狐喻男，烏喻女。 “莫赤”二句謂莫赤於彼狐，莫黑於彼烏。

椒聊（唐一一七）

椒聊之實，蕃衍盈升——彼其之子，碩大無朋。椒聊且！遠條（攸）且！

椒聊之實，蕃衍盈匊——彼其之子，碩大且篤。 椒聊且！遠條且！

椒即花椒。草木實聚生成叢，古語叫作聊，今語叫作嘟嚕。“椒聊之實，蕃衍盈升”，是説一嘟嚕花椒子兒，蕃衍起來，可以滿一升。椒類多子，所以古人常用來比女人。椒類中有一種結實聚生成房的，一房椒叫作椒房。漢朝人借“椒房”這個名詞來稱呼他們皇后所住的房室，正取其多子的吉祥意義。無朋，無比也。篤，厚也，是肥大之意。古代女子亦以豐碩爲美。遠攸，雙聲連語，攸也是遠。這是説香氣濃烈，老遠就聞見的意思。

東門之枌（陳一三七）

東門之枌，宛丘之栩，子仲之子，婆娑其下。
穀旦于差，南方之原，不績其麻，市也婆娑。
穀旦于逝，越以（台）鬷邁。視爾如荍（莍），貽我握椒。

東門，陳國城門。宛丘，陳地名。枌，白榆，栩，柞櫟。子仲，陳國的大夫字子仲。子，女也。婆娑，舞也。枌，栩，大概都是社木，舞是爲樂社神的。穀，善也。旦，日也。于，助動詞。差，逝，皆擇也。原，子仲的氏。越，與也。台，我也。鬷，趨也。邁，往也。莍，椒結實成莍，與聊同義。(《椒聊篇》)男對女説：“我看你像一個花椒嘟嚕一樣，你定能給我一把花椒子兒。”意思是説你將來定能替我生許多子息。

蒹葭（秦一二九）

蒹葭蒼蒼，白露爲霜。所謂伊人，在水一方。遡洄從（蹤）之，道阻且長。遡游（流）從之，宛在水中央。

蒹葭萋萋，白露未晞。所謂伊人，在水之湄。遡洄從之，道阻且躋。遡游從之，宛在水中坻。

蒹葭采采，白露未已。所謂伊人，在水之涘。遡洄從之，道阻且右。遡游從之，宛在水中沚。

蒼蒼，萋萋，采采，皆顏色鮮明貌。晞，乾也。一方猶彼方。方，湄，涘，皆水涯。在水上逆流而行曰遡，在陸上傍水邊逆流而行亦曰遡，此處指陸行。洄是回旋盤紆的水道，流是直達的水道。蹤，追尋也。躋，高也。右，曲也。宛，蘊藏貌。坻，址，皆小島。

東門之池（陳一三九）

東門之池，可以漚麻。彼美叔姬，可與晤歌。
東門之池，可以漚紵（苧）。彼美叔姬，可與晤語。
東門之池，可以漚菅。彼美叔姬，可與晤言。

東門，陳城門，池即護城河。漚，使水泡着。麻，牡麻，一曰夏麻。苧，苧麻。菅，茅，可作繩索及屨。叔，字，姬，姓。姬姜二姓是當時最上層的貴族，二姓的女子必最美麗而華貴，所以時人稱美女爲叔姬，孟姜。晤，對也。

静女（邶四二）

静女其姝，俟我于城隅。愛而不見，搔首踟蹰。
静女其孌，貽我彤管（菅）。彤管有煒，説（悦）懌女（汝）美。
自牧歸（饋）荑，洵美且異。匪女（汝）之爲美，美人之貽。

静女，幽静之女。姝，美色，大概本指朱顔，後擴大爲今義。城隅，城角樓。孌，美態。彤，赤色。

風詩類鈔乙

目　録

（以上女詞）

——以上附篇

附圖擬目（稿原缺）

車制

罦（容一〇六，一〇七，一〇八）

兕觥（罍）

鐘

豆

鑑

城隅（城闕　闉闍　著）

佩（屨　首服）

戈

圭（璧）

汾沮洳（魏一〇八）

彼汾沮洳，言采其莫。　彼其之子，美無度（斁），——美無度，殊異乎公路！

彼汾一方，言采其桑。　彼其之子，美如英（瑛），——美如英，殊異乎公行！

彼汾一曲，言采其藚。　彼其之子，美如玉，——美如玉，殊異乎公族！

汾沮洳，汾水旁浸濕地，一曰汾隰。　莫，菜也，一曰酸迷，似羊蹄，葉細，味酸可食。　無度謂無限度，猶言不可言説也。　殊異猶秀異，與衆不同也。　方曲古字作[illegible]，此謂水涯，今曰灣。　桑，疑亦菜名，本字未詳。　路，車也，公路，公行，皆公車尉，以公族爲之。　藚，水舄，亦可食。

淇奥（衛五五）

瞻彼淇奥（澳），緑竹猗猗。　有匪（斐）君子，如切如磋，如琢（錯）如磨。　瑟（璱）兮僩（爤）兮，赫兮咺（烜）兮，有匪（斐）君子，終不可諼兮。

瞻彼淇奥，緑竹青青（菁菁）。　有匪君子，充耳琇瑩，會弁如星。　瑟兮僩兮，赫兮咺兮，有匪君子，終不可諼兮。

瞻彼淇奥，緑竹如簀。　有匪君子，如金如錫，如圭如璧。　寬（綰）兮綽兮，倚重較兮，善戲謔兮，不爲虐兮。

澳，水涯曲也。　猗猗，柔弱下垂貌。　斐，有文章貌，謂玉，此下皆以玉比君子。　琢，《韓詩》作錯。　切，磋，錯，皆磨也。　璱，爤，赫，烜，皆光澤貌。　終，永久也。　諼，忘也。　琇瑩，美玉。

會弁，弁兩邊會合處，飾之以玉，皪皪而處，狀如星也。 綽綽，從容温雅貌。 簀，屋棧棚也，在瓦下棼上。 金即銅。 較，一曰輢，車兩旁高出軾者。 較上加金爲飾曲而向外者曰重較，狀如兩耳反出，故一曰輒，又曰耳。 虐，䵷褻也。

考槃（衛五六）

記夢也。

考槃在澗（僴），碩人之寬（婠）。 獨寐寤言，永矢弗諼。
考槃在阿，碩人之薖（媧）。 獨寐寤歌，永矢弗過。
考槃在陸，碩人之軸（頔）。 獨寐寤宿（嘯），永矢弗告（造）。

諼，忘也。 婠，媧，頔，皆美貌。 考槃疑猶鈎般，回旋屈折之意。 此蓋舞貌。 過，失也，失亦忘也。 阿，山曲隈也。 造，遺忘也。

君子陽陽（王六七）

君子陽陽，左執簧（翌），右招我由房。 其樂只且！
君子陶陶，左執翿，右招我由敖。 其樂只且！

翌，翿，皆纛也，雜五采羽，舞師持以自翳其首。 陽陽，陶陶，皆和樂貌。 房，敖，蓋皆舞曲名，或曰即《房中》《驁夏》。

簡兮（邶三八）

慕舞師也。

簡兮簡兮，方將萬舞。日之方中，在前上處。碩人俣俣，公庭萬舞。

有力如虎，執轡如組。左手執籥，右手秉翟，赫如渥赭。公言錫爵（斝）。

山有榛，隰有苓。云誰之思？西方美人。彼美人兮，西方之人兮。

簡簡，鼓聲，未奏舞前，鳴鼓以警衆。舞有行列，前列上頭，以導衆。萬舞，武舞也。籥，三孔笛，舞師吹以節舞。翟，雉尾長羽，舞師執以指麾。赫，赤貌，赭，赤土也。面赤如漬赭然。斝，飲器，受五升。榛，栗屬，苓，卷耳。下濕曰隰。

澤陂（陳一四五）

荷塘有遇，悦之無因，作詩自傷。

彼澤之陂，有蒲與荷。有美一人，陽（姎）如之何！寤寐無爲，涕泗滂沱。

彼澤之陂，有蒲與蕳（蓮）。有美一人，碩大且卷。寤寐無爲，中心悁悁。

彼澤之陂，有蒲菡萏。有美一人，碩大且儼（媕）。寤寐無爲，輾轉伏枕。

婦人自稱曰姎。荷葉，蓮實，菡萏花，然亦可通稱。爲，成也，寤寐無爲，言不能成寐。　一曰爲猶由也。　卷同㥯，肥大貌。悁悁，憂也。　儼《韓》作嬐，重頤豐下貌。

羔裘（檜一四六）

以下女欲奔男之辭。

羔裘逍遥，狐裘以朝。　豈不爾思？勞心忉忉。
羔裘翱翔，狐裘在堂。　豈不爾思？我心憂傷。
羔裘如膏，日出有曜。　豈不爾思？中心是悼。

堂，公堂，即中庭。　悼，懼也。

大車（王七三）

《列女傳·貞順篇》以爲息夫人作，不可信，以爲女子之辭則是。班婕妤賦："符皎日之心，甘首疾之病。"説同。

大車檻檻，毳衣如菼。　豈不爾思？畏子不敢。
大車啍啍，毳衣如璊（穈）。　豈不爾思？畏子不奔。
穀則異室，死則同穴。　謂予不信，有如皦日！

大車，駕牛任載之車。　毳，毳布也，織毛爲之，一曰罽。　衣，車衣也。　檻檻，啍啍，皆車聲。　菼，蘆之初生者，蒠騂色。　穈，禾之赤苗。　私赴曰奔。　穀，生也。　如猶此也。　指日爲誓，言有此皦日以爲證也。

東門之墠（鄭八九）

《箋》："此女欲奔男之辭。"又："栗，人所啗食而甘嗜，故女以自喻也。"

東門之墠（堤），茹藘在阪。其室則邇，其人甚遠。
東門之栗（堜），有踐（瀞）家室。豈不爾思？子不我即。

堤，所以蓄水者，小者曰堜，今曰塘。陂者曰阪。茹藘，蒨草也。兩室相近，兩人則甚遠，思而未見之辭。即，就也。此室女子自家之室。

蜉蝣（曹一五〇）

蜉蝣之羽，衣裳楚楚。心之憂矣，於我歸處！
蜉蝣之翼，采采衣服。心之憂矣，於我歸息！
蜉蝣掘閱（穴），麻衣如雪。心之憂矣，於我歸説（税）！

楚楚，鮮潔貌。采采猶粲粲也。税，舍也。掘，穿也。幼蟲穿穴而出，羽化爲蜉蝣，其翅白而滑澤，故藉以喻麻衣之色。古所謂羽衣者，言其薄靡如蟲羽，非鳥羽之羽也。

有狐（衛六三）

之子方褰裳涉淇，來與己會。言無裳無帶而不曰無衣，明腰以下在水中，不可見也。

有狐綏綏，在彼淇梁。心之憂矣，之子無裳。

有狐綏綏，在彼淇厲（瀨）。　心之憂矣，之子無帶。
有狐綏綏，在彼淇側。　心之憂矣，之子無服。

纍石絶水曰梁。　狐喻男。　綏綏，行遲貌，一曰毛盛貌。　水流石上曰瀨。　無服，統裳帶言之。

有杕之杜（唐一二三）

有杕之杜，生于道左。　彼君子兮，噬（曷）肯適我！　中心好之，曷飲食之！
有杕之杜，生于道周。　彼君子兮，噬肯來游！　中心好之，曷飲食之！

丘中有麻（王七四）

丘中有麻，彼留子嗟（佐）！　彼留子嗟，其將來施！
丘中有麥，彼留子國！　彼留子國，其將來食！
丘中有李，彼留之子！　彼留之子，貽我佩玖。

留，古劉字。

芄蘭（衛六〇）

芄蘭之支，童子佩觿。　雖則佩觿，能不我知！容兮遂兮，垂帶悸兮！
芄蘭之葉，童子佩韘。　雖則佩韘，能不我甲！容兮遂兮，垂帶悸兮！

柏舟（鄘四五）

女不見答也。

泛彼柏舟，在彼中河。髧彼兩髦，實維我儀，之死矢靡它！母也天只！不諒人只！

泛彼柏舟，在彼河側。髧彼兩髦，實維我特，之死矢靡慝（忒）！母也天只！不諒人只！

中河，河中也。儀，匹也。痛極而呼母呼天。諒，信也。髧，髮垂貌。髦，披髮至眉，男子未冠之飾。之，至。矢，誓也。泛，漂流貌。柏舟，刳柏木以爲舟。後世所謂木蘭舟。特亦匹也，獸雄曰特。忒，貳也，亦它也。

遵大路（鄭八一）

朱曰："男女相説之詞。"

遵大路兮，摻（操）執子之袪兮。無我惡兮，不寁（疌）故（婟）也！

遵大道兮，摻執子之手兮。無我䰢（醜）兮，不寁好也！

遵，循行也。操，把持也。袪，袖端也。婟，憐也。疌，姑且之意。醜，耻也。好，愛也。

山有扶蘇（鄭八五）

山有扶蘇，隰有荷華。不見子都，乃見狂且（者）。

山有喬松，隰有游龍（蘢）。　不見子充，乃見狡童。

扶蘇，大木枝柯四布。　子都，子充，皆美男之名。　都，大也，充，長也，高也。　古以長大壯佼爲美，故呼美男爲子都、子充。　蘢，水葒。　喬，高也。

狡童（鄭八六）

恨不見答也。

彼狡童兮，不與我言兮。　維子之故，使我不能餐兮。
彼狡童兮，不與我食兮。　維子之故，使我不能息兮。

息，寢息也。

羔裘（唐一二〇）

羔裘豹祛，自我人居居（倨倨）！　豈無他人，維子之（是）故（婟）？
羔裘豹褎，自我人究究（仇仇）！　豈無他人，維子之好？

祛，袖也。　羔裘黑色，緇衣以裼之，取同色也。　婟，戀也。　褎即袖字。　仇仇，傲也。

褰裳（鄭八七）

子惠思我，褰裳涉溱。　子不我思，豈無他人？　狂童之狂也且！

子惠思我，褰裳涉洧。子不我思，豈無他士？狂童之狂也且！

見愛曰惠。之猶其也。且猶哉也。士，未娶者之稱。

將仲子（鄭七六）

鄭樵曰："此淫奔者之辭。"

將仲子兮，無踰我里，無折我樹杞。豈敢愛之？畏我父母。仲可懷也，父母之言亦可畏也。

將仲子兮，無踰我牆，無折我樹桑。豈敢愛之？畏我諸兄。仲可懷也，諸兄之言亦可畏也。

將仲子兮，無踰我園，無折我樹檀。豈敢愛之？畏人之多言。仲可懷也，人之多言亦可畏也。

將，請也。里謂里牆。杞，欅柳也。仲子，男子之字。舊傳二十五家爲里，里外有牆，踰里，謂踰里之牆也。

甫田（齊一〇二）

無田甫（圃）田，維莠驕驕。無思遠人，勞心忉忉。

無田甫田，維莠桀桀。無思遠人，勞心怛怛。

婉兮孌兮，總角丱兮。未幾見兮，突而弁兮。

甫田，未治多草之田。驕驕，桀桀皆長貌。維，其也。婉孌，本作畹孌，大目貌，引申爲好貌，則字變從女。聚兩髦而束之如角狀，故曰總角。丱，角貌也。弁，冠也。男子二十而冠，亦二十而娶。 “突而弁兮”，謂其既已成年，可以有家室。

子衿（鄭九一）

怨人不來也。

青青子衿（紟），悠悠我心。 縱我不往，子寧不嗣（詒）音？
青青子佩，悠悠我思。 縱我不往，子寧不來？
挑兮達兮，在城闕兮。 一日不見，如三月兮。

紟，所以繫佩玉之帶，一曰綬。 （嗣，繼也，嗣音以。）（歌聲相繼和也。） 詒，寄也。 佩，佩玉也。 城闕，城門兩旁之觀樓。 挑達，往來輕疾貌。 已在城闕挑達往來尋覓其人而不見。

東門之楊（陳一四〇）

期而不至也。

東門之楊，其葉牂牂。 昏以爲期，明星煌煌。
東門之楊，其葉肺肺。 昏以爲期，明星晢晢。

楊疑即白楊，圓葉弱蒂，微風善揺。 牂牂，肺肺，皆風在葉中之聲。 明星，即啓明星。

晨風（秦一三二）

懷人也。

鴥（鶽）彼晨（鷐）風，鬱彼北林。　未見君子，憂心欽欽。如何如何！忘我實多！

山有苞櫟，隰有六（蓼）駮。　未見君子，憂心靡樂（療）。如何如何！忘我實多！

山有苞棣，隰有樹檖。　未見君子，憂心如醉。　如何如何！忘我實多！

鷐風，雉類，一名翰，一名天鷄，赤羽。　青中發赤曰鶽。　鬱，出也，一曰茂貌。　多猶甚也。　駮，赤李。　蓼，長貌。　苞，叢生貌。　檖，赤梨。　棣，郁李，實如李，正赤。　樹，特立貌。

終風（邶三〇）

終風且暴，顧我則笑。　謔浪笑敖，中心是（實）悼。

終風且霾，惠然肯來。　莫往莫來，悠悠我思。

終風且曀，不日有曀。　寤言不寐，願言則嚏（懥）。

曀曀其陰，虺虺其靁。　寤言不寐，願言則懷。

顧，還視也。　則，猶而也，下同。　終，既也。　疾雷曰暴。　悼，懼也。　汝雖謔浪笑敖，貌爲鎮静，中心實亦甚懼栗也。　大風揚塵，從上而下曰霾。　曀，陰翳也。　寤，醒覺貌。　言猶然也。　願，沉思貌。　則猶而也。　懥，忿也。　忿彼人之不以温情相慰，反以己之畏怯爲笑也。　懷，傷也。　自傷見侮慢也。

草蟲（召一四）

喓喓草蟲，趯趯阜螽。　未見君子，憂心忡忡。　亦既見止，亦既覯止，我心則降。

陟彼南山，言采其蕨。 未見君子，憂心惙惙。 亦既見止，亦既覯止，我心則説。

陟彼南山，言采其薇。 未見君子，我心傷悲。 亦既見止，亦既覯止，我心則夷。

汝墳（周一〇）

遵彼汝墳，伐其條枚。 未見君子，惄如（然）調（朝）飢。

遵彼汝墳，伐其條肄（枿）。 既見君子，不我遐弃。

魴魚赬尾，王室如燬。 雖則如燬，父母孔邇。

遵，緣行也。 枚，小枝也。 朝飢，廋語，謂情欲也。 惄，飢意。 斬而復生者曰枿。 赬，赤貌。 魚喻男。

東方之日（齊九九）

東方之日兮！ 彼姝者子，在我室兮，在我室兮，履我即（次）兮。

東方之月兮！ 彼姝者子，在我闥兮，在我闥兮，履我發（废）兮。

履，躡也。 日月喻男。 次，舍也。 躡我之迹而求舍於我也。 废，舍也。 闥，夾室，一曰門也。

摽有梅（召二〇）

求士也。女求士，拋果實以爲贄。

摽有梅，其實七兮。　求我庶士，迨其吉兮！
摽有梅，其實三兮。　求我庶士，迨其今（堪）兮！
摽有梅，頃筐塈（概）之。　求我庶士，迨其謂（歸）之！

摽即拋字。　拋餘之梅，十分有七。　吉謂吉士。　所餘十分有三。　堪，信也，任也。　士之信於交道而可任者曰堪士。　概，予也。　梅實已盡，并頃筐亦拋予之。

匏有苦葉（邶三四）

候歸人也。

匏有苦（枯）葉，濟有深涉。　深則厲，淺則揭。
有瀰濟盈，有鷕雉鳴。　濟盈不濡軌，雉鳴求其牡。
雝雝鳴雁，旭日始旦。　士如歸妻，迨冰未泮。
招招舟子，人涉卬否。　人涉卬否，卬須我友。

繫匏於腰，可以濟渡。　濟，濟水。　涉（名詞），今言渡口。　厲，帶也。　瀰，水盛貌。　鷕，雉鳴聲。　軸之兩端爲軌。　水深不及軌，斯可涉矣。　泮，合也。　迨，及也。　招招猶招搖，體申動貌。　卬，我也。　須，待也。　舟子招招然鼓楫而去，人皆渡而我獨留，以待我友之歸。

匪風（檜一四九）

望歸人也。

匪（彼）風發（泼）兮，匪（彼）車偈兮。 顧瞻周道，中心怛兮。

匪風飄兮，匪車嘌兮。 顧瞻周道，中心吊兮。

誰能亨魚？溉（摡）之釜鬵。 誰將西歸？懷（遺）之好音。

泼，寒也。 偈，疾貌。 嘌，亦疾貌。 摡，予也，今字作給。

著（齊九八）

思親迎也。 充耳，男子冠飾，故知作者爲女子。

俟我于著乎而？ 充耳以素乎而？ 尚之以瓊華乎而？
俟我于庭乎而？ 充耳以青乎而？ 尚之以瓊瑩（縈）乎而？
俟我于堂乎而？ 充耳以黄乎而？ 尚之以瓊英乎而？

正門内兩堂間曰著，著亦庭地，但近門耳。 親迎之禮，婿乘車來婦家，俟婦於庭，婦出，親引其手以授婿，婿導婦出門，載以同歸。 尚，加也，纘也。 冠兩旁懸纊當耳謂之紞，亦謂之充耳，紞下加玉以爲飾謂之瑱，素青黄皆紞之色。 瓊華，瓊瑩，瓊英，皆飾紞之玉瑱也。 庭，中庭，大門之内，寢門之外。 堂謂堂前，亦庭地，但近堂耳。 要而言之，中庭近於著而堂復近於中庭，三者皆庭而略分遠近以言之者，取便韻句耳。

丰（鄭八八）

親迎不行，既而悔之。

子之丰（豐）兮，俟我乎巷兮，悔予不送兮。

子之昌兮，俟我乎堂兮，悔予不將兮。

衣錦褧衣，裳錦褧裳，叔兮伯兮，駕予與行！

裳錦褧裳，衣錦褧衣，叔兮伯兮，駕予與歸！

不送，不相從行也。　巷，一里共同之巷。　古以豐碩爲美。　將，亦送也。　堂，室内之堂。　自巷至堂，由遠而近。　昌，盛壯之美。　褧衣，以枲麻爲衣，加於錦衣之上，嫁者在途所服以障塵土者。婦人之服衣裳相連，故褧衣亦爲褧裳。　駕親迎之車來，我將與子同行歸於汝家也。　女呼男曰叔伯。　行，歸，皆嫁也。

北風（邶四一）

女子謂嫁曰行，一曰歸，車亦親迎之車。古詩“良人惟古（故）歡，枉駕惠前綏，願得常巧笑，攜手同車歸”，蓋本此。

北風其涼，雨雪其雱。　惠而好我，攜手同行。　其虚其邪（徐）！既亟只且！

北風其喈（湝），雨雪其霏。　惠而好我，攜手同歸。　其虚其邪！既亟只且！

莫赤匪（彼）狐，莫黑匪（彼）烏。　惠而好我，攜手同車。其虚其邪！既亟只且。

既，猶太也。　亟，疾也。　湝亦涼也。　莫赤於彼狐，莫黑於彼烏。

椒聊（唐一一七）

椒聊喻多子，欣婦人之宜子也。

椒聊之實，蕃衍盈升。 彼其之子，碩大無朋。 椒聊且！遠條（悠）且！

椒聊之實，蕃衍盈匊。 彼其之子，碩大且篤。 椒聊且！遠條且！

遠條，長枝。 悠亦遠也。

東門之枌（陳一三七）

東門之枌，宛丘之栩，子仲之子，婆娑其下。 穀旦于（吁）差（嗟），南方之原，不績其麻，市也婆娑。

穀旦于（吁）逝（誓），越以鬷邁。 視爾如荍（荍），貽我握椒。

子謂女子。 婆娑，舞貌。 原氏之女。

蒹葭（秦一二九）

蒹葭蒼蒼，白露爲霜。 所謂伊人，在水一方。 遡洄從之，道阻且長。 遡游（流）從之，宛在水中央。

蒹葭萋萋，白露未晞。 所謂伊人，在水之湄。 遡洄從之，道阻且躋。 遡游從之，宛在水中坻。

蒹葭采采，白露未已。 所謂伊人，在水之涘。 遡洄從之，道阻且右。 遡游從之，宛在水中沚。

一猶彼也。 傍水逆流而行曰遡。 旋流曰洄，通流曰流。 從，追也。 宛，藴藏也。 方，湄，涘，皆水涯也。 謂（㥜）行歸也，造也。 坻，址，皆水中小島。 采采猶粲粲。

東門之池（陳一三九）

東門之池，可以漚麻。 彼美淑姬，可與晤歌。
東門之池，可以漚紵（苧）。 彼美淑姬，可與晤語。
東門之池，可以漚菅。 彼美淑姬，可與晤言。

池，城池也。

静女（邶四二）

静女其姝，俟我于城隅。 愛而不見，搔首踟躕。
静女其孌，貽我彤管（菅）。 彤管有煒，説（悦）懌女（汝）美。
自牧歸（饋）荑，洵美且異。 匪女（汝）之爲美，美人之貽。

姝，美也。 城隅，城角樓。 孌，好貌。 汝指彤菅，下同。荑即彤菅。 牧，牧場也，在郊外。

野有蔓草（鄭九四）

喜遇也。

野有蔓草，零露漙（團）兮。 有美一人，清揚（陽）婉（睕）兮。 邂逅相遇（偶），適我願兮。

野有蔓草，零露瀼瀼。 有美一人，婉（睕）如（而）清揚（陽）。 邂逅相遇，與子皆（偕）臧（藏）。

陽，明也。 蔓，長也。 畹，大目貌。 瀼瀼，露濃貌。

桑中（鄘四八）

思會時也。

爰采唐矣？沬之鄉矣。 云誰之思？美孟姜矣。 期我乎桑中，要我乎上宫，送我乎淇之上矣。

爰采麥矣？沬之北矣。 云誰之思？美孟弋矣。 期我乎桑中，要我乎上宫，送我乎淇之上矣。

爰采葑矣？沬之東矣。 云誰之思？美孟庸矣。 期我乎桑中，要我乎上宫，送我乎淇之上矣。

爰，於焉之合音，猶言在此處也。

十畝之間（魏一一一）

期再會也。

十畝之間兮，桑者閑閑兮。 行與子還兮。

十畝之外兮，桑者泄泄兮。 行與子逝兮。

行，將也。 閑閑，泄泄，往來自得之貌。 逝亦還也。

月出（陳一四三）

月下有遇也。

月出皎兮，佼人僚（燎）兮，舒窈（蚴）糾（蟉）兮。勞心悄兮！

月出皓兮，佼人懰（燎）兮，舒懮（夭）受（紹）兮。勞心慅兮！

月出照兮，佼人燎兮，舒夭紹兮。勞心慘（懆）兮！

蚴蟉，宛曲貌。夭紹，嬋娟作態也。

采葛（王七一）

懷人也。采集皆女子事。此所懷者女，則懷之者男。

彼采葛（藹）兮，一日不見，如三月兮。
彼采蕭兮，一日不見，如三秋兮。
彼采艾兮，一日不見，如三歲兮。

藹，蕭，艾，皆香草。三秋猶三年。

關雎（周一）

女子采荇於河濱，君子見而悦之。

關關雎鳩，在河之洲。窈窕淑女，君子好逑。
參差荇菜，左右流之。窈窕淑女，寤寐求之。
求之不得，寤寐思服（復），悠哉悠哉，輾轉反側。
參差荇菜，左右采之。窈窕淑女，琴瑟友之。
參差荇菜，左右芼（現）之。窈窕淑女，鍾鼓樂之。

雎鳩喻女，關關而鳴，狀女子笑語聲。 好逑連語，猶配耦。 流同摷，擇也。 《禮記·少儀篇》："爲君子擇葱薤，則絶其本末。"《吕氏春秋·慎人篇》："顔回擇菜於外。" 復亦思也，謂往復思之。四五兩章末二句設言既得後之情事。 芼，《説文》引作覒，亦擇也，今字作瞄。

漢廣（周九）

求女也。 終篇叠咏江漢，烟水茫茫，浩渺無際，徘徊瞻望，長歌浩嘆而已。 借神女之不可求以喻彼人之不可得，已開《洛神賦》之先聲。

南有喬木，不可休思？漢有游女，不可求思。 漢之廣矣，不可泳思。 江之永矣，不可方思。

翹翹錯薪，言刈其楚。 之子于歸，言秣其馬。 漢之廣矣，不可泳思。 江之永矣，不可方思。

翹翹錯薪，言刈其蔞。 之子于歸，言秣其駒。 漢之廣矣，不可泳思。 江之永矣，不可方思。

漢女，漢水女神，藉以喻彼女。 潜行水中曰游。 漢江一水，又曰江漢，今之漢水也。 末四句。上二句與下二句互文。 喬木，男子自喻。 言喬木之蔭，非不可休，人自不來耳。 方，浮也。 鳥尾長毛曰翹，喻草莽長弱貌。 錯，雜貌。 楚，草名。 馬以駕親迎之車。 四句設言婚禮之事，明己欲得彼女以成家室。

竹竿（衛五九）

女子出適，失戀者見而自傷也。

籊籊竹竿，以釣于淇。　豈不爾思？遠莫致之。
泉源在左，淇水在右。　女子有行，遠兄弟父母。
淇水在右，泉源在左。　巧笑之瑳，佩玉之儺。
淇水滺滺，檜楫松舟，　駕言出游，以寫我憂。

泉源喻女子父母之家，淇水喻所適之夫家。　巧笑二句言女容飾之美，兼寫興高采烈之狀。

行露（召一七）

陰訟。　男以爲女無夫家，遂往求之，而陷於法，男報以此詞。

厭浥行露。　豈不夙夜？謂行多露。

誰謂雀無角（噣）？何以穿我屋？　誰謂女（汝）無家？何以速我獄？　雖速我獄，室家不足。

誰謂鼠無牙？何以穿我墉？　誰謂女無家？何以速我訟？　雖速我訟，亦不汝從。

首章似有缺脱。　家，夫家也。　雀鼠竊人食物，爲人害者也。致人於獄訟者，耗人家財，故比之於雀鼠。　然法必兩造財貨皆入，始能成訟，今我家室不足，不能輸財貨，是終不能成訟也。　汝雖欲興獄而官終不聽也。　從，聽也。

木瓜（衛六四）

定情也。

投我以木瓜，報之以瓊琚。　匪報也，永以爲好也。
投我以木桃，報之以瓊瑶。　匪報也，永以爲好也。
投我以木李，報之以瓊玖。　匪報也，永以爲好也。

有女同車（鄭八三）

記親迎也。　昭十六《左傳》子旗賦《有女同車》，宣子以爲昵燕好之詞。

有女同車，顔如舜（蕣）華，將翺將翔，佩玉瓊琚。　彼美孟姜，洵美且都！

有女同行，顔如舜英，將翺將翔，佩玉將將（瑲瑲）。　彼美孟姜，德音不忘（亡）！

都，雅也。　蕣華赤色，顔如蕣華，謂朱顔也。　將，語助。　翺翔，行步委曲貌。　洵，信也。　瓊琚，佩玉，赤者曰琚。　顔，面頰。　亡，已也。　英亦華也。

東方未明（齊一〇〇）

東方未明，顛倒衣裳。　顛之倒之，自公召之。
東方未晞（昕），顛倒裳衣。　倒之顛之，自公令（命）之。
折柳樊圃，狂夫瞿瞿。　不能辰（時）夜，不夙則莫（暮）。

顛倒求領，言迫遽也。　所以然者，以有自公所而召之者故也。　昕亦明也。　瞿瞿，瞪視貌。　守時勿失曰時。　夫之在家，從不能守夜之正時，非出太早，即歸太晚。　婦人稱夫曰狂夫。　折柳枝以爲園圃之藩籬，所以防閑其妻者也。 臨去復於籬間瞿瞿然窺視，蓋有不放心之意。

鷄鳴（齊九六）

夫人促君早起也。

鷄既鳴矣，朝既盈矣。 匪鷄則鳴，蒼蠅之聲。
東方明矣，朝亦昌矣。 匪東方則明，月出之光。
蟲飛薨薨，甘與子同夢，會且歸矣，無庶（度）予子憎！

蠅聲在鷄鳴之後，天將明時。 匪，不惟也。 盈，滿也。 朝謂朝堂，言其地。 昌，盛也。 度，忖度疑慮也，勿疑慮我之憎惡汝也。 會，朝會也，子言其人。 薨薨，蟲聲，即蒼蠅之聲。 甘，樂也。

小星（召二一）

吴景旭曰，此詩本是咏使者遠適，夙夜征行，不敢慢君命之意。

嘒（暳）彼小星，三五在東。 肅肅宵征，夙夜在公，寔命不同。
嘒彼小星，維參與昴。 肅肅宵征，抱衾與裯，寔命不猶。

楊慎説關中呼寢褥爲條子，即裯也。

緇衣（鄭七五）

緇衣之宜兮，敝予又改爲兮。 適子之館兮，還予授子之粲兮。
緇衣之好兮，敝予又改造兮。 適子之館兮，還予授子之粲兮。
緇衣之席兮，敝予又改作兮。 適子之館兮，還予授子之粲兮。

粲，鮮也，謂新衣。 館，官舍也。 宜，稱也，謂稱身。 緇，黑也，卿大夫居私朝之服。 好，猶宜也。 席，寬大意。

殷其靁（召一九）

婦人孤居，聞雷驚怖，望其夫速歸，有以慰己也。

殷（磤）其靁，在南山之陽。 何（猗）斯違斯，莫敢或遑。振振君子，歸哉歸哉！
殷其靁，在南山之側。 何斯違斯，莫敢遑息。 振振君子，歸哉歸哉！
殷其靁，在南山之下。 何斯違斯，莫或遑處。 振振君子，歸哉歸哉！

磤然雷聲。 猗違猶依違，驚惶失措之貌。 斯猶兮也。

風雨（鄭九〇）

風雨晦冥，群鷄驚噪，婦人不勝孤悶，君子適來，欣然有作。昭十六年《左傳》子游賦《風雨》，宣子以爲昵燕好之詞。

風雨凄凄，鷄鳴喈喈。 既見君子，云胡不夷！

風雨瀟瀟，鷄鳴膠膠。　既見君子，云胡不瘳（樂）！
風雨如晦，鷄鳴不已。　既見君子，云胡不喜！

夷，悦也。　喈喈，膠膠，皆鷄鳴聲。

蘀兮（鄭八五）

昭十六年《左傳》子柳賦《蘀兮》，宣子以爲昵燕好之詞。

蘀兮蘀蘀兮，風其吹女（汝）！　叔兮伯兮，倡予和女（汝）！
蘀兮蘀兮，風其漂女！　叔兮伯兮，倡予要女！

風喻男，蘀喻女。　上汝指蘀（即女自指），下汝指叔伯。　女稱夫曰叔伯。　要，會也。　歌者以聲相會合即和。

叔于田（鄭七七）

朱曰："或疑此亦民間男女相悦之詞也。"

叔于田，巷無居人。　豈無居人？　不如叔也，洵美且仁！
叔于狩，巷無飲酒。　豈無飲酒？　不如叔也，洵美且好！
叔適野，巷無服馬。　豈無服馬？　不如叔也，洵美且武！

巷一里之巷，是巷猶里也。　居人，飲酒，服馬，互文足義。　田，獵也。

大叔于田（鄭七八）

叔于田，乘乘馬，執轡如組，兩驂如舞。 叔在藪，火烈具舉，襢裼暴（搏）虎，獻于公所。 將叔無狃，戒其傷女（汝）！

叔于田，乘乘黄，兩服上襄（驤），兩驂雁行。 叔在藪，火列具揚。 叔善射忌，又良御忌，抑（一）磬控忌，抑（一）縱送忌。

叔于田，乘乘鴇，兩服齊首，兩驂如手。 叔在藪，火烈具阜。 叔馬慢忌，叔發罕忌，抑（一）釋掤忌，抑（一）鬯（韔）弓忌。

如舞，行列不亂，言御之善也。 搏，搏也。 將，請也。 上乘，駕也。 乘馬，四馬。 襢裼，肉袒，脱衣見體也。 狃，習爲之也。 藪，澤藪也。 具，齊，也。火光四面齊起。 烈，遮迾，以火爲遮迾，故曰火烈。 車衡外兩馬曰驂。 衡下夾轅兩馬曰服。 上猶前也，驤，駕也。 兩服上襄，謂兩服馬并駕於前，即下車之兩服齊首。 雁行謂在旁而差後，即下章之兩驂如手。 一猶忽也。 磬控止馬，縱送騁馬，此承御言。 忌，詞也。 乘黄，四黄馬。 揚，起也。 齊，同也。同猶如也。 齊手，如手，皆以人身爲喻，言兩服前出，如人之首，兩驂稍次，如人之手。 黑白雜毛曰鴇，後世謂之烏驄。 掤，箭筩蓋也。 釋筩之蓋，將納矢於筩中也。 釋掤鬯弓承射言。 慢，行遲貌。 發，發矢也。 阜，盛也。

君子于役（王六六）

懷人也。

君子于役，不知其期，曷至哉！ 鷄棲于塒（榯），日之夕矣，羊牛下來。　君子于役，如之何勿思！

君子于役，不日不月。　曷其有佸（會）！　鷄棲于桀，日之夕矣，羊牛下括（會）！　君子于役，苟無飢渴？

塒即杙。　桀亦塒也。　不日不月，不可以日月計，兼以喻夫之未歸。

小戎（秦一二八）

懷人也。

小戎俴（棧）收，五（午）楘（鞏）梁輈。　文茵暢（長）轂。　游環脅驅，陰靷鋈續。　駕我騏馵。　言念君子，温其如玉，在其板屋，亂我心曲。

四牡孔阜，六轡在手。　騏駵是中，騧驪是驂。　龍盾之合，鋈以觼軜。　言念君子，温其在邑，方何爲期？胡然我念之！俴駟孔群。　厹矛鋈錞，蒙伐有苑，虎韔鏤膺。　交韔二弓，竹閉緄縢。　言念君子，載寢載興。　厭厭良人，秩秩德音。

兵車在前者曰元戎，將帥所乘，在後者曰小戎，士所乘。　棧謂不革鞔而漆飾之。　收即輿，今曰車箱。梁輈，曲轅也，束革交午成文曰午鞏。　文茵，虎皮爲蓐，加於軾上。　馬青驪文如博棋曰騏，後左足白曰馵。　《司馬法》："夫三爲屋，屋三爲井，井四爲邑。"　四馬不著甲曰俴駟。　厹矛，三隅矛也。錞，戈戟柲下銅鐏也，以白金釦爲花紋。

伯兮（衛六二）

伯兮朅兮，邦之桀兮！　伯也執殳，爲王前驅。
自伯之東，首如飛蓬。　豈無膏沐？誰適爲容？
其雨其雨，杲杲出日。　願（睠）言（然）思伯，甘心首疾。
焉得諼草，言樹之背？　願言思伯，使我心痗。

日爲夫象，故見日而思伯。

旄丘（邶三七）

旄丘之葛兮，何誕（延）之節兮！　叔兮伯兮，何多日兮！
何其處也！必有與也。　何其久也！必有以也。
狐裘蒙戎，匪（彼）車不東。　叔兮伯兮，靡所與同。
瑣兮尾（屡）兮，流離之子。　叔兮伯兮，褎如充耳。

下之猶其也。　狐裘句喻天寒歲暮。　所猶時也。　瑣屡貝聲，此擬小鳥鳴聲。

雄雉（邶三三）

懷遠人也。

雄雉于飛，泄泄其羽。　我之懷矣，自詒伊阻（楚）。
雄雉于飛，下上其音。　展矣君子，實勞我心。
瞻彼日月，悠悠我思。　道之云遠，曷云能來！
百爾君子，不知德行。　不忮（企）不求，何用不臧？

雄雉喻夫。 泄之言枻也，飛而鼓其翼如舟枻然。 楚，辛酸也。 展，誠也。 日月爲夫之象。 曷，何時也。 百猶凡也。 企亦求也。

卷耳（周三）

采采卷耳，不盈頃筐。 嗟我懷人，寘彼周行。
陟彼崔嵬，我馬虺隤。 我姑酌彼金罍，維以不永懷。
陟彼高岡，我馬玄黄。 我姑酌彼兕觥，維以不永傷。
陟彼砠矣，我馬瘏矣！ 我僕痡矣！云何吁矣！

玄黄謂目眩，今曰眼花。

防有鵲巢（陳一四二）

防有鵲巢，卬有旨苕。 誰侜（譸）予美！心焉忉忉。
中唐有甓，卬有旨鷊（虉）。 誰侜予美！心焉惕惕。

卬，我也。 鵲謂桃雀，好巢於苕上。 唐，庭也。 虉，莞蒲臺首。 甓疑瓦器之蓄葅者。

采苓（唐一二五）

采苓采苓，首陽之巔。 人之爲（僞）言，苟亦無信？舍旃舍旃！ 苟亦無然？人之爲（僞）言胡得焉！

采苦采苦，首陽之下。 人之爲言，苟亦無與？舍旃舍旃！苟亦無然？人之爲言胡得焉！

采葑采葑，首陽之東。 人之爲言，苟亦無從？舍旃舍旃！

苟亦無然？人之爲言胡得焉！

然亦信也。旃猶之也。得，取也，與舍對，言人之僞言不足取也。

日月（邶二九）

妻不見答也。

日居月諸，照臨下土。乃如之人兮，逝（曷）不古（姑）處！胡能有定！寧不我顧？

日居月諸，下土是冒。乃如之人兮，逝（曷）不相好！胡能有定！寧不我報？

日居月諸，出自東方。乃如之人兮，德音無良。胡能有定，俾也可忘（望）！

日居月諸，東方自出。父兮母兮！畜（慉）我不卒。胡能有定，報我不述（墜）！

望猶仰賴也。慉，好也。言夫好我不終也。墜，失也，差也。痛極而呼父母。

柏舟（邶二六）

嫡見侮於衆妾也。

泛彼柏舟，亦泛其流。耿耿不寐，如有隱（殷）憂。微我無酒，以敖以游。

我心匪鑒，不可以茹。亦有兄弟，不可以據。薄言往愬，逢彼之怒。

我心匪石，不可轉也。 我心匪席，不可卷也。 威儀棣棣（秩秩），不可選（巽）也。

憂心悄悄，愠于群小。覯閔（愍）既多，受悔不少。 静言（然）思之，寐（午）辟（擗）有摽（嘌）。

日居月諸，胡迭而微！ 心之憂矣，如匪（彼）浣衣。 静言思之，不能奮飛！

上泛，形容詞，下泛，動詞。 微猶非也。 殷，大也。 殷憂謂遭大故之憂。 流謂舟流，舟亦泛泛然而流，舟，婦人自喻，泛然不繫之舟，如婦人無所依倚。 兄弟謂母家。 據，依，愬，告也。 鑒，鏡也（古以水爲鏡）。 茹，納也，含也。 鑒可以含影，我心非鑒之比，不能含憂而不吐。 承上隱憂，啓下往愬。 巽，屈撓退讓也。 秩秩，有條理貌。 静然，思貌。 兩手交午擊胸，其聲嘌嘌然。 愠，怒也。 閔，痛也。 群小謂衆妾。 日月喻夫，微，無光也，言不蒙照臨。 浣衣喻心中亂瞀煩擾。

氓（衛五八）

氓之蚩蚩，抱布貿絲，匪來貿絲，來即我謀。 送子涉淇，至于頓丘。 匪我愆期，子無良媒。 將子無怒，秋以爲期。

乘彼垝垣，以望復關。 不見復關，泣涕漣漣。 既見復關，載笑載言。 爾卜爾筮，體無咎言。 以爾車來，以我賄遷。

桑之未落，其葉沃若。 于嗟鳩兮，無食桑葚。 于嗟女兮，無與士耽（酖）。士之耽兮，猶可説也。 女之耽兮，不可説也。

桑之落矣，其黄而隕（熉）。 自我徂爾，三歲食貧。 淇水湯湯，漸（幨）車帷裳。 女也不爽，士貳其行。 士也罔極，二三其德。

三歲爲婦，靡室勞矣，夙興夜寐，靡有朝矣。 言既遂矣，至于暴矣。 兄弟不知，咥其笑矣。 静言思之，躬自悼矣。 及爾偕老，老使我怨。 淇則有岸，隰（濕）則有泮。 總角之丱，言笑晏晏（暥暥），信誓旦旦。 不思其反。 反是不思，亦已焉哉！

蚩，蟲曳行也，此以蟲行擬人行貌。 將，請也。 説，解醒也。 酖，縱酒也。 濕，即漯水。

葛藟（王七一）

綿綿葛藟，在河之滸。 終遠兄弟，謂他人父。 謂他人父，亦莫我顧。

綿綿葛藟，在河之涘。 終遠兄弟，謂他人母。 謂他人母，亦莫我有。

綿綿葛藟，在河之漘。 終遠兄弟，謂他人昆。 謂他人昆，亦莫我聞（閔）。

江有汜（召二二）

江有汜，之子于歸，不我以。 不我以，其後也悔！
江有渚，之子于歸，不我與。 不我與，其後也處（癙）！
江有沱，之子于歸，不我過。 不我過，其嘯也歌！

谷風（邶三五）

弃婦不忍自决也。

習習谷風，以陰以雨。 黽勉同心，不宜有怒！ 采葑采菲，無以下體。　德音莫違，及爾同死。

行道遲遲，中心有違（愇）。　不遠伊邇，薄送我畿！　誰謂荼苦？其甘如薺。　宴爾新昏，如兄如弟。

涇以渭濁，湜湜其沚。　宴爾新昏，不我屑以。　毋逝我梁，毋發我笱。　我躬不閱，遑（况）恤我後？

就其深矣，方之舟之，就其淺矣，泳之游之。　何有何亡，黽勉求之。　凡民有喪，匍匐救之。

能（寧）不我慉，反以我爲讎。　既阻我德，賈用（傭）不售。　昔育恐育鞫（懼），及爾顛覆。　既生既育，比予于毒。

我有旨蓄，亦以御（禦）冬。　宴爾新昏，以我御（禦）窮。　有洸有潰，既詒我肄（勩）。　不念昔者，伊余來塈（愍）？

習習猶颯颯。　谷風，來自山谷之大風，興夫之暴怒。　葑，蔓菁，菲，蘆菔。　下體，根莖也。　以，及也。　采葑菲莫及其根莖，諷夫莫與己絶也。　愇，怨也。　宴，樂也。　薄，勉也。　畿，近郊也。　渭清涇濁。　以，與也（下同）。　湜湜，清貌。　沚，水枝流。　涇與渭同流則濁，及其溢爲枝沚，則湜湜然清，興夫與己居則怨怒，與新人居則和樂也。　梁，堰石障水而空其中，以通魚之往來。　笱，以竹爲器，承梁之空以取魚。　逝，之，發，開也。　二句廋語，禁夫勿來就己身也。　閱，容也。　後謂嗣息。　治家睦鄰，皆己盡其爲婦之道。　慉，好也。　阻，拒也。　我之德意拒不見納，如人欲賣身爲傭而不能自售。　恐懼者，憂慮己之不能生育，無爲人妻之道。　及，與也。顛覆蓋謂床笫之事。　既已生育子女，則反視我爲毒螫之蟲，言惡己甚也。　伊猶維也。　來猶是也。　愍即愛字。　蓄同蓫，菜名。　禦，當也，備也。　洸潰，水激怒潰决貌，喻夫之暴怒。水爲夫之象徵，故以爲喻。　勩，勞也。

墓門（陳一四一）

刺夫有穢行也。

墓門有棘，斧以斯之。夫也不良，國人知之。知而不已，誰昔然矣！

墓門有棘，有鴞萃之。夫也不良，歌以訊（誶）之。訊予不顧，顛倒思予（而）。

墓門，墓道之門。棘，喻女。斯，析也。鴞，惡鳥，喻男。誶，責讓也。予猶而也。數之以罪曰訊。

相鼠（鄘五二）

刺無禮也。《白虎通·諫諍篇》以爲妻諫夫之詩。

相鼠有皮，人而無儀。人而無儀，不死何爲！
相鼠有齒，人而無止。人而無止，不死何俟！
相鼠有體，人而無禮。人而無禮，胡不遄死！

儀，禮儀也。止，節也，節即禮節。體謂四肢。遄，速也。

隰有萇楚（檜一四八）

幸女之未字人也。

隰有萇楚，猗儺其枝。夭之沃沃，樂子之無知。
隰有萇楚，猗儺其華。夭之沃沃，樂子之無家。

隰有萇楚，猗儺其實。　天之沃沃，樂子之無室。

萇楚喻女。

葛生（唐一二四）

悼亡也。

葛生蒙楚，蘞蔓于野。　予美亡此，誰與獨處！
葛生蒙棘，蘞蔓于域。　予美亡此，誰與獨息！
角枕粲兮，錦衾爛兮。　予美亡此，誰與獨旦（坦）！
夏之日，冬之夜，百歲之後，歸于其居！
冬之夜，夏之日，百歲之後，歸于其室！

蘞蔓猶蔓延也。　古謂死亡即逃亡，此謂逃亡至此。　域，塋地。坦，安也。　角枕錦衾，皆斂死者所用。　居室皆謂冢壙。

素冠（檜一四七）

悼亡也。　《列女傳·杞梁妻傳》引“與子同歸”，以爲妻殉夫死，誤以願望爲事實。

庶見素冠兮！　棘（瘠）人欒欒（臠臠）兮！　勞心慱慱（摶摶）兮！
庶見素衣兮！　我心傷悲兮！　聊與子同歸兮！
庶見素韠兮！　我心蘊（鬱）結兮！　聊與子如一兮！

臠臠，瘠貌，謂夫病瘠時。　摶摶猶蘊（鬱）結也。

黄鳥（秦一三一）

胡文英《詩考補》引《經史事類》載“殲我良人”入喪夫門。

交交（咬咬）黄鳥，止于棘。誰從穆公？子車奄息。維此奄息，百夫之（是）特（待）。臨其穴，惴惴其慄。彼者蒼天！殲我良人。如可贖兮，人百其身。

交交黄鳥，止于桑。誰從穆公？子車仲行。維此仲行，百夫之（是）防。臨其穴，惴惴其慄。彼蒼者天！殲我良人。如可贖兮，人百其身。

交交黄鳥，止于楚。誰從穆公？子車鍼（掝）虎。維此鍼虎，百夫之（是）禦。臨其穴，惴惴其慄。彼蒼者天！殲我良人。如可贖兮，人百其身。

子車，氏。奄息，仲行，掝虎，皆上字下名。待，防，禦，皆對敵抵當之意。婦人稱夫曰良人。

衡門（陳一三八）

衡（横）門之下，可以棲遲。泌之洋洋，可以樂（療）飢。
豈其食魚，必河之魴？豈其娶妻，必齊之姜？
豈其食魚，必河之鯉？豈其娶妻，必宋之子？

東西曰横，衡門疑陳城門名。泌，泌邱下之水。

出其東門（鄭九三）

出其東門，有女如雲。雖則如雲，匪我思存。縞衣綦巾，聊樂我員（魂）。

出其闉闍，有女如荼。雖則如荼，匪我思且（著）。縞衣茹藘，聊可與娛。

存，著，皆思念也。縞，白繒。綦，淡緑色。巾，佩巾，即蔽膝。魂，神也。縞衣綦巾，女服之貧陋者，此人自目其家室也。闉闍，城門外子城之門。荼，野菅白華也。如荼言其衆多，猶如雲也。茹藘即帤，亦巾也，以茹藘爲染，故名。茹藘，絳草，可以染赤。

女曰鷄鳴（鄭八二）

樂新婚也。

女曰："鷄鳴。"士曰："昧旦。子興視夜，明星有爛。將翱將翔，弋鳧與雁。

弋言加之，與子宜（䶢）之。宜言飲酒，與子偕老。琴瑟在御，莫不静（瀞）好。

知子之來（勑）之，雜佩以贈之。知子之順之，雜佩以問之。知子之好之，雜佩以報之。"

昧旦後於鷄鳴。明星即啓明星，言小星已不見，唯啓明星爛然在天。興，起也。加猶中也。大夫食用琴瑟，此承飲酒言。御疑支琴瑟器，《莊子・齊物篇》作梧。瀞好，修潔也，謂琴瑟。䶢齧一聲之轉，啖也。雜佩，琚瑀之屬。勑，順也。問，遺也。勑之，順之，好之，三之字，語助。

揚之水（王六八）

戍士思歸也。

揚之水，不流束薪。 彼其之子，不與我戍甲。 懷哉懷哉！曷月予還歸哉！

揚之水，不流束楚。 彼其之子，不與我戍甫（吕）。 懷哉懷哉！曷月予還歸哉！

揚之水，不流束蒲。 彼其之子，不與我戍許。 懷哉懷哉！曷月予還歸哉！

申，吕，許，皆姜姓國。

擊鼓（邶三一）

戍士思歸也。

擊鼓其鏜，踴躍用兵。 土國城漕，我獨南行。

從孫子仲，平陳與宋，不我以歸，憂心有忡。

爰居爰處？爰喪其馬？ 于以求之，于林之下。

"死生契（挈）闊（括）"，——與子成（定）説——"執子之手，與子偕老。"

子嗟闊兮！不我活（會）兮！ 子嗟洵（夐）兮！不我信兮！

城謂築城。 漕，衛邑，在今河南滑縣東二十里。 踴躍，擊刺之狀，兵謂戈戟之屬。 孫，氏，子仲，字，時軍帥也。 以猶使也。三章以猶何也。 挈括猶結合也。 猶言生則同居，死則同穴，永不分離也。 成説謂結誓。 闊，遼遠也。 夐，久遠也。 地之闊隔，使我不能相會。 時之懸久，使我不能信期。

東山（豳一五六）

我徂東山，慆慆（悠悠）不歸。 我來自東，零雨其濛。 我東曰歸，我心西悲。 制彼裳衣，勿士（事）行（胻）枚（徽）。 蜎蜎者蠋，烝在桑野，敦彼獨宿，亦在車下。

我徂東山，慆慆不歸。 我來自東，零雨其濛。 果贏之實，亦施于宇，伊（蛜）威（蝛）在室，蠨蛸在户。 町畽鹿場（塲），熠耀宵行，不可畏也？伊可懷也！

我徂東山，慆慆不歸。 我來自東，零雨其濛。 鸛鳴于垤，婦嘆于室，灑掃穹窒，我征聿至。 有敦瓜苦（瓠），烝在栗（蓼）薪，自我不見，于今三年。

我徂東山，慆慆不歸。 我來自東，零雨其濛。 倉庚于飛，熠耀其羽。 之子于歸，皇駁其馬。 親結其縭，九十其儀，——其新孔嘉，其舊如之何？

徂，往也。 悠悠，久也。 零雨，小雨。 裳衣即衣裳，倒文以取韻。 胻徽，後世謂之行縢，行纏，今之裹腿。 蠋，山蠶，野生桑樹間。 彼謂妻，守蠶桑林中，以車爲舍，露宿其下。 蜎蜎，蟲動貌。 敦猶專專，獨處貌。 烝，乃也。 蛜蝛，一曰土鼈，形似白魚而多足，生壁根下或瓮底土中。 蠨蛸，喜蛛也。 町畽，長貌。 鹿塲，鹿蹊也。 熠耀，光貌。 宵行，燐火也。 施，陳也。 宇，檐下。 伊，是，懷，念也。 鸛，乾鵲，鳴則行人將至。 嘆，喜而吟嘆也。 垤，小土堆。 蓼，叢聚貌。 倉庚，黄鸝也。 黄白色曰皇，駁，赤也。 縭，蔽膝之繫帶，結縭即結蔽膝也。後世所謂同心結或即此。 九十言其繁也。 其新來時甚美，今已閲三年矣，尚復如何乎？

葛屨（魏一〇七）

刺妬也。 屨裳皆妾手所製，夫持以授嫡，嫡然而走避之。

糾糾葛屨，可以履霜，摻摻（孅孅）女手，可以縫裳。 要（褄）之襋之，好人服之。

好人提提（睼睼），宛然左辟（避），□□□□，佩其象揥。維是褊心，是以爲刺。

絇，屨頭飾，如刀衣鼻，糾糾，其狀也。屨夏用葛，冬用皮，此曰葛屨可以履霜，言其工緻也。 襋，領也。 一手挈領，一手挈褄，奉裳於好人，請就而服之。 彼好人乃瞋目視我，宛然回身，避我而去。睼即瞋字。 宛然，屈身躲閃貌。 左避猶回避。 揥所以摘髮，以象牙爲之。

揚之水（鄭九二）

將與妻别，臨行慰勉之詞也。

揚之水，不流束楚。 終鮮兄弟，維予與女（汝）。 無信人之言，人實迋（誑）汝。

揚之水，不流束薪。 終鮮兄弟，維予二人。 無信人之言，人實不信。

終猶絶也。

園有桃（魏一〇九）

傷家室之無樂也。

園有桃，其實之（是）殽。　心之憂矣，我歌且謡。　不我知者謂我士也驕。　彼人是哉，子曰何其？　心之憂矣，其誰知之！其誰知之！蓋（盍）亦勿思！

園有棘，其實之（是）食。　心之憂矣，聊以行國。　不我知者謂我士也罔極。　彼人是哉，子曰何其？　心之憂矣，其誰知之！　其誰知之！蓋（盍）亦勿思！

我，士自我也。　食桃棘喻已成家室。　肴，食也。　何其之其，語助。　行歌曰謡。　子，歌者自謂。　彼人，謂上不我知者。　謡疑當爲游，行也。　棘，棗也。　行國，周行於國邑中。

緑衣（邶二七）

感舊也。　婦人無過被出，非其夫所願。他日夫因衣婦舊所製衣，感而思之，遂作此詩。　婦人之服，不分衣裳，上下同色，此曰緑衣黄裳，知是男子之服。古詩“新人雖言好，未若被人姝”，謂已出之前妻，此古人即故人，義同。

緑兮衣兮，緑衣黄裏。　心之憂矣，曷維其已！
緑兮衣兮，緑衣黄裳。　心之憂矣，曷維其亡！
緑兮絲兮，女（汝）所治兮。　我思古（故）人，俾無訧兮。
絺兮綌兮，凄其以（似）風。　我思古（故）人，實獲我心。

亡亦已也。

無衣（唐一二二）

此感舊或傷逝之作。

豈曰無衣七兮？　不如子之衣安且吉兮。
豈曰無衣六兮？　不如子之衣安且燠兮。

伐柯（豳一五八）

伐柯如何？匪斧不克。　取妻如何？匪媒不得。
伐柯伐柯，其則不遠。　我覯之子，籩豆有踐（瀞）。

柯，斧柄。　執斧伐柯，猶以柯求柯也。　女子爲人求女者謂之媒，使媒求婦，猶執斧伐柯，皆以類求類也。

麟之趾（周一一）

麟之趾，振振（珍珍）公子，于嗟麟兮！
麟之定（顁），振振公姓，于嗟麟兮！
麟之角，振振公族，于嗟麟兮！

趾，足也。　珍珍，鮮美意，此混味之美與貌之美爲一事，猶後世言秀色可餐也。　顁，額也。

樛木（周四）

賀新婚也。

南有樛木，葛藟纍之。　樂只君子，福履綏之。
南有樛木，葛藟荒之。　樂只君子，福履將之。
南有樛木，葛藟縈之。　樂只君子，福履成之。

桃夭（周六）

賀于歸也。如後世催妝詞之類。

桃之夭夭，灼灼其華。　之子于歸，宜其室家。
桃之夭夭，有蕡其實。　之子于歸，宜其家室。
桃之夭夭，其葉蓁蓁。　之子于歸，宜其家人。

夭夭，屈申貌。

鵲巢（召一二）

維鵲有巢，維鳩居之。　之子于歸，百兩御之。
維鵲有巢，維鳩方之。　之子于歸，百兩將之。
維鵲有巢，維鳩盈之。　之子于歸，百兩成之。

螽斯（周五）

螽斯羽，詵詵兮！　宜爾子孫振振兮！
螽斯羽，薨薨兮！　宜爾子孫繩繩兮！
螽斯羽，揖揖兮！　宜爾子孫蟄蟄兮！

芣苢（周八）

婦人思有子也。芣苢食之宜懷妊，故相呼采而食之。

采采芣苢，薄言采之！　采采芣苢，薄言有之！
采采芣苢，薄言掇之！　采采芣苢，薄言捋之！
采采芣苢，薄言袺之！　采采芣苢，薄言襭之！

采采，猶粲粲。　有，取也。　藏於懷中曰袺襭。

綢繆（唐一一八）

綢繆束薪，三星在天。　今夕何夕？見此良人。　子兮子兮！如此良人何！
綢繆束芻，三星在隅。　今夕何夕？見此邂逅。　子兮子兮！如此邂逅何！
綢繆束楚，三星在户。　今夕何夕？見此粲者。　子兮子兮！如此粲者何！

綢繆，纏綿也。　良人謂夫。　子兮，詩人感動自呼之詞。　邂逅謂夫婦之會合。　粲者謂女。

何彼襛矣（召二四）

何彼襛矣！唐棣之華。　曷不肅雝！王姬之車。
何彼襛矣！華如桃李。　平王之孫，齊侯之子。
其釣維何？維絲伊緡。　齊侯之子，平王之孫。

碩人（衛五七）

《左》隱三年："衛莊公娶於齊東宫得臣之妹曰莊姜，美而無子，衛人所爲賦《碩人》也。"

碩人頎頎，衣錦褧衣。　齊侯之子，衛侯之妻，東宫之妹，邢侯之姨，譚公維私。

手如柔荑，膚如凝脂，領如蝤蠐，齒如瓠犀，螓首蛾眉，巧笑倩兮，美目盼兮。

碩人敖敖，説于農郊。　四牡有驕，朱幩（賁）鑣鑣，翟茀以朝。大夫夙退，無使君勞！

河水洋洋，北流活活，施罛濊濊，鱣鮪發發，葭菼揭揭。　庶姜孼孼，庶士有朅。

頎頎，長貌。　褧衣加於錦衣上，以爲行道禦風塵。　子，女子。　東宫，謂齊太子。　維，其也。　婦人謂姊妹之夫爲私。　荑，茅心，既白且滑。　領，頸也。蝤蠐，幼蟲，白而長。　瓠犀，瓠瓣中實，潔白而整齊。　螓，小蟬，額廣而方，或曰螓首謂蟬鬢。　倩，齒見貌。　盼，白黑分明也。　敖敖，高貌。　茀，車藩蔽，畫翟羽以爲飾。　驕，壯貌。　朱，鞹幭之色。　賁，黄白雜，鞁色。　鑣，盛貌。　活活，濊濊，發發，皆聲。　活活水流聲，濊濊撒網着水聲，發發，魚掉尾聲。　揭揭，孼孼，有朅，皆長貌。

君子偕老（鄘四七）

美衛夫人也。

君子偕老，副（髷）笄六珈，委委佗佗（蛇蛇），如山如河，象服是宜。子之不淑，云如之何！

玼兮玼兮，其之翟也。鬒髮如雲，不屑髢也。玉之瑱也，象之揥也。揚且之晳也，胡然而（如）天也！胡然而（如）帝也！瑳兮瑳兮，其之展也。蒙彼縐絺，是紲（褻）袢（絆）也。子之清揚，揚且之顔也。展（亶）如（然）之（是）人兮，邦之媛也。

鬠，后夫人祭服之首飾，編髮爲之。笄，簪也。笄之衡持鬠者謂之鬠笄，漢人謂之步摇。笄以玉爲之。笄上垂珠爲飾曰珈，其數有六，故曰六珈。之猶若也。子若不淑，其奈之何，言其當淑也。淑，善，不淑謂遭際不善。委蛇，行步委曲雍容自得貌，如山脉，如河流，蜿蜒而曲折也。象服即翟衣，刻劃以象翟雉之形，故曰象服。其之，猶其也。下三之字猶其也。且猶哉也。晳，白晳也。玼，鮮盛貌。翟衣，祭服，以翟雉之羽爲飾。髮稠而黑曰鬒。髢，假髮。自衡笄兩端下垂當耳，以紞懸玉曰瑱。象，象牙，揥所以摘髮，一曰搔頭。胡然，猶何乃，二句言其服飾容儀之盛，見者驚爲天神也。瑳，亦鮮盛貌。展，白縠單衣。蒙，覆也，表也。縐絺，葛織物。褻絆，内衣。展衣，上衣；縐絺，中衣；褻絆，褻衣；由外及内，意頗近褻，然正風人之本色。亶，誠也。清揚，美目貌。顔，朱顔也。美女曰媛。

燕燕（邶二八）

任姓國君送妹出適於衛也。

燕燕于飛，差池其羽。之子于歸，遠送于野。瞻望弗及，泣涕如雨。

燕燕于飛，頡之頏之。之子于歸，遠于（予）將之。瞻望弗及，佇立以泣。

燕燕于飛，下上其音。之子于歸，遠送于南（林）。瞻望弗及，實勞我心。

仲氏任只，其心塞淵，終溫且惠，淑慎其身。“先君之思”——以勗寡人。

頡頏，上下貌。林，猶野也。仲任，女之字姓，猶叔姬、孟姜之等。塞淵，安静也。終猶既也。末二句言勸我時時以先君爲念，勿自安逸樂，以妨國政也。

鳲鳩（曹一五二）

鳲鳩在桑，其子七兮。淑人君子，其儀一兮，——其儀一兮，心如結兮。

鳲鳩在桑，其子在梅。淑人君子，其帶伊絲，——其帶伊絲，其弁伊騏。

鳲鳩在桑，其子在棘。淑人君子，其儀不忒，——其儀不忒，正是四國。

鳲鳩在桑，其子在榛。淑人君子，正是國人，——正是國人，胡不萬年！

儀，匹也。七言其多也。棘，棗也。忒，貳也。正，法也，則也。正是四國，爲此四方之法則。

二子乘舟（邶四四）

似母念子之詞。

二子乘舟，泛泛其景（迥）。 願言思子，中心養養（癢癢）。

二子乘舟，泛泛其逝。 願言思子，——不瑕（遐）有害?

願，羡也。 欲食曰羡，此以食欲狀情欲。 言，語詞，猶然也。不遐，不至也。二子乘舟遠行，途中不至遭逢灾禍乎？疑慮之詞。

陟岵（魏一一〇）

役夫思家也。 登高望其家之所在，因想象其家人念己之言云云。

陟彼岵兮，瞻望父兮。 父曰：“嗟予子！行役夙夜無已（怠）。 上（尚）慎旃哉！猶來無止！”

陟彼屺兮，瞻望母兮。 母曰：“嗟予季（稚）！行役夙夜無寐。 上慎旃哉！猶來無弃！”

陟彼岡兮，瞻望兄兮。 兄曰：“嗟予弟！行役夙夜必偕。上慎旃哉！猶來無死！”

來，歸也。 止謂不來。 旃猶之也。 生必來歸，死則止而不來矣。 弃猶去也，去亦死也。 偕，彊也，勤也，謂力行不倦也。

杕杜（唐一一九）

有杕之杜，其葉湑湑。 獨行踽踽。 豈無他人？不如我同父。 嗟行之人，胡不比焉！ 人無兄弟，胡不佽焉！

有杕之杜，其葉菁菁。 獨行睘睘（蠉蠉）。 豈無他人？不如我同姓。 嗟行之人，胡不比焉！ 人無兄弟，胡不佽焉！

踽踽，曲躬貌。 湑湑，鮮明貌。 比，佽，皆相親愛之意。杕，孤特貌。 杕杜，喻女之未嫁者，《説文》："牡曰棠，牝曰杜。"蠉，蟲行也，人行時曲脊之狀似之，故曰蠉蠉。 菁菁猶湑湑也。

凱風（邶三二）

凱風自南，吹彼棘心，棘心夭夭。 母氏劬勞。
凱風自南，吹彼棘薪。 母氏聖善，我無令人。
爰有寒泉？在浚之下。 有子七人，母氏勞苦。
睍（閑）睆（關）黄鳥，載好其音。 有子七人，莫慰母心。

凱風，大風也。 風喻男，棘喻女。 棘心猶棘也，二字本皆訓刺。 夭夭，傾屈貌。 大風吹棘，夭夭欲折，喻父不能善待母而使之憂勞也。 洳沮出泉之地曰浚，亦衛邑名。 泉水喻男。 寒泉承上棘薪言。 寒泉浸薪，使之濕腐，亦喻父之虐待母。 七，虚數，猶多也。 閑關，鳴聲。

中谷有蓷（王六九）

中谷有蓷，暵其乾矣！ 有女仳離，嘅其嘆矣！ 嘅其嘆矣，遇人之艱艱矣！

中谷有蓷，暵其脩矣！ 有女仳離，條其歗矣！ 條其歗矣，遇人之不淑矣！

中谷有蓷，暵其有濕（曝）矣！ 有女仳離，啜其泣矣！ 啜其泣矣，嗟何及矣！

脩，曝，亦皆乾也。

野有死麕（召二三）

野有死麕，白茅包之。 有女懷春，吉士誘之。
林有樸樕。 野有死鹿，白茅純束。 有女如玉。
“舒而脱脱兮！ 無感我帨兮！ 無使尨也吠！”

樸樕，小棗。 帨，佩巾，一名蔽膝。

溱洧（鄭九五）

溱與洧方涣涣（洹洹）兮，士與女方秉蕑（蘭）兮。 女曰：“觀乎？” 士曰：“既且（徂）！且往觀乎？洧之外洵訏（讙）且樂。” 維士與女，伊其相謔，贈之以勺藥。

溱與洧瀏其清矣，士與女殷其盈矣。 女曰：“觀乎？” 士曰：“既且！且往觀乎？洧之外洵訏且樂。” 維士與女，伊其將謔，贈之以勺藥。

徂，往也。 且猶再也。 伊，因也。 勺藥用根，媚藥之類。 謔，戲也。 涣涣，水波紋貌。 將，相將也，相將猶相并。 勺藥，媒妁之藥。

蝃蝀（鄘五一）

刺奔女也（《後漢書·楊賜傳》注引《韓詩序》）。

蝃蝀在東，莫之敢指。 女子有行，遠父母兄弟。
朝隮（蜺）于西，崇（終）朝其雨。 女子有行，遠兄弟父母。
乃如之人也！懷昏姻也！ 大無信也！ 不知命也！

蝃蝀，虹也，淫昏之象。 于猶在也。 終朝謂日夕。 昏姻謂男女之欲。 無信，不守媒妁之言。 命，父母之命。

候人（曹一五一）

刺曹女也。

彼候人兮，何戈與祋。 彼其之子，三百赤芾。
維鵜在梁，不濡其翼。 彼其之子，不稱其服。
維鵜在梁，不濡其咮。 彼其之子，不遂其媾。
薈兮蔚兮，南山朝隮（蜺）。 婉兮孌兮，季（稚）女斯飢。

候人，主候迎賓客者，其徒屬多至三百人。 服猶制也。 所候者終不來，故曰不遂其媾。

新臺（邶四三）

新郎變蟾故事流傳歐亞。

新臺有泚，河水瀰瀰。 燕婉之求，籧篨不鮮。
新臺有灑，河水浼浼。 燕婉之求，籧篨不殄（珍）。
魚網之設，鴻（蠪）則離之。 燕婉之求，得此戚施。

泚，鮮明貌。 瀰瀰，水盛貌。 籧篨，即鐻（虡），鐘鼓之柎，刻木象猛獸，其狀醜，此以喻貌醜之人。 灑洗同，鮮潔貌。 浼浼，猶瀰瀰也。 珍，美也。 蠪即苦蠪，一曰蝦蟆，一曰蟾蜍。 戚施，一作鼀鼊，即苦蠪，亦喻醜惡。

敝笱（齊一〇四）

刺文姜也。魯莊公二年，四年，五年，七年，文姜屢會齊侯。

敝笱在梁，其魚魴鰥。齊子歸止，其從如雲。
敝笱在梁，其魚魴鱮。齊子歸止，其從如雨。
敝笱在梁，其魚唯唯（逶逶）。齊子歸止，其從如水。

逶逶，行相順隨之貌。

載驅（齊一〇五）

齊女歸於魯（無刺意）。

載驅薄薄，簟茀朱鞹。魯道有蕩（湯），齊子發夕（繹）。
四驪濟濟，垂轡瀰瀰。魯道有蕩，齊子豈弟（圛）。
汶水湯湯，行人彭彭（滂滂）。魯道有蕩，齊子翱翔。
汶水滔滔，行人儦儦（漂漂）。魯道有蕩，齊子游敖。

薄薄，疾驅聲。發繹，豈圛，皆回行也，意與翱翔，游敖相近。湯，水流貌（淌）。此以車渡水，故濟濟瀰瀰字皆從水。驪，馬黑色。滂滂，漂漂，皆浮行水中貌。汶，水名，在齊南魯北二國之境。魯道，即汶水。

南山（齊一〇一）

刺齊襄公也。魯桓公夫人文姜，齊襄公之妹也，桓公十八年與文姜如齊，襄公通焉。公謫之，以告。夏四月享公，使公子彭生乘公，公薨於車中。

南山崔崔，雄狐綏綏。魯道有蕩，齊子由歸。既曰歸止，何（曷）又懷（追）止（之）！

葛屨五（午）兩（緉），冠緌雙止。魯道有蕩，齊子庸（用）止。既曰庸止，曷又從止？

蓺麻如之何？衡（横）從（縱）其畝。取妻如之何？必告父母。既曰告止，曷又鞠（鞫）止？

析薪如之何？匪斧不克。取妻如之何？匪媒不得。既曰得止，曷又極（殛）止？

南山，齊南山也。狐，淫媚之獸，雄狐喻齊襄公。齊子，文姜也。歸，謂歸於魯，婦人謂嫁曰歸。追之，齊襄追文姜也。魯道，適魯之道。文姜既已歸魯，襄公曷又從而追之乎。緉，屨綦也，交午結之。屨緉冠緌，婚禮之象徵，謂文姜已歸嫁於魯也。用猶由也。從亦追也。由此道以歸於魯也。魯侯之娶文姜，既已告之於文姜之父母而許之矣，齊襄何又欲索還之哉？鞫，追索也。蓺，樹也。魯侯既已得文姜，齊襄何又追求之哉？殛，誅求也。

株林（陳一四四）

刺陳靈公也。靈公淫於夏姬，國人作詩刺之。

胡爲乎株林？從夏南兮？匪（彼）適株林，從夏南兮！

駕我乘馬，説于株野。乘我乘駒，朝食于株。

從，追逐也。

鶉之奔奔（鄘四九）

刺人君有穢行也。《左傳》襄二十七年，伯有賦《鶉之賁賁》，趙孟曰：“床笫之言不踰閾，况在野乎？非使人之所得聞也。”

鶉之奔奔（僨僨），鵲之彊彊（僵僵）。 人之無良，我以爲兄。
鵲之彊彊，鶉之奔奔。 人之無良，我以爲君。

宗法嫡長傳位，故爲人君者即爲人兄。僨僨，彊彊，乘匹之貌。

牆有茨（鄘四六）

刺人不能防閑其妻也。

牆有茨，不可埽也。 中冓之言，不可道也。 所（尚）可道也？言之醜也！
牆有茨，不可襄（攘）也。 中冓之言，不可詳也。 所可詳也？言之長也！
牆有茨，不可束也。 中冓之言，不可讀也。 所可讀也？言之辱也！

茨，蒺藜。 牆上有茨，所以防閑也，故不可掃除。 中冓之言，陰私之言。 攘，除也。 讀猶道也。

甘棠（召一六）

思召伯也。

蔽芾甘棠，勿翦勿伐！　召伯所茇。
蔽芾甘棠，勿翦勿敗！　召伯所憩。
蔽芾甘棠，勿翦勿拜！　召伯所說。

宛丘（陳一三六）

子之湯兮，宛丘之上兮，洵有情兮，而無望兮。
坎其擊鼓，宛丘之下，無冬無夏，值其鷺羽。
坎其擊缶，宛丘之道，無冬無夏，值其鷺翿。

載馳（鄘五四）

《左》閔二年。

載馳載驅，歸唁衛侯。驅馬悠悠，言至于漕。　大夫跋涉，我心則憂。

既不我嘉，不能（寧）旋反。　視爾不臧，我思不遠？

既不我嘉，不能旋濟。　視爾不臧，我思不閟？

陟彼阿丘，言采其蝱。　女子善懷，亦各有行。　許人尤之，衆（終）稚且狂！

我行其野，芃芃其麥。　控于大邦，誰因誰極（亟）？

大夫君子，無我有尤！　百爾所思，不如我所之（志）。

吊失國曰唁。　嘉，善也。　不寧，不如也。　爾大夫既不以我所謀慮者爲善，不如捨我而返也。視，比也。　臧，善也。　比之爾輩不善之謀，我所思慮者，不亦深遠乎？　思亦謀也。　閟，慎也。　終，既也。　尤，怨也。　許人謂諸大夫。　控，赴告也。　因，親也。亟，愛也。　欲以失國之灾難赴告於大國，誰爲親愛我者乎？言無可告訴者也。　百，凡也。　志亦思也。

泉水（邶三九）

毖（泌）彼泉水，亦流于淇。　有懷于衛，靡日不思。　孌彼諸姬，聊與之謀。

出宿于沸，飲餞于禰。　女子有行，遠父母兄弟。　問我諸姑，遂及伯姊。

出宿于干，飲餞于言。　載脂載舝，還車言邁，遄臻于衛，不瑕有害。

我思肥泉，茲之永嘆。　思須（沬）與漕，我心悠悠。　駕言出游，以寫我憂。

泌，疾流貌。　泉水，即下文之肥泉。　孌猶婉孌，好貌。　泉水，喻父母之邦，泉流於淇，喻己出適異國。　沸，一作濟。　女子嫁曰有行。

兔罝（周七）

美獵士之英武也。

肅肅（縮縮）兔（䖘）罝，椓之丁丁。　赳赳武夫，公侯干（閈）城。

肅肅兔罝，施于中逵。　赳赳武夫，公侯好仇。

肅肅兔罝，施于中林。　赳赳武夫，公侯腹心。

縮縮，網密貌。　楚人呼虎曰䖘。　罝，網也。　椓橛地中，張網其上，丁丁，椓聲。　閈，垣也。　好仇，皆匹也。　古亦謂臣爲君之匹。　逵，道也。

騶虞（召二五）

彼茁者葭，壹發五豝。　于嗟乎騶虞！
彼茁者蓬，壹發五豵。　于嗟乎騶虞！

盧令（齊一〇三）

美獵夫也。

盧（獹）令令（鈴鈴），其人美且仁！
盧重環，其人美且鬈（拳）！
盧重鋂，其人美且偲！

獹，田犬黑色。　鈴鈴，頸下環聲。　拳，勇壯也。　鋂，大環也。　偲，有才智也。

還（齊九七）

子之還（嫙）兮，遭我乎峱之間兮，并驅從兩肩（豣）兮，揖我謂我儇（婘）兮。
子之茂兮，遭我乎峱之道兮，并驅從兩牡兮，揖我謂我好兮。
子之昌兮，遭我乎峱之陽兮，并驅從兩狼兮，揖我謂我臧兮。

嫙，婘，皆好貌。　獸三歲曰豣。　豣以年言，牡以性言，狼以類言，三章義互相足。　從，逐也。　峱山名。　山南曰陽。

清人（鄭七九）

高克者，鄭大夫也，文公惡而欲遠之。適狄侵衛，衛在河北，鄭在河南，文公恐其渡河來侵，乃使高克將兵境上以禦之。狄退，高克次師河上，久不見召。公子素憂之，而作是詩焉。

清人在彭，駟介旁旁（滂滂），二矛重英，河上乎翱翔。
清人在消，駟介麃麃（漂漂），二矛重喬（翹），河上乎逍遥。
清人在軸，駟介陶陶，左旋右抽，中軍作好。

清，鄭邑名。　清人，清邑之人，高克所帥衆也。　彭，消，疑皆水名。　一車建二矛，所以備折壞也。　英，矛之英飾，染赤羽爲之。英飾非一，故曰重。　駟介，四馬被甲也。　翹，矛頭受刃處，懸羽爲飾，即英也。　抽，拔也，拔兵刃以習擊刺。　身左旋，以右手抽拔兵刃，以習擊刺。　三軍，上軍，中軍，下軍，中軍之將爲主帥。　此中軍即高克。　作好，爲容好，但講習兵事而已，與上兩章翱翔、逍遥同意。

駟鐵（秦一二七）

紀獵也。

駟（四）鐵（驖）孔阜，六轡在手。　公之媚子，從公于狩。
奉時辰（麎）牡，辰牡孔碩。　公曰："左之！"舍拔（柭）則獲。
游于北園，四馬既閑。　輶車鸞（鑾）鑣，載獫歇驕。

驖，馬赤黑色。　阜，壯大貌。　媚，愛也。　媚子謂公車之御。

麌，牝也。奉，獻，時，時祭。舍，放也。栝，矢末銜弦處，一曰括。栝與弦會，放矢則栝離弦，故曰舍栝。則，即也。凡射獸必令矢自獸之左體貫入，乃爲中殺。虞人驅獸逆車而來，公令媚子旋車當獸之左，以便於射也。射中曰獲。輶車，輕車也。鑾，鈴也，設鑾於鑣，故曰鑾鑣。鑣，馬銜兩端之出於口外者，端繫一鑾，故一馬二鑾，四馬則八鑾。舊說獫與歇驕皆田犬名。閑，調也。游，田游也。北園，秦之苑囿，公所游田之地。

猗嗟（齊一〇六）

美少年善射也。或曰齊人美魯莊公，莊公，齊之甥也。

猗嗟昌兮，頎而長兮。抑（卬）若（而）揚兮，美目揚（陽）兮。巧趨蹌兮，射則臧兮。

猗嗟名兮，美目清兮。儀既成兮，終日射侯，不出正兮。展我甥兮！

猗嗟孌兮，清揚婉（睕）兮。舞則選兮，射則貫兮，四矢反兮，以禦亂兮。

猗嗟猶于嗟，嘆美之詞。卬揚，舞也。臧，善也。昌，美也。而猶然也。陽，明也。頎，長貌。儀謂舞儀。展，誠也。侯，射侯，正，鵠的也。賓射則張布侯而設正。選，齊，貫，中而貫革也。反，復也。《禮》射每發四矢，四矢反者，中的之矢，拔去而復射，如是者四次，皆得其故處也。此較不出正尤難。一曰四矢連翩而出。孌睕仍以目言。

無衣（秦一三三）

《左傳》定四年，吴伐楚，入郢，申包胥如秦乞師，秦哀公爲之賦《無衣》。

豈曰無衣？與子同袍。　王于興師，脩我戈矛，與子同仇（疇）。

豈曰無衣？與子同澤（襗）。　王于興師，脩我矛戟，與子偕作。

豈曰無衣？與子同裳。　王于興師，脩我甲兵，與子偕行。

袍如今之斗篷，行軍者日以當衣，夜以當被。襗，短襦。

破斧（豳一五七）

東征士卒，喜生還也。

既破我斧，又缺我斨。　周公東征，四國是皇（惶）。　哀我人斯，亦孔之將（臧）？

既破我斧，又缺我錡。　周公東征，四國是吪。　哀我人斯，亦孔之嘉？

既破我斧，又缺我銶（鍬）。　周公東征，四國是遒。　哀我人斯，亦孔之休？

惶，恐懼之也。　臧，嘉，休，皆善也。　吪，震驚之也。　錡，鑿屬。　遒，迫也。　鍬，臿也。

羔裘（鄭八〇）

羔裘如濡，洵直且侯。 彼其之子，舍命不渝（偷）。
羔裘豹飾，孔武有力。 彼其之子，邦之司直。
羔裘晏兮，三英粲兮。 彼其之子，邦之彦兮。

侯，美也。 舍，施也。 命，君命。 偷，苟也。 羔裘，大夫服。 如濡，有光澤貌。 以裘代衣裘之人。 直，正直。 司直，主正人過失之官。 孔，甚也。 豹飾，以豹皮爲袖緣。 晏，粲，皆鮮盛貌。 英，裘飾也，疑即上之豹飾，凡三列，故曰三英。 彦，憲，古通，邦之彦猶邦之法則，邦之儀表也。

揚之水（唐一一六）

揚之水，白石鑿鑿。 素衣朱襮（襮），從子于沃。 既見君子，云何不樂！
揚之水，白石皓皓（醅醅）。 素衣朱繡（袖），從子于鵠（臯）。 既見君子，云何其憂！
揚之水，白石粼粼（磷磷）。 我聞有命，不敢以告人。

鑿，醅，磷，皆磨治玉象諸器之名，言光滑也。 襮，袖，皆袖端飾。 沃，臯，本皆訓澤，即曲沃也。

權輿（秦一三五）

於我乎夏屋渠渠，今也每食無餘。 于嗟乎不承權輿！
於我乎每食四簋，今也每食不飽。 于嗟乎不承權輿！

夏屋，蓋食器，房俎之類，狀如屋，故名。 渠渠，高聳貌。 權輿，本草木萌芽之名，引申爲始初之義。

北門（邶四〇）

出自北門，憂心殷殷。 終窶且貧，莫知我艱。 已焉哉！天實爲之，謂之何哉！

王事適（謫）我，政事一埤益我。 我入自外，室人交遍讁我。 已焉哉！天實爲之，謂之何哉！

王事敦我，政事一埤遺我。 我入自外，室人交遍摧（讙）我。 已焉哉！天實爲之，謂之何哉！

終，既也。 一，皆也。 謫，讁，皆責也，王事責之於外，室人責之於内，言公私交迫也。 敦，讙，皆迫也。

式微（邶三六）

式微式微，胡不歸！ 微君之故，胡爲乎中露？
式微式微，胡不歸！ 微君之躬，胡爲乎泥中？

河廣（衛六一）

誰謂河廣？一葦杭之。 誰謂宋遠？跂予望之。
誰謂河廣？曾不容刀。 誰謂宋遠？曾不崇朝。

終南（秦一三〇）

終南何有？有條（柚）有梅。 君子至止，錦衣狐裘，顔如渥丹。　其君也哉！

終南何有？有紀（杞）有堂（棠）。　君子至止，黻衣繡裳，佩玉將將。　壽考不忘！

君，美也。

狼跋（豳一六〇）

美公孫也。

狼跋其胡，載疐其尾。　公孫碩膚（臚），赤舄几几。

狼疐其尾，載跋其胡。　公孫碩膚，德音不瑕（暇）。

腹前肥曰臚。　暇，已也，止也。

車鄰（秦一二六）

有車鄰鄰（轔轔），有馬白顛。　未見君子，寺（侍）人之令（命）。

阪有漆，隰有栗。　既見君子，并坐鼓瑟。　今者不樂，逝者其耋。

阪有桑，隰有楊。　既見君子，并坐鼓簧。　今者不樂，逝者其亡。

轔轔，車聲。　顛，額也。　白顛，戴星馬。　侍人，内小臣。并，皆也。　逝者猶明者，對今者言。　耋，老也。

蟋蟀（唐一一四）

蟋蟀在堂，歲聿其莫（暮）。今我不樂，日月其除。無已大（泰）康，職思其居！好樂無荒，良士瞿瞿。

蟋蟀在堂，歲聿其逝。今我不樂，日月其邁。無已大康，職思其外！好樂無荒，良士蹶蹶。

蟋蟀在堂，役車其休。今我不樂，日月其慆（逾）。無已大康，職思其憂！好樂無荒，良士休休（倏倏）？

瞿瞿，驚顧貌，言儆惕也。職猶當也，今俗語曰得。已，過也。泰，安也。除，去也。蹶蹶，跳起貌，言敏疾也。邁亦逝也。倏倏，驚悚貌。逾，過也。孟冬十月，役車當還。

山有樞（唐一一五）

山有樞，隰有榆。子有衣裳，弗曳弗婁（摟）。子有車馬，弗馳弗驅。宛（苑）其死矣，他人是愉！

山有栲，隰有杻。子有廷（庭）内，弗灑弗埽。子有鍾鼓，弗鼓弗考。宛其死矣，他人是保！

山有漆，隰有栗。子有酒食，何不日鼓瑟！且以喜樂，且以永日。宛其死矣，他人入室！

樞，刺榆。摟，牽也。苑，萎也。愉，樂也。栲，今之臭椿。庭謂庭院，内謂堂室。

九罭（豳一五九）

這是燕飲時主人所賦留客的詩。魚本是象徵廋語，在情歌中男女用以稱其對方。這裏却是泛用或借用，不合原義。

九罭之魚鱒魴。　我覯之子，衮衣繡裳。
鴻飛遵渚——公歸無所。　於女（汝）信處！
鴻飛遵陸——公歸不復。　於汝信宿！
是以有衮衣兮，無以我公歸兮，無使我心悲兮。

九，虛數，言其多。　罭，網目，目多則網密，九罭是捕小魚的密網。　鱒魴是大魚，用捕小魚的密網捕大魚，魚一定逃不脱。　衮衣，玄衣，一曰即黻衣，黑與青謂之黻。　魚，指之子。　渚，小洲。　無所，無定處。　再宿曰信，此去不知所歸，故當相留再宿。　汝，詩人自汝。　女猶此也。　復，返也。　有，藏之也。　下以字猶使也。

羔羊（召一八）

大夫受享於諸侯，畢，以其所受賜之皮幣退而歸於家。《公食大夫禮》有乘皮束帛以侑賓；羔羊，即乘皮；素絲，猶束帛也。

羔羊之皮，素絲五紽。　退食自公，委蛇委蛇。
羔羊之革，素絲五緎。　委蛇委蛇，自公退食。
羔羊之縫（韄），素絲五總。　委蛇委蛇，退食自公。

革猶皮也。　韄亦皮也。

干旄（鄘五三）

孑孑干旄，在浚之郊。　素絲紕之，良馬四之，彼姝者子，何以畀之？

孑孑干旟，在浚之都。 素絲組之，良馬五之，彼姝者子，何以予之？

孑孑干旌，在浚之城。 素絲祝之，良馬六之，彼姝者子，何以告之？

渭陽（秦一三四）

我送舅氏，曰至渭陽。 何以贈之？路車乘黄。

我送舅氏，悠悠我思。 何以贈之？瓊瑰玉佩。

七月（豳一五四）

七月流火，九月授衣。 一之日觱發，二之日栗（凜）烈（冽），無衣無褐，何以卒歲！ 三之日于（爲）耜，四之日舉趾，同我婦子，饁彼南畝，田畯至喜。

七月流火，九月授衣。 春日載陽，有鳴倉庚。 女執懿筐，遵彼微行，爰求柔桑。 春日遲遲，采蘩祁祁，女心傷悲，殆及公子同歸。

七月流火，八月萑（摧）葦。 蠶月條（修）桑，取彼斧斨，以伐遠揚，猗（掎）彼女桑。 七月鳴鵙，八月載績，載玄（炫）載黄（熿），我朱孔陽，爲公子裳。

四月秀葽，五月鳴蜩，八月其穫，十月隕蘀。 一之日于貉，取彼狐狸，爲公子裘。 二之日其同，載纘武功，言私其豵，獻豜于公。

五月斯螽動股，六月莎鷄振羽，七月在野，八月在宇，九月在户，十月蟋蟀入我床下。 穹（熍）窒熏鼠，塞向墐户。 嗟我婦子，曰爲改歲，入此室處。

六月食鬱及薁，七月亨（烹）葵及菽。 八月剥（撲）棗，十月穫稻，爲此春酒，以介（匄）眉壽。

七月食瓜，八月斷壺（瓠）。九月叔苴，采荼薪樗，食我農夫。

九月築場圃，十月納禾稼。黍稷重（穜）穋，禾麻菽麥。嗟我農夫，我稼既同，上（尚）入執宫功。晝爾于（爲）茅，宵爾索綯，亟其乘屋，其始播百穀。

二之日鑿冰沖沖，三之日納于凌陰（窨），四之日其蚤（叉），獻羔祭韭。九月肅霜（爽），十月滌場（蕩）。朋酒斯饗，曰殺羔羊，躋彼公堂，稱彼兕觥，“萬壽無疆！”

火，大火，即心宿，秋昏向西而下謂之西流。授衣，授女工使爲之。九月絲麻之事已畢，始爲冬衣。觱發，寒風撼物聲。凜冽，氣寒也。耜，殺草也。趾，足也。舉趾，耕也。饁，餽祭。田畯，田神。同，會也。倉庚，黄鶯也。懿筐，深筐也。遵，循行也。微行，小徑。柔桑，稚桑也。陽，暖也。春日謂二月。遲遲，日長之意。采蘩所以供祭祀，女子教成之禮所用。祁祁，衆多貌。殆，將，及，與也。公子謂女子，與公子同歸，爲公子媵妾也。萑，折也。葦可以爲蠶箔。蠶月，三月。長枝去人遠揚起者，則伐之，初生之桑枝則偏引而束之。鵙，伯勞也。炫燨，采色炫耀貌。陽，明也。葽，今之遠志。結實曰秀。蜩，蟬也。蘀，落葉也。貉，禡祭，田者習兵之禮。纘，繼也。小曰豵，大曰豜。冬田大合衆曰同，同繼貉以習武功。斯螽，蝗類，舊説以股鳴。莎鷄，今曰紡織娘，以羽鳴。自七月在野，至十月入我床下，皆謂蟋蟀，言其鳴聲自遠而近也。宇，檐也。熐，以火治之也。向北，向牖也。墐，以泥塗之也。庶人編柴竹爲户，故當泥之使不通風。窒，塞也，一曰讀爲螲螻，蟲名，一曰炙鼠，又曰雀鼠，故與鼠對舉。一説剥讀爲泡，穫讀爲鑊，煮也。菽，豆也。鬱實似李，正赤，薁，櫻薁，實大如龍眼，黑色。棗，稻皆以釀酒。

冬釀而經春始成曰春酒。　叔，拾，苴，麻子也。　穜，稑，皆穀名。禾，穀之專名。　同，聚也。　納謂納之於倉囷。　宫功，室内之事。糾繩曰索，綯，繩也。　乘，覆蓋也。　茅，綯，所以備蓋屋之用。淩，冰，窨，地室也。　沖沖，聲也。　叉，取也，謂取冰。　九月之氣清高顥白，十月則萬物摇落無餘矣。　朋酒，兩樽。　公堂，豳公之朝堂。　兩手并舉曰稱。

葛覃（周二）

葛之覃兮，施于中谷，維葉萋萋。　黄鳥于飛，集于灌木，其鳴喈喈。

葛之覃兮，施于中谷，維葉莫莫。　是刈是濩，爲絺爲綌，服之無斁。

言告師氏，言告言歸。　“薄汙我私！薄浣我衣！”　害（曷）浣害（曷）否？歸寧父母。

覃，延也。　施，延及也。　維猶其也。　無斁，謂無已時也。莫莫，茂密貌。　濩，煮也。　葛布精曰絺，粗曰綌。　治汙曰汙，猶浣也。　師氏，保姆也。　薄，勉詞。　私與衣互文足義，總謂私衣，私衣，裹衣也。　告諭師氏之詞。

采蘩（召一三）

于以采蘩？于沼于沚。　于以用之？公侯之事。

于以采蘩？于澗之中。　于以用之？公侯之宫。

被之僮僮，夙夜在公。　被之祁祁，薄言還歸！

以猶何也。

采蘋（召一五）

于以采蘋？南澗之濱。 于以采藻？于彼行潦。
于以盛之？維筐及筥。 于以湘之？維錡及釜。
于以奠之？宗室牖下。 誰其尸之？有齊季（稚）女。

以猶何也。

兔爰（王七〇）

苦於勞役而思死也。

有兔爰爰（緩緩），雉離于羅。 我生之初尚無爲，我生之後逢此百罹。 尚寐無吪！

有兔爰爰，雉離于罦。 我生之初尚無造，我生之後逢此百憂。 尚寐無覺！

有兔爰爰，雉離于罿。 我生之初尚無庸，我生之後逢此百凶。 尚寐無聰！

爲，繇，古同字，爲，造，庸，皆謂勞役之事。 吪，動也。 緩緩，寬縱意，猶今言自由也。 罹，憂也。 初，猶前也。 聰，聞也。

伐檀（魏一一二）

刺不勞而獲者也。

坎坎伐檀兮，寘之河之干（岸）兮，河水清且漣猗（兮）。

不稼不穡，胡取（冣）禾三百廛（纏）兮？　不狩不獵，胡瞻爾庭有縣貆兮？　彼君子兮，不素（蔬）餐兮。

坎坎伐輻兮，寘之河之側兮，河水清且直猗。　不稼不穡，胡取禾三百億（繶）兮？　不狩不獵，胡瞻爾庭有縣特兮？　彼君子兮，不素食兮。

坎坎伐輪兮，寘之河之漘兮，河水清且淪猗。　不稼不穡，胡取禾三百囷（稛）兮？　不狩不獵，胡瞻爾庭有縣鶉兮？　彼君子兮，不素飧兮。

纏，繶，稛，皆束也。　冣，聚也。　風行水成文如連鎖曰漣。　坎坎，伐木聲。　寘，置也。　輻與輪并蒙上章之檀而言，謂伐檀以爲制輻與輪之材也。　直，直波之紋也。　獸三歲曰特。　水邊曰漘。　淪，水文相次有倫理也。　飧，食也。

下泉（曹一五三）

美晋荀躒納敬王於成周也。　昭二十二年（五二〇）景王崩，太子壽先卒，王子猛立，子朝攻殺猛，晋人又攻子朝而立猛母弟丐，是爲敬王。

洌彼下泉，浸彼苞稂。　愾我寤嘆，念彼周京。
洌彼下泉，浸彼苞蕭（莠）。　愾我寤嘆，念彼京周。
洌彼下泉，浸彼苞蓍。　愾我寤嘆，念彼京師。
芃芃黍苗，陰雨膏之。　四國有王，郇伯勞之。

洌，寒也。　下泉，出自地下者。　地下出泉，浸漬稂根，使之濕腐而易死。　稂，莠，蓍，可爲馬飾。　苞，叢生貌。　郇伯，晋大夫，名躒。　四方諸侯之所以有王者，以郇伯勤勞之之故也。

碩鼠（魏一一三）

怨重斂也。

碩鼠碩鼠，無食我黍！　三歲貫（宦）女（汝），莫我肯顧。逝（曷）將去女，適彼樂土？　適彼樂土，爰得我所？

碩鼠碩鼠，無食我麥！　三歲貫女，莫我肯德。　逝將去女，適彼樂國？　適彼樂國，爰得我直（職）？

碩鼠碩鼠，無食我苗！　三歲貫女，莫我肯勞。　逝將去女，適彼樂郊？　適彼樂郊，誰之永號？

宦，事也。　三歲，言其久也。　職猶所也。　之猶其也，其，將也，言既適樂郊，則無所用其號嘆也。　勞，慰勞也。

鴟鴞（豳一五五）

鴟鴞鴟鴞！　既取我子，無毀我室。　恩（殷）斯勤斯，鬻（幼）子之（是）閔斯！

迨天之未陰雨，徹彼桑土，綢繆牖户。　今女下民，或敢侮予。

予手拮据，予所（尚）捋荼，予口卒（瘁）瘏，予所（尚）蓄租。　曰予未有室家。

予羽譙譙（燋燋），予尾翛翛。　予室翹翹，風雨所（尚）漂摇。　予維（鶩）音嘵嘵（嗷嗷）。

鴇羽（唐一二一）

肅肅（縮縮）鴇羽，集于苞栩（橡　柔）。　王事靡盬（暇），不能蓺稷黍，父母何怙！　悠悠蒼天，曷其有所！

肅肅鴇翼，集于苞棘。　王事靡盬（暇），不能蓺黍稷，父母何食！　悠悠蒼天，曷其有極！

肅肅鴇行（胻），集于苞桑。　王事靡盬（暇），不能蓺稻粱，父母何嘗！　悠悠蒼天，曷其有常！

胻，頸也。

黍離（王六五）

彼黍離離，彼稷之苗。　行邁靡靡，中心摇摇。　知我者謂我心憂，不知我者謂我何求。　悠悠蒼天！此何人哉？

彼黍離離，彼稷之穗。　行邁靡靡，中心如醉。　知我者謂我心憂，不知我者謂我何求。　悠悠蒼天！此何人哉？

彼黍離離，彼稷之實。　行邁靡靡，中心如噎。　知我者謂我心憂，不知我者謂我何求。　悠悠蒼天！此何人哉？

離離，行列貌。　靡靡，行遲貌。　噎，氣逆不能息也。

詩風辨體

詩風辨體①

目　　録

①《詩風辨體》是按四言和雜言編次的風詩，基本無注釋。今據北京圖書館所藏清華大學講義照相複製件録出篇名，略去白文經文，收入本編。原件有缺頁，四言39、40、41、42、43及雜言160等六篇名，係整理者所補。

40. 兔罝（周南七）
41. 汝墳（周南十）
42. 采蘩（召南二）
43. 衡門（陳三）
44. 蜉蝣（曹一）
45. 羔羊（召南七）
46. 羔裘（鄭六）
47. 羔裘（檜一）
48. 采蘋（召南四）
49. 何彼襛矣（召南十三）
50. 東門之枌（陳二）
51. 駟驖（秦二）
52. 無衣（秦八）
53. 猗嗟（齊十一）
54. 干旄（鄘九）
55. 破斧（豳四）
56. 葛藟（王七）
57. 澤陂（陳十）
58. 葛覃（周南二）
59. 北風（邱十六）
60. 晨風（秦七）
61. 草蟲（召三）
62. 定之方中（鄘六）
63. 蟋蟀（唐一）
64. 碩鼠（魏七）
65. 漢廣（周南九）
66. 載驅（齊十）
67. 凱風（邶七）
68. 綠衣（邶二）
69. 下泉（曹四）
70. 候人（曹二）
71. 雄雉（邶八）
72. 終風（邶五）
73. 伯兮（衛八）
74. 關雎（周南一）
75. 擊鼓（邶六）
76. 柏舟（邶一）

雜言

77. 旄丘（邶十二）
78. 騶虞（召南十四）
79. 十畝之間（魏五）
80. 無衣（唐九）
81. 式微（邶十一）
82. 羔裘（唐七）
83. 遵大路（鄭七）
84. 狡童（鄭十二）
85. 東方之日（齊四）
86. 揚之水（鄭十八）
87. 君子陽陽（王三）
88. 權輿（秦十）
89. 褰裳（鄭十三）
90. 椒聊（唐四）
91. 柏舟（鄘一）
92. 杕杜（唐六）
93. 溱洧（鄭二十一）
94. 園有桃（魏三）

95. 株林（陳九）
96. 君子于役（王二）
97. 盧令（齊八）
98. 麟之趾（周南十一）
99. 螽斯（周南五）
100. 素冠（檜二）
101. 著（齊三）
102. 還（齊二）
103. 隰有萇楚（檜三）
104. 清人（鄭五）
105. 摽有梅（召南九）
106. 揚之水（唐三）
107. 鷄鳴（齊一）
108. 蝃蝀（鄘七）
109. 子衿（鄭十七）
110. 野有死麕（召南十二）
111. 簡兮（邶十三）
112. 女曰鷄鳴（鄭八）
113. 車鄰（秦一）
114. 宛丘（陳一）
115. 行露（召南六）
116. 君子偕老（鄘三）
117. 木瓜（衛十）
118. 緇衣（鄭一）
119. 殷其靁（召南八）
120. 揚之水（王四）
121. 北門（邶十五）
122. 采苓（唐十二）
123. 桑中（鄘四）
124. 黍離（王一）
125. 黄鳥（秦六）
126. 江有汜（召南十一）
127. 叔于田（鄭三）
128. 汾沮洳（魏二）
129. 牆有茨（鄘二）
130. 中谷有蓷（王五）
131. 綢繆（唐五）
132. 陟岵（魏四）
133. 兔爰（王六）
134. 鴇羽（唐八）
135. 山有樞（唐二）
136. 將仲子（鄭二）
137. 蒹葭（秦四）
138. 伐檀（魏六）
139. 静女（邶十七）
140. 淇奥（衛一）
141. 大叔于田（鄭四）
142. 小戎（秦三）
143. 日月（邶四）
144. 鳲鳩（曹三）
145. 東山（豳三）
146. 丰（鄭十四）
147. 南山（齊六）
148. 九罭（豳六）
149. 卷耳（周南三）
150. 匏有苦葉（邶九）

151. 鴟鴞（豳二）
152. 燕燕（邶三）
153. 竹竿（衛五）
154. 泉水（邶十四）
155. 碩人（衛三）
156. 葛生（唐十一）
157. 載馳（鄘十）
158. 谷風（邶十）
159. 氓（衛四）
160. 七月（豳一）

詩經詞類

整理説明

《詩經詞類》是作者計劃爲全部《詩經》劃分詞類的一部未完稿，據北京圖書館所藏作者手稿照相複製件整理而成。原稿眉批，多係引《詩》，次第井然，整理時已全部按其所屬詞類移入正文，不再一一注出。目録是整理者所補。

目　録

又

連詞

又

又缺我斨　又缺我錡　又缺我銶　（《邠・破斧》）

既（一作又）挾我矢　（《小雅・南・吉日》）

以上與既并用。

又窘陰雨　（《小雅・節・正月》）

與終并用，終亦既也。

曷又懷止　曷又從止　曷又鞠止　曷又極止　（《齊・南山》）

又何予之　（《小雅・魚・采菽》）

當作“何又予之”，與“曷又極止”句法同。“雖無（猶豈未）予之，路車乘馬。何又予之，玄衮及黻。”言既予之車馬，又予之衮黻，何其錫予之多也。此美之之詞，非刺之也。

又良御忌　（《鄭・大叔于田》）

又有嘉殽　（《小雅・節・正月》）

以上省既。

副詞

又，再也，表次第。

亂之又生　（《小雅・節・巧言》）

上云“亂之初生”。表次第。

又，複也，表重複。

敝予又改爲兮　敝予又改造兮　敝予又改作兮　（《鄭・緇衣》）

又，讀爲猶。

予又集于蓼　（《周頌・閔・小毖》）

外動詞

又，讀爲侑。

嘉賓式燕又思　（《小雅・南・南有嘉魚》）

室人入又　（《小雅・甫・賓之初筵》）

又，讀爲佑。

天命不又　（《小雅・節・小宛》）

内動詞

又，讀爲有。

亦又何求　（《周頌・臣・臣工》）

右

外動詞

右，讀爲侑。

一朝右之　（《小雅・南・彤弓》）

（一）饗（二）右（三）醻

右，讀爲祐，祭也。

卜辭作又。"庚戌卜，何貞翌辛亥其又后妣辛，饗。"（佚二六六）"庚申卜，□貞翌辛酉其又于祖辛□又饗……"（前一、一二、二）"癸卯卜，即其又于祖乙。"（甲一、一二、一六）

既右饗之　（《周頌・清・我將》）

既右烈考，亦右文母　（《周頌・臣・雝》）

右，讀爲佑，助也。

保右命爾　（《大雅・文・大明》）

保右命之　（《大雅・生・假樂》）

維天其右之　（《周頌・清・我將》）

實右序有周　（《周頌・清・時邁》）

形容詞

右，右手也。

右手秉翟　（《邶・簡兮》）

右招我由房　右招我由敖　（《王・君子陽陽》）

右，右方也。

左右陳行　（《大雅・蕩・常武》）

迺（或也）左迺右　（《大雅・文・緜》）

右，借爲隘　（右之部，隘支部，相近）

道阻且右　（《秦・蒹葭》）

名詞

右，右方也。

淇水在右　（《衛・竹竿》）

在帝左右　（《大雅・文・文王》）

悉率左右　（《小雅，南・吉日》）

左右秩秩　（《小雅・甫・賓之初筵》）

左右，在左右之人也。

平平左右　（《小雅・魚・采菽》）

攘其左右　（《小雅・甫・甫田》）

左右，疑官名。

膳夫左右　（《大雅・蕩・雲漢》）

左右趣之　左右奉璋　（《大雅・文・棫樸》）

外動詞

左右，猶助也。

實左右商王　（《商頌・長發》）

右，使之向右也。

右之右之　（《小雅・甫・裳裳者華》）

副詞

左右流之　左右采之　左右芼之　（《周南・關雎》）

左右綏之　（《周頌・臣・有客》）

左旋右抽　（《鄭・清人》）

醢

名詞

醢（籀文作𦣝），肉醬也。

醓醢以薦　（《大雅·生·行葦》）

有

外動詞

有，取也。

薄言有之　（《周南·芣苢》）

女反有之　（《大雅·蕩·瞻卬》）

是以有衮衣兮　（《豳·九罭》）

有，保也。

邦國是有　（《魯頌·閟宫》）

有，讀爲友，愛也。（《書·秦誓》“我尚有之”，王國維讀有爲友。“我皇多有之”，于省吾亦讀有爲友。）

亦莫我有　（《王·葛藟》）

寧莫我有　（《小雅·谷·四月》）

君子有之　維其有之　（《小雅·甫·裳裳者華》）

内動詞

有，具有也。

有孝有德　（《大雅·生·卷阿》）

有物有則　（《大蕩·蕩·烝民》）

有力如虎　（《邶·簡兮》）

有酒湑我　（《小雅·鹿·伐木》）

有相之道　（《大雅·生·生民》）

有此武功　（《大雅·文·文王有聲》）

我有嘉賓　（《小雅・鹿・鹿鳴》）
我有嘉客　（《商頌・那》）
我有旨酒　（《小雅・鹿・鹿鳴》）
我有旨蓄　（《邶・谷風》）
卬有旨苕　卬有旨鷊　（《陳・防有鵲巢》）
子有衣裳　子有車馬　子有廷内　子有鍾鼓　子有酒食　（《唐・山有樞》）
戎有良翰　（《大雅・蕩・崧高》）
彼有旨酒　（《小雅・節・正月》）
彼宜有罪　（《大雅・蕩・瞻卬》）
人有土田　人有民人　（同上）
民有肅心　（《大雅・蕩・桑柔》）
婦有長舌　（《大雅・蕩・瞻卬》）
江有汜　江有渚　江有沱　（《召南・江有汜》）
漢則有岸　隰則有泮　（《衛・氓》）
匏有苦葉　（《邶・匏有苦葉》）
苞有三蘖　（《商頌・長發》）
豐水有芑　（《大雅・文・文王有聲》）
淮有三洲　（《小雅・谷・鼓鍾》）
亦有兄弟　（《邶・柏舟》）
亦有和羹　（《商頌・烈祖》）
亦有高廩　（《周頌・臣・豐年》）
亦有斯容　（《周頌・臣・振鷺》）
又有嘉殽　（《小雅・節・正月》）
必有與也　必有以也　（《邶・旄丘》）
洵有情兮　（《陳・宛丘》）
既有肥羜　既有肥牡　（《小雅・鹿・伐木》）
既有淫威　（《周頌・臣・有客》）

奄有四方　（《大雅·文·皇矣》《周頌·清·執競》）
奄有下土　奄有龜蒙　（《魯頌·閟宫》）
奄有九有　（《商頌·玄鳥》）
尚有典刑　（《大雅·蕩·蕩》）
自有肺腸　（《大雅·蕩·桑柔》）
休有烈光　（《周頌·臣·載見》）
每有良朋　（《小雅·鹿·常棣》）
雖有兄弟　（同上）
如有隱憂　（《邶·柏舟》）
而有遐心　（《小雅·蕩·白駒》）
保有厥土　（《周頌·閔·桓》）
保有鳧繹　（《魯頌·閟宫》）
靡有朝矣　（《衛·氓》）
靡有旅力　（《大雅·蕩·桑柔》）
未有家室　（《大雅·文·緜》）
曰予未有家室　（《豳·鴟鴞》）
朕未有艾　（《周頌·閔·訪落》）
何有何亡　（《邶·谷風》）
他人有心　（《小雅·節·巧言》）
凡民有喪　（《邶·谷風》）
先民有言　（《大雅·生·板》）
先民有作　（《商頌·那》）
人亦有言　（《大雅·蕩·蕩》《抑》《桑柔》《烝民》）
民各有心　（《大雅·蕩·抑》）
微我有咎　（《小雅·鹿·伐木》）
維鵲有巢　（《召南·鵲巢》）
相鼠有皮　相鼠有齒　相鼠有體　（《鄘·相鼠》）
四國有王　（《曹·下泉》）

四方有羨　（《小雅·節·十月》）
不瑕有害　（《邶·泉水》《二子乘舟》
不瑕有佐　（《大雅·文·下武》）
不瑕有愆　（《人雅·蕩·抑》）
不尚有舊　（《大雅·蕩·召旻》）
不宜有怒　（《邶·谷風》）
曷其有所　曷其有極　曷其有常　（《唐·鴇羽》）
維其有章矣　（《小雅·甫·裳裳者華》）
是以有慶矣　（同上）
是以有譽處兮　（《小雅·南·蓼蕭》《小雅·甫·裳裳者華》）
是以有侮　（《小雅·節·正月》）
靡不有初　鮮克有終　（《大雅·蕩·蕩》）
庶幾有臧　（《小雅·甫·頍弁》）
載用有嗣　（《周頌·閔·酌》）
佌佌彼有屋　（《小雅·節·正月》）
孔武有力　（《鄭·羔裘》）
蔌蔌方有穀　（同上）
樂且有儀　（《小雅·南·菁菁者莪》）
監亦有光　（《小雅·谷·大東》）
中心有違　（《邶·谷風》）
出言有章　（《小雅·魚·都人士》）
授几有緝御　（《大雅·生·行葦》）
帶則有餘　髪則有旟　（《小雅·魚·都人士》）
昊天有成命　（《周頌·清·昊天有成命》）
田祖有神　（《小雅·甫·大田》）
文王有聲　（《大雅·文·文王有聲》）
太妊有身　（《大雅·文·大明》）
大邦有子　（同上）

袞職有闕　（《大雅·蕩·烝民》）

孝孫有慶　（《小雅·谷·楚茨》《魯頌·閟宫》）

君子有孝子　（《大雅·生·既醉》）

君子有徽猷　（《小雅·魚·角弓》）

君子有酒旨且多　君子有酒多且有　（《小雅·鹿·魚麗》）

君子有酒　（《小雅·南·南有嘉魚》《小雅·魚·瓠葉》）

君子有穀　（《魯頌·有駜》）

螟蛉有子　（《小雅·節·小宛》）

肆成人有德，小子有造　（《大雅·文·思齊》）

以近有德　（《小雅·生·民勞》）

舍彼有罪　（《小雅·節·雨無正》《小弁》）

發彼有的　（《小雅·甫·賓之初筵》）

擇三有事　（《小雅·節·十月》）

擇有車馬　（同上）

有母之尸饔　（《小雅·鴻·祈父》）

次内動詞

有，verb to be，表存在，與英語 there is 同義。

有客有客　（《周頌·臣·有客》）

有瞽有瞽　（《周頌·臣·有瞽》）

有駜有駜　（《魯頌·有駜》）

有驈有皇，有驪有黄　有騅有駓，有騂有騏　有驒有駱，有駵有雒　有駰有騢，有驔有魚　（《魯頌·駉》）

有熊有羆，有貓有虎　（《大雅·蕩·韓奕》）

有鱣有鮪　（《周頌·臣·潛》）

有稷有黍，有稻有秬　（《魯頌·閟宫》）

有條有梅　有紀有堂　（《秦·終南》）

有蒲與荷　有蒲與蕑　有蒲菡萏　（《陳·澤陂》）

有女如玉　（《召南·野有死麕》）

有女如雲　有女如荼　（《鄭・出其東門》）
有女懷春　（《召南・野有死麕》）
有女同車　有女同行　（《鄭・有女同車》）
有女仳離　（《王・中谷有蓷》）
有子七人　（《邶・凱風》）
有馬白顛　（《秦・車鄰》）
有豕白蹢　（《小雅・魚・漸漸之石》）
有兔斯首　（《小雅・魚・瓠葉》）
有鳥高飛　（《小雅・魚・菀柳》）
有鴞萃止　（《陳・墓門》）
有鶖在梁，有鶴在林　（《小雅・魚・白華》）
有客宿宿，有客信信　（《周頌・臣・有客》）
有狐綏綏　（《衛・有狐》）
有兔爰爰　（《王・兔爰》）
有車鄰鄰　（《秦・車鄰》）
有命既集　有命自天　（《大雅・文・大明》）
有聞無聲　（《小雅・南・車攻》）
有渰萋萋　（《小雅・甫・大田》）
山有樞　山有栲　（《唐・山有樞》）
山有榛　（《邶・簡兮》）
山有苞櫟　山有包棣　（《秦・晨風》）
山有喬松　山有扶蘇　（《鄭・山有扶蘇》）
山有蕨薇　山有嘉卉　（《小雅・四月》）
阪有漆　板有楊　（《秦・車鄰》）
隰有苓　（《邶・簡兮》）
隰有游龍　隰有荷華　（《鄭・山有扶蘇》）
隰有六駮　隰有樹檖　（《秦・晨風》）
隰有杞桋　（《小雅・谷・四月》）

隰有萇楚　（《檜·隰有萇楚》）

野有死鹿　（《召南·野有死麕》）

園有桃　園有棘　（《魏·園有桃》）

牆有茨　（《鄘·牆有茨》）

防有鵲巢　（《陳·防有鵲巢》）

行有死人　（《小雅·節·小弁》）

潛有多魚　（《周頌·臣·潛》）

漢有游女　（《周南·漢廣》）

濟有深涉　（《邶·匏有苦葉》）

南有樛木　（《周南·樛木》《小雅·南·南有嘉魚》）

南有喬木　（《周南·漢廣》）

南有嘉魚　（《小雅·南·南有嘉魚》）

東有甫草　（《小雅·南·車攻》）

東有啓明，西有長庚[1]（《小雅·谷·大東》）

南山有臺　南山有桑　南山有栲　南山有枸　（《小雅·南·南山有臺》）

北山有萊　北山有楊　北山有李　北山有楰　（同上）

終南何有　（《秦·終南》）

中原有菽　（《小雅·節·小宛》）

中谷有蓷　（《王·中谷有蓷》）

中唐有甓　（《陳·防有鵲巢》）

中田有廬　（《小雅·谷·信南山》）

丘中有麻　丘中有麥　丘中有李　（《王·丘中有麻》）

墓門有棘　墓門有梅　（《陳·墓門》）

疆埸有瓜　（《小雅·谷·信南山》）

維天有漢　（《小雅·谷·大東》）

---

① 兩句原稿作“東有長庚，西有啓明”，從上海古籍出版社黃侃手批《白文十三經》改。

維南有箕　維北有斗　（同上）

胡瞻爾庭有懸貆兮　胡瞻爾庭有懸特兮

胡瞻爾庭有懸鶉兮　（《魏・伐檀》）

也有哲王　（《大雅・文・下武》）

昔有成湯　（《商頌・殷武》）

此有不斂穧　此有滯穗　（《小雅・甫・大田》）

彼有不獲穉　彼有遺秉　（同上）

爰有寒泉　（《邶・凱風》）

爰有樹檀　（《小雅・鴻・鶴鳴》）

無有後艱　（《大雅・生・鳧鷖》）

靡有孑遺　（《大雅・蕩・雲漢》）

靡有不孝　（《魯頌・泮水》）

時靡有争　（《大雅・蕩・江漢》《商頌・烈祖》）

民靡有黎　（《大雅・蕩・桑柔》）

我聞有命　（《唐・揚之水》）

景命有僕　（《大雅・生・既醉》）

綽綽有裕　（《小雅・魚・角弓》）

有如皦日　（《王・大車》）

有如召公　（《大雅・蕩・召旻》）

如猶彼也，今語那

係詞

有，表肯定，猶是也。

匪且有且　（《周頌・閔・載芟》）

詩曰：“匪且有且，匪今斯今，振古如兹。”且讀爲徂，昔也。有與斯對舉，斯有是義，有亦是也。言非古自（是）古，今自（是）今，古今如一也。

名詞

有，讀爲域。

奄有九有　（《商頌·玄鳥》）
九有有截　（《商頌·長發》）
代名詞
有，讀爲或。
日有食之　（《小雅·節·十月》）
形容詞
有，豐也，富也。
君子有酒旨且有　（《小雅·鹿·魚麗》）
歲其有　（《魯頌·有駜》）
爰衆爰有　（《大雅·生·公劉》）
終善且有　（《小雅·甫·甫田》）
其祁孔有　（《小雅·甫·吉日》）
物其有矣　（《小雅·鹿·魚麗》）
自古有年　（《小雅·甫·甫田》）
有，多也。
靡有朝矣　（《衛·氓》）
連詞
有，讀爲又。
萬有千歲　（《魯頌·閟宫》）
有虞殷自天　（《大雅·文·文王》）
林義光説。
不日有曀　（《邶·終風》）
介詞
有，讀爲以，用也，表動作所用之工具。
摽有梅　（《召南·摽有梅》）
有，讀爲以，表動作之目的。
學有緝熙于光明　（《周頌·閔·敬之》）
（即）有邰家室　（《大雅·生·生民》）

即，衍文。郚當作台，養也。“以台家室”與六章“以歸肇祀”、七章“以興嗣歲”，句法同；且皆在章末，部位亦同。

助詞

助名詞（《左傳》僖二十一年“實司大皞與有濟之祀”、《書》“蠢兹有苗”，一作又。《秦詛楚文》：“又秦嗣楚。”

有商孫子　（《大雅・文・文王》）

《霥諆角》：“霥諆乍有羔日辛將彝。”

有娀方將　（《商頌・長發》）

有周不顯　（《大雅・文・文王》）

昭明有周　（《周頌・清・時邁》）

天監有周　（《大雅・蕩・烝民》）

實右序有周　（《周頌・清・時邁》）

《毛公鼎》：“配我有周。”“臨保我有周。”

投畀有北，有北不受　（《小雅・節・巷伯》）

投畀有昊（一作域）　（同上）

助形容詞

有皇上帝　（《小雅・節・正月》）

有嚴天子　（《大雅・蕩・常武》）

有匪君子　（《衛・淇奥》）

有齊季女　（《召南・采蘋》）

有美一人　（《鄭・野有蔓草》《陳・澤陂》）

有靦面目　（《小雅・節・何人斯》）

有覺德行　（《大雅・蕩・抑》）

有踐家室　（《鄭・東門之墠》）

有瑲葱珩　（《小雅・南・采芑》）

有饛簋飧　（《小雅・谷・大東》）

有捄棘匕　有捄天畢（同上）

有敦[1]瓜苦　（《豳・東山》）
有鳴倉庚　（《豳・七月》）
有空大谷　（《大雅・蕩・桑柔》）
有洌氿泉　（《小雅・谷・大東》）
下民有嚴　（《商頌・殷武》）
庶士有朅　（《衛・碩人》）
萬舞有奕　（《商頌・那》）
庸鼓有斁　（同上）
閟宫有侐　（《魯頌・閟宫》）
松桷有舃　（同上）
松桷有梴　（《商頌・殷武》）
旅楹有閑　（同上）
臯門有伉　（《大雅・文・綿》）
新臺有泚　新臺有灑　（《邶・新臺》）
庭燎有輝　（《小雅・鴻・庭燎》）
路車有奭　（《小雅・南・采芑》）
肇車有鶬　（《周頌・臣・載見》）
四牡有驕　（《衛・碩人》）
旟旐有翩　（《大雅・蕩・桑柔》）
蒙伐有苑　（《秦・小戎》）
鞞琫有珌　（《小雅・甫・瞻彼洛矣》）
韎韐有奭　（同上）
彤管有煒　（《邶・静女》）
籩豆有踐　（《小雅・甫・賓之初筵》）
籩豆有且　（《大雅・蕩・韓奕》）
釃酒有藇　釃酒有衍　（《小雅・鹿・伐木》）

① “敦”，原稿作敦，從上海古籍出版社黄侃手批《白文十三經》改。

海外有截　（《商頌・長發》）
九域有截　（同上）
魯道有蕩　（《齊・南山》《載驅》）
隰桑有阿　（《小雅・魚・隰桑》）
日出有曜　（《檜・羔裘》）
明星有爛　（《鄭・女曰鷄鳴》）
大風有隧　（《大雅・蕩・桑柔》）
昭明有融　令終有俶　（《大雅・生・既醉》）
其葉有難　其葉有沃　其葉有幽　（《小雅・魚・隰桑》）
有依其士　（《周頌・閔・載芟》）
有俶其城　（《大雅・蕩・崧高》）
有那其居　（《小雅・魚・魚藻》）
有覺其楹　（《小雅・鴻・斯干》）
有嗿其饁　（《周頌・閔・載芟》）
有略其耜　（同上）
有倬其道　（《大雅・蕩・韓奕》）
有載其所
有鶯其羽　有鶯其領　（《小雅・甫・桑扈》）
有頒其首　（《小雅・魚・魚藻》）
有莘其尾　（同上）
有捄其角　（《周頌・閔・良耜》）
有蕡其實　（《周南・桃夭》）
有睆其實　（《小雅・鹿・杕杜》）
有菀其特　（《小雅・節・正月》）
有實其猗　（《小雅・節・節南山》）
有嘒其星　（《大雅・蕩・雲漢》）
有棧之車　（《小雅・魚・何草不黄》）
有夷之行　（《周頌・清・天作》）

有杕之杜　（《唐・杕杜》《有杕之杜》《小雅・鹿・杕杜》）
有秩斯祜　（《商頌・烈祖》）
有扁斯石　（《小雅・魚・白華》）
有頍者弁　（《小雅・甫・頍弁》）
有芃者狐　（《小雅・魚・何草不黄》）
有菀者柳　（《小雅・魚・菀柳》）
有卷者阿　（《大雅・生・卷阿》）
有漼者淵　（《小雅・節・小弁》）
有嚴有翼　（《小雅・南・六月》）
有馮有翼　（《大雅・生・卷阿》）
有震且業　（《商頌・長發》）
有洸有潰　（《邶・谷風》）
有壬有林　（《小雅・甫・賓之初筵》）
有萋有且　（《周頌・臣・有客》）
有倫有脊　（《小雅・節・正月》）
於乎有哀　（《大雅・蕩・桑柔》）

助動詞

有懷于衛　（《邶・泉水》）
有懷二人　（《小雅・節・小宛》）
有來雝雝　（《周頌・臣・雝》）
有集維鷮　（《小雅・甫・車舝》）
女子有行　（《邶・泉水》《鄘・蝃蝀》《衛・竹竿》）
亦各有行　（《鄘・載馳》）
召伯有成　（《小雅・魚・黍苗》）
《逸周書・皇門篇》："用克和有成。"
迄用有成　（《周頌・清・維清》）
既克有定　（《小雅・節・正月》）

副詞

有，或也。(《易・姤・九五》："有隕自天。"《書・多士》："朕不敢有後。"《孟子・梁惠王篇》引《書》："天下曷敢有越厥志。")

邦靡有定　(《大雅・蕩・瞻卬》)
靡有夷屆　靡有夷瘳　(同上)
亂靡有定　(《小雅・節・節南山》)
枝葉未有害　(《大雅・蕩・蕩》)
眉壽未有害　(《魯頌・閟宫》)
國無有殘　(《大雅・生・民勞》)
無我有尤　(《鄘・載馳》)
胡能有定　(《邶・日月》)
曷其有佸　(《王・君子于役》)
予曰有疏附，予曰有先後，予曰有奔奏，予曰有禦侮　(《大雅・文・緜》)

助副詞

憂心有忡　(《邶・擊鼓》)
寤辟有摽　(《邶・柏舟》)
其大有顒　(《小雅・南・六月》)
有瀰濟盈　(《邶・匏有苦葉》)
有厭其杰　(《周頌・閔・載芟》)
有鷕雉鳴　(同上)
有飶其香　(同上)
執事有恪　(《商頌・那》)
有椒其馨　(同上)
有虔秉鉞　(《商頌・長發》)
有實其積　(同上)
會同有繹　(《小雅・南・車攻》)
臨下有赫　(《大雅・文・皇矣》)

囿

名詞

囿，所以域養禽獸也。(《大雅・文・靈臺》傳[①])

王在靈囿　(《大雅・文・靈臺》)

宥

介詞

宥，讀爲有，以也。

夙夜基命宥密　(《周頌・清・昊天有成命》)

侑

外動詞

侑，勸食也。(《小雅・谷・楚茨》傳：“侑，勸也。”)

以妥以侑　(《小雅・谷・楚茨》)

賄

名詞

賄，財貨也。(《衛・氓》傳：“賄，財〔也〕。”《玉燭寶典》引蔡邕《月令章句》“龜貝金玉之屬曰貨，布帛魚鹽之屬曰賄”。按賄貨聲之轉。)

① “大雅・文”三字今補。

鮪

名詞

鮪，魚名。

鱣鮪發發　（《衛・碩人》）

匪鱣匪鮪　（《小雅・谷・四月》）

有鱣有鮪　（《周頌・臣・潛》）

洧

名詞

洧，水名也。（《鄭・褰裳》傳）

褰裳涉洧　（《鄭・褰裳》）

溱與洧　（《鄭・溱洧》）

洧之外　（同上）

友

名詞

友，朋友也。

朋友攸攝　（《大雅・生・既醉》）

朋友已譖　（《大雅・蕩・桑柔》）

怨及朋友　（《小雅・生・假樂》）

燕及朋友　（《大雅・生・假樂》）

惠及朋友　（《大雅・蕩・抑》）

嗟爾朋友　（《大雅・蕩・桑柔》）

卬須我友　（《邶・匏有苦葉》）

我不敢效，我友自逸　（《小雅・節・十月》）

我友敬矣　（《小雅·鴻·沔水》）[①]

邦人諸友　（《小雅·鴻·沔水》）

飲御諸友　（《小雅·南·六月》）

雖無好友　（《小雅·甫·車舝》）

張仲孝友　（《小雅·南·六月》）

《曆鼎》："考晉隹井。"

形容詞

友，多也，衆也。（《考鼎》"晉父"，晉古友字，晉父即多父。）

視爾友君子　（《大雅·蕩·抑》）

不如友生　（《小雅·鹿·常棣》）

不求友生　（《小雅·鹿·伐木》）（同姓宗族）

求其友聲　不求友聲　（同上）

友，猶偶也。（《説文》："姷，耦也。"重文作侑。）

或群或友　（《小雅·南·吉日》）

外動詞

友，友愛也。

因心則友，則友其兄　（《大雅·文·皇矣》）

友，讀爲誘，感也。（《淮南子·原道篇》"好憎成而知誘於外"，注："誘，感也。"一説，讀爲怡。）琴瑟友之（《周南·關雎》）

《史記·司馬相如列傳》："以琴心挑之。"

内動詞

友，讀爲有。

散無友紀　（《大雅·蕩·雲漢》）

馬瑞辰説。

① 以下原稿有引《詩》"視爾友君子"（《蕩·抑》）。因其又見於下文形容詞舉例，故删之。

尤

外動詞

尤，非也，責也。(《文選·盧諶贈劉琨詩》注引薛君《韓詩章句》："尤，非也。"《論語·憲問篇》"不尤人"，鄭注："尤，非也。"皇疏："尤，責也。")許人尤之　(《鄘·載馳》)

無我有尤　(同上)

名詞

尤，過也。

莫知其尤　(《小雅·谷·四月》)

訧

名詞

訧與尤同，過也。(《邶·緑衣》釋文："訧本或作尤。"《傳》："訧，過也。"《説文》："訧，辠也。")

俾無訧兮　(《邶·緑衣》)

無尤，古之成語。卜辭作亾畎、亾尤。《孟子·梁惠王下篇》"君無尤焉"，《國語·晋語》"言無郵"，《吕氏春秋·樂成篇》"投之無郵"，郵與尤通。

郵

名詞

郵與尤通，過也。

不知其郵　(《小雅·甫·賓之初筵》)

以

名詞

以

侯强侯以 （《周頌·閔·載芟》）

以，與也。

必有以也。 （《邶·旄丘》）

代名詞

以，讀爲台，我也，用於主位。

越以鬷邁 （《陳·東門之枌》）

越，與也。“越台鬷邁”，與我同往也。

以，讀爲台，我也，用於賓位。

介以繁祉 （《周頌·臣·雝》）

“綏我眉壽，介台繁祉。”綏、介并訓賜予，二句偶文。

綏以多福 （《周頌·臣·載見》）

《雝》《烈祖》并云：“綏我眉壽。”《那》：“綏我思成。”句法與此同。

居以凶矜 （《小雅·魚·菀柳》）

以，讀爲台，我也，用於領位，口語曰“我的”。 （《禮記·祭統》：“對揚以（台）辟之，勤大命，施于烝彝鼎。”又《射義》引《詩》：“大夫君子，凡以（台）庶士。大小莫處，御於君所。”以皆訓我。）

以車彭彭 以車伾伾 以車繹繹 以車祛祛 （《魯頌·駉》）

疑問代名詞

以，讀爲台，何也，何處也。（楊樹達説）（此類皆上句問、下句答，如：“誰其尸之？有齊季女。”）

于以采蘩 于以用之 （《周南·采蘩》）

于以采蘋 于以采藻 （《周南·采蘋》）

于以湘之　于以奠之　（同上）

于以求之　（《邶・擊鼓》）

虛指示代名詞

以，猶或也。

以薪以蒸，以雌以雄　（《小雅・鴻・無羊》）

以雅以南，以籥不僭　（《小雅・谷・鍾鼓》）

以陰以雨　（《邶・谷風》）

外動詞

以，用也。

或以其酒　（《小雅・谷・大東》）

不以其漿　不以其長　（同上）

逝不以濯　（《大雅・蕩・桑柔》）

勿以爲笑　（《大雅・生・板》）

秋以爲期　（《衛・氓》）

昏以爲期　（《陳・東門之楊》）

以我齊明　（《小雅・甫・甫田》）

以我覃耜　（《小雅・甫・大田》）

以爾鉤援　（《大雅・文・皇矣》）

以其騂黑　（《小雅・甫・大田》）

以其介圭　（《大雅・蕩・韓奕》）

以，興也。（《論語・爲政篇》："視其所以，觀其所由，察其所安。"《左傳》成八年："霸主將德是以，而二三之，其何以長有諸侯乎？"）

不我以　（《召・江有汜》）

不我屑以　（《邶・谷風》）

以，使也。（《戰國策・秦策》"向欲以齊事王"，注："以，猶使也。"《書・君奭》："我不以後人迷。"《召誥》："其惟王勿以小民淫用非彝。"《多方》："乃惟以爾多方之義民不克永於多享。"《孟子・公孫丑篇》："管仲以其君霸，晏子以其君顯。"）

不我以歸　（《邶・擊鼓》）

無以我公歸兮　（《豳・九罭》）

不以服箱　（《小雅・谷・大東》）

助形容詞

以，讀爲有。

以赫厥靈　（《大雅・生・生民》）

《大雅・文・皇矣》："臨下有赫。"《潛夫論・班禄篇》引作以。《商頌・殷武》："赫赫厥聲，濯濯厥靈。"

副詞

以，讀爲台，何也。（楊樹達説）

以莫不庶　以莫不興　以莫不增　（《小雅・鹿・天保》）

連詞

以，猶且也。[《晏子春秋外篇》："穿池沼則欲其深以廣也，爲臺榭則欲其高且大也。"以與且互文。漢《鐃歌・臨高臺》："臨高臺，〔高〕（從魏文帝詞補）以軒，下有江水清且寒。"軒有舉義，與高義近，此亦以與且爲互文。《管子・小匡篇》："民富而以親，則可以使之乎？"《楚辭・九歌》："誠既勇兮又以武。"《九章》："虚惑誤又以欺。"字一作似。《老子》十二章："而我獨頑似鄙。"閔本作且，蓋以意改。]

復狂以喜　（《大雅・蕩・桑柔》）

癙憂以痒　（《小雅・節・正月》）

喜賓式燕以敖　（《小雅・鹿・鹿鳴》）

《車舝》"式燕且喜"句法同。

嘉賓式燕以樂　嘉賓式燕以衎　（《小雅・南・南有嘉魚》）

介詞

以，讀爲迨，及也。（《國語・周語》引《湯誓》："予一人有罪，無以萬夫。"《吕氏春秋・順民篇》《論衡・感虚篇》并作及。

《易・小畜》："富以其鄰。"《泰》："拔茅茹以其彙。"《剥》："剥床以足。""剥床以膚。"）

無以下體 （《邶・谷風》）

以，猶將也，挈也。（《史記・晋世家》："宫之奇以其族去虞。"表領率之義。）

以我賄遷 （《衛・氓》）

以爾車來 （同上）

以其婦子 （《豳・七月》）

因以其伯 （《大雅・蕩・韓奕》）

以居徂向 （《小雅・節・十月》）

居借爲家，謂以其家室往向也。

以，故也。（《左傳》文五年："余懼不獲其利而離其難，是以去之。"《國語・晋語》作故。《哀元年》："闔廬惟能用其民，以敗我於柏舉。"）

是以爲刺 （《魏・葛屨》）

是以有侮 （《小雅・節・正月》）

是以似之 （《小雅・甫・裳裳者華》）

是以有慶矣 （同上）

是以有譽處兮 （《小雅・南・蓼蕭》《甫・裳裳者華》）

是以有衮衣兮 （《豳・九罭》）

以無陪無卿 （《大雅・蕩・蕩》）

"不明爾德，時（是）無背無側，爾德不明，以無陪（踣）無卿（鄉）。"時以分二處用，時以即是以。

以，乃也。

四方以無侮 四方以無拂 （《大雅・文・皇矣》）

大命以傾 （《大雅・蕩・蕩》）

文王以寧 （《大雅・文・文王》）

流言以對 （《大雅・蕩・蕩》）

乾餱以愆　（《小雅・鹿・伐木》）

以，爲也。（《左傳》定十年："所以事君，封疆社稷是以。"注："以，猶爲也。"）

天何以刺　（《大雅・蕩・瞻卬》）

以，興也。（《儀記・鄉射禮》："各以其耦進。"注："今文以爲與。"《左傳》襄二十九年："欒氏其以宋升降乎？"《論語・微子篇》："滔滔者天下皆是也，而誰以易之？"《虢仲盨》："虢中以王南征南淮尸（夷）。"）

不胥以穀　（《大雅・蕩・桑柔》）

不相與善也。

反以我爲仇　（《邶・谷風》）

永以爲好也　（《衛・木瓜》）

以，于也。[《荀子・修身篇》："宜于時通，利以處窮。"（王念孫云，時猶處也）《春秋繁露・天地之行篇》："凡天地之物，乘以其泰而生，厭于其勝而死。"以上以于互文。《大戴禮記・衛將軍文子篇》："克篤恭以天下。"]

式穀以女　（《小雅・谷・小明》）

揆之以日　（《鄘・定之方中》）

以，猶比也。[以與與通，與猶比也。《淮南子・道應篇》："吾比夫子，猶黄鵠與壤蟲也。"《泰族篇》："故不學之與學也，猶瘖聾之比於人也。"《太平御覽》七八引《尸子》："堯曰：'朕之比神農，猶旦與昏也。'"以上以比互文。《左傳》文二十八年："職曰：'與刖其父而弗能病者何如？'"《襄二十一年》："人謂叔向曰：'子離於罪，其爲不知乎？'叔向曰：'與其死亡，若何？'"《莊二十二年》："八世之後，莫之與京（勍）。"《漢書・馮奉世傳》："故少發師而曠日，與一舉而疾決，利害相萬也。"《論語・八佾篇》："與其媚於奥，寧媚於竈。"《史記・魯仲連傳》："燕將見魯連書，喟然嘆曰：'與人刃我，寧自刃。'乃自殺。"《吕氏春秋・貴直篇》："與吾得革車千乘也。不如聞行人燭過之一言。"以又通于，于亦猶比也。《左傳》昭二十年："梁邱據與裔款言於公曰：'吾事鬼神豐，于先君有加矣。'"字一作於。《孟子・滕文公篇》："殺伐用張，於湯有光。"《墨子・耕柱篇》："鬼神之明智於聖人也，猶聰耳明目之與聾瞽也。"于與皆訓比。］

涇以渭濁　（《邶・谷風》）

以，用也，表所用之工具。

充耳以素乎而　充耳以青乎而　充耳以黄乎而　（《齊・著》）

序賓以賢　序賓以不侮　（《大雅・生・行葦》）

投我以木瓜　投我以木桃　投我以木李　（《衛・木瓜》）

投我以桃　（《大雅・蕩・抑》）

報之以瓊琚　報之以瓊瑶　報之以瓊玖　（《衛・木瓜》）

報之以李　（《大雅・蕩・抑》）

贈之以勺藥　（《鄭・溱洧》）

益之以霢霂　（《小雅・谷・信南山》）

尚之以瓊華乎而　尚之以瓊瑩乎而　尚之以瓊英乎而　（《齊・著》）

麾之以肱　（《小雅・鴻・無羊》）

胡寧瘨我以旱　（《大雅・蕩・雲漢》）

天不湎爾以酒　（《大雅・蕩・蕩》）

既醉以酒，既飽以德　（《大雅・生・既醉》）

享以騂犧　（《魯頌・閟宫》）

祭以清酒　（《小雅・谷・信南山》）

報以介福　（《小雅・谷・楚茨》《信南山》《小雅・甫・甫田》）

攝以威儀　（《大雅・生・既醉》）

從以孫子　（同上）

從以騂牡　（《小雅・谷・信南山》）

酌以大斗　（《大雅・生・行葦》）

鋈以觼軜　（《秦・小戎》）

翟茀以朝　（《衛・碩人》）
狐裘以朝　（《檜・羔裘》）
醓醢以薦　（《大雅・生・行葦》）
歌以訊之　（《陳・墓門有棘》）
斧以斯之　（同上）
雜佩以贈之　雜佩以問之　雜佩以報之　（《鄭・女曰鷄鳴》）
以我御窮　（《邶・谷風》）
何以卒歲　（《豳・七月》）
何以穿我屋　何以穿我墉　（《召南・行露》）
何以贈之　（《秦・渭陽》）
何以舟之　（《大雅・生・公劉》）

以，用也，表所爲用之目的。

維以不永懷　維以不永傷　（《周南・卷耳》）
維以告哀　（《小雅・谷・四月》）
維以遂歌　（《大雅・生・卷阿》）
且以喜樂，且以永日　（《唐・山有樞》）
且以酌醴　（《小雅・南・吉日》）
以勗寡人　（《邶・燕燕》）
以詛爾斯　（《小雅・節・何人斯》）
以先啓行　（《小雅・南・六月》）
以往烝嘗　（《小雅・谷・楚茨》）
以定我王　（《大雅，生・民勞》）
以穀我士女　（《小雅・甫・甫田》）
以慰我心　（《小雅・甫・車舝》）
以寫我憂　（《邶・泉水》《衛・竹竿》）
以介我黍　（《小雅・甫・甫田》）
以修我戎　（《大雅・蕩・常武》）
以作爾庸　以作爾實　（《大雅・蕩・崧高》）

以祈爾爵　以奏爾時　(《小雅・甫・賓之初筵》)
以佐戎辟　(《大雅・蕩・韓奕》)
以保明其身　(《周頌・閔・訪落》)
以保其身　(《大雅・蕩・烝民》)
以保我後生　(《商頌・殷武》)
以慰其心　(同上)
以矢其音　(《大雅・生・卷阿》)
以縶其馬　(《周頌・臣・有客》)
以啓其毛　(《小雅・谷・信南山》)
以佐天子　(《小雅・南・六月》)
以燕天子　(《小雅・南・吉日》)
以事一人　(《大雅・蕩・烝民》)
以匡王國　以定王國　(《小雅・南・六月》)
以綏四方　以綏四國　(《大雅・生民・勞》)
以受方國　(《大雅・文・大明》)
以畜萬邦　(《小雅・節・節南山》)
以究王訩　(同上)
以爲王休　以爲民逑　(《大雅・生・民勞》)
以戾庶正　(《大雅・蕩・雲漢》)
以贈申伯　(《大雅・蕩・崧高》)
以作六師　(《小雅・甫・瞻彼洛矣》)
以按徂旅　(《大雅・文・皇矣》)
以燕翼子　(《大雅・文・文王有聲》)
以御賓客　(《小雅・南・吉日》)
以燕樂嘉賓之心　(《小雅・鹿・鹿鳴》)
以念穹蒼　(《大雅・蕩・桑柔》)
以御田祖　(《小雅・甫・甫田》)
以篤于周祜，以對于天下　(《大雅・文・皇矣》)

以近有德　（《大雅・生・民勞》）
以謹無良　以謹罔極　（同上）
以謹惛怓　以謹醜厲　以謹繾綣　（同上）
以極反側　（《小雅・節・何人斯》）
以弗無子　以歸肇祀　以興嗣歲　（《大雅・生・生民》）
以祈黄耉　（《大雅・生・行葦》《卷阿》）
以綏後禄　（《小雅・谷・楚茨》）
以祈甘雨　（《小雅・甫・甫田》）
以奏膚公　（《小雅・南・六月》）
以介眉壽　（《邠・七月》《周頌・臣》《載見》）
以介景福　（《小雅・谷・楚茨》《大雅・文・旱鹿》《生・行葦》《周頌・臣・潛》）
以洽百禮　（《小雅・甫・賓之初筵》《周頌・臣・豐年》《閔・載芟》）
以就口食　（《大雅・生・生民》）
以伐崇墉　（《大雅・文・皇矣》）
以伐遠揚　（《邠・七月》）
以薅荼蓼　（《周頌・閔・良耜》）
以永今朝　以永今夕　（《小雅・鴻・白駒》）
以望復關　（《衛・氓》）
以望楚矣　（《鄘・定之方中》）
以釣于淇　（《衛・竹竿》）
以享以祀　（《小雅・谷・楚茨》《甫・大田》）
以妥以侑　（《小雅・谷・楚茨》）
以孝以享　（《周頌・臣・載見》）
以假以享　（《商頌・烈祖》）
以社以方　（《小雅・甫・甫田》）
以引以翼　（《大雅・生・行葦》）

以似以續　（《周頌・閔・良耜》）

以敖以遨　（《邶・柏舟》）

以，用也，表功用。

可以樂飢　（《陳・衡門》）

可以履霜　可以縫裳　（《魏・葛屨》）

可以漚麻　可以漚紵　可以漚菅　（《陳・東門之池》）

可以餴饎　可以濯罍　可以濯溉　（《大雅・生・泂酌》）

可以爲錯　可以攻玉　（《小雅・鴻・鶴鳴》）

不可以簸揚　不可以挹酒漿　（《小雅・谷・大東》）

以，用也，表所用之方法。

何以畀之　何以予之　何以告之　（《鄘・干旄》）

我以爲君　我以爲兄　（《鄘・鶉之奔奔》）

助動詞

以，猶可也。(《孟子・滕文公篇》："今一見之，大則以王，小則以霸。")

亦以禦寒　（《邶・谷風》）

以禦亂兮　（《齊・猗嗟》）

此條裴學海説。

比較連詞

以，讀爲似，如也。

凄其以風　（《邶・緑衣》）

《秦・小戎》"温其如玉"句法同。

代名詞

以，乃也，其也。[《禮記・王制》："山川神祇，有不舉者爲不敬，不敬者君削以地；宗廟，有不順者爲不孝，不孝者君黜其爵。"(《孟子・告子篇》"一不朝則貶其爵，再不朝則削其地"句例同。)《説苑・修文篇》以其互易。《射義》："不得與於祭者有讓，削以地；得與於祭者有慶，益以地。"《説苑・修文篇》以并作其。《吕氏春秋·本生篇》："非誇以名也，爲其實也。"《老子》十三章："故貴以身爲（如）天下，若（乃）可寄天下；愛以身爲（如）天下，若（乃）可托天下。"《蕩》"大命以傾"，《國語·晋語》三作其。]

以先祖受命　（《大雅·蕩·韓奕》）

副詞

以，乃也。

以開百室　（《周頌·閔·良耜》）

以速諸父　以速諸舅　（《小雅·鹿·伐木》）

以峙其粻　（《大雅·蕩·崧高》）

以爲酒食　（《小雅·谷·楚茨》《信南山》）

以享以祀　（《大雅·文·旱麓》《周頌·臣·潛》）

以，且也，此爲姑且之且。

聊以行國　（《魏·園有桃》）

以，且也，此爲而且之且。

皇以間之　（《周頌·閔·桓》）

介詞

以，猶而也。

佇立以泣　（《邶·燕燕》）

取羝以軷　（《大雅·生·生民》）

縮版以載　（《大雅·文·緜》）

盡瘁以任　（《小雅·谷·四月》）

斂怨以爲德　（《大雅·蕩·蕩》）

淪胥以鋪　（《小雅·節·雨無正》）

無淪胥以敗　（《小雅·節·小明》）

無淪胥以亡　（《大雅·蕩·抑》）

自今以始　（《魯頌·有駜》）

助詞

以，無義。可以猶可也，敢以猶敢也。

可以棲遲　（《陳・衡門》）

人可以食，鮮可以飽　（《小雅・魚・苕之華》）

不可以茹　不可以據　（《邶・柏舟》）

不敢以告人　（《唐・揚之水》）

指示形容詞

以，猶比也。[《韓非子・愛臣篇》："晋之分也，齊之奪也，皆以群臣之太富也。夫燕宋之所以弑其君者，皆以類也。"《戰國策・魏策》："'且無梁孰與無河内急？'王曰：'梁急。''無梁孰與無身急？'王曰：'身急。'曰：'以三者，身上也。河内，其下也。秦未索其下而效其上，可乎？'"（楊樹達説）]

保有厥士，于以四方　（《周頌・閔・桓》）

介詞

以，表時間之延長，或空間之擴大。

庶無罪悔，以迄于今　（《大雅・生・生民》）

庶幾夙夜，以永終譽（歟）　（《周頌・臣・振鷺》）

刑于寡妻，至于兄弟，以御于家邦　（《大雅・文・思齊》）

未詳

不大聲以色，不長夏以革　（《大雅・文・皇矣》）

成不以富，亦祇以異　（《小雅・鴻・我行其野》）

具禍以燼　（《大雅・蕩・桑柔》）

征以中垢　（同上）

假以溢我　（《周頌・清・維天之命》）

"於乎不顯，文王之德之純，假以溢我"，疑純假即純嘏。

台

名詞

台，讀爲鮐，魚名。背有黑斑，老人背似之，故以爲喻。（《爾雅・釋詁》："鮐背，老壽也。"郭注："鮐背，背皮如鮐魚。"《行葦》箋："台之言鮐也，大老則背有鮐文。"《釋名》："九十曰鮐背，背有鮐文也。"字一作胎。《孔耽碑》："背有胎文。"郝懿行曰："以今驗之，鮐魚背有黑文，老人背亦發斑，似此魚。"案台黑疊韻字。《素問·風論》"其色炲"，注："炲，黑色也。"《爾雅·釋魚》"玄貝貽貝"，《釋文》："貽本作胎。"《字林》："均黑貝也。"鮐蓋亦本有黑義。）

黃耇台背　（《大雅·生·行葦》）

黃髮台背　（《魯頌·閟宮》）

怠

形容詞

怠

無俾大怠　（《小雅·甫·賓之初筵》）

不敢怠遑　（《商頌·殷武》）

迨

時間介詞

迨，及也。

迨天之未陰雨　（《豳·鴟鴞》）

迨冰未泮　（《邶·匏有苦葉》）

迨我暇矣　（《小雅·鹿·伐木》）

副詞

迨其，猶庶幾也，表疑惑未定之意。

迨其吉兮　迨其今兮　（《召南·摽有梅》）

迨其謂之　（同上）

殆

形容詞

殆，危也。

孔棘且殆　（《小雅・節・雨無正》）

外動詞

殆，讀爲怠，慢也。

無小人殆　（《小雅・節・節南山》）

民今方殆　（《小雅・節・正月》）

受命不殆　（《商頌・玄鳥》）

副詞

殆，讀爲迨，將也。

殆及公子同歸　（《豳・七月》）

及，與也。

邰

外動詞

邰，當爲台，讀爲飴，養也。

即有邰家室　（《大雅・生・生民》）

即字衍文，有讀爲以，各詳本條。《太平御覽》引《列女傳》、《詩考》引《白虎通・京師篇》并引《詩》，邰作台。今本諸書作邰者，皆後人傳寫加邑旁。（以上陳喬樅説）台當訓養，《方言》一："台，養也。晋、衛、燕、魏曰台。"《漢書・地理志上》集注："台，養也。"（以上于省吾説）按《説文》飴，籀文作𩚏；金文以𩚏爲食，若飤。（《説文》飴訓米糱煎，當屬後起之義。）台蓋飴之省，故訓養。"有台家室"即以飤家室，與下二章"以歸肇祀""以興嗣歳"句法同，又并在章末，部位亦同。《左傳》文十八年“功以食民”，注：“食，養也。”《淮南子·説山篇》“幸善食之而勿苦”，注：“食，養也。”《孟子·盡心上篇》“食而勿愛”，《論語》皇疏作“養而不愛”。

始

内動詞

始，起也。

自今以始歲其有 （《魯頌·有駜》）

外動詞

始，讀爲治，理也。(《史記·夏本紀》“來始滑”，索隐云古文《尚書》作“在治忽”。《書·盤庚序》“將治亳殷”。《論語·泰伯篇》“師摯之始，關雎之亂”，鄭注：“識關雎之聲，而首（按首字疑衍）理其亂。”朱駿聲云：此讀始爲治，故訓理，非以首訓始也。《晋書·司馬彪傳》“關雎既亂，則師摯修之”，義本鄭注。《爾雅·釋詁》：“治，故也。”）

經始靈臺 經始勿亟 （《大雅·文·靈臺》）

按經亦訓理

爰始爰謀 （《大雅·文·緜》）

名詞

始，古也。

始者不如今 （《小雅·節·何人斯》）

始，讀爲詒，欺僞也。(《説文》：“詒，相欺詒也。”）

僭始既涵 （《小雅·節·巧言》）

《説文》：“僭，假也。”《抑》箋：“僭，不信也。”僭、詒義同。

譖始竟背 （《大雅·蕩·瞻卬》）

副詞

始，開始也。

實始翦商　（《魯頌・閟宮》）

其始播百穀　（《豳・七月》）

始，甫始也。

旭日始旦　（《邶・匏有苦葉》）

其香始升　（《大雅・生・生民》）

詒

外動詞

詒，讀爲貽，遺也。（賜、贈、賞、賚皆從貝）

詒爾多福　（《小雅・鹿・天保》）

詒厥孫謀　（《大雅・文・文王有聲》）

既詒我肄　（《邶・谷風》）

自詒伊阻　（《邶・雄雉》）

自詒伊戚　（《小雅・谷・小明》）

無父母詒罹　（《小雅・鴻・斯干》）

君子有穀詒孫子　（《魯頌・有駜》）

貽

名詞

貽，所貽之物也。

美人之貽　（《邶・靜女》）

外動詞

貽，遺也。

貽我彤管　（《邶・靜女》）

貽我佩玖　（《王・丘中有麻》）
貽我握椒　（《陳・東門之枌》）
貽我來牟　（《周頌・清・思文》）

飴

名詞
飴，餳也。(《吕氏春秋・異用篇》注，《廣雅・釋器》。）
堇荼如飴　（《大雅・文・緜》）

矣

助詞[①]
矣在句末，表事實之已然性。
言既遂矣　（《衛・氓》）
鷄既鳴矣　（《齊・鷄鳴》）
朝既盈矣　朝既昌矣　（同上）
鳥乃去矣　（《大雅・生・生民》）
潛雖伏矣　（《小雅・節・正月》）
東方明矣　（《齊・鷄鳴》）
柞棫拔矣　（《大雅・文・緜》）
行道兑矣　（同上）
混夷駾矣　（同上）
后稷呱矣　（《大雅・生・生民》）
亂離瘼矣　（《小雅・谷・北山》）
迨我暇矣　（《小雅・鹿・伐木》）

① “詞”，原稿作字。以下凡代詞、連詞、動詞、象詞、名詞、感詞之詞，原稿皆作字。

謂我來矣　(《小雅・鹿・出車》)

謂之載矣　(同上)

設此旐矣　(同上)

建彼旄矣　(同上)

陟彼砠矣　(《周南・卷耳》)

升彼虛矣　(《鄘・定之方中》)

于彼牧矣　于彼郊矣　(《小雅・鹿・出車》)

靡有朝矣　(《衛・氓》)

靡室勞矣　(同上)

烝彼波矣　(《小雅・魚・漸漸之石》)

出自口矣　(《小雅・節・巧言》)

誰昔然矣　(《陳・墓門》)

衆維魚矣　旐維旟矣　(《小雅・鴻・無羊》)

上句。

予之佗矣　(《小雅・節・小弁》)

送我乎淇之上矣　(《鄘・桑中》)

矣在句末，表事實之必然性。

咥其笑矣　(《衛・氓》)

宛其死矣　(《唐・山有樞》)

暵其乾矣　暵有脩矣　暵其濕矣　(《王・中谷有蓷》)

嘅其嘆矣　條其嘯矣　啜其泣矣　(同上)

物其多矣　物其旨矣　物其有矣　(《小雅・鹿・魚麗》)

會且歸矣　(《齊・雞鳴》)

言不可逝矣　(《大雅・蕩・抑》)

爾受命長矣　(《大雅・生・卷阿》)

民之洽矣　民之莫矣　(《大雅・生・板》)

心之悲矣　心之憂矣　(《大雅・蕩・瞻卬》)

遇人之艱難矣　遇人之不淑矣　(《王・中谷有蓷》)

亦孔之厚矣　（《大雅・生・卷阿》）

百神爾主矣　茀禄爾康矣　純嘏爾常矣　（同上）

似先公酋矣　（同上）

飲此湑矣　（《小雅・鹿・伐木》）

俾滂沱矣　（《小雅・魚・漸漸之石》）

相爾矛矣　（《小雅・節・節南山》）

如相醻矣　（同上）

矣在句末，表誥誡之語勢。

式相好矣　（《小雅・鴻・斯干》）

無相猶矣　（同上）

無胥遠矣　（《小雅・魚・角弓》）

無曰苟矣　（《大雅・蕩・抑》）

我友敬矣　（《小雅・鴻・沔水》）

我孔熯矣　（《小雅・谷・楚茨》）

助詞，兼詞或子句，以表提起下文之語勢，可譯作也。

神之吊矣　民之質矣　（《小雅・鹿・天保》）

心之憂矣　（《邶・柏舟》《緑衣》，《魏・園有桃》，《曹・蜉蝣》，《小雅・鴻・沔水》《節・正月》《小弁》《谷・小明》《魚・苕之華》《大雅・蕩・瞻卬》）

辭之輯矣　辭之懌矣　（《大雅・生・板》）

日之夕矣　（《王・君子于役》）

漢之廣矣　江之永矣　（《周南・漢廣》）

池之竭矣　泉之竭矣　（《大雅・蕩・召文》）

缾之罄矣　（《小雅・谷・蓼莪》）

桑之落矣　（《衛・氓》）

溥斯害矣　（《大雅・蕩・召旻》）

我之懷矣　（《邶・雄雉》）

爾之遠矣　爾之教矣　（《小雅・魚・角弓》）

瞻彼洛矣　(《小雅·甫·瞻彼洛矣》)

相彼鳥矣　(《小雅·鹿·伐木》)

矧斯人矣　(同上)

昔我往矣　(《小雅·鹿·采薇》《出車》《谷·小明》)

兄及弟矣　(《小雅·鴻·斯干》)

維其有章矣　(《小雅·甫·裳裳者華》)

矣用同上，可譯作者。

心之憂矣　(《衛·有狐》)

嚶其鳴矣　(《小雅·鹿·伐木》)

衆維魚矣　旐維旟矣　(《小雅·鴻·無羊》)

下句。

矣在句末，表決定或限止，可譯作耳。(《左傳》僖二十四年："獻公之子九人，唯君在矣。"《説苑·恩篇》作耳。《戰國策·趙策》："則連有赴東海而死矣。"《史記·魯仲連傳》作耳。《莊子·達生篇》："異鷄無敢應者，反走矣。"《列子·黄帝篇》作耳。)

沬之鄉矣　沬之東矣　沬之北矣　(《鄘·桑中》)

美孟姜矣　美孟庸矣　美孟弋矣　(同上)

至于暴矣　(《衛·氓》)

躬自悼矣　(同上)

顔之厚矣　(《小雅·節·巧言》)

禮則然矣　(《小雅·節·十月》)

是以有慶矣　(《小雅·甫·裳裳者華》)

矣在語末，表決定，可譯作焉。[《戰國策·秦策》四："王既無重世之德於韓魏[1]，而有纍世之怨矣。"《史記·春申君傳》《新序·善謀篇》并作焉。《莊子·齊物論篇》："其次以爲有物矣，而未始有封也；其次以爲有封焉，而未始有是非也。"《晏子春秋·諫篇》：

① "魏"，原稿誤作邶。

"吾爲夫婦獄訟之不正乎，則泰士子牛存矣；爲社稷宗廟之不享乎，則泰祝子游存矣；爲諸侯賓客莫之應乎，則行人子羽存矣；爲田野之不辟、倉廪之不實乎，則申田存焉；爲國家之有餘不足乎，則吾子存矣。"《大戴禮記·勸學篇》："積土成山，風雨興焉；積水成川，蛟龍生焉；積善成德，神明自得，聖心備矣。"（《荀子·勸學篇》矣作焉）以上皆與焉互文。］

鳳皇鳴矣　梧桐生矣　（《大雅·生·卷阿》）

以望楚矣　（《鄘·定之方中》）

不皇朝矣　不皇出矣　不皇他矣　（《小雅·魚·漸漸之石》）

亦是戾矣　（《小雅·魚·采菽》）

矣在語末，表疑問之語勢，可譯作乎。（《論語·憲問篇》："克伐願欲，可以爲仁矣。"《史記·孔子世家》作乎。又《季氏篇》："危而不持，顛而不扶，則將焉用彼相矣。"《左傳》隱十一年："邪而詛之，將何益矣。"《國語·晋語》："居何以訓矣。"以上諸矣字并訓乎。）

何嗟及矣　（《王·中谷有蓷》）

侯誰在矣　（《小雅·南·六月》）

爰采唐矣　爰采麥矣　爰采葑矣（《鄘·桑中》）

寧自今矣　（《大雅·蕩·瞻卬》）

胡然厲矣　（《小雅·節·正月》）

矣在語間或語末，表感嘆之語勢，可譯作哉。

皇矣上帝　（《大雅·文·皇矣》）

休矣皇考　（《周頌·閔·訪落》）

展矣君子　（《邶·雄雉》）

允矣君子　（《小雅·南·車攻》）

哿矣富人　（《小雅·節·正月》）

哿矣能言　（《小雅·節·雨無正》）

曷其没矣　（《小雅·魚·漸漸之石》）

維其高矣　維其卒矣　（同上）

維其勞矣　（同上）

維其傷矣　（《小雅·魚·苕之華》）

維其棘矣　（《小雅·鹿·出車》）

維其喙矣　（《大雅·文·緜》）

維其優矣　維其幾矣　維其深矣　（《大雅·蕩·瞻卬》）

維其嘉矣　維其偕矣　維其時矣　（《小雅·鹿·魚麗》）

維其有章矣　（《小雅·甫·裳裳者華》）

云何吁矣　（《周南·卷耳》）

云何盱矣　（《小雅·魚·都人士》）

何彼襛矣　（《召南·何彼襛矣》）

瀏其清矣　（《鄭·溱洧》）

殷其盈矣　（同上）

翩其反矣　（《小雅·魚·角弓》）

芸其黃矣　（《小雅·甫·裳裳者華》《魚·苕之華》）

茇奐爾游矣　優游爾休矣　（《大雅·生·卷阿》）

我馬瘏矣　我馬痡矣　（《周南·卷耳》）

如松茂矣　如竹苞矣　（《小雅·鴻·斯干》）

時純熙矣　（《周頌·閔·酌》）

不如死之人久矣　（《小雅·谷·蓼莪》）

代詞

矣用於賓位，猶之也。(《孟子·盡心篇》："行之而不著焉，習矣而不察焉。"《荀子·宥坐篇》："如垤而進，吾與之，如邱而止，吾已矣。"《吕氏春秋·順民篇》："内量吾國，不足以傷矣，外事之諸侯，不能害之。"以上矣與之互文。《戰國策·楚策》四："天下合從，趙使魏加見春申君，曰：'君有將乎？'曰：'有矣。'"按與《孟子·梁惠王篇》"'不識有諸？'曰：'有之。'"同例。)

心乎愛矣，遐不謂矣　（《小雅·魚·隰桑》）

原隰裒矣，兄弟求矣　（《小雅・鹿・常棣》）

伐木掎矣，析薪扡矣　（《小雅・節・小弁》）

民胥然矣　民胥效矣　（《小雅・魚・角弓》）

矣用於象詞後，猶者也。（之者互通，矣通之，故亦通者。）

就其深矣　就其淺矣　（《邶・谷風》）

矣用於動詞後，猶者也。

民所燎矣　神所勞矣　（《大雅・文・旱麓》）

連詞

矣當爲以，興也。

彼徂矣岐　（《周頌・清・天作》）

于省吾說。

俟

動詞

俟，待也。（《爾雅・釋詁》："竢，待也。"《説文》同。重文作䇃。）

俟我于城隅　（《邶・静女》）

俟我于著乎而　俟我于庭乎而　俟我于堂乎而　（《齊・著》）

俟我乎巷兮　俟我乎堂兮　（《鄭・丰》）

不死何俟　（《鄘・相鼠》）

象詞

俟，讀爲騃，痴立貌。[《文選・西京賦》注引《韓詩》薛君《章句》："趨曰騃，行曰騃。"是《韓詩》作騃。《毛傳》："行則俟俟。"《説文》："騃，馬行仡仡也。"并以爲行貌。然俟古文字作，象人凝立貌，故竢訓待，騃訓痴（《廣雅・釋詁》三）。《詩》曰俟俟，義亦準此。《説文》："佁，痴貌，讀若騃。"《史記・司馬相如傳》"沛艾赳螑仡以佁儗兮"，索隱引張揖曰："佁儗，不前也。"俟俟與佁儗義同。《史記・扁鵲倉公列傳》："良工取之，拙者疑殆。"

王念孫曰：殆亦疑也。按疑殆猶佁儗儗俟俟。(《小雅・南・吉日》)]

涘

名詞

涘，水涯也。(《説文》)

在水之涘　(《秦・蒹葭》)

在河之涘　(《王・葛藟》)

在渭之涘　(《大雅・文・大明》)

苢

名詞

芣苢（見芣字）。

耜

名詞

耜

三之日于耜　(《豳・七月》)

以我覃耜　(《小雅・甫・大田》)

有略其耜　(《周頌・閔・載芟》)

畟畟良耜　(《周頌・閔・良耜》)

似

動詞

似，續也。（嗣。）

以似以續 （《周頌·閔·良耜》）

似續妣祖 （《小雅·鴻·斯干》）

式穀似之 （《小雅·節·小宛》）

是以似之 （《小雅·甫·裳裳者華》）

似先公酋矣 （《大雅·生·卷阿》）

召公是似 （《大雅·蕩·江漢》）

姒

名詞

姒，姓也。

大姒嗣徽音 （《大雅·文·思齊》）

褒姒滅之 （《小雅·節·正月》）

能

助動詞

能，力所及也。（《淮南子·修務篇》“不能被德承澤”，注：“能，及也。”）

不能奮飛 （《邶·柏舟》）

不能旋反 不能旋濟 （《鄘·載馳》）

不能辰夜 （《齊·東方未明》）

不能蓺稷黍 不能蓺黍稷 不能蓺稻粱 （《唐·鴇羽》）

畏不能趨 畏不能極 （《小雅·魚·緜蠻》）

無不能止 （《大雅·蕩·雲漢》）

匪言不能 （《大雅·蕩·桑柔》）

使我不能餐兮 使我不能息兮 （《鄭·狡童》）

哀哉不能言　哿矣能言　（《小雅・節・雨無正》）
誰能亨魚　（《檜・匪風》）
誰能執熱　（《大雅・蕩・桑柔》）
胡能有定　（《邶・日月》）
曷云能來　（《邶・雄雉》）
曷云能穀　（《小雅・谷・四月》）
自何能穀　（《小雅・節・小宛》）
其何能淑　（《大雅・蕩・桑柔》）

名詞

能，技能也。

各奏爾能　（《小雅・甫・賓之初筵》）

動詞

能，讀爲寧，安也。

柔遠能邇　（《大雅・生・民勞》）

《克鼎》《番生毀》："甅遠能犾。"《漢督郵碑》："渘遠而邇。"

副詞

能，讀爲寧，表反詰。(《正月》"寧或滅之"，《漢書・谷永傳》引作能，今語曰那。)

能不我慉　（《邶・谷風》）

今本作"不我能慉"，依馬瑞辰校改。

能不我知
能不我甲　（《魏・芄蘭》）

意

動詞

意，測也。(馬瑞辰説)

曾是不意　(《小雅·節·正月》)

億

象詞

億，萬萬也。[《伐檀》《楚茨》傳："萬萬曰億。"《豐年》傳："數萬至萬曰億。"案倍億同部字，義亦通。(《説文》："意，滿也。""陪，一曰滿也。")疑億倍古同字。以萬倍萬，即"數萬至萬"之謂也。當以萬萬曰億爲古義。或曰十萬，或曰一萬，并失之。]

時萬時億　(《小雅·谷·楚茨》)

萬億及秭　(《周頌·臣·豐年》《閔·載芟》)

子孫千億　(《大雅·生·假樂》)

我庾維億　(《小雅·谷·楚茨》)

動詞

億，測也。

其麗不億　(《大雅·文·文王》)

案不億[1]言其多不可測也。

名詞

億，讀爲繶，束也。

胡取禾三百億兮　(《魏·伐檀》)

管禮耕曰："上章言'三百廛'，傳云'一夫之居曰廛'；下章言'三百囷'，傳云'圓者爲囷'。廛與囷皆非數名，此獨言數，未免不倫。且是詩刺無功而受禄，三百夫之田，其數亦多而不合。按《廣雅·釋詁》稛繶纏并訓束，竊謂三百廛者，三百纏也；三百億者，三百繶也；三百囷者，三百稛也。其實

① "億"，原稿作意，與引《詩》"其麗不億"牴牾。

皆三百束也。”（《操翛齋遺書》二）

噫

感詞

噫嘻，猶嗚呼也。

嘻嘻成王　（《周頌・臣・噫嘻》）

異

象詞

異，美之甚也。（異義與尤奇殊絶等字相近，美之甚謂之尤。《左傳》昭二十八年：“夫有尤物，足以移人。”注：“尤，異也。”從奇之琦、猗皆有美義。《楚辭・招魂》“朋而不奇”，猶《左傳》言“美而艷”。蓋美之甚則爲妖艷而含有惡意矣。《静女》“静女其姝”，姝之言殊，亦美之甚也。絶殊義同。今人言絶色，謂絶美之色耳。美之甚曰尤、曰奇、曰殊、曰絶，亦曰異，其義一也。又《楚辭・招魂》“獨秀先些”、《大招》“容則秀雅”，注并云：“秀，異也。”《文選・登樓賦》注引《廣雅》同。《華嚴經音義》上引顧野王曰：“秀，美也。”《漢書・賈誼傳》注同。）

殊異乎公路　殊異乎公行　殊異乎公族　（《魏・汾沮洳》）

洵美且異　（《邶・静女》）

亦祇以異　（《小雅・鴻・我行其野》）

異，猶他也。（《吕氏春秋・上農篇》“賈不敢爲異事”，注：“異，他也。”《墨子・兼愛上篇》：“盜愛其室，不愛其異室。”《尚同中篇》：“故古者聖人之所以濟事成功，垂名於後世者，無他故異物焉，曰唯能以尚同爲政者也。”《韓非子・右儲説上篇》：“晋文公一舉而八有功，所以然者，無他故異物，以狐偃之謀，假顛頡之脊也。”諸異字皆訓他。）

豈伊異人（《小雅・甫・頍弁》）

動詞

異，分也，别也。

穀則異室 （《王・大車》）

我雖異事 （《大雅・生・板》）

翼

名詞

翼，翅也。

肅肅鴇羽 （《唐・鴇羽》）

戢其左翼 （《小雅，甫・鴛鴦》《魚・白華》）

蜉蝣之翼 （《曹・蜉蝣》）

不濡其翼 （《曹・候人》）

翼，屋之四阿也。（《後漢書[①]・班彪傳》上注）

如跂斯翼 （《小雅・鴻・斯干》）

外動詞

翼，猶蔽也。（《魯語》：“鳥翼鷇卵。”）

鳥覆翼之 （《大雅・生・生民》）

内動詞 （《説文》：“㚤，習也。”《廣雅・釋訓》：“翍翍，飛也。”《太玄・逃》“維翃其繩”，注：“翃，繳也。”《集韻》翼或作翃。）

翼，讀爲曳，引也。（《楚辭・怨思》“曳彗星之皓旰兮”，注：“曳，引也。”《一切經音義》十九引《廣雅》同。）

以引以翼 （《大雅・生・行葦》《卷阿》）

象詞

① 原稿脱“書”字。

翼，讀爲趩。趩趩，趨進舒和貌。(《論語·鄉黨篇》"趨進翼如也"，《説文》作趩。字一作趩，石鼓："其來趩趩。"《離騷》"高翱翔之翼翼"，注："翼翼，和貌。"《廣雅·釋訓》："翼翼，和也。"《采薇》傳："翼翼，閑也。"《信南山》疏："翼翼是閑暇之名。")

四牡翼翼　(《小雅·鹿·采薇》)

四騏翼翼　(《小雅·南·采芑》)

翼翼，整飭貌。

疆埸翼翼　(《小雅·谷·信南山》)

厥猶翼翼　(《大雅·文·文王》)

翼翼，偉盛貌。(《廣雅·釋訓》："翼翼，盛也。")

作廟翼翼　(《大雅·文·緜》)

商邑翼翼　(《商頌·殷武》)

翼翼，蕃盛貌。

我稷翼翼　(《小雅·谷·楚茨》)

翼翼，儆惕貌。[《王孫遺者鐘》："歙(畏)嬰(忌)趩趩。"]

小心翼翼　(《大雅·文·大明》《蕩·烝民》)

嚴翼，莊嚴貌。(詳嚴字)

有嚴有翼　(《小雅·南·六月》)

馮翼，猶愊臆也，滿盛貌。(詳馮字)

有馮有翼　(《大雅·生·卷阿》)

翼，疑當爲嗣，聲之誤也。(《儀禮·大射儀》"不異侯"，注："古文異作辭。"《説文》辭古文作嗣，是異聲與司聲通，聲通則義亦通，故冀訓望，而伺訓候，候望一義也。)

以燕翼子　(《大雅·文·文王有聲》)

弋

名詞

弋即姒姓也。

美孟弋矣　（《鄘·桑中》）

動詞

弋。

弋鳧與雁　（《鄭·女曰鷄鳴》）

弋言加之　（同上）

時亦弋獲　（《大雅·蕩·桑柔》）

忒

象詞

忒

其儀不忒　（《曹·鳲鳩》）

昊天不忒　（《大雅·蕩·抑》）

享祀不忒　（《魯頌·閟宫》）

鞫人忮忒　（《大雅·蕩·瞻卬》）

式

名詞

式，讀爲栻。

如幾如式　（《小雅·谷·楚茨》）

式，猶法度也。

儀式型文王之典　（《周頌·清·我將》）

憎其式廓　（《大雅·文·皇矣》）

憎讀爲增，猶大也。廓亦度也。（詳廓字）言大其法度也。《集傳》："式廓，猶言規模也。"法度與規模義同。

作爲式穀　（《大雅・蕩・桑柔》）

式穀猶式廓也。

式穀似之　（《小雅・節・小宛》）

似，續也。

式穀以女　（《小雅・谷・小明》）

以，讀爲似，續也。

動詞

式，主也。

下土之式　（《大雅・文・下武》）

南國是式　（《大雅・蕩・崧高》）

式是百辟　（《大雅・蕩・烝民》）

帝命式于九圍　（《商頌・長發》）

式，尚也。

古訓是式　（《大雅・蕩・烝民》）

式，用也。

不聞亦式　（《大雅・文・思齊》）

荆楚文庫

聞一多全集
（四）

聞一多　著
孫黨伯　袁謇正　主編

荆楚文庫編纂出版委員會
湖北人民出版社

詩經通義甲[1]

[1] 據開明版《聞一多全集》編入本編（其中《關雎》至《何彼襛矣》原載 1937 年 1 月《清華學報》第 12 卷第 1 期）。原題《詩經通義》，今增“甲”字，以與同題之“乙”區别。

目　　録

周　　南

關　　雎

關關雎鳩　傳："雎鳩，王雎也，鳥摯而有別。"箋："摯之言至也，謂王雎之鳥，雌雄情意至，然而有別。"

維鳩居之　〔《召南・鵲巢》〕傳："鳩，鳲鳩，秸鞠也。鳲鳩不自爲巢，居鵲之成巢。"箋："鳲鳩因鵲成巢而居有之，而有均壹之德，猶國君夫人來嫁，居君子之室，德亦然。室，燕寢也。"

于嗟鳩兮　〔《衛風・氓》〕傳："鳩，鶻鳩也。"箋："鳩以非時食葚，猶女子嫁不以禮，耽非禮之樂。"

鳲鳩在桑　〔《曹風・鳲鳩》〕傳："鳲鳩，秸鞠也。鳲鳩之養子朝從上下，莫從下上，平均如一。言執義一，則用心固。"

案本篇傳云"摯而有別"者，雌雄情意專一，不貳其操之謂。《淮南子・泰族篇》曰："《關雎》興於鳥，而君子美之，爲其雌雄不乖（王念孫謂乘之誤，非是。有説別詳）居也。"不乖居猶言不亂居。《後漢書・明帝紀》注引薛君《韓詩章句》曰"雎鳩貞潔慎匹"，慎匹即不亂其匹，亦猶《素問・陰陽自然變化論》曰"雎鳩不再匹"，張超《誚青衣賦》曰"感彼關雎，性不雙侶"也。凡此并即專一之意。而《易林・晋之同人》曰"貞鳥雎鳩，執一无尤"，義尤顯白。此皆"有別"二字之確解也。然則正惟"雌雄情意至"，乃能"有別"，《箋》曰"雌雄情意至，然而有別"，殊失《傳》旨。

《鳲鳩篇》一章曰："鳲鳩在桑，其子七兮。淑人君子，其儀一兮，其儀一兮，心如結兮。"儀當訓匹（詳《鄘風・柏舟篇》），一謂專一。

三章曰“其儀不忒”,《釋文》“忒本或作貳”。“其儀不貳”，正猶上揭諸書言“不乖居”，“不再匹”，“不雙侶”也。《荀子・勸學篇》曰：“行衢道者不至，事兩君者不容。目不能兩視而明，耳不能兩聽而聰。螣蛇無足而蜚，梧鼠五技而窮。《詩》曰：‘尸鳩在桑，其子七兮。淑人君子，其儀一兮，其儀一兮，心如結兮。’故君子結於一也。”《淮南子・詮言篇》曰：“賈多端則貧，工多技則窮，心不一也。有百技而無一道，雖得之，弗能守。故《詩》曰：‘淑人君子，其儀一也，其儀一也，心如結也。’君子其結於一乎！”二書均言“結於一”，是訓一爲專一。此魯説也。《易林・乾之蒙》曰“鳲鳩鳲鳩，專一无尤，君子是則，長受嘉福”,《隨之小過》曰“慈鳥鳲鳩，執一无尤，寢門内治，君子悦喜”。以“專一”“執一”釋《詩》“一”字，此齊説也。又曰“寢門内治”，則所謂“執一”者，明指夫婦之情。執一不渝，是其訓儀爲匹，抑又可知。毛讀儀爲義，因不得不訓一爲均一，而釋爲父母對七子之情“平均如一”，失之遠矣。《鵲巢》之鳩，亦以比婦人專一之德。《箋》曰“鳲鳩……有均壹之德”，此則又緣《鳲鳩篇》傳義而誤。

鳩之爲鳥，性至謹愨，而尤篤於伉儷之情，説者謂其一或死，其一亦即憂思不食，憔悴而死。封建社會所加於婦女之道德責任，莫要於專貞，故《國風》四言鳩，皆以喻女子。雎鳩既稱鳩，又爲女子之象徵，則必與鳲鳩、鶻鳩同類。乃自來説雎鳩者，咸以爲鷹鷙鵰鶚之類，此蓋因《左傳》昭十七年“雎鳩氏司馬也”而誤。不知《詩》之雎鳩，與《左傳》之雎鳩，名雖同物而實則異指。舊傳鷹與鳩轉相嬗化（見《月令》《王制》《吕覽》《夏小正》),《左傳》五鳩之雎鳩司馬，爽鳩司寇，皆神話中與鷹相化之鳩。《詩》之雎鳩，以興女子，乃真生物界之鳩。學者不察，混爲一談，過矣。

《左傳》昭十七年郯子曰：“我高祖少皡之立也，鳳鳥適至，故紀於鳥，爲鳥師而鳥名。鳳鳥氏曆正也，玄鳥氏司分者也，伯趙氏司至者也，青鳥氏司啓者也，丹鳥氏司閉者也。祝鳩氏司徒也，雎鳩氏司馬也，鳲鳩氏司空也，爽鳩氏司寇也，鶻鳩氏司事也——五鳩，鳩民者也。五雉爲五工正，利器用，正度量，夷民者也。九扈爲九農正，扈民無淫者也。”此上世圖騰社會之遺迹也。《三百篇》中以鳥起興者，不可勝計，其基本觀點，疑亦導源於圖騰。歌謡中稱鳥者，在歌者之心理，最初本衹自視爲鳥，非假鳥以爲喻也。假鳥爲喻，但爲一種修詞術；自視爲鳥，則圖騰意識之殘餘。歷時愈久，圖騰意識愈淡，而修詞意味愈濃，乃以各種鳥類不同的屬性分别代表人類的各種屬性，上揭諸詩以鳩爲女性之象徵，即其一例也。後人於此類及漢魏樂府“烏生八九子”，“飛來雙白鵠”，“翩翩堂前燕”，“孔雀東南飛”等，胥以比興目之，殊未窺其本源。

窈窕淑女 詳〔《陳風·月出》〕。

君子好逑 傳：“逑，匹也。言后妃有關雎之德，是幽閑貞專之善女，宜爲君子好匹。”箋：“怨耦曰仇。言……貞專之善女，能爲君子和好衆妾之怨者。”

公侯好仇 〔《兔罝》〕箋：“怨耦曰仇。此兔罝之人，敵國有來侵伐者，可使和好之。”

永以爲好也 〔《衛風·木瓜》〕箋：“……欲令齊長以爲玩好，結己國之恩也。”

案好字從女從子，其本義，動詞當爲男女相愛，名詞當爲匹耦，形容詞美好，乃其義之引申耳。好本訓匹耦，引申爲美好，猶麗本訓耦儷，引申爲美麗也。匹耦之義，何因而得引申爲美好乎？曰：稱字本衹作爯，古作㪅，從二手，故《説文》曰：“爯，并舉也。”今曰對稱，配稱，即用此義。《爾雅·釋言》曰：“稱，好也。”（《釋文》：“稱，尺證切。”）《論衡·逢遇篇》曰“形佳骨嫻，皮媚色稱”，謂色好也，《定賢篇》曰“骨體嫻麗，面色稱媚”，猶言媚好也。案對稱爲美學基本原則之一，原始裝飾藝術應用對稱原則，尤爲普遍，故古人言“稱”即等於言“好”，而好麗諸字之所以訓美，實以其本義皆爲匹耦也。上列各詩好字皆用本義。《木瓜》“永以爲好也”者，永以爲偶也。本篇“君子好逑”者，逑訓匹，“好逑”叠韻連語，猶匹耦也。《太玄》五《内》初一“謹于娶执，初貞後寧”，范望注曰“执，匹也。謹其娶匹，男女道正，故貞”，《釋文》曰“娶执，古妃仇字”。好逑之語，猶娶执，妃仇也。《傳》曰“宜爲君子好匹”，蓋讀爲形容詞好善之好，《箋》更牽合《左傳》“怨耦曰仇”之説（桓二年），而讀好爲動詞和好之好，均非《詩》誼。

匹偶之義本指夫婦，然亦通於朋友君臣之際。《大雅·假樂篇》“率由群匹”，箋曰“循用群臣之賢者，其行能匹耦己之心”。《晋語》三“若狄公子，吾是之依兮，鎮撫國家，爲王妃兮”，韋注曰“言重耳當伯諸侯，爲王妃偶”，妃亦匹也。《左傳》昭三十二年曰：“故天有三辰，地有五行，體有左右，各有妃耦。王有公，諸侯有卿，皆有貳也。”《漢書·揚雄傳》曰“搜逑索偶，皋伊之徒”，《董仲舒傳贊》曰“伊吕乃聖人之偶”。（偶亦謂之合，《春秋繁露·楚莊王篇》曰：“百物皆有合，合之偶之，仇之匹之，善矣。”《基義篇》曰：“臣者君之合。”《離騷》曰“湯禹嚴而求合兮”，即求偶也。）《兔罝篇》曰“公侯好仇”，猶言公侯之匹耦，亦就君臣之際言之。且一章曰“公侯干城”，三章曰“公侯腹心”，“干城”“腹心”皆二名詞平列而義復相近，依本書詞例，二章之“好仇”，當與彼同。誠如《箋》説，釋好爲和好，則詞例參差矣。以是明其不然。[《學齋佔畢》二引《尚書大傳·微子歌》曰：“麥秀漸漸兮，禾黍油油，彼狡童兮，不我好仇。”（《樂府詩集》五七同）此雖用爲動詞，與詩微異，然以二字平列爲叠義連語，則猶不失古意。]

寤寐思服 傳：“服，思之也。”箋：“服，事也。求賢女而不得，覺寐則思己職事，當誰與共之乎。”

顧我復我出入腹我 〔《小雅·蓼莪》〕傳：“腹，厚也。”箋：“顧旋視也。復，反覆也。腹，懷抱。”

無思不服 〔《大雅·文王有聲》〕箋：“……自四方來觀者，

皆感化其德，心無不歸服者。”

是顧是復 〔《大雅·桑柔》〕箋：“有忍爲惡之心者，王反顧念而重復之。”

《初學記》一七引《詩》“出入復我”，黄生疑即《蓼莪篇》三家異文。案黄説近確。毛作腹，正當讀爲復。此“復我”即叠上“顧我復我”句中之文。復者，上文“拊我畜我，長我育我”，拊畜同義，長育同義，此文“顧我復我”，顧復亦當同義。《桑柔篇》上文“弗求弗迪”，求迪義近，則下“是顧是復”，顧復亦然。顧，念也，復亦訓念。復之義爲往復，往復思之亦謂之復。《説文》曰“念，常思也”，常思即往復思之，故念亦謂之復。《莊子·徐無鬼篇》曰“以目視目，以耳聽耳，以心復心”，即以心念心也。《田子方篇》“吾服女也甚忘”，成本服作復，疏曰“復者尋思之謂也”，尋思即念也。樂府《婦病行》曰“思復念之”，復念叠義連語，復亦念也。復與伏通。《楚辭·七諫·沉江》曰“伏念思過兮，無可改者”，伏念即復念。又與服通。《書·康誥》曰“要囚服念五六日”，服念亦即復念。《莊子·田子方篇》“吾服女也甚忘”，郭注曰“服者思存之謂”，思存即思念。本篇“寤寐思服”，即思復，猶言思念也。《傳》文疑當重服字，作“服，服思之也”。言往復思之，即念之也。今本脱一服字，則思下“之”字，殆成贅文。《箋》改訓事，而釋爲“思己職事當誰與共之乎”，迂曲已甚。《文王有聲篇》“無思不服”，即無思不復。謂每思必往復追懷，不能自已，蓋極言其思之之甚也。思之甚即念矣。《箋》訓服爲歸服，王引之更讀思爲語詞，以曲成其説，亦千慮之一失耳。《韓詩外傳》五曰：“《關雎》之事大矣哉！馮馮翼翼，自東自西，自南自北，無思不復。子其勉强之，思服之。”曹大家《雀賦》曰：“自東西與南北，咸思服而來同。”是兩漢人猶知《文王有聲》“無思不服”之思服，即《關雎》“寤寐思服”之思服，其不以思爲語詞明矣。

葛覃

言告師氏 傳："師，女師也。古者女師教以婦德，婦言，婦容，婦功。祖廟未毁，教於公宫三月。祖廟既毁，教於宗室。"箋："我告師氏者，我見教告於女師也。"

楀維師氏 〔《小雅·十月之交》〕箋："師氏……掌司得失之事。"

趣馬師氏 〔《大雅·雲漢》〕傳："歲凶年穀不登，則……師氏弛其兵。"

案古者女子將嫁，師氏教以事人之道，所謂"婦德，婦言，婦容，婦功"是也。《白虎通·嫁娶篇》曰："婦人所以有師何？學事人之道也。……國君取大夫之妾，士之妻，老無子，而明於婦道者，又禄之，使教宗室五屬之女。"《儀禮·士昏禮》鄭注曰"姆，婦人年五十無子，出而不復嫁，能以婦道教人者"，姆即師氏（詳下）。如班、鄭所云，其人既爲大夫之妾，士之妻，老而無子，又出而不復嫁，則師氏之名，雖若甚尊，其職則甚卑。因知所謂德言容功者，亦不過倫常日用之委瑣細故，論其性質，直今傭婦之事耳。《説文》曰"妿，女師也……讀若阿"，"娒，女師也……讀若母"，是女師一曰妿娒者，即《史記·倉公傳》之"阿母"。今呼傭婦或曰阿媽，即阿母矣。師氏或以男爲之。《墨子·尚賢下篇》曰"伊尹爲莘氏女師僕"，師僕即師氏之男者。謂之僕，則其地位之低可知。要之，女師之職，略同奴婢，特以其年事長而明於婦道，故尊之曰師，親之曰姆（母）耳。《詩》曰："言告師氏，言告言歸：'薄汙我私，薄澣我衣！'"告者，告師氏爲己澣衣也，"薄"爲命令之詞。師氏本封建貴族之一種家庭奴隸，故詩人之言如此。傳、箋專就其教人之事言之，則一若其道甚嚴而位甚尊者，此不可不辯也。

《十月之交》《雲漢》兩師氏皆男官。《十月之交篇》以膳夫、内史、趣馬、師氏相次，《雲漢篇》以趣馬、師氏、膳夫相次。於《周禮》序官、内史、師氏并中大夫、膳夫上士、趣馬下士。或晚周之制如此。周初師氏與膳夫，趣馬，秩位當不相上下，故詩人錯互稱之。《周禮・師氏職》曰："居虎門之左，司王朝。……凡祭祀賓客會同喪紀軍旅，王舉（與）則從。聽治，亦如之。使其屬帥四夷之隸。各以其兵服守王之門外，且蹕。朝在野外，則守内列。"此其職事，多與虎賁氏、司隸、閽人、隸僕等爲官聯，其初或係同官，亦未可知。（陳奂疑師氏與虎賁氏初本同官，近確。）由是觀之，師氏職位，本近鄙賤。男官如此，女官從可知焉。

卷耳

我馬虺隤 傳："虺隤，病也。"箋："身勤勞於山險，而馬又病。"

案古言疲勞力竭，不能自勝，亦謂之病。《孟子・公孫丑上篇》"今日病矣"，趙注曰"病，罷也"，《素問・宣明五氣論》王注曰"病謂少不自勝也"，本篇"虺隤""玄黄""瘏""痡"，《傳》皆訓病，即用此義。《正義》引孫炎《爾雅注》曰"虺隤，馬罷不能升高之病"，又曰"痡，人疲不能行之病，瘏，馬疲不能進之病"，深合《傳》意。惟虺隤乃病之徵象，《傳》以病釋虺隤，乃以原因釋現象，非謂虺隤即病也。孫謂"馬罷不能升高之病"，亦但探詩意爲説。實則"虺隤"之本義，非特不必與馬有關，亦且不必與病相涉。孫以個別現象釋一般現象，衡之訓詁學原則，似未符合。今案《説文》曰"尣，尳（跛）曲脛也"，重文作尩。（今隸從尣之字，多變作尢。）虺字疑當作尯，從尣虫聲。尯即詩"虺隤"本字，脛無力尩跛不支貌也。今誤從兀，則尯之别體。《集韻》虺隤正作尯隤。《廣韻》曰"尯尵，行病"，尯尵與尯尵同，行病即行無力也。尯尵叠韻連語（尵若讀從貴聲，則與虺亦雙聲），義猶虺也。

惟古無虺字，故以隤爲之。《易·繫辭下傳》馬注曰“隤，柔貌”，《説文》曰“隤，下隊（墜）也”。柔也，下墜也，并與無力之義相因，虺隤字或變作威夷。《爾雅·釋獸》“威夷，長脊而泥”，郭注曰“泥，少才力”。泥與苶通，《莊子·齊物論篇》“苶然疲役而不知所歸”，《釋文》引簡文注曰“苶，疲病困之狀”。案威夷爲脛無力不支之貌，此獸力少行難，故名威夷。自虺字相沿皆誤從兀，而本義晦，書傳遂皆以爲虫之異文，虺虫混而詩“虺隤”之語無達詁矣。今據《集韻》定虺爲虺之正體，庶幾詩意略明，而《傳》所以訓虺隤爲病之故，亦可得而言之。

我馬玄黄 傳：“玄馬病則黄。”

載玄載黄 〔《豳風·七月》〕傳：“玄，黑而有赤也。朱，深纁也。……祭服玄衣纁裳。”箋：“凡染者，春暴練，夏纁玄，秋染夏。爲公子裳，厚於其所貴者説也。”

案玄黄者，詩人所擬想馬視覺中之變態現象。凡人或因疲極，或由驚怖，每致瞑眩，後世謂之眼花。（梁簡文帝《筝詩》“耳熱眼花之娱”，杜甫《飲中八仙歌》“眼花落井水底眠”。）眼花者視物不審，但見玄黄紛錯，五色交馳，此即所謂玄黄也。《吕氏春秋·知分篇》曰：“禹省南方，濟乎江，黄龍負舟，舟中之人五色無主。”（《淮南子·精神篇》同）《御覽》四七五又九二九引《莊子》佚文曰：“於是天龍聞而下之，窺頭於牖，拖尾於堂。葉公見之，棄而還走，失其魂魄，五色無主。”（《類聚》九六，涵芬樓本《文選·天監三年策秀才文》注引略同。又見《新序·雜事》五篇。）玄黄猶五色無主矣。亦或視覺受神經激動之影響，而暫成色盲，如郭遐叔《贈嵇康詩》曰“心之憂矣，視舟如緑”，《樂府詩集》八眼引《樂苑如意娘詞》曰“看朱成碧思紛紛，顦顇支離爲憶君”，此亦“玄黄”之類也。玄黄爲眼花時所見之現象，因之眼花亦謂之玄黄。聲之轉，則曰眩眃。《後漢書·張衡傳·思玄賦》曰“倏眩眃兮反常閭”（李注“眩眃音縣混”），《集韻》曰：“眩眃，視不明貌。”《説文》曰：“眩，目無常主。”目無常主猶言五色無主，眩即玄也矣。（韓愈《寄崔二十六立之詩》，説老年目衰曰，“玄花著兩眼，視物隔褷褵”，玄花疑亦玄黄之轉。）

《傳》文“玄馬病則黄”，陳奂云當作“馬病則玄黄”，今本誤倒。案陳説是也。惟謂馬之毛色，病則變爲玄黄，則非是。且《詩》曰“陟彼高岡，我馬玄黄”，則是馬亦以攀陟高岡而眩眃，不必盡由疲憊之故。舊説專就病言，亦未審諦。曹植《贈白馬王彪詩》曰：“中逵絶無軌，改轍登高岡，修坂造雲日，我馬玄以黄。”曹襲《詩》意，而於山之高峻，鋪叙綦詳，故獨得風人之旨。

自視者言之，眼花謂之玄黄，聲轉字變，則爲眩眃，自被視者言之，光色奪目，亦謂之玄黄。字一作炫熿，《秦策》一曰“轉轂連騎，炫熿於道”，是也。本篇“我馬玄黄”即眩眃。此自視者言之。《七月篇》“載玄載黄，我朱孔陽”，玄黄即炫熿，謂朱色鮮明，炫熿奪目。此自被視者言之。“玄黄”所以形容朱色之鮮明，非朱外别有玄黄二色也。且朱爲裳色，正唯上所言僅一朱色，故下但言“爲公子裳”。若玄黄是染繒之色，則下不當不言衣，玄者衣之色也。傳、箋皆以玄黄爲色，且必欲兼衣言之，失經旨矣。

桃夭

桃之夭夭　傳：“夭夭，其少壯也。”

棘心夭夭　〔《邶風·凱風》〕傳：“夭夭，盛貌。”箋：“夭夭以喻七子少長。”

《説文》曰：“夭，屈也。”《凱風篇》曰“凱風自南，吹彼棘心，棘心夭夭”，謂棘受風吹而屈曲也。樂府《長歌行》曰“凱風吹長棘，夭夭枝葉傾，黄鳥飛相追，咬咬弄音聲”[①]，語意全本《詩・風》，第二句正以“枝葉傾”申詩“夭夭”之義。本篇“桃之夭夭”，義亦當同。謝靈運《悲哉行》曰：“差池燕始飛，夭裊桃始榮”，夭裊亦桃枝隨風傾屈貌。(《文選》謝靈運《鄴中集・平原侯植詩》“白楊信裊裊”，李注曰：“裊裊，風摇木貌。”）謝以“夭裊”易詩之“夭夭”，亦善得《詩》旨。夭訓屈，凡木初生則柔韌而易屈，故謂之夭。(《魯語》“澤不伐夭”，韋注曰“草木未成曰夭”。）本篇傳釋夭夭爲少壯,《凱風》箋釋夭夭爲少長,《凱風》傳又因少壯而引申爲美盛之義，此其説雖皆若可通，然終嫌求之過深，轉失詩人體物之妙，故弗取云。

兔　罝

肅肅兔罝　傳：“肅肅，敬也。”箋：“兔罝之人，鄙賤之事，猶能恭敬，則是賢者衆多也。”

肅當讀爲縮(《豳風・七月》“九月肅霜”，傳“肅，縮也”。《周禮・甸師》“祭祀共蕭茅”，鄭興注“蕭字或爲茜，茜讀爲縮”。《儀禮・特牲饋食禮》“乃宿尸”，注“宿讀爲肅”)，宿猶密縮。《易林・豐之小過》曰“網密網宿，動益蹙急，困不得息”，是其義。字一作數。(《周禮・司尊彝》“醴齊縮酌”，注“故書縮爲數”。《方言》五“炊篼謂之縮”,《説文》作籔。)《小雅・魚麗》傳“庶人不數罟”,《釋文》曰“數罟，細網也”。《孟子・梁惠王上篇》“數罟不入洿池”，趙注曰“數罟，密網也”。《補史記・龜策列傳》曰：“罔(網)有所數，亦有所疏”。詩“肅肅”即“縮縮”,“數數”，網目細密之貌也。肅肅爲形容兔罝之詞，傳、箋乃以之屬人，而訓爲敬，此其失固不足辯。俞樾據《文選・西京賦》“飛罕潚箾”薛綜注曰“潚箾，罕形也”，謂肅肅，即潚

① “音聲”，原作“聲音”，誤倒。

箾，亦未得其環中。案《説文》曰“橚，長木貌”。《爾雅・釋木》“梢，梢櫂”，郭注曰“謂木無枝柯，梢櫂長而殺者”。是肅聲與肖聲字，并有長義。《爾雅・釋蟲》曰“蟰蛸，長踦”，蟰蛸爲長貌，此蟲踦長，故即以爲名。潚箾之語與蟰蛸同，亦長貌也。罕爲畢類，網之小而有長柄者，故曰“潚長箾罕”。若罝則大綱椓杙以張於地上者，與罕絶異，今謂肅肅之義同於潚箾，庸有當乎？

肅肅兔罝 傳：“兔罝，兔罟也。”箋：“兔罝之人，鄙賤之事，猶能恭敬，則是賢者衆多也。”

于嗟乎騶虞 〔《召南・騶虞》〕傳：“騶虞，義獸也，白虎黑文。”

《釋文》本作菟，云“又作兔”。案古本《毛詩》疑當作菟。菟即於菟，謂虎也。《左傳》宣四年曰“楚人……謂虎於菟”《釋文》兔音徒。字一作䖘若䖙。《方言》八曰“虎……江、淮、南楚之間……或謂之於䖘”，《廣雅・釋獸》曰“於䖘，虎也”，曹憲音塗。又或假檡爲之。《漢書・叙傳》上曰“楚人……謂虎於檡”，注“檡字或作菟，并音塗”。於菟或省稱菟。《方言》郭注曰“今江南山夷呼虎爲䖘”，䖘即菟字。蓋於爲發聲之詞，於菟省稱菟，猶於越省稱越也。楚人呼虎爲菟者，此語音之混同，非名物之借用。何以明之？（一）䖙曹憲音塗，檡菟顔師古亦并音塗。（《左傳》隱十一年“使營菟裘”，《公羊傳》隱四年作塗裘。）《説文》曰“㻌，黄牛虎文也，讀若塗”。《爾雅・釋草》曰“蒤，虎杖”，《本草》陶注曰“莖斑而葉圓”。牛之似虎者謂之㻌，草之莖有斑如虎皮者謂之蒤，是方音讀虎如㻌蒤之驗。㻌蒤與塗音同，則亦與菟音同也。（二）於菟《漢書》作於檡，檡與澤通。（《儀禮・士喪禮》“若檡棘”，注“今文檡爲澤”。）（a）《廣雅・釋草》曰“虎蘭，澤蘭也”，《本草》曰“澤蘭一名虎蘭”。（b）《左傳》昭十年“遂伐虎門”，《正義》引或説以爲宫之外門，而《大雅・綿》箋曰“外門曰皋門”，是虎門即皋門。虎門一曰皋門，猶虎皮一曰皋比，《左傳》莊十年注，皋牢一曰虎落也。[《荀子·王霸篇》“睪（皋）牢天下而制之”，《後漢書·馬融傳》“皋牢山陵”，注曰“皋牢猶牢籠也”。《漢書·晁錯傳》“爲中周虎落”，注曰“虎落者，以竹蔑相連遮落之也”。遮落與牢籠義近，“虎落”“皋牢”聲之轉耳。《揚雄傳·羽獵賦》曰“爾乃虎路三嵕以爲司馬，圍經百里而爲殿門”，晋灼注路音落。服虔注曰“以竹虎落此山也”。案服説非是。]然《左傳》襄十七年“澤門之皙”《釋文》曰“本或作皋門”。（澤皋字通之例，此不具舉。）虎門曰皋門，澤門亦曰皋門，是虎門即澤門也。（c）《禮記·禮運》正義引《孝經援神契》曰：“王者（從《御覽》九一六引補）德至鳥獸，則……白虎動。”《開元占經》一一六《獸占篇》引《瑞應圖》曰：“黄帝巡於東海，白澤出，能言語，達知萬（原誤方，從《雲笈七籤》一〇〇《軒轅本紀》改，下同）物之情（原誤精），以戒於民，爲除灾害。賢君德及幽遐則出。”以上虎蘭一曰澤蘭，虎門一曰澤門，白虎一曰白澤，是方音亦讀虎如澤。澤與檡，檡與菟，并古字通，讀虎如澤，即讀虎如菟矣。（三）且謂虎爲菟本係楚語。虎音呼古切，曉母，菟音湯故切，透母。試觀下表，端透定知與曉匣相轉，確係楚人方音中所有之現象。

舌音				喉音		
端	透	定	知	曉	匣	
黨 多朗				曉 馨皛		黨，曉，哲，知也。楚謂之黨，或曰曉（《方言》一）
摶 度官					圜 户關	楚人名圜曰摶（《楚辭·橘頌》王注）
多 得何					夥 胡火	凡物盛多謂之寇……楚魏之際曰夥（《方言》一）。楚人謂多爲夥（《史記·陳涉世家》索隱引服虔説）
蛥 得何 蚗					蟪 胡桂 蛄	蛥蚗……楚謂之蟪蛄（《方言》十一）

續表

舌音				喉音		
端	透	定	知	曉	匣	
	讁 他和				慧 胡桂	虔，儇，慧也。楚謂之讁（《方言》一）
		嫷 徒果		好 呼老		南楚之外謂好曰嫷（《説文》十二篇女部）
		大 徒蓋			夥 胡火	碩，沈，巨，濯，訏，敦，夏，于大也。……楚、魏之際曰夥（《方言》一）
			豬 知魚	狶 虚豈		猪……南楚謂之狶（《方言》八）

然則楚謂虎爲菟，乃方言之混同，非名物之借用益明。呼虎爲菟，既爲荆楚之方音，而二南之地，適當楚境，則《兔罝》之詩，字作菟（兔）而義實爲虎，非不可能矣。

難曰：《傳》云“兔罟曰罝”，捕兔用罝，捕虎亦然乎？曰：罝之言遮也，古者獵獸，無不先用網羅遮遏，以防其遁逸，然後射殺或生縛之。《漢書·揚雄傳·長楊賦序》曰“張羅網罝罘，捕熊羆豪豬，虎豹狖玃，狐兔麋鹿”，是其明證。而《孔叢子·連叢篇》載《諫格虎賦》，説捕虎用罝之狀尤詳。其言曰：“於是分幕將士，營遮榛叢，戴星入野，列火求踪。見虎自來，乃往尋從，張罝網，羅刃鋒，驅檻車，聽鼓鐘。猛虎顛遽，奔走西東，怖駭内懷，迷冒怔忪，耳目喪精，值網而衝，局然自縛，或隻或雙。車徒抃贊，咸稱曰工。乃縛以絲組，斬其爪牙，支輪登較，高載歸家。”孰謂捕虎不可用罝乎？難者又曰：二南區域呼虎爲菟，而古捕虎亦實用罝，誠如上説。然而此但可證所謂菟有是虎之可能，不足證其必非兔也。楚人固仍呼兔如兔，而捕兔亦用罝，則安知《詩》所謂兔之果是虎而非兔乎？曰：此誠未可知也。雖然，《詩》曰“赳赳武夫，公侯干城”，赳赳者，《説文》朻訓高木，嘂訓高聲，是赳赳當爲軀體壯偉之貌。夫以此赳赳然偉丈夫，復身當“公侯干城”之任，意其人必烏獲、賁、育之流，身具兼人之勇。今方椓杙林中，張罝捕虎，是以詩人見其人，美其事，忻慕之情油然而生，發爲歌咏。誠如《箋》説，直一尋常獵夫，施罝林中，待兔而捕之耳。斯人也，斯事也，而譬之爲“赳赳武夫，公侯干城”，毋其不類乎？

讀兔爲於菟之菟，宋王質實首發其覆。顧王氏泥於當時取虎之具，未見用罝者，遂復自棄其説而弗用（詳《詩總聞》一）。夫捕虎用罝，書有明徵，已具上文，王氏可謂蔽於今而不知古矣。余初悟及此意，未見王書，一得之見，亦復未敢深信。嗣讀王書而得此説，喜其先獲我心，因復涵咏經文，略推音理，而徵之往籍，以證成其説如此。《詩》無達詁，見仁見智，聊備一義耳。

騶虞，《傳》以爲白虎黑文者，鄭志《答張逸問》引《周書·王會篇》佚文同。《海内北經》曰：“林氏國有珍獸，大若虎，五采畢具，尾長於身，名曰騶吾。”“若虎”之説，亦與《傳》合。虎謂之騶虞者，騶音則鳩切，精母，菟音湯故切，透母，騶虞之合音近菟，蓋方俗呼虎爲菟，訛變而爲騶虞耳。《書·益稷》“合止（之）柷敔”，鄭注曰：“敔狀如伏虎”，《説文》亦曰“形如木虎”。案“柷敔”實二字一名，其合音近菟。此器狀如虎，故謂之柷敔。《淮南子·俶真篇》“騎蜚廉而從敦圄”，高注曰“敦圄似虎而小”。敦圄合音亦近菟，故虎謂之敦圄。虎謂之騶虞（吾），猶虎謂之柷敔，又謂之敦圄也。《召南》之詩稱虎曰騶虞，猶《周南》之詩稱虎曰菟，蓋皆楚語歟？

公侯干城　〔《兔罝》〕傳：“干，扞也。”箋：“干也，城也，皆以禦難也。”

之屏之翰　〔《小雅·桑扈》〕傳：“翰，榦。”箋：“王者之德，外能捍蔽四表之患難。内能立功立事爲之楨榦。”

王后維翰　〔《大雅·文王有聲》〕傳：“翰，幹也。”箋：“王后爲之幹者，正其政教，定其法度。”

大宗維翰　〔《大雅·板》〕傳：“翰，幹也。”箋：“王當用公卿諸侯及宗室之貴者爲藩屏垣幹爲輔弼。”

維周之翰 〔《大雅·崧高》〕傳“翰，榦也。”箋：“入爲周之楨榦之臣。”

戎有良翰 〔同上〕箋：“翰，榦也。申伯入謝，徧邦内皆喜，曰女有善君也。”

召公維翰 〔《大雅·江漢》〕箋：“召康公爲之楨榦之臣，以正天下。”

《説文》曰“韓，井垣也。從韋，取其帀也。倝聲。”相承皆用幹。韓垣聲近，蓋本一語。韓爲凡垣之通稱，而許君以爲井垣專字，非也。《詩》翰字當爲韓（幹）之假借。《桑扈篇》“之屏之翰”，翰與屏并舉，《板篇》“價人維藩，大師維垣，大邦維屏，大宗維翰……宗子維城”，翰與藩垣屏城并舉，《崧高篇》“維周之翰，四國于蕃（藩），四方于宣（垣）”，翰與蕃宣并舉，皆複文也。《説文》曰：“壁，垣也。”《廣雅·釋室》曰：“廦，垣也。”是辟亦有垣義。《文王有聲篇》四章曰“四方攸同，王后維翰”，五章曰“四方攸同，皇王維辟”，辟訓垣，翰亦訓垣，翰與辟亦複文也。《崧高篇》紀申伯築城之事，又曰“戎有良翰”，猶言汝有良城耳。《江漢篇》“召公維翰”，與《文王有聲篇》“王后維翰”，《板篇》“大宗維翰”，句法并同，翰亦當訓爲垣。本篇“公侯干城”之干，則閈之省，閈亦韓也。知之者，韓訓垣，閈亦訓垣。《文選，西京賦》注引《蒼頡篇》“閈，垣也”。閈韓皆訓垣，而韓今字作幹，故《楚辭·招魂》“去君之恒幹些”，舊校幹一作閈。本篇以“干城”并舉，猶之《板》以“大宗維翰”與“宗子維城”連言，干也，翰也，皆韓之借字也。諸翰字《傳》皆訓爲榦，字或作幹，《箋》皆釋爲楨榦，胥失之。干，《傳》訓爲扞，以名詞爲動詞，失之尤遠。《箋》讀爲干盾之干，似若可通。不知盾之與城，巨細懸絶，二名并列，未免不倫。以是知其不然。

芣 苢

采采芣苢 傳："芣苢，馬舄，馬舄，車前也。宜懷任焉。"

案《列女傳·貞順篇》曰"且夫采采芣苢之草"，《文選·辨命論》注引《韓詩》薛君《章句》曰："芣苢，澤寫也。芣苢惡臭之菜……"并以芣苢爲草類，與《傳》説合。《周書·王會篇》曰"桴苢者，其實如李，食之宜子"，孔注曰"食桴苢，即有身"。桴洪本作稃，李《韻會》載《説文》引作麥，則又似穀類，桴苢，稃苢，即芣苢。或以爲草，或以爲穀，或以爲木，傳聞異辭。然宜子之效，則仍與此《傳》"宜懷任（妊）"之説不異。（《説文繫傳》曰："服之令人有子。"）《釋文》陸機疏曰"其子治婦人生難"，《正義》引作"難產"，此蓋誤解宜有子爲宜生子。不知芣肧并"不"之孳乳字，苢胎并"以"之孳乳字，"芣苢"之音近"肧胎"，故古人根據類似律（聲音類近）之魔術觀念，以爲食芣苢即能受胎而生子。《列女傳》又曰"蔡人之妻者，宋人之女也，既嫁於蔡，而夫有惡疾，其母將改嫁之。女曰：'夫不幸，乃妾之不幸也，奈何去之！……'乃作《芣苢》之詩。"此魯説也。薛君《章句》又曰："詩人傷其君子有惡疾，人道不通，求已不得，發憤而作。"此韓説也。《毛序》曰："和平則婦人樂有子矣。"各家所説詩中本事，或傷無子，或樂有子，或矢忠而不去，或求去而不得（韓説"求已不得"已猶去也），其詳雖不可考，其皆緣芣苢宜子以立説，則不誤。

舊傳禹母呑薏苢，孕而生禹，故夏人姓姒。案禹母受孕之傳説不一，呑薏苢似即食芣苢之流變。何以明之？《王會篇》"康人以桴苢"孔注曰"康亦西戎别名也"。考禹或稱戎禹。《御覽》八二引《尚書帝命驗》曰"修紀……生姒戎文命禹"注曰"禹生戎地，一名文命"，《潛夫論》五《德志篇》曰"修紀……生白帝文命戎禹"，是也。西戎號稱禹後，而會朝以宜子之桴苢獻，則桴苢與禹，或不無關係。《吕氏春秋·音初篇》曰：“禹行水（從《書鈔》一〇六，《御覽》一三五，《文選·南都賦》李注，《吴都賦》劉注引補），竊（元作功，從鹽田引高麗活板《文選·南都賦》注引改）見塗山之女，禹未之遇而巡省南土。塗山氏之女乃令其妾待禹於塗山之陽，女乃作歌曰：‘候人兮猗！’實始作爲南音。周公召公取風焉，以爲《周南》《召南》。”二《南》之民蓋亦奉禹爲始祖者，故世傳二《南》之音，出於塗山候禹之歌。二《南》之民亦禹後，而亦有芣苢宜子之傳説，證以上述康人之事，則舊傳禹母所吞而懷妊者，果似芣苢而非薏苡矣。意者古説本謂禹因芣苢而生，末世歧説變芣苢爲薏苡，亦猶薏苡之説又或變爲珠乎？（《御覽》八二引《蜀王本紀》：“禹母吞珠孕禹，坼副而生於塗山。”）使以上所推不誤，則芣苢宜子之説，由來已舊。魯、韓、毛説并同，學者未可泥於近代眼光而輕疑之也。

漢　　廣

漢有游女　傳：“漢上游女，無求思者。”箋：“賢女雖出游漢水之上，無欲求犯禮者，亦由貞絜使之然。”

三家皆以游女爲漢水之神，即相傳鄭交甫所遇漢皋二女。鄭交甫故事，未審起於何時代，要足證漢上舊有此神女傳説。近錢穆氏謂漢水即古之湘水，然則漢之二女即湘之二妃，所謂娥皇女英者也。娥皇女英者，舜之二妃，其傳説之起，自當甚古。因知以《詩》之游女爲神女，三家并同，其必有據。且《詩》曰“漢有游女，不可求思”，下即繼之曰“漢之廣矣，不可泳思，江之永矣，不可方思”，夫求之必以泳以游，則女在水中明矣。知女在水中，則游字即當讀《邶·谷風篇》“泳之游之”之游。《説文》曰“汓，浮行水上也”，重文作泅。經傳皆作游。《詩》所謂“漢有游女”者，殆即《洛神》“浮波微步，羅襪生塵”之類矣。凌行水上謂之游，潛行水中亦謂之游。《方言》十“潛亦遊也”，郭注曰“潛行水中亦爲遊也”，遊游通。揚雄《羽獵賦》曰“漢女水潛”，此取潛行水中之義。揚學《魯詩》，《箋》曰“水潛”，是魯以游爲游泳之明證。《傳》曰“漢上游女，無求思者”，《箋》曰“賢女雖出游漢水之上”，并以神爲人，讀游爲遊，不若三家義長。

言刈其楚 箋：“楚，雜薪中之尤翹翹者。我欲刈取之，以喻衆女皆貞絜，我又欲取其尤高者。”

不流束楚 〔《王風·揚之水》〕傳：“楚水也。”

不流束楚 〔《鄭風·揚之水》〕

綢繆束楚 〔《唐風·綢繆》〕

卜辭楚字有楚㮖二體，是楚有草木二稱。《管子·地員篇》曰“其木宜蚖菕與杜松，其草宜楚棘”，此草類稱楚者。（《方言》三“凡草木刺人……江湖之間謂之棘”，是草亦可稱棘）楚一名荆，楚爲草，故荆亦爲草。《儀禮·士喪禮》注“楚，荆也”，賈疏曰“荆本是好草之名”，是也。楚爲草名，故本篇楚與蔞并舉，《王·揚之水篇》楚與薪蒲并舉，《鄭·揚之水篇》楚與薪并舉，《綢繆篇》楚與薪芻并舉，蔞蒲皆草類，薪芻亦謂草也。（《説文》薪蕘互訓。《詩·板》釋文，《文選·長門賦》注并引《説文》作“蕘，草薪也”。《漢書·賈山傳》注，《揚雄傳》注，亦并云“蕘，草薪”。）本篇二章刈楚，與三章刈蔞，乃當時婚禮中實有之儀式。《箋》以楚爲泛喻女之高絜，乃誤以賦爲比。《王·揚之水》傳訓楚爲木，亦失之。

汝　墳

伐其條枚 傳：“枝曰條，幹曰枚。”

施于條枚 〔《大雅·旱麓》〕傳：“葛也，藟也，延蔓於木之枚本而茂盛。”

枚之言微也（《東山》傳："枚，微也。"《閟宫》"實實枚枚"，《文選·南都賦》作微微），故枝之小者謂之枚。《説文》曰"條，小枝也"，《廣雅·釋木》曰"枚，條也"，《太玄》二《達》"陽氣枝枚條出"，宋衷注曰"自枝别者爲枚，自枚别者爲條"。是條也，枚也，皆小枝之名。本篇二章"伐其條肄"，傳曰"斬而復生曰肄"。案斬而復生之枝亦小枝，詩一章曰"伐其條枚"，猶二章曰"伐其條肄"矣。《旱麓篇》"施于條枚"，義同。本篇傳訓枚爲幹，《旱麓》傳訓枚爲本，并失之。《正義》申毛曰"枚，細者，可以全伐之也"，謂枚爲幹之細者。此可通於本篇，不可通於《旱麓》。葛藟何獨蔓於細幹而不及其大者哉？是以知其不然。王引之讀條爲槄，亦未諦。

惄如調飢 傳："調，朝也。"箋："未見君子之時，如朝飢之思食。"

可以樂飢 〔《陳風·衡門》〕傳："樂飢，可以樂道忘飢。"箋："飢者不足於食也。泌水之流洋洋然，飢者見之，可飲以瘵飢，以喻人君慤願，任用賢臣，則政教成，亦猶是也。"

季女斯飢 〔《曹風·候人》〕箋："天無大雨，則歲不熟，而幼弱者飢，猶國之無政令，則下民困病矣。"

案古謂性的行爲曰食（詳《王風·丘中有麻》），性欲未滿足時之生理狀態曰飢，既滿足後曰飽。《衡門篇》曰"可以樂（瘵）飢"，又曰"豈其取妻，必齊之姜？""豈其取妻，必宋之子？"《候人篇》曰"彼其之子，不遂其媾"，又曰"季女斯飢"。尋繹詩意，飢謂性欲明甚。本篇曰"未見君子，惄如調飢"，惄如猶惄然。未見君子而稱飢，是飢亦作性欲言。且《詩》言魚，多爲性的象徵，故男女每以魚喻其對方（詳下條）。本篇曰"魴魚赬尾"，《衡門》曰"豈其食魚，必河之魴"，"豈其食魚，必河之鯉"，而《候人》曰"維鵜在梁，不濡其咮"，亦寓不得魚之意（亦詳下）。三詩皆言魚，又言飢，亦飢斥性欲之證。此義後世詩文中亦有之。樂府《西烏夜飛》曰“蹔請半日給，徙倚娘店前，目作宴填飽，腹作宛惱飢”，《隋遺録》曰“（煬帝）每倚簾視（薛）絳仙，移時不去，顧内謁者云：‘古人言秀色若可餐。如絳仙，真可療飢矣！’”凡此言飢，并可與《詩》義互證。對飢而言則曰飽。《楚辭·天問》曰：“禹之力獻功，降省下土方，焉得彼嵞山女，而通之於台桑？閔妃匹合，厥身是繼，胡維嗜欲同味，而快鼂飽？”鼂一作朝。王注曰：“何特與衆人同嗜欲，苟欲飽快一朝之情乎？”案上言“通之（嵞山女）於台桑”，下言“快鼂飽”，語意一貫，故文釋飽爲飽情。《吕氏春秋·當務篇》曰“禹有淫湎之意”，蓋猶《天問》曰“快朝飽”矣。

本篇“調飢”字《釋文》又作輖，《易林·兑之噬嗑》作周，《説文·心部》引《詩》作朝，證以《陳風·株林》曰“朝食于株”，并《天問》“鼂飽”本一作朝飽，似朝爲正字。《傳》訓調爲朝，蔡邕《青衣賦》改稱朝飢曰旦飢，李巡注《爾雅·釋言》“惄，飢也”亦曰“惄，宿不食之飢也”，均用此義。然而飢獨言朝，義實難通，性欲之獨言朝，尤不可解。疑調（輖周），朝，鼂，皆以聲近借用，别有本字，今不能詳矣。（或疑即《爾雅·釋畜》“白州，驠”之州。其字《内則》“鱉去醜”，作醜，《淮南子·精神篇》“燭營指天”，作燭，《蜀志·周群傳》先主嘲張裕多鬚“諸毛繞涿居乎”，作琢，《廣韻》作豚。果爾，則是言不雅馴。文獻不足，未敢臆斷。）要之，“調飢”謂性欲之飢，“鼂飽”謂性欲之飽，“朝食”謂性欲之食。其單稱飢若食者，乃“調飢”“朝食”之省。舊解皆失之。

魴魚赬尾 傳：“魚勞則尾赤。”箋：“君子仕於亂世，其顔色瘦病，如魚勞則尾赤。所以然者，畏王室之酷烈。是時紂存。”

魚網之設 〔《邶風·新臺》〕箋：“設魚網者宜得魚。鴻乃鳥也，反離焉，猶齊女以禮來求世子，而得宣公。”

其魚魴鰥　〔《齊風·敝笱》〕箋："魴也，鰥也，魚之易制者，然而敝敗之笱不能制。……喻魯桓微弱，不能防閑文姜，終其初時之婉順。"

豈其食魚　〔《陳風·衡門》〕箋："此言何必河之魴，然後可食，取其口（甘）美而已。何必大國之女，然後可妻，亦取貞順而已。以喻君任臣，何必聖人，亦取忠孝而已。"

誰能亨魚　〔《檜風·匪風》〕傳："亨魚煩則碎，治民煩則散。知亨魚，則知治民矣。"箋："誰者，言人偶能割亨者。"

九罭之魚鱒魴　〔《豳風·九罭》〕箋："設九罭之罟，乃後得鱒魴之魚，言取物各有器也。……喻王欲迎周公之來當有其禮。"

《國風》中凡言魚，皆兩性間互稱其對方之廋語，無一實指魚者。《衡門篇》曰："豈其食魚，必河之魴——豈其取妻，必齊之姜？"此以魚代女也。《新臺篇》曰："魚網之設，鴻則離之——燕婉之求，得此戚施。"《敝笱篇》曰："敝笱在梁，其魚魴鰥——齊子歸止，其從如雲。"《九罭篇》曰："九罭之魚鱒魴——我覯之子，袞衣綉裳。"皆以魚代男也。以上魚字之義，詳審各詩本文，已可得之。《左傳》哀十七年載衛侯貞卜，其繇曰"如魚竀（赬）尾，衡流而方羊"，疏引鄭衆説曰"魚肥則尾赤，方羊游戲，喻衛侯淫縱"。本篇曰"魴魚赬尾"，義當與《左傳》同。詩爲女子所作，則魚指男言也。《匪風篇》疑係婦人望其夫來歸之詞，"誰能亨魚"，蓋亦廋語也。箋曰"誰能者，言人偶能割亨者"。案"人偶"者，相親愛之詞。《中庸》"仁者人也"鄭注曰"'人也'讀如'相人偶'之人，以人意相存偶之言"，《賈子·匈奴篇》曰"胡嬰兒得近侍側，胡貴人更進，得佐酒上前，時人偶之"，此相親謂之人偶也。疑三家或有説此詩爲男女相思念之詞者，故《箋》得兼采其説，而釋"誰"字爲人偶之意。

《管子·小問篇》曰："桓公使管仲求甯戚。甯戚應之曰：'浩浩乎？育育（從元刻本補，下同）乎！’管仲不知，至中食而慮之。婢子曰：‘公何慮？’管仲曰：‘……公使我求甯戚，甯戚應我曰浩浩乎！育育乎！吾不識。’婢子曰：‘詩有之：浩浩者水，育育者魚，未有家室，而安召我居？甯子其欲室乎！’”尹注曰：“水浩浩然盛大，魚育育然相與而游其中，喻時人皆得配偶，以居其室中。甯戚有伉儷之思，故陳此詩以見意。”案尹謂古俗以魚喻伉儷，至確，《國風》六言魚皆男女互稱之廋語，是其明證。自晉、宋樂府，下至近世黔滇民歌，猶存此語，略示數例如下。樂府《華山畿》曰：“開門枕水渚，三刀治一魚，歷亂傷殺汝。”《子夜歌》曰：“常慮有貳意，歡今果不齊。枯魚就濁水，長與清流乖。”粵風曰：“一條江水白漣漣，兩個鱇魚生兩邊，鱇魚没鱗正好吃，小弟單身正好憐。”又曰：“妹嬌娥，憐兄一個莫憐多，已娘莫學鯉兄子，那河游過别條河。”海豐畬歌：“行橋便行橋，船仔細細載雙娘，鯉魚細細會游水，郎君細細會睇娘。”靖江情歌：“天上星多月不明，河裹魚多水不清，朝中官多要造反，小大姊郎多要花心。”貴州安南民歌曰：“妹家門前有條溝，金盆打水喂魚鰍，魚鰍不吃金盆水，郎打單身不害羞？”貴陽民歌曰：“好股凉水出岩脚，太陽出來照不着，郎變犀牛來吃水，妹變鯉魚來會合。”雲南尋甸情歌曰：“大河漲水沙浪沙，一對鯉魚一對蝦，衹見鯉魚來擺子，不見小妹來貪花。”又曰：“新來陽雀奔大山，新來鯉魚奔龍潭，新來小妹無奔處，奔給小郎作靠山。”此皆以魚喻情偶者也。其有言食魚者，如安南情歌曰“天上下雨地下滑，池中魚兒擺尾巴，那天得魚來下酒，那天得妹來當家”，雲南宣威情歌曰“要吃辣子種辣秧，要吃鯉魚走長江，要吃鯉魚長江走，要玩小妹走四方”，則與《衡門》“豈其食魚”同意。又有言以網捕魚者，如湖南安化情歌曰：“大河裏漲水小河分，兩邊衹見打魚人，我郎打魚不到不收網，戀姐不到不收心。”貴陽情歌曰“山歌好唱口難開，仙桃好吃樹難栽，秘密痛苦實難説，鮮魚好吃網難抬”，淮南略同安南情歌曰“久不唱歌忘記歌，久不打魚忘記河，久不打魚河忘記，久不連姐臉皮薄”，則與《新臺》“魚網之設”，《九罭》“九罭之魚鱒魴”略同。

野蠻民族往往以魚爲性的象徵，古代埃及、亞洲西部及希臘等民族亦然。亞洲西部尤多崇拜魚神之俗，謂魚與神之生殖功能有密切關係。至今閃族人猶視魚爲男性器官之象，所佩之厭勝物，有波伊歐式（Boeotian）尖底瓶，瓶上飾以神魚，神魚者彼之禖神赫米斯（Hermes）之象徵也（詳 Robert Briffault：Sex in Religion 見 V.F.Calverton 與 S.D.Schmalhausen 二氏合編之 Sex in Civilization P.42）。疑我國謠俗以魚爲情偶之代語，初亦出於性的象徵。容續考之。

《詩》又有變相言魚而不出魚字者，亦係廋語，詳《召南·何彼禯矣》及《曹風·候人》二篇。

麟之趾

麟之趾 傳："麟信而應禮，以足至者也。"箋："喻今公子亦信厚，與禮相應，有似於麟。"

野有死麕 〔《召南·野有死麕》〕傳："凶荒則殺禮，猶有以將之。野有死麕，群田之獲，而分其肉。"箋："亂世之民貧，而强暴之男多行無禮。故貞女之情，欲令人以白茅裹束野中田者所分麕肉，爲禮而來。"

案麟（麐）麕（麇）麞（麖）麠，四名一物也。（一）《説文》麞之重文作麖，麖麕一聲之轉。《説文》曰"圜謂之囷，方謂之京"，《管子·輕重丁篇》"有新成囷京者二家"尹注曰"大囷曰京"。案囷與京對文異，散文通。麕之爲麖，猶囷之爲京也（以上證麕即麞）。（二）《説文》曰"麇，麠也"，籀文作麕。麕即麠，又即麞，是麞即麠，一也。《爾雅·釋獸》曰"麞，大麃"，《説文》曰"麃，麠屬"，是麞即麠，二也（以上證麞即麠）。（三）《釋獸》曰"麞……牛尾一角"，又曰"麐，麕身牛尾一角"，麐即麟字。《説文》曰"麞，大鹿也"，又曰"麟，大牡（原誤牝）鹿也"。麕爲牛尾一角之大鹿，麟亦爲牛尾一角之大鹿，是麠又即麟矣。蓋麠重文作麖，從京聲，從京之字，若涼、諒、倞等，皆來母，古讀麖蓋亦歸來，故得轉爲麟。《釋獸》“麠，大麃”，郭注曰“漢武帝郊雍，得一角獸，若麃然，謂之麟者，此是也”。然則麠麟一獸，郭璞已明言之矣（以上證麠爲麟）。綜上所述，麕即麞，又即麠，麠即麞，又即麟，而麟則麕身，然則麟麕麠麞四名一物審矣。

《野有死麕篇》説男求女，以麕爲贄。麕即麟，既如上説，則本篇蓋納徵之詩，以麟爲贄也，納徵用麟者，麟慶古同字。《説文》曰：“慶，行賀人，從心從夂。吉禮以鹿爲贄，故從鹿省。”案此説字形非是。慶金文《秦公毀》作慶，其字於卜辭則爲麐之初文。麐本即慶下加口，而古字加口與否，往往無别。慶於金文爲慶，於卜辭爲麐。適足證慶麐古爲一字耳。夫鹿類之中，麐爲最貴，故古禮慶賀所用，莫重於麐，因之麐遂孳乳爲慶賀字。《説文》以“吉禮以鹿爲贄”解“慶”字，可謂得制字之意矣。吉禮用贄，以麟爲貴，故相承即以麟爲禮之象徵。《傳》曰“麟信而應禮”，《箋》曰“與禮相應，有似於麟”，并《左傳》哀十四年服注曰“視明禮修而麟至”，胥其例也。昏禮納徵用麟爲贄，而《二南》復爲房中樂，其詩多與婚姻有關，故知《麟之趾》爲納徵之詩。《序》曰“《麟之趾》，《關雎》之應也”，又曰“天下無犯非禮”，禮即納徵之禮，謂壻家能行此納徵之禮，不以强暴相陵，而求急亟之會也。

《儀禮·士昏禮》“納徵，玄纁束帛儷皮”，鄭注曰“皮，鹿皮”。崔駰《婚禮文》曰“委禽奠雁，配以鹿皮”。《説文》曰“麗……從鹿丽聲，禮麗皮納聘，蓋鹿皮也”，又曰“慶……吉禮以鹿皮爲贄，故以鹿省”。以《野有死麕篇》證之，婚禮古蓋以全鹿爲贄，後世苟簡，始易以鹿皮。本篇用麟，有趾，有定（顁），有角，蓋亦全鹿。

召　　南

甘　　棠

蔽芾甘棠　傳：“蔽芾，小貌。甘棠，杜也。”箋：“召伯聽男女之訟（舊衍不字），重煩勞百姓，止舍小棠之下，而聽斷焉。國人被其德，説其化，思其人，敬其樹。”

古者立社必依林木。《周禮·大司徒》曰：“設其社稷之壝，而樹之田主，各以其野之所宜木，遂以名其社與其野。”《墨子·明鬼篇》曰：“且惟昔者虞夏商周三代之聖王，其始建國營都日，必擇國之正壇以爲宗廟，必擇木之修茂者立以爲菆（叢）社。”《書·甘誓》曰：“用命賞于祖，弗用命戮于社。”宗廟即祖，菆社即社也。《明鬼篇》又引《甘誓》文而釋之曰：“賞於祖者何也？言分命之均也。僇於社者何也？言聽獄之衷也。”蓋斷獄必折中於神明，社木爲神所憑依，故聽獄必於社。《周禮·朝士》曰：“掌建邦外朝之法，左九棘……右九棘……面三槐。”《初學記》二〇引《春秋元命苞》曰：“樹棘槐，聽訟於其下。”《易·坎》上六曰：“係用徽纆寘于叢棘。”鄭注以爲即外朝左右九棘，聽訟之處。《禮記·王制》亦曰：“正以獄成告於大司寇，大司寇聽於棘木之下。”棘與槐蓋皆古時社中之木，而舊俗聽訟必於社前，故相沿聽訟處猶種槐棘，《白虎通·社稷篇》引《尚書》逸篇曰“北社惟槐”，《北堂書鈔》八七引《太公金匱》曰“植槐於王路之右，起兩社，築垣墻，祭以酒脯，食以犧牲，尊之曰社”，此槐爲社木之明證。棘亦宜然。甘棠者，蓋即南國之社木，故召伯舍焉以聽斷其下。《説文》社之古文作䄕，從示從坴，坴即社字，而《傳》曰“甘棠，杜也”，疑甘棠一名杜，即以其爲社木而得名。《箋》謂召伯以“重煩勞百姓”之故，而聽斷棠下，未得其實。凡社木無不大者，以其禁采伐故也。《莊子·人間世篇》説齊櫟社“其大蔽數千牛，絜之百圍，其高臨山十仞而後有枝”，是其例。甘棠亦社木，當爲大樹，故能爲召伯所舍。然則蔽芾者，木蔭甚覆蔽之貌也，《傳》以爲“小貌”，亦失之。

下《行露篇》爲男女獄訟之詞，而《序》曰“召伯聽訟也”。本篇箋曰“召伯聽男女之訟”，蓋據下篇而推知之。《晏子春秋·諫上篇》二三曰：“吾爲夫婦獄訟之不正乎？則泰士子牛存矣。”泰士即大士（見《左傳》僖二十八年及《曲禮》下），於周曰大司寇。（士爲刑官之正，故大司寇一曰大士，孫詒讓説。）《王風·大車篇》序曰：“大夫不能聽男女之訟焉。”召伯身爲三公，嘗聽男女之訟，而大司寇與諸大夫亦皆得聽之，明古聽男女之訟，初無專官。至晚出之《周官》，始據後世之制而專屬之媒氏。《周禮·媒氏》曰：“凡男女之陰訟，聽於勝國之社。”鄭注曰：“争中冓之事以觸法者。勝國，亡國也。亡國之社，奄其上而棧其下，使無所通。就之以聽陰訟之情，明不當宣露其罪。”案奄上棧下，即《禮記·郊特牲》所謂“喪國之社，必屋之”。社在屋中，則不得有樹，故《魏書·劉芳傳》曰“諸家禮圖，社稷圖皆畫爲樹，惟誠社誠稷無樹”，誠社即勝國之社也。然則《周官》不惟聽陰訟之人，與古不同，其聽訟之址亦不同。蓋古俗淳樸，雖陰訟亦但聽之樹下，後世禮教觀念轉嚴，嫌中冓之言，不宜宣露，始入戒社之屋中以聽之耳。要之，《周官》於聽訟之地，亦據後世之制言之。《周禮》賈疏謂詩在周公未制禮前，《周官》據制禮之後，故不同，孫詒讓又謂召伯非媒氏，則聽男女之訟，不必於戒社，此皆篤信《周官》實爲周公所作，故不得不曲爲之説耳。

行　露

誰謂雀無角　傳：“雀之穿屋，似有角者。”箋：“人皆謂雀之穿屋，似有角。……物有似而不同，雀之穿屋，不以角，乃以咮。”

《説文》曰“噣，喙也”，角即噣之本字。（一）以字形言之。鼎文有大喙鳥形（《三代吉金文存》卷二頁二），其喙形與卜辭角字不異，與卜辭兕字之角形亦酷肖，是古人造字，鳥喙與獸角，不分二事。（二）以字音言之。角古一讀與噣同。《淮南子・齊俗篇》“獸窮則𦍩”，《新序・雜事》五篇𦍩作觸，《玉篇》曰“𦍩，古文觸”，《古文四聲韻》五引崔希裕《纂古》觸古文作𤚐，𦍩𤚐同。𦍩從角聲，觸從蜀聲，𦍩觸字同，則角蜀音同，一也。《集韻》擉同捔。擉從蜀聲，捔從角聲，擉捔字同，則角蜀音同，二也。角音同蜀，而噣從蜀聲，是角音亦同噣矣。（三）以字義言之。獸角鳥喙，其形其質，本極相似，又同爲自衛之器，故古語角之一名，獸角與鳥喙共之。角（噣）之聲或轉爲觜，此後世用爲鳥觜專字者也（《文選・射雉賦》“裂膆破觜”徐注“觜，喙也”），然古本亦獸角之名，故字從角作。《説文》曰“觜，鴟舊頭上角觜也”，頭上角觜即毛角。鳥之毛角當以象角而得名，鳥毛角謂之觜，則獸角亦謂之觜可知。獸角謂之角，鳥喙亦謂之角，猶鳥喙謂之觜，獸角亦謂之觜也。獸角與鳥喙古并稱角，逮“角”爲獸所專，乃别製形聲之“噣”字，以當鳥喙之名，字從口蜀，蜀存角聲，上詳，口示喙意也。本篇曰“誰謂雀無角”，此古書鳥噣之名用古本字者。外此，則《漢書・董仲舒傳》引《古諺》曰“予之齒者去其角，傅之翼者兩其足”，角亦噣字。二句以鳥獸對舉，上謂獸有齒以齧，即不得有噣以啄，下謂鳥有兩翼以飛，即不得有四足以走。若以角爲獸角，則牛羊麋鹿之屬，有角復有齒者衆矣，安得云“予之齒者去其角乎？”（此説本吴仁杰、俞樾。）又有稱獸喙曰角者。《爾雅・釋獸》“犀似豕”郭注曰“三角，一在頂上，一在額上，一在鼻上，鼻上者即食角也”。案犀鼻上角實當鳥之喙，而謂之食角者，角即噣字。此亦古語角噣不分之佳證也。詩角字指鳥喙，宋吴仁杰首發其覆，明何楷，清毛奇齡、俞樾、于鬯、薛蟄龍等説并同，惟咸語焉未詳，余故具論其形音義如此，以見諸儒立説之精也。

羔　羊

羔羊之皮素絲五紽　傳："古者素絲以英裘，不失其制。大夫羔裘以居。"

素絲紕之良馬四之　〔《鄘風·干旄》〕傳："紕，所以織組也。總紕於此，成文於彼，願以素絲紕組之法御四馬也。"箋："素絲者，以爲縷，以縫紕旌旗之旒縿，或以維持之。"

素絲組之良馬五之　〔同上〕傳："總以素絲而成組也。驂馬五轡。"箋："以素絲縷縫組於旌旗，以爲之飾。五之者，亦爲五見之也。"

素絲祝之良馬六之　〔同上〕傳："祝，織也。四馬六轡。"箋："祝當作屬，屬，著也。六之者，亦謂六見之也。"

王闓運以《公食大夫禮》説本篇，謂《詩》羔羊之皮即《禮》庭實乘皮，《詩》素絲即《禮》束帛，其説精確。惟《詩》曰"素絲"，《禮》曰"束帛"，帛之與絲，雖所異甚微，然慶賞用絲，經典究無明文，此惑不祛，恐終無以執閑者之口。今案以絲爲贈，的係古制。金文《守宫尊》曰"錫守宫絲束，苴幕五，苴冪二，馬匹……"此其明證也。《舀鼎》曰"我既贖汝五[天]，[效]父用匹馬束絲限許舀"，《墨子·非樂上篇》引《湯之官刑》曰"其恒舞於宫，是謂巫風，其刑君子出絲二衛（𩋾），小人否似二伯"，或以讎值，或以贖罪，皆古贈遺用絲之旁證。且《詩》曰"五紽""五緎""五總"，皆束絲之名（詳下條），此曰"素絲五紽"猶金文曰"束絲"矣。《詩》之皮與絲爲二，《傳》則合而爲一，謂絲爲裘之英飾，不知皮既非裘，絲亦非英也。

《干旄篇》之素絲贈遺所用，其以絲馬并用，亦與《守宫尊》《舀鼎》所紀符合。經傳則言帛錦與馬。《儀禮·覲禮》曰"至於郊，王使人皮弁用璧勞……侯氏用束帛乘馬儐使者"，又曰"天子賜舍……儐之束帛乘馬"，又曰"天子賜侯氏以車服……儐使者諸公賜服者束帛四馬，儐大史亦如之”，此諸侯朝覲所用也。《聘禮》曰“賓覿，奉束錦，緫乘馬”，又曰“君使卿韋弁歸饔餼……奉束帛……〔儐之〕馬乘……束錦”，又曰“上介饔餼……下大夫韋弁用束帛致之……儐之兩馬束錦”，又曰“夫人使下大夫韋弁歸禮……以束帛致之……儐之乘馬束錦”，又曰“〔歸〕上介〔禮〕，儐之兩馬束錦”，此大夫聘禮所用也。《既夕禮》曰“公賵，玄纁束〔帛〕，馬兩”，《禮記・檀弓上篇》曰“伯高之喪，孔氏之使者未至，冉子攝束帛乘馬而將之”，《公羊傳》隱元年曰“喪事有賵，賵者蓋以馬，以乘馬束帛”，《禮記・少儀篇》曰“賻馬與其幣……不入廟門”，幣即帛，此喪禮賵賻所用也。此上曰帛，曰錦，曰幣，咸與馬并用，亦猶《詩》之素絲良馬并稱也。其曰“紕之”，“組之”，“祝之”，皆束絲之法。下文“畀之”，“予之”，“告（造）之”，皆贈遺之意，所贈之物，即此素絲良馬也。《傳》牽合《小雅・皇皇者華篇》“六轡如絲”之語，以爲絲以喻轡，此其説之混絲馬爲一，與説本篇之混皮絲爲一，其失正同。《箋》則蒙上文“干旄”“干旟”“干旌”之詞，而以絲爲旌旗旒縿之屬，亦臆測無據。

以理勢度之，贈遺，讎值，贖罪諸經濟性的活動，用絲爲中介，宜早於用帛與錦。《墨子》所引《湯之官刑》，雖未必果爲殷商文獻之本來面目，其言用絲，要係舊俗。《守宫尊》《曶鼎》皆懿王時器。（此依陳夢家説，郭沫若定前者爲懿王時器，後者爲孝王時器。然二王世次本相毗連，皆在西周末葉。）金文中記用絲者祇此二見，合《湯之官刑》推之，疑贈遺用絲，乃西周末葉以前之風尚。（《大㲋》有“賓豖訊章帛束”語，亦懿王時器，是此時用帛之風，亦已開始。）二詩亦并用絲，然則其時代略可推矣。

素絲爲紽 傳：“紽，數也。”

陳奂讀五爲交午之午，是也。午字古作8，象絲交午成束形，直其畫則成×，故五午古爲一字。紽者即交午束絲之名。《字鏡》曰“絁，絡也”，絡也交午義近。《説文》曰“杝，落也”，即籬落字，杝之狀邪交織絡而成文。《一切經音義》二二引《蒼頡篇》曰“椸，格也”，亦枝格相交之意。紽與絁杝椸聲近義通，亦交午之狀也。《釋文》本紽作它，曰“本又作佗……或作紽”。《左傳》莊二十二年陳公子佗，字五父，五與午，佗與紽，并古字通，交午束絲謂之紽，故名紽字五父。凡言交午者，其數必始於二，五與午通，故有“二”義。《周禮·大司徒》《白虎通·三軍篇》并曰“五伍爲兩”，《左傳》昭元年服注曰“五十乘爲兩”，《漢書·律曆志》上孟康注曰“伍，耦也”，兩，耦皆二也。紽爲交午之狀，五訓二，故紽亦訓二（詳馬氏《毛詩傳箋通釋》）。紽或謂之五紽，五紽猶五兩也。《齊風·南山篇》曰“葛屨五兩”，陳奂讀彼五字亦爲午，云五兩謂屨綦。案謂束綦之法也。《禮記·雜記下篇》曰“納幣一束，束五兩”，《周禮·媒氏》曰“凡嫁子取妻，入幣，純帛毋過五兩”（純帛即束帛，鄭注讀純爲紂，非是），五兩本束帛之法，此以爲帛數，乃後起之義。《方言》四曰：“緉，緛，絞也。關之東西或謂之緉，或謂之緛。絞，通語也。”緉與兩同，緉謂之絞，絞之言亦交午也，故謂之五兩。紽，兩皆有“二”義，束絲謂之五紽，束綦與束帛謂之五兩，其義一也。

紽聲轉爲纚。《字鏡》絁同紽，《廣韻》纚俗作絁，《類篇》纚或作褫，紽褫同，是紽亦纚字。纚《玉篇》亦作纒，字從爾，爾從㸚，㸚亦交午之意。纚聲又轉爲緆。《西京雜記》鄒長倩遺公孫弘書曰：“五絲爲緆，倍緆爲升，倍升爲緎，倍緎爲紀，倍紀爲緵，倍緵爲襚。”緆纚聲近字通，《漢書·禮樂志·郊祀歌》九“籋浮雲，晻上馳”，注引蘇林曰“籋音躡”，《集韻》鑷或作鑈，并其比。五絲爲緆，蓋亦本謂交午其絲。升以下皆倍數，緆爲二絲交午之名，亦倍數也。鄒以五爲五數，此亦後起之説，猶《禮》之五兩，《詩》之五紽，説者亦皆以爲五帛五絲之數也。

素絲五緎 傳：“緎，縫也。”

緎之言域也。《漢書·賈誼傳》注曰“域，界局也”，界局之狀交午成文。《文選·西京賦》注曰“罭與緎古字通”，網形亦交午成文。《西京雜記》“倍升爲絨”，《埤雅》引絨作緎。緎與絨古亦通用。(《大雅·蕩篇》“式號式呼”《釋文》“式本作或”。式從弋聲，或從戈聲，弋戈古同字，故式可通或。)《楚辭·天問》曰“天式縱横”，天式即褚少孫《續史記·日者傳》“旋式正棊”之式。《索隱》曰：“式即栻也。旋，轉也。栻之形上圓象天，下方法地，用之則轉天綱，加地之辰，故云旋式。”《廣雅·釋器》曰：“栻，梮也。”是栻狀如網，縱横交錯而成界局，故亦謂之梮。絨栻字異義同。《説文》引樂浪挈令以絨爲織字，織亦經緯相交也。《傳》訓緎爲縫，《廣雅·釋詁》二曰“繶，縫也”，朱駿聲謂繶即織字。案《説文》曰“轖，車籍交革也”，《廣韻》曰“轖，車馬絡帶也”，并與交午義近。罭也，絨也，織也，繶也，并與緎聲近字通，而皆有交午之義，然則五緎猶五紽也。《左傳》昭二十八年“或賜二小人酒”，杜注曰“或，他人也”。緎紽義近，猶或他義近。蓋或喻母字，古讀屬舌頭，與它（他）爲一聲之轉，故義亦相通。《傳》訓緎爲縫者，縫之義亦交午也。《説文》曰“夆，牾也，讀爲縫”，《漢書·劉向傳》曰“逢午并起”，夆牾與逢午同。一作旁午，《霍光傳》“使者旁午”，注曰“一縱一横曰旁午”。縫紩之法亦交錯其線，故紩謂之縫。束絲之法，本與縫紩相似，訓緎爲縫，自無不可，惟謂以縫裘謂之緎，則不可耳。

羔羊之縫 傳：“縫，言縫殺之大小得其制。”

詩一章曰“羔羊之皮”，二章曰“羔羊之革”，三章曰“羔羊之縫”，皮革一義(《傳》“革猶皮也”)，則縫亦當與之同。縫依字當作韄。然《集韻》引《字林》曰“韄，被韄也”，《萬象名義》作韸，曰“被韸斗”，《玉篇》曰“韄，鼓聲”，義皆無當。《玉篇》又有鞼字曰“軍人皮”，軍人疑作韗人。《考工記》治皮之工有韗人，《禮記·祭統篇》鄭注曰“鞾，磔皮革之官也”。鞾人皮蓋謂已治之皮。鞾爲已治之皮，則與革同義。《詩》縫字疑讀爲鞾。鞾皮并舉，古或通稱，獨革亦已治之皮，此亦與皮通稱也。要之，“羔羊之縫”猶“羔羊之皮”也，《傳》讀爲縫紩之縫，則拘文牽義矣。

素絲五總 傳：“總，數也。”

總與交午之義亦近。《齊風·甫田篇》“總角丱兮”，傳曰“總角，聚兩髦也”。丱貫音同字通。《穀梁傳》昭十九年“羈貫成童”，《釋文》曰“交午翦髮爲飾曰羈貫”。案《禮記·内則篇》“男角女羈”，鄭注曰“午達曰羈”。羈貫猶午貫（《周禮·壺涿氏》“則以牡橭午貫象齒而沈之”），故交午髮飾曰羈貫。“總角丱兮”即午貫兩髦之謂。午束兩絲謂之總，猶午貫兩髦謂之總角，總與交午，義本相因也。上章曰“素絲五緎”，五總猶五緎耳。《豳風·九罭篇》傳曰：“九罭，緵罟，小魚之網也。”緎與罭通（見上素絲五緎條），總與緵通（《九罭》傳《釋文》“緵本又作總”，《周禮·掌客》“十筥曰總”，《釋文》“總本作緵”），束絲曰緎，亦曰總，猶魚網曰罭，亦曰緵，皆交午成文之狀也。

摽有梅

摽有梅 傳：“摽，落也。”

摽，古拋字。《玉篇》曰“摽，擲也”，《説文新附》曰“拋，棄也”，重文作摽。《公羊傳》莊二年曰“曹子摽劍而去之”，即拋劍而棄之，《孟子·萬章下篇》“摽使者出諸大門之外”，即拋出大門之外。擲物而棄之謂之摽，擲物以擊人亦謂之摽。《説文》曰“摽，擊也”，《廣雅·釋詁》三，《一切經音義》引《埤蒼》，又一六引《字林》，并曰“拋，擊也”。擲物以予人亦謂之摽，《詩》曰“摽有梅”，謂有梅以拋予人也。《衛風·木瓜篇》曰“投我以木瓜，報之以瓊琚，匪報也，永以爲好也”，言女有求士者，投之以木瓜達意，士即報之瓊琚以結好也。（凡男女之詩言贈佩玉者，皆贈之者男，被贈者女，詳《木瓜篇》。）本篇亦女求士之詩，摽（抛）投義同，摽梅猶彼之投瓜、投桃、投李耳。《晋書·潘岳傳》曰：“少時，常挾彈出洛陽道，婦人遇之者，皆連手縈繞，投之以果，遂滿載以歸。”此事與二詩所咏者略同。疑初民習俗，於夏日果熟時，有報年之祭，大會族人於果園之中，恣爲歡樂，於時士女分曹而坐，女競以新果投其所悦之士，中焉者或解佩玉以相報，即相與爲夫婦焉。二詩所咏，殆即此類，而潘岳事則其流風餘韻之偶存於後世者也。

《韓詩外傳》七陳饒對宋燕曰：“果園梨栗，後宫婦人以相提擲，而士曾不得一嘗，是君之二過也。”此雖婦人自相提擲，然亦可證擲果爲婦人之戲。婦人擲果爲戲，或即古時擲果求士之變相歟？

摽有梅 傳：“盛極則墮落者梅也，尚在樹者七。”箋曰：“梅實尚餘七未落，喻始衰也，謂女二十春盛而不嫁，至夏始衰。”

有條有梅 〔《秦風·終南》〕傳：“條，槄，梅，柟也。宜以戒不宜也。”箋：“……名山高大，宜有茂木也。……喻人君有盛德，乃宜有顯服，猶山之木有小大也。此之謂戒勸。”

原始社會之求致食糧，每因兩性體質之所宜，分工合作，男任狩獵，女任采集，故蔬果之屬，相沿爲女子所有。《左傳》莊二十四年御孫曰“女贄不過榛栗棗修”，《禮記·曲禮下篇》曰“婦人之摯，椇榛脯脩棗栗”，《古微書》引《春秋元命苞》曰“織女星主瓜果”，此皆古俗果實屬女子之證。（獲致肉類食料雖爲男子之事，庋藏之則仍女子事，故脯脩亦屬女子。）夫果實爲女所有，則女之求士，以果爲贄，固宜。

然疑女以果實爲求偶之媒介，亦兼取其蕃殖性能之象徵意義。（芣苡宜子，或云其實似李，詳《周南・芣苡篇》。）擲人果實，即寓貽人嗣胤之意，故女欲事人者，即以果實擲之其人以表誠也。

諸果屬誠皆女子所有，然梅與女子之關係尤深。梅字從每，每母古同字，而古妻字亦從每從又。梅一作䓿（《中山經》郭注），從敏，古作敏，亦從每從又，與妻本屬同字。本篇梅字，《釋文》引韓詩作楳，《説文》梅之重文亦作楳。《説文》又曰"某，酸果也"，古文作槑。案某槑皆古無字之省變，卜辭金文，或以無爲母，而經典亦無毋通用，毋即母字。是梅楳某槑仍爲一字。梅也者，猶言爲人妻爲人母之果也。然則此果之得名，即昉於摽梅求士之俗。求士以梅爲介，故某楳二形又孳乳爲媒字，因之梅（楳）之函義，又爲媒合二姓之果。要之，女之求士，以梅爲贄，其淵源甚古，其函義甚多。本篇傳、箋并謂梅盛極則落，喻女色盛將衰，皮相之論也。

《終南篇》曰"有條有梅"，又曰"有紀有堂"，紀堂當依《韓詩》作杞棠，王引之、馬瑞辰已辯之矣。今案條，梅，杞，棠，皆果名也。《爾雅・釋木》"柚，條"與"時，英梅"相次，疑即此詩之條梅（詳《秦風・終南篇》）。此女子悦人之詩。條，梅，杞，棠，女性之象徵。有條有梅，有杞有棠，猶言女子方待適人。下文盛稱君子容儀之美，明告君子以己傾慕之誠也。末云"佩玉將將"，則似微示願其以佩玉來贈之意。此詩作者乃貴族女子，詩中所稱諸果實，未必實用以提擲君子，然稱"有條有梅"，"有杞有棠"於君子之前，亦未始不寓有民間擲果求士之意識。（他篇女子之詞多稱果實名者，以此類推。）《傳》以條梅爲大木楷柟之異名，《箋》乃謂大木以喻"顯服"，真郢書燕説矣。

迨其今兮 傳："今，急辭也。"

林義光曰："今讀爲堪。堪字通作戡。（昭二十年《左傳》"王心弗堪"，《漢書・五行志》作"王心弗戡"，孟康曰："戡，古堪字。"）戡亦後出字，古文省借，宜作今也。首章‘迨其吉兮’，言於衆士中求吉士而嫁之。此章則已以失時爲懼，故曰‘迨其堪兮’，言有可嫁者即嫁之，不暇審擇也。”案林謂首章吉爲吉士，至確，讀此章今爲堪，亦是，惟仍以懼失時爲說，而解爲可嫁即嫁，不暇審擇，則明雖易傳，而陰實從之。今謂首章吉爲吉士，則次章堪亦謂堪士。《周頌・小毖篇》“未堪家多難”傳曰“堪，任也”，動詞堪訓任，形容詞堪亦訓任。《吕氏春秋・報更篇》曰“堪士不可以驕恣有也”，堪士即任士。(《吕覽》上言堪士，下即叙骫桑餓人報趙宣孟事，骫桑餓人謂靈輒，正後世所謂任俠之士。)《墨子・經上篇》曰“任士，損己而益所爲也”，《莊子・秋水篇》曰“任士之所勞”。《邶風・燕燕篇》“仲氏任只”，箋曰“任者，以恩情相親也”，《大戴禮記・文王官人篇》“觀其廉任”，盧注曰“任，以信相親也”，《史記・季布傳》“爲氣任俠”，集解引孟康曰“信交道曰任”。朋友以恩信相親曰任，亦曰堪，男女以恩信相親亦然，《吕覽》堪士謂朋友，《詩》堪士謂男女，名之所施雖異，義則一而矣。又案《爾雅・釋詁》曰“諶，誠也”，又曰“諶，信也”，堪諶俱從甚聲，而誠信與任之義訓復同，然則形容詞訓任之堪，即諶字耳。《詩》字讀爲諶，於義亦愜，惟終不若今堪發聲近，且“堪士”之詞，明見《吕覽》，故仍從林讀。

頃筐塈之 傳：“塈，取也。”箋：“頃筐取之，謂夏已晚，頃筐取之於地。”

溉之釜鬵 〔《檜風・匪風》〕傳：“溉，滌也。”

塈讀爲气。(《説文》“餼槩并爲氣之重文。《儀禮・聘禮》“如其饔既之數”，注“古文既爲餼”。《禮記・中庸》“既廩稱事”注“既讀爲餼”。《廣雅・釋詁》曰：“气，予也。”經傳予人食物曰餼，即气之孳乳。《儀禮・聘禮》曰“餼之以其禮”，鄭注曰“餼，給也”，《釋文》曰“遺也”。《聘禮》又曰“過則餼之”，并《左傳》僖十五年曰“晋又饑，秦伯又餼之粟”，義亦皆爲予。今字省作乞。《漢書·朱買臣傳》曰“買臣乞其夫錢令葬”，謂予其夫錢也。“頃筐气之”，即頃筐予之。首章“其實七兮”，謂筐中之梅，十尚餘七，二章“其實三兮”，謂十餘其三，末章“頃筐气之”，則梅已拋盡，并其筐亦拋予之也。《匪風篇》曰：“誰能亨魚，溉之釜鬵。誰將西歸，懷之好音。”懷讀爲歸（《禮記·緇衣》“私惠不歸德”注“歸或爲懷”），《廣雅·釋詁》曰：“歸，遺也。”“溉之釜鬵”與“懷之好音”相對爲文，溉亦讀爲气，訓予，予亦遺也。本篇傳、箋并訓塈爲取，是誤乞予爲乞取（《左傳》昭十六年疏“乞之與乞，一字也，取則入聲，與則去聲也”），蓋於詩義未達一間，《匪風》傳訓溉爲滌，則望文生義矣。

迨其謂之　傳：“不待備禮也。三十之男，二十之女，禮未備，則不待禮，會而行之者，所以蕃育人民也。”箋：“謂，勤也。女年二十而無嫁端，則有勤望之憂。不待禮會而行之者，謂明年仲春，不待以禮會之也。時禮雖不備，相奔不禁。”

胡不歸　〔《邶風·式微》〕箋：“君何不歸乎，禁君留止於此之辭。”

瑕不謂矣　〔《小雅·隰桑》〕箋：“謂，勤也。……君子雖遠在野，豈能不勤思之乎？宜思之也。”

謂讀爲PLACEHOLDER。《玉篇》《廣韻》并曰：“㥜，行也。”（《初學記》六引《春秋説題辭》：“謂之言渭渭也。渭渭，進行貌。”）案㥜訓行者，謂歸聲近，古當通用（詳下），㥜即“之子于歸”之歸，行即“女子有行”之行，婦人謂嫁曰歸，一曰行（詳《邶風·泉下篇》），故㥜可訓行也。本篇傳曰“禮不備，則不待禮（此從馬瑞辰截句），會而行之”，行之即嫁之。此以“行之”釋《詩》“謂之”，正讀謂爲㥜。“求我庶士，迨其㥜之”，猶言於衆士之中，求得其人，庶幾歸之以相與爲夫婦。《隰桑篇》曰“心乎愛矣，瑕不謂矣”，猶言心既愛之，胡不歸嫁之乎？“瑕不謂”，即《式微篇》之“胡不歸”，彼歸字本亦當訓嫁也。《墨子·經上篇》曰“謂，移舉加也”，言移此舉以加之於彼，此析字義最精。歸亦有移義，故《荀子·王制篇》曰“使相歸移也”。《列子·説符篇》張注曰“謂者所以發言之指趣”，《漢書·楊王孫傳》顔注曰“謂者名稱也，亦指趣”，《華嚴經音義》下引《漢書音義》曰“謂者指趣也”。有所趣，即有所歸，《淮南子·原道篇》高注曰“趣亦歸也”。謂歸一語，故并訓趣。《説文》曰：“謂，報也。”報赴聲近，古亦通用。(《禮記·少儀》“毋報往”注曰“報讀赴疾之赴”，《喪服小記》“報喪者報虞”注同，《古詩爲焦仲卿妻作》“吾今且報府”，即赴府。）謂歸一語，報赴一語，謂訓報，猶歸訓赴也。謂之與歸，初本無别。其分也，則意有所趣赴謂之“謂”，身有所趣赴謂之“歸”。其合也，則“歸”爲身言，而意之趣赴亦謂之“歸”，漢嚴遵著書名“《老子指歸》”是也，“謂”屬意言，而身之趣赴亦謂之“謂”，《詩》“迨其謂之”，“瑕不謂矣”是也。然詩意即斥身之趣赴，則依字仍當以“謂”爲正，“謂”爲借。謂訓行，趣赴即行矣。謂字不見其他經籍（字書中《玉篇》《廣韻》而外，惟《廣雅·釋水》曰“渭，僩也”，王念孫疑謂之誤，近是)，而訓行復與本篇毛傳説吻合，疑謂即本篇三家異文之早佚者，故爲康成所不及采。馬瑞辰謂《傳》讀謂爲會，“會而行之”之會即釋經謂字，非是。謂會聲類不同。

歸有歸往與歸來二義。《詩》謂字訓歸往。《吕氏春秋·開春篇》曰：“王者厚其德，積衆善，而鳳皇聖人皆來至矣。共伯和修其行，好賢人，而海内皆來稽（本作“以來爲稽”，從俞樾改）矣，周厲之難，天子曠絶，而天下皆來謂矣。”來謂即來歸也。《一切經音義》二三引《白虎通》，《莊子·逍遥游篇》釋文引司馬注，并曰“稽，至也”。來至，來稽，來謂，義并同，謂讀爲歸，歸亦至也。此義雖與《詩》謂字微異，然亦可證謂歸古字之通假。諸家校《吕覽》或云請誤，或云謁誤，或云詣誤。均不確，惟吴闓生謂《詩》“瑕不謂矣”與此同，最爲卓識，特未悟字即歸之假耳。

小　星

寔命不同　傳："寔，是也。命不得同於列位也。"箋："謂諸妾肅肅然夜行，或早或夜，在於君所，以次序進御者，是其禮命之數不同也。凡妾御於君不當夕。"

舍命不渝　〔《鄭風·羔裘》〕箋："舍猶處也。……是子處命不變，謂守死善道，見危授命之類。"

金文《令彝》曰"明公朝至於成周，〔作册令〕出令，舍三事令……舍四方令"，《小克鼎》曰"王命膳夫克舍令於成周遹征八師之年"，《毛公鼎》曰"父厝舍命，毋有敢惷，敷命於外"。令命同字，而古書多施舍連文，"舍命"猶言發號施令也。《令彝》言"出令"，又言"舍令"，《毛公鼎》言"舍命"，又言"敷命"，出敷亦施也。林義光、吴闓生、于省吾，并云《羔裘篇》之"舍命"，即金文之"舍命"，至確。（林訓舍爲錫，吴訓爲發，并與施義近。然古書言錫命，義有專屬。吴説爲長。）今案本篇"寔命"，寔讀爲寘（《易·坎》上六"寘于叢棘"，姚信本作寔），寘命亦即舍命。《周南·卷耳篇》"寘彼周行"，《魏風·伐檀篇》"寘之河之干兮"，《大雅·生民篇》"誕寘之隘巷"，寘并訓舍。《莊子·人間世篇》曰"福輕於羽，莫之知載，禍重於地，莫之知寘（今作避，此從《釋文》引舊本）"，寘與載對舉，謂舍而不載也。傳、注并訓寘爲置，置亦舍也。（《華嚴經音義》上引《廣雅》曰"置，捨也"，舍捨同。）舍棄之舍亦謂之寘，故施令謂之舍命，亦謂之寘命。"舍命不渝"，《管子·小問篇》引《古語》作"澤命不渝"，澤即釋字。寘訓置，置亦訓釋（《漢書·郅都傳》注"置，釋也"。《史記·吴王濞傳》正義"置，放釋也"），放釋與施出義亦近。施令謂之寘命，亦猶謂之釋命矣。《詩》曰"肅肅宵征，夙夜在公"，命即公之命，謂公之政令也。本篇“寔命不同”，“寔命不猶”，并《羔裘篇》“舍命不渝”，《管子》“澤命不渝”皆古之成語，謂奉職不苟也，説詳後文。

寔命不同 傳、箋説見前。

同讀爲詷。《説文》曰“詷，譀也”，“譀，誕也。”《家語・弟子篇》王注，《列子・黄帝篇》張注并曰：“誕，欺也。”謹行君命，不辭勞苦，是爲不欺其君，故曰“寔（實）命不詷”。《毛公鼎》曰“父厝舍命，毋有敢惷”，惷亦讀爲詷。（《淮南子・墬形篇》注“惷讀人謂惷然無知之惷也”，《一切經音義》一七引《倉頡解詁》“惷無所知也”，《莊子・山木篇》“侗乎其無識”《釋文》“侗，無知貌”。惷之通詷，猶惷之通侗。）寔命猶舍命，説具上條，“毋有敢惷”亦即“不詷”，《詩》與金文，義可互證。《説文》曰：“詷，共也，一曰譀也。”《禮記・祭統篇》“鋪筵設同几”，鄭注“同之言詷也”，疏曰：“同共之同，言旁作同，故《古文字林》皆訓詷爲共。是漢魏之時，字義如此，是以讀同爲詷。今則總爲一字。”據此，則詩字或本作詷，訓譀，讀者誤爲共詷之詷，乃改從今字耳。

寔命不猶 傳：“猶，若也。”箋：“諸妾夜行，抱衾與床帳，待進御之次序。不若，亦言尊卑異也。”

舍命不渝 〔《鄭風・羔裘》〕傳：“渝，變也。”

其德不猶 〔《小雅・鼓鍾》〕傳：“猶，若也。”箋：“猶當作瘉，瘉，病也。”

《方言》一三曰“猷，詐也”，《廣雅・釋詁》二曰“猶，欺也”，猷猶同。案猶訓若，若者似是而非之謂，故引申爲欺詐之義。《小雅・斯干篇》曰“兄及弟矣，式相好矣，無相猶矣”，馬瑞辰訓猶爲欺詐，是也。今謂《鼓鍾篇》“其德不猶”，猶亦訓欺。一章曰“淑人君子，懷允不忘”，箋訓允爲信，二章曰“淑人君子，其德不回”，回讀爲違，不違即不背信，三章曰“淑人君子，其德不猶”，猶訓欺，不欺亦即不失信也。本篇“寔命不猶”與上章“寔命不同（詷）”同義，猶與詷皆欺也。《羔裘篇》曰“舍命不渝”，渝猶聲近義通。（《斯干》《鼓鍾》二猶字，箋并謂當作瘉，説雖未是，然可證二字聲近。）不渝亦謂不欺，故《管子·小問篇》曰“‘澤命不渝’，信也”。且詩上文曰“洵直且侯”，不渝與直義相應，不欺亦即直矣。《傳》訓渝爲變者，變與欺義亦相因，變詐即欺詐也。

江有汜

江有汜 傳：“决而復入爲汜。嫡能自悔也。”箋：“江水大，汜水小，然而并流，似嫡媵宜俱行。”

涇以渭濁湜湜其沚 〔《邶風·谷風》〕傳：“涇渭相入，而清濁異。”箋：“小渚曰沚。涇水以有渭，故見渭濁。湜湜，持正貌。喻君子得新婚，故謂己惡也。己之持正守初，如沚然不動摇。此絶去所經見，因取以自喻焉。”

本篇二章《傳》曰“水岐成渚”，《説文》曰“渻，水都也，一曰水分流也”。岐與渻，渚與都，并同。三章《傳》曰“沱，江之别者”。《書·禹貢》曰“岷山導江，東别爲沱”，《傳》義本之《禹貢》。鄭注曰“今南郡枝江縣有沱水”，《水經·江水注》曰：“江水東逕上明城北，江沱枝分，東入大江，縣治洲上，故以枝江爲稱。”案沱之言它也，本訓枝出，枝江即沱水别名，縣以水爲名也。（沱今字作汊。《集韻》：“汊，水岐流也。”汊之言杈也，《説文》：“杈，枝也。”《禮記·禮器》“晋人將有事於河，必先有事於惡池”，《秦詛楚文》作亞駝。惡池之言猶椏枝也，《廣韻》引《方言》“江東言樹枝爲椏杈”，水之岐流，如水之枝杈，故曰惡池。）渚也，沱也，皆水之枝流，則汜亦宜然。木華《海賦》曰“枝歧潭淪，渤蕩成汜”，《漢書·叙傳》“芉疆大於南汜”，顔注曰“汜，江水之别也”。木顔説汜，并與沱同義，最爲確詁。巳古作𢀴，與它同字，故汜沱亦本同字。《易林·遯之巽》，《明夷之噬嗑》并曰“江水沱汜”，沱汜連語，汜亦沱也。婦人蓋以水喻其夫，以水道自喻，而以水之旁流枝出，不循正軌，喻夫之情愛别有所歸。下文“之子于（從錢大昕、馮登府補）歸，不我以”，之子謂新昏，以讀爲與，相親與也，言新人來而故人疏，猶水决歸汜而江涸也。《傳》曰：“决而復入爲汜。”案汜本訓水枝流，水决則歧出，以决釋汜，可也。既决之後，或復入，或否，皆謂之汜。《傳》專以决而復入者爲汜，探下文“其後也悔”以爲説也。

《谷風篇》“湜湜其沚”，箋曰“小渚曰沚”。案渚即本篇“江有渚”傳“水歧成渚”之渚，是沚亦水之枝流。沚從止聲，止即趾字，趾爲足之枝出者，故水之枝流謂之沚。字亦作洔（《秦風·蒹葭篇》“宛在水中沚”，《韓詩》作洔，《爾雅·釋水》“小陼曰沚”，《釋文》“沚本作洔”，此雖謂水中之土，與《詩》沚字異義，然亦可證沚洔二字同），《穆天子傳》一“以飲於枝洔之中”，郭注曰“水歧成洔，洔，小渚也”，洔爲水枝流，故曰枝洔。此詩婦人以涇水喻夫，以渭之水道自喻，以涇之枝沚喻新人，言涇水流於渭中，則濁，及其旁溢而入於沚中，則湜湜然清，今君子與己居而日相怨怒，與新人居則和樂，亦猶是也。下文“宴爾新昏，不我屑以”，即承此言之。

《説文》洍下引《詩》作“江有洍”，吕祖謙《讀詩記》引董氏説《石經》亦作洍。以茝一作芷（《爾雅·釋草》“蘄茝，蘪蕪”，樊光本作芷，《禮記·内則》“婦或賜之茝蘭”，《釋文》本又作芷），頤一作䟧（《玉篇》）例之，則洍亦沚字，因之汜沚亦同字矣。本篇江决爲汜，與《谷風篇》涇别爲沚，取喻正同，而此曰“之子于歸，不我以”，與彼曰“宴爾新昏，不我屑以”，旨詞亦合，參校二詩，喻意益明。傳、箋説俱未憭。

《衛風·氓篇》曰“淇則有岸，隰則有泮——總角之宴，言笑晏晏，信誓旦旦”，此亦以河流喻愛情。隰當爲濕，即漯水（蔡啓盛説），泮與畔同，亦岸也。淇濕之水以厓岸自拱持，而不旁出横泆，喻夫昔日之專一純固，不二三其德。“總角之宴”三句極陳昔年樂事以點醒喻意。此與本篇《谷風篇》，雖意有反正，而取喻則一。近世歌謡設喻亦有類此者。川東《情歌》曰“好個堰塘又無水，好個姐兒又無郎”，雲南《羅次情歌》曰“早早認得貪花路偖遠，生死守着老花園，守着乾溝等水放，守着死樹等花開”，《尋甸情歌》曰“我是河中大石頭，過了多少水波浪”，皆以水喻男，水道喻女也。川東《情歌》又曰“送郎看見一條河，河邊一個回水沱，江水也有回頭意，情哥切莫丢了奴”，此以江水入沱喻郎與己别，而借沱之倒流歸江，以諷郎還反於己，與本篇造意最近。廣東《梅縣情歌》曰：“河水大裏（了）河岸崩，阿妹走裏（了）那兒跟，妹子走裏（了）無處問，朝看日頭夜看星。”此以水喻女，與傳統習慣相反，然設喻之基本母題，固猶未變。云“河岸崩”，與《氓篇》言淇濕之岸泮，若合符節。

其後也處 傳：“處，止也。”箋：“止，嫡悔過自止。”
癙憂以痒 〔《小雅·正月》〕傳：“癙痒皆病也。”
鼠思泣血 〔《小雅·雨無正》〕箋：“鼠，憂也。”

《正月篇》曰“癙憂以痒”，《雨無正篇》曰“鼠思泣血”，癙與鼠同，皆憂也。憂思義近，癙憂猶鼠思耳。本篇曰“其後也處”，處讀爲癙，亦憂思之謂。古人於心理之苦痛，與生理之苦痛，不甚區别，故憂病二詞，義可互通。《山海經·中山經》“脱扈之山，有草名曰植楮，可以已癙”，郭注曰“癙，病也”。字一作鼠。《淮南子·説山篇》曰“貍頭愈鼠，鷄頭已瘻，䖟散積血，斲木愈齲，此類之推者也”，《中山經》注，《太平御覽》七四二，又九一二，并引鼠作癙。字又作處。《吕氏春秋·愛士篇》曰“陽城胥渠處，廣門之宦夜款門而謁〔趙簡子〕曰：‘主君之臣胥渠有疾，醫教之曰，得白貍（本作騾，誤）之肝，病則止，不得則死。’”高注曰“處猶病也”，朱駿聲讀處爲癙，殆不可易。今案訓病之癙通作處，訓憂之鼠亦通處。《詩》字則讀爲訓憂之鼠。二章曰“其後也悔”，悔與痗通（《小雅·十月之交》“亦孔之痗”釋文“痗本又作悔”，《爾雅·釋詁》釋文痗有昧晦二音），本章曰“其後也悔”，痗鼠，皆兼心理苦痛與生理苦痛二義。三章曰“其嘯也歌”，亦所以表憂傷之情。詳下條。

“它”本蛇字，“尤”像獸形，卜辭“亡它”“亡尤”則訓灾禍，尤又引申爲過失，爲怨尤。古語此類甚多。鼠亦害人之物，與它尤同類，故亦引申爲病，爲憂。然則憂病之義，鼠爲本字，癙爲後起專字，處則同聲假借也。

其嘯也歌 箋：“嘯，蹙口而出聲，嫡有所思而爲之。既覺自悔而歌。歌者，言其悔過以自解説也。”

條其歗矣 〔《王風·中谷有蓷》〕傳：“條條然歗也。”

歗歌傷懷 〔《小雅·白華》〕

嘯歗同。（《説文·欠部》引本篇作歗，《中谷有蓷篇》，《白華篇》，釋文并曰“歗本作嘯”。）嘯訓蹙口出聲，本爲鳴聲，今語所謂口哨，是也。然呼聲之高激者亦近鳴，故呼聲亦謂之嘯，《楚辭·招魂》曰“永嘯呼些”，《禮記·内則篇》“不嘯不指”，鄭注曰“嘯讀爲嘯（本説此字）叱”，是也。鳴聲之嘯與嗃義近，《莊子·在宥篇》“焉知曾史之不爲桀跖嗃矢也”，《釋文》“嗃，許交反”，引向注曰“嗃矢，矢之鳴者”。呼聲之嘯與號義近，《説文》曰“号，痛聲也”，号號同。《詩》嘯字皆訓號。《中谷有蓷篇》“條其歗矣”，與“嘅其嘆矣”，“啜其泣矣”并舉，歗猶號也。《列女傳》三《漆室女傳》曰“女倚柱而嘯。旁人聞之，莫不爲之慘者”，義與此同。《中谷有蓷篇》歗字用爲動詞，《白華篇》之歗，本篇之嘯，則用爲副詞。《白華篇》曰“歗歌傷懷”，謂號哭而歌，憂傷而思也。《顔氏家訓·風操篇》曰“禮以哭有言者爲號”，

《漢書·劉向傳》“號曰”顔師古注曰“號謂哭而且言也”。嘯歌者，即號歌，謂哭而有言，其言又有節調也。本篇曰“其嘯也歌”，其訓將（上二章其字并同），言將號然而歌也。《詩》凡言“□也”，上一字多爲副詞。“其後也悔”，“其後也處”，與“今也每食無餘”，“今也日蹙國百里”，也上一字皆表時副詞。“其嘯也歌”，與“俾也可忘”，“況也永嘆”，“烝也無戎”，“展也大成”，“市也婆娑”，“匪直也人”，“允也天子”（後二例省繫詞），也上一字皆表狀副詞。

野有死麕

無感我帨兮 傳：“感，動也。帨，佩巾也。”箋：“疾時無禮，强暴之男相劫脅。奔走失節，動其佩飾。”

帨，帨巾也，一曰縭，一曰褘，一曰蔽厀，一曰巿，字又作韍若韠。《儀禮·士昏禮》曰“母戒女，施衿結帨”，《豳風·東山篇》“親結其縭”，傳曰：“縭，婦人之褘。母戒女，施衿結帨。”傳引《禮經》結帨以釋《詩》結縭，是縭即帨也。《爾雅·釋器》“婦人之幃謂之縭”（《釋文》幃本作褘），孫炎注曰“褘，帨巾也”。義與毛合。《方言》四曰“蔽厀，江淮之間謂之褘”，《説文》曰“褘，蔽厀也”，是帨又即蔽厀。《説文》曰“巿，上古衣蔽前而已，巿以象之”，又曰“韠，韍也，所以蔽前”，《釋名·釋衣服》曰“韠，蔽也，所以蔽厀前也，婦人蔽厀亦如之”，是帨與巿，韍，韠，亦總爲一物。《五經要義》曰：“太古之時，未有布帛，人食禽肉而衣其皮，但知蔽前，未知蔽後。”案近世社會人類學家咸謂加飾於前，所以吸引異性之注意，是衣服始於蔽前，名曰蔽之，實乃彰之。《太平御覽》六四五引《慎子》曰：“有虞氏之誅，以幪巾當墨，以草纓當劓，以菲履當刖，以艾韠當宫。”韠可當宫者，以其爲性器官之象徵也。此最足代表蔽之即所以彰之之心理。《古今樂録》曰：“宋……少帝時，南徐一士子，從華山畿往雲陽，見客舍有女子，年十八九，悦之無因，遂感心疾。母問其故，具以啓母。母爲至華山畿尋訪，見女，具以聞。感之，因脱蔽膝，令母密置其席下，卧之當已。少日果差。忽舉席，見蔽膝而抱持，遂含食而死。”此又由器官之象徵，擴大而爲女性身體全部之象徵。《禮記・内則篇》曰：“女子生，設帨於門右。”蓋帨所以象徵女性，故設帨以紀念女子之生。《詩》言“無感我帨兮”，亦以此物之具有象徵意義，故視同神聖，而戒人之犯之也。雖然，詩人之義，微而隱，蔽之既即所以彰之，又焉知戒之非即所以勸之哉？

何彼襛矣

唐棣之華　傳：“唐棣，移也。”箋：“喻王姬顔色之美盛。”

漸車帷裳　〔《衛風・氓》〕傳：“帷裳，婦人之車也。箋：“帷裳，童容也。”

常棣之華　〔《小雅・常棣》〕傳：“常棣，棣也。”

維常之華　〔《小雅・采薇》〕傳：“常，常棣也。”箋：“此言彼爾者乃常棣之華，以興將率車馬服飾之盛。”

古者車上張蓋，冒之以布或席，謂之襜（幨），字一作裧，聲轉爲容，或謂之童容，又曰襜車，裧車，容車。襜之邊緣，有淺垂如鱉甲之臁者，有深垂直下而成帷帳者。無垂與淺垂者皆謂之襜，深垂者謂之帷裳。帷裳即帷帳也。帷字一作幃，倒其文則爲裳幃。帷裳度又有與襜不相連屬者，故析言之，襜在上而帷裳在旁，然有帷裳，則必有襜，故二者後世又每通稱。婦人之車有帷裳，《列女傳》四《貞順篇・齊孝孟姬傳》曰“野處則帷裳擁蔽”，是也。《氓篇》曰“漸車帷裳”，易順鼎讀漸爲裧，謂“淇水湯湯，裧車帷裳”，與《竹竿篇》“淇水滺滺，檜楫松舟”，文同一例，其語至確。《儀禮・士昏禮》“婦車有裧”，鄭玄注曰“裧，車裳幃”，《既夕記》“主婦車，疏布裧”，注曰“裧者，車裳幃，於蓋弓垂之”。《周禮・巾車》“王后之五路……皆有容蓋”，鄭衆注曰“容謂之襜車，山東謂之裳幃，或曰潼（童）容”。二鄭注《禮》，與後鄭箋《詩》，皆混襜與帷裳爲一也。(《御覽》八二〇引曹植表：“欲遣人到鄴，市上黨布五十匹，作車上小帳帷，謁者不聽。”帳帷即裳帷，但此不必爲婦人之車。）喪車亦有帷裳。《禮記・雜記上篇》曰“諸侯行而死於館，則其復如其國……其輤有裧，緇布裳帷……士輤……蒲席以爲裳帷”，此則別襜與帷裳爲二物。兵車亦有帷裳。《齊策》五曰“攻城之費，百姓理襜蔽，舉衝櫓”，《淮南子・氾論篇》“隆衝以攻，渠幨以守”，高注曰“幨，幰也，所以禦矢也”，《兵略篇》曰“雖有薄縞之幨，腐荷之櫓，然猶不能獨穿也”。凡此曰襜若幨者，當即帷裳。《采薇篇》曰：“彼爾（薾）維何，維常之華。彼路斯何？君子之車。”此出師之詩，維裳當讀爲帷裳，即《齊策》之襜，《淮南》之幨也。

古音唐棣與裳帷相近。唐棣一作常棣，常即衣裳本字。帷從隹聲，棣從隶聲，古讀并歸舌頭，又同脂部，故帷棣聲亦相近。(肆《説文》作肆，從隶聲。《書・湯誥》“肆台小子”《墨子・兼愛下篇》作“惟余小子履”，《左傳》成十三年“昔逮我獻公及穆公相好”，即昔惟我獻公及穆公相好也，金文《吕行壺》“唯還”，《麥尊》“唯歸”，即逮還逮歸也。）本篇“何彼襛矣，唐棣之華，曷不肅雝，王姬之車”，與《采薇篇》四句格調正同，此以“唐棣”爲“裳帷”，猶彼以“維常”爲“帷裳”也。且張參《五經文字》曰“襛字見《詩・風》，從禾者訛”。案《説文・衣部》襛下引《詩》，并蕭子顯《代美女篇》“繁襛既爲李，照水亦成蓮”，字皆從衣，與張説合。正惟唐棣斥車服而言，故襛字從衣作。後人誤唐棣爲木，乃改襛字亦從禾作，真所謂義失於前，文變於後也。《論語・子罕篇》引《逸詩》曰“唐棣之華，偏其反而，豈不爾思，室是遠而”（《春秋繁露・竹林篇》，《文選・廣絶交論》注，并引唐作常），與《王風・大車篇》“大車檻檻，毳衣如菼，豈不爾思，畏子不敢”同一格調，彼毳衣本謂車衣（説詳彼篇），此唐棣即裳帷，亦即車衣也。偏反即翩翻，正裳帷從風飖舞之狀。《逸詩》唐棣亦讀爲裳帷，可與本篇互證。《常棣篇》曰“常棣之華，鄂不韡韡”，與本篇“何彼襛矣，唐棣之華”，語調亦近，特二句互易其次耳。常棣亦當讀爲裳帷，其韡字從韋作，亦猶本篇襛從衣作，韋古褘字，褘即衣也。二句但謂兄弟偕來，其車服之盛，有如此者。“鄂不”猶“胡不”，《箋》以鄂爲花萼，不爲花跗，喻兄弟“恩義之顯”，曲説也。（詳《常棣篇》）

要而言之，《采薇篇》之“維常”，即《氓篇》《列女傳》之“帷裳”。倒言之曰“裳帷”，其名見《禮記》，帷字或作幃，見《儀禮》後鄭注者二，《周禮》先鄭注者一，又作“帳帷”，見曹植表。《常棣篇》之“常棣”，本篇及《逸詩》之“唐棣”，并即“裳帷也”。然《詩》以“唐棣”“常棣”爲“裳帷”，乃諧聲廋語，與尋常所謂假借者不同。“裳帷”之聲本似“唐棣”“常棣”，其以車服爲花樹，初或由於聽覺之誤會，繼而覺以花樹擬車服，不失爲美妙之聯想，因復有意加深其誤會，以增强其聯想，而直呼之爲“唐棣之華”。晋宋民間樂府，此例最多，不煩枚舉。夫雙關語之游戲，例爲初期文藝之慣技，《三百篇》豈能獨外？自後人不悟諧聲之秘，而於此類但以字面解之，於是詩之所以爲詩者益晦矣。

其釣維何維絲伊緡　傳：“伊維，緡綸也。”箋：“釣者以此有求於彼，何以爲之乎？以絲爲之綸，則是善釣也。以言王姬與齊侯之子以善道相求。”

籊籊竹竿以釣于淇　〔《衛風・竹竿》〕傳：“籊籊，長而殺也。釣以得魚，如婦人待禮以成家室。”

《國風》中言魚，皆兩性間互稱其對方之廋語。本篇及《竹竿篇》皆言釣，意仍指魚，但不明出魚字耳。漢樂府《白頭吟》曰：“凄凄復凄凄，嫁娶不須啼，願得一心人，白頭不相離。竹竿何嫋嫋，魚尾何簁簁，男兒重義氣，何用錢刀爲！”魏文帝《釣竿篇》曰：“釣竿何珊珊，魚尾何簁簁，行路之好者，芳餌又何爲！”近代民歌，則廣東《瓊崖情歌》曰：“釣魚釣到正午後，魚未食餌心早操，收起釣竿回去室，打隔無還此路頭。”（以上男唱）“釣魚釣到正午後，魚未食餌心勿操，日頭釣魚魚見影，有心釣魚夜昏頭。”（以上女唱）《潮州情歌》曰：“七丈溪水七丈深，七個鯉魚頭戴金，七條絲綫釣不起，釣魚阿哥空費心。”貴州《安順情歌》曰：“筋竹林頭砍釣竿，閑着無事釣魚玩，河中魚兒翻白肚，不上金鈎也枉然。”又曰：“太陽落坡坡背陰，坡背有個釣魚坑，有心釣魚用雙綫，有心連妹放寬心。”雲南《尋甸情歌》曰：“大河漲水灘對灘，沿河兩岸紫竹山，别人説他没用處，我説拿做釣魚竿。”以上以釣魚喻求偶，義尤顯白，并可與《詩》參證。

邶　風

柏　舟

我心匪鑒不可以茹 傳：“鑒所以察形也，茹，度也。”箋：“鑒之察形，但知方圓黑白，不能度其真僞。我心非如是鑒，我於衆人之善惡内外，心度知之。”

茹猶含也。《大雅·烝民篇》“柔則茹之，剛則吐之”，茹有含義，故與吐對舉。舊訓食，含與食義亦相因。古以水爲鑒，而水可以含影。（張衡《靈憲》曰：“日譬猶火，月譬猶水，火則外光，水則含影。”）古又稱甘心受辱謂之含詬，《左傳》宣十五年曰“國君含垢”，《漢書·路温舒傳》作詬。(《左傳》賈注曰“含，忍也”，故含詬一曰忍詬。《離騷》“屈心而抑志兮，攘（囊）尤而忍詬”，《莊子·讓王篇》“强力忍詬”，《荀子·解蔽篇》“厚顔而忍詬”。）此以鑒之含影，喻心之含詬，言鑒能含影，我心則不能含詬而不伸也。“不可以茹”起下“薄言往愬”之文。愬於兄弟即傾吐之於兄弟。愬吐亦聲近義通。愬或體作訴，從斥聲，斥有棄義（《漢書·武帝紀》注，《江都易王非傳》注），而吐亦訓棄（《蒼頡篇》），斥與潟通（《禹貢》“濱海廣斥”，《史記·夏本紀》作潟），而吐訓瀉（《廣雅·釋言》），潟瀉字通，并其證。然則上言“不可茹”，下言“往愬”，茹與愬對舉以見義也。《傳》《箋》說失之。

寤辟有摽 傳：“辟，拊心也。摽，拊心貌。”

獨寐寤言 〔《衛風·考槃》〕箋：“寤，覺。……在澗獨寐，覺而獨言，長自誓以不忘君之惡。志在窮處，故云然。”

可與晤歌 〔《陳風·東門之池》〕傳：“晤，遇也。”箋：“晤猶對也，言淑姬賢女，君子宜與對歌，相切化也。”

《召南·羔羊篇》“素絲五紽”，《齊風·南山篇》“葛屨五兩”，陳奂讀兩五字并爲交午之午，《秦風·小戎篇》“五楘梁輈”，于省吾讀五亦爲午，其說并是。案五午古同字，本象交午形（詳《羔羊篇》），後世五爲數字，午爲日幹字，交午之義，則以互爲之（互𠄠本一字，古音與五同）。寤爲五之孳乳字，本篇“寤辟（擗）有摽”，寤正當讀爲互。擗同捭，兩手擊也，摽讀爲嘌，有嘌猶嘌嘌，象擊聲。“寤擗有嘌”，言兩手交互擊胸，其聲嘌嘌然也。《考槃篇》之“寤言”，“寤歌”，“寤宿（宿讀爲嘯，詳彼篇）”，《東門之池篇》之“晤歌”，“晤語”，“晤言”，謂以言詞互相問答，或以歌聲互相唱和，寤晤亦并讀爲互。《東門之池》箋訓晤爲對。對有面之對向與聲之對答二義，依《正義》“對偶而歌”之說，則《箋》意乃斥面之對向，與《傳》訓遇者，仍無大別，俱非詩義。《考槃》箋訓寤爲覺，失之尤遠。此詩寤字本與獨字對舉見義，言一人獨宿，乃夢與他人互相問答唱和也。《說文》寤從㝱省。此因言夢中情事，故字作寤。然字之主要涵義乃在“吾”不在“㝱”，吾與五同，五即交午也。《箋》誤讀此字從“㝱”義，而以爲詩意寤與寐對舉，故訓爲覺耳。

日居月諸胡迭而微 箋："日，君象也。月，臣象也。微謂虧傷也。君道當長明如日，而月有虧盈。今君失道而任小人，大臣專恣，則日如月然。"

日居月諸照臨下土 〔《日月》〕傳："日乎月乎，照臨之也。"箋："日月喻國君與夫人也。當同德齊意以治國者，常道也。"

瞻彼日月悠悠我思 〔《雄雉》〕傳："瞻，視也。"箋："日月之行，迭往迭來。今君子獨久行役而不來，使我心悠悠然思之。女怨之辭。"

不日不月 〔《王風·君子于役》〕箋："行役反無日月，何時而有來會期。"

東方之日兮 〔《齊風·東方之日》〕傳："日出東方，人君明盛，無不照察也。"箋："言東方之日者，愬之乎耳。……日在東方，其明未融……喻君不明。"

東方之月兮 〔同上〕傳："月盛於東方。君明於上，若日也，臣察於下，若月也。"箋："月以興臣。月在東方，亦言不明。"

《國風》中凡婦人之詩而言日月者，皆以喻其夫。《日月篇》曰"日居月諸，照臨下土，乃如之人兮，逝不古處"，此以日月爲夫之象，最爲著明。《韓詩外傳》四曰"夫照臨而有别，妻柔順而聽從"，夫言照臨，即以日月爲喻，義蓋本乎此詩。本篇曰"日居月諸，胡迭而微"，此以日月無光喻夫之恩寵不加於己也。《雄雉篇》曰"瞻彼日月，悠悠我思，道之云遠，曷云能來"，正惟日月爲夫之象，故瞻日月而聯想及於彼遠道之人。《東方之日篇》曰"東方之日兮，彼姝者子，在我室兮"，又曰"東方之月兮，彼姝者子，在我闥兮"，則以日月在望喻夫之來至。(《日月篇》“日居月諸，出自東方”，兼言東方，與此同比。）至《君子于役篇》“君子于役，不日不月”，以首章“不知其期”例之，自是不能以日月計之意(《管子·白心篇》“不日不月，而事以從”，尹注曰“但循道而往，不計日月，事已從而成也”)，然亦未嘗不可義取雙關，兼以不見日月隱射夫之行役未歸。以日月喻夫者，天象之著者莫著於日月，以天地比夫婦，言日月猶言天也。本篇一章曰“日居月諸，照臨下土”，下土即下地，婦人以天喻夫，以地自喻，日月與下土對舉，猶天與地對舉。二章曰“日居月諸，下土是冒”，猶言天冒覆地也。傳、箋泥於後世以日月分喻男女之觀念，故於諸詩咸不得其解。《君子于役篇》言日月，義取雙關，《箋》意但以無日月爲無期，蓋亦知其一，不知其二邪？（互詳《日月篇》“俾也可忘”條。）

緑衣

緑衣黄裏 箋：“鞠衣黄，展衣白，褖衣黑，皆以素紗爲裏。今褖衣反以黄爲裏，非其禮制也，故以喻妾上僭。”

王先謙曰：“《說文》：‘裏，内衣也。’此章對裏言，則衣是在表之衣，下章對裳言，知衣是在上之衣，因文以見義也。”案王謂此章之衣即下章之衣，固然，實則此章之裏亦即下章之裳。此裏謂在裏之衣，即裳，非袷衣之裏也。此章衣與裏爲二，猶下章衣與裳爲二。衣在表，裳在裏，衣短裳長，短不能掩長，故自外視之，衣在上，裳在下，此章曰“緑衣黄裏”，以内外言之，下章曰“緑衣黄裳”，以上下言之，裏之與裳，寧有二事哉？且末章曰“絺兮綌兮，凄其以風”，絺綌爲當暑之服，明詩作於夏日，而夏衣單衣，固不得有裏。《易·坤》六五“黄裳元吉”，《象傳》曰“黄裳元吉，文在中也”。案中亦裏也，衣質而裳文，裳在裏，故黄裳之象爲文在中。《左傳》昭十二年惠伯曰“故曰‘黄裳元吉’，黄，中之色也，裳，下之飾也”，義同。《詩》稱裳爲裏，猶

《象傳》惠伯稱裳爲中矣。

燕　燕

遠送于南　傳："陳在衛南。"

王質説此詩曰："二月中春（原誤爲）乙鳥至，當是國君送女弟適他國在此時也。"崔述曰："但有惜别之意，絶無感時悲遇之情，而《詩》稱'之子于歸'者，皆指女子之嫁者言之，未聞有稱大歸爲于歸者。恐係衛女嫁於南國，而其兄送之之詩，絶不類莊姜、戴嬀事也。"案二氏并以爲國君送女弟出適，是也。魏源曰："'仲氏任只'，猶《大明篇》之'摯仲氏任'，自是薛國任姓之女，非陳嬀之稱。此詩即出莊姜，亦必送子完之婦，或係薛女。"又曰："此婦本出薛國任姓。薛在衛東南，故云'遠送于南'。《易林》云'涕泣長訣，我心不悦，遠送衛野，歸寧无咎'，此亦以爲公子婦之歸寧也。"案詩非謂歸寧，王、崔説自不可易。魏以"仲氏任只"證女爲任姓，亦發千載未發之覆。惟周初以來，任姓大國，有任有鑄，輒定爲薛，殊無確據。(《周語》中"昔摯疇之國由太任"。摯即薛，見《唐書·宰相世系表》。疇一作祝，金文，及《左傳》襄二十三年，《吕氏春秋·慎大篇》又并作鑄。《左傳》隱十一年疏引《世本·姓氏篇》"任姓：謝、章、薛、舒、吕、祝、終、泉、畢、過"，《潛夫論·志氏姓篇》[1]"(薛)及謝、章、吕、采、祝、結、泉畢、過、狂犬氏，皆任姓也。")今酌取衆説，定詩爲任姓國君送妹出適於衛之作。

雖然，薛、鑄接壤，均在今山東南部，由此往衛，當西北行，而云"遠送于南"，何也？曰：南林古聲近字通，此南字當讀爲林也。金文《士父鐘》"簪鐘"即《左傳》襄十九年之"林鐘"，《兮仲鐘》，《井人

① "氏姓"，原作"姓氏"，誤倒。

妄鐘》“大薔鐘”即《周語》下之“大林”，而《虢叔旅鐘》“薔龢鐘”，《楚王鐘》又作“南龢鐘”，是林南可通之證一也。《免毁》曰“令女足周師司𪇞”，即司林，若周官林衡之比。或稱“司某林”。《免簠》曰“令免作司土（徒），司鄭還𪇞，眔虞，眔牧”，《同毁》曰“王命同左右吴大父司易林虞牧”。司鄭還𪇞與司易林語例同，還𪇞即還林，與易林皆林之私名。《然員鼎》曰“王獸（狩）於眂𪇞”，𪇞亦𪇞林字，而字從南作，是林南可通之證二也。（南亩或本係一字，有説别詳。）“遠送于南”即“遠送于林”，猶“遠送于野”也。林野古爲同義字。野古作埜（卜辭，金文，《吕氏春秋·愛士篇》，《玉篇》，《集韻》并同。《説文》作壄，加予爲聲符），從林從土，是野亦林也。（埜楚疑本亦同字，《説文》：“楚，叢木也。”鄭游楚字子南，南亦林字。）《魯頌·駉篇》傳曰“邑外曰郊，郊外曰野，野外曰林，林外曰坰”，疑野也，林也，皆郊外之地，本無遠近之别，故《詩》中每二名并舉而爲互文。《召南·野有死麕篇》曰“林有樸樕，野有死鹿”，《陳風·株林篇》一章曰“株林”，二章曰“株野”，凡此言林，并猶野也。本篇一章曰“遠送于野”，三章曰“遠送于林”，亦林野互文，特字假南爲之，故讀者咸不得其義耳。

《春秋經》桓三年“公子翬如齊逆女，九月，齊侯送姜氏於讙”，《左傳》曰：“齊侯送姜氏，非禮也。凡公女嫁於敵國，姊妹則上卿送之，以禮於先君，公子，則下卿送之，於大國，雖公子，亦上卿送之。於天子，則諸卿皆行，公不自送。於小國，則上大夫送之。”《公羊傳》曰：“齊侯送姜氏於讙，何以書？譏。何譏爾？諸侯越竟送女，非禮也。”《穀梁傳》曰：“禮送女，父不下堂，母不出祭門，諸母兄弟不出闕門。……送女逾竟，非禮也。”案諸書所記禮文，或係遠古遺俗，久經廢棄，或係後儒一家之言，從未實行，故往往與當時行爲不合。本篇言國君嫁妹，遠送林野，本不必以三傳之説定其虚實或繩其曲直。且《公羊》但譏越竟送女，本篇送於林野，未越國竟，亦不得爲非禮。《穀梁》云“父不下堂”，即《儀禮·士昏禮》之“主人不降送”，不降送實即不送。《儀禮》蓋戰國時書，亦不必與《詩》盡合。且依《穀梁》，是下堂即已違禮，不待越竟，乃下文復云“送女逾竟，非禮也”，不知所譏者爲送乎？抑送而逾竟乎？是其持説，已自相矛盾。若左氏謂卿或大夫“送之以禮於先君……公不自送”，禮於先君謂禮於先君之廟，是國君不惟不下堂，且未嘗入廟。此與古俗“敬慎重正昏禮”之意尤不合。[《士昏禮》：“主人筵於户西，西上右几。”（鄭注：“設神席於廟。”）又：“主人揖入，賓執雁從，至於廟門，揖入。”《禮記·昏義》：“主人筵几於廟，而拜迎於門外，入揖讓而升，聽命於廟，所以敬慎重正昏禮也。”案士禮如此，諸侯從可推焉］覆案諸家之説，其互相參差已如此，又何足爲考古之資乎？因國君送女之禮，與本篇有關，故附辯之。

日　　月

逝不古處　傳：“逝，逮，古，故也。”箋：“其所以接及我者，不以故處，甚違其初時。”

逝將去女　〔《魏風·碩鼠》〕箋：“逝，往也。往矣將去女，與之訣别之辭。”

噬肯適我　〔《唐風·有杕之杜》〕傳：“噬，逮也。”

逝不以濯　〔《大雅·桑柔》〕傳：“濯所以救熱也，禮所以救亂也。”箋：“逝猶去也。我語女以憂天下之憂，教女以次序賢能之爵，其爲之，當如手持熱物之用濯。”

《爾雅·釋言》曰：“遏，遾，逮也。”《方言》七曰：“蝎，噬，逮也。東齊曰蝎，北燕曰噬，逮，通義也。”《有杕之杜篇》傳曰：“噬，逮也。”《小雅·四月篇》“曷云能穀”，傳曰“曷，逮也”，正義以爲《釋言》文。案遏蝎與曷通，遾與噬通。噬，曷并訓逮，是噬亦曷也。《有杕之杜篇》：“彼君子兮，噬肯適我！中心好之，曷飲食之！”噬與曷錯舉，曷爲疑問副詞，噬字亦然。下章“噬肯來遊”，義同。字一作逝。《有杕之杜篇》釋文引《韓詩》噬作逝。本篇“逝不古處”傳曰“逝，逮”，正義亦以爲《釋言》文，而今《爾雅》作遾。“逝不古處”并下章“逝不相好”，《柔桑篇》“逝不以濯”，逝不均猶曷不也。《碩鼠篇》“逝將去女”亦謂“曷將去女”。傳、箋諸説均非。

逝不古處 傳：“古，故也。”箋：“其所以接及我者，不以故處，甚違其初時。”

我姑酌彼金罍 〔《周南・卷耳》〕傳：“姑，且也。”箋：“君且當設燕饗之禮，與之飲酒以勞之。”

假寐永嘆 〔《小雅・小弁》〕箋：“不脱衣冠而寐曰假寐。”

於乎不顯文王之德之純假以溢我我其收之 〔《周頌・維天之命》〕傳：“假，嘉，溢，慎，收，聚也。”箋：“溢，盈溢之言也。……以嘉美之道，饒衍與我，我其聚斂之，以制法度……”

《廣雅・釋詁》二曰：“𪏮，息也。”（《玉篇》《廣韻》同）案凡言止息，休息，皆寓暫時之意，暫時即姑且。𪏮曹憲音姑，蓋即姑且字之或體。《禮記・檀弓上篇》曰“細人之愛人也以姑息”，姑亦息也，姑息亦暫時之意。字一作盬。《方言》十三“盬，且也”，郭注曰“盬猶𪏮也”，《玉篇》曰“盬，姑也”。經籍無𪏮字，始見《廣雅》，疑即本篇“逝不古處”古字之三家異文。古處本即姑處，此蓋因與處字連文，故字變從處耳。“逝不古處”，言曷不暫時留居，猶《卷耳篇》“我姑酌彼金罍”之言暫時酌彼金罍也。

然副詞與動詞同一語根時，例當先爲動詞，後爲副詞。古音“姑且”與“假借”同，疑副詞“姑且”出於動詞“假借”，因之“姑且”之本字即“假借”矣。《小弁篇》“假寐永嘆”，“假”爲限制“寐”之副詞（下文“不遑假寐”，《晋語》五“蚤而假寐”，可證），“假寐”與“永嘆”對舉。假寐即姑寐，猶言暫時寢息也。《維天之命篇》“假以溢我”，假亦讀爲姑，溢與益同，讀爲錫，言文王以其德純（《录伯𢦏毁》“秉德龏純”，《善鼎》“秉德共純”。《厚子壺》“承受純德”，謂純與德），暫時錫我也。副詞“假”之義爲“姑”，猶副詞“借”之義爲“且”。《大雅·抑篇》曰“借曰未知，亦既抱子”，“借曰”亦即“姑且曰”。借與《鄭風·溱洧篇》“且往觀乎”，《唐風·山有樞篇》“且以喜樂，且以永日”，《小雅·吉日篇》“且以酌醴”之且，皆暫時之意也。以上《周頌》《大雅》用假用借，爲古本字，《國風》用姑（古）用且，爲後起假聲字，《小雅》用假用且，古本字與後起假聲字互見，比而觀之，可以覘各詩寫定年代之先後矣。

俾也可忘 箋：“俾，使也。君之行如此，何能有所定，使是無良可忘也。”

洵有情兮而無望兮 〔《陳風·宛丘》〕箋：“此君信有淫荒之情，其威儀無可觀望而則效。”

萬民所望 〔《小雅·都人士》〕箋：“都人之士，所以要歸於忠信，其餘萬民寡識者，咸瞻望而法效之。”

望有仰望托恃之義。《左傳》成九年曰“大夫勤辱，不忘先君，以及嗣君，施及未亡人，先君猶有望也”，襄三年曰“以敝邑介在東表，密邇仇讎，寡君將君是望”，二十七年曰“善哉保家之主也，吾有望矣”，昭二年曰“敢拜子之彌縫敝邑，寡君有望矣”，八年曰“頃靈福子，吾猶有望”，十六年曰“孺子善哉，吾有望矣”，望皆恃賴之意。《都人士篇》曰“萬民所望”，言君子爲萬民所瞻望而托恃者。《宛丘篇》曰“洵有情兮，而無望兮”，言歌舞祀神之人，雖有誠信之情，而此身無可托恃，意謂鬼神之渺茫難知也。本篇“俾也可忘”，忘讀爲望。望忘古字通。金文《䖎毁》曰“䖎弗敢望公白休”，《縣妃毁》曰“其自今日孫孫子子毋敢望伯休”。字一作譠，《獻鼎》曰“十葉不譠”，《師望鼎》曰“王用弗譠聖人之後”，《召卣》曰“召弗敢譠王休異”，《師隹鼎》曰

"曰余叔母，庸有諲？"以上望諲并借爲忘。《詩》則借忘爲望。"胡能有定，俾也可望"，言願夫能定居，使己益可得而仰望托賴之也。

古者以日月比君上，故上之於下曰照臨，而下之於上曰仰望。《左傳》桓二年曰"君人者，將昭德塞違，以臨照百官"，昭二十八年曰"照臨四方曰明"，此上於下曰照臨者也。《都人士篇》曰"萬民所望"，《左傳》襄十四年師曠曰"民奉其君……仰之如日月……夫君……民之望也"，《漢書·郊祀志》下曰"百姓印望"，此下於上曰仰望者也。師曠言"仰之如日月"，尤可證凡於人君言望者，本以日月爲喻。又《左傳》昭三年曰："齊侯使晏嬰請繼室於晋，曰：'……不腆先君之適，以備内官，焜燿寡人之望，則又無禄，早世隕命，寡人失望。君若不忘先君之好，惠顧齊國……照臨敝邑，鎮撫其社稷，則猶有先君之適及遺姑姊妹若而人，君若不棄敝邑，而辱使董振擇之，以備嬪嬙，寡人之望也。'"曰"焜燿寡人之望"，明所望者爲有光體。"焜燿"與"照臨"對舉，亦以日月爲喻也。夫照臨者務在撫育，而仰望者情切恃賴，故義之引申，臨亦訓撫，而望亦訓恃，夫妻之道猶君臣也。是以夫之於妻亦曰照臨，妻之於夫亦曰仰望。本篇上文曰"日居月諸，照臨下土"，喻夫道，此文曰"俾也可望"，喻妻道，兩兩對舉，義相關連，與《左傳》以"焜燿寡人之望"與"照臨敝邑"對舉，其比正同。《箋》讀本篇之"忘"如字，大乖《詩》旨，釋《宛丘》《都人士》兩望字爲觀望而則效之，亦未切確。（互詳《柏舟篇》"日居月諸"條。）

父兮母兮畜我不卒 箋："畜，養，卒，終也。父兮母兮者，言己尊之如父，又親之如母，乃反養遇我不終也。"

母也天只不諒人只 〔《鄘風·柏舟》〕傳："諒，信也。母也天也，尚不信我，天謂父也。"

《史記·屈原列傳》曰："天者人之始也，父母者人之本也。人窮則反本，故勞苦倦極，未嘗不呼天也，疾痛慘怛，未嘗不呼父母也。"

《孟子·萬章上篇》曰“舜……號泣于旻天，于父母”，于讀爲呼，《列女傳·有虞二妃傳》正作呼。《小雅·巧言篇》曰“悠悠昊天，曰父母且！無罪無辜，亂如此幠”，林義光讀曰爲越，訓與，云“言昊天越父母者，因疾痛而呼天呼父母”。案林説是也。《柏舟篇》曰“母也天只！不諒人只”，此女子失戀之詩，“不諒”謂彼舟中之男子不信己。“母也天只”，則痛極而呼天呼母之辭。本篇曰“父兮母兮！畜我不卒”，上句亦痛極而呼父母之辭。婦人以夫好己不終。（畜訓好，説本馬瑞辰。）悲痛之情，無可告想，故呼父母也。《柏舟》傳訓天爲父，而以不諒爲父母不諒己，本篇箋以父母指夫，而解之曰“言尊之如父，親之如母”，并迂曲已甚。

終　風

終風且暴 傳：“終日風爲終風。暴，疾也。”箋：“即竟日風矣，而又暴疾。興者，喻州吁之爲不善，如終風之無休止，而其間又有甚惡。”

《説文》曰：“瀑，疾雨也，從水暴聲，《詩》曰‘終風且瀑’。一曰沫也，一曰暴賈也。”案《説文》又曰“齊人謂靁爲賈”，《廣雅·釋天》亦曰“賈，雷也”，是暴賈即暴雷（説本朱駿聲）。疑本篇暴字，三家亦有訓爲雷者。二章曰“終風且霾”，《爾雅·釋天》曰“風而雨土曰霾”。三章曰“終風且曀”曀當從《韓詩》作壇，天陰塵起也。（末章“曀曀其陰”，《韓》作壇壇，此章曀字當與彼同。）霾壇義同。末章曰“曀曀其陰，虺虺其靁”，此以上句申二三兩章之霾曀，下句申首章之暴，暴即雷也。終本當訓既（王念孫説）。試依《傳》訓暴爲疾，則“終風且暴”猶既風且疾，殊爲不詞。依《爾雅·釋天》“日出而風爲暴”，以暴爲風名，則“終風且暴”又猶既風且風，尤不成文義。《説文》作瀑，訓疾雨，於義稍勝矣。然下章言霾，謂大風揚塵，夫既已有雨，又焉得有䖃？是以知其説之亦不可通。惟據《説文》一説訓暴爲雷，乃與上下文義無牾，且與末章“虺虺其靁”之文相應，今姑從之。

擊　　鼓

爰居爰處爰喪其馬　傳：“有不還者，有亡其馬者。”箋：“爰，于也。……今于何居乎？于何處乎？于何喪其馬乎？”

爰采唐矣沬之鄉矣　〔《鄘風・桑中》〕傳：“爰，於也。”箋：“於何采唐？必沬之鄉。”

亂離瘼矣爰其適歸　〔《小雅・四月》〕箋：“爰，曰也。今政亂國將有憂病者矣，曰此禍其何所之歸乎？”

右爰字俱疑問代名詞，猶言在何處也。本篇曰：“爰居爰處？爰喪其馬？于以求之？于林之下。”以與台同，猶何也，于以即于何（楊樹達説），爰亦于何也。上言爰，下言于以，變文避複，兼以足句。《桑中篇》曰“爰采唐矣？沬之鄉矣”，與下文“云誰之思，美孟姜矣”，文同一例，爰誰皆疑問代名詞。以上諸爰字傳、箋雖并訓于，而《箋》於通釋全文時仍曰“于何”，蓋細繹《詩》辭，得之象外，而初不自覺也。《碩鼠篇》一章曰“爰得我所”，二章曰“爰得我直”，三章曰“誰之永號”，亦爰與誰對舉。又各章上文俱曰“逝將去女”，逝猶曷也（詳《日月篇》），逝謂何時，爰謂何地，亦皆疑問代名詞。《四月篇》曰：“亂離瘼矣，爰其適歸？”猶言其將歸向何處也。正義曰：“此憂病之禍，其何所之歸乎？”任昉《爲范尚書讓吏部表》曰：“亂離斯瘼，欲以安歸？”皆與《詩》意符合。《家語・辨政篇》,《華陽國志》九《李特雄期壽勢志》并引《詩》爰作奚，字雖有誤，而於《詩》之疑問語氣固自吻合。以上二篇諸爰字，《箋》俱訓爲曰，則詩人憂憤之情，悲呼之狀，胥不可見矣。林義光已釋《四月篇》之爰爲在何處，而不及餘三篇，因補論之，以廣其説。

于嗟洵兮 傳："洵，遠。"箋："嘆其棄約，不與我相親信。亦傷之。"

《釋文》曰"洵，呼縣反"，疑字即借爲縣。《大雅·靈臺篇》箋曰"栒，所以懸鐘鼓也。"字一作筍，又作簴。《文選·西京賦》薛注曰："縣鐘格曰簴"，《笛賦》"磬襄弛懸"，李注曰"懸，鐘架也"。是鐘鼓架名，縣懸爲本字，栒筍簴等爲後製之形聲專字。洵讀爲縣，猶栒筍簴之本作縣也。縣有久義。蓋縣則停（《後漢書·皇甫規傳》注："懸猶停也"），停則久，因之久亦曰縣久，《荀子·性惡篇》"加日縣久"，楊注曰"縣久，縣繫以長久"，是其義。《詩》曰"于嗟闊兮，不我活（會）兮，于嗟洵（縣）兮，不我信兮"，上二句以地言，下二句以時言，謂戍地之遼遠，既隔絶我身，使不能與室家相會，戍時之縣久，又失信於我，使不能如期以歸也。傳、箋説俱未瞭。《韓詩》洵作夐，訓遠，亦非達詁。

凱　風

凱風自南 傳："興也。南風謂之凱風，樂夏之長養者。"箋："興者，以凱風喻寬仁之母，棘猶七子也。"

《莊子·齊物論篇》説風曰"是唯無作，作則萬竅怒呺"，《文選·風賦》曰"盛怒於土囊之口"，《淮南子·天文篇》曰"天之偏氣，怒者爲風"，此皆以人之忿怒喻風。《詩》言風，則多以喻暴怒之男性。《邶風·谷風篇》曰"習習谷風，以陰以雨，黽勉同心，不宜有怒"，此以谷中大風喻夫之暴怒。（谷風非和舒之東風，説詳《邶·谷風篇》。）《小雅·谷風篇》曰"習習谷風，維山崔嵬，無草不死，無木不萎"，亦以谷風喻夫之殘暴。《邶風·終風》箋謂風以喻州吁。詩與州吁之關係若何，雖不可知，其以風喻暴戾之男性，則較然明白。《小雅·何人斯篇》亦女子之詞（詳彼篇），《詩》曰："彼何人斯！其爲飄風，胡不自北？胡不自南？"此以飄風喻男子之無情也。本篇曰"凱風自南，吹彼棘心"，棘心即下章之棘薪，而《詩》中興義之薪，皆喻婦女（詳具下條），故知此言凱風吹棘（凱風謂大風，詳下），棘乃謂七子之母，風則其父也。下文曰"吹彼棘心，棘心夭夭"，夭夭爲傾屈之貌（詳《周南·桃夭篇》），棘受風吹而傾屈，喻母受父之虐待，故又曰"母氏劬勞"。《序》曰："衛之淫風流行，雖有七子之母，猶不能安其室。"七子之母不安其室，當係相傳古誼，淫風流行，則作《序》者私所塗附。夫母以不堪父之虐待而思去，則咎不在母，故《孟子·告子下篇》以爲"親之過小"。趙注曰："《凱風》言'莫慰母心'，母心不説也，知親之過小也。"不悦蓋即遇人不淑之意。《孟子》之意，蓋謂婦人當從一而終，今乃欲捨其夫與七子而去，則失爲妻爲母之道，此其所以爲過也，特以其被迫至此，故又爲過之小者。審如《序》説，以"淫風流行"爲婦人所以不安其室之故，則是千載母儀之羞，此而謂之過小，孰爲大過乎？惟是七子處境，則誠甚難，母既無可責，父亦不可怨，惟有陳詩自咎，冀父與母心皆有所感，而終以言歸於好而已。雖然推原情實，過本在父，故篇中一則曰凱風吹棘，再則曰寒泉浸薪，皆隱射父之不能善待其母。（寒泉説詳下）明乎此，則詩之作，名爲慰母，實爲諫父耳。

豈聲字多有大意。《吕氏春秋·不屈篇》曰"愷者大也"，《説文》曰"剴，大鎌也"，《廣雅·釋詁》一曰"凱，大也"。（《漢書·司馬相如傳》"臨曲江之隑州"張注及《廣雅·釋詁》二并云"隑，長也"，長大義相因。）凱風者，大風也。《詩》曰"凱風自南"，而南風《夏小正》謂之俊風，《吕氏春秋·有始篇》，《淮南子·墬形篇》謂之巨風，《淮南子·天文篇》，《史記·律書》謂之景風，俊巨景皆大也（説本馬瑞辰）。風大則無不飄疾暴怒，《大雅·卷阿篇》曰"飄風自南"，凱風猶飄風矣。《玉篇》曰"颽，疾風也"，凱颽聲近，凱或即颽之借字。

要之，凱風非和樂之風，其所喻亦不指寬仁之母，則明甚。傳、箋義與《孟子》“親之過小”之語不相應，昔儒頗多異説。今依全詩設喻之通義，以求《孟子》之意，而定此詩爲七子諫父之作，庶可以息千載聚訟之紛乎？

吹彼棘心 傳：“棘，難長養者。”箋：“棘猶七子也。”

金文心字作，象心房形，此心臓字，又作，此心思字，爲聲符兼意符。者鐵之初形（心鐵古音同部），今字作尖。《釋名・釋形體》曰：“心，纖也，所纖纖微無不貫也。”阮元謂此訓最合本義，《説文》心部次於思部，思部次於囟部，而系部細部即從囟得聲得義，故知心亦有纖細之義。案阮説是也。心從會意，故物之鐵鋭者亦得冒心名。棗棘之芒刺，物之鐵鋭者也，故亦謂之心。《易・坎》上六“寘于叢棘”，虞注曰“坎多心，故叢棘”，又《説卦》傳“坎……其於木也爲堅，多心”，虞注曰“堅多心，棗棘之屬”。棘之芒刺謂之心，因之棘亦謂之心。《爾雅・釋木》“樸樕，心”，《野有死麕篇》正義引孫注曰“樸樕一名心”，又引某氏注曰“樸樕，槲樕也，有心，能（耐）濕，江淮間以作柱”。合棘與心二字爲複合名詞，則曰棘心。《儀禮・特牲饋食禮》曰“棘心匕刻”，棘心匕即《小雅・大東篇》“有捄棘匕”之棘匕。然則棘心猶棘也。詩一章曰“吹彼棘心”，二章曰“吹彼棘薪”者，以其體言則曰棘心，以其用言則曰棘薪，其實皆即棘耳。《傳》“棘，難長養者”，段玉裁云棘下奪心字，棘心對下章棘薪爲其成就者而言，謂棘之初生萌櫱，故云難長養者。（案此説實本《集傳》）此申傳義或是，經意則未必然。知之者，詩又曰“棘心夭夭”，夭夭，傾屈貌（詳《周南・桃夭篇》），心果謂萌櫱，其受風吹，安得夭夭之狀乎？樂府《長歌行》曰“凱風吹長棘，夭夭枝葉傾”，謂之長棘，則非萌櫱，明矣。阮元、徐灝并知心爲芒刺之名，而不知其又由芒刺引申爲木名，此亦未達一間，蓋風吹芒刺，亦不得夭夭之狀也。諸家皆泥於《傳》説，以棘喻

七子，謂心其幼小時，而薪則其已長大者。實則棘心即棘薪，而薪於《詩》例爲婦人之象徵，本以指母，非指子也。說詳下條。

吹彼棘薪 傳："棘薪，其成就者。"

翹翹錯薪言刈其楚 〔《周南·漢廣》〕傳："翹翹，薪貌，錯雜也。"箋："楚，雜薪之中尤翹翹者，我欲刈取之，以喻衆女皆貞絜，我又欲取其尤高絜者。"

不流束薪 〔《王風·揚之水》〕箋："激揚之水至湍迅，而不能流移束薪。興者，喻平王政教煩急，而恩澤之令，不行於下民。"

不流束薪 〔《鄭風·揚之水》〕

析薪如之何 〔《齊風·南山》〕箋："此言析薪必待斧，乃能也。"

綢繆束薪 〔《唐風·綢繆》〕傳："男女待禮而成，若薪芻待人事而後束也。"箋："昏而火星不見，嫁娶之候也。今我束薪於野，乃見其在天，則三月之末，四月之中，見於東方矣，故云不得其時。"

烝在栗薪 〔《豳風·東山》〕傳："烝，衆也，言我心苦事又苦也。"箋："烝，塵，栗，析也。言君子又久見使析薪，於事尤苦也。古者聲栗裂同也。"

伐木掎矣析薪扡矣 〔《小雅·小弁》〕傳："伐木者掎其巔，析薪者隨其理。"箋："掎其巔者，不欲妄踣之。扡謂觀其理也。必隨其理者，不欲妄挫折之。以言今王之遇太子，不如伐木析薪也。"

無浸穫薪 〔《小雅·大東》〕傳："穫，艾也。"箋："穫，落木名也。既伐而析之以爲薪，不欲使氿泉浸之。浸之，則將濕腐不中用也。今譚大夫契契憂苦而寤嘆，哀其民人之勞苦者，亦不欲使周之賦斂小東大東盡極之，盡極之，則將困窮亦猶是也。"

析其柞薪 〔《小雅·車舝》〕箋:"登高岡者,必析其木以爲薪。析其木以爲薪者,爲其葉茂盛,蔽岡之高也。此喻賢女得在王后之位,則必辟除嫉妒之女,亦爲其蔽君之明。"

樵彼桑薪卬烘于煁 〔《小雅·白華》〕傳:"桑薪,宜以養人者也。"箋:"人之樵取彼桑薪,宜以炊饔饍之爨,以養食人。桑薪,薪之善者也,我反以燎於烓竈,用炤事物而已。喻王始以禮取申后,申后禮儀備,今反黜之,使爲卑賤之事,亦猶是。"

《南山篇》曰"析薪如之何?匪斧不克。取妻如之何?匪媒不得",此以析薪喻取妻,最爲顯白。《車舝篇》爲新婚之詩,詩曰"陟彼高岡,析其柞薪,析其柞薪,其葉湑兮。鮮我覯爾,我心寫兮",所言析薪,是比非賦,玩前後各章自明。吕氏《讀書記》引陳氏曰"析薪者以喻昏姻",是也。《綢繆篇》傳曰"男女待禮而後成,若薪芻待人事而後束也",此其解説,雖近穿鑿,其以束薪喻婚姻,則自不誤。至《箋》於《漢廣篇》謂錯薪喻衆女皆貞絜,於《車舝篇》謂柞薪喻嫉妒之女,於《白華篇》又謂桑薪喻賢淑之申后,所喻之女,時而貞絜,時而嫉妒,時而賢淑,不免憑臆附會,然謂薪以喻女,則碻不可易。《小弁篇》本妻不見答之詩。三章"靡瞻匪(彼)父,靡依匪(彼)母",即"女子有行,遠父母兄弟"之意,又曰"不屬于毛(表),不罹(離)于裏",言外不容於夫家,内不屬於父母之家也。末章"無逝我梁,無發我笱,我躬不閲,遑恤我後",則與《邶風·谷風篇》文同,而彼乃棄婦之詞。五章曰:"鹿斯之奔,維足伎伎,雉之朝雊,尚求其雌。譬彼壞木,疾用無枝,心之憂矣,寧莫之知?"又明爲婦人責望其夫之語。以此推之,七章曰"伐木掎矣,析薪扡矣",當亦指斥婚姻而言。掎扡并訓裂,訓離,木掎薪扡,喻婦人已離其父母之家以從人也。下云"舍彼有罪,予之佗矣",舍猶凡也,言凡百罪過,皆加於我身。總觀四句,實與《氓篇》"言既遂矣，至于暴矣"同意。《王風·揚之水篇》當係戍士思歸之詞，"彼其之子"斥其妻言。《鄭風·揚之水篇》似夫將遠行，慰勉其妻。(《集傳》以爲"男女要結之詞")二篇并言"揚之水，不流束薪"，蓋水喻夫，薪喻妻，夫將遠行，不能載妻與俱，猶激揚之水不能浮束薪以俱流也。《大東篇》二章曰"杼柚其空"，緯織爲女子事（五六兩章"跂彼織女，終日七襄，雖則七襄，不成報章"，義與此文相應），疑三章曰"有冽氿泉，無浸穫薪"，薪亦喻女子。箋謂氿泉浸薪，即濕腐不中用。今謂氿泉害薪，蓋以喻婦人之勞苦，而下文曰"哀我憚人"，即謂此婦人。且《白華篇》曰"樵彼桑薪，卬烘于煁"，本謂桑薪爲水所浸，故我烘燎於煁上以使之乾，詳玩《白華》意，實與《大東》相表裏，彼爲婦人之詞（舊説爲申后作），則此亦言婦人事矣。本篇曰"凱風自南，吹彼棘薪"者，薪謂母，風謂父（詳上"凱風自南"條），風薪對舉，亦以喻夫妻也。

析薪束薪蓋上世婚禮中實有之儀式，非泛泛舉譬也。《漢廣篇》曰"翹翹錯薪，言刈其楚，之子于歸，言秣其馬"，馬以駕親迎之車，與薪皆婚禮中必用之物。《車舝篇》曰"陟彼高岡，析其柞薪"，亦實賦其事。《東山篇》曰"有敦瓜苦（瓠），烝在栗（繆）薪，自我不見，于今三年"，瓜瓠合巹所用（説具彼篇），栗韓作蓼，訓聚，當讀爲繆，束也。栗薪即束薪，與瓜瓠并舉，皆與婚姻有關之什物，故詩人追懷新婚之樂而聯想及之也。

《詩》中又有不明言薪，而意中仍以薪喻昏姻者。《豳風·伐柯篇》"伐柯"與"取妻"并言，猶《南山篇》"析薪"與"取妻"并言，伐柯猶析薪也。《小雅·伐木篇》言"伐木"，與《伐柯篇》言"伐柯"相仿，而"籩豆有踐"之語，亦與《伐柯篇》同，疑係新婚者會其宗族之詩。《陳風·墓門篇》曰"墓門有棘，斧以（已）斯之，夫也不良，國人知之"，疑以棘已被析，喻女已離家適人。凡此皆不明言析薪，而意實指婚姻者。樂府《白頭吟》曰"郭東亦有樵，郭西亦有樵，兩樵相雅（舊誤推）與，無親爲誰驕"，樵即析薪之人，而析薪爲取妻之象，故下文曰“凄凄重凄凄，嫁娶亦不啼，願得一心人，白頭不相離”。此古詩興義之僅存者，可與三百篇互證也。

爰有寒泉在浚之下 傳：“浚，衛邑也。在浚之下，言有益於浚。”箋：“爰，曰也。曰有寒泉者，在浚之下，浸潤之，使浚之民逸樂，以興七子不能如也。”

洌彼下泉浸彼苞稂 〔《曹風·下泉》〕傳：“洌，寒也。下泉，泉下流也。……稂，童梁，非溉草，得水而病也。”箋：“興者，喻共公之施政教，徒困病其民。”

有洌氿泉無浸穫薪 〔《小雅·大東》〕傳：“洌，寒意也。側出曰氿泉。”箋：“既伐而析之以爲薪，不欲使氿泉浸之。浸之，則將濕腐不中用也。”

《下泉篇》曰“洌彼下泉”，《大東篇》曰“有洌氿泉”，傳皆訓洌爲寒，是本篇之寒泉猶二篇之洌泉也。《下泉篇》曰“浸彼苞稂”，《大東篇》曰“無浸穫薪”，皆言泉水浸薪，疑本篇寒泉乃承上章棘薪而言，亦謂薪爲泉所浸而受傷害，其不言浸者，文不具也。《白華篇》三章曰“滮池北流，浸彼稻田”，四章曰“樵（燋）彼桑薪，卬烘于煁”，燋烘謂以火乾之，桑薪爲滮池之水所浸，故須燋烘之。此言薪之被浸，與上揭三詩取興亦同。《下泉篇》所興何事，不可確知，且稂蕭蓍下不著薪字，似其爲用與《大東篇》之穫薪，《白華篇》之桑薪不同，因之其興義亦當與二篇異類。若本篇之棘薪，并《大東篇》之穫薪，《白華篇》之桑薪，皆謂婦人，則前已言之。二篇以穫薪桑薪被浸，興婦人之憂勤勞苦，則本篇言棘薪被浸，義亦相同。下文曰“有子七人，母氏勞苦”，即承此言之也。傳、箋説俱未允。

在浚之下 傳：“浚，衛邑也。”

以《鄘風·干旄篇》“在浚之郊”驗之，浚誠衛邑名，然邑之得名，亦當有本義。今案浚從夋聲，金文夋允一字，則浚沇古亦當爲一字。《説文》曰“沇，沇水也，出河東東垣王屋山，東流爲泲”，古文作㕣，又曰“㕣，山間陷泥也，從口八，象水敗貌，讀若沇州之沇。沇，九州之渥地也，故以沇名焉”。案《小雅·信南山篇》傳曰“渥，厚漬也”。山間陷泥與渥地并謂其地沮洳出泉，沇水導源於此，故因以爲名。《山海經·北山經》曰：“王屋之山，𤅊水出焉。”𤅊即欒字。《説文》曰“欒，漏流也”，《廣雅·釋詁》二曰“欒，漬也”，《吕氏春秋·開春篇》曰“昔王季歷葬於渦山之尾，欒水齧其墓”。山間陷泥也，渥地也，漏流也，漬也，義正相近，故沇水一曰𤅊（欒）水。本篇浚字當兼此義。下謂地裏，對流行地上而言也。浚爲陷泥與渥地之名，其水源自地裏浸淫而上，故曰“爰有寒泉，在浚之下”。《曹風·下泉篇》之“下泉”，義亦仿此。水出地下者尤寒，故此曰“寒泉”，而彼亦曰“有洌下泉”也。《傳》但知浚爲邑名，而不知其所以得名之故。又曰“在浚之下，言有益於浚”，《箋》申之曰“使浚之民逸樂”，此則又因地名而牽合於其地所居之人，失之愈遠矣。（《下泉》傳以下泉爲“泉下流”，於《詩》義亦適得其反。）

匏有苦葉

濟有深涉 傳：“濟，渡也。由膝以上爲涉。”箋：“瓠葉苦而渡處深，謂八月之時，陰陽交會，始可以爲昏禮納采問名。”

涉，名詞。謂水中可濟涉之處，猶津也。《易·大過》上六曰“過涉滅頂”，過涉猶言渡津。（王注曰“涉難過甚，故至於滅頂”，似即讀涉爲名詞。）《漢書·地理志》上，犍爲郡南廣縣有大涉水，大涉猶大津。《詩》曰“匏有苦葉，濟有深涉”，張文虎謂濟即《泉水篇》“出宿于泲”

之沛，水名也。案張説是也。此文上下二句語法一律，匏與濟，葉與涉，皆二名詞對舉，而葉屬於匏，涉亦屬於濟也。自來咸以涉爲動詞涉水之名，因之下文厲與揭，亦不得不爲涉水深淺有差之名（詳下條），於是全章之義，皆被誤解。昔儒無語法觀念，其致誤往往若是。

近世地名多有曰灄口，灄頭者，灄涉音同，疑即涉口，涉頭，猶言渡口，渡頭也。若然，則呼津渡爲涉，今語猶然，特以音存而字變，故學者不察耳。

深則厲淺則揭 傳："以衣涉水爲厲，謂由帶以上也。揭，褰衣也。遭時制宜，如遇水深則厲，淺則揭矣。男女之際，安可以無禮儀？將無以自濟也。"箋："既以深淺記時，因以水深淺喻男女之才性賢與不肖及長幼也。各順其人之宜，爲之求妃耦。"

本篇上文曰"匏有苦（枯）葉，濟有深涉"，繫匏涉水，所以防溺，先儒已言之矣。（陳子龍、王先謙説并同。王氏又據《易林》讀苦爲枯，亦是。）今案《易·泰》九二曰"包荒，用馮河，不遐遺"，包荒即匏瓠，言以匏瓠馮河，不至墜溺（詳拙著《周易義纂》）。以匏濟渡之俗，由來已舊，得此益足證明。《詩》曰"深則厲，淺則揭"者，厲與揭當承匏言，深與淺當承涉言，謂涉深則厲匏以渡，淺則揭之以渡也。《小雅·都人士篇》"垂帶而厲"，傳曰"厲，帶之垂者"，此謂垂帶之餘以爲飾，故下文曰"匪伊垂之，帶則有餘"。《左傳》桓二年"鞶厲游纓"，杜注曰"厲，大帶之垂者"，《小爾雅·廣服》曰"帶之垂者謂之厲"。義并與毛同。然對言之，繫於腰者謂之帶，垂於下者謂之厲，散言之，厲亦帶也，故《方言》四又曰"厲謂之帶"，《廣雅·釋器》曰"厲，帶也"。名詞帶謂之厲，動詞帶亦謂之厲，《楚辭·九懷·株昭》曰"鈆刀厲御，頓棄太阿"，是也。揭即揭荷之揭。"深則厲，淺則揭"，言水深則帶匏於身以防溺，水淺則荷於背上可也。《傳》似亦知厲爲帶名，故以水深及帶爲厲，惟不知厲揭之蒙上爲文，故又牽合履石渡水之瀝，而釋爲以衣涉水。後儒於此説最紜紛，其蔽胥與毛同，玆不具辯。

迨冰未泮 傳："迨，及，泮，散也。"箋："歸妻，使之來歸於己，謂請期也。冰未散，正月中以前也，二月可以昏矣。"

半聲字訓分，亦訓合。《周禮·朝士》"凡有責者有判書"，鄭注曰"判，半分而合者"，《媒氏》"掌萬民之判"，注曰"判，半也，得耦而合，主合其半，成夫婦也"，《儀禮·喪服》傳曰："夫妻判合。"字一作牉，《集韻》引《字林》曰"牉合，合其半以成夫婦也"，《楚辭·惜誦》曰"背膺牉合以交痛兮"。（王注訓牉爲分，非是。）又《莊子·則陽篇》曰"雌雄片合"，《釋名·釋首飾》曰"弁，如兩手相合抃時也"，片抃與判牉聲近，亦并有合義。《詩》曰"士如歸妻，迨冰未泮"，泮當訓合，謂歸妻者宜及河冰未合以前也。古者本以春秋爲嫁娶之正時，此曰"迨冰未泮"，乃就秋言之。舉凡《詩》中所紀，若瓠葉枯落，渡頭水深，并雉鷕雁鳴，皆秋日河冰未合以前景象。審如《傳》説，以冰泮爲解凍，則與《詩》中物候相左矣。

《夏小正》"二月，綏多女士"，某氏傳曰"綏，安也，冠子娶婦之時也"，《周禮·媒氏》"中春之月，令會男女，於是時也，奔者不禁"，鄭注曰"中春陰陽交，以成昏禮，順天時也"，《白虎通義·嫁娶篇》亦曰"嫁娶必以春，何？春者，天地交通，萬物始生，陰陽交接之時也"。據此，疑自古昏姻本以春爲正時，故《詩》中所見婚期，春日最多。《野有死麕篇》曰"有女懷春，吉士誘之"，《七月篇》曰"春日遲遲，采蘩祁祁，女心傷悲，殆及公子同歸"，此明著春日者。《東山篇》曰"倉庚于飛，熠燿其羽，之子于歸，皇駁其馬"，《燕燕篇》曰"燕燕于飛，差池其羽，之子于歸，遠送于野"，《桃夭篇》曰"桃之夭夭，灼灼其華，之子于歸，宜其室家"，亦皆春日物候。其以秋爲婚期者纔兩見，本篇與《氓篇》“秋以爲期”是也。(《綢繆篇》之三星，毛以爲參，十月始見，鄭以爲心，三月始見。參爲晋星，唐亦晋地，或毛説爲長。然亦難定，今姑不計。)《北風篇》曰“北風其凉，雨雪其雱”，又曰“惠而好我，携手同車”，蓋親迎之詩（詳《泉水篇》女子有行條）。此則以冬日爲婚期者，特全書衹此一見耳。總上所述，春最多，秋次之，冬最少，其所以如此，殆有故焉。嘗試論之，初民根據其感應魔術原理，以爲行夫婦之事，可以助五穀之蕃育，故嫁娶必於二月農事作始之時行之。鄭注《周禮》所謂“順天時”，《白虎通》所謂“天地交通，萬物始生，陰陽交接之時”，皆其遺説也。次之，見初秋亦爲一部分穀類下種之時，故嫁娶之事，亦或在秋日。然終不若春之盛，則以自農事觀點言之，秋之重要本不若春也。《管子·幼官篇》：“春三卯，十二始卯，合男女。秋三卯，十二始卯，合男女。”《管子》書雖非古，然此所記春秋合男女之俗，要不失爲太古之遺風，以其但言春秋，不及冬時故也。迨夫民智漸開，始稍知適應實際需要移婚期以就秋後農隙之時。試觀冬行婚嫁之例，如《北風篇》所紀者，《三百篇》中僅衹一見，知其時衹偶一行之，不爲常則。降至戰國末年，去古已遠，觀念大變，於是嫁娶正時，乃一反舊俗，而向之因農時以爲正者，今則避農時之爲正。《荀子·大略篇》曰“霜降逆女，冰泮殺止”，《家語·本命篇》申其義曰：“霜降而婦功成，嫁娶者行焉，冰泮而農業起，昏禮殺於此。”此所謂冰泮者，乃斥冰解而言。蓋“冰泮殺止”爲相傳古語，本謂嫁娶正時至冰合而止，今以冰合爲冰解者，乃曲解舊術語以迎合新事實耳。此誠古今社會之一大變也。

毛、鄭於各詩之婚時，解説互歧。毛主嚴冬冰盛之時，説本《荀子》，鄭主仲春解凍之後，制準《周官》。辜較論之，鄭優於毛。獨本篇所紀，時在初秋，《荀子》《周官》二説俱無所施，然則以本篇論之，毛固自失之，鄭亦未之爲得也。

招招舟子 傳：“招招，號召之貌，舟子，舟人主濟渡者。”

箋："舟人之子號召當渡者，猶媒人之會男女無夫家者，使之爲妃匹。"

佻佻公子 〔《小雅·大東》〕傳："佻佻，獨行貌。"

《漢書·禮樂志·郊祀歌》十一"體招搖，若永望"，顔師古注曰"招搖，申動之貌"，《司馬相如傳·大人賦》曰"掉指橋以偃蹇兮，又猗抳以招搖"，《史記·孔子世家》"招搖市過之"，集解引徐廣曰"招搖，翺翔也"。字或從木，則爲樹木動摇之貌，《説文》曰"柖，樹摇貌"，"榣，樹動也"。叠韻連語變爲叠字連語，則曰調調，刁刁，《莊子·齊物論篇》："而獨不見之調調，之刁刁乎？"《釋文》引向注曰："調調，刁刁，皆動摇貌。"本篇曰"招招舟子"，招招與調調，刁刁聲同，謂舟子鼓楫時身體屈申動摇之貌也。謝朓《始之宣城郡詩》曰"招招漾輕楫，行行趨巖趾"，以招招爲漾楫之貌，義最弘通，可據以正《毛傳》之失。《大東篇》曰"佻佻公子，行彼周行"，佻佻《楚辭·九嘆》王注引作苕苕（《爾雅·釋訓》"佻佻，契契，愈遐急也"，《文選·魏都賦》注引郭注亦曰"佻音葦苕"），《釋文》引《韓詩》作嬥嬥。《廣雅·釋訓》曰："嬥嬥，好也。"案苕苕即招招，亦行時身體申動貌。申動則婉好多姿，故字變作嬥嬥，又訓好。毛訓佻佻爲獨行貌，義未精當，佻亦無獨義也。

谷　風

習習谷風 傳："興也。習習和舒貌。東風謂之谷風。陰陽和而谷風至，夫婦和則室家成，室家成而繼嗣生。"

習習谷風 〔《小雅·谷風》〕傳："興也。風雨相感，朋友相須。言朋友趨利，窮達相棄。"箋："習習，和調之貌。東風謂之谷風。興者，風而有雨，則潤澤行，喻朋友同志，則恩愛成。"

嚴粲引錢氏曰："谷風，谷中之風也。"案錢説是也。古人以爲竅穴井谷之類，爲風之所生。《莊子·齊物論篇》説風曰："是唯無作，作別萬竅怒呺……山陵（舊誤林，從奚侗改）之畏隹，大木百圍之竅穴，似鼻，似口，似耳，似枅，似圈，似臼，似洼者，似污者……"《文選·風賦》曰"浸淫溪谷，盛怒於土囊之口，緣於大（舊脱於字，大作泰）山之阿"，《淮南子·覽冥篇》"鳳皇……暮宿風穴"，高注曰"風穴，北方寒風從地出也"，《文選·風賦》注引盛弘之《荆州記》曰"宜都，很山縣有山，有穴，口大數尺，爲風井"，《後漢書·郡國志》劉注引《交州記》曰："山有風門，常有風。"此類甚多，不煩枚舉。而《山海經·南山經》曰"旄山之尾，其南有谷，曰育遺……凱風自是出"，又曰"令丘之山……其南有谷焉，曰中谷，條風自是出"，則明言風出谷中。《大雅·桑柔篇》"大風有隧，有空大谷"，箋曰"大風之行，有所從而來，必從大空谷之中"，説與《南山經》合，此谷風之的解也。(《淮南子·天文篇》曰"虎嘯而谷風至"，虎爲山居之獸，故嘯則山谷生風。此亦谷風爲山谷中風之旁證。)《小雅·谷風篇》曰"習習谷風，維山崔嵬"，維猶在也，崔嵬即《莊子》之"畏隹"，謂山之曲隈（詳《周南·卷耳篇》)，山之曲隈即山谷矣。(《蓼莪篇》"南山烈烈，飄風發發"，山風并言，蓋亦謂風在山谷之中。)

谷風既爲起自山谷之風，自不當限於東風。嚴粲據《桑柔篇》"大風有隧，有空大谷"，謂谷風即大風，殆不可易。今案《小雅·谷風篇》曰"維風及雨"，又曰"維風及頹"，頹讀爲靁，訓雷（詳彼篇），風之挾雷雨以并至者，非大風而何？此亦嚴説之佳證。且習習亦本大風之聲。陸機《行思賦》曰"托飄飄之習習，冒沈雲之藹藹"，飄風固大風也。字亦作颵，《萬象名義》曰"颵，大風"，颵颵又轉爲颯颵，《廣韻》《五音》《集韻》并曰"颯颵，大風"，并與陸賦之義吻合。傳、箋以谷風爲東風，訓習習爲和舒，和調，揆之《詩》意，皆適得其反。

昔育恐育鞫及爾顛覆 傳："育，長，鞫，窮也。"箋："昔育，育，稚也。及，與也。昔幼稚之時，恐至長老窮匱，故與汝顛覆盡力於衆事，難易無所辟。”

將恐將懼寘予于懷 〔《小雅·谷風》〕箋：“寘，置也。置我於懷，言至親己也。”

本篇“昔育恐育鞫”，義不可通，疑兩育字爲有之誤。《山海經·南山經》曰“旄山之尾，其南有谷，曰育遺……凱風自是出”，郭注（遺）“或作隧”。案《大雅·桑柔篇》曰“大風有隧，有空大谷”，此《山經》谷名之所本，育隧即有隧之訛也。《莊子·人間世篇》“是以人惡有其美也”，《釋文》引崔本有作育。《韓詩外傳》七“君又并覆而育之”，日本松皋圓《韓非子纂聞》引育作有。（《晏子春秋·問上篇》，《韓非子·外儲説右上篇》，《説苑·政理篇》文略同，亦并作有。）此并有育二字互訛之例。《詩》本作“有恐有鞫”，與下文“有洸有潰”，并他篇之“有嚴有翼”，“有倫有脊”，“有壬有林”，“有馮有翼”，“有萋有且”文同一例。今作育者，有育形聲俱近，又涉下文“既生既育”而誤。（林義光讀兩育字爲攸，未確。）且本篇與《小雅·谷風篇》，所咏一事，惟文詞詳略爲異，當係一詩之分化。此之“有恐有鞫”，即彼之“將恐將懼”，有將皆語詞（并與且義略近），鞫即懼聲之轉也。古音懼在魚部，鞫在幽部。《説文》朐讀若拘，瞿讀若章句之句，趯讀若劬，《淮南子·修務篇》“攫援摽拂”，高注曰“攫讀如‘屈直木令句’，‘欲句此木’之句”。句在侯部，而句本丩之孳乳字，是句之古本音當在幽部。（絇實糾之異體。《説文》絇從句聲，讀若鳩，是句之古本音，漢時猶有存者。）夫瞿聲字多讀若句聲，而句本在幽部，則懼之得轉爲鞫，固宜。《爾雅·釋草》“大菊，蘧麥”，郭注曰“即瞿麥”，《説文》“大菊，蘧麥”，《繫傳》曰“今謂之瞿麥，又名句麥”，是瞿麥又名大菊。懼轉爲鞫，猶瞿轉爲菊矣。

本篇下文曰“既生既育”，與《大雅·生民篇》“載生載育”之語同，彼生育謂生子，此亦宜然。上曰“有恐有鞫（懼），及爾顛覆”，下曰“既生既育，比予于毒”，疑所謂顛覆者，指夫婦之事言。《小雅》曰“將恐將懼，寘予于懷”，義同。張衡《同聲歌》曰“邂逅乘際會，得充君後房，情好新交接，恐栗若探湯”，即《詩》恐懼之確解矣。

旄　邱

瑣兮尾兮流離之子　傳：“瑣尾，少好之貌。流離，鳥也，少好長醜，始而愉樂，終以微弱。”箋：“衛之諸臣，初有小善，終無成功，似流離也。”

下文曰“褎如充耳”，則瑣尾當是狀鳥鳴聲之詞。尾疑爲㞋省，音沙。金文《師嫠𣪘》“彤㞋”，《無𧇌鼎》，《寰盤》，《休盤》并作“彤沙”，郭沫若氏謂㞋爲緌本字，戈緌以氂牛尾爲之，故字從尾，少古沙字，其聲也。案郭説是也。詩尾字即㞋之省，瑣㞋雙聲叠韻連語（瑣從𧴪聲，𧴪當從少聲，與㞋同聲符），猶瑣瑣耳。《説文》曰“𧴪，貝聲也”，“瑣，玉聲也”。案貝玉之聲，無煩别白，𧴪瑣仍爲一字。瑣爲貝玉之聲，鳥鳴之聲似之，故狀鳥鳴曰瑣瑣，字變爲瑣㞋，又省爲瑣尾耳。嚶從賏聲，賏從賏聲，而賏爲貝連（《説文》），《小雅·伐木篇》曰“鳥鳴嚶嚶”，亦以貝聲狀鳥鳴，例與此同。（賏孳乳爲纓，與訓冠系之緌同義，而㞋緌爲古今字，已詳上。）又《小雅·小弁篇》曰“鳴蜩嘒嘒”，《大雅·采菽篇》曰“鸞聲嘒嘒”，《商頌·那篇》曰“嘒嘒管聲”。嘒從彗聲，本當讀祥歲切，與瑣㞋爲對轉，疑諸言“嘒嘒”者，亦取其象貝玉之聲也。

《傳》曰“瑣尾，少好之貌”，疑本謂聲音之好，與《凱風篇》傳“睍睆，好貌”，亦斥聲音者同比。（此陳奂説，惟陳謂彼《傳》“貌”爲“也”之誤，則未必然。）下文曰“少好長醜，始而愉樂，終以微弱”者，以愉樂微弱分申好醜二義，謂少時鳴聲悦耳，長而微弱，不能成聲也。謝靈運《酬仲弟惠連詩》曰“嚶鳴已悦豫”，聲言愉樂，猶言悦豫矣。流離即鶹鷅，陸疏既誤承張奂説，以鶹鷅爲鵂鶹，故不得不以《傳》所謂“長醜”者爲長大還食其母。不知既云微弱，既不爲母所食，焉得反食其母哉？以是明其不然。

泉　水

女子有行遠父母兄弟　箋：“行，道也。婦人有出嫁之道，遠於親親，故禮緣人情，使得歸寧。”

攜手同行　〔《北風》〕傳：“行，道也。”箋：“性仁愛而又好我者，與我相攜持同道而去，疾時政也。”

女子有行遠父母兄弟　〔《鄘風·蝃蝀》〕箋：“行，道也。婦人生而有適人之道，何憂於不嫁，而爲淫奔之過乎？惡之甚。”

女子善懷亦各有行　〔《鄘風·載馳》〕傳：“行，道也。”箋：“女子之多思者有道，猶升丘采其蝱也。”

女子有行遠父母兄弟　〔《衛風·竹竿》〕箋：“行，道也。女子有道當嫁耳，不以不答而違婦禮。”

有女同行　〔《鄭風·有女同車》〕傳：“行，行道也。”箋：“女始乘車，壻御輪三周，御者代壻。”

駕予與行　〔《鄭風·丰》〕

《北風篇》一章曰“攜手同行”，二章曰“攜手同歸”，三章曰“攜手同車”。案車者親迎之車，歸即“之子與[1]歸”之歸，此新婦贈壻之辭也。《古詩十九首》之十六曰“良人惟古（故）歡，枉駕惠前綏，願得常巧笑，攜手同車歸”，説親迎事而語襲此詩，是其明證。《詩》又曰“同行”者，猶同歸也。女子謂嫁一曰適，行亦猶適矣。《有女同車篇》

① “與”字疑當作“于”。

一章曰“有女同車”，傳曰“親迎同車也”，而二章曰“有女同行”，《丰篇》爲親迎而女不至之詩，而三章“駕予與行”與四章“駕予與歸”并舉，是二詩之行亦并謂嫁。以此推之，本篇及《蝃蝀》《載馳》《竹竿》諸篇之“有行”，皆謂適人耳。《渚宫舊事》三引《襄陽耆舊傳》載《高唐賦》曰“赤帝女曰瑶姬，未行而亡”，《列女傳》四《魯寡陶嬰妻傳》曰“雖有賢雄兮，終不重行”，《論衡·骨相篇》曰“故未行而二夫死，趙王薨”，《釋名·釋親屬》曰“兄弟之女爲姪，姪，迭也，共行事夫，更迭進御也”，陳琳《飲馬長城窟行》曰“結髮行事君”。凡此曰行者，并與《詩》行字同義，明此語至漢末猶存。《儀禮·喪服》“子嫁反在父之室”，鄭注曰“凡女行於大夫以上曰嫁，行於士庶人曰適人”，是鄭亦知行有嫁義，乃其箋《詩》仍承毛説，訓行爲道，甚矣其迂也。

静　女

俟我于城隅　傳：“城隅，以言高而不可逾。”箋：“又能服從，待禮而動，自防如城隅。”

要我乎上宫　〔《鄘風·桑中》〕傳：“上宫，所期之地。”箋：“……而要見我於上宫。”

在城闕兮　〔《鄭風·子衿》〕傳：“乘城而見闕。”箋：“國亂人廢學業，但好登高，見於城闕，以候望爲樂。”

隅，曲隅也。曲字本作，金文作，（《説文》，《無極山碑》）象隅角形，故隅曲同義。古者築城必就隅爲臺，起屋其上。《考工記·匠人》疏引《五經異議·古周禮説》曰“天子城高七雉，公之城高五雉，隅高七雉，侯伯之城高三雉，隅高五雉”，凡隅皆高於城，即包屋言之也。經傳言城隅，皆指此有屋之隅。城隅或稱樓。《爾雅·釋宫》曰“陝（狹）而修曲曰樓”，此樓之本義，實即城隅之有屋者。《考工記·匠人》“宫隅之制七雉，城隅之制九雉”，鄭注曰“宫隅城隅，謂角浮思也”，

賈疏謂浮思即城上小樓，是城隅即今城上之角樓也。隅一曰樓者，隅訓曲，樓從婁聲，婁亦訓曲。《開元占經·分野略例篇》説降婁曰“婁，曲也”，《説文》簍爲䉧之重文，曰“曲梁也”，《廣雅·釋訓》曰“傴僂，曲也”。實則“隅樓”叠韻連語，猶甌窶，傴僂耳。凡連語例可分言，隅樓分言之，或曰隅，或曰樓，義則一而已矣。(《方言》五曰“缶謂之瓿甌”，又曰“瓿㼽，甖也”。瓿甌瓿㼽，本係一名。隅一曰樓，猶瓿甌一曰瓿㼽也。）其以在下築土爲基者爲隅，在上構木爲重屋者爲樓，乃後世之説，即隅樓二字亦當後起，古字宜衹作禺婁耳。(僖三十三年《左傳》“取訾婁”，《穀梁》作訾樓。）馬瑞辰、金鶚并已謂城隅即樓，而説未能晰，故備論之。

上宫者，《孟子·盡心下篇》“孟子之滕，館於上宫”，趙注曰：“上宫，樓也。”案以上宫爲樓，當係舊説。《考工記》有宫隅，上宫蓋即宫墻之角樓，以其在宫墻上，故謂之上宫（一説上讀爲尚，言加於宫墻之上，亦通），亦謂之樓。然宫與城皆垣墻之名，惟所在有遠近爲異，故疑宫隅城隅，其制不殊，而上宫城隅，亦名異而實同。宫隅城隅之屋，非人所常居，故行旅往來，或借以止宿，又以其地幽閑，而人所罕至，故亦爲男女私會之所。(金文隅作𩏂，從章，象兩亭相對。後世之亭，爲行旅所寄頓，亦或爲男女所集聚，疑即古隅樓之遺。)

城闕亦城隅，上宫之類。《爾雅·釋宫》“觀謂之闕”，孫注曰“宫門雙闕”。《説文》曰“闕，門觀也”。《春秋經》定二年曰“雉門及兩觀灾”，昭二十五年《公羊傳》何注曰“禮：天子諸侯臺門，天子外闕兩觀，諸侯内闕一觀”，是觀亦臺也。蓋城墻當門兩旁築臺，臺上設樓，是爲觀，亦謂之闕。城隅，上宫爲城宫墻角之樓，城闕爲城正面夾門兩旁之樓，是城闕亦城隅，上宫之類，故亦爲男女期會之處。《集傳》以《子衿篇》爲淫奔之詩，信矣。

李宗昉《黔記》六曰：“八寨黑苗，在都匀府屬。……各寨野外均造一房，名曰馬郎房，未婚之女，晚來相聚其所歡悦者。”(《小方壺齋輿地叢鈔》第七帙）今夷人寨子中亦所在有之，名曰“公房”，亦男女集聚之所。疑城隅，上宫，城闕即馬郎房，公房之類，俟更考之。

新　　臺

籧篨不鮮 傳："籧篨，不能俯者。"箋："籧篨口柔，常觀人顔色而爲之辭，故不能俯也。"

得此戚施 傳："戚施，不能仰者。"箋："戚施面柔，下人以色，故不能仰也。"

《晋語》四胥臣對文公曰："蘧蒢不可使俯，戚施不可使仰，僬僥不可使舉，侏儒不可使援"，又曰"戚施直鎛，蘧蒢蒙璆，侏儒扶盧"。案此謂器物裝飾之刻爲人或動物之形者，僬僥侏儒，人之屬也，戚施蘧蒢，物之屬也。盧讀爲欂櫨之櫨。(《禮記，明堂位》注："刻欂盧。")《説文》曰"櫨，柱上枅也"，《淮南子・主術篇》"短者以爲朱儒枅櫨"，高注曰"朱儒，梁上戴蹲跪人也"。案欂櫨者，方木似斗形，在短柱上，拱承屋棟，一曰斗拱。侏儒即短柱之刻爲人形，以承斗拱者，故曰"侏儒扶盧"。其狀雙手上舉，既已上舉，則不可垂手以下援，故又曰"侏儒不可使援"。僬僥所事，胥臣無説，以侏儒推之，蓋刻爲小人之形，雙手下垂，有所援引者。既已下援，則不得上舉，故曰"僬僥不可使舉"也。

戚施《説文》作鼀䵶，云"詹諸也"。案鼀爲正字，簨簴之柎，刻木象黽屬之形，故字從黽作。施爲椸省，别體作檷，所以皮縣樂器之具也(《一切經音義》二二引《蒼頡篇》"椸，格也，架也"，《説文》"檷，絡絲柎也")。以其刻爲黽形，故亦或從黽作䵶。"戚施直鎛"者，直讀爲置，鼀爲置鎛之檷(椸)，故謂之鼀䵶，一作戚施。金文《邵黛鐘》曰"大鐘八肆，其竈四堵"，竈亦鼀字，此謂縣鐘之簴刻爲黽形者凡四枚，一枚爲一堵(詳下)，故曰"其竈四堵"。《淮南子・説林篇》"鼓造辟兵，壽盡五月之望"，高注曰"鼓造蓋謂梟，一曰蝦蟆，今世人五月望作𪓰㚘，亦作蝦蟆㚘”。莊逵吉曰：“造即戚字，故‘戚然改容’亦作‘造然’。《毛詩》‘戚施’，《説文解字》作‘鼀䵶’，云‘詹諸也’，詹諸即蝦蟆矣。”案莊説是也。造爲遳省（詳下），遳者鼀之異體（《周禮·大祝》“二曰造”，注曰“故書造作竈”），鼓遳本鼓縣之簴，其物刻爲黽形以置鼓，故曰鼓竈，字變爲遳，又省爲造耳。置鼓以竈，猶置鎛以戚施（鼀䵶），竈即戚施也。刻鼓簴以象黽形，因名曰鼓竈（造），又轉以鼓簴之名，名其所象之實物，則呼黽爲鼓造。呼黽爲戚施（鼀䵶），亦猶是也。鼀字又變作鼗，而呼立於鼀上之鼓曰鼗鼓，字一作鞉若鞀。其置磬縣者，字則作磬。《褒石磬》曰“自作遳磬”，即磬磬。磬曰磬磬，猶鼓曰鼗鼓，鼗（鞉鞀）與磬并鼀竈之孳乳字，遳則竈之變。鼅黽之屬皆四足據地，無脰，首不能仰，故曰“戚施不可使仰”也。

蘧蒢者，蘧即鐻。《説文》曰“虡，鐘鼓之柎也，飾爲猛獸”，重文作鐻，篆文作虡。《釋名·釋樂器》曰：“虡，舉也，在旁舉筍（簨）也。”案虡從虍異，異本作，象人雙手舉物以戴於首上，此物刻爲獸形，而背上復有所抗舉，故字從虍從異。篆文虡即虡省田。重文鐻從豦者，《説文》引司馬相如説曰“豦，封豕之屬”，《考工記·梓人》曰“厚唇弇口，出目短耳，大胸燿後，大體短脰，若是者謂之贏屬，恒有力而不能走，其聲大而宏……若是者以爲鐘虡”，即《説文》所謂“飾爲猛獸”者也。蘧蒢疊韻連語，猶鐻也。“蘧蒢蒙璆”者，韋注曰：“蒙，戴也，璆，玉磬。”案此謂磬虡，縣磬之狀如蓋，虡之首適當蓋下，如被幪覆，故曰“蘧蒢蒙璆”也。飾虡之獸，其狀多蹲其後足，而以前足據持其身，如此者則其首仰，故曰“蘧蒢不可使俯”也。

《詩》意本以飾虡之物象喻人之貌醜，故《御覽》九四九引《韓詩》薛君《章句》曰“戚施，蟾蜍，蹴蝽，喻醜惡”。惟薛説不及籧篨，未審其意若何。《毛傳》“籧篨不能俯者”，“戚施不能仰者”，義本《國語》，此雖於詩人設喻之意，少所闡發，然所説二物之狀，自是不誤。至《箋》用《爾雅》義，以口柔面柔分釋不能俯仰，則是以貌惡爲德惡，即乖《詩》義，兼失《傳》旨矣。若夫鐘鼓之縣，其横者曰簨，字一作筍，又作簴，皆從竹作，蓋其物本或以竹爲之。其直立之杠，或亦用竹，惟立杠之柎名曰虡者，則當刻木石，或鑄金爲之，斷無用竹之理。今虡字亦或從竹作簴者，蓋俗書涉簨筍簴諸字而誤增。詩籧篨即虡，已如上説，其字從竹作，蓋亦猶虡一作簴，乃流俗之妄增，非造文之正體邪？後儒以其偶與竹席之籧篨同名。（《淮南子・本經篇》曰“霜文沈居，若簟籧篨”，《急就篇》曰“竹器簦笠簟籧篨”，《方言》三曰“簟自關而西，其麤者謂之籧篨”。）遂以竹席釋之，未之深考耳。

魚網之設鴻則離之　傳：“言所得非所求也。”箋：“設魚網者宜得魚，鴻乃鳥也，反離焉，猶齊女以禮來求世子，而得宣公。”

隰有游龍　〔《鄭風・山有扶蘇》〕傳：“游龍，紅草也。”箋：“游龍猶放縱也。……紅草放縱枝葉於隰中。”

《山有扶蘇篇》之游龍，據《箋》説，則游爲形容詞，草名本衹曰龍。《爾雅・釋草》曰“紅，蘢古”，龍即蘢字，其韻母爲 *——ung，“古”蓋即韻尾 *——g 之重讀。蘢又名屈蘢。《淮南子・墬形篇》“海閭生屈蘢”，高注曰“屈蘢，游龍，鴻也”，引《詩》“隰有游龍”。鴻即紅，并從工聲（《一切經音義》一一引《聲類》曰“䲨，或鴻字，同”，《漢書・司馬相如傳》上注曰“䲨古鴻字”。鴻從工聲），故得通用。《廣雅・釋草》曰“葒，龍蘋，馬蓼也”，《名醫别録》云“葒草一名鴻蘋，如馬蓼而大”。葒爲紅之專字，龍蘋即蘢古之轉，而龍蘋一曰鴻蘋，則猶蘢一曰鴻也。至龍（蘢）或謂之紅（葒）鴻者，紅（葒）鴻并從工聲，疑工與龍古讀均爲 *gl——複輔音，故得互通。假定龍（蘢）與紅（葒）鴻之音值爲 *glung，則“屈蘢”正其緩讀，故此草又名屈龍。

何以知龍之古音讀 *gl—乎？曰：（一）《卜辭》曰“……龏雙……□其乎㔨……”（前四，二九，三）又曰“貞乎行取龏雙於岩氏”（前四，三〇，一），又曰“□辰卜，貞子雝不作鼓，不龍雙囚”（前四，

二九，四）。或曰龏雙，或曰龍雙，明龏龍二字通用。（二）《説文》龏龔俱從龍聲。夫龏龔并以龍爲聲符，而龏又與龍通用，必三者音讀相同。同之道若何？俱讀 *gl—是也。又何以知工聲亦讀 *gl—乎？曰古工聲字與龍聲字每不分。（一）《史記·司馬相如傳》“深山之谾谾”，索隱引晋灼曰“谾古豅字”，又引蕭該曰“谾谾，長大貌，或作豅”，《説文》曰“豅，大長谷也”。谾從空聲，空從工聲。（二）《説文》曰“龓，兼有也”，《廣雅·釋詁》一仜龓并訓有。（《説文》巩訓裦，巬訓擁，裦擁與兼有義近，是仜即巩巬字。王念孫改仜爲仁，非是。）又《説文》曰“礱，礲也”，《易·繫辭傳》虞注曰“攻，摩也”，礳摩古字通。疑龓與仜，礱與攻，古皆同語，義同由於聲同也。（三）金文《麥尊》曰“王射大龏，禽”，説者謂大龏即大鴻，殆是。案龏蓋即《史記·楚世家》“小臣之好射鵙雁羅鸗”之鸗，徐廣引吕静曰“鸗，野鳥也，音龍”，實則鸗與雁并舉，即鴻耳。鴻字古作䲨，亦從工聲。以上豅一作谾，龓一曰仜，礱一曰攻，鴻一曰鸗，皆工聲字與龍聲字不分之證。龍本讀 *gl—，既如上説，工與龍不分，則亦當讀 *gl—。

紅亦從工聲，紅（葒）一曰龍（蘢），與上揭諸例正同，而紅高注《淮南》作鴻，則草名鴻一曰蘢，與鳥名鴻一曰鸗，尤爲符合。以上揭諸例推之，紅（葒）一曰龍（蘢），殆亦古語 *gl—複輔音之遺迹矣。

本篇“魚網之設，鴻則離之”，鴻必非鴻鵠之鴻（詳下），以工聲字與龍聲字古每不分推之，鴻當爲䗵之假。䗵即苦䗵。《廣雅·釋魚》曰“苦䗵，蝦蟆也”，《名醫别録》曰“蝦蟆一名蟾蜍……一名苦䗵”。《詩》鴻讀爲䗵，䗵即蝦蟆，故得誤絓於魚網之中，又得與魚對舉以分喻美醜。下文曰“燕婉之求，得此戚施”，戚施即蝦蟆，已詳上條，鴻䗵與戚施亦同物異名耳。《詩》上二句與下二句實衹一意，故《傳》曰“言所得非所求也”。《易林·漸之睽》曰：“設罟捕魚，反得詹諸。”（詹本誤作居。《初學記·一月類》曰“居蠩顧兔”，居亦詹之誤，注引《春秋元命苞》曰“月之爲言闕也，兩設蟾蜍與兔者……”，可證。《初學記》亦詹誤爲居，與此同比。）《詩》曰“鴻則離之”，《易林》曰“反得詹諸”，詹諸蝦蟆，同物異名，然則《齊詩》家正讀鴻爲䖵矣。毛《傳》不釋鴻字，鄭《箋》則直以爲鳥名。不知鴻者高飛之大鳥，取鴻當以矰繳，不聞以網羅。藉曰誤絓，則鴻非潛淵之物，施罟水中，亦無得鴻之理。且詩明以鴻喻醜惡，而《管子·形勢解篇》曰“將將鴻鵠，貌之美者也”，是古以鴻爲美鳥，書有明徵。《韓詩外傳》十有齊使獻鴻於楚王事，唐寫本《華林遍略》殘卷引《魯連子》，亦言展母所爲魯君使，遺鴻於齊襄君。（亦見《初學記》二〇，《御覽》九一六。）意者鴻鶴二鳥，於古并稱珍禽，齊楚二君之好鴻，亦猶衛懿之好鶴歟？然則詩稱鴻以喻醜惡者，其非鴻雁之鴻，决矣。鄭君以鴻爲鳥，此其識見，去《齊詩》家曷可以道里計哉？

至虫名䖵者一曰苦䖵，又曰鴻，此則與草名蘢者一曰屈龍，又曰鴻，其比正同。本篇鴻讀爲䖵，《山有扶蘇篇》龍又讀爲紅，皆古語工聲（g—）與龍聲（l—）不分之例。工龍不分，非 g—l—不分也，乃古讀工龍皆爲 *gl—耳。古漢語有複輔音之説，創自西人 Edkins 氏，國人林語堂氏論之尤悉。近頃學者，疑信參半。余讀詩，偶得此二例，不知於二氏之説果有助否。姑并記之，以俟專家論定焉。

二子乘舟

汎汎其景 傳：“……國人傷其涉危遂往，如乘舟而無所薄，汎汎然迅疾而不礙也。”

景行行止 〔《小雅·車舝》〕傳：“景，大也。”箋：“景，明也。……有明行者則而行之。”

既溥既長既景迺岡 〔《大雅·公劉》〕傳：“既景迺岡，考於日景，參之高岡。”箋：“既廣其地之東西，又長其南北，既以日景定其經界於山之脊。”

《説文》曰：“鼏，以木横貫鼎耳而舉之，從鼎冂聲。”案冂象横木，加口作同（《説文》同爲冂之古文），孳乳爲扃，閉户之横木也。同之本義爲横木，故又孳乳爲迥，而訓長訓遠。《大雅·洞酌篇》“洞酌彼行潦”，傳曰“洞，遠也”《魯頌·駉篇》“在坰之野”，傳曰“坰，遠野也”，洞坰并與迥同。景迥聲近（《禮記·中庸》“衣錦尚絅”，《列女傳·齊女傅母傳》引《詩》“衣錦絅衣”，《儀禮·士昏禮》“母加景”，作景），《詩》迥字多以景爲之。本篇“汎汎其景”與二章“汎汎其逝”并舉，景讀爲迥，言飄流漸遠也。《車舝篇》“高山仰止，景行行止”，景亦讀爲迥，迥行猶遠道，與高山對文。《公劉篇》曰“既溥既長，既景迺岡”，景亦讀爲迥，訓遠，“既溥既長既迥”，皆所以形容岡之形勢者也，傳、箋諸説均誤。王引之據《魯頌·泮水篇》傳“憬，遠行貌”。讀本篇之景爲憬，謂“汎汎其景”與“汎汎其逝”語意同。案王説義是而讀非。《泮水篇》“憬彼淮夷”，憬三家作獷，則當訓粗野貌，毛訓遠行貌，其説實誤。本篇景之義爲遠行，乃迥之借，非憬之借也。

詩經通義乙

整理説明

一、《詩經通義乙》係著者未定、未刊稿，據北京圖書館所藏手稿照相複製件整理。

二、手稿照相複製件封面題有"詩經新義"字樣，不類著者筆迹，當係清理著者遺稿者所加，且書稿體制異於第三卷《詩經新義》，而近乎《詩經通義甲》，故仿開明版《聞一多全集·風詩類鈔》之分甲、乙，今定名爲《詩經通義乙》。

三、原稿分爲四卷。前三卷按《毛詩》編次分篇釋詞，後一卷爲前三卷補遺。今按《毛詩》編次合并之，不再分卷。

四、原稿體例，先《詩經》篇名，次白文，最後擇詞施訓。凡篇中未録白文者，皆據《十三經注疏》本《毛詩》，并參以其他版本及著者有關著作，補足其闕。凡著者兩種《風詩類鈔》有之者，標點俱依開明版《聞一多全集》。

五、原稿所釋《詩經》各篇詞語，皆無標識，今求醒目，於其下一律加▲號。

六、原稿訓目，大體按原詩詞序排列，但倒置者時有所見，今求統一，全部理順。訓目重出及義近義同訓目分立者亦夥，今皆分别合并立目。訓目無釋文者，不再保留。

七、原稿釋詞之文（包括引文），皆用頓號斷句，今一律據文義改爲新式標點。

八、原稿眉端行間、題下文末，殊多批語，今視其不同情况，或録於正文之中，或附整理者注内以資參考；但文字無法辨認、用意難以明瞭、内容不涉宏旨者未録。

九、原稿引文出處，凡留有空當，待補篇名、卷次者，皆據引文查對原書，一一補足。

十、原稿文字無法辨認者，屬引證則徑録原文，它則按字數多寡，相應代以□。

十一、原稿引文如疑有誤、脱、衍、倒等，則一一查對資料，作適當處理。凡能明斷者，據以校正；不能明斷者（恐著者另有所據），則仍其舊，或再出注加以説明。

十二、費振剛、聞黎明同志曾對部分原稿作過鈔録或初步整理。聞翺同志更按自己所定體例和見解認真整理過部分原稿。今由袁謇正按上述原則及新編《聞一多全集》統一體例和要求，重新整理。

目　録

周　南

關雎（周南一）

關關雎鳩，在河之洲。窈窕淑女，君子好逑。
參差荇菜，左右流之。窈窕淑女，寤寐求之。
求之不得，寤寐思服。悠哉悠哉，輾轉反側。
參差荇菜，左右采之。窈窕淑女，琴瑟友之。
參差荇菜，左右芼之。窈窕淑女，鐘鼓樂之。

雎鳩

《傳》："雎鳩，王雎也，鳥摯而有别。"《箋》："摯之言至也。謂王雎之鳥，雌雄情意至，然而有别。"按有别者，專一之謂。《淮南子·泰族篇》："關雎興於鳥，而君子美之，爲其雌雄不乖居也。"不乖居，猶言不亂匹，亦即有别也。《後漢書·明帝紀》注引薛君《韓詩章句》："雎鳩貞潔慎匹，以聲相求。"《易林·晋之同人》："貞鳥雎鳩，執一无尤。"《素問》陰陽自然變化論："雎鳩不再匹。"張超《誚青衣賦》："感彼關雎，性不雙侣。"其義并同。《傳》曰："后妃説樂君子之德，無不和諧，又不淫其色，慎固幽深，若關雎之有别焉。"又曰："后妃有關雎之德，是幽閑貞静之善女。""慎固幽深""幽閑貞静"亦專一之謂。又案雎鳩，疑即楚鳩。《史記·仲尼弟子傳》："秦祖，字子南。"王引之云："祖讀爲楚，荆楚之楚通作祖，猶《詩》'衣裳楚楚'之楚。《説文》引作䵄也。秦祖字子南，猶游楚字子南也。"按王説是。雎通作楚，猶祖通作楚，䵄通作楚也。《文選·高唐賦》"正冥楚鳩"，《水經·濟水注》引《廣志》："楚鳩一名嗥啁。"《爾雅·釋鳥》"隹其鳺鴀"，李巡注："鳺鴀一名鵻，今楚鳩也。"《四牡》傳："鵻，夫不也。"箋："夫不，鳥之謹慤者，人皆愛之。"《南有嘉魚》傳：

“雔，壹宿之鳥也。”箋：“壹宿者，壹於其所宿之木也。喻賢者有專壹之意。”曰謹慤、曰壹宿，即摯而有别之謂矣。陸疏：“雔，今小鳩也……灰色無綉項。”此其形狀之可知者。陳寅恪疑雎鳩即今之鷓鴣。按此説甚新，雎鳩、楚鳩、鷓鴣，聲相轉也。

窈窕

《楚辭·九歌》：“既含睇兮又宜笑，子慕予兮善窈窕。”《史記·李斯傳》：“佳冶窈窕趙女不立於側也。”佳冶窈窕連文，窈窕猶佳冶也。故《方言》十郭注曰：“窈窕，冶容。”《後漢書·列女傳》“出則窈窕作態”，注曰：“窈窕，妖冶之貌也。”字一作夭紹，詳《月出篇》。毛曰：“窈窕，幽閑也。”蓋讀爲蕭條。《淮南子·齊俗篇》：“故蕭條者，形之君。”許注：“蕭條，深静也。”《廣雅·釋訓[①]》：“窈窱，深也。”[②]

淑

讀爲叔。《白虎通·姓名篇》：“叔者，少也。”《廣雅·釋詁》三、《釋名·釋親屬》并云：“叔，少也。”淑女，猶季女静女，皆少女也。詳《静女篇》。

好逑

好亦名詞，猶逑也。詳《兔罝篇》。

流 采 芼

流、芼，并猶采也。流讀作摗。《爾雅·釋詁》：“流，擇也。”《説文》：“摗，擇也。”《陳肪毁》：“㽙𦋐吉金。”《叔尸鎛》：“斆

① 原缺“訓”字，據補。

② 《廣雅·釋訓》原文如此：“泓泓，淵淵，窱窱，窈窈，深也。”

羃吉金。”覣亦擇也。《傳》：“流，求也。”求擇義同。芼者，《傳》：“芼，擇也。”《玉篇・見部》引《詩》作覒。《説文》：“覒，擇也。讀若苗。”字一作苗。《白虎通》：“夏謂之苗何？擇去其懷任者也。”是苗亦擇也。擇采義近。《禮記・少儀》：“爲君子擇葱薤，則絶其本末。”《吕氏春秋・慎人篇》：“顔回擇菜於外。”擇葱薤，即采葱薤；擇菜，即采菜也。

寤寐

馬瑞辰云：“猶夢寐也。”説詳《通釋》。《易林・屯之乾》：“耿耿寤寐，心懷大憂。”即《柏舟》“耿耿不寐，如有隱憂”。

思服

《傳》：“服，思之也。”按服者念也，思服即思念。《傳》訓服爲思，思亦念也。《書・康誥》：“要囚服念五六日。”服念連文義同。字一作伏。《楚辭・七諫・沈江》：“伏念思過兮，無可改者。”一作復。《樂府・婦病行》：“思復念之。”伏念復念即服念也。然竊疑復爲正字，服伏皆借字。《説文》：“念，常思也。”常思者，思而復思之謂。思而復思謂之念，故念亦謂之復也。《蓼莪》：“顧我復我，出入腹我。”顧，眷也，眷亦念也。顧復并言，復亦訓念。下腹字亦即復，仍訓念。《莊子・田子方篇》“吾服女也甚忘”，郭注“服者思存之謂”，成疏“復者尋思之謂也”。是成本服作復。成以尋思釋復字，深得其旨，尋思即常思，亦即念矣。《文王有聲篇》“自西自東，自南自北，無思不服”，當作“無不思服”。思服亦思念也。《韓詩外傳》五：“關雎之事大矣哉。馮馮翼翼，自東自西，自南自北，無思不服。子其勉强之，思服之。”“無思不服”亦當作“無不思服”。後人順誤本《毛詩》改之。下云“思服之”，即承上“無不思服”言之。

悠

《説文》："悠，憂也。"《終風》《雄雉》《子衿》《渭陽》"悠悠我思"，《泉水》"我心悠悠"，《子衿》"悠悠我心"，義并同。

友　樂

"友""樂"并舉，是友亦樂也。友當讀作怡，古音同。《爾雅·釋詁》："怡，樂也。"《傳》："宜以琴瑟友樂之。"似亦讀友爲怡。

葛覃（周南二）

葛之覃兮，施于中谷。維葉萋萋，黄鳥于飛。集于灌木，其鳴喈喈。

葛之覃兮，施于中谷。維葉莫莫，是刈是濩。爲絺爲綌，服之無斁。

言告師氏，言告言歸。薄汙我私，薄澣我衣。害澣害否，歸寧父母。

覃

詳《新義》。

維

猶其也。

濩

《傳》："濩，煮之也。"

無斁

古之恒語，猶言無窮也。

師氏

王先謙曰：“《説文》：‘妿，女師也。從女加聲。杜林説加教於女也。讀若阿。’‘娒，女師也。從女每聲。讀若母。’案娒與姆同，亦作each母。《史記・倉公傳》作‘阿母’，蓋傳寫失真，音存字變，即此師氏矣。”案《士昏禮》注曰：“姆，婦人年五十無子，出而又復嫁，能以婦道教人者。”古者出婦地位最爲卑賤，姆以出婦充之，則師氏之名，雖若甚尊，其職則甚卑。今之傭婦或稱阿媽，即阿姆，亦即師氏矣。《白虎通・嫁娶篇》：“婦人所以有師者何？學事人之道也。”考女在父母家，在路，在夫家，師氏胥與俱焉。《士昏禮》：“姆纚笄宵衣在其右。”又曰：“壻御婦車，授綏，姆[1]辭不受……姆加景，乃驅。”又婦至成禮曰：“姆授巾。”是女在父母家，在路，師氏并與焉。《公羊傳》襄三十年：“宋灾，伯姬存焉，有司復曰：‘火至矣，請出。’伯姬曰：‘不可。吾聞之也，婦人夜出，不見傅母不下堂，傅至矣，母未至也。’逮乎火而死。”《列女傳・賢明篇・周宣姜后傳》：“姜后脱簪珥待罪於永巷，使其傅母通言於王。”是婦人在夫家師氏亦隨也。《詩》曰：“言告師氏。”此在夫家時告之也。所告之事，即速爲澣衣，以備歸寧之用。婦人之衣而命師氏澣之，是師氏之職與今之傭夫略同。

薄

《方言》：“薄，勉也。秦晋曰薄，南楚之外曰薄努。”注：“相勸勉也。”

① 原無“姆”字，據《四部叢刊》本補。

汙 澣

詳《新義》。

私 衣

王先謙曰："私，近身衣。凡親褻者皆謂之私。近身衣爲私衣，猶言褻服矣。私與衣不分二事，'我私''我衣'，對文以見義，省字以成句，下言'我衣'，則知上'我私'爲私衣。猶《大田篇》'雨我公田，遂及我私'，上言'公田'，則知下'我私'爲私田也。"

害澣害否

林義光曰："害，古曷字。曷，何時也。"《詩》言曷者，如《何彼襛矣》'曷不肅雝'，《緑衣》'曷維其已'，《雄雉》'曷云能來'，《君子于役》'曷至哉'，《鴇羽》'曷其有所'，《漸漸之石》'曷其没矣'，曷皆何時之義。"害澣害[1]否，歸寧父母'言何時澣衣，何時不澣乎。惟歸寧父母之時，乃不澣衣耳。歸寧之後，既不宜澣衣於父母之家，故必於將歸之日而澣濯之也。'歸寧父母'一句，專承上文'害否'而言。猶《谷風》'何有何亡，黽勉求之'，'黽勉求之'一句，專承上文'何亡'而言也。"

寧

《盂爵》："王命盂寧异白，賓貝。"《睘卣》："王姜令作册睘安尸伯，尸伯賓睘貝布。"

【篇義】

新婦預計工畢歸寧，喜而有作也。

① 下"害"字原作"曷"，據《四部叢刊》本改。

“維葉莫莫”以上，目前之景，以下預想之詞。自“是刈是濩”至篇末，句多叠字，繁音促節，如飄風暴雨，倏然而來，忽然而逝。杜甫《聞官軍收河南河北》“即從巴峽穿巫峽，便下襄陽向洛陽”，異曲同工。

卷耳（周南三）

采采卷耳，不盈頃筐。嗟我懷人，寘彼周行。
陟彼崔嵬，我馬虺隤。我姑酌彼金罍，維以不永懷。
陟彼高岡，我馬玄黄。我姑酌彼兕觥，維以不永傷。
陟彼砠矣，我馬瘏矣。我僕痡矣，云何吁矣。

采采

《蒹葭》一章曰“蒼蒼”，二章曰“萋萋”，三章曰“采采”。《蜉蝣》一章曰“楚楚”，二章曰“采采”。蒼蒼，萋萋，楚楚，皆顏色鮮明貌，采采義亦當同。《大東》“粲粲衣服”，《韓詩》作采采，是采采猶粲粲也。本篇與《芣苢》“采采芣苢”之采采，義皆準此。禰衡《鸚鵡賦》“采采麗容，咬咬好音”，陶潛《榮木詩》“采采榮木，結根於兹”，義皆本乎詩風。

頃筐

《傳》：“頃筐，畚屬，易盈之器也。”《釋文》引《韓詩》説：“頃筐，欹筐也。”

寘

《傳》：“寘，置〔也〕。”《伐檀》“寘之河之干兮”，《生民》“誕寘之隘巷”，《小雅・谷風》“寘予于懷”，義同。“寘彼周行”，置之於彼周行也。寘斥頃筐言。

崔嵬

《爾雅·釋山》:“崒者厜㕒。”《説文》:“厜㕒,山顛也。”崔嵬即厜㕒。《小雅·谷風》“維山崔嵬”,傳:“崔嵬,山巔也。”《十月之交》“山冢崒崩”,箋:“崒者崔嵬,山頂。”《釋文》以爲所引即《爾雅》“崒者厜㕒”之文。《漸漸之石》“維其卒矣”,箋:“卒者,崔嵬也。謂山巔之(二字疑誤倒)末也。”《正義》亦據《爾雅》爲説。

虺隤 玄黄

《傳》:“虺隤,病也”,“馬病則玄黄”。虺隤,《集韻》作虺尵。《廣韻》:“尯尵,行病。”字并從尢。《説文》:“尣,㝬曲脛也。”古文作尩。《易·大有》“匪其彭”,虞本作尪,云“體行不正”。虺隤叠韻,玄黄雙聲。[1] 疑虺隤即委蛇,力竭難行之貌也。一作威夷。《爾雅·釋獸》“威夷,長脊而泥”,注:“泥,少才力。”案此獸力少行遲,故謂之威夷。玄黄,亦委蛇語之轉,猶虺隤也。《爾雅·釋詁》虺隤玄黄俱訓病者。《孟子·公孫丑上篇》“今日病矣”,注:“病,罷也。”《素問·宣明五氣論》注:“病謂力少不自勝也。”《易林·乾之革》:“玄黄虺隤,行者勞罷,役夫憔悴,逾時不歸。”《師之臨》《震之艮》并同。以勞罷釋虺隤玄黄,最得詩旨。

懷 傷

《傳》:“傷,思也。”

瘏 痡

《傳》:“瘏,病也。痡亦病也。”案此病亦疲勞之謂。《正義》引

① 以上八字係原稿眉批,今移於此。

《爾雅》孫炎注：“痡，人疲不能行之病。瘏，馬疲不能進之病。”此探《詩》意爲釋，實則瘏痡一義，無人馬之别。《楚辭·九嘆·思古》“躬劬勞而瘏悴”，瘏亦劬勞也。痡疲一聲之轉。（《莊子·應帝王篇》蒲衣子，《天地篇》《知北游篇》并作被衣，是其比。）蔡邕《述行賦》：“僕夫疲而劬瘁，我馬虺隤以玄黄。”正作疲。

云何

猶嗚乎也。

吁

《傳》：“吁，憂也。”《爾雅·釋詁》：“盱，憂也。”注引《詩》作盱。《都人士》“云何盱矣”，《何人斯》“云何其盱”，并作盱。

樛木（周南四）

南有樛木，葛藟纍之。樂只君子，福履綏之。
南有樛木，葛藟荒之。樂只君子，福履將之。
南有樛木，葛藟縈之。樂只君子，福履成之。

樛

《釋文》：“馬融《韓詩》本并作朻。”案《爾雅·釋木》“木下句曰朻”，《釋文》“朻本又作樛”。《玉篇》朻同樛。馬瑞辰云《説文》朻當爲樛之重文，是也。今案樛朻并當讀爲喬。《説文》赳讀若鐈，是朻喬音近之比。以義求之，《説文》“喬，高而曲也”，而翏丩二聲之字亦并兼高曲二義。《説文》：“翏，高飛也。”“飂，高風也。”又：“繆，一曰綢繆。”綢繆與曲義相因。《説文》：“嘂，高聲也。”又：“丩，相糾繚也。”糾繚與綢繆義同，亦曲也。（翏丩二聲字義多從同，故每互訓。《王制》鄭注："膠之言糾也。"《太玄·玄攡》宋注："樛，猶糾也。"）朻樛之爲木，亦當兼高曲二義，《説文》當云"樛木高而下句曰樛"。重文作朻。今《説文》作"木下句曰樛"，"朻，高木也"，分樛朻爲二字，而以曲高二義分屬之，此許君强立統系之弊，未可據爲典要。《韻會》"朻，木高而下曲也"，最爲審諦。

葛藟

戴震曰："詩中凡言葛藟，謂葛之藤蔓耳。古曰藟，今曰藤，古今語也。"按戴説是也。《爾雅·釋木》[①]"諸慮山櫐"，郭注："今江東呼櫐爲藤。"《廣雅·釋草》："藟，藤也。"《玉篇》："今總呼蔓延如藟者爲藤。"《中山經》"卑山其上多纍"，郭注："今虎豆貍豆之屬。櫐一名縢。"櫐纍并與藟同，縢與藤同。《月令》"乃合累牛騰馬"，注曰"累騰，皆乘匹之名。"《吕氏春秋·季秋篇》累作纍。累騰同義，猶藟藤同義矣。藟從畾省聲，中從二回，故有纏繞之義。（本詩《釋文》："纍，纏繞也。"）藤亦纏也。行縢一曰行纏可證。藟藤之義皆爲纏繞，故古曰藟，今曰藤。

纍 荒 縈

《釋文》："纍，纏繞也。"《説文》："巟，絲曼延也。"荒巟同。《傳》："縈，旋也。"曼延，旋轉，并與纏繞義近。又纍有重積之義。《傳》："荒，奄也。"《禮記·喪大記》"振容黼荒"，注曰："荒，蒙也。"縈《釋文》出作帠。《玉篇》："帠，覆也。"重積與蒙覆義亦近。纍也，荒也，縈也，當兼包二義，言纏繞而蒙覆之也。

福履

《釋詁》："履，福也。"福履同義複詞，猶福禄也，故《傳》曰：

---

① 原無"爾雅"二字，今補。

"履，禄也。"

綏　將　成

綏與維通。《説文》："綏，系冠纓也。"《内則》"冠綏纓"，注："纓之飾也。"又爲旌旗之飾。《釋名・釋兵》"綏，有虞氏之旌也"，"旄竿首，其形燊燊然也"。《明堂位》作綏。綏所以爲飾，變名詞爲動詞，飾之亦謂之綏之。又綏從委聲，委有積纍之義，飾有增加之義，積纍與增加相近，故綏得訓飾。將讀作妝。(《射義》"幼壯孝悌"，注："壯或爲將。"壯妝音同。)《説文》："妝，飾也。"字或作裝。《説文》："裝，裹也。"飾與裹義亦相因。成亦飾也。《士喪禮》"獻素獻成亦如之"，注："飾治畢爲成。"按成與素對舉，有飾謂之成，無謂之素也。《周禮・掌蜃》"共白盛之蜃"，注曰："盛猶成也，謂飾墻使白之蜃也。"《考工記・匠人》"白盛"，注曰："盛之言成也，以蜃灰堊墻，所以飾成宫室。"《九歌・湘夫人》"匊芳椒兮成堂"，謂飾堂也。又《易・説卦傳》"莫盛乎艮"，鄭注："盛，裹也。"成盛古通，成訓飾亦訓裹，猶裝訓飾亦訓裹矣。

【篇義】

祝新婚也。樛木喻男，葛藟喻女。

桃夭（周南六）

桃之夭夭，灼灼其華。之子于歸，宜其室家。
桃之夭夭，有蕡其實。之子于歸，宜其家室。
桃之夭夭，其葉蓁蓁。之子于歸，宜其家人。

灼灼

《廣雅・釋訓》："灼灼，明也。"阮籍《咏懷詩》："夭夭桃李花，灼灼有光輝。”《文心雕龍·物色篇》：“灼灼狀桃花之鮮。”後世詩人狀花色之艷，每曰然，曰燒，并即灼灼之義。梁元帝詩“林間花欲然”，庾信詩“山花艷火然”，李白詩“色漲桃花然”，又姚合詩“開眼信花燒”，王建詩“蜂狂花艷燒”，方干詩“石房三月任花燒”，皮日休《海石榴盛發詩》“火齊滿枝燒夜月”，胥其例也。

有蕡

林義光曰：“蕡讀爲肥。蕡肥雙聲對轉，《説文》葩或作䕯，是其例。”

芣苡（周南八）

采采芣苡，薄言采之。采采芣苡，薄言有之。
采采芣苡，薄言掇之。采采芣苡，薄言捋之。
采采芣苡，薄言袺之。采采芣苡，薄言襭之。

采采

讀“蒹葭采采”之“采采”，形容詞。《列女傳·貞順篇》：“且夫采采芣苡之草。”似亦讀爲形容詞。《卷耳》“采采卷耳”同。

采　有

馬瑞辰曰：“《廣雅·釋詁》：‘有，取也。’孔子弟子冉求字有，正取名字相因，求與有皆取也。《大雅·瞻卬篇》：‘人有土田，女反有之。’有之猶取之也。”案有從又，又即手，訓取者有之本義。有無之有是其引申耳。《傳》：“采，取也。”

掇　捋

《傳》："掇，拾也。""捋，取也。"

袺　襭

《釋文》出作擷，山井鼎《考文》古本作擷。案袺襭并當從手作拮若擷。吉聲字多有上義，飛而上曰頡（《燕燕》傳），持衣上衽曰袺（《爾雅·釋器》"執衽謂之袺"孫、郭注），氣逆上行曰噎，拜肅手至地而上之曰撎。拮者亦以手至地引而上之之謂，拾物之狀也。擷與拮同。字誤從衣，説者遂牽合衣衽爲訓，失之。《傳》"扱衽曰襭"，以扱爲訓，不誤。《説文》："扱，收也。"《廣雅·釋詁》一："扱，取也"，"扱，引也"。《鴟鴞》"予手拮据"，傳："拮据，戟挶也。"《説文》："丮，持也，象手有所丮據也，讀若戟。"按丮甲文作，象人飲物形，此即拮擷本字。

芣苢

詳《總論》。

【篇義】

《文選·辨命論》注引《韓詩》薛君《章句》："芣苢，傷夫者有惡疾也。"

漢廣（周南九）

南有喬木，不可休思。漢有游女，不可求思。漢之廣矣，不可泳思。江之永矣，不可方思。

翹翹錯薪，言刈其楚。之子于歸，言秣其馬。漢之廣矣，不可泳思。江之永矣，不可方思。

翹翹錯薪，言刈其蔞。之子于歸，言秣其駒。漢之廣矣，不可泳思。江之永矣，不可方思。

游

《説文》："汓，浮行水上也。"重文作泅。《經》《傳》通作游。(《書·君奭》"若游大川"，《左傳》莊十八年"閻敖游涌而逸"，《周禮·萍氏》"禁川游者"，及《邶·谷風》"泳之游之"，是也。此游字義同。)《詩》曰"漢有游女，不可求思"，下即繼之曰"漢之廣矣，不可泳思，江之永矣，不可方思"。夫求之必以泳以方，則女在水中明矣。

方

方與泳并舉，義當與泳近。方淜聲近可通。《書·益稷》："朋淫於家。"《後漢書·郅惲傳》："放淫婦女。"方之通淜，猶放之通朋也。《説文》："淜，無舟渡河也。"《經》《傳》皆以馮爲之。又案《説文》方重文作汸，或即汸，游本字。

翹翹

王念孫曰："翹翹與錯薪連文，則翹翹爲衆多之貌。……《廣雅·釋訓》曰：'翹翹，衆也。'義蓋本於三家。"案《説文》薪蕘互訓，此以翹翹狀薪貌，則是翹之言蕘也。

錯

《書·禹貢》"海物惟錯"，某氏傳："錯雜非一種。"《文選·長門賦》"致錯石之瓴甓兮"，注："錯石，雜衆石也。"

薪

《説文》薪蕘互訓。《詩·板》釋文，《文選·長門賦》注，并引

《説文》作“蕘，草薪也”。《漢書·賈山傳》注，《揚雄傳》注，亦并云“蕘，草薪”。是古稱薪，實包草木二種言之。此詩之薪，謂草薪也。

楚　蔞

卜辭楚字有楚楚二體，是楚有草木二種。《管子·地員篇》：“其木宜蚖蓄與杜松，其草宜楚棘。”此草類稱楚者也。《方言》三：“凡草木刺人……江湘之間謂之棘。”是草亦可稱棘。[1]楚一名荆，楚爲草，故荆亦爲草。古人服喪居倚廬，倚廬者以草蓋屋，亦謂之梁闇（見《尚書大傳》）。近于省吾氏謂梁闇即荆庵，謂以荆草覆屋也。案于説郅確。古荆字作刅，《貞毁》“貞從王伐荆”，荆作，可證。梁從刅聲，古音當與荆同，故梁可假爲荆。梁闇爲以草蓋屋，而字假爲荆，是荆爲草類明矣。《儀禮·士喪禮》注“楚，荆也”，疏曰“荆本是草之名”。斯説得之。楚爲草名，故本篇楚與蔞并舉，《王·揚之水》楚與薪蒲并舉，《鄭·揚之水》楚與薪并舉，《綢繆》楚與薪芻并舉。蔞蒲皆草類，薪芻亦以草爲之也（詳薪字下）。知楚爲草，則本篇二章刈楚與三章刈蔞，均所以備秣馬之芻。《箋》以楚爲喻女之高絜，乃誤賦爲此。《王·揚之水》傳訓楚爲木，亦失之。

汝墳（周南十）

遵彼汝墳，伐其條枚。未見君子，惄如調飢。
遵彼汝墳，伐其條肄。既見君子，不我遐棄。
魴魚赬尾，王室如燬。雖則如燬，父母孔邇。

墳

《爾雅·釋水》注引作濆，《御覽》七一引《詩序》亦作濆。按墳與

① “《方言》”至“稱棘”，原係眉批，今移於此。

瀆通。《説文》："瀆，水厓也。"瀆即濆聲之轉。

條

讀爲樤。《終南》"有條有梅"，傳："條，樤。"王引之云此詩條亦即樤。"遵彼汝墳，伐其條枚"，猶《車舝》"陟彼高岡，析其柞薪"，第七字皆木名也。

枚 肄

《廣雅·釋木》："枚，條也。"《説文》："條，小枝也。"《玉篇》："枚，枝也。"《傳》："肄，餘也，斬而復生曰肄。"《易·大過》："枯楊生稊。"《釋文》引鄭本作荑，云："荑，木更生。"荑肄聲近義通。

惄如

《傳》："惄，飢意也。"《方言》一："自關而西，秦晋之間，凡志而不得，欲而不獲，高而有墜，得而中亡，謂之溼，或謂之惄。"按惄之言寂也，寂有空義。(《楚辭·遠游》"聲嗷嗷以寂寥兮"，注："寂寥，空無人民之貌也。")故飢謂之惄，志而不得，欲而不獲亦皆謂之惄。惄如猶惄然也。蔡邕《誚青衣賦》："思爾念爾，惄焉旦（原誤且）飢。"旦飢即朝飢，惄焉亦猶惄然也。

調飢

《傳》："調，朝也。"《説文·心部》引作朝，晋郭遐周詩"惄焉如朝飢"。朝飢者，情欲之飢也。《正義》引李巡《爾雅》注："惄，宿不食之飢也。"案宿非食時，宿食謂床第之事，是朝飢爲情欲之飢，明矣。

麟之趾（周南十一）

麟之趾，振振公子，于嗟麟兮。
麟之定，振振公姓，于嗟麟兮。
麟之角，振振公族，于嗟麟兮。

麟

案麟（麐）麕（麇）麠（麖）麞四名一物也。（一）《説文》麠之重文作麖，麖麕一聲之轉。《説文》曰："圜謂之囷，方謂之京。"《管子・輕重丁篇》"有新成囷京者二家"，注曰："大囷曰京。"囷與京對文異，散文通。麕之爲麖，猶囷之爲京也。（以上説麕即麠。）（二）《説文》曰："麇，麞也。"籀文作麕。麕即麞，又即麠，是即麞，一也。《爾雅・釋獸》曰"麠，大麃"，《説文》"麃，麞屬"，是麠即麞，二也。（以上説麠即麞。）（三）《釋獸》曰"麠……牛尾一角"，又曰"麐，麕身牛尾一角"，麐即麟字。《説文》曰"麠，大鹿也"，又曰"麟，大牡（原誤作牝）鹿也"。麠爲牛尾一角之大鹿，麟亦牛尾一角之大鹿，是麠即麟也。《説文》麠重文作麖，從京聲。《爾雅・釋蟲》曰："景天，螢火，𧊝。"景亦從京聲。麖謂之麟，猶景天謂之𧊝也。從京之字如凉諒倞等，皆讀來母，古讀麖蓋亦歸來母，故得轉爲麟。麖轉爲麟，猶凉轉爲冷耳。《釋獸》"麠，大麃"，郭注曰："漢武帝郊雍，得一角獸，若麃然，謂之麟者，此是也。"然則麠麟一獸，郭璞已明言之矣。（以上證麠即麟。）綜上所述，麕即麞，又即麠；麠即麞，又即麟，而麟則麕身，然則麟麕麠麞四名一物審矣。《野有死麕篇》説男求女，以麕爲贄。麕即麟，既如上説，則本篇蓋納徵之詩，以麟爲贄也。吉禮用贄，以麟爲貴，故相承即以麟爲禮之象徵。《傳》曰"麟信而應禮"，《箋》曰"與禮相應，有似於麟"，并《左傳》哀十四年服注曰"視明禮修而麟至"，胥其例也。[1]納徵用麟者，麟慶古同字。《説文》曰："慶，

① "吉禮用贄"至"胥其例也"，原係旁批，今移於此。

行賀人，從心從夊。吉禮以鹿爲贄，故從鹿省。”案此説字形非是。慶金文《秦公毁》作慶，其字於卜辭則爲麐之初文。辭曰：“……卜貞，王……慶駁麡……”字與駁麡連文，諸家釋麐，殆不可易。麐本即慶下加口，而古字加口與否，往往無别。慶於金文爲慶，於卜辭爲麐，正足見慶麐古爲一字耳。夫鹿類之中，麐爲最貴，故古禮慶賀所用，莫重於麐，因之麐遂孳乳爲慶賀字。《説文》以“吉禮以鹿爲贄”解慶字，可謂得字之意矣。昏禮納徵亦用麐爲贄，而《二南》復爲房中樂，其詩多與婚姻有關，故知《麟之趾》爲納徵之詩。《序》曰：“麟之趾，關雎之應也。”又曰：“天下無犯非禮。”禮即納徵之禮。《漢廣》序曰：“江漢之域，無思犯禮，求而不可得也。”《野有死麕》序曰：“雖當亂世，猶惡無禮也。”《氓》序曰：“禮義消亡，淫風大行，男女無别，遂相奔誘。”《有狐》序曰：“古者國有凶荒，則殺禮而多昏，會男女之無夫家者，所以育人民也。”《大車》序曰：“禮儀陵遲，男女淫奔。”《東門之墠》序曰：“男女有不待禮而相奔者也。”《東方之日》序曰：“君臣失道，男女淫奔，不能以禮化也。”《載驅》序曰：“（齊襄公）無禮義……與文姜淫。”《猗嗟》序曰：“不能以禮防閑其母。”本篇《序》亦以禮爲言，義亦當同。謂壻家能行此納徵之禮，不以强暴相陵，而求急亟之會也。

振振

《左傳》僖五年“均服振振”，注：“振振，盛貌。”盛美義近，故《漢書·律曆志》曰：“振美於辰。”振珍聲同義通，《説文》袗重文作袗，是其比。《爾雅·釋詁》《華嚴經音義》上引《國語》賈注并云“珍，美也”。

公子　公姓　公族

姓生古同字，公姓謂公之所生，即公子也。《左傳》昭四年“問其姓，對曰，余子長矣"，注："問其姓，問有子否。"《廣雅・釋親[①]》："姓，子也。"《國語・晋語》"天胙將在武族"，注："族，嗣也。"公族謂公之繼嗣，亦公子、公姓也。（説本王引之。）

于嗟

《太平御覽》八八九，《文選》謝朓《八公山詩》注引《韓詩章句》并作吁嗟。于吁古今字。《猗嗟》"猗嗟昌兮"，于嗟與猗嗟同，皆嘆美之詞。

定

《爾雅・釋言》注引作頲。案頲與頂同，字一作顛。《説文》："頂，顛也。"《車鄰》："有馬白顛。"

〔篇義〕[②]

《序》："麟之趾，關雎之應也。關雎之化行，則天下無犯非禮，雖衰世公子，皆信如麟趾之時也。"《傳》："麟信而應禮，以足至者也。"《箋》："喻今公子亦信厚，與禮相應，有似於麟。"

① 原稿"釋"下空缺，今補"親"字。
② 原無"篇義"二字，今補。下文原係眉批，在篇名《麟之趾》頂端。

召　南

鵲巢（召南一）

維鵲有巢，維鳩有之。之子于歸，百兩御之。
維鵲有巢，維鳩方之。之子于歸，百兩將之。
維鵲有巢，維鳩盈之。之子于歸，百兩成之。

鳩

《傳》："鳩，鳲鳩，秸鞠也。"

有　方　盈

《序》："夫人起家而居有之。"《箋》："鳲鳩因鵲成巢而居有之。"居有之即據有之。(《廣雅·釋言》："居，據也。")居亦有也。《傳》："方，有之也。"《廣雅·釋詁》一："方，有也。"案方讀爲厖。《淮南子·天文篇》"月死而嬴蛖膲"，《論衡·明雩篇》"月毁於天，螺蚄舀缺"，嬴蛖即螺蚄。方借爲厖，猶蚄或作蛖也。(《廣雅·釋詁》一："方，大也。"《説文》："厖，石大也。")《爾雅·釋詁》："厖，有也。"(《易·説卦》"震爲龍"，鄭注："龍讀爲尨。"《周禮·牧人》"凡外祭毁事用尨可也"，注："故書尨作龍。"《巾車》"駹車雚蔽"，注："故書駹作龍。"《考工記·玉人》"上公用龍"，司農注"龍當作尨。"《説文》："駹，馬面顙皆白也。"《周禮·庾人》："馬八尺以上爲龍。"龍當即駹。《史記·仲尼弟子傳》："楚公孫龍，字子石。"《説文》："厖，石大也。"厖訓有，當即龓字。《説文》："龓，兼有也。"《廣雅·釋詁》一："龓，有也。")《墨子·經上篇[①]》："盈，

① 原稿"篇"上空缺，今補"經上"二字。

莫不有也。”盈有義相生，故盈亦有有義。

御　將　成

《釋文》引王肅曰：“御，侍也。”《小爾雅·廣言》：“御，侍也。”案御之言禦也。《爾雅·釋器》“竹前謂之禦”，李注：“謂編竹當車前以擁蔽。”擁蔽與侍衛義近。(《匡謬正俗》：“侍人者，謂當時侍衛於君，不限内外，猶言侍者耳。”)《漢書·兒寬傳》注：“將，衛也。”案將之言牆也。《説文》：“牆，垣蔽也。”《釋名·釋宫室[1]》：“牆，障也。所以自障蔽也。”障蔽與將衛義亦近。(《史記·田叔傳》“爲人將車”，索隱：“將車猶御車也。”御車一曰將車，猶御衛一曰將衛。)成之言城也。(《板》“無俾城壞”，《漢書·諸侯王表》作成。《魯峻碑陰》“勃海高成”，“河間阜成”，城皆作成。)城亦所以障蔽，故引申之亦有衛義。詩言以百兩之車從行，爲之擁蔽，猶後世言扈從也。(《封氏聞見記》“百官從駕謂之扈從”，扈即御字。《漢書·司馬相如傳》“扈從横行”，晋灼訓大，非是。)

采蘩（召南二）

于以采蘩，于沼于沚。于以用之，公侯之事。
于以采蘩，于澗之中。于以用之，公侯之宫。
被之僮僮，夙夜在公。被之祁祁，薄言還歸。

以

猶何也。(楊樹達説。)

① 原稿“釋名”下空缺，今補“釋宫室”三字。

事

謂祭祀之事。《傳》："之事，祭事也。"之字疑衍。

宫

廟也。

草蟲（召南三）

喓喓草蟲，趯趯阜螽。未見君子，憂心忡忡。亦既見止，亦既覯止，我心則降。

陟彼南山，言采其蕨。未見君子，憂心惙惙。亦既見止，亦既覯止，我心則説。

陟彼南山，言采其薇，未見君子，我心傷悲。亦既見止，亦既覯止，我心則夷。

忡忡　惙惙

《傳》："忡忡猶衝衝也。"案猶動動也。《易林·觀之豫》："憂動胸臆。"惙之言綴也。《説文》："叕，綴聯也。"《荀子·非十二子篇》"綴綴然"，注："不乖離之貌。""憂心惙惙"，猶言憂心鬱結也。下文"我心則説"，説之言解脱也。

止

猶矣也。

覯

讀爲構。《箋》："既見謂已同牢而食也，既覯謂已昏也。……《易》曰男女覯精，天地化生。"《繫辭下傳》作構。張衡《靈憲》：

"動以行施，静以合化，堙鬱構精，時育庶類。"《傳》"覯，遇也"者，遇之言偶也，相與爲配偶行夫婦之事也，詳《野有蔓草》遇字下。

采蘋（召南四）

于以采蘋，南澗之濱。于以采藻，于彼行潦。
于以盛之，維筐及筥。于以湘之，維錡及釜。
于以奠之，宗室牖下。誰其尸之，有齊季女。

行潦

行讀爲洐。《説文》："洐，溝行水也。"洐潦二字平列。《左傳》隱三年："苟有明信，澗溪沼沚之毛，蘋蘩薀藻之菜，筐筥錡釜之器，潢汙行潦之水，可薦於鬼神，可羞於王公。"（服注："畜小水謂之潢，水不流謂之汙。"）潢汙二字平列，行潦亦二字平列，"潢汙行潦"與"澗溪沼沚"，"蘋蘩薀藻"，"筐筥錡釜"句法并同。蓋洐之言行也，潦之言流也。（《漢書·司馬相如傳》上"酆鎬潦潏"，注引應劭曰："潦，流也。"）行流義同，潢汙皆水之渟畜者，行潦皆水之流行者也。《傳》訓行潦爲流潦，讀行爲動詞，非是。馬瑞辰知行爲洐之省借，則訓潦爲雨水之大者，則又顧此而失彼矣。

湘

《傳》曰："湘，亨也。"亨古烹字。《漢書·郊祀志》注引《韓詩》作鬺。《太玄·竈首》次五"鼎大可觴"，司馬光注曰："觴當作鬺。"字一作鬺。《説文》："鬺，煮也。"《玉篇》鬺與鬺同。

錡

《説文》："鬴，秦名土釜曰鬴，讀若過。"錡與鬴同，今字作鍋，古謂有足爲錡，無足爲釜，今通名鍋矣。《説文》：“融，三足鍑也。”鬲即鬲之繁文。鬲融錡一聲之轉。

宗室

《傳》：“宗室，大宗之廟也。”案宗室即宗廟。《仲殷父毁》：“中殷父鑄毁，用朝夕亯孝宗室。”《曼龔父盨》：“曼龔父作寶盨，用亯孝宗室。”《師器父鼎》：“師器父作尊鼎，用亯孝於宗室。”《過伯毁》：“用作宗室寶尊彝。”《癸毁》：“癸作文祖考尊寶毁，用孝於宗室。”《善鼎》：“作宗室寶尊。”宗室皆謂宗廟也。《乖伯毁》：“用作朕皇考武乖幾王尊毁，用好（孝）宗廟，亯夙夕好倗友，雩百諸婚遘，用祈純禄永命魯壽子孫，歸夆其萬年日用亯於宗室。”以宗廟與宗室對稱，與《士昏禮》“祖廟未毁，教於公宫三月，若祖廟已毁，則教於宗室”，以祖廟與宗室對舉，尤宗室即宗廟之明證。

牖下

馬瑞辰曰：“古者牖一名鄉，取鄉明之義。（案鄉即南，取鄉南之義。）其制向上取明，與後世之窗稍異。（案在上曰牖，曰窗，在旁曰鄉。）牖下對上而言，非横視之爲上下也。古者祭祀先祖，未必設奠於牖下，惟蔡邕《獨斷》言祀中霤之禮在室，祀中霤設主於牖下，則奠於牖下蓋祀中霤之禮。《月令》正義曰：‘古者窟居，開其上取明，雨因霤之，是以後人名室爲中霤，開牖者，象中霤之取明也。牖象中霤，故祀中霤必於牖下。’《禮記》言家主中霤，故教成之祭，必於牖下祀中霤耳。”

尸

《春秋》莊二十三年：“公如齊觀社。”三傳皆以爲非禮。《穀梁》曰：“以是爲尸女也。”

有齊

《玉篇·女部》引《詩》作嫧。《廣雅·釋詁》："嫧，好也。"《思齊》："思齊大妊，文王之母。思媚周姜，京室之婦。"思齊與思媚對舉，齊猶媚也。媚亦好也。有齊與思齊同。

季女

古稱未嫁之女曰季女。《候人》："彼其之子，不遂其媾。"又："婉兮孌兮，季女斯飢。"《車舝》："思孌季女逝兮。"《高唐賦》："我帝之季女，未行而亡。"

甘棠（召南五）

蔽芾甘棠，勿翦勿伐，召伯所茇。
蔽芾甘棠，勿翦勿敗，召伯所憩。
蔽芾甘棠，勿翦勿拜，召伯所説。

蔽芾

《説文》："蔽，小草也。"蔽從㡀陪聲，㡀即巾之繁文，巾古市字，是蔽芾語根同，重言連語也。《廣雅·釋訓》"芾芾，茂也"，蔽芾與芾芾同。（馬云甘棠爲召伯所舍，則不得爲小……蔽芾正宜從《集傳》訓爲盛貌。）

甘棠

《爾雅·釋木》："杜，甘棠。"棠杜對轉字。《説文》社之古文䄕，從示從坴。《周禮·大司徒》："二十五家爲社，各樹其土所宜之木。""設其社稷之壝，而樹之田主，各以其野之所宜木，遂以名其社與其野。"疑甘棠即南國之社木。《傳》曰："召伯聽男女之訟。"（《大車》序："大夫不能聽男女之訟焉。"）古者男女之訟，聽於社。《周禮·媒氏》："凡男女之陰訟，聽之於勝國之社。"注曰："争中冓之事以觸法者。"夫男女之訟聽於社下，而甘棠即社木，故《箋》云然。又案甘棠疑即樝，字一作柤作查。土且聲同。《漢書·司馬相如傳》上注引張揖曰："樝似梨而甘也。"[《晏子春秋·諫》上二三："吾爲夫婦獄訟之不正乎？則泰士子牛存矣。"泰士即《曲禮》下六大之"大士"，鄭注："大士以神仕。"《王會篇》："泰士，彌士，訝士，掌四方之獄訟。（司農云四方諸侯之獄訟。）]

伐 敗 拜

伐敗聲同義通。《説文》："伐，敗也。"《廣雅·釋詁》三同。《類聚》引《春秋説題辭》："伐者，涉入國内行威，有所斬壞。伐之言敗也。"《玄應音義》引《白虎通》："伐者何？伐，敗也，欲敗去之。"征伐之伐爲敗，斬伐之伐亦爲敗也。（王念孫説，見《廣雅疏證》。）拜亦以聲同通作伐。《唐語林》載施士丐説引《毛傳》："拜猶伐也。"今本挩之。《箋》："拜之言拔也。"伐拔聲亦同。

茇 憩 説

《傳》："憩，息也。""説，舍也。"《説文》引《詩》作废，云舍也。

【篇義】

《行露》召伯聽訟也（《行露》序），召伯聽男女之訟於甘棠之社，國人思之而作詩。孫云："召伯非媒氏，則聽男女之訟，不必戒於社，賈謂制社以前法固矣。"《媒氏》注："……勝國，亡國也。亡國之社，奄其上而棧其下，使無所通。就之以聽陰訟之情，明不當宣露其罪。"賈疏："以其勝國社上下不通，是不宣露，中冓之言亦不宣露，故就而聽之也。若然，案《詩》召伯聽男女之訟於小棠之下，不在勝國社者，彼謂周公未制社前，此據制社之後，故不同。”

行露（召南六）

厭浥行露。豈不夙夜？謂行多露。

誰謂雀無角？何以穿我屋？誰謂女無家？何以速我獄？雖速我獄，室家不足。

誰謂鼠無牙？何以穿我墉？誰謂女無家？何以速我訟？雖速我訟，亦不女從。

厭浥

雙聲連綿詞。《傳》：“厭浥，濕意也。”一作湆浥。《説文》：“湆，幽濕也。”“浥，濕也。”《廣雅・釋詁[①]》：“湆浥，濕也。”川東情歌：“送郎送到青草坪，扯了青草漫漫行。二回送郎來到此，免得露水打濕裙。”[②]

謂

讀作畏。謂畏并從囟聲，故得通假。《釋名・釋書契》[③]：“謂猶謂也，猶[④]得敕不自安，謂謂然也。”下三謂疑當作猬，言猬縮也。今人曰畏縮即猬縮。劉以猬釋謂，猶以畏釋謂也。凡《詩》上言“豈不”，下多言“畏”。《大車》“豈不爾思，畏子不敢”，“豈不爾思，畏子不奔”，《出車》“豈不懷歸，畏此簡書”，《小明》“豈不懷歸，畏此罪罟”，“豈不懷歸，畏此譴怒”，“豈不懷歸，畏此反覆”，《逸詩》“豈

① “詁”字原缺，今補。

② “川東情歌”原在“厭浥”條頂端，姑移於此。

③ “書契”二字原缺，今補。

④ “猶”字原作言，據上海古籍出版社《釋名疏證補》改。

不欲往，畏我友朋"，并與此詩句法相類，故知此謂字，當讀作畏。《正義》："懼早夜之濡己，故不行耳。"正讀謂爲畏。《左傳》襄七年引此詩，杜注："詩言雖欲早夜而行，懼多露之濡己。"亦讀謂爲畏。

角

《説文》："噣，喙也。"角即噣本字[①]。吴仁杰、何楷、毛奇齡、俞樾、于鬯、薛蟄龍，俱謂角即鳥喙，其説至確。請列五事，以證成之。（一）以古文字爲證，以字形言之。鼎文有字，象大喙鳥形，其喙作形，與卜辭角字作者逼肖，與兕字（前七、四一、一）、（前二、三一、四）、（前四、四六、六）之角形亦相近，是古人造字，喙與角本不分二事也。（二）以語根爲證，喙一曰噣，而角噣音同。《淮南子·齊俗篇》"獸窮則觕"，《新序·雜事篇》作觸，《晋書音義》下"觕，古文觸"，《古文四聲韻》五引崔希裕《纂古》，觸古文作牸。觕牸從角聲，觸從蜀聲，觕觸同字，是角蜀音同，一也。《集韻》擉同捔，擉從蜀聲，捔從角聲，擉捔同字，是角蜀音同，二也。角音同蜀，而噣從蜀聲，是角噣音亦同也。（三）以古諺爲證。《漢書·董仲舒傳》曰："予之齒者去其角，傅之翼者兩其足。"角即喙也。二句以鳥獸對言。"予之齒者去其角"，謂獸有齒以嚙，即不得有角以啄；"傅之翼者兩其足"，謂鳥有兩翼以飛，即不得有四足以走也。若以角爲獸角，則牛羊麋鹿之屬，有角復有齒者衆矣，安得云"予之齒者去其角"乎？（吴仁杰、俞樾説并如此。）古稱鳥喙爲角，此其明證。（四）角聲轉爲觜，此後世用爲鳥觜專字者，（《文選·射雉賦》"裂膆破觜"，注："觜，喙也。"）而古稱獸角亦曰觜。《説文》："觜，鴟舊頭上角觜也。"頭上角觜即毛角，鳥之毛角以象獸角而得名。毛角謂之觜，則獸角古亦或稱觜可知。獸角謂之角，鳥喙亦謂之角，猶鳥喙謂之觜，獸角亦謂之觜。角觜本一聲之轉也。（五）噣一曰喙，角又孳乳爲桷。《廣雅·釋

① "《説文》"至"噣本字"，原係作者眉批。

室》："桷，椽也。"喙謂之角，猶椽謂之桷也。

家

《左傳》桓十八年："女有家，男有室。"《管子・大匡篇》："女有家，男有室。"《孟子・滕文公下篇》："丈夫生而願爲之有室，女子生而願爲之有家。"《國語・齊語》"罷女無家"，注："夫稱家。"《詩》曰無家，猶言無夫也。

獄[①]

與訟并舉，當爲動詞，此例少見，惟此詩及《吕氏春秋・高義篇》"兄弟相獄"耳。又疑即觸字，俟考。

室家不足

《易・噬嗑》："亨，利用獄。"其九四爻辭曰："噬乾胏，得金矢。"六五爻辭曰："噬乾肉，得黄金。"蓋古者民有獄訟，當先入金矢，而後聽之。直者反其金矢，不直則没之於官。《易》卦言"利用獄"，爻言"得金矢"，"得黄金"，謂訟勝而復得其金矢也。《周禮・大司寇》："以兩造禁民訟，入束矢於朝，然後聽之。以兩劑禁民獄，入鈞金，三日乃至於朝，然後聽之。"注："造，至也。使訟者兩至。既兩至，使入束矢，乃治之也。不至不入束矢，則是自服不直者也。"可與《周易》互證。《國語・齊語》："索訟者三禁而不可上下，坐成以束矢。"《管子・中匡篇》："無所計而訟者，成以束矢。"《小匡篇》："無坐抑而訟獄者，正三禁之而不直，則入束矢以罰之。"《淮南子・氾論篇》："齊桓公令訟而不勝者，出一束箭。"是其法齊國實嘗行之。《詩》曰"室家不足"，蓋謂家貧，力不能輸金矢，故三章曰"雖速我訟，亦不女從"也。《禮記・王制》："國無九年之蓄曰不足。"此"不

① 原稿"獄"條在末尾，今據《行露》詞語順序置於"家"條之後。

足”義同。

從

《蔡毁》："勿使敢有厈（犴），止從獄。"

殷其靁（召南八）

殷其靁，在南山之陽。何斯違斯，莫敢或遑。振振君子，歸哉歸哉。

殷其靁，在南山之側。何斯違斯，莫敢遑息。振振君子，歸哉歸哉。

殷其靁，在南山之下。何斯違斯，莫或遑處。振振君子，歸哉歸哉。

殷

《傳》："殷，雷聲也。"《説文》："作樂之盛稱殷。"《史記·封禪書》："其聲殷云。"殷猶殷云也。殷古音讀與恩近。《鴟鴞》"恩斯勤斯"，即殷斯勤斯，是其證。聲曰殷云，猶氣曰烟煴，狀其回蕩久而不絶之意也。殷一作隱，《廣雅·釋詁》四："恩，隱也。"①

何　違

易順鼎云，何與猗通（猶阿衡一作猗衡，阿難一作猗儺），猗違連綿詞，猶依違，不决之意也。《漢書·孔光傳》"猗違者連歲"，注："猗違猶依違也。"《國語·晋語》："威兮懷兮，各聚爾有，以待所歸兮，猗兮違兮，心之哀兮。……若翟公子，吾是之依兮。"猗兮違兮即依兮違兮，正與"一國三公，吾誰適從"語意相應。韋注："猗，嘆也。

① "殷一作隱"至"隱也"，原係"殷"條眉批，今移於此。

違，去也。”失之。《漢書・武帝紀》：“猗與偉與，何行而可以章先帝之洪業休德。”猗偉亦即猗違，蓋不專决之詞。舊解與韋注同誤。《荀子・非十二子篇》：“足以爲奇偉偃却之屬。”奇偉亦即猗違，偃却疑即偃仰誤文。猗違偃仰，皆即鄒衍頡頏以取世資之意。楊注解奇偉爲誇大，亦非。又曰：《詩・小旻》：“謀之其臧，則具是違。謀之不臧，則具是依。”《史記・自序》：“依之違之，周公綏之。”是依違古本有此語。《詩》“何斯違斯”，《國語》“猗兮違兮”，《漢書》“依與偉與”，《史記》“依之違之”，同一語也。(《經義莛撞》。）案易説至確。《文選・江賦》“隨風猗萎”，《説文》“移，禾相倚移也”，《列子・黄帝篇》“吾與之虚而猗移”，猗萎、猗移、倚移，并與同語，實則皆委蛇之轉耳。

遑

《傳》：“遑，暇也。”案遑曠聲近義通，故訓暇。暇遑亦對轉字。

摽有梅（召南九）

摽有梅，其實七兮。求我庶士，迨其吉兮！
摽有梅，其實三兮。求我庶士，迨其今兮！
摽有梅，頃筐塈之。求我庶士，迨其謂之！

摽

古拋字。《玉篇》：“摽，擲也。”《説文新附》：“拋，棄也。”重文作摽。《公羊傳》莊十三年[1]：“曹子摽劍而去之。”《孟子・萬章下篇》：“摽使者出諸大門之外。”摽并即拋字。字一作僄。《荀子・修身篇》：“怠慢僄棄。”僄棄即拋棄也。擲物而棄之謂之摽，擲物以擊人

① 原稿作“莊二年”，誤。今據《公羊傳》改。

亦謂之摽。《説文·手部》："摽，擊也。"《廣雅·釋詁》三："拋，擊也。"又《説文》："扚，疾擊也。"扚即拋字。擲物以予人亦謂之摽。《詩》摽字正謂擲以予人。摽梅猶《木瓜篇》之投瓜投桃投李也。

吉

謂吉士也。《野有死麕篇》"吉士誘之"，《卷耳篇》"藹藹王多吉士"，《書·立政篇》"庶常吉士"。

今

讀爲堪，猶堪，一作戡也。(《書·西伯戡黎》，《爾雅》郭注引作堪。《説文》引作𢦟。《左傳》昭二十年"王心弗堪"，《漢書·五行志》作𢦟。)堪謂堪士也。《吕氏春秋·報更篇》："堪士不可以驕恣屈也。"是古有堪士之稱。堪能義近。《戰國策·魏策》一"不揜能士之迹"，《晏子春秋·問上篇》"未有能士敢以聞者"，《荀子·王霸篇》"足以容天下之能士矣"，《韓非子·説難篇》"今以吾言爲宰虜，而可以聽用而振世，此非能士（今作仕，從《史記·老莊申韓列傳》索隱引改）之所耻"，堪士猶能士也。又今讀爲龕，龕堪古同字。〔皇王眉壽〕編鐘"龕事朕辟皇王"，即堪事朕辟皇王。謝靈運詩"龕暴資神理"，即戡暴也[1]。

塈[2]

讀爲氣。《説文》氣重文作槩。《儀禮·聘禮記》"曰如其饔既之數"，注"古文既餼"，并其比。《廣雅·釋詁》三："氣，予也。"今字作乞。《漢書·朱買臣傳》"買臣乞其夫錢，令葬"，謂予其夫錢，令葬也。"頃筐塈之"即頃筐予之。《匪風篇》"溉之釜鬵"，溉亦讀爲氣，謂

① "今讀"至"戡暴也"，原係"今"條上眉批。"又"字爲整理者所加。

② "塈"條原在"摽"條後，據《摽有梅》詞序置此。

予之釜鬵也。

謂

《傳》："謂之，不待備禮也。三十之男，二十之女，禮未備，則不待禮（從馬瑞辰讀），會而行之者，所以審育人民也。"案謂讀爲谓。《玉篇》："谓，行。"《傳》上曰"謂之，不待備禮也"，下曰"禮未備，則不待禮，會而行之"，正以行之釋謂也。"會而行之"之會，即《周禮·媒氏》"仲春之月，令會男女"之會。行即"女子有行"之行，猶嫁也，言因仲春之會而嫁之也。又案謂音近歸，音近則義通。《説文》："謂，報也。"報與赴通，謂訓報，則亦可訓赴，赴亦歸也。《廣雅·釋言》："謂，指也。"指詣可通，謂訓指，亦可訓詣。詣歸義亦近。《莊子·天下篇》"指不至，至不絶"，指讀爲詣。《吕氏春秋·開春篇》："王者厚其德，積衆善，而鳳皇聖人皆來至矣，共伯和修其行，好賢人，而海内皆來稽（原作"以爲來稽"，改從俞樾）矣，周厲之難，天子曠絶，而天下皆來謂矣。"來謂即來歸也。知之者，《一切經音義》二三引《白虎通》，《莊子·逍遥游篇》釋文引司馬注并云"稽，至也"。謂讀爲歸，歸亦至也。此曰來至，來稽，來謂，其義一而已矣。《詩》謂字徑讀爲歸，亦通。歸即"之子于歸"之歸。《隰桑篇》"心乎愛矣，暇不謂矣"，義同。

小星（召南十）

嘒彼小星，三五在東。肅肅宵征，夙夜在公。寔命不同。
嘒彼小星，維參與昴。肅肅宵征，抱衾與裯。寔命不猶。

嘒

當作嘒。《廣韻》："嘒，小星。《詩》一作嘒。"王先謙云，以《廣韻》引《詩》例推之，用韓義也。案《漢書·高帝紀》注："槥，小棺也。"《淮南子·説林篇》注:"鐫,小鼎。"《説文》:"嘒,小聲也。"從彗之字多有小義。《方言》三注:"彗憭皆意精明。"是從彗之字又有明義。然則嘒之義,當爲小光矣。《傳》訓"微貌"者,亦謂光之微。《柏舟》"日居月諸,胡迭而微",《十月》"彼月而微,此日而微",是其義。《雲漢》"有嘒其星",傳:"嘒,衆星貌。"《玉篇·日部》:"暳,衆星貌。"字從日,亦用韓義。

三五 參 昴

王引之云:"三五即參昴。《文選》任彦昇《宣德皇后令》注引《論語比考讖》'堯觀河渚,乃有五老游渚,飛爲流星,上入昴'。又引注曰:'入昂宿則復爲星。'據此,則漢以前相傳昴宿五星,故有降精爲五老之説。其參之三星,則《史記·天官書》明著之。昴參相距不遠,故得俱見東方。若心噣相距甚遠,心在東則噣在西,不得言三五在東矣。三五舉其數,參昴著其名,其實一而已矣。"案王説至確。《傳》"五噣",《爾雅》"咮謂之柳",噣咮同。《正義》引《春秋元命苞》:"柳五星。"《傳》又曰:"昴,留。"留即柳也。又案昴爲五老者,昴老古皆讀複輔音 ml—(姥從老聲可證)。老誤 m—則音與昴近。讀 l—則與柳近。故昴訛爲老也。

肅肅

《傳》:"肅肅,疾貌。"案讀爲速。

在公

猶從公也。凡《詩》言"夙夜在公"皆即夙夜從公。《有駜》"夙夜在公,在公明明","夙夜在公,在公飲酒","夙夜在公,在公載燕"[①],在公皆即從公。"在公飲酒"與《駟鐵》"從公于狩",《泮水》

① 原稿"燕"字作"考",今據黄侃手批《白文十三經》改。

“從公于邁”句法同。從訓自，自與在通。(《正月》“不自我先，不自我後”,《何人斯》“胡不自北，胡不自南”,《文王有聲》“自東自西，自南自北”，自皆訓在。其他經傳亦多此例。）故從與在亦同義。從在一聲之轉。

寔

《坎》“寘於叢棘”，姚信作寔。注云：“置也。”《莊子·人間世》“禍重於地莫之知避”，釋文：“避舊作寘，云置也。”《華嚴經音義》上引《廣雅》：“置，捨也。”《史記·吴王濞傳》正義：“置，放釋也。”《漢書·郅都傳》注：“置，釋也。”《齊竟陵文宣王行狀》“寘諸掌握”，注：“寘，致也。”

命

凡《國風》言命，皆人事中上施於下之命令，非天道中天授於人之命，如修短之數，窮通之分，諸抽象觀念。《蝃蝀》“不知命也”，知讀爲待，謂不待父母之命也。“寔命”謂君命。《毛公鼎》：“父厝舍命，母（毋）有敢惷，敷命於外。”《小克鼎》：“王命善夫克舍命於成周。”《矢令段》：“舍三事命，舍四方命。”《鄭·羔裘》：“舍命不渝。”《管子·小問篇》舍作澤。《韓詩外傳》二引《詩》渝作偷。《唐·揚之水》“我聞有命”并本篇“寔命不同”“寔命不猶”胥是。金文命令不分，本篇二命字與《東方未明》“自公令之”之“令”字無異。上云“夙夜在公”，下云“寔命不同”，命即公之命也。禮朝辨色而入，此殆以急事特召，早於常時，故曰“寔命不同”“寔命不猶”耳。説者或以爲命數之命，不知夙夜在公，非可傷之事，何遽嘆其命之屯蹇乎。

同

《祭統》“鋪筵設同几”，注：“同之言詷也。”《通俗文》：“言過謂之謥詷。”《後漢書·和熹鄧后紀》“輕薄謥詷”，注：“忽遽也。”《漢書·廣陵王胥傳》“毋詷好逸”，注：“詷，輕脱之貌也。”《説文》：“詷……一曰譀也。”“譀，誕也。”《廣雅·釋言》：“誇，譀也。”《方言》十三：“黝，忘也。”《説文》：“忘而息也。”《潛夫論·浮侈篇》：“事口舌而習調欺。”《廣雅·釋詁》二：“調，欺也。”《釋詁》四：“譀，調也。”《爾雅·釋言》：“調，譀也。”

抱

讀爲拋。《史記·三代世表》：“姜嫄以爲〔后稷〕無父，賤而棄之道中，牛羊避不踐也。抱之山中，山者養之。”錢大昕云即拋之山中。《玉臺新咏》十《近代吴歌》：“芙蓉始結葉，拋艷未成蓮。”《樂苑》作抱艷。《淮南子·道應篇》“孔子勁杓國門之關”，杓當作扚，即拋字。(《史記·魯仲連傳》：“魯人投其籥。”《説文》：“闟，關下牡也。”籥與闟同，拋關猶投籥矣。)《孟子·萬章下篇》“抱關擊柝”，《史記·魏公子列傳[①]》“嬴乃夷門抱關者也”，抱關即扚（拋）關也。“抱衾與裯”亦即拋衾與裯。婦人嘆其夫早夜從公，拋棄衾裯，不遑寢息，即唐人詩“辜負香衾事早朝”之意也。

江有汜（召南十一）

江有汜，之子歸。不我以，不我以，其後也悔。
江有渚，之子歸。不我與，不我與，其後也處。
江有沱，之子歸。不我過，不我過，其嘯也歌。

汜 渚 沱

《爾雅·釋水》：“水決復入爲汜。”疏：“凡水之岐流復還本水

① 原稿《魏公子列傳》作《信陵君傳》，誤，今據《史記》改。

者。”《釋名》:“汜,止也。如出有所爲,畢已復還而入也。”木華《海賦》:“枝岐潭淪,渤蕩成汜。”《江賦》:“因岐成渚。”《傳》:“水岐成渚。”(今本上有“渚,小洲也”四字。《釋文》云本或無此注。陳奂云當據删。今從之。)《説文》:“汥,水都也。一曰水分流也。”岐與汥、渚與都并同。《傳》:“沱,匯之别者。”岐别義同,是沱即渚,皆江之枝流也。《説文》:“沱,江别流也。”語尤明晰。《禹貢》岷山道江東别爲沱。《爾雅·釋水》:“水自江出爲沱。”謂自江分出,義與毛、許不異。《地理志》南郡枝江,江沱出其西,東入江。《禹貢》“荆沱”,鄭注:今南郡枝江縣有沱水。《水經注》江水東徑上明城北,江沱枝分,東入大江,縣治洲上,故以枝江爲稱。渚沱之義如此,汜亦宜然。《漢書·叙傳》:“芈彊大於南汜。”注:“汜,江水之别也。”最爲確詁。《傳》:“决復入爲汜。”水决則歧出,以决釋汜,可也。“復入”二字,則因經文“其後也悔”而傅會之,非汜字所有之義也。《説文》:“汜,水别復入水也。”水别,猶言水之别枝。汜之義祇此,復入云云蓋承毛誤。婦人蓋以水喻其夫,以水道自喻,而以水之旁流枝出,不循正道,喻夫之情愛别有所歸。詩當與《谷風》及《氓》合讀。《谷風》曰:“涇以渭濁,湜湜其沚。”箋:“小渚曰沚。”渚即“江有渚”之渚。沚一作洔(《蒹葭》沚或作洔)。《爾雅·釋水》:“小陼(渚)曰沚。”釋文:“沚本作洔。”《玉篇》:沚“亦作洔”[①]。《穆天子傳》一“以飲於枝洔之中”,注:“水歧成洔。洔,小渚也。”渚爲水之枝出者,其小者謂之洔,故洔曰枝洔。《詩》言涇以渭爲濁,不屑與之同流,而旁溢爲沚也。下文“宴爾新昏,不我屑以”,即承此言之。蓋以涇喻夫,以渭自喻,而以别出之沚喻新昏也。本篇江之有汜渚沱,猶《谷風》涇之有沚。本篇云“之子〔于〕歸,不我以”,猶《谷風》云“宴爾新昏,不我屑以”矣。《氓》曰“淇則有岸,隰則有泮”,箋曰:“泮讀爲畔,畔,涯也。言淇與隰皆有厓岸,以自拱持,今

① “亦”字原稿作“或”,據《四部叢刊》本改。

君子放恣心意，曾無所拘制。”案淇隰有厓岸，以自拱持，則無旁流横泆之患。人有禮以自拘制，則專壹純固而不二其德。此以淇隰之水不沚出諷夫以守正，與本篇以江之别出喻夫之失德，語意相反而取興同。合《谷風》及《氓》與本篇參互求之，知本篇亦棄婦之詞。

以 與 過

《箋》："以猶與也。”案以與古通。《儀禮·鄉射篇》“各以其耦進”，注：“今文以爲與。”《谷風》“不我屑以”，《旄丘》“必有以也”，義并同。

悔 處

《説文》：“悔，恨也。”《爾雅·釋訓》：“晏晏旦旦，悔爽忒也。”《補史記龜策列傳》：“其欲卜謀，即得而喜，不得而悔。”二悔字正訓恨。此悔字義同。處與悔平列，義當相仿。《正月》“癙憂以痒”，王引之訓癙爲憂。《雨無正》“鼠思泣血”，箋：“鼠，憂也。”鼠與癙通。處癙聲同，憂恨義近，處蓋借爲癙。知之者，《山海經·中山經》“脱扈之山，有草名曰植楮，可以已癙”，注：“癙，病也。”字一作鼠。《淮南子·説山篇》“貍頭愈鼠”，《中山經》注，《御覽》七四二又九一二并引作癙。或以爲處爲之。《吕氏春秋·愛士篇》：“趙簡子有兩白騾（以《淮南子》證之，騾似貍之訛。下同），而甚愛之。陽城胥渠處，廣（黄）門之官（宦）夜款門而謁曰：‘主君之臣胥渠有疾，醫教之曰，得白騾之肝，病則止，不得則死。’”注：“處猶病也。”朱駿聲謂借爲癙，殆不可易。案訓病之癙通作處，訓憂之癙亦通作處。病之與憂，事本相關，義可混同，故癙訓病，即可訓憂，而處訓病亦即可訓憂矣。

嘯　歌

“其嘯也歌”與“其後也悔”“其後也處”義當相因，謂憂恨之情發爲歌嘯也。《詩》中有單言嘯者，如《中谷有蓷》“條其歗矣”與“嘅其嘆矣”“啜其泣矣”并舉。有單言歌者，如《園有桃》“心之憂矣，我歌且謡”，《四月》“君子作歌，維以告哀”，《江有汜》“其嘯也歌”，《考槃》“獨寐寤歌”，《園有桃》“我歌且謡”，《東門之池》“可與晤歌”，《墓門》“歌以訊之”，《四牡》“是用作歌”，《何人斯》“作此好歌”，《北山》“君子作歌”，《車舝》“式歌且舞”，《白華》“嘯歌傷懷，念彼碩人”，《行葦》“或歌或咢”，《卷阿》“來游來歌”“維以遂歌”，《桑柔》“既作爾歌”。有嘯歌連言者，如《白華》“嘯歌傷懷”，并與此同義。《史記·齊太公世家》：“崔杼妻入室，與崔杼自閉户不出，公擁柱而歌。”集解引服虔曰：“公自見欺，恐不得出，故歌以自悔。”《列女傳·漆室女傳》：“女倚柱而嘯，旁人聞之，莫不爲之慘者。”《論衡·感虛篇》：“鄒衍之冤不過曾子、伯奇。曾子見疑而吟[①]，伯奇被逐而歌。疑〔逐〕（從釋人和補）與拘同，吟歌與嘆等，曾子、伯奇不能致寒，鄒衍何人，獨能雨霜。”《易·中孚》：“得敵，或鼓或罷，或泣或歌。”《女巫》：“凡邦之大烖歌哭而請。”賈疏：此云歌者憂悲之歌，若《雲漢》之詩是也。凡此曰嘯曰歌，亦并憂恨之謂也。又《説文》：“歗，吟也。”《文選·蘇子卿古詩》注引《蒼頡篇》：“吟，嘆也。”《釋名·釋樂器》：“吟，嚴也。其聲本出於憂愁，故其聲嚴肅，使人聽之凄嘆也。”（《韓非子·揚權篇[②]》：“公子既罪[③]，宗室憂吟。”《楚辭·漁父》：“屈原既放，游於江潭，行吟澤畔。”即用此義。）嘯訓吟，而吟聲出於憂愁，是嘯亦憂愁之謂矣。

① 原稿無“見”字，據《論衡》補。
② “權”原稿作“榷”，誤。
③ “罪”字諸本皆作“衆”。

也

《莊子·天道篇》:“動而持，發也機，察而審。”裴學海云：也與而爲互文，也猶而也。案此也字亦當訓而，“其嘯也歌”猶其嘯而歌也。

野有死麕（召南十二）

野有死麕，白茅包之。有女懷春，吉士誘之。
林有樸樕。野有死鹿。白茅純束。有女如玉。
“舒而脫脫兮！無感我帨兮！無使尨也吠！”

麕

麕，鹿屬。二章曰死鹿，變文以見意。《儀禮·士昏禮》“納徵玄纁束帛儷皮如納吉禮”，注：“皮，鹿皮。”崔駰《婚禮文》:“委禽奠雁，配以鹿皮。”《説文》:“麗……從鹿丽聲。《禮》:麗皮納聘。蓋鹿皮也。”又：“慶……吉禮以鹿皮爲贄，故從鹿省。”上世男子求婚，蓋以全鹿爲贄，後世苟簡，始變用鹿皮。此詩士以死麕贈女，即原始風俗之遺。一説《本草》陶注：“人言麕一牡交十餘牝，交畢即死。”《説文》:“麇，麞也。”籀文作麕。“麞，麇屬。”是麕亦麇也。以死麕爲贄，示欲求歡之意也。

白茅

《易·大過》:“藉用白茅，无咎。”

懷

《終風》傳：“懷，傷也。”《卷耳》“維以不永懷”“維以不永傷”并列，懷亦傷也。“懷春”即傷春。《七月》:“春日遲遲，采蘩祁祁。

女心傷悲，殆及公子同歸。”此之謂矣。《淮南子·繆稱篇》：“春女思，秋士悲，而知物化矣。”思與悲互文。《文選·勵志詩》“吉士思秋”，注：“思，悲也。”悲傷義同。

林　野

《駉》傳：“邑外曰郊，郊外曰野，野外曰林，林外曰坰。”案卜辭野作（前四、三三、五），金文作（《克鼎》），《玉篇》《集韻》并云古文野作埜。《吕氏春秋·愛士篇》：“右服失而埜人得之。”《説文》古文野作壄，加予爲聲符。埜字從林，本與林同義。《詩》以林野對舉，野亦林也。《株林》一章“胡爲乎株林”，二章“説于株野”，株野即株林也。《燕燕》一章“遠送于野”，三章“遠送于南”，南當爲林，林即野也。《東山》“烝在桑野”，桑野即桑林也。

純束

《箋》：“純讀如屯。”案純屯古今字。金文屯作，束作，并從示義。屯束亦一聲之轉，是純即束也。《周禮·媒氏》“純帛無過五兩”，《儀禮·士昏禮》“納徵，玄纁束帛儷皮”，《禮記·雜記》“納幣一束，束五兩”，純帛即束帛也。《戰國策·秦策》“錦綉千純”，注：“純音屯，束也。”

如玉

《白駒》：“其人如玉。”《民勞》：“王欲玉女。”《吕氏春秋·貴直篇》“身好玉女”，注：“玉女，美女也。”《禮記·祭統》：“國君娶夫人之辭曰，請君之玉女，與寡人共有敝邑，事宗廟社稷。”

脱脱

《傳》：“脱脱，舒遲也。”《淮南子·精神篇》“則脱然而喜矣”，

注："脱，舒也。"亦以舒訓脱。《左傳》昭元年趙孟賦《常棣》，且曰："吾兄弟比以安，尨也可使無吠。"比之言親比也，安即"舒而脱脱"之謂。《淮南子·原道篇》："舒安以定。"安亦舒也。

感

《淮南子·修務篇》"故在所以感"，注："感，發也。"

帨

帨，巾也。一曰縭，一曰袆，一曰蔽厀，一曰巿，字又作韍作韠。《東山》"親結其縭"，傳："縭，婦人之褘，母戒女，施衿結帨。"《爾雅·釋器》："婦人之褘謂之縭。"釋文："幃本作褘。"孫炎注："帨，帨巾也。"《方言》四："蔽厀，江淮之間謂之褘。"《説文》："褘，蔽厀也。"《釋名·釋衣服》："韠，蔽也，所以蔽厀前也，婦人蔽厀亦如之。"《説文》："韠，韍也。所以蔽前。"又："巿，上古衣蔽前而已，巿以象之。"《五經要義》："太古之時，未有布帛，人食禽肉而衣其皮，但知蔽前，未知蔽後。"考衣服之起源，本以障羞，故但知蔽前。衣服始於蔽前者，名曰蔽之，實以彰之，加飾於前，所以吸引對方之注意，故古以韠爲性器之象徵。《御覽》六四五引《慎子》："有虞之誅，以幪巾當墨，以草纓當劓，以菲履當刖，以艾韠當宫。"韠之用所以蔽性器，故可以當宫。《國語·鄭語》："王使婦人不幃而譟之。"寖假而韠遂爲性之象徵。《古今樂録》："宋……少帝時，南徐一士子，從華山畿往雲陽，見客舍有女子，年十八九，悦之無因，遂感心疾。母問其故，具以啓母。母爲至華山畿尋訪，見女，具以聞。感之，因脱蔽膝令母密置其席下，卧之，當已。少日果差。忽舉席，見蔽膝而抱持，遂含食而死。"此詩女戒士勿感其帨，即戒其勿以無禮相犯也。

尨

尨有三義。《說文》:"尨,犬之多毛者。"《穆天子傳》四"天子之尨狗",注:"尨,尨茸也,謂猛狗,或曰亦狗名。"此以尨爲多毛之犬,一也。《考工記·玉人》先鄭注:"尨謂雜色。"案尨勿一聲之轉,卜辭每曰"物牛",商承祚謂是雜色牛,則尨當爲雜色犬,二也。馬面顙皆白曰駹,鴟之白者曰鸔鴟(并見《爾雅》),老人曰龐眉皓首,以皓義爲白推之,則龐亦白色,又垩壁之白塗謂之墁(《說文》:"墁,塗也。""垩,白塗也。"),從尨之字多有白義,然則尨亦可爲白色犬,三也。

邶　風

柏舟（邶一）

泛彼柏舟，亦泛其流。耿耿不寐，如有隱憂。微我無酒，以敖以游。

我心匪鑒，不可以茹。亦有兄弟，不可以據。薄言往愬，逢彼之怒。

我心匪石，不可轉也。我心匪席，不可卷也。威儀棣棣，不可選也。

憂心悄悄，慍于群小。覯閔既多，受侮不少。静言思之，寤辟有摽。

日居月諸，胡迭而微！心之憂矣，如匪澣衣。静言思之，不能奮飛！

亦

亦夜古字通。金文《效卣》“夙亦”即夙夜，是其比。《詩》曰“耿耿不寐”，則是夜中可知。故亦亦當讀作夜。不則泛者柏舟而外本無他物，安得云亦泛乎？《箋》：“曰與衆物泛泛俱流水中。”詩無明文，理亦難曉，蓋曲説也。

耿耿

耿字從耳。(《毛公鼎》作，亦從耳。）耿之訓明，本聽之明。不寐者，夜中目無所睹，耳固能聽，故曰“耿耿”。此曰“耿耿不寐”，猶《兔爰》曰“尚寐無聰”也。

如

王引之曰："如讀爲而。惟有隱憂，是以不寐，非謂若有隱憂也。《易林·屯之乾》曰：'耿耿寤寐，心懷大憂。'得詩人之旨矣。"

隱憂

雙聲連綿詞。隱恨聲相近，恨即隱之轉，故《傳》訓隱爲痛。痛憂義同。(《管子·禁藏篇》："是故君子上觀絶理者以自恐也，下觀不及者以自隱也。"陳奂云，隱讀爲殷，與恐對文。)

茹

《傳》："茹，度也。"案《玄應音義》二引《聲類》："以心度物曰恕。"茹之訓度，猶恕之訓度。以鑒度物曰茹，以心度物曰恕，其義一也。《莊子·應帝王篇》："至人之用心也，若鏡焉。不將不迎（今作逆。從《書鈔》一三六，《類聚》七〇，《初學記》二五，《御覽》七一七引改），應而不藏，故勝物而無傷。"

卷

《論語·衛靈公篇》："邦無道，則可卷而懷之。"[1]

棣棣

棣與逮通，逮與遝同。《説文》遝迨互訓。《玉篇》迨遝，行相及也。"案棣棣衆多之意。故《賈子·容經篇》引此詩曰："棣棣，富也。"《禮記·中庸》："優優大哉，禮儀三百，威儀三千。"《説文》："優，饒也。"饒富義同，是棣棣猶優優也。

---

① 原稿無"衛靈公"及"而懷之"六字，今補。

選

讀爲巽。《書·堯典》"汝能庸命巽朕位"，馬注："巽，讓也。"《易象上傳》"順以巽也"，虞注："巽者外迹相卑下也。"《史記·律書》"選蠕觀望"，《漢書·西南夷傳》"恐議者選耎復守和解"，字并作選。(《史記·仲尼弟子傳》"魯邦巽"，索隱引《家語》作選。)《詩》"不可選"，與上文"不可轉"，"不可卷"一意相承，舊解胥失之。

寤

讀爲牾，實爲 ×，象交午之形。《説文·日部》引作晤。

辟

《玉篇·手部》，《爾雅·釋訓》，《釋文》，并引《詩》作擗。《釋文》本又作擘。《文選》張協《七命》"甇嫠爲之擗摽"注，馬融《長笛賦》"掐膺擗摽"注，并引《毛詩》同。案辟擗皆讀爲捭。(《爾雅·釋鳥》"鸒斯鵯鶋"，舍人本作壁居。《管子·小匡篇》"卑耳之溪"，《戰國策·齊策》作辟耳。)《説文》："捭，兩手擊也。"字一作批。《釋名·釋姿容》："批，裨也。兩相裨助共擊之也。"寤辟即牾捭，謂兩手交午而擊胸也。

摽

讀爲嘌。有嘌即嘌嘌，拊胸之聲也。《匪風》"匪車嘌兮"，傳："嘌嘌，無節度也。"案車有和鑾，疾驅則聲無節度。《爾雅·釋樂》"鐘……其中者謂之剽"，孫注："聲輕疾。"嘌摽剽并字異而義同。

迭 微

迭讀爲昳。《文選·七哀詩》注引《通俗文》："日陰曰曀。"《釋文》引《韓詩》作䳟。䳟與曀同。《説文》："鐵，黑金也。"重文作戴。又："驖，馬赤黑色。"是戴有黑義。日陰與黑義相因。《韓詩》作䬃，亦當爲昳之假借。微者，《十月之交》"彼月而微，此日而微"，箋："微謂不明也。"《管子·霸言篇》："聖人畏微而愚人畏明。"《荀子·儒效篇》："故曰君子隱而顯，微而明，辭讓而勝。"《韓非子·說林下篇》："聖人見微以知明（今作萌，從顧校改），見端以知末。"皆微與明對舉，是微爲不明。"胡迭而微"，猶言胡陰而暗也。

匪

讀爲彼。浣衣者[①]必挼抄之，攪動之。此以浣衣喻心之憂，猶《小弁》云"我心憂傷，惄焉如擣"也。《草蟲》"憂心忡忡"，傳："忡忡猶衝衝也。"衝衝亦攪動之意。

静

讀爲靖。《方言》一："靖，思也。東齊海岱之間曰靖。"《廣雅·釋詁》二："靖，思也。"《文選·思玄賦》"潛服膺以永靖兮"，即永思也。《說文》："靖，立竫也。"靖本訓伫立安定，思者必安定，故靖爲思貌。引申之靖亦訓思。《說文》："静，審也。"《傳》："静，安也。""静言思之"與"願言思之"句法同。静與願皆思之貌，言猶而也。

绿衣（邶二）

绿兮衣兮，绿衣黄裏。心之憂矣，曷維其已！
绿兮衣兮，绿衣黄裳。心之憂矣，曷維其亡！
绿兮絲兮，女所治兮。我思古人，俾無訧兮。
絺兮綌兮，凄其以風。我思古人，實獲我心。

① 原稿"浣衣者"上有"如彼浣衣者"五字，當係衍文，今删。

綠

《釋文》："綠，毛如字，鄭作褖。"案《左傳》成九年"賦《綠衣》之卒章"，《國語·魯語》"而爲賦《綠衣》之三章"，《淮南子·精神篇》注"逯讀《詩·綠衣》之綠"，《易林·觀之革》"黄裏綠衣"，班婕妤《自悼賦》"綠衣兮白華"，《法言·吾子篇》"綠衣三百"，字并作綠。然古人於黑藍綠三色往往不分，鄭必改綠爲褖，訓爲黑，膠柱之見耳。

裏 裳

一章"綠兮衣兮"，王先謙曰："此章對裏言，則衣是在表之衣。下章對裳言，知衣是在上之衣。因文以見義也。"案王意以裏爲在裏之衣，非袷衣之裏，其説甚晰。衣與裏爲二，猶衣與裳爲二也。竊謂裏即裳也。衣在表，裳在裏。衣短裳長，短不能掩長，故自外視之，衣在上，裳在下。《詩》曰"綠衣黄裏"者，以其内外言之也。又曰："綠衣黄裳"者，以其上下言之也。裏之與裳，寧有二事哉？《易·坤》六五[①]《象傳》："黄裳元吉，文在中也。"中即裏，衣質而裳文，故黄裳之象爲文在中也。（《左傳》昭十二年："故曰黄裳元吉。黄，中之色也，裳，下之飾也。"《節·小弁》："不屬于毛，不罹于裏。"）

已 亡

亡亦已也。

綠兮絲兮 絺兮綌兮

綠絲謂衣也。絺綌謂裳也。《君子偕老》箋："展衣，夏則裏衣縐絺。"裳在裏，故知絺綌謂裳也。《説文》："絺，細葛也。""綌，粗

① 原作"五六"，誤，據《易·坤》改。

葛也。”衣用絲，裳用葛。葛色本黄，裳以葛爲之，故曰黄裳。

古人

古讀爲故。劉大白謂此悼亡之詩，則以古人爲亡妻。案《古詩》“新人雖言好，未若故人姝”，是故人亦可謂前妻（已出之妻）。《詩》中無明文，未可遽定誰是也。

俾

《説文》：“俾，益也。”

凄其以風

以之言似也。似，如也。“凄其如風”，與《小戎》“温其如玉”句法同。敦煌古寫本以作北，誤。

【篇義】

婦人無過被出，非其夫所願。婦去後，夫因其舊爲己所製之衣，感痛而作此詩。

燕燕（邶三）

燕燕于飛，差池其羽。之子于歸，遠送于野。瞻望弗及，泣涕如雨。

燕燕于飛，頡之頏之。之子于歸，遠于將之。瞻望弗及，佇立以泣。

燕燕于飛，下上其音。之子于歸，遠送于南。瞻望弗及，實勞我心。

仲氏任只，其心塞淵，終温且惠，淑慎其身。“先君之思”——以勖寡人。

差池

詳《新義》。

頡之頏之

《傳》:“飛而下曰頡,飛而上曰頏。”(今本上下二字互倒,從段玉裁、胡承珙校正。)段玉裁曰:“頡與頁同音。頁古文䭫,飛而下如䭫首然,故曰頡之。……頏即亢字,亢之引申爲高也。故曰頏之。……揚雄《甘泉賦》‘柴虒參差,魚頡而鳥䀏’,李善曰:‘頡䀏,猶頡頏也。’師古曰:‘頡頏,上下也。’皆以《毛詩》頡頏爲訓,魚潛淵,鳥戾天,亦可證頡下而頏上矣。”胡承珙曰:“《爾雅》‘亢鳥嚨’,《釋文》引舍人云:‘亢,鳥高飛也。’此可爲段説之一證。三章‘下上其音’,即承此下頡上頏言之。”多案《説文》:“㚔,頭傾也,從夨吉聲,讀若孑。”頡㚔古當同字,傾下義相成,此亦段説之一證。然頡頏雙聲連語,分言之,固當爲頡下而頏上;合言之,則總謂一下一上之貌耳。魏文帝《臨渦賦》“魚頡頏兮鳥逶迤”,頡頏與逶迤對舉,最爲允洽。二之字并猶兮也。

遠于將之

于疑當爲予,形聲并近,又涉上下二章而誤。“遠予將之”與《河廣》“跂予望之”句法同。《爾雅·釋言》:“將,送也。”郭注引此詩。

南

此薛侯送妹適衛之詩(詳下條),由薛至衛,當西北行,不得云“遠送于南”。疑南當爲林,聲之誤也。《駉》傳曰:“邑外曰郊,郊外曰野，野外曰林，林外曰坰。”野也，林也，皆郊外之地。故《詩》每并舉。（甲金文野作埜，《説文》以爲野之古文，是林野古本爲同義字，初無遠近之别。）《野有死麕》曰“林有樸樕，野有死鹿”，《株林》一章言株林，二章言株野，并以林野爲互文。本篇一章曰“遠送于野”，三章曰“遠送于林”，林亦野也。《詩》字誤作南，《傳》遂不得不説爲送戴嬀歸陳之作，失之遠矣。

仲氏任只

魏源云本篇“仲氏任只”之任，即《大明》“摯仲氏任”之任。薛國任姓。此咏薛女事也。案魏説至確。余謂此仲氏任即《大明》之摯仲氏任，文王母大任也。春秋薛國即古摯國。蓋薛女出適於衛，其兄薛侯送之，因稱薛先世女子之有盛德如大任者，以勉其行。薛女適衛，爲任姓女適於姬姓國，其事與大任適周正同，故舉以相譬也。又案《周語》中“昔摯疇之國由太任”，韋注曰：“摯疇二國，奚仲仲虺之後，太任之家。”《左傳》定元年：“薛之皇祖奚仲，居薛以爲夏車正。奚仲遷於邳，仲虺居薛，以爲湯左相。”《春秋世族譜》曰：“薛，任姓。……奚仲封爲薛侯，今魯國薛縣是也。奚仲遷於邳，仲虺遷薛以爲湯左相，武王復以其胄爲薛侯。”《唐書·宰相世系表》曰：“……仲虺復居薛爲左相，臣扈祖已皆其胄裔也。祖已七世孫曰成，徙國於摯，更號摯國，女大任生周文王。至武王克商，復封爲薛侯。”據此則摯薛一國明甚。實則摯薛聲類同，古字通用。韋注《鄭語》云薛，妘姓，妘當爲妊之誤。任姓字本作妊，古姓氏字皆從女也。

鄭注《坊記》謂此詩衛莊姜刺獻公而作。考薛有獻公，見《世族譜》。疑薛獻公誤爲衛獻公。作詩者又誤爲所爲作者。俟考。

疇，金文作鑄，即任姓之祝國。祝，任姓，見《左傳》隱十一年正義及《急就篇》補注引《世本》。祝在今山東境。《周語》以摯疇并稱。疇在山東，則摯即魯薛縣之薛可知矣。

塞淵

《傳》曰："塞，瘱（今作瘞，從《正義》引定本訂正）也。"《説文》："瘱，静也。"王褒《洞簫賦》："清静厭瘱。"《方言》六："塞，安也。"《漢書·刑法志》注："塞，止也。"安止與静義近。《莊子·應帝王篇》"止水之審（瀋）曰淵"，郭注曰："淵者静默之謂也。"《老子》八章"心善淵"，淵亦訓静。《史記·五帝本紀》："静淵以有謀，疏通而知事。"

先君之思

《左傳》桓三年："齊侯送姜氏，非禮也。凡公女嫁於敵國，姊妹則上卿送之，以禮於先君。公子，則下卿送之。於大國，雖公子亦上卿送之。於天子，則諸卿皆行，公不自送。於小國，則上大夫送之。"案本篇亦諸侯嫁妹，君自送之，與齊侯事同科。當時行事，多不準於禮。或公不自送爲左氏一家私意，非當時定則也。《傳》曰"禮於先君"，謂禮於先君之廟。此曰"先君之思，以勗寡人"，當係薛侯送妹見於先君之廟，妹因以"先君之思"之語勉薛侯也。杜甫《船下夔州郭宿雨濕不得上岸别王十二判官詩》末聯"柔櫓輕鷗外，含凄覺汝賢"，即此詩末章之意。

【篇義】

薛侯送妹出適於衛也。

王質曰："二月中爲（春）乙鳥至，當是國君送女弟適他國在此時也。"崔述曰："但有惜别之意，絶無感時悲遇之情。而《詩》稱'之子于歸'者，皆指女子之嫁者言之。未聞有稱大歸爲于歸者，恐係衛女嫁於南國，而其兄送之之詩，絶不類莊姜戴嬀事也。"

日月（邶四）

日居月諸，照臨下土。乃如之人兮，逝不古處！胡能有定！寧不我顧？

日居月諸，下土是冒。乃如之人兮，逝不相好！胡能有定！寧不我報？

日居月諸，出自東方。乃如之人兮，德音無良。胡能有定，俾也可忘！

日居月諸，東方自出。父兮母兮，畜我不卒。胡能有定，報我不述！

逝

猶曷也。（詳《唐風·有杕之杜》。）

古處

古讀爲居。居處叠韻連綿詞。《擊鼓》《斯干》并云“爰居爰處”，一說《綿》傳“古言久也”。《考工記總叙》：“則於馬終古登陁也。”《莊子·大宗師篇》：“維斗得之，終古不忒。日月得之，終古不息。”（崔注：“終古，久也。”）《楚辭·離騷》“余焉能忍與此終古”，《九歌·禮魂》“長無絶兮終古”，《九章·哀郢》“去終古之所居”，終古猶言永久也。《詩》古處即久處。《旄丘》：“何其處也，必有與也。何其久也，必有以也。”亦處久并言，久亦處也。

無良

《國語·吴語》：“今勾踐申禍無良。”

也

猶之也。《荀子·王制篇》“而無所凝止也”，與《解蔽篇》“而無所疑止之”義同。《韓非子・外儲說右上篇》：“舉兵而伐中山，遂滅也。”《吕氏春秋・開春論[①]篇》：“乃往見范宣子而説也，曰：‘聞善爲國者，賞不過而刑不慢。’”《戰國策・秦策》一：“韓咎立，因也以爲戒。”以上諸也皆讀爲之。《詩》“俾也可忘”即俾之可望。《常棣》“兄也永嘆”，“烝也無戎”句法同。兄讀爲况，烝讀爲增，也亦讀爲之。而“兄也永嘆”與《泉水》“兹之永嘆”語意無别，兹亦益也。然之字代名詞本兼第一第三兩人稱。《詩》三之字皆斥第一人稱，實猶我也。

忘

讀爲望。金文《虡毁》：“虡弗敢望公伯休。”《縣妃毁》：“其自今日孫孫子子毋敢望伯休。”字一作謹。《獻毁》“十枻不謹”，《師望鼎》“王用弗謹聖人之後”，《召卣》“召弗敢謹王休異”，皆借望爲忘。《詩》則借忘爲望也。此以日月比夫，欲其有定，如日月之出自東方然，使己可得而望見也。上文曰“日居月諸，照臨下土”，正以日月比夫。《韓詩外傳》四：“夫照臨而有别，妻柔順而聽從。”意蓋本乎此詩。

父兮母兮

痛而呼父母也。（詳《鄘風・柏舟》。）

畜

《孟子・梁惠王篇》：“畜君者好君也。”《吕氏春秋・適威篇》：“民善之則畜也。不善[②]則讎也。”注：“畜，好也。”《説苑・政理篇》：“以道導之則吾畜也，不以道導之則吾讎也。”又：“善之則畜也，不善則讎也。”字一作慉。《邶・谷風》：“不我能慉，反以我爲讎。”一作嬸，《廣雅・釋詁》一：“嬸，好也。”

① “論”字今補。
② “不善”二字今補。

卒

《傳》:"卒,終也。"

述

于省吾曰:"述墜音近字通。《書·酒誥》'今惟殷墜厥命',《盂鼎》'我聞殷述命',《書·君奭》'乃其墜命'之墜,魏石經古文正作述。金文墜作㒸,述乃假字。《邾公華鐘》'慭穆不㒸於氒身',《師寰毁》'師寰虔不㒸',《彔伯㦰毁》'女肇不㒸',是不㒸乃周人語例。《廣雅·釋詁》:'墜,失也。'報我不失,言必須報我也。"案猶言報我不爽也。

終風(邶五)

終風且暴,顧我則笑。謔浪笑敖,中心是悼。
終風且霾,惠然肯來。莫往莫來,悠悠我思。
終風且曀,不日有曀。寤言不寐,願言則嚏。
曀曀其陰,虺虺其雷。寤言不寐,願言則懷。

終

猶既也。

暴 霾 曀

暴字從日出。《爾雅·釋天》:"日出而風爲暴。"蓋取乾燥之義。《説文》:"暴,晞也。"晞即乾。《荀子·勸學篇》"雖有槁暴",注:"暴,乾也。"暴與戾義近。《禮記·祭義》"風戾而食之",注:"風戾之使露氣燥。"釋文:"戾,燥也。"正義:"戾,乾也。"然則暴謂之虐,又謂之燥,猶戾謂之虐,又謂之燥矣。(徐孚吉説,見《爾雅詁》)

《傳》："霾，雨土也。"《釋名·釋天》："霾，晦也，言如物塵晦之色也"，"曀，翳也，謂日光掩翳也。"《説文》："壇，天陰塵也。"曀壇同。暴霾曀三事相關。

則

猶而也。（見《釋詞》）《易·蠱·彖傳》"終則又始"與《大戴禮·盛德篇》"終而復始"文義同。《楚辭·天問》"死則又育"，《類聚》一，《御覽》四引則并作而。《大戴禮·勸學篇》："君子博學而日參己焉，故知明則行無過。"《荀子》則作而。《莊子·逍遥游篇》："其視天下也，亦若是則已矣。"《史記·封禪書》："然則怪迂阿諛苟合之徒自此興。"則并猶而也。此《詩》"顧我則笑"，謂顧我而笑也。"願言則嚏"，"願言則懷"，謂願然而嚏，願然而懷也。（《詩》顧字皆用爲動詞，無作介詞者。《説文》："顧，還視也。"）

敖

《爾雅·釋詁》："敖，謔也。"《史記·天官書》："箕爲敖客，曰口舌。"宋均曰："調弄也。"《荀子·禮論》："歌謡謸笑。"敖謸同。

莫往莫來

莫往二字虚設以足句，《詩》祇謂不來我則思之也。與《雄雉》"瞻彼日月，悠悠我思，道之云遠，曷云能來"語意同。《谷風》"何有何亡，黽勉求之"，亦祇謂亡則求之，與此句法同例。

不日有曀

不日，無定日也。《君子于役》"不日不月"，與上章"不知其期"并列，亦謂無定期也。

寤

讀爲晤。《說文》："晤，明也。""悟，覺也。"《素問·八正神明論》"慧然獨悟"，注："悟猶瞭達也。"晤悟同。"寤言不寐"即"晤然不寐"，猶言心中瞭然，不能成寐也。《柏舟》"耿耿不寐"義與此同。耿亦明也。

嚏　懷

嚏讀爲懥。《說文》："疐，礙不行也。從叀，引而止之也。""嚏，悟解氣也。"《繫傳》："腦鼻中氣壅塞，噴嚏則通。"案礙不行即壅塞，嚏從疐，其本義爲壅塞。然塞而能通亦謂之嚏。此相反爲義之例，徐說甚精。《禮記·大學》："必有所忿懥，則不得其正。"忿懥、噴嚏，本自一語，然二者同而實異，在心曰忿懥，在口曰噴嚏，其異一也。塞而未通曰忿懥，塞而復通曰噴嚏，其異二也。《詩》義當爲懥。懥猶忿懥也，謂心中有所壅塞也。忿懥亦曰憤懣。懣之言滿，滿亦塞也。《傳》："懷，傷也。"案憂傷與憤懣義近，故疐懷（雙聲[①]）并舉，此《傳》說之最善者。懥字一作窒。《說文》："窒，塞也。"《廣雅·釋詁》一："窒，滿也。"《呂氏春秋·盡數篇》"處鼻則爲鼽爲窒"，注："窒，不通也。"《禮記·月令》"民多鼽嚏"，以嚏爲之。

虺虺

《傳》："暴若震雷之聲虺虺然。"《說文》靁下曰："，籀文靁〔䨻〕（從桂補），間有回，回，靁聲也。"虺虺猶回回也（桂馥說）。案虺從虫聲，虫它古同字，疑古音讀端母，新出漢石經《魯詩》靁作靇，是其證也。

① "雙聲"二字係原稿眉批。

擊鼓（邶六）

擊鼓其鏜，踴躍用兵。土國城漕，我獨南行。
從孫子仲，平陳與宋。不我以歸，憂心有忡。
爰居爰處？爰喪其馬？于以求之？于林之下。
“死生契闊，”——與子成説——“執子之手，與子偕老。”
于嗟闊兮，不我活兮！于嗟洵兮，不我信兮！

土國城漕

土讀爲度。《周禮·大司徒》“以土圭土其地”，注：“土其地猶言度其地。”《典瑞》“封國則以土地”，《考工記·玉人》“以致日以土地”，注并云：“土猶度也。”《土方氏》“以土地相宅”，猶《禮記·王制》“度地居民”也。國疑讀爲域。言度量地域，築城於漕也。

于以求之

以猶何也。（楊樹達説。）

契闊

《釋文》：“契本一作挈。”與漢石經《魯詩》合。《釋名·釋姿容》：“挈，結也。結，束也，束持之也。”《文選》劉琨《答盧諶詩》注引《韓詩章句》闊作括，云“約束也”。《廣雅·釋草》莪挈，《字林》作莪菇。案字當以挈括爲正。挈括猶結合也，故其義爲束持，爲約束。“死生契闊”，謂死生相與結合也。繁欽《定情詩》“何以致契闊，繞腕雙跳脱”，魏武帝《短歌行》“越陌度阡，枉用相存。契闊談宴，心念舊恩”，梁昭明太子《宴闌思舊詩》“綢繆似河曲，契闊等漳濱”，江淹《雜體詩》“契闊承華内，綢繆逾歲年”，并以綢繆對契闊，得《詩》旨矣。字隨聲轉，則或爲邂逅。《野有蔓草》“邂逅相遇”，《綢繆》“見此邂逅”，《釋文》“邂本一作解，覯本一作逅”，是陸所見有作解覯之本。

《淮南子·俶真篇》"孰肯解構人間之事"，注："解構猶會合也。"邂逅，解覯，解構，并字異而義同。高注《淮南》訓爲會合，蓋本三家師説，會合亦猶結合也。或爲結構。《文選》謝脁《郡内高齋閑坐詩》"結構何迢遰"，注："結構，謂結連構架以成屋宇也。"左思《招隱詩》"岩穴無結構"，注："結構謂交結構架也。"於室曰結構，於人曰邂逅，皆結合之謂。或爲結縎。《廣雅·釋訓》："結縎，不解也。"一作頡滑。《莊子·胠篋篇》"頡滑堅白"，釋文引崔注："頡滑，纏屈也。"不解，纏屈，與結合義或相成，或相近。然則"邂逅相遇"謂相結合而爲妃耦也。（遇讀爲耦，詳彼篇。）"見此邂逅"，謂見此新相結合之夫婦也。《韓詩》訓契闊爲"約束"，其義不知是否如上所説。其釋《徐無鬼篇》"頡滑有實"，向注："頡滑，錯亂也。"《漢書·息夫躬傳》"心結愲兮傷肝"，注："結愲，亂也。"綢繆之邂逅爲"不固之貌"，則適得其反。毛釋契闊爲"勤苦"，釋《野有蔓草》之邂逅爲"不期而會"，綢繆之邂逅爲"解説之貌"，胥與《詩》義不合。胡承珙釋"死生契闊"爲"死生相與結束，不相離棄"。馬瑞辰釋"見此邂逅"爲"見其夫婦相會合"，并深得《詩》旨。惜乎於諸詞之義，剖晰未詳，又不悟契闊邂逅，實一語之轉，爰爲旁采群書、會通衆義以暢其説。

成説

成讀爲訂。《説文》"訂，平議也"，《周禮·宰夫》"則令正日成"，《左傳》隱六年"鄭伯請成於陳"，《楚辭·離騷》"初既與余成言兮"，注并云"成，平也"。成説與成言同，結約之謂也。

闊　洵

《爾雅·釋詁》："闊，遠也。"《傳》："洵，遠也。"《釋文》引《韓詩》作夐。《吕氏春秋·盡數篇》注引《詩》同。《廣雅·釋詁》："夐，遠也。"

活　信

馬瑞辰謂活當讀《君子于役》“曷其有佸”之佸，《傳》：“佸，會也。”不我活即不我會，其説至確。今案信亦當訓會。信申左字通，申有束義，結束與會合義相因，故申亦有會義，因之信亦可訓會。《墨子·經上篇》：“信，言合於意也。”謂言與意相會合也。《釋名·釋言語》：“信，申也，以言相申束，使不相違也。”不相違與會合之義相成。言之會合謂之信，身之會合亦可謂之信。“不我信兮”，即不與我相會合，與“不我活兮”語意全同。上曰闊曰洵，并訓遠，下曰活曰信，并訓會，遠離則不能會合，義皆一貫也。

凱風（邶七）

凱風自南，吹彼棘心。棘心夭夭，母氏劬勞。
凱風自南，吹彼棘薪。母氏聖善，我無令人。
爰有寒泉？在浚之下。有子七人，母氏勞苦。
睍睆黄鳥，載好其音。有子七人，莫慰母心。

凱風

《説文》無凱字。《詩》凱字一作颽。凱蓋颽之異文。疑本從凡，誤變爲几也。然其初衹作豈，以爲風名，故從風耳。豈，《説文》云：“還師振旅樂也。”按此孳乳之義。豈之本義即愷。《説文》：“愷，樂也。”按豈與壴實一字。《説文》：“壴，陳樂立而上見。”喜鼓彭豐諸字皆從此。壴鼓彭與《説文》豈訓“還師振旅樂”義近。而喜則與《説文》訓“愷樂”義同也。鼓彭所從之壴爲樂器，而豐所從之豈又爲食器（即豆）者，古昔鼓爲土鼓，仰之可以盛食物，則爲豆；覆之擊而有聲，則爲鼓。鼓之與豆，初無二物也。《説文》：“缶，瓦器。所以盛酒漿。”秦人鼓之以節歌。《陳風·宛丘》“坎其擊缶”與“坎其擊鼓”并舉。《易·離》:“不鼓缶而歌。”《説文》:“鼟,鼓鼙聲。”按蓋即缶鼓。《漢書·李廣傳》注引孟康曰:“刁斗以銅作鐎器,受一斗,晝炊飯食,夜擊持行,名曰刁斗。”

《周禮·大司馬》注引《司馬法》:“得意則愷樂,愷歌以示喜也。”《左文十八傳》謂之八愷。注:“愷,和也。”

《爾雅·釋天》:“南風謂之凱風。”李巡注:“南風長養萬物喜樂,故曰凱風。凱,樂也。”按凱風本謂和樂之風,後人附會詩語,謂凱風爲南方風名,非也。若然,則《大雅·卷阿篇》“飄風自南”,南風亦可稱飄風矣。(《有始覽》“南方曰巨”,注:“一曰凱風。”按猶詎。一曰豈。《漢書·高帝紀》“公巨能入乎”,注:“巨猶豈。”《卷阿》:“有卷者阿,飄風自南。豈弟君子,來游來歌。”)[1] (前編七之一八),(藏龜一七八葉),羅氏釋既,象人食。按即豈之小變,古蓋亦有豈者,故既從,而與豈音近,既即從(豈)得聲也。

《漢衛尉卿衡方碑》:“感衛人之凱風,悼蓼儀之劬勞。”《孔耽神祠碑》:“竭凱風目惆憀,惟蓼儀目愴悢。”《郎中馬江碑》:“感凱風,嘆寒泉。”《敦煌長史武斑碑》:“孝深凱風。”

《後漢書·光武十王傳》章帝賜東平王書曰:“今送光烈皇后假紒帛巾各二,及衣一篋,可時奉瞻,以慰凱風寒泉之思。”《章八王傳》和帝詔曰:“諸王幼稚,早離顧復,弱冠相育,常有蓼莪、凱風之哀。”古樂府《長歌行》:“遠道使心思,游子戀所生。凱風吹長棘,夭夭枝葉傾。黄鳥鳴相追,咬咬弄好音。佇立望西河,泣下沾羅纓。”《三國志·蜀志·二主妃子傳》:“今皇思夫人宜有尊號,以慰寒泉之思。”潘岳《寡婦賦》:“覽寒泉之遺嘆兮,咏蓼莪之餘音。”陶潛《孟嘉傳》:“淵明先親,君之第四女也。凱風寒泉之思,實鍾厥心。”謝莊《宋孝武宣貴妃誄》[2]:“仰昊天之莫報,怨凱風之徒攀。”謝朓《齊敬

① “《有始覽》”至此,係原稿眉批。
② “孝”字據《文選》補。

皇后哀策文》："思寒泉之罔極兮，托彤管於遺咏。"《晋書·孝友列傳序》："灑風樹以隤心，頫寒泉而沫泣。"按魏源、皮錫瑞皆不信《序》説，引漢以來稱引此詩之詞爲證，其説可謂信而有徵矣。

棘心

《傳》："棘〔心〕（從段玉裁補）難長養者。"按下章《傳》曰："棘薪其成就者。"段玉裁曰："棘心對下棘薪言，謂棘之初生萌糵故云難長養者。"

多按心古作（齊鎛），從，象心房之形，從會意，亦聲。鐵心古音同部，故疑心即從得聲也。蓋鐵之初文。今字作尖，即心思鐵鋭之意。《釋名·釋形體》："心，纖也，所識纖微無不貫也。"□□。（阮元曰：《釋名》此訓，最合本義。《説文》心部次於思部，思部次於囟部，糸部細字，即從囟得聲得意。説詳《揅經室集·釋心》。）凡纖細而鋭者皆可曰心。棘之刺謂之心。《易·坎》"置於叢棘"，虞注："坎多心，故叢棘。"《説卦》："坎……其於木也，爲堅，多心。"虞注："堅多心，棗棘之屬。"是也。松針亦謂之心。《禮記·禮器》："松柏之有心也，貫四時而不改柯易葉。"《説文》："樠，松心木。"《漢書·西域傳》注："樠，木名，其心似松。"是也。木之刺謂之心，因之有刺之木亦名曰心。《爾雅·釋木》："樸樕，心。"《詩·野有死麕》正義引孫炎曰："一名心。"某氏曰："樸樕，槲樕也。有心，能〔耐〕濕，江河間以作柱（炷）。"樸樕，棘類也。（《詩·野有死麕》傳及《説文》并云："樸樕，小木。"郝懿行謂小爲心之誤，是也。）或合稱曰棘心。本詩"吹彼棘心"，《儀禮·特牲饋食禮》"棘心匕刻"，是也。訛變爲赤心（棘古音高本漢作 kiək，朿作 ts'ie，刺作 ts'iäk，赤作 t's'iäk。《説文》朿讀若刺，朿實即刺本字。高分二音，不知何據。疑朿仍當讀 ts'iäk，棘從兩朿，本音當讀 ts'iäk，與赤音義全同。其 kiək 音，蓋本急亟等字之音。《詩經》棘字每假爲急亟，故高定其音如此），《小雅·大東篇》"有捄棘匕"，傳："棘，赤心也。"《説

文》："朱，赤心木。"（今本下有松柏屬三字，疑後人所沾，朱即株本字，株亦有刺之木，别有詳説。）是也。後人不知赤心即棘心，遂謂赤爲赤色，心爲中心，赤心之義亡，則棘心之義益無從印證，於是解詩者有謂棘心爲棘木之心者，不知詩曰"吹彼棘心"，心果在内，風安得吹之乎？此其爲説之妄。阮元固嘗摘之矣。然而如阮説以心爲刺，則風之所吹，何獨在刺而不及枝葉？且《詩》又曰"棘心夭夭"，刺受風吹，又安得夭夭之狀乎？（夭夭即摇摇，詳後。）今以棘心爲棘之異名（如松柏楊柳等），指棘之全體，則文從字順，詞意曉然矣。《長歌行》："凱風吹長棘，夭夭枝葉傾。"夭夭然傾者爲枝葉之全體，最合詩義。

寒泉[①]

《曹·下泉》"洌彼下泉，浸彼苞稂"，"洌彼下泉，浸彼苞蕭"，"洌彼下泉，浸彼苞蓍"，《小雅·大東》"有洌氿泉，無浸檴（原作穫，從鄭讀）薪"，皆言草木爲泉所害，不能遂長。《易林·臨之咸》所謂"泱泱沸溢，水泉爲害，使我無賴"也。此詩寒泉承上棘薪而言，以寒泉傷棘喻七子迫於飢寒，然而其母盡撫之，以至長大，此勞苦可知矣。故曰"母氏勞苦"也。《下泉》《大東》於泉皆曰洌，寒泉猶洌泉也。（《下泉》傳："洌，寒也。"）朱右曾據《水經·瓠子水注》"有寒泉岡，在浚城側"，謂《詩》之寒泉爲水名，不知寒泉岡本因《詩》得名，不得轉以釋《詩》也。《通典》亦以寒泉爲水名。[②]又按《太平御覽》一九三引《郡國志》"水冬夏常冷，故曰寒泉"（今《續漢志》無此語），此釋寒泉之義極是。□王夫之以《左傳》有寒氏，謂寒泉爲寒氏之泉，則又穿鑿之尤者矣。

---

① 原稿"寒泉"訓文有兩處，内容大同小異，但詳略不同。另一訓文如此：《下泉》《大東》於泉皆曰洌。《下泉》傳："洌，寒也。"此曰寒泉，當是泉之形容詞。王夫之以寒泉爲寒氏之泉，鑿矣。《水經·瓠子水注》："有寒泉岡，云即《詩》之寒泉。"案後人因詩而造此名也。朱右曾以《詩》之寒泉爲水之專名，亦非。

② "《通典》"句係原稿眉批，其中"亦"字是整理者所增。

睍睆①

《太平御覽》九二三引《韓詩》作簡簡。《詩考》引同。毛曰："睍睆，好貌。"多案《周南·關雎》"關關雎鳩"，《秦·黄鳥》"交交黄鳥"，《小雅·小宛》"交交桑扈"，又《桑扈》"交交桑扈"，《詩》言鳥者，多以狀鳴聲之字冠之。此曰"睍睆黄鳥"，當亦爲鳴聲，故下曰"載好其音"。《華陽國志·傷三貞詩》"間關黄鳥，爰集於樹"，蓋兼用《秦·黄鳥》及此詩語。白居易詩"間關鶯語花底滑，幽咽泉流水下灘"，元好問詩"回頭人不見，山鳥鳴間關"，皆以爲鳴聲。間關即睍睆，蓋亦三家異文也。《小雅·車舝》"間關車之舝兮"，間關爲車舝聲，義雖與此異，其爲狀聲之語則一也。陳喬樅謂毛作睍睆，爲暖睕之借字，故《傳》訓好貌；又謂宋本《御覽》引《韓詩》作簡斤，斤當爲皈之缺誤，簡皈即瞯皈。瞯皈，《廣韻》并訓目多白貌，謂鳥目轉視流眄之貌也。案陳申毛義甚精。説韓義亦有見。余謂《説文》："睍，出目也。"《蒼頡篇》："睆，目出貌也。"睍睆雙聲連綿詞，鳥目突出之貌也。此亦可與陳氏諸説并存。然究不若讀爲間關之平實了當也。

朱熹曰："睍睆，清和圓轉之意。"以爲鳥之鳴聲。陳奂曰："疑《傳》文當作'睍睍好也'四字，好謂聲音之好，今本也誤作皃……'《葛覃》咏黄鳥'其鳴喈喈'，傳：'黄鳥，摶黍也。喈喈，和聲之遠聞也。'睍睍喈喈，語轉雙聲。古樂府《長歌行》：'凱風吹長棘，夭夭枝葉傾。黄鳥鳴相追，咬咬弄好音。'咬咬亦雙聲。"案陳申朱義是也。

① 原稿"睍睆"訓文有兩處。另一訓文如此：《秦·黄鳥》"交交黄鳥"，《小雅·小宛》又《桑扈》"交交桑扈"，《周南·關雎》"關關雎鳩"，《葛覃》"黄鳥于飛，集于灌木，其鳴喈喈"，此與睍睆意并相近。《華陽國志·傷三貞詩》"間關黄鳥"，蓋即用此詩語。《小雅·車舝》"間關車之舝兮"，間關亦聲也。白居易《琵琶行》："間關鶯語花底滑，幽咽流泉水下灘。"元好問詩："回頭人不見，山鳥鳴間關。"沈約《郊居賦》："楚雀多名，流鶯雜響，或斑尾而綺翼，或緑衿而絳顙，好葉隱而枝藏，乍間關而來往。"

載

載，則也。則者表對待關係之助詞。《大車篇》“穀則異室，死則同穴”是也。或省一則字。《東門之墠篇》“其室則邇，在人〔則〕甚遠”是也。此詩謂“睍睆黄鳥，載（則）好其音，有子七人，〔則〕莫慰母心”也。與《東門之墠》同例。

【篇義】

《序》：“《凱風》，美孝子也。衛之淫風流行，雖有七子之母，猶不能安其室，故美七子能盡其孝道，以慰其母心而成其志爾。”魏源以爲如《序》説，則宜爲千古母儀所羞道。因舉漢人稱引此詩之詞以證《序》説之非。皮錫瑞贊成之，又增引六朝人用《詩》，亦異《序》旨。其説皆確不可易。案《序》之説，蓋因孟子“親之過小也”一語而附會之。首序曰“美孝子也”，意謂國人所作，以美孝子，亦非。姚際恒曰“此孝子自作”，是也。

《詩》中凡言母必與父并稱。此獨不稱父，必父早殁。父殁而撫養七子成人，其勞可知。但七子非同時成人也。長幼有差，知識有異，年長者方以母氏勞苦爲憂，而幼者猶無知無識，因作此詩以抒其哀思，兼以勉諸弟焉。凱風吹棘，泉流浚下，黄鳥和鳴，并耳目所及之實景，即以爲此，所謂賦中有比之興也。或據《易林》以爲孝子思亡母之詞，亦通。一説父責子之詞。[①]

《傳》：“南風謂之凱風，樂夏之長養。棘難長養者。”《箋》：“以凱風喻寬仁之母，棘猶七子也。”[②]

棘非善材，故曰“我無令人”。

寒泉害棘，南風助棘長大，喻七子困於飢寒，母救護之以至長大。

鳥有好音，人無好音（猶言德音）。誰將西歸，懷之好音？王先謙

① “《詩》中”至此是原稿眉批。

② 原稿本段及以下三段分别在經文一、二、三、四章之下。

曰："莫慰母心，言不如黄鳥，尚能悦人。"

雄雉（邶八）

雄雉于飛，泄泄其羽。我之懷矣，自詒伊阻。
雄雉于飛，下上其音。展矣君子，實勞我心。
瞻彼日月，悠悠我思。道之云遠，曷云能來！
百爾君子，不知德行。不忮不求，何用不臧。

泄泄

《傳》："飛而鼓其翼泄泄然。"案泄泄爲言枻也。《楚辭·九歌》"桂櫂兮蘭枻"，注："枻，船旁板也。"《淮南子·道應篇》"佽非謂枻船者曰"，注："枻，櫂也。"鳥之有翼，如船之有枻。《傳》"飛而鼓其翼泄泄然"，正以鼓枻之狀喻鼓翼。又《廣雅·釋訓》："翍翍，飛也。"

矣

"我之懷矣"，矣讀爲也，攝起下文（詳《廣漢》）。"展矣君子"之矣猶哉也。

阻

《玉篇·阜部》引《韓詩》説："阻，憂也。"《慧琳音義》六同。案阻讀爲戚（戚古音讀如蹙，與阻音近），故訓憂也。《小明》"心之憂矣，自詒伊戚"，語與此同。《左傳》宣二年引《詩》"我之懷矣，自詒伊戚"，王肅謂即《雄雉》之詩，是也。

展

《傳》："展，誠也。"

百

朱子曰："百猶凡也。"

忮

《論語·子罕篇》引此詩，馬注："忮，害也，不疾害，不貪求，何用不爲善也。"《玄應音義》九引《通俗文》："務求謂忮𧊒。"

匏有苦葉（邶九）

匏有苦葉，濟有深涉。深則厲，淺則揭。
有瀰濟盈，有鷕雉鳴。濟盈不濡軌，雉鳴求其牡。
雝雝鳴雁，旭日始旦。士如歸妻，迨冰未泮。
招招舟子，人涉卬否。人涉卬否，卬須我友。

匏

《説文》匏瓠互訓。瓠之爲物，既熟而乾，入水不沉，其大者可佩以濟渡。《莊子·逍遥游篇》："今子有五石之瓠，何不慮以爲大樽，而浮於江湖。"《鶡冠子·學問篇》"中流失船，一壺千金"，《劉子·隨時篇》作瓠。《淮南子·説林篇》："嘗抱壺而渡水者，抱而蒙火，可謂不知類矣。"崔豹《古今注·音樂篇》："有一白首狂夫，被髮提壺，亂河流而渡。"壺即瓠也。《論語·陽貨篇》："吾豈匏瓜也哉，焉能繫而不食。"説者云繫謂繫以濟渡，其字作匏，正與《詩》合。《詩》曰"匏有苦葉，濟有深涉"，匏涉連言，意謂佩匏可以利涉可知。《左傳》襄十四年："諸侯之大夫從晉侯伐秦……及涇不濟，叔向見叔孫穆子，穆子賦《匏有苦葉》，叔向退而具舟。”《國語・魯語》下載其事曰：“諸侯伐秦，及涇莫濟。晋叔向見叔孫穆子。曰：‘諸侯謂秦不恭而討之，及涇而止，於秦何益。’穆子曰：‘豹之業及匏有苦葉矣。不知其他。’叔向退，召舟虞與司馬，曰：‘夫苦匏不材，於人共濟而已，魯叔孫賦《匏有苦葉》，必將涉矣。’”注：“材若栽也，不栽於人，不可食也，共濟而已，佩匏可以渡水也。”案穆子賦詩，而叔向即知其將涉，自是詩家古義相承如此。韋注不可食，與孔子言不食義亦合。《易林・震之需》：“枯瓠不朽（疑材之誤），利以渡舟，渡逾江海，無有溺憂。”其説《詩》義，既明且晰，此齊説之尤善者也。

苦葉

嘗疑叔向言苦匏不材，韋昭解不材爲不可食，理自可通，然與《詩》義殊不相應。《詩》明言苦葉，未嘗言苦匏也。世間又豈有因其葉苦而并其實亦棄而不食之理？且匏葉未嘗不可食。《瓠葉》之詩曰：“幡幡瓠葉，采之亨之。君子有酒，酌言嘗之。”是其明證。陸疏曰：“匏葉少時可爲羹，又可淹煮，極美，故《詩》曰：‘幡幡瓠葉，采之亨之。’今河南及揚州人恒食之。八月中堅强，不可食，故云苦葉。”案陸後説殊謬。過時而不堪食，園蔬之類，莫不皆然，寧獨瓠葉而已哉。王先謙據《易林》“枯瓠不朽”，謂苦當讀爲枯，云：“枯苦字通。《莊子・人間世篇》‘此以其能苦其生者也’，釋文‘苦崔本作枯’是其證。《儀禮・士虞禮記》‘鉶芼用苦，若薇有滑’，注：‘苦，苦荼也。’‘古文苦爲枯。’葉枯而後取匏，故匏有苦葉而後濟有深涉。”案王説至確。瓠葉枯時，其實亦堅强而中空，斯可取以備涉矣。不言瓠枯而言葉枯者，瓠之成否不易知，驗之於葉而後知也。《豳風》八月斷壺，瓠以八月葉枯而可斷，時秋水亦適至而渡處漸深，供與求應，如見天心。故詩人以“匏有枯葉”與“濟有深涉”并言之。古字從草者或從木，其例見於金文者，不一而足。上揭《左傳》《國語》各苦字亦并當讀爲枯，義始貫通。

濟

張文虎曰："濟即《泉水》'出宿于泲'之泲，二字古通。"案張説是也。"有瀰濟盈"猶《新臺》"河水瀰瀰"，河即黄河也。

厲 揭

《都人士》"垂帶而厲"，傳："厲，帶之垂者。"謂垂帶之餘以爲飾，故下文云："匪伊垂之，帶則有餘。"《左傳》桓二年"鞶厲游纓"，注："厲，大帶之垂者。"《小爾雅·廣服》："帶之垂者謂之厲。"案對言之，著於身者謂之帶，垂於下者謂之厲。散言之，厲亦帶也。《方言》四："厲謂之帶。"《廣雅·釋器》："厲，帶也。"名詞之帶謂之厲，動詞之帶亦謂之厲。《楚辭·九懷·株昭》："鈆刀厲御兮，頓棄太阿。"厲猶帶也。揭猶荷也。揭謂之荷猶曷謂之何也。《説文》："竭，負舉也。""揭，高舉也。"竭揭一字，負舉即荷矣。厲揭皆斥匏言。謂水深則帶匏於腰，水淺則荷之於背可耳。

瀰

《新臺》傳："瀰瀰，盛貌。"案《説文》"瀰，滿也"，瀰瀰同，瀰滿一聲之轉。

鷕

雉鳴聲。《文選·射雉賦》："雉鷕鷕以朝雊。"鷕，《釋文》引《説文》以水反，《字林》于水反。戴侗云瀰鷕爲韻，盈鳴爲韻。案即唯字。隹鳥古無别，是唯鳴亦一字。故唯之義本爲鳥鳴聲，後爲唯諾義所專，乃沾鳥以别之，則於義爲復矣。《釋文》鷕沈耀皎反者，讀從鳥聲也。陸音以小反者，由端變喻，猶唯讀如自，今讀以水反，亦由端變喻也。

軌

《傳》："由軸以上爲濡軌。"（舊軸作軓，又無濡字，從王念孫訂。）陳奐云，軌者軸之兩端，故由軸以上爲濡軌。案古每以車涉水。《孟子·離婁下篇》："子産聽鄭國之政，以其乘輿濟人於溱洧。"是其一例。今北方尚有此風。

泮

《周禮·朝士》"凡有責者有判書"，注："判，半分而合者。"《媒氏》"掌萬民之判"亦訓合。《集韻》引《字林》："牉合，合其半以成夫婦也。"泮與判牉通。泮爲分，又爲合，此相反爲義者。"迨水未泮"，謂及冰未合以前也。古者春秋爲嫁娶之候，故《詩》曰："士如歸妻，迨冰未泮。"《詩》中所紀，若匏葉枯落，渡處水深，并雉雊雁鳴，皆秋日物候，在冰未泮以前。誠如舊説以冰泮爲冰解，則與詩中物候相左矣。

招招

《説文》："柖，樹搖貌。""榣，樹動也。"《漢書·禮樂志·郊祀歌》十一："體招搖，若永望。"注："招搖，申動之貌。"《司馬相如傳》："又猗狔以招搖。"柖榣，招搖，字異而義同。又變爲調調刁刁。《莊子·齊物論篇》："而獨不見之調調刁刁乎！"釋文引向注："調調刁刁，皆動搖貌。"《詩》招招猶調調刁刁，身體動搖貌也。"招招舟子，人涉卬否"者，舟子招招然鼓楫而去，他人皆行而己獨留也。《文選》謝朓《始之宣城郡詩》"招招漾輕楫，行行趨岩趾"，正以招招狀漾楫者動搖之貌，蓋三家舊義如此，爲謝所本。

卬

《説文》："姎，婦人自稱我也。"《爾雅》郭注："卬，猶姎也。"

《莊子·列禦寇篇》"緣循偃佒"，即偃仰。卬之爲姎，猶偃仰之爲偃佒矣。（馬瑞辰説。）

谷風（邶十）

習習谷風，以陰以雨。黽勉同心，不宜有怒！采葑采菲，無以下體。德音莫違，及爾同死。

行道遲遲，中心有違。不遠伊邇，薄送我畿！誰謂荼苦？其甘如薺。宴爾新昏，如兄如弟。

涇以渭濁，湜湜其沚。宴爾新昏，不我屑以。毋逝我梁，毋發我笱。我躬不閲，遑恤我後？

就其深矣，方之舟之，就其淺矣，泳之游之。何有何亡，黽勉求之。凡民有喪，匍匐救之。

不我能慉，反以我爲讎。既阻我德，賈用不售。昔育恐育鞫，及爾顛覆。既生既育，比予于毒。

我有旨蓄，亦以御冬。宴爾新昏，以我御窮。有洸有潰，既詒我肄。不念昔者，伊余來塈？

習習

習讀爲颯。《漢書·揚雄傳》"范雎以折摺而危穰侯"，注引晋灼："摺，古拉字。"習通作颯，猶摺通作拉。《文選·風賦》"有風颯然而至"，注引《説文》："颯，風聲。"重言之曰颯颯。《楚辭·九歌》"風颯颯兮木蕭蕭"，字一作泣。《漢書·揚雄傳》"猋泣雷厲"，注："泣，猋風疾貌也。"《廣韻》："颯飉，大風。"

谷風

嚴粲引錢氏曰："谷風，谷中之風也。"嚴氏又據《桑柔》"大風有隧，有空大谷"，及《文選·風賦》"大風盛怒於土囊之口"注"土囊，谷口也”，以證谷風爲大風，亦即盛怒之風。案二説均確。《小雅·谷風》曰：“習習谷風，維山崔嵬。”維當訓自。（詳彼篇。）是詩言谷風爲起自山谷之風，明甚。《淮南子·天文篇》：“猛虎嘯而谷風至。”《御覽》引《春秋元命苞》：“猛虎嘯，谷風起。”蓋虎爲山居之獸，故昔人以爲嘯則谷風生。是古言谷風，皆謂山谷之風也。《小雅·谷風》又曰：“維風及頽。”頽讀爲霣，雷也。（亦詳彼篇。）風雷并作，是必盛怒之大風矣。谷風爲盛怒之風，故本篇下文云：“不宜有怒。”

葑　菲

《箋》：“葑，蔓菁。”陸《疏》：“葑，蕪菁。”蕪蔓一聲之轉。陳藏器曰：“蕪菁，北人名蔓菁。”焦循云，菲即蘆菔，蟲之名蜚，一名盧蜰，則菜之名菲，即蘆葩也。蘆葩即蘆菔，與蔓菁一類，故詩并舉之。

以

猶及也。《國語·周語》引《湯誓》：“余一人有罪，無以萬夫。”《吕氏春秋·順民篇》，《論衡·感應篇》，以并作及。《易·小畜》“富以其鄰”，《泰》“拔茅茹以其彙”，《剥》“剥床以足”“剥床以膚”，以皆訓及。

下體

《傳》：“下體，根莖也。”體讀爲柢。《説文》：“柢，木根也。”《爾雅·釋言》：“柢，本也。”《周禮·典瑞》注引作邸。柢邸通。《周禮·弁師》“象邸玉笄”，注：“邸，下柢也。”《初學記》引《魏臺訪議》：“邸，以象骨周緣弁下根柢，如魏武帝所作弁柢。”下體即下柢也。一曰下本。《漢書·鄒陽傳》“蟠木根柢”，注引張宴：“根柢，下本也。”《易》“拔茅茹以其彙”，于省吾謂蕫爲彙之誤。蕫與柢通，“拔茅茹以其彙”，即拔茅茹及其根也。

違

《釋文》引《韓詩》：“違，很也。”案違與愇，很與恨并通。《文選・幽通賦》“違世業之可懷”，曹大家注：“違，恨也。”違或作愇。”《廣雅・釋詁》：“愇，恨也。”字一作媁。《説文》：“媁，不説貌。”“中心有違”，即中心恨恨也。《書・無逸》“民否則厥心違怨”，違與怨同義。《小雅・谷風》以嵬萎與怨韻，正讀怨如違，是違即怨之轉，故訓恨。

薄

讀爲甫。“薄送我畿”，言相送甫及畿而止也。

畿

《傳》：“畿，門内也。”馬瑞辰云，畿讀爲機。《周禮》注：“畿，猶限也。”王都之限曰畿，門内之限爲機，義正相近。《吕氏春秋・本味篇》注：“橥機，門内之位也。”《廣雅・釋宫》：“橥機，闑朱也。”朱或作梱，又作閫。《説文》：“梱，門橥也。”蔡邕《司徒夫人靈表》“不出其機”，言不出於梱也。“薄送我畿”，即送不過梱之謂。梱設於門中，不過畿則爲門内矣。

湜

《説文》：“湜，水清見底也。”《玉篇》：“湜，水清也。”案讀爲澂。《説文》：“澂，清也。”湜澂一聲之轉。《説文》：“寔，止也。”《沔水》傳：“懲，止也。”《白虎通・禮樂》：“徵，止也。”湜與澂亦皆有止義。水止則能清，故又皆訓清。字一作澄。《淮南子・説山篇》：“人莫鑒於沫雨，而鑒於澄水。”《俶真篇》作“人莫鑒於流沫，而鑒於止水”。

躬

新出漢石經《魯詩》作今,《禮記·表記》引《詩》同。案“我今不閲，遑恤我後”，今後對文，作今正字，躬者聲之轉也。《左傳》襄二十五年引《詩》“我躬不閲”，而杜注曰：“言今我不能自容説，何暇念其後乎？”是所據本字作今。今本作躬者，蓋後人順《毛詩》改之。

遑

《禮記·表記》、《左傳》襄二十五年并引作皇。案遑皇并讀爲況。《書·秦誓》“我皇多有之”,《公羊傳》文十二年作“而況乎我多有之”。《尚書大傳》“皇於聽獄乎”，注：“皇猶況也。”

阻

讀爲詐。《御覽》八三八引《韓詩》作詐。《吕氏春秋·務本篇》注：“以虚取之爲詐。”

賈用

《書·酒誥》：“肇牽車牛，遠服賈用。”（今讀用字屬下，誤。《白虎通·商賈篇》、《詩·無將大車》正義引并屬上讀。）案《易林·小畜之蠱》引《詩》作賈庸。今字作雇傭。

售

《御覽》八三八引《韓詩》作讎。唐石經初刻讎，磨改售。案讎售古今字。今買曰售，賣曰讎，字變作酬，古本一語也。《秦策》五：“太公望，齊之逐夫，朝歌之廢屠，子良之逐臣，棘津之不讎（二字原倒，從孫詒讓正）庸”，高注：“賣庸作又不能自售也。”

昔育恐育鞫

林義光讀育爲攸，讀恐爲邛。案林説郅確。余謂此即《小雅·谷風》之“將恐將懼”，特字有訛變耳。育喻母，有影母，爲次雙聲。育幽韻，有之韻，之幽本通，二字聲近，形亦相似，故有每訛作育。《莊子·人間世篇》“是以人惡有其美也”，釋文：“有，崔本作育。”《山海經·南山經》：“旄山之尾，其南有谷曰育遺，凱風自是出。”注：“育遺一作育隧。”案育隧即有隧，凱風即大風。（詳《凱風篇》。）《詩·桑柔》“大風有隧，有空大谷”，是《山經》所本。懼鞫見母雙聲，亦得相轉。此本作“有恐有懼”。懼以叶韻關係轉爲鞫，有復變爲育，於是本義全失矣。

及爾顛覆

謂床笫之事。《小雅·谷風》曰“寘予於懷”，可以互證。下文“既生既育”，即承此言之。

既生既育

《生民》：“載震載夙，載生載育，時維后稷。”此生育義同。

蓄

馬瑞辰讀爲蓫。《我行其野》“言采其蓫”，釋文：“蓫，本又作蓄。”《本草》陶注引《詩》作蓄。《易林·巽之豫》“黄鳥采蓄”，陳喬樅以爲用《我行其野》語。是《齊詩》亦作蓄也。“旨蓄”與《防有鵲巢》“旨苕”“旨鷊”詞例同。案《文選》曹植“霜蓄露葵”即此。故云可以禦冬也。王闓運謂即今之雪蕻，未知然否。

御

《傳》：“御，禦也。”《釋文》：“御窮，一本即用禦字。”案《藝文類聚》八二引《毛詩》作禦。《吕氏春秋·仲秋紀》注引《詩》同。《黄鳥》傳“百夫之禦”，“禦，當也”。案猶二章“百夫之防”，防備也。

洸 潰

《傳》：“洸洸，武也。潰潰，怒也。”案洸潰雙聲連綿詞，言怒也。徐璈云，以水之激涌潰決舉似怒貌，是也。(《江漢》“武夫洸洸”，《鹽鐵論·徭役篇》引作潢潢。《爾雅·釋訓》：“洸洸，武[1]也。”《釋文》：“舍人本作僙。”《文選·洞簫賦》：“時横潰以陽遂。”横訓恣縱，與潰決義近。洸潰猶横潰也。)

肄

《傳》：“肄，勞也。”案讀爲勩。《爾雅·釋詁》：“勩，勞也。”《詩》正義引孫炎：“勩，習事之勞也。”

來

猶是也。

塈

馬瑞辰讀爲塈。塈，古愛字。(《説文》：“炁，惠也。”古文作悉。愛作㤅，從炁夊。)“伊余來塈”，維余是愛也。案經傳或以既爲之，《書·堯典》“九族既睦”，猶下文云“百姓昭明”。《左傳》宣十二年：“非子之求，而蒲之愛，董澤之蒲，可勝既乎。”既皆愛之借字，裴學海云。

① “武”字原缺，今據《爾雅·釋訓》補。

【篇義】

王質曰："此非絶也，特以勞役之事苦之。"

式微（邶十一）

式微式微，胡不歸！微君之故，胡爲乎中露？
式微式微，胡不歸！微君之躬，胡爲乎泥中？

式

猶將也。丁聲樹訓他篇式字爲當。案當有將意。《儀禮・特牲饋食禮》"佐食，當事則户外南面"，注："當事，將有事而未至。"《戰國策・趙策》一："知伯曰，兵著晋陽三年矣，旦暮當拔之而饗其利。"《韓非子・十過篇》當作將。《吴越春秋・勾踐入臣外傳》"越將有福，吴當有憂"，當將互文。式訓當而當有將義，是式亦可訓將矣。更以三事明之。式殆聲近。《春秋經》襄四年"夫人姒氏薨"，《公羊傳》作弋。《風俗通・山澤篇》："岱者始也。"式之通殆，猶弋之通姒，岱之通始。式與殆通，殆亦將也。式字從弋，必亦從弋。必猶將也。《吕氏春秋・重言篇》："是鳥雖無飛，飛將衝天。雖無鳴，鳴[①]將駭人。"《韓非子・喻老篇》將作必。《左傳》隱四年"夫兵猶火也，弗戢，將自焚也"，《漢書・武五子傳贊》將作必。《吕氏春秋・義賞篇》"詐僞之道，雖今偷可，後將無復，非長術也"，《韓非子・難一篇》將作必。《管子・侈靡篇》"輕君位者國必敗，疏貴戚者謀將泄"，必將互文。式與其義通。《史記補・日者傳》"旋式正棊"，《詩・楚茨》"如幾如式"假幾爲棊，棊亦式也。其之通式，猶棊之通[②]式。其亦訓將。《書・微子》"今殷其淪喪"，謂將淪喪也。《詩・伯兮》"其雨其雨"，謂將雨將雨也。

① 原稿脱"鳴"字，據《吕氏春秋・重言篇》補。
② 脱"通"字，據上下文義與句式補。

《七月》“其始播百穀”，謂將始播百穀也。

微

讀爲昧。《十月之交》箋：“微，不明也。”《文選·西征賦》注引《易·繫辭傳》舊注：“知微謂幽昧。”《易·彖傳》正義引董遇《章句》：“昧，微物（曶）。”微昧音義并同，故可通用。昧者暮也。《書·堯典》：“宅嵎夷曰暘谷，寅賓出日，平秩東作……宅西曰昧谷，寅餞納（入）日，平秩西成。”東方日出之谷曰暘谷，西方日入之谷曰昧谷，是昧即暮。故《楚辭·懷沙》曰：“日昧昧其將暮。”“式微式微”，猶言將暮將暮矣。

故 躬

《谷風》“我躬不閱，遑恤我後”，《禮記·表記》引躬作今。今與後對文，作今正字，躬者聲之轉也。《爾雅·釋詁》“肆，故，今也”，注：“肆既爲故，又爲今，今亦爲故，故亦爲今。此義相反而兼通者，事例在下，而皆見《詩》。”又“徂，在，存也”，注：“以徂爲存，猶以亂爲治，以曩爲曏，以故爲今，此皆詁訓，義有反復旁通，美惡不嫌同名。”案故今一聲之轉。《爾雅·釋言》：“苦，矜也。”故之爲今，猶苦之爲矜也。《書·甘誓》“天用剿絶其命，今予惟共行天之罰”，《湯誓》“夏德若茲，今朕必往”，二今字王引之訓爲故。《大誥》：“殷小腆，誕敢紀其敘，天降威，知我國有疵，民不康，曰予復反鄙我周邦，今蠢。”裴學海訓今爲故。又云《墨子·非命篇》“今故先王對之曰”，今故是複語，今亦故也。案今故或倒之曰故今，《緜》《思齊》兩《傳》并云：“肆，故今也。”《大明》《抑》兩《箋》亦并云：“肆，故今也。”《爾雅》“肆，故今也”，注云皆見《詩》，指此。《詩》“微君之躬”，躬當讀爲今。“微君之今”，猶“微君之故”矣。

中露　泥中

朱子以露爲夜露，泥爲泥塗。

旄丘（邶十二）

旄丘之葛兮，何誕之節兮！叔兮伯兮，何多日也！
何其處也，必有與也。何其久也，必有以也！
狐裘蒙戎，匪車不東。叔兮伯兮，靡所與同。
瑣兮尾兮，流離之子。叔兮伯兮，褎如充耳。

誕

讀爲蕈。《葛覃》傳："覃，延也。"《大戴禮·子張問篇》注："譚，誕也。"覃與延，譚與誕，皆聲近義通，是誕亦可通蕈。蕈，藤也，詳《葛覃篇》。延之義爲長，因之物之弱而長者，其命名多從延受義。《廣雅·釋器》："䩞，帶也。"《家語·正論篇》"加之以紘綖"，注："纓屈而上者謂之紘綖。"藤謂之誕，猶帶謂之䩞，纓謂之綖矣。一説誕仍讀爲延，訓長。之猶且也。"何誕之節兮"，何長且高也。之爲連詞，連名詞，義與"與"同；連動詞義與"而"同，連形容詞義與"且"同。

節

《節南山》傳："節，高峻貌。"峻者，《楚辭·離騷》："冀枝葉之峻茂兮。"（《漢書·司馬相如傳》"實葉葰茂"，字作葰。）《淮南子·覽冥篇》"山無峻幹"，《新序·雜事篇》"玄猨居桂林之中，峻葉之上"，是草木之高亦曰峻。峻節陽入對轉，故山之高謂之峻，亦謂之節。草木之高謂之峻，亦謂之節。高長義近。《詩》"何誕之節兮"，誕讀爲藤，猶言何藤之長也。

處　久

處與処同。《説文》："処，止也。"《墨子·經上篇》："止以久也。"處，訓止，止則久，故處亦有久義。《廣雅·釋詁》三："腒，久也。"処腒聲近。

蒙戎

《左傳》僖五年："狐裘厖茸。"蒙戎與厖茸同。

匪車不東

《蕩》："匪上帝不時，殷不用舊。"此言匪車不東，人自不東耳。下句省略，意尤深蘊。

所

《公羊傳》文十三年注："所猶時也。"《墨子·節用上篇》："聖王既没於民次也，其欲蚤處家者，有所二十年處家，其欲晚處家者，有所四十年處家。"王念孫云：所猶時也，言有時二十年，有時四十年也。案《詩》所字亦訓時。"靡所與同"，猶言無時與俱耳。

瑣　尾

尾，當爲𡱝字之誤也。𡱝字見金文《曾子𡱝簠》，爲人名。又《師獸𣪘》"彤𡱝"，《無叀鼎》《寰盤》《休盤》并作"彤沙"。郭沫若謂𡱝爲緌本字，戈緌以犛牛尾爲之，故字從尾。少，古沙字，其聲也。案郭説郅碻。瑣，從貨聲，貨亦從少聲。瑣𡱝，古同讀，連綿詞也。《説文》："貨，貝聲也。""瑣，玉聲也。"貝玉之聲無煩别白，貨瑣一字耳。瑣爲貝聲，鳥聲似之。故《詩》以瑣𡱝狀鳥鳴。《伐木》"鳥鳴嚶嚶"，賏爲貝連，嚶嚶亦以貝聲狀鳥聲也。又𡱝與彗聲近義通。（牛馬之尾，其用與帚彗同，人亦用之以作帚。）《小弁》"鳴蜩嘒嘒"，《采菽》"鸞聲嘒嘒”,《那》“嘒嘒管聲”,嘒嘒猶㬪㬪,亦即瑣㬪矣。瑣彗對轉。

流離

《爾雅·釋鳥》注、《説文繫傳》各引詩作留離。《説文》作鶹離,與《釋文》又作本合。《爾雅》作鶹鷅。案流離即黄鳥,一曰黄栗留,一曰黄鸝,一曰鵹黄,又曰倉庚,一曰黄鶯,又曰流鶯。鳥長言之曰栗留,故黄鳥謂之黄栗留。栗留例言之,則爲鶹鷅、留離、流離,黄栗留又省爲黄鸝。名雖數變,實則一而已矣。黄鳥之色黄黑相雜,因之黄色之雜黑者謂之留黄。《説文》:“莀,草也。可以染留黄。”留黄者猶言留離之黄,實則鳥黄耳。《禮記·玉藻》疏引《論語》皇疏:“駵黄之色黄黑。”駵黄即留黄也。一曰流黄。《樂府詩集·相逢行》:“中婦織流黄。”羊勝《屏風賦》注:“流黄,間色素也。”《廣雅·釋器》:“流黄,彩也。”《淮南子·本經篇》注:“流黄,玉名。”繒與玉皆以色得名,而色則以鳥之色爲名也。留黄一作流黄,又猶留離一作流離矣。至鳥名一曰鵹黄者,《玄應音義》二二引《字林》:“鵹,黄黑也。”鵹與黧同,以其爲鳥名,故字變從鳥。《説文》作黧黄,云“其色黎黑而黄”,是也,鵹黄黧黄即留黄流黄聲之轉。此則又轉以色名呼鳥矣。留之轉鵹,猶染留黄之草謂之莀,莀亦留之轉也。其又名倉庚者,疑倉即蒼字,蒼黧義近,庚黄音近,倉庚即鵹黄也。一曰黄鶯,又曰流鶯者,流即流黄之流,流黄變爲色名,亦可單言流。《廣雅·釋器》:“䣶,黄也。”流鶯即䣶鶯,亦即黄鶯也。《毛傳》以流離爲鳥,而不云何鳥。陸疏以爲即梟,引張奂云:“鶹鷅食母。”案此誤以鵂鶹爲鶹鷅也。(鵂鶹之鶹,亦鳥音之轉。)《傳》:“少好長醜,始而愉樂,終以微弱。”此以其聲言。愉樂微弱,分釋好醜之義,謂少時鳴聲悦耳,長而微弱不能成聲也。(謝靈運《酬從弟惠連詩》:“嚶鳴已悦豫。”愉樂猶悦豫也。)陸以“長醜”爲長,還食其母,不知既云微弱,即不爲母所食,焉得反食其母哉?甚矣其謬也。

褎

褎爲褏之訛。褎即褏之異體，從衣采聲。采，古孚字。（戚學標說。）《說文》以爲褎之爲袖之正字，訓褏爲衣博裾。《傳》："褎，盛服也。"衣以博大爲美，是毛所據本作褎不作褏，明甚。然竊意盛服之義，於《詩》亦無施。《說文》飽之古文作⿰飠采，又作⿱卯食，是采卯古音可通。褎從采聲，蓋借爲聊。《說文》："聊，耳鳴也。"聊長言之曰聊啾。《楚辭·九思·怨思》"耳聊啾而儻慌"，注："聊啾，耳鳴。"一作聊嘈。王延壽《夢賦》："耳聊嘈而外即。"《玉篇》引《埤蒼》："⿰耳農，耳中聲也。"《釋名·釋疾病》："聾，籠也。如在蒙籠之內，聽不察也。"聊爲耳鳴，⿰耳農爲耳中聲，聾爲聽不察，義具相關，當爲一語，蓋聊聾一聲之轉。而聾來母，⿰耳農泥母。泥來可互通也。《淮南子·說林篇》"雖聾蟲而不自陷"，注："聾蟲，無知也。"案聾蟲即聊啾聊嘈。聊啾聊嘈轉爲聾聲，猶聊轉爲聾耳。《詩》曰："瑣兮尾兮，流離之子。叔兮伯兮，褎如充耳。"謂此小鳥鳴聲瑣屑，正堪悅耳，彼遠道之君子，乃聊聊然未嘗聞知，若充耳然也。《抑》"誨爾諄諄，聽我藐藐"，傳曰："藐藐然不入。"聊藐皆 ml—複補音字（《莊子·逍遥游篇》"藐姑射之山"，《列子·天瑞篇》，《山海經·海內外經》，藐俱作列），藐藐即聊聊。故《傳》曰"藐藐然不入"，謂不入耳也。鄭注《洪範·五行傳》引彼詩作⿰耳毛⿰耳毛，字從耳，於義尤顯。

簡兮（邶十三）

簡兮簡兮，方將萬舞。日之方中，在前上處。碩人俁俁，公庭萬舞！

有力如虎，執轡如組。左手執籥，右手秉翟。赫如渥赭，公言"錫爵"！

山有榛，隰有苓。云誰之思？西方美人。彼美人兮，西方之人兮。

簡

王闓運云："簡簡，鼓聲也。"《那》："奏鼓簡簡。"多案《禮記·樂記》"先鼓以警戒"，注："先鼓，將奏樂，先擊鼓以警戒衆也。"未舞之前，蓋亦先擊鼓，故曰："簡兮簡兮，方將萬舞。"

萬舞

詳《東門之枌》。

在前上處

《箋》："在前列上頭也。"易順鼎云：《東門之枌》箋"以南方原氏之女可以爲上處"，是上處謂舞列之上頭也。《猗嗟》"舞則選兮"，箋"選者謂於倫等最上"。此言可以爲上處，彼言於倫等最上，文義相同，尤可互證。

俁俁

《傳》："俁俁，容貌大也。"《釋文》引《韓詩》作扈扈（《初學記》一五引《詩》同），云："美貌。"案《文選·上林賦》"煌煌扈扈"，注引郭璞曰："言其光采之盛也。"《後漢書·馮衍傳》"光扈扈而煬耀"，注："扈扈，光彩盛也。"字一作昈，《方言》十二"昈，文也"，注："昈昈，文采貌也。"《漢書·揚雄傳》"昈分殊事"，注引蘇林："昈，明也。"《文選·西京賦》注引《埤蒼》："昈，赤文也。"義并相通。

籥

《傳》："籥，六孔。"《周禮·笙師》鄭注："籥如笛，三孔，舞者所吹也。”《説文》：“龠，樂之竹管，三孔以和衆聲也。”《廣雅·釋樂》：“龠謂之笛，有七孔。”郭沫若云：龠從亼。冊，象編管之形。《爾雅·釋樂》：“大籥謂之産，其中謂之仲，小者謂之箹。”而《説文》籟下云：“三孔龠也，大者謂之笙，其中謂之籟，小者謂之箹[①]。”然則籥之與籟，是一非二。《莊子·齊物篇》：“人籟則比竹是矣。”籟爲比竹，正合龠之字形。許知籟即龠，而不知籥，故以三孔龠釋籟，其誤與龠下云“樂之竹管三孔”者同。知龠籟爲比竹，則其大者自當爲笙。《爾雅》産字蓋形近而誤，不則後人不識龠而妄改也。（多案産當從生聲，義亦訓生，産即笙，猶産即生也。鄭公孫僑字子産，僑即“大管謂之簥”之簥，名字相應也。郭謂産爲誤字，非是。）龢字從龠。《爾雅》：“大笙謂之巢，小者謂之和。”和即龢，亦即龠矣。詩言“左手執籥，右手秉翟”，龠而果似笛，乃或六孔七孔，則隻手不能成節奏，而左手尤不能。疑三孔之説，即爲調和此詩而生。然《説文》笛下云“羌笛三孔”，是中國古無三孔之笛。而龠爲三孔笛之説，亦不攻自破。今考龠爲比竹，其制蓋如今之口琴，雖左手亦可執而吹之，則詩義乃豁然貫通矣。（《甲骨文字研究》上釋龢言。）案如郭説，籥即笙，今苗人舞時所吹蘆笙，蓋即古之籥。特蘆笙孔多，兩手抱而吹之，其制視籥爲進化耳。又考古之簫亦編管。《廣雅·釋樂》：“籟謂之簫。”《淮南子·齊俗篇》注：“簫，籟也。”而《孟子·梁惠王篇》趙注曰：“籥，簫也。或曰籥若笛而短，有三孔。”是籥爲編管，漢人非不知之，特其物世不多見，説者或又以爲笛屬，趙岐不能考實，故兩著之耳。

翟

《傳》：“翟，翟羽也。”《爾雅·釋鳥》：“翟，山雉。”《春秋》疏引樊光曰：“其羽可持而舞。”

---

① “箹”字原稿作“約”，今據中華書局一九六三年版《説文解字》改。

泉水（邶十四）

毖彼泉水，亦流于淇。有懷于衛，靡日不思。孌彼諸姬，聊與之謀。

出宿于泲，飲餞于禰。女子有行，遠父母兄弟。問我諸姑，遂及伯姊。

出宿于干，飲餞于言。載脂載舝，還車言邁。遄臻于衛，不瑕有害。

我思肥泉，兹之永嘆。思須與漕，我心悠悠。駕言出游，以寫我憂。

毖

讀爲泌。大徐本《説文》毖字注引《詩》作泌。《文選·魏都賦》注引《説文》："泌，水駛流也。"《篇海》引《韓詩》作袐，云刺也。《方言》十二："柲，刺也。"袐與柲通，刺與駛流義近。字一作滭，若潰。《采菽》"觱沸檻泉"，《説文》引作"滭沸檻泉"。《爾雅·釋水》："檻泉正出，正出，涌出也。"《公羊》昭五年傳："濆泉者何，直泉也。直泉者何，涌泉也。"是正出即直出。《説文》："刺，直傷也。"刺有直義，則泌滭濆一語之轉。濆肥音近，下文"肥泉"亦即泌泉。《毛傳》《爾雅》俱讀肥爲非，訓分，望文生義耳。孔廣森曰："首章毖彼泉水，末章肥泉，衹是一泉。"其説是也。

孌

《毛傳》："孌，好貌。"嚴粲曰："有孌然美好，同姓之娣姪，聊與之謀其可歸否。"

泲

《列女傳·魯之母師傳》、《儀禮·士虞禮》鄭注并引《詩》作濟。

《初學記》一八,《白帖》三四,《御覽》四八九,《文選》陸士衡《挽歌》注[1]，顏延年《應詔宴曲水作詩》注，謝宣遠《王撫軍庾西陽集别時爲豫章太守庾被徵還東詩》注，謝靈運《初發石首城詩》注，各引《毛詩》同。

禰

《釋文》引《韓詩》作坭,《儀禮·士虞禮》鄭注引作泥。(劉昌宗本。)

有行

行謂適人。《襄陽耆舊傳》引《高唐賦》:“赤帝女曰瑶姬，未行而亡。”《列女傳·魯寡陶嬰傳》:“雖有賢雄兮，終不重行。”《儀禮·喪服》“子嫁反在父之室”，鄭注:“凡女行於大夫以上曰嫁，行於士庶人曰適人。”《釋名·釋親屬》:“兄弟之女爲姪。姪，迭也，共行事夫，更迭進御也。”

載脂載舝

嚴粲曰:“載脂謂未設舝於車之時，先以脂膏塗其舝。其用在脂，故曰載脂。載舝謂塗舝既畢，乃設舝於車。其用在舝，故曰載舝。”

兹之永嘆

兹與滋同，益也。“兹之永嘆”猶《常棣》“况也永嘆”，彼《傳》云:“况，兹也。”

思須與漕

《毛傳》:“須、漕，衛邑。”

① 以下原稿有“各引詩，又文選”六字，當係衍文，今删。

陳蔚林曰："須乃湏之誤字。湏爲沬之古文。《桑中》（原誤作《采唐》）'沬之鄉矣'，傳：'沬，衛邑。' 正與《泉水》相合。《説文》：'沬，洒面也。湏，古文沬，從頁。'《玉篇》：'頮，火内切，洒面也。沬同上，又莫貝切，水名。湏，古文。'"（陳玉樹《毛詩異文箋》引）錢澄之據"思須與漕"謂詩作於衛東渡河以後。

言

春秋有言國，任姓。見《左傳》隱十一年正義引《世本》。

北風（邶十六）

北風其涼，雨雪其雱，惠而好我，攜手同行。其虚其邪！既亟只且！

北風其喈，雨雪其霏。惠而好我，攜手同歸。其虚其邪！既亟只且！

莫赤匪狐，莫黑匪烏。惠而好我，攜手同車。其虚其邪！既亟只且！

涼　喈

《説文》："湝，水流湝湝也。一曰湝寒也。《詩》曰'風雨湝湝'。"案今《詩》無此文，蓋即此詩"北風其湝"之誤。許所見本喈作湝也。（俞樾説。）

虚　邪

《箋》："邪，讀如徐。"《正義》本作徐。《爾雅·釋訓》："其虚其徐。"《文選·幽通賦》曹大家注，《關雎》正義，《説文繫傳》，各引《詩》作徐。案《淮南子·原道篇》注："原泉始出，虚徐流不止。"虚徐猶徐徐也。

惠而

而，讀爲然。《終風》："惠然肯來。"

既

猶太也。既訓已，已有太義。(《孟子·離婁篇》："仲尼不爲已甚者。")故既亦訓太。"既亟只且"，猶言"太疾也哉"也。《荀子·子道篇》："今汝衣服既盛，顔色充盈，天下且孰肯諫汝矣。"《韓詩外傳》三，《説苑·雜言篇》既作甚。甚與太義同。《史記·文帝紀》"朕既不敏，常畏過行以羞先王之遺德"，謂太不敏也。既訓盡，訓畢，與過義近，故引申之有過義。過亦猶太也。

静女（邶十七）

静女其姝，俟我于城隅。愛而不見，搔首踟蹰。
静女其孌，貽我彤管。彤管有煒，説懌女美。
自牧歸荑，洵美且異。匪女之爲美，美人之貽。

静

從青之字有小義。《廣雅·釋詁》二："精，小也。"《説文》："靖，一曰細貌。"《山海經·大荒東經》："有小人國，名靖人。"《碩人》釋文引王肅注："蜻蜓，如蟬而小。"《吕氏春秋·精諭篇》"每居海上從蜻游"，注："蜻，蜻蜓，小蟲細腰四翅。"《漢書·東方朔傳》"譬猶鼱鼩之襲狗"，注引如淳："鼱鼩，小鼠也。"是静亦當有小義。静女猶淑（叔）女、季女，皆少女也。《易林·同人之隨》："季姬踟蹰，望我城隅。"《涣之遯》同，《謙之巽》作季姜，是齊説正訓静爲小。

姝

《傳》："姝，美色也。"慧琳《一切經音義》三一引《韓詩》說："姝姝然，美也。"案姝即殊字，詳《汾沮洳篇》。

城隅

即城樓也。隅樓音近可通。《方言》五："甂甊，甖也。"又："缶謂之甂甊。"甂甊即甂甌。隅之通樓，猶甌之通甊也。隅者曲也。《淮南子・氾論篇》："見此隅曲之一指。"樓亦曲也。《開元占經・分野略例》說降婁曰："婁，曲也。"《說文》："罶，曲梁也。"重文作窶。《廣雅・釋訓》："傴僂，曲也。"從婁之字多有曲義，故《爾雅・釋宮》曰："陜（狹）而修曲曰樓。"《說文》曲古文作凵。漢《無極山碑》"窈窕凵偎"，即曲偎也。凵，正象物隅角之形，古所謂樓，即城隅角之樓也。《考工記・匠人》"宮隅之制七雉，城隅之制九雉"，注："宮隅城隅，謂角浮思也。"賈疏謂浮思即城上小樓，是角浮思即後世城上之角樓，因之城隅亦即城角樓明矣。蓋分言之，城之隅角曰隅，用隅爲基，起屋其上曰樓，合言之，則隅可包樓也。舊說天子城高七雉，隅高九雉；公之城高五雉，隅高七雉；侯伯之城高三雉，隅高五雉。凡隅皆高於城，即包樓言之矣。金文《頌毀》隅作䵷，字從䵷，即城隅本字。馬瑞辰、金鶚并謂城隅爲樓，而引證未備，故略言之。

愛

《說文・人部》引作僾。《禮記・祭義》正義引《詩》，《吕氏讀詩記》引《董氏述石經》并同。《方言》注引作薆。案愛當讀爲僾，若薆，隱蔽也。（詳《通釋》。）

孌

《泉水》傳："孌，好貌。"

彤管　荑

《傳》："荑，茅之始生者。"劉大白云，彤管即荑，郭璞《游仙詩》"陵岡掇丹荑"，丹荑即彤管也。董作賓云，管讀爲菅，《說文》菅茅互訓，是菅即茅矣。案劉董二説并是。今謂彤管、丹荑疑即藑茅。《離騷》"索藑茅以筳篿兮"，藑本從瓊省。（字一作藑，又作瓊可證。）瓊，赤玉也，此草色赤而有光澤，有似瓊玉，故謂之藑茅。《詩》謂之彤管，以其色言。又曰"有煒"，以其澤言之也。藑茅又名香茅。考古男女相贈輒以香草，此詩之贈彤管，亦其一例。若尋常之菅茅，則不足爲贈矣。以是明之。

説懌

《釋文》："説本又作悦。"蜀石經殘碑亦作悦，《白帖》二〇，《御覽》六〇五各引《詩》同。案《頍弁篇》："未見君子，憂心奕奕。既見君子，庶幾説懌。"此説懌同。

女

"説懌女美"，"匪女之爲美"，兩女字并訓此，斥彤管。《鴟鴞》"今女下民"，《孟子·公孫丑篇》引作此。《十月之交》亦有"今此下民"之語。案女訓此者，女（汝）之反爲彼，此之反亦爲彼，故女等於此。《考工記·梓人》："祭侯之禮，以酒脯醢，其辭曰：'惟若寧侯，毋或若女不寧侯，不屬於王所，故抗而射女，强飲强食，詒女曾孫諸侯百福。'""惟若寧侯"，注："若，猶女也。"案若及"女曾孫諸侯百福"之女指寧侯。"女不寧侯"及"射女"二女字指不寧侯，當訓此。《儀禮·大射禮》注引此以爲祝侯之辭，《白虎通》《説文》説同。既祝之，則無射之之理，且辭云“强飲强食”。既射之，則不必復勸之飲食。《大戴禮·投壺篇》載此辭作“嗟爾不寧侯，爲爾不朝於王所，故亢而射女。强食食爾，曾孫侯氏百福”，《白虎通義·鄉射》載作“嗟爾不寧侯，爾不朝於王所，以故天下矢業亢而射爾”，俱失古義，惟《説文·矢部》侯下載作“毋若不寧侯，不朝於王所，故抗而射女也”，尚不誤。

歸

讀爲饋。□□□□□□□□□□□□□□□□□□□□□□□作歸禾[①]。《史記·魯周公世家》作饋禾。《論語·陽貨篇》歸孔子豚，《釋文》引鄭本歸作饋。《儀禮·聘禮》注，今人歸或爲饋。

新臺（邶十八）

新臺有泚，河水瀰瀰。燕婉之求，籧篨不鮮。
新臺有洒，河水浼浼。燕婉之求，籧篨不殄。
魚網之設，鴻則離之。燕婉之求，得此戚施。

泚　洒[②]

《傳》：“泚，鮮明貌。”洒洗古通。物洗則鮮潔，故《白虎通·五行篇》：“洗者鮮也。”《釋文》引《韓詩》作漼，云：“鮮貌。”

瀰瀰　浼浼

《傳》：“瀰瀰，盛貌。”浼浼猶瀰瀰也。《釋文》引《韓詩》作浘浘，云：“盛貌。”

① 原稿“作歸禾”以上尚有二十三字，大多字迹不清。
② 原稿“泚”“洒”作兩條，今合而爲一。

籧篨

《詩》曰“燕婉之求，籧篨不鮮”，“燕婉之求，籧篨不殄”，又曰“燕婉之求，得此戚施”，籧篨與戚施錯舉。他書如《國語·晋語》四“戚施直鎛，籧篨蒙璆，侏儒扶盧”，《淮南子·修務篇》“啳脬哆嗝，籧篨戚施，雖粉白黛黑，弗能爲美者，嫫母仳倠也”，《論衡·累害篇》“戚施彌妒，蘧除多佞”，亦多二名并用，是二物同類明甚。《韓詩》以戚施爲蟾蜍，則籧篨蓋亦本蟾蜍之異名。考籧從豦陪聲，《説文》引司馬相如説：“豦，封豕之屬。”《説文》虡之重文作鐻，云：“鐘鼓之柎（跗），飾爲猛獸。”《莊子·達生篇》：“梓慶削木爲鐻。”蓋象封豕之形，故謂之鐻也。然近世出土之鐻，金石木皆有之，嘗經目驗，其狀突目哆口，短項大腹，酷似蟾蜍。因悟《詩》所謂籧篨，蓋即鐻長言之。特其本字未詳，此作籧篨者，本竹席之名（突氍毹之轉，《書鈔》三五引《聲類》：“氍毹，織毛爲席也。”竹席謂之籧篨，毛席謂之氍毹，其實一也。《淮南子·本經篇》：“霜文沈居，若簟籧篨。”《急就篇》：“竹器簦笠簟籧篨。”《古樂府·隴西行》：“坐客氈氍毹。”籧篨一名簟籧篨，猶氍毹一名氈氍毹矣。《方言》三：“簟，自關而西，其麤者謂之籧篨。”《御覽》引《通俗文》：“織毛褥，謂之氍毹，細者謂之毾毲。”則麤者謂之氍毹矣），蓋以同音假借耳。蟾蜍，《爾雅·釋魚》謂之“鼁𪓰”，《説文》謂之“𧑒鼁”（《説文》鼁重文作𪓰），《淮南子·説林篇》謂之“鼓造”，《夏小正》謂之“屈造”。鼁𪓰，𧑒鼁，鼓造，屈造，與籧篨并聲相轉也。又據《名醫别録》，蟾蜍一名苦蠪。《説文》龍從童省聲，寵從龍聲。《方言》四注襱音裥，是龍聲字可轉入舌頭，然則苦蠪籧篨，亦聲之轉矣。

鮮　殄

殄，讀爲珍。《爾雅·釋詁》：“珍，美也。”《箋》“殄當作腆。腆，善也”者，《禮記·儒行》注：“珍，善也。”《儀禮·燕禮》“寡君有不腆之酒”,《公羊傳》昭二十五年,“有不腆先君之服”,《左傳》襄十四年“有不腆之田”,《説苑・修文篇》“使某奉不珍之琮,不珍之屨”,不腆即不珍也。

鴻

案鴻者,高飛之大鳥。取鴻當以矰繳,不聞以網羅也。藉曰誤得,而施罛水中,亦無得鴻之理。蓋鴻但近水而栖,初非潛淵之物,何由誤絓於魚網哉?且下文曰“燕婉之求,得此戚施”,戚施即蟾蜍,喻醜惡(詳下),則此曰“魚網之設,鴻則離之”,亦當以鴻喻醜惡。《傳》所謂“所求非所得”,是也。然而鴻非醜鳥。《管子・形勢解篇》曰:“將將鴻鵠,貌之美者也。”《韓詩外傳》有齊使獻鴻於楚王之事,唐寫本《華林遍略》殘卷引《魯連子》亦言展母所爲魯君使,遺鴻於齊襄君。(亦見《初學記》二〇,《御覽》九一六。)意者鴻鶴古者并爲珍禽。齊魯二君之好鴻,亦衛懿好鶴之類歟?(晉成公綏《鴻雁賦》:“夫‘鴻漸’著羽儀之嘆,《小雅》作‘于飛’之歌,斯乃古人所以假象興物,有取其美也。”曹毗《雙鴻詩序》:“近行東野,見有養雙鴻者,其儀甚美,又善鳴舞。”後世詞人賦咏所及,亦靡不言此鳥之美。)然則《詩》言鴻非鴻雁之鴻,明矣!以上下文義求之,鴻與籧篨戚施,當爲一物,亦蟾蜍之異名也。鴻即蟾蜍,故與魚對舉而分喻美惡。古語蟾蜍與蝦蟆不分,《詩》意實謂蝦蟆(詳下)。故得絓於魚網之中。雖然,蟾蜍曷爲而亦冒鴻名哉?曰:《説文・黽部》所載諸名,皆大腹蟲。蟾蜍一爲黽(《爾雅・釋魚》),一名鼀黽(《周禮・蟈氏》),其他異名若鼀䵷(《爾雅》),蝌鼀(《説文》),字亦并從黽,蓋皆取義於大腹也。《爾雅・釋魚》:“鼀䵷,蟾諸,在水者黽。”注:“耿黽也。似青蛙,大腹,一名土鴨。”《名醫别録》:“蝦蟆,一名蟾蜍,一名䵷,一名去甫,一名苦蠪。”陶注:“此是腹大皮上多痱磊者。”《玉篇》:“黽,蝦蟆屬,似青蛙而大腹。”此古人以大腹辨蟾蜍之明驗。(《説文》:“奚,大腹也。”“鼷,水蟲也,薉貉之民食之。”《集韻》:“䶂鼷,鼀類,似蜘蛛，出遼東，土人食之。”案即今人呼鼃爲田鷄者，大腹，故字從奚，似蜘蛛者。《御覽》九四八引《夢書》：“鼅鼄爲大腹，其性然也。”蟾蜍蜘蛛，一聲之轉，異物同名也。《廣韻》：“蜍，踟蛛。”可證。）鴻從工陪聲，工聲亦有大腹義。《説文》：“仜，大腹也，讀若紅。”《集韻》引《埤蒼》：“胮肛，腹脹也。”他若在器曰缸，在舟曰舽舡，亦并物之龐然有似大腹者。鴻，古字作鳿。(《玄應音義》十一引《聲類》：“鳿，或鴻字，同。”《漢書·司馬相如傳》上注：“鳿，古鴻字。”）而《説文》：“鳿，鳥肥大堆堆也。”重文作鳿，是鴻本以肥大而得名。肥大即大腹也。蟾蜍爲大腹蟲，鴻爲大腹鳥，故蟾蜍亦謂之鴻，形相似，斯名得相通矣。更以聲求之。《廣雅·釋魚》：“苦蠪，蝦蟆也。”《名醫别録》：“蝦蟆，一名蟾蜍……一名苦蠪。”苦蠪正鴻之複輔音讀。《淮南子·墬形篇》“海閭生屈蘢”，注：“屈蘢，游龍，鴻也。”蟲名苦蠪謂之鴻，猶草名屈蘢謂之鴻矣。（空曰窟籠，項曰胡嚨，亦此例。）《易林·漸之睽》：“設罟捕魚，反得詹諸。（詹原誤居，《初學記》一“居蠩”下引《春秋元命苞》：“月之爲言闕也，兩設蟾蜍與兔者……”屬亦詹之誤。《廣韻》：“蜛蠩，一頭數尾，長二三尺，左右有脚，狀如鼊，可食也。”似烏賊之類，即用此詩。）然則鴻即蟾蜍，《齊詩》已明著之矣。

離

《御覽》九四九引《韓詩外傳》作罹。

戚施

《御覽》九四九引薛君《韓詩章句》：“戚施，蟾蜍，蠀蝤，喻醜惡。”《淮南子·原道篇》“蟾蠩捕蚤”，注：“蟾蠩，鼀也。”鼀即戚施。《説文》：“鼀，𪓰鼀，詹諸也。”引《詩》作𪓰鼀。案戚古讀如蹙。《爾雅·釋鳥》：“鷉，沈鳧。”鷉，郭音施，故戚施一作𪓰鼀。

二子乘舟（邶十九）

二子乘舟，泛泛其景。願言思子，中心養養。
二子乘舟，泛泛其逝。願言思子，——不瑕有害？

景 逝

景讀爲迥，遠也。詳《車舝》。逝與遠義相因，故景逝并舉。

願

《説文》："邍，高平之野，人所登，從辵、备、录，闕。"案甲金文皆作邍，從备遂聲。遂即遯字。(《鄭烈碑》："遂而不悶。")經傳皆以原爲邍，疑原古音亦近遂。《説文》："原，水泉本也。""耑，物初生之題也。"《水經・汾水注》引《春秋説題辭》,《廣雅・釋地》并云："原、端，也。"又貒即貒，縓黇并有黄義，謜揣并訓度，謜又訓徐語，與諯訓數義亦近，是原耑古本一語。願者，《説文》："願，大頭也。"案"頵，頭頵頵大也"，大頭乃頵字之義，與願無涉。《説文》："顓，頭顓顓謹貌。"願蓋即顓字。"耑，禾垂貌。"耑耑同。顓從頁從耑，本義當爲頭垂貌。頭垂爲謹慤之狀，故顓有謹義。願即顓字，本有謹義，故字變作願，亦訓謹。《説文》："愿，謹也。"(《大戴記・文王官人篇》"言願以爲質"，注："愿當聲誤爲願也。"案愿爲謹貌，願爲謹意，初本一字，孔説非也。）人深思時，頭亦下垂，故願又訓思（《爾雅・釋詁》)，訓念（《二子乘舟》及《伯兮》箋），訓慕（《荀子・榮辱篇》注），訓欲（《方言》一,《玄應音義》十二引《説文》)。字變作愿,《周書・謚法篇》："思厚不爽曰愿。"又變作謜,《廣雅・釋詁》一："謜，度也。"度亦思量之謂。或省作原,《神女賦》："志未可乎得原。"本篇"願言思子",《伯兮》"願言思伯"，言讀爲然。願言者，俯首深思之貌也。《禮記・祭義》："國人稱願然曰'幸哉有子如此'。"《大戴記・曾子大孝篇》然作焉。

養養

養讀爲癢。《禮記・内則》："疾痛苛癢而敬抑搔之。"《釋文》出作養，云"本又作癢"。《荀子・榮辱篇》"骨體膚理辨寒暑疾養"，注："養與癢同。"劉向《别録》："鑿山鑽石則地痛，蚤虱衆多則地癢。"字一作痒。《韓非子・内儲説上篇》："韓昭侯搔癢而失一虱[①]，求之甚急。"膚體之擾謂之癢，心意之擾亦謂之癢。《淮南子・修務篇》"無不憚悇癢心"，注："癢心，煩悶也。"字一作懩。《文選・射雉賦》："徒心煩而技懩。"煩悶則心不定，其感覺與憂本相似。(《説文》："嚘，語未定貌。"是憂之言擾也，擾攘不定之意也。)故《傳》曰："養養然不知所定。"字一作翔，《穆天子傳》"中心翔翔"，注："憂無薄也。"《莊子・至樂篇》："若果養乎，予果歡乎。"養與歡對，養猶憂也。

不遐有害

《説文》："假，至也。"假遐一字。《抑》"不遐有愆"，《下武》"不遐有佐（差）"，義同。《思齊》"烈假不瑕"，亦謂厲蠱不至也。

【篇義】

詩與伋壽事了不相涉，毛奇齡、崔述皆嘗辨之。此亦女子悦人之詞。

---

① "搔癢而失一虱"，王先謙《韓非子集解》作"握爪而佯亡一爪"。

鄘　　風

柏舟（鄘一）

泛彼柏舟，在彼中河。髧彼兩髦，實維我儀，之死矢靡它！母也天只！不諒人只！

泛彼柏舟，在彼河側。髧彼兩髦，實維我特，之死矢靡慝！母也天只！不諒人只！

髧

案冘篆作𠔏，象人擔物兩垂貌，故有垂義。《説文》："耽，耳大垂也。"《玉篇》引《蒼頡篇》："煩，垂頭之貌。"《説文》："紞，冕冠〔垂〕（從王先謙補）塞耳者。"《左傳》桓二年釋文引《字林》："紞，冠之垂者。"《國語・魯語》下[①]注："紞，所以懸瑱當耳者。"懸亦垂也。髧者，《文選・魏都賦》"髧若玄雲舒蜺以高垂"，注："髧，垂貌也。"《玉篇》："髧，髮垂貌。"《傳》："髧，兩髦之貌。"謂兩髦下垂之貌也。

髦

《傳》："髦者髮至眉。"《説文》："髳，髮至眉也。"引《詩》作髳。案字一作晵。《淮南子・道應篇》"乃去其晵而載之木"，注："晵，被髮也。"

儀　特

《傳》："儀，匹也。"《爾雅・釋詁》同。《國語・周語》上："丹

① 原稿"下"字空缺，今補。

朱憑身以儀之。”注亦同。案儀字此義當借爲䖿,《書·大誥》“民獻有十夫”,《大傳》作儀。《説文》钀爲䡾之重文，并其比。《廣雅·釋器》：“䖿，瓢也。”《御覽》引《三禮圖》：“巹取四升瓠，中破，夫婦各一䖿。”一瓠破爲兩䖿，故䖿有匹義。《易·繫辭傳》上：“易有太極，是生兩儀。”兩儀即兩䖿矣。

又《玄應音義》十八引《廣雅》作䖿，音羲。《方言》五：“𧮪，陳、楚、宋、魏之間或謂之䉝，或謂之瓢。”注：“今江東通呼勺爲䉝，音羲。”《漢書·王莽傳》“立斗獻”，注：“獻音羲，謂斗魁及杓末如勺之形也。”是䖿獻瓤䉝音義并同。䖿獻讀若羲，兩羲從義聲，儀亦從義聲，是䖿儀古亦同音也。䖿，曹憲音魚偃切，則與儀爲對轉。《傳》：“特，匹也。”《我行其野》“求爾新特”義同。本篇《釋文》引《韓詩》作直，云：“相當值也。”相當即相匹也。特敵一聲之轉,《爾雅·釋詁》：“敵，匹也。”敵訓匹，猶仇亦訓匹，皆相反爲義。

它 慝

《列女傳·漢孝平王后傳》引作他。《楚辭·離騷》：“初既與余成言兮，後悔遁而有他。”《九章·抽思》：“羌中道而回畔兮，反既有此他志。”他有二義，“靡他”猶言無二志也。(詳《羔羊篇》馬氏《通釋》。)慝讀爲忒。《書·洪範》“民用僭忒”,《漢書·王嘉傳》引作慝，曰“民用僭差不壹”，正釋忒字。《國語·周語》下[①]“有過慝之度”，王念孫讀爲忒。《左傳》莊二十五年“唯正月之朔慝未作”，桂馥讀爲忒，云《説文》“忒，失常也”，與《傳》云非常意合，忒忒同。凡此皆慝忒古通之證。《文選》王仲宣詩“龍雖勿用，志亦靡忒”，即用此詩，兩詩正作忒。《爾雅·釋言》：“爽，差也。”“爽，忒也。”《説文》“忒，更也。”爽差更并與二義通。“靡忒”亦猶無二矣。《後漢書·陳禪傳

① 原稿“下”字空缺，今補。

贊①》“禪爲君隱，之死靡貣”，説者謂貣爲貣之訛，貣忒一字。不知貣貣亦本一字，慝從匿聲，匿與貣同聲，貣本從弋聲，弋慝亦同聲也。

母　天

此痛而呼天與父母之詞②。《史記・屈原傳》：“天者人之始也，父母者人之本也。人窮則反本，故勞苦倦極，未嘗不呼天也；疾痛慘怛，未嘗不呼父母也。”

只

《傳》：“母也天也，尚不信我。”是訓只爲也。案也讀如地，則與只同音。

諒

《傳》：“諒，信也。”案猶明也。謂“髧彼兩髦”者不諒也，非父母不諒也。此女子單戀之詩。

牆有茨（鄘二）

牆有茨，不可埽也。中冓之言，不可道也。所可道也？言之醜也！

牆有茨，不可襄也。中冓之言，不可詳也。所可詳也？言之長也！

牆有茨，不可束也。中冓之言，不可讀也。所可讀也？言之辱也！

---

① “贊”前“陳禪傳”三字，據《後漢書》補。

② 原稿旁批有“悠悠蒼天”（《王・黍離》《唐・鴇羽》）、“彼蒼者天”（《秦・黃鳥》）、“浩浩昊天”（《小雅・雨無正》）、“悠悠昊天”（《小雅・巧言》）、“蒼天蒼天”（《小雅・巷伯》）五句。

牆

《説文》："牆，垣蔽也。"《老子》五十章王注："蔽，覆蓋也。"《史記·淮陰侯傳》索隱："蔽者蓋覆也。"《戰國策·趙策》一："公宫之垣，皆以狄（荻）蒿苦（今作苫，乃苦之訛。苦即楛，《韓非子》正作楛。）楚廧（《韓非子》作墻）之。"謂以荻蒿苦楚覆於垣上以爲之蔽也。然則牆與垣義當有别。蓋有蔽者謂之牆，無者謂之垣。後世垣牆混用，用散文通耳。考牆與穡所從本非一字。穡古文從嗇或嗇，秝爲二麥，秝爲二禾，亩即古廩字。牆字當從嗇，來即朿（莿）之或體，秝則古垣字，嗇從回上朿，即垣蔽之意。牆廧檣墻等字所從皆嗇而非嗇，觀二者音義皆異而自明。

茨

《傳》："茨，蒺藜也。"《爾雅·釋草》，《穀梁傳》文三年注并同。案次朿古音近義通。甲金文通以𩠐爲次。《周禮·小司寇》"以五刑聽萬民之獄訟……以三刺斷庶民獄訟之中"（三刺又見《司刺》及《禮記·王制》），《國語·魯語》上[①]"五刑三次"，字作次，并其證。茨即草木芒朿之朿，今字作刺。蒺藜謂之茨者，茨即朿字。蒺黎子有朿，故謂之茨也。實則蒺與朿茨亦同音，蒺藜即朿茨之複輔音語耳。《周禮·圉師》"茨牆則剪闔"，注："茨，蓋。"此茨亦謂蒺藜。以蒺藜蓋牆，所以防人之踰越，故事屬圉師之職。《穀梁傳》成二年"壹戰緜地五百里，焚雍門之茨"，注："雍門，齊城門。茨，蓋也。"此疑謂城牆上施蒺藜，以防敵之攀登，亦茨牆之類也。又《趙策》"公宫之垣皆以荻蒿苦楚廧之"（引見上文），苦楚亦有朿者，與蒺藜同類，亦所以嚴禁禦也[②]。近人劉錫蕃著《嶺表紀蠻》云："在儂僮環居之蠻峒地方——如

① "上"字原稿空缺，今補。

② 原稿眉批有："張祜《捉搦歌》：'門上關，墻上棘，窗中女子聲唧唧，洛陽大道徒自直，女子心在婆舍側。'"

慶、泗、鎮、太等屬……村外復建石爲牆，牆外環植茨竹（一名棘竹，又名笍竹，叢生多茨），兵火不能入。”此則植竹於地，與古人加茨於牆上者異，然其用意則一也。《詩》曰“牆有茨”，《傳》訓茨爲蒺藜，又云“牆所以防非常”，證以《易》[①]、《禮》、《穀梁》諸書，其說最覈。至《箋》以爲茨生牆上，則大謬不然。勿論蒺藜布地蔓生，無生牆上之理。即如所言，則除之之道，當曰刈曰芟。今乃曰“不可埽”“不可襄”“不可束”，則是已刈之茨加諸牆上，明矣[②]。

埽　襄　束

《傳》：“襄，除也。”《爾雅・釋言》同。《說文》：“漢令解衣耕謂之襄。”解與除義近。山井鼎《考文》云足利本古本并作攘者，襄攘古今字。解衣即攘袂也。束者，《說文》：“涑，浣也。”“漱，蕩口也。”是束有清除之義。今人曰肅清，肅與束通，猶《小星》“肅肅宵征”，以肅爲速。《廣雅・釋器》：“驌，脯也。”驌即束脩。《玉篇》：“鏉，鐵生鏉也。”即鏽字也。古書有言男從女者，多踰牆而入，如上舉《周易》《孟子》，并《詩・將仲子》“將仲子兮，無踰我牆”，其例不尠。此詩曰“牆有茨，不可埽也”，謂不當埽也。牆上施茨，所以防禦非常。牆茨除，則必有踰牆而入以犯非禮者，故曰“不可埽也”。下文“中冓之言，不可道也”，即承此言之。意謂牆茨若埽，則防禦不嚴，而中冓之言將因之而興也。

---

① 原稿上文“亦茨墻之類也”以下，有作者引而復刪關於《周易》與《孟子》之文字《易・困》六三：‘困於石，據於蒺藜，入於其宮，不見其妻。’此其事與《孟子・告子下篇》‘踰東家牆而摟其處子’者同。纍石爲牆，上施蒺藜，踰牆而入，故據於蒺藜也。”

② 原稿“明矣”以下另行開頭，有如下一段文字：“《尚書大傳》：‘天子諸侯必有公桑蠶室，就川而爲之，築宮仞有三尺，棘牆而外閉之。’《管子・度地篇》：‘城外爲之郭，郭外爲之土閬，地高則溝之，下則隄之，命之曰金城，樹以荆棘，上相穡著者，所以爲固也。’注：‘穡，鉤也，謂荆棘刺條相鉤連也。’（張文虎疑穡爲稽之誤。）”

中冓

《方言》五："篝，陳楚宋魏之間謂之牆居。"注："今熏籠也。"案講字從冓，而今讀陽韻，與牆同部，疑牆即篝之音轉。篝轉爲牆 -ang，并其語尾重讀之，即牆居矣。牆居之牆謂之篝，是牆垣之牆亦可謂冓。然則中冓即中牆，"中冓之言"猶牆中之言耳。上言"牆有茨，不可埽也"，下言"中冓之言，不可道也"，語意一貫。

道　詳　讀

《釋文》引《韓詩》詳作揚，云："揚，猶道也。"《廣雅·釋詁》二："揚，説也。"《淮南子·説山篇》注："揚，猶稱也。"詳揚聲同義近。《廣雅·釋詁》二："讀，説也。"《大戴記·保傅篇》："失度則史書之，工誦之，三公進而讀之。"《莊子·則陽篇》："今計物之數不止於萬，而期曰萬物者，以數之多者號而讀之也。"

所

讀爲尚。"所可道也"，猶言尚可道邪。反詰之辭。

醜　長

《廣雅·釋詁》二："顤，醜也。"又三："倀，惡也。"《國語·周語》上"昔昭王娶於房，曰房后，實有爽德，協於丹朱"，注："爽，貳也。"案猶惡也。《老子》十二章："五味令人口爽。"《楚辭·招魂》"厲而不爽些"，注"楚人名羹敗曰爽"，羹敗謂臭惡也。長讀爲爽，猶醜也。

君子偕老（鄘三）

君子偕老，副笄六珈，委委佗佗，如山如河，象服是宜。子之不淑，云如之何！

玼兮玼兮，其之翟也。鬒髮如雲，不屑髢也。玉之瑱也，象之揥也。揚且之皙也，胡然而天也！胡然而帝也！

瑳兮瑳兮，其之展也。蒙彼縐絺，是紲袢也。子之清揚，揚且之顔也。展如之人兮，邦之媛也。

副笄六珈

多案：副，后夫人之首飾，編髮爲之。笄，簪也，以玉爲之（吉笄長尺二寸，折去兩首各一寸，則長一尺），横貫於副中，所以繫持之，使捲而不墜也。笄之繫持副者，謂之副笄（漢人謂之步摇）。笄上垂珠爲飾，曰珈。珈有六，故曰六珈。《廣雅·釋器》："假結謂之髻。"髻爲副之後起專字。

委委佗佗

委佗即逶迤，行步委曲之貌，與《羔羊》委佗同。彼文《韓詩》正作逶迤。《御覽》六九〇，《事類賦》一二引《詩》作"委委蛇蛇"。《羔羊》箋："委蛇，委曲自得之貌。"《法言·吾子篇》："升東岳而知衆山之邐迤也，况介丘乎？浮滄海而知江河之惡沱也，况枯澤乎？"案《爾雅·釋丘》"邐迤，沙丘"，注："旁行連延也。"惡沱即委蛇，一作滹沱。①

如山如河

如山脉河流蜿蜒曲折之貌。

象服

象襐通。《急就篇》："襐飾刻畫無等雙。"象服即褘衣。蓋以雉羽

① "《法言·吾子篇》"至此，係原稿眉批。

綴於衣上，謂之象服，言其象翬也。《爾雅·釋鳥》鷺下注："今江東人取以爲睫攡，名之曰白鷺縗。"案即羽衣也。

不淑

王國維曰："古人頗用成語，其成語之意義，與其中單語分别之意義……不同。……若但合其中之單語解之，未有不齟齬者。如'不淑'一語，其本意謂不善也。不善或以性行言，或以遭際言。而'不淑'古多用爲遭際不善之專名。《雜記》記諸侯相弔辭，相者請事，客曰：'寡人使某如何不淑。'致命曰：'寡君聞君之喪，寡君使某如何不淑。'《曲禮》注云：'相傳有弔辭云：皇天降灾，子遭罹之，如何不淑。如何不淑者，謂遭此不幸，將如之何也。'《左莊十年傳》：'宋大水，公使弔焉。曰：天作淫雨，害於粢盛，若之何不弔？'又《襄十四年傳》：'公使厚成叔弔於衛曰：寡君使瘠，聞君不撫社稷，而越在他竟，若之何不弔？'古弔淑同字。若之何不弔，亦即如何不淑也。是如何不淑者，古之成語，於弔死唁生皆用之。《詩·鄘風》'子之不淑，云如之何'，正用此語。意謂宣姜本宜與君子偕老，而宣公先卒，則子之不淑，云如之何矣。不斥宣姜之失德，而但言其遭際之不幸，詩人之厚也。《王風》'遇人之不淑'，亦猶言遇人之艱難。不責其夫之見棄，而但言其遭際之不幸，亦詩人之厚也。詩人所用，皆當時之成語，有相沿之意義。毛鄭胥以不善釋之，失其旨矣。"(《觀堂集林》二之一。)

其之翟也

王先謙曰："之之爲言變也。宋洪邁《容齋隨筆》云：'之字之義訓變。《左傳》周史以《周易》見陳侯者，陳侯使筮之，遇觀之否，謂觀六四變而爲否也。'漢高祖諱邦，荀悦云：'之字曰國。'惠帝諱盈，之字曰滿。之義亦訓變。惠棟云：'之，適也。適則變矣。《易·繫辭》曰：惟變所適。'今案'之翟'之'之'亦當訓變。下'之展'

同。‘之翟’‘之展’，猶言變服（變服見《戰國策》），即更衣也（更衣見《漢書》衛皇后、東方朔傳）。《禮・曾子問》‘男不入，改服於外次。女入，改服於内次’，《士冠禮》‘乃易服’，改易與變同。”多謂“之”者，自此之彼也。自此之彼，即有所變易矣。古讀之易聲近，諸之字皆借爲易。（《説文》：“遞，更易也。”“迻，遷徙也。”聲義并與“之”近。）

鬒

《説文》：“㐱，稠髮也。”引《詩》“㐱髮如雲”。重文作鬒。汗簡《古毛詩》作㐱。《釋文》引服虔《左傳注》：“髮美爲鬒。”（今《左昭二十八年傳》注并作黰。）《禮記・聘義》“縝密以栗”，注：“縝，緻也。”《鴇羽》箋：“稹者，根相迫迮梱緻也。”《考工記・輪人》“稹理而堅”，注：“稹，緻也。”《爾雅・釋言》“苞，稹也”，孫注“物叢生曰苞，齊人名曰稹”，郭注“今人呼物叢緻者爲稹”。《漢書・禮樂志》“泛泛滇滇從高游”，注“盛貌”。《廣雅・釋訓》：“闐闐，盛也。”從真之字，多有密義，則許君稠髮之訓爲長。“如雲”，“不屑髢”，皆因髮多故也。服虔訓爲髮美，亦謂盛多也。鬒字本無黑義，《毛傳》探詩意言之耳。

揥

《説文》：“擿，搔也。”

揚且之皙也

《釋文》：“且，七也反。徐子餘反。下同。”案徐讀是。馬瑞辰曰“‘揚且之皙也’與上‘玉之瑱也’‘象之揥也’句法相類。且，句中助詞。之，其也。‘揚且之顔也’，亦謂‘揚其顔也’。”蘇輿曰：“皙與下顔并列，借狀女貌，此虚字實用例也。《左襄十九年傳》：‘澤門之皙，實與我役。’彼之晳目子罕，與此之晳目宣姜同。”王先謙曰：“揚晳分二義，本章可通，下章不可通。從徐讀爲是。猶言揚煞而廣者，其晳白之貌也。《説文》：‘晳，人色白也。從白析聲。’”多案且讀如哉，贊嘆語助詞。之讀如其，領位代名詞，今語他的。“揚且之晳也”，猶揚哉其晳也。晳之言面色也。《漢書·霍光傳》“白晳疏眉目”，白晳猶白面矣。《説文》：“色，顔氣也。古文䫨。”案從首，從彡，疑省聲。色之從首，從彡，與顔同意，故《詩》以色顔對舉，經傳亦以顔色連舉。《左傳》昭二十六年“有君子白晳”，《樂府》“廬江小吏妻，爲人頗白晳”，《吴録》“滕元爲人白晳”，皆謂白面也。《箋》曰：“何由然女見尊敬如天帝乎？非由衣服之盛，顔色之莊與？”似亦讀晳爲色。

胡然而天也　胡然而帝也

《秦風·小戎》“胡然我念之”，《小雅·正月》“胡然厲矣”，胡然猶胡乃也。《大雅·皇矣》“無然畔援，無然歆羡”，《板》“無然憲憲”，“無然泄泄”，“無然謔謔”，無然亦無乃也。山井鼎《考文》古本兩“而”并作“如”。案而如古通。《傳》曰：“尊之如天，審諦如帝。”《箋》曰：“何由然女見尊敬如天帝乎？”皆讀而爲如。或疑古毛本作如也，理或然歟？

展[①]

《傳》：“《禮》有展衣者，以丹縠爲衣。”《釋文》引馬融《毛詩注》云：“展，色赤。”《説文》作襄，云：“丹縠衣，從衣，㠭聲。”《玉篇》同。此以展衣爲丹色者也。《箋》：“展衣字誤。《禮記》作襢衣。”《周禮·内司服》注：“鄭司農云：‘展衣，白衣也。’”後鄭云：“展衣，以禮見王及賓客之服。字當爲襢。”引此詩“瑳兮瑳兮，其之展也”。《禮記·喪大記》曰：“世婦以襢衣。”多案《玉藻》《雜記》亦

① “展”字原稿有兩條，今合并、調整如此。

作襢。襢音聲與展相似。《釋名・釋衣服》："襢衣。襢，坦也，坦然正白，無文采也。"此以字當作襢，爲白色衣也。

朱駿聲曰："後鄭云：'以禮見王及賓客之服。'周不尚白，宜從毛。王后六服，褘以五采。褘，翬也。揄狄青。揄，鷂也。闕狄白。闕，鷹也。鞠衣黄。鞠，𥰭也。展衣赤。展，丹也。緣衣黑。緣，黬也。先儒以方色爲次，未敢信從。"

馬瑞辰曰："亶……與單旦聲義相近。《玉藻》：'櫛用樿櫛。'孔疏：'樿，白理木也。'《説文》：'䵥，白而有黑也。'《廣雅》：'白馬黑脊，驒。'古字從單、旦。亶聲者多有白義。襢之色白，取義正同。故字從亶。"

《論語・鄉黨》"當暑袗絺綌"，釋文："袗，單也。"《禮記・曲禮》上作"袗絺綌"，注："袗，單也。"《孟子・盡心》下："被袗衣。"《玉藻》"振絺綌"，注："袗，禪也。"《釋名・釋疾病》："胗，展也。癢搔之捷展起也。"

多案展與襢聲近，然《説文》旃從丹聲。重文作旜，又從亶聲，(《漢書・王吉傳》"細旃之上"，則借爲氈。《釋名・釋床帳》："氈，旃也。"）是展與丹聲亦近，故朱曰："展，丹也。"［劉熙謂襢衣無文采，旃亦無文采也。(《周禮・司常》"通帛爲襢"，注："謂大赤，從周正色，無飾。"《爾雅・釋天》"因章曰旃"，注："因其文章，不復畫之。"《釋名・釋兵》："旃，戰也。戰恭己而已，通以赤色爲之，無文采。"）蓋展以丹縠爲衣，亦無文采也。］竊謂以方色爲説者，因漢制説之。二鄭及劉所説襢衣白色，是漢制。毛、馬、許所説展衣赤色，乃周制。僞宋玉《諷賦》："主人之女……更披白縠之單衫，垂珠步摇。"《漢書・江充傳》："充衣紗縠禪衣。"（單禪襢并通）紗古稱素紗。《周禮・内司服》"素沙"，注："今世有沙縠者，名出於此。"《禮記・雜記》"内子以鞠衣，褒衣，素沙"，《大戴記・曾子制言篇》"白沙在泥，與之皆黑"，《論衡・率性篇》"白紗入緇，不練自黑"，知紗色白，白紗即素紗也。《漢書》之紗縠即《諷賦》之白縠矣。單衫，禪衣，并即展衣。彼皆白色，知展衣亦白色也。

縐絺

絡絺皆葛。《論語》：“當暑袗絺綌。”紲袢以縐絺爲之。故毛曰：“當暑袢延之服。”毛曰：“絺之靡者爲縐。”鄭曰：“縐絺，絺之蹙蹙者。”毛以質言，鄭以狀言。《説文》：“縐，絺之細者也。一曰蹴也。”兼用二説。王先謙曰，許後説爲長。縐謂文之縮蹙也。《類篇》：“縐，聚也。”《史記·司馬相如傳》：“雜織羅，垂霧縠，襞積褰縐，鬱橈谿谷。”言縐中文理之狀，與鄭蹙蹙義相發。多案王説非是。縐之言促也，促者密也。《左文十六年[①]傳》“無日不數於六卿之門”，注“不疏也”，《孟子》“數罟不入洿池”，《爾雅·釋草》“莽數節”，《釋文》“數猶促也”，案皆密也。織物之密者易有聚紋，故縐又有縐文之義。然此乃孳乳之義，非朔義也。當以毛説爲上。縐絺義本相反，縐絺并舉，亦複詞偏義之例。

王先謙曰：“蒙字承上文言之，以展衣蒙於縐絺之上。彼字連下句讀，謂縐絺是紲袢，不謂展衣。”多案展衣以丹縠爲之，故可見紲袢之質爲縐絺也。由展衣及紲袢，由紲袢而及肌膚矣。詩意近褻，一念之暴露，見原始人之本色矣。

紲袢

《説文·衣部》引《詩》紲作褻。《太平御覽》四一九引《詩》袢作絆。案褻之言縶也，袢之言絆也。《説文》馽之重文爲縶，云“絆馬也”，“絆，馬縶也”。《白駒》“縶之維之”，傳：“縶，絆也。”縶褻皆從執聲。《説文》：“執，捕罪人也。從丮，從㚔，會意。”多謂上世民多袒露，衣之，即所以拘執之，勿使至於亂也。故近身之衣曰褻。褻之義既明，絆之義從可知矣。袢當爲女子之下衣，亦所以防閑者也。《説

① “年”字今補。

文》："姅，婦人污也……[1]《漢律》曰：'見姅變不得侍祠。'""袢，無色也。……讀若普。"(《玉篇》："袢，衣無色。"是今本《説文》"無色"上脱衣字。[2]）案許謂姅爲月事，引《漢律》爲釋。多謂《漢律》字當作袢，蓋袢是衣無色，見袢變色，則禁不得侍祠，是袢之義當爲女子下衣，無色者也。或曰："袢之言判也，所以判别月事之有無者。"義亦甚通。毛曰："是當暑袢延之服也。"蓋袢一曰袢延（袢延迭韻連綿詞）。字一作䪝。《廣雅·釋器》："䪝，帶也。"《字林》："馬帶也。"案今婦人月事所用者，猶襲此稱。鮑令暉（一作吴邁遠）《古意贈今人》："月月望君歸，年年不解綖。"即愛惜加窮袴防閑，托守宫之意。

《内司服》注言褘揄闕翟，皆是祭服，引《詩》"其之翟也"，下云"胡然"云云，而申之曰"言其德當神明"，且謂《詩》義與《禮》合。案此云紲袢，蓋亦謂可以侍祠，即鄭云"德當神明"也。[3]

顔

林義光曰："顔，讀爲岸（顔岸皆從厂得聲，古音同）。《太玄·積次》七：'魁而顔而。'魁顔，即魁岸也。岸然猶昂然。"多案顔從彦聲（籀文作䪭）。彦，美士有彣也。(《説文》云："彦，美士有彣，人所言也。"）産從彦省（《左傳》鄭公孫僑字子産，又作子美），亦有美義，是顔亦訓美也。(《方言》十："嫣，好也。"《廣雅·釋詁》四："嫣，齊也。"《列子·力命》釋文："嫣斫容止峭巇也。"）一説借爲𤏸。(《漢書·嚴助傳》："以朔執事之顔行。"即雁行也。是其比。)《説文》："𤏸，火色也。"晳以白言，顔以赤言，所謂紅顔朱顔也。《説文》："騂，馬頭有發赤色者。"《釋名·釋地》："土赤曰鼠肝，似鼠肝色也。"

① "污也"下脱"從女半聲"四字。今增省略號。
② "《玉篇》"至此，原係眉批。
③ "《内司服》"至此，原係眉批。

展如之人兮

王先謙曰:“《説文》:‘展,轉也。’轉有虚實二義。轉側爲展,語轉亦爲展。‘展如之人兮’與‘日月乃如之人兮’同意。展是語之轉也。《説文》:‘乃,曳詞之難也。象氣之出難。’《廣雅·釋詁》:‘展,難也。’《方言》:“展,難也。山之東西凡嘆貌曰展,荆吴之人相嘆謂之展。’是乃與展同有嘆義。《日月》斥姜言乃,此詩美姜言展,皆嘆詞也。之人,是人。”

媛

《釋文》引《韓詩》作援。《爾雅·釋訓》“美女爲媛”,郭注:“所以結好媛。”《箋》:“媛者,邦人所依倚以爲援助者也。”蘇輿曰:“《列女傳·仁智篇》載許穆夫人之言曰:‘古者諸侯之有女子也,所以苞苴玩弄繫援於大國也。’繫援與郭注結好媛之旨正同。彼言衛女適齊,可爲繫援。此言衛娶齊女,藉結好媛,意實相類。郭用舊義作注,與《列女傳》吻合。”王先謙曰:“孔疏引孫炎曰:‘君子之援助然。’亦謂結好大國。是君子之援助,蔡邕《胡夫人神誥》曰‘家邦之援’。《列女傳·衛姬篇》載齊桓公欲伐衛,而衛姬請罪,桓公因止不伐,引此詩‘展如之人兮,邦家之媛也’,亦取結昏援助義。讀媛爲援,皆《魯》義也。齊姜大國,與爲昏姻,是衛邦之援助。……《箋》‘媛者,邦人所依倚以爲援助者也’,正用魯説。《韓》媛作援,云‘取也’。《皇矣》‘無然畔援’,《正義》援是引取,是援有取義。此言人爲衛邦所引取。或謂取是助誤,非也。《説文》:‘媛,美女也,人所援也。從女,從爰。爰,引也。《詩》曰:邦之媛兮。’許引《詩》義,亦謂此人爲我邦引取之意,與《韓》同,而與《魯詩》援助訓異。”王筠曰:“《楚辭》嬋媛,一本作撣援,或媛亦後起之專字。”

〔篇義〕[1]

《序》："刺衛夫也。夫人淫亂，失事君子之道，故陳人君之德，服飾之盛，宜與君子偕老也。"魏源曰："當爲衛夫人哀挽夷姜詩。胡天胡帝，招魂之義也。"案"不淑"之語，吊死唁生皆用之。此衛君薨後詩人唁其夫人之詞也。曰"君子偕老"，正哀其不能偕老也。

桑中（鄘四）

爰采唐矣？沬之鄉矣。云誰之思？美孟姜矣。期我乎桑中，要我乎上宫，送我乎淇之上矣。

爰采麥矣？沬之北矣。云誰之思？美孟弋矣。期我乎桑中，要我乎上宫，送我乎淇之上矣。

爰采葑矣？沬之東矣。云誰之思？美孟庸矣。期我乎桑中，要我乎上宫，送我乎淇之上矣。

爰

于何也。"爰采唐矣"與下"云誰之思"句法同。《四月篇》"亂離瘼矣，爰其適歸"，亦謂于何其適歸，猶言歸於何所也。爰爲于是（《擊鼓》《斯干》"爰居爰處"），亦爲于何，猶焉、安、用（庸）爲于是，亦爲于何也。此字相當於英語之 Where，有關係代名詞與詰問代名詞二用。《碩鼠》"適彼樂土，爰得我所"，《定之方中》"樹之榛栗，椅桐梓漆，爰伐琴瑟"，《七月》"遵彼微行，爰求柔桑"，諸爰字皆關係代名詞也。本篇及《四月》兩爰字，皆詰問代名詞也。《傳》："爰，于也。"于下疑奪何字。《箋》："如何采唐，必沬之鄉。"如似于之訛。

---

① "篇義"，今補。以下文字，原在"胡然而天也，胡然而帝也"條後。

唐 麥 葑

陳奐云：“唐葑皆菜名，麥非其類，不當并舉。且《詩》凡言采，皆謂采其葉，麥之葉不可食，不得云采麥矣。”《爾雅·釋草》“蘥，雀麥”，注“即燕麥”，詩之麥疑指此。案燕麥亦麥類，其葉亦不中食，陳説非也。余意麥字從來聲，古呼麥爲來牟，此麥字蓋來之誤，來即萊也。《南山有臺篇》“北山有萊”，陸疏：“萊，藜也，莖葉皆似菉王芻，今兖州人蒸以爲茹，謂之萊蒸。”《爾雅·釋草》：“拜，蔏藋。”注：“蔏藋亦似藜。”郝疏：“藜全似藋，而葉心赤，俗謂之赤灰菜，與白者皆可食。”《説文》：“萊，蔓華也。”《爾雅·釋草》：“釐，蔓華。”注：“一名蒙華。”萊藜釐音同通用。《傳》：“唐，蒙，菜名。”《爾雅·釋草》：“蒙，王女。”注：“蒙即唐也。”唐一名蒙，而萊一名蒙華。《箋》：“葑，蔓菁。”葑一名蔓菁，而萊一名蔓華。凡物之名同者，其實（形或用）必有相似之處。唐萊葑三物其形或用蓋本相近似，故名或相同，而詩人亦連類稱之也。

矣

《論語·憲問篇》“克伐怨欲，可以爲仁矣”，《史記·孔子世家》矣作乎。又《季氏篇》“危而不持，顛而不扶，則將焉用彼相矣”，《左傳》隱十一年“邪而詛之，將何益矣”，《國語·晋語》“居[①]何以訓矣”，此皆詰問語，諸矣字并猶乎也。此詩“爰采唐矣”，“爰采麥矣”，“爰采葑矣”之爰字既訓于何，則矣字亦當訓乎。又《中谷有蓷》“嗟何及矣”，《六月》“侯誰在矣”，《正月》“胡然厲矣”，《瞻卬》“寧自今矣”，諸矣字義同。《左傳》僖二十四年“獻公之子九人，唯君在矣”，《説苑·復恩篇》矣作耳。《戰國策·趙策》“則連有赴東海而死矣”，《史記·魯仲連傳》矣作耳。此詩“沬之鄉矣”，“沬之北矣”，“沬之東矣”，“美孟姜矣”，“美孟弋矣”，“美孟庸矣”，下矣字，及同篇“静言思之，躬自悼

① “居”，當爲“君”之誤。

矣”,《巧言》“巧言如簧，顏之厚矣”,《十月》“徹我牆屋，田卒汙萊，曰予不戕，禮則然矣”，諸矣字義同。

鄉

一章“沬之鄉矣”，二章“沬之北矣”，三章“沬之東矣”。二三“北”“東”皆以方位言，一章之“鄉”當與同例。鄉即向背字，或作嚮，北謂之背，則南可謂[①]之鄉。“沬之鄉矣”猶言“沬之南矣”。沬謂沬水。舊以“沬鄉”爲地名，非是。

孟

《方言》十二:“孟，姊也。”《廣雅・釋親》同。

要

《禮記・樂記》“要其節奏”，注:“要猶會也。”要與邀通。《莊子・徐無鬼篇》“吾與之邀樂於天，邀食於地”，注:“邀，遇也。”會遇義同。

上宫

《孟子・盡心下篇》“館於上宫”，注:“館，舍也。上宫，樓也。孟子舍止賓客所館之樓上也。”是要於上宫與《静女篇》之俟於城隅同。城隅亦樓也。

鶉之奔奔（鄘五）

鶉之奔奔，鵲之彊彊。人之無良，我以爲兄。
鵲之彊彊，鶉之奔奔。人之無良，我以爲君。

① 原稿“可”下疑有脱字。今姑依“北謂之背”之句式補“謂”字。

鶉

王國維曰："羅參事《跋》爲朱鳥爲鶉，以鶉爲《小雅》'非鷻非鳶'之鷻。其説是也。《周禮》'司常'職：'鳥隼爲旟。'《考工記》：'鳥旟七斿以象鶉火也。'鳥隼與鶉爲一，固自明白。《詩·四月》毛傳：'鶉，隼也。'即據《周禮》爲説。《爾雅·釋天》疏引《鄭志·答張逸》亦云：'畫急疾之鳥隼。'夫急疾之鳥隼，非鷻而何？孫炎注《釋天》'錯革鳥曰旟'云：'錯，置也。革，急也。畫急疾之鳥於縿也。'全本毛鄭説《詩》。《鄘風》與《左僖五年傳》'鶉之奔奔'，毛鄭無説。杜注以爲鶉火，而陸元朗於《詩音義》乃以爲鵪鶉鳥，沈存中輩遂承其誤。今觀此畫象與漢朱鳥諸瓦，知漢人皆以鶉爲鷻，非康成之創説矣。"（《沈司馬石闕朱鳥象跋》，見[1]《觀堂別集補遺》。）

之[2]

毛曰："鶉則奔奔，鵲則彊彊然。"是以之爲則之假借。則猶財也，才也。

奔奔　彊彊

《禮·表記》引《詩》作"鵲與姜姜，鶉之賁賁"。（《左襄二七傳》《吕氏春秋·壹行篇》注各引《詩》亦作"鶉之賁賁"。）鄭注："姜姜賁賁，争鬥惡貌也。"馮登府曰："賁與奔通。《禮記》'賁車之將'，《後漢書》作'奔車之將'。《周禮·虎賁氏》《宋書·百官志》虎賁舊作虎奔。《孟子音義》引丁音：'虎賁，先儒言如猛虎之奔。'《漢書》'虎賁郎'，注云：'賁讀與奔同。'"王先謙曰："賁有憤義。《禮·樂記》注：'賁讀爲憤。憤，怒氣充實也。'重言之曰賁賁，故訓争鬥惡貌。"又曰："《説文》：'彊，弓有力也。'引申爲凡有力之稱。《楚語》注：

---

① "見"字原無，今補。

② 此條原作"鶉之奔奔鵲之彊彊"，因下有"奔奔彊彊"條，遂删改如此。

‘彊，彊力也。’重言之則曰彊彊。《表記》姜姜同聲借字。《廣雅》：‘姜，强也。’彊强古通。”多案《荀子·彊國》下“比周賁潰”，注：“憤然也。”亦以賁爲憤。《箋》曰：“奔奔彊彊，言其居有常匹，飛則相隨之貌。”《釋文》引《韓詩》曰：“奔奔彊彊，乘匹之貌。”則謂奔借爲僨，彊借爲僵。《説文》：“僨，僵也。”“僵，僨也。”《易·涣》“奔其機”，按覆也。《列子·仲尼》“先亟奔佚”，注：“僵仆也。”《左昭十三年傳》“牛雖瘠，僨於豚上”，注：“仆也。”《史記·蘇秦傳》“佯僵而棄酒”，索隱：“僵，仆也。”《漢書·梁平王襄傳》：“即詐僵仆陽病。”僨僵義皆爲仆，正《韓詩》所謂“乘匹之貌”。王筠曰：“乘匹者，通淫之别名。《夏官·牧師》云：‘仲春通淫。’《校人》云：‘春執駒。’後鄭曰：“春通淫之時，駒弱，爲其乘匹傷之。’是也。”多案《月令》“乃合累牛騰馬”，鄭注：“累騰，皆乘匹之名。”《詩》刺人有禽獸之行。故《左襄二十七年傳》鄭七卿享趙孟，伯有賦《鶉之賁賁》，趙孟曰：“床笫之言不踰閾，况在野乎？非使人之所得聞也。”此其義也。

人之無良

《韓詩外傳》引《詩》之作而。而字勝。

我以爲兄

《韓詩外傳》引《詩》我作何。《詩》言“鶉則奔奔，鵲則彊彊”，人何以如此，人而行同禽獸，何以爲人之兄乎。我字從韓作何爲是。二章仿此。《周頌·維天之命篇》“假以溢我”，《左襄二十七年傳》引作“何以恤我”。《説文·言部》引作“誐以溢我”。我之爲何，猶誐之爲何矣。

我以爲君[①]

周人嫡長傳位，故爲君者皆兄也。

【篇義】
大夫刺國君之穢行也。

定之方中（鄘六）

定之方中，作于楚宫。揆之以日，作于楚室。樹之榛栗，椅桐梓漆，爰伐琴瑟。

升彼虚矣，以望楚矣。望楚與堂，景山與京。降觀于桑，卜云“其吉，終焉允臧”。

靈雨既零，命彼倌人。星言夙駕，説于桑田。匪直也人，秉心塞淵，騋牝三千。

定之方中

定，星名，一名營室。《爾雅》：“營室謂之定。”古人以營室昏見正中（在夏十月，即周十二月），爲興建宫室之時。《左莊二十九年傳》：“水昏正而載（營室又名大水）。”《周語》：“營室之中，土功其始。”

作于楚宫　作于楚室

山井鼎《考文》古本兩于字均作爲。《文選·魏都賦》，劉淵林注《魯靈光殿賦》，謝朓《和伏武昌登孫權故城詩》，江淹《雜體詩》，王

① 原無此條，據首章“我以爲兄”句下作者小注（即“周人嫡長傳位，故爲君者皆兄也”）增補。

融《曲水詩序》，王簡《栖頭陀寺碑文》，各李注[①]，《白帖》三八，《御覽》一七三，《經史事類》，各引《詩》同。案于爲古通。《儀禮[②]·聘禮》“賄在聘于賄”，注“于讀曰爲”，《儀禮·士冠禮》注“于猶爲也”，是其證。

爰伐琴瑟

專承椅桐梓漆言。

虚

《説文》：“大丘也。”《爾雅·釋地》：“河出崑崙虚。”《吕氏春秋·辨土篇》：“虚稼先死。”丘陵高亢，故稼易死也。《易·升》三九“升虚邑”，釋文：“虚，丘也。”[③]案丘虚古今字，即楚丘。

望楚與堂，景山與京[④]

毛曰：“楚丘有堂邑者。”今山東曹縣東南四十里有楚丘城。《水經·濟水注》：“濟水北逕楚丘城西。”又云：“黄溝枝流北經景山東。”知景山爲楚丘旁邑之山名。《厵羌鐘銘》“寴敓楚京”，郭沫若考釋謂即《詩》之楚丘與景山。古音京景同。《史記·高祖功臣侯年表》“京侯周成”，集解引徐廣曰“京一作景”。鐘銘之京即《詩》之景矣。(《金文叢考》。）京，《説文》：“人所爲絶高丘也。”“圜謂之囷，方謂之京。”《廣雅·釋宫》：“京，倉也。”《史記·倉公傳》“見建家京下方石”，集解引徐廣曰：“京者倉廩之屬也。”郭沫若曰“景山與京”與“莫之與京”同例，言景山與楚丘堂邑同高大也。(同前。)

① 原稿“注”下有“引詩”二字，當係衍文，今删。
② “《儀禮》”原稿誤作“《禮記》”。
③ 《釋文》“丘也”前有“馬曰”二字。
④ 此條係將原稿“堂”“京”“楚”及“景山與京”各條合并而成。

降觀于桑[①]

桑即下章之桑田，故曰降觀。易順鼎謂桑爲地名，即桑中；觀借爲館。説亦近是。然於降字無説。意者降借爲共。(《禹貢》“降水”注：“一名共水。”）共古供字,《説文》：“供，設也。”降觀即設館歟?《臣辰盉》：“隹王大龠於宗周徃（出）饔葊京。”《吕鼎》：“王饔於大室。”郭讀饔[②]爲館。多疑是祭名，與祼灌同。[③]

零

《説文》：“零，餘雨也。”段玉裁曰：“既零，猶言既殘。”

倌人

《説文》：“倌，小臣也。”《周禮》：小臣爲大僕之佐，“掌王之小命，詔相王之小法儀。王之燕出入，則前驅。”注：“燕出入，若今游於諸觀苑。”

星

古晴字，本作暒，亦作星。《韓非子·説林》下：“荆伐陳，吴救之，軍間三十里，雨十日，夜星。”夜星即夜晴也。《説文》：“姓，雨而夜除星見也。”

説

《釋文》説本或作税。《藝文類聚》八八,《御覽》九五五引《詩》作税。

① 此條原稿僅“桑”字，今據條下釋文增三字爲句。
② “饔”字據文義補。
③ “《臣辰盉》”至此，係原稿眉批。

匪直也人

胡承珙曰："《傳》以匪直爲非徒，與《孟子》'非直爲觀美也'義同。"多案直借爲特，匪直猶非特、非但也。《荀子》"直無由進之耳"，注："直，但也。"人謂民，與騋牝對言。匪直人民蕃庶，即騋牝亦三千也。

秉心塞淵

疑爲生育衆多之意。《爾雅》"太歲在亥曰大淵獻"，李注："淵，藏也。"僞《武成萃淵藪傳》："府也。"《廣雅・釋山》："淵，谷也。"案谷空可以藏，故又訓爲藏。《廣雅・釋器》："裀，褥也。"李蕭遠曰："水通之，斯爲流[①]。塞之，斯爲淵。"（《説文義證》川字下引）《淮南・説林》"丘夷而淵塞"，注："塞，滿也。"《主術》："外邪不入，謂之塞。"[②]

騋牝

《爾雅・釋畜》："騋牝，驪牝。"（阮元杙見雪牕本、臧玉琳所見郭景純本并如此。）《易林・恒之鼎》："騋牝龍身，日取三千。南上蒼梧，與福爲婚。道理夷易，身安無患。"《小畜之无妄》取作越，理作里，身安作安全，餘同。

蝃蝀（鄘七）

蝃蝀在東，莫之敢指。女子有行，遠父母兄弟。
朝隮（蜺）于西，崇（終）朝其雨。女子有行，遠兄弟父母。
乃如之人也！懷昏姻也！大無信也！不知命也！

① "流"字原誤作"淵"，據改。
② "《淮南・説林》"至此，係原稿眉批。

蝃蝀

《爾雅·釋天》作螮蝀。《説文·手部》引《詩》："螮蝀在東。"《吕氏春秋·三月紀》高注，《淮南·時則》高注，蔡邕《月令章句》，《藝文類聚》三，《初學記》二，《太平御覽》十四，各引《詩》同。《易林·蠱之復》《无妄之臨》《震之井》亦同。案螮本字，蝃借字，螮蝀即帶東。《爾雅》釋文："蝀，《詩》作東。"是其驗也。蔡邕《月令章句》："虹，螮蝀也，陰陽失接之氣著於形色者也。"《白虎通·五行篇》："蝃蝀，陰邪之氣。"《後漢書·楊賜傳》："今殿前之氣應爲虹蜺，皆妖邪所生，不正之象，詩人所謂蝃蝀者也。"又《爾雅·釋天》郭注："俗名爲美人虹。"案虹爲美人，與《高唐賦》所稱"旦爲朝雲，暮爲行雨"者正合。

朝隮于西，崇朝其雨

《傳》曰："隮，升。崇，終也。"《箋》曰："朝有升氣於西方，終其朝則雨氣應自然。"《説文》無隮字。"躋"下曰："升也。"是躋即隮。《周禮·眡祲》"掌十煇之法"，"九曰隮"。先鄭注："隮，升氣也。"後鄭注："隮，虹也。《詩》云：'朝隮于西。'"（賈疏曰："虹，日在東，則西邊見；日在西，則東邊見。"朝日在東，故言隮於西也。）以彼注推之，則此《箋》所云"升氣"，鄭意以爲即虹也。《釋名》："虹見於西方曰升，朝日始升而出見也。"與《箋》義合。又李氏《易傳》二引《需卦》荀爽注云："雲上升極則降而爲雨，故《詩》云'朝隮于西，崇朝其雨'。"尋古人每雲霓并稱，是以霓雲爲同類。（霓從雨，與雲同意。蜺所從之虫即回字，回與雲同。）雲亦氣也，故隮諸家或以爲氣，或以爲雲，或以爲虹，其實一也。《玉曆通政經》曰："虹霓旦見於西則爲雨，暮見於東則爲雨止。"《孟子》"若大旱之望雲霓也"，蓋雲霓見則有雨，故大旱思之。并與《詩》其雨義合。《淮南子·氾論篇》"不崇朝而雨天下"，高注："崇，終也。"崇終古通。《書·君奭》

"其終出于不祥"，釋文"終本作祟"，是其證。朝猶日也。(《氓》"靡有朝矣"即"靡有日矣"。）終朝即朝終，猶言日終，即日夕也。《箋》云"終其朝則雨"，謂朝既終，然後雨也。故《楚辭・哀時命》云"虹蜺分其朝覆兮，夕淫淫而霖雨"，宋玉《高唐賦》云"旦爲朝雲，暮爲行雨"。諸家訓隮爲升，竊疑齊西聲近，隮之爲言西，猶蝃蝀之爲帶東也。

懷昏姻也

蘇輿曰："懷蓋壞之借字。懷壞并從褱聲，故字得相通。《左襄十四年傳》'王室之不壞'，釋文：'壞本作懷。'《荀子・禮論篇》'諸侯不敢壞'，《史記・禮書》作懷。是其證。《説文》：'壞，敗也。'懷昏姻言敗壞昏姻之正道也。《月令章句》釋虹云：'陰陽不和，昏姻失序，即生此氣。'《釋名》虹下亦云：'陰陽不和，昏姻錯亂，淫風流行，男美於女，女美於男，互相奔隨之時，則此氣盛。'曰'昏姻錯亂'，曰'昏姻失序'，所以'壞昏姻也'。而《蝃蝀》由此而生，故詩人以之托興。"

【篇義】
《後漢書・楊賜傳》注引《韓詩序》曰："《蝃蝀》，刺奔女也。"

相鼠（鄘八）

相鼠有皮，人而無儀。人而無儀，不死何爲！
相鼠有齒，人而無止。人而無止，不死何俟！
相鼠有體，人而無禮。人而無禮，胡不遄死！

相

毛曰："相，視也。"《爾雅・釋詁》同。《説文》："相，省視

也。”

儀

陳奂曰：“儀當作義。《毛詩》用字之例，威儀作儀，仁義禮義作義。此篇作儀者，疑因《箋》而誤。《傳》云‘雖居尊位’，以釋《經》‘人’字；云‘猶爲暗昧之行’，以釋《經》‘無義’字。”

止

借爲耻。

體

毛曰：“體，支體也。”《正義》曰：“上云有皮有齒，已指體言之，明此言體非遍體也，故爲支體。”

【篇義】

《白虎通義·諫諍篇》曰：“此妻諫夫之詩也。”易順鼎曰：“此三章‘人’皆指其夫，‘死’皆屬之己。女子雖適無禮之人，終無求去之義。諫之不從，惟求速死，欲以一死感悟其夫，非怨懟其夫也。”

干旄（鄘九）

孑孑干旄，在浚之郊。素絲紕之，良馬四之，彼姝者子，何以畀之？

孑孑干旟，在浚之都。素絲組之，良馬五之，彼姝者子，何以予之？

孑孑干旌，在浚之城。素絲祝之，良馬六之，彼姝者子，何以告之？

孑孑

《説文》："㚔，頭傾也。從矢吉聲，讀若孑。"案孑讀爲㚔，旄在竿上，㚔然下傾，故曰"孑孑干旄"也。

干

《左傳》定九年作竿。《家語·好生篇》同。《爾雅·釋天》"注旄首曰旌"，注："載旄於竿頭，如今之幢亦有旒。"《釋天》又曰"素綿綢杠"，注："以白地錦韜旗之竿。"是竿即杠也。《廣雅·釋天》："天子杠高九仞，諸侯七仞，大夫五仞。"此干旄《傳》以爲大夫之旃，則是干高五仞矣。

旄　旟　旌

旄旟皆旌，旌即旌節也。《左傳》桓十六年"壽子載其旌以先"，《史記·衛世家》作"盗其白旄而先"，《詩·二子乘舟》傳作"竊其節而先往"，是旄節一物也。或謂之旌節。《周禮·掌節》："道路用旌節。"或謂之旄旌。《公羊》宣十二年"左執茅旌"，《新序·雜事篇》，《渚宫舊事》，并作旄旌。旌節之飾或用旄，或用羽。《爾雅·釋天》"注旄首曰旌"，李巡注"旄[①]牛尾著竿首"。《書·牧誓》："左杖黄鉞，右秉白旄以麾。"此用旄爲飾者也。《周禮·司常》"析羽爲旌"，《逸周書·王會篇》"青陰羽鳧旌"，《楚辭·九歌》"孔蓋兮翠旍"（旍一作旌），此用羽爲飾者也。疑用旄者謂之旄，用羽者本謂之旟，旌其總名也。《釋天》"錯革鳥曰旟"，實即"析羽爲旌"之旌。説者或以爲畫鳥於縿，則誤以旌類爲旗類矣。《詩》曰旄，曰旟，曰旌，蓋旄與旟亦多可通稱，故旄旟與旌三者并舉而爲互文。《漢書·高帝紀》上注："節以毛爲之，上下相重，取象竹節，因以爲名。將命者持之以爲信。"《後漢

① 李注"旄"上有"以"字。

書·光武帝紀》注："節，所以爲信也。以竹爲之，柄長八尺，以旄牛尾爲其毦三重。"《周禮·射人》"九節五正"司農注："九節，析羽九重，設於長杠也。"旄節形制之可考者，略備於此。又案《釋天》"注旄首曰旌"，《釋文》"旌本又作旍"，《車攻》"攸攸斾旌"《文選·魏都賦》作旍，《孟子·萬章下篇》"大夫以旌"《文選·劉琨詩》注引作旍，《楚辭·九歌》"蓀橈兮蘭旌"旌一作旍，"孔蓋兮翠旍"旍一作旌，是旌旍同字，確無可疑。（旍之爲旌，猶笭之爲笙。《吕氏春秋·古樂篇》："有倕作爲鼙鼓、鐘磬、苓管、壎篪、鞀、椎、鐘。"王引之云，苓當爲笭，即笙字。）《楚辭·七諫·自悲篇》"載雌霓而爲旌"（旌一作旍），注："旌，旗也，有鈴爲旌也。"是旍當從鈴從省，旌爲旍之借也。《釋天》："注旄首曰旌，有鈴曰旂，錯革鳥曰旟。"注旄首、有鈴、錯革鳥三事相連，蓋三者本爲同類，其旌旂旟三名頗有混淆，非其朔義矣。

素絲　良馬

比馬皆用以贈遺之子之物，比即帛也。《羔羊篇》"素絲五紽"即《儀禮·公食大夫禮》之束帛可證（詳《羔羊篇》）。古人贈遺帛馬并用者，其例經傳多有，此不備舉。金文《守宫尊》："易（錫）守宫絲束，蘆幕五，蘆冟二，馬匹，毳希三，專俸三，埜朋。"

絲束馬匹與此詩稱素絲良馬尤合，皆贈遺所用也。《曶鼎》："□父用匹馬束絲限誥曰。"此交易中絲馬并用之例。交易與贈遺義異而事同。

紕　組　祝

紕之言比次也。組亦聚集之意。聚集與比次義近。祝當從《箋》讀爲屬。《禮記經解》"屬辭比事"，《文選·七發》"比物屬事"，是屬比義近。《説文》："屬，連也。"連亦比也。紕組祝皆言束絲之法。

畀予告[①]

告讀爲造，與《考槃》“永矢弗告”之告同。《書・大誥》“予造天役”，馬注：“造，遺也。”案遺有遺忘及遺贈二義，《考槃》之造訓遺忘，此詩之造則訓遺贈。《孟子・離婁下篇》“君子深造之於道”，注：“造，致也。”《禮記・喪大記》“君設大盤，造冰焉，大夫設夷盤，造冰焉”，注：“造猶内也。”案内讀爲納。疏曰：“造是造詣，凡造詣者必入於内，故云造猶内也。”正讀内爲納。遺也，致也，納也，并與畀予義近，是告亦畀予也。畀予告之義皆爲饋贈，言以素絲良馬贈諸之子也。若讀告如字，則義不可通。《易林・履之解》：“干旄旌旗，執幟在郊，雖有寶珠，無路致之。”（《師之隨》《豫之中孚》《訟之隨》同，《解之未濟》珠作玉。）畀予告皆有致義也。

載馳（鄘十）

載馳載驅，歸唁衛侯。驅馬悠悠，言至于漕。大夫跋涉，我心則憂。

既不我嘉，不能旋反。視爾不臧，我思不遠？既不我嘉，不能旋濟。視爾不臧，我思不閟？

陟彼阿丘，言采其蝱。女子善懷，亦各有行。許人尤之，衆穉且狂！

我行其野，芃芃其麥。控于大邦，誰因誰極？大夫君子，無我有尤！百爾所思，不如我所之。

① 原稿“告”字除以下釋文，尚有兩段眉批。一是：“《禮記・王制》：‘升於司徒者不征於鄉，升於學者不征於司徒，曰造士。’案造猶升也。《說文》造下引譚長説曰：‘造，上也。’自下授上曰上，曰升，亦是造。”一是：“《玉藻》‘膳於君有葷桃茢，於大夫去茢，於士去葷，皆造於膳宰’，注：‘造於膳宰，既致命而授之。’”

嘉

《坊記》："爾有嘉謀嘉猷。"《天問》："叔旦不嘉。"《釋詁》："嘉，善也。" 此曰"不我嘉"，猶言不以我所謀慮者爲善也，即下文"許人尤之"之謂。

能

讀爲寧。言爾輩既不以我所謀慮者爲善，則不如捨我而反也。此許穆夫人語諸大夫之辭。

視爾不臧

《小爾雅·廣言》："視，比也。"《小旻》："謀之不臧。" 此不臧亦斥謀事言。

閟

與毖通。《説文》："毖，慎也。"《廣雅·釋詁》一："毖，遠也。" 思之深遠即慎思之謂。然則二章"我思不遠"，三章"我思不閟"，義相近也。

蝱

四章曰"言采其蝱"，五章曰"芃芃其麥"，疑蝱麥同類，或竟同物。《桑中》一章曰"采唐"，二章曰"采麥"。傳曰："唐、蒙，菜名。" 蒙麥并舉，亦爲同類。蝱蒙聲近，并與麥一聲之轉，蓋野麥之類與？今河北滑縣、山東鉅野俱食麥葉。此及《桑中》言"采唐""采麥"，蓋采其葉而食之。

有行

行猶適也。有所行即有所適，猶言嫁人也。

眾稺且狂

眾讀爲終，猶既也。稺猶痴也。《易林·旅之離》："既痴且狂。"

控于大邦

魯、韓并訓控爲赴告。《列女傳·仁智篇》載許穆夫人之言曰："惟是四方之故，赴告大國，妾在不猶愈乎？"下引此詩。王先謙謂"赴告大國"即"控于大邦"。此魯説也。玄應《一切經音義》九引《韓詩》説曰："控，赴也。"胡承珙云：赴謂赴告。《左傳》襄八年"無所控告"，《莊子·逍遥游篇》"時則不至而控於地"，釋文引司馬曰"控，投也"，控告猶言投告，投與赴義近[①]。案胡説甚晰。余謂赴訃古通。《儀禮·既夕禮[②]》"赴曰"注："今文赴作訃。"《説文》無訃字。經傳亦皆以赴爲之。本篇上文曰"歸唁衛侯"，《傳》曰"吊失國曰唁"，是此曰"控于大邦"，控訓赴，即訃喪之訃。金文《師斄毁》："師龢父攺（殂），斄叔市巩告於王。"巩告即控告，猶言訃告也。《詩》曰控，金文曰巩告，其義正同。《傳》訓控爲引，《箋》以援引釋之，斯詰鞫爲病矣。

誰因誰極

許維遹曰："《大雅·皇矣篇》'因心則友'，毛傳：'因，親也。'極與亟同。《方言》一：'亟，愛也。'言赴告大邦，誰爲我之親愛乎。"（《讀詩小記》。）

不如我所之

之讀爲志。《墨子·天志下篇》："故子墨子置立天之，以爲儀法。"之一本作志。《趙策》"趙國之士"，《史記·刺客傳》作志士。并

① "赴謂"句至此，與胡承珙《毛詩後箋》卷四原文不盡相同，故未加引號。
② "禮"字原稿誤作"記"。

其比。《禮記·孔子閑居》"志之所至"，注曰："志謂恩意也。"《詩譜序》疏引《春秋説題辭》曰："思慮爲志。"是志亦思也。《詩》曰"百爾所思，不如我所之"，猶言爾曹百人所思慮者，不如我一人思慮之深遠周密也。二句即上文"視爾不臧，我思不遠"，"視爾不臧，我思不閟"之意。此曰"我所之"，猶彼曰"我思"矣。《傳》曰："不如我所思之篤厚也。"以思詁之，正讀之爲志。《韓詩外傳》二載楚樊姬譏沈尹（今本尹上衍令字）未嘗進賢，沈尹乃進孫叔敖，相楚三年而楚霸，樊姬無去楚他適之事，而《外傳》引此詩二句以稱之，似亦讀之爲志。《外傳》又曰："高子問於孟子曰：'夫嫁娶者非己所自親也，衛女何以得編於《詩》也？'孟子曰：'有衛女之志則可，無衛女之志則舛（今作怠，從《孟子外書·爲正篇》改舛，與篡權變賢韻）。若伊尹於太甲，有伊尹之志則可，無伊尹之志則篡。夫道二，常謂之經，變謂之權[①]。懷其常道而挾其變（此下有權字，從《外書》删），乃得爲賢。夫衛女行中孝，慮中聖，權如之何？'"下引《詩》"既不我嘉，不能旋反。視爾不臧，我思不遠"。案所謂"衛女之志"蓋即《詩》"不如我所之（志）"之志，"慮中聖"，慮者思也，亦釋《詩》之（志）字。以上并讀之爲志，是韓説與毛同也。

【篇義】

衛懿公失國，許穆夫人馳歸唁之，許大夫從行者不嘉夫人之行，夫人賦詩責之。

① 中華書局 1980 年版許維遹《韓詩外傳集釋》上二句中"謂之"作"之謂"。

衛　風

淇奥（衛一）

瞻彼淇奥，绿竹猗猗。有匪君子，如切如磋，如琢如磨。瑟兮僩兮，赫兮咺兮，有匪君子，終不可諼兮。

瞻彼淇奥，绿竹青青。有匪君子，充耳琇瑩，會弁如星。瑟兮僩兮，赫兮咺兮，有匪君子，終不可諼兮。

瞻彼淇奥，绿竹如簀。有匪君子，如金如錫，如圭如璧。寬兮綽兮，猗重較兮，善戲謔兮，不爲虐兮。

奥

《禮記・大學》引作澳。《釋文》："澳又作隩。"《文選・魏都賦》劉注、《水經・淇水注》并引作澳。《説文》："隩，水隈厓也。"

绿竹

《傳》："绿，王芻也。竹，篇竹也。"班彪《游居賦》"瞻淇奥之園林，美绿竹之猗猗"，班固《竹扇賦》"青青之竹形兆直"，則直以爲竹，蓋亦三家異説也。考竹性好濕，得水即生，古代北方河瀆交錯，沮澤未竭，故黄河流域，所在宜竹。《淮南子・原道篇》"彎淇（今本作棊，從《竹譜》引改）衛之箭"，《兵略篇》"夫栝淇衛箘簬"注"淇衛箘簬，箭之所出也"，是淇衛之地以産竹著稱，尚矣。《竹譜》"籓尤勁薄，博矢之賢"注引《三倉》籓音衛，是竹中之籓即以衛地得名。《漢書・溝洫志》："上乃使汲仁郭昌發卒數萬人，塞瓠子决河……下淇園之竹以爲楗。"《後漢書・寇恂傳》："光武於是復北征燕代，恂移書屬縣，講兵肄射，伐淇園之竹，爲矢百餘萬。"其多且賤也猶如此，推之上世，抑又可知。朱子釋《詩》绿竹爲绿色之竹，所見甚是。惟於淇衛古本多竹，引證未備，故復論之，以成其説。

猗猗

猗猗儺。柔弱下垂貌。（詳《隰有萇楚》。）《王芻篇》竹，小草布地而生，不得有猗猗之狀，此亦綠竹即竹之一證也。

匪

《釋文》："匪本又作斐。"《禮記·大學》、《列女傳》八《班女婕妤傳》、《玄應音義》九引并作斐。《爾雅·釋訓》同。《釋文》引韓作邲。案匪斐邲并借爲璑。《傳》："匪，文章貌。"《禮》鄭注："斐，有文章貌也。"《説文》："斐，分别文也。"《巷伯》"萋兮斐兮，成是貝錦"傳："斐，文章相錯也。" 璑者，《説文》："璑，玉英華相帶如瑟弦也。"英華相帶如瑟弦，即有文章貌。《詩》本以玉比君子之美貌，"有璑君子"猶《白駒》言"其人如玉"矣。下文"瑟兮僩兮"，《旱麓》"瑟彼玉瓚"（《説文》引作璑），《説文》璪下引《逸論語》"玉粲之瑟兮，其璪猛也"，璠下引孔子曰"美哉璠璵，遠而視之奂若也，近而視之瑟若也"，并以瑟爲玉貌。瑟與璑同。玉貝相似，《巷伯》"萋兮萋兮"以斐爲貝貌，斐亦借爲璑。（《詩》上言匪，下言瑟，變文以避複。）

切 磋 琢 磨

切磋琢皆磨也。切者，《廣雅·釋詁》三："扨，磨也。"切扨同。《戰國策·魏策》："莫不日夜搤腕瞋目切齒。"《史記·刺客傳》"此臣之日夜切齒腐心也"，索引："切齒，齒相磨切也。"《樂府詩集·雜歌謡辭·離歌》[①]："晨行梓道中，梓葉相切磨。"磋者，《廣雅·釋詁》三："磋，磨也。"《説文》："䴾，䃺麥也。"䃺磨同。麥曰䴾，石曰磋，其義一也。琢者，《御覽》七六四引《韓詩》作錯。《文選》東

① "雜歌謡辭·離歌"原稿誤作"雜曲歌辭·雜歌"，據引文改。

晳《補亡詩》"如磨如錯"，用《韓詩》也。《鶴鳴》"可以爲錯"，傳："錯石可以琢玉。"是錯琢義近可通。《廣雅・釋詁》三："錯，磨也。"《易・説卦傳》"八卦相錯"，李鼎祚注："錯，摩也。"摩磨同。（説本繆楷《爾雅稗疏》。）

瑟　僩

瑟與璱同。玉英華相帶也。玉英華即玉之光彩。僩讀爲燗。《説文》爤，重文作燗。今字作爛。《楚辭・雲中君》注："爛，光也。"《後漢書・延篤傳》"涣爛兮其溢目也"，注："焕爛，文章貌。"

赫　咺

《説文》："赫，火赤貌。"《小爾雅・廣詁》："赫，明也。"咺，《爾雅・釋訓》作烜。《釋文》："烜者光，明者宣著。"《廣雅・釋詁》四[①]："烜，明也。"

充耳琇瑩

《著》："充耳以青乎而，尚之以瓊瑩乎而。"琇瑩即瓊瑩。琇之言秀也，瓊之言敻也，秀出與敻絶義近，故琇與瓊皆玉之美者。本《傳》："琇瑩，美石。"《木瓜》傳："瓊，玉之美者。"石與玉散文通。又《都人士》"充耳琇實"，琇實亦猶琇瑩也。草木有英，有華，有榮，有實，治玉以象之，則曰瑩，曰英，曰華，曰實。《説文》："瑩從榮省。"瑩即榮也。

會弁如星

《箋》："會謂弁之縫中，飾之以玉，皪皪而處，狀似星也。"《鳲鳩》"其弁伊騏"，騏之爲言棋也。（《説文》：騏，馬，文如博棋。）言

---

① "四"字原稿空缺，今補。

其列處之狀如棋子也。《周禮·弁師》“王之皮弁，會五采玉璂”，琪之爲言亦棋也。如星與伊騏義同，如今人言“星羅棋布”然。

簀

《急就篇》“板柞所產谷口斜”，注：“板，謂木瓦也。柞，屋棧也，亦謂之簀。”柞或作笮。《説文》：“笮，迫也，在瓦之下棼上。”《六書故》：“椽上必設笮，然後安瓦，今人謂之棧。”《説文》棧棚互訓。是簀笮棧棚一物。今南人曰棧棚，北人曰頂棚者是也。《詩》之簀指此。叢篁密蔭，不見天光，如寶屋之有棚棧然，故曰“緑竹如簀”也。

金　錫

金即銅。金與錫和，是爲青銅，古人鑄器所資，故每并稱。《曾伯霥簠》：“金導鐊（錫）行。”《周禮·職方氏》：“東南曰揚州……其利金錫竹箭。”

寬　綽

金文寬綽字作綰（詳《考槃》）。綰緩聲近義通。《説文》緩繛互訓，重文作緩綽。寬綽，綰綽，即緩綽矣。疾則促，緩則長，金文言綰綽，謂長壽，《詩》言寬綽則謂態度從容。《文選·洛神賦》[①]“柔情綽態”，《玉篇·系部》引韓説：“綽，柔貌也。”柔緩義近。

猗

《論語·鄉黨篇》皇疏、《禮記·曲禮》正義、《荀子·非相篇》注、《文選·西京賦》注、《説文·車部繫傳》，并引作倚。案猗讀爲倚。《釋文》：“猗，於綺反，依也。”《正義》：“倚此重較之車。”并讀爲倚。

① 原稿“《洛神賦》”誤作“《神女賦》”，據引文改。

虐

詳《溱洧》。

考槃（衛二）

考槃在澗，碩人之寬。獨寐寤言，永矢弗諼。
考槃在阿，碩人之薖。獨寐寤歌，永矢弗過。
考槃在陸，碩人之軸。獨寐寤宿，永矢弗告。

考槃

古語有回旋屈折之誼者。或曰鈎般。《爾雅·釋水》“鈎槃”，郭注：“水曲如鈎，流般桓也。”或曰過辨。《釋水》又曰：“過辨，回川。”以回川釋過辨，是過辨亦回旋屈曲之水。蓋過讀爲渦，辨讀爲盤。《文選·江賦》：“盤渦谷轉。”盤渦與過辨，語有倒順耳。或曰鈎百。《莊子·達生篇》：“東野稷以御見莊公，進退中繩，左右旋中規，莊公以爲造父（今本脱造字，父誤作文，從《吕氏春秋·適威篇》及《御覽》七四六引《莊子》改）弗過也，使之鈎百而反也。”或曰拘罷。《淮南子·齊俗篇》“越王勾踐劗髮文身，無皮弁搢笏之服，拘罷拒折之容”，注：“拘罷，圜也。拒折，方也。”是拘當讀爲句，拒當讀爲矩，下文“非不知繁升降槃還之禮，蹀采齊肆夏之容”，即“拘罷拒折”之謂矣。在水曰鈎般，曰過辨，在御曰鈎百，在步曰拘罷，其義一而已矣。考槃者，與鈎般，過辨，鈎百，拘罷，并一語之轉，而義則似當屬步言，故與《淮南》之拘罷正同。《禮記·玉藻》：“古之君子必佩玉，右徵角，左宫羽，趨以采齊，行以肆夏，周還中規，折還中矩，進則揖之，退而揚之，然後玉鏘鳴也。”《詩》所謂考槃，殆此類歟？

澗 阿 陸

《文選·江賦》"幽𥦖積岨"，注："𥦖與澗同。"字從谷，明古所謂澗者，但得山間谷道可通水者，不必定有水也。字一作㵎。《鬼谷子·抵巇篇》注："㵎者成大隙也。"最爲確詁。《釋文》引《韓詩》作干，云："墝埆之處也。"案山間隙地，石多土少，故云墝埆。《丘中有麻》傳謂丘中爲墝埆之處，義與此同。《傳》："曲陵曰阿。"案澗阿寒歌對轉。《玉篇·阜部》引《韓詩》："陸，高平無水。"《易·漸》"鴻漸於陸"，馬注："山上高平曰陸。"

寬 邁 軸

寬讀爲婠。金文寬綽字作綰。《史白碩父鼎》："用㢊匄百彔覺壽，綰綽永命。"《蔡姞毁》："用㢊匄覺壽綰綽永命。"《晋姜鼎》："晋姜用㢊綽綰覺壽。"寬之通婠，猶寬之通綰矣。《説文》："婠，體態好也。"（從《廣韻》引。）《御覽》三八一引《通俗文》："容美曰婠。"《廣雅·釋詁》一："婠，好也。"邁，《釋文》引《韓詩》作㗖，云："美貌。"《字鏡》十二《重點篇》："㗖，㗖美貌。"[①] 案邁㗖并讀爲娃。《淮南子·覽冥篇》："於是女媧煉五色石以補蒼天……積蘆灰以止[②]淫水。"《山海經·北山經》："女娃游於東海，溺而不返，是爲精衛，常銜西山之木石，以堙於東海。"女媧與女娃實一傳説之衍變，媧娃亦一字耳。邁㗖之通作娃，猶媧之通作娃矣。《方言》二："娃，美也，吴楚衡淮之間曰娃。"《説文》："娃，或曰吴楚之間謂好曰娃。"《廣雅·釋詁》一："娃，好也。"軸讀爲頔。《廣雅·釋詁》一："頔，好也。"《玉篇》同。

---

① "《字鏡》"句至此，原稿眉批。

② "止"字原稿作"此"，從中華書局《新編諸子集成》劉文典《淮南鴻烈集解》改。

寤

《説文》:“𡪢,寐而有覺也。”又:“寐覺而有言曰寤。”是寤與夢同。故《玉篇》曰:“寤者人精神所寤。”《周禮·太卜》“掌三夢之法”,注曰:“夢者,人精神所寤可占者。”皆以寤釋夢。而《逸周書·寤儆篇》“王曰‘今朕寤有商驚予’”,注:“言夢爲紂所伐,故驚。”又以夢釋寤矣。《説文》寤從𡪢省,吾聲,籀文作𥧠。蓋寤之本義,爲寐中有所言行,宛如覺時,非醒覺之謂也。寐中有覺,既似寐又似覺,自其似寐者言之,謂之夢,自其似覺者言之,謂之寤。其實夢之與寤,一而已矣。“獨寐寤言”謂獨寐而夢與人言也。

言　歌　宿

宿與言歌之事不侔,且“獨寐寤宿”之語,亦不成文義。宿當讀爲嘯。宿嘯音近義可通。《儀禮·少牢[①]饋食禮》“乃宿尸”,注:“宿讀爲嘯。”是其比。《江有汜篇》“其嘯也歌”,《白華篇》“歗歌傷懷”,嘯亦歌之類也。

諼　過　告

《傳》:“諼,忘也。”《大戴禮記·盛德篇》:“過,失也。”忘失義近。告,讀爲造。《書·大誥》“予造天役”,馬注:“造,遺也。”遺與忘失義并通。

碩人(衛三)

碩人其頎(其頎《玉篇》引作頎頎),衣錦褧衣(褧,《列女傳》及《禮記·玉藻》注引作絅,《説文》引或作檾)。齊侯之子,

① “少牢”原稿作“特牲”,據引文改。

衛侯之妻，東宫之妹，邢侯之姨，譚公維私（譚，《白虎通義·號篇》《宗族篇》及《爾雅》郭注引皆作覃）。

手如柔荑，膚如凝脂，領如蝤蠐（蝤蠐，蔡邕《青衣賦》引作蠐螬，《釋文》本作齏，又作齊），齒如瓠犀（犀，《爾雅》郭注引作棲），螓首蛾眉（螓，《説文》引作頱），巧笑倩兮（倩，《釋文》本一作蒨），美目盼兮。

碩人敖敖，説于農郊（説，《釋文》本或作税）。四牡有驕，朱幩鑣鑣，翟茀以朝（茀，《周禮》“巾車”鄭注引作蔽）。大夫夙退，無使君勞！

河水洋洋（洋，《楚辭·九嘆》注引《詩》作油），北流活活，施罛濊濊（濊，《説文》引作濊，又奯下引作泧）。鱣鮪發發（發，《釋文》引《韓詩》作鱍，《説文》引作鮁。《淮南子·説山篇》注，《吕氏春秋·季春紀》注引，皆作潑），葭菼揭揭。庶姜孽孽（孽，《釋文》引《韓詩》作钀），庶士有朅（朅，《文選》注引《韓詩》作桀）。

碩人

《説文》：“豔，好而長也，從豐。豐，大也。盍聲。”“娙，長好也。”“嫣，長也。”“姘，弱長貌。”《史記·蘇秦傳》：“後有長姣美人。”《左哀十五年傳》：“渾良夫長而美。”

其頎

《北風》：“北風其喈，雨雪其霏。”毛曰：“頎，長貌。”王先謙曰：“小徐本《説文》：“‘頎，頭佳也，從頁，斤聲。’鍇曰：‘《詩》曰碩人其頎，《傳》：頎長貌。’《玉篇·頁部》頎下云：‘《詩》云碩人頎頎，《傳》：頎，長貌。又頎頎然佳也。’毛許并引。案當以頭佳爲本義。”

衣錦褧衣[1]

《丰篇》："衣錦褧衣，裳錦褧裳。叔兮伯兮，駕予與行。"，《師奎父鼎》不從糸。《師酉敦》"中㬎攸勒"從絲。(《金文編》十三之二)

毛曰："錦，文衣也。"《巷伯》"成是貝錦"，傳："貝錦，錦文也。"《終南》"錦衣狐裘"，傳："錦衣，采衣也。"

《説文》："檾，枲屬。"褧檾同。褧衣，以檾爲衣，加於錦衣之上，以爲行道禦風塵也。褧衣者，嫁時在途服。《士昏禮》："女次（次首服也），純衣纁袡。出，壻御婦車，婦乘以几，姆加景（褧），乃驅。"據此，末兩章亦嫁時之事，則諸侯夫人嫁服亦加褧，與士妻同也。

吴承琩曰："《士昏禮》'姆加景'注云：'景之制蓋如明衣，加之以爲行道禦塵，令衣鮮明也。景亦明也。'案加景以禦塵，蓋如後世披風、斗篷同比。士昏所著，唯施於婦人身。《夢溪筆談》云：'近歲京師士人朝服乘馬，以黲蒙之，謂之涼衫，亦古之遺法，《儀禮》朝服加景是也（沈云朝服，誤）。但不知古人制度章色何如耳。'沈説近是。涼景并從京聲。宋人所稱涼衫，意古人之遺語邪？"(《䁆齋讀書記》。)

東宫

太子之宫。

姨

即娣。《説文》："娣，同夫之女弟。""妻之女弟同出爲姨。"同出即同嫁也。同嫁一夫之姊妹曰娣。因而推之各嫁一夫者，亦曰娣。《釋名》："妻之姊妹曰姨。姨，弟也，言與己妻相長弟也。"

---

[1] 原稿爲"衣錦褧衣"、"褧"（二處）、"錦"三條，今合并如此。

柔荑

《静女》傳："荑，茅之始生也。"《太平御覽》引《風俗通義》："《詩》曰：手如柔荑，荑者，茅始孰中穰也。既白且滑。"王闓運曰："字書荑在萬薛之間，未詳其類。舊以荑爲茅茹，蓋狀其纖長，今蘆筍也。"

凝脂

司馬相如《美人賦》："時采親臣，柔滑如脂。"《内則》"脂用葱，膏用韰"，鄭注："脂，肥凝者，釋者曰膏。"脂，牲膏凝者，軟白也。《素問·五藏生成論》："青如翠羽者生，赤如鷄冠者生，黄如蟹腹者生，白如豕膏者生，黑如烏羽者生。"

蝤蠐

陳奂曰："蝤之言酋也。酋者，長也。《正義》云：'蝤蠐白而長，故以比頸。'"多案《文選·洛神賦》"延頸秀項"，注："延秀皆長也。"《莊子·至樂》："烏足之根爲蠐螬。"《御覽》九四八引《淮南·萬畢術》："黍成蠐螬。"

《爾雅》："蟦，蠐螬。蝤蠐，蝎。"郝懿行曰："蝤蠐，白色，身長足短，口黑無毛。至春羽化爲天牛。"繆楷曰："蝎之言皡也，謂色白也。《廣雅》《玉篇》并云：'皡，白也。'《廣韻》：'皡，白色。'是也。"《士喪禮》"毼，豆兩"，鄭注："毼，白也。"《釋草》："藒，芞輿（從《釋文》説删車字）。"《御覽》引《廣志》謂白華，并與蝎音近義同。《詩·碩人》"領如蝤蠐"，傳："蝤蠐，皡蟲也。"孔疏謂"在木中，白而長，故以比頸"，是其義也。案《方言》："蝤蟦，梁益之間謂之蛒。蝤蟦即蝤蠐，蛒即蝎也。蝎亦有白義。白馬謂之駱（《爾雅》："白馬，黑鬣駱。"《廣雅》："白馬赤鬣謂之駱。"《月令》："秋乘白駱。"《明堂位》："駱馬黑鬣。"駱與黑對文，則駱爲白矣。説本王引之），白鳥謂之駱（《穆天子傳》：“有皎者駱。”郭注：“皎，白貌。”），白魚謂之鮥（陸璣《詩疏》：“鮇鮪一名鮥，肉白色。”），白絲謂之絡（《廣雅》：“絡，綃也。”《玉篇》：“綃，素也。”《説文》：“素，白緻繒也。”），是其比也。”

瓠犀[①]

《爾雅》：“瓠棲，瓣也。”《説文》：“瓣，瓜中實也。”以比齒潔白整齊之貌。馬曰：“棲借犀，猶棲遲。《甘泉賦》作遲迡也。棲之爲言齊，猶妻亦訓齊。《説文》：‘䶒，等也。’古齊等字本從妻聲也。《説文》‘齻齒相值也’，引《春秋傳》曰‘晳齻’。”齒以齊爲美，故古者齒亦訓齊。《周禮》言‘三年不齒’，謂不與民齊等。昭元年《左傳》‘使后子與子干齒’，傅遜曰：‘齒猶齊列。’皆是也。”多案《廣雅·釋詁》：“嫧，齊也。”《太玄·玄棿》：“嘖以牙者童其角。”嘖與嫧通。《莊子·盜跖篇》：“齒如齊貝。”《淮南·原道篇》“齊靡曼之色”，高注：“齊，列也。”《易·繫辭傳》“列貴賤者存乎位，齊小大者存者卦”，俞樾訓齊爲列（《群經平議》二）。

犀借齊，亦通作次。《説文》“齋或作粢”，“餈或作饝”。《爾雅·釋蟲》“蠐螬”，《方言》作“蠀螬”。《詩·牆有茨》，《説文》引作薺。鄭衆《周禮·外府》注：“齎或作資。”顔師古《漢書·禮樂志》注：“薺，《禮經》或作薋，又作茨。”此從齊、從次之字古多通用之證。

《犀伯鼎》不從犀。《仲叡父敦》遲伯作伯，《遲鼎》作。容庚曰：“《説文》籀文從屖，而篆文從犀，乃後人所竄改。《説文》犀南徼外牛犀，屖遲從屖正合遲義，不當從犀。《五經文字》曰‘今從籀文’，足證唐人經典用遟，不用遲也。與徲通。”（《金文編》二之十四。）[②]

① 原稿爲“瓠犀”“犀”兩條，今合并如此。

② “《犀伯鼎》”至此，原稿眉批。

螓首蛾眉[①]

馬端辰謂上四句皆言“如”，至螓首蛾眉但言好貌，不言“如”，可證鄭以螓爲蜻蜻。顔師古注《漢書》以蛾[②]爲蠶蛾之誤，其説甚新。然今汲古閣本《楚辭·離騷》“衆女嫉余之蛾眉兮”，字正從虫不從女，而梁武帝《子夜歌》“巧笑蒨兩犀，美目揚雙蛾”，梁元帝《登顔園故閣詩》“妝成理蟬鬢，笑罷斂蛾眉”，則作蛾者亦不自顔始也。

段玉裁曰：“《傳》但云‘額廣而方’，不言螓爲何物，《箋》乃云‘螓，蜻蜻’，知毛作顊，鄭作螓，鄭據三家改毛，是三家作螓首也。”王先謙曰：“《釋文》‘螓首’下云‘音秦’，與《正義》合。陸孔所見《毛詩》本并作螓。王肅述毛，《釋文》引其説云‘如蟬而小’，是肅所見《毛詩》亦作螓，則作顊者三家文也。《釋蟲》‘蜠，蜻蜻’，郭注：‘如蟬而小。’孔疏引舍人曰：‘小蟬也，青青者。’某氏曰：‘鳴蜠蜠者。’孫炎曰：‘《方言》云有文者謂之螓。’孔又云：‘此蟲額廣而且方。’《釋文》：‘郭徐子盈反，沈又慈性反。方頭有文。’并與《傳》義合。益證毛作‘螓首’無疑。”

王先謙曰：“蛾娥二義并通。蛾眉名眉以長爲美。蠶蛾眉角最長，故以爲喻。”

巧笑

《説文·女部》：“媄，巧也。一曰女子笑貌。”案巧笑猶言媄笑。媄妖同。

倩[③]

蔡邕《青衣賦》：“盼倩淑麗，皓齒蛾眉。玄髪光潤，領如蠐螬。

① 原稿爲“螓首蛾盾”“螓”“蛾”三條，今合并如此。
② 依文義及《漢書·揚雄傳》“何必颺累之娥眉”，“蛾”字當是“娥”之誤。
③ 原稿“倩”字釋文分置兩處，今依先後合并。

修長冉冉，碩人頎頎。”倩，今俗字作俏。（沈維鍾説。見《新文典》。）王闓運曰：“倩綪通用字。綪，赤白色，言靨輔夭然，若傅朱粉。”多謂倩即瑳。《竹竿》“巧笑之瑳”，傳：“瑳，巧笑貌。”《説文》：“瑳，玉色鮮白。”[1]

荀粲，字奉倩。粲，鮮明貌。名、字相配，倩義當與粲近，亦鮮潔之貌也。“巧笑倩兮”即“巧笑之瑳”，皆謂笑而見齒。《楚辭・大招》“靨輔奇牙，宜笑嗎只”，郭璞《游仙詩》“靈妃顧我笑，粲然啓玉齒”，是其義也。（《淮南子・修務篇》：“奇牙出，醼輔摇。”）《釋文》引《韓詩》作蒨，云“蒼白色”，蓋謂借爲粲。毛曰：“倩，好口輔。”失之混矣。《説文》：“倩，人美字也。”《漢書・朱邑傳》注[2]：“倩，士之美稱也。”蓋白義之引申也。倩瑳齜皆雙聲字。《説文》：“齹，開口見齒貌。”《淮南・修務篇》[3]注：“齜，將笑則好齒見。”

美目盼兮[4]

《詩》多以目言人之美，如“清揚婉兮”，“婉如清揚”，“美目清兮”，“美目揚兮”。又“狂夫瞿瞿”，“良士瞿瞿”，“碩人之寬（莧）”，“睍睆黄鳥”，亦以目言。（孫君作雲説。）

馬瑞辰曰：“《説文》：‘盼，白黑分也。’盼從分聲，兼從分會意。黑白分謂之盼，猶文質備謂之份也。《説文》：‘頒，鬚髪半白也。’字借作頒。又：‘辬，駁文也。’皆與盼爲白黑分者取義正同。”

敖敖

王先謙曰：“毛鄭訓長貌者，《説文》贅下云：‘贅顤，高也。’顤

① “《竹竿》”至此，原稿眉批。
② “注”字原無，以下“倩，士之美稱也”，是顏師古注，而非《漢・朱邑傳》原文，故補“注”字。
③ “《修務篇》”原稿空缺，今據所引注文補。
④ 原稿爲“美目盼兮”“盼”兩條，今合并如此。

下云：‘高長頭。’是敖即贅之渻文，故云然。《廣雅·釋詁》亦‘顤顡，高也’。”多案頎訓長，又訓頭佳，與敖義合，是古人以頭長爲美。

說

《釋文》說本或作稅，舍也。

驕

金文從高，上曲。《郘鐘》“喬喬其龍”，作。又曰“余不敢爲喬”，作。殆亦喬字（《金文編》十之十）。案下喬即驕字。

朱幩

林義光曰：“幩，毛云：‘飾也。’案《詩》之朱幩，不言所飾，而金文則屢言𠦪較（《師兑敦》《吴尊》《毛公鼎》《番生敦》《彔伯㦰毁》）及𠦪鞃朱鞹䡈（《吴尊》《彔伯㦰毁》），皆惟國君之車有之。𠦪爲幩古文（説見《文源》）。然則朱幩者，較與鞃䡈之朱飾也。毛於幩字解爲：‘人君以朱纏鑣扇汗，且以爲飾。’愚謂鑣鑣既爲盛貌，則與馬銜之鑣無涉。而毛乃以鑣鑣二字作三字讀（如毛説是謂朱纏之鑣，鑣鑣然而盛，則《詩》當言‘朱幩鑣鑣’矣），甚無謂也。蓋車之朱飾，在其時已無考，故聊以屬馬銜耳。”

翟茀

春秋淳于光羽，字子乘。劉師培曰：“羽，羽在車也，秉爲車乘。”（《左盦集》。）弼，《毛公鼎》：“簟弼魚葡（箙）。”《采芑篇》“簟茀魚服”，《韓奕篇》“簟茀錯衡”，箋云：“簟茀，漆簟以爲車蔽，今之藩也。”茀當作㢸，古文弼字，弼以蔽車，有輔弼之義（吴大澂説）。案簟茀疑即翟茀。

活活

《説文》："活，水流聲也。"黄節曰："謝靈運《登石門最高頂詩》乃栖山之作，其云'活活夕流駛'，是夜中聞水聲也。鮑照《游園山石室詩》'活活梁水疾'，其上句云'昏昏磴路深'，其下句云'幽隅秉晝燭'，則亦是昏暗中聞水聲之意。俱從《説文》'水聲'訓。"

濊濊

《玉篇》："濊，水聲。"多案上句活活，下句發發，皆就聲言，則此句濊濊亦當從《玉篇》訓水聲。此章"北流"以下三句言聲，"葭菼"以下三句言貌，而"河水洋洋"句爲總冒，詞例較然。且施罛於水，得見罛礙水流之貌，魚在水中，又何從察及其盛貌哉?《庭燎》《泮水》皆曰"鸞聲噦噦"。噦噦之爲聲，亦猶濊濊之爲聲也。(噦，《説文》引作鉞，與此詩濊《説文》作泧同例。)《卷阿》"翽翽其羽"，箋："翽翽，羽聲也。"

鱣鮪

《敝笱篇》："敝笱在梁，其魚魴鰥。齊子歸止，其從如雲。"亦以魚喻夫人之隨從，與此一例。

發發

王筠曰："《韓詩》作鱍鱍，《説文》作鮁鮁，《淮南·説山訓》注作潑。案此即所謂潑剌，魚掉尾聲也。李白詩作跋剌。亦同。則與《傳》異義。"案三家説勝。陸德明曰："發，魚著網尾發發然。"是也。案王闓運曰"魚跳不受制也"，又曰"罟，婚姻之喻"。

孽

王闓運曰："孽嶷通用字。"

氓（衛四）

氓之蚩蚩，抱布貿絲。匪來貿絲，來即我謀。送子涉淇，至于頓丘。匪我愆期，子無良媒。將子無怒，秋以爲期。

乘彼垝垣，以望復關。不見復關，泣涕漣漣。既見復關，載笑載言。爾卜爾筮，體無咎言。以爾車來，以我賄遷。

桑之未落，其葉沃若。于嗟鳩兮，無食桑葚。于嗟女兮，無與士耽。士之耽兮，猶可説也。女之耽兮，不可説也。

桑之落矣，其黄而隕。自我徂爾，三歲食貧。淇水湯湯，漸車帷裳。女也不爽，士貳其行。士也罔極，二三其德。

三歲爲婦，靡室勞矣。夙興夜寐，靡有朝矣。言既遂矣，至于暴矣。兄弟不知，咥其笑矣。静言思之，躬自悼矣。

及爾偕老，老使我怨。淇則有岸，隰則有泮。總角之宴，言笑晏晏。信誓旦旦，不思其反。反是不思，亦已焉哉！

氓

《傳》："氓，民也。"《方言》三同。案《詩》民多與人互用，此指對貴族而言之平民，故變言氓以别之。《史記·秦始皇紀》"甿隸之人"，甿與氓同。

蚩蚩

陳喬樅云："《小爾雅·廣言》：'蚩，戲也。'《玄應音義》二十三引《蒼頡篇》：'蚩，笑也。'《説文》：'欰，欰欰戲笑貌。'蚩當即欰之或體。蚩蚩爲戲笑貌，此婦人追本男子誘己之時，與己戲笑，己悦之而以爲美也。"顧震福云："《釋名·釋姿容》：'蚩，痴也。'即《傳》所云'敦厚貌'。蚩蚩者，乃笑之痴也。"案陳顧二説解《詩》皆有致，然竊疑蚩訓戲，訓笑，訓痴，於字形胥無可説，殆非朔誼。《説文》："蚩，蟲曳行也，讀若騁。"蚩曳一聲之轉，古本同字。蚩蚩爲蟲行貌，詩以蟲行擬人行，猶《唐·杕杜》言“獨行踽踽”“獨行睘睘”也。又虫它古同字，它也亦同字。蚩蚩即《君子偕老》“委委佗佗”之佗佗。（卜辭“亾蚩”舊釋亾巷亾它，實則亦即亾蚩，蚩灾聲近，亾蚩即亾灾也。）亦即《丘中有麻》“將其來施施”之施施。《丘中有麻》傳曰：“施施，難進之貌。”箋曰：“舒行伺閑，獨來見己之貌。”并與本詩義合。《孟子·離婁下篇》“施施從外來”，義亦仿此。趙注：“施施猶扁扁喜悦之貌。”則與蚩之別義訓戲笑者密合，此尤蚩蚩即施施之確證。

布

《傳》：“布，幣也。”《説文》：“布，枲織也。”“幣，帛也。”《鹽鐵論·借幣篇》：“古者市朝而無刀幣，各以其所有易無，抱布貿絲而已。”

垝垣

《爾雅·釋宫》：“垝謂之坫，牆謂之墉。”《説文》：“坫，屏也。”“屏，蔽也。”又：“墉，城垣也。”“垣，牆蔽也。”是坫與墉同類。析言之，蔽一方謂之坫，蔽四面謂之墉。混言之，坫亦墉耳。《詩》以垝垣連文，蓋用混義，垝亦垣也。《管子·霸形篇》“東山之西，水深滅垝”，即滅垣也。《幼官篇》“詭禁不修，不過六日，而竊盜者起”，詭與垝通，垝禁猶垣禁也。注説皆失之。《詩》垝字，《傳》訓爲毁，誠不可通。于省吾讀爲危，訓高，亦未爲審。

復關

《周禮·太宰》：“九賦……七曰關市之賦。”《司關》：“掌國貨之節，以聯門市，司貨賄之出入者，掌其治禁與其征廛……國凶札，則無關門之征，猶幾。”《韓非子·外儲説左上篇》：“兒説，宋人善辯者也，指白馬〔之〕非馬也。服齊稷下之辯者，乘白馬而過關，則顧白馬之賦。”顧與雇通。《後漢書·桓帝紀》注：“雇猶酬也。”《張讓傳》注：“雇謂酬其價也。”顧白馬之賦，即酬白馬之税。顧復義近，并訓反訓還。復關謂酬其貨賄之租税也。

體

《傳》：“體，兆卦之體。”《周禮·占人》“凡卜簭，君占體”，注：“體，兆象也。”《禮記·玉藻》“君定體”，注：“視兆所得也。”《書·金縢》：“公曰：‘體，王其罔害。’”僞《孔傳》：“公視兆，曰：‘如此光體，王其無害。’言必愈。”案體本是兆之體，《占人》“凡卜簭，君占體”者，賈疏曰：“此君體以下皆據卜言，而兼云筮者，凡卜皆先筮，故連言之。”體亦專據卜言。《傳》云“卜兆之體”，是謂兼筮言之，未允。

沃若

《皇皇者華》二章“六轡如濡”，三章“六轡如絲”（卜辭濕作𢆶，即絲字，此絲當讀爲濕），四章“六轡沃若”，并言其光澤也。《考工記》“絲欲沈”，注：“如在水中時色。”此即沃若之義。《玄應音義》引《廣雅》：“沃，濕也。”“其葉沃若”言桑葉少盛時光澤鮮美也。温庭筠《秋日詩》“棗葉光如濕”，義本乎此。

鳩

即鳲鳩，詳《鳲鳩篇》。

説

《箋》：“説，解也。”上文“于嗟鳩兮，無食桑葚”，傳曰：“鳩……食桑葚過，則醉而傷性。”據此，則耽當讀爲酖，説之訓解，當爲解醒之解。《玄應音義》十四引《字林》:"醒,醉解也。"解即醒矣。《詩》乃以沈湎於酒喻沈湎於情,謂士之沈醉,有時而解醒,女則否也。下章"女也不爽,士貳其行"云云,即承此言之。

隕

上章曰"桑之未落,其葉沃若",本章曰"桑之落矣,其黄而隕",分喻顔色之盛衰,語意相偶,句法亦當一律。"其葉沃若"專據顔色而言,則"其黄而隕"亦當專言顔色,不涉他意。疑隕當讀爲熉。《漢書·禮樂志》"珠熉黄"注引如淳曰:"熉音殞,黄貌也。"字一作芸。《裳裳者華》"芸其黄矣",傳:"芸,黄盛也。"又作焜。《文選》樂府《長歌行》"常恐秋節至,焜黄華葉衰",注:"焜黄,色衰貌也。"隕熉芸焜并字異而義同。《傳》讀隕如字,訓爲隋(墮),既與上句落字義複,又與前章句法參差,是以知其不然。

食貧

《易林·革之旅》:"石門晨門,荷蕢食貧。"

漸車

漸讀爲裧。《淮南子·兵略篇》"剡撕筡,奮儋钁",注:"撕,剡鋭也。"漸之通裧,猶撕之通剡也。《儀禮·士昏禮》"婦車亦如之,有裧",注:"裧,車裳幃,《周禮》謂之容車,有容則固有蓋。"《既夕記》"主婦車疏布裧",注:"裧者車裳幃,於蓋弓垂之。"案《禮記·雜記》上:"其轄有裧,緇布裳帷。"裳帷即裳幃,是裧與裳幃爲二。鄭二注混爲一物,非也。裧一作襜,若幨,本詩《正義》引《士昏禮》注,作襜。《周禮·巾車》"王后之五路……皆有容蓋",鄭司農注:"容謂幨車,山東謂之裳幃,或曰幢容。"詩《正義》引此注亦作襜,云:"帷裳一名童容,童容與襜别,司農云'謂襜車'者,以有童容，上必有襜，故謂之爲襜車也。”案先鄭亦合襜與裳幃爲一，其誤與後鄭同。《正義》特欲彌縫之耳。且襜車古有此名，非司農所創，《詩》“漸車”即裧車，亦即襜車也。蓋襜即車蓋，其邊緣略垂而下，如鼈甲之臁，故鄭注《雜記》曰：“裧謂鼈甲邊緣。”裳幃則如裳以帷障車之四旁，一謂之童容也。有裳幃固必有襜，有襜則不必有裳幃。《詩》曰“漸車帷裳”者，漸車即裧車、襜車，帷裳即裳幃、裳帷，言車上有襜，旁復有裳幃也。“淇水湯湯，漸車帷裳”，與“淇水悠悠，檜楫松舟”句例正同。《箋》以漸車爲水深漸車，殊失其義。（說本易順鼎。）《傳》曰“帷裳，婦人之車也”者，《列女傳》四《齊孝孟姬傳》：“野處則帷裳擁蔽。”又案炎漸二聲字通之證，尚有（一）《說文》：“覢，暫見也。”“睒，暫視貌。”（二）《荀子·强國篇》：“案欲剡其脛而以蹈秦之腹”，注：“剡示斬也。”（三）《說文》：“剡，鋭利也。”《周書·王會篇》注：“琰，珪也，有鋒鋭。”《史記·司馬相如傳》正義：“嶄岩，尖鋭貌。”《文選·七發》注引《埤蒼》：“蔪，麥芒也。”（四）《說文》：“淡，薄味也。”《廣韻》：“醬舂，味薄也。”（五）《易·序卦》傳：“漸者進也。”《詩·巧言》“亂是用餤”傳：“餤，進也。”《國語·吳語》“日長炎炎”，注：“炎炎，進貌。”（六）《廣雅·釋詁》二：“漸，漬也。”《說文》：“燅，於湯中爚肉。”

爽

《散盤》：“余有爽變，爰千罰千。”即爽變，爽亦麥也。《國語·周語》上“房后實有爽德，協（狎）於丹朱”，謂不專貞也。

貳

貳貮古同字。斧文“吕大叔貮車之斧”，即貳車之斧。《禮記·緇衣》“衣服不貳”，釋文：“貳本作貸。”貸與貮同（《說文》：“貮，從人求物也。”）。貳與忒通。《書·洪範》“衍忒”，《史記·宋微子世家》

作“衍貳”。《易·豫彖》“故日月不過而四時不忒”，釋文“忒京本作貸”，《管子·正篇》“如四時之不貣”，字又作貸。貣與忒通，而貣貳同字，故貳忒亦通。《緇衣》“其儀不忒”，釋文：“忒本作貳。”《詩·鳲鳩》“其儀不忒”，傳：“忒，疑也。”正義以爲《釋詁》文，而今《爾雅》云：“貳，疑也。”字作貳。本篇“士貳其行”，而《釋訓》云：“晏晏旦旦，悔爽忒也。”字又作忒。《詩·雅》忒貳錯出，字異而義不異也。《釋言》“爽，忒也”，孫注：“忒，變雜不一。”不一即二，正以貳釋忒。《鳲鳩》一章曰“其儀一兮”，二章曰“其儀不忒”，不忒即不貳矣。貳也，忒也，義本相因。本詩貳訓爲忒則可，王引之、馬瑞辰咸謂貳爲貣之訛，而貣即忒字，則淺矣。且詩下文“士也罔極，二三其德”明即演“士貳其行”之義，是貳字之不當破讀明矣。

罔極

《國語·周語》：“物得其常曰樂極。”《鴇羽》二章“曷其有極”，三章“曷其有常”，極亦常也。《吕氏春秋·有始覽》“衆（今誤極，改從王念孫）星與天俱游，而北極不移”，不移謂有常處，故名北極。又亟亙之蒸對轉（《楚辭·謬諫》注：“極，竟也。”《説文》：“亙，竟也。”《廣雅·釋詁》三：“揯，竟也。”《北風》傳：“亟，急也。”《説文》：“鞕，急也。”又：“縆，一曰急也。”“揯，引急也。”是亙亟義同），恒訓常，故極亦訓常（《莊子·天地篇》“方且與物化而未始有恒”，即未始有極。極，止也。此恒與極通之驗），然則“罔極”即“無恒”“無常”矣。“罔極”與上文“不爽”語意相對。《爾雅·釋言》：“爽，忒也。”《説文》：“忒，失常也。”忒忒一字。“不爽”即有常，則“罔極”即無常矣。

靡

《易·中孚》釋文引《韓詩》説，《列子·説符篇》引《外傳》，并云："靡，共也。"《中孚》"吾與爾靡之"，虞注亦云："靡，共也。"《漢書·淮南衡山濟北王傳贊》"臣下漸靡使然"，注："靡謂相隨從。"《文選·高唐賦》"薄草靡靡"，注："靡靡，相依倚貌。"相隨從，相依倚，并與共義近。《詩》曰"靡室勞矣"即共室勞，"靡有朝矣"即共有朝也。

言遂[①]

《左傳》襄二十六年"成言於晋"，《楚辭·離騷》"初既與余成言兮，後悔遁而有他"，遂言猶成言。《禮記·月令》"百事乃遂"，注："遂猶成也。"《擊鼓》"與子成説"，成説亦即成言。一説言古信字，遂言謂信誓已立，亦通。

隰

蔡啓盛云：隰與淇并舉，字當作濕。濕，水，即漯水也。凡《詩》言隰，連文則曰原隰，對文則非與山對，即與阪對，要之莫非虚者。此文與淇并言，則一虚一實，爲不倫矣。且毛於前之《簡兮》傳曰"下濕曰隰"，此顧無文，如謂因已見前而可省，則後之《車鄰》，又何爲著乎？足見其爲淇漯二水。故淇無釋而漯亦無釋耳。鄭釋泮爲畔，雖與毛訓陂小異，而謂"淇與隰皆有涯岸以自拱持"，則亦以爲二水名。因之所見本是濕而非隰，亦明。考《漢書·地理志》，濮陽、東武陽俱屬東郡。"東武陽"下云："禹治漯水，東北至千乘，入海，過郡三，行千二十里。"是漯在衛初封域之内，又不待詳考而可知矣。(《經窺》三。）案蔡説至確。惟謂隰爲誤字，則恐不盡然。《説文》："濕水出東郡東武陽，入海。"引桑欽曰："出平原高唐。"今《水經·河水注》曰："東武陽縣東，有漯水出焉。"又曰："河水東北過高唐縣界，注河水於縣，漯水注之。"《漢書·地理志》亦言："高唐縣，桑欽言漯水所

① "遂"字據以下文義補。

出。”他若《書・禹貢》“浮於濟漯”,《孟子・滕文公》上“瀹濟漯而注之海”,《穆天子傳》六“天子飲於漯水之陽”(注音沓),字亦并作漯。[1] 濕漯古今字也。(《郙閣頌》濕作漯,《鄭義碑》隰作隰,晋《爨寶子碑》、後齊《宋顯昌造象記》顯并作顥[2]。)《左傳》哀十年“於是乎取犂及轅”,注:“犂一名隰。”二十三年“戰於犂邱”,注:“隰也。”二十七年“隰之役”,字正作隰。是地名曰隰,一曰犂(《説文》作㲆,經傳作黎),水名曰濕,一曰漯。字隨聲變,故濕變作漯,隰亦變作犂也。然濕隰聲同,固可通用。其例見於經傳者亦不鮮。毛鄭本字不妨是隰,特二家皆知係水名而讀爲濕耳。

宴

《釋文》:“本或作丱。”馬瑞辰云,作丱者是,作宴者涉下“晏晏”而誤。《箋》:“我爲童女未笄,結髮宴然之時。”宴然亦丱然之訛。案當作丫,詳《甫田》。

晏晏

《傳》:“晏晏,和柔也。”案晏讀爲睸。《説文》:“睸,目相戲也。”

旦旦

《釋文》:“旦本或作悬。”《説文・心部》引《詩》作悬。悬即怛字。《方言》:“怛,痛也。”《箋》:“言其懇惻款誠。”正讀旦爲怛。

---

① “他若”句至此,原稿眉批。其中“滕文公上”四字,據“瀹濟”句補。
② 原稿“顥”下有“又疊俗字作叠”六字,今删。

竹竿（衛五）

籊籊竹竿，以釣于淇。豈不爾思？遠莫致之。
泉源在左，淇水在右。女子有行，遠兄弟父母。
淇水在右，泉水在左。巧笑之瑳，佩玉之儺。
淇水滺滺，檜楫松舟。駕言出游，以寫我憂。

行

猶嫁也。《文選·江文通雜體詩》注引《宋玉集·高唐賦》"我帝之季女，未行而亡"，《列女傳》四《魯寡陶嬰妻傳》"雖有賢雄兮，終不重行"，《儀禮·喪服》"子嫁反"注"凡女行於大夫以上曰嫁，行於士庶人曰適人"，《論衡·骨相篇》"故未行而二夫死，趙王薨"，《釋名·釋親屬》"兄弟之女爲姪。姪，迭也，共行事夫，更迭進御也"，陳琳《飲馬長城窟行》"結髮行事君"，皆謂嫁也。

瑳

詳《碩人篇》倩字下。

儺

猶猗儺也。詳《隰有萇楚篇》。

芄蘭（衛六）

芄蘭之支，童子佩觿。雖則佩觿，能不我知！容兮遂兮，垂帶悸兮！

芄蘭之葉，童子佩韘。雖則佩韘，能不我甲！容兮遂兮，垂帶悸兮！

芄蘭

疑即蘭。古讀蘭爲複輔音 kl-，緩言之即爲芄蘭。《漢書・息夫躬傳》"涕泣流兮萑蘭"，《文選・吊魏武帝文》"涕垂睫而汍瀾"，萑蘭、汍瀾猶《氓》"涕泣漣漣"矣。

支

《説苑・修文篇》《説文・艸部》并引作枝，《唐石經》亦然。

觿　韘

《傳》："觿所以解結。""韘，玦也。能射御則佩韘。"《禮記・内則》注："觿貌如錐，以象骨爲之。"[①]《説文》："韘，射決也，所以拘弦，以象骨韋繫著右巨指。"《内則》："子事父母……左佩小觿……右佩玦……大觿。"成人之服也。

能

讀爲而（王引之説）。

知　甲

馬瑞辰曰："'能不我知'非知識之知。《爾雅・釋詁》：'知，匹也。''匹，合也。'不我知謂不與我相匹合。"案馬説至確。《墨子・經上篇》："知，接也。"《莊子・庚桑楚篇》："知者接也。"《廣雅・釋詁》二："接，合也。"接合、匹合義同。《禮記・曲禮》"男女非有行媒，不相知名"，釋文作"不相知"，云："本或作'不相知名'。'名'字衍[②]耳。"《開元占經》七引《孝經・雌雄圖》："日冠左珥者，君爲（與）婦母私相知。日紐冠者，君兄弟婦女私相知〔姦淫也〕（三

① "貌""爲"二字，據《十三經注疏》補。
② 疑原稿"字衍"誤倒。

字當是注文……)。日冠紐左珥者,君與舅母私相通。"《後漢書·宋弘傳》"貧賤之交不可忘",《群書治要》引交作知。《楚辭·九歌·少司命》:"樂莫樂兮新相知。"《漢鐃歌·上邪》:"我欲與君相知,長命(令)無絶衰。"《樂府詩集》二五《黄淡思歌辭》[①]:"心中不能言,腹作車輪旋。與郎相知時,但恐旁人聞。"又四九《安東平》:"東平劉生,復感人情。與郎相知,當解千齡。"以上諸知字,皆匹合接交之謂。《詩·隰有萇楚》"樂子之無知",與家室并舉,雖用爲名詞,而義則仍爲匹合,故《箋》:"曰知,匹也。"《女曰鷄鳴》"知子之來之","知子之順之","知子之好之",《苕之華》"知我如此,不如無生",均當訓匹,訓交,惟匹交有泛言之義,又有徑指通淫之義。《曲禮》《孝經緯》《黄淡思歌辭》,并本詩及《女曰鷄鳴》之知字,則徑謂通淫之事。此亦不可不辨也。甲讀爲合。甲合聲近義通。《説文》:"柗,劍柙也。"是柙柗義同。《説文》:"呷,吸呷也。""欱,歠也。"是呷欱義近。《左傳》襄二十七年"晋楚狎主諸侯之盟也久矣",注:"狎,更也。"《儀禮·士虞禮》"男女拾踴三",注:"拾,更也。"是狎拾義同。《説文》:"狎,犬可習也。"《廣韻》:"狢,犬食。"狢當爲狎之異字。又協從古文甲。而《詩·江漢》"洽此四國",《禮記·孔子閑居》作協。汁亦古文甲。而《爾雅·釋天》"太歲……在未曰協洽",《史記·曆書》作協汁。是協汁并與洽通,亦即甲合可通之證。《周語》上"昔昭王娶於房,曰房后,實有爽德,協於丹朱,丹朱憑身以儀之,生穆王焉",注:"協,合也。"又云:"言房后之行,有似丹朱。"案協猶狎也,注説失之。[②]金文會從合,或書作迨。《説文》會之古文作佮。而《書·牧誓》"時甲子昧爽,王朝至於商郊牧野",《詩·大明》曰"會朝清明",傳"會,甲也"。是甲會可通,亦即甲合可通之證。《詩》"不我甲"即"不我合",謂不與我交合也。《釋文》引《韓詩》作狎,

① "辭"字據中華書局本《樂府詩集》補。

② "《周語》上"至此,原稿眉批。

字異而義不異。《傳》訓甲爲狎,《箋》釋爲狎習，非《詩》義矣。

容　遂

《禮記·祭義》“陶陶遂遂”，注：“相隨行之貌。”案行步安閑貌也。陶讀如繇，繇容一聲之轉，容遂即陶遂矣。

悸

《傳》：“垂其紳帶，悸悸然有節度。”案悸之陪聲符爲禾，禾亦古穗字。(柳下惠,《莊子·盜跖篇》作柳下季。[①])《説文》穗爲采之重文，實則禾、采、穗一字耳。又作檖。《説文》：“檖，禾采之貌。”禾穗善摇，故從禾之字多有動義。《説文》：“痵，氣不定也。”“悸，心動也。”《傳》曰：“悸悸然有節度。”正謂帶驚動之貌也。《釋文》引《韓詩》作萃，云“垂貌”。案萃讀爲啐。《説文》：“啐，驚也。”與悸聲義俱同。其云“垂貌”者，此别一義。穗之貌亦下垂也。《左傳》哀十三年“佩玉繠兮”,《説文》：“繠，垂也。”馬瑞辰謂悸萃并借爲繠，説雖可通，終不若讀悸如字，義尤深長。

河廣(衛七)

誰謂河廣？一葦杭之。誰謂宋遠？跂予望之。
誰謂河廣？曾不容刀。誰謂宋遠？曾不崇朝。

一　葦

《三國志·吴志·妃嬪傳[②]》：“徐琨母請伐蘆葦渡當利江口。”《北堂書鈔》一三八引《吴録》：“孫策欲渡江，舟少，欲往更求，策姑王

---

① “柳下惠”至此，原稿眉批。
② 原稿“吴志”下空缺，今據引文補“妃嬪傳”三字。

氏令伐蘆爲簰，以佐船渡人。”徐陵《武皇帝作相時與北齊廣陵城主書》：“且蘆簰荻筏，竟浦浮江。”古者編葦作筏。《詩》曰“一葦杭之”，甚言其易渡耳。

刀

《箋》：“小船曰刀。”

崇朝

崇讀爲終。《箋》：“崇，終也。”《蝃蝀》傳：“從旦至食時爲終朝。”

伯兮（衛八）

伯兮朅兮，邦之桀兮！伯也執殳，爲王前驅。
自伯之東，首如飛蓬。豈無膏沐？誰適爲容？
其雨其雨，杲杲出日。願言思伯，甘心首疾。
焉得諼草，言樹之背？願言思伯，使我心痗。

朅　桀

《傳》：“桀，特立也。”《箋》：“桀，英桀。”《白虎通·聖人篇》引《辨名記》：“五人曰茂，十人曰選，百人曰俊，千人曰英，倍英曰賢，萬人曰桀，萬桀曰聖。”案桀之本義爲特立貌，引申爲英傑。《詩》朅字借爲桀。《文選·高唐賦》注引《韓詩》朅作偈，云：“桀侹也。”《說文》：“桀，長貌。”桀侹與特立義合。上言朅，下言桀者，變文以見義。

殳

《説文》："殳，以杖殊人也。《禮》：殳以積竹八觚，長丈二尺，建於兵車，旅賁以先驅。"又："杸，軍中士所持殳也。"《釋名·釋兵》："殳矛、殳，殊也。長丈二尺無刃，有所撞挃於車上，使殊離也。"《廣雅·釋詁》一"挃，刺也"，云"有所撞挃於車上"。是殳之用主於刺，故亦名刺杖。《太平御覽》七一〇引《新序》"昌邑王置積竹刺杖二枚"是也。

王

疑謂衛君。古諸侯多有稱王者。（王國維有《古諸侯稱王説》，見《觀堂别集補遺》。）如晋、鄭、吴、北燕、齊、吕、姜、戎、徐、越、宋、楚等國是也。（詳陳槃《增訂春秋杞子用夷貶爵辨》，載《禹貢》三周年紀念號。）衛亦大國，或嘗稱王。姑著此以俟考。

前驅

《周禮·太僕》："王出入，則自左馭而前驅。"《左傳》閔二年："狄人伐衛……渠孔爲〔懿公〕御，戎子伯爲右，黄夷前驅，孔嬰齊殿。"《晏子春秋·内篇·雜》上："景公飲酒，夜移於晏子之家，前驅款門曰：'君至。'"前驅亦曰先馬走。《令鼎》："王歸自諆田，王駿，溓仲廙，令眔奮先馬走。"《淮南子·道應篇》："越王勾踐親執戈，爲吴王先馬走。"太史公《報任少卿書》"牛馬走"，吴仁杰謂牛當作先，字之誤，是也。或稱先馬。《賈子·春秋篇》："楚懷王鑄金以象諸侯人君，令大國編而先馬。"《韓非子·喻老篇》："勾踐入宧於吴，身執干戈，爲吴王洗馬。"洗馬即先馬。或稱前馬。《國語·越語》："其身親爲吴王前馬。"《周禮·司戈盾》"祭祀授旅賁殳"，與《説文》旅賁以殳先驅合，是執殳先驅爲旅賁之職。旅賁氏"掌執戈盾夾王車而趨，左八人，右八人，車止則持輪"，注："夾王車者，其下士也，下士十有六人，中士爲之帥焉。”據此則執戈盾夾車者爲下士，其執殳前驅者則爲中士（旅賁氏中士二人。見《序官》），夾車而趨者執戈盾，前驅者乃執殳。故《説文》獨於殳下言：“旅賁以先驅。”雖引《禮》文，而實與《詩》合。

東

《易林·解之蹇》：“四奸爲殘，齊魯道難，前驅執殳，戒守無患。”似齊説謂東指齊魯。

飛蓬

《山海經·西山經》：“玉山西王母蓬髮。”《莊子·説劍篇》：“蓬頭突鬢。”

膏沐

《國語·魯語》上：“以膏沐犒師。”《史記·外戚傳》“丐沐沐我”，上沐字名詞，謂沐髮之香澤也。《詩》與《魯語》之“膏沐”亦二字平列。《楚辭·九思·憫上[①]》“鬚髮薴顇兮顠鬢白，思靈澤兮一膏沐”，鮑照《擬行路難》“膏沐餘芳久不御，蓬首亂鬢不設簪”，皆以膏沐爲施於髮者，與《詩》膏沐承上“首如飛蓬”言正合。王先謙乃謂澤面曰膏，濯髮曰沐，傎矣。考崔寔《四民月令》有合香澤法，云：“清酒浸鷄舌、藿香、苜蓿、蘭香四種，以新綿裹浸胡麻油，和猪脂納銅鐺中，沸定，下少許青蒿，以發（廢）綿羃鐺觜（瓶口）（二字疑衍）瀉之。”又梁簡文帝樂府：“八月香油好煎澤。”并即古之膏沐矣。

誰適爲容

適讀爲值。(《説文》：“樀，户樀也。”“植，户植。”樀植一

① 原稿無篇名《憫上》，今據引文補。

字。《柏舟》"實維我特"，傳："特，匹也。"《韓詩》作直。《爾雅·釋詁》："敵，匹也。"此并適值可通之比。)《柏舟》,《韓詩》説："直，相當值也。"《漢書·賈誼傳》注："適，當也。"《詩》適讀爲值者，即今語"值當""不值當"之值。爲讀"女爲悦己者容"(語見《戰國策·趙策》。又太史公《報任安書》"女爲悦己者容")之爲，介詞。容亦讀"女爲悦己者容"之容，動詞。譯爲今語，即"誰值當我爲他打扮"。《小雅·巷伯》并云"誰適與謀"，語例與此正同。

其雨其雨　杲杲日出[①]

"其雨"二句言冀其將雨而果然日出，喻望夫歸而不歸。雨爲性之象徵。詳《蝃蝀》。

願言

詳《二子乘舟》。末章"焉得諼草，言樹之背"，謂欲藉善忘之草，使己勿思。是明爲不願思伯矣。此願不當讀如字之堅證。

甘心首疾

甘讀爲惂。《説文》："啗，食也。""脂，食肉不厭也。""欿，欲得也。""惂，㥶困也。"《廣雅·釋詁》一："惂，憂也。"惂之爲憂，蓋食而不飽，欲而不得之憂。古從欠之字或從心，欿惂當爲一字。故《楚辭·哀時命》注曰："欿，愁貌也。"甘心即惂心，猶言憂心愁心也。《説文》："欿，讀若貪。"《詩》[②]箋："我念思伯，心不能已，如人心嗜欲，所貪口味不能絶也。"似正讀甘爲欿。又云："我憂思以生首疾。"憂思即惂心之義。首疾即疾首，倒文以協韻也。惂心疾首文相偶。《小弁》："疢如疾首。"《左傳》成十三年："斯是用痛心疾首。""惂心疾首"與"痛心疾首"語意相仿。

---

① 原稿僅"雨"字，今據釋文内容增補爲兩句。
② "《詩》"，今補。

諼草

《傳》："諼草令人忘憂。"《釋文》："善忘，亡向反。"《爾雅·釋訓》釋文引《毛傳》："蕿草令人善忘"，是《傳》"忘憂"爲"善忘"之誤。《淇奥》傳："諼，忘也。"《爾雅·釋訓》同。草名曰諼，而諼有忘義，因謂此草善忘，猶栗爲戰栗，棗爲早起，棘爲吉，桑爲喪之比也。《文選》謝惠連《西陵遇風詩》注引《韓詩》作諠，又引薛君《章句》"諠草忘憂也"。漢以來說《詩》者皆用韓義。《説文》："藼，令人忘憂草也。"引《詩》作藼，言文作蕿作萱。任昉《述異記》："萱草一名紫萱，吴中書生謂之療愁。"徐勉《萱草花賦》："既耀色以祛痗，亦含香而可均。"《讀曲歌》二五："芳萱初生時，知是無憂草。"（今之萱花亦名金針者，色紅黄而無香，非此。）然《詩》意謂忘伯，忘伯即可無憂，非謂草之徑可忘憂也。毛義爲長。《箋》曰"憂以生疾，恐將危身，欲忘之"，衹申毛義。説者皆謂《箋》用韓易毛，非也。

背

《傳》："背，北堂也。"案古北背同字。樹之背即樹之北。《傳》以爲北堂，不免增字爲訓。又案背一可讀如字。陸機《贈仲兄車騎詩》"安得忘歸草，言樹背與襟"，襟即胸，背即脊也。(《瑯環記》："堂北曰背，堂南曰襟。"强陸詩以就《毛傳》，臆説無據。)《方言》七："燕之外郊，凡言置立者謂之樹植。"《有瞽》"崇牙樹羽"傳："置羽也。"樹之背，即置之背，猶言戴之背上也。《易·艮》"艮其背"王注"背者無見之物也"，《左傳》桓九年注"北，走也"，《戰國策·中山策》注"亡，走也"，《荀子·解蔽篇》注"背，弃去也"，《詩·車鄰》傳"亡，喪弃也"，北背亡忘，并古今字。《莊子·養生主篇》"是遁天倍情，忘其所受"，釋文："倍本又作背。"背情猶忘情也。[①] 背弃與遺

① "《左傳》"句至此，原稿眉批。

忘義通。樹諼草於背者，所樹之物及樹之處皆寓忘意，亦感召巫術之類矣。

痗

《傳》："痗，病也。"

有狐（衛九）

有狐綏綏，在彼淇梁。心之憂矣，之子無裳。
有狐綏綏，在彼淇厲。心之憂矣，之子無帶。
有狐綏綏，在彼淇側。心之憂矣，之子無服。

狐

《南山》："雄狐綏綏。"《北風》："莫赤匪狐。"《吴越春秋・塗山歌》："綏綏白狐，九尾厖厖，成子家室，乃都攸昌。"凡此言狐皆以喻男。《左傳》僖十年："三去之餘，獲其雄狐，夫狐蠱必其君也。"

綏綏

《詩考》引《齊詩》作夊夊。《玉篇》："夊今作綏，行遲貌。"引《詩》"雄狐綏綏"。此當同。《説文》："夊，行遲曳夊夊，象人兩脛有所躧也。"（案古作八，省變作夂，不象兩脛。）

梁　厲[①]

《傳》："石絶水曰梁。"厲讀爲瀨。《論語・子張篇》"未信則以爲厲己也"，釋文："厲，鄭讀爲賴。"《漢書・地理志》"厲鄉，故厲國也"，注："厲讀曰賴。"厲通賴，亦通瀨。《史記・南越傳》"故歸義越

① 原稿"厲"下有"側"字，今删。

侯二人爲戈船下厲將軍”，徐廣曰：“厲亦作瀨。”《楚辭·湘君》“石瀨兮淺淺”，《漢書·司馬相如傳》“北揭石瀨”注“石而淺水曰瀨”，《説文》“瀨，水流沙（沙亦石也）土也”。（説本胡承珙、俞樾。）

木瓜（衛十）

投我以木瓜，報之以瓊琚。匪報也，永以爲好也。
投我以木桃，報之以瓊瑶。匪報也，永以爲好也。
投我以木李，報之以瓊玖。匪報也，永以爲好也。

琚　瑶　玖

《大戴禮記·保傅篇》“琚瑀以雜之”，注：“赤者曰琚，或曰石次玉。”《説文》：“玖，石之次玉黑色者。”《楚辭·離騷》“望瑶臺之偃蹇兮”，注：“石次玉曰瑶。”案䍃聲與近䍃聲之字有青義。《爾雅·釋鳥》：“青質五采皆備成章曰鷂。”《説文》：“繇，帛青經縹緯。”“儵，青黑繒發白色也。”“黝，微青黑色。”是瑶亦當爲美石之發青色者。玉以白爲貴，琚瑶玖皆雜以色，故次於玉。《有女同車篇》“佩玉瓊琚”，《丘中有麻篇》“貽我佩玖”，《荀子·賦篇》“璇玉瑶珠，不知佩也”，此詩之琚瑶玖亦皆以爲佩。

好

猶配也。詳《兔罝篇》[1]。

① 北京圖書館所藏著者手稿照相複製件無此篇。

王　風

黍離（王一）

彼黍離離，彼稷之苗。行邁靡靡，中心摇摇。知我者謂我心憂，不知我者謂我何求。悠悠蒼天！此何人哉？

彼黍離離，彼稷之穗。行邁靡靡，中心如醉。知我者謂我心憂，不知我者謂我何求。悠悠蒼天！此何人哉？

彼黍離離，彼稷之實。行邁靡靡，中心如噎。知我者謂我心憂，不知我者謂我何求。悠悠蒼天！此何人哉？

黍　稷

程瑶田説：黍，今之黄米。稷，今之高粱。

離離

《楚辭·招魂》“離榭修幕”，注：“列也。”案借爲麗，或爲儷。實爲麗。《説文》：“儷，棽儷也。”《東都賦》“鳳蓋棽儷”，《大人賦》作林離。《左傳》“爲魚麗之陣”，《後漢書·袁紹劉表傳》作魚儷，注：“猶杒次比也。”《詩·魚麗》傳：“麗，歷也。”《晋語》“非天不離數”，注：“離，歷也。”字一作羅。《廣雅，釋詁》一：“羅，列也。”《方言》七：“羅謂之離，離謂之羅。”或曰皆借爲秝。

馬瑞辰曰：“《釋文》離，《説文》作穲。”今《説文》脱穲字。惟郭忠恕《佩觿》作穲穲。離離，又作穲穲。《廣韻》：“穲穲，黍稷行列也。”又作纚纚。《楚辭·離騷》：“索胡繩之纚纚。”纚纚蓋繩羅列之貌。王逸訓爲好貌，失之。又作蠡蠡。劉向《九嘆》“覽芷圃之蠡蠡”，王逸注：“蠡蠡猶歷歷。”并與離離聲近而義同。

靡靡

毛云："猶遲遲也。"《司馬相如傳》"敞罔靡徙"，注："自抑退也。"案礦之假借，字亦作磨。靡慢雙聲。《大叔于田》"叔馬慢忌"，傳："遲也。"《廣雅·釋詁》二："慢，緩也。"《説文》："慢，惰也。""趨，行遲也。"案趨後起字。

噎

毛曰："噎憂不能息也。"馬瑞辰曰："噎憂雙聲。"《玉篇》引《傳》作噎，謂"噎憂不能息也"，是也。憂者嚘之渻借。《玉篇》："嚘，氣逆也。"噎者欭之假借。《説文》："欭，嚘也。"噎憂即欭嚘也。不能息謂氣息不利也。《鄭風》"使我不能息兮"，傳："憂不能息也。"亦謂噎嚘不能息也。

君子于役（王二）

君子于役，不知其期，曷至哉！鷄棲于塒，日之夕矣，羊牛下來。君子于役，如之何勿思！

君子于役，不日不月。曷其有佸！鷄棲于桀，日之夕矣，羊牛下括。君子于役，苟無飢渴？

塒 桀

《傳》："鑿墻而棲曰塒。""鷄棲於杙爲桀。"《釋文》本作時，賈昌朝《群經音辨》引《詩》同。案《莊子·人間世篇》"其拱把而上者，求狙猴之杙者斬之"，李注："杙，所以棲戲狙猴也。"杙古衹作弋，卜辭作，立橜於地，以棲鷄猴之屬。其狀如弋，故謂之弋。桀古作，象兩足立木上。（乘）字從之，與弋作竪立狀者同意，故棲鷄之弋亦謂之桀。塒當作時。時弋古音近，時蓋即弋。《文選·高唐賦》"嘒兮若

松榯”，注：“榯，直竪貌。”時與榯同。自《傳》訓時爲鑿墻而棲，後人始加土作塒。時之本義與鑿墻固無涉也。古詩“鷄鳴桑樹顛”，是古時之鷄好高棲，故畜鷄者亦順其性而棲之於弋（時）。鑿墻之制，則與今人纍土四周者略同。其事當屬後起，《詩經》時代恐不然也。

不日不月

王先謙曰：“不日不月者，不能以日月計。”案猶上云“不知其期”也。《管子・白心篇》“不日不月，而事以從”，注：“但循道而往，不計日月，事已從而成也。”

佸　括

《傳》：“佸，會也。”佸會古通。《説文》話籀文作譮。《方言》：“獪，楚鄭或曰姡。”《爾雅・釋木》：“檜，柏葉松身。”《書・禹貢》鄭注：“柏葉松身曰栝。”《儀禮・士喪禮》“鬠用組”，注：“鬠古文皆爲括。”并其比。上言佸，下言括，變文以避複。《擊鼓》“不我活兮”，以活爲之。

苟

倘也。疑問副詞。

飢渴

詳《唐・有杕之杜》。

君子陽陽（王三）

君子陽陽，左執簧，右招我由房。其樂只且！
君子陶陶，左執翿，右招我由敖。其樂只且！

陽陽　陶陶

《傳》："陽陽，無所用其心也。""陶陶，和樂貌〔也〕（從日本鈔本補）。"案無所用心，與和樂義相成，故《箋》云："陶陶猶陽陽也。"孫陽字伯樂，是陽有樂義。字一作揚。《晏子春秋·雜上篇》："意氣揚揚，甚自得。"《荀子·儒效篇》"則揚揚如也"，注："揚揚，得意之貌。"自得得意亦樂也。

簧　翿

《傳》："翿，纛也。〔纛〕（從段玉裁補。日本北宋鈔本《毛詩鄭箋》殘本作'翿，纛也。□，翳也'。翳上所缺當即纛，足證段説之精），翳也。"《箋》："翳，舞者所持，〔所〕（從日本鈔本補）謂羽舞也。"《海外西經》："大樂之野，夏后啓於此儛九代，乘兩龍，雲蓋三層，左手操翳，右手操環，佩玉璜。"[①]案簧與翿并舉，當作翌，聲之誤也。《説文》："翌，樂舞以羽翿自翳其首以祀星辰也。從羽，王聲，讀若皇。"《周禮·樂師》"有皇舞"，《舞師》"教皇舞，帥而舞旱嘆之事"，注："皇，雜五采羽如鳳皇色，持以舞。"《續漢書·禮儀志》注引干注[②]："翌，赤皂染羽爲之也。"《大荒西經》"有五采之鳥有冠名曰狂鳥"，注："《爾雅》狂夢鳥即此也。"案即皇。[③]《禮記·王制》："有虞氏皇而祭。"

由房　由敖

《傳》："國君有房中之樂。"《説文》："嗙，謌聲《嗙喻》也。"引司馬相如説："淮南宋蔡舞《嗙喻》。"案《凡將篇》文。《文選·月

---

① "《海外西經》"至此，原稿眉批。

② 據上海古籍出版社、上海書店《二十五史》本，《續漢書·禮儀中·請雨》劉（昭）注引"翌，赤皂染羽爲之也"，係鄭（玄）注，而非干（寶）注。

③ "《大荒西經》"至此，原稿眉批。

賦》"徘徊房露"，注："房露，古曲也。"疑即《嗙喻》。[1]馬瑞辰曰："敖當爲《驁夏》之驁。《周禮·鍾師》'奏《九夏》'，其九爲《驁夏》……亦單稱《驁》。《大射儀》'公入《驁》'是也。"由蓋即笙歌《由庚》《由儀》之由。敖即《驁夏》，而笙歌又有《南陔》，馬瑞辰以爲即《九夏》中之《陔夏》，可證房與敖皆樂名也。由蹈古同音。蹈者舞也。"由房""由敖"猶舞房舞敖矣。

揚之水（王四）

揚之水，不流束薪。彼其之子，不與我戍申。懷哉懷哉！曷月予還歸哉！

揚之水，不流束楚。彼其之子，不與我戍甫。懷哉懷哉！曷月予還歸哉！

揚之水，不流束蒲。彼其之子，不與我戍許。懷哉懷哉！曷月予還歸哉！

揚

《傳》："揚，激揚也。"《楚辭·九歌》"衝風起兮水揚波"，《淮南子·本經篇》"抑減怒瀨以揚激波"，《論衡·書虚篇》："淺多沙石激揚爲瀨。"又："三江時風揚疾之波亦溺殺人。"[2]是水激曰揚波也。《書·堯典》"湯湯洪水方割"，本書《氓》"淇水湯湯"，《載馳》"汶水湯湯"，《沔水》"其流湯湯"，湯揚義同。浮束薪於激揚之水中，則解散，以喻夫婦不能合并也。

① "《説文》"至此，原稿眉批。
② "《論衡·書虚篇》"至此，原稿眉批。

束薪

亦見《鄭·揚之水》。又《綢繆》"綢繆束薪"，傳謂以喻"男女待禮而成"。案喻夫婦也。

彼其之子

《釋文》其亦作己。《史記·匈奴傳》"彼己將帥"，集解引《詩》："彼己之子。"案彼其之子猶彼子也。

中谷有蓷（王五）

中谷有蓷，暵其乾矣！有女仳離，嘅其嘆矣！嘅其嘆矣，遇人之艱難矣！

中谷有蓷，暵其脩矣！有女仳離，條其歗矣！條其歗矣，遇人之不淑矣！

中谷有蓷，暵其濕矣！有女仳離，啜其泣矣！啜其泣矣，何嗟及矣！

谷

谷不必有水，其有水者暫，無水者常。金鶚《釋谷》論之審矣。今案《管子·度地篇》："山之溝一有水，一無水者，命曰谷。"此古説之尤明確者。凡《詩》言谷皆謂無水之谷。《葛覃》："葛之覃兮，施于中谷。"葛非水生之草。《伐木》："鳥鳴嚶嚶，出自幽谷。"彼鳥亦非水鳥。《白駒》："皎皎白駒，在彼空谷。"駒不得在水中也。其餘他篇言谷者，可以類推。本篇本言蓷生谷中，不得水，故暵然而乾。乃《傳》曰："陸草生谷中，傷於水。"《箋》亦曰："鵻之生谷中，得水則病將死。"是與詩意適相反，故詳辯之。

蓷

《傳》："蓷，鵻也。"《大車》傳："菼，鵻也。蘆之初生者也。"是蓷菼一物，即蘆也。蘆一曰荻，荻即蓷之轉，又轉爲菼。蓷字本作萑（《爾雅·釋草》："萑，蓷。"《説文》："蓷，萑也。"），荻本作藡（《廣雅·釋草》："藡，萑也。"藡即荻），萑之言錐也，藡之言鏑也，菼之言錟也，并取鋭長之義。菼，《説文》作葪，字從剡。《説文》："剡，鋭利也。"蓷爲水草，而《傳》以爲陸草，《韓詩》以爲即茺蔚益母，傎矣。

暵

《傳》："暵，烟貌。"《説文》："熯，乾貌。"《淮南子·天文篇》："丙子干戊子，大旱，苽封熯。"熯暵同。

乾 脩 濕

《傳》："脩，且乾也。"《説文》："脩，脯也。""脯，乾肉也。"《釋名·釋飲食》："脯……又名脩。脩，縮也，乾燥而縮也。"脩縮聲近義通。《鴟鴞》"予尾翛翛"，傳："翛翛，敝也。"凋敝與縮義近。濕讀爲隰。《廣雅·釋詁》二："曝，曝也。"《玄應音義》二二引《通俗文》："欲燥曰曝。"《玉篇》："曝，欲乾也。"《韻鏡》："曝，欲燥也。"《萬象名義》："曝，欲乾。"《玉篇》又有𦞦字，云："朐脯也。"草乾謂之脩，亦謂之曝，猶肉乾謂之脩，亦謂之𦞦也。（王引之説。）

嘅 條 啜

《説文》："㒫，飲食氣屰不得息曰㒫，從反欠。"古文作㒫。案氣屰者恒引頏仰首，故從旡之字有仰義。《説文》："墍，仰塗也。"嘆息者亦仰首，故嘆謂之嘅。此曰"嘅其嘆矣"，則嘅當爲仰首貌。《椒聊》

“椒聊且，遠條且”，箋：“言馨之遠聞也。”馨之遠聞謂之條，聲之遠聞亦謂之條。《説文》：“叕，綴聯也。”啜之言綴也。綴聯義同。“啜其泣矣”猶《氓》“涕泣漣漣”。漣之言連也，連聯同。

不淑

《禮記·曲禮》注：“相傳有吊辭，曰：‘皇天降災，子遭罹之，如何不淑。’”彼曰遭天之不淑，此曰遇人之不淑，其義一也。

何嗟及矣

《箋》：“及，與也。泣者傷其君子弃己，嗟乎，將復何與爲室家乎。”胡承珙曰：“當作‘嗟何及矣’，傳寫者誤倒之。《韓詩外傳》二及《説苑·建本篇》《列女傳·魯莊哀姜傳》引此。”

兔爰（王六）

有兔爰爰，雉離于羅。我生之初尚無爲，我生之後逢此百罹。尚寐無吪！

有兔爰爰，雉離于罦。我生之初尚無造，我生之後逢此百憂。尚寐無覺！

有兔爰爰，雉離于罿。我生之初尚無庸，我生之後逢此百凶。尚寐無聰！

爰爰[①]

爰，疑借爲蝡。《穀梁》襄五年經[②]“會吴於善稻”，傳：“吴謂善，伊謂稻緩，號從中國，名從主人。”朱駿聲曰：“稻緩者，稻稬也。”

① 原稿作“爰”，據下文釋義增補爲“爰爰”。
② “年”字今補。

《説文》稬下曰："沛國謂稻爲稬。"案《説文》："煗，温也。"《廣雅·釋詁》三："煖，煗也。"[①]《答賓戲》："孔席不暝。"是暝與暖通。《荀子·勸學》"端（喘）而言，蝡而動，一可以爲法則（《臣道篇》："喘而言，臑而動"）。"是言蝡不限於蟲也。

《吕覽·任地》"急者欲緩"，注"緩者[②]，謂沙堧弱土也"，使地肥而土緩。緩[③]，柔也。《莊子·徐無鬼》"有暖姝者"，釋文："暖，柔貌。"《説文》："蝡，動也。"《通俗文》："摇動蟲曰蝡。"

毛曰："爰爰，緩意。"《爾雅·釋訓》："爰爰，緩也。"案緩動之貌也。

雉

王闓運曰："兔喻小人：自免者。雉，耿介死節士也。"

爲 造 庸

《爾雅·釋言》："作，爲也。"《廣雅·釋詁》一："役，使也。"三："役，爲也。"《禮記·表記》"君子恭儉以求役仁"，注："役之言爲也。"爲又訓動。《説文》："動，作也。"《孟子·滕文公》上[④]"將終歲勤動"，注："作也。"《論語·子張》[⑤]"動之斯和"，皇疏："謂勞役之也。"《越語》"勞而不矜其功"，注："動而不已也。"

《爾雅·釋言》："造，爲也。"（《小爾雅·廣言》："簉，倅也。"案卒館人給事者也。）聲轉爲勦。《説文》："勦，勞也。"《左昭元年傳》"安用速成其以勦民"，《東京賦》"今公子苟好勦民以媮樂"，即此義也。或借爲劬。《爾雅·釋詁》："劬、勞，病也。"《字林》："頓，

① "《廣雅·釋詁》"至此，原稿眉批。
② "緩者"二字，據《吕氏春秋·任地》注補。
③ 原稿"緩"誤作"注"。
④ "滕文公上"四字，今補。
⑤ "子張"二字，今補。

勤作也。”

庸，毛曰：“用也。”《周禮·司勛》：“民功曰庸。”《爾雅·釋詁》：“庸，勞也。”《廣雅·釋詁》一：“庸，使也。”《管子·小匡》“犧牲不勞則牛馬育”，注：“過用謂之勞。”

吪

通訛[①]。覺也。《無羊》：“或寢或訛。”《韓詩》云：“覺也。”《易林·家人之旅》：“山陵丘墓，魂魄室屋，精光竭盡，長卧無覺。”[②]

【篇義】

役夫不堪勞苦，怨而思死也。

葛藟（王七）

綿綿葛藟，在河之滸。終遠兄弟，謂他人父。謂他人父，亦莫我顧。

綿綿葛藟，在河之涘。終遠兄弟，謂他人母。謂他人母，亦莫我有。

綿綿葛藟，在河之漘。終遠兄弟，謂他人昆。謂他人昆，亦莫我聞。

葛藟

《樛木》“南有樛木，葛藟纍之”，喻婦人附於君子。此詩婦人自況之詞。“在河之滸”，則疑謂無所依附，言其失所也。

① “通訛”二字據文義補。

② “《易林·家人之旅》”至此，原稿眉批。

兄弟　父　母

《蝃蝀》《泉水》"女子有行，遠父母兄弟"，《竹竿》"女子有行，遠兄弟父母"，皆謂女子適人。此亦言"遠兄弟"，則是女子之詩。女子適人，謂其夫之父母爲父母，謂其夫之兄弟爲兄弟，故曰"謂他人父"，"謂他人母"，"謂他人昆"也。

顧　有　聞

王念孫曰："聞猶問也。謂相恤問也。古字聞與問通。上文曰'亦莫我顧'，'亦莫我有'（案有謂相親有也，《左傳》昭二十年"是不有寡君也"，注："有，相親有。"[①]），此曰'亦莫我聞'，顧也，有也，聞也，皆親愛之意也。《易·旅象傳》：'喪牛之凶，終莫之聞也。'謂莫之恤問也。解者多失之。"（《雲漢》："群公先正，則不我聞。"聞亦謂恤問也。）案《論語·公冶長篇[②]》"聞一以知十"，釋文："聞本作問[③]。"《莊子·庚桑楚篇》"因失吾問"，釋文："問，元嘉本作聞。"

采葛（王八）

彼采葛兮，一日不見，如三月兮。
彼采蕭兮，一日不見，如三秋兮。
彼采艾兮，一日不見，如三歲兮。

葛　蕭　艾

蕭艾皆香草。葛與蕭艾并舉，必非葛藟之葛。且《葛覃篇》曰：

---

① 以上注係聞氏語。前"案"字今補。
② "篇"前"公冶長"三字，據引文補。
③ 據中華書局影印本《十三經注疏》阮元《校勘記》，以上四字，《釋文》作"聞一云本或作問字"。

"是刈是濩。"葛固當刈，不得云采葛矣。疑此葛字當讀爲藒。《說文》："藒，芞輿也。""芞，芞輿也。"《爾雅·釋草》："藒車，芞輿。"釋文："車……本多無此字。"與《說文》合。臧琳、桂馥、徐灝等均謂車字衍文，是也。《爾雅》之藒即此詩之葛，此亦《爾雅》釋《詩》之文耳。《御覽》引《廣志》："藒車，香草。味辛。生彭城。高數尺，黄葉白華。"藒爲香草，故與蕭艾并舉。《周禮·鬱人》疏引《王度記》："天子以鬯，諸侯以薰，大夫以蘭芝（茝），士以蕭，庶人以艾。"蕭艾皆以供祭，其香可知，特其品格下耳。說者因《離騷》偶以蕭艾喻讒，遂以爲惡草，失之迂矣。

秋

三秋猶三歲也。唐蘭曰："秋本收穫之時，百穀各以其熟爲秋，本無定時也。惟穀多一年一熟，故秋之義略當於年，《詩》'如三秋兮'是也。卜辭云'今秋''來秋'，當亦如此。惟未必如曆術中稱年之精確耳。若四時之秋，則後起之名矣。"（《殷虚文字記》。）卜辭"庚戌卜𡧊䵷"，《逸周書·大開武》"告歲之有秋"，有秋猶有年矣。

大車（王九）

大車檻檻，毳衣如菼。豈不爾思？畏子不敢。
大車啍啍，毳衣如璊。豈不爾思？畏子不奔。
穀則異室，死則同穴。謂予不信，有如皦日！

大車

《晋語》五"遇大車當道而覆"，注："大車，牛車也。"《孫子·作戰篇》："丘牛大車。"[①]《說文》："椐，大車軛。"《考工記·車

① "《晋語》"至此，原稿眉批。

人》："鬲長六尺。"先鄭注："鬲謂轅端厭牛領者。"後鄭注："大車，平地任載之車。"《釋名·釋車制》："槅，扼也，所以扼牛頸也。"案大車之槅所以扼牛頸，是大車即牛車。後鄭謂爲平地任載之車，牛車正所以任載者。《文選·西京賦》："五都貨殖，既遷既引[①]，商旅聯槅，隱隱展展。"是任載之牛車爲商旅所用之車。疑《詩》之大車，亦商旅之車也。

檻檻

《傳》："檻檻，車行也。"《車鄰》："有車鄰鄰。"檻，鄰聲之轉。

毳衣

《傳》："毳衣，大夫之服。"《箋》："古者天子、大夫，服毳冕以巡行邦國。"案《傳》謂大夫服毳衣，未聞其審。《箋》又以毳衣爲毳冕，亦鑿空之説。《説文》："毳，獸細毛也。"《周禮·掌皮》："共其毳毛爲氈。"《説文》："纈，西胡毳布也。"《玄應音義》一引《通俗文》："織毛曰罽。"罽纈同。金文《守宫尊》："易守宫絲束，蔖幎五，蔖冟二，馬匹，毳希三，兩㚘三，坌朋。"毳希即毳布，亦即纈也。《周禮·司服》："祀四望山川則毳冕。"先鄭注云："毳，罽衣也。"而後鄭注云："毳，畫虎蜼，謂宗彝也。"《釋名·釋首飾》又云："毳冕，毳，芮也，畫藻文於衣，象水草之毳芮，温暖而潔也。"鄭讀毳爲蜼，劉讀爲芮，未知孰是；然皆不以先鄭爲然，其必有故。蓋毳布即氈，其物堅重，不中爲衣，爲冕則可，後世毯帽是也。《詩》之衣蓋謂車衣。《後漢書·輿服志》："太皇太后、皇太后……非法駕則乘紫罽軿車，長公主赤[②]罽軿車。"同書《梁冀傳》注引《蒼頡篇》："軿，衣車

① "既遷既引"四字，據《文選·西京賦》補。
② "赤"字，據上海古籍出版社、上海書店《二十五史·後漢書·輿服志》補。

也。”是罽車即以罽爲衣之車。《釋名·釋車》：“軿車、軿，屏也。四面屏蔽，婦人所乘牛車也。”漢制軿車加罽衣，與《詩》毳衣合。（罽即毳布。）軿車又爲牛車，與《詩·大車》爲牛車者亦合（詳上）。以此推之，毳衣非人所服之衣，明甚。而《守宫尊》毳布與蘆幕、蘆冪及馬并錫，亦車具也。蓋軿車即古大車之遺，特大車製作樸質，於古本爲商旅賤人之車；軿車因大車之形制而精工華麗過之，乃專爲后妃所乘耳。

菼　璊

《傳》：“菼，鵻也。蘆之初生者也。”（《釋文》：“鵻本作萑。”繆楷云當從《釋文》。）“璊，赬也。”案《爾雅·釋言》疏引樊注：“菼，初生葸騂色。”《説文》：“璊，玉赬色也……讀若𧀼，禾之赤苗謂之𧀼，璊玉色如之。”又：“𤸧，以毳爲䋈，色如虋，故謂之𤸧。虋，禾之赤苗也。”《詩》璊當讀爲𧀼或虋。菼色騂與𧀼色赤同，故如虋如𧀼并舉。又考《説文》菼爲𦵹之重文，依𤸧字例，則䋈下當云：“䋈，毳布也。䋈之爲言𦵹也。𦵹初生色葸騂，䋈色如之，故謂之䋈。𦵹本一讀若䋈。”

哼哼

亦車聲也。詳《小雅·杕杜》。

穀

《傳》：“穀，生。”案讀爲㲄。《廣雅·釋詁》一：“㲄，生也。”㲄爲産生之生，亦爲生活之生。

如

女如古通。女可訓此（詳《静女》），則如亦可訓此。《論語·憲問篇》："子路曰：'桓公殺公子糾，召忽死之，管仲不死。'曰：'未仁乎？'子曰：'桓公九合諸侯，不以兵車，管仲之力也。如其仁，如其仁。'"猶言"此其仁，此其仁"也。《法言・吾子篇》："或問屈原智乎，曰：'如玉如瑩，爰變丹青（龔鼎臣《東原録》載唐人類書引作"如玉如瑩，爰見丹青"，俞樾云當據改），如其智，如其智。'"猶言"此其智，此其智"也。又《學行篇》"如其富，如其富"，《淵騫篇》"如其寢，如其寢"，如亦并當訓此。《世説新語・容止篇》注引《語林》："王仲祖每覽鏡自照曰：'王文開那得生如馨貌。'"又《文學篇》："田舍兒强學人作爾馨語。"如馨、爾馨猶今言這樣的。如爾皆此也。訓此之如，用於誓辭者尤多。《左傳》襄十八年"顧曰'爲私誓'，州綽曰'有如日'"，《襄二十三年》"所不請於君焚丹書者，有如日"，《襄十九年》"所不嗣事於齊者，有如河"，《昭三十一年》"所能見夫人者，有如河"，《僖二十四年》"所不與舅氏同心者，有如白水"，《襄二十五年》"嬰所不惟忠於君、利社稷者是與，有如上帝"，《定六年》"所不以爲中軍司馬者[①]，有如先君"，《哀十四年》[②]"所不殺子者，有如陳宗"，并此詩"有如皦日"之如，皆當訓此。蓋誓者皆對神爲誓。如對日爲誓，則以手指日，曰"有如日"，意謂有此詩爲證也。《楚辭・惜誦》"所非忠而言之兮，指蒼天以爲正"，其一例也。如與若通，故或用若字。《左傳》定三年"余所有濟漢而南者，有若大川"，若亦此也。其字爲指事之詞，故亦可省略。《哀十四年》"所難子者，上有天，下有先君"，是也。

丘中有麻（王十）

丘中有麻，彼留子嗟，彼留子嗟，將其來施施。

① "以"字、"者"字，據上海古籍出版社黄侃手批《白文十三經・左傳》補。
② 原作"二十四年"，據引文改。

丘中有麥，彼留子國，彼留子國。將其來食。
丘中有李，彼留之子，彼留之子，貽我佩玖。

留

易順鼎曰："留即劉字。古劉姓之字衹作鎦，此省作留，即《左傳》之留子。春秋時王國有劉子毅、劉子摯、劉子卷、劉子盆。此稱留子嗟、留子國，殆即其家世與。"

施

行雨爲隱語，意謂交合。施義亦然。《易·益·彖》："天施地生，其益無方。"《逸周書·殷祝篇》："陰勝陽即謂之變，而天弗施，雌勝雄，即謂之亂，而人弗行。"《淮南子·天文篇》："吐氣者施，含氣者化，故陽施陰化。"《韓詩外傳》一："十六精通而後能施化。"（《大戴禮·本命篇》同。）《太玄·閑》初一："蛇伏於泥，無雄有雌，終莫受施。"《論衡·自然篇》："夫人之施氣也，非欲以生子，氣施而子自生矣。"然則施今本作施施者，蓋小儒惡其言直而傷雅，遂私改之耳。

鄭　　風

緇衣（鄭一）

緇衣之宜兮，敝予又改爲兮。適子之館兮，還予授子之粲兮。
緇衣之好兮，敝予又改造兮。適子之館兮，還予授子之粲兮。
緇衣之蓆兮，敝予又改作兮。適子之館兮，還予授子之粲兮。

宜　好　蓆

《傳》："蓆，大也。"《釋文》引薛君《韓詩章句》："蓆，儲也。"（蓆儲古音同，猶甘蔗一曰白甘藷。）儲長言之則曰儲與。《淮南子·俶真篇》"儲與扈冶"，注："儲與，褒大意也。"《楚辭·哀時命》"衣攝葉以儲與兮"，注："攝葉儲與，不舒展貌。"衣過大則多所掛礙，故曰不舒展。儲與爲衣大貌，因之大掖衣即謂之儲與。《後漢書·光武紀》注："諸于，大掖衣也。如婦人之袿衣。"衣寬大則嫻雅有態。《詩》以宜、好、蓆錯列，蓆讀爲儲，衣大之美也。一説蓆讀爲都，都亦兼大美二誼，亦通。（《説文》："蓆，廣多也。"疑多爲侈之訛，侈亦大也。）

館

官館古今字。《禮記·玉藻》："凡君召，在官不俟屨，在外不俟車。"注："官，謂朝廷治事處也。"《周禮·士師》："掌國之五禁之法：一曰宫禁，二曰官禁，三曰國禁，四曰野禁，五曰軍禁。"注："官，官府也。"

之

猶以也。《左傳》閔二年："衣之尨服，遠其躬也。佩以金玦，弃其衷也。”《漢書·五行志》引作以。《墨子·兼愛篇》下“自古之及今”，《明鬼篇》下、《非命篇》中并作以。(以上之與以通用。)《左傳》閔二年：“故敬其事則命以始，服其身則衣之純。”《墨子·明鬼篇》下：“旦暮以爲教誨乎天下，之疑天下之衆。”(以上以與之互文。)《周書·王會篇》“楊蠻之狄”，與“會稽以鼉”“義渠以兹白”文例同，之亦以也。《吕氏春秋·音律篇》“申之此令”，申以此令也。《詩》“還予授子之粲兮”，謂授子以粲也。

粲

鄭注《禮記·緇衣》曰：“其衣敝，我願改制授之以新衣。”讀粲爲“粲粲衣服”之粲，是也。

將仲子(鄭二)

將仲子兮，無踰我里，無折我樹杞。豈敢愛之？畏我父母。仲可懷也，父母之言亦可畏也。

將仲子兮，無踰我牆，無折我樹桑。豈敢愛之？畏我諸兄。仲可懷也，諸兄之言亦可畏也。

將仲子兮，無踰我園，無折我樹檀。豈敢愛之？畏人之多言。仲可懷也，人之多言亦可畏也。

將

《傳》：“將，請也。”《大叔于田》“將叔無狃”，箋：“請叔無復者愛也。”《左傳》僖二十八年：“詰朝將見。”《成二年》：“詰朝請見。”《文十二年》：“明日請相見也。”(裴學海説。)

里　牆　園

《傳》："里，居也。二十五家爲里。"案《説文》："閭，里門也。"里有門，則必有牆。詩言踰里，謂踰里之牆，猶踰園亦謂踰園之牆也。此互文之例。《孟子·告子下篇》："踰東家牆而摟其處子。"蓋此風自昔已然。

杞　桑　檀

胡承珙云："《詩》言杞者七，自《四牡》以後，言杞者六，皆爲枸杞，惟此詩傳云'杞，木名'，而陸疏云'杞，柳屬'，則當即後世所謂欅柳，大木也。"案胡説是也。枸杞小木叢生，此與桑檀并列，則爲大木明甚。

叔于田（鄭三）

叔于田，巷無居人。豈無居人？不如叔也，洵美且仁！
叔于狩，巷無飲酒。豈無飲酒？不如叔也，洵美且好！
叔适野，巷無服馬。豈無服馬？不如叔也，洵美且武。

巷

《説文》巷作䢼，與鄉作䢺者同意，聲亦相近。《孟子·告子上篇》"莫知其鄉"，注："鄉猶里，以喻居也。"《禮記·祭義》"而弟達乎州巷矣"，注："巷猶閭也。"里與閭皆二十五家。《廣雅·釋詁》[①]："衖，凥也。"衖與巷通。《文選·吴都賦》"則并疆兼巷"，劉注："兼巷，踰里閭。"是巷即鄉矣。《禮記·曾子問》："助葬於巷黨。"巷黨即鄉黨，注以爲黨名，非是。《論語·雍也篇》[②]"在陋巷"，《莊子·列

① "詁"字，今補。
② "雍也"二字，今補。

禦寇篇》[1]"窮閭阸巷",《戰國策·秦策》"窮巷堀門",《楚策》"堀穴窮巷",《韓詩外傳》三[2]"窮巷白屋",《列女傳》一《魯季敬姜傳》"窮閭隘巷",并此詩巷字,皆猶鄉也。里道之義,字則當作衖。

大叔于田(鄭四)

大叔于田,乘乘馬,執轡如組,兩驂如舞。叔在藪,火烈具舉,襢裼暴虎,獻于公所。將叔無狃,戒其傷女!

叔于田,乘乘黄,兩服上襄,兩驂雁行。叔在藪,火烈具揚。叔善射忌,又良御忌,抑磬控忌,抑縱送忌。

叔于田,乘乘鴇,兩服齊首,兩驂如手。叔在藪,火烈具阜。叔馬慢忌,叔發罕忌,抑釋掤忌,抑鬯弓忌。

兩驂如舞

下二章皆驂服并舉,此但言驂,文有省略耳。上云"執轡如組",則服亦在其中矣。"如舞",言行列不亂也。

暴

讀爲搏。《車攻》:"搏獸于敖。"《孟子·盡心篇》:"晋人有馮婦者,善搏虎。"《穆天子傳》七:"請生捕虎。"捕與搏同。字一作撲。《廣雅·釋詁》三:"撲,搏擊也。"

乘黄

《渭陽》:"路車乘黄。"《禮記·雜記》:"陳乘黄大路於中庭北輈。"

① "列禦寇"三字,今補。
② "三"字,今補。

上襄　鴈行

襄讀爲驤。《禮記正義》、《史記·司馬相如傳》索隱引并作驤。《玉篇》："驤，駕也。"上猶前也。"兩服上襄"，謂兩服馬并駕於前，即下章之"兩服齊首"也。鴈行謂在旁而差後，即下章之"兩驂如手"也。

抑

讀爲一。一猶忽也。《左傳》成八年："七年之中，一與一奪，二三執甚焉。"謂忽與忽奪也。一説讀爲噫，贊嘆之詞，亦通。

磬控　縱送

磬控雙聲，縱送叠韻，并連綿詞。磬控言止馬也，縱送言騁馬也。上云"叔善射忌，又良御忌"，而磬控、縱送獨承御言者，猶下章"叔馬慢忌，叔發罕忌"，而釋掤、鬯弓獨承射言也。

鴇

《爾雅·釋畜》："驪白雜毛，鴇。"案鴇駁聲近。《漢書·梅福傳》："白黑雜合謂之駁。"是鴇即駁矣。《大鼎》"令取鴇騆卅匹易大"，字作鴇。

齊首　如手

齊者同也，同猶如也。"齊首""如手"，皆人身爲喻。言兩服前出，如人之首；兩驂稍次，如人之手也。變如言齊者，錯文以避複。

掤

即葡，箙箙也。字一作冰。《左傳》昭十三年："奉壺飲冰以蒲伏焉。"《二十五年》："公徒釋甲執冰而踞。"《二十七年》："説甲執冰以游。”《效父毁》：“休王易效父仌三。” 仌，古冰字。葡掤之蒸對轉，古本一字。（葡轉爲掤，猶玨轉爲朋。王國維云，玨音當讀爲葡，《齊侯壺》“璧二葡”，即二玨也。玨朋本一字，後世始分言玉曰玨，貝曰朋。）葡爲盛矢器，掤亦即葡，後世始專以葡爲器名。掤（冰）爲蓋名。上揭《左傳》“奉壺飲冰”似謂蓋，自餘則皆謂矢箙。《效父毁》言錫仌三，焉有錫物而但錫其蓋之理？《左傳》言“釋甲執冰而踞”，求降者解矢箙以示勿用，不得但執其蓋也。又言“説甲執冰以游”，游者解矢箙執於手中，以防濡濕，但執其蓋，無益也。《傳》釋掤以示勿射之意，亦謂矢箙，不謂其蓋也。（説本郭沫若。惟郭謂金文、《詩》、《左傳》諸字皆爲矢箙，則失之稍泥，器蓋不妨同名也。）

鬯

讀爲韔。《小戎》“交韔二弓”，傳：“韔，弓室也。”案韔之言藏也。藏弓之器曰韔，受藏於韔亦曰韔，猶弓之器又曰弢，而受藏於弢亦曰弢也。

清人（鄭五）

清人在彭，駟介旁旁，二矛重英，河上乎翱翔。
清人在消，駟介麃麃，二矛重喬，河上乎逍遥。
清人在軸，駟介陶陶，左旋右抽，中軍作好。

清人

清人猶静女，亦猶美人也。

彭　消　軸

王先謙曰：“《左傳》哀二十五年：‘初，衛人翦夏丁氏，以其帑封彌子。’彌子瑕食采邑於彭，爲彭封人，蓋衛邑，而與鄭連境。”

王闓運曰：“《水經注》：‘北濟自滎澤東逕卷縣修亭南。’《左傳》‘鄭子然盟於修澤’者也，鄭地矣。杜預曰‘在卷東’，蓋此消也。”

王闓運曰：“軸蓋浩油也。《春秋》定四年‘盟浩油’，《左傳》作‘皋鼬’，鼬音如竹。杜預説，即成皋，今汜水，鄭地也，在河南滎澤西。”卜辭有地名（《殷虚書契·後上》四葉四片）。郭沫若《釋陴》又有國名曰（《殷虚書契·後下》廿五葉一片）。

駟介

《左僖二八傳》“駟介百乘”，服杜注并云：“駟介，四馬被甲也。”案駟介猶四介馬也。旁旁、麃麃以馬言，不以介言。

旁旁　麃麃

即《齊·載驅》“行人彭彭”之彭彭。此言馬蹄聲也。

《載驅》：“行人儦儦。”麃麃即儦儦，猶旁旁也。亦馬蹄聲。

二矛

人不能執二矛，知此二人執矛者，乃主帥之侍衛。或曰矛建車上。

喬

借爲鷮。喬謂以喬爲英，上文英亦謂喬英，此亦旁行互文倒。毛曰：“重英，矛有英飾也。”

左旋右抽

本右抽左旋，先抽後旋也。此倒裝以取韻。[1]身左旋，以右手拔兵刃麾之向右，蓋兵刃佩在左也。旋從足，以足言，旋足即所以旋身也。

---

[1] “本右抽”至此，原稿眉批。

抽從手，以手言也。或抽旋一義，言揮旌旗以教陣容。或曰指二矛。

好

王闓運曰："好，讀若好器，謂玩也。"

【篇義】

《易林》："清人高子，久屯外野，消遥不歸，思我慈母。"

羔裘（鄭六）

羔裘如濡，洵直且侯。彼其之子，舍命不渝。
羔裘豹飾，孔武有力。彼其之子，邦之司直。
羔裘晏兮，三英粲兮。彼其之子，邦之彦兮。

洵

借爲詢。《爾雅·釋詁》："詢，信也。"《説文》："恂，信心也。"

侯

《釋文》引《韓詩》："侯，美也。"馬瑞辰曰："《左氏傳》曰：'楚公子美矣，君哉！'古字訓君者多有美義，侯爲君，又爲美，猶皇與烝爲君，又爲美。"（《爾雅·釋詁》："烝、皇，君也。"《廣雅·釋詁》："皇、烝，美也。"）

彼[①]

劉淇《助字辨略》曰："《孟子》：'管仲得君，如彼其專。'此彼

① 原作"彼其之子"，據此下訓文删。

字猶那様也。”

舍命不渝

王國維曰：“《克鼎》云：‘王命善夫克舍命於成周。’《毛公鼎》：‘厥非先告父厝，父厝舍命，毋有敢惷旉命於外。’是舍命與旉命同意。舍命不渝，謂如晋解揚之致其君命也。”（《觀堂集林》二之三。）林義光曰：“《易・姤卦・象傳》云：‘有隕自天，志不舍命也。’不爲發聲語助，舍命亦即錫，故爲有隕自天之象。此詩舍命之解亦當從鼎文與《易傳》。”多案舍借爲攱。《説文》：“攱，敷也。從攴也聲。讀與施同。”經傳皆以施爲之，每施舍連文，是舍即施也。《楚辭・天問》“夫何三年不施”，注：“施，舍也。”亦施舍義通之證。舍攱雙聲。《管子・小問篇》“澤命不渝，信也”，《戎篇》“澤其四經而誦學者”，王念孫讀澤爲舍。

豹飾

《傳》曰：“豹飾，緣以豹皮也。”《正義》曰：“《唐風》云：‘羔裘豹袪’，‘羔裘豹褎’。緣以豹皮，謂爲袪褎也。”案《禮記・玉藻》“君子狐青裘豹袖”“羔裘豹飾”（注“飾猶袖也”）。正義曰：“君子謂大夫士也。”《玉藻》又云：“大夫齊車，鹿幦豹犆，朝車，士齊車。”“鹿幦豹犆”，注：“犆，讀皆如直道而行之直，直謂緣也。”《管子・揆度篇》：“令諸侯之子將委質者，皆以雙虎之皮，卿大夫豹飾，列大夫豹幨。”知飾且不限於裘也。據下文三英，則豹飾乃□豹爲□，緣凡三□，故曰三英耳。

司直

馬瑞辰曰：“《吕氏春秋・自知篇》‘湯有司直之士’，高注：‘司，主也[①]。直，正也。正其過闕也。'《漢書·東方朔傳》曰：'以史魚爲司直。'是古有司直之官。"

晏

馬瑞辰曰："《爾雅》：'晏晏、温温，柔也。'晏與温雙聲而義同。晏與燠亦雙聲。裘取温晏之義，當爲温燠。至下句'三英粲兮'，乃言裘之鮮盛耳。"多案《説文》："洝，渜水也。""䨜，安䨜，温也。"《廣雅·釋詁》三："曮，煗也。"《易·説卦》"莫熯乎火"，王肅注："熯，火氣也。"䨜曮即熯字。《説文》："熯，乾貌。""暵，乾也。"似非。

英

英，飾也。《清人》傳："重英，矛有英飾也。"《閟宫》傳："朱英，茅飾也。"英皆訓飾。《羔裘》傳："素絲以英裘。"知裘之飾亦曰英。《初學記》二十六引郭璞《毛詩拾遺》曰："英，謂古者以素絲英飾裘，即上素絲五紽也。"《田間詩學》引范氏説，謂五紽、五緎、五總即此詩三英，是也。三英與五紽，其數異，無一定之制耳。"（《過庭録》七之二，《傳箋通釋》。）

彦

《傳》："美士之稱。"《爾雅·釋訓》："美士爲彦。"案彦從彣厂聲。美士有彣也。《説文》曰："美士有彣，人所言也。"似謂彦爲諺之省。

① 原稿"主"下脱"也"字，據上海書店《諸子集成·吕氏春秋》高注補。

遵大路（鄭七）

遵大路兮，摻執子之袪兮。無我惡兮，不寁故也！

遵大路[①]兮，摻執子之手兮。無我魗兮，不寁好也！

摻

摻操音得相轉。摻，“八分”作摻，與操形亦近。故二字古通。（《北山》“或慘慘畏咎”，釋文：“慘本作懆。”《抑》“我心慘慘”，《五經文字》作懆。《月出》“勞心慘兮”與悄怪韻，并其比。）《漢議郎元賓碑》“即有殊摻”，殊摻即殊操也。《廣雅·釋言》：“摻，操也。”

寁

寁之言接也。寁接聲同義通。《説文》箑，重文作篓。《釋名·釋形體》：“睫，接也。”《爾雅·釋詁》注：“捷謂相接續也。”《漢書·外戚傳》注：“倢言接幸於上也。”并其例證。（説本俞樾。）“不寁故”，故讀爲顧，言不接續眷顧我也。“不寁好”言不接續愛好我也。寁與狎通。《文選·魯靈光殿賦》：“捷獵鱗集。”《洞簫賦》：“羅鱗捷獵。”《羽獵賦》：“鴻絧緁獵。”《西京賦》：“披紅葩之狎獵。”[②]借爲暫。《左傳》僖二十八年“楚子伏，已而盬其腦”，注：“盬，唼也。”疏盬之爲唼，未見正訓，蓋相傳爲然。

路

二章路字，王念孫云當作道，與手魗好爲韻，是也。

魗

《箋》：“魗，猶惡也。”《正義》：“魗醜古今字。”

---

① “路”，《風詩類鈔》作“道”，據本篇“路”字訓文改。

② “寁與狎通”至此，原稿眉批。

女曰鷄鳴（鄭八）

女曰："鷄鳴。"士曰："昧旦。子興視夜，明星有爛。將翱將翔，弋鳧與雁。

"弋言加之，與子宜之。宜言飲酒，與子偕老。琴瑟在御，莫不静好。

"知子之來之，雜佩以贈之。知子之順之，雜佩以問之。知子之好之，雜佩以報之。"

昧旦

後於鷄鳴。詳馬氏《通釋》。案《匏有苦葉》："雝雝鳴雁，旭日始旦。"此下云"弋鳧與雁"，是昧旦即始旦矣。

明星

即啓明星。詳馬氏[①]《通釋》。

加

《淮南子·人間篇》："夫鴻鵠凌乎浮雲，背負青天，膺摩赤霄，雖有勁弩，利矰，微繳，蒲且子之巧，亦弗能加也。"

宜

《傳》："宜，肴也。"《爾雅·釋言》同。案《説文》："肴，啖也。"《玉篇》："肴，俎實，又啖肉也。"宜俎古同字，宜亦有俎實、啖肉二義，與肴字同，故《傳》以肴訓宜。此宜字動詞，當訓啖。《鳧

① "馬氏"二字，今補。

鷖》“公尸來燕來宜”，義同。[1]

靜好

靜讀爲瀞。靜好斥琴瑟，與《既醉》“籩豆靜嘉”同例。《傳》曰“賓主和樂，莫不安好”，非也。

來

讀爲勑。《廣雅·釋詁》一：“勑，順也。”《詩》曰來，曰順，曰好，義并相同。

問

《傳》：“問，遺也。”

有女同車（鄭九）

有女同車，顏如舜華，將翺將翔，佩玉瓊琚。彼美孟姜，洵美且都！

有女同行，顏如舜英，將翺將翔，佩玉將將。彼美孟姜，德音不忘！

都

見《山有扶蘇篇》。

① 原稿另有眉批。其一：《廣雅·釋詁》二：“啖，食也。”《説文》：“啖，噍啖也。”宜謟陽入對轉。《説文》：“謟，噬也。”“噬，啗也。”其二：《通俗文》：“咀，嚼也。”《周禮·太祝》：“宜乎社。”案祭名多與食有關。《爾雅·釋天》：“春祭曰祠，夏祭曰礿，秋祭曰嘗，冬祭曰烝。”孫炎注：“祠之言食；礿，新菜可汋；嘗，嘗新穀；烝，進品物也。”

德音

《日月》“德音無良”,《谷風》“德音莫違”，本篇“德音不忘”,《車舝》“德音來括”,《隰桑》“德音孔膠”,《小戎》“秩秩德音”，此皆夫妻男女之間稱德音者。《狼跋》“德音不暇”，似亦屬此類。《鹿鳴》“德音孔昭”,《南山有臺》“德音不已”“德音是茂”，此朋友間稱德音者。《皇矣》“貊（貊茂聲轉[①]）其德音”,《假樂》“德音秩秩”，此於先王稱德音者。案古文德作悳，從直，直之言相當值也。相值可以通情，故《易・繫辭下傳》“陰陽交通謂之德”，是德有交通之義。情通則和洽，故《莊子・繕性篇》：“德，和也。”《谷風》“德音莫違”,《左傳》桓二年“昭德塞違”“滅德立違”“君違不忘諫之以德”，皆德違對舉，蓋德爲相值，違爲相反，義本對立也。德與得通。《考工記・輪人》“牙得則無槷而固”，注：“得謂倨句鑿内相應也。”《莊・大宗師篇》“當而不自得也”[②]，注：“當所遇之時世謂之得。”《荀子・議兵篇》“百官得序”，注：“得序，各當其任。”應遇當并與值義近。《日月》傳：“音，聲。”《鶡冠子・博選篇》：“德音者，所謂聲也，未聞音出而響過其聲者也。”亦以聲訓音。上世之人相遇每以歌通意，男女之定情也如是，賓朋之交歡也亦如是。德音之語，蓋肇於此。德音即值音，猶今言對唱矣。《禮記・樂記》：“然後正六律，和五聲，弦歌《詩・頌》，此之謂德音，德音之謂樂。”[③]《鹿鳴》一章“我有嘉賓，鼓瑟吹笙”，三章“我有嘉賓，鼓瑟鼓琴”，二章“我有嘉賓，德音孔昭”，明德音與歌樂有關矣。《假樂》“威儀抑抑，德音秩秩”，威儀謂禮，德音謂樂，此禮樂對舉也。

---

① 以上四字，原稿眉批。
② 以上六字，今補。
③ “《禮記・樂記》”至此，原稿眉批。

忘

讀爲亡，已也。

山有扶蘇（鄭十）

山有扶蘇，隰有荷華。不見子都，乃見狂且。
山有橋[1]松，隰有游龍。不見子充，乃見狡童。

扶蘇　橋松

《傳》："扶蘇，扶胥小木也。荷華，扶渠也，其華菡萏。言高下大小各得其宜也。"《釋文》載《傳》作"扶胥木也"，無小字。《埤雅》引亦無。段玉裁云，扶胥即扶疏。《漢書·司馬相如傳》："垂條扶疏。"《揚雄傳》："支葉扶疏。"《劉向傳》："梓樹上枝葉扶疏上出屋。"《吕氏春秋·辯土[2]篇》："樹肥無使扶疏。"《說文》："枎，枎疏四布也。"字作枎。是扶疏謂大木枝柯四布也。《傳》意山有大木，隰有荷華，是爲高下大小各得其宜。後人以《箋》說撮合而妄沾小字耳。案扶蘇與橋松并列，橋松爲大木，則扶蘇亦爲大木矣。扶蘇不知何木。胡承珙云，《管子·地員篇》"五沃之土，宜彼群木，桐柞枎櫄，及彼白梓"，扶蘇即枎長言之。案枎即抉木，一名扶桑。《淮南子·墬形篇》"扶木在陽州，日之所曊"，注："扶木，扶桑，在暘谷之南。"蘇桑一聲之轉，扶蘇即扶桑也。《釋文》："橋，本亦作喬。"案橋與喬通。《世說新語·排調篇》注引《尚書大傳》"見喬實高高然而上"，《說苑·建本篇》作"見橋竦然實〔高〕（從《御覽》四〇二引補）而仰"。

---

① "橋"，《風詩類鈔》作"喬"，依本篇"橋"字訓文改。
② "辯土"二字，今補。

子都　子充

《説文》："充，長也，高也。"《淮南子·説山篇》"近之則鐘聲充"，注："充，大也。"《廣韻》："充，美也。"都充對轉，皆大之美也。古以長大壯佼爲美，故命名曰子都、子充。《孟子·告子上[①]篇》："不知子都之姣，無目也。"《荀子·賦篇》："閭娵子奢，莫之媒也。"

狂且

且讀爲者，猶趑趄謂之躊躇。狂且即狂者。一説且士古同字，狂且即狂士。未知然否。

游龍

《爾雅·釋草》"紅，蘢古（疑二字誤倒）其大者蘬"，邢疏引《詩》作蘢。《太平御覽》九九九引《詩》同。《淮南·墬形篇》"海閭生屈蘢"，注："屈蘢，游龍，鴻也。"屈蘢即古蘢，鴻即紅也。

蘀兮（鄭十一）

蘀兮蘀兮，風其吹女！叔兮伯兮，倡予和女！
蘀兮蘀兮，風其漂女！叔兮伯兮，倡予要女！

倡

《列女傳·魯公乘姒傳》、《左傳》昭十六年疏、《文選·吴都賦》注、《孫子·荆爲石仲容與孫皓書》注，各引《詩》作唱。

① "告子上"三字，今補。

要

要者會也（詳《桑中》）。歌者以聲相會合即和矣。

狡童（鄭十二）

彼狡童兮，不與我言兮。維子之故，使我不能餐兮。
彼狡童兮，不與我食兮。維子之故，使我不能息兮。

食

詳《有杕之杜》。

息

《葛生》“誰與獨息”，《蜉蝣》“于我歸息”，《北山》“或息偃在床”，諸息字義與此同。猶寢也。一章言餐皆日中之事，二章食息皆夜中之事。

褰裳（鄭十三）

子惠思我，褰裳涉溱。子不我思，豈無他人？狂童之狂也且！
子惠思我，褰裳涉洧。子不我思，豈無他士？狂童之狂也且！

之　且[①]

之讀爲其。《采緑》：“之子于狩，言韔其弓。之子于釣，言綸之繩。”其之互文。《左傳》隱五年“鳥獸之肉不登於俎”，釋文：“之，一作其。”《墨子・兼愛下篇》：“之故何也。”又：“其故何也。”《書

① 原作“狂童之狂也且”，今按其下訓文内容删改。

序》："虞舜側微，堯聞之聰明。"《荀子·王霸篇》："之所與爲之者，則舉義士也。之所以爲布陳於國家刑法者，則舉義法也。之所極然帥群臣而首鄉之者，則舉義志也。"《吕氏春秋·不屈篇》："人有取新婦者，婦至，宜安矜烟視媚行，豎子操蕉火而鉅。新婦曰：'蕉火大鉅。'入於門，門中有斂（歛）陷。新婦曰：'塞之，將傷人足。'此非不便之家氏也。（謂非不便其家氏也。）"

且讀爲哉。且哉一聲之轉。且之通哉，猶徂之通在。《椒聊》"椒聊且，遠條且"，《巧言》"悠悠蒼天，曰父母且"，《君子偕老》"揚且之（其）皙也……揚且之顔也"，且皆讀爲哉。"之狂也且"即"其狂也哉"，與《終南》"其君也哉"句法同。又《君子陽陽》"其樂只且"，《北風》"既亟只且"，只且亦猶也哉也。

丰（鄭十四）

子之丰兮，俟我乎巷兮，悔予不送兮。
子之昌兮，俟我乎堂兮，悔予不將兮。
衣錦褧衣，裳錦褧裳，叔兮伯兮，駕予與行！
裳錦褧裳，衣錦褧衣，叔兮伯兮，駕予與歸！

丰　昌

《釋文》："丰，《方言》作妦。"案《方言》一："好或曰妦。"《傳》："昌，盛也。"盛亦好也。《猗嗟》"猗嗟昌兮"、《還》"子之昌兮"，義同。

巷　堂

胡承珙曰："詩先言巷，後言堂，孫毓以爲門側之堂，是也。《學記》'古之教者家有塾'，正義：'《周禮》二十五家爲閭，同共一巷，巷首有門，門邊有塾，故云有塾。'《釋宫》：'衖門謂之閎，門側之堂謂之塾。’二句連文，郭注以閎爲衖頭門，以塾爲夾門堂，是也。一里之巷，巷外有門，門側有堂，親迎者既出寢廟之門，姑俟乎里中之巷，繼俟乎巷首之堂，次第分明。”案巷即巷頭門，所謂閎者也。堂在門側，俟乎巷與俟乎堂，仍是一地，詩特錯綜言之以韻句耳。巷閎音近，讀巷爲閎，亦通。

送　將

《爾雅·釋言》：“將，送也。”《箋》：“將亦送也。”《燕燕》“遠予將之”，箋同。

衣　裳

林義光曰：“婦人之服，衣裳相連，故褧衣亦爲褧裳。”

叔　伯

婦人呼其夫之兄弟爲伯叔，亦呼其夫爲伯叔，此上古亞血族群婚之遺痕。（郭沫若説。）

東門之墠（鄭十五）

東門之墠，茹藘在阪。其室則邇，其人甚遠。
東門之栗，有踐家室。豈不爾思？子不我即。

墠　栗

墠讀爲樿。《説文》：“樿，樿木也。”栗如字。“東門之樿”“東門之栗”，猶曰“東門之枌”“東門之楊”也。

茹　藘

詳《出其東門》。

踐

詳《伐柯》。

風雨（鄭十六）

風雨凄凄，鷄鳴喈喈。既見君子，云胡不夷！
風雨瀟瀟，鷄鳴膠膠。既見君子，云胡不瘳！
風雨如晦，鷄鳴不已。既見君子，云胡不喜！

膠膠

《廣韻》五肴引作嘐嘐。《玉篇·口部》：“嘐，鷄鳴也。”

瘳

讀爲樂。《衡門》“可以樂飢”，三家作療，療與瘳同，是樂瘳可通之證。

子衿（鄭十七）

青青子衿，悠悠我心。縱我不往，子寧不嗣音？
青青子佩，悠悠我思。縱我不往，子寧不來？
挑兮達兮，在城闕兮。一日不見，如三月兮。

衿　佩

《爾雅·釋器》“佩衿謂之褑”，注：“佩玉之帶上屬。”釋文引《埤蒼》："褑，佩紟也。" 衿一作紟。《方言》"佩紟謂之裎"，注："所以繫玉帶也。"《説文》："綎，綬也。" 綎與裎同。(《禮記·玉藻》"天子搢珽"，釋文："珽本作珵。" 是其例。）是佩衿謂之褑，一謂之紟，一謂之裎（字或作綎），又謂之綬。詩一章曰衿，二章曰佩，衿即繫佩之衿。《傳》："佩，佩玉也。士佩瓀珉而青組綬。"《漢書·司馬相如傳》："琳珉昆吾。"《後漢書·班固傳》："琳珉青熒。" 瓀琳聲近，瓀珉蓋即琳珉。琳即璆琳，今之青金石（lapis lazuli）。説見《石雅》。不言珉色，以篔爲竹膚推之，蓋亦青玉。琳珉色皆青，與班固語正合。佩瓀珉而青組綬，佩與綬色相配也。《詩》言青衿，又言青佩，衿即綬，佩即玉，色亦相配，與《傳》説合符節。

嗣音

《箋》："嗣，續也。" 音謂歌聲。不嗣音猶言不以歌相答和也。古者男女以歌通情，故妻不見愛於夫曰"不見答"。《日月》序"傷己不見答於先君"，《碩人》序"莊姜賢而不見答"，《竹竿》序[①]"適異國而不見答"，不答猶言不嗣音矣。德音之音，義亦準此。

挑 達

《大東》"佻佻公子，行彼周行，既往既來，使我心疚"，釋文引《韓詩》作嬥嬥，云"往來貌"。案往來輕疾貌，挑達猶佻佻也。挑達之語，或變爲跳脱。繁欽《定情詩》"繞腕雙跳脱"，臂釧也，言其着於臂上，往來游蕩而不定也。或變爲踼達。《楚辭·九思·遭厄》"御者迷兮失軌，遂踼達兮邪造"，注："踼達，誤過也。" 行疾與誤過義相因。

王君守惠曰：挑達讀爲忉怛。《甫田》一章曰"勞心忉忉"，二章曰"勞心怛怛"，《吴越春秋》"吴王哀痛助忉怛"，王粲《登樓賦》"意忉怛而憯惻"，忉怛雙聲連語，憂思之貌。挑達與忉怛同，"挑兮達兮"與

---

① "序"字，今補。

"婉兮孌兮"句法同。①

揚之水（鄭十八）

揚之水，不流束楚。終鮮兄弟，維予與女。無信人之言，人實迋女。

揚之水，不流束薪。終鮮兄弟，維予二人。無信人之言，人實不信。

終

猶皆也。《孟子·告子篇》："是君臣父子兄弟終去仁義，懷利以相接。"謂皆去仁義，懷利以相接也。《淮南子·説山篇》："鼻之所以息，耳之所以聽，終以其無用者爲用矣。"謂皆以其無用者爲用也。《詩》曰"終鮮兄弟，維予與女"，言我與爾皆無兄弟也。終訓既，既亦訓皆，《周書·克殷篇》："乃適二女之所，既縊。"②

迋

讀爲誑。

出其東門（鄭十九）

出其東門，有女如雲。雖則如雲，匪我思存。縞衣綦巾，聊樂我員。

出其闉闍，有女如荼。雖則如荼，匪我思且。縞衣茹藘，聊可與娛。

---

① "王君守惠曰"至此，原稿眉批。

② "終訓既"至此，原稿眉批。

東門　闉闍

《傳》："闉曲城也。闍，城臺也。"案曲城當作城曲。《説文》"闉，闉闍，城曲重門也"，可證。城曲即城之隅曲（詳《静女篇》)。《爾雅·釋宫》："闍謂之臺。"凡城隅必有臺，隅曲則臺亦曲，故曰闉闍。《莊子·德充符》"闉跂支離無脤"，司馬注："闉，曲也。"闉訓曲，闍臺一聲之轉，闉闍猶言曲臺耳。依《傳》義，疑本作堙堵，今字從門，蓋或人涉一章之東門而妄改。《説文》訓城曲重門，《玉篇》訓城内重門，則又傅合誤字而爲之説。夫闍爲臺門之制，上有臺，下即有門，《詩》不曰出堙堵之門，而曰出堙堵者，古人自有省詞耳。東門闉闍，文義互足。

雲　荼

漢熹平石經《魯詩》殘字雲作芸。羅振玉曰："作芸義視毛爲勝，如芸猶言如舜華，如桃李，均以花喻美色，且下章言如荼，亦以花取譬也。"案《裳裳者華》"裳裳者華，芸其黄矣，我覯之子，維其有章矣"，以黄華喻之子之美色，與此詩同。[①] 下云縞衣，則雲似當讀如字。衣色白，故曰如雲也。二章如荼，亦切下縞衣言。《考工記·鮑人之事》"望而眡之，欲其荼白也"，注："當如茅秀之色。"《國語·吴語》"白裳[②]、白旗、素甲、白羽之矰，望之如荼"，注："荼，茅秀。"《漢書·禮樂志》"顔如荼"，注引應劭曰："荼，野菅白華也，言此奇麗白如荼也。"《鹽鐵論·未通篇》："古者十五入大學，與小役；二十冠而成人，與戎事；五十以上血脉溢剛，曰艾壯。《詩》曰：'方叔元老，克壯其猶。'故商師若烏，周師若荼。"謂商師髮黑，周師髮白也。《太玄·守》"與荼有守"，注："荼，白也。"《詩》曰"如雲如荼"，取義相同，皆形容女衣之詞。芸色黄，如芸則與縞衣不相應，《魯詩》殆借

① "《裳裳者華》"至此，原稿眉批。
② "裳"字原稿作"當"，形近而誤。

芸爲雲耳。羅説未確。

存　且

《關雎》“寤寐思服”，《文王有聲》“無不思服”，思服即思復，猶思念也。（詳《關雎篇》。）存義與復通，存之猶言薦也。《爾雅·釋言》：“薦，再也。”《小爾雅·廣言》：“薦，重也。”再重與復同義。《孟子》注：“且，復言也。”《國語·齊語》注：“且，猶復也。”存且復一義，是思存、思且猶思服、思復矣。《禮記·祭義》“致愛則存，致慤則著”，注：“存著其思念也。”《小爾雅·廣言》：“著，思也。”著且聲同義通。（且之通著，猶趑趄一作躊躇。）《詩》曰思存思且，《記》曰存曰著，語有繁簡，皆思念之謂也。又存訓在，著訓處訓居（《禮記·樂記》“樂著大始”，注：“著之言處也。”《史記·貨殖傳》“廢著鬻財”，集解：“著，猶居也。”），存在與居處義近。依《箋》釋“匪我思存”爲“非我思所存”，則讀且爲著，釋“匪我思且”爲“非我思所著”，亦通。

綦巾　茹藘

《傳》：“綦巾，蒼艾色，女服也。”《説文》引《詩》作綥巾，云：“未嫁女所服。”《夏小正》玄校，傳：“校也者，若緑色然，歸人未嫁者衣之。”[①] 案《書·顧命》“四人綦弁”，鄭注：“綦，青黑色。”《駉》詩“有騂有騏”，傳：“蒼祺曰騏。”是其聲字多含蒼青黑諸義，其色俱相近也。《箋》謂綦爲綦文，殆不然矣。《傳》：“茹藘，茅蒐之染，女服也。”《箋》：“茅蒐染巾也。”案《方言》四：“大巾，嵩嶽之南，陳潁之間謂之帤。”《説文》：“帤，巾帤也。”帤即茹藘短言之。茹藘謂之帤，猶茅蒐謂之韎也。《瞻彼洛矣》箋：“韎韐者，茅蒐染也，茅蒐，韎（此下原有韐字，從胡培翚删）聲也。”《正義》引鄭駁

① “《夏小正》”至此，原稿旁批。

《五經異義》："韎，草名，齊魯之間言茅蒐聲如韎（此下有韐字，亦當刪）。"《國語·晋語》"韎韋之跗注"，注："茅蒐，今絳草也，急疾呼茅蒐成韎也。"茹藘、茅蒐，一草二名，所染之巾，亦曰茹藘，曰茅蒐。茹蒐疾言之曰帤，茅蒐疾言之曰韎，其理一也。詩一章曰綦巾，二章曰茹藘，茹藘亦巾名，故與綦巾對舉。《傳》《箋》均未達其義，王先謙更謂二章爲省文，疏矣。至巾乃大巾，即婦人之蔽膝，則馬瑞辰已言之。今考茹藘實即陳潁之間呼大巾曰帤之帤，可爲馬説沾一堅證矣。

員

《釋文》引《韓詩》作魂，云："魂，神也。"《文選·東征賦》注、《舞鶴賦》注、《東武吟》注引《韓詩》亦并作魂。《釋文》員音云，本亦作云。《太平御覽》八一九引《詩》同。案魂正字，云者魂之省，員者魂之借。

野有蔓草（鄭二十）

野有蔓草，零露漙兮。有美一人，清揚婉兮。邂逅相遇，適我願兮。

野有蔓草，零露瀼瀼。有美一人，婉如清揚。邂逅相遇，與子皆臧。

漙　瀼瀼

《釋文》："漙本又作團。"《文選》謝靈運《永初三年之郡詩》"火閔團朝露"[1]，謝朓《京路夜發詩》"猶沾餘露團"，謝惠連《七月七日夜詩》"團團滿繁露"，各注并引《詩》作團，《藝文類聚》八一引同。

① 此詩中華書局版胡克家刻本《文選》題爲《永初三年七月十六日之郡初發都》。又"閔"字作"旻"。

《説文》："膿，益州鄙言人盛諱其肥，謂之膿。"又："孃……一曰肥大也。"《釋名·釋地》："壤，膿也，肥膿意也。"《廣雅·釋訓》："膿膿，肥也。"瀼膿聲義俱近。瀼瀼，蓋露珠肥大之意。《蓼蕭》"零露泥泥""零露濃濃"，瀼、濃、泥一聲之轉。

清揚

馬瑞辰曰："據《齊風·猗嗟篇》首章曰'美目清兮'，次章曰'美目揚兮'，三章即合之曰'清揚婉兮'，是清揚皆指目之美。此詩'清揚婉兮'，義與彼同。……《方言》：'好目謂之順，燕代朝鮮冽水之間曰盱，或謂之揚。'是好目爲揚之證。蓋目以清明爲美，揚亦明也。《淮南·覽冥訓》高注：'揚，明也。'是其證矣。"案《君子偕老篇》"子之清揚"，傳："視清明也。"亦以清揚爲目之美，而訓揚爲明，與馬説皆合。

婉

讀爲腕，大目貌。《廣韻》："腕昳，一曰大目貌。"《晋書音義》："腕腕，目深也。"目深陷與目大義相因。字一作睆。《一切經音義》十九引《蒼頡篇》："睆，出目貌也。"《集韻》睆或作腕，一作睅。《左傳》宣二年"睅其目"注："睅，出目貌。"《説文》："睅，大目也。"重文作睆。一作暖。《説文》："暖，大目也。"《集韻》睅或作暖。他若《説文》："夐，大視也。""瞏，目驚視也。""睍，出目也。""矔，目多精也。""，目圍也。"聲義并與腕近，蓋亦本爲一語。腕圜聲近義通。《周禮·玉人》"琬圭九寸而繅"，注："琬猶圜也。"是其比。目大則近圓，腕有圓義，故目大謂之腕。聲轉爲娃。《説文》："娃，圜深目貌。或曰吴楚之間謂好曰娃。"又爲盱。《説文》："盱，張目也。"《方言》二："好目謂之順，燕代朝鮮冽水之間謂之盱。"娃盱爲大目，又爲美好，猶婉爲大目，亦爲美好也。《後漢書·邊讓傳》注："婉，美也。"

邂逅

詳《擊鼓篇》。

遇

讀爲偶。遇偶古通。《史記·佞幸傳》"善仕不如遇合"，集解引徐廣曰："遇一作偶。"是其比。偶有配合之義。《易·姤彖》"天地相遇，品物咸章"與《泰彖》"天地交而萬物通"，《咸彖》"天地感而萬物化生"，《歸妹》"天地不交而萬物不興"，語意同，遇亦讀爲偶。《吕氏春秋·音初篇》："禹行水（今作功，從畢沅校改）見塗山之女，禹未之遇。"案既曰見，又曰未之遇，則遇非逢遇之遇，明甚。遇當讀爲偶，亦配合之謂也。（《漢書·高帝紀》上："母劉媪嘗息大澤之陂，夢與神遇。是時，雷電晦冥，父太公往視，則見交龍於上。"）①

臧

讀爲藏。顧頡剛説。

溱洧（鄭二十一）

溱與洧方渙渙兮，士與女方秉蕑兮。女曰："觀乎？"士曰："既且！且往觀乎？洧之外洵訏且樂。"維士與女，伊其相謔，贈之以勺藥。

溱與洧瀏其清矣，士與女殷其盈矣。女曰："觀乎？"士曰："既且！且往觀乎？洧之外洵訏且樂。"維士與女，伊其將謔，贈之以勺藥。

① 括弧内文字，原稿眉批。

渙渙

《釋文》、《後漢書·袁紹傳》注、《史記·鄭世家》正義、《御覽》九八三，并引《韓詩》作洹，云："盛貌也。謂三月桃花水下之時至盛也。"

蕑

《傳》："蕑，蘭也。"《御覽》三〇引韓説同。《左傳》宣三年："鄭文公有賤妾曰燕姞，夢天使與己蘭，曰：'余爲伯鯈，余而祖也，以是爲而子，以蘭有國香，人服媚之。'於是既而文公見之，與之蘭而御之。"《箋》曰："男女……感春氣并出，托采芬香之草而爲淫佚之行。"此説雖不盡是，而以秉蕑與淫佚之行有關，則得其實。

觀

讀爲灌，與澣音義同。《素問·脉要精微論》注："灌謂灌洗也。"《西京雜記》上："〔高祖與戚夫人〕正月上辰，出（百子）池邊灌濯，食蓬餌以祓妖邪。"《續漢書·禮儀志》："三月上巳，官民皆絜於東流上，曰洗濯祓除，去宿垢疢爲大絜。"與此詩可互相發明。

《禮記·月令》："季春之月……禁婦女毋觀，省婦使（事）以勸蠶事。"觀亦當讀爲灌。仲冬之月"命奄尹申宫令，審門閭，謹房室，必重門，省婦事，毋得淫，雖有貴戚近習，毋有不禁"。此曰"省婦事，毋得淫"，則彼曰"省婦事"當亦指禁淫佚。因之"禁婦女毋觀"，即《詩》"女曰觀乎"之觀，明矣。注曰："毋觀，去容飾也，婦使（事），縫綫組紃之事。"失之。

既且

且讀爲徂，往也。

且往觀乎

《國語·齊語》“且有後命”，注：“且猶復也。”一説《御覽》八八六引《韓詩内傳》：“願與所説者俱往觀也。”似《韓詩》且作俱，亦通。

訏

《釋文》引《韓詩》：“訏，樂貌也。”《漢書·地理志》下引作盱。(《杕氏壺》“虘㠯匽歓，盱我室家”，樂我室家也。)[1] 案借爲譁，《淮南子·墬形篇》“秦之陽紆”，《吕氏春秋·有始覽》作陽華，是其比。《説文》：“譁，讙也。”《國語·晋語》“士卒在陳而譁”，注：“譁，囂也。”《説文》：“訏……一曰訏謩。”訏謩與讙囂相因。

謔

當爲虐。《淇奥》：“善戲謔兮，不爲虐兮。”言曰謔，行曰虐，此謂行，故字當爲虐。《箋》：“因相戲謔行夫婦之事。”謔亦當作虐。《左傳》襄十四年：“衛侯在郲，臧紇如齊唁，衛侯與之言虐，退而告其人曰：‘衛侯其不得入矣，其言糞土也。’”蓋謂其言涉淫穢也。字一作嬲，《一切經音義》三引《三蒼》：“嬲，弄也。”又作嬈。《廣雅·釋詁》二：“嬈，戲也。”聲變爲挑。《史記·司馬相如傳》“而以琴心挑之”索隱引張揖：“挑，嬈也。”

勺藥

與椒聊音近，叔弔古同字，弔釣音同。《晨風》陸疏：“秦人謂柞爲櫟，河内人謂大蓼爲櫟，椒椴之屬也。其子房生，木（大）蓼子亦房生。”聊蓼音同，聊櫟音之轉。勺藥本音適歷，是藥櫟一字，因之藥聊

① 括弧内文字，原稿眉批。

亦音之轉也。《傳》："勺藥，香草也。"《楚辭·九嘆》"懷椒聊之蔎蔎兮"，注："椒聊，香草也。"椒聊，陸疏："可着飲食中，又用蒸鷄豚最佳香。"此即所謂勺藥之和也。

齊　風

鷄鳴（齊一）

鷄既鳴矣，朝既盈矣。匪鷄則鳴，蒼蠅之聲。
東方明矣，朝既昌矣。匪東方則明，月出之光。
蟲飛薨薨，甘與子同夢，會且歸矣，無庶予子憎！

盈　昌

盈，滿也。昌，盛也。

則

猶之也。

薨薨

讀爲㺧㺧。

庶

讀爲度。《巧言》："他人有心，予忖度之。"《賈子·道術篇》："以人自觀曰度。""無度予子憎"，猶言勿疑慮我之憎子也。

【篇義】

"此詩爲對話體"（一二兩章上二句夫人語，下二句君語，末章全夫人語），非是。知之者，詩中凡對話必出曰字，如"女曰'觀乎'，士曰'既且'"，"女曰'鷄鳴'，士曰'昧旦'"皆是。此無曰字，則非對話明矣。

還（齊二）

子之還兮，遭我乎峱之間兮，并驅從兩肩兮，揖我謂我儇兮。
子之茂兮，遭我乎峱之道兮，并驅從兩牡兮，揖我謂我好兮。
子之昌兮，遭我乎峱之陽兮，并驅從兩狼兮，揖我謂我臧兮。

還

毛曰："還，便捷之貌。"《韓詩》作嫙，云："好貌。"王念孫曰："《韓詩》説是也。二章'子之茂兮'，毛傳曰：'茂，美也。'三章'子之昌兮'毛傳曰：'昌，盛也。'箋曰：'佼好貌。'昌茂皆好，則嫙亦好也。作還者，假借字耳。《説文》：'嫙，好也。'義本《韓詩》。（《廣雅》同。）好貌謂之嫙，猶美玉謂之璇矣。"多案毛傳誤"從兩狼"三句爲逐獸，故釋還爲便捷，儇爲利。王氏正之，其見卓矣。

從

《傳》："從，逐也。"《序》："哀公好田獵，從禽獸，而無厭。國人化之，遂成風俗，習於田獵謂之賢，閑於馳逐謂之好焉。"是衛宏亦以從爲馳逐也。《孟子》："從獸無厭謂之荒。"《楚辭·九辯》："欲循道而平驅兮，又不知其所從。"案《説文》："從，隨行也。"《詩》謂犬在車前也。

肩　牡　狼[①]

《説文》："豜，獟犬也。一曰逐虎犬。""獟，豜犬也。"《初學記》引《字林》："豜，逐虎犬也。"《釋文》："肩本一作豣。"案豣蓋豜之譌。《説文·豕部》豣下引《詩》"并驅從兩豣兮"，疑後人據《釋文》誤本加之。觀他書引《詩》絶無作豣者，可知也。《吕氏春

① "肩""牡""狼"原稿作三條，今依體例合并。

秋・知化篇》“譬之猶懼虎而刺猏”，《晏子春秋・諫篇》下“一搏猏而再搏虎”，并從犬。《廣韻》以猏爲俗字，妄矣。《詩》肩蓋猏之省借，猏則豣之異文也。（豕曰豣，鹿曰麉，龍曰豅，鳥曰䳄曰䳄。）或曰：《後漢書・馬融傳》注引《韓詩》薛君《章句》曰“獸三歲曰肩”，詩一章曰肩，以歲言；二章曰牡，以性言；三章曰狼，以類言。此亦旁行互文之例也。説亦可通。[①]

《説文》：“獟，狃犬也。從犬，堯聲。”案堯從垚兀聲，古文兟從二土二兀省聲，與㚟聲同，獟即㚟也。《一切經音義》九引《蒼頡篇》敲作敫。《説文》顤，《廣雅・釋詁》一作顥，是堯與高聲近。故《説文》曰：“堯，高也。”俞……[②]

狼，疑謂獵犬。《狼跋》同。此與《盧令》并獵人之歌也。狼若爲豺狼，則是逐獸之時，相揖而語，恐無此閑適也。《爾雅・釋獸》：“狼，牡貛，牝狼。”《詩》牡狼并舉，知非豺狼之狼矣。[③]

儇

毛曰：“儇，利也。”《韓詩》作婘，云：“好貌。”王念孫曰：“《韓詩》説是也。二章言好，三章言臧，臧與好同義，則婘亦同也。（《廣雅》：“婘，好也。”義本《韓詩》。）《陳風・澤陂篇》‘有美一人，碩大且卷’，毛傳曰：‘卷，好貌。’釋文：‘卷本又作婘。’是其證也。作儇者，聲近而借耳。《説文》：‘鬈，髮好也。’《詩》曰‘其人美且鬈’，鬈與婘義亦相近。”沈維鍾説今俗語稱儇爲佁（即騃）之反對，其音如乖。

① 原稿釋“肩”字另有如下眉批：《韓詩外傳》六：“又與子從君於囿中，於是兩寇肩逐我君，拔矛下格而還。”（孫詒讓疑寇爲彘之誤。）

② 以下有脱頁。

③ 原稿釋“狼”字另有如下眉批：“《開元占經》一一九引《尸子》：“地中有犬，名曰地狼。”《廣雅・釋獸》犬屬有狼狐。《釋獸》：“狦，狼也。”《説文》：“狦，惡健犬也。”《淮南子・主術篇》：“夫華騮，緑耳，一日而至千里；然其使之搏兔，不如狼契（猰）（今本作豺狼，改從王引之）。”

著（齊三）

俟我于著乎而？充耳以素乎而？尚之以瓊華乎而？
俟我于庭乎而？充耳以青乎而？尚之以瓊瑩乎而？
俟我于堂乎而？充耳以黄乎而？尚之以瓊英乎而？

著　庭　堂

《爾雅·釋宫》："門屏之間謂之宁（宁）。"著與宁（宁）同。《左傳》昭十一年："朝有箸定。"《國語·周語》："大夫士日恪位箸。"字亦并作箸。堂，塾也。（詳《丰》。）《説苑·修文篇》："夫人戒女，女拜，乃親引其手，授夫於户庭[①]。"《詩》言俟著、俟庭、俟堂者，錯綜言之以韻句耳。

東方之日（齊四）

東方之日兮！彼姝者子，在我室兮，在我室兮，履我即兮。
東方之月兮！彼姝者子，在我闥兮，在我闥兮，履我發兮。

日　月

《日月篇》："日居月諸，出自東方。"指夫。此日月義同。

姝

詳《汾沮洳篇》。

履

俞樾曰："《氓篇》'體無咎言'，釋文曰：'《韓詩》作履。履，幸

① "庭"字，今補。

也。'此經履當從《韓詩》説訓爲幸。"案履我即兮，幸即我也；履我發兮，幸發我也。（詳《樛木篇》。）《傳》訓履爲禮，猶韓以《氓篇》之體爲履也。

即　發

《箋》："即，就也。"《廣雅·釋詁》三："發，開也。"二字互足，女求男之辭也。《序》："男女淫奔，不能以禮化也。"《檀弓》下[①]："晋獻文子成室，晋大夫發焉。"

東方未明（齊五）

東方未明，顛倒衣裳。顛之倒之，自公召之。
東方未晞，顛倒裳衣。倒之顛之，自公令之。
折柳樊圃，狂夫瞿瞿。不能辰夜，不夙則莫。

顛倒衣裳

曹植《九咏》："任椒蘭而望治，猶顛倒而求領。"顛倒求領，即《詩》"顛倒衣裳"之確解。

晞

《傳》："晞，明之始升。"《説文》："昕，旦明日將出也。讀若希。"《廣雅·釋詁》四[②]："昕，明也。"晞與昕同。

狂夫

《韓詩外傳》一："婦人對曰：'客之行差遲乖人；分其資財，弃之

① "下"字，今補。
② "詁""四"二字，今補。

野鄙。吾年甚少，何敢受子！子不早去，今竊有狂夫守之者矣。'"《列女傳》六《楚野辯女傳》："對曰：'既有狂夫昭氏在内矣。'"皆婦人謂其夫曰狂夫。

瞿瞿

《説文》："䀠，左右視也。讀若拘。又若良士瞿瞿。""瞿，鷹隼之視也。""䁿，舉目驚䁿然也。""䂂，走顧貌。"義俱相近。鷹隼亦善顧，此讀瞿字本義亦佳。"折柳樊圃，狂夫瞿瞿"二句，當承上二章讀，言夫臨去折柳樊圃，以防閑其妻；既行猶瞿瞿然驚顧，患其未嚴。寫狂夫痴狀如繪。馬瑞辰謂鷹隼視之義非《詩》意，失之迂矣。

辰夜

《傳》："辰，時也。"《莊子·齊物論篇》"見卵而求時夜"，釋文引崔注："時夜，司夜。"司與伺同，猶候夜也。

南山（齊六）①

甫田（齊七）②

無田甫田，維莠驕驕。無思遠人，勞心忉忉。
無田甫田，維莠桀桀。無思遠人，勞心怛怛。
婉兮孌兮，總角丱兮。未幾見兮，突而弁兮。

① 此詩原稿僅録白文（今略），無訓釋。
② 此篇有眉批："《古詩》：'高田種小麥，終久不成穗。男兒在他鄉，焉得不憔悴。'"似爲解釋篇義，而與作者《風詩類鈔甲》謂此篇爲"女子思遠人"之作相發明。

甫田

甫讀爲圃。《爾雅·釋地》"鄭有圃田"，《車攻》箋作甫。《楚辭·惜賢》注："圃，野也。"《文選·吴都賦》"遭藪爲圃"，注："有草曰圃。"是甫田即未治之田，故下云"維莠驕驕""維莠桀桀"。

驕驕　桀桀

《法言·修身篇》："田甫田者莠喬喬，思遠人者心忉忉。"驕與喬通。喬喬、桀桀皆長貌。

婉　孌

《説文》："婉，順也。"《方言》二："好目謂之順。"故《猗嗟》傳："婉，好眉目也。"孌，《説文·女部》引作嫋。《説文》："矕，目矕矕也。"《廣雅·釋訓》："矕矕，視也。"《説文》："覶，好視也。"矕覶一字，猶孌爲嫋之籀文也。婉孌複輔音連綿詞，疑即畹矕，以目言則從目，以美言則從女耳。

總角

《傳》："總角，聚兩髦也。"

丱

唐石經定本《五經文字》及《周禮·丱人》疏引并作卝。《説文》："丫，羊角也，象形。""羊……從丫，象頭角……""萑……從丫，有毛角。"馬瑞辰云：卝即丫之省，《詩》"總角卝兮"，卝，兩角之貌也。丱，俗字。案古作ϒ，變作丫，均象角形。卝者古文卵字，丱即卵之省。此以□音借丱爲丫也。馬氏混丫丱爲一字，非是。

弁

《傳》:“弁，冠也。”案古者男子二十而冠，亦二十而娶，既冠而後娶也。故《夏小正》“二月綏多士女”，傳曰“綏，安也，冠子娶婦之時也”。《詩》曰“突而弁兮”，意謂其成人可以有家室耳。

盧令（齊八）

盧令令，其人美且仁！
盧重環，其人美且鬈！
盧重鋂，其人美且偲！

盧

《傳》:“盧，田犬。”《戰國策·齊[1]策》:“韓國盧，天下之駿犬也。”《秦策》:“譬若馳韓盧而逐蹇兔也。”字一作獹。《廣雅·釋獸》“韓獹”，《初學記》二九引《字林》:“獹，韓良犬也。”《文選·西京賦》注:“韓盧，犬，謂黑色毛也。”案《説文》:“齊謂黑爲黸。”《廣雅·釋器》:“黸，黑也。”黑犬謂之獹，猶黑土謂之盧（壚）(《釋名·釋地》、《楚辭·九思》古注、《漢書·地理志》上注)，黑水謂之瀘(《後漢書·光武帝紀》上注)，黑橘謂之盧橘(《漢書·司馬相如傳》上注引晋灼)，黑烏謂之鸕鷀(《文選·南都賦》注引蒼頡,《玄應音義》十九引《字林》)，黑蟲謂之蠦蝘也。(《廣雅·釋蟲》:“蠦蝘，蜇蜴也。”《古今注》:“大者長三尺，其色玄紺，善螫人，一名玄螈。”)

令令

《傳》:“令令，纓環聲。”《廣雅·釋訓》:“鈴鈴，聲也。”令令

① “齊”字，今補。

即鈴鈴。《傳》曰“纓環聲”者,《説文》:“嬰,頸飾也。”纓環即嬰環。

環 鋂

《説文》:“鋂,大環也。”(據《正義》引。)《廣雅·釋器》:“鋂,鐶也。”案鋂當讀匣母,與環雙聲相轉。

鬈

《箋》:“鬈當讀爲權。權,壯也。”《説文》:“捲,氣勢也。”引《國語》“有捲勇”,“奰,大貌,從大噩聲,或曰拳勇字”。權捲拳奰并同。

偲

《説文》:“偲,彊(今本誤作彊力二字)也。”《釋文》引作强。

敝笱(齊九)

敝笱在梁,其魚魴鰥。齊子歸止,其從如雲。
敝笱在梁,其魚魴鱮。齊子歸止,其從如雨。
敝笱在梁,其魚唯唯。齊子歸止,其從如水。

其從如雲

毛曰:“如雲言盛也。”張衡《西京賦》“實蕃有徒,其從如雲”,與毛義同。

唯唯

卞彬《蝦蟇賦》:“科斗唯唯,群浮闇水。”《角弓》詩“莫肯下遺"，箋："讀曰隨。"《荀子·非相》作隧。《漢書·東方朔傳》"遺蛇其迹"，注："猶逶迆也。"《禮記·檀弓》"頽乎其順也"，注："頽，順也。"（《左傳》介之推，《琴操》作介之綏。綏綏同。）《説文》："委，委隨也。"《唐扶頌》："在朝逶隨。"《説文》："倭，順貌。"又："鮪，魚子已生者。"《釋名·釋形體》："髓，遺也。""遺，瀢也。"《箋》曰："唯唯，行相隨順之貌。"

載驅（齊十）

載驅薄薄，簟茀朱鞹。魯道有蕩，齊子發夕。
四驪濟濟，垂轡瀰瀰。魯道有蕩，齊子豈弟。
汶水湯湯，行人彭彭。魯道有蕩，齊子翱翔。
汶水滔滔，行人儦儦。魯道有蕩，齊子游敖。

薄薄　濟濟　滔滔

薄薄，毛云："疾驅聲也。"案薄薄與二章彭彭、三章儦儦，皆人足馬蹄疾行着地之聲，但假其音，不爲義也。

陳奂曰："濟濟猶齊齊也。《車攻》'我馬既同'，傳：'同，齊也。'"

《傳》："滔滔，流貌。"陳玉樹曰："滔滔即滺滺也。《竹竿》'淇水滺滺'，傳：'滺滺，流貌。'滺滺本作攸攸，又作悠悠。《論語》'滔滔者天下皆是也'，集解引孔注：'滔滔，周流之貌。'《釋文》滔滔，鄭本作悠悠。"《史記·孔子世家》亦作悠悠。是滔悠字通之證。

簟茀

金文作簟弼。

朱鞹

以朱革覆軾也。

發夕

《廣雅·釋詁》二：“夕，衺也。”《説文》“衺，䙰也”，引《爾雅》“䙰䙰褃褃”，《潛夫論》“佪佪潰潰”。今《爾雅》[1]·釋訓》作：“儚儚洄洄，惛也。”《説文》“褢，衺也”，案當即䙰也。（疑本作褢，省作褱，訛變爲褢。）經傳通作回，以爲回邪字。《吕氏春秋·明理篇》：“是正坐於夕室也。”高注曰：“言其室邪夕不正。”《左傳》楚靈王子圍，《史記·楚世家》作子回。《説文》多字下曰：“夕者相繹也。”《史記·管蔡世家》之曹莊公夕姑，即《春秋》莊二十三年之曹伯射姑，是夕射古同音。射與斁古又通，是夕斁亦同音。疑夕爲繹之借字，與圛略同。《説文》：“圛，回行也。《商書》：曰圛。圛者，升雲半有半無。讀若驛。”今《洪範》以驛爲之。《周禮·太卜》正作圛。[2] 以聲求之，發夕與婆娑相近。

垂轡

毛曰：“垂轡，轡之垂者。”陳奂曰：“《蓼蕭·傳》：‘鞗革，轡首垂也。沖沖，垂飾貌。’此《傳》云‘垂轡，轡之垂者’，正謂鞗也。”

濔濔

毛曰：“衆也。”《釋文》書作爾爾，云：“本一作濔濔。”陳奂曰：“《説文》爾下云：“其孔尒尒。”爾爾猶尒尒，衆之意。《干旄》傳云：“四馬六轡，所謂衆也。”林義光曰：“濔之言麗爾也。《説文》云：‘麗

---

① “爾雅”二字，今補。
② “《説文》：‘圛，回行也。’”至此，原稿眉批。

爾猶靡麗也。’”多案字當作爻。《公貿鼎》鑾作，下正像爻形，此假形字也。

豈弟

《箋》：“豈，讀當爲闓。《古文尚書》以弟爲圛。圛，明也。”案《書·洪範》“曰驛”，《史記·宋微子世家》同，今文作“曰涕”，古文作“曰圛”，此鄭君所本也。然此詩三家必有作闓圛者，故鄭據以改毛，而引《古文尚書》以證之。《爾雅·釋言》：“愷悌，發也。”郭注引此詩，陳喬樅據孔疏引舍人、李巡、郭璞注，皆云“闓，明；發，行也”，以證《爾雅》本作闓圛，鄭君即本《魯詩》以爲説也。案陳説近是。然闓圛之義，《爾雅》訓發，鄭君訓明，仍無當於《詩》旨。《説文》：“圛，回行也。……《商書》‘曰圛’，圛者，升雲半有半無。讀若驛。”《詩》闓圛之義，當從許訓。下章曰“齊子翱翔”，傳：“翱翔猶彷徉也。”《説文》：“翔，回飛也。”圛爲回行，翔爲回飛，其義正同。然則闓圛亦猶彷徉耳。司馬相如《封禪文》“昆蟲闓澤，回首面内”，《漢書》作闓懌。王國維謂闓澤之語，即出此詩。其説至塙。（説見《齊風豈弟釋義》，《觀堂别集補遺》頁二。）今案正讀澤爲圛，故又曰“回首面内”。此蓋先秦師説之僅存者與？毛讀豈弟爲愷懌，與上下各章語意不侔，其失固矣。鄭用魯説，改作闓圛，而訓爲明，則又以《書》説《詩》，宜其扞格益甚也。

彭彭

彭，鼓聲。卜辭作諸形，以點畫表音符。

猗嗟（齊十一）

猗嗟昌兮，頎而長兮。抑若揚兮，美目揚兮。巧趨蹌兮，射則臧兮。

猗嗟名兮，美目清兮。儀既成兮，終日射侯，不出正兮。展我甥兮！

猗嗟孌兮，清揚婉兮。舞則選兮，射則貫兮，四矢反兮，以禦亂兮。

猗嗟

陳奂曰："猗猶噫也。"案猗懿也。

抑若揚兮

《玉篇・阜部》引《韓詩》作"印若陽兮"，曰："眉上曰陽。"案印是，陽非。"頎而長兮""抑若揚兮"句法同（"頎而"孔疏引舊本作"頎若"）。頎與長同義，則抑與揚亦當同義。《詩》蓋本作印，或作仰，誤爲抑，毛遂訓爲美色，過矣。印即仰之初文，字一作昂。《卷阿》"顒顒印印"，《爾雅・釋訓》孫注："志氣高朗也。"《荀子・賦篇》"印印兮天下之咸蹇也"，注："高貌。"《説文》："仰，舉也。"（《一切經音義》引《説文》作"舉首也"。）又："揚，飛舉也。"《小爾雅・廣言》："揚，舉也。""陽，高明也。"

美目揚兮

《淮南・覽冥訓》"不揚其聲"，注："明也。"《方言》二："揚，雙也。"朱駿聲曰："矆之誤字，猶盱也。"

名

借爲明。概言體態之美。與一章"猗嗟昌兮"、三章"猗嗟孌兮"一例，不當專就目言。

儀

《周禮·射人》："以射法治射儀。"《淮南·俶真訓》："善射者有儀表之度。"《泰族訓》："射者數發不中，人教之以儀，則喜矣。"《韓詩外傳》："景公以爲儀而射之，穿七札。"儀謂容儀，射五善之一也。射儀既備，故能終日不出正也。（胡承珙、陳奂説。）

舞

六射五善之一。

選

《玉燭寶典》四引《禮變名》曰："十人曰選，倍選曰俊，萬人曰桀。"

【篇義】

美善射也。

魏　　風

葛屨（魏一）

糾糾葛屨，可以履霜，摻摻女手，可以縫裳。要之襋之，好人服之。

好人提提，宛然左辟。佩其象揥。維是褊心，是以爲刺。

糾糾

糾絇古同字。《儀禮・士冠禮》注："絇之言拘，以爲行戒，狀如刀衣鼻，在屨頭。"《漢書・王莽傳》"莽再拜受衮冕句履"，注引孟康曰："今齊祀履舄頭飾也。"句絇同。《狼跋》"赤舄几几"，傳："几几，絇貌。"糾几一聲之轉。

葛屨

舊以葛屨爲賤服。考《儀禮》，屨夏用葛，冬皮屨。此因時之宜，如衣之夏葛冬裘然，何得别之爲賤？《周禮・屨人》："掌王及后之服屨，爲赤舄，黑舄，赤繶，黄繶，青句，素屨，葛屨。"葛屨爲王及后之屨，其爲貴屨可知矣。又辨内外命夫命婦之命屨，功屨，散屨，屨有三等，而葛屨不與焉，則葛屨之爲貴益明矣。（吴福連説，見《尊經書院初集》二。）案葛屨爲夏屨，而曰"可以履霜"者，蓋言其功致，足可以履霜而不知寒也。

摻摻

《傳》："摻摻，猶纖纖也。"《文選・古詩十九首》注引《韓詩》作纖纖，《説文・手部》《戈部》并引《詩》作攕，《吕氏讀詩記》載董氏引石經同。《古詩十九首》"纖纖擢素手"，劉邈《見人織》"纖纖運玉指”，何子朗《學謝體》“玉指何纖纖”，丁六娘《十索》“欲呈纖纖手，從郎索指環”，《碩人》“手如柔荑”，《古詩爲焦仲卿妻作》“指如削葱根”，并即纖纖之謂矣。

要　襋

《傳》：“要，褸也。襋，領也。”襋訓領者，襋古一讀作力。(《斯干》“如矢斯棘”，《韓詩》作朸。《水經・淯水注》：“棘水自新野南流入淯水，謂之力口，棘力聲相近，當爲棘口也。”）力領一聲之轉，今語曰不得要領，即褸領也。[1] 案《儀禮・士喪禮》：“襚者左執領，右執要。”此言好人挈其領，挈其褸，爲我服之，好人乃宛然避去而佩其象揥，此其所以爲褊心也。

提提

《傳》：“提提，安諦也。”《楚辭・七諫》注引《詩》作媞媞。(《説文》：“媞，妍黠也。”[2])《爾雅・釋訓》：“媞媞，安也。”孫注：“行步之安也。”傅玄《艷歌行》“有女懷芬芳，媞媞步東廂”，與孫義合。一説《方言》二：“自關而西，秦晋之間，謂細而有容曰嫢，或曰徥。”《説文》：“嫢，媞也。……秦晋謂細要爲[3] 嫢。”魏爲晋地，提提當訓細要，義亦可通。(《方言》七：“嫢盈，怒也。凡言呵斥者謂嫢盈。”《説文》：“瞡，迎視也，讀若珥瑱之瑱。”“嗔，張目也。”“謓，恚也。賈侍中説謓笑。”朱云冷笑嫢恚。《説文》[4]：“嗔，盛氣也。”）[5]

---

① “襋訓”句至此，原稿眉批。

② “媞，妍黠也”，原稿眉批。出處《説文》二字，今補。

③ 《説文》原無“要爲”二字。

④ “《説文》”，今補。

⑤ 括號内文字，原稿眉批。

左辟

古人相避皆以左，故左爲不相值。《説文》：“差，貣也。從左𠂹，左不相值也。”《管子·白心篇》：“左者出者也，右者入者也。”

象揥[①]

高允《羅敷行》：“倒枕象牙梳。”[②]

汾沮洳（魏二）

彼汾沮洳，言采其莫。彼其之子，美無度，——美無度，殊異乎公路！

彼汾一方，言采其桑。彼其之子，美如英，——美如英，殊異乎公行！

彼汾一曲，言采其藚。彼其之子，美如玉，——美如玉，殊異乎公族！

沮洳

《傳》：“沮洳，其漸洳者。”案《玄應音義》十八引《蒼頡解詁》：“沮，漸也。”沮漸一聲之轉，故《傳》以漸洳釋沮洳。《廣雅·釋詁》一：“漸洳，濕也。”《漢書·東方朔傳》“塗者漸洳徑也”，注：“漸洳，浸濕也。”《列女傳·仁智篇》：“河潤九里，漸洳三百步。”謂其旁濕廣地三百步也。沮洳爲水旁濕地，故汾之沮洳，一曰汾隰，又曰汾旁。《左傳》桓三年：“曲沃武公伐翼，逐翼侯於汾隰。”《史記·晋世家》作汾旁，是也。《孟子》“驅蛇龍而放之菹”，綦母邃注“澤生草曰菹”，趙注“菹，澤生草者也，今青州謂澤有草者爲菹”。《墨

① “象揥”，原稿無訓文。
② “高允”至此，原稿眉批。

子》："燕之有祖澤。"

莫　桑　藚

《傳》："莫，菜也。""藚，水舄也。"案《爾雅·釋草》："須，蕵蕪。"馬瑞辰謂即《詩》之莫。《釋草》："藚，牛唇。"注："《毛詩傳》曰：水舄也。莫藚皆草屬，桑非其倫，不當并舉，疑桑當爲蕩，聲之誤也。"《釋草》"蓫，蕩，馬尾"，注："《廣雅》曰馬尾，蔏陸。《本草》云别名蕩。今關西亦呼爲蕩，江東呼爲當陸。"桑蕩蔏古音同。

度

讀爲斁。《後漢書·張衡傳》"惟盤逸之無斁兮"，注："斁，古度字。"《振鷺》"在此無斁"，箋："人皆愛敬無厭之者。"（俞樾説。）

殊異乎

贊美之詞也。殊之言姝也。《静女》傳："姝，美色也。"《楚辭·招魂》注："秀，異也。"《漢書·賈誼傳》注："秀，美也。"是異與美義近。故《静女》曰："洵美且異。""殊異乎公路"，猶言美哉公路矣。

英

當讀爲瓊英之英。"如英"猶云"如玉"。（馬瑞辰説。）

園有桃（魏三）

園有桃，其實之殽。心之憂矣，我歌且謡。不知我者謂我士也驕。彼人是哉，子曰何其？心之憂矣，其誰知之！其誰知之！蓋亦勿思。

園有棘，其實之食。心之憂矣，聊以行國。不知我者謂我士也罔極。彼人是哉，子曰何其？心之憂矣，其誰知之！其誰知之！蓋亦勿思。

殽

《釋文》殽本作肴。《初學記》二四引《詩》,《太平御覽》一九七引《毛詩》并作肴。案殽與肴通。《説文》："肴，啖也。"蔡邕《月令章句》："肴，食也。"案即皾字。

謡

《國語·晋語》六注："行歌曰謡。"案詩一章曰"我歌且謡"，二章曰"聊且行國"，是謡爲行歌無疑。（行歌謂之謡，猶歌謡亦曰歌行，又謂之趨。《廣雅·釋詁》一："蹈，行也。"《左傳》哀二十一年："使我高蹈"，注："高蹈，猶遠行也。"《史記·樂書》"發揚蹈厲之已蚤"，正義："頓足踏地也。"《幽通賦》："考遘慜以行謡。"）[1] 行歌謂之謡者，謡與蹈古聲近相通。"歌且謡"即"歌且蹈"，猶後世言踏歌也。蹈字或作慆。《御覽》四六七引《尚書大傳》："惟丙午，王逮師。〔前〕（依《周禮·大司馬》注及《御覽》五七四引補，下同。）師乃鼓噪,〔後〕師乃慆，前歌後舞。"慆當於舞，明慆即蹈矣。聲轉爲踏。《搜神記》："漢代十月十五日，以豚酒入靈女廟，擊筑而奏上弦之曲，逭臂踏地歌《赤鳳來》。"是也。踏之甚則近跳。《文選·魏都賦》"或明發而嬥歌"，注引何晏曰："巴人謳歌，相引牽連手而跳歌也。"案《説文》："趯，踴也。"嬥與趯通，故何以跳釋嬥。[樂府有《櫂歌行》，疑即嬥（跳）歌聲之誤也。]《説文》："踽，跳也。"謡踽字異義同，謡之爲歌亦即跳歌耳。謡爲行歌，又爲跳歌，行之義與跳固得展轉相通。古人造辭，不乏此例。至《説文》"䍃，徒歌"者，吾友陳夢

① 括弧内文字，原稿眉批。

家疑徒不訓但。《説文》:“徒,步行也。”《晋語》注:“行歌曰謡。”徒歌即踏歌或行而歌之之謂。(《風謡釋名》,載《歌謡》三卷十二期。夢家釋本詩謡字,與余説同,而立論則異。)其説是也。案許説本之《毛傳》,而《傳》意則實訓徒爲但。疑“徒歌曰謡”,古有此説,其義本與行歌同,後人不知,乃讀爲徒但之徒。自《毛傳》《爾雅》《説文》,莫不皆然。蓋古義之湮久矣。

不知我者

當作“不我知者”,唐石經,宋本九經,南宋御書石經,《吕氏讀詩記》《毛詩集解》《詩補傳》《許氏名物鈔》并作“不我知者”。

驕

《左傳》隱三年“驕奢淫佚”,注:“驕謂恃己凌物。”《孝經》“在上不驕”,鄭注:“無禮曰驕。”

彼人是哉

彼謂我驕縱之人,其言將毋是乎?

子曰何其

《傳》:“子曰何其,夫人謂我欲何爲乎?”案《傳》意此夫謂妻之辭。子,子其妻也。何其猶何乎,言子之意以爲何如也?《書·微子》“若之何其”,《庭燎》“夜如何其”,《韓非子·制分篇》“是何其?法通乎人情,關乎治理也”,并與此何其同。

其誰知之!其誰知之!

《隸釋》載漢石經《魯詩》殘碑“□□□之誰知□”,馮登府謂當作“其誰知之誰知之”七言句。案省下其字,語氣較勝。

蓋

讀爲盍。《禮記·檀弓》："子蓋言子之志於公乎？"亦以蓋爲盍。盍，何不也，亦語助。"盍亦勿思"，何不勿思也。《左傳》僖二十四年"盍亦求之"，何不求之也。《國語·吴語》"王其盍亦鑑於人"，何不鑑於人也。《孟子·梁惠王上篇》"盍亦反其本矣"，何不反其本也。

棘

棗也。

行國

《左傳》昭十三年："乃行國，每夜駭曰：'王入矣！'乙卯夜，弃疾使周走而呼曰：'王至矣！'"行國即周行國邑中也。（下文周走，走與行對，謂奔也。）

罔極

猶無常也。詳《氓篇》。

陟岵（魏四）

陟彼岵兮，瞻望父兮。父曰："嗟予子！行役夙夜無已。上慎旃哉！猶來無止！"

陟彼屺兮，瞻望母兮。母曰："嗟予季！行役夙夜無寐。上慎旃哉！猶來無弃！"

陟彼岡兮，瞻望兄兮。兄曰："嗟予弟！行役夙夜必偕。上慎旃哉！猶來無死！"

弃

亦死也。《釋名·釋喪志》："不得埋曰弃，謂弃之於野也。"死則弃之於野。(《孟子》："蓋上世嘗有不葬其親者，其親死，則舉而委之於壑。")故死亦謂之弃，亦謂之弃世。《吴仲山碑》："不幸弆也。"弆弃同。漢又稱市死曰弃市。《釋名》同篇又曰："市死曰弃市。市衆人所聚，與衆人共弃之也。"《説文》："棄，捐也。從収推華弃之。從㐬，㐬，逆子也。"是弃尸爲弃之本義。一説弃，去也(《國策·秦策》注、《離騷》注)。《後漢書·梁鴻傳》注："去，亡也。"死謂之弃，猶謂之殂。《説文》："殂，往死也。"《爾雅·釋言》："弃，忘也。"案忘亡同，亡亦死也。一説即踦字。《説文》："踦，弃也。從歺奇聲。俗語謂死曰大踦。"通作奇。《素問》有《大奇篇》。馬瑞辰曰："無弃與無死同義。《説文》：'踦，弃也。'俗語謂死曰大踦。大踦猶曰大弃也。後人亦通[1]死爲弃世。"

十畝之間(魏五)

十畝之間兮，桑者閑閑兮。行與子還兮。
十畝之外兮，桑者泄泄兮。行與子逝兮。

間　外

《説文》："間，隙也。"古文作閒，從門從外，是間與外義通。

桑者

《穆天子傳》五"以觀桑者"，注："桑，采桑也。"

① "通"字，疑爲"稱"字或"謂"字之誤。

閑閑　泄泄

《皇矣篇》“臨衝閑閑”，傳：“閑閑，動摇也。”《韓非子・揚權篇》：“根幹不革，則動泄不失矣。”是泄亦有摇動之義。《雄雉篇》“泄泄其羽”，傳：“飛而鼓其翼泄泄然。”正以泄泄狀鳥翼之摇動。《詩》言“閑閑”“泄泄”，乃狀桑者趨行之貌，義與翱翔容與略同。

行

猶將也。《漢書・韓安國傳》：“且高帝身被堅執鋭，蒙霧露，沐霜雪，行幾十年。”謂將近十年也。《文選》魏文帝《與吴質書》：“别來行復四年。”謂將又四年也。

還　逝

逝猶還也。《莊子・山木篇》“翼殷不逝”，司馬注：“曲折曰逝。”案逝之爲言折也。《禮記・玉藻》“折還中矩”，折亦還也。[《莊子・庚桑楚篇》：“夫尋常之溝〔洫〕（從《御覽》七五引補）巨魚無所還其體而鯢鰌爲之制。”制與折通。][1]折謂之還，逝亦謂之還。《淮南子・覽冥篇》“還至其曾逝萬仞之上”，注：“逝，一曰回也。”回與還義相通。《詩》中逝字多訓還。《杕杜》“期逝不至”，謂周期已還而代者不至也。《車舝》“思孌季女逝兮”，謂新婦乘壻家之車而還也。《抑》“言不可逝矣”，謂言既出則不可還返也。此詩乃相約再往之詞，故曰還曰逝。

伐檀（魏六）

坎坎伐檀兮，寘之河之干兮，河水清且漣猗。不稼不穡，胡取禾三百廛兮？不狩不獵，胡瞻爾庭有縣貆兮？彼君子兮，不素餐

① 括弧内文字，原稿眉批。

兮。

坎坎伐輻兮，寘之河之側兮，河水清且直猗。不稼不穡，胡取禾三百億兮？不狩不獵，胡瞻爾庭有縣特兮？彼君子兮，不素食兮。

坎坎伐輪兮，寘之河之漘兮，河水清且淪猗。不稼不穡，胡取禾三百囷兮？不狩不獵，胡瞻爾庭有縣鶉兮？彼君子兮，不素飧兮。

伐檀[①]

《易林·臨之蹇》："手拙不便，不能伐檀。車無軸轅，行者苦難。"

取

當爲冣。《説文》《廣雅·釋詁》一并云："冣，積也。"經傳通作聚。

素

黄生曰："素有白義，白者空有質而無色，故事之有其名而無其實與有其實而無其名者皆曰素，如素餐，素王，素封，是其義也。"

《墨子·辭過篇》："古之民未知爲飲食時，素食而分處。"《管子·禁藏篇》："食民有率，率三十畝而足於卒歲，歲兼美惡，畝取一石，則人有三十石，果蓏素食當十石。"《淮南子·主術篇》："夏取果蓏，秋畜疏食。"《禮記·月令》"取蔬食"，注："草木之實爲蔬食。"《論語·述而篇》："飯疏食飲水。"《楚辭·九辯》："與其無義而有名兮，寧窮處而守高。食不媮而爲飽兮，衣不苟而爲温。竊慕詩人之遺風兮，願托志於素飧（今作餐，從《釋文》及《芥隱筆記》引改）。"

---

① 原稿無"伐檀"條，據以下釋文（原在篇名之下）補。

億

管禮耕曰："上章言'三百廛'，傳云：'一夫之居曰廛。'下章言'三百囷'，傳云：'圓者爲囷。'廛與囷皆非數名，此獨言數，未免不倫。且是詩刺無功而受禄，三百夫之田，其數亦多而不合。案《廣雅·釋詁》稛繶纏并訓束，竊謂三百廛者，三百纏也；三百億者，三百繶也；三百囷者，三百稛也。其實皆三百束也。不稼不穡，胡來三百束之禾，猶不狩不獵，庭胡來懸貆懸特也。情事正相類。……即以十萬曰億計之，數亦太多，况萬萬曰億耶。"（《操𢿰齋遺書》二。）案《傳》曰："萬萬曰億。"《箋》曰："十萬曰億。"

碩鼠（魏七）

碩鼠碩鼠，無食我黍！三歲貫女，莫我肯顧。逝將去女，適彼樂土？樂土樂土，爰得我所？

碩鼠碩鼠，無食我麥！三歲貫女，莫我肯德。逝將去女，適彼樂國？樂國樂國，爰得我直？

碩鼠碩鼠，無食我苗！三歲貫女，莫我肯勞。逝將去女，適彼樂郊？樂郊樂郊，誰之永號？

碩鼠

張慎儀曰："《易·晋》正義引鄭注引《詩》：'鼫鼠鼫鼠。'案近儒多泥碩鼠爲大鼠，謂非鼫鼠也，不知大鼠即鼫鼠。《説文》：'鼫，五枝鼠也。'《爾雅》郭注："'關西呼爲鼩鼠，音雀。'《廣雅》：'鼩鼠，鼫鼠。'鄭注《易》正引此詩作鼦鼠。鼫即碩之本字，今《詩》蓋借碩爲鼫也。"

無食我黍

無借爲毋。洪適《隸釋》載漢石經《魯詩》殘碑作毋食我黍。黍即黍字。推之二三章，作毋當同。

逝

《公羊傳》昭十五年徐彥疏引《詩》作“誓將去汝”。今《詩》逝蓋爲誓之借字。一説逝爲遾之借字。遾，逮也。逮，殆也。亦通。

適彼樂土　樂土樂土[①]

《韓詩外傳》二引《詩》：“適彼樂土，適彼樂土。”劉向《新序·雜事》五引《詩》同。俞樾曰：“古人遇重文止於字下加二畫以識之。（石鼓文載君子員員，邋邋員斿。書作君子員=，邋=員斿。《宋書·禮樂志》載《樂府·秋胡行》叠‘願登泰[②]華山，神人共遨游’二句，書作‘願=登=泰=華=山=，神=人=共=遨=游=’。）傳寫乃有致誤者，毛韓本當不異，因叠句從省不書，止作‘適=彼=樂=土=’，傳寫誤作樂土樂土耳。下二章同此。”張慎儀曰：“劉習《魯詩》，引《詩》與韓同，蓋見古本多重上名。”二章《韓詩外傳》二引作“適彼樂國，適彼樂國”。三章《新序·節士篇》引作“適彼樂郊，適彼樂郊”。[前二章元刊本《韓詩外傳》引與今《詩》同，疑後人據今本《毛詩》改之。《隸釋》漢石經《魯頌》殘碑三章作“適彼樂郊，樂郊（下闕）”。後人遂謂當時傳本或有兩讀。張慎儀曰：“漢碑本係叠句，因上句‘適彼樂郊’之上闕‘適彼’二字，《隸釋》移寫誤注‘下闕’二字於下句‘樂郊’之下，致滋疑互耳。”]

① 原稿脱下“土”字。
② 原稿脱“泰”字。

國

國與土郊并舉，當即域字，古域國通用。

直

王引之曰："直讀爲職，職亦所也。哀十六年《左傳》曰：'克則爲卿，不克則烹，固其所也。'《史記·伍子胥傳》作固其職也。《管子·明法解》：'孤寡老弱，不失其職。'《漢書·景帝紀》：'令亡罪者失職。'《武帝紀》：'有冤失職，使者以聞。'《宣帝紀》曰：'其加賜鰥寡孤獨高年帛，毋令失職。'皆謂失所也。得所亦謂之得職。《管子·版法解》曰："聖人法天地以覆載萬民，故莫不得其職。'《漢書·趙廣漢傳》曰：'威制豪疆，小民得職。'是也。職直古字通。《鄉射禮記》'薦脯用籩五職'，注：'今文職或作植。'《左傳》宣十五年羊舌職，《說苑·善説篇》作羊舌殖。《禹貢》'厥土赤埴墳'，釋文：'埴，鄭作戠。'《考工記·弓人》注：'樴，脂膏膱敗之膱。'是其比。"多案《楚辭·九辯》："貧士失職兮志不平。"失職亦謂失所也。又案值當義通，失所即失當，猶所與倘通。

誰之永號

《釋文》出作咏，云本亦作永，同音詠。山井鼎《考文》作泳。按永借爲詠，《漢書·藝文志》注："詠者永也。"《易略例》："隆墀永嘆。"永嘆即詠嘆也。咏與詠同字，經典錯出。《禮記·樂記》"歌咏其聲也"，《史記·樂書》作"歌詠其聲也"。是其比。《箋》："永，歌也。"

誰之言呵也。

唐　　風

蟋蟀（唐一）

蟋蟀在堂，歲聿其莫。今我不樂，日月其除。無已大康，職思其居！好樂無荒，良士瞿瞿。

蟋蟀在堂，歲聿其逝。今我不樂，日月其邁。無已大康，職思其外！好樂無荒，良士蹶蹶。

蟋蟀在堂，役車其休。今我不樂，日月其慆。無已大康，職思其憂！好樂無荒，良士休休。

蟋蟀在堂

毛曰："九月在堂。"馬瑞辰曰："陸璣《詩疏》：'蟋蟀一名蜻蛚。'《易緯·通卦驗》曰：'乃立秋而蜻蛚上堂。'是蟋蟀之在堂，固不待九月也。《豳詩》：'七月在野，八月在宇，九月在户。'在宇在户，皆可以堂統之。蓋《易緯》立秋上堂者，言其始，毛《傳》九月在堂，舉其終。又周正建子，以十月爲歲莫，《詩》下云'歲聿其莫'，故《傳》以蟋蟀在堂爲指九月耳。"

職

《爾雅·釋詁》："職，常也。"王念孫云："此詩職字正當訓常，職思其居，常思其居也。"馬瑞辰曰："常以尚聲，故職又通作尚，《秦誓》'亦職有利哉'，《大學》引作'尚亦有利哉'，《論衡》引作'亦尚有利哉'。《爾雅》：'尚，庶幾也。'謂尚思其居，尚思其外，尚思其憂也，與上文無已大康語意正相貫。"

瞿瞿

《爾雅·釋訓》："瞿瞿，休休，儉也。"多案儉與嬐同。《説文》："嬐，敏疾也。"瞿瞿、休休爲敏疾，與蹶蹶訓敏正同。瞿當作趯。《説文》云："走顧貌。"趯趯然則自警惕而不弛緩也。

蹶蹶

《爾雅，釋訓》："蹶蹶，敏也。"林義光曰："《説文》：'蹶，跳也。'(《孟子》：'今夫蹶者趨者。'蹶亦訓跳。)蹶爲跳，故有敏義。蹶跳而起，言不安於佚樂也。"王先謙曰："《釋詁》：'蹶，動也。'《曲禮》'足毋蹶'，鄭注：'行遽貌。'故蹶蹶訓爲敏也。"

役車其休

馬瑞辰曰："古者役不踰時。《月令》：'孟秋乃命將帥。'則孟冬正當旋役之時。《采薇詩》'曰歸曰歸，歲亦陽止'，《杕杜詩》'日月陽止，女心傷止，征夫遑止'，皆古者歲莫還役之證。役車當謂行役之車。"

慆

林義光曰："慆，毛云：'過也。'案慆者逾之轉音。《秦誓》'日月逾邁'，即此詩之慆邁也。《生民篇》'或舂或揄'，《説文》作'或舂或舀'，則舀俞古音近。"

休休

休借爲倏。《説文》："倏，走也。讀若叔。"《蜀都賦》"鷹犬倏眒"，注："倏眒，疾速也。"《賈子·容經篇》："其始動也，穆如驚倏。"字一作透。《方言》二："透，驚也。宋衛南楚凡相驚，或曰透。"《吴都賦》:"驚透沸亂。"《廣雅·釋詁》[1]:"透,驚也。"曹憲《音義》音叔。《説文新附》:"透,跳也。"倏透訓驚,與瞿義同;訓跳與蹶同;而訓疾,又與嬐敏諸義同。倏字一作儵,《廣雅·釋詁》:"儵,疾也。一作跾,從倏省從足。"《説文》:"跾,疾也。"休與上文複,故知必爲假借字。

〔篇義〕[2]

"好樂無荒"承"無已大康","良士瞿瞿"承"職思其居"。思[3]有所思,瞿然驚顧,猝起而去。寫良士神情惟肖。

山有樞(唐二)

山有樞(魯樞作蓲),隰有榆。子有衣裳,弗曳弗婁(魯韓婁作摟)。子有車馬,弗馳弗驅。宛其死矣,他人是愉(魯齊愉作婾)!

山有栲,隰有杻。子有廷内,弗洒弗埽。子有鍾鼓,弗鼓弗考。宛其死矣,他人是保!

山有漆,隰有栗。子有酒食,何不日鼓瑟(魯何作胡)!且以喜樂,且以永日。宛其死矣,他人入室!

樞

毛曰:"樞,荎也。"馬瑞辰曰:"《爾雅·釋木》:'藲,荎。'郭注:'今之刺榆也。'引《詩》'山有樞'。《詩序》釋文:'樞本或作蓲。據《隸釋》載石經《魯詩》殘碑作蓲,是作蓲者爲《魯詩》,作樞者爲《毛詩》。皆藲字之省借。"王引之曰:"荎之言挃也。《廣雅》:'挃,

① 原稿無"詁"字。
② 原稿無"篇義"二字。以下文字爲經文眉批。
③ "思",疑爲"士"字之誤。

刺也。’故刺楡謂之莖，又謂之梗楡，梗亦刺也。《説文》：‘梗，山枌楡，有朿。’是也。”《管子·地員篇》：“其木乃區楡。”（今本區作品，從王引之校正。）

曳

篆作，象兩手曳形，，物之端也。（《文源》。）《楚辭·怨思》“曳彗星之皓旰兮”，注：“曳，引也。”《儀禮·士相見禮》“武舉前曳踵”，注：古文作抴。

婁

毛曰：“婁亦曳也。”馬瑞辰曰：“婁者，摟之省借。《説文》：‘摟，曳聚也。’（段玉裁云當作曳也，聚也。）《玉篇》引《詩》‘弗曳弗摟’，摟亦曳也。《釋文》引馬云：‘婁，牽也。’與劉熙《孟子》注訓摟爲牽者正合。”婁古作（《秦繹山碑》數字偏旁），作（《漢婁壽碑》額），上半正象兩手曳形，與曳字同，知婁本有曳義。《説文》：“婁，空也。從母中女，空之意也。”謬甚。（見《文源》。）《説文》：“拕，曳也。”

宛

毛曰：“宛，死貌。”《釋文》：“宛本亦作苑。”馬瑞辰曰：“宛即苑之假借。《淮南子·本經訓》‘百節莫苑’，高注：‘苑，病也。’又《俶真訓》‘形苑而神壯’，高注：‘苑，枯病也。’苑又通薀。《廣雅·釋詁》：‘蔫，菸，婑，薀也。’《玉篇》：‘萎，薀也。’并與《傳》訓宛爲死貌義相近。宛與婑薀皆一聲之轉，宛與苑當即薀字之假借。”《廣雅》：“蔫，菸，婑，薀也。”王念孫曰：“皆一聲之轉也。蔫者，《説文》：‘蔫，菸也。’《大戴禮·用兵篇》‘草木殨黄’，殨與蔫同。菸者，《説文》：‘菸，婑也。’《楚辭·九辯》云‘葉菸邑而無色兮’，又云‘形銷鑠而瘀傷’，瘀與菸同。矮者，《説文》：‘矮，病也。’《小雅·谷風篇》云‘無木不萎’，萎與矮亦同。《衆經音義》卷十云：‘今關西言菸，山東言蔫，江南言矮。’蔥者，《玉篇》云：‘敗也。萎，蔥也。’《説文》：‘眢，目無明也。’宣十二年《左傳》：‘目於眢井而拯之。’釋文引《字林》云：‘眢，井無水也。’《唐風·山有樞篇》‘宛其死矣’毛傳云：‘宛，死貌。’義與蔥并相近。”多案《春秋繁露·五行順逆篇》：“民病心腹宛黄。”《廣韻》：“黦音於勿、於月二切，黄黑色也。又音謁，色壞也。”黦，《説文》作黬，徐鍇《繫傳》曰：“黬，謂物經溽暑而變斑色也。”是宛黄即黦黄也。《卷耳詩》“我馬玄黄”，傳曰：“馬病則玄黄。”（今本作：“玄馬病則黄。”從陳奂乙正。）《爾雅·釋詁》亦云：“玄黄，病也。”玄黄即黦黄，宛黄。《淮南子·時則篇》“天子衣苑黄”，高注：“苑讀登飴之登。”《説文》：“黬，黑有文也。談若怡登字。”苑黬同音通用。《廣雅》：“蕉，黑也。”《列子·黄帝篇》云：“燋然肌色皯黣。”《楚辭》云：“顔色憔悴。”燋與蕉憔義近，亦謂黑黄爲病色也。《衆經音義》六引《字林》：“黧，黑黄色也。”古通作黎，又作犂。《史記·李斯傳》“面黎黑”，《秦策》作犂，《韓非子·外儲説》作黧。《説文》：“耇，老人，面涷黎若垢。”又《説文》：“黴，中久雨青黑。”《淮南子·修務篇》：“堯瘦臞，舜黴黑。”《楚辭·九歌》云“顔黴黧以沮敗兮”，又《列子·黄帝篇》“肌色皯黣”，釋文：“《埤蒼》作穤，謂禾傷雨而生黑斑也。”今人猶謂物傷濕生斑爲穤，聲如梅。《莊子·知北游篇》“媒媒晦晦”，釋文：“媒音妹，李云媒媒，晦貌。”義與穤亦相近，是皆以黑爲病色也。

愉

毛曰：“愉，樂也。”鄭曰：“愉讀爲偷。偷，取也。”案二章曰保，三章曰入室，義并與取近，比類而推，鄭讀爲長。魯伯匜□（《金文編》十之九）。

栲

毛曰："山樗。"《爾雅》同。《正義》引陸疏云："許慎正以栲讀爲糗。"馬瑞辰曰："《説文》無栲字，云：'㭼，山樗也。從木尻聲。'㭼即栲之異文，樗即樗字之訛。以陸疏證之，《説文》㭼下别有讀如糗，今脱去耳。古音栲讀如糗，猶考讀如朽。《淮南子》'夏后氏之璜不能無考'，考即《説文》之王訓爲朽玉者，王作玽，音齅是也。……《詩》疏引《爾雅》郭注俗語曰：'櫄樗栲漆，相似如一。'《本草圖經》云：'椿木樗木形幹大抵相類，椿本密而時香，可噉；樗本疏而氣臭，膳夫亦能熬去其氣，北人呼樗爲山椿。'據此知栲爲山樗，即今俗稱臭椿樹，故音亦讀糗。"

杻

《管子・地員篇》"櫄櫌桑"，王引之曰："櫌即杻。"

廷内

王引之曰："廷與庭通，庭内謂庭與堂室，非謂庭之内也。（古謂堂室爲内。《周官・寺人》'王之正内五人'，鄭注：'正内，路寢。'亦有專謂室爲内者。《漢書・晁錯傳》：'家有一堂二内。'）《抑篇》'灑埽廷内'，義與此同。"《説文》："廷，朝中也。"

洒

毛曰："洒，灑也。"馬瑞辰曰："《説文》：'灑，汛也。''洒，滌也。古文以爲灑埽字。'是洒灑二字本異義，古文以聲近，故假洒爲灑。"

鼓

馬瑞辰曰："弗鼓當爲弗鼓[1]之訛。《説文》：'鼓，擊鼓也。讀若屬。'經作鼓，訓擊，鼓與擊爲雙聲，故傳寫者通作弗擊。……《説文》缶字注：'秦人鼓之以節歌。'《韻會》鼓作擊，此鼓擊通用之證。"

考

馬瑞辰曰："考者，攷之假借。《説文》：'攷，敂也。''敂，擊也。'"

喜樂

《説文》："喜，樂也。從壴從口。"林義光云："壴象豆豐滿上出形。豆豐滿見之者喜也。《説文》：'饎，酒食也。'此詩上曰'子有酒食'，下曰'且以喜樂'，與造字之意相合。"

揚之水（唐三）

揚之水，白石鑿鑿。素衣朱襮，從子于沃。既見君子，云何不樂！

揚之水，白石皓皓。素衣朱繡，從子于鵠。既見君子，云何其憂！

揚之水，白石粼粼。我聞有命，不敢以告人。

鑿鑿　皓皓　粼粼

鑿讀爲糳。《左傳》桓二年："粢食不鑿。"《淮南子·主術篇》作

① 此"鼓"字，疑當爲擊。

糳，此鑿糳通之證。《説文》："糳，糲米一斛舂爲九斗曰糳。"《玄應音義》十八引《三蒼》："糳，精米也。"《廣雅・釋詁》："精，糳，小也。"案皆米之小者也。"白石鑿鑿"，謂水中石子望之糳糳然如米之小而白。《箋》："激揚之水，波流湍疾，洗去垢濁，使白石鑿鑿然。"正讀鑿爲糳。皓亦白也。(《釋器》："象謂之鵠。"釋文："鵠，白也。")[1]《後漢書・孔融傳》"皜皜焉"，注："言堅貞如白玉也。"皜與皓同。《釋文》："粼本作磷。"《文選》劉公幹《贈從弟》詩用[2]《詩》作磷。凡物小而白者曰粦。鱗，魚甲也。瞵，目精也。燐，鬼火也。麟，鹿之有小白斑文者也。驎，連錢驄也。璘，玉光色雜也。然則磷者石之小而白者也。(《本草》："雲母一名磷石，色正白，皎然純白明徹者名磷。"此專取白而瑩徹之義。)《論語・陽貨篇》："磨而不磷。"《考工記・輪人》："不甐於鑿。"甐與磷同，是磷與糳義同。

襮　繡

《傳》："襮，領也。"《説文》："暴，領連也。"《爾雅・釋畜》"犦牛"，釋文："今之腫領牛。"繡讀爲褎，若袖。繡俗作綉。《説文》抽搊皆搯之重文，此繡袖聲通之證。古衣領與袖同飾，故《詩》以襮袖并舉。褾，《類篇》袖端也，或作裱。《類篇》袂，古穴切，同襘，亦袖也。

椒聊（唐四）

椒聊之實，蕃衍盈升。彼其之子，碩大無朋。椒聊且！遠條且！

椒聊之實，蕃衍盈匊。彼其之子，碩大且篤。椒聊且！遠條且！

---

① 括弧内文字，原稿眉批。

② "用"字，疑當作引。

椒聊

《傳》："椒聊，椒也。"《箋》："椒之性芬香，而少實，今一梂之實蕃衍滿升，非其常也。"阮元云：《傳》也上脱梂字，《箋》梂字即承《傳》言之。馬瑞辰云：《説文》："茮，茮莍也。"義本《毛傳》，當作："茮聊，茮莍也。"後人不知聊即爲莍，或妄删去耳。案阮、馬二説并是也。《爾雅·釋木》"椒榝醜莍"，注："茱萸子聚生成房貌。"案今人呼物叢聚者曰一球，即此字。《傳》訓聊梂爲者，《尚書大傳》"秋祀柳穀華山"，注："柳，聚也。"《説文》："逑，斂聚也。"聊與柳，梂與逑，并聲同義通，聊梂并訓聚，故《傳》訓聊爲梂。

遠條

條亦遠也。《太玄·玄圖》"條暢乎四"，注："條，遠也。"遠條指香氣遠聞言。

篤

讀爲毒。《周禮·醫師》"聚毒藥以共醫事"，注："毒藥，藥之辛苦者。"《論衡·言毒篇》："毒，太陽之熱氣也。"今語猶曰毒辣。陸疏："今成皋諸山間有椒，謂之竹葉椒，其樹亦如蜀椒，少毒熱，不中合藥也。"《詩》本以椒比之子，故曰毒也。

綢繆（唐五）

綢繆束薪，三星在天。今夕何夕？見此良人。子兮子兮！如此良人何！

綢繆束芻，三星在隅。今夕何夕？見此邂逅。子兮子兮！如此邂逅何！

綢繆束楚，三星在户。今夕何夕？見此粲者。子兮子兮！如此粲者何！

綢繆

毛曰："綢繆，猶纏綿也。"《廣雅・釋詁》[①]："綢繆，纏綿[②]也。"義本《毛傳》。綢繆，叠韻連詞。王逸《楚辭・九嘆》注："綢繆，束也。"引《詩》："綢繆束楚。"

束薪

馬瑞辰曰："詩人多以薪喻婚姻。《漢廣》'翹翹錯薪'以興'之子于歸'。《南山詩》'析薪如之何'以喻娶妻。此詩束薪，束芻，束楚，《傳》謂以喻'男女待禮而成'，是也。"

三星

毛曰："三星，參也。"《史記・天官書》："參三星，直者爲衡石。"[③]是也。鄭曰："三星謂心星也。"《孝經援神契》"心三星，中獨明"，是也。

子兮

毛曰："子兮者，嗟兹也。"王引之曰："嗟兹即嗟嗞。《説文》：'嗞，嗟也。'《廣韻》：'嗞嗟，憂聲也。'《秦策》曰：'嗟嗞乎，司空馬。'《管子・小稱篇》曰：'嗟嗞乎，聖人之言長乎哉。'《説苑・貴德篇》曰：'嗟兹乎，我窮必矣。'揚雄《青州牧箴》曰：'嗟兹天王，附命下土。'皆嘆辭也。或作嗟子。《楚策》曰：'嗟乎子乎，楚國亡之日至矣。'《儀禮經傳通解續》引《尚書大傳》曰：'諸侯在廟

① "詁"字，今補。
② 《廣雅・釋詁》無綿字。
③ 《史記・天官書》原文爲："參爲白虎，三星直者，是爲衡石。"

中者，愀然若復見文武之身，然後曰：嗟子乎。此蓋吾先君文武之風也夫。’是嗟子與嗟嗞同。經言‘子兮’，猶曰嗟子乎，嗟嗞乎也。故《傳》以子兮爲嗟嗞。”馬瑞辰曰：“《説文》無嗟有𧪓，云：‘𧪓，咨也。’𧪓即嗟字，咨即嗞之通借。（嗞咨同音。段玉裁謂咨爲嗞字之訛，不知咨音同嗞，亦爲嗟嘆。）《爾雅》：‘嗟，咨，𧪓也。’《堯典》：‘咨四嶽。’《蕩》詩：‘文王曰咨。’皆爲嗟嘆之辭，音義并與嗞同。子兹一聲之轉，子兮之讀如嗟兹，猶負兹之通作負子也。（《史記·魯世家》述《金縢》曰：‘是有負子之責於天。’孔廣森謂即《公羊》‘屬負兹舍’之負兹。是也。何休注：‘天子有疾稱不豫，諸侯稱負兹。’）”案《漢書·王莽傳》：“咨虖群公，可不憂哉。”子兮猶咨虖也。字亦作訾。《吕覽·權勲》“子反叱曰：‘訾，退酒也。’”《齊策》：“一人曰：‘訾，天下之主有侵君者，請以血湔其衽。’”《漢書·禮樂志》：“訾，黄其何不徠下。”師古注：“訾，嗟嘆之辭也。”王馬二説皆泥，毛但謂嗟嗞之語氣如此，非子兮即嗟兹也。子者詩人感激自呼之詞，猶《魏·園有桃》“子曰何其”也。詳《園有桃篇》。

如

《公羊傳》昭十二年注：“如猶奈也。”

良人

林義光曰：“良人，夫也。《儀禮·士昏禮》‘媵衽良席在東’，鄭注：‘婦人稱夫爲良（今語謂之郎，郎良古音近）。’”

邂逅

馬瑞辰曰：“此詩設爲旁觀見人嫁娶之辭。‘見此良人’，見其夫也。‘見此粲者’，見其女也。‘見此邂逅’，見其夫婦相會合也。”案近人劉大白謂此爲“鬧房”之詩，與此暗合；然劉謂良人、邂逅、粲者，皆指新婦，似失《詩》義。

《太玄·迎》："迎父迦逅。"邂逅即迦逅，加與構義近。

粲

林義光曰："粲之言鮮也。(粲鮮古同音。《伐木》'于粲灑埽'，毛云：'粲，鮮明貌。'《大東》'粲粲衣服'，毛云：'粲粲，鮮盛貌。')鮮古作鱻，從三魚，魚三爲粲。粲既爲鮮之借字，故《周語》有三女爲粲之説，實則言鮮者不必皆三魚，言粲者亦不必皆三女也。《毛傳》泥於三女爲粲，而謂大夫一妻二妾，於《詩》意甚謬。"

《廣韻》二十八翰："《詩傳》云三女爲粲，又美好貌。"《玉篇·女部》同。《説文·女部》："三女爲㛲。㛲，美也。從女㱙聲。"古字作奴，作婜，今通作粲。《周語》："恭王游於涇上，密康公從，有三女奔之，其母曰：'必致之於王，夫獸三爲群，人三爲衆，女三爲粲。王田不取群，公行下衆，王御不參一族。夫粲美之物也，衆以美物歸女，而何德以堪之。'"

杕杜(唐六)

有杕之杜，其葉湑湑。獨行踽踽。豈無他人，不如我同父。嗟行之人，胡不比焉！人無兄弟，胡不佽焉！

有杕之杜，其葉菁菁。獨行睘睘。豈無他人，不如我同姓。嗟行之人，胡不比焉！人無兄弟，胡不佽焉！

杕

《傳》："杕，特貌。"《方言》六："物無耦曰特。"杕特一聲之轉。

杜

《説文》棠下曰："牡曰棠，牝曰杜。"案《詩》以"有杕之杜"起興者凡三，兩見《唐風》，一見《小雅》，皆女子之辭。蓋牝棠曰杜，故取以自喻歟。"有杕之杜"喻女之未嫁者。之讀爲者。（詳《通釋》。）

湑湑　菁菁

《蜉蝣》傳："楚楚，鮮明貌。"湑湑與楚楚聲同義通。菁讀爲清。《儀禮·士冠禮》："醮辭曰：'旨酒既清。'""再醮曰：'旨酒既湑。'"注："湑，清也。"湑清一聲之轉，湑謂之清猶壻謂之倩也。《文選·補亡詩》"蒨蒨士子"，注："蒨蒨，鮮明貌。"菁菁與蒨蒨聲義亦同。

踽踽　睘睘

《文選·登徒子好色賦》"旁行踽僂"，注："踽僂，傴僂也。"《漢書·東方朔傳》"行步偊旅"，注："偊旅，曲躬貌。"踽踽猶踽僂偊旅也。《説文》："禹，蟲也。"曲躬正蟲行之貌。《説文》："踽，疏行貌。"《列子·力命篇》"偊偊而步"，釋文偊本作踽，引《字林》："偊偊，疏行貌。"案疏之言舒也。《廣雅·釋詁》四："禹，舒也。"踽踽，蟲行蠕蠕然而舒徐之貌也，與曲躬義實相成。睘讀爲蠉，《説文》："蠉，蟲行也。"《東山》"蜎蜎者蠋"，蜎蜎與蠉蠉同。《説文》："趯，一曰行曲脊貌。"《集韻》："趯，行傴也。"趯與蜎同。

同父　同姓

姓生古同字。同姓即同生，猶言同父也。

比　佽

《左傳》昭十六年："昔我先君桓公與商人皆出自周，庸次比耦，以艾殺此地，斬之蓬蒿藜藋而共處之。”《廣雅·釋詁》三：“庸，和也。”庸佽比耦四字義俱相近，《詩》曰比，曰佽，皆相親愛之意。

羔裘（唐七）

羔裘豹祛，自我人居居！豈無他人，維子之故？
羔裘豹褎，自我人究究！豈無他人，維子之好！

羔裘

《禮記·玉藻》：“君子狐青裘豹褎，玄綃衣以裼之；麛裘青豻褎，絞衣以裼之；羔裘豹飾，緇衣以裼之；狐裘，黄衣以裼之。”[1] 注：“凡裼衣象裘也。”《論語·鄉黨篇》：“緇衣羔裘，素衣麑裘，黄衣狐裘。”亦以緇衣配羔裘，是羔裘爲黑色之裘，今所謂紫羔是矣。

祛　褎

《楚辭·哀時命》注：“祛，袖也。”《説文》袖爲褎之重文。

自

猶於也。《伐木》“出自幽谷，遷於喬木”，《孟子·滕文公篇》“吾聞出於幽谷，遷於喬木者”，自作於。《書·洛誥》“無有遘自疾”，謂遘於疾也。《吕氏春秋·古樂篇》“帝顓頊生自若水”，謂生於若水也。《法言·修身篇》：“由於情欲，入自禽門；由於禮義，入自人門；由於獨智，入自聖門。”謂入於禽門，入於人門，入於聖門也。（裴學海説。）此自字亦常訓於，於猶今言對於也。

① 以上三“之”字，據上海古籍出版社黄侃手批《白文十三經》補。

我人

《破斧》："哀我人斯。"

居居　究究

居讀爲倨。《漢書·郅都傳》"丞相條侯至貴居"，注："居與倨同。"或以裾爲之。《荀子·子道篇》："子路盛服見孔子，孔子曰：'由是裾裾何也？汝服既盛，顔色充盈，天下孰肯諫汝矣。'"《家語》作倨倨。居居猶裾裾倨倨矣。案究讀爲厹。《説文》："厹，高氣也。"通作仇。(《戰國策·西周策》"厹由"，《韓非子》《淮南子·精神篇》作仇由，《史記》作仇猶。)《爾雅·釋訓》："仇仇，傲也。"究究即仇仇矣。

之

讀爲是，助動詞。

故　好

故讀爲顧，眷念也。《遵大路》："無我惡兮，不寁故也。""無我魗兮，不寁好也。"

鴇羽（唐八）

肅肅鴇羽，集于苞栩。王事靡盬，不能蓺稷黍，父母何怙！悠悠蒼天，曷其有所！

肅肅鴇翼，集于苞棘。王事靡盬，不能蓺黍稷，父母何食！悠悠蒼天，曷其有極！

肅肅鴇行，集于苞桑。王事靡盬，不能蓺稻粱，父母何嘗！悠悠蒼天，曷其有常！

肅肅

肅借爲縮，實爲揫。《説文》："萩，蕭也。"案從秋與從肅同。故肅亦可假爲揫。《説文》："揫，束也。""䊕，收束也。"重文爲揫。《廣雅·釋詁》三："痳，縮也。"《通俗文》："縮小爲痳。皺不申曰縮朒。"痳與揫同，今通以縮爲之。《月令》"草木皆肅"，注："謂枝葉縮栗。"《七月詩》"九月肅霜"，傳："肅，縮也，霜降而收縮萬物。"字一作蹙，《節南山》傳[①]："蹙蹙，縮小之貌。"

鴇

《説文》鴇之重文作䳰。《漢書·司馬相如傳》"鳿鷫鴰鴇"，注："今俗呼爲獨豹者也。"豹者，鴇聲之訛耳。本詩《釋文》："鴇似雁而大，無後趾。"《大叔于田》"乘乘鴇"，傳："驪白雜毛曰鴇。"

《説文》："鴇，鴇鳥也。肉中炙胾（今本作"肉出尺胾"，依孫詒讓校正）。"

所

馬瑞辰曰："《三蒼》：'所，處也。'《廣雅》：'處，止也。'所爲處，即爲止。'曷其有所'，猶言'曷其有止'，與下二章'曷其有極''曷其有常'同義。"案三字應鴇所言，何時止得其所也。極，正也，正亦常也，所謂常所。

極

《漢書·兒寬傳》："惟天子建中和之極。"注："正也。"

---

① "傳"，當作箋。

行[①]

林義光曰："行讀爲胻。《説文》：'胻，脛耑也。'鴇鳥樹止而若，頻動，則脛亦隨之而動。作行者，假借字耳。"多案《甘泉賦》"魚頡而鳥胻"，注："頡胻猶頡頏也。"則借爲頏。《説文》："亢，人頸也。"重文作頏。《廣雅·釋親》："頏，項也。"《爾雅·釋鳥》："亢，鳥嚨。"注："嚨謂喉嚨，亢即咽。"《論語》陳亢字子禽，是亢本爲鳥頸。(《説文》："亢，人頸也。從大省，象頸脉形。"則當作大頸，作人者，傳寫誤也。《方言》五注："今江東通呼大瓮爲甈。"案《廣雅·釋親》："頏，顉，項也。"《漢書·禮樂志》："殊翁雜，五采文。"孟康曰："翁，雁頸也。"瓮謂之甈，亦猶顉謂之頏也。)《莊子·在宥》釋文引崔注："械夾頸及脛者，皆曰桁楊。"《晋書音義》上："桁與航同。"《禮記·緇衣》"示我周行"，注："行，道也。"《詩·大東》"行彼周行"，《楚辭》注十六作"行彼周道"。《廣雅·釋室》："迒，道也。"是迒與行通。亢與元形近，疑本爲一字，故《爾雅·釋草》："芫，東蠡。"《釋文》本亦作完。道從首，迒從亢，亢與元同，元亦首也，故迒與道義通。而行亦訓首。《太玄·裝》"莫見之行"，注："行，首也。"則謂借形爲亢耳。又《七月》"遵彼微行"，傳："微行，墻下徑也。"選亦徑，行迒之爲徑，猶亢之爲頸爲脛也。鴇頸本長，縮其頸止樹危若之貌也。

無衣（唐九）

豈曰無衣七兮？不如子之衣安且吉兮。
豈曰無衣六兮？不如子之衣安且燠兮。

---

① 原稿"行"條另有批語：鳥鳴則引頸，故亢有高義。《漢書·揚雄傳》："鄒衍以頡亢而取世資。"

安

《鄭·羔裘》“羔裘晏兮”，傳：“晏，鮮盛貌。”《楚辭·九辯》“被荷裯之晏晏兮”，注：“晏晏，盛貌。”安與晏通。《左傳[①]》哀六年安孺子，《史記》作晏。（晏與宴同，《書·堯典》“安安”，《考靈曜》作宴宴。《詩·小明》“無恒安息”，即《易·隨》之宴息。）[②]

吉

讀爲絜。絜潔古今字。《天保》“吉蠲爲饎”，《大戴禮記·諸侯遷廟篇》注引作絜蠲。《吕氏春秋·尊師篇》：“臨飲食，必蠲絜。”蠲絜猶絜蠲也。《詩》蠲字，《儀禮·士虞禮》注、《周禮·蠟氏》注并引作圭，《淮南子·時則篇》“湛熺必潔”，注：“熺炊必令圭潔。”圭潔亦猶潔圭、絜蠲也。

有杕之杜（唐十）

有杕之杜，生于道左。彼君子兮，噬肯適我！中心好之，曷飲食之！

有杕之杜，生于道周。彼君子兮，噬肯來游！中心好之，曷飲食之！

左 周

《詩考》載《釋文》引《韓詩》云：“周，右也。”

噬 曷

《傳》：“噬，逮也。”《四月》“曷云能穀”，傳：“曷，逮也。”

① “傳”字，今補。
② 括弧内文字，原稿眉批。

《正義》曰："《釋言》文。"《爾雅·釋言》："遏、遾，逮也。"《方言》七："蝎、噬，逮也。"遏蝎與曷同，遾與噬同。噬曷皆訓逮，是噬亦曷也。《釋文》引《韓詩》噬作逝，云：逝，及也。逝與曷亦聲近義通。《説文》："逝，往也。""朅，去也。"逝之通曷，猶逝之通朅也。此詩噬曷錯舉，互文也。噬逝曷古音同部。

葛生（唐十一）

葛生蒙楚，蘞蔓于野。予美亡此，誰與獨處！
葛生蒙棘，蘞蔓于域。予美亡此，誰與獨息！
角枕粲兮，錦衾爛兮。予美亡此，誰與獨旦！
夏之日，冬之夜，百歲之後，歸于其居！
冬之夜，夏之日，百歲之後，歸于其室！

葛

鴻荒之世，送死之事，未有棺椁，以葛裹尸，弃之溝壑而已。《法言·重黎篇》："楊王孫倮葬以矯世，曰矯世以禮，倮乎，如矯世，則葛溝尚矣。"李注曰："古者未知喪送之禮，死則裹之以葛，投諸溝壑。"《易·繫辭》傳下："古之葬者，厚衣之以薪，葬之中野，不封不樹。"蓋此之謂與？厥後棺椁既興，猶以葛爲緘。《墨子·節葬篇》："禹葬會稽，衣衾三領，桐棺三寸，葛以緘之。"《御覽》五五五引《尸子》："舜西教乎七戎，道死南巴之中，衣衾三領，穀木之棺，葛以緘之。"《漢書·楊王孫傳·報祁侯書》："昔帝堯之葬也，窾木爲匵，葛藟爲緘。"《潛夫論·浮侈篇》："後世聖人，易之以棺椁，桐木爲棺，葛采爲緘。"竊疑後此禮俗之變，則種葛墓上，以示不忘古。《詩》曰"葛生蒙棘，蘞蔓于域。"《傳》訓域爲營域。域間種葛，蓋裹尸緘棺之遺風矣。

蘞蔓

猶瀾漫也。（蘞瀾聲近通假，猶草名之蘞《爾雅》作蘝也。）《淮南子·覽冥篇》："道瀾漫而不修。"《文選·七命》："瀾漫狼藉，傾榛倒壑。"《文選·洞簫賦》："憚怅瀾漫。"① 一作爛漫，《思玄賦》："爛漫麗靡。"② 一作爛熳，《文選，上林賦》："牢落陸離，爛熳遠遷。"一作連漫，《淮南子·要略篇》："辭雖壇卷連漫，絞紛遠緩。"《詩》蘞蔓即葛生之貌。《傳》以蘞爲草名，與葛對舉，非是。

亡③

《説文》："亾，逃也。從入從乚。""乚，匿也，讀若隱。"《廣雅·釋詁》三："亾，避也。"亡此謂逃亡而匿於此也。古本謂人死爲靈魂逃亡而不返，故名死爲亡，又曰逝。今俗語猶謂小兒死爲"逃了"。《小爾雅·廣名》："諱死謂之大行。"

誰與

戴震謂與爲歟，"誰與"自問之辭。"誰與獨處"與《禮記·檀弓》"誰與哭者"語例同。（馬瑞辰説同。）案"誰與哭者"爲"哭者誰與"之倒裝（與《吕氏春秋·重言篇》"子邪言伐莒者"同例），然"誰與獨處"，則不可倒爲"獨處誰與"，是知二者不當并論。戴説非也。裴學海讀"誰與"爲"惟予"，云上曰"予美"，用本字，下曰"惟與"，用借字，古有此例。（《古書虚字集釋》三之一八五。）案裴讀於文較順，然玩下文"百歲之後，歸於其居"之語，似《詩》意實謂"誰與同處"，言無與之同處於此墓中者也。同處而謂之獨處者，詩人屬辭，何必盡合邏輯，且同獨東侯對轉，聲本相近，偶一不慎，而失其反正，亦恒情之所不免者，諸家紛紛改讀，毋乃刻舟求劍之智乎？

① 以上九字，原稿眉批。

② 以上七字，原稿眉批。

③ 訓目"亡"上有如下眉批：《荀子·大略篇》："迷者不問路，溺者不問遂，亡人好獨。"

處 息 旦

旦爲㝎之壞字，㝎者偃之初文。(《説文》："㝎，安也。"《釋名·釋姿容》："偃，安也。"㝎偃一字。)《論語·顔淵篇》皇疏："偃，卧也。"《吕氏春秋·求人篇》注："偃，息也。"《小雅·北山篇》："或息偃在床。"詩一章曰處，二章曰息，三章曰㝎(偃)，亦字變而義不變之例也。字一作宴。《漢書·賈誼傳》"是與太子宴者也"，注："宴謂安居。"或借燕爲之。《北山》"或燕燕居息"，《漢書·五行志》作宴宴。許維遹曰："旦讀爲坦，《説文》：'坦，安也。'此詩首章云'誰與獨處'，二章云'誰與獨息'，處息旦義相近。《曹風·蜉蝣篇》首章云'于我歸處'，二章云'于我歸息'，三章云'于我歸説'，處息説義亦相近，可互證此詩。"①

域

《傳》："域，營域也。"案《説文》："塋，墓地。"《廣雅·釋丘》："塋、域，葬地也。"營塋通。

角枕 錦衾

皆死者所用之物。《周禮·玉府》："大喪，共含玉復衣裳角枕角柶。"注："角枕以枕尸。"(《儀禮·士冠禮》"側尊一甒，醴在服北，有篚實、勺觶、角柶"，注："柶狀如匕，以角爲之者，欲滑也。"以此推之，角枕亦當以角爲之。)《儀禮·喪大記》："小斂，君錦衾。"《世説新語》載袁羊嘗詣劉恢，恢在内眠未起，袁作詩調之曰："角枕粲文茵，錦衾爛長筵。"劉尚晋明帝女，主見此，大不平。劉孝標注引《小序》以見袁以死嘲劉，故主不平耳。此六朝人以角枕錦衾爲死者所用物之證。

---

① "許維遹曰"至此，原稿眉批。

居　室

《後漢書·蔡邕傳》注引《傳》："居，墳墓也。"《箋》："室猶冢壙。"

采苓（唐十二）

采苓采苓，首陽之巔。人之爲言，苟亦無信？舍旃舍旃！苟亦無然？人之爲言胡得焉！

采苦采苦，首陽之下。人之爲言，苟亦無與？舍旃舍旃！苟亦無然？人之爲言胡得焉！

采葑采葑，首陽之東。人之爲言，苟亦無從？舍旃舍旃！苟亦無然？人之爲言胡得焉！

爲

定本作僞，與《釋文》或作本同。《正義》"詐僞之言"，亦讀爲僞。"人之爲言"猶《沔水》《正月》"民之訛言"。訛即譌字，爲僞譌古字通。

信　然

《楚辭·九歌·山鬼》"君思我兮然疑作"，洪注："然，不疑也。疑，未然也。"案然疑對舉，然猶信也。詩上曰"苟亦無信"，下曰"苟亦無然"，然亦信也。（無讀爲毋。）《惜誦》："九折臂而成醫兮，吾至今而知其信然。"一本無信字，疑一本是。淺人不知然即信，故增信字。

得

《說文》："㝵，取也。"《吕氏春秋·順説篇》："臣弗得也，今大王萬乘之主也，富貴無敵，而好衣民以甲。"注："得猶取也。"㝵得古今字。與捨對。

秦　　風

車鄰（秦一）

有車鄰鄰，有馬白顛。未見君子，寺人之令。

阪有漆，隰有栗。既見君子，并坐鼓瑟。今者不樂，逝者其耋。

阪有桑，隰有楊。既見君子，并坐鼓簧。今者不樂，逝者其亡。

鄰鄰

《釋文》鄰又作轔。《易林·坎之剥》《旅之泰》作車轔。《漢書·地理志》作車轔，顔注引《詩》："有車轔轔。"《列女傳[①]·衛靈夫人傳頌》作"有車轔轔"。《楚辭·九歌》王注、《文選·耤田賦》注、《三月三日曲水詩序》注、《白帖》一一各引《毛詩》同。馬瑞辰曰："《廣雅》：'轔轔，聲也。'雷聲謂之轔轔（崔駰《東巡頌》：'天動雷霆，隱隱轔轔。'），車聲謂之鄰鄰，其義同。"

白顛

《傳》："白顛，的顙。"馬瑞辰曰："《釋畜》：'的顙，白顛。'《説卦》傳曰：'爲的顙。'虞翻注：'的，白。顙，頟也。'《詩》正義引舍人曰：'的，白也。顙，頟也。'與《易》虞注同。今案《説文》：'馰，馬白頟也。'郭注《爾雅》曰：'戴星馬，的之言白，謂白頟的然著明，園如射之有的也。'的爲射堋中珠子，故郭以戴星釋之，非泛以白爲的也。"

---

① "傳"字，今補。

寺人

《釋文》本或作侍字。案寺與侍通。《左傳》僖十四年："寺人披請見。"《穀梁傳》襄二十九年："寺人也。"兩《釋文》并云寺本又作侍。

并坐

《易林·既濟之睽》："四目相望，精（睛）近同光，并坐鼓簧。"是以并坐爲對坐，非如《曲禮》"并坐不橫肱"之并也。《爾雅·釋言》："竝，并也。"郭注引《詩》："竝坐鼓瑟。"陳奐曰："《燕禮》：'公以（同與）賓及以卿大夫皆坐乃安。'此并坐之義也。并坐與鼓瑟不連讀。"案此則謂二人同時就坐，既坐則鼓瑟。然下文又曰"并坐鼓簧"，豈鼓瑟竟，賓主起立，再坐，然後復鼓簧乎？多謂并坐與鼓瑟仍當連讀，言二人皆坐而鼓瑟，非一立一坐也。

逝者

逝者往也，猶言自此以往也。字讀"日月逝矣"之逝。《蟋蟀篇》："今我不樂，日月其除。""今我不樂，日月其邁。""今我不樂，日月其慆。"除邁慆與逝義并通，逝亦謂日月逝也。

簧

《傳》："簧，笙也。"《君子陽陽》傳同。俞樾曰："《鹿鳴篇》：'鼓瑟吹笙，吹笙鼓簧。'瑟與笙爲二物，則笙與簧亦爲二物。"多案簧爲笙中之簧，未聞樂器名簧者。《禮記·月令》"調竽笙篪簧"，《吕覽·仲夏紀》作"調竽笙壎篪"，是簧即壎與？壎字一作塤。《漢書，禮樂志》"珠熉黄"，如淳注曰："熉，黄貌也。"此可爲塤簧字通之證。然簧從竹，塤則土器，文似不得合而爲一也。一説凡管樂皆有簧，故管樂亦可稱簧。笙爲管樂，故得冒簧名。毛知此詩簧爲笙者，《燕禮》：

“小臣坐，授瑟，乃降，工歌《鹿鳴》《四牡》《皇皇者華》。”又：“笙入，立於縣中，奏《南陔》《白華》《華黍》。”毛以《燕禮》說此詩。《禮》言瑟笙，此言瑟簧，故知簧即斥笙言也。《鹿鳴》曰“吹笙鼓簧”者，謂吹笙則簧爲之鼓動，猶《楚辭·招魂》云“鏗鐘摇簴”耳。今人呼胡琴爲弦子。

駟驖（秦二）

駟驖孔阜，六轡在手。公之媚子，從公于狩。
奉時辰牡，辰牡孔碩。公曰：“左之！”舍拔則獲。
游于北園，四馬既閑。輶車鸞鑣，載獫歇驕。

駟

陳奂曰：“駟當作四，四馬曰駟。若下一字爲馬名，則上一作四，不作駟。‘四驖孔阜’，猶云‘四牡孔阜’耳。凡《碩人》《小戎》《四牡》《采薇》《杕杜》《六月》《車攻》《吉日》《節南山》《北山》《車舝》《桑柔》《嵩高》《烝民》《韓奕》，皆曰‘四牡’。此詩曰‘四驖’，《載驅》《六月》曰‘四驪’‘四牡’，《裳裳者華》曰‘四駱’，《采芑》曰‘四騏’，《車攻》曰‘四黄’，《大明》曰‘四騵’，皆謂四馬也。《説文》引《詩》作‘四驖’，《漢書·地理志》作‘四载’，戴乃载之誤，而其字皆作四，可證。”

驖

《傳》云：“驖，驪。”渾言之也。《説文》：“驪，馬深黑色。”“驖，馬赤黑色。”析言之也。《月令》“孟冬駕鐵驪”，注云：“鐵驪色如鐵。”驖本謂馬色，即因以爲馬名。古者多以毛色名獸也。

皁

毛曰："皁，大也。"《周禮》"庾人以皁馬"，鄭注云："皁，盛壯也。"大亦盛壯之意。石鼓文"吾馬既駍"，以駍爲之。

媚

《思齊》傳："媚，愛也。"

狩

毛曰："冬獵曰狩"。《叔于田》傳同。《月令》："孟冬駕钀驪。"此用四钀，故知爲冬田。馬瑞辰曰："《説文》：'狩，犬田也。'《詩》'載獫歇驕'，正田用犬之證。故《説文》以狩從犬訓爲犬田。段玉裁據《爾雅》'火田曰狩'，改《説文》犬田爲火田，失之。"

辰

王引之曰："辰當讀爲慎。《周官・大司馬》：'大獸公之，小禽私之。'鄭注曰：'鄭司農云大獸公之，輸之於公；小禽私之，以自畀也。《詩》云："言私其豵，獻肩于公。"一歲爲豵，二歲爲豝，三歲爲特，四歲爲肩，五歲爲慎。玄謂慎讀爲麎，《爾雅》曰麋牝曰麎。'案慎爲獸五歲之名，非牝麋之名也。慎即此詩辰牡之辰。（凡字之從真聲、辰聲者，往往通。《大祝》'振祭'，杜子春讀爲慎，故後鄭讀慎爲麎振爲慎，亦其例也。）五歲爲慎，獸之最大者，故下文曰'辰牡孔碩'也。"馬瑞辰曰："《吉日》'其祁孔有'，箋云'祁當作麎'。《詩疏》引某氏曰：'瞻彼中原，其麎孔有。'正當從大獸之訓。"馬氏又曰："辰當讀爲麎，《爾雅》：'麋，牡麔，牝麎。'《説文》：'麎，牝麋也。'辰牡猶言騋牝（《定之方中篇》）。彼以騋爲牡，與牝對言（孫炎《爾雅》本作騋牡驪牝。毛《傳》：'騋馬，牝馬也。'），此以麎爲牝，與牡對言，其句法正相類。又《左傳》襄四年'而思其麀牡'，與此詩句法亦同。彼正以麀爲牝鹿，與牡對言也，辰即麎渻借耳。”

拔

毛曰：“拔，矢末也。”鄭曰：“拔，括也。‘舍拔則獲’，言公善射。”《説文》栝下云：“一曰矢栝檃弦處。”（栝括同。）《釋名》：“矢末曰括。括，會也，與弦會也。”《玉篇》：“栊，矢末也。”後出本字。

輶

毛曰：“輶，輕也。”（據慧琳《音義》七七、八七、八八引，輕下有車字。）《爾雅·釋言》同。陳奐曰：“《文選》張衡《西京賦》‘屬車之蓬，載獫獢猲’，薛綜注云：‘蓬，副也。’案張以屬車之蓬，解《詩》之輶車，此輶車爲倍乘也，當即以公媚子之所乘。”

獫歇驕

毛曰：“獫歇驕，田犬也。（《文選·西京賦》注引田上有皆字。）長喙曰獫，短喙曰歇驕。”《爾雅·釋畜》：“長喙獫，短喙猲獢。”郭引《詩》“載獫猲獢”。《説文》：“獫，長喙犬也。”“猲，短喙犬也。《詩》曰：‘載獫猲獢。’”《爾雅》曰：“短喙犬〔謂之〕猲獢。”“獢，猲獢也。”《文選·西京賦》：“屬車之蓬，載獫獢猲。”李注引《詩》：“載獫猲獢。”多案歇假爲愒。（《説文》：“歇，息也，一曰氣越泄也，從欠曷聲。”又：“愒，息也，從心曷。”是歇愒通用之證。然歇實爲氣越泄字。愒與憩同，即愒息字，二字義别。）《菀柳》一章“不尚息焉”，二章“不尚愒焉”；《民勞》三章“汔可小息”，四章“汔可小愒”，傳皆訓愒爲息，是愒即息也。《大東》“薪是穫薪，尚可載也。哀我憚人，亦可息也”，以載與息對舉。此曰‘載獫歇驕’，亦載歇對舉。愒即憩字。（《蒼頡篇》作㥏。）《甘棠》“召公所憩”，即召伯所愒也。《爾雅》："憩，息也。"舊注："止之息也。"舍人注："卧之息也。"字又作偈。《甘棠賦》："度三巒兮偈棠梨。"又作藹。《爾雅》："藹藹，濟濟，止也。"凡勞者則止息而喘喝。《素問·生氣通天論》："煩則喘喝。"《齊策》"恫疑虚猲"，注："喘息，恐懼。"犬愒時吐舌而喘。《史記·司馬相如傳》"跮踱輵轄"，索隱云："《漢書》注：摇目吐舌也。"《字林》："獦旦，獸名，似狼赤眉。"疑毛讀歇爲獦，故訓爲犬，狼犬同族也。然於《詩》義不合。《爾雅》誤從之，且改爲猲。張許并從之，而《詩》義益晦。《齊策》："恫疑虚猲。"《漢書·王子侯表》"恐猲受賕"，注："以威力脅人也。"又《王莽傳》："恐猲良民。"是猲爲喝之或體，非犬名也。誤蓋自《爾雅》始。或曰潘岳《射雉賦》"眄箱籠以揭驕"，注："志意肆也。"揭驕即歇驕，亦即《楚辭》之拮矯，則晋時舊説亦有不以歇驕爲犬名者矣。嚴粲《詩緝》引補《傳》，謂歇驕非犬名。以車載犬，所以歇其驕逸。又謂《爾雅》改歇驕從犬，以合毛氏，雖不盡是，所見卓矣。

小戎（秦三）

小戎俴收，五楘梁輈。游環脅驅，陰靷鋈續。文茵暢轂，駕我騏馵。言念君子，温其如玉，在其板屋，亂我心曲。

四牡孔阜，六轡在手。騏駵是中，騧驪是驂。龍盾之合，鋈以觼軜。言念君子，温其在邑，方何爲期？胡然我念之！

俴駟孔群。厹矛鋈錞，蒙伐有苑，虎韔鏤膺。交韔二弓，竹閉緄縢。言念君子，載寢載興。厭厭良人，秩秩德音。

小戎

《傳》："小戎，兵車也。"案小戎對元戎言，元戎在前，小戎在後。《正義》："兵車大小應同，而謂之小戎者，《六月》云：'元戎十乘，以啓先行。'元，大也，先啓行之車謂之大戎，從後行者謂之小戎。”馬瑞辰曰：“《司馬法》曰：‘夏鉤車，先正也。殷寅車，先疾也。周元戎，先良也。’《韓詩章句》曰：‘元戎，大戎，謂兵車也。車有大戎十乘，謂車縵輪，馬被甲，衡軛之上皆有劍戟，名曰陷陣之車，所以冒突，先啓敵家之行伍也。’皆以元戎在先，則小戎宜在後矣。”案《司馬法》元戎馬被甲，而此曰俴駟，蓋陷陣之車當被甲，從後者則否。此亦元戎在前，小戎在後之證。《管子·小匡篇》：“五十人爲小戎。”《國語·齊語》文同，此齊制也，秦制未聞，不知同否。《箋》：“此群臣之兵車，故曰小戎。”《國語》韋注亦云：“小戎，兵車也，此有司之所乘。”馬瑞辰謂小戎爲群臣所乘，蓋對元戎爲將帥所乘言之。案此説非也。元戎十乘，將帥不能多至十人。且元戎既爲在前之車，將帥亦不必在陣前也。元戎不必爲將帥所乘，則小戎亦不必爲群臣所乘矣。

俴收

《傳》：“俴，淺；收，軫也。”案軫有二義，一爲車後横木，一即輿。《傳》訓收爲軫，則謂輿。《易·井》上六“井收勿幕，有孚”，陸注：“收，井幹也。”《儀禮·士冠禮》：“周弁，殷冔，夏收。”《禮記·内則》：“夏后氏收而祭。”《史記·五帝紀》：“帝堯黄收純衣。”《獨斷》：“冕冠……夏曰收。”《廣雅·釋器》：“收，冠也。”輿謂之收，猶井幹謂之收，冠謂之收，皆所以收斂而範圍之也。《釋名·釋車》：“齊人謂車枕以前曰縮，言局縮也。兖冀曰育，御者坐中執御育育然也。”收縮聲義俱近，枕即車後横木之軫。(《方言》“軫謂之枕”，注：“車後横木。”）枕以前，御者所坐，即輿内矣。一縮即收，縮爲輿内，是收亦即輿明矣。俴收者，疑即棧車。《周禮·巾車》“士乘棧車”，注：“棧車，不革鞔而漆之。”《儀禮·既夕禮[1]》“賓奠幣於棧左[2]”，服[3]注：“棧謂柩車也，凡士車制無漆飾。”不革鞔而漆飾之車

① 原稿“禮”誤作記。
② 《十三經注疏》本“左”下尚有服出二字。
③ “服”當作鄭。

謂之棧車，猶駟馬不著甲謂之倓駟也。《詩·何草不黄》“有棧之車”，傳：“棧車，役車也。”役車即兵車。《儀禮》棧今文作輚，《廣雅》引《埤蒼》：“輚車，卧車也，亦兵車。”字一作轏。《左傳》成二年“丑父寢於轏中”，注：“轏，士車。”[①]

五檕

《傳》：“五，五束也。檕，歷録也。”于省吾曰：“五午古通，《周禮·壺涿氏》注：‘故書五爲午。’《左成十七年傳》‘晋夷羊五’，《晋語》作夷陽午。《史記·項羽本紀》‘楚蜂起之將’，索隱：‘凡物交横爲午。’《羔羊篇》‘素絲五紽’，陳奂亦讀五爲交午之午。《説文》：‘檕，車歷録束交也。’《釋文》：‘檕本又作鞪，歷録也，曲轅上束也。’《説文》：‘鞪，車軸束也。’是檕鞪通用。‘午檕梁輈’，言曲轅之上，交午相束，視之而歷録然也。歷録謂韋束交午之形。舊讀五如字，訓爲五束，拘文牵義矣。”案今本《説文》：“檕，車歷録束交也。”《韻會》引交作文，《正義》因以爲文章歷録然。王夫之曰：“《傳》言束有歷録，則歷録自爲一物。古未聞以歷録狀文章者。束交者，束之互相交，如畫卦交爻作Ｘ也。《廣雅》：‘䌕車謂之歷鹿。’歷鹿即歷録也。許慎説著絲於莩車爲䌕。莩車者，紡車也。紡車相維之繩，上下轉相縈。是歷録者紡車交縈之名，藉以言車之檕也。”此蓋于説所本，特王知歷録爲交午之形，而不知五當讀午，即交午之謂耳。余意歷録即麗爾。《説文》：“爾，麗爾，猶靡麗也。從冂，從㸚，其孔㸚，尒聲。”“㸚，二爻也。”㸚即爾字。長言之曰麗爾，交爻之貌也。聲轉爲麗廔。《説文》：“廔，屋麗廔也。”窗綺交□通明之貌也。又爲離婁。《文選·景福殿賦》：“丹綺離婁。”一作離樓。《長門賦》：“離樓梧而相撑。”梧讀爲啎，亦交午字，離樓正交午之形也。

① 以上訓文另有眉批：《詛楚文》：“唯是秦邦之羸衆敬賦輡輸輿，禮使介老將之目自救。”《鹽鐵論·散不足篇》：“古者椎車無柔，棧輿無植。”

梁輈

《傳》："梁輈，輈上句衡也。"説者咸謂輈隆起上曲，非是。近汲縣所出魏文侯車其輈曲向下。《考工記·輈人[①]》："馬之輈深四尺有七寸。"夫不曰高而曰深，是曲形向下明矣。

游環

《傳》："游環，靳（今作靷，從《釋文》引沈重説改）環也。游在背上，所以禦出也。"《箋》："游環在背上，無常處，貫驂之外轡，以禁其出。"《釋名·釋車》："游環在服馬背上，驂[②]之外轡貫之，游移前却，無定處也。"胡承珙曰："靳纓鞅爲一物。蓋鞅趯服馬之頸，所以貫軛，而上繫於衡，其下則當服馬之胸，故謂之頸靼，又謂之當膺。其上有環，可以貫驂馬之外轡，以禁其出。驂馬之首，齊服馬之胸，胸上有靳。故《左傳》王猛曰：'吾從子如驂之有靳。'其環又謂之游環者，以其游動於服馬胸背之間，而能制驂馬之外出也。"

脅驅

《傳》："脅驅，慎駕具，所以止入也。"《箋》："脅驅者，著服馬之外脅，以止驂之入。"

陰靷鋈續

《傳》："陰，揜軌也。靷，所以引也。鋈，白金也。續，續靷也。"《箋》："揜軌在軾前垂輈上。鋈續，白金飾續靷之環。"《説文》："靷，引軸也。"《左傳》哀二年"兩靷將絶"，林義光據以定車有兩靷，一端在軸，他端在兩驂馬。其説近是。今案靷蓋有單靷，有雙靷。單靷繫於軸，至揜軌而止；雙靷繫於驂馬之衡，亦至揜軌而止。二

① 原稿《考工記》下有空缺，今據其引文補輈人二字。
② "驂"下疑脱馬字。

者又皆繫於環以續之。其環以鋈爲之，故曰鋈續。單靷在輿底之下，爲輿所掩，故謂之陰靷，陰猶掩也。《詩》言單靷則以白金爲飾之環續之於雙靷也。

文茵

《傳》："文茵，虎皮也。"《玉篇・草部》引《韓詩》説："文茵，虎蓐。"《後漢書・輿服志》："文虎伏軾。"《漢書・霍光傳》："加畫綉絪馮。"絪茵同，是茵加於軾上。《説文》："茵，車重席。"引司馬相如説作鞇。《釋名・釋車》："文鞇，車中所坐者也，用虎皮爲之，有文采。鞇，因也，與下輿相聯著者。"説與前異。

暢轂

《傳》："暢轂，長轂也。"案暢讀爲長。《左傳》昭五年"長轂九百"，《穀梁傳》文十四年"長轂五百乘"，皆戎車也。

騏馵

《傳》："騏，騏文也。左足白曰馵。"《説文》："騏，馬青驪文如博棋也。"蓋謂青與驪黑圓文相雜，有如博棋。馬瑞辰謂《毛傳》古本當作棋文，故《説文[1]》本以爲訓。《爾雅・釋畜》："後……左足白，馵。"《説文》："馵，馬後左足白也，讀若注。"《易・説卦傳》"震爲馵足"，虞注："馬白後左足爲馵，震爲左爲足，初陽爲白也。"

温

《説文》："玉石之美，有五德，潤澤以温，仁之方也。……"

① 原稿"説"下脱文字。

屋 邑

《信南山》疏引《司馬法》："六尺爲步，步百爲畝，畝百爲夫，夫三爲屋，屋三爲井，井四爲邑，四邑爲丘。丘有戎馬一匹，牛三頭，是曰匹馬丘牛。四丘爲甸，甸六十四井，出長轂一乘，馬四匹，牛十二頭，甲士三人，步卒七十二人，戈楯具，謂之乘馬。"《詩》曰屋，蓋即夫三爲屋之屋；曰邑，即井四爲邑之邑。

騂 騧 驪

《駉》傳："赤身黑鬣曰騂。"《穆天子傳》"天子之駿……華騮"，注："騮色如華而赤，今名馬驃赤者爲棗騮。騮，赤也。"騂騮同。《傳》："黄馬黑喙曰騧。"《爾雅·釋畜》"黄（今訛作白，從焦循改）馬……黑喙，騧"，注："今之淺黄色者爲騧馬。"《説文》："驪，馬深黑色。"

龍盾之合，鋈以觼軜

《傳》："龍盾，畫龍其盾也。合，合而載之。軜，驂内轡也。"《箋》："鋈以觼軜，納之觼以白金爲飾也。軜繫於軾前。"于省吾曰'龍盾之合，鋈以觼納'二句文義一貫，不應於鋈下忽言驂内轡。軜芮古通。《荀子·正論》'三公奉軶持納'，注：'納與軜同。'内納古今字。金文芮國之芮并作内。《公劉篇》箋：'芮之言内也。'《史記·蘇秦傳》'革抉哎芮'，索隱：'哎與瞂同，芮謂繫盾之紛綬也。'《説文》：'瞂，盾也。'以哎芮連文，可證此詩龍盾觼軜之軜，與轡固無涉也。"案《説文》："觼，環之有舌者。"重文作鐍。《爾雅·釋器》："環謂之捐。"郝懿行曰："捐與肙音義同。肙，空也，環中空可以貫轡，故謂之捐。"朱駿聲謂捐即《詩》觼字。案鐍之言窬也，《説文》："窬，空貌。"鐍中空可以貫物，故申引之有貫義。觼鐍一字，是觼亦可用爲動詞，訓貫。"鋈以觼軜"，謂以鋈飾之環貫軜也。二句言以兩龍畫之盾合而載之，盾後各有以白金爲飾之環，乃以軜貫穿其中，結之以爲固也。載盾於車，必有以繫之。《説文》："軜，驂馬内轡繫軾前者。"《荀子·正論》"三公奉軶持納"，注："納與軜同。軜謂驂馬内轡繫軾前者。"《大戴記·盛德篇》"司會均入以爲軜"，注："軜在軾前。"盾蓋載於軾前，即以驂馬内轡之繫於軾前者，繫盾也，故《詩》以盾與納連言之。鋈以觼軜者，鋈亦謂鋈環，蓋在盾後，合二盾而以軜貫於環中，結束之以爲固也。軜依字當作鞇，《玉篇》："鞇，耎也。"《字鏡》《萬象名義》《廣韻》《集韻》并同。字從韋，本義當爲耎韋。陳夢家謂詩軜即《毛公鼎》"金㘝"之㘝。余謂㘝借爲韢。《廣韻》《篇海》并云："韢，馬䩞（二書并誤䩞）。"《説文》："䩞，柔革也。"是韢亦柔革，與鞇爲耎韋者正合，鞇韢音義并同。陳説殆不可易矣。《史記》"革抉㕷芮"之芮，索隱以爲"繫盾之紛緩"，此蓋斥人身繫盾者而言。馬轡繫於軾前兼以繫盾者謂之軜（鞇），人身繫盾之紛緩謂之芮，其義一也。于氏知軜必與盾有關，而必謂軜非内轡，所謂知其一不知其二者也。《正義》："四馬八轡，而經傳皆言六轡，明有二轡當繫之。馬之有轡者，所以制馬之左右，令之隨逐人意，驂馬欲入，則偪於脅驅，不須牽挽，故知納者，納驂内轡繫於軾前。"案孔説甚晰。驂馬内轡，繫而不用，故可利用之以繫盾，因之盾之在車，不必别有紛緩以繫之，明矣。[1]

俴駟

《傳》："俴駟，四介馬也。"《箋》："俴，淺也，謂以薄金爲介之禮。介，甲也。"《釋文》引《韓詩》説："駟馬不著甲曰俴駟。"案韓説是。《管子·參害篇》："甲不堅密，與俴者同實。"謂甲不堅密，與無甲同也。（注："謂無甲單衣者。"非是。）馬瑞辰疑《傳》"四介馬"當作"不介馬"。《左傳》成二年"不介馬而馳之"，正《詩》俴駟之謂。《傳》不字訛作四，《箋》遂以俴淺釋之耳。案馬説甚確。詩具言馬之毛

① "載盾於車"句至此，原稿眉批。

色，曰騏，曰騂，曰騧，曰驪，是未被甲明矣。《周禮·大司徒》“其動物宜贏物”，注：“贏物，虎豹貔貍之屬淺毛者。”贏裸同，裸爲裸露；又爲淺薄，猶淺爲淺薄，又爲裸露矣。甲已包弓，不在馬體，故曰俴駟。

厹矛

《傳》：“厹，三隅矛也。”馬瑞辰云：“《考工記》：‘酋矛常有四尺。’酋矛即厹矛。”于省吾曰：“嘗見近世出土秦矛，上有‘屬邦’二字，與吕不韋戟‘屬邦’字體同，其形制左右前後計四廉。《傳》所謂三隅，或自一面視之。”

鋈錞

《傳》：“錞，鐏也。”《説文》：“鐓，矛戟柲下銅鐏也。”“鐏，柲下銅也。”于省吾曰：“鋈錞，錞之華文錮以白金也……近世發現錮金錮銀之錞與鐏，其華文多爲鳥獸蟲蛇之屬，精絶無比。”

蒙伐有苑

《傳》：“蒙，討羽也。伐，中干也。苑，文貌。”《箋》：“蒙，厖也。討，雜也。畫雜羽之文於伐，故曰厖伐。”案《説文》：“瞂，盾也。”《傳》讀伐爲瞂，故訓中干，干亦盾也。然上已言龍盾，此似不宜再言瞂。竊意伐當爲茷，茷即旆也。《六月》“白旆央央”，《正義》《釋文》俱作白茷。《左傳》定四年“綪茷旃旌”，即綪旆也。《傳》訓蒙爲討，《箋》訓討爲雜，《箋》又訓蒙爲厖，厖亦雜也。《易·雜卦傳》“蒙雜而著”，蒙雜即厖雜矣。《釋名·釋兵》：“雜帛爲旆，以雜色綴其邊爲燕尾也。”《詩》曰蒙茷，猶言雜帛之旆耳。雜色帛，則有文采，故曰“有苑”。一説蒙仍從毛訓討羽，討羽即翿羽（胡承珙説）。蒙茷者，羽旆也。《文選》沈約《鍾山詩》“羽旆臨崇基”，注：“旆，旌旗之垂者，旌旗以羽爲飾，故云羽旄。”又案矛與旄皆立於車中者，故連類言之。

虎韔

《傳》：“虎，虎皮也。韔，弓室也。”案《禮記・檀弓》下“赴車不戴櫜韔”，櫜韔即虎韔也。古呼虎如皋，故虎皮謂之皋比，虎落謂之皋落，虎門謂之皋門。皋咎音同，皋陶一作咎繇。《爾雅・釋木》“狄臧槔”，樊光本槔作榕。《集韻》“櫜或作韟”，是櫜韔即韟韔，亦即虎韔矣。《禮記・樂記》：“倒載干戈，包之以虎皮，名之曰建櫜。”虎謂之櫜，因之虎皮亦謂之櫜，故包之以虎皮謂之建櫜，此尤櫜虎古通之證。陳夢家云：韔載於車上。《説文》：“櫜，車上大櫜。”《檀弓》：“軍有憂，則素服哭於庫門之外，赴車不載櫜韔。”赴車不載，明常時必載矣。又云櫜韔之製，不必爲製成之櫜橐，持以一平鋪之虎皮包而束之。金文字偏旁作，或，前者象上下束之之形，後者象總四角而束之之形。（案《□策》注：“無底曰囊，有底曰橐。”《史記・蘇秦傳》索隱引《埤蒼》又云：“有底曰囊，無底曰橐。”未知孰是。要之象有底，象無底，則明甚。陳氏謂有底無底之分無謂，非是。）故《樂記》云“包之以虎皮”也。

鏤膺

《傳》：“膺，馬帶也。”《左傳》僖二十八年：“胥臣蒙馬以虎皮，先犯陳蔡。”《莊十年》“蒙皋比而先犯之”，注：“皋比，虎皮。”案亦謂蒙馬也。虎皮本以包弓，今以蒙馬者，戎車所載，利在簡要，一物必須數用。犯陣時，弓不當藏而馬當有甲，故以虎皮蒙馬。閑時反是，故以弢弓。膺者，説者皆以爲馬胸之飾，然戎車之馬，不用文飾而貴實用，當是削革纏於馬頷胸間以禦矢者，亦馬甲衣之類。閑時不用，則以束包弓之虎皮，蓋弓有包之者，則必有束之者，韔以包之，膺以束之，故二物連舉。馬瑞辰疑《詩》上言虎韔，下言交韔二弓，不宜中及馬帶，殆未深考耳。

閉

《傳》："閉，紲。"丁山曰："閉本字當爲㢼，從二弓，本弓内有弓之形誤。"(《説文闕義箋》。)《儀禮·士喪禮》注、《既夕禮》注引《詩》作柲，《考工記·弓人》注引作鞑。

緄縢

《傳》："緄，繩。縢，約也。"陳奂疑繩約二字互倒，非也。《説文》："緄，織帶也。"《後漢書·南匈奴傳》"緄帶"，注："緄織成布也。"皆用爲名詞。縢，纏也。《戰國策·秦策》"行縢履蹻"，即行纏也。此言以竹爲弓檠，以織成之帶纏之於弓上也。"竹閉緄縢"與"陰靷鋈續"句法同。

厭厭

《傳》："厭厭，安静也。"《列女傳·於陵子妻傳》引《詩》作愔愔；《湛露》"厭厭夜飲"，《釋文》引《韓詩》作愔愔，云："和悦之貌。"

良人

《黄鳥》"殲我良人"；《綢繆》"見此良人"；《鵲巢》傳"良人迎之"；《孟子·離婁下篇》"其良人至"，注："婦人稱夫曰良人。"亦單稱良，《儀禮·士昏禮》"媵衽良席在東"，注："婦人稱夫曰良。"《樂府詩集·讀曲歌》："白帽郎，是儂良，不知烏帽郎是誰？"

秩秩

《假樂》傳："秩秩，有常也。"《説文》："秩，積也。"積與有常義相因。

蒹葭（秦四）

蒹葭蒼蒼，白露爲霜。所謂伊人，在水一方。溯[①]洄從之，道阻且長。溯游從之，宛在水中央。

蒹葭萋萋，白露未晞。所謂伊人，在水之湄。溯洄從之，道阻且躋。溯游從之，宛在水中坻。

蒹葭采采，白露未已。所謂伊人，在水之涘。溯洄從之，道阻且右。溯游從之，宛在水中沚。

蒼蒼　萋萋　采采

蒼萋采一聲之轉，皆鮮明貌也。

伊

猶其也。《雄雉》"自詒伊阻"，《小明》"自詒伊戚"，《泮水》"自求伊祜"，伊并當訓其。此曰伊人，亦即其人也。

一

一方猶彼方也。《史記・扁鵲列傳》："扁鵲以其言飲藥，三十日，視見垣一方人。"索隱："方猶邊也，言能隔墻見彼邊之人，則眼通神也。"《詩》曰"在水一方"，亦謂在水之彼方。故《傳》曰："一方難至矣。"《汾沮洳》"彼汾一方"，《角弓》"相怨一方"，義同。

① 本篇六"溯"字各本皆作遡。著者《風詩類鈔》甲乙亦作遡，但本篇訓目作溯，故將經文六遡字具改作溯。且遡，今爲溯之異體字。

方 湄 涘

《傳》："涘，厓也。""湄，水隒也。"案《説文》："隒，厓也。"是湄與涘同義，皆水厓之名。方與湄涘并舉，其義當亦不異。《廣雅·釋詁》一："隒，厓，方也。"王念孫謂方即此詩"在水一方"之方，《蘇武詩》"各在天一方"，《古詩》"各在天一涯"，一方即一涯，其説甚確。今案《爾雅》釋邱厓岸之屬曰："墳大防，涘爲厓，窮瀆汜，〔通〕（從《水經·濟水注》引補）谷者溦。"釋文："溦本又作湄。"此之防、涘、溦，即《詩》之方、涘、湄也。防之言旁也，水旁即水之厓岸。郭注謂防爲隄，非是。防聲轉爲墳。《常武》"鋪敦淮濆"，傳："濆，厓也。"濆與墳通。"涘爲厓，窮瀆汜，通谷者溦"者，王念孫謂此"言水厓謂之涘，其窮瀆之厓則謂之汜，通谷之厓則謂之溦。汜溦皆厓岸之名，非溝瀆之名也"，是也。防涘溦皆厓岸之名，與《詩》之方涘湄正合。

溯

《國語·吴語》"率師沿海泝淮"，注："逆流而上曰泝。"《左傳》文十年"沿漢泝江"，注："泝，逆流也。"案古作屰，象倒人形，故逆流而行曰溯，逆行水中曰溯，旁水而逆行亦曰溯。《詩》則謂旁水而行。《左傳》《國語》并以沿泝對舉。《説文》"緣流而下曰沿"，謂循其邊緣而下也。沿爲循其邊沿而下，則溯爲循其邊緣而上矣。逯君欽立以"道阻且躋"句證謂陸行，其説至確。

洄 游

《爾雅·釋水》曰："湀闢流川，過辨回川。"郭注解上句曰通流，下句曰旋流。此詩洄字即彼回字，游字即彼流字。回乃洄之省，游與流古字通。

從

《廣雅・釋詁》三："從，就也。"

長　躋　右

《傳》："躋，升也。"《易・升卦》馬注："升，高也。"《唐・有杕之杜》"生于道周"，《韓詩》："周，右也。"周訓右，右亦訓周。周有曲義，溯洄而行，故道阻而曲也。

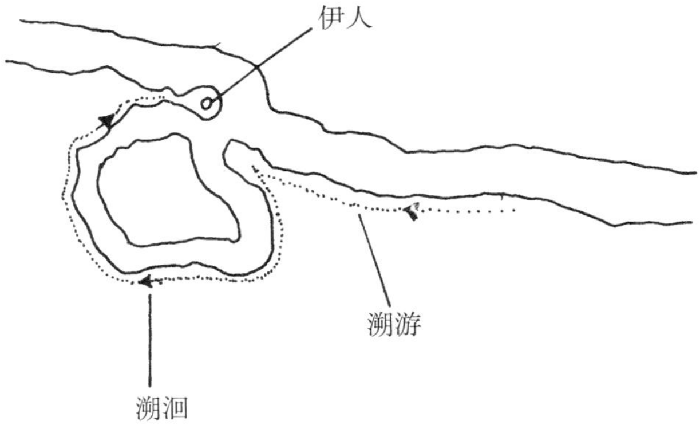

終南（秦五）

終南何有？有條有梅。君子至止，錦衣狐裘。顏如渥丹，其君也哉！

終南何有？有紀有堂。君子至止，黻衣繡裳，佩玉將將。壽考不忘！

終南

《天保》："如南山之壽，不騫不崩。"

條

《傳》:"條,槄。"《爾雅·釋木》:"槄,山榎。"注:"今之山楸。"《釋木》又曰:"柚,條。"徐孚吉曰:"柚即槄,由舀古通用。"

梅

《傳》:"梅,枏也。"案即楠木也。

其君也哉

《孟子·滕文公》上:"君哉舜也。"俞樾曰:"《羔裘篇》'洵直且侯',傳曰:'侯,君也。'釋文引《韓詩》曰:'侯,美也。'《文王有聲篇》'文王烝哉',傳曰:'烝,君也。'釋文引《韓詩》曰:'烝,美也。'是君與美義相近,故《左傳》昭元年曰:'楚公子美矣君哉。'《白虎通·號篇》:'皇,君也,美也。'孔子稱舜曰'君哉舜也',猶曰美哉舜也。此云'顔如渥丹,其君也哉',亦美之之詞。"

黄鳥(秦六)

交交黄鳥,止于棘。誰從穆公?子車奄息。維此奄息,百夫之特。臨其穴,惴惴其栗。彼蒼者天!殲我良人。如可贖兮,人百其身。

交交黄鳥,止于桑。誰從穆公?子車仲行。維此仲行,百夫之防。臨其穴,惴惴其栗。彼蒼者天!殲我良人。如可贖兮,人百其身。

交交黄鳥,止于楚。誰從穆公?子車鍼虎。維此鍼虎,百夫之禦。臨其穴,惴惴其栗。彼蒼者天!殲我良人。如可贖兮,人百其身。

交交

讀爲咬咬。《玉篇》："咬，鳥聲。"《樂府詩集・長歌行》："黄鳥鳴相追，咬咬弄好音。"《文選》嵇康《贈秀才入軍詩》："咬咬黄鳥，顧疇弄音。"

奄息　仲行　鍼虎

《傳》："子車氏，奄息名。""仲行，字也。"陳奂曰："子車三子不當兩稱名，一稱字，蓋若鄭祭仲足，祭氏，仲字，足名也。"案奄息，仲行，鍼虎，皆上字下名，古人名字義必相應。《方言》："奄，息也。"《廣雅・釋詁》同。《爾雅・釋草》："仲，無笐。"《説文》："笐，竹列也。"段玉裁曰："無者發聲也。笐之言行也；行，列也。蓋謂竹有行列，如伯仲然。"案《釋樂》："大籥謂之産，其中謂之仲，小者謂之箹。"《釋文》："仲或爲䈺。"《説文》："籟，三孔龠也。大者謂之笙，其中謂之籟，小者謂之箹。"是仲即籟也。《莊子・齊物論篇》："人籟則比竹是已。"比竹謂之籟者，籟之言列也。(《下泉》傳："洌，寒也。"《説文》："瀨，寒也。"《左傳》昭四年"遂城賴"，《公》《穀》并作厲，在今湖北隨縣北。其地有厲山，即古厲山氏，而厲山氏一作列山氏。)相比次有行列也。仲即籟，是仲亦有行列義。段氏讀仲爲伯仲之仲，義稍迂回。子車氏子名行字仲者，仲有行列義，名字相應也。《爾雅・釋獸》："熊虎醜，其子狗，絶有力麙。"《釋文》："麙本或作㺂。"《詩》鍼當讀爲㺂。㺂爲虎類，故名虎字鍼。馬瑞辰謂奄息、仲行、鍼虎皆名，非也。惟知上下二字同義，則所見良是。

特　防　禦

特讀爲敵。《柏舟》傳："特，匹也。"《爾雅・釋詁》："敵，匹

也。”《廣雅·釋獸》特�并訓雄，是特敵可通之證。《箋》：“防，猶當也。”《傳》：“禦，當也。”當敵義同。特防禦皆動詞。“百夫之特”，之讀爲是，謂百夫是敵也。《國語·楚語》“其獨何力以待之”，注：“待，猶禦也。”待亦讀爲敵，故訓禦。特之通敵，猶待之通敵矣。

良人

婦人稱夫曰良人（詳《小戎》）。馬瑞辰引胡文英《詩考補》云：“《經史事類》載‘殲我良人’入喪夫門，疑此詩爲三良妻作。”其説近確，而馬氏非之，蓋拘墟之見也。

晨風（秦七）

鴥彼晨風，鬱彼北林。未見君子，憂心欽欽。如何如何！忘我實多！

山有苞櫟，隰有六駮。未見君子，憂心靡樂。如何如何！忘我實多！

山有苞棣，隰有樹檖。未見君子，憂心如醉。如何如何！忘我實多！

鴥

《韓詩外傳》八引作鷸。案鴥鷸聲近通用。《小旻》“謀猶回遹”，《韓詩》作鴥。《漢書·天文志》“暈適背穴抱珥虹蜺”，注引孟康：“穴多作鐍。”《文選·魯靈光殿賦》注：“眖與瞲同。”《水經·渭水注》：“泬水，亦謂是水爲潏水也。”并其比。從矞之字每有赤義。橘，赤色果也。《文選·魏都賦》“矞雲翔龍”，劉注：“矞，外赤内青也。”矞即霱之省。《爾雅·釋鳥》：“翠，鷸。”注：“似燕，紺色。”青中揚赤色爲紺也。《説文》：“瓊，赤玉也。”重文作璚。《詩》字當作鷸。

鷮，赤色也。晨風之鳥赤羽（詳下），故謂之鷮。“鷮彼晨風”與“嘒彼小星”，“跂彼織女”，“睆彼牽牛”，“駜彼乘黄”，“倬彼甫田”，“依彼平林”，“辰彼碩女”等同例，第一字皆形容詞。若《采芑》，《沔水》之“鴥彼飛隼”，則鴥爲副詞，限制飛字，猶《泮水》“翩彼飛鴞”，翩亦副詞，限制飛字也。《傳》以此鴥字與“鴥彼飛隼”之鴥同義，疏矣。

晨風

《説文》：“翰，天鷄赤羽也。從羽倝聲。《逸周書》曰‘文翰若翬雉’，一名鷐風，周成王時蜀人獻之。”（今本《周書・王會篇》云“文翰若皋雉”，注：“冀州謂之澤特。”皋澤古字通，注以澤特爲釋，則正文本作皋無疑。許引作翬，字之誤也。）案《詩》晨風即此。《易林・小畜之革》：“晨風文（原誤之）翰，大舉就温。”《豫之革》：“晨風文翰，隨時就温。雌雄相和，不憂危殆。”與許説合。晨風本雉類，《詩》曰：“鴥彼晨風，鬱彼北林。未見君子，憂心欽欽。”與《雄雉》之詩，因見雉飛而思其君子，同一心理。此亦晨風即文翰之一證也。《藝文類聚》九一引《毛詩義問》“晨風今之鷂”，疑鷂謂鷂雉，非鷹鷂之鷂。《爾雅・釋鳥》説雉名有鷂雉，又曰：“江淮而南，青質五采皆備成章曰鷂。”是矣。《説文》：“翰，天鷄赤羽也。”《爾雅・釋鳥》：“鶾，天鷄。”字作鶾。《説文》：“鶾，鷄肥翰音者也。從鳥倝聲。魯郊以丹鷄祝曰：‘以斯翰音赤羽去魯侯之咎。’”鶾即翰字。丹鷄即天鷄。許君强分爲二，非是。《傳》訓晨風爲鸇者，天丹鸇聲近而譌也。

鬱

《説文》：“鬱，木叢生者。”《周禮・函人》注引作宛。宛鬱聲近通用。《禮記・内則》“兔爲宛脾”，注：“宛或作鬱。”是其證。《小弁》“菀彼柳斯”，箋：“柳木茂盛。”宛與菀同，茂盛與叢聚義近。一説《文選》曹植《贈徐幹詩》“文昌鬱雲興”，注引《廣雅》：“鬱，出也。”班固《西都賦》“神明鬱其特起”，王念孫曰：“鬱，高出之貌。”此詩鬱字亦可訓高聳貌。一説鬱訓出，即出入之出。《易林》“大舉就温”，“隨時就温”，出北林至南林，故曰就温。[①]

北林

《傳》：“北林，林名也。”案《左傳》宣元年“遇於北林”，非其地。

多

馬瑞辰曰：“忘，弃也。多猶甚也。‘忘我實多’，猶云弃我實甚……《左傳》‘君子不欲多上人’，即君子不爲己甚也。”

六駮

六讀爲蓼。六蓼聲近可通。《漢書·王莽傳》“六者戮也”，是其比。《蓼蕭》“蓼彼蕭斯”，傳：“蓼，長大貌。”釋文：“蓼音六。”《蓼莪》“蓼蓼者莪”，傳：“蓼蓼，長大貌。”《方言》二：“僇，盛也。”注：“僇侔，麤大貌。”蓼與僇通。《爾雅·釋木》：“駁，赤李。”釋文：“駁亦作駮。”錢大昕云，即《詩》六駮之駮。是也。

樂

樂讀爲療。（詳《衡門》。）“憂心靡樂”，言心憂不易療治也。

樹檖

樹讀爲豎。《説文》：“豎，豎立也。”《傳》：“檖，赤羅也。”《正義》引陸疏：“檖一名山梨，今人謂之楊檖，實如梨，但小耳。”馬

① 以上訓文有如下眉批：《説文》：“矞，以錐有所穿也。一曰滿有所出也。”《廣雅，釋詁》一：“矞，出也。”《説文》：“潏，水涌也。”

瑞辰謂《傳》言赤羅者，羅與梨一聲之轉，赤羅猶紅梨。其説是也。《爾雅・釋木》："梨，山樆。"釋文："樆本作離。"案離羅古同字，山離即赤羅，是檖即梨矣。《爾雅》"檖，羅檖"與"梨，山樆"并出，此一物重載之例。

無衣（秦八）

豈曰無衣？與子同袍。王于興師，修我戈矛，與子同仇。
豈曰無衣？與子同澤。王于興師，修我矛戟，與子偕作。
豈曰無衣？與子同裳。王于興師，修我甲兵，與子偕行。

同仇

仇借爲疇。《説文》："耕治之田也。"襄三十年《左傳》"取我田疇而伍之"，注："并畔爲疇。"《周語》"田疇荒蕪"，賈注："一井爲疇，九夫一井。"《孟子》"易其田疇"，注："一井也。"

渭陽（秦九）

我送舅氏，曰至渭陽。何以贈之？路車乘黄。
我送舅氏，悠悠我思。何以贈之？瓊瑰玉佩。

路車

即大輅。

乘黄

《崧高》傳："乘馬，四馬也。"（《大叔于田》："乘乘黄。"）

權輿（秦十）

於我乎夏屋渠渠，今也每食無餘。于嗟乎不承權輿！
於我乎每食四簋，今也每食不飽。于嗟乎不承權輿！

夏屋

疑食器。朱駿聲曰：“房俎之類是也。”《箋》曰：“具也。”《考工記·匠人》注：“屋，具也。”《爾雅·釋言》：“握，具也。”《説文》屋古文作。《淮南·本經》注：“夏屋，大屋也。”

《禮·檀弓》：“見若覆夏屋者矣。”《楚辭·大招》：“夏屋廣大。”《士冠禮》注：“周制，自卿大夫以下，其室爲夏屋。”諸言夏屋皆室屋之屋。屋乃幄之初文，古屋但如今之蒙古包，俎實滿載，渠渠然高積，如夏屋之狀。《詩》之取義至明且確，奚用深求。戴震云：“俎寔之盛稱之爲夏屋渠渠，猶《魯頌》言‘籩豆大房’，《國語》言‘王公立飫，則有房烝’，《禮記·明堂位》言‘周以房俎’，義蓋近之。”其説是也。

《大豐𣪘》：“王卿（饗）大□（房）。”（郭沫若釋）《明堂位》：“俎，有虞氏以梡，夏后氏以嶡，殷以椇，周以房俎。”《爾雅·釋言》：“握，具也。”具即殷人之椇矣。《爾雅》作握者，握與屋通。《易·萃》“一握爲笑”，釋文引鄭云：“握當讀爲‘夫三爲屋’之屋。”是其比。屋疑當作楃。《説文》：“楃，木帳也。”恐非。《明堂位》鄭注：“椇之言枳椇也，謂曲橈之也。”《爾雅》以握入《釋言》，似以爲動詞。郭注曰：“謂備具。”乃引申之義。《釋文》引李本作幄，云“居位處之具也”，以爲名詞，較長。《説文》：“梮，舉食者。”案舉食之器，大於案，兩人舁之，無足。《廣雅·釋器》：“梮，舉[①]也。”字亦作梮。《漢書·溝洫志》“山行則梮”，注：“木器，如今輿床，人舉以行也。”《周語》“偫而畚梮”，注：“舁土之器。亦名欙。”《孟子》：

① “舉”字原稿作輿，據《廣雅·釋器》改。

“蓋歸反虆梩而掩之。”則梟又爲舉人與舉土之器。《説文》：“捄，盛土於梩中也。”《詩·緜》傳：“捄，虆也。”[①]

渠渠

沈維鍾曰：“渠渠，即《周頌》‘載弁俅俅’之俅俅，《逸詩》‘翹翹車乘’之翹翹。皆高聳之貌。”（《新文典》。）多案《説文》捄訓盛土梩中，與《詩》義正合。《周南·漢廣》“翹翹錯薪”，亦高積之義。《廣雅·釋詁》：“渠渠，盛也。”《文選·魯靈光殿賦》注引崔駰《七依》曰：“夏屋蘧蘧，高也。”（王先謙曰：“《左傳》定十五年：‘齊侯次於渠蒢。’《公羊》作蘧蒢。《西京賦》‘蘧藕’，薛綜注以蘧爲芙渠。此蘧渠字通之證。”）按醵之重文作酟。

《説文》：“枸，枳椇也。”《曲禮》“椇榛”，疏：“椇，法也。”朱駿聲謂借爲矩。

《漢書·藝文志》“將鉅子”，《通志·氏族略》作將具。《史記·燕世家》有將渠，古□亦有將渠□。（吴大澂《古玉圖考》。）是鉅渠具并通。《詩》渠渠正借爲具具，言其狀具具然也。[②]

權輿

王國維曰：“《釋草》：‘其萌虇蕍。’《釋蟲》：‘蠸輿父，守瓜。’《釋詁》：‘權輿，始也。’案權及權輿，皆本黄色之名，《釋草》：‘權，黄華。’《釋木》：‘權，黄英。’其證也。蟲之蠸輿父，注以爲瓜中黄甲小蟲。是凡色黄者，謂之權，長言之則爲權輿矣。余疑權即黇之初字。《説文》：‘黇，黄黑色也。’《廣雅》：‘黇，黄也。’今驗草木之萌芽，無不黄黑者，故蒹葭之萌謂之虇蕍，引申之則爲凡草木之始，《逸周書·文酌解》‘一幹勝權輿’，《大戴禮·誥志篇》‘百

① “夏屋”釋文，原稿作兩處，今合并如此。
② “渠渠”釋文，原稿作三處，今合并如此。

草權輿’，是也。又引申爲凡物之始，《詩・秦風》‘不承權輿’，《逸周書・日月解》‘日月權輿’，是也。始之義行而黄之義發矣。”（《爾雅草木蟲魚鳥獸名釋例》，《觀堂集林》五之三。）

陳 風

宛丘（陳一）

子之湯兮，宛丘之上兮，洵有情兮，而無望兮。
坎其擊鼓，宛丘之下，無冬無夏，值其鷺羽。
坎其擊缶，宛丘之道，無冬無夏，值其鷺翿。

湯

讀爲踼。《説文》："踼，跌踼也。"《莊子・天地篇》"數如泆湯"，字亦從水。《詩》言跌踼而舞也。

宛丘

《爾雅・釋丘》"宛中宛丘"，注："宛謂中央隆高。"繆楷曰："宛爲圓起之義，故圭之圓起者謂之琬圭。《考工記》玉人之事'琬圭'，鄭注'琬猶圜也'，是也。田之圓起者謂之畹田，楊輝《算法》載畹田圖亦中央圓起，是也。《毛傳》説宛丘爲四方高，中央下，與泥丘混，非也。"

鼓 缶

《易・離》九三："不鼓缶而歌。"《墨子・三辯篇》："農夫春耕夏耘，秋斂冬藏，息於聆（瓴）缶之樂。"《史記・李斯傳》："擊瓮叩缶。"《鹽鐵論》："往者民間酒會，各以黨俗彈筝鼓缶而已。"《説文》："缶，瓦器，所以盛酒漿。秦人鼓之以節歌。"《風俗通》："缶者瓦器，所以盛漿，鼓之以節歌。"《莊子・至樂篇》："莊子則方箕踞鼓盆而歌。"《淮南子・精神篇》："今夫窮鄙之社也，叩盆拊瓴，相和而歌，自以爲樂也。"盆即缶也。《詩》以鼓與缶并舉，疑鼓即缶，所謂土鼓是也。《周禮·籥章》“掌土鼓豳籥”，注引杜子春曰：“土鼓以瓦爲匡，以革爲兩面，可擊也。”孫詒讓曰：“土鼓以瓦爲匡，蓋與缶略同。《吕氏春秋·古樂篇》：‘帝堯命質爲樂，乃以麋輅置缶而鼓之。’彼置疑當作冒，麋輅冒缶，與杜氏瓦匡革面之説正相類。土鼓本伊耆氏之樂（案見《禮記·明堂位》），《郊特牲》釋文引或説謂即帝堯。然則《吕覽》所云，即土鼓之制與？”案初但覆缶而擊之，繼則冒革於缶口，後乃以瓦爲匡，兩面冒革，斯即鼓矣。然《詩》之鼓似即缶，今方俗語猶呼缶爲鼓矣。

無冬無夏

馬瑞辰曰：“《説文》雩或從羽。雩，羽舞也。鷺羽蓋即羽舞，亦巫呼雩用羽舞之謂。”案馬説是也。兩羽聲同。請雨之舞，戴羽頭上，以象雨降，亦感應巫術之例。冬非請雨之時，《詩》曰“無冬無夏”，蓋刺之也。[①]

值

猶戴也。《禮記·喪大記》“君纁戴六”，注：“戴之言值也。”《爾雅·釋地》：“距齊州以南戴日爲丹穴，北戴斗極爲空桐。”注：“戴，值。”《釋丘》：“途出其前，戴丘。”王念孫亦訓戴爲值。戴訓值，則值亦訓戴。“值其鷺羽”，即戴其鷺羽。“值其鷺翿”，即戴其鷺翿，謂戴之於頭上也。《周禮·樂師》鄭司農注：“翌舞者，以羽冒覆頭上。”《説文》：“翌，樂舞以羽翢（翿）自翳其首，以祀星辰也。”翌即翿（詳《君子陽陽》），曰“冒覆頭上”，曰“自翳其首”，皆戴之之謂也。未舞以前執翿，《君子陽陽》是也，舞時戴翿，此詩是也。

① 以上訓文有如下旁批：《南山經》：“羽山其下多水，其上多雨。”

羽　翿

羽即翿。《爾雅·釋言》："翢，纛也。"郭注："今之羽葆幢。"翢即翿字。案翿之爲葆，猶壽之爲葆也。《國語·楚語》下"臣能自壽"，注："壽，保也。"《陳醫鼎》"永壽用之"，猶《蘇冞兒鼎》《王子吴鼎》"永保用之"，《齊王鼎》"永俘用之"也。（pt- 複輔音。）《爾雅·釋鳥》郭注："鷺頭翅背上皆有長翰毛，今江東人取以爲睫攡，名之曰白鷺縗。"《周禮·舞師》"教羽舞"，注："羽，析白羽爲之。"蓋即鷺羽也。

東門之枌（陳二）

東門之枌，宛丘之栩，子仲之子，婆娑其下。
穀旦于差，南方之原，不績其麻，市也婆娑。
穀旦于逝，越以鬷邁。視爾如荍，貽我握椒。

子仲之子

黄山曰："《詩》'婆娑其下'與'市也婆娑'即是一人。下章'不績其麻'，則'子仲之子'，亦猶'齊侯之子''蹶父之子'，明是女子。《箋》……以之子爲男子，非也。"

于差　于逝

差《釋文》引《韓詩》作嗟，又云王肅本差音嗟。案差當從《韓詩》及王本作嗟。于差即吁嗟。《雲漢篇》"先祖于摧"，箋讀于摧爲吁嗟。《月令》"大雩帝"，注："雩，吁嗟求雨之祭也。"《鄭志·答林碩難》："董仲舒曰：雩，求雨之術，呼嗟之歌。"（以上馬瑞辰説。）《禮記·祭法》"雩禜"，注："雩之言吁嗟也。"《周禮·女巫》疏引董仲舒説："雩求雨之術吁嗟之歌。"又引《春秋考異郵》："雩者吁嗟求雨之聲。”[1]于逝猶于差也。差逝一聲之轉。（歌曷陰入對轉。）差之轉爲逝，猶挫之轉爲折也。《禮記·喪大記》“御者差沐於堂”，注：“差，淅也。”（析折本同字。）

市也

市疑當爲宋。篆書（市）（宋）二形相近每相混，此本作宋，即逨之省。《説文》：“逨，前頓也。……賈侍中説一讀若枱，又若郅。”《玉篇》：“遱，前頓也。”《集韻》：“逨，足不前也。或作跡逑遱。”案賈説讀若枱，即蹀字。又若郅，即跌字。《詩》字當讀爲蹀。《淮南子·俶真篇》“足蹀陽阿之舞”，《文選·南都賦》注引許注：“蹀，蹈也。”宋爲舞蹈，故曰“宋也婆娑”。婆娑即舞貌也。蹀字一作跕。《史記·貨殖列傳》：“女子則鼓鳴瑟，跕屣。”《漢書·地理志》下“女子彈弦跕躧”，注引如淳曰：“跕音蹀足之蹀。”跕屣（躧）即舞蹈耳。

婆娑

《傳》：“婆娑，舞也。”案《後漢書·列女傳》：“能弦歌爲巫祝。五月五日，於縣江泝濤婆娑迎神，溺死。”《文選·神女賦》“又婆娑乎人間”，注：“婆娑猶盤姍也。”

越

讀爲雩。越與粵通，粵雩古同字，故越可借爲雩。雩必有舞。《論語·先進篇》：“風乎舞雩。”《周禮·司巫》：“則帥巫而舞雩。”《爾雅·釋訓》：“舞號雩也。”《公羊傳》桓五年注：“雩，旱請雨祭名，使童男女各八人舞而呼雩，故謂之雩。”

① 《禮記·祭法》句至此，原稿眉批。

豰

讀爲奏。奏豰侯東對轉。《烈祖》“豰假無言”,《禮記·中庸》引作奏假,《左傳》昭二十年引作奏暇，是其證。《文選·西京賦》:“秋舞更奏。”奏之言湊也。《周書·作雒篇》注,《淮南子·主術篇》注并云:“湊，會也。”奏舞猶會舞也。《九歌·東君》:“展陳兮會舞。”會合義同，奏樂即合樂也。

邁

讀爲萬。金文萬年或作邁年，是其比。萬，萬舞也。萬舞一聲之轉，萬即舞也。《左傳》隱五年“考仲子之宫將萬焉”，即將舞也。《昭二十五年》“其衆萬於季氏”，舞於季氏也。《公羊傳》宣八年“萬入去籥”，舞入去籥也。聲轉爲厲。《禮記·樂記》“發揚蹈厲之已蚤”,“發揚蹈厲，大公之志也”。蹈厲即蹈舞也。舞用足，故字或作邁，邁訓行，猶蹈亦訓行也。[1]

荍

讀爲莍。《爾雅·釋木》:“朻者聊。”馬瑞辰曰:“朻椒古音同，朻即莍也。”案朻收俱從丩聲，朻通莍，則荍亦可通莍矣。莍即椒莍(詳《椒聊篇》)，故上曰“視爾如荍”，下曰“貽我握椒”。

貽我握椒

陳琳《神女賦》:“申握椒以貽予，請同宴乎奥房。”是此詩之貽椒，與《溱洧篇》之贈芍藥用意正同。《九歌·湘夫人》:“捐余袂兮江中，遺余褋兮醴浦。搴汀洲兮杜若，將以遺兮遠者。時不可兮驟得，聊逍遥兮容與。”情事亦同。

① “萬舞一聲之轉”句至此，原稿眉批。

衡門（陳三）

衡門之下，可以棲遲。泌之洋洋，可以樂飢。
豈其食魚，必河之魴？豈其娶妻，必齊之姜？
豈其食魚，必河之鯉？豈其娶妻，必宋之子？

衡門

衡讀爲横。《南山》“衡從其畝”，《禮記·坊記》引作横，《釋文》引《韓詩》“東西耕曰横”。（《一切經音義》三又六引并無耕字。）衡門即横門，蓋陳都城東西向之門，如他詩曰東門北門之類。《漢書·西域傳》上：“丞相將軍率百官送至横門外。”《三輔黄圖》：“長安城北出西頭第一門曰横門。”其命名之義與此正同。《樂府詩集》二五《琅琊王歌辭》“長安十二門，光門最妍雅”，光門即横門。[①]古者男女相會，多在城門外，其例不勝枚舉。此詩言嬉游於泌水之中，偃息於衡門之下，與古俗情事吻合。若如舊説以爲居室横木爲門，言其淺陋，詩焉不曰“衡門之内”而曰“衡門之下”乎？以是知其不然。

泌

《廣雅·釋邱》：“邱下有水爲泌邱。”（水原爲木，泌作柲。從馬瑞辰正。）《漢書·地理志》膠東國有下密，注引應劭曰：“密水出高密。”案密水一名高密河，由諸城經高密，入膠萊河。又蓬萊縣亦有密水，發源密神山。[②]案古祀高禖，爲男女私會之所，其地必依山傍水，其名曰密，或分别山水言之，則山曰密，水曰泌，實則密泌音義并同，□無二字。蔡邕《郭有道碑》“棲遲泌丘”，《汝南周巨勝碑》“洋洋泌丘，於以逍遥”，又以水爲丘，蓋凡密必有丘有水，或以丘言，或以水言，本自兩可也。

---

① “《樂府詩集》”句至此，原稿眉批。

② “《漢書·地理志》”句至此，原稿眉批。

樂

《列女傳・老萊子妻傳》、《韓詩外傳》二、《文選・郭有道碑》注引并作療。《釋文》云鄭本作𤻲。案《説文》:"𤻲，治也。"重文作療。

食魚

詳總論。

東門之池（陳四）

東門之池，可以漚麻。彼美淑姬，可與晤歌。
東門之池，可以漚紵。彼美淑姬，可與晤語。
東門之池，可以漚菅。彼美淑姬，可與晤言。

池

《傳》:"池，城池也。"

紵

《釋文》:"紵又作苧。"案紵讀爲苧，陸疏:"紵亦麻也。"

【篇義】

真爲姬姓女，《正義》據《左傳》成九年引《逸詩》"雖有姬姜，無弃憔悴"，謂姬姜爲婦人之美稱。是也。

東門之楊（陳五）

東門之楊，其葉牂牂。昏以爲期，明星煌煌。
東門之楊，其葉肺肺。昏以爲期，明星晢晢。

楊

《古今注》："移楊亦曰移柳，亦曰蒲移，圓葉弱蒂，微風善搖。"案即白楊也。《古詩》："白楊多悲風，蕭蕭愁殺人。"正以其善搖也。《詩》楊蓋即此。

牂牂　肺肺

牂讀爲將。《易林·革之大有》："南山之楊，其葉將將。"《旅之兑》同。《有女同車》"佩玉將將"，將將，聲也。字一作鏘。《文選·宋孝武宣貴妃誄》"鏘楚挽於槐風"，注："鏘，鳴聲也。"肺讀爲發。《蓼莪》"飄風發發"，《碩人》"鱣鮪發發"，發發亦聲也。肺發音同。牂牂肺肺，皆風在葉中之聲。

明星

詳《女曰鷄鳴》。

墓門（陳六）

墓門有棘，斧以斯之。夫也不良，國人知之。知而不已，誰昔然矣！

墓門有梅，有鴞萃止。夫也不良，歌以訊之。訊予不顧，顛倒思予。

墓門

《傳》："墓門，墓道之門……幽間希行，用生此棘薪。"《楚辭·天問》："何繁鳥萃棘，負子肆情。"注："〔晋大夫〕解居父聘吴，過陳之墓門，見婦人負其子，欲與淫泆，肆其情欲。婦人則引《詩》刺之曰：'墓門有棘，有鴞萃止。'故曰'繁鳥萃棘'也。言墓門有棘，雖無人，棘上猶有鴞，汝獨不愧也。”《列女傳·陳辯女傳》略同。案墓道幽閒之所，故解居父過墓門見婦人，欲入而與之行淫。《天問》又云：“何環閭穿社，以及丘陵，是淫是蕩，爰出子文。”此所言即楚鬬伯比淫於邲女而生子文事。毛奇齡、徐文靖、劉夢鵬、曹耀湘并謂丘陵爲墓，是也。案此謂墓道，亦行淫必於墓道，與解居父事同。《左傳》襄二十五年：“鄭師入陳，陳侯扶其大子偃師奔墓，賈護與其妻扶其母奔墓。”此墓或即《詩》與《楚辭注》所謂墓門之墓。陳之君臣避亂於此，亦以其人迹罕至也。墓道一曰羨。（古有仙人羨門子高，羨門即墓門。）《史記·衛世家》：“共伯入釐侯羨自殺。”索隱：“羨，墓道也。”自殺亦於墓道，亦爲其地幽僻也。尋《詩》意，蓋婦人之夫嘗於此墓道中與人肆情，故婦人過其地，不勝忿嫉，而爲此詩焉。

斯

《傳》：“斯，析也。”《爾雅·釋言》：“斯，離也。”《方言》七：“斯，離也。齊陳間曰斯。”《廣雅·釋詁》二：“斯，裂也。”

誰昔

《箋》：“誰昔，昔也。”誰昔猶疇昔也。《爾雅·釋詁》：“疇，誰也。”《禮記·檀弓》上：“予疇昔之夜。”誰疇一聲之轉。《書·堯典》“疇咨若時登庸”，“疇若予工”，“疇若予上下草木鳥獸”，《史記·五帝紀》疇并作誰。[1]

訊

《釋文》：“訊又作誶。”《玉篇·言部》引《韓詩》作誶。《廣韻》六至，《楚辭·離騷》洪補注并引《詩》作誶。案誶訊對轉字，古通用。《釋文》引《韓詩》：“誶，諫也。”諫與責同。《說文》：“誶，讓

① “《書·堯典》”句至此，原稿眉批。

也。”“讓，相責讓也。”《傳》訓訊爲告，告讀爲籀。

予

朱熹曰：“或曰訊予之予，疑當前章作而字。”案予猶而也。《河廣》“跂予望之”，裴學海謂與《大戴記·勸學篇》“予嘗跂而望之”同義。是予猶而也。其説甚確，而未舉此詩。

防有鵲巢（陳七）

防有鵲巢，邛有旨苕。誰侜予美！心焉忉忉。
中唐有甓，邛有旨鷊。誰侜予美！心焉惕惕。

防

《爾雅·釋宫》：“容謂之防。”奚世榦曰：“容常即墉。《釋名·釋宫室》：‘墉，容也。所以隱蔽形容也。’是墉即本容義。容謂之防，即墉謂之防也。《釋山篇》：‘如防者盛。’《説文·宀部》：‘容，盛也。’則容謂之防，即謂之盛矣，盛與城通也。上文云：‘連謂之簃。’簃即今之離落。（多案連即欄。）《釋名》：‘墉，容也。’‘籬，離也。’亦相連文，疑即本於《爾雅》。”（《爾雅校案》。）案防屏聲近義通。（《本草》：“防風一名屏風。”）《玄應音義》二十引《蒼頡篇》：“屏，墻也。”《左傳》襄二十九年“夏肄是屏”，注：“屏，城也。”屏訓墻與容（墉）謂之防義合，又訓城，與如防者盛（城）義合，是防即屏矣。屏者亦謂之樹。《爾雅·釋宫》：“屏謂之樹。”《御覽》一八五引舍人注：“以垣當門蔽爲樹。”《吕氏春秋·季秋紀》“以級整設於屏外”，注：“屏，樹垣也。”《論語·八佾篇》：“邦君樹塞門，管氏亦樹塞門。”《禮記·郊特牲》：“臺門而旅樹反坫。”《雜記》下：“旅樹而反坫。”先儒皆謂樹即屏。案屏謂之樹，疑本植樹爲之，後易爲土垣，猶謂之樹，實變而名未變也。樹一名蕭墻。《論語·季氏篇》：“而在蕭墻之内也。”集解引鄭注：“蕭墻猶屏也。”《釋名·釋宫室》：“蕭墻在門内。”是蕭墻即樹，蓋本樹蕭爲墻，以爲門蔽也。《詩》防即屏，亦植樹爲之，故有鵲巢焉。

鵲巢

《淮南子·天文篇》：“太陰所建，蟄蟲首而定（今本二字互乙，改從王引之）處，鵲巢鄉而爲户。”《氾論篇》：“夫蟲蟄鵲巢皆鄉天一者，至和在焉。”《説文》烏下云：“舄者知太歲之所在。”《廣雅·釋天》：“青龍，天一，太陰，太歲也。”鵲巢鄉太歲，爲知至和所在，故古以鵲來巢爲吉。《詩》曰“防有鵲巢”，即取此義。《荀子·儒效篇》：“武王……東面迎太歲。”《淮南子·兵略篇》作“東面而迎歲”。《周禮·馮相氏》注、《保章氏》注并云：“歲，太歲也。”甲骨文、金文并有歲祭，是太歲之説，起源甚古。因之鵲知太歲之説，蓋亦自古有之矣。

苕　鷊

陸疏：“苕，苕饒也。幽州人謂之翹饒。蔓生，莖如螢豆而細，葉似蒺藜而青。其莖葉緑色，可生啖，味如小豆藿。”鷊讀爲蒚。《爾雅·釋草》：“莞，苻蘺，其上蒚。”注：“今西方人呼蒲爲莞蒲，蒚謂其頭臺首也。”案苕蒚皆可食，故曰旨苕，旨蒚。《傳》訓鷊爲綬草，綬草不聞可食也。

侜

《傳》：“侜張，誑也。”《小弁》：“君子信讒，如或醻之。”謂飲之酒而醉也。與《詩》字義通。《説文》：“侜，有廱蔽也。”侜即侜張，廱蔽與誑義相因也。侜張之言惆悵也，故義爲廱蔽。《書·無逸》：“譸張爲幻。”譸張與侜張同。《説文》：“匌，帀徧也。”侜匌一字。今語刁唆，恐即㑊字。[①]

唐

《文選·西都賦》注引如淳曰："唐，庭也。"中唐，中庭也。《儀禮·聘禮》："公揖入立於中庭。"金文皆作廷。《小盂鼎》："即立（位）中廷。"《趞曹鼎》："井白入右趞曹立中廷。"是也。

甓

《爾雅·釋宫》"瓴甋謂之甓"，注："甗磚也。"《廣雅·釋宫》："瓴甋，甓甗磚也。"《玄應音義》十四引《通俗文》："狹長者謂之甗磚。"案《詩》蓋謂布磚爲道也。

月出（陳八）

月出皎兮，佼人僚兮，舒窈糾兮。勞心悄兮！
月出皓兮，佼人懰兮，舒懮受兮。勞心慅兮！
月出照兮，佼人燎兮，舒夭紹兮。勞心慘兮！

僚　懰　燎

從尞之字多有明義。《周官·眡瞭》注："瞭，目明者。"《孟子·離婁[②]篇》"則眸子瞭焉"，注："瞭，明也。"《詩含神霧》"女高瞭"，注："瞭，明也。"又有白義。《説文》："鐐，白金也。""膫，牛腸脂也。"脂色白，故謂之膫。《詩》言人爲月光所照，故曰燎。僚即燎字，變文以避複。懰者燎之聲轉。《説文》："珋，石之有光，璧珋也。"《文選·文賦》"賦體物而瀏亮"，注："瀏亮，清明之稱。"

① "《説文》"句至此，原稿眉批。
② "離婁"二字，今補。

舒

舒與徐通。《説文》："徐，安行也。"

窈糾　懮受　夭紹

《史記·司馬相如傳·上林賦》："青虬蚴蟉於東廂。"《大人賦》："驂赤螭青虬之蜩蟉蜿蜒。"窈糾與蚴蟉、蜩蟉同，猶《洛神賦》所謂"矯若游龍"也。《文選·西京賦》"要紹修態，麗服揚菁"，注："要紹謂嬋娟作姿態也。"《南都賦》："致飾程蠱，要紹便娟。"《魯靈光殿賦》"曲折要紹而環勾"，注："要紹，曲。"張衡《七辯》："蟬綿宜愧，夭紹紆折，此女色之麗也。"夭紹與要紹同。懮受者，《説文》："憂，和之行也。"《廣雅·釋訓》："憂憂，行也。"《後漢書·趙壹傳》注："伊優，屈曲佞媚之貌。"懮與憂優并同。受與紂通。《方言》九："車紂……謂之緻，或謂之曲綯，或謂之曲綸。"是懮受亦有曲義，與窈糾、夭紹同。胡承珙謂即《漢書·梁冀傳》："愁眉啼裝，折腰齲齒，以善爲妖態。"近是。

悄　慅　慘

悄之爲言焇也。《廣雅·釋詁》二："焇，乾也。"慘讀如懆，懆之爲言燥也。《説文》："燥，乾也。"《釋名·釋言語》："燥，焦也。"《郙閣頌》："從朝陽之平燺。"以燺爲之。慅與悄、慘音近義同。《節南山》箋："皆憂心如火灼爛之矣。"是其義。

株林（陳九）

胡爲乎株林？從夏南〔兮〕！匪適株林，從夏南〔兮〕！
駕我乘馬，説于株野。乘我乘駒，朝食于株。

株林　株野

二章曰“朝食于株”，知邑但名株。《爾雅》：“邑外謂之郊，郊外謂之牧，牧外謂之野，野外謂之林。”林野皆邑外之稱，則株林謂株之林，株野謂株之野也。《後漢書·郡國志》：“陳有株邑，蓋朱襄之地。”《路史》：“朱襄氏都於朱。”注：“朱或作株。”《元和郡縣志》：“宋州柘城縣，本城之株邑，《詩》株林是也。”《傳》曰：“株林，夏氏邑也。”疑衍林字。（參《野有死麕》。）

從

逐也。

夏南

毛曰：“夏南，夏徵舒也。”《序》曰：“淫乎夏姬。”是夏南、徵舒、夏姬爲一人。《文選·七發》：“使先施、徵舒、陽文、段干、吴娃、閭娵、傅予之徒，雜裾垂髾，目窕心與，揄流波，雜杜若，蒙清塵，被蘭澤，嬿服而御。”注：“皆美女也。”案先施即西施。陽文，楚之好人（《淮南》許注）。閭娵，梁之美人（韋昭《漢書》注）。段干，傅□未詳，蓋亦美人，故與先施等并舉。是以枚乘亦以徵舒爲夏姬，非夏姬之子。蓋古有此説也。

朝食

《汝墳》：“未見君子，惄如調飢。”《候人》：“薈兮蔚兮，南山朝隮。婉兮孌兮，季女斯飢。”并此朝食，似皆爲隱語。

〔篇義〕[1]

一章一句問詞，下三句皆答詞。

澤陂（陳十）

彼澤之陂，有蒲與荷。有美一人，傷如之何！寤寐無爲，涕泗滂沱。

彼澤之陂，有蒲與蕑。有美一人，碩大且卷。寤寐無爲，中心悁悁。

彼澤之陂，有蒲菡萏。有美一人，碩大且儼。寤寐無爲，輾轉伏枕。

陂

旁也。

荷　蕑　菡萏

《正義》引《爾雅·釋草》樊光注引《詩》荷作茄。《箋》："蕑當作蓮。"《爾雅·釋草》邢疏、《太平御覽》九七五并引作蓮。《溱洧篇》釋文引《韓詩》："蕑，蓮也。"焦循據《御覽》引《韓詩》以秉蕑爲秉蘭，與毛不異，謂《釋文》所引當是此篇之注，誤載《鄭風》。是也。案荷與茄同，蕑與蓮古音亦同。荷對轉爲蕑，蕑閉口收聲即爲菡，菡重言之即爲菡萏也。（菡，胡感切。萏，徒感切。）[2]荷、蕑、菡萏本皆一物之大名，後世始分爲莖實華三事之小名，《詩》義恐不如此也。

① "篇義"二字，整理者所加。以下文字，係原稿經文眉批。

② 括弧内文字，原稿眉批。

爲

《廣雅·釋詁》三："爲，成也。"《國語·晋語》注同。"寤寐無爲"，猶言寐不成也。《莊子·大宗師篇》："成然寐，蘧然覺。"《左傳·哀十五年》魯公孫宿，字成，成謂成寐，故名宿字成。

卷　儼

《御覽》三六八引《韓詩》儼作婘。《薛君章句》曰："重頤也。"案卷當讀爲奆。《説文》："奆，大視也。（疑視爲貌之訛。也字衍。）從大𥃩聲，讀若䄅。"䄅音拳。《廣雅·釋訓》："奆奆，肥也。"字一作𡖅。《説文》𡖅讀若書卷之卷。"𡖅，大貌。"肥大與重頤之義相成，故《詩》以卷儼（婘）并舉。古人以肥大爲美，故卷婘嬛儼孍婘諸字皆有美好之義。《大招》"曾頰倚耳"注："曾，重也。言美女之面，丰容豐滿，頰肉若重。"世所傳唐以前畫及俑作美女皆如此。《楊妃外傳》："有姊三人，皆豐碩修整，工於謔浪。"

《左傳》文元年："王使内史叔服來會葬，公孫敖聞其能相人也，見其二子焉。叔服曰：'穀也食子，難也收子。穀也豐下，必有後於魯國。'"《史記·蔡澤傳》載澤從唐舉相，舉稱其狀："曷鼻巨肩，魋顔蹙齃，[䶢頤]（從《文選·歸田賦》注引補），膝攣。"又云："其壽自今以往，四十三歲，澤笑謝而去，謂其御曰：'吾持粱䶢（原作刺齒二字，依《集解》《索隱》説改）肥，躍馬疾驅，懷黄金之印，結紫綬於要，揖讓人主之前，食肉富貴四十三年，足矣！'"持粱䶢肥，食肉富貴，蓋因其䶢頤而知之。䶢頤者，《玉篇》："䶢，怒也。"（《萬象名義》同。）《字鏡》："䶢，切齒怒也。"人含怒則頤張大，是䶢頤猶大頤矣。（《説文》："婘，含怒也。"䶢訓怒，亦訓大頤，猶婘訓含怒，亦訓重頤。）《後漢書·班超傳》："相者指曰：'生燕頷虎頸，飛而食肉，此萬里侯相也。'"《方言》十："頷，頤，頜也。南楚謂之頷，秦晋謂之頜，頤其通語也。"燕嗉肥大，人之大頤者似之，故名。

《周語》中："〔王孫〕説言於〔簡〕王曰：'魯叔敬……其狀方上而鋭下，宜觸冒人，王其勿賜。'"《漢書・王莽傳》中："莽爲人侈口蹷頗，露眼赤精，大聲而嘶……是時有用方技待詔黄門者，或問以莽形貌，待詔曰：'莽所謂鴟目虎吻，豺狼之聲者，故能食人，亦當爲人所食。'"注："蹷，短也。頗，頤也。"

《鄭語》"惡角犀豐盈而近頑童窮固"，注："角犀謂頂角而伏犀，豐盈謂頰輔豐滿，皆賢明之相。"

中心悁悁

《楚辭・九嘆》："勞心悁悁，涕滂沱兮。"《後漢書・張衡傳》載《思玄賦》："悲離居之勞心兮，情悄悄而思歸。"注引《詩》作"勞心悁悁"。《文選・思玄賦》注引《詩》同。張慎儀曰："'勞心悁悁'與'勞心忉忉''勞心怛怛'句法同，今《詩》作中心，或勞心之誤。"

檜　　風

羔裘（檜一）

羔裘逍遥，狐裘以朝。豈不爾思？勞心忉忉。
羔裘翱翔，狐裘在堂。豈不爾思？我心憂傷。
羔裘如膏，日出有曜。豈不爾思？中心是悼。

朝　堂

《傳》："堂，公堂也。"陳奂曰："經言朝，傳言'適朝'。視朝在路門外治朝之廳，聽朝則在路門内燕朝之堂。《碩人》傳云'君聽朝於路寢'是也。首章適朝，二章在堂，其實一也。"又曰："《逸周書·大匡篇》'朝於大庭'，孔晁注曰：'大庭，公堂之庭。'此與《傳》'公堂'同。"

如膏

膏可以燃而取光，裘日照之而有耀，如膏火燃之而有光也。

日出

《禮記·玉藻》："朝，辨色始入，君日出而視之。"

素冠（檜二）

庶見素冠兮！棘人欒欒兮！勞心慱慱兮！
庶見素衣兮！我心傷悲兮！聊與子同歸兮！
庶見素韠兮！我心藴結兮！聊與子如一兮！

庶

希冀之詞。《左傳》成十三年："我君景公引領西望，曰：'庶撫我乎。'"

素冠　素衣　素韠

《傳》《箋》皆以爲喪服，非是。《唐・揚之水》"素衣朱襮"，"素衣朱繡"，《論語・鄉黨[1]篇》"素衣麑裘"，素衣皆非喪服也。《儀禮・士冠禮》："主人玄冠，朝服，緇帶，素韠。"素韠亦非喪服也。衣韠如此，冠亦可推。

棘

讀如朸。《斯干》"如矢斯棘"，韓作朸。《水經・淯水注》："棘水自新野縣東南流入淯水，謂之力口。棘力聲相近，當爲棘口也。"并其比。《説文》："朸，材十人也。"一説讀爲瘠，斥死者。《列女傳・杞梁妻傳》引《詩》"與子同歸"，以爲妻殉夫死。

欒欒

讀爲孌。《猗嗟》"猗嗟孌兮"，傳："孌，壯好貌。"一説《淮南子》注引作臠，《説文》："臠，臞也。"《傳》："欒，臠瘠貌。"

慱慱

《文選・思玄賦》注引作摶。《管子・内業篇》"摶氣如神"，注："摶謂結聚也。"案"勞心摶摶兮"，猶下云"我心藴結兮"。

① "鄉黨"二字，今補。

同歸

《北風》："惠而好我，携手同歸。"一説與《葛生》"百歲之後，歸于其居"同義。

如一

《鳲鳩》："其儀一兮，心如結兮。"

隰有萇楚（檜三）

隰有萇楚，猗儺其枝。夭之沃沃，樂子之無知。
隰有萇楚，猗儺其華。夭之沃沃，樂子之無家。
隰有萇楚，猗儺其實。夭之沃沃，樂子之無室。

萇楚

《正義》引陸璣疏："今羊桃是也。葉長而狹，華紫赤色，其枝莖弱，過一尺，引蔓於草上。"蘇頌《本草圖經》："生平澤中，葉華似桃，子細如棗核，苗長弱即蔓生，不能樹。今處處多有，多生溪澗，今人呼細子根。"田雯《黔書》："羊桃，藤也。"案諸家説并與《箋》"其枝猗儺而柔順，不妄尋蔓"合。云"不妄尋蔓"，明其本係蔓生之物也。萇楚以喻女子，與葛藟、蔦蘿同。

猗儺

《傳》："猗儺，柔順也。"案當爲下垂貌。"猗儺其華"，《楚辭·九辯》注、《九嘆（惜賢）》注引并作旖旎。校本一作猗狔。《文選·高唐賦》："東西施翼，猗狔豐沛。"注："猗狔，柔弱下垂貌。"《漢書·司馬相如傳·大人賦》"又猗狔以招摇"，注引張揖："猗狔，下垂貌。"《史記》作旖旎。此詩之"猗儺"，正當訓下垂貌。故枝華葉皆得以猗儺狀之。《傳》訓柔順，則義可通於枝，不可通於華與實矣。（胡承珙曰：“華實皆附於枝，枝既柔順，則華實亦必從風而靡，雖概稱猗儺不妨。”説亦牽强。）《隰桑》“隰桑有阿，其葉有難”，義與此同。《那》：“猗與那與，置彼鞉鼓。”鞉鼓者，縣鼓也。(《有瞽》“應田縣鼓”，陳奐云：縣鼓即鞉鼓。是也。又云：周人以鞉鼓爲縣鼓，《那篇》殷制，則鞉鼓爲置鼓。此則强分殷周之制，仍承《傳》誤，有説別詳。）猗那正鼓下垂貌，猗那與猗儺同。或單言儺。《竹竿》“佩玉之儺”，儺即佩下垂貌也。

夭

《説文》：“枖，木少盛貌。”引《詩》：“桃之枖枖。”今《詩》作夭。《書・禹貢》：“厥草惟夭。”僞《孔傳》：“少長曰夭。”《國語・魯語》“澤不伐夭”，注：“草木未成曰夭。”《爾雅・釋獸》：“麋其子麇。”字一作夭。《淮南子・本經篇》“刳胎殺夭”，《主術篇》“不取麛夭”，注并云：“夭，麋子。”案草木未長成曰枖，獸未長成曰麇，其義一也。

萇楚幼小不尋蔓，喻少女未適人，故不知婚後之苦而可樂也。《箋》曰：“於人年少沃沃之時，樂其無妃匹之意。”未窺《詩》旨。

沃沃

猶夭夭，申屈摇動貌。詳《桃夭》。一説猶“沃若”，有光澤貌也。

知

《箋》：“知，匹也。”

匪風（檜四）

匪風發兮，匪車偈兮。顧瞻周道，中心怛兮。
匪風飄兮，匪車嘌兮。顧瞻周道，中心吊兮。
誰能亨魚？溉之釜鬵。誰將西歸？懷之好音。

匪

讀爲彼。

偈　嘌

《傳》："偈偈疾驅。"《易林·渙之乾》："猋風忽起，車馳揭揭。"偈與揭同。偈與快音亦近。《説文》："嘌，疾也。"引此詩。又："慓，疾也。"

周道

馬瑞辰曰："凡《詩》周道皆謂大路。"案一作州道。《墨子·備城門篇》："城下州道内，百步一積藉①，毋下三千石以上，善塗之。"

吊

讀爲悼。

亨魚

《采蘋》箋："婦人先嫁三月，祖廟未毁，教於公宫。祖廟既毁，教於宗室。教以婦德婦言婦容婦功。教成之祭，牲用魚，芼用蘋藻，所以成婦順也。"

---

① "藉"字從舊本。王引之云：積藉不知何物。藉當爲薪。薪藉字形相似，又涉上兩藉字而誤也。

溉

讀爲乞，予也。詳《摽有梅篇》。《釋文》："溉本又作摡。"《説文·手部》引亦作摡，義長。

懷

《傳》："懷，歸也。"案歸即"自牧歸荑"之歸。懷與歸通。《禮記·緇衣》"私惠不歸德"，注："歸或爲懷。"是其比。《廣雅·釋詁》三："歸，遺也。"

曹　風

蜉蝣（曹一）

蜉蝣之羽，衣裳楚楚。心之憂矣，於我歸處！
蜉蝣之翼，采采衣服。心之憂矣，於我歸息！
蜉蝣掘閲，麻衣如雪。心之憂矣，於我歸説！

蜉蝣

《國語·魯語》上“蟲舍蚳蝝”，注：“蝝，復陶也。”《説文》：“蝝，復陶也。劉歆説蝝，蚍蜉子。董仲舒説蝗子也。”復陶一作蝮蜪。《爾雅·釋蟲》：“蝝，蝮蜪。”注：“蝗子未有翅者。”又作復育。《論衡·無形篇》：“蠶食桑老，績而爲蠒。蠒又化而爲蛾。蛾有兩翼，變去蠶形。蠐螬化爲復育，復育轉而爲蟬。蟬生兩翼，不類蠐螬。”案劉以爲蚍蜉子，董以爲蝗子，王又以爲蟬蛹，數物不妨共名。然古語似又謂已成翅者爲復陶。《左傳》襄十二年“秦復陶”，注：“復陶，秦所遺羽衣也。”又《三十年》“使爲君復陶”，注：“復陶，主衣服之官。”蓋復陶之羽薄白而美，有似綺紈之類，故衣之輕美者，謂之羽衣，亦名復陶，因之主衣服之官亦名復陶。《詩》蜉蝣即復陶。《左傳》稱羽衣爲復陶，與《詩》曰“衣裳楚楚”“麻衣如雪”正合。更以“掘閲”之語推之，蓋即蟬類。（蝗一名螽，《螽斯》：“螽斯羽，詵詵兮。”詵詵猶楚楚、采采，亦以喻衣服之美也。）《夏小正》“蜉蝣有殷”，殷即衣。

楚楚　采采

皆鮮潔貌。

處 息 説

《九罭》："於女信處""於女信宿"，處亦宿也。《儀禮·士虞禮》："夙興夜處。"《孫子·軍争篇》："卷甲而趨，日夜不處。"《甘棠》"召伯所説"，傳："説，息也。"《殷其雷》"莫敢遑息""莫敢遑處"[①]，《小明》"無恒安息"，傳："息猶處也。"

掘閲

讀爲出脱。叠韻連綿詞。(《爾雅·釋草》："倚商，活脱。"又："離南，活莌。"活脱、活莌、掘閲，音近同源。)謂蜕也。《説文》："蜕，蛇蟬所解皮也。"《廣雅·釋詁》一："蜕，解也。""蜉蝣掘閲"猶言蜉蝣蜕化也。《箋》："掘閲，掘地解閲（脱），謂其始生時也。"掘地之義非是，解閲始生則得之。

候人（曹二）

彼候人兮，何戈與祋。彼其之子，三百赤芾。
維鵜在梁，不濡其翼。彼其之子，不稱其服。

維鵜在梁，不濡其咮。彼其之子，不遂其媾。
薈兮蔚兮，南山朝隮。婉兮孌兮，季女斯飢。

候人

《周禮·夏官》序官："候人，上士六人，下士十有二人，史六人，徒百有二十人。"注："候，候迎賓客之來者。"本職"候人，各掌其方之道治，與其禁令，以設候人"。案主候迎賓客之官曰候人，其徒屬亦曰候人。《詩》之候人謂徒屬也。曰"何戈與祋"者，徒屬衆多，或

① "《殷其雷》"至此，原稿眉批。

何戈或何祋也。《周禮》曰“徒百有二十人”,《詩》曰“三百赤芾”，正指徒屬。兩言三百，雖非必實數（與《無羊》“三百維群”同），然其衆可知也。《左傳》昭二十三年：“明其伍候。”《周語》：“定王使單襄公聘於宋，遂假道於陳以聘於楚，火朝覿矣，道茀不可行也，候不在疆，司空不視塗，膳宰不致餼，司里不授館。”（韋注：“候，候人也，掌送迎賓客者。疆，境也。”）《左傳》宣十二年：“隨季對楚使曰：‘豈敢辱候人。’”是侯國有候人矣。《周語》：“敵國賓至關尹以告，行理以節逆之，候人爲導。”

不稱其服

服當指三百赤芾而言。《説文》：“服，用也。”“𠬝，治也。”“卪，事之制也。”《左傳》宣十二年鄭石制，字子服。服爲𠬝之借字。《詩》服亦本作𠬝，言三百赤芾之制也。《左傳》僖二十四年：“《詩》曰：‘彼其之子，不稱其服。’子臧之服，不稱也夫。”下服字，《釋文》作及，蓋古字本作𠬝，故誤爲及耳。此亦誤。《詩》字本作𠬝。（候人多至三百，又用大夫之服，故曰不稱。）①《尚書·盤庚》上：“先王有服。”又曰：“以常舊服，正法度。”襄三十年《左傳》：“上下有服。”三服字并當爲𠬝（制）。②

不遂其媾

所候者終不來，故曰不遂其媾。媾爲遘之借字。（亦雙關媾字本義。）

薈兮蔚兮

《易林·坤之旅》：“潼滃蔚薈，扶首來會，津液下降，流潦滂

① 括弧内文字，原稿眉批。

② “《尚書》”句至此，原稿屬“服”字條，今合并於此。

霈。”是薈蔚狀朝隮，非狀南山。《履之恒》扶首作膚寸，是。餘同。《箋》曰“薈蔚之小雲”，蓋本齊義。《文選·海賦》“薈蔚雲霧”，注：“薈蔚雲霧，沾潤也。”

南山朝隮

隮，虹也。詳《鄘·蝃蝀篇》。朝隮見於南山，猶朝雲居於巫山也。《文選》江文通《擬古詩》注引《宋玉集》云：“楚襄王與宋玉游雲夢之野。望朝雲之館，有氣焉，須臾之間，變化無窮。王問：‘是何氣也？’玉對曰：‘昔先王游於高唐，怠而晝寢，夢見一婦人，自云我帝之季女（帝之季女與《詩》季女合）[①]，名曰瑶姬，未行而亡，封於巫山之臺。（《别賦》注引宋玉《高唐賦》，此下有實爲靈芝四字。）聞王來游，願薦枕席。王因幸之。去乃言妾在巫山之陽，高邱之岨，旦爲朝雲，暮爲行雨，朝朝暮暮，陽臺之下。旦而視之，果如其言。爲之立館，名曰朝雲。’”（按此蓋《宋玉集》中《高唐賦》，與《文選》本小異。）又按《神女賦》[②]稱朝雲之狀曰：“其始來也，耀乎若白日初出照屋梁。其少進也，皎若明月舒其光。須臾之間，美貌横生，曄兮如華，温乎如瑩，五色并馳，不可殫形，詳而視之，奪人目精。此所言非即虹之狀乎？

本《傳》：“隮，升雲也。”《蝃蝀》傳：“隮，升也。”似不當前後違異，疑彼《傳》升下脱雲字。説詳彼篇。

《周禮·眡祲》：“掌十煇之法，以觀妖祥，辨吉凶……七曰彌……九曰隮……”注：“故書彌作迷，隮作資。先鄭曰：‘彌者白虹彌天也，隮者升氣也。’後鄭曰：‘彌，氣貫日也。隮，虹也。’”（徐養吾曰：“彌迷，資隮皆同音相通，隮之爲資，猶齎之爲資也。《大戴禮·保傅》云：‘衛靈公之時，迷子瑕不肖而任事。’此彌迷通用之證。”）案迷借字，彌正字。《漢書·司馬相如傳》顏注云：“彌，竟也。”彌天，猶云

① 括弧内文字，原稿眉批。
② “賦”字，今補。

竟天。《御覽·天部》引《晋陽秋》云："建武元年，虹長彌天。"與先鄭説合。後鄭易之曰"氣貫日"，則彌字義無所取，似不如先鄭説爲允。(《説文》："彌，弛弓也。"字一作彌。《西京賦》"彌皋被岡"，注："彌猶覆也。"《子虛賦》"罘網彌山"，注："覆也。"《説文》："彌，久長也。"《淮南·原道》"横之而彌於四海"，注："猶終也。")資之爲言次也。《説文》次古文作。朱駿聲曰："疑本爲茨之古文，象茅蓋屋次弟之形。"按朱説近是。虹謂之次，正取象比次成文之形。(《廣雅·釋詁》一，茨，積也；二，覆也。)故資爲正字，隮爲借字。又案《晋語》"使鉏麑賊之"，《説苑·立節》作鉏彌，是彌霓同音，彌即霓也。(《説文》："霓，屈虹青赤或白色，陰氣也。""蜺，寒蜩也。"案霓蜺本一字，寒蜩之蜺，乃因虹蜺得名。《方言》十一："蟬黑而赤者謂之蜺。")《周禮》彌隮并舉，是蜺與虹判然二名。故蔡邕《月令章句》云："虹，螮蝀也。陰陽交接之氣，著於形色者也。雄曰虹，雌曰蜺。虹常依陰雲晝見於日衝，無雲不見，大陰亦不見。蜺常依蒙濁見日旁，白而直曰白虹，凡日旁者四時常有之。"(《御覽·天部》引。)《爾雅·釋天》："螮蝀謂之雩。螮蝀，虹也。蜺爲挈貳。"注："俗名爲美人虹，江東呼爲雩。蜺，雌虹也。"邢疏引郭音義曰："虹雙出，色鮮盛者爲虹，闇者爲雌。"案虹蜺本一物，先民見其衆色相次，遂别其鮮者爲雄，曰虹；闇者爲雌，曰蜺。《釋天》曰蜺爲挈貳者，謂蜺爲虹之副貳，猶妻之於夫也。虹蜺并見，若相乘覆然，故爲邪淫之象。《續搜神記》："廬陵巴丘人陳濟者，作州吏，其妻獨在家。常有一丈夫，長大，儀貌端正，著絳碧袍，彩色炫耀，相期於一山澗間。至於寢處，不覺有人道相感接，比鄰人觀其所至，輒有虹見。"《帝王世紀》："黄帝時有大星如虹，下流華渚，女節意感而生少昊。"又："金天氏之末，瑶光之星貫月如虹，感女樞幽房之宫，生顓頊於若水。"又："瞽瞍妻曰握登，見大虹意感而生舜於姚墟。"①

① 《續搜神記》至此，頂格書於原稿末尾，内容與釋虹霓有關，今移於此。

季女斯飢

季女即前所謂“彼其之子”。飢讀如“惄如調飢”之飢，猶憂也。《女墳》以未見君而惄如調飢，此詩以不遂其媾而斯飢，用意正同。不足於食曰飢，不足於色亦曰飢，飢與譏通。《廣雅·釋言》：“譏，怨也。”

鳲鳩（曹三）

鳲鳩在桑，其子七兮。淑人君子，其儀一兮，——其儀一兮，心如結兮。

鳲鳩在桑，其子在梅。淑人君子，其帶伊絲，——其帶伊絲，其弁伊騏。

鳲鳩在桑，其子在棘。淑人君子，其儀不忒，——其儀不忒，正是四國。

鳲鳩在桑，其子在榛。淑人君子，正是國人，——正是國人，胡不萬年。

其子七兮

君子一儀，故養子衆多，各得其所，所謂長受嘉福也。

儀

匹也。詳《鄘·柏舟》。

梅

梅當爲梅李之梅，字當作□。以下在棘（同棗）在榛（同業）例之，皆果木，不得爲梅枏也。桑葚亦可食，故與三者亦爲同類。在梅在棘在榛，言其子之多，即其子七兮之義也。

棘

《園有桃》："園有棘，其實之食。"即棗也。

忒

《禮記·緇衣》引《詩》："其儀不忒。"釋文："忒本或作貳，音二。"案毛《詩》："忒，疑也。"《爾雅·釋詁》："貳，疑也。"《周語》"平民無貳"，《大射儀》注作"平民無忒"。此忒與貳通之證。其儀不貳，即其儀一兮。《氓篇》："女也不爽，士貳其行。"可與此詩相發明。（一二爲數字，孳乳爲□□，則字作壹，爲□□，則字作忒作貳。）

正

讀爲正鵠之正，猶準的也。《禮記·大學》引"其儀不忒，正是四國"，而釋之曰："其爲父子兄弟足法，而後民法之也。"爲民之法，即爲民之正也。(《九歌》："荃獨宜兮爲民正。")

【篇義】

《荀子·勸學篇》："行衢道者不至，事兩君者不容。目不〔能〕兩視而明，耳不〔能〕兩聽而聰。螣蛇無足而飛，梧鼠五技而窮。《詩》曰：'尸鳩在桑，其子七兮。淑人君子，其儀一兮——其儀一兮，心如結兮！'故君子結於一也。"又《成相篇》："治復一，修之吉，君子執之心如結。"此魯説也。《淮南·詮言訓》："賈多端則貧，工多技則窮，心不一也。故木之大者害其條，水之大者害其深。有智而無術，雖鑽之不通。[1]有百技而無一道，雖得之弗能守。故《詩》曰：'淑人君子，其儀一也——其儀一也，心如結也。'君子其結於一乎。"亦用魯説。《易林·乾之蒙》："鳲鳩鳲鳩，專一无尤。君子是則，長受嘉福。"又《隨之小過》："慈鳥鳲鳩，執一无尤。寢門内治，君子悦

① 原稿無以上四句，今據《淮南子·詮言訓》補。

喜。”此齊説也。以上釋一字皆謂專一，非均一，最得詩旨，而齊説曰“寢門内治”，明指夫婦之情，專一不變，尤爲此詩確解。

下泉（曹四）

洌彼下泉，浸彼苞稂。愾我寤嘆，念彼周京。
洌彼下泉，浸彼苞蕭。愾我寤嘆，念彼京周。
洌彼下泉，浸彼苞蓍。愾我寤嘆，念彼京師。
芃芃黍苗，陰雨膏之。四國有王，郇伯勞之。

稂

《説文》："蓈，艸也。"《漢書》音義："蓈，蓈尾艸也。"蓈與狼同，即《爾雅》之孟狼尾。朱駿聲曰：狼字亦作蓈。《山海經·中山經》："大魏之山有草焉，其狀如蓍而毛，青華而白實，其名曰蓈。"案蓈爲蓈之省，稂爲狼之誤。

愾

《箋》："太息之聲。"《説文》："愾，太息也。"《祭義》："愾然必有聞乎其嘆息之聲。"

四國

《考工記·㮚氏》"嘉量既成，以觀四國"，注："以觀示四方，使仿象之。"

〔篇義〕[1]
《易林·臨之咸》："泱泱沸溢，水泉爲害，使我無賴。"

① 原稿無"篇義"二字。以下文字，原稿在篇名《下泉》之下。

豳　風

七月（豳一）

七月流火，九月授衣。一之日觱發，二之日栗烈，無衣無褐，何以卒歲！（韓觱作畢，齊魯觱發作滭泼。）三之日于耜，四之日舉趾（齊趾作止），同我婦子，饁彼南畝，田畯至喜。

七月流火，九月授衣。春日載陽，有鳴倉庚。女執懿筐，遵彼微行，爰求柔桑。春日遲遲，采蘩祁祁，女心傷悲，殆及公子同歸。

七月流火，八月萑葦。蠶月條桑（韓條作挑），取彼斧斨，以伐遠揚，猗彼女桑。七月鳴鵙，八月載績，載玄載黄，我朱孔陽，爲公子裳。

四月秀葽，五月鳴蜩，八月其穫，十月隕蘀。一之日于貉，取彼狐狸，爲公子裘。二之日其同，載纘武功，言私其豵，獻豜于公。

五月斯螽動股，六月莎鷄振羽，七月在野，八月在宇，九月在户，十月蟋蟀入我床下。穹窒熏鼠，塞向墐户。嗟我婦子，曰爲改歲（齊曰作聿），入此室處。

六月食鬱及薁（魯韓薁作蘡），七月亨葵及菽。八月剥棗，十月穫稻，爲此春酒，以介眉壽。

七月食瓜，八月斷壺。九月叔苴，采荼薪樗，食我農夫。

九月築場圃，十月納禾稼。黍稷重穋（三家重穋作種稑），禾麻菽麥。嗟我農夫，我稼既同，上入執宫功。晝爾于茅，宵爾索綯，亟其乘屋，其始播百穀。

二之日鑿冰沖沖，三之日納于凌陰，四之日其蚤（齊魯蚤作早），獻羔祭韭。九月肅霜，十月滌場。朋酒斯饗，曰殺羔羊，躋彼公堂，稱彼兕觥，“萬壽無疆！”

流火

林義光曰：“火，大火，即心宿也。以三四月昏見東方（謂夏正）。六月昏見南方正中。（《月令》季夏之月，昏心中。）至秋則向西而下，謂之西流。（哀十二年《左傳》云：‘今火猶西流。’）”鄭曰：“大火者，寒暑之候也。火星中而寒〔東〕暑退，故將言寒，先著火所在。”

授衣

馬瑞辰曰：“《周官・典婦功》：‘掌婦式之法，以授嬪婦及内人女功之事齎。’《典絲》：‘頒絲於外内功，皆以物授之。’《典枲》：‘以待時頒功而授齎。’凡言授者，皆授使爲之也。此詩授衣，亦授冬衣使爲之。蓋九月婦功成，絲麻之事已畢，始可爲衣，非謂九月冬衣已成，遂以授人也。”

觱發

毛曰：“觱發，風寒也。”馬瑞辰曰：“《説文》：‘滭，滭冹，風寒也。’（各本《説文》無滭冹二字，此從段玉裁本增。）冹字注云‘一之日滭冹’，蓋本字，《毛詩》作觱發，假借字也。《檜詩》‘匪風發兮’，發亦冹之假借。滭通觱，猶《采菽詩》‘觱沸檻泉’，《説文》作畢沸也。冹通作發，猶《碩人詩》‘鱣鮪發發’，《説文》作鮁鮁也。滭冹二字叠韻。《説文》又曰：‘熚炥，火盛貌。’火之盛曰熚炥，泉之盛曰滭沸，寒之盛曰滭冹，其義一也。”觱即觱之俗字。《説文》觱下云：“羌人所吹角屠觱（桂馥云：當作箄篥）以驚馬也。從角𤼽聲。𤼽，古文誖字。”案此，觱發字從聲得義。觱發，寒風撼物之聲觱發然，引申爲風寒之義。希麟《續音義》四引《傳》作寒風也，《考文》古本亦作寒風。羅振玉曰：“《正義》云，有觱發之寒風，是《正義》本原亦作寒風。”

栗烈

毛曰："栗烈，氣寒也。"王先謙曰："據《釋文》引《説文》栗烈作颲颲。案《説文》并未引《詩》，仌部有凓冽二字，當是正文。"案馬瑞辰謂《詩》字本作凓冽，今本作栗烈者，從《釋文》改也。舉十二事爲證，其説不易。毛訓爲氣寒，蓋謂無風自寒，寒之甚也。

褐

王先謙曰："《孟子·滕文公篇》趙注：'褐，以毳織之，若今馬衣也。或曰褐，枲衣也。一曰粗布衣也。'此褐當從粗布衣之訓。"馬瑞辰曰："古人衣褐并言，不嫌詞複，亦猶瓊玉不嫌互舉耳①。"

于耜

毛曰："于耜，始修耒耜也。"馬瑞辰曰："于耜與舉趾相對成文，于猶爲也。(《儀禮·士冠禮》注：'于猶爲也。'《聘禮記》注：'于讀曰爲。'爲與修同義，于耜即爲耜，爲耜即修耜②也。"案《御覽》八二二、八二三引《韓詩》曰："三月之時，可豫取耒耜修繕之。"蓋與毛同讀于爲爲也。《夏小正》"農緯厥耜③"，與《詩》同意。俞樾曰："四章'一之日于貉'，箋云：'往搏貉。'七章'晝爾于茅'，箋云：'往取茅。'是經文于字，箋皆訓爲往，獨此無箋，則因修耒耜不當言往耳，不知于耜，亦往耜也。《周官》：'薙氏掌殺草，冬日至而耜之。'鄭注曰：'耜之，以耜側凍土劃之。''三之日于耜'，當從此義，謂往而耜之也。耜乃殺草之名，非謂修耒耜。豳地晚寒，故至三之日始克耜之耳。"

① 原稿"耳"字作也，據馬書改。
② 馬書無此"耜"字。
③ 據《夏小正》，"耜"字當作耒。

舉趾

林義光曰："趾，足也。古字作止，本義爲足。舉趾，謂行往耕也。"《漢書・食貨志》："春令民畢出，在野。《詩》曰：'四之日舉止，同我婦子，饁彼南畝。'"趾，《傳》訓爲足，《麟之止》傳同。

饁

《説文》："饁，餉田也。"《釋文》："饁，野餽也。"《文選・祭顏光禄文》注引《蒼頡》："饋，祭名也。"《國策・中山策》"飲食餔餽"，注："吴謂食爲餽，祭鬼亦爲餽，古文通用，讀與饋同。"

田畯

《周禮・春官・籥章》："凡國祈年於田祖，則吹豳雅，擊土鼓，以樂田畯。"鄭注："祈年，祈豐年也。田祖，始耕田者，謂神農也。豳雅，亦《七月》也。《七月》又有于耜舉趾饁彼南畝之事，是亦歌其類謂之雅者，以其言男女之正。"鄭司農注："田畯，古之先教田者。"

喜

《爾雅・釋訓》："饎，酒食也。"釋文引舍人本作喜，是饎古多省作喜。故《鄭箋》以此詩喜爲饎之假借。《説文》："饎，酒食也，從食喜聲。《詩》曰'可以饋饎'。""䬵，饎①，或從配。""糦，饎②，或從米。"《玄鳥篇》"大糦是承"，釋文引《韓詩》曰："糦，大祭也。"《釋訓・釋文》引《字林》："饎，熟食也。"《方言》七："糦，熟也。自河之北趙魏之間，氣熟曰饎。"《廣雅・釋詁》三："饎，孰也。"

①② 原稿無"饎"字，今據《説文》補。

春日

馬瑞辰曰："《博物志》：'蠶，陽物也，喜燥惡濕。'《詩》言日之陽温，正可以生蠶時也。養蠶在三月，生蠶在二月。《夏小正》'二月有鳴倉庚'，與此詩'有鳴倉庚'合。'二月采蘩'亦與此詩'采蘩祁祁'合。又'二月綏多士女'與此詩'殆及公子同歸'《箋》訓歸爲嫁合，則《詩》兩言春日，皆指二月無疑。"

載陽

鄭曰："載之言則也。"《爾雅》："四時，春爲青陽。"郭注："氣青而温陽。"張衡《東京賦》"春日載陽"，薛綜注："陽，暖也。"

倉庚

劉師培曰："《爾雅·釋鳥》言鵹黄楚雀，又言倉庚商庚，倉庚鵹黄。《説文》云離黄，倉庚也。黧，黧黄也，一曰楚雀，其色黧黑而黄。蓋離黄即黧黄，以色雜黑黄得名。《方言》作驪，《月令》鄭注作驪，亦即黧鵹異文，即今之所謂黄鶯也。"（《左盦集》四之六。）

懿筐

毛曰："懿筐，深筐也。"馬瑞辰曰："《説文》：'懿，嫥久而美也。'深即嫥壹之意。《小爾雅》及《楚辭》王逸注并曰：'懿，深也。'懿筐蓋對頃筐言之，頃筐淺而易盈，則懿筐深而難滿矣。"

爰

《尚書·洪範》："水曰潤下，火[1]曰炎上，木曰曲直，金曰從革，土爰稼穡。"俞樾謂爰即曰也。

---

① "火"，原稿誤作水，據《尚書·洪範》改。

柔桑

鄭曰："柔桑，穉桑也。蠶始生，宜穉桑。"

遲遲

陳奐曰："《廣雅》：'遲遲，長也。'《傳》云：'舒緩。'舒亦緩也。《采菽》傳：'紓，緩也。'舒與紓通。舒緩者，春晝舒長也。"

采蘩

《夏小正》"二月榮堇采蘩"，傳云："皆豆實也。"林義光曰："古者婦人先嫁三月，教於公宫。教成，祭之，牲用魚，芼之以蘋藻。（説見《采蘋篇》。）此詩采蘩雖與蘋藻異，然《左傳》云：'蘋蘩藴藻之菜，可薦於鬼神，可羞於王公。'則蘩與蘋藻，爲用實同。當二月采蘩之時，不用蘋藻而用蘩，未爲不可。公之女子，非祭祀必不采蘩，而非教成將嫁之時，亦不主祭也。故見采蘩，即知其將嫁矣。毛謂蘩者所以生蠶，與《夏小正》傳爲各異。今世養蠶未聞以蘩生之，毛説未必可信也。"案此説甚是。惟以公子爲公之女子，則失之迂。《采蘩》序："《采蘩》，夫人不失職也。夫人可以奉祭祀，則不失職矣。"顧鎮曰："蘩之供祭，一見於《左傳》，再見於《夏小正》戴德傳。又《射義》云：'士以《采蘩》爲節，樂不失職也。'《詩》皆與之合。"

祁祁

毛曰："祁祁，衆多。"案祁祁謂蘩多，非采蘩之人多也。又《漢書・韋賢傳》"祁祁我徒"，注："祁祁，徐行也。"

萑葦

萑疑當作摧。《説文》："摧，折也。"《廣雅・釋詁》一同。摧葦與下條桑文例正同。《説文》："萑，萑也。"《爾雅・釋草》："萑，萑。”萑即《中谷有蓷》之蓷，傳云“鵻也”。蓋萑字訛作蓷。傳寫者以蓷與葦不同類，遂改爲萑。萑或亦借爲雈。葦可爲苗（養蠶之器），八月折葦，豫蓄之以供來春養蠶之用也。

蠶月

《夏小正》：“三月妾子始蠶。”故《詩》以三月爲蠶月。

條

馬瑞辰曰：“條桑，《玉篇》：‘挑，撥也。’引作挑桑，云本亦作條，是古本有作挑桑者，條乃挑之假借。《説文》：‘挑，一曰摷也。’《廣雅·釋詁》一：‘摷，取也。’挑通作叏。(《説文》引《詩》挑兮作叏兮。)《説文》：‘叏，一曰取也。’《箋》云‘枝落之，采其葉’者，采亦取也，正訓條桑爲取桑。胡承珙曰：‘《釋文》條桑，枝落也，不備取耳。’此亦謂條爲挑撥而取之，故云不備取。”

斨

毛曰：“斨，方銎也。”按方銎下當有斧字。一本有。《釋文》引《説文》云：“銎，斧空也。”空即孔字。《七月》正義引《破斧》傳：“隋（橢）銎曰斧，方銎曰斨。”①《説文》：“斨，方銎斧也。”

遠揚

長枝去人遠揚起者。

猗

俞樾曰：“猗乃掎之假借。《説文·手部》：‘掎，偏引也。’女桑

① 今本《破斧》傳無“方銎曰斨”四字，此據《七月》正義所引，故於《破斧》傳前補“《七月》正義引”五字。

乃桑之小者，故以手引而采之也。”案《傳》曰：“角而束之曰猗。”《廣雅》：“掎，掎也。”角即掎字。疑《傳》束爲采之訛。（采桑無取於繩束，此理至顯。毛本云：“角而采之曰猗。”後人不察，遂妄生異説，傎矣。《樂府詩集·西曲歌·采桑度[①]》曰：“擊條采春桑，采葉何紛紛。”正合《傳》義。

女桑

毛曰：“女桑，荑桑也。”《爾雅》荑作桋。初生曰荑，荑桑，謂桑初生之柔枝也。

鵙

毛曰：“鵙，伯勞。”《夏小正》作鴂；《傳》作伯鷯；昭十七年《左傳》作伯趙；趙岐《孟子》注又作鴃，云“博勞也，聲并通”。案伯勞體大於雀，背灰褐色，胸腹部荼色，尾及翼黑褐色。雄者翼有白點，嘴短而强，上嘴鈎曲，端尖，側緣有齒狀缺刻。性猛，捕昆蟲小鳥爲食，好以其物貫於棘枝之上而徐食之。

陽

毛曰：“陽，明也。”案陽借爲昜，《説文》：“昜，開也。從日一勿。”朱駿聲曰：“此即古暘，爲侌昜字。侌者見雲不見日也。昜者雲開而見日也。從日。一者雲也，蔽翳之象。勿者旗也，展開之象。會意兼指事。或曰從旦，亦通。”《説文》：“暘，日出也。從日昜聲。”朱駿聲云，此實昜之别體。《書·堯典》曰“暘谷”，《傳》：“明也。”《論衡·寒温》：“暘者明也。”

① 原稿“采桑度”爲“樂府吴聲歌”，今據《四部備要》本《樂府詩集》改。

秀葽

毛曰：“葽，葽草也。”《説文》：“葽，葽草也。從艸要聲。劉向説此味苦，苦葽也。”陳啓源曰：“宋曹粹中《詩説》，據《爾雅》‘葽繞棘蒬’郭注‘今遠志也’，又參以劉向苦葽之説，以爲即今藥中小草。案苦葽之訓甚古，今藥中小草，味極苦澀，醫家以甘草煮之，方可用。又有葽繞之稱，曹説信爲有本。”王先謙曰：“《廣雅》：‘蕀苑，遠志也。’與郭注合。葽一名葽繞者，語音長短之異，短言之曰葽，長言之曰葽繞也。”俞樾曰：“《本草》云：‘遠志，一名棘菀，一名葽繞，葉名小草。’陶注云：‘小草狀如麻黄而青。’蘇頌《圖經》云：‘亦有似大青而小者，三月開花，白色。’此云四月秀葽者，蓋三月而華，四月而秀，又或豳地晚寒，故較遲一月也。毛必云：‘不榮而實曰秀。’此亦似泥。《正義》引《出車》云‘黍稷方華’，《生民》云‘實發實秀’，是黍稷有華，亦稱秀，然則雅訓固未可拘矣。”

蜩

《方言》：“蟬，楚謂之蜩，陳鄭之間謂之蜋蜩，宋衛之間謂之螗蜩。”《爾雅》孔疏引孫炎曰：“蜩，宫中小青蟬也。”

隕蘀

毛曰：“隕蘀，蘀落也。”《説文》：“凡草木皮葉落陊地爲蘀。”引《詩》：“十月隕蘀。”

于貉

馬瑞辰曰：“貉與禡古通用。鄭司農注《周禮》‘大司馬職’‘有司表貉’曰：‘貉讀爲禡，《書》亦或爲禡。’是禡即貉之或體字也。鄭康成注‘甸祝表貉’云：‘田者習兵之禮，故亦禡祭，禱氣勢之十百而多獲。’是田有貉祭也。此詩于貉，常謂往貉，即《周禮》‘甸祝表貉’

之祭。”案于讀爲爲。

取彼狐狸，爲公子裘

《正義》曰：“孟冬已裘，而仲冬始捕獸者，爲來年用之。《天官·掌皮》：‘秋斂皮，冬斂革，春獻之。’注：‘皮革踰歲乾久乃可用，獻之以入司裘。’是其事也。”裘，又卣作（《金文編》八之八）。

同

鄭曰：“其同者，君臣及民因習兵俱出田也。”馬瑞辰曰：“同之言會合也（《廣雅》：‘集，合，同也。’），謂冬田大合衆也。《周官》‘惟田與追胥竭作’，故曰其同。《爾雅》：‘蒐，聚也。’[1]冬田之言同，猶春田之言蒐也，下章‘我稼既同’，《傳》亦訓聚。”

載纘武功

劉師培《字詮·自序》曰：“古尚戰伐，非兵莫存，君兼任帥，民悉隸軍，戰役若興，以師合衆，今觀諸侯之名，義取射侯，卒正伯長，於《王制》爲群后，於《周書》爲軍職。師旅二字，咸兼衆訓，輩訓發車，徒訓步兵，引伸其義，與群比同。《易傳》有言，師者衆也，罪必有比，此其徵矣。（我字從戈，躬或從弓，强弱弛張，取義於弓，施字旋字，取義於旗，均古崇兵之徵。）”（《左盦集》四之十八）。案此説精核，與《詩》義可互相發明。纘，毛曰：“繼。”功，毛曰：“事也。”

豵　豜

毛曰：“豕一歲曰豵，三歲曰豜。”王先謙曰：“豜與肩同。鄭司農注‘大司馬職’引《豳詩》作肩，鄭傳《毛詩》，是《豳風》亦有作

① 原稿無“《爾雅》：‘蒐，聚也。’”今據馬書補。

肩之本。《韓詩章句》：‘三歲曰肩。’知此亦當作肩也。”案《還篇》傳曰：“獸三歲曰肩。”可證豜肩同字也。肩一作豜。《晏子春秋·内篇·諫》下：“公孫接曰：‘接一搏豣而再搏乳虎。’”

斯螽

即螽斯，一名蜇螽，亦曰蜙蝑。（蜇螽者斯螽之音轉，蜙蝑者又螽斯之音轉也。）雄者長寸許，緑褐色，前翅右下左上相重叠，接合處成堅硬之發聲器，故能作聲。雌者長一寸五分許，色濃緑，微雜褐色，翅短於雄，尾端有産卵器突出。蝕害農産物，惟不如蝗類之甚耳。《周南》正義引義疏曰：“幽州人謂之舂箕，舂箕即舂黍，蝗類也。”

莎鷄

方旭云，莎鷄即俗所稱之紡織娘。似蝗而小，羽灰黄色，或青色，羽下深紅色。六七月生草中，好夜鳴，其聲如紡綫，故又名紡絲，又名絡緯，又名梭鷄。（詳見《蟲薈》。）

振

《廣雅·釋詁》：“振，動也。”

七月在野，八月在宇，九月在户，十月蟋蟀入我床下

鄭曰：“自七月在野，至十月入我床下，皆謂蟋蟀也。”馬瑞辰曰：“《詩》云斯螽莎鷄，一以股鳴，一以羽鳴，至蟋蟀乃以鳴之遠近言。”

《釋文》引《韓詩》曰：“宇，屋霤也。”陳喬樅曰：“《説文》：‘宇，屋邊也。’又曰：‘櫋，屋櫋聯也。’‘梠，楣也。’‘楣，秦名屋櫋聯也，齊謂之檐，楚謂之梠。’又曰：‘霤，屋水流也。’《士喪禮》鄭注：‘宇，梠也。’《釋名》：‘梠或謂之櫋。’‘霤，流也，水從屋上流下也。霤亦爲溜。《左傳》‘三進及溜’，霤即屋梠之流水處。然則宇

也，霤也，梠也，異名而同實。”

穹窒

毛曰：“穹，窮。窒，塞也。”多案《方言》十一：“蛄諸謂之杜蛒，螻螲謂之螻蛄，或謂之蟓蛉，南楚謂之杜狗，或謂之蛞螻。”郭注：“螲，音窒塞。”《詩》窒即螲之假借，螻螲簡言之曰螲也。《廣雅·釋蟲》：“炙鼠，津姑，螻蜮，蟓蛉，蛞螻，螻蛄也。”炙鼠，蘇頌《本草圖經》引作碩鼠，炙碩聲相近也，字一作石。（《廣韻》：“螻蛄，一名仙姑，一名石鼠。”）一作鼫。（《易·晋》九四“晋如鼫鼠”，正義引蔡邕《勸學篇》云：“鼫鼠五能，不成一伎。”《本草經》云：“螻蛄，一名鼫鼠。”）螲，炙，石，鼫，碩，聲并相近，此皆謂蟲類也。亦有以爲鼠者。《藝文類聚》引《魏風·碩鼠》義疏云：“碩鼠，樊光謂即《爾雅》鼫鼠也。許慎云，鼫鼠，五伎鼠也。今之河東有碩鼠，大能人立，交前兩脚於頭上，跳舞善鳴，食人禾稼，逐則走入樹空中，亦有五伎，或謂雀鼠，其形大，故《叙》云大鼠也。魏，今河東河北縣也，《詩》言其方物，宜謂此鼠。《本草》又謂螻蛄爲石鼠，亦五伎。古今方土名蟲鳥，物異名同，故記也。”然《詩》所言，仍當指蟲類之螻蛄亦名螲螻者。《魏風》之碩鼠，乃田鼠，與《義疏》所稱正合，不居室中。此詩“穹窒熏鼠，塞向墐户”，皆室中之事，則所指與《魏風》非一物矣。《周官·翦氏》：“掌除蠹物，以莽草熏之。”正此詩熏鼠之事。《赤犮氏》：“掌除墻屋，凡隙屋除其貍蟲。”注：“貍蟲，䗪肌蛷之屬。”即此詩穹窒之事也。穹窒與熏鼠，及下塞向墐户，四者相對成文。馬瑞辰曰：“穹，窮也。窮，治也，盡也。穹通作焪，《廣雅》焪與糞寫并訓爲盡，又曰：‘糞，寫，除也。’是穹謂除治之盡也。”郝懿行曰：“今順天人呼拉拉古，亦螻蛄之聲相轉耳……螻蛄翅短，不能遠飛，黄色，四足，頭爲狗頭，俗呼土狗，即杜狗也。尤喜夜鳴，聲如蚯蚓，喜就燈光，陶注《本草》云：‘此物頗協鬼神，今人夜見，多打殺之，言爲鬼所使也。’”林義光曰：“穹讀爲空，穹空一聲之轉。《白駒篇》'在彼空谷',《韓詩》空作穹。"案義亦得通。

向

毛曰:"向,北出牖也。"《釋文》引《韓詩》[1]曰:"向,北向窻也。"《説文》:"向,北出牖也。從宀,從口。《詩》曰:'塞向墐户。'從口者,象中有户牖之形。"陳喬樅曰:"《士虞禮》'啓牖鄉',注:'鄉牖一名。'《明堂位》'遠鄉',注:'鄉,牖屬。'鄉即向之假借。《説文》:'牖,穿壁以木爲交窗也。'窗古文作囱。《説文》囱下云:'在牆曰牖,在屋曰囱。'重文'窗,或從穴'。俗又加心作窻耳。"案向當爲凡牖之通稱。説《詩》者,或曰北出牖,或曰北向窗,皆援《詩》義以爲訓耳。

墐

毛曰:"墐,塗也。"陳奂曰:"《説文》:'墐,涂也。'涂塗古今字。《角弓》傳:'塗,泥也。'墐與墐同。《説文》:'墐,拭也。'塗讀同敷。《説文》:'敷,閉也。讀若杜。'《丹部》引《周書》'惟其敷丹雘',今《梓材》作塗。塗敷聲通。"

户

毛曰:"庶人蓽户。"陳奂曰:"《儒行》注:'蓽門,荆竹織門也。'襄十五年《左傳》注:'蓽門,柴門。'則蓽户當以柴竹爲户,泥之使不通風矣。"

曰

《漢書·食貨志》引《詩》作聿,曰、聿、欥、遹四字古通用。(《爾雅·釋詁》:"遹,自也。"《綿篇》"聿來胥宇",箋:"聿,自

① "詩"字,今補。

也。”《蟋蟀篇》“歲聿其莫”，傳：“聿，遂也。”《書·湯誥》“聿求元聖”，疏：“聿謂遂也。”《説文》：“欥，詮詞也。從欠從曰，曰亦聲。《詩》曰：‘欥求厥寧。’”《大雅·文王有聲》欥作遹[1]。《説文》：“聿，手之疌巧也。從又持巾。凡聿之屬皆從聿。”《周書》謚法“協時肇亨曰孝”，注：“肇，始也。”《詩·生民》、《維清》傳、《小毖》箋：“肇，始也。”《爾雅·釋詁》同。）[2]案聿似有將義且義。《東山篇》“我征聿至”，義亦爲將爲且。本篇“曰殺羔羊”，亦將殺羔羊。《説文》：“肁，始開也。從户聿。”建亦從聿，義亦與近。《太玄·玄瑩》：“六始爲律。”《方言》十二：“律，始也。”

入此室處

馬瑞辰曰：“聿爲改歲，猶言歲之將改，乃先時教戒之辭，非改歲然後入室也。”

鬱

毛曰：“鬱，棣屬。”《正義》曰：“劉稹《毛詩義問》云：‘其樹高五六尺，其實大如李，正赤，食之甜。《本草》云一名雀李，一名車下李，生高山川谷，或平田中，五月時實。一名棣。’”

薁

《齊民要術》引陸璣《詩義疏》云：“櫻薁，實大如龍眼，黑色，今車鞅藤實是。”

剥

毛曰：“剥，擊也。”馬瑞辰曰：“《夏小正》‘八月剥棗’，傳：

① “《大雅·文王有聲》欥作遹”，據文義補。
② 括弧内文字，原稿眉批。

‘剥也者，取也。’《廣雅》亦曰：‘剥，取也。’《夏小正》二月‘剥鮮’，即《月令》‘取鼉’也。八月‘剥瓜’，亦謂取瓜。則剥棗訓取是也……《傳》訓擊者，以剥爲朴之同聲假借，朴正作攴。《説文》[①]：‘攴，小擊也。’又曰：‘擊，攴也。’《廣雅》：‘剥，擊也。’義本《毛詩》。《説文》：‘剥或從卜作刋。’故可假作攴。”案崔述曰：“棗亦有用以釀酒者，今山東有棗酒。此或以棗入稻而釀之。則《詩》‘春酒’二句，當承‘剥棗’‘穫稻’二句讀。”（《讀風偶識》。）案即今泡茶之泡字，與烹略異[②]，火曰炮（炰），水曰泡。

穫稻

鄭曰：“又穫稻而釀酒。”曹粹中曰：“四章既言‘八月其穫’矣，此章又言‘十月穫稻’，則五穀之熟，各隨其早晚耳。”蔣方駿曰：“此章之穫，乃借字也，其本字當作濩……《葛覃篇》‘是刈是濩’，《集傳》云：‘煮也。’蓋爲酒，必先煮稻，意義本相連屬。今下既言‘爲此春酒’，則穫稻必如此詁，文法方是一氣。”（《師鄦齋經説》。）多案蔣説是也。《臣工篇》傳：“銍，穫也。”《釋文》：“穫本作鑊。”《葛覃篇》“是刈是濩”《爾雅》作鑊，是穫鑊濩諸字互通之證。

春酒

毛曰：“春酒，凍醪也。”《正義》曰：“《周官·酒正》‘三日清酒’，鄭注：‘清酒，今之中山，冬釀接夏而至者。’春酒即彼清酒。”多案孔説是也。《楚辭·招魂》：“挫糟凍飲，酎清凉些。”凍飲亦即凍醪，凍醪亦即酎也。《魏都賦》：“醇酎中山，沈湎千日。”中山稱醇酎。《説文》：“酎，三重醇酒也。”凍醪亦稱酎，是凍醪即中山矣。冬釀而經春始成，故《詩》曰春酒。

① 原稿脱“文”字。

② 原稿無“異”字，據文義補。

介

林義光曰："介讀爲匄，乞也。金文多用'祈匄眉壽'。祈匄者，祈乞也。"

眉壽

毛曰："眉壽，毫眉也。"

壺

毛曰："壺，瓠也。"張文虎曰："匏瓠一類而二種，瓠可食，匏不可食。《詩·南有嘉魚》：'甘瓠纍之。'《公劉》：'酌之用匏。'《詩》言匏瓠迥别，而後世混其稱，故《毛傳》云：'匏謂之瓠。'"多案《詩》"瓠有苦葉，濟有深涉"，此謂不可食之匏。（故《國語·魯語》："叔孫穆子曰：'豹之業及匏有苦葉矣。'叔向曰：'夫匏不材，於人共濟而已。'"韋注："佩匏可以渡水。"）此詩斷壺，謂可食之瓠。又《論語》："吾豈匏瓜也哉，焉能繫而不食？"春秋時尚不混也。混之蓋自戰國始。《莊子·逍遥游篇》："惠子謂莊子曰：'魏王貽我大瓠之種。'"此則匏也。《説文》："瓠，匏也。"義本《毛傳》。

叔苴　采荼薪樗　食我農夫

毛曰："叔，拾也。"馬瑞辰曰："《爾雅·釋言》：'築，拾也。'《小爾雅》：'督，拾也。'築督均與叔音近而義同。《説文》：'叔，拾也。從又尗聲。汝南名收芋爲叔。'拾與收皆謂取。（《説文》：'拾，掇也。'《廣雅》：'收，取也。'）叔通作淑。《孟子》：'有私淑艾者。'謂私取以自治也。（案焦循《孟子正義》謂艾讀爲刈，私淑艾，謂私自拾取，私自刈獲，較馬説爲長。）'予私淑諸人也'，猶言私取諸人。舊皆訓淑爲善，失之。"

毛曰："苴，麻子也。"

鄭曰："乾荼之菜。"馬瑞辰曰："《箋》云乾荼之菜，蓋讀經采爲菜，菜荼與薪樗相對成文。乾荼以爲菜，即《月令》仲秋務蓄菜也。"毛曰："樗，惡木也。"今之臭椿。《我行其野》傳亦謂惡木。《莊子·逍遥游篇》[①]："吾有大木，人謂之樗，其本擁腫，不中繩墨，小枝曲拳，不中規矩，立於途，匠者不顧。"是也。樗爲惡木，故但以爲薪。《爾雅·釋言》："畯，農夫也。"孫注："田官。"《書·酒誥》"農夫"，傳："司徒也。"《禮記·郊特牲》"饗農"，注："田畯也。"《獨斷》："先農蓋神農之神。"

楊楨曰："《豳·七月篇》云：'九月叔苴，采荼薪樗。'傳云：'叔，拾也。苴，麻子也。樗，惡木也。'箋云：'麻實之糝，乾荼之菜，惡木之薪。'考《説文》云：'叔，拾也。'《儀禮·喪服》傳云：'苴，麻之有蕡者也。'孫炎云：'蕡，麻子。'其説皆與《傳》合。而荼則有五。《爾雅·釋草》云：'荼，苦菜。蒤，委葉。蕇，蒡荼。'《釋木》云：'檟，苦荼。'《周官·掌荼》注云：'荼，茅莠。'《箋》謂乾荼之菜，是本《爾雅》'荼，苦菜'文也。樗有山樗、田樗之别，《傳》於《詩》皆云惡木，《箋》謂惡木之薪，蓋以樗惟堪作薪也。《箋》下云：'亦所以助男養農夫之具。'竊考之禮而知其誤。數者蓋所以供祭祀也。《周官·籩人》云：'朝食之籩，其實麷蕡。'鄭司農云：'麻曰蕡。'《儀禮·少牢饋食禮》云'麷蕡實於豆'，即此所謂麻子也。《月令》於秋則食麻與犬。又云：'季秋之月[②]，以犬嘗麻，先薦寢廟。'注云：'麻始熟也。'案麻以八九月之間熟，先熟者古以爲珍食。至季秋則子畢熟而隕落，可拾而取，豳人以供祭，故《詩》云爾也。《周官·甸師》云：'祭祀共蕭茅。'案茅即荼。注云：'茅，莠也。'注云：'茅以共祭之苴，亦以縮酒。'豳人采荼以備用，故《詩》詠之也。《説文》云：'樗，木也。以其皮裹松脂。'《玉篇》云：'木皮可爲

① 原稿脱"游"字。

② 《月令》原文爲"仲秋之月"，此處"仲"作"季"，疑誤。

燭。’重文作穫。考《大東》云‘無浸穫薪’‘薪是穫薪’，檴固薪材，其非惡木也可知。《周官・委人》云：‘以式法共祭祀之薪蒸木材。’《甸師》云：‘以薪蒸役外內饔之事。’注云：‘薪蒸給炊及燎。’案檴木皮裹松脂可爲燭，今木油燭也。豳人以共薪蒸，備用燭也明矣。（《郊特牲》曰：‘鄉爲田燭。’）然下云‘食我農夫’者何？考《周官・宰夫》注云：‘食，饗也。’竊謂即《禮記・郊特牲》云：‘歲十二月，合聚萬物而索饗之也。’所謂蜡祭也。注云：‘歲十二月，周之正數，建亥之月也。’《豳》詩所用者夏正，則十月祭祀，而物宜先備也。雖蜡祭所共，不止籩實縮酒庭燎諸物。九月所拾取者，則惟苴荼檴也。《郊特牲》又云：‘饗農及郵表畷禽獸。’注云：‘農，田畯也。郵表畷謂田畯所以督約百姓於井間之處也。’蓋祭畢而於其地饗田畯，即此詩所云‘食我農夫’也。《郊特牲》又云：‘黃衣黃冠而祭，息田夫也。野夫黃冠，草冠草服也。’注云：‘祭以息民，服象其時物之色，季秋而草木黃落。’可證蜡祭於九月最近也。豳當日行此禮，故周公追而咏之，一時民所共之物，所饗之人，證之於禮而如見矣。”（《叔苴采荼薪檴解》，《尊經書院集》卷二。）

場圃

毛曰：“春夏爲圃，秋冬爲場。”陳奐曰：“《説文》：‘場，治穀田也。’《東方未明》傳：‘圃，菜園也。’場圃連言，《傳》乃先釋圃，後釋場。春夏之圃，至秋冬作場以治穀，是謂之築場圃。《傳》依經義言也。《箋》云：‘場圃同地，自物生之時，耕治之以種菜茹，至物盡成熟，築堅以爲場。’《序官・場人》注云：‘場，築地爲墠，季秋除圃中爲之。’并與《傳》意合。”

納禾稼

禾稼統詞。鄭曰：“納，内也。治於場而内之囷倉也。”案《説文》："禾之秀實爲稼，莖節爲禾。"是總秀實與莖節而稱之，則曰禾稼。

稷

稷乃今之高粱，粱則今之小米。秦漢以來，多誤以稷爲小米。（詳程瑶田《九穀考》。）

重穋

毛曰："後孰曰重，先孰曰穋。"馬瑞辰曰："據《管子·地員篇》'五粟之土，其種大重細重，五槁之土，其種大穋秜細穋秜'，又似穀有專名重穋者。《管子》又云：'五杰之土，其種大稷細稷。五剽之土，其種大秬細秬。'秬即黍也。以重穋與黍稷并列，則重穋非即黍稷明矣。《大荒南經》云：'驩頭維宜芑苣穋楊是食。'郭注：'《管子》説地所宜云：其種穋秜黑黍，皆禾類也。'重穋今雖未詳爲何穀，要亦禾之二名無疑。"《説文》引《詩》作種稑（種稑之字作穜，從禾童聲，種穜二字，久爲後人所亂），本字；穜，稑假借字。

禾

馬瑞辰曰："禾有爲諸穀通稱者。《聘禮》及《周官·掌客》皆言禾若干車，通謂粟之有藁者，及此詩'十月納禾稼'是也。有專指一穀言者。《吕氏春秋》云'禾黍稻麻菽麥，六者之實'，又曰'今兹美禾，來兹美麥'，《淮南子》'雒水宜禾'，又曰'中央宜禾'，及此詩'禾麻菽麥'是也。據《説文》：禾，嘉穀也。粟，嘉穀實也。米，粟實也。粱，米名也。四者相承而言，是粱者粟之米也，粟者禾之實也。此詩以禾與麻菽麥并言者，禾即粱也。戴侗《六書故》云：'北方多陸土，其穀多粱粟，故粱粟專以禾稱。'……粱爲今之小米。"

既同

鄭曰："既同，已聚也。"

上

俞樾曰："上尚古字通。上下之上，可以尚爲之，尚庶之尚，亦可以上爲之。'上入執宫功'，言野功既畢，尚入而執宫中之事也。《陟岵篇》'上慎旃哉'，朱子《集傳》曰：'上猶尚也。'其説視《箋》義爲長，不得因非古訓而疑之。"《廣雅·釋詁》一："尚，上也。"

宫

馬瑞辰曰："古者通謂民室爲宫，因謂民室中事爲宫事，《夏小正》三月'妾子始蠶，執養宫事'，《昏禮》戒女詞曰'夙夜無違宫事'，是也。《爾雅》：'公，事也。'宫公即宫事也。宫事，即何休《公羊》注所云'民皆入宅，男女同巷，相從夜績'者。於茅索綯，即宫事之一也。"《易·困》："入於其宫，不見其妻。"

功

《正義》作公，今本作功者，從唐定本改也。公功古通。《六月篇》"以奏膚公"，傳："公，功也。"《瞻卬篇》"婦無公事"，王引之云即婦無功事也。功與公，皆爲事。《穀梁傳》宣十二年："功，事也。"定本不知公與功同，故易之耳。

于茅

馬瑞辰曰："于與爲古通用，義同取。(《廣雅》：'取，爲也。')于即於也，故于之義，亦得訓取。此詩于貉謂取貉，《毛傳》'于貉謂取'是也。于茅亦謂取茅，《箋》'當晝日往取茅歸'，趙岐《孟子》注'《詩》言教民晝取茅草'，是也。……因悟《孟子》引《大誓》'侵于入疆，則取其殘’者，于亦爲取，猶云侵取是疆，實取其殘也。”

索綯

王引之曰：“索者糾繩之名。《淮南·氾論篇》‘緂麻索縷’，高誘注曰：‘索，切也。’切與紉同，謂切撚之使緊也，是索爲糾繩之名也。《廣雅·釋詁》云：‘紉、紆、緲，索也。’是矣。綯者繩索之名。《廣雅·釋器》云：‘綯、繩，索也。’是矣。《爾雅》訓綯爲絞者，絞亦繩也。字或作綯。《小爾雅》曰：‘綯，索也。’是綯爲繩也。”

乘

馬瑞辰曰：“《説文》：‘乘，覆也。’乘屋謂覆蓋其屋。《孟子》趙注：‘及爾閑暇，亟乘蓋爾野處之屋。’是也。”

鑿冰沖沖

《初學記》引《韓詩》説曰：“冰者，窮谷陰氣所聚，不洩則結而爲伏陰。”陳喬樅曰：“冰者寒氣所聚，鑿冰亦所以散固陰沍寒，深山窮谷之氣，故能調四氣之和，使冬無愆陽，夏無伏陰，人不夭札。否則凝聚不洩，結而爲伏陰矣。故先王重祭寒之禮，著斬冰之令，非獨藏以備暑已也。韓説於義尤精。”

毛曰：“沖沖，鑿冰之意。”《初學記》歲時部冬類引作“沖沖鑿冰之音”。羅振玉曰：“作音是也。《韓詩》：‘沖沖，聲也。’與毛《傳》合。作意者傳繕之訛。《正義》曰：‘沖沖，非貌非聲，故曰鑿冰之意。’誤。”

凌陰

毛曰：“凌陰，冰室也。”《説文》凌作滕，云：“仌出也。從仌朕聲。”謂冰出棱棱然。或從仌夌聲。引《詩》：“納於滕陰。”林義光曰："窨也。《説文》：'窨，地室也。'"（案今猶曰"地窨子"。《論語》"高宗諒陰"，鄭訓陰爲闇，《説文》亦訓陰爲闇。《左傳》"鹿死不擇音"，即不擇陰也。）[①]《廣雅·釋言》："縢，冰也。"《風俗通》："積冰爲凌。"《水經·鮑丘水注》："伏凌山陰崖積雪，凝冰夏結，故世人因以名山也。"[②]此皆以凌爲冰，與《傳》以冰釋凌，以室釋陰義合。《周禮·凌人》"掌冰……三其凌"，注："凌，冰室也。"誤衍室字也。

蚤

林義光曰："蚤讀爲叉。叉，取也。叉古作，象手有爪形，其引申義則爲爪取物。昭四年《左傳》言古者藏冰'祭寒而藏之，獻羔而啓之'。《月令·仲春》：'天子乃鮮羔開冰（鄭注鮮當爲獻），先薦寢廟。'此詩言獻羔祭韭，則四之日其叉，謂取冰也。"《禮·王制》鄭注引蚤作早，《吕氏春秋·春紀》高注同。高注又曰："開冰室，取冰治鑒，以祭廟，春薦韭卵。"

肅霜　滌場

王國維曰："肅霜滌場，皆互爲雙聲，乃古之聯綿字，不容分别釋之。肅霜猶肅爽，滌場猶滌蕩也。《詩》謂九月之氣，清高顥白，到十月則萬物摇落無餘矣。與觱發栗烈，由風寒而進於氣寒者，遣詞正同。"《傳》："滌，掃也。"《慧琳音義》四十八引作"滌，掃除也"。

朋酒

毛曰："兩樽曰朋。"馬瑞辰曰："《儀禮》惟士冠禮、士昏禮，醴

① 括弧内文字，原稿眉批。

② 《水經·鮑丘水注》原文是："水出伏凌山，山高峻，崖郭寒深，陰崖積雪，凝冰夏結，事同《離騷》峨峨之咏，故世人因以名山也。"

尊皆側尊，無玄酒。注：‘側，猶特也。無偶曰側。’側者無玄酒。其鄉射禮，大射禮，燕禮，鄉飲酒禮[1]，特牲饋食禮，少牢禮，凡設尊并兩壺者，有玄酒也。此詩朋酒，《傳》訓兩樽，蓋亦兼玄酒言之。”（案《鄉飲酒禮》：“尊兩壺於房户間斯禁。”）陳奂曰：“《燕禮》：‘司宫尊於東楹之西，兩方壺。尊士旅食於門西，兩圜壺。’注：‘尊方壺，爲卿大夫士也。尊士旅食者，用圜壺，變於卿大夫也。’據此則鄉人有大夫，尊兩壺爲兩方壺矣。兩方壺有玄酒，兩圜壺無玄酒也。”案古者五貝爲朋，《易·損》崔憬注：“雙貝曰朋。”乃莽制，此以朋酒爲兩樽，恐非《詩》義。《説文》無朋字，祇見東漢隸書（婁壽、孔宙、樊敏諸碑可證），西漢亦無之。朋字亦必依莽制新造，字從二月，即二貝之變體。

饗

毛曰：“饗者，鄉人飲酒也。”（各本奪“鄉人飲酒也”五字。《説文》：“饗，鄉人飲酒也。”本《傳》訓。《正義》本有五字，今訂正。）王先謙曰：“斯饗，統詞。”

羔羊

毛曰：“鄉人以狗，大夫加以羔羊。”案謂鄉人飲酒，其牲以狗，有大夫在焉，則加以羔羊也。馬瑞辰曰：“鄉飲酒有鄉大夫，無加用羔羊之禮，此當從《箋》謂大飲之禮。”

公堂

毛曰：“公堂，學校也。”林義光曰：“公堂，豳公之堂也。舉兕觥升堂，欲以獻公也。(《卷耳》‘我姑酌彼兕觥’，引觥必非爲罰爵。）此詩言‘爲公子裳’，言‘獻豣於公’，而篇末‘公堂’，毛獨以爲學校，

① 原稿脱“禮”字。

於義難通。”多案學校亦公堂也。王先謙曰：“《黨正》職云：‘國索鬼神而祭祀，則[1]以禮屬民而飲酒於序，以正齒位。’注云：‘正齒位者，爲民三時務農，將闕於禮，至此農隙而教之尊長養志，見孝弟之道。’大飲則國君饗臣下，而皆必於學饗之。據經文用羊，知此公堂謂大學也。古之民，且耕且學，八歲入小學，十五則升其俊異者入於大學。豳公國君，知序學之上，亦設國學也。”《檜·羔裘》一章曰“狐裘以朝”，二章曰“狐裘在堂”，傳曰：“堂，公堂也。”

稱

馬瑞辰曰：“稱者偁之假借。《爾雅·釋言》：‘偁，舉也。’（《釋訓》：‘偁偁格格，舉也。’）《正義》云：‘舉彼兕觥之爵。’正訓稱爲偁。《說文》：‘偁，揚也。”揚亦舉也。‘稱彼兕觥’，猶《禮》言揚觶也。”朱駿聲曰：“偁假借爲爯。案稱亦爯之假借。《說文》：‘爯，并舉也。從爪冓省。’會意，木交加爲冓，故會一手舉二之意。”敦作，即偁字（《金文編》八之三）。卜辭作（前編六之四）、（前編七之三十七）。

兕觥

《說文》：“觵，兕牛角可以飲者，其狀觵觵，故謂之觵。”觥下云：“俗觵從光。”

萬壽無疆

胡承珙曰：“或謂萬壽無疆當爲人臣祝君之詞，不知舉觴稱壽乃古人飲酒之常禮。《士冠禮》祝詞有曰眉壽萬年，亦不盡爲祝君之語。況《月令》又引爲‘受福無疆’，此或據《三家詩》本并不作萬壽，亦可見斯饗不必爲國君之饗臣矣。（劉瑾曰古器物銘所謂‘用祈萬年’，‘用蘄

① 原稿無“則”字，據上海古籍出版社黄侃手批《白文十三經·周禮·黨正》補。

眉壽’，‘萬年無疆’之類，皆自祝之辭。)”

篇中紀月之例列表如下：

		篇中紀月	周正	夏正
辜	子陬	一之日	一月	十一月
涂	丑如	二之日	二月	十二月
陬	寅寎	三之日	三月	一月
如	卯余	四之日	四月	二月
寎	辰皋	蠶月	五月	三月
余	巳且	四月	六月	四月
皋	午相	五月	七月	五月
且	未壯	六月	八月	六月
相	申玄	七月	九月	七月
壯	酉陽	八月	十月	八月
玄	戌辜	九月	十一月	九月
陽	亥涂	十月	十二月	十月

“一之日”“二之日”“三之日”“四之日”，以周正紀數也。“四月”“五月”“六月”“七月”“八月”“九月”“十月”，以夏正紀數也。“七月流火”“九月授衣”，皆夏正也。至夏正之十一月，在周爲一月。在周言周，故變其文曰“一之日”，以周正紀數，而又不與豳俗之用夏正者，混而無别也。既曰“一之日”，遂繼之曰“二之日”。既曰“一之日”，“二之日”，則夏正之正月二月，不得謂之一月二月，故從周正數之，曰“三之日”，“四之日”。自是爲“蠶月”。蠶月者，夏之三月。以周正數之，則五之日也。不言五之日者，以篇中有“五月”也。不言三月者，以篇中有“三之日”也。月取物候之有定者紀之，而曰“蠶月”。

正朔無定，而物候有定，則全篇所紀日月，皆定於是矣。（説見俞樾《群經平議》。）

數月連舉之例，與用韻有關。依王引之説，述之如圖：

（一）韻

依次連舉者。［如“一之日觱發，二之日栗烈”（發烈韻），“四月秀葽，五月鳴蜩”（葽蜩韻）之類。］

中隔一月者。［如“七月流火，九月授衣”（火衣韻），“八月其穫，十月隕蘀”（穫蘀韻）之類。］

（二）不韻

中隔多月者。［如“八月萑葦，蠶月條桑”（葦桑不韻），“五月鳴蜩，八月其穫”（蜩穫不韻）之類。］

鴟鴞（豳二）

鴟鴞鴟鴞！既取我子，無毁我室。恩斯勤斯，鬻子之閔斯！
迨天之未陰雨，徹彼桑土，綢繆牖户。今女下民，或敢侮予。
予手拮据，予所捋荼，予所蓄租。予口卒瘏，曰予未有室家。
予羽譙譙，予尾翛翛。予室翹翹，風雨所漂摇。予維音嘵嘵。

恩　勤

《傳》：“恩愛。”《箋》：“殷勤於此稚子。”案恩殷聲近義通，恩勤即殷勤。蔡邕《胡公夫人哀贊》：“殷斯勤斯。”三家當有作殷者，爲蔡所本。

鬻

讀爲幼。

閔

憐也。(之猶是也。)

徹

《傳》:"徹,剥也。"案《方言》三:"徹,列也。東齊曰徹。"《獨斷》:"群臣異姓有功封者,稱徹侯,避武帝諱,改曰通侯,或曰列侯。"徹訓列,亦訓裂,剥裂義同,故徹亦訓剥也。《説文》:"剥,裂也。"《周禮·柞氏》"冬日至,令剥陰木而水之",注:"謂斫去次地之皮。"趙注《孟子》云:"取桑根之皮,以纏綿牖户。"是也。

土

《傳》:"桑土,桑根也。"《孟子》趙注同。《釋文》引《韓詩》作杜。《方言》三:"杜,根也。東齊曰杜。"注引《詩》作杜。《廣雅·釋草》:"杜,根也。"案杜柢一聲之轉,柢謂之杜,猶土謂之地。(古稱下土即下地,《易·離》:"百穀草木麗乎土。"《釋文》引王肅本作地。)小渚謂之坻(《説文》:"坻,小渚也。"),大都一曰大抵。(《史記·酷吏傳》:"大抵盡詆以不道。"索隱:"大抵猶大都也。")

綢繆

《箋》:"綢繆,猶纏綿也。"

女

猶此也。詳《静女》。

拮据

《傳》:"拮据,撠挶也。"《説文》:"据,戟挶也。""挶,戟持也。""丮,持也。象手有所丮據也。讀若戟。""𧇡,鬥相丮不解也。”“㩴，杖持也。”案：“拮据”“戟据”“戟挶”“丮㩴”總爲一語，依義當以“丮㩴”爲本字，然“丮㩴”連綿詞，即丮也。短言之曰“丮”，長言之則曰“丮㩴”耳。《説文》又有𠃨（）字，云：“拖持也。從反丮，闕。”案丮𠃨實一字，舊音𠃨，居玉切，蓋誤認鬥之左右各爲一字，故各讀一音也（依連綿詞之例，丮𠃨皆可讀几劇切，亦皆可讀居玉切），然以丮㩴爲鬥之狀，其意則是。《説文》訓𧇡爲“鬥相丮不解”。《史記·孫吴列傳》亦云：“救鬥者不搏撠。”撠即丮字，而丮即丮㩴，是鬥與丮㩴一而二，二而一也。《詩》曰“予手拮据”，正謂兩手疲極而相鬥，故《傳》以爲“手病”。唐人詩曰：“開緘手相鬥。”彼言驚喜，此言疲憊，其狀則一也。拮据之語轉爲結縎。《廣雅·釋訓》：“結縎，不解也。”又轉爲契闊、邂逅，詳《擊鼓篇》。

所

“予所捋荼”“予所畜租”二所字，林義光讀爲尚，郅確。今案下章“風雨所漂摇”之所，亦當讀爲尚。

租

讀爲苴，字一作蒩，草也。《周書·大聚篇》：“陂溝道路，藂苴丘墳。”《管子·地圖篇》：“苴草林木蒲葦之所茂。”《楚辭·九章》：“草苴比而不芳。”《靈樞經·癰疽篇》：“草蒩不成，五穀不殖。”《吕氏春秋·貴生篇》“其土苴以治天下”，注：“苴，草薊也。”（薊今誤作蒯，王念孫改作薊，云：“草薊即草芥也。”）《廣雅·釋草》：“蒩，草也。”《詩》租字正謂草，“捋荼”與“蓄租”文相偶儷。《傳》“租，爲也”者，《釋文》本爲作薦，是也。《管子·八觀篇》：“薦草多衍。”《漢書·景帝紀》：“或地饒廣薦草莽水泉。”《趙充國傳》：“今虜亡其美地薦草。”薦亦草也。又案：“予所蓄租，予口卒瘏”二句當互易，與上二句一律。

卒

讀爲瘁。

曰

猶爲也。"曰予未有室家"總承上四句，言手拮据而尚捋荼，口瘁瘏而尚蓄苴，總因無室家故耳。

譙譙　翛翛

《傳》："譙譙，殺也。翛翛，敝也。"《釋文》："譙譙字或作燋，同。"唐石經，宋光堯石經，翛作脩，《集韻》引同。

翹翹

《漢廣》"翹翹錯薪"，翹翹，錯雜煩亂之貌。(《廣雅·釋詁》三："撓，亂也。"《玄應音義》八引《纂文》："嬈，煩也。"又四引《三蒼》同。）此翹翹義同。

維

同惟，但也。一説讀爲唯，《説文·口部》引正作唯。唯與鸜同，鳴也。（詳《匏有苦葉》。）

嘵嘵

讀爲嗷。《鴻雁》："哀鳴嗷嗷。"《説文》："嗸，一曰哭不止悲聲嗸嗸也。"嗷嗸同。

東山（豳三）

我徂東山，慆慆不歸，我來自東，零雨其濛。我東曰歸，我心西悲。制彼裳衣，勿士行枚。蜎蜎者蠋，烝在桑野，敦彼獨宿，亦在車下。

我徂東山，慆慆不歸。我來自東，零雨其濛。果蠃之實，亦施于宇，伊威在室，蠨蛸在户。町畽鹿場，熠燿宵行，不可畏也？伊可懷也！

我徂東山，慆慆不歸。我來自東，零雨其濛。鸛鳴于垤，婦嘆于室，灑埽穹窒，我征聿至。有敦瓜苦，烝在栗薪，自我不見，于今三年。

我徂東山，慆慆不歸。我來自東，零雨其濛。倉庚于飛，熠燿其羽。之子于歸，皇駁其馬。親結其縭，九十其儀，——其新孔嘉，其舊如之何？

慆慆

《傳》："慆慆，言久也。"魏武帝詩："悲彼《東山》詩，悠悠使我哀。"魏文帝詩："豈爲《東山》詩，悠悠多憂傷。"是三家慆慆作悠悠。慆悠古同聲通用。《論語·微子[①]篇》："滔滔者天下皆是也。"《史記·孔子世家》及鄭本《論語》并作悠悠，是其比。悠亦久也。王先謙説。

零

《説文》："零，餘雨也。"案從令之字多有小義。《莊子·齊物論》"泠風則小和"，李注："泠風，小風也。"《淮南子·椒真篇》"越舲蜀艇"，注："舲，小船也。"《漢書·揚雄傳》上"據軨軒而周流兮"，注："軨者軒間小木也。"《百官公卿表》"車府路軨"，注引伏儼："軨，今之小馬車曲輿也。"《爾雅·釋蟲》："螟蛉，桑蟲。"注："螟蛉，桑上小青蟲也。"是零亦有小義。零雨，小雨也，故曰其濛。

① "微子"二字，今補。

制

讀爲掣。《抑》箋："非但以手提掣之。"《釋文》："掣，拽也。"《文選・海賦》"或掣掣洩洩於裸人之國"，注："掣掣洩洩，任風之貌。"《釋名・釋衣服》："袂，掣也。掣，開也。開張之以受臂屈伸也。"《説文》："引縱曰瘛。"《玉篇》掣同瘛。

裳衣

謂裳與衣也。男子之服，上衣下裳，唯戎服則否。《吕氏春秋・悔過篇》"今袀服四建"，注："袀，同也。兵服上下無别，故曰袀服。"妻爲己制裳衣，以備己之歸也。

士[①]

讀爲事。《秦策》"今子聽吾計事"，注："事，治也。"士與理通，理亦治也。

行枚

《傳》："枚，微也。"案行讀爲胻。《説文》："胻，脛耑也。"《鴇羽》"肅肅鴇行"，亦以行爲胻。枚讀徽。《爾雅・釋器》："婦人之褘謂之縭。"《釋文》："幃本或作褘，又作徽。"《文選・思玄賦》注、《琴賦》注并引《爾雅》作徽。[②]《説文》："徽，衺幅也。"《采菽》："赤芾在股，邪幅在下。"箋："邪幅，如今行縢也。偪束其脛，自足至膝，故曰在下。"《戰國策・秦策》："行縢履屩。"《廣雅・釋詁》三："徽，束也。"《書・金縢》鄭注："縢，束也。"邪幅縛束於脛，故曰行徽，一曰行縢，後世謂之行纏。縢纏聲之轉，纏亦束也。行徽正武人之服。

① "士"及以下訓文爲原稿眉批。
② "《爾雅・釋器》"句至此，原稿眉批。

蜎蜎

讀爲蠉,《説文》:“蠉,蟲行也。”

蠋

《傳》:“蠋,桑蟲也。”案蠋古衹作蜀,蜀即蠶也。蜀國之先號曰蠶叢。《左傳》昭十七年正義引賈注:“桑扈,竊脂,爲蠶驅雀者也。”《管子・水地篇》:“欲小則化爲蠶蠋。”[①]《獨斷》:“桑扈氏趣民養蠶。”蠶室即斀室。《説文》:“斀,去陰之刑也。”知古曰蜀即蠶。《韓非子・内儲説上篇》:“蠶似蜀。”《淮南子・説林篇》:“蠶與蜀相類。”此後世之分,《詩經》時代尚不然也。《爾雅》釋文引《説文》:“蜀,桑中蠶也。”今本《説文》桑作葵,後人所改。本篇各章自“零雨其濛”以下,皆思家之詞,故皆切妻言。古者養蠶,蓋就桑野中養之。下文獨宿,亦謂妻獲蠶而獨宿於桑中也。[②]

烝

三章《傳》:“烝,衆也。”

敦

讀爲專,三章《傳》:“敦猶專專也。”《禮記・曲禮》“專席而坐”,注:“專猶單也。”《左傳》襄十九年“專黜諸侯”,服注:“專,獨也。”古器敦形圓如球。“有敦瓜苦”謂瓜苦之形如敦然也。《傳》

① “《管子・水池篇》”至此,原稿眉批。
② 此段另有如下眉批:“蠶,昨含切。”《大荒北經》“有叔歜國”,注:“音作感反,一音觸。”《廣韻》四十八:“感,徂感反。”《左傳》僖三十年“饗有昌歜”,《正義》:“此昌歜之音相傳爲在感反。”《釋文》:“歜,在感反。”《説苑》王歜,《史記・田單傳》作斶。

“敦猶專專也”者，專讀爲團，敦團一聲之轉。[1]

町畽

王國維曰：“《釋草》：‘蘱，薡蕫。’案薡蕫長意，郭璞説薡蕫云：‘其葉似蒲而細。’是長葉之草。又《釋天》之螮蝀，其字從虫，本是蟲名。沈方伯説以《莊子》‘蝍蛆甘帶’之帶，虹形爲帶，故以螮蝀名之，是螮蝀薡蕫，亦語之轉矣。”（《觀堂集林》五·二。）案町畽亦螮蝀薡蕫之轉。蹊徑之狀亦細而長，故曰“町畽鹿場”也。毛讀畽爲踵，故訓鹿迹，不知鹿迹至微，非夜行者所易見，以是知其不然。

場

《説文》：“場，祭神道也。”“禓，道上祭。”《爾雅·釋宫》：“場，道也。”《詩》曰“町疃鹿場”，《説文》：“田踐處曰町。”“疃，禽獸所踐處也。”然則鹿場即鹿之蹊徑，《方言》六亦有蟦場及蚳蛶粈鼠之場，皆謂其所居之隧道也。（郝懿行説。）案揚雄答歆書：“由鼠坻之與牛場也。”牛場即牛徑，後世稱小道曰羊腸，腸即場，謂羊所行道耳。《楚辭·九思·悼亂》“鹿蹊兮躖躖”，躖躖猶町畽，鹿蹊即鹿場矣。王以蹊代《詩》場字，最爲確詁。

宵行

曹植《螢火論》引《韓詩章句》：“宵行熠燿以爲鬼火，或謂之燐。”案町畽鹿迹，熠燿燐光，皆狀字，鹿場宵行皆名字。《本草綱目》云：“螢火一種名宵行。”今案螢火鬼火相似，無妨同名，詩則當謂鬼火，以下言“可畏”而知也。

梢光。《淮南·兵略》“曳梢肆柴”，注：“梢，小柴也。”《周

① 此處有如下旁批：《儀禮·少牢饋食禮》疏引《孝經緯鈎命决》：“敦規首，上下圜相連。”

禮·掌客》“惟芻稍之受”、《大府》“以待稍秣”，注：“即芻秣也。”《爾雅》：“螢火即炤。”《管子·弟子職篇》“聖之遠近乃承厥火”，注：“即[1]謂燭盡。”又：“左手執燭，右手正聖。”（今本即[2]作櫛，上同。又左右二字互易，并從孫星衍校改。）《廣雅·釋詁》四：“𤏡，𤈦，灺也。”《説文》：“𤈦，木火餘也。”《方言》：“自關而西秦晋之間，炊薪不盡曰藎。”即與𤏡、盡與𤈦藎并同。《爾雅》即炤即𤏡炤，言其光微細也。詩曰“宵行”，當讀爲稍光。稍與𤏡，光與炤義并同。《廣雅·釋詁》一：“稍，盡也。”《方言》十二：“梢，盡也。”梢訓盡，猶𤏡訓𤈦。《淮南·修務》：“野彘有艽莦，槎櫛堀虚，連比以像宫室。”莦櫛義同。（高注：“莦，獸蓐也。”《説文》：“莦，惡草貌。”案本義衹訓草。）

鸛

鸛即鸛鶇，今之喜鵲也。《爾雅·釋鳥》：“鸛鶇，鶝鶔，如鵲短尾，射之，銜矢射人。”郭氏《圖贊》：“鸛鶇之鳥，一名墮羿，應弦銜鏑，矢不著地，逢蒙宿手，養由不睨。”一名鳱鵠。《周禮·司裘》“設其鵠”，注：“謂之鵠者，取名於鳱鵠，鳱鵠小鳥而難中。”《儀禮·大射禮》注：“鵠，鳥名。射之難中，中之爲俊，是以所射於侯取名也。”引《淮南子》“鳱鵠知來”。今《淮南子·氾論篇》作乾，云：“乾鵠知來而不知往。”注：“乾鵠，鵲也，人將有來事，憂喜之徵，則鳴，此知來也。知歲多風，卑巢於木枝，人皆探其卵，故曰不知往也。”一作雗鷽。《説文》：“雗鷽，山鵲，知來事鳥也。”又曰乾鵲。《西京雜記》下：“乾鵲噪而行人至。”今人則通呼喜鵲。鸛鶇爲行人將至之兆，故《詩》有“我征聿至”之語。鸛鳴起下三句，傳、箋并屬上零雨讀，而以鸛爲水鳥，大謬。許書以鸛鶇、雗鷽爲二鳥，非是。鸛鳱雗乾聲同，鸛長言之爲鸛鶇也。《廣韻》作鸜。

①② “即”字，疑當作聖。

垤

《孟子·公孫丑上篇》："泰山之於邱垤。"《吕氏春秋·愼小篇》："不蹷於山而蹷於垤。"《廣韻》："垤，土之高也。"

嘆

《説文》："嘆，吟也。"《文選·與吴季重書》注："嘆猶歌也，情有所悦，吟嘆而歌咏。"

瓜苦

苦讀爲瓠。《管子·立政篇》："瓜瓠葷菜百果不備具。"《山權數篇》："民之能樹瓜瓠葷菜百果使蕃衮者。"《吕覽·仲冬篇》："瓜瓠不成。"《淮南子·主術篇》："夫人之所以莫振玉石而振瓜瓠者何也。"《説文》："丩，相糾繚也。一曰瓜瓠結丩起。象形。"《新序·刺奢篇》："瓜瓠之羹。"或借華爲之。《禮記·郊特牲》"天子樹瓜華"，注："華，果蓏也。"王念孫讀華爲瓠。《儀禮·士昏禮》"實四爵合巹"，注："合巹，破瓠也。"《御覽》引《三禮圖》："取四升瓠，中破，夫婦各一瓢。"《禮記·昏義》："共牢而食，合巹而酳，所以合體同尊卑以親之也。"《易林·咸之萃》："合食同牢，姬姜并居。"《姤之復》作合匏，後世謂之破瓜。孫綽《情人碧玉歌》："碧玉破瓜時，郎爲情顛倒。感郎不羞郎，回身就郎抱。"《詩》瓜苦當謂合巹之瓠，故嘆其三年不見，蓋新婚離家已三年於此矣。下章追念新婚之樂，即承此言之。

栗薪

《箋》："栗，析也……古者聲栗裂同也。"案《南山》："析薪如之何？匪斧不克。取妻如之何？匪媒不得。"《車舝》："析其柞薪，其葉湑兮。鮮我覯爾，我心寫兮。"《漢廣》："翹翹錯薪，言刈其楚。之子于歸，言秣其馬。”凡言析薪刈薪皆與婚姻有關。（既婚之後，則言束薪。）疑析薪亦婚禮中所有事，如破瓜同類，故此以栗薪與瓜苦并舉。一説《釋文》引《韓詩》栗作蓼，云：“衆薪也。”《詩考》引作“聚薪也”。蓼讀爲繆，束也。束聚義近。《綢繆篇》“綢繆束薪”，亦新婚之詩，此言繆薪與彼義同。

破斧（豳四）

既破我斧，又缺我斨。周公東征，四國是皇。哀我人斯，亦孔之將。

既破我斧，又缺我錡。周公東征，四國是吪。哀我人斯，亦孔之嘉。

既破我斧，又缺我銶。周公東征，四國是遒。哀我人斯，亦孔之休。

斧 斨 錡 銶

《管子》：“一車必有一斤，一鋸，一釭，一鑽，一鑿，一銶，一鉥，一軻。”案軻疑錡之誤。《周禮·鄉師》注引《司馬法》：“輦一斧，一斤，一鑿，一梩，一鉏。”賈疏梩或解爲臿，或解爲鍬。臿鍬不殊。《司馬法》之一梩，錡鑿屬。

皇[①]

毛曰：“皇，匡也。”吕祖謙《讀詩記》引《齊詩》作匡。《爾雅·釋言》：“皇，正也。”郭注引《詩》：“四國是皇。”《白虎通·巡狩篇》：“言東征黜陟，而天下皆正也。”《法言·先知篇》：“昔在周公，征於東方，四國是正。”并引正釋《詩》皇字，則亦讀爲

① “皇”字原稿作兩條，今合并如此。

匡也。《穆天子傳》五“皇我萬民”，注：“正也。”《六月》詩“以匡王國”，箋：“匡，正也。”《左襄十四年[①]傳》“過則匡之”，注：“匡，正也。”《禮記·禮器》“衆不匡懼”，注：“匡，猶恐也。”《説文》：“惶，惶恐也。”《廣雅·釋詁》二：“惶，懼也。”

哀

嘆詞。同噫唉。

將

《廣雅·釋詁》一：“將，美也。”王念孫曰：“首章言將，二章言嘉，三章言休，將、嘉、休，皆美也。”將臧聲相近。“亦孔之將”，猶言亦孔之臧耳。

吪

借爲化。毛曰：“吪，化也。”《爾雅·釋言》：“訛，化也。”郭注引《詩》：“四國是訛。”《節南山》箋：“訛，化也。”《無羊》：“或寢或訛。”案驚動也。《説文》：“吪，動也。”

遒[②]

毛曰：“固也。”鄭曰：“斂也。”案二義并通。

〔篇義〕[③]

東征士卒喜生還也。言斧斨破缺，人則無恙。“斧”“斨”“錡”“銶”對“我人”言，“破”“缺”對“將”“嘉”“休”言。

---

① “年”字，今補。

② 原稿三章末釋遒引《説文》曰：“遒，迫也。”

③ “篇義”二字，今補。以下文字，原稿在篇名《破斧》下。

伐柯（豳五）

伐柯如何？匪斧不克。取妻如何？匪媒不得。
伐柯伐柯，其則不遠。我覯之子，籩豆有踐。

柯

《箋》："伐柯之道，唯斧乃能之。此以類求其類也。"案斧必有柯，執斧伐柯，即執柯求柯，故曰以類求其類也。婦人之爲人求婦者，謂之媒，使媒求婦，即以婦求婦，此亦以類求類之比。故詩人假取斧伐柯以喻使媒求婦。

則

《箋》曰："伐柯者必用柯，其大小長短，近取法於柯，所謂不遠求也。"案準之既成之柯以求新柯，所得必合乎法度，使已爲人婦者求新婦，所得必宜其家室。詩人樂其新婚而歸功於媒氏，意謂有良媒乃得良婦耳。篇中無譽媒之詞，然其弦外之音，固當如是。

踐

踐静聲近古通。《東門之墠》"有踐家室"，《韓詩》或作静（《類聚》八七，《白帖》九九引）可證。《説文》："瀞，無垢薉也。"古籍通以静爲之。《國語・周語》"静其巾冪"，注："静，潔也。"《史記・五帝紀》"直哉維静絜"，静絜即瀞潔，今字省變作净。有踐即有静，有净。《東門之墠》"有踐家室"，并本篇"籩豆有踐"，猶《既醉》言"籩豆静嘉"，《女曰鷄鳴》言"琴瑟在御，莫不静好"，皆净潔之謂也。

〔篇義〕[①]

新婚謝媒之辭。

九罭（豳六）

九罭之魚鱒魴。我覯之子，衮衣繡裳。
鴻飛遵渚——公歸無所。於女信處！
鴻飛遵陸——公歸不復。於女信宿！
是以有衮衣兮，無以我公歸兮，無使我心悲兮。

九罭

《傳》："九罭，緵罟，小魚之網也。"案《易林·師之需》："雀東求粒，誤入罔域。"《未濟之蠱》："青蠅嚵聚，觸我罹（羅）域。"域與罭通。罭之言界域也。網之界域即網目。九爲極數，網稱九罭，言其目之繁密也。舊本《釋文》出作緎，云："本亦作罭。"《羔羊》曰"素絲五緎"，又曰"素絲五總"。《西京雜記》："五絲爲䌰，倍䌰爲升，倍升爲緎，倍緎爲紀，倍紀爲緵。"總與緵同，是緵與緎，皆絲多之數，故《傳》以緵罟釋九罭。緵數一聲之轉。《孟子·梁惠王上篇》[②]"數罟不入洿池"，注："數罟，密網也。"緵罟猶數罟矣。網密，斯可以取小魚，故《傳》又以九罟爲小魚之網。《文選·西京賦》："布九罭，摷鯤鮞。"鯤鮞，小魚也，而以九罭摷之，與《傳》説正合。《詩》曰"九罭之魚鱒魴"者，鱒魴，大魚也，以小魚之網取大魚，喻之子尊貴，己不足以容之也。一説魚大而網密，則不能逃脱，喻之子不能去也，亦通。

① "篇義"二字，今補。以下六字原稿在《伐柯》題下。
② "梁惠王上"四字，今補。

鱒魴

詳《汝墳》。

袞衣

《玉篇·系部》引《韓詩》作綩，云："綩衣，纁衣也。"皮嘉祐曰："《士冠禮》'爵弁服纁裳純衣'，純讀爲黗。《説文》：'黗，黑也。'純衣猶玄衣也……《韓詩》所謂纁衣，疑即純衣。熏與屯聲近得通，《禹貢》'杶榦栝柏'，釋文：'杶本作櫄。'此熏屯通用之證。《韓詩》作綩衣者，《周禮·染人》注：'故書纁作𥏼。'綩與𥏼皆從宛聲，《韓詩》之綩，當即《周禮》故書之𥏼。𥏼與纁同，故韓以綩衣爲纁衣，實即禮之純衣也。"案皮説甚核。今謂袞玄聲近，袞從台聲。《説文》："鉛，青金也。從金台聲。"是台有青義，青即玄也。凡古稱袞衣實即玄衣。《爾雅·釋言》："袞，黻也。"是此之"袞衣繡裳"即《終南》之"黻衣繡裳"。彼傳曰："黑與青謂之黻。"黑與青仍不離玄色，此亦袞衣即玄衣之證。毛以袞衣爲卷龍之衣，非是。

鴻

以魚比公，鴻食魚者，縱魚入水，將爲鴻所得。使公歸去，將爲他人所有也。

公歸無所

猶言無所可歸也。

女

猶此也。詳《静女》。

信

《傳》："再宿曰信。"案信申古字通。申，重也。故再宿謂之信。

有

《芣苢》傳："有，藏之也。"

以

《傳》："無與公歸之道也。"案以猶使也。《戰國策·秦策》："泠向謂秦王曰：'向欲以齊事王。'"注："以猶使也。"《詩》曰："無以我公歸兮，無使我心悲兮。"以使互文。《傳》曰"無與公歸之道也"者，與亦使也，猶今言使公無法歸去。

狼跋（豳七）

狼跋其胡，載疐其尾。公孫碩膚，赤舄几几。
狼疐其尾，載跋其胡。公孫碩膚，德音不瑕。

跋　疐

跋讀爲拜。《甘棠》"勿翦勿拜"，箋："拜之言拔也。"拜之通跋，猶拜之通拔也。《説文》："㨜，首至地也。"施士丏曰："拜，言人身之拜，小低屈也。"《傳》："疐，跲也。"《説文》："踣，跋也。"跲與踣同。字一作踼。《釋名·釋姿容》："踼，榻也。榻着地也。"《釋床帳》："狹而卑曰榻，言其榻然近地也。"又作跶，《玄應音義》十五引《字書》："及地曰跶。"

膚

《玄應音義》四、十九、二十并引作“腴，下肥也”。[①]《文選・七發》《七命》兩注引同。《漢書・地理志》下注：“腹下之肥曰腴。”（腴今字作油。《漢書・董賢傳》注引孟康：“膚，膏也。”膚油語本同源耳。）然則碩膚解爲大腹亦無不可。《楚辭・天問》：“平（駢）脅曼膚，何以肥之？”曼膚猶碩膚，亦謂大腹也。《御覽》三七八引張顯《析言論》：“古諺云：‘堯舜至聖，身如脯臘。桀紂無道，肥膚三尺。’”《續博物志》：“桀紂之君，垂腴尺餘。”謂其腹突出而下垂也。《史記・張丞相傳》：“蒼坐法當斬，解衣伏質，身長大肥白如瓠，時王陵見而怪其美士，乃言沛公赦勿斬。”《易林・震之恒》：“老狼白獹，長尾大胡，前顛後躓，岐人悦喜。”《蹇之剥》作驢，獹驢并臚之誤，白臚即白腹也。（“老狼白臚”與《訟之小過》“青牛白咽”句法同。）《文選・七啓》：“玄熊素膚。”字作膚，與《詩》同。[②]

几几

《傳》：“几几，絇貌。”案猶糾糾也。詳《葛屨》。

不瑕

瑕讀爲假。《爾雅・釋詁》：“假，已也。”《思齊》箋：“瑕，已也。”《南山有臺》：“德音不已。”不瑕即不已也。（馬瑞辰説。）《曾伯陭壺》：“爲德無假。”

① 原稿“《玄應音義》”句前尚有三百五十餘字，大多無法辨認。
② “《易林・震之恒》”句至此，原稿眉批。

小　雅

采薇（小雅·鹿七）

采薇采薇，薇亦作止。曰歸曰歸，歲亦莫止。靡室靡家，玁狁之故。不遑啓居，玁狁之故。

采薇采薇，薇亦柔止。曰歸曰歸，心亦憂止。憂心烈烈，載飢載渴。我戍未定，靡使歸聘。

采薇采薇，薇亦剛止。曰歸曰歸，歲亦陽止。王事靡盬，不遑啓處。憂心孔疚，我行不來。

彼爾維何，維常之華。彼路斯何，君子之車，戎車既駕，四牡業業。豈敢定居，一月三捷。

駕彼四牡，四牡騤騤。君子所依，小人所腓。四牡翼翼，象弭魚服。豈不日戒，玁狁孔棘。

昔我往矣，楊柳依依。今我來思，雨雪霏霏。行道遲遲，載渴載飢。我心傷悲，莫知我哀。

作

毛曰："作，生也。"《天作》同。《無衣》傳："作，起也。"《駉》傳："作，始也。"訓别而義同。

啓

借作跽。

居

居讀爲踞，與啓對文。

烈烈

鄭曰："烈烈，憂貌。"《廣雅》："烈烈，憂也。"烈與烈同。

靡使歸聘①

鄭曰："無所使歸問，言所以憂。"陸曰："靡使如字，本又作虛所。"馬瑞辰曰："作靡所者是也。此承上'我戍未定'言之，言其家無所使人來問，非謂無所使人歸問。歸當讀爲歸。《方言》：'歸，使也。'《玉篇》亦云：'歸，使也。'《箋》云'無所使歸問'者，知歸爲歸之渻借，以使釋歸，猶云靡所使問，與《桑柔》詩'靡所止疑''靡所定處'句法正同。今本因鄭《箋》有使字，又罕聞歸之訓使，遂誤易所爲使，猶賴《釋文》以存古本。《方言》有歸使之訓，而知《箋》之使字，乃以釋經文歸字耳。"案孔曰："言未得止定，無人使歸問家安否。"

毛曰："聘，問也。"《爾雅·釋言》同。隱九年《穀梁傳》、《荀子·大略篇》皆云："聘，問也。"②

陽

鄭曰："十月爲陽。時坤用事，嫌於無陽，故以名此月爲陽。"（時，《玉燭寶典》一注引作純。）

盬③

朱駿聲曰："盬假借爲暇，即《爾雅》之苦息，猶胡之爲遐也。"（《説文通訓定聲·豫部》第九之四十八。）多案當借爲𪊲，《廣雅·釋詁》二："𪊲，息也。"王念孫謂息爲休息之息，《爾雅》云："苦，息

① 原稿"靡使歸聘"爲一條，"聘"爲一條。今合并如此。
② "毛曰"至此，原稿係"聘"字條訓文。
③ "盬"字原稿作兩條，今合并如此。

也。”苦與斷聲近義同。《檀弓》：“細人之愛人也以姑息。”姑與斷亦通。少案息與暇義近，《廣雅·釋詁》四：“苦，窮也。”窮爲窮竟、終窮以窮，與息暇義亦通。

《爾雅》：“苦，息也。”徐孚吉《爾雅詁》三曰：“《禮記經解》云：‘故昏姻之禮廢，則夫婦之道苦而淫辟之罪多矣。’謂昏姻之禮廢，則夫婦之道息也。”

來

毛曰：“來，至也。”《爾雅·釋訓》：“不倈，不來也。”《説文》倈下曰：“《詩》曰‘不倈’，不來。”陳壽祺謂《魯詩》作倈，用借字，毛作來，用本字。黄山曰：“《説文》倈下云：‘《詩》曰不倈，不來，從來矣聲。’來下云：‘周所受瑞麥來麰，天所來也，故爲行來之來。’矣下云：‘語已詞也。’是來爲行來，倈爲已來。‘不倈’猶不歸，《説文》歸從止，止亦已也。因未歸來，知未行來，故曰不倈，不來。”多案倈即來矣二字合文，來矣即已來，亦即來至，故毛訓來爲至。來爲之淆借，陳壽祺謂來本字，倈借字，翩其反矣。陳奂曰：“《杕杜》云：‘匪載匪來，憂心孔疚。期逝不至，而多爲恤。’詩義正同。”是也。彼來亦倈之淆借。朱駿聲曰：“古本當作倈，闕其右半。《詩》凡來字，《傳》皆不著訓，獨此訓至，是毛本作倈，無疑。”（《説文通訓定聲·頤部》第五之三十三。）

爾[①]

毛曰：“爾，華盛也。”馬瑞辰曰：“《説文》：‘薾，華盛貌。’引《詩》‘彼薾維何’又爾字注：‘麗爾猶靡麗也。’《三蒼解詁》云：‘爾，華繁也。’是爾與薾音義同，古讀如彌，與靡音同，又讀近旖旎之旎，皆盛貌也。自後人借爲爾汝之稱，而爾之本義晦矣。”陳奂曰：

① “爾”字原稿作兩條，今合并如此。

“《載驅》‘瀰瀰’，衆也。《新臺》‘瀰瀰’，盛貌。凡從爾之字并有衆盛之義。”多案《何彼襛矣篇》：“何彼襛矣，常棣之華。曷不肅雝，王姬之車。”與此詩四句義同。襛薾雙聲，襛亦訓盛，薾即襛也。（詳彼篇。）薾音與旎同，《泉水篇》“飲餞于禰”《韓詩》作坭，《儀禮》注引彼文劉昌宗本作泥，實即《式微篇》“胡爲乎泥中”之説。此爾尼同音之證。《齊侯壺》作，《晉公盆》作。襛轉爲薾亦猶方言儂轉爲儞。

馬説薾有靡旎二音。案此説非也。音靡者，爲從弓之彌瀰等字，實當作弭。《周禮》彌灾兵之彌，段玉裁謂當作弭，《説文》：“弭，厲也，一曰止也，從心弭聲，讀若沔。”弭從耳，彌從爾，耳爾聲近，故相混。凡不從弓之薾、禰、瀰，皆當讀若尼。《雜記》“中路嬰兒失其母焉”，鄭注：“嬰猶鷖彌也。”案嬰兒一名鷖婗，鷖與嫛同音，則彌與婗同音，是彌亦有尼音矣。[1]《新臺》之瀰瀰，當作瀰瀰。毛曰盛貌，《説文》瀰，水滿也，滿盛一義。

路

《爾雅·釋詁》：“路，大也。”《書》疏引舍人注：“路，車之大也。”《汾沮洳》傳：“路，車也。”亦謂大車。《采芑篇》：“方叔率止，乘其四騏。四騏翼翼，路車有奭。簟茀魚服，鈎膺鞗革。”即此詩之路車。方叔受命爲將而乘路車，與此詩“君子之車”，鄭曰“君子謂將率也”正合。下文又曰“戎車”者，謂元戎，元戎即路車也。元亦大也。（下文又云“四牡翼翼，象弭魚服”，與《采芑》路車之飾同。）陳奂别路車與戎車爲二，非也。《論語》“乘殷之輅”，輅即路也。《後漢書[2]·輿服志》注引服虔曰：“大路，總名也，如今駕驅高車矣，尊卑俱乘之，其采飾有差。”

① “《雜記》”至此，原稿眉批。
② 原稿無“書”字，今補。

業業 騤騤 翼翼

毛曰："業業然壯也。"《烝民篇》"四牡業業"，傳："業業，言高大也。"壯即高大之意。

毛曰："騤騤，强也。"馬瑞辰曰："《説文》：'騤，馬行威儀也。'《廣雅》：'騤騤，盛也。'業業、翼翼、彭彭，《廣雅》并訓爲盛，是知此詩'四牡業業''四牡翼翼'，義并相同。《烝民》傳：'騤騤，猶彭彭也。'其義亦爲盛耳。"

陳玉樹曰："翼爲奕之假借。《説文》《爾雅》并訓奕爲大。毛《傳》：'翼翼，閑也。'閑亦大也。《殷武》'旅楹有閑'，《正義》云：'閑然而大。'《文選·魏都賦》注引《韓詩章句》：'閑，大也。'《車攻》《韓奕》并曰：'四牡奕奕。'"（《毛詩異文箋》六之十。）

三

三者言數之多。"一月三捷"，猶言屢有戰功，《釋文》："三，息蹔反。"是也。

腓

毛曰："腓，避也。"王肅申之曰："所以避患也。"鄭曰："腓當作芘。此言戎車者，將率之所依乘，戍役之所芘倚。"陳喬樅曰："《釋言》：'庇蔭也。'舍人曰：'庇，蔽也。'（《左文十七年傳》正義。）孫炎曰：'庇，覆之蔭也。'（《衆經音義》九。）芘庇字通，《詩·桑柔》箋：'人庇蔭其下者。'釋文云：'本亦作芘蔭。'《雲漢》箋：'我無所庇蔭處。'釋文云：'本亦作芘蔭。'是字通之驗。《釋言》庇蔭之訓，正釋此詩芘字。魯文作芘，《箋》蓋據以改毛。"何氏《古義》曰："腓即厞字。厞，《説文》《爾雅》皆曰隱也。《楚辭》'隱思君兮厞惻'，《禮記》'取廟之西北厞薪用炊之'，皆訓爲隱。此曰'小人所腓'者，言庶士亦藉是車以自隱蔽也。"胡承珙曰："《文選·東京賦》'設三乏厞司旌’，薛綜注亦引《爾雅》：‘厞，隱也。’隱與避義本同，蓋兵凶戰危，兩軍相當，士卒之受患最甚，惟戎車戰則馳突，止則營衛。《司馬法》：一軍有步卒炊家子固守衣裝諸人，皆倚此車以爲隱蔽。故王肅避患之解，善得毛旨。鄭《箋》茈倚，亦所以申《傳》避字。茈蔭與隱蔽義同，鄭雖破字，意實相成也。”

象弭

毛曰：“象弭，弓反末也，所以解紒也。”（陳奐曰：上也字衍。《釋文》：“紒本或作紛。”《説文》：“弭，弓無緣可以解轡紛者。”馬瑞辰曰：《傳》紒依《説文》當作紛。）鄭曰：“象弭，弓反末彆者，以象骨爲之，以助御者解轡紒，宜滑也。”（《説文》：“彆，弓戾也。”紒亦當作紛。）案弭有二義：（一）古者弓末通名弭。《釋名》：“弓，其末曰簫，言簫梢也。又謂之弭，以骨爲之，滑弭弭也。《禮》稱獻弓者執弭。”（二）弓之無緣者亦名爲弭。《儀禮·既夕禮》“有弭飾焉”，鄭注：“弓無緣者謂之弭，弭以象角爲飾。”疏引孫炎曰：“緣謂繳束而漆之，弭謂不以繳束，骨飾兩頭者也。”此與《説文》正合。《詩》曰象弭者即此。

魚服

毛曰：“魚服，魚皮也。”（陳奐曰服字當衍。）鄭曰：“服，矢服也。”胡承珙曰：“羅端良以魚爲鮫魚，謂其皮有珠文而堅勁，可飾物，從古以然。案今刀鞘諸飾，多以其皮爲之，斑駁如沙石，最堅緻，世所稱沙魚是也。”服借爲箙。《釋名》：“矢，其所受之器，以皮曰箙，謂柔服用之也。”《初學記》：“織竹曰箙，以皮曰箙。”（案稱魚皮曰魚，亦猶稱虎皮曰虎也。）《毛公鼎》“簟弼魚葡”作葡，《丙申角》作，象形。

日戒[①]

《釋文》："曰戒，音越，又人栗反。"《校勘記》云《唐石經》初刻作曰，後改曰作日。案《漢書·匈奴傳》引《詩》："豈不日戒。"師古注曰："豈不日日相戒警乎。"胡承洪曰："《一切經音義》六亦引《詩》：'豈不日戒？'知作日是，作曰非也。"是《齊詩》作日。《説文》："戒，警也。從廾持戈，以戒不虞。"《方言》十三："戒，備也。"

棘[②]

毛曰："棘，急也。"《禮記·王制》："西方曰棘。"注："僰之言偪也。"《釋文》："棘，偪也。"急與偪義近。(《吕覽·恃君》："僰人野人。"注讀如匐。）朱駿聲曰《詩》棘借爲亟。案《漢書·刑法志》"師旅亟動"，即此義。《説文》："棘，小棗叢生者，從并朿。"此非其義。棘假爲急，軍旅之用貴在疾急，故《常武》詩曰"王旅嘽嘽，如飛如翰"，傳曰"疾如飛，摯（鷙）如翰"。棘字亦通作革，革亦急也。《論語》"棘子成"，《古今人表》作革子成。《莊子·逍遥游篇》："湯之問棘也。"《列子·湯問篇》曰："殷湯問於夏革。"《詩》"匪棘其欲"《禮記·坊記》引作"匪革其猶"。注："急也。"《檀弓》："子之病革矣。"注："急也。"《釋天》："錯革鳥曰旟。"孫炎注："革，急也。"

楊柳[③]

姚氏《識名解》曰："《釋木》柳類甚多，有河柳、澤柳、蒲柳諸名，而楊僅列柳之一，列楊爲柳屬，柳不可言楊屬，明矣。舊説或以柳

---

① 原稿"日"爲一條，"日戒"爲一條。今合并如此。又"日"原稿作"曰"，今據訓文文義改爲"日"。

②③ 原稿"棘""楊柳"皆作兩條，今分别合并如此。

爲水楊，又以楊爲柳之揚起者，并誤。此《傳》專釋楊柳爲蒲柳，甚當。以其爲柳屬，故亦得稱爲楊柳，非兼言楊與柳也。”胡承珙曰：“《爾雅》衹以柳爲大名，曰檉，曰旄，猶云檉柳也。其通稱柳爲楊柳者，乃後世辭章家之言耳。《傳》於‘折柳樊圃’，‘菀彼柳斯’，‘有菀者柳’，皆無傳，以柳爲大名，不容專指何種。於‘隰有楊’，‘東門之楊’，‘北山有楊’，亦無傳，以楊爲蒲柳專名，人所易曉耳。獨此楊柳連文，恐學者疑詩人之并舉二木也，故以‘楊，蒲也’釋之，故其訓一依《爾雅》，不容稍溷，有如此者。”楊柳亦名楊。《爾雅》：“楊，蒲柳。”是也。一名蒲。《楊之水》箋：“蒲，蒲柳。”宣二十九年《左傳》注：“蒲，楊柳。”是也。《王風》正義引義疏云：“蒲柳有兩種，皮正青曰小楊，一種皮紅者曰大楊，其葉皆長廣似柳葉，皆可以爲箭幹。”

依依[①]

《韓詩》薛君《章句》曰：“依依，盛貌。”（《文選》潘岳《金谷集作》詩注，又謝朓《休沐重還道中》詩注引。）《毛詩》無傳。《車舝篇》“依依平林”，傳：“依，木茂貌。”木茂謂之依，重言之曰依依，茂盛義同。

陳玉樹曰：“‘依依平林’傳：‘依，茂木貌。’正義曰：‘依然而茂盛者，彼平林之木。’案依當讀如殷。《溱洧》‘殷其盈矣’，傳：‘殷，衆也。’衆盛是一義，殷亦訓盛。《説文·㐆部》：‘作樂之盛稱殷。’馬融注《豫卦》曰：‘殷，盛也。’單言之曰殷，重言之曰殷殷。《漢書·禮樂志》‘靈殷殷’，師古曰：‘殷殷盛也。’單言之曰依，重言之曰依依。《出車篇》‘楊柳依依’[②]，《韓詩章句》曰：‘依依，盛貌。’（見《文選》潘岳《金谷集》詩注。）依即殷也，依依即殷殷也。古文

① 原稿“依依”作兩條，今合并如此。
② 《出車篇》無“楊柳依依”一句。

微合韻，依殷同聲，殷字從㐆，實亦㐆聲。《説文》㐆訓歸，即今依歸字。《禮記·學記》‘不學博依’，注：‘依或爲衣。’《中庸》‘壹戎衣’，注：‘衣讀如殷。齊人言殷聲如衣，今姓有衣者，殷之胄與。’《釋文》：‘衣，於今反。’《吕氏春秋》‘夏民親郼如夏’，注：‘郼讀如衣。’今衮州人謂殷氏皆曰衣，是殷依衣并通用。”（《毛詩異文箋》七之二十八。）

霏霏[①]

毛曰：“霏霏，甚也。”（《慧琳音義》八三引作“霏霏，雪貌”，六三又引“霏霏，雨雪貌也”。陳奂云：《傳》也字當作貌。《北風》“雨雪其霏”，傳：“霏，甚貌。”重言之曰霏霏。）案《信南山》“雨雪雰雰”，傳：“雰雰，雪貌。”雰雰猶霏霏也。

霏，錢大昕曰：“當作囊。”（《經典文字考異》上之二。）

杕杜（小雅·鹿九）

有杕之杜，有睆其實。王事靡盬，繼嗣我日。日月陽止，女心傷止，征夫遑止。

有杕之杜，其葉萋萋。王事靡盬，我心傷悲。卉木萋止，女心悲止，征夫歸止。

陟彼北山，言采其杞。王事靡盬，憂我父母。檀車幝幝，四牡痯痯，征夫不遠。

匪載匪來，憂心孔疚。期逝不至，而多爲恤。卜筮偕止，會言近止，征夫邇止。

① 原稿“霏霏”作兩條，今合并如此。

晼

猶圜也。詳《野有蔓草》婉字下。

盬

息也。詳《鴇羽》。

陽

《采薇》一章曰“歲亦莫止”，六章曰“雨雪霏霏”，而三章曰“歲亦陽止”，是歲陽猶歲莫矣。《傳》：“陽，曆陽月也。”《箋》：“十月爲陽。”案“十月爲陽”，《爾雅・釋詁》文。《爾雅》用夏正，夏之十月，當周之十二月，故《詩》以陽與莫并舉。歲莫謂之陽者，陽之言揚也。《儀禮・大射儀》“上曰揚”，注：“揚，過去也。”“日月陽止”猶《蟋蟀》“日月其邁”“日月其慆”。傳：“慆，過也。”

遑

讀爲廷。《廣雅・釋詁》二：“廷，歸也。”一章曰遑，二章曰歸，字變而義不變。

萋萋[1]

下萋字讀爲悽。

杞

《箋》：“杞非常菜也，而升北山采之，托有事以望君子。”是讀杞爲芑。《左傳》莊二十三年杞梁之妻，《琴操》作芑。

① 下“萋”字，今補。

檀車

《傳》："檀車，役車也。"《何草不黄》"有棧之車"，傳："棧車，役車也。"《傳》蓋讀檀爲棧，檀棧聲近可通。（曾釗説。）

嘽嘽

《采芑》"戎車嘽嘽，嘽嘽焞焞，如霆如雷"，《大車》"大車檻檻""大車哼哼"，傳："檻檻，車行聲也。"嘽嘽聲同，嘽檻聲近，是嘽嘽亦車聲也。依字當作嘽。（《漢書·劉陶傳》。）

痯痯

林義光讀痯爲緩，是也。痯痯，行遲貌。《傳》訓"罷貌"，則讀爲倦，倦與遲，義亦相因。

載　來

林義光曰："載讀爲在。在，存問也。《儀禮·聘禮記》：'子以君命在寡君。'《左傳》襄二十六年：'吾子獨不在寡人。'在皆訓爲存問。'匪在匪來'，謂無有存問我及勞來我者，與《采薇》之'憂心孔疚，我行不來'，辭意正同。"

逝

猶還也。詳《十畝之間》。

而

猶是也（見《虚字集釋》)。《左傳》宣十五年："余，而所嫁婦人之父也。"《論衡·死僞篇》而作是。《襄三十年》："非相違也，而相從也。"《大戴記·勸學篇》："君子之性，非異也，而善假於物也。"《史記·劉敬傳》："周不能制也，非其德也，而形勢弱也。"以上而與非對文，而猶是也。《禮記·祭義》："已徹而退，無敬齊之色，而忘本也。"謂是忘本也。而乃聲之轉，乃訓是，故而亦訓是。

多

俞樾讀爲祇，是也。《説文》觶重文作觗，而《四牡》"嘽嘽駱馬"，《説文》引作痑痑，是單氏多三音可通。《論語·子張篇》："多見其不知量也。"《左傳》襄十四年："多遺秦禽。"多皆讀爲祇。《襄二十九年》"祇見辱也。"《正義》祇作多。此多亦當讀爲祇。祇，適也。言期還而代我者猶不至，是適使我憂傷而已。

偕

林義光讀爲諧，是也。《説文》諧詥互訓。言卜與筮相合，故下云："會言近止。"《禮記·樂記》"會守拊鼓"，注："會猶合也，皆也。"案皆猶俱也。馬瑞辰曰："《周禮·筮人》：'九筮……九曰筮環。'環之言還也。蓋筮征人之還期。此詩'會言近止，征夫邇止'，即筮還之語。"

采芑（小雅·南十一）

薄言采芑，于彼新田。于此菑畝，方叔涖止。其車三千，師干之試。方叔率止，乘其四騏。四騏翼翼，路車有奭。簟笰魚服，鉤膺鞗革。

薄言采芑，于彼新田。于此中鄉，方叔涖止。其車三千，旂旐央央。方叔率止，約軧錯衡。八鸞瑲瑲，服其命服。朱芾斯皇，有瑲葱珩。

鴥彼飛隼，其飛戾天。亦集爰止，方叔涖止。其車三千，師干之試。方叔率止，鉦人伐鼓。陳師鞠旅，顯允方叔。伐鼓淵淵，振旅闐闐。

蠢爾蠻荆，大邦爲讎。方叔元老，克壯其猶。方叔率止，執訊獲醜。戎車嘽嘽，嘽嘽焞焞。如霆如雷，顯允方叔。征伐玁狁，蠻荆來威。

新田

鄭注《坊記》："二歲曰畬，三歲曰新田。"

菑

《説文》："菑，反耕田也。"謂初耕反草。《爾雅·釋地》："田一歲曰菑。"孔疏引孫炎曰："菑音災，始災殺其草木也。"郭注："今江東呼初耕地反草爲菑。"

方叔

《漢書·古今人表》方叔次周宣王世。揚雄《趙充國頌》："昔周之宣，有方有虎。詩人歌功，乃列於雅。"此與《詩序》"宣王南征"正合。

涖

毛曰："涖，臨。"涖假爲逮，《説文》："逮，臨也。"

師干

馬瑞辰曰："《春秋》莊四年《左傳》：'楚武王荆尸授師孑焉。'杜注引《方言》：'孑者，戟也。'此詩干，當讀干戈之干，謂盾也。《方言》：'盾，自關而東或謂之干。'師干猶言師孑。古人出師，蓋隨取兵器以授之，如武王伐紂執黄鉞，楚王授師孑之類。"

率

毛曰：“率者率此我車士卒而行也。”馬瑞辰曰：“《説文》：‘衞，將衞也。’‘將，帥也。’帥亦當作衞。古將帥之帥正作衞。《毛詩》多作率者衞之渻借。《韓詩》多借作帥。《説文·辵部》：‘達，先導也。’《音義》正與衞同。後假率爲之，又假作帥，若率之本義自爲捕鳥畢，帥之本義自爲佩巾耳。”

路

路謂革路。

奭

毛曰：“奭，赤貌。”陳奐曰：“奭讀爲赫。《簡兮》傳：‘赫，赤貌。’是赫爲赤也。《載驅》‘簟茀朱鞹’，傳：‘鞹革也。諸侯之路車有朱革之質而羽飾。’是路車有赤飾也。”孔疏《瞻彼洛矣》云“韎韐有奭”，彼茅蒐染爲奭，故知赤貌也。案有奭即有赫，猶言赫赫也。《説文》：“奭，盛也。”奭彝辛作。（林義光云，從大從兩白。俗字作皏，白與赤皆火盛之色也。案從兩白之説疑誤。）

《前編》一之十二，又三十四，有字，從大（即二火）。羅以爲即召公奭，亦即赫字。陳邦懷《殷虛書契考釋小箋》十八云：奭赫爲二字，《詩·采芑》《瞻彼洛矣》兩傳皆云奭赤貌，此古文奭從炏不從皕之明證。羅曰：“《説文解字》赫從二赤，此從大從（即二火字）者，省二火爲一，誼已明也。石鼓文奔作蹡，從三夭，盂鼎作垚，省三夭爲一。卜辭中慧字或從二又持二帚，或從一又持一帚，是其例矣。此即召公名之奭。《爾雅·釋訓》奭奭，《釋文》本作赫赫。”①

① “《前編》”句至此，原稿眉批。

簟茀[①]

《載驅》傳："簟，方文席也。"王國維説茀爲弼之假借字，本作弻。(《毛公鼎》《□生敦》"簟茀魚服"茀皆作弻，囡者古文席字。)(《觀堂集林》六《釋弻》。)

鉤膺

毛曰："鉤膺，〔鉤〕樊纓也。"（今本脱鉤字，依馬瑞辰補。）纏革帶於馬頸，以氂牛尾下懸當膺，今俗所云馬踢胸者，是其遺象也。(《傳箋通釋》。）鉤者其上有鉤，以金屬爲之，兼以爲飾。

肇革

林義光曰："肇革，金文作攸勒，石鼓文作鋚勒。《説文》：'鋚，轡首銅也。''勒，馬頭絡也。'《爾雅·釋器》：'轡首謂之革。'革亦當作勒，勒爲轡首絡馬頭之處，鋚則其金飾也。古字作攸者，攸修同字，即修飾之意。"（案説本段玉裁。）陳喬樅曰："《載見》詩'肇革有鶬'，鄭箋以肇爲金飾貌，與《説文》云'鋚轡首銅也'訓合。案《蓼蕭》"肇革沖沖"，傳："肇，轡也。革，轡首也。"

中鄉

馬瑞辰曰："鄉與黨對文則異，散文則通。《玉藻》鄭注：'鄉黨之細者。'《淮南·道德篇》'北息乎沈墨之鄉，西窮冥冥之黨'，鄉猶黨也。服虔《左傳》注，何休《公羊》注，韋昭《國語》注，劉熙《釋名》，并曰：'黨，所也。'黨爲所，則鄉亦爲所矣。《孟子》'出入無時，莫知其鄉'，即莫知其所也。《廣雅》：'所，凥也。'古者公田爲居，廬舍在内，還廬舍種桑麻雜菜，疆畔則種瓜果，《小雅》所云

① "簟茀"原稿作簟、茀兩條，今合并如此。

'中田有廬，疆埸有瓜'也。中鄉當指中田有廬言之。《傳》訓鄉爲所，亦以所爲尻也。"《殷武》傳亦云："鄉，所也。"

旂旐

鄭曰："交龍爲旂，龜蛇爲旐。"

央央

《出車》"旂旐央央"，傳："央央，鮮明也。"（陳奐云，也當作貌。）《六月》"帛茷央央"，傳："央央，鮮明貌。"此詩《釋文》作英英。案英英正字，央央借字。

約軝

毛曰："軝，長轂之軝也，朱而約之。"《説文》軝下引《詩》或作軝。軝，《考工記》作軹。《烈祖》箋云："約軝，轂飾也。"程瑶田云："軝在轂，置輻之外。"

錯衡

毛曰："錯衡，文衡也。"陳奐曰："錯衡，謂衡上束文也。"朱鶴齡曰："《説文》：'錯，金塗也。'蓋車軛曰衡，塗金於衡，所以爲文。鄭解《商頌》錯衡亦曰金飾。"《荀子》曰："錯衡以養目，和鸞之聲以養耳。"多案古言錯□曰金錯。張衡詩"美人贈我金錯刀"，《東觀漢記》"賜鄧遵金錯刀"，又云"楊賜拜太常賜以金錯鉤珥"，謝承《後漢書》"賜應奉金錯把刀"，《鹽鐵論》"金錯蜀杯"，劉義恭《啓事》曰"恩旨以犀鏤金錯酒杯盤垂賜"，又《漢書·食貨志》"錯刀以黄金錯其文"，此與毛訓錯衡爲文衡正合。《韓奕》"鞗革金厄"，厄即軛。

命服

王先謙曰：“命服者上公之服，朱芾葱珩皆是。”《禮記·玉藻》：“三命赤韍葱珩。”

朱芾

《白虎通·紼冕篇》云：“紼者蔽也，行以蔽前者爾，有事因以列尊卑彰有德也。”引《詩》曰：“朱紼斯皇，室家君王。”毛曰：“朱芾黄，朱黄也。”《玉藻》作韍。

皇

毛曰：“皇，猶煌煌也。”

葱珩

毛曰：“葱，蒼也。”三家珩作衡。

鴥

《晨風》傳：“鴥，疾飛貌。”

飛隼[①]

陳奂曰：“《常武》‘王旅嘽嘽，如飛如翰’，傳：‘疾如飛，摯如翰。’文義相同。”案鳥隼爲旟，旟所以進士衆，畫隼，亦取疾飛之義。《釋天》“錯革鳥曰旟”，孫炎云“革，急也。急疾之鳥，《周官》所謂鳥隼爲旟”是也。

《説文》：“鵻，祝鳩也。從鳥，隹聲。隼，鵻或從隹十[②]，一曰鶉

① “飛隼”原稿作隼、飛隼兩條，今合并如此。

② “十”字，疑當作一。

字。”段玉裁曰：“案此鶉字即鷻字，轉寫混之。《詩・四月》‘鶉’，陸德明釋文云‘字或作鷻’，可證。《毛詩》兩言隼，俱無傳。《四月》‘匪鷻匪鳶’，傳云[①]：‘鷻，雕也。’蓋隼人所習知，故不詳其名物。隼與鷻同音同字[②]，此一曰鶉字[③]，謂隼亦即鷻字也。”胡承珙曰：“《說文》準從隼聲，墫從土從䜌，而讀若準，此隼爲鷻字之證也。”《爾雅・釋鳥》：“鵙鳩，王鵙。”郭注：“雕類，今江東呼之爲鶚，好在江渚山邊食魚。”《詩》疏引郭注作“好在江邊沚中，亦食魚”。邵晋涵曰：“今鶚鳥能翱翔水上，捕魚而食，後世謂之魚鷹。”(《爾雅正義》十八之四。)郝懿行曰：“能扇波令魚出食之，故《淮南・説林》謂之拂波。”(《爾雅義疏》下五之四。)多案毛曰：“鷻，雕也。”《説文》曰：“雕，鷻也。”鷻即隼字，是隼即雕也。隼一名祝鳩，鶚爲隼類，故名鵙鳩。鵙鳩爲水鳥，則其同類之祝鳩，宜亦爲水鳥。又案《關雎》傳：“鳥摯而有别。”《爾雅》郭注作鷙。《左昭十七年傳》：“雎鳩氏，司馬也。”杜注：“王鳩，鷙而有别，故爲司馬，主法制。”謂其力能鷙擊也。本詩《正義》引《説文》：“隼，鷙鳥也。”韋昭《國語》注：“隼，鷙鳥，今之鶚也。”《月令》“鷹隼早鷙”，諸書皆言隼爲鷙鳥，則與雎鳩稱鷙者正合。而韋昭更謂即鶚，與郭注鵙鳩云“今江東呼之爲鶚”者無别，是隼即雎鳩之類矣。又《説文》：“鳶，鷙鳥也。”鳶即鶚字。《玉篇》：“鶚，雕鶚也。”《西山經》：“欽䲹化爲大鶚，其狀如雕而黑文白首，赤喙而虎爪，其音如晨鵠。”注云：“鶚，雕屬也。”《漢書・鄒陽傳》：“臣聞鷙鳥纍百不如一鶚。”孟注：“鶚，大雕。”《後漢書・張衡傳》“雕鶚競於貪婪兮”，注云：“雕鶚，鷙鳥也。”《蜀都賦》劉注：“鶚，其形如雕。”《鷦鷯賦》李注引《説文》：“鶚，雕也。”《廣雅》同。

---

① “云”字，上海古籍出版社段玉裁《説文解字注》作曰。
② 原稿“隼與”句前有删節。
③ 據上海古籍出版社段玉裁《説文解字注》，“此一”句當作“是一假借也”。

戾

毛曰："戾，至也。"《小宛》《采叔》傳同。《爾雅·釋詁》："戾，至也。"

爰

鄭曰："爰，于也。"

止

鄭曰："亦集於其所止。"蓋謂動詞轉爲名詞。然其例不見於經傳。止疑沚之省借，《谷風》："湜湜其沚。"《説文》引作止。《釋名·釋水》："沚，止也。小可以止息其上也。"此止沚聲同通用之證。《説文》沚下曰："小渚曰沚。"《采蘩》傳："沚，渚也。"隼爲水鳥，故集於沚。隼集於沚，亦猶雎鳩之"在河之洲"矣。《爾雅·釋水》："水中可居者曰洲，小洲曰渚，小渚曰沚，小沚曰坻。"是沚即洲也。故《楚辭·陶壅》"淹低佪兮京沚"，注曰："京沚，即高洲也。"

鉦

蔣超伯曰："呼鉦爲鑼，五季已然。《清異録》述高太素《逍遥館冬日銘》云：'折膠墮指夢想負背，金鑼騰空映檐白醉。'樓攻媿愛此二語，以白醉名其閣。南宋人曹豳《咏緣竿伎》云：'又被鑼聲送上竿。'"（《通齋詩話》上之三。）

鞫

毛曰："鞫，告也。"《瞻卬篇》"鞫人忮忒"，林義光曰："鞫讀爲告，告鞫古同音。《十月之交篇》'日月告凶'，《漢書·劉向傳》引作'日月鞫凶'；《禮記》'則纖剸亦告於甸人'，鄭注：'告，讀爲鞫（文王世子）。'蓋鞫字古通作告也。"鞫旅即告旅，今字通作誥。

闐闐

《爾雅》郭注："闐闐，群行貌。"（陳喬樅以爲襲舊注《魯詩》説。）《説文》："闐，盛貌。"與群行義近。又嗔下云："盛氣也。"引《詩》："振旅嗔嗔。"（《玉篇·口部》："盛聲也。"引《詩》同。）左思《魏都賦》"振旅輷輷"，劉淵林注引《史記》蘇秦曰："輷輷殷殷，若三軍之衆。"李善注引《蒼頡篇》曰："輷輷，衆車聲也。"案詩字當從《魏都賦》作輷，而義則當從《蒼頡篇》作衆車聲。上爲鼓聲，下爲車聲，文正相對也。

蠢

《爾雅·釋訓》："蠢，不進也。"郭注："蠢動爲惡，不謙遜也。"即魯家此詩之訓。王逸《九嘆》注："蠢蠢，無禮義貌。"引《詩》曰："蠢爾蠻荆。"（案蠻荆亦誤倒。）無禮義，則不遜，與《雅》訓合。

爾

《桑柔[1]篇》"既作爾歌"[2]之爾，皆與此義同。《世説》："許掾嘗詣簡文，爾夜風恬月朗。"又："謝仁祖年八歲，謝豫章將送客，爾時已神悟，自參上流。"兩爾字并與此同。

大邦爲讎

《漢書·賈捐之傳》引《詩》，釋之曰："言聖人起則後服，中國衰則先畔，動爲國家難，自古而患之矣。"《後漢書·南蠻傳》亦云："明言黨衆繁多，是以抗敵諸夏。"并謂《詩》大邦爲諸夏。多案"大邦爲讎"，倒裝句法，猶言"爲大邦讎"也。《六月》"萬邦爲憲"，言"爲萬邦憲"也。《桑扈》"百辟爲憲"，言"爲百辟憲"也。

---

① "桑柔"二字，今補。

② 原稿"既作爾歌"下尚有"惟以告哀"，乃《四月》句而誤屬《桑柔》，故删之。

元老

毛曰：“元，大也。五官之長，出於諸侯，曰天子之老。”陳奂曰：“《曲禮》：‘五官之長，曰伯。自稱於諸侯，曰天子之老。’鄭注云：‘九命作伯，伯分主東西者。’又《王制》：‘八伯各以其屬屬於天子之老二人，分天下爲左右，曰二伯。’注云：‘老謂上公。’昭十三年《左傳》：‘晋侯使叔向告劉獻公[①]，對曰：“天子之老，請帥王賦，元戎十乘，以先啓行。”’杜注云：‘獻公，王卿士劉子。’案劉子爲王卿士，故自稱於諸侯爲天子之老，與《詩》《禮》正合。”《國語·魯語》“元侯作師”，韋注：“元侯，大國之君也。”卜辭有元臣（《簠室殷契類纂》一）。《玉篇·一部》引《韓詩》曰：“元，長也。”《後漢書·章帝紀》“爲國元老”，李注：“元，長也。”引《詩》曰：“方叔元老。”

壯

多案壯對老言。《詩》謂方叔雖老，其於兵謀，則猶如壯盛之人也。《鹽鐵論·未通篇》：“五十以上，血脉益剛，曰艾壯。《詩》曰：‘方叔元老，克壯其猶。’故商師若荼，周師若烏。”此齊説也。周師若烏，即上飛隼之喻。《左僖二十八年傳》：“師直則壯，曲則老。”又《僖三十三年》：“老師費財。”《老子》：“物莊則老。”《曲禮》：“三十曰壯。”

猶

《玉篇·士部》引《詩》作猷，是據《韓詩》之文。蔡邕《胡公碑》：“方叔克壯其猷。”是《魯詩》亦作猷。鄭曰：“猶，謀也。謀，兵謀也。”案《爾雅·釋詁》：“猷，謀也。”《板篇》“猶之未遠”，傳：“猶，圖也。”《釋言》同。又案《老子》“猶兮其貴言”，釋文：

① 《左傳》原文“劉獻公”下有“曰：‘抑齊人不盟，若之何？’”九字。

“猶，用也。”《小爾雅·廣詁》：“由，用也。”（《素問·移精變氣論[①]篇》“祝由”，梁元超曰：“祝由，南方神。”即祝融也。《左傳》昭五年吴蹶由，《韓子·説林》作融。）

訊

馬瑞辰曰：“執訊對獲醜言，醜爲衆賊，不可訊言（言猶問也）者，指元惡。據文十三年《左傳》，鄭子家使執訊面與之書，杜注：‘執訊，通訊問之言。’則訊爲軍中通訊問之人，蓋諜者之類。執訊獲醜，二者相對成文。”《皇矣》“執訊連連”，《王制》“出征執有罪，反以訊馘告”，并以訊爲通訊問之人，與此詩皆動詞轉爲名詞。《出車》傳訓訊爲辭，《箋》訓爲言，王逸《楚辭注》又以爲問，胥失之。

獲[②]

《皇矣》傳：“馘，獲也。不服者殺而獻其左耳曰馘。”此詩獲當爲馘之假借。（《爾雅》：“馘，獲也。”義本毛《傳》。）陳奂曰：“《傳》云：‘不服者殺而獻其左耳曰馘。’謂軍中不能載尸，但殺之斷其左耳以獻，是謂之馘，亦謂之獲。馘爲已殺之名，獲亦非生得之謂。《春秋》獲陳夏齧，獲齊國書，皆死者曰獲。《周禮》‘獲者取左耳’，則殺禽獸以獻，亦曰獲。此皆馘、獲通義之證。”（《皇矣》傳疏。）

醜[③]

《出車》箋：“醜，衆也。”案字本爲儔，古謂敵衆皆假醜爲之。《常武》“仍執醜虜”，《綿》“戎醜攸行”，《泮水》“屈此群醜”（謂淮夷），《禮記·曲禮》“在醜夷不争”，是其例。《隸釋》有“執訊獲醜”

① 原稿無“論”字，今補。

② 原稿“獲”字訓文下尚有批語：《王制》以訊馘連言，則用爲名詞，而義則與《詩》無别。《泮水》“在澧獻馘”同。

③ 原稿“醜”字兩處立目施訓，今合并如此。

之語，馬瑞辰謂本三家《詩》。案首當爲酋之誤，或假作酋。《漢書・宣帝紀》"楊玉酋非首"，注："羌胡名大帥爲酋，如中國言魁。"《張敞傳》"偷盜酋長數人"，注："長，帥也。"《叙傳》注："酋，雄也。"《吴都賦》"儋耳黑齒之酋"，注："酋渠，皆豪帥也。"

嘽嘽　焞焞①

毛曰："嘽嘽，衆也。"《廣雅》同。《常武》"王旅嘽嘽"傳："嘽嘽然盛也。"盛與衆義近。《説文》："嘽，喘息之貌。"

毛曰："焞焞，盛也。"《説文》："焞，明也。"《左僖五年傳》："天策焞焞，火中成軍。"亦謂光明。《漢書・韋玄成傳》引《詩》："嘽嘽推推。"段玉裁謂推爲輴字之誤。《玉篇》："輴，車盛貌。"《廣韻》："輴輴，車盛貌。"推推即輴輴也。

多案上曰"嘽嘽焞焞"，下曰"如霆如雷"，則嘽嘽焞焞當爲車聲。嘽霆雙聲，焞雷叠韻，嘽嘽焞焞，正雷霆之聲，車聲亦象之，故《詩》曰"戎車嘽嘽，嘽嘽焞焞"。焞，《説文》訓明，《左僖五年傳》"天策焞焞，火中成軍"，亦謂光明。《詩》用形聲字，雖不爲義，然訓明之焞，與車聲究隔一層，不如依三家作輴之爲近理也。

雷②

馬瑞辰曰："《廣雅》：'靁，雷也。'《廣韻》：'靁，雷也，出《韓詩》。'疑《毛詩》'如雷'，《韓詩》或作'如靁'。"案輴靁一聲，猶"嘽霆"一聲也，馬説甚的。若作雷，雖與輴叠韻，然猶不若靁輴之合也。

---

① 原稿訓目除"嘽嘽""焞焞"外，又有"嘽嘽焞焞"，今合并如此。以下"多案"至"近理也"，即原稿"嘽嘽焞焞"訓文。

② 原稿"雷"條上有眉批：王念孫曰："靁之言啍啍然也。"(《廣雅疏證》九上之十。)。

來威[1]

陳奂曰："威猶畏也。"馬瑞辰曰："來猶是也。威猶畏也。蠻荆來威，猶云蠻荆是畏。《箋》讀來如往來之來，又以威爲宣王之威，失之。"

〔篇義〕[2]

《竹書紀年》："宣王五年秋八月方叔帥師伐荆蠻。"案首章受命大閱，次章治兵辨旗物，三章振旅（猶楚將圍宋，先使子文治兵於睽，子玉復治兵於蔿也），末章祝方叔克敵制勝。

車攻（小雅·南十二）

我車既攻，我馬既同。四牡龐龐，駕言徂東。
四車既好，四牡孔阜。東有甫草，駕言行狩。
之子于苗，選徒囂囂。建旐設旄，搏獸于敖。
駕彼四牡，四牡奕奕。赤芾金舄，會同有繹。
决拾既佽，弓矢既調。射夫既同，助我舉柴。
四黄既駕，兩驂不猗。不失其馳，舍矢如破。
蕭蕭馬鳴，悠悠旆旌。徒御不驚，大庖不盈。
之子于征，有聞無聲。允矣君子，展也大成。

① "來威"，原稿作威、來威兩條，今合并如此。
② "篇義"二字今補。以下文字，原稿在篇名《采芑》之下。

攻[①]

石鼓文："吾車既工。"《詩》字本亦當作工。《爾雅·釋詁》："攻，善也。"案首章之"我車既攻"，即二章之"田車之好"。好與善義同。毛訓攻爲堅者，器物堅則善，故工訓堅，亦訓善。《國語·齊語》"辨其功苦"，韋注："攻，牢也。苦，脆也。"功與攻同，牢亦堅也。工本字，攻功并假借字（形容詞）。又案攻字從攴，本爲動詞。《小爾雅》："攻，治也。"《三蒼》："繕，治也。"繕與善通。《莊子·養生主篇》："善刀而藏之。"攻訓治，繕亦訓治，則攻即繕也。動詞之攻謂之繕，亦猶形容詞之工謂之善耳。陳奂曰："《瞻印》傳：'鞏，固也。'攻鞏聲義相近。"石鼓文亦云"吾車既好"。

同

毛曰："同，齊也。宗廟齊豪，尚純也。戎事齊力，尚强也。田獵齊足，尚疾也。"《爾雅·釋畜》："宗廟齊豪，戎事齊力，田獵齊足。"孔疏引舍人曰："田獵取牲於苑囿之中，追飛逐走，取其疾而已。"（形容詞。）

龐龐

毛曰："龐龐，充實也。"《玉篇·馬部》："驡驡，充實貌。"蓋本《韓詩》，義與毛同。陳奂曰："充實者，强盛之意。"案《説文》："龐，高屋也。"《漢書·司馬相如傳》"湛恩龐洪"，注："龐洪，厚大也。"高厚與充實義亦相成。

① "攻"上有如下眉批：《楚茨》"工祝致告，傳善其事"曰工。《廣雅·釋詁》一"攻，臤也"。《荀子·議兵篇》"械用兵革攻完便利者强"，注："當作功。"《魏都賦》："物背窳而就攻。"《西周策》"是攻用兵"，注："巧也。"《廣雅·釋詁》三："工，巧也。"

選

王引之曰："選，具也。字本作僎，《説文》云：'僎，具也。'又云：'巽，具也。'巽與僎古同聲。《周官·内饔》：'選百羞醬物珍物以俟饋。'謂先具百羞等物以俟饋也。字亦作撰。《大司馬》：'群吏撰車徒。'謂具車徒也。此言選徒，亦謂具卒徒。（襄九年《左傳》：'使華匠具正徒。'）《史記·司馬相如傳》：'王駕車千乘，選徒萬騎。'謂具騎兵萬人也。"（《述聞》。）

囂囂

王引之曰："高誘注《淮南·修務篇》曰：'囂，衆也。'《十月之交篇》'讒口囂囂'，箋曰：'囂囂，衆多貌。'此言囂囂，亦是衆多之貌，言所具之卒徒囂囂然衆多，非謂數車徒之聲囂囂然也。"（《述聞》。）

舄

馬瑞辰曰："《周官·屨人》鄭注曰：'複下曰舄。'疏云：'下爲底。複，重底。'《釋名》：'複其下曰舄，舄，臘也。行禮久立地，或泥濕，故複其下，使能臘也。'《方言》：'屝，屨，麤履也。徐兖之郊謂之屝，自關而西謂之屨，中有木者謂之複舄。'是皆以舄爲複下，而毛《傳》以爲'達屨'者。段玉裁曰：'達沓古通用，達屨即重沓之義。'其説是也。"

會同

毛曰："時見曰會，殷見曰同。"《周禮·大宗伯》文，其禮各别。此連會與同爲一詞，則同亦會也。

繹

王念孫曰："繹，蓋盛貌也。此承上'赤芾金舄'而言，言諸侯來會，其服章之盛繹繹然也。《商頌·那篇》'庸鼓有斁'，毛彼傳曰：'斁斁然盛也。'《廣雅》曰：'驛驛，盛也。'《文選·甘泉賦》注引《韓詩章句》曰：'繹繹，盛貌。'繹、斁、驛并通。凡言有者，皆形容之詞，故知繹爲盛貌。"（《述聞》。）

決

毛曰："決，鉤弦也。"張衡《東京賦》"決拾既佽"，薛綜注曰："決，以象骨著右巨指，所以鉤弦也。"決，《釋文》又作抉，《周官·繕人》鄭司農注引《詩》亦作抉。

拾

毛曰："拾，遂也。"《儀禮·鄉射禮》鄭注："遂射韝也，以韋爲之，所以遂弦者也。其非射時，則謂之拾。拾，斂也，所以蔽膚斂衣也。"

佽

毛曰："佽，利也。"《説文》："佽，便利也。"引《詩》"決拾既佽"。《漢書·宣帝紀》"及應募佽飛射士"，臣瓚注引許慎曰："佽，便利也。便利矰繳以弋鳧雁，故曰佽飛，《詩》曰'決拾既佽'者也。"林義光曰："佽之言資也，資即利用之意。"陳奂曰："利讀如'利弓矢'之利，利猶調也。"

射夫

陳奂曰："射夫，謂會同之諸侯。"孔穎達曰："此文承諸侯之下，射夫即諸侯也。夫，男子之總名。"

柴

柴借爲胔。(《漢書·晏敬傳》“徒見羸胔老弱”，師古曰：“胔讀曰瘠。”《史記》作“羸瘠”。《易·説卦》：“乾爲瘠馬。”《釋文》：“京荀作柴。”胔通作瘠，瘠通作柴，是柴可通作胔之證。)《文選》張衡《西京賦》“收禽舉胔”，薛綜注：“死禽獸將腐之名。”李善曰：“胔，聚肉名，不論腐敗也。”蔡邕《月令章句》曰：“露骨曰骼，有肉曰胔。”《説文》𦙶下引《詩》：“助我舉𦙶。”石鼓文：“射夫寫矢，具奪㝃胔。”義與《詩》同。𦙶亦胔之借字。

猗

陳奂曰：“猗當作倚。《釋文》猗倚二字，音義迥别。《節南山》‘有實其猗’，猗，於宜反。《箋》：‘猗，倚也。’倚，於綺反。《淇奧》‘緑竹猗猗’，於宜反。‘倚重較兮’，於綺反。此篇倚，於寄反，則《釋文》本作倚字可證。不倚，無偏倚也。”

不失其馳

馬瑞辰曰：“前章毛《傳》云：‘田不出防，不逐奔走，古之道也。’昭八年《穀梁傳》曰：‘車軌塵，馬候蹄，揜禽旅，御者不失其馳，然後射者能中，過防弗逐，不從奔之道也。’是《詩》所云‘不失其馳’者，即‘過防弗逐，不從奔’之謂，又即《孟子》‘範我馳驅’也。《説苑·修文篇》云：‘不抵禽，不詭遇。’抵與題通，不題禽者，不迎禽而射也。不詭遇者，不横射也。不失其馳，蓋兼數者言之。《説文》：‘駕，次第馳也。’正謂馳有行列。又云：‘騖，亂馳也。’則失其馳也。古者射與御相應，惟御之有法，而後射之必中。《孟子》引《詩》‘不失其馳’二句，趙注：‘言御者不失其馳驅之法，則射者必中之，順毛而入，順毛而出，一發貫藏，應矢而死者如破矣。’案所謂‘一發貫藏’者，即釋《詩》‘舍矢如破’也。”(案趙讀如如字，誤。）

如破

王引之曰：“如破，而破也。‘舍矢如破’與‘舍矢則獲’同意，皆言其中之速也。”（《經傳釋詞》。）

徒御

馬瑞辰曰：“《爾雅·釋訓》：‘徒御不警，輦者也。’正以輦者釋徒御二字。若單言徒，則爲步兵，不得爲輦，御本使馬之稱，而人之挽車亦曰御，猶駕本駕馬之名，而輦亦可曰駕。《漢書》注‘駕人以行曰輦’是也。《説文》：‘輦，人挽車也。’挽，引也。《廣雅疏證》曰：‘輦之言連也。連者，引也。引之以行，故[1]曰輦。’以其徒行而引車，故亦曰徒御。《華嚴經音義》引《玉篇》：‘馭，古御字。諸書裝鞁爲駕，牽控爲御。’牽控皆爲引，是御亦引也。以馬引車謂之御，以人引車則謂之徒御。石鼓文‘徒馭孔庶’，《嵩高》詩‘徒御嘽嘽’，并與此詩徒御同義。”

不驚

《正義》曰：“豈不警戒乎？”是《詩》原作警。今《詩》及《爾雅》皆作驚，誤。

庭燎（小雅·鴻二）

夜如何其，夜未央。庭燎之光，君子至止，鸞聲將將。
夜如何其，夜未艾。庭燎晣晣，君子至止，鸞聲噦噦。
夜如何其，夜鄉晨。庭燎有煇，君子至止，言觀其旂。

① 原稿無“故”字，據中華書局影印嘉慶王氏家刻本《廣雅疏證》補。

其

與“殷其雷”“凄其以風”“咥其笑矣”“宛其死矣”“温其如玉”“坎其擊鼓”之其略同，皆助形容詞。《書・微子》“若之何其”，鄭注：“其，語助也。齊魯之間聲如姬。”《太玄・礥篇》“可與過其”，注：“其，詞也。”《史記・孝文紀》“謂天下何其安之”，索隱：“其，發聲也。”何其與何居同。《禮記・郊特牲》“二日伐鼓，何居”，注：“居，讀爲姬，語之助也。何居，怪之也。”《禮記・檀弓》上“何居”，注：“居，讀爲姬姓之姬，齊魯之間助語也。”《莊子・齊物論》：“何居乎？”《左成二年傳》“誰居，後之人必有任是夫”，注：“居，辭也。”《左襄二十三年傳》“國有人焉誰居”，注：“居，猶與也。”（《列子・黄帝篇》“姬將告汝”，注：“姬，居也。”）金文其，《剌鼎》“朞孫孫子子永寶用”，誼與其同。《王孫鐘》“骰趩趩趩”，誼與忌同。可證其言有忌音，與諸書音姬者正合。

未央　未艾

王念孫曰：“夜未央者，夜未已也。《楚辭・離騷》‘時亦猶其未央’，王注云：‘央，盡也。’（《廣雅》同。）《九歌》‘爛昭昭兮未央’，注云：‘央，已也。’（《廣雅》同。《庭燎》釋文引《説文》：‘央，久也，已也。’今本脱已也二字。）盡亦已也。《管子・輕重下篇》云：‘賈人蓄物而賣爲讎買爲取市未央畢。’央、畢皆盡也。《吕氏春秋・知化篇》云：‘其後患未央。’是古人謂未已爲未央也。夜盡則旦，故毛云：‘央，旦也。’鄭云：‘夜未渠央。’亦是此意。今以未央爲未中，則與下文不合。朝禮辨色始入夜，未中而朝我未之前聞也。《古詩》‘調弦未遽央’，央亦已也，豈未遽中之謂乎？”多案《説文》央下云：“央旁同意。”《墨經》：“中央，旁也。”是央兼有中旁二義。物至旁則盡矣，故央有盡義。《□□□敦》旁作□。

王念孫曰：“艾，亦已也。已、央、艾一聲之轉。夜未艾，猶言夜未央耳。襄九年《左傳》'大勞未艾'，杜注云：'艾，息也。'哀二年《左傳》'憂未艾也'，宣十二年《左傳》'憂未歇也'，歇、息、艾皆已也。"

庭燎[1]

毛曰："庭燎，大燭也。"《燕禮》："宵則庶子執燭於阼階上，司宮執燭於西階上，甸人執大燭於庭，閽人執[2]燭於門外。"（執下今本有大字。王引之、嚴可均皆云當依唐石經删大字。）注："庭燎，大燭，爲位廣也。"《周禮·司烜氏》："凡邦之大事，共墳燭庭燎。"故書墳爲蕡，鄭司農注："蕡燭，麻燭也。"《説文》："蒸，析麻中榦也。"《巷伯》傳："使執燭放乎旦而蒸盡。"《弟子職》"蒸間容蒸，然者處下。"皆古燭用麻稭之證。（俞樾説《周禮·司烜》疏，庭燎者以葦爲中心，以布纏之，飴蜜灌之，若今之蠟燭爲賁之本誼。）[3]庭燎爲大燭，蓋亦猶是爾。《禮記·郊特牲》："庭燎之百，由桓公始也。"鄭注："僭天子也。庭燎之差，公蓋五十，侯伯子男皆三十。"孔疏云："此數出《大戴禮記》也。百者，皇氏作百炬列於庭也，或云百炬共一束也。"案百炬共一束是也。一束百炬，故曰大燭。此庭燎之制也。[《周禮》"委人共（供）祭祀之薪蒸木材"，注："給炊及燎，麤者曰薪，細者曰蒸。"《廣雅·釋器》："蒸，炬也。"]

止

《泮水篇》"魯侯戾止"，傳："止，至也。"案《泮水》及此篇止，皆只之假借。《説文》："只，語已詞也。"《草蟲》"亦既見止，亦既覯止"，傳："止，辭也。"《詩》中以止爲語已辭，不可枚計，皆只之借字。

---

① 原稿另有"燎"條，今合并如此。
② 今本"執"作爲。
③ 括弧内文字，原稿是"燎"條訓文。

鸞

林義光曰："鸞，讀爲鑾。鑾，鈴也。金文如《無叀鼎》《頌敦》《豆閉敦》《揚敦》，皆言錫鑾旂。《説文》以旂爲旗有衆鈴。此詩三章云'言觀其旂'，而《采菽》《泮水》亦皆以鸞聲與旂并言，則鸞爲旂上之鸞，非車上之鸞也。毛以鸞爲鸞鑣，失之。"《文選》曹子建《應詔詩》注引作鑾。《泮水》鸞字，《文選·東京賦》注引《毛詩》亦作鑾，《説文》鉞下引《詩》亦作鑾。《頌鼎》不從金（《金文編》十四之三）。

晰晰

與晢晢同。見《東門之楊篇》。

噦噦

《泮水篇》"鸞聲噦噦"，傳："噦噦，言其聲也。"《説文》："鉞車鑾聲也，從金戉聲。《詩》曰：'鑾聲鉞鉞。'"徐鉉曰："今俗作鐬。"段注云："疑古《毛詩·泮水》本作鉞鉞，後乃變爲鐬字。許所據作鉞，戉聲，辛律切。變爲鐬，呼會切。"（案鉞之本義當爲鈴聲，許云車鑾聲者，義本毛《傳》，非也。）《小弁》"蜩鳴嘒嘒"，傳："嘒嘒，聲也。"（《文選》潘岳《秋興賦》注引作"嘒嘒，小聲也"。）

鄉晨[①]

王念孫曰："晨謂昧爽時也。鄉猶方也。字亦作嚮。《隨·象傳》曰：'君子以嚮晦入宴息。'謂方晦入宴息也。夜鄉晨，亦謂夜方晨也。凡將明未明謂之晨，故明亦謂之晨，義相因也。此言'庭燎有煇'，則晨是未明之時矣。晨，《説文》作晨，云：'早昧爽也。'《周官·司寤氏》'禦晨行者'，鄭彼注云：'晨，先明也。'晨在明先，故星尚可見。

① "鄉晨"訓文有如下眉批：《説文》："曟，房星，爲民田時者，從晶辰聲。晨，或省。"

《周語》云‘農祥晨正’是也。宣二年《左傳》云：‘晨往，寢門闢矣。盛服將朝，尚早，坐而假寐。’成十六年《左傳》云：‘楚晨壓晋軍而陳，旦而戰。’是晨爲未明之時也。天未明，則夜未已，然則夜鄉晨，猶言夜未央，夜未艾耳。”（《周禮·鼓人》注引《司馬法》：“昏鼓四通爲大鼜，夜半三通爲晨戒，旦明五通爲發昫。”鄉，□□介詞。）

煇

煇借爲暈。《説文》：“暈，日光氣也。從日軍聲。”字亦作暉，左形右聲。《漢書·天文志》“暈適背穴”，注：“日旁氣也。”《吕覽·明理篇》“有暈珥”，注：“氣圍繞日周匝，有似軍營相圍守，故曰暈也。”《詩》“庭燎有暈”，亦謂圍繞燭光之氣也。《周禮·眡祲》“掌十煇之法”，司農注：“日光炁也。”亦以煇爲之。《易·未濟》：“其暉吉也。”又以暈爲煇。（《説文》：“煇，光也。”即輝字。）此暈煇互通之證。暈或以運爲之。《周禮·大卜》“其經運十”，《保章氏》注：“日有[1]薄食運珥。”《淮南·覽冥篇》“晝隨灰而月運闕”，注：“運者軍也，有軍事相圍守，則月運出也。”王夫之曰：“鄉晨之景，莫妙如此。晨色漸明，赤光雜烟而𩥇𩦠，但以有煇二字寫之，唐人除夕詩‘殿庭銀燭上熏天’之句，寫除夜之景，與此仿佛，而簡至不逮遠矣。”（《薑齋詩話》。）暈即霓也。見劉玉麐《甓齋遺稿》。

言[2]

《廣雅·釋詁》四：“吪，言也。”《爾雅·釋詁》：“訛，言也。”二字從化得聲而皆訓言，蓋不但從言會意，言亦聲也。詈亦從言，古音力議切，讀爲羅。《釋名·釋言語》：“詈……亦言離也。以此掛離之也。”《詩》：“或寢或訛。”韓作譌，云覺也。實假爲寤。寤轉爲訛

① “有”字原稿作月，據中華書局影印本《十三經注疏》改。

② “言”上有如下眉批：吪訛譌與我古音同。《隨部》吪訛譌之轉爲言，亦猶我之爲言也。

謌，亦猶吾轉爲我也。《廣雅・釋詁》四："寤，覺也。"覺即寤也。寤疑即寤之或體，寤寤同字，可證言吾二字聲近通假。《説文》："譇詉，多言也。""蓊，鹹也。"《禮記・曲禮》"鹽曰鹹鹺"，注："大鹹曰鹺，今河東云。""陂，阪也。""攎，蹇也。""頗，頭偏也。""詖，辯論也。"《左僖二十七年傳》蔿賈，《古今人表》作薳。《説文》："牀，痛病也。""宜所安也。""炊，嘗也。"兩戈爲戔。《廣雅・釋詁》四："黐，黏也。"許説疒爲寢之省，非也。篆文[illegible]，象屋下人在牀上形。[illegible]，人之反。[illegible]，[illegible]省。即牀字也。（見《文源》六。）《説文》："寤，覺而有言曰寤。"《左昭三十三年傳》魯季寤字子言。"寤，卧驚也。一曰小兒號寤寤，一曰河内相評也，從寢省，從言。"《廣韻》："寤，睡一覺也。"

第一人稱代名詞，見於金文者，有"余"、"我"、"䖒"（重文"𩁹"并即吾之借字）、"朕"、"走"五字。（見容庚《金文中所見代名詞釋例》，載《燕京學報》第六期。）

旂

《説文》："旂，旗有衆鈴以令衆也，從㫃斤聲。"《爾雅・釋天》："有鈴曰旂。"《載見篇》："龍旂陽陽，和鈴央央。"《周禮・司常》："交龍爲旂。"《考工記・輈人》："龍旂九斿。"《釋名・釋兵》："交龍爲旂，旂，倚也。畫作兩龍相依倚，諸侯所建也。"據此，帛上畫交龍，有九斿，斿端各著以鈴也。字亦作旍。謝宣遠詩"鑾旍歷穨寢"、《魏都賦》"攸攸旆旍"是也。

黄鳥（小雅・鴻七）

黄鳥黄鳥，無集于穀，無啄我粟。此邦之人，不我肯穀。言旋言歸，復我邦族。

黄鳥黄鳥，無集于桑，無啄我粱。此邦之人，不可與明。言旋言歸，復我諸兄。

黄鳥黄鳥，無集于栩，無啄我黍。此邦之人，不可與處。言旋言歸，復我諸父。

穀　桑　栩

《説文》："穀，楮也。"陸疏："楮，幽州謂之穀桑。"《書·咸乂序》："桑穀共生於朝。"

穀

《甫田》"以穀我士女"，箋："穀，養也。"

明

《箋》："明讀爲盟。"案明盟古通。《易·井》九三："王明并受其福。"于省吾讀明爲盟。《師望鼎》"穆穆克盟氒心"，即克明厥心。《叔尸鎛》"中尃盟刑"，盟盟同（《説文》盟古文字作盟），孫詒讓謂即執中以布明刑。《叔尸鎛》"雁卹余於盟卹"，容庚謂即《書·君奭》"罔不秉德明恤"之明恤。《邾公釛鐘》"用敬卹盟祀"，《邾公華鐘》"以卹其祭祀盟祀"，《沇兒鎛》"惠於明祀"，字作明，并其例證。《周禮·詛祝》"掌盟詛"，注："盟詛主於要誓，大事曰盟，小事曰詛。"《詛楚文》"以盟大神之威神"，言以要誓於大神之威神也。《詩》曰"不可與盟"，言不可與相要誓也。

〔篇義〕

《易林·乾之坎》："黄鳥來集，既嫁不答，念我父母，思復邦國。"①

---

① 以上文字，原稿在《黄鳥》題下。

我行其野（小雅·鴻八）

我行其野，蔽芾其樗。昏姻之故，言就爾居。爾不我畜，復我邦家。

我行其野，言采其蓫。昏姻之故，言就爾宿。爾不我畜，言歸斯復。

我行其野，言采其葍。不思舊姻，求爾新特。成不以富，亦祇以異。

畜

林義光云："畜，好也。則讀爲嬉。"

特

詳《鄘·柏舟》。

成

《論語·顔淵篇》引作誠。

無羊（小雅·鴻十）

誰謂爾無羊？三百維群。誰謂爾無牛？九十其犉。爾羊來思，其角濈濈。爾牛來思，其耳溼溼。

或降于阿，或飲于池，或寢或訛。爾牧來思，何蓑何笠，或負其餱。三十維物，爾牲則具。

爾牧來思，以薪以蒸，以雌以雄。爾羊來思，矜矜兢兢，不騫不崩。麾之以肱，畢來既升。

牧人乃夢，衆維魚矣，旐維旟矣。大人占之，衆維魚矣，實維豐年。旐維旟矣，室家溱溱。

維

馬瑞辰曰：“《爾雅》：‘維，侯也。’‘侯，乃也。’此詩二維字，皆當訓乃。‘衆乃魚矣’，謂蝝化爲魚。‘旐乃旟矣’，亦謂旐易以旟。”

犉

毛曰：“黄牛黑脣曰犉。《良耜》‘殺時犉牡’，《傳》同。《説文》：‘犉黄牛黑脣也。’引《詩》：‘九十其犉。’義本毛《傳》。《爾雅·釋畜》：‘黑脣犉。’（此亦謂黄牛黑脣。牛以黄色爲多，故略黄不言。）與毛亦合。《爾雅》又曰：‘牛七尺爲犉。’邢疏引《尸子》云：‘大牛爲犉，七尺。’是犉兼二義。”案犉字從享，是用以爲祭祀之牛曰犉。《説文》從辜作犤，辜即古亯（享）字。卜辭亯字，作（辜）。（《前編》卷三第二十四葉，及卷四第三十四葉。）《齊侯匜》“膳辜”與下句“無疆”爲韻，亦古亯字也。（《説文》：“亯，獻也。從高省。曰象進孰物形。”“辜，孰也，從亯從羊，讀若純。一曰鬻也。”許於亯曰象進孰物形，於辜曰孰也，是許亦以二字誼通也。）祭祀用牲，必取肥大，而其色則不必拘於黄，犉之本義自當以七尺大牛爲正。《詩》言犉，即取此義也。郭注《爾雅》於“牛七尺爲犉”下引《詩》，而於“黑脣犉”下不引，是郭不從毛訓矣。馬瑞辰曰：“〔《詩》〕極言大者之多爾，下章明言‘三十維物’，若云黄牛黑脣者九十，則與‘三十維物’句不合。”其説是也。（許謂亯從高省，雖與享牲用高大之意合，然審卜辭上乃是象祭器之形，故不取其説。）《詩》釋文本又作犤，《周禮·地官》序官引《詩》亦作犤。

思

思與斯同，語詞也。《泮水篇》“思樂泮水”，《禮記·禮器篇》正義引作斯，《我行其野篇》“言歸思復”，唐石經作斯。

濈濈

毛曰："聚其角而息濈濈然。"（羅振玉曰："似當作'聚而息，其角濈濈然'。"）《螽斯》傳："揖揖，會聚也。"《板》"辭之輯矣"傳，《抑》"几有緝御"傳，并云："緝，和也。"《桑扈》"不戢不難"傳，《時邁》"載戢干戈"傳，并云："戢，聚也。"案《說文》："揖，攘也，從手咠聲。一曰手著胸曰揖。"又："輯，車和輯也，從車咠聲。"（輯，段注據許書列次第訂訓車輿是也。）[1]又："戢，藏兵也，從戈咠聲。《詩》曰：'載戢干戈。'"以上除"載戢干戈"之戢爲本義，餘皆假借字。《說文》："濈，和也，從水戢聲。"此疑非凡和之字，濈當爲水和，猶輯之爲車和耳。濈揖輯戢雖皆讀咠聲，然《說文》："咠，聶語，從口從耳。《詩》曰：'咠咠幡幡。'"是諸字皆不取咠義也。濈揖輯戢蓋皆爲集之假字。《說文》："鏶，鍱也，從金集聲。鍓，鏶或從咠。"《集韻》湒或作湁。《文選・洞簫賦》注："靄或爲驥，同。"（驥當爲湒之誤。《說文》："湒，雨下也。"）《詩・公劉篇》"思輯用光"，《書・無逸》傳輯作集，《板篇》"辭之輯矣"，《新序・雜事》二輯作集，是古從集從咠之字多通用。《說文》："雧，群鳥在木上也，從雥從木。集，雧或省。"《釋文》："濈本又作觙，亦作戢。"《說文》無觙字。《玉篇》："䚕，牛多角貌，又角堅貌，或作戢。"（據《詩》牛字當作羊。）案觙䚕皆後人因此詩臆造之字。羊不過二角。《玉篇》知多角之說不可通，故又出角堅之義。其猶夷失據已昭然若揭。揣《詩》之義，若以象形言，則牛角攢聚，其狀與聚戈爲近，字當作戢。後人乃涉下濕字加水作濈耳。然其本義則仍當爲聚。（《文選・南都賦》"蓼蕺蘘荷"，注："蕊與蕺同。"案花蕊之狀，亦戢戢然爲聚戈，故曰蕺。）[2]《爾雅・釋詁》，又《玄應音義》十八引《蒼頡》，并云："戢，聚也。"《桑扈》《時邁》兩傳并同。《廣雅・釋詁》二："戢，插也。"《文選・魯靈光殿賦》"芝栭攢羅以戢舂"，注："戢舂，衆貌。"義并與《詩》狀

①② 括弧内文字，原稿眉批。

牛角相成。《小爾雅·廣言》："戢，斂也。"斂亦聚也。《國語·周語》"夫兵戢而時動"，注："戢，斂也。"《左襄二十四年傳》"兵不戢"，注："戢，藏也。"謂聚斂而藏之也。《詩·鴛鴦》"戢其左翼"，釋文引《韓詩》："戢，捷也。"捷亦插也。《釋文》："濈本亦作戢。"《御覽·獸》十四引《詩》正作戢戢。

溼溼[①]

毛曰："呞而動，其耳溼溼然。"（呞，《釋文》本亦作齝。《爾雅》"牛曰齝"，釋文引郭注："食已後出嚼之也。"）陳奂曰："溼溼，耳動之貌。《爾雅》：'楓，欇欇。'欇欇爲摇動，溼溼與欇欇聲義皆相近。"案《文選·吴都賦》"埵塌鱗接"，注："埵塌，枝柯相重叠貌。"溼溼猶埵塌也。枝柯重叠與牛耳攢集之狀并同。溼溼并爲翕之假借。《方言》三："翕，聚也。"《廣雅·釋詁》三同。《易·繫辭上傳》"其静也翕"注，又《釋文》，又《荀子·議兵篇》"代翕代張"注，并云："翕，斂也。"戢之爲義爲聚爲斂，翕之義亦爲聚爲斂，則濕濕（翕翕）猶戢戢也。又《説文》："翕，起也，從羽合聲。"《漢書·司馬相如傳》上"翕呷萃蔡"，注引張揖曰："翕呷，衣張起也。"翕翕然張起，以狀牛耳，與以干戈戢戢狀牛角，同臻其妙。《司馬相如傳》"襍臿其間"，襍假爲戢，戢臿即顯顯也。（參《螽斯》。）

溼當作濕，實爲㬎，即古顯字。《説文》："㬎，衆微杪也。從日中視絲，古文以爲顯字。"又："顯，頭明飾也。"段玉裁説頭明飾者，冕弁充耳之類。案顯爲頭明飾，羊頭上有耳，亦猶人頭上有飾，故《詩》曰其耳顯顯，亦取象形也。㬎又有衆義（《廣韻》："㬎，衆明

① 原稿有"溼溼""溼"兩條，今合并如此。又，原稿"溼溼"條有眉批：《方言》一："溼，憂也。陳楚或曰溼，自關而西，秦晋之間，或曰惄，或曰溼。"案溼假爲悒。《説文》："浥，溼也。""悒，不安也。"《大戴記·曾子立事篇》注："悒悒，憂念也。"及《論語》"翕如也"，鄭注："變動之貌。"《淮南·墬形篇》"其人翕形"，注："翕讀脅榦之脅。"

也。”)，則與戢有衆義爲一例矣。

降

《説文》：“降，下也，從𨸏夅聲。”林義光曰：“古作（《太保彝》），作（《大禮尊彝》），作（《戰狄鐘》），象兩足降於阜之形。”（《文源》。）作，《大保敦》。（見《金文編》十四之八。）

阿

《菁菁者莪篇》“在彼中阿”，傳：“大陵四阿。”（《爾雅・釋地》同。）《考盤篇》“考盤在阿”，傳：“曲陵曰阿。”《説文》：“阿，大陵也。一曰曲𨸏也，從𨸏，可聲。”義并本毛《傳》。《穆天子傳》“天子獵於鈃山之西阿”，注：“阿，山陂也。”

訛[①]

當作吪。《兔爰篇》“尚寐無吪”，傳：“吪，動也。”與此《傳》訓動正同。《玉篇・口部》引《詩》“或寢或吪”，云[②]吪，“動也”。其所據正作吪。《釋文》引《韓詩》作譌云：“譌，覺也。”譌同寣。寣，覺也。與毛字異而義同。《玄應音義》十二：“訛，古文蔿譌吪三形同。”蓋皆以聲近通假。《説文》：“覺而有言曰寣。”《小爾雅・釋言》：“寣，覺也。”此訛乃寣之假字。《易・觀》化與下爲韻。《爾雅・釋言》：“賜，賭也。”此隨豫兩部聲近之證。

何

毛曰：“何，揭也。”《候人》傳同。案荷之初文。

① 原稿“訛”作兩條，今合并如此。
② 原稿無“云”字，據上下文義及《玉篇》吪下訓文補。吪，《玉篇》：“《詩》‘或寢或吪’，動也。”

蓑

毛曰："蓑所以備雨。"《説文》："衰，草雨衣，秦謂之萆。"又："萆，雨衣，一曰衰衣。"《國語·越語》："譬如衰笠，時雨既至必求之。"亦蓑笠并言。

餱

《伐木》傳："餱，食也。"

物

毛曰："異毛色者三十也。"是以毛色釋物字。《周禮·犬人》鄭司農注："物，色也。"《穆天子傳》"收皮效物"，郭注云："物謂毛色也。"即引此詩。（王國維《觀堂集林》六之十《釋物》。）

以薪以蒸　以雌以雄

鄭曰："此言牧人有餘力，則取薪蒸，捕禽獸以來歸也。麤曰薪，細曰蒸。"

矜矜兢兢

毛曰："矜矜兢兢，以言堅强也。"陳奂曰：矜兢雙聲。《説文·兄部》："兢，競也。讀若矜。"隸變作兢。宣十六年《左傳》引《詩》"戰戰兢兢"，本亦作矜矜，是矜矜與兢兢同。《柔桑》《烈文》傳："競，强也。"《説文》："競，彊語也。"兢競雙聲。《傳》云"'以言堅强'者，即下句'不騫不崩'之謂"。案矜兢不同部。朱駿聲曰："堅訓矜，彊訓兢，詩人重言形況，毛即以聲訓也。"案朱説是也。《楚辭·憂苦》"折鋭摧矜"，此以矜爲堅也。矜之得借爲堅者，《説文》："矜，矛柄也。"《吕覽·重言》："矜者，兵革之色也。"

騫

毛曰："騫，虧也。"《天保篇》："如南山之壽，不騫不崩。"《傳》同。馬瑞辰曰："《説文》：'騫，馬腹縶也。'……《史記·仲尼弟子列傳》：'閔損，字子騫。'蓋騫本馬腹縶陷之稱，引申通爲虧損之稱。此詩言羊，曰'不騫不崩'；《魯頌》言'魯邦是常'，亦曰'不虧不崩'。《説文》：'虧，氣損也。'凡損皆曰虧，亦皆可曰騫。故《漢書·晁錯傳》：'外無騫污之名。'顏師古注：'騫，損也。'"案騫者，寋之假借。《説文》："愆，過也，從心衍聲。寋，或從寒省。諐，籀文。"（《假樂篇》"不愆不忘"，《春秋繁露·郊語篇》作"不騫不忘"。《文選》劉越石《扶風歌》"惟昔李騫期"，注："騫與愆通。"《列子·黄帝篇》"而己無愆"，釋文："本又作騫。"）《説文》："騫，馬腹縶也，從馬，寒省聲。"諸書皆以愆以騫爲之。《周書·謚法篇》："寋，過也。"蓋是本字。《左哀十六年傳》"失所爲愆"，《昭二十六年傳》"用愆厥位"，注："愆，失也。"《荀子·正名篇》"永思騫兮"，注："騫，咎也。"過、失、咎與損義皆通。《左二十六年傳》"王愆於厥身"，注："愆，惡疾也。"杜蓋以愆爲馬腹縶之騫，義本許書。《玄應音義》三："僁，古文寋遇二形，籀文作諐，今作愆，同。"疑騫爲本字，寋愆諐皆後出假借字。《梓人》："小體騫腹。""不騫不崩"，諒是上世牧人習用之語，專指牲畜言，後遂爲凡不損不壞之通稱。

崩

毛曰："崩，群疾也。"案崩訓群疾，於此可通，於《天保》《假樂》則未蒙矣。《説文》："崩，山壞也。"山壞曰崩，引申之則凡壞皆可曰崩，壞即損也。"不騫不崩"對文。

肱

毛曰："肱，臂也。"《説文》："厷，臂上也。從又從古文𠃋。𠃋，古文厷，象形。肱，厷或從肉。”案析言之臂與肱别，渾言之肱即臂也。《穆天子傳》二“乃封長肱於黑水之西河”，注：“臂長三丈。”《海外西經》：“奇肱之國，其人一臂三目。”并與毛誼合。

既升

毛曰：“升，升入牢也。”《廣雅·釋詁》二：“陞，進也。”《吕覽·孟秋》“農乃升穀”，注：“升，進也。”陞升同，皆登之借字。（《小爾雅·廣言》：“登，升也。”《爾雅·釋詁》：“登，陞也。”）《淮南·繆稱篇》“錦綉登廟”，注：“登，猶入也。”升有進入諸義，疑《傳》下升字衍。既者盡也，盡亦畢也。既升與畢來對文。

衆[①]

丁希曾曰：“衆乃螽字之省。”（引見盧文弨《鍾山札記》。）馬瑞辰曰：“《説文》螽爲蝗之或體。《公羊》桓五年釋文引《説文》作𧕅，《玉篇》蝗古文作𧕅，《春秋》有蝗，《公羊》皆作螽。《文二年》‘雨螽於宋’，何休《解詁》曰：‘螽，猶衆也。’此詩衆當爲螽及𧕅之省借。螽，蝗也。蝗多爲魚子所化，魚子旱荒則爲蝗；豐年水大則爲魚，蝗亦或化爲魚。釋玄應《一切經音義》引《毛詩蟲魚疏》云：‘阜螽，蝗也。今謂蝗子爲螽子，一名𧒂，云是魚子化。’《埤雅》云：‘陂澤中魚子落處，逢旱日暴，率變飛蝗，若雨水充濡，悉化爲魚。’是其證也。此詩牧人夢螽蝗化爲魚，故爲豐年之兆。”

旐

《説文》：“旐，龜蛇四游，以象營室，攸攸而長也。《周禮》曰：

① “衆”條有如下眉批：多案《太平廣記》四七九引《玉堂閒話》：“蝗之爲孽也，蓋海氣所生，蝗斯臭腥，或曰魚卵所化，每歲生育，或三或四，每一生，其卵盈百，自卵及翼，凡一月而飛，故《詩》稱螽斯子孫衆多。螽斯即蝗屬也。”

‘縣鄙建旐。’”段注：“攸旐音近，以叠韻釋之也。旐何以著其長，以有繼旐之旆故也。”

旟

《説文》：“錯革鳥其上，所以進士衆。旟旟，衆也。從㫃與聲。”段注：“當作從㫃與，與與，衆也，與亦聲。”案《楚茨》“我黍與與”，傳：“與與，蕃蕪貌。”正訓與爲衆貌。

溱溱

《説文》：“溱水，出桂陽臨武入匯。從水秦聲。”“蓁，草盛貌。從艸秦聲。”《桃夭篇》“其葉蓁蓁（《通典・禮》十九引作溱溱）”，傳：“蓁蓁，至盛貌。”此詩溱溱亦當作蓁蓁。《潛夫論・夢別篇》引《詩》正作蓁蓁。毛曰：“溱溱，衆也。”是亦以爲蓁之假借字。《桃夭》詩亦以狀室家之盛。

小弁（小雅・節七）

弁彼鸒斯，歸飛提提。民莫不穀，我獨于罹。何辜于天，我罪伊何。心之憂矣，云如之何。

踧踧周道，鞫爲茂草。我心憂傷，惄焉如擣。假寐永嘆，維憂用老。心之憂矣，疢如疾首。

維桑與梓，必恭敬止。靡瞻匪父，靡依匪母。不屬于毛，不罹于裏。天之生我，我辰安在。

菀彼柳斯，鳴蜩嘒嘒。有漼者淵，萑葦淠淠。譬彼舟流，不知所届。心之憂矣，不遑假寐。

鹿斯之奔，維足伎伎。雉之朝雊，尚求其雌。譬彼壞木，疾用無枝。心之憂矣，寧莫之知。

相彼投兔，尚或先之。行有死人，尚或墐之。君子秉心，維其忍之。心之憂矣，涕既隕之。

君子信讒，如或醻之。君子不惠，不舒究之。伐木掎矣，析薪扡矣。舍彼有罪，予之佗矣。

莫高匪山，莫浚匪泉。君子無易由言，耳屬于垣。無逝我梁，無發我笱。我躬不閱，遑恤我後。

弁

《漢書·嚴延年傳》“吏皆股弁”，注：“弁謂撫手也。”案兩手相擊也。《説文》（弁）爲皃之籀文，象兩手合，故《釋名·釋首飾》曰：“弁，如兩手相合抃時也。”字一作拚。《説文》：“拚，拊手也。”《吕氏春秋·古樂篇》“帝嚳乃令人抃”，注：“兩手相擊曰抃。”抃即拚字。鳥飛時兩翼鼓動，如人兩手相擊，故曰“弁彼鸒斯”。《小毖》“拚飛維鳥”，字作拚，義與此同。朱熹曰：“弁，飛拊翼貌。”説甚精確。

鸒

《傳》：“鸒，卑居。卑居，雅烏也。”《爾雅》：“鸒，鵯鶋。”郭注：“小而多群（孫注作聲），腹下白。”又：“燕，白脰烏。”注：“脰，頸。”又：“與，鶌鷑。”注：“未詳。”釋文：“與，樊孫本作鸒。”《玉篇》：“鸒，鶌鷑。”馬瑞辰云：“荼有白義，鶌鷑者頸白也，即白脰烏。”案與燕對轉，與鸒一字，鶌鷑即白脰烏，而白脰者與白腹者不妨同名也。《小爾雅·廣鳥》：“純黑而反哺者謂之慈烏，小而腹下白不反哺者謂之雅烏，白項而群飛者謂之燕烏。”慈烏即玆烏。玆，黑也。故純黑者謂之慈烏。雅燕亦對轉字，雅烏即燕烏。白腹與白項者皆非純黑，故同名。白腹與白項者，俱有鸒名，《詩》所言□□□□□□耳。

提提

《傳》："提提，群〔飛〕（從《正義》引或本補）貌。"《廣韻》："提，群飛貌。"或作翄。案當是飛貌。《文選・魏都賦》"翍翍精衛"，注："翍翍，飛貌也。"翄與翍同。字一作翍，《廣韻》："翍翍，飛貌。"《説文》："翍，翼也。"重文作翍。"翨，鳥之强翮"，翨即翄字。翄本鳥翼，引申之，即有飛義。《傳》詁群字，不合訓詁。

踧踧

《爾雅・釋訓》："儵儵，嘒嘒，罹禍毒也。"釋文："儵，郭音徒的反。"是《魯詩》作儵儵。釋文又云："樊本作攸。"攸儵同。（引《詩》"攸攸我里"，恐後人妄增。）攸，長也。踧與攸儵并通，猶《雲漢》"滌滌山川"，《説文》引作蔋蔋也。《雲漢》滌滌，《御覽》引作悠悠，與此詩樊引作攸攸同。《方言》十二："惄，悵也。"踧訓長，猶惄訓悵。一説踧讀爲淑，清潔也。毛訓平易，殆此義之引申。魯作儵，彼讀爲修潔之修。《中庸》"修其宗廟"，注："修謂埽糞也。"[1]

鞫

朱駿聲讀爲艽。案《公劉》"芮鞫之即"，《韓詩》作阸。《爾雅・釋鳥》："鳲鳩，鴶鵴。"此鞫艽通之比。《淮南子・修務篇》"野彘有艽莦槎櫛，窟虚連比，以象宫室"，注："艽，獸蓐也。"《説文》："蓐，陳草復生也。"名詞之蓐謂之艽，動詞之蓐亦謂之艽。《説文》："艽，遠荒也。"艽爲荒遠之荒，亦爲荒蕪之荒。高許二説似異而實同，"艽爲茂草"，猶荒爲茂草也。朱説至確。

① "《方言》"句至此，原稿眉批。

假寐

《後漢書·質帝紀（梁太后詔）》："寤寐永嘆，重懷慘結。"注引《詩》："寤寐永嘆，唯憂用老。"案寤假聲近通假。

疢

馬瑞辰曰："《説文》：'疢，熱病也。從疒從火。'《詩》蓋藉以爲煩熱之稱。'如疾首'始言病，是不以疢爲病也。"

桑　梓

《傳》："父之所樹，已尚不敢不恭敬。"馬瑞辰曰："《甘棠》美召伯，思其人，因愛其樹也。桑梓懷父母，睹其樹，因思其人也。"

匪

林義光讀爲彼，是也。

毛　裏

王引之云："裏讀爲理。"《管子·内業篇》："得道之人，理烝（蒸）而毛（今本誤屯）泄，匈（胸）中無敗。"《淮南子·泰族篇》："今夫道者，静莫恬淡，訟繆胸中，邪氣無所留滯，四枝節族，毛蒸理泄，則機樞調利，百脉九竅，莫不順比。"古人每以毛理并言。《詩》毛裏即毛理也。多疑毛讀爲表。（金文表作衺，從毛，與小篆同。）表斥父，裏斥母也。罹，唐石經作離。

菀

《桑柔》"菀彼桑柔"，傳："菀，茂貌。"《菀柳》"有菀者柳"，傳："菀，茂木也。"木疑貌之聲誤。

漼

《新臺》"新臺有灑",《韓詩》作漼,云:"鮮貌。"案此當訓清。《傳》訓深者,水深則清也。

浼浼

《廣雅·釋訓》:"浼浼,茂也。"

奔

讀《大車》"畏子不奔"及《鶉之奔奔》之奔。

伎伎

《釋文》:"伎本亦作跂。"《白帖》引《詩》正作跂。徐璈云:"伎伎即奔貌。"馬瑞辰説同。案《文選·笙賦》注:"歧歧,飛行貌。"《三篇》:"趍趍,鹿走也。"跂歧趍同,走即奔也。鹿奔謂之跂者,支聲字多有三隅之義,《説文》:"敲,三足鍑也。"《楚辭·離騷》注:"芰,薐也。"《説文》:"薐,芰也。"菱形三角也。(俗呼三角形曰菱形。)《詩·大東》"跂彼織女",織女,三星鼎立。俗亦呼歧路爲三叉路。凡獸類行時,皆懸一足,以三足着地(余兄亦傳明動物生理學,嘗爲余言此),而奔馳時其狀尤顯(Bushmen 土人畫牛形如此,英國批評家 Roger Fry 嘗詫爲奇絶,蓋五十年前攝影術未發明時,歐洲人尚未觀察及此也,不謂吾先民於二千年前已知之),故詩人狀鹿奔曰"伎伎"也。金文奔字作𡘍,從三止,豈即伎伎之義與?又支聲與奇聲通(《方言》五:"鍑,江淮陳楚之間謂之錡。"注:"三脚釜也。"是錡即敲。《説文》:"攱,頃也。"《荀子·宥坐篇》:"孔子觀於魯桓公之廟,有攲器焉。"注:"傾攲易覆之器。"字作攲。《廣雅·釋訓》:"崎嶇,傾側也。"《文選·鸚鵡賦》注引《埤蒼》:"崎嶇,不安也。"《玄應音義》引《説文》:"攲傴,傾倒不安也。"崎嶇即攲傴。《顔氏家訓·書證篇》引吕忱《字林》刻即剞字。《釋名·釋姿容》："騎，支也。兩脚枝別也。"亦以支訓騎)。《左傳》襄十四年："譬如捕鹿，晋人角之，諸戎掎之。"疏："言戾其足也。"《漢書·叙傳》"劉季逐而掎之"，注："掎，偏持其足也。"案持其一足，則所餘者三，故謂之掎也。《方言》二："雍梁之西郊，凡獸支體不具者謂之踦。"即此義之引申。

壞

《傳》："壞，瘣也，謂傷病也。"《爾雅·釋木》樊注，《説文》《玉篇》并引《詩》作瘣。

枝 知

《説苑·善説篇》[1]載《越人歌》："山有木兮木有枝，心悦君兮君不知。"似本此詩。温庭筠《菩薩蠻》："心事竟誰知，月明花滿枝。"又："鸞鏡與花枝，此情誰得知。"似又出《越人歌》。

投

《箋》："投，掩。"案《爾雅·釋天》："濁謂之畢。"注："掩兔之畢。"濁一作噣，而噣咮咰本一字。(《釋天》："咮謂之柳。"《小星》傳、釋文引作噣。《書·堯典》殳斨，《漢書·古今人表》作朱斨。《静女》"静女其姝"，《説文》引作袾。是咮咰亦一字。）故噣亦與投通。蓋掩兔之畢謂之噣，以畢掩兔亦謂之噣，而噣投音同，故《詩》假投爲噣，而鄭即訓爲掩也。又案《説文》："罜，罜麗，魚罟也。"《國語·魯語》"水虞於是乎禁罝麗"，注："罝當爲罜。"宋庠音獨。罜噣音同，而魚罟、兔罟不妨同名，掩兔之噣，本字蓋當作罜也。又或作株。《韓非子·五蠹篇》："宋人有耕者，田中有株，兔走觸株折頸而死。因釋其耒而守株，冀復得兔。"蓋守罜之傳訛也。(《史記·天官

① "善説"二字，今補。

書》“柳爲鳥注”，即《釋天》之“咮謂之柳”。《律書》亦作注。索隱：“注，咮也。”《考工記・輈人》注“形如注星”，即咮星也。罜之通作株，猶注之通作咮矣。）一説投讀名詞，投兔即噣中之兔，罜中之兔也。

先

讀爲掀。《説文》：“掀，舉出也。”《左傳》成十六年“乃掀公以出於淖”，注：“掀，舉也。”今語曰掀開。舉出與開義近。《説文》：“忻，闓也。”闓開通，掀訓開，猶忻訓闓也。馬瑞辰知先當訓開，而不知即掀之借字，亦千慮之一失矣。（《左傳》釋文：“掀，引也。”掀爲舉亦爲引，猶先爲引亦爲舉，音近則義亦通也。）先西古通。《説文》：“遷，登也。”古文作拪。登舉義同。此詩先讀爲拪，亦通。[1]

墐

《説文》：“墐，塗也。”《禮記・月令》“皆墐其户”，注：“墐塗閉之。”案塗閉與埋義近。

維

猶何也。

之

“維其忍之”，“涕既隕之”，兩之字猶兮也。

醻

詳《防有鵲巢》。

① “先西”句至此，原稿眉批。

惠

讀爲慧，智也。《賈子·道術篇》："亟見窕察謂之彗。"（《説文》："嘒，小聲也。"重文作嚖。《廣雅·釋訓》："嚖嚖，聲也。"《淮南子·人間篇》："奮翼揮䎕。"《廣雅·釋器》："翽，羽也。"）

舒

讀爲徐，緩也。

掎　扡

掎讀爲攲，扡讀爲迆，皆邪也。伐木析薪喻婚姻，掎扡言不得人也。

舍

林義光云：舍讀爲胥。"舍彼有罪，予之佗矣"，言凡所有罪，皆誣加於我也。（此解未允。）《雨無正》"舍彼有罪，既伏其辜"，言凡有罪者，皆伏其辜也。《孟子·滕文公篇》："舍皆取諸其宫中而用之。"舍亦讀爲胥。（此舍字裴學海訓但，義較長。）

佗

《傳》："佗，加也。"案《説文》："佗，負何也。"《漢書·趙充國傳》："以一馬自佗負三十日食。"自施者言之曰加，自受者言之曰負何，其義一也。字一作拕，若拖。《易·訟·上九》："終朝三褫之。"鄭本作三拕，云："三加之也。"《漢書·司馬相如傳》"宛虹拖於楯軒"，注："拖，申加於上也。"（《玄應音義》十三引《蒼頡篇》："椸，架也。"）言凡有罪皆宜加之於我。之讀爲是。《左傳》昭十四年

"施生戮死"，注："施，行罪也。"案加罪曰施。[①]

由

林義光云："由猶于也。"（馬瑞辰説同。）《抑》"無易由言"，《箋》："由，于也。"此謂君子毋輕易於言，人亦有屬耳於垣壁而聽之者，言君子忮忍絶恩之謀，我已竊聞之矣。案《書·康誥》："别求聞由古先哲王。"王引之訓由爲于。字一作繇。《爾雅·釋詁》："繇，于也。"《漢書·卜式傳》："今天下不幸有事，郡縣諸侯未有奮繇直道者也。"楊樹達訓繇爲于。

逝

讀爲掣。淛一作淛，是其比。《釋名·釋衣服》："掣，開也。"逝梁發笱義同。

谷風（小雅·谷一）

習習谷風，維風及雨。將恐將懼，維予與女。將安將樂，女轉弃予。

習習谷風，維風及頽。將恐將懼，寘予于懷。將安將樂，弃予如遺。

習習谷風，維山崔嵬。無草不死，無木不萎。忘我大德，思我小怨。

維

當訓自。"維風及雨"，"維風及頽"，自風及雨，自風及頽也。"維山崔嵬"，自山崔嵬也。《詩》言風，每言其所自來。《凱風》："凱風自

① "言凡"句至此，原稿眉批。

南。”《卷阿》：“有卷者阿，凱風自南。”此“習習谷風，維山崔嵬”，與之同例。

將

《文選》任昉《策秀才文》注引薛君《韓詩章句》：“將，辭也。”

頹

一章“維風及雨”，風與雨爲二，則此章“維風及頹”，風與頹亦當爲二。《傳》訓頹爲風之焚輪者，是“維風及頹”爲維風及風矣。今案《廣雅・釋天》：“霻，雷也。”《廣韻・六脂》：“霻，雷也。出《韓詩》。”（《玉篇》：“霻，隱也，雷也。”似《韓詩・殷其雷篇》雷作霻。先儒咸謂霻爲隱之異文，非是。）頹霻聲近，《詩》蓋假頹爲霻。“維風及頹”，猶言維風及雷也。《爾雅・釋天》：“焚輪謂之頹，扶摇謂之猋，風與火爲庉，回風爲飄。”四語實分釋二事。“焚輪謂之頹”即“風與火爲庉”。頹庉對轉，并指雷。“扶摇謂之猋”即“回風爲飄”。猋飄音同，并指風也。《論衡・雷虚篇》：“雷，火也。”《淮南子・原道篇》：“雷以爲車輪。”雷爲火，又爲車，故謂之焚輪。古呼雷師爲豐隆。（《淮南子・天文篇》：“季春三月，豐隆乃出，以將其雨。”《文選・思玄賦》：“豐隆軯其震霆兮。”并以豐隆爲雷師。他書或又以爲雲師者，雲蓋賈之聲誤。《説文》：“齊人謂雷爲賈。”《廣雅・釋天》：“賈，雷也。”）又“風與火爲庉，回風爲飄”，二句係舊注文。《爾雅》一本頹作庉，猋作飄，二句爲一本舊注。淺人以爲頹與庉、猋與飄異字，遂誤入今本正文中。庉即頹，亦即雷，與風無涉，舊注作者不知，見與飄（猋）連文，以爲亦風之屬，故妄云“風與火爲庉”。實則風與火相搏，其象不顯，無須有專字也。[1]

---

① 此段尚有如下眉批：《文選・長笛賦》：“雷嘆頹息。”息亦嘆也，頹亦雷也。《長門賦》：“遂頹思而就床。”思爲息之聲誤。

崔嵬

詳《卷耳》。《玉篇・山部》引《韓詩》作岑原，云："山巔也。"案《文選・高唐賦》"盤岸巑岏"，注："巑岏，鋭山也。"岑原即巑岏。《魯靈光殿賦》："巋嶵穹崇。"《釋山》"小而衆巋"，注："小山叢羅。"《南都賦》注引《説文》[1]："嶵嵬，山石崔嵬高而不平也。"

大東（小雅・谷三）

有饛簋飧，有捄棘匕。周道如砥，其直如矢。君子所履，小人所視。睠言顧之，潸焉出涕。

小東大東，杼柚其空。糾糾葛屨，可以履霜。佻佻公子（佻，魯作茗，韓作嬥），行彼周行。既往既來，使我心疚。

有冽氿泉，無浸穫薪。契契寤嘆，哀我憚人。薪是穫薪，尚可載也。哀我憚人，亦可息也。

東人之子，職勞不來。西人之子，粲粲衣服。舟人之子，熊羆是裘。私人之子，百僚是試。

或以其酒，不以其漿。鞙鞙佩璲（鞙，魯作琄，齊、韓作絹；佩，齊、韓作珮），不以其長。維天有漢，監亦有光。跂彼織女，終日七襄。

雖則七襄，不成報章。睆彼牽牛，不以服箱（三家不下有可字）。東有啟明（啟，三家作啓），西有長庚。有捄天畢，載施之行。

維南有箕，不可以簸揚。維北有斗，不可以挹酒漿。維南有箕，載翕其舌（翕，韓作吸）。維北有斗，西柄之揭。

---

① "引《説文》"三字，今補。

"有饛"二句

馬瑞辰曰："《詩》蓋以簋飧之滿，興古者邦國之富，不若今之杼柚其空也。"林義光曰："《詩》言當周全盛之時，其人民饒富，其刑政寬平，故有匕長簋滿之樂，有如砥如矢之觀；而自杼柚既空之日追思之，則可爲潸然出涕也。"

饛

毛曰："饛，滿簋貌。"《説文》："饛，盛器滿貌。"引《詩》《方言》《廣雅》并曰："朦，豐也。"義與饛通。(《説文》："豐，豆之豐滿者也。從豆，象形。")案皆借爲滿，饛滿一聲之轉。《後漢書·張衡傳》作蒙，又饛與朦之省。

簋

《説文》簠下文云："黍稷圜器也。"簋下文云："黍稷方器也。"《周禮·舍人》注："方曰簠，圜曰簋。"與許説互異。容庚曰，今驗之古器，簠侈口而長方，簋斂口而橢圓，則鄭説爲近。《周禮·掌客》"簠十"，注："簠，稻粱器也。"今銘辭多云"用盛稻粱"，則黍稷之説亦非。《鑄子簠》作𠤳，從匚古聲。(《金文編》五之一。)

飧

毛曰："飧，熟食，謂黍稷也。"《伐檀》傳："孰食曰飧。"

捄

毛曰："捄，長貌。"林義光曰："《説文》云：'觓，角貌。'《桑扈》'兕觥其觩'，《泮水》'角弓其觩'，《良耜》'有捄其角'，此詩六章'有捄天畢'，觩捄皆觓之假借。觓蓋謂角曲之形。'有捄棘匕'，捄亦曲也。匕所以取鼎實，而載之於俎。匕曲則長，長則鼎大而食豐可知矣。”案《説文》觓下引《詩》曰“有觓其角”，今《良耜篇》作“有捄其角”。

棘

馬瑞辰曰：“《雜記》：‘匕用桑，長三尺。’棘匕對桑匕言。古者桑用桑匕，吉用棘匕，皆取聲近爲義。桑音喪，則棘爲吉，非必如《傳》以棘之赤心爲喻也。”

匕

毛曰：“匕所以載鼎實。”馬瑞辰曰：“《説文》：‘匕，所以比取飯，一名柶。’又曰：‘禮有柶。柶，匕也。’案《士冠禮》鄭注：‘柶狀如匕，以角爲之。’是以角爲之名柶，以木爲之則名匕也。”王念孫曰：“次句承簋飧言之，當謂黍稷之匕耳。《説文》：‘匕所以比取飯。’《少牢饋食禮》‘廩人摡甑甗[①]匕與敦於廩炊’，鄭注曰：‘匕所以匕黍稷。’”（引見《經義述聞》。）

“周道”六句

《孟子》引《詩》“周道”四句，趙注曰：“厎，平。矢，直。視，比也。周道平直，君子履直道，小人比而則之。”王先謙曰：“《詩》言昔者邦國殷富，王道平直，君子率履，小人遵守。世教陵遲，民多逾犯。今顧念之，惟傷懷出涕而已。”馬瑞辰曰：“《小爾雅》《廣雅》并曰：‘視，比也。’《廣雅》又曰：‘視，效也。’所履所視，皆指周道，即上行下效之義。”案王説‘民多逾犯’，義本《鹽鐵論》及《韓外□》[②]，非《詩》義也。詩人所傷者，乃君子階級徒有名而無實，不足爲小人效法。所刺者君子，非小人也。又案《詩》以道路之道興治道之

① “甗”字原稿作獻，從上海古籍出版社黃侃手批《白文十三經》改。
② 《韓外□》疑爲《韓詩外傳》。

道，字兼兩義，意實雙關。説者皆第就治道言之，猶及盡詩辭之妙也。

砥

《説文》："厎，柔石也。"重文作砥。《孟子》引《詩》"周道如底"（底爲厎之訛），趙注："厎，平。"《墨子》引《周詩》曰："其易若厎。"《楚辭·招魂》王注引《詩》："其平如砥。"砥厎字同。《墨子》、王逸所引，當即此詩異文，或作其易，或作其平，則兩通。

睠言　焉

毛曰："睠，反顧也。"（陳奂云，《傳》也字當作貌。）《荀子》引作眷。睠言，《荀子》作眷焉，《韓詩外傳》作睠焉，《後漢書》作睠然。潸焉，《荀子》作潸然，《韻會》同。言焉然三字，語之轉也。

潸

毛曰："潸，涕下貌。"《説文》："潸，流涕貌。"引《詩》。

杼柚其空

多案首章以食言，此以衣言，當合讀，乃見詩義以一意分作兩股寫，文意錯綜，幾不可完結，此《三百篇》特殊之文法。首章周道以下，次章糾糾以下，又皆以行言，其文法亦爲橫行。

杼

馬瑞辰曰："《説文》：'杼，機持緯者。'《釋文》引作'盛緯器'。蓋誤。《玉篇》：'梭，織梭也。亦作梭。'《太平御覽》引《通俗文》：'所以行緯謂之梭。'《説文》無梭梭（《新附》有梭），杼即梭也。"案杼梭一聲之轉。

柚

馬瑞辰曰："《説文》：'縢，機持經者。'段玉裁曰：'縢即軸也。謂之軸者，如車軸也。縢通作勝。'《淮南子》曰：'後世爲之機杼勝復以便其用。'又曰：'黼黻之美，在於杼柚。'作柚者，假借字也。（柚是橘柚字，因杼字從木，而柚字亦從木，非也。）"《釋文》本又作軸。陳奂曰："《太玄・捝篇》：'棘木爲杼，削木爲軸，杼柚既施，民得以焕捝擬之經緯。'《法言・先知篇》：'田畝荒，杼軸空，謂之斁。'其字正作軸。"

佻佻

王念孫曰："佻佻，當從《韓詩》作嬥嬥，直好貌也，非獨行貌，亦非往來貌。詩言'糾糾葛屨，可以履霜。嬥嬥公子，行彼周行'，糾糾是葛屨之貌，非履霜之貌，則嬥嬥亦是公子之貌，非獨行往來之貌，猶之'糾糾葛屨，可以履霜，摻摻女手，可以縫裳'，摻摻是女手之貌，非縫裳之貌也。《説文》：'嬥，直好貌。'《玉篇》音徒了、徒聊二切。《廣雅》曰：'嬥嬥，好也。'嬥嬥猶言苕苕。張衡《西京賦》曰：'狀亭亭以苕苕。'是也。故《楚辭・九嘆》注引《詩》作：'苕苕公子，行彼周行。'《大東》釋文曰：'佻佻，本或作窕窕。'《方言》曰：'美狀爲窕。'窕亦好貌也。此句但言其直好，下三句乃傷其困乏，言此嬥嬥然直好之公子，馳驅周道，往來不息，是使我心傷病耳。"（《經義述聞》。）

冽

毛曰："冽，寒意也。"

氿泉

毛曰："側出曰氿泉。"《釋文》氿音軌，字又作晷。案《説文》：

“厬，仄出泉也。”《爾雅》：“氿，泉穴出。穴出，仄出也。”氿厬晷并同。《釋名》：“側出曰氿泉。氿，軌也，流狹而長，如車軌也。”馬瑞辰曰：“古者車轍謂之軌，車軸兩端自轂中出者，亦謂之軌。故泉之仄出者似之，當作氿泉，爲正字。”

穫薪

鄭曰：“穫，落木名也。”《釋文》：“鄭落木名也，字則宜作木旁。”《爾雅·釋木》：“穫，落。”某氏注：“可作桮圈，皮韌，繞物不解。”邢疏即引此《箋》作檴爲證。陸疏：“今柳榆也。其葉如榆，其皮堅韌，剥之長數尺，可爲絙索，又可爲甂帶，其材可爲桮器。”與某氏注合。馬瑞辰曰：“《説文》：‘樗，木也。（舊與樗互訛，今從段本正。）以其皮裹松脂，從木虖聲，讀若華，或從蒦作檴。’是檴即樗之或體，今俗所稱樺樹也。”案沈佺期詩“無勞秉樺燭”，《國史補》云正旦曉漏以前，三司使大金吾以樺燭擁，謂之火城。據此則樺皮可捲蠟以爲燭也。許書謂以其皮裹松脂，殆即指此。今案樺爲落葉喬木，産遼東及西北諸地，嫩江混同此間尤多，高三四丈，皮白，易剥脱，葉作卯形而尖，花雌雄同株，爲穗狀花序，皮重而輕軟，有紫黑斑文，古以裹弓榦鞍鐙刀靶等物，清代曾於吉林烏拉設樺皮屯，采皮入貢。案《説文》以樗爲檴，恐不誤。檴薪即“采荼薪樗”之樗也。

契契

毛曰：“契契，憂苦也。”《廣雅·釋訓》：“栔栔，憂也。”契與栔皆挈之假借。《楚辭·九嘆》“孰契契而委棟兮”，注：“契契，憂貌也。”舊校一作挈。挈其正字也。憂苦之挈即提挈之義所引申（馬瑞辰説）。(《廣雅》栔，曹憲音爲挈。臧鏞堂云，曹音挈字，疑與正文互易。栔本作契，蓋毛作契，三家作挈，《廣雅》據三家本作挈，挈，憂也，與逸注合。今《楚辭》及注契契字，是後人所改，有舊校可證也。案此，則三家用正字，毛用借字。)《擊鼓》傳："契闊，勤苦也。"

憚

毛曰："憚，勞也。"(《小明》傳同。)《釋文》字亦[1]作癉。《爾雅・釋詁》："癉，勞也。"郭注引《詩》："哀我癉人。"《板》傳："癉，病也。"勞與病義相成。《説文》："癉，勞病也。"

載

毛曰："載，載乎意也。"(《小箋》云意當作車，是也。)

亦可息也

陳奂曰："'亦可息'，當作'不可息'，與《東山篇》'不可畏也'俗本作'亦可畏也'，其誤正同。此承上文反復言之，彼泉浸之刈薪(案陳以上薪爲浸字之誤，穫從毛訓)，尚可載乎車，哀哉我東國勞人，不能止息而自休也。若作'亦可息'，則與哀我勞人文不相承矣。《氓》：'士之耽兮，猶可説也，女之耽兮，不可説也。'《抑》：'白圭之玷，尚可磨也，斯言之玷，不可爲也。'文正相同。"案陳所見甚是，然讀也爲邪，則詩意自明，不煩改亦爲不也。

職

鄭曰："職，主也。"《爾雅・釋詁》："職，常也。"《漢書・景帝詔》"令無罪者失職"，注："職，常也。"

來

毛曰："來，勤也。"《爾雅・釋詁》："來，勤也。"釋文："本又作勑。"(案又作本是，作來者後人依《毛詩》改。《爾雅》又曰：

① "亦"字疑衍，或作一。

“勑、勤，勞也。”字亦作勑。）《廣雅·釋詁[①]》：“勑，勤也。”《説文》：“勑，勞勑也。”來，古假借字，勑後出本字。毛用借字，《爾雅》《廣雅》《説文》皆從三家用本字。古以勤勞爲勤，慰其勤勞亦爲勤。《箋》以“不來”爲“不見謂勤”，謂即慰之同聲假借，謂亦勤也。亦通作賚。《爾雅》：“賚，賜也。”《少牢饋食禮》“來女孝孫”，鄭注：“來讀曰釐。釐，賜也。”

粲粲

《文選》禰衡《鸚鵡賦》注引作采采。采粲一聲之轉。毛曰：“粲粲，鮮盛貌。”

舟人[②]

鄭讀舟爲周。舟周音同，古通用。（宣十四年《左傳》申舟，《吕氏春秋·行論篇》作申周。襄二十三年《左傳》華周，《説苑·立節篇》作華舟。《考工記》“作舟以行水”，故書舟作周。此舟周通用之證。故此詩《箋》云舟當作周。）”何焯曰：“以舟爲周，乃廋詞也，欲言之無罪耳。”案此説是也。馬瑞辰曰：“周人與私人相對成文。《方言》：‘私，小也。自關而西，秦晉之郊，梁益之間，凡物小者謂之私小。’私人即小人，則周人宜訓爲大人。周之言錭，《廣雅》：‘錭，大也。’周人謂大人，猶周行或爲大道，周狗即大狗也。（《公羊宣六年傳》：‘靈公有周狗，謂之獒。’周狗謂大狗，何休注謂可以比周之狗，失其義矣。）”案詩上以東人西人對稱下以舟人私稱，古人文尚偶儷，東與西對，則舟與私亦對，舟訓大，私訓小，信有徵也。然馬必謂鄭以周人爲周，世臣者爲非，則又失之迂矣。詩固不拘於一義，舟人爲周世臣，不妨又爲大人，義取雙關，《詩》中此例甚多，唯善讀《詩》者乃知之耳。

① “詁”字，今補。
② “舟人”上有眉批：《説文》：“周，密也。”“匊，帀徧也。”《玉篇》：“匊，帀徧也。或作周洀。”

熊羆是裘

毛曰："'熊羆是裘'，言富也。"案"熊羆是裘"正承"粲粲衣服"而言，故毛讀裘如字。胡承珙曰："或疑熊羆不可爲裘，不知《周禮》'穴氏掌攻蟄獸，獻其皮革'，注即以爲熊羆之屬。《禹貢》'梁州貢熊羆狐狸'，《大雅・韓奕》'獻其貔皮，赤豹黄羆'，《莊子》'豐狐文羆'（《莊子》但言豐狐文豹，此誤引），蓋皆爲裘之用，不必以後世無熊羆之裘爲疑。即如《玉藻》之虎裘，又豈後世所有耶？"案胡徵引，雖不能盡爲古有，然羆裘之證，就所見自是。古今異俗，以今律古，古書之不可通者多矣。善讀者心知其意，斯爲可耳。

僚

毛曰："'百僚是試'，用於百官也。"（百僚二字今本奪，依《小箋》補。）《釋文》僚又作寮，《説文》作寮。《板》傳"寮，官也"，與此《傳》合。

試

《采芑》傳："試，用也。"與此《傳》合。案"百僚是試"承"職勞不來"言。

鞙鞙

毛曰："鞙鞙，玉貌。"林義光曰："字當從《爾雅》作琄琄，當謂玉形之圓。琄者圓也。《廣雅》：'圜[1]，圓也。'"《漢書・禮樂志》："展詩應律鋗玉鳴。"

① 原稿"圜"作圓，圓下字有方框□，然框内筆畫模糊。《廣雅・釋詁》原文："頛、圜、梋、圓也。"王念孫《廣雅疏證》則謂各本圜下俱脱圓字。是知上圓字當作圜，圜下字當作圓。

璲

毛曰："璲，瑞也。"林義光曰："璲猶墜也，所佩圓玉，下垂如墜，以玉爲，故字作璲也。"錢大昕《經典文字考異》上："《詩》'容兮遂兮'，傳：'佩玉遂遂然。'是璲即遂字。"

漢

毛曰："漢，天河也。"亦曰雲漢。《棫樸》傳："雲漢，天河也。"

監[①]

林義光曰："監，古鑑字，水必可以鑑形。（監字象人鑑於水之形。古人以水爲鑑。説見《文源》。）天河之鑑物，則有光而已矣，不能察形也。（毛所謂"有光而無所明"。）鄭曰："監，視也。"

跂

馬瑞辰曰："跂爲俗企字。《詩》作跂，攱字之同音假借。《説文》：'攱，頃也，從匕支聲。匕，頭頃也。'引《詩》'攱彼織女'，蓋從三家《詩》用本字，織女三星，或成三角，故言攱以狀之耳。"攱與攲音義皆同。《廣韻》："攲，不正也。"毛曰："跂，隅也。"《玉篇》："攱，隅貌。"（案《傳》也字，當從《玉篇》作貌。）陳奂曰："《墨子·雜守篇》：'其甚害者，爲築三亭，三亭隅織女之令能救諸。'蓋織女三星成三角，故防禦築三亭，以象織女處隅之形。"《説文》："企，舉踵也，從人止聲。"《爾雅·釋鳥》："鳧雁醜其踵企。"《笙賦》："如鳥

① 原稿"監"字兩處施訓。另一處如此：監，古鑑字。鑑借爲鏡。《説文》："鏡，景也。"《莊子·德充符篇》："人莫鑑於流水而鑑止水。"《淮南·説山篇》"人莫鑑於沫雨"，高注："沫雨或作流潦。"

斯企。”《河廣》[1]：“跂予望之。”

襄

鄭曰：“襄，駕也。駕謂更其肆也。從旦至莫七辰，辰一移，因謂之七襄。”林義光曰：“每日十二時，以中數言之，晝夜各半，而初昏及始旦之時，仍屬於晝，故常以自卯至酉爲晝，是即從旦至暮七辰也。七辰至中，織女在經行七次（周天爲十二次），謂之七襄。”毛曰：“襄，反也。”《文選》顔延之《夏夜呈從兄詩》李注引《韓詩》薛君《章句》曰：“襄，反也。”案韓、毛謂襄爲反者，反即更也。胡承珙曰：“《吕覽·慎人篇》‘返瑟而弦’，《察微篇》‘舉兵反攻之’，《知度篇》‘其患又將反以自多’，高注并以反爲更。此《傳》言反者，亦謂從旦至莫，七更其次，鄭《箋》謂更其肆者，乃申《傳》，非易《傳》也。”馬瑞辰曰：“《公羊襄三十年傳》‘諸侯相聚而更宋之所喪’，何休注：‘更，復也。’下文《傳》曰：‘死者不可復生爾，時復矣。’復即上文之更也。反與復同義，知更之可訓爲復，則知反之可訓爲更矣。”胡承珙又曰：“《爾雅》：‘襄，除也。’《斯干》傳：‘除，去也。’除去者，變更之義。”案鄭云：“更其肆者，《説文》‘，極陳也，從長隶聲。’”［案古作（克冽彝），作（盂鼎），不從長。□訓陳。許以爲從長，故曰極陳。誤也。］矢肆同音，故古亦以矢爲肆。《爾雅·釋詁》：“矢，陳也。”是也。陳即陳列之陳，古與陣通。又案《説文》：“更，改也，從攴丙聲。”林義光云，從攴庚聲，古庚或作（《子父庚器》），作（《庚季鼎》）。

睆

林義光曰：“睕，讀爲貫。睕貫古音近。（《説文》睕讀若患，患從串得聲，串實即貫字，是完聲之字與貫音相通。）牽牛三星一貫，故言

[1] 篇名《河廣》，今補。

貫以肖其形，猶織女言岐，天畢言觓也。毛以睆爲明星貌，則凡星皆明，於牽牛之形狀不切矣。”

服

馬瑞辰曰：“服之言負也。車箱以負器物謂之服，牛以負車箱亦謂之服。張衡《思玄賦》‘羈要褭以服箱’，章懷注：‘服，駕也。箱，車也。’蓋取驥服鹽車之義，而服箱之字則本於《詩》。又《古詩》‘牽牛不負軛’，亦本此詩爲説。自軛牛頭處言之曰負軛，自牛負車言則曰服箱。服與負一也。《淮南子·説山訓》：‘剥牛皮鞟以爲鼓，正三軍之衆，爲牛計者，不若服於軛也。’服於軛，即負軛也，則知服[①]箱猶云負箱耳。又案《易·繫辭》‘服牛乘馬’，《説文》引《易》作‘犕牛’。服犕同部，故通用。凡以車駕牛馬，正字作犕，作服者假借字耳。”《左傳》“伯服”，《史記》引作“伯犕”，《采芑[②]》“簟茀魚服”，《毛公鼎》作“簟弻魚葡”。

啟 明

馬瑞辰曰：“《説文》：‘啟，教也。’‘啓，開也。’《爾雅》：‘明星謂之啓明。’其本字也。《詩》作啟明，假借字。《大戴記·四代篇》引《詩》‘東有開明’，蓋漢避孝景諱改。”（詳《東門之楊》。）

捄

毛曰：“捄，畢貌。”

畢

毛曰：“畢，所以掩兔也。”蔡邕《月令章句》：“掩飛禽曰畢。”

① “服”字原稿作負，據文義改。
② “《采芑》”，原稿誤作《采薇》。

卣文，丁山云：上從網，中從鳥（多案亦近兔形），下象捕鳥之器，乃𢦚之古象，𢦚爲捕鳥之器。案𢦚畢一物，字亦可爲畢也。下形正象畢星。（丁説見《説文闕義箋》葉六。）畢，卜辭作（《前編》一之二十九），或作（□□百八十三葉），益手，《父丙爵》作形，之省文也。

載施之行

林義光曰："施，讀爲拕。'載施之行'，拕啟明長庚而行也。太白晨見東方則稱啟明，昏見西方則稱長庚。作詩之時，太白適在畢口，故謂天畢拕之而行。蓋星以畢爲名，而畢爲田網所以掩兔，今但見其與太白俱行於天，未嘗有掩兔之用也。"

斗

王念孫曰："經言'維北有斗，西柄之揭'。南斗之柄常向西而高於魁，故云西揭，又云揭。揭，高舉之名也。（《説文》：'揭，高舉也。'）若北斗之柄，固不常指西。即指西，亦不得云揭也。且經先言南有箕，後言北有斗，明箕牛南北相連也。《古詩》曰：'南箕北有斗，牽牛不負軛。'箕斗與牽牛不甚相遠也。"馬瑞辰曰："《爾雅》'析木之津，箕斗之間，漢津也'。郭注：'箕，龍尾。斗，南斗。'是凡箕斗連言者，皆爲南斗。"又曰："《説文》：'料，勺也。''勺，所以挹取也。'《詩》作斗者，皆料之假字。"林義光曰："南斗之形，雖有魁有柄，而其柄高揭，其斗向下，故不可以挹。"

翕

林義光曰："翕讀爲歙，縮也。（《説文》：'歙縮鼻也。'）箕之可簸者，苦舌必長。（舌謂箕之底，所以受穀。）箕星之形，張口雖大，而底則短縮，故不可以簸。"

〔篇義〕[1]

吴闓生曰："文情俶詭奇幻不可方，在《風》《雅》中爲别調，開辭賦之先聲。後半措詞運筆極似《離騷》，實三代之奇文也。"

裳裳者華（小雅·甫四）

裳裳者華，其葉湑兮。我覯之子，我心寫兮。我心寫兮，是以有譽處兮。

裳裳者華，芸其黄矣。我覯之子，維其有章矣。維其有章矣，是以有慶矣。

裳裳者華，或黄或白。我覯之子，乘其四駱。乘其四駱，六轡沃若。

左之左之，君子宜之。右之右之，君子有之。維其有之，是以似之。

裳裳

裳色黄，故以裳裳狀華色。二章曰："裳裳者華，芸其黄矣。"

譽處

《蓼蕭》："燕笑語兮，是以有譽處兮。"《我行其野》："此邦之

---

① "篇義"二字今補。以下文字，原稿在篇名《大東》之下。

人，不可與處。”[①] 案譽讀爲與。(《書·堯典》“伯與”，《漢書·古今人表》作譽。《列女傳·殷紂妲己傳》“妲己之所譽貴之”，《北堂書鈔》引作與。[②]《廣雅·釋詁》四：“與，譽也。”）與，安也。《説文》：“歟，安氣也。”“趣，安行也。”《漢書·叙傳》“長倩懊懊”，注：“行步安舒也。”是與有安義明甚。與處猶安居也。《左傳》昭二年：“既享，宴於季氏，有嘉樹焉，宣子譽之。武子曰：‘宿敢不封殖此樹，以無忘角弓。’遂賦《甘棠》。宣子曰：‘起不堪也，無以及召公。’”此譽字當訓患，故武子賦《甘棠》，而宣子云無以及召公。息亦安也。

矣

上矣字猶乎也。

維

上維字猶何也。《出車》：“王事多難，維其棘矣。”《苕之華》：“心之憂矣，維其傷矣。”《漸漸之石》一章：“漸漸之石，維其高矣。山川悠遠，維其勞矣。”二章：“漸漸之石，維其卒矣。山川悠遠，曷其没矣。”《綿》：“混夷駾矣，維其喙矣。”《瞻卬》：“天之降罔，維其優矣。……天之降罔，維其幾矣。”“觱沸檻泉，維其深矣。”《小弁》：“君子秉心，維其忍之。”[③] 以上諸維字俱當訓何。

章

《箋》：“章，禮文也。”案讀爲彰。《説文》：“彰，彣彰也。”《都人士》：“出言有章。”

① “《我行其野》”句至此，原稿眉批。
② “《列女傳》”句至此，原稿眉批。
③ “《小弁》”句至此，原稿眉批。

駱

《爾雅·釋畜》："白馬黑鬣，駱。"《説文》："駱，馬白色黑鬣尾也。"

宜

《禮記·内則》"子甚宜其妻"，注："宜猶善也。"此宜字義同。一説讀爲儀。《爾雅·釋詁》："儀，匹也。"《國語·周語》上："丹朱馮身以儀之。"《楚辭·天問》："簡狄在臺嚳何宜。"字正作宜。

有

相親有也。《葛藟》："亦莫我有。"《四月》："寧莫我有。"《書·秦誓》："我尚有之。""我皇多有之。"義同。《左傳》昭六年"女喪而宗室於人何有，人亦於女何有"，注："言人亦不能愛女也。"《二十年》"是不有寡君也"，注："有，相親有也。"①一説讀爲偶。

似

于省吾曰："似嗣台怡古通。金文嗣字或作䛗，晚周以字多作台，䛗即似字。《易·明夷》：'文王以之。'釋文：'鄭荀向作似之。'兩體石經《禹貢》：'治梁及岐。'古文治字作泂。《文選·典引》'有于德不台淵穆之讓'，注引《漢書》韋昭注："古文台爲嗣。'《後漢書·班彪傳》注：'台讀曰嗣。'《爾雅·釋詁》：'怡，樂也。'然則'是以似之'，應讀作是以怡之，言是以樂之也。上言左宜右有，故曰惟其有之，是以樂之。三章云'維其有章矣，是以有慶矣'，詞例略同。"

① "《左傳》昭六年"句至此，原稿眉批。

車舝（小雅・甫八）

間關車之舝兮，思孌季女逝兮。匪飢匪渴，德音來括。雖無好友，式燕且喜。

依彼平林，有集維鷮。辰彼碩女，令德來教。式燕且譽，好爾無射。

雖無旨酒，式飲庶幾。雖無嘉殽，式食庶幾。雖無德與女，式歌且舞。

陟彼高岡，析其柞薪。析其柞薪，其葉湑兮。鮮我覯爾，我心寫兮。

高山仰止，景行行止。四牡騑騑，六轡如琴。覯爾新昏，以慰我心。

間關

車聲也。詳《凱風篇》。

舝

《左傳》昭二十五年："昭子賦《車轄》。"字作轄。《泉水》"載脂載舝"，《文選》潘尼《贈陸機出爲吴王郎中令詩》注引作轄。《説文》："舝，車軸耑鍵也。""轄……一曰轄鍵也。"是舝轄[①]一字。《急就篇》注："鍵，以鐵有所竪關，若門牡之屬也。"與《釋文》"舝，車軸頭鐵也"合。《尸子》："文軒六駃，題無四寸之舝，則車不行。"《淮南子・人間篇》："夫車之所以能轉千里者，以其要在三寸之轄。"

思孌

《傳》："孌，美貌。"思爲助象詞，與有同。"思孌季女"猶《采

① "轄"字原稿誤作轄。

蘋》“有齊季女”也。《載芟》：“思媚其婦，有依其士。”思有互文。

逝

還也。詳《十畝之間》。《儀禮·士昏禮》：“壻御婦車，授綏，姆辭不受。婦乘以几，姆加景，乃驅。御者代，壻乘其車，先俟於門外，婦至，主人揖婦以入。”案《詩》謂壻先歸俟於門外時，聞後車之聲而喜婦至也。婦所乘亦壻家之車，謂婦還，實則車載婦以還耳。《詩》多言“之子于歸”，義亦猶此，還亦歸也。

德音

詳《有女同車》。

來

猶是也（見《釋詞》）。助動詞。“德音來括”猶《南山有臺》“德音是茂”。下“令德來教”同。“匪飢匪渴，德音來括”，匪與來以相反之詞爲對文。①

括

會也，合也。詳《擊鼓》。

好友

二字平列，好友猶朋友也。《六月》“張仲孝友”，《曆鼎》“考晉隹井”，孝友、考晉，并與好友同。《仲殷父毁》“朝夕享考宗室”，《叔皮父毁》“用享考於叔皮父”，《遲盨》“用享用考於皇祖帝考”，《湛露》“在宗載考”，林義光讀爲考。《儀禮·士冠禮》醮辭曰：“……兄弟具

① “匪飢”句至此，原稿旁批。

來，孝友時格。”[1]

式

尚也。告語期望之詞，與試略同。（試訓尚，猶試訓嘗。職訓當，亦訓掌。）

依

《傳》：“依，茂木貌。”依之言薆也。《方言》：“翳，薆也。”依薆古音同（林義光説）。依重言之曰依依，《采薇》：“楊柳依依。”

平林

猶林也。林古音複輔音 pl-。（彬焚并從林聲，可證。）緩言之則爲平林也。《生民》：“誕寘之平林。”

鷮

《傳》：“鷮，雉也。”案《雄雉》“雄雉於飛，泄泄其羽”，傳：“雄雉見雌雉，飛而鼓其翼泄泄然。”箋：“喻宣公整其衣服而起奮迅其形貌，志在婦人而已。”《匏有苦葉》：“雉鳴求其牡。”《小弁》：“雉之朝雊，尚求其雌。”《詩》凡言雉，皆以喻男女相求。此曰“有集維鷮”者，亦喻婦人之來歸也。蓋雉之性，雌雄情意篤至，故取喻焉。

辰

讀爲振。單言之曰振，重言之曰振振。《麟之趾》：“振振公子。”（以上俞樾説。）《左傳》僖五年“均服振振”，注：“振振，威貌。”美盛義通。《漢書・律曆志》曰：“振美於辰。”是“辰彼碩女”猶“思孌季女”矣。

---

① “《仲殷父毁》”句至此，原稿眉批。

譽

讀爲豫（林義光説）。豫，樂也。“式燕且譽”與上章“式燕且喜”義同。

射

讀爲斁。《葛覃》：“服之無斁。”《禮記·緇衣》、《爾雅·釋詁》注、《楚辭·招魂》注并引作射。《説文》：“斁，厭也。”

與

猶于也（見《述聞》）。《公羊傳》莊十三年：“桓公之與戎狄，驅之爾。”《史記·越世家》：“齊與吴，疥瘲也。”《吕氏春秋·知化篇》作：“夫齊之于吴，疥癬之病也。”《賈生傳》：“縱軀委命，不私與己。”《淮南子·説林篇》：“聖人之于道，猶葵之與日也。”于與互文。“雖無德與女”，謂無德于汝也。

析其柞薪

《吕氏讀詩記》引陳氏曰：“析薪者，以喻昏姻。”馬瑞辰曰：“《漢廣》有刈薪之言，《南山》有析薪之句，《豳風》之《伐柯》與娶妻同喻，《詩》中以析薪喻昏姻者，不一而足。《東山》之詩曰‘其新孔嘉’，薪之爲言新。《説文》：‘新，取木也。’《書·金縢》：‘惟朕小子其新迎。’即親迎也。[①]《詩》蓋以取木喻取女，因而即以析薪喻娶妻爲迎新也。”案今俗謂娶妻曰取親，曰結親。薪親聲同，故借薪爲親。析薪即取薪，言析薪以喻娶妻者，析義同於取，薪聲同於親，析薪猶取親也。又有言束薪者，束義同於結，薪聲同於親，束薪猶結親也。

① “《書·金縢》”句至此，原稿眉批。

湑

讀爲楚。《蜉蝣》傳："楚楚，鮮明貌。"《裳裳者華》"其葉湑兮"，《唐·杕杜》"其葉湑湑"，義同。

鮮

《箋》："鮮，善。"《北山》"嘉我未老，鮮我方將"，箋："嘉鮮皆善也。"案鮮讀爲善，俱從羊（彝之初文）得聲，故得通假。《荀子·解蔽篇》注："善，喜也。"《禮記·禮運》注："嘉，樂也。"故《北山》以嘉鮮并舉爲偶文。

覯

讀爲媾。

寫　慰

《泉水》"以寫我憂"，傳："寫，除也。"心中有憂，如有所窒塞，除之則舒矣。字一作抒。《一切經音義》十九引《蒼頡篇》："抒，除也。"《楚辭·惜誦》："發憤以抒情。"《傳》："慰，安也。"案字本衹作尉。《説文》："尉，從上按下也。從𡰥又持火以尉申繒也。"《廣韻》引《通俗文》："火斗曰尉。"心所不樂，如繒有襞積，尉之使平，則安也。今語曰熨帖，即此義。

景行行止

林義光曰："行止當作向止。向與仰義相近。若道言行，則山當言陟矣。《禮記·表記篇》云：'《小雅》曰高山仰止，景行行止。子曰《詩》之好仁如此，鄉道而行，中（終）道而廢，忘身之老也，不知年數之不足，俯焉日有孳孳，斃而後已。'《史記·孔子世家》云：'《詩》有之，高山仰止，景行行止，雖不能至，心向往之。'《説苑·雜言篇》云：'《詩》云高山仰止，景行行止。吾豈敢自以爲君子哉，志向之而已。'以上引《詩》雖皆作行，而下文皆言向，則所見《詩》自當作向。其作行者，後人據毛本改之也。《史記補·三王世家》載武帝制曰：'高山仰之，景行向之。'正作向。"案林説非也。二止字語助，猶哉也。止哉同部，《詩》中止讀爲哉之例，不一而足。[①]仰與行皆象字。仰讀爲卬。《荀子·賦篇》"卬卬兮天下之咸蹇也"，注："卬卬，高貌。"今字作昂。"高山仰止"猶"高山昂哉"也。山言高，則道當言遠。景讀爲迥（猶景衣一字作絅）。《泮水》"憬彼淮夷"，傳："憬，遠行貌。"《二子乘舟》"泛泛其景"，王引之謂當讀爲憬。案憬景亦并借爲迥，故其義爲遠貌。仰與高義近，則行當與景（迥）義近。景既訓遠，行義從可知矣。考行與行聲字多與巠聲字同義。名字行訓徑，動字行訓經，胻訓脛，是也。《説文》凡從巠之字多寓長義，如莖爲"枝柱"，牼爲"牛厀下骨"，徑爲"步道"，桱爲"桯"，頸爲"頭莖"，陘爲"谷"，經爲"織"，鋞爲"温器圜而直上"，而於娙且明言"長好"。《釋名》亦曰："脛，莖也，直而長似物莖也。"是巠之爲長，較然明白。行與巠義得相通，巠訓長，是行亦可訓長。然則"景行行止"猶言"迥行長哉"矣。夫高山遠道，難至者也。故史公曰："雖不能至，心向往之。"自餘《禮記》《説苑》引《詩》之義，可以類推。惟此實引《詩》之義，詳審《詩》文，高山景行，衹直書所見，無深義也。必如是，而後乃爲佳詩。林君强引《詩》之義以説《詩》，乃至不惜點竄經文以成其説，斯亦過矣。

采緑（小雅·魚六）

終朝采緑，不盈一匊。予髮曲局，薄言歸沐。
終朝采藍，不盈一襜。五日爲期，六日不詹。

① 原稿另有"止"字條。"止哉"句至此，即其訓文。今删"止"條，將其訓文合并於此。

之子于狩，言韔其弓。之子于釣，言綸之繩。
其釣維何，維魴及鱮。維魴及鱮，薄言觀者。

緑　藍

《箋》："緑，王芻也。""藍，染草也。"《爾雅・釋草》："菉，王芻。"注："菉蓐也。"《説文》："藎，草也。"唐本注："藎草俗名菉蓐草，葉似竹而細薄，莖亦圓小。"《本草》："藎草可染流黄，作金色。"《御覽》引吴普《本草》："藎草一名黄草，蓋以其可染黄緑。"《説文》："莀，草也，可以染留黄。""綟、帛，莀草染色。"《急就篇》注："綟，蒼艾色。"據此則菉、藎、莀，一草也。莀可以染留黄。緑、留、莀一聲之轉，而留、緑聲尤近。《釋名・釋采帛》[1]："緑，瀏也。荆泉之水，於上視之，瀏然緑色，此似之也。"（瀏從劉聲，劉一作鐂，從留聲。）菉一名王芻，藎一名黄草，王芻即黄草耳。又《漢書・百官公卿表》"諸侯王盭綬"，注引如淳曰："盭，緑也。"又引晋灼："盭草出琅玡，似艾，可染緑。"盭莀同音，盭緑亦一聲之轉。莀藎皆可以染緑，故同名。（盭似艾，與菉蓐葉似竹而莖圓者，異物，郝懿行以爲一草，誤。）《説文》："藍，染青草也。"

襜

《傳》："衣蔽前謂之襜。"案即蔽厀也。

詹

《傳》："詹，至也。"《爾雅・釋詁》同。《方言》一："詹，至也。詹，楚語也。"《文選・思玄賦》："黄靈詹而訪命。"舊注："詹，至也。"案詹至一聲之轉。

① "采帛"二字，今補。

韔 綸

《爾雅·釋詁》:“貉縮,綸也。”注:“綸者繩也。謂牽縛縮貉之,今俗語亦然。”貉縮一作莫縮。《禮記·檀弓》“今一日三斬板”,注:“斬板謂斷莫縮也。”莫縮謂繩之縛束者,斷莫縮,即斬斷縛板之繩也。又作摸蘇。《淮南子·俶真篇》:“以摸蘇牽連物之微妙。”此言“摸蘇牽連”猶郭注言“牽縛縮貉”,皆縛束之謂也。綸者,《易·繫辭上傳》:“彌綸天地之道。”釋文引王肅注:“綸,纏裹也。”纏裹亦束縛也,故《爾雅》訓貉縮爲綸。又案綸與綰爲同源字。(出於複輔音 kl。綸,《廣韻》又音鰥。《集韻》睔,古患切。伶倫即伶官,并其證。《説文》綰讀若雞卵,卵本有見來二讀,疑綰字亦然。)《史記·高帝紀》“盧綰”,集解:“綰音以繩綰結之綰。”《漢書·周勃傳》“絳侯綰皇帝璽”,注:“綰謂引結其組。”綰結與纏裹義近。《廣雅·釋詁》三:“綰,縮也。”綰謂之縮,猶綸謂之貉縮矣。《詩》曰“言綸之繩”,謂收捲其繩而纏縛之,使不能釣,與韔弓爲藏其弓,使不能射,用意正同。

者

讀爲之。“薄言觀者”,即薄言觀之。

隰桑(小雅·魚八)

隰桑有阿,其葉有難。既見君子,其樂如何。
隰桑有阿,其葉有沃。既見君子,云何不樂。
隰桑有阿,其葉有幽。既見君子,德音孔膠。
心乎愛矣,遐不謂矣。中心藏之,何日忘之。

阿難　阿沃　阿幽

阿難即猗儺。《隰有萇楚》"猗儺其華"，《楚辭・九辯》注、《九嘆・惜賢》注并引作旖旎，校本一作猗狔。《文選・高唐賦》："東西施翼，猗狔豐沛。"注："猗狔，柔弱下垂貌。"《漢書・司馬相如傳》下(《大人賦》)"又猗抳以招摇"，注引張揖："猗抳，下垂貌。"《史記》作旖旎。阿難旖旎一語之轉。《傳》："沃，柔也。"案《隰有萇楚》"夭之沃沃"，承上猗儺言，亦柔弱下垂貌。此詩有沃猶沃沃也。幽沃[1]聲近，有幽亦猶有沃也。

膠

《文選・笙賦》："勃慷慨以憀亮。"《琴賦》："新聲憀亮。"膠憀通。"德音孔膠"猶《鹿鳴》"德音孔昭"也。

謂

讀爲謂，猶歸也。(詳《摽有梅》。)

白華（小雅・魚九）

白華菅兮，白茅束兮。之子之遠，俾我獨兮。
英英白雲，露彼菅茅。天步艱難，之子不猶。
滮池北流，浸彼稻田。嘯歌傷懷，念彼碩人。
樵彼桑薪，卬烘于煁。維彼碩人，實勞我心。
鼓鐘于宫，聲聞于外。念子懆懆，視我邁邁。
有鶖在梁，有鶴在林。維彼碩人，實勞我心。
鴛鴦在梁，戢其左翼。之子無良，二三其德。
有扁斯石，履之卑兮。之子之遠，俾我疧兮。

① "沃"字，原稿誤作夭。

菅

《方言》九："關之東西曰輨，南楚曰軑，趙魏之間曰鍊。"菅之通湅，猶輨之一曰鍊。《考工記·㡛氏》"湅絲以涚水漚其絲"，注："湅，漸也。"《説文》："漚，久漬也。"漸漬義同，是湅猶漚也。"白華菅兮，白茅束兮"，白華即白茅，言茅既漚而復束之也。《廣雅·釋訓》："管管，浴也。"菅管湅并字異義同。（一説菅讀如字，則束讀爲藗。《説文》："藗，牡茅也。"然句中無動詞，似非《詩》義。）《左傳》成九年引《逸詩》："雖有絲麻，無弃菅蒯。雖有姬姜，無弃蕉萃。"此詩首章四句，用意正同。①

英英

《釋文》引《韓詩》作泱。《説文》："泱，滃也。""滃，雲氣起也。"《文選·射雉賦》："天泱泱以垂雲。"

露

《方言》三："露，敗也。"《周書·皇門篇》："自露厥家。"《莊子·漁父篇》："田荒室露。"《荀子·富國篇》："田疇穢，都邑露。"《戰國策·齊策》："其百姓罷而城郭露。"露皆謂敗壞也。字一作路。《管子·戒篇》："振（原誤握，從王念孫改）路家五十室。"《四時篇》："不知五穀之故，國家乃路。"《七臣七主篇》："故設用無度國家路。"又："夫亡國路家者，非無懷土也，其所事者非其功也。"（以上二路字，今并誤作踣，改從王念孫。）《詩》曰"英英白雲，露彼菅茅"者，謂雲能致雨，雨多則傷茅也。下文"天步艱難"，即承此言之。下章"滮池北流，浸彼稻田"，亦謂雨潦傷稻。

① "《左傳》"句至此，原稿眉批。

步

《傳》："步，行。"正義引侯苞《韓詩翼要》："天行艱難於我身。"案《國語・吴語》："以安步王志。"《禮記・少儀》："未步爵，不嘗羞。"并此步字皆訓施行之行。

艱難

《中谷有蓷》"遇人之艱難"與"遇人之不淑"并舉，是艱難猶不淑也。"天步艱難"猶言"昊天不吊"。《抑》"天方艱難"，《板》"天之方難"，或曰艱難，或單曰難，義并與此同。《大明》"天難忱斯"，《書・咸有一德》"天難諶，命靡常"，《君奭》"天命不易，天難諶"，則用爲名詞。

滮

《説文・水部》引作[①]淲。《傳》："滮，流貌。"(《箋》："池水之澤浸潤稻田，使之生殖，喻王無恩意於申后，滮池之不如也。豐鎬之間水北流。")[②]案《説文》："㬥，疾有所趣也。""瀑，疾雨也。"疑瀑即滮字，本訓水疾流。《易・繫辭下傳》"以待暴客"，釋文："鄭作虣。"《文選・蕪城賦》注引《字書》："甝古暴字。"瀑之通淲，猶暴之通虣也。一説淲鎬聲近。(《説文》琥讀若鎬，唬讀若鴞。《春秋繁露・深察名號篇》："號之爲言謞而效也。")淲池疑即鎬池。《史記・秦本紀》："爲吾遺鎬池君。"《水經・渭水注》："鎬水又北流，西北注與滮池水合，水出鄗池西而北流，入於鎬。"《説文》引《詩》池作沱。水之枝出者爲沱。蓋鎬水枝出者皆謂之鎬池。淲池字亦本作鎬，後始歧爲二名耳。

---

① "作"字，據文義補。

② 括弧内文字，原稿旁批。

樵

《公羊傳》桓七年："焚之者何？樵之也。樵之者何？以火攻也。"《管子·輕重己篇》："教民樵室鑽燧，熯竈泄井。"即《禁藏篇》："萩室熯造，鑽燧易火，抒井易水。"樵即萩，謂以火乾之也。今世猶有此語。一説讀爲"翹翹錯薪"之翹。

烘

《傳》："烘，燎也。"《漢書·王莽傳》"疑以火自燎"，注："燎謂炙令膜也。"《傳》燎字亦謂炙，非謂燒之也。《説文》："爒，炙也。"燎爒同。今人以火乾物曰烘。《詩》烘字當用今義。薪濕，故烘之也。

煁

《傳》："煁，烓竈也。"《説文》："烓，行竈也。"《爾雅·釋言》："煁，烓也。"注："今之三隅竈。"案煁即鬵。（《説文》煁，籀文作鬻。）鬵即甑。（《方言》五："甑自關而東或謂之鬵。"《爾雅·釋器》："䰝謂之鬵。"䰝甑同。）古甑本以土爲之，故字從瓦，《楚辭·九嘆·憂苦篇》"爨土鬵於中宇"是也。甑倒置之用爲竈，即今風爐。甑有七穿。（見《周禮·陶人》。）今風爐亦然。《説文》："窐，甑空也。"《楚辭·哀時命》"璋珪雜於甑窐兮"，注："窐，甑下（原誤土，從《廣韻》引改）孔。"（《廣韻》窐一作鼃，又作甗。）[①] 蓋甑謂之窐，甑孔亦謂之窐。煁一名烓，猶甑一名窐矣。字一作鬹。《説文》："鬹，三足釜也。"三足釜謂之鬹，猶三隅竈謂之烓。倒置之釜之足即竈之隅矣。《説文》："鼭，三足鍑也。"鼭即鬹字。《説文》鬹讀若規可證。

---

① 括弧内文字，原稿旁批。

懆懆

《釋文》："亦作慘慘。"

邁邁

《傳》："邁邁，不説也。"案讀爲厲。《釋文》引《韓詩》作怖怖，云："意不説好也。"《説文》："怖，恨怒也。"字一作悖。《廣雅・釋詁》四："悖，恨也。"又作艴。《説文》："艴，愠怒色也。"引《論語》："色艴如也。"今《論語・鄉黨篇》[1]作勃。《孟子・公孫丑上篇》："曾西艴然不悦。"

鶖　鶴

《箋》："鶖也，鶴也，皆以魚爲美食者也。"案鶖在梁，鶴在林，皆不得魚。《候人》："維鵜在梁，不濡其咮。彼其之子，不遂其媾。"此詩取興與彼同。説詳彼篇。

左翼

左讀爲沙。(《説文》："䑰，䑰䑰，行不正。"案即婆娑。《文選・江賦》注引《通俗文》："髮亂曰鬖髿。"案即參差。《賓之初筵》傳："傞傞，舞不止也。"《廣韻》："仯，行也。又舞不止。"《文選・長笛賦》注引《埤蒼》："搓，擗也。"《廣韻》："搓，手搓碎也。"案即《葛覃》釋文引阮孝緒《字略》云："挼莎。"《曲禮》注作"挼莎"。左之通沙，猶䑰之通娑，差之通髿，傞一作仯，搓一作莎也。《玄應音義》十三引《聲類》："摩抄猶捫摸也。"十引《通俗文》："捫摸曰揗。"案抄即揗。)[2]《閟宫》傳："犧尊有沙飾也。"《禮記・明堂位》注："犧尊以沙羽爲畫飾。"案沙即羽也。《周禮・司

① "鄉黨"二字，今補。
② 括弧内文字，原稿旁批。

尊彝》司農注："犧尊飾以翡翠。"翡翠即羽也。《楚辭·招魂》"實羽觴些"，注："羽，翠羽也。"司農以翡翠釋沙，與王逸以翠羽釋羽同，是沙尊猶羽觴也。《鄭志·答張逸》："問曰：犧讀如沙。沙，鳳皇也，不解鳳皇何以爲沙？答曰：刻畫鳳皇之象於尊，其形婆娑然。"《禮記·禮器》"犧尊疏布鼏"，疏引鄭云："畫尊作鳳羽婆娑然，故謂娑尊也。"此以沙爲鳳皇，與司農以沙爲翡翠者微異。實則沙即羽，其爲鳳皇羽，或翡翠羽，皆無不可，獨不得謂沙即鳳皇或翡翠，亦不得謂爲羽狀婆娑也。沙本羽名，後專呼采色斑斕之羽爲沙，故漢儒説犧尊之飾或以爲翠羽，或以爲鳳羽。(《廣雅·釋器》："翪，羽也。"《淮南子·人間篇》："鴻鵠奮翼揮䎕。"注："䎕，六翮之末也。"卜辭彗作羽，即小篆羽字。彗沙雙聲，疑羽古一讀如沙。)[1]《詩·七月》陸疏："莎鷄如蝗而斑色，毛翅數重，其翅正赤，或謂之天鷄。"《御覽》引《廣志》："莎鷄似蠶蛾而五色。"朱駿聲疑鳳如鷄五采，亦得莎名。其説是也。《爾雅·釋鳥》之"鶾，天鷄"，即鳳皇之類。《釋蟲》之"螒，天鷄"，本以文采似鳥類之天鷄而得名。蟲類之天鷄一名莎鷄，則鳥類之天鷄亦當有莎鷄之名矣。《山海經·大荒東經》："有五彩之鳥相鄉弃沙。"《南山經》："有鳥焉，其狀如鷄，五彩而文，名曰鳳皇。"(《大荒西經》："有五彩鳥三名，一曰皇鳥，一曰鸞鳥，一曰鳳鳥。"弃沙蓋即解羽，五彩之鳥即鳳皇也。郭注："未聞沙義。"郝疏："沙疑與娑同，鳥羽娑娑然也。"古旌一曰緌，或以氂牛尾爲之，或以鳥羽爲之。金文彤沙，一作彤𦃃。郭釋緌。案以牛尾爲之曰𦃃，以鳥羽爲之曰沙也。)[2]古呼鳳皇之羽爲沙，故又稱鳳皇爲莎鷄。莎即沙字。鴛鴦之羽翼亦五采，故曰"沙翼也"。《管子·侈靡篇》[3]："是毻（今誤梲，從丁士涵改）之傳革。"《輕重甲篇》[4]"請文皮毻服而以爲幣乎"，注：

---

①② 括弧内文字，原稿旁批。

③ "管子"二字，今補。

④ "《輕重甲篇》"前原稿有書名《管子》，因已於上文《侈靡篇》前補其所屬同書之名，故删之。

"它卧切，落毛也。"《文選·江賦》"産毻積羽"，注引《字書》："毤，落毛也。"毤與毻同。《方言》十三："毻，易也。"注："毻謂解毻也。"庾信《老子應詔詩》"毻毛新鵠小"，《廣雅·釋詁》一："毻，解也。"《廣韻》："毻，鳥易毛也。"[①]

沙夋二聲古近，(《廣雅·釋器》："□謂之梭。□謂之幐。"[②]《御覽》引《通俗文》："所以行緯謂之梭。"《玉篇》："梭，織梭也，亦作梭。"《廣韻》八戈梭唆并蘇禾切。）沙訓鳳皇，蓋即鵕鸃也。《廣雅·釋鳥》："鵕鸃，鳳皇屬也。"《御覽》引《雜字解詁》："鵕鸃似鳳皇。"《文選·子虚賦》郭注："鵕鸃似鳳，有光彩。"或單曰鵕。《淮南子·主術篇》："趙武靈王貝帶鵕鸏而朝。"鸏讀爲翿，飾冠之羽也。貝帶鵔翿對文。字或變作鶽，《爾雅·釋鳥》："西方曰鶽。"《周禮·染人》注引作蹲。《左傳》昭十七年注："西方曰鶽雉。"釋文："鶽本作蹲。"鵕一作鶽，猶踆一作蹲也。(《莊子·外物篇》"踆乎會稽"，釋文："踆古蹲字。"）或曰踆烏。《淮南子·精神篇》："日中有踆烏。"（注："踆猶蹲也。"非是。）日御曰羲和，羲古讀如沙，羲和即鵕鸃，亦即踆烏也。鳳皇五采謂之鵕鸃，猶古傳師子亦五采，而謂之狻猊。(余友許駿齋云：今山東榮成方言，呼鴨之羽毛青緑斑斕璀璨悦目者曰沙鴨子。）[③]《穆天子傳》一："名獸使足，狻猊野馬走五百里。"注："狻猊，獅子。"(《釋獸》作狻麑，注："即師子也。"）《御覽》引束晳《發蒙記》"師子五色而食虎"是也。(師即狻之轉。）《文選·西京賦》"批窳狻"，薛注："狻，狻猊也。"狻猊亦單曰狻，猶鵕鸃亦單曰鵕也。字又變作疏。《禮記·明堂位》："夏后氏以龍勺，殷以疏勺，用以蒲勺。"注："龍，龍頭也。疏，通刻其頭。蒲，合蒲如

① "《管子·侈靡篇》"句至此，原稿眉批。

② 王念孫《廣雅疏證》梭下云："各本皆作'梭謂之幐'。案梭所以行緯，幐所以持經，二者各殊其用，無緣以幐爲梭。此因本條内有脱文，而下條'柢謂之幐'，又脱去柢字，遂誤合爲一條。"

③ 括弧内文字，原稿眉批。

皃頭也。”案疏讀爲沙，鳳皇也。蒲讀爲皃。龍勺、沙勺、皃勺，各以其物爲飾，故名也。[①]《周禮·典瑞》“疏璧琮以斂尸”，司農注：“疏讀爲沙。”

苕之華（小雅·魚十三）

苕之華，芸其黄矣。心之憂矣，維其傷矣。
苕之華，其葉青青。知我如此，不如無生。
牂羊墳首，三星在罶。人可以食，鮮可以飽。

維

猶何也。詳《裳裳者華》。

知

配也。詳《芄蘭》。

牂羊墳首

《傳》：“牂羊，牝羊也。墳，大也。”《爾雅·釋畜》：“羊牡羒，牝牂。”注：“吴羊白羝。”《廣雅·釋獸》：“吴羊……其牝……三歲曰牂。”此以牂爲牝者也。[②]《説文》：“牂，牡羊。”鄭注《内則》同。此以牂爲牡者也。[③]王夫之謂吴羊即綿羊。案綿羊頭小，頭小則體大而肉多。今頭大體小，則可食者少，故不可飽也。墳讀爲羒，言牝羊

① 以上幾行文字有如下眉批:《水經·渠水注》引《陳留風俗傳》:“浚儀縣縣北有浚水，像而儀之，故曰浚儀。”案即鵕鸃也。《大荒北經》：“丘方員三百里，丘南帝俊竹林在焉，大可爲舟。”《廣韻》引《神異經》：“節竹，一名太極，長百丈，南方以爲船。”《初學記》引作沛，沛爲節之誤，節竹即俊竹也。《廣韻》三十四果：“篌，竹名。”《萬象名義》同。

② 以上七字，原稿眉批。

③ “《説文》”句至此，原稿眉批。

而牡首也。

三星在罶

林義光曰："星讀爲鮏，生魚也。《説文》：'鮏，魚臭也。'魚之生者其臭鮏。生魚謂之鮏，猶生肉謂之腥也。《周禮・内饔》《禮記・内則》：'豕盲眂而交睫，腥。'鄭注并云：'腥當爲星。'蓋鮏腥古皆以星字爲之也。"案鮏即鮮字。《易・説卦》："其于稼也，爲反生，其究爲健，爲蕃鮮。"于省吾云："反生猶蕃鮮。"[①]《禮記・内則》"冬宜鮮羽"，注："鮮，生羽也。"（《書・益稷》"奏庶鮮食"，馬注："鮮，生也。"）《周禮・漁人》注、《漢書・司馬相如傳》上李奇注并同。生魚謂之鮮，魚亦謂之鮮。[②]《周禮・庖人》："冬行鱻羽，膳膏羶。"杜注："鮮，魚也。"《老子》六十章："治大國若烹小鮮。"王注："鮮，魚也。"唐寫本殘卷辛、唐《遂州龍興碑》、宋趙至堅《道德真經疏義》并作腥。《易林・兑之无妄》"結網得鮮"，即得魚也。[③]鮮又有小義，故《老子》稱"小鮮"。《文選・南都賦》注引《聲類》："鱻，小魚也。"（《説文》："霹，小雨財雾也。"《莊子・天運篇》釋文："鮮規，小獸也。"又："鮮規，小蟲也。"）《詩》星字當讀爲鮮。魚小，又不過三尾，宜其不堪一飽也。罶，《説文》重文作䍡，引《魯語》："講罛䍡。"今作罶。今人正謂取魚具曰䍡，音摟。[④]

食

此食字亦隱語。詳《有杕之杜》。

① "《易・説卦》"句至此，原稿眉批。
② "《周禮》"句至此，原稿眉批。
③ "《易林》"句至此，原稿眉批。
④ "罶"句至此，原稿眉批。

荆楚文库

聞一多全集（五）

聞一多 著
孫黨伯 袁謇正 主編

荆楚文庫編纂出版委員會
湖北人民出版社

荊楚文庫

楚辭編

袁謇正　整理

編者説明

本編包括聞一多關於楚辭的研究著作二十六種。其資料來源主要有三種：開明版《聞一多全集》，報刊、單行本，手稿照相複製件、整理稿。本編關於楚辭論著的編次，大體先論，後校（注）；先通論、通校（注），後分論、分校（注）。但通論、通校（注）之作基本以寫作或發表時間爲序。編者對收入本編的論著，從文字到標點，都作過校訂。

目　録

讀騷雜記 ①

《史記・屈原列傳》，正如它其餘的部分，未必完全可靠。不拘就思想或文體上觀察，《漁父》明明是一篇子虚的文字，而史公却把它當作實事，編入傳中。這是可疑的一點。諫懷王入秦的，據《楚世家》説是昭睢，而《列傳》則以爲屈原，顯然的自相矛盾。這是第二點。把這兩點綜合起來看，則王懋竑説屈原死在懷王入秦以前，似乎可信。王氏這一説并没有什麽强有力的正面的理由。不過從反面推測，假定屈原真死在懷王入秦以前，則諫入秦的，自然與屈原無干，而頃襄王時也不會有屈原再度被放以及和漁父在江濱問答的事了。這樣，既可以避免《列傳》與《世家》間的衝突，又可以省得教一篇寓言冒充了史迹，這比説屈原死在頃襄王時確乎合理得多。至於二十五篇連真帶假的屈賦中，對於懷王被誘入秦那樣嚴重的事，絶没有露一絲口風，也不妨附帶的算作屈原死在頃襄王時的一個反證。

然而王懋竑的話果能成立，其重要之點，還不在縮短了屈原幾十年的壽算，訂正了一個史實的錯誤。這件事本身的意義甚小。因這件史實的修正，而我們對於屈原的人格的認識也得加以修正，纔是關係重大。懷王喪身辱國，屈原既没有見着，則其自殺的基因確是個人的遭遇不幸所釀成的，説他是受了宗社傾危的刺激而沉江的，便毫無根據了。

歷來解釋屈原自殺的動機者，可分三説。班固《離騷序》曰："忿懟不容，沉江而死。"這可稱爲泄忿説。《漁父》的作者曰："寧赴常流而葬江魚腹中耳，又安能以皓皓之白而蒙世之温蠖乎？"這可稱爲潔身

① 據 1935 年 4 月 3 日天津《益世報》文學副刊編入。

説。東漢以來，一般的意見漸漸注重屈原的忠的方面，直到近人王樹枏提出尸諫二字，可算這派意見的極峰了。這可稱爲憂國説。三説之中，泄忿最合事實，潔身也不悖情理，憂國則最不可信。然而偏是憂國説流傳最久，勢力最大。

一個歷史人物的偶像化的程度，往往是與時間成正比的，時間愈久，偶像化的程度愈深，而去事實也愈遠。在今天，我們習聞的屈原，已經變得和《離騷》的作者不能并立了。你若認定《離騷》，是這位屈原作的，你便永遠讀不懂《離騷》。你若能平心静氣的把《離騷》讀懂了，又感覺《離騷》不像是這位屈原作的。你是被你自己的偶像崇拜的熱誠欺騙了。真正的屈原，漢人還能看的清楚。班固説：

> 屈原露才揚己，競乎危國群小之間，以離讒賊，然責數懷王，怨惡椒蘭，愁神苦思，强非其人，忿懟不容，沉江而死，亦貶絜狂狷景行之士。

這纔真是《離騷》的作者，但去後世所謂忠君愛國的屈原是多麽遼遠！説屈原是爲愛國而自殺的，説他的死是尸諫，不簡直是夢囈嗎？

一種價值觀念的發生，必有它的背景。是混亂的戰國末年的《漁父》的作者纔特别看出屈原的狷潔，是大一統的帝王下的順民纔特别要把屈原擬想成一個忠臣。《莊子·刻意篇》曰：

> 刻意尚行，離世異俗，高論怨誹，爲亢而已矣，此山谷之士，非（誹）世之人，枯槁赴淵者之所好也。

這大概即指屈原一流的人，所以以潔身來解釋屈原的死，是合乎情的。這一方面與他的時代風氣正相合。但是，帝王專制時代的忠的觀念，決不是戰國時屈原所能有的。伍子胥便是一個有力的反證。爲了家仇，伍子胥是如何對待他的國和君，而他正是個楚國人。司馬遷曾經

“怪屈原以彼其材，游諸侯，何國不容，而自令若是”，倒還没有忘掉屈原的時代。

總之，忠臣的屈原是帝王專制時代的産物，若拿這個觀念讀《離騷》，《離騷》是永遠談不通的。至於王懋竑的話若能成立，則後世所以能把屈原解成一個忠臣，或許還要歸咎於史公。《史記·屈原列傳》若不教屈原死在頃襄王的時代，則後人便無法從懷王客死於秦和屈原自殺兩件事之間看出因果關係來，因而便説屈原是爲憂國而死的。

司命考①

一　從空桑説起

從《大司命》“逾空桑兮從女”一語，我們猜着司命就是帝顓頊之佐，玄冥。

考顓頊的統治地區是空桑。《吕氏春秋·古樂篇》：“帝顓頊生自若水，實處空桑。”這是明證。又《淮南子·本經篇》“共工振滔洪水，以薄空桑”，和《史記·律書》“顓頊有共工之陳（陣）以平水害”，所講的都是顓頊與共工争帝的故事，《淮南子》所謂薄空桑即伐顓頊，因爲空桑是顓頊的居地。空桑一作窮桑，《路史·後紀》八引《尚書大傳》：“窮桑，顓頊所居。”玄冥是顓頊之佐，所以他的居地也是空桑或窮桑。《左傳》昭二十九年蔡墨曰：“脩及熙爲玄冥，世不失職，遂濟窮桑。”《九嘆·遠逝》：“考玄冥於空桑。”這些又是玄冥居空桑的確證。歌曰：“逾空桑兮從女。”又曰：“導帝之兮九坑。”我們疑心司命即玄冥，所導之帝即帝顓頊。

二　虚北二星

《史記·天官書》曰：“北宫玄武：虚，危。”這是五行説應用到天文學上，將虚危二星派作北方帝的分星。虚既是北方帝的分星，而北

① 據開明版《聞一多全集·神話與詩》編入。

方帝是顓頊，所以虚又名顓頊之虚。(《爾雅・釋天》：“顓頊之虚，虚也。”）但我們猜想，在天上既有星代表着顓頊，可能也就有星代表着作爲顓頊之佐的玄冥。經過研究，我們纔知道，這星有是有的，不過它不是以玄冥的名字出現，而是以司命的名字出現的。《月令》疏引熊氏轉引石氏《星經》，和《開元占經・甘氏中官占篇》引甘氏《星經》都説“司命二星在虚北”，這靠近虚，即靠近顓頊的司命二星，無疑就是玄冥。

虚北的司命二星，和另外的司禄二星，司危二星，司非二星，共總稱爲四司。《開元占經・甘氏中官占篇》引《甘氏贊》曰：“四司續功，采麻襄鹿。”四司的采麻和《大司命》的“折疏麻兮瑶華”，應該是一回事，雖則關於司命與麻的關係的詳情，我們還没獲得充分的資料來予以説明。

三　冬與陰陽

五行系統中，北方帝主冬，《淮南子・天文篇》：“北方，水也，其帝顓頊，其佐玄冥，執權而治冬。”冬的特徵，據《月令》仲冬之月，説是“日短至，陰陽争，諸生蕩”。所以“君子齋戒，處必掩，身欲寧……以待陰陽之所定”。這是説：冬至後，時而陰盛，時而陽盛，動蕩不定，所以要“待陰陽之所定”。《大司命》的“一陰兮一陽”是以冬日的時陰時晴，變化無常，來象徵陰陽二氣動蕩不定的狀態。他説這現象是他“所爲”的，正因爲他是顓頊之佐，而顓頊是治冬的。

因爲顓頊所主治的節季是冬，地區是屬於虚星的分野的北方，所以虚星和冬，在五行家的概念中便發生了連繫。《史記・律書》：“虚者，能實能虚，言陽氣冬則宛藏於虚，日冬至，則一陰下藏，一陽上舒，故曰虚。”這樣解釋虚字的意義，是否正確，是另一問題，但以陰陽變化來説明顓頊的星名，虚字的涵義，這和佐顓頊的大司命（玄冥）自稱其行爲爲“壹陰兮壹陽”，倒是十分吻合的。

四　由空桑到九岡

《大司命》曰“逾空桑兮從女”，又曰“導帝之兮九坑”，舊校引《文苑》，坑作岡，岡是正字。空桑與九岡都是山名。這兩座山究竟在那裏呢？

古代地名空桑的不衹一處，但最初顓頊所統治的空桑當在北方。《北山經》：“空桑之山，無草木，冬夏有雪，空桑之水出焉，東流注於虖沱。”郝懿行説它當在趙代間，大概是對的。我們以爲顓頊所居的就是這個空桑。

《左傳》昭十一年：“楚子滅蔡，用隱太子於岡山。”岡山，杜預《釋例》衹説它“必是楚地山”，而不能確指其地處。我們以爲就是九岡山，王逸《機賦》“逾五嶺，越九岡”。《古今圖書集成·方輿彙編·職方典》荆州府部《山川考》二之五，松滋縣“九岡山，去縣治九十里，秀色如黛，蜿蜒虬曲”。《輿地廣記》“荆州松滋縣有九岡山，郢都之望也”。我們猜想楚祖顓頊的廟就在這山上，所以他們滅了敵國之後，就到這裏來，用那最隆重的人祭的典禮，告廟獻俘。本篇的九岡就是《左傳》的岡山，“導帝之兮九岡”，帝即顓頊，前面已經證明過。

近代學者們早就疑心楚人是從北方遷徙到南方來的。大司命“逾（越了）空桑”之後，又“導帝之兮九岡”，這不衹反映了顓頊的族人由北而南的移殖的事實，而且明確的指出了那趟路程。

端節的歷史教育①

端午那天孩子們問起粽子的起源，我當時雖乘機大講了一頓屈原，心裏却在暗笑，恐怕是幫同古人撒謊罷。不知道是爲了謊的教育價值，還是自己圖省事和藏拙，反正謊是撒過了，并且相當成功，因爲看來孩子們的好奇心確乎得到了相當的滿足。可是，孩子們好奇心的終點，便是自己好奇心的起點。自從那天起，心裏常常轉着一個念頭：如果不相信謊，真又是甚麽呢？端午真正的起源，究竟有没有法子知道呢？最後我居然得到了綫索，就在那謊裏。

> 屈原五月五日投汨羅而死，楚人哀之，每至此日，以竹筒貯米投水祭之。漢建武中，長沙歐回白日忽見一人，自稱三閭大夫，謂曰："君常見祭，甚善。但常所遺，苦爲蛟龍所竊。今若有惠，可以楝樹葉塞其上，仍以五彩絲約縛之。此二物，蛟龍所憚也。"回依其言。世人作粽，并帶五彩絲及楝葉。皆汨羅之遺風也。
>
> 《續齊諧記》

這傳説是如何産生的，下文再談，總之是不可信。倒是"常所遺（粽子）苦爲蛟龍所竊"這句話，對於我的疑竇，不失爲一個寶貴的消息。端午節最主要的兩個節目，無疑是競渡和吃粽子。這裏你就該注意，競渡用的龍舟，粽子投到水裏常爲蛟龍所竊，兩個主要節目都與龍

① 原載1943年7月3日昆明《生活導報》第32期。據開明版《聞一多全集·神話與詩》編入。

有關，假如不是偶合的話，恐怕整個端午節中心的意義，就該向龍的故事去探尋罷。這是第一點。據另一傳説，競渡的風俗起於越王勾踐，那也不可靠。不過吴越號稱水國，説競渡本是吴越一帶的土風，總該離事實不遠。這是第二點。一方面端午的兩個主要節目都與龍有關，一方面至少兩個節目之一，與吴越的關係特别深，如果我們再能在吴越與龍之間找出聯繫來，我們的問題不就解决了嗎？

吴越與龍究竟有没有聯繫呢？古代吴越人"斷髮文身"，是我們熟知的事實。這習俗的意義，據當時一位越國人自己的解釋，是"處海垂之際……而蛟龍又與我争焉，是以翦髮文身，爛然成章，以像龍子者，將以避水神也"（《説苑·奉使篇》記諸發語）。所謂"水神"便是蛟龍。原來吴越都曾經自認爲蛟龍的兒子（龍子），在那個大前提下，他們想，蛟龍是害人的東西，不錯，但决不會殘殺自己的"骨肉"。所以萬一出了岔子，責任不該由蛟龍負，因爲，他們相信，假若人們樣子也長的和蛟龍一樣，讓蛟龍到眼就認識是自己的族類，那會有岔子出呢？這樣盤算的結果，他們便把頭髮剪短了，渾身刺着花紋，儘量使自己真像一個"龍子"，這一來他們心裹便踏實了，覺得安全真有保障。這便是吴越人斷髮文身的全部理論。這種十足的圖騰主義式的心理，我在别處還有更詳細的分析與説明。現在應該注意的是，我們在上文所希望的吴越與龍的聯繫，事實上確乎存在。根據這聯繫推下去，我想誰都會得到這樣一個結論：端午本是吴越民族舉行圖騰祭的節日，而賽龍舟便是這祭儀中半宗教，半社會性的娱樂節目。至於將粽子投到水中，本意是給蛟龍享受的，那就不用講了。總之，端午是個龍的節日，它的起源遠在屈原以前——不知道多遠呢！

據《風俗通》和《荆楚歲時記》，五月五日，古代還有以彩絲繫臂，名曰"長命縷"的風俗。我們疑心彩絲繫臂便是文身的變相。一則《國策》有"祝髮文身錯臂，甌越之民也"的話（《趙策》二）。可見文身術應用的主要部分之一是兩臂。二則文身的目的，上文已講過，是給生命的安全作保障。彩絲繫臂，在形式上既與錯臂的文身術有類似的效果，而“長命縷”這名稱又證明了它也具有保障生命的功能，所以我們説彩絲繫臂是古代吴越人文身俗的遺留，也是不會有大錯的。於是我又恍然大悟，如今小孩們身上掛着五彩絲綫纏的，或彩色綢子扎的，或染色麥草編的，種種光怪陸離的小玩意兒，原來也都是文身的替代品。文身是“以像龍子”的。競渡與吃粽子，上文已説過，都與龍有關，現在我們又發現彩絲繫臂的背景也是龍，這不又給端午是龍的節日添了一條證據麽？我看爲名副其實，這節日乾脆叫“龍子節”得了。

我在上文好像揭穿了一個謊。但在那揭謊的工作中，我并不是没有懷着幾分惋惜的心情。我早已提到謊有它的教育價值，其實不等到謊被揭穿之後，我還不覺得謊的美麗。如果明年孩子們再談起粽子的起源，我想，我的話題還是少不了這個謊，不，我將在講完了真之後，再告訴他們謊中的真。我將這樣説：

“吃粽子這風俗真古得很啊！它的起源恐怕至少在四五千年前。那時人們的文化程度很低。你們課本中有過海南島黎人的插圖嗎？他們正是那樣，渾身刺綉着花紋，滿臉的獰惡像。但在内心裏他們實在是很可憐的。那時的人在自然勢力威脅之下，常疑心某種生物或無生物有着不可思議的超自然力量，因此他們就認定那東西爲他們全族的祖先兼保護神，這便是現代術語所謂‘圖騰’。凡屬於某一圖騰族的分子，必在自己身體上和日常用具上，刻畫着該圖騰的形狀，以圖强化自己和圖騰間的聯繫，而便於獲得圖騰的保護。古代吴越民族是以龍爲圖騰的，爲表示他們‘龍子’的身份，藉以鞏固本身的被保護權，所以有那斷髮文身的風俗。一年一度，就在今天，他們要舉行一次盛大的圖騰祭，將各種食物，裝在竹筒，或裹在樹葉裏，一面往水裏扔，獻給圖騰神吃，一面也自己吃。完了，還在急鼓聲中（那時許没有鑼）划着那刻畫成龍形的獨木舟，在水上作競渡的游戲，給圖騰神，也給自己取樂。這一切，表面上雖很熱鬧，骨子裏却衹是在一副戰慄的心情下，籲求着生命的保障，所以從冷眼旁觀者看來，實在是很悲的。這便是最古端午節的意義。

“一二千年的時間過去了，由於不斷的暗中摸索，人們稍稍學會些控制自然的有效方法，自己也漸漸有點自信心，於是對他們的圖騰神，態度漸漸由獻媚的，拉攏的，變爲恫嚇的，抗拒的，（人究竟是個狡猾的東西！）最後他居然從幼稚的，草昧的圖騰文化掙扎出來了，以至幾乎忘掉有過那麼回事。好了，他現在立住脚跟了，進步相當的快。人們這時賽龍舟，吃粽子，心情雖還有些緊張，但緊張中却帶着點勝利的歡樂意味。他們如今是文明人啊！我們所熟習的春秋時代的吴越，便是在這個文化階段中。

“但是，莫忙樂觀！剛剛對於克服自然有點把握，人又發現了第二個仇敵——他自己。以前人的困難是怎樣求生，現在生大概不成問題，問題在怎樣生得光榮。光榮感是個良心問題，然而要曉得良心是隨罪惡而生的。時代一入戰國，人們造下的罪孽想是太多了，屈原的良心擔負不起，於是不能生得光榮，便毋寧死，於是屈原便投了汨羅！是呀，僅僅求生的時代早過去了，端午這節日也早失去了意義。從越國到今天，應該是怎樣求生得光榮的時代，如果我們還要讓這節日存在，就得給他裝進一個我們時代所需要的意義。

“但爲這意義着想，哪有比屈原的死更適當的象徵？是誰首先撒的謊，説端午節起於紀念屈原，我佩服他那無上的智慧！端午，以求生始，以争取生得光榮的死終，這謊中有無限的真！”

準備給孩子們講的話，不妨到此爲止。縱然這番意思，孩子還不太懂，但遲早是應當讓他們懂得的，是不是？

一九四三年七月

屈原問題[1]

——敬質孫次舟先生

一

不久以前，在成都，因孫次舟先生闖了一個禍，久不聽見的文學史問題争論戰又熱鬧過一陣。在昆明不大能見到那邊的報紙和刊物，所以很少知道那回事的。但孫先生提出的，確乎是個重要問題，它不但屬於文學史，也屬於社會發展史的範圍，如果不是在戰時，我想它能吸引更廣大的，甚而全國性的熱烈的注意。然而即使是戰時，在適當的角度下，問題還是值得注目的。

孫先生説屈原是個“文學弄臣”，爲讀者的方便，我現在把他的四項論證，叙述如下。

（一）《史記》不可靠。司馬遷作《屈原傳》，衹憑傳説，并没有“史源”，所以那裏所載的屈原事迹，都不可靠。（論據從略。）

（二）戰國末年純文藝家没有地位。孫先生認爲文人起於春秋戰國間，那時政論家已經取得獨立的社會地位，純文藝家則没有。這情形到戰國末年——屈宋時代，還是一樣，就是西漢時也還没有多大改變，所以東方朔、郭舍人、枚皋一流人都“見視如倡”，司馬相如雖有點政治才能，仍靠辭賦爲進身之階。（一多案：也得仰仗狗監推薦！）甚至連司馬遷都嘆道“固主上所戲弄，倡優蓄之”。孫先生又説，經過西漢末揚雄、桓譚、馮衍等的争取，文人的地位，這纔漸見提高，到東漢，史

---

① 原載1945年10月《中原》第2卷第2期。據開明版《聞一多全集·神話與詩》編入。

書裹纔出現了《文苑傳》。

（三）以宋玉的職業來證屈原的身分。從《高唐》《神女》《登徒子好色》三賦裹，孫先生證明了宋玉不過是陪着君王説説笑笑，玩玩耍耍的一個“面目佼好，服飾華麗的小夥子”，態度并不很莊重。而司馬遷明説宋玉是“祖屈原之從容辭令”的，那麽，屈原當日和懷王在一起的生活情形，也便可想而知了。

（四）《離騷》内證。孫先生發現戰國時代有崇尚男性姿容，和男性的姿態服飾以模擬女性爲美的風氣，他舉墨子《尚賢篇》“王公大人，有所愛其色而使”，“今王公大人，其所富，其所貴，皆王公大人骨肉之親，無故富貴，面目好美者也”，和《荀子·非相篇》“今世俗之亂君，鄉曲之儇子，莫不美麗姚冶，奇衣婦飾，血氣態度，擬於女子”等語爲證。他説，作爲文學弄臣的男性，正屬於這類，而屈原即其一例。《離騷》中每以美人自擬；以芳草相比，説“昭質未虧”，説“孰求美而釋女”；又好矜誇服飾，這都代表着那一時的風氣。《離騷》據孫先生看，當作於懷王入秦以前，是這位文學弄臣因與同列（靳尚之流）争寵，受到讒言，使氣出走，而年淹日久，又不見召回，以致絶望而自殺時的一封絶命書。他分析其内容，認爲那裹“充滿了富有脂粉氣息的美男子的失戀泪痕”：

衆女嫉余之蛾眉兮，謡諑謂余以善淫。（後宫弄臣姬妾争風吃醋。）

初既與余成言兮，後悔遁而有他。（男女情人相責的口吻。）

余既不難夫離别兮，傷靈修之數化。（眷戀舊情，依依不捨。）

汩余若將不及兮，恐年歲之不吾與。——惟草木之零落兮，恐美人之遲暮。——老冉冉其將至兮，恐修名之不立。——及年歲之未晏兮，時亦猶其未央。（顧惜青春，惟恐色衰。）

心猶豫而狐疑兮，欲自適而不可。（旁人勸他自動回宫。他依然負氣，不肯服軟。）

苟中情其好修兮，又何必用夫行媒？（自想請人疏通，恐怕也是枉然。）

曾歔欷余鬱邑兮，哀朕時之不當，攬茹蕙以掩涕兮，沾余襟之浪浪。（但知自傷命薄，做出一副女兒相。）

閨中既已邃遠兮，哲王又不寤，懷朕情而不發兮，余焉能忍與此終古！（終以熱情難制，決定自殺。）

至於篇中所以稱述古代的聖主賢臣，孫先生以爲，那是影射懷王對他寵信不終，聽信讒言，乃至和他疏遠那一連串事實的。"因爲屈原和懷王有一種超乎尋常君臣的關係"，他説，"所以在《離騷》中多有曖昧不清的可作兩面解釋的辭句"。但他確是一個"天質忠良"，"心地純正"，而且"情感濃烈"的人，不像别人，衹一意的引導着君王歡樂無度，不顧"皇輿之敗績"，他——屈原，是要讓懷王歡樂而不妨國政，以期"及前王之踵武"的。然而他究竟是一個"富有娘兒們氣息的文人"。孫先生還申斥道，"'無能的'把事情鬧糟，即使能够知耻的以死謝國人，那也逃不了孔子'自經於溝瀆'是'匹夫匹婦之諒也'的嚴正批評的"。總之，他"是文人發展史上一個被時代犧牲了的人物"，（因爲男色的風習，在古代中國并不認爲是不道德的。）但我們也不應因此就"剥奪他那《離騷》在文學史上的地位"。

二

述完了孫先生的話，我們還要講講關於他如何提出這問題，和我個人如何對它發生興趣的一些小故事。本年九月間，朱佩弦先生從成都給我一封信，内附孫次舟先生的一篇文章，題作"屈原是'文學弄臣'的發疑（兼答屈原崇拜者）"，是從成都《中央日報》的《中央副刊》剪下的。信上説，在本年成都的“詩人節”紀念會上，孫先生提出了這問題，立時當地文藝界爲之大嘩，接着就向他發動圍攻，直到最近，孫先生纔開始公開抵抗，那便是這篇文章的來由。佩弦先生還説到他自己同情孫先生的意思。後來他回到昆明，我們見着便談起這事，我問他還記不記得十幾年前，我和他談到和孫先生類似的意見，他衹摇摇頭。（十幾年是一個太長的時間，我想。）這裏讓我打一個岔。就在本年暑假中，我接到某官方出版機關一封信，約我寫一本《屈原傳》一類的小書，我婉詞謝絶了，讀者此刻可以明白我當時的苦衷吧！好了，前幾天佩弦先生又給我送來孫先生的第二篇文章，在這篇《屈原討論的最後申辯》的附白中，孫先生轉録了李長之兄給他通信裏這樣一段話：“昔聞一多先生亦有類似之説，以屈原與梅蘭芳相比。”本來我看到孫先生第一篇文章時，并没有打算對這問題參加討論，雖則心裏也曾發生過一點疑問：讓孫先生這樣一個人挨打，道義上是否説得過去呢？如今長之兄既把我的底細揭穿了，而孫先生也那樣客氣的説道“聞一多先生大作如寫成，定勝拙文遠甚”，（這仿佛是硬拖人下水的樣子，假如不是我神經過敏的話。）這來，我的處境便更尷尬了，我當時想，如果再守口如瓶，豈不成了臨陣脱逃嗎？於是我便决定動筆了。

然而我雖同情孫先生，却不打算以同盟軍的姿態出馬，我是想來冒險作個調人的。老實説，這回的事件并不那樣嚴重，衝突的發生衹由於一點誤會。孫先生以屈原爲弄臣，是完全正確的指出了一樁歷史事實，不幸的是，他没有將這事實在歷史發展過程中所代表的意義，充分的予以説明，這，便是誤會之所由發生吧！我以爲，事實誠然有些討厭，然而不先把意義問個水落石出，便一窠蜂的擁上來要搗毁事實，以圖泄憤，這是文藝界朋友們太性急點，至於這時不趕緊宣布意義，讓意義去保護事實，却衹顧在事實的圈子裏招架，也不能不説是孫先生的失策。其實事實討厭，意義不一定討厭。話説穿了，屈原在文學史上的地位，不惟不能被剥奪，説不定更要穩固，到那時，我相信我們的文藝界還要歡迎孫先生所指出的事實，豈衹不拒絶它？

三

除一部分尚未達到奴隸社會階段的原始民族外，全人類的歷史便是一部奴隸解放史。在我們的歷史上，最下層的離開貴族（奴隸領主）最遠的農業奴隸，大概最先被解放。次之是工商業奴隸。在古代自足式的社會裏，庶民的衣食器用都不必假手於人，所以在民間，工商是不成其爲獨立職業的。衹養尊處優的貴族們，纔需要并且能够豢養一群工商奴隸，給他們製造精巧的器具，采辦珍奇的貨物。商處於市井，是在貴族都邑的城圈内的，工處於官府，簡直在貴族家裏了。這兩種奴隸被解放的時期的先後，便依他們所在地離開貴族的遠近而定，但比起農人來，可都晚得多了。

但解放得最晚的，還是那貼緊的圍繞着主人身邊，給主人充厮役，聽差遣，供玩弄，和當清客——總而言之，在内廷幫閑的奴隸集團。這其間所包括的人物，依後世的説法，便有最狎暱的姬妾幸臣，最卑賤的宫娥太監，較高等的樂工舞女和各色技藝人才，以及扈從游宴的“文學侍從之臣”等等。論出身，他們有的本是貴族，或以本族人而獲罪，降爲皂隸，或以異族人而喪師亡國，被俘爲奴，或以出國爲“質”，不能返國，而淪爲臣妾，此外自然也有奴隸的子孫世襲爲奴隸的。若就男性的講，因爲本是貴族子弟，所以往往眉清目秀，舉止嫻雅，而知識水準也相當高。從此我們可以明白，像這樣的家内奴隸（包括孫先生所謂“文學弄臣”在内），身分雖低，本質却不壞，職事雖爲公卿大夫們所不齒，才智却不必在他們之下。他們確乎是時代的犧牲者，當别的奴隸階層（農，工，商）早已獲得解放，他們這群狐狸，兔子，鸚鵡，山鷄，和金魚，却還在金絲籠和玻璃缸裏度着無愁的歲月，一來是主人需要他們的姿色和聰明，捨不下他們，二來是他們也需要主人的飼養和鑒賞，不願也不能捨棄主人。他們不幸和主人太貼近了，主人的恩澤淹滅了他們的記憶，他們失去自由太久了，便也失去了對自由的欲望。他們是被時代犧牲了。然而也被時代玉成了。玲瓏細緻的職業，加以悠閑的歲月，深厚的傳統，給他們的天才以最理想的發育機會，於是奴隸制度的糞土中，便培養出文學藝術的花朵來了。没有弄臣的屈原，那有文學家的屈原？歷史原是在這樣的迂迴過程中發展着，文化也是在這樣的迂迴中成長的。

四

更重要的是奴隸制度不僅產生了文學藝術，還產生了“人”。本來上帝没有創造過主人和奴隸，他衹創造了“人”，在血液中，屈原和懷王尤其没有兩樣（他們同姓），衹是人爲的制度，把他們安排成那可耻的關係。可是這裏“人定”并没有“勝天”，反之，倒是人的罪孽助成了天的意志。被讒，失寵和流落，誘導了屈原的反抗性，在出走和自沉中，我們看見了奴隸的脆弱，也看見了“人”的尊嚴。先天的屈原不是一個奴隸，後天的屈原也不完全是一個奴隸。他之不能完全不是一個奴隸，我們應該同情，（那是時代束縛了他。）他之能不完全是一個奴隸，我們尤其應該欽佩，（那是他在掙脱時代的束縛。）要瞭解屈原的人格，最好比較比較《離騷》和《九辯》。

> 伏（服）清白以死直兮，固前聖之所厚。
> 雖體解吾猶未變兮，豈余心之可懲？
> 不量鑿而正枘兮，固前修以菹醢。

《九辯》裏何曾發過這樣的脾氣！尤其那兩篇的結尾——一邊是

> 已矣哉！國無人莫我知兮，又何懷乎故都？
> 既莫足與爲美政兮，吾將從彭咸之所居！

一邊是

賴皇天之厚德兮，還及君之無恙！

那堅强的決裂，和這“臨去秋波那一轉”，是多麽有諷刺性的對照！我同意孫先生從宋玉的身分裏看屈原的身分，但我不相信從宋玉的人格裏找尋到屈原的人格，因此我不同意孫先生的“以情推度”，說“若《高唐賦》《神女賦》這類的作品屈原當也寫了不少”。

我也不十分同意孫先生衹稱許一個“天質忠良心地純正”和“忠款與熱情”的屈原。這些也許都是實情，但我覺得屈原最突出的品性，無寧是孤高與激烈。這正是從《卜居》《漁父》的作者到西漢人對屈原的認識。到東漢，班固的批評還是“露才揚己，怨懟沉江”和什麽“不合經義”，這裏語氣雖有些不滿，認識依然是正確的。大概從王逸替他和儒家的經術拉攏，這纔有了一個純粹的“忠君愛國”的屈原，再經過宋人的吹嘘，到今天，居然成了牢不可破的觀念。可是這中間，我記得，至少還有兩個人瞭解屈原，一個是那教人“痛飲酒，熟讀《離騷》，便可稱名士”的王孝伯，一個是在《通鑒》裏連屈原的名字都不屑一提的司馬光，前者一個同情的名士，後者一個敵意的腐儒，都不失爲屈原的知己，一個孤高激烈的奴隸，決不是一個好的奴隸，所以名士愛他，腐儒恨他。可是一個不好的奴隸，正是一個好的“人”。我在孫先生的第二篇文章裏領教過他的“火氣”哲學，十分欽佩。如今孫先生察覺了屈原的“脂粉氣”而没有察覺他的“火氣”，這對屈原是不大公平的。

五

孫先生承認“陪着楚王玩耍或歌舞的人物，有時要詼笑嫚戲，有時也要出入宫廷，傳達命令”。既然常傳達命令，則日子久了，干預政治，是必然之勢。既有機會干預政治，就可能對政治發生真實的興趣。“天質忠良”，“心地純正”的屈原，爲什麽對當時的政治，不是真心想“竭忠盡智”呢？孫先生説屈原的“上稱帝嚳，下道齊桓，中述湯武”，與孔孟之稱道古帝王不同，“他的着重點都衹在懷王對他寵信不終，而聽信讒言，疏遠了他這一種爲自己身上的打算上”。我衹知道聖人也是“三月無君，則皇皇如也”的，爲什麽孔孟的稱道古帝王是完全爲别人打算，屈原的稱道就完全爲自己呢？并且什麽古代聖主賢臣，風雲際會，打得火熱的那一套，也不過是當時的老生常談而已，除老莊外，先秦諸子那一家不會講？何衹孔孟？

孫先生大概認定弄臣衹是弄臣，其餘一切，尤其國家大事，便與他們無干，所以不相信《史記》裏那些關於屈原政治生活的記載。《史記·屈原傳》未必全部可靠，正如《史記》的其它部分一樣，但那不能不説是“事出有因”。孫先生説它没有“史源”，許是對的。但説是“史源”便可靠，是“傳説”便全無價值，却不盡然。依我看來，倒是官方或半官方式的“史源”可靠的少，而民間道聽途説式的“傳説”，十有八九是真話。你不能專從字面上讀歷史，《史記·屈原傳》儘管是一筆糊塗賬，可是往往是最糊塗的賬中泄露了最高度的真實。從來“内廷”和“外廷”的界限就分不清楚，屈原是個文學弄臣，并不妨礙他是個政治家。從“贅婿”出身的淳于髡，不正是個“滑稽多辯”的文學弄臣嗎？如果孫先生不又抹煞“傳説”的話，淳于髡不也曾帶着“黄金千鎰，白璧十雙，車馬百駟”爲齊使趙，而得到成功嗎？因此，我們又明白了，“滑稽多辯”是弄臣必需的條件，也是使臣必需的條件，正如作爲辭賦起源的辭令，也就是那人臣們“使於四方”用以“專對”的辭令，“登高能賦”是古代“爲大夫”的資格，也合了後世爲弄臣，爲使臣的資格，弄臣與使臣，職務雖然兩樣，人物往往不妨衹有一個。也許正因屈原是一個“博聞强志……嫻於辭令”的漂亮弄臣，纔符合了那“出則接遇賓客，應對諸侯”的漂亮外交家的資格。

戰國時代本不是一個在傳統意義下講資格，講地位的時代，而是一個一切價值在重新估定的時代，那年頭誰有活動的能力，便不愁没有活動的機會。講到身份，蘇秦、張儀也够卑賤的，然而不妨礙他們致身卿相，然則在另一屬性上身份也是卑賤的屈原，何以不能做三閭大夫和左徒呢？在屈原看來，從來倒是“肉食者鄙”，而你看，奴隸群中却不斷的站起了輝煌的人物：

說操築於傅岩兮，武丁用而不疑，
吕望之鼓刀兮，遭周文而得舉，
甯戚之謳歌兮，齊桓聞以該輔。

屈原，自己一個文化奴隸，站起來又被人擠倒，他這段話真是有慨乎言之啊！一個文化奴隸（孫先生叫他作“文學弄臣”）要變作一個政治家，到頭雖然失敗，畢竟也算翻了一次身，這是文化發展的迂迴性的另一方面。

六

中國文學有兩個截然不同的傳統，一個是《詩經》，一個是《楚辭》，歷來總喜歡把它們連成一串，真是痴人說夢。《詩經》不屬本文的範圍，姑且不去管它。關於《楚辭》這傳統的來源，從來没有人認真追究過，對於它的價值，也很少有正確的估計。我以爲在傳統來源問題的探究上，從前廖季平先生的《離騷》即秦博士的《仙真人詩》的說法，是真正著上了一點邊兒，此外便要數孫先生這次的“發疑”，貢獻最大。像孫先生這樣的看法，正如上文說過的，我從前也想到了。但我以爲光是這樣的看法，并不能解決《離騷》全部的問題，質言之，依孫先生的看法，衹可以解釋這裏面男人爲什麽要說女人話，還不能解釋人爲什麼要説鬼話（或神話）。自“駟玉虬以乘鷖兮，溘埃風余上征”以下一大段，中間講到羲和，望舒，飛廉，雷師，講到虙妃，有娀，有虞二姚，整個離開了這個現實世界，像這類的話，似乎非《仙真人詩》不足以解釋。（當然不是秦博士的《仙真人詩》，屈大夫爲什麼不也可以作這樣的詩呢！）關於這點的詳細論證，此地不能陳述。總之，我不相信《離騷》是什麼絶命書，我每逢讀到這篇奇文，總彷彿看見一個粉墨登場的神采奕奕，瀟灑出塵的美男子，扮演着一個什麼名正則，字靈均的“神仙中人”説話，（毋寧是唱歌。）但説着説着，優伶丢掉了他劇中人的身份，説出自己的心事來，於是個人的身世，國家的命運，變成哀怨和憤怒，火漿似的噴向聽衆，炙灼着，燃燒着千百人的心——這時大概他自己也不知道是在演戲，還是罵街吧！從來藝術就是教育，但藝術效果之高，教育意義之大，在中國歷史上，這還是破天荒第一次。

《詩經》時代是一個樸質的農業時代，《三百篇》的藝術效果雖低，但那裏藝術與教育是合一的。到了戰國，商業資本起來了，藝術遂隨着貴族生活的驕奢淫逸，而與教育脱節，變成了少數人縱欲的工具，因之藝術工作者也就變成了爲少數人製造這種工具的工具。這現象在《詩經》時代是没有的。屈原的功績，就是在戰國時代進步的藝術效果之基礎上，恢復了《詩經》時代的教育意義，那就是説，恢復了《詩經》時代藝術的健康性，而減免了它的樸質性。從奴隸制度的糞土中不但苗生了文學藝術，而且這文學藝術裏面還包含了作爲一切偉大文學藝術真實内容的教育意義，因此，奴隸不但重新站起來做了“人”，而且做了人的導師。《離騷》之堪“與日月争光”，真能如孫先生所説，是“漢以還人誤解”了嗎？

七

總上所述，我們可以知道孫先生的誤會，是把事實看倒了頭，那便是説，事實本是先有弄臣，而後變成文人，（而且不是一個尋常的文人！）孫先生却把它看成先有文人，而後變成弄臣。這一來，真是“失之毫厘，謬以千里”了！依我們的看法，是反抗的奴隸居然挣脱枷鎖，變成了人，依孫先生的看法，是好好的人偏要跳入火坑，變了奴隸，二者之間，何啻天淵之隔！没有人願做奴隸，没有人願看着好好的人變成奴隸，更没有人願看見他自己的偶像變成奴隸，所以依照孫先生指出的事實，加上他的看法，文藝界對他群起而攻之，是極自然的現象，反之，假如他們不這樣做，那倒可怪哩！

我曾經深思過，以孫先生的博學和卓識，何以居然把事實看倒了頭呢？恕我不敬，我的解答是下面這一連串東西：士大夫的頑固的道德教條主義——統治階級，剥削階級的優越感——封建生産關係的狹隘性的殘餘意識，因爲上述的這些毒素，因爲壓迫者對於被壓迫者的本能的嫌惡，孫先生一發現屈原的那種身分，便冒火，他是“嫉惡如仇”的，所以要“除惡務盡”，他的正義感使他不問青紅皂白，看見奴隸就拳打脚踢，因此他雖没有把一切於屈原有利的都否認了，他確乎把一切於他有損的都誇大了。“缺少屈原也没來頭……即使我真是‘信口開河’……也不應得什麽罪過”，他還説。先生！這就是罪過。對奴隸，我們祇當同情，對有反抗性的奴隸，尤當尊敬，不是嗎？然而，摧殘屈原的動機是嫌惡奴隸，救護屈原的動機也還是嫌惡奴隸啊！文藝界也是見奴隸就冒火的，所以聽人説屈原是奴隸就冒火。爲了嫌惡奴隸，他們與孫先生是同樣的勇敢，因爲在這社會制度下，對於被壓迫者，人人都是迫害狂的病患者啊！

我們當怎樣估計過去的每一個偉大藝術家呢？高爾基指示我們説，應該從兩方面來着眼，一方面是作爲“他自己的時代之子”，一方面就是作爲“一個爲争取人類解放而具有全世界歷史意義的鬥争的參加者”。我們要注意，在思想上，存在着兩個屈原，一個是“竭忠盡智，以事其君”的集體精神的屈原，一個是“露才揚己，怨懟沉江”的個人精神的屈原。在前一方面，屈原是“他自己的時代之子”，在後一方面，他是“一個爲争取人類解放……的鬥争的參加者”。他的時代不允許他除了個人摶鬥的形式外任何鬥争的形式，而在這種鬥争形式的最後階段中，除了懷沙自沉，他也不可能有更凶猛的武器，然而他確乎鬥争過了，他是“一個爲争取人類解放而具有全世界歷史意義的鬥争的參加者”。如果我也是個“屈原崇拜者”，我是特别從這一方面上着眼來崇拜他的。

三十三年十二月，昆明。

人民的詩人——屈原[1]

古今没有第二個詩人像屈原那樣曾經被人民熱愛的。我説“曾經”，因爲今天過着端午節的中國人民，知道屈原這樣一個人的實在太少，而知道《離騷》這篇文章的更有限。但這并不妨礙屈原是一個人民的詩人。我們也不否認端午這個節日，遠在屈原出世以前，已經存在，而它變爲屈原的紀念日，又遠在屈原死去以後。也許正因如此，纔足以證明屈原是一個真正的人民詩人。惟其端午是一個古老的節日，“和中國人民同樣的古老”，足見它和中國人民的生活如何不可分離，惟其中國人民願意把他們這樣一個重要的節日轉讓給屈原，足見屈原的人格，在他們生活中，起着如何重大的作用。也惟其遠在屈原死後，中國人民還要把他的名字，嵌進一個原來與他無關的節日裏，纔足見人民的生活裏，是如何的不能缺少他。端午是一個人民的節日，屈原與端午的結合，便證明了過去屈原是與人民結合着的，也保證了未來屈原與人民還要永遠結合着。

是什麽使得屈原成爲人民的屈原呢？

第一，説來奇怪，屈原是楚王的同姓，却不是一個貴族。戰國是一個封建階級大大混亂的時期，在這混亂中，屈原從封建貴族階級，早被打落下來，變成一個作爲宫廷弄臣的卑賤的伶官，所以，官爵儘管很高，生活儘管和王公們很貼近，他，屈原，依然和人民一樣，是在王公們脚下被踐踏着的一個。這樣，首先在身份上，屈原便是屬於廣大人民群衆的。

第二，屈原最主要的作品——《離騷》的形式，是人民的藝術形式，

---

① 原載1945年6月《詩與散文》詩人節特刊。據開明版《聞一多全集·神話與詩》編入。

“一篇題材和秦始皇命博士所唱的《仙真人詩》一樣的歌舞劇”。雖則它可能是在宫廷中演出的。至於他的次要的作品——《九歌》，是民歌，那更是明顯，而爲歷來多數的評論家所公認的。

第三，在内容上，《離騷》“怨恨懷王，譏刺椒蘭”，無情的暴露了統治階層的罪行，嚴正的宣判了他們的罪狀，這對於當時那在水深火熱中敢怒而不敢言的人民，是一個安慰，也是一個興奮。用人民的形式，喊出了人民的憤怒，《離騷》的成功不僅是藝術的，而且是政治的，不，它的政治的成功，甚至超過了藝術的成功，因爲人民是最富於正義感的。

但，第四，最使屈原成爲人民熱愛與崇敬的對象的，是他的“行義”，不是他的“文采”。如果對於當時那在暴風雨前窒息得奄奄待斃的楚國人民，屈原的《離騷》唤醒了他們的反抗情緒，那麽，屈原的死，更把那反抗情緒提高到爆炸的邊沿，衹等秦國的大軍一來，就用那潰退和叛變的方式，來向他們萬惡的統治者，實行報復性的反擊。（楚亡於農民革命，不亡於秦兵，而楚國農民的革命性的優良傳統，在此後陳勝吴廣對秦政府的那一著上，表現得尤其清楚。）歷史决定了暴風雨的時代必然要來到，屈原一再的給這時代執行了“催生”的任務。屈原的言，行，無一不是與人民相配合的，雖則也許是不自覺的。有人説他的死是“匹夫匹婦自經於溝壑”，對極了，匹夫匹婦的作風，不正是人民革命的方式嗎?

以上各條件，若缺少了一件，便不能成爲真正的人民詩人。儘管陶淵明歌頌過農村，農民不要他，李太白歌頌過酒肆，小市民不要他，因爲他們既不屬於人民，也不是爲着人民的。杜甫是真心爲着人民的，然而人民聽不懂他的話。屈原雖没寫人民的生活，訴人民的痛苦，然而實質的等於領導了一次人民革命，替人民報了一次仇。屈原是中國歷史上唯一有充分條件稱爲人民詩人的人。

一九四五年六月

端午考①

龍的節日

現存及記載中端午的特點（包括風俗與傳説），有一點最當注意，那便是和龍有關的節目極多。最明顯的（一）龍舟競渡，不用講。和競渡同等重要的一個節目（二）吃粽子，據説也和龍有一段交涉。

《類聚》四引《續齊諧記》：“屈原五月五日自投汨羅而死，楚人哀之，每至此日，輒以竹筒貯米，投水祭之。漢建武中，長沙歐回，白日忽見一人，自稱三閭大夫，謂曰‘君常見祭，甚善。但常所遺，苦爲蛟龍所竊。今若有惠，可以楝樹葉塞其上，以五彩絲縛之。此二物，蛟龍所憚也。’回依其言。世人五日作粽，并帶五色絲及楝葉，皆汨羅之遺風也。”

《荊楚歲時記》：“端午……以菰葉裹黏米，謂之角黍。……或云亦爲屈原，恐蛟龍奪之，以五采綫纏飯投水中，遂襲云。”（《記纂淵海》二引《歲時記》。《爾雅翼》一八引作“屈原以夏至日赴湘流，百姓競以食祭之，常苦爲蛟龍所竊，以五色絲合楝葉縛之”。）

《太平寰宇記》一四五引《襄陽風俗記》：“屈原五月五日投汨羅江，其妻每投食於水以祭之。原通夢告妻，所祭食皆爲蛟龍所奪。龍畏五色絲及竹，故妻以竹爲粽，以五色絲纏之。今俗其日皆帶五色絲食粽，言免蛟龍之患也。”

---

① 原載1947年8月《文學雜志》第2卷第3期。據開明版《聞一多全集·神話與詩》編入。

奪粽子的不是魚鱉，而單説蛟龍，必有某種傳説的背景，不能僅僅説因粽子是投到水裏的，便自然聯想起蛟龍。此外還有些已經死去，而僅見於記載的風俗，也牽涉到龍，例如（三）揚州以端午日鑄盤龍鏡：

《錦綉萬花谷前集》四引《異聞集》："天寶中，揚州進水心鏡，背有盤龍。先有老人自稱姓龍名護，至鑄鏡所，三日開户，已失所在。鏡匠呂輝移爐置船，以五月五日於揚子江心鑄之，背龍頗異。後大旱，祠龍，乃大雨。"

（四）并州因"龍忌"日，作寒食，紀念介子推，

《後漢書·周處傳》："太原舊俗以介子推焚骸，有龍忌之禁，至其亡月，咸言神靈不樂舉火，由是士民每冬日輒一月寒食，莫敢烟爨。"

但也有在五月五日舉行的，

《類聚》四引《琴操》："介子綏……抱木而燒死，文公令民五月五日不得發火。"

《書鈔》一五五引《鄴中記》："并州俗以介子推五月五日燒死，世人爲其忌，故不舉餉食。"

而且介子推的故事中又有《龍蛟歌》，其詞見於《吕氏春秋·介立篇》。北方關於端午的傳説儘管和南方不同，它所暗示與龍的關係，却是一樣，説詳下。（五）相傳用守宫製成的一種保證貞操的秘藥是在端午日製的，

《古今合璧事類前集》一六引□□□："漢武帝時，以端午日取蜥蜴置之器，飼以丹砂，至明年端午擣之。以塗宫人臂，有所犯則消没，不爾則如赤痣，故得守宫之名。"

而守宫一名龍子，這也昭示着端午和龍的因緣。最後（六）端午日還有魚變爲龍的傳説。

《水經·□水注》："如深水有異魚。按正光元年五月五日，天氣清爽，聞池中鎗鎗若鉦鼓聲，池水驚而沸。須臾雷電晦冥，有五色蛇自池上屬於天，久之乃滅。波上水定，唯見一魚在，其一變爲龍。"

根據以上六個事例的啓示，我們本不妨就假定端午這節日的起源和龍有着密切的關係，并根據這前提，來對它的發展與意義，開始加以推測。但在確立前提以前，對於那些龐雜的端午傳説，我們最好再檢點一番，看它們能否再爲我們在建立那前提的工作中，添加點依據，抑或顯出十分矛盾的現象，使我們的前提根本不能成立。杜臺卿在《玉燭寶典》卷五叙述端午的風俗時，屢次暗示這節日起源於南方。他説"菹龜蒸鮰，南方妨（疑好）食水族耳，非内地所行"，又説"南方民又競渡……在北舳艫既少，罕有此事"，又引《吴歌》"五月節，菰生四五尺，縛作九子粽"，并説道"計止南方之事，遂復遠流北土"。杜氏的觀察，我們完全同意，并且還可以幫他一個證據。關於端午的起源，上面我們已經提到兩種不同的説法，一是屈原，一是介子推。實則傳説的分歧，尚不止此。又一説暗示這節日是起源於伍子胥的。

《世説新語·捷悟篇》注引《會稽典録》："孝女曹娥者，上虞人，父盱，能撫節按歌，婆娑樂神，漢安二年五月五日，於縣江迎伍君神，泝濤而上，爲水所淹，不得其尸。……"

《曹娥碑》："孝女曹娥者，上虞曹盱之女也。盱能撫節按歌，婆娑樂神，以漢安二年五月時，迎伍君，逆濤而上，爲水所淹。"（《古文苑》八）

還有説是起於越王勾踐的。

《記纂淵海》二引《歲時記》："越地傳云競渡起於越王勾踐。"

以上四説究竟那一説可靠，或都不可靠，暫時不必管，我們應注意的是傳説的地域分布，四分之三（屈原、伍子胥、勾踐）屬於南方，這和競渡與吃粽子兩個主要節目的地方性正相符合，因爲競渡與粽子的先決條件，顯然是多河港與産稻米，而這二者恰好都是南方的特色。再就三説看，其中三分之二又是屬於吴、越的（伍子胥、勾踐），而鑄水心鏡的揚州，也屬於這個區域，這點消息也是值得玩味的。書傳中關於端午的記載，最早没有超過東漢，而事實上吴、越一帶的開闢也是從這時開始的。因此我們可以推測，端午可能最初衹是長江下游吴、越民族的風俗，自從東漢以來，吴、越地域漸被開闢，在吴、越文化與中原文化的對流中，端午這節日纔漸漸傳播到長江上游以及北方各地。這是一個合理的推測，詳細的論據，等下文再陳説，暫時我們衹想借它爲出發點，來再測驗一下端午與龍的關係。如果我們能證明吴、越與龍有某種不可分解的關係，那麽我們前面所擬定的前提，即端午的起源與龍有着密切關係的前提，便果真可以成立了。

古傳吴、越都是斷髮文身之國，這是大家熟習的事實。

《吴越春秋》（二）《闔閭内傳》："越在東南，故立蛇門以制敵國。吴在辰，其位龍也，故小城南門上反羽（宇）爲兩鯢鱙象龍角。越在巳地，其位蛇也，故南大門上有木蛇北向首内，示越屬於吴也。”

文身之文本是龍文，

《淮南子・泰族篇》許慎注：“越人以箴刺皮爲龍文，所以爲尊榮之也。”

其目的在“象龍子”，以避蛟龍之害。

《説苑・奉使篇》：“諸發曰：‘彼越……處海垂之際，屏外蕃以爲居，而蛟龍又與我争焉，是以剪髮文身，爛然成章，以像龍子者，將避水神也。’”

《漢書・地理志》下應劭注：“（越人）常在水中，故斷其髮，而文其身，以象龍子，故不見傷害也。”

所謂“象龍子”者，我認爲是這些民族以龍爲圖騰的遺迹，前著《從人首蛇身像談到龍與圖騰》一文中有詳細討論。據《鄭語》載史伯之説，祝融之後八姓中有芈姓，而越是芈姓四國之一。祝融前文已證明即燭龍。祝融又即陸終，（金文《邾公釛鐘》作陸𩁹，𩁹即古融字。）以祝融八姓，《世本》《大戴禮記・帝繫篇》及《史記・楚世家》均作六姓推之，恐怕陸終也就是所謂“六龍”。越是祝融六姓中的一個芈姓國，實際就等於六龍中的芈姓龍之後。這樣説來，越人本是“龍子”，無怪他們要斷髮文身以“象龍子”。至於他們又稱“禹之苗裔”，那還是離不開龍子的身分。禹也是一個龍圖騰團族的代表，前文也已經證明了。《周語》上載内史過曰“昔夏之興也，融降於崇山”，融即祝融，崇山及燭龍（祝融）所主的鐘山，

《海外北經》：“鐘山之神，名曰燭陰。”郭注：“燭龍也。”

《洞冥記》："東方朔北游鐘火山，日月不照，有青龍銜燭，照山四極"。

可見禹和祝融還是一家。并且就在"融""禹"二字上，也可看出二人的關係來。融從虫，禹從虽，虫虽古爲一字，即蛇的初文，而龍蛇古來本可以混稱的。總之，越與龍的關係，無論從那一方面講來，都是不容否認的。仔細説來，證據是舉不完的，單是上面所談的，已經够明白的了。

至於吴地的先住民族，也是斷髮文身的。我想就是越人，或他們的同族。越人的老家本在北方，後來逐漸南移，一部分停在如今江蘇境内的，受着太伯仲雍的統治，便隨着太伯仲雍的國號而被稱爲吴人，所以吴祗是個政治區域的名詞，論種族，他們與越人還是一家。《越絶書》（六）《越絶外傳·紀策考》"吴越爲鄰，同俗并（並）土"。（七）《越絶外傳·記范伯》"吴越二邦，同氣共俗"。我們既已斷定越人原本是一個龍圖騰的團族，那麽除太伯仲雍的後裔之外，所謂吴人者，也該是屬於這龍圖騰的團族。其實太伯仲雍逃到南方以後，既已改從當地斷髮文身的習俗，便接受了當地先住民族的圖騰信仰，所以連太伯仲雍，和仲雍的後人，也當算作越人，因爲所謂"種族"者，嚴格的講，本祇是文化和信仰的分野，而不是血緣的分野。總之，吴與越是一個民族，他們都是"龍子"，所以都斷髮文身，以"象龍子"。

一方面端午節日的活動項目中，有那樣多與龍有關，一方面這風俗流行的歷史最久，保存的色彩最濃厚的區域，因之也可以判定爲這節日的發祥地的吴越，正是古代一個龍圖騰團族的分布區，然則，我們不但可以確定前面提出的假設，説端午的起源與龍有着密切的關係，并且還可以進一步推測，説它就是古代吴越民族——一個龍圖騰團族舉行圖騰祭的節日，簡言之，一個龍的節日。漢人記載胡、越有"請龍"的風俗。

《淮南子·要略篇》："操舍開塞，各有龍忌。"許慎注曰："中國以鬼神之事曰忌，北胡南越皆謂'請龍'。"

請字當訓朝請，請龍實在就是祭龍。請龍的舉動，一年之中似乎不祗一次，端午可能就是越人一年中最盛大的一次請龍。請龍的風俗，胡越相同，而匈奴（即許慎所謂北胡）一年三次"龍祠"，以五月一次最爲盛大，是我們最好的旁證。

《後漢書·南匈奴傳》："匈奴俗歲有三龍祠，常以正月，五月，九月戊日祭天神。"

《史記·匈奴傳》："五月大會蘢（《漢書》作龍）城"，索隱引崔浩曰："西方胡皆事龍神，故名大會處爲龍城。"

龍祠以五月的一次爲最重要，還可以從它在戊日舉行得到證明。《史記·匈奴傳》又説他們"日上戊巳"，《月令》"中央土，其日戊巳，其帝黄帝……其數五"，戊巳和五在五行系統中是一套，而且黄帝即黄龍，所以祭龍重在五月，也是五行系統的安排。越和匈奴都奉龍爲圖騰，又都説是夏后氏的苗裔，他們本係同族，我們將另文討論。在本題内，我們因越民族的史料缺乏，暫借匈奴的史料來解釋越人的風俗信仰，是没有冒犯過大的危險的。

端午與五行

五行的起源想來很複雜，但有一點我們可以斷言的，是它最初必有某種實用的意義，而不僅是分析自然勢力而加以排列的一種近乎思想游戲的勾當。我們的建議是，五行中最基本的觀念是五方，而五方是一種社會政治組織型態的符號，兼宗教信仰的象徵。依圖騰制度的通例，一個團族（clan）之下往往又分爲幾個支族（phratries）。我們疑心古代奉龍爲圖騰的團族之下有四個支族，每支族又各爲一龍，共有五龍。

《水經·河水注》："奢延水又東徑膚施縣南……東入五龍山……又東走，馬水注之。水出西南長城北，陽周縣故城南橋山……山上有黄帝冢故也。"《淄水注》："廣固城……四周絶澗，阻水深隍……水側山際，有五龍口。"

《水經·河水注》引《遁甲開山圖》："五龍見教，天皇被迹。"

《説文》："戊，中宫也，象六甲五龍相拘絞也。"

《魏文帝雜占》："黄帝録圖，五龍舞河。"

《水經·河水注》："河水又東經五龍塢，北塢臨長河有五龍祠。應劭云崑崙山廟在河南滎陽縣，疑即此祠。所未詳。"

《漢書·地理志》："（膚施）縣有五龍山。"

《鬼谷子·陰符篇》："盛德法五龍。"陶弘景注曰："五龍，五行之龍也。"

郭璞《游仙詩》："奇齡邁五龍。"

五龍用五個色采區分，所以龍是五色的名目。由圖騰崇拜演化爲祖宗崇拜，於是五色龍也就是五色帝。宗教信仰到了祖宗崇拜的階段，社會組織也由圖騰變爲國家，所以五帝是天神，又是人王。圖騰時期，四支族的四龍各治一方，而以團族的一龍爲中央共主，所以有五龍分治五方之説。

《遁甲開山圖》滎氏解："五龍，昆弟四人，長曰角龍，木仙也，次曰徵龍，火仙也，次曰商龍，金仙也，次曰羽龍，水仙也，父曰宫龍，土仙也。父與諸子同得仙，治在五方，爲五行神。"

《類聚》九八引《瑞應圖》："黄龍者，四龍之長，四方之正色，神靈之精也。”

五龍分治五方，在國家形態出現以後，便是一個共主統治着四方的諸侯，黄帝立四面的傳説，便是由此而起的。

《御覽》七九引《尸子》：“子貢問孔子曰：‘古者黄帝立四面，信乎？’孔子曰：‘黄帝取合己者四人，使治四方……此之謂四面也。’”

《吕氏春秋・本味篇》：“故黄帝立四面。”

魏文帝《以陳群爲鎮軍司馬懿爲撫軍詔》：“昔者軒轅建四面之號。”

有時共主失去統治能力，諸侯起了覬覦之心，

蔣子《萬機論》：“黄帝之初……不好戰伐，而四帝各以方色稱號，交共謀之。”

共主與諸侯之間不免要來一場戰爭，如果共主勝了，

《孫子・行軍篇》：“凡此四軍之利，黄帝之所以勝四帝也。”

用圖騰主義的術語説，便是中央的黄龍殺死四方四色的龍了。

《墨子・貴義篇》：“帝以甲乙殺青龍於東方，以丙丁殺赤龍於南方，以庚辛殺白龍於西方，以壬癸殺黑龍於北方。”

五方的龍，用采色來區分，便有五色，已如上説。大概是五色離開龍，而成爲單純的五種色素之後，太嫌空洞，於是又借五種色彩相近的物

質，即所謂五行的木火金水土（次第依《左傳》）來象徵青赤白黑黄。并依這五色的方位，又將五行分配給五方。五方的中央，性質本與其餘四方不同，它是以共主的資格來統攝連繫，并調和四方的，五行是由五方展轉生出的，所以配中央的土，其性質與其餘四行也不同。

《鄭語》："夫和實生萬物，同則不繼。以他平他謂之和，故能豐長而物生之。……故先王以土與金木水火雜以成萬物。"

并且自然勢力與五這數字似乎没有必然的連繫，五行之所以爲五，想必脱胎於其它天成的五數，目下想得到的，五方是一個可能的來源。至於行字的涵義，我以爲就在字形裏。古行字作╬，象衢道四出之形，行本衹有四而稱五行，正如方本衹有四而稱五方一樣。這解釋如果不錯，就字面説，五行簡直就是五方，因之上引《鬼谷子》陶弘景注"五龍，五行之龍也"，便等於説"五方之龍"，《遁甲開山圖》榮氏解"五龍……爲五行神"，也等於説"五方神"。

我們談了半天五行的起源，目的無非要説明五龍觀念起源之古，换言之，龍與五是分不開的，因爲從圖騰觀點説，龍的數一開始就是五，而依我們的意見，龍正是圖騰社會的產物，所以我們也衹能從圖騰的觀點來談它。一方面龍的數既是五，所以在圖騰社會的背景之下，"五"便成爲一個神聖個數，而發展成爲支配後來數千年文化的五行思想，一方面作爲四龍之長的中央共主是第五條龍，所以"第五"便成爲一個神聖的號數，至今還流行着的五月五日的端午節，便是那觀念的一個見證。

最後我們應該補充一點，"端午"最初作"端五"，

張表臣《珊瑚鈎詩話》二："端五之號，同於重九，角黍之事，肇於《風俗》。屈原懷沙忠死，後人每年以五色絲絡粔籹而吊之，此其始也。後世以五字爲午，則誤矣。"（百川本）

《野客叢書》一一："今言五月五日曰重五。"

而端訓初。

《類聚》四引《風土記》"仲夏端午，烹鶩角黍"，注："端，始也，謂五月初五日也。"

唐以前似乎任何一月的初五皆可稱端午，不必五月。

《容齋隨筆》一："唐玄宗以八月五日生，以其日爲千秋節，張説上《大衍曆序》云：'謹以開元十六年八月端午赤光照室之夜獻之'，《唐類表》有宋璟請以八月五日爲千秋節表，云：'月惟仲秋，日在端午'，然則凡月之五日皆可稱端午也。"

《野客叢書》一四："僕觀《續世説》，齊暎爲江西觀察使，因德宗誕日端午爲銀瓶高八尺以獻，是亦有端午之説。"

這更可見第五這號數的勢力之大。至於後世改五爲午，或係取其在一日之中的意思。巳午居十二支之中，猶之戊己居十干之中。中央之數五，午是中央之時，所以其價值也等於五，何況五午聲音又完全相同呢！上文講過五與龍有不解之緣，節日中五的意義愈深厚，愈見其與龍的關係之密切。

彩絲繫臂

有一種現已失傳了的端午風俗，便是彩絲繫臂。

《御覽》三一引《風俗通》："五月五日以五彩絲繫臂者，辟兵及鬼，令人不病温，亦因屈原。一名長命縷，一名續命縷，一名辟兵繒，一名五色縷，一名五色絲，一名朱索，又有條達等織組雜物，以相贈遺。"

《歲華紀麗》二注引《風土記》："以五彩縷造百索繫臂，一名長命縷，一名辟兵繒，以相贈遺。"

《玉燭寶典》五引《荆楚歲時記》："士女或取……彩絲繫臂，謂之長命縷。"

《事文類聚前集》九引《提要録》："北人端午，以雜絲結合歡索，纏手臂。"

宋章淳《端午帖子詞》："九子黏筩玉粽香，五絲繫臂寶符光。"

《風俗通》所謂"條達等織組雜物"，就是臂釧，繁欽《定情詩》"繞臂雙條達"可證。

《野客叢書》一四引《盧氏新記》（當作《雜説》）："唐文宗一日問宰臣古詩'輕衫襯條脱'，條脱是何物，宰臣未對，上曰即今之腕釧，安妃有金條脱，是臂飾也。"

《南部新書》："大中間上賦詩有金步摇，未能對，令温飛卿續之，飛卿即以玉條脱應之。"

玉條脱見《真誥》第一篇。這些臂上的飾物我們疑心是文身之遺。文身的主要部位本是手臂，

《趙策》二："祝髮文身錯臂，甌、越之民也。"

而文身是象龍文，上文已經證明，嶲西文夷的風俗也是很好的旁證。

《蜀中廣記》三四引《九州要記》："巂之西有文夷人，身青而有文如龍鱗於臂脛之間。"

文身的習慣被放棄後，其遺意還保存在衣襟的文飾間，是一種方式，

柳宗元《咏壯俗》："飲食行藏總異人，衣襟刺綉作文身。"

以玉石之屬刻作龍形繫在臂上，是另一種方式，

《急就篇》："繫臂琅玕虎魄龍。"

再一種方式則表現在繫在肘後的印紐上。

《獨斷》上引衛宏（《漢舊儀》）："秦以前，民皆以金玉爲印，龍虎紐，唯其所好。"

彩絲繫臂，想來當初也是以象龍形的。這雖没有明證，但既是端午的風俗，而端午是個龍的節日，則結絲以象龍形是很可能的。龍形遺失後，便用五種顔色來象徵五色龍。有時是用五種顔色的絲織物編成的。

《初學記》四引裴玄《新語》："五月五日集五彩繒，謂之辟兵。"

《御覽》三一引《風俗通》："五月五日集五色繒辟兵，余問服君，服君曰：'青赤白黑以爲四方，黄爲中央，襞方綴於胸前，以示婦人蠶功也。織麥䅌（䅌，麥莖也。）懸於門，以示農功成。傳聲以襞[方]爲辟兵耳'。"

服虔以"辟兵"爲"辟方"的聲誤，説法很巧，但其"愛梵美"的嫌

疑，一望可知。其實所謂"青赤白黑以爲四方，黄爲中央"已經明白的告訴我們五方龍。

守　宫

傳説守宫對於婦人常有種種神秘的影響。

《御覽》九四六引《淮南萬畢術》："守宫塗臍，婦人無子。取守宫一枚，置甕中，及蛇衣以新布密裹之，懸於陰處百日，治守宫蛇衣分等，以唾和之，塗婦人臍，磨令温，即無子矣。"

同上引《夢書》："守宫爲寡婦着垣墻也。夢見守宫，憂寡婦人也。"

最常見的説法是防閑貞操的功能。

《御覽》七三六引《淮南萬畢術》："取守宫蟲，餌以丹砂，陰乾，塗婦人身，男合即滅。"

《御覽》九四六引《淮南萬畢術》："守宫飾女臂，有文章。取守宫新合陰陽者，牝牡各一，藏之甕中，陰乾百日，以飾女臂，則生文章。與男子合陰陽，輒滅去。"

《御覽》三一引《淮南萬畢術》："取七月七日守宫陰乾之，治合，以井華水和，塗女人身，有文章，則以丹塗之，不去者不淫，去者有姦。"

《博物志》："蜥蜴或蝘蜓，以器養之，食以朱砂，體盡赤。所食滿七斤，擣萬杵，以點女人支體，終身不滅，故號曰守宫。"

《古詩》："愛惜加窮袴，防閑托守宫。"

李賀《宫娃歌》："花房夜擣紅守宫。"

李商隱《河陽詩》："巴西夜市紅守宫，後房點臂斑斑紅。"

這我們猜想也是一個圖騰的遺迹。守宫本一名龍子。

《名醫别録》陶注："蜥蜴……形大純黄色者名蛇醫，其次似蛇醫而小形長尾，見人不動者，名龍子。"

《古今注》："蝘蜓一曰守宫，一曰龍子。"

吴普《本草》："石龍子一名守宫，一名山龍子。"

龍　　舟

尋常舟船刻爲龍形，本是吴、越一帶的習俗。

應瑒《靈河賦》："龍艘白鯉，越舲蜀艇。"

《意林》引楊泉《物理論》："龍舟整楫，王良不能執也，驥騄齊行，越人不能御也。"

馬縞《中華古今注》上："孫權，吴之主也，時號舸爲赤龍……言如龍之飛於天。"

和他們的文身一樣，龍舟的目的，大概也是避蛟龍之害。這可以從船上圖蛟和掛龍子幡得到暗示。

蕭子顯《南征曲》："櫂歌來揚女，操舟驚越人。圖蛟怯水伯，照鷁竦江神。"

圖蛟的目的在"怯水伯"，意義是明顯的。

《古詩爲焦仲卿妻作》："青雀白鵠舫，四角龍子幡。"

《襄陽樂》："上水郎擔篙，下水摇雙櫓。四角龍子幡，環環江當柱。"

《南史·臧質傳》："質封始興郡公，之鎮，六平乘，并施龍子幡。"

越人文身以象龍子，船上掛龍子幡也無非是龍子的信號。爲的是讓蛟龍容易辨别，不致誤加傷害。把整個的船刻成龍形，目的大概也是這樣。

龍舟衹是文身的範圍從身體擴張到身體以外的用具，所以它是與文身的習慣同時存在的。圖騰文化消逝以後，文身變相爲衣服的文飾，龍舟也衹剩下"圖蛟"和龍子幡一類的痕迹。但遇到宗教儀式時，古舊形態中的許多花樣往往會全盘出現，於是我們便看到穿着模擬文身的彩衣的水手們划着龍舟——一幅典型圖騰社會的"浮世繪"。

唐無名氏《競渡歌》："鼓聲三下紅旗開，兩龍躍出浮水來。櫂影斡波飛萬劍，鼓聲劈浪鳴千雷。鼓聲漸急標將近，兩龍望標目如瞬。……須臾戲罷各東西，競脱文身請書上。"

《事文類聚前集》九引競渡之戲："唐杜亞節度淮南，方春，民爲競渡戲，亞欲輕駛，乃髹船底，篙人衣油彩衣，没水不濡。"

《齊東野語》一三："甄雲卿……競渡日，着彩衣，立龍首，自歌所作'思遠樓前'之詞，旁若無人。"

無名氏徑稱彩衣爲"文身"，尤其是我們的佳證。

龍舟競渡應該是史前圖騰社會的遺俗。上揭《歲時記》説越地相傳起於越王勾踐，可見這風俗來源之古，雖則這説法本身仍然不可靠。至於拯救屈原的故事，最早的記載也衹在六朝。

《御覽》三一引《荆楚歲時記》："五月五日競渡，俗爲屈原投汨羅日，傷其死所，并命舟楫以拯之。舸舟取其輕利，謂之飛鳧。一自以爲水軍，一自以爲水馬，州將及士人悉臨水觀之。”

早在隋代的杜臺卿已經懷疑過這説法，他在《玉燭寶典》裏講道：“或因開懷娱目，乘水臨風，爲一時之賞，非必拯溺。”杜氏的解釋雖不對，他懷疑拯溺之説，却是有道理的。

敦煌舊鈔本楚辭音殘卷跋（附校勘記）[①]

敦煌舊鈔《楚辭音》殘卷，不避隋唐諱，存者八十四行，起“駟玉糾以乘鷖兮”，迄“雜瑶象以爲車”，凡釋《離騷》經文一百八十八，注文九十六，希世瑰寶也。卷藏巴黎圖書館。王重民先生近校書巴黎，始發之叢殘中，并據卷中“兹”字下“騫案”云云，定爲隋釋道騫撰《楚辭音》，又以“珵”下云“郭本止作程”，謂即郭璞《楚辭注》之孑遺，（《巴黎敦煌殘卷叙録》九，見《圖書季刊》二卷三期。）其説皆灼然有據，無可易者。夫自漢王逸以下逮宋之洪、朱，約及千載，爲《楚辭》學者，代有名家，而郭注騫《音》之名，尤赫然在人耳目。顧其書自唐中葉以還，似已蕩然靡存，而史志所臚，空有其目，譬如豐碑載塗，徒足人欷歔憑吊耳。孰謂騫《音》殘卷，一旦發現，而郭注鱗爪，復在其中，是非旦暮之遇乎？自殷虚之役以來，數十年間，驚人之事多矣。即以重民先生近所剔發於巴黎者言，此尺幅斷軸，亦毫末之於馬體而已。然而於《楚辭》之學已不啻啓一新紀元。重民先生之功爲不朽矣！比因友人葉公超先生郵書巴黎，代請副本。重民先生乃慮移寫失真，餉以影片。歡慶感激，夫復何言？既拜領嘉貺，尋繹終朝，驚喜稍定，乃記其一得之見如次。尚幸重民先生有以教之。

以今本《楚辭章句》校此卷，注“邑於綸”，卷綸作“緡”，以《左傳》《史記》證之，疑係誤字。説詳《校勘記》。注“不可卒至”，明正德本《楚辭》及唐寫本《文選集注》至并作“徧”，今卷亦作“徧”，則

---

① 原載1936年4月2日《大公報・圖書副刊》及1936年《圖書季刊》第3卷第1、2期合刊。據開明版《聞一多全集・古典新義》編入。

卷是而今本非也。自餘異文，十九勝於今本，以其義雖不殊而字則近古，説亦具《校記》中。至夾注中往往引《章句》語，其有裨於校勘者，“筳”下引王逸曰“筳，小破竹也”，與《文昌雜録》二所引正同。今本破作“折”，蓋蒙下文“結草折竹以卜曰篿”而誤。以上爲卷中涉於《離騷》與《章句》本身之可紀者。然卷之價值尚不在此。

“珵”下引郭本作“程”，郭本當指郭璞《楚辭注》，重民先生既發之矣。然而謂“郭璞《楚辭注》存留於今日者，此爲惟一鱗爪”，則未必然。

> “兹”字下，郭云：“止日之行，勿近昧谷也。”
> “鴆”字下，郭云：“凶人見欺也。”
> “鳩”字下，郭云：“奸佞先己也。”

案“止日”句釋經文“望崦嵫而勿迫”也，“凶人”句釋“鴆告余以不好”也，“奸佞”句釋“恐鵜鴂之先鳴”也。既皆冠以“郭云”，則非郭注而何？取彼隻字，捨此全句，皆千慮之一失已。雖然，謂郭書之存於天壤間者，衹此卷中數語，猶未諦也。曩嘗欲雜采由漢至隋間詩文家用《楚辭》與王逸異義者，理而董之，如清儒之於群經者之爲，輯爲《楚辭遺説考》。年來羅掘所及，於郭璞亦得一事焉。《文選·江賦》曰“悲靈均之任石，嘆漁父之櫂歌”，李善注曰：

> 《楚辭》曰：“名余曰正則，字余曰靈均。”又曰：“望大河之洲渚，悲申徒之抗直（今作迹），驟諫君而不聽，重任石之何益？”又曰：“懷沙礫而自沉兮，不忍見君之蔽壅。”《史記》曰：“屈原作《懷沙賦》，懷石自投汨羅。”懷沙即任石也，義與王逸不同。

案李善謂王、郭異義，是也。“重任石之何益”，《悲迴風》文。王逸注曰：“任，負也。百二十斤爲石。言己數諫君而不見聽，雖欲自任以重石，終無益於萬分也。”舊校石一作“祏”。《說文》：“祏，百二十斤也。”是王讀石爲祏。若郭賦上下文所隸事，如陽侯，奇相，禹，佽飛，要離，周穆王，鄭交甫，皆與江相關，而此又與“嘆漁父之櫂歌”相爲偶句，是其解《楚辭》“任石”爲抱石沉江，審矣。作賦用《楚辭》義如此，注《騷》時不宜自異。然則《江賦》此句，可視爲郭氏《楚辭》遺説，亦即其《楚辭注》義矣。愚意郭書之在海内，名雖亡，實亦未嘗盡亡。重民先生倘不以爲謬乎？

卷中所存佚書，郭氏《楚辭注》而外，似尚有宋人所稱無名氏之《離騷釋文》。“鴂”字下曰：

> 文釋曰：“鶗鴂一名鵙，今謂伯勞，順陰氣而生，賊害之禽也。王逸以爲春鳥，謬矣。《廣雅》：‘鷤鴂，布穀也。’案江之意，秋時有之。《詩》云‘七月鳴鵙’，毛傳云‘鵙，伯勞也’，箋云‘伯勞鳴，將寒之候’。”

案“文釋”似非人名。注《漢書》者有文穎，然“釋”之與“穎”形聲俱遠，無緣致誤。竊意“文釋”當爲“釋文”之倒。其書洪《補注》屢引之。隋唐《志》不載。《郡齋讀書志》《直齋書録解題》并有《離騷釋文》一卷，《解題》云：“古本，無名氏，洪氏得之吴郡林虙德祖。其篇次不與今本同。”案《釋文》篇次異於今本，而與王逸注暗合，又據洪所引，率多古文奇字，蓋隋唐以前舊籍也。騫公所引，必此書無疑。第宋人云其書無名氏。今細審前揭騫公語，上引《釋文》駁王逸曰“王逸以爲青鳥謬矣”，下云“案江之意，秋時有之”，則江是《釋文》作者之姓矣。

《釋文》今既不傳，此條又不見於洪氏所引，而作者姓氏久湮，復獨賴此卷存之，斯不僅爲遺説考之新資料，抑亦好古者之所當共慶者與！

其他所引古籍尚有《尚書》三則（内二則有《僞孔傳》），《毛詩》

五則（皆有傳，一則有箋），《左傳》并杜注一則，《公羊傳》一則，《論語》并孔注一則，《世本》一則，《穆天子傳》并注一則，《山海經》三則（內二則有注），《漢書》并《文穎注》一則，《淮南子》二則（內一則有許注），司馬相如《賦》一則，《爾雅》《方言》各二則，《説文》六則，《廣雅》十三則，《蒼頡篇》《埤蒼》《聲類》《字書》各一則，《字林》三則，《字詁》二則。以上《世本》《淮南》許注，并《蒼頡篇》以下皆佚書，當有裨於輯佚工作；自餘諸書，或亦有裨於校勘。叢脞嬰身未暇覆案也。至引《相玉書》一則，與王注所引微有出入，既不明言轉引王注，其果出自原書與否，蓋難言之。

卷中文字頗有移寫失次者，上揭“文釋”二字，是其一端。然尚有舛誤甚於此者。“鴆”字下曰：

> 文沁徒蔭二反。《廣雅》曰：“其雄曰運日，其雌曰陰諧。”《山海經》曰：“女兒之山，多鴆。”郭璞曰：“大如雕，紫綠色長頷，赤喙，食蛇。”《淮南子》作雲日，字或作䲨日。或圡俗云：“千年潭鳥成同力，千年同力作暈日。”字郭云凶人見欺也，成鴆鳥也，三千歲也，亦不詳審斯言之虛實。

自“千年”“同力”下，文義不屬，試乙正之如次：

> ……《淮南子》作雲日，字或作䲨日，或作暈日。〔字〕（此字上下皆無所附麗，疑衍。）土（原作圡，俗土字。）俗云，千年潭鳥成同力，千年同力成鴆鳥也，三千歲也，亦不審斯言之虛實，郭云：“凶人見欺也。”

《嶺南異物志》曰：“檀雞，鴆鳥之別名。”檀雞即潭鳥亦即鴆鳥也。鴆潭音同“覃”部，轉入“寒桓”，則爲“檀”。《名醫别録》：“鴆鳥，毛有大毒，一名䲨日。”陶注曰：“䲨日，大如黑傖雞……作聲似云同力，故又名同力鳥。”是鴆也，潭也，同力也，一物而異名，故知此當以“千年潭鳥成同力，千年同力成鴆鳥”相承爲文。唯“三千歲”之三似當作二，不則“土俗云”下或尚有脱文。

至於所注音讀二百八十餘事，自爲討治隋唐古音之正確資料。事涉專門，力有未逮，故缺而弗論云。民國二十五年三月十八日。

校勘記《四部叢刊》本《楚辭章句》，用《楚辭音》殘卷校

日忽忽其將暮　卷作莫

望崦嵫而勿迫　卷作奄兹

案今本下文引《禹大傳》“洧盤之水，出崦嵫之山”，唐寫本《文選集注》殘卷作奄兹，宋胡穉《簡齋詩集箋注》五引同。

吾將上下而求索　卷作索

案此求索本字，見《説文》《廣雅》。經傳皆用索，用索者此爲首見。

（注）不可卒至　卷作徧

案明正德刊本《楚辭》亦作徧，唐寫本《文選集注》同。

總余轡乎扶桑　卷作揔

案明隆慶夫容館重雕宋本，朱氏《集注》本，錢氏《集傳》本，唐寫本《文選集注》并作揔，《文選》陸士衡《前緩歌行》注引同。

聊逍遥以相羊　逍遥一作須臾　卷作頞臾，云本或作消揺。

案義仍是逍遥，作頞臾者，古字假借。本書《九思·守志篇》“涉巒山以逍遥”①，注：逍②遥，須臾也。

雷師告余以未具（注）言己使仁智之士　卷作知

紛總總其離合（注）總總猶僔僔聚皃　卷僔僔下引此注，未有也字。

① “涉巒山”句，1983年中華書局洪興祖《楚辭補注》作“陟玉巒兮逍遥”。

② “逍”字原作消，從注前所引《九思·守志篇》“涉巒山以逍遥”之逍改。

案夫容館本亦有也字，《文選·甘泉賦》注引同。

相下女之可詒　詒一作貽　卷作貽。云又詒同。

案正德本亦作貽。

吾令蹇修以爲理（注）伏羲時敦樸　卷作戲

雄鳩之鳴逝兮　《釋文》雄作䧺　卷作䧺

案此古字之僅見者。

鳳皇既受詒兮　卷於此詒字下出遺字

案騫公所據本此處似有注："詒，遺也。"今本脱之。

留有虞之二姚（注）因妻以二女而邑於綸　卷作緡

案少康食邑，《左傳》哀元年及《史記·吴太伯世家》字并作綸，無作緡者。此似誤。正德本作綸緡，則又合二本而并存之。

理弱而媒拙兮（注）拙鈍也　卷作頓

案唐寫本《文選集注》亦作頓。經傳每假頓爲鈍。《左傳》襄四年"甲兵不頓"，《戰國策·秦策》"吾甲兵頓"，《漢書·賈誼傳》"莫邪爲頓兮"。

好蔽美而稱惡　卷作偁，云又稱同。

案偁稱正借字。

索藑茅以筳篿兮　卷作索

（注）筳小折竹也　卷筳字下引作破

案宋龐元英《文昌雜録》二引亦作破。

（注）楚人名結草折竹以卜曰篿　卷篿字下引無以字

何所獨無芳草兮　草一作艸　卷作艸

爾何懷乎故宇　宇一作宅　卷作宅，云如字，或作宇音。

世幽昧以眩曜兮　眩一作眩　卷作眩

孰云察餘之善惡（注）屈原答靈氛曰　卷作畣

案畣古答字，《爾雅》有之，然已訛作畬，從田，於義無施。他書用古字者莫不皆然，蓋習非勝是，沿誤久矣。作畣者平生惟此一見。六書命脉，不絶如縷，真堪一字千金矣。

恐鵜鴂之先鳴兮　鵜一作鷤　卷作鷤

案《史記·曆書》索隱,《漢書·揚雄傳》注,《後漢書·張衡傳》注,《爾雅翼》,任淵《山谷内集注》十二,并引作鷤。鵜鷤陰陽對轉。

惟此黨人之不諒兮　諒一作亮　卷作亮

荃蕙化而爲茅　卷作蓀

椒專佞以慢慆兮　慆一作謟　卷作謟,云又慆,宜作滔,同他牢反。

案《類聚》八九,《文選·祭屈原文》注,《海録碎事》五引并作謟,《書鈔》三〇又引作謟,誤。

芬至今猶未沫(注)芬芳勃勃……勃一作浡　卷作浡浡

精瓊靡以爲粻(注)精鑿也　卷作糳

案糳鑿正借字。

楚辭斠補甲[1]

離　騷

《序》：王乃疏屈原。（疏一作逐。）

劉師培曰："《文選》本篇李注引疏作流。據《新序·節士篇》云'復放屈原'，自以作流爲長。"案唐寫本《文選集注》殘卷亦作流，又引陸善經本同。

又使誘楚請與俱會武關。

劉師培曰："《文選·祭屈原文》注引作'誘懷王'，義較長。"案唐寫本[2]《文選集注》載陸善經本所引無楚字，則讀"又使誘請與俱會武關"九字爲句，於義尤勝。

曰黄昏以爲期兮，羌中道而改路。

洪興祖曰："一本有此二句。王逸無注，至下文'羌内恕己以量

---

① "兹篇目的端在校正今本（即毛刊洪氏《補注》本）《楚辭》及王逸《章句》之舛誤奪亂。惟在先秦兩漢之書，所謂誤字者皆形之誤。其或字義扞格，驟視之莫得其解，而實可以聲音通假之法解决之者，此則似誤而實非誤，故不屬本篇範圍。凡已經前人及時賢舉正者，苟遇有新證，可資補充，則具載其説而以己意附焉。不則概弗徵引。"此文原題《楚辭斠補》。載1935年武漢大學《文哲季刊》（第5卷第1號），未收入開明版《聞一多全集》。在1936年10月《清華學報》上，作者還有一篇題爲《楚辭斠補》之文，今一并編入，而在題下增甲乙以區别之。

② "本"字，今補。

人’，始釋羌義。疑此二句後人所增耳。《九章》曰：‘昔君與我誠言兮，曰黄昏以爲期，羌中道而回畔兮，反既有此他志。’與此語同。”案《離騷》通篇用韻皆成雙數，惟此處連用五韻，爲單數，於例不合。《文選》無此二句，唐寫本《集注》亦無。此九章《抽思篇》文，淺人取以羼入本篇，又改“回畔”爲“改路”以協韻耳。洪説得之。

注：十二畝曰畹。

案班固、許慎并云三十畝爲畹（班説見《文選·魏都賦》張注引，許説見《説文》）[①]，王逸云十二畝爲畹，二説相距過遠。疑注“十二”爲“二十”之倒。《御覽》九八三引注作二十。

謡諑謂余以善淫。注謡謂毁也，諑猶譖也。

案謡不得有毁義。正文及注兩謡字并當爲譖之訛。正文本作“譖諑謂余以善淫”，注本作“譖謂毁也”。王意蓋謂譖諑之義皆爲毁，(《九思·逢紛篇》注：“諑，毁也。”）既已訓譖爲毁，而譖諑義同，則無煩更爲諑立訓，但云“諑猶譖也”足矣。反之，若上本無譖字，則下當云“諑，譖也”，不得云“諑猶譖也”。《御覽》四八三引正文及注兩謡字并作譖，是其確證。《説文》曰“譖，愬也”，《方言》十曰“諑，愬也”，《廣雅·釋詁》二諑譖皆訓諻。是譖諑同義。《莊子·天運篇》司馬注曰：“噆，齧也”，《廣雅·釋詁》三曰“啄，齧也”，是噆啄亦同義。噆啄與譖諑通。譖諑義既從同，故二字每相將，本書《九思·逢尤篇》曰“被諑譖兮虚獲尤”，易譖諑爲諑譖，字雖倒而義則同。王逸此語，蓋本《騷經》。

終然殀乎羽之野。（殀一作夭。）

案鮌非短折，焉得云殀？字當作夭。夭之爲言夭遏也。《淮南

① 本篇凡括弧“（　）”内文字，原無標點。標點均爲編者所加。

子·俶真篇》曰："若然者，陶冶萬物，與造化者爲人，天地之間，宇宙之内，莫能夭遏。"《莊子·逍遥游篇》曰"而後今培風，背負青天，而莫之夭閼者"，夭閼與夭遏同。夭遏者，夭遮遏止之謂也。二字同義，故古多連文。《離騷》曰"夭乎羽之野"，猶之《天問》曰"永遏在羽山"矣。《禮記·祭法》正義引《鄭志》答趙商曰："鮌非誅死。鮌放諸[1]東裔，至死不得反於朝。"放之令至死不得反於朝，即夭遏之義也。《左傳》宣十二年疏曰"夭遏是壅塞之義"，《周書·謚法篇》曰"壅遏不通曰幽"，《獨斷》下曰"壅遏（原誤過）不達曰幽"。夭幽聲同義通，例得相假，然則"夭乎羽之野"即"幽乎羽之野矣"。實則囚與夭幽亦同聲（囚古歸喻母，《説文》汓之重文作泅可證），《書·武成》僞傳曰"囚謂制其出入"，是夭幽之本字當作囚。"夭乎羽之野"實即"囚乎羽之野"耳。(《説文》固次於囚云"四塞也"。案固遏聲近義通。《説文》涸訓爲渴可證。是夭遏即囚固。）自王注訓夭爲早死，淺人又變本加厲，改夭爲妖，此與諸書本稱"極鮌"者，今皆改書爲殛，如出一轍。《文選》作夭，唐寫本《集注》同，則六朝猶存不誤之本。

舉賢而授能兮。

朱駿聲曰："授爲援之誤。《禮記·儒行篇》：'其舉賢援能，有如此者。'"案朱説郅確。本書《九歌·東君篇》"援北斗兮酌桂漿"，《御覽》七六七引援作授，此援授相混之證。(《大招》"青春受謝"，《文選·射雉賦》注，《西征賦》注，《景福殿賦》注，并引受作爰。《史記·灌夫傳》集解引《漢書》音義"言嬰無官位扳援也"，《漢書》注載晋灼説作版綬，亦其比。)《莊子·庚桑楚篇》曰"且夫尊賢授能，先義（今作善，改從奚侗）興利，自古堯舜以然"，語意與此尤近，授亦援之訛。

---

① "諸"字原作居，音近而誤。《楚辭校補》引此亦作諸。

溘埃風余上征。

王夫之曰：“埃當作竢，傳寫之訛。”案王説是也。學神仙者要在除濁穢，返至清，故最重修潔。屈子托思登仙，必不欲冒塵埃之風以上升也。本書《遠游》曰：“陽杲杲其未光兮，凌天地以徑度，風伯爲余先驅兮，氛埃辟而清凉。”《淮南子·原道篇》曰：“是故大丈夫恬然無思，澹然無慮……乘雲陵霄，與造化者俱，縱志舒節以馳大區……令雨師灑道，使上風掃塵。”諸凡言飛升者，必使風伯掃塵。屈子何獨反是？此蓋本作“溘竢風余上征”，句法與上文“願俟時乎吾將刈”同。揚雄《反騷》曰“慶竢雲而將舉”，（《漢書·揚雄傳》竢雲二字互倒，今改從王念孫。）句法語意俱與此相似，（溘與下“溘吾游此春宫”之溘皆語詞，慶與羌同，亦語詞。）蓋即本乎此。《文選·吴都賦》注，江淹《雜體詩》注，謝朓《在都病呈沈法曹詩》注，吴曾《能改齋漫録》五，葉大慶《考古質疑》六并作“颾風”，殆亦知竢風之義難通而臆改之歟？

覽察草木其猶未得兮，豈珵美之能當？蘇糞壤以充幃兮，謂申椒其不芳。

案此處語氣斷續，細審之，似係錯簡。今合上四句與此四句重爲寫完之如此：“民好惡其不同兮？惟此黨人其獨異。户服艾以盈要兮，謂幽蘭其不可佩；蘇糞壤以充幃兮，謂申椒其不芳。覽察草木其猶未得兮，豈珵美之能當？”服艾盈要而謂蘭不可佩，糞壤充幃而謂申椒不芳，二者詞意相偶，實一意而分二層説之，故當緊相承接。“覽察草木而未得”二句，則貴艾壤而賤椒蘭之總評，當在最末，以與居首之“民好惡其不同”二句遥相呼應。今以意移正，則全段語氣皆貫通矣。讀者曷更詳之。

固時俗之流從兮。（流從一作從流。）

吴汝綸云"流從"字誤倒，舉《九章・哀郢篇》"順風波以從流"爲例，游國恩又舉《孟子・梁惠王下篇》"從流下而忘反謂之流，從流上[①]而忘反謂之連"以證成之。案二家之説是也。《九嘆・怨思篇》亦曰："顧屈節以從流兮。""從流"古之成語，故諸書多用之。五臣本《文選》錢杲之《離騷集傳》并作從流。

陟升皇之赫戲兮。（一無陟字。）

案古稱天曰皇者，皆謂天神之天，抽象的天。上文"皇剡剡其揚靈兮"注曰："皇，皇天也。"亦其一例。若天體之天，實質的天，則當稱大皇，無稱皇者。《莊子・秋水篇》曰"且彼方跐黄泉而登大皇"，《淮南子・精神篇》曰"處大廓之宇，游無極之野，登大皇（今作太皇，注同。疑後人蒙下太一而并改之，今正。）馮太一"，注："大皇，天也。"本書《惜誓》曰："獨不見鸞鳳之高翔兮，乃集大皇之野，循四極而回周兮，見盛德而後下。"凡此稱大皇者皆謂實質的天。《離騷》曰"陟升"云云，則所言之天亦當爲實質的天，而古本"皇"上亦當有"大"字，從可知矣。陟升與登一義，"陟升大皇"，即《莊子》《淮南》之"登大皇"。（舊校一無陟字，《文選・思玄賦》注又引升作登。若據此删陟字，易升爲登，則《離騷》亦作"登大皇"，與《莊子》《淮南》全同。）《思玄賦》全仿《離騷》，而有"羡上都之赫戲兮"之語，"上都"亦指實質的天。此亦《離騷》本作大皇，不作皇之旁證。

---

① "上"字原作下，誤，從《孟子・梁惠王下篇》改。

九　　歌

洞庭波兮木葉下。注：言秋風疾則草木摇，湘水波而樹葉落矣。

案正文曰“洞庭波”而注曰“湘水波”，兩不相應，疑湘爲湖之訛，湖水即洞庭湖水也。《御覽》二五引湘正作湖。

鳥萃兮蘋中。（一本萃上有何字。）

案一本有何字是。《御覽》八三四引亦有。

使涷雨兮灑塵。注：言司命爵位尊高，出則風伯雨師先驅爲軾路也。（軾一作戒。）

案作戒是。

靈衣兮被被。

案《東君篇》曰“青雲衣兮白霓裳”，《九嘆·遠逝篇》曰“服雲衣之披披”。《楚辭》屢言雲衣，而《九嘆》“服雲衣之披披”與此句法尤近。（本篇被字舊校一作披，《文選·寡婦賦》注，《類聚》六七，《書鈔》一二八，《御覽》六九二，并引作披。）疑此靈衣本作雲衣。俗書靈作霊（《唐内侍李輔光墓志》），與雲形近相掍。《後漢書·章帝紀》曰“宗祀明堂，禮畢登靈臺”，《順帝紀》曰“宗祀明堂，登雲臺”，是其比。雲衣與下玉珮對文。《書鈔》一二八，《御覽》六九二所引并作雲衣，是其確證。

緑葉兮素枝。（枝一作華。）

案素枝於義難通，一本作華，是。注曰“吐葉垂華”，是王本作華。李善本《文選》及《樂府詩集》四引《楚辭》并作華。

與女游兮九河，衝風起兮水揚波。（王逸無注，古本無此二句。）

洪興祖曰："此《河伯》章中語也。"案洪説是也。《草堂詩箋補遺》七引《河伯》曰"衝風起兮揚波"，（《文選》載本篇至亦作起。）《後山詩》注三引"衝風至兮揚波"，又引注曰"衝，隧也"，今此語在《河伯》注中，知所引正文亦出彼篇。二書所引皆出《河伯》，而語與本篇大同，此可證洪説之不誤。然語在《河伯》，而竄入本篇，其必有故，非由偶然。考《九歌》舊次，《河伯》與《少司命》二篇本相銜接（説詳下條）。此二句蓋本在《河伯》篇首，與《少司命》末句相距最近，寫者不慎，誤附於《少司命》之末，後人見其文義不屬，又以上文適有"與女沐兮咸池，晞女髮兮陽之阿"二句，與此二句格調不殊，韻亦相叶，遂移此於彼二句下，乃成今本。惟是《文選》五臣本載本篇有此二句，則誤蓋自五臣始歟？

東　君

案《九歌》十一篇中，東皇太一爲天神之最尊者，自非諸神所可比擬。自餘諸神，皆兩兩相偶，各爲一組。今諸篇次第，《湘君》與《湘夫人》相次，《大司命》與《少司命》相次，《河伯》與《山鬼》相次，《國殤》與《禮魂》相次，皆各爲一組。此其義例，較然可知。惟東君與雲中君皆天神之屬，其歌詞亦當合爲一組。乃今本二篇部居懸絶，無例可尋，是必傳寫失其舊次矣。《史記·封禪書》《漢書·郊祀志》并稱"晋巫祠五帝，東君，雲中君"，而索隱亦云"東君、雲中君見《歸藏易》"，咸以二神連稱，則楚俗致祭，屈子造歌，亦當以二神相將，審矣。今擬移《東君》於《雲中君》前，使相毗連，合爲一組。庶幾十一篇之次第，有條不紊，而《九歌》之面目，得以復其舊觀焉。夫既知古本《東君》不在《少司命》與《河伯》之間，則《少司命》與《河伯》

二篇本爲近鄰，而《河伯》篇語所以羼入《少司命》之故，不亦昭然若揭乎（詳上條）。

紫貝闕兮朱宫。（《文苑》朱作珠。）

案當從《文苑》作珠宫。貝闕珠宫對文。《九嘆·逢紛篇》曰“紫貝闕而玉堂”，以貝闕對玉堂，猶此以貝闕對珠宫矣。《御覽》一七三，八〇七，《山谷内集注》三，又六，并引作珠。

乘白黿兮逐文魚。注：言河伯游戲，遠出乘龍，近出乘黿，又從鯉魚也。

案洪興祖疑注以文魚爲鯉魚無據。洪氏所疑良是，然竊謂字本不作鯉。知之者，《埤雅》曰：“鱧，今玄鱧是也……鱗細，有花文，一名文魚。”鱧魚一名文魚，故王逸釋文魚爲鱧魚。今本作鯉者，鱧鯉形近聲并近，因而致誤。《北堂書鈔》一二三引《林邑記》：“林邑王先是夷奴，初牧牛澗中，得鱧魚。”今《説郛》本《林邑記》鱧作鯉，是鱧鯉相混之比。

嚴殺盡兮棄原野。

案嚴當作莊，避漢諱改。《周書·謚法篇》曰“死於原野曰莊”，與此義合。本書莊字多改作嚴，《天問》“何壯武厲，能流厥嚴”，嚴亦本作莊，與上亡字爲韻，是其例證。

天　問

幹維焉繫？注：幹，轉也。

案《説文》斡下引揚雄、杜林説皆以爲軺車輪斡。《類篇》引《説文》曰："斡，轂端沓也。"洪《補注》，朱《集注》，并引《説文》同。是斡之爲物，其用在轉。今曰"斡，轉也"，但言其用，而不言其爲何物，似不足賅斡字之義。且訓斡爲轉，則"轉維焉繫"，義亦未安。《御覽》二引注轉下有軸字，當據補。"轉軸"之與，"軺車輪斡"及"轂端沓"二語悉合矣。（詳拙著《天問釋天》。）

角宿未旦。注：角亢，東方星。

案正文曰角，而注曰角亢，語不相應，疑亢爲衍文。"角宿未旦"本承上何闔何開二語而言。角爲天門，故上言闔開，下即言角。與亢何涉？若云舉此二星，以概東方，則東方之宿角亢氐，亦不得舉角亢而獨遺氐也。《類聚》一引注無亢字，是今本誤衍之確證。（詳《天問釋天》。）

河海應龍，何盡何歷？（一云"應龍何畫，河海何歷？"）注：言河海所歷至遠，應龍過歷游之，而無不窮也。或曰：禹治洪水時，有神龍以尾畫地，導水所注當决者，因而治之也。

案《易林·困之坎》曰："委蛇循何，至北海涯，涉歷荒要，在此無他。"此與王注前説合，蓋即王説所從出。（委蛇即應龍，餘别有説。）然注説雖可通，正文曰"河海應龍，何盡何歷"，終嫌不辭。疑《天問》本如一本作"應龍何畫，河海何歷"，王注"或曰"云云，則《天問》舊注。王逸既改從訛誤之本，作"河海應龍，何盡何歷"，而强以前説釋之，又未能自信，故復采舊注於後而兩存之。應龍畫地成河之神話，雖不見於先秦古籍，漢魏以降，則流傳不絕，其來源要必甚古。《易林·大壯之鼎》曰“長尾蝼蛇，畫地成河”；漢《周憬碑》曰“應龍之畫”；洪注引《山海經》圖曰“夏禹治水，有應龍以尾畫地，即水泉流通（今本《山海經》無此文）”；《宋書·樂志》曰“魏晋訖江左，猶有夏育扛鼎，巨象行乳，神龜抃舞，背負靈嶽，桂樹白雪，畫地成川之樂焉”；《太平廣記》二二六引《大業拾遺記》載《水飾圖經》曰“禹治水，應龍以尾畫地，導决水之所出”。（案《水飾圖經》，隋杜寶撰。）此皆與舊注合。他若唐人僞撰《嶽瀆經》曰：“堯氏九年洪水，巫支祈爲孽，蓋水妖也。應龍驅之淮陽龜山足下。其後水平，禹乃放應龍東海之區。”則又傳説之演變也。或以此事經傳不言，而疑注説爲杜撰，慎矣。（歷猶通也。《論衡·超奇篇》：“上通下達謂之洞歷。”河海何歷謂河海何以相通也。注訓爲過，非是。）

墬何故以東南傾？（一無以字。）

案以《天問》語例衡之，當滅故字，存以字。《御覽》三六，《事類賦注》四引并無故字。

胡維嗜不同味，而快鼂飽？（一本嗜下有欲字，一云“胡維嗜欲同味”。鼂一作晁，一作朝。）注：言禹治水道娶者，憂無繼嗣耳，何特與衆人同嗜欲，苟欲飽快一朝之情乎？

劉師培曰：“據注審之，當作‘嗜欲同味’，不字誤。”案劉説得之。飽與上文繼不韻，飽當爲飼之訛。飼飽形近致掍。玄應《一切經音義》一四引《蒼頡訓詁》：“飤，飽也，謂以食與人曰飤。”飽亦飼之訛，是其例證。飼食古通。金文食每作飤，(《余義鐘》：“飲飤訶舞。”《弭仲簠》：“諸友飪飤具飽。”)《爾雅·釋器》注：“見《公食大夫禮》。”《釋文》曰：“食本作飤。”《廣韻》七志云飤同飼。《抱朴子·微旨篇》：“以不清潔飲飼他人。”飲飼即飲食也。本篇蓋亦本作飼，假爲食。“鼂食”者，古之隱語。《三百篇》每稱男女大欲不遂曰飢。《檜風・候人》曰：“彼其之子，不遂其媾。”又曰：“婉兮孌兮，季女斯飢。”《陳風・衡門》曰：“泌之洋洋，可以樂飢（鄭本樂作瘵，魯、韓并作療）。”又曰：“豈其娶妻，必齊之姜？”或飢渴并稱。《王風・君子于役》曰：“君子于役，苟無飢渴？”《小雅・車舝》曰：“間關車之舝兮，思孌季女逝兮，匪飢匪渴，德音來括。”此言飢渴，皆隱語也。或稱朝飢。《周南・汝墳》曰：“未見君子，惄如調飢。”《説文・心部》引作朝飢。因之，遂其情欲，對飢言之則曰食：《王風・丘中有麻》曰：“彼其之子，其將來食。”《鄭風・狡童》曰：“彼狡童兮，不與我食兮，維子之故，使我不能息兮。”（息即《葛生》“誰與獨息”及《北山》“或息偃在床”之息。）對飢渴之言，則曰飲食：《唐風・有杕之杜》曰：“彼君子兮，噬肯適我，中心好之，曷飲食之。”對朝飢言之則曰朝食：《陳風・株林》曰：“乘我乘駒，朝食于株。”《株林》之詩刺陳靈公淫乎夏姬，朝食即喻行淫佚之事。《天問》言禹通塗山氏，而曰“鼂食”，與《詩》“朝食”之語，用法正同。注曰：“苟欲飽快一朝之情。”其釋“鼂飽”之義，不曰飽腹而曰飽情，雖據誤字爲説，然則《問》意則深得之。《吕氏春秋・當務篇》曰：“堯有不慈之名，舜有不孝之行，禹有淫湎之意，湯武有放殺之事。”（《莊子・盜跖篇》曰：“堯不慈，舜不孝，禹偏枯，湯放其主，武王伐紂。”馬叙倫曰：“偏枯乃淫湎之誤。”案馬説甚是。）禹有淫湎之行即指通塗山女事也。禹以聖王而有淫行，是終無以異於衆人也。故曰“嗜欲同味”。今本誤欲爲不，蓋後人不明“鼂食”之義而妄改之。

白蜺嬰茀，胡爲此堂？注：言此有蜺茀氣逶移相嬰，何爲此堂乎。

案《御覽》一四引注爲下有於字，當據補。

舜閔在家，父何以鱞？

案此二句文義難明，諸家解説，亦皆憒憒。閔之古文作（《汗簡》下一民部），作（《説文·門部》），與妻之小篆結體相似，父則與夫形并近，俱易致混。此蓋本作“舜妻在家，夫何以鱞”，傳寫誤妻爲閔，誤夫爲父，遂不可究詰矣。鄭注《禮記·檀弓》曰“舜有三妃”，而《山海經·海内北經》曰“舜妻登比氏”，郝懿行謂即三妃之一。此曰“舜妻在家者，蓋謂比氏也”。《書·堯典》曰：“有鰥在下，曰虞舜。”夫舜既有妻在家，焉得曰鰥？故屈子云然。

胡終弊於有扈　有扈牧豎。

王國維謂有扈本作有易，後人多見有扈，少見有易，故改易爲扈。案王氏謂扈當作易，至確不可易，惟其説字之致誤，乃由後人妄改，則非也。扈户古通。有扈《史記·夏本紀》正義，《路史·國民紀》三、《後記》十四均作有户。(《莊子·大宗師篇》“子桑户”，本書《涉江篇》作扈，《吕氏春秋·有度篇》“東户季子”，《漢書·古今人表》有“東扈氏”，亦皆户扈互用。）金文易作沪（《同卣》《庚贏卣》《周公敦》《旂鼎》），右半與篆書逼肖。《天問》蓋本作沪，缺損爲户，寫者誤爲户字，厥後又改爲扈耳。

妖夫曳衒，何號於市？

案注中不釋衒字，(《九思·疾世篇》“欲衒鬻兮莫取”注“行賣曰衒”，始釋衒字。）而有“執而曳戮之於市”之語，似以曳戮釋曳衒。然衒無戮義，則王本不作衒明矣。竊疑曳衒當作曳銜，與上文“鴟龜曳銜”，義同而用異。曳者，《説文》曰：“曳，臾曳也。”“臾，束縛捽曳爲臾曳。”（曳字從段本增。）段注曰：“束縛而牽引之謂之臾曳。”銜之言銜接也。(《漢書·匈奴傳》下“銜尾相行”即接尾相行也。）曳銜蓋謂胥靡之刑。《漢書·楚元王交傳》“胥靡之，衣之赭衣，使杵臼雅舂於市"，顔師古注曰："聯繫使相隨而服役之，故謂之胥靡，猶今之役囚徒以鎖聯綴耳。"聯繫使相隨，非曳衙之義乎？曳衙謂之曳戮者，戮之言辱也。戮辱聲近義通，古蓋本爲一字。《周禮・秋官》序官"掌戮"注曰："戮，猶辱也。"《廣雅・釋詁》三曰："戮，辱也。"《説文》曰："辱，耻也，從寸在辰下，失耕時於封疆上戮之也。"又以戮釋辱。戮辱互訓，是戮即辱矣。其證一。《吕氏春秋・開春篇》注曰："奴，戮也。"《周禮・司厲》注，《漢書・王莽傳》并引《書》曰："予則奴戮女。"是戮又與奴通。奴婢古之罪人，故奴有辱義，而戮與奴通，是戮亦辱矣。其證二。王注曰："執而曳戮之於市。"又曰："時被戮夫婦夜亡，道聞後宫處妾所棄女啼聲，哀而收之，遂奔褒。"(《國語・鄭語》亦曰"方戮在路"云云，即王所本。)既已被戮，又能亡走是戮非殺戮之戮明甚。反之，以戮與辱奴通之理推之，則曳戮於市，其爲刑也，宜亦胥縻之類。蓋胥縻者，著墨幪赭衣之屬，拘繫相隨，而役作於市衢之間，即爲奴之事，亦即不虧膚體但受耻辱之刑也。曳戮之刑既非胥縻不足以當之，則曳衙之情事又與胥縻正合，然則注所以釋曳衙爲曳戮者，不俟煩言而解矣。(下文"何號於市"，號爲號哭，謂賣弧服者被戮於市，悲憤而號哭也。王注訓號爲呼，毛奇齡因以叫賣説之，傎矣。)曳衙成語，義本易曉，故注不分字立訓，但總探《問》意而申之曰："執而曳戮之於市。"乃淺人不知曳衙實以刑言，徒見注有夫婦賣是器之語，而衒之義適爲行賣，又與衙形近，遂改衙爲衒。詎知字果作衒，無論注中曳戮云云不知所指，即正文曳衒之語，亦復成何文義？將謂曳爲夫婦相牽曳而行乎，抑謂人牽曳檿弧箕服而行乎？竊恐皆無此理也。

何罰何佑？

劉盼遂云：當作"何佑何罰"，罰與殺韻，今本佑罰倒置，則與殺不叶。案劉説郅塙。注曰："善者佑之，惡者罰之。"先佑後罰，亦劉説之佳證也。

何逢長之？

案《詩・生民》曰："以赫厥靈，上帝不寧，不康禋祀，居然生子。"俞樾云：言后稷始生之時，赫然若有神靈，上帝亦爲之不寧而不康禋祀，即此"驚帝切激"之謂矣。案如俞說，以此二句爲問后稷初生時事，則逢長似當爲遂長之誤。（上文"何馮弓挾矢，殊能將之"亦言初生時事，余别有說。）《莊子・馬蹄篇》曰"草木遂長"，《吕氏春秋・去私篇》曰"而萬物得遂長焉"，《淮南子・修務篇》曰"五穀得遂長"。此亦本作遂長。今遂作逢者，二字形近，又涉上文"後嗣而逢長"而誤也。此問后稷初生時，既驚帝切激，宜爲帝所不佑，何又使之遂成而長大乎？

何令徹彼岐社，命有殷之國？

案命字疑衍。上文令字統攝徹岐社與有殷國二事，（《廣雅・釋詁》一："有，取也。"有殷之國即取殷之國。《墨子・非攻下篇》："赤烏銜珪，降周之岐社，曰：'天命周文王伐殷有國。'"義與此同。）文意已足，此又出命字，斯爲冗矣。令命古同字，此命字蓋涉上文令字而衍。

何卒官湯，尊食宗緒？

"官湯"不辭，官蓋𠂤之誤。𠂤追古通，（《説文》："𠂤，小阜也。"即今堆字。《儀禮・士冠禮》"毋追"注："追猶堆也。"《文選・七發》"逾岸出追"注："追亦堆字。"追堆同字，即追𠂤同字矣。）《方言》十二曰："追，隨也。"本書《離騷》"背繩墨以追曲"注曰："追猶隨也。"追湯即隨湯也。《禮記・祭法》曰："殷人禘嚳而郊冥，祖契而宗湯。"是殷人以宗祭祭湯也。《家語・廟制篇》曰："古者祖有功而宗有德。"《書・咸有一德》疏，《初學記》二，并引《帝王世紀》曰："沃丁八年，伊尹卒……沃丁葬以天子之禮，祀以太牢，親自臨喪三年，以報大德。”夫唯有德者乃能饗食宗祭，而沃丁祀伊尹以天子之禮以報大德，是殷人亦以宗祭祭伊尹也。殷人宗湯，亦宗伊尹，是伊尹隨湯而尊食宗緒矣。

吴光争國，久餘是勝。

案此處無問詞，非《天問》語例。當在“吴光”上或“久餘”上增一何字。

受壽永多，夫何久長？

案永多久長四字義複。朱本無久字，《御覽》八六一引亦無，當據删。然永多長三字并用，仍嫌贅疣。注曰：“彭祖至八百歲，猶自悔不壽，恨枕高而唾遠也。”《説文》：“悵望，恨也。”（望即怨望之望，此當讀惘[①]，悵望連文，悵望[②]叠韻聯綿詞，即悵惘，故訓恨。）據此，似《天問》本作夫何悵。注正以悔恨二字釋悵字也。《九歌・山鬼篇》“怨公子兮悵忘歸”注曰：“悵然失志而忘歸。”失志即悔恨之謂矣。悵缺損成長，淺人又增久字以配之，而問意全失。

驚女采薇鹿何祐？

案驚借爲警。《易・震》“驚百里”鄭注曰：“驚之言警戒也。”是其比。驚女二字當互易。女驚采薇，謂女警戒之令勿采薇也。《文選・辨命論》注引《古史考》曰：“伯夷、叔齊隱於首陽山，采薇而食之，野有婦人謂之曰：‘子義不食周粟，此亦周之草木也。’於是餓死。”此即女警采薇之事也。《路史・餘論》注引《三秦記》曰：“夷、齊食薇三年，顔色不變，武王戒之。不食而死。”戒之即警之也。[惟此戒之者爲武王，則猶他書，又或以爲白張石虎（《論語義疏》），或以爲王摩

① “惘”字，據上下文文義補。

② “悵望”二字疑衍。

子（《路史·後紀》引《列士傳》），或作俾摩子（《路史·炎帝紀》下），或傳聞異詞耳。］女鷩與鹿祐對文，若作鷩女，則失《問》旨矣。注曰“有女子采薇菜，有所鷩而走”，又曰“女子鷩而北走”，既不知爲夷、齊事，又以“女鷩采薇”爲“采薇女鷩”，此雖皆大謬，然詳審語意，所據本固作女鷩，不作鷩女也。

荆勛作師夫何長？

案注曰“師衆也，勛功也”，先釋師字，後釋勛字。又曰“於是楚爲此興師攻滅吴之邊邑，而怒（？）始有功”，以功釋勛亦在“興師”之下。據此，則王本作“荆師作勛夫何長”，言楚師伐吴，屢立戰功耳。今本師勛二字互倒，不辭甚矣。

何試上自予，忠名彌彰？

案注不釋予字，而曰“言我何敢嘗試君上，自干忠直之名”，則是王本“自予”作“自干”也。（《漢書·孔光傳》“以奸忠直”注曰：“奸，求也。奸忠直之名。”奸與干通。“奸忠直之名”與“自干忠直之名”語同，故知王注之干必非誤字。）惟注以干爲干求之干，又讀“自干忠名”爲句，甚誤明甚。《説文》曰：“迁，進也。”《後漢書·皇甫嵩傳》注曰：“干謂冒進。”迁干同。“試上自干”，謂“試上以自冒進”耳。［《韓非子·説難篇》“論其所憎則以爲嘗己也”注曰：“嘗，試也。論君所憎則謂爲試己（己下有也字，從盧文弨删）含怒之深淺。”此試字義略同。］

楚辭斠補乙[①]

離　騷

何不改此度（一云何不改乎此度也）
來吾道夫先路（一本句末有也字）

案當據一本補乎字及兩也字。正德本，朱氏《集注》本，錢氏《集傳》本皆有乎字，正德本，錢本又有兩也字，唐寫本《文選集注》殘卷同，并與一本合。兩也字關係於韻律者甚大，尤不當省，説詳下條。

昔三后之純粹兮，固衆芳之所在，雜申椒與菌桂兮，豈維紉夫蕙茝[②]

案上云“乘騏驥以馳騁兮，來吾道夫先路也”，下云“彼堯舜之耿介兮，既遵道而得路”，上下皆言行路，中忽插入此四句，文意梗滯，其爲錯簡，殆無可疑。今案雜椒桂，紉蕙茝，仍以服飾言，紉蕙茝之紉，即前“紉秋蘭以爲佩”之紉，故四句當在彼文之下。淺人以三后與堯舜當以類相從，遂移在“彼堯舜之耿介”前，不知王逸既已以三后爲禹、湯、文王，則此三君者，何得次於堯舜之前乎？王蓋已知其難通，

---

① 此篇原題《楚辭斠補》，載 1936 年 6 月《清華學報》，未收入開明版《聞一多全集》。在 1935 年的武漢大學《文哲季刊》（第 5 卷第 1 號）上，作者還有一篇同題文章，今一并編入，而以甲乙區別之。

② “昔三后”句至此，原無標點。以下所校《楚辭》原文，有用標點者，亦有不用標點者，今求統一，於無標點處，一律酌加標點，不再出注。

故從而解之曰，“夫先三后者，據近以及遠，明道德同也”，洪興祖亦曰，“上言三后，下言堯舜，謂三后遵堯舜之道以得路也”，彌縫牽合，要皆妄滋紜紛。玆更定其次，合前後諸文移寫之如下，讀者試取今本并觀之，可以判其得失矣。

紛吾既有此内美兮，又重之以修能，
扈江離與辟芷兮，紉秋蘭以爲佩。
昔三后之純粹兮，固衆芳之所在，
雜申椒與菌桂兮，豈惟紉夫蕙茝？
汩余若將不及兮，恐年歲之不吾與，
朝搴阰之木蘭兮，夕攬洲之宿莽，
日月忽其不淹兮，春與秋其代序，
惟草木之零落兮，恐美人之遲暮。
不撫壯而棄穢兮，何不改乎此度也！
乘騏驥以馳騁兮，來，吾道夫先路也！
彼堯舜之耿介兮，既遵道而得路，
何桀紂之猖披兮，夫唯捷徑以窘步。

或疑兩路字不當連押，此亦不然。“度也”與“路也”爲一韻，“路”與“步”爲又一韻，本各不相犯。“路也”爲兩音綴，“路”爲一音綴，其間相去，何啻秦越？古人韻律之嚴，與其變化之富，有非漢以後人所及知者矣。

反信讒而齌怒（齌一作齊）

案《匡謬正俗》七，《御覽》九一三，又九八一，《事類賦注》二四，并引作齊，唐寫本《文選》亦作齊，又引陸善經曰“反信讒言而同怒己也”，正以同訓齊。據此，似唐以來《楚辭》皆作齊，作齌者，後人以訓詁字改之。

余雖好修姱以鞿羈兮，謇朝誶而夕替，既替余以蕙纕兮，又申之以攬茝

案“誶”“替”“攬”三字皆誤，分說之如下。（一）曰“誶”當爲“申”也。“誶”“訊”脂真對轉，經傳通用，例不勝計，而訊又與申音近，（《史記·賈生傳》索隱“訊音信”，《後漢書·桓帝紀》注“信音申，古字通”，案訊信申同真部。）故通訊之誶，亦或與申通。《漢書·賈誼傳·吊屈原文》“誶曰”，《史記》作“訊曰”，索隱曰“訊猶宣也，重宣其意”。案“重宣”之義是。訊借爲申，故得訓重，（《爾雅·釋詁》：“申，重也。”）賈文之“誶曰”或“訊曰”，猶《遠游》及董仲舒《士不遇賦》，班倢伃《自悼賦》之“重曰”也。《離騷》“朝誶”本作“朝申”。（當是申誤爲訊，又轉寫爲誶。）知之者，下文曰“既替（？）余以蕙纕兮，又申之以攬（蘭）茝”，正以“既替（？）”句承“夕替（？）”，以“又申”句承“朝申”也。若作“朝誶”，則語勢偏枯而義亦扞格。（二）曰“替”之正字不可知也。替與艱韻，本成問題，昔人論之者衆矣，而皆不知此字之礙於文義，其關係尤大。此爲誤改，亦無可疑，第不審其初本作何字耳。至其義，則以上下文求之，必與申相近，蓋“朝申夕替”，“既替又申”，皆偶文也。（三）曰“攬”當爲“蘭”也。蘭攬聲近而訛。（二字之差，惟在聲隨之一爲n，一爲m，然亦得相轉，如檻一曰欄之比。）《悲迴風》“蘭茝幽而獨芳”，《九嘆·遠游》“懷蘭茝之芬芳兮”，《荀子·大略篇》“蘭茝藁本，漸於蜜醴，一佩易之”，皆蘭茝連文。茝一作芷，本篇下文“蘭芷變而不芳”，《七諫·沉江》“蘭芷幽而有芳”，《淮南子·説林篇》“蘭芷以芳，未嘗見霜”，又“蘭芷欲修而秋風敗之”，（《淮南》兩芷字，今并誤作芝，從王念孫校改。）《説苑·雜言篇》“如入蘭芷之室”是也。若作“攬茝”，復成何文義？（王注曰“然猶復重引芳茝以自結束”，是訓攬爲引，然“又申之以引茝”，亦不成義。）説三字既竟，請進而揔釋全文。雖，當從王念孫讀爲唯。謇，語詞。申，束也，替（？）義略同。此言余唯好

修姱以鞿羈，故朝申蘭茝而夕替（？）蕙纕。申也，替（？）也，并即“鞿羈”之謂。搴取衆芳，加諸己身，以爲華飾，申之束之，無間朝夕，非性“好修姱”者何以至此？三句一意相承，詞氣順適，而朝申蘭茝，夕替（？）蕙纕，語勢平列，義無軒輊，則上文“朝搴阰之木蘭兮，夕攬洲之宿莽”，“朝飲木蘭之墜露兮，夕餐秋菊之落英”，亦并以芳草爲言，而皆朝夕對舉，又可資參證也。且上文曰：

> 佩繽紛其繁飾兮，芳菲菲其彌章，民生各有所樂兮，余獨好修以爲常，雖體解其猶未變兮，豈余心之可懲？

此文曰：

> 余雖（唯）好修姱以鞿羈兮，謇朝申而夕替（？），既替（？）余以蕙纕兮，又申之以蘭茝，亦余心之所善兮，雖九死其猶未悔。

“九死”即“體解”也。（王釋“九死”句曰“雖以見過支解九死”，釋“體解”句曰“雖獲罪支解”。）此言因好修姱而朝申蘭茝，夕替（？）蕙纕，至冒九死而不悔，彼言佩服繁飾，好修爲常，雖遭體解而此心不懲，兩段語意全同。彼專以服飾爲言，則此亦宜然。王逸胸多成見，依據誤文，曲爲之説。訓誶爲諫，訓替爲廢，又讀謇爲“王臣謇謇”之謇，謂屈子“朝諫謇謇於君，夕暮而身廢棄”，又釋“鞿羈”爲“爲人所繫累”，去屈子之旨遠矣。要之，自篇首至女嬃詈予一大段，屢言佩服芬芳，異於世俗，雖枝辭間出，而大要則不離此旨。“余雖（唯）好修姱以鞿羈”以下六句，亦當專以服飾爲言，不涉他意也。雖然，觀此處誤字之多，與王説穿鑿之甚，余深疑此文乃經人改竄以牽合史傳者，惟其人或爲王逸，或更在其前，則未可知爾。

喟憑心而歷兹（憑一作馮）

案“喟憑心”三字費解。注曰“喟然舒憤懣之心”，詞意已嫌未惬，而“舒”字正文所無，此則增字爲訓，尤爲注家大忌。今案此本作“喟憑而歷兹”，心字衍文也。蓋始而“憑”誤分爲“馮心”二字，即舊校所據作馮之本，繼而又於“馮”下沾“心”而作“憑”，即今本矣。喟憑者，古之成語。《淮南子・修務篇》曰“發憤而成仁，慣憑而爲義”，慣憑猶發憤也。喟憑與慣憑同。“喟憑而歷兹”，猶言“發憤而數此”也。（歷仍當從注訓爲數。數讀上聲。《禮記・儒行》“遽數之”疏“數，説也”，案謂覙縷以説之也。）字一作慣恲。《廣雅・釋訓》：“慣恲，忼慨也。”忼慨與發憤義亦近。“喟憑”，“慣憑”，“慣恲”，并字異而義同。今本《淮南》慣誤爲帽，王念孫既據《楚辭》《廣雅》以訂之矣，然不悟《楚辭》心字爲衍文，則偶然未照耳。

五子用失乎家巷

王引之讀“家巷”爲“家閧”，又謂“失”爲衍文，“五子用乎家巷”者，“用乎”之文與“用夫”“用之”同，下文“日康娱而自娱兮，厥首用夫顛隕”，“后辛之菹醢兮，殷宗用之不長”是也。案王讀“家巷”爲“家閧”，是矣，［王引揚雄《宗正箴》“五子家降”，謂即《離騷》之“家巷”舉證精確。今案“家巷”之語，古書多有。《韓非子・八經篇》：“大臣兩重提衡而不踦養（原誤卷，改從孫詒讓），其患家隆劫殺之難作。”隆降古通，“家隆”即“家降”，亦即“家巷”也。此亦王説之佳證。］謂失爲衍文，則有未諦。此本作“五子用夫家巷”，淺人讀巷爲閭巷之巷，則句中無動詞，文義不足，因改“夫”爲“失”，以足其義，後人又以“五子用失家巷”聲調不諧，乃又沾“乎”字以諧其聲耳。班固《離騷序》稱淮南王叙《離騷傳》説“‘五子以失家巷’，謂五子胥也”，是淮南王所見本作“五子以失家巷”。（“以”與“用”通，作以作用，於義無殊。）淮南王本“夫”已誤爲“失”，而尚無“乎”

字，此“乎”爲衍文之確證。

羿淫游以佚畋兮，又好射夫封狐

案《天問》説羿事曰，“馮珧利决，封豨是射”，《淮南子·本經篇》曰“堯乃使羿……禽封豨於桑林”，其在《左傳》，則神話變爲歷史，《昭二十八年》稱樂正后夔之子伯封“謂之封豕，有窮后羿滅之”，封豕即封豨也。諸書言羿所射殺者，或稱封豨，或稱封豕，獨不聞封狐，疑此文之“狐”當爲豦，聲之誤也。考豕者今之野豬，古亦稱豦。《説文》豦下引司馬相如説曰，“豦，封豕之屬”，《玉篇》曰“豦，封豦，豕屬也”，是封豕古亦稱封豦。《離騷》蓋本作“封豦”，豦狐音近，淺人多見“封狐”，（本書《招魂》“封狐千里”，《文選·西京賦》“探封狐”。）少見“封豦”，因改豦爲狐耳。揚雄《上林苑令箴》曰：“昔在帝羿，失（佚）田淫游。（原作“共田徑游”，不成文義。共當爲失，徑當爲淫，并字之誤也。隸書失或作失，與共形近，故相涉而誤。淫徑形近相亂，尤爲顯白。失佚古通。“失田淫游”之文，全襲《離騷》。）弧矢是尚，而射夫封豬，不顧於愆，卒遇後憂。”此與《離騷》“羿淫游以佚畋兮，又好射夫封狐，固亂流其鮮終兮，浞又貪夫厥家”，語意全同。《箴》曰“射夫封豬”，是雄所見《離騷》不作“狐”之確證。雖然雄文既有“封豬”之語，何以知《離騷》之不作豬而必作豦乎？曰：言夫義，則“豬”“豦”無妨并存，言夫聲，則“豦”勝於“豬”。何以明之？豬狐叠韻，豦狐雙聲兼叠韻，“豦”誤作“狐”自更易於“豬”誤作“狐”，是以明之。

又案《説文》曰：“豦，鬥相丮不解，從豕虍，豕虎之鬥不相捨，讀若蘮蒘艸之蘮。司馬相如説：豦，封豕之屬。一曰虎兩足舉。”案司馬説是也。《説文》又曰：“豭，牡豕也。”豭豦音近，豦即豭也。然“豭”“豦”二形非古，古祗作“豕”，特其音則讀如豭，若豦耳。此可以“家”之語根證之。許君説“家”從豭省聲，殆不可信。夫有省者必有不省者，顧自卜辭以下，未見“𡩧”字。且“家”爲合體象形，“豭”

爲形聲，形聲不當起於象形之前，則“家”不當從“豭”得聲，明矣。今案家仍當從豖聲，而此豖字則當讀古牙切，金文《頌鼎》“令女（汝）官嗣成周貯廿家”，又一器作“廿豖”，是其確證。蓋“豖”者，始則一形而二讀，繼而嫌於豖（古牙切）與豖（式視切）混，乃各著聲符以别之，前者增“叚”，後者增“希”，即豭豨（《説文》豖讀與豨同）二字矣。“豭”行而“豖”（古牙切）廢，“豨”行而“豖”（式視切）猶存，“豖”之一形遂爲式視切之音所長。降至漢世，“豖”無復古牙切之音，許君不明“家”得聲之故，故不得不以從豭省聲説之。至“豦”字，則以“處”與“処”，“虖”與“乎”，“虛”與“丠”，“虞”與“吴”等古皆同字之例推之，宜亦即“豖”（古牙切）之後起字，“虍”亦聲符，不爲義。“豖”之增“虍”而爲豦，猶“豖”之增“叚”而爲豭矣。“豖”“豦”“豭”三形既總爲一字，則封豖之豖字，古必亦有讀古牙切者，故《楚辭》書作“封豦”（司馬相如或即據《楚辭》爲説），而今本又以聲誤作“封狐”。

湯禹儼而祗敬兮，周論道而莫差

案先湯後禹，世次倒植，最爲蔑理。疑“湯禹”當爲“湯武”，列三證以明之。上文曰，“夏桀之常違兮，乃遂焉而逢殃，后辛之菹醢兮，殷宗用而不長”，上言桀紂，下言湯武，此古人屬詞比事之常例，若作“湯禹”，則非例矣。其證一。《史記・屈原傳》引淮南王《離騷傳敘》曰：“上稱帝嚳，下道齊桓，中述湯武。”（此處上下七句亦見班固《離騷序》，彼以爲淮南王每叙《離騷傳》語，則此亦當是淮南王語，班所引文不具耳。）尋《離騷》全篇所稱古聖君，獨無周武王，則所謂“中述湯武”者，必指此文，而所見本乃作“湯武”不作“湯禹”。其證二。（班固《離騷贊序》“上陳堯舜禹湯文王之法，下言羿澆桀紂之失”，是班所見本已誤。）《漢書・司馬相如傳》下（《封禪文》）曰：“是以湯武至尊嚴而不失肅祗”，語與“湯禹儼而祗敬兮”逼肖。[《離騷》儼字本作嚴（詳下），與司馬文同，惟彼讀嚴爲尊嚴之嚴，則義與王逸異。]

蓋即本此文，而字亦作“湯武”。其證三。“湯武儼而祗敬兮，周論道而莫差”者，“論”“道”二字并訓擇。《逸周書·皇門篇》“乃方求論擇元聖武夫，羞於王所”，《國語·齊語》“論比協材”注“論，擇也”，《墨子·所染篇》“故善爲君者勞於論人”，《吕氏春秋·當染篇》語同，高注“論猶擇”，《荀子·非相篇》“故相形不如論心，論心不如擇術”，《王霸篇》“若夫論一相以兼率之”，注“論謂討論選擇之也”，《成相篇》“天乙湯，論舉當，身讓卞隨舉（與）牟先”，論舉即擇舉，猶選舉也，《哀公篇》“吾欲論吾國之士，與之治國，敢問何如取之邪”，謂擇吾國之士也，《説苑·政理篇》“魯哀公問政於夫子，夫子曰‘政在於論（今誤作諭，從俞樾改）臣’”，《史記·孔子世家》作“政在選臣”，選亦擇也。道與導通，導亦訓擇。《漢書·鄧后紀》“導官”注“主導擇米以供祭祀”，《司馬相如傳》下“導一莖六穗於庖”注引鄭德説曰“導，擇也”，《後漢書·光武紀》下“非徒有豫養導擇之勞”注“導亦擇也”，崔駰《七依》“乃導玄山之粱，不周之稻”，謂擇玄山之粱，不周之稻也。案《離騷》“論道”正謂選擇賢才，下文“舉賢授能”，即承此言之。周者，《説文》“周，密也”，《管子·入國篇》“人主不可不周”注“周謂謹密也”。屈子謂湯武二君於其輔弼之臣，周密選擇，一循繩墨，故莫有差失。淺人既以“論道”爲“議論道德”（王逸説如此），固傅會文王演《易》事，而以“周”爲國號，指文王。（亦王逸説。案此解最謬妄，以一“周”字代表文王，則同是周君也，其奈武、成、康、昭以降何？且湯、禹皆舉人名，文王變稱國號，詞例參差，亦難索解。）復因“武”“周”并出，嫌於不辭，而“武”“禹”聲類適同，遂定“武”爲誤字而陰改之。下文“湯禹嚴而求合兮”，《懷沙》“湯禹久遠兮”，則又皆蒙此文而誤也。

儼舊校一作嚴，唐寫本《文選》同。案此本作嚴，今作儼者，後人順注改之。下文“湯禹嚴而求合兮”，正作嚴，可證。司馬相如《封禪文》“是以湯武至尊嚴而不失肅祗”，即本此文（詳上），而釋嚴爲尊嚴，是所見本猶作嚴，不作儼也。

攬茹蕙以掩涕兮

案注訓茹爲柔軟。然蕙無剛柔之别，蕙稱茹蕙，不經甚矣。疑茹當爲若。二字形聲并近，故相涉而誤。若，杜若也，亦芳草，故蕙若并稱。《漢書・揚雄傳・反騷》“捲薜芷與若蕙兮”，“若蕙”之文，或本《騷經》。或倒之曰“蕙若”，本書《惜往日》“謂蕙若其不可佩”，《後漢書・馮衍傳》“築蕙若而爲室”，胥是。

索藑茅以筳篿兮，命靈氛爲余占之，曰兩美其必合兮，孰信修而慕之

案“占”“慕”不叶，慕字於義亦未安。郭沫若先生謂“慕”當爲“莫□”二字，因下一字壞，傳寫誤合爲一，下一字，以韻求之，則耽欽琛探尋朋等文必居其一。案沫若先生以“慕”爲“莫□”二字之誤合，神悟過人，得未曾有，惜於下一字未能完其説耳。何則？所舉六字，苟有缺損，與“莫”相合，無一能得“慕”字之形，况案諸文義，亦皆未有當乎？今謂此明是“念”字，念缺其上半之“今”，以所遺之“心”上合於“莫”，隸變成“慕”矣。念在侵部，與“占”正叶，而“孰信修而莫念之”，於文義亦契合無間。質之沫若先生，將毋詫爲豐城劍合之妙與？

又案此文占慕失韻，久成疑案。朱子二“之”字爲韻之説，因爲臆測，然後來諸家所説，亦未見有以勝之者，（清人王遠謂篿占爲韻，合慕爲韻，尤堪噴飯。）故終亦未敢定其必非。逮至近人，王樹枏始謂占爲卜之訛，“卜”與“慕”候魚合韻，余嘗以其説似近理，視朱子爲後來居上矣。嗣又見《文昌雜録》二引此句占正作卜，益大喜過望，謂王説之果信而有徵也。今諦審《騷》文，乃知占字不誤，王説似是而實非。夫既曰“索藑茅以筳篿兮”，明是筮非卜，安得復云“命靈氛爲余卜之”？下文“欲從靈氛之吉占兮”，最爲明證，而王注本文曰“靈氛，古明占吉凶者”，《漢書・揚雄傳》注載晋灼説亦曰“靈氛，古之善占

者”，亦足證漢人所見《離騷》字皆作占。(《惜誦》“吾使厲神占之兮”，亦可資旁證。）要之，此文之誤在慕不在占，若《雜録》所引，自是壞文，不當反據彼以疑《離騷》也。世或有利王説之簡易而輕信之者，且將引《雜録》以張其軍，余故豫爲辭而辟之，附着於篇焉。

又案藑,《文選》作瓊,《玉燭寶典》八,《御覽》七二六,《海録碎事》一四,《文昌雜録》二,《廣韻》二仙所引《楚辭》亦并作藑。藑茅，茅赤如藑玉也。(《爾雅·釋草》“葍，藑茅”注：“葍藑一種，花有赤者爲藑。”）疑《離騷》本作瓊，作藑者後人順《爾雅》《説文》改之。《緯略》三載《荊楚歲時記》引此作蘏（今本《歲時記》無此文），則俗又加艸耳。

湯禹嚴而求合兮，摯咎繇而能調

案湯與禹，摯與咎繇，并叙次傎倒，可疑者一也。“摯咎繇而能調”句不合文法,(“而”爲連詞。“而”字上必更有一動詞與“調”等列，而以“而”字連之。如今本，則“而”字無所連。）可疑者二也。此之爲誤，皆顯而易見，無俟深論。今更有一事，則恐非明辯而詳察之，不足以發其矛盾。王注曰：“摯，伊尹名，湯臣也。咎繇，禹臣也。調，和也。言湯禹至聖，猶敬承天道，求匹合，得伊尹、咎繇，乃能調和陰陽而安天下也。”案湯與伊尹，君臣相得，世所艷稱，其詳具見諸子書，斯固君求合而臣能調之確例矣。若禹與咎繇，本皆舜臣，及禹受禪，二人始有君臣之分，古史所傳如此，求聞禹之自求咎繇而舉用之也。今乃與湯伊之事相提并論，豈其倫乎？下文云：“説操築於傅岩兮，武丁用而不疑，吕望之鼓刀兮，遭周文而得舉，甯戚之謳歌兮，齊桓聞而該輔。”此亦皆君臣際遇，不介而孚，自昔傳爲美談者，故與湯伊之事連類而稱。其他百家傳記所述，與此同例者，指不勝屈，間亦以管仲、百里奚、商鞅輩之事錯雜其間，惟從無數及咎繇者。何屈子之詞獨與諸家異乎？意者此二句本專言湯與伊尹之事，今本“禹”及“咎繇”二字，皆後人所改歟？因悟王逸釋“調”爲“調和陰陽而安天下”，此漢人陰陽五行之觀念，屈子何由知之？其爲臆側，不待煩言而解。今謂“調”當讀烹調之調，此句蓋説伊尹爲庖事。伊尹爲庖，傅説操築，吕望屠牛，甯戚行賈，而皆見舉用，屈子稱之，正以見苟身有明德，雖處微賤，而人君自能知之，不待左右爲之先容也，故又曰“苟中情其好修，又何必用夫行媒”。夫伊尹之事，所以眩曜古今，爲人樂道者，豈不以其出卑辱，登榮顯，變化不測，富於“傳奇”意味，與彼三賢同科耶？若稱伊尹而略其爲庖，是盡失其故事之意義，有買櫝還珠之誚矣。且亦奚必與彼三賢并稱哉？明乎此，則調之爲烹調，自無可疑。知調烹調，則句中必不容有“咎繇”二字，而上句“禹”字之不當有，亦從可知。蓋上文“湯武儼而祗敬兮”，已誤爲“湯禹”，此或涉彼文而誤，“湯”下一字改爲“禹”，因又改“摯”下二字爲“咎繇”以就之。此其致誤之迹之略可窺尋者也。至此數字之本作何字，則徵驗弗備，宜附蓋闕之例，今於二句，姑書作“湯□嚴而求合兮，摯□□而能調”可耳。

又案《淮南子·修務篇》，“伊尹負鼎而干湯”，（下云：“吕望鼓刀而入周，百里奚轉鬻，管仲束縛。”）注曰：“伊尹處於有莘之野，執鼎俎，和五味以干湯，欲調陰陽行其道。”據此，是漢人謂伊尹調和陰陽，本因調和至味而引申之之説。嘗疑王逸注《楚辭》，往往詁字釋意，自相矛盾，一似餖飣舊注，敷衍成文，而未能盡通其意者。（注文有用韻語者，有不用者，亦有一篇之中，二例錯出者，體例最爲踳駁，此亦余説之一證。）此注“調和陰陽”云云，似亦得之舊注。蓋正文二句本説伊尹烹割要湯，舊本《離騷》未經改竄，故舊注有“調和陰陽，以安天下”之語，與高注《淮南》義同。王逸所見《離騷》非復舊本，而所用注義則猶是發揮舊本《離騷》之文，宜在注義與正文似合而未合也。

九　歌

揚枹兮拊鼓

案以韻求之，此下當捝一句。

聊翺游兮周章

案注曰："周章猶周流也，言雲神居無常處，動則翺翔周流往來且游戲也。"據此，則正文"翺游"當作"翺翔"。原本《玉篇·音部》，《文選·安陸昭王碑文》注，慧琳《一切經音義》二七，《學林》五所引并作翺翔，是其確證。

君思我兮然疑作

案以韻求之，此句上似敓一句。

首身離兮心不懲（身一作雖）

案一本作"首雖離"，義長。《國語·周語》注"離，失也"，《廣雅·釋詁》二"離，去也"。此言首雖失去而心猶不懲，"首雖離"，"心不懲"，語相叫應。淺人不達離字之義，改雖爲身，失其旨矣。注曰"言己雖死，頭足分離，而心終不懲忢"，是王本正作雖。其"頭足分離"四字，乃就"離"字敷衍成辭，以暢語勢者，未足據爲典要，不謂淺人反據以改正文也。《書鈔》一一八引此亦作"雖"，元本，正德本并同。

子魂魄兮爲鬼雄（子魂魄一作魂魄毅，一作子魄毅）

案作"魂魄毅"者是。注曰"魂魄武毅，長爲百鬼之雄杰也"，正以"武毅"釋毅字。《文選》鮑照《出自薊北門行》注引亦作"魂魄毅”，元本，正德本并同。

姱女倡兮容與

案以韻求之，此句上似敚一句。

天 問

舜服厥弟，終然爲害，何肆犬體，而厥身不危敗（一云“何得肆其犬豕”，一云“何肆犬豕”）

案舜弟名象，即《説文》“越南大獸長鼻牙”之象（有説别詳），“舜服厥弟”者，服謂馴服之也。（《吕氏春秋·古樂篇》“商人服象爲虐於東夷”，是古有服象之事。）“何肆犬體”當從一本作“何肆犬豕”。傳説蓋謂舜服象時，象嘗恣其野性，如犬噬豕突之爲，以加害於舜，而舜終得免於害，故曰“何肆犬豕而厥身不危敗”也。今本“豕”誤爲“體”，（古音豕體相近。《説文》豨下云：“一曰河内名豕也，讀若弟。”案豕豨疑本一字，讀若弟，與體音最近。）則文不成義。注曰“言象無道，肆其犬豕之心”，是王本正作“何肆犬豕”。

吴獲迄古南嶽①是止

案注以“獲”爲動詞，訓爲得，“吴得迄古”，於義難通。細審之，當是“吴獲”二字爲主格。王闓運謂獲爲吴太伯之名，誠爲卓識，然而太伯名“獲”，終嫌無徵，况太伯之名，史籍先闕，范寧已明言之乎？《史記·吴太伯世家》索隱引范寧《論語注》曰：“稱仲雍季歷，皆以字配名，則伯亦是字，又是爵，但其名史籍先闕爾。”案范説是也。太

① “嶽”（岳）原作“獄”，從《天問疏證》改。

伯者，其名不傳，以仲雍季歷之例推之，當稱伯□，伯仲季皆字也。然周人封爵之伯，即以字得名，伯□爲太王長子，故其受封爵亦號曰伯。《國語·吳語》曰“夫命珪有命，固曰吳伯”，韋注《晋語》亦曰“後武王追封爲吳伯”，是吳本伯爵。(《吳越春秋·吳太伯傳》“太伯曰‘吾以伯長居國絶嗣者也’”，此亦以封爵言。）其又稱王者，嗣君之僭號耳。伯□爲吳始受封之君，諸吳伯之中，宜莫此爲大，大而又大謂之太，故伯□而稱太伯者，後世尊之之號，（既加尊號曰太，復諱其名，久而弗稱，遂以浸亡。）猶之齊爲公爵，其始受封之君則稱太公也。《楚辭》“吳獲”當爲“吳伯”，伯獲聲近而訛。惟此伯字，則是字非爵，伯□稱吳伯，猶仲雍稱吳仲耳。(《漢書·地理志》《吳越春秋》并作吳仲，他書作虞仲，“虞”“吳”一字。）“吳伯迄古，南嶽是止，孰期去（夫）斯，得兩男子”者，蓋先世傳説謂逃南嶽衹太伯一人，而後世則以爲太伯、仲雍兩人，故屈子疑而問之。然則“伯”之與“獲”，曷由而誤乎？曰：古讀喉音每與唇音相通，如烹轉爲亨，葩轉爲花，被轉爲扈(《離騷》注“楚人名被爲扈”），伯益一稱化益（《易·井》釋文引《世本》,《吕氏春秋·求人篇》,《漢書·律曆志》），帍裱謂之被巾（《方言》四），㲚讀若阡陌之陌（《説文·糸部》），魯懿公名戲，一作被（上《國語·周語》，下《漢書·古今人表》），其例殆不勝舉。“伯”“獲”發聲正同此例，而二者又同魚韻，故“伯”訛爲“獲”爲極可能也。若更以楚人名被爲扈證之，則讀伯如獲，或亦楚之方音，而例見諸《天問》，益無足怪矣。

孰期去斯得兩男子（去一作夫）

案去當從一本作夫。篆書夫作，去作，形近而訛。夫于古通。《墨子·天志中篇》“不知亦有貴知（智）夫天者乎”，《淮南子·道應篇》“其比夫不名之地，猶窔奥也”，《易·繫辭》傳“天下之動，貞夫一者也”，《韓詩外傳》二“貞夫法哉，石先生乎”，此四“夫”字，裴學海皆讀爲于（見《古書虚字集釋》八八二）。今案《楚辭》“夫”字亦

多與“于”同。《離騷》“余既不難夫離别兮”，“椒又欲充夫佩幃”，“邅吾道夫崑崙”，《九辯》“願寄言夫流星兮”，夫亦并當讀爲于。本篇“孰期夫斯，得兩男子”，亦謂“孰期于斯，得兩男子”也。“斯”字斥上“南嶽”言。若如今本作“去斯”，則是太伯、仲雍嘗離南嶽而他去，既與史實不合，又與下文“得兩男子”語意相忤矣。

簡狄在臺嚳何宜，玄鳥致貽女何喜（喜一作嘉）

案喜與宜不韻，諸家從一本改作嘉，良是。《續漢書·禮儀志》注引正作嘉，柳宗元《天對》“胡乙彀之食，而怪焉以嘉”，所見本亦作嘉。惟嘉字之義，自來注家咸存而弗論。今案殷虚卜辭曰：

> □辰王卜，在兮〔貞〕：娀[illegible]（毓）放？
> 〔王〕[illegible]，曰吉。在三月。
>
> （《前》2，11，3）
>
> 乙亥卜，𠂤貞：王曰㞢（有）[illegible]（身），放？[illegible]曰放。
>
> （《佚》63，586）

上曰毓，曰有身，而下皆曰放，則放是生子之意。放蓋即妿本字。妿之義本爲增加，生子謂之妿者，妿之言加，猶子之言滋也。今字又作嘉。《月令》鄭注曰：“高辛氏之世，玄鳥遺卵，娀簡吞之而生契，后王以爲媒官嘉祥而立其嗣焉。”案《老子》五十五章曰“益生曰祥”。嘉祥義同，祥爲益生，嘉亦加生也。《天問》曰“玄鳥致貽女何嘉”者，貽讀爲胎，（《續漢書·禮儀志》注引貽作胎。案貽與胎通，《爾雅·釋魚》：“玄貝，貽貝。”《釋文》胎本作台，是其比。）謂玄鳥致胎於簡狄，簡狄何爲果生契也。此嘉字古義之僅存者，證諸卜辭而益明。後人但知嘉訓善訓美，引申而有喜義，又以嘉喜形近，遂改嘉爲喜，甚矣其謬也。（卜辭放字，從郭沫若先生釋，郭又謂字當爲妿之省，讀爲嘉，所見皆極是，而語焉未詳。頃者孫君作雲始以卜辭之“妿”釋《天問》之

“嘉”[1]，於是㓜嘉二字之義遂得兩明。余喜其説之精當，故爲證成之如此。）

擊床先出，其命何從（一作其何所從）

案一本作“其何所從”，是。“從”義與上文“四方之門，其誰從焉”之從同，謂王亥從何道而出也。注曰“其先人失國之原，何所從出乎”，其説雖誤，而所據本作“其何所從”，尚可窺知。

昭后成游，南土爰底。厥利維何，逢彼白雉

案“雉”當爲“兕”，聲之誤也。《史記·齊世家》“蒼兕蒼兕”，索隱引徐廣曰“本或作蒼雉”，《管蔡世家》“曹惠伯兕”《十二諸侯年表》作雉，是其比。古本《竹書紀年》：“昭王十六年，伐楚荆，涉漢，遇大兕。”案“南土爰底”即伐楚荆，逢白雉亦當即遇大兕。顧何以知昭王所逢爲白兕而非白雉乎？殷虚獸骨刻辭屢紀獲白兕：

……於𣎆田，獲白兕，在二月，隹王十祀，肜日。王來征盂〔方〕，白。

（中央研究院藏獸骨刻辭）

辛巳，王則武□……録，獲白兕，丁酉……

（《佚》47，427）

殷俗尚白，而白兕尤難遇，故獲白兕則書。周初習俗，多與殷同，昭王南征逢白兕而以爲“利”，正與殷王獲白兕必刻辭以旌功，同其心理。（唐立庵先生《獲白兕考》曰：“殷人尚白，故獲白兕則書。此風至周初猶然。武王伐紂，有白魚之祥，又用大白小白之旗。穆王征犬戎，

---

① 㓜即放字。孫作雲《天問研究》曰：“商代後期卜辭，凡貞問分娩事，輒曰：‘其㓜？’‘不其㓜？’‘㓜’即‘嘉’字，生子曰嘉，可見‘喜’爲‘嘉’字之誤。”

得四白狼、四白鹿以歸。《作册大鼎》云：‘王賁作册大白馬。’凡他色不特稱，而常著白色者，殆承殷之遺風。”（燕京大學《史學年報》第四期。）案唐説郅塙。惟昭王逢白兕事，最爲佳證，而徵引未及，則由不知《天問》此文之本作“白兕”耳。上揭刻辭第二例，余所補引。）又案郭沫若先生由二百七十六片同例之卜辭中，發現其間“征伐與畋游之事每多不可分，多於師行之次從事畋獵或舟游”。(《卜辭通纂考釋》一六二葉。）今驗上揭第一辭，正爲征伐而兼畋游，此與昭王南征獲白兕事，又如出一轍。夫殷虚遺物所示，與《天問》所紀，其同符也如此，則余舉二辭以證《天問》字當作“白兕”，益爲有據矣。

惜　誦

所作忠而言之兮，指蒼天以爲正（作一作非）

案“作”當從一本作“非”。所儻古通。[二字魚陽對轉，故通用。注訓“設”（詳下），正合儻字之義。]“所非忠而言之”者，猶“儻非忠而言之”也。《論語·雍也篇》：“予所否者，天厭之！天厭之！”《左傳》僖二十四年：“所不與舅氏同心者，有如白水！”（《左傳》中此例尚多，不備舉。）《國語·越語》：“所不掩子之惡，揚子之善者，使其身無終没於越國！”與此同爲誓詞，諸“所”字亦皆訓儻。（上揭諸所字，諸家并訓若，然終不如訓儻之聲近義切。）淺人不達此文“所”字之義，乃以“非”“作”形近，又見下文有“作忠以造怨”之語，遂改“非”爲“作”，傎矣。注曰：“設君謂己所（原誤作）言非忠（忠字原脱）邪，願上指蒼天，使平正之也。”是王本正作“非”。朱本亦作“非”，蕭士贇《李太白詩注》一所引同。

心鬱邑余侘傺兮，又莫察余之中情

案朱子曰"'中情'以韻叶之，當作'善惡'"，是也。《離騷》曰"荃不察余之中情"，"孰云察余之中情"，此蓋涉彼二文而誤。《離騷》又曰"世幽昧以眩曜兮，孰云察余之善惡"，舊校"善惡"一作"中情"。此亦"善惡"誤爲"中情"，與《離騷》一本同例。

矯兹媚以私處兮，願曾思而遠身

案"曾思而遠身"，義不可通。疑"思"當爲"逝"，聲之誤也。《淮南子·覽冥篇》"遻（舊作還，改從孫詒讓）至其曾逝萬仞之上"，本書《九思·悼亂》"玄鶴兮高飛，曾逝兮青冥"。一作增逝。《漢書·梅福傳》"夫鳶鵲遭害，則仁鳥增逝"，《文選》張華《鷦鷯賦》"又矯翼而增逝"。《覽冥篇》注曰"曾猶高也，逝猶飛也"。本篇上云"欲高飛而遠集"，此云"願曾逝而遠身"，與《九思》之以"高飛""曾逝"連言，皆互文也。《吕氏春秋·權勛篇》曰"爲人臣不忠貞，罪也，忠貞不用，遠身可也"，本書《哀時命》曰"時猒飫而不用兮，且隱伏而遠身"。本篇"遠身"同義。曾逝即以遠身，故曰"願曾逝而遠身"。又《離騷》"何離心之可同兮，吾將遠逝以自疏"，詞義亦與此相近，可資參證。今本逝誤爲思，王逸遂訓曾爲重，而釋之曰"言己舉此衆善可以事君，則願私居遠處，重思而察之"，斯爲謬矣。

檮木蘭以矯蕙兮，鑿申椒以爲糧，播江離與滋菊兮，願春日以爲糗芳

案此四句當移在"願曾逝而遠身"後，上下文義乃覺順適，説詳下條。

涉　江

被明月兮佩寶璐。世混濁而莫余知兮，吾方高馳而不顧。駕青虬兮驂白螭，吾與重華游兮瑤之圃。登崑崙兮食玉英，與天地兮同壽，與日月兮同光

案此段文字，細案之，有可疑者三焉。（一）本書通例，凡於韻二字連押者，於文則當有四句，於韻三字連押者，於文則當有六句，餘以類推。今璐顧圃三字連押而文祇五句，英光二字連押（下文湘字不計，説詳後）而文祇三句，皆於例不合。（二）本文全篇“兮”字皆在句末，獨“被明月兮佩寶璐”，及“駕青虬兮驂白螭”以下五句“兮”字在句中，既非亂詞而句法忽變，縱觀全書，亦無此例。（三）篇首言駕虬驂螭，游瑤圃，登崑崙，皆游仙之語，而自“哀南夷之莫吾知兮”以至篇末，又復語語平實，境界迥別。且既言“高馳不顧”，“與天地同壽，與日月同光”，則是離群高舉，永臻樂界矣，而下文復云：“固將愁苦而終窮”，此則一篇之中，態度矛盾，尤爲可疑。（黄文煥、賀寬輩謂後段意境與前句句相左，最是，而蔣驥斥爲“兩橛之見”，誣矣。）今案此段當是《惜誦》末段及亂詞而竄入本篇者，其間復有缺敓，語次亦稍顛倒。兹悉爲釐正，并《惜誦》末數句寫之如下。

欲橫奔而失（佚）路兮，堅志而不忍，背膺牉以交痛兮，心鬱結而紆軫。

恐情質之不信兮，故重著以自明，矯兹媚（美）以私處兮，願曾逝而遠身。

檮木蘭以矯蕙兮，糳申椒以爲糧，播江離與滋菊兮，願春日以爲糗芳。

世混濁而莫余知兮，吾方高馳而不顧，□□□□□□□，□□□□□□□。

〔亂曰〕□□□□□□□，被明月兮佩寶璐，駕青虬兮驂白螭，吾與重華游兮瑶之圃，

□□□□□□□，登崑崙兮食玉英，與天地兮同壽，與日月兮同光。

知“世混濁”以下當屬《惜誦》者，按諸文義而密合也。“恐情質之不信兮，故重著以自明”二句總結上文，“矯兹媚（美）以私處兮，願曾逝而遠身”二句攝起下文。“檮木蘭”以下四句述“曾逝遠身”以前之準備，“世混濁”以下及亂詞正説“曾逝遠身”之事，而“高馳不顧”與“曾逝遠身”語相呼應，綫索尤爲顯明。凡此皆所謂按諸文義而密合者也。然則何以知各處文有缺敓乎？曰：核諸韻例而知之也。何以知“被明月兮佩寶璐”當在“駕青虬”之上乎？曰：句中着“兮”字者，與句末着“兮”字者，不當殽列而雜陳也。何以知此數句之必爲亂詞乎？曰：“兮”在句中，句法之變，由於樂調之變，證之他篇而自明也。(《涉江》,《抽思》,《懷沙》,《九辯》皆然。）何以知《惜誦》之必有亂詞乎？曰：《九章》諸篇，除《橘頌》性質迥殊（與《荀子·賦篇》差近），當自爲一類外，自餘八篇中，則《惜誦》,《涉江》,《哀郢》,《抽思》,《懷沙》等五篇爲一類，《思美人》,《惜往日》,《悲迴風》等三篇又爲一類（有説别詳），五篇中餘四篇皆有亂詞，則《惜誦》亦當有也。至於數句既自《涉江》抽出，則《涉江》之文當讀如下式：

余幼好此奇服兮，年既老而不衰，帶長鋏之陸離兮，冠切雲之崔嵬。

哀南夷之莫吾知兮，旦余濟乎江湘。

惟其篤好奇服，故見疑於世人，既不爲世所知，則惟有離群遠引，濟江湘而北去爾。此其文義，亦正一貫。惟“湘”字於韻無所與協，“哀南夷”二句之上或下，似仍當有脱文。要之，“被明月”以下八句，

《涉江》有之爲贅疣,《惜誦》無之爲俄空，反之，若以八句移歸《惜誦》，則《惜誦》《涉江》，兩得其宜。此之爲錯簡，無所逃於天地之間矣。

接輿髡首兮，桑扈臝行

案“行”字與上下文皆不協韻，知此處必有脱文。且“接輿髡首兮，桑扈臝行”，與“伍子逢殃兮，比干菹醢”，文相偶。彼上有“忠不必用兮，賢不必以”二句，則此上必亦有二句。今本脱去，則文既參差，義亦未備。

步余馬兮山皋，邸余車兮方林

案以本篇句法律之，此當作“步余馬於山皋兮，邸余車於方林”。

哀　郢

荒忽其焉極（一本荒上有怊字）

案一本句首有“怊”字，是也。怊借爲超,《莊子・徐無鬼篇》“武侯超然不對”，彼超借爲怊，此又怊借爲超也。《方言》七“超，遠也，東齊曰超”。荒忽。遠貌也。《漢書・嚴助傳》“戎狄荒服”注“荒言荒忽絶遠，去來無常也”,《後漢書・馬融傳》注“荒忽，幽遠也”。“怊（超）荒忽”與《離騷》“忳鬱邑余侘傺兮”之“忳鬱邑”，“班陸離其上下”之“班陸離”,《九歌・湘君》“美要眇兮宜修”之“美要眇”,《遠游》“怊惝怳而永懷”之“怊惝怳”（此怊字讀如字）語例并同，皆上一字與下二字（連綿詞）同義。淺人昧於本書詞例，又不知怊爲借字，漫然芟之，傎矣。《渚宫舊事》有怊字，朱本同。

瞭杳查而薄天（一云杳冥冥而薄天）

案“杳杳”當從一本作“冥冥”，字之誤也。瞭一本作杳，杳與瞭同。《九辯》洪注“瞭一音杳”。案杳今在明母，瞭在來母，明來二母古爲複輔音，故瞭又有杳音。自“堯舜之抗行兮”以下八句互見《九辯》中，《九辯》此句作“瞭冥冥而薄天”，舊校瞭一作杳，則此當作“瞭冥冥”或“杳冥冥”。“杳冥冥”之語本書多有，《九歌·東君》“杳冥冥以東行”，《山鬼》“杳冥冥兮羌晝晦”，是矣。瞭杳古既同字，則誠如今本作“瞭杳杳”，不等於“瞭瞭瞭”或“杳杳杳”乎？恐古人無此句法也。

抽　思

昔君與我誠言兮（誠一作成）

案一本作成，是。《離騷》“初既與余成言兮”，語與此同。《詩·擊鼓》曰“死生契闊，與子成説”，成言猶成説也。作誠言，則非其義。朱本作成，蕭士贇《李太白詩注》一所引同。

茲歷情以陳辭（一作歷茲情）

案一本作“歷茲情”，是也。《離騷》“喟憑而歷茲……就重華而陳辭”，即此文所本。（《離騷》又云“委厥美而歷茲”，語不可解，“茲”與下文“沬”亦不韻，疑有誤。）《哀時命》亦曰“懷隱憂而歷茲”。本注曰“發此憤思，列謀謨也”，正以“發此憤思”釋“歷茲情”，是王本“歷茲”二字猶未倒。

何毒藥之謇謇兮（一作何獨樂斯之謇謇兮）

案古語以毒藥比忠言，忠言謂之謇謇則可，毒藥謂之謇謇則不可。此當以一本作“何獨樂斯之謇謇”爲正，淺人牽合古語，改“獨樂”爲“毒藥”，又滅“斯”字爾。“何獨樂斯之謇謇兮，願蓀美之可完（長）”，即《離騷》“余固知謇謇之爲患兮，忍而不能舍也”之意。朱子從一本作“何獨樂斯之謇謇兮”，最是。

願蓀美之可完（完一作光）

案作完作光，義皆不愜。疑字本作長。古文長作𠑿，完作𡧢，形近而訛。長誤爲完，與亡不叶，後人又改爲光，則又歧中之歧矣。“願蓀美之可長”者，願君德之勿衰，如蓀之長保其美也。

魂識路之營營

案“識路”當爲“織絡”，字之誤也。《後漢書·張衡傳·思玄賦》“庸織絡於四裔兮”注：“織絡猶經緯往來也。”《文選》作“織路”，注：“織路，往來如織也。”此織絡義同。(《後漢書》織或作識，并《文選》絡作路，字各有誤，亦與此同。）營營者，《詩·青蠅》“營營青蠅”傳曰：“營營，往來貌。”織絡爲往來，營營爲往來貌，故曰“魂織絡之營營”。上云“願徑逝而未得兮”，此云“魂織絡之營營”，義正相承。注曰：“精靈主行，往來數也，或曰識路，知道路也。”前説讀識路爲職路，故訓主行，後説讀如字，兩失之矣。

狂顧南行聊以娛心兮

案狂顧非娛心之貌。“狂顧”當爲“狂遽”，聲之誤也。注曰“狂猶遽也”，是正文本有遽字，故即釋狂爲遽。注又曰：“君不肯還己，則復遽走南行，幽藏山谷，以娛己之本志也。”尤爲正文作遽，不作顧之堅證。《九嘆·思左》“魂㑌㑌而南行兮”語意本此。彼注曰：“㑌㑌，惶遽之貌。”狂遽即惶遽，變言之曰侹侹，其義一也。

道思作頌

案“道思”無義。“當”當爲“抽”，聲之誤也。文曰“抽思作頌”，即篇名“抽思”之所本。謝靈運《雪賦》曰“抽子密思，騁子妍詞”，即抽思作頌之義。王本抽誤爲道，因據以釋文曰“中道作頌”，斯爲謬矣。

懷　沙

易初本迪兮

案“易初本迪”《史記》迪作由，《集解》引王注曰：“由，道也。”（今本《楚辭》注中無此文。）由迪并與道聲近義通，迪之訓道，固無可疑。惟“易初本道”，義仍未明。疑“本”當爲“變”，轉寫之誤訛也。變卞古通，《書·堯典》“於變時雍”，《孔廟碑》作卞，《顧命》“率循大卞”，《莊子·天下篇》作“唯循大變”，并其例證。此本作“變”，轉寫爲“卞”，與草書本字形近，故誤爲本。“易初”與“變迪”對文也。“易初變迪兮，君子所鄙”，與《思美人》“欲變節以從俗兮，愧易初而屈志”，語意略同。注曰“變易初行，遠離常道”，正以“違離常道”釋“變迪”二字。必釋“變”爲“違離”者，上已用“變易”釋易字，此故變詞以避複，“違離”與“變易”，亦互文也。

玄文處幽兮，矇瞍謂之不章（《史記》作幽處，又無瞍字）

案“玄文”當作“玄冥”，“處幽”當從《史記》互易，“瞍”字亦當從《史記》删。“玄冥幽處兮，矇謂之不章（彰）”與“離婁微睇兮，瞽以爲無明”，上下皆相偶爲文。“玄冥”本訓幽（《淮南子·俶真篇》“處玄冥而不黯”），因之北方幽都之神亦謂之玄冥，猶之“離婁”本訓明，(《説文》囧下曰“窗牖麗廔闓明”也，麗廔即離婁，故《易·説卦》傳曰：“離也者，明也，萬物皆相見，南方之卦也，聖人南面而聽天下，向明而治，蓋取諸此也。”）因之明目之人亦名離婁也。“玄冥”“離婁”，文相偶麗。“玄冥”今以冥文聲近而誤爲“玄文”，則與離婁之名不相比稱，且於文義亦無施。“幽處”與“微睇”皆上一字副詞，下一字動詞，亦偶文也。今本涉他篇多言“處幽”(《抽思》“路遠處幽”,《思美人》“命則處幽”）而誤倒，則與“微睇”二字語法參差。矇與瞽亦偶文。注曰：“蒙，盲者也。《詩》云：‘矇瞍奏公。’”不釋瞍字，是正文本無此字。其引《詩》“矇瞍奏公”者，以“矇瞍”釋蒙字，非正文本作“矇瞍”。淺人反據注以增正文，則“矇瞍謂之不章”，與“瞽以爲無明”句法亦不一律。

萬民之生各有所錯兮（一云民生有命，一云民生稟命）

案《史記》作“民生有命”，宋本作“稟命”。（日本瀧川龜太郎《會注》本同。）作“民生稟命”者是。注曰：“言萬民稟受天命，生而各有所錯安其志。”是王本正作“民生稟命”。《國語·晋語》“將稟命焉”,《楚語》“是無所稟命也”。“稟命”爲古之常語。朱本，元本并作“民生稟命”。

思美人

因歸鳥以致辭兮，羌宿高而難當（宿一作迅）

案“宿高”無義，宿當從一本作迅。《説文》：“卂，疾飛也。”“焭，回飛也，從卂，營省聲。”（以“煢”與“嬛”通推之，則訓回飛之煢實則翾字。字亦作藑，從卂與從羽同。）卂訓飛，迅從卂聲，亦有飛義，書傳言“奮迅”或“奮訊”，猶言奮飛也。又《説文》“躍，迅也”，《廣雅・釋訓》“躍躍，迅也”，躍訓迅，則迅亦訓躍，躍與飛義相成，是亦迅義與飛通之證。“羌迅高而難當”，猶言竟飛高而難遇也。今本作宿者，蓋或讀迅爲迅速之迅，注“速”於旁，傳寫遂有作速之本，（《類聚》三〇引魏文帝《永思賦》“願托乘於浮雲，嗟逝速之難當”，語意本此，所據必爲作速之本。）後又以聲誤爲宿也。

紛郁郁其遠承兮（承一作蒸）

案“芬”當作“勞”，“承”當從一本作“蒸”，并字之誤也。郁郁，香氣也。（《後漢書・馮衍傳》注。）氣上行曰蒸。“芬郁郁其遠蒸”者，即香氣遠聞之謂。上言“芳與澤其雜糅兮，羌芳華自中出”，下言“芬郁郁其遠蒸兮，滿内而外揚”，文意一貫。王注曰：“法（一作行）度文辭，行（一作流）四海也。”此則不涉言詮，直探微旨，其於原文洞悉與否不可知，故亦無可評騭。若洪注讀郁爲彧，訓爲“有章”，訓承爲奉，則大乖文誼矣。

惜往日

慚光景之誠信兮，身幽隱而備之，臨沅湘之玄淵兮，遂自忍而沉流

案上二句辭意難明，“備”字尤不可解。以臆求之，“幽隱”似指沉淵之事。《荀子・解蔽篇》“水埶玄也”注曰：“玄，幽深也。”淵水幽深，故謂沉淵爲自幽隱（二字動詞）其身。下言藏身玄淵，而上言“慚

光景之誠信”，則“慚光景”似即沉淵動機之所在。更即“慚”字之義以推之，慚必求避，所慚者既爲光景（景古音如亮，古言光景，即今言光亮），避之之道，宜莫若竄身深淵之中，然則“身幽隱而備之”，“備”殆“避”之誤歟？俗讀“避”“備”聲相亂。《吕氏春秋·節喪篇》“奸邪盜賊寇亂之患，慈親孝子備之者，得葬之情矣”，俗本備作避。《淮南子·主術篇》“閨門重襲以備奸賊”，備今亦誤作避。彼二者爲備誤作避，此又避誤作備也。《史記·賈生傳·吊屈原文》曰：“襲九淵之神龍兮，沕深潛以自珍，彌融爚以隱處兮，夫豈從蟂與蛭螾？”正義引顧野王曰：“彌，遠也，融，明也，爚，光也。没深藏以自珍，彌遠明光以隱處也。”賈文云云，即此四句之義。彼云彌遠明光以從神龍於九淵之下，此云避去光景而自幽隱於玄淵之中，語意全同。彌訓遠，遠之即所以避之矣。以彼例此，備爲避之誤，殆無可疑。

橘　頌

精色内白，類可任兮（一云類任道兮）

案“類可任兮”於義難通，任與下文醜亦不韻，當從一本作“類任道兮”。《詩·生民》傳“任猶抱也”，《悲迴風》“任重石之何益”，謂抱重石也。此任字義同。精讀爲綪（《儀禮·士喪禮》“不綪”注“古文綪皆爲精”），《説文》“綪，赤繒也，從茜染，故謂之綪”，《史記·貨殖列傳》集解引徐廣曰“茜一名紅藍，其花染繒，赤黄色也”。綪爲赤黄，正合橘色。“精色内白”，猶李尤《七嘆》云“金衣素裏”矣。（古呼黄朱色爲赤，又謂之金，故《詩》赤舄一曰金舄。《韓奕》“赤芾金舄”箋：“金舄，黄朱色也。”案赤金互文也。）橘之爲物，焜煌其外，潔白其裏，故曰“類任道”。注曰“故可任以道而事用之也”，似所見本亦作“任道”，惟讀任爲委任之任，則失其旨耳。後人又援注中“可任”之文以改正文，斯爲大謬。元本作“類任道兮”，與一本合。

閉心自慎，不終失過兮（一作終不失過兮）

案一本作“終不失過兮”，於文爲順。《草堂詩箋》一引與一本同。元本作“終不過失兮”，過失二字誤倒。

悲迴風

心鞿羈而不形兮，氣繚轉而自締（形一作開）

案“不形”無義。一本作“開”，是。蓋“開”缺損成开，寫者因沾“彡”而爲“形”。注曰：“肝膽繫結，難解釋也。”“難解釋”即“不開”之謂，是王本正作“不開”。元本，正德本并與一本同。

驟諫君而不聽兮，重任石之何益（一云任重石）

案當從一本作“任重石”。任，抱也（詳《橘頌》“類可任兮”條下），“任重石”即抱重石，《類聚》四〇引蔡邕《吊屈原文》曰“顧抱石其何補”，語意本此，正訓任爲抱。注曰“雖欲自任以重石”，似所見本仍作“任重石”，惟訓“任”爲負，讀“石”爲秳則非義耳。

遠　　游

步徙倚而遥思兮，怊惝怳而乖懷

案“乖懷”二字不成文義。乖當爲永，字之誤也。《詩·卷耳》“維以不永懷”，《正月》“終其永懷”，即此語所本。“永懷”與“遥思”對文。《哀時命》“悵惝罔以永思兮”，《九嘆·逢紛》“心怊悵以永思兮”，句法并與此相似，永懷猶永思矣。今本作乖者，永乖形近，又涉注“惆悵失望，志乖錯也”而誤。《文選》謝朓《郡内登望詩》注，王質《詩總聞》十一所引皆作“永懷”。元本，正德本并同。

欲度世以忘歸兮，意恣睢以擔撟（撟一作矯）

案“擔撟”之語，書傳罕見。洪注引《釋文》擔音丘列切，“擔”亦不得有丘列切之音，其爲誤字無疑。今謂“擔”當爲“揭”，“揭撟”雙聲連語也。《文選》潘岳《射雉賦》“眄箱籠以揭驕”，徐爰注曰“揭驕，志意肆也……《楚辭》‘揭驕’作‘拮矯’”，李善注引《楚辭》曰“意恣睢以拮矯”。案李所引明即《遠游》此文。徐訓“揭驕”爲“志意肆”，與本篇王注“縱心肆志，所願高也”正合，而徐李兩引“拮矯”之矯，與本篇撟一本作矯亦合。疑《遠游》一本作“揭撟”，一本作“拮矯”，作“拮矯”者爲徐李所據，作“揭撟”者，揭以形近誤爲擔，即今本也。“拮”“揭”并與丘列切之音合。又《史記·司馬相如傳·大人賦》“掉指橋以偃蹇兮”，索隱云：“指，居桀切。”（今本《史記》索隱無此文，此從本篇洪注引補。）案“居桀切”亦非“指”字之音，《史記》當作“拮橋”，拮指亦形近而訛。形況之詞，初無定字，《遠游》之“揭撟”或“拮矯”即《大人賦》之“拮橋”，亦即《射雉賦》之“揭驕”也。

晨向風而舒情（晨一作長）

案向風舒情，何[①]必晨旦？一本“長”爲允，長晨形近而訛也。元本亦作長。

九　辯

收恢台之孟夏兮，然欿傺而沉藏（台一作炱，一作怠）

案欿傺沉藏謂秋也。然孟夏始收，不得遽及秋候。疑“孟”當爲“盛”字之誤也。“恢台”者，叠韻連語，盛大貌也。《文選》傅毅《舞賦》“舒恢炱之廣度兮”，注“恢炱，廣大之貌”，《後漢書·馬融傳·廣成頌》“坰場區宇，恢胎曠蕩”，恢胎與曠蕩連稱，皆盛大貌也。“恢台”與“恢炱”“恢胎”同。恢台爲盛大之貌，故曰“收恢台之盛夏”。若作“孟夏”，則與恢台之義相左矣。《類聚》三引此作“盛夏”，是其明徵。

靚杪秋之遥夜兮

案靚《説文》訓召，《廣雅》訓乎（《釋詁》二），義皆於此不協。靚當爲覰，字之誤也。《淮南子·主術篇》“使史黯往覰焉”，注：“覰，觀之也。”此覰字義同。《文選》謝靈運《登臨海嶠初發疆中作與從弟惠連見羊何共和之詩》注，《山谷内集》注一〇，并《芥隱筆記》所引，皆作覰。

無伯樂之善相兮，令誰使乎譽之（譽一作訾）

案“譽”與上文“知”不韻，譽當從一本作訾，字之誤也。《吕氏

① “何”字原作“可”，據文義改。

春秋·知度篇》"量小大而知材木矣，訾功丈而知人數矣"，注"訾，相也"，《國語·齊語》"訾相其質"，訾相并言，訾亦相也，韋注"訾，量也"（《文選》王仲宣《咏史詩》注引賈注同），量相義亦同。此訾字亦訓相。"無伯樂之善相兮，今誰使乎訾之"，訾與相互文耳。淺人不達訾字之義，輒改爲譽，傎矣。正德本作訾，與一本合。又案朱子謂"訾"訓相度，且與"知"叶，作訾爲是，當矣。顧又以下文"得之""鄣之"相叶，其故難曉，遂不得不謂二"之"字爲韻，因之此二句"知之""譽之"二"之"字亦自可韻，而"譽"亦無煩改爲"訾"。今案諸"之"字斷無相叶之理。"知""訾"爲韻，本無可疑。"得""鄣"相叶，亦自有故。考"當""得"一聲之轉，經傳往往通用。《考工記·輪人》"牙得則無槷而固"（注"得謂倨句鑿内相應也"），《禮記·大學》"慮而後能得"（注"得謂得事之宜也"），《莊子·大宗師篇》"得者時也"（注"當所遇之時世謂之得"），《荀子·議兵篇》"百官得序"（注"得序，各當其任"），諸"得"字皆讀爲"當"，觀各家注意自明。又《國語·晋語》"不得政，何以逞怒"，得政即當政也，注訓"爲政"，其義轉晦。以上皆以得爲當者。若《離騷》"覽察草木其猶未得兮，豈珵美之能當"，"得"與"當"爲互文，"能當"即能得，則又以當爲得。《九辯》蓋本作"惟著意而當之"，義與《離騷》"豈珵美之能當"同，傳寫者以爲字作"當"而義實爲"得"，遂私改爲得，而忘其與下文之"鄣"不韻。否則楚人方言或本有讀"得"如"當"，如齊人讀"得"如"登"者（見《公羊傳》隱五年注），亦未可知，則"得"之與"鄣"，今以爲非韻，古未必非韻也。（《離騷》以"故"叶"迎"，以"調"叶"同"，皆其比。）要之，"得""鄣"爲韻，當自有故，借令其詳不可確知，亦"得""鄣"之間之問題，與"知""訾"無涉也。夫"知""訾"爲韻，於理至明，豈可以彼之未明而遽嫁禍於此之已明者哉？朱子於此蓋亦慮之未周耳。

屬雷師之闐闐兮，通飛廉之衙衙（通一作道）

案通當從一本作道。道通形近致訛。(《史記·天官書》“氣來卑而循車通者”,《漢書·天文志》作道,《淮南子·主術篇》“百官修通”,《類聚》一一引作“循道”。）道與導通。“屬”“道”對文，屬謂屬於後，道謂道於前也。《甕牖閑評》一引作道,《廣韻》八語引作導，所據本皆不誤。

前輊輬之鏘鏘兮（輊一作輕）

案“輊”當從一本作“輕”，字之誤也。隸書從巠之字或書作至，與至形相亂，故輕訛爲輊。《山海經·大荒南經》“大荒之中，有山名去痙”，郭音風痙之痙，今本訛作痓,《戰國策·西周策》“彼且攻王之聚以勁秦”,《史記·韓世家》“不如出兵以勁之”，今本勁皆訛到（以上皆王念孫說，見《讀書雜志》二之一），是其比。《説文》“輕，輕車也”，本書《招魂》“軒輬既低”注“軒輬皆輕車名”。輬爲輕車，故曰“輕輬”。下文曰“後輜乘之從從”，輜乘者,《左傳》宣十二年“楚重至於邲”注“重，輜重也”,《釋名·釋車制》：“輜車，載輜重卧息其中之車也。”輕輬爲輕車，輜乘爲重車，二名對舉，亦偶文也。若輊，則爲車行之貌而非車名，“輊輬”連文，已嫌不倫，且與“輜乘”之名亦失其對稱。朱本作“輕輬”，最是。

招　魂

文異豹飾，侍陂陁些

案“文異豹飾”，不辭之甚。注曰：“言侍從之人，皆衣虎豹之文，異采之飾，侍君堂隅，衛階陂也。”是王本作“文豹異飾”，注以“虎豹之文”釋“文豹”，以“異采之飾”釋“異飾”也。古每稱豹爲文豹，《莊子·山木篇》“夫豐狐文豹，栖於山林，伏於岩穴”，《説苑·政理篇》“翟人有封狐文豹之皮者”，《拾遺記》一“帝乃更以文豹爲飾”，胥是。注釋“文豹”爲“虎豹之文”，尚非確解。

鵠酸臇鳧

梁章鉅曰：“以上下句例之，當是‘酸鵠臇鳧’。”案梁説是也。《御覽》九二五引正作“酸鵠臇鳧”。

瑶漿蜜勺，實羽觴些

案“勺”當爲“酌”。《禮記·郊特牲》“縮酌用茅”，《左傳》僖三年“爾貢包茅不入，王祭不共，無以縮酒”，《禮記》曰“縮酌”，《左傳》曰“縮酒”，是酌亦酒也。酒亦謂之酌，故《禮記·曲禮》曰“酒曰清酌”，《廣雅·釋器》曰“清酌，酒也”。（酌爲動詞，變爲名詞，則所酌者亦謂之酌，猶飲爲動詞，變爲名詞，則所欲者亦謂之飲。下文“挫糟凍飲”，凍飲猶凍酒也。《周禮·酒正》“掌其厚薄之齊，以供王之四飲三酒之饌，及後世子之飲與其酒”，四飲皆酒類也。金文《㙷鼎》“酓秦酓”，酓古飲字，于省吾云，下飲字猶酒也，“秦飲”，酒名。）此酌字亦訓酒。“瑶漿”“蜜酌”對文。注“勺，沾也”，勺亦當爲酌。知之者，“沾”“斟”音義并同，沾即斟之别構（砧碪同字，是其例證），義訓爲沾（斟），則本作酌，明矣。王讀酌爲斟酌之酌，以名詞爲動詞，其説雖誤，然正文本作酌，轉因此得以考見，斯亦無用之用與?

華酌既陳，有瓊漿些

案此“酌”字及注“酌，酒斗也”之“酌”，又并當作“勺”。《説文》“勺，枓也，所以挹取也”，“枓，勺也”，斗同枓。《儀禮·士冠禮》注“勺，尊斗，所以㪺酒也”，《考工記·梓人》注“勺，尊斗也”。（兩注中斗字今并訛作升，從段玉裁改。段云：《説文》“枓，勺也”，尊枓謂挹取尊中之枓也。今本作尊升，魏晋人書斗多作什，故易訛升。案段説至確。王注正訓勺爲酒斗，特以勺訛爲酌，故段不知引耳。又《楚辭》此注斗，元本亦訛作升，與《周禮·考工記》兩注同。）王注“酒斗”二字正合諸家訓“勺”之義，則今本正文及注兩“酌”字爲“勺”之訛無疑。注又曰：“言酒罇在前，華酌陳列，復有玉漿，恣所用也。”此酌字亦當爲勺。《考工記·玉人》“黄金勺”杜子春注曰“勺謂酒尊中勺也”，上揭鄭氏二注亦并謂勺爲“尊斗”，是尊與勺必相將。近世安陽所出大亞勺，據估客言，出土時在罍中（器爲近人商承祚所藏，語見所著《十二家吉金圖録》），罍亦尊也，（《禮記·明堂位》“山罍，夏后氏之尊也”，《廣雅·釋器》“罍，罇也”，《爾雅·釋器》孫注“罍，酒罇也”。）足證諸儒所説確爲古制，夫勺必在尊中，故王注曰“酒罇在前，華勺陳列”，此亦諸酌字當爲勺之堅證。其謂之“華勺”者，謂勺有華飾也。《禮記·明堂位》“夏后氏以龍勺，殷以疏勺，周以蒲勺”，注“龍，龍頭也；疏，通刻其頭；蒲，合蒲如鳧頭也”。聶氏《三禮圖》引舊圖云：“龍勺，柄長二尺四寸，受五升。士大夫漆赤中，諸侯以白金飾，天子以黄金飾。疏勺長二尺四寸，受一升，漆赤中，丹柄端，蒲勺所受同。”華勺蓋即天子諸侯龍勺之類。五臣據誤本作“酌”，訓爲酒，謂華勺爲置華於酒中，可爲發噱矣。要之，此條及注中諸“酌”字，上條及注中諸“勺”字，若如今本，則義多乖牾，互易之，則豁然貫通，其爲互訛，殆可斷言。或謂“勺”“酌”互通，古書多有，衡諸假借之例，兩文正自可通，無煩改字。斯説也，余竊有疑焉。夫一篇之中，二字并出，且相去不遠，乃各捨本義而互相假借，以徒滋紛擾，不亦遠於事情乎？恐古人行文之詭譎不如是也。

肴羞未通，女樂羅些

陳本禮云通本作徹，避漢諱改。案陳説是也。《説文》徹之古文作徹，從鬲，則徹膳爲徹之本義。本篇“肴羞未徹”，并《禮經》諸徹字，之訓去訓除者，皆用本義也。

蘭膏明燭，華鐙錯些（鐙一作雕）

案鐙一本作雕，於義爲長。注曰“言鐙錠盡雕琢錯鏤，飾設以禽獸，有英華也”，乃以“雕琢錯鏤”釋“雕錯”，其出“鐙錠”二字者，以上曰“蘭膏明燭”，明下之“華雕錯”必指鐙之華飾，此探文義以爲釋，非必正文有“鐙”字也。唐寫本《文選》作雕，與一本合。《類聚》八〇，《初學記》二五并引作銅，銅亦古雕字（説詳下），而《類聚》又引注“雕琢錯鏤”作“銅琢”，此尤可注意。蓋《類聚》所據本正作“銅錯”，注作“銅琢錯鏤”，明“銅琢錯鏤”爲釋“銅錯”之文。知作銅之本以“銅琢錯鏤”釋“銅錯”，則知作雕之本必以“雕琢錯鏤”釋“雕錯”。然則何以知銅雕爲古今字乎？曰：雕琢本字當作錭，［雕爲鳥名，錭從金，宜爲錭琢本字（或作琱作彫，并通），許君訓鈍，此别義也。］而錭則與銅古爲一字也。何以明之？本書《離騷》“何方圜之能周兮”，周一作同，《七諫·謬諫》“恐矩矱之不同”，同一作周，金文《沈子它毁》周公作“同公”，《莊子·讓王篇》“乃自投椆水”，《釋文》椆又作桐，《列女傳》三《魯臧孫母傳》“食我以同魚”，《玉燭寶典》四引作鮦，而《玉篇》云“鯛，魚名”，字又從周。（《列女傳》又釋同魚之義曰“同者其文錯”，《玉燭寶典》引曹大家注亦曰“魚鱗有錯文”。魚有錯文而名曰同（鮦）者，同（鮦）之言銅也（《御覽》七六三引《列女傳》正作銅魚），銅即錭（雕）字，銅錯一義也。《玉篇》作鯛，鯛實亦即錭字，以爲魚名，故變從魚。錭之變而從魚作鯛，亦猶銅之變而從魚作鮦。（蓋“周”“同”於聲爲陰陽對轉，而對轉之音，古人復不甚區别，《詩·車攻篇》《韓非子·揚搉篇》，暨《離騷》咸以同與調爲韻。）故同周實爲一字，而從同與從周之字，如桐之與椆，鮦之與鯛，銅之與錭，亦皆一字也。《楚辭》一本作雕，舊校所據之别本及唐寫本《文選》是也。一本作銅，《類聚》《初學記》所引是也。淺人不識銅字，見注中有“鐙錠”字，遂改“銅”爲“鐙”，於是又有作鐙之本，今本是也。作銅者正字，作雕者所謂假借字，實誤字耳。正者以遭篡奪而瀕於淪亡，誤者顧得葆其天年，文字演化之不合理，大率若是。

酎飲盡歡，樂先故些（酎一作酌）

案《説文》："酎，三重醇酒也。"酎爲酒名，無用爲動詞者。酎當從一本作酌，字之誤也。注曰"言飲酒作樂，盡已歡欣"，不釋酎字，是所見本尚作酌，不作酎。

楚辭校補[1]

[1]《楚辭校補》, 1942年3月國民圖書出版社出版。據開明版《聞一多全集·古典新義》編入。

引　言

較古的文學作品所以難讀，大概不出三種原因。(一）先作品而存在的時代背景與作者個人的意識形態，因年代久遠，史料不足，難於瞭解；(二）作品所用的語言文字，尤其那些"約定俗成"的白字（訓詁家所謂"假借字"），最易陷讀者於多歧亡羊的苦境；(三）後作品而產生的傳本的訛誤，往往也誤人不淺。《楚辭》恰巧是這三種困難都具備的一部古書，所以在研究它時，我曾針對着上述諸點，給自己定下了三項課題：(一）説明背景，(二）詮釋詞義，(三）校正文字。

三項課題本是互相關連的，尤其（一）與（二),（二）與（三）之間，常常没有明確的界限，所以要交卷最好是三項同時交了。但情勢迫我提早交卷，而全部完成，事實上又不可能。我祇好將這最下層，也最基本的第三項——校正文字的工作，先行結束，而儘量將第二項——詮釋詞義的部分容納在這裏，一并提出。這實在是權變的辦法，我本心極不願這樣做。可是如果這樣來，能保證全部工作及早趕完，借此可以騰出時間來多作點别的事，那對於自己還是合算的。在一部書上已經花上了十年左右的光陰，再要拖延下去，總會教人膩味的。

我的目的本是想替愛好文藝而關心於我們自己的文藝遺産的朋友們，在讀這部書時，解决些困難。爲讀者便利計，本應根據這裏校勘的結果，將全部《楚辭》的白文重印一次，附在書後。但因種種關係我没有能這樣做。這是應向讀者道歉的。

我夢想哪天我能用寫這篇《引言》的文體來重寫全書，而不致犯着"詞費"的毛病。但當語體文在考證文字中還没有找到適當的形式以前，我祇好"未能免俗"了。

最後，我應當感謝兩位朋友：游澤承（國恩）和許駿齋（維遹）兩先生。澤承最先啓發我讀《楚辭》，駿齋最熱心鼓勵我校勘它。没有他們，這部書是不會産生的。陶重華君校閲全稿，給我很多寶貴的意見。朱兆祥，黄匡一，何善周，季鎮淮四君替我分擔鈔寫的工作。對以上諸位，我都深深致謝。

民國三十年十二月八日，
一多識於昆明龍泉鎮司家營。

凡　　例

一　本書底本用《四部叢刊》洪興祖《楚辭補注》本。（即涵芬樓影印江南圖書館藏明翻宋本。）

二　本書引用古今諸家舊校材料如下：

王逸《章句》引或作本。（王注本於每卷首皆題曰“校書郎臣王逸上”，是其注此書，正當校書秘閣時。今注中每云“或曰……”皆與今本異，蓋即所見秘閣異本之文。）

洪興祖《輯校》所引諸本。（洪氏補注本中有校語，在王注後，補注前，蓋六朝、唐以來諸家舊校，而洪氏輯存之。學者或稱王校，大謬。計所引除所謂一本者外，又有古本，唐本及某氏《釋文》，孔逭《文苑》等，今皆不傳。碩果僅存，惟見洪氏兹輯，故彌足珍貴。至所引《史記》《文選》二書，則今書俱在，無多出入。）

劉師培《楚辭考異》。（起《離騷》，盡《九章》。采輯宋以前群書中所引《楚辭》，條列異同，時附己見。然取材雖廣，而略無精義，不逮劉氏所校他書遠甚。蓋草創之作，本未成書耳。所采各書，亦時有訛奪，本書作者時有覆檢。其書名略具於本書《校引書目版本表》中，兹不備載。）

許維遹《楚辭考異補》稿本。[起《離騷》，盡《天問》。采輯各書，與劉氏略同。參校版本除唐寫本《文選集注》殘卷外，若元刊本，明正德王鏊刊本，明王孫夫容館仿宋本（此本所校甚少，本書未采）等，本書作者均未寓目。所録異文，時有出今本上者，本書俱已采入。]

劉永濟《楚辭通箋》。（計箋《離騷》《九歌》《天問》《惜誦》《涉江》《哀郢》《抽思》《懷沙》《九辯》等九篇。内引明黄省曾校刊宋本，明吉藩府翻宋本，時有可采。）

三　本書作者新采之校勘材料，其來源頗廣，別詳《校引書目版本表》。

四　本書采用古今諸家成説之涉及校正文字者，都二十八家（洪興祖，朱熹，王夫之，屈復，陳本禮，王念孫，王引之，丁晏，馬瑞辰，俞正燮，江有誥，朱駿聲，牟廷相，梁章鉅，鄧廷禎，俞樾，孫詒讓，吴汝綸，王闓運，馬其昶，劉師培，王國維，武延緒，劉盼遂，劉永濟，游國恩，陸侃如，郭沫若），并駁正者三數家，其著述大都世所共知，兹不縷列。

五　本書論列之内容，其範圍如下：

今本誤，可據别本以諟正之者；

今本似誤而不誤，當舉證説明者；

今本用借字，别本用正字，可據别本以發明今本之義者；

各本皆誤，而以文義，語法，韻律諸端推之，可暫改正以待實證者；

今本之誤，已經諸家揭出，而論證未詳，尚可補充證例者。

（諸家已精確，而論證亦略備，本書作者無可附益者，本書概弗徵引。）

六　及門諸君，時發新意，有起予之功。本書就其説之近確者，甄録一二，以志平昔論難之樂。

校引書目版本表

王逸《楚辭章句》。[元刊本，明正德王鏊刊本（以上二種據許維遹《楚辭考異補》校引），明黄省曾校刊宋本，明吉藩府翻宋本（以上二種據劉永濟《楚辭通箋》校引），明朱燮元重刊宋本，清嘉慶大小雅堂刊本。]

釋道騫《楚辭音》。（敦煌舊鈔殘卷存《離騷經》一百八十八字，王注九十六字）

朱熹《楚辭集注》。（無《七諫》《九懷》《九嘆》《九思》等四篇，餘同王逸本，《古逸叢書》覆元刊本。）

錢杲之《離騷集傳》。（《知不足齋叢書》本。）

（以上注釋《楚辭》諸書）

司馬遷《史記》。（卷十五《屈原列傳》載《懷沙》一篇，《漁父》一篇，▲劉氏嘉業堂景宋蜀大字集解本，日本瀧川龜太郎《會注考證》本。）

梁昭明太子《文選》。[卷三十二載《離騷》一篇，《九歌》七首（《東皇太一》《雲中君》《湘君》《湘夫人》《大司命》《少司命》《山鬼》），《涉江》一篇，《漁父》一篇，《九辯》五章，《招魂》一篇，《招隱士》一篇，▲《四部叢刊》景宋刻六臣注本，羅氏影日本唐寫本《集注》殘卷（存《離騷》《招魂》《招隱士》等三篇）。]

余知古《渚宫舊事》。（卷二載《哀郢》一篇，▲《吉石盦叢書》景日本青芝山房舊鈔本。）

童宗説（等）注釋音辯《唐柳先生集》。（卷十四附《天問》一篇，▲《四部叢刊》景元刊本）

（以上載録《楚辭》全篇諸書）

郭璞《爾雅注》(《古逸叢書》覆宋蜀大字本),《山海經注》(郝氏《箋疏》本)。

沈約《宋書》。(開明《二十五史》本。)

顧野王原本《玉篇》。(古逸叢書影日本舊鈔殘本羅氏《海東古籍叢殘》本。)

劉昭《後漢書補注》。(開明《二十五史》本。)

杜臺卿《玉燭寶典》。(《古逸叢書》影日本舊鈔卷子本。)

虞世南《北堂書鈔》。(南海孔氏刊本。)

歐陽詢(等)《藝文類聚》。(明嘉靖宗文堂本。)

孔穎達(等)《尚書疏》。(阮刻《十三經注疏》本。)

顏師古《漢書注》。(王先謙《補注》本。)《匡謬正俗》。(雅雨堂本。)

李賢《後漢書注》。(開明《二十五史》本。)

李善《文選注》。(胡氏重刊宋本。)

司馬貞《史記索隱》。(開明《二十五史》本。)

釋慧琳《一切經音義》。(日本《大正新修大藏經》本。)

徐堅(等)《初學記》。(古香齋袖珍本。)

白居易《六帖》。(明刊本。)

徐鍇《説文繫傳》。(《四部叢刊》影述古堂影宋鈔本。)

日本釋昌住《新撰字鏡》。(日本影木村正辭模寫本。)

李昉(等)《太平御覽》。(鮑刻本。)

樂史(等)《太平寰宇記》。(《古逸叢書》影宋本補闕。)

吴淑《事類賦注》。(明華麟祥校刊本。)

陳彭年(等)《重修玉篇》(《四部叢刊》影元刊本),《廣韻》(《四部叢刊》影宋巾箱本)。

丁度(等)《集韻》。(《楝亭五種》本。)

葉廷珪《海録碎事》。(日本松崎復刊本。)

無名氏《錦綉萬花谷》。(明刊本。)

謝維新《古今合璧事類備要》前集、續集。(明嘉靖重刊宋本。)

虞載《古今合璧事類備要》别集、外集。(同上。)

王質《詩總聞》。(《經苑》本。)

羅蘋《路史注》。(通行本。)

吴仁杰《兩漢刊誤補遺》。(《榕園叢書》本。)

龐元英《文昌雜録》。(《學津討源》本。)

王得臣《麈史》。(涵芬樓重印明鈔本。)

姚寬《西溪叢語》。(《嘯園叢書》本。)

袁文《甕牖閑評》。(武英殿《聚珍叢書》本。)

馬永卿《嬾真子》。(《儒學警悟》本。)

陳善《捫虱新語》。(《儒學警悟》本。)

王觀國《學林》。(《湖海樓叢書》本。)

吴曾《能改齋漫録》。(《守山閣叢書》本。)

邵博《邵氏聞見後録》。(涵芬樓校印曹鈔何校二本。)

葛立方《韻語陽秋》。(《歷代詩話》本。)

洪邁《容齋隨筆》。(通行本。)

高似孫《子略》。(《墨海金壺》本。)

龔頤正《芥隱筆記》。(《學津討源》本。)

葉大慶《考古質疑》。(武英殿《聚珍叢書》本。)

戴埴《鼠璞》。(《百川學海》本。)

王應麟《困學紀聞》(通行翁注本),《急就篇補注》(《玉海》本)。

郭茂倩《樂府詩集》。(汲古閣本。)

蔡夢弼《杜工部草堂詩箋》(《古逸叢書》覆麻沙本),又《補遺》(同上覆高麗本)。

魏仲舉編《五百家注韓昌黎集》。(乾隆富氏仿宋本。)

王伯大重編《朱校昌黎先生集》。(《四部叢刊》景元刊本。)

童宗説、張敦頤、潘緯注釋音辯《唐柳先生集》。(《四部叢刊》景元刊本。)

李壁《王荆公詩注》。（涵芬樓景元大德本。）

王十朋集注《東坡先生詩》。（《四部叢刊》影宋務本堂本。）

任淵《山谷内集注》（四覺草堂仿宋本），《後山詩注》（醫學書局影印宋鈔本）。

史容《山谷外集注》。（四覺草堂仿宋本。）

胡穉《簡齋詩集箋注》。（《四部叢刊》影宋刊本。）

蕭士贇《李太白集注》。

張玉書（等）《佩文韻府》。（鴻寶齋石印本。）

（以上雜引《楚辭》零句諸書）

目　録

離　騷

皇覽揆余初度兮（一本余下有于字——以上校語轉録洪興祖《補注》本所載，後仿此。）

案當從一本補于字。度即天體運行之宿度，躔度"初度"謂天體運行紀數之開端。《離騷》用夏正，以日月俱入營室五度（日月如連璧，五星如貫珠）爲天之初度，曆家所謂"天一元始，正月建寅"，"太歲在寅曰攝提格"是矣。以"攝提貞于孟陬"之年生，即以天之初度生。"皇覽揆余于初度"者，皇考據天之初度以觀測余之禄命也。要之，初度以天言，不以人言。今本余下脱于字，則是以天之初度爲人之初度，殊失其旨。唐寫本《文選集注》殘卷（下稱唐寫本《文選》），今本《文選》，朱熹《楚辭集注》本（下稱朱本），錢杲之《離騷集傳》本（下稱錢本），明正德王鏊刊本（下稱王鏊本），明朱燮元重刊宋本（下稱朱燮元本），大小雅堂本并有于字。《文選》沈休文《和謝宣城詩》注引亦有。《文選·西京賦》注及馬永卿《嬾真子》四引并作於，本篇于、於錯出。

又重之以修能

案朱校能一作態。能、態古字通。（《懷沙》"非俊疑杰，固庸態也"，《論衡·累害篇》引作能，《莊子·馬蹄篇》"故馬之知而態至盗者"，態讀爲能。《漢書·司馬相如傳》"君子之態"，《史記集解》引徐廣本作能。《素問·風論》"顧問其診及其病能"，即病態。）修態謂容儀之美。下文"扈江離與辟芷兮，紉秋蘭以爲佩"，即承此言之。《招魂》曰"姱容修態"，《西京賦》曰"要紹修態"，義與此同。

扈江離與辟芷兮（《文選》離作蘺）

案《文選·吴都賦》注，《思玄賦》注，《後漢書·張衡傳》注，《説文繫傳》一二，謝維新《古今合璧事類備要（下稱《合璧事類》）續集》四一引并作蘺。《晏子春秋·雜上篇》曰“今夫蘭本，三年而成，湛之苦酒，則君子不近，庶人不佩”，《荀子·勸學篇》曰“蘭槐之根是爲芷，其漸之滫，君子不近，庶人不服”，《大略篇》曰“蘭芷槀本，漸於蜜醴，一佩（倍）（上借字，下加弧者正字，後仿此。）易之”，《淮南子·人間篇》曰“申菽杜茝，美人之所懷服也，及漸之於滫，則不能保其芳矣”，是古人佩服芳草，必先以酒漸之。《廣雅·釋器》曰：“寖，醮，郁，廦，幽也。”王念孫曰：“此通謂藏食物也。”案寖醮即浸湛，并與漸通。《廣雅》寖醮與廦同訓幽，而王注本篇“扈江離與辟芷”曰“辟，幽也，芷幽而（乃）香”，正讀辟爲廦，是此文“辟芷”及下文“幽蘭”并與諸書言漸蘭茝者同，謂以酒浸湛而幽藏之也。原本《玉篇·廣部》引此作廦，廦廦同，（《説文》：“廦，仄也。”“廦，墻也。”以廦爲壁，非是。）可與王注相發。

何不改此度（一云何不改乎此度也）

案本篇乎凡十五見。“願竢時乎吾將刈”，“延佇乎吾將反”，“歷吉日乎吾將行”等三乎字皆在二分句之間，其作用與“覽民德焉錯輔”之焉略同。（惟焉表地，此表時。）餘皆訓於。以二義於本文皆無施，然則一本“改”下有“乎”字，非是。（古書於乎夫三虚字通用。一本“乎”字蓋涉下文“來吾道夫先路”之“夫”而衍。然下文夫字當訓彼，“夫先路”即彼先輅。一本誤指示代名詞之“夫”爲介詞之“夫”，因於此句亦加介詞“乎”字，不知“改”爲外動詞，外動詞後固不容有介詞也。）“何不改此度也”與《思美人》“未改此度也”，句例略同。唐寫本及今本《文選》并無乎字，與本書同。又案一本句末有也字，審語氣，有之爲是。唐寫本及今《文選》，錢本，王鏊本，黄省曾校刊宋本

（下稱黄省曾本），朱燮元本，大小雅堂本并有。《山谷外集・九豐城》注引同。

來吾道夫先路（一本句末有也字）

案一本有也字，是。唐寫本《文選》，錢本，王鏊本并有。

昔三后之純粹兮固衆芳之所在雜申椒與菌桂兮豈維紉夫蕙茝

案四句當在上文"紉秋蘭以爲佩"下。知之者此處上云"乘騏驥以馳騁兮，來吾道夫先路也"，下云"彼堯舜之耿介兮，既遵道而得路"，上下均言行止，中忽闌入此四句，則文意扞格。實則此云雜申椒，紉蕙茝，仍以服飾爲言，紉蕙茝之紉，即前"紉秋蘭以爲佩"之紉，故知四句當與彼文相承。夫如此，而後自"紛吾既有此内美兮"至"恐美人之遲暮"一段專言服飾，自"不撫壯而棄穢兮"至"傷靈修之數化"一段專言行止，層次井然，文怡理順矣。或疑四句既本在上文，則此處"來吾道夫先路也"與"既遵道而得路"兩路字相次爲韻，恐無此例。不知"先路"之路本讀爲輅，(《書・顧命》"先輅在左塾之前"，《周禮・典路》鄭衆注，《文選・東京賦》李注引并作路。）與下"得路"之路，字同義異，不妨相叶，猶後文"孰求美而釋女"亦與"豈唯是其有女"相叶而不嫌。學者正以不明上路字之義，以爲連用二路字，不合韻法，遂私移此四句於其間，以隔絶之耳。彼其意方以爲如此，則三后堯舜，以類相從，於文彌順，而不悟其先三后後堯舜，叙次已傎倒矣。注家顧從而競爲之辭，以發明其倒叙之義，不已惑歟？

何桀紂之猖披兮（猖一作昌《釋文》作倡披一作被）

案日本《新撰字鏡》六引原本《玉篇・巾部》轉引本書作昌帔。朱本，元刊本（後稱元本），王鏊本，朱燮元本，大小雅堂本并作昌被。唐寫本及今本《文選》并作昌披。《合璧事類續集》四一引本書同。《易林·觀之大壯》曰“心志無良，昌披妄行”，亦作昌披。是昌字古本當作昌。今作猖者，蓋後人以訓詁字改之。

反信讒而齌怒（齌一作齊《釋文》齊或作齌）

案顏師古《匡謬正俗》七，《太平御覽》（後稱《御覽》）九一三，又九八一，《事類賦注》二四，《合璧事類續集》四一引并作齊。唐寫本《文選》作齊，載陸善經說曰“反信讒而同怒己也”，正以同訓齊。今本《文選》亦作齊，五臣説與陸同。《釋文》曰“齊或作齌”，是《釋文》本亦作齊。疑古本如此。今作齌，亦後人以訓詁字改。

曰黄昏以爲期兮羌中道而改路

洪興祖曰：“一本有此二句，王逸無注，至下文‘羌内恕己以量人’，始釋羌義。疑此二句後人所增耳。《九章》曰：‘昔君與我誠言兮，曰黄昏以爲期，羌中道而回畔兮，反既有此他志。’與此語同。”屈復曰：“此二句與下‘悔遁有他’意重，又通篇皆四句，此多二句，明係衍文。”案本篇叶韻，通以二進，此處武怒舍故路五字相叶，獨爲奇數，於例不合。此亦二句當爲衍文之確證。二句本《抽思》文，後人以其與本篇下文“初既與余成言兮，後悔遁而有他’二句相似，因誤入本篇，又易“回畔”爲“改路”以叶韻也。唐寫本及今本《文選》并無此二句，錢本亦無，當據删。

畦留夷與揭車兮（揭一作藒《文選》亦作藒車）

案《爾雅·釋草》注，《合璧事類續集》四一引亦作藒。

雜杜衡與芳芷（衡一作蘅）

案《藝文類聚》（後稱《類聚》）八一，《御覽》九八三，虞載《合璧事類别集》五五引并作蘅。

冀枝葉之峻茂兮（《文選》峻作葰）

案《漢書·司馬相如傳》曰："實葉葰楙。"《古文苑·蜀都賦》曰："宗生族攢，俊茂豐美。"峻茂與葰楙、俊茂并同。《合璧事類續集》四一引亦作葰。

謇朝誶而夕替既替余以蕙纕兮

案誶當爲粹，兩替字并當爲䜌，皆字之誤也。綷，縛也。（《荀子·正論篇》"詈侮捽搏"，捽亦搏也。《晋語》一"戎夏交捽"，猶交搏也。搏與縛，捽與綷，并義相近。以手曰搏，以繩曰縛，搏謂之捽，則縛亦可謂之綷。）䜌即䇂字。《説文》曰："䇂，小束也，讀若繭"。《廣雅·釋詁》三曰："䇂，束也。"《齊民要術》二曰："䇂欲小，縛欲薄。"字一作䜌。《集韻》曰："䜌，縮也。"（起輦切。）《爾雅·釋器》郭注曰："縮，約束之。䇂䜌音義不殊，而從幵與從㚘之形元復同，（《説文》栞爲栞之篆文，㚘即幵之訛變，是從㚘與從幵同。）是䇂䜌確爲一字。篆書自（）與心（）略近，故䜌或誤爲䜌。《篇韻》有䜌字，音賤，（云出釋典，未詳是何經論，待檢。）即䜌字也。今本作替，即䜌之省。綷䜌并訓縛束，"朝綷""夕䜌"，謂朝夕取芳草自縛束其身以爲佩飾也。[上文曰"擥木根以結茝兮，貫薜荔之落蕊，矯菌桂以紉蕙兮，索胡繩之纚纚，謇吾法乎前修兮，非世俗之所服"，又曰"余雖（唯）好修姱以鞿羈兮"，皆謂以芳草飾身，如後世之纓絡之類。]"既䜌余以蕙纕兮"，猶言束我以蕙草之纕帶也。䜌古音在諄部，與上句艱字正相叶。今本䜌誤爲替，相承讀爲替廢之替（他計切），則既失其義，又失其韻矣。

固時俗之工巧兮

劉永濟氏云：固疑何之誤。此句兩見《九辯》中，皆作何。何有疑怪意，作固，則肯定矣。案劉説近是。何固形近而誤。然《七諫·謬諫》曰“固時俗之工巧兮，滅規矩而改錯”，襲《騷》文而字亦作固，則東方朔所見本已誤。

余獨好修以爲常

孔廣森、姚鼐、梁章鉅并以常懲不叶，謂常當爲恒，避漢諱改。江有誥則以爲陽蒸借韻。案江説是也。常懲元音近，韻尾同，例可通叶。《天問》曰“荆師作勛夫何長，吴光争國何久余是勝”，（二句今本次第訛亂，句中亦各有奪誤，并詳《天問》。）長與勝叶，例與此同。《七諫·自悲》曰“淩恒山其若陋”，《哀時命》曰“舉世以爲恒俗兮”，此本書不諱恒字之明驗。

女嬃之嬋媛兮（嬋媛一作撣援）

案嬋媛當從一本作撣援。《説文》曰“嘽，喘息也”，“喘，疾息也”，“歂，口氣引也”，喘歂一字。喘緩言之曰嘽咺。《方言》一曰：“凡恐而噎噫……南楚江湘之間曰嘽咺。”《廣雅·釋詁》二曰：“嘽咺，懼也。”案喘訓疾息，噎噫亦疾息之謂，（《詩·黍離》傳：“噎，憂不能息也。”《説文》：“噫，飽食息也。”）故亦謂之嘽咺。撣援即嘽咺，（《吕氏春秋·貴直篇》狐援，《齊策》六作狐咺。）亦即喘。喘息者氣出入頻促，如上下牽引然，故王注訓撣援爲牽引，《説文》亦訓歂爲口氣引也。唯《方言》《廣雅》以嘽咺爲恐懼，似不足以該嘽咺之義。凡情緒緊張，脉搏加疾之時，莫不喘息，恐懼特其一端耳。本篇曰“女嬃之撣援兮，申申其詈予”，此怒而喘息也。《九歌·湘君》曰“女撣援（舊本字皆從女，今正。下同。）兮爲余太息”，《九章·哀郢》曰“心撣援而傷懷兮”，《九嘆·思古》曰“心撣援而無告兮”，（口之喘息由於心之跳動，故又曰心撣援。）此哀而喘息也。《悲迴風》曰“忽傾寤（即驚悟。《左傳》文十八年警羸，《公》《穀》敬并作頃，《左傳》昭七年南宫敬叔，《説苑·雜言篇》作頃叔，此并傾驚可通之比。）以撣援"，此驚而喘息也。然喘息謂之撣援，其義既生於牽引，則字自當從手。學者徒以《離騷》《九歌》之撣援者，其人皆女性，遂改從女，乃至他篇言撣援之不指女性者，字亦皆變從女，不經甚矣。若《白氏六帖》（後稱《白帖》）一九，曹秋岳鈔本《邵氏聞見後録》二六引本篇并作嬋娟，則直以爲女子好貌。信乎大道多歧而亡羊也。

曰鮌婞直以亡身兮

案古字亡忘互通。亡身即忘身，言鮌行婞直，不顧己身之安危也。王注如字讀之，非是。五百家注《韓昌黎集》三《永貞行》祝注引此作忘，足正王注之失。

終然殀乎羽之野（殀亦作夭）

案鮌非短折，焉得稱殀？殀當從一本作夭。夭之爲言夭遏也。《淮南子・俶真篇》曰"天地之間，宇宙之内，莫能夭遏"，又曰"四達無境，通於無圻，而莫之要御夭遏者"。夭遏雙聲連語，二字同義，此曰"夭乎羽之野"，猶《天問》曰"永遏在羽山"矣。《禮記・祭義》疏引《鄭志》答趙商曰："鮌非誅死，鮌放諸東裔，至死不得反於朝。"案放之令不得反於朝，即夭遮遏止之使不得反於朝也。此蓋本作夭，王注誤訓爲早死，後人始改正文以徇之。唐寫本及今本《文選》并作夭，王十朋《蘇東坡詩集注》十二《次韻答張傳道見贈》注引同。

汝何博謇而好修兮（《文選》作蹇）

案今本《文選》乃作謇，五臣作蹇。《路史・後紀》注一引本書亦作蹇。蹇謇正借字。蹇猶偃蹇也。博與蹦通。《字鏡》曰："蹦，蹀也。"蹀猶蹀躞也。博蹇，蓋行步合節，安舒自得之貌。《遠游》"音樂博衍無終極兮"，注曰："五音安舒，靡有窮也。"博蹇與博衍同。（《説文》愆重文作寒，《列子・黄帝篇》"而已無愆"，《釋文》愆本又作蹇。）聲音安舒謂之博衍，動作安舒謂之博蹇，皆有節度之貌也。又《九歌·東皇太一》“靈偃蹇兮姣服”，注曰：“偃蹇，舞貌。”案彼曰偃蹇，曰姣服，與此曰博蹇好修，下又曰姱飾，語意略同。舞曰偃蹇，行曰博蹇，亦皆安舒有節度之貌。今本作“博謇”，王注曰“博采往古，好修謇謇”，失之遠矣。

紛獨有此姱節

案節與服不叶，朱駿聲謂當爲飾之訛，是也。飾節形近，往往相亂。《禮記·玉藻》“童子之節也”，《儀禮·士冠禮》注引作飾，《韓非子·飾邪篇》“國難節高”，今本誤作飾，本書《天問》注“修飾玉鼎”，《御覽》八六一引誤作節，并其比。上文曰“佩繽紛其繁飾兮”，下文曰“及余飾之方壯”，姱飾與繁飾、壯飾，皆謂盛飾也。

五子用失乎家巷（巷一作居）

案當作“五子用夫家巷”，巷讀爲鬨（王引之説）。“五子用夫家鬨”與後文“厥首用夫顛隕”句法同。意者後人讀巷爲閭巷之巷，則句中無動詞，文不成義，因改夫爲失以足其義。一本巷作居。亦以求動詞不得而私改，而不悟居之不入韻也。班固《離騷序》引淮南王叙《離騷傳》曰“五子以失家巷，謂五子胥也”，是淮南王本作“五子以失家巷”。以用聲轉義同，“以失家巷”猶“用失家巷”。淮南本夫已誤作失，正以讀巷如字而改之。然淮南本夫雖誤失，而尚無乎字。今本又衍乎字者，後人以“五子用失家巷”不類《離騷》語調，乃又沾乎字以求合乎騷體也。

又好射夫封狐

案夷考古籍，不聞羿射封狐之説。狐疑當爲豬，字之誤也。篆書者作，缺其上半，與相仿，而豕旁與犬旁亦易混，故豬誤爲狐。《天問》説羿事曰“馮珧利決，封豨是射”，《淮南子・本經篇》曰“堯乃使羿……禽封豨於桑林”，封豨即封豬也。其在《左傳》，則神話變爲史實，《昭二十八年》稱樂正后夔之子伯封“謂之封豕，有窮后羿滅之”，封豕亦即封豬也。《古文苑》揚雄《上林苑箴》曰：“昔在帝羿，失（原作共，當爲失之訛。失與佚通。）田淫（原誤徑）游，弧矢是尚，而射夫豰豬，不顧於愆，卒遇後憂。”字正作豬。揚文語意全襲《離騷》，“封豬”之詞或即依本篇原文。若然，則漢世所傳《離騷》猶有作豬之本。

舉賢而授能兮

朱駿聲謂授爲援之誤，舉《禮記・儒行》“其舉賢援能有如此者”爲證。案朱説非也。《莊子・庚桑楚篇》曰“且夫尊賢授能，先善與利，自堯舜以然”，《荀子・成相篇》曰“堯授能，舜遇時，尚賢推德天下治”，“授能”之語，并與此同。《吕氏春秋・贊能篇》“舜得臯陶而堯受之”，高注曰：“受，用也。”受授古同字。授能猶用能也。（《左傳》閔二年“授方任能”，《管子・幼官篇》“尊賢授德則帝”，授亦皆訓用。）本篇王注曰“舉賢用能”，訓授爲用，與高説正合。然則《儒行》“舉賢援能”實授能之誤，（《漢曹全碑》《永受嘉福瓦》及《陳受印》受并作受，與爰形近，故援授二字古書每相亂。《九歌・東君》“援北斗兮酌桂漿”，《御覽》七六七引誤作授，《吕氏春秋・知分篇》“授綏而乘”，《意林》引作援。）當據本篇及《莊》《荀》之文以訂正，朱氏反欲援彼以改此，疏矣。

溘埃風余上征

王夫之云：埃當爲竢。案王説殆是也。《遠游》曰：“……凌天池以徑度，風伯爲余先驅兮，氛埃辟而清凉。”《淮南子・原道篇》曰：“是故大丈夫……乘雲陵霄，與造化者俱，縱志舒節，以馳大區……令雨師灑道，使風伯掃塵。”諸言飛升者，必先使風掃塵。此亦托爲神仙之言，何遽若冒塵埃之風以上升哉？“溘竢風余上征”與“願竢時乎吾將刈”句法略同。至《文選·吴都賦》劉注，謝玄暉《在郡卧病呈沈尚書詩》注，江文通《雜體詩》注，吴曾《能改齋漫録》五，葉大慶《考古質疑》六所引作颸之本，疑亦非是。雖然，惟其字本作竢，故一本得以聲近誤爲颸。若作埃，則無緣别有作颸之本矣。

欲少留此靈瑣兮（瑣一作璅）

案瑣璅并當爲藪，聲之誤也。[《説文》操讀若藪，而古字喿巢音同（《説文》璅重文作藻），是璅音亦近藪。］此本作藪，以聲誤爲璅，而璅與瑣同，故又轉寫爲瑣。靈藪即上文之縣圃。《周禮·職方氏》曰“雍州其澤藪曰弦蒲”，《説文》藪篆下亦曰“雝州弦圃”，弦圃即玄圃，亦即縣圃。縣圃爲古九藪之一，以其爲神靈所居，故曰“靈藪”。《十洲記·崑崙洲記》曰：“其王母所道諸靈藪，禹所不履，唯書中夏之名山耳。”此則古稱崑崙諸山爲靈藪之實例。言崑崙，斯縣圃在其中矣。

聊逍遥以相羊（逍遥一作須臾）

案敦煌舊鈔《楚辭音釋》殘卷（下稱敦煌本）作媭臾。

朝吾將濟於白水兮（於一作乎）

季君鎮淮云：《離騷》語法，凡二句中連用介詞“於”“乎”二字時，必上句用於，下句用乎。“朝發軔於蒼梧兮，夕余至乎縣圃”，“飲余馬於咸池兮，總余轡乎扶桑”，“夕歸次於窮石兮，朝濯髮乎洧盤”，“覽相觀於四極兮，周流乎天余乃下”，“朝發軔於天津兮，夕余至乎西極”，胥其例也。若“於”“乎”二字任用一字亦必於在上句，乎在下句。“雖不周於，今之人兮，願依彭咸之遺則”，“步余馬於蘭皋兮，馳椒丘且焉止息”，“説操築於傅岩兮，武丁用而不疑”，於字均在上句。

（或字變作於，如“攝提貞於孟陬兮，惟庚寅吾以降”，“皇覽揆余於初度兮，肇錫余以嘉名”，亦均在上句。）“冀枝葉之峻茂兮，願竢時乎吾將刈”，“衆皆競進以貪婪兮，憑不厭乎求索”，“忳鬱邑余侘傺兮，吾獨窮困乎此時也”，“悔相道之不察兮，延佇乎吾將反”，“忽反顧以游目兮，將往觀乎四荒”，“鮌婞直以亡身兮，終然殀乎羽之野”，“何所獨無芳草兮，爾何懷乎故宇”，“委厥美以從俗兮，苟得列乎衆芳”，“及余飾之方壯兮，周流觀乎上下”，“靈氛既告余以吉占兮，歷吉日乎吾將行”，“國無人莫我知兮，又何懷乎故都”，是也。此文“朝吾將濟於白水兮，登閬風而緤馬”，正符上句用“於”之例。一本於作乎，則非例，斷不可從。案季説是也。《文選・思玄賦》注引仍作於。

吾令蹇修以爲理

案《路史・後紀》注一引《文選》五臣本蹇作謇，最是。謇，吃也。上云“解佩纕以結言”，下云“令謇修以爲理”，蓋謂令謇吃之人爲媒，結言而往求彼美，必難勝任，亦後文理弱媒拙（詘），導言不固之意也。求宓妃則謇修不良於言，求有娀則鴆鳩皆讒佞難任，求二姚又理弱媒拙。三求女而三無成，總坐無良媒故爾。合觀三事，義可互推。王逸乃以蹇修爲伏羲臣名，翟灝、章炳麟又并牽合《爾雅》“徒鐘鼓謂之修，徒鼓磬謂之謇”之文，謂以蹇修爲理，即以聲樂達情，意者皆不知字本當作謇而强説之也。

索藑茅以筳篿兮（《文選》藑作瓊）

案《爾雅・釋草》曰：“葍，藑茅。”《説文》曰：“藑茅，葍也。”字并作藑。疑此亦以作藑爲正。敦煌本亦作藑。筳篿，《玉燭寶典》八，《類聚》八二，五百家注《韓集》八《城南聯句》祝注引并作莛蓴，於義爲長。古卜筮之具或用竹，或用草。（《御覽》七二七引《歸藏・本蓍篇》曰：“蓍末大於本爲上吉，蒿末大於本次吉，荆末大於本次吉，箭末大於本次吉，竹末大於本次吉。蓍一五神，蒿二四神，荆三三神，箭四二神，竹五一神。”案蓍蒿荆，草類，箭竹，竹類也。）此云“索藑茅”，明是以草卜（宋周去非《嶺外代答》記南人茅卜法甚詳），故知下“莛蓴”字亦當從艸。[“莛蓴”動詞，本作挺摶。廷摶雙聲連語，猶摶也，摶與揣同，數也。(《説文》：“諯，數也。”揣諯同。）字或作端。《卜居》曰“詹尹乃端策拂龜”，《淮南子·説山篇》曰“筮者端策”，“端策”并猶《韓非子·飾邪篇》“鑿龜數策”之數策也。] 王注曰：“楚人名結草折竹以卜曰[篿]（原脱篿字，從《兩漢書》注補，引見下。）篿。”草竹并用，於古未聞。觀《漢書·揚雄傳》注曰：“莛蓴，折竹所用卜也。”《後漢書·方術傳序》注曰：“挺專，折竹卜也。”俱無結草二字，疑王注亦本無此二字。注釋音辯《柳先生集》一四《天對》潘注引本書王注正無“結草”二字。蓋别本莛蓴字從艸，舊注云“結草以卜”，王本字從竹，注云“折竹以卜”，後人兩合而并存之，遂如今本。然正因今本注中誤衍“結草”二字，轉足推知衆家舊本正文“莛蓴”二字確有從艸作者爾。

孰信修而慕之

案慕與占不叶，義亦難通，郭沫若氏謂當爲“莫□”二字，因下一字缺壞，寫者不慎，致與“莫”誤合爲一而成慕字。案郭説是也。惟謂所缺一字，耽欽琛探尋朋等必居其一，則似不然。知之者，此字必其音能與“占”相叶，其義又與“求美”之事相應，此固不待論，而字形之下半尤必須能與“莫”相合而成“慕”。今郭氏所擬，音固合矣，義亦庶幾近之，於形則殆無一能與“莫”合而成“慕”者。於以知其不然。余嘗準兹三事以遍求諸與“占”同韻之侵部諸字中，則惟“念”足以當之。“念”缺其上半，以所遺之“心”上合於“莫”，即“慕”之古體“慕”(《楊統碑》《繁陽令碑》慕字如此作）矣。念，思也，戀也。“孰信修而莫念之”，與上下文義亦正相符契。郭氏殆失之眉睫耳。大此文占慕失韻，久成疑案。朱子二“之”字爲韻之説，固近臆測，後之説者亦未有以易之，故亦莫敢定其必非。逮至近人王樹枏、劉永濟二氏始謂占爲卜之譌，“卜”與“慕”侯魚合韻，余嘗疑其所見視朱子爲後來居上矣。及見龎元英《文昌雜録》二引此文正作卜，則益私喜其説之果信而有徵。今復諦審《騷》文，乃恍然於二氏之説之非也。遍考古書，凡言筮者，皆自筮而神占之。《北堂書鈔》一三二引《歸藏·啓筮篇》曰：“昔女媧筮張雲幕，而枚占於（古語省略，圍内字探文義暫補。後仿此。）神明，神明占之曰：‘不吉。’”《初學記》二〇引《歸藏》曰：“昔者河伯筮與洛戰，而枚占於昆吾，昆吾占之，‘不吉。’”《書鈔》八二引《歸藏》曰：“昔夏后啓筮享神於大陵而上鈞臺，枚占於皋陶，皋陶曰：‘不吉。’”《御覽》九二九引《歸藏·鄭母經》曰：“昔夏后啓筮乘飛龍以登於天，皋陶占之曰：‘吉。’”又八二引《歸藏》曰：“昔者桀筮伐唐而枚占於熒惑，熒惑曰：‘不吉。’”《路史·後紀》注五引《歸藏》曰：“武王伐商，枚占於耆老，耆老曰：‘不吉。’”《續漢書·天文志》上引《靈憲》曰：“羿請不死之藥於西王母，姮娥竊之以奔月，將往，枚占之於有黄，有黄占之曰：‘吉。’”《荀子·賦篇》曰：“臣愚而不識，請占之五泰，五泰占之曰：‘……。’”本書《九章·惜誦》亦曰：“吾使厲神占之兮。”凡此悉與此文“命靈氛爲余占之”同例。後文“欲從靈氛之吉占兮”，又“靈氛既告余以吉占兮”，俱曰占，不曰卜，尤其確證。王注本文曰“靈氛，古之明占吉凶者”，《漢書·揚雄傳》注引晋灼説曰：“靈氛，古之善占者。”足證漢人所見《離騷》字亦作占。然則此文之誤，不在占字，明甚。至《雜録》所引，自是彼書之誤，不得反據以疑《離騷》也。世或有利王劉説之簡易而輕信之，且將引《雜録》以張其軍者，余故豫爲辭而辟之，附着於篇焉。（前引《文昌雜録》，據《學津討原》本。頃見《文選旁證》二七引《雜録》字仍作占，不知所據何本。《旁證》所引，苟非依今本《楚辭》改轉，則世之欲助王劉二氏爲説者，益可以不攻自破矣。）

爾何懷乎故宇（宇一作宅）

案一本作宅，非是。洪興祖曰："若作宅，則與下叶。"洪意殆謂"宇"字去聲，與下文"惡"入聲不叶，改作"宅"則叶也。實則上文索與妒韻，路與索韻，固與惡（入聲美惡之惡）韻，皆去入通叶。即如本文以女女（汝）宇惡四字爲韻，若嫌宇與惡不叶，而必欲改宇爲宅以叶之，則女汝亦去聲也，又將改爲何字乎？《文選》亦作宇，諸本并同。

覽察草木其猶未得兮豈珵美之能當蘇糞壤以充幃兮謂申椒其不芳

案此文疑當作"蘇糞壤以充幃兮，謂申椒其不芳，覽察草木其猶未得兮，豈珵美之能當"。服艾盈要而棄蘭弗佩，蘇壤充幃而謂椒不芳，二者事既同類，則文亦當毗鄰。"覽察草木"二句，與上文"民好惡"二句，皆貴艾壤賤椒蘭者之總評，故當分置首尾，使遥相呼應。今本四句中，上二句與下二句互易，則緦理亂而文義晦矣。姑著此疑，以俟達者。

九疑繽其并迎（疑一作嶷）

案王鏊本，朱燮元本，大小雅堂本亦作嶷。

時亦猶其未央

案"猶其"二字當互乙。上文"雖九死其猶未悔"，"唯昭質其猶未虧"，"覽余初其猶未悔"，"覽察草木其猶未得兮"，并作"其猶未"，可證。王注曰"然年時亦尚未盡"，正以"尚未"釋"猶未"，是王本未倒。

椒專佞以慢慆（慢一作謾慆一作諂）

案《文選·祭屈原文》注引作謾諂。《北堂書鈔》（後稱《書鈔》）

三〇，《類聚》八九，葉廷珪《海録碎事》五引并作慢諂。

固時俗之流從兮（一作從流）

案當從一本作從流。“從流”古之恒語。《孟子·梁惠王下篇》曰“從流下而忘反謂之流，從流上而忘反謂之連”，《韓詩外傳》一“從（原誤促，據《御覽》七四引及《列女傳·貞順篇》改）流而挹之，奂然而溢之”，本書《哀郢》曰“順風波以從流兮”，《九嘆·怨思》曰“願（原誤顧）屈節以從流兮”。《詩·伐檀》釋文引《韓詩薛君章句》“順流而風曰淪”，《文選·雪賦》注引作從流，《晏子春秋·諫下篇》“順流九里”，《類聚》八六，《御覽》九三二并引作從海，是從流即順流也。王注曰“隨從上化，若水之流”，是王本正作從流。《文選》亦作從流。錢本，王鏊本，朱燮元本，大小雅堂本并同。

駕八龍之婉婉兮（《釋文》婉作蜿）

案《漢書·揚雄傳》注引晋灼説，《後漢書·張衡傳》注，《文選·思玄賦》注，王伯大重編《朱校昌黎先生集》一《南山詩》注引并作蜿。朱本同。

九　歌

東皇太一

瑤席兮玉瑱（瑱一作鎮）

案《書鈔》一三三,《類聚》六九引亦作鎮。《周禮・天府》“凡國之玉鎮，太寶器，藏焉，若有大祭大喪，則出而陳之”，注曰：“故書鎮爲瑱，鄭司農讀瑱爲鎮。”本篇之玉瑱即天府之玉鎮。《史記・封禪書》曰：“公卿言皇帝始郊見太一於雲陽，有司奉瑄玉嘉牲薦饗。”漢祭太一蓋循楚故事，瑄玉即此文之玉鎮，嘉牲即下文之有肴蒸也。瑤與䔄，席與藉，并古字通，瑤席謂以䔄草爲藉以承玉。（玉鎮以䔄爲藉，亦猶下文肴蒸以蘭爲藉。凡執玉必有繅藉，見《儀禮・聘禮記》,《周禮・典瑞》,《禮記・玉藻》等注。）下文“盍將把兮瓊芳”，瓊謂玉鎮，芳謂瑤（䔄）席。鎮與席爲二，故曰“盍（合）將把”也。王注謂席爲坐席，以玉鎮之，非是。

蕙肴蒸兮蘭藉（蒸一作烝）

案《類聚》七二，虞載《合璧事類外集》四引亦作烝。《文選》王元長《三月三日曲水詩序》注，陳善《捫虱新語》上四引肴并作殽。《儀禮・特牲饋食禮》曰“若有司私臣，皆殽脅”,《周語》中曰“定王饗之殽烝”，又曰“親戚宴饗則有殽烝”，“餚烝”與“全烝”“房烝”對舉，肴烝即殽脅，殽烝，餚烝，謂體解節折之俎也。王注訓蒸爲進（動詞），後世遂有謂“蕙肴蒸”即蒸蕙肴，與“奠桂酒”爲蹉對者（《夢溪筆談》一五），其失遠矣。

揚枹兮拊鼓

案本篇通例，無間兩句叶韻者，此不當獨爲例外，疑此句下脱去一句。

雲中君

聊翱游兮周章

案王注曰：“周章猶周流也，言雲神居無常處，動則翱翔周流往來且游戲也。”據此則王本正文“翱游”作“翱翔”。原本《玉篇·音部》,《文選》沈休文《齊安陸昭王碑文》注，慧琳《一切經音義》二七，王觀國《學林》五所引并作翱翔，與王本合，當據改。

湘　君

美要眇兮宜修（一本宜上有又字）

案修疑當爲笑，聲之誤也。古韻笑在宵部，修在幽部，最近。此段亾以幽部字爲韻，笑誤爲修者，蓋受下文韻脚之同化而改。本書屢言“宜笑”,《山鬼》曰“既含睇兮又宜笑”,《大招》曰“靨輔奇牙，宜笑嗎只”，又曰“嫮目宜笑，娥眉曼只”。又司馬相如《上林賦》亦曰“皓齒粲爛，宜笑的皪”。案諸宜字并讀爲齳。《字鏡》曰“齳，齹也”,《集韻》曰“齹，齲病”。《後漢書·梁統傳》載冀妻孫壽“善爲妖態，作齲齒笑以爲媚惑”，齳笑猶齲齒笑矣。《集韻》又曰：“齹齳，齒露貌。”《山鬼》王注曰“又好口齒而宜笑也”,《白帖》二四引某氏注曰“宜笑，齒白也”，二一又引曰“皓齒也”。諸家雖未必讀宜爲齳，然皆以齒見狀笑貌，則與《集韻》訓齹齳爲齒露貌暗合。夫古人形容美貌，獨重視笑，故每以目與口齒并言。《詩·碩人》曰“巧笑倩兮，美目盼兮”，《山鬼》曰“既合睇兮又宜笑”，《大招》曰“嫮目宜笑”，此類不勝枚舉。本篇曰“美要眇兮宜笑”，要眇即瞟眇，或倒之曰眇瞟，皆竊視貌也。要眇宜笑，亦目與口齒并舉之例。又案本篇韻例，惟一二兩句連叶，過此則僅叶四六八……凡三五九……有韻者皆駁文。（説詳《東君》“撰余轡兮高駝翔”條。）今本此文作修，則是第三句有韻，於例不合。此亦足證其必爲誤字也。笑既誤作修，王注遂訓爲飾，且讀宜如字，失之遠矣。

薜荔柏兮蕙綢（柏一作拍）

案柏拍皆帕之誤。帕帛古本同字。“薜荔帕兮蕙綢，蓀橈兮蘭旌”二句俱屬旗言，縿斿旆旓之屬謂之帛，所以纏杠者謂之綢，杠上曲柄以懸帛者謂之橈，綴旄羽之屬於杠首謂之旌也。此言以薜荔爲帛，以蕙纏杠，以蓀爲橈，復綴蘭以爲旌。王注讀柏爲搏壁之搏，謂以薜荔搏壁，殆不可憑。

隱思君兮陫側

案陫側即悱惻，蕭士贇《李太白集注》二二《代寄情楚詞體》注引正作悱惻。

鼂騁騖兮江皋（鼂一作朝）

案《文選》謝靈運《從游京口北固應詔詩》注，謝惠連《泛湖歸出樓中玩月詩》注，五百家注《韓集》一《復志賦》樊注，《合璧事類外集》五引并作朝。鼂朝古通。

遺余佩兮醴浦（醴一作澧）

案《書鈔》一二八，《類聚》六七，《初學記》六，又八，又二六，《合璧事類外集》五，又三七，《方言》四注，《文選·祭屈原文》注，

《書·禹貢》疏，注釋音辯《柳先生集》四二《酬韶州裴曹長使君寄道州吕八大使因以見示二十韻》一首□注，胡穉《簡齋詩集》箋注四《送張仲宗押戟歸閩中》注引并作澧。朱本，朱燮元本，大小雅本同。

湘夫人

目眇眇兮悉予（予一作余）

案予讀爲貯。[《左傳》襄四年“后杼”，《路史·後紀》十三下注作柠，引《尚書中候》作予，《史記·三代世表》索隱作宁。《管子·小匡篇》“首戴苧蒲”，《齊語》作芧（今誤茅）。金文《頌鼎》“貯廿家”，又“貯用宫御”，《格伯𣪘》“厥貯卅田”，貯王國維并讀爲予。]《説文》曰：“眝，長眙也。”“眙，直視也。”（今語轉爲瞪。）《思美人》曰：“思美人兮擥涕而竚眙。”即眝眙。“目眇眇兮愁眝”者，目眇眇即愁眝之狀。一本予作余，朱燮元本，大小雅堂本并同，大謬。

白薠兮騁望（薠或作蘋一本此句上有登字）

案當從一本於句上補登字。一本薠誤爲蘋，讀者以爲水上之草，不可登履，因删登字以就之也。實則薠爲陸生之草（詳《招隱士》“薠草靃靡”條），故可登履之。（《廣雅·釋詁》一：“蹬，履也。”蹬登同。）《合璧事類外集》五，《李太白集注》一《悲清秋賦》注引有登字，朱本，元本，王鏊本，朱燮元本，黄省曾本，大小雅堂本亦有。

與佳期兮夕張（一本佳下有人字一云與佳人兮期夕張）

案當從一本於佳下補人字。下文“聞佳人兮召予”，亦作佳人，可資互證。（魏文帝《大墻上蒿行》“與佳人期爲樂康”，又《秋胡行》“朝與佳人期，日夕殊不來”，語法仿此。）《文選》謝希逸《月賦》注，謝玄暉《晚登三山還望京邑》注引并作佳人。

鳥萃兮蘋中（一本萃上有何字）

案當從一本補何字。“鳥何萃兮蘋中”與下“罾何爲兮木上”句法一律。下文“麋何食兮庭中，蛟何爲兮水裔”，語例同。《御覽》八三四，《合璧事類外集》五引有何字。朱本，王鏊本，朱燮元本，黄省曾本，大小雅堂本亦有。

冞芳菽兮成堂（一云播芳椒兮盈堂）

案成猶飾也。《儀禮·士喪禮》“獻素，獻成亦如之”，注曰：“飾治畢爲成。”案成與素對舉，未飾者曰素，已飾者曰成也。堊飾室壁亦謂之成。《周禮·掌蜃》“共白盛之蜃”，注曰：“盛猶成也，謂飾墻使白之蜃也。”《考工記·匠人》“白盛”，注曰：“盛之言成也，以蜃灰堊墻，所以飾成宫室。”“冞芳椒兮成堂”者，以椒入泥，用飾堂壁也。古者以椒泥壁。《類聚》八九引《漢官儀》曰：“皇后稱椒房……以椒塗室，亦取其温暖，除惡氣也。”（末四字從《後漢·皇后紀》注引補。）《鄴中記》曰：“石虎以胡粉和椒泥塗，曰椒房。”《世説新語·汰侈篇》曰：“石崇以椒爲泥，王愷以赤石脂泥壁。”《漢武故事》曰：“上起神屋……以赤白石脂爲泥，椒汁和之。”則又神堂以椒泥壁之例。一本成作盈（王鏊本，朱燮元本，大小雅堂本并同），此學者不知成義而臆改。《類聚》六一，又八九，《御覽》九五八，《合璧事類外集》五，戴埴《鼠璞》引并作成，不誤。

疏石蘭兮爲芳

案芳疑當爲防，字之誤也。《荀子·正論篇》曰：“居則設張（帳）容負依而坐。”《爾雅·釋宫》“容謂之防”，郭注曰：“如今床頭小曲屏風，唱射者所以自隱。”案平居時負依而坐，唱射時設以自隱，其用異，其制同，皆防之類也。實則防屏一聲之轉，《本草》："防風一曰屏風。"防即屏爾，故郭云如小曲屏風。上云"白玉兮爲鎮"，謂坐席之鎮，此云"疏石蘭兮爲防"，（王注："疏，布陳也。"）謂坐旁之屏，二者皆席間所設之物，故連類并舉。今本防誤作芳，則篇中所言芳草衆矣，皆取其芬芳，奚獨石蘭？以是明其不然。

芷葺兮荷屋（一本葺下有之字）

案當删芷字，從一本於葺下補之字。（此因之先倒在葺上，文不成義，讀者以篆書之止形近，遂改之爲芷，即成今本。一本又據未倒之本於葺下仍補之字，則成"芷葺之兮荷屋"。）"葺之兮荷屋"與上文"葺之兮荷蓋"句法文義并同。屋，古幄字。荷屋猶荷蓋，（《獨斷》下"黄屋者蓋以黄爲裏也"，《漢書·陸賈傳》注："黄屋謂車上之蓋也。"）皆謂荷葉耳。"葺之兮荷屋"又與下"繚之兮杜衡"文相偶儷。繚讀爲橑，所以承苫蓋者。以杜衡爲橑，以荷葉蓋之，亦連類并舉。

大司命

君迴翔兮以下（以一作來）

案以當從一本作來。本篇除《山鬼》《國殤》外，兮字俱兼有文法作用，故皆可以某虚字代之。《湘君》"九嶷繽兮并迎"，《離騷》兮作其。《東君》"載雲旗兮委蛇"，《離騷》兮作之。又《湘君》曰"邅吾道兮洞庭"，《離騷》曰"邅吾道夫崑崙兮"，《東君》曰"杳冥冥兮東行"，《哀郢》曰"杳冥冥而薄天"，《大司命》曰"結桂枝兮延佇"，《離騷》曰"結幽蘭而延佇"，是"兮"之用猶其也，之也，夫也，而也。又《類聚》八八，《御覽》九五三引《湘君》"搴芙蓉兮木末"，《海外西經》注引"水周兮堂下"，《史記·夏本紀》索隱引"遺余佩兮醴浦"，

《御覽》四六八引《少司命》“樂莫樂兮新相知”，兮并作於。《文選·嘆逝賦》注引《湘君》“夕弭節兮北渚”，《説文繫傳》一六引《湘夫人》“遺余褋兮醴浦”，兮并作於。重編《朱校昌黎先生集》一《復志賦》方注引《湘君》“鼂騁鶩兮江皋”，《説文繫傳》二八引《大司命》“導帝之兮九坑”，《文選》謝靈運《南樓中望所遲客詩》注引“將以遺兮離居”，慧琳《一切經音義》二一引《少司命》“羅生兮堂下”，同書九八引《東君》“暾將出兮東方”，兮并作乎。《文選·思玄賦》注引《大司命》“將以遺兮離居”，兮又作夫。《御覽》一七四引《湘夫人》“葺之兮荷蓋”，本書一本“疏石蘭兮爲芳”，兮并作以。《御覽》七〇〇引《湘夫人》“罔薜荔兮爲帷”，本書一本《大司命》“不寖近兮愈疏”，兮并作而。《御覽》七五引《湘君》“望涔陽兮極浦”，《白帖》六四引“橫流涕兮潺湲”，兮并作之。凡此諸兮字，作者本皆用以代替各虚字，故讀者意之所會，臨文改寫，有不期其然而然者焉。“君迴翔兮來下”猶“君迴翔而來下”，兮所以代“而”者也。誠如今本來作以，試讀“君迴翔兮以下”爲“君迴翔而以下”，古今安得有此語法哉？

導帝之兮九坑（坑一作阬《文苑》作岡）

案《文苑》作九岡，最是。九岡。山名。《輿地□□》（曩見清人某引此條作《輿地廣記》。今檢《廣記》，并無此文。疑《廣記》或《紀勝》之誤。客中無書，容待續檢。）荆州松滋縣有九岡山，郢都之望也。（《古今圖書集成·方輿彙編·職方典》荆州府部《山川考》二之五松滋縣“九岡山，去縣治九十里，秀色如黛，蜿蜒虬曲”。）《左傳》昭十一年“楚子滅蔡，用隱太子於岡山”，《釋例》曰：“土地名岡山，闕不知其處，《經》言‘以歸用之’，必是楚地山也。”案岡山即九岡山，郢都之望，故楚人獻馘於此，祀神亦於此。杜氏未之深考耳。

靈衣兮被被

案靈當爲雲，字之誤也。《漢書・古今人表》“雲都”，《春秋世族譜》作靈都。《後漢書・順帝紀》“登雲臺”，《章帝紀》作靈臺。《管子・内業篇》“是謂雲氣，意行似天”，丁士涵云雲當爲靈。《海内北經》“冰夷人而乘兩龍”，注：“畫四面，各乘靈車，駕二龍。”《御覽》六一引作雲車。本書《九思・憫上》“思靈澤兮一膏沐”，靈一作雲。俗書靈作霝（《唐内侍李輔光墓志》）與雲形近易混。雲衣與玉珮對文。《東君》曰“青雲衣兮白霓裳”，亦言雲衣。《九嘆・遠逝》曰“服雲衣之披披”，則全襲此文。（本篇被一作披，《書鈔》一二八，《類聚》六七，《御覽》六九二，《文選》潘安仁《寡婦賦》注引并同。）《書鈔》一二八，《御覽》六九二引此正作雲，尤其確證。

少司命

緑葉兮素枝（枝一作華）

案“素枝”義不可通，枝當從一本作華。王注曰“吐葉垂華，芳香菲菲”，是王本正作華。《文選》李善本亦作華。《樂府詩集》六四《秋蘭篇》解題，高似孫《緯略》一二，《合璧事類外集》四引并同。

夫人自有兮美子

案此上似闕二句。《大司命》《少司命》二篇，以樂調相同之故，本皆十四行二十八句。此因下文衍“與女游兮九河，衝風至兮水揚波”二句，全篇共得十五行，三十句，後人以其視《大司命》溢出二句，乃私删此二句以求合於《大司命》也。不知《大司命》《少司命》二篇組織皆以三韻四句爲一解，一如後世絶句之體。本篇篇首“秋蘭兮麋蕪”等四句一意，當爲一解，下文自“秋蘭兮青青”以後亦然。今删去二句，惟餘“夫人自有兮美子”二句，不足一解，則不惟與全篇結構不一律，抑且與《大司命》之辭不能同一樂調矣。（此意孫君作雲所發。）

蓀何以兮愁苦（以一作爲）

案以當從一本作爲。本篇兮字除《山鬼》《國殤》外，皆兼具虚字作用，説已詳上。此兮字猶而也。“蓀何爲兮愁苦”即“蓀何爲而愁苦”。今本爲作以，試以“而”代“兮”，讀全句爲“蓀何以而愁苦”，不辭甚矣。

與女游兮九河衝風至兮水揚波（王逸無注古本無此二句）

洪興祖曰：“此二句《河伯》章中語。”案洪説是也。《河伯》“衝風起兮横波”，一本兮下有水字（王鏊本，朱燮元本，大小雅堂本均有），與此同。而《文選》載本篇至作起（《合璧事類外集》四引同），又與彼同。是二篇之異，惟在波上一字，一作横，一作揚耳。然蔡夢弼《草堂詩箋補遺》七《枯柟》注引《河伯》曰“衝風起兮揚波”。任淵《後山詩注》三《次韻蘇公涉潁》注引“衝風起兮揚波”，又引注曰：“衝，隧也。”今此語在《河伯》注中，知所引正文亦出彼篇。然則《河伯》二句與此全同矣。洪謂此是《河伯》中語，信然。考《九歌》舊次，《河伯》本與《少司命》銜接（説詳下條），此本《河伯篇》首二句，寫官不慎，誤入本篇末，後人以其文義不屬，又見上文適有“與女沐兮咸池，晞女髮兮陽之阿”二句，與此格調酷似，韻亦相叶，因即移附其後，即成今本也。

東　君

案《九歌》十一章皆祀東皇太一之樂章，就中“吉日兮辰良”章（舊題“東皇太一”，非是）爲迎神曲，“成禮兮會鼓”章（舊題“禮魂”，非是）爲送神曲，其餘各章皆爲娱神之曲也。諸娱神之曲，又各以一小神主之，而此諸小神又皆兩兩相偶，共爲一類。今驗諸篇第，《湘君》與《湘夫人》相次，《大司命》與《少司命》相次，《河伯》與《山鬼》相似，《國殤》與《禮魂》相次，（洪興祖曰：“或曰《禮魂》，以禮善終者。”案此説得之。《國語・楚語》下“卿大夫祀其禮”，韋注曰：“禮謂五祀及其祖所自出。”此禮字義蓋同。然《禮魂》之曲，實有目無辭。其“成禮兮會鼓”章，本全歌之送神曲。後人以求《禮魂》之辭不得而徑題送神曲曰“禮魂”，妄也。）都凡四類，各成一組。此其義例，皆較然易知。惟東君與雲中君，皆天神之屬，宜同隸一組，其歌詞宜亦相次。顧今本二章都居懸絶，無義可尋。其爲錯簡，殆無可疑。余謂古本《東君》次在《雲中君》前。《史記・封禪書》《漢書・郊祀志》并云“晋巫祠五帝，東君，雲中君”，索隱引王逸亦云“東君、雲中君見《歸藏易》”，（今本注無此文）咸以二神連稱，明楚俗致祭，詩人造歌，亦當以二神相將。且惟《東君》在《雲中君》前，《少司命》乃得與《河伯》首尾相銜，而《河伯》首二句乃得闌入《少司命》中耳。（互詳上條。）

簫鐘兮瑶簴（簫一作蕭）

案一本作蕭，蓋撨之省。簫則蕭之誤（涉下鐘字爲樂器名而誤）。洪邁《容齋續筆》十五引蜀客所見本作撨，又引蜀客説云：“《廣韻》訓爲‘擊也’，蓋是擊鐘，與‘緪瑟’爲對耳。”是古本簫作撨之證。瑶王念孫讀爲摇。案疑摇之誤字。“撨鐘”與“摇簴”對文，言擊鐘甚力，致其簴爲之動摇也。

撰余轡兮高駝翔（駝一作馳一無此字）

案疑當作“高駝（同馳）”，無翔字。《大司命》“高駝兮衝天”，《離騷》“神高駝之邈邈”，皆曰高駝，可資參證。此句本不入韻，今本有翔字，蓋受下句韻脚“行”字之暗示而誤加一韻也。

杳冥冥兮以東行（一本無以字）

案當從一本删以字。此句“兮”之作用同“而”，“杳冥冥兮東行”猶“杳冥冥而東行”也。（《哀郢》“杳冥冥而薄天”，《九辯》一本同。）今本有以字，則全句讀爲“杳冥冥而以東行”，不辭甚矣。（互詳“君迴翔兮以下”條。）

河　伯

日將暮兮悵忘歸

劉永濟氏疑悵當爲憺。案劉説是也。此涉《山鬼》“怨公子兮悵忘歸”而誤。知之者，王注曰：“言己心樂志悦，忽忘還歸也。”“心樂志悦”與悵字義不合。（悵當訓失志貌，故《山鬼》注曰：“故我悵然失志而忘歸。”）《東君》“觀者憺兮忘歸”，注曰“憺然意安而忘歸”，《山鬼》“留靈修兮憺忘歸”，注曰“心中憺然而忘歸”。樂悦與安閑義近。此注以“心樂志悦”釋憺，猶彼注以“意安”釋憺也。且《東君》曰“心低徊兮顧懷……觀者憺兮忘歸”，本篇曰“日將暮兮忘歸，惟極浦兮顧（今訛作寤，詳下）懷”，兩篇皆曰“憺忘歸”，又曰“顧懷”，此其詞句本多相襲，亦可資互證。

惟極浦兮寤懷

案“寤懷”無義，寤疑當爲顧，聲之誤也。《東君》曰“心低徊兮顧懷”，揚雄《反騷》曰“覽四荒而顧懷兮”，魏文帝《燕歌行》曰“留連顧懷不能存”，是顧懷爲古之恒語。顧，念也（《禮記・大學》鄭注），懷亦念也。“惟極浦兮顧懷”，猶言惟遠浦之人是念耳。王注訓寤爲覺，是所見本已誤。

紫貝闕兮朱宫（《文苑》作珠宫）

案當從《文苑》作珠宫。此以貝闕珠宫對文，猶《九嘆・逢紛》“紫貝闕而玉堂”，以貝闕玉堂對文也。《御覽》一七三，又八〇七，《事類賦》注六，謝維新《合璧事類前集》七，任淵《山谷内集》三《次韻曾開舍人游藉田載梅花歸》注，又六《以團茶洮州緑石研贈無咎》文潛注所引并作珠。蘇軾《海市詩》曰“豈有貝闕藏珠宫”，所見本亦作珠。

流澌紛兮將來下

案《説文》：“澌，水索也。”“凘，流仌也。”王注曰：“流澌，解冰也。”似王本澌作凘。然詳審文義，似仍以作澌爲正。《淮南子・泰族篇》曰“雖有腐髊流澌（原誤漸，從莊逵吉改。），弗能污也”，許注曰：“澌，水也。”《七諫・沉江》曰“赴湘沅之流澌兮，恐逐波而復東”，《論衡・實知篇》曰“溝有流澌（原誤壍，從孫詒讓改。）”，是流澌即流水也。紛讀爲汾，水涌貌。“流澌汾兮將來下”，即流水汾涌而來下也。《説文》澌訓水索，此别一義。學者多知澌訓水索而少知其訓水之義，因改此文澌爲凘，王逸承之，過矣。

子交手兮東行（一本子上有與字）

案《漢書・武五子燕剌王旦傳》“諸侯交手事之八年”，注曰：“交手謂拱手也。”《淮南子・繆稱篇》曰“交拱之木，無把之枝”，交拱連詞，交亦拱也。一本於子上增與字，誤甚。《初學記》一八，《文選》江文通《别賦》注，《蘇東坡詩集注》二〇《潘推官母李氏挽辭》注引并無與字。朱本同。

魚隣隣兮媵予（隣一作鱗）

案一本作鱗，正字。鱗鱗，比次貌。《容齋三筆》一五，《鼠璞》，《後山詩注》四《湖上》注引并作鱗。王鏊本，朱燮元本，大小雅堂本同。

山　　鬼

被薜荔兮帶女羅（羅一作蘿）

案《宋書·樂志》三，《類聚》一九，《御覽》三九一，又九九四，《合璧事類前集》六九，《文選》謝靈運《從斤竹澗越嶺溪行詩》注引并作蘿。朱燮元本，大小雅堂本同。

君思我兮然疑作

案本篇例，於韻三字相叶者，於文當有四句。此處若柏作三字相叶，而文衹三句，當是此句上脱去一句。《禮魂》“姱女倡兮容與”上亦有脱句，例與此同。

國　　殤

操吴戈兮被犀甲

王注曰：“或曰‘操吾科’，吾科，楯之名也。”案下文“車錯轂兮短兵接”，注曰“短兵，刀劍也。”既係短兵相接，而戈乃長兵，則所操非吴戈明甚。且刀劍戈戟，亦無并操之理。此自當以作“吾科”爲得。《釋名·釋兵》曰“盾，大而平者曰吴魁”，《廣雅·釋器》曰“吴魁，盾也”，《御覽》三五六引作吴科，魁科一聲之轉。（《後漢書·東夷傳》“大率皆魁頭露紒”，注曰：“魁頭猶科頭也。”）盾甲皆所以備扞衛，故操科被甲，連類言之。

左驂殪兮右刃傷

案刃當爲刅，字之誤也。《説文》曰：“刅，傷也。”重文作創。此以“殪”與“刅傷”對舉。王注訓傷爲創，(《説文》：“傷，創也。”)似不知句中已有創字，則所見本已誤。

嚴殺盡兮棄原野

案嚴本作莊，避漢諱改。(《天問》“能流厥嚴”，嚴亦改莊。）莊讀爲戕。(《易·豐》釋文引鄭注：“戕，傷也。”《大壯》釋文引馬注：“壯，傷也。”壯莊古同字。)《周書·謚法篇》曰“兵甲亟作曰莊”，“屢征殺伐曰莊”，“死於原野曰莊”，莊皆讀爲戕也。此曰“莊殺盡兮棄原野”，亦謂殺盡而棄於原野。王注曰“嚴，壯也……言壯士盡其死命，則骸骨棄於原野”，訓嚴爲壯勇之壯，失其義矣。

平原忽兮路超遠（一云平原路兮忽超遠）

案《方言》六曰：“伆，邈，離也，楚謂之越，或謂之遠，吴越曰伆。”勿伆通。《荀子·賦篇》曰“忽兮其遠之極也”，本書《懷沙》曰“道遠忽兮”，字并作忽。“平原忽”與“路超遠”，衹是一義而變文重言之以足句，此與上文“出不入兮往不返”詞例正同。一本以忽字倒在兮下，非是。《書鈔》一一八，《文選》王簡栖《頭陀寺碑文》注引亦作“平原忽兮路超遠”，諸本并同。

首身離兮心不懲（身一作雖）

案《戰國策·秦策》四曰：“首身分離，暴骨草澤。”崔琦《外戚箴》曰：“甲子昧爽，身首分離。”“首身分離”自是古之恒語。一本身作雖，非是。《書鈔》一一八所引，及元本，王鏊本并誤與一本同。

子魂魄兮爲鬼雄（一云魂魄毅一云子魄毅）

案當從一本作“魂魄毅”。王注曰：“魂魄武毅，長爲百鬼之雄也。”是王本有毅字。《文選》鮑明遠《出自薊北門行》注引亦作“魂魄毅”。朱本，元本，王鏊本，朱燮元本，黄省曾本，大小雅堂本并同。

禮　魂

姱女倡兮容與

案以韻例求之，此上似敚一句。説詳《山鬼》“君思我兮然疑作”條。

天　問

遂古之初

案遂讀爲邃。《後漢書・班固傳》注,《御覽》一引正作邃。

夜光何德

案德讀爲得。"夜光何得，死則又育"，問月何所得，乃能死而復生。(《孫子・虛實篇》:"月有死生。")意蓋謂其嘗得不死藥也。《淮南子・覽冥篇》曰:"羿請不死之藥於西王母，姮娥竊以奔月。"《書鈔》一五〇引《歸藏》曰:"昔常娥以西王母不死藥服之，遂奔爲月精。"是其事。(傅玄《擬天問》曰:"月中何有，白兔擣藥?")《書鈔》一五〇,《事類賦注》一引德并作得。

死則又育

案則猶而也。"死則又育"猶言死而復生。《類聚》一,《初學記》一,《御覽》四,《事類賦注》一,《海録碎事》一,《錦綉萬花谷後集》一引則并作而。

伯强何處

案何當爲安。"伯强何處，惠氣安在"，二句平列,(伯强，北方主司寒風之神，惠氣即寒風也。)下句"在"爲動詞,"安"爲疑問代名詞，上句"處"亦動詞,"何"亦疑問代名詞也。然本篇通例，凡表方位之疑問代名詞皆用"安"或"焉"(用安者十二見，用焉者十四見。)無用"何"者。("何所"二字連用時，不在此例。)有之，惟此文之"何處"及下文"鯪魚何居"(居今誤所，此從一本)二例，疑皆傳寫之誤。此文本作"伯强安處"，與下"惠氣安在"句同字，學者誤讀"處"

爲名詞，因改“安”爲“何”以就之也。《御覽》一五引此正作安，是其確證。

伯禹愎鮌（愎一作腹）

案“禹”“鮌”二字當互易，愎當從一本作腹。《廣雅·釋詁》一曰：“腹，生也。”腹訓生者，字實借爲孚。玄應《一切經音義》二引《通俗文》曰“卵化曰孚”，《玉篇》曰“孵，卵化也”，《集韻》曰“孵，化也”。孚孵同，化亦生也。《夏小正》曰“鷄桴粥”，《樂記》曰“煦嫗覆育萬物”。桴粥，覆育并即孚育，猶化育也。覆與腹通。“伯鮌腹禹”者，《海内經》注引《歸藏·啓筮篇》曰“鮌死三歲不腐，剖之以吴刀，化爲黄龍”，《初學記》二二，《路史·後紀》注一二并引作“鮌殛死，三歲不腐，副之以吴刀，是用出禹”。據此，則傳説似謂鮌爲爬蟲類，卵化而成禹。此正問其事，故下云“夫何以變化”也。（《説郛》五引《遁甲開山圖榮氏解》曰：“女狄暮汲石紐山下泉水中，得月精如鷄子，愛而含之，不覺而吞，遂有娠，十四月生夏禹。”《史記·夏本紀》正義引《蜀王本紀》曰：“禹母吞珠孕禹，坼副而生。”《路史·後紀》十二曰：“以六月六日屠䨏而生禹。”以上傳説均已由鮌生禹變而爲鮌妻生禹。然云吞月精如鷄子，云剖坼而生，則卵化之遺意猶存焉。又《玉篇》鮌或作鯤，而《禮記·内則》注曰“卵讀曰鯤”，是“鮌”“卵”古爲一語。傳説中鮌即卵，故或云“剖之以吴刀”，或云孵化而生也。）《海内經》曰“帝令祝融殺鮌於羽山之郊，鮌復生禹”，復生即腹生，謂鮌化生禹也。（《中山經》“南望墠渚，禹父之所化”，蓋即羽山。）《海内經》之“鮌復生禹”，即《天問》之“伯鮌腹禹”矣。王注曰：“鮌愚佷愎而生禹”，愎本一作腹。疑古本《天問》正作“伯鮌腹禹”，王誤讀腹爲愎，後人遂援注以改正文耳。朱本，元本，王鏊本，朱燮元本，大小雅堂本并作腹。注釋音辯《柳先生集》（下稱《柳集》）一四附載《天問》同。

河海應龍何盡何歷（一云應龍何畫河海何歷）

案當從一本作“應龍何畫，河海何歷”。《易林·大壯之鼎》曰“長尾蜲蛇，畫地成河”，《周憬碑》曰“應龍之畫”，《太平廣記》二二六引《大業拾遺記》轉引杜寶《水飾圖經》曰“禹治水，應龍以尾畫地，導決水之所出”。應龍畫地成河之説，漢魏以降，流傳不絶，不得以先秦古籍罕言而疑其晚起。王注載或説曰“禹治洪水時，有神龍以尾畫地，導水所注當決者，因而治之也”，即釋一本“應龍何畫，河海何歷”之文。朱本，元本，王鏊本并同一本。《柳集》亦同。又案此處歷字不入韻，疑此文上或下尚有二句，傳寫脱之。

康回馮怒墜何故以東南傾（一無以字）

案此當作“墜何以東南傾”。本篇詞例，凡言“如何”（how）者，皆曰“何以”，言“爲何”（why）者，皆曰“何”，從無曰“何故”者。（下文“伯林雉經，維其何故”，游國恩氏讀故爲辜，至確。）依本篇例，更無“何故以”三字連用之理。傳説共工與顓頊争帝，不勝，怒而觸不周山，天柱折，地維絶，地遂東南傾。此問共工震怒時，地如何而傾，意謂共工觸山，山折而地傾也。今本作“何故以”，固爲不詞，一本作“何故”，亦非。《御覽》三六，《事類賦》注六引此并有“以”字，無“故”字，當據正。

九州安錯（安一作何）

案安當從一本作何。“九州何錯，川谷何洿，東流不溢，孰知其故”者，錯讀爲湝，《説文》曰“湝，所以擁水也”，又曰“洿，濁水不流也”，此問九州何以壅塞而川谷不流，及至百川注海，又何以永無溢時也。二何字均謂“何故”。王注訓錯爲錯厠，後人遂從而改“何”爲訓“在何處”之“安”，失其義矣。王鏊本作何，與一本合。

西北辟啓（辟一作闢）

案辟讀爲闢。王鏊本，朱燮元本，大小雅堂本并作闢。

焉有虬龍負熊以游

案游字不入韻，疑此文上或下尚有二句，傳寫脱之。

鯪魚何所（所一作居）

案疑當作“鯪魚焉居”。知之者，本篇“何所”凡十二見。（“何所億焉”，何爲誰之誤，不計。）有位於述詞上者，如“鮌何所營”，“禹何所成”，“何所得焉”，“殷有惑婦何所譏”，“武發殺殷何所悒”，“載尸集戰何所急”。（以上述詞皆外動詞。）“何所不在”，“壽何所止”，“其何所從”（今本作“其命何從”，此依一本），“天何所沓”。（以上皆内動詞。）有位於表詞上者，如“何所冬暖”，“何所夏寒”。凡此諸“所”字，或實用，或虚用，句中咸有所表述。惟此文則不然，其不合本篇語法明甚。若從一本改“所”爲“居”，於語法差合矣。然篇中通例，凡表方位之疑問代名詞，但用“焉”或“安”，從無用“何”者。今以下文“鬿堆焉處，羿焉彃日，烏焉解羽”推之，疑此當作“鯪魚焉居”。意者今本“居”先誤爲“所”，“焉所”不詞，乃又改“焉”爲“何”爾。《文選・吴都賦》劉注引作“陵魚曷止”，“曷止”二字雖非（本篇不用曷字），然其詞性與“焉居”猶合（皆上一字疑問副詞，下一字動詞），以視今本之作“何所”者，固遠勝之。

鬿堆焉處（鬿一作魁）

案鬿即魁字（見《漢三公山碑》，《石門頌》及《魏大饗記》）。《九嘆・遠逝》“陵魁堆以蔽視兮”（魁一作鬿），注曰：“魁堆，高貌。”是魁堆即嵬崔，亦即《莊子・齊物論篇》“山陵（各本作林，從奚侗改）之畏隹”之畏隹，義與此文無當。丁晏疑堆當爲雀，云：字之誤也。鬿雀者，《山海經・東山經》曰："北號之山……有鳥焉，其狀如鷄而白首，鼠足而虎爪，其名曰鬿雀，亦食人。"案丁說是也。柳宗元《天對》曰"鬿雀在北號，惟人是食"，即以《山經》說此問，蓋得之矣。

降省下土四方（一無四方二字）

朱子云：當作"降省下土方"，衍四字。《詩・長發》曰"禹敷下土方"。案朱說是也。《書序》曰："帝釐下土方（《釋文》"一讀至方字絶句"）設居方。""下土方"古之恒語。此蓋因王注釋"下土方"爲"下土四方"，後人遂援注以增正文。一本無"四方"二字，則又無韻，亦非。《困學紀聞》二引亦作"下土方"。《柳集》同。

莆雚是營

案"莆雚"當爲"雚莆"之倒。雚莆即莞蒲。《周書・文傳篇》曰"樹之竹葦莞蒲"，《管子・山國軌篇》曰"有莞蒲之壤"，《穆天子傳》二曰"爰有萑葦莞蒲"，《齊民要術》一〇引《淮南萬畢術》"酒薄復厚，漬以莞蒲"，《漢書・東方朔傳》曰："莞蒲之席。"《爾雅・釋草》"莞蒲，苻離，其上蒚"，郭注曰"今西方人呼蒲爲莞蒲"，《詩・斯干》疏引某氏注曰"《本草》曰：白蒲一名苻離，楚謂之莞蒲"。一作雚蒲。《漢書・貨殖列傳》曰："雚蒲材幹。"王粲《從軍詩》："雚蒲竟廣澤。"此以"雚蒲"與"秬黍"對舉，雚蒲爲蒲之類名，猶秬黍爲黍之類名也。若作莆雚，則詞例參差矣。王注曰"萬民皆得布（今誤作耕，從《御覽》一〇〇引改）種黑黍於雚蒲之地"，是王本正作雚蒲。《天對》曰"維莞維莆"，似所見本作"莞莆"。莞與雚同。

安得夫良藥（一本夫上有失字）

案本篇疑問副詞"安"字皆訓"於何處"。"安得夫良藥"，謂於何處得彼良藥也（夫猶彼也）。一本夫上有失字，解"安得失乎良藥"爲何得失夫良藥，則既與本篇詞例不合，復與下文“不能固藏”之意相複，殆不可從。

大鳥何鳴夫焉喪厥體

案體疑當爲履，聲之誤也。(《詩·氓》“體無咎言”,《韓詩》及《禮記·坊記》引并作履。《管子·心術下篇》“載大圓者體大方”,《内業篇》作履。本書《卜居序》“屈原體忠貞之性”，體一作履。）王注説此上八句爲王子喬事。其略云：崔文子學仙於王子喬。子喬化爲白蜺持藥與文子。文子驚而引戈擊之，藥墮。視之，則子喬之尸。乃以筐覆之，須臾化爲大鳥而鳴。發而視之，翻飛而去。(今本《列仙傳》王子喬、崔文子兩傳皆不載此事，而《漢書·郊祀志》上應劭注引《列仙傳》有之，蓋出劉書真本。）案化蜺與失藥二事。未聞其審。自餘則與漢世所傳子喬事頗合（詳下)，惟尸字當作履耳。知之者，注中兩言“王子喬之尸”，上尸字《御覽》一四引作履。以字形論，尸無由誤履，履則易缺損成尸。疑《御覽》所引是，而今本則嘗經後人改竄也。注中墮履事，似即解正文“夫焉喪厥履”之語。今本正文履作體者，又探誤本注文尸字之義而改也。(注又云：“文子焉能亡子僑之身乎，言仙人不可殺也。”或亦後人所沾。）蔡邕《王子喬碑》有大鳥迹見於子喬墓上事，與本篇化鳥之説合。《易林·謙之謙》又云：“王喬無病，狗頭不痛，亡（疑當作�，通尫）跛失履，乏我送從。”(《隨之解》亡跛作三尸。）失履與本篇喪履之説合。而又一傳説，復化鳥與墮履二事兼著之。《風俗通義·正失篇》曰：“俗説孝明帝時尚書郎河東王喬爲葉令……每月朔嘗詣臺朝。帝怪其來數而無車騎，密令太史候望。言其臨至時，嘗有雙鳧從東南飛來。因伏伺，見鳧舉羅，但得一雙舄耳。使尚方識視，四年中所賜尚書官屬履也。”又曰：“太史……言此令即仙人王喬者也。”(《後漢書·方術王喬傳》略同，末亦云“此即古仙人王子喬”。）本篇所問，其詳雖不可知，然鳥鳴與喪履二事，則與上述傳説若合符節。然則注以子喬事説之，不爲無據。惜今本正文與注皆有誤字，以故其事益迷離恍惘，不可究詰焉。(《御覽》六九七引《南康記》曰：“昔有盧耽，仕州爲治中。當元會，至曉不及朝，化爲白鵠，至閣前，迴翔欲下。威儀以帚擲之，得一雙履。耽驚還就列。左右莫不駭異。”《神仙通鑒》曰：“張道成葬後，鶴穿墓出，冠履留棺中。”疑此皆王子喬傳説之演變。)

撰體協脅鹿何膺之（一云撰體脅鹿何以膺之）

案當從一本作“撰體脅鹿，何以膺之”，以與上文“蓱號起雨，何以興之”，句法一律。脅即協之借字。今本因脅上誤衍協字，乃以鹿屬上讀，又刪以字也。朱本作“撰體脅鹿，何以膺之”。《柳集》同。

湯謀易旅

案上下文皆言澆事，此不當忽及湯。牟廷相謂湯爲澆之訛字，是矣，特未能質言所問澆之何事耳。餘者先世蓋嘗傳澆始作甲。《離騷》曰“澆身被服强圉兮”，謂澆身被堅甲也。(詳前著《離騷解詁》。)《吕氏春秋・勿躬篇》曰“大橈作甲子”，蓋即澆作甲之傳訛，故與“黔如作虜首”并舉（虜首即兜鍪）。甲一曰旅。《考工記・函人》曰：“凡爲甲必先爲容，然後製革，權其上旅與其下旅而重若一。”鄭衆注曰：“上旅謂要以上，下旅謂要以下。”《釋名・釋兵》曰：“凡甲聚衆札爲之謂之旅，上旅爲衣，下旅爲裳”。“澆謀易旅”者，易旅即治甲。甲必厚而後能堅，故下文曰“何以厚之”也。

舜閔在家父何以鱞

案《書・堯典》曰“有鰥在下曰虞舜”，未聞舜父亦稱鱞也。父當爲夫，二字形聲并近，故相涉而誤。本篇屢曰“夫何”（凡七見）。“夫何以鱞”猶何以鱞也。閔字義亦難通，以下云“夫何以鱞”推之，當係妻妃諸字之訛。嘗試考之，《釋名・釋言語》曰：“敏，閔也，進叙無否滯之言也，故汝潁言敏如閔也。”又書傳憫或作愍，是閔敏聲近義通。然敏妻古本同字。知之者，金文敏作□，若□，妻作□，若□，形體單元同，惟位置異耳。卜辭有□字，或作□，以字形論，與金文之敏無異，以文義論，則有當釋妻者。（人名妻姘，他辭作婦姘，可證。）然則卜辭時代，妻敏同字，至金文時代，始歧而爲二。疑此本作“舜妻在家”，古篆妻與敏相似，遂誤爲敏，後又傳寫作閔也。《山海經·海内北經》曰：“舜妻登比氏。”本篇所謂舜妻，當即登比氏。意者相傳舜先娶登比，後娶二女，則二女未降以前，舜已有妻，故有“夫何以鰥”之問也。（《禮記·檀弓》上“舜葬於蒼梧，蓋三妃未之從也”，注曰：“舜有三妃。”郝懿行據《海内北經》，謂娥皇、女英并登比爲三妃，其説近確。）

厥萌在初何所億焉

案何當爲誰。“誰所億焉”與下文“誰所極焉”語意相似，句法亦當一律。萌讀爲民。（《墨子·尚賢上篇》“國中之衆，四鄙之萌人”，《管子·揆度篇》“其人同力而宫室美者，良萌也”，《文選·蜀都賦》注引《蜀王本紀》“是時人萌，椎髻左衽，不曉文字”，《成陽靈臺碑》“以育苗萌”，萌皆讀爲民。）“厥民在初，誰所億焉”，猶言生民之初，其事渺茫，誰所億測而知之也。（自此至“女媧有體，孰制匠之”，皆問女媧事。“厥萌在初”，蓋斥女媧摶黄土作人言之。）今本作“何所億焉”，則必於“何”下增“人”字爲訓，義乃可通，以是知其不然。

何肆犬體而厥身不危敗（一云何得肆其犬豕一云何肆犬豕）

案王注曰“言象無道，肆其犬豕之心”，是王本作“何肆犬豕”。然釋肆犬豕爲肆犬豕之心，殊失之鑿。且上云“舜服厥弟，終然爲害”，下云“何肆犬豕，而厥身不危敗”，爲害爲象，則受害者舜是“厥身不危敗”，謂舜身，而“肆犬豕”，亦當屬舜言。考書傳載象所以謀害舜者、有完廩，浚井，飲酒三事。飲酒事惟見《列女傳·有虞二妃傳》。其言曰：“瞽叟又速舜飲酒，醉將殺之。舜告二女。二女乃與舜藥浴注豕。(各本作“汪遂”，《路史·發揮》二引作“汪豕”，陸龜蒙《雜説》作“注豕”，今依陸文。）舜往，(各本二字誤倒，今正。《路史》無舜字，亦通。）終日飲酒不醉。”注豕者，豕讀爲矢。《説文》曰：“臑，臂，羊矢也。”《儀禮·鄉射禮》釋文引《字林》矢作豕，是其比。《韓非子·内儲説下篇》説燕人妻有通於士者，夫至，適遇士出，問何客，妻佯曰無客，因誣其夫惑易，而浴之以狗矢。舜注矢以禦醉，蓋猶燕人浴矢以解惑。此其事雖不雅馴，然以穢惡禳灾，今民間巫術猶多行之，以今推古，宜亦同然，固不必爲舜諱也。本篇“肆犬豕”當即斥此。豕借爲矢，與《列女傳》同。肆讀爲潰。(經傳肆肄通用，本係同字。《詩·雨無正》“莫知我勩”，《左傳》昭十六年引勩作肄。肆之通潰，猶肄之通勩也。)《廣韻》曰：“潰，注也。”潰犬豕即《列女傳》之注矢，亦猶《韓非子》之言浴狗矢矣。注矢後，即終日飲酒不醉，故曰“厥身不危敗”。一本何下有得字，肆下有其字，蓋後人不得其解而妄增。今本豕誤爲體，亦不成文義。朱本作“何肆犬豕”。《柳集》同。

吴獲迄古

王闓運以“吴獲”二字爲人名。案王説是也。獲蓋伯之聲誤。吴伯即吴太伯。《國語·吴語》曰“夫命圭有命，固曰吴伯”，韋注《晋語》一亦曰“後武王追封爲吴伯”，此太伯稱吴伯之明驗。

孰期去斯得兩男子（去一作夫）

案去當從一本作夫，字之誤也。(篆書夫本作，去作，形最相近。）夫猶於也。(《離騷》“余既不難夫離别兮”，“椒又欲充夫佩幃”，“邅吾道夫崑崙”，《九辯》“願寄言夫流星兮”，夫均訓於。)“斯”指南嶽。疑逃荆蠻者本太伯一人（有説别詳），而後世傳説以爲太伯、仲雍

二人，故本篇曰“孰期夫斯，得兩男子”。今本夫作去，則是太伯嘗棄南嶽而他去，而既去後，又“得兩男子”，全與史實不合，其爲駁文審矣。

何條放致罰而黎服大悦

劉永濟氏云：服當爲民，字之誤也。服古只作艮。隸書艮民形近。民誤爲艮，傳寫作服。王注曰“天下衆民大喜悦也”，是王本正“黎民大悦”。案劉説是也。王注上云“黎，衆也”，下云“衆民大喜悦”，明以“衆民”釋正文“黎民”二字。《吕氏春秋·慎大篇》曰“湯立爲天子，夏民大悦”，亦言湯事，而語與此略同，亦足資參證。《天對》曰：“民用潰厥疣，以夷於膚，夫曷不謡。”似所見本民字未誤。

玄鳥致貽女何喜（喜一作嘉）

案喜當從一本作嘉。嘉與宜韻，若作喜，則失其韻矣。嘉本訓生子。卜辭作放，云“□辰王卜，在兮貞，娥毓放，王乩曰，吉，在三月”（《前》二，一一，三），“貞今五月好毓，其放”（《萃》一二三三）；“乙亥卜，自貞，王曰，㞢（有）身，放，內曰放。”（《佚》五八六）。上曰毓，曰有身。下皆曰放，則放當即生子之謂。生子謂之嘉，亦謂之字，嘉之言加，猶字之言滋也。鄭注《月令》曰：“高辛氏之世，玄鳥遺卵，娀簡吞之而生契，后王以爲媒官嘉祥而立其祠焉。”嘉祥即加生之祥。《周語》下曰：“賜姓曰姒，氏曰有夏，謂其能以嘉祉殷富生物也。”嘉祉猶嘉祥，謂加生之福祉，故曰“殷富生物”。《爾雅·釋天》曰：“甘雨時降，萬物以嘉，謂之醴泉。”萬物以嘉，猶萬物以生也。“玄鳥致貽女何嘉”者，貽與胎通，言簡狄何以吞鳥卵而生契也。《續漢書·禮儀志》注引此作嘉，《天對》曰“胡乙彀之食，而怪焉以嘉”，所據本皆不誤。

胡終弊於有扈

王國維云：扈當作易，後人多見有扈，少見有易，故改易爲扈。案王氏謂扈爲易之誤，是也，其説易字所以致誤之由則非。易卜辭作[illegible]，金文作[illegible]。右半與篆書户字相似，而有扈字本衹作户。(《史記·夏本紀》正義,《路史·國民紀》三,《後紀》一四。）此蓋本作[illegible]，缺其左半，讀者誤爲户字，又依地名加邑旁之例改作扈也。有易之名，明見《大荒東經》及郭注《紀年》。《周易》亦有“喪羊於易”（《大壯》六五），“喪牛於易”（《旅》上九）之文。不得謂易之誤扈，由後人少見而輒改也。

擊床先出其命何從（一云其何所從）

案當從一本作“其何所從”。上文曰“四方之門，其誰從焉”。此從字義與彼同，言王亥從何道而出也。王注曰“其先人失國之原，何所從出乎”，是王本正作“其何所從”。

何變化以作詐後嗣而逢長（一云而後嗣逢長）

案當從一本作“而後嗣逢長”，乃見問意。王注曰“而後嗣子孫長爲諸侯也”，是王本而字未倒。朱本亦作“而後嗣逢長”。

會鼂争盟（一作會晁請盟）

案争當從一本作請。請猶盟也。《爾雅·釋詁》曰：“請，告也。”《儀禮·大射儀》“西面誓之”，注曰：“誓猶告也。”請誓同義，則請盟亦同義。蓋請之言清也，誓之言晰也，盟之言明也，皆自剖白其情事，似昭告於神明之謂。(《周禮·序官·司盟》注曰：“盟，以約辭告神，殺牲歃血，明著其信也。”《釋名·釋言語》曰：“盟，明告其事於神明也。”)《詩》有《大明篇》，即大盟，猶《書》之《大誓》也。其詩曰：“維師尚父，時維鷹揚，凉彼武王，肆伐大商，會朝清明。”言太公佐武王伐商，并治其會朝與請盟之事。“請盟”字《詩》正作“清明”。

《天問》“會鼂（朝）請盟”即用《詩》語，特《詩》“清明”用古字，《天問》“請盟”用今字耳。“會朝請盟”者，會亦朝也，(《禮記·王制》注曰：“朝猶會也。”）請亦盟也。“會朝”與“請盟”對舉，上下皆同義字。《書·牧誓》曰：“時甲子昧爽，王朝至於商郊牧野，乃誓。”朝至即朝致，朝訓會（見上），致亦會也，(《周禮·遂人》注曰：“致猶會也。”）此謂武王於甲子之朝，朝會庸、蜀、羌、髳、微、盧、彭、濮等八國諸侯及其百官而與之盟誓也。《詩》之“會朝”,《天問》之“會鼂”，即《書》之“朝致”,《詩》之“清明”,《天問》之“請盟”，即《書》之“誓”矣。今本《天問》請作争者,《玉篇·水部》引《韓詩》作“瀞明”，疑《天問》古本亦作瀞，争即瀞之誤。惟王注不解“争盟”事，或所據本猶未誤。

到擊紂躬（到一作列）

案到疑當爲勁，字之誤也。《戰國策·西周策》“彼且攻王之聚以勁秦”,《史記·韓世家》“不如出兵以勁之”，今本勁亦皆誤作到。（隸書從巠之字，或書作𡈼，與至相似，故每誤爲至。《大荒南經》“有山名玄瘞”，郭音風痙之痙，今本誤作痓,《九辯》“前輕輬之鏘鏘兮”，輕今誤作輊，并其比。）勁，力也（《列子·説符篇》張注),“勁擊”謂猛力擊之。一本作列，亦勁之誤。（古隸列作剮，與勁形亦近。）《天對》曰：“頸紂黄鉞，旦孰喜之。”似所見本亦作勁。

其位安施（位一作德）

劉永濟氏云：位當從一本作德，下文曰“其罪伊何”,“其德”與“其罪”對文以見意。案劉説是也。《管子·立政篇》“大德不至仁”,《群書治要》引德作位。《吕氏春秋·諭大篇》引《夏書》“天子之德”，舊校德一作位。此古書德位互訛之驗。王注曰“其王位安所施用乎”，王位亦當作王德。吉藩府翻宋本（下稱吉藩本），朱燮元本，黄省曾本，大小雅堂本并作“其王德位”，則合作德與作位二本而并存之。

反成乃亡（反一作及）

劉師培云：反當爲及。案劉説是也。王注曰“言殷王位已成，反覆亡之”，是王本作“及成乃亡”。今本作反，因及反形近，又蒙注中“反覆亡之”之文而誤。

逢彼白雉

案雉當爲兕，聲之誤也。《吕氏春秋·至忠篇》“荆莊襄王獵於雲夢，射隨兕”，《説苑·立節篇》作科雉，《史記·齊太公世家》“蒼兕蒼兕”，索隱曰“一本或作蒼雉”，《管蔡世家》曹惠伯兕，《十二諸侯年表》作雉，并其比。考殷虚獸骨刻辭屢紀獲白兕，如曰“……於田，獲白兕，在二月，隹王十祀，肜日，王來征盂方，白”（中央研究院藏骨），又曰“辛巳，王則武曰……録，獲白兕，丁酉……”（《佚》四二七）。周初習俗，多與殷同，殷人以獲白兕爲盛事，周亦宜然。《初學記》六引《紀年》曰：“昭王十六年，伐楚荆，涉漢，遇大兕。”本篇所問，即指斯役。然則昭王所逢，是兕非雉，又有明徵矣。

穆王巧梅（梅一作珻）

案梅珻并當爲堥，字之誤也。巧讀爲考。《書·金縢》“予仁若攷”，《史記·魯世家》作巧，《古鉨》“巧工司馬”即考工司馬。堥即牧字。《詩·大明》“牧野洋洋”，鄭注《書》序引作堥。“考牧”者，《詩·無羊》序曰：“《無羊》宣王考牧也。”此考牧義同，惟彼牧謂牛羊，此謂馬耳。考謂考校。周流天下，將以考校八駿之德力，故曰考牧也。

夫何爲周流（一云夫何周流）

案何下當從一本删爲字，本篇“惟時何爲”，“胡爲此堂”，爲皆動詞，訓“作爲”，不作介詞用。其何故，何因，何爲諸義皆祇用“何”。“夫何周流”即何爲周流也。王注曰：“何爲乃周旋天下而求索之也。”然則今本正文爲字，乃涉注文而衍歟？朱本無爲字。

妖夫曳衒

案衒疑當爲衜，字之誤也。王注不釋衒義，但曰“執而曳戮之於市”。然衒無戮義，是王本不作衒，明甚。上文曰“鴟龜曳衜”。此文“曳衜”之語，正與彼同。今本作曳衒者，衜衒形近，注中又有“夫婦賣是器”之語，故衜誤爲衒也。“曳衜”者，曳絏同，繫也，衜，相銜接也。《漢書·楚元王交傳》“胥靡之”，注曰：“聯繫使相隨而服役之，故謂之胥靡，猶今之役囚徒，以鎖聯綴耳。”案《説文》曰“縃，絆前兩足也”，引《漢令》曰“蠻夷卒有縃”，《廣雅·釋詁》二曰“縻繫也”，胥靡即縃縻。聯繫相隨，與曳衜之義正合。疑此文曳衜即指胥靡之刑。注訓爲“曳戮”者，戮繆通，(《國語·吴語》“戮力同德”，《詛楚文》“繆力同心”。)《小爾雅·廣詁》曰：“繆而紾之爲繩”，《廣雅·釋詁》四曰“繆，纏也”，是曳戮亦纏繫牽連之謂，故以“曳戮”訓“曳衜”。《國語·鄭語》曰“有夫婦鬻是器者，王使執而戮之”，又曰“爲弧服者方戮在路”，戮即曳戮，亦猶曳衜矣。

何號於市

案何當爲誰。《鄭語》曰：“府之童妾……不夫而育，故懼而棄之。爲弧服者方戮在路，夫婦哀其夜號也而取之，以逸逃於褒。”此文曰：“妖夫曳衜，誰號於市。”“妖夫曳衜”即彼之“爲弧服者方戮在路”（説具上條），“號於市”，即彼之“夜號”也。號者既爲府妾之棄子，則此句問詞當用“誰”，審矣。今作“何”者，後人誤以號者爲妖夫，而嫌誰字於文不順，遂以意改也。號本訓啼，王注訓爲呼，是亦以號者爲妖夫。然則此字之誤，自王本已然。

何罰何佑

劉盼遂氏云當作“何佑何罰”，罰與殺韻。案劉説是也。王注曰：“善者佑之，惡者罰之。”先言“佑”，後言“罰”，是王本尚未倒。

雷開阿順而賜封之（一云雷開何順）

案阿當從一本作何。上文曰“比干何逆，而抑沉之”。“何順”與“何逆”對文以見意。朱本作何順。《柳集》同。

何聖人之一德卒其異方

游國恩氏云：“卒其異方”當作“卒異其方”，“其”斥梅伯、箕子，言梅伯、箕子各異其方也。案游説是也。《淮南子・泰族篇》曰“箕子、比干，異趣而皆賢”，義可與此互參。王注曰“言文王仁聖，能純一其德，則天下異方終皆歸之也”，是王本“異其”二字已倒。

何令徹彼岐社命有殷國（一云命有殷之國）

案當删命字，殷下從一本增之字。上文令字統攝“徹岐社”與“有殷國”二事，此又出命字，於文爲贅。令命古同字，命即涉令而衍。

何感天抑墜夫誰畏懼（一無何字　案校注此四字，各本皆在上文“伯林雉經”下。審彼文，何字斷不可省，而此文有何字，反成贅疣。誤倒無疑。《朱子集注》本“一無何字”四字在本文下，不誤。）

案當從一本删何字。“誰”已是問詞，增何字則意複。王注曰：“言驪姬讒殺申生，其冤感天，又讒逐群公子，當復誰畏懼也。”審注意，似亦本無何字。

又使至代之（代一作伐）

案代與戒韻。作伐，則失其韻矣。一本非是。

何壯武厲能流厥嚴

陳本禮，丁晏，俞正燮，江有誥，鄧廷楨，馬其昶等并謂嚴當爲莊，避漢諱改，莊與亡韻。案衆家説是也。莊者，《周書·謚法篇》曰“勝敵志强曰莊”，《獨斷》下曰“好勇致力曰莊”，是其義。

受壽永多夫何久長

案“永多”“久長”義相重複，殊爲無謂。朱本無久字，《柳集》及《御覽》八六一引亦無，則“彭鏗斟雉帝何饗，受壽永多夫何長”，皆七字句，視今本爲勝。然“永多”與“長”於義仍嫌複叠。疑長爲悵之缺損。知之者，王注曰：“彭祖至八百歲，猶自悔不壽，恨枕高而唾遠也。”（《道藏》臨字第五號《彭祖攝生養性論》：“是以養生法，不唾遠不驟行。”）曰悔曰恨，正釋悵字之義。今本悵誤爲長，淺人又增久字以配文，則問意全失，而文句亦結籒爲病矣。

中央共牧后何怒蜂蛾微命力何固

案二句當乙轉。史言厲王無道，國人怒而攻之，王奔彘，復圍索太子，不得，卒得召公子殺之而甘心，即此所謂“蜂蛾（蟻）微命力何固”也。“蜂蟻”喻叛亂之民衆，（《史記·項羽本紀》“楚蜂起之將”，《周公禮殿記》“變異蜂起”，《陳球後碑》“蜂聚蛾動”，《淮南子·兵略篇》“天下爲之麋沸螘動”，《後漢書·馮衍傳》上“天下蛾動”。）“力何固”言其索王不得，則索太子，索太子又不得，而怒猶未息，卒得召公子殺之而甘心也。《史記》又言厲王既奔彘，共伯和攝行天子事，久之，王崩於彘，共伯將篡位自立，適時大旱，屋焚，卜曰厲王爲祟，即此所謂“中央共牧后何怒”也。“后”斥厲王，“怒”謂其降旱爲祟。如今本二句倒轉，則是王死而爲祟在前，被難奔彘在後，按之史實，本末顛倒。以是明其不然。

驚女采薇鹿何祐（祐一作佑）

案“驚女”二字當互易。“女驚采薇”者，驚讀爲警，戒也，言女戒之令勿采薇也。《文選·辨命論》注引《古史考》曰：“伯夷、叔齊……隱於首陽山，采薇而食之，野有婦人謂之曰：‘子義不食周粟，此亦周之草木也。’”即此所謂“女警采薇”也。（《路史·餘論》注引《三秦記》曰：“夷、齊食薇三年，顔色不變，武王戒之，不食而死。”此雖傳聞異詞。然曰“戒之”，則與本篇曰“警”者，義正符合。）《琱玉集·感應篇》引《列士傳》曰：“伯夷兄弟遂絶食薇，七日，天遣白鹿乳之。”即此所謂“鹿何祐”也。“女警”與“鹿祐”對文見義。王注曰：“有女子采薇，有所警而走。”又曰：“女子驚而北走。”此其説事雖誤，然詳審語意，所據本固尚作“女驚”，不作“驚女”也。一本祐作佑，義長。佑，助也。“鹿何佑”即鹿何助之。王注訓祐爲福，又云“乃天佑之”，失其旨矣。

伏匿穴處爰何云

案“爰何云”三字，義殊難通。本篇問詞有“云何”（“有扈牧竪，云何而逢。”）無“爰何”。疑此當作“云何”“爰”。（上文“云何而逢”，一曰“其爰何逢”，一曰“其云何逢”。云爰互誤，例與此同。）爰者，《方言》曰“爰，恚也，楚曰爰”，又二曰“爰，哀也”，《九章·懷沙》曰“曾傷爰哀，永嘆喟兮”，并與此爰字義同。“云何爰”，與《詩·卷耳》“云何吁矣”句法同，爰吁亦聲轉義近。又本篇自此以下，詞句次第，顛倒特甚。下文“悟過改更（原衍我字，説詳後）又何言”當移在此下。知之者，以事類言之，“伏匿穴處云何爰，悟過改更又何言”二句合問一事，下文“荆勛作師夫何長，吴光争國，何久余是勝”（今本二句各爲訛奪，説詳下條），二句合問一事，文意乃覺貫通。以韻言之，“伏匿”二句中爰與言相叶，“荆勛”二句中長與勝通叶，於韻例亦差合。今本各句次第既有差互，而此文復爰云誤倒，則於文於韻，兩失之矣。

荆勛作師夫何長

案勛師二字當互易。作猶立也。“荆師作勛”猶言楚師立功。長讀爲常。自吴王壽夢十六年，至王餘祭十二年，二十年間，楚屢勝吴（詳《史記》吴楚兩《世家》），故曰“荆師作勛夫何常”也。

悟過改更我又何言（一無我字　今本《補注》脱此四字，從《朱氏集注》本增）

案當從一本删我字。本篇呵壁之詞，所問皆自然現象與歷史陳迹，初未羼入作者個人成分，故知我字必係衍文。且如今本作“我又何言”，則是感嘆而非詰問語氣，篇中亦從無此例。又案此句本當移上與“伏匿穴處”句相承（説詳彼條）。“伏匿穴處云何爰，悟過改更又何言”，語意相偶，句法亦一律也。

吴光争國久余是勝

案此句無問詞，與本篇文例不合。當於“久”上補“何”字。“吴光争國，何久余是勝”者，言初楚屢勝吴，何以公子光弑立後，吴乃屢勝楚也。又案下文“何環閭穿社”至篇末，問子文之生，及成王弑堵敖代立（前六七一）。其事下距吴公子光弑王僚（前五一四），凡一百五十餘年。然則“荆師作勛夫何長（常），吴光争國何久余是勝”二句，當移在下文“何試上自予，忠名彌彰”後，乃與史實符合。

何環穿自閭社丘陵爰出子文（一云何環閭穿社以及丘陵是淫是蕩爰出子文）

案當依一本作“何環閭穿社，以及丘陵，是淫是蕩，爰出子文”。今本云云，必後人惡其猥褻而改之如此。王注與一本文意全合，是此文之竄改尚在王後。

吾告堵敖以不長

案吾疑當爲語，字之誤也。堵敖弟熊惲，殺堵敖自立，是爲成王。成王八年，子文爲令尹。疑此及下“何試上自予，忠名彌彰”二句，仍問子文事，言子文語告杜敖如此也。令本作吾，則是作者自告堵敖。本篇雖非必屈原所作，然所問人事至春秋而止，是作者至早亦當爲戰國初人，安得與春秋初葉之堵敖相對論事哉？

九　章

惜　誦

所作忠而言之兮（作一作非）

案作當從一本作非，字之誤也。所倘古通。“所非忠而言之”猶言倘所言之不實也。後人不達所字之誼，乃以非作形近，又涉下文“作忠以造怨”之語，而改非爲作。王注曰“設君謂己所（今誤作）言非忠（今脱此字）邪”，是王本仍作非。朱本亦作非，《李太白詩集注》一《古風》注引同。

今五帝以枂中兮（枂一作折）

案枂析同，析折古又同字。《史記·孔子世家》索隱引亦作折。朱本，朱燮元本，大小雅堂本同。

羌衆人之所仇（一本仇下有也字）

又衆兆之所讎（一本讎下有也字）

案兩句末均當從一本補也字。此文“……羌衆人之所仇也……又衆兆之所讎也……羌不可保也……又（原誤有，詳下）招禍之道也”，四也字連用，與後文“何不變此志也……又猶（原誤猶有，詳下）曩之態也；……何以爲此伴也（句首原衍又字，詳下）……又何以爲此援也”四句，及“……亦非余心之所志……又衆兆之所咍……謇而（原脱而字，詳下）不可釋……又蔽而莫之白”四句，一本句末皆有也字，詞例悉同。凡句末用“也”字者，必四句連用。此其爲例，至爲著明。今本寫官於各也字或删或存，漫無統紀，蓋於篇中詞例，未之留意耳。朱本仇下讎下并有也字，最是。

有招禍之道也

案有當爲又。上揭句末連用四“也”字諸例中，其第四八兩句首皆有“又”字，是其定例。下文“又猶曩之態也”，今本誤作“猶有”，蓋亦“又”先誤爲“有”，“有猶”無義，乃倒其文以取義也。

亦非余之所志

又衆兆之所咍（一本此句末與下文皆有也字）

案當從一本於兩句末補也字。詳上“羌衆人之所仇”“又衆兆之所讎”條。朱本有兩也字。

行不群以巔越兮

案《類聚》一九引巔作顛。朱本同。顛巔通。

謇不可釋（一本句末有也字）

又蔽而莫之白（一本句末有也字）

案以上句末并當從一本補也字，説已詳上。朱本有兩也字。又疑謇下當有而字。《哀郢》曰“思蹇產而不釋”，（注曰：“蹇產，詰屈也。”）《抽思》曰“思蹇產之不釋兮”。謇與蹇通，猶蹇產也。“謇而不可釋”與“蔽而莫之白”文相偶稱。王本謇下奪而字，因以謇爲語辭，失之遠矣。

心鬱邑余侘傺兮（心一作忳）

案心疑爲忳之壞字。“忳鬱邑”與《離騷》“斑陸離其上下”之“斑陸離”，《哀郢》“怊荒忽其焉極”之“怊荒忽”，蹇侘傺而含感”之“蹇侘傺”，《遠游》“怊惝怳而永懷”之“怊惝怳”，皆聯綿字上又著一同義之限制詞。本篇語多襲《離騷》，彼正作“忳鬱邑余侘傺兮”。又案下句“情”字不入韻，疑此句下脱去二句，説詳下條。

又莫察余之中情

案此句不入韻，推尋其故，蓋由脱簡所致。考《離騷》，《天問》，《九章》均當以四句爲一行。本篇“忳鬱邑餘侘傺兮”以下四句，疑本係二行八句。今本因脱四句，而以二行之文并爲一行，均致“情”“路”二字無韻。古本似當作：“忳鬱抑余侘傺兮，□□□□□□，□□□□□□兮，又莫察余之中情。（以上一行。）□□□□□□兮，□□□□□□，固煩言不可結詒兮，願陳志而無路。”（以上一行。）以文義求之，“忳鬱抑余侘傺兮”與“又莫察余之中情”，殊少連貫，故疑此行所脱二句，當在此二句之間。至次行之“願陳志而無路”，與後文“退静默而莫余知兮，進號呼又莫吾聞”，則語意正相銜接，故知彼行所脱二句，必不在行末而在行首。朱子以此文“情”“路”不叶，欲依《離騷》改“中情”爲“善惡”，其説雖近理，然終疑二語形聲俱遠，無由致誤，故不取之。王注曰“曾無有察我之中情也”，是王本仍作中情。

魂中道而無杭（杭一作航）

案無疑本作亡。“亡杭”疊韻連語，即茫沆，魂氣浮動貌也。《淮南子·俶真篇》“茫茫沆沆”，高注曰：“茫茫沆沆，盛貌。”《文選·西京賦》“滄池漭沆”，薛注曰：“漭沆猶洸滉。”劉楨《魯都賦》“又有鹽沈漭沆（元誤沈）”（《書鈔》一四六引），《爾雅·釋言》：“沄，沆也。”郭注曰：“水流漭沆。”《説文》曰：“沆，莽沆，大水也。”漭莽并與茫通。或倒言之曰“沆茫”“沆漭”。揚雄《羽獵賦》曰“鴻蒙沆茫”，黄香《九宫賦》曰“泑沆漭以圠坱”，馬融《廣成頌》曰“瀇瀁沆漭”，是也。案水動曰漭沆，氣動亦曰茫沆，其義一而已矣。又《爾雅》訓沄爲沆，《説文》亦曰：“沄，轉流也，讀若混，一曰沆。”（舊脱此三字，據《爾雅》釋文引補。）魂之爲言猶沄也。（《古微書》引《孝經援神契》曰：“魂，芸也，芸芸動也。”《白虎通義·性情篇》曰：“魂猶伝伝也，行不休於外也。”沄芸伝字異義同。）魂之貌曰茫沆，猶沄一曰沆，故曰“魂中道而茫沆”。後人不知“亡杭”爲“茫沆”之借字，而讀亡爲有亡之亡，訓杭爲舟杭，因改亡爲無，一本又改杭爲航，其陋甚矣。

懲於羹者而吹虀兮（一無者字一云懲於熱羹者一云懲於羹）

案當從一本删者字。“懲於羹而吹虀兮”與“欲釋階而登天兮”語意平列，皆七字爲句。朱本無者字。《困學紀聞》二〇引作“懲熱羹而吹虀”，亦無者字。（柳宗元《與楊誨之疏解車義第二書》引有者字，則唐時已有衍“者”之本。）

猶有曩之態也（猶有一作又猶）

案當從一本作“又猶”，詳上“有招禍之道也”條。

又何以爲此伴也

案又字當删。此涉下文“又何以爲此援也”而衍。凡以“也”字殿尾之句，連用至四次時，唯第四八兩句首用“又”字，二六兩句不用也。詳“有招禍之道也”條。

吾至今而知其信然（一云吾至今而知其然一云吾今而知其然）

案當從一本作“吾今而知其然”。而猶乃也（朱本而正作乃）。然亦信也。《詩·采苓》曰：“人之爲言，苟亦無信，舍旃舍旃，苟亦無然。”然與信爲互文。《史記·張耳陳餘傳》曰“張耳、陳餘始居約時，然信已死”，然亦信也。本書《惜往日》曰“不清澈其然否”，即信否。《九歌・山鬼》曰“君思我兮然疑作”，然疑猶今言將信將疑。“吾今而知其然”，即吾今乃知其信，語意已明。今本“今”上有“至”字，“然”上有“信”字，皆後人妄增。一本作“吾至今而知其然”，未衍“信”字，朱燮元本，大小雅堂本及《御覽》七二四引俱作“吾今而知其信然”，未衍“至”字，互有得失，并視今本爲差勝。惟黄省曾本元至字信字，最是。

堅志而不忍（一云蓋志堅而不忍）

案當從一本作“蓋志堅而不忍”。《悲迴風》曰“曁志介而不忘”，蓋曁聲近，（《哀郢》“好夫人之忼慨”，《釋文》作磕。）堅介義同，語義句法并與此相似，可資互證。朱本亦有蓋字，惟“志堅”倒作“堅志”。

背膺牉以交痛兮（一本牉下有合字一云背膺敷牉其交痛）

案牉上當從一本補敷字。《周禮・小宰》四曰“聽稱責以傅別”，注曰：“傅別，謂爲大手書於一札，中字別之。”又《士師》“凡以財獄訟者，正之以傅別約劑”，注曰：“傅別，中別手書也。”二職“傅別”故書并作“傅辨”，鄭興注《小宰》，鄭衆注《士師》俱讀爲“符別”。案《説文》曰：“符……漢制以竹，長六寸，分而相合。”《漢書・文帝紀》注曰：“與郡守爲符者，謂各分其半，右留京師，左以與之。”《釋名・釋書契》曰：“莂（各本作葥，從《廣韻》改），別也，大書中央，中破別之也。”符別即符莂，敷牉與傅辨，傅別，符別，俱聲之轉。（《書・禹貢》“禹敷土”，《荀子・成相篇》作傅。《詩・長發》“敷奏其勇”，《大戴禮记・衛將軍文子篇》作傅。《廣雅・釋言》：“傅，敷也。”别轉爲牉，則猶傅別一曰判書。牉辨聲亦近。）惟此爲動詞，彼爲名詞耳。“背膺敷牉以交痛”者，猶言背胸分裂，如符莂之中破，因而心中交引而隱痛也。今本無敷字，蓋後人不達“敷牉”之義而删之。一本牉下又增合字，大謬。

故重著以自明

案本篇叶韻，通以二進。此處糧芳明三字相叶，獨爲奇數，於例不合。疑此下本有二句，今本脱之。

矯兹媚以私處兮願曾思而遠身

案二句當互易。知之者，《涉江篇》“世混濁而莫余知兮，余方高馳而不顧”二句，原在本篇末，與此二句首尾相銜（説詳《涉江》）。此本作“願曾思而遠身兮，矯兹媚以私處”，“處”與彼文“顧”韻也。今本二句誤例，則失其韻。又案“曾思而遠身”，義不可通。疑思當爲逝，聲之誤也。《淮南子·覽冥篇》曰：“還（原誤還，從孫詒讓改）至其曾逝萬仞之上。”（高注：“曾猶高也，逝猶飛也。”）本書《九思·悼亂》曰：“玄鶴兮高飛，曾逝兮青冥。”或曰增逝。《史記·賈生傳·吊屈原文》曰：“摇增逝而去之。”（逝上原有翮字，即逝之訛衍。）《漢書·梅福傳》曰：“夫䵣鵲遭害，則仁鳥增逝。”班彪《覽海賦》曰：“超太清以增逝。”張華《鷦鷯賦》曰：“又矯翼而增逝。”此云“願曾逝而遠身”，（《吕氏春秋·權勛篇》：“爲人臣不忠貞，罪也，忠貞而不用，遠身可也。”本書《哀時命》“時猒飫而不用兮，且隱伏而遠身”。）猶上文云“欲高飛而遠集”也。本篇末段大意與《離騷》末段略同，彼云“吾將遠逝以自疏”，曾逝亦猶遠逝也。今本逝誤爲思，王注據而釋之曰“則願私居遠處，唯重思而察之”，是以“曾思而遠身”爲“遠身而曾思。”意者文既有誤，義不可通，則不得支離繳繞以强説之耳。

涉　江

冠切雲之崔嵬

案原本《玉篇・山部》,《書鈔》一二二,《類聚》一,《御覽》八,又三四四，又六八四,《事類賦注》一二,《海録碎事》五并引切作青。劉師培謂當作青，引《九嘆・惜賢》"冠浮雲之峨峨"，注云"冠切浮雲"，而正文無切字，以證此注云："其高切青雲"，正文亦不必是切字。案劉説非也。崔嵬，高貌。切雲猶摩雲。冠曰切雲，正狀其高。若作青雲，則但謂其狀如雲，而不必有高義。《後漢書・輿服志》下有通天冠。切雲之名，猶通天耳。(《説苑・善説篇》："昔者荆爲長劍危冠，令尹子西出焉。"危亦高也，危冠或即切雲之類。)《哀時命》曰"冠崔嵬而切雲兮"，即襲此文，而字亦作切。《類聚》六七引本篇仍作切。各本并同。

被明月兮佩寶璐世混濁而莫余知兮吾方高馳而不顧駕青虬兮驂白螭吾與重華游兮瑶之圃登崑崙兮食玉英與天地兮同壽與日月兮同光

案此文當作："世混濁而莫余知兮，余方高馳而不顧，亂曰：駕青虬兮驂白螭，被明月兮佩寶璐，□□□□□□□,(句中所缺字數，不可確知，姑依多數句例定之。後仿此。)吾與重華游兮瑶之圃，□□□□□□□，登崑崙兮食玉英，與天地兮同壽，與日月兮齊光。"并全段移在《惜誦篇》末。考本篇篇首言駕虬驂螭，游瑶圃，登崑崙，皆游仙之事，而自"哀南夷之莫吾知兮"以至篇末，所言又俱屬現實境界。且既曰"高馳不顧"，又曰"與天地同壽，與日月齊光"，則是已離群高舉，與造物者爲友矣，乃下文復云"固將愁苦而終窮"。此其一篇之中，前後矛盾，尤不可解。(黄文焕、賀寬輩亦嘗懷疑及此。)及考《惜誦》篇末身字不入韻，而此八句與彼末段語意適相銜接，乃知八句爲彼篇之文，移寫誤入於此也。《惜誦》篇末“願曾逝而遠身兮，矯兹媚以私處”（二句原誤倒，説已詳上）二句，語意一貫，韻亦相叶，四句當同隸一行。（本篇亦以四句爲一行）《惜誦》“檮木蘭以矯蕙”四句詳“曾逝遠身”前之備具，本篇“駕青虬兮驂白螭”以下，并缺文八句，正叙“曾逝遠身”之事，此又其文中脉絡之歷歷可考者也。至今本《惜誦篇》末文多奪亂，已分見前條。此八句既本屬彼篇，又經移寫羼入本篇，則其間顛倒奪失，度亦不免。今驗“被明月兮佩寶璐”，與“駕青虬兮驂白螭”以下五句，兮字皆在句中，於文例當毗連。更以韻例衡之，知“被明月”句當在“駕青虬”句下，而“被明月”與“吾與重華”二句之間當更有一句，然後璐圃二字乃得相叶。蓋本書通例，凡於韻二字相叶者，於文當有四句，於韻三字相叶者，於文當有六句，餘以類推。今璐圃二字相叶，而文祇三句，故知其間必有脱文。[并即“世混濁”二句計之，顧璐圃三字相叶，於文亦當有六句。今纔五句，故於例不合。然璐圃二韻，實係亂詞（詳下），似不當與本詞處顧二韻連讀。]下文“登崑崙”與“與天地”二句間所缺一句，亦可以同類原則推知之。又知“駕青虬”上當有“亂曰”二字者，語調之變，由於樂調之變，歷驗他篇而不爽。本篇（《惜誦》）上文兮字皆在句末，至此忽改在句中，故知必係亂詞也。考《九章》諸篇，除《橘頌》内容體制皆異，宜自爲一類外，自餘八篇中，應以《惜誦》《涉江》《哀郢》《抽思》《懷沙》爲一類，《思美人》《惜往日》《悲迴風》爲一類。説别詳。）前者五篇中，四篇皆有亂詞，則《惜誦》亦當有之。要而言之，此八句《涉江》有之爲贅疣，《惜誦》無之爲俄空，今以移歸《惜誦》，則庶乎《惜誦》《涉江》，兩得其宜矣。（《涉江》篇首“余幼好此奇服兮，年既老而不衰，帶長鋏之陸離兮，冠切雲之崔嵬”四句，今在“被明月”前，余初疑亦《惜誦》文。然細按文義，殊不類。疑“被明月”等八句初闌入《涉江》時，本在四句前，後人以“被明月”云云不似開章語，乃移四句於彼前，使與“帶長鋏”“冠切雲”等語相配，遂成今本耳。）

哀南夷之莫吾知兮旦余濟乎江湘

案湘字不入韻，疑此文上或下脱二句。

步余馬兮山皋邸余車兮方林

案此非亂詞，不當於句中用兮字。二句疑當作“步余馬於山皋兮，邸余車乎方林”。《離騷》二句連用介詞時，每上句用“於”，下句用“乎”（詳《離騷》“朝吾將濟於白水兮”條），此或同然。

齊吴榜以擊汰

王注曰：“吴，大也，（各本脱“大也”二字，下文“齊舉大櫂”可證。《文選·海賦》注引“榜，船櫂也”四字，不與吴字連讀，所據本似猶未脱。）榜，船櫂也……言……士卒齊舉大櫂而擊水波。……或曰‘齊悲歌’，言愁思也。”案《哀郢》曰“楫齊揚以容與兮”，（注：“楫，船櫂也。”）與此“齊吴榜以擊汰，船容與而不進”，語意相仿。王引一本作“齊悲歌”，義雖可通，然以《哀郢》證之，似仍以作“吴榜”爲正。

淹回水而疑滯（疑一作凝）

案疑與凝通，《書鈔》一三七，《御覽》七七〇，《文選》江文通《别賦》注引并作凝。朱本，朱燮元本，大小雅堂本并同。

接輿髡首兮桑扈臝行

案行字不入韻，依例“接輿髡首”上當缺二句。此處文多偶行，所缺二句詞意蓋與“忠不必用”二句相偶，猶下“接輿髡首”二句亦與“伍子逢殃”二句相偶也。

哀郢

荒忽其焉極（一本荒上有怊字）

案當從一本補怊字。怊讀爲超，遠也（《方言》七）。荒忽亦遠也。《漢書・嚴助傳》注曰：“荒言荒忽絶遠，去來無常也。”《後漢書・馬融傳》注曰：“荒忽，幽遠也。”“怊荒忽”者，連綿詞上又著一同義字爲限制語。本書詞例，此類甚多。(《詳《惜誦》“心鬱邑余侘傺兮”條。)《七諫・自悲》曰“超慌忽其焉如”，蓋即襲此文。《渚宫舊事》三亦有怊字。朱本，朱燮元本，大小雅堂本并同。

忽若不信兮（一本若下有去字）

武延緒云：當作“忽若去而不信兮”。案武説近是。忽猶恍忽也。此蓋言身雖去國，猶疑未去，心志瞀亂，若在夢中也。《渚宫舊事》亦有去字。朱本，朱燮元本，大小雅堂本詞。

瞭杳杳而薄天（一云杳冥冥而薄天）

案“杳杳”當作“冥冥”，字之誤也。“瞭冥冥”即“杳冥冥”。(瞭一音杳，見《九辯》洪氏補注。)《九歌・東君》曰“杳冥冥兮東行”，《山鬼》曰“杳冥冥兮羌晝晦”，《九歌・怨思》曰“經營原野，杳冥冥兮”，《漢書・禮樂志・郊祀歌》曰“杳冥冥，塞六合”，《列女傳》六《趙津女娟傳》曰“水揚波兮杳冥冥”，皆“杳冥冥”連文。本篇“堯舜之抗行兮”以下八句互見《九辯》中，彼正作“瞭冥冥而薄天”，一本瞭亦作杳，與此全同，是其確證。

信非吾罪而棄逐兮何日夜而忘之

案本篇用韻亦以二進，此處時丘之三字相叶，於例不合。疑此二句下當更有二句，今本脱之。

抽　思

獨永嘆乎增傷

案本篇句中例不用乎字。《文選·長門賦》注，張平子《四愁詩》注并引乎作而，當據改。

昔君與我誠言兮（誠一作成）

案誠當從一本作成。《左傳》襄二十七年曰“成言於晋”，《離騷》曰“初既與余成言兮”。此“成言”義同。《李太白詩集》一注引作成。朱本，朱燮元本同。

兹歷情以陳辭兮（一作歷兹情）

案當從一本作“歷兹情”。《離騷》曰“喟憑心而歷兹……就重華而陳辭”，《哀時命》曰“懷隱憂而歷兹”，皆曰歷兹，不曰兹歷。歷兹即歷兹情之謂。王注曰“發此憤思，列謀謨也”，以“發”釋“歷”，以“此憤思”釋“兹情”，是王本正作“歷兹情”。

固切人之不媚兮

案“切人”無義。以上下文義求之，疑人當爲言，聲之誤也。《詩·青蠅》“讒人罔極”，《史記·滑稽列傳》《漢書·武五子戾太子據傳》《論衡·言毒篇》《新唐書·顔真卿傳》引人并作言，《韓非子·顯學篇》“象人百萬，不可謂强”，盧校象人或作俑言，《韓詩外傳》六“可與言終日而不倦者，其惟學乎”，《説苑·建本篇》《家語·致思篇》言并作人，并其比。賈山《至言》曰“切直之言，明主所欲急聞”，《説苑·貴德篇》曰“願陛下察誹謗，聽切言”，是切言者，猶直言也，故曰“不媚”。

何毒藥之謇謇兮（一作何獨樂斯之謇謇兮）

案毒藥當作獨樂，之當作斯。“何獨樂斯謇謇兮，願蓀美之可光（原作完，從一本改）”者，猶言余何以獨好爲此謇謇忠直之言哉，冀君美德可以光大也。《離騷》曰“余固知謇謇之爲患兮，忍而不能舍也，指九天以爲正兮，夫唯靈修之故也”，即此二句之旨。今本獨樂作毒藥者，蓋涉注文“忠言（各本均誤作信，今正）不美，如毒藥也”而誤。不知古諺雖以毒藥喻忠言，忠言謂之謇謇可也，毒藥謂之謇謇則不可。且王逸注此書，有依字立訓，逐句作解者，此尋常傳注之體。有櫽括句義，自鑄新詞，大都爲四言韻語者，此王氏自創之變體。本篇注文屬後例，故注與正文間，不能字櫛句比，一一印合。此注“毒藥”之語，自是借用古諺成喻以發明正文謇謇之義，奚必正文有“毒藥”字哉？後人徒以“獨樂”與“毒藥”，或則聲邇，或兼形似，遂據以徑改正文，傎矣。朱子從一本作“獨樂斯”，最是。其“斯”下“之”字，於義似贅，删之爲是。

願蓀美之可完（完一作光）

馬瑞辰云：完當從一本作光。光與亡韻。案馬説是也。光，充也，大也。（互詳上條。）

望北山而流涕兮臨流水而太息

案本篇韻例亦以二進，此處側得息三字相叶，依例亦當脱二句。尋上文“道卓遠而日忘兮，願自申而不得”二句無注，當係今本奪漏。以常情推之，所奪正文二句，宜在所奪注文鄰近，故又疑奪去二句當在“望北山”句上。

魂識路之營營

案識路當爲織絡，字之誤也。《後漢書・張衡傳・思玄賦》“庸織絡於四裔兮”，注曰：“織絡猶經緯往來也，織或作識。”《文選》絡作路。《范書》一本與《文選》字各有誤，與此適同。《詩·青蠅》傳曰：“營營，往來貌。”織絡爲往來，營營爲往來之貌，故曰“魂織絡之營營”。且上云“願徑逝而未得兮”，徑者直也，徑逝未得與織絡營營，義亦相成，王注曰：“精靈主行，往來數也。或曰識路，知道路也。”是王所據本作職路，別本始作識路，然而皆非也。

懷　沙

眴兮杳杳

案“眴兮”當作“眴眃”，句末當補兮字。眴與眩古字通（《文選·劇秦美新》注）。《文選·思玄賦》“倏眩眃兮反常閭”，舊注引《蒼頡篇》曰：“眩眃，目視不明貌。”王注曰：“杳杳，深遠貌也。”“眴眃杳杳”四字義近，猶下文“孔（空）静幽默”亦四字一義也。今本因眃缺損作云，草書云兮形近，遂誤作兮。句中眃誤作兮，後人復删句末兮字，則與全篇句法不一律矣。

易初本迪兮

案本疑當作變，變卞古通，(《書·堯典》“於變時雍”，《孔廟碑》作卞。《顧命》“率循大卞”，《莊子·天下篇》作“唯循大變”。）此蓋本作“易初卞迪”。卞迪即變道。（道迪古亦通。《書·君奭》“茲迪彝教”，《史記》作道。又“我道唯寧王德”，馬本作迪。）卞與草書相似，故誤爲本。“易初變道”，與下文“章畫志墨”語例同，皆二詞平列，上一字動詞，下一字名詞，而義各相同。“易初變道兮，君子所鄙”，又與《思美人》“欲變節以從俗兮，愧易初而屈志”，語意相仿。此以“易初”與“變迪（道）”對文，猶彼以“易初”與“變節”對文也。王注曰："迪，道也，（各本均脱此三字。《史記》迪作由，《集解》引王注："由，道也。"今據補。）……言人遭世遇（句中似有脱字），變易初行，違（各本誤遠）離常道，賢人君子之所耻不忍爲也。"正以"遠離常道"釋"變迪"二字。（釋"變"爲"違離"者，上已釋"易"爲"變易"，此不得不變詞以避複。）

玄文處幽兮（《史記》作幽處）

案當從《史記》作"幽處"。"玄文（冥）幽處"與下文"離婁微睇"文相偶，處睇皆動詞，幽微皆副詞也。

矇瞍謂之不章（《史記》無瞍字）

案當從《史記》删瞍字。"矇謂之不章"，與下文"瞽以爲無明"句法一律。王注曰："矇，盲者也。"不釋瞍字，是王本無此字。其引《詩》"矇瞍奏公"，又云"則矇瞍之徒以爲不明也"者，乃以矇瞍釋矇字，非必正文有瞍字也。今本據注以增正文，非是。

夫惟黨人鄙固兮羌不知余之所臧（《史記》作夫黨人之鄙妒兮羌不知余所臧）

案當從《史記》移之字於"黨人"下，作"夫惟黨人之鄙固兮，羌不知余所臧"。元本同《史記》。朱本正作"夫惟黨人之鄙固兮"。

邑犬之群吠兮吠所怪也（一云邑犬群兮吠所怪也《史記》無之字）

案當從《史記》作"邑犬群吠兮，吠所怪也"。一本"之"字亦未衍，惟"群"下敓"吠"字。柳宗元《答韋中立論師道書》引無之字。李壁《王荆公詩注》三一《次韻張氏女弟咏雪》注，三八《次韻答陳正叔》注引亦無。朱本，朱燮元本，大小雅堂本并同。

豈知其何故（一本句末有也字《史記》作豈知其故也）

案當從《史記》作“豈知其故也”。朱燮元本，大小雅堂本同。《索隱》引豈作莫，亦通。

邈而不可慕（一本句末有也字《史記》作邈不可慕也）

案當從《史記》作“邈不可慕也”。朱燮元本，大小雅堂本同。

懲連改忿兮（《史記》連作違）

王念孫云：連當從《史記》作違。違與愇通，《廣雅·釋詁》四曰：“愇，恨也。”“懲違”與“改忿”對文。案王説是也。朱本亦作違。朱燮元本，大小雅堂本并同。

浩浩元湘分流汩兮（分一作汾）

案一本分作汾，最是。汾讀爲溢，《漢書·溝洫志》注曰：“溢，涌也。”郭璞《江賦》曰“溢流雷呴而電激”，汾流即溢流。《列子·黄帝篇》釋文曰：“汩，涌波也。”汾汩義近，故曰“汾流汩”。古者南楚諸水皆曰湘，諸湘有江湘，沅湘，瀟湘，即江水，沅水，瀟水。“浩浩沅湘，汾流汩”者，謂沅湘之水，溢涌淢汩而流也。今本字作分，不知者鮮不訓爲分别，而以沅湘爲二水者。王注不釋分字，蓋即如字讀之。

道遠忽兮（《史記》自道遠忽兮以下有曾唫恒悲兮永嘆慨兮世既莫吾知兮人心不可謂兮四句）

案《史記》此下四句即本書後文“曾傷爰哀，永嘆喟兮，世混濁莫吾知，人心不可謂兮”四句之異文。朱本文從本書，次依《史記》，按之文義，最爲允洽。當據以乙正。[《史記》於下文又出“曾傷爰哀，永嘆喟兮，世混不可知，心不可謂兮”十八字，（朱燮元本，大小雅堂本同。）王引之以爲後人據《楚辭》增入，而不知其文爲複出也。張文虎説同。案《史記》“亂曰”以下，每句末皆有兮字，獨此四句中纔兩用兮字，與本書亂詞之韻例適合，其爲後人據本書增入無疑。]

懷質抱情獨無匹兮

朱子云：匹爲正之誤。（匹俗作疋，與正形似。）正與程韻。《哀時命》曰“懷瑶象而握瓊兮，願陳列而無正”，語意本此。案朱説是也。《史記》亦誤作匹，惟日本瀧川龜太郎《史記會注》引楓本三本并作正。不知彼邦舊本《史記》如此，抑據朱説改之。

萬民之生（一云民生有命《史記》民作人一云民生禀命）

案當從一本作“民生禀命”。《國語·晋語》七曰“將禀命焉”，《楚語》上曰“是無所禀命也”，是“禀命”爲古之恒語。王注曰“言萬良禀受天命”，正以“禀受天命”釋“禀命”二字。宋本及瀧川《會注》本《史記》并作“民生禀命”。朱本，元本同。

曾傷爰哀永嘆喟兮世混濁莫吾知人心不可謂兮

案四句當移在上文“道遠忽兮”下，説詳彼條。

思美人

因歸鳥而致辭兮羌宿高而難當（一云羌迅高而難寓）

案宿當從一本作迅。宿爲夙之異體。古隸夙作歽，迅作訊，形相近。疑此本作迅，誤爲歽，又轉寫作宿。迅有躍義。《説文》曰：“躍，迅也。”躍訓迅，則迅亦訓躍。又有飛義。《説文》曰：“卂，疾飛也。”卂爲迅之初文。合此二義，則直飛刺上亦謂之迅。“因歸鳥而致辭兮，羌迅高而難當”者，謂將畀辭於鳥，而鳥已高舉也。曹植《九愁賦》曰“願接翼於歸鴻，嗟高飛而莫攀”，陳琳《止欲賦》曰“欲語言於玄鳥，玄鳥逝以差池”，語意并與此相彷。《文選》王仲宣《贈士孫文始詩》注引此正作“羌迅高而難當”。朱本，朱燮元本，大小雅堂本同。“難當”一本作“難寓”，字之誤也。

勒騏驥而更駕兮造父爲我操之

案本篇用韻亦以二進。此處之時期三字相叶，於例不合。疑此二句下原有二句，今本脱之。

與纁黄以爲期（纁一作曛）

案曛纁正借字。《文選》謝靈運《晚出西射堂詩》注，慧琳《一切經音義》八四引并作曛。朱燮元本，大小雅堂本同。

吾誰與玩此芳草（此一作斯）

案草與上文莽不叶。《遠游》《哀時命》并云“誰可與玩斯遺芳”。疑此亦本作“吾誰與玩斯遺芳”，芳與莽韻。（“莽”於《離騷》《懷沙》二篇，與魚部字相叶。此疑仍讀入陽部。《悲迴風》“莽芒芒之無儀”，猶下文之“罔芒芒之無紀，《遠游》“時曖曃其曭莽兮”，曭莽叠韻連語，可證本書莽字亦有莫朗切之音。）今本作“此芳草”者，正猶《遠游》一本之亦作“此芳草”也。

觀南人之變態

案人疑當爲夷。金文夷作⺋，與人同字，故古書人夷每相亂。《涉江》曰：“哀南夷之莫吾知兮。”此亦當是南夷。變態猶異狀，（《荀子·君道篇》“并遇變態而不窮”，《文選·子虛賦》“殫睹衆物之變態”，《上林賦》“覽將帥之變態”，《西京賦》“盡變態乎其中”，薛注曰：“變，奇也。”）謂殊方土人異俗，如上文“解萹薄（苻）與雜菜兮，備以爲交（絞）佩”［《墨子・辭過篇》“古之民未知爲衣服時，衣皮帶茭”，《尚賢中篇》“傅説被褐帶索”，《韓詩外傳》十“楚丘先生披蓑帶索”。帶茭即帶索。《儀禮・喪服》“苴絰杖絞帶”，《傳》曰：“絞帶者繩帶也。”茭與絞同。交（絞）佩即絞帶，謂以草爲帶也。］之類是矣。

芳與澤其雜糅兮羌芳華自中出

案出字不入韻。疑二句上或下脱去二句。

紛郁郁其遠承兮（承一作蒸）

案紛當爲芬，承當從一本作蒸，并字之誤也。郁郁，香氣也（《後漢書・馮衍傳》注）。氣上行曰蒸。“芬郁郁其遠蒸”，猶言香氣遠聞也。朱本承作烝。烝蒸同。

羌居蔽而聞章（一云居重蔽而聞章）

案一本作“居重蔽而聞章”，義長。揚雄《逐貧賦》曰“人皆重蔽，予獨露居”，重蔽之義同此。聞謂聲聞。章同彰，顯也。言雖居於重蔽之室内，而聲聞猶能彰顯於外也。

廣遂前畫兮未改此度也命則處幽吾將罷兮願及白日之未暮（一本句末有也字）獨煢煢而南行兮思彭咸之故也

案此文疑當作“廣遂前畫兮，未改此度也，命則處幽兮，吾□□□也。時曖曖其將罷兮，願及白日之未暮也，獨煢煢其南行兮，思彭咸之故也”。度暮故三字相叶。依二進韻例，當脱一韻。“命則處幽，吾將罷兮”，詞意不屬，疑下句文多奪漏，寫者綴合殘餘，以爲一句。《離騷》《哀時命》并云“時曖曖其將罷兮”。此“將罷兮”上若補“時曖曖其”四字，則與下句語意適合。既以“將罷兮”三字屬下讀，則“吾”

下之“□□□也”四字，“幽”下之“兮”字，又均可以上下句法推得之。暮下一本有也字，與上下句法合，今亦據補。

惜往日

被離謗而見尤（離一作讒）

案《七諫・沉江》曰“正臣端其操行兮，反離謗而見攘”，與此“何貞臣之無罪兮，被離謗而見尤”語意酷似。疑此文被爲反之訛。反訛爲皮，因改爲被也。“反離謗而見尤”與《惜誦》“紛逢尤以離謗兮”語亦相仿。一本以“被離”義複而改離爲讒，朱本從之，殆不可憑。

身幽隱而備之

案備字無義，疑當爲避，聲之誤也。（俗讀避備聲相亂。《韓非子・守道篇》“立法非所以備曾史也”，宋本備作避。《吕氏春秋・節喪篇》“奸邪盗賊寇亂之患，慈親孝子備之者，得葬之情矣”，俗本備作避。《淮南子・主術篇》“閨門重襲以備奸賊”，備今亦誤作避。）“慚光景之誠信兮，身幽隱而避之，臨沅湘之玄淵兮，遂自忍而沉流”者，避謂避光景，有慚於光景，故欲避之而隱身於玄淵之中也。《史記・賈生傳・吊屈原文》曰：“襲九淵之神龍兮，沕深潛以自珍，彌融爚以隱處兮，夫豈從蟂與蛭螾。”《正義》引顧野王曰：“彌，遠也。融，明也。爚，光也。没深藏以自珍，彌遠光明以隱處也。”“彌融爚”《漢書》作“偭蟂獺”，注引應劭曰：“偭，背也。”案彌偭一聲之轉，背與遠離義近，背之亦即避之。彼言背絶光明以從神龍於九淵之下，（《悲迴風》：“蛟龍隱其文章。”）此言避去光景而自隱於玄淵之中，義可互參。

諒聰不明而蔽壅兮（一云不聰明）

案《廣雅・釋詁》四曰："聰，聽也。"聰不明即聽不明。《易・噬嗑》上九《象傳》曰："何校滅耳，聰不明也。"《釋文》引馬注曰："耳無所聞。"《夬》九四《象傳》曰"聞言不信，聰不明也"，正義曰："聰，聽也。"是"聰不明"爲古之恒語。一本作"不聰明"（朱燮元本，大小雅堂本同），朱子又疑當作"諒聰明之蔽壅兮"，均非。

背法度而心治兮（治一作殆）

案《韓非子・用人篇》曰"釋法術而用心治"，語意與此同。一本治作殆，非是。

橘　頌

類可任兮（一云類任道兮）

案當從一本作"類任道兮"。道與醜韻。如今本，則失其韻矣。精讀爲綪，赤黄色也。"綪色内白"猶李尤《七嘆》云"金衣素裹"。任猶抱也（《詩・生民》傳）。此言橘之爲物，焜煌其外，潔白其裹，如抱道者然也。王注曰"故可任以道而事用也"，是王本尚不誤。朱本，元本亦作"類任道兮"。

不終失過兮（一云終不失過兮）

案一本作"終不失過兮"，於文爲順，當從之。王注曰"終不敢有過失也"，是所據本未倒。《草堂詩箋》一《與李十二白同尋范十隱居》注引亦作"終不失過兮"。朱燮元本，大小雅堂本同。朱本，元本，及《困學紀聞》一〇引并作"終不過失兮"，"終不"二字是，"過失"二字倒。

悲迴風

傷太息之愍憐兮（憐一作嘆）

案作“愍憐”者是也。《九辯》曰“心閔憐之慘悽兮”，愍憐即閔憐。慧琳《一切經音義》八九引此作憫憐，憫閔同。一本作愍嘆，蓋涉王注“憂悴重嘆”之文而誤。

居戚戚而不可解（一無可字）

案“居”與上下文“愁”“心”“氣”諸字義不類。王注曰“思念憔悴，相連接也”，疑居爲思之誤。又案“不”下當從一本删“可”字。“思戚戚而不解”，與上文“愁鬱鬱之無快”（之一作而），下文“心韄羈而不開（原誤形，詳下條）”，“氣繚轉而自締”句法一律。《文選》謝靈運《游南亭詩》注，潘安仁《悼亡詩》注，陸士衡《答張士然詩》注引并無可字。朱燮元本，大小雅堂本同。

心韄羈而不形兮（形一作開）

案形當從一本作開，字之誤也。（開缺損成开，後人妄沾彡旁爲形字。）王注曰“肝膽繫結，難解釋也”，正以“難解”釋“不開”之義。朱本，元本，王鏊本，朱燮元本，大小雅堂本并作開。

凌大波而流風兮托彭咸之所居

案此處紆娱居三字爲韻，依二進韻例，當係脱去二句。考《離騷》“吾將從彭咸之所居”，與此“托彭咸之所居”語同。彼言彭咸所居，實指崑崙上層之天庭，則此言彭咸所居，亦當指下文“高岩之峭岸”，“雌霓之標顛”云云，而後文攄虹，捫天，吸露，漱霜，依風穴，馮崑崙，皆既至彭咸所居後之所從事。然則所謂“凌大波而流風”者，乃造彭咸之過程，非謂彭咸所居即在水中也。然以彭咸所居之遠，造之之過程，似又不衹凌波流（游）風一事，故疑此處所脱二句，當在“凌大波”與“托彭咸”二句之間。

忽傾寤以嬋媛（一作撣援）

案嬋媛當從一本作撣援，詳《離騷》“女嬃之嬋媛兮”條。

重任石之何益（一云任重石）

案當從一本作“任重石”。任猶抱也。“任重石之何益”，猶蔡邕《吊屈原文》曰“顧抱石其何補”。王注曰“雖欲自任以重石”，是王本正作“任重石”。朱本，朱燮元本，大小雅堂本并同。

心絓結而不解思蹇産而不釋（一本無此二句）

案二句正文及注皆互見《哀郢篇》中。陸侃如氏云：二句本《哀郢》文，後人誤加於此。依章句例，凡已注者皆不再注。本篇若原有此二句，則注當云“皆已解於《哀郢》中”。今則逐字加注，且與《哀郢》徉同，可證正文及注皆自《哀郢》移此。案陸説是也。古音釋在魚部。（本篇《惜誦》叶釋白，《哀郢》叶蹠客薄釋，《招魂》叶託索石釋，《大招》叶酪蓴薄擇。）此與支部之積擊策迹適愁相叶，與古韻不合。是亦二句爲後人私加之確證。然以二進韻例推之，此處蓋本有二句，而今本脱之，後人始以《哀郢》語補入耳。

遠　　游

怊惝怳而乖懷

案“乖懷”二字無義。乖當爲永，字之誤也。《詩·卷耳》曰“維以不永懷”，《正月》曰“終其永懷”。此與《九懷·匡機》“永懷兮内傷”并用《詩》語。永懷與遥思對文。今本作乖，蓋以二字形近，(《韓詩外傳》一“客之行差遲乖人”，《列女傳·辯通篇》乖作永。）又涉注文“志乖錯也”而誤。《文選》謝玄暉《郡内登望詩》注，王質《詩總聞》一一《沔水》注引并作永。朱本，元本，王鏊本，朱燮元本同。

聞赤松之清塵兮（塵一作虚）

案《列仙傳》上《赤松子傳》：“赤松子者，神農時雨師也。……往往至崑崙山上……隨風雨上下。”《師門傳》曰：“一旦風雨迎之。”他書亦每言神人出入以風雨。《九歌·大司命》曰：“令飄風兮先驅，使涷雨兮灑塵。”清塵猶灑塵也。(《韓非子·十過篇》“風伯進掃，雨師灑道”，《淮南子·原道篇》“令雨師灑道，使風伯掃塵”，《文選·東京賦》“清道案列”，清道亦即灑道。）此言赤松清塵，謂其乘風雨飛升耳。(《史記·司馬相如傳》“犯屬車之清塵”，《文選·七發》“雜杜若，蒙清塵”，均以清爲形容詞，與此義迥異。）一本塵作虚，非是。《文選》潘安仁《懷舊賦》注，盧子諒《贈劉琨詩》注，謝玄暉《和伏武昌登孫權故城詩》注引亦作塵。各本并同。

晨向風而舒情（晨一作長）

案晨當爲長，字之誤也。向風舒情，奚必晨旦？一本作長爲允。朱本，元本作“長向風”，與一本合。《文選》魏文帝《雜詩》注，張孟陽《七哀詩》注并引作“向長風”，亦通。

夕晞余身兮九陽（兮一作乎）

季君鎮淮云：兮當從一本作乎。《離騷》於二句分用“於”“乎”二介詞時，例上句用於，下句用乎。（案詳《離騷》“朝吾將濟於白水兮”條。）本篇仿《離騷》而作，此等語法，猶不失屈子軌範。“朝發軔於太儀兮，夕始臨乎於微閭”（《釋文》：“於，於其切。”案“於微閭”三字一名，即《爾雅》之“醫無閭”。於微，醫無，一聲之轉。），“軼迅風於清源兮，從顓頊乎增冰”，其明證矣。此文“朝濯髮於湯谷兮，夕晞余身乎九陽”，亦然。今本乎作兮，傳寫之誤耳。案季説是也。本篇句中例不用兮字。《文選》張平子《思玄賦》注，盧子諒《贈劉琨詩》注，《海録碎事》一，《山谷内集》三《次韻張詢齋中晚春》注并引作乎，與一本合。

凌天地以徑度

俞樾云：天地當作天池。天池亦星名。《九歌・少司命》“與女沐兮咸池”，注曰“咸池，星名，蓋天池也”，《九思・疾世》曰“沐盥浴兮天池”。案俞説是也。《哀時命》曰“勢不能凌波以徑度兮”，語與此相似，可證此言度亦謂度水。

意恣睢以擔撟（撟一作矯）

案《補注》引《釋文》擔音丘列切。《文選・射雉賦》“眄箱籠以揭驕”，徐注曰“揭驕，志意肆也”，又曰“《楚辭》揭驕作拮矯”。李注引《楚辭》曰“意恣睢以拮矯”。案“志意肆”之義與王注“縱心肆志”合，“拮”“揭”與《釋文》丘列切之音合，是擔即拮、揭之借字。《集韻》擔拮并同揭，音丘杰切，是也。擔本音多罕切。擔與揭（拮），於韻爲陽入對轉，於聲由端知變見溪。［《説文》覗從見聲（見母），重文作䚢，從旦聲（端母），哲從折聲（知母），古文作嚞，當從吉聲（溪母）。］《史記・司馬相如傳・大人賦》“掉指橋以偃蹇兮”，索隱曰：

“指，居桀切。”（今本《史記》無此文，見本書洪《補注》引。）案“指”知紐，古讀歸端，此音居桀切，亦猶擔之音丘列切。“指橋”亦即“拮撟”“揭驕”耳。要之，形況之詞，本無定字。本篇擔撟字徐李二注引作拮，但取音同，不妨兩是。學者若以丘列切之音罕聞而疑擔爲拮之誤字，則過矣。

張咸池奏承雲兮二女御九韶歌使湘靈鼓瑟兮令海若舞馮夷

案以文當作“張《咸池》奏《承雲》兮，令海若舞馮夷，使湘靈鼓瑟兮，二女御九韶歌”，夷與上文妃韻，歌與下文蛇韻也。今本“令海若”句與“二女御”句誤倒，則失其韻矣。

玄螭蟲象并出進兮

案象疑當爲豸，字之誤也。豸俗作豙，與象形近，故誤爲象。（《唐大詔令集》《舊唐書·韋陟傳》《吉温傳》吴豸之，《郎官石柱題名》作豙，《全唐詩》又誤作象。）《説文》曰：“豸，獸長脊，行豸豸然。”《繫傳》曰：“豸豸，背隆長貌。”“玄螭蟲豸并出進兮，形蟉虯而逶迤”，蓋指魚龍漫衍之戲，《西京賦》所謂“巨獸百尋，是爲曼延”是也。王本作象，注中一説謂象爲罔象，失之。

卜　居

往見太卜（一本此句上有乃字）

案當從一本補乃字。《御覽》七二六，《合璧事類·後集》九引亦有。《文選》及朱本，元本，王鏊本，朱燮元本，大小雅堂本并同。

將氾氾若水中之鳧乎（一無乎字）

案當從一本删乎字。“將氾氾若水中之鳧，與波上下，偷以全吾軀乎”十八字總爲一句。《御覽》七二六，《合璧事類·别集》六九引亦無乎字。朱本同。

龜策誠不能知事（一云知此事）

案當從一本增此字。詹尹但言龜策不能知屈原所問之事，非謂凡事皆不能知也。《御覽》七二六引有此字，《文選》亦有。朱燮元本，大小雅堂本并同。

漁　父

聖人不凝滯於物（《史記》作夫聖人者）

案《史記》有“夫”“者”二字，語意較明，當從之。

何故深思高舉自令放爲（《史記》作何故懷瑾握瑜而自令見放爲）

案“深思高舉”謂自放，與下文“自令放”爲被放之意齟齬。《史記》作“何故懷瑾握瑜而自令見放爲”，於義爲長，當從之。王注曰“獨行忠直”，似所據本亦作“懷瑾握瑜”。

而蒙世俗之塵埃乎（一無而字）

案當依一本删而字。“安能以皓皓之白，蒙世俗之塵埃乎”，與上文“安能以身之察察，受物之汶汶乎”，句法一律。《文選》無而字。《類聚》六，《白帖》三，《御覽》三七，《史記·屈原列傳》索隱，《文選》鮑明遠《擬嵇中散言志詩》注，《山谷内集》一三《再次韻兼簡履中南玉》注，又二〇《題淡山岩》注所引亦并無。

九　　辯

登山臨水送將歸

案《御覽》四八九,《初學記》一八,《白帖》五，又三四,《文選・秋興賦》注引并無兮字，則以“憭慄兮若在遠行登山臨水送將歸”作一句讀，於義似勝。

泬寥兮天高而氣清（清古本作瀞）

劉永濟氏云：清爲凊之通借。(《莊子・人間世篇》“爨無欲清之人”,《釋文》曰“清，凉也”,《吕氏春秋・有度篇》“清有餘也”，高注曰“清，寒也”，皆應作凊。）一本作瀞，當爲瀞之或體。《説文》曰：“瀞，冷寒也，楚人謂冷曰瀞。”案劉説是也。《唐韻》凊，七正切，瀞，七定切，音同，是凊瀞一字。諸書清字訓凉訓寒者，均當爲瀞之省。《書鈔》一五四,《類聚》三,《初學記》三,《御覽》二五,《合璧事類・前集》一四,《文選・秋興賦》注，江文通《雜體詩》注,《山谷内集》注二,《贈惠洪》注，李璧《王荆公詩》注三八《登中茅山》注，王得臣《麈史》中引并作清。曹植《秋思賦》曰“雲高氣静兮露凝衣”，疑所見即作瀞之本，而讀瀞爲静也。王注曰“秋高氣朗，體(《山谷内集》注一《次韻劉景文登鄴王臺見思》注引作氣）清明也”，讀清如字，則與下句清字韻複矣。(本書同字例不連叶,《離騷》“來吾道夫先路……既遵道而得路”，上路讀爲輅，“豈唯是其有女……孰求美而釋女”，下女讀爲汝，本篇“泬寥兮天高而氣清，宋廖兮收潦而水清”，上清讀爲凊，皆其例。詳《離騷》“昔三后之純粹兮……”條。)

坎廩兮貧士失職而志不平（廩一作壈）

案壈廩正借字。《文選》作壈。《類聚》五五,《初學記》一八,《御覽》二五引并同。原本《玉篇·車部》引作轅，轅與壈通。

惆悵兮而私自憐

案而字疑衍。句中兮字本兼具虚字作用（詳《九歌》“君迴翔兮以下”條），“惆悵兮私自憐”，猶“惆悵而私自憐”也。《文選》孫子荆《征西官屬送於陟陽候作詩》注，陸士衡《挽歌》注，張平子《四愁詩》注引并無而字。（《西征賦》注引又有而字，無兮字，正以此兮字本具“而”之作用，故誤改之。）

雁廱廱而南游兮（廱一作嗈）

案一本作嗈，正字。《書鈔》一五四，《御覽》二五引并作嗈。《文選》作噰，同。

悲憂窮戚兮獨處廓（戚一作感，《文選》作蹙）

案蹙正字，“悲憂”與“窮蹙”對文。一本讀戚如字，因改寫作蹙，則與悲憂義複矣。

竊獨悲此廩秋（廩一作凜）

案凜正字。《類聚》三，《白帖》三，《御覽》二五，《海録碎事》二，《合璧事類·前集》一四，《文選》潘安仁《閑居賦》注，《草堂詩箋》三一《咏懷古迹》箋，又三七《宿花石戍》箋，五百家注《韓集》一《秋懷詩》注，又三《感春》韓注，史容《山谷外集》注五《次韻感春》注，又六《定交詩》注引并作凜。《文選》亦作凜。朱燮元本，大小雅堂本同。

收恢台之孟夏兮（台一作炱）

案“收恢台之孟夏兮，然欿傺而沉藏”二句，猶言夏去而秋冬遞來，“收”斥秋言，“沉藏”斥冬言也。然孟夏始去，不能遽及秋候。疑孟當爲盛，字之誤也。《尚書大傳》“夏者假也，吁荼萬物而養之外者也”，鄭注曰“吁荼讀爲嘘舒”，又“陽盛則吁荼萬物而養之外也”，注曰“吁荼氣出而温”，是吁荼之義猶鬱蒸也。“恢台”“吁荼”一語之轉。台本作炱，正字。恢炱字俱從火，故有鬱蒸之義。盛夏陽氣鬱蒸，熇然酷熱，故曰“恢台之盛夏”。若爲孟夏，則不得言“恢台”矣。《類聚》三引孟正作盛，是其確證。

塊獨守此無澤兮

案通審全文，本篇蓋旅途中所作。上文云“皇天淫溢而秋霖兮，后土何時而得漧”，方恨積雨難霽，道途泥濘，無時得漧，則下文不得又有“無澤”之嘆。疑無當爲蕪之省借，或誤字。《風俗通義·山澤篇》曰：“水草交厝，名之爲澤。”久雨則百草怒生，潢潦渟滀而成斥鹵，“蕪澤”正言其水多也。王注曰“不蒙恩施，獨枯槁也”，殊失其義。（此意何君善周所發。）

鳳愈飄翔而高舉

案《御覽》九一五，《事類賦注》一八引翔并作翱，殆是。“飄翱”叠韻連語。

泊莽莽與野草同死（泊一作汩）

案泊疑當從一本作汩。汩猶忽也，語助詞，有“出其不意”之意。凡上句言“願”，下句多言事與願違。此曰“願僥幸而有待兮，汩莽莽與野草同死”，願汩對言以見意。

願自往而徑游兮

案“徑游”無義。游當爲逝，字之誤也。（《九懷·陶壅》“吾乃逝兮南娭”，《九嘆·遠游》“旋車逝於崇山兮”，逝并一作游。《九嘆》章目《遠逝》一作《遠游》，《遠游》一作《遠逝》。）逝，去也。“願自往而徑逝”，猶言願自往而直去耳。《抽思》曰“願徑逝而未得兮”，《七諫·怨世》曰“絶横流而徑逝”，皆言“徑逝”。而《七諫·怨思》曰“願壹往而徑逝兮，道壅絶而不通”，與此曰“願自往而徑逝兮，路壅絶而不通”，文句幾於全同，尤本篇字當爲逝之佳證。

滅規矩而改鑿

案鑿當爲錯，聲之誤也。（鑿錯二音古書往往相亂。《史記·晋世家》出公名鑿，《六國年表》作錯，是其比。）古韻錯在魚部，鑿在宵部。此本以錯與上文固相叶，後人誤改作鑿，以與下文教樂高叶，則固字孤立無韻矣。《離騷》曰“固時俗之工巧兮，偭規矩而改錯”，《七諫·謬諫》曰“固時俗之工巧兮，滅規矩而改錯”，本篇上文曰“何時俗之工巧兮，背繩墨而改錯”，語意俱與此同，而字皆作錯。《文選·思玄賦》注引此文作錯，尤其確證。

願托志乎素餐（《釋文》作食音孫）

案餐當爲飧。《説文》餐重文作湌，與飧形聲俱近，故相涉而誤。古韻飧餐異部。此與温垠春爲韻，是字當作飧。若作餐，則失其韻矣。《釋文》作食，亦飧之訛，故音孫。龔頤正《芥隱筆記》引《九辯》作飧，所見本不誤。

泊莽莽而無垠（泊一作汩）

案泊當從一本汩。“蹇充倔而無端兮，汩莽莽而無垠”，二句意近平列。充倔義猶莽莽，（《方言》四“布而無緣……自關而西謂之裗襬”，充倔與裗襬同，無邊緣貌也。莽莽即茫茫，無涯際貌也。）無端猶無垠，（端謂端崖，垠謂垠鄂。）蹇與汩皆語助詞也。（詳上“汩莽莽與野草同死" 條。)《芥隱筆記》引作汨，與一本合。

無衣裘以御冬兮（御一作禦）

案御通禦。《書鈔》一二九引亦作禦。

靚杪秋之遥夜兮

案靚讀爲竫。《方言》一曰“竫，思也”，《文選·思玄賦》李注曰：“竫與靚同。”“靚杪秋之遥夜”猶言思量末秋將至，晝漸短而夜漸長也。《文選》謝靈運《登臨海嶠初發彊中作與從弟惠連見羊何共和之詩》注，《山谷内集》注一《戲答俞清老道人寒夜》注，及《芥隱筆記》引靚作覩，非是。蓋一本靚訛作覩，隋唐間人誤以靚覩爲一字，（曹憲《博雅音》靚音狄。《集韻》《類篇》并承之，遂云靚一音狄，與覿同。然其説實誤，詳王氏《廣雅疏證》。）故或改書作覿也。

猋壅蔽此明月

案猋當爲欻，字之誤也。欻脱爛成炎，又以形近誤爲猋。張衡《思玄賦》曰“欻神化而蟬蜕”，《後漢書·何進傳》曰“不臨喪，不送葬，今欻入省，此意何爲”，欻與忽音義并同。字一作欻。玄應《一切經音義》六引《蒼頡篇》曰“欻，卒起也”。“欻壅蔽此明月”，猶下文“卒雍蔽此浮雲”。《類聚》二引正作欻，是其確證。

雲蒙蒙而蔽之……或黕點而汙之

案“蔽”“汙”於韻不叶，初疑二字必有一誤。繼而思之，乃知不然。蔽古讀爲 *—ad，汙讀爲 *—o。然二韻後皆有餘聲“之”字，其聲母爲 *ȶ—。“蔽”之韻尾輔音 *-d，因與“之”之聲母 *ȶ—相毗鄰而失去（語言學家稱此類爲“接置省略”Juxtapositional elision），則 *—ad 變爲 *-a 矣。此以失去韻尾輔音之蔽（*-a）與汙（*-o）通叶，正猶下文瑕（*-o）與加（*-a）通叶也。

竊不自聊而願忠兮（聊一作料）

案料聊正借字。料猶慮也。“不自料”即不自謀慮。朱本亦作料。

瞭冥冥而薄天（瞭一作杳）

案《文選》江文通《從冠軍建平王登廬山香爐峰詩》注引亦作杳。杳正字。（互詳《哀郢》“瞭杳杳而薄天”條。）

今誰使乎譽之（譽一作訾）

朱子初謂訾訓相度，於義爲長，又與知叶，（案知訾亦祇韻近通叶，説詳下。）作訾者是。繼又見下文“得之”“鄣之”相叶，理不可曉，遂不得不謂二“之”字爲韻，因以彼例此又謂此文二“之”字亦自成韻，故譽亦無煩改作訾。案朱子後説非也。之字非韻，理無可易。（凡句末有語助詞者，皆以上一字爲韻，毛先舒《韻學通指》所謂“餘聲韻”是也。）下文“得之”“鄣之”爲韻者，得乃將之訛（説詳下），將與鄣韻也。此文本自作訾，“知之”與“訾之”，支脂合韻。訾訓相，見《吕氏春秋·知度篇》高注。“無伯樂之善相兮，今誰使乎訾之”，“相”與“訾”爲互文也。王注曰“後世嘆譽，稱其德也”者，訾又訓嘆，（《漢書·禮樂志》注曰：“訾，嗟嘆之詞也。”）注乃以“嘆譽”釋“訾”字，非謂正文本有譽字也。後人不察，或援注中“譽”字以改正文，過矣。王鏊本，朱燮元本，吉藩本，大小雅堂本并作訾，與一本合。

惟著意而得之

案得字於義難通，又與鄣不叶。疑得當爲將，字之誤也。（草書將作，得作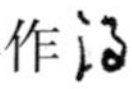，形近。）將讀爲獎。（《漢書·衡山王賜傳》“皆將養勸

之”，注曰：“將讀曰獎。”）“惟著意而獎之”，願君留意而有以獎勵己之忠行也。（互詳上條。）

通飛廉之衙衙（通一作道）

案通當爲道，字之誤也。（《管子·輕重甲篇》“鶡鷄鵠鵽之道遠”，《韓非子·外儲説右篇》“甘茂之吏道穴聞之”，《吕氏春秋·知己篇》“壤交道屬”，《淮南子·主術篇》“百官循道”，《史記·天官書》“氣來卑而循車道者”，道今本皆訛作通。）道與導同。此文屬與道對，屬謂屬續於後，道謂導引於前也。吴仁杰《兩漢刊誤補遺》一〇，袁文《甕牖閑評》一并引作道，《玉篇·行部》，《廣韻》八語并引作導，所據本皆不誤。

前輊輬之鏘鏘兮（輊一作輕）

案輊當爲輕，字之誤也。[隸書輕或作輊（《劉衡碑》，《馮焕碑》）與輊形近。]《説文》曰：“輕，輕車也。”《招魂》“軒輬既低”，注曰：“軒輬皆輕車名。”輬爲輕車，故曰輕輬。下文曰“後輜乘之從從”，輜乘謂重車。（《左傳》宣十二年“楚重至於邲”，杜注曰：“重，輜重也。”《釋名·釋車》曰：“輜車，載輜重卧息其中之車也。”）車行輕者宜在前，重者宜在後，故曰：“前輕輬之鏘鏘兮，後輜乘之從從。”若作輊，則爲車行後頓之狀，無論“輊輬”連文，已近不辭，即與下句輜乘之文亦不相稱。朱本，朱燮元本，大小雅堂本并作輕輬，與一本合。

招　魂

朕幼清以廉潔兮身服義而未沬主此盛德兮牽於俗而蕪穢上無所考此盛德兮長離殃而愁苦

案此段與全篇文意不屬，疑本《大招》或《九辯》亂詞，誤竄於此。又"主此盛德兮"句法獨短，句上疑缺二字。"長離殃而愁苦"句不入韻，以下似仍有脱文。

掌瘳上帝其難從（一云其命難從一云命其難從）

案疑當從一本於帝下增命字。全文讀爲"掌瘳。上帝命其難從！"言己職在掌瘳，不習招魂之術，是以上帝之命，殆難聽從也。又一本亦有命字，惟誤倒在"其"下耳。《文選》及朱本，朱燮元本，大小雅堂本亦倒。

若必筮予之恐後之謝不能復用

案若字上疑脱"帝白"二字。此數句又帝語。"若"斥巫陽。謝，凋謝也。言帝謂巫陽曰"汝必須筮予之，不則恐後時而魂魄凋謝，不堪復用"也。上文巫陽已辭帝不能從命，此文帝再曉巫陽以必須筮予之故，下文"巫陽焉乃下招"則巫陽卒從帝命而往也。諦審全文，必增"帝曰"二字而後問對之意乃明。

去君之恒幹何爲四方些（一作何爲乎四方，乎一作兮）

案"爲"下當從一本補"乎"字。《海録碎事》九上引乎作兮，與又一本同。兮即乎之誤字。

十日代出流金鑠石些

案古言天有十日，更番運照，則一時仍衹一日，此猶常態也。又言十日并出，（《莊子・齊物論篇》，《淮南子・本經篇》，《御覽》三引《逸周書》。）則十日同時俱出，故其爲熱酷烈，異於常時。此曰“流金鑠石”，似代當爲并之訛。“十日并出，流金鑠石”，猶《淮南子・本經篇》言“十日并出，焦禾稼，殺草木”也。今本作代，或後人習聞代出之説而妄改。《類聚》一，《白帖》一，《御覽》四，《合璧事類・前集》一一，《文選》劉孝標《辨命論》注，《草堂詩箋》二八雷《箋》，五百家注《韓集》五《盧仝月蝕詩》孫注引俱作并，可據以正今本之誤。

彼皆習之魂往必釋些（皆一作自）

案自字義似較長。王注曰“言彼十日之處，自習其熱”，是所見本亦作自。

歸來往恐危身些（一云魂兮歸來）

案此處六段分言四方上下，每段末句皆作“歸來兮……”。此“歸來”下亦當補兮字，方與上下文句一律。一本作“魂兮歸來”，亦誤。

此皆甘人

案依上末五段句例，此下似脱“□□□□些”五字。

歸來恐自遺灾些（一作歸來兮）

案一本作“歸來兮”，是。上文“歸來兮恐自遺賊些”，語意與此同，而句中亦有兮字，可資參證。

川谷徑復

五臣注曰：“徑，往也。”（此據洪氏《補注》引，今本《文選》六臣注中無此文。）案徑無往義，徑即往之訛。隸書徑或作徃，與往形近易混。（上文“歸來恐自遺灾些”，王注曰“往必自與害，不旋踵也”，此本往即誤作徑。）然此文王注訓徑爲過，則所見本已誤。

文異豹飾

案“文異豹飾”文不成義，疑當作“文豹異飾”。古書多言文豹。《莊子・山木篇》曰“夫豐狐文豹棲於山林”，《説苑・政理篇》曰“翟人有封狐文豹之皮者”，《三國志・魏志・東夷傳》曰“土地饒文豹”，而《拾遺記》一曰“帝乃更以文豹爲飾”，與此語意尤近。王注曰“言侍從之人皆衣虎豹之文，異采之飾”，是王本正作“文豹異飾”，惟以“虎豹之文”釋“文豹”爲未允耳。原本《玉篇・㿝部》引與今本同，則誤自六朝已然。

鵠酸臇鳧

梁章鉅曰：“以上下句例之，當是‘酸鵠臇鳧”。案梁説是也。王注曰“言復以酸酢烹鵠爲羹，小臇臛鳧”，是王本不誤。《類聚》二五引亦作“酸鵠臇鳧”，尤其確證。

歸來反故室敬而無妨些（一云歸反故室無來字）

案自“魂兮歸來，入修門些”以下并亂詞凡五段，除此段外，末皆云“魂兮歸來……”。疑此本作“魂兮歸來，敬而無妨些”，與前後各段文句一律。今本“反宫室”三字蓋涉上下文“反故居些”而衍。後人見“魂兮歸來反故室，敬而無妨些”句法冗長，乃或删“魂兮”二字如今本，或又删來字如一本也。然觀王注云云，則此文之奪亂，蓋自漢已然。

肴羞未通

陳本禮云：通當爲徹，避漢諱改。案陳説是也。《儀禮・大射儀》“乃徹豐與觶”，鄭注曰：“徹，除也。”

菎蔽象棊（菎一作琨一作篦）

案菎當從一本作篦，涉下蔽字從艸而誤也。王注曰：“菎，玉也。蔽，簙箸，以玉飾之也。或言菎蕗，今之箭裹也。”下注曰：“以菎蕗（原誤落）作箸，象牙爲棊。”案下注從本注後説，得之。注文兩“菎蕗”亦當作篦簬。（《韻語陽秋》一七引下注如此，《西溪叢語》下引作篦簬。）篦簬即箘簬，竹名也。篦蔽謂以篦簬之竹爲簙箸。《白帖》三三，王應麟《急就篇補注》三，葛立方《韻語陽秋》一七引并作篦。朱本同。

娱酒不廢

王注曰：“或曰‘娱酒不發’。”案發廢正借字。發謂酒醒。《晏子春秋・諫上篇》曰“景公飲酒，三日不發”，又曰“君夜發不可以朝發”，皆謂酒醒。《賈子新書・先醒篇》曰“辟猶俱醉而獨先發也”，先發即篇名之先醒也。（以上説本汪中《經義知新記》。）王注訓發爲旦，引《詩》“明發不寐”爲證，不知《詩》“明發”亦本訓醒，則先儒汪中、馬瑞辰等已發其覆矣。

蘭膏明燭華鐙錯些（鐙一作雕）

案鐙當從一本作雕。王注曰“言鐙錠盡雕琢錯鏤，飾（此下原有設字，從朱燮元本，大小雅堂本删）以禽獸，有英華也”，此以“雕琢錯鏤”釋“雕錯”二字。知之者，《類聚》八〇，《初學記》二五并引正文作“華銅錯”，而《類聚》復引注作“銅琢錯鏤”，明是以“銅琢錯鏤”釋“銅錯”。作銅之本既以“銅琢錯鏤”釋“銅錯”，則作雕之本乃以

“雕琢錯鏤”釋“雕錯”明矣。考周同二字，古每通用。(《離騷》“何方圜之能周兮”，周一作同。《七諫·謬諫》“恐矩矱之不同”，同一作周。《莊子·徐無鬼篇》“德不能周也”，《釋文》本周作同。又《讓王篇》“乃自投椆水”，《釋文》椆又作桐。《古文苑·梁王菟園賦》“白鷺鶻桐”即鶻雕。）是銅與鋗（雕）古字亦當通用。《列女傳》三《魯臧孫母傳》曰“食我以同魚”，又曰“同者其文錯”，《御覽》七六三引上同字作銅，《玉燭寶典》四引曹大家注曰“魚鱗有錯文”。案銅與鋗通，鋗又與雕通，而雕錯一義。魚鱗有錯文者謂之銅魚，即雕魚矣。然則《招魂》一本作“銅錯”，一本作“雕錯”，字異而義實不異。後人但知銅爲金名，而不知字亦與鋗通，因據注中“鐙錠”之文改銅爲鐙，謬矣。夫王注云云，但以上文有“蘭膏明燭”之語，故知所謂“華雕錯”者必指鐙錠而言，奚必正文果有鐙字哉？要之，此文作銅作雕皆是，惟不得作鐙耳。注云“雕琢錯鏤”，是王本當作雕。唐寫本《文選》亦作雕。

菉蘋齊葉兮白芷生

案菉，王芻，陸生之草，不得與蘋齊葉。菉當讀爲綠。“綠蘋”與“白芷”對文。齊，列也（《淮南子·原道篇》高注），列，布也（《廣雅·釋詁》三）。“綠蘋齊葉”言蘋葉生而布列於水上也。唐寫本《文選集注》引陸善經本菉正作綠。

君王親發兮憚青兕

案本篇亂詞逐句有韻，獨此句兕字不入韻。疑“憚青兕”當作“青兕憚”，先還先憚四字爲韻也。憚讀爲殫。《爾雅·釋木》釋文引《字林》“殫，斃也”，《左》襄二十七年“單斃其死”，單亦斃也，單與殫同。“青兕殫”即青兕斃耳。

目極千里兮傷春心

王注曰："或曰'蕩春心'。"案別本作蕩最是，謂搖蕩春心也。今作傷者，蓋涉下文"哀江南"而誤。實則此哀字讀爲依，(《淮南子·說山篇》"鳥飛反鄉，兔走歸窟，狐死首丘，寒將翔水，各哀其所生"，《文子·上德篇》哀作依。《漢書·天文志》"後聚十五星曰哀烏郎位"，《晋書·天文志》作依烏郎府。)"魂兮歸來哀江南"，言歸來依江南而居也。(王注訓蕩爲滌，云"可以滌蕩愁思之心"，亦未允。)

大 招

魂魄歸徠無遠遥只

案全篇皆云“魂乎歸徠”，惟此及後文作“魂魄歸徠”，疑魄皆乎之誤。精氣曰魂，形體曰魄。人死魂氣散越，離魄而去，故祭有招魂復魄，（見《周禮·夏采》先鄭注，《儀禮·士喪禮》後鄭注。）謂招魂使復歸於魄，非招魄也。此云“魂魄歸來”，則并魄亦招之。揆諸事情，庸有當乎？

魂乎歸徠無東無西無南無北只（一云無東西而南北只）

案此下一段分言東西南北四方之害，以戒魂勿往。於“南有炎火千里，蝮蛇蜒只”上則曰“魂乎無南”，於“西有（原誤方，詳下）流沙，漭洋洋只”上則曰“魂乎無西”，於“北有寒山，連龍赩只”上則曰“魂乎無北”。獨於“東有大海，溺水浟浟只”上，乃不曰“魂乎無東”，而曰“魂乎歸徠，無東無西，無南無北只”。揆諸詞例，已爲不倫，況北字又不入韻哉？今疑古本祇作“魂乎無東”四字，與餘三方詞例一律。其“歸徠”二字及“無西無南無北只”等七字，皆後人援王注而妄沾。不知注云“無散東西南北，四方異俗，多賊害也”，乃總釋以下之辭。讀者不悟，據以補直正文，斯爲蛇足矣。朱子又欲於“東有大海”上别補“魂乎無東”四字，亦非。

螭龍并流上下悠悠只

案流遊古通，（《漢書·項籍傳》“必居上游”，注引文穎曰“游或作流”。）謂螭龍相傍而浮游也。王注曰“復有螭龍神獸，隨流上下，并行遊戲”，似以“并行遊戲”釋“并游”二字（游遊通）。然則王本字正作游。

山林險隘（林一作陵）

案山石巉岩，可言險隘，林薄則否。林當從一本作陵。陵林聲近，古書往往相亂。《莊子·齊物論篇》“山林之畏佳（嵔崔），奚侗云當爲山陵，《吕氏春秋·禁塞篇》“爲京丘若山陵”，注“……故謂之京丘，若山陵高大也”，注陵字今本誤作林，《六韜·絶糧篇》：“依山林險阻，水泉林木而爲之固。”《通典》五七引作山陵，并其比。[《漢鐃歌·上陵篇》，余謂即上林（詳《樂府詩箋》），則又林誤爲陵之例。]《六韜》語意與此全同，而陵亦誤林，尤本書林當爲陵之佳證。

西方流沙

案方疑當爲有，字之誤也。（篆書壞爲，與形近。）“西有流沙”與上文“東有大海”，“南有炎火千里”，下文“北有寒山”，句法一律。

魂魄歸徠閒以静只

案魄當爲乎，詳上“魂魄歸徠無遠遥只”條。

魂兮歸徠恣所擇只（一作魂乎歸徠）

案全篇皆作“魂乎歸徠”。此兮字當從一本作乎，以歸劃一。

思怨移只（古本作怨思移只）

案“思怨”二字當從古本乙轉。王注曰：“移，去也，言美女可以忘憂，去怨思也。”是王本“怨思”二字未倒。

曲屋步壛宜擾畜只

案本篇通例，每换一韻，皆殿之以“魂乎歸徠，□□□只”二句。此處獨無，蓋傳寫脱之。當補入。

鶤鴻群晨

案此文曰“鶤鴻群晨”，下文曰“鴻鵠代游”，兩鴻字複出，必有一誤。然古書多言“鴻鵠”，罕言“鶤鴻”，疑鶤鴻之鴻爲鶴之誤。鶤鷄與鶴，其鳴皆以晨夜，故曰“鶤鶴群晨”。（晨即《書·牧誓》“牝鷄無晨”之晨，謂晨鳴也。）《七諫·自悲》曰“鶤鶴孤而夜號兮”，亦鶤鶴并舉，是其明證。王注曰“鴻，鴻鶴也”，疑本作“鶴，鳴鶴也”。（《易·中孚》九二“鳴鶴在陰”，張衡《思玄賦》“鳴鶴交頸”。）下注曰“言鶤鷄鴻鶴，群聚候時”，“鴻鶴”亦當爲“鳴鶴”，下文“鶴知夜半，鶤鷄晨鳴，各知其職也”，可證。

魂兮歸徠正始昆只（兮一作乎）

案兮當從一本作乎，詳上“魂兮歸徠恣所擇只”條。

尚賢士只（一云尚進士只一云進賢士只）

案尚，舉也。（《廣雅·釋詁》二。）“尚賢士”與“禁暴苛”對舉，猶後文“舉杰壓陛”與“誅譏罷”對舉，尚賢即舉杰也。一本作“尚進士”，一本作“進賢士”，蓋涉注文“楚方尚進賢士”而誤改。王得臣《麈史》中引亦作“尚賢士”。各本并同。

禁苛暴只

案“苛暴”當爲“暴苛”。苛與罷麾施爲等字爲韻，如今本則失其韻矣。王注曰“禁絶苛刻暴虐之人”，似王本已倒。

魂乎徠歸國家爲只

案全篇皆作“魂乎歸徠”，此及後文“魂乎徠歸”亦當作“歸徠”，以與全篇一律。朱本不誤。

登降堂只（降一作玉）

案降當從一本作玉。宋玉《風賦》曰："然後倘佯中庭，北上玉堂，躋於羅帷，經於洞房，迺得爲大王之風也。"此楚國宫禁殿堂之稱玉堂者也。(《韓非子·守道篇》亦云："人主甘服於玉堂之中。")"三公穆穆，登玉堂"與下文"諸侯畢極"對舉。三公登堂，諸侯畢至，(《爾雅·釋詁》："極，至也。")事爲同類，彼但言至不言往，則此亦當但言登不言降。王注曰"上下玉堂，與君議政"，此本敷衍辭義，但取便文，不爲典要，後人乃援注中"下"字以改正文"玉"爲"降"，其失也迂。

魂乎徠歸尚三王只

案"徠歸"當作"歸徠"，詳上"魂乎徠歸國家爲只"條。朱本不誤。

惜　誓

白虎騁而爲右騑

案騑字不入韻，疑此下脱去二句。

循四極而回周兮

案《御覽》九一五,《事類賦》一八注引并作周回,《類聚》九九引作周回。然班彪《覽海賦》曰：“歷八極而回周兮。”“周回”“回周”，倒順兩用，均無不可。《白帖》九四引此作回周。朱本作回周并與今本合。

見盛德而後下

案《白帖》九四,《御覽》九一五引見并作覽，疑是。賈誼《弔屈原賦》曰“鳳皇翔於千仞兮，覽德輝而下之”，或即此文所本。（本篇與賈誼賦語意頗同，王逸引或説遂以本篇爲賈作，無據。）

招隱士

溪谷嶄岩兮水曾波（曾一作增）

案《文選》作層。原本《玉篇·山部》,《文選》郭景純《游仙詩》注引并作增。曾與層增并通。

憭兮栗（栗一作慄）

案唐寫本今本《文選》并作慄。朱燮元本，大小雅堂本同。《合璧事類·别集》三八引亦同。栗慄通。

虎豹穴（穴一作岤）

案穴疑爲突之壞字。“虎豹突”與上文“虎豹嗥”，下文“虎豹鬥”句法同。“虎豹突，叢薄深林兮人上慄”者，謂虎豹奔突，人懼而攀登林木以避之也。（互詳下條。）今本突壞爲穴，則與下句文意不貫。王注依壞文釋之曰“穿嵺（二字原倒，從段玉裁乙正）岤也”，一本又據王注改正文爲岤,（《文選》及朱燮元本，大小雅堂本并同。）則歧中之歧矣。唐寫本《文選》仍作穴，引五臣本，陸善經本并同。又案以“猨狖群嘯兮虎豹嗥”，“虎豹鬥兮熊羆咆”二句例之，“虎豹突”上疑脱“□□□兮”四字。“罔兮沕，憭兮慄，□□□兮虎豹突”，與上文“坱兮軋，山曲岪，心淹留兮洞慌忽”句法一律。

叢薄深林兮人上慄（上一作之）

案上猶升也，謂人攀升林木之上，則惴慄而懼也。《淮南子·齊俗篇》曰：“深溪峭岸，峻木尋枝，猨狖之所樂也，人上之而慄。”（《莊子·齊物論篇》曰“木處則惴慄恂懼，猨猴然乎哉”，即此所本。）“人上慄”猶言“人上之而慄”也。一本上作之，無義，疑“之”爲“止”

之誤，然亦非本書之舊。《簡齋詩集》箋注一八《獨立》注又引人作又，亦誤，唐寫本及今本《文選》并作“人上慄”，朱本，朱燮元本，大小雅堂本并同。（互詳上條。）

樹輪相糾兮林木茷骫

案“樹輪相糾”無義，疑當作“輪囷相糾”。鄒陽《獄中上梁王書》曰“輪囷離奇”，枚乘《七發》曰“中鬱結之輪囷”，左思《吴都賦》曰“輪囷糾蟠”，咸以“輪囷”狀樹幹盤曲之貌。本篇“輪囷相糾”，義同。《御覽》九五三引作“樹輪囷以相糾兮”，雖衍樹以二字，而囷字猶未脱。此當删樹字，從《御覽》補囷字。

青莎雜樹兮薠草靃靡（薠一作蘋）

案一本薠作蘋，非是。《説文》：“薠，青薠似莎者。”《淮南子·覽冥篇》“路無薠莎（二字原倒，從王引之乙轉。）”，高注曰：“薠讀猿猴蹯躁之蹯，狀如葴，葴如葭也。”《漢書·司馬相如傳》上“薛莎青薠”，注曰：“薠，似莎而大。”莎薠同類，故每并稱。此亦與莎并稱，則字本作薠無疑。且薠狀如葴葭，乃得從風動摇，其狀靃靡然。若作蘋，則不當言“靃靡”矣。《文選》作薠。唐寫本同，又引騫公音煩。《御覽》九〇六引亦作薠（引注亦音煩），《海録碎事》二二下，《合璧事類·别集》三八引并同。朱本，朱燮元本，大小雅堂本亦同。

七　諫

初　放

堯舜聖已没兮孰爲忠直（一無聖字）

案當從一本删聖字。此蓋涉下章“堯舜聖而慈仁兮”而衍。

死日將至兮與麋鹿同坈

案坈俗坑字。《文選》劉孝標《廣絶交論》注引作坑，當據正。

舉世皆然兮余將誰告（舉一作與）

王注曰：“舉，與也。言舉當世之人皆爲佞僞。……”案正文舉當作與，注“舉，與也”當作“與，舉也”。惟正文作“與”用借字，故注以正字“舉”釋之。若正文本作“舉”，則字義已明，無煩訓釋，更無以借字“與”轉釋正字“舉”之理。亦惟正文作“與”，注以“舉”訓之，下文乃得承之而以“舉當世之人”重申正文“與世”之義。反之，若依今本正文作“舉”，注以“與”訓“舉”，則下文當云“與當世之人”，不得反言“舉”矣。疑一本作“與”，王本作“舉”，後人以一本改王本正文，又乙注文“與舉”二字以就之。其下文“舉當世之人”仍出“舉”字，則又改而未盡改者也。

上葳蕤而防露兮

案蕤，俗蕤字。原本《玉篇・自部》，《類聚》八九，《事類賦》二四注，《文選》王仲宣《公宴詩》注引并作蕤，當據正。

沉　江

脩往古以行恩兮

案脩當爲循，字之誤也。[循以形近誤爲脩，又改寫作修。《管子・形勢篇》“抱蜀不言而廟堂既修”，王念孫云修爲循之誤。《莊子・大宗師篇》“以德爲循”釋文,《天地篇》“循於道之謂備”釋文，并曰“循本作修”。《淮南子・詮言篇》“則動静循理”,《韓詩外傳》二作修理。本篇下文“明法度而修理兮”，修亦循之誤（詳下條），尤爲佳證。]“循往古以行恩”謂遵從往古之道以行恩也。

明法度而修理兮（一云法令修而循理兮）

案當從一本作“法令修而循理兮”。修，整也，循，順也，謂法令整飭而順理也。今本此文亦循先誤爲脩，轉寫爲修，後見下文已云“修理”，乃又改上文“法令修”爲“明法度”以避複也。

百草育而不長（育一作墮）

案育疑當從一本作墮。墮爛奪成㑨。與育形近，故轉寫爲育。墮，解也,(《大戴禮記・盛德篇》注:“墮，解墮也。”）脱也,(《方言》十二。）言百草枯槁而葉脱節解也。(《周語》中“本見而草木節解”,《悲迴風》“蘋蘅槁而節離”。）

孤聖特而易傷（一云聖孤特）

案當從一本作“聖孤特”，與上句“衆并諧”之文對舉以見意。王注曰“雖有聖明之智，孤特無助，易傷害也”，是王本正作“聖孤特”。

原咎雜而纍重（原一作厚）

案原當從一本作厚。咎雜猶鳩雜也。(咎九二聲通用。《爾雅・釋水》曰“水醮曰厬”,《説文》引厬作氿。《釋水》又曰“氿泉穴出，穴出，仄出也”,《説文》曰“厬，仄出泉也”。是厬氿二名,《爾雅》《説文》互易。《九嘆・惜賢》“蕩渨涹之奸咎兮”即奸宄。)《莊子・天下篇》曰“九雜天下之川”,《釋文》“九本一作鳩，聚也”。案雜亦聚也。厚，多也。(《考工記・弓人》注。)“厚咎雜而纍重”，猶言多其聚積，則所負纍者重也。

赴湘沅之流澌兮

案“湘沅”當作“沅湘”。湘爲南楚諸水之大名，諸湘有沅湘，江湘，瀟湘，猶沅水，江水，瀟水，故沅可稱沅湘，而不可稱湘沅。《離騷》“濟沅湘以南征兮”,《九歌・湘君》“令沅湘兮無波”,《九章・懷沙》“浩浩沅湘，分(汾)流汩兮”,《惜往日》“臨沅湘之玄淵兮”，皆稱沅湘。其稱湘沅者，惟此及《九嘆・思古》“回湘沅而遠遷”二例。然本篇《哀命》“上沅湘而分離”,《九嘆・遠游》“殞余躬於沅湘”，仍作沅湘，是知《七諫》《九嘆》兩“湘沅”仍“沅湘”之誤倒。(互詳《懷沙》“浩浩沅湘分流汩兮”條。)

怨　世

然蕪穢而險戲

案原本《玉篇・山部》,《文選》彌正平《鸚鵡賦》注，劉孝標《廣絶交論》注引戲并作巇，戲與巇通。

獨冤抑而無極兮傷精神而壽夭皇天既不純命兮余生終無所依(一本無上四句)

案夭依無韻，疑此非本篇文。一本無此四句，近是。

怨　思

子推自割而飤君兮（一云推自割而食君兮）

案飤食同。推上當從一本删子字。《惜往日》王注引此作“推自割而食君”,《玉燭寶典》二引作“推割宍而食君兮”，并無子字，與一本合。疑子字後人擅增。

讒諛進而相朋（朋一作明）

案朋當從一本作明，字之誤也。明猶宣揚也。“相明”與上“不見”對舉。且明與厢翔韻，若作朋，則失其韻矣。

道壅絶而不通

案此章視他章特短，疑以下尚有脱文。

自　悲

邪氣入而感内兮施玉色而外淫

案“感内”二字當互易，“施”字當移居“玉色”下。“邪氣入而内感”，“玉色施而外淫”，文相偶儷。王注曰“言讒邪之言雖自内感”，可證王本“内感”二字猶未倒。

雜橘柚以爲囿兮（囿一作圃）

案囿當從一本作圃。養禽獸處曰囿，（玄應《一切經音義》一二引《三蒼》。）樹果蓏曰圃。（《周禮・太宰》鄭注。）此曰“雜橘柚”，則字當作圃，明甚。

列新夷與椒楨

案《御覽》九七三引新作辛。辛新正借字。(《涉江》"露申辛夷死林薄兮",《文選·風賦》注,《笛賦》注并引作新夷。)又案《説文》曰"楨,剛木也",與椒不同類。"椒楨"并舉,頗似不倫。《御覽》九七三引楨作檳,於義爲長。檳即檳榔,其實可以調味,故與椒連言。今本作楨,蓋以楨檳形近,又涉下文"哀居者之誠貞"而誤。

謬　諫

年滔滔而自遠兮(遠一作往)

案自疑當爲日,字之誤也。(《九嘆·逢紛》"意晻晻而日頹",日一作自。)"年滔滔而日遠兮,壽冉冉而愈衰","日""愈"二字并用,與《自悲》"故人疏而日忘兮,新人進而俞(一作愈)好",《九辯》"衆踥蹀而日進兮,美超遠而逾(一作愈)邁",詞例正同。"日遠"之文,本書屢見。《惜誓》曰"處衆山而日遠",《哀時命》曰"處卓卓而日遠",《九嘆·離世》曰"身容與而日遠"。本篇一本遠一作往,則又與《九辯》"年洋洋而日往兮"語意尤近。朱燮元本,大小雅堂本并作日遠,是其確證。

安得良工而剖之(剖一作刑)

案剖當從一本作刑。《廣雅·釋詁》三曰:"刑,治也。"《周禮·大司寇》曰"以佐王刑邦國",即治邦國。(鄭注曰"刑,正人之法也",案正亦治也。詳下。)又《詩·思齊》"刑於寡妻",《釋文》引《韓詩説》及《孟子·梁惠王上篇》趙注并曰"刑,正也",《廣雅·釋詁》一同。正亦治也。《吕氏春秋·順民篇》高注曰:"正,治也。"《離騷》曰"不量鑿而正枘兮",即治枘。此本作"安得良工而刑之",

刑之即治之。且刑與上文聽韻，若作剖，則失其韻矣。王注曰“剖猶治（本誤作活，從諸本訂正）也”，剖亦刑之誤。知之者，張揖作《廣雅》，盡采王注（有説别詳），上揭《釋詁》訓刑爲治，即用本篇注文也。

同類者相似（似一作仇）

案似當從一本作仇。仇，匹也。“同音者相和，同類者相仇”，句法一律，和與仇義亦近。學者讀仇爲仇敵之仇，文義不洽，因改作似，失其本真矣。

音聲之相和兮言物類之相感也

案“感也”不入韻，句法亦不類。當係舊注文，本作“言音聲之相和，物類之相感也”，寫者誤爲正文，遂改如今本。然王逸有注，是誤在王前矣。

亂詞

鸞皇孔鳳日以遠兮畜鳧駕鵝鷄鶩滿堂壇兮

案二句當依後文句法，作“鸞皇孔鳳兮日以遠，駕鵝鷄鶩兮滿堂壇”。此本仿《涉江》“鸞鳥鳳皇，日以遠兮，燕雀烏鵲，巢堂壇兮”四句。今本“駕鵝”上衍“畜鳧”二字，（鳧即駕之誤而衍，畜字援注文增。）兩兮字又援《涉江》而誤倒在句末，則與後文句法不一律矣。

鼃黽游乎華池

案以上下文義推之，此上似脱“□□□□□□兮”七字。

哀時命

杼中情而屬詩（杼一作抒）

案杼抒通，《文選》班孟堅《兩都賦序》注引亦作抒。

左袪掛於榑桑（掛一作絓）

案掛絓通，《御覽》九五五引亦作絓。

璋珪雜於甑窐兮（一作珪璋）

案《初學記》一九，《錦綉萬花谷·續集》五，《廣韻》十二齊引并作珪璋，與一本合。惟《御覽》二〇六引作璋圭，然三八二仍作圭璋，圭珪同。疑一本是。

不獲世之塵垢（垢一作埃）

案垢當從一本作埃。埃與革得雒息韻。若作垢，則失其韻矣。《漁父》曰“安能以皓皓之白，而蒙世俗之塵埃乎”，即此所本。

虹霓紛其朝霞兮

案霞字無義。《類聚》二引霞作覆，近是。今作霞者，形近而誤。蓋虹形穹然下偃，如覆篷狀，故曰“虹霓紛其朝覆”。王注曰“日未明旦，復有朝霞”，是王本已誤。

上要求於仙者（求一作結）

案“要求”於義難通。“求”當從一本作“結”。王注曰“上則要結仙者”，是王本正作要結。

騎白鹿而容與

案“與”字不入韻，此下疑有脱句。

遂悶歎而無名（歎一作漢一作嘆）

案“悶歎”非無名之貌，歎當從一本作嘆。此以嘆誤爲嘆，因轉寫作歎，（上文“嘆寂默而無聲”，嘆一作漠，一作歎，各本遞訛之迹，與此正同。《九懷·昭世》“浮雲漠兮自娱”，漠今本誤作漢。《九思·疾世》“逾隴堆兮渡漠”，漠又誤作漢。）悶漠雙聲連語，猶啾嘆也。《詩·抑》曰“莫捫朕舌”，（傳：“莫，無也。捫，持也。”誤甚。）《淮南子·精神篇》曰“芒芠漠閔”，“悶漠”即“莫捫”“漠閔”，語有倒順耳。王注曰“心遂煩悶，傷無美名”，讀悶如字，釋歎爲傷，是所見本已誤。

九　懷

匡　機

來將屈兮困窮（來一作求一作永）

案來求皆無義，當從一本作永。《莊子·大宗師篇》子來，《淮南子·精神篇》作子求，崔譔引《淮南》作子永，《抱朴子·博喻篇》亦作子永。來求永三字互訛，與此例同。

蓍蔡兮踊躍

案《文選·西京賦》"博耆龜"，注曰"耆，老也，龜之老者神"，引本書作耆。洪興祖據此謂蓍當爲耆，是矣。然竊疑耆龜即《天問》之鴟龜，耆鴟古音近。(《説文》坻重文作渚，《涉江》"邸余車乎方林"，鴟車即楮車。)《選》注訓耆爲老，似猶未諦。今本耆作蓍者，蓋王注訓耆爲筮，後人遂改從艸以就之也。

通　路

騰蛇兮後從（一云從後）

案"後從"當依一本乙轉。"騰蛇兮從後，飛駏兮步旁"，文相偶儷。

悲命兮相當（相一作所）

案"相"當從一本作"所"。所當猶所值也。

危　　俊

徑岱土兮魏闕（闕一作國）

案疑當作“徑代山兮魏魏”。洪興祖曰：“注云‘北荒’，疑岱本代字。”案“岱土”當作“代山”。“岱”即“代山”二字之誤合，“土”又“山”之訛而衍。王注曰“行出北荒，山高桀也”，但言山高而不及城闕。是王本無闕字。“魏闕”蓋本作“魏魏”。魏魏即巍巍，山高貌也，故注曰：“山高桀。”古書於叠字中下一字，每祇作“二”，最易奪失。此文奪去下魏字，不成文義，今本作闕，一本作國，皆讀者以意妄補也。

昭　　世

浮雲漠兮自娱

王注曰：“或曰‘浮雲漢’，漢，天河也。”案漠爲漢之形誤。（莫莫二形易混，詳《哀時命》“遂悶歎而無名”條。）“浮雲漢”與“登羊角”文相偶。（羊角，風名。注以爲山名，非是。）張衡《思玄賦》曰“浮雲漢之湯湯”，語與此相似。

進瞵盼兮上丘墟（進一作集）

案疑當作“集瞵盼兮丘墟”，“進”爲“集”之誤。(《離騷》“欲遠集而無所止兮”，集一作進，《九思・怨上》“進惡兮九旬”，進一作集。）“上”即“丘”之誤而衍。集謂雨集，(《孟子・離婁下篇》“七八月之間雨集”，《文選・四子講德論》“莫不風馳雨集”。）集猶降也。《文選・甘泉賦》曰“璧馬犀之瞵𥈭”，注引《埤蒼》曰：“瞵𥈭，文貌。”《景福殿賦》曰“文彩璘斑”，《西京賦》曰“瑞珉璘彬”，薛注曰：“璘彬，玉光色雜也。”“瞵盼”與“瞵矈”“璘斑”“璘彬”字異義同。此承上文言流星如雨，墜於丘墟之上，其光瞵盼然也。

尊　　嘉

余悲兮蘭生（生一作萃一作悴）

案王注曰“哀彼香草，獨隕零也”，“隕零”之語與“生”義相左。疑生當爲芷，字之誤也。此以芷缺損成止，與生形近，遂改爲生。一本作萃若悴，與生之字形俱不近，蓋皆探注義而臆改。

運余兮念兹

案王注曰“轉思念此，志煩宛也”，疑正文余下脱思字。

濆流兮則逝

案則當爲側，字之誤也。（《莊子・列禦寇篇》“醉之以酒而觀其側”，《釋文》：“側或作則。”）側有隱藏諸義。《惜誦》曰“願側身而無所”，《七諫・哀命》曰“遂側身而既遠”，《謬諫》曰“願側身岩穴而自托”，側身并猶隱身，藏身也。《淮南子・原道篇》“側溪谷之間”，高注曰“側，伏也”，伏亦隱也，藏也。王注曰：“意欲隨水而隱遁也。”正以“隱”釋“側”，疑王本不誤。

援芙蕖兮爲蓋（一云援英兮爲蓋一云拔英）

案本章通以五字爲句，獨此句溢出一字，疑“芙蕖”當從一本作一“英”字。《廣雅・釋草》曰：“英，蒻也。”蒻謂蒲蒻。《周禮・醢人》先鄭注曰“蒲蒻入水深，故曰深蒲”，後鄭注曰“深蒲，蒲始生水中子”，又注《考工記・輪人》曰“今人謂蒲本在水中者爲弱（蒻）”。案凡草木初生者曰英，(《管子・禁藏篇》注："英謂草本之初生也。") 蒻爲蒲本之初生者，故亦謂之英。此曰"援英兮爲蓋"，實承上"抽蒲兮陳坐"而言，英即蒲英，謂編蒲英以爲蓋也。學者不曉英義，輒改爲芙蕖，過矣。《類聚》八二引亦作"援英兮爲蓋"。《御覽》九九九引英作堇，形近而誤。然王注曰"引取荷華以覆身也"，則所據本已誤。

陶　壅

意曉陽兮燎瘏

案陽讀爲暢，《文選》王子淵《洞簫賦》"時橫潰以陽遂"，注曰"陽遂，清通貌"，朱駿聲亦云陽借爲暢。曉暢猶通達也。(《蜀志・諸葛亮傳》曰"曉暢軍事"，即通達軍事。)《佩文韻府》十一軫引此正作曉暢。

乃自訴兮在兹（自訴一作息軫）

案"自訴"當從一本作"息軫"，并字之誤也。(自即息之壞。俗書軫或作軨，故誤爲訴。) 軫者，《考工記・輿人》曰"軫之方也，以象地也"，蓋輿下之材，合而成方，名曰軫。意義擴大，則通謂輿爲軫，又或直呼車爲軫。(《後漢書・左周黄列傳・論》"往東雖折，來軫方遒"，《九嘆・遠游》"結余軫於西山兮"，軫一作車。)"息軫"猶停車也。班彪《冀州賦》曰"遂發軫於京洛"，猶發駕也。車止謂之息軫，猶車發謂之"發軫"矣。朱燮元本，大小雅堂本作息軫，不誤。

九　嘆

逢　紛

馳余車兮玄石步余馬兮洞庭平明發兮蒼梧夕投宿兮石城

案本篇兮字無在句中者。此當作“馳余車於玄石兮，步余馬於洞庭，平明發於蒼梧兮，夕投宿於石城”。今本四於字誤爲兮，乃删一三兩句末之兮字以避複也。《太平寰宇補闕》一一三岳州華容縣引一二兩句，兮字皆作於，《文選》謝靈運《登臨海嶠初發彊中作與從弟惠連[1]見羊何共和之》詩注引末句兮亦作於，是其確證。

離　世

暮去次而敢止（去一作者）

案暮當爲莫。去爲者之誤，者爲著之省。(《管子·揆度篇》“重門擊柝不能去，亦隨之以法”，《路史·後紀》十一注引去作者。）著，附也，近也。“莫著次而敢止”謂銜絶馬逸，附近次舍之人莫敢制止之也。《御覽》三五八引去作着，即著之俗字，是其確證。

怨　思

顧屈節以從流兮（顧一作願）

① 原無“惠連”二字，據胡刻本《文選》補。

案顧當從一本作願，字之誤也。“願屈節以從流兮，心鞏鞏而不夷”，與上文“欲容與以竢時兮，懼年歲之既晏”，文相偶儷，願亦欲也。《九辯》曰“願自往而徑逝（原誤遊）兮，路壅絶而不通，欲循道而平驅兮，又未知其所從”，本篇《憂苦》曰“願寄言於三鳥兮，去飄疾而不可得，欲遷志而改操兮，心紛結其未離”，句法與此并近。

遠　逝

杖玉華與朱旗兮（華一作策）

案華疑當從一本作策。策可言杖，華則不然。王注曰“杖執美玉之華”，華亦當作策。朱燮元本，大小雅堂本并作策，與一本合。

承皇考之妙儀（妙一作眇）

案眇妙正借字。眇儀猶遠儀也。王注曰“上以承美先父高妙之法”，此妙字當從一本作遠。“高遠之法”即眇儀也。

憂　苦

葛藟虆於桂樹兮（虆一作纍）

案虆疑本作纍。（王注：“虆，緣也。”亦當作纍。）此涉上藟字而誤加艸頭。《類聚》八九引亦纍，與一本合。

愍　命

姿盛質而無愆

案“姿盛質”當作“姿質盛”。王注曰“姿質茂盛”，是王本未倒。

挾人筝而彈緯

案原本《玉篇·糸部》,《文選》曹子建《箜篌引》注,《贈丁廙詩》注引緯并作徽。緯與繳通。《管子·事語篇》“女勤於緝績徽織”，徽織即緯織，是其證。(《玉篇》引彈作張，疑誤。)《選》注又引人筝作秦筝，未知孰是。

熊羆群而逸囿（逸一作溢）

案逸爲溢之借字。應瑒《西狩賦》“驚飆四駭，衝禽驚溢”，即驚逸。溢囿者，一本注曰“滿溢君之苑”，是其義。

思　古

回湘沅而遠遷

案“湘沅”當作“沅湘”，詳《七諫》“赴湘沅之流澌兮”條。

仳倠倚於彌楹

案王注曰“彌猶遍也……仳倠醜女反倚立遍兩楹之間，侍左右也”，疑王本於作而。(下文“咎繇棄而在壄”，一本作棄於外野。)此涉上句於字而誤。

遠　游

朝西靈於九濱（西一作四）

案西當從一本作四，此涉下文“西山”而誤。“馳六龍於三危兮，朝四靈於九濱”，文相偶儷。王注“召西方之神會於大海九曲之涯也”，西亦當作四。夫曰“會於大海九曲之涯”，則不衹一神明甚。朱燮元本，大小雅堂本俱作四，與一本合。

建虹采以招指（一作采虹）

案“虹采”當從一本作“采虹”。《文選》沈休文《早發定山詩》注引作綵虹。采綵同。

囚靈玄於虞淵

案“靈玄”當作“玄靈”。王注曰“玄帝之神”，是王本正作玄靈。

何騷騷而自故（故一作苦）

案故當從一本作苦。

譬彼蛟龍乘雲浮兮（一云譬彼雲龍無乘雲浮兮一句）

案以下文韻例推之，此當依一本改“蛟”爲“雲”，删“乘雲浮兮”四字。“譬彼雲龍，泛淫澒溶，紛若霧兮，潺湲轇轕，雷動電發，馺高舉兮”，龍與溶韻，轕與發韻，“霧兮”則隔二句與下文“舉兮”韻。今本增“乘雲浮兮”一句，則失其韻矣。王注曰：“譬若蛟龍，潛於川澤，忽然乘雲，泛淫而游，紛紜若霧，而乃見之也。”今“雲”作“蛟”，“龍”下有“乘雲浮兮”四字，即依注文竄改。

沛濁浮清（沛一作棄）

案沛當爲坋。《淮南子·説林篇》曰：“游者以足蹷，以手坋。”《字鏡》坋同撥。撥有棄義，故注訓“坋濁”爲“棄濁穢”。今本字作沛，蓋涉下三字從水而誤。一本援王注徑改爲棄，尤謬。

九　思

逢　尤

吕傅舉兮殷周

案“吕傅”當作“傅吕”，傳寫誤倒也。上云“思丁文兮聖明哲”，先武丁（注訓丁爲當，謬甚），後文王，此云“傅吕舉而殷周興”，先傅説，後吕望，二句相承爲文也。某氏注（《九思叙》曰：“竊慕向褒之風，作頌一篇，號曰《九思》，以裨其辭。未有解説，故聊叙訓誼焉。”玩叙意，《九思》注斷非王逸自作，故注中説義與正文乖謬者，每每而是。）曰“吕，吕望，傅，傅説”，先吕後傅，是所見本已倒。

怨　上

進惡兮九旬（惡一作思進惡一作集慕九旬一作九荀）

案當從一本作“進思兮仇荀”。洪興祖云仇荀謂仇牧，荀息，是也。《公羊傳》莊十二年曰：“‘宋萬弑其君捷，及其大夫仇牧。’‘及’者何？累也。弑君多矣，舍此無累者乎？孔父荀息皆累也。舍孔父荀息無累者乎？曰：有。有則此何以書？賢也。何賢乎仇牧？仇牧可謂不畏强禦矣。其不畏强禦奈何？萬嘗與魯莊公戰，獲乎莊公。莊公歸，散舍諸宫中，數月然後歸之。歸反，爲大夫於宋，與閔公博，婦人皆在側。萬曰：‘甚矣，魯侯之淑，魯侯之美也！天下諸侯宜爲君者，唯魯侯爾！”閔公矜此婦人，妒其言，顧曰：‘此虜也。爾虜焉知？（知本作故，從《春秋繁露》《韓詩外傳》改。）魯侯之美惡乎至？’萬怒，搏閔公，絶其脰。仇牧聞君弑，趨而至，遇之於門，手劍而叱之。萬臂摋仇牧，碎其首，齒著乎門闔。仇牧可謂不畏强禦矣。”僖十四年《傳》曰：“‘晋里克弑其君卓子，及其大夫荀息。’‘及’者何？累也。弑君多矣，舍此無累者乎？曰：有。孔父仇牧皆累也。舍孔父仇牧無累者乎？曰：有。有則此何以書？賢也。何賢乎荀息？荀息可謂不食其言矣。其不食其言奈何？奚齊，卓子者，驪姬之子也，荀息傅焉。驪姬者國色也，獻公愛之甚，欲立其子，於是殺世子申生。申生者，里克傅之。獻公病將死，謂荀息曰：‘士何如則可謂之信矣？’荀息對曰：‘使死者反生，生者不愧乎其言，則可謂信矣。’獻公死，奚齊立。里克……弑奚齊，荀息立卓子。里克弑卓子，荀息死之。荀息可謂不食其言矣。”（又桓二年《傳》曰：“‘宋督弑其君與夷，及其大夫孔父。’‘及’者何？累也。弑君多矣，舍此無累者乎？曰：有。仇牧荀息皆累也……。”）案仇牧荀息，咸死君難，《公羊》再三稱之。本篇曰“進思兮仇荀”，即用《公羊》義。“進思兮仇荀”與下“退顧兮彭務”，語意相對，言進則思慕仇荀之效忠死難，退則眷懷彭務之抗節赴淵。（彭務説詳下條。）下文又云“擬斯兮二蹤，未知兮所投”，“二蹤”斥仇荀與彭務，言仇荀死難，彭務赴淵，二者異趣而皆賢，已則不知何所適從也。今本“思”誤爲“惡”，“仇荀”誤爲“九旬”，某氏注遂因文立義，解爲“九旬之飲而不聽政”，甚矣其謬也。朱燮元本，大小雅堂本作“進慕”亦通。（孫詒讓説同。）

復顧兮彭務（復一作退）

案復當從一本作退。退小篆作𢓊，漢隸作𢓊（《張表碑》，《梁休碑》）若𢔶（《祝睦碑》），與復形近，故傳寫多亂之。某氏注曰：“彭，彭咸，務，務光，皆古介士，恥受污辱，自投於水而死也。”“退顧彭務”與“進思仇荀”，對舉以見義，説具上條。今本退誤作復，則失其義矣。朱燮元本，大小雅堂本并作退。（孫詒讓説同。）

疾　世

從邛遨兮栖遲（一云從盧敖兮）

案"邛遨"疑當從一本作"盧敖"。盧敖，古方士之求神仙者，嘗周行四極，遇仙人若士於蒙穀之上，事見《淮南子·道應篇》。"赴崑山兮馽騄，［馽當讀如馵（之戍切），"馽騄"叠韻連語，行遲也。《周禮·大司馬》注曰："攡讀……如涿鹿之鹿……攡者止行息氣也。""馽騄""涿鹿"音同，馽騄之義亦猶攡也。《廣韻》曰"趗逯，皃行"，趗逯即馽騄之倒語，"小皃行遲"與"止行息氣"之義亦近。某氏注訓馽爲絆，訓騄爲駿馬名，謬甚。］從盧敖兮栖遲"，文相偶。今本"盧敖"誤作"邛遨"，某氏注以邛爲獸名，謂"馽騄從邛而栖遲顧望"，支離缴繞，失之遠矣。朱燮元本，大小雅堂本作盧敖。

時咄咄兮旦旦（咄咄一作朏朏旦旦一作且旦）

案"咄咄"當從一本作"朏朏"。《説文》曰："朏，月未盛之明也。從月出聲。"（《説文》無咄字，《玉篇》《字鏡》《廣韻》《集韻》均有。）朱燮元本，大小雅堂本并作朏朏。"旦旦"當從一本作"且旦"。（《詩·東門之枌》"穀旦于差"，《釋文》引《韓詩》旦作且，《庭燎》傳"央，且也"，《釋文》且本作旦。）朱燮元本正作且旦。

憫　上

覩斯兮爲僞惑（一云疾斯兮僞忒）

案《哀歲》曰"睹斯兮嫉賊，心爲兮切傷"，與本章"覩斯兮僞惑，心爲兮隔錯"，句法一律。疑一本覩作疾，非是。朱燮元本，大小雅堂本并作覩。

冰凍兮洛澤

案“洛澤”當爲“洛澤”。《玉篇》曰：“洛澤，冰貌。”（《説文曰“垎，土乾也，一曰堅也”，洛垎聲同義近。）“霜雪兮漼溰，冰凍兮洛澤”，文相偶。漼溰爲霜雪貌，則洛澤爲冰貌矣。注曰“洛，竭也，寒而水澤竭成冰”，讀洛爲涸，又訓澤爲水，并依誤文爲説，失其義矣。《新撰字鏡》二水部，《廣韻》十九鐸，《集韻》十九鐸引并作洛澤，當據正。

蹝蹈兮寒局數獨處兮志不申（一云蹝蹈兮數年）

案本篇通例，奇句或有韻，或無韻，偶句則必有韻。獨此處“蹝蹈兮寒局數”爲奇句（全章中第二十五句），有韻，“獨處兮志不申”爲偶句（全章中第二十六句），無韻，與例不符。疑二句當倒轉。如此則奇偶互易，奇無韻而偶有韻矣。且惟“蹝蹈兮寒局數”句在下，與後文“年齒盡兮命迫促”句相連，故一本得誤以“年”屬上讀，而作“蹝蹈兮數年”。審如今本，“數”“年”二字部居懸絶，則一本所誤者爲不可能矣。

年齒盡兮命迫促

案全篇各章之句數，皆爲二之倍數，（《逢尤》三十六句，《怨上》四十二句，《疾世》四十句，《遭厄》三十四句，《悼亂》四十二句，《傷時》四十四句，《哀歲》四十六句，《守志》四十句，《亂詞》六句。）惟本章三十七句，獨爲例外。疑本章原三十八句，今本脱去一句，乃餘三十七耳。至所脱之句，疑在“年齒盡兮命迫促”下。知之者，上文方有錯簡（詳上條），以常情推之，脱文當即在其鄰近。然詞賦之文，類皆兩句一意，此處上文“庇蔭兮枯樹，匍匐兮岩石”，“獨處兮志不申，蹝蹈兮寒局數（縮）”，下文“魁壘擠摧兮常困辱，含憂强老兮愁不樂”，鬚髮薴頟兮鬢顠（二字原倒，詳下條）白，思靈澤兮一膏沐”，皆兩句合明一意，詞具義足，無待補苴。惟“年齒盡兮命迫促”一句，詞意奇零，無所附麗，然則所脱者，或即此句之配偶歟？復以“蹝蹈兮寒局數，年齒盡兮命迫促”二句必須毗連推之，則所脱之句，必在“年齒……”句之下，抑又可知。

鬒髮薀顇兮顠鬢白

案“顠鬢白”疑當作“鬢顠白”。某氏注曰“顠，雜白也”，《玉篇》曰“顠，髮白貌”。案《爾雅·釋草》曰“蔈，白華茇”，《説文》曰“縹，帛青白色也”，“驃，黄馬發白色，一曰白髦尾也”，《釋名·釋地》曰“土白曰漂”。凡從票之字多有白義，故髮白謂之顠。“鬒髮薀顇兮鬢顠白”者，“薀顇”同義（某氏注曰：“薀，亂也。”顇讀爲萃，《説文》曰：“萃，艸貌，讀若顇。”）“顠白”同義，文相偶也。今本“顠鬢”二字誤倒，則不惟與“薀顇”之詞例參差，且循文釋義，試讀“顠鬢白”爲“白鬢白”，復成何語乎？

遭　厄

鴉鵰游乎華屋（鴉一作鶻）

案字書無鴉字，當依校注作鵶，鵶即鴟俗字。（《篇海》《類篇》鵶與鴟同。）然鳥名無鴟鵰，而以下文鵕鵜例之，鴟鵰似亦不得解爲鴟與鵰二鳥。疑鴟當從一本作鶻。《詩·小宛》傳曰：“鳴鳩，鶻雕也。”鵰與雕同，鶻雕即鳴鳩。《離騷》曰：“雄鳩之鳴逝兮，余猶惡其佻巧。”此以鶻鵰喻讒佞，義蓋本之《離騷》。朱燮元本，大小雅堂本作鶻鵰。

悼　亂

菅蒯兮壄莽（壄一作野）

案壄古野字。“野莽”無義。壄當爲楙，字之誤也。《説文》曰“菽，細艸叢生也”，“茂，艸豐盛”，楙菽茂同。《説文》又曰“茻，衆草也”，《廣雅·釋訓》曰“茻茻，茂也”，楙莽同。“菅蒯兮楙莽，雚葦兮仟眠”，文相偶。楙莽雙聲，阡眠叠韻，皆草豐盛貌。今本訛作“壄莽”，則與“千眠”之詞不相偶稱矣。

垂屣兮將起（垂《釋文》作凾測夾切）

案垂當從《釋文》本作凾，字之誤也。（漢《富春丞張君碑》垂作𡍮，與凾形近。）凾即臿字（見《廣韻》）。《淮南子·要略篇》曰“禹身執虆臿，以爲民先”，《漢書·楚元王傳》“根臿地中”，《儒林傳》“首臿泥中”，今本臿作垂，誤與此同。臿屣者，《漢書·地理志》下注曰“屣謂小履之無跟者也”，臿與插同。屣無跟，但以足插入，曳之而行，故曰臿屣。《莊子·讓王篇》曰“原憲華冠縰履杖藜而應門”，《釋文》引《通俗文》曰“履不著跟曰屣”，《文選·長門賦》曰“蹝履起而彷徨”，《漢書·雋不疑傳》曰“躧履起迎”，徙蹝躧同。臿屣猶蹝履也。《韓詩外傳》二曰“於是伊尹接履而趨，遂適於湯”。接捷通，（《左傳·春秋經》莊十二年“宋萬弑其君捷”，《僖三十二年》“鄭伯捷卒”，《文十四年》“晋人納捷菑於邾”，捷《公羊》并作接。）捷插亦通。（《儀禮·士冠禮》“捷柶興”，《禮記·樂記》“猶捷也”，《釋文》并云“捷本作插”。）臿履猶接履。《外傳》九又曰：“夫志不得，則扱（今本作授，《佩文韻府》四紙引作投，皆字之誤）履而適秦楚耳。”扱插亦通。（《禮記·内則》注：“猶扱也。”《釋文》曰：“扱本作捷，一本又作插。”）臿屣又猶扱履也。

跓竢兮碩明（碩一作須）

案碩當從一本作須。須，待也。“跓竢兮須明”，猶《憫上》曰“待天明兮立躑躅”也。朱燮元本，大小雅堂本并作須，與一本合。

傷　　時

百貿易兮傅賣（傅一作傳）

案貿俗貿字。傅當從一本作傳，讀爲轉，已詳洪注。（《文子·微言篇》："百里奚傳賣。"）朱燮元本，大小雅堂本并作傳，與一本合。

才德用而列施（德一作得）

案德讀爲得，列讀爲烈，言賢才得用而功烈施於後世也。

忽飈騰兮浮雲（一云忽飈騰兮雲浮）

案"浮雲"當從一本乙轉。"飈騰"與"雲浮"對文。司馬相如《大人賦》曰"猋風涌而雲浮"，句法與此同。又此文以娭，能（讀爲耐），浮，菜，台五字之幽合韻。今本"浮"倒在"雲"上，則失其韻矣。朱燮元本，大小雅堂本并作"雲浮"，與一本合。

哀　　歲

草木兮蒼唐（唐一作黄）

案疑蒼唐即摧頽，語之轉也。一本唐作黄，蓋後人臆改。朱燮元本，大小雅堂本仍作蒼唐。

守　　志

目瞥瞥兮西没

案目當爲日，涉下瞥字從目而誤。《説文》曰："瞥……一曰財見也，又目翳也。"此以"瞥瞥"形容日銜山欲墜之狀，妙得神理。"日瞥瞥兮西没，道遐回兮阻艱（原誤歎，詳下條）”，言日暮道險，與《九嘆·遠逝》“日杳杳以西頽兮，路長遠而窘迫”，語意同。

道遐回兮阻歎

案歎當爲艱，形近而誤。説具上條。

廖季平論離騷 ①

自來談《離騷》談得最離奇的，莫過於廖季平。談得最透闢的，恐怕也要算他。謝無量先生在其《楚詞新論》中説：

> 十年前在成都的時候，見着廖季平先生，他拿出他新著的《楚詞新解》給我看，説“屈原并没有這人”。他第一件説,《史記·屈原賈生列傳》是不對的。細看他全篇文義都不屬。他那傳中的事實，前後矛盾，既不能拿來證明屈原出處的事迹，也不能拿來證明屈原作《離騷》的時代。……第二件，拿經學的眼光説《楚辭》是《詩經》的旁支。他那經學上的主見，以爲《詩經》本是天學，所講都是天上的事。自然《楚辭》也是一樣，所以有那些遠游出世的思想，和關於天神魂鬼的文詞，也是適用《詩經》應有的法度。……第三件，説《離騷》首句“帝高陽之苗裔”，是秦始皇的自序。其他屈原的文章，多半是秦博士所作。《史記》“始皇不樂，使博士爲《仙真人詩》，及行所游天下，傳令樂人歌弦之”，——這是廖先生的根據。

謝先生叙述廖氏這三點意見的次序，略嫌顛倒。須知廖氏的出發點是經學，首先認定了《詩經》是所謂“天學”，苦於《詩經》本身没有證據，乃借《楚辭》——《詩》之旁支以證實其主張。這是論證發展的第

① 原載1949年10月《文學雜志》(第2卷第5期)。據開明版《聞一多全集·神話與詩》編入。

一步。然而這樣講來，又與《史記》所載《離騷》作者的性格行爲皆不合，適逢《史記》這篇傳是一筆糊塗賬，有隙可乘，就判定屈原本無其人，其所有事實，皆史公杜撰。這是第二步。屈原的存在既經勾消，乃以《離騷》爲秦始皇所作，并以其他相傳屈原諸作品歸之秦博士。這是第三步。説法確乎是新奇得出人意表！

但是，我們讀《離騷》，除了一個朕字外，未發現作者的口氣與身分有絲毫像帝王的地方。“古者尊卑共稱朕”，若謂《離騷》稱朕，作者便是帝王，想一代經師不至如此之陋。何況秦祖帝嚳高辛氏，怎見得這“高陽苗裔”便是始皇呢？廖氏三點意見中，這一點最不足辯。

至於《史記》的“文義不屬，前後矛盾”，却是無可諱言的，自宋以來便不斷有人懷疑。但《史記》全書中，同類情形甚多，若憑此而一一否認其人物的真實性，恐決無此理。其實“文義不屬，前後矛盾”，也不過是廖氏的藉口而已。縱令史文不矛盾，這段記載就能令他滿意嗎？他不是認爲《離騷》是“天學”嗎？然而史傳中的屈原分明是祇講“人學”的。史傳不能替他作證，便把史傳中人物的存在根本否認了，性子未免太急了！其實如果《離騷》作者的性格，據《離騷》本文看，真與史傳中的屈原不合，充其量也祇能把屈原與《離騷》的關係解除掉。爲廖氏起見，讓屈原還存在，祇説《離騷》不是他做的，不就够了嗎？其實連這一着都不必。至少目前我們還得承認《離騷》是屈原作的，因此屈原的思想如何，祇有《離騷》纔是千真萬確的口供，祇要史傳没有明白提出反證，我們又何妨當它默認了？史傳與《離騷》不合，誠然，但消極的不合與積極的相反相克，究竟是兩回事。我們何不假定史傳祇是一幅不完備的畫像，其中盡留有點睛添毫的餘地，説不定拿《離騷》中的屈原補入史傳，更覺生動逼真點。這來廖氏的困難也就自動解決了，所以他那第一點，根本無成立的必要。

廖氏本意原要説明《離騷》是“天學”，想藉以證實《詩經》之“天學”。這實在是三點中最驚人，也最有啓示性的一點。但究竟什麽是“天學”，謝先生所見的《楚辭新解》，既不見傳本，我們祇好從《六譯館叢書》中求注脚。有曰“聖神仙佛，皆在所包”（《離騷・釋例》）；又曰《離騷》發源《詩》《易》，神游六合，爲道家宗旨，列莊比肩，爲黄帝之學之嫡派，故《楚辭》稱述，全出《山海》《詩》《易》之博士學也”（《治學大綱》）。《經學四變記》中還有詳細的解説：

> 《楚辭》爲《詩》之支流，其師説見於《上古天真論》，專爲天學，詳於六合之天。蓋聖人於六合以外，存而不論，《詩》《易》之托物比興，言無方體是也。《楚辭》乃靈魂學專門名家，詳述此學，其根源與道家同，故《遠游》之類多用道家語。全書專爲夢游，即《易》之游魂歸魂，所説皆不在本世界，故有招魂掌夢之説。凡所稱引，後人皆就中國一隅説之。既屬游魂，何以尚在中土？故因《楚辭》專引《山經》，而《山經》亦因之大顯。

這大概就是謝先生所指的第二點。謝先生在他的書裏，述完那段大意後，含蓄的批評道：“這種廖先生所創的特别經學系統……實在比匡衡所説的《齊詩》，還新奇得有趣，我當時自然也就‘解頤’了。”

我想大家都同情謝先生的“解頤”。但那還是四變中的廖氏，再一變，可就要人“捧腹”了。《五變記》曰：

> 《詩》（神游學）如仙家之嬰兒煉魄，神去神留，不能白日飛升，脱此軀殼（《易經》則能形游），《詩》故專言夢境（托之夢游，以明真理），魚鳥上下。（《莊子》夢爲鳥而戾天，夢爲魚而潛淵。）《内經》、《靈樞》、《素問》、《山海經》、《列子》、《莊子》、《楚辭》古賦（如宋玉《高唐》）、《游仙詩》各書，以爲之傳。（當引各書以注《詩》。）

其弟子黄鎔復爲之箋述曰：

《楚辭》意義緟複，非一人之著述，乃七十博士爲始皇所作《仙真人詩》，采《風》《雅》之微言，以應時君之命。史公本《漁父》《懷沙》二篇爲《屈原列傳》，後人因以《楚辭》歸之屈原，誤矣。考《遠游》周游六漠，(《易繫》："周流六虚。")即《詩·周南》"輾轉反側"之義。(《莊子·逍遥游》《知北游》亦取此意。)《招魂》《大招》，招即《召南》之召（召招古通），"魂兮歸來"即"之子于歸"，(于篆作亏，近云，《韓詩》"聊樂我云"，云字作魂。)他若"未見君子"，魂未歸也，"既見君子"，魂已歸矣，"振振君子，歸哉歸哉"，招之之詞也，"之子歸，不我過"，魂已歸去矣。全詩與《楚辭》吻合者甚夥，且體裁亦與《詩》相符。

我們笑是笑够了，却不當以一笑了之。把渣滓汰盡，(關於《詩經》的話，當然全是白日見鬼。)賸餘的却不能説没有精粹。比方，話説得較平實時，如《五變記》又曰："〔《素問》〕《上古天真論》'真人''至人'，爲《楚辭》之師説，專爲道家神仙去世離俗之所本。讀《内經》而後《楚辭》之本旨明。"這樣就不容我們不接受了。任何讀《離騷》的人，衹要肯平心静氣，忘掉太史公的傳，王逸以來的注，就《離騷》讀《離騷》，他的結論必與這相去不遠。可惜千餘年來没有人肯這樣讀《離騷》，就是廖氏，若非因太熱心於建設經學系統，而援儒入道，恐怕也説不出那樣的話來。史遷的《傳》，王逸的《注》，是不容易忘掉的，所以廖氏的話説出了，徒爲他的弟子謝無量先生"解頤"之資而已。

離騷解詁甲[1]

① 此篇原載 1936 年 1 月《清華學報》（第 11 卷第 1 期），題下“甲”字係編者所增。據開明版《聞一多全集》編入。

朕皇考曰伯庸

王注曰："皇，美也。父死稱考。《詩》曰：'既右烈考。'伯庸，字也。"案本書《九嘆·逢紛篇》曰：

伊伯庸之末胄兮，諒皇直之屈原。

是劉向謂伯庸爲屈原之遠祖，與王逸以爲原父者迥異。同上《離世篇》曰：

兆出名曰正則兮，卦發字曰靈均。

云原之名字得於卦兆，則是卜於皇考之廟，皇考之靈因賜以此名此字也。向意不以伯庸爲屈原之父，於此益明。同上《愍命篇》又曰：

昔皇考之嘉志兮，喜登能而亮賢。情純潔而罔薉兮，姿盛質而無愆。放佞人與諂諛兮，斥讒夫與便嬖，親忠正之悃誠兮，招貞良與明智……逐下袟[①]於後堂兮，迎宓妃於伊雒，刜讒賊於中廇兮，選呂管於榛薄。叢林之下無怨士兮，江河之畔無隱夫，三苗之徒以放逐兮，伊皋之倫以充廬。

據此，則原之皇考，又似楚先王之顯赫者。夫原爲楚同姓，楚之先王即原之遠祖：固宜。此向不以伯庸爲原父之又一證也。劉王二家之說違戾如此，後之學者，其將誰從？間嘗蓄疑纍歲，反復尋繹，終疑劉是而王非也。何以明之？"皇考"之稱，稽之經典，本不專屬父廟。《詩·周頌·雝篇》，魯韓毛三家皆以爲禘太祖之樂章，而詩曰"假哉皇考"，此

① 原注：原作袂，從俞樾校改。

古稱太祖爲皇考之明徵[1]。以彼例此，則《離騷》之“皇考”當即楚之太祖。《漢書·韋玄成傳》曰“禮，王者始受命，諸侯始封者爲太祖”，是《離騷》之“皇考”又即楚始受命之君，故其人如《九嘆·愍命篇》所述，乃似楚之先王。且《禮記·祭義篇》曰：“王者禘其祖之自出，以其祖配之。”楚人之祖出自高陽，楚人禘高陽，當以其先祖配之。然則屈子自述其世系，以高陽與先祖之名異舉，乃依廟制之成法，而非出自偶然，抑又可知。要之，劉向非淺學之儔，其持此説，必有所受。王逸徒拘於“父死稱考”之成見，翻然易之，豈其然乎？至於楚之太祖，究係何王，“伯庸”之稱，是名是字，則史乘缺略，驟難臆斷，容專篇論之。

肇錫余以嘉名

案肇兆古通，《詩·大雅·生民篇》“后稷肇祀”，《禮記·表記篇》作兆，《商頌·烈祖篇》“肇域彼四海”，箋曰“肇當作兆”，是其證。此肇字劉向正讀爲兆，詳上條。王逸訓始，異義。

扈江離與辟芷兮

王注曰：“扈，被也，楚人名被爲扈。”唐寫本《文選集注》本篇注引陸善經曰：“扈，帶也。”案《爾雅·釋宫》“樞達北方謂之落時，落時謂之戺”，《釋文》戺或作扈[2]。郝懿行曰：“樞達北方者，户在東南，其持樞之木或達於北方者名落時。落之言絡，連綴之意。”案絡與帶義近，扈有絡義，故亦有帶義。《文選·吴都賦》“扈帶鮫函”，《景福殿賦》“落帶金釭”，扈帶猶落帶也。扈落二字，皆有帶義，故皆與帶連

① 原注：王闓運亦謂皇考爲太祖，蓋即本此詩爲説。

② 原注：《釋文》扈本作戺，同音俟，又云本或作扈，同音户。案戺戺皆扈之駁文。《説文·糸部》：“縻，履，一曰青絲頭履也。”《革部》：“鞮，革履也，胡人履連脛謂之絡鞮。”（據《韻會》引。）案縻與絡鞮一物，惟有絲與革之分耳。落時謂之扈，猶絡鞮謂之縻，故知《爾雅》字仍以作扈爲正。

文。楚人名被爲扈考，《方言》四“帍裱謂之被巾”，《説文・糸部》“絘讀若阡陌之陌”，《國語・周語》“魯懿公名戲”，《漢書・古今人表》作“被”，此皆扈被聲通之比。聲通則義亦通。扈訓帶，故被亦訓帶。《漢書・韓王信傳》“國被邊”師古注曰“被猶帶也”；本書《九歌・山鬼篇》“被薜荔兮帶女羅”，“被石蘭兮帶杜衡”，皆被帶對文，被亦帶也；《九章・涉江篇》“被明月兮佩寶璐”，被明月即帶明月之珠也。

不撫壯而棄穢兮

王注曰：“年德盛曰壯。”案王説未諦。壯有美盛諸義。《説苑・權謀篇》“安陵君以顔色美壯，得幸於楚共王”，《古文苑》司馬相如《美人賦》“雲髮豐艷，蛾眉皓齒，顔盛色茂，景曜光起”。壯也，盛也，美也，義并相通[①]。本書壯字多用此義。下文曰“佩繽紛其繁飾兮”，又曰“紛獨有此姱飾”[②]，又曰“及余飾之方壯兮”，壯飾即繁飾，姱飾，皆謂美盛之飾也。《九辯》“離芳藹之方壯”，注曰“去已美盛之光容也”，正以美盛釋壯字。本篇壯字義同。撫壯與棄穢相偶爲文。

忽奔走以先後兮

王注曰：“言己急欲奔走先後，以輔翼君者，冀及先王之德，繼續其迹，而廣其基也。奔走先後，四輔之職也。《詩》曰‘予聿有奔走，予聿有先後’，是之謂也。”案《詩・小雅・正月篇》曰“其車既載，乃棄爾輔”，又曰“無棄爾輔，員于爾輻”。黄山曰：“毛鄭不爲輔作訓，必當時所共知。《釋詁》：‘輔，俌也。’《説文》：‘俌，輔也。’俌從人，猶僕從人，本以人爲輔。大車載物，以僕御車，必以俌輔行而護持其車。蓋古法自如此。……載重逾險，下有折輻之患，即上有輸載之虞。爲之輔者或挽或推，所以助其車。兵車有右。右，助也。輔，俌

---

① 原注：壯莊古通，莊亦有美義。《神女賦》“貌豐盈兮姝莊”，《悼李夫人賦》“縹飄姚虖愈莊”，《類聚》十二引袁松山《後漢書》“明帝名莊，字子麗”。

② 原注：今本誤節，與服不叶，改從朱駿聲。

也，亦助也。”案黄説郅碻。本篇自“乘騏驥以馳騁”至此一段，以行路爲喻。“忽奔走以先後”承上“皇輿”言，謂奔走於皇輿之先後也。注曰“奔走先後，四輔之職也”者，四輔《尚書大傳》謂之四鄰，曰：“前曰疑，後曰丞，左曰輔，右曰弼。”[①] 案疑之言礙也，礙，止也。丞承古通[②]。車前覆則礙止之，後傾則承持之，輔弼之義亦然。四輔之名蓋亦起於車輔，故王引以説奔走先後之義。

雖萎絶亦何傷兮，哀衆芳之蕪穢

王注曰：“萎，病也。絶，落也。”又曰：“言己所種芳草，當刈未刈，早有霜雪，枝葉雖[③]萎病絶落，何能傷於我乎？哀惜衆芳摧折，枝葉蕪穢而不成也。”案王注詰鞫難通。摧折蕪穢與萎病絶落，語意不殊。既云萎絶何傷，安得復云哀其蕪穢？萎當讀爲餧。《説文·食部》“餧，飢也”，玄應《一切經音義》二〇引《三蒼》同。經傳通以餒爲之。餧絶屈子自謂。不種百穀而蒔衆芳，故有餧絶之虞。下文曰“長顑頷亦何傷”，語意句法并與此同。

伏清白以死直兮

案《文選》陸士衡《呈王郎中時從梁陳詩》注曰：“服與伏古字通。”此伏字當讀爲服。《七諫·怨世篇》曰“服清白以逍遥兮”，是其證。

女嬃之嬋媛兮

王注曰：“嬋媛猶牽引也。”案《説文·口部》曰：“嘽，喘息也”，“喘，疾息也”。《欠部》曰：“歗，口氣引也。”嘽喘歗并字異而

① 原注：《禮記·文王世子篇》疏引。下文云：“天子有問無以對，責之疑；可志而不志，責之丞；可正而不正，責之輔；可揚而不揚，責之弼。”説甚迂曲。
② 原注：《孝經》注“前疑後丞”，《釋文》本一作承。
③ 原注：雖下原有蚤字，誤衍。

義同。口氣引之義，與王訓嬋媛爲牽引者尤合，是嬋媛即喘也。蓋疾言之曰喘，緩言之則曰嬋媛。喘者氣出入頻數，有似牽引，故王以牽引訓之。嬋媛一作嘽咺。《方言》一曰："凡恐而噎噫謂之脅閲，南楚江湖之間謂之嘽咺。"《廣雅・釋詁》二曰："嘽咺，懼也。"案《詩・王風・黍離篇》"中心如噎"，傳曰："噎，憂不能息也。"《説文・口部》曰："噫，飽食[①]息也。"《素問・至真要大論》注曰："心氣爲噫。"噎噫雙聲連語，亦呼吸疾促之謂，故又謂之嘽咺。惟曰恐曰懼，似不足以盡嘽咺之義。凡人於情感緊張，脉搏加急之時，無不喘息，恐懼但其一端耳。本篇"女嬃之嬋媛兮，申申其詈予"，此怒而嬋媛也。《九歌・湘君篇》"女嬋媛兮爲余太息"，《九章・哀郢篇》"心嬋媛而傷懷兮"，此哀而嬋媛也。《悲迴風篇》"忽傾寤以嬋媛"，傾寤即驚寤[②]，此驚而嬋媛也。《詩・大雅・崧高篇》"徒御嘽嘽"，傳曰"嘽嘽喜樂也"，嘽嘽猶嘽咺嬋媛，是喜亦可曰嬋媛也。特字則當以《方言》《廣雅》作嘽咺者爲正，本書作嬋媛，一作撣援[③]，皆假借耳。

鮌婞直以亡身兮

案亡讀爲忘。鮌行婞直，不以身之阽危而變其節，故曰"婞直以忘身"。《卜居》曰："寧正言不諱，以危身乎？"即婞直忘身之義。《五百家韓集》三祝注引此正作"忘身"，是古有作忘之本。王闓運亦讀亡爲忘，而釋爲忘身勤死，與婞直之義不合，則猶未達一間耳。

澆身被服强圉兮

王注曰："强圉，多力也。"案被服多力，不辭之甚。《釋名・釋

---

① 原注：《一切經音義》十四引作"飽出息也"。《玉篇》亦云"噫，飽出息也"，《文選・長門賦》注引《字林》同。

② 原注：《左傳》文十八年、宣六年敬嬴，公穀敬皆作頃，《昭七年》南宫敬叔，《説苑・雜言篇》作頃叔。此傾驚可通之比。

③ 原注：本篇及《悲迴風》舊校并云一作撣援。

兵》曰："甲，似物有孚甲以自禦，亦曰介，亦曰函，亦曰鎧，皆堅重之名也。"介胄之用，與孚甲同，故亦名甲。《爾雅·釋天》"在丁曰强圉"孫炎注曰："萬物皮孚堅者也。"此以堅釋强字，以皮孚釋圉字，皮孚即孚甲也。物之孚甲謂之强圉，則人之介胄亦得謂之强圉。强圉字一作禦。《詩·大雅·蕩篇》"曾是强禦"，《烝民篇》"不畏强禦"，是圉之爲言禦也。禦爲動詞，變爲名詞，則所以自禦者亦謂之禦。《爾雅·釋器》"竹前謂之禦"，李巡注曰："竹前，謂編竹當車前以擁蔽，名之曰禦。"案甲亦所以自擁蔽也，故謂之强圉。"澆身被服强圉"猶言澆身被服堅甲耳。澆身被甲，書傳雖無明文，考其傳説之起，殆亦有因。《天問》曰：

鰲戴山抃，何以安之？釋舟陵行，何以遷之？

"釋舟陵行"即澆陸地行舟事。下文曰：

惟澆在户，何求於嫂？何少康逐犬，而顛隕厥首？

此亦澆事。《天問》以鰲與澆事連舉，知鰲澆之間必有關係。再證以《左傳》襄四年"生澆及豷"，《説文·豕部》引作敖，則鰲之與澆，是一非二明矣。傳説中人物，往往與禽獸蟲豸相混，其例至繁，澆爲人類，固不害其又爲爬蟲也。鰲即大龜，身有介甲，故及其"人化"，即以"被服强圉"著稱。以《天問》證《離騷》，强圉即甲，益無可疑。

夫維聖哲以茂行兮，苟得用此下土

王注曰："言天下之所以立者，獨有聖明之智，盛德之行，故得用事天下而爲萬民之主。"案用，享也。《説文·亯部》曰："亯，用也。從亯從自。自知臭，亯[①]所食也。讀若庸。”案即庸之古文。金文《拍敦》庸作，魏石經《尚書》古文庸作[②]，是其證。庸之古文作亯，而字從亯（享），故庸享義得相通。享庸之庸，經傳通以用爲之。《荀子·王霸篇》“用國者，得百姓之力者富”，用國猶享國也。《文選·西京賦》：“昔者大帝説秦繆公而覲之，饗以鈞天廣樂。帝有醉焉，乃爲金策，錫用此土而翦（踐）諸鶉首。”用此土猶享此土也。本篇用字義同。“用此下土”，猶言享此天下耳。上云“皇天無私阿兮”，對皇天言之，故稱下土。王逸釋用爲用事，失之。

又案吾國文字中，凡表假設的屬句，率置於主句之前。例如本篇

（1）	苟	余情其信姱以練要兮	長顑頷亦何傷？
（2）	苟	中情其好修兮	又何必用夫行媒？
	假設連詞 +	屬句 +	主句

此常例也。然亦有置屬句於主句之後者，如

（3）	不吾知其亦已兮	苟	余情其信芳
（4）	委厥美以從俗兮	苟	得列乎衆芳
	主語 +	假設連詞 +	屬句

此蓋皆以叶韻之故而倒裝之。其例於他書罕覯，故當視爲變例。[③]依常法讀之，則（3）當爲“苟余情其信芳，不吾知其亦已兮”，謂苟余情信能芳潔，雖不吾知亦可以弗計矣。（4）當爲“苟得列乎衆芳，委厥美以從俗兮”，謂苟得厠身於衆芳之列，則不惜委棄其美質以從彼流俗也。此文

① 原注：各本作香，改從段玉裁。

② 原注：從白爲從自之譌。

③ 原注：今惟口語中有此句法，行文（文言文）則絶對不許。

夫維聖哲以茂行兮　　苟　　得用此下土

主句 ＋ 假設連詞 ＋ 屬句

亦變例之一，當讀爲“苟得用此下土，夫維聖哲以茂行兮”，謂苟得享此天下，其必聖智與茂行之人也[①]。（3）例王逸無注。五臣張銑注曰：

言君不知我，我亦將止，然，我情實美。

以然字釋苟字，大謬。（4）例王逸注曰：

言子蘭棄其美質正直之性，隨從諂佞，苟欲列於衆賢之位，無進賢之心也。

既誤釋苟爲苟且，因不得不改“得”爲“欲”，所謂歧中之歧也。王於本例注曰“苟，誠也”，是矣，顧其釋全句之義曰：

言天下之所立者，獨有聖明之智，盛德之行，故得用事天下，而爲萬民之主。

又以故易苟，與前説違異，知其於文法之變例仍有未瞭耳。

欲少留此靈瑣兮

王注曰：“靈以喻君。瑣，門鏤也，文如連瑣。楚之省閤也。一云：靈，神之所在也。瑣，門有青瑣也。言未得入門，故欲小住門外。”案

① 原注：哲借爲智。“聖智”“茂行”對文。以與古通。“聖哲以茂行”猶言“聖智與茂行”也。

漢人因門有青瑣鏤飾而稱門爲青瑣，以局部概全體，古人屬辭，本不乏此例。然呼青瑣門爲青瑣，可也，直呼門爲瑣，則未之前聞，且亦乖於屬詞之理。今不惟呼門爲瑣，更因門爲省閤之門，遂徑呼省閤爲瑣，事之荒謬，孰有甚於此者？王逸以漢制説《楚辭》①，牽合傅會，不足信矣。案舊校瑣一作璅。竊謂古本當作璅，字則假借爲藪。《説文·木部》曰“樔，車轂中空也，讀若藪”，《考工記·輪人》“以其圍之防捎其藪”，鄭司農注曰“藪讀蜂藪之藪，謂轂空壺也”。是樔藪音同字通。從喿與從巢同②，璅之通藪，亦猶轂之通藪矣③。其證一。

《左傳》成十六年“楚子登巢車以望晋軍”，服注曰：“兵法謂雲梯者。”杜注曰：“巢車，車上爲櫓。”《宣十五年》“登諸樓車”，服注曰：“所以窺望敵軍，兵法所謂雲梯也。”杜注曰：“樓車，車上望櫓。”

巢車與樓車依服注并即雲梯，依杜注并即櫓，是巢即樓也。藪從數聲，數從婁聲，樓亦從婁聲。璅之通藪，亦猶巢之通樓矣。其往下證二。璅可通藪，是靈璅即靈藪也。靈藪者何？以上下文義求之，殆即縣圃。屈子曰：

朝發軔於蒼梧兮，夕余至乎縣圃，欲少留此靈藪兮，日忽其將暮。

夕至縣圃，欲少留焉，故慮日之將暮，不堪久留。“此靈藪”之此字正

---

① 原注：《漢舊儀》：“黄門令日暮入，對青鎖門拜，名曰夕郎。”《後漢書·獻帝紀》注引《漢官儀》：“黄門侍郎每日暮向青瑣門拜，謂之夕郎。”案王逸似因《離騷》曰“欲少留此靈璅兮，日忽忽其將暮”，而聯想及漢夕郎日暮向青瑣門拜之故事，遂傅會靈璅之璅爲青瑣門。注書如此，直同兒戲！

② 原注：《説文》藻之重文作薻。

③ 原注：鄭司農注《考工記》曰：“藪讀蜂藪之藪。”疑蜂藪即蜂巢，故轂空壺之藪與之同名。因之《説文》樔字所從之喿，似亦當借爲巢。

斥縣圃。上言縣圃，而下言靈藪者，變文以避複，文家之常技。更列二證以明之。本書《九思·憫上篇》曰“逡巡乎圃藪”，圃藪連文，則二字義近可知。《文選·吴都賦》曰“遭藪爲圃”，是圃藪一事，特以其體言之則爲藪，以其用言之則爲圃耳。圃即藪，故《爾雅》説十藪，鄭曰圃田①，《淮南》説九藪，秦有具圃②，縣圃者亦古藪之一也。

《周禮·職方氏》曰：“雍州其澤藪曰弦蒲。”

《説文·艸部》藪下曰：“雝州弦圃。”

弦蒲弦圃并即玄圃，亦即縣圃也。此一事也。

《詩·鄭風·大叔于田篇》“叔在藪”，毛傳曰：“藪澤，禽之府也。”③

《華嚴經音義》上引《韓詩〔内〕④傳》曰：“澤中可禽獸居之曰藪。”

《穆天子傳》二曰：“曰春山之澤，清水出泉，温和無風，飛鳥百獸之所飲食，先王所謂縣圃。”

《穆傳》稱玄圃其地爲“飛鳥百獸之所飲食”，與毛韓二《詩》所説藪字之義吻合，是縣圃即藪矣。此二事也。由前言之，縣圃有藪之名。由後言之，縣圃有藪之實。屈子稱縣圃爲藪，固其宜矣。其謂之靈藪者，則王注後説曰“靈，神之所在也”得之。又《淮南子·墬形篇》曰：

---

① 原注：見《釋地》。

② 原注：《墬形篇》“秦之陽紆”，高注曰：“一名具圃。”

③ 原注：案禽爲鳥獸通稱。

④ 原注：内字從王先謙補。

或上倍之，是謂縣圃〔之山〕[1]，登之乃靈，能使風雨。

崑崙縣圃，神靈所居，人之登焉者，亦成神靈，故縣圃稱爲靈藪，於義至當。《十洲記・崑崙洲記》曰：

其王母所道諸靈藪，禹所不履，唯書中夏之名山耳。

斯則崑崙諸山古有靈藪之稱，又有明徵矣。

吾令帝閽開關兮，倚閶闔而望予

王注曰："言己求賢不得，疾讒惡佞，將上訴天帝，使閽人開關，又倚天門望而距我，使我不得入也。"案王說非是。自此以下一大段皆言求女事，此二句若解爲上訴天帝，則與下文語氣不屬。下文曰：

時曖曖其將罷兮，結幽蘭而延佇。世混濁而不分兮，好蔽美而嫉妒。

詳審文義，確爲求女不得而發。"結幽蘭而延佇"與

《九歌・大司命篇》："結桂枝兮延佇，羌愈思兮愁人。"

《九章・思美人篇》："思美人兮，擥涕而竚眙，媒絶路阻兮，言不可結而詒。"

語意同。結幽蘭，謂結言於幽蘭（詳下），將以貽諸彼美，以致欽慕之忱也。"世混濁而不分兮，好蔽美而嫉妒"與下文

---

① 原注：之山二字從王念孫校補。

世混濁而嫉賢兮，好蔽美而稱惡。

語意又同。彼爲求有虞二姚不得而發，則此亦爲求女不得而發也。然則此之求女爲求何女乎？司馬相如《大人賦》曰：

排閶闔而入帝宫兮，載玉女而與之歸。

以此推之,《離騷》之叩閶闔，蓋爲求玉女矣。帝宫之玉女既不可求，高丘之神女（詳下）復不可見，故翻然改圖，求諸下女。

及榮華之未落兮，相下女之可詒。

下女者，謂虙妃簡狄及有虞二姚，此皆人神，對帝宫高丘二天神言之，故曰下女耳。

結幽蘭而延佇

王注曰："言時世昏昧，無有明君，周行罷極，不遇賢士，故結芳草長立，有還意也。"案王意謂結蘭延佇爲示有還意，此不得其解而强爲之説也。[①] 結蘭者，蘭謂蘭佩，結猶結繩之結。本篇屢言蘭佩，

紉秋蘭以爲佩。

謂幽蘭其不可佩。

又言以佩結言，

解佩纕以結言兮。

① 原注：以延佇爲有還意，又似蒙上文"延佇乎吾將反"之語而誤解。

蓋夢俗男女相慕，欲致其意，則解其所佩之芳草，束結爲記，以詒之其人。結佩以寄意，蓋上世結繩以記事之遺。已所欲言，皆寓結中，故謂之結言。《九章・思美人篇》曰“言不可結而詒兮”，謂言多不勝結，非真不可結也。《惜誦》曰“固煩言不可結詒兮”，是其義矣。本篇下文曰：

> 溘吾游此春宮兮，折瓊枝以繼佩，及榮華之未落兮，相下女之可詒。吾令豐隆乘雲兮，求虙妃之所在，解佩纕以結言兮，吾令蹇修以爲理。

榮華即瓊佩之榮華，以瓊佩詒下女，亦結言以詒之也，故下文曰“解佩纕以結言”。《九歌・大司命篇》曰“結桂枝兮延伫”，亦猶此類。

哀高丘之無女

王注曰“楚有高丘之山”，又曰“或云高丘，閬風山上也”，又曰“舊説高丘楚地名也”。案本書他篇之稱高丘者，如：

> 哀高丘之赤岸兮，遂没身而不反，
>
> ——《七諫・哀命篇》
>
> 聲哀哀而懷高丘兮，心愁愁而思舊邦，
>
> ——《九嘆・逢紛篇》
>
> 望高丘而嘆涕兮，悲吸吸而長懷，
>
> ——同上《惜賢篇》
>
> 曾哀悽欷心離離兮，還顧高丘泣如灑兮。
>
> ——同上《思古篇》

并謂高丘爲楚山名。《文選・高唐賦》神女曰“妾在巫山之陽，高丘之岨”[①]，此尤高丘爲楚山名之確證。《太平御覽》四九引《江源記》曰“《楚辭》所謂‘巫山之陽，高丘之阻’，高丘蓋高都山也”，未知然否。惟高丘若即巫山之高丘，則“哀高丘之無女”，必謂巫山神女。五臣吕向注曰“女，神女”，蓋得之矣。

鳳皇既受詒兮

案本書他篇亦有述此事者，如

> 簡狄在臺嚳何宜？玄鳥致詒女何嘉？
>
> ——《天問》
>
> 高辛之靈盛兮，遭玄鳥而致詒。
>
> ——《九章·思美人篇》

皆稱玄鳥致詒，其餘諸書所載，亦莫不皆然。獨此則曰“鳳皇既受詒兮，恐高辛之先我”。以玄鳥爲鳳皇，豈屈子偶誤，抑傳聞異詞乎？嘗試考之，蓋玄鳥即鳳皇，非屈子之誤，亦非傳説有異也。玄鳥者燕也。《爾雅·釋鳥》曰：“鶠，鳳，其雌皇。”燕鶠音同[②]，燕之通鶠，猶經傳以宴燕讌通用，金文燕國字作匽[③]若郾[④]也。鶠即燕，是鳳皇即玄鳥。其證一。《説文·鳥部》曰：

> 焉，焉鳥，黄色，出於江淮。

《爾雅·釋鳥》曰：

① 原注：陸善經引以釋此文。
② 原注：并影紐寒桓部。
③ 原注：《匽侯旨鼎》《匽公匜》。
④ 原注：《郾侯庫彝》。

皇，黄鳥。

焉爲黄色鳥，皇亦黄色鳥，似焉鳥即皇鳥。皇鳥又即鳳配，是焉之爲皇即鳳皇之皇[①]，故《禽經》曰：

黄鳳謂之焉。

燕與焉亦同影紐寒桓部。焉即鳳皇，而燕與焉同，是玄鳥即鳳皇。其證二。

《禮記·月令》疏引《鄭志》焦喬答王權曰：

娀簡狄吞鳳子之後，後王〔以〕[②]爲禖官嘉祥，祀之以配帝，謂之高禖。

簡狄所吞，他書曰燕卵，此曰鳳子，是玄鳥即鳳皇。其證三。

恐導言之不固

王注曰："言己欲效少康留而不去，又恐媒人弱鈍，達言於君，不能堅固，復使回移也。"案釋導言爲達言，謬甚。《詩·召南·野有死麕篇》"有女懷春，吉士誘之"，傳曰"誘，道也"，箋曰"吉士使媒人道成之"。《吕氏春秋·决勝篇》高注曰"誘，導〔也〕"。道與導通。道

① 原注：桂馥亦謂焉鳥即皇鳥。王筠又謂《爾雅》"其雌皇"與"皇黄鳥"爲一物，并云"兩文雖不連，然是篇一物錯出者頗多"。案王説尤具卓識。《爾雅》蓋本作"鶠，鳳，其雌皇；皇，黄鳥。"傳寫奪亂，遂析而爲二。又案鶠爲鳳；焉亦爲鳳。焉亦即鶠。鶠雄而焉雌，雌雄不嫌同名。蓋其始也，焉鶠（異體同字）一名而雌雄共之，故《爾雅》有鶠無焉。厥後雌雄分稱，焉鶠始爲異字。然二字對文雖異，散文或通，故雖異猶同。鶠之與焉，在可分不可分之間，故《説文》二字并載，鶠訓爲鳳，焉則不能確指爲何鳥。

② 原注：從段玉裁增。

言即媒人所以道成之之言也。《莊子·漁父篇》曰“希意道言謂之諂”，《禮記·少儀篇》“頌而無讇”，疏曰：“讇謂橫求見容。”[①] 橫求見容即導言之確詁，故曰“恐導言之不固”也。

命靈氛爲余占之

王注曰：“靈氛，古明占吉凶者。”案下文又言求占於巫咸。《淮南子·墬形篇》高注曰“巫咸知天道，明吉凶”，是靈氛之職司，與巫咸無異。《九歌·雲中君篇》注曰“楚人名巫爲靈”，然則靈氛亦巫也。《山海經·大荒西經》曰：

大荒之中有靈山，巫咸，巫即，巫朌，巫彭，巫姑，巫真，巫禮，巫抵，巫謝，巫羅十巫，從此升降，百藥爰在。

靈巫義同，氛朌音同，靈氛殆即巫朌歟？巫咸，巫朌并在靈山十巫之列，故《離騷》以靈氛與巫咸并稱。

曰兩美其必合兮　曰勉遠逝而無狐疑兮

案俞樾《古書疑義舉例》二有“一人之辭非自問自答而中間又用曰字”之例，如

子曰：“若臧武仲之知，公綽之不欲，卞莊子之勇，冉求之藝，文之以禮樂，亦可以爲成人矣。”曰：“今之成人者何必然？”

——《論語·憲問篇》

齊景公待孔子曰：“若季氏，則吾不能，以季孟之閒待之。”曰：“吾老矣，不能用也。”

——同上《微子篇》

① 原注：《説文》讇重文爲諂。

公瞿然失席，曰："是寡人之罪也。"曰："寡人嘗學斷斯獄矣。"

——《禮記·檀弓篇》

乞曰："不可得也。"曰："市南有熊宜僚者，若得之，可以當五百人矣。"

——《左傳》哀十六年

此皆再用曰字以别更端之語也。今案本篇

命靈氛爲余占之，曰："兩美其必合兮，孰信修而慕之？思九州之博大兮，豈唯是其有女？"曰："勉遠逝而無狐疑兮，孰求美而釋女（汝）？何所獨無芳草兮，爾何懷乎故宇？"

爲靈氛一人之詞，而兩用曰字，與《九章·惜誦篇》

吾使厲神占之兮，曰："有志極而無旁，終危獨以離異兮。"曰："君可思而不可恃，故衆口其鑠金兮，初若是而逢殆。……"

爲厲神一人之詞，亦兩用曰字，并與上舉各例相同，可補俞書之遺。解《離騷》者，自王逸以下，逮唐宋諸家，本不誤。後此乃漸多異説，而文意轉晦。於以知古書詞例之不可不究也。

騰衆車使徑待

王注曰："騰，過也。言崑崙之路，險阻艱難，非人所能由，故令衆車先過，使從邪徑以相待也。以言己所行高遠，莫能及也。"案"過衆車使徑待"，文不成義，乃又强釋之曰"令衆車先過"，既增字爲訓，復傎倒詞位，注書之無法紀者，莫此爲甚。案《説文·馬部》曰："騰，傳也。"傳當讀如《儀禮·士相見禮》"妥而後傳言"之傳。《淮南子·繆稱篇》"子産騰辭"，高注曰："騰，傳也，子産作刑書，有人傳詞詰之。"《漢書·禮樂志》"騰雨師，灑路陂"，謂傳言於雨師使灑路陂也。《後漢書·隗囂傳》"因數騰書隴蜀"，謂傳書隴蜀也。《北堂書鈔》一〇二引蔡邕《吊屈原文》"托白水而騰文"，謂托白水而傳文也。《文選·洛神賦》"騰文魚以警乘"，謂傳文魚以警乘也。本書騰字多用此義。如本篇"騰衆車使徑待"，《遠游》"騰告鸞鳥迎虙妃"，《九歌·湘夫人篇》"將騰駕兮偕逝"，《大招》"騰駕步游"，皆是。王逸於本篇訓過，於《遠游》《九歌》《大招》并訓馳，傎矣。

離騷解詁乙[1]

① 此篇原作《離騷解詁》，題下“乙”字係編者所增。據1985年上海古籍出版社單行本編入。

整理説明

詮釋《離騷》詞義，一九三六年曾有《離騷解詁》之作，共二十條考證，未及全篇（見開明版《聞一多全集》第二卷《古典新義》）。今存手稿有扉頁篆書《離騷麋義》一稿，前半二句一行，後半四句一行，逐行加注，删改增補較多，似爲注釋《離騷》全篇初稿。據此作二稿，分句作注，有删改，亦有增補。手稿衹有前八段，後五段乃《麋義》謄清稿，非手寫，四句一行，注亦聯寫。據此又有增補。今統一前八段與後五段格式，全以四句爲一行，共九十三行。注文按句分段移寫，以便閲讀。稿本扉頁題有《離騷解詁》，非手迹，或爲整理手稿者所加，以其爲舊有之名，故仍用爲本篇篇名。原文校以王逸《章句》、洪興祖《補注》本，其字句增改或移動者，其説悉見於《楚辭校補》，分别注出，以便參考。《解詁》所引典籍及諸家之説原文亦經查對，并有所改正。其一時無從查對，或查而未得者，姑仍之以待考。

徵引諸家名氏

王逸　楚辭章句
如淳　漢書注
張銑　六臣注文選
陸善經　唐寫本文選集注殘卷引
洪興祖　楚辭補注
吕向　五臣注文選
劉良　同上
朱熹　楚辭集注
林仲懿　離騷中正
夏大霖　屈騷心印
王遠　楚辭評注
吴景旭　歷代詩話
戴震　屈原賦注
姚鼐　古文辭類纂
王念孫　讀書雜志餘篇
王引之　同上
朱駿聲　離騷補注
俞樾
王樹枏
馬其昶　屈賦微
林雲銘　楚辭燈
孫礦　聽雨齋評點楚辭引
梅曾亮　屈賦微引
游國恩　楚辭訓纂
章炳麟
周拱辰　離騷草木史
胡韞玉　離騷補釋（國粹學報第六年第五册）
王夫之　楚辭通釋
陳本禮　屈辭精義
朱冀　離騷辨
方以智　通雅
蔣驥　山帶閣楚辭注
段玉裁　説文解字注
傅熊湘　離騷章義
劉夢鵬　屈子章句
姜皋　文選旁證引
郭焯瑩　讀騷大例
李光地　離騷經注
胡紹英　文選箋證
錢杲之　離騷集傳
李陳玉　楚辭屈詁引
張詩　屈子貫
于光華
錢澄之　楚辭屈詁
吴仁杰　離騷草木疏
余蕭客　文選紀聞

1. 帝高陽之苗裔兮，朕皇考曰伯庸。攝提貞於孟陬兮，惟庚寅吾以降。

《史記·楚世家》曰："楚之先祖，出自帝顓頊高陽。"

《九嘆·逢紛篇》曰："伊伯庸之末胄兮，諒皇直之屈原。"劉向以屈原爲伯庸之末裔，似所見本皇考作皇祖，於義爲長。

《爾雅·釋天》曰："太歲在寅曰攝提格。"又曰："正月爲陬。"案格即攝提之語尾，攝提格與攝提，一語也。貞，正也，當也。"攝提貞於孟陬"，謂正月建寅，寅年寅月。

庚寅謂曰。賈誼《鵩賦》曰："單閼之歲兮，四月孟夏，庚子日斜兮，鵩集予舍。"《史記·曆書》曰："年名焉逢攝提格，月名畢聚，日得甲子。"許慎《説文解字·叙》曰："粵在永元困頓之年，孟陬之月，朔日甲子。"并以歲陰紀年，而與月日連稱，例與此同。《詩經·大雅·崧高篇》曰："維嶽降神，生甫及申。"謂申甫二國之神自天來降也。本篇托爲真人自述之詞，故亦曰降。《史記·楚世家》曰："帝乃以庚寅日誅重黎，而以其弟吴回爲重黎後，復居火正，爲祝融。"案吴回一曰回禄，火神也，《楚世家》以爲高陽之後，楚之先祖。吴回以庚寅日始居火正爲祝融，則庚寅爲楚俗最吉之日，故真人自稱以此日降生。

2. 皇覽揆余〔於〕[①] 初度兮，肇錫余以嘉名。名余曰正則兮，字余曰靈均。

皇即上皇，猶上帝也。古稱天神本曰帝，而皇衹爲形容神德之美稱，其變形容詞爲名詞而直呼天神曰皇者，始見於《楚辭》。本篇有西皇，《九歌》有東皇、上皇，《橘頌》有后皇，并此皇字胥是。揆，度也，《詩經·鄘風·定之方中篇》曰："揆之以日。"初度指上攝提之年，孟陬之月，庚寅之日，惟當以天言，不以人言。度即天體運行之宿度、躔度，初度謂歲陰運行紀數之開端。（陳本禮亦以度爲躔度，惟謂初度爲

① 補於字，説見《楚辭校補》（以下簡稱《校補》）。

初周晬盤日則非是。）歲陰傍黄道而行，繞天循環，周而復始，本無所謂終始。曆家爲求紀年之便，乃假正月建寅，日月俱入營室五度，以爲歲陰運行之始，謂之“天一元始”，即此所謂“初度”。攝提（寅年）爲年之初，孟陬（寅月）爲月之初，庚寅（寅日）爲日之初。合此三寅，謂之初度，蓋猶漢武改曆，以甲寅之歲，正月建寅爲曆元，而名之曰太初也。《春秋繁露・二端篇》曰“以天之端正王之政”，天之初度亦猶天之端矣。

肇，始；嘉，美也。數之美者莫美於天之初度，揆於初度之義以錫名，宜其名之嘉美也。

正即《尚書・堯典》“日永星火，以正仲夏”，“日短星昴，以正仲冬”之正，亦即夏正、周正及正月、正歲之正。則，準則也。天之初度爲敘正四時之準則，故揆於初度之義而得“正則”之名。

均即《莊子・齊物論篇》《寓言篇》“天均”之均。《翻譯名義集》五引《尸子》曰：“天神曰靈。”“靈均”即神均，猶天均也。均之言猶運也，天體運行，周而復始，故曰天均。歲陰周天運行，十二歲一小周，七十六歲一大周，亦天體運行之事。初度者歲陰運行紀數之始，靈均爲初度之體，正則爲初度之用，是以揆於初度，既悟“正則”之名，兼發“靈均”之字焉。

3. 紛吾既有此内美兮，又重之以修能（態）。扈江離（蘺）與辟（薜）芷兮，紉秋蘭以爲佩。

紛，盛貌。内美謂生逢三寅，應於天之初度。

重猶益也。修，美也。能，朱（熹《集注》）校云本一作態。案能態古字通。《荀子・天論篇》曰“耳目口鼻形能”即形態，《素問・風論篇》曰“顧問其診及其病能”即病態，《易林・無妄之賁》曰“女工多能，亂我政事”即多態，又《懷沙》曰“非俊疑杰，固庸態也”，《論衡・累害篇》引作能，《莊子・馬蹄篇》曰“故馬之知而態至盜者”即能至盜，《漢書・司馬相如傳》曰“君子之態”，《史記集解》引徐廣本作能，并其比。修態謂容儀之外美。《招魂》曰“姱容修態”，張衡《西京賦》曰“要紹修態”，義與此同。古傳神仙必體貌閑麗，婉好如婦人。《莊子·逍遥游篇》曰“藐姑射之山，有神人居焉，肌膚若冰雪，綽約如處子”，神人即仙人，《遠游》曰“質銷鑠以汋（綽）約兮”，又曰“玉色頩以脕顔兮”，《七諫·自悲》曰“厭白玉以爲面”，并《世説新語·容止篇》曰“王右軍見杜弘治，嘆曰‘面如凝脂，眼如點漆，此神仙中人’”，皆其例證。此文曰“修態”，下文曰“蛾眉”，而通篇言“修”，言“好”，言“美”者尤不勝枚舉，皆真人自白之詞也。

唐寫本《文選集注》引陸善經曰：“扈，帶也。”離，《文選》作蘺；又《吴都賦》注、《思玄賦》注、《後漢書·張衡傳》注、《説文繫傳》一二、《合璧事類續集》四一、《益都方物紀》引并同。疑江蘺與申椒、胡繩等并以産地得名。春秋江國滅於楚，故地在今河南息縣西南，江蘺或本産於此。《説文》曰“江蘺、蘪蕪”，李時珍《本草綱目》曰“大葉似芹者爲江蘺，細葉似蛇床者爲蘪蕪”，則又以爲同類之二物。《神農本草》曰“蘪蕪……久服通神明”，《名醫别録》曰“四月五月采葉暴乾”。芷之言止（趾）也，草木之根莖如人之足趾然，故謂之芷。辟芷即白芷，藥之根也；以其色白，故曰白芷（詳《廣雅疏證·釋草篇》）；以其廦藏而用之，故曰辟（廦）芷。《晏子春秋·雜上篇》曰：“今夫蘭本，三年而成，湛之苦酒，則君子不近，庶人不佩。”《荀子·勸學篇》曰：“蘭槐之根是爲芷，其漸之滫，君子不近，庶人不服。”《大略篇》曰：“蘭茝稾本，漸於蜜醴，一佩（倍）易之。”《淮南子·人間篇》曰：“申菽杜茝，美人之所懷服也，及漸之於滫，則不能保其芳矣。”是古人佩服芳草，多先以酒漸之。《廣雅·釋器》曰“寖、醢、郁、廦、幽也”，王念孫曰“此通謂藏食物也”，案王説未賅，所藏者不必盡爲食物。寖醢即浸淇，并與漸通。《廣雅》寖、醢與廦同訓幽，而王注本篇“辟芷”曰“辟，幽也，芷幽而（乃）香”，正讀辟爲廦，是此文“辟芷”及下文“幽蘭”并與諸書言漸蘭茝者同，謂以酒浸湛而幽藏之也。原本《玉篇·广部》引此作廦，廦廦同，可與王注相發。《名醫别録》曰“白芷……二月八月采根暴乾”，陶注曰：“葉亦可作浴湯，道家以此香浴去尸蟲，又用合香也。”

《錦綉萬花谷後集》三六引舊注曰：“紉，結也。”蘭即蘭草，與澤蘭一類二種，與今之甌蘭諸品迥異（詳吴其濬《植物名實圖考》二五）。八月開白花，故曰秋蘭。《文選・東京賦》薛注：“秋蘭香草，生水邊，秋時盛也。”《神農本草》曰：“蘭草……殺蟲毒，辟不祥，久服，益氣輕身不老，通神明。”

4. 昔三后之純粹兮，固衆芳之所在。雜申椒與菌桂兮，豈維紉夫蕙茝[①]

《左傳》成十三年曰：“楚人惡君之二三其德也，亦來告我曰：‘秦背令狐之盟，而來求盟於我，昭告昊天上帝，秦三公，楚三王。’”案《楚世家》“熊渠……立其長子康爲句亶王，中子紅爲鄂王，少子執疵爲越章王”，是爲楚稱王之始。楚三王或即指此。三后不知即三王否。一説三后即《尚書・吕刑》所謂三后，伯夷，禹，稷是也（蔣驥説）。未知孰是。純粹謂精神之純潔精粹，戰國以來養生家術語也。《莊子・刻意篇》曰“其神純粹”，又曰：“純粹而不雜，静一而不變，惔而無爲，動而以天行，此養神之道也。”《遠游》曰：“玉色頩以脕顔兮，精醇粹而始壯。”《戰國策・秦策》三蔡澤曰：“生命壽長，終其年而不夭傷，天下繼其統，守其業，傳之無窮，名實純粹，澤流千世。”張衡《思玄賦》曰：“何道貞（真）之淳粹兮。”醇淳并與純通。儒家及辯士亦頗采用之。《易・乾・文言》曰：“剛健中正，純粹精也。”《荀子・賦篇》曰：“明達純粹而無疵也。”《春秋繁露・執贄篇》曰：“聖人者純仁淳粹而有知之貴也。”是矣。

衆芳即下申椒菌桂蕙茝之類。此言芳草可以滌穢存清，輔體延年，煉形者宜佩服之；昔者三后，椒桂蕙茝，衆芳并御，此其所以精神純

① 四句本在下文“彼堯舜之耿介兮”前，移此，説見《校補》。

粹，視世長久也。

椒有秦椒、蜀椒，皆以地名，或申椒亦然。春秋申國滅於楚，故城在今河南南陽縣北，申椒蓋産於此（略本朱熹、胡韞玉說）。《本草》曰“秦椒……久服輕身，好顏色，耐老增年，通神”，“蜀椒……久服之，頭不白，輕身增年”。申椒亦秦椒蜀椒之類，當與同功。菌桂用皮，即今肉桂。菌之言猶捲也，其皮薄捲若筒，故曰菌桂，一曰筒桂。《本草》曰：“久服，輕身不老，面生光華，媚好常如童子。”《列仙傳》有桂父，服桂葉。

蕙草一名薰草。《山海經·西山經》曰：“薰草……臭如蘼蕪，佩之可以已癘。”《名醫别録》曰：“三月采，陰乾。”茝同芷，即白芷。一說王注曰“葉曰蕙，根曰薰”，是蕙亦用根，蕙茝或即蕙之根。《荀子·勸學篇》曰“蘭槐之根是爲芷”，疑槐爲蕙之聲誤，蕙之根曰蕙茝（芷），猶蘭之根曰蘭芷也。

5. 汩余若將不及兮，恐年歲之不吾與。朝搴阰之木蘭兮，夕攬洲之宿莽。

汩《廣韻》古忽切，《集韻》胡骨切，古音與忽同。“汩余若將不及兮”與下“忽奔走以先後兮”，“忽馳騖以追逐兮”，“忽反顧以游目兮”，“忽反顧以流涕兮”，“忽緯繣其難遷”，“忽吾行此游沙兮”，“忽臨睨夫舊鄉”，諸忽字用法并同，而義皆訓疾，汩忽蓋古今字。作汩者古本，作忽者傳寫者以今字改之。篇首“攝提貞於孟陬兮”，“皇覽揆余於初度兮”，兩作於，用古字，自“雖不周於今之人兮”以下皆作於，用今字，例與此用。

與猶偕也。

搴，取也。阰，陂也（王夫之説），山旁曰陂。木蘭亦用皮，其皮似桂而香，故一名桂蘭。或云即桂之一種。《名醫别録》曰：“十二月采皮陰乾。”字或從木。《廣雅·釋木》曰：“木欗，桂欗也。”《説文》曰：“欒，欒木，似欄。”《御覽》引作似木蘭。據《説文》，木蘭與欒相似，而《山海經·大荒南經》“雲雨之山……有赤石焉，生欒，黄本赤枝青葉，衆帝焉取藥”，郭注曰“言樹花實皆爲神藥”，疑木蘭亦神葉也。

攬，采也。宿莽即莽草（吴仁杰説）。《山海經·中山經》作芒草，以爲本名，《本草》莽草居木部，《圖經》亦然。蓋多年生草，其本堅强似本，故或以爲草，或以爲木，而楚俗復呼爲宿莽，宿者經冬不枯之謂也。宿莽葉香如椒。搴木蘭，攬宿莽，亦所以備佩服而除不潔。

6. 日月忽其不淹兮，春與秋其代序。惟草木之零落兮，恐美人之遲暮。

淹，留也。

序謝古字通。

惟，念也。

遲亦暮也。遲暮謂衰老。美人，真人自謂。一説即後文之帝女、宓妃、有娀、二姚輩。服御芬芳，浮游求女，皆仙家所事事，而求女復必以芳草爲資。後文曰“及榮花之未落兮，相下女之可詒”；又曰“和調度以自娱兮，聊浮游而求女，及余飾之方壯兮，周流觀乎上下”：皆以珮飾與求女并言也。此言春秋代序，歲不我與，衆芳零落則無可采攬，美人遲暮則不足尋求，四句爲後文求女張本。

（以上一段總冒，首叙身世之貴，次述品貌之美，末陳搴芳求女之願，爲全篇主脉提綱）。

7. 不撫壯而棄穢兮，何不改此度〔也〕。乘騏驥以馳騁兮，來吾道（導）夫先路（輅）〔也〕[①]。

撫，有也（朱冀、俞樾説）。本書壯多訓美。此以撫壯與棄穢對文，壯猶美也，穢猶惡也。下文曰“及余飾之方壯兮”，壯飾即美飾，猶上

① 增二也字，説見《校補》。

言姱飾也。《遠游》曰“玉色頩以脕顔兮，精醇粹而始壯”，言精神純粹則顔色美盛也。《九辯》曰“離芳藹之方壯兮”，注曰“去己美盛之容光也”，正訓壯爲美。(《韓非子·解老篇》“宫爵尊貴，衣裘壯麗”，《説苑·權謀篇》“安陵纏以顔色美壯，得幸於楚共王”，《漢書·息夫躬傳》“容貌壯麗”，壯亦皆訓美。字一作莊。《文選·神女賦》“貌豐兮姝莊”，漢武帝《悼李夫人賦》“縹飄姚虖愈莊”，後漢明帝名莊字子麗，并其例。）道，《文選》作導。吴景旭云：先路，車名，周拱辰説同。案吴、周説是也。王者之車曰路，其專字作輅。(《尚書·顧命》“先輅在左塾之前”，《周禮·典路》鄭注引作路。）路有大路，先路，次路。(見《禮記·郊特牲》。）大路王所自乘，先路次路，從者所乘，而先路在前，後路在後。先路一曰導車，次路一曰屬車。先路行於王車之前而爲之導引，故曰“導夫先路”也。“來！吾道夫先路也”，與下文“來！違棄而改求”語例同。

8. 彼堯舜之耿介兮，既遵道而得路。何桀紂之猖披兮，夫唯捷徑以窘步。

江邃《文釋》引《管子》曰“夫士懷耿介之心，不蔭惡木之枝，惡木尚猶耻之，況與惡人同處”，(《文選》陸士衡《猛虎行》注引《文釋》，及《柳宗元集》一八《斬曲几文》注并引作《管子》。今《管子》無此文，或《符子》之誤。）《韓非子·五蠹篇》曰“不養耿介之士”，《七諫·哀命》曰“惡耿介之直行兮”，崔琰《述初賦》曰“高洪崖之耿介”，是耿介猶高潔也。

遵，循也。道與經對舉，道猶大道也。《老子》五十三章曰“大道甚夷而民好徑”是也。《九辯》曰“願自往而徑逝兮，路壅絶而不通，欲循道而平驅兮，又未知其所從”，《吕氏春秋·孝行篇》曰“是故道而不徑”(《禮記·祭義篇》同)，道亦并謂大道。

錢杲之曰：“猖披，行不正貌。”案《説文》曰“尥𡯿，行不正”，尥𡯿即跛蹉。跛蹉披猖聲之轉，猖披即披猖之倒，故訓行不正。《易林·觀之大壯》曰“心志無良，昌披妄行”，是其義。

9. 惟夫黨人之偷樂兮，路幽昧以險隘。豈余身之憚殃兮，恐皇輿之敗績。

夫猶彼也。《論語·述而篇》皇疏曰：“相助匿非曰黨。”路，動詞，猶由也，循也。後文“路修遠以周流兮”，“路不周以左轉兮”，義并同（游國恩説）。以猶與也。

身，己身也。

《莊子·讓王篇》曰“王子搜不肯出，越人薰之以艾，乘以王輿”，皇輿猶王輿也。車覆曰敗績（王夫之、戴震説）。《左傳》襄三十一年曰“若未嘗登車射御，則敗績厭覆是懼，何暇思獲”，《禮記·檀弓上篇》曰“魯莊公及宋人戰於乘丘……馬驚敗績，公隊”，皆謂車覆。《九嘆·離世》曰“群阿容以晦光兮，皇輿覆以幽辟”，襲用此文，而以覆字代敗績，尤可取證。

10. 忽奔走以先後兮，及前王之踵武。荃不察余之中情兮，反信讒而齌怒。

忽，疾貌。《大雅·綿篇》“予曰有奔走，予曰有先後”，傳曰：“相道（導）前後曰先後。”

《晋語》二韋注曰：“及，追也。”踵武皆迹也。

王注曰：“荃，香草，以喻君也。”朱熹曰：“荃以喻君，疑當時之俗，或以香草更相稱詞之詞，非君臣之君也。”案朱説是也。字一作蓀。舊説即溪蓀，與石上菖蒲一類。《抽思》“數惟蓀之多怒兮”“蓀詳聾而不聞”“願蓀美之可光”皆謂君，《九歌·少司命》“蓀獨宜兮爲民正”則謂神。蓋本楚民歌中習用之第二人稱代名詞，初無實指。騷賦之源，出自民歌，故亦承其語彙。《周書·謚書篇》曰“中情見貌曰穆”，《吕氏春秋·論人篇》曰“中情潔白”，《新語·術事》曰“惑於外貌，失於中情”。中情或單曰情。下文“苟中情其好修兮”，猶“苟余情其信姱以練要”，“苟余情其信芳”也。

齌亦怒也。《詩經・大雅・板》傳曰：“懠，怒也。”齌與懠通（戴震説）。

11. 余固知謇謇（蹇蹇）之爲患兮，忍而不能舍也。指九天以爲正兮，夫惟靈修之故也。[1]

《易・蹇・六二》曰“王臣蹇蹇，匪躬之故”，《象》曰：“王臣蹇蹇，終無尤也。”蹇蹇，奔走貌（詳拙著《周易義纂》）。患謂灾咎。

强力自止曰忍。舍，止息也。

《史記・封禪書》曰：“九天巫，祠九天。”索隱引《三輔故事》曰：“胡巫事九天於神明臺。”案七天、中央八方，各有神，此謂九天之神也。正猶正中也，下文曰：“耿吾既得此中正。”

朱熹曰：“靈修，言其有明智而善修飾，蓋婦悦其夫之稱，亦托詞以寓意於君也。”又曰：“《離騷》以靈修美人目君，蓋托爲男女之辭，而寓意於君，非以是直指而名之也。靈修言其秀慧而修飾。”案朱説近是。靈修又見《九歌》《山鬼》。楚人謂巫曰靈；修，美也。靈修蓋楚巫歌中女稱男之詞，時人承用以爲相謂故之美稱。《離騷》本屬巫音，故亦有此語。此上四句用《易・蹇》爻辭義，而意仍主行旅，蹇蹇即“王臣蹇蹇”，“惟靈修之故”猶“匪躬之故”也。

12. 初既與余成言兮，後悔遁而有他。余既不難夫離别兮，傷靈修之數化。

成言謂成其要約之言（朱熹説）。《左傳》襄二十七年曰：“壬戌，楚公子黑肱先至，成言於晋，丁卯，宋戌如陳，從子木成言於楚。”一曰成説。《詩經・邶風・擊鼓篇》曰：“死生契闊，與子成説。”

① 此下本有“曰黄昏以爲期兮，羌中道而改路”二句，此删，説見《校補》。

《詩經・鄘風・柏舟篇》："之死矢靡它"。傳曰："至己之死，信無它心。"此他亦謂他心。《抽思》襲此文曰："羌中路而回畔兮，反既有此他志。"他志猶他心矣。

難猶惜也。

數化謂變化無常，即有他也。

（以上一段以行旅爲喻，點出忠而見疑之意，攝起下文。）

13. 余既滋蘭之九畹兮，又樹蕙之百畝。畦留夷與揭（藒）車兮，雜杜衡（蘅）與芳芷。

滋，《釋文》作茈，音栽。《集韻》茈同栽。畹，度田畝數名，其詳不可考。九畹與下文百畝，皆極言其多也。

樹亦栽也。

畦，種之曰畦。唐寫本《文選集注》引陸善經注曰："畦，爲區隔也。"《齊民要術》一引氾勝之《種植書》曰："區種荏令相去三尺。"留夷即攣夷（王念孫説）。《廣雅・釋草》曰："攣夷，芍藥也。"案即藥草芍藥。《本草》曰："芍藥……主邪氣……益氣。"陶注曰："道家亦服食之。"（《圖經》引安期生服煉法有餌食芍藥法。）《名醫别録》曰："二月八月采根暴乾。"揭本一作藒。（《文選》及《爾雅・釋草》注，《合璧事類續集》四一引同。）藒車一名藒車香。《本草拾遺》曰："藒車香味辛，主鬼氣，去臭及蟲魚蛀蠹。"

衡本一作蘅。（《類聚》八一，《御覽》九八三，《合璧事類别集》五五引同。）《本草》曰："杜若……久服益精，明目，輕身，一名杜蘅。"《名醫别録》曰："二月八月采根暴乾。"芳芷即白芷（詳上）。《本草》曰："白芷一名芳香。"留夷藒車與杜蘅芳芷，隔區雜種。

14. 冀枝葉之峻茂兮，願竢時乎吾將刈。雖萎絶其亦何傷兮，哀衆芳之蕪穢。

萎絶猶黄落，(《思美人》曰：“解萹薄與雜菜兮，備以爲交（紋）佩，佩繽紛以繚轉兮，遂萎絶而離異。”）謂枝葉解散，先霜已刈者。蕪穢謂枝葉煩挐，霜至未采者。先霜已刈者，枝葉雖解而芳性尚存，霜至未采者，枝葉徒存而芬芳盡歇。所貴乎蘭芷之屬者，貴其芬芳，故不傷萎絶而哀其蕪穢。李光地曰：“雖萎絶，芳性猶在也。蕪穢則化而爲蕭艾，是乃重可哀已。”此説得之。

15. 衆皆競進以貪婪兮，憑不猒乎求索。羌内恕己以量人兮，各興心而嫉妒。

《逸周書·史記篇》曰“竟進争權”，王念孫讀竟爲競。《左傳》昭二十八年曰：“貪惏無饜，忿纇無期，謂之封豕。”貪惏，欲食貌，言貪食如豕也。貪婪與惏同。

《史記·賈生傳》“品庶馮生”，集解引孟康曰：“馮，貪也。”馮憑同。貪然求索，不知厭足，即《左傳》“貪惏無饜”意。猒厭饜同（略本馬其昶説）。

《廣雅·釋言》曰：“羌，乃也。”《禮記·中庸》疏曰：“恕，忖也。”

王注曰：“興，生也。”以己心忖度人心，謂人皆貪求，與己無異，遂生心計，以相嫉妒。

16. 忽馳騖以追逐兮，非余心之所急。老冉冉其將至兮，恐修名之不立。

忽，疾貌。

冉冉，漸進貌。

修，長也，久也。修名，不朽之名（傅熊湘説）。《抽思》曰：“望三五以爲像兮，指彭咸以爲儀。夫何極而不至兮，故（固）遠聞而難虧。”聞謂聲譽，猶名也。《遠游》曰：“聞赤松之清塵兮，願承風乎遺則。貴真人之休德兮，慕往世之登仙。與化去而不見兮，名聲著而日延。”然則托志登仙者，未嘗不以立名爲務。修名猶遠聞，日延之名，如彭咸赤松之輩是也。

17. 朝飲木蘭之墜露兮，夕餐秋菊之落英（霙）。苟余情其信姱以練要兮，長顑頷亦何傷。

《惜誦》曰：“播江離與滋菊兮，願春日以爲糗芳。”揚雄《反騷》曰：“精瓊靡與秋菊兮，將以延夫天年。”魏文帝《九日與鍾繇書》曰：“屈平悲冉冉之將老，思飡秋菊之落英，輔體延年，莫斯之貴。謹奉一束，以助彭祖之術。”《本草》曰：“久服利氣血，輕身，耐老延年。”《漢書・揚雄傳・甘泉賦》曰：“噏青雲之流瑕兮，飲若木之露英。”注曰：“瑕謂日旁赤氣也。”案瑕與赮霞通，字本訓赤，故又爲日旁赤氣之名。英者，説文曰：“英，一曰黄英。”英有黄義，此以流瑕與露英對舉，則英當爲日旁黄氣。左思《蜀都賦》曰“江珠瑕英”，蓋謂珠光赤黄也。然曰噏流瑕，飲露英，皆以爲液體，則所謂氣者乃水氣。《白虎通・號篇》曰：“飲泉液，吮露英。”露英與泉液對舉，亦以爲水氣，與揚説正合。（張衡《思玄賦》曰：“漱飛泉之瀝液兮，咀石菌之流英。”亦英爲水氣之證。）《御覽》五一引陵陽子明《經》曰：“春食朝霞，朝霞者日始欲出赤黄氣也。（《文選・江賦》注引同。本書《遠游》注引赤下有黄字。）秋食淪漢，（原作漢，下同，當爲漢之誤。漢字見《廣韻》《集韻》。《遠游》注引作陰，陰亦有黄義，有説別詳。）淪漢者日没以後赤黄氣也。冬食沆瀣，沆瀣者北方夜半氣也。夏食正陽，正陽者南方日中氣也。并天地玄黄之氣爲六氣也。”案淪露一聲之轉，淪漢即露英，經之朝霞淪漢并稱，正猶賦之流瑕露英對舉，其字從水，則以其本爲水氣耳。《莊子・逍遥游篇》“御六氣之辯”《釋文》引李注曰：“平旦爲朝霞，日中爲正陽，日入爲飛泉，夜半爲沆瀣，與天地玄黄爲六氣。”此與子明説同，惟淪漢飛泉之名爲異，是飛泉即淪漢，亦即露英，明甚。露英一曰飛泉，與《白虎通》以泉液露英對舉（引見上），并曹植《承露盤銘》“下潛醴泉，上受雲英”，以醴泉雲英對舉，義亦相會。落英者，即露英、淪英。其爲物也，依陵陽子明説，即日没以後之氣，又當於秋時食之，故曰“夕餐秋菊之落英”。英之爲氣，其色本黄，故又以配秋菊。英字一作霙。《詩經・小雅・頍弁篇》“如彼雨雪，先集爲霰”，《宋書・符瑞志》引《韓詩薛君章句》曰“霰，英也”，《文選・雪賦》注、《御覽》一二并引作霙。唐徐彦伯《苑中遇雪應制詩》曰“六出祥英亂繞枝”（一作李嶠《上清暉閣遇雪》），鄭愔《人日重宴大明宫恩賜彩縷人勝應制詩》曰“殘霙淅瀝染輕塵”，景龍文館學士長寧公主流杯詩曰“餘雪依林成玉樹，殘霙點岫即瑶岑”，字并作霙。案水氣曰英，水氣之凝結者亦曰英，霰謂之英，即水氣之凝結者。水氣與水氣凝結，一義之引申，訓水氣之英一作霙，則訓水氣凝結之英亦可作霙。蓋英古假借字，霙後起專字，然則謂本篇英讀爲霙亦可。朝露夕霙，實陰陽之純精，木蘭秋菊，含自然之淑氣。挹露於蘭，拾霙於菊，一舉而兼兩善，故彌覺可貴。《莊子・逍遥游篇》曰：“藐姑射之山，有神人居焉……不食五穀，吸風飲露。”《吕氏春秋・求人篇》曰：“西至三危之國，巫山之下，飲露吸氣之民。”此見存神人飲露傳説之最早者。若夫養形家言，抒爲辭賦，則《悲迴風》曰“吸湛露之浮源兮，漱凝霜之雰雰”，《遠游》曰“飡六氣而飲沆瀣兮，漱正陽而含朝霞”，又曰“吸飛泉之微液兮”，尤與《離騷》飲露餐霙之旨同符。

情即中情，猶精神也。姱，美也。王注曰：“練，簡也。”《廣雅・釋言》曰：“要，約也。”

顑頷，迭韻連語，面黄貌。避食穀實而飲露餐霙，所需如此，簡約之至矣。誠能如此，而得精神姱美，則雖顔色憔悴，形容枯槁，亦何傷哉？《遠游》曰：“吸飛泉之微液兮，懷琬琰之華英。……質銷鑠以汋約兮，神要眇以淫放。”注曰：“身體癯瘦，柔媚善也，魂魄漂然而遠征也。”《史記・司馬相如傳》曰：“相如以爲列仙之傳居山澤間，形容甚臞。”《抱朴子・黄白篇》引諺曰：“無有肥仙人富道士。”凡此所稱，實皆避穀服氣，營養不給所致。《離騷》言因飲食練要而致顑頷，理亦猶是。

（以上一段言飲食異於衆人。）

18. 擥木根以結茝兮，貫薜荔之落蕊。矯（撟）菌桂以紉蕙兮，索胡繩之纚纚。

擥攬同。木根蓋香木之取其根者。《荀子・勸學篇》曰：“蘭槐之根是爲芷。”

薜荔亦香草。《管子・地員篇》曰：“薜荔白芷，蘪蕪椒連，五臭所校。”《思美人》曰“令薜荔以爲理兮，憚舉趾而緣木”，則緣木蔓生者。

矯撟同，取也。紉，結也。

索，以手搓爲繩（屈復説）。《詩經・豳風・七月篇》曰：“宵爾索綯。”胡繩，草名。《考工記・總目》“妢胡之笴”注曰：“妢胡，胡子之國，在楚旁。”胡繩疑亦因産地而得名。或云即結縷（方以智説）。《爾雅・釋草》“傅，横目”郭注曰：“一名結縷，俗謂之鼓箏草。”鼓箏蓋即胡繩語訛耳。《漢書・司馬相如傳・上林賦》“布結縷”師古注曰：“結縷者，著地之處，皆生細根，如綫相結，故名結縷。”著地生細根，故其狀纚然。纚纚，多毛貌。

19. 謇吾法夫前修兮，非世俗之所服。雖不周於今之人兮，願依彭咸之遺則。

謇，語詞，疑即羌人之轉。修蓋楚男子之美稱（詳下靈修）。

王注一説曰：“言己服飾雖爲難法，我仿前賢以自修潔，非本今世俗人所服佩。”案服猶佩也。下文“判獨離而不服”，亦謂不佩，“户服艾以盈要兮，謂幽蘭其不可佩”，服與佩爲互文。(《荀子・勸學篇》“蘭槐之根是爲芷，其漸之滫，君子不近，庶人不服”，《晏子春秋·雜上篇》作佩。《淮南子·人間篇》“申菽杜茝，美人之所懷服也”，《説山篇》“蘭生幽谷，不爲莫服而不芳”，服皆謂佩。）

王注曰：“周，合也。”

俞樾云：“彭咸或即彭鏗，鏗咸雙聲字。”案俞説是也。鏗咸不祇雙聲，元音亦同，惟韻尾略異耳。《白虎通·五行篇》曰“所以北方咸者，萬物咸與所以堅之也，猶五味得咸乃堅也”，以堅釋咸。《説文》曰“歁，堅持意，〔一曰〕口閉也”，以堅釋歁。咸聲字并訓堅，義近由於聲近也。彭鏗即彭祖，世傳其不死仙去（《列仙傳》上），然則此言“願依彭咸之遺則”，正猶《遠游》言“聞赤松之清塵兮，願承風乎遺則”矣。(《漢書·王褒傳》“何必偃仰詘信若彭祖，呴嘘呼吸爲僑松，眇然絶俗離世哉”，《書鈔》一六引《孫綽子》“彭祖前驅，松喬夾轂”，皆以彭祖與赤松王喬對舉。）木根薜荔，菌桂胡繩，并茝蕙之屬，皆養生之靈藥，彭咸佩之，以致壽考，故欲依其遺則焉。《抽思》曰“指彭咸以爲儀”，《思美人》曰“思彭咸之故也”，《悲迴風》曰“夫何彭咸之造思兮”，又曰“昭彭咸之所聞”，并即此意。

20. 長太息以掩涕兮，哀民生之多艱。余雖（唯）好修姱以鞿羈兮，謇朝誶（綷）而夕替（縉）。

以猶而也。掩涕詳下文“攬茹蕙以掩涕兮”。

民猶人也。本篇民字皆訓人，下文“終不察夫民心”，“相觀民之計極”，“民好惡其不同兮”，民并一作人，可證。《遠游》曰“哀人生之長勤”，與此語意同，是民生即人生。下文“民生各有所樂兮”同（説本蔣驥、游國恩）。

雖讀爲唯（王念孫説）。修姱皆美也。鞿羈，謂以芳草交絡其身以爲飾，如馬之有韁絡也。

謇，語詞。“朝”“夕替”，承鞿羈爲文，誶替之義當與鞿羈爲近。

誶訊古同字。《詩經》“執訊”字金文作（𢇍），象人手足受縛形，隸變作訊。名詞受縛者曰訊，動詞縛亦曰訊。疑此誶字當讀爲執訊之訊，而義則訓縛。縛束與鞿羈近也。一説誶讀爲捽。捽，持也（《説文》捽訓頭髮，定非朔義），《翻譯名義集》九引《名義指歸》曰“持者，執也”，《詩經·周頌·執兢篇》箋曰：“執，持也。”執持與鞿羈義亦近。以上二説均通，而義亦相表裏，故并存之。替與鞎不叶，必非廢替字，疑𦄶之省。𦄶見《韻篇》，音賤（云出釋典，未詳是何經論，待檢），以形音求之，當即緀之異體。《集韻》“緀，縮也”，起輦切。《爾雅·釋器》“繩之謂之縮之”郭注曰：“縮者，約束之。”緀之訓縮，疑即此義。然緀亦罕見。《説文》曰：“葉，小束也，讀若繭。”《廣雅·釋詁》三曰：“葉，束也。”《齊民要術》二曰：“葉欲小，縛欲薄。”緀葉音義不殊，而從扶與從幵形同（《説文》栞爲之篆文，扶即夭之訛變），從糸與從束意同，是緀又即葉之異體。要之，𦄶緀𦄶一字，其音或讀若繭，或音起輦切，或音賤，并與鞎叶，其義爲約束，又與鞿羈近。凡此與本篇替字之條件悉合，故知此替即𦄶之省，非廢省之替也。

21. 既替（𦄶）余以蕙纕兮，又申之以攬（纜）茝。亦余心之所善兮，雖九死其猶未悔。

王注曰：“纕，佩帶也。”案下文“解佩纕以結言兮”，佩纕即佩帶。

劉良曰：“申，重也。”攬與纜同。（古字從手或從糸同，總一作摠，絜一作挈，絓一作掛，緪一作揯，此例不勝枚舉。）《文選》謝靈運《鄰里相送方山詩》注曰：“纜，維船索也。”案凡索皆可謂之纜，比與纕對舉，纜亦纕之類。纜茝即茝纜，倒文以取韻，與下文蕙茹（帤）謂之茹蕙同例（詳下）。蕙纕與茝纜對文。

王注曰：“雖以見過，支解九死。”以九死爲支解，是也。《公羊傳》宣六年曰“以鬥摮而殺之，支解，將使我棄之”，《春秋繁露·王道篇》作枝，《秦策》三曰“功已成矣，而卒支解”，《史記·蔡澤傳》作枝,《韓非子·和氏篇》曰“吴起枝解於楚”，支枝并與肢同。一曰體解。下文“雖體解吾猶未變兮，豈余心之可懲”，注曰“雖獲罪支解，志猶不艾也”，是矣。

蕙纕茝纜，朝誶夕替（䙆），心之所善，九死不悔，正以申明“好修姱以鞿羈”之意，與上文本根結茝，菌桂紉蕙之取法前修，不同世俗，亦一意相承。

（以上一段言服飾異於衆人。）

22. 怨靈修之浩蕩兮，終不察夫民心。衆女嫉余之蛾眉兮，謡諑謂余以善淫。

王注曰“驕敖放恣，無有思慮”，此以放恣無思慮釋浩蕩之義。《九歌·河伯》“心飛揚兮浩蕩”注曰“浩蕩，志放貌也”，義同。《淮南子·精神篇》曰“浩浩蕩蕩乎，機械知巧，弗載於心”,《文選·七發》曰“浩唐（五臣作蕩）之心，遁佚之志”，并可與王注相發。聲轉爲潢漾（《説文》漾讀若蕩),《廣雅·釋訓》曰:“潢漾，浩蕩也。”一作黄唐,《管子·地員篇》曰:“黄唐無宜也。”又作荒唐,《莊子·天下篇》“荒唐之言”《釋文》曰:“荒唐謂廣大無域畔者也。”潢漾倒言之或爲儻慌,《九嘆·逢紛》“心儻慌其不我與兮”，注曰:“儻慌，無思慮貌。”

終從聲近字通。(《漢書·南越傳》“終今以來”即從今以後。)從不猶曾不也。《春秋繁露·隨本消息篇》“由此觀之，所行從不足恃”，即曾不足恃。本篇及《九歌·山鬼》“余處幽篁兮終不見天”之終不即從不，猶曾不也。民心即人心。

王注曰:“蛾眉，好貌。”《詩經·衛風·碩人篇》曰:“螓首蛾眉。”

謡謂歌謡（李陳玉，姚培謙説同)。謡諑猶《詩經·陳風·墓門篇》“歌以訊止”。《毛傳》曰:“訊，告也。”《方言》十曰“諑，愬也”，告愬同義，是訊與諑義亦相通。

23. 固時俗之工巧兮，偭規矩而改錯。背繩墨以追曲兮，競周容以爲度。

王注曰："偭，背也。"錯謂木理錯紾交結處，所謂"錯節"者是也。(《後漢書・虞詡傳》："不遇盤根錯節，何以别利器乎。")

《周禮・追師職》"追衡笄"注曰："追猶治也。"曲謂木之枉曲者。追曲與改錯對文，改亦治也。

古書周同二字每互亂。(本篇"何方圜之能周兮"，周一作同；《七諫・謬諫》"恐矩矱之不同"，同一作周；《莊子・徐無鬼篇》"德不能周也"，《釋文》本周作同；《招魂》"華雕錯些"，《類聚》八〇、《初學記》二五引雕作銅；《莊子・讓王篇》"乃自投椆水"，《釋文》椆又作桐。又《詩經・車攻》《韓非子・揚榷篇》及本篇并以同與調韻。)疑周容即同容，亦即桐榕。《説文》曰"搈，推引也"，《淮南子・俶真篇》"撢掞挺挏世之風俗"注曰"推引來去不定也"，《集韻》曰："搈，不安也。"挏搈迭韻連語。"挏搈以爲度"猶言推引來去而無定法。

24. 忳鬱邑余侘傺兮，吾獨窮困乎此時也。寧溘死以流亡兮，余不忍爲比態也。

忳猶懣也。《廣雅・釋詁》一曰"屯，滿也"，忳謂懣猶屯謂之滿。《爾雅・釋訓》"夢夢訰訰，亂也"《釋文》引顧舍人曰："夢夢訰訰，煩懣亂也。"訰與忳同。侘傺，悵然住立貌(約王注義)。

溘死猶就死也。《廣雅・釋詁》四曰"溘，依也"，依就義近。《悲迴風》曰"寧逝死以流亡兮"，逝訓往，往亦就也。

態謂巧詐。《國語・晋語》一曰"天强其毒，民疾其態，其亂生哉"；《荀子・臣道篇》曰"巧敏佞説，善取寵乎上，是態臣者也"；《淮南子・主術篇》曰"上多事則下多態"；《文選・西京賦》"盡變態乎其中"薛注曰："態，巧也。""此態"即上所謂"時俗之工巧"(王逸説略同)。

25. 鷙鳥之不群兮，自前世而固然。何方圜之能周兮，夫孰異道而相安。

《淮南子·説林篇》曰："猛獸不群，鷙鳥不雙。"

周，合也。《九嘆·惜賢》曰："方圜殊而不合兮。"

26. 屈心而抑志兮，忍尤而攘詬。伏（服）清白以死直兮，固前聖之所厚。

忍，含也。尤，怨也。攘囊古字通，(《莊子·在宥篇》"乃始臠卷獊囊而亂天下也"，崔注："獊囊猶搶攘。"）囊猶藏也。《管子·任法篇》曰"無偉服，無奇行，皆囊於法以事其主"，謂包藏於法中也，《淮南子·原道篇》曰"懷囊天地"，《時則篇》曰"包裹覆露，無不囊懷"，并猶藏懷也。字一作儴，《新語·至德篇》曰"儴道者衆歸之，恃刑者民畏之"，儴道即囊道，猶藏道也（朱駿聲、俞樾説略同）。王注曰："詬，耻也。"《莊子·讓王篇》曰"强力忍詬"，《荀子·解蔽篇》曰"厚顔而忍詬"，《淮南子·氾論篇》曰"忍詢而輕辱"，詬詢同。

伏讀爲服。(《莊子·説劍篇》"劍士皆服斃其處也"，日本高山存卷子本作伏，《韓非子·初見秦篇》"荆王君臣亡走東服於陳"，《秦策》一作伏，《文選》陸士衡《吴王郎中時從梁陳作詩》"誰謂伏事淺"注曰："服與伏同，古字通。"）《七諫·怨世》曰"服清白以逍遥兮"，字正作服。服清白猶清白也。《莊子·漁父篇》曰："行不清白，群下荒怠，功美不有，爵禄不持，大夫之憂也。"

厚，重也（《吕氏春秋·振亂篇》注）。《墨子·尚同中篇》曰"是故上者天鬼有厚乎其爲政長也"，《荀子·非十二子篇》曰："爲兹厚於後世"《韓非子·外儲説左上篇》曰"責之以尊厚耕戰"，厚并訓重（錢澄之、朱冀、劉夢鵬説并同）。

（以上一段言雖見嫉於群邪，而能清白自守。）

27. 悔相道之不察兮，延佇（眝）乎吾將反。回朕車以復路兮，及行迷之未遠。

相，擇也。王注曰："察，審也。"

《説文》曰："眝，長眙也。"漢武帝《悼李夫人賦》曰："飾新宫以延眝兮。"

《説文》曰"复，行故道也"，复復同。

28. 步余馬於蘭皋兮，馳椒丘且焉止息。進不入以離尤兮，退將復修吾初服。

步馬，謂馬徐行也。《左傳》襄二十六年曰"左師見夫人之步馬者"，《淮南子・人間篇》曰："徐行而出門，上車而步馬。"（《禮記・少儀篇》"執轡然後步"，《尚書大傳》"天子將出，則撞黄鐘，右五鐘皆應，馬鳴中律，步者皆有容，駕者皆有文，御者皆有數"，步皆謂步馬。）水邊淤地曰皋，皋中有蘭，故曰蘭皋。

《漢書・司馬相如傳》如淳注曰："椒丘，丘多椒也。"

入讀爲納（錢杲之説）。離，遭也。尤，過也。《惜誦》曰："欲儃佪以干傺兮，恐重患而離尤。"進不見納而反遭過尤。初服謂下芰荷之衣，芙蓉之裳，及高冠長佩等也（閔齊華説）。

29. 製芰荷以爲衣兮，集芙蓉以爲裳。不吾知其亦已矣，苟余情其信芳。

《九歌・少司命》曰："荷衣兮蕙帶。"

30. 高余冠之岌岌兮，長余佩之陸離。芳與澤其雜糅兮，唯昭質其猶未虧。

陸離，長貌也。《涉江》曰："帶長鋏之陸離。"（王念孫説。）澤所以沐髮者也。（《九思・憫上》曰："鬚髮苧顇兮顠鬢白，思靈澤兮一膏沐。”）崔寔《四民月令》合香澤法曰：“清酒浸鷄舌，藿香，苜蓿，〔澤〕（從《齊民要術》五補，下同）蘭香四種，以新綿裹浸。胡麻油和猪脂納銅鐺中，沸定，下少許青蒿以發〔色〕。〔以〕綿冪鐺觜瓶口瀉之。”古作香澤法或較簡於此，然其要爲合香草與脂膏而成則可知。草取其芬芳，膏取其光澤，即此所謂芳與澤也。

質，本質，昭，彰著也。光澤耀發曰昭，馨香遠聞亦曰昭。馨香爲草之質，光耀而澤之質。納芳草於膏澤中，糅而合之，膏之光澤與草之芬芳，俱無虧損。《思美人》曰“芳與澤其雜糅兮，羌芳華自中出”，芳謂馨香，華謂光澤，二者俱能秀出，即此昭質未虧之義。

31. 忽反顧以游目兮，將往觀乎四荒。佩繽紛其繁飾兮，芳菲菲其彌章。

往觀句伏下文上下求索數段（朱冀説）。

32. 民生各有所樂兮，余獨好修以爲常。雖體解吾猶未變兮，豈余心之可懲。

民生即人生。

體解詳上“雖九死其猶未悔”句。

（以上一段言將退而修初服以游四荒。）

33. 女嬃之嬋媛（本作嬋媛）兮，申申其詈予。曰：“鮌婞直以亡（忘）身兮，終然夭（本作殀）乎羽之野。”

《開元占經·北方七宿占篇》引石氏曰“嬃女四星”，又引巫咸曰：“須女，天女也。”疑女嬃即嬃女。須湏古本與沬同字，并音莫沸切。嬃從須聲，與妹從未聲無別，嬃蓋妹之異文。《世本》曰：“陸終取鬼方氏之妹，謂之女嬇。”（《史紀·楚世家》索隱、《路史·後紀》八注引。）以沬又作靧（《漢書·禮樂志》注引晋灼曰：“沬古靧字。”）例之，女嬃似又即女嬇，楚之先妣也。女嬃爲人名，又爲星名，與下文重華亦星名兼人名同例。古通稱女曰妹，《世本》鬼方氏之妹即鬼方氏女，《易》歸妹即嫁女，并可證。嬃妹同字，而妹即女，故賈逵云楚人謂女爲嬃。（見《説文》嬃下引。今本《説文》女作姊，從本書洪注引。）女謂之嬃，則姊妹皆可稱嬃，故或謂女嬃爲屈原姊，（王注及《水經·江水注》引袁山松説。）或以爲屈原妹，（《詩經·桑扈》疏引鄭《志》荅泠剛説。）其實皆傅會之談也。

王注曰："撣援猶牽引也。"案《説文》曰"嘽，喘息也"，"喘，疾息也"，"歂，口氣引也"，喘歂一字，蓋即撣援之合音，口氣引之義與牽引正合也。喘息者氣出入頻數，有似牽引，故曰牽引，曰口氣引。撣援依字當作嘽咺。《方言》一曰"凡恐而噎噫謂之脅閱，南楚江湖之間謂之嘽咺"，《廣雅·釋詁》二曰："嘽咺，懼也。"案噎噫亦呼吸疾促之謂，（《詩經·黍離》"中心如噎"傳"噎，憂不能息也"，《説文》"噫，飽食息也"，《素問·至真要大論》注："心氣爲噎。"）故又謂之嘽喧。惟曰恐曰懼，似不足以該嘽喧之義。凡情緒緊張，脉搏加急之時，莫不喘息，恐懼但其一端耳。本篇"女嬃之撣援兮，申申其詈予"，此怒而撣援也。《九歌·湘君》"女撣援兮爲余太息"，《九章·哀郢》"心撣援而傷懷兮"，此哀而撣援也。《悲迴風》"忽傾（驚）寤以撣援也"，此驚而撣援也。

申讀爲呻。《説文》曰："呻，吟也。"《文選·蘇武詩》注引《蒼頡篇》曰"吟，嘆也"，《釋名·釋樂器》曰："吟，嚴也，其聲本出於憂愁，故其聲嚴肅，使人聽之悽嘆也。"

《孟子·公孫丑下篇》《音義》引丁音同："婞，很也，直也。"案與骾梗音義亦近。張詩云："亡同忘。"案張説是也。《五百家注釋韓昌黎集》三《永貞行》祝注引正作忘。（《荀子·勸學篇》"殆教志身"，《大戴禮記》作忘身。）鮌行婞直，不以身之阽危變其節，故曰："婞直殁忘身。"

然猶乃也。夭之爲言夭遏也。《淮南子·俶真篇》曰"若然者，陶冶萬物，與造化者爲人，天地之間，宇宙之内，莫能夭遏”；又曰：“四達無境，通於無圻，而莫之要御夭遏者。”遏或作閼，(《列子·楊朱篇》釋文：“閼與遏同。”)《莊子·逍遥游篇》曰：“而後今培風，背負青天，而莫之夭閼者。”夭遏雙聲謰語，二字同義。此曰“夭乎羽之野”，猶《天問》曰“永遏在羽山”也。《禮記·祭義》疏引鄭《志》答趙商曰“鯀非誅死。鯀放諸東裔，至死不得反於朝”，放之令不得反於朝，即夭遮遏止之使不得反於朝也。羽即羽山。“羽之野”本一作“羽山之野”。《水經·淮水注》引《連山易》曰：“有崇伯鯀伏於羽山之野。”

34.“汝何博謇(本作謇)而好修兮，紛獨有此姱飾(本作節)。薋(積)菉葹以盈室兮，判獨離而不服。”

博謇蓋行步合節，安舒自得之貌。字一作博衍。衍古讀如愆，(愆從衍聲，《左傳》昭二十一年“豐愆”《釋文》曰“愆本或作衍”，《易·需》九二《象傳》“衍在中也”，與九三“灾在外也”對舉，是衍即愆字，并可證。)《説文》愆之重文作寋，是衍與謇亦同聲通用。《遠游》曰“音樂博衍無終極兮”，注曰：“五音安舒，靡有窮也。”聲音安舒謂之博衍，動作安舒謂之博謇，其義一也。博謇與偃蹇義亦近。《九歌·東皇太一》曰：“靈偃蹇兮姣服。”舞曰偃蹇，行曰博謇，皆體態安舒之貌。動作合節則衣飾亦翩翻有後，此曰博謇好修，下又曰姱飾，亦猶東皇太一言偃蹇，又言姣服矣。

薋，積也（段玉裁、姜皋、胡紹英説）。菉，王芻。葹，枲耳。皆野菜，無芳臭。

判，違棄貌。離，棄也。

35.“衆不可户説兮，孰云察余之中情？世并舉而好朋兮，夫何煢獨而不予聽？”

户説謂逐户曉喻之。《管子・水地篇》：“是以聖人之治於世也，不人告也，不户説也。”《韓非子・難勢篇》：“堯舜户説而人辯之，不能治之家。”《尹文子・大道上篇》：“出群之辯，不可爲户説。”《淮南子・原道篇》：“使舜無其志，雖口辯而户説之，不能化一人。”《史記・貨殖傳》：“雖户説以眇論，終不能化。”《説苑・政理篇》：“衆不可户説也，可舉而示也。”

云，即今俗語之還。余，複數代名詞，猶言我輩也（郭沫若説）。

舉讀爲與。(《周禮・師氏》“王舉則從”注曰“故書舉作與”,《吕氏春秋・謹聽篇》“亡國之主……諄而不足以舉”陶鴻慶讀舉爲與,《史記・吕后紀》“蒼天舉直”集解引徐廣曰“舉一作與”。)《説文》曰：“與，黨與也。”《莊子・大宗師篇》“孰能相與於無相與”《釋文》曰：“與猶親也。”并與舉好朋義同。(《莊子・胠篋篇》：“爲之斗斛以量之，則并與斗斛而竊之，爲之權衡以稱之，則并與權衡而竊之。”）

王注曰：“煢，孤也。”予，女嬃自謂。聽，從也。

（以上一段言將游四荒，女嬃勸阻。）

36. 依前聖以節中兮，喟憑心而歷兹。濟沅湘以南征兮，就重華而陳詞。

前聖即下重華。節中猶折中，揚雄《反離騷》曰：“將折中乎重華。”（略本吴汝綸説。）聞女嬃之言而不敢信，故來就正於前聖以求折中。

《淮南子・修務篇》曰“發憤而成仁，惝（今誤帽，從王念孫改）憑而爲義”，高注曰“惝憑，盈滿積思之貌”,《廣雅・釋訓》曰：“惝恲，忼慨也。”喟憑與惝憑、惝恲同，氣盈滿之貌也。王注曰：“歷，數也；兹，此也。”案數猶説也。《抽思》曰：“歷兹情以陳辭兮。”（一説歷讀爲瀝，《説文》曰“瀝，浚也”，“浚，抒也”。）

湘爲南方諸水之大名，古言沅湘、江湘、瀟湘，猶沅水、江水、瀟水也。

女嬃以鮌事爲戒，殛鮌者舜，故就重華而陳詞（錢澄之説）。重華，帝舜名，又爲星名。《史記·天官書》曰“歲星一曰攝提，曰重華，曰應星”；《開元占經·歲星占篇》引石氏曰“歲星一名重華，一名應星”；《後漢書·郎顗傳》引《尚書洪範記》曰“德厚受福，重華留之，重華者歲星在心也”。（《懷沙》曰：“重華不可遌兮，孰知余之從容。”所陳之詞疑被省略，以下重華答詞。）

37. 啓九辯與九歌兮，夏康娱以自縱。不顧難以圖後兮，五子用夫（本作失下又有手字）[1]家巷（哄）。

《天問》曰：“啓棘賓商，九辯九歌。”《山海經·大荒西經》曰：“夏后開上三嬪於天，得九辯九歌以下。”（疑《天問》及本篇辯歌二字皆用爲動詞。與猶而也。）

夏疑日之誤，下文曰“日康娱而自忘兮”，“日康娱以淫游”。王逸、戴震、姚鼐、王引之并讀“康娱”連文，是也。《墨子·非樂上篇》引《武觀》曰：“啓乃淫溢樂，野於飲食，將將銘□，莧（莞）磬以力，湛濁於酒，渝食於野。萬舞翼翼，章聞於天，天用弗式。”

《新語·術事篇》曰：“夫進取者不可不顧難，謀事者不可不盡忠。”《春秋繁露·王道篇》曰：“虞公貪財，不顧其難，快耳説目，受晋之璧，屈産之乘。”

王引之曰：“巷讀《孟子》‘鄒與魯哄’之哄，劉熙曰：‘哄，構也，構兵以鬥也。’五子作亂，故云家哄。家猶内也，若《詩》云‘蟊賊内訌’矣。哄字亦作鬨，《吕氏春秋·慎行篇》‘崔杼之子，相與私鬨’，高誘曰‘鬨，鬥也’，私鬨猶言家哄，哄之爲鬨，猶哄之爲巷也。《宗正

① 説見《校補》。

箴》作‘五子家降’，降亦哄也。《吕氏春秋·察微篇》‘楚卑梁公舉兵攻吴之邊邑，吴王怒，使人舉兵侵楚之邊邑，吴楚以此大隆’，大隆謂大鬥也，隆與降通。”案王説是也。《韓非子·八經篇》曰“大臣兩重提衡而不跂卷（蹇），其患家隆劫殺之難作”，家隆即家降家巷。《天問》曰：“啓棘賓商，九辯九歌，何勤（姦）子屠（瘏）母而死分竟（境）地？”《周書·嘗麥》曰：“其在啓（元誤殷）之五子，忘伯禹之命，假（家）國無正，用胥興作亂，遂亡（元誤凶）厥國。”以上所言并本篇所謂“家巷”矣。

38. 羿淫游以佚畋兮，又好射夫封狐（疑當作豬）[1]。固亂流其鮮終兮，浞又貪夫厥家。

《左傳》襄四年魏絳引《夏訓》曰：“昔有夏之方衰也，后羿自鉏遷於窮石，因夏民以代夏政。恃其射也，不修民事，而淫於原獸。”《天問》曰：“馮珧利決，封豨是射。”

同上引《夏訓》又曰：“寒浞，伯明氏之讒子弟也，伯明后寒棄之，夷羿收之，信而使之以爲己相。浞行媚於内，而施賂於外，愚弄其民而虞羿於田，樹之詐慝，以取其國家。外内咸服，而羿猶不悛。將歸自田，家衆殺而亨之。……浞因羿室，生澆及豷。”《天問》曰：“浞娶純狐，眩妻爰謀，何羿之射革，而交吞揆（噲）之。”案《左傳》昭五年“葬鮮者自西門”杜注曰“不以壽死曰鮮”，《列子·湯問篇》“其長子生，則鮮而食之”張注曰：“人不以壽死曰鮮。”然則此言羿“鮮終”蓋即指《左傳》“殺而亨之”及《天問》“交吞揆之”之事。《爾雅·釋水》“正絶流曰亂”郭注曰：“直横渡也。”疑此所謂“亂流”，或亦實有所指，持其詳弗可考耳。家謂妻室。浞貪厥家，即《左傳》浞因羿室，《天問》浞娶純狐事。

① 説見《校補》。

39. 澆身被服强圉兮，縱欲而不忍。日康娱而自忘兮，厥首用夫顛隕。

《爾雅·釋天》“在丁曰强圉”，孫炎注曰：“萬物皮孚堅者也。”此以堅釋强字，以皮孚釋圉字。然皮孚即孚甲，是强圉猶言堅甲耳。《釋名·釋兵》曰：“甲，似物有孚甲以自禦也，亦曰介，亦曰函，亦曰鎧，皆堅重之名也。”依孫説，圉謂物之孚甲，依劉説，人之甲胄以似物之孚甲而得名，此類推之，物之孚甲曰强圉，則人之甲胄亦得曰强圉。然則“澆身被服强圉”者，謂其被服堅甲也。考傳説中之澆本即鰲（詳《天問》），鰲者大龜之名也。龜爲介族，身有堅甲，故鰲之“人化”而爲澆，亦有“被服强圉”之事。《周禮》鼈人“掌取互物”鄭衆注曰：“互物謂有甲蔄胡，龜鼈之屬。”掌蜃“掌斂互物蜃物”鄭玄注曰：“互物，蚌蛤之屬。”孫詒讓謂互物即大司徒大司樂之介物。案《吕氏春秋·孟春篇》“其蟲介”高注曰：“介，甲也，象冬閉固，皮漫胡也。”蔄漫音義同，先鄭以蔄胡釋互義，高以漫胡釋介義，是互物即介物矣。互圉音近，强圉當即强互，猶言堅介也。龜鼈之屬謂之互物，澆於傳説中爲龜屬，故曰：“被服强圉。”又甲胄之甲亦曰旅，《考工記·函人》“凡爲甲，必先爲容，然後製革，權其上旅與其下旅而重若一”，鄭衆注曰“上旅謂要以上，下旅謂要以下”，《釋名·釋兵》曰“凡甲聚衆札爲之謂之旅，上旅爲衣，下旅爲裳”，是其證。《天問》曰“澆（本作湯，從牟廷相改。）謀作旅，何以厚之”，問澆作甲事也。澆身被堅甲，故相傳即以澆爲作甲之人。（《吕氏春秋·勿躬篇》“大橈作甲子”，疑大橈即澆，作甲子爲作甲之傳訛，詳《天問》。）此亦强圉即堅甲之一證。

不忍，不能自制止也（張鳳翼、戴震説）。

有忘，志其身之危也（王夫之説）。

《天問》曰：“惟澆在户，何求於嫂？何少康逐犬而顛隕厥首？”王注曰：“澆無義，淫泆其嫂，往至其户，佯有所求，因與行淫亂。夏后少康，因田獵放犬逐獸，遂襲殺澆而斷其頭。”案縱欲不忍，康娱自忘，謂澆淫於嫂，厥首顛隕，謂見殺於少康也。又案《尚書·皋陶謨》曰："無若丹朱傲，惟慢游是好，傲虐是作，罔晝夜頟頟，罔水行舟，朋淫於家，用殄厥世。"澆傲音同，澆與丹朱傲實一人之分化。此所言丹朱傲事與澆事皆合，朋淫於家即淫於嫂，并其餘各事，亦即此所謂縱欲不忍，康娱自忘也。

40. 夏桀之常違兮，乃遂焉而逢殃。后辛之菹醢兮，殷宗用而不長。

違謂違棄天命。

《墨子·非攻下篇》曰："天命融（降）火於夏之城間西北之隅。"《國語·周語》上曰"昔夏之興也，融降於崇山，其亡也，回禄信於聆隧"，韋注曰："回禄，火神，再宿爲信。"聆隧，地名也。今本《紀年》曰："桀三十年冬聆隧焚。"朱駿聲謂遂焉逢殃事指此，是也。

后辛，紂也。

《天問》曰："受賜兹（子）醢，西伯上告，何親就上帝罰，殷之命以不救？"此謂紂醢伯邑考而賜其羹於文王，文王受而食之，後知是其子，悲憤而告於上帝，帝怒紂無道，殷竟以亡也。（詳《天問》。）宗謂宗緒也。（《天問》："尊食宗緒。"）用，因也。《離騷》謂殷宗不長，由紂之菹醢，説蓋與《天問》同。

41. 湯禹儼而祗敬兮，周論道（導）而莫差。舉賢而授能兮，循繩墨而不頗。

儼本一作嚴。司馬相如《封禪文》曰"湯武至尊嚴而不失肅祗"，襲此文。先湯後禹，世次倒植，殊不可解。然下文"湯禹嚴而求合兮"，《懷沙》"湯禹久遠兮"，并言"湯禹"。又《吕氏春秋·審分篇》"堯舜之臣不獨義，湯禹之臣不獨忠，没其數也。桀紂之臣不獨鄙，幽厲之臣不獨辟，失其理也"，亦湯禹倒叙（惟《群書治要》引作禹湯），是古書難詳，闕以俟考。

《説文》曰：“周，密也。”《考工記》總目“或坐而論道，或作而行之”，注曰：“論道謂謀慮治國之政令也。”此以“謀慮”釋“論道”二字。《吕氏春秋·下賢篇》曰“謀志論行”，論亦謀也。道與討通。《廣雅·釋詁》三“道，治也”，《説文》曰“討，治也”，謀治義近。論道即論討。或倒言之曰討論，《論語·憲問篇》曰“世叔討論之”是也。《管子·七法篇》曰“君（本作居）身論道循（本作行）理，則群臣服教，百吏嚴斷，莫敢開私焉”，《吕氏春秋·尊師篇》曰“説義必稱師以論道，聽從必盡力以光明”，《漢書·游俠·陳遵傳》曰“時時好事者從之質疑問事，論道經書而已”，《後漢書·逸民·嚴光傳》曰“帝……復引光入，論道舊故，相對纍日”，凡此言論道，并猶討論也。“周論道而莫差”，言周密討論其政令，而莫有差失也。

授能古之恒語。《莊子·庚桑楚篇》曰：“且夫尊賢授能，先善與利，自堯舜以然。”《荀子·成相篇》曰：“堯授能，舜遇時，尚賢推德天下治。”《吕氏春秋·贊能篇》曰“舜没皋陶而舜受之”，注曰：“受，用也。”受授古同字，授能猶用能也。(《左傳》閔元年“授方任能”，《管子·幼官篇》“尊賢授德則帝”，授亦皆訓用。）王注曰“舉賢用能”，正訓授爲用。

王注曰：“頗，傾也。”案言湯禹既舉用賢能，則政事一遵法度，而無有傾失也。

42. 皇天無私阿兮，覽民德焉錯（措）輔。夫維聖哲以茂行兮，苟得用此下土。

民猶人也（劉夢鵬説）。《易·序卦》傳干寶注曰：“錯，施也。”輔，佑助也（林雲銘説）。《左傳》僖五年引《周書》曰：“皇天無親，惟德是輔。”（張鳳翼説。）

聖，睿也。哲，明也。以猶且也。《爾雅·釋詁》曰“茂，勉也”，《小爾雅·廣詁》曰“勉，力也”，是茂行猶力行。

用猶享用，謂宰制而服役之也（王夫之説。）《晏子春秋》内篇

《雜下》曰“自吾先君定公至今用世多矣”，《荀子·王霸篇》曰“用國者，得百姓之力者富”，張衡《西京賦》曰“乃爲金策，錫用此土而翦（踐）諸鶉首”，并與此用字義同。下土與皇天對舉。言苟有得享用此下土者，其人必天姿睿明，又能力行者乎？（此倒句法，王邦采説。）

43. 瞻前而顧後兮，相觀民之計極。夫孰非義而可用兮，孰非善而可服。

前後猶古今也（錢杲之説）。

相觀，重言之也，下文亦曰：“覽相觀於四極。”（洪興祖説）民本一作人。之猶而也。計，考校也。《周髀算經》下注曰：“極，終也。”《管子·版法篇》曰“舉所美必觀其所終，廢所惡必計其所窮”，《禮記·緇衣篇》曰：“故言必慮其所終，而行必稽其所敝。”（《淮南子·原道篇》注：“敝，盡也。”）曰終曰窮曰敝曰極，并猶今言結局也。此言觀察人事而考校其結局。（劉夢鵬曰：“上下古今，觀其興亡，而爲之計其終極……”此解最確。劉氏蓋揣摩語勢，不覺於暗中得之，未必知“之”本可訓而也。）

張銑曰：“服，用也。”案即上“用此下土”之用，言孰有非義非善而能服用此下土者哉？重華之言止此。

44. 阽余身而危死兮，覽余初其猶未悔。不量鑿而正枘兮，固前修以菹醢。

《漢書·文帝紀》“或阽於死亡”，注曰“近邊欲墜之意”，《文選·思玄賦》“阽焦原而跟趾”，注曰：“阽，臨也，安臨危曰阽。”而猶於也。（《禮記·學記》“相觀而善謂之摩”，《説苑·建本篇》作於。《月令》“專而農民”，《周書·月令篇》作於。《文選·答賓戲》“伯夷抗行於首陽，柳惠降志而辱仕”，《漢書·叙傳》而作於。《尚書大傳》四“七十者杖於朝，見君揖杖，八十者杖於朝，見君揖杖……九十者杖而朝，見君建杖”，而與於爲互文。《韓詩外傳》九“一詘一伸，展而雲間”，謂登於雲間也。《漢書·敘傳》下“封禪郊祀，登秩而神”，謂登秩於神也。并裴學海説。）“阽余身而危死”猶《漢書》言“阽於死亡”也。王注曰“阽，近也，言己盡忠，近於危殆”，正釋而爲於。

初謂初志，未悔，終無所悔也（閔齊華説）。

《吕氏春秋·順民篇》注曰：“正，治也。”（《淮南子·人間篇》曰：“故聖人量鑿而正枘。”）《九辯》曰：“圜鑿而方枘兮，吾固知其鉏鋙而難入。”

前修如比干梅伯之輩。

45. 曾歔欷余鬱邑兮，哀朕時之不當。攬茹（帤）蕙以掩涕兮，沾余襟之浪浪。

曾本一作增，同。增，纍也。

當，遇也。《涉江》曰：“時不可當兮。”

茹讀爲帤。《説文》曰：“帤，巾帤也。”以蕙爲帤謂之茹（帤）蕙，猶上文以茝爲纕謂之攬（纕）茝。掩之言淹也，《九嘆·離世》注曰：“淹，清也。”以物漬涕使乾，謂之掩涕。曹植《九愁賦》曰“紓予袂而收涕兮”，掩涕猶收涕也。《九嘆·逢紛》曰“裳襜襜而含風兮，衣納納而掩露”，掩與含爲對文。含收義近，衣爲露所淹漬，故納納然濕也。（《説文》：“納，絲濕納納也。”）襟，交領也。

46. 跪敷衽以陳辭兮，耿吾既得此中正。駟玉虬以乘鷖兮，溘埃（疑當作渶）[1] 風余上征。

衽，衣裳旁幅交裂者，跪則敷布於左右。王注曰：“陳詞於重華，道羿澆以下也，故下句云‘發軔於蒼梧’也。”

耿，昭著也。一説借爲幸。（幸匣母，耿見母，又同真部，音最

① 參看《校補》。

近。)《易・訟・彖傳》曰:“利見大人,尚中正也。”此指重華。

駕四曰駟。駟與乘對文。玉虬,白龍也。王注曰:“《山海經》云,鷖身有五采而文如鳳,鳳類也。以爲車飾。”案以鷖羽爲車蔽之飾也。《衛風・碩人篇》“翟茀以朝”傳曰:“翟,翟車也,夫人以翟羽飾車。茀,蔽也。”此謂女子之車。(《周禮・巾車》王后五路,有重翟、厭翟、翟車。)《齊風・載驅篇》“簟茀朱鞹”傳曰:“車之蔽曰茀。諸侯之路車有朱革之質而羽飾。”是男子之車亦有羽飾。蔽謂車兩旁之藩。以猶而也,王逸《離騷後叙》、《海内經》郭注引并作而。

溘,依也。《淮南子・墬形篇》曰“正土之氣也御乎埃天”,《御覽》三五引注曰:“正土,中土也,其氣上曰埃。”又曰“黄泉之埃上爲黄雲”,“青泉之埃上爲青雲”,“赤泉之埃上爲赤雲”,“白泉之埃上爲白雲”,“玄泉之埃上爲玄雲”,是埃即雲氣也。風起則雲興,故曰埃風。一説埃爲竢之訛(王夫之説),則溘爲副詞,訓疾貌。

(以上一段言陳詞重華,果得中正,遂决然乘風上征,離世遠舉。)

47. 朝發軔於蒼梧兮,夕余至乎縣圃;欲少留此靈瑣(藪)兮,曰忽忽其將暮。

王注曰:“軔,楮輪木也。”案軔所以止車,將行則發之。《淮南子・兵略篇》曰“車不發軔”是也。《禮記・檀弓篇》曰“舜葬於蒼梧之野”,《山海經・海内南經》曰:“蒼梧之山,帝舜葬於陽。”蒼梧,舜之所在,陳詞於重華,故發軔於蒼梧。

瑣本一作璅。疑當作藪[①]。《周禮・職方氏》“雍州其澤藪曰弦蒲”,《説文》藪篆下亦曰“雝州弦圃”。弦蒲弦圃即玄圃,亦即縣圃。縣圃爲古九藪之一,以其爲神靈之所在,故曰靈藪。《十洲記・崑崙洲記》曰:“其王母所道諸靈藪,禹所不履,唯書中夏之名山耳。”此古稱崑崙諸

① 參看《校補》。

山爲靈藪之證，言崑崙斯縣圃在其中矣。

48. 吾令羲和弭節兮，望崦嵫而勿迫。路曼曼其修遠兮，吾將上下而求索。

弭，弛也。節謂車行之節度。節度弛緩則行徐。《子虛賦》曰“弭節徘徊”，又曰“彌節容與兮”，弭彌同，徘徊，容與皆徐行之意。《潛夫論・愛日篇》曰“所謂治國之日舒以長者，非謁羲和而令安行也”，令羲和安行即令羲和弭節矣。

崦嵫，山名，日之所入。《淮南子・天文篇》曰：“日〔入崦嵫〕（從《初學記》一及本篇洪注引補）。”疾赴曰迫。

上下求索謂求女，下文曰“求宓妃之所在”，“求違棄而改求”，又曰“和調度以自誤兮，聊浮游而求女，及余飾之方壯兮，周流觀乎上下”，并可證。上求求帝女，下求求宓妃、有娀，二姚輩，説并詳後。

自“朝發軔於蒼梧兮”以下至亂詞前，凡五段，皆游仙之詞，而游仙之中心活動則爲求女。注家於此咸求之過深，故遂滋異説。今案《淮南子・俶真篇》曰：“若夫真人……馳於外方，休乎内宇……燭十月，使風雨，臣雷公，役夸父，妾宓妃，妻織女。”曰“妾宓妃，妻織女”，則古神仙家固不諱言縱欲。此類思想之表現於文學者，如六朝以來小説家言所記神仙宴昵之事，其例甚繁，兹不備舉，惟取漢晋人詩賦中語十餘事以當舉隅。《惜誓》曰“載玉女於後車”，王注：“載玉女子後車，侍栖宿也。”《大人賦》曰：“排閶闔而入帝宫兮，載玉女而與之歸。”桓譚《仙賦》曰：“玉女在旁。”黄香《九宫賦》曰：“使織女驂乘。”張衡《思玄賦》曰：“載太華之玉女兮，召洛浦之宓妃。”王逸《九思・守志》曰：“與織女兮合婚。”曹植《遠游詩》曰：“仙人翔其隅，玉女戲其阿。”陸機《列仙賦》曰：“爾其嘉會之仇，息宴游栖，則昌容弄玉，洛宓江妃。”《東武吟行》曰：“飢從韓衆餐，寒就佚女栖。”張華《游仙詩》曰：“雲蛾薦瓊石，神妃侍衣裳。”郭璞《游仙詩》曰：“閶闔西南來，潛波涣鱗起，靈妃顧我笑，粲然啓玉齒，寒修時不存，要之將誰使？”《樂府古辭・八公操》曰：“馳乘風雲使玉女兮。”凡此并與《離騷》所言求女事密合，於以知《離騷》確爲後世游仙詩不祧之祖。説者必謂求女爲寓言，此以解後世作品則可，以解《離騷》由拘墟之見也。

49. 飲余馬於咸池兮，總余轡乎扶桑。折若木以拂（曊）日兮，聊逍遥以相羊。

《九歌・東君》王注曰：“咸池，星名，蓋天池也。”

《説文》曰：“總，聚束也。”四馬八轡，故曰總之。

《大荒北經》曰：“泂（本作洞）野之山，上有赤樹，青葉赤華，名曰若木，生崑崙，〔附西極〕，〔其華光赤〕，〔照下地〕（從郝懿行校補）。”《天問》曰：“羲和之未揚，若華何光？”是若華本自無光，但能反射日耳（詳《天問》）。《招魂》曰：“晋制犀比，費白日些。”費與曊同，反射日光曰曊（詳下）。犀比，帶鉤，以黄金爲之，故能照日而反射其光。拂讀爲曊，若木亦能反射日光，故行抵西極，屬時昏暮，則攀折若木使反射日光以自照也。《淮南子・墬形篇》曰：“扶木在陽州，日之所曊。”《天文篇》曰“日……拂於扶桑，是謂晨明”，字作拂。高注曰：“曊猶照也。”案有光照於無光曰曊，《淮南子》“日之所曊”“拂於扶桑”是也。無光者受照而反折其光亦曰曊，《招魂》“費白日”，《離騷》“拂日”是也。（《悲迴風》“折若木以蔽光兮”，蔽亦讀爲反照之曊。）

50. 前望舒使先驅兮，後飛廉使奔屬。鸞皇爲余先戒兮，雷師告余以未具。

望舒，月御。

飛廉，風師。屬，績也。“奔屬”即“屬奔”，倒文以取韻。“先驅”“屬奔”對文。

鸞皇一鳥，即下文鳳鳥。戒，告也。先戒猶先容也。鸞皇先戒者，將求帝女，令鳳爲媒也。（以鳳爲媒，用高辛求簡狄事，詳下“鳳皇即受貽兮”。）雷師主爲天帝施號令者。鸞皇先戒，而雷師告言未具，意欲阻己之往也。

51. 吾令鳳鳥飛騰兮，繼之以日夜。飄風屯其相離兮，帥雲霓而來御（禦）。

屯，聚也。離讀爲麗，附着也（王夫之説）。

御讀爲禦，抗拒也（馬其昶説）。雷師告言未具，風雲聚而來禦，并下文帝閽倚闗不開，皆所以阻己求女者。

52. 紛總總其離合兮，地陸離其上下。吾令帝閽開關兮，倚閶闔而望予。

《周書·大聚篇》“殷政總總若風草”，注曰：“總總，亂也。”字一作縱，《漢書·禮樂志·郊祀歌》十九“騎沓沓，般縱縱”，孟康注曰：“縱音總。”

《廣雅·釋訓》曰：“陸離，参差也。”離合上下，迴穴錯迕，言風雲禦己之狀。

閶闔，天門也。叩閶闔，意欲入求帝女。《大人賦》曰：“排閶闔而入帝宫兮，載玉女而與之歸。”即襲此文，惟彼求玉女而得之，此則求而未得爲異耳。

53. 時曖曖而將罷兮，結幽蘭而延佇。世混濁而不分兮，好蔽美而嫉妒。

罷，極也，盡也。

古俗男女以芳草相贈，皆所以表慕戀之情。《九歌·湘君》曰：“采薜荔兮水中，搴芙蓉兮木末，心不同兮媒勞，恩不甚兮輕絶。”（《思美人》“令薜荔以爲理兮，憚舉趾而緣木，因芙蓉以爲媒兮，憚褰裳而濡足”，襲《九歌》文而反其意。）《湘夫人》曰“沅有茝兮醴有蘭，思公子兮未敢言”，《山鬼》曰“折芳馨兮遺所思”，《悲迴風》曰“惟佳人之獨懷兮，折若椒以自處”，此遠道相招，贈芳以寄意也。《詩經·溱洧》曰“維士與女，伊其將謔，贈之以勺藥”，《東門之枌》曰“視爾如荍，貽我握椒”，（陳琳《神女賦》“握申椒以貽予，請同宴乎奧房”，義與此同。）《湘君》曰“捐余玦兮江中，遺余佩兮醴浦，采芳洲兮杜若，將以遺兮下女，時不可兮再得，聊逍遥兮容與”（《湘夫人》文略同），此既見求歡，贈芳以定情也。（《左傳》宣三年鄭文公見燕姞，“與之蘭而御之”，亦此類。）《大司命》曰“折疏麻兮瑶華，將以遺兮離居”，此會後將别，贈芳以存念也。《大司命》曰“結桂枝兮延佇，羌愈思兮愁人，愁人兮奈何，願若今兮無虧”，此别後相思，復貯芳以待贈也。本篇“結幽蘭而延佇”，乃未見之前，貯芳待贈之詞。結幽蘭者，蘭謂蘭佩，結謂結言。篇中屢曰“蘭佩”，（“紉秋蘭以爲佩”，“謂幽蘭其不可佩”。）又曰“解佩纕以結言兮”，蓋解己身所佩之蘭，結束爲記，貽之其人，以代誓言，意謂己所欲言，皆寓結中，故又謂之“結言”。（《思美人》曰“思美人兮，擥涕而佇眙，媒絶路阻兮，言不可結而詒”，謂言多不勝結，非真不可結，《惜誦》曰“固煩言不可結詒兮”，義同。）然則所謂“結幽蘭”者，實以蘭結言也。下文曰：“溘吾游此春宫兮，折瓊枝以繼佩，及榮華之未落兮，相下女之可詒。”榮華即瓊枝之華，此瓊枝繼佩而詒之下女，亦即結言之謂，故下文又曰：“解佩纕以結言兮。”夫瓊佩結言，所以求下女，則蘭佩結言亦所以求女可知。且“結幽蘭而延佇”與《大司命》“桂枝兮延佇”語意全同，彼爲男女相慕之詞，則此説宜然，抑又決矣。至“世混濁而不分兮，好蔽美而嫉妒”二句，則又與下文酷似，彼爲求有虞二姚不得而發，此亦當爲求女不得而發也。總上各證，上文叩閶闔之意在求帝女，固已昭然若揭。説者乃必指其所求者爲天帝，何不思之甚歟？

54. 朝吾將濟於白水兮，登閬風而緤馬。忽反顧以流涕兮，哀高丘之無女。

白水閬風皆崑崙墟中山水名。據《淮南子·墬形篇》，崑崙三成，下曰凉風之山，中曰懸圃之山，上曰太帝之居。凉風即閬風（《穆天子傳》注引《淮南子》作閬風），太帝之居即帝宫（高注“太帝”，“天帝”）。王注曰：“或云高丘，閬風山上也。”案閬風之上即帝宫，是高丘即帝宫所在，以其爲崑崙最上層，故謂高丘也。（劉夢鵬曰：“高丘即《淮南子》所稱最上一重墟太帝之居。”）知高丘爲帝宫所在，則此所謂女自非帝女莫屬。夕叩閶闔（帝宫之門），求帝女而見拒，朝將濟白水而他去，意復不能自已，於是緤馬閬風，徘徊瞻顧，翹首高丘，但見宫闕嵯峨而不見彼美，不禁愴然而泣下焉。

王注又曰：“楚有高丘之山。……舊説高丘，楚地名也。”（高丘一見於《七諫·哀命》，三見於《九嘆·逢紛》《惜賢》《思古》，王所謂舊説，蓋指東方朔、劉向。）《高唐賦》曰：“妾在巫山之陽，高丘之阻。”唐寫本《文選》引陸善經説本篇高丘即《高唐賦》之高丘（林仲懿、夏大霖説并同）。而五臣吕向注復云“女，神女”（張詩説同），蓋即指賦中神女名朝雲者，此其意與陸氏密合，而皆從舊説以高丘爲楚地名者也。案古所謂崑崙，初無定處，諸民族各以其境内大山爲崑崙，則楚人之崑崙即巫山，自無不可。（《悲迴風》“馮崑崙以瞰霧兮，隱岷山以（與）清江”，此崑崙或即巫山，故馮之下瞰，可以見岷山清江。）《高唐賦》述神女之言曰：“我帝之季女……名曰瑶姬。”崑崙上層爲帝宫所在，已知上説，而巫山即楚崑崙，故巫山神女亦曰帝女也。要之王氏一説高丘爲閬風上山，一説又以爲楚地名，其實一而二，二而一爾。

55. 溘吾游此春宫兮，折瓊枝以繼佩。及榮華之未落兮，相下女之可詒。

春宫蓋亦在崑崙墟中。宫者苑囿之名。（《禮記·儒行》“儒有一畝之宫”注：“宫謂墻垣也。”）謂之春者蓋以其四時温和，百卉不凋乎？《淮南子・墜形篇》曰：“崑崙虚……中有增城……上有木禾……珠樹玉樹璇樹不死樹在其西。”璇瓊一字。瓊枝當即璇樹之枝。《類聚》九〇引《莊子》逸文曰：“吾聞南方有鳥，其名爲鳳。所居積石千里。天爲生食，其樹名瓊枝。高〔一〕百〔三十〕仞，〔大三十圍〕，（從《玉篇》引補七字。）以璆琳琅玕爲實。”瓊樹本生崑崙，南方巫山一名崑崙，故相傳亦瓊枝之樹。《莊子》所稱南方瓊枝之樹，蓋即指此。（《詩經・著》“尚之以瓊華乎而”，《大人賦》“咀噍芝英兮嘰瓊華”。）榮華即瓊樹之華（林仲懿、戴震説）。“下女”指宓妃、有娀及二姚等。此輩本皆下土之人，對帝女爲上天之神女言，故曰下女也。（蔣驥曰“對高丘言，故曰下”，亦通。）《九歌・湘君》曰“采芳洲兮杜若，將以遺兮下女”，彼斥湘夫人，與宓妃輩正爲同類，故亦曰下女也。

56. 吾令豐隆乘雲兮，求宓妃之所在。解佩纕以結言兮，吾令蹇修以爲理。

豐隆或云雷師，或云雲師。此曰“豐隆乘雲”并《思美人》曰“願寄言於浮雲兮，遇豐隆而不將”，皆以爲雲師也。（然此説實誤。“豐隆”本象雷聲。《淮南子・天文篇》曰“季春三月，豐隆始出”，《大人賦》曰“貫列缺之倒景兮，涉豐隆之滂濞”，《思玄賦》曰“豐隆其震霆兮”，皆謂雷也。雲靁聲同，故雷師或誤爲雲師。）宓妃，羿妻，《天問》所謂“妻彼雒嬪”是也（姚鼐説）。先命豐隆乘雲以偵察宓妃之所在，下文始命蹇修往而求之。與后求有娀曰“覽相觀於四極兮，周流乎天余乃下”，方法一律。

佩纕結言，蓋即上世結繩之遺。《易・繫辭》傳曰“上古結繩而治”，九家《易》曰：“古者無文字，其有約誓之事，事大大其繩，事小小其繩，結之多少，隨物衆寡，各執以相考，亦足以相治也。”《左傳》哀十二年曰“盟所以周信也，故心以制之，玉帛以奉之，言以結之，明神以要之”，《公羊傳》桓三年曰“古者不盟，結言而退”，《春秋繁露·王道篇》“追古貴信，結言而已”，《九思·疾世》曰“秉玉英兮結誓”。或曰結言，或曰結誓，并即九家《易》所謂結繩以考約誓之意。男女相要亦約誓之類，故亦有結言之事。《廣雅·釋言》曰：“理，媒也。”“解佩纕以結言，余蹇以爲理”，猶《思美人》曰“媒絕路阻兮，言不可結而詒”、《淮南子·泰族篇》曰“待媒而結言”矣。蹇讀爲謇。(《路史·後紀》注一引《文選》五臣本作謇。)《方言》十曰“謰，吃也，楚語也”，謰謇同。令謇修爲媒以往求彼美，此其所以事終不諧。此與後文求二姚理弱媒拙，異言不固，事同一例。

57. 紛總總其離合兮，忽緯繣其難遷。夕歸次於窮石兮，朝濯髮乎洧盤。

王注曰：“緯繣，乖戾也。”案《易林·蒙之無妄》曰“織錦（本作金，一作帛，從孫詒讓改）未成，緯畫無名”，《後漢書·馬融傳》曰：“徽纆霍奕，别騖分馳。”緯繣與緯畫，徽纆，并字異而義同。次猶宿也。(《左傳》莊三年：“凡師一宿爲舍，再宿爲信，過信爲次。”舍，信，次，對文異，散文通。)《左傳》襄四年曰：“后羿自鉏遷於窮石。”宓妃羿妻，歸次窮石，歸於羿也。窮石猶言空石，故可托宿。《爾雅·釋水》“鈎盤”郭注曰：“水曲如鈎，流盤〔不直前〕(從《釋文》引補）也。”盤曲義同，洧盤殆即曲洧。《左傳》成十七年曰：“自戲童至於曲洧。”(劉夢鵬曰：“夕歸朝濯即下淫游之意”，王萌説同。)

58. 保厥美以驕傲兮，日康娱以淫游。雖信美而無禮兮，來違棄而改求。

保，恃也（林仲懿説)。(《漢書·廣陵厲王胥傳》李奇注。)

59. 覽相觀於四極兮，周流乎天余乃下。望瑤臺之偃蹇兮，見有娀之佚女。

覽，俯視貌。

王注曰："蹇産，高貌也。"《七諫・哀命》曰"望高山之蹇産"，《西京賦》曰"珍臺蹇産以極壯"，崔琰《述初賦》曰"列金臺之巉嵯，方玉闕之嵯峨"，曹植《妾薄命》曰"釣臺蹇産清虚"。

有娀佚女，簡狄也。佚讀爲逸，奔逃也，佚女即奔女。《吕氏春秋・音初篇》曰"有娀氏有二佚女，爲之九成之層，飲食必以鼓"，謂女有淫行，禁居之臺上，食時則鳴鼓以爲號，使來受食也。《列女傳・辯通篇》齊威虞姬傳曰："周破胡，惡虞姬嘗與北郭先生通，王疑之，乃閉虞姬於九層之臺，而使有司即窮驗問。"虞姬以有淫行而閉諸臺上，事與有娀氏同符。《左傳》僖十五年杜注曰："古之宫閉者，皆居之臺以抗絶之。"然則佚女臺居殆即女子宫刑之濫觴。(《高唐賦》曰："我帝之季女，未行而亡，封於巫山之臺。"行猶嫁也，亡亦逸也，封亦閉也。本謂未嫁而奔逃，因被閉於巫山之臺，傳説訛變，乃以亡爲死亡，又以被閉爲受封耳。)

60. 吾令鴆爲媒兮，鴆告余以不好。雄鳩之鳴逝兮，余猶惡其佻巧。

好猶美也。鴆不願往，乃忘言有娀不好，意謂其不足求耳。《禮記・月令》曰"鳴鳩拂其羽"，《淮南子・天文篇》曰"孟夏之月，以（已）孰穀禾，雄鳩長鳴，爲帝候歲"，注曰："雄鳩，布穀也。"《易林・明夷之家人》曰："使鳩求婦，頑不我許。""鳴逝"，鳴而逝也。"猶"猶又也。雄鳩輕佻巧佞，所言又不足任（林仲懿説）。《方言》："蒙鳩……自關而東謂之巧雀，自關而西謂之巧女。"傳説高辛使鳳皇（即玄鳥）爲媒以求簡狄，此曰鴆曰鳩，皆爲鳳皇點襯。

61. 心猶豫而狐疑兮，欲自適而不可。鳳皇即受貽兮，恐高辛之先我。

《天問》曰："簡狄在臺嚳何宜（儀）？玄鳥致貽女何嘉？"《思美人》曰："高辛之靈盛兮，遭玄鳥而致詒。"彼言玄鳥致貽而此言鳳皇受貽（受高辛之貽以致之簡狄），是鳳皇即玄鳥也。高辛求簡狄，以鳳皇爲媒，即簡狄吞玄鳥卵事之演變。《月令》疏引鄭《志》焦喬答王權曰："娀簡狄吞鳳（毛監本同，段玉裁校改鳦，非是。）子之後，後王〔以〕（從段校增）爲禖官嘉祥，祀之以配帝，謂之高禖。"玄鳥即鳳皇，故鄭稱玄鳥卵爲鳳子。（《搜神記》二曰："戚夫人侍兒賈佩蘭……説十月十五日共入靈女廟，以豚黍樂神，吹笛擊筑，歌上靈之曲，既而相與連臂踏地爲節，歌赤鳳皇來，乃巫俗也。"——《西京雜記》上略同。——此即祀高禖之遺俗，而歌曰赤鳳皇來，高禖之祀出於簡娀吞玄鳥卵事，則玄鳥即鳳皇也。）《左傳》昭十七年郯子曰："我高祖少皞摯之立也，鳳鳥適至，故紀於鳥爲鳥師而鳥名。"少皞即高辛，鳳鳥至亦玄鳥致貽之分化，此亦玄鳥即鳳皇之一證。已以鴆鳩爲禖，高辛以鳳皇爲媒，勢已不敵，故求有娀亦終歸於失敗。

62. 欲遠集而無所止兮，聊浮游以逍遥。及少康之未家兮，留有虞之二姚。

《左傳》哀元年曰："（少康）逃奔有虞，爲之庖正……虞思於是妻之以二姚，而邑諸綸。"未家猶未娶也。《易·蒙·九二》曰"納婦吉，子克家"，《周書·謚法篇》曰"未家短折曰殤"，《淮南子·齊俗篇》曰"待西施絡慕（本作毛嬙，從王念孫、陶方琦校改。）而爲配，則終身不家矣"，家并當訓娶。

63. 理弱而媒拙兮，恐導言之不固。世混濁而嫉賢兮，好蔽美而稱惡。

理亦媒也。《詩經・野有死麕》“有女懷春，吉士誘之”，傳曰“誘，道也”，箋曰“吉士使媒人道成之”，謂勸導之使成於事也。道導同。《莊子・漁父篇》曰“希意道言謂之諂”，《禮記・少儀》“頌而無讇”疏曰：“讇謂横求見容。”（《説文》讇重文作諂。）横求見容即巽言之確詁，故曰“恐導言之不固”也。求宓妃則蹇修不良於言，求有娀則鴆鳩讒佞難使，求二姚又理弱媒拙，三求女而三無成，總坐無良媒故爾。

64. 閨中既以邃遠兮，哲王又不寤。懷朕情而不發兮，余焉能忍與此終古？

宫中之門曰閨。（《爾雅・釋宫》：“宫中之門謂義闈，其小者謂之閨。”）《九思・逢尤》曰“念靈閨兮隩重深，願竭節兮隔無由”，靈閨亦謂宫中也。終古猶永久也。《九歌・禮魂》曰“長無絶兮終古”，《哀郢》曰“去終古之所居兮”，《莊子・大宗師篇》曰“維鬥得之，終古不忒，日月得之，終古不息”，《吕氏春秋・樂成篇》曰“終古斥鹵，生之稻粱”，《考工記》總目曰“則於馬終古登阤也”，義并同。

65. 索藑茅以筳篿兮，命靈氛爲余占之。曰“兩美甚必合兮，孰信修而莫念之？”

《説文》曰“藑茅，葍也，一名舜”，又曰“䑞（舜），草也，楚謂之葍，秦謂之藑”。字一作旋。（《説文》瓊重文作琁。）《本草》“旋花主面皯黑色媚好”，蜀本注曰“旋，葍花也”，《别録》曰：“一名美草。”又變爲荀。（《詩經・擊鼓》“吁嗟洵兮”，《韓詩》洵作夐，《莊子・德充符篇》“少焉眴若”《釋文》“眴本又作瞬”。）《中山經》曰：“荀草……服之美人色。”案《鄭風・有女同車》曰：“顔如舜華。”古人以藑花喻美色，故相傳或云“服之美人色”，或云“主面皯黑色媚好”，因遂名之曰“美草”。據下文“兩美其必合”，“孰求美而釋女”，則“索藑茅以莛篿”，所以卜問求美之事。意者亦以藑茅爲美草，故卜求美而用藑茅乎？莛篿，動詞，字本作挺摶。挺摶雙聲連語，猶摶也。摶與揣同，（《史記·賈生傳》“何足控摶”，索隱本摶作揣。）數也。字一作諯，《説文》曰：“諯，數也。”又作端，《卜居》曰“詹尹乃端策拂龜”，《淮南子·説山篇》曰“筮者端策”，端策猶《韓非子·飾邪篇》“鑿龜數策”及《戰國策·秦策》一“襄王錯龜數策占兆”之數策，《思玄賦》曰“文君爲我端蓍兮”，端蓍亦猶《類聚》二引《六韜》“數蓍蓍不交而如折”之數蓍也。《史記·龜策列傳》曰“撻策定數”，挺摶猶定數耳。《大荒西經》曰：“大荒之中有靈山，巫咸、巫即、巫肦、巫彭、巫姑、巫真、巫禮、巫抵、巫謝、巫羅十巫，從此升降，百藥爰生。”氛肦聲近，疑靈氛即巫肦（《九歌·雲中君》注曰：“楚人名巫爲靈。”）《方言》一曰“念，常思也”；《釋名·釋言語》曰“念，粘也，意相親愛，心粘著不能忘也”；《吕氏春秋·節喪篇》高注曰“愛，心不能忘也”，是念猶愛也。

66. 思九州之博大兮，豈唯是其有女？——曰：“勉遠逝而無狐疑兮，孰求美而釋女（汝）？”

此再出“曰”字，仍靈氛之詞，古書不乏此例。（一）《論語·憲問篇》曰：“子曰：‘臧仲子之知，公綽之不欲，卞莊子之勇，冉求之藝，文之以禮樂，亦可以成人矣。’——曰：‘今之成人者何必然？’”（二）《微子篇》曰：“孔子曰：‘若季氏則吾不能以季孟之間待之。’——曰：‘吾老矣，不能用也。’”（三）《左傳》哀十六年曰：“乞曰：‘不可得也。’——曰：‘市南有熊宜僚者，若得之，可以當五百人矣。’”（四）《禮記·檀弓》曰：“公瞿然失席曰：‘是寡人之罪也。’——曰：‘寡人嘗學斷斯獄矣。’”（五）《莊子·則陽篇》曰：“柏矩……號天而哭之曰：‘子乎！子乎！天下有大菑，子獨先離之。’——曰：‘莫爲盜，莫爲殺人……’”（六）《庚桑楚篇》曰：“庚桑子曰：‘辭盡矣。’——

曰：‘奔蜂不能化藿蠋，越鷄不能伏鵠卵，魯鷄固能矣。……’”（七）《吕氏春秋·先識篇》曰：“對曰：‘其尚終君之身乎！’——曰：‘臣聞之，國之興也，天遺之賢人與極言之士。’”（《説苑·權謀篇》無下曰字，蓋妄删之。）凡此皆一人之辭，非自問自答，而中間又再用曰字也。《惜誦》曰：“吾使厲神占之兮，曰：‘有志極而無旁，終危獨以離異兮。’——曰：‘君可思而不可恃，故衆口其鑠金兮，初若是而逢殆。’”亦與此同例。（林雲銘曰：“更端而言，令其去楚。且有人來求汝者，不待汝往求也。”）

67. 何所獨無芳草兮？爾何懷乎故宇？”世幽昧以昡曜兮，孰云察余之善惡？

王注曰：“昡曜，惑亂貌。”《淮南子·氾論篇》曰：“夫物之相類者，世主之所亂惑也，嫌疑肖象者，衆人之所眩燿。”《潛夫論·潛嘆篇》曰：“及歡愛苟媚佞説巧辯之惑君也，猶炫耀君目，變奪君心。”

68. 民好惡其不同兮？唯此黨人其獨異？户服艾以盈要兮，謂幽蘭其不可佩。

服亦佩也。要腰同。（《類聚》八二、《事類賦注》二四、《緯略》一二引并作腰。）

69. 蘇糞壤以充幃兮，謂申椒其不芳。覽察草木其猶未得兮，豈珵美之能當？

王注曰：“蘇，取也。幃謂之幐，香囊也。”下文“又欲充夫佩幃”注：“幃，盛香之囊。”

《左傳》桓二年杜注曰：“珽，玉笏也。”《淮南子·齊俗篇》“無皮弁搢笏之服”高注曰：“笏，珮玉也。”珵與珽同。（王注引相玉書“珵大六寸”，敦煌舊鈔楚辭音引作珽。）美笏聲近，疑美即笏之假，或誤字。琝笏，珮玉也。上文曰“折瓊枝以繼佩兮”，下文曰“何瓊佩之偃蹇兮”，琝笏蓋即所謂瓊佩也。當，遇也。

70. 欲從靈氛之吉占兮，心猶豫而狐疑。巫咸將夕降兮，懷椒糈而要之。

巫咸見上引《大荒西經》。又《御覽》七九引《歸藏》曰：“昔黄帝與炎神争鬥涿鹿之野，將戰，筮於巫咸。”此亦要巫咸而筮之也。

71. 百神翳其備降兮，九疑繽其并迎。皇剡剡其揚靈兮，告余以吉故。

《山海經》每言神出入有光：《中山經》曰“神鼉圍……恒游於睢漳之淵，出入有光”，又曰“神耕父……常游清冷之淵，出入有光”，又曰“神于兒……常游於江淵，出入有光”。（又言神山有光：《南山經》曰“處於東海，望邱山，其光戴出戴入”，《西山經》曰“南望崑崙，其光熊熊，其氣魂魂”。《九歌·雲中君》曰“靈連蜷兮既留，爛昭昭兮未央，蹇將澹兮壽宫，與日月兮齊光”，亦謂神靈有光。《漢書·郊祀志》亦以有光爲神至之象，如曰“是夜有美光”，“其夜若有光”，“神光興於殿旁”，“神光又興於房中，如燭狀”，“陳寶祠……漢興世世常來，光色赤黄，長四五丈”。）神光或謂之靈。《海内北經》“二女之靈，能照此所方百里”，注曰：“言二女神光所燭及者方百里。”《九歌·湘君》曰“横大江兮揚靈”，漢《郊祀歌》十五擬之曰：“揚金光，横泰河。”十九曰：“靈殷殷，爛揚光。”此“揚靈”亦謂揚光。朱子曰：“揚靈者，揚其光靈。”巫咸，神巫，（《秦詛楚文》曰“不顯大神巫咸”。）故其至亦有光也。皇讀爲煌（張詩説）。王注曰：“剡剡，光貌。”“煌剡剡”與上“紛總總”語例同（游國恩説）。故與詁通，《漢書·揚雄傳》注曰：“詁謂指義也。”（《大戴禮記·五帝德篇》“以順天地之紀，幽明之故”，《史記·五帝本紀》故作古。）

72. 曰“勉升降以上下兮，求榘矱之所同。湯禹嚴而求合兮，摯咎繇而能調。

矩矱猶法度也。(《管子・宙合篇》“成功之術，必有巨獲”,《淮南子・氾論篇》“有本主於中，而以知榘矱之所周也”。)

《春秋繁露・基義篇》曰“臣者君之合”,《楚莊王篇》曰“百物皆有合偶，合之偶之，仇之匹之，善矣”，是合猶匹偶也。《詩經・大雅・假樂》曰“率由群匹”，猶群臣也。(箋曰：“循用群臣之賢者，其行能匹耦己之心。”)《國語・晋語》三“若狄公子，吾是之依兮，鎮撫國家，爲王妃兮”，韋注曰：“言重耳當伯諸侯，爲王妃偶。”《左傳》昭三十二年曰：“故天有三辰，地有五行，體有左右，各有妃耦，王有公，諸侯有卿，皆有貳也。”《漢書・揚雄傳》曰“捜逑索偶，皋伊之徒”,《董仲舒傳贊》曰：“伊吕乃聖人之耦。”或曰匹，或曰妃，或曰偶，或曰逑(仇)，并猶此言合也。摯，伊尹名。《莊子・知北游篇》：“調而應之，德也；偶而應之，道也。”郭注曰：“調偶，和合之謂也。”

73. 苟中情其好修兮，又何必用夫行媒？説操築於傅岩兮，武丁用而不疑；

《墨子・尚賢中篇》曰：“傅説被褐帶索，庸築乎傅岩，武丁得之，舉以爲三公。”

74. 吕望之鼓刀兮，遭周文而得舉。甯戚之謳歌兮，齊桓聞以該輔。

《戰國策・秦策》五曰：“太公望……朝歌之廢屠。”《天問》曰：“師望在肆昌識？鼓刀揚聲后何喜？”刀謂鸞刀。鸞刀，屠刀也(詳《天問》)。

《吕氏春秋・舉難篇》曰：“甯戚欲干齊桓公，窮困，無以自進。於是爲商旅，將任車以至齊，暮宿於郭門之外。桓公郊迎客，夜開門，辟任車，爝火甚盛，從者甚衆。甯戚飯牛居車下，望桓公而悲，擊牛角疾歌。桓公聞之，撫其僕之手，曰：‘之歌者非常人也，’命後車載之。”《晏子春秋·問下篇》曰：“君（桓公）過於康莊，聞甯戚歌，止車而聽之，則賢人之風也，舉以爲大田。”王注曰：“該，備也。”

75. 及年歲之未晏兮，時亦其猶[①]未央。恐鵜鴂之先鳴兮，使夫百草爲之不芳。”

王注曰：“晏，晚。央，盡也。”百草，衆芳蘭芷之屬。蘭芷經霜則不芳，説已詳上。鵜鴂即子規，一名杜鵑，常以春秋分鳴。（鵜鴂之鳴，説者或云在春，或云在秋。今案百物多以春秋爲配偶期，故其鳴也亦常在春秋二季。《事類賦注》二四引王注“鵜鴂一名買鶬，常以春秋分鳴也”，視今本多一秋字，於義爲長。《廣韻》曰“鶗鴂關西而曰巧婦，關東曰鸋鴂，春分鳴則衆芳生，秋分鳴則衆芳歇”，説最明晰。）此專指秋言，先鳴，謂先秋分而鳴也。當秋鵜鴂先鳴爲寒氣早至之象，寒氣早至則百草亦早被霜而芳歇，故曰鵜鴂先鳴，使百草爲之不芳也。（朱子曰：“巫咸之言止此。”）梅曾亮曰：“靈氛勸其去，巫咸則欲其留而求合。‘升降’二句是求合大旨。”

76. 何瓊佩之偃蹇兮，衆薆然而蔽之？惟此黨人之不諒兮，恐嫉妒而折之。

上二句反詰巫咸之詞，何猶奈何也。偃蹇，夭矯也。（《廣雅·釋訓》）《九歌·東皇太一》曰：“靈偃蹇兮姣服。”

① 本作猶其。

77. 時繽紛其變易兮，又何可以淹留？蘭芷變而不芳兮，荃蕙化而爲茅。

78. 何昔曰之芳草兮，今直爲此蕭艾也？豈其有他故兮？莫好修之害也。

茅蓋即菁茅。《穀梁傳》僖四年“菁茅之貢不至”，范注曰：“菁茅，香草，所以縮酒，楚之職貢。”茅與蕭艾亦皆香草，特其品質視蘭芷荃蕙等爲下耳。(《周禮・鬱人》疏引王度記曰：“天子以鬯，諸侯以薰，大夫以蘭芝（芷），士以蕭，庶人以艾。”《淮南子》：“膏夏紫芝與蕭艾俱死。”）直，但也。

79. 余以蘭爲可恃兮，羌無實而容長。委厥美以從俗兮，苟得列乎衆芳。

有蘭之名，無蘭之實，即上“蘭芷變而不芳”之意。容長，枝葉長大也。委，棄也。

80. 椒專佞以慢慆兮，樧又欲充夫佩幃。既干進以務入兮，又何芳之能祇？

樧，椒類，皆香物。

王注曰：“干，求也。”務，趣也(《説文》)。“干進”與“務入”對文。(《吕氏春秋・季秋篇》曰：“命百官貴賤無不務入，以會天地之藏，無有宣出。”)

王引之曰：“祇之言振也，言干進務入之人委蛇從俗，必不能自振其芬芳也。上文云‘蘭茝變而不芳’，意與此同。《逸周書・大政篇》‘祇民之死’，謂振民之死也。祇與振聲近而義同，故字或相通。《〔尚書〕・臯陶謨》‘曰嚴祇敬六德’，《史記・夏本紀》祇作振；《粊誓》‘祇復之’，《魯世家》祇作敬，徐廣曰一作振；《〔禮記〕・内則》‘祇見孺子’，鄭注曰‘祇或作振’。”案王説是也。振，揚也(《孟子・萬章下篇》注。）此承上椒椴爲言，而尤側重於椴之充幃，謂椴在幃中，芬芳不得播揚於外也。

81. 固時俗之從流兮，又孰能無變化？覽椒蘭其若兹兮，又况揭車與江離？

從流猶順流也。《詩經·魏風·伐檀》釋文引《韓詩薛君章句》“順流而風曰淪”，《文選·雪賦》注引作從流；《晏子春秋·諫下篇》“順流九里”，《類聚》八六、《御覽》九三二并引作從流。

82. 惟兹佩之可貴兮，委厥美而歷兹，芳菲菲其難虧兮，芬至今猶未沬。

沬猶滅也。

83. 和調度以自娱兮，聊浮游而求女，及余飾之方壯兮，周流觀乎上下。

《韓非子·揚榷篇》“上下和調”，《吕氏春秋·必己篇》“和與不知皆不足恃，其惟和調近之”。度猶節也，謂行步之節度。此承上文“兹佩”言己身服瓊佩，行而應節也。《禮記·玉藻》曰“古之君子必佩玉，右徵角，左宫羽，趨以采齊，行以肆夏，周還中規，折還中矩，進則揖之，退則揚之，然後玉鏘鳴也”，即和調度之謂矣。（陳本禮讀調去聲，謂調指聲，即“右徵角，左宫羽”之類，度指容，即“周還中規，折還中矩”之類，亦通。惟“調度”連文，古書未見，故不從之。）

84. 靈氛既告余以吉占兮，歷吉日乎吾將行。折瓊枝以爲羞（脩）兮，精瓊靡以爲粻；

歷，擇也。游國恩曰：“前既設爲問卜求神兩段，以决其所以自處。靈氛勉其遠逝以求女，巫咸則勸其姑留以待時。去歟留歟？狐疑不决。

終以楚俗大變，勢難再合，故不聽巫咸之言，而決從靈氛之占也。”

羞讀爲脩。《説文》曰：“脩，脯也。”（王注曰“羞，脯也”，正讀羞爲脩。）粻，糗也。脩粻皆乾食，行旅之所資。

85. 爲余駕飛龍兮，雜瑶象以爲車。何離心之可同兮？吾將遠逝以自疏。

古圖畫龍形似馬，傳説中龍與馬亦往往不分二物，故凡言駕龍乘龍者皆謂馬也。

《周禮・巾車》五路有玉路象路，注曰“玉路，以玉飾諸末”，“象路，以象飾諸末。”賈疏曰：“凡車上之材，於末頭皆飾之，故云諸末也。”雜瑶象以爲車，謂雜用玉與象牙以飾車之諸末也。《惜誦》曰：“衆駭遽以離心兮。”同，合也。

86. 邅吾道夫崑崙兮，路修遠以周流，揚雲霓之晻藹兮，鳴玉鸞之啾啾。

王注曰：“邅，轉也。”

雲霓謂旗，下文“載雲旗之委蛇”，可證。王注曰：“晻藹猶蓊鬱，蔭貌也。”鸞，鈴也（《廣雅・釋器》），在旗竿首，《爾雅・釋天》“有鈴曰旂”郭注曰“縣鈴於竿頭”是也。金文謂之“䜌旂”。或單曰旂，或單曰䜌（《望毁》《免簠》），蓋旂必有䜌，故又呼旂爲䜌。然其字經傳多從鳥作鸞，疑古初鸞旂之制本作鳥形立於竿首，兼藏鈴於中以象鳴聲也。《爾雅・釋天》“錯革鳥曰旟”，《御覽》三四〇引舊注曰：“刻爲革鳥置竿首也。”此或即古鸞旂之遺。夫知此文雲霓玉鸞謂鸞旂，而鸞之制本刻鳥形立於旗上，則下文“鳳皇翼其承旂”之鳳皇仍指旗上之鸞，抑又可知，鸞與鳳皇本一鳥也。

87. 朝發軔於天津兮，夕余至乎西極——鳳皇翼其承旂兮，高翱翔之翼翼。

承有二義，由下及上曰承，由上及下亦曰承。本篇“鳳皇翼其承旂”及《涉江》“雲霏霏而承宇”，兩承字皆自上及下之承，義當訓覆。《涉江》“雲霏霏而承宇”，孫綽《天台山賦》襲之曰“彤雲斐亹以翼櫺”，李善注曰：“翼猶承也。”案《詩經·大雅·生民》“鳥覆翼之”，翼亦覆也。翼訓覆，承亦訓覆，故李注曰：“翼猶承也。”翼即承覆之狀，故《離騷》曰“鳳皇翼其承旂”。《韓非子·十過篇》曰：“昔者黄帝合鬼神於西泰山之上，駕象車而六蛟龍……騰蛇伏地，鳳皇覆上。”鳳皇覆上之説實脱胎於鸞旂竿首之鳥形（詳上），然則此言“承旂”正猶彼言“覆上”耳。下“翼翼”與上“翼其”字義别。《文選·贈蔡子篤詩》“翼翼飛鸞”注曰：“翼翼，飛貌也。”案兩翅舒張貌也。故引申之則人行貌端恭亦曰翼，《論語·鄉黨篇》“趨進翼如也”皇疏曰：“翼如謂端正也。”

88. 忽吾行此流沙兮，遵赤水而容與，麾蛟龍使梁津兮，詔西皇使涉予。

行猶經也。《白帖》九《紀年》曰：“周穆王三十七年，伐荆，東至九江，比黿鼉爲梁而渡。”《論衡·吉驗篇》曰：“魚鱉浮爲橋，東明得渡。”

西皇，蓐收也。

89. 路修遠以多艱兮，騰衆車使徑待，路不周以左轉兮，指西海以爲期。

《説文》曰“騰，傳也”，傳謂傳言。（《儀禮·士相見禮》：“妥而後傳言。”）《遠游》曰“騰吉鸞鳥迎虙妃”，謂傳告鸞鳥使迎虙妃也。《漢書·郊祀志》曰“騰雨師灑路陂”，謂傳言於雨師使灑道也。《後漢書・隗囂傳》曰“因數騰書隴蜀”，謂傳書也。《成皋令任君碑》曰“君未到郡，先騰檄告”，謂傳檄告也。應瑒《正情賦》曰“冀騰言以俯首，嗟激迅而難追”，謂傳言也。蔡邕《吊屈原文》曰“托白水而騰文”，謂傳文也。魏文帝《濟川賦》“騰羽觴以獻酬”，謂傳羽觴也。曹植《洛神賦》曰“騰文魚以警乘”，謂傳令文魚使警乘也。本篇“騰衆車使徑待”，騰亦訓傳（林仲懿説），謂傳令衆車使徑行先往以待己也。下路字動詞，猶由也，循也。山路險難，不利車行，故令衆車由不周之門左轉先行，至西海之上以待己，己則將徒行以往也。《大荒西經》曰“西北海之外，大荒之隅，有山而不合，名曰不周”，注曰：“此山形有缺，不周匝，因名之。西北不周風自此出也。”《淮南子・墬形篇》曰“西北方不周之山，曰幽都之門”，又曰“崑崙之山，北門（案當曰西北門）開以納不周之風”。蓋山有缺處，名曰不周，車行出此左轉，亦可以達西海也。《大人賦》曰“回車朅來兮，絶道不周”，謂由山缺處，貫截山身以過之，義可與此互參。

90. 屯余車其千乘兮，齊玉軑而并馳。駕八龍之婉婉兮，載雲旗之委蛇。

《方言》九曰：“關之東西曰輨，南楚曰軑。”《漢書・揚雄傳》曰“肆玉釱而下馳”，軑釱同。婉《釋文》作蜿。（《漢書・揚雄傳》晋灼注、《後漢書・張衡傳》注、《文選・思玄賦》注引并同。）載，載旗於車也。

91. 抑志而弭節兮，神高馳之邈邈。奏九歌而舞韶兮，聊假日以媮樂。

韶字一作磬。《周禮・大司樂》曰“九磬之舞”，九磬即九韶。《説文》鞀重文作鞉若鼗，籀文作磬，是韶與鞀磬鞉鼗一字。鼗本鼓名。《周禮・小師》“掌教鼓鼗”注曰：“鼗如鼓而小，持其柄摇之，旁耳還自擊。”鼗有柄可持，故舞師或持之以導舞。《尚書大傳》曰“倡之以徵，舞之以鼓鼗，此迎夏之樂也”，與“倡之以角，舞之以羽，此迎春之樂也”，“倡之以商，舞之以干戚，此迎秋之樂也”，“倡之以羽，舞之以干戈，此迎冬之樂也”并舉，是鼗爲舞師所持之器明甚。《釋名·釋樂》曰“鞉，導也，所以導樂作也”，導樂即所以導舞矣。蓋樂舞以鞉爲導，因即以爲樂名，而字遂變作韶。《離騷》之“舞韶”實即《大傳》之“舞鼓鼗”也。奏九歌時，舞韶（鞉）以爲節，故以歌言則曰九歌，以樂言則曰九韶，其實一而已矣。書傳言啓上天得九歌而舞九韶，是韶本天樂（詳上“啓九辯與九歌兮”）。此奏歌舞韶，實承上“神高馳之邈邈”而言，謂升天而得觀此樂也。《史記·趙世家》曰“簡子寤，語大夫曰：‘我之帝所甚樂，與百神游於鈞天，廣樂九奏萬舞……’”，實即韶樂。

　　媮偷同，上文“夫唯黨人之媮樂兮”（朱冀説）。

92. 陟升〔大〕皇之赫戲兮，忽臨睨夫舊鄉。僕夫悲余馬懷兮，蜷局顧而不行。

　　《莊子·秋水篇》曰：“且彼方跐黄泉而登大皇，無南無北，奭然四解，淪於不測，無西無東（本作無東無西，從王念孫乙正）。”成疏曰：“大皇，天也。”《釋文》大音泰。《淮南子·精神篇》曰：“處大廓之宇，游無極之野，登太皇，馮太一。”高注曰：“太皇，天也。”《惜誓》曰：“獨不見鸞鳳之高翔兮，乃集大皇之壄。”王注曰：“大皇之壄，大荒之藪。”案皇之言堂皇也。字一作堭。《廣雅·釋宮》曰：“堂堭，壂也。”《爾雅·釋宮》“無室曰榭”郭注曰：“榭即今堂堭。”《漢書·胡建傳》“監御史與護軍諸校列坐堂皇上”顏注曰：“室無四壁曰皇。”王念孫曰：“皇者空虛之名。《爾雅》云：‘隍，虛也。’城池無水曰隍，室無壁曰皇，其義一也。”案天謂之大皇者，正以其空虛如堂皇之無四壁，《莊子》曰“無南無北……無西無東”，即無四壁之謂。王注《惜誓》又謂大皇即大荒，荒亦虛也。疑《離騷》皇上敓大字，“陟升〔大〕皇”猶《莊子》《淮南子》之“登大皇”也。（舊校一無陟字。或一本作升，一本作陟，寫官誤而并存之。）戲讀爲曦。王注曰：“赫戲，光明貌。”張衡

《西京賦》曰“叛赫戲以輝煌”，傅毅《扇賦》曰“踐朱夏之赫戲”，曹植《誥咎文》“灾旱赫羲”，王粲《初征賦》“犯隆暑之赫曦”，繆襲《青龍賦》“照嘉祥之赫戲”，義并與王合。王注曰：“僕，御也。懷，思也。蜷局，詰屈不行貌。”

93. 亂曰：已矣哉國無人莫我知兮，又何懷乎故都！既莫足與爲美政兮，吾將從彭咸之所居。

樂終曰亂。《論語・泰伯篇》曰“師摯之始，關雎之亂”，《禮記・樂記》曰“始奏以文，復亂以武”，又曰“再始以著往，復亂以飭歸”，皆始與亂對舉。是亂即終也。

游氏國恩云：“《漢書・東方朔傳》注曰：‘都，居也。’故都猶故居，亦即上文之‘舊鄉。’”案游説是也。《悲迴風》曰：“凌大波而流風兮，□□□□□□。□□□□□□〔兮〕，（此處奪二句，説詳《校補》。）托彭咸之所居。上高岩之峭岸兮，處雌霓之標巔，據青冥而攄虹兮，遂倏忽而捫天。吸湛露之浮源兮，漱凝霜之雰雰。依風穴以自息兮，忽傾（驚）寤以撣援。馮崑崙以瞰霧兮，隱岐山以（與）清江，憚涌湍之磕磕兮，聽波聲之汹汹。”上言“托彭咸之所居”，下即繼之以上高岩，據霓巔，攄虹捫天，吸露漱霜，與夫依風穴，馮崑崙云云，是彭咸所居乃在天上。本篇“從彭咸之所居”當承上文“陟升〔大〕皇”而言，大皇即天也。

季鎮淮整理

什麽是九歌 ①

一　神話的九歌

傳説中九歌本是天樂。趙簡子夢中升天所聽到的“廣樂九奏萬舞”，即《九歌》與配合着《九歌》的韶舞。(《離騷》：“奏九歌而舞韶兮。”)《九歌》自被夏后啓偷到人間來，一場歡宴，竟惹出五子之亂而終於使夏人亡國。這神話的歷史背景大概如下。《九歌》韶舞是夏人的盛樂，或許衹郊祭上帝時方能使用。啓曾奏此樂以享上帝，即所謂鈞臺之享。正如一般原始社會的音樂，這樂舞的内容頗爲猥褻。衹因原始生活中，宗教與性愛頗不易分，所以雖猥褻而仍不妨爲享神的樂。也許就在那次郊天的大宴享中，啓與太康父子之間，爲着有仍二女（即“五子之母”）起了衝突。事態擴大到一種程度，太康竟領着弟弟們造起反來，結果敵人——夷羿乘虚而入，把有夏滅了。（關於此事，另有考證。）啓享天神，本是啓請客。傳説把啓請客弄成啓被請，於是乃有啓上天作客的故事。這大概是因爲所謂“啓賓天”的“賓”字，(《天問》“啓棘賓商”即賓天，《大荒西經》“開上三嬪於天”，嬪賓同。）本有“請客”與“作客”二義，而造成的結果。請客既變爲作客，享天所用的樂便變爲天上的樂，而奏樂享客也就變爲作客偷樂了。傳説的錯亂大概衹在這一點上。其餘部分説啓因《九歌》而亡國，却頗合事實。我們特别提出這幾點，是要指明《九歌》最古的用途及其帶猥褻性的内容，因爲這對於下文解釋《楚辭・九歌》是頗有幫助的。

---

① 據開明版《聞一多全集・神話與詩》編入。

二　經典的九歌

《左傳》兩處以九歌與八風，七音，六律，五聲連舉（昭二十年，二十五年），看去似乎九歌不專指某一首歌，而是歌的一種標準體裁。歌以九分，猶之風以八分，音以七分……那都是標準的單位數量，多一則有餘，少一則不足。歌的可能單位有字，句，章三項。以字爲單位者又可分兩種。（一）每句九字，這句法太長，古今都少見。（二）每章九字，實等於章三句，句三字。這句法又嫌太短。以上似乎都不可能。若以章爲單位，則每篇九章，連《詩經》裏都少有。早期詩歌似乎不能發展到那樣長的篇幅，所以也不可能。我們以爲最早的歌，如其是以九爲標準的單位數，那單位必定是句——便是三章，章三句，全篇共九句。不但這樣篇幅適中，可能性最大，并且就“歌”字的意義看，“九歌”也必須是每歌九句。“歌”的本音應與今語“啊”同，其意義最初也衹是唱歌時每句中或句尾一聲拖長的“啊……”（後世歌辭多以兮或猗，爲，我，平等字擬其音。）故《堯典》曰“歌永言”，《樂記》曰“故歌之爲言也，長言之也”。然則“九歌”即九“啊”。九歌是九聲“啊”，而“啊”又必在句中或句尾，則九歌必然是九句了。《大風歌》三句共三用“兮”字，《史記·樂書》稱之爲“三侯之章”，兮侯音近，三侯猶言三兮。《五噫詩》五句，每句末於“兮”下復綴以“噫”，全詩共用五“噫”字，因名之曰“五噫”。九歌是九句，猶之三侯是三句，五噫是五句，都是可由其篇名推出的。

全篇九句即等於三章章三句。《皋陶謨》載有這樣一首歌。（下稱《元首歌》）

元首起哉！股肱喜哉！百工熙哉！
元首明哉！股肱良哉！庶事康哉！
元首叢脞哉！股肱惰哉！庶事隳哉！

唐立庵先生根據上文“簫韶九成”“帝用作歌”二句，説它便是《九歌》。

這是很重要的發現。不過他又説即《左傳》文七年郤缺引《夏書》“戒之用休，董之用威，勸之以九歌，勿使壞”之九歌，那却不然。因爲上文已證明過，書傳所謂九歌并不專指某一首歌，因之《夏書》“勸之以九歌”衹等於説“勸之以歌”。并且《夏書》三句分指禮，刑，樂而言，三“之”字實謂在下的臣民，而《元首歌》則分明是爲在上的人君和宰輔發的。實則《元首歌》是否即《夏書》所謂九歌，并不重要，反正它是一首典型的《九歌》體的歌（因爲是九句），所以儘可稱爲《九歌》。

和《元首歌》格式相同的，在《國風》裏有《麟之趾》《甘棠》《采葛》《著》《素冠》等五篇。這些以及古今任何同類格式的歌，實際上都可稱爲《九歌》。（就這意義説，九歌又相當於後世五律，七絶諸名詞。）九歌既是表明一種標準體裁的公名，則神話中帶猥褻性的啓的九歌，和經典中教誨式的《元首歌》，以及《夏書》所稱而郤缺所解爲“九德之歌”的九歌，自然不妨都是九歌了。

神話的九歌，一方面是外形固守着僵化的古典格式，内容却在反動的方向發展成教誨式的“九德之歌”一類的九歌，一方面是外形幾乎完全放棄了舊有的格局，内容則仍本着那原始的情欲衝動，經過文化的提煉作用，而升華爲飄然欲仙的詩——那便是《楚辭》的《九歌》。

三 “東皇太一”“禮魂”何以是迎送神曲

前人有疑《禮魂》爲送神曲的，近人鄭振鐸、孫作雲、丁山諸氏又先後一律主張《東皇太一》是迎神曲。他們都對，因爲二章確乎是一迎一送的口氣。除這内在的理由外，我們現在還可舉出一般祭歌形式的沿革以爲旁證。

迎神送神本是祭歌的傳統形式，在《宋書·樂志》裏已經講得很詳細了。再看唐代多數宗廟樂章，及一部分文人作品，如王維《祠漁山神女歌》等，則祭歌不但必須具有迎送神曲，而且有時衹有迎送神曲。迎送的儀式在祭禮中的重要性於此可見了。本篇既是一種祭歌，就必須含有迎送神的歌曲在内，既有迎送神曲，當然是首尾兩章。這是常識的判斷，但也不缺少歷史證例。以内容論，漢《郊祀歌》的首尾兩章——《練時日》與《赤蛟》相當於《九歌》的《東皇太一》與《禮魂》，（參看原歌便知。）謝莊又仿《練時日》與《赤蛟》作宋《明堂歌》的首尾二章，(《宋書·樂志》："迎送神歌，依漢《郊祀》三言四句一轉韻。"）而直題作《迎神歌》《送神歌》。由《明堂歌》上推《九歌》《東皇太一》《禮魂》是迎送神曲，是不成問題的。

或疑《九歌》中間九章也有帶迎送意味，甚至明出迎送字樣的，(《湘夫人》"九嶷繽兮并迎"，《河伯》"送美人兮南浦"。）怎見九章不也有迎送作用呢？答：九章中的迎送是歌中人物自相迎送，或對假想的對象迎送，與二章爲致祭者對神的迎送迥乎不同，换言之，前者是粉墨登場式的表演迎送的故事，後者是實質的迎送的祭典。前人混爲一談，所以糾纏不清。

除去首尾兩章迎送神曲，中間所餘九章大概即《楚辭》所謂《九歌》。《九歌》本不因章數而得名，已詳上文。但因文化的演進，文體的篇幅是不能没有擴充的。上古九句的《九歌》，到現在——戰國，漲大到九章的《九歌》，乃是必然的趨勢。

四　被迎送的神祇有東皇太一

《東皇太一》既是迎神曲，而歌辭衹曰"穆將愉兮上皇"（上皇即東皇太一），那麽辭中所迎的，除東皇太一外，似乎不能再有别的神了。《禮魂》是作爲《東皇太一》的配偶篇的送神曲，這裏所送的，理論也不應超出先前所迎的之外。其實東皇太一是上帝，祭東皇太一即郊祀上帝。衹有上帝纔够得上受主祭者楚王的專誠迎送。其他九神論地位都在王之下，所以典禮中衹爲他們設享，而無迎送之禮。這樣看來，在理論原則上，被迎送的又非衹限於東皇太一不可。對於九神，既無迎送之禮，難怪用以宣達禮意的迎送神的歌辭中，絶未提及九神。

但請注意：我們衹説迎送的歌辭，和迎送的儀式所指的對象，不包括那東皇太一以外的九神。實際上九神仍不妨和東皇太一同出同進，而參與了被迎送的經驗，甚至可以説，被“饒”給一點那樣的榮耀。换言之，我們講九神未被迎送，是名分上的未被迎送，不是事實的。談到禮儀問題，當然再没有比名分觀念更重要的了。超出名分以外的事實，在禮儀的精神下，直可認爲不存在。因此，我們還是認爲未被迎送，而祭禮是專爲皇太一設的。

五　九神的任務及其地位

祭禮既非爲九神而設，那麽他們到場是干什麽的？漢《郊祀歌》已有答案：“合好效歡虞太一……《九歌》畢奏斐然殊。”《郊祀歌》所謂“九歌”可能即《楚辭》十一章中之九章之歌（詳下），九神便是這九章之歌中的主角，原來他們到場是爲着“效歡”以“虞太一”的。這些神道們——實際是神所“憑依”的巫們——按照各自的身分，分班表演着程度不同的哀艷的，或悲壯的小故事，情形就和近世神廟中演戲差不多。不同的衹是在當時，戲是由小神們做給大神瞧的，而參加祭禮的人們是沾了大神的光而得到看熱鬧的機會；現在則專門給小神當代理人的巫既變成了職業戲班，而因尸祭制度的廢棄，大神衹是一隻“土木形骸”的偶像，并看不懂戲，於是群衆便索興把他撇開，自己霸占了戲場而成爲正式的觀衆了。

九神之出現於祭場上，一面固是對東皇太一“效歡”，一面也是以東皇太一的從屬的資格來受享。效歡時是立於主人的地位替主人幫忙，受享時則立於客的地位作陪客。作陪憑着身分（二三等的神），幫忙仗着伎能（唱歌與表情）。九神中身分的尊卑既不等，伎能的高下也有差，所以他們的地位有的作陪的意味多於幫忙，有的幫忙的意味多於作陪。然而作陪也是一種幫忙，而幫忙也有吃喝（受享），所以二者又似可分而不可分。

六　二章與九章

因東皇太一與九神在祭禮中的地位不同，所以二章與九章在十一章中的地位也不同。在説明這兩套歌辭不同的地位時，可以有宗教的和藝術的兩種相反的看法。就宗教觀點説，二章是作爲祭歌主體的迎送神曲，九章即真正的《九歌》，衹是祭歌中的插曲。插曲的作用是凑熱鬧，點綴場面，所以可多可少，甚至可有可無。反之，就藝術觀點説，九章是十一章中真正的精華，二章則是傳統形式上一頭一尾的具文。《楚辭》的編者統稱十一章爲"九歌"，是根據藝術觀點，以中間九章爲本位的辦法。《楚辭》是文藝作品的專集，編者當然衹好采取這種觀點。如果他是《郊祀志》的作者，而仍采用了這樣的標題，那便犯了反客爲主和捨己從人的嚴重錯誤，因爲根據純宗教的立場，十一章應改稱"楚《郊祀歌》"，或更詳明點，"楚郊祀東皇太一《樂歌》"，而《九歌》這稱號是衹應限於中間的九章插曲。或許有人要説，啓享天神的樂稱《九歌》，《楚辭》概稱祀東皇太一的全部樂章爲《九歌》，衹是沿用歷史的舊名，并没有什麼重視《九歌》藝術性的立場在背後。但他忘記諸書談到啓奏《九歌》時不滿的態度。不是還説啓因此亡國嗎？須知説啓奏《九歌》以享天神，是駡他胡鬧，不應借了祭天的手段來達其"康娱而自縱"（《離騒》）的目的，所以又説"章聞於天，天用弗式"（《墨子·非樂篇》引《武觀》）。他們言外之意，祭天自有規規矩矩的音樂，那太富娱樂性的《九歌》是不容攙進祭禮來以褻瀆神明的。他們反對啓，實即反對《九歌》，反對《九歌》的娱樂性，實即承認了它的藝術性。在認識《九歌》的藝術性這一點上，他們與《楚辭》的編者没有什麼不同，不過在運用這認識的實踐行爲上，他們是憑那一點來攻擊啓，《楚辭》的編者是憑那一點來欣賞文藝而已。

七　九章的再分類

不但十一章中，二章與九章各爲一題，若再細分下去，九章中，前八章與後一章（《國殤》）又當分爲一類。八篇所代表的日、雲、星（指司命，詳後）、山、川一類的自然神（《史記・留侯世家》“學者多言無鬼神，然言有物”，物即自然神。），依傳統見解，仿佛應當是天神最貼身的一群侍從。這完全是近代人的想法。在宗教史上，因野蠻人對自然現象的不瞭解與畏懼，倒是自然神的崇拜發生得最早。次之是人鬼的崇拜，那是在封建型的國家制度下，隨着英雄人物的出現而產生的一種宗教行爲。最後，因封建領主的逐漸兼并，直至大一統的帝國政府行將出現，像東皇太一那樣的一神教的上帝纔應運而生。八章中尤其《湘君》《湘夫人》等章的猥褻性的内容（此其所以爲淫祀），已充分暴露了這些神道的原始性和幼稚性。（蘇雪林女士提出的人神戀愛問題，正好説明八章宗教方面的歷史背景，詳後。）反之，《國殤》却代表進一步的社會形態，與東皇太一的時代接近了。换言之，東君以下八神代表巫術降神的原始信仰，《國殤》與東皇太一則是進步了的正式宗教的神了。我們發覺國殤與東皇太一性質相近的種種徵象，例如祭國殤是報功，祭東皇太一是報德，國殤在祀家的系統中當列爲小祀，東皇太一列爲大祀等等都是。這些徵象都是國殤與東皇太一貼近，同時也使他去八神疏遠。這就是我們將九章又分爲八神與《國殤》二類的最雄辯的理由。甚至假如我們願走極端，將全部十一章分爲二章（《東皇太一》《禮魂》），一章（《國殤》），與八章三個平列的大類，似亦無不可，我們所以不那樣做，是因爲那太偏於原始論的看法。在歷史上，東皇太一，國殤，與八神雖發生於三個不同的文化階段，而各有其特殊的屬性，但那究竟是歷史。在《九歌》的時代，國殤恐怕已被降級而與八神同列了。至少楚國制定樂章的有司，爲湊足九章之歌的數目以合傳統《九歌》之名，已決意將國殤排入八神的班列，而讓他在郊祀東皇太一的典禮裏，分擔着陪祀意味較多的助祀的工作。（看歌辭八章與《國殤》皆轉韻，屬於同一型類，制定樂章者的意向益明。）他這安排也許有點牽强，但我們研究的是這篇《九歌》，我們的任務是瞭解制定者用意，不是修改他的用意。這是我們不能不祇認八章與《國殤》爲一大類中之兩小類的另一理由。

爲醒目，我們再將上述主要各點依一種新的組織製成下表。

<table>
<tr><th colspan="6" rowspan="2">神道及其意義</th><th colspan="6">歌辭</th></tr>
<tr><th colspan="4">内容的特徵與情調</th><th colspan="2">外形</th></tr>
<tr><td rowspan="2">客體</td><td>東君雲中君湘君湘夫人大司命小司命河伯山鬼</td><td>（自然神）物</td><td>淫祀</td><td>助祀</td><td></td><td rowspan="2">雜曲（九章）</td><td>用獨白或對話的形式抒寫悲歡離合的情緒</td><td>似風（戀歌）</td><td>哀艷</td><td>長短句</td><td rowspan="2">轉韻</td></tr>
<tr><td>國殤</td><td>鬼</td><td>小祀</td><td>陪祀</td><td>報功</td><td>敘述戰爭的壯烈頌揚戰爭的英勇</td><td>似雅（挽歌）</td><td>悲壯</td><td>七字句</td></tr>
<tr><td>主體</td><td>東皇太一</td><td>神</td><td>大祀</td><td>正祀</td><td>報德</td><td>迎神曲送神曲（二章）</td><td>鋪叙祭禮的儀式和過程</td><td>似頌（祭歌）</td><td>肅穆</td><td>長短句</td><td>不轉韻</td></tr>
</table>

有些意思，因行文的限制，上文來不及闡明的，大致已在表中補足了。

八 “趙代秦楚之謳”

《漢書・禮樂志》曰：

> 武帝定郊祀之禮，祠太一於甘泉……乃立樂府，采詩夜誦，有趙、代、秦、楚之謳。以李延年爲協律都尉，多舉司馬相如等數十

人造爲詩賦，略論律吕，以合八音之調，作爲十九章之歌。以正月上辛用事甘泉圜丘，使童男女七十人倶歌，昏祠至明。

“有趙、代、秦、楚之謳”對我們是一句極關重要的話，因爲經我們的考察，九章之歌所代表諸神的地理分布，恰恰是趙、代、秦、楚。現在即依這國别的順序，逐條分述如下：

1.《雲中君》　羅膺中先生曾據“覽冀州兮有餘”及《史記·封禪書》“晋巫祠五帝東君、雲中君……”之語，説雲中即雲中郡之雲中。這是一個重要的發現。雲中是趙地，(《史記·趙世家》：“武靈王……欲從雲中、九原直南襲秦。”）趙是三晋之一，正當古冀州城。

2.《東君》　依照以東方殷民族爲中心的漢族本位思想，日神羲和是女性，(《大荒南經》“有女子名羲和……帝俊之妻，生十日”，《七發》“神歸日母”。）但《九歌》的日神東君是男性，(《九歌》諸神凡稱君的皆男性。）可能他是一位客籍的神。《史記·趙世家》索隱引譙周曰“余嘗聞之，代俗以東西陰陽所出入，宗其神謂之王母父”，陰陽指日月，(《大戴記·曾子天圓篇》“陽之精氣日神，陰之精氣月靈”。）似乎以日爲陽性的男神，本是代俗。據《封禪書》，東君也是晋巫所祠，代地本近晋，古本歌辭次第，《東君》在《雲中君》前，(今本錯置，詳拙著《楚辭校補》。）是以二者相次爲一組的。《史記·封禪書》及索隱引《歸藏》亦皆東君、雲中君連稱。這種排列，大概是依農業社會觀念，象徵着兩個對立的重要自然現象——晴與雨的。雲中君在趙，東君的地望想必與他相近，不然是不會和他排在一起的。

3.《河伯》　《穆天子傳》一“天子西征，騖行至陽紆之山，河伯無馮夷之所都”，據《爾雅·釋地》與《淮南子·墬形篇》，陽紆是秦的澤藪，可見河泊本是秦地的神，所以祭河爲秦國的常祀。《史記·六國年表》“秦靈公八年，初以君主妻河”，《封禪書》“及秦并天下，令祠官所常奉天地名山大川鬼神……水曰河，祠臨晋”是其證。《封禪書》又曰“昔秦文公出獵，獲黑龍（案即水神玄冥。），此其水德之瑞，於是秦更命河曰德水”，這是秦祀河的理論根據。

4.《國殤》　歌曰“帶長劍兮挾秦弓”，羅先生據此疑國殤即《封禪書》所謂“南山巫祠南山秦中。秦中者二世皇帝”。我們以爲説國殤是秦人所祀則可，以爲即二世則不可。二世是趙高逼死在望夷宫中的，并非死於疆場。且若是二世，《九歌》豈不降爲漢代的作品？但截至目前，我們尚無法證明《九歌》必非先秦楚國的樂章。

5. 6.《湘君》《湘夫人》　這還是南楚湘水的神。即令如錢賓四先生所説，湘水即漢水，那還是在楚境。

7. 8.《大司命》《少司命》　大司命見於金文《洹子（即田桓子）孟姜壺》，而《風俗通・祀典篇》也説“司命……齊地大尊重之”，似乎司命本是齊地的神。但這時似乎已落籍在楚國了。歌中空桑，九坑皆楚地名可證。(《大招》“魂乎歸徠，定空桑只”。九坑《文苑》作九岡，九岡山在今湖北松滋縣，即昭十一年《左傳》“楚子……用隱太子於岡山”之岡山。)《封禪書》且明説“荆巫祠司命”。

9.《山鬼》　顧天成《九歌解》主張《山鬼》即巫山神女，也是《九歌》研究中的一大創獲。詳孫君作雲《九歌・山鬼考》。我們也完全同意。然則山鬼也是楚神。

以上除（2）（4）二項證據稍嫌薄弱，其餘七項可算不成問題，何况以（2）屬代，以（4）屬秦，充其量衹是缺證，并没有反證呢？“趙、代、秦、楚之謳”是漢武因郊祀太一而立的樂府中所誦習的歌曲，《九歌》也是楚祭東皇太一時所用的樂曲，而《九歌》中九章的地理分布，如上文所證，又恰好不出趙、代、秦、楚四國的範圍，然則我們推測《九歌》中九章即《漢志》所謂“趙、代、秦、楚之謳”，是不至離事實太遠的。并且《郊祀歌》已有“《九歌》畢奏斐然殊”之語，這“《九歌》”當亦即“趙、代、秦、楚之謳”。《禮樂志》稱祭前在樂府中練習的爲“趙、代、秦、楚之謳”，《郊祀歌》稱祭時正式演奏的爲“《九歌》”，其實衹是一種東西。(《禮樂志》所以不稱“《九歌》”而稱“趙、代、秦、楚之謳”，那是因爲“有趙、代、秦、楚之謳”一語是承上文“采詩夜誦”而言的。上文説“采詩”，下文點明所采的地域，文意一貫。）由上言之，趙、代、秦、楚既恰合九章之歌的地理分布，而《郊祀歌》又明説出“《九歌》”的名字，然則所謂“趙、代、秦、楚之謳”即《九歌》，更覺可靠了。總之，今《楚辭》所載《九歌》中作爲祀東皇太一樂章中的插曲的九章之歌，與夫漢《郊祀歌》所謂“合好效歡虞太一……《九歌》畢奏斐然殊”的《九歌》，與夫《禮樂志》所謂因祠太一而創立的樂府中所“夜誦”的“趙、代、秦、楚之謳”，都是一回事。

承認了九章之歌即“趙、代、秦、楚之謳”，我們試細玩九章的内容，還可發現一個有趣的現象。九章之歌依地理分布，自北而南，可排列如下：

《東君》	代
《雲中君》	趙
《河伯》(《國殤》)	秦
《大司命》《少司命》《山鬼》	楚
《湘君》《湘夫人》	南楚

國殤是人鬼，我們曾經主張將他和那八位自然神分開。現在我們即依這見解，暫時撇開他，而單獨玩索那代表自然神的八章歌辭。這裏我們可以察覺，地域愈南，歌辭的氣息愈靈活，愈放肆，愈頑艷，直到那極南端的《湘君》《湘夫人》，例如後者的“捐余袂兮江中，遺余褋兮醴浦”二句，那猥褻的含意幾乎令人不堪卒讀了。以當時的文化狀態而論，這種自北而南的氣息的漸變，不是應有的現象嗎？

九　楚九歌與漢郊祀歌的比較

雖然漢郊祀太一是沿用楚國的舊典，雖然漢祭禮中所用以娱神的《九歌》也就是楚人在同類情形下所用的《九歌》，但漢《郊祀歌》十九章與楚《九歌》十一章仍大有區别。漢歌十九章每章都是祭神的樂章，因爲漢禮除太一外，還有許多次等的神受祭。但楚歌十一章中衹首尾的《東皇太一》與《禮魂》（相當於漢歌首尾的《練時日》與《赤蛟》），是純粹祭神的樂章。其餘九章，正如上文所説，都衹是娱神的樂章。楚禮除東皇太一外，是否也有純粹陪祭的次等神如漢制一樣，今不可知。至少今《九歌》中不包含祭這類次等神的樂章是事實。反之，楚歌將娱神的樂章（九章）與祭神的樂章（二章）并列而組爲一套歌辭。漢歌則將娱神的樂章完全摒棄，而專録祭神的樂章。總之楚歌與漢歌相同的是首尾都分列着迎送神曲，不同的是中間一段，一方是九章娱神樂章，一方是十七章祭次等神的樂章。這不同處尤可注意。漢歌中間與首尾全是祭神樂章（迎送神曲也是祭神樂章），他的内容本是一致的，依内容來命名，當然該題作“《郊祀歌》”。楚歌首尾是祭神，中間是娱神，内容既不統一，那麽命名該以何者爲準，便有選擇的餘地了。若以首尾二章爲準，自然當題作“楚《郊祀歌》”。現在他不如此命名，而題作“《九歌》”，可見他是以中間九章娱神樂章爲準的。以漢歌與楚歌的命名相比較，益可證所謂“《九歌》”者是指十一章中間的九章而言的。

十　巫術與巫音

蘇雪林女士以“人神戀愛”解釋《九歌》的説法，在近代關於《九歌》的研究中，要算最重要的一個見解，因爲他確實説明了八章中大多數的宗教背景。我們現在要補充的，是“人神戀愛”衹是八章的宗教背景而已，而不是八章本身。换言之，八章歌曲是扮演“人神戀愛”的故事，不是實際的“人神戀愛”的宗教行爲。而且這些故事之被扮演，恐怕主要的動機還是因爲其中“戀愛”的成分，不是因爲那“人神”的交涉，雖則“人神”的交涉確乎賦予了“戀愛”的故事以一股幽深，玄秘的氣氛，使它更富於麻醉性。但須知道在領會這種氣氛的經驗中，那態度是審美的，詩意的，是一種 make believe，那與實際的宗教經驗不同。《吕氏春秋·古樂篇》曰：“楚之衰也，作爲巫音。”八章誠然是典型的“巫音”，但“巫音”斷乎不是“巫術”，因爲在“巫音”中，人們所感興趣的，畢竟是“音”的部分遠勝於“巫”的部分。“人神戀愛”許可以解釋《山海經》所代表的神話的《九歌》，却不能字面的 literally 説明《楚辭》的《九歌》。嚴格的講，二千年前《楚辭》時代的人們對《九歌》的態度，和我們今天的態度，并没有什麽差别。同是欣賞藝術，所差的是，他們是在祭壇前觀劇——一種雛形的歌舞劇，我們則衹能從紙上欣賞劇中的歌辭罷了。在深淺不同的程度中，古人和我們都能復習點原始宗教的心理經驗，但在他們觀劇時，恐怕和我們讀詩時差不多，那點宗教經驗是躲在意識的一個暗角裏，甚至有時完全退出意識圈外了。

《九歌》的結構[①]

王夫之首先主張《禮魂》爲送神曲，後來王邦采、王闓運、梁啓超等皆贊成之。近人鄭振鐸、孫作雲、丁山諸先生又以《東皇太一》爲迎神曲。這一來，十一篇除去首尾一篇，餘下九篇，篇目與篇名的數字合了，於是九歌之所以稱爲《九歌》，他們説是得到了解釋。但有人以爲這説法太巧，不敢置信，依然傾向九爲虛數的解釋，那未免太拘泥了。然而這拘泥也許是有點道理的。因爲專憑一個數字的吻合來斷定《東皇太一》《禮魂》爲迎送神曲，這種説法確乎是太重視形式，而且把問題看得太簡單了。其實十一篇中的二篇（《東皇太一》《禮魂》）自有其本然的和内在的獨立性；這獨立性并不因中間是否恰恰九篇而動摇。换言之，假如中段是八篇或十篇，那首尾兩篇依然應當是迎送神曲。

迎神送神本是祭歌的傳統形式，沈約説得最透徹：

> 宋及東晋，太祝惟送神而不迎神。近議者或云："廟以居神，恒如在也，不應有迎送之事。"意以爲并乖其衷。立廟居靈，四時致享，以申孝思之情。夫神升降無常，何必恒安所處？故《祭

---

① 原載《中國社會科學》1980 年第 4 期。據作者手稿照相複製件整理而成。聞一多先生的遺稿中，今存標明《論九歌》的文章共有四篇。這四篇都是有首無尾，没有最後完成。開明版《聞一多全集》中的《什麼是九歌？》一文的内容與本篇《〈九歌〉的結構》，有同有異，因無年月可查，孰先孰後，難於斷定。但這篇《〈九歌〉的結構》是聞先生《論九歌》中的第一節，專談今本《九歌》十一篇的作用和相互關係問題，其中對《國殤》《禮魂》提出一些新的看法，全文雖未完成，作爲論文中的一個獨立章節，意思却是完整的。衹有講到《九歌》的"九"字，説"九"不是虛數，并云"詳下"，而下面没有談這個問題，這就説明這篇文章也是一篇未完稿。

義》云："樂以迎來，哀以送往。"鄭注云："迎來而樂，樂親之來，送往而哀，哀親之往，其享否不可知也。"《尚書》曰："祖考來格。"《詩》云："神保遹歸。"注曰："歸於天地也。"此并言神有去來，則有送迎明矣。即周"肆夏"之名，備迎送之樂。古以尸象神，故《儀禮》祝有迎尸送尸。近代雖無尸，豈可闕迎送之禮？又傅玄有迎神送神哥（歌）辭，明江左不迎，非舊典也。(《宋書·樂志》一。)

《東皇太一》《禮魂》中迎送的口氣，原文已表現得相當顯著。再看兩漢以來繼承《九歌》系統的祭歌，便更明白。漢《郊祀歌》是仿《九歌》而作的，《練時日》與《赤蛟》相當於《東皇太一》與《禮魂》，其間迎送的口氣至少是依然保存着，假如没有加强的話。

謝莊作宋《明堂歌》，其首尾兩篇直題曰《迎神歌》《送神歌》，而《宋書·樂志》明説這"迎送神歌，依漢郊祀三言四句一轉韻"。

《明堂歌》出於《郊祀歌》，《郊祀歌》出於《九歌》。《明堂歌》有迎神送神，則《九歌》的《東皇太一》《禮魂》即迎送曲，更覺可靠了。此後唐代的宗廟樂章，如《五郊》，《朝日》，《祭神州》，《祭太社》，《蠟百神》等，往往祇有迎送神曲二章。尤其有趣的是文人模仿《九歌》體的作品，如王維《祠漁山神女歌》，也沿用着這種格式。我們因此疑心一迎一送是原始祭歌的本然形式，《九歌》中段九篇是演化過程中隨後插入的。二篇的原始形式是固定的，插入的部分便可不拘定數，故《九歌》插入九篇，《郊祀歌》十七篇，《明堂歌》七篇。唐宗廟樂章和王維《祠漁山神女歌》祇人一迎一送共兩篇，可説明又回到原始祭歌的本然形式。由此看來，我們又可以説，今《九歌》十一篇中首尾兩篇是主體，其餘九篇是客體。今以《九歌》統稱十一篇，不免有反客爲主的嫌疑。

九歌		漢郊祀歌
迎神	吉日兮辰良	練時日兮侯有望
	蕙肴兮蘭藉，奠桂酒兮椒漿	牲繭栗兮粢盛香，尊（奠）桂酒兮賓八鄉（薌）
	靈偃蹇兮姣服，芳菲菲兮滿堂	衆嫭并兮綽奇麗，顔如荼兮兆（逃）逐靡，被華文兮厠霧縠，曳阿錫兮珮珠玉
	五音紛兮繁會，君欣欣兮樂康〔東皇太一〕	靈已坐兮五音飭，虞（娛）至百兮承靈億（意）〔練時日〕
送神	成禮兮會鼓	禮樂成兮靈將歸
	長無絶兮終古〔禮魂〕	托玄德兮長無衰〔赤蛟〕

就歷史上祭歌形式的沿革來推求兩篇的獨立性，衹是一種表面的，初步的觀察。那樣的結論衹能給我們提供一個假設，我們還得分析《九歌》本身，來試驗那假設的準確性。我們最好能在内容和音節等方面，找出二篇與九篇的差别，以爲坐實那假設的根據。現在即依理想，將我們分析《九歌》的結果列表於下：

		内容				音節	篇幅
二篇	《東皇太一》《禮魂》	鋪叙祭祀的儀式與過程	肅穆	似頌	祭歌	不轉韻	短
九篇	《東君》《雲中君》《湘君》《湘夫人》《大司命》《少司命》《河伯》《山鬼》	用獨白或對白的方式陳述悲歡離合的故事	哀艷	似風	戀歌	轉韻	多數長
	《國殤》	鋪陳戰争的壯烈，贊頌戰士的英勇	悲壯	似小雅	挽歌		

雖然九篇中本身也不甚一致（這問題下文再討論），但二篇之當單獨爲一類，則甚顯然。音節上轉韻或不轉韻是一個最乾脆最富客觀性的事實，恰巧在這一欄裏，二篇與全部九篇有立於相反的地位，這是值得注意的現象。内容四欄的順序排列下來的，在第四欄裏我們直認兩篇爲祭歌，而九篇之中兩組皆否，這與上文我們説兩篇是《九歌》的主體，九篇是客體，意義完全一致。這是極端重要的一點，因爲它表明歷史的觀察與《九歌》本文的分析——内證與外證——完全符合了。《東皇太一》與《禮魂》在十一篇中，不但合構成一個獨立的單位，而且是主要的基本的單位。根據上文所引沈約的話，祭祀中最主要最基本的活動，莫過於迎神送神，《東皇太一》《禮魂》在樂章中既是主要的基本的部分，那麼二者即迎送神曲，自然不成問題了。

既然祇有迎送神曲纔是真正的祭歌，而十一篇中迎神題作《東皇太一》，送神題作《禮魂》，看來這祭典中被祭的對象很可能祇《東皇太一》一神。《東皇太一》詞曰："穆將愉兮上皇。"上皇即"東皇太一"，那麼，唱《東皇太一》時所迎的神，即"東皇太一"，是不成問題的。迎的既有"東皇太一"，而《禮魂》正是配合着《東皇太一》而爲一迎一送的送神曲，那麼唱《禮魂》時所送的神似乎也還是"東皇太一"了。就《禮魂》的標題看，誠然不能得到這結論（詳下），就歌詞看，却是可能的。比方歌詞中"春蘭兮秋菊"一語，所表示的致祭的季節，便與謬忌方祀太一所謂"古者天子以春秋祭太一東南郊"（《史記·封禪書》）相合，若謬忌方與《禮魂》相參證，《禮魂》與《東皇太一》的關係便不難窺見了。總之，《東皇太一》所迎的，與夫《禮魂》所送的神應該都是"東皇太一"，這也是最自然最合理的看法。

在前面的表裏，我們指出了二篇是祭歌，同時也指出九篇的前八篇是戀歌，後一篇是挽歌，總之都是非祭歌。九篇既非祭歌，然則那九種神是幹什麼來的呢？這問題漢《郊祀歌》中有了答案：

千童羅舞成八溢（佾），

合好效歡虞（娛）太一，
九歌畢奏斐然殊，
鳴琴竽瑟會軒朱。(《郊祀歌·天地章》)

這九歌正指那除去一頭一尾的九篇。“九歌畢奏”既是“虞（娛）太一”的手段，那麼九篇便該是娛神的節目，或侑神的樂章，因之那九種神的地位便等於被請來助祭或助興的陪客。現在參照着漢人所記載的漢制，我們可以想像出當時祭場上有如這樣的一幅畫面：代表東皇太一的靈保（神尸）莊嚴而玄默的坐在廣三十步高三十丈“有文章采鏤黼黻之飾”的八觚形的紫壇上，在五音繁會之中，享用着那蕙肴蘭藉，桂酒椒漿的盛饌，壇下簇擁着扮演各種神靈及其從屬的童男童女，多則三百人，少亦七十人，分爲九班，他們依次的走到壇前，或在各自被指定的班位上，舞着唱着，表演着種種程度不同的哀情的以及悲壯的小故事，以“合好效歡虞太一”。這情形實在等於近世神廟中的演戲，不同的衹是在古代，戲本是由小神們演出給大神瞧的，而參加祭典的人們衹是沾大神的光而得到看熱鬧的機會而已。在上述情形之下所演出的九齣小歌舞劇，便是所謂《九歌》了。

講到這裏，我們必定馬上想到現在《楚辭》中《九歌》的總標題和一部分小標題很不妥當。被祭的神本衹有東皇太一，而祭東皇太一的典禮，實即郊祀，這是可以從下列各漢人記載推測出來的：

古者天子以春秋祭太一東南郊。(《史記·封禪書》引謬忌方)
鼓和樂於東郊，致靈魂，下太一之神。(《初學記》一五引《樂葉圖徵》)
武帝定郊祀之禮，祠太一於甘泉。(《漢書·禮樂志》) 合好效歡虞太一。(《漢郊祀歌》)

漢《郊祀歌》辭出於《九歌》，上文已經提到，漢郊祀禮大概也出於楚制。漢人祭太一的歌辭稱《漢郊祀歌》，楚祭東皇太一的歌辭，所以應稱《楚郊祀歌》，或詳細點，叫《楚郊祀東皇太一樂歌》。十一篇中首尾二篇今稱《東皇太一》與《禮魂》，也不妥當，不如仿《漢郊祀歌》摘篇首數字爲題之例，稱爲《吉日》與《成禮》，或徑稱爲《迎神歌》與《送神歌》亦可。今將新舊標題對照列表於後：

楚郊祀東皇太一樂歌		九歌
吉日（迎神歌辭）		東皇太一
東君		東君
雲中君		雲中君
湘君		湘君
湘夫人		湘夫人
大司命	九歌（侑神歌辭）	大司命
少司命		少司命
河伯		河伯
山鬼		山鬼
國殤		國殤
成禮（送神歌辭）		禮魂

一切混沌的觀念被澄清了，淆亂的名稱被糾正了以後，侑神歌辭恰恰剩下九篇，我們滿以爲《九歌》的名稱便是適應這九篇的數字而産生的。其實不然。問題還不祇那樣簡單。九篇侑神辭并不成爲一個單純的、統一的單位，我們在前面已經提過了。關於九篇中前八篇與後一篇《國殤》的差別，在前面我們祇指出一部分。現在合并前面已經指出的，再將全部的差異點列成下表：

	劇中人物	歌唱的對象	歌詞內容			歌詞形式
八篇	自然神	以一個中心人物或二個對手人物爲對象	戀歌	哀艷	似風	參差的長短句
國殤	人鬼	以無中心人物的群體爲對象	挽歌	悲壯	似小雅	整齊的七字句

誠然八篇之中也有些不一致的地方，但其差别遠不如八篇與《國殤》之間大。對於《國殤》，八篇又自成一單位，是很顯著的事實。

然而問題的複雜性似尚不止此。《禮魂》這標題的意義是可疑的。今本《楚辭》題爲《禮魂》的歌詞，是送神，不成問題。但《禮魂》二字的意義却與送神（東皇太一）無涉。東皇太一即上帝，上帝不當稱魂（魂祇是人的精氣）。以"成禮兮會鼓"與"禮魂"字面相同爲理由，來證明《禮魂》爲此篇原有的標題，是似是而非的話。《成禮》之禮分明是名詞，《禮魂》之禮則非動詞即形容詞，兩禮字根本不是一回事，那祇是字面的偶合而已。《禮魂》似當與《國殤》爲一類。洪興祖曰："或曰：《禮魂》謂以禮善終者。"意謂其與死於非命的國殤爲同類而相反的兩種人鬼，這似乎是最合理的一種解釋。我們還可以引漢人的話來支持他。

> 宗廟小祀，謂祭殤與無後，及司勛功臣亦祭於廟。
> （《周禮》酒正、肆師兩疏引馬融説。）

很可能《國殤》即殤與無後，《禮魂》即司勛功臣，而祭東皇太一（上帝）是宗廟大祀，祭國殤、禮魂是隨着大祀舉行的小祀。如果這推測是對的，則今本《楚辭》的《禮魂》有目無詞，後人以《禮魂》之目加之於送神的《成禮》章的詞上，是張冠李戴。這樣看來，除迎送神曲二篇外，《九歌》本有十篇。第十篇即《禮魂》，原辭之所以被遺失，許即誤於那歷史上相傳的《九歌》的舊名，原始《九歌》之"九"本不是代表篇目的數字。（但也不是虛數，説詳下。）楚郊祀侑神樂歌，相沿亦稱《九歌》。後人誤會，以爲《九歌》不當有十篇，於是删去最後一篇，以求合於歌名數字。然而詞删而目未删。未被删去的目無所附麗，久而久之便黏上了距程最短的送神曲，而成爲今本《楚辭》的《禮魂》了。依上文的分析，十一篇之詞又當分爲下列三組：

（一）《東皇太一》，二篇（迎神送神）

（二）《國殤》《禮魂》——二篇亡一篇

（三）《東君》《雲中君》《湘君》《湘夫人》《大司命》《少司命》《河伯》《山鬼》——八篇

就宗教的意義講，郊祀的對象是東皇太一，所以（一）是主體，（二）（三）都是客體，因之（二）（三）性質相近，可合爲一類。就倫理的意義講，（一）祭上帝（東皇太一），所謂宗廟大祀，是報德。（二）祭國殤、禮魂，所謂小祀，是報功，二者都是較理性化，較進步的宗教祀曲。相反的，（三）東君以下都是自然神（二司命本是星名），他們的出場實代表着較幼稚，較原始的巫術降神。所以依這種觀點，（一）（二）性質反而相近，可合爲一類，（三）則獨爲一類。依前一種看法，（二）（三）合爲一類，則《九歌》有十篇。依後一種看法，（三）單獨爲一類，則《九歌》祇八篇。所以經過仔細分析，所謂《九歌》者偏偏任憑怎麽計算，總不是九篇。但正如前面我們所説的，縱使中間是八篇或十篇，也不妨害那首尾兩篇是迎送神曲。

范寧整理

九歌釋名[1]

據戰國時人的傳説，舜禪位於禹。禹攝位後，在明堂裏舉行過一次盛大的慶祝典禮，那便是《尚書・皋陶謨篇》所載的虞廷賡歌的故事。

> 夔曰（粤）戛擊鳴球，搏拊琴瑟以咏，祖考來格，虞賓在位，群后德讓，下管鼗鼓，合止（之）柷敔，笙庸（鏞）以間，鳥獸蹌蹌，簫韶九成，鳳凰來儀，百獸率舞，庶尹允諧。帝（舜）庸作歌，曰："勑天之命，惟時惟幾。"乃歌曰：
>
> 股肱喜哉！元首起哉！百工熙哉！皋陶拜手稽首颺言曰："念哉！率作興事，慎乃憲。欽哉！屢省乃成，欽哉！"乃賡載歌曰：
>
> 元首明哉！股肱良哉！庶事康哉！
>
> 又歌曰：
>
> 元首叢脞哉！股肱惰哉！庶事（士）隳哉！
>
> 帝拜曰："俞！往，欽哉！"

這次的典禮中，舜是賓客，禹是主人，所以《史記・五帝本紀》記這件事，説："於是禹乃興《九招》之樂，致異物，鳳凰來翔。"《九招》即《九韶》（簫韶九成的簡稱），本是帝舜的樂，因禹受舜禪，所以現在變

---

① 《九歌釋名》未刊，據作者手稿照相複製件整理而成。在手稿中，這是一個獨立的篇章。但在一份目録裏，它列於《歷史的九歌》的第一章（夏《九歌》）的第三節。看來它是一篇長文的一個組成部分。原稿亦未完成。現以另一篇《什麽是九歌》中的《經典的九歌》的語義，補足原稿意義未完的部分，以便於明瞭作者對《九歌》這個名稱的全面解釋。

爲禹所有，而後來又被禹傳給他的兒子啓。《大荒西經》説："開（啓）上三嬪於天，得《九辯》與《九歌》以下此天穆之野，高二千仞，開焉得始歌《九招》。"帝舜本是天帝，《九招》是禹從帝舜那裏得的，所以相傳又有啓從天上得來的一説，這是很容易解釋的。現在我們要注意的是，《大荒西經》上曰《九歌》，下曰《九招》。再證以《離騷》"奏《九歌》而舞《韶》兮"，《周禮·大司樂》"九德之歌，九罄（韶）之舞"，《左傳》文公七年曰"九功之德皆可歌也，謂之《九歌》"等語，可見以舞言《九招》，以歌言《九歌》，其實衹是一種樂名。《皋陶謨》所記的"簫韶九成，鳳皇來儀"的舞既是《九招》，那麽下文帝與皋陶所唱的歌便是《九歌》了。還有《天問》"啓棘賓商，《九辯》《九歌》"，似乎也是很好的證佐。"賓"即"虞賓在位"之賓，商指商均。《括地志》："封舜子均於商，故號商均也。"然則舜子稱商均，與舜稱虞舜同例，虞也是地名。虞賓（自虞地來的賓）與賓商（以商人爲賓）兩賓字的用法雖不同，意義却是一樣的，而且虞商二字都是以地名代表人名，尤其值得注意。啓賓商時的樂用《九歌》，可見禹享虞賓時的樂，也就是《九歌》了。

古代樂名多稱九，如《九秦》，《九成》，《九章》，《九變》，《九代》，《九辯》，《九招》（韶、罄），《九歌》，《九夏》等，不一而足。九是樂節之數，除九夏的夏字本義不明外，其餘都可以解釋。奏訓會合，九奏是九次合樂，或九次合舞，這很容易懂。成、章都訓終，所以每合樂或合舞一次，告一段落，名曰一成，或一章。《九成》《九章》便是樂舞的九個段落。前一段落完結，變更形式，成爲次一段落，如此共總九次，所以稱爲九變，或九代。代訓更，更與變同義。招、韶、罄三字中，似乎當以招爲最初的本字，韶、罄是後起的專字（從音與從殸同，殸，聲古字）。《尚書大傳·虞傳》"乃浡然招興於大鹿（麓）之野"這句話，特別值得注意。招興二字有兩種可能的解釋：一種讀招爲名詞，即韶之本字，興訓作，"招興於大鹿之野"即韶樂作於大鹿之野。一種"招興"二字都作動詞用，興即《論語·陽貨篇》"詩可以興"之興，是招致誘發的意思。前一解當然較爲平易，然而樂名招（韶）的最初涵義，其實還是指招邀的動作。换言之，是先有動詞的招，而後有名詞的招。因此，論字形也當以招爲本字，等到動詞變爲名詞時，纔有韶、磬等後起的樂名專字。必須明白了這一層，古書裏許多韶和磬字纔有了確解。《皋陶謨》“簫韶九成”是用簫來招邀了九次，《離騷》“奏《九歌》而舞《韶》兮”，《大荒西經》注引《紀年》“啓登後九年，舞《九韶》”，《周禮·大司樂》“九磬之舞”，韶即招，是一種表情的動作，一種舞，所以説《舞韶》或《韶舞》。

韶舞也就是萬舞。《魯頌·閟宫》曰“《萬舞》洋洋”，閟宫即禖宫——祀高禖之宫。而高禖乃是一種崇拜生殖機能的原始禮俗。《左傳》隱公五年曰：“考仲子之宫，將萬焉。”仲子之宫是魯隱公祖母的廟，可見《萬舞》與婦人有特殊關係。《左傳》莊公二十八年曰：“楚令尹子元欲蠱文夫人，爲館於其宫側而振《萬》焉。”注曰：“盅惑以淫事。”《邶風·簡兮》曰“方將《萬舞》”，“公庭《萬舞》”。又曰：“云誰之思，西方美人。”這都表示《萬舞》是一種富於誘惑性的舞。歌與舞原是不能分離的，從《史記·趙世家》及《扁鵲倉公列傳》所説“廣樂九奏《萬舞》”，廣樂九奏就是《九歌》，看來《九歌》是配合《萬舞》的歌。《萬舞》内容既如上述，所以《九歌》也是“不類三代之樂，其聲動人心”。而徒足供人“康娱而自縱”的一種聲樂。

上面是從音樂舞蹈方面談《九歌》的性質，下面不妨再就語言的角度談談《九歌》。《左傳》有兩處都以“九歌”與八風、七音、六律、五聲連舉（《昭二十年》及《二十五年》），可見“九歌”不指某一首歌，而是歌的一種標準體裁。歌以九分，猶之風以八分，音以七分……多一爲有餘，少一爲不足。九既是一種歌的標準單位數量，而根據《元首歌》三章章三句，共九句，恐怕有一時期歌是以句爲單位的。那時每歌必九句，所以歌謂之“九歌”。因此《夏書》“勸之以‘九歌’”實等於説“勸之以歌”。根據上面的假設來考察《三百篇》，完全合乎三章章三句的標準的，纔十五篇。這數目誠然不多，但章三句的格式雖失，而三章的格式猶存者，一百六十七篇《國風》中却占了九十一篇，四十四篇，《小雅》中占了十九篇。（就歌與詩兩種型類來區别，衹有《國風》的基本性質是歌，《大雅》和魯商二《頌》是詩，《小雅》介乎二者之間，《周頌》則直是散文。我們談的是歌，所以將《大雅》、三《頌》除外。）九十一篇三章體中，章四句者四十一篇，居最高數，章六句者十七篇，次高數。這些現象都很可玩味。從夏到周將近千年，歌的形式不能不變。因思想能力與表達能力之進步，變的趨勢自然是由短而長。因歌的構成順序是積句成章，積章成篇，變的次第自然是先句數增多，後章數增多。到《詩經》時代，句數增多已成普遍現象。然而完成章數增多的，在《國風》中却不及半數，在《小雅》中也超過半數不遠。至於章句未增多的九十一篇中，還有居次高數的十七篇是增至六句。六是三的倍數，由三變六，豈非變中仍有不變者在？以上由《三百篇》形式的分析而確定了古《九歌》的形式，實是三章章三句。

分析分析歌字的本音本義，對於瞭解《九歌》這名稱，也是有幫助的。古代歌詞的句尾，除最習見的兮字外，還有猗、我、爲、乎等字。這些字的聲音，連兮也在内，都與近代文字中常用以代表語尾的啊相近。論字形，猗、兮、乎與啊則屬於一個系統。啊與猗的基本聲符是可，可從口丁聲，而卜辭兮作[illegible]，乎作[illegible]，亦并從丁聲，那麽從可的啊、猗與兮、乎本是同一聲符的孳乳字。（實則可從口，[illegible][illegible]從[illegible]或[illegible]，象口氣，從意義上説，可與兮乎亦可説是同字。）歌的基本聲符也是J，所以歌與上揭各字也同一聲符系統。歌的本音實在應與今語啊同，而它的本義也不過是唱歌時每句尾一聲拖長的啊——而已。大概歌與言語的不同就在前者帶有那拖長的一聲啊——，而後者没有，所以《堯典》曰“歌永言”，《樂記》曰“故歌之爲言也，長言之也”。歌或曰詠，詠即永言，亦即長言。後世歌名又有稱引者，正是拖長的意思。總之《九歌》實即九聲啊——，而啊——必在句尾，所以九啊——即等於九句。因之所謂“九歌”者本是九句之歌，亦即三章章三句的一種歌體。傳説《九歌》創始於夏后啓，而名稱始見於春秋時人引《夏書》，其實例載録於

《虞夏書》之《皋陶謨》，看來《九歌》是夏人的産物。夏故墟爲春秋晋地，晋承夏人文化，巫風特盛。晋楚争霸歷八十二年，文化交流亦密，故楚染晋風而有《九歌》。就是説，夏《九歌》這種體裁以晋爲橋梁而保存於楚。當然，不單純祇是保存，而且有所發展。

范寧整理

東君·湘君·司命[①]

——《九歌雜記》之一

《周禮·大司樂》曰："以六律、六同、五聲、八音、六舞大合樂，以致鬼神示……"又曰："凡六樂者，一變而致羽物，及川澤之示，再變而致蠃物，及山林之示，三變而致鱗物，及丘陵之示，四變而致毛物，及墳衍之示，五變而致介物及土示，六變而致象物及天神。"又曰："……若樂九變，則人鬼皆至，可得而禮矣。"[②]

東君（雲中君）

中國人以南北劃分文化區的觀點，大概是從春秋纔開始的，在這以前衹分東西。代表東西兩個文化區域的主要民族是殷和夏。東方日神羲和是女性。《大荒南經》："有女子名羲和……帝俊之妻，生十日。"帝俊即帝嚳，是殷人的祖神，這也就是説，殷民族是東方文化區域的代表。《淮南子·天文篇》："爰止羲和，爰息六螭。"許本作："爰止其女，爰息其馬。"羲和是女性，所以稱日母。《文選·七發》"神歸日母"注引《春秋内事》："日者陽德之母。"我們知道這是殷文化遺留的觀念，因爲卜辭有東母西母，可能東母就是《大荒東經》"有女和月

① 此文據作者手稿《九歌雜記》照相複製件整理而成。標題係整理者所加，副標題係編者所加。因此文非《九歌雜記》全部，故稱"之一"。

② "《周禮·大司樂》"句至此，録自題名《九招》的手稿。

母之國”的月母。

可是《九歌》的《東君》顯然寫的是一位男神，這看他那“舉長矢兮射天狼，操余弧兮反淪降，援北斗兮酌桂漿”的氣概，便知道。因此，我們疑心這東君必另有來歷。《史記・趙世家》索隱引譙周曰：

余嘗聞之，代俗以東西陰陽所出入，宗其神曰王父母。

“東西陰陽所出入”無疑就是日月，(《大戴禮記・曾子天圓篇》：“陽之精氣日神，陰之精氣月靈。”）而“王父母”就是秦漢以來盛傳的東王父西王母。王父王母即祖父祖母，古稱日月之神爲王父王母，正和今民間稱日爺爺月奶奶一樣。以西王母又稱西姥（母）推之，(《淮南・覽冥篇》：“西老（姥）折勝。”）東王公當亦可稱東公，公君聲近義同，古語通用。(晋文公《九章・惜往日》及《淮南子・齊俗篇》皆稱晋文君，宋元公《莊子・外物篇》作元君，衛嗣公《韓非子・内儲説上篇》傳一作嗣君。）所以又稱東君。

《史記・封禪書》：“晋巫祠東君、雲中君。”代正晋地。

印度支那北部的土人，如富貴的白歹稱日神爲日爺 pu Něn，月神爲月奶奶 Năn Bwòn，同樣傳説亦流傳於安南州與東京州邊境上一切歹人的部落間，東京州 Nghia-Lo 地方的黑歹。

《吴越春秋・勾踐陰謀外傳》：“立東郊以祭陽，名曰東王公，立西郊以祭陰，名曰西王母。”

湘君與司命

《九歌》的章目（每章後的小標題），我們深信是經後世不甚高明的樂工或樂工們改竄過的。這些往往和歌詞的内容牛頭不對馬嘴的標題，是千餘年來讀者們的絆脚石，如果不把它們搬掉，而光從歌詞本身來體會，至少一部分的《九歌》，衹是一堆意義模糊而綫索不清的漂亮詞句而已，若作爲一些小型歌舞劇看，更是看不出一點劇情的輪廓來。

我曾經決意要讀懂《九歌》，便暫時假定《湘君》《湘夫人》和《大司命》《少司命》四篇的標題却不衹是一首歌的兩章（一個劇的兩折），而應總題爲《湘君》，或前章題《湘君》，後章題《湘公子》（因爲他是湘君的兒子）。後章既題爲《湘公子》，舊題《湘夫人》三字便自然無法存在。其實所謂《湘夫人》者，衹是迎神的女巫們所要争取的身份，她既不像其餘的神，是被迎的對象，她的名字顯然是不應出現於標題中的。同樣，《大司命》《少司命》也是包含在一個大單元中的兩小單元，今本分題作《大司命》《少司命》是可以的（他們是父子倆），但究不如兩篇總題作《司命》，因爲後篇裏面也涉及了大司命。

以湘公子代替湘夫人，而説湘君與湘公子，大司命與少司命，都是父子倆，這是太奇特了，但你不能不承認本體重於附屬品，歌詞重於標題。請再讀歌詞：

…………

朝馳騖兮江皋，夕弭節兮北渚，
——鳥次兮屋上，水周兮堂下。——
捐余玦兮江中，遺余佩兮醴浦，
采芳洲兮杜若，將以遺兮下女。
時不可兮再得，聊逍遥兮容與！

（舊題《湘君》）

帝子降兮北渚，目眇眇兮愁予（貯）。
…………
沅有茝兮醴有蘭，思公子兮未敢言，
荒忽兮遠望，觀流水兮潺湲。
…………
九嶷賓（原誤繽，從《郊祀歌》改）兮并迎，靈之來兮如雲。

捐余袂兮江中，遺余褋兮醴浦，

搴汀洲兮杜若，將以遺兮遠者。

時不可兮驟得，聊逍遥兮容與！

（舊題《湘夫人》）

第一章説采杜若以遺下女，下女是女巫，是被遺杜若的，則遺杜若的即講話的，必是男神湘君，以此推論，上文弭節北渚的必也是湘君，此其一。身爲男神的湘君，必依鄭玄、王逸説即舜，决不可能是二妃之一，此其二。第一章剛表明湘君到了北渚，第二章接着便講“帝子降兮北渚”，這裏兩章的意義分明是銜接的。但是，帝子决不可能是湘君，因爲，湘君我們已經知道是舜，而舜决不可能稱帝子（舜父瞽叟是庶人），反之，舜自己是五帝之一，他的兒子商均確乎可以稱爲帝子。下文“思公子兮未敢言”，也該是商均，因爲舜受禪之前本是諸侯，諸侯之子正是該稱公子的，我們就稱他爲湘公子。又下文“九嶷賓兮并迎，靈之來兮如雲”，“九嶷賓”猶之《皋陶謨》“虞賓在位”的“虞賓”，意思是“九嶷來的客”。但曰“并迎”，又曰“如雲”，可見客人不衹一位，那便是説迎來的男神，除湘君（舜）外，還有湘公子（商均）。

…………

折疏麻兮瑶華，將以遺兮離居，

老冉冉兮既極，不寖近兮愈疏？

乘龍兮轔轔，高駝兮衝天，

結桂枝兮延佇，羌愈思兮愁人。

愁人兮奈何？願若今兮無虧。

固人命兮有當，孰離合兮可爲！

（舊題《大司命》）

秋蘭兮麋蕪，羅生兮堂下，緑葉兮素華，芳菲菲兮襲予。

□□□□□□□□□□□□□

夫人自有兮美子，蓀何爲兮愁苦？

…………

竦長劍兮擁幼艾，蓀獨宜兮爲民正！

（舊題《少司命》）

上篇兩次説“愁人”，下篇反問道“蓀何爲兮愁苦”，語氣顯然也是一貫的。“美子”和“幼艾”指司命之子，即少司命。

司命本是代天司命，所以司命之神常常和上帝在一起，上帝相當於太一。《史記·封禪書》説“神君最貴者曰太一，其佐曰太禁，司命之屬皆從之”。所以《大司命》説：

廣開兮天門，紛吾乘兮玄雲。

乘龍兮轔轔，高飛兮衝天。

《少司命》説：

夕宿兮帝郊，君誰須兮雲之際，

孔蓋兮翠旍，登九天兮撫彗星。

又曰：

與女沐兮咸池，晞女髮兮陽之阿。

“陽之阿”即暘谷，是日出的地方，咸池是日所浴處，都在天邊。[①]

范寧整理

① “司命本是代天司命”句至此，摘自《九歌雜記》。文字基本未改動。

東皇太一考[1]

一

作爲天神的太一，在古代哲學家的概念裏，是宇宙的本體，一種不可思議的超自然力。

> 《淮南子·詮言篇》："洞同天地，渾沌爲樸，未造而成物，謂之太一。"注云："太一，天[2]神總萬物者。"

他創作了一切，

> 《吕氏春秋·大樂篇》："太一出兩儀，兩儀出陰陽。"注云："萬物所出，造於太一，化於陰陽。"
>
> 《禮記·禮運篇》："是故禮必本於太一，分而爲天地，轉而爲陰陽，變而爲四時。"

支配着一切，

---

① 這是一篇未完成的遺稿。據手稿照相複製件整理而成。第二節第一段以上是原稿，以下則是整理者依據幾份殘缺不完的手稿綴連而成。聞先生認爲《九歌》是楚郊祀東皇太一歌。東皇太一即伏羲，伏羲是苗族傳説中的人類始祖，也是天神。楚人移居苗地，信奉苗族宗教，因而把伏羲當作始祖，當作天神祭禮，文章雖未寫完，看來意思還是清楚的。原載《文學遺産》1980 年第 1 期。

② 原注：本作元，誤。

《淮南·本經篇》："太一者，牢籠天地，彈壓山川，含吐陰陽，伸曳四時，紀綱八極，經緯六合。"

道家稱之爲道，

《吕氏春秋·大樂篇》："道也者，至精也，不可爲形，不可爲名，强爲之名①，謂之太一。"

《莊子·天下篇》："關尹老聃……主之以太一。"

《易傳》傳之爲太極，

《易·繫辭上傳》："是故易有太極，是生兩儀，兩儀生四象，四象生八卦。"虞翻注："太極，太一也，今爲天地，故生兩儀也。"

《緯》書稱之爲元苞，

《易是類謀》："天以變化，地以紀州，人以受圖，三節共本，同出元苞。"鄭注："天地同出元苞，謂太極混淪之義也矣。"

把這種權能人格化了，在盤古的故事没有出現以前②，傳説的古代帝王中，我們以爲衹有伏羲纔當得起。

講到伏羲，便不能和女媧分開，因爲他們是以夫婦而并御天下的。

《易乾鑿度》鄭注："女媧……道（導）人神運軸，騰天元氣，

① 原注：從畢沅補。
② 原注：三國時徐整的《三五曆記》最初記載盤古傳説。

令物生生相續，新新不停。”

《説文·女部》：“媧，古之神聖女，化萬物者也。”

女媧是創造萬物的，所以《天問》曰：“女媧有體，孰制匠之？”意謂萬物的形體是女媧造的，女媧的形體又是誰造的呢？這些雖是女媧的傳説，其實也包括了伏羲。至於關於伏羲自己的這類的原始傳説，則多因儒者的“艾凡每”化的改造而湮没了。然而偶爾也留下了一些痕迹，例如在畫八卦的故事裏。八卦既然代表宇宙，畫八卦便象徵着創造宇宙。八卦當然不可能是某一個人的發明，但傳説不把這功績送給任何旁的一個聖人，而單送給伏羲，確乎是有着一個歷史的原因的。

不管是化生萬物，或創造宇宙，總歸得有一個先决條件，那便是，他必需是最首先出世的一個人。這一層，文獻上倒是坦白的承認了的。《漢書·古今人表》列宓羲氏第一，《律曆志》引《世經》曰：“炮犧繼天而王，爲百王先首。”《武梁祠刻石》的古帝王畫像中，也是以伏羲爲首，并有題字曰：“伏羲蒼精，始造王業。”證以《管子·輕重戊篇》“自理國虙戲以來，未有不以輕重而能成其王者也”，《荀子·成相篇》“文武之道同伏戲”[①]等語，可知這確是先秦以來的舊説。其實，以“百王先首”或“始造王業”來説明伏羲年代之久遠，還衹是據人類社會組織發展到國家形式的階段以後的觀念立説的。國家的出現，在整部人類歷史的進程中，衹算得是昨天的事，而伏羲，照真正原始的傳説，應該是人類歷史最初一頁上的最初一個人物。《廣雅·釋天》説：“天地闢設，人皇以來，至魯哀公十有四年，積二百七十六萬歲。”人皇即伏羲。案《廣雅》的語氣，開天闢地之後，就有伏羲。這個説法，大概是

① 原注：意謂遠如伏羲，近如文武，其道皆同。又《荀子·正論篇》：“自太皞、燧人，莫不有也。”《周書·太子晋篇》：“自太皞以下，至於堯舜禹，未有一姓而再有天下者。”皆以太皞爲最古的帝王、太皞亦即伏羲。

根據《緯》書的[1]，一般説來，《緯》書是比較能保存原始傳説的真相的。

既然承認了伏羲是開天闢地後最先出現的人物，這便意味着宇宙間的一切都是他創造的，因而他的權能就非有如上揭諸書所形容的太一那樣不可了。

以上我們比較了太一和伏羲的權能與功績，覺得他們很有些類似，因而推測太一許就是伏羲的化名。截至目前爲止，這祗是一個假設，根據這假設，下面我們便開始搜求證據了。

二

我們剛纔指出伏羲是最初的人和最初的王的時候，我們曾立刻想起那和伏羲聯繫着的一串名號中的"太"或"泰"意義。太本訓始訓初，伏羲是最初的人和最初的王，所以他又有"泰氏""太皇"或"泰皇泰帝"或"太帝"，和"太皞"等名號。

《史記·秦本紀》載王綰等奏曰："古有天皇，有地皇，有泰皇，泰皇最貴。"《路史·前紀》二引《春秋後語》云："泰皇乃人皇。"《尚書大傳·略説》："伏羲以人事紀，故托戲皇於人。"這就是説，人皇即伏羲，也就是泰皇。至於伏羲稱泰帝或太帝，見於《史記·封禪書》索隱引孔文祥云："泰帝，泰昊也。"《漢書·郊祀志》注作"泰帝，泰昊伏羲氏也"。又《荀子·正論篇》："何世而無嵬，何時而無瑣，自太皞、燧人莫不有也。"《周書·太子晋篇》："自太皞以下，至於堯舜禹，未有一姓而再有天下者。"這都是以太皞爲最初的帝王。前面我們講過，伏羲是最初的帝王。如果最初的不容許有兩個，那麽太皞、伏羲

① 原注：《續漢書·律曆志》注引蔡邕議"《元命苞》《乾鑿度》皆以爲開闢至獲麟，二百七十六萬歲"。

就不可能是二人，而是一人兩個稱呼了。[1] 考緯書以下所記有人名的三皇説，凡有四種，都以伏羲居首。這就是説，伏羲是最初的帝王。

《莊子·應帝王篇》："有虞氏不及泰氏。"注家都不知道泰氏是誰。其實就字面講，氏是尚未形成國家組織的氏族社會（或部落社會），泰即太字，訓始訓初，泰氏即最初的氏族（部落）。按照上述的理由，泰氏應該就是伏羲氏。伏羲本是氏族名，同時又是人名。《莊子》又説："泰氏其卧徐徐，其覺于于，一以己爲馬，一以己爲牛，其知情（誠）信。其德甚真，而未始入於非人。"這種生活，正合於一般原始氏族社會的景况。

《史記·始皇本紀》："天皇、地皇、泰皇。"《封禪書》作"天一、地一、太一"。《郊祀志》："畫天、地、泰一諸神。"是泰皇即太一。《淮南子·天文篇》《春秋元命苞》都稱紫宫爲"太一常居"，這紫宫就在懸圃之上，所以《甘泉賦》説："配帝居之懸圃兮，象泰（太）一之尊神。"而《淮南子·墬形篇》："……或上倍之，是謂懸圃……或上倍之，乃維上天、登之乃神，是謂太帝之居。"所以《春秋合誠圖》曰："紫微太帝室，太一之精也。"《史記·封禪書》載武帝時公卿大夫説："太（《漢書·郊祀志》作泰）帝使素女歌五十弦瑟。"《淮南子·俶真篇》注曰："白雪、師曠所奏太一五十弦之琴樂曲。"（《覽冥篇》注作"太乙五十弦琴瑟樂名。"）案高誘的意思，太帝就是太一，也是很明顯的。

太一又稱東皇太一，則東皇也就是伏羲。《離騷》："詔西皇使涉予。"《史記·淮南衡山王傳》載伍被述徐福語曰："臣見海中大神言曰：'汝西皇之使耶？'"又《遠游》："遇蓐收乎西皇"，當指西皇之

① 原注：相傳伏羲即太昊，崔述及近人多疑之。驗之古籍舊説，似不爲無據。舉二證以明之。《左傳》昭公十七年郯子云："太皞以龍紀，故爲龍師而龍名。"《文選·魯靈光殿賦》注引《玄中記》："伏羲龍身。"案伏羲龍身，太皞龍名，伏羲風姓，太皞亦風姓，是伏羲即太皞，其證一。《漢書·律曆志》："炮犧繼天而王，爲百王先首，德始於木，故爲帝太昊。"又《漢書·古今人表》："太昊帝宓羲氏。"此其證二。

山（西皇之山，見《西山經》）。神名東皇，顯然是對西皇而言的，猶山名東皇（見《後漢書·郡國志》注），最初也當是對西皇之山而言的。西皇是少皞，(《封禪書》："秦襄公既侯，居西陲，自以爲主少皞之神，作西畤，祠白帝。"）則東皇必是太皞。五帝系統中之太皞即三皇系統中之伏羲，東皇是太皞，也便是伏羲了。《西山經（次二）》記："皇人之山……西三百里曰中皇之山……又西三百五十里曰西皇之山。"皇人之山在西皇之山的東面，可能就是東皇之山，如今稱爲皇人之山，我想皇人或許是人皇之倒。人皇就是伏羲。如果此説不錯，也是東皇即伏羲之一證。太一既稱東皇太一，東皇是伏羲，則太一也必定是伏羲了。

伏羲是苗族傳説中全人類共同的始祖，這在芮逸夫《苗族的洪水故事與伏羲女媧的傳説》中已經講過，我這裏不重複了。如前面所説，伏羲即太一，那麼楚人爲什麼祭他呢？這是因爲楚地本是苗族的原住地，楚人自北方移殖到南方，征服了苗族，依照征服者的慣例，他們接受了被征服者的宗教，所以《九歌》裏把太一當作自家的天神來祭，而《高唐賦》叙述楚襄王的故事，也説到"醮諸神，禮太一"。漢高祖本是楚人，武帝時方士謬忌表祭祀太一的儀注説："天神貴者太一……古者天子以春秋祭太一東南郊。"不能説是完全没有根據的。

范寧整理

怎樣讀九歌 ①

《九歌》需要解釋的地方太多了，現在衹談一個“兮”字。爲初步的欣賞《九歌》，這樣談談不但儘可够用，説不定還是最有效的辦法。

“兮”字就音樂或詩的聲律説，是個“泛聲”，就文法説，是個“虛字”，但文法家有時也稱之爲“語尾”，那似乎又在貼近音樂的立場説話了。總之，一般的印象，恐怕都以它爲一個有聲無義的字。“兮”在句末，如

帝高陽之苗裔兮。

誠然是那“兮”上一個字音的變質的延長，其作用純是音樂性的。但如果在句中，如

吉日兮辰良。

作用便不能單是音樂的了。舉一個簡單的消極證明：上面那“兮”字不被放在句中任何地位，如“吉”或“辰”後，而必須在“吉日”——一個天然的文法段落後，便可見它的用途，是受着文法規律的支配的，因此我們就儘可疑心“兮”在這裏是兼有文法作用的。一再比較下列二句：

① 原載 1941 年 1 月 16 日《國文月刊》（第 1 卷第 5 期）。據開明版《聞一多全集・神話與詩》編入。

遭吾道兮洞庭（《九歌》），
遭吾道夫崑崙（《離騷》）。

在音樂上，前句的“兮”固不異於後句的“兮”在文法上，則前句的“兮”分明相當後句的“夫”。至於

載雲旗兮委蛇（《九歌》），
載雲旗之委蛇（《離騷》）。

或

九嶷繽兮并迎（《九歌》），
九疑繽其并迎（《離騷》）。

前面“兮”當於“之”，後面的當於“其”，尤其明顯。因上述諸例的鼓勵，我曾將《九歌》中兮字，除少數例外（詳後），都按他們在各句中應具的作用，拿當時通行的虚字代寫出來（有時一兮字須釋爲二虚字），結果發現這裏的“兮”竟可説是一切虚字的總替身。這是一個很有意思的現象。本來“詩的語言”之異於散文，在其彈性，而彈性的獲得，端在虚字的節省。詩從《三百篇》《楚辭》進展到建安（《十九首》包括在内），五言句法之完成，不是一件了不得的大事，而句中虚字數量的減少，或完全退出，纔是意義重大，因爲，我們現在讀到建安以後作品，每覺味道與《三百篇》《楚辭》迥乎不同，至少一部分原因就在這點煉句技巧的進步（此説本之季君鎮淮）。《九歌》以一渾然的“兮”，代替了許多職責分明的虚字，這裏虚字，似在省去與未省之間，正是煉句技巧在邁進途中的一種姿態。（《山鬼》《國殤》二篇的“兮”字，譯成虚字，不如完全省去更爲了當，那裏節省虚字的趨勢似乎又進了一步。）

《九歌》的文藝價值所以超過《離騷》，意象之美，固是主要原因，但那“兮”字也在暗中出過大力，也是不能否認的。

不用諱言，語言增加了彈性，同時也增加了模糊性與游移性；藝術的收獲便是理性的損失。然而不要緊。虛字的空泛化（如《九歌》），或瀕近斂迹（如一部分五言詩），誠給讀者於辨文義時，平添了一道難關，但你可猜到這難關是作者意匠的安排，爲使你——讀者好在克服困難中，賺得一點勝利的愉快。（一切藝術的欣賞中，都含有這類意味。）可是勞力雖即欣賞，過度的勞力又會妨礙欣賞，所以對於不慣閱讀古代文藝的初學者，在鑽求文義的勞役上，有給以相當扶助的必要。下面那篇《九歌兮字代釋略説》，便是在這個目的下寫成的，雖則我最初屬稿時的動機并不在此。

誠如上文所説，鑽求文義以打通困難，是欣賞文藝必需的過程。但既是過程，便不可停留得過久，更不用提把它權當了歸宿。所以在參詳了那篇《代釋》以後，我請讀者還是馬上回到《九歌》的原文，現在讓“兮”字還是“兮”字——不，我想起來了，不能讀“兮”如“兮”，要用它的遠古音“啊”讀它。（“兮”即最原始的“啊”字，理由我在别處談過，這裏且不必去管它。）因爲“啊”這一個音是活的語言，自然載着活的感情；而活的感情，你知道，該是何等神秘的東西！不信，你試試

嫋嫋啊秋風，
洞庭波啊木葉下，

或

若有人啊山之阿，
被薜荔啊帶女羅，

你是否就在那聲“啊——”中“神往”了呢？若讀如今音“兮”，有這效果嗎？

先以各虚字代釋“兮”，揭穿了它的文法作用，再讀“兮”如“啊”，又發揮了它的音樂作用——如此一翻玩索，一翻朗誦，我想以後你必更愛《九歌》了！

九歌兮字代釋略説

東皇太一

吉日〔之〕辰良，▲“辰良”即“良辰”，倒詞以取韻。

穆將愉〔夫〕上皇。▲愉，猶娱也。《郊祀歌》“合好效歡虞太一”，虞娱古通。“愉”是外動詞，近代語法，外動後是無須介詞的，古代却不然。習慣中“夫”“乎”“於”皆可用，今一律用“夫”。《離騷》“豈維紉夫蕙茝”，“來吾道（導）夫先路（輅）”，“謇吾法夫前修”，皆其例。

撫長劍〔之〕玉珥，

璆鏘鳴〔而〕琳琅。▲“琳琅”猶玎璫，玉聲也。“鏘鳴”動詞，“琳琅”副詞，依近代語法，當云“琳琅而鏘鳴”，古代習慣却可倒置。《湘君》“隱思君而悱惻”即“悱惻而思君”，《禮魂》“姱女唱而容與”即“容與而唱”，并與此同例。《離騷》“載雲旗之委蛇”即“載委蛇之雲旗”，那裏形容詞與名詞倒置，性質亦同。既知“鏘鳴”與“琳琅”是一動一副，其間一字，依習慣當然是連詞“而”了。

瑶（蕗）席（藉）〔與〕玉瑱（鎮），▲瑱，本一作鎮。《周禮·天府》：“凡國之玉鎮大寶大器，藏焉，若有大祭大喪，則出而陳之。”案歌之玉鎮即《周禮》“大祭”時“出而陳之”之玉鎮。《史記·封禪書》“皇帝始郊見太一〔於〕雲陽，有司奉瑄玉嘉牲薦饗”，是漢祭太一用玉，猶與楚故事同。瑶讀爲䔑。《中山經》“姑媱之山，女尸化爲䔑草”，《文選・别賦》“惜瑶草之徒芳”，注曰：“䔑與瑶同。”席藉古字通。凡執必有借。“瑶席”，以䔑草爲藉以承玉也。下文“盍將把兮瓊芳”，即承此言之，瓊謂玉鎮，芳謂瑶席也。玉與席（藉）爲二，故曰：“盍（合）將把。”

盍（合）將把〔夫〕瓊芳，▲此將字當訓持，與篇中其它將字有别。將與把同義複詞也。

蕙肴蒸脀〔而〕蘭藉，▲以蕙爲肴蒸，以蘭爲藉。古人稱整個的肘子曰“肴蒸”。一作殽烝，(《左傳》宣十六年，《國語・周語》）又作殽脀（《儀禮・特牲饋食禮》），脀似正字。

奠桂酒〔與〕椒漿。

揚枹〔以〕拊鼓，

□□□□□。▲此處有脱句，詳《校補》。

疏緩節〔之〕安歌。

陳竽瑟〔之〕浩倡（唱）。▲“疏”“陳”皆動詞，義亦相近。《湘夫人》“疏石蘭兮爲芳”，注曰：“疏布陳也。”“疏”之受格爲“歌”而非“緩節”。《東君》“展詩兮會舞”，《郊祀歌》“展詩應律鋗玉鳴”，疏展義亦近，“疏歌”猶“展詩”也。（古所謂“賦詩”，“陳詩”，義亦皆如此。）“陳”之受格爲“倡”（唱）而非“竽瑟”，《七發》“高歌陳唱”，是其確證。

靈偃蹇〔而〕姣服，

芳菲菲〔然〕滿堂。

五音紛〔然〕繁會，

君欣欣〔然〕樂康。

東　君

▲此篇舊誤在《少司命》後，今正，説詳《校補》。

暾將出〔於〕東方。

昭吾檻〔於？〕扶桑。

撫余馬〔以〕安驅，

夜皎皎〔然〕既明。▲既，盡也，全也。

駕龍輈〔而〕乘雷，

載雲旗〔之〕委蛇，▲《離騷》："載雲旗之委蛇。""雲旗""委蛇"倒裝，説已見前。

長太息〔而〕將上，

心低佪〔而〕顧懷。▲顧，念也，念亦懷也，二字同義複詞。

羌聲色〔之〕娱人，

觀者憺〔而〕忘歸，▲憺者貪戀之意。

緪瑟〔而〕交鼓，▲急張弦曰緪。鼓謂鼓瑟。

蕭（攋）鐘〔而〕瑤（摇）簴，▲攋，猶叩也，猛力叩鐘而簴爲之動摇，《招魂》："鏗鐘摇簴。"

鳴齲〔而〕吹竽，

思靈保〔之〕賢姱。

翾飛〔而〕翠𦐅，▲𦐅亦飛也，𦐅翠（亦作翱）皆疾飛之貌。翾飛翠𦐅，以喻舞狀。

展詩〔而〕會舞，

應律〔而〕合節。

靈之來〔也〕蔽日，

青雲衣〔而〕白霓裳，——

舉長矢〔以〕射天狼，

操余弧〔而〕反淪降，

援北斗〔以〕酌桂漿，

撰余轡〔而〕高馳翔，

杳冥冥〔然〕以東行。▲以猶乃也。

雲中君

浴蘭湯〔而〕沐芳，

華采衣〔以〕若英，▲華，猶飾也，動詞。《文選·月賦》“嗣若英於西冥”，注曰：“若英，若木之英也。”

靈連蜷〔而〕既留，▲留，止也。

爛昭昭〔然〕未央。

蹇將澹〔於〕壽宮，▲澹，停也。

與日月〔其〕齊光。

龍駕〔而〕帝服，

聊翱游〔而〕周章。

靈皇皇（煌煌）〔然〕既降，

猋遠舉〔於〕雲中。

覽冀州〔其〕有餘，

横四海〔其〕焉窮？

思夫君〔而〕太息，

極勞心〔之〕忡忡。

湘　　君

君不行〔而〕夷猶，

蹇誰留〔於〕中洲？▲留，待也。“誰留”即“留誰”，猶言待誰也。

美要（腰）眇〔而〕宜（齳）修（笑）。▲腰眇，睇目媚貌。睇，齒露貌。齳笑猶梁冀妻之齲齒笑。

沛吾乘〔夫〕桂舟，

令沅湘〔其〕無波，

使江水〔其〕安流。

望夫君〔其猶〕未來，▲《離騷》“雖九死其猶未悔”，“難昭質其猶未虧”，“覽余初其猶未悔”，“芬至今其猶未沬（滅）”。

吹參差〔其〕誰思？▲“誰思”即思誰。

駕飛龍〔以〕北征，

邅吾道〔於〕洞庭，——

薜荔柏（帛）〔而〕蕙綢，▲帛，縿斿旆旟之總名，金文作旆。所以纏旗杆者謂之綢。言以薜荔爲帛，以蕙爲綢也。

蓀橈〔而〕蘭旌。▲橈者，旗上曲柄，所以懸帛，兼以爲飾。旌者，杆首飾，綴旄羽爲之。

望涔陽〔之〕極浦，

横大江〔而〕揚靈，▲靈，光也。《郊祀歌》：“揚金光，横泰河。”

揚靈〔而〕未極，

女（汝）嬋媛（嘽咺）〔然〕爲余太息。▲“嘽咺”迭韻連語，猶喘也。言汝爲余喘喘然太息也。

横流涕〔之〕潺湲，▲“涕之潺湲”即“潺湲之涕”，全句猶言涕潺湲而横流也。

隱思君〔而〕陫側（悱惻）。▲隱悱惻而思君也。

桂櫂〔而〕蘭枻，

斫冰〔而〕積雪。

采薜荔〔於〕水中，

搴芙蓉〔於〕木末，

心不同〔而〕媒勞，

恩不甚〔而〕輕絶。

石瀨〔之〕淺淺（踐踐），

飛龍〔之〕翩翩，

交不忠〔而〕怨長，

期不信〔而〕告余以不閑。

朝騁鶩〔於〕江皋，

夕弭節〔於〕北渚。

鳥次〔於〕屋上，

水周〔於〕堂下。

捐余玦〔於〕江中，

遺余佩〔於〕醴浦，

采芳洲〔之〕杜若，

將以遺〔諸〕下女。

時不可〔以〕再得，▲《離騷》“時繽紛其變易兮，又何可以淹留”，此“可以”連文之例。

聊逍遥〔而〕容與。

湘夫人

帝子降〔於〕北渚，

目眇眇〔然〕愁予。

嫋嫋〔之〕秋風，

洞庭波〔而〕木葉下。

登白薠〔以〕騁望，▲登字從一本增，詳《校補》。

與佳期〔於〕夕張（帳）。

鳥何萃〔於〕蘋中？

罾何爲〔於〕木上？

沅有芷〔而〕醴有蘭，

思公子〔而〕未敢言，

荒忽（恍惚）〔而〕遠望，▲恍惚遠視不審之意，副詞。

觀流水〔之〕潺湲。

麋何食〔於〕庭中？

蛟何爲〔於〕水裔？

朝馳余馬〔於〕江皋，

夕濟〔於〕西澨，

聞佳人〔之〕召予，

將騰駕〔以〕偕逝。

築室〔於〕水中，

葺之〔以〕荷蓋，▲或云“葺之”當作“芷葺”，則虛字當用“而”，言以芷爲葺，以荷爲蓋也。

蓀壁〔而〕紫壇，▲紫即茈草，壇蓋氈也。此言以蓀飾壁，以茈鋪地。

匊（播）芳椒〔以〕成堂，▲成本字作宬（見金文），當訓塗飾。以白堊飾壁謂之成。古人以椒合泥塗壁，取其芬芳，所謂椒房是也。

桂棟〔而〕蘭橑，

辛夷楣〔而〕藥房（榜），

罔（網）薜荔〔以〕爲帷，▲網，動詞，織網謂之網。

擗（繴）蕙櫋（幔）〔而〕既張，▲繴猶網也。既張，盡張之也。

白玉〔以〕爲鎮，

疏石蘭〔以〕爲芳（防），▲防今謂之屏。

芷葺〔而〕荷屋（幄），

繚之〔以〕杜衡，

合百草〔以〕實庭，

建芳馨〔以〕廡（幠）門。▲幠，覆也。

九嶷繽〔然〕并迎，▲《離騷》“九疑繽其并迎”，其亦猶然也。

靈之來〔也〕如雲。

捐余袂〔於〕江中，

遺余褋〔於〕醴浦，

搴汀洲〔之〕杜若，
將以遺〔諸〕遠者。
時不可〔以〕驟得，
聊逍遥〔而〕容與。

大司命

廣開〔夫〕天門，
紛吾乘〔夫〕玄雲，
令飄風〔其〕先驅，
使涷雨〔其〕灑塵。
君迴翔〔而〕來下，▲來原作以，從一本改。
逾空桑〔以〕從女。
紛總總〔之〕九州，
何壽夭〔之〕在予！
高飛〔而〕安翔，
乘清氣〔而〕御陰陽，
吾與君〔其〕齋（齊）速，▲齊，疾也。

導帝之〔夫〕九坑（岡）。▲之，往也。坑，《文苑》作岡。九岡，山名。《輿地廣記》："荆州松滋縣有九岡山，郢都之望也。"案《左傳》昭十一年"楚滅蔡，用隱太子於岡山"，即此。

雲衣〔之〕披披，▲雲舊誤作靈，今正，詳《校補》。
玉佩〔之〕陸離，
一陰〔而〕一陽，
衆莫知〔其〕余所爲。
折疏麻〔之〕瑶華，
將以遺〔諸〕離居。
老冉冉〔其〕既（幾）極，▲《離騷》"老冉冉其將至"，幾極猶將至也。

不寖近〔而〕愈疏?

乘龍〔而〕轔轔，▲乘龍，以龍駕車。轔轔，車聲。

高駝（馳）〔而〕衝天。

結桂枝〔而〕延佇，

羌愈思〔而〕愁人。

愁人〔其〕奈何?

願若今〔之〕無虧。

固人命〔之〕有當（常），

孰離合〔其〕可爲? ▲其孰可自爲離合哉?

少司命

秋蘭〔與〕麋蕪，

羅生〔於〕堂下，

緑葉〔而〕素華，▲華，舊誤作枝，今正，詳《校補》。

芳菲菲〔然〕襲予。

夫人自有〔其〕美子，▲夫人，猶人人也。

蓀何以〔而〕愁苦? ▲以猶因也，故也。

秋蘭〔之〕青青（菁菁），▲菁菁，盛貌。

緑葉〔而〕紫莖。

滿堂〔皆〕美人，

忽獨與余〔以〕目成。▲以目相成猶《七發》云“目窕（挑）心與”也。

入不言〔而〕出不辭，

乘迴風〔而〕載雲旗。

悲莫悲〔於〕生别離，

樂莫樂〔於〕新相知。

荷衣〔而〕蕙帶，

倏而來〔焉〕忽而逝。

夕宿〔於〕帝郊，

君誰須〔於〕雲之際？▲誰須猶待誰也。

（此處舊衍二句，今删，詳《校補》。）

與女（汝）沐〔於〕咸池，

晞女（汝）髮〔於〕陽之阿。

望美人〔其猶〕未來，

臨風怳〔然而〕浩歌。

孔蓋〔而〕翠旍，

登九天〔而〕撫彗星，——

竦長劍〔而〕擁幼艾，

蓀獨宜〔乎〕爲民正！

河　　伯

與女（汝）游〔於〕九河，

衝風起〔而〕揚波，▲“揚波”舊作“水橫波”，今從一本，詳《校補》。

乘水車〔而〕荷蓋，

駕兩龍〔而〕驂螭。

登崑崙〔而〕四望，

心飛揚〔而〕浩蕩。

日將暮〔矣〕悵忘歸，

惟極浦〔而〕顧懷。▲顧舊誤作寤，今正，詳《校補》。“顧懷”，義見《東君》。

魚鱗屋〔而〕龍堂，

紫貝闕〔而〕朱（珠）宫。

靈何爲〔於〕水中，

乘白黿〔而〕逐文魚？

與女（汝）游〔於〕河之渚，

流澌（澌）紛〔然〕將來下。

子交手〔而〕東行，▲交手，拱手也。

送美人〔於〕南浦，

波滔滔〔而〕來迎，

魚隣隣〔而〕媵予。

山　　鬼

▲以下二篇所釋“而”字多可省，句法與其餘各篇略異，疑爲較晚之作品。

若有人〔於〕山之阿，

被薜荔〔而〕帶女羅，

既含睇〔而〕又宜（䶛）笑。

子慕予〔也〕善窈窕。▲子之慕予也善於作態，謂含睇䶛笑之態也。

乘赤豹〔而〕從文狸，

辛夷車〔而〕結桂旗，

被石蘭〔而〕帶杜衡，

折芳馨〔以〕遺所思。

余處幽篁〔中〕終不見天，▲終，猶全也。

路險難〔故〕獨後來。

表獨立〔於〕山之上，▲表讀華表之表，字一作標，柱也。“表獨立”，特然獨立如標柱然。

雲溶溶〔然〕而在下。▲“兮”可代“而”之作用，而字可省。

杳冥冥〔然〕羌晝晦，

東風飄〔而〕神靈雨。
留靈修〔而〕憺忘歸，▲此留字亦訓待。
歲既晏〔矣〕孰華予！
采三秀〔於〕山間，▲“兮”可代“於”之作用，於字可省。
石磊磊〔而〕葛蔓蔓。
怨公子〔而〕悵忘歸，
君思我〔時〕不得閑。
山中人〔乎〕芳杜若，
飲石泉〔而〕蔭松柏，
□□□□□□□，▲此處有脱句，詳《校補》。
君思我〔時〕然疑作。
雷填填〔而〕雨冥冥，
猨啾啾〔然〕又夜鳴，
風颯颯〔而〕木蕭蕭，
思公子〔而〕徒離憂。

國　殤

操吴戈（科）〔而〕被犀甲，▲吴科，盾名。
車錯轂〔而〕短兵接。
旌蔽日〔而〕敵若雲，
矢交墜〔而〕士爭先。
凌余陣〔而〕躐余行，
左驂殪〔而〕右刃傷，
霾兩輪〔而〕縶四馬。
援玉枹〔以〕擊鳴鼓。
天時墜〔矣〕威靈怒，▲天時墜，蓋謂日暮也。
嚴（壯）殺盡〔矣〕棄原野。▲嚴當爲壯，避漢諱改（壯莊古同字），壯謂壯年之人，猶壯士也。

出不入〔而〕往不反，

平原忽（迿）〔而〕路超（迢）遠。▲迿，亦遠也。

帶長劍〔而〕挾秦弓，

首身離〔而〕心不懲，

誠既勇〔而〕又以（有）武，▲誠精古通，猶心也。武謂武藝。勇指精神，或指技術。

終剛强〔而〕不可凌，

身既死〔而〕神以（有）靈，

魂魄毅〔哉〕爲鬼雄！

禮　　魂

成禮〔而〕會鼓，

傳芭〔以〕代舞。

□□□□□，▲此處有脱句，詳《校補》。

姱女倡（唱）〔而〕容與。

春蘭〔與〕秋菊，

長無絶〔哉〕終古！▲“終古”，猶永久也。

附　　記

前年我在《楚辭》班上講《九歌》，曾談到兮字代釋的意思，後來陳君士林便本了那意思作了一篇《九歌兮字代釋證例》作爲成績報告。陳君於此用力頗勤，但所用以代釋的虚字，與我的意見不全相合。最近余冠英先生看到陳君的文稿，甚感興趣，請付《月刊》發表。我初意衹想在陳文中附注些自己的意見，結果話説得太多，覺得不如自己重寫一篇，并改題今名。但陳君究竟替我作了初步的工作，給我省力不少，這是應向他致謝的。

多數陳君意見與我出入的地方，是因爲上下文實字意義難以認清，以致影響到兮字的作用不能確定。遇到這種地方，實字的解説，實是先决條件，但爲顧到讀者的“消化力”，我曾竭力避免冗長的引證。如果那實字是個“假借字”，在可能範圍内，我便僅在那字下用小字注出它的“正字”（今不用小字，改置圓括號内——編者），這裏引證便全略了。關於校勘部分，作者有《楚辭校補》改訂稿（本文省稱《校補》）。將在北平圖書館的《圖書季刊》發表，對此有興趣的讀者，請自參考。關於這部分的引證，本文也一概未提。

二十九年十一月二十日昆明陳家營。

九歌古歌舞劇懸解①

迎神曲

黄昏時分。從四面八方輻輳而來的鼓聲，近了，更近了，十分近了。

“神光”照得天邊通亮。滿壇香烟繚繞。

男女群巫，和他們所役使的飛禽走獸以及各種水族，侍立在兩旁。

楚王左帶玉珥劍，右帶環佩，率領着文武百官，在莊嚴肅穆的樂聲中，魚貫而出，排列在祭壇下。

壇右角上，歌聲從以屈大夫爲領班的歌隊中泛起。

男音獨唱：

吉日兮辰良，穆將愉兮上皇，

撫長劍兮玉珥，璆鏘鳴兮琳琅。

（楚王上前三步，依次舉行着祭祀的儀。）

女音獨唱：

瑶席兮玉鎮，盍將把兮瓊芳，（獻玉有司奉上一張草席，王接過來，鋪在壇上。有司又奉上一塊寶石，王接過來，壓在席上。）蕙肴蒸兮蘭藉（薦牲），奠桂酒兮椒漿（奠酒）。

（王和百官向着遠天膜拜，五色瑞雲中微微的現出東皇太一的身

① 據開明版《聞一多全集·神話與詩》編入。

影。大家連忙伏下。金鼓大作，遠近人聲歡呼萬歲。）

合唱：

揚枹兮拊鼓，擴鐘兮摇簾，

疏緩節兮安歌，陳竽瑟兮浩倡。

（群巫紛紛起舞。）

靈偃蹇兮姣服，芳菲菲兮滿堂，

五音紛兮繁會，君欣欣兮樂康。

君欣欣兮樂康，君欣欣兮樂康！

（雲層中的東皇太一漸漸隱没，"神光"漸暗，樂聲漸小，幕徐下。）

東　君

遠處有鷄聲報曉。

微弱的曙光中，隱約看見地面上，縱横的熟睡着一群農民模樣的青年男女。

天邊烘出彩霞，一輪紅日掩映在枝葉扶疏的大樹（所謂扶桑）後面。樹葉間發出稀疏的鳥聲。

男音獨唱：

暾將出兮東方，照吾檻兮扶桑。

（日輪升上樹梢。被朝陽炙暖了的青年們翻了翻身，但還没有醒。）

（東君赤面虬髯身穿銀白色魚麟鎖甲，青灰披風，腰佩弓箭，以御車的姿式出現在樹前。）

撫余馬兮安驅，夜皎皎兮既明。

撫余馬兮，撫余馬兮安驅，

夜皎皎兮，夜皎皎兮既明。

（青年們被歡噪的鳥聲驚醒了，揉着眼睛，打着呵欠，慢慢站起來了。忽然看見東君，紛紛向他奔去。他一一撫慰了他們，便分發他們到各自的崗位上開始工作。

在共同的節奏中，勞動人類的熱情，匯成一股歡樂的洪流——熱和力的交響樂。）

（東君點着頭愉快的巡視着工作者。）

男音獨唱：

駕龍輈兮乘雷，載雲旗兮委蛇，

長太息兮將上，心低佪兮顧懷，心低佪兮顧懷。

羌聲色兮娛人，觀者憺兮忘歸，觀者憺兮忘歸。

合唱：

緪瑟兮交鼓，簫鐘兮摇簴，鳴箎兮吹竽！

男音獨唱：

思靈保兮賢姱！

合唱：

思靈保兮賢姱！

（青年們合舞。）

合唱：

翾飛兮翠曾，展詩兮會舞，應律兮合節！

男音獨唱：

靈之來兮蔽日。

（這時日輪早已不見了，天色漸暗，人群在悠揚的牧笛聲中陸續散去。）

（天幕由深藍變到深紫，繁星出現了。）

男音獨唱：

青雲衣兮白霓裳，舉長矢兮射天狼，（開弓向天空射去，一顆流星墜下。）

操余弧兮反淪降，援北斗兮酌桂漿。（翻轉身來舉起酒斗狂飲。）
撰余轡兮高翔，杳冥冥兮東行，
撰余轡兮高翔，杳冥冥兮東行。（在黑暗中消逝了。）

（幕下）

雲中君

暮靄深了。最後的斜陽睨視在黃龍旗上，微風中鱗甲不時閃着金光，黃龍蠕動了。地面彩筵上陳列着盛饌。

一群彩衣的少女在環繞着旗杆拜禱。她們在誇耀她們自己的美麗，説是經過了挑選又挑選，代表她們全族來向這位神明謝恩的。爲了一年的雨露，神所賜給她們的膏澤，她們族人——全體高陽氏的苗裔，今天已經把他們所有值得獻出的都獻出了，包括她們的青春。在她們這是何等的光榮！爲了保證這光榮，爲了她們這份虔誠，不致遭到萬一的拒絶，她們還精心的修飾了自已……

女音合唱：

浴蘭湯兮沐芳，華采衣兮若英。
浴蘭湯兮，浴蘭湯兮沐芳，
華采衣兮，華采衣兮若英。

（天邊涌起一朵黃雲，雲中君黃冠，黃衮龍衣，在一道金光中出現了。樂聲從四面涌起，少女們一窠蜂似的往他擁去。圍着他輕舞。）

靈連蜷兮既留，靈連蜷兮既留，
爛昭昭兮未央，爛昭昭兮未央，
（金光變得更燦爛，幾乎有些耀眼。）
蹇將澹兮壽宫，蹇將澹兮壽宫，

與日月兮齊光，與日月兮齊光。

（少女們簇擁着雲中君，來到筵前，就地坐下，繞成一圈，盡情的歡飲。）

（雲中君有點頹然了。秩序大亂。）

（臺上暗了一會兒。）

（雲中君起來了，帶着倦意，徘徊了幾周。）

男音獨唱：

龍駕兮帝服，聊翱游兮周章，
龍駕兮帝服，龍駕兮帝服，
聊翱游兮周章，聊翱游兮周章。

（他驀的雙肩一聳，張開兩臂，像是浮入雲中了。驚惶的少女們跳躍着伸手去攀援，但是那有什麽用處呢？）

女聲合唱：

靈皇皇兮既降，猋遠舉兮雲中。

（他飄浮得很遠，還手搭涼棚，往下面眺望，彷佛在尋覓什麽似的。這樣盤旋一周，便輕輕飄去了。）

男音獨唱：

覽冀州兮横四海，覽冀州兮横四海，
覽冀州兮有餘，横四海兮焉窮！
覽冀州兮有餘，横四海兮焉窮！

（少女們呆望着雲中君的身影消失了，一個個沮喪得萬分，有的擁抱着旗杆，有的伏倒在地上，嗚嗚的啜泣了。）

女音合唱：

思夫君兮太息，極勞心兮𢝊𢝊！
思夫君兮太息，極勞心兮𢝊𢝊！

（幕下）

湘君（湘夫人）

人物：湘君　湘公子　車夫　男侍數人

女子甲　女子乙　船娘　女侍數人

江心一個小島，島上蘭茝叢中藏着一座小得幾乎像玩具樣的廟子。

是一個深秋的黄昏，落葉在西風中旋舞。

樹葉不時閃着“神光”。剛從島後石灘間迂迴地來到島上的車子，走到廟前，停下了。車上的人，除了湘君，都上廟前來。湘君佇立在車上，吹着鳳簫，簫聲停了，遠處一個女高音開始唱道：

君不行兮夷猶，蹇誰留兮中洲！

（一隻船滿載着婦女，從右側出現，向着島這邊划來了。）

女甲：

美要眇兮宜修，沛吾乘兮桂舟。

令沅湘兮無波，使江水兮安流。

望夫君兮未來，吹參差兮誰思！

（湘君看見船來了，急忙跳下車來，跑到水邊。）

湘君：

駕飛龍兮北征，邅吾道兮洞庭，

薜荔柏兮蕙綢，蓀橈兮蘭旌。

望涔陽兮極浦，横大江兮揚靈，（閃着神光。）

揚靈兮未極，女嬋媛兮爲余太息。

（船慢慢靠近岸旁，停下了。）

女甲：

（掩面悲泣）横流涕兮潺湲，隱思君兮陫側。

湘君：

桂櫂兮蘭枻，斵冰兮積雪。

桂櫂兮蘭枻，斫冰兮積雪！
采薜荔兮水中，搴芙蓉兮木末，（有些氣憤。）
心不同兮媒勞，恩不甚兮輕絶！

女甲：

石瀨兮淺淺，飛龍兮翩翩。
石瀨兮淺淺，飛龍兮翩翩。
交不忠兮怨長，期不信兮告余以不閑！

（湘君以謝罪的姿式，走上前把女子甲扶下船來。二人携手往花草叢中走去了。）

湘君：

鼂馳騖兮江皋，夕弭節兮北渚。
鳥次兮屋上，水周兮堂下。
捐余玦兮江中，遺余佩兮醴浦，
采芳洲兮杜若，將以遺兮下女，
時不可兮再得，聊逍遥兮容與！

湘君·女甲：

鳥次兮屋上，水周兮堂下，
時不可兮再得，聊逍遥兮容與！

（燈光熄，幕下，隨即升起，燈光又明。）

（自從船攏岸時，公子就已注意到女乙，一直目不轉睛的盯着她。她却不敢回視，衹是羞澀的眺望着流水。）

女乙：

帝子降兮北渚，目眇眇兮愁予。
嫋嫋兮秋風，洞庭波兮木葉下。

公子：

登白薠兮騁望，與佳人期兮夕張！
鳥何萃兮蘋中，罾何爲兮木上！

女乙：

沅有茝兮醴有蘭，思公子兮未敢言，

荒忽兮遠望，觀流水兮潺湲。

麋何食兮庭中！蛟何爲兮水裔！

（公子也上了船，船女乙扶下來了。）

麋何食兮庭中！蛟何爲兮水裔！

公子：

朝馳余馬兮江皋，夕濟兮西澨，

聞佳人兮召予，將騰駕兮偕逝。

（他們携手走向廟前。）

女乙：

築室兮水中，葺之兮荷蓋，

蓀壁兮紫壇，匊芳椒兮成堂，

桂棟兮蘭橑，辛夷楣兮藥房，

網薜荔兮爲帷，擗蕙櫋兮既張，

白玉兮爲鎮，疏石蘭兮爲防，

葺之兮荷屋，繚之兮杜衡。

合百草兮實庭，建芳馨兮廡門。

九嶷繽兮并迎，靈之來兮如雲。

（她脱去外衣。）

捐余袂兮江中，遺余褋兮醴浦，

搴汀洲兮杜若，將以遺兮遠者。

時不可兮驟得，聊逍遥兮容與！

公子·女乙：

時不可兮驟得，聊逍遥兮容與！

（這時湘君和女甲已從花叢中走出，於是湘君和女甲，公子和女乙，每一個男侍和每一個女侍，乃至車御和船娘，都配成對，相携狂舞。）

全體：

時不可兮驟得，時不可兮驟得，
聊逍遥兮容與，聊逍遥兮容與，
聊逍遥兮，逍遥兮，逍遥兮容與！

（幕下）

大司命

人物：大司命　美人數人　司閽二人

空桑山上一片玄雲，雲隙中露北宫的門闕，黑漆扁額上金書的古篆，看去像是“玄雲”二字。山坳下停着一輛玉輅，龍輈雲旗，和四匹駿馬，皆黑色。

一群美人在山坳下游戲。

一聲號筒，兩個司閽敞開了宫門，分開站到門的兩旁。一群水族跟着一頭大龜從門内擁出。

大司命，玄衮衣，蒼玉珮，在細樂聲中步出門來。

大司命：

廣開兮天門，紛吾乘兮玄雲，
令飄風兮先驅，使涷雨兮灑塵。

（司命瞥見美人們，疾馳而下。美人們驚惶逃避，司命繞着山石追趕，一個個被拉住又掙脱了。如此者數次，直到動員起全體水族來助他遮堵，這纔抓住一個，他大笑了，美人也笑了。）

美人甲：

君迴翔兮來下，逾空桑兮從女，
紛總總兮九州，何壽夭兮在予！

（當他們二人相對狂舞，剛纔逃散了的美人們一個個又出現了，會同全體水族給他們助興。）

美人甲：

高飛兮安翔，乘清氣兮御陰陽，

吾與君兮齋速，導帝之兮九坑，

（樂舞的節拍愈加疾促，臺上燈光暗暗亮亮。）

美人甲：

雲衣兮披披，玉佩兮陸離，

壹陰兮壹陽，衆莫知兮余所爲！

大司命・美人甲：

壹陰兮壹陽，衆莫知兮余所爲！

全體：

壹陰兮壹陽，壹陰兮壹陽，

衆莫知兮，衆莫知兮，衆莫知兮余所爲！

（美人們都疲乏得倒地睡着了。司命躊躇四顧，若有所思。）

大司命：

（轉向花叢中，折來一枝瑶花。）折疏麻兮瑶華，（將花悄悄的放在美人甲的掌中。）將以遺兮離居。

老冉冉兮既極，（不勝感慨。）不寖近兮愈疏！

（司命登車，繞向山石後走了。）

（美人甲醒來，發現手中的花，又不見司命，沮喪之極。猛抬頭，望見司命和他的隊伍在雲端出現了，她支起慵困的身軀，慢慢站起來，對着雲天衹是發愣。）

（衆美人也都次第醒來。）

美人甲：

乘龍兮轔轔，高馳兮衝天，

［將腰間的香藥（桂枝）拿到鼻前嗅着。］

結桂枝兮延佇，羌愈思兮愁人！

愁人兮奈何？願若今兮無虧！

（衆美人都來安慰她。）

衆美人：

願若今兮無虧，願若今兮無虧！

固人命兮有當，孰離合兮可爲？

美人甲：

固人命兮有當，孰離合兮可爲？

固人命兮有當，

衆美人：

有當，有當，

美人甲：

孰離合兮可爲，

衆美人：

可爲，可爲？

全體：

固人命兮有當，孰離合兮可爲！

（幕下）

少司命

人物：少司命　孩兒（六歲光景）　美人十餘人

滿院子夕陽。階前長着密茂的花草，有秋蘭，有蘼蕪，和一些不知名的亞熱帶植物。美人三五成群，在花園中游戲。

墻頭上移動着的孔雀蓋和翠羽旗，加上一片清晰的馬蹄聲，證明墻外有一輛貴人的車子來到。有頃，司命荷衣蕙帶，左手撫着腰間的長劍，右手抱着女孩兒，悄悄走進院子來，帶着苦悶的神情，端詳着整個庭院和院内每一個美人。

少司命：

秋蘭兮麋蕪，羅生兮堂下。

緑葉兮素華，芳菲菲兮襲予。

（衆美人發現了司命和司命抱着的孩子，都紛紛迎上前來，争着和孩兒玩耍。）

美人甲：

（把孩兒抱走了，司命跟在她後面。）

夫人自有兮美子，蓀何爲兮愁苦？

少司命：

（不睬她的問題。）緑葉兮素華，芳菲菲兮襲予？

（衆美人都在逗引司命的注意，但司命的興趣顯然衹在美人甲身上。）

美人甲：

秋蘭兮青青，緑葉兮紫莖，滿堂兮美人，忽獨與余兮目成！（一步一步的打着退，像是要躲入室内，忽然一閃身，又到了院中心。）

忽獨與余兮，與余兮目成！（擠着眼，妖媚的笑着。）

（少司命終於被引進了室内。）

（衆美人領着孩兒在院子裏做了許多游戲，司命纔出。望望天空，星星都出來了，便匆匆抱着孩兒離去。衆美人搶着去追他，但是來不及了。）

美人甲：

（凄然的靠在門邊，衆美人愕然的望着美人甲。）

入不言兮出不辭，乘迴風兮載雲旗，

悲莫悲兮生别離，樂莫樂兮新相知！

衆美人：

樂莫樂兮新相知，悲莫悲兮生别離！

樂莫樂兮新相知，悲莫悲兮生别離！

（夜色更濃了，空中有更多的星星出現。）

美人甲：

荷衣兮蕙帶，儵而來兮忽而逝，

夕宿兮帝郊，君誰須兮雲之際？

少司命：

（在遠處回答，幾乎辨不出字音。）

與女沐兮咸池，晞女髮兮陽之阿，

望美人兮未來，臨風怳兮浩歌。

全體：

（因爲剛纔的回答聽不清楚，所以大家同聲再問。）

荷衣兮蕙帶，儵而來兮忽而逝，

夕宿兮帝郊，君誰須兮雲之際？

少司命：

（這回的聲音是完全清晰的。）

與女沐兮咸池，晞女髮兮陽之阿，

望美人兮未來，臨風怳兮浩歌！（最後一句尤其響亮。）

全體：

孔蓋兮翠旌，登九天兮撫彗星，

撫長劍兮擁幼艾，蓀獨宜兮爲民正！

撫長劍兮擁幼艾，蓀獨宜兮爲民正！

（幕下）

河　伯

景是河身的橫切面，像我們常在銀幕上看見的一樣。河伯，跨着一頭白黿，像一具白石的裸體雕像，半個身子露在水上。時而有魚蝦一類的水族打他身邊游過。從河右岸上伸出一座懸崖，恰好與河面構成一個正角。崖端蹲着一座小廟，廟前的旗杆下攢集着一群白衣少女。崖身和崖上的一切（人物和廟宇），都正浸在血一般的夕陽中。

景中的人物差不多完全没有動作。除了沉悶的鼓聲以外，我們衹聽見他們（少女們和河伯）一往一復的歌聲。

少女：

魚鱗屋兮龍堂，紫貝闕兮珠宫。
靈何爲兮水中，乘白黿兮逐文魚？

河伯：

與女游兮九河，衝風起兮横波，
乘水車兮荷蓋，駕兩龍兮驂螭。

少女：

登崑崙兮四望，心飛揚兮浩蕩……
靈河爲兮水中，乘白黿兮逐文魚？

河伯：

與女游兮河之渚，流澌紛兮將來下。
子交手兮東行，送美人兮南浦。

少女：

日將暮兮悵忘歸，惟極浦兮顧懷。
靈何爲兮水中，乘白黿兮逐文魚？

河伯：

子交手兮東行，送美人兮南浦，
波滔滔兮來迎，魚鄰鄰兮媵予。

少女：

登崑崙兮四望，心飛揚兮浩蕩，
日將暮兮悵忘歸，惟極浦兮顧懷。
魚鱗屋兮龍堂，紫貝闕兮珠宫，
靈何爲兮水中，乘白黿兮逐文魚？

（幕下）

山　鬼

山坡上黑黝黝的竹林裏，歇着一輛豹車，豹子是火赤色的，旁邊睡着一匹狐狸，身上却有着金錢斑點。

對面，從稀疏的竹子中間望去，像一座陡起的屏風，擋住我們的視綫的，便是那永遠深藏在雲霧中的女神峰——巫山十二峰中最秀麗，也最嬌羞的一個。林中單調的蟲聲像是我們自己的耳鳴。驀地一聲裂帛，撕破了寂静，“若有人兮山之阿”，回聲像數不完的波圈，向四面的山谷擴大——“山之阿，山之阿，山之阿……”一隻蝙蝠掠過，坡下草叢中簌簌作響。

公子嗅着手中的香花，一步一回頭，爬上坡來。

公子：

被薜荔兮帶女羅，（靠在一根椽子粗細的竹子上，望着對面的雲霧。）

（回聲：“善窈窕，善窈窕……”）

乘赤豹兮從文狸，辛夷車兮結桂旗，

被石蘭兮帶杜衡，折芳馨兮遺所思。

（回聲：“遺所思，遺所思……”公子走進林中。）

余處幽篁兮終不見天，路險難兮獨後來。

（雲霧漸漸圍上來。）

余處幽篁兮終不見天，路險難兮獨後來。

（霧愈來愈濃，臺上一片白。女子的歌聲由遠而近。山鬼，正如蕭從雲《九歌》圖中所描繪的一個妙齡女子，肩頭披着薜荔，腰間纏着女羅，從霧間出現了。）

山鬼：

表獨立兮山之上，雲容容兮而在下，

杳冥冥兮羌晝晦，東風飄兮神靈雨。（一陣雨聲。）

留靈修兮憺忘歸，歲既晏兮孰華予！

留靈修兮憺忘歸，歲既晏兮孰華予！

公子：

（在遠處）若有人兮山之阿，被薜荔兮帶女羅，

既含睇兮又宜笑，子慕余兮善窈窕。

山鬼：

采三秀兮於山間，石磊磊兮葛蔓蔓，

怨公子兮悵忘歸，君思我兮不得閑。

公子：

（聲音時遠時近）乘赤豹兮從文狸，辛夷車兮結桂旗，被石蘭兮帶杜衡，折芳馨兮遺所思。

山鬼：

山中人兮芳杜若，飲石泉兮蔭松柏，

怨公子兮悵忘歸，君思我兮然疑作。

公子：

（聲音更近了）被石蘭兮帶杜衡，折芳馨兮遺所思，

余處幽篁兮終不見天，路險難兮獨後來。

（風雨雷電交作，滿山的鳥獸都悲鳴起來。）

山鬼的身影，完全被黑暗所吞没，哀怨的歌聲中帶着恐怖。

山鬼：

雷填填兮雨冥冥，猨啾啾兮又夜鳴，

風颯颯兮木蕭蕭，思公子兮徒離憂！

國　殤

遠山銜着半邊血紅的落日。

平原上進行着劇烈的戰爭。鼓聲愈來愈急，

敵人終於敗退了。

國人爲慶祝勝利并哀悼國殤，手拿着武器和鉦鼓，環繞着死者的尸體，舉行薩尼人跳鼓式的舞踴。

婦孺們坐在男人們後面，圍成一個更大的圈子，唱着莊嚴而凄凉的悼歌。

操吴戈兮被犀甲，車錯轂兮短兵接，
旌蔽日兮敵若雲，矢交墜兮士争先，
凌余陣兮躐余行，左驂殪兮右刃傷。
霾兩輪兮縶四馬，援玉枹兮擊鳴鼓，
天時墜兮威靈怒，嚴殺盡兮棄原野。
出不入兮往不返，平原忽兮路迢遠。
帶長劍兮挾秦弓，首身離兮心不懲，
誠既勇兮又以武，終剛强兮不可凌。
身既死兮神以靈，魂魄毅兮爲鬼雄！

（幕下）

送神（尾聲）

布置和序曲一樣，依然四處閃着神光，

滿臺香烟繚繞。

凡是在歌曲中出現過的人和動物，現在都在臺上。

樂聲響了，女子們一壁傳遞着鮮花，依次的打祭壇前舞過，一壁唱着歌曲。

女音合唱：

成禮兮會鼓，傳芭兮代舞，

姱女唱兮，姱女唱兮容與。

春蘭兮秋菊，長無絶兮終古！

（金鼓大作，全場亂舞。）

全體合唱：

春蘭兮秋菊，長無絶兮終古！

春蘭兮秋菊，長無絶兮終古！

…………

（楚王領着百官，打臺前走過，全場高呼萬歲。）

（幕急下）

作者附注①

迎神曲

（一）《高唐賦》所述的“醮諸神，禮太一”的儀式，是在夜間舉行的。這賦是否宋玉所作，是另一問題，所記的反正是楚國的故事。漢代祭太一本是沿襲楚國的舊俗，所以時間也在夜間。《史記・樂書》明白的載着：“漢家常以正月上辛祠太一〔於〕甘泉，以昏時夜祠，至明而終。”武帝時祠太一的《郊祀歌》也證明了這一點。歌詞劈頭一章《練時日》（相當於《九歌》的迎神曲）曰：“虞（娱）至旦，承靈億。”又曰：“俠（浹）嘉夜，茝蘭芳。”這和《史記》的話完全相合。

我們考察了《九歌》中間的九章歌舞曲，除《大司命》，都直接

① 這是《九歌古歌舞劇懸解》的附注，未隨文發表。今據手稿照相複製件整理，置於文末。附注前“作者”二字，係整理者所增。

或間接的表示是以暮夜爲背景的。《湘君》“夕弭節兮北渚”，《湘夫人》“與佳人期兮夕張”，“濟兮西澨”，《少司命》“夕宿兮帝郊”，《河伯》“日將暮兮悵忘歸”，《國殤》“天時墜兮威靈怒”，《東君》“舉長矢兮射天狼（星名）……援北斗兮酌桂漿”，又“杳冥冥兮東行”（夜間繞入地底東行），《少司命》“登九天兮撫彗星”，《山鬼》“猨啾啾兮又夜鳴”，這些都是直接表明了暮夜的。此外《雲中君》“爛昭昭兮未央”，“與日月兮齊光”，和《湘君》“横大江兮揚靈”，都指所謂神光，那也是非在夜間看不見的。這分明是因爲祭太一是在夜間舉行的，所以娱神的歌舞曲也不得[①]以夜爲背景。《太平御覽》五七二引王逸《九歌序》曰：

沅湘之間，其俗敬鬼神，好夜鼓舞，以樂諸神。

這與今本《楚辭》不同，不知究竟是誰的話，但説“好夜鼓舞”，是絶對正確的。

（二）光耀，神降臨的表徵。這種光便叫作“神光”，又叫作“靈”。《漢書·郊祀志》“神光興於殿旁”，“神光又興於房中，如燭狀”。《海内北經》“二女之靈，能照此所方百里”，郭注：“言二女神光所燭及者方百里。”

東　君

（一）這一章通常列在《少司命》前，那是弄錯了的，經筆者考證，應該移到此地來和《雲中君》相配（詳拙著《楚辭校補》）。《東君》是日神，《雲中君》是雲神，亦即雨神。日與雨是農事的兩個必要的自然條件，所以這兩位自然神常在一起。還有，在五帝系統中，《東君》也就是東方的太皞伏羲氏，《雲中君》也就是中央的黄帝軒轅氏。這兩

① 據上下文義，疑“得”下脱“不”字。

位帝不但往往并稱，（如《海内經》“太皞爰過，黄帝所爲”，和《莊子・田子方篇》“伏羲黄帝不得友”之類。）而且關於他們的傳説還常被混淆。最顯著的例是他們連名號都相同，都稱有熊氏。（伏羲稱有熊氏，見《易乾鑿度》上注。）這些都説明，在傳説中伏羲和黄帝不易分開，也就是《東君》和《雲中君》不易分開了。

（二）三代時天子有“朝日”的典禮，便是在日出時，向着東方舉行的一種歡迎日出的儀式。《東君》這位神無疑便是這樣産生的。關於朝日，《尚書・堯典》又説到“寅賓出日，平秩東作”的話。“東作”一詞，趙岐解爲“治農事”，應劭解爲“耕”，都是極正確的，所以我們在這裏讓一群農民出現，而在下面還要特別强調工作的意義。

（三）顧名思義，與其説東君是日神，毋寧説是日出之神。日出自東方，而東方衹是一個抽象的概念，不易捉摸，於是便創造出日出扶桑的神話，用扶桑來使東方的概念形象化起來。這樣，東方與日與木，便分不開了。因而東君，你説他是東方的神仙也好，日神也好，甚至木神也未嘗不可。上面已經説過，東君也就是東方帝太皞，現在東君既同時是木神，那麽東方帝自然也可以同時是木帝了。這便是在五行説中，東方所以屬木而色青的緣故。而因此我們也可以明白，在《九歌》中，東君劈頭便説“暾將出兮東方，照吾檻兮扶桑”，也不是偶然的。當然，所謂扶桑并不是實質上存在着的一種樹木。我們疑心它衹是日出時天邊的雲霞，（《山海經》説它“青葉赤華”，這正是早霞的顔色。）至於作爲自然物的形象，便是一棵大樹，作爲人爲物的形象，便時而是宫室的軒檻（“照吾檻兮扶桑”），時而又是蔽體的衣服（“青雲衣兮白霓裳”）——這些都不過是人類的幻想——一種詩意的杜撰罷了。

雲中君

（一）《左傳》昭公十七年郯子曰：“昔者黄帝氏以雲紀，故爲雲師而雲名。”這是《雲中君》即黄帝的確證。明白了這一件事實，不但

《九歌·雲中君》“龍駕兮帝服”一句話有了解答，而且如像下面這些文獻中的傳説，也都可以涣然冰釋了。

1.《穆天子傳》：“天子升於崑崙，觀黄帝之宫，而封豐隆之葬。”依《楚辭》的説法，豐隆是雲師。(《離騷》“吾令豐隆乘雲兮”，《九章·思美人》“願寄言於浮雲兮，過豐隆而不將”。）豐隆既是黄帝自己，想來豐隆之葬（墓）就在黄帝之宫旁，所以趁着參觀黄帝之宫的機會，順便就封一封豐隆之葬——在墓上加蓋一層新土。

2.《莊子·大宗師篇》：“黄帝得之，以登雲天。”

3.《莊子·在宥篇》：“黄帝……聞廣成子在於空同之山，故往見之，曰：‘……吾欲取天地之精，以佐五穀，以養民人，吾又欲官陰陽以遂群生，爲之奈何？’廣成子曰：‘……自而治天下，雲氣不待族而雨，草木不待黄而落，日月之光益以荒矣。’”又雲將東游，過扶摇之枝，而適遭鴻蒙……雲將曰：‘今我願合六氣之精，以育群生，爲之奈何？’……鴻蒙曰：‘亂天之經，逆物之情，玄天弗成，解獸之群，而鳥皆夜鳴，灾其草木，禍及蟲正（豸），意（噫）！治人之過也。’”

以上這兩個故事的内容相同，實在是一個故事的分化，而雲將即黄帝，鴻蒙即廣成子。因爲黄帝即雲神，所以前一個故事中有“自而（指黄帝）治天下，雲氣不待族而雨”等語。其實前一個故事中所謂“天地之精”，後一個所謂“六氣之精”，也還是指雲氣的基本構成原素。

4.《大戴禮記·五帝德篇》：“黄帝黼黻衣，大帶黼裳，乘龍扆雲。”

5.《周禮·大司樂》鄭注：“黄帝曰雲門大卷。”《獨斷》：“黄帝〔樂〕曰雲門。”(《周語》韋注，《玉燭寶典》引《樂緯稽耀嘉》宋均注，《群書治要》引《帝王世紀》并同。)《楚辭·遠游》王注：“承雲即雲門，黄帝樂也。”(《淮南子·齊俗篇》許注説同。)

6.《古今注》：“華蓋，黄帝所作也，與蚩尤戰於涿鹿之野，常有五色雲氣，金枝玉葉，止於帝上，有花葩之象，故因而作華蓋焉。”《漢書·郊祀志》上：“置壽宫〔於〕北宫，張羽旗，設供具，以禮神君。”臣瓚注：“壽宫，奉神之宫也。”我們這裏所講的旗，可以假想是樹在壽宫前面的。黄帝的符瑞是黄龍，(《史記・天官書》：“軒轅黄龍體。”）所以降黄帝之神，用黄帝之神，用黄龍旗。

（二）《吕氏春秋・知接篇》：“桓公……蒙衣袂而絶乎壽宫。”高注：“壽宫，寢堂也。”宫中的寢堂叫作壽宫，神廟的寢堂自然也可以叫壽宫。這裏燈光的熄滅，暗示着神與人在壽宫中的會合，因布景的限制，所以改在室外。

（三）《大荒北經》：“蚩尤作兵伐黄帝，黄帝乃令應龍攻之冀州之野。”《周書・嘗麥篇》：“黄帝執蚩尤，殺之於中冀。”孔注：“即冀州也。”這裏説“覽冀州兮有餘”，也是雲中君即黄帝的佳證。

湘　君

（一）在本篇中，最應注意的一點，是湘君和迎接湘君的女子，使用着迥乎不同的交通工具，前者乘舟，後者乘車。舟在歌詞中有明文，用不着説明。車則似乎向來未被人注意，因此一般的都把車具誤認爲舟具，於是舟中人和車中人的身份便混淆不分，而他們對話的意義也就大大的模糊了。筆者發現歌中人物有一種乘車的，是根據下列各歌句的研究：

駕飛龍兮北征，

飛龍是駕車的龍馬。《離騷》：“爲余駕飛龍兮，雜瑶象以爲車。”《漢書・禮樂志・郊祀歌》：“靈之車，結玄雲，駕飛龍，羽旄紛。”又《安世房中歌》：“飛龍秋，游上天。”注云：“莊子有秋駕之法者，亦言駕馬騰驤，秋秋然也。”都是佐證。

邅吾道兮洞庭。

下篇“洞庭波兮木葉下”，波即陂字，(洞庭陂見《中山經》注。）正如《禹貢》的“滎波”即滎陂，《楚策》四的“湘波”即湘陂，《説苑・善説篇》的“新波”即新陂一樣。陂就是澤，

“滎陂”一名滎澤。）是一種水陸參半的低窪的丘陵地帶，雨季則水多於陸，旱季則陸多於水。古代的洞庭正是這樣的一個地區，《中山經》有“洞庭之山”，《九嘆·逢紛》説“步余馬兮洞庭”，和本篇“駕飛龍兮北征，邅吾道夫崑崙”的情形一樣，都是紆回遭轉的找着平坦的道兒走，所不同的是，一邊爲的要避開險阻的岩石，一邊爲的是避開泥濘的水潦罷了。

石瀨兮淺淺，飛龍兮翩翩。

這是説的車子過灘時的情形。梁竦《悼騷賦》云“騁鸞路（輅）於奔瀨”，便是脱胎於這兩句的。淺淺的石瀨，分明和今天這一片汪洋的洞庭湖，完全兩樣。從戰國到今天是一個漫長的時間，從洞庭陂到洞庭湖，也是一個漫長的過程，自然的面貌必然會隨着時間變遷的，不用着我們大驚小怪。

薜荔柏兮蕙綢，蓀橈兮蘭旌。

柏與帛通。《爾雅·釋天》“纁帛縿”，《周禮·司常》“通帛爲旜，雜帛爲物”，《禮記·玉藻》“大帛不緌”，這些帛字，都是指旗而言的。旗是布帛做的，所以叫作帛。金文《吴尊》作㫲，是旗帛的專字。綢訓纏。《釋天》“素綿綢杠”，郭注“以白地錦韜旗之竿”，是説用白地彩色條紋的錦帶也叫作綢，如《大人賦》“靡屈虹以爲綢”便是。《文選·上林賦》“靡魚鬚之橈旃”，張揖注：“以魚鬚爲旃柄。”《説文》：“旃，旗曲柄也。”（旗之有曲柄者。）又：“橈，曲木也。”據此，則橈旃是以曲木爲柄的旗，而單説橈便是用曲木做的旗柄了。旌是綴在旗竿頭上的一種鳥羽或旄牛尾做的蕤子。

古代車子上必插着旗子，這裏以薜荔爲帛，以蕙爲綢，以蓀爲橈，以蘭爲旌的旗子，便是插在車上的。怎麽見得呢？《大人賦》曰：“攬欃槍以爲旌兮，靡屈虹以爲綢……駕應龍象輿之蠖略逶麗兮，驂赤螭青虯之蟉蟉蜿蜒。”《上林賦》曰：“駕馴駁之駟，乘雕玉之輿，靡魚鬚之橈旃，曳明月之珠旗。”（以上兩賦中以旌綢或橈旃、珠旗，和車駕并舉，顯然那都是插在車上的。本篇於“駕飛龍兮北征”二句之下，又説到帛綢橈旌一類與旗有關的什物，以《大人》《上林》二賦與本篇相證，本篇所形容的旗，想必也是插在車上的。

朝騁騖兮江皋，夕弭節兮北渚。

騁騖是使馬匹快行，弭節是使之慢行，這兩句説，湘君所乘的車子，尤其明顯。

（二）歌曰：“望夫君兮未來，吹參差兮誰思？”參差即簫。《風俗通·音樂篇》：“舜作簫，其形參差不齊，象鳳翼也。”湘君本來就是舜，簫既是舜作的，那麽，這裏吹簫的就該是湘君了。在蕭史和弄玉的故事中，吹簫的蕭史也是男的。《邶風·簡兮》：“左手執籥，右手秉翟。”籥也就是簫。那秉翟執籥的舞者，又是一個男子。這些都可以作爲我們的旁證。

（三）靈即神光。《海内北經》：“二女之靈能照此所方百里。”郭注：“言二女神所燭及者方百里。”《漢郊祀歌》“揚金光，横泰（大）河”，便是模仿本篇“横大江兮揚靈”一句的。《離騷》“皇剡剡其揚靈兮”，“皇剡剡”是光貌，“揚靈”亦即揚光。

楚郊祀東皇太一樂歌 ①

東皇太一

吉日兮辰良，穆將愉兮上皇。

辰良是良辰的倒語。（爲着押韻的方便。）《管子·君臣下篇》注："穆，猶悦也。"這裏用作副詞，修飾愉字，愉亦悦也。"穆將愉兮上皇"，與《雲中君》"蹇將澹兮壽宫"句法同。上皇指東皇太一。《莊子·天運篇》："治成德備，監昭下土，天下戴之，此謂上皇。"《吴越春秋·勾踐入臣外傳》："君臣生離，感動上皇。"《九嘆·遠逝》"信上皇而質正"，注："上皇，上帝也。"

以上叙致祭的日時。

撫長劍兮玉珥，璆鏘鳴兮琳琅。

珥，俗名劍格，在劍身與柄之間，作凹形。横看象人耳，故曰珥。兮字的作用等於□。璆，今名青金石（Lapis Lazuli），這裏指珮玉。《禮記·玉藻》："古之君子必佩玉，右徵角，左宫羽，趨以采齊，行以肆夏，周還中規，折還中矩，進則揖之，退則揚之（案即今所謂"臺步"），然後玉鏘鳴也。"琳琅，玉聲，猶玎璫也。

《説苑·反質篇》："經侯往適魏太子，左帶羽玉具劍，右帶環佩，

---

① 本篇據作者手稿照相複製件整理而成。《河伯》"登崑崙兮四望，心飛揚兮浩蕩"以下及《山鬼》《國殤》《禮魂》，皆未完成。

左光照右，右光照左。”以上二句叙主祭者的服飾，上句説劍，下句説佩。劍在左，則撫劍用右手。

瑶（䔄）席兮玉瑱（鎮），盍（合）將把兮瓊芳。

瑶席是托玉鎮的墊子，玉瑱是事神的寶玉。瑱本一作鎮，《北堂書鈔》一三三、《藝文類聚》六九引并作鎮。《説文》：“靈，巫以玉事神也。”《周禮·大宗伯職》：“以玉作六器，以禮天地四方。”《天府職》：“凡國之玉鎮、大寶器，藏焉，若有大祭，大喪，則出而陳之。”（注：“故書鎮爲瑱，鄭司農讀瑱爲鎮。”）《九歌》的玉瑱就是《周禮》的玉鎮。《史記·封禪書》載武帝時“公卿言皇帝始郊見太一〔於〕雲陽，有司奉瑄玉嘉牲薦饗”。瑄玉也就是玉鎮，漢祭太一用玉，説不定就是沿襲楚國的舊俗。瑶是草名，字一作䔄。《中山經》：“姑媱之山，女尸化爲瑶草。”《文選·别賦》：“惜瑶草之徒芳。”李注引《中山經》并曰：“䔄與瑶同。”席就是墊子，席與藉古字同音通用。瑶席是瑶草作的一種承托寶玉的墊子，即所謂“繅藉”。《周禮·典瑞職》“設有服飾”，注曰：“服飾，服玉之飾，謂繅藉。”“繅藉”也可以單稱“繅”，《儀禮·聘禮》注曰：“藉謂繅也，繅所以緼藉玉。”繅之言巢也，其狀如巢。用綿絮作成的，故字作繅。但經傳中繅藻往往通用，而且《禮記》有《玉藻篇》，可見也有用水藻作的。這裏稱瑶席，也是草類作成的。盍讀爲合，《爾雅·釋詁》：“盍，合也。”謂合兩手。將把同義複詞。瓊指玉瑱，芳指瑶席。（瑶是芳草，上引《别賦》可證。）

自“瑶席”句以下，歷叙祭祀的儀節：獻玉，薦牲，奠酒。

蕙肴蒸兮蘭藉，奠桂酒兮椒漿。

肴，《文選》王元長《三月三日曲水詩序》注，《捫虱新語》上四，《綿綉萬花谷》前集二一并引作殽。蒸，本作烝，《藝文類聚》七二引同。肴是牲體，今俗語曰肘子。《晋語》一“飲而無肴”，《詩·既醉》

“我殽既將”，箋曰“殽，謂牲體也”。《周禮·小子職》“羞羊肆羊殽肉豆”，鄭衆注曰：“羊殽，體解節折也。”肴與殽同。蒸，升也。將牲體升到（裝進）鼎俎裏的儀式曰殽脀，一作殽烝。《儀禮·特牲饋食禮》“若有公有[1]司私臣皆殽脀”，《周語》中“定王饗之，餚烝”（《左傳》宣十六年同），又“親戚宴饗，則有餚蒸”，胡培翬注：“餚烝，升體解節折之俎也。”肴蒸即殽脀，餚烝。殽脀有時省稱爲脀。《儀禮·特牲饋食禮》“宗人告祭脀”，《少牢饋食禮》“卒脀”注“脀，以牲體實鼎也”，《禮記·月令》“太飲烝（《吕氏春秋·孟冬篇》作蒸）”注“脀，謂有牲體爲俎也”。但上面所述的是中原的習俗。這裏享神用肉類（牛羊之屬），所以肴蒸是將肴裝進鼎俎裏去。楚人享神，用的是芳草，是以蕙爲肴，所以不用鼎而衹以蘭草爲藉，便是地上鋪一層草將食物攤在上面。(《廣韻》：“藉，以蘭茅藉地。”）這是原始習俗被保存在祭祀儀式裏的一個好例子。句中兮字的作用等於“於”。

《封禪書》“郊見太一……奉瑄玉嘉牲薦饗”，上文玉瑱等於瑄玉，這裏蕙肴等於嘉牲。

揚枹兮拊鼓，□□□□□。

枹，鼓槌也。

自此以下，奏樂興舞。

疏緩節兮安歌，陳竽瑟兮浩倡。

《湘夫人》“疏石蘭兮爲芳”，注曰：“疏，布陳也。”疏的賓語是歌，疏歌猶之展詩，陳詩，賦詩，播詩，陳唱。(詳《東君》“展詩兮會舞”。）安，猶徐也。兮的作用等於“之”。奏樂亦可稱陳或展。《吕氏春秋·古樂篇》：“或鼓鼙，擊鐘磬，吹苓（笙），展管篪。”“陳竽瑟”與“展管篪”語法同例。這裏兮字的作用相當於“以”。浩，大也。倡，

① “公有”二字，從上海古籍出版社黄侃手批《白文十三經》補。

《初學記》一五引作唱，古字通用。《韓非子·解老篇》："竽也者，五聲之長者也。故吹竽先則鐘瑟皆隨，竽唱則諸樂皆和。"

靈偃蹇兮姣服，芳菲菲兮滿堂。

靈指巫。偃蹇猶夭矯也（《廣雅·釋訓》）。《離騷》"何瓊佩之偃蹇兮"，王注："偃蹇，高貌。"

五音紛兮繁會，君欣欣兮樂康。

繁會，錯雜也。君指東皇太一。《九歌》中，湘君、東君、雲中君諸神皆稱君。又《湘君》"君不行兮夷猶"，"隱思君兮陫側"，《大司命》"君迴翔兮來下"，"吾與君兮齊速"，《少司命》"君誰須兮雲之際"，《山鬼》"君思我兮不得閑"，"君思我兮然疑作"，與本篇"君欣欣兮樂康"，諸君字皆謂神。《漢書·禮樂志·郊祀歌》第十九"百官禮"注："百君亦百神也。"有時亦稱神君，《漢書·郊祀志》上："神君最貴者太一，其佐曰太禁，司命之屬皆從之。"《吕氏春秋·古樂篇》："乃令人抃，或鼓鼙，擊鐘磬，吹苓（笙），展管篪，因令鳳鳥天翟舞之。帝嚳大喜，乃以康帝德。"注："康，樂也（從《御覽》五六五引補），安也。"

東　君

暾將出兮東方，照吾檻兮扶桑。

暾，日貌。敦團音近，《詩·東山》"有敦瓜苦（瓠）"傳云："敦猶專專也。"專即古團字。《九嘆·遠逝》"日暾暾其西舍兮"，《樂府·西烏夜飛》"日從東方出，團團雞子黄"。暾暾即團團。俗説東方天邊有棵萬仞高的大樹，名曰扶桑，其實衹是日初出時的彩霞。因爲它五色斑爛，像彩畫的檻楯，所以這裏又被想象爲日神宫室的檻楯。《淮南子·天文篇》："日出於暘谷，浴於咸池，拂於扶桑，是謂晨明；登於扶桑，爰始將行，是謂朏明；至於曲阿，是謂旦明。"拂與登對舉，而登之前，可見那是指日在扶桑後面，還没有登到樹頂上來的時刻。但拂字的涵義不明，當讀爲曊。《墜形篇》："扶木在陽州，日之所曊。"注曰："扶木，扶桑也……曊，猶照也。"曊訓照，當是映照之照，説日"拂於扶桑"，或扶木爲"日之所曊"，都是指扶桑後面的日光，把扶桑的輪廓烘托出來的意思。《九歌》曰照，《淮南子》曰拂或曊，涵義是一樣的。

以上説日將出，相當於《淮南子》所謂晨明。

撫余馬兮安驅，夜皎皎兮既明。

《淮南子·天文篇》："爰止其女，爰息其馬。"《初學記》一"是謂懸車"，注曰："日乘車，駕以六龍，羲和御之。"

以上説日已出，相當於《淮南子》所謂旦明。

駕龍輈兮乘雷，載雲旗兮委蛇。

《方言》九："轅，楚衛之間謂之輈。"龍輈是輈之刻成龍形者。《續漢書·輿服志》上"龍首銜軛"，便指輈而言。《淮南子·原道篇》"雷以爲車輪"，車輪聲隆隆然好似雷鳴，故以雷比車。委蛇，舒捲貌。

長太息兮將上，心低徊兮顧懷。

顧懷，顧念也。

羌聲色兮娱人，觀者憺兮忘歸。

羌，乃也。聲色指歌舞的衆巫。觀者，日神自稱。憺，安閑貌。二句即下文"思靈保兮賢姱"之意。

緪瑟兮交鼓，簫（𢷾）鐘兮瑤簴。

緪是緊緊的上弦。鼓，動詞，其賓語是瑟，兩手鼓曰交鼓。猛擊曰𢷾。《廣雅·釋詁》三："𢷾，擊也。"《墨子·非樂上篇》："今大鐘鳴鼓，琴瑟竽笙之聲，既已具矣，王公大人鏽然奏而獨聽之。"𢷾與鏽同。簴是懸鐘磬的架子。擊鐘而使懸鐘的簴爲之動摇，極言其用力之猛。《招魂》"鏗鐘摇簴"，注曰："鏗，撞也；摇，動也。"《文選》五臣張銑注曰："言擊鐘，則摇動其簴也。"義與此同。

鳴鷈兮吹竽，思靈保兮賢姱。

鷈一作篪，樂器名。《後漢書·馬融傳》"詔靈保"，注："靈保，神巫也。"《莊子·列禦寇篇》司馬注："保，附也。"巫是神靈之所依附，故稱靈保，又稱神保（《詩·楚茨篇》）。而《令彝》《洛誥》的"明保"，《克鼎》的"聖保"，大概也都是巫官。《史記·封禪書》："秦巫祀社主、巫保、族纍之屬。"巫保就是巫。《海外西經》："巫咸國……在登葆山，群巫所從上下也。"葆，《淮南子·墜形篇》作保，保即巫，所以群巫上天下天所經由的山叫作登保山。賢，能也。姱，好貌。鼓瑟，𢷾鐘，鳴鷈，吹竽的是靈保們，聽到音樂，便想起奏樂者的技能和姿色。《説文》："翾，小飛也。"小飛的姿態必是輕快的，所以《荀子·不苟篇》"喜則輕而翾"，在《韓詩外傳》裏就作"輕而快"了。《集韻》："翀，飛疾貌。"翠與翀同。作爲鳥名的翠字，本亦訓疾。《爾雅·釋鳥》："翠，鷸也。"《文選·海賦》"鷸如驚鳧之失侣"，注曰："鷸，疾貌。"翠鷸皆訓疾，所以翠一名鷸。曾讀爲翾，《廣雅·釋詁》一曰："翾，舉也。"又三曰："翾，飛也。""翾飛"與"翠曾"對文。"展詩"與"陳詩""賦詩""播詩"是同義語，都是宣之於聲音的意思。《禮記·王制篇》："命太師陳詩以觀民風。"又《禮記·文王世子篇》"春誦夏弦"，注："弦謂以絲播詩。"《左傳》哀二十年注："展，陳也。"《周語》上注："陳，布也。"《小爾雅·廣詁》："賦，布也。"《廣雅·釋詁》三："播，布也。"凡此皆展、陳、賦、播同義之證。

應律兮合節，靈之來兮蔽日。

靈即靈保，展詩會舞的也就是她們。蔽日，言其衆多。

青雲衣兮白霓裳，舉長矢兮射天狼。
操余弧兮反淪降，援北斗兮酌桂漿。

矢、弧、天狼、北斗，皆星名。《史記·天官書》："其（九斿）東有大星曰狼……下有四星曰弧，直狼。"正義："狼一星，參東南，弧九星，在狼東南。"《開元占經·石氏外官占篇》引《荆州占》："狼者賊盗，弧者天弓，備盗賊也。故弧射狼，矢端直者，狼不敢動摇，無盗賊而兵不起。"反淪降指落日。

撰余轡兮高翔，杳冥冥兮東行。

撰與纂通。(《一切經音義》六引《三巷》撰作纂，《説文》纂之重文作饌。)《文選·笙賦》注："纂纂，聚貌。"《離騷》"總余轡乎扶桑"，《説文》："總聚束也。"撰轡即總轡，杳冥冥，幽深貌。

雲中君

浴蘭湯兮沐芳，華采衣兮若英。

芳是"芳澤"的省文。《後漢書·明帝紀》注："沐，潤澤也。"沐芳即搽香油。《大招》："粉白黛黑施芳澤只。"芳澤是用蘭草泡製搽頭的香油，所以又稱蘭澤。(《神女賦》："沐蘭澤。")這種蘭草又名澤蘭。即取義於它那製澤（油）的功用，并非如前人所說，生在沼澤旁的緣故。

華采，采色如華（花）也。《文選·月賦》“嗣若英於西冥”，注：“若英，若木之英也。”《大荒北經》：“泂野之山，有樹青葉赤華，名曰若木，日所入處。”這與東方的扶桑同類，實即日落時見於西方天末的雲霞（火燒雲）。就其似花者言之，或曰若華（《天問》：“羲和之未揚，若華何光？”），或曰若英，英華是同義語。雲神宜以雲霞爲衣，所以說“華采衣兮若英”。

靈連蜷兮既留，爛昭昭兮未央。

靈指雲中君，連蜷即連蹇，是行遲之貌。留，停也，止也。爛是小光（《詩·女曰鷄鳴》：“明星有爛。”）。昭昭，小明貌。從召聲的字多有小義，沼訓小池，軺訓小車，鞀訓小鼓，所以昭當訓小明。《廣雅·釋詁》四：“央，已也。”《考工記·總目》注：“已，大也，甚也。”然則“央”也當有“甚”“大”諸義。“爛昭昭兮未央”與下文“與日月兮齊光”對舉，一説光小，一説光大。（凡神來必有光，詳《湘君》。）

蹇將憺兮壽宮，與日月兮齊光。

蹇，嶷立貌。（《管子·水地篇》“凝蹇而爲人”，注云：“蹇，停也。”）《漢書·郊祀志》上臣瓚注，《文選》陸士衡《挽歌》注引憺并作澹。《廣雅·釋詁》一：“澹，安也。”又曰：“澹，静也。”《後漢書·馮衍傳》注：“澹，定也。”壽宮是神的寢宮或寢廟。《吕氏春秋·知接篇》“桓公……蒙衣袂而絶乎壽宮”，注云：“壽宮，寢堂也。”《説苑·貴德篇》：“景公游於壽宮。”《漢書·郊祀志》上：“神君言曰：‘天子無憂病。病少愈，强與我會甘泉。’於是上病愈，遂起幸甘泉，病良已。大赦，置壽宮。……又置壽宮北宮，設共（供）具，以禮神君。”臣瓚注曰：“壽宮，奉神之宫也。”(《藝文志》有《泰一雜甘泉壽宫歌》十四篇，想必就是爲這次的事而作的。）又《禮樂志》：“房中祠樂，高祖唐山夫人所作也。周有《房中樂》，至秦名《壽人》。”《房中樂》大概是寢廟所用的，寢廟一名壽宫，所以周代的《房中樂》，秦改名《壽人》。

《廣雅・釋天》：“軒轅謂之路寢。”《淮南子・天文篇》：“軒轅者帝妃之舍也。”《開元占經・石氏中官占篇》引石氏：“軒轅星，王后以下所居宫也，一曰帝南宫。”軒轅，路寢，殆亦房中、壽宫之别名。軒轅星可與日月齊光也。

龍駕兮帝服，聊翱游兮周章。

器用裝飾皆可稱服。《西山經》“有鳥焉，其名曰鶉鳥，是司帝之百服”，郭注云：“服，器服也。”《賈子・孽産子篇》：“今富人大賈屋壁得爲帝服，賈婦優倡下賤産子得爲後飾。”這裏與駕并舉，服當指乘輿的各種裝飾。帝服，是説乘輿的裝飾物，都是帝王的式樣。雲中君即黄帝，所以稱“帝服”。周章猶周流。

龍駕句以下叙從壽宫出來的行動。

靈皇皇兮既降，猋遠舉兮雲中。

皇皇與煌煌通，光輝貌。猋，直升疾上之貌。

覽冀州兮有餘，横四海兮焉窮！

俯瞰曰覽。秦時雲中郡相當於今天的山西省境内長城以外，和綏遠省東部南部的地方，這也正是古代冀州的區域。有餘，是説視野之大，不止一州。横，充塞也。(《禮記・祭義篇》：“夫孝，置之而塞乎天地，溥之而横乎四海。”)《淮南子・覽冥篇》：“〔鳳凰〕曾逝萬仞之上，翱翔四海之外。……遭回蒙汜之渚，尚佯冀州之際。”也是四海與冀州并舉，和本篇同例。

思夫君兮太息，極勞心兮𢥞𢥞。

夫猶彼也。《荀子・解蔽篇》：“不以夫一害此一。”《淮南子・齊俗篇》：“此一是非，隅曲也；夫一是非，宇宙也。”夫皆訓彼。夫君指雲中君。勞，憂也。《詩・草蟲》“憂心忡忡”，傳云：“忡忡猶衝衝也。”𢥞與忡同字。

湘　　君

君不行兮夷猶，蹇誰留兮中洲？

君指湘君。夷猶，猶豫也。蹇，難行之貌。留，待也。“誰留”，爲誰而留。中洲即洲中也。

美要（腰）眇兮宜（齷）笑，沛吾乘兮桂舟。

《文選・海賦》：“腰眇蟬蜎。”要眇即腰眇，是瞇着眼的樣子。《集韻》：“腰眇，遠視也。”遠望時正是要瞇着眼睛的。腰字一作瞐（《類篇》）。《海賦》：“群妖遘迕，眇瞐冶夷。”注云：“眇瞐，視貌。”眇瞐亦即腰眇。《字鏡》二：“齷，齹也。”（齹着牙。）宜笑即齷笑（齹着牙笑）。《集韻》：“齹，齵病。”（牙痛）牙痛的人好似齹着牙笑一樣，所以這樣的笑又稱齵齒笑。《後漢書・梁統傳》：“〔冀妻孫壽〕色美而善爲妖態，作……齵齒笑以爲媚惑。”齷，笑也。就是齵齒笑。《大招》：“靨輔奇牙，宜笑嗎只。”《漢書・司馬相如傳》上云：“皓齒粲爛，宜笑的皪。”宜笑即齷笑，所以都形容到牙齒的美。本篇“美要眇兮宜笑”，《山鬼》“既含睇兮又宜笑”，《大招》“嫮目宜笑”，都是用眼睛和口齒來形容美態，和《詩經》的“巧笑倩兮，美目盼兮”同例。《韓詩外傳》六：“使大國之君，沛焉遠辱至此。”《漢書・禮樂志・郊祀歌》“神哉沛”注云：“沛，疾貌。”

令沅湘兮無波，使江水兮安流。

沅湘與江水是一條水，無波與安流是一個意義。像這樣一句話分作兩遍說是駢文的濫觴。《中山經》：“洞庭之山……帝之二女居之，是常游於江淵澧沅之風（疑是衍文）交，瀟湘之間，是在九江之間，出入必以飄風暴雨。”能興風浪的，必也能平風浪，二說并不衝突。《水經・廬水注》云：“山下又有神廟，號曰宫亭廟。……山廟甚神，能分風擘流，住舟遣使，行旅之人，過必祠而後得去，故曹毗咏云：‘分風爲貳，擘流爲兩。’”這與本篇所説的情形相近。又王注曰：“言己乘船，常恐危殆，願湘君令沅湘無波涌，使江水順徑徐流，則得安也。”這一説也通。

望夫君兮未來，吹參差兮誰思？

夫君指湘君。參差即簫，《風俗通・聲音篇》簫下云：“舜作，簫韶九成，鳳凰來儀，其形參差，象鳳之翼，十管長一尺。”湘君本是舜，而簫是舜作的，似乎這裏吹參差的是湘君。（蕭史的故事可以類推。）

駕飛龍兮北征，邅吾道兮洞庭。

飛龍是駕車的龍馬。《離騷》：“爲余駕飛龍兮，雜瑶象以爲車。”《漢書・禮樂志・郊祀歌》第一：“靈之東，結玄雲，駕飛龍，羽旄紛。”《安世房中歌》：“飛龍秋，游上天。”注：“莊子有秋駕之法者，亦言駕馬騰驤，秋秋然也。”都是證佐。舜葬九嶷，在湘沅之南，（《離騷》：“濟沅湘以南征兮，就重華而陳辭。”）那麽這裏“北征”（自南而北）的，應該是湘君。邅，轉也。下篇“洞庭波兮木葉下”，洞庭波即洞庭陂（洞庭陂見《中山經》注），正如滎波（《禹貢》）即滎陂，湘波（《楚策》四）即湘陂，新波（《説苑・善説篇》）即新陂一樣。陂又名澤（滎陂一名滎澤），其中有水有陸，雨季則水多陸少，旱季則水少陸多。古代的洞庭陂正是這樣一塊地方。《中山經》有"洞庭之山"，《九嘆・逢紛》説"步余馬兮洞庭"，和本篇"駕飛龍兮北征，邅吾道兮洞庭"，都是指其間的陸地而言。"邅吾道兮洞庭"與《離騷》"邅吾道夫崑崙"句法一樣，因爲車子要避開山阜和水潦，挑選平地來走，所以它的路徑不能不紆回邅轉。下文"石瀨兮淺淺（濺濺），飛龍兮翩翩"，説的是車子過水時的情形，但那也衹是點淺灘，和今天的一片汪洋，"日月若出没於其中"的洞庭湖，完全兩樣。

薜荔柏（帕）兮蕙綢，蓀橈兮蘭旌。

《管子・地員篇》："五粟之土……五臭生之，薜荔、白芷、蘪蕪、椒蓮（蘭）。"帕與帛通，指旗面而言。旗面是布帛做的，所以叫作帛。（《爾雅・釋天》："纁帛縿。"《周禮・司常》："通帛爲旜，雜帛爲物。"《禮記・玉藻》："大帛不緌。"）字或作旆（金文《吴尊》），又作白。（《周書・克殷篇》"折縣諸太白"，"縣諸小白"，《史記・周本紀》作"太白之旗"，"小白之旗"。《詩・六月》"白旆央央"，《爾雅・釋天》孫注作帛。）綢，纏也。《釋天》"素錦綢杠"，郭注云："以白地錦韜旗之竿。"是説用白地彩色條紋的帶子來包纏旗杆。用作名詞，纏旗杆的帶子也叫作綢。（《大人賦》："靡屈虹以爲綢。"）"薜荔帕""蕙綢"是説用薜荔來代替做旗面的布帛，用蕙草來作爲包纏旗杆的帶子。

《文選・上林賦》"靡魚鬚之橈旃"，張揖注以魚鬚爲旃柄。"案《説文》："旃，旗曲柄也。"（旗之有曲柄者。）"橈，曲木也。"然則橈旃是以曲木爲柄的旗，單説橈，便是用曲木做的旗柄了。旌是旗杆頭上綴着的用折羽或旄牛尾做的蕤子。古代車上必載旗。《東君》"駕龍輈兮乘雷，載雲旗兮委蛇"，《山鬼》"辛夷車兮結桂旗"，《離騷》"爲余駕飛龍兮，雜瑶象以爲車……揚雲旗之晻藹兮"，又"駕八龍之婉婉兮，載雲旗之委蛇”，這類凡講車必講到旗的例子不勝枚舉。但最有趣的是，《大人賦》“攬欃槍以爲旌兮，靡屈虹以爲綢……駕應龍象輿之蠖略逶麗兮，驂赤螭青虬之蟉蟉蜿蜒”，和《上林賦》“駕馴駮之駟，乘雕玉之輿，靡魚鬚之橈旃，曳明月之珠旗”，旌、綢、橈旃、珠旗和車駕并舉，這尤其足以證明本篇的薜荔帕蕙綢，蓀橈蘭旌，是形容車上所載的旗的。

望涔陽兮極浦，横大江兮揚靈。

極，遠也。(《廣雅·釋詁》一。）大江即上文的江水，亦即沅湘。靈即所謂神光。《海内北經》：“舜妻登比氏，生宵明，燭光。處河大澤，二女之靈能照此所方百里。”《漢書·禮樂志·郊祀歌》第十五“揚金光，横泰河”，注云：“泰河，大河也。”便是模仿“横大江兮揚靈”這一句的。《離騷》：“皇剡剡兮揚靈。”揚靈也就是揚光，皇（煌）剡剡是光貌。

揚靈兮未極，女嬋（嘽）媛（咺）兮爲余太息。

極，至也。未極是没達到預期的地點。嘽咺，喘息貌。

横流涕兮潺湲，隱思君兮陫側（悱惻）。

横，恣也。隱，痛也。陫側，蕭士贇《李太白詩注》卷二十二《代寄情楚詞體》注引作悱惻。

桂櫂兮蘭枻，斵冰兮積雪。

蘭指木蘭。斵，斫也。這是説：用櫂枻之類划着水，像斫着冰塊一樣，飛濺的水花，像冰塊被斫碎而變成了雪花，極言自己進行的艱難。

采薜荔兮水中，搴芙蓉兮木末。

薜荔芙蓉是媒介物，《思美人》："令薜荔以爲理兮，憚舉趾而緣木，因芙蓉以爲媒兮，憚褰裳而濡足。"可證。搴也是采芙蓉即荷花。薜荔是攀緣在樹上長的，反而到水裏去找，荷花是生在水中的，反而到樹杪上去求，喻意是：懷疑自己求媒的手段錯誤，深恐不能達到目的。

心不同兮媒勞，恩不甚兮輕絶！

"心不同兮媒勞"，是承接"采薜荔兮水中，搴芙蓉兮木末"二句的。意思是説：即令求得良媒，恐怕也要徒勞無功，因爲二人心意不同，媒人也没有辦法。甚，深也。輕，易也。恩情不深，便容易斷絶。這和上句一樣，都是責備對方的。

石瀨兮淺淺（濺濺），飛龍兮翩翩。

石瀨即石灘。淺淺，《山谷外集注》一一引作濺濺。飛龍還是指駕車的龍馬。（梁竦《悼騷賦》"聘鸞路於奔瀨"，便是脱胎於這兩句的。鸞路是車子的名稱。）翩翩，輕快貌。

交不忠兮怨長，期不信兮告余以不閑。

朋友相交不忠，則生怨。現在你自己不守信用，誤了約期，反而托辭没有閑暇，來給自己搪塞，這就是你的不忠，也就是使我生怨的原因。

鼂（朝）騁騖兮江皋，夕弭節兮北渚。

鼂本一作朝。《文選》謝靈運《從游京口北固應詔詩》注，《謝惠連泛湖歸出樓中玩月詩》注，《五百家注韓昌黎集》一《復志賦》樊注引并作朝。騁騖，奔馳也。水曲曰皋。弭節是節度（速度）緩弛下來的意思。北渚大概是洞庭五渚之一。《戰國策·秦策》："秦與荆人戰，大破荆，襲郢，取洞庭五都、江南。"《史記·蘇秦傳》集解引都作渚。《燕策》二："乘夏水而下漢，四月而至五渚。"《史記·蘇秦傳》文同，集解據《秦策》説五渚在洞庭。本篇及下篇都説到洞庭，又説到北渚，可能北渚便是洞庭五渚之一。又《抽思》曰："長瀨湍流，泝江潭（潯）兮。"又曰："低佪夷猶，宿北姑（沽）兮。"長瀨即本篇上文的石瀨，江潭即江皋，北姑即北渚。

鳥次兮屋上，水周兮堂下。

次，舍也。

捐余玦兮江中，遺余佩兮醴浦。

這兩句是互文，捐遺皆訓棄，玦即佩玦。[《莊子·田子方篇》："緩（綰）佩玦者，事至而斷。"］江即醴江。虞喜《志林》："醴是江沅之别流，而醴字作澧也。"(《史記·夏本紀》索隱，又《惠景間侯者年表》索隱引。）把佩玦故意丢在江邊，裝出像是遺失的樣子，爲着示意給對方，讓她撿去，這是古代調情的慣技。

采芳洲兮杜若，將以遺兮下女。

《詩·溱洧》："維士與女，伊其相謔，贈之以芍藥。"箋曰："伊，因也。士與女往觀，因相謔行夫婦之事，其别則贈女以芍藥，結恩情也。"鄭《箋》的解釋，除了一點，都是對的，那便是贈芍藥當在相謔之前，不能在既謔之後，次章"伊其將謔，贈之以芍藥"，便是明證。（他既誤會贈在謔後，於是"將"字便講不通，乃不得不訓爲大，實在牽强之至。)《左傳》宣三年："既而〔鄭〕文公見之（指燕姞），與之蘭而御之。"先與蘭而後御，可作旁證。這裏遺杜若是和贈芍藥與蘭具有同樣意義的行爲。《别録》："杜若，令人不忘。"下女指迎神的女巫。

時不可兮再得，聊逍遥兮容與？

逍遥，游戲也。《莊子·人間世篇》："夫以陽爲充孔（恍憒），采色不定，常（嘗）人之所不違（韙），因案（按）人之所感，以求容與其心。"成疏："容與猶放縱也……以求快樂縱容，遂其荒淫之意也。"然則容與其心就是俗語"開心"的意思。

湘夫人

帝子降兮北渚，目眇眇兮愁予（眝）。

帝王是湘君之子，指商均。眇眇，遠視貌。予讀爲眝。（《左傳》襄四年"后杼"，《路史·後紀》十三下注作柠，引《尚書中候》作予。《史記·三代世表》索隱作宁；《管子·小匡篇》"首戴苧蒲"，《齊語》作芧蒲，合本作茅，誤。《説文》："眝，長眙也。"又："眙，直視也。"《思美人》："思美人兮，擥涕而竚眙。"竚眙即眝眙。

嫋嫋兮秋風，洞庭波（陂）兮木葉下。

洞庭陂已見上。

[登]白薠兮騁望，與佳[人]期兮夕張（帳）。

《廣雅·釋詁》一："蹬，履也。"登與蹬同。白薠是陸生的草，（《招隱士》："樹輪相糾兮，林木茷骫，青莎雜樹兮，薠草靃靡。"《淮南子·覽冥篇》："路無莎薠。"）所以可以登履。期，約也。夕帳即下文"築室兮水中"之室。

鳥何萃兮蘋中？罾何爲兮木上！

萃，止也。蘋是一種粗大的浮萍。陸璣《詩義疏》："蘋，今水上浮萍是也，其粗大者謂之蘋，小者曰萍。"這鳥是食魚的水鳥，水上布滿浮萍，魚深藏在萍下，想吃魚的鳥兒衹好干等着了。罾是魚網，罾掛在樹上，也是得不着[①]魚的意思。以捕魚喻求偶，是歌謡中習見的隱語（詳見拙著《説魚》），本篇這兩句正是那一類的隱語。説話的人以魚比對方，以鳥和罾比自己，意思是説：我爲什麽老碰不見你，像蘋中的鳥，木上的罾，得不着魚一樣。

沅有蓮兮醴有蘭，思公子兮未敢言。

茝蘭一類的香草，是情人們用來作爲媒介的禮物，所以看見茝蘭便想起公子。公子也還是指湘君之子。

荒忽兮遠望，觀流水兮潺湲。
麋何食兮庭中？蛟何爲兮水裔？

麋鹿離山，蛟龍失水，喻失戀的痛苦。這也是隱語。

朝馳余馬兮江皋，夕濟兮西澨。

濟，渡也。《説文》："澨，埤增水邊土，人所止者。"沿着水中浮灘的四周，築上一圈土埂，使埂内的土地，不再因水漲而被淹没，以便於人們居住，這便叫作澨，又叫作壅離沚。（詳下）

聞佳人兮召予，將騰駕兮偕逝。

《説文》："騰，傳也。"《離騷》："騰衆車使徑待。"《漢書·禮樂志·郊祀歌》第十七："騰雨師，灑路陂。"曹植《洛神賦》："騰

① "着"字，據文義補。

文魚以警乘。”騰皆訓傳令。《遠游》：“騰告鸞鳥迎虙妃。”騰告即傳告。《成皋令任君碑》：“君未到郡，先騰檄告。”即傳檄告。《後漢書・隗囂傳》“因數騰書隴蜀”，即傳書。應瑒《正情賦》“冀騰言以俯首”，即傳言。蔡邕《弔屈原文》“托白水而騰文”，即傳文。魏文帝《濟川賦》“騰羽觴以獻酬”，即傳羽觴。《大招》“騰駕步游”，即傳駕，又等於命駕。既曰“步游”，可見騰不是騰馳之騰。本篇的“騰駕”義同。偕逝，同往也。

築室兮水中，葺之兮荷蓋。

《鐃歌・翁離篇》：“擁（壅）離趾（沚）中可築室，何用葺之？蕙用（？）蘭。”《韓非子・用人篇》：“采金之禁得，而輒辜磔於市甚衆，壅離其水也。”擁離即壅離，是隔斷的意思。壅離沚（小島）即上文所謂澨，這裏所謂築室水中，便是在這種壅沚上築的。看《鐃歌》第二句便知道那講的也是祠神的故事。《史記・封禪書》“地貴陽，祭之必於澤中圜丘”，想必也是同類的風俗。荷蓋即荷葉。（庾信《上益州上柱國趙王》詩：“殘荷低晚蓋。”）

蓀壁兮紫壇，匊（播）芳椒兮成堂。

壁指搏壁，是用草席或布帛蒙在墻壁上的一種裝飾。《賈子・孽產子篇》“今富人大賈屋壁得爲帝服”，即指此。《釋名・釋床帳》：“搏壁，以席搏著壁也。”《招魂》“蒻阿拂壁”注云：“拂，薄也。言房内則以蒻席薄床四壁。”（此注有誤，蒻當作弱，弱阿是帛類。）蓀壁是用蓀草作搏壁。又《藝文類聚》三八引《漢舊儀》：“皇帝祭天，紫壇帷幄。”《借田賦》：“青壇蔚其嶽立，翠幕黕以雲布。”帷幄、翠幕與紫壇、青壇對舉，等於這裏的蓀壁與紫壇對舉，然則蓀壁就是帷幕一類性質的東西。《宋史・禮志》謂之幔室，這也可作壁即搏壁的旁證。《漢書・郊祀志》下：“衡言甘泉泰畤紫壇，八觚宣通象八方。”《禮樂志·郊祀歌》第八："爰熙紫壇。"用紫色的東西鋪地謂之紫壇。《漢武内傳》："帝登延靈之臺，設座殿以紫羅薦地。"用的是絲織物。《東觀漢記》："祀黄老於濯龍中，以文罽爲壇。"用的是毛織物。（鋪地的毛織物即罈，壇罈本是一字，衹有用土與用毛織物之别。《文選·藉田賦》"青壇蔚其嶽立"，《北堂書鈔》九一引正作罈。）但上面蓀壁既是以草代替布帛來作地罈。因此這紫字似當指紫草。《本草》："紫草一名紫丹，一名紫芙。"《别録》："生碭山山谷及楚地。"唐寫本注："苗似蘭香，莖赤，節青，華紫白色。"

罙是左播字。成猶飾也。《儀禮·士喪禮》"獻素獻成亦如之"注："飾治畢爲成。"成與素對舉，未飾者爲素，已飾者爲成。粉飾屋壁也稱成。《考工記·匠人》"白盛"注云："盛之言成也，以蜃灰堊墻，所以飾成宫室。"《周禮·掌蜃》"共白盛之蜃"注："盛猶成也，謂飾墻使白之蜃也。""播芳椒兮成堂"，是用椒末和泥來粉飾堂壁，也就是所謂椒房。《藝文類聚》八九引《漢官儀》："皇后稱椒房……以椒塗室，亦取其温暖，除惡氣也。"《鄴中記》："石虎以胡粉和椒泥壁，曰椒房。"又《類聚》六一引《漢武故事》："上起神屋……以赤白石脂爲泥，椒汁和之。"《世説新語·汰侈篇》："石〔崇〕以椒爲泥……泥壁。"劉孝威《烏生八九子》樂府："蜃壁光兮椒泥馥。"都是例證。

桂棟兮蘭橑，辛夷楣兮葯房。

正中最高處的大梁曰棟，俗名正梁。從棟兩旁分出的兩排小梁曰橑，俗名椽子，一名桷子。楣是門户上的横梁，房是門户兩旁的直柱。《説文》："楣，秦名屋櫋聯也。"《淮南子·本經篇》："乃至夏屋宫架，綿聯房植。"綿聯即櫋聯。以《淮南子》與《九歌》相印證，楣即綿聯，房即房植。《一切經音義》引《三蒼》："户旁柱曰植。"房植大概就是旁植。蘭是木蘭，桂、蘭、辛夷，都是大樹，似乎葯也是木類，否則做不了房植。但究竟是一種什麽樹木，則尚待考證。

罔（網）薜荔兮爲帷，擗蕙櫋兮既張。

網，動詞，編織也。擗，析也。櫋與綿通。（矈一作聮，櫋聯一作綿聯。）綿，細絲也。既字未詳，似乎也有編織的意思。張與帳同。“擗蕙綿兮既張”，大概是將蕙草撕成細絲，用來編織帷帳。另一解釋：擗與辟通。《禮記·玉藻》“素帶終辟”注：“辟……謂以繒采飾其側。”《淮南子·本經篇》櫋聯作綿聯（詳上）。高注：“綿聯，聯受雀頭著椼者，一曰辟帶也。”疑櫋即辟帶，是一條花邊。辟之言裨也，有所增加的意思。這是説：用蕙草做成花邊，加在帷上，一齊張掛起來。

白玉兮爲鎮，疏石蘭兮爲芳（防）。

鎮是坐席上的鎮石。《説苑·臣術篇》：“約鎮簟席。”《西京雜記》上：“鄒陽《酒賦》：‘綃綺爲席，犀璩爲鎮。’”《洞冥記》上二：“起神明臺，上有九天道，全床象□，虎珀鎮，雜玉爲簟。”都是例證。古人席地而坐，爲防止席子捲皺，所以用石來鎮壓。

疏，布陳也。防即屏風。《爾雅·釋宫》“容謂之防”郭注云：“如今床頭小曲屏風，唱射者所以自隱。”《荀子·正論篇》：“居則設張容負依而坐。”楊注讀依爲扆，説就是《爾雅》的容。實則唱射自隱的叫作乏，門窗間可以負依而坐的叫作扆，都是容防一類的。本篇的防，因爲是設在席的，應當是扆。《本草》：“防風一名屏風。”防屏一聲之轉。屏風之名，見《史記·孟嘗君傳》及《燕丹子》。《周禮·幕人》“設皇邸”，注釋邸爲“後版屏風”。康成《三禮圖》：“扆從廣八尺，畫斧文於其上，今之屏風也。”

芷葺兮荷屋（幄），繚之兮杜衡。

荷幄疑是華蓋之類，垂在屋上，狀如荷葉，故曰荷幄。荷幄用芷覆蓋，用杜衡纏束。

合百草兮實庭，建芳馨兮廡門。

合，集也。實，充塞也。芳馨亦指百草。廊下周屋曰廡，俗名厢房。

九嶷賓兮并迎，靈之來兮如雲。

《書·皋陶謨》："虞賓在位。"《大傳》："舜爲賓客，而禹爲主人。"鄭注："舜既使禹攝天子之事，於祭祀，避之，居賓客之位，獻酒則爲亞獻也。"《漢書·禮樂志·郊祀歌》："九疑賓，夔龍舞。"如淳注云："言以舜爲賓客也，夔典樂，龍管納言，皆隨舜而來舞以樂神。"凡隨舜自九嶷而來的都是九嶷賓，其間人數甚多，所以曰"并迎"（一并被迎），曰"如雲"。

捐余袂兮江中，遺余褋兮醴浦。

《方言》四："禪衣，江淮南楚之間謂之褋。"《漢書·江充傳》："衣紗縠禪衣，曲裾後垂，交輸。"如淳注："交輸，割正幅，使一頭狹，若燕尾，垂之兩旁，見於後。"《禮記·儒行》注："庶人禪衣，袂二尺二寸，袪尺二寸。"這裏的袂就是褋的袂。褋袂一件東西，分作兩次講，也是互文的例子。

搴汀洲兮杜若，將以遺兮遠者。

遠者指湘公子，來自九嶷，所以稱爲遠者。

時不可兮驟得，聊逍遥兮容與！

驟，屢也。

大司命

廣開兮天門，紛吾乘兮玄雲。

《淮南子・天文篇》："北方水也，其帝顓頊，其佐玄冥……其獸玄武。"《史記・天官書》："北宫玄武，虚危……危東六星，兩兩相比曰司空。"正義以空爲命之誤。《九歌》的《大司命》，似即玄冥。玄冥是北方神，北方黑色，所以大司命乘玄雲。《開元占經・甘氏官占篇》引甘氏云："司命二星在虚北。"《月令》注："虚危有墳墓四司之氣爲厲鬼。"《漢書・郊祀志》"荆巫有司命"五臣云："司命，星名。知生死，輔天行化，誅惡護善也。"

令飄風兮先驅，使涷雨兮灑塵。

《老子》二十三章"飄風不終朝"，河上注云："飄風，疾風也。"《爾雅・釋天》："暴雨謂之涷。"

君迴翔兮來下，逾空桑兮從女。

君指司命。（司命君，見《列仙傳》下《木羽傳》。）空桑，山名，是玄冥的居地。《吕氏春秋・古樂篇》："帝顓頊生自若水，實處空桑。"（《左傳》昭公二十九年："脩及熙爲玄冥，世不失職，遂濟窮桑。"《路史・後紀》八引《尚書大傳》："窮桑即空桑。"）玄冥是顓頊之佐，所以《九嘆・遠游》説"考玄冥於空桑"。古代地名空桑的不衹一處，最古的玄冥所在的空桑當在北方。《北山經》："空桑之山，無草木，冬夏有雪，空桑之水出焉，東流注於虖沱。"郝懿行説它當在趙代間，是對的。但地名是可以隨着神話的流布而遷徙的，《九歌》裏講到的空桑應該在楚國。《大招》："魂乎歸徠，定空桑只。"（注："或曰空桑，楚地名。"）應當就是這個空桑。從，追逐也。

紛總總兮九州，何壽夭兮在予！

《開元占經·石氏中官占篇》引《春秋元命苞》："魁下六星，兩兩相比曰二能……西近文昌曰上台，爲司命主壽。"又《莊子·至樂篇》："吾將使司命復生子形。"《類聚》一〇引《隨巢子》："司命益年而民不夭。"《史記·扁鵲傳》："疾……在骨髓，雖司命無之奈何。"《列仙傳》下《木羽傳》："此司命君也，當報汝恩，使汝子木羽得仙。"《祭法》："王爲群姓立七祀，曰司命……"注云："小神，居人間，主督察三命者。"這都是説司命主持世人的年命的。年命的長短[①]是對於功過的賞罰，所以又有説司命主賞罰的。《白虎通義·壽命篇》："司命舉過。"就是一例。又《開元占經·甘氏中官占篇》引甘氏云"司命二星在虚北"，"司禄二星在司命北"，"司危二星在司禄北"，"司非二星在司危北"。又引《甘氏贊》稱這四座星爲四司，而《淮南子·天文篇》則稱爲四守，説"四守者所以司賞罰"。這四司或四守中的司命，應該就是這裏的大司命。女巫現在是司命的夫人，可以幫助司命支配世人的年齡，所以得意的説道："紛總總兮九州，何壽夭兮在予！"（予字，多數稱謂，指她和司命兩人，下余字同。）

高飛兮安翔，乘清氣兮御陰陽。

《淮南子·天文篇》："宇宙生元氣，元氣有涯垠，清陽者薄靡而爲天，重濁者凝滯而爲地，清妙之合專（摶）易，重濁之凝結難。"《九辯》"乘精氣之摶摶兮"，清與精通。（本篇清一作精。）《莊子·逍遥游篇》："乘天地之正，御六氣之辯（變）。"六氣據《左傳》是陰、陽、風、雨、晦、明，然則御陰陽猶如御六氣。

① "短"字，據文義補。

吾與君兮齋速，導帝之兮九坑。

《禮記·玉藻》："君子之容舒遲，見所尊者齊遬。"齋速即齊遬，亦即疾速。導，引導。帝即帝顓頊。玄冥是顓頊之佐，所以有顓頊開路的任務。之，往也。《新語·資質篇》："隘於山阪之阻，隔於九岘之堤，仆於嵬崔之山，頓於窅冥之溪。"岘、坑都是岡的或體。本篇坑字，《文苑》正作岡。□□□□："荆州松滋縣有九岡山，郢都之望也。"《左傳》昭十一年："楚子滅蔡，用隱太子於岡山。"大概就是九岡山。楚是顓頊之後，顓頊的廟大概是在岡山，楚用人祭岡山，即祭顓頊。顓頊本在北方，現在被迎到九岡，暗示楚民族是從北方南遷的。

雲衣兮被被，玉佩兮陸離。

被本一作披。《書鈔》一二八，《類聚》六七，《御覽》六九二，《文選·寡婦賦》注并引作披，正德本同。雲本作靈，誤。詳《校補》。

壹陰兮壹陽，衆莫知兮余所爲。

五行系統中的北方之帝，其分星有虚。(《史記·天官書》："北宫玄武、虚、危。")虚星又名顓頊之虚。《爾雅·釋天》："顓頊之虚，虚也。"於節令主冬，(《淮南子·天文篇》："北方，水也，其帝顓頊，其佐玄冥，執權而治冬。")所以《史記·律書》説："虚者，能實能虚，言陽氣冬則宛藏於虚，日冬至，則一陰下藏，一陽上舒，故曰虚。"這是陰陽不定的意思，和《月令》説仲冬之月，"日短至，陰陽争，諸生蕩，君子齋戒，處必掩（從《吕氏春秋》删身字），身欲寧，去聲色，禁耆欲，安形性，事欲静，以待陰陽之所定"相合。本篇"壹陰壹陽莫知所爲"的觀念，大概脱胎於此。

折疏麻兮瑶華，將以遺兮離居。

疏麻是隱語，借草名中的疏字以暗示行將散之意。下文"不寖近而愈疏”和“將以遺兮離居”點出正意，疏與離義相近。崔豹《古今注》：“牛亨問曰：‘將離相贈以芍藥，何也？’答曰：‘芍藥一名將離，故相贈，亦猶相招召贈以文無，文無一名當歸，欲忘人之憂，則贈以丹棘，丹棘一名忘憂，使忘憂也。欲蠲人之忿，則贈以青裳，青裳一名合歡，贈之使忘忿也。’”這類借草木名以喻意的辦法，是古代語言的一種特殊形式，而其習慣在詩歌中的尤其多。疏麻花白色，似玉，故曰瑶華。

老冉冉兮既極，不寖近兮愈疏？

極，至也。(《離騷》：“老冉冉其將至。”）寖，漸也。

乘龍兮轔轔，高駝（馳）兮衝天。

《大戴禮記·五帝德篇》：“顓頊……乘龍而至四海。”轔轔，車聲。駝，一本作馳。

結桂枝兮延竚，羌愈思兮愁人。

《本草經》：“牡桂味辛温，主上氣咳逆結氣，喉痺吐吸，利關節，補中益氣。”唐本注云：“一名肉桂，一名桂枝。”又曰：“其牡桂嫩枝，皮名肉桂，亦云桂枝。”《本草拾遺》：“土人所采，厚者必嫩，薄者必老……嫩既辛香，兼又筒卷，老必味淡，自然板薄。”人憂愁時則氣急，草木的芬芳，可以舒氣，所以《離騷》“結幽蘭而延佇”，本篇“結桂枝兮延佇”，都帶有醫學作用。“羌愈思兮愁人”，意思是説雖結桂枝而仍不能解憂。延，長也。竚，立也。

愁人兮奈何？願若今兮無虧。

但願像現在似的，一年一度的相會，永無間斷。

固人命兮有當，孰離合兮可爲！

人的命運本有一定的安排，誰能隨意的自行決定離合呢！離合是命運決定的，誰也不能自作主張！

少司命

秋蘭兮麋蕪，羅生兮堂下。

麋，《類聚》八一（兩見），《匡謬正俗》三，《初學記》二七，《緯略》一二，《爾雅翼》卷二，并引作蘼。《本草經》："芎藭味辛温，主……婦人血閉無子。"《别録》："某葉名蘼蕪。"《爾雅翼》卷二："蘭有國香，人服媚之，古以爲生子之祥，而蘼蕪之根主婦人無子，故《少司命》引之。少司命主人子孫者也。"（《古今注》："文無一名當歸。"文無即麋蕪。《本草》："當歸味甘温……主婦人漏下絶子。"《藥性論》："補女子諸不足。"又《淮南子·氾論篇》："夫亂人者……蛇床之與麋蕪也。"《説林篇》："蛇床以麋蕪而不芳。"《本草經》："蛇床子，味苦平，主婦人陰中腫痛，男子陰（陽）痿。"《别録》："令婦人子藏熱，男子陰强，好顔色，令人有子。"這些都是麋蕪的同類，所以功用也相同。）

緑葉兮素華，芳菲菲兮襲予。

《唐本草》注："〔蘭草〕，此是蘭澤香草也，八月花白，人間多種之以飾庭池。"《圖經》："蘼蕪，芎藭苗也。……其葉倍香，或蒔於園庭，則芬馨滿徑……七八月開白花。"

□□□□□□□□□□□。
夫人自有兮美子，蓀何以兮愁苦？

這個司命似乎指辰星。《史記·天官書》：“察日辰之會，以治辰星之位，曰北方水，太陰之精，主冬，日壬癸。”正義引《天官占》：“辰星，北水之精，黑帝之子。”《開元占經·辰星占篇》引《洪範·五行傳》：“辰星者，北方水精也。”又引《荆州占》：“辰星色□，太陰之精，黑帝之子，立冬主北維，其國燕趙，於日壬癸。”又引《禮斗威儀》：“居水而王，辰星揚光。”這與玄冥的身份一樣，玄冥爲司命，則辰星也可以當司命之職。《天官書》又説：“免七命（名），曰：小正，辰星，天欃，安周星，細爽，能星，鉤星。”三能（即三台）中有一星名司命。辰星又名能星，所以也是司命。其所以稱少司命，可能是因爲他又名小正，并且主管世人的子嗣。《開元占經·甘氏中官占篇》引甘氏：“司命繼嗣移正朔。”又引《荆州占》：“司命、司中、司禄，欲其大淳而澤，天子多抱息。”[1]美人對司命説：您的夫人自己已經有了小寶寶，您何必又在那裏發愁，仿佛是在打我的主意呢！

秋蘭兮青青（菁菁），緑葉兮紫莖！

青應是司命秋蘭的隱語，表示已經明白他意思了。菁菁，茂盛貌。

滿堂兮美人，忽獨與予兮目成。

她又説：原來堂上這多的美人，你單看上了我。

入不言兮出不辭，乘迴風兮載雲旗。

但是，一陣旋風捲起你車上的雲旗，你走得好快呀！進來時，既没跟我直接談話，走了，也不打個招呼。《開元占經·辰星占篇》引皇甫

① 《開元占經·甘氏中官篇》無此引語。

謐《年曆》："其星將出，必先陰風，辰之情也。"

悲莫悲兮生別離（樂莫樂兮新相知）

《詩·芄蘭》"能不我知"與"能不我甲（狎）"并舉，《禮記·曲禮》"男女非有行媒不相知"，與本篇知字同義。

荷衣兮蕙帶，儵而來兮忽而逝。

儵忽，疾速貌。《招魂》："往來儵忽。"

夕宿兮帝郊，君誰須兮雲之際？

此去今夜想必住在帝京的郊外，那時你孤另另的在雲層上，可是要等誰呢？

與女沐兮咸池，晞女髮兮陽之阿。

司命說：來罷！等明天太陽出來，我和你在咸池裏洗髮，在陽阿下曬乾，你說好不好？（說到沐，意中其實包括着浴。）《淮南子·天文篇》："日出於陽谷，浴於咸池。"陽阿即陽谷。《海外西經》："女子國在巫咸北，兩女子居，水周之。"注："有黄池，婦人入浴，出即懷妊矣。"黄池即咸池，咸黄一聲之轉。

望美人兮未來，臨風怳兮浩歌。

但是等了你許久，你還不來。我衹有順着風向，發狂似的大聲歌唱，你可聽得見呢？《説文》："怳，狂之貌。"浩，大也。

孔蓋兮翠旍（旌），登九天兮撫彗星。

美人乘車奔向司命，説道：我乘着孔雀蓋翠羽旌的車子，終於登上九天，摸着彗星了。《周禮·巾車》："輦車有羽蓋。"注云："以羽作小蓋爲翳日也。”《類聚》九一引《魏文帝詔》：“前於闐王山習所上孔雀尾萬枝，文彩五色，以爲金根車蓋，遥望耀人眼目。”《書鈔》一三四引《元嘉起居注》：“訶羅單國奉孔雀蓋一具。”旍本一作旌，《書鈔》一二〇，《類聚》九一，《御覽》七〇二，又九二四，《海録碎事》一〇上，《山谷内集注》四《次韻答邢惇夫》注引并作旌。《史記·天官書》：“〔辰星〕其出入常以辰戌丑未，其早爲月蝕，晚爲彗星及天矢。”索隱引宋均曰：“辰星，陰也。彗亦陰，陰謀未成，故晚出。”《開元占經·彗星占篇》引《巫咸占》：“彗星……出於水宿，辰星之象。”辰星是水之精（見上），而彗星也是水精。《開元占經·彗星占篇》引《春秋緯》：“彗，水精。”又引甘氏：“彗掃，水之精。”（同上引《演孔圖》：“海精死，彗星出。”《淮南子·天文篇》：“鯨魚死，彗星出。”）辰星又名天攙（見上），而天攙也是一種彗星。《爾雅·釋天》：“彗星爲攙槍。”《開元占經·彗星占篇》引《荆州占》：“一曰天棓，二曰天槍，三曰天攙，四曰茀星。此四者皆爲彗。”又引石氏云：“彗星出東北，其本類星，末類彗，其長可四五尺若一丈，名曰天攙。”彗星一名弗，而《開元占經·彗星占篇》引《春秋文耀鈎》：“辰星散爲弗。”辰星與彗星的關係如此密切，少司命即辰星，所以有“撫彗星”之語。

竦長劍兮擁幼艾，蓀獨宜兮爲民正！

司命搶上前來把她雙手摟住，她喜極了，仰望着他，沉默了半天，笑着説道瞧你竪着長劍，抱着美人，多麽神氣，真不愧爲天下萬民的正長！

《齊策》“王不以予工，乃與幼艾。”注：“艾，美也。”又三：“齊王夫人死，有七孺子皆近。”注：“孺子，幼艾美女也。”《孟子·萬章上篇》：“知好色，則慕少艾。”注：“艾，美好也。”少艾即幼艾。正，正長，即卿相。《開元占經·辰星占篇》引《荆州占》：“辰星……太陰之精，黑帝之子……其位卿相。”又：“辰星主德，燕趙代以北，宰相之象。”又引《洪範五行傳》：“辰星……與日月五星俱起牽[1]牛前五度，右行迅疾，常[2]與日月相隨，見於四仲，以正四時，歲一周天，丞相之象。”《史記・天官書》正義引《天官占》：“辰星，北水之精，黑帝之子，宰相之象。”

河　伯

與女游兮九河，衝風起兮揚波。

前四行是河伯的話。這裏扮演的情節，和河伯娶婦的故事相似，祇是河伯娶婦是將童女沉到水裏（實即人祭）。這裏則與河伯相會後，女仍舊回到自己家去。歌詞正是二人分手時的一段對話。前四行是河伯講的。女即下文的美人。九河和崑崙都是象徵的説法。九河是古黄河入海處的幾條水道，現在已經淪爲海了。崑崙是河之源，九河是河之委，代表整個的黄河。衝風，王注云：“衝，隧也。”《詩・桑柔》：“大風有隧，有空大谷。”傳：“隧，道也。”箋：“大風之行，有所從而來，必從大空谷中。”據此，則衝風是從衝道裏來的大風，引申之，便是大風。《史記・韓長孺列傳》：“衝風之末力不能漂鴻毛，非初不勁，末力衰也。”亦以衝風爲大風。

乘水車兮荷蓋，駕兩龍兮驂螭。

荷蓋，以荷葉爲車蓋。駕兩龍，《海内北經》：“從極之淵，深三百仞，維冰夷恒都焉，冰夷人面乘兩龍。”注：“冰夷，馮夷也。”《水經・河水注》引《括地圖》云：“馮夷恒乘雲車，駕二龍。”驂螭，一

① 原無“牽”字，據中國書店《唐開元占經・辰星占》補。
② 原無“常”字，據中國書店《唐開元占經・辰星占》補。

車四馬，驂是在旁的兩馬。螭似龍而無角。古書多説白螭。《涉江》："駕青虬兮驂白螭。"《淮南子·覽冥篇》："前白螭，後奔蛇。"本篇一本也有白字。

登崑崙兮四望，心飛揚兮浩蕩。

美人從東邊來到西邊，和河伯相會後，又回到東邊去了。悶悶不樂的河伯一直送她到南浦。回來時還跑到山頭眺望了半天。

范寧　袁謇正整理

九歌解詁 ①

東皇太一 ②

吉日兮辰良，穆將愉兮上皇。

辰良即良辰，倒語以取韻。《管子·君臣下篇》注“穆猶悦也”，穆、愉義近。“穆將愉兮上皇”與“蹇將憺兮壽宫”句法同。愉猶悦也。《郊祀歌》“合好效歡虞太一”，虞、娱古通。上皇，上帝也。《莊子·天運篇》：“治成德備，監照下土。天下戴之，此謂上皇。”《吴越春秋·勾踐入臣外傳》：“君臣生離，感動上皇。”《九嘆·遠逝》：“信上皇而質正。”注曰：“上皇，上帝也。”此謂東皇太一。

撫長劍兮玉珥，璆鏘鳴兮琳琅。

《説苑·反質篇》：“經侯往過魏太子，左帶玉具劍，右帶環佩，左光照右，右光照左。”

此文上句謂劍，下句謂佩。

珥，俗稱劍格，在劍身與柄之間，作凹形，横看象人耳，故曰珥。

璆，今名青金石（Lapis Lazuli 詳《石雅》）此謂珮玉。《禮記·玉藻》：“古之君子必佩玉，右徵角，左宫羽，趨以采齊，行以肆夏，周

---

① 此篇據 1985 年上海古籍出版社《九歌解詁》（與《九章解詁》合刊）編入。整理者係據作者此篇手稿照相複製件并參考《楚郊祀東皇太一樂歌》（見本卷）整理而成，其中略有增改，未出注説明。

② 原注：《初學記》一五引《樂葉圖徵》：“鼓和樂於東郊，致魂靈，下太一之神。”

還中規，折還中矩，進則揖之，退則揚之，然後玉鏘鳴也。”琳琅，玉聲，猶玎瑺也。一曰玲瓏。《漢書・揚雄傳》“和氏瓏玲”，注引孟康曰：“其聲玲瓏也。”琳琅轉爲玎瑺，猶玲瓏轉爲丁東。

瑶席兮玉瑱，盍將把兮瓊芳。

瑱一作鎮。《北堂書鈔》一三三，《藝文類聚》六九引并作鎮。《説文》：“靈，巫以玉事神也。”《周禮・大宗伯》：“以玉作六瑞，以等邦國……以玉作六器，以禮天地四方。”《天府》：“凡國之玉鎮大寶器藏焉。若有大祭大喪，則出而陳之。”注：“故書鎮爲瑱。鄭司農讀瑱爲鎮。”案《周官》以人執者爲瑞，事神者爲器，實則古無此别。《大宗伯》賈疏，《典瑞》孫氏正義俱有辯。《天府》之玉鎮即《九歌》之玉鎮。《史記・封禪書》武帝時“公卿言皇帝始郊見太一〔於〕雲陽，有司奉瑄玉嘉牲薦饗”。瑄玉即此玉瑱，嘉牲即下文肴蒸。蓋漢祭太一用玉，猶循楚故事之舊。凡執玉必有繅藉。《典瑞》“設有服飾”，注：“服飾，服玉之飾，謂繅藉。”《儀禮・聘禮》注：“藉謂繅也，繅所以緼藉玉。”是也。案繅，經傳一作藻，藻草聲近可通。(《雜記》“繰纓”，《荀子・正論篇》注引《慎子》作“草纓”，是其比。疑古藉本以草爲之，故字作藻，後世易之以帛，字乃變成繅。《堯典》“三帛”，《公羊》隱八年徐疏引鄭注曰：“三帛，所以薦玉也。”）瑶讀爲䔄，《中山經》：“姑媱之山，女尸化爲䔄草。”《文選・别賦》“惜瑶草之徒芳”注“瑶與䔄同”。席、藉古字通，“瑶席”以䔄草爲藉以承玉也。

《爾雅・釋詁》：“盍，合也。”將，持也。將、把同義複詞，瓊謂玉鎮，芳謂瑶席，鎮與席爲二，故曰“盍（合）將把”也。

蕙肴蒸兮蘭藉，奠桂酒兮椒漿。

肴，《文選》王元長《三月三日曲水詩序》注，《捫虱新語》上四，《錦綉萬花谷》前集二一，并引作殽。蒸一作烝，《藝文類聚》七二引同。蒸讀爲脀,《儀禮·特牲饋食禮》:“宗人告祭脀。”《燕禮》“有脀”,《大射儀》“無脀”,《少牢饋食禮》“卒脀”注曰:“脀以牲體實鼎也。”《禮記·月令》“大飲烝”注曰:“烝謂有牲體爲俎也。”《吕氏春秋·孟冬篇》作蒸。烝、蒸并與脀通。《晋語》一:“飲而無肴。”《詩·既醉》“爾殽既將”,箋:“殽謂牲體也。”《周禮·小子》:“羞羊肆羊殽肉豆。”鄭衆注:“羊殽,體解節折也。”肴殽同。或合言之曰殽脀。《特牲饋食禮》:“若有公有司私臣,皆殽脀。”注:“凡骨在肉曰殽。”一作殽蒸,《周語》中:“定王饗之殽烝。”又:“親戚宴饗,則有殽烝。”注:“升體解節折之俎。”《左傳》宣十六年“殽烝”,殽烝即殽蒸、殽脀。

藉所以藉肴蒸也。《廣韻》:“藉,以蘭茅藉地。”《封禪書》:“古者封禪……掃地而祭,席用苴稭。”《郊祀志》晋灼注曰:“苴,藉也。”

此謂以蕙爲肴蒸,以蘭爲藉。

揚枹兮拊鼓,□□□□□。

枹,鼓槌也。

疏緩節兮安歌,陳竽瑟兮浩倡。

《湘夫人》“疏石蘭兮爲芳”,注:“疏,布陳也。”疏陳同義。安猶徐也。“疏緩節兮安歌”,當讀爲“疏緩節之安歌”,疏謂疏歌。“疏歌”猶展詩,陳詩,賦詩也。

倡讀爲唱。《初學記》一五引正作唱。“陳竽瑟兮浩倡”當讀爲“陳竽瑟之浩唱”。陳謂陳唱,《七發》“高歌陳唱”是其例。《韓非子·解老篇》:“竽也者,五聲之長者也。故竽先則鐘瑟皆隨,竽唱則諸樂皆和。”

靈偃蹇兮姣服,芳菲菲兮滿堂。

王曰："偃蹇，舞貌。"案舞時衣動貌。聲轉爲夭矯（參《廣雅·釋訓》），或作蚴蟉，《上林賦》："青虬蚴蟉於東厢。"一作蟉蟉，《大人賦》："驂赤螭青虬之蟉蟉蜿蜒。"

五音紛兮繁會，君欣欣兮樂康。

《九歌》中，東君、雲中君、湘君皆稱君。又《湘君》"君不行兮夷猶"，《少司命》"君誰須兮雲之際"，《山鬼》"君思我兮不得閑"，"君思我兮然疑作"，并此"君欣欣兮樂康"，君皆謂神，猶神君也。《漢書·郊祀志》："神君最貴者太一，其佐曰太禁司命之屬，皆從之。"又《禮樂志·郊祀歌·赤蛟十九》"百君禮"注："百君亦謂百神也。"《史記·秦始皇本紀》："有人持璧遮使者曰：'爲吾遺滈池君。'"集解引服虔曰："水神也。"凡此皆釋君爲神。

東　君①

暾將出兮東方，照吾檻兮扶桑。

暾之爲言團也。《詩·東山》"有敦瓜苦"，傳："敦猶專專也。"專、團古今字。古彝器有敦，其狀渾圓如球，暾即敦字，以其狀日形，故加日旁。《樂府·西烏夜飛》："日從東方出，團團鷄子黄。"《九嘆·遠逝》"日暾暾其西舍兮"，日出入時，其形圓尤顯，故皆曰暾。

照猶掩映也。扶桑，日初出時霞氣，日輪在後，霞影在前，如軒檻掩映然。《淮南子·天文篇》："日出於暘谷，浴於咸池，拂於扶桑，是謂晨明。登於扶桑，爰始將行，是謂朏明。至於曲阿，是謂旦明。""拂"與"登"對舉，是"拂於扶桑"謂日在扶桑之後尚未登於

① 原注：原在《少司命》後，《河伯》前，今移此。

顛杪之時。《墜形篇》："扶木在陽州，日之所曊。"注曰："扶木，扶桑也……曊猶照也。"拂與曊同。"拂於扶桑"猶照於扶桑。然《説文》："昲，目不明也。""佛，見不審也。""髴，若似也。"曊之爲照亦見不審諦之照，霞日掩映之狀，正在時隱時見，若明若滅之間，詩所謂"雲日相虧蔽"也。《九歌》曰照，《淮南》曰拂曰曊，即此義矣。

撫余馬兮安驅，夜晈晈兮既明。

《淮南子·天文篇》："爰止其女，爰息其馬。"《初學記》一引注曰："日乘車，駕以六龍，羲和御之。"

既猶盡也，全也。

駕龍輈兮乘雷，載雲旗兮委蛇。

《方言》九："轅，楚衛之間謂之輈。"雕轅如龍形，故謂之龍輈。《續漢書·輿服志》上所謂"龍首銜軛"是也。雷謂車輪，以其聲隆隆然如雷鳴也。《淮南子·原道篇》："雷以爲車輪。"

長太息兮將上，心低佪兮顧懷。

《禮記·大學》注："顧，念也。"念亦懷也。"顧懷"複義連語。

羌聲色兮娱人，觀者憺兮忘歸。

羌，乃也。憺，安閑貌，猶恬也。

縆瑟兮交鼓，簫鐘兮瑶簴。

王曰："縆，急張弦也。"《説文》："揯，引急也。"縆揯同。鼓謂鼓瑟。

《容齋續筆》十五載蜀客所見本簫作擁，擁簫正借字。《廣雅·釋詁》三："擁，擊也。"《墨子·非樂上篇》："今大鐘鳴鼓，琴瑟竽笙之聲，既已具矣，〔王公〕大人鏞然奏而獨聽之。”鏞與擁同。瑶，王念孫云：“當讀爲摇。”《招魂》“鏗鐘摇簴”注曰：“鏗，撞也；摇，動也。”《文選》五臣張銑注曰：“言擊鐘則摇動其簴也。”“擁鐘摇簴”即“鏗鐘摇簴”。

鳴鯱兮吹竽，思靈保兮賢姱。

《釋名·釋樂器》：“篪，啼也。聲從孔出，如嬰兒啼聲也。”鯱篪同。《詩·楚茨》：“先祖是皇，神保是饗。”“神保是格”，“神具醉止，皇尸載起，鼓鐘送尸，神保聿歸。”王國維云：“先祖與神保，皇尸與神保，皆相互爲文。”神保即金文《克鼎》之“聖保”，《令彝》《洛誥》之“明保”。案王説是也。保者任也，憑也，(《周禮·大司徒》注：“保猶任也。”《説文》：“任，保也。”）附也。(《莊子·列禦寇篇》司馬注。）神尸爲神靈之所依憑附着，故謂之神保。《後漢書·馬融傳》“詔靈保”注曰：“靈保，神巫也。”巫亦神靈之所憑依，故謂之靈保。

翾飛兮翠曾，展詩兮會舞。

《説文》：“翾，小飛也。”小飛之貌輕疾，故翾又有疾義。《荀子·不苟篇》：“喜則輕而翾。”言輕而疾也。《韓詩外傳》作“輕而快”，義正同。《集韻》：“翛，飛疾貌。”翠翛同。翠之言倉卒也。《爾雅·釋鳥》：“翠，鷸。”《文選·海賦》“鷸如驚鳧之失侶”注：“鷸，疾貌。”翠鷸皆訓疾，故翠一名曰鷸。曾讀爲驓，《廣雅·釋詁》一：“驓，舉也。”又三：“驓，飛也。”翾飛與翠曾對文。

展詩謂以詩入樂，《禮記·文王世子》“春誦夏弦”注：“弦謂以絲播詩。”展詩猶播詩也。凡奏樂皆可曰展，《吕氏春秋·古樂篇》：“帝嚳乃令人抃，或鼓鼙，擊鐘磬，吹苓（笙），展管篪，因令鳳鳥天翟舞之。”《郊祀歌·天地八》：“展詩應律鋗玉鳴。”本此。

應律兮合節，靈之來兮蔽日。

《湘夫人》"靈之來兮如雲",《離騷》"百神翳其備降",并與此"靈之來兮蔽日"義近。

青雲衣兮白霓裳，舉長矢兮射天狼。
操余弧兮反淪降，援北斗兮酌桂漿。

弧，矢，天狼，北斗，皆星名。《史記·天官書》："其（九斿）東有大星曰狼……下有四星曰弧。直狼。"正義："狼一星，參東南，弧九星，在狼東南。"《開元占經·石氏外官占篇》引《荆州占》："狼者賊盜，弧者天弓，備盜賊也。故弧射狼，矢端直者，狼不敢動揺，無盜賊而兵不起。"反淪降，言日西沉也。

撰余轡兮高翔，杳冥冥兮東行。

撰與纂通。(《一切經音義》六引《三蒼》撰作纂。《説文》籑之重文作饌。)《文選·笙賦》注："纂纂，聚貌。"《離騷》"總余轡乎扶桑",《説文》"總，聚束也"。撰轡即總轡。

杳冥[1]，幽深貌。

雲中君[2]

浴蘭湯兮沐芳，華采衣兮若英。

芳謂芳澤。漬蘭於膏澤中，使發香，因以沐髮，謂之蘭澤。《神女賦》"沐蘭澤"是也。一曰芳澤,《大招》"粉白黛黑，施芳澤只"是也。

---

① 疑"杳冥"下脱"冥"字，當作"杳冥冥"。

② 原注:《封禪書》："晋巫祠雲中。"案《地理志》雲中郡，秦置，有今山西省境内長城以外等地，今山西忻縣西北有雲中山，下有谷，雲中水發源於此。又山西河津縣西北亦有雲中山，上有雲中城。

沐浴皆用蘭，此變蘭言芳以避複也。

華猶飾也。《文選·月賦》“嗣若英於西冥”，注曰：“若英，若木之英也。”《大荒北經》：“泂野之山，有樹青葉赤華，名曰若木，日所入處。”若木者，與東方之扶桑同類，實即日將入時霞氣之見於西方者。雲神以雲霞爲衣，故曰“華采衣兮若英”。李白《清平調》：“雲想衣裳花想容。”《士冠禮》“將冠者采衣紒”，注云：“采衣，未冠者服之。”又引《玉藻》曰：“童子之飾也。”

靈連蜷兮既留，爛昭昭兮未央。

連蜷猶連蹇，行遲貌。留，止也。

爛是小光。《詩·女曰鷄鳴》：“明星有爛。”昭昭，小明貌。從召聲字多有小義。沼，小池也；軺，小車也；鞀，小鼓也。是昭之爲明，亦小明也。《廣雅·釋詁》四：“央，已也。”《考工記·總目》“輪已崇”，注：“已，大也，甚也。”是央有“甚”“大”“已”諸義，“爛昭昭兮未央”言其光昭昭然未甚大也。

蹇將憺兮壽宫，與日月兮齊光。

《管子·水地篇》注：“蹇，停也。”憺，《漢書·郊祀志》上臣瓚注、《文選》陸士衡《挽歌》詩注引并作澹。

澹憺古通。《淮南子·俶真篇》注：“憺，定也。”《後漢書·馮衍傳》注：“澹，定也。”是其證。王曰：“壽宫，供神之處也。”《説苑·貴德篇》：“景公游於壽宫。”《漢書·郊祀志》上：“又置壽宫北宫，張羽旗，設共具，以禮神君。”注引臣瓚曰：“壽宫，奉神之宫。”又《吕氏春秋·知接篇》：“桓公……蒙衣袂而絶乎壽宫。”注曰：“壽宫，寢堂也。”是壽宫乃神之寢堂或寢廟。《漢書·禮樂志》：“《房中祠樂》，高祖唐山夫人所作也。周有《房中樂》，至秦名曰《壽人》。”《房中樂》蓋寢廟所用，寢廟一曰壽宫，故秦名周房中樂曰《壽人》。

《漢書·藝文志》有《泰一雜甘泉壽宫歌詩》十四篇，即《房中》《壽人》之遺與？

“與日月兮齊光”，言光盛大也。

龍駕兮帝服，聊翱游兮周章。

龍駕，以龍引車也。服疑謂章服，旌旗之屬，故與駕并舉。《吕氏春秋·季夏篇》“以爲旗章”，注云：“章，服也。”翱游當爲翱翔，詳《校補》。周章猶倜儻，跌宕也。《論衡·道虚篇》：“周章遠游。”

靈皇皇兮既降，猋遠舉兮雲中。

皇皇即煌煌。《爾雅·釋天》：“扶摇謂之猋。”李巡注曰：“扶摇，暴風從下升上，故曰猋。猋，上也。”《莊子·逍遥游篇》：“摶扶摇而上者九萬里。”

覽冀州兮有餘，横四海兮焉窮。

俯瞰曰覽。兩河之間曰冀州。《大荒北經》：“蚩尤作兵伐黄帝，黄帝乃令應龍攻之冀州之野。”有餘謂視野之大，不止一州。《禮記·孔子閑居》注：“横，充也。”又《祭義》：“夫孝置之而塞乎天地，溥之而横乎四海。”亦謂：“充乎四海也。”《淮南子·覽冥篇》：“〔鳳凰〕曾逝萬仞之上，翱翔四海之外。……遭回蒙氾之渚，尚佯冀州之際，徑躡都廣，入日抑節，羽翼弱水，暮宿風穴。”與本篇并以冀州四海比類爲文。

思夫君兮太息，極勞心兮𢥞𢥞。

夫猶彼也。《荀子·解蔽篇》：“不以夫一害此一。”《淮南子·齊俗篇》：“此一是非，隅曲也。夫一是非，宇宙也。”并以“夫”與“此”對言，是“夫”即“彼”也。夫君指雲中君。

勞，憂也。《詩・草蟲》："憂心忡忡。"傳云："忡忡猶衝衝也。"㦀與忡同字。

湘　君

君不行兮夷猶，蹇誰留兮中洲。

夷猶即猶夷，倒詞以取韻，猶豫也。蹇，難行之貌。留，待也。《莊子・山木篇》："莊周曰：'此何鳥哉？翼殷不逝，目大不睹，褰裳躩步，執彈而留之。'"執彈而待之也。誰留，爲誰而留。中洲，洲中也。

美要眇兮宜修，沛吾乘兮桂舟。

《文選・海賦》："䁘眇蟬蜎。"要眇即䁘眇。《集韻》："䁘眇，遠視也。"䁘一作睚。《文選・海賦》："群妖遘迕，眇䁘冶夷。"注："眇〔䁘〕（原脱，從《集韻》補）視貌。"邪視者以目挑人，亦斂睫微視，如遠視之狀，故謂之眇䁘。要眇即眇䁘之倒。《類篇》謂䁘同睚。要即䁘之省。修當爲笑，聲之誤也。詳《校補》。宜讀爲齷。《字鏡》二："齷，齴也。"《集韻》："齴，齲病。"《後漢書・梁統傳》："〔冀妻孫壽〕色美而善爲妖態，作……齲齒笑以爲媚惑。"齷笑猶齲齒笑矣。又案《詩・女曰鷄鳴》："與子宜之。"《鳧鷖》："公尸來燕來宜。"宜皆訓㕭，蓋齧之聲轉，字亦當作齷。《集韻》："齷齴，齒露貌。"齧物者口張齒露，是知齷齧必爲一語之轉。媚笑亦以露齒爲美，然則齷笑即齧笑耳。《漢書・司馬相如傳》上云："皓齒粲爛，宜笑的皪。"《大招》："靨輔奇牙，宜笑嗎只。"奇牙露見，正"宜笑"之狀。本篇"美要眇兮宜笑"，與《山鬼》"既含睇兮又宜笑"，《大招》"嫮目宜笑”，均以目與口齒狀視笑之美，亦猶《詩》言“巧笑倩兮，美目盼兮”之意。《孟子・盡心上篇》：“如水之就下，沛然莫能禦之。”《漢書・禮樂志・郊祀歌》“神哉沛”注曰：“沛，疾貌。”《韓詩外傳》六：“使大國之君，沛焉遠辱至此。”此“沛”均有疾速之義。

令沅湘兮無波，使江水兮安流。

《中山經》：“洞庭之山……帝之二女居之，是常游於江淵澧沅之風，交瀟湘之淵，是在九江之間，出入必以飄風暴雨。”注曰：“言二女游戲江之淵府，則能鼓動三江，令風波之氣，共相交通。”案湘君能致風波，故迎神者有無波安流之請。王曰：“言己乘船，常恐危殆，願湘君令沅湘無波涌，使江水順徑徐流，則得安也。”此説得之。沅湘與江水，無波與安流，皆互文，是駢文之濫觴。

望夫君兮未來，吹參差兮誰思。

夫君指湘君，參差即簫，吹參差以寄悲思也。《風俗通・聲音篇》：“〔簫〕舜作，簫韶九成，鳳凰來儀，其形參差，象鳳之翼，十管長一尺。”

駕飛龍兮北征，邅吾道兮洞庭。

飛龍謂龍馬也。《離騷》：“爲余駕飛龍兮，雜瑶象以爲車。”《漢書・禮樂志・郊祀歌・練時日》：“靈之車，結玄雲，駕飛龍，羽旄紛。”《安世房中歌》：“飛龍秋，游上天。”注曰：“莊子有秋駕之法者，亦言駕馬騰驤，秋秋然也。”并其證。

錢穆考洞庭本黄河流域之滎澤，其名後遷於江北，又遷於江南。案《説文》：“滎，絶小水也。”古洞庭蓋本藪澤，陸多水少。《莊子・至樂篇》：“黄帝張樂於洞庭之野。”《淮南子・本經篇》：“〔羿〕斷修蛇於洞庭，禽封豨於桑林。”是其地也。南方之洞庭初亦但爲滈瀠小水，故《中山經》言：“洞庭之山……帝之二女居之。”《九嘆・逢紛》亦曰：“馳余車兮玄石，步余馬兮洞庭。”本篇曰：“駕飛龍兮北征，邅吾道兮洞庭。”飛龍所以駕車，説已詳上。邅道者，蓋其地草木蘩生，水潦出没，邅轉紆回，擇平陸，避水潦而行也。“邅吾道兮洞庭”與《離騷》“邅吾道夫崑崙”句法同。崑崙，山名。則洞庭非若今之汪洋巨浸，浩翰黏天，日月出没其中者明矣。下文曰：“石瀨兮淺淺，飛龍兮翩翩。”雖古或以車涉水，然必小流淺瀨乃可。《湘夫人》曰：“嫋嫋兮秋風，洞庭波兮木葉下。”又曰：“荒忽兮遠望，觀流水兮潺湲。”審其氣象，亦衹微波淺瀨，可供眺玩而已。

又疑飛龍即應龍，應龍有翼，故一曰飛龍。《淮南子・覽冥篇》：“乘雷車，服應龍。”《大人賦》：“駕應龍象輿之蠖略逶麗兮。”猶此云駕飛龍矣。

薜荔柏兮蕙綢，蓀橈兮蘭旌。

古者車上必載旗。《東君》：“駕龍輈兮乘雷，載雲旗兮委蛇。”《山鬼》：“辛夷車兮結桂旗。”《離騷》：“爲余駕飛龍兮，雜瑶象以爲車……揚雲旗之晻藹兮，鳴玉鸞之啾啾。”又：“駕八龍之婉婉兮，載雲旗之委蛇。”此例尚多，皆車駕與旗并言。本篇上言以飛龍駕車，此曰柏綢橈旌，則謂車上之旗也。柏一作拍，并當爲帕，字之誤也，詳《校補》。帕與帛通，指旗面而言，旗面是布帛，所以名之曰帛。《爾雅・釋天》：“纁帛縿。”《周禮・司常》：“通帛爲旜，雜帛爲物。”《禮記・玉藻》：“大帛不緌。”字或作㫙，見金文《吴尊》。或省作白，《周書・克殷篇》“折縣諸太白”，“縣諸小白”，《史記・周本紀》作“太白之旗”，“小白之旗”，即大帛小帛之旗也。所以纏旗之竿者謂之綢。《釋天》“素錦綢杠”，注曰：“以白地錦韜旗之竿。”

橈，竿首曲柄所以懸帛者，兼以爲飾。《説文》：“橈，曲木也。”“旓，旗曲柄也。”《上林賦》：“靡魚鬚之橈旃，曳明月之珠旗。”張揖注曰：“以魚鬚爲旓柄。”旌，着折羽或旄牛尾於竿首也。

此言以薜荔爲旗之帛，以蕙綢竿，以蓀爲橈，又着蘭於竿首以爲旌也。《大人賦》："攬欃槍以爲旌兮，靡屈虹而爲綢；紅杳渺以眩湣兮，猋風涌而雲浮；駕應龍象輿之蠖略逶麗兮，驂赤螭青虬之蚴蟉蜿蜒。"《上林賦》："駕馴駮之駟，乘雕玉之輿，靡魚鬚之橈旃，曳明月之珠旗。"曰旌，曰綢，曰橈旃，曰珠旗，并與車駕連言，例與本篇同，可資旁證。

望涔陽兮極浦，横大江兮揚靈。

《廣雅·釋詁》一："極，遠也。"靈猶光也。《漢書·禮樂志·郊祀歌》"華燁燁十五"："揚金光，横泰河。"注："横，充滿也。泰河，大河也。"《離騷》："皇剡剡其揚靈兮。"揚靈即揚光，皇剡剡，光貌。大江即上文江水，亦即沅湘。

揚靈兮未極，女嬋媛兮爲余太息。

揚靈未極猶《雲中君》"爛昭昭兮未央"，言光未甚大也。極央并訓中，訓已，訓盡。

女同汝。嬋媛讀爲嘽咺，喘息也。詳《離騷》。

横流涕兮潺湲，隱思君兮陫側。

《漢書·田蚡傳》注："横，姿也。"《後漢書·酷吏傳》注："横，狂也。"

隱，痛也。陫側即悱（悲）惻，蕭士贇《李太白詩注》二十二《代寄情楚詞體》注引正作悱惻，《平輿令薛君碑》："側爾酸辛。"亦以側爲惻。

桂櫂兮蘭枻，斫冰兮積雪。

王觀國曰："以桂木爲櫂，以木蘭爲栧。"案《湘夫人》："桂棟兮蘭橑。”王注曰：“以木蘭爲榱也。”亦以蘭爲木蘭。

采薜荔兮水中，搴芙蓉兮木末。

搴亦采也。芙蓉即荷花。

心不同兮媒勞，恩不甚兮輕絶。

《神女賦》：“交希恩疏，不可盡暢。”與此意同。

石瀨兮淺淺，飛龍兮翩翩。

石瀨即石灘。淺淺，《山谷外集》注一引作濺濺。飛龍乃駕車之龍馬。翩翩，輕快貌。梁竦《悼騷賦》：“騁鸞路於奔瀨。”即脱胎於此。

交不忠兮怨長，期不信兮告余以不閑。
鼂騁騖兮江皋，夕弭節兮北渚。

鼂一作朝。《文選》謝靈運《從游京口北固應詔》注，《謝惠連泛湖歸出樓中玩月》注，《五百家注韓昌黎集》樊注引并作朝。騁騖，奔馳也。水曲曰皋。

北渚即洞庭五渚之一。《戰國策·秦策》：“秦與荆人戰，大破荆，襲郢，取洞庭五都江南。”《史記·蘇秦傳》集解引都作渚。《燕策》二：“乘夏水而下漢，四日而至五渚。”《史記·蘇秦傳》文同。集解據《秦策》謂五渚在洞庭。本篇及《湘夫人》皆言洞庭，又言北渚，是北渚即洞庭五渚之一明矣。

鳥次兮屋上，水周兮堂下。

次，舍也。

捐余玦兮江中，遺余佩兮醴浦。

二句互文，玦即佩玦，江即醴江。《左傳》閔二年："佩之金玦。"《莊子・田子方篇》："緩（綰）佩玦者，事至而斷。"《史記・項羽本紀》："范增數目項王，舉所佩玉玦以示之者三。"《史記・夏本紀》索隱，又《惠景間侯者年表》索隱并引虞喜《志林》："醴是江沅之别流，而醴字作澧也。"

采芳洲兮杜若，將以遺兮下女。

《詩・溱洧》："維士與女，伊其相謔，贈之以芍藥。"箋曰："伊，因也。士與女往觀，因相戲謔行夫婦之事。其别，則送女以芍藥，結恩情也。"案鄭謂謔爲行夫婦之事，又謂贈芍藥以結恩情，胥是。惟贈芍藥當在相謔之前，不在相謔之後，觀次章云"伊其相謔，贈之以芍藥"可知。鄭既誤贈在謔後，於將字義不可通，乃訓爲大，殊爲牽强。《左傳》宣三年："既而〔鄭〕文公見之，〔燕姞〕與之蘭而御之。"亦先與蘭而後御，可資參證。此言遺杜若，亦詩人贈芍藥，文公與蘭之意也。《别録》："杜若，令人不忘。"

時不可兮再得，聊逍遥兮容與。

逍遥，游戲也。《莊子・人間世篇》："夫以陽爲充孔（恍憤）[①]，采色不定，常（嘗）人之所不違（韙），因案（按）人之所感，以求容與其心。"成疏："容與猶放縱也……以求快樂縱容，遂其荒淫之意也。"然則容與猶"開心"也。

---

① 参《莊子内篇校釋》。

湘夫人

帝子降兮北渚，目眇眇兮愁予。

眇眇，遠視貌。予讀爲盱。（《左傳》襄四年“后杼”，《路史·後紀》十三下注作柠，引《尚書中候》作予。《史記·三代世表》索隱作宁。《管子·小匡篇》“首戴苧蒲”，《齊語》作芧蒲，芧今本作茅，誤。）《説文》：“盱，長眙也。”又：“眙，直視也。”《思美人》：“思美人兮，擥涕而竚眙。”竚眙即眝眙。

嫋嫋兮秋風，洞庭波兮木葉下。

《中山經》郭注作洞庭陂。陂波古通。

登白薠兮騁望，與佳人期兮夕張。

登字人字并從一本補，詳《校補》。《廣雅·釋詁》一：“蹬，履也。”登蹬同。《招隱士》：“樹輪相糾兮，林木茷骫；青莎雜樹兮，薠草靃靡。”《淮南子·覽冥篇》：“路無莎薠。”薠爲陸生之草，故可登履之。

張讀爲帳，《説文》：“帳，張也。”《漢書·王莽傳》“張於西”，注引李奇曰：“張，帳也。”期，約也。

鳥何萃兮蘋中，罾何爲兮木上。

萃上何字從一本補，詳《校補》。萃，止也。陸璣《詩義疏》：“蘋今水上浮萍是也，其粗大者謂之蘋，小者曰萍。”此鳥是食魚水鳥，水上布滿浮蘋，魚深藏在蘋下，使鳥無法捕獲。罾是魚網，罾掛在木上，也是捕不着魚之意。

沅有茝兮醴有蘭，思公子兮未敢言。

見茝蘭而思公子者，冀其以茝蘭采贈己而結恩情也。

荒忽兮遠望，觀流水兮潺湲。
麋何食兮庭中，蛟何爲兮水裔。

麋鹿離山，蛟龍失水，喻失戀痛苦。

朝馳余馬兮江皋，夕濟兮西澨。

《説文》："澨，埤增水邊土，人所止者。"沿水灘四周築土埂，使灘上土地不再因水漲而被淹没以便於住人，叫做澨。

聞佳人兮召予，將騰駕兮偕逝。

《説文》："騰，傳也。"《離騷》："騰衆車使徑待。"《漢書·禮樂志·郊祀歌》第十七："騰雨師，灑路陂。"曹植《洛神賦》："騰文魚以警乘。"騰皆訓傳令。《遠游》："騰告鸞鳥迎虙妃。"騰告即傳告，《成皋令任君碑》："君來到郡，先騰檄告。"即傳檄告。《後漢書·隗囂傳》："因數騰書隴蜀。"即傳書。應瑒《正情賦》："冀騰言以俯首。"即傳言。蔡邕《吊屈原文》："托白水而騰文。"即傳文。魏文帝《濟川賦》："騰羽觴以獻酬。"即傳羽觴。《大招》："騰駕步游。"即傳駕，又等於命駕。既曰"步游"，可見騰不是騰馳之騰。本篇"騰駕"義同。偕逝，同往也。

築室兮水中，葺之兮荷蓋。

《鐃歌·翁離篇》："擁（壅）離趾（沚）中可築室，何用葺之？蕙用蘭。"《韓非子·用人篇》："采金之禁得，而輒辜磔於市甚衆，壅離其水也。"擁離即壅離，即隔斷。雍離沚（小島）即上文所謂澨。築室水中者，即於澨上築室也。《史記·封禪書》："地貴陽，祭之必於澤中圓丘。”圓丘亦築於瀣上之室也。

荷蓋即荷葉，庾信《上益州上柱國趙王詩》“穿荷低晚蓋”，即指荷葉而言。

蓀壁兮紫壇，𠦪（播）芳椒兮成堂。

壁指搏壁，《賈子·孽産子篇》：“今富人大賈屋壁得爲帝服。”即指此。《釋名·釋床帳》：“搏壁，以席搏著壁也。”《招魂》“蒻阿拂壁”注云：“拂，薄也。言房内則以蒻席薄床四壁。”（此注有誤，蒻當作弱，弱阿是帛類。）蓀壁是用蓀草作搏壁。又《藝文類聚》三八引《漢舊儀》：“皇帝祭天，紫壇帷幄。”《藉田賦》：“青壇蔚其嶽立，翠幕默以雲布。”帷幄、翠幕與紫壇、青壇對舉，等於蓀壁與紫壇對舉，然則蓀壁即帷幄之類，《宋史·禮志》謂之幔室是也。

《漢書·郊祀志》下：“衡言甘泉泰畤紫壇，八觚宣通象八方。”《禮樂志·郊祀歌》第八：“爰熙紫壇。”用紫色物鋪地謂之紫壇。《漢武内傳》：“帝登延靈之臺，設座殿以紫羅薦地。”所用者乃絲織物。《東觀漢記》：“祀黄老於濯龍中，以文罽爲壇。”所用者又是毛織物。

𠦪是古播字，成猶飾也。《儀禮·士喪禮》：“獻素，獻成亦如之。”注：“飾治畢爲成。”成與素對舉，未飾者爲素，已飾者爲成。粉飾屋壁也稱成。《考工記·匠人》“白盛”，注云：“盛之言成也，以蜃灰堊墻，所以飾成宫室。”《周禮·掌蜃》“共白盛之蜃”注：“盛猶成也，謂飾墻使白之蜃也。”“播芳椒兮成堂”，是用椒末和泥來粉飾堂壁，即所稱椒房。《藝文類聚》八九引《漢官儀》：“皇后稱椒房……以椒塗室，亦取其温暖，〔除惡氣也〕。”《鄴中記》：“石虎以胡粉和椒泥壁，曰椒房。”又《類聚》六一引《漢武故事》：“上起神屋……以赤白石脂爲泥，椒汁和之。”《世説新語·汰侈篇》：“石〔崇〕以椒爲泥……泥壁。”劉孝威《烏生八九子》樂府“蜃壁光兮椒泥馥”。都是例證。

桂棟兮蘭橑，辛夷楣兮藥房。

棟，俗名正梁。橑即椽子，一名桷子。《爾雅·釋宫》“楣謂之梁”，注曰：“門户上横梁。”房疑讀爲榜，字一作膀，門膀也。蓋門户兩旁之直柱。

罔薜荔兮爲帷，擗蕙櫋兮既張。

罔同網，結網謂之網，言編織也。此指編織薜荔爲帷。

擗與辟通。《禮記·玉藻》“素帶終辟”注曰：“辟……謂以繒采飾其側。”《淮南子·本經篇》：“乃至夏屋宫架，綿聯房植。”高誘注云：“綿聯，聯受雀頭著桷者，一曰辟帶也。”凡此皆謂辟之爲言，裨也，有所增加也。櫋一作棉，棉綿同。《説文》：“楣，秦名屋櫋聯也。”是櫋聯即綿聯，蓋辟帶也。辟帶即花邊。此言以蕙草爲花邊，加於帷下，一齊張掛起來。

白玉兮爲鎮，疏石蘭兮爲芳。

王曰：“以白玉鎮坐席也。”案《説苑·臣術篇》：“約鎮簟席。”《西京雜記》卷上云：“鄒陽《酒賦》：‘綃綺爲席，犀璩爲鎮。’”《洞冥記》二：“起神明臺，上有九天道，金床象席，虎珀鎮，雜玉爲簟。”皆坐席用鎮之例。

王曰：“疏，布陳也。”芳當爲防，字之誤也，詳《校補》。《爾雅·釋宫》：“容謂之防。”郭注云：“如今床頭小曲屏風，唱射者所以自隱。”《荀子·正論篇》：“居則設張容負依而坐。”楊注讀依爲扆，云即《爾雅》之容。案唱射所隱者謂之乏，户牖間負依而坐者謂之扆，皆容防之屬也。本篇之防當謂扆。《本草》“防風一名屏風”。防屏一聲之轉。屏風之名，見《史記·孟嘗君傳》及《燕丹子》。《周禮·幕人》“設皇邸”，注釋邸爲“後版屏風”。康成《三禮圖》：“扆從廣八尺，畫斧文於其上，今之屏風也。”此與席鎮并舉，故知即屏風之施於户牖間，可依而坐者。

芷葺兮荷屋，繚之兮杜衡。

屋本幄字，荷屋即荷幄，猶華蓋也。垂於屋上，狀如荷葉，故曰荷幄。荷幄用芷覆蓋，用杜衡纏束。

合百草兮實廷，建芳馨兮廡門。

合，集也；實，充塞也。廡讀爲幠。《釋名·釋宫室》："廡，幠也。幠，覆也。"《儀禮·士冠禮》注："幠，覆也，言所以自覆飾也。"

九嶷繽兮并迎，靈之來兮如雲。

《書·皋陶謨》："虞賓在位。"《大傳》："舜爲賓客，而禹爲主人。"鄭注："舜既使禹攝天子之事，於祭祀，避之，居賓客之位，獻酒則爲亞獻也。"《漢書·禮樂志·郊祀歌》："九疑賓，夔龍舞。"如淳注云："言以舜爲賓客也，夔典樂，龍管納言，皆隨舜而來舞以樂神。"凡隨舜自九疑而來者皆曰九嶷賓，故云"并迎"，曰"如雲"。

捐余袂兮江中，遺余褋兮醴浦。

《方言》四："禪衣，江淮南楚之間謂之褋。"《漢書·江充傳》："衣紗縠禪衣，曲裾後垂，交輸。"注引如淳曰："交輸，割正幅，使一頭狹，若燕尾，垂之兩旁，見於後。"《禮記·儒行》注"庶人禪衣，袂二尺二寸，袪尺二寸。"此言袂，即褋之袂也，亦半詞互足例。

搴汀洲兮杜若，將以遺兮遠者。
時不可兮驟得，聊逍遥兮容與。

驟，屢也。

大司命

廣開兮天門，紛吾乘兮玄雲。

紛，飛貌。《文選·蜀都賦》："羽族紛泊"注："紛泊，飛薄也。"《舞賦》"紛猋若絶"注："紛猋，飛揚貌。"字一作翂，《莊子·山木篇》："其爲鳥也，翂翂翐翐，而似無能。"一作翁。《廣雅·釋訓》："翁翁，飛也。"又作翂，《説文》："翂，一曰飛貌。"

令飄風兮先驅，使涷雨兮灑塵。

《詩·何人斯》："其爲飄風。"傳："飄風，暴起之風。"《老子》二十三章："飄風不終朝。"河上注："飄風，疾風也。"《爾雅·釋天》："暴雨謂之涷。"

君迴翔兮來下，逾空桑兮從女。

來本作以，從一本改，詳《校補》。空桑，山名，或曰地名。本在北方，玄冥所居。此處空桑，當在楚地。《大招》："魂乎歸徠，定空桑只。"注云："或曰空桑，楚地名。"是也。

從猶逐也，追也。

紛總總兮九州，何壽夭兮在予。

《開元占經·石氏中官占篇》引《春秋元命苞》："魁下六星，兩兩相比曰二能……西近文昌曰上台，爲司命主壽。"《藝文類聚》十引《隨巢子》："司命益年而民不夭。"

高飛兮安翔，乘清氣兮御陰陽。

《淮南子·天文篇》："宇宙生元氣，元氣有涯垠，清陽者薄靡而爲天，重濁者凝滯而爲地，清妙之合專（摶）易，重濁之凝結難。”《九辯》“乘精氣之摶摶兮”，清與精通。（本篇清一作精。）《莊子·逍遥游篇》：“乘天地之正，御六氣之辯（變）。”六氣據《左傳》是陰陽、風雨、晦明，然則御陰陽猶如御六氣。

吾與君兮齋速，導帝之兮九坑。

《禮記·玉藻》：“君子之容舒遲，見所尊者齊遬。”齋速即齊遬，亦即疾速。導，引導。帝即顓頊，玄冥乃顓頊之佐，故有爲顓頊開路之責。之，往也。坑《文苑》作岡。荆州松滋縣有九岡山，《左傳》昭公十一年“楚子滅蔡，用隱太子於岡山”即此。

雲衣兮被被，玉佩兮陸離。

被一本作披。《北堂書鈔》一二八，《藝文類聚》六七，《太平御覽》六九二，《文選·寡婦賦》注，并引作披。正德本同。雲本作靈，誤，詳《校補》。

壹陰兮壹陽，衆莫知兮余所爲。

《爾雅·釋天》：“顓頊之虚，虚也。”於節令主冬。《淮南子·天文篇》：“北方，水也，其帝顓頊，其佐玄冥，執權而治冬。”故《史記·律書》云：“虚者，能實能虚，言陽氣冬則宛藏於虚，日冬至，則一陰下藏，一陽上舒，故曰虚。”此云“壹陰兮壹陽”，或脱胎於此。

折疏麻兮瑶華，將以遺兮離居。

王曰：“疏麻，神麻也。”神升聲近，疑神麻即升麻。《本草》：“升麻産於溪澗陰地，以蜀中出者爲勝。莖高二三尺，夏開白花，根紫黑色，多鬚，可入藥。”升麻白花與瑶華白色正合。葛立方《韻語陽秋》卷十六：“瑶華謂麻之華白也。”是其證。疏麻花白色，似玉，故謂之瑶華。

“疏”,《韻語陽秋》引作疎，駱賓王思家詩：“離恨斷疎麻。”蓋疏麻是隱語，借草名中的疏字以暗示行將分散之意。

老冉冉兮既極，不寖近兮愈疏。

極，至也。《離騷》：“老冉冉其將至。”

乘龍兮轔轔，高駝兮衝天。

《大戴禮記·五帝德篇》：“顓頊……乘龍而至四海。”

結桂枝兮延竚，羌愈思兮愁人。

《本草經》：“牡桂味辛温，主上氣咳逆結氣，喉痺吐吸，利關節，補中益氣。”唐本注云：“一名肉桂，一名桂枝。”延，長也。竚，立也。

愁人兮奈何，願若今兮無虧。
固人命兮有當，孰離合兮可爲。

“孰離合兮可爲”，孰能自爲離合乎？言不能自主也。

少司命

秋蘭兮麋蕪，羅生兮堂下。

麋，《類聚》八一，《匡謬正俗》三，《初學記》二七，《緯略》一二，《爾雅翼》卷二，并引作蘪。《本草經》：“芎藭味辛温，主……婦人血閉無子。”《別録》：“其葉名蘪蕪。”《爾雅翼》卷二：“蘭有國香，人服媚之，古以爲生子之祥，而蘼蕪之根主婦人無子，故《少司命》引之。少司命主人子孫者也。”

緑葉兮素華，芳菲菲兮襲予。

華本作枝，從一本改，詳《校補》。《圖經本草》：“蘼蕪，芎藭苗也。……其葉倍香，或蒔於園庭，則芬馨滿徑……七八月開白花。”

□□□□□，□□□□□

夫人自有兮美子，蓀何以兮愁苦。

“夫人自有”猶人人各有也。“以”一作“爲”。

秋蘭兮青青，緑葉兮紫莖。

青讀爲菁。《詩·淇奥》：“緑竹青青。”傳云：“青青，茂盛貌。”《釋文》：“青或作菁。”

滿堂兮美人，忽獨與余兮目成。入不言兮出不辭，乘迴風兮載雲旗。悲莫悲兮生别離，樂莫樂兮新相知。

《詩·芄蘭》“能不我知”與“能不我甲（狎）”并舉。《禮記·曲禮》“男女非有行媒不相知”，與本篇知字同義。

荷衣兮蕙帶，儵而來兮忽而逝。

儵忽，疾速貌。《招魂》：“往來儵忽。”

夕宿兮帝郊，君誰須兮雲之際。

此後有“與女游兮九河，衝風至兮水揚波”二句，今删，詳《校補》。

與女沐兮咸池，晞女髮兮陽之阿。

《淮南子·天文篇》："日出於陽谷，浴於咸池。"陽阿即陽谷。《海外西經》："女子國在巫咸北，兩女子居，水周之。"注："有黄池，婦人入浴，出即懷妊矣。"黄池即咸池。咸黄一聲之轉。

望美人兮未來，臨風怳兮浩歌。

怳猶狂也，《説文》："怳，狂之皃。"浩，大也。

孔蓋兮翠旍，登九天兮撫彗星。

《周禮·巾車》"輦車有羽蓋"，注云："以羽作小蓋爲翳日也。"《類聚》九一引《魏文帝詔》："前於闐王山習所上孔雀尾萬枝，文彩五色，以爲金根車蓋，遥望耀人眼目。"《書鈔》一三四引《元嘉起居注》："訶羅單國奉孔雀蓋一具。"旍本一作旌，《書鈔》一二〇，《類聚》九一，《御覽》七〇二又九二四，《海録碎事》一〇上，《山谷内集注》四《次韻答邢惇夫》注引并作旌。

竦長劍兮擁幼艾，蓀獨宜兮爲民正。

《戰國策·齊策》三："齊王夫人死，有七孺子皆近。"注："孺子，幼艾美女也。"《孟子·萬章上篇》："知好色，則慕少艾。"注："艾，美好也。"少艾猶幼艾也。《吕氏春秋·君守篇》注："正，主也。"

河　伯

與女游兮九河，衝風起兮横波。

《禹貢》兗州："九河既導，至於大陸。"案古大陸本在冀州，後地名遷徙，遂在幽州。疑古九河亦在冀，後亦隨大陸徙幽也。

王注云："衝，隧也。"《詩·桑柔》："大風有隧，有空大谷。"傳："隧，道也。"箋："大風之行，有所從而來，必從大空谷之中。"據此，則衝風是從衝道而來。引申之，便是大風。《史記·韓長孺列傳》："衝風之末力不能漂鴻毛，非初不勁，末力衰也。"亦以衝風爲大風。

乘水車兮荷蓋，駕兩龍兮驂螭。

荷蓋，以荷爲車蓋。駕兩龍，《海内北經》："從極之淵，深三百仞，維冰夷恒都焉，冰夷人面乘兩龍。"注："冰夷，馮夷也。"《水經·河水注》引《括地圖》："馮夷恒乘雲車，駕二龍。"驂螭，一車四馬，驂是在旁邊的兩馬。螭似龍而無角。古書多説白螭。《涉江》："駕青虬兮驂白螭。"《淮南子·覽冥篇》："前白螭，後奔蛇。"本篇一本也有白字。

登崑崙兮四望，心飛揚兮浩蕩。

飛揚浩蕩，《淮南子·原道篇》云："昔者馮夷，太丙之御也。乘雷車，入雲蜺，游微霧，騖怳忽。歷遠彌高以極往……扶摇抮抱羊角而上，經紀山川，蹈騰崑崙。"《文選·七發》李注："馮夷，河伯也。"《莊子·天地篇》："趣捨滑心，使性飛揚。"《淮南子·精神篇》注云："飛揚，不從軌度也。"《文選·七發》："浩唐之心，遁佚之志。"五臣唐作蕩，浩蕩與浩唐同。聲轉爲潢漾。(《説文》漾讀若蕩。)《廣雅·釋訓》："潢漾，浩蕩也。"一作黄唐。《管子·地員篇》："黄唐，無宜也。"又作荒唐。《莊子·天下篇》"荒唐之言"，《釋文》："荒唐謂廣大無域畔也。"

日將暮兮悵忘歸，惟極浦兮寤懷。

悵當爲憺，寤當爲顧，并詳《校補》。

魚鱗屋兮龍堂，紫貝闕兮珠宮。

珠本作朱，從《文苑》改。

靈何爲兮水中，乘白黿兮逐文魚。

《晏子春秋・諫下篇》："古冶子曰：吾嘗從君濟於河，黿銜左驂以入砥柱之流。當是時也，冶少，不能游，潛行逆流百步，順流九里，得黿而殺之。左操驂尾，右挈黿頭，鶴躍而出，津人皆曰河伯也。若冶視之，則大黿之首。"《中山經》："睢水……東南流，注於江，其中……多文魚。"注曰："有斑彩也。"《埤雅》："鱧，今玄鱧是也。……鱗細有花文，一名文魚。"案鱧《本草》作蠡，《廣雅》作鱺。王念孫曰："今人謂之烏魚，首有斑文，鱗細而黑，故名鱺魚。"鱺之言驪也。《説文》云："驪，馬深黑色。"據此，則王注"鯉魚"，鯉蓋鱧之誤。《説郛》本《林邑記》："林邑王范文，先是夷奴，初牧牛澗中，得鯉魚。"《書鈔》一二三引《林邑記》作鱧，是其比。

與女游兮河之渚，流澌紛兮將來下。

《淮南子・泰族篇》："雖有腐髊流澌（原誤漸，從莊逵吉改），弗能污也。"許注曰："澌，水也。"《七諫・沉江》："赴湘沅之流澌兮，恐逐波而復東。"《論衡・實知篇》："溝有流澌（原誤壍，從孫詒讓改）。"《初學記》七引薛瑩《後漢書》："光武至薊上，王郎使兵至，上發薊，晨夜馳騖，至下曲陽滹沱河，導使還言河流澌，無船，不可渡。"是流澌即流水。蓋河水秋冬涸竭，春時而水至，是爲流澌也。王注訓澌爲解冰，則當作凘，《説文》："凘，流仌也。"《漢書・郊祀志》："〔秦時〕春以脯酒爲歲禱，因泮凍，秋涸凍，冬塞禱祠……自華以西……水曰河，祠臨晋，沔祠漢中……亦春秋泮涸禱塞，如東方山川。”注曰：“涸讀與沍同。沍，凝也。春則解之，秋則凝之。”如王説，則本篇或係春祠泮凍所歌，然玩上下文，無冰凍事，王説殆不足信。

子交手兮東行，送美人兮南浦。

《禮記·問喪篇》：“交手哭。”《漢書·武五子燕剌王旦傳》：“諸侯交手事之八年。”注：“交手謂拱手也。”

波滔滔兮來迎，魚隣隣兮媵予。

《事類賦注》二九引《符子》：“務光自投盧川，盧川之伯以赤鯉送之。”隣一作鱗，《容齋三筆》一五，戴埴《鼠璞》，《後山詩注》四《湖上》注引并作鱗。正德本同。《通鑒前編》武王十三年引《尚書大傳·大戰篇》云：“武王與紂戰於牧之野，紂之卒輻分紂之車，瓦裂紂之甲，魚鱗下賀乎武王。”

山　鬼

若有人兮山之阿，被薜荔兮帶女羅。

王注：“阿，曲隅也。”隅同隈。《九章·思美人》“指嶓冢之西隈兮”，注云：“隈一作隅。”《左傳》僖公二十五年杜注：“隈，隱蔽之處。”阿訓曲隅，亦是隱蔽之地。《漢書·韓王信傳》注：“被猶帶也。”《禮記·禮運》疏：“被色謂人含帶五色而生者也。”《涉江》“被明月兮珮寶璐”，即帶明月之珠也。本篇“被薜荔兮帶女羅”，下文“被石蘭兮帶杜衡”，與《楚策》一“被山帶河”，《魏策》一“前帶河，後被山”，并被與帶爲互文。羅一作蘿。《類聚》一九，《御覽》三九一又九九四,《文選》謝靈運《從斤竹澗越嶺溪行》注引并同。

既含睇兮又宜笑，子慕予兮善窈窕。

《説文》："睇，目小視也。"《易・明夷》"夷於"下《釋文》引鄭、陸注："旁視曰睇。"案睇猶眇也。《方言》二："睇，眄也。陳楚之間，南楚之外曰睇。"眄眇一聲之轉。《神女賦》："目略微眄，精彩相授。"邪視者合背而目珠微露，如含於背中者然，故曰含睇。宜讀爲齫，詳上王注"又好口齒而宜笑也"。《白帖》二四引舊注曰："宜笑，齒白也。"二一又引曰"皓齒也"，并以好齒釋宜笑，得之。《後漢書・列女傳》："出則窈窕作態。"《文選・西京賦》"要紹修態"，注曰："要紹謂嬋娟作姿態也。"要紹與窈窕同，是"善窈窕"猶言善作態，即上含睇宜笑之謂也。

乘赤豹兮從文狸，辛夷車兮結桂旗。

《詩・還》"并驅從兩肩兮"，傳云："從，逐也。"《孟子・梁惠王篇》"從獸無厭謂之荒"，謂逐獸也。本篇"乘赤豹兮從文狸"，猶河伯"乘白黿兮逐文魚"也。《禮記・曲禮》上"德車結旌"注云："結謂收斂之也。"正義曰："結纏其旒著於竿也。"

被石蘭兮帶杜衡，折芳馨兮遺所思。
余處幽篁兮終不見天，路險難兮獨後來。

終猶盡也，全也。

表獨立兮山之上，雲容容兮而在下。

《吕氏春秋・慎小篇》"置表於南門之外"注："表，柱也。"此用爲副詞。表然，聳立之狀也。《説文》："滃，雲氣起也。"容容猶滃滃也。山即巫山。

杳冥冥兮羌晝晦，東風飄兮神靈雨。

《史記·項羽本紀》“窈冥晝晦”，一本杳作窈。杳、窈義同。《文選》五臣注：“杳，深也。”《説文·穴部》云：“窈，深遠也。”是其證。《詩·定之方中》“靈雨既零”，《路史·前紀》四引《春秋命曆序》：“古初之人……綯髮閏首，以去靈雨。”《高唐賦》：“湫兮如風，凄兮如雨。”

留靈修兮憺忘歸，歲既晏兮孰華予。

留，待也。詳上。《淮南子·墬形篇》注：“華猶光也。”《廣雅·釋言》：“光，寵也。”

采三秀兮於山間，石磊磊兮葛蔓蔓。

王曰：“三秀謂芝草也。”案《爾雅·釋草》“菌灌、茵芝”，注：“芝，一歲三華，瑞草。”蓋即本《九歌》爲説，然以三秀爲三華，實誤。茵音囚，與秀音同。茵即秀字耳。《莊子·逍遥游篇》：“朝菌不知晦朔。”《淮南子·道應篇》作朝秀。（今誤菌，從王引之改。）疑《莊子》本作茵，故《淮南》引作秀，而《釋文》引司馬、崔注并訓爲芝也。然疑菌茵古本同字。金文休或從禾，疑與秀皆從禾聲。禾本一讀 siu 也。菌從囷聲，囷亦從禾 siu 聲，故與秀爲同字。（古書麕或作麏。《説文》搯重文作抽拹。《方言》九“軺謂之軸”，菌一音 siu，蓋猶軺一曰軸矣。）《釋草》茵字，《列子》及《類聚》所引俱作菌，茵與菌字異而音義同。三義未詳，疑當爲蕈，聲之誤也。《説文》：“菌，地蕈也。”（《内則》“芝栭”連文，萸栭同，是蕈亦芝類也。）三秀即蕈菌耳。《淮南子·説山篇》：“紫芝生於山，而不能生於盤石之上。”此曰“石磊磊”，似謂求三秀而不得，故王注曰：“周旋山間，采而求之，終不能得，但見山石磊磊，葛草蔓蔓也。”

怨公子兮悵忘歸，君思我兮不得閑。
山中人兮芳杜若，飲石泉兮蔭松柏。

《漢書・東方朔傳》："柏者鬼之廷也。"注："言鬼神尚幽暗，故以松柏之樹爲廷府。"《齊書・王僧虔傳》："鬼惟知愛深松茂柏。"

□□□□□□□，君思我兮然疑作。

《詩經・采苓》："人之爲言，苟亦無信。舍旃舍旃，苟亦無然。"然與信，相互爲文。《惜誦》："吾至今而知其信然。"然亦信也。故一本作"吾至今而知其然"，無信字。《史記・張耳陳餘列傳》："張耳陳餘，始居約時，相然信以死。"然信猶信，言以死相約以爲信也。《惜往日》"不清澈其然否"，即信否也。此曰"然疑作"，猶今言將信將疑。

雷填填兮雨冥冥，猨啾啾兮又夜鳴。
風颯颯兮木蕭蕭，思公子兮徒離憂。

國　殤

操吴戈兮被犀甲，車錯轂兮短兵接。

吴戈當從一本作吾科。王曰："吾科，楯之名也。"案《釋名・釋兵》："盾大而平者曰吴魁。"《廣雅・釋器》："吴魁，盾也。"《御覽》三五六引作吴科。《後漢書・東夷傳》注云："魁頭猶科頭也。"科魁一聲之轉，吾吴音同。盾甲皆所以備扞衛，故操科被甲，連類言之。

旌蔽日兮敵若雲，矢交墜兮士争先。
凌余陣兮躐余行，左驂殪兮右刃傷。

《説文》："蹸，轢也。""轢，車所踐也。"凌蹸聲近義同。躐亦蹸也。刃疑當爲㣺，字之誤也。㣺創古今字，創亦傷也。

霾兩輪兮縶四馬，援玉枹兮擊鳴鼓。

霾，一本作埋。《孫子·九地篇》："是故方馬埋輪。"曹注云："方，縛也。"《後漢書·張綱傳》："而綱獨埋其車輪於洛陽都亭。"《十六國春秋·夏録一·赫連勃勃傳》："乃於陽武下陝鑿陵，埋車以塞路。"古稱鳴鐘、鳴鼓、鳴琴、鳴瑟、鳴箏，鳴皆形容詞。

天時墜兮威靈怒，嚴殺盡兮棄原壄。

天時墜，疑謂日暮。《遠游》："恐天時之代序兮，耀靈曄而西征。"耀靈，日也。耀靈西征即日暮也。嚴當爲莊，莊讀爲戕。《周書·謚法篇》："死於原野曰莊。"壄、野古今字，原本《玉篇·吅部》引作野。

出不入兮往不反，平原忽兮路超遠。

《方言》六："伆，邈，離也。楚謂之越，或謂之遠。吴越曰伆。"《懷沙》："道遠忽兮。"《荀子·賦篇》："忽兮其遠之極也。"忽與伆通。《方言》七："超，遠也。"

帶長劍兮挾秦弓，首身離兮心不懲。

《秦策》四："首身分離，暴骨草澤。"《後漢書·文苑崔琦傳》："甲子昧爽，身首分離。"班彪《北征賦》："首身分而不寤兮。"

誠既勇兮又以武，終剛强兮不可凌。

古曰中誠、中情，即中心。“誠既勇”猶言心既勇。以猶且也。武，猛也。《楚策》一：“主嚴以明，將知以武。”

身既死兮神以靈，魂魄毅兮爲鬼雄。

魂魄毅，原作子魂魄，從一本改。

禮　魂

成禮兮會鼓，傳芭兮代舞。

《説文》：“葩，華也。”《文選·琴賦》注引郭璞曰“葩爲古花字”，芭即葩之省。下云“春蘭秋菊”，即春秋二祭所用之花。代，遞也。又更也，持以舞訖，復傳與人更用之也。《周禮·大胥》：“春入學，舍采合舞。”司農注曰：“舍采，謂舞者皆持芬香之采。”

□□□□□□，姱女倡兮容與。

姱女上疑有敓句。倡同唱。

春蘭兮秋菊，長無絶兮終古。

《管子·輕重甲篇》：“昔堯之五吏（下衍五官二字，今删。）無所食，君請立五厲之祭，祭堯之五吏，春獻蘭，秋斂（獻）落〔菊〕，〔原魚〕（鮪）以爲脯，鯢以爲殽。”終古猶永久也。《封禪書》：“亳人謬忌奏祠太一方曰：‘……古者天子以春秋祭太一東南郊，用太牢七日。’”

季鎮淮等整理

天問釋天 ①

昔王逸作《天問後序》，自詡其注此篇“稽之舊章，合之經傳，以相發明，爲之符驗，章决句斷，事事可曉，俾後學者，永無疑焉”。然今試執逸注以讀《天問》，雖謂爲無一事可曉，不過也。踵逸而起，注者相望。彼於逸注，補苴諟正，亦既多矣，然而不可曉者猶十有四五焉。嗚呼！注書之難，有若是哉？余竊不自揣，欲斟酌衆長，兼附己意，作一總結賬之企圖。兹先取篇中問天事者四十四句釋之，顔之曰《天問釋天》。疏略之譏，自知不免，并世方家，幸垂正焉。

《天問》文例，泰半合四句爲一問，或增至八句，或十二句，要皆以四進，其二句各問一事者，必二事同類，亦以四句爲一單元也。王逸不察，割裂全篇，概以二句爲一段落。（所謂“章决句斷”者乃如此，宜其事事不可曉也。）既以每二句爲一段落，散注文於其間，則讀者披卷之頃，目光所觸，第一印象，已受錯誤之暗示。成見一入，永爲錮蔽，故雖有特識之士，心知逸説之非而欲别樹新解，亦但知於二句以内求之，其視上下注文，夾行細字，則一若天塹之不可飛越者焉。此其於問意終不能通，不亦宜哉？大都王逸以後諸家之説有違於事實，滯於義理者，咸坐此弊。爰揭出之，以念學者。此惑既祛，乃可與讀《天問》。

---

① 原載1936年1月《清華學報》（第9卷第4期）。據開明版《聞一多全集·古典新義》編入。

曰：邃古之初，誰傳道之？上下未形，何由考之？
冥昭瞢闇，誰能極之？馮翼惟像，何以識之？

謹案：上來八句皆以開闢已前爲問。朱熹曰："上下，天地也。""冥昭，晝夜也。"案朱説是也。蒙謂"上下"屬空間言，"冥昭"屬時間言，"馮翼惟像"，則總承"上下""冥昭"二事而言之。舊注皆未審。玆分釋之如次。

《章句》釋"冥昭……"二句曰，"言日月晝夜，清濁晦明，誰能極之？"案下文"明明闇闇"始言陰陽剖判，明者爲明，闇者爲闇。此所問乃混沌期中景象，何"日月晝夜，清濁晦明"之可言？劉盼遂[①]糾之良是。劉永濟[②]謂"冥昭瞢闇"與"上下未形"同一句法，亦確。此蓋以"冥昭"爲名詞，"瞢闇"爲形容詞，謂冥與昭皆在瞢闇狀態中耳。

《章句》釋"馮翼"二句曰，"言天地既分，陰陽運轉，馮馮翼翼，何以識知其形像乎？"案此二句仍言混沌未闢，《章句》失與前同。王邦采[③]曰"惟像，有像無形也"，曹耀湘[④]曰"像者想像也，無形但可想像耳"。案此二説得之。"象""像"古今字。古言"形"與"象"别，象者無形之謂，《章句》以"形像"連稱，義靡區分，非其朔矣。《老子》十四章曰"無物之象，是爲惚恍"，二十一章曰"惚兮恍兮，其中有象"，四十一章曰"大象無形"，《淮南子·原道篇》曰"故矢不若繳，〔繳不若網〕[⑤]，網不若無形之像"，皆古以"形"與"象"爲對立名詞之確證。《韓非子·解老篇》曰："故諸人之所以意想者，皆謂之象也。"此以"意想"釋"象"字，則古曰"象"則今人所謂"想像"，故字亦通作"想"。《周禮·眡祲》"十曰想"，鄭注曰"雜氣有似可形想"，蓋謂有實物可見者曰形，想像中之形則曰象耳。《淮南子·俶真

① 原注：《天問校箋》（清華研究院《國學論叢》第二卷第一號）。
② 原注：《天問通箋》（武漢大學《文哲季刊》第三卷第二號）。
③ 原注：《天問箋略》。
④ 原注：《天問疏證》（《讀騷論世》卷二）。
⑤ 原注：四字從王念孫校補。

篇》曰："天地未剖，陰陽未判，四時未分，萬物未生汪然平静，寂然清澄，莫見其形。"《精神篇》曰："古未有天地之時，惟像[1]無形，窈窈冥冥，芒芠漠閔，澒濛鴻洞，莫知其門。"高注曰："皆無形之象，故曰'莫知其門'也。"《天文篇》曰："天墜未形，馮馮翼翼，洞洞灟灟。"高注曰："馮翼洞灟，無形之貌。"案《淮南》所言與《天問》皆合，《天文篇》之"馮馮翼翼"即《天問》之"馮翼"，《精神篇》之"惟像"即《天問》之"惟像"，《俶真篇》之"莫見其形"亦即"惟像"之謂，故高誘兩注曰"無形之象"，"無形之貌"也。

《章句》於"馮翼"二字未加詳釋。案"馮翼"爲"愊臆"之轉，"愊臆"者，叠韻謰語，郭注《方言》曰"愊臆，氣滿也"，是其義也。一作"愊億"，《漢書・陳湯傳》"策慮愊億"，謂怒而氣滿也；一作"愊憶"，馮衍《顯志賦》"心愊憶而紛紜"，謂憂而氣滿也；一作"服億"，《史記・扁鵲傳》"嘘唏服億"，謂哀而氣滿也。聲轉爲"憑噫"，《文選・長門賦》"心憑噫而不舒兮"，李善注曰："憑噫，氣滿貌。"字變爲"馮翼"，《詩・大雅・卷阿篇》"有馮有翼"，《漢書・禮樂志》"馮馮翼翼，承天之則"；又變爲"馮翊"，《韓詩外傳》五"《關雎》之事大矣哉，馮馮翊翊，自東自西，自南自北，無思不服"，則皆言德之滿盛，德本無形，莫可名狀，故擬之於氣以狀之也。若《淮南》之"馮馮翼翼"及本篇之"馮翼"，則當訓爲元氣滿盛之貌，《廣雅・釋訓》曰"馮馮翼翼，元氣也"，是也。"馮翼"爲"愊臆"之轉語，王念孫已發其凡矣[2]。第其説似猶未暢，爰申論之如此。雖然"愊臆"之語非古，必更有所受。金文中每以"斁斁熊熊"形容人死後，靈魂不滅，充塞兩

① 原注：俞樾疑"惟象"乃"罔象"之訛，謂罔讀爲亡，亡猶無也，"罔象"與"無形"對文。案俞説非也，彼正以形象二字爲同義，故有此誤。《文子・原道篇》"惟象無形，窈窈冥冥"即本《淮南》，洪注《天問》此文引《淮南》亦作"惟像"，則《淮南》之不作"罔象"明矣。

② 原注：《廣雅疏證》一上，又《補正》。

間之貌。[1] 數古讀重唇，熊從炎聲，古音屬喻母，“數數熊熊”與“馮馮翼翼”亦一語之轉也。[2] “數熊”“愊臆”“馮翼”，古皆用以形容無形之物，《天問》以“馮翼”爲“像”之形容詞，則像是無形之象，明矣。王逸蓋因不識“馮翼”之義，故以“像”爲有形之像，因而又以天地未分爲天地既分，以陰陽未判爲陰陽已判，斯誠所謂“失之毫厘，謬以千里”者與？或疑《天問》題圖之詞，元氣無形，不可摹畫。余曰不然。曹植《畫贊叙》曰“上形太極，混元之前”，非元氣可畫之明徵乎？

明明闇闇，惟時何爲？陰陽三合，何本何化？

謹案：朱熹、戴震[3] 并讀“時”爲“是”，是也。《爾雅·釋詁》：“時，是也。”《書·堯典》“惟時懋哉”，《史記·五帝紀》作“惟是勉哉”。劉永濟曰：“下文‘惟兹何功’，‘惟其何故’，句法皆與此同。叔師《章句》不出‘時’字，則以爲虚用字也。”案劉説亦是也。

屈復[4] 曰“三與參同，謂陰陽參錯”，是也。（二劉説同。）案《莊子·田子方篇》曰“至陰肅肅，至陽赫赫，肅肅出乎天，赫赫發乎地，兩者交通成和，而物生焉”，《淮南子·氾論篇》曰“積陰則沉，積陽則飛，陰陽相接，乃能成和”，《天文篇》曰“陰陽和合而萬物生”，與屈子之説并合，曰“交通成和”，曰“相接……成和”，曰“和合”，并即“三合”之謂也。《章句》曰“天地人三合成德”，遠失之矣。

《淮南子·天文篇》曰：“天道曰圓，地道曰方。方者主幽，圓者主明。明者吐氣者也，是故火曰外景；幽者含氣者也，是故水曰内景。吐氣者施，含氣者化，是故陽施陰化。”《大戴記·曾子天圓篇》曰：“天道曰圓，地道曰方。方曰幽而圓曰明。明者吐氣者也，是故外景；幽者

---

① 原注：《宗周鐘》《猶鐘》《克盨》《虢叔旅鐘》《井尸妄鐘》《士父鐘》諸器銘中皆有此語。

② 原注：《文選·琴賦》“豐融披離”，注：“豐融，盛貌。”豐融即數熊也。

③ 原注：《屈原賦注》。

④ 原注：《楚辭新注》。

含氣者也，是故内景。故火曰外景而金水内景。吐氣者施而含氣者化，是以陽施而陰化也。”張衡《靈憲》曰：“於是元氣剖判，剛柔始分，清濁異位，天成於外，地定於内。天體於陽，故圓以動，地體於陰，故平以静。動以行施，静以合化，堙鬱構精，時育庶類。”《太平御覽》一引《禮統》曰：“天之爲言鎮也，神也，珍也。施生爲本，運轉精神，功效列陳，其道可珍重也。”案施之義爲施出，物之所自出者即物之本源，是施猶本也。蓋自施者言之曰施，自受者言之，則施之者即其所本，故《禮統》曰“施生爲本”。化之言化育也。彼皆曰陽施陰化，則屈子意似謂陽爲本，陰爲化，蓋“施”與“化”爲動詞，“本”與“化”爲名詞，其義則一耳。《章句》釋“何本何化”曰“其本始何化所生乎”，直不知所云。

圜則九重，孰營度之？惟兹何功，孰初作之？

謹案：《淮南子·天文篇》曰“天有九重”，而不著九重之名，《太玄·玄數篇》曰“九天：一爲中天，二爲羨天，三爲從天，四爲更天，五爲睟天，六爲廓天，七爲咸天，八爲沈天，九爲成天”，未知是此否[①]。本書《招魂》“虎豹九關”《章句》曰“言天門凡有九重，使虎豹執其關閉”，《漢書·禮樂志》曰“九重開，靈之斿”。蒙謂圜之言垣也，九重天更相環繞，如城垣之外更有城垣，天有九重，重各一門，故曰天門九重也。本書《九辯》曰“君之門以九重”，《禮記·月令》“毋出九門”，鄭注曰：“天子九門者：路門也，應門也，雉門也，庫門也，皋門也，城門也，近郊門也，遠郊門也，關門也。”案九門之説，他書無徵，前賢以爲秦制[②]，余謂以《九辯》之語推之，九門之制先秦已有之矣，古人於自然界現象有所不明者，輒因人事以推之。天門九重之説，即因君門九重而起與？

① 原注：錢塘《淮南子·天文訓補注》云，《太玄》九天即九野，非九重天。案錢説亦無確據，恐不盡然。

② 原注：金鶚《求古録禮説》一，夏炘《學禮管釋》七。

營者，劉盼遂云營環古字通。案劉説無可易，惟於“營”“環”所以相通之理，則猶語焉未詳。蒙謂許書説營字從熒省從宫，《爾雅・釋山》“大山宫，小山霍”，郭注曰“宫謂圍繞之”，《淮南子・本經篇》“乃至夏屋宫駕”，猶言大屋圍繞而架之也，是“營”訓“市居”而義通於環者，乃受義於“宫”也。

斡維焉繫？天極焉加？八柱何當？東南何虧？

謹案：斡有二義。《説文・斗部》曰：“斡，蠡柄也，從斗，倝聲；揚雄、杜林説皆以爲軺車輪斡。”[①]《章句》訓“斡”爲轉軸[②]，蓋從揚、杜説，竊謂當從許説爲是。《説文・䖵部》曰“蠡，瓢也”，《方言》五郭注曰“蠡，瓟勺也”，蠡蠡古今字。《説文・斗部》曰“斗，象形，有柄”，《木部》曰“枓，勺也”，斗枓亦古今字。蠡謂之勺，斗亦謂之勺，是蠡亦斗也。蓋蠡者斗之一種，故蠡柄謂之斡，而字則從斗。許謂斡爲蠡柄，意謂亦即斗柄也。然則何以知此“斡”字之當從許訓乎？曰：古代關於天體之傳説，多緣星象而生，此文之“斡”“維”與“天極”皆其例也。《史記・天官書》曰“北斗七星，所謂‘旋璣玉衡，以齊七政’”，《五行大義》引《尚書説》曰“璇璣斗魁四星，玉衡杓横三星，合七”，《藝文類聚》一引《春秋運斗樞》曰“第一至第四爲魁，第五至第七爲杓，合而爲斗”。此所謂斡即北斗七星之柄，他書所謂杓者也[③]。然而《天官書》又云“斗爲帝車，運於中央，臨制四鄉（向）”，《北堂書鈔》一五〇引《天官星占》曰“北斗爲帝車”。蓋天體運旋，如車輪轉，七星在天，其形如斗，其用則如車，故古亦以北斗爲車輪。更

---

① 原注：揚、杜蓋以斡爲輨。《類篇》“斡，轂端沓也”，洪興祖、朱熹并引《説文》曰：“斡，轂端沓也。”今本《説文》斡下不著此義，而輨下曰：“轂端錔也。”轂端錔蓋即軺車輪斡與？

② 原注：今本無軸字，從《太平御覽》二引補。斡爲名詞，故當訓爲轉軸。脱軸字，即斡訓轉，即爲動詞。轉維焉繫，似不成文義。且維繫於斡，斡轉而維隨之，維固不自轉也。

③ 原注：《説文・木部》：“杓，斗柄也。”

進而推之，所以制輪之轉者軸也，所以制斗之轉者柄也，北斗於輪，則柄當於軸矣，此則王逸釋斡爲轉軸之所本也。惟《天問》字既作“斡”，屈子之意固明以爲轉天之物是斗非輪，《淮南子・天文篇》所謂“紫宫執斗而左旋”者是也。王逸之説，於理雖通，其如無當於本文何？

維者，亦星名也。《漢書・天文志》曰“斗杓後有三星，名曰維星”，《越絶書》曰“天維三星在尾北斗杓後”。案維即三公，《開元占經》引甘氏曰“三公三星，在北斗柄南”是也。維在斗柄後，古謂維繫於斗柄，斗轉則維亦轉而天隨之，故《淮南子・天文篇》曰：“帝張四維，運之以斗。”雖然維與斗柄究何以相繫乎？按之星位，其象不明，衡之物情，理亦難曉，屈子於此蓋不能無惑焉，故問曰：“斡維焉繫？”

天極者，《史記・天官書》曰：“中官[1]天極星，其一明者，太一常居也。”索隱曰：“《文耀鈎》曰：‘中官大帝，其精北極……’《爾雅》云：‘北極謂之北辰。’”案北辰謂之極者，索隱又引《春秋合誠圖》曰：“北辰其星五，在紫微中，紫微，大帝室……”是紫微爲天帝之居室，極即其室之極也。《説文》棟極互訓。程瑶田[2]曰，古者初有宫室時，易複穴爲蓋構，未必遽爲兩下屋與四注屋，不過爲𢈪然之物以覆於上，如車蓋然，中高而四周漸下以至於地。中高者棟，四周漸下者宇，所謂上棟下宇者是也。今之蒙古包，如無柄傘，可張可斂，得地則張之，將遷則斂而束之以去，即古棟宇之遺象。案程説至確。《論衡・説日篇》引鄒衍説曰“天極爲天中”，《太玄・玄棿篇》曰“天圜地方，極植中央”，此與程説遠古室屋之制適合，蓋古屋中高者曰棟，一曰極，天帝所居紫微諸星取象古屋，故其極亦在中央也。極爲屋之中，故極訓中，《詩・思文》“莫匪爾極”傳，《周禮・序官》“以爲民極”注，皆云“極，中也”。加之言架也。《淮南子・本經篇》曰“大厦曾加”，高注

① 原注：今本作宫，從王念孫、錢大昕校改。

② 原注：《釋宫小記》。

曰："材木相乘架也。"此曰天極，正比天如屋，則加亦當讀爲架。"天極焉加"者，謂天極架於何處也。《章句》曰"極安所加乎"，語意未憭。

八柱者，或謂在地上，或謂在地下。《淮南子·墬形篇》曰"天地之間，九州八柱[①]"，《後漢書·張衡傳》注引《河圖》曰"地有九州八柱"，(《初學記》五引同。)此地上八柱之説也。《初學記》五引《河圖括地象》曰"地下有八柱"，《抱朴子》説同，此地下八柱之説也。(《博物志》及《事類賦》引《關令内傳》又云地下有四柱。)本篇八柱，當爲地上之柱。蔣驥[②]曰"此方問天事，未宜遽及地下也"，是也。又案《章句》曰"天有八山爲柱"，而《淮南子·墬形篇》曰："八弦之外乃有八極：自東北方曰方土之山，曰蒼門；東方曰東極之山，曰開明之門；東南方曰波母之山，曰陽門；南方曰南極之山，曰暑門；西南方曰編駒之山，曰白門；西方曰西極之山，曰閶闔之門；西北方曰不周之山，曰幽都之門；北方曰北極之山，曰寒門。"蔣驥據此以證八柱一名八極，亦即八山，張説《文貞公碑》所謂"八柱承天"者是也。案蔣此説亦不可易。《淮南子·天文篇》曰："昔者共工與顓頊争爲帝，怒而觸不周之山，天柱折，地維絶。天傾西北，故日月星辰移焉，地不滿東南，故水潦塵埃歸焉。"不周山，《墬形篇》以爲八極之一者，《天文篇》以爲天柱，則八極即八柱，亦即八山，明矣。

林雲銘[③]曰："天既受八柱撐持，自應平放，似東南地面，不宜獨缺。"案此釋"八柱……"二句，善得《問》旨，惟以"虧"屬地言，似猶未密。竊意欲明問意所在，當以二事爲前提。八柱既爲八山，則柱皆托根於地，此一事也。八柱修短如一，不當參差，此二事也。明乎此，然後知地平，則地與天間之距離，各方皆同，故八柱上承於天，柱之上端皆與天密接，無有間隙。今地西北高而東南下，則自東南地面至

① 原注：今本柱誤極，從王念孫校改。
② 原注：《山帶閣楚辭注》。
③ 原注：《楚辭燈》。

天之距離加長，距離加長而柱之修短不變，則東南之柱必不能與天相值，此所謂“東南何虧”也。“當”謂柱與天相當值也，“虧”猶虚也，柱不與天相值，則天柱之間尚有虚隙也。自王逸以降皆以“東南何虧”爲地傾東南，所以知其不然者，下文又有“墜何故以東南傾”之語，一事無須兩問，理至明也，且此文上下皆問天事，何忽以地事羼入其間？意者作者之思想，其不合邏輯，不至於此甚也。

九天之際，安放安屬？隈隅多有，誰知其數？

謹案：《吕氏春秋·有始篇》曰：“何謂九野？中央曰鈞天，東方曰蒼天，東北曰變天，北方曰玄天，西北曰幽天，西方曰顥天，西南曰朱天，南方曰炎天，東南曰陽天。”《淮南子·天文篇》説同。《開元占經·天占篇》引《尚書考靈曜》説九野之名：東方曰皞天，西方曰成天，南方曰炎天，餘與《吕覽》《淮南》同，此蓋王逸所本也[①]。王遠[②]曰：“際，間也，此天彼天相接之間，何所至而何所附乎？”案王氏此解最明晰。隈隅之數，説見《淮南》，洪注已引。

天何所沓？十二焉分？日月安屬？列星安陳？

謹案：沓者，《説文·水部》曰：“沓，語多沓沓也。”《言部》曰：“譶，疾言也，讀若沓。”沓當爲譶之重文。然《金部》曰：“鍇，以金有所冒。”字一通作沓。《漢書·外戚傳》：“切（砌）皆銅沓黄金塗。”銅沓即銅鍇也，是沓亦有冒義。許以沓爲語重沓，相冒猶相重也。相冒亦即相合，《章句》訓沓爲合，是矣，然以“會合”釋之，則非。沓之爲合，乃冒合之合，非會合之合也。然本篇“沓”字似當爲“襲”之假借。《説文·衣部》曰“襲，左衽袍也，從衣龖省聲。襲，籀文不省；龖讀若沓”；《文選·廣絶交論》注引《説文》曰“襲，因

① 原注：《廣雅·釋天》説亦本《考靈曜》，惟皞作界。
② 原注：《楚辭詳注》。

也”；《爾雅・釋山》“山三襲涉”郭注曰“襲亦重”。因也，重也，冒也，義并相通。

《章句》以十二爲十二辰，是也。十二辰者，郭沫若[1]曰，實黄道周天之十二恒星，十二辰之名，本爲觀察歲星而設，歲星之運行，約略爲十二歲一周天，一歲一辰，故有十二辰，厥後十二辰與天體脱離，乃爲黄道周天之十二等分。蒙案此文“十二焉分”即承上“天何所沓”而言，問天何所因襲而有此十二等分也。《章句》以“天何所沓”爲一事，“十二焉分”爲一事，又增地字，謂“天何所沓”爲天地會合，傎矣。“焉分”謂於何處分之也，《章句》曰“誰所分别”，亦未諦。

《漢書・天文志》曰：“中道者，黄道，一曰光道……日之所行爲中道，月五星皆隨之也。”案十二辰既爲黄道周天之十二等分，而黄道即日月五星所行之道，是日月五星與十二辰有密切之關係，故屈子於問“天何所沓，十二焉分”後，即繼之以“日月安屬，列星安陳”也。王逸不察，分下二句爲二事，又不與上二句相屬，亦大乖問旨。請更列二説以明之。《山海經・海内經》曰“后土生噎鳴，噎鳴生歲十有二”；《大荒西經》曰“下地是生噎，處於西極[2]，以行日月星辰之行次”，郭注曰“主察日月星辰之度數次舍也”。“噎”即“噎鳴”，“下地”即“后土”“行日月星辰之行次”即“歲十有二”之職司，二經所言實一事也。[3]十二歲與十二辰同出一源，十二歲之職司爲“行日月星辰之行次”，則十二辰與日月星辰之關係從可知矣。此一説也。《北堂書鈔》一四九引《春秋内事》曰“天有十二分次，日月之所躔也”，(《乙巳

---

① 原注：《釋支干》(《甲骨文字研究》上)。

② 原注：郭君云十二歲與十二辰皆來自西方，蒙謂據《山海經》噎鳴生十二歲而處於西極，則十二歲本居西極也。此可爲郭君助一明證。

③ 原注：《大荒西經》上文云：“大荒之中，有山名日月山，天樞也。吴姬（原作姖，此依道藏本）天門，日月所入。有神，人面無臂，兩足反屬於頭上（原作山，此依道藏本），名曰嘘。”孫詒讓曰：“嘘當爲噎。下文云‘下土是生噎’，即承此文而紀其代系也。”案孫説是也。此云“日月所入”，即下文“以行日月星辰之行次”之謂也。五星隨日月而行，言日月即賅五星矣。

占·分野篇》引無分字。）而《開元占經·日占篇》引《河圖》曰“日月五星同道”，是十二次亦日月五星之所躔也。十二次與日月星辰之關係如此，而十二分次乃出於十二辰，則十二辰與日月星辰之關係，亦可知也。此二説也。兹將十二辰十二歲，十二次，三者之關係列表如下。

十二辰	寅	卯	辰	巳	午	未	申	酉	戌	亥	子	丑
十二歲	攝提格	單閼	執徐	大荒落	敦牂	協洽	涒灘	作噩	閹茂	大淵獻	困敦	赤奮若
十二次	析木	大火	壽星	鶉尾	鶉火	鶉首	實沈	大梁	降婁	諏訾	玄枵	星紀

要之，《天問》文例，大都合四句爲一問。上來四句正一脉相承，意謂天何所因襲而有黄道周天之十二等分乎？謂日月五星循黄道而行，然則日月果如何繫屬而運行不墜，五星則如何陳列而躔度不差乎？《章句》釋“安陳”爲“誰陳列”，亦非。

出自湯谷，次於蒙汜，自明及晦，所行幾里？

謹案：谷不必有水，其有水者暫，無水者常，金鶚《釋谷》[①]辯之詳矣而未盡也。《管子·度地篇》曰“山之溝，一有水，一無水，命曰谷”，此古説之尤明確者，而金氏不引，殆失之眉睫乎？彼又云“谷之爲文，從仌從口，仌爲重八，八者别也；兩山分别，故從仌，山分而開，如人開口，故從口。……讀若谷者，谷之爲言空也，其中空空如也。”案此説亦未諦，第視許説“從水半見出於口”者爲差勝耳。蒙謂谷之本義當爲道，請列三説以明之：金謂仌爲重八而解爲兩山。八象兩山分别，理固可通，重八而爲四山，將何所取義乎？以是知彼説之無當也。仌當

① 原注：《求古録禮説》。

爲□之省變。《衛父卣》"衛"作□，□上半已由正角引爲弧形，《司寇良父壺》作□，則弧形變爲直綫矣，《賢觥》作□，作□，第一字僅左下角未變，第二字則四角全去矣，一器之中而字形省變之痕迹備具，此尤有興味之事也。他若《中伯御人鼎》之"御"作□，《盧鐘》之"追"作□，《延簋》之"延"作□，皆□之左半彳變而爲彡，與上述各"衛"字同例。仌卜辭又作□，象交道之形，羅振玉以爲"衢"之初文。谷上之仌亦□之變，谷字從□（衢），故谷衢聲近，谷蓋即從□得聲也。谷既從□（衢），衢即道，則谷亦道也。此一説也。從谷之字有訓道者，"俗""裕"是也。《周禮・太宰》"六曰禮俗以馭民"，鄭注曰"禮俗，昏姻喪紀舊所行也"，按習俗即所習行之道也。《方言》三"裕，猷，道也，東齊曰裕，或曰猷"，《書・康誥》"遠乃猷裕"，舊以裕屬下讀，王引之曰當以"遠乃猷裕"爲句，謂遠乃道也；《孟子・公孫丑篇》"則吾進退豈不綽綽然有餘裕哉"，錢繹曰"言進退有餘道也"。案俗裕皆從谷，而訓道，則谷之本義亦當爲道。此二説也。本書《遠逝篇》"横飛谷以南征"，《章句》曰"飛谷，日所行道也"。谷之義爲道，王逸已明言之矣。此三説也。

凡物所經行之道謂之谷。《書・堯典》曰"宅嵎夷曰暘谷"，又曰"宅西曰昧谷"。《説文・土部》堣下引《書》作陽谷。陽，明也，陽谷謂日出之道也。昧，闇也，昧谷謂日入之道也。昧谷，《淮南子・天文篇》謂之蒙谷，《天問》謂之蒙汜。《爾雅・釋邱》曰"窮瀆，汜"，郭注曰"水無所通者"，《釋山》"山豄無所通，谿"，郭注曰"所謂窮豄者"。《説文・水部》曰"汜，窮豄"，《谷部》曰"谿，山瀆無所通者"。汜當即谿之異文。《吕氏春秋・慎行篇》高注曰："有水曰澗，無水曰谿。"《廣雅・釋山》曰"谿，谷也"，是汜即谿，亦即谷，袛謂所行之道，不必有水。蒙昧一聲之轉，汜與谷義同，蒙汜即昧谷，亦謂日入之道也。高誘注《淮南子・天文篇》蒙谷曰"北極山之名也"，蒙谷爲山名，則蒙汜之不得爲水名，明矣。大氐自鄒衍九洲瀛海之説出，説者以爲九洲之外，環以大海，則日所出入，度必在水中，浸假而"暘"

若“陽”改爲“湯”，“蒙”改爲“濛”，而湯谷、蒙汜皆成水名，漢人著書如《淮南子》，《史記》，司馬相如及張衡賦，并嘗經漢人竄亂之書如《山海經》者，胥如是也[①]。屈子與鄒衍并世[②]，其時九洲瀛海之説恐未大行，疑《天問》之“湯谷”當作“暘谷”，《文選》江淹《雜體詩》注，謝瞻《九日從宋公戲馬臺集送孔令詩》注并引《天問》從日作“暘”，是矣。今字作湯者，蓋漢人所改。知暘谷不當爲水，則《章句》釋“汜”爲“水涯”，而以“蒙汜”爲“西極蒙水之涯”，亦必漢人之説，非屈子本旨矣[③]。

次猶宿也。《左傳》莊三年曰：“凡師一宿爲舍，再宿爲信，過宿爲次。”

夜光何德，死則又育？厥利維何，而顧菟在腹？

謹案：《莊子·天地篇》曰“物得以生謂之德”，《韓非子·解老篇》曰“德也者，人之所以建生也”。此“德”字義同，故下文曰“死則又育”，育即生也。月之生死，斥生魄死魄。《越絶書》“魄者，生氣之源也”。生氣之源與德字義正相應。《北堂書鈔》一五〇引本文作“夜光何得”。得德古通。《章句》“言月何德於天，死而復生”，即何德於天，死而復生也。《藝文類聚》一，《太平御覽》四并引“死則又育”作“死而又育”。《章句》曰“死而復生”，亦讀則爲而也。

---

① 原注：傳世漢人著書，十九作湯谷，其偶有作暘者，蓋後人所改。《淮南子·天文篇》之湯谷，據《文選·西京賦》注，張景陽《雜詩》注及《史記·五帝紀》索隱引并作湯，而今本則作暘；又《史記·五帝紀》“曰暘谷”索隱曰“舊本作湯谷，今并依《尚書》字”；并其例證。《淮南子·天文篇》“淪於蒙谷”（淪今誤作至，此從王念孫校改），《覽冥篇》“邅回蒙汜之渚”意皆以爲水，而字猶作蒙，至《西京賦》則已加水作濛矣。

② 原注：據陳瑑、劉師培説，屈原生於楚宣王二十七年（元前三四三），據錢穆説，卒於懷王三十年（元前二九九）以前。鄒衍與燕昭王同時，昭王立於楚懷王十八年（元前三一一）。

③ 原注：《遠游》“朝濯髮於湯谷”，適足以證其爲僞撰。《大招》“湯谷宋只”亦可證其屈原作，且知景差與屈原必不相及也。

“厥利維何……”二句，仍承上二句爲文，朱熹曰“此問月有何利而顧望之，兔常居其腹乎”，以“厥”字屬夜光，其説甚是。《章句》以屬“菟”，謂兔何所貪利，大謬。《章句》又釋“顧”爲“顧望”，朱熹以下諸家皆無異説，其妄不足辨。惟毛奇齡[①]以顧兔爲月中兔名，庶幾無閡於文義，而劉盼遂云顧菟疊韻連綿詞，亦無愧卓識。然竊謂古無稱兔爲顧菟者，顧菟當即蟾蜍之異名。此則可於二字之音似中求之。劉君知“顧”字之不當執形以求義，而不知菟字亦然，蓋猶未達一間耳。列十有一説以明之。

《詩・邶風・新臺篇》一章曰“籧篨不鮮”，二章曰“籧篨不殄”，三章曰“得此戚施”，據《韓詩》薛君《章句》，戚施即蟾蜍，則籧篨亦即蟾蜍[②]。蟾蜍《邶詩》謂之籧篨，顧菟與籧篨音同，則顧菟亦蟾蜍矣。此一説也。《易林・漸之睽》曰“設罟捕魚，反得居諸”，居諸即《詩》之籧篨，亦即蟾蜍也。(《詩》云“魚網之設，鴻則離之”，此《易林》所本。然鴻乃蝦蟆之異稱，非鳥類也。)蝦蟆《廣雅》謂之“苦蠪”，《管子・水地篇》謂之“鮭蠪”，《廣韻》謂之“螭蠪”。“苦蠪”“鮭蠪”“螭蠪”三語之合音并即爲“鴻”也。《淮南子・墬形篇》高注曰：“屈蘢，游龍，鴻也。”蟲之“苦蠪”“鮭蠪”，或“螭蠪”謂之“鴻”，亦猶草之“屈蘢”謂之“鴻”也。(尚有詳説，此不具備。)蟾蜍《易林》謂之“居諸”，“顧菟”與“居諸”音亦同，則顧菟即蟾蜍矣。此二説也。《初學記》一月類“居蠩”注引《春秋元命苞》曰：“月之爲言闕也，而設以蟾蠩與兔……”《初學記》稱蟾蜍爲“居蠩”，“顧菟”與“居蠩”音亦同，是顧菟即蟾蜍矣。此三説也。以上“籧篨”，“居諸”，“居蠩”皆與“顧菟”爲同音字，凡三事爲一類。

蟾蜍《説文》謂之“䵷黿”。“䵷”與“顧”音近，“黿”音七宿反，與“菟”僅舌上音與舌尖之別，故知“顧菟”與“䵷黿”爲一語之轉。

---

① 原注：《天問補注》。

② 原注：蟾蜍與蝦蟆，今爲異物，古則通名。

此四説也。蟾蜍《爾雅》謂之“鼀鼁”。“鼀”與“顧”音同,《説文》以“鼁”爲“鼀”之或體，是“顧菟”與“鼀鼁”亦一語之轉。此五説也。蟾蜍《夏小正》傳謂之“屈造”。“屈”與“顧”音亦同,“造”與“菟”亦舌上變舌尖，是“顧菟”與“屈造”亦一語之轉。此六説也。蟾蜍《淮南子・説林篇》謂之“鼓造”。“鼓造”即夏小正之“屈造”，則“顧菟”與“鼓造”亦一語之轉。此七説也。以上“蝌”“鼀”“屈”“鼓”與“顧”爲雙聲，韻或同或近,“鼀”“鼁”“造”與“菟”爲舌上變舌尖；皆聲之轉，凡四事爲一類。

科斗蟾蜍，一物而異形相嬗，例得通稱。更自其蜕化之末期言之，四足已茁而尾猶未除，則謂之科斗也可，謂之蟾蜍也亦可。古人於二物之名稱往往相亂，此亦一因也。與蟾蜍同類之物，尚有蛤蚧[①]，四足一尾，其形正在科斗蟾蜍之間。《嶺表録異》曰：“蛤蚧，首如蝦蟆，背有細鱗如蠶子，土黄色，身短尾長。”有此一物，科斗蟾蜍之分界，乃益不可究詰。《廣雅》以阿鼃爲蛤解（即蛤蚧）之異名，而蝦蟆又有苦鼃，鼃鼃，蛣鼃等名（見上），是蟾蜍蛤蚧不可分，亦即蟾蜍與科斗不可分也。此二名通稱之又一因也。知科斗蟾蜍古無分别，則蟾蜍所以又名顧菟之理，亦不難通悟。《爾雅》科斗一名活東。“科”“活”與“顧”，雙聲也,“斗”“東”與“菟”亦雙聲也。“顧菟”即“科斗”“活東”之轉耳。顧菟與科斗，而科斗與蟾蜍二名通稱，則顧菟亦蟾蜍矣。此八説也。顧菟即科斗，亦即蟾蜍，驗諸音理，揆諸物情，無不貫通矣。再證以《天問》稱月中之物爲顧菟，而《漢少室神道闕》刻月中蟾蜍四足一尾，宛如科斗蟾蜍合體之形，則顧菟即科斗，亦即蟾蜍，益信然矣。此九説也。以上以音理，物情并古代圖畫證顧菟即科斗，亦即蟾蜍，凡二事爲一類。

考月中陰影，古者傳説不一。《天問》而外，先秦之説，無足徵

① 原注:《廣雅》以爲蜥蜴，非是。蓋形似蜥蜴而實乃異類。英語謂之 Salamander，西土傳説以爲能居火中。

焉。其在兩漢，則言蟾蜍考莫早於《淮南》，兩言蟾蜍與兔者莫早於劉向，單言兔者莫早於諸緯書。由上觀之，傳説之起，諒以蟾蜍爲最先，蟾與兔次之，兔又次之。更以語音訛變之理推之，蓋蟾蜍之蜍與兔音近易掍[①]，蟾蜍變爲蟾兔，於是一名析爲二物，而所設蟾蜍與兔之説生焉，其後乃又有捨蟾蜍而單言兔者，此其轉相訛變之迹，固歷歷可尋也。諸説之起，驗之漢代諸書，蟾蜍最先而兔最後，屈子生當漢前，是《天問》之“顧菟”必謂蟾蜍，不謂兔也。此十説也。雖然，蟾蜍之説，究其根源，殆亦出於字音之訛變。古謂月爲陰精之宗，其象爲水，故每取水族以配月，而蚌與月并色白而形圓，故言蚌者尤多。《吕氏春秋・精通篇》曰“月也者，群陰之本，月望則蚌蛤實，群陰盈，月晦則蚌蛤虚，群陰虧”；《淮南子・天文篇》曰“月死而蠃蛖膲”[②]，《大戴禮記・易本命篇》曰“蚌蛤龜珠，與月虧盈”；《論衡・順鼓篇》曰“月毁於天，螺蚄臽缺”[③]，天上之月即水中之蚌，故又有蚌可取水於月之傳説。《淮南子・覽冥篇》曰“方諸取露於月”；《天文篇》曰“方諸見月則津而爲水”；《説文・金部》曰“鑒，方諸[④]可以取明水於月”；《周禮・司烜》鄭注曰“鑒鏡屬取水者也，世謂之方諸”。方諸即蚌也。高注《淮南子・天文篇》曰：“方諸，陰燧大蛤也，熟摩拭令熱，月盛時以向月下，則水生。”大蛤者大蚌也。重言之曰蚌蛤，單言之或曰蚌，或曰蛤。蚌一名方諸，月御曰望舒，即方諸之轉也。月名望舒（方諸），猶蚌一名海月。二者形近，故可互相比况。要之，古人心目中，月之與蚌，關係至密，可斷言也。雖然蚌之與蛤，猶有别焉。《爾雅・釋魚》“魁陸”郭注曰“魁狀如海蛤，圓而厚”，《名醫别録》曰“魁蛤，一名魁陸，一名活東，生東海，正圓”，《漢書・地理志》顔師古注曰“蜯似蚌而圓”。圓者爲蛤，則以擬月形，究以稱蛤爲允。蛤之音值爲 kàp，緩言之，其

① 原注：《左傳》“菟裘”，《公羊》“塗裘”，是其比。

② 原注：《御覽》九四一引作“螺蚌痳”。

③ 原注：蚄即蚌字。

④ 原注：今本無“諸”字，從于鬯《説文職墨》訂補。

音微變即爲蝦蟆 kɑ mɑ 矣。蝦蟆一曰螫蟆[①]，一曰鼁黽[②]，一曰耿黽[③]，一曰胡蜢[④]，一曰去蚊[⑤]，一曰去蚥[⑥]，一曰去甫[⑦]，此皆“蛤”音之變，而“蚥”“甫”二字皆收 p 讀，與“蛤”之收音尤近。此理既明，則陶注《名醫别録》之所以稱“鼁……南人名爲蛤子”，與夫韓愈《初南食貽元十八詩》之所以云“蛤即是蝦蟆，同實而異名”者，可以涣然冰釋矣。載籍中有稱月中之物爲“蛤”者，張衡《靈憲》曰“月者陰之宗，積而成獸，象兔蛤焉”，兔蛤即兔與蝦蟇，説者以爲蚌蛤之蛤，誤矣。蚌蛤之蛤與蝦蟆相亂，故知《名醫别録》稱“魁蛤，一名魁陸，一名活東”者，活東即科斗，又爲蛤之異名，則蛤與科斗相亂也，魁陸與蝦蟆之異名“苦蠪”音近，而魁陸又爲蛤之異名，則亦與蝦蟆相亂也。要之，月中蝦蟆（蟾蜍）之説，乃起於以蛤配月之説，其時則當在戰國，蓋蚌蛤與月盈虛之語，載在戰國末年之《吕覽》，而月中蟾蜍之月，漢初之《淮南王書》已有之，則二事之發生關係，必在漢代以前，審矣。且古稱月爲水精，兔不能生於水中[⑧]，戰國時以蛤配月之説方盛，是以月爲水之觀念猶存。以月爲水，必不謂月中有兔矣。如前説，則漢代以前，蟾蜍説之産生，其可能性至大，如後説，則漢代以前，兔説必無産生之理。明乎此，則余謂《天問》之“顧菟”即蟾蜍，不益有據邪？此十一説也。以上以傳説演變之步驟證“顧菟”即蟾蜍，凡二事爲一類。綜上所述，計爲説十一，爲類四，諸所引證，要爲直接者寡，而間接之

---

① 原注：《爾雅·釋魚》郭注。

② 原注：《周禮·蟈氏》。

③ 原注：《蟈氏》鄭注。

④ 原注：《廣雅·釋魚》。

⑤ 原注：《爾雅》郭注引《淮南》。

⑥ 原注：《廣雅·釋魚》，《一切經音義》十二引《爾雅》郭注。

⑦ 原注：《名醫别録》。

⑧ 原注：《論衡·説日篇》曰：“儒者言月中兔蟾蜍。……夫月者水也，水中有生物，非兔蟾蜍也。兔與蟾蜍久在水中，無不死者。日月毁於天，螺蚌汨於淵，同氣審矣。所謂兔蟾蜍者豈反螺與蚌邪？”案王充蓋以蟾蜍爲陸居者，與蝦蟆異物，故云不能久居水中。

中又有間接焉。既無術以起屈子於九泉之下以爲吾質，則吾説雖辯，其終不免徒勞乎？噫！

女歧無合，夫焉取九子？伯强何處？惠氣安在？

謹案：女歧即九子母，本星名也。余友游國恩[①]引《史記・天官書》“尾爲九子”以釋此文，最爲特識。案《天官書》索隱引宋均曰：“屬後宫場，故得兼子，子必九者，取尾有九星也。”九子星衍爲九子母之神話，故《漢書・成帝紀》“元帝在太子宫生甲觀畫堂”師古注引應劭曰：“畫堂畫九子母，或云即女歧也。”案九子星屬後宫之場，故漢甲觀畫堂壁間圖其神九子母之像，應説得之，沈欽韓《漢書疏證》據《玉海》引《晋宫闕名》：“洛陽宫：螽斯堂，則百堂。”謂即此類，是也。九子母一名女歧者，“歧”乃“逵”之借字，《淮南子・説林篇》“楊子見逵路而哭之”，逵路即歧路也。《説文・九部》曰“馗，九達道也”，重文作逵，馗字從九，本有九義，故九子母謂之女馗，音轉即爲女歧。《列女傳》魯九子之母號曰母師，形近，歧師聲近，母師又即女歧之訛變也。女歧又曰歧母，《吕氏春秋・諭大篇》“地大則有常祥，不庭，歧母，群祇，天翟，不周[②]”是也。高注以歧母爲獸名，蓋九子母既爲神物，則爲人爲獸，或半人半獸，皆無不可，《山經》所載，泰半如是也。丁晏[③]謂歧母即女歧，所見良是，顧以高注爲非，則膠柱之見也。又案中土天文之學，其源出於巴比倫。九子母之説蓋亦傳自彼邦，印度之天文學亦出巴比倫，故《内典》亦稱九子母焉。近人趙邦彦作《九子母考》[④]，謂應氏所云九子母，乃東漢時因佛教而傳入東土者，與《天問》之女歧無涉，其失也迂。

① 原注：近著《楚辭集證》有油印稿本，未刊行。
② 原注：高誘注以“不周”屬下，讀爲“不周山大則有……”云云，疑誤。以《天問》證之，歧母、不周皆神名（詳下），故《吕覽》云然。
③ 原注：《天問箋》。
④ 原注：歷史語言研究所《集刊》第二本第三分。

伯强者，王夫之[①]以下説者多以爲即禺强。禺强之名[②]見《莊子》，《吕氏春秋》及《山海經》諸書，乃北方神名，或曰北海神。《淮南子·墬形篇》曰"隅强，不周風之所生也"，不周風者，西北風也。北與西北，大同小異[③]。禺强爲北方之神，不周爲北方之風，而《淮南》云"禺强，不周風之所生"，故周拱辰[④]疑禺强爲風神，亦即《天問》之伯强，而伯强惠氣，皆風屬也。案《莊子·天運篇》曰"風起北方"，《秋水篇》托爲風之言曰："然！予蓬蓬然起於北海而入於南海也。"古稱禺强爲北方神，或爲北海神，而《莊子》書一則曰風起北方，再則曰風起北海，以此證禺强即風神，較周氏所據尤爲確切矣。惠氣者，游國恩據《莊子·齊物論篇》"夫大塊噫氣，其名爲風"，《廣雅·釋言》"風，氣也"，并本篇下文"西北闢啓，何氣通焉"，亦稱風爲氣，因謂惠氣即惠風。案游申周説，亦是也。《論衡·感應篇》曰"夫風者氣也"，此亦風氣通稱之例。知惠氣即惠風，則《天問》以伯强惠氣并舉，蓋謂伯强即風神，故連類言之。知伯强爲風神，則王氏以來皆謂伯强即禺强，亦可信矣。雖然上來所説，循環推證，似不足定讞，請更陳二説以明之。

《史記·天官書》索隱引《春秋元命苞》曰"尾九星，箕四星，爲後宫之場也"，《北堂書鈔》一五〇引《春秋佐助期》曰："尾箕爲後宫之場。"尾箕二星密邇，同爲後宫之場，故古每連稱。此文上言女歧，指尾星，則下言伯强，似當指箕星。"出自湯谷……"四句問日，"夜光何德……"四句問月，此四句問星，以三問分承上文"日月安屬，列星安陳"二句，層次井然，有條不紊矣。伯强當爲箕星，然則箕星所主爲何事乎？《開元占經·東方七宿占》引石氏曰："箕，大星，一名風星，月宿之，必有大風。"《太平御覽》七引《荆州星占》曰"箕舌

① 原注：《楚辭通釋》。
② 原注：一作禺疆，一作禺京。
③ 原注：故《墬形篇》又云："北門開以納不周之風。"
④ 原注：《天問别注》。

一星，動則大風至不出三日”，又曰：“箕宿四星，第二星一名風后。”《周禮·大宗伯》“飌師雨師”先鄭注曰“風師，箕也”[①]，《漢書·天文志》曰“箕星爲風，東北之風也”。《太平御覽》一引《詩汜歷樞》曰“箕爲天口，主出氣”，出氣猶《莊子》云“噫氣”，亦謂風也。《風俗通義·祀典篇》曰：“風師者，箕星也，箕主簸揚，能致風氣。”《獨斷》曰：“風伯神，箕星也，其象在天能興風。”伯强當爲箕星，而箕星即風伯，是伯强亦風伯也。此爲一事。《漢書·天文志》曰“尾箕主幽州”，是尾箕之分野在北方。禺强者，北方之神，而主風之箕星亦在北方，則禺强即風伯爲可能矣。此爲二事。伯强爲風伯，禺强亦爲風伯，是伯强、禺强，名異而實同也。此一説也。

卜辭“風”字皆作“鳳”，《説文》“鳳”之古文作“鵬”。《淮南子·本經篇》載堯時害民之物，有名“大風”者，高注：“大風，風伯也，能壞人屋舍，一曰鷙鳥。”[②]案大風即大鳳，亦即《莊子·逍遥游篇》之大鵬。古蓋以有大風時，即有大鳥出現，因謂風爲鳥所致，而以鳥爲風神，及造字時，遂即合“鳥”與“凡”爲風字[③]。大鳥爲風神，故高誘以大風爲風伯，又爲鷙鳥。雖然，此與伯强有何關係乎？曰，《山海經》三言禺强人面鳥身[④]，明禺强本爲鳥。《莊子·逍遥游篇》云鵬自北冥徙於南冥[⑤]，《秋水篇》云風起於北海，入於南海，《逍遥游篇》云鵬居北冥，郭注《海外北經》云禺强字玄冥，而玄即北方色，是則鵬也者，風神也，其名則曰禺强。禺强爲風神，而伯强亦爲風神，故伯强、禺强，是一非二。此二説也。

伯强即禺强，亦即風神，既如上述，然則《章句》謂伯强爲大厲疫鬼者何哉？曰：禺强爲不周風之所生，《淮南》既言之矣。不周風者，

---

① 原注：《九經字樣·虫部》曰：“飌古文風。”

② 原注：四字從俞樾校補。

③ 原注：“凡”卜辭金文皆作ㅂ，其形象舟，其義則爲浮，當即“汎”之初文。鳥漂浮於空中，即有風之象也。

④ 原注：見《海外北經》，《大荒北經》，《大荒東經》。

⑤ 原注：冥溟通。

《史記·律書》曰“不周風居西北，主殺生”，《白虎通·八風章》曰“不周者，不交也，陰陽未合化也”，而《吕氏春秋·有始篇》曰“西北曰厲風”。此蓋王逸之所本。厲與癘通，《列子·黄帝篇》“扎傷疵厲”《釋文》曰“風氣不和之疾也”，是也。《吕氏春秋》又曰“東南曰熏風”，熏風即《天問》之“惠氣”，《廣雅·釋草》“薰草，蕙草也”，此熏可通惠之驗。《史記·律書》曰“清明風居東南維，主風吹萬物而西之軫，軫者言萬物益大而軫軫然”，清明風即熏風也。《天問》以伯强惠氣連言者，西北風主殺生，東南風主長養，舉此二者以概八風也。

何闔而晦？何開而明？角宿未旦，曜靈安藏？

謹案：徐文靖[①]説此文最善，惜其所引證猶未明確。今案《晋書·天文志》曰：“角二星，爲天關，其間天門也，其内天庭也，故黄道經其中，七曜之所行。左角[②]爲理，主刑，其南爲太陽道。右角爲將，主兵，其北爲太陰道。”《北堂書鈔》一五〇引《春秋佐助期》曰“角爲天門，左角神名‘其名芳’，右角神名‘其光華’”。角爲天門，故曰“何闔”“何開”。此亦四句合問一事，《章句》分爲二事，失之。《天問》祇言角，而《章句》言角亢，影響傅合，尤爲無據。且東方宿角亢氐，《章句》曰“角亢，東方星”，舉角亢而捨氐，亦不足以代表東方也。

（上十一行，四十四句，問天事竟。）

① 原注：《管城碩記》。

② 原注：“左角”下舊有“爲天田”三字，從王先謙校删。

天問疏證①

① 此著據 1985 年 12 月上海古籍出版社單行本編入。編者對文字與標點，有所訂正。原單行本中有後記，今移作整理説明。

整理説明

此著爲《楚辭》研究專著之一，屬於《楚辭校補·引言》中所定第二項研究課題，即“詮釋詞義”。今存手稿本有兩種，一種爲全稿，原文下録王逸注，頂格寫，《疏證》本文低一格。一般四字句每四句爲一行，少數七字句每二句爲一行，共九十五行。原文及王注所用底本爲《四部叢刊》洪興祖《楚辭補注》本。另一種非全稿，原文後未録王逸注，以“問”爲主，大都一行少數兩行後提問，用括號注明所問内容，共寫定三十七問。比較兩稿，似未完稿爲最後一稿。今兩稿俱以照相複製；從照片上移寫，形式依全稿，《疏證》依最後一稿，自三十八行後接全稿補足之，自五十三行後，手稿多有顛倒，爲便於閲讀查對原文，悉依底本次序訂正。兩稿俱非定稿，眉端行間，多有小字增補論證材料，在移寫過程中，酌量録入《疏證》正文。移寫後，加上標點符號；并查對所引書原文，對引文一一加以校正。個别引文未能查出。

1. 曰遂（邃）古之初，誰傳道之？上下未形，何由考之？

遂，往也。初，始也。言往太始之元，虚廓無形，神物未生，誰傳道此事也？言天地未分，混沌無垠，誰考定而知之也？

2. 冥昭瞢闇，誰能極之？馮翼惟像，何以識之？

言日月晝夜，清濁晦明，誰能報之？言天地既分，陰陽運轉，馮馮翼翼，何以知其形像乎？

案遂讀爲邃。（《後漢書·班固傳》注，《太平御覽》一引并作邃。）"上下"謂天地。冥昭謂晝夜。"瞢闇"不分明貌，猶未形也。"極"，究也。"馮翼"，元氣滿盛之貌。《方言》十三："臆，滿也。"注曰："愊臆，氣滿之也。"《文選·長門賦》"心憑噫而不舒兮"，注曰："憑噫，氣滿貌。"馮噫與愊臆、憑噫同。迭言之曰馮馮翼翼。《廣雅·釋訓》曰"馮馮翼翼，元氣也"，謂元氣盛貌也。像與象同。《韓非子·解老篇》曰："故諸人之所以意想者，皆謂之象也。"《韓詩外傳》八曰："未見鳳凰，惟思鳳象。"是無實形可睹而但可擬想者謂之象，故《老子》四十一章曰："大象無形。"《淮南子·原道篇》曰："網（從王念孫説改）不若無形之象。""馮翼惟像"總承"上下""冥昭"二事，言天地未分，晝夜未形，惟氤氳一氣，聊可假想焉耳。《淮南子·精神篇》曰："古未有天地之時，惟像無形，窈窈冥冥，芒芠漠閔，澒濛鴻洞，莫知其門。"《俶真篇》曰："天地未剖，陰陽未判，四時未分，萬物未生，汪然平静，寂然清澄，莫見其形。"《天文篇》曰："天地未形，馮馮翼翼，洞洞灟灟。"并即此"馮翼惟像"之謂。（上第一問混沌未闢。）

3. 明明闇闇，惟時（是）何爲？陰陽三（參）合，何本何化？

言純陰純陽，一晦一明，誰造爲之乎？謂天地人三合成德，其本始何化所生乎？

案“時”讀爲是（朱熹、戴震説），此也。“惟是何爲”與後文“惟兹何功”，“惟其何故”語例同。（劉永濟説）“明明闇闇，惟是何爲”者，言天地既分，明者爲明，闇者爲闇，其所爲何事乎？“三”讀爲參。屈説“參合”猶參雜和合也。（《新語·道基篇》：“功德參合而道術生焉。”）《莊子·田子方篇》曰：“至陰肅肅，至陽赫赫；肅肅出乎天，赫赫發乎地，兩者交通成和而物生焉。”《淮南子·氾論篇》曰：“陰陽相接，萬能成和。”《天文篇》曰：“陰陽和合而萬物生。”曰“交通成和”，曰“相接成和”，曰“和合”，并猶言參合矣。張衡《靈憲》曰：“於是元氣剖判，剛柔始分，清濁異位，天成於外，地定於内。天體於陽，故圓以動，地體於陰，故平以静。動以行施，静以合化，堙鬱構精，時育庶類。”案施之義爲施出，物之所自出者即其本始，故《禮統》曰：“施生爲本。”（《太平御覽》一引。）而《莊子·庚桑楚》“出無本”，《釋文》曰“出，生也”，亦謂生物者爲本也。《老子》五十二章“以爲天下母”，注：“母，本也，造化也。”此言陰陽既已參合矣，何者爲陽施所本，何者爲陰所化生者乎？（《吕氏春秋·大樂篇》：“萬物所出，造於太一，化爲陰陽。”舊校一作本。《吕覽》亦以本化對舉，然其説似與此異。）

4. 圜則九重，孰營度之？惟兹何功，孰初作之？

言天圜而九重，誰營度而知之乎？言此天有九重，誰功力始作之邪？

案圜之爲言垣也。（《周禮·序宫·司圜》司農注：“今獄城曰圜。”《淮南子·本經篇》注：“宣室，殷宫名，一曰獄也。”垣通作圜，猶宣通作圜。又翾一作翧可證。）“圜則九重”，謂九重之垣更相環繞，如城垣之外又有城垣也。《淮南子·天文篇》曰“天有九重”，指此。天垣九重，重各一門，故古稱天門九重。《招魂》“虎豹九關”，注曰：“言天門凡有九重，使神虎豹執其關門。”《漢書·禮樂志》曰“九重開，靈之斿”，又曰“天門開，詄蕩蕩”，是矣。後世天文家分天空爲三垣，曰紫微垣，曰太微垣，曰天市垣。九重之圜即三垣之倍數，而字則作垣，亦可取證。又考晚周秦漢人每言人君用九門。《九辯》“君子之門以九重”，《禮記·月令》“毋出九門”，注謂天子九門，是天子之城亦九重也。天子九城之制，蓋即依天圜九重之説而定。營與縈通。“孰營度之”，誰縈繞此垣而度知其里數也。（漢人所傳周天里數，其説不一，見《開元占經·天占篇》引《孝經·援神契》，《藝文類聚》一引《春秋元命苞》，《論衡·説日篇》及《廣雅·釋天》。）（上第三問天垣九重。）

5. 斡維焉繫？天極焉加（架）？八柱何當？東南何虧？

斡，轉軸也，維，綱也。言天晝夜旋轉，寧有維綱繫綴其際？極安所加乎？言天有八山爲柱，皆何當值？東南不足，誰虧缺之也？

案《説文》曰：“斡，蠡柄也，從斗倝聲。揚雄、杜林説皆以爲軺車輪斡。”《説文》又曰：“瓢，蠡也。”《太平御覽》七六二引《通俗文》曰：“木瓢爲斗。”又《方言》五注曰：“蠡，瓠勺也。”蠡蠡同。《説文》曰：“枓，勺也。”斗枓亦同。蠡謂之勺，斗亦謂之勺，是蠡即斗也。《説文》又曰：“斗象形有柄。”斡訓蠡柄者即斗柄，故字從斗作。《史記·天官書》曰：“北斗七星，所謂‘璇、璣、玉衡以齊七政’。”《五行大義》引《尚書説》曰：“璇璣、斗魁四星，玉衡、杓横三星，合七。”《藝文類聚》引《春秋運斗樞》曰：“第一至第四爲魁，第五至第七爲杓，杓合爲斗。”《説文》曰：“杓，斗柄也。”斡爲斗柄，杓亦斗柄，然則《天問》之斡即七星中之杓，亦即北斗之柄矣。北斗之狀又與古車之形相似，斗魁似輿，斗杓似輈，故一説又以北斗爲車。《史記·天官書》曰：“斗爲帝車，運於中央，臨制四鄉（嚮）。”《北堂書鈔》一五〇引《天官星占》曰“北斗爲帝車”是也。然而斗之轉以柄，車之轉以輪，擬斗於車，以其用言，則斗柄當於車輪，此斡本訓斗柄，而揚雄、杜林之所以又以為軺車輪斡也。王注曰“斡，轉軸依《太平御覽》一引補也”者，説從揚、杜，雖不爲無本，然終非所釋《天問》此文。蓋《天問》字既作斡，則作者意中轉天之物，是斗非車，固自明甚。洪興祖引《説文》曰：“斡，轂端沓也。”今本《説文》斡下無此訓，惟輨下曰：“轂端錔也。”然則洪所引蓋誤《字林》爲《説文》歟?《太平御覽》二,《事類賦注》一,《簡齋詩集箋注》[①]二三《别伯共》注引《天問》并作筦，原本《玉篇·糸部》引作韓，此蓋均假爲斡。或以爲諸書所引借爲輨字，非是。維者,《漢書·天文志》曰：“斗杓後有三星，名曰維星。”斡維者，猶言斗柄之維。(斗柄之維或省言曰斗維。《莊子·大宗師篇》：“維斗得之，終古不忒。”維斗即斗維之倒。)蓋維之一端繫於天極(詳下)，一端繫於斗柄，斗轉則維動，而天亦隨之，故《淮南子·天文篇》曰“帝張四維，運之以斗”，又曰“紫宫執斗而左旋”也。

古初作室，上圜而下方。上圜者其形如蓋，交聚衆材以爲蓋弓，其名曰橑。橑之爲言尞也。《説文》：“尞，柴祭天也。”卜辭作，象環立衆木，交相枝岠而焚之之狀。交聚衆木而焚之，以祭天曰尞，以取明曰燎。(所謂庭燎是也。《儀禮·士喪禮》注：“在地曰燎，執之曰燭。”金文作，亦取象形。)交聚衆木或竹以蓋於上者，在車曰轑，在屋曰橑，四者其形同，故其名亦同，極即橑也。知之者，橑霤梁一聲之轉，而梁或謂之極。《漢書·天文志》“萬載宫極”，注曰：“極，屋梁也，三輔間名爲極。”《枚乘傳》“單極之統斷幹”，注曰：“西方人名屋梁爲極。”是其證。《史記·天官書》曰“中宫天極星，其一明者，太一常居”，是天極之星本以似屋極而得名。天極星又每與北極相混。北極者，一曰北辰，而《天官書》索隱引《春秋合誠圖》亦曰：“北辰，其星五，在紫微中。紫微，大帝室。”且極爲屋極，而北極謂之北辰，故辰得孳乳爲宸。《説文》曰：“宸，屋宇也。”加讀爲架。《淮南子·本經篇》“大厦曾加”，注曰：“加，材木相乘架也。”

《淮南子·墬形篇》“天地之間，九州八柱。”柱原作極，從王念孫改。《後漢書·張衡傳》注引《河圖》曰“地有九州八柱”，亦謂地上

① 《簡齋詩集箋注》，單行本“齋”誤作齊，今正。

承天之柱。案八柱即八山。王注曰“天有八山爲柱”是也。(《墨子・尚賢中篇》引《周頌》曰“若地之固，若山之承，不拆不崩”，亦可證明八柱即八山。)《墬形篇》又曰：“八紘之外乃有八極：自東北方曰方士之山，曰蒼門；東方曰東極之山，曰開明之門；東南方曰波母之山，曰陽門；南方曰南極之山，曰暑門；西南方曰編駒之山，曰白門；西方曰西極之山，曰閶闔之門；西北方曰不周之山，曰幽都之門；北方曰北極之山，曰寒門。”蔣驥謂八柱即八極，亦是也。《淮南子・天文篇》曰：“共工……觸不周之山，天柱折。”不周山者，於《墬形篇》爲八極之一，而《天文篇》謂之八柱，此八柱即八極，亦即八山之明證。

屋以橑爲蓋。橑謂之極，衆橑交集之中心亦謂之極。天蓋謂天極，天之中心亦謂之天極。(《論衡・説日篇》引鄒衍説：“天極爲天中。”《史記・天官書》：“中宫天極星。”)此其觀點以地爲本位，天官家言也。然自人視之，極星乃在赤道之北而偏西，故極星又曰北極。此其觀點以地爲本位，輿地家言也。夫極者中也，既爲極者則不得言北，言北則不得謂之極矣。彼創北極爲天中之説者，(楊泉《物理論》：“北極天之中。”《公羊傳》昭十七年疏引孫炎《爾雅》注：“北極，天之中，以正四時。”又引李巡注：“北極，天心也。”)直混兩種相反之觀點於一語中耳，宜其進退失據而滯礙難通也。世人見不及此，乃膠柱而求其理，則天傾地傾之説興焉。《天問》此文曰：“八柱何當？東南何虧？”天傾之説也。下文曰：“地何以東南傾？”地傾之説也。彼其意若曰：以天爲極，八山爲柱，極以覆柱，柱以承極，天之中心當與地之中心相值，今天之中心偏於地之西北，是非天傾西北，即地傾東南矣。蓋八柱之修短，理當齊一，不容參差。天未傾時，地與天間之距離，本各方盡同，因之八柱之上承於天者，其上端皆與天相密接。既傾之後，天西北距地近，而東南距地遠。距離增遠而柱未加長，則是東南之柱未曾上屬於天，而柱天間必留有空隙也。“八柱何當，東南何虧”者，問餘柱何以皆與天相當值，而東南之柱獨否。然則此八柱本當言七柱，今言八者，古人樸略，語有未密耳。

《漢書·天文志》曰："極後有四星。名曰句（鉤）星。"（《史記·天官書》,《廣雅·釋天》及《晏子春秋》并有鉤星。）斗杓後有三星，名曰維星。"又曰："維星散，句星信（伸），則地動。"案維所以繫鉤，鉤所以掛維，二者交相爲用，以爲斗與極間之連鎖。維或散，鉤或伸，則斗與極絶。斗極絶則天無所懸，天無所懸則地杌隉而動摇矣。《晏子春秋·外篇》曰："昔我見鉤星在四（駟）心之間，地其動乎？"在駟心之間，正言鉤與維絶，故爲地動之象。《天問》此四句蓋謂説者咸云斡維繫於天極之鉤，天極架於八柱之上，然而按實言之，天極上未嘗繫於斗柄之維，下亦非平架於八柱之端，不然者，彼東南之柱何以不與天極相值，而使極柱之間留有虚隙乎？（上第四問天傾西北。）

6. 九天之際，安放（傍）安屬？隅隈多有，誰知其數？

九天：東方皡天，東南方陽天，南方赤天，西南方朱天，西方成天，西北方幽天，北方亥天，東北方變天，中央鈞天。其際會何分，安所繫屬乎？言天地廣大，隅隈衆多，寧有知其數乎？

案《吕氏春秋·有始篇》曰："天有九野……中央曰鈞天，其星角、亢、氐；東方曰蒼天，其星房、心、尾；東北曰變天，其星箕、斗、牽牛；北方曰玄天，其星婺女、虚、危、營室；西北曰幽天，其星東壁、奎、婁；西方曰顥天，其星胃、昴、畢；西南曰朱天，其星觜巂、參、東井；南方曰炎天，其星輿鬼、柳、七星；東南曰陽天，其星張、翼、軫。"（《淮南子·天文篇》同）即此所謂九天也，放與傍同，依也。（《廣雅·釋詁》四："放，依也。"）言九天之邊際，各於何處互相依傍，互相連屬也。隈猶隅也。《文選·魏都賦》劉注言其交界之外，犬牙交錯，以相鉤連，其隅隈出入之數，誰可得而知之也。《淮南子·天文篇》："天有九野，九千九百九十九隅。"注曰："九野，九天之野也。一野千一百一十一隅也。"

7. 天何所沓？十二焉分？日月安屬？列星安陳？

沓，何也，言天與地合會何所，十二辰誰所分別乎？言日月衆星安所繫屬，誰陳列也？

案十二謂十二次。《周禮·保章氏》曰："以星土辨九州之地，所封封域，皆有分星，以觀妖祥。"注曰："大界則曰九州。州中諸國之封域，於星亦有分焉。其書亡矣……今其存可言者，十二次之分也。星紀，吴越也；玄枵，齊也；娵訾，衛也；降婁，魯也；大梁，趙也；實沈，晋也；鶉首，秦也；鶉火，周也；鶉尾，楚也；壽星，鄭也；大火，宋也；析木；燕也。"（十二次分野之説，《淮南子·天文篇》,《漢書·天文志》，劉歆《説春秋日食分野》，荀悦《漢紀》,《越絶書·軍氣篇》等略同。）沓，合也。焉猶乃也。下文"恒秉季德，焉得夫朴牛"，"周幽誰誅，焉得夫褒姒"，并同。"天何所沓，十二焉分"者，言以星之十二次舍分屬諸國，使國各有分星。然天之星次與地之國域，奚以見其相合而必爲十二哉？

《後漢書·律曆志》注引《月令章句》曰："周天三百六十五度四分度之一，分爲十二次，日月之所躔也。"《乙巳占·分野篇》引《春秋内事》曰："天有十二次，日月之所躔也。"案《漢書·天文志》曰："中道者，黄道，一曰光道。……日之所行爲中道，月、五星皆隨之也。"《開元占經·日占篇》引《河圖》亦曰"日月五星同道"，是十二次爲日月之所躔，亦即五星之所躔。"日月安屬，列星安陳"者，(《荀子·天論》"列星隨旋"，注："星有列位者二十八宿。"是列星即有列位之星宿。）謂日月五星循黄道周天之十二次而行，然日月果如何繫屬而運行不墜，列星如何陳列而躔度不差乎？（上第六問十二次。）

8. 出自湯谷，次於蒙汜。自明及晦，所行幾里？

次，舍也。汜，水涯也。言日出東方湯谷之中，暮入西極蒙水之涯也。言日平旦而出，至暮而止，所行凡幾何里乎？

《尚書·堯典》曰："分命羲仲宅嵎夷，曰暘谷，寅賓（儐）出日……分命和仲宅西，曰昧谷，寅餞納（入）日。"案谷本訓道。《九嘆·遠游》"横飛谷以南征"，注曰："飛谷，日所行道也。"《太平御覽》二引虞喜《安天論》曰："古之遺語，日月行於飛谷。"可證。谷即道，是暘谷本謂日出經行之道。暘之猶言揚也，昧之猶言没也。昧或聲轉爲蒙，故昧谷一曰蒙谷，然其義仍爲日入之道。此蓋古義也。(《堯典》撰述時代庸太晚，然此段所據之材料則不晚。）厥後九洲瀛海之説出，謂九州之外，環以大海，則日所出入處當在水中，於是説者意中之谷遂爲通水之谷，而暘谷之名且變而爲湯谷，蒙谷亦變爲蒙汜矣。(《詩經·江有汜篇》以汜與渚沱（池）并舉而爲互文，是汜猶渚也，池也。此汜字義同。故《淮南子·覽冥篇》云："邅回蒙汜之渚。"）

考九洲瀛海之説，蓋自鄒衍而大暢。《天問》作者宜與鄒同時，否則亦相先後，故其地理觀念與鄒同，而説日出入處皆爲水名也。次猶宿也。詳《離騷》"夕歸次於窮石"。《淮南子·天文篇》曰："(日）行九州七舍，有五億萬七千三百九里。"（上第七問日。）

9. 夜光何德（得），死則又育？厥利維何，而顧菟在腹？

夜光月也。育，生也。言月何德於天，死而復生也？言月中有菟，何所貪利，居月之腹，而顧望乎？

案《廣雅·釋天》："夜光謂之月。"德讀爲得。(《北堂書鈔》一五〇，《事類賦注》一引并作得。）則猶而也。(《藝文類聚》一，《初學記》一，《太平御覽》四，《事類賦注》一，《海録碎事》一，《錦綉萬花谷後集》一引并作而。）《禮記·樂記》"萬物育焉"，注："育，生也。"《淮南子·覽冥篇》曰："羿請不死之藥於西王母，姮娥竊以奔月。"《北堂書鈔》一五〇引《歸藏》曰："昔常娥以西王母不死之藥服之，遂奔爲月精。""夜光何得，死則又育"者，問月何所得以能死而復生，意蓋謂其嘗得不死藥也。月之盈虧，有生魄死魄之稱，此言月有生死，其義正同。(《孫子·虚實篇》："月有生死。"）顧疑當讀爲踞。

月中有踞菟，蓋猶日中有踆烏。(《淮南子·精神篇》“日中有踆烏”，注：“踆猶蹲也。”《莊子·外物篇》釋文：“踆，古蹲字。”《説文》：“蹲，踞也。”“踞，蹲也。”）樂府古辭《董逃行》曰：“采取神藥若木端，白兔長跪搗藥蝦蟆丸。”用月中蟾兔事，長跪之狀與踞相似。厥指月言，謂月何所貪利而使兔居其腹中也。傅咸《擬天問》曰：“月中何有？白兔搗藥。”疑先秦已有此傳説。若然，則此問“厥利維何，而顧菟在腹”，蓋即謂其利在搗藥與？（上第八問月。）

10. 女岐無合，焉取夫九子？伯强何處？惠氣安在？

女岐，神女，無夫而生九子也。伯强，大厲疫鬼也。所至傷人。惠氣，和氣也。言陰陽調和則惠氣行，不和調則厲鬼興。二者常何所在乎？

合，匹也。取猶得也。夫猶彼也。《漢書·成帝紀》“元帝在太子宫生甲觀畫堂”注引應劭曰：“畫堂，畫九子母，或云即女岐也。”案或説是也。丁晏云：《吕氏春秋·諭大篇》“地大則有常祥、不庭、岐母、群袛、天翟、不周”。女岐即岐母。孫詒讓云女岐以下皆山名。《大荒東經》：“大荒東南隅有山，名皮母地丘。”《淮南子·墬形篇》：“東南方曰波母之山。”皮母波母并即岐母之訛，案丁孫二説亦并是也。九子母釋典作鬼子母，九鬼岐一聲之轉，女母古字亦每相亂，故九子母一變而爲岐母，再變爲女岐。九子一曰九嬰。《淮南子·本經篇》曰：“猰貐、鑿齒、九嬰、大風、封豨，修蛇皆爲民害，堯乃使羿……殺九嬰於凶水之上。”注曰：“北狄之地有凶水。”或作句嬰。《淮南子·墬形篇》曰：“自東北至西北方，有跂踵民，句嬰民。”注曰：“句嬰讀爲九嬰，北方之國也。”或作拘纓。《海外北經》曰：“拘纓之國在其（禹所積石之山）東。”復變爲多顭。《吕氏春秋·任數篇》：“南撫多顭。”要之岐母即女岐，九嬰即九子，皆古民族推源論中之神話人物，故或爲人名，或爲地名，而地名隨民族而遷徙，故地又或在南，或在北也。至《列女傳》卷一《魯之母師傳》曰：“母師者，魯九子之寡母也。”疑亦《天問》女歧九子傳説之演化。其故事之反映於天文中者，則九子又爲星名。《史記・天官書》曰："尾爲九子。"索隱引宋均曰："屬後宫場，故得兼子。子必九者，取尾有九星也。"正義曰："尾九星爲後宫，亦爲九子星。"案後宫而兼九子，即女歧與其九子也。樂府古辭《隴西行》曰："天上何所有？歷歷種白榆，桂樹夾道生，青龍對道隅，鳳皇鳴啾啾，一母將九雛。"案此言天上事。道即黄道，榆桂龍鳳皆星名也。《太平御覽》九五六引《春秋運斗樞》曰："玉衡星散爲榆。"《藝文類聚》八九引同書："椒桂合剛陽。"注曰："椒桂，陽星之精所生也。"青龍即東宫蒼龍，鳳皇即南宫朱鳥。(《太平御覽》九一五引《春秋元命苞》："火離爲鳳。"火即鶉火，故《鶡冠子・度萬篇》曰："鳳皇者，鶉火之禽。"朱鳥即鶉火。）然則一母九雛之鳳皇，亦即九子母女歧矣。九子母傳説之演變，其見於先秦兩漢古籍者如此之多，然則近人趙邦彦謂應氏所云九子母，乃東漢時因佛教而傳入中土者，與《天問》之女歧無涉。庸有當乎？

伯强者，周拱辰云：《淮南子・墬形篇》："隅强，不周風之所生也。"伯强即隅强，風神也。案周説是也。"伯强何處？惠氣安在？"二句實爲互文。惠有寒凉之義。《釋名・釋采帛》曰："繐，惠也，齊人謂凉爲惠。"《莊子・逍遥游篇》司馬注曰："惠蛄，寒蟬也。"蔡邕《月令章句》曰："寒蟬應陰而鳴，鳴則天凉，故謂之寒蟬。"案惠亦寒也。惠蛄之名亦取鳴則天凉之義。(《方言》十一："楚謂之蟪蛄。"是呼寒爲惠，亦楚語。）氣猶風也。下文"西北辟啓，何氣通焉"，亦謂風爲氣。(《莊子・齊物論篇》："夫大塊噫氣，其名爲風。"《風賦》："夫風者，天地之氣，溥暢而至。"《論衡・感應篇》："夫風者，氣也。"餘例尚多，不備舉。）惠氣即寒風，上言伯强，下言惠氣，皆謂風耳，且《爾雅・釋天》曰："北風謂之凉風。"《淮南子・墬形篇》曰："北方曰寒風。"是惠氣實爲北方之風。上引《墬形篇》曰："隅强，不周風之所生也。"隅强者北方之神，(《莊子・大宗師篇》："禺强得之，立乎北極。"《吕氏春秋・求人篇》："北至禺强之所。"《海外北經》："北方禺强。"《大荒北經》："禺號子食穀北海之渚中，有神……名曰禺强。"《大荒東經》："禺京處北海。"禺京即禺强。）不周亦北方之風。抑又考之，古書所見自然神名之稱伯者，惟風伯（《韓非子・十過篇》："風伯進掃。"《淮南子・原道篇》："使風伯掃塵。"《漢書・司馬相如傳》："誅風伯。"《論衡・祀義篇》："風伯、雨師、雷公是群神也。"）與河伯。據本篇下文，河伯即封豕，而《左傳》封豕即伯封。詳下文"封豨是射"疏證。意者伯强謂之風伯，猶伯封謂之河伯。伯是其爵，强封是其名。二者皆古諸侯之被祀爲自然神者邪？要之，伯强爲風神，無可疑也。然古又謂箕星主風。《漢書・天文志》曰："箕星爲風。"《開元占經・東方七宿占篇》引石氏曰："箕四本作大，誤。星，一名風星。"《太平御覽》七引《荆州星占》曰："箕宿四星，第二星一名風后。"是箕星當爲風神，故《周禮・大宗伯》先鄭注曰："風師，箕也。"《風俗通義・禮典篇》曰："風師考，箕星也。"《獨斷》曰："風伯神，箕星也。"伯强爲古諸侯，又爲箕星之精者，疑箕是伯强所封國之分星。知之者，伯强即禺强，禺强居北方，并已詳上，而箕之分野爲幽州，爲燕，并詳下亦在北方，以是明之。

知女歧伯强皆列星之精，然後知《天問》之所以二事連問者，非偶然也。不寧惟是。《史記・天官書》曰："尾箕幽州。"《淮南子・天文篇》曰："尾箕燕。"又《天官書》索隱引《春秋元命苞》曰："尾九星，箕四星，爲後宫之場也。"《北堂書鈔》一五〇引《春秋佐助期》曰："尾箕爲後宫之場。"是二星者，其分野同，其所以主之事亦同。然則《天問》之不泛言他星，而必以此二星并舉，亦非偶然。且《吕覽》説大山之名，有歧母，亦有不周（引見上文）。歧母即女歧，説亦詳上。不周，風名，隅强所致，上揭《淮南》"隅强，不周風之所生"及"北門開以納不周之風"等語可證，是不周即惠氣。言不周亦猶言伯强也。又《淮南》説堯時害民之物有九嬰，亦有大風。（亦見上文。）九嬰即九子，説已具上。高注大風曰："風伯也……一曰鷙鳥（四字從俞樾校補）。"而《海外北經》《大荒北經》并説禺强之狀"人面鳥身"，是大風即伯强，尤爲昭著。夫《天問》呵壁，女歧與伯强并舉；《吕覽》説名山，歧母與不周同列；《淮南》數民害，九嬰與大風連稱；（或疑九嬰讀爲頸瘤之癭，據此知其非是。）諦審三書，若合符節。總由尾箕二星，本屬同次耳。（上第九問尾宿，第十問箕宿。）

11. 何闔而晦？何開而明？角宿未旦，曜靈安藏？

言天何所闔閉晦冥，何所開發而明曉乎？角、亢，東方星。曜靈，日也。言東方未明旦之時，日安所藏其精光乎？

案《五行大義》四引石氏《天官訓解》曰："角二星，是蒼龍之首上角。兩角間，天之道，日月五星所行。"《北堂書鈔》一五〇引《春秋佐助期》曰："角爲天門。"《晋書·天文志》曰："角二星，爲天闕，其開天門也，其内天庭也，故黄道經其中，七曜之所行。"角爲天門，故有開闔。日行天門間，故門開而天下明，門闔而天下晦。角，東方星。"角宿未旦"猶言東方未明也。曜靈，日也。《廣雅·釋天》："曜靈，日也。"《遠游》"耀靈曄而西征"，《文選》張衡《歸田賦》"於時曜靈俄景"，曹植《與吴質書》"曜靈急節"，皆謂日。（上第十一問角宿。）

上文曰"日月安屬，列星安陳"，次即問日，次問列星尾箕、角之屬，層次井然，孰謂《天問》文不叙次哉？然二十八宿僅及三宿，所遺甚多，疑此下尚有缺文。（以上問天凡十一事。）

12. 不任汩鴻，師何以尚之？僉曰何（可）憂（瀀），何不課而行之？

汩，治也。鴻，大水也。師，衆也。尚，舉也。言鮌才不任治鴻水，衆人何以舉之乎？僉，衆也，課，試也。言衆人舉鮌治水，堯知其不能，衆人曰："何憂哉，何不先試之也？"

案《國語·魯語》注曰："任，勝也。"《説文》曰："汩，治水也。"鴻與洪同，謂洪水。（《荀子·成相篇》"禹有功，抑下鴻"，《莊子・天下篇》"禹之堙洪決江河"。)《爾雅・釋詁》曰:"師,衆也。"《廣雅・釋詁》一曰:"尚,舉也。"《説文》曰:"課,試也。"《周禮・司爟》"掌行火之政令",注曰:"行猶用也。"僉,皆也。下二句不見問意,與通篇文例不合,疑"僉曰何憂"句有誤。今案憂讀爲瀀。《廣雅・釋器》曰:"瀀,涔,栫也。"王氏疏證曰:"《説文》:'栫,以柴木雝也。'郭璞《江賦》云:'栫澱爲涔。'栫者叢積之名。"又曰:"瀀涔皆壅積之意。卷二云:'瀀,漬也。'《説文》:'涔,漬也。'漬積聲相近。雨水漸漬謂之瀀,亦謂之涔;柴木壅積謂之涔,亦謂之瀀,其義一也。"案王氏説瀀字之義亦既晰矣。竊意瀀訓壅水,即從憂得義也。知者,憂鬱義近,(《離騷》"曾歔欷余鬱邑兮",注:"鬱邑,憂也。"而鬱訓塞,《管子・君臣篇》尹注。訓滯,《左傳》昭二十九年注。訓不通,《吕氏春秋・達鬱篇》注。)又堙鬱,抑鬱并爲連語,故《鬼谷子・權篇》曰:"憂者,閉塞而不泄也。"意閉塞而不泄曰憂,水閉塞而不泄曰瀀,其義一也。閉塞不泄與壅遏義相因,故雍水謂之瀀。然此義他書不見,而《廣雅》復多采《楚辭》舊義,疑此即釋《天問》之文,而所據本字作瀀也。何讀爲可。"可瀀"者,謂水可障壅而止之也。《尚書・洪範》曰:"鮌陻洪水。"《魯語》上曰:"鮌障洪水而殛死。"《海内經》曰:"鮌竊帝之息壤,以堙洪水。"曰陻,曰堙,曰障,并與瀀義近。"僉曰可瀀,何不課而行之"者,作者詰堯之詞,謂衆雖曰障壅之法可行,然其功效究未可知,何不先試而後用之哉?蓋鮌於水主用障壅之法,四嶽疑鮌法可用,因薦之於帝,請試而用之,固未嘗謂其法之必效也。乃帝不試而徑用鮌,卒至歷久無功。是水之不治,其咎不在嶽之舉非其人,而在帝之未試而用也。《尚書・堯典》曰:"帝曰:'咨四嶽!湯湯洪水方割(害),蕩蕩懷山襄(囊)陵,浩浩滔天。下民其咨,有能俾(嬖)乂?'僉曰:'於!鮌哉!'帝曰:'吁!咈哉!方命圮族。'嶽曰:'異哉!試可乃已(以)。'帝曰:'往,欽哉!'九載績用弗成。"案以,用也。"試可乃已"猶言"課而行之"。審書意,亦正謂帝未試而徑命鮌往,卒致"九載績用弗成"也。

本書言鮌事皆是鮌而非帝，與儒書説異。（參閲《離騷》《惜誦》。）（上第十二問鮌之被舉。）

13. 鴟龜曳銜，鮌何聽焉？順欲成功，帝何刑焉？

言鮌治水，績用不成；堯乃放殺之羽山，飛鳥水蟲曳銜而食之，鮌何能復不聽乎？帝謂堯也。言鮌設能順衆人之欲，而成其功，堯當何爲刑戮之乎？

游國恩云：“《南山經》曰：‘憲翼之水，其中多玄龜，其狀如龜而鳥首虺尾，其名曰旋龜，其音如判木。’《中山經》曰：‘豪水……其中多旋龜，其狀鳥首而鼈尾，其音如判木。’鴟龜疑即旋龜。”案游説是也。旋龜即蠵龜。《東山經》曰：“……深澤，其中多蠵龜。”（王粲《游海賦》：“蠵鼊玳瑁，金質黑章。”《説文》曰：“蠵，大龜也，以胃鳴者。”重文作蝮。以瓊之重文作璚又作琁（璇）例之，旋蓋蜁之省，蜁、蠵、蝮亦當爲一字，且旋龜音如判木，蠵龜亦能鳴，是旋龜即蠵龜無疑。蠵龜一曰靈蠵。《漢書·揚雄傳》曰：“抾靈蠵。”《考工記·梓人》曰：“以胸鳴者。”《釋文》曰：“胸……賈、馬作胃，賈云靈蠵也。”又曰觜蠵。《爾雅·釋魚》“二曰靈龜”，郭注曰：“涪陵郡出大龜，甲可以作卜，緣中文似玳瑁，俗呼靈龜，即今觜蠵龜，一名靈蠵，能鳴。”《太平御覽》九四三引《嶺表録異》曰：“蟕蠵，俗謂之兹夷，乃山龜之巨者，人立其背，可負而行……龜吼如牛，聲響山谷。”《説文》曰：“觜，鴟舊頭上角觜也。一曰觜觽也。”觜觽即觜蠵。然諸書説觜蠵之狀，但云大龜能鳴，與《山經》所説旋龜“鳥首虺尾”“鳥首鱉尾”者不合。疑旋龜爲古代神話之靈物，本一名觜蠵，後世所謂觜蠵者徒以大龜能鳴，世所稀見，而冒觜蠵之名耳。不然者，世豈有鳥首龜身之生物哉？蓋觜蠵本神話中靈物之名也。古稱鳥觜（角）本與獸角同名。《詩經·行露》曰：“誰謂雀無角，何以穿我屋？”《漢書·董仲舒傳》：“予之齒者去其角，傅其翼者兩其足。”兩角字并謂觜。（吴仁杰、何楷、毛奇齡、俞樾、于鬯、薛蟄龍并謂《詩》角字即鳥喙。吴仁杰、俞樾又并解《漢書》二句爲鳥獸對言，角即喙也。上句謂獸有齒以齧，即不得有喙以啄，下句謂鳥有兩翼以飛，即不得四足以走。不則牛羊麋鹿之屬，有角復有齒者衆矣，安得云"予之齒者去其角"乎？）鳥觜謂之角，獸角亦謂之觜，故鴟舊頭上長毛對峙有似獸角者，亦謂之觜也。古人語質，凡形相近，或用相同者，皆得同名。《説文》曰："雀，鴟屬，有毛角。"觜下又曰："鴟舊頭上角觜也。"鳥頭上毛有似角者謂之角，亦謂之觜，則龜謂之觜蠵者，蓋以其鳥首有毛角而得名也。鳥首毛角謂之觜，龜亦鳥首而有毛角，故《説文》觜下"鴟舊頭上角觜"與"觜觿（蠵）"二義并存。鳥有毛角者名曰鴟舊，因之龜之鳥首而有毛角者，名曰鴟龜。且鴟舊與鴟龜，不但鴟字同，舊龜聲亦同，《説文》："龜，舊也。"以聲訓。二物於古人意中一似全無區别。然則鴟龜即鳥首龜身之旋龜，可斷言矣。要之，旋（蜁）蠵一字，旋龜即蠵龜，本神話中之靈物，故曰靈龜。其龜鳥首而有毛角似鴟，故一名鴟龜。（鴟有毛角，而獸有角者亦可名鴟。《中山經》："有獸焉，其狀如彘而有角……名曰蠪蚳。"蚳鴟同。）古稱角一曰觜，故又名觜蠵。因知《山經》言其狀"鳥首"，謂鴟首也。或疑《南山經》又稱之爲"玄龜"，玄或氏之訛。（俗書氏作互，與玄形近。）氏即鴟省或壞文，果爾則旋龜即鴟龜，《山經》又有明文矣。

神話中有鳥首戴角之龜，不特如上揭諸文獻所紀，抑且有殷商象形文字之實圖可徵。卜辭有字作諸形，又見爵銘，作。唐蘭釋，讀爲秋，云象龜形，即所謂觜蠵者。其説均確；惟以爲Υ本作Y，象觜形，訛而爲Υ，乃似角形，則大誤。唐氏蓋不知此爲一想象生物之象形字，而必以實物之形狀求之，故其説乃繳繞至此。實則此即《山經》"鳥首虺尾""鳥首鼈尾"之旋龜，《天問》之鴟龜，亦即《説文》之觜觿（蠵）也。其爲物也乃鴟與龜之混合體，故上揭諸形中，不惟頭戴毛角，亦且甲旁有翼。又有諸形，則與鳥形尤近。惟其爲一想象之靈物，故卜辭有龝字，又有祀，學，禘，燎之文，而觜觿後世復以爲星名。既爲星名，故又有天龜之號，《周禮·龜人》"天龜

靈屬”是矣。

鮌障洪水，宜用堤防。然鮌作堤事，書傳無明文，惟《吕氏春秋·君守篇》曰：“夏鮌作城。”《行論篇》曰：“鮌……怒甚（其）猛獸……比獸之角以爲城。”《淮南子·原道篇》亦曰：“昔者夏鮌作三仞之城。”又《世本》曰：“鮌作城郭。”蓋城與堤之形制、功用均同類，築城猶築堤，故世又傳其作城也。(《通志》：“堯封鮌爲崇伯，使之治水，乃興徒役，作九仞之城。”)《中山經》曰：“南望墠渚，禹父之所化。”墠渚堤一聲之轉，(《漢石經》《公羊傳》以磾爲堤。)《説文》曰：“隄，大阜也。”阜、墳、防亦聲之轉。(漢金堤,《水經·汾水注》説：“長阜背汾帶河，長四五里，廣二餘里，高十丈。”此皆鮌築堤遺説之可蹤迹者，而後世所在多有鮌堤，(毛奇齡云今清河、廣宗、臨河、黎陽等界，所在皆有鮌堤。）尤其明驗。韋絢《戎幕閑談》引《蜀王本紀》曰：“秦相張公子築成都城，屢有頽壞。時有龜周旋行走。巫言依龜行迹築之，既而城果成。”（見《説郛》七，又《後漢書·張衡傳》注引曰：“張儀築蜀城，依龜行迹築之。”)《搜神記》十三曰：“秦惠王二十七年，使張儀築成都城，屢頽。忽有大龜浮於江，至東子城東南而斃。儀以問巫，巫曰‘依龜築之’，便就，故名龜化城。”案鮌禹故事多流行於蜀中，疑張儀依龜迹築城即鮌依龜迹築城（即堤）之流變，故史稽曰：“張儀依龜迹築城，非猶夫崇伯之智也?”《天問》曰“鴟龜曳銜，鮌何聽焉”者，曳謂牽引，銜謂連接，前者曳之，後者銜之，以相隨而行也；言鴟龜曳銜而行，鮌何得聽用其法以築堤哉?夏大霖曰：“鴟龜即今築堤者有石龜、石鱉之名是也，所以捍水之冲，以護堤者。長堤聯之，有如鴟龜之曳尾相銜也。”此解《天問》最近理。夏説雖與張儀故事不甚切合，要其龜與築堤之母題則爲二者所同，故足以解釋此傳説産生之由。余謂古器物或刻龜形爲跗;《史記·龜策傳》載南方老人以龜支床；古代傳説謂巨鰲戴山，鰲即龜；近世猶刻石爲龜以承碑碣（詳下“鰲戴山抃”條）；蓋以龜能重負善俯而不傾仄。築堤有石龜、石鱉以固堤基，義與此同。以龜鱉爲堤基而鮌作堤，故遂以鮌爲黿鼈耳。

《爾雅·釋魚》曰："鼈三足，能。"《左傳》昭七年子産説："昔堯殛鮌於羽山，其神化爲黄熊，以入於羽淵。"《釋文》曰："熊……一作能，如字，一音奴來反，三足鼈也。解者云獸非入水之物，故是鼈也。"正義引梁王曰："鮌之所化是能鼈也，若是熊獸，何以能入羽淵？"案神話詭變，何常之有？化鼈化熊，初無是非可辯。作能之本，自亦有據。《中山經》曰："從山多三足鼈。"從山即崇山。樂府古辭《董逃行》"吾欲上謁從高山"，謂崇高山，可證。《周語》上"昔夏之興也，融降於崇山"，注曰："崇，崇高山也。夏居陽城，崇高所近。"案當即傳説中鮌所封崇國之山。(《周語》下又云"有崇伯鮌"。）崇山爲鮌所居地，而云多三足鼈，是亦主鮌化能鼈之説者也。《後漢書·張衡傳》注引《蜀王本紀》曰："荆有一人名鼈靈，其尸亡去，荆人求之不得。鼈靈尸隨江水上至郫，遂活，與望帝相見。時玉山出水，若堯之洪水，望帝不能治，使鼈靈决玉山，民得安處。"案治水事類鮌禹，名曰鼈靈，則是鮌也。此亦主鮌化能鼈之説者。黿鼈同類，(《爾雅》又云："黿三足，賁。"）疑傳説中鮌本黿鼈之屬，故鮌字從魚。(《爾雅》黿鼈在《釋魚篇》。）鮌爲黿鼈屬，故一説黿作堤，一説鮌作堤，後又調和二説，謂黿曳銜而鮌效之以作堤，則《天問》所本以致詰者是矣。

《禮記·祭義》"其薦之也敬以欲"，注曰："欲，婉順貌。"欲訓順，順亦訓欲，是"訓欲"爲複義語。欲，將也。見《助字辨略》。"順欲成功"猶言將欲成功。《墨子·尚賢中篇》曰："昔者伯鮌，帝之元子，廢帝之德庸，既乃刑之於羽郊。"帝謂上帝。此曰"帝何刑焉"，義同。(上第十三問鮌治水。）

14. 永遏在羽山，夫何三年不施？伯鮌腹禹，夫何以變化？

永，長也。遏，絶也。施，捨也。言堯長放鮌於羽山，絶在不毛之地，三年不捨其罪也。禹，鮌子也。言鮌愚狠愎而生禹，禹少見其所爲，何能變化而有聖德也。

《説文》曰：“閼，遮攡也。”又曰：“遮，遏也。”閼遏同。（玄應《一切經音義》一云：“閼，古文遏同。”）遮遏即禁錮之謂。《禮記·祭法》疏引鄭〔玄〕答趙商曰：“鮌非誅死。鮌放諸東裔，至死不得反於朝。”即此所謂“永遏在羽山”矣。施一作弛。《廣雅·釋詁》四曰：“弛，捨也。”與施義同。《周禮·司圜》曰：“上罪三年而捨，中罪二年而捨，下罪一年而捨。”捨謂赦罪。（《周書·王佩篇》注。）

案《周禮》戰國時人作，當時或有此制。《天問》時代蓋與《周禮》略同，故有三年不施之問。《堯典》四凶所放處皆山名。羽山，崇山，三危皆山名，不待論，而《海内經》曰：“北海之内，有山名曰幽都之山。”是幽都亦山名。蓋古拘罪人處皆在山中，故山嶽字作嶽，從獄在山上也。

腹原作愎，鮌禹二字互倒，今并訂正，説詳《校補》。王釋爲“愚狠愎”，非是。《廣雅·釋詁》一曰：“腹，生也。”案腹訓生者，字實借爲孚。玄應《一切經音義》二引《通俗文》曰“卵化曰孚”。《玉篇》曰：“孵，卵化也。”《集韻》曰：“孵，化也。”孚孵同，化亦生也。《夏小正》曰：“鷄桴粥。”《樂記》曰：“煦嫗覆育萬物。”桴粥，覆育并即孚育，猶化育也。腹與覆亦通。《吕氏春秋·行論篇》曰：“舜於是殛之（鮌）於羽山，副之以吴刀。”《海内經》注引《歸藏·啓筮篇》曰：“鮌死三歲不腐，剖之以吴刀，化爲黄龍。”而《初學記》二十二，《路史·後紀》注十二并引作“鮌殛死，三歲不腐，副之以吴刀，是用出禹”。或曰化龍，或曰出禹，是禹乃龍也。剖父而子出爲龍，則父本亦龍，從可知矣。前文已證傳説鮌爲鼉鱉之屬，龍與鼉鱉固同爲卵生之水族生物，且能龍形聲并近，《歸藏》化龍之説亦未必非能之傳訛。能者三足鱉也。《海内經》曰：“帝令祝融殺鮌於羽郊，鮌復生禹。”復生無義，復當讀腹，亦謂鮌化生禹耳。《山經》之文正可與《天問》互相發明。

《春秋繁露·三代改制質文篇》曰：“禹生發於背。”《史記·夏本紀》正義引《蜀王本紀》曰：“禹母吞珠孕禹，坼胸而出。”《吴越春秋・越王無余外傳》曰："鮌娶於有莘氏之女曰女嬉……剖脅而産高密。"凡此剖坼而生之傳説咸卵生之變相也。言禹母生禹，則是神話已變爲人話，然亦有變而未盡變者存焉。《吴越春秋》云鮌妻名曰女嬉，實則嬉即鮌耳。《史記・夏本紀》索隱引皇甫謐《帝王世紀》曰："鮌，帝顓頊之子，字熙。"嬉熙古字通。高注《淮南》又言禹母名脩己，（《史記・五帝本紀》索隱引《禮緯》同。）脩己亦鮌也。《左傳》昭二十九年曰："少皞氏有四叔：曰重，曰該，曰脩，曰熙，實能金木及水。使重爲句芒，該爲蓐收，脩及熙爲玄冥。"熙即鮌，而脩熙并爲玄冥。二名連稱，或混而爲一，故鮌又名脩熙。己熙聲近，脩己即脩熙也。嬉與脩己本皆即鮌，是初期傳説中但有鮌而無鮌妻，有禹父（《中山經》："南望墠渚，禹父之所化。"）而無所謂禹母其人者。要之，鮌本水族動物之神，卵化而生禹，故世傳禹剖坼而生焉。（古代諸民族，惟《詩經・生民》述后稷之生"不坼不副"，明周人自信其先祖爲胎生；自餘諸民族多傳其先祖爲卵生。夏人先祖生於水族之卵，殷族之先祖生於鳥卵，明其宗神爲水族或鳥類也。）或曰：《玉篇》云"鮌或作鯤"，而《禮記・内則》注曰"卵讀爲鯤"，是鮌卵一字，蓋鮌即魚卵之公名也。明乎此，則上述關於鮌之諸傳説，又均可不竢煩言而解矣。（上第十四問鮌化禹。）

15. 纂就前緒，遂成考功。何續初繼業，而厥謀不同？

父死稱考。緒，業也。言禹能纂代鮌之遺業，而成考父之功也。言禹何能繼緒鮌業，而謀慮不同也。

金文每言"黼𩫖乃命"（《克鼎》《師嫠毁》《兑毁》《牧毁》《蔡毁》）或作"黼𩫱"（《鄦毁》）。黼即《詩經・東山》"町畽鹿場"之畽字，音他短切。（《九思・遭厄》："鹿蹊兮𨇠𨇠。"一本作躖，《集韻》作𨆷。𨇠、躖、𨆷，并皆畽之異體。）《獵碣》"原隰既坦，彊理黼黼"，與坦韻，是其證。𩫖即《説文》就之籀文就所從，古就字也。𩫱從高，亦古就字，《説文》就訓高可證。畽有踐義。（《説文》："畽，禽獸所踐處也。”）就，因也。是踵就猶言繼續也。纂踵聲近，纂就即踵就。緒謂餘事。《穀梁傳》僖四年曰：“遂，繼事也。”父死曰考。此謂禹繼父業，一仍舊貫，而後乃其謀略不同，何哉？下文“鮌何所營？禹何所成？”亦即此意。《書》《傳》多言鮌堙洪水：《洪範》曰：“鮌堙洪水。”《周語》下曰：“共工……墮高堙庳……有崇伯鮌播其淫心，稱遂共工之過。”又言禹堙洪水：《漢書·溝洫志》引《夏書》曰：“禹堙洪水十三年。”《莊子·天下篇》曰：“昔者禹之湮洪水。”《大荒北經》曰：“禹湮洪水殺相繇。”或言鮌填洪水：《海内經》注引《歸藏·啓筮篇》曰：“伯鮌乃以息石息土填洪水。”又言禹填洪水：《淮南子·墬形篇》曰：“禹乃以息土填洪水，以爲名山。”填亦堙也。早期治水傳説，鮌禹不分二法，故諸言治水之功者每二人連稱：《吴語》曰“今王既變鮌禹之功”，《淮南子·修務篇》曰“聽其自流……則鮌禹之功不立”是也。凡此并與《天問》暗合。至《海内經》曰：“鮌是始布土，（鮌上原有禹字，乃衍文。“鮌始布土”與下“禹卒布土”，始卒對文，如今本則義不可通。）均定九州。……洪水滔天，鮌竊帝之息壤以堙洪水，不待帝命。帝令祝融殺鮌於羽郊。鮌復生禹，帝乃命禹卒布土以定九州。”此則明言鮌禹治水初無二法。鮌之得罪，惟在不待帝命之允可而竊壤以堙洪水；禹親受命以行之，故無罪而有功。布（敷）土即所以堙水，所布之土亦即息壤。且上云“鮌是始布土”，下云“禹卒布土”，明是鮌布土未畢，而禹續成之，以竟其功。此與《天問》“遂成考功”“續初繼業”之語，尤相符契。

治水之法有三：一曰堙塞。堙卑增高，俾民退處以避水也。堙一曰抑。堙卑增高則水入土底；增高則土臨水上，皆所以抑水使下也。二曰壅防。堙卑增高，雖所以便居處而弭患於一時，然而平衍洿下，水潦泛濫，五穀不殖，民仍無以爲生。必也築爲堤阜以防洪水之至，然後民患乃除。三曰疏泄。壅防之法雖善，然“以鄰國爲壑”，適以害人，必爲人所不許。且水之所至，填淤肥美，亦足以變瘠薄爲膏腴，故不如疏鑿溝渠，使水時至而去，既以利農，兼足爲商旅舟楫之便。以上堙塞之法爲畏避自然，其態度最爲原始，遠古所傳鮌禹治水，殆指此也。壅防爲抵抗自然，方法進步矣，其事蓋始於戰國。(《漢書·溝洫志》稱賈讓《疏》云："蓋堤防之作，近起戰國。")疏泄爲利自然，至是而民智大啓矣，故其起當更後。鮌禹治水本皆堙塞，自壅防之法繼堙塞而興，治水有二法，於是歷史傳説遂以此新舊二法分屬彼父子二人，堙塞屬鮌，壅防屬禹。疏泄又興，鮌禹之法亦遞進，於是鮌壅防而禹疏泄矣。堙塞、壅防，害多利少，二法既歸於鮌，於是鮌於歷史中亦不得不永爲治水之罪人矣。然以鮌禹同功之説，由來已舊，終難湮没，故説壅防與疏泄者仍或鮌禹并稱。《魯語》上曰"鮌障洪水而殛死，禹能以德修鮌之功，故……夏后氏……郊鮌而宗禹"，《韓非子·五蠹篇》曰"中古之世，天下大水，而鮌禹決瀆"是也。要之，鮌禹同用填塞爲舊説，鮌填壅而禹疏泄爲新説，(爲此説者《周語》下，記太子晋語，言之最詳。)《天問》云云，據舊説以難新説也。(上第十五問禹繼鮌業。)

16. 洪泉極深，何以寘之？地方九則，何以墳之？

言洪水淵泉極深大，禹何用寘塞而平之乎？墳，分也。謂九州之地凡有九品，禹何以能分别之乎？

《淮南子·墬形篇》曰："凡鴻水淵藪自三仞以上，二億三萬三千五百五十有九，(三下仞上本有百字，十下有里字，九下有淵字，并從王念孫校删。)禹乃以息土填洪水，以爲名山。"案洪泉即鴻水淵藪，寘填同字。方猶分也。《楚語》下"不可方物"注曰"方猶别也"，别亦分也。《説文》曰："則，等畫物也。"案猶今言單位。墳猶封也。《禮記·王制》注曰："封謂聚土爲墳。"《檀弓》上注曰："封謂墳之也。"封訓墳，墳亦訓封。墳地九則殆即《國語·周語》下所謂"崇封九山"。故《淮南》云："填洪水以爲名山。"《詩經·信南山》曰"信彼南山，維禹甸之"，《韓奕》曰"奕奕南山，維禹甸之"，是相傳山皆禹所立也。惟洪水時所謂九山，初不必爲大山，凡土之墳起，高出水面者皆山也。《淮南子·本經篇》曰："民皆上丘陵，赴樹木。"《齊俗篇》

曰："禹令民聚土積薪，擇丘陵而處之。"所謂九山，諒不過如此，故九山或曰九丘。水中之山謂之州（洲），九州之名猶九山九丘也。洲一曰渚。《齊侯鐘》曰："咸有九州，處禹之堵。"禹之堵即九州，州之言洲也，堵之言渚也。《秦公毁》曰："鼏宅禹責。"責之言積也，積高之處也，故《尚書・立政》曰："陟禹之迹。"《逸書・商誓篇》曰："登禹之績。"迹績并與責通。又《經》《傳》言"禹敷土"，敷之言鋪也。鋪積義近。洪水時地之洿者爲水鍾聚者，（即《淮南》所謂"鴻水淵藪"）則填而平之，地之平衍爲水所泛濫者，則封而高之，皆禹治水之事也。若析而言之，《書》《傳》紀鮌事多曰湮洪水，述禹功多曰奠名山，然則此或謂鮌所填，禹就而封之，鮌肇其基而禹竟其緒，即上文所謂"遂成考功""續初繼業"者邪？（上第十六問禹填深封高。）

17. 應龍何畫？何海何歷？□□□□，□□□□？

有鱗曰蛟龍，有翼曰應龍。歷，過也。言……禹治洪水時，有神龍以尾畫地，導水所注當决者，因而治之也。

原文作"河海應龍，何盡何歷"。今從王注所云一本改。注中亦列有二説，以上所録，乃釋一本之文，蓋班賈舊説也。詳見《校補》。王注曰："有翼曰應龍。"案《淮南子・覽冥篇》"服應龍"，高注曰"一説應龍，有翼之龍也"，與王説合。應翼對轉字。《答賓戲》曰："應龍潛於潢污，魚黿媟之，不睹其能奮靈德，合風雲，超忽荒，而躆昊蒼也。故夫泥蟠而天飛者，應龍之神也。"古稱魚鬣亦曰翼。《文選・高唐賦》"振鱗奮翼"，注曰："翼，魚腮邊兩鬣也。"應龍泥蟠而有鬣，似即泥鰌之神話化。《易林・大壯之鼎》曰"長尾蝼蛇，畫地成河"，《困之坎》曰"委蛇循河，至北海涯。涉歷要荒，在世無它"，并與《天問》此文言應龍之事相似。而《莊子・達生篇》"若夫以鳥養鳥者，宜……食之以委蛇"，司馬彪曰"委蛇，泥鰌也"，是其明證。歷猶破裂也。《釋名・釋天》曰："辟歷，辟析也，所歷皆破析也。"《九嘆・思古》"曾哀悽欷心離離兮"，王注曰："離離，剥裂貌。"離歷聲近義通。

王注曰："禹治洪水時，有神龍以尾畫地，導水所注當决者，因而治之也。"洪注引《山海經圖》曰："夏禹治水，有應龍以尾畫地，即水泉通流。"《太平廣記》卷二百二十六載《大業拾遺記》曰："禹治水，應龍以尾畫地，導决水之所出。"又上引《易林》文及《周憬碑》"應龍之畫"，亦并指此事。應龍助禹治水之傳説，後世俗説中猶多留其痕迹。《灌縣舊志》載黄龍助禹開江事，即其明證。

鮌治水有鴟龜曳銜之異，禹治水有應龍畫地之瑞，事屬同科。鴟龜曳銜即鮌築堤之藍本，而龜即鮌之化身，已如上説，則應龍畫地即禹决瀆之藍本，而龍即禹之化身，可以隅反矣。神話中禹爲龍，近世學者多道之。《左傳》昭二十九年曰："共工氏有子曰句龍，爲后土……后土爲社。"共工即鮌之分化，説詳後。共工子句龍即鮌子禹，故句龍爲社，禹亦爲社：其證一也。古禹字作，從（虫）從（手）執之，[亦九之所從出，即（匊）之初文，匊古掬字，亦手之孳乳義。] 虫（虺）龍同類：其證二。《歸藏》言鮌"化爲黄龍"，一本作"是用出禹"（引見上文）：其證三。（以上三證，顧頡剛、童書業、楊寬均已言之。）禹事多與黄帝相亂，而黄帝所主之軒轅星亦黄龍體，説詳下：其證四。夏人傳説多與龍有關，如《史記·封禪書》曰："夏得木德，青龍止於郊。"《左傳》昭二十九年曰："帝賜之（孔甲）乘龍。"（謂四龍。）《史記·夏本紀》謂褒爲禹後，而《鄭語》曰："褒人之神化爲二龍。"此類甚多：其證五。凡此并爲應龍即禹之佐證。（上第十七問應龍畫地。）

18. 鮌何所營？禹何所成？康回馮怒，墜何以東南傾？

言鮌治鴻水，何所營度？禹何所成就乎？康回，共工名也。《淮南子》言共工與顓頊争爲帝，不得，怒而觸不周之山，天維絶，地柱折，故東南傾也。

"何以"原作"何故以"，衍"故"字，今删。（詳見《校補》。）案《大戴記·文王官人篇》盧注云："營猶亂也。""鮌何所營？禹何所成？”言鮌禹同治水，何嘗鮌爲撓亂，禹爲成功乎？言二人之功等也。

王注曰：“康回，共工名也。”案王説是也。《淮南子・天文篇》曰：“昔者共工與顓頊争爲帝，怒而觸不周之山，天維絶，地柱折。（天地二字依王逸注及《大荒西經》郭注改易[①]）天傾西北，故日月星辰移焉。地不滿東南，故水潦塵埃歸焉。”《原道篇》曰：“昔共工之與高辛争爲帝，（以上十字原在“東南傾”下，今移此。）力觸不周之山，使地東南傾。”此王説之所本。黄文焕曰：“忽及康回者，鮌之後，奠地者禹也；鮌之先，傾地者康回也。注江注海，非藉康回之一怒，禹何由成功？然怒觸而地傾，何故偏於東南？”案黄説善得問旨。蓋四句之意，謂世言治水者，咸歸功於禹，不知禹之謀猷皆承鮌之舊，而先乎鮌者康回觸山之功尤不可没也。

《堯典》：“流共工於幽州，放驩兜於崇山，竄三苗於三危，殛鮌於羽山。”疏引鄭康成曰：“《左傳》：帝鴻氏不才子謂之渾敦，少皡氏不才子謂之窮奇，顓頊氏不才子謂之檮杌，縉雲氏不才子謂之饕餮。”（案見《文十八年》，鄭注文較略。）驩兜爲渾敦，共工爲窮奇，鮌爲檮杌，三苗爲饕餮。案共工窮奇一聲之轉，（可聲字呼哥切者，與回同曉匣母。奇亦從可聲，古讀或與回聲近，故奇回均訓邪，古語奇邪一曰回邪。）而康回或又轉爲庸違。（康庸俱庚聲。《史記・楚世家》熊渠長子康，索隱引《世本》作庸。違與奇聲亦近。《晏子春秋・雜下篇》“北面韋廬”，《説苑・辨物篇》作倚廬。）《堯典》曰：“驩兜曰：‘都！共工方鳩僝功。’帝曰：‘吁！靖言庸違，象恭滔天。’”庸違《左傳》文十八年，《論衡・恢圖篇》，《潛夫論・明暗篇》并作庸回。舊均以爲狀惡德之詞，非是。知之者，“象恭”當讀爲潒（蕩）洪，“庸違象恭滔天”，猶《淮南子・本經篇》云“共工振滔洪水”也。（徐文靖謂滔天即下文“浩浩滔天”，至確。惟讀“象恭”二字仍如字，則大謬。）共工

---

① “天地”句至此，應是著者校注文字，單行本誤作《淮南子・天文篇》語。今加括號區别之。

本古之先鮌而治水者。《國語·周語》下曰："昔共工氏……壅防百川，墮高堙庳，以害天下。皇天弗福，庶民弗助，禍亂并興，共工用滅。其在有虞，有崇伯鮌，播其淫心，稱遂共工之過。""方鳩僝功"，僝讀爲栫，《説文》曰："栫，以柴木壅也。"鳩栫功即"壅防百川"之謂爾。惟儒書咸以共工與鮌爲治水失敗者，故爲四凶之二。《天問》意則似不然。觸山傾地之説似本爲共工治水之策，意謂水在地中，傾之以棄於海，爲棄盆水然也。此説最富於神話性，當爲我國治水傳説之最古者。儒書盛而神話微，惟《天問》與《淮南》稍露鱗爪。合而觀之，尚可得其仿佛耳。（上第十八問共工傾地。）

19. 九州何錯？川谷何洿？東流不溢，孰知其故？

錯，厠也。洿，深也。言九州錯厠，禹何所分別之？川谷於地，何以獨洿深乎？言百川東流不知滿溢，誰有知其故也。

何錯原本作安錯，今從一本改。（詳見《校釋》。）案錯讀爲浩。《説文》曰："浩，所以壅水也。"引《漢律》曰"及其門首灑浩"，謂壅水於門前也。《九思·憫上》曰"心爲兮隔錯"，《文選·西京賦》注引《説文》："隔，塞也。"（今本《説文》塞作障，誤。）隔錯猶壅塞也。《史記·張儀傳》曰"則秦魏之交可錯矣"，亦謂壅塞。錯浩聲義同。《説文》曰："洿，濁水不流也。"《吕氏春秋·達鬱篇》曰"水鬱則爲污"，注云："水淺不流曰污。"污洿同。錯塞與渟洿，事屬因果，土石錯塞則川谷渟洿，故曰"九州何錯，川谷何洿"也。九州錯塞以致川谷渟洿而水潦泛濫，及至百川東注，歸於大海，則又永無溢時，故又曰"東流不溢，孰知其故"也。

舊傳海水不溢之故，其説有二。一曰大壑，又曰歸墟。《莊子·天地篇》曰："諄芒將東之大壑。"《大荒東經》曰："東海之外有大壑。"《列子·湯問篇》曰："渤海之東，不知幾億萬里有大壑焉。實爲無底之谷，其下無底，名曰歸墟。八紘九野之水，天漢之流，莫不注之而無增減焉。"一曰尾閭，又名沃焦。《莊子·秋水篇》曰："天下之水莫大於海，萬川歸之，不知何時止而不盈，尾閭泄之，不知何時已而不虚。”《文選·養生論》注引司馬彪曰：“尾閭，水之從海外水（《文選·江賦》注引無水亦無外字）出者也。一名沃焦，在東大海之中。尾者，在百川之下，故稱尾。閭者聚也，水聚族之處，故稱閭也。在扶桑之東，有一石，方圓四萬里，厚四萬里，海水注者無不燋盡，故曰沃焦。”《藝文類聚》八引《玄中紀》曰：“天下之强（《江賦》注引作大）者，東海之惡燋焉，（《江賦》注引作沃焦。）水灌之（依《江賦》注補）而不已。惡燋者，山名也，在東海南，方三萬里，海水灌之而即消。”（上第十九問大壑。）

天地初闢，洪水横流，鮌禹治水，九州乃平，故問地之事，先水而後陸。古傳治水者共工本在最前，次乃有鮌禹。觀《天問》叙鮌禹事詳而在前，叙共工略而在後，知其時共工傳説已漸就湮没矣。以上問水凡八事。

20. 東西南北，其修孰多？南北順嫷，其衍（羨）幾何？

修，長也。言天地東西南北，誰爲長乎？衍，廣大也。言南北嫷長，其廣差幾何乎？

修訓長。嫷謂狹而長，見《爾雅·釋魚》郭璞注。順嫷古讀雙聲，順亦嫷也。（《方言》二“美目謂之順”，正言其狀狹而長。）“南北順嫷”者，謂南北狹而東西長。衍與羨通。《周禮·小司徒》“以其餘爲羨”，司農注曰：“羨，饒也。”案以廣減修之餘數謂之羨。秦漢以前，盡黄河流域，皆我先民之居地，北不及塞漠，南不逾長江，故諸書所記地形廣袤之數，皆東西長而南北短。《山海經·中山經》，《淮南子·墬形篇》，《開元占經·地占篇》引《河圖括地象》并云：“東西二萬八千里，南北二萬六千里。”《占經》又引《雒書甄曜度》云：“東西九十萬里，南北八十萬里。”《御覽》七十八引《春秋命曆序》云：“東西九十萬里，南北八十一萬里。”（《路史·後紀》注十三引作八十二萬里。）《北堂書鈔》一五七引楊泉《物理論》曰“地形東西長，南北短”，《淮南子・墬形篇》高注云"海内東西長，南北短"，亦據古説而云然。（上第二十問地形廣袤之數。）

21. 崑崙縣圃，其凥安在？增城九重，其高幾里？

崑崙，山名也。在西北，元氣所出，其巔曰縣圃，乃上通於天也。《淮南》言崑崙之山九重，其高萬二千里也。

縣圃爲崑崙虛中之一山，是"崑崙縣圃"猶言崑崙之縣圃也。《淮南子・墬形篇》曰："崑崙……旁有四百四十門……玉横維其西北之隅。"玉横者，即北斗之玉衡星，崑崙西北隅有玉横維之，則是崑崙西北之巔上繫於天也。《墬形篇》又曰："縣圃，凉風，樊桐在崑崙閶闔之中。"注曰："閶闔，崑崙虛門名也。"又曰："崑崙之丘（虛），或上倍之，是謂凉風之山，登之而不死。或上倍之，是謂縣圃之山（從王念孫校補），登之乃靈，能使風雨。或上倍之，乃維上天，登之乃神，是謂太帝之居。"案閶闔爲西北方門，（上文"西北曰麗風"，注云"一曰閶闔風"，是門名閶闔，當在西北。下文"西方……曰閶闔之門，西北方……曰幽都之門"。蓋傳説不免訛亂，不必泥視。）而縣圃之上即天，是縣圃者實崑崙西北隅最上層之山，正當玉横所繫處，故謂之縣圃。縣者繫也，言其上繫於天也。凥讀爲基，一本作居。（凥居同。《經》《傳》，"何其"或作"何居"，居讀若姬。）山上繫於天，則縣空而居，下不著地，故問其基阯安在也。《墬形篇》曰："中有增城九重，其高萬一千里，百一十四步，二尺六寸。"高注曰："中，崑崙虛中也。"（增，《藝文類聚》八三、《文選・天台山賦》注、《前緩歌行》注并引《淮南》作層，增層同。）（上第二十一問崑崙諸山。）

22. 四方之門，其誰從焉？西北辟（闢）啓，何氣通焉？

言天四方，各有一門，其誰從之上下？言天西北之門，每常開啓，豈元氣之所通。

案辟一作闢，又作開。門謂崑崙虚之門。從，由也。《淮南子·墬形篇》曰：“（崑崙之虚）旁有四百四十門，門間四里，里間九純，純丈五尺。”（《海内西經》曰：“崑崙之虚……面有九門。”與《淮南》異。《天問》多與《淮南》異説，疑當從《淮南》。）言崑崙虚之門多如此，誰當由此出入也。氣猶風也，《墬形篇》曰“北門開以納不周之風”，又曰“西北方曰不周之山”。疑一説又謂西北門開以納不周之風，爲《天問》所本。此問西北之門獨常開啓，有何風由斯而入也。（上第二十二問崑崙諸門。）

23. 日安不到？燭龍何照？羲和之未揚，若華何光？

言天地之西北，有幽冥無日之國，有龍銜燭而照之也。羲和，日御也。言日未出之時，若木何能有明赤之光華乎？

案《大招》曰：“北有寒山，逴龍赩些。”逴龍即燭龍。《山海經·海外北經》曰：“鍾山之神，名曰燭陰，視爲晝，暝爲夜，吹爲冬，呼爲夏，不飲不食不息，息爲風。身長千里，在無膂之東，其爲物人面蛇身赤色，居鍾山下。”《大荒北經》曰：“西北海之外，赤水之北，有章尾山。有神人面蛇身而赤，直目正乘（疑當作東），其瞑乃晦，其視乃明，不食不寢不息，風雨是謁，是燭九陰，是謂燭龍。”《淮南子·墬形篇》曰：“燭龍在雁門北，蔽於委羽之山，不見日。其神人面龍身而無足。”《初學記》三引許注曰：“不見日，故龍以目照之。”《洞冥記》曰：“東方朔游北極鍾火山，日月不照，有青龍銜燭，照山四極。”案《洞冥記》作鍾火山，《大荒北經》作章尾山。鍾章聲之轉，尾讀爲娓，火也。《説文》曰“娓，火也”，引《詩》云“王室如娓”。《後漢書·周盤傳》注引《韓詩》同。章尾山即鍾火山，鍾山又鍾火山之省。然則燭龍即火山耳。其云“視爲晝，暝爲夜，吹爲冬，呼爲夏”，皆與火山情形密合。“風雨是謁”謂火山爆發時也。“身長千里”，則就山脉言之。《墬形篇》又曰“北方曰積冰，曰委羽”，注曰：“北方寒冰所積，因以爲名。委羽，山名。在北極之陰，不見日也。”委羽山一曰羽山，即帝所刑鮌處。而《墨子·尚賢中篇》曰：“昔者伯鮌，帝之元子，廢帝之德庸，既乃刑之於羽之郊，乃熱照無有及也。”近人楊寬讀熱爲日（見《古史辯》七册上編三三九頁），至確。

羲和，日也。揚讀爲暘，《説文》曰：“暘，日出也。”《大荒北經》曰：“大荒之中，有衡石山，九陰山，泂（本作洞，誤。《水經·若水注》，《文選·甘泉賦》注及《月賦》注，《類聚》八九，本書洪注引并作灰。灰泂聲近。）野之山，上有赤樹，青葉赤華，名曰若木。生昆崙西，附西極，其華光赤，照下地（從郝懿行校補）。”案若木乃天邊雲氣之映日成象者，揚雄《甘泉賦》曰：“噏青雲之流瑕兮，飲若木之露英。”以青雲與若木并舉，是若木即雲霞。霞必待日而後光彩乃現，日未出時，不得有霞，故曰“羲和之未揚，若華何光”也。

《大荒北經》説燭龍曰“是燭九陰”，《淮南子》則以爲“蔽於委羽之山，不見日”。《大荒北經》又説若木在“九陰山，泂野之山”上。九陰山即燭龍所燭之九陰，則泂野之山蓋即委羽之山矣。委與泂，羽與野，并聲之轉。然則燭龍若木并在一處，故連問之。蓋傳説西北方有積陰之地，日所不照，或云燭龍照之，或云若華照之。然若華本待日而後有光，若木所生處既爲日所不照，則若華又何得而有光乎？（上第二十三問燭龍若華。）

24. 何所冬暖？何所夏寒？焉有石林？何獸能言？

暖，温也。言天地之氣何所有冬温而夏寒者乎？言天下何所有石木之林，林中有獸能言語者乎？《禮記》曰“猩猩能言，不離禽獸”也。

王注曰：“言天下何所有石木之林，林中有獸能言語者乎？”案本篇凡連問之事，其間例皆有關係，則王説獸在林中，殆是。余又疑冬暖夏寒亦斥石林，岩洞中氣候本皆如此也。四句本事無可考。（上第二十四問石林。）

25. 焉有虬龍，負熊以游？□□□□，□□□□？

有角曰龍，無角曰虬，言寧有無角之龍，負熊獸以游戲者乎？

《漢書·武帝紀》注引《淮南子》曰："禹治洪水，通轘轅山，化爲熊。"（今本《淮南子》無。）《繹史》一二引《隨巢子》同。《藝文類聚》九六引《括地圖》曰："禹誅防風氏，夏后德盛，二龍降之，禹使范氏（《博物志》卷八作范成光）御之以行。"敦煌舊鈔《瑞應圖》殘卷引《神靈記》曰："禹乘二龍，寒哀爲御。"下文"雄虺""長人"二事均與禹有關，疑此言虬龍負熊，亦即禹事之演變。

傳説中禹事多與黄帝相混。禹化熊，而黄帝國號曰有熊氏，一也。禹有乘龍事，而黄帝亦傳鑄鼎成，有龍垂鬍髯下迎，遂騎以上天，（見《史記·封禪書》。《封禪書》又云："黄帝得土德，黄龍地螾見；夏得木德，青龍止於郊。"）《大戴記·五帝德篇》曰"黄帝乘龍駕雲"，二也。禹爲黄龍，已詳上文，而黄帝所主之軒轅亦爲黄龍體，（《史記·天官書》）三也。黄帝作寶鼎三，禹亦鑄九鼎，（并見《封禪書》及《孝武本紀》。）四也。禹致群神於會稽，（《魯語》下）一曰會諸侯，（《左傳》哀七年，《韓非子·飾邪篇》）黄帝亦接萬靈於明廷，（《封禪書》）一曰合鬼神於西泰山，（《韓非子·十過篇》）又曰合符釜山，（《史記·五帝本紀》）朝問諸侯，（陳侯因資鐘）五也。毛奇齡、徐文靖等謂《天問》"虬龍""負熊"爲黄帝事，友人陳夢家以爲禹事，以下文證之，陳説爲長。（上第二十五問虬龍負熊。）

26. 雄虺九首，儵忽焉在？何所不死？長人何守？

虺，蛇别名也。儵忽，電光也。言有雄虺一身九頭，及電光皆何所在乎？《括地象》曰："有不死之國。"長人，長狄。《春秋》云，防風氏也。禹會諸侯，防風氏後至，於是使守封嵎之山也。

《招魂》曰："雄虺九首，往來儵忽。"《大荒北經》曰："相繇九首，蛇身自環，食於九土。"《海外北經》曰："相柳氏九首，以食於九土。”相繇即相柳。郝懿行疑雄繇九首即此。案郝説是也。《海外北經》又曰：“禹殺相柳。”《大荒北經》曰：“禹湮洪水，殺相繇。”下文長人亦禹所殺，故連類問之。

《魯語》下曰：“吴伐越，墮會稽，獲骨焉，節專車。吴子使來好聘，且問之仲尼。曰：‘無以告命。’賓發幣於大夫，及仲尼。仲尼爵之。既徹俎而宴，客執骨而問曰：‘敢問骨何爲大？’仲尼曰：‘丘聞之，昔禹致群神於會稽之山，防風氏後至，禹殺而戮之，其骨節專車。此爲大矣。’客曰：‘敢問誰守爲神？’仲尼曰：‘山川之靈足以紀綱天下者，其守爲神。社稷之守者爲公侯，皆屬於王者。’客曰：‘防風氏何守也？’仲尼曰：‘汪芒氏之君也，守封嵎之山者也，爲漆姓，在虞夏商爲汪芒氏，於周爲長狄，今爲大人。’客曰：‘人長之極幾何？’仲尼曰：‘僬僥氏長三尺，短之至也。長者不過十之，數之極也。’”《藝文類聚》九六引《括地圖》曰：“禹誅防風氏，夏后德盛，二龍降之。禹使范氏御之以行。經南方，防風神見禹，怒射之。有迅雷，二龍升去。神懼，以刃自貫其心而死。禹哀之，瘞以不死草，皆生，是名穿胸國。”《博物志》八略同。《天問》曰“何所不死”，謂防風氏國也。《吕氏春秋·求人篇》説禹“南至……不死之鄉”，蓋即指此。“長人何守”，謂守封嵎之山也。（上第二十六問雄虺，第二十七問長人。）

27. 靡萍九衢，枲華安居？一蛇吞象，厥大何如？

九交道曰衢，言寧有蓱草生於水上，無根。乃蔓衍於九交之道，又有枲麻垂草榮華，何所有此物乎？《山海經·海内南經》云：“南方有靈蛇，吞象，三年然後出其骨。”

靡麻古字通（詳下），《説文》曰：“枲，麻也。”靡枲同物，故上曰“靡萍”，下曰“枲華”。六朝人以“九衢”爲葉狀，（梁元帝《爲妾弘夜珠謝東宫合心花釵啓》：“夜珠昔往陽臺，雖逢四照，曾游澧浦，慣識九衢。”沈約《郊居賦》：“舒翠葉而九衢，開丹花而四照。”《八咏》詩：“雕芳卉之九衢，賈靈茅之三脊。”均以爲葉狀。）是也。衢猶歧也。(《荀子·勸學篇》:“行衢道者不至。”《大戴禮記》作歧途。)九衢言其葉多歧耳。荓之言猶駢也,凡草木複葉駢生皆謂之荓。麻即今之大麻,亦複葉駢生,故曰靡(麻)荓。然大麻所在多有,不足置問,尋古代殊方異物之以麻名者有壽麻,《天問》之“靡荓”,蓋即指此。《大荒西經》曰:“有壽麻之國……壽麻正立無景,疾呼無響。”案壽麻即升麻。知之者,《神農本草》曰:“升麻一名周麻。”而國名壽麻,《吕氏春秋·任數篇》作壽靡。(舊校靡一作麻,《大荒西經》郭注引正作麻。)《周書·王會篇》,《爾雅·釋草》疏并引《尚書大傳》作州靡。壽、周、州音同。壽麻一作周麻,猶壽靡一作州靡也。又《華陽國志·南中志》曰:“升麻縣山出好升麻。”《水經·若水注》曰:“縣山并即草以立名。”國名壽麻,以草名壽麻而得名。又猶縣山名升麻,亦以草名升麻而得名也。升麻一名周麻,而周壽音同。升麻爲草名,又爲地名,是壽麻即升麻無疑。壽麻又曰疏麻。《九歌·大司命》曰“折疏麻兮瑶華”,王注曰:“疏麻,神麻也。”疏麻爲神異之草,而壽疏聲復近,疏麻當亦即壽麻。蘇頌《本草圖經》説升麻“四月五月著花,似粟穗,白色”,葛立方《韻語陽秋》一六云“瑶華謂麻之華白也”,與疏麻花稱瑶華正合。疏麻與升麻花色同。而疏麻亦即壽麻,此又壽麻即升麻之旁證。壽麻即升麻,既如上説。而細玩《天問》所説,其形態與情事多與升麻合。蘇頌説升麻“葉似麻葉”,今驗大麻複葉駢生,其狀多歧,與“九衢”之説合,一也。大麻雌雄異株,雄株曰枲,一曰牡麻。而升麻一名牧靡,(《漢書·地理志》三李奇注。)牧靡即牡麻語之轉。升麻一曰牡麻,與“枲華”之枲同物,二也。《九歌》曰“折疏麻兮瑶華”,似古人於此物之花,最所重視,而《天問》曰“靡荓九衢”,兼曰“枲華安居”,亦特標其花,三也。升麻爲益州名産(《漢書·地理志》等),而《天問》以靡荓與巴蛇連問,亦爲巴蜀方物,四也。靡荓與升麻有此四合,而升麻即壽麻,是靡荓即壽麻明矣。

《大荒西經》言壽麻“正立無景,疾呼無響”,傳説中草木與同德者又有建木。《吕氏春秋·有始篇》曰:“建木之下日中無影,呼而無響。”《淮南子·墬形篇》説同。建木者,《海内經》曰:“有木青葉紫莖,玄華黄實(疑玄黄二字誤倒),名曰建木,百仞無枝,[上](從郝校補)有九欘,下有九枸,其實如麻,其葉如芒。”《海内南經》曰:“有木,其狀如牛,引之有皮若纓黄蛇,其葉如羅(蘿),其實如欒(郭注云“或作麻”),其木如蓲,其名曰建木。”案此蓋即椶也。高而無枝,故曰“百仞無枝”。莖正圓,直立如建表,故曰“建木”,表所以測日影,故曰“日中無影”。有皮交裹上行,故曰“引之有皮若纓黄蛇”。(纓,繞也。郭云“冠纓”,非是。)其皮色黄而多毛,故曰“如牛”,言如牛皮也。葉掌狀歧出而脉平行,故曰“如芒”“如蘿”,芒,莽草,蘿,莪蘿也。(郭云綾羅,郝云網羅,并非。)葉多歧而柄長,如杷,叢生頂上,故曰“上有九欘”,根攢地環列亦如杷狀,故曰“下有九枸”。欘枸即《爾雅·釋器》“斪斸謂之定”之斪斸。(《考工記·車人》注引《爾雅》作句欘,杷屬也。郭注云:鋤屬。案用與鋤同而形異也。《管子·小匡篇》曰:“惡金以鑄斤斧鉏(鋤)夷鋸欘。”既有鉏,又有欘,復與鋸并稱,是欘乃有齒之杷類。《爾雅》“斪斸”爲連語,是枸亦欘也。)蘇頌《本草圖經》説椶“六七月生黄白花,八九月結實,作房如魚子,黑色”,《海内經》云“玄華黄實”,當係黄華玄實之倒誤。餘説或由傳訛,或出增飾,未必盡合,然其大要則可知也。

知建木即椶,則傳説中建木與壽麻所以相亂之故,亦可得而言之。麻皮與椶皮皆可爲繩,其用同。葉皆駢生多歧,其狀又相似,此在古人,本易淆混。蘇頌《本草圖經》曰:“升麻春生苗,高三尺以來,葉似麻葉,并青肥。四月五月著花,似粟穗,白色。六月以後結實,黑色。”壽麻者,以葉似麻而冒麻名者也。麻與椶混,故壽麻與建木亦相混。且壽麻花白似粟穗,實黑皆與椶相似,而二者又并産於巴蜀,則古人意中,壽麻與建木不分,固宜。因之,建木“日中無景,呼而無響”。壽麻亦“正立無景,疾呼無響”。益不足異矣。(《吕氏春秋·本味篇》云“壽木之華”,疑即壽麻。若然,則又以草爲木矣。)

《天問》以靡萍與巴蛇連問,靡萍即壽麻。《山海經》以建木與巴蛇相次，《海内南經》建木次氐人國前，氐人國次巴蛇前。《海内經》建木次巴國前，巴國次朱卷之國前，朱卷之國，巴蛇所出。似與《天問》異而實不異，蓋傳説中壽麻與建木一而二，二而一也。然惟《山海經》以建木與巴蛇相次，乃益足證《天問》與巴蛇連問之靡萍必爲壽木也。

《海内南經》曰："巴蛇食象，三歲而出其骨。君子服之，無心服之疾。其爲蛇青黄赤黑，一曰黑蛇青首。"《海内經》曰："西南有巴國，又有朱卷之國，有黑蛇青首食象。"郭注云：即巴蛇也。洪氏《補注》引《山海經》云："南海内有巴蛇，身長百尋，其色青黄赤黑，食象，三歲而出其骨。"案《海内南經》文與此異，無"身長百尋"，洪氏云云，不知何據。（上第二十八問壽麻，第二十九問巴蛇。）

28. 黑水玄沚，三危安在？延年不死，壽何所止？

玄趾、三危，皆山名也，在西方。黑水出崑崙山也。言仙人禀命不死，其壽獨何所窮止也。

案沚原誤作趾，從一本正。《文選·西京賦》："乃若昆明靈沼，黑水玄阯。"注曰："黑水玄阯謂昆明靈沼之水沚也，水色黑，故曰玄阯也。"玄阯亦即玄沚，黑水中之島，本在西徼，漢宫池水擬其形，兼襲其名也。《山海經》曰："黑水之阿，爰有木禾，食者得上壽。"《吕氏春秋·本味篇》曰："飯之美者，玄山之禾。"疑玄阯即玄山，在黑水之阿，其地産木，食之得上壽，故此上言"黑水玄阯"，下言"延年不死，壽何所止"也。玄阯一曰員丘。《海内經》曰："流沙之東，黑水之間，有山名不死之山。"注曰："即員丘也。"《水經·河水注》曰："流沙……又歷員丘不死山之西。"玄阯木禾食之長壽，故又曰不死之山。《尚書·禹貢》曰："道黑水至於三危。"《吕氏春秋·本味篇》曰："水之美者，三危之露。"《求人篇》曰："西至三危之山，巫山之下（巫山在《大荒西經》），飲露吸氣之民。"《淮南子·時則篇》曰："三危之國，石室金城，飲氣之民，不死之野。"是三危之露，飲之亦可以長壽。此問三危，乃指其露言，猶問玄阯指其禾言也。（上第三十問玄阯之禾，第三十一問三危之露。）

29. 鯪魚何所？鬿堆雀焉處？羿焉彈日？烏焉解羽？

鯪魚，鯪鯉也，有四足，出南方。鬿堆，奇獸也。《淮南》言堯時十日并出，草木焦枯，堯命羿仰射十日，中其九日，日中九烏皆死，墮其羽翼，故留其一日也。

古所謂鯪魚者有二。《山海經·南山經》曰："有魚焉，其狀如牛，陵居，蛇尾有翼，其羽在魼（胠）下，其音如留（犁）牛。其名曰鯥（本作鯥，從邵瑞彭改），冬死而夏生，食之無腫疾。"《海外西經》曰："龍魚陵居……狀如鯉（本作貍，從郝校改）。一曰鰕。……一曰鰲魚，在夭野北，其爲魚也，如鯉。"注："鰲音惡，橫也。"疑鰲爲鰐鱷之訛。《文選·吴都賦》"陵鯉若獸"，劉注曰："陵有四足，狀如獺，鱗甲似鯉，居土穴中，性好食蟻。"《本草》曰："陵魚一名龍鯉，一名穿山甲。形似鰲，又似鯉而有足。能水能陸，嘗吐舌誘螻蟻食之。"此穿山甲也。《海内北經》曰："陵魚人面手足魚身，在海中。"《初學記》三〇引注曰："鯪魚背腹皆有刺，如三角菱。"《太平御覽》九三八引注曰："鯪魚吞舟。"（二書所引本俱作《山海經》，郝懿行定爲注文，今從之。）此蓋鱷魚也。前者稱鯪，義取陵陸，後者取其有刺似三角菱，而字皆作鯪，故致淆混。本篇鯪魚，當係鱷魚，在東北海中，《吕氏春秋·恃君篇》曰"北（本作非，從畢沅改）濱之東，夷穢之鄉，大解（蟹）陵魚"是也。

雀原誤作堆，今正。（詳《校補》）《東山經》曰："東次四經之首曰北號之山，臨於北海……有鳥焉，其狀如鷄而白首，鼠足而虎爪，其名曰鬿雀，亦食人。"鬿與魁同。

《海外東經》曰："湯谷上有扶桑，十日所浴。在黑齒北，居水中，有大木，九日居下枝，一日居上枝。"《大荒東經》曰："湯谷上有扶木，一日方至，一日方出，皆載（本有於字，從《初學記》一及本書洪注引删）烏。"《淮南子·精神篇》曰："日中有踆烏。"《本經篇》曰：

“逮至堯之時，十日并出，焦禾稼，殺草木，而民無所食。……堯乃使羿……上射十日。”《北堂書鈔》四九引注曰：“羿射十日，中九烏，皆死，墮羽翼。”《海外東經》注引《歸藏·鄭母經》曰：“昔者羿善射，畢十日，果畢之。”案十日本當代出，今并出，故羿射之。烏在日中，故射日而烏解羽。

鯪魚及十日皆在東北海中，魁雀在東次四經之首，北號之山，臨於北海，皆東北方物也。（上第三十二問鯪魚，三十三問魁雀，三十四問十日。）

30. 禹之力獻功，降省下土方，焉及彼嵞山女，而通之於台桑？

言禹以勤力獻進其功，堯因使省迨下土四方也。言禹治水，道娶嵞山氏之女，而通夫婦之道於台桑之地。

之猶用也（《國策·齊策》三注）。《莊子·天運篇》曰“禹用力而湯用兵”，之力猶用也。“之力”與“獻功”對文。（《詩經·泮水》“在泮獻功”，《史獸鼎》“史獸獻工於尹”，《大夫始鼎》“始獻工”，工與功同。）《淮南子·精神篇》曰“禹南省方”，省方即此所謂“降省下土方”。獻功於帝所，降，自天降也。《吕氏春秋·音初篇》曰：“禹行水，（原作功，《御覽》一三五引同，從《文選·吴都賦》劉注，《南都賦》李注引改。）竊（本作功，從許維遹校改。）見塗山之女，禹未之遇（偶）而巡省南土。塗山氏之女乃令其妾候禹於塗山之陽，女乃作歌，歌曰：‘候人猗兮。’”《吴越春秋·越王無余外傳》曰：“禹三十未娶，行到塗山，恐時之暮，失其制度……因取塗山，謂之女嬌。”禹通嵞山女事即指此。嵞山本即三塗，在今河南嵩縣，越亦稱禹後，因之南方會稽亦有塗山。戰國時人多以塗山爲南方之塗山，故諸書或曰“南省方”，或曰“巡省南土”。證以上文“長人何守”，問禹誅防風氏，在南方事内，似《天問》所謂嵞山亦在南方。台桑者，《詩經·桑中》曰：“期我乎桑中。”《左傳》成二年曰：“異哉，夫子有三軍之懼，而又有桑中之喜，宜將竊妻以逃者也。”桑即桑中之類，男女私會之所也。台古部字，台桑當即邰桑。然古字台與以同，（金文《陳侯因資鐘》，《王孫鐘》，《邾公華鐘》，《䍃盤》及《太宰歸父盤》以并作台。《頌鼎》姒又作始。）是台（邰）姒宜亦同字，蓋以爲地名則作台（邰），以爲姓則作姒耳。禹姒姓，台桑蓋又即姒桑。

《吕氏春秋·當務篇》曰："堯有不慈之名，舜有不孝之行，禹有淫湎之意，湯武有放殺之事。"案淫湎似即指通𡶴山女事。高注曰："禹甘旨酒而飲之，故曰有淫湎之意。"失之。上揭《吕覽》文，《莊子·盗跖篇》略同，"禹有淫湎之意"彼作"禹偏枯"。案偏枯蓋謂手足攣廢。《左傳》昭元年"風淫末疾"，杜注曰："末，四支也。"末疾即偏枯之疾，風淫所致，是偏枯也，淫湎也，語異而指同。成疏曰："治水勤勞，風櫛雨沐，致偏枯之疾，半身不遂也。"亦非。意者禹娶塗山氏之傳説，先秦尚保存其原始面目，故諸書據禮教觀點論之者每有微詞。《天問》曰"通之於台桑"，《吕覽》曰"淫湎"，《莊子》曰"偏枯"，所見俱同。

31. 閔妃匹合，厥身是繼。胡維嗜不同味，而快鼂飽？

閔，憂也。言禹所以憂無妃匹者，欲爲身立繼嗣也。言禹治水道娶者，憂無繼嗣耳。何特與衆人同嗜欲，苟欲飽快一朝之情乎？故以辛酉日娶，甲子日去而有啓也。

閔妃疑即𡶴山氏，列二事以明之。《説文》曰："幔，墀地以巾撋之，从巾夒聲，讀若温鼐。"段玉裁云當作㠢，從㥗聲。案段説是也。輾下曰"從㥗聲，讀若閔"，是㥗閔音近，（《説文》又以㥗爲籀文婚字，金文同。昏閔音亦近，故齊閔王一作湣王。）㠢實即以巾撋之撋字，本音閔，漢讀聲轉爲温，故許云"讀若温鼐"也。《説文》㠢訓墀地，墀訓涂地，是㠢亦涂也。《漢書·揚雄傳》"獿人亡，則匠石輟斤而不敢妄斫"，服虔注曰："獿人，古之善塗塈者也。"顔師古注曰："獿，抆拭也，故謂塗者爲獿人。"《廣雅·釋室》曰："幔，塗也。"案獿疑當爲擾，幔當爲㠢，訓塗若塗塈，與《説文》義合。（《鹽鐵論·散不足篇》

“富者……堊幔壁飾”，嫈亦當爲嫈。此字蓋沿誤已久，故諸書所誤并同。）又《爾雅·釋草》曰：“簢，筡中。”《説文》曰：“筡，析竹筤也。”“篿，筡也。”筤篿亦簢字。幔即攖字，訓涂；簢又訓筡，是閔聲字與余聲字義或同。嵞山氏一曰閔妃，蓋猶涂（塗）一曰幔（攖），筡一曰簢。此一事也。《史記·夏本紀》索隱引《世本》“塗山氏女名女媧”，而今河南閿鄉縣有女媧墓（見《舊唐書·五行志》），閿音無分切，與閔音近，疑閿鄉即因閔妃而得名。（塗山氏女名女媧，學者多不置信。然傳説演變，何所不可？女媧亦治洪水，見《淮南子·覽冥篇》，或即禹治水説之分化。且閿鄉縣正爲古“禹迹”地。顧頡剛氏考禹九州本謂春秋九州之戎之九州。《左傳》昭四年曰：“四嶽，三塗，陽城、大室、荆山、中南，九州之險也。”四嶽以下，地并相近。三塗即塗山本地，在今河南嵩縣，荆山據顧氏考在今閿鄉縣，相去不遠。顧説見《九州之戎與戎禹》，《古史辯》七册下編。然塗山氏女即女媧，果不爲無據。）《禮記·明堂位》曰“女媧之笙簧”，《補史記·三皇本紀》原注引《世本》曰“女媧作簧”。王褒《洞簫賦》曰“般匠施巧，夔妃準法”，疑夔亦嫈之訛，嫈妃即閔妃。（夔雖典樂，然夔妃未聞。）此二事也。古事湮没，又無切證，不敢質言。姑著此疑，以竢達者。《史記·夏本紀》曰“禹曰‘予辛壬娶塗山，癸甲生啓’”，即此所謂“閔妃匹合，厥身是繼”也。

《禮記·王制》曰“五方之民，言語不通，嗜欲不同”，謂飲食不同其味也。此曰“嗜欲同味”亦指飲食。《説文》曰：“鼂，匽鼂也，讀若朝。揚雄説匽鼂蟲名。”《太平御覽》九四三引《臨海水土異物志》曰：“鼂類似鼅蟱，腸如羊胃，可啖。”飽與繼於韻不叶，疑飽乃鱉之訛。繼鱉古音同祭部。《太平御覽》八四九引《闕子》曰：“義渠之人烹黿鱉不熟，臊穢腥臭。中國之民，雖飢餓三日不啓口，至死弗食也。”鼂鱉即黿鱉。此言嵞山地濱東海，其人嗜食鼂鱉，禹生中國，娶於嵞山，何竟與彼輩嗜欲同味而亦快食此物乎？（《易林·噬嗑之萃》：“烏孫氏女，深目黑醜，嗜欲不同，過時不偶。”可見古俗嗜欲同味本爲婚姻之必要條件。)《太平御覽》九三二引郭義恭《廣志》曰:“鼉長三尺,有四足,高尺餘,尾如蝘蜓而大。南方嫁娶,必得食之。”鼉鼉同類,或南方古俗,嫁娶食鼉,相傳即以爲承禹之舊乎?《説文》曰:“九江當塗民以辛壬癸甲之日嫁娶。”《水經·淮水注》亦曰:“江淮之俗以辛壬癸甲爲嫁娶日。”辛壬癸甲爲禹娶塗山生子之日,南方相沿亦以是日嫁娶。然則嫁娶祖禹而食鼉,可以隅反矣。蓋濱海之鄉,有鼉則食鼉,其距海較遠之地,無鼉則以鼉代之,故《廣志》云然。《吕氏春秋·舉難篇》曰:“人傷堯以不慈之名,舜以卑父之號,禹以貪位之意,湯武以放弒之謀,五伯以侵奪之事。”前揭同書《當務篇》及《莊子·盜跖篇》文與此略同,“貪位之意”《當務篇》作“淫湎之意”,《莊子》作“偏枯”。淫湎,偏枯,上文已證即指通塗山女事,則此言“貪位”蓋同。然則位必味之訛,“貪味”即此所謂“嗜欲同味而快鼉鼈”也。

余前讀鼉爲朝,《陳風·株林》刺陳靈公淫乎夏姬,詩曰“朝食於株”,“朝食”古之成語,謂通淫也。“快朝飽”猶朝食也,禹以聖人而有淫行,則是與衆人終無以異,故曰“嗜欲同味”。此説亦似近理,且與王注“苟欲飽快一朝之情”,意亦符合。然繼飽不叶,終覺可疑,故不取之。(上第三十五問禹娶塗山。)

32. 啓代益作后,卒然離蠥,何啓惟罹憂,而能拘是達?

益,禹賢臣也。作,爲也。后,君也。離,遭也。蠥,憂也。言禹以天下禪與益,益避啓於箕山之陽。天下皆去益而歸啓以爲君,益卒不得立,故曰遭憂也。言天下所以去益就啓者,以其能憂思道德而通其拘隔。拘隔者,謂有扈氏叛啓,啓率六師以伐之也。

然猶乃也。蠥,禍也。罹憂猶離蠥。《方言》十三曰:“傗,逃也。”逃猶脱也。達傗同。《晋書·束皙傳》引《紀年》曰:“益干啓位,啓殺之。”(《史通·雜説上篇》曰:“《竹書紀年》出於晋代,學者始知后啓殺益。”)《韓非子·外儲説右下篇》曰:“禹愛益,而任天下於益,已而以啓人爲吏。及老而以啓爲不足任天下,故傳天下於益,而勢重盡在啓也。已而啓與友黨攻益而奪之天下，是禹名傳天下於益，而實令啓自取之也。”《國策·燕策》一曰：“或曰：‘禹授益而以啓爲吏。及老而以啓不足任天下，傳之益也。啓與支黨攻益而奪之天下，是禹名傳天下於益，其實令啓自取之。’”（《漢書·律曆志》載張壽王説亦云“化益爲天子代禹”。）案《天問》似謂禹死，益立，啓謀奪益位而事覺，卒爲益所拘，故曰“啓代益作后，卒然離蠥”。啓卒脱拘而出，攻益而奪之天下，故曰“何啓罹憂而能拘是達”也。

33. 皆歸射鞫，而無害厥躬。何后益作革，而禹播降？

射，行也。鞫，窮也。言有扈氏所行皆歸於窮惡，故啓誅之，長無害於其身也。后，君也。革，更也。播，種也。降，下也。言啓所以能變更益，而代益爲君者，以禹平治水土，百姓得下種百穀，故思歸啓也。

“射鞫”未詳。下文益禹對舉，則上文皆字當斥益禹二人。書傳稱禹益同治水：《尚書·皋陶謨》曰：“禹曰：‘洪水滔天，浩浩懷山襄陵，下民昏墊，予乘四載，隨山刊木，暨益奏庶鮮食。’”《史記·秦本紀》曰：“大費與禹平水土，已成，帝錫玄圭。禹受曰：‘非予能成，亦大費爲輔。’帝舜曰：‘咨爾費，贊禹功，其賜爾皁游，爾後嗣將大出。’”大費即益。（伯益之合音近費。）《論衡·別通篇》曰：“禹益并治洪水，禹主治水，益主記異物。”又言禹益同滅苗民：《墨子·非攻下篇》曰：“昔者三苗大亂，天命殛之。……高陽乃命禹於玄宫。禹親把天之瑞令，以征有苗。雷電誖（勃）振（震），有神人面鳥身，奉珪以侍，搤夫（本作矢）有苗之將（本作祥）。苗師大亂，後乃遂幾。”《太平御覽》八八二引《隨巢子》曰：“昔者三苗大亂。天命殛之。夏后受命於玄宫，有大神人面鳥身降而輔之。司禄益食而民不飢，司金益富而國益實，司命益年而民不夭，四方歸之。禹乃克三苗而神民不違，闢土以王。”孫詒讓謂人面鳥身之神即《明鬼下篇》秦穆公所見之勾芒，而楊寬謂勾芒即益，（《中國上古史導論》，見《古史辯》七册上編）其説并是。《天問》所謂“皆歸射鞠而無害厥躬”，於以上二事中，不知何指，抑或别有故實，而二者皆不與也。

一説“皆”斥益啓，言益先拘啓，啓潛出攻益而反拘益。作讀爲乍，暫也，猝也。革，更也。播讀爲蕃。（《周禮·大行人》“九州之外謂之蕃國”，《洪範五行傳》“播國率相行祀”，以播爲之。）降讀爲隆（《禮記·喪服小記》注“以不貳降”，《釋文》：“降一本作隆。”）言益初囚啓，啓潛出攻益而反囚益，同是身被拘繫而未遭殺害，何以益享國之命乍被更改，而啓獨能復禹之祚，終以蕃隆乎？《天問》之意或以爲此禹之陰謀有以致之。初禹未死時，嘗多置啓人以爲益吏，預使天下勢重盡在啓，是以厥後啓雖暫困而得申，益則一蹶而不復自振也。（上第三十六問益啓之争。）

34. 啓棘賓商，九辯九歌。何勤（姦）子屠（瘏）母，而死（列）分竟（境）地？

棘，陳也。賓，列也。九辯九歌，啓所作樂也。言啓能修明禹業，陳列宫商之音，備其禮樂也。勤，勞也。屠，裂剥也。言禹愊剥母背而生，其母之身分散竟地，何以能有聖德憂勞天下乎？

棘讀爲亟（郝懿行説），數也，屢也。迎賓而饗之曰賓，《堯典》曰“寅賓出日”，與“寅餞納（入）日”對舉，賓即餞之反也。字一作儐，《禮運》曰：“所以儐鬼神也。”《大荒西經》曰：“有人珥兩青蛇，乘兩龍，名曰夏后開。開上三嬪（儐）於天，得九辯與九歌以下此天穆之野（高二千仞），開焉得始歌《九招》。”注引《歸藏·啓筮篇》曰：“不得竊辯與歌以國於下。”《九招》即《九韶》，傳説以爲舜樂。然《山海經》帝舜即帝嚳，是舜本商人之天帝。《大荒西經》“嬪於天”，天即天帝舜。舜既爲商之天帝，則《天問》曰“賓商”，《山海經》曰“嬪天”，仍即一事。説者或謂商爲帝之訛，殆失之迂。辯歌皆動詞。《大荒西經》注又引《歸藏》曰“昔彼九冥，是與帝辯同宫之序（廟），是謂九歌”，辯亦用爲動詞。

《離騷》曰："啓九辯與（以）九歌兮，日（本作夏）康娛以自縱，不顧難以圖後兮，五子用夫家巷（閧）。"此曰"勤子"即彼之"五子"，此曰"列分竟（境）地"即彼之"家巷（閧）"也。五子一曰五觀。《楚語上》曰："堯有丹朱，舜有商均，啓有五觀，湯有太甲，文王有管蔡。是五王者皆有元德也，而有姦子。"案勤姦聲近，勤子即姦子。亂在内曰姦（《九歌·惜賢》注），五子家閧，故曰姦子也。屠讀爲瘏，《周南·卷耳》"我馬瘏矣"，《豳風·鴟鴞》"予口卒瘏"，《釋文》并云"瘏本作屠"，是其比。瘏，憂勞也。僞《五子之歌》曰"厥弟五人，御其母以從，徯於洛之汭"，御母以從之説，當有所受。蓋五子叛父而挾其母以相從，使其母憂勞，故曰"姦子瘏母"也。（《史記·吴王濞傳》"今大王與吴西鄉……而爲畔逆，以憂太后，非長策也"，集解引文穎曰："王之太后也。"子叛則母憂，語意與此一例。）竟，張惠言讀爲境，是也。五子據洛汭觀扈之地以叛啓（詳下），形同割據，故曰"列（裂）分境地"。（以上第三十七問啓作樂與五子之亂。）

35. 帝降夷羿，革孼夏民。胡射夫河伯，而妻彼雒嬪？

帝，天帝也。夷羿，諸侯弑夏后相者也。革，更也。孼，憂也。言羿弑夏家，居天子之位，荒淫田獵，變更夏道，爲萬民憂患。胡，何也。雒嬪，水神，謂宓妃也。《傳》曰："河伯化爲白龍，游於水旁，羿見射之，眇其左目。河伯上訴天帝曰：'爲我殺羿。'天帝曰：'爾何故得見射？'河伯曰：'我時化爲白龍出游。'天帝曰：'使汝深守神靈，羿何從得犯汝？今爲蟲獸，當爲人所射，固其宜也。羿何罪歟？'"羿又夢與雒水神宓妃交接也。

帝即帝俊，一曰帝嚳，又曰帝舜，殷人東夷之天帝也。《海内經》曰："帝俊賜羿彤弓素矰，以扶下國，羿是始去恤下地之百艱。"《説文·弓部》又以羿爲帝嚳射官。是羿爲東夷神話中人物，故一稱夷羿。《左傳》襄四年引《夏訓》"夷羿收之"，又引《虞人之箴》"在帝夷羿"，《吕氏春秋·勿躬篇》"夷羿作弓"，《海内經》"非仁羿莫能上岡之岩"，孫詒讓云仁爲夷之誤，并此皆羿稱夷羿之例。《左傳》襄四年曰：“昔有夏之方衰也，后羿自鉏遷於窮石，因夏民以代夏政。”即此所謂“革孽夏民”（詳下）。而《後漢書・東夷傳》曰“夏后氏太康失德，夷人始畔”，此亦羿爲夷族之證。（以上説略本楊寬《中國上古史導論》第十五篇之一。）革，更也，代也。孽疑當讀爲嬖，《説文》曰：“嬖，治也。”“革嬖夏民”猶言代治夏民，《左傳》所謂“因夏民以代夏政”是也。此古民族夷夏鬥争之史影。

五子之母須於洛汭，雒嬪蓋即五子之母，亦即啓妻，知雒嬪爲啓妻，則河伯蓋即啓矣。

36. 馮珧利決，封狶是射。何獻蒸肉之膏，而后帝不若？

馮，挾也。珧，弓名也。決，射韝也。封狶，神獸也。言羿不修道德，而挾弓射韝，獵捕神獸，以快其情也。蒸，祭也。后帝，天帝也。若，順也。言羿獵射封狶，以其肉膏祭天帝，天帝猶不順羿之所爲也。

馮讀爲弸。（《國策・韓策》一韓朋《史記・田完世家》作韓馮，《淮南子・道應篇》“大貝百朋”，《意林》一《類聚》八四引《六韜》作馮。《説文》：“淜，無舟渡河也。”經傳俱作馮。）《説文》曰：“弸，弓强皃。”《爾雅・釋器》曰：“弓……以金者謂之銑，以蜃者謂之珧，以玉者謂之珪。”郭注曰：“用金蚌玉飾弓兩頭，因取其類以爲名。珧，小蚌。”王注曰：“決，射韝也。”《山海經・海内經》曰：“帝俊賜羿彤弓素矰。”《太平御覽》八〇五引《隨巢子》曰：“天賜玉玦於羿。”馮珧即彤弓，利決即玉玦也。（《韓非子・説林下篇》：“羿執玦持扞。”）

《左傳》昭二十八年曰：“……謂之封豕，有窮后羿滅之。”《離騷》曰：“羿淫游以佚田兮，又好射夫封豬。”（豬本作狐，從《上林苑令箴》改，詳《離騷》）《淮南子・本經篇》曰：“堯乃使羿……禽封狶於桑林。”揚雄《上林苑令箴》曰：“昔在帝羿，失（佚）田淫游，弧矢是尚，而射夫封豬。”封豕封豬即封狶也。然上云射河伯，此云射封豨，是封豨即河伯也。《藝文類聚》九六引《符子》曰：“朔（本作邦，從《初學記》二九改）人有（從《初學記》補，下同）獻燕昭王以大豕者，曰：‘於今百二十歲，邦人謂之豕仙。’其群臣言於昭王曰：‘是豕無用。’王命宰夫膳之。豕既死，乃見夢於燕相曰：‘造化勞我以豕形，食我以人穢，今仗君之靈而化吾生也，始得爲魯津之伯，而浮舟者食我以粳糧之珍。（本衍而字）欣君之惠，將報子焉。’後燕相游於魯津，有赤龜銜夜光而獻之。”案《拾遺記》曰：“玄龜，河精之使也。”此魯津之伯以赤龜爲使者，即河伯也。魯津之伯爲豕所化，與《天問》河伯又爲封豨密合。

《廣雅·釋詁》一曰：“蒸，美也。”不若猶不善也。《卜辭》曰：“我勿已穷，乍帝降不若。”（《前》七、三八、一〇）又曰：“辛卯卜，㱿貞我勿已穷，不若。”（《簠典》三五）《左傳》宣三年曰：“不逢不若。”《爾雅·釋魚》曰：“右倪不若。”（以上第三十八問羿殺河伯封豨而娶其妻雒嬪。）

37. 浞娶純狐，眩玄妻爰謀。何羿之射革，而交吞揆（噲）之？

浞，羿相也。爰，於也。眩，惑也。言浞娶於純狐氏女，眩惑愛之，遂與浞謀殺羿也。吞，滅也。揆，度也。言羿好射獵，不恤政事法度，浞交接國中，布恩施德而吞滅之也。

《左傳》襄四年曰：“寒浞，伯明氏之讒子弟也。伯明后寒棄之，夷羿收之，信而使之以爲己相。浞行媚於内，而施賂於外，愚弄其民，而虞羿於田，樹之詐慝，以取其國家，外内咸服。羿猶不悛，將歸自田，家衆殺而亨（享）之。……浞因羿室，生澆及豷。”《離騷》曰：“羿淫游以佚田兮，又好射夫封豬。固亂流其鮮終兮，浞又貪夫厥家。”案《左傳》曰“浞因羿室”，《離騷》曰“浞貪厥（羿）家”，而據本篇上文，羿所妻之雒嬪又本係河伯封豨之妻。吕思勉曰：“古神話當以雒嬪爲河伯之妻，羿射殺河伯而奪之也。”（《唐虞夏史考》五。）説與余同。然則此文之純狐眩妻即上文之雒嬪，其人實嘗歷事三夫也。《左傳》

昭二十八年曰："昔有仍氏生女，鬒黑而甚美，光可以鑒，名曰玄妻。樂正后夔取之，生伯封，實有豕心，貪惏無厭，忿類無期，謂之封豕。有窮后羿滅之，夔是以不祀。"《天問》之眩妻與《左傳》之玄妻當係一人。（惟《天問》眩妻爲封狶之妻。《左傳》玄妻乃封豕之母，二説互歧，蓋父子二封狶相混，致妻與母亦混耳。）《左傳》載叔向母述子靈之妻夏姬殺三夫（陳御叔，楚襄老及巫臣），即繼之以玄妻事，蓋玄妻即《天問》之眩妻，亦嘗事三夫，其事正與夏姬同科，故引以爲戒爾。

《左傳》以玄妻爲夔之妻，尋繹本篇，則當爲啓妻，（河伯封狶即啓，純狐眩妻即雒嬪，雒嬪即啓妻，并詳上。）啓與夔蓋一人之分化耳。夔爲樂正，啓亦好聲樂而又似始作《九韶》者。夔子伯封滅於羿，啓子太康亦然。（僞《五子之歌》。夔妻有仍氏女。揚雄《宗正卿箴》曰："昔在夏時，太康不恭，有仍二女，五子家降。"張超誚《青衣賦》曰："有夏取仍，覆宗絶祀。"不知所謂取有仍者爲誰。如謂啓，則與夔事又同。亦可視爲父子相混，本啓事而誤爲太康也。）且夔啓字音亦相近。然則啓與夔果在可分不可分之間也。知夔即啓，則眩妻即玄妻，益無可疑。

《楚語》上"啓有五觀"，韋注曰："觀，洛汭之地。"案五觀一曰觀扈（《左傳》昭元年），而五子又須於洛汭（《尚書序》，《潛夫論・五德志篇》），是觀扈即洛汭。觀扈一曰讙舉，又曰玄扈。《中山經》曰："讙舉之山，雒水出焉，而東北流，注於玄扈之水。"讙舉即玄扈之音轉，山與水同名也，下文正作"玄扈之山"。《水經・洛水注》亦曰："玄扈之水出於玄扈之山。"蓋國名曰觀扈，山名曰讙舉，水名曰玄扈，其實一也。雒水注於玄扈之水，又皆出於玄扈之山，是二水同出同歸，分之則洛與玄扈爲二水，合之則曰玄扈洛爲一水也。《中山經》曰："陽虚之山多金，臨於玄扈之水，是爲洛汭。"（從《水經・洛水注》引補。）注引《河圖》："倉頡爲帝，南巡狩，登陽虚之山，臨於玄扈洛汭。"《宋書・符瑞志》曰："黄帝……坐於玄扈洛水之上。"純狐與玄扈聲通。玄扈洛水爲一水，玄扈洛汭爲一地，然則純狐雒嬪亦一人矣。

純玄不惟聲近，亦且義同。《儀禮·士冠禮》曰："爵弁服，纁裳，純衣，緇帶，靺韐。"《士昏禮》曰：純衣纁袡。"《禮記·祭統》"王后蠶於北郊，以供純服。"《玉藻》曰："大夫佩水蒼玉而純組綬。"皆謂黑色。（字一作黗，《廣雅·釋器》："黗，黑也。"）純狐即玄狐。（《内經》："玄狐蓬尾。"）故純狐氏女色黑而號曰玄妻。

爰讀爲援，助也。玄妻援謀，言助浞謀以殺羿也。《考工記·弓人》曰："利射革與質。"《哀時命》曰："機蓬矢以射革。"革謂犀甲，射革謂射能貫革。《樂記》曰："左射狸首，右射騶虞，而貫革之射息也。"《説苑·建本篇》曰："南山有竹，弗揉自直，斬而射之，通於犀革。"揆讀爲噲。（《尚書·皋陶謨》"浚畎澮距川"鄭注曰"澮，所以通水於川也"，《爾雅·釋水》"湀闢，流川"郭注曰"通流"。案湀澮同。）《説文》曰："噲，咽也……或讀若快。"交吞噲之猶共吞咽之，《左傳》所謂"家衆殺而亨（享）之"是也。

傳説河伯即豕，則純狐未嘗不可實指狐。《左傳》襄四年曰"羿……淫於原獸"，或即斥娶雒嬪之事。《説文》曰"狐，祆（妖）獸也"，《藝文類聚》九五引《名山記》曰"狐者先古之淫婦也"，《初學記》二九引《郭氏玄中記》曰"千歲之狐爲淫婦"，其説似導源於更事三夫之純狐氏。

38. 阻窮西征，岩何越焉？化爲黄熊，巫何活焉？

阻，險也。窮，窘也。征，行也。越，度也。言堯放鮌羽山，西行度越岑岩之險，因墜死也。活，生也。言鮌死後，化爲黄熊，入於羽淵，豈巫醫所能復生活也。

羿爲夷族，本居東方，載籍所傳窮國故地，或在今山東德縣北，（《水經·河水注》："徑平原鬲縣故城西……故有窮后羿國也。"案今山東德縣北有鬲縣故城。）或在安徽英山縣。（《路史·後紀》十二上羅蘋注："今壽之安豐有窮谷窮水，即窮石。"案在今安徽英山縣境。）此皆較早之夷族分布地也。厥後夷族漸次西移，而羿之神話亦隨之，故近之河南有窮谷，(《晋太康地道記》："河南有窮谷，羿滅夏，自鉏遷於此。")遠之崑崙亦有窮石。《淮南子・墬形篇》："弱水出自窮石。"而《山海經・大荒西經》崑崙山下有弱水之淵。《離騒》"夕歸次於窮石兮，朝濯髮乎洧盤"，注引《禹大傳》："洧盤之水出崦嵫之山。"窮石與洧盤相近，而洧盤亦在西極，(《山海經・西山經》："崦嵫之山……茖水出焉。"茖，注："或作若。"《禹大傳》曰："洧盤之水出崦嵫之山。"案若水即弱水，據此似洧盤之水即弱水。)此窮石亦即崑崙之窮石。問曰"阻窮西征"，阻讀爲徂(《莊子・則陽篇》"已死不可徂"《釋文》"徂本作阻")，謂羿西行而往崑崙之窮石也。《山海經・海内西經》："海内崑崙之虚……帝之下都……百神之所在，(在)八隅之岩，赤水之際，非仁羿莫能上岡之岩。"即此所謂"岩何越焉"也。《海内西經》又曰："開明東有巫彭、巫抵、巫陽、巫履、巫凡、巫相、夾窫窳之尸，皆操不死之藥以距之。窫窳者，蛇身人面，貳負臣所殺也。"注："爲距郤死氣，求更生。"《海内南經》："窫窳龍首，居弱水中……其狀如龍(首)(疑衍)。"注："窫窳本蛇身人面，爲貳負臣所殺，復化而成此物也。"《圖贊》曰："窫窳無罪，見害貳負。帝命群醫，操藥夾守。遂淪弱淵，化爲龍首。"案《淮南子・本經篇》云猰貐羿所殺，猰貐即窫窳，疑貳負臣即羿。(貳負似即二母，東母西母是也。羿嘗從西王母請藥，蓋本二母之臣。)窫窳居弱水而弱水出窮石，地望亦合也。蓋相傳羿西往窮石，殺窫窳，群巫復活窫窳，窫窳遂化爲龍，入居弱水。《天問》云化熊者，龍熊聲近而訛，猶鮌化熊而入於羽淵，熊非水獸，亦龍之傳訛。《海内經》注引《啓筮》："鮌死三歲不腐，剖之以吴刀，化爲黄龍。"是其驗也。

39. 咸播秬黍，莆雚是營。何由并投，而鮌疾修盈？

咸，皆也。秬黍，黑黍也。雚，草名也。營，耕也。言禹平治水土，萬民皆得耕種黑黍於雚蒲之地，盡爲良田也。疾，惡也。修，長也。盈，滿也。由，用也。言堯不惡鮌而戮殺之，則禹不得嗣興，民何得投種五穀乎？乃知鮌惡長滿天下也。

案莆雚當作雚莆（詳《校補》）。《漢書·貨殖傳》“雚蒲材幹”，《左傳》昭二十年“澤之萑蒲”，《穆天子傳》二“爰有雚葦莞蒲”，《管子·山國軌篇》“有莞蒲之壤”，《漢書·東方朔傳》“莞蒲之席”，雚莆與雚蒲、萑蒲、莞蒲并同。《爾雅·釋草》“莞，苻離，其上蒚”，注：“今西方人呼蒲爲莞蒲蒚。”《詩經·斯干》疏引某氏注：“《本草》曰：‘白蒲一名苻離，楚謂之莞蒲。’”營讀爲耘（《老子》十章“載營魄抱一”，本書《遠游》“載營魄而登遐兮”，營魄即魂魄），除草也。字一作劉。《齊民要術》：“至春而開墾其林木，大者劉殺之。”除草曰營，除木曰劉，其義一也。并讀爲屏。《論語·鄉黨篇》：“屏氣似不息者。”《吕氏春秋·論威篇》：“并氣專精。”并氣即屏氣也。《禮記·王制》“屏之遠方”，注：“屏猶放去也。”字一作迸。《大學》“迸諸四夷”，《釋文》引皇侃：“迸猶屏也。”《左傳》昭九年“謂之疾日”，注：“疾，惡也。”覩上文言窫窳死後化熊入水，其事與鮌適同，疑此即并論窫窳與鮌二人之事。言二人皆有耘雚莆種秬黍之功，而鮌獨爲世詬病者，以其嘗投放耳。盈溢也，修猶盈也。“鮌疾修盈”，猶言鮌惡浮於窫窳。考先禹而平治水土者，前有共工，後有鮌，疑窫窳即共工之分化，列三事以明之。窫窳居弱水，《淮南子·原道篇》“昔共工……與高辛争爲帝，遂潛於淵”，與窫窳事合，一也。窫窳《淮南子》作猰貐，《爾雅·釋獸》“猰貐類貙，虎爪，食人”，而共工一名窮奇（詳上“回康馮怒”條），《山海經·海内北經》“窮奇狀如虎”，與窫窳狀合，二也。《海内北經》及《西山經》并云窮奇食人，與窫窳性合，三也。窫窳與鮌皆嘗平治水土以教民稼穡，故曰“咸播秬黍，雚莆是營”。《離騷》《惜誦》皆譽鮌有婞直之美德，本篇上文凡涉鮌事，亦莫不多其功而哀其遇，此復與窫窳相衡以見世論絀鮌之不公。蓋楚出於顓頊高陽氏，而鮌亦顓頊之後，是鮌乃楚之先祖，故楚人之論如此也。

40. 白蜺嬰茀，胡爲此堂？安得夫良藥，不能固臧？

蜺，雲之有色似龍者也。茀，白雲逶移若蛇者也。言此有蜺茀氣逶移相嬰，何爲〔於〕此堂乎？蓋屈原所見祠堂也。臧，善也。言崔文子學仙於王子僑，子僑化爲白蜺而嬰茀，持藥與崔文子。崔文子驚怪，引戈擊蜺，中之，因墮其藥，俯而視之，王子僑之尸也，故言得藥不善也。

案傅斯年、郭鏤冰、童書業皆以嫦娥竊藥事說此問，確不可易。《淮南子·覽冥篇》："羿請不死之藥於西王母，姮娥竊以奔月，悵然有喪，無以續之。"《北堂書鈔》一五〇引《歸藏》："昔常娥以西王母不死之藥服之，遂奔爲月精。"《文心雕龍·諸子篇》："《歸藏》之經，大明迂怪，乃稱羿斃十日，嫦娥奔月。"《後漢書·天文志》注引《靈憲》："羿請無死之藥於西王母，姮娥竊之以奔月，將往，枚筮之於有黃。有黃筮之曰：'吉。翩翩歸妹，獨將西行，逢天晦芒，毋驚毋恐，後且大昌。'姮娥遂托身於月，是爲蟾蜍。"證以《天問》上文曰"夜光何德（得），死則又育"，意實謂月靈得不死藥，故能死而復生。可知姮娥竊藥奔月，先秦確有其說。《釋名·釋天》："虹……又曰美人。"《爾雅·釋天》："螮蝀，虹也。"郭注："俗名謂美人虹。"本書《遠游》"雌蜺便娟以增撓兮"，注："神女周旋，侍左右也。"是古謂虹蜺爲美女所化。《文選·甘泉賦》注引《埤蒼》："嬰，繞也。"本書《招隱士》"山曲岪"，《淮南子·本經篇》"曲拂邅回"，茀岪拂義同，猶曲也。言姮娥化爲白蜺，曲繞於堂上，因竊藥以去也。臧讀爲藏，言羿既得靈藥，何以不能深固藏之哉？又案《淮南子》《靈憲》嫦娥皆作姮娥，疑即玄狐聲之轉，玄狐即純狐也（陳本禮有此說）。《湘陰録》引《緯書》"嫦娥小字純狐"，雖不知所出，殆亦非臆造。

41. 天式縱横，陽離爰死。大鳥何鳴，夫焉喪厥體？

式，法也。爰，於也。言天法有陰陽縱横之道，人失陽氣則死也。

言崔文子取王子喬之尸，置之室中，覆之以弊筐，須臾則化爲大鳥而鳴，開而視之，翻飛而去。文子焉能亡子喬之身乎？言仙人不可殺也。

案《周禮·太史》“大師抱天時”，鄭司農注：“大出師，則大史主抱式以知天時，處吉凶。”《史記·龜策傳》：“〔衛〕平運式定日月，分衡度，視吉凶。”《續日者傳》“旋式正棋”，索隱：“式即栻也。旋，轉也。栻之形上圓象天，下方法地，用之則轉天綱加地之辰，故云旋式。”《廣雅·釋器》：“栻，梮也。”《太玄·常》：“初一，戴神墨，履靈式。”字一作栻。《漢書·王莽傳》“天文郎按栻於前”，注：“栻所以占時日。”式蓋一曰天式，《周官》“抱天時”，時式古音近通用，天時即天式耳。縱横者，式上爻畫縱横交午，以象陰陽二氣。《儀禮·大射儀》“度尺而午”，注：“一縱一横曰午。”《史記·律書》：“午者，陰陽交，故曰午。”午與五通。《説文》：“五，五行也，從二，陰陽在天地間交午也。”古文作乂。案古文但象縱横交午之形，術家以爲陰陽二氣相和之象，《史記》《説文》皆用術家語耳。《莊子·田子方篇》：“至陰肅肅，至陽赫赫，肅肅出乎天，赫赫發乎地，兩者交通成和而物生焉。”《淮南子·天文篇》：“陰陽合和而萬物生。”“天式縱横”者，以天式喻萬物生成之理，言天式以縱横交午而成，猶萬物以陰陽和合而生也。《左傳》昭七年：“人生始化曰魄，既生魄，陽曰魂。”《説文》：“魂，陽氣也。”“陽離爰死”者，猶言魂與魄離，則人死耳。“大鳥”二句注以爲王子喬事，以漢世所傳王子喬事證之，似無不合。蔡邕《王子喬碑》：“王孫子喬者，蓋上世之真人也。聞其仙舊矣，不知興於何代。……暨於永和之元年冬十有二月，當臘之夜，墓上有哭聲，其音甚哀。附居者王伯聞而怪之。明則祭其墓而察焉。時天洪雪，下無人徑，見一大鳥迹在祭祀之處，左右咸以爲神。其後有人着大冠絳單衣，杖竹策，立冢前，呼樵孺子尹永昌曰：‘我王子喬也，爾勿復取吾墓前樹也。’須臾，忽然不見。”《風俗通義·正失篇》：“俗説孝明帝時尚書郎河東王喬爲葉令，喬有神術，每月朔常詣臺朝，帝怪其來數而無車騎，密令太史候望。言其臨至時，常有雙鳧從東南飛來。因伏伺，見鳧舉羅，但得一隻舃耳。使尚方識視，四年中所賜尚書官屬履也。”又曰：“太史……言此令即仙人王喬者也。”《後漢書·方術傳》略同。“此令即仙人王喬”作“此即古仙人王子喬”。大鳥迹及雙鳧飛來與《天問》“大鳥何鳴”頗合。“夫焉喪厥體”之體疑當讀爲履。（《詩經·氓》“體無咎言”，《韓詩》及《禮記·坊記》引并作履。《管子·心術下篇》“能戴大圓者體乎大方”，《内業篇》作履。本書《卜居·序》“屈原體忠貞之性”，體一作履。）喪履即舉羅得舃説之所從出。《易林·謙之謙》：“王喬無病，狗頭不痛，亡（尪）跛失履，乏我送從。”《隨之解》作“三尸失履，乏我逆從”。（三尸者，上尸中尸下尸，居人身中，凡庚申日上詣天曹，言人罪福，見《酉陽雜俎》。）此傳説有王喬失履事之明驗。漢以後所傳仙人化鳥遺履之事，亦復不少。《太平御覽》六九七引《鄧德明南康記》：“昔有盧耽仕州爲治中，當元會，至曉不及朝，化爲白鵠，至閣前，迴翔欲下。威儀以帚擲之，得一雙履。耽驚還就列，左右莫不駭異。”《神仙通鑒》：“張道成葬後，鶴穿墓出，冠履留棺中。”蓋皆受王喬故事之影響，則其流傳之盛，可概見矣。

42. 蓱號起雨，何以興之？撰體協脅，鹿何膺之？

萍，萍翳，雨師名也。號，呼也。興，起也。言雨師號呼則雲起而雨下，獨何以興之乎？膺，受也。言天撰十二神鹿，一身八足兩頭，獨何膺受此形體乎？

案蔣驥謂鹿指風伯飛廉，上問雨師，下問風伯，以類相從。劉永濟又讀膺爲譍，與號對舉，説并近理。但不知風雨何以不在前天象諸問中而厠於此？且以鹿爲飛廉，雖有《三輔黄圖》説爲證（詳下），然與“撰體協脅”之語，仍不合。古神話傳説之不見於傳記者多矣，此類皆不可强説，闕焉可耳。

43. 鰲戴山抃，何以安之？釋舟陵行，何以遷之？

鰲，大龜也。擊手曰抃。《列仙傳》曰，有巨靈之龜，背負蓬萊之山而抃舞戲滄海之中，獨何以安之乎？釋，置也。舟，船也。遷，徙也。舟釋水而陵行，則何能遷徙也？言龜所以能負山若舟船者，以其在水中也。使龜釋水而陵行，則何以能遷徙山乎？

案張衡《思玄賦》："登蓬萊而容與兮，鰲雖抃而不傾。"潘尼《鰲賦》[①]："有東海之巨鰲，乃負山而吞舟。"玄應《一切經音義》十九引《字林》："鰲，海中大龜也，力負蓬瀛壺三山。"《初學記》三〇引《玄中記》："東南之大者〔有〕巨鰲焉，以背負蓬萊山，周回千里。"《宋書·樂志》："魏晋訖江左，猶有……神龜抃舞，背負靈嶽……之樂焉。"《玉篇·黽部》："傳有神之鰲背負蓬萊之山，在海中。"此皆與注所引《列仙傳》説合，謂鰲背負山而抃舞也。左思《吴都賦》："巨鰲贔屭，首冠靈山。"《列子·湯問篇》："渤海之東……有大壑焉……其中有五山焉：一曰岱輿，二曰員嶠，三曰方壺，四曰瀛洲，五曰蓬萊。……五山之根無所連著，常隨潮波上下往還，不得蹔峙焉。仙聖毒之，訴之於帝。帝恐流於西極，失群聖之居，乃命禺强使巨鰲十五舉首而戴之，迭爲三番，五山始峙。而龍伯之國有大人……一釣而連六鰲……於是岱輿、員嶠二山流於北極，沉於大海。"《藝文類聚》九七引《苻子》："東海有鰲焉，冠蓬萊而〔浮〕（從《太平御覽》六四七，《事類賦注》三引補）游於滄海。"此皆讀抃爲弁，謂鰲以山爲冠弁，戴之首上也。案俗説龜能負重。《史記·龜策傳》"南方老人用龜支床足"，後世治石爲龜以承碑碣，命曰龜趺，皆與巨鰲負山同類。以此推之，背負之説較爲合理，因之抃亦當如字審矣。《論語·憲問篇》："奡蕩舟。"《尚書·皋陶謨》："無若丹朱傲，惟慢游是好，傲虐是作，罔晝夜頟頟，罔水行舟，朋淫於家，用殄厥世。"案"丹朱傲"三字一名，即奡，罔水行舟即陸地行舟。《論語》所謂"蕩舟"亦

① 《鰲賦》，單行本作《鱉賦》，誤。

即《天問》"釋舟陵行"也。《太玄·玄衝》:"釋,推也。"《論語》皇疏:"蕩,推也。"是釋猶蕩也。(《説文》:"睪,回行也。"玄應《音義》七引《通俗文》:"回過曰宕。"睪與釋通,宕與蕩通,睪宕同義,則釋蕩亦同義矣。釋蕩對轉,本一語。)《左傳》定六年注:"陵師,陸軍。"疏:"南人謂陸爲陵。"《莊子·達生篇》:"彼視淵若陵。"謂視水若陸耳。《論語》"奡蕩舟",本篇王注引作澆,《左傳》襄四年"生澆及豷",《説文》豖部引作敖,《尚書》"無若丹朱傲",《釋文》字又作奡,《漢書·劉向傳》作敖,《管子·宙合篇》"若敖之在堯",《鹽鐵論·論菑篇》"羿敖以功力不得其死",亦并作敖。奡澆敖(傲)一人,而敖鰲音同,故傳説即以澆爲鰲。鰲即黿也,黿性能水陸兩栖,因之遂有澆能陸地行之説,黿爲介族,因之《離騷》又云"澆身被服强圉",强圉猶堅甲也。《天問》此文上言載山,下言釋舟,合鰲澆之事於一韻而問之,正以傳説中鰲與澆實一而二、二而一耳。

44. 惟澆在户,何求於嫂?何少康逐犬,而顛隕厥首?

澆,古多力者也。《論語》曰:"澆蕩舟。"言澆無義,淫佚其嫂,往至其户,佯有所求,因與行淫亂也。言夏后少康因田獵放犬逐獸,遂襲殺澆而斷其頭。

案户即扈(詳下)。注謂嫂即女歧,近是。然《左傳》襄四年"浞因羿室,生澆及豷",似澆爲浞長子,澆既無兄,焉得有嫂?竊意《左傳》又言浞之篡羿,"家衆殺(羿)而亨之,以食其子,其子不忍食諸,死於窮門"。夫同父異母兄也,同母異父亦兄也,浞因羿室,羿有子,斯澆亦有兄矣。羿子既死,其妻女歧蓋未更嫁。沈約謂女歧寡居,羅蘋謂澆淫於邱嫂,(《漢書·楚元王傳》"邱嫂",注引孟康曰:"邱,空也,兄亡空有嫂也。"案邱丘同字,丘虚古通,故訓空。)蓋得其實。《左傳》哀元年:"昔有過澆,殺斟灌以伐斟尋,滅夏后相。后緡方娠,逃出自竇,歸於有仍,生少康焉。爲〔有〕仍牧正,惎澆能而戒之。澆使椒求之,逃奔有虞。"余考有仍國於玄扈洛汭,故或稱觀扈(《左傳》昭元年），或稱有扈（《尚書·甘誓》、《莊子·人間世篇》、《吕氏春秋·先己篇》、《召類篇》、《淮南子·齊俗篇》、《史記·夏本紀》及《尚書》正義引《世本》），一曰扈氏（《周書·史記篇》），是少康之外家有仍即有扈耳。疑女歧亦有扈女，夫死歸於母家，澆往有扈求其嫂女歧，時少康方爲有扈牧正，適與澆遇，因嗾犬殺之而斷其頭也。《離騷》："澆身被服强圉兮，縱欲而不忍。日康娱而自忘兮，厥首用夫顛隕。"蓋亦指此事。逐讀爲嗾。《説文》："嗾，使犬也。"（今本作使犬聲，此從《左傳》宣二年釋文引。）古者每使犬殺人，《左傳》宣二年："晋侯飲趙盾酒，伏甲將攻之，其右提彌明……遂扶以下，公嗾夫獒焉。"亦其例也。考古代傳説往往相襲，而夏殷二代事迹尤多雷同。此及下四句所述少康滅澆事與下文殷王亥事頗相似，疑夏事即殷事之分化。彼文有易誤爲有扈，注即以少康滅澆事釋之，其説雖誤，顧亦不爲無因耳。

45. 女歧縫裳，而館同爰止。何顛易厥首，而親以逢殆？

女歧，澆嫂也。館，舍也。爰，於也。言歧與澆淫佚，爲之縫裳，於是共舍而宿止也。逢，遇也。殆，危也。言少康夜襲得女歧頭，以爲澆，因斷之，故言易首爲遇危殆也。

案女歧當從《左傳》作女艾（詳《校補》）。館讀爲姦。（《管子·牧民篇》"野蕪曠則民乃菅"，注："菅當爲姦。"《山海經·中山經》"其中多菱草"，注：菱，"亦菅字。"《吴越春秋·闔閭内傳》第四"麻絰菱服"即菅服。）《説文》："姦，厶（私）也。"同猶通也。《管子·在法篇》"群臣修通輻凑"，《韓非子·難一篇》"百官修通"，《淮南子·主術篇》作"百官修同"。《山海經·海内經》"伯陵同吴權之妻阿女緣婦"，注："同猶通，淫之也。"《國語·鄭語》："褒人之神化爲二龍以同於王庭……龍亡而漦在。"《急就篇》"沐浴揃搣寡合同"，義同（參劉盼遂説）。館同即姦同，猶私通耳。爰猶與也，共也。止，宿也。《尚書·皋陶謨》"無若丹朱傲（敖）……朋淫於家"，《路史·後紀》十三"澆朋淫不義，而通於丘嫂"，并與《天問》密合。（《離騷》"縱欲而不忍”似亦指此事。)《方言》十三：“隋，易也。”隋即墮字，墮訓易，則易亦可訓墮。顛易猶顛隕耳。《左傳》哀元年：“〔少康〕使女艾諜澆，使季杼誘豷，遂滅過戈，復禹之績。”諜讀爲媟。《方言》十三：“媟，狎也。”《潛夫論・五德志篇》引《左傳》作誘澆，媟狎之即所以誘之矣。女艾，羿子之妻也。羿子爲澆父浞所殺，女艾與澆固當不共戴天，故少康得乘而煽之，使陰與澆通而陰謀殺之。然而方其與澆共宿，少康夜襲而誤斷女艾之頭，是女艾本欲殺澆而自喪其生，故曰“何顛易厥首，而親以逢殆”也。此與上文所述似一事而傳聞異辭，説者或與上文混爲一談，詳審問意，殆不然矣。

46. 湯（澆）謀易旅，何以厚之？覆舟斟尋，何道取之？

湯，殷王也。旅，衆也。言殷湯欲變易夏衆，使之從己，獨何以厚待之乎？覆，反也。舟，船也。斟尋，國名也。言少康滅斟尋氏，奄若覆舟，獨以何道取之乎？

案牟廷相謂湯爲澆之訛，是也。(詳《校補》)《吕氏春秋・勿躬篇》：“大橈作甲子，黔如作虜首。”大橈即澆，甲下誤衍子字，甲即甲胄之甲。虜當爲櫓，字一作樐作樐，盾也。甲櫓同類，故連言之。本篇“澆謀易旅”二句，即問澆作甲事。《考工記・函人》：“凡爲甲必先爲容，然後製革，權其上旅與其下旅而重若一。”鄭司農注：“上旅謂要以上，下旅謂要以下。”《釋名・釋兵》：“凡甲聚衆札爲之謂之旅，上旅爲衣，下旅爲裳。”是旅即甲也。《考工記・弓人》“冬析幹則易”，注：“謂理滑致。”《周禮・司服》“王爲三公六卿錫衰”，司農注：“錫，麻之滑易者。”《函人》：“凡察革之道……眡其裏，欲其易也。”又：“眡其裏而易，則材更也。”孫詒讓云：“易亦謂革理滑致。”案注訓易爲“無敗蔵”，上文“合甲五屬”司農注“合甲，削革裏肉，但取其表，合以爲甲”，敗蔵即革裏肉也。敗蔵盡除，則革理滑致，孫説與注義互足耳。然滑易之革必不能厚。今澆之作甲，既能滑易，又不失其堅固，巧之至矣，故怪而問之。《離騷》“澆身被服强圉兮”，强圉猶言堅甲（詳《離騷》）。本篇上文述澆滅羿事曰：“何羿之射革，而交吞揆（噲）之。”射革即射甲，意謂以羿之善射，何獨不能穿澆之甲，而反見害於澆乎？凡此并相傳有澆始作甲事之旁證。《竹書紀年》帝相二十七年：“澆伐斟尋，大戰於濰，覆其舟，滅之。”《淮南子·墬形篇》：“維出覆舟。”維即濰，山曰覆舟，即因澆事而得名。道猶由也。(《禮記·禮器》注。)《晏子春秋·雜篇》“奚道至於此乎”，《韓非子·孤憤篇》“法術之士，奚道得進”，《吕氏春秋·不侵篇》“奚道相得”，《有度篇》“奚道知其不爲私”，諸道字并訓由。何道猶奚道。“何道取之”，亦謂何由取之也。《左傳》莊十一年：“覆而敗之曰取某師。”

47. 桀伐蒙山，何所得焉？妺嬉何肆，湯何殛焉？

桀，夏亡王也。蒙山，國名也。言桀征伐蒙山之國而得妺嬉也。言桀得妺嬉，肆其情意，故湯放之南巢也。

案《韓非子·難四篇》：“桀索崏山之女。”《太平御覽》一三五引《紀年》：“后桀伐岷山，岷山〔進〕女於桀二人，曰琬曰琰。桀愛（原作受，從同書八二引改）二女，無子，刻其名於苕華之玉，苕是琬，華是琰，而棄其元妃於洛，曰末喜氏。末喜以與伊尹交，遂以間夏。”案琬琰二女即妺嬉，《紀年》説誤耳。岷山即蒙山，《紀年》之伐岷山得二女，即注之伐蒙山得妺嬉也。蒙崏岷一聲之轉，故蒙山之女謂之妺嬉。（妺疑即《尚書·酒誥》妹邦之妹，妹邦殷地，伐蒙山或即伐湯。）琬琰則妺嬉之別名。《管子·輕重甲篇》：“女華者桀之所愛也，湯事之以千金。曲逆者桀之所善也，湯事之以千金。内則有女華之陰，外則有曲逆之陽，陰陽之議合，而得成其天子，此湯之陰謀也。”女華即《紀年》之琬琰，所謂“刻其名於苕華之玉”者也。曲逆疑即伊尹。（伊尹一曰阿衡，曲阿義同，逆衡聲近。）“陰陽之議成而得成其天子”，即妺嬉與伊尹交以間夏也。《管子》以間夏者爲琬琰，《紀年》以爲妺嬉，名異而實同。《吕氏春秋·慎大覽》：“〔湯〕欲令伊尹往視曠夏，恐其不信，湯由親自射伊尹。伊尹奔夏三年，反報於亳曰：‘桀迷惑於末嬉，好彼琬琰，不恤其衆。衆志不堪，上下相疾，民心積怨，皆曰：上天不恤，夏命其卒。’湯渭伊尹曰：‘若告我曠夏盡如詩。’湯與伊尹盟，以示必滅夏。伊尹又往復視曠夏，聽於末嬉。末嬉言曰：‘今昔天子夢西方有日，東方有日，兩日相鬥，西方日勝，東方日不勝。’伊尹以告湯。商涸旱，湯猶發師以信伊尹之盟。故令師從東方出於國西以進。未接刃而桀走，逐之至大沙。”《呂覽》云“桀迷惑於末嬉，好彼琬琰”，語意難明，或彼爲比之訛歟？然此固不云因琬琰而棄妺嬉也。《天問》意謂桀伐蒙山得妺嬉，妺嬉終與伊尹交而亡夏，是蒙山之役，得不償失，故曰“何所得焉”？肆猶罪也。（《説文》肆作肆，從隶，隸亦從隶。《儀禮·既夕禮》“隸人涅厠”，注：“隸人，罪人也。”肆之訓罪，猶隸之訓罪。又《説文》：“𨽸，臨也。”經傳通作涖，《音義》與訓至訓止之戾同。《爾雅·釋詁》：“戾，辠也。”《穀梁傳》莊二年：“肆，失也。”喪失之失謂之肆，則過失之失亦謂之肆。《尚書·堯典》“省灾肆赦”，《史記·五帝記》作“省灾過赦”。鄭注：“過失雖有害則赦之。”過失亦罪也。）妺嬉與伊尹交以間夏，是於桀爲有罪，於湯爲有功，乃湯既敗桀，并妺嬉亦放之南巢，故曰：“妺嬉何肆，湯何殛焉？”

48. 舜閔在家，父何以鱞？堯不姚告，二女何親？

舜，帝舜也。閔，憂也。無妻曰鱞。言舜爲布衣，憂閔其家，其父頑母嚚，不爲娶婦，乃至於鱞也。姚，舜姓也。言堯不告舜父母而妻之，如令告之，則不聽，堯女當何所親附乎？

案閔當爲妻，父當爲夫，并字之誤也。（詳《校補》）《禮記·檀弓上》：“舜葬於蒼梧之野，蓋三妃未之從也。”鄭注：“舜有三妃。”案舜嚳本一人。《史記·殷本紀》：“簡狄，有娀氏之女，爲帝嚳次妃，三人行浴，見玄鳥墮其卵。”《補史記·三代世表》引《詩傳》：“契母與姊妹浴於玄邱水。”《路史·後紀》九下注引《列女傳》亦云：“姊妹浴於玄邱之水。”（今本《列女傳·契母簡狄傳》誤作妹娣。）是嚳有三妃，即舜有三妃矣。三妃者，《山海經·海内北經》“舜妻登比氏”，郝懿行謂娥皇女英并登比爲三妃，其説近是。疑舜先娶登比，後娶二女，是二女未降以前，舜已有妻也。然《尚書·堯典》曰：“師錫帝曰：‘有鰥在下，曰虞舜。’……〔帝曰〕：‘我其試哉！’（女）於時觀厥刑於二女，釐降二女於嬀汭，嬪於虞。”其説歧異。《天問》據三妃説以駁二妃説，謂舜未娶二妃之前，已有登比在家，焉得謂之鰥哉？夫，語詞，“夫何以鰥”猶何以鰥也。《孟子·萬章上篇》：“萬章曰：‘帝之妻舜而不告何也？’曰：‘帝亦知告焉則不得妻也。’”（《爾雅·釋言》：“告，請也。”）案此以帝不告爲非，與孟子所見不同。親猶姻也。《左傳》隱元年“外姻至”，注：“姻猶親也。”姻訓親，則親亦訓姻。《爾雅·釋親》“壻之父爲姻”，又“壻之黨爲姻兄弟”。《説文》：“姻，壻家也，女之所因，故曰姻。”“二女何親”猶“二女何姻”，言以何者爲壻家也。蓋堯不告而歸女於姚，是舜雖有妻，而舜之父母家人不知有此婦，故曰“二女何親”也。

49. 厥萌在初，何所億焉？璜臺十成，誰所極焉？

言賢者預見施行萌芽之端，而知其存亡善惡所終，非虚億也。璜，石次玉者也。言紂作象箸，而箕子嘆，預知象箸必有玉杯，玉杯必盛熊蹯豹胎，如此必崇廣宫室。紂果作玉臺十重，糟丘酒池，以至於亡也。

案萌讀爲民。《墨子·尚賢上篇》：“國中之衆，四鄙之萌人。”《周禮·遂人》“以興鋤利甿”，《説文·耒部》引甿作萌。《管子·揆度篇》：“其人同力而宫室美者，良萌也。”《吕氏春秋·高義篇》：“翟度身而衣，量腹而食，比於賓萌。”《史記·三王世家》：“奸巧邊萌。”後漢成陽《靈臺碑》：“以育苗萌。”《文選·蜀都賦》劉注引《蜀王本紀》：“是時人萌，椎髻左衽，不曉文字，未有禮樂。”萌皆謂民也。“厥萌在初”猶《詩經·生民》云“厥初生民”。何當爲誰。“誰所億”言誰所億度而知之也。《吕氏春秋·音初篇》“爲之九成之臺”，注：“成猶重也。”

50. 登立爲帝，孰道尚之？女媧有體，孰制匠之？

言伏羲始作八卦，修行道德，萬民登以爲帝，誰導而尊尚之也。傳言女媧人頭蛇身，一日七十化，其體如此，誰所制匠而圖之乎？

案《吕氏春秋·古樂篇》："帝顓頊生自若水，實處空桑，乃登爲帝。""登爲帝"猶此"登立爲帝"。立，位也。孰當爲何。道，由也。尚讀爲上。(《尚書序》："以其上古之書，謂之《尚書》。"《廣雅·釋詁》一："尚，上也。")言女媧登璜臺而立爲帝，其臺高如此，女媧何由上之也。(《淮南子·覽冥篇》注："女媧，陰帝佐慮戲治者也。"《山海經·大荒西經》注："女媧，古神女而帝者。")《小爾雅·廣詁》："匠，治也。"《太平御覽》七八引《風俗通》："俗説天地開闢，未有人民。女媧摶黄土作人，劇務力不暇供，乃引繩於絚泥中，舉以爲人，故富貴者黄土人也，貧賤凡庸者絚人也。"案此問萬民之身，女媧所作，女媧之身，復誰所作邪？

51. 舜服厥弟，終然爲害。何肆犬體，而厥身不危敗？

服，事也。言舜弟象施行無道，舜猶服而事之，然終欲害舜也。言象無道，肆其犬豕之心，燒廪寘井，欲以殺舜，然終不能危敗舜身也。

案舜弟曰象，即長鼻獸之象，故其封國曰有鼻。《漢書·武五子·昌邑哀王傳》曰："舜封象於有鼻。"《宣帝紀》"蓋聞象有罪，舜封之"，應劭注曰："封之有鼻之國。"(《後漢書·東平憲王蒼傳》"象封有鼻"，《袁紹傳》"象傲，終受有鼻之封")其墟曰鼻墟，《水經·湘水注》下引王隱《晋書地道記》曰："應陽縣本泉陵之北部，東五里有鼻墟，言象所封也。"然則此曰"舜服厥弟"，猶言舜服象耳。《越絶書》曰："舜葬蒼梧，象爲之耕。"《論衡·書虚篇》曰："《傳》《書》言舜葬於蒼梧，象爲之耕。"(《史記·五帝紀》集解引《皇覽》："《傳》曰：'舜葬蒼梧，象爲之耕。'")而唐陸龜蒙《象耕鳥耘辯》曰："世謂舜之在下也，田於歷山，象爲之耕。"則直謂舜生時嘗服象矣。

(《史記·五帝紀》正義引《括地志》："故老傳云：'舜葬九疑，象來至此，後人立祠，名爲鼻亭神。'"亦象耕説之演變，謂之鼻亭神，與稱象所封國爲有鼻正合。）考《吕氏春秋·古樂篇》曰："商人服象，爲虐於東夷。"而舜與嚳一人，爲商人所自出。《孟子·離婁下篇》復言舜爲"東夷之人"，是傳言舜嘗服象，不爲無據。（爲字從爪從象，即服象役作之意。金文有𨟚字，從㕚即耒字，蓋即役象耕作之本字。）舜爲服象民族之祖，故其姓曰媯，其字卜辭作𣪊，金文多作𧰼（爲），并以手牽象之形，字或變爲𧰼𧰼等形，即䌛字，聲與姚近，故世又云舜姚姓也。陳國媯姓，爲舜之後，其地曰豫州，《説文》："豫，象之大者。"曰"終然爲害"者，蓋本即《吕覽》"爲虐於東夷"之謂。傳説中象變爲舜弟，乃謂象欲加害於舜。《史記·五帝紀》："〔瞽叟〕使舜上塗廩，瞽叟從下縱火焚廩，舜乃以兩笠自扞而下，去，得不死。後瞽叟又使舜穿井，舜穿井匿空旁出。舜既入深，瞽叟與象共下土實井，舜從匿空出，去。"(《孟子·萬章上篇》。）據《列女傳·有虞二妃傳》，其事皆與象共謀也。《列女傳》又曰："瞽叟又速舜飲酒，醉將殺之，舜告二女。二女乃與舜藥浴注，遂往，舜終日飲酒不醉。"《路史·發揮》二引作"二女與藥浴注豕，往，終日不醉。"陸龜蒙《雜説》："先儒曰，瞽瞍憎舜，使塗廩浚井，酖於觴酒，欲從而殺之。舜謀於二女，二女教之以鳥工龍工，藥浴注豕，而后免矣。"案"注豕"之義難明，疑豕爲矢之聲誤。《韓非子·内儲説下篇》："燕人其妻有私通於士，其夫早自外而來，士適出，夫曰：'何客也？'其妻曰：'無客。'問左右，左右言'無有'，如出一口。其妻曰：'公惑易也。'因浴之以狗矢。一曰：燕人李季好遠出，其妻私有通於士。季突至，士在内中，妻患之。其室婦曰：'令公子裸而解髮，直出門，吾屬佯不見也。'於是公子從其計，疾走出門，季曰：'是何人也？'家室皆曰'無有'。季曰：'吾見鬼乎？'婦人曰：'然。''爲之奈何？'曰：'取五牲之矢浴之。'季曰：'諾。'乃浴以矢。"夫惑易者浴矢則解，則是先浴矢，亦足以禦惑也。醉與惑易同，故二女教舜藥（濯）注矢，則飲酒不醉。注者灌也，言濯浴之後灌之以矢也。《列女傳》蓋本作“二女乃教舜藥浴注豕，舜往，終日飲酒不醉。”後人不通其義，乃改“注豕”爲“汪遂”，改“教”爲“與”又倒“往”於“舜”上也。(《史記・五帝紀》索隱引《列女傳》“二女教舜鳥工上廩”“龍工入井”，今《列女傳》無此文，知經後人删改。)《天問》曰“何肆犬體，而厥身不危敗”者，肆當爲潰，豕當爲矢，并聲之誤也(肆肄古本同字，潰誤爲肆，猶經傳勩或作肆也)。《廣韻》《集韻》并云“潰，注也”。“潰犬矢”猶《韓非子》云“浴狗矢”，亦即《列女傳》與陸文之“注矢”矣。

52. 吴獲迄古，南嶽是止。孰期夫斯，得兩男子？

獲，得也。迄，至也。古謂古公亶父也。言吴國得賢君，至古公亶父之時而遇太伯，陰讓避王季，辭之南嶽之下，采藥於是，遂至而不還也。期，會也。昔古公有少子曰王季，而生聖子文王。古公欲立王季，令天命及文王。長子太伯及弟仲去而之吴，吴立以爲君。誰與期會而得兩男子？兩男子謂太伯仲雍也。

案獲當爲伯，聲之誤也。(説詳《校補》。)吴伯(見《班彝》)即吴太伯。王萌云迄爲逃之訛，近是。古即古公亶父之古，本地名，當在沮漆二水之間。太王自古徙岐，太伯失位，(詳下)復逃歸古，國號曰吴，[《詩經・皇矣》：“帝作邦作對，自太伯王季。”謂兄弟二人分疆而治也。上云“維此二國，其政不獲”，二國蓋周與虞(吴)。以别於吴仲之吴，吴虞一字。虞仲，《漢書・地理志》《吴越春秋》并作吴仲。則曰古吴。《吕氏春秋・高義篇》：“請以故吴之地……以封夫子。”]厥後太伯之裔轉徙至於荆蠻，仍名其國曰古吴。古聲之轉則曰攻吴，《夫差鑒》曰工𫎇，《諸瀊鐘》又曰句吴，(《左傳》宣八年正義引《春秋世族譜》：“自號句吴，句或爲工。”)吴聲之轉則曰古餘，(樂府《讀曲歌》曰：“何處分别歸，西上古餘啼。”)曰姑餘，(《淮南子・覽冥篇》：“軼鶤鷄於姑餘。”注：“姑餘，山名，在吴。”)又曰姑胥，曰姑蘇。金文《遇甗》《稽卣》均有地名古。其字《叡觶》作㕵，《録伯卣》作𠯑，器均紀穆王時征（𪒠舒）事。余疑太伯之後遷荆蠻，乃由今陝西越河南南部出安徽北部，以至江蘇，故舒國亦有地名古也。南嶽者，太伯所栖山，本名吴山，一名吴嶽，即今太華山也。及其後裔徙居大河之南，以今華陰山爲吴嶽，於是二山同名，不便稱謂，乃以太華爲西嶽，（吴華聲通。華山即吴嶽，太華山即大吴山。）華陰爲南嶽。厥後又沿淮水而下，至今安徽境，則以其地之天柱山爲南嶽。天柱一名霍山，吴華與霍聲之轉。霍山又名潜山，字或作灊，猶吴山一名汧山，汧潜（灊）聲亦近也。戰國秦漢間咸謂太伯逃荆蠻，則本篇所謂古當即金文古𠂤之古，所謂南嶽即霍山。説者以古爲姑蘇，以南嶽爲江蘇之衡山，非也。夫原誤作去，今正。（詳《校補》。）夫猶於也。"孰期夫斯，得兩男子"者，蓋逃古者本太伯一人，而後世傳仲雍亦與俱焉。然書傳不詳，亦難質言，姑著此疑，以俟續考。

又案《史記·周本記》"古公有長子曰太伯，次曰虞仲。太姜生少子季歷"，明太伯仲雍與季歷不同母。疑太姜爲古公後妻，故季歷獨得寵愛而能以小間大。太伯仲雍之逃，其處境蓋與晋申生相似，有不得不逃之勢，辭讓云乎哉！《詩經·皇矣》曰："維此王季，因心則友，則友其兄。"子孫歌頌祖德，倒黑爲白，一至於此，可慨也夫！

53. 緣鵠飾玉，后帝是饗。何承謀夏桀，終以滅喪？

后帝，謂殷湯也。言伊尹始仕，因緣烹鵠鳥之羹，修〔飾〕玉鼎，以事於湯，湯賢之，遂以爲相也。言湯遂承用伊尹之謀，而伐夏桀，終以滅亡也。

案緣讀爲臑。（《儀禮·士喪禮》"渜濯棄於坎"，注："古文渜作緣，荆沔間之語。"《禮記·喪大記》作濡。《漢書·終軍傳》"關吏予軍繻"，蘇林注："繻，帛邊也。"案讀爲緣。）《招魂》"臑若芳些"，注："臑若，熟爛也。"若一作弱。《大招》"鼎臑盈望"，注："臑，熟也。"飾玉未詳。一説緣爲象之訛，又倒在鵠上。《爾雅·釋器》"象謂之鵠"，《釋文》："鵠本一作齰。"《廣韻》："齰，治象牙也。""鵠象飾玉”謂治象玉以飾鼎俎也。后帝，上帝也。言伊尹爲庖宰之官，爲桀飾象玉之鼎俎以事上帝也。伊尹本夏臣，故世傳其五就桀。《易林·否之解》：“伊伯致仕，去桀耕野。”《中孚之師》：“伊子退耕，桀亂無輔。”則直以爲桀臣矣。（伊尹，有莘氏子。《孟子·萬章上篇》：“伊尹耕於有莘之野。”《史記·周本紀》正義引《世本》：“莘國姒姓，夏禹之後。”故《列女傳·湯妃有㜪傳》頌曰：“媵從伊尹，自夏適商。”）《左傳》襄四年：“咨難爲謀。”《國語·魯語》：“咨事爲謀。”“承謀夏桀”者，承謀於夏桀，猶言受夏桀之咨詢也。此言伊尹相湯以王天下，然亦嘗事桀，何以桀終滅亡乎？

54. 帝乃降觀，下逢伊摯。何條放致罰，而黎服民大説？

帝，謂湯也。摯，伊尹名也。言湯出觀風俗，乃（勞）憂下民，博選於衆，而逢伊尹，舉以爲相也。條，鳴條也。黎，衆也。説，喜也。言湯行天之罰，以誅於桀，放之鳴條之野，天下衆民大喜悦也。

案觀即巡省風俗。《尚書·酒誥》：“爾克永觀省。”《易·井·象傳》“君子以勞民勸相”，于省吾讀勸相爲觀省，是也。條，遠也。《太玄·玄圖》“條暢乎四”注：“條，遠也。”《禮記·樂記》“感條暢之氣”疏：“條，遠也。”《詩經·唐風·椒聊》“椒聊且，遠條且”，條亦遠也。一説條讀爲流，條從攸聲，《説文》“攸，水行攸攸也”（今本作“行水”，此從《六書故》引唐本）；“流，水行也”。條流聲亦相近。《尚書·湯誓》：“夏德若兹，今朕必往，爾尚輔予一人，致天之罰。”服爲民之訛（詳《校補》）。《吕氏春秋·慎大覽》：“湯立爲天子，夏民大悦。”

55. 簡狄在臺嚳何宜？玄鳥致貽女何嘉？

簡狄，帝嚳之妃也。玄鳥，燕也。貽，遺也。言簡狄侍帝嚳於臺上，有飛燕墮遺其卵，嘉而吞之，因生契也。

案《詩經·玄鳥》曰:“天命玄鳥,降而生商。”《淮南子·墜形篇》:“有娀在不周之北,長女簡翟,少女建疵。”高注曰:“簡翟、建疵,姊妹二人,在瑶臺,帝嚳之妃也。天使玄鳥降卵,簡翟吞之以生契,是爲玄王,殷之祖。《詩》云‘天命玄鳥,降而生商’也。”《山海經·海内北經》:“帝堯臺,帝嚳臺,帝丹朱臺,帝舜臺,各二臺。臺四方,在崑崙東北。”此所謂臺即帝嚳臺也。《離騷》:“望瑶臺之偃蹇兮,見有娀之佚女。”《吕氏春秋·音初篇》:“有娀氏有二佚女,爲九成之臺,飲食必以鼓。帝令燕往視之……燕遺二卵。”并本篇及《淮南子》高注皆言簡狄在臺吞燕卵,與《史記·殷本紀》、《補史記·三代世表》引《詩傳》、《尚書中候》、《路史·後紀》九下注引及《列女傳》所言行浴時吞之者異。然古臺皆有水周之,是二説似異而實同也。宜讀爲儀。《爾雅·釋詁》:“儀,匹也。”《國語·周語》上:“房后實有爽德,協(狎)於丹朱,丹朱憑身以儀之。”韋注曰:“儀,匹也……言……丹朱憑依其身而匹偶焉。”(《路史·前紀》五:“〔東户〕季子儀馬而産子,身人也而尾蹄馬□,是爲三身之國。”注:“張華所記,本出《括地圖》。”)《詩經·玄鳥》傳曰:“春分玄鳥至,湯之先祖有娀氏女簡狄配高辛氏帝,帝率與之祈於郊禖而生契。”《續漢書·禮儀志》注引蔡邕《月令章句》曰:“契母簡狄蓋以玄鳥至日有事高媒而生契焉。”案古者高禖之祭,天子率后妃御於神前以求子。此云帝嚳儀簡狄於臺上,亦斥祭高禖之事。臺即高禖之臺也。《九章·思美人》:“高辛之靈盛兮,遭玄鳥而致貽。”致貽之語與此同。然《續漢書·禮儀志》注引此貽字作眙,《路史·後紀》九下“感乙致胎”,疑貽當讀爲胎。(《爾雅·釋魚》:“玄貝,貽貝。”《釋文》:“貽本作胎。”)簡狄吞燕卵而孕契,故曰“玄鳥致胎”也。嘉原誤作喜,今正。(説詳《校補》。)嘉謂生子也。卜辭作放。辭曰:“□辰王卜,在兮[貞]娀毓放,王卟曰吉,在三月。”(《前》二·一一·三)又曰:“貞今五月好毓其放。”(《萃》一二三三)又曰:“乙亥卜,自貞,王曰㞢(有)身放,屰曰放。”(《佚》五八六)上曰毓,曰有身,下皆曰放,則放是生子之謂。放郭沫若釋㚶，余謂放㚶嘉一字。生子謂之嘉者，嘉之言加，猶字之言孳也。(《説文》："字，乳也。"《廣雅・釋詁》一："字，生也。"《説文・叙》："字者，言孳乳而浸多也。"《古微書》引《孝經援神契》："字者言滋乳浸多也。"）鄭注《月令》曰："高辛氏之世，玄鳥遺卵，娀簡吞之而生契，後王以爲媒官嘉祥而立其祠焉。"嘉祥即加生之祥也。(《國語・周語》下曰："賜姓曰姒，氏曰有夏，謂其能以嘉祉殷富生物也。"嘉祉猶嘉祥，謂加生之福祉，故曰殷富生物。）《路史・後紀》九下注引《尚書中候》注："娀簡在水中浴而吞卵生契，後人當天應嘉，乃以水易爲湯。"《爾雅・釋天》曰："甘雨時降，萬物以嘉，謂之醴泉。"萬物以嘉猶言萬物以生也。"玄鳥致貽女何嘉"者，謂玄鳥遺卵，簡狄吞之，何以果生契也。

56. 該秉季德，厥父是臧。胡終弊於有扈（易），牧夫牛羊？

該，包也。秉，持也。父謂契也。季，末也。臧，善也。言湯能包持先人之末德，修其祖父之善業，故天佑之以爲民主也。有扈，澆國名也。澆滅夏后相，相之遺腹子曰少康，後爲有仍牧正，典主牛羊，遂攻殺澆，滅有扈，復禹舊迹，祀夏配天也。

案《山海經・大荒東經》曰："有困民國，句姓而食，有人曰王亥，兩手操鳥，方食其頭。王亥托於有易河伯僕牛。有易殺王亥，取僕牛。"郭注引《竹書紀年》曰："殷侯子亥賓於有易而淫焉，有易之君綿臣殺而放之，是故殷上甲微假師於河伯以伐有易，滅之，遂殺其君綿臣。"（今本《紀年》帝泄十二年："殷侯子亥賓於有易，有易殺而放之。"十六年："殷侯微以河伯之師伐有易，殺其君綿臣。"）徐文靖、劉夢鵬、梁玉繩咸云本篇此下二十四句即問此事。該即王亥。徐、梁二氏并云亦即《漢書・古今人表》之垓。劉氏又云本篇下文之朴牛，即《山海經》之僕牛。本篇之有扈當依彼作有易。近世王國維説與諸家同。王氏復考之卜辭，殷之先祖有王亥，又據《史記・殷本紀》："冥卒，子振立。振卒，子微立。"索隱："振《世本》作核。"云振爲核或垓之訛，即王亥也。又云，《吕氏春秋·勿躬篇》“王冰作服牛”，《世本·作篇》“胲作服牛”。胲爲亥之假，冰者，篆文作仌，與亥形近而訛。（案仌亥形不近，亥豕古同字，豕有豩音（伯貧切），與冰音（筆陵切）近，故亥一作冰。卜辭賓作，所從即亥字。賓（必鄰切）豩音亦近，此亥有豩音之確證。然則王亥一作王冰者，乃聲之誤，非形之誤也。）服牛即《山海經》之僕牛，本篇之朴牛也。顧頡剛舉《易·大壯》六五“喪羊於易”，《旅》上九“旅人先笑後號咷，喪牛於易”，以爲亦説此事。案諸家之説皆是也。王氏據卜辭人名又有季，而本篇云“該秉季德，厥父是臧”，因謂季爲王亥之父，即冥也。説亦近是。王氏又云：《山海經》《天問》《吕覽》《世本》皆以王亥爲始作服牛之人。《管子·輕重戊篇》：“殷人之王，立皂牢，服牛馬，以爲民利，而天下化之。”當即謂王亥之倫。卜辭記祭王亥用牲至三百牛之多，乃祭禮之最隆者，蓋亦以其爲製作之聖人，非徒以其爲先祖。周秦間王亥之傳説，胥由是起也。案王此説亦是。卜辭於諸先祖稱高祖者，惟夒、亥及乙三人而已。夒即嚳，乙即湯，疑三人者或以德尊，或以功顯，非其他先祖所可比，故其後人特旌之以此殊號。本篇所問殷事，大都以嚳、該、湯、紂四王爲中心，就中紂爲亡國之君，詳其事，所以爲後世之炯鑒；自餘三王，與卜辭稱高祖者悉同。蓋殷先祖功德之盛，無逾於此者，故後世多傳其事。而楚廟圖壁，騷人箸問，自紂而外，亦惟此而已。（卜辭之高祖乙，王國維謂即大乙湯，而董作賓疑之，今以《天問》證之，王説是矣。）“秉德”古之恒語，（《善鼎》：“秉德共純。”《晋邦盦》：“敢帥刑先王，秉德𪯌𪯌。”《井人妄鐘》：“妄不敢弗帥用文祖皇考，穆穆秉德。”《秦公鐘》及《𣪕》：“穆穆帥秉明德。”《虢叔旅鐘》：“穆穆秉元明德。”《周書·謚法篇》：“秉德不回曰孝。”又：“秉德遵業曰烈。”）《左傳》宣十二年：“執事順成爲臧。”“該秉季德，厥父是臧”，言王亥秉執其父季之遺德，而順成其事也。弊讀爲庇。（弊與蔽通。《莊子·人間世篇》“其大蔽數千牛”，《太平御覽》三九九引蔽作庇。《爾雅·釋言》舍人注：“庇，蔽也。”玄應《一切經音義》九引

《通俗文》："自蔽曰庇。"）《方言》二："寄，齊魯宋衛陳晋汝潁荆州江淮之間曰庇，或曰寓。"是本篇曰弊，《山海經》曰托，《竹書紀年》曰賓，《易》曰旅，其義一而已矣。有易原誤作有扈，今正。（說詳《校補》。）

57. 干協時舞，何以懷之？平脅曼膚，何以肥之？

干，求也。舞，務也。協，和也。懷，來也。言夏后相既失天下，少康幼小，復能求得時務，調和百姓，使之歸己，何以懷來之也？言紂爲無道，諸侯皆畔，天下乖離，當懷憂癯瘦，反而形體曼澤，獨何以能平脅肥盛乎？

案《竹書紀年》云："王亥賓於有易而淫焉。"此上二句言王亥，下二句言有易女。《管子·中匡篇》："死罪以犀甲一戟，刑罪（原誤罰，從王引之正。）以脅盾一戟。"注："脅盾，盾也。"《幼官篇》"兵尚脅盾"，注："盾或著之於脅，故曰脅盾。"（《釋名·釋兵》："盾……約脅而鄒者曰陷虜。"疑陷虜當作函櫓，蓋亦脅盾之類。）協與脅通，蓋即脅盾也。《方言》九"盾，自關而東……或謂之干"，是協亦干類。《周禮·樂師》："凡舞……有干舞。"《山海經·中山經》有"薄山之首，其祠干舞"。岷山之首同"干協時舞"即干舞也。時讀爲是。《左傳》莊二十八年："楚令尹子元欲蠱文夫人，爲館於其宫側而振萬焉。"注："蠱惑以淫事。"《公羊傳》宣八年："萬者何？干舞也。"是王亥以干舞懷來有易之女，猶楚子元振萬以蠱文夫人矣。平讀爲骿。《說文》："骿，并脅也。"《國語·晋語》四"聞其骿脅"，注："骿，并幹。"《春秋元命苞》"顓頊駢幹"，注："駢猶重也。"駢與骿通。（《論衡》作比脅。《金樓子》作胼脅。《史記·商君傳》："多力而駢脅者爲參乘。"比、胼、駢義同。）《說文》臚之籀文作膚，金文臚字亦作膚。《藝文類聚》四九引《釋名》："腹前肥者曰臚。"《詩經·九罭》："公孫碩膚。"張顯《析言論》引古諺："桀紂無道，肥膚三尺。"（《論衡·語增篇》："《傳》語曰：'桀紂之君，垂腴尺餘。'"）

曼膚猶碩膚，肥膚，謂腹肥盛大也。(《詩經·閟宫》：“孔曼且碩。”）古以肥碩爲美，(《史記·陳丞相世家》：“平爲人長大，美色。”又“人謂陳平何食而肥？”）“平脅曼膚”，正以狀有易女之美耳。

58. 有扈（易）牧豎，云何而逢？擊床先出，其何所從？

言有扈氏本牧豎之人耳，因何逢遇而得爲諸侯乎？言啓攻有扈之時，親於其床上擊而殺之，其先人失國之原，何所從出乎？

案此有扈亦當作有易。上云王亥“弊（庇）於有易，牧夫牛羊”，則此有易牧豎即斥王亥。(陳夢家云：“《山海經·海外東經》：‘帝命豎亥步東極至於西極，五億十選九千八百步。豎亥右手把算，左手指青丘北。一曰禹命豎亥。’《淮南子·墬形篇》：‘禹乃使豎亥步自北極至於南極，二億三萬三千五百里七十五步。’《吴越春秋·越王無餘外傳》：‘禹乃使……豎亥度南北。’王亥爲牧豎，故稱豎亥。”其説近是。）逢謂王亥逢有易女也。“擊床先出”，蓋謂方亥與有易女行淫，有易之人入而襲擊其床，亥被殺，女則先自逸出也。“其何所從”原誤作“其命何從”，今正。(説詳《校補》）言女從何而出也。

59. 恒秉季德，焉得夫朴牛？何往營班禄，不但還來？

恒，常也。季，末也。朴，大也。言湯常能秉持契之末德，修而弘之。天嘉其志，出田獵，得大牛之瑞也。營，得也。班，遍也。言湯往田獵，不但驅馳往來也，還輒以所獲得禽獸，遍施禄惠於百姓也。

案卜辭有王亘，王國維云即本篇之恒，季之子，亥之弟，是也。朴讀爲服。服牛者，服役之牛也。《晏子春秋·諫下篇》：“服牛死，夫婦哭（舊作笑，從俞樾改）。非骨肉之親也，爲其利之大也。”《吕氏春秋》：“王冰作服牛。”《世本》：“胲作服牛。”服正字，本篇作朴，《山海經》作樸，皆借字。焉猶乃也。亥以淫於有易而見殺，所遺之牛遂爲恒所得也。營猶居也。《説文》：“營帀居也。”禄疑讀爲禁。卜辭有地名曰厌禁(《前》二·二三·一)。曰禁(《前》二·二八·三),曰敏禁(《後》上一五·七),曰麥禁(《佚》五一八),曰敝録(《前》六·一一·四,六·一一·五,六·一一·六),又"叀椷録先禽"(《萃》一二七六),《宰甫毁》"王來獸自豆录",《麦鼎》"王进於楚录",奞录("中研"藏骨),東录(《後》下一三·一四),录爲禁之省。班禁蓋亦地名。(《説文》禁爲麓之古文。《水經·漳水注》:"麓,林之大者也。")但疑讀爲旦。言恒往居於班禁,常不及旦明而還至有易之地也。(《六韜》"固旦待之何可驅也",旦當爲但,是但旦互用之證。)

60. 昏微遵迹,有狄不寧。何繁鳥萃棘,負子肆情?

昏,暗也。遵,循也。迹,道也。言人有循暗微之道,爲淫泆夷狄之行者,不可以安其身也,謂晋大夫解居父也。言解居父聘吴,過陳之墓門,見婦人負其子,欲與之淫泆,肆其情欲。婦人則引《詩》刺之曰:"墓門有棘,有鴞萃止。"故曰"繁鳥萃棘"也。言墓門有棘,雖無人,棘上猶有鴞,汝獨不愧也。

案《説文》:"昏,日冥也。"微讀爲昧。有狄即有易。(《管子·戒篇》《公羊傳》僖公十八年易牙,《大戴記·保傅篇》《法言·問神篇》《論衡·譴告篇》作狄牙。《史記·殷本紀》簡狄,索隱引舊本作簡易。《説文》逖古文作逷。)《國語·晋語》八"聞子與龢未寧",注:"寧,息也。"此蓋言時當深夜,有狄女不寧息室中,而潛行微徑,以與恒相會也。繁讀爲鷩。《廣雅·釋鳥》:"鷩鳥,鴞也。"字一作鷩。《山海經·北山經》:"北嚻之山……有鳥焉,其狀如烏,人面,名曰鷩賈,(原作鵑,注云:"或作夏也。"案《大荒南經》"鷹賈",《水經·瀔水注》引《莊子》"雅賈",賈并借爲雇。賈夏音近,古通,故注云:"或作夏也。"此本作賈,以形近誤作冒,又加鳥誤作鵑耳。)宵飛而晝伏。"一作蕃。《北山經》又云"涿光之山,其鳥多蕃",注:"或云即鴞也。"案《詩經·墓門》曰:"墓門有棘(今作梅,從馬瑞辰改。),有鴞萃止。"此曰"繁鳥萃棘",是鷩即鴞矣。鷩鳥晝伏夜出,此云“繁鳥萃棘”，可證上文“不但還來”，但當讀爲旦。而“昏微遵迹”，昏微亦謂暮夜也。負子即負兹。《史記·魯世家》：“是有負子之責於天。”《白虎通》：“天子病曰不豫，諸侯曰負子。”《公羊傳》桓十六年“屬負兹”，何注：“衛康叔封布兹。”集解引徐廣曰：“兹者藉草之名，諸侯病曰負兹。”《爾雅·釋器》：“蓐謂之兹。”《周禮·圉師》“春除蓐”，鄭注：“蓐，馬兹。”案兹與菑通。既殺之草曰菑。(《尚書·大誥》“厥父菑”，疏：“菑謂殺草。”案殺草謂之菑，被殺之草亦謂之菑。)《淮南子·本經篇》“菑榛穢聚”，菑謂死草也。《爾雅·釋木》：“木之死椔。”草死謂之菑，猶木死謂之椔也。高注“茂草曰菑”，非是。《素問·五藏生成論》“故色見青如青兹者死”，以兹爲之。王注“兹，滋也”，亦誤。負兹即負菑，故一稱負薪。《禮記·曲禮》下“君使士射，不能，則辭以疾，言曰‘某有負薪之憂’”是也。凡物在背皆謂之負，俯而物在背上者曰負，仰而物在背下者亦曰負。以上諸言負皆仰之負，是負子（兹）負薪猶言藉草卧薪耳。（余友游澤承亦謂負子即負兹，惟據《荀子·正論篇》“琅玕龍兹”楊注引或説云“龍兹即今之龍鬚席”，以爲負子即淹滯床蓐之意，則似未允。負兹一曰負薪，是知兹但積草爲薦，不必編織成席。《史記》集解載徐廣説：“兹者藉草之名。”楊注《荀子》引草誤作席，澤承沿之，未加諟正。亦偶未照耳。）惟經傳曰負子、負兹，皆人臣諱疾之代語，是其狹義；本篇曰負子，則泛言藉草而卧，是其廣義也。肆情謂行淫佚之事，注説得之。四句皆切有易女言。

《易·旅》上九：“鳥焚（僨）其巢，旅人先笑後號咷，喪牛於易。”“旅人”以下二句，猶王亥事，顧頡剛已發其覆。余意“鳥焚（僨）其巢”似即本篇之“繁鳥萃棘”，而旅人則謂王恒也。

61. 眩弟并淫，危害厥兄。何變化以作詐，而後嗣逢長？

眩，惑也。厥，其也。言象爲舜弟，眩惑其父母，并爲淫泆之惡，欲共危害舜也。言象欲殺舜，變化其態，内作奸詐，使舜治廩，從下焚之，又命穿井，從上寘之，終不能害舜。舜爲天子，封象於有庳，而後嗣子孫爲諸侯也。

案眩爲胲之形誤。(《吕氏春秋·季夏篇》注："蚈，馬蚿也。"許本宋邦乂本、汪本、朱本、日刊本注蚿并誤爲蛟，此其比。）胲爲亥之假借，説已見上。"胲弟并淫"謂亥與弟恒并淫有易之女；致亥被殺身死，故曰"危及厥兄"。繼言有易女初與亥淫，而又與亥弟恒淫，故曰"變化以作詐"也。"而後嗣逢長"，而字原倒在嗣下，今正。(詳《校補》)《尚書·洪範》"子孫其逢"，馬注："逢，大也。"案猶盛也。疑恒繼兄居位，卒娶有易女爲后，厥後子孫衆多，血食彌久。《史記·殷本紀》及《三代世表》皆有亥無恒，而以上甲微爲亥子。然以《天問》證之，微似當爲恒子，有易女之所出也。書缺有間，姑著之以俟考。

62. 成湯東巡，有莘爰極。何乞彼小臣，而吉妃是得？

有莘，國名也。爰，於也。極，至也。言湯東巡狩，至有莘國，以爲婚姻也。小臣謂伊尹也。言湯東巡狩，從有莘氏乞匄伊尹，因得吉善之妃，以爲内輔也。

案爰猶是也，下文"南土爰底"義同。《叔夷鐘》："虩：成唐，又敢才帝所，尃受天命，劀伐頣司，敱氒靈辥，伊小臣隹補。"《墨子·尚賢下篇》："湯有小臣。"《吕氏春秋·尊師篇》："湯師小臣。"《知度篇》："故小臣、吕尚聽而天下知殷、周之王也。"小臣皆謂伊尹也。《吕氏春秋·本味篇》："〔伊尹〕長而賢。湯聞伊尹，使人請之有侁氏。有侁氏不可。伊尹亦欲歸湯，湯於是請取婦爲婚。有侁氏喜，以伊尹媵女。"(《周禮·内小臣》注："陰事群妃御見之事，若今掖庭令晝漏不盡八刻，白録所記，推當御見者。"此是小臣職責，故有侁以伊尹媵女。）有侁即有莘。

63. 水濱之木，得彼小子。夫何惡之，媵有莘之婦？

小子謂伊尹。媵，送也。言伊尹母妊身，夢神女告之曰：“臼竈生鼃，亟去無顧。”居無幾何，臼竈中生鼃。母去東走，顧視其邑，盡爲大水。母因溺死，化爲空桑之木。水乾之後，有小兒啼水涯。人取養之，既長大，有殊才。有莘惡伊尹從木中出，因以送女也。

案《吕氏春秋·本味篇》：“有侁氏女子采桑，得嬰兒於空桑之中，獻之其君。其君令烰人養之，察其所以然：曰其母居伊水上，孕，夢有神告之曰：‘臼出水而東走，無顧。’明日視臼出水，告其鄰，東走十里而顧。其邑盡爲水，身因化爲空桑，故命之曰伊尹。”惡者，《吕氏春秋·振亂篇》“凡人之所以惡爲無道不義者”，注：“惡謂畏也。”《安死篇》“非惡其勞也”，注：“惡猶患也。”此惡字亦訓畏訓患，非厭惡之謂。四句皆就有莘言。初，湯請伊尹於有莘，有莘患其歸湯，或將不利於己，故不之許。及請娶婦，乃許伊尹媵女而往，則以其將與湯結為婚姻，而防之之心浸弛也。《史記·秦本紀》：“繆公曰：‘孤聞鄰國有聖人，敵國之憂也，今由余賢，寡人之害。’”有莘之用心，與繆公蓋同。(《晏子春秋·外篇》亦云：“鄰國有聖人，敵國之憂也。”)

64. 湯出重泉，夫何辠尤？不勝心伐帝，夫誰使挑之？

重泉，地名也。言桀拘湯於重泉而復出之，夫何用罪法之不審也？帝謂桀也。言湯不勝衆人之心，而以伐桀，誰使桀先挑之也？

案《太公金匱》：“桀怒湯，以諛臣趙梁計，召而囚之均臺，寘之重泉。湯乃行賄，桀遂釋之，賞之贊茅。”（周拱辰引，不知出何書。嚴輯《全上古三代文·金匱》中無此條。）古者牢獄在水中洲上，湯所囚均臺即重泉中之臺，是出重泉即出均臺矣。(《墨子·尚賢下篇》：“昔者傅説居北海之洲，圜土之上，衣褐帶索，庸築於傅岩之城。”《史記·殷本紀》集解徐廣引《尸子》：“傅岩在北海之洲。”)《淮南子·天文篇》：“〔日〕至於曾泉，是謂蚤食。”注曰：“曾，重也。早食時在東方多水之地，故曰曾泉。”（今本注脱，見《初學記》一、《太平御覽》三引。）疑曾泉即重泉。又《漢書·地理志》左馮翊有重泉，本秦縣，晋廢，故城在今陝西蒲城縣東南，似非一地。《管子·天數篇》：“武王立重泉之戍。”商鞅量前端有“重泉”二字，即馮翊之重泉。本篇重泉，不知何指。勝心者，《淮南子·詮言篇》“聖人勝心”，王引之曰：“勝心，任心也。”《吕氏春秋·先己篇》：“無爲之道曰勝天。”王念孫曰：“勝猶任也。”劉永濟謂此勝心義同，勝心與誰挑對文以見意，是也。《吕氏春秋·本味篇》：“湯得伊尹，祓之於廟，爝以爟火，釁以犧豭，明日設朝而見之。説湯以至味。湯曰：‘可得而爲乎？’對曰：‘君之國小，不足以具之，爲天子然後可具。’”案“使挑”二字平列義近，使謂趨使，挑謂挑誘也。此問“誰使挑之”，意謂伊尹，言湯彼釋後，本無怨桀之意，乃終興師伐桀者，非伊尹使挑之耶？

65. 會黽爭盟（清明），何踐吾期？蒼鳥群飛，孰使萃之？

言武王將伐紂，紂使膠鬲視武王師，膠鬲問曰：“欲以何日至殷？”武王曰：“以甲子日。”膠鬲還報紂。會天大雨，道難行。武王晝夜行。或諫曰：“雨甚，軍士苦之，請且休息。”武王曰：“吾許膠鬲以甲子日至殷，今報紂矣，吾甲子日不到，紂必殺之，吾故不敢休息，欲救賢者之死也。”遂以甲子朝誅紂，不失期也。蒼鳥，鷹也。萃，集也。言武王伐封，將帥勇猛，如鷹鳥群飛，誰使武王集之者乎？《詩經·大明》曰“惟師尚父，時爲鷹揚”也。

案金文會作（《趞亥鼎》），又作（《鷹羌鐘》）。《説文》會古文作，并從合聲。合甲古音近通用，（《説文》：“柙，劍柙也。”）故會甲亦音近可通。（《説文》：“稃，稽也。”《玉篇》：“稃，甲也。”）《詩經·大明》曰：“肆伐大商，會朝清明。”傳：“會，甲也。”正讀會爲甲。甲朝即甲子之朝。《書·牧誓》：“時甲子昧爽，王朝至於商郊牧野，乃誓。”《管子·制分篇》：“武王非於甲子之朝而後勝也，其

前政多善矣。”《吕氏春秋·貴因篇》：“要期甲子之朝,（原作“朝要甲子之期”，從俞樾説改。）而紂爲禽。”《申鑒·俗嫌篇》：“故甲子昧爽，殷滅周興。”本書多以鼂爲朝，“會鼂”即甲朝。《涉江》“甲之鼂吾以行”，亦猶《後漢書·馮衍傳》云“甲之朝兮汩吾西征”也。“争盟”當作“清明”，“會鼂清明”即用《詩經·大明》語。清與晴同。武王以癸亥夜陳，未畢而雨，至翌朝雨霽晴明，乃復陳之，故曰“何踐吾期”，言天何踐武王之期，使終獲畢陳也。（詳《校補》。）《周書·度邑篇》：“王曰：‘嗚呼，旦維天不亨於殷，發之未生至於今六十年，夷羊在牧，飛鴻滿野。’”（《史記·周本紀》作“麋鹿在牧，蜚鴻滿野”。）案鴻雁一鳥，《史記·夏本紀》索隱曰：“以鳥大曰鴻，小曰雁。”《方言》八云：“雁……南楚之外……或謂之倉鴚。”《天問》舊注：“蒼一作倉。”疑倉鳥即倉鴚，實即鴻。此言“倉鳥群飛”，猶《周書》曰“飛鴻滿野”也。下文“北至回水萃何喜”，注云：“萃，止也。”傳説蓋謂時殷郊飛鴻爲灾，迨武王師至始止而不飛耳。

66. 到擊紂躬，叔旦不嘉。何親揆發足，周之命以咨嗟?

旦，周公名也。嘉，善也。言武王始至孟津，八百諸侯不期而到，皆曰紂可伐也。白魚入於王舟，群臣咸曰：“休哉！”周公曰：“雖休勿休。”故曰“叔旦不嘉”也。揆，度也。言周公於孟津揆度天命，發足還師而歸。當此之時，周命令已行天下，百姓咨嗟，嘆而美之也。

案《周書·克殷篇》曰：“武王……先入適王所，乃克射之三發，而後下車而擊之以輕吕，斬之以黄鉞，折縣諸太白，乃適二女之所。既縊，王又射之三發，又擊之以輕吕，斬之以玄鉞，縣諸小白。”孔注：“輕吕，劍名。”《史記·周本紀》曰：“遂入至紂死所，武王自射之三發，而後下車，以輕劍擊之，以黄鉞斬紂頭，縣〔之〕大白之旗，已而至紂之嬖妾二女，二女皆經自殺。武王又射三發，擊以劍，斬以玄鉞，縣其頭小白之旗。”《藝文類聚》十二引《帝王世紀》曰：“……以兵入造紂及妲己尸，王親射之三發，然後下車，以劍擊之。”案《漢書·匈奴傳》:"單于以徑路刀金留犁撓酒。"注引應劭曰:"徑路,匈奴寶刀。"輕吕即徑路也。(外國學者謂出自突厥語 kilidji。)一曰屈盧,又曰鹿盧,又曰湛盧。《史記·商君列傳》集解引徐廣云:"屈盧之勁矛,干將之雄戟。"屈盧干將本皆利劍名也。聲轉爲屬鏤。(屈從尾出聲,透母。屬從尾蜀聲,定母。)《左傳》哀十一年"使賜之屬鏤以死",服注曰:"屬鏤,劍名。"《廣雅·釋器》:"屬鹿,劍也。"本篇"到擊紂躬",到疑剄之訛,説詳《校補》。剄即徑路、輕吕之省稱。此曰"剄擊",猶《周書》曰"擊之以輕吕",《史記》曰"以輕劍擊之",《世紀》曰"以劍擊之"之義也。

67. 授殷天下,其德安施?反成乃亡,其罪伊何?

言天始授殷家以天下,其王位安所施用乎?善施若湯也。言殷王位已成,反覆亡之,其罪惟何乎?罪若紂也。

案德原誤作位,今正。(詳《校補》。)此言三叔助武庚叛,將以天下還授諸殷,其德意安所施用乎?言謀事不成,欲福之而反禍之也。反,叛也。成謂成王,言三叔以叛成王而致滅亡,豈真其罪所應得哉?言周公亦不能辭其咎也。

68. 争遣伐器,何以行之?并驅擊翼,何以將之?

伐器,攻伐之器也。言武王伐紂,發遣干戈攻伐之器,争先在前,獨何以行之乎?言武王三軍,人人樂戰。并載馳載驅,赴敵争先,前歌後舞,鳧藻歡呼,奮擊其翼,獨何以將率之也。

案王夫之、劉夢鵬、馬其昶以《破斧》之詩説此問,謂伐器即詩斧斨錡銶之類,近是。近人丁山謂翼爲國名,在沁水汾河之間,字一作冀,本殷世大國。《尚書·大誥》:"考翼不可征。"亦謂此。此述周公東征事也。(詳《説𦾔》,載《集刊》一本二分。)案丁説亦近確。以《天問》證之,《破斧》或即伐翼之詩,俟考。

69. 昭后成游，南土爰底。厥利維何，逢彼白雉？

爰，於也。底，至也。言昭王背成王之制而出游，南至於楚。楚人沈之，而遂不還也。厥，其也。逢，迎也。言昭王南游，何以利於楚乎？以爲越裳氏獻白雉，昭王德不能致，欲親往逢迎之乎？

案金文屢著成王伐楚事。《令毁》："隹王伐楚伯，在炎。"《禽毁》："王伐禁医。"郭沫若以爲皆成王時器。又據"在炎"之語，謂所紀即成王伐淮夷踐奄事。而淮徐初本在淮水下游，（案古之淮水似即山東之維水，而淮夷實即東夷。）爲周人所迫，始溯江而上至於鄂贛也。又《中齋》："隹王令南宮伐反虎方之年，王令中先省南國串行。埶王应在夒隟真山。"《中甗》："王令中先省南國串行，埶应在甾……白買父□台氒人戍漢𠤳州曰段曰㫃。"此亦皆成王時器。觀二者俱言"埶王应"，知實親征也。吴其昌謂虎方即荆方，説亦近是。《甗》曰"戍漢𠤳州"可證。若昭王伐楚則明見經傳，（詳下）金文《釱毁》："釱駮從王南征，伐楚荆。"《過伯毁》："過白從王伐反荆。"《㲋毁》："䰜從王伐刱（荆）。"唐蘭以爲王即昭王是也。今案《天問》曰："昭后成游，南土爰底。"后與後通，謂昭王於成王之後巡游而至於南土也。《天問》與金文相合。底猶伐也。雉爲兕之訛。（詳《校補》。）古本《竹書紀年》："昭王十六年伐楚荆，涉漢，遇大兕。"即此所謂逢白兕也。《左傳》僖四年："昭王南征，〔没〕（今本脱，《吕氏春秋·音初篇》注引有《唐石經》旁添。）而不復。"《吕氏春秋·音初篇》："周昭王親將征荆……還反涉漢；梁敗，王及蔡公抎於漢中。"古本《竹書紀年》亦云："昭王十九年，天大曀，雉兔皆震，喪六師於漢。"《天問》蓋謂昭王初游楚而逢白兕以爲福利。乃其再游，竟没不返，是逢彼白兕，於昭王果何利哉？

70. 穆王巧挴，夫何爲周流？環理天下，夫何索求？

挴，貪也。言穆王乃巧於辭令，貪好攻伐，遠征犬戎，得四白狼，四白鹿，自是後夷狄不至，諸侯不朝，穆王乃更巧詞周流而往説之，欲以懷來也。環，旋也。言王者當修道德以來四方，何爲乃周環天下而求索之也。

案巧讀爲考。(《尚書・金滕》“予仁若考”，《史記・魯世家》作巧。古稱“巧工司馬”即考工司馬。《釋名・釋言語》：“巧，攷也。攷合異類，共成一體也。”）梅讀爲牧。(《詩經・大明》“牧野洋洋”，鄭注《書・序》引作坶野。）考牧者，《詩經・無羊》序曰：“宣王考牧也。”此考牧義同。惟彼牧謂牛羊，此謂馬耳。《穆天子傳》一：“丙寅，天子屬官效器，乃命正公郊父受敕憲，用申八駿之乘，以飲於枝洔之中，積石之南河。天子之駿：赤驥，盗驪，白義，逾輪，子山，渠黄，華騮，緑耳。”申一作伸。案伸讀爲陳，字一作趀。《獵碣》“吾馬既趀”，亦謂馬既陳也。陳八駿之乘，謂陳而觀之，(《左傳》隱五年“陳魚而觀之”。）即考牧之事也。(“以飲於枝洔之中”正猶《無羊》云：“或降於阿，或飲於池。”）理讀爲履，字一作里。《穆天子傳》四“乃里西土之數”，注曰：“里謂計其道里也。”注并引《竹書紀年》云：“穆王西征，還里天下，億有九萬里。”今本《竹書紀年》作履。《大設》：“豖以嬰頏（履）大錫里。”《十洲記》：“其王母所道數，禹所不履。”《晏子春秋・外篇》：“昔者秦繆公乘龍〔舟〕而理天下，以黄布裹烝棗，至東海而捐其布。”皆理、履、里通用之證。(《左傳》僖四年：“賜我先君履，東至於海，西至於河，南至於穆陵，北至於無棣。”注：“履，所踐履之界。”案此用爲名詞。）此曰“環理天下，夫何索求”，似衹謂環行天下，然義亦相成。(《左傳》昭十二年：“昔穆王欲肆其心，周行天下，將皆必有車轍馬迹焉。”案環理猶周行也。）

71. 妖夫曳衒，何號於市？周幽誰誅？焉得夫褒姒？

妖，怪也。號，呼也。昔周幽王前世有童謡曰：“檿弧箕服，實亡周國。”後有夫婦賣是器，以爲妖怪，執而曳戮之於市也。褒姒，周幽王后也。昔夏后氏之衰也，有二神龍止於夏庭而言曰：“余褒之二君也。”夏后布幣糈而告之。龍亡而漦在，櫝而藏之，夏亡傳殷，殷亡傳周，比三代莫敢發也。至厲王之末，發而觀之。漦流於庭，化爲玄黿，入王後宫，後宫處妾遇之而孕。無夫而生子，懼而棄之。時被戮夫婦夜亡，道聞後宫處妾所棄女啼聲，哀而收之，遂奔褒。褒人後有罪，幽王欲誅之，褒人乃入此女以贖罪，是爲褒姒。立以爲后，惑而愛之，遂爲犬戎所殺也。

案《國語·鄭語》曰：“宣王之時有童謡曰：‘檿弧箕服，實亡周國。’於是宣王聞之。有夫婦鬻是器者，王使執而戮之。府之小妾生女而非王子也。懼而棄之。此人也（夜）收以奔褒。天之命此久矣，其又何可爲乎？《訓語》有之，曰：‘夏之衰也，褒人之神化爲二龍，以同於王庭，而言曰：余褒之二君也。夏后卜：殺之與去之與止之，莫吉。卜請其漦而藏之，吉。乃布幣焉而策告之，龍亡而漦在。櫝而藏之，傳郊之。’及殷周莫之發也。及厲王之末，發而觀之，漦流於庭，不可除也。王使婦人不幃而噪之，化爲玄黿，以入於王府。府之童妾未（此下原衍“既”字，今删。）齔而遭之，既笄而孕，當宣王時而生。不夫而育，故懼而棄之。爲弧服者方戮在路，夫婦哀其夜號也，而取之以逸，逃於褒。褒人褒姁有獄，而以爲入於王。王遂置之，而嬖是女也，使至於爲后而生伯服。天之生此久矣，其爲毒也大矣，將使候淫德而加之焉。”（又見《史記·周本紀》及《漢書·五行志》。）“曳銜”原誤作“曳衙”，今正。説詳《校補》。曳銜者，拘繫之使相連綴以爲刑戮，所謂胥靡之刑是也。號，啼也。謂後宫所棄女褒姒啼也。《禮記·曲禮》注：“誅，罰也。”《左傳》莊八年“誅屨於徒人費”，杜注：“誅，責也。”《白虎通·誅伐篇》亦云：“誅，責也。”是誅訓責罰之證。焉猶乃也。（詳上“十二焉分”條。）

72. 天命反側，何佑何罰？齊桓九會，卒然身殺。

言天道神明降與人之命，反側無常，善者佑之，惡者罰之。言齊桓公任管仲九合諸侯，一匡天下。任豎刁易牙，子孫相殺，蟲流出户。一人之身，一善一惡，天命無常，罰佑之不恒也。

案佑罰二字原誤倒，今正。説詳《校補》。《論語·憲問篇》："桓公九合諸侯，不以兵革。"《國語·齊語》："兵車之屬六，乘車之會三。"注："屬亦會也。"《韓非子·十過篇》："桓公南游堂阜，豎刁率易牙衛公子開方及大臣爲亂。桓公渴餒而死南門之寢公守之室。身死三月不收，蟲出於户。故桓公之兵横行天下，爲五伯長，卒見弒於其臣，而滅高名，爲天下笑者何也？不用管仲之過也。"此言"身殺"即《韓非子》"見弒於其臣"之謂也。(《管子·小稱篇》稱管仲卒，桓公用易牙、堂巫、豎刁、開方，期年作亂，圍公一室，飢不得食，渴不得飲，乃援素幭以裹首而絶。《吕氏春秋·知接篇》："易牙、豎刁、常之巫，相與作亂……桓公蒙衣袂而絶乎壽宫，蟲流出於户，上蓋以揚門之扇，三月不藏。"）然猶乃也。"卒然"與上"卒然離蠥"之"卒然"同。

73. 彼王紂之躬，孰使亂惑？何惡輔弼，讒諂是服？

惑妲己也。服，事也。言紂憎輔弼，不用忠直之言，而事用讒諂之人也。

案蔣驥云亂惑"即下文所謂"殷有惑婦"，是也。《説文》："服，用也。"《荀子·賦篇》："忠臣危殆，讒人服矣。"注："服，用也。"義與此同。古謂忠直之臣爲輔弼。《漢書·東方朔傳》："是以輔弼之臣瓦解，而邪諂之人并進。"《晏子春秋·諫上篇》："君疏輔而遠拂，忠臣擁塞，諫言不出。"拂與弼通。《國語·越語》下："信讒喜優，憎輔遠弼。"彼以讒優與輔弼對舉，猶此以讒諂與輔弼對舉矣。

74. 比干何逆，而抑沈之？雷開阿（何）順，而賜封之？

比干，聖人，紂諸父也，諫紂，紂怒，乃殺之，剖其心也。雷開，佞臣也。阿順於紂，乃賜之金玉而封之也。

案：“而抑沈之”當作“而□沈之”。詳《校補》。《説文》：“肬，肉汁滓也。”“監，血醢也。”《詩·行葦》：“醓醢以薦。”《周禮·醢人》“朝事之豆有醓醢”，《釋文》：“本又作盜醢。”肬、監、醓、盜一字，沈者盜之省。《釋名·釋飲食》“醢多汁者曰醓”，是醓亦醢耳。《涉江》“比干菹醢”，《九嘆·怨思》“王子比干之逢醢”，知相傳有比干被醢之説。此曰“□沈”，猶《涉江》曰“菹醢”矣。《周書·商誓篇》：“武王曰：‘予惟甲子克致天之大罰，□帝之□，來革紂之□□，予亦無敢違大命。’”本書《惜誓》：“梅伯數諫而至醢兮，來革順志而用國。”雷開即來革也。來革一稱惡來革。（見《史記·秦本紀》《漢書·東方朔傳》《説苑·雜言篇》。）惡亞古字通。（《尚書大傳》“王升舟入水，鼓鐘惡，觀臺惡，將舟惡，宗廟惡。”注：“惡皆爲亞。亞，次也。”《儀禮經傳通解續》二六上引。）亞，殷之官名。［卜辭：“丁酉卜亞匕  以衆涉於  若。”（《萃》一一七八）《耶彝》：“王畲多亞。”《虤毁》：“命女嗣成周里人眔者疾大亞。”《詩經·載芟》：“侯亞侯旅。”《尚書·牧誓》：“亞旅師氏。”］惡來革，惡其官，來革其名也。又稱惡來。（見《史記·秦本記》惡來、後惡來革。《趙世家》、《墨子·所染篇》、《明鬼篇》、《荀子·仲尼篇》、《莊子·外物篇》、《晏子春秋·諫上篇》、《吕氏春秋·必已篇》、《慎勢篇》、《當染篇》、《淮南子·繆稱篇》。）來，周秦音 *lag，革是語尾，故可省。阿爲何之訛，詳《校補》。《惜誓》“來革順志”，《説苑·雜言篇》“昔者費仲、惡來革、長鼻决耳、崇侯虎，順紂之心欲以合於意”，并與此曰“何順”合。

75. 何聖人之一德，卒其異方：梅伯受醢[①]，箕子詳（佯）狂？

聖人謂文王也。卒，終也。言文王仁聖，能純一其德，則天下異方終皆歸之也。梅伯，紂諸侯也。言梅伯忠直而數諫紂，紂怒，乃殺之，菹醢其身。箕子見之，則被髪佯狂也。

① “醢”字，單行本作醓，誤。

案“卒其異方”當作“卒異其方”（詳《校補》），洪興祖一説及朱子并以聖人指梅伯、箕子；受醢詳狂，所謂異方也，得之。《淮南子・泰族篇》曰“箕子、比干異趣而皆賢”，與此意同。異方猶異趣耳。受醢疑當作菹醢。（詳《校補》。）詳一作佯，詳與佯通。

76. 稷維元子，帝何竺之？投之於冰上，鳥何燠之？

元，大也。帝謂天帝也。竺，厚也。言后稷母姜嫄，出見大人之迹，怪而履之，遂有娠而生后稷。后稷生而仁賢，天帝獨何以厚之乎？投，棄也。燠，温也。言姜嫄以后稷無父而生，棄之於冰上。有鳥覆薦温之。以爲神，乃取而養之。《詩》曰：“誕寘之寒冰，鳥覆翼之。”

案元子首子也。《詩經・閟宫》“建爾元子”，傳：“元，首。”《左傳》哀公九年“微子啓，帝乙之元子也”，《史記・宋微子世家》作首子。竺一作篤。竺篤并與毒通。（《山海經・海内經》“天毒，其人水居”，注：“天毒，即天竺國。”《尚書・微子之命》“天毒降灾”，《史記・宋微子世家》作“天篤下灾”。）《廣雅・釋言》：“毒，憎也。”言稷爲帝之首子，理當重視，故爲憎惡之而棄之至再三乎？《詩經・生民》曰：“誕寘之隘巷，牛羊腓字之。誕寘之平林，會伐平林。誕寘之寒冰，鳥覆翼之。”傳：“牛羊而辟人者，理也。置之平林，又爲人所收取之。人而收取之，又其理也。（案《經》不言爲人所收取，《傳》説誤。《史記・周本紀》：“徙置之林中，適會山林多人，遷之而棄渠中冰上。”《吴越春秋・吴太伯傳》：“復棄於林中，適會伐木之人多，復置於澤中冰上。”得《詩》旨矣。《論衡・吉驗篇》：“怪而棄之隘巷，牛馬不敢踐之。寘之冰上，鳥以翼覆之。”不言伐木人收取之事，與《史記》《吴越春秋》同。）故置之於寒冰，大鳥來，一翼覆之，一翼藉之。（大鳥下十一字原倒在“又爲人收取之”下，今乙正。）於是知有天異，往取之矣。”但本篇但問投冰鳥燠事。蓋亦以牛羊腓字，或屬偶然，不爲神異，惟鳥來覆翼，則近不經，故怪而問之。此與《傳》意獨以鳥覆翼爲天異者正合。劉盼遂云：古者夫婦制度未確定時，妻生首子，往往疑其挾他種而來，故有殺首子之風。《史記・夏本紀》："禹曰：'予辛壬娶塗山，癸甲生啓，予不子。'"謂不以啓爲己子也。《漢書・元后傳》："羌胡尚殺首子，以蕩腸正世。"注："言婦初來所生之子，或他姓。"《墨子・節葬下篇》："昔者越之東有軫沭之國者，其長子生，則解而食之，謂之宜弟。"知古代於首子所最毒視，不如後世之重嫡長子也。后稷隘巷平林寒冰之寘，亦其例矣。案劉説后稷見棄事之社會背景，最爲精確，故具録之。

77. 何馮弓挾矢，殊能將之？既驚帝切激，何逢長之？

馮，大也。挾，持也。言后稷長大，持大强弓，挾箭矢，桀然有殊異將相之才。帝謂紂也。言武王能奉承后稷之業，致天罰加誅於紂，切激而數其過，何逢後世繼嗣之長也。

案馮讀爲秉。"秉弓挾矢"，猶《大招》曰"執弓挾矢"也。(《淮南子・主術篇》"不如狼類伎能殊也"，注："殊，異也。"《史記・司馬相如傳》："臣聞物有同類而殊能者，故力稱烏獲，捷言慶忌，勇期賁育。")《漢書・晁錯傳》注引如淳曰："將，資也。"《廣雅・釋言》同。字或作獎。《左傳》僖二十八年注，《襄十一年》注并云："獎，助也。"資、助義同。言天何以秉弓挾矢之殊能資后稷也。《禮記・内則》："子生，男子設弧於門左，女子設帨於門右，三日始負子，男射女否。國君世子生……詩（持）負之。射人以桑弧蓬矢六，射天地四方。"鄭注："桑弧蓬矢，本太古也。"余疑上世之俗，男子始生，必令試持弓矢以驗其體力。《禮記》所載，是其遺俗耳。(《月令》："仲春之月，是月也，玄鳥至。至之日，以太牢祠於高禖。天子親往，后妃帥九嬪御。乃禮天子所御，帶以弓韣，授以弓矢，於高禖之前。"案射者男子之事，故以弓矢爲宜男之物，而令天子所御者佩之。母未生子，佩弓矢以宜男；既生得男，授以弓矢，其力能持之者，即爲善射之徵，其義一也。）傳説蓋爲后稷初生，有殊異之質，能秉弓挾矢。其事神異，故舉而問之。（秉弓挾矢，在嬰兒爲難能，若成人，皆無足異。故知此爲后稷初生時事。《詩經·生民》曰："誕實匍匐，克岐克嶷，以就口實。"亦言后稷生有異稟，不類常兒也。）俞樾云，《詩經·生民》曰："以赫厥靈，上帝不寧，不康禋祀，居然生子。"言后稷始[①]生之時，赫然若有神靈，致上帝爲之不寧而不康禋祀。本篇"驚帝切激"，即此之謂也。言后稷之生，既使帝驚懼如此，宜爲帝所不祐，何竟令其子孫强大，享國長久乎？案俞説近是。

78. 伯昌号衰，秉鞭作牧。何令徹彼岐社，（命）有殷[之]國？

伯昌謂文王也。秉，執也。鞭以喻政。言紂號令既衰，文王執鞭持政，爲雍州之牧也。徹，壞也。社，土地之主也。言武王既誅紂，令壞邠岐之社；言已受天命而有殷國，因徙以爲天下之太社也。

案号爲毦之省。《字彙補》："毦，呼高切，未詳。"（又見《搜真玉鏡》。）案即耄之别體。《説文》："薹，年九十曰薹，從老從蒿省聲。"經傳皆作耄。《禮記·曲禮》上："八十九十曰耄。"《竹書紀年》帝辛三十三年："王錫命西伯牧得專征伐。"四十一年："西伯昌薨。"《禮記·文王世子》："文王九十七乃終。"以此推之，則始專征伐時年八十九，故曰"伯昌号衰，秉鞭作牧"也。古者牧伯牧長之名，本假義於畜牧之牧，故亦執鞭策以示有事於號令，鞭一曰策，策之言刺也。牧伯秉鞭，故後世謂之刺史。（《漢書·朱博傳》："今部刺史，居牧伯之位，秉一州之統。"《北堂書鈔》七二引《交州記》："秦兼天下，改州牧爲刺史。"《漢書·百官公卿表》："部刺史，成帝綏和元年更名牧，哀帝建平二年復爲刺史，元壽二年復爲牧。"策又名節。《淮南子·主術篇》注："節，策也。"）後世刺史擁節，即古牧伯秉鞭之遺矣。（《北堂書鈔》七二引《會稽先賢象贊》："綦母俊爲交州刺史……擁節受訣。"又引《晋起居注》："賈充爲使持節，都督秦凉諸軍事。"）《墨子·非攻下篇》："赤鳥銜珪降周之岐社，曰：'天命周文王代（今作伐，從王

① "始"字，單行本作姓，誤。

闓運改）殷有國。'”（《吕氏春秋·應同篇》：“及文王之時，天先見火赤烏銜丹書集於周社。”）徹猶廢也。（《説文》：“㪉，發也。”㪉與徹同。發與廢同。）廢岐社以爲天下之太社，將有國之象也。蓋相傳赤烏所銜丹書有此語。

79. 遷藏就岐何能依？殷有惑婦何所譏？

言太王始興，百姓徙其寶藏，來就岐下，何能使其民依倚而隨之也。惑婦謂妲己也。譏，諫也。言妲己惑誤於紂，不可復譏諫也。

案古公亶父遷岐，（《詩經·綿》：“古公亶父，來朝（周）走（趣）馬，率西水滸，至於岐下。”《天作》：“天作高山，太王荒之。彼作矣，文王康之。彼岨矣（以）岐，有夷之（其）行。”《閟宫》：“后稷之孫，實維太王，居岐之陽，實始翦商。”太王即古公亶父。）作宗廟，立太社，（《綿》：“作廟翼翼。”“乃立冢土。”冢土即太社。）周之王業自此始，故號太王。遷藏猶作廟也。《左傳》莊十四年注：“宗祏，宗廟中藏主石室。”《哀十六年》注：“祏，藏主石函。”謂藏主石之室，藏主石之函也。藏者猶室也，函也。弓室亦謂之弓藏。《廣雅·釋器》：“韔，弓藏也。”“遷藏就岐”，謂遷藏主石之函以就岐廟也。據杜注，藏主石在宗廟中，而商時祀典自上甲以下咸在宗廟，唐蘭説卜辭上甲以下均稱示，如云“自上甲廿示”是也。示即宗。是商宗廟中之主，即上甲以下諸王之主也。卜辭於上甲以下用合祭，其名曰衣，［“癸未王卜，貞彡日自上甲至於多后衣……”（《前》三·二七·七）“癸卯王卜，貞翌日自上甲至多后衣……”（《後》上二〇·七）“丁酉卜，王賓□自上甲至武乙衣，亾尤。”（《後》上二〇·三）“癸亥卜□貞甲子彡酒𣆪自上甲衣至於多后亾卜三月。”（《萃》八五）］是衣祭乃於宗廟中合享諸宗之祭。尋《大豐毁》曰“王衣祀於王丕顯考文王”，《庚嬴鼎》曰“王客豐宫，衣事”，是周人亦行衣祭。“遷藏就岐何能依”者，依與衣通，（《禮記·學記》“不學博依”，注：“依或作衣。”《説文》：“衣，依也。”）言遷主於岐廟中，何以即能衣祀於諸宗也。《易·益》六四

“利用爲依遷國”，依亦讀爲衣，言利於行衣祀則遷國也。此蓋亦用太王事。疑當時太王遷岐，嘗以利於衣祀爲名，故本篇問之如此。太王不知當殷何王之世。《詩經·綿》云太王“實始翦商”。意者太王攻商，嘗以商王有惑婦爲名，如武王數紂罪，云“惟婦言是用”之類。“殷有惑婦何所譏？”所讀爲嘗；所嘗對轉譏，諫也。言殷王有惑婦，太王何嘗盡其譏諫之責哉？

80. 受賜兹醢，西伯上告。何親就上帝罰，殷之命以不救？

兹，此也。西北，文王也。言紂醢梅伯以賜諸侯，文王受之，以祭告語於上天也。上帝謂天也。言天帝親致紂之罪罰，故殷之命不可復救也。

案《太平御覽》六四二引《太公金匱》：“文王問太公曰：‘……予子伯邑考爲王僕御，無故烹之。囚予於羑里，以其羹歠予。’”《史記·殷本紀》正義引《帝王世紀》：“〔紂〕囚文王，文王之長子曰伯邑考，質於殷，爲紂御。紂烹爲羹，賜文王，曰：‘聖人當不食其子羹。’文王食之。紂曰：‘誰謂西伯聖者，食其子羹，尚不知也。’”此兹字疑當讀爲子。受賜，文王受紂之賜也。蓋相傳紂以醢賜文王，文王受而食之，後乃知其爲伯邑考也。痛而告祭於天，願以身就罰，不意天不降罰於文王而降罰於紂，遂以國亡身死也。

81. 師望在肆昌何識？鼓刀揚聲后何喜？

師望謂太公也。昌，文王名也。言太公在市肆而屠，文王何以識知之乎？后謂文王也。言吕望鼓刀在列肆，文王親往問之，吕望對曰：“下屠屠牛，上屠屠國。”文王喜，載與俱歸也。

案太公爲太師（見《大戴禮·保傅篇》），故《詩經·大明》稱“師尚父”，《天問》稱“師望”。鼓刀者，刀謂鸞刀。《詩經·信南山》“執其鸞刀”，傳云：“鸞刀，刀有鸞者，言割中節也。”《禮記·郊特牲》：

“割刀之用而鸞刀之貴，貴其義也。聲和而後斷也。”《公羊傳》宣十二年“右執鸞刀”，注云：“鸞刀，宗廟割切之刀。環有和，鋒有鸞。”（案近世出土鸞刀，惟當環處有鸞，狀與車鸞同。鋒則無之，何説非。）屠用鸞刀，故能“鼓刀揚聲”，猶《莊子·養生主篇》稱“庖丁……解牛……奏刀騞然，莫不中音，合於桑林之舞，乃中經首之會。”亦非鸞刀不足以當之也。然《書》《傳》凡言鸞刀，皆宗廟祭祀所用。疑古者祭祀割牲，以大臣掌之，鼓刀屠牛，本太公職司所當爲，後世遂以爲太公未遇時，乃市肆中屠牛爲生者。此其傳訛，與伊尹爲庖如出一轍矣。

82. 武發殺殷何所悒？載尸集戰何所急？

言武王發欲誅殷紂，何所悁悒而不能久忍也。尸，主也。集，會也。言武王伐紂，載文王木主，稱太子發急欲奉行天誅，爲民除害也。

案殺殷事見上。悒猶忿悒也。《漢書·谷永傳》：“忿邑非之。”忿邑即忿悒。王注釋悒爲悁悒，悁亦忿也。《説文》：“悁，忿也。”《文選·思玄賦》注引《字林》云：“悁，忿恨也。”《荀子·仲尼篇》注引《尸子》曰：“武王親射惡來之口，親砟殷紂之頸，手污於血，不温而食，當此之時，猶猛獸者也。”其忿怒之狀如此，故本篇云然。《淮南子·齊俗篇》曰：“武王伐紂，載尸而行。”《史記·龜策列傳》曰：“〔文王〕興卒聚兵，與紂相攻。文王病死，太子發代將，號爲武王，載尸以行，（四字原倒在“太子”上，今正。）戰於牧野。”《鹽鐵論·復古篇》：“武王繼之，載尸以行，破商擒紂，遂成王業。”《易·師》六三“師或輿尸”，六五“長子帥師，弟子輿尸”，亦説此事。輿尸即載尸，長子帥師即太子發代將也。并與此合。尸謂尸體，“載尸集戰”，故曰“何所急”，所謂“父死不葬，爰及干戈”是也。朱熹曰：“言武王載文王之柩於軍中以會戰。”最確。王逸注謂載尸爲載木主，曲説也。

83. 伯林雉經，維其何故？感天抑墜，夫誰畏懼？

伯，長也。林，君也。謂晋太子申生爲後母驪姬所譖，遂雉經而自殺。言驪姬讒殺申生，其冤感天，又讒逐群公子，當復誰畏懼也。

案徐文靖以此爲問管叔事，云伯林即北林是也。《左傳》宣公元年“遇於北林”，《水經·渠水注》作伯林。《史記·司馬相如傳》“斯征北僑”，《漢書·郊祀志》作伯僑。《三國志·蜀志·後出師表》“幾敗伯山”，注云：“他本作北山。”凡此并伯北互通之比。杜注《左傳》宣元年曰：“滎陽中牟縣西南有林亭，在鄭北。”《續漢書·郡國志》中牟縣有林鄉。案林鄉即林亭，以其在鄭北，故謂之北林。（《水經注》載京相璠説，以伯林爲滎陽苑陵縣之故林鄉，在新鄭北。酈氏以其説非是。案中牟之林亭本一名林鄉，與苑陵之林鄉同名，故京氏有此誤。）考《漢書·地理志》：“中牟縣管城，管叔邑。”而《周書·作雒篇》云：“周公立相……二年，又作師旅。臨衛政（征）殷，殷大震潰，降辟三叔……管叔經而卒。”疑管叔之經即在其邑旁之北林。游國恩讀故爲辜是也。《史記·賈生傳》：“般紛紛其離此尤兮，亦夫子之辜也。”《漢書》作故。《塱盨》“有辠有故”，猶《詩經·十月之交》“無辠無辜”，并其比。此蓋謂周公攝政，本圖篡竊，三叔何罪。管叔雉經而死，事尤可愍。度非含冤莫伸，何以出此哉？《莊子·盜跖篇》曰：“王季爲適（嫡），周公殺兄。”《淮南子·精神篇》曰：“故通許由之意，金縢豹韜廢矣。”高注：“金縢豹韜，周公、太公陰謀圖王之書，許由輕天下不受，焉用此書，故曰廢矣。”秦漢間人猶多不直周公，與《天問》之意合矣。“感天抑墜”上原衍何字，今删。説詳《校補》。《尚書·金縢》曰：“周公居東二年，則罪人斯得。於後公乃爲詩以貽王，名之曰《鴟鴞》。王亦未敢誚公。秋大熟未獲，天大雷電以風，禾盡偃，大木斯拔，邦人大恐……王執書以泣曰……‘今天動威，以彰周公。’”疑“感天抑墜”即指雷電大風偃禾拔木事，“夫誰畏懼”猶“邦人大恐”也。然今本《金縢》晚出僞書，説多可疑，其以天變爲儆成王，恐亦適得其反。竊意先世所傳，本謂天動威以儆周公，而此曰“夫誰畏懼”，猶言將以畏懼誰者，意亦斥周公也。(《周書·作洛篇》及《尚書大傳》并云成王二年伐殷。《竹書紀年》云二年大風，是誅管蔡與大風正屬同年事，《紀年》伐殷在三年，似誤。)“雉經”者，雉讀爲紖。《周禮·封人》“置其紖”，鄭司農注云：“紖，著牛鼻繩，所以牽牛者，今時謂之雉，與古同名。”原本《玉篇》：“紖，字書亦絼字也。”《廣雅·釋器》：“絼，索也。”是紖即繩索，通作雉。《周禮·匠人》：“量宫城之度以雉。”雉亦繩索也。故段玉裁云：“晋太子申生雉經而死，蓋謂以繩自縊也。”《史紀·項羽本紀》：“大司馬咎、長史翳、塞王欣皆剄汜水上。”集解引鄭氏曰：“以刀割頸爲剄。”案刀割謂之剄，以繩縊謂經也。

84. 皇天集命，惟何戒之？受禮天下，又使至代之？

言皇天集禄命而與王者，王者何不常畏慎而戒懼也？言王者既已修行禮義，受天命而有天下矣，又何爲至使異姓代之乎？

案集猶降也。《詩經·大明》：“天鑒於下，有命既集。”《尚書·太甲》上：“天監厥德，用集大命。”《毛公鼎》：“唯天𨟭(將)集氒命。”集命猶降命也。禮讀爲履。(《爾雅·釋言》：“履，禮也。”《説文》：“禮，履也。”)履，湯名。(見《論語·堯曰篇》《白虎通·姓名章》。)至，太甲名。(見《竹書紀年》。)《竹書紀年》曰：“仲壬崩，伊尹放太甲於桐，乃自立。”又曰伊尹即位，放太甲。七年，太甲潜出自桐，殺伊尹。”(《春秋經傳集解後序》、《尚書·咸有一德》疏、《通鑒外紀》三引。又《太平御覽》八三引。《汲冢瑣語》、《文選·豪士賦序》并節引。)此言天既降命於一姓，殆不知如何戒慎以保之勿失。不觀伊尹之事乎，既使受湯之天下而正位矣，曾幾何時，復使太甲代之，甚矣，天命之不常也！一説受讀爲授，至讀爲摯。摯，伊尹名。言天既授湯以天下，旋復使伊尹代之，亦通。(讀至爲摯，用游澤承説。有清諸家於此條異説最多。劉夢鵬知禮爲履，而不悟其爲湯名。王闓運疑至爲君名，而不知何君。陳本禮、馬其昶知是伊尹事，又不識禮至二字，且解問意亦誤。王邦采説問意最精當，惜以爲泛言，則與本篇文例不合，惟澤承一説以至爲摯，斯爲神悟。他家踳駁益甚，自鄶以下矣。伊尹名摯，太甲名至，二字音同，當本同字。桀名履癸，湯亦名履。《韓非子》有湯名之説，即指此，謂改易己名以同桀名也。伊尹太甲之事亦然。）

85. 初湯臣摯，後兹承輔。何卒官湯，尊食宗緒？

言湯初舉伊尹，以爲凡臣耳，後知其賢，乃以備輔翼丞疑，用其謀也。卒，終也。緒，業也。言伊尹佐湯命，終爲天子，尊其先祖，以王者禮樂祭祀，緒業流於子孫。

案臣即上文所謂小臣，“臣摯”謂以摯爲臣也。承一作丞，承丞通。《禮記·文王世子》疏引《尚書大傳》：“前曰疑，後曰丞；左曰輔，右曰弼。天子有問無以對，責之疑；可志而不志，責之丞；可正而不正，責之輔；可揚而不揚，責之弼。”《吕氏春秋·介立篇》“爲之丞輔”，高注：“丞，佐也。輔，相也。”《戰國策·秦策》：“禹有五丞，湯有三輔。”此云“承輔”，猶《叔夷鐘》云“伊小臣唯補”也。《尚書·盤庚》上：“兹予大享於先王，爾祖其從與享之。”爾祖蓋斥伊尹之儔。《商頌·長發》爲祀湯之詩，而末云：“允也天子，降予卿士。實維阿衡，實左右商王。”是宋享先王，以伊尹從享，猶殷禮之舊也。（王先謙云：魯禘於周公之廟，微子非其比；宋當禘於湯之廟。此詩本主祀湯，而以伊尹從祀，其歷述先世，著湯業所由開，非皆祀之也。）故《吕氏春秋·慎大覽》曰：“祖伊尹，世世享商。”《竹書紀年》沃丁八年：“祠保衡。”《尚書·咸有一德》疏，《初學記》二引《帝王世紀》：“沃丁八年，伊尹卒，年百有餘歲。大霧三日。沃丁葬以天子之禮，祀以太牢，親自臨喪三年，以報大德。”案《世紀》之説，雖不盡可信，其云祀以天子之禮，則得其實。《禮記·祭法》曰“殷人禘嚳而郊冥，祖契而宗湯”，而此曰“何卒官湯，尊食宗緒”，（官讀爲間。《左傳》隱公三年“遠間親，新間舊”，《經典釋文》：“間，厠也。”《廣雅・釋言》：“厠，間也。”《文選・秋興賦》注引《蒼頡篇》：“厠，次也。”）蓋殷人以天子之禮祀伊尹，則祀伊尹當爲祀湯，因之宗湯即當宗伊尹矣。《孔子家語・廟制篇》“古者祖有功而宗有德”，《漢書・郊祀志》上注“宗謂先帝有德可尊者也”，《帝王世紀》云“以報大德”，蓋即宗之之謂。《文選・聖主得賢臣頌》注、《非有先生論》注并引《魯連子》曰：“伊尹負鼎佩刀以干湯得意，故尊宰舍。”或疑宰舍即宗緒之訛，宗宰形近，緒舍音近。未知然否。《文選・東京賦》“故宗緒中圮”，薛注：“緒，統也。”《後漢書・齊武王縯傳》：“以墮宗緒。”

86. 勛闔夢生，少離散亡。何壯武厲，能流厥嚴？

勛，功也。闔，吴王闔廬也。壽夢卒，太子諸樊立。諸樊卒，傳弟餘祭。餘祭卒，傳弟夷末。夷末卒，太子王僚立。闔廬諸樊之長子也。次不得爲王，少離散，亡在外，乃使專諸刺王僚，代爲吴王，子孫世盛，以伍子胥爲將，大有功勛也。壯，大也。言闔廬少小離亡，仍能壯大，厲其勇武，流其威嚴也。

案闔，吴王闔廬也。勛義未詳。或闔廬本名勛闔廬，因蠻夷語一字數音，譯者任意省略，故有闔廬，或稱廬。夢即壽夢，亦譯音省略也。《左傳》襄公十年正義引服注：“壽夢，發聲也。吴蠻夷言，多發聲，故數語共成一言，壽夢一言也。”王夫之、戴震并讀生爲姓是也。案古言子孫謂之子姓。《詩》言“公孫”，即“公姓”也。孫以祖之字爲姓，故同祖昆弟謂之同姓。而宗之道，兄道也，以兄統弟而以弟事兄之道也。直接受姓者實惟同姓之嫡兄，故又稱長孫曰姓。（詳程瑶田《宗法小記》。）闔廬者壽夢之長孫，故曰“夢生”，夢生即夢姓也。錢澄之、劉夢鵬，讀離爲罹。莊舊以避漢諱改作嚴，今正。詳《校補》。《周書・謚法篇》曰“屢稱殺伐曰莊”，“兵甲亟作曰莊”，“勝敵志强曰莊”。《獨斷・帝謚》卷下曰：“好勇致力曰莊。”言闔廬少時流亡在外，何以及壯而勇武猛厲，威名大播於世也。（嚴猶威也。《吕氏春秋・論人篇》：“威不能懼，嚴不能恐。”嚴亦威也。）

87. 彭鏗斟雉帝何饗？受壽永多夫何悵？

彭鏗，彭祖也。好和滋味，善斟雉羹。能事帝堯，堯美而饗食之。言彭祖進雉羹於堯，堯饗食之以壽考。彭祖至八百歲，猶自悔不壽，恨枕高而唾遠也。

案斟讀爲糂。《説文》："糂，以米和羹也。"經傳通以斟爲之。斟雉即調和雉羹。即《易·鼎》九三所謂"雉膏"。帝謂上帝，（上文"何獻蒸肉之膏而后帝不若"，"緣鵠飾玉，后帝是饗"，皆謂上帝。）言彭鏗調和雉羹以事上帝，帝何竟饗食之也。王注謂帝爲堯，非是。悵原誤長，上又衍久字，今删正。説詳《校補》。《説文》："悵，望恨也。"言帝食雉羹而美，因賜鏗壽至八百，然鏗猶恨"唾遠"，（《道藏》臨字第五號《彭祖攝生養性論》："是以養生之法，不遠唾，不驟行。"）正謂壽不足也。

彭鏗斟雉與恨壽不足事，他書均未見。《莊子·大宗師篇》曰："彭祖得之，上及有虞，下及五伯。"《釋文》引《世本》曰："在商爲守藏史，在周爲柱下史。"本篇次於吴王闔廬後，共伯和前，是鏗乃周時人，蓋以其壽考，故有上及有虞，在商爲守藏史，及壽八百諸説也。

88. 蜂蛾微命力何固？中央共牧后何怒？

言蜂蛾有毒蠚之蟲，受天命，負力堅固。屈原以喻蠻夷自相毒蠚，固其常也，獨當憂秦吴耳。牧，草名也。言中央之州有歧首之蛇，争共食牧草之實，自相啄嚙，以喻夷狄相與忿争，君上何故當怒之乎？

案馬其昶云："'中央共牧'謂共伯和攝位。'后何怒'謂厲王降灾爲祟。"是也。《史記·周本紀》索隱引《竹書紀年》："共伯和干王位。"（《莊子·讓王篇》釋文，《路史·發揮》二注并引作"即於王位"。今本《紀年》作"攝行天子事"。）《荀子·成相篇》："請牧基，賢者思。"注云："牧，治也。"《管子》有《牧民篇》。"共牧"猶言共伯和攝行政事也。《太平御覽》八七九引《史記》云："共和十四年，大旱，火焚其屋。伯和篡位立，故有大旱，其年周厲王奔彘而死，宣王立。”（今《史記》無此文。徐中舒云：“非《世本》舊説，即《紀年》佚文。”）《路史·發揮》二注引作：“共和十四年，大旱，火焚其屋。伯和篡位，故有大旱。”（今《史記》亦無。）《莊子》釋文引司馬彪曰：“十四年，大旱，屋焚，卜於太陽，兆曰：‘厲王爲祟。’召公乃立宣王，共伯復歸於宗。”（成疏略同。）《竹書紀年》厲王二十六年：“大旱，王陟於彘，周定公召穆公立太子靖爲王，共伯和歸其國，遂大雨。”沈約注：“大旱既久，盧廬俱焚，會汾王（即厲王）崩，卜於太陽，兆曰：‘厲王爲祟。’周公、召公乃立太子靖，共和遂歸國。”案“后何怒”，后斥厲王，怒謂降旱爲祟也。（案《莊子·讓王篇》、《吕氏春秋·開春論》、《史記·周本紀》正義引《魯連子》并稱共伯和事，以爲美談。今本《紀年》亦但云“攝行天子事”，不涉貶詞。而《史記》索隱引古本《紀年》云“干王位”，《太平御覽》《路史》引《史記》及沈約并云“篡位”，其説互異。近人徐中舒據《吕覽》及《師獸毀》，推知伯和實嘗即位改元。考伯和初因諸侯奉戴，攝位改元，修行仁義，民心日固。厲王既死，因即據位稱王，有代周之意。及諸侯立宣王，復托之灾異以示天威，始懼而歸國，隱於共首，是其進也，出於奉戴，其退也，迫於威脅，相其行迹，實善惡參半，故論其事者亦毁譽異詞。《天問》此文，不見貶意，作者所見，殆同諸子歟？）《國語·周語》上曰：“厲王虐，國人謗王。王怒，得衛巫使監謗者，以告，則殺之。國人莫敢言，道路以目。……三年流王於彘。”（又見《左傳》昭二十六年，《史記·周本紀》。）又曰：“彘之亂，宣王在邵公之宫，國人圍之，乃以其子代宣王。”案蜂蛾喻叛亂之民衆。蛾一作蟻。（《禮記·學記》“蛾子時術之”，《釋文》云：“蛾本或作蟻。”《山海經·海内北經》：“朱蛾其狀如蛾。”注引《楚辭·招魂》云：“赤蟻若象。”）《史記·項羽本紀》“楚蜂起之將”，《周公禮殿記》“變異蜂起”，漢《陳球後碑》“蜂聚蛾動”，《後漢書·馮衍傳》上“天下蛾動”，《淮南子·兵略篇》“天下爲之麋沸螘動”。螘亦與蟻同。凡此皆言叛亂也。國人攻厲王，王逸。後圍索太子，卒得召公子殺之而甘心，故曰“力何固”也。“蜂蛾”句原在“中央”句下，考之史迹，當係誤倒，今已正。

89. 女驚采薇鹿何祐？北至回水萃何喜？

祐，福也。言昔者有女子采薇菜，有所驚而走，因獲得鹿，其家遂昌熾，乃天祐之。萃，止也。言女子驚而北走，至於回水之上，止而得鹿，遂有禧喜也。

案“女驚”二字舊誤倒，今正。説詳《校補》。驚讀爲警。《易·震》“震驚百里”，鄭注云：“驚之言警戒也。”《説文》：“警，戒也。”《文選·辨命篇》注引《古史考》曰：“伯夷叔齊……隱於首陽山，采薇而食之。野有婦人謂之曰：‘子義不食周粟，此亦周之草木也。’於是餓死。”此所謂女警采薇也。《路史·餘論》注引《三秦記》曰：“夷齊食薇三年，顔色不變，武王戒（《大觀本草》引作誡）之，不食而死。”戒之即警之也。惟彼以戒者爲武王，則猶他書又或以爲白張石虎（《論語義疏》），或以爲王摩子（《琱玉集·感應篇》、《路史·後紀》四注引《列士傳》），或云“俾摩子”（《路史·後紀》四），皆傳聞之異耳。《琱玉集·感應篇》引《列士傳》曰：“伯夷兄弟遂絶食，七日，天遣白鹿乳之。”《路史·後紀》四注引《類林》曰：“〔夷齊〕棄薇不食，有白鹿乳之。”《廣博物志》曰：“伯夷叔齊逃首陽，棄薇不食，白鹿乳之。”此所謂鹿祐也。祐當作佑，助也。《穆天子傳》四：“犬戎胡觴天子於雷水之阿（《水經·河水注》、《北堂書鈔》八二引并作“雷首”），乃獻良馬四六，天子使孔牙受之於雷水之干。”《水經·河水注》：“〔涑〕水出河北□縣雷首山，縣北與蒲坂分。山有夷齊廟。……其水西南流，亦曰雷水。”案雷首山即首陽山，雷水即回水也。《説文》：靁、古文作䨻，籀文靐，并從回，故雷或作靁。（本書《九懷·通路》：“聞雷兮闐闐。”本篇“薄暮雷電歸何憂？”《文選》魏文帝《善哉行》注引作靁。《集韻》：“雷古作靁。”）而《通志》直以回爲古雷字，要亦不爲無因。蓋回雷古爲複輔音 gl，是回與雷實一語耳。《史記·殷本紀》云：“中䨓作誥。”《書·序》作“仲虺”。䨓即《説文》古文靁之省。虺回音同。雷水一作回水，猶中䨓一作仲虺矣。《漢書·武帝紀·瓠子歌》云：“河水湯湯兮激潺湲，北渡回兮迅流難。”回即回水，亦即雷水。雷水在河之北，故歌曰“北渡回”。此亦曰“北至回水”。雷水出雷首山，山亦在河北。而雷首即首陽，是此曰“北至回水”。又猶《莊子·讓王篇》曰“北至首陽之山”，《吕氏春秋·誠廉篇》曰“北行至首陽之下”矣。萃讀爲卒，下文“易之以百兩卒無禄”。卒何喜與卒無禄語例同。《詩經·七月》《甫田》《大田》“田畯至喜”，箋皆讀爲饎。《爾雅·釋訓》：“饎，酒食也。”舍人本作喜。《釋文》引《字林》云：“饎，熟食也。”案喜本義祇訓食，字變作饐。《説文》：“饐，饐饐也。”《廣雅·釋詁》二：“饐饐，食也。”《説文》：喜古文歖（）。則與既（）同意。《説文》：“既，小食也。”凡此皆喜本訓食之證。

90. 兄有噬犬弟何欲？易之以百兩卒無禄？

兄謂秦伯也。噬犬，齧犬也。弟，秦伯弟鍼也。言秦伯有齧犬，弟鍼欲請之。言秦伯不肯與弟鍼犬，鍼以百兩金易之，又不聽，因逐鍼而奪其爵禄也。

案王逸以爲秦公子鍼事，然公子鍼無求噬犬之説，恐非。劉夢鵬以此爲趙桓子事，得之。初趙簡子疾，五日不知人，及寤，語大夫曰：“我之帝所，見吾兒在帝側。帝屬我一翟犬，曰：‘及而子之壯也，以賜之。’”他日簡子出，有人當道，召而問之，自言：“主君之疾，我在帝側。”因問兒何謂賜以翟犬，對曰：“兒，主君之子也。翟犬者代之先也。主君之子，必且有代。”簡子令姑布子卿遍相諸子，毋恤最賢，乃廢太子伯魯而立毋恤，是爲襄子。襄子姊前爲代夫人，因令謀殺代君，即舉兵平代地，而以伯魯子周爲代成君。襄子爲伯魯之不立也，必欲傳位於代成君。代成君先死，乃立其子浣爲太子。襄子卒，浣立，是爲獻侯。襄子弟桓子逐獻侯，自立於代，一年卒。國人以桓子立，非襄子意，乃共殺其子，而後迎立獻侯。獻侯子孫自是世有趙國。（事詳《史記·趙世家》、《扁鵲倉公傳》及《論衡·紀妖篇》。）案翟與狄通。《説文》："狄，赤狄，本犬種。"代即狄聲之轉。（《杕氏壺》曰："杕氏福□，歲賢鮮于。"杕即狄，鮮于即鮮虞。《左傳》昭十二年杜注："鮮虞，白狄别種。"《詩經·有杕之杜》序釋文云："本或作夷狄字。"《顔氏家訓·書證篇》亦云："河北本皆爲夷狄之狄，亦讀如字。"傳："杕，特也。"案狄轉爲代，猶杕轉爲特。）其先蓋以犬爲圖騰，故曰："翟犬者，代之先也。"簡子夢帝告以翟犬賜其子，猶言以代賜其子耳。《爾雅·釋獸》："麋絶有力，狄。"《説文》："狾，犬張牙（各本作耳，從張文虎改）貌。"狄與狾同。疑狄之本義爲惡犬。噬犬即狄犬也。（噬狄一聲之轉。張牙與噬，聲義亦相因。《淮南子·兵略篇》曰："噬〔犬〕不見〔其〕齒。"《説山篇》曰："保者不敢蓄噬狗。"皆謂惡犬也。）兄謂伯魯，弟謂桓子，噬犬喻代。趙滅代，伯魯子周，周子浣，繼爲代君。"兄有噬犬"猶言伯魯世有代也。"弟何欲"謂桓子何以欲得代而逐浣自立也。劉夢鵬云：百兩，車數，諸侯嫁女所用。案如劉説，則易似當讀爲賜，言趙嫁女於代，而賜之以百輛之車也。《爾雅·釋詁》："無禄，死也。"《左傳》昭三年云"則又無禄早世隕命"，又《昭七年》云："今無禄早世。"（一曰不禄。《公羊傳》隱三年注："不禄，無禄也。"）此言代君娶趙襄子之姊爲婦，卒被殺身死也。《史記·趙世家》："襄子姊前爲代王夫人……使厨人操銅枓以食代王，及從者，行斟，陰令宰人各以枓擊殺代王及從官。"《吕氏春秋·長攻篇》："趙簡子病，召太子而告之曰：'我死已葬，服衰，而上夏屋之山以望。'太子敬諾。簡子死，已葬，服衰，召大臣而告之曰：'願登夏屋以望。'大臣皆諫曰：'登夏屋以望，是游也，服衰以游，不可！'襄子曰：'此先君之命也，寡人弗敢廢。'群臣敬諾。襄子上於夏屋，以望代俗，其樂甚美，於是襄子曰：'先君必以此教之也。'及歸，慮所以取代，乃先善之。代君好色，請以其姊（姊上原有弟字，從畢沅删，下同）妻之，代君許諾。姊已往，所以善代者乃萬故。馬郡宜馬，代君以善馬奉襄子，馬郡盡，（三字原在下文‘請觴之’下，從畢沅移正。）襄子謁於代君而請觴之。先令舞者置兵其羽中，數百人。〔又〕（從孫人和校增）先具大金斗。代君至，酒酣，反斗而擊之，一成，腦塗地。舞者操兵以斗，盡殺其從者，因以代君之車迎其妻。其妻遥聞之狀，磨笄以自刺。故趙氏至今有刺笄之證（證當作山），與反斗之號。”（又見《戰國策・燕策》一。）

91. 薄暮雷電歸何憂？厥嚴不奉帝何求？

言屈原書壁，所問略訖，日暮欲去，時天大雨雷電，思念復至，自解曰，歸何憂乎？言楚王惑信讒佞，其威嚴當日墮，不可復奉成，雖從天帝求福，神無如之何。

案王夫之以此爲舜事，未知其審。《尚書・堯典》曰：“納於大麓，烈風雷雨，弗迷。”《孟子・萬章上篇》曰：“舜往於田，號泣於（呼）旻天。”如王説，或入麓與往田本係一事。先世傳説蓋謂舜不容於父母，逃往大麓中，薄暮大風雷雨，欲歸不敢，憂將見害，而號泣呼天也。“帝何求”或即《堯典》“〔帝〕曰‘明明揚側陋’”之謂，帝即帝堯也。惟“厥嚴不奉”終不可解。或謂嚴斥瞽瞍，“厥嚴不奉”，猶《莊子・盜跖篇》言“舜不孝”，《吕氏春秋・當務篇》言“舜有不孝之行”。然稱父曰嚴，非古。且“厥嚴”之語，與下文“能流厥嚴”同，彼嚴字説者謂本作莊，避漢諱改，則此亦本當作莊，疑莫能明。今姑依王説定爲舜事，兼著其疑詳考焉。

92. 伏匿穴處爰何云？悟過改更我又何言？

爰，於也。云，言也。吾將退於江濱，伏匿穴處耳。當復何言乎？欲使楚王覺悟，引過自與，以謝於吴，不從其言，遂相攻伐。言禍起於微細也。

案上句似言越事。《莊子・讓王篇》曰：“越人三世弒其君，王子搜患之，逃乎丹穴。而越國無君，求王子搜不得，從之丹穴。王子搜不肯出，越人薰之以艾，乘以玉輿。王子搜援綏登車，仰天而呼曰：'君乎！君乎！獨不可以捨我！'"（《吕氏春秋・貴生篇》同。《淮南子・原道篇》："越王翳逃山穴，越人熏而出之，遂不得已。"馬叙倫云："翳乃翳之訛。"案馬説近是。翳搜聲相近，勾踐四世孫也。下句原作"荆師作勛夫何長"，今移此句於"吴光争國"之上，而以彼之"悟過改更我又何言"移此。然義仍不詳。依例，我字不當有；"悟過改更又何言"，當亦實有所指，特令不可考耳。又疑上句"爰何云"，當作"云何爰"。爰與言韻。《方言》六："爰，恚也。楚曰爰。"又十二："爰，哀也。"《玉篇》："愋，恨也。"愋與爰同。《九章・懷沙》"增傷爰哀"，王引之正訓爰爲恚。案此爰字義同，皆楚方言也。"云何爰"與《詩經・卷耳》"云何吁矣"句法同，云猶爲也。

93. 荆師作勛夫何長？吴光争國，〔何〕久余是勝？

荆，楚也。師，衆也。勛，功也。初楚邊邑之處女與吴邊邑處女争采桑於境上，相傷。二家怒而相攻。於是楚爲此興師，攻滅吴之邊邑，而怒始有功。時屈原又諫，言我先爲不直，恐不可長久也。光，闔廬名也。言吴與楚相伐，至於闔廬之時，吴兵入郢都，昭王出奔，故曰"吴光争國，久余是勝"，言大勝我也。

案師勛二字原誤倒，今正。詳《校補》。作猶立也。勛，功也。"荆師作勛"乃楚師伐吴而立功也。據《史記・吴太伯世家》載，吴王壽夢十六年楚伐吴，至衡山。王諸樊元年吴伐楚，吴師敗績。王餘祭十年，楚以諸侯兵伐吴，圍朱方，克之。十一年楚伐吴，至雩婁。二十年來，楚屢勝吴，故曰"荆師作勛夫何長"也。然王僚八年，吴使公子光伐楚，敗之。九年，又伐楚，拔居巢鍾離。十三年公子光弑王僚自立，是爲吴王闔廬。王闔廬三年，伐楚，拔舒。四年伐楚，取六與灊。六年楚伐吴，吴迎擊之於豫章，大敗楚師，取居巢而還。九年吴與唐蔡伐楚，大敗之。昭王奔隨，吴師入郢。是闔廬弑立先後凡用兵於楚，每戰必克，故曰“吴光争國，何久余是勝”也。何字原敚，今補，詳《校補》。

此處原作：“伏匿穴處爰何云？荆師作勛夫何長？悟過改更，我又何言？吴光争國，〔何〕久余是勝。”今以“荆師”句與“吴光”句爲問吴楚交兵事，二句宜相銜接，合爲一行。惟“長”“勝”於韻不協，似仍有誤字。“伏匿”句中易“爰何云”爲“云何爰”，與“悟過”句相銜，則爰言爲韻，適成一行。惟“伏匿”句，似指越事。而“悟過”句則不知所指。前者事有徵而韻不協，後者韻相協而事難詳，互有疏密，不能兩全。惟視諸本舊次之於事於韻，胥無是處者爲差勝耳。姑發此疑，更俟詳考。

94. 何環閭穿社，以及丘陵，是淫是蕩，爰出子文？

子文，楚令尹也。子文之母，鄖公之女，旋穿閭社，通於丘陵，以淫而生子文。棄之夢中，有虎乳之，以爲神異，乃取收養焉。楚人謂乳爲穀，謂虎爲於菟，故名鬥穀於菟，字子文，長而有賢人之才也。

案四句今作：“何環穿自閭社丘陵，爰出子文。”文有訛奪，此從一本。《左傳》宣四年曰：“初，若敖娶於邧，生鬥伯比。若敖卒，從其母蓄於邧，淫於邧子之女，生子文焉。邧夫人使棄諸夢中，虎乳之。邧子田，見之，懼而歸，夫人以告，遂使收之。楚人謂乳穀，謂虎於菟，故命之曰：鬥穀於菟。……實爲令尹子文。”《管子·輕重戊篇》：“有虞之王……封土爲社，置（植）木爲閭。”案析言之，社閭有土木之分，混言之，閭即社。蓋凡社必有土有木，故《説文》社之古文作袿，而古字社杜復相通。(《史記·封禪書》：“於社，亳有三社主之祠。”本書《漁父》“子非三閭大夫歟？”亳之三社即楚之三閭也。又《周禮·大司徒》：“二十五家爲閭。”《説文》社下，《荀子·非十二子》注引《周禮》并云：“二十五家爲社。”）毛奇齡、徐文靖、劉夢鵬、曹耀湘并云：丘陵即墓是也。案古墓之構造，一如宫室，兼有羨道，以出入，故鄭師入陳，陳侯扶其大子偃師奔墓，賈護亦與妻扶其母奔墓。

(《左傳》襄二十五年。)避難必於墓中者，爲其隱僻，人所罕至，男女私會，理亦宜然。故伯比與邳女淫於墓中，解居父亦過墓門而欲與婦人肆情其中焉。(事見本篇“昏微遵迹”王注及《列女傳·陳辯女傳》。)《易·説卦傳》虞注：“出，生也。”

95. 吾告堵敖以不長，何試上自予，忠名彌彰？

堵敖，楚賢人也。屈原放時，告語堵敖曰，“楚國將衰，不復能久長也”。屈原言我敢嘗試君上，自干忠直之名，以顯彰後世乎？誠以同姓之故，中心懇惻，義不能已也。

案此蓋承上文仍問子文事。堵敖即杜敖。《漢書·古今人表》八等“楚杜敖”注云：“即堵敖。”案《左傳》莊十四年[1]亦作堵敖。《史記·楚世家》：“〔文王熊貲卒〕，子熊囏立。是爲杜敖。杜敖三（原作五，從梁玉繩改）年，欲殺其弟熊惲。惲奔隨，與隨襲弒杜敖，代立，是爲成王。”考子文爲令尹在成王時。(《左傳》莊二十三年：“楚成弒堵敖自立。”《三十年》：“(楚)申公鬥班殺(令尹)子元，鬥穀於菟爲令尹。”案當楚成王八年。)前此成王在隨，子文蓋嘗與俱，而心知成王欲謀弒立，遂爲言堵敖天命將終，以順其欲而堅其志，故曰：“語告堵敖以不長。”又曰“試上自予”也。語原誤作吾，今正。詳《校補》。以讀爲已，言子文告成王，堵敖之天命已促也。《韓非子·外儲説左下篇》：“主賢明則悉心以事之，不肖，則飾奸而試之。”又《揚権篇》：“下匿其私，用試其上，上操度量，以割其下。”此試字義同。謂揣摩主意，待機而動也。舊注云：“予一作與。”案《孔子家語·辯政篇》云：“取善自與謂之盜。”《説文·政理篇》作“取人善以爲己，是謂盜也。”自予義同自與。

季鎮淮　何善周　范寧整理

① “年”字，今補。

荊楚文庫

聞一多全集（六）

聞一多 著
孫黨伯 袁謇正 主編

荊楚文庫編纂出版委員會
湖北人民出版社

論九章[1]

《九章》九篇，除《橘頌》内容形式獨異，當自爲一類外，其餘八篇可分爲二組：

甲《惜誦》《涉江》《哀郢》《抽思》《懷沙》；

乙《思美人》《惜往日》《悲迴風》。

以形式論，甲組題名皆兩字（僅《惜誦》二字係摘自篇首），篇末皆有亂辭。乙組題名三字，均摘自篇首，篇末皆無亂辭，此其大别也。以内容論，甲組雖無法證明其必爲屈原作品，然亦無具體的反證。乙組則如《惜往日》《悲迴風》等，可疑之處甚多（詳下），此其差别，亦甚顯然。

亂辭之有無，可以覘其距離音樂之遠近，而文辭離音樂之遠近，又可以推其時代之早晚。據此，就一般原則論，甲組有亂辭，當早於乙組。先秦著述初本無篇名，有之亦大都衹兩字。漢人所撰緯書始皆三字名篇。《莊子》内七篇亦三字名篇，然如《德充符》《大宗師》《應帝王》等乃緯書一派思想，故疑七篇篇名皆漢人所造。外雜篇之纂輯，本自可疑，其間篇名内容皆出漢人，故亦間有三字者。他如《墨子》之《備城門》《備高臨》《備蛾傅》《迎敵祠》，韓非之《初見秦》等，其時代亦皆在可疑之列。要之三字名篇之風，至漢始盛。《九章》中《思美人》《惜往日》《悲迴風》三篇，疑至漢初始編入《楚辭》。其篇名與《招隱士》《哀時命》諸漢人作品之題名同風，蓋亦漢人所沾。論其形式，乙組之

① 本篇據作者手稿照相複製件整理而成。原載《社會科學戰綫》1981 年第 1 期。

三字名篇與無亂辭，既皆可證其晚於甲組。而論其内容，乙組多數篇什又必不能認爲屈子所自作。然則最初之九章，或衹甲組五篇乎？其謂之九章者，蓋如《九辯》之本不分篇，而《九歌》又有十一篇，此所謂九，皆非實數乎？今《九章》有九篇者，又豈後人不明九字之義，妄取乙組三篇并《橘頌》一篇混入之，以求合九之實數乎？凡此種種推測，揆諸事理，皆極可能。請更舉二事以證成之：

《漢書·揚雄傳》説雄

> 又旁（仿）《惜誦》以下至《懷沙》一卷，名曰《畔牢愁》。

據此可知直至揚雄時，《九章》中《惜誦》《涉江》《哀郢》《抽思》《懷沙》等五篇，尚獨自成一單元，不與以下相混。夫漢人皆以《懷沙》爲屈子絶筆（《史記》本傳載《懷沙》文畢曰："於是懷石，遂自投汨羅以死。"《七諫·沉江》曰："懷沙礫而自沉兮。"），則當時所傳《楚辭》最合理的編次，自是以《九章》爲屈子作品之殿，而《懷沙》又爲《九章》之殿。揚雄所擬止於《懷沙》者，蓋彼所欲擬者屈子，而當時所傳《楚辭》，其編次實以《懷沙》爲一大限，《懷沙》以前，屈子所作，過此以往，即與屈子無關也（五篇之《九章》當係屈子所作，説詳下）。以上所推若果不謬，則乙組三篇不惟不屬《九章》範圍，且不屬屈賦範圍矣。後人徒欲合九字之數，遂援他篇以入九章，因亦援他人之作以歸屈子，謬孰甚哉！

《九嘆·憂苦》曰：

> 嘆《離騷》以揚意兮，猶未殫（盡也）於《九章》。

劉向所謂《九章》，蓋即指甲組五篇，亦即揚雄所擬五篇而言，向與雄同時，宜其所見相同。惟彼已誤會九爲實數，而不瞭於文衹五篇而名曰《九章》之故，故以爲"未殫"之作也。至乙組三篇及《橘頌》之闌入

《九章》，或始於王逸，或更在其前，皆不可知。觀劉向所言則此種混亂之心理基礎，向則已經成立則無疑也。

由上所言，《九章》除《橘頌》外八篇之編排，當改之如下：

九章

惜誦	涉江	哀郢
抽思	懷沙	
思美人	惜往日	悲迴風

以上五篇之古本《九章》，雖無法證明其必爲屈子所作，然亦無法證其必非屈子所作，前已言之。凡古代相傳之事實，在無人提出反證，或所提之反證并不充足時，吾人衹得暫時承認傳説爲不誤，或至少爲“事出有因”。對於五篇之《九章》，吾人今即本此態度，而承認其爲屈原所作。

誠然屈原作品不必限於《九章》，《思美人》以下三篇之不屬於古本《九章》五篇之内，并不足以證明其必非屈原所作。誰説屈原不可於《離騷》《九章》等之外，又曾作過《思美人》等獨立的三篇呢？但反過來説，三篇既不在古本《九章》之内，至少此三篇已失其必爲屈原作品之保障。蓋西漢人衹認彼時所傳的五篇爲屈原所作，而此三篇恰在五篇之外，則其是否亦爲屈原所作，至少在西漢人眼裏，是不無問題的。我們也可想像西漢人如劉向、揚雄等，直認此三篇爲非屈原所作。這種看法，我們現在也認爲是很對的，試分析三篇的内容便知。

三篇中《惜往日》最爲可疑。“不畢辭而赴淵兮”，及“臨沅湘之玄淵兮，遂自忍而沉流”，不類屈子自己語氣，固不待言。其自稱曰“貞臣”，稱君曰“壅君”（猶言暗君），以及通篇語氣之憤激，若以爲屈子自作，亦不近事情已甚。反之，若以爲後人追懷屈子之作，則怡然理順矣。即以文論之，此篇技術亦最拙劣。文詞繳繞，思路凌亂，一也；倒文凑韻，不顧語法，二也；既不知换韻，以求聲調之變化，又不能嚴守一韻而任意通合（以幽宵侯合之），以自亂其例，三也。凡此現象，皆他篇所無，其不出於前五篇的作者屈原之手，明矣。《悲迴風》“驟諫君而不聽兮，任重石之何益”之語，不似屈原本人口氣，亦極顯明。若以文章技巧論，則此篇似又嫌太好。深秀如“眇遠志之所及兮，憐浮雲之相羊”；奇警如“糺思心以爲纕兮，編愁苦以爲膺”；與夫觀潮一大段鋪寫之酷似《七發》，皆《楚辭》全書中所罕見，不特《九章》前五篇而已也。總之，《惜往日》《悲迴風》二篇之預言自沉，既與事理不合，而論文章技巧，又一嫌太好，一嫌太壞，吾人今將二篇自屈子作品中剔出，不爲無據。其餘《思美人》一篇最難處，凡前揭二篇中所發現之疑竇，此一無之。吾人衹能據其不爲揚雄所擬，并其三字名篇及無亂辭等特徵，皆與《惜往日》《悲迴風》同類，而暫亦認其非屈原所作。這根據自然比較薄弱。但我們在讀後世的詩文集得到一個經驗，無名的小家的作品，有被有名的大家吸收的趨勢。愈是大家的集子，歷時愈久，分量變得愈大，被吸收來的作品，往往是發現在全書或每卷的尾上。因此在有問題的大家集子裏，愈是靠近全書或每尾梢的作品，愈靠不住。這個原則曾經屢試不爽。同樣的原則應用到先秦的書籍上，想來也是有效的。即以《楚辭》爲例，號稱爲屈原的作品，依今本的次第（《釋文》本同），倒數上去，是《漁父》《卜居》《遠游》《九章》……。《漁父》《卜居》之非屈原作品，如今不成問題。《遠游》之非屈原作品也大致是公認的了。再向前數，便到《九章》了。在《九章》中，恰巧最有問題的《悲迴風》《惜往日》，也依次被排列在最末。這豈是偶然的？再次便是《思美人》，問題較少，位置也較前。然而它究竟離《惜往日》《悲迴風》太近了。因此它的嫌疑，也是無法避免的。他不能援引他上面的近鄰《懷沙》以自洗刷，因爲他比不上《懷沙》有太史公載之列傳、揚雄加以摹仿的雙重保險。爲《思美人》辯護的人實在可以息喙了。《思美人》將永遠是嫌疑犯。

或謂一人作品之作風不必一致，《離騷》與《九章》五篇未必一致，而五篇自己又未必彼此一致，我們又何能因三篇作風與五篇不同，而疑其非屈原所作呢？但是我們談的并非一致不一致的問題。一個人作品的作風儘可因時因事而異，但總當有一個相差不多的共同水準。我們懷疑的是《惜往日》的水準太低於屈原，而《悲迴風》又似稍高點（至少就其精巧的程度説）。尤其就《惜往日》的口氣看，若果是屈原作的，應是他最晚的作品。最晚的作品論理應是最成熟的。然而這篇文字却是太幼稚了，比任何一篇相傳爲屈原的作品都差，這是萬萬説不過去的。

對於先秦文籍之可疑者，世人動輒斥爲漢人贋作。一部分或許真是如此。但大部分恐怕衹是經過漢人的竄亂而已。至於今本《九章》中《思美人》《惜往日》《悲迴風》三篇，我們認爲時代較晚於前五篇，但恐怕晚也晚不到漢朝。最具體的證據，是在屬意和造句上，《九嘆》剿襲《思美人》者兩處，《七諫》剿襲《惜往日》者四處，剿襲《悲迴風》者六處，可見《思美人》至遲在劉向時，《惜往日》《悲迴風》至遲在東方朔時，已經是膾炙人口的古代名著了。賈誼《吊屈原賦》云：

> 襲九淵之神龍兮，沕深潛以自珍，彌（偭）融爚以隱處兮，夫豈從螘與蛭螾。

這與《惜往日》中

> 慚光景之誠信兮，身幽隱而避（原誤備）之，臨沅湘之玄淵兮，遂自忍而沉流。

四句語意相似，賈誼（前一六九卒）去東方朔（前一三八爲大中大夫給事中）不遠。這裏與其説被東方朔所剿襲的《惜往日》，曾剿襲過賈誼，倒不如説東方朔剿襲的《惜往日》，在前一二十年也被賈誼剿襲過。總之，《思美人》《惜往日》《悲迴風》三篇，雖非屈原所作，却也離屈原的時代不遠。《惜往日》性質與賈誼《吊屈原賦》相近，大概是屈原死後，一位好打抱不平的無名作家作來憑吊他的文字。“情冤見之日明兮，如列宿之錯置。”分明是説屈原的冤如今終於昭雪了。《思美人》《悲迴風》二篇所表現的思想，與所紀述的行迹酷似屈原，大概都是“擬”或“代”屈原的作品。三篇皆與屈原有相當關係，後人誤認爲屈原作品，畢究不爲無因的。

現在該談到《橘頌》了。①

以性質論，《橘頌》與荀卿《賦篇》相似。以文體論，其古質處亦不下於其餘八篇。西漢諸家所以盡擬八篇而獨未及此者，實因此篇性質迥異，與諸家所作之範圍渺不相涉。且文云“生南國”，明係楚人所作。然則謂西漢人所見《九章》即今所傳《九章》，無不可也。

附　九章與漢人作品詞句對照表

	九章	吊屈原賦	七諫	哀時命	九嘆
惜誦	發憤以杼情。			焉發憤而杼情。	
	令五帝以枏中兮，戒六神與嚮服。俾山川以備御兮，命咎繇使聽直。				指日月以延照兮，撫招摇以質正。立師曠俾端辭兮，命咎繇使并聽（《離世》）。……信上皇而質正。合五岳與八靈兮，訊九鬿與六神。指列宿以白情兮，訴五帝以置詞。北斗爲我折中兮，太一爲余聽之（《遠逝》）。

① 關於《九章》，最初有《九章總論》提綱，即以《橘頌》自爲一類，其他八篇爲一類，分爲兩組：甲，惜誦、涉江、哀郢、抽思、懷沙；乙，思美人、惜往日、悲迴風。下“揭六證以明之”，即“甲組五篇爲屈子自作，大致可信；乙組三篇則必後人追懷屈子之所爲”。後作論文，今存一殘稿，僅數百字，無題目，係寫而廢去者。此篇《論九章》即《九章總論》提綱所寫第二稿，唯缺《橘頌》未論。今自上述殘稿中摘録論《橘頌》一小段以續成之。文雖簡略，但意已明，亦具見解。

續表

	九章	弔屈原賦	七諫	哀時命	九嘆
惜誦	情沉抑而不達兮。			志沉抑而不揚。	思沈抑而不揚（《怨思》）。
	矰弋機而在上兮，罻羅張而在下。設張辟以娱君兮，願側身而無所。			外迫脅於機臂兮，上牽聯於矰弋隹。肩傾側而不容兮，固陿腹而不得息。	
	欲高飛而遠集兮，		欲高飛而遠集兮（《怨世》）。		
涉江	登崑崙兮食玉英，			願至崑崙之懸圃兮，采鍾山之玉英。	
	帶長鋏之陸離兮。			冠崔嵬而切雲兮，劍淋離而縱橫。	冠浮雲之峨峨（《惜賢》）。
	山峻高以蔽日兮，下幽晦以多雨。霰雪紛其無垠兮，雲霏霏而承宇。			霧露濛濛其晨降兮，雲依斐而承宇。虹霓紛其朝霞兮，夕淫淫而淋雨。	
	固將愁苦而終窮。			固將愁苦而終窮。	
	與前世而皆然兮，吾又何怨乎今之人。		自古而固然兮，吾又何怨乎今之人（《亂》）。		
	鸞鳥鳳皇日以遠兮。燕雀烏鵲巢堂壇兮。		鸞皇孔鳳日以遠兮，畜鳧駕鵝，雞鶩滿堂壇兮（《亂》）。		

續表

	九章	吊屈原賦	七諫	哀時命	九嘆
哀郢	皇天之不純命兮，		皇天既不純命兮（《怨世》）。		
	出國門而軫懷兮，				出國門而端指兮（《離世》）。
	怊荒忽其焉極。		超慌忽其焉如（《自悲》）？		
	過夏首而西浮兮，顧龍門而不見。				背龍門而入河兮，登大墳而望夏首（《遠逝》）。
	孰兩東門之可蕪？		孰江河之可涸（《謬諫》）？		
	至今九年而不復。				九年之中不吾反兮（《離世》）；辭九年而不復兮（《憂苦》）。
	冀壹反之何時？				冀壹寤而錫還（《離世》）。
	鳥飛反故鄉兮，狐死必首丘。		鳥獸驚而失群兮，猶高飛而哀鳴（《自悲》）。		
抽思	羌中道而回畔兮，				信中塗而叛之（《逢紛》）。
	願承間而自察兮，		願承間而效志兮（《謬諫》）。		願承間而自恃兮（《逢紛》）。
懷沙	孰知余之從容。			孰知余之從容。	
	浩浩沅湘，分流汨兮。				江湘油油長流汨（《惜賢》）。

續表

	九章	吊屈原賦	七諫	哀時命	九嘆
思美人	因歸鳥而致辭兮，羌迅高而難當。				願寄言於三鳥兮，去飄疾而不可得（《憂苦》）。
	吾誰與玩此芳草。			誰可與玩此遺芳？	
	獨煢煢而南行兮，				獨煢煢而南行（《憂苦》）。
惜往日	何貞臣之無罪兮，		正臣端其操行兮。		
	反離謗而見尤。		反離謗而見攘（《沉江》）。		
	慚光景之誠信兮，身幽隱而備之。臨沅湘之玄淵兮，遂自忍而沉流。	襲九淵之神龍兮，湯深潛以自珍。彌融爚以隱兮，夫豈從蟻與蛭螾？			
	妒佳冶之芬芳兮，嫫母姣而自好。雖有西施之美容兮，讒妒入以自代。		西施媞媞而不得見兮，嫫母勃屑而日侍（《怨世》）。		
	不畢辭而赴淵兮，惜壅君之不識。		懷沙礫而自沉兮，不忍見君之壅蔽（《沉江》）。		

續表

	九章	吊屈原賦	七諫	哀時命	九嘆
悲迴風	心冤結而内傷。		心怫鬱而内傷(《沉江》)。		
	歲曶曶其若頽兮，		歲忽忽其若頽(《自悲》)。		
	登石巒以遠望兮，		登巒山而遠望兮(《自悲》)。		
	聽波聲之洶洶。		聽大壑之波聲(《自悲》)。		
	觀炎氣之相仍兮。		觀天火之炎煬兮(《自悲》)。		

季鎮淮等整理

九章解詁[1]

① 《九章解詁》，據 1985 年上海古籍出版社單行本編入。其中整理説明，原係單行本附記。

整理説明

本篇手稿扉頁自題篆書《九章》，下注：“三十年（編者案：即1941年）七月陳家營。”後無篇目，今據王逸《注》、洪興祖《補注》本録之如下。原文以同書校之，字句多有增補、改正，其見於作者《楚辭校補》者，俱分别注出。《解詁》所引典籍出處，有兩處篇名未能查出，姑缺之以待考。

目　録

惜　誦

惜誦以致愍兮，發憤以杼（抒）情。所非[1]忠而言之兮，指蒼天以爲正。

蔣驥讀誦爲訟，近是。《漢書·東方朔傳》："因自訟獨不得大官，欲求試用。"本篇亦自訟之辭，而"指蒼天以爲正"以下五句，尤可參證。訟誦古字通。《史記·吕太后本紀》："未敢訟言誅之。"《漢書·高后紀》作誦，是其例。

杼通抒。《哀時命》："焉發憤而抒情。"情，誠也。《抽思》"焉舒情而抽信"，情信即誠信。

所、儻對轉，古本同語。古誓詞多以所爲儻。《論語·雍也篇》："予所否者，天厭之，天厭之！"《國語·越語》："所不掩子之惡，揚子之善者，使其身無終没於越國！"《左傳》僖二十四年："所不與舅氏同心者，有如白水。"（此例尚多，不備舉）所皆當讀爲儻。此曰"所非忠而言之"，亦謂儻所言之不實也。

令五帝以枂（折）中兮，戒六神與嚮（相）服。俾山川以備御兮，命咎繇使聽直。

王注："五帝謂五方神也。"枂一作折（朱燮元本作折，大小雅堂本同）。《史記·孔子世家》索隱引亦作折。案枂古析字，而析折古本同字，是枂中即折中也。

戒，敕也，告也。《韓非子·飾邪篇》："此非豐隆、五行、太一、王相、攝提、六神、五括、天河、殷搶、歲星，非數年在西也。"《九嘆·遠逝》"訊九魁與六神"，注曰："九魁謂北斗九星也。"疑六神亦斥星言。《漢書·東方朔傳》"願陳泰階六符"注引孟康曰："泰階，三台也。台星凡六星，六符，六星之符驗也。"未審六神即三台六星否？

---

① 原作"作"，此從一本作"非"改。説見《楚辭校補》（下簡稱《校補》）。

或曰文昌宮六星，即司命司中之屬，亦通。與，一作以，義通。嚮讀爲相，助也。王注："服，事也。"又曰："俾，使也；御，侍也。"

山川，謂山川之神。《淮南子·詮言篇》："聽獄制中者皋陶也。"《禮記·王制》注："聽，斷也。"聽直猶折中，折亦斷也。

竭忠誠以事君兮，反離群而贅疣。忘儇（嬛）媚以背衆兮，待明君其知之。

贅疣，言其無所用之也。《莊子·駢拇篇》："附贅縣疣，出乎形哉，而侈於性。"無用之形，於生性爲多餘，故曰侈於性。

儇，讀爲嬛，與娟同，娟亦媚也。

言與行其可迹兮，情與貌其不變。故（固）相臣莫若君兮，所以證之不遠。

《漢書·功臣表》注："循實而考之曰迹。"

《淮南子·齊俗篇》："言與行相悖，情與貌相反。"言行情貌，兩兩對舉，例與此同。

人君之於其臣也，觀其行，可以驗其言；察其貌，可以得其情：故曰證之不遠。

吾誼（義）先君而後身兮，羌衆人之所仇〔也〕。專惟君而無他兮，又衆兆之所讎〔也〕[①]。

《國語·齊語》六："忠臣不先身而後君。"

惟，思也。下文"思君其莫我忠兮"，又"曰君可思而不可恃"。

① 原無二"也"字，此從一本有補。說見《校補》。

壹心而不豫兮，羌不可保也。疾親君而無他兮，又[1]招禍之道也。

豫讀爲訏。《説文》："訏，詭僞（今作譌，從原本《玉篇》改）也，齊楚謂〔不〕信曰訏。"《杕氏壺》"多寡不訏"，謂不欺詐也。書傳多作豫。《晏子春秋・問上篇》："公市不豫。"《史記・循吏傳》："市不豫賈（價）。"《鹽鐵論・力耕篇》："古者商通物而不豫，工致牢而不僞。"《禁耕篇》："教之以禮，則工商不相豫。"《周禮・司市》鄭玄注："定物賈（價）防誑豫。"本篇下文"行婞直而不豫"，《涉江篇》"余將董道而不豫兮"，字亦并作豫。（以上説本孫詒讓）

保，恃也，任也。下文："曰君可思而不可恃。"疾，亟也。

思君其莫我忠兮，忽忘身之賤貧。事君而不貳兮，迷不知寵之門。

忽亦忘也。

門猶道也。

忠何罪以遇罰兮，亦非余心之所志（識）〔也〕。行不群以巔（顛）越兮，又衆兆之所咍〔也〕[2]。

巔，《類聚》一九引作顛。朱燮元本、大小雅堂本作巔。

王注："咍，笑也，楚人謂相調笑曰咍。"

紛逢尤以離謗兮，謇〔而〕[3]不可釋〔也〕。情沉抑而不達兮，又蔽而莫之白〔也〕[4]。

謇與譾同。《方言十》："譾，口吃也，楚語也。"此言逢尤離謗，口吃不能自解也。

---

① 原誤有，此改。説見《校補》。
② 原無二"也"字，此從一本有補。説見《校補》。
③ 原無"而"字，此補。
④ 原無二"也"字，此從一本有補。以上説見《校補》。

忳[①]鬱邑余侘傺兮，□□□□□□□〔也〕。□□□□□□□〔兮〕，又莫察余之中情〔也〕[②]。

□□□□□□□〔兮〕，□□□□□□□[③]。固煩言之不可結詒兮，願陳志而無路。

退静默而莫余知兮，進號呼又莫吾聞。思[④]侘傺之煩惑兮，中悶瞀之忳忳。

昔余夢登天兮，魂中道而無杭。吾使厲神占之兮，曰“有志極而無旁（方）。

無杭疑當爲漭沆，聲之誤也。《文選·西京賦》“滄池漭沆”，注曰：“漭沆猶洸瀁，亦寬大也。”此重在洸瀁一義，言彷徨不定也。漭沆或倒爲沆漭，馬融《廣成頌》“瀇瀁沆漭”。亦作沆茫，揚雄《羽獵賦》“鴻蒙沆茫”，不分明貌，與洸瀁不定之義亦近。

志極猶極也。《説苑·政理篇》：“夫吞舟之魚，不游枝流（二字本作淵，從《列子》改），鴻鵠高飛，不就污池。何則？其志極遠也。”《列子·楊朱篇》作“其極遠也”。極謂終極，猶今言目的，下文“同極而異路兮”，《淮南子·説山篇》“所極一也”是其義也。旁讀爲方，道也。“有志極而無方”，猶言雖有目的而無道可至也。王注“猶欲事君而無其路也”，得之。

終危獨以離異兮”，曰“君可思而不可恃。故（固）衆口其鑠金兮，初若是而逢殆。

危亦獨也。《莊子·繕性篇》“危然處其所”郭注曰“危然獨正之貌”，成疏曰“危猶獨也”。《釋文》引司馬本恑，云“獨立貌”。案危訓獨者，蓋孤之轉。《九懷》章目有“危俊”，猶孤特也（俊峻通）。文

① 原作心，此從一本作“忳”改。

② 此行脱二句。

③ 此行脱二句。以上説部分并見《校補》。

④ 原作申，此改。

曰："步余馬兮飛柱，覽可與兮匹儔。卒莫有兮纖介，永余思兮怞怞。"可證。曰字下仍厲神之語。此一人之語再用曰字更端别起例，説詳《離騷》。《晏子春秋・諫上篇》："衆口鑠金。"

懲於羹[①]而吹整兮，何不變此志也？欲釋階而登天兮，又猶[②]曩之態也。"

王注："言人有歠羹而中熱，心中懲恣，見整則恐而吹之，言易改移也。"

釋，捨也。階，梯也。

曩之態，謂曩者登天，漭沆中道之態。

衆駭遽以離心兮，何[③]以爲此伴也？同極而異路兮，又何以爲此援也？

伴，侣也。援，助也。所依倚以爲援助者亦謂之援。伴援迭韻連語，故義亦相近。衆人見己所行如此，皆驚駭惶遽，心懷離貳，良以彼與我雖同欲事君，而性有忠佞之别，故不得不異道而殊趨也。若是者乃欲其與我爲伴侣，資我以援臂，寧可得乎？

晋申生之孝子兮，父信讒而不好。行婞直而不豫兮，鮌功用而不就。

好，愛也。

用，因也。治水之功，因以不成也。

吾聞作忠以造怨兮，忽謂之過言。九折臂而成醫兮，吾今而知其然。[④]

《管子・形勢篇》："人事之起，近親造怨。"《莊子・徐無鬼篇》：

---

① 羹下原有"者"字，此從一本無删。説見《校補》。
② 原作"猶有"，此從一本改。説見《校補》。
③ 何上原有"又"字，此删。説見《校補》。
④ 此句原作"吾至今而知其信然"，此從一本改。説見《校補》。

“未始離於岑而足以造於（於字疑衍）怨也。”《吕氏春秋·誣徒篇》：“此師徒相與造怨尤也。”

忽，輕忽之也。輕忽聞之，以爲不實。

王注曰：“言人九折臂，更歷方藥，則成良醫。……吾被放棄，乃信知讒佞爲忠直之害也。”

而猶乃也。然，信也。今乃知斯言之不謬也。

矰弋機而在上兮，罻羅張而在下。設張辟（罻）以娱君兮，願側（仄）身而無所。

機，發也，動詞，與張對文。《淮南子·俶真篇》“今矰繳機而在上，罡罟張而在下”，注曰：“機，發也。”《漢書·息夫躬傳》：“鷹隼横厲，鸞徘徊兮，矰若浮猋，動則機兮。”本書《七諫·謬諫》《哀時命》并云“機蓬矢以射革”，機字義并同此。

張辟連讀，張謂弧張，辟謂機辟也。《周禮》冥氏“掌設弧張”注曰：“弧張，罿罦之屬，所以扃絹禽獸。”《墨子·非儒篇》：“大寇亂，盗賊將作，若機辟將發也。”《莊子·逍遥游篇》：“中於機辟，死於罔罟。”司馬注曰：“辟，罔也。”《山木篇》：“然且不免於罔羅機辟之患。”《爾雅·釋器》：“繴謂之罿，罿，罬也。罬謂之罦，罦，覆車也。”注曰：“今之翻車也，有兩轅，中施罥以捕鳥。”辟與繴通（以上張辟説本王念孫）。案張承上矰弋言，辟承上罻羅言。仄，匿也，伏也。

欲儃佪以干傺兮，恐重（踵）患而離尤。欲高飛而遠集兮，君罔謂汝何之？

干當爲坎，字之誤也。《九辯》“然欿傺而沉藏”，欿一作坎。此本作坎傺，坎訛爲欣（《集韻》音干，求也），又改爲干也（武延緒説）。字一作陷滯。《懷沙》“陷滯而不濟”，《思美人》“陷滯而不發”。又作欿切。《哀時命》："塊獨守此曲隅兮，然欿切而永嘆。"皆遲滯不行之謂也。踵，蹈也。踵患與離尤對文。《九嘆・離世》"屢離憂而逢患"，踵患亦猶逢患。

欲横奔而失（軼）路兮，蓋志堅而不忍[①]。背膺敷[②]牉以交痛兮，心鬱結而紆軫。

横，狂也。《抽思》："願摇起而横奔兮。"軼，越也。《曲禮》上："從於先生，不越路而與人言。"

敷牉古之成語。《周禮・小宰》"四曰聽稱責以傅别"，注曰："傅别，謂爲大手書於一札，中字别之。"《士師》"凡以財獄訟者，正之以傅别約劑"注曰："傅别，中别手書也。"二職故書并爲傅辨。鄭興注《小宰》，鄭衆注《士師》，并讀爲符别。《説文》："符……漢制以竹，長六寸，分而相合。"《漢書・文帝紀》注："與郡守爲符者，謂各分其半，右留京師，左以與之。"《釋名・釋書契》："莂（各本作莂，從《廣韻》改），别也。大書中央，中破别之也。"符别即符莂。敷牉與傅辨、傅别、符别（莂），俱聲相轉，惟此爲動詞，彼皆爲名詞耳。"背膺敷牉以交痛"者，猶言背胸分裂，如符莂之中破，因而心中交引而隱痛也。

軫，轉也。

檮木蘭以矯蕙兮，糳申椒以爲糧。播江離與滋菊兮，願春日以爲糗芳。

檮一作擣，舂也。矯讀爲敲，擊也。擣蘭敲蕙。

王注：播，種也。

《説文》："糗，熬米麥也。"《釋名・釋飲食》："糗，齲也，飯

① 原作"堅志而不忍"，此從一本。

② 原無"敷"字，此從一本有補。以上説并見《校補》。

而磨散之，使齲碎也。”《字鏡》：“熟而粉碎謂之糗。”《尚書·柴誓》疏：“糗，搗熬穀也，謂熬米麥使熟又搗之以爲粉。”是糗即今之炒米粉、炒麵粉。此以糗芳并言，疑芳即粉聲之轉。《周禮》籩人“糗餌粉餈”，糗芳即糗粉也。《九歌·東皇太一》“盍將把兮瓊芳”，亦即瓊粉，猶《離騷》云“瓊靡”矣。

□□□□□□〔兮〕，□□□□□□。[①] 恐情質之不信兮，故重著以自明。

情質猶情實也。

願曾思而遠身兮，矯兹媚以私處。〔世溷濁而莫余知兮，吾方高馳而不顧〕[②]。

前二句今本作“矯兹媚以私處兮，願曾思而遠身”，當互易；《涉江篇》“世溷濁而莫余知兮，吾方高馳而不顧”二句原在本篇末，當移置於此：處、顧爲韻。説詳《校補》。“曾思而遠身”，義不可通。疑思當爲逝，聲之誤也。《淮南子·覽冥篇》“還至其曾逝萬仞之上”，注曰：“曾猶高也，逝猶飛也。”本書《九思·悼亂》：“玄鶴兮高飛，曾逝兮青冥。”曾或作增。《史記·賈生傳·吊屈原文》：“摇增逝而去之。”（逝上原有翮字，即逝之訛衍。）《漢書·梅福傳》：“夫戴鵲遭害，則仁鳥增逝。”《文選》張茂先《鷦鷯賦》：“又矯翼而增逝。”《吕氏春秋·權勛篇》：“爲人臣不忠貞，罪也，忠貞不用，遠身可也。”本書《哀時命》：“時猒飫而不用兮，且隱伏而遠身。”處猶隱也。古稱處士即隱士。《淮南子·主術篇》“是故處人以譽尊而游者以辯顯”，注曰：“處人隱居（原衍也字），以名譽見尊也。”矯，慧琳《一切經音義》八七，引作撟。《廣雅·釋詁》一：“撟，擇也。”又：“撟，取也”。

① 此行疑脱二句，説見《校補》。

② 二句自《涉江篇》移此。説見《校補》。

《方言》二："擿揹，選也，凡取物之上謂之擿揹。"媚讀爲美。

《離騷》"折瓊枝以爲羞兮，精瓊靡以爲粻。爲余駕飛龍兮，雜瑶象以爲車。何離心之可同兮，吾將遠逝以自疏"一段，與此上八句大意略同。

〔亂曰：駕青虬兮驂白螭，被明月兮珮寶璐。〕□□□〔兮〕□□□，〔吾與重華游兮瑶之圃。〕

被猶帶也。明月，珠名。珮一本作佩。《字鏡》六載《玉篇》引同。寶璐，美玉。

□□□〔兮〕□□□，〔登崑崙兮食玉英，與天地兮同壽，與日月兮同光。〕[①]

同壽同光，一作比壽齊光。《文選》陸士衡《吊魏武帝文》注引作比壽齊光。《莊子・在宥篇》："故余將去汝，入無窮之門，以游無極之野，吾與日月參光，吾與天地爲常，當我緍乎，遠我昏乎，人其盡死，而我獨存乎！"《淮南子・俶真篇》："能游冥冥者，與日月同光。"

---

① 以上除"亂曰"二字及缺文二句，并本《涉江篇》，前四句本作"被明月兮珮寶璐，世混濁而莫余知兮，吾方高馳而不顧，駕青虬兮驂白螭"。説見《涉江篇・校補》。

涉　江

余幼好此奇服兮，年既老而不衰。帶長鋏之陸離兮，冠切雲之崔嵬。[①]

王注："奇服，好服也。"《國語·晉語》："是故賜我奇服。"王注："衰，懈也。長鋏，劍名也。"切雲，冠名。謂之切雲者：切，摩也。《哀時命》"冠崔嵬而切雲"，注曰："冠則崔嵬，上摩於雲。"是其義。《説苑·善説篇》："昔者荆爲長劍危冠，令尹子西出焉。"

□□□□□□〔兮〕，□□□□□□[②]。哀南夷之莫吾知兮，旦余濟乎江湘。

《墨子·兼愛中篇》："以利荆楚干越與南夷之民。"南夷蓋指大江南今湖南省地。濟江湘，當是濟江湘而北行。

乘鄂渚而反顧兮，欸（哀）秋冬之緒風。步余馬於山皋兮，邸（楮）余車乎芳林[③]。

《國策·齊策》："乘夏水而下漢，四日而至五渚。"（《史記·蘇秦傳》同。）《秦策》："大破荆，襲郢，取洞庭五都江南。"《史記·蘇秦傳》集解引作五渚。（《韓非子·初見秦篇》作五湖。）疑五渚即鄂渚，五鄂聲相近也。乘，登也。既濟湘而北，遂登鄂渚，以回望湘南。欸讀爲哀。（《後漢書·班彪傳》"哀牢"注曰："西南夷號，實發聲之詞。"唐人元結、柳宗元等詩俱作欸乃。字一作誒。《漢書·韋賢傳》"勤誒厥生"，即勤哀厥生。）王注："緒，餘也。""哀秋冬之緒風"，猶《哀郢》云"悲江介之遺風"也。邸一作低，案讀爲抵。《説苑·臣術篇》"道狹，下抵車而待之"，即楮車也。《説文》坻，重文作渚。又：

① 以下有八句移至《惜誦》篇末，已見上文。

② 疑脱二句，説見《校補》。

③ 以上二句中"於""乎"原俱作"兮"，據《離騷》句例改，説見《校補》。

“軔，楮輪木也。”字一作脂，又作指。《詩經・何人斯》：“爾之亟行，遑脂爾車。”《韓詩外傳》：“指車百乘，觴於韞丘之上。”（以上楮車說本俞樾。）

乘舲船余上沅兮，齊吳榜以擊汰，船容與而不進兮，淹回水而疑（凝）滯。

《淮南子・主術篇》：“湯武聖主也，而不能與越人乘舲舟而浮於江湖。”《俶真篇》：“越舲蜀艇。”許注曰：“舲，小船也。”（原本《玉篇・舟部》引）洪注曰：“上謂溯流而上也。”王注曰：“吳，〔大也〕。榜，船櫂也。”郭忠恕《佩觿集》：“汏，濤也。”（汏汰同。）《哀郢》“楫齊揚以容與兮”，與此“齊吳榜以擊汰，船容與而不進”，義同。疑，本一作凝。《書鈔》一三七、《御覽》七七〇、《文選・別賦》注引同。《說文》：“滯，凝也。”

朝發枉陼兮，夕宿辰陽。苟余心其端直兮，雖僻遠之何傷。

《輿地紀勝・常德府》引《元和郡縣志》：陼作渚。

入漵浦余儃佪兮，迷不知吾所如。深林杳以冥冥兮，猨狖之所居。

《哀郢》有夏浦，謂夏水之浦。則漵浦亦謂漵水之浦，此捨舟登陸也。

山峻高以蔽日兮，下幽晦以多雨。霰雪紛其無垠兮，雲霏霏而承宇。

承猶覆也。《哀時命》：“雲依霏而承宇。”《文選・天台山賦》“彤雲斐亹以翼櫺”，注曰：“翼猶承也。”案翼亦覆也。《詩經・生民》：“鳥覆翼之。”覆翼同義複詞。

哀吾生之無樂兮，幽獨處乎山中。吾不能變心而從俗兮，固將愁苦而終窮。

□〔曰〕□□□□〔兮〕，□□□□。[①]接輿髡首兮，桑扈臝形。忠不必用兮，賢不必以。伍子逢殃兮，比干菹醢。

《管子·形勢篇》："後稺逢殃。"《九嘆·怨思》："王子比干之逢醢。"

與（舉）前世而皆然兮，吾又何怨乎今之人！余將董道而不豫兮，固將重（童）昏而終身。

王注："董，正也。"《詩經·褰裳》："狂童之狂也且。"傳曰："狂行童昏所化也。"《周禮·司刑》"三赦曰惷愚"，鄭注曰："生而痴騃童昏者。"《國語·鄭語》"童頑窮固"，韋注曰："童昏固陋也。"一作僮昏。《晋語》"僮昏不可使謀"，注曰："僮昏，無知也。"又作僮惛。《廣雅·釋詁》："僮惛，痴也。"《淮南子·氾論篇》："古者民（原誤人）醇工龎，商樸女重。"重即童昏，字正作重。《大戴禮記·主言篇》作："民敦工璞，商慤女憧。"憧與童通。

亂曰："鸞鳥鳳皇，日以遠兮。燕雀烏鵲，巢堂壇兮。

"露申辛夷，死林薄兮。腥臊并御，芳不得薄（敷）兮。

王注上薄字曰："草木交錯曰薄。"下薄字讀爲敷。《詩·蓼蕭》箋引《虞書》："外薄四海。"《釋文》本作敷，是其比。敷，布也，播也。《説文》説玉德曰："其聲舒揚，尃以遠聞。"尃敷同。馨香言敷，猶聲音言尃矣。

"陰陽易位，時不當兮。懷信侘傺，忽乎吾將行兮。"

當猶遇也。《思美人》："因歸鳥而致辭兮，羌迅高而難當。"當亦

① 疑缺二句，説見《校補》。

訓遇。《白虎通・性情篇》："信者誠也，專一不移也。"忽，忘也。將猶當也。心懷誠信，悵然住立，遂忘己之當有遠行也。

哀　郢

（《七諫・哀命》："傷楚國之多憂。……何君臣之相失兮，上沅湘而分離。……傷離散之交亂兮，遂側身而既遠。……痛楚國之流亡兮，哀靈修之過到。"）

皇天之不純命兮，何百姓之震愆！民離散而相失兮，方仲春而東遷。

純，專也，一也。天不純命，猶言天命不常。震，驚也。愆讀爲騫。《説文》愆重文作寒。《詩經・假樂》"不愆不忘"，《春秋繁露・郊語篇》作騫。《列子・黄帝篇》"而已無愆"，《釋文》："愆本又作騫。"《文選》劉越石《扶風歌》"惟昔李騫期"注"騫古通愆"，并其比。騫亦驚也，《文選》顔延年《侍游曲阿後湖詩》"人靈騫都野，鱗翰聳淵丘"，注曰："騫聳皆驚懼之意也。"字一作蹇，《方言》六："蹇，擾也。人不静，秦晋曰蹇。"驚擾義近。一説震，動也。《左傳》哀十六年："失所爲愆。"案愆之言衍也。《易・需九二象傳》虞注："衍，流也。"《小爾雅・廣言》："衍，散也。"流散與失所義近。震愆猶言蕩動失所。然與前説義亦相通。《尚書・盤庚》："曷震動萬民以遷。"

去故鄉而就遠兮，遵江夏以流亡。出國門而軫懷兮，甲之鼂（朝）吾以行。

疑江夏本一水，如江漢江湘之類。下文"江與夏之不可涉"，或衍與字。鼂，鈔本《渚宫舊事》作朝。甲朝謂甲子之朝。馮衍《顯志賦》："甲子之朝兮，汨吾西征。"

發郢都而去閭兮，怊荒忽其焉極[①]！楫齊揚以容與兮，哀見君而不再得。

閭，里也。極，止也。上云遵江夏、出國門，下云過夏首、顧龍門，是此時郢都在夏水下游，不在江陵也。

望長楸而太息兮，涕淫淫其若霰；過夏首而西浮兮，顧龍門而不見。

王注："長楸，大梓。""言己顧望楚都，見其大道長樹，悲而太息，涕下淫淫如雨霰也。"王以長楸爲表道樹（是也）。《古樂府・離歌》："晨行梓道中，梓葉相切磨。"是古以楸梓表道之證。王注："夏首，夏水口也。"《荀子・解蔽篇》："夏首之南有人焉。"王注："龍門，楚東門也。"

心嬋媛而傷懷兮，眇不知其所蹠。順風波以從流兮，焉洋洋而爲客。

嬋媛詳《離騷》。《淮南子・原道篇》"自有蹠無"，注曰："蹠，適也。"《説林篇》："蹠越者或以舟，或以車。"亦謂適越。"眇不知其所蹠"與《涉江》"迷不知吾所如"語意句法俱同。焉猶乃也。王注："洋洋，無所歸貌也。"

凌陽侯之氾濫兮，忽翶翔之焉薄。心絓結而不解兮，思蹇産而不釋。

王注："凌，乘也。陽侯，大波之神。""薄，止也。"慧琳《一切經音義》一三又一八，引作泊。薄泊通。絓結原本《玉篇・糸部》引作結絓，結絓猶結縎也。王注："蹇産，詰屈也。"結絓雙聲連語，絓，亦結也。《廣韻》："絓，絲結也。"《史記・律書》："秦二世結怨，匈奴絓禍於越。"結與絓同義。（王念孫説。）

① 荒上原無"怊"字，從一本有補。説詳《校補》。

將運舟而下浮兮，上洞庭而下江。去終古之所居兮，今逍遥而來東。

王注："運，回也。"上言西浮，至此又回舟東行。然舟回實因江回，江回路轉，而舟亦隨之也。

羌靈魂之欲歸兮，何須臾而忘返！背夏浦而西思兮，哀故都之日遠。

靈魂思歸，何嘗須臾而忘其歸返故鄉之念哉！

登大墳以遠望兮，聊以舒吾憂心。哀州土之平樂兮，悲江介之遺風。

水邊地高起者曰墳。哀，愛也，戀也。《詩經·關雎·序》"哀窈窕"，愛窈窕也。《吕氏春秋·報更篇》"人主胡可以不務哀士"，注："哀，愛也。"《淮南子·説林篇》"各哀其所生"，注："哀，愛也。"《管子·形勢篇》"見哀之佼"釋作見愛之交。《樂記》"肆直而慈愛者"，注："愛或爲哀。"悲猶愁也。《文選》曹子建《雜詩》"江介多悲風"，注曰："介，間也。"《文選·聖主得賢臣頌》"追奔電，逐遺風"，注曰："遺風，風之疾者。"《甘泉賦》："輕先疾雷而馺遺風。"下二句言戀州土，愁江風，欲留而不行也。

當陵陽之焉至兮，淼南渡之焉如[①]！曾不知夏之爲丘兮，孰兩東門之可蕪！

當，值也，抵也。既抵陵陽，其又將至何處！南渡淼茫，彌望無際，其將何往！《漢書·地理志》丹陽郡有陵陽縣，在今安徽青陽縣南六十里，其地當大江之南，盧江之北。南渡蓋謂渡盧江。《招魂》所謂"路貫盧江左長薄"也。夏疑即漢江夏地，此時楚都所在。王注："丘，墟也。"曾猶從也。從不知國邑之變爲廢墟也。孰，猶孰謂也。《七諫·謬諫》："孰江河之可涸！"

① 南上原無"淼"字，據注補。

心不怡之長久兮，憂與愁其相接。惟郢路之遼遠兮，江與夏之不可涉。

《國語・晋語》："主色不怡。"太史公《報任少卿書》："聽朝不怡。"一作柸治。《淮南子・道應篇》"心（今作止，從王念孫改）柸治，悖若有喪也"，注："楚人謂恨不得爲柸治也。"又作不怠。《論衡・道虚篇》："心不怠。"俞樾謂柸治、不怠，并即不怡。憂與愁一作憂與憂，《藝文類聚》六四，《太平御覽》四六九引同。此心長懷不樂，一憂甫去，一憂又來。

忽若去而不信兮[①]，至今九年而不復。慘鬱鬱而不通兮，蹇侘傺而含戚。

忽猶恍忽也。身雖去國，猶疑未去；離迷恍忽，若在夢中。復，返也。慘，憂也。蹇、謇同，乃也。（章炳麟説。）

外承歡之汋（綽）約兮，諶荏弱而難持（恃）。忠湛湛而願進兮，妒被（披）離而鄣之。

武延緒疑外爲衆誤，近是。汋約即綽約，柔媚貌也。《漢書・揚雄傳》上"閨中容競綽約兮"，注曰："綽約，善容止也。"即此汋約承歡之義。王注："諶，誠也。"王注："湛湛，厚重貌。"被本一作披，鈔本《渚宫舊事》及《困學紀聞》一七引并同。

堯舜之抗行兮，杳冥冥而薄天[②]。衆讒人之嫉妒兮，被以不慈之僞名。

抗同亢，高也。薄迫同。被，加也。《莊子・盗跖篇》："堯不慈，舜不孝。"

① 若下原無"去"字，從一本有補。説見《校補》。
② 原作"瞭杳杳而薄天"，此從一本改。説見《校補》。

憎愠惀（婉孌）之修美兮，好夫人之忼慨。衆踥蹀而日進兮，美超遠而逾邁。

《淮南子·覽冥篇》："純温以淪。"温淪即愠惀，和順貌也。然疑此借爲婉孌。忼慨，激切貌，愠惀之反也。夫人猶凡人，衆人也。下文衆即夫人。美即修美也。

亂曰："曼余目以流觀兮，冀壹反之何時！鳥飛反故鄉兮，狐死必首丘。

曼讀爲眄。《説文》："瞞，平目也。"《繫傳》曰："目瞼低也。"《字林》："瞞，目眥平貌。"案遠望者合眥審諦之貌也。《招魂》："遺視矊些。"瞞矊聲義俱近。《淮南子·説林篇》："鳥飛反鄉，兔走歸窟，狐死首丘，寒將（蜜）翔水，各哀其所生。"《繆稱篇》："夫子見禾之三變也，滔滔然曰：'狐鄉丘而死，我其首禾乎！'"注曰："禾穗垂而向根，君子不忘本也。"《檀弓》上："君子曰：'樂，樂其所自生；禮，不忘其本。'古之人有言曰'狐死正丘首'，仁也。"

"信非吾罪而棄逐兮，何日夜而忘之！□□□□□□〔兮〕，□□□□□□[①]。"

① 疑缺二句，説見《校補》。

抽　思

心鬱鬱之憂思兮，獨永嘆而增傷。思蹇産之不釋兮，曼遭夜之方長。

《悲迴風》“終長夜之曼曼”，注：“曼曼，長貌。”《文選・長門賦》：“夜曼曼其若歲兮。”字一作漫。魏文帝《寡婦賦》：“涉秋夜兮漫漫。”甯戚商歌：“長夜漫漫何時旦。”曼猶漫漫也。之猶其也，言遭夜漫漫其方長也。

悲秋風之動容兮，何回極之浮浮。數惟蓀之多怒兮，傷余心之慢慢。

動容猶衝涌，風氣動貌也。極，天極。天極回旋，故曰回極。此蓋泛指天宇，不專謂天體回旋之樞軸。《九嘆・遠游》：“徵九神於回極。”猶言召九神於天上也。浮浮，動貌。數，屢也。惟，思也。王注：“慢慢，痛貌也。”

願摇起而横奔兮，覽（擥）民尤（訧）以自鎮。結微情以陳詞兮，矯（撟）以遺夫美人。

摇起，疾起也。《方言》二：“摇，疾也。燕之外，鄙朝鮮洌水之間曰摇。”《古文苑》枚乘《梁王菟園賦》：“羽蓋繇起。”《漢書・郊祀志》：“遥興輕舉。”繇遥并與摇通。（以上摇字説本王念孫。）擥，采也，取也。訧，怨也。鎮義未詳。微，隱也。撟，舉也。

昔君與我成言兮，曰黄昏以爲期。羌中道而回畔兮，反既有此他志。

既猶乃也。《檀弓》下：“或敢有他志。”

憍（驕）吾以其美好兮，覽余以其修姱。與余言而不信兮，蓋爲余而造怒。

驕，矜也。覽，示也。蓋本一作盍。

願承閑而自察兮，心震悼而不敢。悲夷猶而冀進兮，心怛傷之憺憺（澹澹）。

自察猶自明，自白也。澹澹，悼動貌。

歷兹情以陳辭兮，蓀詳（佯）聾而不聞。固切言之不媚兮[①]，衆果以我爲患。

《説苑·貴德篇》："願陛下察誹謗，聽切言。"《漢書·成帝紀》鴻嘉二年詔："冀聞切言嘉謀，匡朕之不逮。"

初吾所陳之耿著兮，豈至今其庸亡（忘）！何獨樂斯謇謇兮[②]？願蓀美之可光[③]。

庸猶遽也。（訓見《經傳釋詞補》。）余何以獨好爲此謇謇忠直之言哉？冀君美德可以光大耳。

望三五以爲像兮，指彭咸以爲儀。夫可極而不至兮，故遠聞而難虧。

聞謂聲譽；虧，歇也。名愈大者愈難滅也。

① 言原作"人"，此改。説見《校補》。
② 原作"何毒藥之謇謇兮"，此從一本改。説見《校補》。
③ 光原作"完"，從一本改。説見《校補》。

善不由外來兮，名不可以虚作。孰無施而有報兮，孰不實而有獲。
少歌曰："與美人抽怨兮，并日夜而無正。憍（驕）吾以其美好兮，敖（謷）朕辭而不聽。"

無正，無與平正其是非者。《惜誦》："指蒼天以爲正。"憍，本一作驕。敖，本一作謷。《説文》："謷，不省人言也。"《莊子·天地篇》："雖以天下譽之，得其所謂，謷然不顧。"

倡曰："有鳥自南兮，來集漢北。好姱佳麗兮，牉獨處此異域。

少歌，小聲歌之。倡，大聲歌之。

"既惸獨而不群兮，又無良媒在其側。道卓（逴）遠而日忘兮，願自申而不得。

卓，本一作逴。日忘，謂君日忘己也。

"□□□□□□〔兮〕，□□□□□□。[①] 望南山[②] 而流涕兮，臨流水而太息。
"望孟夏之短夜兮，何晦明之若歲！惟郢路之遼遠兮，魂一夕而九逝。
"曾不知路之曲直兮，南指月與列星。願徑逝而未得兮，魂織絡[③] 之營營。

徑，直也。《後漢書·張衡傳·思玄賦》"庸織絡於四裔兮"，注曰："織絡猶經緯往來也。"《詩經·青蠅》"營營青蠅"，傳曰："營營，往來貌。"

① 疑缺二句，説見《校補》。
② 原作北山，從一本作南山，改。
③ 原作識路，此改。説見《校補》。

“何靈魂之信直兮，人之心不與吾心同！理弱而媒不通兮，尚不知余之從容。”

尚不知，猶曾不知也。《説文》：“尚，曾也。”上文：“曾不知路之曲直。”《哀郢》：“曾不知夏之爲丘兮。”《懷沙》：“孰知余之從容。”

亂曰：“長瀨湍流，泝江潭（潯）兮。狂顧南行，聊以娱心兮。

湍，疾也。逆流而上曰泝。《淮南子·原道篇》“故雖游於江潯海裔”，許注曰：“潯，水涯也。”（《文選·江賦》注，《應詔樂游苑詩》注引。）《漁父》：“屈原既放，游於江潭。”《七諫·初放》：“便娟之修竹兮，寄生乎江潭。”《漢書·揚雄傳》上“因江潭而淮記兮”，注引蘇林曰：“潭，水邊也。”亦以潭爲潯。本當北去，而思作南行之態，以自慰痴情。然猶慮後有追及之者，故其行也，瞿瞿反顧。杜甫《哀江頭》：“欲往城南望城北。”情態略同。

“軫石崴嵬，蹇吾願兮。超回志度，行隱進兮。

《玉篇》：“砛，石不平貌。”《漢書·司馬相如傳》“盤石裖崖”，孟康注曰：“裖，砛致也。”師古注曰：“謂重密而纍積也。”砛砛同。（以上説本武延緒。）崴嵬猶崀𡾋，磈磊也。《文選·吴都賦》注：“崴𡼺不平也。”《爾雅·釋木》“枹遒木魁瘣”，注曰：“謂樹木叢生，根枝節目，盤結磈磊。”《釋文》：“瘣，郭盧罪反。”蹇猶阻難也。超讀爲招摇之招。《史記·孔子世家》“招摇市過之”，集解曰：“招摇，翱翔也。”超回謂招摇迴翔於天上也。超回與昭回同。志度疑當爲跱躕。《文選·長笛賦》：“乍跱躕以狼戾。”朱駿聲謂即峙峿，是也。超回與跱躕義近，猶下文“低徊夷猶”，亦二詞義近也。（超低一聲之轉，超回蓋即低佪之轉。）隱，微也。所進甚微，言其行遲也。

“低徊夷猶，宿北姑（渚）兮。煩冤瞀容，實沛徂兮。

北姑即北渚。姑渚聲近，《韓非子・初見秦篇》“五湖”，《秦策》作五都。《史記・蘇秦傳》集解引《戰國策》作五渚。《風俗通・山澤篇》：“湖者都也。言流瀆四面所猥都也。”又《史記・吴太伯世家》索隱引宋忠説曰：“姑之言諸也。”并其比。《九歌・湘君》：“鼂騁鶩兮江皋，夕弭節兮北渚。”瞀讀如蒙，煩冤瞀容并叠韻連語，皆惑亂貌也。瞀容一作瞢容，《文選・魏都賦》“有靦瞢容”，注：“瞢，愧也。”非是。（以上瞀容説本武延緒。）悖，乖也、誤也、亂也。徂，行也。

“愁嘆苦神，靈遥思兮。路遠處幽，又無行媒兮。

幽，僻也。《九懷・株昭》：“修潔處幽兮。”

“道（抽）思作頌，聊以自救兮。憂心不遂，斯言誰告兮。”

道讀爲抽。《尚書・君奭》：“我道惟寧王德延。”《釋文》引馬本道作迪。《益稷》：“各迪有功。”“迪朕德。”《史記・夏本紀》迪并作道。《説文》：“導，引也。”“搯，引也。”搯重文作抽。疑此舊本作抽，篇名《抽思》，即據此文。頌猶詩也。《吕氏春秋・勸學篇》“是救病而飲之以堇也”，注曰：“救，治也。”《説文》球重文作璆，是救瘳聲近，然則自救猶自瘳耳。遂，達也，申也。

懷　沙

（蔣驥《楚辭餘論下》引李陳玉曰："懷沙，寓懷長沙也。"案李説非也。懷沙猶囊沙，囊沙赴水以自沉。）

滔滔孟夏兮，草木莽莽。傷懷永哀兮，汩徂南土。

滔滔，盛貌。南土謂長沙。

眴□杳杳〔兮〕，孔静幽默。鬱結紆軫兮，離慜（愍）而長鞠。

首句原作"眴兮杳杳"，此眴下一字，疑當作眩。眴眩古字通。《文選·思玄賦》舊注引《蒼頡篇》："眩眩，目視不明貌。"與杳杳義合。此本作："眴眩杳杳兮"，眩缺損作云，草書云兮形近，因誤作兮。句中眩誤兮，後人乃删句末兮字也。《爾雅·釋詁》："孔，間也。"案孔爲間隙之間（名詞），亦爲閑暇之閑（形容詞）。（孔之言猶空也，空，有名詞、形容詞二義，故孔義亦然。）此孔字訓閑暇，與静幽默三字義俱近。軫亦紆也，紆軫與鬱結對文。慜，《史記》作愍。《文選·月賦》注、《悼亡詩》注引本書同。王注："慜，痛也。鞠，窮也。"

撫情效志兮，冤屈而自抑。刓方爲圜兮，常度未替。

撫，案也、定也。《文選·神女賦·序》"撫心定氣"，即此撫情之義。下文冤屈自抑，承此言之。《文選·長笛賦》"致誠效志"，效亦致也。此謂撫情以效志。《七諫·繆諫》曰："願承間而效志兮，恐犯忌而干諱。卒撫情以寂寞兮，然怊悵而自悲。"足與此文相發。常度，猶故態也。

易初本迪（道）兮，君子所鄙。章（彰）畫志（識）墨兮，前圖（度）未改。

《思美人》：“欲變節以從俗兮，愧易初而屈志。”《國策・趙策》二：“今王易初不循俗，胡服不顧世。”本，疑當爲變（詳《校補》）。此易初變道對舉，猶《思美人》變節易初對舉也。志，《史記》作職。職識通，謂明著也。規畫彰明，繩墨昭著。《管子・宙合篇》：“明墨章畫（今作書，從王念孫改），道德有常，則後世人人循（今作修，從王改。）理而不迷。”明墨章畫，猶此言章畫志墨；道德有常，猶此言前圖未改也。（《史記》圖作廢。）

内厚質（志）正兮，大人所盛。巧倕不斵兮，孰察其撥正？

秉性敦厚，志行正直。《文選・東京賦》：“盛夏后之致美。”薛注：“盛，嘉也。”撥猶撥剌，枉曲也。《淮南子・修務篇》：“琴或撥剌枉橈。”注曰：“撥剌，不正也。”或單曰撥。《管子・宙合篇》：“夫繩扶撥以爲正。”《淮南子・本經篇》：“扶撥以爲正。”撥正對舉，與此正同。又《荀子・正論篇》：“不能以撥弓曲矢中。”《戰國策・西周策》“弓撥矢鉤”，義并同。《莊子・大宗師篇》“曲僂發背”，則以發爲之。（以上撥字説本孫詒讓。）

玄文（冥）幽處（本作處幽）兮，矇（本有瞍字）謂之不章（彰）。離婁微睇兮，瞽以爲無明。

玄文與離婁并舉，當亦人名。疑文爲冥之假，或字本作旻（省作文）。玄冥北方神，其色黑。處於北方幽暗之中，故矇者以爲不彰明也。《孟子》：“離婁之明，睇眄之也。”無明，目無光也。

變白以爲黑兮，倒上以爲下。鳳皇在笯兮，鷄鶩翔舞。同糅玉石兮，一概而相量。夫惟黨人〔之〕[①] 鄙固兮，羌不知余（本有之字）所臧（藏）。

概，平斗斛木也。固，陋也。不知所藏，謂美在其中而人不知也。下文："材朴委積兮，莫知余之所有。"意與此同。（王念孫説。）

任重載盛兮，陷滯而不濟。懷瑾握瑜兮，窮不知所示。

盛猶多也。陷，没也。滯，留也。濟，度也。言車重陷濘而不得度也。不知所示，人皆不識，無可示者也。

邑犬群吠兮，吠所怪也。非（誹）俊疑杰兮，固庸態也。

《淮南子·泰族篇》："邑犬群吠。"非，《史記》作誹。《輔行記·宏决》八之二引《廣雅》："庸，愚也。"

文質疏内兮，衆不知余之異采。材朴委積兮，莫知余之所有。

疏疑讀爲廋，《漢書·趙充國傳》"疏捕山間虜"，即搜捕。是其比。廋，隱也，匿也。未成器之材曰朴。

重仁襲義兮，謹厚以爲豐。重華不可遌兮，孰知余之從容！

《淮南子·俶真篇》："積惠重厚，纍愛襲恩。"《氾論篇》"此聖人之所以重襲恩"，注曰："襲亦重纍。"王注："遌，逢也。"

古固有不并兮，豈知其故也[②]。湯禹久遠兮，邈不可慕也[③]。

聖主賢臣，有不并而生者，其故豈可得而知乎？《淮南子·覽冥

① 原無"之"字，此補。説見《校補》。
② 原作"豈知其何故"，此改。説見《校補》。
③ 原作"邈而不可慕"，此改。説見《校補》。

篇》："太公并世，故武王之功立。"《法言·五百篇》"堯舜禹君臣也而并"，吴注："堯舜禹三聖相并。"

懲違（愇）改忿兮，抑心而自强。離慜而不遷兮，願志之有像。

王注："懲，止也。"《廣雅·釋詁》四："愇，恨也。"《文選·幽通賦》"違世業之可懷"，曹大家注曰："違，恨也。"《漢書·叙傳》作愇。（王念孫説。）遷，改也。雖遭憂患，而不改其節。像，法也。

進路北次兮，日昧昧其將暮。舒憂娱哀兮，限之以大故。

《哀郢》："登大墳以遠望兮，聊以舒吾憂心。"《思美人》："遵江夏以娱憂。"《七諫·自悲》："凌恒山其若陋兮，聊愉娱以忘憂。"皆以游眺郊野爲樂。《莊子·知北游篇》："山林與，皋壤與，使我欣欣然而樂與。"《外物篇》"大林丘山之善於人也……"與此態度一致。本篇"舒憂娱哀"，當承上文"進路北次"言，謂北行江郊以自娱也。《周禮·膳夫》注："大故，寇戎之事。"《大祝》注："大故，兵寇也。"疑此大故義同。言將北進，阻於兵寇而不果也。王以大故爲死亡，於義難通。

亂曰："浩浩沅湘，汾[1]（湓）流汩兮，修路幽蔽，道遠忽兮。

湓，涌也。《文選·江賦》："湓流雷呴（吼）而電激。"《漢書·溝洫志》注曰："湓，涌也。"字一作濆，《公羊傳》昭五年："濆泉者何？直泉也。直泉者何？涌泉也。"汩亦涌也。《莊子·達生篇》"與汩皆（偕）出"，郭注曰："回伏而涌出者，汩也。"《列子·黄帝篇》釋文曰："汩，涌波也。"《七發》："所揚汩者，所温汾者。"此言沅湘之水，浩浩廣大，湓涌減汩而流也。幽蔽，謂林木掩翳。

① 原作"分"，此從一本改。説見《校補》。

曾傷爰（咺）哀，永嘆喟兮。世溷濁莫吾知，人心不可謂兮。[①]

爰哀，《史記》作恒悲。恒即咺之誤。《方言》一："咺，痛也。凡哀泣而不止曰咺。"咺哀與曾傷對文。作爰，借字。《齊策》六"狐咺"，《漢書·古今人表》作爰。是其比。王注："謂猶説也，言己遭遇亂世，衆人不知我賢，亦不可户告人説。"

懷情抱質[②]，獨無正[③]兮。伯樂既没，驥焉程兮！

《淮南子·繆稱篇》"懷情抱質"，情質猶誠實。《哀時命》："懷瑶象而佩瓊兮，願陳列而無正。"《漢書·東方朔傳》"程其器能"，注曰："程，謂量計之也。"《文選·西京賦》"程角觝之妙戲"，薛注曰："程，謂課其技能也。"《遠游》："高陽邈以遠兮，余將焉所程！"

民生禀命[④]，各有所錯兮。定心廣志，余何畏懼兮！

《晋語》七："將禀命焉。"《楚語》上："是無所禀命也。"禀，受也。王注："錯，安也。"

知死不可讓，願勿愛兮。明告君子，吾將以爲類兮。

王注："讓，辭也。"愛，吝也，惜也。王注："類，法也。"將以君子爲類。

---

① 四句自從後文移此，説見《校補》。
② 原作"懷質抱情"。
③ "正"原作匹，此改。説見《校補》。
④ 此句原作"萬民之生"，此從一本改。説見《校補》。

思美人

思美人兮，擥涕而竚（眝）眙。媒絶路阻兮，言不可結而詒。

《説文》："擥，撮持也。"《釋名·釋姿容》："攬，斂也，斂置手中也。"擥攬同。《文選·北征賦》注、《三良詩》注引并作攬。擥涕猶收涕也。《説文》："眝，長眙也。一曰張目也。"别義與盱同。又："眙，直視也。"《方言》七"眙，逗也；西秦謂之眙"，注曰："謂住視也。"案眙今語轉爲瞪。《文選·魯靈光殿賦》注："愕視曰眙。"即今所謂瞪矣。

蹇蹇之煩冤兮，陷滯而不發。申旦以舒中情兮，志沈菀（鬱）而莫達。

蹇蹇猶蹇産，詰屈也。發，開也，散也。《後漢書·鄧騭傳》注："申，明白也。"旦亦明也。《惜往日》"孰申旦而别之"，并此云"申旦以舒中情"，皆有剖白之義。《九辨》"獨申旦而不寐兮，哀蟋蟀之宵征"，蓋猶《詩》言"耿耿不寐""明發不寐"，亦明白一義之引申。

願寄言於浮雲兮，遇豐隆而不將。因歸鳥而致辭兮，羌迅[①]高而難當。

《荀子·賦篇（雲賦）》："行遠疾速，而不可托訊者也。"魏文帝《永思賦》："願托乘於浮雲，嗟逝速之難當。"將猶賫也。迅有躍義。《説文》："躍，迅也。"又有飛義。《説文》："卂，疾飛也。"卂爲迅之初文。合上二義，則迅即直飛刺上之謂也。高讀爲矯，矯有矯捷與飛舉諸義，與迅近。故古書多二字連詞。《文選·赭白馬賦》："軍馱趫迅而已。"趫迅猶矯迅也。《爾雅》釋獸"獸曰釁，人曰撟"，郭注曰："自奮釁。"監本作"奮迅動作"，則讀釁撟爲迅撟。此曰"迅矯而難當"，謂鳥高飛刺上而難遇也。曹植《九愁賦》："願接翼於歸鴻，嗟高

① 原作宿，此從一本改。説見《校補》。

飛而莫攀。”陳琳《止欲賦》:“欲語言於玄鳥,玄鳥逝以差池。”語意并與此近。

高辛之靈盛兮,遭玄鳥而致詒。欲變節以從俗兮,愧易初而屈志。獨歷年而離愍兮,羌馮心猶未化。寧隱閔而壽考兮,何變易之可爲!

馮猶憤也。《離騷》“喟憑心而歷兹”,注曰:“喟然舒憤懣之心。”本篇下文“揚厥馮而不竢”,注曰:“思舒憤懣。”《哀時命》“願舒志而抽馮兮”,注曰:“思舒志意,援引憤懣。”并此文注曰“憤懣守節”,皆以憤懣釋馮字。正讀馮爲憤,《天問》“康回馮怒”,即憤怒也。化猶改也。隱閔猶憤懣也。《哀時命》“然隱憫而不達兮”(憫本一作閔),即憤懣而不達也。壽考猶言終身。“何變易之可爲”,猶言何能變易之。《九歌·大司命》“孰離合之可爲”,猶言孰能離合之,語例相仿。

知前轍之不遂兮,未改此度。車既覆而馬顛兮,蹇獨懷此異路。

顛,仆也。蹇,乃也。

勒騏驥而更駕兮,造父爲我操之。□□□□□□〔兮〕,□□□□□□。①

操猶馭也。

遷逡次(趑趄)而勿驅兮,聊假日以須時。指嶓冢之西限兮,與纁(曛)黄以爲期。

遷讀爲蹇。一説猶遷延也。逡次猶趑趄也。《説文》:“趑,行趄趑也。”“趑趄,行不進也。”趄趑、趑趄一聲之轉,倒言之則曰趑趄。(《廣雅·釋詁》三:“悛,止也。”《穀梁傳》莊三年:“次,止也。”又《左傳》哀三年“外内以悛”,注曰:“悛,次也。”是逡次聲近義通

① 疑脱二句。説見《校補》。

之驗。）

限，隅也。

纁本一作曛。《文選》謝靈運《晚出西射堂》注、慧琳《一切經音義》八四引并同。王注："纁黄，蓋黄昏時也。"《後漢書·趙壹傳》："談至熏夕，極歡而去。"熏夕即昏夜，熏纁通。

開春發歲兮，白日出之悠悠。吾將蕩志而愉樂兮，遵江夏以娱憂。

《大招》："青春受謝，白日昭只。"《招魂》："獻歲發春兮，汩吾南征。"

擥大薄之芳茝兮，搴長洲之宿莽。惜吾不及古人兮，吾誰與玩此芳草。

大薄，大林也。

解萹薄與雜菜兮，備以爲交（茭）佩。佩繽紛以繚轉兮，遂萎絶而離異。

解猶折也，截也。《莊子·徐無鬼篇》："鶴脛有所節，解之也悲。"《爾雅·釋草》"萹苻止濼貫衆"，注曰"葉員鋭莖毛黑布地冬不死"，萹薄蓋即萹苻。

備，具也。《墨子·辭過篇》："古之民未知爲衣服時，衣皮帶茭。"王念孫曰："《説文》：'筊，竹索也。'其草索則謂之茭。《尚賢篇》傅説衣褐帶索，謂草索也。"孫詒讓曰："帶茭疑即喪服之絞帶，《傳》云絞帶者，繩帶也。"案喪服多存原始遺俗，絞帶即墨子所謂帶茭無疑。《釋名·釋喪制》："絞帶，絞麻緦爲帶也。"交佩亦即茭帶、絞帶。交佩者，下文所謂"南夷之變態"，野蠻民族固當與樸古同風也。

《離騷》："雖萎絶其亦何傷兮。"離異猶解散也。

吾且儃佪以娛憂兮，觀南夷之變態。竊快在中心兮，揚厥馮而不竢。

《荀子·君道篇》："并遇變態而不窮。"《文選·子虛賦》："殫睹衆物之變態。"《上林賦》："覽將帥之變態。"《西京賦》"盡變態乎其中"，薛注曰："變，奇也。"《射雉賦》："眄箱籠以揭驕，睨驍媒之變態。"南夷之變態，謂南夷之陋俗，即上文佩藟薄雜菜之類也。南夷詳《涉江》。

揚謂發揚，揚馮猶發憤。竢疑當爲唉，即欸，嘆也。《離騷》："喟憑心而歷兹。"發泄憤懣者，動以嘆喟，此則因快在心中，故不假喟嘆而憤心已發揚播散也。

□□□□□□〔兮〕，□□□□□□。
□□□□□□〔兮〕，□□□□□□。[①]
□□□□□□〔兮〕，□□□□□□。[②]芳與澤其雜糅兮，羌芳華自中出。

芳謂芳草，澤謂膏澤。芬芳出於芳草，光華出於膏澤。一曰聲光氣味皆謂之華，芳華即芳氣也。芳華自中出，謂芳氣自膏澤中出。

紛郁郁其遠蒸[③]兮，滿内而外揚。情與質信可保兮，居重蔽而聞章（彰）。

《後漢書·馮衍傳》注："郁郁，香氣也。"揚雄《逐貧賦》："人皆重蔽，予獨露居。"聞，聲聞也。

① 疑脱四句。
② 疑脱二句。説見《校補》。
③ 原作承，從一本改。説見《校補》。

令薜荔以爲理兮，憚舉趾而緣木。因芙蓉以爲媒兮，憚蹇裳而濡足。登高吾不悦兮，入下吾不能。固朕形之不服兮，然容與而狐疑。

服字疑誤，未詳所當作。

然猶乃也。容與即猶豫也。

廣遂前畫兮，未改此度也。命則處幽〔兮〕，吾□□□〔也〕。〔時曖曖其〕將罷兮，願及白日之未暮〔也〕。獨煢煢而南行兮，思彭咸之故也[1]。

① 以上二行字句有脱誤及增補，説見《校補》。

惜往日

（本篇全係法家思想。《韓非子·奸劫弑臣篇》："上不能説人主使之明法術、度數之理。"《有度篇》："故審得失有法度之制者加以群臣之上，則主不可欺以詐僞；審得失有權衡之稱者以聽遠事，則主不可欺以天下之輕重。"《亡徵篇》："主多能而不以法度從事者，可亡也。"《安危篇》安術有七，"三曰死生隨法度。"《外儲説左上篇》韓昭侯謂申子曰："法度甚易行也。"《問田篇》："今先生立法術，設度數。"《史記》本傳"懷王使屈原造爲憲令"，憲令即法令。《韓非子·定法篇》："法者，憲令著於官府，刑罰必於民心。"《問辯篇》："堅白無厚之詞章，而憲令之法息。"《六反篇》："審於法禁……必於賞罰……國富則兵强，而霸王之業成矣。"）

惜往日之曾信兮，受命詔以昭時（本作詩）。奉先功以照下兮，明法度之嫌疑。

曾信猶崇信也。

命詔猶詔令也。《莊子·徐無鬼篇》"招世之士興朝"，招世即昭時。昭，曉也，謂曉諭時世也。

照讀爲昭，示也。

《韓非子·顯學篇》："明吾法度，必吾賞罰者亦國之脂澤粉黛也。"《五蠹篇》："明其法禁，必其賞罰。"《八説篇》："息文學而明法度。"

國富强而法立兮，屬貞臣而日娭。秘（閟）密事之載心兮，雖過失猶弗辭（本作治）。

屬猶委也。貞，忠心。娭與嬉同。委政於人臣，日事嬉游。

閟，藏也。載，在也。《七諫·怨世》："意有所載而遠逝兮。"

《韓非子·説疑篇》:“爲人主者,誠明於臣之所言,則雖畢弋馳騁,撞鐘舞女,國猶且存也……趙之先君敬侯,不修德行,而好縱欲,適身體之所安,耳目之所樂,冬日畢戈,夏浮淫,爲長夜,數日不廢御觴,不能飲者以筩灌其口,進退不肅,應對不恭者斬於前。故居處飲食如此其不節也,制刑殺戮如此其無度也,然敬侯享國數十年,兵不頓於敵國,地不虧於四鄰,内無君臣百官之亂,外無諸侯鄰國之患,明於所以任臣也。”

心純庬而不泄兮,遭讒人而嫉之。君含怒以[1]待臣兮,不清澈其然否。

純庬古之成語,猶敦厚也。《國語·周語》上:“敦庬純固。”《左傳》成十六年:“民生敦庬。”一作敦懞。《管子·五輔篇》:“敦懞純固。”又作敦龐。《淮南子·俶真篇》:“而復反於敦龐。”

清澈皆察也。《尚書·吕刑》“明清於單辭”,《後漢書·明帝紀》作“明察單辭”。澈,明也,明亦察也。《法言·五百篇》“聆聽前世,清視在下”,即察視在下也。

蔽晦君之聰明兮,虚惑誤又以欺。弗參驗以考實兮,遠遷臣而弗思。

《韓非子·顯學篇》:“無參驗而必之者,愚也;弗能必而據之者,誣也。”《奸劫弑臣篇》:“非參驗以審之也……此幸臣之所以得欺主成私者也。”《亡征篇》:“聽以爵不待參驗,用一人爲門户者,可亡也。”《八經篇》:“聽不參則無以責下。”《詭使篇》:“今守度奉量之士欲以忠嬰上而不得見,巧言利辭行奸軌以倖偷世者數御。據法直言,名刑相當,循繩墨,誅奸人所以爲上治也而愈疏遠,諂施順意從欲以危世者近。”

信讒諛之溷濁兮,盛氣志而過之。何貞臣之無辠兮,反(本作被)離謗而見尤。

---

① 原作而。

過，責也。《莊子·則陽篇》："匿爲物而過（從俞樾説改）不識，大爲難而罪不敢。"《國策·趙策》："太后盛氣而胥之。"

君無度而弗察兮，使芳草爲藪幽。獨鄣壅而蔽隱兮，使貞臣爲無由。

度，法也。

藪幽即幽藪，倒詞以取韻。

《韓非子·主道篇》："臣閉其主曰壅。"

"使貞臣爲無由"即"使貞臣無由爲"，言使人雖欲爲忠貞之臣而無由爲之也。

慚光景之誠信兮，身幽隱而避之。臨沅湘之玄淵兮，遂自忍而沉流。

避謂避光景，有慚於光景，故欲隱身於玄淵之中以避之。《史記·賈生傳·吊屈原文》曰："襲九淵之神龍兮，沕深潛以自珍。彌融爚以隱處兮，夫豈從蟂與蛭螾？"正義引顧野王曰："彌，遠也。融，明也。爚，光也。没深藏以自珍，彌遠光明以隱處也。"彌融爚《漢書》作"偭蟂獺"，注引應劭曰："偭，背也。"案彌偭聲轉，背遠義近，背之遠之并猶避之也。彼言背絶光明以從神龍於九淵之下，此言避去光景而自隱於玄淵之中，用意相仿，足可互發。《荀子·解蔽篇》"水埶玄也"注曰："玄，幽深也。"玄淵，深淵也。《國語·晋語》六"以忍去過"注曰："忍，以義斷也。"案堅而能止曰忍，堅而能行亦曰忍（朱駿聲説）。此及《晋語》忍字皆堅而能行之謂。

卒没身而絶名兮，惜壅君之不昭（照）。焉舒情而抽信兮，恬死亡而不聊。

没，滅也。

壅君謂被壅之君，猶暗君也。《韓非子·二柄篇》"故劫殺擁蔽之主"。《孤憤篇》"然而人主壅蔽"。下"惜壅君之不識"，同。

昭同照，燭也，知也。

焉，乃也。情，誠也。

恬，安也。聊通憭。《九辯》："憭慄兮若在遠行。"《招隱士》："憭兮慄，虎豹穴。"《文選·七發》"聊兮慄兮"注曰："聊慄，恐懼之貌。"字作聊。"恬死亡而不聊"，安死亡而不懼也。

聞百里之爲虜兮，伊尹烹於庖厨；吕望屠於朝歌兮，甯戚歌而飯牛。不逢湯武與桓繆兮，世孰云而知之？吴信讒而弗味兮，子胥死而後憂。

云猶有也。而能古通。

《淮南子》："古人味而不貪，今人貪而不味。"《老子》六十三章："味無味。"《列子·天瑞篇》："有味者，有味味者。"《後漢書·郎顗傳》："含味經籍。"味皆動詞。此言貪信讒言，而不知含味其善惡也。

介子忠而立枯兮，文君寤（悟）而追求；封介山而爲之禁兮，報大德之優游。

《晏子春秋·諫下篇》第二十："吾將左手擁格，右手梱心，立餓枯槁而死。"《外篇》第一一："木乾鳥栖，袒肉暴骸，以望君愍之。"《莊子·盗跖篇》："介子推至忠也，自割其股以食文公。文公後背之，子推怒而去，抱木而燔死。"《水經·汾水注》引王肅《喪服要記》："昔魯哀公祖載其父，孔子問曰：'寧設桂樹乎？'哀公曰：'不也。桂樹者起於介子推，子推晋之人也，文公有内難，出國之狄，子推隨其行，割肉以續軍糧。後文公復國，忽忘子推，子推奉唱而歌之。文公始悟，當受爵禄。子推奔介山，抱木而燒死。國人葬之，恐其神實於地，故作桂樹焉。吾父生於宫殿，死於枕席，何用桂樹爲？'"立枯謂燔死也。一曰立槁。《韓詩外傳》一："鮑焦……於是棄其蔬，而立槁於洛水之上。”《説苑·立節篇》：“〔成公趙〕遂立槁於彭山之上。”又曰立乾。《莊子·盜跖篇》：“鮑子立乾。”文君即文公，猶《莊子·外物篇》宋元君即宋元公也。《淮南子·説山篇》：“介子歌龍蛇而文君垂泣也。”《齊俗篇》：“晋文君大布之衣，牂羊之裘，韋以帶劍，威立於海内。”亦并以君以公。王注曰：“文公遂以介山之民封子推，使祭祀之。”王肅亦謂立桂樹以栖其神魂。疑此言禁即禁社之類。《墨子·耕柱篇》：“季孫紹與孟伯常治魯國之政，不能相信而祝於禁社。”案禁字從林從示，蓋當以禁爲其本義，王念孫以禁社爲叢社之誤，非是。子推遠隱介山，故曰大德之優游，言優游於利禄之外也。

思久故之親身兮，因縞素而哭之。或忠信而死節兮，或訑謾而不疑。

久故即舊故，猶言往昔。親謂親愛。身，我也。親身蓋指割肉事。訑謾，欺法也。《淮南子·説山篇》：“媒但（誕）者非學謾他，但成而生不信。”謾他與訑謾同。不疑，不見疑也。

弗省察而按實兮，聽讒人之虚辭。芳與澤其雜糅兮，孰申旦而别之？

《韓非子·外儲説左》上：“故借之虚辭則能勝一國，考實按形不能謾於一人。”又：“爲虚辭，其無用而勝；實事，其無易而窮也。人主多無用之辯，而少無易之言，此所以亂也。

何芳草之早殀兮，微霜降而下戒。諒聰不明而蔽壅兮，使讒諛而日得。

《九辯》：“秋既先戒以白露兮，冬又申之以嚴霜兮。”（編者案：以下又有“冬又申之以嚴霜”一句，此删。）

諒，信也。《廣雅·釋詁》四：“聰，聽也。”聰不明即聽不明。《易·噬·上九》象辭：“何校滅耳，聰不明也。”《釋文》引馬注曰：“耳無所聞。”《夬·九四》象辭：“聞言不信，聰不明也。”《正義》

曰：“聰，聽也。”

得猶中也。

自前世之嫉賢兮，謂蕙若其不可佩。妒佳冶之芬芳兮，嫫母姣而自好。

《左傳》襄九年：“棄位而姣，不可爲貞。”《方言》一：“凡好而輕者，自關而東，河濟之間，或謂之姣。”《廣雅·釋言》：“姣，侮也。”《韓非子·説林上篇》：“美者自美，吾不知其美也。”

雖有西施之美容兮，讒妒入以自代。願陳情以白行兮，得罪過之不意。

《韓非子·奸劫弑臣篇》：“無捶策之威，銜橛之備，雖造父不能以服馬。無規矩之法，繩墨之端，雖王爾不能以成方圓。無威嚴之勢，賞罰之法，雖堯舜不能以爲治。”

情冤（宛）見之日明兮，如列宿之錯置。乘騏驥而馳騁兮，無轡銜而自載。

冤本一作宛。《詩經·蒹葭》：“宛在水中央。”箋曰：“宛，坐見貌。”案坐見之義未聞。疑讀爲晥。《禮記·檀弓》上“華而晥”《釋文》曰：“晥，明貌。”

《韓非子·奸劫弑臣篇》：“托於犀車良馬之上，則可以陸犯阪阻之患；乘舟之安，持楫之利，則可以水絶江河之難；操法術之數，行重罰嚴誅，則可以致霸王之功。治國之有法術賞罰，猶若陸行之有犀車良馬也，水行之有輕舟便楫也，乘之者遂得其成。”《韓詩外傳》一：“故急轡御者，非千里之御也。”

乘氾泭以下流兮，無舟楫而自備。背法度而心治兮，辟（譬）與此其無異。

辟本一作譬。《韓非子·用人篇》："釋法術而任心治，堯不能正一國。去規矩而妄意度，奚仲不能成一輪。廢尺寸而差短長，王爾不能半中。"

寧溘死而流亡兮，恐禍殃之有再。不畢辭而赴淵兮，惜壅君之不識。

橘　頌

（杜甫《四松》："别來忽三載，離立如人長。……我生無根蔕，配爾亦茫茫。"白居易《寄題周至廳前雙松》："手栽兩樹松，聊以當嘉賓。……有時晝掩關，雙影對一身。盡日不寂寞，意中如三人。忽奉宣室詔，徵爲文苑臣。閑來一惆悵，恰似别交親。"《玩松竹》："窗竹多好風，檐松有嘉色。幽懷一以合，俗念隨緣息。在爾雖無情，於予即有得。乃知性相近，不必動與植。"）

后皇嘉樹，橘徠服兮。受命不遷，生南國兮。

《漢書·禮樂志·郊祀歌》十四曰后皇，禮后土祠畢，濟汾河作（王先謙説）。似后皇即后土。徠來同。服，用也。來而效其用也。《考工記·總目》："橘逾淮而北爲枳。"《晏子春秋·雜下篇》："橘生於淮南則爲橘，生於淮北則爲枳。"《韓詩外傳》十："王不見夫江南之樹乎，名橘，樹之江北，則化爲枳。"《淮南子·原道篇》："橘樹之江北，則化而爲枳。"《史記·貨殖傳》："江陵千樹橘。"

深固難徙，更壹志兮。緑葉索榮，紛其可喜兮。

壹，專壹也。

曾枝剡棘，圓果摶兮。青黄雜糅，文章爛兮。

曾，高也。剡，鋭利也（《説文》）。棘，策（刺）也。摶團同。

精（綪）色内白，類任道兮。紛緼宜修，姱而不醜兮。

精猶綪，大赤也（《左傳》定四年杜注）。李尤《七嘆》"金衣素裏"，綪色猶金衣，内白猶素裏也。任，懷也，抱也。"紛緼宜修，姱而不醜兮"，疑當作"紛緼修姱，麗而不醜兮"。紛緼猶紛紜，盛貌也。

不醜，猶不群也。（陳子昂《堂弟孜墓志銘》："微烈英曜兮始菭葸。"《館陶郭公姬薛氏墓志銘》："瑶草芳兮思菭葸。"）

嗟爾幼志，有以異兮。獨立不遷，豈不可喜兮。深固難徙，廓（孤）其無求（逑）兮。蘇世獨立，横（觵）而不流兮。

《哀時命》"廓抱景而獨倚兮"，謂孤寂抱景而獨處也。廓一曰廓落。《哀時命》又曰"廓落寂而無友兮"，廓落寂亦即孤寂。《莊子·逍遥游篇》"則瓠落無所容"，簡文注曰："瓠落猶廓落也。"《御覽》九七九引《莊子》，正作廓落。孤轉爲廓，猶瓠轉爲廓矣。逑，匹也；（《詩經·關雎》傳）友也。蘇猶疏，遠也。《説文》：觵，重文作觥。《後漢書·郭憲傳》"關中觥觥郭子横"，注曰："觥觥，剛直之貌。"觥觵横同。流，移也（《考工記·弓人》注）。《中庸》："君子和而不流。"

閉心自慎，終不失過兮。秉德無私，參天地兮。

參，比也，并也。《説苑·政理篇》："吾已閉心矣，何閉於門哉！"

願歲并（屏）謝，與長友兮。淑離不淫，梗其有理兮。

并同屏，屏、謝，皆除也。願隨日月之推移，長與爲友。淑離讀爲寂歷，稀疏貌也。《文選》江淹《雜體詩》"寂歷百草晦"注曰："寂歷，凋疏貌。"（俞樾説。）淫猶繁縟也。梗，不纖密貌。《方言》十三："梗，略也。"《文選·東京賦》"言其梗概如此"注曰："梗概，不纖密也。"

年發雖少，可師長兮。行比伯夷，置（植）以爲像兮。

置植古通。《詩經·那》"置我鞉鼓"，《禮記·明堂位》作植。《論語·微子篇》"植其杖而芸"，《漢石經》作置。像，法也。

悲迴風

悲迴風之摇蕙兮，心冤結而内傷。物有微而隕性（生）兮，聲有隱而先倡。

冤結猶鬱結也。

性生古同字，生猶今言生命也。《爾雅·釋詁》“竄，微也”，注：“微，謂逃避也。”隕猶絶也。

隱亦微也。《韓詩外傳》六：“夫聲無小而不聞，行無隱而不形。”

夫何彭咸之造思兮，曁志介而不忘。萬變其情豈可蓋兮，孰虚僞之可長？

之猶是也。造思猶追懷。《思美人》：“思彭咸之故也。”

曁讀爲氣。《説文》氣重文作槩（編者案：原脱槩字，此補），漢隸氣或作炁，是其比。《惜往日》：“盛氣志而過之。”《淮南子·精神篇》：“氣志者五藏之使候也。”介，堅也。

蓋，掩也。

《管子·小稱篇》：“務爲（僞）不久，蓋虚不長。”《韓非子·難一篇》：“務（原作矜，從俞樾改）僞不長，蓋虚不久。”《抽思》：“望三五以爲像兮，指彭咸以爲儀。夫何極而不至兮，故遠聞而難虧。善不由外來兮，名不可以虚作。孰無施而有報兮，孰不實而有獲？”與此四句意同。

鳥獸鳴以號群兮，草苴比而不芳。魚葺鱗以自别兮，蛟龍隱其文章。

鳥獸各以類聚，麟鳳不與衆鳥獸爲群也。

比，雜也。《樂論》釋文：“百草異類，相雜而生，則失其芬矣。”

葺，蓋屋也。魚鱗相次，狀如蓋屋，故曰葺鱗。别，明也（《鄉飲酒禮》鄭注），别與隱對。魚炫耀其鱗甲，蛟龍則務韜晦其文。

故（固）荼薺不同畝兮，蘭茝幽而獨芳。惟佳人之永都兮，更統世而自貺。

甘苦異味，薺荼不同畝而生。蘭茝幽藏，各保其芳。

佳人謂彭咸。都，藏也（《廣雅·釋詁》四）。更，歷也。《論衡·調時篇》："千五百三十九歲爲一統。"統之言充也。充，大也（《淮南子·説山篇》注）。統世猶言大數之世。又《説文》："充，長也。"統世亦猶長也。貺，益也。思念佳人之長年姣好，歷世久遠而自然愈甚。

眇遠志之所及兮，憐浮雲之相羊。介眇志之所惑兮，竊賦詩之所明。

《文選·東京賦》"眇天末以遠期"注曰："眇，視也。"字一作窅。《聲類》曰："窅，遠望也。"（《文選》謝玄暉《敬亭山詩》注引）案眇望一聲之轉，眇即望矣。心有所之曰志，其所之絶遠，故曰遠志。及，届也，至也。有所之則有所至，故志與及對。

《方言》十二："忦，恨也。"又二："齘，怒也，小怒曰齘。"《説文》："齘，齒相切也。"忦齘義通，蓋本一字。眇，同渺，遠也。

竊猶忦也。《説文》竊從古文疾聲，"㑵，妎也"，重文作嫉。忦妎同。又《莊子·馬蹄篇》"詭銜竊轡"，《釋文》曰"齧轡也"。齘齧聲義俱近。（《説文》竊又從卨聲，卨古文偰，是竊齧聲亦本近。）賦者詩之流，以其體尚鋪陳，故謂之賦詩。後世稱賦，即賦詩之省耳。明猶著也。心中有所嚮往，目光隨思緒而馳，至於天邊，則有浮雲相羊，心所念者，宛在其間，不覺注明凝思，寄其微情焉。然而此徒幻想耳。幻想既滅，其人終不可見，因恨詩人所著之不實，徒令人惑亂迷惘耳。張九齡《雜詩》："我有異鄉憶，宛在雲溶溶。憑此目不覿，要之心所鍾。但欲附高鳥，安敢攀飛龍。至精無感遇，悲惋填心胸。歸來扣寂寞，人願天旦從！”所寄意雖異，其遣辭則與此甚近也。

惟佳人之獨懷兮，折若椒以自處。曾歔欷之嗟嗟兮，獨隱伏而思慮。

若，杜若；椒，申椒。自猶獨也。處猶寢也。《詩經・殷其雷》以處息平列，寢亦息也。是處亦可訓寢。

涕泣交而淒淒兮，思不眠以至曙。終長夜之曼曼兮，掩此哀而不去。

《方言》十：“攘，掩，止也。”是掩亦攘也。

寤從容以周流兮，聊逍遥以自恃（持）。傷太息之愍憐兮，氣於邑而不止。

持，制也（《荀子・正名篇》注）。《九辯》“心閔憐之慘悽兮”，愍憐，閔憐同。

《淮南子・覽冥篇》：“孟嘗君爲之增欷歍唈流涕。”於邑即歍唈。

糺思心以爲纕兮，編愁苦以爲膺。折若木以蔽（曊）光兮，隨飄風之所仍（扔）。

心亦思也。《吕氏春秋・精諭篇》：“勝書能以不言説，而周公旦能以不言聽，紂雖多心，弗能知矣。”言紂雖多思慮，不能知周之代己也。徐廣《史記・五帝本紀》音義引《墨子》：“年逾五十，則聰明心慮不徇通矣。”謂思慮不徇通也。《爾雅・釋言》：“謀，心也。”心亦思也。此心忍言與愁苦對文，思心猶思慮也。下文“憐思心之不可懲”同。

《釋名・釋衣服》：“膺，心衣抱腹而施鉤肩，鉤肩之間施一襠以掩心也。”

扔，引也（《廣雅・釋詁》一）。

以物照日取光曰曊（詳《離騷》）。

存髣髴而不見兮，心踴躍其若湯。撫佩衽以案志兮，超（怊）惘惘而遂行。

存謂存想。《禮記·祭義》“致愛則存，致慤則著”，注曰：“存、著則得其思念也。”

案，抑也。

怊，失意貌。《莊子·徐無鬼篇》：“武侯超然不對。”《韓詩外傳》九：“超然自知不及遠矣。”《七諫·自悲》：“超慌忽其焉如。”字并作超。

歲曶曶其若頹兮，時亦冉冉而將至。薠蘅槁而節離兮，芳以（已）歇而不比（苾）。

“曶，冥也。”（《廣雅·釋詁》四）《國語·周語上》：“本見而草木節解。”節離猶節解也。以本一作已。原本《玉篇》曰“歇，臭味消散也”，引此文。《説文》：“苾，馨香也。”《詩經·楚茨》：“苾芬孝祀。”

憐思心之不可懲兮，證（懲）此言之不可聊。寧逝死而流亡兮，不忍爲此之常愁。

懲，止也。證讀爲懲，猶澄一作澂。《廣雅·釋言》：“懲，恐也。”聊，賴也。忍，耐也。

孤子唫（吟）而抆淚兮，放子出而不還。孰能思而不隱（慇）兮，照彭咸之所聞。

慇，痛也。

登石巒以遠望兮，路眇眇之默默。入景響之無應兮，聞省想而不可得。
愁鬱鬱之無快兮，居戚戚而不可解。心鞿羈而不開兮，氣繚轉而自締。
穆眇眇之無垠兮，莽芒芒之無儀。聲有隱而相感兮，物有純而不可爲。

穆之言沕穆也。《文選・鵩鳥賦》“沕穆無窮”注曰：“沕穆，不可分别也。”

儀，象也（《禮記・緇衣》疏）。《九嘆・悲思》注：“僞，變也。”爲僞通。

藐蔓蔓之不可量兮，縹綿綿之不可紆。愁悄悄之常悲兮，翩冥冥之不可娱。

《廣雅・釋詁》三：“紆，索也。”繩索之索謂之紆，求索之索亦謂之紆。

凌大波而流（游）風兮，□□□□□□。
□□□□□□〔兮〕[1]，托彭咸之所居。

凌，乘也。游，浮游也。

上高岩之峭岸兮，處雌蜺之標顛。據青冥而攄虹兮，遂倏忽而捫天。

處讀爲攎，挐持也（《説文》），引也（《廣雅・釋詁》一）。標，杪也。《漢書・司馬相如傳》：“偃蹇杪顛。”標顛即杪顛（巔）。《吕氏春秋・求人篇》：“攢樹之所，揞天之山。”揞捫同。

① 此脱二句。説見《校補》。

吸湛露之浮源兮，漱（嗽）凝霜之雰雰。依風穴以自息兮，忽傾（驚）寤以嬋媛。

源猶泉也。《九懷·通路》"北飲兮飛泉"注曰："吮嗽天液之浮源也。"王以浮源爲飛泉，殆確。《爾雅·釋天》："甘露（今作雨，從《論衡·是應篇》引改）時降，萬物以嘉，謂之醴泉。"此古稱露爲泉之證。

嗽，吮也（玄應《一切經音義二》引《三蒼》)。《左傳》文十八年又《宣六年》敬贏，《公》《穀》敬皆作頃。又《昭七年》南宫敬叔，《説苑·雜言篇》敬亦作頃。此并驚頃聲近字通之比。左芬《離思賦》："驚寤號咷。"嘽咺，喘息也，詳《離騷》。

憑崑崙以瞰霧兮，隱岐山以（與）清江。憚涌湍之礚礚兮，聽波濤之洶洶。

岐山即岷山，清江出焉。《水經·夷水注》曰："夷水即佷山清江也……蜀人見其澄清，因名清江。"自崑崙下視，岐山清江皆隱於霧中。

紛容容（溶溶）之無經兮，罔（泂）芒芒（茫茫）之無紀。軋洋洋之無從兮，馳委移之焉止？

《集韻》：泂同漭。溶溶，水盛貌。《月令》"毋失經紀"，經紀猶法度條理也。此言水波之紛亂。

軋，《釋文》於八切。案猶軋坱也。《文選·七發》"軋盤涌裔兮"注曰："軋坱，無垠貌。"從，始。止，終也。

漂翻翻其上下兮，翼（瀷）遥遥（摇摇）其左右。氾潏潏其前後兮，伴（判）張弛之信期。

《淮南子·本經篇》："淌游瀷淢。"

張弛之信期疑謂潮信。

觀炎氣之相仍兮，窺烟液之所積。悲霜雪之俱下兮，聽潮水之相擊。

仍亦積也。

借光景以往來兮，施黄棘之枉策。求介子之所存兮，見伯夷之放迹。

《中山經》："苦山……其上有木焉，名曰黄棘。"一曰王棘。《士喪禮》"决用正王棘若檡棘"注："王棘與檡棘，善理堅刃者，皆可以爲决。"孫詒讓謂王棘即黄棘，猶《神農本草經》黄連一名王連也。又名黄荆。《通鑒·齊紀》十："東昏侯……乃敕虎賁不得進大荆。"胡注曰："大荆，牡荆也，俗謂之黄荆，以爲箠杖。"案策之言刺也，古鞭策以有芒刺之木爲之，故曰："黄棘之枉策。"王注："施黄棘之刺以爲馬策，言其利用急疾也。"得之。

存猶在也。

心調度而弗去兮，刻著志之無適。曰吾怨往昔之所冀兮，悼來者之愻愻。

心猶思也。《後漢書·第五倫傳》"臣常刻著五藏"，注曰："謂銘之於心也。"無適，無所適從。

浮江淮而入海兮，從子胥而自適（謫）。望大河之洲渚兮，悲申徒之抗（亢）迹。

《莊子·刻意篇》："刻意尚行，離世異俗，高論怨誹，爲亢而已矣。此山谷之士，非世之人，枯槁赴淵者之所好也。"司馬注："赴淵若申徒狄。"《淮南子·説山篇》"申徒狄負石自沉於淵，而溺者不可以爲抗"，注曰："抗，高也。"迹，行也。《哀郢》："堯舜之抗行兮。"

驟諫君而不聽兮，任重石之何益。□□□□□□〔兮〕，□□□□□□[1]。

王注：驟，數也。

任猶抱也（《詩經·生民》傳）。蔡邕《吊屈原文》："卒壞覆而不振，顧抱石其何補？"

許維遹曰："《莊子·盜跖篇》：'申徒狄諫而不聽，負石自投於河。'《韓詩外傳》一謂申徒狄抱石而沉於河，并與本篇任重石之説合。以上二句指申徒狄言，説者咸以爲屈原事，誤矣。"案許説至確，此可證本篇與屈原全無干涉。

季鎮淮　何善周　范寧整理

① 此脱二句。今本末二句"心絓結而不解兮，思蹇産而不釋"，係後人以《哀郢》語補入。説見《校補》。

荊楚文庫

樂府詩編

袁謇正　整理

編者説明

《樂府詩編》，據開明版《聞一多全集·詩選與校箋》編入。

樂府詩箋

目　録

日出入

《郊祀歌》十九章之第九，見《漢書·禮樂志》。《志》曰："至武帝定郊祀之禮……多舉司馬相如等數十人，造爲詩賦，略論律吕，以合八音之調，作十九章之歌。以正月上辛用事甘泉圜丘，使童男女七十人俱歌。昏祠至明，夜常有神光如流星，止集於祠壇。天子自竹宫而望拜，百官侍祠者數百人，皆肅然動心焉。"

日出入安窮，時世不與人同，故春非我春，夏非我夏，秋非我秋，冬非我冬。泊如四海之池，

王先謙曰："《史記·日者傳》'地不足東南，以海爲池'，《漢書·枚乘傳》'朝夕之池'，謂海中朝夕往來，與此'四海之池'同義。"案海之言晦，(《爾雅·釋地》舍人、孫、李等注及《釋名·釋水》俱訓海爲晦）遠極晦冥不可辨也。《釋地》"觚竹，北户，西王母，日下謂之四荒；九夷，八狄，七戎，六蠻謂之四海"，李巡注曰"四海遠於四荒"，《周書·太子晋篇》曰"善至於四海曰天子，達於四荒曰天王"，又以四荒遠於四海，實則海荒一聲之轉，義本無别，海之言晦冥，荒之言荒忽，皆遠極之謂也。《周語》中注"池，積水也"，四海之池猶言四荒之積水耳。泊如猶泊然。《老子》二十章"澹兮其若海"，澹泊義同，静寂貌也。

遍觀是邪謂何？

"是"斥四海。"邪"語助，今字作呀。"謂何"猶"云何"。言若能遍觀此四海，君以爲如何乎？

吾知所樂，獨乘六龍。

知疑當爲私字之誤也。言吾私心所好者獨乘此六龍以遍觀四海也。《易·乾彖傳》曰："時乘六龍以御天。"

六龍之調，使我心若。

應劭曰："武帝願乘六龍，仙而升天，曰，吾所樂，獨乘六龍，然御六龍得其調，使我心若。"案審應之意，正文及注兩若字，并當作苦。此言乘龍升天，六龍既調，將往而不返，思念故舊，行當永訣，又不覺爲之心苦也。下文"訾黄其何不徠下"，訾黄即六龍（詳下），以乘龍御天爲苦，故呼之使下也。且古韻魚部入聲字，多不與平上去相叶，此本以苦下爲韻，今作若，則失其韻矣。

訾黄其何不徠下！

應劭曰："訾黄一名乘黄，龍翼而馬身，黄帝乘之而仙。"案《初學記》二九引《符瑞圖》曰："騰黄者，神馬也，其色黄。一名乘黄，亦曰飛黄，或作吉黄，或曰翠黄，一名紫黄。其狀如狐，背上有兩角，出白民之國，乘之壽可三千歲。"訾黄即紫黄也。《周禮·廋人》"馬八尺以上爲龍"，《説文》"馬八尺爲龍"，《覲禮》"天子乘龍"，《月令》"駕蒼龍"，《大戴記·五帝德篇》"帝嚳春夏乘龍"，《離騷》"爲余駕飛龍兮"，皆謂馬也。天子駕六，故曰六龍。此云訾黄，即上之六龍。徠來同。既以乘龍御天爲樂私，及六龍已調，反以爲苦，而趣之使下，語近詼諧，而意存諷諫，舊解未瞭。

朱　鷺

以下十八篇（實衹十七篇，説詳下），并見《宋書·樂志》，總稱

《鼓吹鐃歌十八曲》。朱鷺者，鼓飾也。《爾雅·釋樂》"大鼓謂之鼖"，《大雅·靈臺》"賁鼓維鏞"，字作賁。案賁者飾也，鼓上加鳥羽以爲飾，即《周頌·有瞽》所謂"樹羽"，《禮記·明堂位》所謂"璧（壁）翣"。鼓大則易爲飾，故大鼓謂之鼖鼓。其飾之尤繁者，或變鷺羽爲全鷺。羽旄之飾，本皆染朱，飾鼓之鷺，出於羽飾，故其色亦朱。張正見《朱鷺篇》曰"周詩振雅曲，漢鼓發奇聲"，以樂府朱鷺爲鼓飾是也。《隋書·樂志》曰："建鼓，殷所作，又栖翔鷺於其上，不知何代所加。"是古飾鷺之鼓，歷漢至隋，其制猶存，張説蓋得之目驗。

朱鷺，魚以烏，

莊述祖讀烏爲歍，云《説文》："歍：心有所惡若吐也。"案莊説近是。以與已通。鼓飾蓋又有魚在鷺旁，故曰魚已歍。《禽經》"朱鷺不吞鯉"，疑亦因鼓飾而造説。

路訾邪

路訾疑即鷺鴜。《説文》："鴜，鸕鴜也。"《繫傳》云盧鴜即鸕鶿，案鴜鶿訾聲并近。邪同呀。

鷺何食？食茄下。

茄荷古通，《陳風·澤陂》"有蒲與荷"，《爾雅·釋草》樊注引作茄，《離騷》"製芰荷以爲衣兮"，《漢書·揚雄傳》上《反離騷》"衿芰茄之緑衣兮"，字作茄，注引《古今字詁》曰："茄亦荷字。"下疑當爲華，聲之誤也。鼓飾蓋作鷺銜荷花之象。裴憲伯《朱鷺篇》"群飛向葭下"，蘇子卿《朱鷺篇》"非貪葭下食"，以茄爲葭，讀下如字，并非。

不之食，不以吐，將以問誅者。

誅一作諫。案作諫者是。《管子·桓公問篇》"禹立諫鼓於朝而備訊唉”，《淮南子·氾論篇》“禹之時以五音聽治，懸鐘鼓磬鐸置鞀，以待四方之士，爲號曰‘教孝寡人以道者擊鼓……’”《主術篇》“堯置敢諫之鼓”。案《周頌·有瞽》“崇牙樹羽，應田懸鼓”，傳“田，大鼓也”，箋“田當作朄。朄，小鼓”，《周禮·大師》，《禮記·明堂位》鄭注，《爾雅·釋樂》郭注，《宋書·樂志》并引《詩》作朄。案字當依鄭，訓當從毛。《説文》作𨋴，從申柬聲，當係古讀，朄鼓即諫鼓也。《廣雅·釋詁》三：“問，遺也。”“將以問諫者”，謂若有諫者來擊鼓，當以此荷花遺之其人以旌異之也。

思悲翁

何承天《思悲公篇》作公，悲一作裴。案公翁皆男子尊稱，作公亦通，悲作裴，字之誤。詩似謂夫爲賊所執，廬舍被劫，妻子逃散。

思悲翁，

悲如字。一説讀爲彼，《毛詩》每以匪爲彼，悲之通彼，猶匪之通彼也。

唐思，

莊述祖云：“唐思，徒思也。”案莊説是也。下文“但我思”，但亦徒也。唐但徒一聲之轉。

奪我美人侵以遇。

美人謂夫，即上之悲翁。以猶我也。《爾雅·釋詁》“台，謂我也”，金文或作辭，或作以，《禮記·祭統》“對揚以辟之勤大命，施於烝彝鼎”，以辟即我君。遇讀爲寓，寓寓本同字。《説文》寓爲宇之籀文，

《大雅·桑柔》傳："宇，居也。"侵以遇即侵我室家。

悲翁也，但我思。

上云"思悲翁"，我思翁也。此云"但我思"，翁思我也。我，婦人自謂。

蓬首狗，逐狡兔，食交君。

首一作蕞，《文選·西征賦》"蕞芮於城隅者百不處一"，注："蕞，聚貌。"《小爾雅·廣詁》"最，叢也"，蕞最同。最聚叢俱從取聲。古字當同音同義。蓬蕞當讀如蓬叢，本雙聲連語，字一作鬔鬆，多毛之貌也。《説文》"尨，犬之多毛者"，《穆天子傳》四"天子之尨狗"，注："尨，尨茸也，謂猛狗。"蓬蕞狗即尨狗矣。交君疑當爲狡麐。《説文》"豣，獟犬也，一曰逐虎犬"，犬能逐虎，則食麐當無不可。

梟子五，梟母六，拉沓高飛暮安宿！

梟，博棋勝采之名，此曰"梟子五，梟母六"，用博棋術語，以喻母子。枚乘《梁王菟園賦》"徐飛翋𦑣"，傅毅《舞賦》"拉揩鵠驚"，拉沓與拉揩、翋𦑣同，飛貌也。暮讀爲莫，《戰城南篇》"莫不夜歸"，《樂府詩集》作暮，是其比。兔麐已見侵害，因我梟高飛以遠禍，婦人自儆敕之詞也。

艾如張

郭茂倩曰："艾與刈同，《説文》曰'芟草也'。如讀爲而。"案晋《鼓吹曲·征遼東》下云"古《艾而張行》"，字仍作而。

艾而張羅，夷於何，行成之。

“夷於何”皆聲也，《説文》“咦，南陽謂大呼曰咦”，夷咦同。於何猶烏乎，於即烏之隸變，何乎一聲之轉，本字即呵呼，義亦相近。

四時和，山出黄雀亦有羅，雀以高飛奈雀何？

以已通。

爲此倚欲，

倚欲當爲掎脚。《周禮·翨氏》注：“置其所食之物於絹（羂）中，鳥來下，則掎其脚。”掎之亦謂之脚之，《史記·司馬相如傳》“射麋脚麟”，集解：“脚，掎足也。”或二字連言之，《説文》“觭，相踦觭也”，踦觭即掎脚。動詞名化，則掎脚之器亦謂之掎脚，此詩之“掎欲”是也。《趙策》三“人有所置繫蹄者而得虎，虎怒，决蹯而去”，捕鳥之器謂之掎脚，猶捕獸之器謂之繫蹄矣。

誰肯礞室。

礞室未詳，董説謂礞爲磏之誤，亦難定。室字不入韻，恐仍有訛奪。

上之回

案詩曰“上之回所中，益夏將至，行將北以承甘泉宫”，是夏日將自回中北幸甘泉避暑也，張正見《上之回篇》曰“林光稱避暑，回中乃吉行”，得之。

上之回所中，

之，往也。所猶行在所也。《獨斷》上：“天子所在曰行在所。”回所中謂回中宫，《漢書·匈奴傳》上：“孝文十四年，匈奴……入朝那蕭關……遂至彭陽，使騎兵入燒回中宫。”《武帝紀》“〔元封〕四年冬十月，行幸雍，祠五畤，通回中道，遂北出蕭關。”

益夏將至，

益夏疑謂盛夏，《廣雅·釋詁》一“溢，盛也”，益爲溢初文。或曰益即盛之誤字，亦通。

行將北以承甘泉宫。

《小爾雅·廣詁》“承，次也”，疑承爲次第之次，亦爲次舍之次。此謂次舍也。

寒暑德，

德讀爲得，得其宜謂之得。聲轉爲適，《吕氏春秋·大樂篇》“寒暑適”。

游石關，

《漢書·揚雄傳》上“甘泉本因秦離宫，既奢泰，而武帝復增通天，高光，迎風宫，外近則洪涯，旁皇，儲胥，弩陆，遠則石關，封巒，枝鵲，露寒，棠梨，師得游關，屈奇瑰瑋”，注曰：“棠梨宫在甘泉苑垣外，師得宫在櫟陽界，其餘皆甘泉苑垣内之宫觀也。”《司馬相如傳》上注引張揖曰：“〔石關，封巒，鳷鵲，露寒〕四觀，武帝建元中作，在雲陽甘泉宫外。”案《上林賦》“蹷石關，歷封巒”，《甘泉賦》“封巒石關，施靡虖延屬”，蓋此二宫，景物尤勝，故時人數稱之。

望諸國，月支臣，匈奴服，令從百官疾驅馳，

從百官，扈從之百官也，《封氏聞見記》："百官從駕謂之扈從。"

千秋萬歲樂無極。

翁　　離

詩作擁離，何承天《雍離篇》作雍。擁翁音近通假，《釋名·釋姿容》"擁，翁也，翁撫之也"，是其比。詩意似《九歌·湘夫人》，蓋祀神之曲也。惜篇末脱爛，無由窺其全豹。

擁離趾中可築室，

趾讀爲沚，《天問》"黑水玄趾"，一作沚，是其比。《爾雅·釋水》："水中可居者曰洲，小洲曰陼，小陼曰沚。"擁離之爲言猶癰癧也。《説文》"癰，腫也"，"癧，癰也"，字或作癰，見《廣韻》《集韻》，則與離音正同。《集韻》癧同瘰。擁離沚者，小沚磊然，如癰疽瘰癧之狀也。夫水之有洲渚，往往因泥沙淤積而成，而舊亦謂血氣否結，則爲癰癧，然則膚肉之病謂之癰癧，洲渚之狀謂之擁離，其義一而已矣。又《漢書·地理志》下西河郡原注"治塞外翁龍、埤是"，顔師古注曰："翁龍，埤是，二障名也。"案俱叠韻連語，翁龍猶擁腫，障以形狀而得名也。翁龍、擁離，一語之轉，沚狀謂之擁離，亦猶障狀謂之翁龍也。

何用葺之蕙用蘭。

下用字當爲以，以用聲近，又涉上文而誤。以猶與也。《九歌·湘夫人》"築室兮水中，葺之兮荷蓋"，此詩二句與彼酷似，疑亦祀神樂

章。

擁離趾中

此下當有脱文。

戰城南

戰城南，死郭北，野死不葬烏可食。爲我謂烏，且爲客豪，

豪讀爲號，字一作譹。《莊子・齊物論篇》"叫者，譹者"，《釋文》譹音豪，引司馬遷注云"若譹哭聲"，即號哭也。

野死諒不葬，腐肉安能去子逃？水深激激，蒲葦冥冥，

《方言》十二"激，清也"，《説文》"冥，幽也"。

梟騎戰鬥死，駑馬徘徊鳴。

梟與驍通。《漢書・高帝紀》上"北貉燕人來致梟騎助漢"，《史記・韓長孺傳》集解引作驍。《説文》："驍，良馬也。"

梁築室，何以南何以北，

梁上疑脱一字，□梁築室對文。吴闓生曰："何南何北即河南河北。"

禾黍不穫君何食？願爲忠臣安可得？

吴汝綸曰："言工役不息，行當餓死，求爲戰死之忠臣而不可得也。"

思子良臣，良臣誠可思，朝行出攻，莫不夜歸！

臣疑當爲人，人臣聲類同，又涉上文忠臣而誤。良人者，《孟子·離婁下篇》“其良人至”，趙注曰：“婦人稱夫曰良人。”《秦風·小戎》爲婦人思念役夫而作，其詩曰“厭厭良人”。此詩義與彼同，“思子良人，良人誠可思”者，亦婦人思夫之辭。上言“思子良人”，下言“莫不夜歸”，思之而冀其勿死也。字或作暮，非是。

巫山高

《南部新書》庚“濠州西有高唐（原誤塘，從《封氏聞見記》《詩話總龜》改。）館，附近淮水”。案此與夔蜀之高唐館同名，以地名遷徙之例推之，疑濠西淮水附近之高唐館，其所在之山亦名巫山。此詩巫山、淮水并稱，即濠西之巫山也。

巫山高，高以大，淮水深，難以逝，

難一作深，是。《論語·陽貨篇》“日月逝矣”，皇疏曰：“逝，速也。”以猶且也，《臨高臺篇》“臨高臺，〔高〕以軒，下有清水清且寒”，正以“以”與“且”爲互文。沈約《豫章行》“燕陵平而遠，易河清且駛”，句法亦近。（逝駛一聲之轉，《廣雅·釋詁》一：“駛，疾也。”）

我欲東歸，害梁不爲我集無高曳水何梁。

自“害梁”以下，訛互不可屬讀。高曳疑當爲篙栧。《玉篇》“栧同枻，楫也”，《吴都賦》“篙工楫師”。

湯湯回回，臨水遠望，泣下沾衣，遠道之人心思歸，謂之何？

上　陵

《後漢書·禮儀志》注引謝承《後漢書》曰："建寧五年正月，車駕上原陵，蔡邕……曰，'聞古不墓祭，朝廷有上陵之禮，始爲可損，今見威儀，察其本意，乃知孝明皇帝至孝惻隱不可易舊。'"《古今樂録》曰："漢章帝元和中有《宗廟食舉》六曲，加《重來》《上陵》二曲，爲《上陵食舉》。"案何承天《上陵者篇》曰"野莽宿，墳土乾，顧此纍纍中心酸"，言祭墓事，是謂鐃歌《上陵》之詞即《上陵食舉》所歌，蓋始於何氏，後世多承其説，然有可疑者三。據謝承（《後漢書》）智匠（《古今樂録》），明帝初行上原陵之禮，章帝時乃作《上陵食舉》之樂，是禮樂皆興於東京。鐃歌爲西京歌曲，（本篇言"甘露初二年"，其爲宣帝時作，尤爲著明）其時何來上陵之事？（或疑西京舊有《上陵》，終無確據。）此其一。藉如何説，則樂因禮作，内容自當一致。今禮爲墓祭，而樂章但言神仙，與祭墓了不相涉，其故難詳。此其二。禮名上陵，上猶登也，謂登於原陵以致祭也，食舉樂名，義亦猶此。然詳審歌詞"上陵何美美，下津風以寒"，與《巫山高篇》"巫山高，高以大，淮水深，深以逝"，《臨高臺篇》"臨高臺，高以軒，下有清水清且寒"，句法略近，上陵、下津似皆地名。前者上爲動詞，後者上爲形容詞，是歌詞之《上陵》，與東京禮樂之名，字雖同而義異，烏得混爲一談？此其三。竊意陵林聲近，古書每每訛互，《左傳》僖十四年"諸侯城緣陵"，《穀梁傳》作林，《莊子·齊物論篇》"山林之畏隹"，奚侗云當作山陵，（畏隹即嵔崔，山貌也。）《楚辭·大招》"山林險隘"，林一作陵，《六韜·絶道篇》"依山林險阻水泉林木而爲之固"，《通典》五七引作山陵，并其比。本篇上陵或本作上林，後人習聞《上陵食舉》之名，因誤林爲陵耳。宣帝元康四年神爵集上林苑（詳下），本篇“白雁隨山林”云云，蓋即其類。姑獻此疑，以俟博識。

上林何美美，下津風以寒。

美疑讀爲枚，《魯頌·閟宫》“實實枚枚”，《釋文》引《韓詩》曰“枚枚，閑暇無人之貌”。一作微微，《文選·南都賦》“清廟肅以微微”，李注：“微微，幽静貌。”

問客從何來，

陳本禮曰：“客即仙也。”

言從水中央，桂樹爲君船，

《九歌·湘君》“沛吾乘兮桂舟”。

青絲爲君笮，

《釋名·釋船》“引舟者曰筰”，《玉篇》“筰，竹索也，引舟竹筊也”，笮筰同。

木蘭爲君櫂，黄金錯其間。

《九歌·湘君》：“桂櫂兮蘭枻。”《説文》“錯，金塗也”，謂塗金以爲文飾。《小雅·采芑》傳“錯衡，文衡也”，《尚書中候·考河命》“赤文緑錯”。

滄海之雀赤翅鴻，白雁隨山林，乍開乍合，曾不知日月明！

雀猶鳥也，《文選·高唐賦》“衆雀嗷嗷”，李注曰：“雀，鳥之通稱。”《漢書·武帝紀》“〔太始〕三年春……行幸東海，獲赤雁，作《朱雁之歌》”，《禮樂志·郊祀歌》十八“赤雁集，六紛員”，赤翅鴻謂此。白雁，史闕載。陳本禮曰：“山不一山，林不一林，山忽開而林忽合，惟視禽鳥之飛舞翔集，以爲開合也。至於日月蔽明，益見禽鳥之多。”案《漢書·宣帝紀》元康三年六月詔曰：“今春五色鳥以萬數，飛過屬縣，翺翔而舞，欲集未下。”四年三月詔曰：“乃者神爵五采以萬數，集長樂未央北宫高寢，甘泉泰畤殿中及上林苑。”神爵二年二月詔曰：“乃者正月乙丑，鳳皇甘露降集京師，群鳥從以萬數。”四年二月詔曰：“乃者鳳皇甘露降集京師，嘉瑞并見，修興泰一五帝后土之祠，祈爲百姓蒙祉福，鸞鳳萬舉，蜚覽翺翔，集止於旁。”此皆甘露二年前事，詩所言蓋即此類。

醴泉之水，光澤何蔚蔚！

醴泉詳下。《魯靈光殿賦》“葱翠紫蔚”，杜甫詩“上有蔚藍天”。字一作鬱，《後漢書·光武帝紀》“氣佳哉鬱鬱葱葱”。

芝爲車，龍爲馬，覽遨游，四海外。甘露初二年，芝生銅池中，

《漢書·宣帝紀》神爵元年詔曰：“乃者神爵仍集，金芝九莖産於函德殿銅池中。”

仙人下來飲，延年千萬歲。

《漢書·宣帝紀》甘露二年詔曰：“乃者鳳皇甘露，降集京師，黄龍澄興，醴泉滂流，枯槁榮茂，神光并見，咸受禎祥。”稽瑞引《瑞應圖記》：“王者理訟得所，則醴泉出於京師，有仙人以‘爵’（從《開元占經》一〇〇，《御覽》八七三引補）酌之。”

將進酒

此紀宴飲賦詩之事，《楚辭·招魂》曰："結撰至思，蘭芳假些，人有所極，同心賦些，酎飲盡歡，樂先故些。"足與此相發。

將進酒，乘大白。

《漢書·叙傳》上"皆引滿舉白"，注："白者罰爵之名也。"《文選·吴都賦》"飛觴舉白"，劉注："白，罰爵名也。"《説苑·善説篇》"飲不釂者，浮以大白"。乘讀爲承，《説文》"承，奉也"，《易·艮六二》馬注："承，舉也。"

辨加哉，詩審博，

辨讀爲辯。辯者以言辭相角鬥，故辯有鬥義。加者，《説文》"加，語相增加也"，"誣，加言也"。案《匡謬正俗》一曰"劉昌宗周續等音加爲架"，今俗語口角謂之吵架，即以惡言交相陵加之謂。此義與辯最近，故詩以辯加連文。或倒之曰加辯，《楚辭·大招》"伏戲《駕辯》，楚《勞商》只"，駕辯即加辯。(《莊子·庚桑楚篇》"譬猶飲藥以加病也"，崔本加作駕。)詩猶辭也，《毛詩指説》引梁簡文帝曰："詩者辭也，在辭爲詩。"《説文》"審，悉也"，"悉，詳盡也"。審博義近，《中庸》"博學之，審問之"，亦二字并用而爲對文。"詩審博"猶言其辭詳盡而繁博也。宴飲賦詩，奇思黠語，轉相陵加，以爲戲斥，不勝者科以罰爵，世所傳宋玉《大小言》《登徒子好色》及《諷賦》，司馬相如《美人賦》，并孝武時柏梁詩賦，皆其類也。所作之辭，或有即席播爲聲樂者，故《大招》之《駕辯》，王注以爲樂曲名。

放故歌，心所作，

放，棄也。故，舊也。言舊傳之歌，悉棄而弗用，皆各抽密思，自鑄新詞也。

同陰氣，詩悉索，使禹良工觀者苦。

禹當爲爾字之誤也。古隸爾作尒，禹或作禼若帇，尒缺損，與禼帇相似，故爾誤爲禹。觀當爲歌，聲之誤也。歌觀歌元對轉，崔適謂僞古文《五子之歌》即《五觀》之誤，是其比。苦疑當爲若，與白博作索韻。同即同律之同。《周禮·大師》："掌六律六同，以合陰陽之聲。陽聲，黄鐘、太簇、姑洗、蕤賓、夷則、無射。陰聲，大吕、應鐘、南吕、函鐘、小吕、夾鐘。"《典同》"掌六律六同之和，以辨天地四方陰陽乏聲"，故《書》同作銅，鄭衆注曰："陽律以竹爲管，陰律以銅爲管，竹陽也，銅陰也，各順其性，凡十二律。"同爲陰聲，故曰"同陰氣"也。《爾雅·釋言》"偲，聲也"，《釋文》曰"偲，草動聲也"，《玉篇》"偲，小聲也"，《廣韻》"偲偲，呻吟也"。案悉索雙聲連語，猶偲偲也。聲轉爲悉率，以爲蟲名，則作蟋蟀，蟋蟀者以其鳴聲微細而得名也。若，順也。此言歌律協六同之陰氣，其音靡妙幽細，使歌者引聲赴節，曲折浮沉，能盡其巧也。

君馬黄

君馬黄，臣馬蒼，二馬同逐臣馬良。

《漢書·高帝紀》上"吕公曰，臣少好相人"，注引張晏曰："古人相與語，多自稱臣，自卑下之道也，若今人相與言自稱僕也。"

易之有騩蔡有赭，

易，燕之故邑，漢涿郡易縣。蔡故國，漢上蔡縣，平侯徙新蔡，漢新蔡縣，均屬汝南郡，後二世徙下蔡，漢沛郡下蔡縣。《説文》："騩，馬淺黑色。"《爾雅·釋畜》"彤白雜毛騢"《詩·駉》疏引舍人注："赤白雜毛，今赭白馬，名騢。"

美人歸以南，駕車馳馬，美人傷我心，佳人歸以北，駕車馳馬，佳人安終極！

芳　樹

芳樹日月，君亂如於風。

疑當讀"亂如於風"四字截句，如讀爲挐，挐亦亂也，《淮南子·覽冥篇》"美人挐首墨面而不容"，高注曰："挐首，亂頭也。"《七發》曰："衆芳芬鬱，亂於五風，從容猗靡，消息陰陽。""挐亂於風"猶"亂於五風"。盧照鄰《芳樹篇》"風歸花歷亂"，本此。

芳樹不上無心温而鵠三而爲行臨蘭池，

《史記·秦始皇本紀》"逢盜蘭池"，正義引《括地志》"蘭池陂即古之蘭池，在咸陽縣界"，《漢書·地理志》"渭城縣有蘭池宫"。

心中懷我悵，心不可匡，

匡疑當爲匨字之誤也。《説文》匨古文藏字。《小雅·隰桑》："中心藏之。"

目不可顧，妒人之子愁殺人。君有他心，樂不可禁。王將何似！如孫如魚乎？悲矣！

孫讀爲蓀。字一作荃，《九歌·少司命》“蓀獨宜兮爲民正”，《九章·抽思》“數惟蓀之多怒兮”，又“蓀佯聾而不聞”，又“願蓀美之可完”，蓀并一作荃。《莊子·外物篇》“荃者所以在魚”，《釋文》引崔注曰：“荃音孫，香草也，可以餌魚。”“如蓀如魚”者，謂彼妒人之子如香餌，王則如魚，將受其欺也。行臨蘭池，即目生感，語拙而哀音動人。作者其陳皇后、班倢伃之流歟？

有所思

莊述祖謂此與《上邪》爲男女問答之辭，當合爲一篇。案莊説允爲妙悟，然細玩兩篇，不見問答之意，反之，以爲皆女子之辭，彌覺曲折反覆，聲情頑艷。

有所思，乃在大海南。何用問遺君？

用，以也。《廣雅·釋詁》三“問，遺也”，《漢書·婁敬傳》“數問遺”，《酷吏郅都傳》“問遺無所受”。

雙珠玳瑁簪，用玉紹繚之。

《史記·春申君傳》“趙使欲誇楚，爲玳瑁簪，刀劍室以珠玉飾之”，《後漢書·輿服志》“簪以玳瑁爲擿，長一尺，端爲華勝，下有白珠”。《説文》“一曰紹，緊糾也”，“繚，纏也”。紹繚疊韻連語。

聞君有他心，拉雜摧燒之。摧燒之，當風揚其灰。

《吕氏春秋·忠廉篇》：“摯執妻子，焚之而揚其灰。”《史記·龜策列傳》：“祝曰：‘……不信不誠，則燒玉靈，揚其灰以徵後龜。’”

從今以往，勿復相思！相思與君絶，鷄鳴狗吠，兄嫂當知之。

《莊子·則陽篇》：“鷄鳴狗吠是人之所知。”《易林·隨之既濟》：“當年早寡，孤與（宇）獨居，鷄鳴犬吠，無敢問者。”

妃呼狶。

徐禎卿曰：“樂府中有‘妃呼狶’‘伊阿那’諸語，本自亡義，但補樂中之音。”陳本禮曰：“妃呼狶皆作聲詞讀，細玩其上下語氣，有此一轉便通身靈豁，豈可漫然作聲詞讀耶？”案二説未知孰是。余又疑係樂工所記表情動作之旁注。妃讀爲悲，呼狶讀爲歔欷。（呼歔音近通用，《北海相景君碑》“歍歔哀哉”即嗚呼哀哉，欷狶并從希聲。）《文選·閑居賦》注引《蒼頡篇》“欷歔，泣餘聲也”，《廣雅·釋詁》三“欷，悲也”。“悲欷歔”者，歌者至此當作悲泣之狀也。

秋風肅肅晨風颸，

肅肅即飀飀，風聲也。莊述祖謂晨風即《秦風》“鴥彼晨風”之晨風，至確。惟《毛傳》謂晨風即鸇，非是，當從齊説以爲雉名。《説文》：“翰，天鷄赤羽，《逸周書》曰‘文翰若翬（案當作皋）雉’，一名鷐風，周成王時蜀人獻之。”鷐風即晨風。《易林·豫之革》曰：“晨風文翰，隨時就温，雌雄相和，不憂危殆。”是齊説以《詩·晨風》爲雉類之文翰，與毛異説。考《詩》每以雉鳴喻求偶，《晨風》亦懷人之詩，故以此鳥起興，齊説爲長。以《詩》義求之，本篇之“晨風”亦謂雉也。颸當爲思，涉上文風字而誤加風旁。《魯語》注虞思字幕，幕與慕通，《方言》十“凡言相憐哀，江濱謂之思”，《莊子·德充符篇》“丈夫與之處者思而不能去”，《大荒東經》“思士不妻，思女不夫”，皆謂戀慕也。《文選·勵志詩》“吉士思秋”，注曰：“思，悲也。”悲與戀慕，義相因。“晨風思”者，晨風之鳥慕類悲鳴也。

東方須臾高知之。

高讀爲皜。《文選·江賦》注：“皜，白也。”案皜之訓白，本謂日出之白，《爾雅·釋天》“皓，日出也”，皜皓同。東方皜猶言東方白。知之者，知我之感於雉鳴而思君也。必於東方白時知之者，雉鳴皆在朝旦。《邶風·匏有苦葉》二章曰“雉鳴求其牡”，三章曰“旭日始旦”，《小雅·小弁》曰“雉之朝雊，尚求其雌”，《琴操·雉朝飛操》曰“雉朝飛兮鳴相和，雌雄群游兮於山阿”，皆雉朝鳴求偶之證。此言須臾而東方發白，秋風飀飀，群雉悲鳴，將使我聞之而益思君不置，孰謂我之真欲與君相絶哉？《邶風·雄雉》曰：“雄雉於飛，下上其音，展兮君子，實勞我心。”古今詩人，蓋有同感焉。

上　邪

上邪！

莊述祖曰：“指天日以自明也。”

我欲與君相知，長命無絶衰，

莊述祖曰：“命，令也。”案古字通。

山無陵，江水爲竭，冬雷震震夏雨雪，天地合，乃敢與君絶！

雉子班

十八曲中，此及《聖人出》《石留》等三篇，“言字訛謬，聲辭雜書”(《宋書·樂志》引景祐《廣樂記》語)，最爲難讀。此類皆不可强解，今惟略詮一二，闕所不知。

雉子班如此之干雉梁無以吾翁孺雉子知得雉子，高蜚止，黄鵠高蜚之以重，

重一作千里。案重即千里二字之誤合，子止里子爲韻。吴兢《樂府古題要解》引正作千里。

王可思，雄來蜚從雌視子。

《晋語》八“叔魚生，其母視之，曰‘是虎目而豕喙，鳶肩而牛腹，溪壑可盈，是不可饜也，必以賄死’，遂不視”，韋注曰：“不自養視。”

趨一雉雉子車大駕馬。

一無馬字。

滕彼王，送行所中，

滕疑讀爲朕，朕(𦨶)送古當同字，猶造古文作艁也。此滕送并出，疑有一衍。行所猶行在所，《上之回篇》有“上之回所中”。

堯羊蜚從王孫行。

堯羊讀爲翱翔。堯皋聲近，《淮南子·主術篇》注：“橈，刺船棹也。”堯通作翱，猶橈一曰棹也。翔從羊聲，古音蓋讀如羊，《月令》“群鳥養羞”，《淮南子·時則篇》作“群鳥翔”，是其比。

聖人出

聖人出，陰陽和，美人出，游九河，佳人來騑離哉何，

騑讀爲飛，離何叠韻連語，《文選·西京賦》“墱道邐倚以正東”，注曰：“邐倚，一高一下，一屈一直也。”離何與邐倚聲近義同。

駕六飛龍四時和，君之臣明護不道，

明當爲萌，古與民通。《管子·揆度篇》“其人同力而宫室美者良萌也”，《文選·長楊賦》“遐萌爲之不安”，《蜀都賦》劉注引《蜀王本紀》“是時人萌椎髻左衽，不曉文字”，《後漢書·文苑·杜篤傳》“不可久虚以示奸萌”，《潛夫論·班禄篇》“侵漁不止，爲萌巨害”，《成陽靈臺碑》“以育苗萌”，皆謂民也。“君之臣萌”，亦即君之臣民。“不”字蓋誤，未詳所當作。

美人哉，宜天子。

宜讀爲儀，《天問》“簡狄在臺嚳何宜”，亦以宜爲儀。《爾雅·釋詁》“儀，匹也”。

免甘星筮樂甫始，

“免甘”不知與金文習見之“蔑曆”爲一事否，其義未詳。

美人子，含四海。

子疑當爲哉，聲之誤，不則哉省爲才，與子形近而誤。含與函通，“函四海”猶言奄有四海也。

臨高臺

陳沆曰："《風俗通》明帝東巡有烏飛鳴乘輿上，虎賁中郎將王吉射中之，作辭曰：'烏啞啞，引弓射，洞左掖，陛下萬壽年，臣爲二千石。'與此曲同旨。"

臨高臺以軒，

以上疑奪高字。魏文帝《臨高臺篇》曰："臨臺（此下原衍行字）高高以軒，下有水，清且寒，中有黄鵠往且翻，行爲臣，常盡忠，願令皇帝陛下三千歲，宜居此宫……"前半全襲此篇，以上正有高字。軒，高舉也，《文選·射雉賦》"鬱軒翥以餘怒"，注："軒，起望也。"《海賦》"翔霧連軒"，注："連軒，舉也。"高以軒，高且軒也。

下有清水清且寒，江有香草目以蘭，

目疑當爲茝，茝缺損爲臣，與目形近因誤爲目。以猶與也。《九歌·湘夫人》："沅有茝兮澧有蘭。"

黄鵠高飛離哉翻

離翻對轉連語，飛貌也。《莊子·天下篇》"而連犿無傷也"，李注"連犿，宛轉也"，《文選·文賦》"浮藻聯翩"，注"聯翩，將墜貌"，離翻、連犿、聯翩并聲轉義近。

關弓射鵠，

《左傳》昭二十一年"豹則關矣"，杜注"關，引弓"，《釋文》"關本作彎"，《孟子·告子下篇》"越人關弓而射之"，《文選·吴都賦》劉注引作彎。

令我主壽萬年！收中吾。

吾一作吉。劉履曰："篇末'收中吾'三字，其義未詳，疑曲調之餘聲，如《樂録》所謂'羊無夷''伊那何'之類。"

遠如期

遠如期，益如壽。

二如字并讀爲汝。《莊子·天道篇》"長於上古而不爲壽"，郭注曰："壽者期之遠耳。"案期與禥通，《廣雅·釋詁》一"禥，年也"，遠期即遠年，《晋語》八："思長世之德，歷遠年之數。"

處天左側，

古稱天左旋，"處天左側"蓋謂與天并行轉運不息，故下文云"與天無極"。

大樂萬歲，與天無極，

《魯相史晨祠孔廟奏銘》"長享利貞，與天無極"，《千秋萬歲鏡》"與天無亟，而（如）日月明"，亟極同。

雅樂陳，佳哉紛。單于自歸，動如驚心，虞心大佳，

佳疑讀爲快，圭夬聲近通用，《莊子·達生篇》"倍阿鮭蠪躍之"，《釋文》"鮭本一作蛙"，《史記·龜策列傳》"蚗蠪制之"，字作蚗，《離騷》"恐鵜鴂之先鳴兮"，揚雄《反離騷》作鷤搗，并其比。

萬人還來，謁者引鄉殿陳，

鄉嚮同。《爾雅·釋宫》“堂途謂之陳”，郭注：“堂下至門徑也。”《小雅·何人斯》“胡逝我陳”，傳：“陳，堂途也。”《儀禮·鄉飲酒禮》注：“當陳揖，當碑揖。”一曰下陳，《晏子春秋·諫下篇》：“辟拂三千謝於下陳。”《史記·李斯傳》：“所以飾後宫，充下陳。”

纍世未嘗聞之，增壽萬年亦誠哉！

石　留

何承天《石流篇》作流。

石留凉陽凉石水流爲沙錫以微河爲香向始鯀冷將風陽北逝肯無敢與於揚心邪懷蘭志金安薄北方開留離蘭

薤　露

《古今注·音樂篇》曰：“《薤露》《蒿里》，并喪歌也。”《搜神記》六曰：“挽歌者，執紼者相偶和之者。”案《文選》宋玉《對楚王問》曰：“其爲《陽阿》《薤露》，國中屬而和者數百人。”《薤露》之名，首見於此。(《對楚王問》蓋漢初人所作，所記諸樂曲名，多見於先秦載籍，疑皆先秦所傳舊曲。)《世説新語·任誕篇》注引譙周《法訓》曰：“或……曰：‘今喪有挽歌者何以哉？’譙子曰：‘周聞之，蓋高帝召田横至於尸鄉亭，自刎，奉首，從首挽至於宫，不敢哭，而不勝哀，故爲歌以寄哀音。’”崔豹因謂《薤露》《蒿里》出田横門人，至漢武帝時李延年乃分爲二曲，《薤露》送王公貴人，《蒿里》送士大夫庶人。案挽歌自古有之，《世説新語》注辯之已審，疑《薤露》《蒿里》本東齊土風，傳世已久，齊人思田横，因以横事牽合之。然則譙、崔諸説，雖非實，要亦不爲無因。

薤上露，何易晞！露晞明朝更復落，

落謂露降。

人死一去何時歸！

蒿　里

《漢書·武五子廣陵厲王胥傳》“蒿里召兮郭門閱（穴）”，注曰：“蒿里，死人里。”案《字鏡》七引《切韻》曰：“薨里，死（從《玉篇》補）人里也。”《内則》注：“薨，乾也。”《廣雅·釋詁》：“殦，乾也。”蒿、槁、薨、殦，字異義同。人死則枯槁，故死人里曰蒿里。一曰下里。《漢書·韓延壽傳》“賣偶車馬下里僞物者，棄之市道”，注引張晏曰：“下里，（僞）（物），地下蒿里僞物也。”《酷吏田延年傳》“陰積貯炭葦諸下里物”，注引孟康曰：“死者歸蒿里，葬地下，故曰下里。”案《對楚王問》又曰：“其始曰《下里》《巴人》，國中屬而和者數千人。”《下里》當即《蒿里》之曲。又《漢書·武帝紀》“禮高里”，注引伏儼曰：“山名，在泰山下。”陸機《泰山吟》曰：“梁甫亦有館，蒿里亦有亭，幽途延萬鬼，神房集百靈。”梁甫亦泰山下山名，陸以梁甫、蒿里對舉，是高里即蒿里也。蓋蒿里本死人里之公名，泰山下小山亦死人里，故亦因以爲名。《薤露》《蒿里》本齊謳，説已詳上。蒿里山在魯，齊魯接壤，齊人挽歌言《蒿里》，亦猶齊人葬歌稱《梁甫吟》也。

（詳下）顔師古必謂高里與蒿里異字，而以陸説爲非，（詳《漢書·武帝紀》注）其失也迂。

蒿里誰家地？聚斂魂魄無賢愚。

《説郛》一〇〇引魂魄作精魂。

鬼伯一何相催促，人命不得少踟躕。

梁甫吟

郭茂倩曰："梁甫，山名，在泰山下。《梁甫吟》蓋言人死葬此山，亦葬歌也。又有《泰山梁甫吟》，與此頗同。"案吴兢《樂府古題要解》曰："《泰山吟》言人死精魄歸於泰山，亦《薤露》《蒿里》之類也。"據此，則《泰山》《梁甫》本一篇而分爲二，與《薤露》《蒿里》同例。陸機有《泰山吟》，引已見上。《樂府詩集》引左思《齊都賦》注曰："《東武》《太山》皆齊之土風弦歌謳吟之曲名也。"《史記·封禪書》："古者封泰山，禪梁父者，七十二家。"正義引《括地志》曰："梁父山，在兖州泗水縣南八十里。"梁甫即梁父。此篇舊題諸葛亮作，不足辯。

步出齊城門，遥望蕩陰里，

《水經·淄水注》曰："淄水又東北，徑蕩陰里。水東有冢，一基三墳，東西八十步，是烈士公孫接、田開疆、古冶子之墳也。"

里中有三墓，纍纍正相似。問是誰家墓？田疆、古冶子。

《晏子春秋·諫下篇》曰："公孫接、田開疆、古冶子事景公，以勇力搏虎聞。晏子過而趨，三子者不起。晏子入見公，曰：'……今君之蓄勇力之士也，上無君臣之義，下無長率之倫，内不可以禁暴，外不可以威敵，此危國之器也，不若去之。'公曰：'三子者搏之恐不得，刺之恐不中也。'晏子曰：'此皆力攻劮敵之人也，無長幼之禮。'因請，公使人少饋之二桃曰：'三子何不計功而食桃？'公孫接仰天而嘆曰：'……接，一搏特猏，再搏乳虎，若接之功可以食桃而無與人同矣！'援桃而起。田開疆曰：'吾仗兵而却三軍者再，若開疆之功亦可以食桃而無與人同矣！'援桃而起。古冶子曰：'吾嘗從君濟於河，黿銜左驂以入砥柱之中流。當是時也，冶少，不能游，潛行逆流百步，順流九里，得黿而殺之。左操驂尾，右挈黿頭，鶴躍而出，津人皆曰河伯也，視之則大黿之首也。若冶之功亦可以食桃而無與人同矣！二子何不反桃？'抽劍而起。公孫接、田開疆曰：'吾勇不子若，功不子逮，取桃不讓，是貪也；然而不死，無勇也。'皆反其桃挈領而死。古冶子曰：'二子死之，冶獨生之，不仁；耻人以言而誇其聲，不義；恨乎所行，不死，無勇。雖然，二子同桃而節，冶專桃而宜。'亦反其桃，挈領而死。……公殮之以服，葬之以士禮焉。"

力能排南山，

《詩・南山》"南山崔崔"，傳曰："南山，齊南山也。"陳奂曰："齊南山，即《孟子》(《告子上篇》)之牛山。《晏子・諫上篇》：'楚巫曰，請巡國郊以觀帝位。至於牛山而不敢登，曰，五帝之位在於國南，請齊（齋）而後登之。'又云：'景公游於牛山，北臨其國城。'皆其義證。"

文能絶地紀，

《素問・天元紀大論》曰："夫子之言，上終天文，下畢地紀，可謂悉矣。"絶、畢皆盡也，是絶地紀猶畢地紀。

一朝被讒言，二桃殺三士。誰能爲此謀，國相齊晏子。

平陵東

《古今注·音樂篇》曰：“《平陵東》漢翟義門人所作也。”《樂府古題要解》曰：“義，丞相方進之少子，字文仲，爲東郡太守，以王莽方篡漢，舉兵誅之，不克，見害，門人作歌以悲之也。”案義事具見《漢書·翟方進傳》，然玩詩意，全不類。詩但言盜劫人爲質，令其家輸財物以贖，如今“綁票”者所爲，疑崔、吴説妄也。馬縞《中華古今注》題作悲歌。

平陵東，

《漢書·昭帝紀》“葬平陵”注引薛瓚曰：“平陵，在長安西北七十里。”

松柏桐，

仲長統《昌言》曰：“古之葬者，松柏梧桐以識墳。”古詩《爲焦仲卿妻作》曰：“兩家求合葬，合葬華山旁，東西植松柏，左右植梧桐。”案唐王建《羽林行》曰：“長安惡少出名字，樓下劫商樓上醉，天明下直明光宫，散入五陵松柏中。”陵寢所在，林菁密翳，自古爲奸盜所藏，今亦然也。

不知何人劫義公？

義疑本作我，我以聲近誤爲義，説者遂以爲翟義事也。

劫義公，在高堂下，

《漢書·趙廣漢傳》曰："富人蘇回爲郎，二人劫之。有頃，廣漢將吏到家，自立庭下，使長安丞龔奢叩堂户曉賊曰：'京兆尹趙君謝兩卿，無得殺質。此宿衛臣也。釋質束手，得善相遇，幸逢赦令，或將解脱。'二人驚愕，又素聞廣漢名，即開户出下堂叩頭。"注曰："劫取其身爲質，全家將財物贖之。"

交錢百萬兩走馬。

《意林》一引《尸子》曰："夫買馬不論足力，以白黑爲儀，必無走馬矣；買玉不論美惡，以大小爲儀，必無良寶矣。"《漢書·武五子燕剌王旦傳》曰："多齎金寶走馬賂遺蓋主。"注曰："走馬，馬之善走者。"案古曰走，今曰跑。

兩走馬，亦誠難，顧見追吏心中惻。心中惻，血出漉，

《説文》漉重文作渌，《方言》十二曰："盝，涸也。"《廣雅·釋詁》一曰："盝，盡也。"渌、盝同。

歸告我家賣黄犢。

走馬不可致，則歸賣黄犢以輸之也。

猛虎行

《樂府詩集》不正載其辭，疑非全章。此蓋離家遠行者，能爲其所親潔身自愛。"飢不從猛虎食"，不蹈非法以求飽也，"暮不從野雀栖"，不涉非禮以肆情也，而意尤着重在下句。"游子爲誰驕"，"誰"斥其妻室，言游子之所爲自愛者，非彼閨中之人而誰邪？魏文帝詞曰："與君

媾新歡，托配於二儀，充列於紫微，升降焉可知？梧桐攀鳳翼，雲下散洪池。”……言夫婦之情，尚不失古意。明帝詞曰：“雙桐生空井，枝葉自相加……上有雙栖鳥，交頸鳴相和。”或亦同類。陸機以下諸作，則去古意浸遠矣。

飢不從猛虎食，暮不從野雀栖。

野與家對。

野雀安無巢？游子爲誰驕！

《白頭吟》曰：“兩樵相推（雅）與，無親爲誰驕？”案自重自愛曰驕。

鷄　　鳴

鷄鳴桑樹巔，狗吠深宫中。

宫謂墻垣。《周禮·小胥》“王宫縣”，鄭注曰：“宫縣，四面縣……四面象宫室四面有墻，故謂之宫縣。”《周書·大匡篇》“樂不墻合”，孔注曰：“墻合即所謂宫縣是也。”《禮記·儒行》“儒有一畝之宫”，鄭注曰：“宫，墻垣也。”

蕩子何所之？

蕩子猶游子。《烏生》“秦氏有游遨蕩子”，《東光》“諸軍游蕩子”。字一作唐，（《文選·七發》“浩唐之心”，五臣唐作盪，盪蕩同。）《莊子·徐無鬼篇》“其求唐子也而未始出域”，謂游蕩忘歸之子。

天下方太平，刑法非有貸，柔協正亂名。

《爾雅·釋詁》曰“柔，安也”，“協，服也”。柔協謂安撫其順服者。《周禮·大司馬》“賊殺其親則正之”，鄭注曰：“正之者，執而治其罪。”《禮記·王制》曰：“析言破律，亂名改作，執左道以亂正，殺。”正亂名，謂有亂名忤法者，則執而治其罪，即上文“刑法非有貸”之謂也。

黄金爲君門，碧玉爲軒闌堂，

碧本作璧，此從一本。碧以色言，黄金碧玉對文。《相逢行》：“黄金爲君門，白玉爲君堂。”可資參證。《説文》曰：“璧，瑞玉環也。”作璧，於義難通。本篇皆五字句，獨此六字，疑爲字涉上文及《相逢行》而衍。“碧玉軒闌堂”，堂上闌干以碧玉爲之也。

上有雙樽酒，作使邯鄲倡。

作使，猶役使也。《史記·貨殖列傳》曰：“民……多弄物爲倡優也，女子則鼓鳴瑟，跕屣，游媚富貴，入後宫，遍諸侯。”然邯鄲亦漳河之間一都會也。

劉玉碧青甓，

玉本作王，從《宋書·樂志》改。劉讀爲琊，字一作瑠。琊玉即碧琊，《説文》曰：“琊，石之有光者，璧琊也，出西胡中。”一曰璧流離，《漢書·西域傳》上“罽賓國……出……璧流離”，孟康注曰：“璧流離，青色如玉。”《梵書》曰吠琉璃，璧吠聲之轉，流離與琉璃音同。今世但曰琉璃，省稱也。其物有自然人爲二種。自然者，今名青金石。人爲者又分三種，質純而潔白明瑩者曰玻璃，雜彩釉爲之者曰珐瑯，俗亦稱玻璃，製法略異而質尤温潤者曰瓷。玻璃、珐瑯皆璧琊聲之轉。古之珐瑯，色青者多，以其始本欲象自然琉璃（青金石），故色獨尚青也。（説詳章鴻釗《古雅》）此曰“珋玉碧青甓”，當謂珐瑯，珋玉言其質，碧青言其色，今之琉璃磚瓦是也。

後出郭門王。

郭門，外城門也。郭門王未詳。

舍後有方池，池中雙鴛鴦。

雌雄雙栖，故曰雙鴛鴦。

鴛鴦七十二，

《西京雜記》曰：“霍光園中鑿大池，植五色睡蓮，養鴛鴦三十六對，望之爛若披錦。”

羅列自成行，鳴聲何啾啾，聞我殿東廂。

《初學記》二四引《蒼頡篇》曰：“殿，大堂也。”古謂屋之高嚴者曰殿，非必王者所居。《孤兒行》“行取殿下堂”，義同。

兄弟四五人，皆爲侍中郎，五日一時來，

《史記·萬石君傳》“每五日洗沐，歸謁親”，集解引《文穎》曰：“郎五日一下。”一時猶同時，謂兄弟五人同時歸來也。王冏《長安有狹斜行》：“三子俱休沐。”

觀者滿路旁，黄金絡馬頭，熲熲何煌煌！

《爾雅·釋詁》曰：“熲，光也。”熲熲，煌煌皆光耀貌。何，感嘆詞，與今語啊同。《焦仲卿妻》：“隱隱何甸甸。”

桃生露井上，李樹生桃旁。

《孟子・滕文公下篇》曰："井上有李，螬食實者過半矣。"是古多於井上植桃李之屬。

蟲來齧桃根，李樹代桃僵。樹木身相代，兄弟還相忘？

相逢行

相逢狹路間，道隘不客車，如何兩少年，夾轂問君家。

"如何兩少年"本作"不知何年少"，此從《玉臺新咏》。《長安有狹斜行》曰："適逢兩少年，挾轂問君家。"梁簡文帝詞曰："道逢雙總丱，扶輪問我居。"元帝詞曰："忽遇二少童，扶轡問我宅。"庚肩吾詞曰："路逢雙綺襦，問君居近遠。"徐防詞曰："途逢二綺衣，夾路詢君室。"又簡文帝《春情雜句》曰："兩童夾車問不已。"并可參證。

君家誠易知，易知復難忘。黄金爲君門，白玉爲君堂；堂上置樽酒，作使邯鄲倡；中庭生桂樹，華燈何煌煌！兄弟兩三人，中子爲侍郎，五日一來歸，道上自生光，黄金絡馬頭，觀者盈道旁。入門時左顧，

左右并有迴環之義。《詩・蒹葭》"道阻且右"，箋曰："右者言其迂迴。"案左亦有迂迴之義，《葛屨》"宛然左辟"，猶迴避也。《有杕之杜》"生於道周"，傳曰："周，曲也。"《釋文》引《韓詩》説曰："周，右也。"是右與曲義得相通，因之上章"生於道左"亦猶道曲耳。《漢書・宣元六王淮陽憲王欽傳》"子高乃幸左顧存恤"，注曰："左顧猶言枉顧也。"枉亦曲也。曲回義近，本篇"入門時左顧"，《隴西行》"左顧敕中厨"，并當訓回顧。

但見雙鴛鴦，鴛鴦七十二，羅列自成行，音聲何噰噰，鶴鳴東西厢。

鶴疑當爲和，聲之誤也。《爾雅·釋訓》曰："噰噰，音和也。"此文上云噰噰，下云和鳴，義正相應。黄節字徑作和，不知所據何本。

大婦織羅綺，中婦織流黄，

《西京雜記·上羊勝屏風賦》"飾以文錦，映以流黄"，注曰："流黄，間色素也。"流或作留，《廣雅·釋器》曰："留黄，彩也。"案《説文》曰："茢，草也，可以染留黄。"茢即紫茢，留茢一聲之轉，留黄即茢黄，色之黄中發紫者也。馬有名紫騮者（見李白詩），即紫茢色之馬，又名紫黄（見《初學記》二九引《符瑞圖》），即騂黄也。《禮記·玉藻》正義引《論語》皇疏曰："騂黄之色黄黑。"騂與騮同，紫黑色近。素名流（留）黄，猶馬名騂黄，蓋亦紫黑間色也。

小婦無所爲，挾瑟上高堂。丈人且安坐，

《論衡·氣壽篇》曰："譬猶人形一丈，正形也，故名男子爲丈夫，尊公嫗爲丈人。"《顔氏家訓·書證篇》曰："古樂府歌詞先述三子，次及三婦，婦是對舅姑之稱。其末章云：'丈人且安坐，調弦未遽央！'古者子婦供事舅姑，旦夕在側，與兒女無異，故有此言。……近代文士頗作三婦詩，乃爲匹嫡并耦己之群妻之意，又加鄭衛之辭，大雅君子，何其謬乎！"

調絲未遽央！

本作方未央，一本作未遽央，《玉臺新咏》及《顔氏家訓·書證篇》引并同，今據改。案未遽央，古之成語，遽或作渠作詎，疑本當爲距。《書·益稷》"予决九川距四海"，某氏傳曰："距，至也。"《廣雅·釋詁》一曰："央，盡也。"未距央，猶言未至盡時。或但曰未央，《詩·庭燎》"夜未央"，箋曰："未央猶言未渠央也。"是矣。《漢書·張禹傳》曰："身居大第，後堂理絲竹管弦。"又曰："禹將（戴）崇入後堂，飲食婦女相對，優人管弦鏗鏘，極樂，昏夜乃罷。"紀漢世豪貴生活，可與此詩相發。

長安有狹斜行

長安有狹斜，

此與《相逢行》本一篇，而詞較簡略，彼曰"相逢狹路間"，此曰"長安有狹斜"，是狹斜即狹路。疑斜讀爲除，《廣雅·釋宫》曰："除，道也。"字一作邪，沈約《有所思》曰"因書寄狹邪"，《廣雅·釋宫》又曰："邪，道也。"梁元帝《長安有狹斜行》曰："洛陽有曲陌，曲曲不通驛。"昭明太子《相逢狹路間》曰："京華有曲巷，曲曲不容輿。"陌巷亦皆道也。（唐長安有宫人斜，即宫人所居之巷。）

狹路不容車，適逢兩少年，夾轂問君家。

夾，本作狹，非是，依《相逢行》改。張正見《相逢行》曰："相逢夾綉轂，借問是誰家。"李白詞曰："夾轂相借問。"字并作夾。《文選·羽獵賦》注引《春秋感精符》曰："黄池之會，重吴子，滕、薛夾轂。"《潛夫論·浮侈篇》曰："富貴嫁娶，車駢各十，騎奴侍僮，夾轂節引。"

君家新市旁，易知復難忘。大子二千石，中子孝廉郎，小子無官職，衣冠仕洛陽。三子俱入室，室中自生光。大婦織綺紵，

一作羅。

中婦織流黄，小婦無所爲，挾瑟上高堂。丈人且徐徐，

人本作夫，依《相逢行》改。

調弦未詎央！

本作詎未央，誤倒。王融《三婦艷》即此詩末六句，其“調弦詎未央”一作未渠央，最是。詎渠通，并讀爲遽。

陌上桑

日出東南隅，照我秦氏樓。秦氏有好女，自名爲羅敷。

羅敷，漢世女子習用之名，《漢書·武五子昌邑王髆傳》“執金吾嚴延年……女羅紨”，注曰：“紨，音敷。”至《焦仲卿妻》“東家有賢女，自名秦羅敷”，則似襲用此詩。“自名”之語，樂府屢見。《焦仲卿妻》“自名秦羅敷”，又“自名爲鴛鴦”，自名蓋猶言本名。《説文》皇下自訓始，始亦本也。

羅敷喜蠶桑，采桑城南隅，——青絲爲籠繫，桂枝爲籠鉤。頭上倭墮髻，

《説文》曰“逶，逶迤邪去之貌”，倭墮與逶迤同。蕭子顯《日出東南行》“逶迤梁家髻”，正作逶迤。倭墮髻蓋即墮馬髻。《後漢書·梁統傳》“（冀妻孫）壽色美而善爲妖態，作愁眉啼妝，墮馬髻，折腰步，齲齒笑，以爲媚惑”，注引《風俗通》曰：“墮馬髻者，側在一邊……始自冀家所爲，京師翕然皆放效之。”《古今注·雜注篇》曰：“倭墮髻，一云墮馬之餘形也。”案墮馬、倭墮蓋名變而實未變，故蕭子顯詩曰“逶迤梁氏髻”，高允《羅敷行》曰“頭作墮馬髻”。并以爲倭墮即墮馬。

耳中明月珠，

珠在耳中，似爲穿耳，高允《羅敷行》曰“耳穿明月珠”是也。《釋名・釋首飾》曰：“穿耳施珠曰璫，此本出於蠻夷所爲也……今中國人效之耳。”《三國志・諸葛恪傳》曰：“母之於女，恩愛至矣，穿耳附珠，何傷於仁？”此風蓋至東漢而始盛。

緗綺爲下裙，

《説文》曰：“緗，帛淺黄色也。”《後漢書・輿服志》“賈人緗縹而已”，劉注曰：“緗色……赤黄之色也。”據此則即杏黄色，緗乃杏聲之訛耳。

紫綺爲上襦。行者見羅敷，下擔捋髭鬚。少年見羅敷，脱帽著帩頭。

帩頭即綃頭。《釋名・釋首飾》曰：“綃頭：綃，抄也，抄髮使上從也。或曰帞頭，言其從後横陌而前也。”《後漢書・獨行向栩傳》曰：“好被髮著絳綃頭。”《逸民・周黨傳》曰：“被徵，不得已，乃著短布單衣，穀皮綃頭，待見尚書。”

耕者忘其犁，鋤者忘其鋤，來歸相怨怒，但坐觀羅敷。

沈德潜曰：“坐，緣也，歸家怨怒，觀羅敷之故也。”案各與己妻相怨怒。

使君從南來，

《後漢書・郭伋傳》曰：“伋前在并州……始至行部，到西河、美稷，有童兒數百各騎竹馬於道次迎拜。伋問兒曹何自遠來，對曰：‘聞使君到，喜，故來奉迎。’伋辭謝之。及事訖，諸兒復送至郭外，問使君何日當還，伋謂别駕從事計日當告之。”案吴兆宜謂太守稱使君，始見於此，因據以定此詩爲東漢之作，其説殆確。

五馬立踟躕。

《宋書》引《逸禮·王度記》曰："天子駕六，諸侯駕五，卿駕四，大夫三，士二，庶人一。"後世太守，當古之諸侯，故用五馬。

使君遣吏往，問是誰家姝。——"秦氏有好女，自名爲羅敷。"——"羅敷年幾何？"——"二十尚不足，十五頗有餘。"——"使君謝羅敷，

此吏人代使君問訊於羅敷之辭也。《漢書》周勃子《亞夫傳》："天子爲動改容式車，使人稱謝：'皇帝敬勞將軍。'"李廣孫《陵傳》："(任)立政曰：'咄！少卿良苦，霍子孟、上官少叔謝女。'"注曰："謝，以辭相問也。"《趙廣漢傳》："廣漢嘗記召湖都亭長。湖都亭長西至界上。界上亭長戲曰：'至府，爲我多謝問趙君。'亭長既至，廣漢與語、問事畢，謂曰：'界上亭長寄聲謝我，何以不爲致問？'亭長叩頭服實有之。廣漢因曰：'還爲吾謝界上亭長，勉思職事，有以自效，京兆不忘卿厚意。'"凡此言謝，并猶今人言問候也。

寧可共載不？"羅敷前置辭：

《楚辭·九嘆·遠逝》曰："訴五帝以置辭。"《漢書·周勃傳》曰："勃怒，不能置辭。"又《蕭望之傳》曰："免冠置對。"置辭猶置對矣。

"使君一何愚！使君自有婦，羅敷自有夫。東方千餘騎，夫婿居上頭，

《詩·簡兮》箋曰："'在前上處'者，在前列上頭也。"

——何用識夫婿？

用，以也。

白馬從驪駒，青絲繫馬尾，黃金絡馬頭，腰中鹿盧劍，

《漢書・雋不疑傳》"帶櫑具劍"，晋灼注曰："古長劍首以玉作井鹿盧形，上刻木作山形，如蓮花初生未敷時，今大劍木首其狀似此。"

可直千萬餘。十五府小史，

《漢書・翟方進傳》曰："方進年十三，失父孤，學給事太守府爲小史。"

二十朝大夫，三十侍中郎，四十專城居。

《文選》潘安仁《馬汧督誄》"剖符專城"，謂爲太守也。

爲人潔白皙，鬑鬑頗有鬚，

《玉篇》曰："髻鬑，鬢髮疏薄貌。"鬑鬑猶髻鬑也。

盈盈公府步，

《説文》曰："嬴，緩貌。"盈嬴通。《漢書・游俠陳遵傳》曰："與張竦……哀帝之末，俱著名字，爲後進冠，并入公府。"

冉冉府中趨。

《楚辭・離騷》"老冉冉其將至兮"，王注曰："冉冉，行貌。"案行遲貌也。漢人稱郡寺爲府，見《唐公房碑》《上谷府卿墳壇刻石》及《項伯度鐘刻文》。太守官舍曰府，故稱太守曰府君。《後漢書・儒林周澤傳》曰："〔孫堪〕嘗爲縣令，謁府，趨步遲緩，門亭長譴堪御吏，堪便解印綬去，不之官。"案古禮尊貴者行遲，卑賤者行速，孫堪以縣令謁府而趨步遲緩，有近越禮，故遭譴斥。太守位尊，自當舉趾舒泰，節度遲緩。此所謂公府步府中趨者，猶今人言官步矣。

坐中數千人，

樂府歌辭本多係歌舞劇，此曰“坐中數千人”，斥觀衆而言也。

皆言夫婿殊！”

傅玄《董逃行·歷九秋篇》曰：“男兒墮地稱姝。”《説文》曰：“姝，好也。”殊與姝通。《廣雅·釋詁》四曰：“殊，絶也。”絶亦好也。

隴西行

天上何所有？歷歷種白榆，

《詩·東門之枌》傳曰：“枌，白榆也。”《御覽》九五六引《春秋運斗樞》曰：“玉衡星散爲榆。”

桂樹夾道生，

《類聚》八九引《春秋運斗樞》“椒桂生合剛陽”，注曰：“椒桂，陽星之精所生也。”道謂黄道，《漢書·天文志》曰：“中道者黄道，一曰光道……日之所行爲中道，月五星皆隨之也。”

青龍對道隅。

《開元占經》二三引《春秋緯》曰：“春精靈威仰，神爲歲星，體東方青龍之宿。”《楚辭·九嘆·逢紛》“豺狼鬥兮我之隅”，王注曰：“隅，旁也。”

鳳凰鳴啾啾，

《御覽》九一五引《春秋元命苞》曰："火離爲鳳凰。"《鶡冠子·度萬篇》曰："鳳凰者鶉火之禽，陽之精也。"《埤雅》八引《禽經》曰："赤鳳謂之鶉。"

一母將九雛，

《西京雜記》下中山勝《文木賦》曰："鳳將九子。"《史記·天官書》"尾爲九子"，索隱引宋均曰："屬後宫場，故得兼子，子必九者，以尾有九星也。"案尾本東宫宿，當爲龍尾，此云鳳將九雛蓋與南宫朱鳥相亂。

顧視世間人，爲樂甚獨殊。好婦出迎客，顔色正敷愉，

敷愉即敷蕍。《爾雅·釋草》"蕍，芛，葟，華，榮。"郭注曰："蒳猶敷蕍，亦華之貌。"一作藍藹，《文選·吴都賦》"異荂藍藹"，劉注曰："藍藹，花開貌。"李注曰："藍藹與敷蕍同。"又作藍蒳，《玉篇》《廣韻》并曰："藍蒳，花貌。"聲轉爲芙蓉，則爲花之類名。此曰顔色敷愉，猶言顔色鮮麗如花也。

伸腰再拜跪，問客平安否？請客北堂上，坐客氈氍毹。

《書鈔》三三引《聲類》曰："氍毹，織毛爲席也。"《御覽》引《通俗文》曰："織毛褥謂之氍毹，細者謂之毾㲪。"是粗者謂之氍毹矣。

清白各異樽，酒上正華疏。

疏疑讀爲梳，(《急就篇》"鏡奩疏比各異工"，疏比即梳篦。）華梳蓋梳之有華飾者，女子正梳猶男子正冠，將飲正梳，蓋以示敬歟？姑獻此疑，以俟博識。

酌酒持與客，客言主人持，却略再拜跪，

却略少退也。《世説新語·方正篇》曰：“周王既入，始到階頭，帝逆遣傳詔遏使就東廂，周侯未悟，即却略下階。”

然後持一杯。談笑未及竟，左顧敕中厨，促令辦粗飰（同飯），

愼莫使稽留。廢禮送客出，

廢禮未祥。

盈盈府中趨，送客亦不遠，足不過門樞。取婦得如此，齊姜亦不如。

《詩·衡門》曰：“豈其取妻，必齊之姜。”

健婦持門户，亦勝一丈夫。

艷歌行

翩翩堂前燕，冬藏夏來見。

李子德曰：“起二句爲六義之興，以見久旅忘歸，不及梁燕之知時也。”

兄弟兩三人，流宕在他縣。故衣誰當補？新衣誰當綻？

《玉篇》曰：“當，任也。”《急就篇》“針縷補縫綻紩緣”，顏注曰：“修破謂之補，縫解謂之綻。”《後漢書·崔實傳》曰：“期於補綻決壞。”

賴得賢主人，覽取爲吾組。

覽讀爲攬，攬亦取也。《説文》曰：“組，補綻也。”組即綻字。

夫婿從門來，斜柯西北眄。

柯本一作倚。斜柯即斜倚、斜攲，倚攲并從可陪聲，故與柯聲近。畢曜《情人玉清歌》“善踏斜柯能獨立”，段成式聯句“斜柯欲近人”，語并本此。《説文》曰：“眄，目偏合也，一曰邪視也。”

語卿且勿眄，水清石自見。石見何纍纍，遠行不如歸。

沈德潛曰：“水清石見，心迹固明矣，然豈如歸去爲得計乎？”

羽林郎

辛延年

辛延年，後漢人，而詩言霍家姝馮子都，蓋記往事以諷今也。朱秬堂疑爲竇景而作，則未見其必然。

昔有霍家姝，

宋刻《玉臺新咏》作姝，《樂府詩集》同，玉雲溪館本《玉臺》及《古樂府》并作奴。丁福保云作姝者是，古時士之美者亦曰姝。案丁説是也。傅玄《董逃行·歷九秋篇》曰：“男兒墮地稱姝。”《漢書·霍光傳》曰：“光愛幸監奴馮子都。”蓋彌子瑕之流，故曰霍家姝也。

姓馮名子都，依倚將軍勢，

《漢書·霍光傳》曰：“後元二年，上以光爲大司馬大將軍。”

調笑酒家胡。胡姬年十五，春日獨當壚，

《漢書·司馬相如傳》“相如盡賣車騎，置酒舍，乃令文君當盧”，注曰：“賣酒之盧，纍土爲盧，以居酒甕，四邊隆起，其一面高，形如煅盧，故名曰盧。”盧與壚通。當，守值也。

長裾連理帶，

《爾雅·釋器》曰：“衱謂之裾。”《方言》“衱謂之褸”，注曰：“即衣領也。”戴震《疏證》云：衱袷古通，《禮記·玉藻》注曰：“袷，曲領也。”《深衣》注曰：“袷，交領也。”

廣袖合歡襦，

《説文》曰：“襦，短衣也。”《怨歌行》曰：“裁爲合歡扇。”《古詩》曰：“裁爲合歡被。”

頭上藍田玉，

《文選·西京賦》注引計然《萬物録》曰：“玉英出藍田。”

耳後大秦珠，

《後漢書·西域傳》曰：“大秦土多金銀奇貨，有夜光璧，明月珠。”珠在耳後，則是簪兩端之垂珠，非耳璫也。《後漢書·輿服志》曰：“簪以玳瑁爲擿，長一尺，端爲華勝，下有白珠。”

兩鬟何窕窕，

《玉篇》曰：“鬟，髻鬟。”《方言》二曰：“窕，美也，——美狀爲窕。”

一世良所無，一鬟五百萬，兩鬟千萬餘。

此極言鬟上首飾之珍貴，即上文之藍田玉，大秦珠也。

何意金吾子。

《漢書・百官公卿表》曰："中尉，秦官：掌徼巡京師，武帝太初元年更名執金吾。"程大昌《演繁露》曰："揚子雲《執金吾箴》曰：'吾臣司金，敢告執璜。'崔豹《古今注》曰：'金吾，棒也，以銅爲之，黃金塗兩頭，謂之金吾也。'案今三衙大將立殿陛下所執杖子者，銀釦兩末，而軍職之呼員僚者，每朝，不笏而杖，其制略與之同。軍伍間呼其杖爲封杖，豈古金吾遺制耶？"案"金吾"本"禁御"聲之訛轉，後以爲中尉所執棒名，因稱中尉爲執金吾，馮子都霍氏之家奴，不得官執金吾。此云金吾子者，蓋當時通稱豪貴之美名。光武云"仕官當至執金吾"，亦以其有權勢，爲人所欣慕也。

娉婷過我廬，

《集韻》曰："姘婷，一曰女態舒徐也。"娉婷，與姘婷聲義近。

銀鞍何煜爚，

《廣韻》曰："爚，煜耀光明。"

翠蓋空踟躕，就我求清酒，絲繩提玉壺，就我求珍肴，金盤膾鯉魚，貽我青銅鏡，結我紅羅裾，不惜紅羅裂，何論輕賤軀！男兒愛後婦，女子重前夫，人生有新故，貴賤不相逾。多謝金吾子，私愛徒區區。

《廣雅・釋訓》曰："拳拳，區區，款款，愛也。"拳區款皆一聲之轉。《文選・古詩》曰："一心抱區區。"

飲馬長城窟行

青青河畔草，綿綿思遠道。

《楚辭·悲迴風》“縹綿綿之不可紆”[①]，王注曰：“細微之思，難斷絶也。”《文選·洛神賦》“思綿綿而增慕”，李注曰：“綿綿，密意也。”

遠道不可思，宿昔夢見之。

昔夕通。

夢見在我旁，忽覺在他鄉，他鄉各異縣，展轉不相見。枯桑知天風，海水知天寒，

滄海桑田，高下異處，喻夫婦遠離不能會合。枯桑喻夫，（《越人歌》：“山有木兮木有枝，心悦君兮君不知。”）海水自喻，（元稹《離思詩》：“曾經滄海難爲水，除却巫山不是雲。”）天風天寒，喻孤栖獨宿，危苦凄涼之意。見葉落而知木受風吹，見冰結而知水感天寒。枯桑無葉可落，海水經冬不冰，一似不知風寒者，非真不知之，人不見其知之迹象耳。以喻夫婦久别口雖不言而心自知苦。

入門各自媚，

《詩·思齊》傳曰：“媚，愛也。”《説文》曰：“媚，説也。”

誰肯相爲言！

《廣雅·釋詁》二曰，“言，問也”，問謂問訊。《説文》曰：“訊，問也。”《爾雅·釋言》“訊，言也”，郭注曰：“相問訊也。”言己與良

① “紆”字原誤作行，今正。

人遠隔千里，每當日夕，輒各入門自愛，誰肯以片言相問訊哉？誰，暗斥其夫，意若怨其久疏音問也。二句反跌，爲下烹魚得書張本。

客從遠方來，遺我雙鯉魚。

雙鯉魚，藏書之函也，其物以兩木板爲之，一底一蓋，刻綫三道，鑿方孔一，綫所以通繩，孔所以受封泥。（詳傅振倫《簡策説》，載《考古》第六期。）此或刻爲魚形，一孔以當魚目，一底一蓋，分之則爲二魚，故曰雙鯉魚也。函一名椟，《説文》曰："椟，檢柙也。"王國維謂一書用兩檢夾之（《簡櫝檢署考》），是也。《説文》又曰："枷，梻也，淮南謂之椟。"今梨園飾繫囚所用枷或作魚形，蓋猶古制。其物之用在挾持而禁制之以爲固，與藏書之函略同。用同者體亦常同，故二者皆或作魚形，用同體同者名亦常同，故又并得稱椟也。又古門鑰以二木中貫牡以爲固，其用於函亦近，而古稱魚鑰疑亦因其形制而得名。此亦古函刻爲魚形之旁證。

呼兒烹鯉魚，

解繩開函也。

中有尺素書。

帛曰素，木曰牘，皆長不過尺，故曰尺素，曰尺牘。

長跪讀素書，

古人席地而坐，兩膝着地，以尻着膝，著稍安者曰坐，伸腰及股，兩膝搘地而聳體者曰跪。其體益聳，以益致其恭者則曰長跪。

書中竟如何？上言加餐飯，下言長相憶。

始　生

烏生八九子，端坐秦氏桂樹間。

杜甫《遣悶戲呈路十九曹長》“黃鸝并坐交愁濕”，姚合《游終南山》“白鶴坐松梢”，薛逢《春晚東園曉思》“燕窺巢穩坐雕梁”，用坐字并本此詩。

唶我！

《説文》曰：“諎，大聲。”重文作唶。《文選》曹子建《贈白馬王彪詩》注引《聲類》曰：“諎，大呼也。”我，語尾助詞。《詩・伐木》“有酒湑我，無酒酤我！坎坎鼓我，蹲蹲舞我！”《晏子春秋・諫下篇》五載晏子歌“凍水洗我若之何！太上靡散我若之何！”諸“我”字用與此同，舊讀我字屬下，大謬。

秦氏家有遨游蕩子，工用睢陽彊蘇合彈，

《説文》曰：“彊，弓有力也。”梁簡文帝《艷歌行》“彈雀往睢陽”，似未達此詩之義。《後漢書・西域傳》曰：“大秦國……合會諸香，煎其汁以爲蘇合。”班固《與弟超書》：“竇侍中令載月氏馬，蘇合香。”蘇合彈，以蘇合香和泥爲彈丸也。

左手持强彈兩丸，出入烏東西。唶我！一丸即發中烏身，烏死魂魄飛揚上天，阿母生烏子時，乃在南山岩石間。

南山，終南山也。

唶我！人民安知烏子處？蹊徑窈窕安從通？

窈窕，幽邃也。《文選・西都賦》“步甬道以縈紆，又杳窱而不見陽”，窈窕與杳窱同。

白鹿乃在上林西苑中，射工尚復得白鹿脯。喈我！黄鵠摩天極高飛。後宫尚復得烹煮之。

《楚辭・招魂》“酸鵠臇鳧，煎鴻鶬些”，《大招》“内鶬鴿鵠，味豺羹只”。

鯉魚乃在洛水深淵中，

黄節曰：“《洛陽伽藍記》云‘京師語曰：洛鯉伊魴，貴於牛羊。’詩用鯉魚洛水，蓋京諺相傳久矣。”

釣鉤尚得鯉魚口。喈我！人民各各有壽命。死生何須復道前後！

枯魚過河泣

枯魚過河泣，何時悔復及！作書與魴鱮，相教慎出入！

《易林・謙之明夷》曰：“鰌鰕去海，藏於枯里，街巷褊隘，不得自在，南北極遠，渴餒成疾。”（《無妄之小畜》略同）亦假魚以喻人。漢人常有此奇想。

豫章行

白楊初生時，乃在豫章中，

《唐書・地理志》麗水縣有銅，出豫章、孝義二山，王存《九域志》龍泉縣有豫章山，云舊志在縣南二十里。案在今浙江龍泉縣南，漢豫章山不知是此否。

上葉摩青雲，下根通黄泉。凉秋八九月，山客持斧斤，我□何皎皎，

此下本又有皎字，疑衍。

梯落□□□，

梯落疑讀爲剃剳，《廣雅・釋詁》一“剳，剃，剔也”，玄應《一切經音義》十一引《通俗文》“去節曰剳”，《淮南子・齊俗篇》“屠牛坦一朝解九牛而刀可以剃毛”。《説文》：“鬄，鬍髮也。”“鬗，鬍也。”剃剳與鬄鬗同。剔去毛髮謂之剃剳。剔去樹木枝葉亦謂之剃剳，此指樹木言也。

根株已斷絶，顛倒岩石間。大匠持斧繩，鋸墨齊兩端，一驅四五里，枝葉白□捐，

捐上本無空格今以意補。

□□□□□，會爲舟船燔。

燔字疑誤，未詳所當作。

身在洛陽宮，根在豫章山，多謝枝與葉，何時復相連！吾生百年□，自□□□俱，何意萬人巧，使我離根株！

《易林・乾之既濟》曰："梗生荆山，命制輸班，袍衣剥脱，夏熱冬寒，飢餓枯槁，莫人震憐。"（《大有之未濟》《賁之師》略同）假象奇絶，與此同工。

豔歌行

南山石嵬嵬，

嵬嵬猶崔嵬也。

松柏何離離，

離離，林立貌。

上枝拂青雲，中心十數圍。

《詩・凱風》"凱風自南，吹彼棘心"，《秦策》三引《逸詩》"木實繁者披其枝，披其枝者傷其心"，《尸子・明堂篇》："其本不美，則其枝葉莖心不得美矣。"《韓非子・外儲説左上篇》："以松柏之心爲博。箭長八尺，棋長八寸。"又《揚榷篇》："枝大本小，將不勝春風，不勝春風，枝將害心。"《吕氏春秋・精通篇》："若樹之有根心也。"《漢書・蕭望之傳》"附枝大者賊本心"，注曰："本心，樹之本株也。"曹植《升天行》："扶桑之所出，乃在朝陽溪，中心陵蒼昊，布葉蓋天涯。"

洛陽發中梁，

發讀爲乏。《莊子·天地篇》“無乏吾事”，《釋文》：“乏，廢也。”《國策》“不敢以乏國事”，即廢國事。發之通乏，猶乏之通廢。中梁猶棟梁也。《儀禮·鄉射記》“序則物當棟”，注曰：“正中曰棟。”《釋名·釋宫室》曰：“棟，中也，居室之中也。”

松柏竊自悲。斧鋸截是松，松樹東西摧。特作四輪車，截至洛陽宫，觀者莫不嘆，問是何山材。誰能刻鏤此？公輸與魯班。

公輸班，魯人，故或稱魯班。此以爲二人，流俗之誤也。《漢書·叙傳》，曹植《七啓》，《列子·湯問篇》并稱“班輸”，按其詞義，亦均以爲二人，誤與此同。

被之用丹漆，

被，加也。

薰用蘇合香，本自南山松，今爲宫殿梁。

咄唶歌

棗下何攢攢，

攢攢，聚貌。潘岳《笙賦》“歌棗下之纂纂”，作纂，同。

榮華各有時，棗初欲赤時，人從四邊來，棗適今日賜，

《方言》三曰：“物空盡者鋌。鋌，賜也，鋌賜撲澌皆盡也。”《史記·李斯傳》“吾願賜志廣欲”，潘岳《西征賦》“若循環之無賜”，并訓盡。

誰當仰視之！

董逃行

《古今注·音樂篇》曰："《董逃歌》，後漢游童所作也。後有董卓作亂，卒以逃亡，後人習之以爲歌章。樂府奏之以爲炯戒。"吴景旭曰："樂府原題謂《董逃行》作於漢武帝之時，蓋武帝有求仙之興，董逃者古仙人也。後漢游童競歌之，終有董卓作亂，卒以逃亡。此則謡讖之言，因其所尚之歌，故有是事，實非起於後漢也。"按吴説是也。《宋書·樂志》作《董桃行》，梁簡文帝《行幸甘泉宫歌》亦有"董桃律金紫"之句，疑古辭本作桃，後人傅合東京童謡號曰"董逃歌"者，乃改桃爲逃耳。實則《董逃行》爲樂府古辭，《董逃歌》爲後漢童謡（原辭載《後漢書·五行志》），截然二事，崔氏混而一之，最爲紕繆。古辭雖不必作於漢武帝時，如樂府原題所説，其在後漢靈帝以前，則無可疑。

吾欲上謁從高山，

從高山疑即崇高山，亦即嵩高山也，中岳山名，字本作崇，後漢靈帝時中郎將堂谿典始請改崇高山爲嵩高山（《後漢書·靈帝紀》注引《東觀漢記》）。從崇聲同字通。（《左傳》成十八年注"崇猶長也"，《小爾雅·廣言》"從，長也"，《檀弓》"爾母從從爾"注"從從謂大高"。）此故假從爲崇。

山頭危嶮大難，

難下本有言字，從《宋書·樂志》删。《管子·形勢篇》"墜岸三仞，人之所大難也，而猿猱飲焉"，《善哉行》古辭曰"來日大難"，曹植取爲樂府題名曰"當來日大難"，是"大難"爲古之成語。《成臯令任君碑》“峻峭危難”,《武都太守李翕西狹頌》“危難阻峻”，危難猶危嶮大難也。吴兢《樂府古題要解》曰“古詞云‘吾欲上謁從高山，山頭危嶮大難言’，言五岳之上”云云。疑吴書先涉下文衍言字，郭氏又據之以增樂府正文。

遥望五岳端，黄金爲闕班璘。

《列子・湯問篇》曰：“渤海之東……其中有五山焉，一曰岱輿，二曰員嶠，三曰方壺，四曰瀛洲，五曰蓬萊。……其上臺觀皆金玉，其上禽獸皆純縞。……五山之根，無所連著……（帝）乃命禺强使巨鰲十五舉首戴之，迭爲三番，六萬歲一交焉，五山始峙。而龍伯之國有大人……一釣而連六鰲，合負而趨歸其國……於是岱輿、員嶠二山流於北極，沉於大海。”《史記・封禪書》曰：“自齊威宣燕趙使人入海求蓬萊、方丈、瀛洲。此三山者，其傳在渤海中……其物禽獸盡白，而黄金銀爲宫闕。”疑五岳初謂海上五山。此詩“黄金爲闕”之語，與《列子》“臺觀皆金玉”,《史記》“黄金銀爲宫闕”正合。《王子喬》古辭曰：“東游四海五岳山。”四海不當言東游，疑四爲大之誤（詳彼篇），謂大海中之五山也，若然則五岳本謂海中五山，尤有明證。班璘，文彩貌。《景福殿賦》“文彩璘班”，班璘、璘班，語有倒順耳。

但見芝草葉落紛紛，

芝草即靈芝，本菌類，似不當有葉，且神山草木亦無槁落之理，疑“葉落”二字衍。《善哉行》曰：“經歷名山，芝草翻翻。”語與此相仿，而不云葉落，可爲旁證。

百鳥集，來如烟。

《淮南子・主術篇》：“飛鳥之歸若烟雲。”

山獸紛綸，

《漢書・司馬相如傳》下“紛綸威蕤”，注引張揖曰：“紛綸，亂貌。”

麒麟辟邪角端，

麟上本缺麒字，角本作其，并以意補正。《急就篇》“射魃辟邪”，《考工記・梟氏》鄭注：“今時旋有蹲熊盤龍辟邪。”《龍氏鏡》“距虛辟邪除群凶”，《至氏鏡》“白虎在左，辟邪在右”，《後漢書・靈帝紀》注：“今鄧州南陽縣北有《宗資碑》，旁有兩石獸，鎸其膊，一曰天禄，一曰辟邪，據此則天禄、辟邪并獸名也。”《漢書・司馬相如傳》“其獸則麒麟角端”，劉賡《稽瑞》引《瑞應圖記》：“角端，獸也，日行八千里，能言語，曉四夷之音。明君聖主在位，明達外方，德被幽遠，則奉書而至也。”

鵾鷄聲鳴。

《爾雅・釋畜》“鷄三尺爲鶤”，《釋文》曰：“鶤音昆，字或作鵾。”《漢書・司馬相如傳》“亂昆鷄”，注引張揖曰：“鵾鷄似鶴黄白色。”《淮南子・覽冥篇》“軼鶤鷄於姑餘”，注曰：“鶤鷄，鳳皇之别名。”聲鳴不成文義。《九辯》“鵾鷄啁哳[1]而悲鳴”，《七發》“鵾鷄哀鳴翔乎其下”，疑聲爲哀或悲之訛。

但見山獸援戲相拘攀。小復前行

小少古字通。

① “哳”字原作晰，據《九辯》改。

玉堂未□

未下有敚字。

心懷流還。傳教出門來；

《世説新語·文學篇》"須臾，真長遣傳教覓張孝廉船"，《寵禮篇》："彦伯疑焉，令傳教更質。傳教曰：'參軍是袁伏之袁，復何所疑？'"

"門外人何所求？"

所求本倒作求所，今正。

言欲從聖道求一得命延。

一猶道也。《遠游》："羡韓衆之得一。"

教敕凡吏受言，

《漢書·王尊傳》"又出教敕掾功曹各自底厲，助太守爲治"，《江充傳》"誠不欲令上聞之以教敕亡素者"，注曰："言素不教敕左右。"按教敕猶古語也。凡吏對仙吏言。後世仙凡對舉，據此則漢時已然。

"采取神藥若木端，

《大荒北經》"灰野之山，上有赤樹，青葉亦華，名曰若木"（灰本作洞，從《水經·若水注》，《類聚》八九引改）。案若木在西方。疑若木端謂月中古傳嫦娥竊不死藥奔於月中也。下言白兔擣藥蝦蟆丸，傳説亦謂月中有此二物。

白兔長跪擣藥蝦蟆丸，

《初學記》一引《春秋元命苞》曰："月之爲言闕也，兩（本作而，誤）設蟾蜍與兔。”張衡《靈憲》曰：“月者陰精之宗，積而成獸，象兔蛤焉。”按蝦蟆、蟾蜍、蛤三名一物。韓愈《初南食貽元十八詩》曰：“蛤即是蝦蟆，同實而異名。”傅咸《擬天問》：“月中何有？白兔搗藥。”長跪詳《飲馬長城窟行》。

奉上陛下一玉柈，

柈盤同。

服此藥，可得神仙。”服爾神藥，莫不喜歡。

喜歡本作歡喜，非是。自篇首至此一韻，末四句一韻。

陛下長生老壽。四面肅肅稽首，

《晋語》六“敢三肅之”，注曰：“肅，拜下手至地。”《左傳》成十六年“敢肅使者”，注曰：“肅，手至地，若今撎。”

天神擁護左右，陛下長與天保守！

焦仲卿妻

漢末建安中，廬江府小吏焦仲卿妻劉氏，爲仲卿母所遣，自誓不嫁，其家逼之，乃投水而死。仲卿聞之，亦自縊於庭樹。時人傷之，而爲此辭也。（漢廬江郡初治在今安徽廬江縣西一百二十里，漢末徙治今安徽潛山縣。府小吏，太守府中小吏也。）

孔雀東南飛，五里一徘徊。

《艷歌何嘗行》曰：“飛來雙白鵠，乃從西北來……五里一反顧，六里一徘徊。”又曰：“妻卒被病，行不能相隨。……吾欲銜汝去，口噤不能開，吾欲負汝去，毛羽何摧頹！”魏文帝《臨高臺》曰：“鵠欲南游，雌不能隨。我欲躬銜汝，口噤不能開，欲負之，毛羽摧頹，五里一顧，六里徘徊。”僞蘇武詩曰：“黄鵠一遠别，千里顧徘徊。”《襄陽樂》曰：“黄鵠參天飛，中道鬱徘徊。”以上大旨皆言夫婦離别之苦，本篇“母題”與之同類，故亦藉以起興，惟易鵠爲孔雀耳。

“十三能織素，

《急就篇》顔注曰：“素謂絹之精白者。”自此以下劉氏之詞。

十四學裁衣，十五彈箜篌，

唐蔣貽恭《咏傴背子詩》曰：“若教倚向閑窗下，恰似箜篌不著弦。”據此，則箜篌形制與西樂之 harp 一類。日本所稱箜篌者，一曰百濟琴，其直奏者，或即出此。

十六識詩書。十七爲君婦，心中常苦悲。

爲别離時多也。

君既爲府吏，守節情不移。

俗本此下有“賤妾留空房，相見常日稀”二句，宋刻《玉臺新咏》，《藝文類聚》，《樂府詩集》，《古樂府》俱無之。

鷄鳴入機織，夜夜不得息，三日斷五匹，大人故嫌遲。

大人謂母。《漢書·淮陽憲王欽傳》曰“博辭去，令弟光恐王云‘王遇大人益解（懈）’”，顔師古注曰：“大人，博自稱其母也。”《後漢書·范滂傳》曰：“滂白母曰：‘惟大人割不可忍之恩。’”

非爲織作遲，君家婦難爲。妾不堪驅使，徒留無所施。

《禮記・禮器篇》正義曰："施，用也。"

便可白公姥，及時相遣歸。"

《玉篇》曰："白，告語也。"《漢書・賈誼傳》"抱哺其子，與公併倨"，注曰："言婦抱子而哺之，乃與其舅併倨。"《一切經音義》一三引《字書》曰："媽，母也，今以女老者爲姥也。"

府吏得聞之，上堂啓阿母。

上堂，各本作堂上，誤倒，下文"上堂謝阿母"，"上堂拜阿母"可證。啓猶白也。《釋名・釋書契》曰："笏，忽也，君有教命，及所啓白，則書其上，備忘忽也。"《世説新語・假譎篇》曰："文度欣然而啓藍田云。"

"兒已薄禄相，幸復得此婦。

《論衡・命義篇》曰："人有命有禄……命者貧富貴賤也，禄者盛衰興廢也。"《潛夫論・相列篇》曰："骨法爲禄相表。"《太平廣記》一四一引《續異記》曰："汝極無禄相，汝家尋當破敗，當奈何！"

結髮同枕席，黄泉共爲友。共事二三年，始爾未爲久。

《太平廣記》三二二引《述異記》曰："義乃上床謂婦曰：'與卿共事雖淺，然情相重。'"

女行無偏斜，何意致不厚！"

意，料也，厚猶愛也。致不厚，致母之不愛也。

阿母謂府吏："何乃太區區！

區區，猶慤慤，愚也。

此婦無禮節，舉動自專由。吾意久懷忿，汝豈得自由？東家有賢女，自名秦羅敷，可憐體無比，阿母爲汝求。

體猶貌體也。《論衡·骨相篇》曰"貌體佼好"，《漢武故事》"體常壯悦"，即貌體壯悦。

便可速遣之，遣去慎莫留！"府吏長跪告："伏惟啓阿母，今若遣此婦，終老不復取。"阿母得聞之，槌床便大怒。

床詳下。

"小子無所畏，何敢助婦語？吾已失恩義，會不相從許。"

會猶必也。

府吏默無聲，再拜還入户。舉言謂新婦，哽咽不能語。

舉言猶稱道。俗謂婦曰新婦。《世説新語·規箴篇》曰："昔夫人臨終，以小郎囑新婦，不以新婦囑小郎。"《賢媛篇》曰："新婦神色卑下。"

"我自不驅卿，逼迫有阿母。卿但暫還家，吾今且報府。

《禮記·少儀篇》"毋報往"，鄭注曰："報讀爲赴疾之赴。"案此報字亦讀爲赴，下文"吾今且赴府"正作赴。明茅氏刊本《玉臺新咏》此亦作赴，則疑以意改。

不久當歸還，還必相迎取。以此下心意，慎勿違吾語！"

下心意猶今言安心。

新婦謂府吏："勿復重紛紜！

聞人倓曰："言不必復爲迎取之説也。"

往昔初陽歲，謝家來貴門，

初陽歲疑謂春日。《豳風·七月篇》曰："春日載陽。"自古多以春日爲嫁娶正候，《白虎通·嫁娶篇》曰："嫁娶必以春，何？春者，天地交通，萬物始生，陰陽交接之時也。"《説文》曰："謝，辭也。"

奉事循公姥，進止敢自專？

奉，行也。循，順也。

晝夜勤作息，伶俜縈苦辛。

息，生息也，作息謂操作生息之事。《一切經音義》一引《三蒼》曰："伶俜猶聯翩也。"

謂言無罪過，供養卒大恩。

聞人倓曰："言供養公姥，而得終受其恩也。"

仍更被驅遣，何言復來還？妾有綉腰襦，葳蕤自生光，

《釋名·釋衣服》曰："要襦形如襦，其要上翹，下齊要也。"要腰古今字。《楚辭·九諫》王注曰："葳蕤，盛貌。"《相逢行》曰："道上自生光。"《長安有狹斜行》曰："室中自生光。"自生《類聚》引作金縷，疑非是。

紅羅複斗帳，四角垂香囊，

複，疑當爲覆，字之誤也。《釋名·釋床帳》曰："小帳曰斗，形如覆斗也。"《元和郡縣志》："海康縣多牛，項上有骨，大如覆斗。"

《楚辭·離騷》王注曰：“幃謂之幐，幐，香囊也。”繁欽《定情詩》曰：“香囊繫肘後。”徐陵《雜曲》曰：“流蘇錦帳掛香囊。”

箱簾六七十，緑碧青絲繩。

簾讀爲籢，字一作匲，又作槺。《説文》曰：“籢，鏡籢也。”《華嚴經音義》上引《珠叢》曰：“凡度物小器皆謂之匲。”《一切經音義》一四引《小學篇》籢亦作槺，《新撰字鏡》八同。繩所以束箱籢以爲固者。《莊子·胠篋篇》：“將爲肢篋探囊發匱之盜，而爲之守備，則必攝緘縢，固扃鐍。”成疏曰：“縢，繩也。”《御覽·奩部》引二句作“交文象牙奩，宛轉青絲繩。”江淹《麗色賦》曰：“象奩瓊盤。”《法苑珠林》曰：“宋潯陽張頒元開厨獲牙奩。”象牙奩蓋即象奩牙奩之類。《類聚》奩作箄，青作素，疑非。

物物各自異，種種在其中。人賤物亦鄙，不足迎後人，留待作遺施，

《廣雅·釋詁》三曰：“施，予也。”《類聚》前二句作“鄙賤雖可薄，猶中迎故人”，故疑後之訛，謂遺施於新人也。

於今無會因。時時爲安慰，久久莫相忘！”
鷄鳴外欲曙，新婦起嚴妝。

《後漢書·清河王慶傳》曰：“每朝謁陵廟，常夜分嚴裝，衣冠待明。”《方術韓説傳》曰：“其晦日必食，乞百官嚴裝。”

□□□□□，□□□□□，著我綉袂裙，事事四五通。

《史記·匈奴傳》曰：“服綉袷綺衣”，袂袷同。通猶遍也。李子德曰：“婦人衣飾將畢，然後著裙，則妝成將出矣。‘事事四五通’，乃要其終言之，見自初妝以至妝成，每加一衣一飾，皆著後復脱，脱後復著，必四五更之，數數遲延，以挨晷刻也。蓋著畢即去矣。”案衹一裙

而言“事事四五通”，義不可通，以上必有脱句。李氏以爲要終言之，終近牽强。

足下躡絲履，頭上玳瑁光。

《鐃歌·有所思篇》曰：“雙珠玳瑁簪。”

腰若流紈素，耳著明月璫。

《説文》曰：“紈，素也。”《神女賦》曰：“腰如束素。”《洛神賦》曰：“腰如約素。”陳胤倩曰：“紈素亦服飾耳，而腰若流素，輕軀洋洋，衣與翩幡也。”《陌上桑》曰：“耳中明月珠。”《釋名·釋首飾》曰：“穿耳施珠曰璫。”

指如削葱根，口如含朱丹。

《説文》曰：“削，一曰析也。”一説削讀爲掣，《考工記·輪人》“掣爾而纖”，鄭注曰：“掣，纖殺小貌也。”根讀爲莖。《穆天子傳》三曰：“天子賜之……朱丹三百裹。”《後漢書·西域傳》曰：大秦國有珊瑚、琉璃、琅玕、朱丹、青碧。《神女賦》曰：“朱唇的其若丹。”

纖纖作細步，精妙世無雙，上堂謝阿母，母聽去不止。

謝，辭也。聽去不止，聽其自去，不留止也。

“昔作女兒時，生小出野里，本自無教訓，兼愧貴家子。受母錢帛多，不堪母驅使。

錢帛謂聘禮。

今日還家去，念母勞家裏。”却與小姑别，泪落連珠子。“新婦初來時，小姑始扶床，今日被驅遣，小姑如我長。

四句似後人所添，宋刻《玉臺新咏》《樂府詩集》但删去二三兩句，仍嫌語意突兀。

勤心養公姥，好自相扶將。初七及下九，嬉戲莫相忘！”

《荆楚歲時記》曰：“七月七日，是夕家人婦女陳瓜果於庭中以乞巧，有喜子網於瓜上，則以爲符應。”《娜嬛記》曰：“九爲陽數。古人以二十九日爲上九，初九日爲中九，十九日爲下九。每月下九，置酒爲婦人之歡，名曰陽會。蓋女子陰也，待陽以成，故女子於是夜爲藏鈎諸戲，以待月明，有忘寢達曙者。”

出門登車去，涕落百餘行。府吏馬在前，新婦車在後，隱隱何甸甸，俱會大道口。

《廣雅·釋訓》曰：“轗轗[①]，聲也。”隱轗同。《玉篇》曰：“輷，車聲也。”甸輷同。一説輷爲輷之訛，輷即轟之别體。《易林·泰之謙》“翕翕輷輷”，宋本輷作輷，《文選·魏都賦》注引《倉頡篇》曰：“輷輷，衆車聲也，呼萌切。今爲輷字，音田。”此并輷輷相亂之證。隱本讀如很，隱輷雙聲連語，長言之曰隱隱輷輷。何，語助，今字作啊。《鷄鳴》“颎颎何煌煌”，句法與此同。

下馬入車中，低頭共耳語：“誓不相隔卿，且暫還家去。吾今且赴府，不久當還歸。誓天不相負！”新婦謂府吏：“感君區區懷！君既若見録，不久望君來。

《禮記·檀弓下篇》曰：“愛之斯録之矣。”《集韻》曰：“録，記也。”

① “轗轗”，原作“隱隱”，據《廣雅·釋訓》改。

君當作磐石，妾當作蒲葦，蒲葦紉如絲，磐石無轉移。

《淮南子・氾論篇》曰："時屈時伸，卑弱柔如蒲葦。"紉讀爲韌，《說文》曰："韌，柔而固也。"

我有親父兄，性行暴如雷，

《莊子・寓言篇》曰："親父不爲其子媒，親父譽之，不若非其父者也。"《吕氏春秋・安死篇》曰："此孝子忠臣親父交友之大事。"《上留田行》曰："似類親父子。"親父兄謂同父之兄，猶今言胞兄。

恐不任我意，逆以煎我懷。"舉手長勞勞，二情同依依。

臨别慰勉曰勞勞。李白《勞勞亭》詩曰："天下傷心處，勞勞送客亭。"

入門上家堂，進退無顔儀。阿母大拊掌，"不圖子自歸！

拊掌而笑，譏之也。

十三教汝織，十四能裁衣，十五彈箜篌，十六知禮儀。十七遣汝嫁，謂言無諐違，

諐本作誓。紀容舒曰："誓違二字，義不可通，疑是諐違之訛。諐古愆字。"案紀説是也，今據正。

汝今無罪過，不迎而自歸？"

今猶若也。《論衡・感虚篇》曰："湯之致旱，以過乎？是不與天地同德也。今不以過致旱乎？自責禱謝，亦無益也。"今不以過致旱，即若不以過致旱。《詩乘》等不識今字之義，改無爲何，誤甚。

“蘭芝慚阿母，兒實無罪過。”阿母大悲摧。

《廣雅·釋詁》一曰：“慛，憂也。”慛摧通。

還家十餘日，縣令遣媒來，云有第三郎，窈窕世無雙，年始十八九，便言多令才。

《論語·鄉黨篇》“便便言”，集解引鄭注曰：“便便，言辯貌。”令，美也。

阿母謂阿女：“汝可去應之。”阿女銜泪答：“蘭芝初還時，府吏見丁寧，結誓不别離。今日違情義，恐此事非奇。

古音奇佳相近，奇事猶佳事也。《説文》曰：“偉，奇也。”《莊子·大宗師篇》“偉哉夫造物者”，注曰：“偉，美也。”是奇猶美，美亦佳也。古書言奇遇、奇計、奇樹，義皆即佳耳。

自可斷來信，徐徐更謂之。”

信，使也。楊彪妻袁氏《答曹公卞夫人書》曰：“輒付往信。”杜摯《贈毋丘儉詩》曰：“信來給一丸。”陸機《擬古詩》曰：“驚飆褰反信。”釋寶月《估客樂》曰：“有信數寄書，無信心相憶。”《世説新語·任誕篇》曰：“初遣一信，猶未許。”《御覽》七五三引《述異記》曰：“廓讀書畢，失信所在。”陳胤倩曰：“斷來信，是謝絶媒人。”

阿母白媒人：“貧賤有此女，始適還家門，

適，嫁也。

不堪吏人婦，豈合令郎君？幸可廣問訊，不得便相許。”媒人去數日，尋遣丞請還，

紀容舒曰：“請還二字未詳。”聞人倓曰：“縣令因事遣丞請於太守

也。”

說“有蘭家女，承籍有宦官”，

《世說新語·雅量篇》曰：“王東亭爲桓宣武主簿，既承籍有美譽，公甚欲其人地爲一府之望。”紀容舒曰：“序云劉氏，此云蘭家，或字之誤也，此二句文義不屬，‘說有’‘云有’亦複，疑此句下脱失二句，不特字句有訛也。”聞人倓曰：“丞還而述太守之說如此。蘭字或是劉字訛。”案如紀、聞二人說，文意仍未明。余友許駿齋先生（維遹）疑“說有蘭家女”二句當在下文“阿母謝媒人”下，似較二說爲勝，說詳下文。

云“有第五郎，嬌逸未有婚，遣丞爲媒人。主簿通語言，直說太守家，有此令郎君，既欲結大義，故遣來貴門。”

主簿以太守之言傳之於丞云云，媒人今又轉述主簿之語如此。

阿母謝媒人：

駿齋疑“說有蘭家女，承籍有宦官”二句當在此，本阿母謝媒人語也。言有蘭家女者，承籍有宦官，可以配太守子，若己之女，則出身微賤，不足以當此榮寵。下文“女子有先誓”又進一層，意謂況與府吏已結誓在前，永不別離乎？案此說於詞理較順，然疑“承籍有宦官”下當再有二句，文意乃足。蓋傳寫脱之。

“女子先有誓，老婦豈敢言？”阿兄得聞之，悵然心中煩，舉言謂阿妹：“作計何不量！先嫁得府吏，後嫁得郎君，否泰如天地，足以榮汝身。

否謂先嫁，泰謂後嫁，其相去之遠不啻天地也。榮身謂後嫁。

不嫁義郎體，其往欲何云？”

郎本一作即，往一作住，并非是。陳胤倩曰：“義郎反形府吏不義。”體義未詳。聞人倓曰：“其往猶言過此以往。”

蘭芝仰頭答：“理實如兄言。謝家事夫婿，中道還家來，處分適兄意，那得自任專？

適猶順也。

雖與府吏要，渠會永無緣。

要，約也。

登即相許和，便可作婚姻。”

張蔭嘉曰：“登即猶當即也。”案《魏志·管輅傳》注曰：“水火之難，登時之驗。”登時即當時。和，應也。

媒人下床去，諾諾復爾爾。

諾諾、爾爾，應聲也。

還部白府君，

府君即太守。

“下官奉使命，言談大有緣。”府君得聞之，心中大歡喜。視曆復開書，便利此月内，六合正相應。

《南齊書·禮志》曰：五行説十二辰爲六合，月建與日辰合也。

“良吉三十日，今已二十七，卿可去成婚。”交語速裝束，駱驛如浮雲。

張蔭嘉曰：“交語謂太守遣人交相傳語，急速裝束行聘諸事也。”駱驛一作絡繹，同。

青雀白鵠舫，四角龍子幡。婀娜隨風轉。

《穆天子傳》五：“癸亥，天子乘鳥舟龍卒浮於大沼。”郭注曰：“舟皆以龍鳥爲形制，今吴之青雀舫，此其遺制也。”《方言》九注曰：“鷁，鳥名也，今江東貴人船前作青雀，是其像也。”梁元帝《船名詩》曰：“池邊白鵠舞，林深青雀歸。”《南史·臧質傳》曰：“質封始興郡公之鎮，六平乘，并施龍子幡。”《襄陽樂》曰：“上水郎擔篙，下水摇雙櫓，四角龍子幡，環環江當柱。”

金車玉作輪，躑躅青驄馬，流蘇金鏤鞍。

《文選·東京賦》：“駙承華之蒲梢，飛流蘇之騷殺。”李注曰：“蒲梢，汗血之馬。流蘇，五采毛雜之，以爲馬飾而垂之。”《石頭百姓歌》曰：“庾公還揚州，白馬牽流蘇。”

賫錢三百萬，皆用青絲穿，交廣市鮭珍。

《吴志》黄武五年分交州置廣州。又《士燮傳》曰：“黄武五年燮卒，權以交趾縣遠，乃分合浦以北爲廣州，交趾以南爲交州。”《北山經》郭注曰：“今名鯸鮐爲鮭魚。”《文選·吴都賦》劉注曰：“鯸鮐魚，狀如科斗，大者尺餘，腹下白，背上青黑有黄紋。性有毒，蒸煮，餤之，肥美。豫章人珍之。”案即今河豚。河豚味美，一名鮭魚，故以鮭爲美饌之稱。《後漢書·明帝紀》注曰：“珍謂肴羞之屬。”一説《世説新語》曰：“庾杲之清貧，每食三韮。任昉戲之曰：‘誰謂庾郎貧？每食鮭菜常有二十七種。’”《集韻》曰：“鮭，吴人謂魚菜總稱。”

從人四五百，鬱鬱發郡門。

發本作登。紀容舒曰："登字疑當作發。"案紀説是也，今據正。

阿母謂阿女："適得府君書，明日來迎汝。何不作衣裳？莫令事不舉！"阿女默無聲，手巾掩口啼，泪落便如瀉。移我琉璃榻，出置前窗下，

琉璃詳《鷄鳴》篇。《釋名·釋床帳》曰："人所坐卧曰床……長狹而卑曰榻……小者曰獨坐……亦曰枰。"《初學記》二五引《通俗文》曰："床三尺五曰榻，板獨坐曰枰。"案床、榻、枰三名亦可通稱。《廣雅·釋器》曰："榻，枰也。"《一切經音義》四引《埤蒼》曰："枰，榻也，謂獨坐板床也。"《水經·湘水注》曰："賈誼宅有一脚石床，纔容一人坐，云誼宿所坐床。"此亦枰而稱床者。上文"槌床便大怒"，"媒人下床去"之床，并此文之榻，實皆獨坐之枰。

左手持刀尺，右手執綾羅，朝成綉袂裙，晚成單羅衫。晻晻日欲暝，愁思出門啼。府吏聞此變，因求假暫歸。未至二三里，摧藏馬悲哀。

《文選·嘯賦》"悲傷摧藏"，李注曰："摧藏，自抑挫之貌。"案疑即悽愴之轉。

新婦識馬聲，躡履相逢迎，悵然遥相望，知是故人來。舉手拍馬鞍，嗟嘆使心傷。"自君别我後，人事不可量，

量，料也。

果不如先願，又非君所詳。我有親父母，逼迫兼弟兄，

親父母謂生父生母。親父見前。《淮南子·齊俗訓》曰："親母爲其子治扢禿，而血流至耳，見者以爲愛也。"

以我應他人，君還何所望！”府吏謂新婦：“賀汝得高遷！磐石方且厚，可以卒千年，蒲葦一時紉，便作旦夕間。卿當日勝貴，吾獨向黄泉。”

《素問·逆調論》王注曰：“勝者盛也。”是勝貴猶言貴盛。

新婦謂府吏：“何意出此言！同是被逼迫，君爾妾亦然。

爾，如是也。

黄泉下相見，勿違今日言！”執手分道去，各各還家門。生人作死别，恨恨那可論！念與世間辭，千萬不復全。府吏還家去，上堂拜阿母。“今日大風寒，寒風摧樹木，嚴霜結庭蘭。兒今日冥冥，令母在後單。

日冥冥，日暮也。

故作不良計，勿復怨鬼神。命如南山石，四體康且直！”

命，壽命也。《小雅·天保篇》曰：“如南山之壽，不騫不崩。”康，强也。此自訣時祝母康健之詞。

阿母得聞之，零泪應聲落。“汝是大家子，仕宦於臺閣。

《後漢書·仲長統傳》“事歸臺閣”，注曰：“臺閣謂尚書也。”《通典》曰：“漢初尚書雖有曹名，不以爲號，總謂之尚書臺。”按此指仲卿之先世。

慎勿爲婦死，貴賤情何薄？

黄節曰：“貴謂大家子宦臺閣也，賤謂婦也。貴賤相懸，遣婦不爲薄情。何薄，謂何薄之有也。”

東家有賢女，窈窕艷城郭，

艷城郭，謂艷於全城全郭之人。

阿母爲汝求，便復在旦夕。”府吏再拜還，長嘆空室中，作計乃爾立，轉頭向户裏，漸見愁煎迫。

黄節曰：“乃爾，作計已决之貌。立謂起立，欲行自經之計。轉頭向户，不遂行也。”

其日牛馬嘶，新婦入青廬。

聞人倓曰：“牛馬嘶如詩所云‘牛羊下來’也。”《世説新語·假譎篇》曰：“魏武少時，嘗與袁紹好爲游俠。觀人新婚，因潛入主人園中，夜叫呼云‘有偷兒賊！’青廬人皆出觀。帝乃抽刀劫新婦，與紹還。”《酉陽雜俎》曰：“北方婚禮，用青布幔爲屋，謂之青廬。”按一名百子帳。《演繁露》曰：“唐人婚禮多用百子帳……蓋其制本出戎虜，特穹廬、拂廬之具體而微者耳。捲柳爲圈，以相連鎖，可張可闔。……其施張既成，大抵如今尖頂圓亭子，而用青氈通冒四隅上下，便於移置耳。”

菴菴黄昏後，寂寂人初定。

菴讀爲晻。《後漢書·來歙傳》曰：“臣夜人定後，爲何人所賊傷。”《左傳》昭五年杜注曰：“人定爲輿，黄昏爲隸。”

我命絶今日，魂去尸長留。

我，新婦也。

攬裙脱絲履，舉身赴清池。

赴讀爲仆。

府吏聞此事，心知長别離，徘徊庭樹中，自掛東南枝。兩家求合葬，合葬華山旁。

華山蓋廬山郡小山名，今不可考。

東西植松柏，左右植梧桐。

仲長統《昌言》曰："古之葬者，松柏梧桐以識墳也。"

枝枝相覆蓋，葉葉相交通，中有雙飛鳥，自名爲鴛鴦，仰頭相向鳴，夜夜達五更。

此蓋謂鴛鴦爲二人精魂所化。《太平廣記》三八九引《述異記》曰："吴黄龍年中，吴都海鹽有陸東美，妻朱氏亦有容止，夫妻相重，寸步不相離，時人號爲比肩人。夫婦云皆比翼，恐不能佳也。後妻死，東美不食求死，家人哀之，乃合葬。未一歲，冢上生梓樹，同根，二身相抱而合成一樹，每有雙鴻常宿於上。孫權聞之嗟嘆，封其里曰比肩墓，又曰雙梓。"案此事流傳之地域與時間，并與本篇略同，故母題亦有相似處。

行人駐足聽，寡婦起徬徨。多謝後世人，戒之慎勿忘！

（此箋於二十九年十月動筆）

荆楚文庫

唐詩編

徐少舟　整理

編者説明

本編共收入聞一多有關唐詩的著作二十七種。其資料來源包括三個方面：開明版《聞一多全集》，北京圖書館所藏作者手稿照相複印件，以及中華人民共和國成立前諸種雜志（詳見各篇注①）。收入本編的原手稿皆未斷句標點，爲既要方便讀者，同時又不至過於曲解作者原意，整理時對原稿進行了斷句式的初步標點。考慮到版本不同等因素，對原稿所引詩文，除明顯的錯誤之外，整理者一般未作校改。

目　錄

類書與詩①

檢討的範圍是唐代開國後約略五十年，從高祖受禪（六一八）起，到高宗、武后交割政權（六六〇）止。靠近那五十年的尾上，上官儀伏誅，算是强制的把“江左餘風”收束了，同時新時代的先驅，“四杰”及杜審言，剛剛走進創作的年華，沈、宋與陳子昂也先後誕生了，唐代文學這纔扯開六朝的罩紗，露出自家的面目。所以我們要談的這五十年，説是唐的頭，倒不如説是六朝的尾。

尋常我們提起六朝，祇記得它的文學，不知道那時期對於學術的興趣更加濃厚。唐初五十年所以像六朝，也正在這一點。這時期如果在文學史上占有任何位置，不是因爲它在文學本身上有多少價值，而是因爲它對於文學的研究特别熱心，一方面把文學當作學術來研究，同時又用一種偏向於文學的觀點來研究其餘的學術。給前一方面舉個例，便是曹憲、李善等的“選學”（這回文學的研究真是在學術中正式的分占了一席）。後一方面的例，最好舉史學。許是因爲他們有種特殊的文學觀念（即《文選》所代表的文學觀念），唐初的人們對於《漢書》的愛好，遠在愛好《史記》之上，在研究《漢書》時，他們的對象不僅是歷史，而且是記載歷史的文字。便拿李善來講，他是注過《文選》的，也撰過一部《漢書辨惑》；《文選》與《漢書》，在李善眼裏，恐怕真是同樣性質，具有同樣功用的物件，都是給文學家供驅使的材料。他這態度可以

① 原載《大公報》文藝副刊第52期，此據開明版《聞一多全集·唐詩雜論》編入本編。據作者原擬目録,《唐詩雜論》應包括《詩與文的混淆》《類書與詩》《四杰》《宫體詩的自贖》《從久視到景龍》《陳子昂》《孟浩然》《賈島》等8篇，其中《詩與文的混淆》及《從久視到景龍》兩篇未曾動筆，其餘均收録於此。

代表那整個時代。這種現象在修史上也不是例外。祇把姚思廉除開，當時修史的人們誰不是借作史書的機會來叫賣他們的文藻——尤其是《晋書》的著者！至於音韻學與文學的姻緣，更是顯著，不用多講了。

當時的著述物中，還有一個可以稱爲第三種性質的東西，那便是類書，它既不全是文學，又不全是學術，而是介乎二者之間的一種東西，或是説兼有二者的混合體。這種畸形的産物，最足以代表唐初的那種太像文學的學術，和太像學術的文學了。所以我們若要明白唐初五十年的文學，最好的方法也是拿文學和類書排在一起打量。

現存的類書，如《北堂書鈔》和《藝文類聚》，在當時所製造的這類出品中，祇占極小部分。此外，太宗時編的，還有一千卷的《文思博要》，後來從龍朔到開元，中間又有官修的《累璧》六百三十卷，《瑶山玉彩》五百卷，《三教珠英》一千三百卷（《增廣皇覽》及《文思博要》），《芳林要覽》三百卷，《事類》一百三十卷，《初學記》三十卷，《文府》二十卷，私撰的《碧玉芳林》四百五十卷，《玉藻瓊林》一百卷，《筆海》十卷。這裹除《初學記》外，如今都不存在。内中是否有分類的總集，像《文館詞林》似的，我們不知道。但是《文館詞林》的性質，離《北堂書鈔》雖較遠，離《藝文類聚》却接近些了。歐陽詢在《藝文類聚·序》裹説是嫌"《流别》《文選》，專取其文，《皇覽》《遍略》，直書其事"的辦法不妥，他們（《藝術類聚》的編者不祇他一人）纔采取了"事居其前，文列於後"的體例。這可見《藝文類聚》是兼有總集（《流别》《文選》）與類書（《皇覽》《遍略》）的性質，也可見他們看待總集與看待類書的態度差不多。《文館詞林》是和《流别》《文選》一類的書，在他們眼裹，當然也和《皇覽》《遍略》差不多了。再退一步講，《文館詞林》的性質與《藝文類聚》一半相同，後者既是類書，前者起碼也有一半類書的資格。

上面所舉的書名，不過是就新、舊《唐書》和《唐會要》等書中隨便摘下來的，也許還有遺漏。但祇看這裹所列的，已足令人驚詫了。特别是官修的占大多數，真令人不解。如果它們是《通典》一類的，或

《大英百科全書》一類的性質，也許我們還會嫌它們的數量太小。但它們不過是“兔園册子”的後身，充其量也不過是規模較大品質較高的“兔園册子”。一個國家的政府從百忙中抽調出許多第一流人才來編了那許多的“兔園册子”（在太宗時，房玄齡、魏徵、岑文本、許敬宗等都參與過這種工作），這用現代人的眼光看來，豈不滑稽？不，這正是唐太宗提倡文學的方法，而他所謂的文學，用這樣的方法提倡，也是很對的。沉思翰藻謂之文的主張，由來已久，加之六朝以來有文學嗜好的帝王特别多，文學要求其與帝王們的身分相稱，自然覺得沈思翰藻的主義最適合他們的條件了。文學由太宗來提倡，更不能不出於這一途。本來這種專在詞藻的量上逞能的作風，需用學力比需用性靈的機會多，這實在已經是文學的實際化了。南朝的文學既已經在實際化的過程中，隋統一後，又和北方的極端實際的學術正面接觸了，於是依照“水流濕，火就燥”的物理的原則，已經實際化了的文學便不能不愈加實際化，以至到了唐初，再經太宗的慫恿，便終於被學術同化了。

文學被學術同化的結果，可分三方面來説。一方面是章句的研究，可以李善爲代表。另一方面是類書的編纂，可以號稱博學的《兔園册子》與《北堂書鈔》的編者虞世南爲代表。第三方面便是文學本身的堆砌性，這方面很難推出一個代表來，因爲當時一般文學者的體幹似乎是一樣高矮，挑不出一個特别魁梧的例子來。没有辦法，我們衹好舉唐太宗。并不是説太宗堆砌的成績比别人精，或是他堆砌得比别人更甚，不過以一個帝王的地位，他的影響定不是一般人所能比的，而且他也曾經很明白的爲這種文體張目過（這證據我們不久就要提出）。我們現在且把章句的研究，類書的纂輯，與夫文學本身的堆砌性三方面的關係談一談。

李善綽號“書簏”，因爲，據史書説，他是一個“淹貫古今，不能屬辭”的人。史書又説他始初注《文選》，“釋事而忘意”，經他兒子李邕補益一次，纔做到“附事以見義”的地步。李善這種衹顧“事”，不顧“意”的態度，其實是與類書家一樣的。章句家是書簏，類書家也是書簏，章句家是“釋事而忘意”，類書家便是“采事而忘意”了。我這種説法并不苛刻。衹消舉出《群書治要》來和《北堂書鈔》或《藝文類聚》比一比，你便明白。同是鈔書，同是一個時代的産物，但拿來和《治要》的“主意”的質素一比，《書鈔》《類聚》“主事”的質素便顯着格外分明了。章句家與類書家的態度，根本相同，創作家又何嘗兩樣？假如選出五種書，把它們排成下面這樣的次第：

> 《文選注》《北堂書鈔》《藝文類聚》《初學記》，初唐某家的詩集。

我們便看出一首初唐詩在構成程序中的幾個階段。劈頭是“書簏”，收尾是一首唐初五十年間的詩，中間是從較散漫、較零星的“事”，逐漸的整齊化與分化。五種書同是“事”（文家稱爲詞藻）的徵集與排比，同是一種機械的工作，其間衹有工作精粗的程度差别，没有性質的懸殊。這裏《初學記》雖是開元間的産物，但實足以代表較早的一個時期的態度。在我們討論的範圍内，這部書的體裁，看來最有趣。每一項題目下，最初是“叙事”，其次是“事對”，最後便是成篇的詩賦或文。其實這三項中減去“事對”，就等於《藝文類聚》，再減去詩賦文便等於《北堂書鈔》。所以我們由《書鈔》看到《初學記》，便看出了一部類書的進化史，而在這類書的進化中，一首初唐詩的構成程序也就完全暴露出來了。你想，一首詩做到有了“事對”的程度，豈不是已經成功了一半嗎？餘剩的工作，無非是將“事對”裝潢成五個字一幅的更完整的對聯，拼上韻脚，再安上一頭一尾罷了。（五言律是當時最風行的體裁，但這裏，我没有把調平仄算進去，因爲當時的詩，平仄多半是不調的。）這樣看來，若説唐初五十年間的類書是較粗糙的詩，他們的詩是較精密的類書，許不算强詞奪理吧？

《舊唐書·文苑傳》裏所收的作家，雖有着不少的詩人，但除了崔信明的一句“楓落吴江冷”是類書的範圍所容納不下的，其餘作家的産品不乾脆就是變相的類書嗎?唐太宗之不如隋煬帝，不僅在没有作過一篇《飲馬長城窟行》而已，便拿那“南化”了的隋煬帝，和“南化”了的唐太宗打比，像前者的

暮江平不動，春花滿正開；流波將月去，潮水帶星來。

甚至

鳥擊初移樹，魚寒不隱苔[①]。

又何嘗是後者有過的?不但如此，據説煬帝爲妒嫉“空梁落燕泥”和“庭草無人隨意緑”兩句詩，曾經謀害過兩條性命。“楓落吴江冷”比起前面那兩隻名句如何?不知道崔信明之所以能保天年，是因爲太宗的度量比煬帝大呢，還是他的眼力比煬帝低。這不是説笑話。假如我們能回答這問題，那麽太宗統治下的詩作的品質之高低，便可以判定了。歸真的講，崔信明這人，恐怕太宗根本就不知道，所以他并没有留給我們那樣測驗他的度量或眼力的機會。但這更足以證明太宗對於好詩的認識力很差。假如他是有眼力的話，恐怕當日撑持詩壇的臺面的，是崔信明、王績，甚至王梵志，而不是虞世南、李百藥一流人了。

講到這裏，我們許要想到前面所引時人批評李善“釋事而忘意”，和我批評類書家“采事而忘意”兩句話。現在我若給那些作家也加上一句“用事而忘意”的案語，我想讀者們必不以爲過分。拿虞世南、李百藥來和崔信明、王績、王梵志比，不簡直是“事”與“意”的比照嗎?我們因此想到魏徵的《述懷》，頗被人認作這時期中的一首了不得的詩，《述懷》在唐代開國時的詩中所占的地位，據説有如魏徵本人在那時期

① 原注:《隋遺録》所載煬帝諸詩皆明秀可誦，然係唐人僞托。《鐵圍山叢話》引佚句“寒鴉飛數點，流水繞孤村”亦僞。

政治上的地位一般的優越。這意見未免有點可笑，而替唐詩設想，居然留下生這意見的餘地，也就太可憐了。平心説，《述懷》是一首平庸的詩，祗因這作者不像一般的作者，他還不曾忘記那“詩言志”的古訓，所以結果雖平庸而仍不失爲“詩”。選家們搜出魏徵來代表初唐詩，足見那一個時代的貧乏。太宗和虞世南、李百藥，以及當時成群的詞臣，做了幾十年的詩，到頭還要靠這詩壇的局外人魏徵，來維持一點較清醒的詩的意識，這簡直是他們的耻辱！

不怕太宗和他率領下的人們爲詩幹的多熱鬧，究竟他們所熱鬧的，與其説是詩，無寧説是學術。關於修辭立誠四個字，即算他們做到了修辭（但這仍然是疑問），那立誠的觀念，在他們的詩裏可説整個不存在。唐初人的詩，離詩的真諦是這樣遠，所以，我要説唐初是個大規模徵集詞藻的時期。我所謂徵集詞藻者，實在不但指類書的纂輯，連詩的製造也是應屬於那個範圍裏的。

上述的情形，太宗當然要負大部分的責任。我們曾經説到太宗爲堆砌式的文體張目過，不錯，看他親撰的《晋書·陸機傳論》便知道。

> 觀夫陸機、陸雲，實荆、衡之杞梓，挺珪璋於秀實，馳英華於早年。風鑒澄爽，神情俊邁。文藻宏麗，獨步當時，言論慷慨，冠乎終古。高詞迥映，如朗月之懸光，叠意回舒，若重岩之積秀。千條析理，則電折霜開；一緒連文，則珠流璧合。其詞則深而雅，其義則博而顯。故足遠超枚、馬，高躡王、劉，百代文宗，一人而已。

因爲他崇拜的陸機，是“文藻宏麗”，與夫“叠意回舒，若重岩之積秀”，“一緒連文，則珠流璧合”的陸機，所以太宗於他的群臣中就最欽佩虞世南。褚亮在《十八學士贊》中，是這樣贊虞世南的：

> 篤行揚聲，雕文絶世，網羅百家，并包六藝。

兩《唐書·虞世南傳》都説，他與兄世基同入長安，時人比作晋之二陸，新傳又品評這兩弟兄説：

世基辭章清勁過世南，而贍博不及也。

這樣的虞世南，難怪太宗要認爲是“與我猶一體”，并且在世南死後，還有“鍾子期死，伯牙不復鼓琴”之嘆。這虞世南，我們要記住，便是《兔園册子》和《北堂書鈔》的著者。這一點極其重要。這不啻明白的告訴我們，太宗所鼓勵的詩，是“類書家”的詩，也便是“類書式”的詩。總之，太宗畢竟是一個重實際的事業中人，詩的真諦，他并没有，恐怕也不能參透。他對於詩的了解，畢竟是個實際的人的了解。他所追求的衹是文藻，是浮華，不，是一種文辭上的浮腫，也就是文學的一種皮膚病。這種病症，到了上官儀的“六對”“八對”，便嚴重到極點，幾乎有危害到詩的生命的可能，於是因察覺了險象而憤激的少年“四杰”，便不得不大聲急呼，搶上來施以針砭了。[①]

① 此篇發表後，作者又曾有所增訂。其眉批及尾注云：“《詩品序》：‘觀古今勝語，多非補假，皆由直尋。顔延之、謝莊，尤爲繁密，於時化之。故大明、泰始中，文章殆同書鈔。近任昉、王元長等，辭不貴奇，競須新事，爾來作者，寖以成俗。遂乃句無虚語，語無虚字，拘攣補衲，蠹文已甚。’”“馮贄《雲仙散録序》：‘纂類之書多矣。其間所載，世人用於文字者，亦不下數千輩。’（《説郛》七）序稱天復元年十二月。”“《書斷》：‘上官儀師法虞公。’”

四　　杰[1]

繼承北朝系統而立國的唐朝的最初五十年代，本是一個尚質的時期。王、楊、盧、駱都是文章家，“四杰”這徽號，如果不是專爲評文而設的，至少它的主要意義是指他們的賦和四六文。談詩而稱四杰，雖是很早的事，究竟衹能算借用。是借用，就難免有“削足適履”和“挂一漏萬”的毛病了。

按通常的了解，詩中的四杰是唐詩開創期中負起了時代使命的四位作家，他們都年少而才高，官小而名大，行爲都相當浪漫，遭遇尤其悲慘（四人中三人死於非命）——因爲行爲浪漫，所以受盡了人間的唾駡，因爲遭遇悲慘，所以也赢得了不少的同情。依這樣一個概括、簡明，也就是膚廓的了解，“四杰”這徽號是滿可以適用的，但這也就是它的適用性的最大限度。超過了這限度，假如我們還問到：這四人集團中每個單元的個别情形，和相互關係，尤其他們在唐詩發展的路綫網裏，究竟代表着哪一條，或數條綫，和這綫在網的整個體系中所擔負的任務——假如問到這些方面，“四杰”這徽號的功用與適合性，馬上就成問題了。因爲詩中的四杰，并非一個單純的、統一的宗派，而是一個大宗中包孕着兩個小宗，而兩小宗之間，同點恐怕還不如异點多，因之，在討論問題時，“四杰”這名詞所能給我們的方便，恐怕也不如糾葛多。數字是個很方便的東西，也是個很麻煩的東西。既在某一觀點下

① 本文原載《世界學生》第2卷第7期，發表後作者曾有所修改，此據開明版《聞一多全集·唐詩雜論》及修改稿編入本編。開明版《聞一多全集》收入此篇時，將其置於《宫體詩的自瀆》一文後。此據作者自擬《唐詩雜論》諸篇目録之順序以及正文内容而移至此。

凑成了一個數目，就不能由你在另一觀點下隨便拆開它。不能拆開，又不能廢棄它，所以就麻煩了。“四杰”這徽號，我們不能、也不想廢棄，可是我承認我是抱着“息事寧人”的苦衷來接受它的。

四杰無論在人的方面，或詩的方面，都天然形成兩組或兩派。先從人的方面講起。

將四人的姓氏排成“王、楊、盧、駱”這特定的順序，據説寓有品第文章的意義，這是我們熟知的事實。但除這人爲的順序外，好像還有一個自然的順序，也常被人采用——那便是序齒的順序。我們疑心張説《裴公神道碑》“在選曹見駱賓王、盧照鄰、王勃、楊炯”，和郗雲卿《駱丞集序》“與盧照鄰、王勃、楊炯文詞齊名”，乃至杜詩“縱使盧王操翰墨”等語中的順序，都屬於這一類。嚴格的序齒應該是盧、駱、王、楊，其間盧、駱一組，王、楊一組，前者比後者平均大了十歲的光景。然則盧、駱的順序，在上揭張、郗二文裏爲什麼都顛倒了呢？郗序是爲了行文的方便，不用講。張碑，我想是爲了心理的緣故，因爲駱與裴（行儉）交情特别深，爲裴作碑，自然首先想起駱來。也許駱赴選曹本在先，所以裴也先見到他。果然如此，則先駱後盧，是采用了另一事實作標準。但無論依那個標準説，要緊的還是在張、郗兩文裏，前二人（駱、盧）與後二人（王、楊）之間的一道鴻溝（即平均十歲左右的差别），依然存在。所以即使張碑完全用的另一事實——赴選的先後作爲標準，我們依然可以説，王、楊赴選在盧、駱之後，也正説明了他們年齡小了許多。實在，盧、駱與王、楊簡直可算作兩輩子人。據《唐會要》卷八二，“顯慶二年，詔徵太白山人孫思邈入京，盧照鄰、宋令文、孟詵皆執師贄之禮”。令文是宋之問的父親，而之問是楊炯同僚的好友。盧與之問的父親同輩，而楊與之問本人同輩，那麽盧與楊豈不是不能同輩了嗎？明白了這一層，楊炯所謂“愧在盧前，耻居王後”，便有了確解。𥐚年紀比盧小得多，名字反在盧前，有愧不敢當之感，所以説“愧在盧前”，反之，他與王多分是同年，名字在王後，説“耻居王後”，正是不甘心的意思。

比年齡的距離更重要的一點，便是性格的差异。在性格上四杰也天然形成兩個類型，盧、駱一類，王、楊一類。誠然，四人都是歷史上著名的“浮躁淺露”不能“致遠”的殷鑒，每人“醜行”的事例，都被謹慎的保存在史乘裏了，這裏也毋庸贅述。但所謂“浮躁淺露”者，也有程度深淺的不同。楊炯，相傳據裴行儉説，比較“沈静”。其實王勃，除擅殺官奴那不幸事件外（殺奴在當時社會上并非一件太不平常的事），也不能算過分的“浮躁”。一個人在短短二十八年的生命裏，已經完成了這樣多方面的一大堆著述：

《舟中纂序》五卷，《周易發揮》五卷，《次論語》十卷，《漢書指瑕》十卷，《大唐千歲曆》若干卷，《黄帝八十一難經注》若干卷，《合論》十篇，《續文中子書序詩序》若干篇，《元經傳》若干卷，《文集》三十卷。

能够浮躁到哪裏去呢？同王勃一樣，楊炯也是文人而兼有學者傾向的，這滿可以從他的《天文大象賦》和《駁孫茂道蘇知幾冕服議》中看出。由此看來，王、楊的性格確乎相近。相應的，盧、駱也同屬於另一類型，一種在某項觀點下真可目爲“浮躁”的類型。久歷邊塞而屢次下獄的博徒革命家，駱賓王不用講了。看《窮魚賦》和《獄中學騷體》，盧照鄰也不像是一個安分的份子。駱賓王在《艷情代郭氏答盧照鄰》裏，便控告過他的薄幸。然而按駱賓王自己的口供，

但使封侯龍額貴，詎隨中婦鳳樓寒？

他原也是在英雄氣概的烟幕下實行薄幸而已。看《憶蜀地佳人》一類詩，他并没有少給自己製造薄幸的機會。在這類事上，盧、駱恐怕還是一丘之貉。最後，盧照鄰那悲劇型的自殺，和駱賓王的慷慨就義，不也還是一樣？同是用不平凡的方式自動的結束了不平凡的一生，衹是一悱

惻，一悲壯，各有各的恣態罷了。

這幾乎是不可避免的發展：由年齡的兩輩，和性格的兩類型，到友誼的兩個集團。果然，盧、駱二人的交情，可憑駱的《艷情代郭氏答盧照鄰》詩來坐實，而王、楊的契合，則有王的《秋日餞别序》和楊的《王勃集序》可證。反之，盧或駱與王或楊之間，就看不出這樣緊凑的關係來。就現存各家集中所可考見的説，盧、王有兩首同題分韻的詩，盧、楊有一首同題同韻的詩，可見他們兩輩人確乎在文酒之會中常常見面。可是太深的交情，恐怕就談不到。他們絶少在作品裏互相提到彼此的名字，有之，衹楊在《王勃集序》中説到一次"薛令公朝右文宗，托末契而推一變，盧照鄰人間才杰，覽清規而輟九攻"，這反足以證明盧、駱與王、楊屬於兩個壁壘，雖則是兩個對立而仍不失爲友軍的壁壘。

於是，我們便可談到他們——盧、駱與王、楊——另一方面的不同了。年齡的不同輩，性格的不同類型，友誼的不同集團，和作風的不同派，這些不也正是一貫的現象嗎？其實，不待知道"人"方面的不同，我們早就應該發覺"詩"方面的不同了。假如不受傳統名詞的蒙蔽，我們早就該驚訝，爲什麽還非維持這"四"字不可，而不仿"前七子""後七子"的例，稱盧、駱爲"前二杰"、王、楊爲"後二杰"？難道那許多迹象，還不足以證明他們兩派的不同嗎？

首先，盧、駱擅長七言歌行，王、楊專工五律，這是兩派選擇形式的不同。當然盧、駱也作五律，甚至大部分篇什還是五律，而王、楊一派中至少王勃也有些歌行流傳下來，但他們的長處决不在這些方面。像盧集中的：

> 風摇十洲影，日亂九江文。(《贈李榮道士》)
> 川光摇水箭，山氣上雲梯。(《山莊休沐》)

和駱集中這樣的發端：

故人無與晤，安步陟山椒……（《冬日野望》）

在那貧乏的時代，何嘗不是些奪目的珍寶？無奈這些有句無章的篇什，除聲調的成功外，還是没有超過齊、梁的水準。駱比較有些“完璧”，如《在獄咏蟬》之類，可是又略無警策。同樣，王的歌行，除《滕王閣歌》外，也毫不足觀。便説《滕王閣歌》，和他那典麗凝重，與凄清流動的五律比起來，又算得了什麽呢！

杜甫《戲爲六絶句》第三首説：“縱使盧王操翰墨，劣於漢魏近風騷。”這裏是以盧代表盧、駱，王代表王、楊，大概不成問題。至於“劣於漢魏近風騷”，假如可以解作王、楊“劣於漢魏”，盧、駱“近風騷”，倒也有它的妙處，因爲盧、駱那用賦的手法寫成的粗綫條的宫體詩，確乎是《風》《騷》的餘響，而王、楊的五言，雖不及漢魏，却越過齊、梁，直接上晋、宋了。這未必是杜詩的原意，但我們不妨借它的啓示來闡明一個真理。

盧、駱與王、楊選擇形式不同，是由於他們兩派的使命不同。盧、駱的歌行，是用鋪張揚厲的賦法膨脹過了的樂府新曲，而樂府新曲又是宫體詩的一種新發展，所以盧、駱實際上是宫體詩的改造者。他們都曾經是兩京和成都市中的輕薄子，他們的使命是以市井的放縱改造宫廷的墮落，以大膽代替羞怯，以自由代替局縮，所以他們的歌聲需要大開大闔的節奏，他們必需以賦爲詩。正如宫體詩在盧、駱手裏是由宫廷走到市井，五律到王、楊的時代是從臺閣移至江山與塞漠。臺閣上衹有儀式的應制，有“絺句繪章，揣合低卬”。到了江山與塞漠，纔有低徊與悵惘，嚴肅與激昂，例如王的《别薛升華》《送杜少府之任蜀州》和楊的《從軍行》《紫騮馬》一類的抒情詩。抒情的形式，本無須太長，五言八句似乎恰到好處。前乎王、楊，尤其應制的作品，五言長律用的還相當多。這是該注意的！五言八句的五律，到王、楊纔正式成爲定型，同時完整的真正唐音的抒情詩也是這時纔出現的。

將盧、駱與王、楊對照着看，真是一個説不盡的話題。我在旁處曾説明過從盧、駱到劉（希夷）、張（若虚）是一貫的發展，現在還要點醒，王、楊與沈、宋也是一脉相承。李商隱早無意的道着了秘密：

> 沈宋裁辭矜變律，王楊落筆得良朋。當時自謂宗師妙，今日惟觀屬對能。(《漫成章》)

以沈、宋與王、楊并舉，實在是最自然、最合理的看法。“律”之“變”，本來在王、楊手裏已經完成了，而沈、宋也是“落筆得良朋”的妙手。并且我們已經提過，楊炯和宋之問是好朋友。如果我們再知道他們是好到如之問《祭楊盈川文》所説的那程度，我們便更能了然於王、楊與沈、宋所以是一脉相承之故。老實説，就奠定五律基礎的觀點看，王、楊與沈、宋未嘗不可視爲一個集團，因此也有資格承受“四杰”的徽號，而盧、駱與劉、張也同樣有理由，在改良宫體詩的觀點下，被稱爲另一組“四杰”。一定要墨守着先入爲主的傳統觀點，祇看見“王、楊、盧、駱”之爲四杰，而抹煞了一切其它的觀點，那祇是拘泥、頑冥，甘心上傳統名詞的當罷了。

將盧、駱與王、楊分别的劃歸了劉、張與沈、宋兩個集團後，再比較一下劉、張與沈、宋在唐詩中的地位，便也更能了解盧、駱與王、楊的地位了。五律無疑是唐詩最主要的形式，在那時人心目中，五律纔是詩的正宗。沈、宋之被人推重，理由便在此。按時人安排的順序，王、楊的名字列在盧、駱之上，也正因他們的貢獻在五律，何况王、楊的五律是完全成熟了的五律，而盧、駱的歌行還不免於草率、粗俗的“輕薄爲文”呢？論内在價值，當然王、楊比盧、駱高。然而，我們不要忘記盧、駱曾用以毒攻毒的手段，憑他們那新式宫體詩，一舉摧毁了舊式的“江左餘風”的宫體詩，因而給歌行芟除了蕪穢，開出一條坦途來。若没有盧、駱，哪會有劉、張，哪會有《長恨歌》《琵琶行》《連昌宫詞》和《秦婦吟》，甚至於李、杜、高、岑呢？看來，在文學史上，盧、駱的功績并不亞於王、楊。後者是建設，前者是破壞，他們各有各的使命。

負破壞使命的，本身就得犧牲，所以失敗就是他們的成功。人們都喜以成敗論事，我却願向失敗的英雄們多寄予點同情。

宫體詩的自贖[1]

宫體詩就是宫廷的，或以宫廷爲中心的艷情詩，它是個有歷史性的名詞，所以嚴格地講，宫體詩又當指以梁簡文帝爲太子時的東宫及陳後主、隋煬帝、唐太宗等幾個宫廷爲中心的艷情詩。我們該記得從梁簡文帝當太子到唐太宗宴駕中間一段時期，正是謝朓已死，陳子昂未生之間一段時期。這其間没有出過一個第一流的詩人。那是一個以聲律的發明與批評的勃興爲人所推重，但論到詩的本身，則爲人所詬病的時期。没有第一流詩人，甚至没有任何詩人，不是一樁罪過。那祇是一個消極的缺憾。但這時期却犯了一樁積極的罪。它不是一個空白，而是一個污點。爲什麽？就因爲他們製造了些有如下面這樣的宫體詩。

長筵廣未同，上客嬌難逼，還杯了不顧，回身正顔色。（高爽《咏酌酒人》）

衆中俱不笑，座上莫相撩。（鄧鏗《奉和夜聽妓聲》）

這裏所反映的上客們的態度，便代表他們那整個宫廷内外的氣氛。人人眼角裏是淫蕩，

上客徒留目，不見正横陳。（鮑泉《敬酬劉長史咏名士悦傾城》）

① 本文原載《當代評論》第10期，發表後作者曾有所修改，此據開明版《聞一多全集·唐詩雜論》及修改稿編入本編。

人人心中懷着鬼胎，

春風别有意，密處也尋香。（李義府《堂詞》）

對姬妾娼妓如此，對自己的結髮妻亦然（劉孝威《都縣寓見人織率爾贈婦》便是一例）。於是髮妻也就成了倡家。徐悱寫得出《對房前桃樹咏佳期贈内》那樣一首詩，他的夫人劉令嫺爲什麽不可以寫一首《光宅寺》來賽過他？索性大家都揭開了，

知君亦蕩子，賤妾自倡家。（吴均《鼓瑟曲有所思》）

因爲也許她明白她自己的秘訣是什麽。

自知心所愛，出入仕秦宫，誰言連尹屈[①]，更是莫遨通？（簡文帝《艷歌篇十八韻》）

簡文帝對此并不詫异，説不定這對他，正是件稱心的消息。墮落是没有止境的。從一種變態到另一種變態往往是個極短的距離，所以現在像簡文帝《孌童》，吴均《咏少年》，劉孝綽《咏小兒采蓮》，劉遵《繁華應令》，以及陸厥《中山王孺子妾歌》一類作品，也不足令人驚奇了。變態的又一類型是以物代人爲求滿足的對象。於是綉領、袙腹、履、枕、席、卧具……全有了生命，而成爲被玷污者。推而廣之，以至燈燭、玉階、梁塵，也莫不踴躍的助他們集中意念到那個荒唐的焦點，不用説，有機生物如花草鶯蝶等更都是可人的同情者。

羅薦已擘鴛鴦被，綺衣復有蒲萄帶，殘紅艷粉映簾中，戲蝶流

① 修改稿及開明版《聞一多全集》均作“誰言連屈尹”，此據《玉臺新咏》卷七、《樂府詩集》卷三十九、逯欽立《先秦漢魏晋南北朝詩》“梁詩”卷二十改作“連尹屈”。

鶯聚窗外。(上官儀《八咏應制》)

看看以上的情形，我們真要疑心，那是作詩，還是在一種僞裝下的無耻中求滿足。在那種情形之下，你怎能希望有好詩！所以常常是那套褪色的陳詞濫調，詩的本身并不能比題目給人以更深的印象。實在有時他們真不像是在作詩，而袛是製題。這都是慘淡經營的結果:《咏人聘妾仍逐琴心》(伏知道),《爲寒床婦贈夫》(王胄)。特别是後一例，儘有"閨情""秋思""寄遠"一類的題面可用，然而作者偏要標出這樣五個字來，不知是何居心。如果初期作者常用的"古意""擬古"一類曖昧的題面，是一種遮羞的手法，那麽現在這些人是根本没有羞耻了！這由意識到文詞，由文詞到標題，逐步的鮮明化，是否可算作一種文字的裎裸狂，我不知道，反正赞嘆事實的"詩"變成了標明事類的"題"之附庸，這趨勢去《游仙窟》一流作品，以記事文爲主，以詩副之的形式，已很近了。形式很近，内容又何嘗遠?《游仙窟》正是宮體詩必然的下場。

我還得補充一下宮體詩在它那中途丢掉的一個自新的機會。這專以在昏淫的沈迷中作踐文字爲務的宮體詩，本是衰老的、貧血的南朝宮廷生活的產物，袛有北方那些新興民族的熱與力纔能拯救它。因此我們不能不慶幸庾信等之入周與被留，因爲袛有這樣，宮體詩纔能.更穩固的移殖在北方，而得到它所需要的營養。果然被留後的庾信的《烏夜啼》《春别詩》等篇，比從前在老家作的同類作品，氣色强多了。移殖後的第二、三代本應不成問題。誰知那些北人骨子裏和南人一樣，也是脆弱的，禁不起南方那美麗的毒素的引誘，他們馬上又屈服了。除薛道衡《昔昔鹽》《人日思歸》,隋煬帝《春江花月夜》三兩首詩外，他們没有表現過一點抵抗力。煬帝晚年可算熱忱的效忠於南方文化了，文藝的唐太宗，出人意料之外，比煬帝還要熱忱。於是庾信的北渡完全白費了。宮體詩在唐初，依然是簡文帝時那没筋骨、没心肝的宮體詩。不同的袛是現在詞藻來得更細緻，聲調更流利，整個的外表顯得更乖巧、更酥軟罷了。説唐初宮體詩的内容和簡文時完全一樣，也不對。因爲除了搬出那僵尸“橫陳”二字外，他們在詩裏也并没有講出些什麽。這又教人疑心這輩子人已失去了積極犯罪的心情。恐怕祇是詞藻和聲調的試驗給他們羈縻着一點作這種詩的興趣（詞藻聲調與宫體有着先天與歷史的連繫）。宫體詩在當時可説是一種不自主的、虚僞的存在。原來從虞世南到上官儀是連墮落的誠意都没有了。此真所謂“萎靡不振”！

但是墮落畢竟到了盡頭，轉機也來了。

在窒息的陰霾中，四面是細弱的蟲吟，虚空而疲倦，忽然一聲霹靂，接着的是狂風暴雨！蟲吟聽不見了，這樣便是盧照鄰《長安古意》的出現。這首詩在當時的成功不是偶然的。放開了粗豪而圓潤的嗓子，他這樣開始，

> 長安大道連狹斜，青牛白馬七香車，玉輦縱横過主第，金鞭絡繹向侯家！龍銜寶蓋承朝日，鳳吐流蘇帶晚霞，百丈游絲争繞樹，一群嬌鳥共啼花。……

這生龍活虎般騰踔的節奏，首先已够教人們如大夢初醒而心花怒放了。然後如雲的車騎，載着長安中各色人物 panorama 式的一幕幕出現，通過“五劇三條”的“弱柳青槐”來“共宿娼家桃李蹊”。誠然這不是一場美麗的熱鬧。但這顛狂中有戰慄，墮落中有靈性。

> 得成比目何辭死，願作鴛鴦不羡仙。

比起以前那光是病態的無耻，

> 相看氣息望君憐，誰能含羞不肯前！（簡文帝《烏栖曲》）

如今這是什麽氣魄！對於時人那虚弱的感情，這真有起死回生的力量。最後，

> 節物風光不相待，桑田碧海須臾改，昔時金階白玉堂，即今唯見青松在！

似有“勸百諷一”之嫌。對了，諷刺，宮體詩中講諷刺，多麽生疏的一個消息！我幾乎要問《長安古意》究竟能否算宮體詩。從前我們所知道的宮體詩，自蕭氏君臣以下都是作者自身下流意識的口供，那些作者衹在詩裏，這回盧照鄰却是在詩裏、又在詩外，因此他能讓人人以一個清醒的旁觀的自我，來給另一自我一聲警告。這兩種態度相差多遠！

> 寂寂寥寥楊子居，年年歲歲一床書，獨有南山桂花發，飛來飛去襲人裾。

這篇末四句有點突兀，在詩的結構上既嫌蛇足，而且這樣説話，也不免暴露了自己態度的偏狹，因而在本篇裏似乎有些反作用之嫌。可是對於人性的清醒方面，這四句究不失爲一個保障與安慰。一點點藝術的失敗，并不妨礙《長安古意》在思想上的成功。他是宮體詩中一個破天荒的大轉變。一手挽住衰老了的頽廢，教給他如何回到健全的欲望，一手又指給他欲望的幻滅。這詩中善與惡都是積極的，所以二者似相反而實相成。我敢説《長安古意》的惡的方面比善的方面還有用。不要問盧照鄰如何成功，衹看庾信是如何失敗的。欲望本身不是什麽壞東西。如果它走入了歧途，衹有疏導一法可以挽救，壅塞是無效的。庾信對於宮體詩的態度，是一味的矯正，他彷彿是要以非宮體代宮體。反之，盧照鄰衹要以更有力的宮體詩救宮體詩，他所争的是有力没有力，不是宮體不宮體。甚至你説他的方法是以毒攻毒也行，反正他是勝利了。有效的方法不就是對的方法嗎？

矛盾就是人性，詩人作詩本不必對自己的行爲負責。原來《長安古意》的“年年歲歲一床書”，衹是一句詩而已，即令作詩時事實如此，大概不久以後，情形就完全變了，駱賓王的《艷情代郭氏答盧照鄰》便是鐵證。故事是這樣的，照鄰在蜀中有一個情婦郭氏，正當她有孕時，照鄰因事要回洛陽去，臨行相約不久回來正式成婚。誰知他一去兩年不反，而且在三川有了新人。這時她望他的音信既望不到，孩子也丢了。“悲鳴五里無人問，腸斷三聲誰爲續！”除了駱賓王給寄首詩去替她申一回冤，這悲劇又能有什麼更適合的收場呢？一個生成的哀艷的傳奇故事，可惜駱賓王没趕上蔣防、李公佐的時代。我的意思是：故事最適宜於小説，而作者手頭却衹有一個詩的形式可供采用。這試驗也未嘗不可作，然而他偏偏又忘記了《孔雀東南飛》的典型。憑一枝作判詞的筆鋒（這是他的當行），他衹草就了一封韻語的書札而已。然而是試驗，就值得欽佩。駱賓王的失敗，不比李百藥的成功有價值嗎？他至少也替《秦婦吟》墊過路。

這以“一抔之土未乾，六尺之孤何托”教歷史上第一位英威的女性破膽的文士，天生一副俠骨，專喜歡管閑事，打抱不平，殺人報仇，革命，幫痴心女子打負心漢，都是他幹的。《代女道士王靈妃贈道士李榮》裏没講出具體的故事來，但我們猜得到一半，還不是盧、郭公案那一類的糾葛？李榮是個有才名道士（見《舊唐書·儒學·羅道琮傳》，盧照鄰也有過詩給他）。故事還是發生在蜀中。李榮往長安去了，也是許久不回來。王靈妃急了，又該駱賓王給去信促駕了。不過這回的信却寫得比較像首詩。其所以然，倒不在

> 梅花如雪柳如絲，年去年來不自持，初言别在寒偏在，何悟春來春更思。

一類響亮句子，而是那一氣到底而又纏綿往復的旋律之中，有着欣欣向榮的情緒。《代女道士王靈妃贈道士李榮》的成功，僅次於《長安古

意》。

和盧照鄰一樣，駱賓王的成功，有不少成分是仗着他那篇幅的。上文所舉過的二人的作品，都是宫體詩中的雲岡造象，而賓王尤其好大成癖（這可以他那以賦爲詩的《帝京篇》《疇昔篇》爲證）。從五言四句的《自君之出矣》，擴充到盧、駱二人洋洋灑灑的巨篇，這也是宫體詩的一個劇變。僅僅篇幅大，没有什麽，要緊的是背面有厚積的力量撑持着。這力量，前人謂之“氣勢”，其實就是感情。有真實的感情，所以盧、駱的來到，能使人們麻痹了百餘年的心靈復活；有感情，所以盧、駱的作品，正如杜甫所預言的，“不廢江河萬古流”。

從來没有暴風雨能持久的。果然持久了，我們也吃不消，所以我們要它適可而止。因爲，它究竟衹是一個手段，打破鬱悶煩躁的手段，也衹是一個過程，達到雨過天青的過程。手段的作用是有時效的，過程的期間也不宜太長，所以在宫體詩的園地上，我們很僥幸碰見了盧、駱，可也很願意早點離開他們——爲的是好和劉希夷會面。

> 古來容光人所羡，况復今日遥相見？願作輕羅着細腰，願爲明鏡分嬌面。（《公子行》）

這不是什麽十分華貴的修詞，在劉希夷也不算最高的造詣。但在宫體詩裏，我們還没聽見過這類的痴情話。我們也知道他的來源《同聲詩》和《閑情賦》。但我們要記得，這樣越過齊、梁，直向漢、晋人借貸靈感，在將近百年以來的宫體詩裏也很少人幹過呢！

> 與君相向轉相親，與君雙栖共一身，願作貞松千歲古，誰論芳槿一朝新！百年同謝西山日，千秋萬古北邙塵。（《公子行》）

這連同它的前身——楊方《合歡詩》，也不過是常態的、健康的愛情中，極平凡、極自然的思念，誰知道在宫體詩中也成爲了不得的稀世的珍寶。回返常態確乎是劉希夷的一個主要特質，孫翌編《正聲集》時把劉希夷列在卷首，便已看出這一點來了。看他即便哀艷到如：

自憐妖艷姿，妝成獨見時，愁心伴楊柳，春盡亂如絲。（《春女行》）

攜籠長嘆息，逶迤戀春色，看花若有情，倚樹疑無力，薄暮思悠悠，使君南陌頭，相逢不相識，歸去夢青樓。（《采桑》）

也從没有不歸於正的時候。感情返到正常狀態是宫體詩的又一重大階段。唯其如此，所以煩躁與緊張都消失了，衹剩下一片晶瑩的寧静。就在此刻，戀人纔變成詩人，憬悟到萬象的和諧，與那一水一石一草一木的神秘的不可抵抗的美，而不禁受創似的哀叫出來：

可憐楊柳傷心樹！可憐桃李斷腸花！（《公子行》）

但正當他叫着“傷心樹”“斷腸花”時，他已從美的暫促性中認識了那玄學家所謂的“永恒”——一個最縹緲，又最實在，令人驚喜，又令人震怖的存在，在它面前一切都變渺小了、暫忽了，一切都没有了。自然認識了那無上的智慧，就在那徹悟的一刹那間，戀人也就是哲人了。

洛陽城東桃李花，飛來飛去落誰家？洛陽女兒好顔色，坐見落花長嘆息：——今年花落顔色改，明年花開復誰在！……古人無復洛城東，今人還對落花風，年年歲歲花相似，歲歲年年人不同。（《代白頭翁》）

相傳劉希夷吟到“今年花落……”二句時，吃一驚，吟到“年年歲歲……”二句，又吃一驚。後來詩被宋之問看到，硬要讓給他，詩人不肯，就生生的被宋之問給用土囊壓死了。於是詩讖就算驗了。編故事的人的意思，自然是説，劉希夷泄露了天機，論理該遭天譴。這是中國式的文藝批評，雋永而正確，我們在千載之下，不能，也不必改動它半點。不過我們可以用現代語替它詮釋一遍，所謂泄露天機者，便是悟到宇宙意識之謂。從蜣蜋轉丸式的宮體詩一躍而到莊嚴的宇宙意識，這可太遠了，太驚人了！這時的劉希夷實已跨近了張若虛半步，而離絶頂不遠了。

如果劉希夷是盧、駱的狂風暴雨後寧静爽朗的黄昏，張若虛便是風雨後更寧静更爽朗的月夜。《春江花月夜》本用不着介紹，但我還是忍不住要談談。就宮體詩發展的觀點看，這首詩，尤有大談的必要。

> 春江潮水連海平，海上明月共潮生，灩灩[1]隨波千萬里，何處春江無月明！江流宛轉繞芳甸，月照花林皆似霰，空裏流霜不覺飛，汀上白沙看不見。

在這種詩面前，一切的贊嘆是饒舌，幾乎是瀆褻。它超過了一切的宮體詩有多少路程的距離，讀者們自己也知道。我認爲用得着一點詮明的倒是下面這幾句：

> ……江畔何人初見月？江月何年初照人？人生代代無窮已，江月年年祇相似，不知江月待何人，但見長江送流水！

更敻絶的宇宙意識！一個更深沈，更寥廓，更寧静的境界！在神奇的永恒前面，作者祇有錯愕，没有恐懼，祇有憧憬，没有悲傷。從前盧照鄰指點出"昔時金階白玉堂，即今唯見青松在"時，或另一個初唐詩人——寒山子更尖酸的吟着"未必長如此，芙蓉不耐寒"時，那都是站

① 修改稿及開明版《聞一多全集》均作"瀲灩"，此據中華書局 1960 年版《全唐詩》卷一一七及作者所編《唐詩大系》原稿改作"灩灩"。

在本體旁邊凌視現實。那態度我以爲太冷酷，太傲慢，或者如果你願意，也可以帶點狐假虎威的神氣。在相反的反向，劉希夷又一味凝視着“以有涯隨無涯”的徒勞，而徒勞的爲它哀毀着，那又未免太萎靡，太怯懦了。衹張若虛這態度不亢不卑、冲融和易纔是最純正的，“有限”與“無限”，“有情”與“無情”——詩人與“永恒”猝然相遇，一見如故，於是談開了——“江畔何人初見月？江月何年初照人？……江月年年衹相似，不知江月待何人？”對每一問題，他得到的仿佛是一個更神秘的更淵默的微笑，他更迷惘了，然而也滿足了。於是他又把自己的秘密傾吐給那緘默的對方：

白雲一片去悠悠，青楓浦上不勝愁，

因爲他想到她了，那“妝鏡臺”邊的“離人”。他分明聽見她的嘆喟：

此時相望不相聞，願逐月華流照君！

他説自己很懊悔，這飄蕩的生涯究竟到幾時爲止！

昨夜閑潭夢落花，可憐春半不還家，——江水流春去欲盡，江潭落月復西斜！

他在悵惘中，忽然記起飄蕩的許不衹他一人，對此清景，大概旁人，也衹得徒唤奈何罷？

斜月沈沈藏海霧，碣石瀟湘無限路，不知乘月幾人歸，落月摇情滿江樹！

這裏一番神秘而又親切的、如夢境的晤談，有的是强烈的宇宙意識，被宇宙意識升華過的純潔的愛情，又由愛情輻射出來的同情心，這是詩中的詩，頂峰上的頂峰。從這邊回頭一望，連劉希夷都是過程了，不用説盧照鄰和他的配角駱賓王，更是過程的過程。至於那一百年間梁、陳、隋、唐四代宫廷所遺下的那份最黑暗的罪孽，有了《春江花月夜》這樣一首宫體詩，不也就洗净了嗎？向前替宫體詩贖清了百年的罪，因此，向後也就和另一個頂峰陳子昂分工合作，清除了盛唐的路，——張若虛的功績是無從估計的。[1]

卅年八月廿二日陳家營

① 修改稿文末附：劉孝威《奉和逐凉》《咏佳麗》《望隔墻花》三篇詩題。

陳子昂 ①

（六六一——七〇二）

“上拂雲霄，下瞰涪江”的金華山，是唐時梓州射洪縣的第一名勝。

涪右衆山内，金華紫崔嵬。上有蔚藍天，垂光抱瓊臺。

這是寶應初（七六二）杜甫來游時所得的印象。“瓊臺”指梁時所築的莊嚴瑰麗的玉京觀。那是爲紀念東晋一位道士陳勛而建築的。但到唐大曆中鮮于（後改姓李）叔明來做東川節度使，又給這山上的歷史遺迹添了一個標記。這標記没玉京觀那樣的誇大與煊赫，衹是一塊石碑，上面刻的，除碑文外，便是這樣一道頗爲冗長的篆額：

大唐劍南東川節度觀察處置等使户部尚書兼御史大夫梓州刺史鮮于公爲故拾遺陳公建旌德之碑

碑所紀念的是玉京觀後面一所早已圮廢了的房子——陳子昂的讀書處。

陳子昂，字伯玉，本州著名富豪陳元敬的長子。據説本是個“馳俠使氣”的無賴子，直到十七八歲時，和一群賭棍闖進鄉校，不知受了個什麽刺激，這纔慨然的離開縣北里許武東山下的家庭，跑到這金華山

① 本文屬《唐詩雜論》中一篇，據北京圖書館所藏作者手稿照相複印件收入此編。因原稿頗爲雜亂，故整理時稍有移動或删減。可參考《聞一多説唐詩·陳子昂》（見岳麓書社 1986 年版《聞一多選唐詩》附録部分）。

上，閉户謝客，好好的讀了幾年書。這時一個頗負才名的詩人王適來到蜀中，看見子昂的詩作，大爲驚嘆，説道："此子必爲文宗矣！"大概受了這番鼓勵，子昂便在二十一歲時，即開耀元年（六八一）入京應舉。但是王適的激揚似乎還不够，這次應舉失敗了。

長安東市一家樂器店前，麕集着許多豪貴的顧客，正在傳觀一把胡琴。一把胡琴，價值百萬，好處究竟在哪裏呢？大家正在納悶。[1]

▲"千金子"：

《宿空舲峽青樹村浦》："憶作千金子，寧知九逝魂。"

《萬州曉發放舟乘漲還寄蜀中親友》："寄謝千金子，江海事多違。"

《度峽口山贈喬補闕知之王二無競》："之子黄金軀，如何此荒域。"

父元敬，弱冠以豪俠聞。家故多貲，屬歲饑，出粟萬石賑鄉里，邦人翕然歸之。六世祖太樂，當齊時兄弟三人爲郡豪杰。梁武帝命爲郡司馬。

本傳：聖曆初還鄉里……縣令段簡貪暴，聞其富，欲害之。家人納錢廿萬緡，簡薄其賂，捕送獄中，憂憤而卒。

在京師以千緡買胡琴。見《獨异記》。

《旌德碑》："……祖辯，爲郡豪杰。辯生元敬，瑰偉倜儻，弱冠以豪俠聞。屬鄉人阻饑，一朝散粟萬斛，以賑貧者，而不求報。"

盧藏用《陳子昂别傳》："世爲豪族。父元敬，瑰瑋倜儻，年二十以豪俠聞。屬鄉人阻饑，一朝散萬鍾之粟，而不求報。於是遠近歸之，若龜魚之赴淵也。"

《别傳》："屬本縣令段簡，貪暴殘忍，聞其家有財，乃附會文法，將欲害之。子昂荒懼，使家人納綫二十萬。而簡意未塞，數輿曳就吏。"

---

① 手稿正式行文到此處止，其下則屬提綱、材料性質。

▲子昂多病：

《新唐書》本傳："子昂多病。"

《感遇詩三十八首》第十三："林居病時久。"

《同王員外雨後登開元寺南樓因酬暉上人獨坐山亭有贈》："寧知人世裏，疲病得攀緣。"

《喜遇冀侍御珪崔司議泰之二使》："謝病南山下，幽卧不知春。"

《感遇詩》第三十三："疲痾苦淪世，憂痗日侵淄。"

《秋園卧病呈暉上人》："疲疴澹無豫，獨坐泛瑶瑟。懷挾萬古情，憂虞百年疾。"

《卧病家園》："卧病誰能問，閑居空物華。"

《别傳》："子昂體弱多病，""子昂素羸疾。"

▲子昂之死：

從劉敬同征突厥……遷右拾遺……從武攸宜討契丹……謝病歸家。縣令段簡誣，繫死獄中，年四十三。(《郡齋讀書志》第十七引沈亞之説云，其當爲武承嗣所殺。)

▲子昂之作：

集十卷(《全唐詩》編二卷)。趙儋《碑》云："有《正聲集》十卷。"又云："拾遺之文，四海之内，家藏一本。"《别傳》："嘗恨國史蕪雜，乃自漢孝武之後以迄於唐，爲《後史記》。綱紀粗立，筆削未終，鍾文林府君憂，其書中廢。"

▲道教的家風：

《文林郎墓志銘》："(公)性英雄而志尚玄默。"

《觀荆玉篇序》："予家世好服食，昔嘗餌之(仙人杖)。"

趙儋《陳公旌德碑》："五世祖方慶好道，得墨子五形秘書、白虎七變，隱於郡武東山。"

同上："元敬……屬青龍末，天后居攝，遂山栖餌術，殆十八年。元圖大象無不達。"

盧藏用《陳子昂别傳》："五(原作"四")世祖方慶，得墨翟秘書，隱於武東山……父元敬，…究覽墳籍，居家園以求其志。餌地骨，煉雲膏，四十餘年。”

《别傳》：“子昂晚愛黄老之言，尤耽味《易》象，往往精詣。”

《文林郎陳公墓志銘》：“方慶好道，得墨子五行秘書、白虎七變法，遂隱於郡武東山。”

同上：“青龍癸未，唐歷云微。公乃山栖絶谷，放息人事，餌雲母以怡眞神。居十八年，元圖天象，無所不達。”

《居士陳君碑》：“曾祖方慶，好道不樂爲仕，得墨子五行秘書，而隱於武東山。”

▲子昂與“縱横”

《贈嚴倉曹乞推命録》：“少學縱横術，游楚復游燕。”

《卧病家園》：“縱横策已棄，寂寞道爲家。”

《感遇詩三十八首》第十一：“吾愛鬼谷子，青溪無垢氛。囊括經世道，遺身在白雲。七雄方龍鬥，天下久無君。浮榮不足貴，遵養晦時文。舒可彌宇宙，卷之不盈分。豈徒山木壽，空與麋鹿群。”

《贈趙六貞固二首》其二：“赤螭媚其彩，婉孌蒼梧泉。昔者瑯琊子，躬耕亦慨然。……道心固微密，神用無留連。舒可彌宇宙，攬之不盈拳……。”

《答韓使同在邊》：“雨雪顔容改，縱横才位孤。”

（以上二詩等於自述。）

《答洛陽主人》：“平生白雲志，早愛赤松游。事親恨未立，從宦此中州。主人亦何問，旅客非悠悠。方謁明天子，清宴奉良籌。再取連城璧，三陟平津侯。不然拂衣去，歸從海上鷗。寧隨當代子，傾側且沈浮。”

《贈别冀侍御崔司議》詩序：“夫達則以公濟天下，窮則以大道理身，嗟乎子昂，豈敢負古人哉。”

《還至張掖古城聞東軍告捷贈韋五虚己》：“縱横未得意，寂寞寡相迎。”

《旌德碑》："契丹以營州叛，建安郡王武攸宜親總戎律。……公參謀幃幕。軍次漁洋，前軍王孝杰等相次陷没，三軍震慴。公乃進諫，感激忠義，料敵决策，請分麾下萬人以爲前驅，奮不顧身，上報於建安。建安愎諫，禮謝絶之，但署以軍曹掌記而已。"

盧藏用《陳子昂别傳》："始以豪家子，馳俠使氣，至年十七八未知書。嘗從博徒入鄉學，慨然立志，因謝絶門客，專精墳典。"

▲子昂之孤寂感：

《感遇詩三十八首》二十二："登山望宇宙，白日已西暝，雲海方蕩潏，孤鱗安得寧。"

同上二十五："玄蟬號白露，兹歲已蹉跎，群物從大化，孤英將奈何。"

同上三十八："仲尼探元化，幽鴻順陽和。大運自盈縮，春秋遞來過，盲飆忽號怒，萬物相紛劘，溟海皆震蕩，孤鳳其如何？"

同上二十："一繩將何繫，憂醉不能持。"

《喜馬參軍相遇醉歌》："孤憤遐吟，誰知我心。"

《南山家園林木交映盛夏五月幽然清凉獨坐思遠率成十韻》："寂寥守寒巷，幽獨卧空林，松竹生虚白，階庭横古今。"

《秋園卧病呈暉上人》："幽寂曠日遥，林園轉清密。"

《卧疾家園》："縱横策已棄，寂寞道爲家。"

《感遇詩三十八首》其二："蘭若生春夏，芊蔚何青青，幽獨空林色，朱蕤冒紫莖。"

《度峽口山贈喬補闕知之王二無競》："邐迤忽而盡，泱漭平不息，之子黄金軀，如何此荒域。"

《答韓使同在邊》："雨雪容顔改，縱横才位孤。"

《度荆門望楚》："今日狂歌客，誰知入楚來。"

《宿空舲峽青樹村浦》："憶作千金子，寧知九逝魂。"

《贈别冀侍御崔司議》詩序："可以散孤憤。"

▲子昂之"玄感"（元化）

《感遇詩三十八首》其六：“古之得仙道，信與元化并，玄感非象識，誰能測沈冥？世人拘目見，酣酒笑丹經。”

同上其七：“茫茫吾何思，林卧觀無始。”

同上其十：“深居觀元化。”

同上十三：“閑卧觀物化，悠悠念無生。”

同上十七：“幽居觀天運，悠悠念群生，終古代興没，豪聖莫能争。”

同上二十五：“群物從大化。”

同上三十六：“探元觀群化。”

同上三十八：“仲尼探元化。”（《論語·子罕篇》：“子在川上曰：‘逝者如斯夫，不舍晝夜。’”）

《夏日暉上人房别李參軍崇嗣》：“四十九變化，一十三死生。翕忽玄黄裏，驅馳風雨情。是非紛妄作，寵辱坐相驚。”

《南山家園林木交映盛夏五月幽然清凉獨坐思遠率成十韻》：“坐觀萬象化，方見百年侵。”

《登澤州城北樓讌》：“觀化久無窮。”

《春臺引》：“懷宇宙以傷遠，登高臺而寫憂。”

《登幽州臺歌》：“前不見古人，後不見來者，念天地之悠悠，獨愴然而泣下。”

《峴山懷古》：“丘陵徒自出，賢聖幾凋枯。”

《秋園卧病呈暉上人》：“懷挾萬古情。”

《薛大夫山亭宴序》：“談高趣逸，體静心閑，神眇眇而臨雲，思飄飄而遇物。林軒寂寞，星漢縱横，思欲垂汗漫而群游，與真精而合契。歡窮興洽，樂往悲來，悵鸞鶴之不存，哀鵷鳩之久没，徘徊永嘆，慷慨長懷。東方明而畢昴升，北閣曙而天雲静。悲夫！向之所得，已失於無何，今之所游，復覊於有物，詩言志也，可得聞乎？”

《續唐故中岳體元先生潘尊師碑頌》：“觀元化兮求古之列仙。”

《别中岳二三真人序》：“夫愛名山，歌長往，世有之矣，放身霄嶺，宴景雲林，卑俗不可得而聞，時士不可得而見，則吾欲高視終古，一笑昔人。嵩山有二仙人，自浮邱公王子晋上朝玉帝，遺迹金壇，鳳簫悠悠，千載無響。吾每以是臨霞永慨，撫膺嘆息，常謂烟駕不逢，羽人長往。去囂世，走青雲，登玉女之峰，窺石人之廟，見司馬子微憑太和，霓裳眇然，冥壑獨立。真朋羽會，金漿玉液，則有楊仙翁元默洞天，賈上士幽栖牝谷，玉笙吟鳳，瑶衣駐鶴，方且迷軒轅之駕，期汗漫之游。吾亦何人，躬接兹賞。實欲執青節，從白蜺，陪飲崑崙之庭，觀化元元之府，宿心遂矣，冥骨甘焉。豈知瓊都命淺，金格道微，攀倒景而迷途，顧中峰而失路，塵縈俗累，復汨吾和，仙人真侣，永幽靈契，翳青芝而延佇，遥會何期，結丹桂而徘徊，遠心空絶。紫烟去，黄庭極，仰寥廓而無光，視環區而寡色，悠悠何往，白頭名利之交，咄咄誰嗟，元運盛衰之感，始知楊朱歧路，墨翟素絲，尚平辭家而不歸，鮑焦抱木而枯死，可以痛，可以悲，古人之心，吾今得之矣。”

《堂弟孜墓志銘》：“大圓蒼蒼，大方茫茫，賢聖同此，爾之何傷。”

《上殤高氏墓志銘》：“我觀顥元，機化出入，夭壽之數，榮落之原，皆一受而不易者也。”“來不可遏，去不可止，唯死與生，由生以死。”

盧藏用《宋主簿鳴皋夢趙六予未及報而陳子云亡今追爲此詩答宋兼貽平昔舊游》：“陳生富清理，卓犖兼文史……幽居探元化，立言見千祀。”

衛玠初欲過江，形神慘悴，語左右曰：見此芒芒，不覺百感交集，苟未免有情，亦復誰能遣此。

桓温北征，經金城，見前爲琅琊時種柳，皆已十圍，慨然曰：木猶如此，人何以堪！攀條執枝，泫然流泪。

庾信《枯樹賦》：“昔年種柳，依依漢南，今逢摇落，凄愴江潭。樹猶如此，人何以堪！”

▲初唐諸家詩摘鈔：

（1）陳子昂:《感遇詩》其二：蘭若生春夏，芊蔚何青青。幽獨空林色，朱蕤冒紫莖。遲遲白日晚，裊裊秋風生。歲華盡摇落，芳意竟何成!

其四：樂羊爲魏將，食子殉軍功。骨肉且相薄，他人安得忠，吾聞中山相，乃屬放麑翁。孤獸猶不忍，况以奉君終。

其五：市人矜巧智，於道若童蒙。傾奪相誇侈，不知身所終。曷見玄真子，觀世玉壺中?窅然遺天地，乘化入無窮。

其六：吾觀龍變化，乃知至陽精。石林何冥密，幽洞無留行。古之得仙道，信與元化并。玄感非象識，誰能測沈冥，世人拘目見，酣酒笑丹經。崑崙有瑶樹，安得采其英。

（2）盧照鄰:《行路難》：人生貴賤無終始，倏忽須臾難久恃。誰家能駐西山日?誰家能堰東流水?

《長安古意》：節物風光不相待，桑田碧海須臾改，昔時金階白玉堂，即今唯見青松在。

《釋疾文三歌》其二：歲去憂來兮東流水，地久天長兮人共死。

（3）王勃:《滕王閣歌》：閑雲潭影日悠悠，物换星移幾度秋。閣中帝子今何在?檻外長江空自流。

（4）李嶠:《汾陰引》：山川滿目泪沾衣，富貴榮華能幾時?不見衹今汾水上，唯有年年秋雁飛。

（5）劉希夷:《代白頭翁》：今年花落顔色改，明年花開復誰在。

同上：年年歲歲花相似，歲歲年年人不同。

（6）王績:《石竹咏》：上天布甘雨，萬物咸均平。自顧微且賤，亦得蒙滋榮[①]。萋萋結緑枝，曄曄垂朱英。常恐零露降，不得全其生。嘆息聊自思，此生豈我情。昔我未生時，誰者令我萌?棄置勿重陳，委化何足驚!

《古意六首》（略）

① 《唐詩大系》王績《石竹咏》篇校記："以《全唐詩補遺》三二補前四句。"

《獨坐》斷句：寄身千載下，聊游萬物初，欲令無作有，翻覺實成虚。

《食後》：田家無所有，晚食遂爲常。菜剪三秋緑，飱炊百日黄。胡蔴山麨樣，楚豆野麋方。始暴松皮脯，新添杜若漿。葛花消酒毒，萸蒂發羹香。鼓腹聊乘興，寧知逢世昌。

（7）王梵志：我昔未生時，冥冥無所知，天公强生我，生我復何爲。無衣使我寒，無食使我飢。還你天公我，還我未生時。（皎然《詩式》引《道情詩》。案：酷似王績《石竹咏》）

草屋足風塵，床無破氈卧，客來且唤入，地鋪稿薦坐。家裹元無炭，柳麻且吹火，白酒瓦鉢藏，鐺子兩脚破，鹿脯三四條，石鹽五六顆（原作"課"）。看客袛寧馨，從你痛笑我。（鄭印《梵志詩拾遺》）

共受虚假身，共禀太虚氣，死去雖更生，回來盡不記。以此好尋思，萬事淡無味，不如慰俗心，時時一倒醉。（《梵志詩拾遺》）

我見那漢死，肚裹熱如火。不是惜那漢，恐畏還到我。（同上）

世無百年人，强作千年調。打鐵作門限，鬼見拍手笑。（《梁溪漫志》一〇引）

城外土饅頭，餡草在城裹。一人吃一個，莫嫌没滋味。（同上引黄庭堅引）

（8）寒山子：[1]

▲評論：

杜甫："位下何足傷，所貴者聖賢。""終古立忠義，感遇有遺編。"（《陳拾遺故宅》）"陳公讀書堂，石柱仄青苔，悲風爲我起，激烈傷雄才。"（《冬到金華山觀……》）"遇害陳公殞，於今蜀道憐，君行射洪縣，爲我一潸然。"（《送梓州李使君之任》）

《新唐書》本傳贊："薦圭璧於房闥，以脂澤污漫之。"

《四庫提要》："譬之蕩姬佚女，以色藝冠世，而不可以禮法繩之者

① 原稿寒山子名下未附詩。

也。”

盧藏用《宋主簿鳴皋夢趙六予未及報而陳子云亡，今追爲此詩答宋兼貽平昔舊游》：“陳生富清理，卓犖兼文史。思縟巫山雲，調逸岷江水。鏗鏘哀忠義，感激懷知己。負劍登薊門，孤游入燕市。浩歌去京國，歸守西山趾。幽居探元化，立言見千祀。埋没經濟情，良圖竟云已。”

王士禎《香祖筆記》曰：“子昂五言詩力變齊梁，不須言。其表、序、碑、記等作，沿襲頹波，無可觀者。《上大周受命頌表》一篇，《大周受命頌》四章，其辭諂誕不經。又有《請追上太原王帝號表》。太原王者，武士彠也。此與揚雄《劇秦》《美新》無异，殆又過之。其下筆時，不知世有節義廉耻事矣。子昂真無忌憚之小人哉。”

陳沆《詩比興箋》：“射洪著述，斯文中興，自李、杜推激於前（李陽冰《太白集序》，杜甫《過陳拾遺故宅》詩），韓、柳服膺於後（韓愈《送孟東野序》《薦士》詩，柳宗元《楊評事文集序》），於是高步三唐，横掃六代，莫不以爲今古之升降，質文之軌轍焉。然逐響則同，知音罕覯，尋其泗鬱，亦有端由。自宋子京《唐書》謂‘明堂太學’之疏，‘薦圭璧於房闥’，王士禎《筆記》謂‘大周受命’之頌，‘甚劇秦而美新’，又或訾‘崇福觀’之記，有孝明帝之稱，於是末學隨聲，百喙一律。不有論世，曷由‘闡幽’？請考子昂所立之朝，與同朝之人，并考子昂立朝之節，與去朝之日，而後質之以《感遇》之什，則心迹終始，日月争光矣。

“夫女禍有極，不同澆、浞之朝，獨陰不生，終無嬴、馬之嗣，是以哀姜再世，篡魯不成，吕雉十年，安劉反掌。武后僭號，年已六旬，太廟之祭主未移，環丘之配享如故，主器猶然長子，中外不乏老臣，孰不隱忍數載之間，濡俟中興之日哉？設使陵、平、嬰、勃，委身新莽之朝，姚、宋、狄、婁，俯首洮、温之陛，則不得爲名教中人矣。誠知仕吕仕周，不同新室、安史，則隨例進賀之表，應製頌美之什，諸公亦豈能獨無。特一則功業揜文章，偶乏流傳之什，一則文章揜忠義，翻遺玷類之端。然‘石淙山侍宴’之詩，狄、姚與二張諸武并列（石刻在河南登封縣石淙山，薛曜書），張燕公銘檄之作，孝明與天册金輪間稱（張説《節愍太子妃墓志》，稱孝明高皇后，即武士彠妻也。又爲河内王武懿宗露布：‘伏惟天册金輪神聖皇帝’），此則今日尚存，亦不聞薰蕕同器，燕、許殊科者也。仲尼見楚、越之君，亦必稱之爲王，惟《春秋》乃可書子。彼宋、狄諸公，當日語言文字，其敢直斥武士彠乎。今既不能議諸公之仕周，乃猶謂仕周而不當從其稱謂，其亦舍本而齊末，許浴而禁裸已。

“且夫同仕而异品，同迹而异心者，一辨諸忠佞之從違，二辨諸進退之廉躁。歷考武后一朝，惟子昂諫疏屢見。武后欲淫刑，而子昂極陳酷吏之害，武后欲黷兵，而子昂極陳喪敗之禍，武后欲殲滅唐宗，而子昂請撫慰宗室，甚至初仕而争山陵之西葬，冒死而訟宗人之冤獄，皆言所難言，如枘入鑿。故杜甫《過陳拾遺故宅詩》云：‘千古立忠義，《感遇》有遺篇。’其爲黨附不黨附，可不言决矣。武后以官爵籠天下士，或片言取卿相，或四時歷青紫。至文學材藝，更所牢籠。沈、宋、杜、薛、閻、蘇、二李，或參控鶴奉宸之職，或預《三教珠英》之修，其後神龍之初，并坐二張之黨。子昂曾有一於此乎？釋褐十載，不過拾遺，自托多病，不樂居職，諫牘則輒遭報罷，參軍則屢忤諸武。未及壯年，遽乞歸養，父喪廬墓，哀動路人，至以侍從之臣，竟死縣令之手。故杜甫詩又云：‘位下何足傷，所貴者聖賢，同游英俊人，多秉輔佐權。’其躁進不躁進，又可不言决矣。若謂二端尚未足以明心迹，必如狄公之薦柬之，預謀復興，姚、宋之相開元，始稱晚蓋，則試問婁師德、徐有功、魏元忠諸公，謀未參於復興，身未逮乎開元，其與子昂，又何异同？責備賢者，豈其偏枯。

“矧昔私家之著述，尤徵文字之心聲。嗣宗醉草‘勸箋’，而《咏懷》惆憂魏室（《代勸九錫箋》，皆刺嘲之詞），子山身食周粟，而詞賦惟‘哀江南’（庾信仕仇國，不可爲訓，非仕武后者比也。姑取其不忘梁耳），韓非有忠秦之譏，而争存韓以死獄，荀彧有附曹之謗，而争九錫以殉身。君子論人，善善從長，亦觀其志之所存而已。乾坤易位之時，猰㺄磨牙之日，偶語棄市，道路以目，歷考唐人諸集，亦有片言隻句，寄懷興廢，如子昂之感憤幽鬱，涕泗被面下者乎？故知屈、阮之嗣音，杜陵之先導，心迹與狄、宋同符，文行掩沈、杜而上，豈比《法言》頌安漢之德，可見《美新》之由衷，臨刑賦子房之詩，適形叛宋之矯僞哉！”

陳廷經曰：上疏諫武氏，前後五疏，其請興明堂太學一疏，乃上於高宗之世，何嘗有請立武氏九廟之事乎？[①]

▲文學主張：

《與東方虬書》：“文章道弊五百年矣。漢魏風骨，晋宋莫傳，然而文獻有可徵者。僕嘗暇時觀齊梁間詩，彩麗競繁，而興寄都絶，每以永嘆。竊思古人，常恐逶迤頹靡，風雅不作，以耿耿也。”

《上薛令文章啓》：“某實鄙能，未窺作者。斐然狂簡，雖有勞人之歌，悵然咏懷，曾無阮籍之思。徒恨迹荒淫麗，名陷俳優，長爲童子之群，無望壯夫之列。”

趙儋《旌德碑頌》自注：“嗟乎，道不可合，運不可諧，遂放言於《感遇》，亦阮公之《咏懷》。已而已而，陳公之微意在斯。”

韓愈《薦士》詩：“國朝盛文章，子昂始高蹈。”

盧藏用《右拾遺陳子昂文集序》：“……宋、齊之末，蓋憔悴矣，逶迤陵頽，流靡忘返，至於徐、庾，天之將喪斯文也。後進之士，若上官儀者，繼踵而生，於是《風》《雅》之道，掃地盡矣。……道喪五百歲而得陳君。君……崛起江漢，虎視函夏，卓立千古，横制頽波，天下翕然，質文一變。”

《别傳》：“時洛中傳寫其書，市肆閭巷，吟諷相屬，乃至轉相貨鬻，飛馳遠邇。”“子昂有天下大名而不以矜人。”

（何以受王士禎之攻擊？）

---

① 此段原話見陳沆《詩比興箋》卷三附陳廷經“總辨阮嗣宗陳正字被謗之誣”條。

▲子昂與莊子：

鍾惺曰："正字深奇，曲江淹密。"

劉熙載曰："曲江之《感遇》出於《騷》，射洪之《感遇》出於莊，纏綿超曠，各有獨至。"

詩中用《莊子》：

《感遇》其五：窅然遺天地，乘化入無窮。

其六：吾觀龍變化，乃知至陽精。

其七：林卧觀無始。

其十一：豈徒山木壽，空與麋鹿群。

其十三：閑卧觀物化，悠悠念無生。

其十七：幽居觀天運。

其二十三：多材信爲累。

其二十五：崑崙見玄鳳。

其三十一：唯應白鷗鳥，可與洗心言。

其十：務光讓天下。

其十五：探他明月珠。

盧藏用《陳子昂别傳》："嘗著《江上丈人論》，將磅礴機化，而與造物者游。"（阮：《大人先生傳》）

▲子昂慕鄒衍：

（大九洲、五德終始）

《薊丘覽古贈盧居士藏用七首——鄒衍》：鄒子何寥廓，漫説九瀛垂。

（空間：孔子登東山而小魯，登泰山而小天下。時間：子在川上曰："逝者如斯，不舍晝夜。"）

▲子昂與建安：

建安詩的社會色彩：

曹操：《蒿里行》《苦寒行》《却東西門行》

陳琳：《飲馬長城窟行》

王粲：《七哀》

阮瑀：《駕出北郭門》

子昂《感遇》中的社會色彩：

其三：亭堠何摧兀，暴骨無全軀……但見沙場死，誰憐塞下孤。

其二十九：肉食謀何失，藜藿緬縱横。

其三十七：咄嗟吾何嘆，邊人涂草萊。

其二十六：宫女多怨曠，層城閉蛾眉。

其十九：奈何窮金玉，雕刻以爲尊，雲構山林盡，瑶圖珠翠煩。

▲子昂與阮籍：

王績學陶潜，陳子昂學阮籍，王不及陶遠甚，陳則超阮而上之。其故有二：

1. 阮質多於文，陳則文質彬彬。

2. 阮以“仙心”寄慨，態度消極，陳游心“玄感”，趣味真醇超脱。

阮公身事亂朝，常恐遇禍，因兹《咏懷》，雖志在譏刺，而文多隱避，百代之下，難以情測。（顔延年）

厥旨淵放，歸趣難求。（《詩品》）

正始明道，詩雜仙心……嵇詩清峻，阮旨遥深。（《文心雕龍·明詩》）

阮時代險於陳，壓迫太大，摧毁靈性。

阮隱語，陳玄理詩，阮未忘個人，陳融液大我。

陳、阮皆志在用世，遭時混濁，乃退隱而以詩發其感憤。

《晋書·阮籍傳》：“籍本有濟世志，屬魏晋之際，名士少有全者。籍由是不與世事，酣飲爲常。”

陳處境差勝於阮。

《旌德碑》：“大運茫茫，天地悠悠，沙麓氣衝，太陰光流，義士食薇，人誰造周。”原注曰：“嗟乎，道不可合，運不可諧，遂放言於《感遇》，亦阮公之《咏懷》。已而已而，陳公之微意在斯。”

《大人先生傳》　《江上丈人論》

▲子昂與李、杜：

陳：感慨

李：解脱

杜：憤慨

▲關於古詩：

《李攀龍選唐詩序》："唐無五言古詩，而有其古詩。"

王夫之《唐詩評選》："歷下謂子昂以其古詩爲古詩，非古也。若非古而猶然爲詩，亦何妨。風以世移，正字《感遇詩》，似誦、似説、似獄詞，似講義，仍不復似詩，何有於古？故曰，五言古自是而亡。"

魏、薛古詩。陳子昂玄理詩是"其古詩"，亦即"非古"之古詩，亦"非詩"之古詩。

▲子昂詩分三部分：

一、感遇：超曠高古。

二、同暉上人諸作：泓峥蕭瑟。

三、近體：晶瑩爽朗。

舊稱子昂之貢獻，輒曰古體，曰"變雅正"，此皆失之籠統。實則當時作古體者頗多。如：

魏徵，

薛稷、薛奇童，

包融、賀朝，

……

皆有可觀。即

宋之問、崔融，

亦時有古體。此等衹相當於子昂之第二類。而子昂之貢獻，實在第一類。前之王績，後之張九齡，皆不能比。即李白亦不完全相同。

盧藏用詩："陳生富清麗。"

又《陳子昂文集序》："至於感激頓挫，顯微闡幽，庶幾見變化之朕，以接乎天人之際者，則《感遇》之篇焉。”

▲《感遇》之分析：

〈一〉《感遇》曰：“玄感非象識。”《感遇》之重要性，即在其“玄感”。玄感者，即進一步高一層的感慨。

感慨如：盧照鄰、王勃、李嶠、劉希夷

然此等皆因人事而發，局於小我。張九齡屬此種。此種感慨太主觀。又有一種屬於漠然無動於中的客觀。如：

王梵志、寒山子

等預言家之危言聳聽，或：

王績、李白

之强作解脱，等於自欺欺人。

子昂則嚴肅的正視，關切的凝思，不太主觀，亦不太客觀。

〈二〉莊周與鄒衍的詩化——孤寂感與“思鄉情調”。

然又非太畫面的以致成爲幻想的游戲，如：

盧照鄰：《贈李榮道士》：“風摇十洲影，日亂九江文”，

李白：

李賀：《夢天》：“黄塵清水三山下，更變千年如走馬，遥望齊州九點烟，一泓海水懷中瀉。”

（而是）社會意識——人生情調——人道主義，（亦即）：高、正始、道、悲天加上寬、建安、儒、憫人。

〈三〉産生《感遇》的因素：

歷史的源——遠古、莊子、阮籍。停留於感傷的水準上的兩個突出的高峰。陳子昂，第三度出現的高峰——絶後。

唐詩二大壁壘——佛與道。

門閥貴族的末路——名士：滿足的反感（厭飫後的惡心），繁華的幻滅，時代的大蕩動增加驚醒的機會，蕩動停息後，回味反省，感傷，疲憊，休息，滌清，——田園、山林、禪寂。消極的、頽廢的。

新興士人的姿態——英雄主義：份子的來源：土豪、新貴、邊民、

异族虜姓。性格氣質：豪俠（《别傳》："剛斷强毅而未嘗忤物。"）、肉感、享樂，——縱横、神仙。積極的、浪漫的。

▲複雜的人格：

〈一〉縱横家：《别傳》："尤重交友之分，意氣一合，雖白刃不可奪也。""好施輕財，而不求報。""子昂貌寢寡援，然言王霸大略、君臣之際，甚慷慨焉。"

1. 豪家：《舊唐書》本傳："子昂褊躁無威儀。"《新唐書》本傳：武后召見金華殿，"子昂貌柔野而占對慷慨"。豪族子弟（英雄）非士族：六世祖（太樂）以豪右爲郡司馬，子方慶不仕，子湯（子昂高祖）郡主簿，子通（曾祖）不仕早卒，子辯（祖）不仕，子元敬（父）明經登第文林郎。《文林郎墓志銘》："皇考辯，爲郡豪杰。"（文林郎……"穆其清風"，）"邦人馴致，如衆鳥之從鳳也。時有决訟，不取州郡之命，而信公之言。四方豪杰，望風景附，朝廷聞名。或以君爲西南大豪，不知深慈恭懿敬讓以得也。"《堂弟孜墓志銘》："皇祖辯，少習儒學，然以豪英剛烈著聞，是以名節爲州國所服。"《居士陳君碑》："子孫避晋不仕，居涪南武東山，與唐胡白趙五姓置立新城郡，剖制二縣，而四姓宗之，代爲郡長。蕭齊之末，有太平者，兄弟三人，爲郡豪杰。梁武帝受禪，網羅英豪，拜太平爲新城郡守，尋加本州别駕。弟太樂、太蒙。蒙爲黎州長史都督護南梁二郡太守，樂爲本郡司馬。"

2. 博弋：

3. 敢諫：《旌德碑》："封章屢抗，矢陳刑辟，匪君伊順，惟鱗是逆。"

4. 從軍：突厥、契丹。（探險的熱情——以上三項皆然。壯夫——探險。）

飛翔的力量。

〈二〉道教信徒（神仙）：

1. 道教的家風種植的浪漫的神仙思想——健全的。

2. 讀書金華觀。

3. 交游。

《别中岳二三真人序》

好奇游戲，擇手段悲。

飛翔的機會。

道——李

〈三〉儒家：

（實踐生活）

飛翔時目光注視塵世。

儒——杜

〈四〉佛家：《别傳》："軍罷，以父老，表乞罷職歸侍。……遂於射洪西山構茅宇數十間，種樹采藥以爲養。"

1. 時代、暉上人的影響：

暉上人、獨坐山。《旌德碑》："葬於射洪獨坐山。"郭廷謂《哭陳子昂》："魂逐東流水，墳依獨坐山。"《同王員外雨後登開元寺南樓因酬暉上人獨坐山亭有贈》。

2. 事業失敗。

3. 病。

4. 獄中占卜，敗北主義的心理。

掉下來——心中還不忘飛翔的記憶。

佛——王

▲《感遇》、同暉上人諸作、近體：

《感遇》：生命情調、宇宙意識與社會意識。"悲天憫人"。縱横家、道家（神仙）（正始之超曠）、混合儒家（建安之熱烈）的人本主義。

同暉上人諸作：佛家（太康、陶、謝之恬淡）禪寂。

近體：繼承全部遺産（齊、梁）轉遞與盛唐李白（擇不擇手段）、杜甫（《感遇》）及王維（韋、柳）（同暉上人諸作及近體）。（與張若虛

比較）[1]

① 原稿最末另附六朝及唐諸家詩鈔，此省略正文，僅存篇目如下：薛據《出青門往前山下別業》，劉昚虚《寄閻防》、“道由白雲盡”（闕題）、《獨漉篇》，張華《壯士篇》《勵志詩》（九首録二：“大儀斡運”“吉士思秋”）《情詩》《雜詩》二首（“晷度隨天運”“荏苒日月遠”），劉伶《北芒客舍詩》，殷仲文《南州桓公九井作》，宗炳《登半石山》，湛方生《帆入南湖》《諸人共講老子》，謝道韞《登山》，帛道猷《陵峰采藥觸興爲詩》，陶弘景《詔問山中何所有賦詩以答》，宗夬《荆州樂》三首，梁武帝《天安寺疏圃堂》，周舍《還田舍》，吴均《胡無人行》《答柳惲》《酬周參軍》《邊城將》《江上酬鮑幾》《咏懷》《春咏》，何遜《別沈助教》《學古》《與胡興安夜別》《慈姥磯》《相送》《九日侍宴樂游苑》《酬范記室云》，蕭子顯《烏栖曲應令》《春閨思》，劉緩（一作瑗）《新月》，梁元帝《折楊柳》。

孟浩然①

（六八九—七四〇）

當年孫潤夫家所藏王維畫的孟浩然像，據《韻語陽秋》的作者葛立方説，是個很不高明的摹本，連所附的王維自己和陸羽、張洎等三篇題識，據他看，也是一手摹出的。葛氏的鑒定大概是對的，但他并沒有否認那“俗工”所據的底本——即張洎親眼見到的孟浩然像，確是王維的真迹。這幅畫，據張洎的題識説，

> 雖軸塵縑古，尚可窺覽。觀右丞筆迹，窮極神妙。襄陽之狀頎而長，峭而瘦，衣白袍，靴帽重戴，乘款段馬——一童總角，提書笈負琴而從——風儀落落，凛然如生。

這在今天，差不多不用證明，就可以相信是逼真的孟浩然。并不是説我們知道浩然多病，就可以斷定他當瘦。實在經驗告訴我們，什九人是當如其詩的。你在孟浩然詩中所意識到的詩人那身影，能不是“頎而長，峭而瘦”的嗎？連那件白袍，恐怕都是天造地設，絲毫不可移動的成分。白袍靴帽固然是“布衣”孟浩然分内的裝束，尤其是詩人孟浩然必然的扮相。編《孟浩然集》的王士源應是和浩然很熟的人，不錯，他在序文裏用來開始介紹這位詩人的“骨貌淑清，風神散朗”八字，與夫陶翰《送孟六入蜀序》所謂“精朗奇素”，無一不與畫像的精神相合，也無一不與浩然的詩境一致。總之，詩如其人，或人就是詩，再沒有比孟浩然

① 本文原載《大國民報》，此據開明版《聞一多全集·唐詩雜論》編入本編。

更具體的例證了。

張祜曾有過“襄陽屬浩然”之句，我們却要説：浩然也屬於襄陽。也許正惟浩然是屬於襄陽的，所以襄陽也屬於他。大半輩子歲月在這裏度過，大多數詩章是在這地方、因這地方、爲這地方而寫的。没有第二個襄陽人比孟浩然更忠於襄陽，更愛襄陽的。晚年漫游南北，看過多少名勝，到頭還是

山水觀形勝，襄陽美會稽。

實在襄陽的人杰地靈，恐怕比它的山水形勝更值得人贊美。從漢陰丈人到龐德公，多少令人神往的風流人物，我們簡直不能想像一部《襄陽耆舊傳》，對於少年的孟浩然是何等深厚的一個影響。了解了這一層，我們纔可以認識孟浩然的人，孟浩然的詩。

隱居本是那時代普遍的傾向，但在旁人僅僅是一個期望，至多也衹是點暫時的調濟，或過期的賠償，在孟浩然却是一個完完整整的事實。在構成這事實的複雜因素中，家鄉的歷史地理背景，我想，是很重要的一點。

在一個亂世，例如龐德公的時代，對於某種特别性格的人，入山采藥，一去不返，本是唯一的出路。但生在“開元全盛日”的孟浩然，有那必要嗎？然則爲什麽三番兩次朋友們伸過援引的手來，都被拒絶，甚至最後和本州采訪使韓朝宗約好了一同入京，到頭還是喝得酩酊大醉，讓韓公等煩了，一賭氣獨自先走了呢？正如當時許多有隱士傾向的讀書人，孟浩然原來是爲隱居而隱居，爲着一個浪漫的理想，爲着對古人的一個神聖的默契而隱居。在他這回，無疑的那成爲默契的對象便是龐德公。孟浩然當然不能爲韓朝宗背棄龐公。鹿門山不許他，他自己家園所在，也就是“龐公栖隱處”的鹿門山，决不許他那樣做。

鹿門月照開烟樹，忽到龐公栖隱處，岩扉松徑長寂寥，惟有幽人自來去。

這幽人究竟是誰?龐公的精靈，還是詩人自己?恐怕那時他自己也分辨不出，因爲心理上他早與那位先賢同體化了。歷史的龐德公給了他啓示，地理的鹿門山給了他方便，這兩項重要條件具備了，隱居的事實便容易完成得多了。實在，鹿門山的家園早已使隱居成爲既成事實，衹要念頭一轉，承認自己是龐公的繼承人，此身便儼然是《高士傳》中的人物了。總之，是襄陽的歷史地理環境促成孟浩然一生老於布衣的。蓋浩然，畢竟是襄陽的孟浩然。

我們似乎爲奬勵人性中的矛盾，以保證生活的豐富，幾千年來，一直讓儒道兩派思想維持着均勢，於是讀書人便永遠在一種心靈的僵局中折磨自己，巢、由與伊、皋，江湖與魏闕，永遠矛盾着，衝突着，於是生活便永遠不諧調，而文藝也便永遠不缺少題材。矛盾是常態，愈矛盾則愈常態。今天是伊、皋，明天是巢、由，後天又是伊、皋，這是行爲的矛盾。當巢、由時向往着伊、皋，當了伊、皋，又不能忘懷於巢、由，這是行爲與感情間的矛盾。在這雙重矛盾的夾纏中打轉，是當時一般的現象。反正用詩一發泄，任何矛盾都注銷了。詩是唐人排解感情糾葛的特效劑，説不定他們正因有詩作保障，纔敢於放心大膽的製造矛盾，因而那時代的矛盾人格纔特别多。自然，反過來説，矛盾愈深愈多，詩的産量也愈大了。孟浩然一生没有功名，除在張九齡的荆州幕中當過一度清客外，也没有半個官職，自然不會發生第一項矛盾問題。但這似乎就是他的一貫性的最高限度。因爲雖然身在江湖，他的心并没有完全忘記魏闕。下面不過是許多顯明例證中之一:

欲濟無舟楫，端居耻聖明，坐觀垂釣者，徒有羡魚情。

然而“羡魚”畢竟是人情所難免的，能始終僅僅“臨淵羡魚”，而并不“退而結網”，實在已經是難得的一貫了。聽李白這番熱情的贊嘆，便知道孟浩然超出他的時代多麽遠:

吾愛孟夫子，風流天下聞，紅顏棄軒冕，白首卧松雲，醉月頻中聖，迷花不事君，高山安可仰，徒此挹清芬。

可是我們不要忘記矛盾與詩的因果關係，許多詩是爲給生活的矛盾求統一、求調和而産生的。孟浩然既免除了一部分矛盾，對於他，詩的需要便當減少了。果然，他的詩是不多，量不多，質也不多。量不多，有他的同時人作見證，杜甫講過的："吾憐孟浩然……賦詩雖不多，往往凌鮑、謝。"質不多，前人似乎也早已見到。蘇軾曾經批評他"韻高而才短，如造内法酒手，而無材料"。這話誠如張戒在《歲寒堂詩話》裏所承認的，是説盡了孟浩然，但也要看才字如何解釋。才如果是指才情與才學二者而言，那就對了，如果專指才學，還算没有説盡。情當然比學重要得多。説一個人的詩缺少情的深度和厚度，等於説他的詩的質不够高。孟浩然詩中質高的有是有些，數量總是太少。"氣蒸雲夢澤，波撼岳陽城"式的和"微雲淡河漢，疏雨滴梧桐"式的句子，在集中幾乎都找不出第二個例子。論前者，質和量當然都不如杜甫，論後者，至少在量上不如王維。甚至"不材明主棄，多病故人疏"，質量都不如劉長卿和十才子。這些都不是真正的孟浩然。真孟浩然不是將詩緊緊的築在一聯或一句裏，而是將它沖淡了，平均的分散在全篇中，

出谷未停午，到家日已曛。回瞻下山路，但見牛羊群。樵子暗相失，草蟲寒不聞。衡門猶未掩，佇立望夫君。

甚至淡到令你疑心到底有詩没有。

垂釣坐盤石，水清心亦閑。魚行潭樹下，猿挂鳥藤間。游女昔解佩，傳聞於此山，求之不可得，沿月棹歌還。

淡到看不見詩了，纔是真正孟浩然的詩，不，説是孟浩然的詩，倒不如説是詩的孟浩然，更爲準確。在許多旁人，詩是人的精華，在孟浩然，詩縱非人的糟粕，也是人的剩餘。在最後這首詩裏，孟浩然幾曾做過詩？他衹是談話而已。甚至要緊的還不是那些話，而是談話人的那副“風神散朗”的姿態。讀到“求之不可得，沿月棹歌還”，我們得到一如張洎從畫像所得到的印象，“風儀落落，凛然如生”。得到了象，便可以忘言，得到了“詩的孟浩然”便可以忘掉“孟浩然的詩”了。這是我們前面所提到的“詩如其人”或“人就是詩”的另一解釋。

超過了詩也好，够不上詩也好，任憑你從環子的哪一點看起。反正除了孟浩然，古今并没有第二個詩人到過這境界。東坡説他没有才，東坡自己的毛病，就在才太多。

> 莊子笑曰：“周將處乎材與不材之間。材與不材之間，似之而非也，故未免乎累。”

誰能了解莊子的道理，就能了解孟浩然的詩，當然也得承認那點“累”。至於“似之而非”，而又能“免乎累”，那除陶淵明，還有誰呢？①

① 發表稿文末附作者手書：蘇軾《書黄子思詩集後》：“蘇、李之天成，曹、劉之自得，陶、謝之超然，蓋亦至矣。而李太白、杜子美以英瑋絶世之姿，凌跨百代，古今詩人盡廢。然魏晋以來高風絶塵，亦少衰矣。”

賈　　島[1]

（七七九—八四三）

這像是元和、長慶間詩壇動態中的三個較有力的新趨勢。這邊老年的孟郊，正哼着他那沙澀而帶芒刺感的五古，惡毒的咒駡世道人心，夾在咒駡聲中的，是盧仝、劉叉的“插科打諢”，和韓愈的宏亮的嗓音，向佛、老挑釁。那邊元稹、張籍、王建等，在白居易的改良社會的大纛下，用律動的樂府調子，對社會泣訴着他們那各階層中病態的小悲劇。同時遠遠的，在古老的禪房或一個小縣的廨署裏，賈島、姚合領着一群青年人做詩，爲各人自己的出路，也爲着癖好，做一種陰黯情調的五言律詩。（陰黯由於癖好，五律爲着出路。）

老年中年人忙着挽救人心，改良社會，青年人反不聞不問，衹顧躲在幽静的角落裏做詩，這現象現在看來不免新奇，其實正是舊中國傳統社會制度下的正常狀態。不像前兩種人，或已“成名”，或已通籍，在權位上有説話做事的機會和責任，這般没功名，没宦籍的青年人，在地位上職業上可説尚在“未成年”時期，種種對國家社會的崇高責任是落不到他們肩上的。越俎代庖的行爲是情勢所不許的，所以恐怕誰也没想到那頭上來。有抱負也好，没有也好，一個讀書人生在那時代，總得做詩。做詩纔有希望爬過第一層進身的階梯。詩做到合乎某種程式，如其時運也湊巧，果然混得一“第”，到那時，至少在理論上你纔算在社會中“成年”了，纔有説話做事的資格。否則萬一你的詩做得不及或超過

① 本文原載昆明《中央日報·文藝》第18期，發表後作者有所改動，此據開明版《聞一多全集·唐詩雜論》及修改稿編入本編。

了程式的嚴限，或詩無問題而時運不濟，那你衹好做一輩子的詩，爲責任做詩以自課，爲情緒做詩以自遣。賈島便是在這古怪制度之下被犧牲，也被玉成了的一個。在這種情形下，你若還怪他没有服膺孟郊到底，或加入白居易的集團，那你也可算不識時務了。

賈島和他的徒衆，爲什麽在别人忙着救世時，自己衹顧做詩，我們已經明白了，但爲什麽單做五律呢？這也許得再説明一下。孟郊等爲便於發議論而做五古，白居易等爲講故事而做樂府，都是爲了各自特殊的目的，在當時習慣以外，匠心的采取了各自特殊的工具。賈島一派人則没有那必要。爲他們起見，當時最通行的體裁——五律就够了。一則五律與五言八韻的試帖最近，做五律即等於做功課，二則爲拈拾點景物來烘托出一種情調，五律也正是一種標準形式。然而做詩爲什麽老是那一套陰霾、凛冽、峭硬的情調呢？我們在上文説那是由於癖好，但癖好又是如何形成的呢？這點似乎尤其重要。如果再明白了這點，便明白了整個的賈島。

我們該記得賈島曾經一度是僧無本。我們若承認一個人前半輩子的蒲團生涯，不能因一旦返俗，便與他後半輩子完全無關，則現在的賈島，形貌上雖是個儒生，骨子裏恐怕還有個釋子在。所以一切屬於人生背面的、消極的、與常情背道而馳的趣味，都可溯源到早年在禪房中的教育背景。早年記憶中，

坐學白骨塔，

或

三更兩鬢幾枝雪，一念雙峰四祖心

的禪味，不但是

獨行潭底影，數息樹邊身
……
月落看心次，雲生閉目中

一類詩境的藍本，而且是

瀑布五千仞，草堂瀑布邊
……
孤鴻來夜半，積雪在諸峰

甚至

怪禽啼曠野，落日恐行人

的淵源。他目前那時代——一個走上了末路的、荒凉、寂寞、空虛，一切罩在一層鉛灰色調中的時代，在某種意義上與他早年記憶中的情調是調和，甚至一致的。惟其這時代的一般情調，基於他早年的經驗，可説是先天的與他不但面熟，而且知心，所以他對於時代，不至如孟郊那樣憤恨，或白居易那樣悲傷，反之，他却能立於一種超然地位，藉此温尋他的記憶，端詳它，摩挲它，仿佛一件失而復得的心愛的什物樣。早年的經驗使他在那荒凉得幾乎獰惡的“時代相”前面，不變色，也不傷心，衹感着一種親切、融洽而已。於是他愛静，愛瘦，愛冷，也愛這些情調的象徵——鶴、石、冰雪。黄昏與秋是傳統詩人的時間與季候，但他愛深夜過於黄昏，愛冬過於秋。他甚至愛貧、病、醜和恐怖。他看不出

鸜鵒驚寒夜唤人

句一定比

山雨滴栖鵶

更足以令人關懷，也不覺得

牛羊識僮僕，既夕應傳呼

較之

歸吏封宵鑰，行蛇入古桐

更爲自然。也不能説他愛這些東西。如果是愛，那便太執着而鄰於病態了。（由於早年禪院的教育，不執着的道理應是他早已懂透了的。）他衹覺得與它們臭味相投罷了。更説不上好奇。他實在因爲那些東西太不奇，太平易近人，纔覺得它們“可人”，而喜歡常常注視它們。如同一個三棱鏡，毫無主見的準備接受并解析日光中各種層次的色調，無奈“世紀末”的雲翳總不給他放晴，因此他最熱鬧的色調也不過

杏園啼百舌，誰醉在花傍！

……

身事豈能遂？蘭花又已開

和

柳轉斜陽過水來

之類。常常是温馨與淒清揉合在一起，

蘆葦聲兼雨，芰荷香繞燈，

春意留戀在嚴冬的邊緣上，

舊房山雪在，春草岳陽生。

他瞥見的“月影”偏偏不在花上而在“蒲根”，“栖鳥”不在綠楊中而在“棕花上”。是點荒凉感，就逃不脱他的注意，那怕瑣屑到

濕苔粘樹瘿。

以上這些趣味，誠然過去的詩人也偶爾觸及到，却没有如今這樣大量的、徹底的被發掘過，花樣、層次也没有這樣豐富。我們簡直無法想象他給與當時人的，是如何深刻的一個刺激。不，不是刺激，是一種酣暢的滿足。初唐的華貴，盛唐的壯麗，以及最近十才子的秀媚，都已膩味了，而且容易引起一種幻滅感。他們需要一點清凉，甚至一點酸澀來换换口味。在多年的熱情與感傷中，他們的感情也疲乏了。現在他們要休息。他們所熟習的禪宗與老莊思想也這樣開導他們。孟郊、白居易鼓勵他們再前進。眼看見前進也是枉然，不要説他們早已聲嘶力竭。况且有時在理論上就釋、道二家的立場説，他們還覺得“退”纔是正當辦法。正在苦悶中，賈島來了，他們得救了，他們驚喜得像發現了一個新天地，真的，這整個人生的半面，猶如一日之中有夜，四時中有秋冬，——爲什麽老被保留着不許窺探？這裏確乎是一個理想的休息場所，讓感情與思想都睡去，衹感官張着眼睛往有清凉色調的地帶涉獵去。

叩齒坐明月，搘頤望白雲，

休息又休息。對了，惟有休息可以驅除疲憊，恢復氣力，以便應付下一場的緊張。休息，這政治思想中的老方案，在文藝態度上可説是第一次被賈島發現的。這發現的重要性可由它在當時及以後的勢力中窺見。由晚唐到五代，學賈島的詩人不是數字可以計算的，除極少數鮮明的例外，是向着詞的意境與詞藻移動的，其餘一般的詩人大衆，也就是大衆的詩人，則全屬於賈島。從這觀點看，我們不妨稱晚唐五代爲賈島的時代。[①] 他居然被崇拜到這地步：

> 李洞……酷慕賈長江，遂銅寫島像，戴之巾中，常持數珠念賈島佛。人有喜賈島詩者，洞必手録島詩贈之，叮嚀再四曰："此無异佛經，歸焚香拜之。"（《唐才子傳》九）
>
> 南唐孫晟……嘗畫賈島像，置於屋壁，晨夕事之。（《郡齋讀書志》十八）

上面的故事，你儘可解釋爲那時代人們的神經病的象徵，但從賈島方面看，確乎是中國詩人從未有過的榮譽，連杜甫都不曾那樣老實的被偶像化過，你甚至説晚唐五代之崇拜賈島，是他們那一個時代的偏見和衝動，但爲什麽幾乎每個朝代的末葉都有回向賈島的趨勢？宋末的四靈，明末的鍾、譚，以至清末的同光派，都是如此。不寧惟是，即宋代江西派在中國詩史上所代表的新階段，大部分不也是從賈島那份遺産中得來的贏餘嗎？可見每個在動亂中滅毁的前夕都需要休息，也都要全部的接受賈島，而在平時，也未嘗不可以部份的接受他，作爲一種調濟，賈島

① 原注：宋方岳《深雪偶談》："賈閬仙……同時喻鳧、顧非熊，繼此張喬、張蠙、李頻、劉得仁，凡晚唐諸子，皆於紙上北面，隨其所得深淺，皆足以終其身而名後世。"

畢竟不單是晚唐五代的賈島，而是唐以後各時代共同的賈島。[①]

① 修改稿眉批（“鸜鵒驚寒夜喚人”句上）：“黄鸝并坐交愁濕。”（杜甫《遣悶戲呈路十九曹長》）修改稿文末附：杜甫《月三首》：“魍魎移深樹，蝦蟆没半輪。”陸游《讀唐人愁詩戲作》：“清愁自是詩中料，向使無愁可得詩？不屬僧窗孤宿夜，即還山驛旅游時。”蘇軾《是日宿水陸寺寄北山清順僧二首》：“遥想後身窮賈島，夜寒應聳作詩肩。”章孝標《西山廣福院》：“卷簾滄海近，洗鉢白雲飛。”（學賈島）張説《岳州作》：“日昏聞怪鳥，地熱見修蛇。”杜甫《山館》：“山鬼吹燈滅，厨人夜語闌。”卞震：“雨壁長秋菌，風枝落病蟬。”（《即事》）高元矩：“硯貯寒泉碧，庭堆敗葉紅。”（《贈宣城宰》）范攄子：“閑雲生不雨，病葉落非秋。”李洞：“馬飢餐落葉，鶴病曬殘陽。”李中：“暖風醫病草，甘雨洗荒村。”于鵠：“閉門醫病鶴，倒篋養神龜。”

英譯李太白詩[1]

《李白詩集》The Works of Li Po, The Chinese Poet.

小畑薰良譯 Done into English Verse by Shigeyoshi Obata, E.P.Dutton & Co, New York City, 1922.

小畑薰良先生到了北京，更激動了我們對於他譯的《李白詩集》的興趣。這篇評論披露出來了，我希望小畑薰良先生這件慘淡經營的工作，在中國還要收到更普遍的注意，更正確的欣賞。書中雖然偶爾也短不了一些疏忽的破綻，但是大體上看起來，依然是一件很精密，很有價值的工作。如果還有些不能叫我們十分滿意的地方，那許是應該歸罪於英文和中文兩種文字的性質相差太遠了；而且我們應注意譯者是從第一種外國文字譯到第二種外國文字。打了這幾個折扣，再通盤計算起來，我們實在不能不佩服小畑薰良先生的毅力和手腕。

這一本書分成三部分：（一）李白的詩，（二）别的作家同李白唱和的詩，以及同李白有關係的詩，（三）序，傳，及參考書目。我把第一部分裏面的李白的詩，和譯者的序，都很盡心的校閱了，我得到無限的樂趣，我也發生了許多的疑竇。樂趣是應該向譯者道謝的，疑竇也不能不和他公開的商榷。

第一我覺得譯李白的詩，最要注重鑒别真僞，因爲集中有不少的“贋鼎”，有些是唐人僞造的，有些是五代中國人僞造的，有些是宋人僞造的，古來有識的學者和詩人，例如蘇軾講過《草書歌行》《悲歌行》

① 本文原載《北平晨報》副刊（1926 年 6 月 3 日），此據開明版《聞一多全集·唐詩雜論》編入本編。

《笑歌行》《姑熟十咏》都是假的；黄庭堅講過《長干行》第二首和《去婦詞》是假的；蕭士贇懷疑過的有七篇，趙翼懷疑過的有兩篇；龔自珍更説得可怕——他説李白的真詩衹有一百二十二篇，算起來全集中至少有一半是假的了。

我們現在雖不必容納龔自珍那樣極端的主張，但是講李白集中有一部分的僞作，是很靠得住的。况且李陽冰講了“當時著作，十喪其九”，劉全白又講“李君文集，家有之而無定卷”。韓愈又嘆道：“惜哉傳於今，泰山一毫芒。”這三個人之中，陽冰是太白的族叔，不用講了。劉全白，韓愈都離着太白的時代很近，他們的話應當都是可靠的。但是關於鑒别真僞的一點，譯者顯然没有留意。例如《長干行》第二首，他便選進去了。鑒别的功夫，在研究文藝，已然是不可少的，在介紹文藝，尤其不可忽略。不知道譯者可承認這一點？

再退一步説，我們若不肯斷定某一首詩是真的，某一首是假的，至少好壞要分一分。我們若是認定了某一首是壞詩，就拿壞詩的罪名來淘汰它，也未嘗不可以。尤其像李太白這樣一位專仗着靈感作詩的詩人，粗率的作品，準是少不了的。所以選詩的人，從嚴一點，總不會出錯兒。依我的見解，《王昭君》《襄陽曲》《沐浴子》《别内赴征》《贈内》《巴女詞》，還有那證明李太白是日本人的朋友的《哭晁卿衡》一類的作品，都可以不必翻譯。至於《行路難》《餞别校書叔雲》《襄陽歌》《扶風豪士歌》《西岳雲臺歌》《鳴皋歌》《日出入行》等等的大作品，都應該入選，反而都落選了。這不知道譯者是用的一種什麽標準去選的，也不知道選擇的觀念到底來過他腦筋裏没有。

太白最擅場的作品是樂府歌行，而樂府歌行用自由體譯起來，又最能得到滿意的結果。所以多譯些《蜀道難》《夢游天姥吟留别》一類的詩，對於李太白既公道，在譯者也最合算。太白在絶句同五律上固然也有他的長處，但是太白的長處正是譯者的難關。李太白本是古詩和近體中間的一個關鍵。他的五律可以説是古詩的靈魂蒙着近體的軀殻，帶着近體的藻飾。形式上的穠麗許是可以譯的，氣勢上的渾璞可没法子譯了。但是去掉了氣勢，又等於去掉了李太白。“我來竟何事，高卧沙丘城？城邊有古樹，日夕連秋聲……”這是何等的氣勢，何等古樸的氣勢！你看譯到英文，成了什麼樣子？

Why have I come hither，after all？
  Solitude is my lot at Sand Hill city
There are old trees by the city wall
  And many voices of autumn，day and night.

這還算好的，再看下面的，誰知道那幾行字就是譯的“人烟寒橘柚，秋色老梧桐”。

The smoke from the cottages curls
  Up around the citron trees，
And the hues of late autumn are
  On the green paulownias.

這到底是怎麼一回事？怎麼中文的“渾金璞玉”，移到英文裏來，就變成這樣的淺薄，這樣的庸瑣？我説這毛病不在譯者的手腕，是在他的眼光，就像這一類渾然天成的名句，它的好處太玄妙了，太精微了，是禁不起翻譯的。你定要翻譯它，衹有把它毁了完事！譬如一朵五色的靈芝，長在龍爪似的老松根上，你一眼瞥見了，很小心的把它采了下來，供在你的瓶子裏，這一下可糟了！從前的瑞彩，從前的仙氣，於今都變成了又乾又癟的黑菌。你搔着頭，衹着急你供養的方法不對。其實不然，壓根兒你就不該采它下來，采它就是毁它，“美”是碰不得的，一粘手它就毁了，太白的五律是這樣的，太白的絶句也是這樣的。

峨眉山月半輪秋，影入平羌江水流。夜發青溪向三峽，思君不見下渝州。

The autumn moon is half round above Omei Mountain;

Its pale light falls in and flows with the water of the Pingchang River.

In-night I leave Chingchi of the limpid stream for the Three Canyons,

And glides down past Yuchow, thinking of you whom I can not see.

在詩後面譯者聲明了，這首詩譯得太對不起原作了。其實他應該道歉的還多着，豈衹這一首嗎？并且《静夜思》《玉階怨》《秋浦歌》《贈汪倫》《山中答問》《清平調》《黄鶴樓送孟浩然之廣陵》一類的絶句，恐怕不衹小畑薰良先生，實在什麽人譯完了，都短不了要道歉的。所以要省了道歉的麻煩，這種詩還是少譯的好。

我講到了用自由體譯樂府歌行最能得到滿意的結果。這個結論是看了好幾種用自由體的英譯本得來的。讀者衹要看小畑薰良先生的《蜀道難》便知道了。因爲自由體和長短句的樂府歌行，在體裁上相差不遠；所以在求文字的達意之外，譯者還有餘力可以進一步去求音節的仿佛。例如篇中幾句"蜀道之難難於上青天"，是全篇音節的鎖鑰，是很重要的。譯作"The road to Shu is more difficult to climb than to climb the steep blue heaven"，兩個（climb）在一句的中間作一種頓挫，正和兩個"難"字的功效一樣的；最巧的"難"同"climb"的聲音也差不多，又如"上有六龍回日之高標；下有衝波逆折之洄川"譯作：

Lo, the road mark high above, where the six dragons circle the sun!

The stream far below, winding forth and winding back, breaks into foam.

這裏的節奏也幾乎是原詩的節奏了。在字句的結構和音節的調度上，本來算韋雷（Arthur Waley）最講究。小畑薰良先生在《蜀道難》《江上吟》《遠别離》《北風行》《廬山謡》幾首詩裏，對於這兩層也不含糊。如果小畑薰良同韋雷注重的是詩裏的音樂，陸威爾（Amy Luwell）注重的便是詩裏的繪畫。陸威爾是一個 imagist，字句的色彩當然最先引起她的注意。衹可惜李太白不是一個雕琢字句，刻畫詞藻的詩人，跌宕的氣勢——排奡的音節是他的主要的特性。所以譯太白與其注重詞藻，不如講究音節了。陸威爾不及小畑薰良衹因爲這一點；小畑薰良又似乎不及韋雷，也是因爲這一點。中國的文字，尤其中國詩的文字，是一種緊湊非常——緊湊到了最高限度的文字。像"鷄聲茅店月，人迹板橋霜"，這種句子連個形容詞動詞都没有了；不用説那"尸位素餐"的前置詞、連讀詞等等的。這種詩意的美，完全是靠"句法"表現出來的。你讀這種詩仿佛是在月光底下看山水似的。一切的都冪在一層銀霧裏面，衹有隱約的形體，没有鮮明的輪廓；你的眼睛看不準一種什麽東西，但是你的想象可以告訴你無數的形體。温飛卿衹把這一個一個的字排在那裏，并不依着文法的規程替它們聯絡起來，好像新印象派的畫家，把顔色一點一點的擺在布上，他的工作完了。畫家讓顔色和顔色自己去互相融洽，互相輝映——詩人也讓字和字自己去互相融洽，互相輝映。這樣得來的效力準是特别的豐富。但是這樣一來中國詩更不能譯了。豈衹不能用英文譯？你就用中國的語體文來試試，看你會不會把原詩鬧得一團糟？就講"峨眉山月半輪秋"，據小畑薰良先生的譯文（參看前面），把那兩個 the 一個 is 一個 above 去掉了，就不成英文，不去，又不是李太白的詩了。不過既要譯詩，衹好在不可能的範圍裏找出個可能來。那麽唯一的辦法衹是能够不增減原詩的字數，便不增減，能够不移動原詩字句的次序，便不移動。小畑薰良先生關於這一點，確乎没有韋雷細心。那可要可不要的 and，though，while……小畑薰良先生隨便就拉來嵌在句子裏了。他并且憑空加上一整句，憑空又給拉下一句。例如《烏夜啼》末尾加了一句 for whom I wonder 是毫無必要的。《送汪倫》中間插上一句 It was you and your friends come to bid me farewell 簡直是畫蛇添足。并且譯者怎樣知道給李太白送行的，不衹汪倫一個人，還有“your friends”呢？李太白并没有告訴我們這一層。《經亂離後天恩流夜郎憶舊游書懷贈江夏韋太守良宰》裏有兩句“江帶峨眉雪，横穿三峽流”，他衹譯作 And lo, the river swelling with the tides of Three Canyong.

試問“江帶峨眉雪”的“江”字底下的四個字，怎麽能删得掉呢？同一首詩裏，他還把“君登鳳池去，勿棄賈生才”十個字整個兒給拉下來了。這十個字是一個獨立的意思，没有同上下文重複。我想定不是譯者存心删去的，不過一時眼花了，給看漏了罷了。（這是集中最長的一首詩；詩長了，看漏兩句準是可能的事。）可惜的衹是這兩句實在是太白作這一首詩的動機。太白這時貶居在夜郎，正在想法子求人援助。這回他又請求韋太守“勿棄賈生才”。小畑薰良先生偏把他的真正意思給漏掉了；我怕太白知道了，許有點不願意罷？

譯者還有一個地方太濫用他的自由了。一首絶句的要害就在三、四兩句。對於這兩句，譯者應當格外小心，不要損傷了原作的意味。但是小畑薰良先生常常把它們的次序顛倒過來了。結果，不用説了，英文也許很流利，但是李太白又給擠掉了。談到這裏，我覺得小畑薰良先生的毛病，恐怕根本就在太用心寫英文了。死氣板臉的把英文寫得和英、美人寫的一樣，到頭讀者也衹看見英文，看不見别的了。

雖然小畑薰良先生這一本譯詩，看來是一件很細心的工作，但是荒謬的錯誤依然不少。現在衹稍微舉幾個例子。“石徑”决不當譯作 stony wall，“章臺走馬著金鞭”的“著”决不當譯作 lightly carried，“風流”决不能譯作 wind and stream，“燕山雪花大如席”的“席”也决不能譯作 pillow，“青春幾何時”怎能譯作 Green Spring and what time 呢？揚州的“揚”從“手”，不是楊柳的“楊”。但是他把揚州譯成了 willow valley。《月下獨酌》裏“聖賢既已飲”譯作 Both the sages and the wise were drunkers 錯了。應該依韋雷的譯法——of saint and sage I have long quaffed deep 纔對了。考證不正確的例子也有幾個。“借問盧耽鶴”，盧是姓，耽是名字，譯者把“耽鶴”兩個字當作名字了。紫微本是星的名字。紫微宮就是未央宮，不能譯爲 imperial palace of purple。鬱金本是一種草，用鬱金的汁水釀成的酒名鬱金香。所以“蘭陵美酒鬱金香”譯作 The delicious wine of Lanling is of golden hue and flavorous，也不妥當。但是，最大的笑話恐怕是《白紵辭》了。這個錯兒同 Ezra Pound 的錯兒差不多。Pound 把兩首詩摶作一首，把第二首的題目也給摶到正文裏去了。小畑薰良先生把第二首詩的第一句割了來，硬接在第一首的尾巴上。

我雖然把小畑薰良先生的錯兒整套的都給搬出來了，但是我希望讀者不要誤會我衹看見小畑薰良先生的錯處，不看見他的好處。開章明義我就講了這本翻譯大體上看來是一件很精密，很有價值的工作。一件翻譯的作品，也許旁人都以爲很好，可是叫原著的作者看了，準是不滿意的，叫作者本國的看了，滿意的許有，但是一定不多。Fitzgerald 譯的 Rubaiyat 在英文讀者的眼裏，不成問題，是譯品中的杰作，如果讓一個波斯人看了，也許就要摇頭了。再要讓莪默自己看了，定要跳起來嚷道：“牛頭不對馬嘴！”但是翻譯當然不是爲原著的作者看的，也不是爲懂原著的人看的，翻譯畢竟是翻譯，同原著當然是没有比較的。一件譯品要在懂原著的人面前討好，是不可能的，也是没有必要的。假使小畑薰良先生的這一個譯本放在我眼前，我馬上就看出了這許多的破綻來，那我不過是同一般懂原文的人一樣的不近人情。我盼望讀者——特別是英文讀者不要上了我的當。

翻譯中國詩在西方是一件新的工作。(最早的英譯在一八八八年)用自由體譯中國詩，年代尤其晚。據我所知道的，小畑薰良先生是第四個人用自由體譯中國詩。所以這種工作還在嘗試期中。在嘗試期中，我們不應當期望絶對的成功，衹能講相對的滿意。可惜限於篇幅，我不能把韋雷、陸威爾的譯本録一點下來，同小畑薰良先生的作一個比較。因爲要這樣我們纔能知道小畑薰良先生的翻譯同陸威爾比，要高明得多，同韋雷比，超過這位英國人的地方也不少。這樣講來，小畑薰良先生譯的《李白詩集》在同類性質的譯本裏，所占的位置很高了。再想起他是從第一種外國文字譯到第二種外國文字，那麼他的成績更有叫人欽佩的價值了。

杜　　甫[1]

引　言

明吕坤曰："史在天地，如形之景。人皆思其高曾也，皆願睹其景。至於文儒之士，其思書契以降之古人，盡若是已矣。"數千年來的祖宗，我們聽見過他們的名字，他們生平的梗概，我們仿佛也知道一點，但是他們的容貌、聲音，他們的性情、思想，他們心靈中的種種隱秘——歡樂和悲哀，神聖的企望，莊嚴的憤慨，以及可笑亦復可愛的弱點或怪癖……我們全是茫然。我們要追念，追念的對象在哪裏？要仰慕，仰慕的目標是什麽？要崇拜，向誰施禮？假如我們是肖子肖孫，我們該怎樣的悲慟，怎樣的心焦！

看不見祖宗的肖像，便將夢魂中迷離恍惚的，捕風捉影，摹擬出來，聊當瞻拜的對象——那也是没有辦法的慰情的辦法。我給詩人杜甫繪這幅小照，是不自量，是瀆褻神聖，我都承認。因此工作開始了，馬上又擱下了。一擱擱了三年，依然死不下心去，還要賡續，不爲别的，衹還是不奈何那一點"思其高曾，願睹其景"的苦衷罷了。

像我這回捐起的工作，本來應該包括兩層步驟，第一是分析，第二是綜合。近來某某考證，某某研究，分析的工作作的不少了；關於杜甫，這類的工作，據我知道的却没有十分特出的成績。我自己在這裏偶爾雖有些零星的補充，但是，我承認，也不是什麽大發現。我這次簡直

① 本文未完，原載《新月》第1卷第6期（1928年8月10日），此據開明版《聞一多全集·唐詩雜論》編入本編。

是跳過了第一步，來徑直做第二步；這樣作法，是不會有好結果的，自己也明白。好在這衹是初稿，衹要那“思其高曾，願睹其景”的心情不變，永遠那樣的策勵我，橫豎以後還可以隨時搜羅，隨時拼補。目下我决不敢説，這是真正的杜甫，我衹説是我個人想象中的“詩聖”。

我們的生活如今真是太放縱了，太誇妄了，太杳小了，太齷齪了。因此我不能忘記杜甫；有個時期，華茨華斯也不能忘記彌爾敦，他喊——

Milton！ thou shouldst be living at this hour：
England hath need of thee：she is a fen
Of stagnant waters：alter，sword，and pen，
Fireside，the heroic wealth of hall and bower，
Have forfeited their ancient English dower
Of inward happiness，we are selfish men：
O raise us up，return to us again；
And give us manners，virtue，freedom power.

（一）

當中一個雄壯的女子跳舞。四面圍滿了人山人海的看客。内中有一個四齡童子，許是騎在爸爸肩上，歪着小脖子，看那舞女的手脚和丈長的彩帛漸漸摇起花來了，看着，看着，他也不覺眉飛目舞，仿佛很能領略其間的妙緒。他是從鞏縣特地趕到郾城來看跳舞的。這一回經驗定給了他很深的印象。下面一段是他幾十年後的回憶：

燿如羿射九日落，矯如群帝驂龍翔。來如雷霆收震怒，罷如江海凝清光。

舞女是當代名滿天下的公孫大娘。四歲的看客後來便成爲中國有史以來第一個大詩人，四千年文化中最莊嚴、最瑰麗、最永久的一道光彩。四歲時看的東西，過了五十多年，還能留下那樣活躍的印象，公孫大娘的藝術之神妙，可以想見，然而小看客的感受力，也就非凡了。

杜甫，字子美；生於唐睿宗先天元年（七一二）；原籍襄陽，曾祖依藝作河南鞏縣縣令，便在鞏縣住家了。子美幼時的事迹，我們不大知道。我們知道的，是他母親死得早，他小時是寄養在姑母家裏。他自小就多病。有一天可叫姑母爲難了。兒子和侄兒都病着，據女巫説，要病好，病人非睡在東南角的床上不可；但是東南角的床鋪衹有一張，病人却有兩個。老太太居然下了决心，把侄兒安頓在吉利的地方，叫自家的兒子填了侄兒的空子。想不到决心下了，結果就來了。子美長大了，聽見老家人講姑母如何讓表兄給他替了死，他一輩子覺得對不起姑母。

早慧不算希奇；早慧的詩人尤其多着。衹怕很少的詩人開筆開得像我們詩人那樣有重大的意義。子美第一次破口歌頌的，不是什麽凡物。這“七齡思即壯，開口咏鳳凰”的小詩人，可以説，咏的便是他自己。禽族裏再没有比鳳凰善鳴的，詩國裏也没有比杜甫更會唱的。鳳凰是禽中之王，杜甫是詩中之聖，咏鳳凰簡直是詩人自占的預言。從此以後，他便常常以鳳凰自比；（《鳳凰臺》《赤鳳行》便是最明白的表示。）這種比擬，從現今這開明的時代看去，倒有一種特别恰當的地方。因爲談論到這偉大的人格，偉大的天才，誰不感覺尋常文字的無效？不，無效的還不衹文字，你衹顧嘔盡心血來懸擬、揣測，總歸是隔膜，那超人的靈府中的秘密，他的心情，他的思路，像宇宙的謎語一樣，决不是尋常的腦筋所能猜透的。你衹懂得你能懂的東西；因此，談到杜甫，衹好拿不可思議的比不可思議的。鳳凰你知道是神話，是子虚，是不可能。可是杜甫那偉大的人格，偉大的天才，你定神一想，可不是太偉大了，偉大得可疑嗎？上下數千年没有第二個杜甫，（李白有他的天才，没有他的人格，）你敢信杜甫的存在絶對可靠嗎？一切的神靈和類似神靈的人物都有人疑過，荷馬有人疑過，莎士比亞有人疑過，杜甫失了被疑的資格，祇因文獻、史迹，種種不容抵賴的鐵證，一五一十，都在我們手裏。

子美自弱冠以後，直到老死，在四方奔波的時候多，安心求學的機會很少。若不是從小用過一番苦功，這詩人的學力哪得如此的雄厚？生在書香門第，家境即使貧寒，祖藏的書籍總還够他饜飫的。從七八歲到弱冠的期間中，我們想象子美的生活，最主要的，不外作詩，作賦，讀書，寫擘窠大字……無論如何，閑游的日子總占少數。（從七歲以後，據他自稱，四十年中做了一千多首詩文；一千多首作品是要時候作的。）并且多病的身體當不起劇烈的户外生活，讀書學文便自然成了唯一的消遣。他的思想成熟得特别早，一半固由於天賦，一半大概也是孤僻的書齋生活釀成的。在書齋裏，他自有他的世界。他的世界是時間構成的；沿着時間的航綫，上下三四千年，來往的飛翔，他沿路看見的都是聖賢、豪杰、忠臣、孝子、騷人、逸士——都是魁梧奇偉、温馨凄艷的靈魂。久而久之，他定覺得那些莊嚴燦爛的姓名，和生人一般的實在，而且漸漸活現起來了，於是他看得見古人行動的姿態，聽得到古人歌哭的聲音。甚至他們還和他揖讓周旋，上下議論；他成了他們其間的一員。於是他祇覺得自己和尋常的少年不同，他幾乎是歷史中的人物，他和古人的關係比和今人的關係密切多了。他是在時間裏，不是在空間裏活着。他爲什麽不那樣想呢？這些古人不是在他心靈裏活動，血脉裏運行嗎？他的身體不是從這些古人的身體分泌出來的嗎？是的，那政事、武功、學術震耀一時的儒將杜預便是他的十三世祖；那宣言“吾文章當得屈、宋作衙官，吾筆當得王羲之北面”的著名詩人杜審言，便是他的祖父；他的叔父杜升是個爲報父仇而殺身的十三歲的孝子；他的外祖母便是張説所稱的那爲監牢中的父親“菲屨布衣，往來供饋，徒行悴色，傷動人倫”的孝女；他外祖母的兄弟崔行芳，曾經要求給二哥代死，没有詔准，就同哥哥一起就刑了，當時稱爲“死悌”。你看他自己家裏，同外家裏，事業、文章、孝行、友愛，——立德、立功、立言的人物這樣多；他翻開近代的史乘，等於翻開自己的家譜。這樣讀書，對於一個青年的身心，潛移默化的影響，定是不可限量的。難怪一般的少年，他瞧不上眼。他是一個貴族，不但在族望上，便論德行和智慧，他知道，也應該高人一等。所以他的朋友，除了書本裏的古人，就是幾個有文名的老前輩。要他同一般行輩相等的庸夫俗子混在一起，是辦不到的。看看這一段文字，便可想見當時那不可一世的氣概：

> 性豪業嗜酒，嫉惡懷剛腸；脱略小時輩，結交皆老蒼；飲酣視八極，俗物皆茫茫。

子美所以有這種抱負，不但因爲他的血緣足以使他自豪，也不僅僅是他不甘自暴自棄；這些都是片面的、次要的理由。最要緊的，是他對於自己的成功，如今確有把握了。崔尚、魏啓心一般的老前輩都比他作班固、揚雄；他自己彷彿也覺得受之無愧。十四五歲的杜二，在翰墨場中，已經是一個角色了。

這時還有一件事也可以增長一個人的興致。從小擺不脱病魔的糾纏，如今擺脱了。這件事竟許是最足令人開心的。因爲畢竟從前那種幽閉的書齋生活不大自然；衹因一個人缺欠了健康，身體失了自由，什麼都没有辦法。如今健康恢復了，有了辦法，便盡量的追回以前的積欠，當然是不妨的，簡直是應該的。譬如院子裏那幾棵棗樹，長得比什麼樹都古怪，都有精神，枝子都那樣劍拔弩張的挺着，彷彿全身都是勁。一個人如今身體强了，早起在院子裏走走，往往也覺得混身是勁，忽然看見它們那挑釁的樣子，恨不得揀一棵抱上去，和它摔一跤，决個雌雄。但是想想那舉動又未免太可笑了。最好是等八月來，棗子熟了，弟妹們衹顧要棗子吃；棗子誠然好吃，但是當哥哥的，尤其筋强力壯的哥哥，最得意的，不是吃棗子，是在那給弟妹們不斷的供應棗子的任務。用竹篙子打棗子還不算本領。哥哥有本領上樹，不信他可以試給他們看看。上樹要上到最高的枝子，又得不讓棗刺扎傷了手，脚得站穩了，還不許踩斷了樹枝；然後躲在緑葉裏，一把把的灑下來；金黄色的，朱砂色的，紅黄參半的棗子，花花剌剌的灑將下來，得讓孩子們搶都搶不贏。上樹的技術練高了，一天可以上十來次，棵棵樹都要上到。最有趣的，是在樹頂上站直了，往下一望，離天近，離地遠，一切都在脚下，呼吸也輕快了，他忍不住大笑一聲；那笑裏有妙不可言的勝利的莊嚴和愉快。便是游戲，一個人的地位也要站得超越一點，纔不愧是杜甫。

健康既經恢復了，年齡也漸漸大了，一個人不能老在家鄉守着。他得看看世界。并且單爲自己創作的前途打算，多少通都廣邑、名山大川，也不得不瞻仰瞻仰。

（二）

大約在二十歲左右，詩人便開始了他的飄流的生活。三十五以前，是快意的游覽，（仍舊用他自己的比喻，）便像羽翮初滿的雛鳳，乘着靈風，踏着彩雲，往濛濛的長空飛去，他脅下衹覺得一股輕鬆，到處有竹實，有醴泉，他的世界是清鮮，是自由，是無垠的希望，和薛雷的雲雀一般，他是

An unbodied joy whose race is just begun.

三十五以後，風漸漸尖峭了，雲漸漸惡毒了，鉛鐵的穹窿在他背上逼壓着，太陽也不見了，他在風雨雷電中挣扎，血污的翎羽在空中繽紛的旋舞，他長號，他哀呼，唱得越急切，節奏越神奇，最後聲嘶力竭，他卸下了生命，他的挫敗是勝利的挫敗，神聖的挫敗。他死了，他在人類的記憶裏永遠留下了一道不可逼視的白光；他的音樂，或沈雄，或悲壯，或凄凉，或激越，永遠、永遠是在時間裏顫動着。

子美第一次出游是到晋地的郇瑕（今山西猗氏縣），在那邊結交的人物，我們知道的，有韋之晋。此後，在三十五歲以前，曾有過兩次大舉的游歷：第一次到吴、越，第二次到齊、趙。兩度的游歷，是詩人創

作生活上最需要的兩種精粹而豐富的滋養。在家鄉，一切都是單調、平凡，青的天籠蓋着黄的地，每隔幾里路，緑楊藏着人家，白楊翳着墳地，分布得驛站似的呆板。土人的生活也和他們的背景一樣的單調。我們到過中州的人都知道那是個什麽樣的去處；大概從唐朝到現在是不會有多少進步的。從那樣的環境，一旦踏進山明水秀的江南，風流儒雅的江南，你可以想象他是怎樣的驚喜。我們還記得當時和六朝，好比今天和昨日；南朝的金粉，王、謝的風流，在那裏當然還留着够鮮明的痕迹。江南本是六朝文學總匯的中樞，他讀過鮑、謝、江、沈、陰、何的詩，如今竟親歷他們歌哭的場所，他能不感動嗎？何況重重迭迭的歷史的舞臺又在他眼前，劍池、虎丘、姑蘇臺、長洲苑、太伯的遺廟、闔閭的荒冢，以及錢塘、剡溪、鑒湖、天姥——處處都是陳迹、名勝，處處都足以促醒他的回憶，觸發他的詩懷。我們雖没有他當時紀游的作品，但是詩人的得意是可以猜到的。美中不足的衹是到了姑蘇，船也辦好了，却没有浮着海。仿佛命數注定了今番衹許他看到自然的秀麗，清新的面相；長洲的荷香，鏡湖的凉意，和明眸皓齒的耶溪女……都是他今回的眼福；但是那瑰奇雄健的自然，須得等四、五年後游齊、趙時，纔許他見面。

在叙述子美第二次出游以前，有一件事頗有可紀念的價值，雖則詩人自己并不介意。

唐代取士的方法分三種——生徒，貢舉，制舉。已經在京師各學館，或州縣各學校成業的諸生，送來尚書省受試的，名曰生徒；不從學校出身，而先在州縣受試，及第了，到尚書省應試的，名曰貢舉。以上兩種是選士的常法。此外，每多少年，天子詔行一次，以舉非常之士，便是制舉。開元二十三年（七三六）子美游吴、越回來，挾着那“氣劘屈、賈壘，目短曹、劉墻”的氣焰應貢舉，縣試成功了，在京兆尚書省一試，却失敗了。結果没有别的，衹是在够高的氣焰上又加了一層氣焰。功名的紙老虎如今被他戳穿了。果然，他想，真正的學問，真正的人才，是功名所不容的。也許這次下第，不但不能損毁，反足以抬高他的身價。可恨的許祇是落第落在名職卑微的考功郎手裏，未免叫人喪氣。當時士林反對考功郎主試的風潮醞釀得一天比一天緊，在子美“忤下考功第”的明年，果然考功郎吃了舉人的辱駡，朝廷從此便改用侍郎主試。

子美下第後八九年之間，是他平生最快意的一個時期，游歷了許多名勝，接交了許多名流。可惜那期間是他命運中的朝曦，也是夕照，那幾年的經歷是射到他生命上的最始和最末的一道金輝；因爲從那以後，世亂一天天的紛紜，詩人的生活一天天的潦倒，直到老死，永遠闖不出悲哀、恐怖和絶望的環攻。但是末路的悲劇不忙提起，我們的筆墨不妨先在歡笑的時期多留連一會兒，雖則悲慘的下文早晚是要來的。

開元二十四五年之間，子美的父親——閑——在兖州司馬任上，子美去省親，乘便游歷了兖州、齊州一帶的名勝，詩人的眼界於是更加開擴了。這地方和家鄉平原既不同，和秀麗的吴、越也兩樣。根據書卷裏的知識，他常常想見泰山的偉大和莊嚴，但是真正的岱岳，那“造化鍾神秀，陰陽割昏曉”的奇觀，他没有見過。這邊的湍流、峻嶺、豐草、長林都另有一種他最能了解，却不曾認識過的氣魄。在這裏看到的，是自然的最莊嚴的色相。唯有這邊自然的氣勢和風度最合我們詩人的脾胃，因爲所有磅礴鬱結在他胸中的，自然已經在這景物中説出了；這裏一丘一壑，一株樹，一朵雲，都能引起詩人的共鳴。他在這裏句留了多年，直變成了一個燕、趙的健兒；慷慨悲歌，沈鬱頓挫的杜甫，如今發現了他的自我。過路的人往往看見一行人馬，帶着弓箭旗槍，駕着雕鷹，牽着獵狗，望郊野奔去。内中頭戴一頂銀盔，腦後斗大一顆紅纓，全身鎧甲，跨在馬上的，便是監門冑曹蘇預（後來避諱改名源明）。在他左首并轡而行的，裝束略微平常，雙手横按着長槊，却也是英風爽爽的一個丈夫，便是詩人杜甫。兩個少年後來成了極要好的朋友。這回同着打獵的經驗，子美永遠不能忘記，後來還供給了《壯游》詩一段有聲有色的文字：

春歌叢臺上，冬獵青邱旁；呼鷹皂櫪林，逐獸雲雪崗；射飛曾縱鞚，引臂落鶖鶬。蘇侯據鞍喜，忽如携葛彊。

原來詩人也學得了一手好武藝！

這時的子美，是生命的焦點，正午的日曜，是力，是熱，是鋒稜，是奪目的光芒。他這時所咏的《房兵曹胡馬》和《畫鷹》恰好都是自身的寫照。我們不能不騰出篇幅，把兩首詩的全文録下。

胡馬大宛名，鋒稜瘦骨成，竹批雙耳峻，風入四蹄輕；所向無空闊，真堪托死生。驍騰有如此，萬里可横行。（《房兵曹胡馬》）

素練風霜起，蒼鷹畫作殊，攫身思狡兔，側目似愁胡，絛鏇光堪摘，軒楹勢可呼。何當擊凡鳥，毛血灑平蕪！（《畫鷹》）

這兩首和稍早的一首《望岳》，都是那時期裏最重要的代表作品，實在也奠定了詩人全部創作的基礎。詩人作風的傾向，似乎是專等這次游歷來發現的；齊、趙的山水，齊、趙的生活，是幾天的驕陽接二連三的逼成了詩人天才的成熟。

靈機既經觸發了，弦音也已校準了，從此輕攏慢撚，或重挑急抹，信手彈去，都是絶調。藝術一天進步一天，名聲也一天大一天。從齊、趙回來，在東都（今洛陽）住了兩三年，城南首陽山下的一座莊子，排場雖是簡陋，門前却常留着達官貴人的車轍馬迹。最有趣的是，那一天門前一陣車馬的喧聲，頓時老蒼頭跑進來報導貴人來了。子美倒屣出迎；一位道貌盎然的斑白老人向他深深一揖，自道是北海太守李邕久慕詩人的大名，特地來登門求見。北海太守登門求見，與詩人相干嗎？世俗的眼光看來，一個鄉貢落第的窮書生家裏來了這樣一位闊客人，確乎是榮譽，是發迹的吉兆。但是詩人的眼光不同。他知道的李邕，是爲追謚韋巨源事，兩次駁議太常博士李處，和聲援宋璟，彈劾謀反的張昌宗弟兄的名御史李邕——是碑版文字，散滿天下，并且爲要壓倒燕國公的

“大手筆”，幾乎犧牲了性命的李邕——是重義輕財，卑躬下士的李邕。這樣一位客人來登門求見，當然是詩人的榮譽；所以“李邕求識面”可以説是他生平最得意的一句詩。結識李邕在詩人生活中確乎要算一件有關係的事。李邕的交游極廣，聲名又大，説不定子美後來的許多朋友，例如李白、高適諸人，許是由李邕介紹的。

寫到這裏，我們該當品三通畫角，發三通擂鼓，然後提起筆來蘸飽了金墨，大書而特書。因爲我們四千年的歷史裏，除了孔子見老子（假如他們是見過面的），没有比這兩人的會面，更重大，更神聖，更可紀念的。我們再逼緊我們的想象，譬如説，青天裏太陽和月亮走碰了頭，那麽，塵世上不知要焚起多少香案，不知有多少人要望天遥拜，説是皇天的祥瑞。如今李白和杜甫——詩中的兩曜，劈面走來了，我們看去，不比那天空的异瑞一樣的神奇，一樣的有重大的意義嗎？所以假如我們有法子追究，我們定要把兩人行踪的綫索，如何拐弯抹角時合時離，如何越走越近，終於兩條路綫會合交叉了——統統都記録下來。假如關於這件事，我們能發現到一些翔實的材料，那該是文學史裏多麽浪漫的一段掌故！可惜關於李、杜初次的邂逅，我們知道的一成，不知道的九成。我們知道天寶三載三月，太白得罪了高力士，放出翰林院之後，到過洛陽一次，當時子美也在洛陽。兩位詩人初次見面，至遲是在這個當兒，至於見面時的情形，在什麽時候，什麽地方，也許是李邕的筵席上，也許是洛陽城内一家酒店裏，也許……但這都是可能範圍裏的猜想，真確的情形，恐怕是永遠的秘密。

有一件事我們却拿得穩是可靠的。子美初見太白所得的印象，和當時一般人得的，正相吻合。司馬子微一見他，稱他“有仙風道骨，可與神游八極之表”；賀知章一見，便呼他作“天上謫仙人”，子美集中第一首《贈李白》詩，滿紙都是企羡登真度此的話，假定那是第一次的邂逅，第一次的贈詩，那麽，當時子美眼中的李十二，不過一個神采趣味與常人不同，有“仙風道骨”的人，一個可與“相期拾瑶草”的侶伴，詩人的李白没有在他腦中鎸上什麽印象。到第二次贈詩，説“未就丹砂愧葛洪”，回頭就帶着譏諷的語氣問：

> 痛飲狂歌空度日，飛揚跋扈爲誰雄?

依然没有談到文字。約莫一年以後，第三次贈詩，文字談到了，也祇輕輕的兩句：“李侯有佳句，往往似陰鏗”，不是什麽了不得的恭維，可是學仙的話一概不提了。或許他們初見時，子美本就對於學仙有了興味，所以一見了“謫仙人”，便引爲同調；或許子美的學仙的觀念完全是太白的影響。無論如何，子美當時確是做過那一段夢——雖則是很短的一段；説“苦無大藥資，山林迹如掃”；説“未就丹砂愧葛洪”，起碼是半真半假的心話。東都本是商賈貴族蜂集的大城，廛市的繁華，人心的機巧，種種城市生活的罪惡，我們明明知道，已經叫子美膩煩、厭恨了；再加上當時煉藥求仙的風氣正盛，詩人自己又正在富於理想的、如火如荼的浪漫的年華中——在這種情勢下，萌生了出世的觀念，是必然的結果。祇是杜甫和李白的秉性根本不同：李白的出世，是屬於天性的，出世的根性深藏在他骨子裏，出世的風神披露在他容貌上；杜甫的出世是環境機會造成的念頭，是一時的憤慨。兩人的性格根本是衝突的。太白笑“堯舜之事不足驚”，子美始終要“致君堯舜上”。因此兩人起先雖覺得志同道合，後來子美的熱狂冷了，便漸漸覺得不獨自己起先的念頭可笑，連太白的那種態度也可笑了；臨了，念頭完全拋棄，從此絶口不提了。到不提學仙的時候，纔提到文字，也可見當初太白的詩不是不足以引起子美的傾心，實在是詩人的李白被仙人的李白掩蓋了。

東都的生活果然是不能容忍了，天寶四載夏天，詩人便取道如今開封歸德一帶，來到濟南。在這邊，他的東道主，便是北海太守李邕。他們常時集會、宴飲、賦詩；集會的地點往往在歷下亭和鵲湖邊上的新亭。在座的都是本地的或外來的名士；内中我們知道的還有李邕的從孫李之芳員外和邑人蹇處士。竟許還有高適，有李白。

是年秋天太白確乎是在濟南。當初他們兩人是否同來的，我們不曉得；我們曉得他們此刻交情確是很親密了，所謂“醉眠秋共被，携手日同行”，便是此時的情况。太白有一個朋友范十，是位隱士，住在城北的一個村子上。門前滿是酸棗樹，架上吊着碧緑的寒瓜，滃滃的白雲鎮天在古城上閑卧着——儼然是一個世外桃源；主人又殷勤；太白常常帶子美到這裏嗑酒談天。星光隱約的瓜棚底下，他們往往談到夜深人静，太白忽然對着星空出神，忽然談起從前陳留采訪使李彦如何答應他介紹給北海高天師學道籙，話説過了許久，如今李彦許早忘記了，他可是等得不耐煩了。子美聽到那類的話，衹是唯唯否否；直等話頭轉到時事上來，例如貴妃的驕奢，明皇的昏聵，以及朝裏朝外的種種險象，他的感慨纔潮水般的涌來。兩位詩人談着話，嘆着氣，主人衹顧忙着篩酒，或許他有意見不肯説出來，或許壓根兒没有意見。

唐詩要略①

初唐（六一八—七一〇）

高祖武德元年至睿宗景雲元年，凡九十二年。分前後二期，各四十六年。

一、前期（六一八—六六四），凡四十六年。起武德元年，終高宗麟德元年。

“松柏蒼然，梧竹疏秀，茶梅冷淡，荊棘針刺，樗櫟臃腫，芝菌靈异，荼蘼穠弱，鹿葱海棠繁艷，并育而同生，氣之變化然也。文固難以拘論也。故文必曰如此如此，皆拘之類也。”（李夢陽）

上官儀伏誅，政權移授武后之象徵。

新作家年齡——盧照鄰二十七，駱賓王二十四，杜審言二十，王勃十五，楊炯十四。

其它大事——玄奘卒。武后始决奏事。女主用事之始。

二、後期（六六五—七一〇），凡四十六年。起麟德二年，終睿宗景雲元年。

“自則天久視之後，中宗景龍之際，十數年間，六合清謐。内竣圖書之府，外辟修文之館，搜英獵俊，野無遺才。右職以精學爲先，大臣

---

① 本文屬提綱性質，未全部完成，此據北京圖書館所藏作者手稿照相複印件編入本編。整理時對文字順序及格式酌情略有移動。

以無文爲耻。每豫游宫觀，行幸山河[①]，白雲起而帝歌，翠華飛而臣賦。雅頌之盛，與三代同風。豈惟聖後之好文，亦云奥主之協贊者也。”（張説《唐昭容上官氏文集序》）

上官婉兒伏誅，杜審言前一年卒，宋之問後二年卒，沈佺期後三年卒。

杜甫後二年生。

其它大事——韋后弑中宗，臨朝稱制。臨淄王隆基（玄宗）定亂，睿宗即位。女主用事之終。

初唐前期——六朝之餘（政治北勝南，文藝南勝北。）

學術時期——非想象，非創作，且無思想。

注疏：

經——孔穎達等《易》《書》《詩》《禮記》《春秋左氏傳》注疏，徐彦《公羊注疏》,《穀梁》楊士勛注疏，賈公彦《周禮》《儀禮》注疏。

史——顔師古《漢書注》，章懷太子《漢書注》。

子——尹知章，成玄英。

集——李善《文選注》。

纂録：類書。

編修史書：房玄齡等《晋書》，姚思廉《梁書》《陳書》，李百藥《北齊書》，令狐德棻《周書》，魏徵《隋書》，李延壽《南史》《北史》。

文賦的時期——非詩的時期。（Prosaic age）

庸俗的内容加以奢侈的外形——暴發户。

前期詩壇主要人物：

太宗——雙層人格：

事功 = 北人

文藝 = 南人——沈力之發泄，换口味。

---

① 中華書局 1982 年影印本《全唐文》作“河山”。

（漢高祖好楚辭，吴王濞集聚南方文士，與唐太宗好江左文學如出一轍。[①]）

文學——陳後主，隋煬帝：

賦：《小池賦》："涌菱花於岸腹，擘蓮影於波心。"《小山賦》："新松[②]翠薄，桂小丹輕……纔有力以勝蝶，本無心而引鶯。半葉舒而岩暗，一花散而峰明。"

詩："古石衣新苔，新巢封古樹。"（《山閣晚秋》）

書法——學王羲之，亦南派。

虞世南（越州永興人）：

徐陵弟子——陳後主與徐陵＝唐太宗與虞世南。

書法——亦師右軍。

上官儀（陜州陝人，家於江都。）

兩個隱士——王績，王宏。

前期作品之分析：

内容[③]：

臺閣——喝采（歌功頌德）——官腔（内容空虚——鸚鵡——應制）＝凝重（沈、宋、王、楊）。

香艷——誨淫（宫體詩、《玉臺後集》）——妖態＝朗秀（張若虚、盧、駱）。

李百藥《妾薄命》："團扇秋風起，長門夜月明。羞聞拊背入，恨説舞腰輕。太常先已醉，劉君恒帶醒。横陳每虚設，吉夢竟何成。"《火鳳詞》："佳人靚晚妝，清唱動蘭房。影出含風扇，聲飛照日梁。嬌嚬眉際斂，逸韻口中香。自有横陳會，應憐秋夜長。"

其它：楊師道《初宵看婚》，鄭世翼《看新婚》，李百藥《戲贈潘徐城門迎兩新婦》，陳子良（一作陳伯材）《七夕看新婦隔巷停車》，褚亮

① 此段話原稿置諸開篇眉批處，因過於突兀，故移來此處。

② 《全唐文》作"松新"。

③ 原稿此段有眉批提及張鷟及其《游仙窟》，因字迹不清，此略。

《咏花燭》，陸敬、沈叔安、何仲宣、許敬宗《七夕賦咏成篇》，張文恭《七夕》，許敬宗《奉和七夕宴懸圃應制二首》，胡元範《和李公七夕》[①]《和長孫秘監七夕》，李義府《題美人》（即《堂堂詞》），張文恭《佳人照鏡》，鄭世翼《見佳人負錢出路》，虞世南《應詔題[②]司花女》《中婦織流黄》，陳子良《賦得妓》《酬蕭侍中春園聽妓》（此篇一作李元操詩），陳叔達（一作賈馮吉）《自君之出矣》。

長孫無忌《新曲二首》，楊師道《闕題》，謝偃《踏歌詞三首》《樂府新歌應教》，上官儀《八咏應制二首》《和太尉戲贈高陽公》《咏畫障》。

外形：

詞藻——浮華與浮腫。

音律——未純熟。

前期秀句：

虞世南《侍宴應詔賦咏[③]得前字》："横空一鳥度，照水百花然。"

褚亮《贈杜侍御》（《詩式》引）："神羊既不觸，夕鳥欲依人。"

陳子良《入蜀秋夜宿江渚》："水霧一邊起，風林兩岸秋。"《於塞北春日思歸》："爲許羈愁長下泪，那堪春色更傷心。"

楊師道《還山宅》："芳草無行徑，空山正落花。"

崔信明："楓落吴江冷。"（《舊書・文苑》本傳引）

王績——一個局外人：

（上虞羅氏唐風樓據孫星衍刻余蕭客抄宋本重刊《王無功集》三卷，補遺二卷。《舊》一九二，《新》一九六，吕才《東皋子集後序》，《唐才子傳》一，《全唐詩》二，又補遺。）

---

① 中華書局1960年版《全唐詩》卷四十五此首及下首均作任希古詩。

② 《全唐詩》卷三十六"題"作"嘲"。

③ 《全唐詩》卷三十六"咏"作"韻"。

字無功，自號東皋子，絳州龍門（今山西河津縣西二里）人，文中子通季弟。

道家：

交游——李播、吕才、崔善爲（方伎）。仲長子光（隱逸）。

著述——《老子注》,《會心高士傳》，并佚。

王度（凝）《古鏡記》。

嗜酒：

揚州六合丞——“斗酒學士”——太樂丞與焦革——杜康祠。

《酒經》《酒譜》——《醉鄉記》——《五斗先生傳》。

王氏兄弟與政治：

王凝彈侯君集忤長孫無忌。

文中子不入《隋書》。

凝私撰《隋書》，績續未成。

文：

文中子之影響。（郭紹虞《中國文學史批評史》上卷一七四——一八一）

學陶潛、庾信。

《答馮子華處士書》

秀句——“置酒燒枯葉，披書坐落花。”（《杖策尋隱士》）

王宏——一個陌生人（存詩一首）：

濟南人，工書。太宗幼與同學，嘗問爲八體書。及帝位，訪於鄉人，竟傳隱去。（見《龍城録》）

後期概論

四杰——王勃、楊炯、盧照鄰、駱賓王。
　　　　上官婉兒。
文章四友——蘇味道、李嶠、崔融、杜審言。
　　蘇李（蘇李居前，沈宋比肩）。
　　　　　劉張——劉希夷、張若虚。
沈宋——沈佺期、宋之問。
　　　　陳張——陳子昂、張九齡

潮流之分析——三大因素：

盧照鄰 駱賓王 劉希夷 張若虚	七古（七絶）	歌	興趣（少）	常理 蔣洌 張旭 王翰
王　勃 楊　炯 杜審言 沈佺期 宋之問 王無競	五律（排） （七律）	賦	格律（壯）	蘇味道　李　嶠 王　湮　郭元振 賀知章　張　説 韋　述　韋承慶 上官婉兒
薛　稷 陳子昂 張九齡	五古	文	風骨（老）	包　融 薛奇章

四杰的解放運動：

宣言——楊炯《王勃集序》："嘗以龍朔初載，文壇變體，争構纖微，競爲雕刻。糅之以金玉龍鳳，亂之以朱紫青黄，影帶以徇其功，假對以稱其美，骨氣都盡，剛健不聞。思革其弊，用光志業。……長風一振，衆萌自偃。遂使繁綜淺術，無藩籬之固；紛繪小才，失金湯之險。積年綺碎，一朝清廓，翰苑豁如，詞林增峻。反諸宏博，君之力焉，矯枉過正，文之權也。”

成功的基礎：

年少——青年的呼聲。

官小——市井俗調：宫庭官腔。

才高。

浪漫行爲——盧照鄰：《窮魚賦序》：“余曾有横事被拘，爲群小所使，將致之深議。”駱賓王《艷情代郭氏答盧照鄰》。瘋疾。自殺。

駱賓王：《舊書》本傳：“落魄無行，好與博徒游。”助徐敬業反武后（造童謡）。《蕩子從軍賦》《代女道士王靈妃贈道士李榮》《咏美人在天津橋》《憶蜀地佳人》。

王勃：爲虢州參軍時，倚才陵籍，爲僚吏共嫉。官奴曹達抵罪，匿之，又懼事泄，遂殺之以塞口。

楊炯：“麒麟楦”之謔。（見《雲仙雜記》）張説《贈别楊盈川箴》。

態度的解放：

浪漫精神仍舊——態度革新：

英雄——市井

兒女——青年

前期人物與此精神不融洽，故失敗。四杰則放開嗓子説自家話。

方法的解放：

駢文家（享名文高於詩）。

文體較自由，便於馳騁。

詩文體别的抹殺：

駱賓王：《帝京篇》《疇昔篇》全是賦體，但皆五七言句耳。《蕩子從軍賦》中賦語僅三之一，李攀龍改爲歌行。

盧照鄰：《五悲文》：“舊鄉舊國白雲邊，飛雪飛蓬暗遠天。暫辭薊門千萬里，少别昭邱三十年。昔時人物都應謝，聞道城隍今可憐。……洛陽大道何紛紛，榮光休氣曉氤氲。交衢近接東西署，復道遥通南北軍。漢帝能拜嵩邱石，陳王巧賦洛川雲。河水河橋木蘭枻，金閨金谷石榴裙。曾入西城看歌舞，也出東郊送使君。一朝憔悴無氣力，暴骸委骨龍門側。當時相重若鴻鐘，今日相輕比蟬翼。”《長安古意》《行路難》，曲終奏雅。（詞人之賦麗以淫。）

王勃：《春思賦》。

楊炯。

學庾信：前期與後期——徐陵與庾信。劉熙載《藝概》二：“唐初四子源出子山。觀少陵《戲爲六絶句》專論四子，而第一首起句便云：‘庾信文章老更成’。有意無意之間，驪珠已得。”

解放的反應：

張説《贈太尉裴公神道碑》：“在選曹見駱賓王、盧照鄰、王勃、楊炯。評曰：炯雖有才名，不過令長，其餘華而不實，鮮克令終。”

老輩的反攻——

裴行儉答李敬玄語云：“士之致遠，先器識而後文藝。勃等雖有文才，而浮躁淺露，豈享爵禄之器耶？楊子沈静，應至令長。餘得令終爲幸。”（《舊·王勃傳》、《會要》七五、《新·裴行儉傳》）

汪師韓《詩學纂聞》：“杜集《戲爲六絶句》……次章云：‘楊王盧駱當時體，輕薄爲文哂未休。’輕薄爲文四字，乃後世哂四家之語，非指後生輩爲輕薄人也。”多案：謂當時哂四家如此。

《朝野僉載》——楊，點鬼簿：張平子之略談，陸士衡之所記，潘安仁宜其陋矣，仲長統何足知之；駱，算博士：秦地重關一百二，漢家離宫三十六……。（且論三萬六千是，寧知四十九年非。）

大衆——

説自己話，即説大衆話，故受歡迎。

楊《序》：“後進之士，翕然景慕，久倦樊籠，咸思自釋。近則面受而心服，遠則言發而響應。效之者逾於激電，傳之者速於置郵。得其片言，而忽焉高視；假其一氣，則邈矣孤騫。竊形骸者，既昭發於樞機；吸精微者，亦潛附於聲律。雖雅才之變例，誠壯思之雄宗也。”

四杰的貢獻：

紀昀曰：裝點是四杰本色，然有骨有韻，故雖沿齊梁之格，而能自爲唐世之音。

在文方面多。

在詩方面王較大，餘人則爲消極的、破壞的。

共同之點——氣勢，即自由精神，（“不廢江河萬古流。”張説曰：“楊盈川文思如懸河注水，酌之不竭。”）自動的，爲己的，真的。（送禮——自用，送人）

四杰當分兩派：

交誼：盧與駱密，王與楊密。

張説《裴公神道碑》：“在選曹見駱賓王、盧照鄰、王勃、楊炯。”

年齡懸殊——盧長王十二歲，長楊十三歲，駱長王九歲，長楊十歲。楊曰“愧在盧前，耻居王后”，蓋幼於盧，故愧在其前；與王年相若，故耻居其後。

作風差异——楊《序》：“薛令公朝右文宗，托末契而推一變；盧照鄰人間才杰，覽清規而輟九攻。”

盧、駱——歌行：滑易。往往似彈詞、俗調，（《秦婦吟》）易入俗耳。“輕薄爲文”——低級趣味。盧《長安古意》《行路難》，駱《艷情代郭氏答盧照鄰》《代女道士王靈妃贈道士李榮》。駱尤傖俗。

王、楊——五言：凝重。李商隱《漫成五章》之一：“沈宋裁辭矜變律，王楊落筆得良朋。當時自謂宗師妙，今日惟觀對屬能。”《新·文藝傳論》：“……故王、楊爲之伯。”《新書·文藝傳》：“崔融與張説評勃等曰：‘勃文章宏放，非常人所及。’”

盧照鄰

傳略：

字昇之，（作升誤）幽州范陽人——鄧王府典簽——二十九（？）調新都尉（王、楊、駱似并在蜀）——三十五六，因疾歸長安——後居東龍門山精舍，益貧病——徙陽翟具茨山下，攣廢，豫爲墓，卧其中——投潁水死，年四十。道家，《幽憂子》，事孫思邈。

評論：

病後詩不見集中。佳句似中晚人。（“風摇”二句開李賀，“城狐”二句開賈島）然有句無章，故不及王勃。才高於三家，而成就少。秀句三家所無。

《首春貽京邑文士》：“横琴答山水，披卷閲公卿。”《山莊休沐》：“川光摇水箭，山氣上雲梯。”《贈李榮道士》：“風摇十洲影，日亂九江文。”《春晚山莊率題二首》：“山水彈琴盡，風花酌酒頻。”《詩式》引佚句：“城狐尾獨束，山鬼面參覃。”

著作：

集二十卷。《幽憂子》三卷——《全唐詩》二卷，補遺一首。

《長安古意》——

梁簡文帝《烏栖曲》：“青牛丹轂七香車，可憐今夜宿倡家。倡家高樹烏欲栖，羅帷翠被任君低。”

庾信《烏夜啼》：“促柱繁弦非《子夜》，歌聲舞態异《前溪》。御史府中何處宿，洛陽城頭那得栖。彈琴蜀郡卓家女，織錦秦川竇氏妻。詎不自驚長泪落，到頭啼烏恒夜啼。”

駱賓王

傳略：

婺州義烏人——七歲咏鵝：“鵝鵝鵝，曲項向天歌。白毛浮緑水，紅掌撥清波。”——少落魄無行，好與博徒游——爲道王府屬，使自言所能，不答——麟德後宦游蜀中——武功主簿——上元中爲洮州總管裴行儉掌書記——長安主簿——侍御史，上書忤武后，繫獄——貶臨海丞——助徐敬業舉義——討武后檄——死的傳説：被害，赴水，逃逸爲僧——“靈隱賦詩”事辨妄。

著作：

集十卷（今七卷）——《百道判集》一卷——《全唐詩》三卷。

評論：

文——皇甫湜譏世人“筆語未有駱賓王一字，已駡宋玉爲罪人”。“風生曳鷺之濤……雨濕印龜之岸。”陸時雍稱爲“風味絶色”。（《蓬萊鎮》：“白鷺似江濤。”）

詩——《在獄咏蟬》不選。近俗。（“西陸蟬聲唱，南冠客思侵。那堪玄鬢影，來對白頭吟。露重飛難進，風多響易沈。無人信高潔，誰爲表余心。”）字謎——寓意——“興比説”之謬。

佳句——《冬日野望》：“故人無與晤，安步陟山椒。”——阮大鋮詩：“寒山何可陟，落葉滿空林。”

《帝京篇》《疇昔篇》。

劉希夷

傳略：

一名庭芝，汝州人（一曰字廷芝，潁川人）——上元二年擢進士第，年二十五——宋之問甥，然年長於之問——美姿容，好談笑，善彈琵琶，飲酒至數斗不醉，落魄不拘常檢——死。（《大唐新語》：“爲奸人所殺。或云宋之問害之。”《劉賓客嘉話録》正載之問殺希夷事。《舊・文苑・喬知之傳》：“志行不修，爲奸人所殺。”）

著作：

集十卷，見《新書・藝文志》《唐才子傳》。（《舊志》作三卷，誤。）詩四卷。《全唐詩》一卷。

雜論：

繼盧、駱之統系而變其體。（哀怨與古調二端是其所變。）

《大唐新語》："好爲宮體詩，詞旨悲苦，不爲時人所重。"《唐才子傳》一："特善閨帷之作，詞情哀怨，多依古調，體勢不與時合，遂不爲所重。"《舊書·文苑·喬知之傳》："善爲從軍閨情之詩，詞調哀苦，爲時人所重。"（案"爲"上疑脱"不"字）

孫昱之推揚——昱撰《正聲集》，以希夷詩爲集中之最，由是大爲時人所稱。

《代白頭吟》與宋之問的故事不實：（1）既不爲時人所重，之問何須奪之？（2）與之問派别不同，之問未必賞此。（3）借句風氣中唐時始盛。（4）因奪句不遂而殺人，不近情理。（5）説部大半不可信。（6）與靈隱續詩事同一心理，皆意在誣之問。

佳句——"魚鱗可憐紫，鴨毛自然碧。"（《秋日題汝陽潭壁》）設色自然，不假雕琢，可以作劉詩贊語。王士禎所賞。其咏竹有句云："冉冉紫雲蓋，翻翻紅鵠尾。"自謂不減劉語。然田霡句："柔藍浮野岸，澹墨上春鱗"（《漁洋詩話》引）似勝王一籌。

《公子行》全似盧、駱。

張若虚

傳略：

揚州人——官止兖州兵曹——神龍中，蘇味道、崔融、王無競卒，杜審言、沈佺期、宋之問貶，吴越諸詩人（賀知章、賀朝、萬齊融、邢巨、張旭、包融等）咸在京師，聲名籍甚——吴中四士（賀知章、包融、張旭及若虚）。

作品：

存詩二首。

《春江花月夜》——

學《西洲曲》："憶梅下西洲，折梅寄江北。單衫杏子紅，雙鬢鴉雛色。西洲在何處，兩槳橋頭渡。日暮伯勞飛，風吹烏桕樹。樹下即門前，門中露翠鈿。開門郎不至，出門采紅蓮。采蓮南塘秋，蓮花過人頭。低頭弄蓮子，蓮子青如水。置蓮懷袖中，蓮心徹底紅。憶郎郎不至，仰首望飛鴻。飛鴻滿西洲，望郎上青樓。樓高望不見，盡日欄干頭。欄干十二曲，垂手明如玉。卷簾天自高，海水摇空緑。海水夢悠悠，君愁我亦愁。南風知我意，吹夢到西洲。”（沈德潜曰：“似絶句數首，攢簇而成，樂府中又生一體。初唐張若虛、劉希夷七言古，發源於此。”又曰：“續續相生，連跗接萼，摇曳無窮，情味愈出。”案劉、張七古，不但句法似，情調尤似。）

宫體詩的頂峰：王闓運曰：孤篇横絶：遂成大家。

作於湖南：青楓浦，瀟湘。

王勃

傳略：

字子安，績之從孫——九歲作《漢書指瑕》——與兄勔、勮皆有才藻，杜易簡稱爲“王家三珠樹”——十四對策高第——十七舉幽素科——沛王府侍讀，因檄周王鷄文被斥——客劍南——虢州參軍，匿殺官奴，事發當誅，會赦，父坐貶交趾令——上元二年省父，過南昌作《滕王閣序》——渡南海，墮水死，年二十八。

“腹稿”——“心織筆耕”——勔、勮、勃、助、劼、勸皆有才名。

著作：

集三十卷。（蔣清翊《王子安集注》二十卷，羅振玉輯《王子安集佚文》一卷）《舟中纂序》五卷。（《新志》）《周易發揮》五卷。（《舊志》、楊《序》、《新志》、新舊《傳》）《次論語》十卷。（《舊傳》、《舊志》、《新志》、楊《序》）《大唐千歲曆》，卷亡。（《封氏聞見記》《舊傳》《新志》）《黄帝八十一難經注》。（楊《序》）合論十編。（楊《序》）——《全唐詩》二卷。

評論：

遺傳。

作風——

雍雅——完整（煉章不煉句）——氣（情）——"官知止而神欲行"——悲苦。

楊炯

傳略：

華陰人——伯祖虔威武德中右衛將軍——十二舉神童——崇文館學士——梓州司法參軍——盈川令，嚴酷。府舍亭臺，皆書榜額，爲之美名（好名）——倨傲（麒麟楦）——"惟子堅剛，氣陵秋霜，行不苟合，言不苟忘。"（宋之問《祭楊盈川文》）"材勿驕吝，政勿苛煩，明神是福，而小人無冤。畏其不[1]畏，存其不存。作誥兹酒，成敗之根；勒銘其口，禍福之門。"（張説《贈楊盈川炯箴》）

著作：

集三十卷。（今存十卷）《大象賦》一卷。

評論：

張説曰："楊盈川文思如懸河注水，酌之不竭。"

雄健——杜詩："或看翡翠蘭苕上，未掣鯨魚碧海中。"

王、楊——皎然《詩式》："要力全而不苦澀，要氣足而不怒張。"王力全，楊氣足，王不苦澀，楊近怒張。故楊似遜王一間。

杜審言

傳略：

字必簡，京兆人。（本集《登襄陽城》曰："旅客三秋至"，《春日

---

① 原稿"其不"二字處是以方格空出，此據中華書局影印本《全唐文》填入"其不"二字。

懷歸》曰："桑梓憶秦川"，知襄陽爲審言舊望。其居則在長安杜陵也。《唐才子傳》云"京兆人"，是也。）——進士登第——隰城（後改西河，即今山西汾陽縣治）尉——自洛陽丞貶吉州司户參軍，被周季重、郭若訥誣構繫獄。子并殺季重報仇，（年十三）審言因免官還東都——著作佐郎——膳部員外郎——坐張易之黨流峰州（在今安南北境）——越三年，歸爲國子監主簿，加修文館直學士，其年卒。

著作：

集十卷。《全唐詩》編（四十三首）詩一卷。

雜事：

狂放——試判出曰"蘇味道必死"——病中對宋之問、武平一言"造化小兒相苦"，又曰："吾在久壓公等，今且死，固大慰，但恨不見替人。"——爲崔融服緦麻。

工書翰——"吾文章當得屈、宋作衙官，吾筆當得王羲之北面。"

"文章四友"——崔、杜、蘇、李。

評論：

"言必得俊，意常通理。其含潤也，若和風欲曙，（'雲霞出海曙'，'晴光轉緑蘋'。）搖露氣於春林；其秉艷也，似凉雨半晴。（《夏日過鄭七山齋》：'日氣含殘雨。'）懸日光於秋水。衆轍同遵者擯落，群心不際者探擬。"（宋之問《祭杜審言文》）

繼王、楊而起，雄厚之中，又加深微。

宋之問

傳略：

字延清，一名少連，虢州弘農人。（故城在今河南靈寶縣南四十里。）一説汾州人。（《新書》。陳子昂《昭夷子趙氏碣》稱"西河宋之問"。案西河即今山西汾陽縣。《新書》云之問汾州人，蓋得其實。《元和姓纂》作弘農人。）——父令文文詞、書翰、勇力稱三絶，之問、之悌、之愻各得其一——之問偉儀貌，雄於辯——進士登第——洛陽參軍——後坐張易之黨貶瀧州（故城在今廣東羅定縣東一百里）參軍，逃歸洛陽，匿張仲之家。會武三思復用事，陰圖篡奪。仲之等謀殺三思，之問令人告密，因丐贖罪，擢鴻臚主簿——初事太平，及安樂用事，又事安樂。太平因發其知貢舉時贓事，貶越州長史——睿宗即位，流欽州。先天中賜死桂州——穢名：捧張易之溺器。（據《朝野僉載》記載，張岌伏薛懷義馬旁承之上鐙，郭霸嘗來俊目糞。）恐不實。（弟之愻爲三思"五狗"之一。）

"口過"事見《本事詩》。奪劉希夷句事見《劉賓客嘉話》。

著作：

集十卷，(《全唐詩》編詩三卷，補遺二首。）預修《三教珠英》。

雜事：

典選引拔多知名之士——武后游龍門，賦詩奪錦袍——工書。（韋續《續書品》真行二十二人有之問。）

評論：

張説稱其文"如良金美玉，無施不可"（見《大唐新語》）。

沈佺期

傳略：

字雲卿，相州内黄（今河南内黄縣）人——及進士第——累遷考功員外郎——坐張易之黨流驩州（在今安南北部）——稍遷台州録事參軍——神龍三年入爲起居郎——終太子少詹事。

著作：

集十卷，(《全唐詩》編詩三卷。）預修《道藏音義目録》一百十三卷。

評論：

“杜審言渾厚有餘，宋之問精工不足[①]。沈佺期吞吐含芳，安詳合度，亭亭整整，喁喁叮叮，覺其句自能言，字自能語，品之所以爲美。蘇、李法有餘閑，材之不逮遠矣。”（陸時雍《詩鏡總論》）

李嶠

字巨山，趙州贊皇（今河北贊皇縣）人——擢進士第——聖曆、長安、神龍時三入相——“文章宿老”。

集五十卷，(《全唐詩》編詩五卷)《雜咏詩》十二卷，《軍謀前鑒》十卷。

蘇味道

趙州欒城（故城在今河北欒城縣北）人——擢進士第——延載、聖曆時兩入相——或云味道刺眉，一子居焉，即東坡之遠祖——“模棱手”。

集十五卷。《全唐詩》編詩一卷（十五首）。

王無競

字仲烈，東萊（今山東掖縣）人——家足於財，負氣豪縱，與陳子昂交最厚——坐張易之黨，貶廣州，仇家矯制榜殺之。

集不傳。(《全唐詩》五首）預修《三教珠英》。

上官婉兒

祖儀。父庭芝伏誅，母鄭氏配入掖庭——忤則天，黥面——聖曆以後，參決表奏。中宗即位，命掌制命——拜昭容（皇后下有四妃，號夫人；夫人下有九嬪，昭容爲九嬪之一。），通武三思、崔湜——勸帝廣

① 中華書局 1983 年版丁福保輯《歷代詩話續編》本“足”作“乏”。

置昭文學士。薛稷、宋之問、杜審言、沈佺期、蘇頲、李嶠等咸屬焉。（大學士：李嶠、宗楚客。學士：劉憲、崔湜、岑羲、鄭愔、李適、盧藏用、李乂、劉子元、趙彦昭、蘇頲、沈佺期。直學士：薛稷、馬懷素、宋之問、武平一、杜審言。）——賜游宴，賦詩，代帝后、長寧、安樂二公主，衆篇并作。又差第群臣甲乙——帝即婉兒第宅，築園林，賜宴其間。

集二十卷，今存詩三十二首。

張説《上官昭容集序》。《新書》本傳："當時屬辭者，大抵雖浮靡，然所得皆有可觀，婉兒力也。"

張説

字道濟，一字説之。洛陽人——相玄宗——"燕公"——敦氣義，重然諾，喜延納後進。

集三十卷。（今二十五卷）《全唐詩》五卷——謫岳州後，詩益凄惋，人謂得江山之助——"燕許大手筆"（凄惋是其本色，非但謫岳州後始然）——功在提倡——《洪崖先生傳》一卷，《才命論》一卷，并佚。張九齡、王翰、韋述、孫逖、王灣，皆説所擢引。（孟浩然？）

（試帖典型之建立者[①]。）

郭元振

名震，以字行。魏州貴鄉（故城在今河北大名縣東）人——長七尺，美鬚髯，任俠使氣——進士第，通泉尉——召見，上《寶劍篇》——凉州都督——安西大都護——相睿宗、玄宗——"代公"。

集二十卷，（《全唐詩》一卷）《九諫書》一卷，又《定遠安邦策》三卷，并佚。

① 括號内文字爲原稿眉批，整理時移至此處。

韋承慶

字延休，鄭州陽武（今河南陽武縣）人——舉進士第——相武后——與弟嗣立以學行齊名。（嗣立有句云："嶺雲隨馬足，山鳥向人前。"）

集六十卷。（存詩七首）——不以詩名，而諸篇似大曆高手。

賀知章

字季真，明州鄮（故城在今浙江鄞縣南）人——晋人風度（清談、曠達）——進士第——秘書監——致仕爲道士——"四明狂客"——善書（行草）。

集卷佚，《賀秘監遺書》，馮貞群、張壽鏞同編。（在《四明叢書》内）《全唐詩》一卷。（十九首，續補一首）《會稽洞記》一卷，《入道表》一卷，《歸鄉集》（詩）一卷，并亡。

王諲

進士第——官右補闕——存詩六首。

韋述

京兆人——進士第——家藏書甚富——書府四十年，史職二十年——累遷工部尚書——陷賊，流渝州卒。

《唐春秋》三十卷，《御史臺記》十卷，《集賢注記》一卷，《集賢書目》一卷，《開元譜》二十卷，《兩京新記》五卷，《兩京道里記》三卷。集不傳。存詩四首。

薛稷

字嗣通，汾陰人。道衡曾孫，魏徵外甥——進士第——昭文館學士——終太子少保——工書畫。

集三十卷。存詩十四首，文六首。

陳子昂

傳略：

字伯玉，梓州射洪人——家富——好博弋，尚氣——買胡琴，進士第——從劉敬同征突厥——右拾遺，從武攸宜討契丹——謝病歸家，縣令段簡誣繫，死獄中，年四十二。（杜甫《送梓州李使君》：“遇害陳公殞，於今蜀道憐。君行射洪縣，爲我一潸然。”）

著作：

集十卷（《全唐詩》編詩二卷）——趙儋《碑》云有《正聲集》十卷。（趙云：“拾遺之文，四海之内家藏一本。”）

《與東方虬書》：“文章道弊五百年矣。漢魏風骨，晋宋莫傳，然而文獻有可徵者。僕嘗暇時觀齊梁間詩，彩麗競繁，而興寄都絶，每以永嘆。思古人，常恐逶迤頹靡，風雅不作，以耿耿也。”

《上薛令文章啓》：“某實鄙能，未窺作者，斐然狂簡。雖有勞人之歌，悵爾咏懷，曾無阮籍之思。徒恨迹荒淫麗，名陷俳優，長爲童子之群，無望壯夫之列。”

趙儋《旌德碑頌》自注：“嗟呼！道不可合，運不可諧，遂放言於《感遇》，亦阮公之《咏懷》。已而已而，陳公之微意在斯。”

《感遇》：“雲海方蕩譎，孤鱗安得寧。”“群物從大化，孤英將奈何。”“溟海皆震蕩，孤鳳其如何。”

批評：

《唐書》本傳贊：“薦圭璧於房闥，以脂澤污漫之。”

《四庫提要》：“譬諸蕩姬佚女，以色藝冠世，而不可以禮法繩之者也。”

盧藏用《序》：“道喪五百歲而得陳君。”

韓愈《薦士詩》："國朝盛文章，子昂始高蹈。"

杜甫《過陳拾遺故宅》："位下何足傷，所貴者聖賢。""同游英俊人，多秉輔佐權。""終古立忠義，《感遇》有遺篇。"《冬到金華山觀》："陳公讀書堂，石柱仄青苔。悲風爲我起，激烈傷雄才。"

王士禎《香祖筆記》比之揚雄，陳沆《詩比興箋》比之阮籍。

（趙執信譏王士禎語：詩特傳舍，而字句爲過客。）

王夫之《唐詩評選》："歷下謂'子昂以其古詩爲古詩，非古也'。若非古而猶然爲詩，亦何妨。風以世移，正字《感遇》詩似誦、似説、似獄詞、似講義，仍不復似詩，何有於古？故曰五言古詩自是而亡。"

李攀龍《選唐詩序》："唐無五言古詩而有其古詩。"

劉熙載《藝概》："曲江之《感遇》出於《騷》，射洪之《感遇》出於《莊》。纏綿超曠，各有獨至。"案：鍾惺曰："正字深奇，曲江淹密。"

張九齡

字子壽，韶州曲江人——進士第——開元時入相——張説所擢引，又與通譜系。

同游詩人——孟浩然、綦毋潛、王昌齡、王維、錢起、包融、盧象。

集二十卷。（《全唐詩》三卷。）

雜論——有意學陳子昂。

薛奇章（一作童）

大理司直。（見《國秀集》中）存詩七首。（内一首一作崔國輔詩。）

王翰

字子羽，并州晋陽人——進士第——張説所拔——自仙州别駕貶道州司馬，卒——豪縱——工書。

集十卷。（存詩十五首。）

盛唐（七一〇—七五五）

睿宗、玄宗兩朝，凡四十五年，自睿宗景雲元年至玄宗天寶十四載。

分三派：

（一）王維——佛，自然派。（孟浩然、儲光羲、劉眘虚、常建、綦毋潛、崔國輔、丘爲、盧象。）

（二）李白——道，縱横派。（李頎、王之涣、王昌齡、陶翰、高適、岑參、崔顥、崔曙。此派多長七言諸體。最新之發展。在時代的尖端上。音樂觀念。近自然語調。最演化的。最人性的。北方的少年精神。）

（三）杜甫——儒，社會派。（沈千運、孟雲卿、元結。）

（王、李、杜三家實不宜列入某派，以其作品方面甚多，不主一體。兹以爲三派之代表者，是就特殊點言之。）

前二派爲主潮，後一家爲前二者之反響，故其興起較晚。

張九齡被李林甫排擠後，（《九齡傳》：李林甫無學術，見九齡文雅爲帝知，内忌之，乃引牛仙客知政事，九齡遂罷——開元二十四年。）無復詩人爲冢宰，（以前上官儀、李嶠、蘇味道、韋承慶、郭元振、張説、蘇頲、張九齡等皆宰相。）居臺省右職者亦絶少——以前之文學猶是文藻，乃現實生活之工具，以後方是真文學，乃啬於現實生活者之苦悶的象徵——前者是帮閑的，後者是追償的。

第一派否認現實　因追求失望而消極。

第二派追求現實

第三派整頓現實　因追求失望而謀整頓。

（盛極即衰的開端——循環悲劇頂點。自開國至開元六年一百年，至天寶之亂一百三十七年。天寶十三載户部奏户口之數爲唐代之極盛。）

物質因素：天寶六載，李林甫建議詔天下通一藝者詣京師，下尚書省試，皆下之。杜甫、元結并下第。元結《諭友》曰："天寶丁亥中，詔徵天下士人有一藝者，皆得詣京師就選。晋公林甫以草野之士猥多，恐泄露當時之機，議於朝廷曰：舉人多卑賤愚聵，不識禮度，恐有俚言，污濁聖聽。於是奏待制者悉令尚書長官考試，御史中丞監之。試如常例[1]。已而布衣之士，無有第者。送[2]表賀人主，以爲野無遺賢。"杜詩："紈絝不餓死，儒冠多誤身。""朝叩富兒門，暮隨肥馬塵。殘杯與冷炙，到處潛悲辛。"——市儈與文士的鬥争，奪取都市。

向邊塞發展，向山林退却，謀改造現狀。（針砭、諷刺、憐憫、詛罵。）

劃分時代的困難：

宫體餘習猶存，與初唐無明確之分界。摹仿樂府亦初唐之風。

大曆諸子乃王維之正統。社會派天寶亂後始發展。（此派或可延入中唐。）

就大體言，盛唐乃初唐之頂點——延續初唐之直綫，天寶亂後始折轉方向。

本期之特點：

縱横派最重要——道家影響——魏晋以來反抗儒家之餘波——唐尊道教是果非因。

形上（系）——近佛（莊）。

形下（系）——頽廢、燒煉丹汞、享樂、曠達、浪漫、生活帶戲劇

① 《全唐文》"例"作"吏"，并有注云："如吏部試詩賦論策。"

② 《全唐文》"送"作"遂"。

性、功名、任俠、冒險、愛自然、愛藝術、無道德觀念、有信義而無理智。（老）

成就——較六朝更有生氣。（游俠風之追想——實踐，宫體——宫怨。）

種族的因素：

异族——蠻性。（唐室、李白。）

至杜甫——浪子還家，放縱後的懺悔，王、孟澈悟。

建安摹擬漢（中原）樂府，開元摹擬南朝樂府。

（先天元年：孟浩然二十四、李頎二十三、王昌齡十五?、綦毋潛二十一、王之涣十八、崔國輔十六、陶翰十二、高適十一、崔顥、劉眘虚、崔曙九、儲光羲六?、常建五?、祖咏十四、盧象十五。）

盛唐四對角
- 儲——岑
- 孟——王（昌齡）
- 沈——李（白）
- 杜——王（維）

李白

傳略：

本西域條支（今新疆境）人，長安元年（七〇一）五歲，隨父來居綿州昌隆縣（今四川彰明縣），改姓李，名白，字太白。（按范《碑》曰："神龍初潜還廣漢。"劉《碣》曰：君廣漢人。而魏《序》曰：因家於綿。宋人多據杜詩"匡山讀書處"在昌明縣，屬綿州，定白爲綿州昌隆人。《新書》又云：還客巴西。——巴西亦屬綿州。案：綿州廣漢，漢郡地，稱廣漢者，著其舊望也。）開元十三年出蜀，（時二十六七）循江歷游，至揚州。十六年至雲夢，娶許氏（許圉師孫女）。二十三年游太原，已而去之齊魯，寓居任城。（"竹溪六逸"之游在此時。）天寶元年游會稽，以吴筠薦，召至京師。遇賀知章，復薦之。玄宗命供奉翰林院。天寶三載，因高力士、張垍讒，賜金放還。遇杜甫於東都，與甫及高適游梁宋。四載歸兖州。（時家在兖。）杜甫同至。間至齊州。從高尊師（如貴）受道籙。晚歲甫西歸，白亦南游江東。五年，復在齊州（濟南郡）。此後客居大梁至十三載。又游廣陵、江寧、宣城。至德元載，自宣城入廬山。永王璘引師東下，脅以偕行。二載，璘兵敗，白走彭澤，被繫潯陽獄。崔涣、宋若思爲之推覆清雪，被釋。乾元元年，長流夜郎。二年，入峽，遇赦，還憩江夏。上元元年，年六十，至江左。二年，游金陵，往來宣城、歷陽間。寶應元年，李陽冰爲當涂令。往依之。十一月卒，年六十二。

樂府——

繼承齊梁：（《吴聲歌》《西曲歌》。）

仿樂府：（一）《長干行》（長調）。（二）《玉階怨》《渌水曲》。（小歌）

變樂府：（一）《塞下曲》《紫騮馬》《關山月》。（以五律變樂府。）（二）《登金陵鳳凰臺》。（以七律變樂府。）

超過齊梁：（《獨漉篇》："獨漉獨漉，水深泥濁。泥濁尚可，水深殺我。雍雍雙雁，游戲田畔。我欲射雁，念子孤散。翩翩浮萍，得風摇輕。我心何合，與之同并。空床低幃，誰知無人。夜衣錦綉，誰别僞真？刀鳴削中，倚床無施。父冤不報，欲活何爲！猛虎斑斑，游戲山間。虎欲囓人，不避豪賢。"）

四言：《獨漉篇》《來日大難》。（《善哉行》："來日大難，口燥脣乾。今日相樂，皆當喜歡。經歷名山，芝草翻翻。仙人王喬，奉藥一丸。自惜袖短，内手知寒。慚無靈輒，以報趙宣。月没參横，北斗闌干。親交在門，饑不及餐。歡日尚少，戚日苦多。以何忘憂，彈箏酒歌。淮南八公，要道不煩。參駕六龍，游戲雲端。"）

騷體：《夢游天姥吟留别》《日出入行》《蜀道難》。

李頎

傳略：

宋州人（《唐音》），一説河南潁陽人。（本集《與諸公游濟瀆泛舟》詩曰："我本家潁北，開門見維嵩。"潁北蓋即潁陽。又有《不調歸東川別業》詩，東川所在未詳。崔曙有《潁陽東溪懷古》詩，東川殆即東溪乎？《唐詩品彙》作東川人，蓋即據前詩，非别有所本。《唐詩粹選》又云洛陽人。）開元十三年進士第，終新鄉尉。（衛州新鄉縣舊屬河南衛輝府。《國秀集》天寶三載編稱"新鄉尉李頎"。《河岳英靈集》十二載編云："惜其偉才，衹到黄綬。"《放歌行》："小來好文恥學武，世上功名不解取。雖沾寸禄已後時，徒欲出身事明主。……由是蹉跎一老夫，養鷄牧豕東城隅。"《留别王、盧二拾遺》。）

集一卷。（《全唐詩》三卷。佚句一則。《千載佳句》引頎《歸至舊任酬袁贊府見贈》曰："已路千山秋水上，江村獨樹夕陽時。"）

道家：

王維《贈李頎》詩。本集《寄焦煉師》《謁張果先生》《題盧道士房》《王母歌》《送王道士還山》《送暨道士還玉清觀》。

交游：

萬齊融、張旭、劉方平、綦毋潛、高適、張諲、王昌齡、崔顥、梁鍠、康洽、陳章甫、房琯、盧象、王維、魏萬、裴迪、皇甫曾。

位下名高：

《放歌行答從弟墨卿》："徒爾當年聲籍籍，濫作詞林兩京客。"

白居易《放言》詩序，稱其"濟水自清河自濁，周公大聖接輿狂"（《雜興》）之句。案：與"大道本無我，青春長與君"（《送暨道士還玉清觀》），皆似太白。

高適

傳略：

字達夫，渤海蓨人（今河北景縣境）——少濩落，不治生産。（李頎《贈別高三十五》："五十無産業，心輕百萬資。屠酤亦與群，不問君是誰。飲酒或垂釣，狂歌兼咏詩。"）家貧，客梁、宋間，以求丐取給（天寶三載與李、杜同游梁、宋）——天寶八載舉有道科，中第，調封丘尉——去客河西，哥舒翰辟爲掌書記——十四載，拜左拾遺，轉監察御史，佐翰守潼關——至德元載，玄宗幸蜀，間道從之——永王璘反，適除揚州長史、淮南節度使，（八年之間自布衣至節度使）詔與他軍合討之。方濟師而王敗——二載，因李輔國譖，下除太子少詹事——乾元元年，出刺彭州——上元元年，遷蜀州，代崔光遠爲西川節度使——寶應元年，代嚴武爲成都尹——廣德元年，御吐蕃無功，亡松、維二州——二年，召還爲刑部侍郎、左散騎常侍——永泰元年正月卒，年六十六。

著作：

集二十卷。（今存十卷。《全唐詩》四卷。）

"五十始爲詩"之説不確。《詩話類編》載適爲兩浙觀察，過杭之清風嶺僧院，題詩曰："前峰月落一江水，僧在翠微開竹房。"後欲改"一"爲"半"，僧言駱賓王已言之。案此説最妄，《漁洋詩話》已辨之。詩乃晚唐任翻所作也。又《全詩》所收《聽張立本女吟》一絶，據《太平廣記》，乃高鍇《暮中狐妖》寺，《提要》已辨之。其亦出於晚唐人無疑。

事迹：

杜甫詩："高生跨鞍馬，有似幽并兒。"——性豪放，尚節義，以功名自許，好語王霸，而言浮其術。（《塞上》："常懷感激心，願效縱横謨。倚劍欲誰語，關河空鬱紆。"）

評論：

殷璠稱其詩"多胸臆語，兼有骨氣"，最愛其"未知肝膽向誰是，令人却憶平原君"之句。

陸時雍曰："調響氣佚，頗得縱横。"

劉熙載曰："體或近似初唐，而魄力雄毅，自不可及。"

管世銘曰："高常侍豪宕感激，岑嘉州創辟經奇。各有'建大將旗鼓出井陘'之意。"

《宣和畫譜》引司空圖《贈䇾光》逸句曰："看師逸迹兩師宜，高適歌行李白詩。"

王之涣

陶翰

崔顥

崔曙

王昌齡

事略：

字少伯，京兆人（《舊·文苑·陸據傳》云："京兆王昌齡。"本集《鄭縣宿陶太公館中贈馮六元二》曰："本家藍田下"，《别李浦之京》曰："故園今在灞陵西"。是昌齡乃京兆人之確證。《河岳英靈集》作太原人，稱其郡望也。《新書·文藝·孟浩然傳》作江寧人，則因昌齡嘗宦江寧而誤。岑參《送許子擢第歸江寧拜親因寄王大昌齡》曰："王兄尚謫宦。"昌齡果爲江寧人，恐不得云"謫宦"也。《博异志》又稱琅邪王昌齡，亦書郡望之例。）——開元十五年登進士第，授汜水尉。十九年中博學宏詞科，遷校書郎（見《國秀集》。《新書》作秘書郎，誤。餘詳事迹考證。）——以不護細行謫江寧丞。（《唐才子傳》作令，誤。）再貶龍標尉。（今湖南黔陽縣。《沅志》引昌齡佚詩："昨從金陵邑，遠謫江沅濱[1]。”）天寶亂作，還鄉里，爲濠州刺史閭丘曉所殺。至德二載，張鎬按軍河南，曉衍期，將戮之，辭以親老，乞恕。鎬曰：“王昌齡親欲與誰養？”竟杖殺之。

著作：

詩集五卷。（《全唐詩》編四卷。）《詩格》一卷。（《唐才子傳》：“又述作詩格律、境思、體例共十四篇，爲《詩格》一卷。”日本釋空海《性靈集》亦作一卷。《新志》作二卷，誤。原書今佚。空海《文鏡秘府論》引數事。）《詩中密旨》一卷。（佚）《樂府古今題解》三卷。（《新志》一作郗昂。《唐才子傳》作《古樂府解題》一卷。佚。）

評論：

“詩家夫子王江寧。”（夫一作天。）

《舊·文苑傳》：“緒微而思清。”

《詩鏡總論》：“王昌齡多意而多用之，李太白寡意而寡用之。昌齡得之椎練，太白出於自然。然而昌齡之意象深矣。”

同上：“難之奇有曲澗層巒之致，易之妙有舒雲流水之情。王昌齡絶句，難中之難；李青蓮歌行，易中之易。難而苦爲長吉，易而脱爲樂天，則無取焉。”

按王昌齡當與孟浩然對比，太白猶有難時，襄陽則無一語不易也。

岑參

事略：

荆州江陵人。曾祖文本，伯祖長倩，伯父羲，并宰相。父植，終晉州刺史——少孤貧。天寶三載登進士第——八載至十載佐安西節度高仙芝幕——十三載至至德元載佐安西節度封常清幕——二載杜甫等薦爲左[2]補闕——乾元二年至上元二年爲虢州長史——寶應元年至永泰元年，

---

① 《全唐詩》卷一百四十三“江沅濱”作“沅溪濱”。

② 中華書局 1987 年版傅璇琮主編《唐才子傳校箋》“岑參”條云：“左字誤，應作右。”聞一多《岑嘉州繫年考證》“至德二載”條據杜確《序》“左”亦作“右”。

祠部考功員外郎，虞部庫部郎中——大曆元年至五年，在蜀，佐杜鴻漸幕，爲嘉州刺史。卒。年五十六。

著作：

集八卷。(《全唐詩》四卷。杜《序》、李歸一《王屋山志》并云八卷。《新志》《唐才子傳》作十卷，恐誤。）續補八首。(見敦煌殘卷。）——文。(《感舊賦》《招北客文》。）

評論：

杜確《序》："迥拔孤秀，出於常情。"又云："時議擬公於吴均、何遜。"

《放翁題跋》："予自少時，絶好岑嘉州詩。往在山中，每醉歸，倚胡床睡，輒令兒曹誦之，至酒醒或睡熟乃已。嘗以爲太白、子美之後一人而已。"

殷璠："語多體峻，意亦新遠。"

多案：岑詩勁骨奇翼，如霜天一鶚。(《峴傭説詩》語）説者以爲久歷邊塞使然。余謂其係出异族，(《朝野僉載》載《京中謡》曰："岑羲獠子後。"今苗族猶多岑姓。）好險務奇，是其天性。縱觀盛唐諸公，惟此君與太白氣體桀驁，迥异時流。説者以高、岑并稱，乃皮相耳。(高與李東川最近。）

詩的唐朝[①]

“落紅不是無情物，化作春泥更護花。”六代的“落紅”到唐初已化作一團污穢的“春泥”，但更燦爛的第二度春“花”——盛唐，也快出現了。

江左餘風、徐陵——王績，廟堂與宫禁，《玉臺後集》，類書與詩。

庾信——四杰。

盛唐前夕——杜、沈、宋，陳子昂，張説、張九齡，《丹陽集》。

詩化的人格與選舉制度的會合——以詩取士。

社會力量變成政治力量，造成唐詩之發達：好詩多在唐，詩之内容與形式至唐至備，宋詩亦備於唐（自古詩衹兩種：唐、宋）。

進士：唐代文化即進士文化。（政治與文學。）

詩的教育，教育即學詩。（宗教、癖狂。）

詩才的最大限度之發展。

全面生活的詩化（詩的生活化，生活的詩化）。幾乎凡用文字處與夫不須文字處皆用詩：生活的記録——日記，生活的裝潢——應酬——社交，生活的消遣——游戲——聯句、集句、回文、詩鐘、詩令、賭博＝律詩。

中國批評多論技巧，不及思想，與西方觀念大异：

西——心靈秘密、思想、内容、性情、嚴肅、感情的激蕩與衝突、

---

① 本文屬提綱性質，據北京圖書館藏作者手稿照相複印件收入。參見重慶出版社1984年版鄭臨川《聞一多論古典文學·説唐詩》。

戲劇。

中——門面套頭、言語、形式、才華、閑雅、感情的排除與解脱（移情、忘情）、音樂。

中西出發點之异：

西——文化事業一部門、教世、改造社會、入世、積極。

中——業餘的消閑（最重隱逸）、遺世（終南捷徑）、調和社會、出世、以消極爲積極。

西方基本態度近儒家。

中國，儒家之反。

反極又趨於正。阮籍、陳子昂道家而嚴肅，元結《篋中集》。

杜甫復歸於儒。詩的儒化。[①]

① 原稿另有關於“王績”“韓愈”“李白”三人的幾段文字，“李白”此删，“王績”“韓愈”則附録於下：

王績

靠近汾水入河處，約當今山西河津縣南三十里，在隋時，有個地方名萬春鄉。在鄉中的甘澤里裏，住着一家姓王的望族。王隆在開皇初，曾以國子博士待詔雲龍門，留在京師多年，未被録用。後來補過幾次縣令的缺，感着没有意思，便在最後一任銅川縣滿秩後，還鄉歸隱了。隋末大儒文中子王通，和隱逸詩人東皋子王績，是這位王府君的七個兒子中最著名的兩個。

王績，《唐才子傳》列第一，不列魏徵。

無大影響。

中唐始著——韓愈、劉禹錫、盧仝、劉義。

因態度與時人大异：

華貴（雅）。疏野（俗）。

論作風與初唐格格不入，志尚亦不願歸唐。但與隋亦不合。

然重要作品隋亡以後所作。

唐初五十年，實質上乃江左餘風，與唐無涉。在此中，王績不但不屬唐，且不屬隋。

從高祖受禪（六一八）到武后初決政事（六六四），將近五十年間，在文學史上可説還没有唐朝。像虞世南、李百藥、許敬宗、楊師道、陳子良、崔信明……這類名字，在文學史上究竟該劃歸陳、隋，還是唐，都是問題。歷來就政治觀點，因這些人都歸唐了，便算作唐人，倒是一個解決的方法。但是王績則不然。雖迫於生活，做過幾次唐朝的小官，但心裏却始終懷着反唐的情緒。唐史把他列入“隱逸傳”，是對的。《唐才子傳》請他坐全唐詩人的首席，尊崇了詩人，却冤枉了遺老。政治節操是我們國人一向重視的。即便在今天，而且是在談文學史，這點政治道德的傳統觀念還是不應該抹殺的。總之，我們爲了習慣的關係，講唐代文學更仍然不能不講王績。但我們要聲明，這回在唐代文學史中講王績，是用一種追述唐前大勢的態度來講他。换言之，在形式上我們把他算作了一個唐人，在精神上却没有如此。正如他自己雖不願爲唐代的臣民，而實際在李家日月中活了二十幾年，并且還喝了他們門下省和太樂署的不少官酒。

韓愈

蘇軾《潮州修韓文公廟記》曰：“自東漢以來，道喪文弊。……歷唐貞觀、開元之盛，輔以房、杜、姚、宋而不能救。獨韓文公……文起八代之衰。”依他的意見，自東漢以後，魏、晉、宋、齊、梁、陳、隋皆是中國文學史上的衰頽時期。

清阮元力反其説。其《揅經室三集·文言説》《書文選叙後》等篇推尊八代，至謂韓、蘇諸家奇偶相生之體，乃經也、史也、子也，不能目之爲文。

甚至有人説：“八代之文衰於韓愈。”

這兩種極端的意見，誰是誰非，我們先不必管。從東漢至隋，這八代文學自成一段落，至韓氏而大變，這却是事實。

實則八代尚裝飾，以後尚表現，二者皆必然經過的階段。阮氏之説，亦時世使然。

少陵先生年譜會箋①

公姓杜氏，名甫，字子美。十三世祖晋當陽侯預，曾祖依藝，祖審言，祖母薛氏，父閑，母崔氏。　預勛業學術，震耀千古，史載其言曰："德不可企及，立功立言，可庶幾也。"其自負如此。依藝官監察御史，河南鞏縣令；審言修文館學士，尚書膳部員外郎；閑朝議大夫，兖州司馬，終奉天令。公《進雕賦表》曰："臣之近代陵夷，公侯之貴磨滅，鼎銘之勛，不復昭耀於明時。"良然。顧審言詩稱初唐大家；審言從兄易簡亦以文章有聲於時。（按《舊書·文苑傳》："易簡……善著述，撰《御史臺雜注》五卷，《文集》二十卷，行於代。）杜氏立言之風，固不替也。故公獻《三大禮賦》後，《贈崔、于二學士》詩曰："儒術誠難起，家聲庶已存。"

睿宗先天元年壬子（七一二）　即景雲三年，正月改元太極，五月改元延和。七月，立皇太子隆基爲皇帝，以聽小事，自尊爲太上皇。　八月，玄宗即位，改元先天。　是年，鞏縣大水，壞城邑，損居民數百家。（見《鞏縣志》）　孟浩然二十二歲，李白、王維并十三歲。　王灣登進士第。（見《唐詩紀事》及徐松《登科記考》）　張九齡擢"道侔伊、吕"科。（見《册府元龜》《唐會要》）　玄宗即位，始置翰林院，延文章之士，下至僧道書畫琴棋術數之工，皆處之，謂之待詔。　按置翰林院，史不詳何年，姑繫於此。

公生於河南鞏縣。　《河南府志》："鞏縣東二里瑶灣，工部故里也。故鞏城有康水去瑶灣二十里，與逸事合"；（逸事詳見後）又曰："康水，即康店南水。工部故里在瑶灣，去康店南二十里外。"　考公族望，本出京兆杜陵，故每稱"杜陵野老"，《進封西岳賦表》云："臣本杜陵諸生也。"　自六世祖叔毗，

① 本文連載於1930年國立武漢大學《文哲季刊》1—4期，此據開明版《聞一多全集·唐詩雜論》編入本編。

已爲襄陽人（《周書·叔毗傳》："其先京兆人，徙居襄陽。"）。　曾祖依藝終河南鞏縣令，遂世居鞏縣。

玄宗開元元年癸丑（七一三）　即先天二年，十二月改元。　十月，幸新豐，講武於驪山下。

公二歲。

開元二年甲寅（七一四）　正月，置教坊於蓬萊宮側，上自教法曲，謂之"梨園弟子"（見《唐會要》《雍録》）。七月，造興慶宮。是年，王翰舉"直言極諫"科，又舉"超拔群類"科。（見《唐才子傳》）

公三歲。

開元二年乙卯（七一五）　西域八國請降。

公四歲。

開元四年丙辰（七一六）　印度僧善無畏來華。

公五歲。　《萬年縣君墓志》曰："甫昔卧病於我諸姑，姑之子又病。問女巫，巫曰[①]：'處楹之東南隅者吉。'姑遂易子之地以安我，我用是存，而姑之子卒。後乃知之於走使。"卧病年次無可考。惟《志》云"後乃知之於走使"，知時尚童稚，未解記事。　公七歲吟詩，六歲觀舞，皆留記憶，卧病要當在六七歲前，則無惑矣。姑列此以俟考。　《進封西岳賦表》曰："是臣無負於少小多病，貧窮好學者已。"少小多病，殆指此耶？

開元五年丁巳（七一七）　詔訪逸書，選吏繕寫，命尹知章等二十二人，於東都乾元殿前編校刊正，稱"乾元院"。

公六歲。嘗至郾城，觀公孫大娘舞"劍器""渾脱"。　《觀公孫大娘弟子舞劍器行》序曰："開元三載，余尚童稚，記於郾城觀公孫氏舞'劍器''渾脱'。"錢箋："'三載'一作'五載'，時公年六歲。公'七齡思即壯'，六歲觀劍，似無不可。詩云：'五十年間似反掌。'自開元五年，至是年（按大曆二年），凡五十一年。"

開元六年戊午（七一八）　改乾元院爲麗正修書院。賈至生。

---

① 此段文字中華書局影印《全唐文》杜甫《唐故萬年縣君京兆杜氏墓碑》作："甫昔卧病於我諸姑。姑之子又病間，女巫至，曰：……"

公七歲。始作詩文。　《壯游》詩云：“七齡思即壯，開口咏鳳凰。”《奉贈鮮于京兆二十韻》云：“學詩猶孺子。”《進雕賦表》云：“自七歲所綴詩筆，向四十載矣，約千有餘篇。”

開元七年己未（七一九）　《華嚴論》成。

公八歲。

開元八年庚申（七二〇）　李思訓卒（見李邕《雲麾將軍碑》）。　印度金剛智、不空金剛來華。（按合善無畏稱“開元三大師”。）

公九歲。始習大字。　《壯游》詩云：“九齡書大字，有作成一囊。”

開元九年辛酉（七二一）　命僧行一造新曆（即“大衍曆”），梁令瓚造黄道游儀。

公十歲。

開元十年壬戌（七二二）

公十一歲。

開元十一年癸亥（七二三）　四月，張説爲中書令。十月，置温泉宫於驪山。是年，元結生。崔顥登進士第。（見《唐才子傳》）初製“聖壽樂”，令諸女衣五方色衣，以歌舞之。（見《教坊記》）

公十二歲。　廣德元年，公五十二歲時，在梓州送《路六侍御入朝》詩曰：“童稚情親四十年。”路蓋是公十二三時友伴。

開元十二年甲子（七二四）　祖咏登進士第。（見《唐才子傳》）

公十三歲。

開元十三年乙丑（七二五）　十月，作“水運渾天”成。　十一月，封泰山；車駕還，幸孔子宅；過潞州金橋，御路縈轉，上見數十里間，旗纛鮮潔，羽衛齊整，遂令吴道玄等三人合製“金橋圖”。（見《開天傳信記》。）

公十四歲。　《壯游》詩曰：“往昔十四五，出游翰墨場，斯文崔、魏徒，以我似班、揚。”　原注：“崔鄭州尚，魏豫州啓心。”

《江南逢李龜年》詩曰：“岐王宅裏尋常見，崔九堂前幾度聞。”原注：“崔九，即殿中監崔滌，中書令湜之弟。”按岐王範，崔滌，并卒於開元十四年，則公始逢李龜年，在是年以前，今亦附記於此。黄鶴以爲是時未有梨園弟子，公不得與龜年同游，因謂詩云“岐王”當指嗣岐王珍，“崔九堂前”乃崔氏舊堂。按

《唐會要》："開元二年，上以天下無事，聽政之暇，於梨園自教法曲，必盡其妙，謂之'皇帝梨園弟子'。"《雍録》："開元二年，置教坊於蓬萊宫側，上自教法曲，謂之'梨園弟子'。"公《劍器行序》亦云："自高頭宜春、梨園二教坊内人，洎外供奉舞女，曉是舞者，聖文神武皇帝初，公孫一人而已。"公觀舞在開元五年，（或作三年）時亦已有梨園之稱，乃謂開元十四年，無梨園弟子，何哉？考東都尚善坊有岐王範宅（見《唐兩京城坊考》），崔氏亦有宅在東都（張説《滎陽夫人鄭氏墓志銘》："終於洛陽之遵化里。"鄭氏即滌之母），公天寶前，未嘗至長安，其聞龜年歌，必在東都。（公姑萬年君居東都仁風里，幼時嘗卧病於其家，或疑公母早亡，寄養於姑，雖近附會，然以鞏、洛咫尺之近，其常在東都，留居姑家，則可信也。）若云範、滌卒時，公纔十五，前此齠齔之年，不得與於名公貴介之游；則不知十四五時，已出游翰墨場，與崔、魏輩相周旋矣。且"脱略小時輩，結交皆老蒼"，復有《壯游》詩句，可以覆案。必謂天寶後，始得與龜年相見，失之泥矣。

《詩話類編》："杜甫十餘歲，夢人令采文於康水。覺而問人，此水在二十里外。乃往求之，見峨冠童子告曰：'汝本文星典吏，天使汝下謫，爲唐世文章，雲誥已降，可於豆壠下取。'甫依其言，果得一石，有金字，文曰：'詩王本在陳芳國，九夜捫之麟篆熱，聲振扶桑享天國。'後因佩入葱市，歸而飛火入室有聲曰：'邂逅穢，吾令汝文而不貴。'"事本不經，聊贅於此，用資談助耳。

開元十四年丙寅（七二六） 四月，張説罷。是年，儲光羲、崔國輔、綦毋潛登進士第。（俱見《唐才子傳》）

公十五歲。《百憂集行》曰："憶昔十五心尚孩，健如黄犢走復來，庭前八月梨棗熟，一日上樹能千回。"

開元十五年丁卯（七二七） 王昌齡、常建登進士第。（并見《唐才子傳》）徐堅等纂《初學記》成。（見《唐會要》）

公十六歲。

開元十六年戊辰（七二八）

公十七歲。

開元十七年己巳（七二九） 宋璟爲尚書右丞相。

公十八歲。

開元十八年庚午（七三〇） 十一月，張説薨。是年，釋智昇撰《開元釋教録》，實我國佛教經録之總匯。

公十九歲。 游晋，至郇瑕， 今山西猗氏縣。從韋之晋、寇錫游。 《哭韋之晋》詩曰："凄愴郇瑕地，差池弱冠年。"《酬寇侍御》詩曰："往别郇瑕地，於今四十年。"朱鶴齡曰："郇瑕，晋地。公弱冠之時，嘗游晋地；當是游晋後爲吴、越之游也。" 按《酬寇侍御》詩鶴注曰："詩云'故泊洞庭船'，當是大曆五年潭州作，其云：'春深把臂前。'蓋指去年之春。" 大曆五年，距開元十八年，適得四十年。知公游晋，實在十九歲時。 前詩云："差池弱冠年"，非必實指二十也。

開元十九年辛未（七三一） 吐蕃求《毛詩》《禮記》《左傳》《文選》，以經書賜與之。 王維入公主第，唱"鬱輪袍"，并呈詩卷，大獲嘉賞，尋舉進士，遂以狀頭及第。（事見《集异記》。《唐才子傳》稱維開元十九年進士，《舊書》作開元九年，《登科記考》曰："按'九'上脱'十'字。"） 薛據同榜進士。（見《唐才子傳》） 王昌齡舉"博學宏詞"科。

公二十歲。 游吴、越。 黄曰："公《進三大禮賦表》云：'浪迹於陛下豐草長林，實自弱冠之年。'則其游吴、越，乃在開元十九年。"嘗至江寧，與許八、旻上人同游，約當是年。《送許八歸江寧》詩題曰："甫昔時嘗客游此縣，於許生處乞瓦棺寺《維摩圖樣》。"（按《維摩圖樣》，晋顧愷之作）《因許八寄旻上人》詩曰："不見旻公三十年。"又曰："舊來好事今能否？……棋局動隨幽澗竹，袈裟憶上泛湖船。"二詩當是乾元元年作。鶴注："游吴、越在開元十九年，公方二十歲，至乾元元年，相距二十七年。曰'三十年'者，亦約略之詞。"

開元二十年壬申（七三二） 三月，信安王禕大破奚、契丹於邠州。六月，遣范安及於長安廣"花萼樓"，築夾城，至"芙蓉園"。（按《會要》作二十四年）

公二十一歲。 游吴、越。

開元二十一年癸酉（七三三） 十一月，宋璟致仕。 十二月，張九齡同中書門下章事。是年，上親注《道德經》，令學者習之。（見《封演見聞記》） 劉長卿登進士第。（見《唐才子傳》）

公二十二歲。　游吴、越。

開元二十二年甲戌（七三四）　五月，張九齡爲中書令，李林甫同平章事。十二月，張守珪斬契丹王屈烈，及其大臣虞可汗，傳首東都。　是年，刺史韋濟薦方士張果，詔以果爲光禄大夫。　王昌齡選宏詞超絶群類。（見《直齋書録解題》）

公二十三歲。　游吴、越。

開元二十二年乙亥（七二五）　十二月，册壽王妃楊氏。是年，李適之爲河南尹。（見公《皇甫淑妃碑》）韋應物生。賈至、李頎登進士第；（并見《唐才子傳》）蕭穎士、李華同榜進士。（見《舊書·文苑傳》《韋述傳》《摭言》，及華《寄趙十七侍御》詩注）李白游太原。司馬承禎化形於天台。（見劉大彬《茅山志》）玄宗注《老子》，并修《義疑》八卷，并製《開元文字音義》三十卷頒示公卿。（見《唐會要》）

公二十四歲。　自吴、越歸東都，舉進士，不第。　黄曰："公本傳：'嘗舉進士，不第。'故《壯游》詩云：'歸帆拂天姥，中歲貢舊鄉；……忤下考功第，獨辭京兆堂。'"按史：唐初考功郎掌貢舉；至開元二十四年，考功郎李昂爲舉人詆訶，帝以員外郎望輕，徙禮部，以侍郎主之。則公下考功第，當在二十三年，蓋唐制年年貢士也。《選舉制》："每年仲冬，州縣館監，舉其成者，送之尚書省。"《上韋左丞》詩曰："甫昔少年日，早充觀國賓。"鶴注："其時年方二十餘歲，宜自謂少年也。"《舊書·韋述傳》："蕭穎士者，聰俊過人，富詞學，有名於時；賈曾、席豫、張垍、韋述皆引爲談客；開元二十三年登進士第，考功員外郎孫逖稱之於朝。"則知是年孫逖知貢舉。又是年試場在福唐觀。《太平廣記》引《定命録》："崔圓微時，欲舉進士於縣，見市令李含章云：'君合武出身，官更不停，直至宰相。'開元二十三年，應將帥舉科，又於河南府充鄉貢進士。其日正於福唐觀試，遇敕下，便於試場中唤將拜執戟，參謀河西軍事。"按《唐兩京城坊考》：福唐觀，在崇業坊。　李邕有《東都福唐觀鄧天師碣》。

開元二十四年丙子（七三六）　五月，名僧義福卒，賜號"大智禪師"，七月，葬於伊闕之北，送葬者數萬人，嚴挺之爲作碑。十一月，張九齡罷，李林甫兼中書令，牛仙客同平章事。　是年，於西京大明宫置集賢殿書院。（《唐兩京城坊考》："按西京之有書院，仿東都之制也。開元二十四年，駕在東都，張九齡遣直官魏光禄先入京造之。"）吴道玄作《地獄變相圖》。

公二十五歲。　游齊、趙。　朱曰："按《壯游》詩'忤下考功第，獨辭京兆堂，放蕩齊趙間，裘馬頗輕狂'，是下第後即游齊、趙之明證。"　交蘇源明。　錢謙益曰："《壯游》詩……云：'放蕩齊趙間，裘馬頗清狂。春歌叢臺上，冬獵青丘旁。……蘇侯據鞍喜，忽如携葛彊。'……蘇侯，注云：'監門胄曹蘇預。'即源明也。開元中，源明客居徐兖，天寶初舉進士。詩獨舉蘇侯，知杜之游齊、趙，在開元時，而高、李不與也。"　案《八哀詩》曰："結交三十載。"源明卒於廣德二年，前二十八年，爲開元二十四年，源明猶未至京師，公與訂交，必在其時，詩曰"三十載"者，舉成數也。　《壯游》詩曰："春歌叢臺上，冬獵青丘旁，呼鷹皂櫪林，逐獸雲雪岡。"《漢書》顔師古注："……叢臺，本六國時趙王故臺，在邯鄲城中。"《寰宇記》："青丘，在青州千乘縣。"蔡夢弼曰："皂櫪林、雲雪岡，皆齊地。"　是所游之地甚廣，疑非在一時。　源明居山東亦甚久，直至上表自舉時，猶自稱"臣山東一布衣也"。公自開元二十四年，始游齊、趙，至二十九年歸東都，中更五載；其與源明同游，當在此數年間。《七月三日論壯年樂事》詩曰："欻思紅顔日，霜露凍階闥，胡馬挾雕弓，鳴弦不虚發，長鈚逐狡兔，突羽當滿月。"盧曰："此即《壯游》詩中'放蕩齊趙間，裘馬頗清狂……呼鷹皂櫪林，逐獸雲雪岡'事也。"

開元二十五年丁丑（七三七）　四月，張九齡貶荆州長史。　十一月，宋璟薨。是年，上以幾致措刑，推功元輔。王維爲監察御史，在河西節度幕中。

公二十六歲。　游齊、趙。

開元二十六年戊寅（七三八）　三月，杜希望拔吐蕃新城，以其地爲威武軍。六月，張守珪大破契丹林胡，遣使獻捷。　是年，分左右羽林，置龍武軍。　崔曙舉進士，以狀元及第。（見《直齋書録解題》）

公二十七歲。　游齊、趙。

開元二十七年己卯（七三九）　八月，追謚孔子爲文宣王。　蓋嘉運大破突厥施於碎葉城，擒其王吐火仙送京師。　是年，崔曙卒。

公二十八歲。　游齊、趙。

開元二十八年庚辰（七四〇） 是時頻歲豐稔，京師米斛不滿二百，天下乂安，雖行萬里，不持寸鐵。 張九齡、孟浩然并卒於是年。 王昌齡游襄陽。（見王士源《孟浩然集序》）

公二十九歲。 游齊、趙。 公父閑爲兗州司馬時，公嘗赴兗省侍，當在是年，《登兗州城樓》詩所云“東郡趨庭日，南樓縱目初”者是也。 考傳志不言游兗，而集中多兗州詩，《登兗州城樓》，其一也。 諸家或編於開元二十四年，或以屬開元二十八年。 要以後説爲近是。 蓋公詩散佚者多，天寶以前，尤罕存稿。 觀集中自開元二十四年以前，游晋，游吴、越，間歸東都，皆無詩；自開元二十四年以後，至二十八年，其間游齊、趙，亦無詩。 不宜獨開元二十四年游兗所作，忽有存稿。 揆之常理，《登兗州城樓》詩，其不作於開元二十四年，明矣。 且今集中諸作，時次可考，萬無疑義者，惟《假山》詩最早，實作於天寶元年。 自是以後，存詩漸多。 兹定趨庭於開元二十八年，則作《登兗州城樓》詩時，去《假山》詩，纔前二年，庶幾與開始存稿之期，亦較合符節矣。 又按閑之卒年，於兗州趨庭事，爲先决問題。 舊説頗有异議，惟錢、朱二氏持論最有據。天寶三載，公祖母范陽太君卒，公撰墓志；或以爲時閑已故，志蓋代登作也。錢謙益曰：“代其父閑作也。薛氏所生子曰閑，曰升，曰專；太君所生曰登。《志》云：‘某等宿遭内艱，長自太君之手者。’知其代父作也。又曰：‘升幼卒，專先是不禄。’則知閑尚無恙也。……元志云閑爲奉天令。是時尚爲兗州司馬。閑之卒，蓋在天寶間，而其年不可考矣。”朱注：“按《志》云‘故朝議大夫兗州司馬’，猶《漢書·李廣傳》所云‘故李將軍’，非謂已没也。……但閑時爲兗州司馬，而傳、《志》俱云‘終奉天令’。考奉天爲次赤縣，唐制京縣令，正五品，上階。閑自兗州司馬授奉天令，蓋從五品升正五品也。公東郡趨庭之後，閑即丁太君憂，必服闋補此官耳。”按閑卒必在天寶三載以後，尚有别證。 公弟四人：穎、觀、豐、占。 公行二，集有寄豐詩，稱第五弟，疑豐爲閑第四子。又有《遠懷舍弟穎觀等》詩，穎次觀前，觀當係閑第三子。 又有《舍弟觀歸藍田迎新婦》詩，約作於大曆二年。 若定觀二十左右置室，則當生於天寶五載前後。豐、占復幼於觀，知天寶十載前，閑蓋尚存，而其卒，則宜在天寶末，或且更後，亦屬可能。 舊説閑卒於天寶三載前，則開元二十八年或不宜有趨庭事。

今既知閑卒遠在天寶三載後，則定趨庭於開元二十八年，益有據矣。

《寄高常侍》詩曰："汶上相逢年頗多。"仇注："汶上相逢，蓋開元間相遇於齊、魯也。" 考高適《酬秘書弟兼寄幕下諸公》詩序曰："乙亥歲，（按即開元二十五年）適徵詣長安。"又《送族侄式顔》詩（按開元二十七年作，詳見後）曰："俱游帝城下，忽在梁園裏。" 適以開元二十三年游京師，二十七年來梁、宋，其間公雖在齊、趙，不得遇適於汶上也。 又適《奉酬北海李太守平陰亭》詩曰："誰謂整隼旟，翻然憶柴扃，書寄汶陽客，回首平陰亭。"李邕以天寶二年出爲北海太守，六載杖死於郡。 其間適嘗客居汶陽，而公亦以天寶四載再游齊、魯，則相逢汶上，其即天寶四載乎？ 然而天寶三載秋，二人實嘗相從賦詩於梁、宋，此云"汶上相逢年頗多"，明指訂交之初，又不合也。 蓋游梁以後，寄詩以前，二公聚首者屢矣，詩何以獨言天寶四載汶上之遇？ 是知以汶上相逢屬於天寶四載，又不足信。 竊謂開元二十七八年間，適嘗至山東，因得與公相遇，詩所云，殆指此也。 適《宋中送族侄式顔》詩注曰："時張大夫貶括州，使人召式顔，遂有此作。"同時作《又送族侄式顔》詩曰："我今行山東，離憂不能已。"按《舊書·玄宗紀》，張守珪貶括州，在開元二十七年六月。其時適方有山東之行。 意其既至山東，與公相值，或在開元二十七八年之間；其時公方游齊、趙，汶上地在齊南魯北，二公邂逅於斯，正意中事耳。

《别張十三建封》詩曰："相逢長沙亭，乍問緒業餘，乃吾故人子，童丱聯居諸。"朱注："公父閑爲兗州司馬，當是趨庭之日，與張玠（按即建封父，兗州人）同游，而建封相從也。故人指玠，童丱指建封。建封以貞元十六年終，年六十有六。公開元末游兗，是時建封方六七歲耳。" 按與張玠同游，當亦在開元二十七八年，與趨庭及逢高適之年分皆合，可資互證也。

開元二十九年辛巳（七四一） 正月，兩京諸州各置玄元皇帝廟，并崇玄學；以《老》《莊》《文》《列》爲"四子"；令習業成者，准明經考試，謂之道舉。八月，以安禄山爲營州都督，充平盧軍使。九月，上親注《金剛經》及《修義訣》。（見《册府元龜》）

公三十歲。 歸東都。 築陸渾莊，於寒食日祭遠祖當陽君。

是年有《祭當陽君文》曰："小子築室首陽之下，不敢忘本，不敢違仁，庶刻豐石，樹此大道，論次昭穆，載揚顯號。" 紬詞意，當是因新居落成而昭告遠祖。《寰宇記》："首陽山，在偃師縣西北二十五里。" 公《寄河南韋尹》詩原注曰："甫有故廬在偃師。"當即指此。《憶弟二首》原注："時歸在河南陸渾莊。" 浦起龍曰："公有舊廬在河南偃師縣，曰陸渾莊；後又有土婁莊，宜即一處。" 按公有《憑孟倉曹將書覓土婁舊莊》詩曰："平居喪亂後，不到洛陽岑。"且此曰"舊莊"，前詩曰"故廬"，義亦正同，故知即一處也。惟浦以爲莊名"土婁"，鶴注亦謂"土婁"爲地名，非也。"土婁"疑即《寄河南韋尹》詩"尸鄉餘土室"之"土室"。(《詩正義》："河南偃師縣西二十里有尸鄉亭。") 鶴別注"土室，謂依土以爲室，如《宿贊公土室》詩云：'土室延白光'"者，得之。

天寶元年壬午（七四二） 二月，褒封莊子爲南華真人，文子爲通玄真人，列子爲冲虚真人，庚桑子爲洞虚真人；其所著書悉號"真經"。十月，造長生殿。(見《唐會要》) 是年，李白自會稽來京師。王維爲左補闕，遷庫部郎中。

公三十一歲。在東都。姑萬年縣君卒於東京仁風里，六月，還殯於河南縣，公作墓志。《志》曰："作配君子，實爲好仇，河東裴君諱榮期，見任濟王府録事參軍。" 又有"兄子甫"云云，則縣君，公父之妹也。

天寶二年癸未（七四三） 正月，安禄山入朝。三月，廣運潭成。是年，邱爲登進士第。(見《唐才子傳》) 長安"飲中八仙"之游，約當此時。

公三十二歲。在東都。

天寶三載甲申（七四四） 正月，遣左右相以下祖別賀知章於長樂坡。李白供奉翰林院。三月，安禄山兼范陽節度使。壽王妃楊氏號"太真"，召入宫。李白賜金放還。是年，岑參登進士第。(見杜確《岑嘉州集序》《唐才子傳》) 芮挺章選自開元初迄天寶三載詩稱《國秀集》。

公三十三歲。在東都。五月，祖母范陽太君卒於陳留之私第，八月，歸葬偃師，公作墓志。范陽太君，公祖審言繼室，盧氏。是年夏，初遇李白於東都。顧宸曰："公與白相從賦詩，始於天寶三四載間，前此未聞相善也。白生於武后聖曆二年，公生於睿宗先天元年，白長公十三歲。公於開元九年游剡溪，而白與吴筠同隱剡溪，則在天寶二年，相去十三載，斷未相值也。後公下第游齊、趙，在開元二十三年；考白譜，時又不在齊、趙。 及白因賀知章薦，召入金鑾，則在天寶三載正月，時公在東都，葬范陽太君（按葬太君事在八月，此誤），未嘗晤白於長安也。 是載八月，白放還，客游梁、宋，始見公於東都（按三月放還，五月已至梁、宋；見公於東都，當在三、五月之間），遂相從如兄弟耳。 觀公後寄白二十二韻有云：'乞歸優詔許，遇我宿心親。'是知乞歸後始遇也。" 案《贈李白》詩，當是本年初遇白時作。詩曰："李侯金閨彦，脱身事幽討。"盧世㴶曰："天寶三載，詔白供奉翰林，旋被高力士譖，帝賜金放還，白托鸚鵡以賦曰：'落羽辭金殿。'是'脱身'也；是年，白從高天師授籙，是'事幽討'也。" 秋，游梁、宋，與李白、高適登吹臺、琴臺。 《遣懷》詩曰："昔我游宋中，惟梁孝王都……憶與高李輩，論交入酒壚，兩君壯藻思，得我色敷腴。 氣酣登吹臺，懷古視平蕪，芒碭雲一去，雁鶩空相呼。"《昔游》詩曰："昔者與高李（按原注曰："高適、李白。"），晚登單父臺。（按即琴臺）寒蕪際碣石，萬里風雲來，桑柘葉如雨，飛藿去徘徊，清霜大澤凍，禽獸有餘哀。"《贈李白》詩曰："亦有梁宋游，方期拾瑶草。"蓋在東都時，與白預爲之約也。 《唐書·白傳》："與高適同過汴州，酒酣登吹臺，慷慨懷古。"公傳："從高適、李白過汴州，登吹臺，慷慨懷古，人莫測也。" 王琦《太白年譜》曰："《贈蔡舍人》詩云：'一朝去京國，十載客梁園。'……《梁園吟》曰：'我浮黄河去京闕，挂席欲進波連山，天長水闊厭遠涉，訪古始及平臺（按即吹臺）間。'是去長安之後，即爲梁、宋之游也。"（按《梁園吟》又曰："平頭奴子摇大扇，五月不熱凝清秋。"是白以三月放還，五月以至梁宋，至其與高、杜同游，則在深秋耳。） 適《東征賦》曰："歲在甲申，秋窮季月，高子游梁既久，方適楚以超忽。"《宓公琴臺》詩序曰："甲申歲，適登子賤琴臺。" 適又有《宋中别周梁李三子》詩曰："李侯懷英雄，骯髒乃天資。"似謂白也。 適集中多宋中詩，所言時序，多與公詩合，其間必有是時所作者。 嘗渡河游王屋山，謁道士華蓋君，而其人已亡。 《憶昔行》曰："憶昔北尋小有洞，洪河怒濤過輕舸。辛勤不見華蓋君，艮岑青輝慘幺麽。千崖無人萬壑静，三步回頭五步坐。秋山眼冷魂未歸，仙賞心違泪交墮。弟子誰依白茅屋，盧老獨啓青銅鎖。巾拂香餘搗藥塵，階除灰死燒丹火。玄圃滄洲莽空闊，金節羽衣飄婀娜。落日初霞閃餘映，倏忽東西無不可。松風澗水聲合時，青兕黄熊啼向我。”仇注：“此初訪華蓋君而傷其逝世，是游梁、宋時事。” 《昔游》詩曰：“昔謁華蓋君，深求洞宫脚。玉棺已上天，白日亦寂寞。暮升艮岑頂，巾几猶未却。弟子四五人，入來泪俱落。余時游名山，發軔在遠壑。良覿違夙願，含凄向寥廓。林昏罷幽磬，竟夜伏石閣。王喬下天壇，微月映皓鶴。（按此言夢寐恍惚，如見道士跨鶴降於天壇也，舊注非是。）晨溪響虚駃，歸徑行已昨。” 朱鶴齡曰：“華蓋君，猶《太白集》之丹邱子，蓋開元、天寶間道士隱於王屋者，不必求華蓋所在以實之也。詩云‘深求洞宫脚’，洞宫即《憶昔行》所云‘北尋小有洞’也。……洞在王屋艮岑，即王屋山東北之岑也。天壇亦在王屋；《地志》‘王屋山絶頂曰天壇，濟水發源處’是也。王屋在大河之北，故《憶昔行》曰‘洪河怒濤過輕舸’也。” 按二詩追述謁華蓋君事至詳盡，因悉録之，以存故實。是時詩中屢言學仙，一若真有志於此者。 今則渡大河，走王屋，將求華蓋君而師事之，至而其人適亡。 詩云：“良覿違夙願，含凄向廖廓。”其沮喪之情可知；宜其歷久不忘，一再追念而不厭也。 又按李陽冰《草堂集序》：白放還後，即就從祖陳留采訪大使彦允，請北海高天師授道籙於齊州紫極宫。 陳留，宋地，白之來游，爲訪彦允；公之來游，爲謁華蓋。 前此公《贈白》詩曰：“亦有梁宋游，相期拾瑶草。”殆謂此也。 公師事華蓋之志，竟不就；而白後果得受籙於高天師，（白有《奉餞高尊師如貴道士傳道籙畢歸北海》詩）故公明年又有《贈白》詩曰：“未就丹砂愧葛洪。”

天寶四載乙酉（七四五） 八月，册太真爲貴妃，三姊皆賜第京師。 是年，李白在山東，冬日，去之江東。 九月，詔改兩京波斯寺爲“大秦寺”。（見《册府元龜》。按此中土最古之天主教堂也。）

公三十四歲。 再游齊、魯。 是時李之芳爲齊州司馬，夏日，李邕自北海郡來齊州，公嘗從游，陪宴歷下亭及鵲山湖亭。《陪李北海宴歷下亭》詩原注：“時邑人蹇處士輩在坐。” 按盧象有詩題曰“追凉歷下古城西北隅——此地有清泉喬木”，一本題上有“同李北海”四字。 公詩云：“濟南名士多。” 象，汶水人，或嘗與斯游乎？俟考。旋暫如臨邑。

臨邑屬齊州。　秋後至兖州，時李白亦歸東魯，　兖州，天寶元年改名魯郡。　公與同游，情好益密，公《贈白》詩所云“余亦東蒙客，憐君如弟兄。醉眠秋共被，携手日同行”者是也。　白家本在魯郡。　公《送白二十韻》曰：“醉舞梁園夜，行歌泗水春。”知白游梁之次年春，已至兖州。（天寶三載三月，諸郡玄元廟已改稱紫極宫。　白至齊州，於紫極宫從高天師受道籙，疑在歸兖以前，天寶三載秋冬之際。）　公詩曰“余亦東蒙客”，白《寄東魯二稚子》詩曰：“我家寄東魯，誰種龜陰田。”《憶舊游寄元參軍》詩曰：“北闕青雲不可期，東山白首還歸去。”曰東蒙，曰龜陰，曰東山，實即一處。　《續山東考古録》：“《元和志》以蒙與東蒙爲二山。余謂蒙在魯東，故曰東蒙。……今天又分東蒙、雲蒙、龜蒙三山；惟《齊乘》以爲龜、蒙二山，最當。……合言之曰東山，分言之曰龜、蒙。”　俄而公將西去，白亦有江東之游，城東石門，一别遂無復相見之日矣。　錢曰：“《單父東樓送族弟沈之秦》則曰：‘長安宫闕九天上，此地曾經爲近臣。屈平憔悴滯江潭，亭伯流離放東海。’《魯郡東石門送杜二甫》則云：‘醉别復幾日，登臨遍池臺。何言石門路，重有金樽開。’此知李游單父後，於魯郡石門與杜别也。單父至兖州二百七十里，蓋公輩游梁、宋後，復至魯郡，始言别也。”

在兖州時，白嘗偕公同訪城北范十隱居，公有詩曰：“落景聞寒杵”，白集亦有尋范詩曰“雁度秋色遠”，二詩所紀時序正同。　又公詩曰“更想幽期處，還尋北郭生”；白詩曰“忽憶范野人，閑園養幽姿。茫然起逸興，但恐行來辭”；公詩曰“入門高興發”；白詩曰“入門且一笑”；公詩曰“不願論簪笏，悠悠滄海情”；白詩曰“遠爲千載期，風流自簸蕩”，辭意亦相彷彿，當是同時所作。　且兖州天寶元年改魯郡，白自天寶元年自會稽來京師，三載放歸，客游梁、宋，直至四載，始來兖州，尋范詩題曰“魯城”，知爲其時所作。　蓋此後浪游南中，不聞復歸魯也。

《寄張十二山人彪三十韻》云：“歷下辭姜被，關西得孟鄰。早通交契密，晚接道流新。”仇注：“歷下早通，記初交之地，關西晚接，記再遇之緣。”　按公是年夏在歷下，而開元二十四年至二十九年間亦嘗游齊地，初遇張彪，不知究在何時。　《題張氏隱居》二首，或以爲即指彪，然詩曰“石門斜日到林丘”，石門在兖州，而歷下在齊州，不可混爲一談。黄鶴謂張氏乃張叔明（“明”或作“卿”），較有據。

公初遇元逸人及董煉師，蓋皆在此時。《昔游》詩曰：“東蒙赴舊隱，尚憶同志樂。伏事董先生，於今獨蕭索。”朱鶴齡曰：“東蒙舊隱，即《玄都壇歌》‘故人昔隱東蒙峰’者也。公客東蒙，與太白諸人同游好，所謂同志樂也。其時之伏事者，則董先生，即‘衡陽董煉師’也。”仇注：“華蓋君已歿，而轉尋董煉師，是游齊、魯時事。”案元逸人，盧世㴶以爲即與李白同游之元丹丘；董煉師，據《輿地紀勝》，名奉先。

天寶五載丙戌（七四六） 四月，左相李適之罷，陳希烈同平章事。（希烈以講《老》《莊》得進）是年，靈徹生。

公三十五歲。自齊、魯歸長安。《壯游》：“放蕩齊趙間……決意八九年，西歸到咸陽。”從汝陽王璡、駙馬鄭潛耀游。《壯游》詩於“西歸到咸陽”下，曰“賞游實賢王，曳裾置醴地”。仇注：“賢王置醴，指汝陽王璡也。”《贈特進汝陽王二十韻》鶴注：“《舊史》，天寶初，璡終父喪，加特進；九載卒。考寧王憲以開元二十九年十一月薨。天寶三載，璡喪服初終，必其年二月，封璡以嗣寧，所弁加特進也。公於開元二十四年下考功第，去游齊、趙八九年，其歸長安，當在天寶四、五載間。《壯游》詩云‘賞游實賢王，曳裾置醴地’，正其時也。”多案云四五載間，誤；當云五六載間也。《贈汝陽王二十韻》：“披霧初歡夕，高秋爽氣澄，樽罍臨極浦，鳧雁宿張燈；花月窮游宴，炎天避鬱蒸，硯寒金井水，簾動玉壺冰。”仇注：“初宴在秋，故見鳧宿燈張；後宴在夏，故見井水壺冰；中間花月之游，當屬春時。”此所叙節候，實跨兩載。此言初宴在秋，而客歲（天寶四載）秋日，公方在兖州。則是從璡游，至早當自五載秋始，所云春夏，乃六載之春夏耳。集中有《皇甫淑妃碑》，淑妃，鄭潛耀妻臨晋公主之母也。黄鶴定碑撰於天寶四載，曰：“《碑》云‘自我之西，歲陽載紀’。按《爾雅》，自甲至癸，爲歲之陽。妃以開元二十三年乙亥薨，至天寶四載乙酉，爲歲陽載紀矣。碑當立於是年也。”多按此説非也。《碑》云“甫忝鄭莊之賓客，游竇主之山林”，是撰碑之前，已從鄭游。公五載始至長安，焉得四載爲鄭莊賓客，且爲撰碑哉？《碑》述潛耀之言曰“自我之西”，（仇注云

"自東京至西京"是也）故知所云"鄭莊"及"竇主之山林"必在長安。《長安志》"蓮花洞，在神禾原，即鄭駙馬之居"，是其地矣。公又有《鄭駙馬池臺喜遇鄭廣文同飲》詩，其地亦在長安，詩云"俱過阮宅來"，知池臺即鄭宅中之池臺。又有《鄭駙馬宅宴洞中》詩，即蓮花洞也。或以爲東都亦有鄭宅，至以新安東亭，亦屬潛耀，皆臆説無據，徐松《唐兩京城坊考》云："洛陽第宅，多是武后、中宗居東都時所立，中業以後，不得有公主宅。"亦可證公未來長安前，不得游竇主之山林，即不得爲鄭莊之賓客矣。至"歲陽載紀"之語，乃約略言之，文家修詞，此類甚多，不得以爲適當乙酉之歲也。

《壯游》詩叙歸長安後之交游，又曰"許與必詞伯"，仇注以爲指岑參、鄭虔輩。多案據杜確《岑參集序》，參自天寶三載擢第後，嘗居右内率府兵曹參軍，右威衛録事參軍等職，則是時宜在京師。其曾否與公同游，則於二公集中悉無徵，未可以臆斷也。若鄭虔，則此際萬無與公相值之理，説詳後。

天寶六載丁亥（七四七） 詔天下通一藝者詣京師，李林甫素忌文學之士，下尚書省試，皆下之。正月，遣使就殺北海太守李邕；李適之飲藥死。九月，安禄山築雄武城。十月，改温泉宫爲華清宫，治湯井爲池，環山列宫室。十二月，築羅城，置百司公卿邸第，以房琯爲繕理。高仙芝討小勃律，虜其王歸。是年，包佶登進士第，薛據中"風雅古調"科。

公三十六歲。在長安。元結《諭友》曰："天寶丁亥中，詔徵天下士有一藝者，皆得詣京師就選。晋公林甫以草野之士猥多，恐泄漏當時之機，議於朝廷曰：'舉人多卑賤愚瞶，不識禮度，恐有俚言，污濁聖聽。'於是奏待制者悉令尚書長官考試，御史中丞監之，試如常例。（原注：如吏部試詩賦論策。）已而布衣之士，無有第者，送表賀人主，以爲野無遺賢。"《新書·李林甫傳》略同。時公與結皆應詔而退。《贈鮮于京兆二十韻》"破膽遭前政，陰謀獨秉鈞。微生沾忌刻，萬事益酸辛"，即指此。

天寶七載戊子（七四八） 十月，封貴妃三姊并國夫人。十二月，哥舒翰築神威軍於青海上，又築城龍駒島，吐蕃不敢近青海。是年，李益、盧綸生。包何、李嘉祐登進士第。

公三十七歲。在長安。屢上詩韋濟，求汲引。上韋諸詩中，如曰“老驥思千里，饑鷹待一呼。君能微感激，亦足慰榛蕪”，曰“難甘原憲貧”，皆情詞悲切；如曰“紈絝不餓死，儒冠多誤身”，曰“朝叩富兒門，暮隨肥馬塵。殘杯與冷炙，到處潛悲辛”，又若不勝憤激。　蓋公畢生之困厄，此其開端矣。　然自齊、魯西歸，旅食京邑，數年以來，亦頗受知於一二公卿，（《贈汝陽王》“招要恩屢至，崇重力難勝”；《贈韋二十二韻》“每於百僚上，猥誦佳句新”；《寄韋尹丈人》原注：“甫有故廬在偃師，承韋公頻有訪問。”）特皆杯酒聯歡，片言延譽，終莫肯假以實助。　即如蕭比部雖以姑表昆弟之親，尚不能脱公於屯蹇，他更無論矣。　故私心怨忿之極，輒欲奮足遠引，與世決絶。　《贈韋二十二韻》：“焉能心怏怏，衹是走踆踆。今欲東入海，即將西去秦。”《贈蕭比部》：“中散山陽鍛，愚公野谷村。寧紓長者轍，歸老任乾坤。”——或曰遠游，或曰歸隱，但故爲憤詞以自解，非本意如此也。　**與書家顧誡奢訂交，約當此時。**　《送顧八分文學適洪吉州》：“文學與我游，蕭疏外聲利，追隨二十載，浩蕩長安醉，高歌卿相宅，文翰飛省寺。”仇曰：二十載，通前後而言，是也。　詩作於大曆三年，上數二十年，爲天寶七載。

天寶八載己丑（七四九）　哥舒翰攻拔吐蕃石堡城。　不空自印度歸，求得密藏經論五百餘部，是爲密宗之始。　高適舉有道科，中第。

公三十八歲。　在長安。　《高都護驄馬行》云：“飄飄遠自流沙至。”高仙芝天寶八載入朝，詩必作於是年。　詩又云：“長安健兒不敢騎，走過掣電傾城知。”故知是時公尚在長安。　**冬日，歸東都，因謁玄元皇帝廟，觀吴道子所畫壁。**　《冬日洛城北謁玄元皇帝廟》云：“五帝聯龍衮。”黄曰：“唐史，加五帝‘大聖’字，在八載閏六月，可證是年公又在東都。”　按東都玄元廟，在積善坊。　詩曰：“畫手看前輩，吴生遠擅場。森羅移地軸，妙絶動宫墻。五聖聯龍衮，千官列雁行。冕旒俱秀發，旌旆盡飛揚。”　原注：“廟有吴道子畫‘五聖圖’。”　康駢《劇談録》載：“玄元觀壁上，有吴道子畫五聖真容，及《老子化胡經》事，丹青絶妙，古今無比。”

天寶九載庚寅（七五〇）　五月，封安禄山爲東平郡王，唐將帥封王自此始。七月，置廣文館，以鄭虔爲博士；虔獻詩并畫，帝署其尾曰：“鄭虔三絶。”　是年，沈既濟生。　汝陽王璡卒。　綦毋潛卒（？）

公三十九歲。來長安。初遇鄭虔。《新書·文藝·鄭虔傳》:“天寶初,爲協律郎,集綴當世事著書八十餘篇。有窺其稿者,上書告虔私撰國史。虔蒼黄焚之。坐謫十年。還京師,玄宗愛其才,欲置左右以不事事,更爲置廣文館,以虔爲博士。” 《唐會要》:“天寶九載七月,置廣文館,以鄭虔爲博士。” 據《新書》,著書坐謫,必是天寶元年,而拜廣文博士,則自謫所甫歸京師時事。計若自天寶元年起,謫居十年,則歸京師拜廣文,必在天寶十載。 然《會要》所紀,年月并具,必不誤。 誤者,《新書》“天寶初”與“坐謫十年”二語,必居其一耳。 總之,虔居貶所日久,或八九年,或十年,至天寶九載,始得歸京師,與公相遇而訂交,則無疑也。 今觀凡公詩及虔者,不曰“廣文”,即曰“著作”,不曰“著作”即曰“司户”,咸九載以後之作,益足以斷二公定交,至早在天寶九載。 不然,以二公相知之深,相從之密,何以九載以前,了不見過從酬答之迹? 仇注《壯游》“許與必詞伯”句,乃直曰“指岑參、鄭虔輩”,不知詩所叙爲天寶五載始歸長安時之交游,時虔方遠在貶所,安得與公相見於長安? 若鍾輅《前定録》載開元二十五年,虔爲廣文博士,有鄭相如者謁虔,爲預言污賊署坐謫事,則稗官之説,本非摭實,不足辯。

天寶十載辛卯(七五一) 正月,祠太清宫、太廟,祀南郊。 二月,安禄山兼領三鎮。四月,鮮于仲通討南詔,高仙芝討大食。八月,安禄山討契丹,并大敗。 十一月,楊國忠兼劍南節度使。 是年,錢起舉進士,以試《湘靈鼓瑟》詩及第。 賈至舉明經科及第。 孟郊生。

公四十歲。 在長安。 進《三大禮賦》,玄宗奇之,命待制集賢院。 《進封西岳賦表》:“傾歲,國家有事於郊廟,幸得奏賦,待罪於集賢。” 《莫相疑行》:“憶獻三賦蓬萊宫,自怪一日聲輝赫。集賢學士如堵墻,觀我落筆中書堂。” 魯訔曰:“公奏《三大禮賦》,史集皆云十三載。” 朱曰:“按帝紀,十載行三大禮,十三載未嘗郊,況表云:‘臣生長陛下淳樸之俗,行四十載矣。’故知當在是歲。” 按《唐六典》,延恩匭,凡懷才抱器,希於聞達者投之。 公前此貢舉落第,應詔退下,屢遭挫敗,蓋幾於進身無路矣,至是乃又投匭獻賦,以冀一幸,《贈别崔于二學士》所云“昭代將垂白,窮途乃叫閽”者是也。 陸游《題杜少陵像圖》:“長安落葉紛可掃,九陌北風吹馬倒。杜公四十不成名，袖裏空餘三賦草。車聲馬聲喧客枕，三百青銅市樓飲。杯殘炙冷正悲辛，仗内鬥鷄催賜錦。”可謂善於寫照矣。 又按《贈别崔于二學士》詩曰“氣冲星象表，詞感帝王尊”，即史云“玄宗奇之”也。 然詩又云：“謬稱三賦在，難述二公恩。”原注：“甫獻《三大禮賦》出身，二公嘗謬稱述。” 是則公之受知主上，實因二學士之稱述。 二學士，崔國輔、于休烈也。 **秋病瘧，友人魏君冒雨見訪，因作《秋述》貽之。** 文中有云：“秋，杜子卧病長安旅次，多雨生魚，青苔及榻。常時車馬之客，舊雨來，今雨不來。……我棄物也，四十無位，子不以官遇我，知我處順故也。” **病後，過王倚，王餉以酒饌，感激作歌贈之。** 歌曰：“王生怪我顔色惡，答云伏枕艱難遍。瘧癘三秋孰可忍？寒熱百日相交戰，頭白眼暗坐有胝，肉黄皮皺命如綫。惟生哀我未平復，爲我力致美肴膳。遣人向市賒香粳，唤婦出房親自饌。長安冬菹酸且緑，金城土酥净如練，兼求畜豪且割鮮，密沽斗酒諧終宴。故人情義晚誰似，令我手足輕欲旋。”此詩詞旨酸楚，不堪卒讀，其時潦倒可知矣。 《進三大禮賦表》曰：“傾者賣藥都市，寄食朋友。”蓋實録也。 **是年，在杜位宅守歲。** 《杜位宅守歲》鶴注：“詩云‘四十明朝過’，則是天寶十載爲四十歲。” 按位，公之從弟，李林甫之諸婿也。 公《寄杜位》詩原注：“位京中宅近西曲江。”

天寶十一載壬辰（七五二） 四月，崔國輔貶竟陵郡司馬。 十一月，李林甫卒，楊國忠爲右相。 哥舒翰、安禄山并入朝。 高適隨翰至京師。 歲晚，岑參赴安西（？）

公四十一歲。 在長安。 召試文章，送隸有司參列選序。 《進封西岳賦表》：“委學官試文章，再降恩澤，仍猥以臣名實相副，送隸有司參列選序。” 《留贈崔于二學士》：“天老書題目，春官驗討論。倚風遺鶂路，隨水到龍門。竟與蛟螭雜，空聞燕雀喧，青冥猶契闊，凌厲不飛翻。” 《贈鄭諫議十韻》：“使者求顔闔，諸公厭禰衡。” **暮春，暫歸東都。** 《留贈崔于二學士》曰：“故山多藥物，勝概憶桃源，欲整還鄉旆，長懷禁掖垣。”當是召試後暫還東都，其時蓋在季春，故曰“勝概憶桃源”。 按史，天寶十一載四月，御史大夫王鉷賜死，禮部員外郎崔國輔坐鉷近親，貶竟陵郡司馬。 國輔貶官在四月，則公贈詩自在四月以前，與詩正合。 **冬，高適隨哥舒翰入朝，與**

公暫集，俄復別去，公有詩送之。《舊書》，十一載冬，翰與安禄山并來朝，上使高力士設宴崔駙馬山池。適蓋同至京師；及其去歸河西，公則作詩送之。

楊國忠爲相，引鮮于仲通爲京兆尹，事在本年十一月。公有《贈鮮于京兆》詩，曰“早晚報平津”，望其薦於國忠也。又曰“破膽遭前政，陰謀獨秉鈞”，謂李林甫也。夫林甫之陰謀，不待言。若國忠之奸，不殊林甫，公豈不知？且二人素不協，秉政以來，私相傾軋者久矣。今於林甫死後，將有求於國忠，則以見忌於林甫爲言，公之求進，毋乃過疾乎？雖然《白絲行》曰“已悲素質隨時染”，又曰“君不見才士汲引難，恐懼棄捐忍羈旅”，審其寄意所在，殆有悔心之萌乎！故知公於出處大節，非果無定見，與時輩之苟且媮合，執迷不悟者，不可同日語也。錢謙益曰：“少陵之投詩京兆，鄰於餓死（按贈鮮于詩有“有儒愁餓死”之句），昌黎之上書宰相，迫於飢寒。當時不得已而姑爲權宜之計，後世宜諒其苦心，不可以宋儒出處，深責唐人也。”此言雖出之蒙叟，然不失爲平情之論。《投簡成華兩縣諸子》曰：“飢卧動即向一旬，敝衣何啻聯百結。”比來公生計之艱若是！

天寶十二載癸巳（七五三） 正月，京兆尹鮮于仲通諷選人爲楊國忠立頌省門。八月，京師霖雨，米貴，出太倉粟減糶。是年，皇甫曾、張繼、鮑防并登進士第。殷璠選《河岳英靈集》，起於永徽甲寅（六五四），訖於本年。

公四十二歲。在長安。首夏，同鄭虔游何將軍山林。《重過何氏五首》鶴注：“前云‘千章夏木清’，初游在夏。此云‘春風啜茗時’，重游在春矣。前屬天寶十二載，此則當是天寶十三載。詩又云‘何日沾微禄’，乃是未授官時也。若十四載，則已授河西尉，又改率府胄曹矣。”多按又玩《游何將軍山林》中“詞賦工何益，山林迹未賒。盡捻書籍賣，來問爾東家”等句，明是獻賦不售後之詞。然十一載季春歸在東都，首夏未必能復來長安；詩又曰“緑垂風折笋，紅綻雨肥梅”，是初夏景物，則不得爲天寶十一載之作矣。鶴編在十二載，得之。次子宗武約生於此年秋。仇注：“至德二載，公陷賊中，有詩云：‘驥子好男兒，前年學語時’，此時宗武約計五歲矣。”多按據此則當生於本年。又《示宗武》曰“十五男兒志”，黃鶴編在大曆三年。今按當提前一年，編在大曆二年，其時宗武年十五歲，則適當生於天寶十二載，與仇説至德二載年五歲合矣。《宗武生日》又曰：“高秋此日生。”

天寶十三載甲午（七五四） 是年，户部奏郡縣户口之數，爲唐代之極盛。關中大饑。制舉始試詩賦。元結、韓翃登進士第；獨孤及舉洞曉玄經科，登第。崔顥、元德秀卒。蘇源明入爲國子司業。陸贄生。

公四十三歲。在長安。進《封西岳賦》。黄曰：“是年二月，右相兼文部尚書楊國忠守司空，即《封西岳表》所云‘元弼司空’也。故知進表在是年。”按又有《贈獻納使田澄》詩曰：“揚雄更有《河東賦》，唯待吹噓送上天。”當是獻賦前所投贈者。自東都移家至長安，居南城之下杜城。據《橋陵詩》，知是年秋後，自長安移家至奉先。然公家本在東都，其何時徙居長安，則詩中無明文可考。惟《遣興三首》曰：“客子念故宅，三年門巷空”。（故宅，指東都之宅，驗本詩可知）仇定此詩作於乾元元年，上數三年，則初離故宅時爲天寶十四載。此明與《橋陵詩》所紀不合；十三載，已自長安移家奉先，不得十四載始離東都至長安也。今定《遣興》作於至德二載，則作詩時距本年（天寶十三載），適爲三年，與《橋陵詩》無牴牾矣。又據《橋陵詩》，既知自長安移家至奉先，在天寶十三載秋後，再參以“三年門巷空”之句，則知公眷屬自東都至長安，必在天寶十三載正月以後、十月以前。《秋雨嘆》（盧編在天寶十三載）曰：“長安布衣誰與數，反鎖衡門守環堵。”又曰：“稚子無憂走風雨。”（疑指宗文）知是年秋，公已置宅長安，妻子亦俱至也。《夏日李公見訪》（舊但云天寶末作，兹定爲天寶十三載。）曰：“貧居類村塢，僻近城南樓。”曰：“孰謂吾廬幽。”知是年夏公有宅在長安也。詩中暗示，止於此際。移家長安，疑在天寶十三載之春。《遣興》又云：“昔在洛陽時，親友相追攀。送客東郊道，遨游宿南山。”知迎眷來京之役，公實親任之。然本年詩中，不言歸東都事，蓋偶然失紀耳。考前此數年詩文中，曰“賣藥都市，寄食朋友”（《進三大禮賦表》），曰“垂老獨漂萍”（《贈張四學士》），曰“此身飲罷無歸處”（《游樂園歌》），曰“寄食於人，奔走不暇”（《進雕賦表》），曰“恐懼棄捐忍羈旅”（《白絲行》），曰“卧病長安旅次”（《秋述》），皆言長安無家也；而十載在杜位宅守歲，十一載將歸東都，《留别二學士》詩曰“欲整還鄉旆”，尤爲前此未移家長安之明證。 然《游何將軍山林》曰“盡捻書籍賣，來問爾東家”，《重過何氏》曰“何日沾微禄，歸山買薄田”，已萌置宅城南之念矣；(《通志》：“少陵原，乃樊川北原，自司馬村起，至何將軍山林而盡……在杜城之東，韋曲之西。”) 《贈鄭諫議》曰“築居仙縹渺，旅食歲峥嶸”，惟其有築居之心而力不足，故有此嘆；《曲江三首》曰“杜曲幸有桑麻田，故將移住南山邊”，則移居之决心，已明白表示矣。 此皆十一二載之詩，足證其時移家之心雖切，然猶未能見諸事實。 至《夏日李公見訪》，始有“貧居類村塢，僻近城南樓”及“孰謂吾廬幽”之語。 《橋陵詩》曰“轗軻辭下杜”；下杜，即李公見訪之處也。 《長安志》云：下杜城在長安縣一十五里，此曰“僻近城南樓”，正與下杜城之方位合，其證一也。 《李公見訪》詩又云“展席俯長流”，而杜陵之樊鄉有樊川，潏水自樊川西北流，經下杜城，趙曰“展席俯長流”，即當此地，其證二也。 又《九日五首》曰“故里樊川菊”，《哀江頭》原注曰“甫家居在城南”，與赴奉先前所居之處，及李公見訪之處皆合，故知公之自稱“杜陵野老”，實因嘗居其地，非徒循族望之舊稱也。 因田梁丘投詩河西節度使哥舒翰。 唐制，從軍歲久者，得爲大郡。 公交游中如高適、岑參輩，皆以不得志於中朝，乃走絶塞，投戎幕，以爲進身之階。 是時武人握重兵，位極功高，威名震中外者，哥舒翰、安禄山耳。 翰爲人尤權奇倜儻，已然諾，縱蒱好酒，有任俠風；又能甄用才俊，并世文士，如嚴武、高適、吕諲、蕭昕，皆辟置幕下，委之軍務。 自李林甫死，楊國忠當國，公仍不見用，再三獻賦，復不蒙省録。 至是遂欲依翰，故因翰判官田梁丘投詩以示意，又别爲詩贈田，乞爲夤緣。 《投贈哥舒開府翰二十韻》云：“防身一長劍，將欲倚崆峒。”此投詩之主旨也。 《贈田判官》詩云：“陳留阮瑀争誰長，京兆田郎早見招。麾下賴君才并美，獨能無意向漁樵？” 仇注：“阮瑀指高適，適本封丘尉，與陳留相近，他章云‘好在阮元瑜’可證。高之入幕，必由田君所薦，故云早見招而幕下賴之。留意漁樵，公仍望其汲引也。” 陳廷敬曰：“考《王思禮傳》，天寶十三載，吐谷渾蘇毗王款塞，明皇詔翰應接。 舊注以此當降王款朝，(按《贈田》詩中有此語)是也。 其謂報命而入朝，此意料之詞，不見確據。 考《帝紀》及《翰傳》，天寶十三載，無翰入朝事。 是年，翰遘風疾，因入京，廢疾於家。 田蓋以使事入奏，當在翰未疾之先，非隨翰入朝也。公所投詩，當是一時作，或即因田而投贈於翰也。”多按《舊書·方伎金梁鳳傳》：“天寶十三載，客於河西……時因哥舒翰爲節度使，詔入京師。”陳謂天寶十三載無翰入朝事，未確。其云公因田投詩於翰，則是也。歲中，張垍自盧溪召還，再遷爲太常卿，公復上詩求助。《贈張卿》詩：“萍泛無休日，桃陰想舊蹊。吹噓人所羨，騰躍事仍睽。……顧深慚鍛煉，才小辱提携。”朱注：“垍必嘗薦公而不達，故有吹噓提携等句。”多按前此（約當天寶九載）嘗贈張詩，張之薦公，當在其時。前詩云“儻憶山陽會”，此詩亦云“桃陰想舊蹊”，張必公之舊交。此詩又曰“幾時陪羽獵，應指釣璜溪”，是仍望其汲引也。又進《雕賦》，表中詞益哀激。仇注：“表中云自七歲綴筆，向四十年，其年次又在進《三大禮賦》後，應是天寶十三載所作。”又云：“公三上賦而朝廷不用，故復托雕鳥以寄意。”秋後，淫雨害稼，物價暴貴，公生計益艱。本年春曰作《醉時歌》曰：“杜陵野客人更嗤，被褐短窄鬢如絲。日糴太倉五升米……得錢即相覓，沽酒不復疑。”然此特醉中作歌，一時豪語耳。《進封西岳賦表》云“退嘗困於衣食”，《進雕賦表》云“衣不蓋體，嘗寄食於人，奔走不暇”，則庶幾近實。《示從孫濟》云：“所來爲宗族，亦不爲盤飧。小人利口實，薄俗難具論。勿受外嫌猜，同姓古所敦。”似是乏食之際，屢從濟就食，因見猜疑，而有此作，其事可笑，其情尤悲。《秋雨嘆》云：“城中斗米换衾裯，”就食於濟，蓋即在其時。遂携家往奉先，館於廨舍。《橋陵詩》：“轗軻辭下杜，飄颻凌濁涇。諸生舊短褐，旅泛一浮萍。荒歲兒女瘦，暮途涕泗零。主人念老馬，廨署容秋螢。流寓理豈愜？窮愁醉不醒。”按曰“荒歲兒女瘦”，明此行携家與俱。公妻子已於本年至奉先，故明年得自京赴奉先就妻子也。

天寶十四載乙未（七五五） 十一月，安禄山反，陷河北諸郡；郭子儀爲朔方副節度使。十二月，東京陷，哥舒翰爲兵馬副元帥，守潼關；高適拜左拾遺，轉監察御史。王昌齡爲閭丘曉所殺。

公四十四歲。在長安。歲中往白水縣，今陝西關中道白水縣，唐屬左馮翊同州。省舅氏崔十九翁。時崔爲白水尉。九月，同崔至奉先。公夫人楊氏。《九日楊奉先會白水崔明府》之楊奉先，疑即其内家之爲奉先令者。 公自去秋移家來奉先，即依此人。 公與楊若非近親，則妻子豈得寄寓於廨署？ 十月，歸長安，授河西尉，不拜， 《夔府咏懷》："昔罷河西尉，初興薊北師。" 河西縣故城在今雲南河西縣境。 改右衛率府胄曹參軍。 《官定後戲贈》："不作河西尉，凄凉爲折腰。老夫怕趨走，率府且逍遥。耽酒須微禄，狂歌托聖朝。故山歸興盡，回首向風飈。" 公辭尉就率府，取其逍遥，得以飲酒狂歌耳。 然亦不得已，故有回首故山之慨。《去矣行》："野人曠蕩無靦顔，豈可久在王侯間？未試囊中餐玉法，明朝且入藍田山。" 蓋既得官後，又未嘗一日不思去也。 十一月，又赴奉先探妻子，作《自京赴奉先咏懷五百字》。 歲暮，喪幼子。 見《咏懷五百字》。

天寶十五載（即至德元載）丙申（七五六） 正月，安禄山僭號於東京；李光弼爲河東節度副大使。 六月，哥舒翰戰敗於靈寶西，禄山陷潼關。 玄宗奔蜀，出延秋門，次馬嵬，陳玄禮殺楊國忠，貴妃自縊。 禄山陷京師。 七月，上傳位於太子（起居舍人知制誥賈至撰册），改元。 李泌至靈武。 回紇、吐蕃請助國討賊。 八月，安禄山取長安樂工犀象詣洛陽，宴其群臣於凝碧池。 十月，房琯爲招討節度使，與賊戰於陳陶斜，敗績。永王璘反，率兵東下，引李白爲僚佐。 十二月，高適爲淮南節度使，討永王璘。 是年，岑參領伊西、北庭度支副使。 郎士元、皇甫冉登進士第。

公四十五歲。 歲初在長安。 有《蘇端薛復筵簡薛華醉歌》，及《晦日尋崔戢李封》詩。 五月，至奉先避難，携家往白水，寄居舅氏崔少府高齋。 《白水崔少府十九翁高齋三十韻》曰："客從南縣來……况當朱炎赫。" 錢箋："《寰宇記》：'蒲城縣，本漢重泉縣地，後魏分白水縣，置南白水縣，以在白水之南爲名，廢帝三年改爲蒲城，開元中改爲奉先。' 公從奉先來，循其舊名，故曰'南'。" 詩又曰："高齋坐林杪，信宿游衍闃……始知賢主人，贈此遣愁寂。" 六月，又自白水，取道華原， 《三川觀水漲二十韻》："我經華原來，" 三川縣屬鄜州。 赴鄜州， 今陝西榆林道鄜縣。 至三川縣同家窪，寓故人孫宰家。 《元和郡縣志》："同州白水縣，漢彭衙縣地。" 各注謂彭衙屬鄜州，非也。 公《彭衙行》曰"憶昔避賊初，北走經險艱，夜深彭衙道，月照白水山”，蓋述初發白水時情景也。 同家窪則途中所經地，故人孫宰居焉，因留其家。《彭衙行》述此行避亂之顛末甚悉，曰：“……盡室久徒步，逢人多厚顔，參差谷鳥吟，不見游子還。痴女飢咬我，啼畏虎狼聞，懷中掩其口，反側聲愈嗔。小兒强解事，故索苦李餐。（以上敘初發白水，途中兒女顛連之苦。）一旬半雷雨，泥濘相攀牽，既無御雨備，徑滑衣又寒。有時經契闊，竟日數里間。野果充糇糧，卑枝成屋椽，早行石上水，暮宿天邊烟。（以上敘雨後行蹇、困頓流離之狀。）少留同家窪，欲出蘆子關。故人有孫宰，高義薄曾雲，延客已曛黑，張燈啓重門，暖湯濯我足，剪紙招我魂。從此出妻孥，相視涕闌干，衆雛爛漫睡，喚起沾盤飧——‘誓將與夫子，永結爲弟昆！’遂空所坐堂，安居奉我歡。”（以上敘孫宰晋接及周恤之情誼。） 又《三川觀水漲二十韻》所紀亦同時事，詩曰：“我經華原來，不復見平陸，北上惟土山，（按《元和郡縣志》：“土門山在華原縣東南四里。”）連天走窮谷。火雲出無時，飛電常在目。自多窮岫雨，行潦相豗蹙，蓊匌川氣黄，群流會空曲。清晨望高浪，忽謂陰崖踣——恐泥竄蛟龍，登危聚麋鹿，枯查卷拔樹，礧磈共充塞，聲吹鬼神下，勢閲人代速……”按前詩言途中苦雨，此亦言多雨而致川漲，所指宜即一事。**聞肅宗及位靈武，即留妻子於三川**，後有《述懷》詩曰：“寄書問三川，不知家在否。” **孑身從蘆子關奔行在所。 途中爲賊所得，遂至長安。 九月，於長安路隅遇宗室子弟，乞舍身爲奴，感慟作《哀王孫》。**

至德二載丁酉（七五七） 二月，肅宗幸鳳翔。永王璘敗，李白亡走彭澤，坐繫潯陽獄。 九月，收西京。 十月，尹子奇久圍睢陽，城陷，張巡、許遠死之。收東京，肅宗自鳳翔還長安。 蘇源明知制誥。 十二月，上皇自蜀至，居興慶宫。 大封蜀郡、靈武扈從功臣；陷賊官六等定罪，鄭虔、王維、儲光羲、盧象、李華等皆貶官。是年劉長卿爲鄂岳觀察使，因吴仲孺誣奏，貶南巴尉。 高適下除太子少詹事，歸東都。 嚴維、顧况登進士第。

公四十六歲。 春陷賊中，在長安，時從贊公、蘇端游， 贊公，大雲經寺僧，嘗以青絲履白氈巾贈公。《雨過蘇端》：“杖藜入春泥，無食起我早。諸家憶所歷，一飯迹便掃，蘇侯得數過，歡喜每傾倒。”又曰：“况蒙霈澤垂，糧粒或自保。”可知陷賊之際，公衣食頗仰給於此二人也。同年三月作《喜晴》曰：“春夏各有實，我飢豈無涯？”《送程録事還鄉》曰：“内愧突不黔，庶羞以賙給。” 四月，自金光門出，間道竄歸鳳翔，後有詩題：“至德二載，甫自京金光門出，間道歸鳳翔；乾元初，從左拾遺移華州椽，與親故别，因出此門，有悲往事。” 詩曰：“此道昔歸順，西郊胡騎繁，至今猶破膽，應有未招魂。” 《自京竄至鳳翔喜達行在所》：“生還今日事，間道暫時人。”述途中之危險也；又曰：“影静千官裏，心蘇七校前。”志歸後之歡欣也。 《述懷》：“今夏草木長，脱身得西走，麻鞋見天子，衣袖露兩肘。”即史所謂“羸服竄歸”者也。 五月十六日，拜左拾遺。 錢箋：“甫拜拾遺，在至德二載五月十六日，命中書侍郎張鎬齎符告諭。 今湖廣岳州府平江縣裔孫杜富家，尚藏此敕。 敕用黄紙，高廣可四尺，字大二寸許，年月有御寶，寶方五寸許。” 按敕文載林侗《來齋金石考略》，稱“襄陽杜甫（云云）”。 白居易爲左拾遺時賦詩曰：“歲愧俸錢三十萬。” 是月，房琯得罪，公抗疏救之，肅宗怒，詔三司推問，張鎬、韋陟等救之，仍放就列。 本傳：“甫與房琯爲布衣交，琯以客董庭蘭罷宰相。甫上疏言罪細，不宜免大臣。帝怒，詔三司推問。宰相張鎬救之，得解。” 公《祭房公文》曰：“拾遺補闕，視君所履。公初罷印，人實切齒。甫也備位此官，蓋薄劣耳，見時危急，敢愛生死？君何不聞，刑欲加焉？伏奏無成，終身愧耻。” 集中又有《謝敕放三司推問狀》，文繁不録。 又《壯游》曰：“備員竊補衮，憂憤心飛揚，上感九廟焚，下憫萬民瘡，斯時伏青蒲，廷諍守御床，君辱敢愛死，赫怒幸無傷。” 《秋日荆南述懷三十韻》曰：“遲暮宫臣忝，艱危衮職陪，揚鑣隨日馭，折檻出雲臺，罪戾寬猶活，干戈塞未回。” 《建都十二韻》曰：“牽裾恨不死，漏網辱殊恩。” 并指此事。 按《唐書·韋陟傳》，陟亦嘗奏公言不失諫臣體，帝由是疏之。 則當時論救者，不獨一張鎬矣。 六月，同裴薦等四人薦岑參，《爲補遺薦岑參狀》一首，今載集中。 閏八月，墨制放還鄜州省家。 《北征》：“皇帝二載秋，閏八月初吉，（按朔日也）杜子將北征，蒼茫問家室……顧慚私恩被，詔許歸蓬蓽，拜辭詣闕下，怵惕久未出。……” 於是徒步出鳳翔，至邠州，始從李嗣業借得乘馬。 見《徒步歸行》。 歸家，卧病數日。 《北征》：“老夫情懷惡，嘔泄卧數日。”　作《北征》。　十一月，自鄜州至京師。《收京三首》仇注曰：“此當是至德二載十月，在鄜州時作。詩云‘生意甘衰白，天涯正寂寥，忽聞哀痛詔，又下聖明朝’，此明是在家聞詔。按肅宗於至德元年七月十三日甲子即位靈武，制書大赦；二年十月十九日，帝還京；十月二十八日壬申，御丹鳳樓下制。　前後兩次聞詔，故云‘又下’也。是時公尚在鄜州，其至京當在十一月。《年譜》謂十月扈從還京，與詩不合。當以公詩爲正。至於上皇回京，十二月甲寅之赦，又在其後，舊注錯引。”

乾元元年戊戌（七五八）　正月，劉長卿攝海鹽令。　春，賈至出爲汝州刺史。四月，上親享九廟。　六月，貶房琯爲邠州刺史，下制數其罪，劉秩、嚴武等俱貶。　七月，高適出爲彭州刺史。　是年，李白流夜郎。　蘇端登進士第。

公四十七歲。　任左拾遺。　春，賈至、王維、岑參皆在諫省，時賈、王并爲中書舍人，岑爲右補闕。　時共酬唱。　《寄賈至嚴武五十韻》述居諫省時生活最詳，曰：“月分梁漢米，春給水衡錢，内蕊繁於纈，宫莎軟勝綿，恩榮同拜手，出入最隨肩，晚著華堂醉，寒重綉被眠，轡齊兼秉燭，書枉滿懷箋。”　時畢曜亦在京師，居公之鄰舍。　《逼側行贈畢四曜》：“我居巷南子巷北，可憐鄰里間，十日不一見顔色。”（鶴注：此當是乾元元年春在諫院作，故詩中有朝天語。）　《贈畢四曜》：“同調嗟誰惜，論文笑自知。”（鶴注：乾元二年，公在秦州，有賀畢曜除監察御史詩，今云宦卑，是尚未遷官時作，當在乾元元年。）　四月，上親享九廟，公得陪祀。　《往在》：“前春禮郊廟，祀事親聖躬，微軀忝近臣，景從陪群公。登階捧玉册，峨冕聆金鐘，侍祠恧先路，掖垣邇濯龍。”　仇曰：“唐史肅宗還京，在至德二年十月，其親享九廟及祀環丘，在乾元元年四月。”鶴注謂“前年春”，疑誤。　六月，房琯因賀蘭進明譖，貶爲邠州刺史；公坐琯黨，出爲華州司功參軍。客歲四月，自京出金光門，間道竄歸鳳翔，至本年六月，即因譖左遷，仍出此門，撫今思昔，感慨賦詩，詩曰“移官豈至尊”，指賀蘭進明也。　到華州後一月，有《早秋苦熱堆案相仍》詩，曰：“七月六日苦炎蒸，對食暫餐還不能，常愁夜來皆是蝎，况乃秋後轉多蠅。束帶發狂欲大叫，簿書何急來相仍！”　王嗣奭曰：“州牧姓郭，公初至，即代爲試進士策問，與進滅絶寇狀，不過挾長官而委以筆札之役，非重其才也。公厚於情誼，雖邂逅一飲，必賦詩以致感佩之私。……郭與周旋一載，公無隻字及之，其人可知矣。” 是秋，嘗至藍田縣訪崔興宗、王維。 藍田距華州八十里，縣東南有藍田山，又名玉山，一名東山，崔興宗、王維别墅并在焉，（即輞川别墅，王維《輞川别業》：“不到東山向一年。”）公《九日藍田崔氏莊》，黄鶴編在乾元元年。 又有《崔氏東山草堂》，與前詩同時作，詩云：“何爲西莊王給事，柴門空閉鎖松筠？” 給事即王維也。 維晚年得宋之問輞川别墅，在張通儒囚禁之後，其復拜給事中，在乾元元年，明年則轉尚書右丞矣。 詩曰“柴門空閉”，是未遇維也，故後《解悶十二首》云：“不見高人王右丞，藍田丘壑蔓寒藤。”時裴迪應亦在藍田，不知與公相見否。 冬末，以事歸東都陸渾莊，嘗遇孟雲卿於湖城縣城東。 初遇雲卿，不知在何時。 有詩題曰：“冬末以事之東都，湖城東遇孟雲卿，復歸劉顥宅宿，宴飲散，因爲醉歌。” 鶴注云：“當是乾元元年冬，自華州游東都作。” 詩云：“疾風吹塵暗河縣，行子隔手不相見，湖城城東一開眼，駐馬偶識雲卿面……。”

乾元二年己亥（七五九） 岑參自右補闕轉起居舍人，尋署虢州長史。 王維轉尚書右丞。 李白至巫山，遇赦釋還。 權德輿生。

公四十八歲。 春，自東都歸華州，途中作“三吏”“三别”六首。時屬關輔饑饉。遂以七月棄官西去，度隴，赴秦州。 按《舊書》“乾元二年四月癸亥，以久旱徙市雩祭祈雨”，《通鑒》“時天下饑饉，九節度圍鄴城，諸軍乏食，人思自潰”，此與公詩《夏日嘆》正合。《唐書》本傳：“甫爲華州司功，屬關輔饑，棄官客秦州。” 蓋是時東都殘毁，既不可歸，長安繁侈，又難自存，（在秦州《寄高岑三十韻》：“無錢居帝里，盡室在邊疆。”）惟秦州得雨，秋禾有收。《遣興三首》：“耕田秋雨足，禾黍以映道”，《赤谷西崦人家》“徑轉山田熟”，《雨晴》“久雨不妨農”，因携家徙居焉。 至秦，居東柯谷。 《通志》：“東柯谷，在秦州東南五十里，杜甫有祠於此。” 宋栗亭令王知彰記云：“工部棄官，寓東柯谷侄佐之居。” 趙叟曰：“《天水圖經》載秦州隴城縣，有杜工部故居，及其侄佐草堂，在東柯谷之南，麥積山瑞應寺上。”按公以七月至秦州，十月赴同谷，此所記皆因暫寓而言之耳。 《秦州雜詩》“傳道東柯谷，深藏數十家，對門藤蓋瓦，映竹水穿沙，瘦地偏宜粟，陽坡可種瓜”，又曰“東柯好崖谷，不與衆峰群，落日邀雙鳥，晴天卷片雲”——東柯景物，見如公詩者，略如此。　是時，有《夢李白二首》《天末懷李白》《寄李白二十韻》。　李時被罪，在謫戍中。　又有寄高適、岑參、賈至、嚴武、鄭虔、畢曜、薛據及張彪詩。　時贊公亦謫居秦州，　《宿贊公土室》“數奇謫關塞”，《宿贊公房》“放逐寧違性”，《别贊上人》“贊公釋門老，放逐來上國”；趙彷曰：“贊公亦房相之客，時被謫秦州，公故與之款曲如此。”　按史稱房琯好談佛老，趙説是也。　嘗爲公盛言西枝村之勝，因作計卜居。置草堂，未成，會同谷宰來書言同谷可居，遂以十月，赴同谷。《寄贊上人》：“近聞西枝西，有谷杉黍稠，亭午頗和暖，石田又足收……徘徊虎穴上，面勢龍泓頭。”　盧注：“西枝西曰‘有谷’，定指同谷。‘近聞’，必指同谷邑宰書。公《至同谷界》：‘邑有賢主人，來書語絶妙，’此可相證。《同谷七歌》云‘南有龍兮在山湫’，後《發同谷》詩云‘停驂龍潭雲，回首虎崖石’。詩云虎穴龍泓，指此無疑。”　按公即居東柯，其地有山水之勝，瓜粟之饒，嘗思終老矣。故《秦州雜詩》曰“東柯遂疏懶，休鑷鬢毛斑”，曰“采藥吾將老，兒童未遣聞”，曰“爲報鴛行舊，鷦鷯在一枝”。　然此一時之感想也。　《秦州雜詩》開章便云“滿目悲生事，因人作遠游”；（此指侄佐也。　《示侄佐》原注“佐草堂在東柯谷”；佐居東柯，公來秦可依者惟此人，故亦居東柯。）　《佐還山後寄三首》曰“舊諳疏懶叔，須汝故相携”；　《示侄佐》曰“自聞茅屋趣，祇想竹林眠”；又嘗索佐寄米寄薤（《佐還山後寄三首》：“白露黄粱熟……頗覺寄來遲”，“甚聞霜薤白，重惠意如何？”）又有《阮隱居致薤三十束》詩。　此皆可證是時生計，仍仰給於人，則秦州之居，終非長久計矣。　《發秦州》一篇，於公去東柯就同谷之理由，言之綦詳，詩曰：“我衰更懶拙，生事不自謀，無食問樂土，無衣思南州。漢源十月交，天氣如凉秋，草木未黄落，况聞山水幽。栗亭（栗亭鎮，屬成州同谷縣）名更嘉，下有良田疇，充腸多薯蕷，崖蜜亦易求，密竹復冬笋，清池可方舟，雖傷旅寓遠，庶遂平生游。（按此上言同谷之當居）此邦俯要衝，實恐人事稠，應接非本性，登臨未銷憂，溪谷無异石，塞田始微收，豈復慰老夫，惘然難久留。”（按此上言秦州之當去。）　途經赤谷、鐵堂峽、鹽井、寒峽、法鏡寺、青陽峽、龍門鎮、石龕、積草嶺、泥功山、鳳凰臺，皆有詩。　至同谷，居栗亭。　錢謙益曰：“《寰宇記》：同谷縣有栗亭鎮。咸通中，刺史趙鴻刻石同谷，曰：‘工部題栗亭十韻，不復見。’鴻詩曰：‘杜甫栗亭詩，詩人多在口，悠悠二甲子，題記今何有？’”多按鴻又有《杜甫同谷茅茨》詩，咸通十四年作；曰：“工部栖遲後，鄰家大半無，青羌迷道路，白社寄杯盂……。”貧益甚，拾橡栗掘黄獨以自給，《同谷七歌》：“歲拾橡栗隨狙公，天寒日暮山谷裏。”　《新書》本傳：“甫客秦州，負薪采橡栗自給。”以同谷爲秦州，誤也。　《七歌》第二章：“長鑱長鑱白木柄，我生托子以爲命。黄獨無苗山雪盛，短衣數挽不掩脛，此時與子空歸來，男呻女吟四壁静。”　寫當時貧況，尤慘絶。　居不逾月，又赴成都。　《發同谷縣》：“始來兹山中，休駕喜地僻，奈何迫物累，一歲四行役！”　始以爲可休駕矣，乃生計之迫益甚，故不得不去之也。　以十二月一日就道，《發同谷縣》原注：“乾元二年十二月一日自隴右赴成都紀行。”　經木皮嶺、白沙渡、飛仙閣、五盤嶺、龍門閣、石櫃閣、桔柏渡、劍門、鹿頭山，歲終至成都，《成都府》：“初月出不高，衆星尚争光。”蓋當下弦矣。　寓居浣花溪寺。　《酬高使君相贈》：“古寺僧牢落，空房客寓居。”　《成都記》：“草堂寺在府西七里，極宏麗，僧復空居其中，與杜員外居處逼近。”　趙清獻《玉壘記》：“公寓沙門復空所居。”　按明年有《贈蜀僧閭丘師兄》詩，不知即其人否。　時高適方刺彭州，公甫到成都，適即寄詩問訊。　《酬高使君相贈》：“故人供禄米，鄰舍與園蔬。”　《杜臆》以爲故人指裴冕，恐非是。　後有《卜居》詩云：“主人爲卜林塘幽。”黄鶴、鮑欽止等亦皆以爲是裴冕。　顧宸曰：“裴若爲公結廬，則詩題當標‘冀公’，而詩中亦不當以主人卜林塘一句輕叙矣。”　按顧説是也。　史稱裴冕無學術，又貪嗜貨利，其人鄙陋，恐非能知公者。　後又有《寄裴施州》詩，朱鶴齡已證其別爲一人。　則公與裴始終未嘗發生關係也。　後此《江村》詩云“但有故人供禄米”，《狂夫》云“厚禄故人書斷絶，恒飢稚子色凄凉”，當與前是一人，其姓氏則不可考耳。　或以爲即高適，未聞其審。

上元元年庚子（七六〇）　高力士配流巫州。　高適改蜀州刺史。　元結撰《篋中集》。

公四十九歲。　在成都。　春卜居西郭之浣花里，《寰宇記》："浣花溪，在成都西郭外，屬犀浦縣。"　表弟王十五司馬遺貲營造，徐卿疑即知道。蕭實、何邕、韋班應物㑊。　三明府供果木栽，開歲始事，《寄題江外草堂》："經營上元始。"季春落成。　《堂成》："頻來語燕定新巢。"　按《寄題江外草堂》："誅茅初一畝，廣地方連延……敢謀土木麗，自覺面勢堅，亭臺隨高下，敞豁當清川。"《絶句漫興九首》："野老墻低還是家。"此草堂結構之大概也。　《送韋郎司直歸成都》原注"余草堂在成都西郭"；《絶句三首》"茅堂石筍西"（石筍街在成都西門外）；《西郊》"時出碧鷄坊，西郊向草堂"，《堂成》"背郭堂成蔭白茅"，《遣悶呈嚴二十韻》"南江繞舍東"，《卜居》"浣花流水水西頭"，《狂夫》"萬里橋西一草堂"，《懷錦水居止》"萬里橋南宅"；《遣悶奉呈嚴公二十韻》"西嶺紆村北"，《懷錦水居止》"雪嶺界天白"；《懷錦水居止》又曰"百花潭北莊"，《狂夫》"百花潭水即滄浪"。　據此則草堂背成都郭，在西郊碧鷄坊石筍街外，萬里橋南，百花潭北，浣花溪西，而北望則可見西嶺也。　陸游云："少陵有二草堂，一在萬里橋西，一在浣花，皆見於詩中。"　按公實無二草堂，放翁在蜀久，顧不辯此，何哉？　宋京《草堂詩》云："野僧作屋號'草堂'，不是柴門舊時處。"　放翁必以野僧所營者誤爲公之草堂矣。　時韋偃寓居蜀中，嘗爲公畫壁，見《題壁上韋偃畫馬歌》。　又有《戲題王宰畫山水圖歌》，梁氏亦編在上元元年成都詩内。　然玩詩意，當是公見宰此圖而作歌，圖非公所有也，《戲爲韋偃雙松圖歌》亦此類。　初秋，暫游新津，晤裴迪，《和裴迪登新津寺寄王侍御》鶴注："此必公暫如新津，與裴同至寺中，故有此作。當在上元元年。蜀至成都纔數百里，故可唱和也。"　多按詩云："吟詩秋葉黄，蟬聲集古寺"，則是作於初秋，然《贈閭丘師兄》《泛溪》《南鄰》《野老》諸詩，皆作於成都，而時序與《和裴詩》略同，知公在新津未嘗久留也。　秋晚，至蜀州，晤高適。　《奉簡高三十五使君》："行色秋將晚，交情老更親，天涯喜相見，披豁對吾真。"　仇曰："高由彭州刺蜀州，公時在蜀；《年譜》云：'上元元年，間常至蜀州之青城新津'，是也。"　冬，復在成都。《建都》《村夜》以下諸詩可證。

上元二年辛丑（七六一）　二月，崔光遠代李若幽爲成都。　三月，段子璋反於東川，陷綿州，東川節度使李奂奔成都。 五月，崔光遠擒子璋，牙將花驚定恃功大掠。 十二月，嚴武爲成都尹。 是年，王維卒。

公五十歲。 居草堂。 開歲又往新津，二月歸成都。 《題新津北橋樓》《游修覺寺》，朱氏并編在上元二年，前詩云“望極春城上”，後詩云“吾得及春游”，知本年春，公又在新津。 然《漫成二首》曰“江皋已仲春”，《春水生二絶》曰“二月六夜春水生”，《絶句漫興九首》曰“二月已破三月來”，《春水》曰“三月秋花浪”，《江亭》曰“寂寂春將晚”，并《寒食》首皆成都詩，舊皆編在上元二年。 故知公再游新津，必在是年二月前，其返成都，則至遲在二月初也。 秋至青城，《野望因過常少仙》：“秋望轉悠哉，行復青城合……”草堂本編在上元二年。 旋又歸成都。鶴注《石犀行》：“上元二年秋八月，灌口損户口，故作是詩。”（石犀在成都府城南三十五里。） 又《柟樹爲風雨所拔嘆》，及《茅屋爲秋風所破歌》，草堂本并編在上元二年成都詩内。是時多病，《一室》：“巴蜀來多病。”生計艱窘， 《百憂集行》：“强將笑語供主人，悲見生涯百憂集。入門依舊四壁空，老妻笑我顔色同。痴兒不知父子禮，叫怒索飯啼門東。” 鶴據詩中“衹今倏忽已五十”句，定爲上元二年所作。 同時作《茅屋爲秋風所破歌》《赴青城縣出成都寄陶王二少尹》《重簡王明府》《一室》《病柏》《病橘》《枯棕》《枯柟》諸詩，意緒并同，皆客寓窮愁之感，知是時公生計又頗艱也。 《百憂集行》“强將笑語供主人”句，黄鶴以爲指崔光遠，史云光遠無學仕氣，宜與公不相合也。 始有遷地吴、楚之念。《一室》：“巴蜀來多病，荆蠻去幾年？應同王粲宅，留井峴山前。” 《逢唐興劉主簿弟》：“輕舟下吴會，主簿意如何？”蓋欲約劉東下，故問之。冬，高適至成都，嘗同王掄過草堂會飲。有詩題：“王十七侍御掄許携酒至草堂，奉寄此詩，便請邀高三十五使君同到。” 後又有《王竟携酒高亦同過》詩。

代宗寶應元年壬寅（七六二） 四月，玄宗、肅宗相繼崩，代宗即位。 七月，嚴武召還，高適爲成都尹；徐知道反，以兵守劍閣，武不得出。 八月，知道爲其下所殺。 是年，李白卒；李陽冰編白集。郎士元補渭南尉。

公五十一歲。 自春至夏，居草堂。與嚴武唱和甚密，武時有饋贈。見《謝嚴中丞送青城道乳酒》及《嚴公仲夏枉駕兼携酒饌》等詩。 七月，送嚴武還朝，以舟至綿州，抵奉濟驛，登陸，遂分手而還。《奉濟驛重送嚴公四韻》，郭知達本注："奉濟驛在綿州[?]三十里。"會徐知道反，道阻，乃入梓州。《戲題寄上漢中王三首》原注："時王在梓州……"詩云："群盜無歸路，衰顔會遠方。" 蓋將赴梓州時作也。《從事行》："我行入東川，（東川節度使治所在梓州，）十步一回首，成都亂罷氣蕭索，浣花草堂亦何有？"秋末，回成都迎家至梓，仇曰："《年譜》謂寶應秋末，公回成都迎妻子。遍考詩中，無一語記及，知公未嘗回成都矣。" 多按《寄題江外草堂》，黄鶴編在廣德元年。李泰伯云公在梓州，懷思草堂而作是詩。詩曰"偶棄老妻去，慘淡凌風烟"，似指徐知道亂後，携家出成都事。 然則公實嘗回成都取家矣。 仇又據《舍弟占歸草堂檢校》詩"熟知江路近，頻爲草堂回"之句，以爲迎家至梓，必弟占代任其事。 不知"頻爲草堂回"，乃公囑弟之語，意甚明，與迎家至梓事何涉？ 又按明年《九日》詩云"去年登高郪縣北"，郪縣，梓州治也。 九日登高於縣北．則赴成都迎妻子，必在重九後。《譜》云秋末赴成都，蓋有據也。然頗有東游之意。《奉贈射洪李四丈》："東征下月峽，挂席窮海島，萬里須十金，妻孥未相保。"十一月，往射洪縣，《野望》"仲冬風日始凄凄"，又曰"射洪春酒寒仍緑"，知至射洪時，正十一月也。到金華山玉京觀，尋陳子昂讀書堂遺迹，《冬到金華山觀因得陳公學堂遺迹》："陳公讀書堂，石柱仄青苔，悲風爲我起，激烈傷雄才。"按李、杜、韓、柳皆推重子昂（見李陽冰《太白集序》，韓愈《送孟東野序》及《薦士》詩，柳宗元《楊評事文集序》）而公傾心尤甚。在綿州時《送梓州李使君之任》詩云："遇害陳公殞，於今蜀道憐，君行射洪縣，爲我一潸然。" 《陳拾遺故宅》云："位下曷足傷，所貴者聖賢，有才繼騷雅，哲匠不比肩，公生揚、馬後，名與日月懸。……終古立忠義，《感遇》有遺篇。" 他人但稱其文字復古之功，公獨兼頌其人格之偉大，可以占其懷抱矣。又訪縣北東武山子昂故宅。《陳拾遺故宅》："拾遺平昔居，大屋尚修椽，悠揚荒山日，慘淡故園烟。" 又："彦昭超玉價，郭震起通泉，到今素壁滑，灑翰銀鈎連。" 蓋趙彦昭、郭元振題壁尚在也。旋復南之通泉縣，訪郭元振故居，於慶善寺觀薛稷書畫壁。鶴注《過郭代公故宅》："郭公，魏州貴鄉人，宅在京師宣陽里。今云故宅，當是尉通泉時所居。" 《觀薛稷少保書畫壁》云："畫藏青蓮界，書入金榜懸。 仰看垂露姿，不崩亦不騫，鬱鬱三大字，蛟龍岌相纏。又揮西方變，發地扶屋椽，慘淡壁飛動，到今色未填。"《輿地紀勝》："薛稷書'慧普寺'三字，徑三尺許，在通泉縣慶善寺聚古堂。" 米芾《海岳名言》："薛稷書'慧普寺'，老杜以爲'蛟龍岌相纏'。 今見其本，乃如奈重兒握蒸餅勢，信老杜不能書也。"又曰："老杜作薛稷'慧普寺'詩云：'鬱鬱三大字，蛟龍岌相纏。'今有石本，得視之，乃是勾勒，倒收筆鋒，筆筆如蒸餅。'普'字如人倔兩拳，伸臂而立，醜怪難狀。" 趙曰："稷書'慧普寺'三字乃真書，旁有贔屓纏捧，此其'蛟龍岌相纏'也。稷所畫西方變相則亡。"張遠注："'發地扶屋椽'，謂西方之像，起自地面，直至屋椽。"又於縣署壁後觀稷所畫鶴。見《通泉縣署壁後薛少保畫鶴》詩。《名畫録》："又蜀郡亦有（稷）鶴并佛像菩薩等，傳於世，并稱神品。"

廣德元年癸卯（七六三） 歲初，岑參自虢州長史入爲太子中允。 夏，章彝守梓州。 八月，房琯卒。 秋後，高適御吐蕃無功。 十月，吐蕃陷長安，代宗幸陝州。 是年，元結除道州刺史。 耿湋登進士第。

公五十二歲。 正月，在梓州，聞官軍收河南河北，便欲還東都，俄而復思東下吴、楚。《春日梓州登樓二首》："厭蜀交游冷，思吴勝事繁，應須理舟楫，長嘯下荆門。" 仇曰："蓋恐北歸未能，轉作東游之想也。" 按春晚有《雙燕》詩曰"今秋天地在，吾亦離殊方"，亦指東游而言也。間嘗至閬州，因游牛頭、兜率、惠義諸寺。 既歸梓，又因送辛員外，至綿州。 仇注《巴西驛亭觀江漲呈竇使君二首》曰："寶應元年夏，公送嚴武至綿州，廣德元年春，公在梓州，有《惠義寺送辛員外》詩，中云'細草殘花'，蓋春候也，末云'宜到綿州'，蓋重至綿州矣。此詩末章言春暮，正其時也。今依黄鶴編在廣德元年春綿州作。黄謂《年譜》脱漏，是也。" 多按自惠義寺送辛員外同至綿州，寺在郪縣北，而郪縣即梓州治，則是歸梓州後，再至綿州也。 自綿歸梓，《涪城縣香積寺官閣》"寺下春江"，《涪江泛舟送韋班歸京》"傷春一水間"，與前綿州詩節候同。 涪城在梓州西北五十五里，綿州又在涪城西北，故知至綿州後，嘗歸梓州，蓋涪城爲自綿歸梓必經之地也。又往漢州。《舊書·房琯傳》："寶應二年（即廣德元年）四月，拜特進刑部尚書。"

公《陪王漢州留杜綿州泛房公西湖》云"舊相恩追後",《得房公池鵝》云"爲報籠隨王右軍",(以房公在途次也,)朱云二詩"俱及房公赴召,則廣德元年春,公嘗至漢州矣。舊《譜》不書,略也"。仇曰:"今按《唐書》謂召琯在寶應二年之夏……恐誤也。據此詩,春末蓋已赴召矣。"**夏,返梓州**。時章彝爲刺史,公《陪章留後侍御宴南樓》曰"絶域長夏晚",又曰:"屢食將軍第,仍騎御史驄。"知夏日,公復在梓也。**初秋,復別梓赴閬。九月,祭房琯**。琯以八月卒於閬州,公祭文題九月致祭。**秋盡,得家書知女病,因急歸梓**。《客舊館》舊次在廣德元年梓州詩内,詩有"初秋別此亭"及"寒砧昨夜聲"之句。仇曰:"《年譜》謂秋往閬州,冬晚復回梓州。據此詩,則是初秋別梓,秋盡復回也。"多按仇説是矣。《發閬州》曰:"女病妻憂歸意急,秋花錦石誰能數?別家三月一書來,避地何時免愁苦!"別家三月,與初秋別梓,秋盡復回,時期正合。**十一月,將出峽爲吴、楚之游**,《將適吴楚留別章使君留後兼幕府諸公》,鶴編在廣德元年十一月,云是代宗未還京時作,故詩云"重見衣冠走","黄屋今安否"。按公蓄念出峽,見於詩者,始自上元二年之秋。自是吟咏所及,數見不鮮。至本年春作《雙燕》曰:"今秋天地在,吾亦離殊方。"同時《短歌行送祁録事歸合州因寄蘇使君》曰:"君今起舵春江流,余亦沙邊具小舟,幸爲達書賢府主,江花未盡會江樓。"江花,荷花也。江樓在合州州治之前。詩蓋言夏秋之交,出峽,途經合州,可與蘇相會也。合觀二詩,則啓程已有定期也。秋晚自閬州歸。作《客舊館》曰"無由出江漢,愁緒日冥冥",則行期已届,猶不果就道,因而興嘆也。本年冬作《桃竹杖引》曰"老夫復欲東南征,乘濤鼓枻白帝城",則行期雖誤,而東行之念,猶無時或忘也。至是而親朋餽贐,行資已備,(《留別章使君》曰:"相逢半新故,取別隨薄厚。")且已賦詩取別,則居然啓程有日矣。王嗣奭曰:"章留後,所爲多不法,而待杜特厚。公詩屢諫不悛,想托詞避去,乃保身之哲,不欲以數取疏也。不然,有此地主,不必去蜀,又何以別去,而終不去蜀耶?後章將入朝,公寄詩云'江漢垂綸',則公客閬州,去梓不遠。"多按公蓄念出蜀,三年於兹,(《草堂》:"賤子且奔走,三年望東吴。")躊躇至是,始果成行,想行旅所資,出於章留後之助居多。其所以卒抵閬而返者,則以嚴武回蜀故,初非始念所及也。謂公之於章，屢諫不悛，頗懷失望，則有之。若曰詭詞去蜀，意在避章，誣公甚矣。　後至閬州作《游子》曰“巴蜀愁誰語，吴門興杳然”，知公東游之行，非虛飾矣。矧其時方有功曹之補，徒因欲下峽，遂不赴召，則其立意之堅決，尚有何可疑？

於是命弟占歸成都檢校草堂。公之來蜀，四弟唯占與俱。　自客歲移家至梓，離草堂且一年矣，至是始命占往檢校，臨行示詩曰：“久客應吾道，相隨獨爾來，熟知江路近，頻爲草堂回。鵝鴨宜長數，柴荆莫浪開；東林竹影薄，臘月更須栽。”　其意蓋終當歸住草堂，故命弟頻往檢點，使勿就蕪廢。　前此有《寄題江外草堂》詩；又有句云：“爲問南溪竹，抽梢合過牆？”（送《韋郎司直歸成都》，原注：“余草堂在成都西郭。”）又云“我有浣花竹，題詩須一行”（《送竇九歸成都》）；後此歸至草堂有詩云“不忍竟舍此，復來剃榛蕪”。　知此數年間，東西奔突，實無一日忘懷於草堂也。

廣德二年甲辰（七六四）　二月，嚴武再鎮蜀。章彝罷梓州刺史東川留後，將入朝，嚴武因事殺之。　三月，高適召還，爲刑部侍郎，轉左散騎常侍。　九月，嚴武破吐蕃，拔當狗城；十一月，收吐蕃鹽井城。　是年，鄭虔、蘇源明相繼卒。　蘇涣登進士第。

公五十三歲。　春首，自梓州挈家東首出峽，先至閬州，後有自閬州携家却赴成都詩。　公自成都移家至梓，在寶應元年。　其自梓移閬，在何時，不見於詩。去秋因女病歸家，時妻子猶在梓州。其來閬州，當在本年春，意者此時作計出峽，必携家同行也。　弟占獨留在蜀，則《命占檢校草堂》詩可證。　會朝廷召補京兆功曹參軍，以行程既定，不赴召。　《别馬巴州》原注：“時甫除京兆功曹，在東川。”　《杜律演義》：“此必作於廣德元年以後，蓋不赴功曹之補，將東游荆楚，而寄别巴州也。”　仇曰：“本傳謂召補功曹，不至，在上元二年。王洙因之而誤。蔡興宗《年譜》編此詩在廣德元年，亦尚未確。廣德二年《奉待嚴大夫》詩云‘欲辭巴徼啼鶯合，遠下荆門去鷁催’；此詩云‘扁舟繫纜沙邊久，獨把釣竿終遠去’。兩詩互證，知同爲二年所作矣。《杜臆》謂欲適楚，以嚴武將至，故不果行，此説得之。”　二月，且離閬東去，聞嚴武將再鎮蜀，大喜，遂改計却赴成都，《自閬却赴蜀山行》云：“不成向南國，復作游西川。”　《奉待嚴大夫》云：“殊方又喜故人來，重鎮還須濟世才，常怪偏裨終日待，不知旌節隔年來。欲辭巴徼啼鶯合，遠下荆門去鷁催，身老時危思會面，一生襟抱向誰開！”《歸成都途中》云：“得歸茅屋赴成都，直爲文翁再剖符。”按自嚴武去蜀，公遽失所依，往來梓、閬，徬徨久之，將欲出峽，則“弧矢暗江海，難爲五湖游”（見《草堂》），將欲留居，則武夫暴厲，常有失身杯酒之虞（見《將適吴楚留别章留後》）。今聞嚴武再鎮巴蜀，得重依故人，還居草堂，得非日暮窮途，意外之喜？故《却赴蜀山》詩（第三首）極言征途苦中之樂，《待嚴大夫》詩叙嚴武之還，《途中寄嚴》詩預擬歸來情事，亦皆喜溢詞表，而既歸草堂，作詩，歷數“舊犬喜我來”，“鄰里喜我歸”，“大官喜我來”，“城郭喜我來”，則直是樂不可支矣。三月，歸成都。《春歸》有“輕燕受風斜”語，黄鶴編在本年三月。六月，嚴武表爲節度參謀，檢校工部員外郎，賜緋魚袋。見《新書》本傳。《舊書》作上二年冬，誤。《客堂》曰“臺郎選才俊，自顧亦已極”，又曰“上公有記者，累奏資薄禄”，即指此。秋，居幕中，頗不樂，因上詩嚴武述胸臆，《遣悶呈嚴公二十韻》作於是年，詩曰“分曹失异同”，謂與僚輩不合也；又曰“曉入朱扉啓，昏歸畫角終，不成尋别業，未敢息微躬”，謂禮數拘束，疲於奔走也。按周必大《益公詩話》：“韓退之《上張僕射書》云：‘使院故事，晨入夜歸，非有疾病事故，輒不許出。抑而行之，必發狂疾。’乃知唐藩鎮之屬，皆晨入昏歸，亦自少暇。如牛僧孺待杜牧，固不以常禮也。”遂得乞假暫歸草堂。《到村》以下，多草堂詩。仇注《到村》曰：“此乞假而暫到村也。舊注謂是廣德二年秋作，明年正月，遂辭幕歸村矣。”今案上詩後乃准此假，想當然耳。是時，曹霸在成都，公作《丹青引》贈之。黄鶴定《韋諷宅曹將軍畫馬圖歌》《送韋諷上閬州録事參軍》兩詩爲廣德二年作，此詩宜與同時。弟穎往齊州，《送舍弟穎赴齊州三首》，鶴定爲廣德二年秋成都作。詩曰“兩弟亦山東”，仇曰：“兩弟謂豐與觀。”多按大曆元年有詩題曰“第五弟豐獨在江左，近三、四載，寂無消息……”，詩曰“亂後嗟吾在”，又曰“十年朝夕泪”，是豐自天寶亂後，至大曆元年，流落江左，凡十年矣。豐既在江左，則本年詩云“兩弟亦山東”者，豐必不與。詩蓋言穎赴齊後，并觀爲兩弟在山東耳。大曆二年《元日示宗武》仍云“不見江東弟，高歌泪數行”，（原注：“第五弟漂泊在江左，近無消息。”）而同時又有《遠懷舍弟穎、觀等》詩，云：“陽翟空知處，荆南近得書。”以穎、觀并提，知二人本同在一地，後乃分離，一往陽翟，一至荆南耳。此亦可作在山東者爲穎與觀之旁證。穎之初來成都，在何時，詩中不載。惟去年冬《命占檢校草堂》詩云“相隨獨爾來”，明其時穎尚未至。穎之至成都，必在本年無疑。送穎詩又曰：“諸姑今海畔。”考公《范陽盧氏墓志》，審言之女，薛氏所出者，適魏上瑜、裴榮期、盧正均，皆前卒。盧氏所出者，一適京兆王佑，一適會稽賀撝。此云在海畔，必賀氏姑也。**歲晚，因事寄詩賈至。**《别唐十五誡因寄禮部賈侍郎》，舊編在廣德二年，以賈轉禮部在是年，又知東都選也。張遠注曰：“時唐十五必往東都赴舉，公故寄詩，爲之先容也。”**是年，與嚴武唱和最密。**

永泰元年乙巳（七六五） 正月，高適卒。四月，嚴武卒。五月，郭英乂爲成都尹。九月，吐蕃、回紇入寇。十月，回紇受盟而還。郭英乂爲兵馬使崔旰所殺，邛州牙將柏茂琳，瀘州楊子琳，劍南李昌夔皆起兵討旰，蜀中大亂。是年，韋應物授京兆功曹，遷洛陽丞。令狐楚生。

公五十四歲。正月三日，辭幕府，歸浣花溪。見《正月三日歸溪上有作簡院内諸公》。**自春徂夏，居草堂。**黄庭堅《題杜子美浣花醉圖》摹寫公此時之生活，最精妙，詩曰：“拾遺流落錦官城，故人作尹眼爲青。碧鷄坊西作茅屋，百花潭水濯冠纓，故衣未補新衣綻，空蟠胸中書萬卷。探道欲度羲黄前，論詩未覺國風遠。干戈峥嶸暗寓縣，杜陵韋曲無鷄犬，老妻稚子且眼前，弟妹漂零不相見。此公樂易真可人，園翁溪友肯卜鄰，鄰家有酒皆邀去，得意魚鳥來相親。浣花酒舡散車騎，野墙無主看桃李，宗文守家宗武扶，落日蹇驢馱醉起。願聞脱冠脱兜鍪，老儒不用千户侯。中原未得平安報，醉裏眉攢萬國愁。……”**五月，携家離草堂南下，**《去蜀》曰“如何關塞阻，轉作瀟湘游”，則此行欲往湖南也。去歲，自梓州東下，其目的地亦係湖南，《桃竹杖引》及《留别章梓州》詩可證。**至嘉州，**有《宿青溪驛奉懷張員外十五兄之緒》詩，驛在嘉州。《狂歌行贈四兄》曰“今年思我來嘉州”，知先至嘉州，因四兄之召也；詩又曰“女拜弟妻男拜弟”，知妻子同行也。**六月，至戎州。**《宴戎州楊使君東樓》云“輕紅劈荔枝”，當是其年六月作。黄鶴曰：“黄山谷《在戎州食荔枝》詩云‘六月連山柘枝紅’，可知荔枝熟於六月也。” 多按明年《解悶十二首》曰“憶過瀘戎摘荔枝，青楓隱映石逶迤”，即指此役。曰青楓，是在秋前也。**自戎至渝州，候嚴六侍御，不到，先下峽。** 有詩題如此。入秋，至忠州，《禹廟》云“秋風落日斜”，忠州臨江縣南有禹祠（見《方輿勝覽》），知至忠時已入秋。**居龍興寺院。** 時有《宴忠州使君侄宅》詩，而《題忠州龍興寺所居院壁》曰：“空看過客泪，莫覓主人恩。” 仇曰：“使君必失於周旋，故有客泪主恩之慨。” 按陸游有《游龍興寺吊少陵寓居》詩，原注曰：“寺門外，江聲甚壯。” **九月，至雲安縣，**有《雲安九日鄭十八携酒陪諸公宴》詩。因病，遂留居雲安，《别常徵君》云“卧病一秋强”，顧注：“永泰元年，自秋徂冬，公在雲安，故云‘卧病一秋强’。”多按《移居夔州作》“伏枕雲安縣”，《客堂》“栖泊雲安縣，消中内相毒，舊疾廿載來，衰年得無足”，《别蔡十四著作》“巴道此相逢，會我病江濱”，《贈鄭十八賁》“水陸迷畏途，藥餌駐修軫”，《客居》“我在路中央，生理不得論，卧愁病脚廢……”，《十二月二日三首》“肺病幾時朝日邊”，“邊茂陵著書消渴長”，——此皆可證留居雲安，因病故也。 《杜鵑》“值我病經年”，《峽中覽物》“舟中得病移衾枕，洞口經春長薜蘿”，《寄薛三郎中據》“峽中一卧病，瘧癘經冬春，春復加肺病，此病蓋有因，早歲與蘇、鄭，痛飲情相親”，——此可證明春猶未平復，不但“一秋强”也，又知得病之因，乃以早歲痛飲故耳。 又合觀前後諸詩，知病症有瘧癘，有咳嗽（“病肺”），又因久病而脚廢。**館於嚴明府之水閣。**仇注《水閣朝霽奉簡雲安嚴明府》：“時公居嚴之水閣，故作詩以贈之。” 多按《贈鄭十八賁》曰“數杯資好事，异味煩縣尹”，縣尹即嚴。 既留居水閣，又爲致异味，知嚴款待之殷，故《簡嚴》詩云“晚交嚴明府”，喜交友之得人也。 又按水閣之形勝，考之詩中，亦有足徵者：《水閣朝霽奉簡嚴詩》曰“東城抱春岑，江閣鄰石面”，《客居》曰“客居所居堂，前江後山根，下塹萬尋岸，蒼濤鬱飛翻，葱青衆木梢，邪竪雜石痕”，《子規》曰“峽裏雲安縣，江樓翼瓦齊，兩邊山木合，終日子規啼”，《十二月一日三首》曰“日滿樓前江霧黄”，是也。

大曆元年丙午（七六六） 二月，杜鴻漸爲東西川副元帥。 秋後，柏茂琳爲夔州都督。 是年，岑參爲嘉州刺史。 竇叔向登進士第。 薛據、孟雲卿并在荆州。 盧綸自鄱陽還京師約當此年。

公五十五歲。 春，在雲安。 時岑參方爲嘉州刺史，寄詩贈之。 自乾元元年公與參同官兩省，至大曆元年，纔九年，而詩云“不見故人十年餘”，此公誤記耳。 據杜確《岑參集序》，參自庫部郎中出爲嘉州刺史，杜鴻漸表爲職方郎中，兼侍御史，列於幕府，無幾，使罷，寓居於蜀。 鴻漸以本年二月爲東西川副元帥。 公詩題寄岑嘉州，原注曰“州據蜀江外”，則必作於二月以前。 詩云“泊船秋夜始春草”，明指去年秋抵雲安，至本年春，尚留居其地。 詩作於大曆元年春，蓋無疑矣。春晚，移居夔州。 《移居夔州作》曰：“伏枕雲安縣，遷居白帝城。” 此詩又曰“春知催柳别”，《船下夔州郭别王十二》曰“風起春燈亂”，而《客堂》詩，諸家亦繫於本年，詩曰：“巴鶯紛未稀，徼麥早向熟……漠漠春辭木”，知公移居夔州，時在春晚矣。 初寓山中“客堂”， 《客堂》“舍舟復深山，窅窕一林麓”，《催宗文樹鷄柵》“喧呼山腰宅”，知堂在山中。 《貽華陽柳少府》“俱客古信州（按即夔州），結廬依毁垣，相去四五里，徑微山葉繁”，又嘗於墻東樹鷄柵，堂下種萵苣，想其制必甚陋。 《雨二首》云“殊俗狀巢居”，《贈李十五丈别》云“峡人鳥獸居，其室附層巔”，元稹《酬樂天得微之詩知通州事因成四首》（其二）[①]詩云“平地纔應一傾餘，閣闌都大似巢居”，自注：“巴人多在山坡架木爲居，自號‘閣闌頭’也。”公今所居，即此類歟？ 秋日，移寓西閣。《中宵》“西閣百尋餘，中宵步綺疏”，《西閣雨望》“滂沱朱檻濕，萬慮倚檐楹”，《秋興八首》“山樓粉堞隱悲笳”，《夜宿西閣呈元二十一曹長》“稍通綃幕霽”，綺疏綃幕，朱檻粉堞，與前居之客堂，迥不侔矣。 《不離西閣三首》“江雲飄素練，石壁斷空青，滄海先迎日，銀河倒列星”，則又特饒景物之勝，故詩又曰：“平生耽勝事，吁駭始初經。” 蓋題曰“不離西閣”者，不忍離也。 仇從《杜臆》云有厭居西閣意，大謬。 集中凡題“西閣”諸詩，所紀物候，咸屬秋冬，知秋始來居此。 同時詩中又有“草閣”之名，一稱“江邊閣”，《杜臆》以爲别是一處。 以《解悶十二首》“草閣柴扉星散居”，

① 原發表稿及開明版《聞一多全集》均作“元稹《通州》詩”，此據中華書局 1960 年版《全唐詩》卷四一六改。其《通州》詩云：“平生欲得山中住，天與通州繞郡山，睡到日西無一事，月儲三萬買教閑。”無此二句。

及《暮春》“沙上草閣柳新暗”之句證之，或然。 秋後，柏茂琳爲夔州都督，公頗蒙資助。 《峽口二首》原注：“主人柏中丞，頻分月俸。”柏中丞，或誤以爲柏貞節，辯詳王道俊《博議》。明年夏，有《園官送菜》，及《園人送瓜》詩，皆茂琳所致者。 是年，多追憶舊游之作。

大曆二年丁未（七六七） 皇甫冉遷右補闕。

公五十六歲。 在夔州。 春，自西閣移居赤甲。 《赤甲》“卜居赤甲遷居新，兩見巫山楚水春”；《入宅三首》“客居愧遷次，春色漸多添，花亞欲移竹，鳥窺新捲簾”，又曰“亂後居難定，春歸客未還”，知移赤甲在春。 三月，遷居瀼西草屋。 去年冬作《瀼西寒望》曰“瞿塘春欲至，定卜瀼西居”，是居瀼西之意，自去冬始也。 《小園》曰“客病留因藥，春深買爲花”，是春深時始買宅，與《暮春題瀼西新賃草屋五首》，及《卜居》“春耕破瀼西，桃紅客若至”之句合也。 《柴門》曰“約身不願奢，茅棟蓋一床”，《夔府咏懷一百韻》曰“茅齋八九椽”，曰“縛柴門窄窄”，《暇日小園散病》曰“及乎歸茅宇”，《課小豎斫果林枝蔓》曰“病枕依茅棟”——知是草屋也。 《上後園山脚》曰“小園背高岡”，《柴門》曰“石亂上雲氣，杉清延日華”，《課伐木》曰“舍西崖嶠壯，雷雨蔚含蓄”，《夔府咏懷一百韻》曰“陣圖沙北岸，市暨瀼西巔，（原注：峽人目市井泊船處曰‘市暨’，江水橫通山谷處，方人謂之‘瀼’）……塹抵公畦稜，村依野廟軟，缺籬將棘拒，倒石賴藤纏”，《課小豎斫果林枝蔓》曰“籬弱門何向，沙虛岸只摧”，《小園》曰“秋庭風落果，瀼岸雨頹沙”，《課伐木序》曰“夔人屋壁列樹白菊，鏝爲墻，實以竹，示式遏，爲與虎近”——宅周事物，無遠近巨細，悉可考也。 附宅有果園四十畝，明年出峽，以瀼西果園四十畝贈“南卿兄”，又有詩題“課小豎鋤斫舍北果林枝蔓荒穢净訖移床三首”，又有《阻雨不得歸瀼西甘林》詩。 曰“果園”，曰“果林”，曰“甘林”，實即一處。果林在舍北，而《阻雨不得歸甘林》曰“欲歸瀼西宅，阻此江浦深”，則甘林亦在舍旁也。仇曰：“公瀼西詩，有‘果園’，有‘甘林’。果園四十畝，他日所舉以贈人者。甘林則爲治生計，所云‘客居暫封殖’者，《杜臆》謂朝行所視之園樹，專指果園，於甘林無預，故云‘丹橘黄甘此地無’。今案‘此地無’，正言柑橘之獨盛。篇中‘林香’‘出實’二語，明説丹橘矣。豈可云甘林在果園之外乎？大抵分而言之，則甘林另爲一區，合而言之，甘林包在果園之内。蓋四十畝中，自兼有諸果也。” 多案《夔府咏懷一百韻》曰“色好梨勝頰，穰多栗過拳”，則仇云兼有諸果，是矣。 蔬圃數畝。 《小園散病將種秋菜督勒耕牛兼書觸目》“深耕種數畝，未甚後四鄰，嘉蔬既不一，名數頗具陳”，《驅豎子摘蒼耳》：“畦丁告勞苦，無以供日夕。”此公有蔬圃之證。詩中屢言“小園”，悉指此也。 蔬圃曰小園，對四十畝果園之大者而言之。 又按《夔府咏懷》“紫收岷嶺芋，白種陸池蓮”，《秋野五首》“棗熟從人打，葵荒欲自鋤”，“風落收松子，天寒割蜜房”，——總此所紀，并柑橘梨栗，蔬圃所産，及東屯之稻，則公生計之裕，蓋無逾於此際矣。 又有稻田若干頃，在江北之東屯。《行官張望補稻畦水歸》曰：“東屯大江北，百頃平若案，六月青稻多，千畦碧泉亂。” 又有詩題曰：“秋，行官張望督促東渚（按即東屯）耗稻，向畢，清晨遣女奴阿稽豎子阿段往問。”《自瀼西移居東屯》曰：“白鹽危嶠北，赤甲古城東，平地一川穩，高山四面同，烟霜凄野日，粳稻熟天風。” 按前詩云“百頃平若案”，《茅堂檢校收稻二首》云“平田百頃間”，《夔州歌十首》亦云“東屯稻畦一百頃”，皆通東屯之田而言，百頃非盡公所有也。 據《困學紀聞》，東屯之田，公孫述所開以積穀養兵者，故公《東屯夜月》曰：“防邊舊穀屯。” 《輿地紀勝》云“東屯稻米爲蜀第一”，故公《孟冬》詩有“嘗稻雪翻匙”之句。 弟觀自京師來。 有詩題曰：“得舍弟觀書，自中都（按即長安）已達江陵，今兹暮春月合到夔州……”又有《喜觀即到題短篇二首》。後有《送弟觀歸藍田迎婦》詩，知觀果到夔也。秋，因穫稻暫住東屯。 《自瀼西荆扉且移居東屯茅屋四首》曰：“東屯復瀼西，一種住青溪，來往皆茅屋，淹留爲稻畦，市喧宜近利，（按指瀼西，他章“市暨瀼西巔”可證）林僻此無蹊，若訪衰翁語，須令剩客迷。”《向夕》“畎畝孤城外，江村亂水中”，又曰“鷄栖草屋同”，即指此處。 于栗《東屯少陵故居記》曰：“峽中多高山峻谷，地少平曠。東屯距白帝五里而近。稻田水畦，延袤百頃，前帶清溪，後枕崇岡，樹林葱茜，氣象深秀，稱高人逸士之居。”陸游《高齋記》：“東屯，李氏居已數世，上距少陵，纔三易主，大曆初故券猶在。” 白巽《東屯行》：“雨足稻畦春水滿，插秧未半青短短。馬塵追逐下關頭，北望東屯轉三坂。一川洗盡峽中想，遠浦疏林分氣象，溝塍漫漫堰源低，灘瀨泠泠石磯響。中田築場亦有廬，翬飛夏屋何渠渠，李氏之子今地主，少陵祠堂疑故居。”原注“東屯有青苗坡”，案即公《夔州歌》“北有澗水通青苗”也。 何宇度《談資》：“工部草堂，在城東十餘里，尚有遺址可尋，止有一碑，存數字，題‘重修東屯草堂記’，似是元物。” 適吴司法自忠州來，因以瀼西草堂借吴居之。 見《簡吴郎司法》，詩曰“却爲姻婭過逢地”，知吴乃公之姻婭也。又曰“江帆颯颯亂帆秋”，同時有《又呈吴郎》云“堂前撲棗任西鄰”，知吴到夔，約在八月也。 是時，始復動東游荆、湘之意。 《舍弟觀歸藍田迎新婦送示二首》“滿峽重江水，開帆八月舟，此時同一醉，應在仲宣樓”，期以八月會弟於江陵也。同時有《峽隘》詩，則遠想江陵之勝，計期弟觀且到，因恨出峽之不早也。 《秋日寄題鄭審湖上亭三首》：“舍舟因卜地，鄰接意如何？” 鄭時在夷陵，欲往與結鄰而居也。 《昔游》“杖藜望清秋，有興入廬霍”，《雨》“宿留洞庭秋，天寒瀟湘素，杖策可入舟，送此齒髮暮”，皆欲及秋東游也。 《秋清》“十月江平穩，輕舟進所如”，八月之行不果，期以十月也。 《夜雨》“天寒出巫峽，醉别仲宣樓”；《更題》“祇應踏初雪，騎馬發荆州”，秋不果行，期以冬候也。 《白帝城樓》“夷陵春色起，漸擬放扁舟”，冬又不果行，更待之來年也。十月十九日，於夔州别駕元持宅觀李十二娘舞“劍器”。 見《觀公孫大娘弟子舞劍器行》。 本年，仍復多病；秋，左耳始聾。 見《耳聾》《復陰》及《獨坐二首》。

大曆三年戊申（七六八） 秋，李之芳卒。 十月，李勉拜廣州刺史。 是年，岑參罷官東歸，道阻，淹滯戎州。 李筌進《太白陰經》。 韓愈生。

公五十七歲。 正月中旬，去夔出峽，《續得觀書迎就當陽居止正月中旬定出三峽》：“自汝到荆府，書來數唤吾。” 當陽縣屬荆州。臨去，以瀼西果園贈“南卿兄”。 有詩題略如此。 陸游《野飯》詩自注：“杜氏家譜，謂子美下峽，留一子守浣花舊業，其後避亂成都，徙眉州大埡，或徙大蓬云。” 按留子不見於詩，不足信。 三月，至江陵。 時衛伯玉爲節度使，杜位在幕中。 李之芳、鄭審并在江陵，數從游宴。 夏日，暫如外邑。《水宿遣興奉呈群公》“小江還積浪”，曰“行舟却向西”，曰“异縣驚虚往”，知是外邑。 留江陵數月，頗不得意。 《水宿遣興奉呈群公》：“童稚頻書札，盤飧詎糝藜？我行何至此，物理直難齊！”又曰：“餘波期救涸，費日苦輕賫。杖策門闌邃，肩輿羽翮低，自傷甘賤役，誰愍强幽栖！”《秋日荆南述懷三十韻》：“苦摇求食尾，常曝報恩鰓，結舌防讒柄，探腸有禍胎。蒼茫步兵哭，展轉仲宣哀，飢藉家家米，愁徵處處杯，休爲貧士嘆，任受衆人咍。”《舟出江陵南浦奉寄鄭少尹審》：“栖托難高卧，飢寒迫向隅，寂寥相呴沫，浩蕩報恩珠。”《移居公安敬贈衛大郎》：“交態遭輕薄。”《久客》：“羈旅知交態，淹留見俗情，衰顔聊自哂，小吏最相輕。”意者地主失於周旋耳。盧元昌曰：“公在江陵，至小吏相輕，吾道窮矣。於顔少府曰‘不易得’，（按見《醉歌行》）於衛大郎亦曰‘不易得’，（按見《移居公安敬贈衛大郎》）志幸，亦志慨也。”多按衛大郎，名鈞，伯玉之子。鈞之於公，能以禮遇，則詩中所指，恐非伯玉。前詩云“异縣驚虚往”，忤公者，豈外邑之主人歟？**秋末，移居公安縣，**《移居公安山館》云“北風天正寒”，此既至公安後作也。《移居公安敬贈衛大郎》有“秋露接園葵”之句。衛在江陵，詩蓋作於將發江陵之時。故定爲秋末移居。**遇顧誡奢**、《醉歌行贈公安顔十少府請顧八題壁》：“君不見東吴顧文學，君不見西漢杜陵老，詩家筆勢君不嫌，詞翰升堂爲君掃。”**李晋肅，**晋肅，李賀之父，即韓愈所爲作《辯諱》者。《公安送李入蜀》詩稱二十九弟，李必公之姻婭。**及僧太易。**見《留别公安太易沙門》詩。太易又善司空曙，有《贈司空拾遺》詩。**留憩公安數月，**《曉發公安》原注：“數月憩息此縣。”陸游《入蜀記》曰：“公《移居公安》詩，‘水烟通徑草，秋露接園葵’，而《留别太易沙門》詩，‘沙村白雪仍含凍，江縣紅梅已放春’，則以是秋至此，暮冬始去。其曰‘數月憩息’，蓋謂此也。”盧元昌曰：“是時公安有警，故於《山館》有‘世亂敢求安’句，後《曉發》則曰‘鄰鷄野哭如昨日’，《發劉郎浦》則曰‘岸上空村盡豺虎’，此章（按即《移居公安贈衛郎》）‘入邑豺狼鬥’，必有所指矣。”**歲晏，至岳州。**《别董頲》：“漢陽頗寧静，峴首試考槃”，與《公安送李晋肅》題中“余下沔鄂”語吻合。《送李詩》云“正解柴桑纜”，蓋將由沔、鄂下柴桑也。然而所至乃岳州，柴桑之行蓋不遂耳。黄生曰：“柴桑在江州。前詩云‘江州涕不禁’，公豈有弟客此，而欲訪之耶？又詩‘九江春色外，三峽暮帆前’，知公久有此興，或此行終不果耳。”多按大曆二年《又示兩兒》詩曰：“長葛書難得，江州涕不禁，團圓思弟妹，行坐白頭吟。”仇云：“前有送弟往齊州詩，長葛與齊州相近，故知長葛指弟。《七歌》云‘有妹在鍾離’，江州與鍾離相近，故知江州指妹。” 此可證黄説之僞。

大曆四年己酉（七六九） 二月，韋之晋自衡州刺史，遷潭州。 是年，杜鴻漸卒。 李益、冷朝陽并登進士第。

公五十八歲。 正月，自岳州至南岳，游道林二寺，觀宋之問題壁。 《岳麓山道林二寺行》：“宋公（原注：宋之問）放逐曾題壁，物色分留待老夫。” 入洞庭湖，《過南岳入洞庭》：“春生力更無。”宿青草湖，又宿白沙驛，過湘陰，謁湘夫人祠。 更溯流而上，以二月初抵鑿石浦，湘潭縣西。宿之。又過津口，次空靈岸，湘潭縣西一百六十里。宿花石戍，次晚洲。在湘潭。三月，抵潭州。《清明二首》：“此身漂泊苦西東，右臂偏枯半耳聾，寂寂繫舟雙下泪，悠悠伏枕左書空。”老病窮途，心緒可知也。 發潭州，次白馬潭，入喬口，原注：“長沙北界。”至銅官渚，阻風。 發銅官，宿新康江口，《北風》原注：“新康江口信宿方行。”次雙楓浦，遂抵衡州。 《上水遣懷》：“但遇新少年，少逢舊親友……後生血氣豪，舉動見老醜，窮迫挫曩懷，常如中風走。” 仇曰：“公初入蜀則曰‘故人供禄米’，在梓、閬則曰‘窮途仗友生’，再還蜀則曰‘客身逢故舊’，初到夔則曰‘親故時相問’。至此則親朋絶少，旅况益艱，故篇中多抑鬱悲傷之語。” 按公至湖南，必欲依韋之晋，及其既至，而韋旋卒。 公晚節命途之舛，至於此極！之晋以本年二月受命自衡州刺史改潭州。公到潭時，之晋或猶未行，故有《奉送韋中丞之晋赴湖南》詩，在衡州送韋之潭也。 四月，之晋卒，公有詩哭之，詞極哀痛。夏，畏熱，復回潭州。仇曰：“是年有《發潭州》及《發白馬潭》詩，乃春日自潭往衡岳也。又據韋迢《早發湘潭寄杜員外》詩云‘湘潭一葉黄’，知秋深復在潭州矣。觀公《樓上》詩‘身事五湖南’，‘終是老湘潭’，皆可證。”晤張建封。《别張十三建封》：“相逢長沙亭。”時蘇涣旅居江側，忽一日，訪公於舟中，公請涣誦詩，大賞异之，遂訂交焉。見《蘇大侍御訪江浦賦八韻記异》詩并序，又有《又枉裴道州手札率爾遣興寄蘇涣侍御》詩，云：“傾壺簫管動白髮，（按此公自謂）舞劍霜雪吹青春，（此謂蘇）宴筵曾語蘇季子，後來杰出雲孫比。茅齋定王城郭門，藥物楚老漁商市，市北肩輿每聯袂，郭南抱瓮亦隱几。”盧注：“蘇卜齋定王郭門，公賣藥魚商市上，蘇訪公於市北，則肩輿頻至，公訪蘇於郭南，則隱几蕭然。此叙彼此往來之誼也。” 終歲在潭州。

大曆五年庚戌（七七〇） 四月，湖南兵馬使臧玠殺其團練使崔瓘，楊子琳、陽濟、裴虬各出兵討玠，子琳取賂而還。 是年，李端登進士第。 李公佐生。

公五十九歲。 春，在潭州。 正月二十一日，檢故帙，得高適上元二年人日見寄詩，因追酬一首，寄示漢中王瑀及敬超先。序曰：“自枉詩，已十餘年，莫記存歿，又十餘年矣。老病懷舊，生意可知。今海内忘形故人，獨漢中王瑀與昭州敬使君超先在，愛而不見，情見乎辭。” 暮春，逢李龜年。《明皇雜録》：“龜年……後流落江南，每遇良辰勝景，常爲人歌數闋，座上聞之，莫不掩泣罷酒。” 《雲溪友議》：“李龜年奔江潭，曾於湖南采訪使筵上唱‘紅豆生南國，秋來發幾枝，贈公多采擷，此物最相思’，又云‘清風明月苦相思，蕩子從戎十載餘，征人去日殷勤囑，歸雁來時數附書’，此詞皆王維所作也。” 四月，避亂入衡州，《入衡州》曰：“銷魂避飛鏑，累足穿豺狼，隱忍枳棘刺，遷延胝胼瘡。遠歸兒侍側，猶乳女在旁，久客幸脱免，暮年慚激昂。蕭條向水陸，汩没隨漁商。” 《逃難》云：“五十頭白翁，南北逃兵難，疏布纏枯骨，奔走苦不暖。” 《舟中苦熱遣懷》云：“中夜混黎甿，脱身亦奔竄……耻以風疾辭，胡然泊湘岸？入舟雖苦熱，垢膩可溉灌。” 欲往郴州依舅氏崔偉，時崔攝郴州。本年春，有《奉送二十三舅録事之攝郴州》詩曰“氣春江上别”，《入衡州》曰：“諸舅剖符近，開緘書札光，頻繁命屢及，磊落字百行。（言崔見招也）江總外家養，（感舅德也）謝安乘興長，（將赴郴也）……柴荆寄樂土，（將居郴也）……” 因至耒陽，時屬江漲，泊方田驛，半旬不得食，聶令馳書爲致牛炙白酒。呈聶詩題曰：“聶耒陽以僕阻水，書致酒肉，療飢荒江。詩得代懷，興盡本韻，至縣呈聶令。陸路去方田驛四十里，舟行一日。時屬江漲，泊於方田。” 詩曰：“耒陽馳尺素，見訪荒江渺……知我礙湍濤，半旬獲浩溔，孤舟增鬱鬱，僻路殊悄悄……禮過宰肥羊，愁當置清醥。” 案世傳飫死之説，不實，辨詳見後。 惟公阻水缺食之期間，詩明言“半旬”，而諸書或曰涉旬,(《明皇雜録》) 或曰旬日,(《新書》)或曰旬餘,(鶴《譜》)皆不根之談,此亦不可不辯也。 鶴曰:“郴州與耒陽,皆在衡州東南。衡至郴四百餘里,郴水入衡。公初欲往郴依舅氏,卒不遂。其至方田也,蓋溯郴水而上,故詩云‘方行郴岸静’。” 按耒陽至衡州,一百六十八里。 **盛夏回棹,秋至潭州,小憩,遂遍别親友,溯湘而下,**《回棹》舊編在大曆五年,詩曰“蒸池疫癘遍”,“火雲滋垢膩”,知返棹時當盛夏也。 《登舟將適漢陽》曰“秋帆催客歸”,又有《暮秋將歸秦留别湖南幕府親友》詩,知發潭州時届暮秋也。 **將出沔、鄂,由襄陽轉洛陽,迤邐歸長安,**《回棹》曰“清思漢水上,凉憶峴山巔”,《登舟將適漢陽》曰“鹿門自此往,永息漢陰機”,而在潭州留别湖南親友詩題曰“將歸秦”,知此行乃歸長安,而預計經由之地,亦皆歷歷可考。 **冬,竟以寓卒於潭、岳間,旅殯岳陽。**黄鶴曰:“夏如郴,因至耒陽,訪聶令,經方田驛,阻水旬餘,聶令致酒肉。而史云令嘗饋牛炙白酒,大醉,一夕卒。嘗考謝聶令詩有云‘禮過宰肥羊,愁當置清醥’,其詩題云‘興盡本韻’,又且宿留驛近山亭。若果以飫死,豈復能爲是長篇,又復游憩山亭?以詩證之,其誣自可不考。況元稹作志,在《舊史》前,初無此説。按是秋舟下洞庭,故有《暮秋將歸秦奉留别親友》詩。又有《過洞庭湖》詩云‘破浪南風正,回檣畏日斜’,言南風畏日,又云回檣,則非四年所作甚明;當是是年,自衡州歸襄陽,經洞庭詩也。元微之《志》云:‘扁舟下荆楚,竟以寓卒,旅殯岳陽。其後嗣業啓柩,襄祔事於偃師,途次於荆,拜余爲志。’吕汲公亦云:‘夏還襄漢,卒於岳陽。’魯《譜》云:‘其卒當在衡、岳之間,秋冬之交。’但衡在潭之上流,與岳不相鄰,舟行必經潭,然後至岳,當云在潭、岳之間,蔡《譜》以史爲是,以吕爲非,蓋未之考耳。” 仇兆鰲曰:“五年冬,有《送李銜》詩,云:‘與子避地西康州,洞庭相逢十二秋。’西康州即同谷縣。公以乾元二年冬寓同谷,至大曆五年之秋,爲十二秋。又有《風疾舟中》詩,云:‘十暑岷山葛,三霜楚户砧。’公以大曆三年春適湖南,至大曆五年之秋,爲三霜。以二詩證之,安得云是年之夏卒於耒陽乎?”多按《風疾舟中伏枕書懷呈湖南親友》,題曰“舟中伏枕”,詩又曰“羈旅病年侵”,是舟中構疾也。詩又曰“群雲慘歲陰”,曰“鬱鬱冬炎瘴”,時在冬候也。公之卒,在大曆五年冬,無疑。 又按戎昱《耒陽溪夜行》原注云:“爲傷杜甫作。” 昱大曆間人，有贈岑參詩。則是公飫死耒陽之説，由來甚久。 其詳見於鄭處晦《明皇雜録》。 厥後羅隱有《經耒陽杜工部墓》詩；鄭谷《送沈光》詩亦曰“耒陽江口春山緑，慟哭應尋杜甫墳”；杜荀鶴《吊陳陶處士》曰“耒陽山下傷工部，采石江邊吊翰林，兩地荒墳各三尺，却成開解哭君心”；孟賓於《耒陽杜公祠》曰“白酒至今聞”；徐介《耒陽杜工部祠堂》曰“故教工部死，來伴大夫魂”；裴説《題耒陽杜公祠》曰“擬掘孤墳破，重教大雅生”；裴諧同作曰：“名終埋不得，骨朽且何妨？”此皆宋以前詩也。(《耒陽縣志》載李節《耒陽弔杜子美》詩，稱節爲天寶詞客，則顯係僞托。） 然同時亦有懷疑之説。《詩話總龜》載僧紹員詩云：“百年失志古來有，牛肉因傷是也無？”又載耒陽令詩云：“詩名天寶大，骨葬耒陽空。”此皆言聶令空堆土也。 黄鶴已知公實不死於耒陽，乃猶疑耒陽有墳有祠，謬説之起必有因，遂又創爲新説，謂公嘗瘞宗文於耒陽，後人遂誤以爲公墳耳，其所據則《風疾舟中伏枕書懷》詩“瘞夭追潘岳”句，及下句渴死事也。 今按《入衡州》云“猶乳女在旁”，夭者想是此女耳。潘岳《西征賦》“夭赤子於新安，坎路側而瘞之”，公詩，用此事，於哺乳之女乃切當。 若宗文，是時計年已及冠，得謂爲赤子耶？ 仇氏駁之曰：“宗文若卒於湖南，應有哭子詩，而集中未嘗見。” 信然。 《山海經》“夸父與日逐走，渴死，棄其杖，化爲鄧林”，此下句“持危覓鄧林”所用事也。 黄鶴割裂“渴死”二字，以屬宗文，致文意乖亂不可通。 今按“覓鄧林”，覓瘞夭之所也，（鄧林，夸父死處，故得借用以言窆所。）“持危”謂忍渴冒死以覓之也。詩題本云“舟中伏枕”，上句又云“行藥病涔涔”，下句云“蹉跎翻學步”，則是力疾瘞夭，行步艱難，故云“持危”耳。仇注“鄧林，謂老行須杖”，亦勝於鶴説百倍。

少陵先生交游考略[1]

索　引

① 本文據北京圖書館藏作者手稿照相複印件收入。"索引""正文"四字爲整理者所加。整理時，結合正文，對原稿所附簡易索引或加括號，或移次序，或增删文字（如正文有"王司直""崔惠童"等條，而原稿索引部分却無二人名字，此增入；又如索引部分原有"房兵曹""賀知章""劉叟""儲光羲"等人名字，而正文部分却無諸人材料，故此删），從而力求索引正文之統一。

田　　田澄　田梁丘　田四將軍　田侍御長史
玄　　玄武禪師
司馬　司馬山人
朱　　朱曄　朱山人
岑　　岑參
任　　任華
向　　向卿
杜　　杜位　杜佐　杜亞　杜勤　杜濟　杜韶　杜崇簡　杜鴻漸　杜四杜（南卿兄）　杜綿州　杜十五侍御　杜忠州
宇文　宇文晁
李　　李白　李邕　李琎　李瑀　李潮　李封　李炎　李義　李勉　李嶧　李銜　李瞟　李舟　李固　李布　李曄　李棐　李文嶷　李令問　李晉肅　李龜年　李嗣業　李之芳　李明甫　李叔明　李鄧公　李都督　李中丞　李劍州　李果州　李判官　李二十五長史　李七司馬　李八秘書　李鄠縣　李功曹　李　李尊師　李十二娘
阮　　阮昉
祁　　祁岳　祁録事
沈　　沈東美
辛　　辛昇之
宋　　宋大少府
狄　　狄博濟
何　　何邕　何將軍　何侍御
豆盧　豆盧峰
孟　　孟雲卿　孟昌浩　孟浩然　孟十二倉曹　孟十四主簿
吴　　吴郁　吴司法
房　　房琯
花　　花驚定

武　　武判官
長孫　長孫漸　長孫（九）
旻　　旻上人
柏　　柏茂琳　柏學士　柏二别駕
柳　　柳侍御　柳司馬　柳少府
封　　封主簿
胡　　胡曼倩
姜　　姜七少府
姚　　姚通泉
段　　段功曹
郝　　郝使君
韋　　韋班　韋迢　韋濟　韋諷　韋偃　韋續　韋之晋　韋見素　韋有夏　韋少游　韋匡贊　韋大少府　韋七善贊　韋十郎官　韋十六評事　韋侍御　韋書記　韋司直　韋贊善
范　　范邈　范季明　范十
徐　　徐知道　徐司録　徐九少尹
唐　　唐誠　唐十八使君
席　　席謙
郗　　郗昂
班　　班司馬
陸　　陸宰
殷　　殷六參軍
陳　　陳二補闕（兼?）
秦　　秦少府
馬　　馬巴州　馬大卿
孫　　孫宰
哥舒　哥舒翰
斛斯　斛斯融

真　真諦寺禪師
崔　崔尚　崔彧　崔涣　崔漪　崔戢　崔偉　崔澳　崔宗之　崔興宗　崔公輔　崔國輔　崔惠童　崔二　崔四　崔十一　崔十七　崔十九　崔二十四　崔都水　崔十六評事　崔五侍御　崔判官　崔都督　崔録事　崔明府　崔（南曹小司寇舅）
郭　郭受　郭華州　郭英乂　郭給事　郭三十二明府
許　許損　許思　許主簿
高　高適　高式顔　高仙芝　高尋封
畢　畢曜
寇　寇錫
啖　啖助
終　終鬱
章　章彝
曹　曹霸
常　常正字　常徵君　常少仙
陶　陶少尹
焦　焦校書
張　張玠　張垍　張彪　張之緒　張叔卿　張建封　張十二參軍　張舍人　張學士（懷瓘?）
賈　賈至
陽　陽濟
馮　馮紹正
覃　覃二判官　覃山人
惠　惠二
程　程録事
賀蘭　賀蘭铦
華　華蓋君
黄　黄四娘

楊　楊綰　楊譚　楊子琳　楊五侍御　楊六判官　楊梓州　楊戎州
楊長寧　楊奉先　楊少府　楊長史　楊監　楊氏
董　董頲　董嘉榮　董秦仙　董庭蘭
敬　敬超先
路　路六侍御　路十九曹長　路陵州
源　源大少府
裴　裴冕　裴迪　裴虬　裴薦　裴南部　裴使君　裴五　裴
趙　趙十七明府　趙卿
虞　虞十五司馬
鄭　鄭虔　鄭審　鄭煉　鄭泛　鄭賁　鄭南史　鄭潛曜　鄭（十七）
（鄭諫議）　鄭（瑕丘）　鄭典設　鄭
劉　劉顥　劉單　劉伯華　劉（主簿）　劉九法曹　劉十判官
蔡　蔡希魯　蔡（五侍御）　蔡十四著作　蔡侯
樊　樊二十三侍御（希一）
閭　閭丘（師）
衛　衛鈞　衛伯玉　衛八處士
盧　盧琚　盧十四侍御　盧老
薛　薛據　薛華　薛復　薛景仙　薛十二判官　薛明府
蕭　蕭實　蕭十郎中　蕭十二使君　蕭遂州　蕭尊師
蹇　蹇昂（？）
魏　魏佑　魏啓心　魏齊眴　魏十四侍御　魏十八倉曹　魏二十四司
直　魏將軍　魏
韓　韓幹　韓泫　韓十四
顔　顔十少府
鮮于　鮮于仲通　鮮于炅
聶　聶耒陽
竇　竇侍御　竇十五使君　竇少尹　竇九
贊　贊公

正　文

于休烈

《奉留贈集賢院崔于二學士》　（卷二[①]）

巳（上人）

《巳上人茅齋》　（卷一）

大覺

《大覺高僧蘭若》　（卷二十）

元結

《同元使君春陵行》　（卷十九）

元持（一作特）

《觀公孫大娘弟子舞劍器行》　（卷二十）

《郎官石柱題名》，司封員外郎有元持；吏部員外郎亦有，持作特。

① 作者於本文所言杜詩卷數，均指仇兆鰲《杜詩詳注》本卷次。

《新表》：元氏，綿州長史平叔，子挹，弟持，都官郎中。

《舊·宦官·李輔國傳》：輔國娶元擢女爲妻，擢弟挹、持，并引入臺省。

元稹《唐故京兆府盩厔縣尉元君墓志銘》：父曰都官郎中岳州刺史某。（《元微之文集》五十三）

元丹邱（元逸人）

《昔游》（卷二十）

《玄都壇歌寄元逸人》（？）（卷二）

李白《唐漢東紫陽先生碑銘》：“天寶初，威儀元丹邱，道門龍鳳，厚禮致屈，傳籙於嵩山東京大唐□□宫，三請固辭。”“弟子元丹邱、王□等。”（卷三十[①]）

李白：《西岳雲臺歌送丹邱子》（卷七）、《元丹邱歌》（卷七）、《聞丹邱子於城北山營石門幽居中有高鳳遺迹僕離群遠懷亦有栖遁之志因叙舊以寄之》（卷十三）、《潁陽别元丹邱之淮陽》（卷十五）、《以詩代書答元丹邱》（卷十九）、《酬岑勛見尋就元丹邱對酒相待以詩見招》（卷十九）、《與元丹邱方城寺談玄作》（卷二十三）、《尋高鳳石門山中元丹邱》（同上）、《觀元丹邱坐巫山屏風》（卷二十四）、《題元丹邱山居》（卷二十五）、《題元丹邱潁陽山居》（卷二十五）、《題嵩山逸人元丹邱山居》（卷二十五）。

元二

《送元二適江左》（卷十二）

元（二十一曹長）

《七月三日亭午已後校熱退晚加小凉穩睡有詩因論壯年樂事戲呈元

① 作者於本文所言李白詩文卷次，均指王琦注《李太白全集》本卷次。

二十一曹長》(卷十五)

《夜宿西閣曉呈元二十一曹長》　(卷十八)

《西閣口號呈元二十一》　(卷十八)

孔巢父

《送孔巢父謝病歸游江東兼呈李白》　(卷一)

《雜述》　(卷二十五)

皇甫冉《送孔巢父赴河南軍》(《全唐詩》卷二百五十[1],一作劉長卿詩。)

《元和姓纂》:穎達族元孫巢父,給事中,御史大夫。

王維

《奉和賈至舍人早朝大明宮》　(卷五。同作。)

《奉贈王中允維》　(卷六)

《崔氏東山草堂》　(卷六)

《解悶十二首》　(卷十七)

王翰

《奉贈韋左丞丈二十二韻》　(卷一)

王宰

《戲題王宰畫山水圖歌》　(卷九)

錢大昕《十駕齋養新録》:王宰,武宗朝節度使,附其父智興傳。明皇時,又有善畫王宰,杜子美詩所謂"五日畫一水,十日畫一石"者也。(案楊綰《汾陽王妻霍國夫人王氏神道碑》:"幼女適太常寺丞王

① 本文所言《全唐詩》卷次,均係整理者據中華書局1960年版《全唐詩》重新標出。

宰。”）

張彦遠《名畫記》：王宰蜀中人，多畫蜀山，玲瓏嵌空，巉嵯巧峭。

朱景玄《唐朝名畫録》：王宰，家於西蜀。貞元中，韋令公以客禮待之。畫山水樹石，出於象外。景玄曾於故席夔舍人廳事，見一圖障，臨江雙樹，一松一柏，古藤縈繞，上盤於空，下著於水，千枝萬葉，交植屈曲，分布不雜，或枯或榮，或蔓或亞，或直或倚，葉迭千重，枝分八面，達士所珍，凡目難辯。又於善興寺[①]，見畫四時屏風，若移造化，風候雲物，八節四時，於一座之内，妙之至極也。故山水松石，并可躋於妙上品。

王倚

《病後過王倚飲贈歌》　（卷三）

郭若虚《圖畫見聞志》：唐德州刺史王倚家有筆一管，稍粗於常用筆，管兩頭各出半寸已來，中間刻《從軍行》一鋪，似非人功。其畫迹若粉描，向明方可辨之。云用鼠牙雕刻。故崔鋋郎中文集有《王氏筆管記》，體類韓退之《記畫》。

王砯

《送重表侄王砯評事使南海》　（卷二十三）

王崟

《奉送王信州崟北歸》　（卷十九）

獨孤及《海上懷華中舊游寄鄭縣劉少府造渭南王少府崟》原注：王任鄭縣日，於城角築小臺，號“凉風臺”，每與數公置酒登臨，望二華

① 中華書局 1979 年版仇兆鰲《杜詩詳注》卷九、上海古籍出版社 1979 年新一版《錢注杜詩》卷四所引朱景玄《唐朝名畫録》語，“善興寺”均作“興善寺”。

雲月。 （《全唐詩》卷二百四十七）

岑參《餞王崟（一作岑）判官赴襄陽道》 （《全唐詩》卷二百一）

《郎官石柱題名》：吏部員外郎兩見，又見左司員外郎，户部員外郎，度支員外郎。

《新表》：烏丸王氏，左千牛將軍仁忠，子崟，懷州刺史。

李邕《贈安州都督王仁忠神道碑》：子崟等，不詳歷官。 （《文苑英華》九百十三）

《舊・王播傳》：祖崟不詳歷官。

《新・王播傳》，同上。

王掄

《王十七侍御掄許携酒至草堂奉寄此詩便請邀高三十五使君同到》（卷十）

《王竟携酒高亦同過》 （卷十）

《哭王彭州掄》 （卷十七）

《紀聞》：監察御史王掄爲朔方節度判官，乘驛在途，暴卒。十五日復生，云至冥司，見楊慎矜兄弟訟李林甫、王鉷等。月餘乃有邢縡之事，王鉷死之。 （《太平廣記》一百二十一）

《通幽記》：天寶十一年，朔方節度判官、大理司直王掄，巡至中城，病死，凡十六日而蘇。 （《太平廣記》三百七十八）又見閻選《再生記》，云掄家在西定，兄攝。

《石刻御史臺精舍題名》：殿中侍御史并内供奉有王掄。趙鉞云："王初官京畿尉，當爲宗室女夫爲侍徒。值禄山之亂，事玄、肅、代三相。出守彭州。替罷，有封事於朝上，不報。嚴武節度東西川，提兵而出，辟王君爲幕客。" （見《御史臺精舍題名考》三。案此釋公哭王詩之文。）

王郁[1]

王徹

《苦雨奉寄隴西公兼呈王徵士》　（卷三）

高適《別王徹》：歸客自南楚，悵然思北林，蕭條秋風起[2]，回首江淮深。留君終日歡，或爲梁父吟……載酒登平臺，贈君千里心。浮雲暗長路，落日有歸禽，離別未足悲，辛勤當自任。吾知十年後，季子多黄金。（《全唐詩》卷二百十一）

王契

《贈王二十四侍御契四十韻》　（卷十三）

《送王侍御往東川放生池祖席》　（？）（卷十四）

元結《別王佐卿序》：癸卯歲（廣德元年，七六三），京兆王契佐卿年四十六，河南元結次山年四十五，時次山頃日浪游吴中，佐卿頃日去西蜀。……與佐卿去者，有清河崔异（按當作潩）；與次山住者，有彭城劉灣。

《全唐文》（卷四三三）有王契《桔槔賦》。

王昂

王潛

《敬簡王明府》　（卷十）

---

① 檢杜詩，無王郁者，亦無其詩，然有吴侍御郁（見本條後）。仇注杜詩《送王侍御往東川放生池祖席》(《杜詩詳注》卷十四）題解云:“成都詩有王侍御郁及王侍御契，此或即其人歟？”聞氏所列“王郁”者或本於此。然原稿有名無詩，似亦見作者之存疑。

② 中華書局 1960 年版《全唐詩》“起”作“暮”。

《重簡王明府》　（卷十）
《唐興縣客館記》　（卷二十五）
《北鄰》　（？）（卷九）

薛昭蘊《幻影傳》，“俞叟”“張士政”二條并記尚書王潜節度荆南時事。《幻影傳》紀貞元至唐末事，則此王潜必别是一人。

王季友

《可嘆》　（卷二十一）
（别詳）

王承俊

《寄贈王十將軍承俊》　（卷九）
《久雨期王將軍不至》　（？）（卷二十）

《舊書・崔寧傳》：永泰元年五月，嚴武卒，杜濟爲西川行軍司馬，權知軍府事。時郭英幹爲都知兵馬使，郭嘉琳爲都虞侯，皆請英幹兄英乂爲節度使。旰時爲西山都知兵馬使，與軍衆共請大將王崇俊爲節度使。二奏俱至京師，會朝廷已除英乂。旰使因見英乂陳其事。英乂至成都數日，誣殺王崇俊。（案崇、承二字聲近，疑一有誤，俟考。）

王兵馬使（王録事）

《王兵馬使二角鷹》　（卷十八）
《見王監兵馬使説近山有白黑二鷹羅者久取竟未能得王以爲毛骨有异他鷹恐臘後春生騫飛避暖勁翮思秋之甚眇不可見請余賦詩二首》（卷十八）
《王十五前閣會》　（？）（卷十八）

《王十五兵馬弟出閣相訪遺營草堂貲》[①] （？）（卷九）

王十五判官

《送王十五判官扶侍還黔中》 （卷十二）

王十二判官

《船下夔州郭宿雨濕不得上岸别王十二判官》 （卷十五）

王十六判官

《送王十六判官》 （卷十八）

王大録事

《漢川王大録事宅作》 （卷十二）
《王録事許修草堂貲不到聊小詰》 （？）（卷十三）

王司直（王掄嘗爲大理司直，不知是否？）

《戲贈友二首》 （卷十一）
《短歌行贈王郎司直》 （卷二十一）

皇甫冉《送王司直》（？）：西塞雲山遠，東風道路長，人心勝潮水，相送過潯陽。（《全唐詩》卷二百四十九，一作劉長卿詩。）多案：公《短歌行》有“仲宣樓頭春色高[②]，青眼高歌望吾子”之句。《荊州記》：當陽縣城樓，王仲宣登之而作賦。《清一統志》：仲宣樓在荊門州，即當陽縣城樓。

① 中華書局 1979 年版仇兆鰲《杜詩詳注》卷九同題“王十五兵馬”作“王十五司馬”，“閣”作“郭”。
② 仇兆鰲《杜詩詳注》卷二十一“高”作“深”。

王侍郎

《和裴迪登新津寺寄王侍郎》　（卷九）

王侍御

《陪王侍御宴通泉東山野亭》　（卷十一）
《陪王侍御同登東山最高頂宴姚通泉晚携酒泛江》　（卷十一）

王少尹

《赴青城縣出成都寄陶王二少尹》　（卷十）
《惠義寺送王少尹赴成都》　（卷十二）

王閬州

《陪李梓州王閬州蘇遂州李果州四使君登惠義寺》　（卷十二）
《王閬州筵奉酬十一舅惜别之作》　（卷十二）
《江亭王閬州筵餞蕭遂州》　（卷十三）
《陪王使君晦日泛江就黄家亭子二首》　（卷十三）
《爲閬州王使君進論巴蜀安危表》　（卷二十五）

王漢州

《陪王漢州留杜綿州泛房公西湖》　（卷十二）

王

《橋陵詩三十韻因呈縣内諸官》　（卷三）

公孫大娘

《觀公孫大娘弟子舞劍器行》　（卷二十）

太易

《留别公安太易沙門》（卷二十二）

《全唐詩》：太易，公安沙門，詩二首（《湘夫人祠》《贈司空拾遺》）。多案：司空拾遺，即司空曙，曙嘗官左拾遺。

司空曙《送太易上人赴東洛》（《全唐詩》卷二百九十二）

文公

《謁文公上方》（卷十一）

左

《夜宴左氏莊》（卷一）

平洌

《石硯》（卷十四）

《寶刻叢編》引《集古録目》：濟源令房琯《遺愛頌》，監察御史平洌撰。……洌作頌時，琯爲給事中。碑以天寶七載三月立。

《舊·楊慎矜傳》：天寶六載十一月，監察御史平洌，賫敕至大理寺，賜楊慎餘死。

《安禄山傳》：平洌等在幕下。慶緒以平洌爲宰相。（《御史臺精舍題名考》趙鉞云："案杜詩《石硯》詩原注'平侍御者'，即此人。"）

《石刻顔真卿東方先生畫贊碑陰記》：真卿去歲拜此郡，屬殿中侍御史平公洌……以河北采訪使東平王判官巡按押至。（天寶十三載，山東陵縣。）

《御史臺精舍題名》：侍御史兼殿中。

《全唐文》小傳：洌，天寶十二載官殿中侍御史。有《兩階舞干羽賦》《開元字舞賦》《舞賦》見存。

田澄

《贈獻納使起居田舍人澄》　（卷三）

《全唐詩》有田澄《成都爲客作》詩一首。

田梁丘

《贈田九判官梁丘》　（卷三）

于邵《田司馬傳》(《全唐文》卷四二九)

顔真卿《顔允南神道碑》：潼關陷，朝官多出駱谷至興道。中丞田梁丘爲哥舒翰行軍司馬，既敗，猶自振矜，因誦表云云。君獨抗聲叱之曰："君何爲尚爲賊説徵祥乎？"一坐皆壯之。

《舊・哥舒翰傳》：翰討禄山以田梁丘爲御史中丞充行軍司馬。

田四將軍

《送田四將軍弟將柏中丞命起居江陵節度使陽城郡王衛公幕》[1]（卷二十一）

田侍御長史

《春夜峽州田侍御長史津亭留宴》　（卷二十一）

玄武禪師

《玄武禪師屋壁》　（卷十一）

司馬山人

《寄司馬山人十二韻》　（卷十三）

---

① 《杜詩詳注》卷二十一題作"送田四弟將軍將夔州柏中丞命起居江陵節度使陽城郡王衛公幕"。

朱曄

朱山人

《南鄰》　（卷九）

《過南鄰朱山人水亭》　（卷九）

《絶句四首》　（卷十三）

岑參

《同諸公登慈恩寺塔》　（卷二）

《渼陂行》　（卷三）　鶴注：天寶十三載未授官時作。

《渼陂西南臺》　（卷三）　仇注：此臺前游所未至者，故重游而記其勝。

《與鄠縣源大少府宴渼陂》　（卷三）　仇注：梁氏編在天寶十四載，此亦無據。今依類編在西陂詩内。

《九月寄岑參》　（卷三）　仇注：當是天寶十三載九月作。

《奉和賈至舍人早朝大明宫》　（卷五）　仇注：乾元元年春在諫省作。

《奉答岑參補闕見贈》　（卷六）　（乾元元年）

《寄彭州高三十五使君適虢州岑二十七長史參三十韻》　（卷八）（乾元二年秋）

《泛舟送魏十八倉曹還京因寄岑中允參范郎中季明》　（卷十二）鶴注：此當是廣德元年在梓州作，是年岑參自虢州長史歸爲太子中允。

《寄岑嘉州》　（卷十四）　（原注：州據蜀江外。）（大曆元年春）“不見故人十年餘，不道故人無素書。……眼前所寄選何物，贈子雲安雙鯉魚。”

《赤甲》　（卷十八）（大曆二年春）　“蜀客郗岑非我鄰。”

《爲補遺薦岑參表》　（卷二十五）至德二載六月十二日，裴薦、韋少游、魏齊眪、孟昌浩。

（别詳）

任華

有《雜言寄杜拾遺》

《居易録》：《唐摭言》載：任華《上嚴大夫箋》《上京兆杜中丞書》《上庾中丞書》《辭京兆尹賈大夫書》，雜引辟陽侯、朱建、潘安仁、孫秀、嵇叔夜、鍾會、平原君躄者等事，其詞傲慢無禮，至云："禍患之機，怨仇之府，豈在利劍相擊、拔戟相撞哉？其亦在乎詞色，相於拜揖耳。"[1] 又云："君猶惜馬蹄不顧我，况有請美人頭者，豈復得哉？"華有寄李、杜長句各一篇，語頗狂易。觀此數書，亦唐末李山甫、姚岩杰之流，江湖游士之狡猾者耳。蓋天寶盛時，已有此風，不至唐末而然矣。

明張鳴鳳《桂故》：任華，其詩尚奇，如贈李翰林、杜拾遺兩詩，古無其體。在桂《送祖評事赴黔序》云："出餞何許？舜亭峨峨，憑檻窺鼋鼉之窟，酹酒滴魚龍之背。"及《送宗判官歸滑臺序》又云："二三子出餞於野。霜天如掃，低向朱崖。加以尖山萬重，平地卓立，黑是鐵色，鋭如筆鋒。復有陽江、桂江，略軍城而南走，噴入滄海，横浸三山。則中朝群公，豈知遐荒之外，有如是山水？山水既爾，人亦其然。"華是時爲昌夔府中參佐。同時有蘇侍御涚，武功人，佐前御史中丞張公爲判官。

牛僧孺《幽怪録》：尼妙寂，姓葉氏，江州潯陽人也。初嫁任華，潯陽之大賈也。（案：别是一人。）

向卿

《惜别行送向卿進奉端午御衣之上都》　（卷二十一）

---

① 中華書局 1982 年影印本《全唐文》卷三七六此語作"……其亦在於辭色相干，拜揖失節"。

杜位

《杜位宅守歲》　（卷二）

《寄杜位》　（卷十）

《奉送蜀州柏二别駕將中丞命赴江陵起居衛尚書太夫人因示從弟行軍司馬位》　（卷十八）

《寄杜位》　（卷十八）

《乘雨入行軍六弟宅》　（卷二十一）

《全唐文》小傳：位，襄陽人，右拾遺甫之從子（案誤）。至德中，與甫同在嚴武幕中。後貶新州。還爲夔府司馬。歷司勛員外郎。（案有《對國公嘉禮判》一首。）

《新表》：襄陽杜氏，河西隴右節度使太僕卿襄陽縣男希望子，位，考功郎中，湖州刺史。

《舊・李林甫傳》：子婿杜位，爲右補闕。

《新傳》：天寶十二載，諸婿杜位等，皆貶官。

《吴興志》：杜位，乾寧元年，自江寧少尹拜，卒官。（《統紀》云：大曆四年。）

《郎官石柱題名》：司勛員外郎。

岑參《郊行寄杜位》，又《過燕支寄杜位》

杜佐

《示侄佐》　（卷八）

《佐還山後寄三首》　（卷八）

岑參《送杜佐下第歸陸渾别業》

劉長卿《送杜越江佐覲省往新安江》（“見説江中孤嶼在，此行應賦謝公詩。”）

杜亞

《送從弟亞赴河西判官》　（卷五）

《新書·杜亞傳》

《舊書·杜亞傳》

《舊·田承嗣傳》：（大曆）十二年，承嗣復上章請罪，又赦之……仍令給事中杜亞宣渝，賜鐵券。

《新表》：京兆杜氏秀容令繹，子亞，字次公，檢校禮部尚書。

《郎官石柱題名》：吏部員外郎，户部員外郎，吏部郎中。

權德輿《杜公神道碑》

《新唐書·地理志》：（揚州江都縣）有愛敬陂水門，貞元四年，節度使杜亞，自江都西，循蜀岡之右，引陂趨城隅，以通漕，溉夾陂田。

杜勤

《醉歌行》　（卷三）　（原注：别從侄勤落第歸。）

杜濟

《示從孫濟》　（卷三）

《新·李栖筠傳》：華原尉侯莫陳怤以優補長安尉，當參臺。栖筠物色其旁[①]，（怤色動不能對，乃）[②]自言爲徐浩、杜濟、薛邕所引，非真優也。三人皆元載所厚，栖筠并劾之，皆坐貶。（《資治通鑒》略同）

常衮《授杜濟東川防禦使制》：太中大夫，檢校尚書駕部郎中，兼侍御史，充山南劍邛副元帥判官，句當劍南東川事，賜紫金魚袋杜濟……可使持節梓州諸軍事，守梓州刺史，兼御史中丞，充劍南東川防禦使。

---

① 上海古籍出版社、上海書店1986年影印本《二十五史·新唐書》卷一四六《李栖筠傳》"旁"作"勞"。

② 括號内文字原稿無，爲整理者據《李栖筠傳》（同上）增入。

《舊・崔寧傳》：永泰元年五月，嚴武卒，杜濟爲西川行軍司馬，權知軍府事。

《蒿裏遺文目録》中：登州司倉杜君（濟）墓銘，開元十三年四月七日立。（案此别一人。）

杜韶

《季夏送鄉弟韶陪黄門從叔朝謁》　（卷十九）

杜崇簡

《寄從孫崇簡》　（卷十八）

《吾宗》　（卷十九）

杜鴻漸

《季夏送鄉弟韶陪黄門從叔朝謁》　（卷十九）

杜四

《狂歌行贈四兄》　（卷十四）

杜（南卿兄）

《將别巫峽贈南卿兄瀼西果園田十畝》　（卷二十一）

杜綿州

《送嚴侍郎到綿州同登杜使君江樓宴》　（卷十一）

《陪王漢州留杜綿州泛房公西湖》　（卷十二）

杜十五侍御

《送十五弟侍御使蜀》　（卷十七）

杜忠州

《宴忠州使君侄宅》　（卷十四）

宇文晁

《宇文晁崔彧重泛鄭監前湖》　（卷二十一）
《夏夜李尚書筵送宇文石首赴縣聯句》　（卷二十一）

李白

《贈李白》　（卷一）
《與李十二白同尋范十隱居》　（卷一）
《冬日有懷李白》　（卷一）
《春日憶李白》　（卷一）
《送孔巢父謝病歸游江東兼呈李白》　（卷一）
《蘇端薛復筵簡薛華醉歌》　（卷四）
《夢李白二首》　（卷七）
《天末懷李白》　（卷七）
《寄李十二白二十韻》　（卷八）
《不見》　（卷十）
《昔游》　（卷十六）
《遣懷》　（卷十六）
（别詳）

李邕

《陪李北海宴歷下亭》　（卷一）

《同李太守登歷下古城員外新亭》　（卷一）

《八哀詩》　（卷十六）

（別詳）

李璡

《贈特進汝陽王二十韻》　（卷一）

《八哀詩》　（卷十六）

《記事珠》：汝陽王璡取雲夢石甃，泛春渠以置酒，作金銀龜魚浮沉其中，爲酌酒具，自稱釀王，兼麴部尚書。

李瑀

《苦雨奉寄隴西公兼呈王徵士》　（卷三）

《戲題寄上漢中王三首》　（卷十一）

《玩月呈漢中王》　（卷十一）

《章梓州水亭》　（卷十二）

《戲作寄上漢中王二首》　（卷十二）

《奉漢中王手札》　（卷十五）

《奉漢中王手札報韋侍御蕭尊師亡》　（卷十六）

《追酬故高蜀州人日見寄》　（卷二十三）

李潮

《李潮八分小篆歌》　（卷十八）

《吴郡圖經續記》：在唐中葉，以八分名家者四人，史惟則與韓擇木、蔡有鄰、李潮也。

《金石録》：《唐惠義寺彌勒像碑》，李潮八分書。潮書初不見重於當時，獨杜詩盛稱之。今石刻在者，唯此碑與《彭元曜墓志》，其筆法亦不絶工，非韓、蔡比也。

李封

《晦日尋崔戢李封》　（卷四）

《唐語林》(一)：李封爲延陵令，吏人有罪，不加杖罰，但令裹頭巾以辱之，隨所犯輕重，以日數爲等級，日滿乃釋。吴人着此服，出入州鄉，以爲大耻，皆相勸勵，無敢犯。賦税常先諸縣。既去官，竟不捶一人。

顧况《禮部員外郎陶氏集序》：鮑、馬二京兆，中書謝舍人良弼、良輔，侍御史李封，殿中劉全誠，名自公出，名著公器。

李炎

《夏日李公見訪》　（卷三）

李義

《别李義》　（卷二十一）

李勉

《可嘆》　（卷二十一）

《衡州送李大夫七丈赴廣州》　（卷二十二）

《舟中苦熱遣懷奉呈陽中丞通簡臺省諸公》　（卷二十三）

常衮《授李勉河南尹制》：御史中丞、東都畿内觀察使李勉。

李嶧

《哭李常侍嶧二首》　（卷二十二）

獨孤及《爲吏部楊侍郎祭李常侍文》（《全唐文》卷三九三）

李銜（涵芬樓本《説郛》楊伯岩《臆乘》“行第”條稱李御，誤。）

《長沙送李十一（銜）》（卷二十三）

李曛

《奉贈李八丈曛判官》（卷二十三）

李舟

《送李校書二十六韻》（卷六）

陸贄《奉天薦袁高等狀》：崔造、殷亮、李舟（以上并郎官）……昨蒙宣示中書進擬量移官令，臣審看可否者，因悟貶降之輩，其中甚有可稱。臣以素所諳知，兼聞公議，此狀之内，僅得十人。狀所不該，又有三四，或因連累左黜，或遭讒忌外遷，互有行能，咸著名迹，置之清列，皆謂良材。若但準例量移，及令仍舊出守，固非陛下愛賢之意，亦乖海内望理之心。倘蒙特恩，追赴行在，試垂訪接，必有可觀。録用棄瑕，既符德號，振淹求舊，亦闡大猷。謹録薦陳，庶備采擇。

《郎官石柱題名》：金部員外郎，吏部員外郎。

《新·宰相表》，隴西李氏姑臧大房：水部郎中眉州刺史岑，子舟，字公受，虔州刺史，隴西縣男。

《舊·楊炎傳》：建中初，楊炎徵殺劉晏，遣腹心李舟往山南河南諸道宣慰，又使馳説梁崇義入朝，崇義固而拒命。（《新傳》同）

《舊·梁崇義傳》：建中元年，流人郭昔告變，命金部員外郎李舟諭旨安之。初劉文喜作難，舟嘗入城説利害，喜拘之。會帳下殺文喜降，反側者謂舟能覆軍殺將，是以皆惡舟。至又勸入覲，頗切直，崇義益不悦。二年春，發五使宣諭諸道，舟復如荆、襄。崇義慮有變，不納，上言軍中疑懼，請换他使。（《新傳》略同）

梁肅《虔州[1]刺史李公墓志銘》：十六，以黄老學，一舉登第。由監察轉殿中侍御史。建中初，朝廷釐飭百度，高選尚書諸曹郎，拜公金部員外郎，遷吏部。張鎰[2]節制大梁，請公爲介，授檢校吏部郎中，兼侍御史。使輟，遂退耕瀍洛之間。

唐《常州刺史獨孤公文集序》，結銜稱朝議大夫前守虔州刺史隴西李舟述。

柳宗元《先君石表陰先友記》：李舟，隴西人，有文學俊辯，高志氣。以尚書郎使危疑反側者再，不辱命。其道大顯，被讒妒，出爲刺史，發痼卒。

《新書·藝文志》：李舟，《切韻》十卷。

李固

《觀李固請司馬弟山水圖三首》 （卷十四）

李布

《寄李十四員外布二十韻》 （卷十三）

李曄

《送李卿曄》 （卷十二）

《舊書·李承傳》：李承，趙郡高邑人，吏部侍郎至遠之孫，國子司業畬之第二子也。承幼孤，兄曄鞠養之。既長，事兄以孝聞。

李白《陪族叔刑部侍郎曄及中書賈至舍人游洞庭五首》 （《全唐詩》卷一百七十九）

《新表》大鄭王房：淮安郡公琇，子曄，刑部侍郎。

《舊·李峴傳》：乾元二年，詔刑部侍郎李曄等三司，訊天興縣令

① 《全唐文》（見上）卷五二一“虔州”作“處州”。

② 《全唐文》卷五二一“鎰”作“鎬”。

知捕賊謝夷甫，决殺鳳翔七馬坊押官，爲監獄，直其事。上怒，貶嶺下一尉。(《新傳》略同)

《唐會要》：至德二載十二月十五日，改鳳翔郡爲鳳翔府，稱西京，以李煜爲尹。(卷六八)

賈至《授李曄宗正卿制》，稱前弘農太守。(《文苑英華》三九六)

《御史臺精舍題名》，碑左側。

李棐

《同豆盧峰貽主客李員外賢子棐知字韻》 (卷二十三)

李文嶷

《奉寄李十五秘書文嶷二首》 (卷十五)

《贈李十五丈別》 (卷十五)

《別李秘書始興寺所居》 (卷十九)

李令問

《李監宅二首》 (卷一)

李白《冬日送從弟令問之淮南序》 (《全唐文》卷三四九)

李白《秋夜宿龍門香山寺奉寄王方城十七丈奉國瑩上人從弟幼成令問》 (《全唐文》卷一七二)

李晉肅

《公安送李二十九弟晉肅入蜀余下沔鄂》 (卷二十二)

李龜年

《江南逢李龜年》 (卷二十三)

《雲溪友議》：李龜年奔泊江潭，杜甫以詩贈之。曾於湘中采訪使筵上唱“紅豆生南國”，又“清風明月苦相思”，合座慘然。

洪亮吉《北江詩話》：唐有兩李龜年。一在僖宗時，見《五代史·南詔蠻》下，云：“僖宗幸蜀，募能使南詔者，得宗室子李龜年。”云云。是李龜年又唐之宗室也。

李端《贈李龜年》

李嗣業

《陪李金吾花下飲》　（卷三）

《徒步歸行》　（卷五）

李之芳

《同李太守登歷下古城員外新亭》　（卷一）

《暫如臨邑至䂬山湖亭奉懷李員外率爾成興》　（卷一）

《秋日夔府咏懷奉寄鄭監李賓客一百韻》　（卷十九）

《宴胡侍御書堂》　（卷二十一）（原注：李尚書之芳、鄭秘監審同集，得歸字韻。）

《暮春陪李尚書李中丞過鄭監湖亭泛舟》　（卷二十一）

《夏夜李尚書筵送宇文石首赴縣聯句》　（卷二十一）

《多病執熱奉懷李尚書》　（卷二十一）

《書堂飲既夜復邀李尚書下馬月下賦絶句》　（卷二十一）

《哭李尚書》　（卷二十二）

《重題》　（卷二十二）

岑參《奉送李賓客荆南迎親》　（《全唐詩》卷二百一）

獨孤及《送李賓客荆南迎親》：宗室劉中壘，文場謝客兒，當爲天北斗，曾使海西陲。……（《全唐詩》卷二百四十七）

《新表》蔣王房：左武威將軍、蔡國公承祖，子太子賓客之芳。

孫逖《送李侍御之芳黔中掌選序》：頃者持斧河朔，獨按專城，明罰飭法，所向風靡，是以有黔中之往，俾修河朔之政。(《文苑英華》七一九)

《四川成都志》：至德三載，李之芳以黄門侍郎，知蜀郡軍府事，充劍南節度采訪使。

《御史臺精舍題名》，碑陰下層，又右棱，又險左棱，又右側侍御兼殿中。

《舊書・蔣王惲傳》：之芳，幼有令譽，頗善五言詩，宗室推之。開元末爲駕部員外郎。天寶十三載，安禄山奏爲范陽司馬。及禄山起逆，自拔歸西京，授右司郎中。歷工部侍郎，太子右庶子。廣德元年，兵革未清，吐蕃又犯邊，侵軼原會，乃遣之芳兼御史大夫，使吐蕃。被留境上，二年而歸。除禮部尚書，尋改太子賓客。

李明甫

《奉贈射洪李四丈明甫》　（卷十一）

李叔明

《送梓州李使君之任》　（卷十一）

《陪李梓州王閬州蘇遂州李果州四使君登惠義寺》　（卷十二）

《數陪李梓州泛江有女樂在諸舫戲爲艷曲二首贈李》　（卷十二）

李鄧公

《驄馬行》　（卷四）

李都督

《奉酬李都督表丈早春作》　（卷九）

李中丞

《暮春陪李尚書李中丞過鄭監湖亭泛舟》　（卷二十一）

李劍州

《將赴荊南寄别李劍州》　（卷十三）

李果州

《陪李梓州王閬州蘇遂州李果州四使君登惠義寺》　（卷十二）

李判官

《送靈州李判官》　（卷五）
《鄭城西原送李判官兄武判官弟赴成都府》　（卷十二）

李二十五長史

《奉送蘇州李二十五長史之任》　（卷二十一）

李七司馬

《陪李七司馬皂江上觀造竹橋即日成往來之人免冬寒入水聊題短作簡李公》　（卷十）
《觀作橋成月夜舟中有述還呈李司馬》　（卷十）
《李司馬橋了承高使君自成都回》　（卷十）

李八秘書

《贈李八秘書别三十韻》　（卷十七）
《送李八秘書赴杜相公幕》　（卷十九）

李鄠縣

《李鄠縣丈人胡馬行》 （卷六）

李功曹

《送李功曹之荆州充鄭侍御判官重贈》 （卷十八）

李

《橋陵詩三十韻因呈縣内諸官》 （卷三）

皇甫冉《玄元觀送李源（一作深）李風（一作渢）還奉先華陰》（録存待考）

李尊師

《題李尊師松樹障子歌》 （卷六）

秦系《題茅山李尊師山居》（一作嚴維詩。按地不合。）

李十二娘

《觀公孫大娘弟子舞劍器行》 （卷二十）

阮昉

《貽阮隱居》 （卷七）

《秋日阮隱居致薤三十束》 （卷八）

《絶句四首》 （卷十三）

祁岳

《奉先劉少府新畫山水障歌》 （卷四）

于邵《送家令祁丞序》：祁丞公，表微造理之士也，嘗精其思而深於詩，警其神而存乎象。深於詩者，得之於《風》《雅》；存乎象者，受之於丹青。非奇峰絶壑則不能運其機，非緣情體物則不能動其興。機興之作爲達者多之。去年八月，閩越納貢，而吾子實董斯役，水陸萬里，寒暄浹年。三江五湖，敻然復游，遠與爲别，故人何情！虞部郎中岑公贈詩一篇，情言兼至，當時之絶也。凡叙所以廣，意既先見，我又何見[①]焉？送君都門，舉手千萬。

祁録事

《短歌行送祁録事歸合州因寄蘇使君》　（卷十二）

沈東美

《承沈八丈東美除膳部員外郎阻雨未遂馳賀奉寄此詩》　（卷三）（原注：西京府掾四人同日拜郎。）

綦毋潛《題沈東美員外山池》

《全唐詩》小傳：沈東美，佺期子，初爲府掾，天寶中，除膳部員外郎，詩一首。（《奉和苑舍人宿直曉玩新池寄南省友》）

《石刻郎官石柱題名》：膳部員外郎，司勛員外郎。

《太平廣記》四四八引《紀聞》：唐沈東美爲員外郎太子詹事佺期之子。家有青衣，死且數歲，忽還家曰："吾死爲神，今憶主母，故來相見。但吾餓，請一餐可乎？"因命之坐，仍爲具食。青衣醉飽而去。及暮，僮發草積下得一狐，大醉。須臾，狐乃吐其食，盡婢之食也。乃殺之。

辛昇之

《江亭送眉州辛别駕昇之》　（卷十二）

《惠義寺園送辛員外》　（卷十二）

---

① 《全唐文》卷四二八"見"作"載"。

《又送》 （卷十二）

《元和姓纂》，隴西狄道。大曆都官郎中辛昇之，訪未獲。

《郎官石柱題名》，司勛員外郎。

宋大少府

《和江陵宋大少府暮春雨後同諸公及舍弟宴書齋》 （卷二十一）

狄博濟

《寄狄明府博濟》 （卷十九）

岑參《臨河客舍呈狄明府兄留題縣南樓》（？）

何邕

《憑何十一少府邕覓榿木栽》 （卷九）

《贈别何邕》 （卷十）

何將軍

《陪鄭廣文游何將軍山林十首》 （卷二）

《重過何氏五首》 （卷三）

何侍御

《送何侍御歸朝》 （卷十二）

《憑何十一少府邕覓榿木栽》[1] （卷九）

《贈别何邕》 （卷十）

① 此篇及下篇亦見於“何邕”條下。原稿如此，整理者雖疑有誤，然亦不便擅改。

豆盧峰

《同豆盧峰貽主客李員外賢子棐知字韻》　（卷二十三）

《全唐詩逸》（日本上毛河世寧纂輯）：豆盧岑（原注一作峯）《尋人不遇》殘句云："隔門借問人誰在，一樹桃花笑一應。"

武元衡《劉商郎中集序》：有若太原王緒，河東裴茂，茂弟薦，河南豆盧峰，馮翊嚴紳，紳弟綬，及余伯舅，洎於子夏（按商字子夏），咸以儒業相資，冠冑群族，雄詞麗句，遍在人間。

孟雲卿

《酬孟雲卿》　（卷六）

《冬末以事之東都湖城東遇孟雲卿復歸劉顥宅宿宴飲散因爲醉歌》（卷六）

《解悶十二首》　（卷十七）

孟昌浩

《爲補遺薦岑參表》　（卷二十五）

孟浩然

《遣興五首》　（卷七）

《解悶十二首》　（卷十七）

孟十二倉曹

《九月一日過孟十二倉曹十四主簿兄弟》　（卷二十）

《孟倉曹步趾領新酒醬二物滿器見遺老夫》　（卷二十）

《送孟十二倉曹赴東京選》　（卷二十）

《憑孟倉曹將書覓土婁舊莊》　（卷二十）

孟十四主簿

《九月一日過孟十二倉曹十四主簿兄弟》　（卷二十）

吴郁

《兩當縣吴十侍御江上宅》　（卷八）

《范二員外邈吴十侍御郁特枉駕闕展待聊寄此作》　（卷十）

《方輿勝覽》（六十九）：吴郁，鳳州兩當人，爲侍御史，以言事被謫，居家不仕，與杜子美交游。

《石刻郎官石柱題名》，金部員外郎有吴郁。

《金石録目録》，第一千一百七十二《唐夢真容碑》，吴郁正書，開元二十九年六月。

韋續《墨藪》：吴郁字體綿密，不謝當時。

吴司法

《簡吴郎司法》　（卷二十）

《又呈吴郎》　（卷二十）

《晚晴吴郎見過北舍》　（卷二十）

房琯

《悲陳陶》　（卷四）

《悲青坂》　（卷四）

《對雪》　（卷四）

《陪王漢州留杜綿州泛房公西湖》　（卷十二）

《得房公池鵝》　（卷十二）

《别房太尉墓》　（卷十三）

《承聞故房相公靈櫬自閬州啓殯歸葬東都有作二首》　（卷十四）

《奉謝口敕放三司推問狀》　（卷二十五）

《祭故相國清河房公文》　（卷二十五）

《石刻郎官石柱題名》，主客郎中，主客員外郎。案《新傳》失載。

《石刻御史臺精舍題名》，監察御史。

《妝樓記》：房太尉家法，不著半臂。

梁肅《朝散大夫使持節常州諸軍事守常州刺史賜紫金魚袋獨孤公行狀》：公以洞曉玄經對策高第，解褐拜華陰尉。故相國房琯方貳憲部，請公相見，公因論三代之質文，問六經之指歸，王政之根源，憲部大駭曰："非常之才也！"

花驚定

《戲作花卿歌》　（卷十）

《贈花卿》　（卷十）

《舊・崔光遠傳》：段子璋反，東川節度使李奐敗走，投光遠。（光遠）率將花驚定討平之。將士肆其剽劫，婦女有金銀臂釧，兵士皆斷其腕以取之，亂殺數千人，光遠不能禁。

武判官

《鄭城西原送李判官兄武判官弟赴成都府》　（卷十二）

長孫漸

《冬晚送長孫漸舍人歸州》　（卷二十三）

長孫（九）

《送長孫九侍御赴武威判官》　（卷五）

《哭長孫侍御》（？）　（卷五）

《御史臺精舍題名》侍御史有長孫處仁（又見殿中侍御史。又《郎官石柱題名》户部員外郎。），又有長孫孝紀（亦見殿中侍御史。又見

《郎官石柱題名》左司員外郎。《新表》：長孫氏刑部尚書長孫孝紀，左司員外郎。《元和姓纂》同。），未知孰是?

旻上人

《因許八奉寄江寧旻上人》 （卷六）

柏茂琳

《峽口二首》 （卷十八）

《覽柏中丞兼子侄數人除官制詞因述父子兄弟四美載歌絲綸》（卷十八）

《覽鏡呈柏中丞》 （卷十八）

《陪柏中丞觀宴將士二首》 （卷十八）

《奉送蜀州柏二別駕將中丞命赴江陵起居衛尚書太夫人因示從弟行軍司馬位》 （卷十八）

《醉爲馬墜諸公携酒相看》 （卷十八）

《園官送菜》 （卷十九）

《園人送瓜》 （卷十九）

《送田四將軍弟將夔州柏中丞起居江陵節度使陽城郡王衛公幕》（卷二十一）

柏學士

《寄柏學士林居》 （卷十八）

《題柏學士茅屋》 （卷二十一）

《題柏大兄弟山居壁》 （卷二十一）

柏二別駕

《奉送蜀州柏二別駕將中丞命赴江陵起居衛尚書太夫人因示從弟行

軍司馬位》　（卷十八）

柳侍御

《前殿中侍御史柳公紫微仙閣畫太乙天尊圖文》　（卷二十五）

柳司馬

《柳司馬至》　（卷二十一）

柳少府

《貽華陽柳少府》　（卷十五）

封主簿

《送大理封主簿五郎親事不合却赴通州……》　（卷二十一）

胡曼倩

《宴胡侍御書堂》　（卷二十一）

《御史臺精舍題名》右棱，又右側侍御史兼殿中，有胡曼倩，時代合。

姜七少府

《閿鄉姜七少府設鱠戲贈長歌》　（卷六）

姚通泉

《陪王侍御同登東山最高頂宴姚通泉晚携酒泛江》　（卷十一）

段功曹

《廣州段功曹到得楊五長史譚書功曹却歸聊寄此詩》　（卷十一）

《送段功曹歸廣州》　（卷十一）

郝使君

《春日戲題惱郝使君兄》　（卷十一）

韋班

《憑韋少府班覓松樹子栽》　（卷九）

《又於韋處乞大邑瓷碗》　（卷九）

《涪江泛舟送韋班歸京》　（卷十二）

韋應物《示從子河南尉班》序曰：永泰中，余任洛陽丞，以撲抶軍騎，時從子河南尉班亦以剛直爲政，俱見訟於居守。

韋迢

《潭州送韋員外迢牧韶州》　（卷二十二）

《酬韋韶州見寄》　（卷二十二）

《送魏二十四司直充嶺南掌選崔郎中判官兼寄韋韶州》　（卷二十三）

韋濟

《奉寄河南韋尹丈人》　（卷一）

《贈韋左丞丈濟》　（卷一）

《奉贈韋左丞丈二十二韻》　（卷一）

《舊書・王縉傳》：妻李氏卒，舍道政里第爲寺，爲之追福，奏其額曰寶應，度僧三十人住持。……李氏初爲左丞韋濟妻。濟卒，奔縉。

緡孌之，冒稱爲妻，實妾也。

韋諷

《東津送韋諷攝閬州録事》　（卷十一）

《韋諷録事宅觀曹將軍畫馬圖歌》　（卷十三）

《送韋諷上閬州録事參軍》　（卷十三）

韋偃

《題壁上韋偃畫馬歌》　（卷九）

《戲爲韋偃雙松圖歌》　（卷九）

元湯垕《畫鑒》：韋偃畫馬，松石更佳，世不多見。其筆法磊落，揮霍振動。杜子美所謂“戲拈秃筆掃驊騮，倏見麒麟出東壁”者。予嘗收紅薾覆背驄馬圖，筆力勁健，鬃尾可數，如顔魯公書法。往歲鮮于伯幾見之，驚嘆累日，嘗賦詩曰：“渥窪産馬如産龍，韋偃畫馬如畫松。”奇文也。惜不成章而卒。

韋續

《從韋二明府續處覓綿竹》　（卷九）

《全唐文》小傳：駙馬都尉鍔之孫，玄宗末，官天興令。今存《五十六種書序》一首。

韋之晋

《奉送韋中丞之晋赴湖南》　（卷二十二）

《哭韋大夫之晋》　（卷二十二）

《送盧十四弟侍御護韋尚書靈櫬歸上都二十四韻》　（卷二十三）

《新表》東眷韋氏閬公房，球子之晋，湖南觀察使。

《郎官石柱題名》，吏部郎中，吏部員外郎，司封郎中。（按石刻司封郎中有“韋之”兩字，缺“晋”字，勞格、趙鉞考云以時代核之，當是之晋。）

獨孤及（上元二年）《豫章冠蓋盛集記》：歲次辛丑孟春正月，蘇州刺史韋公之晋至自吴。（《毘陵集》十七）

《舊·代宗紀》：大曆四年二月辛丑，以湖南都團練觀察使、衡州刺史韋之晋爲潭州刺史，因是徙湖南軍於潭州。

穆員《陜虢觀察使盧公（岳）墓志銘》：始佐湖南觀察之政，前帥韋之晋倚之以清。（《文苑英華》九百三十九）

白居易《唐楊州倉曹參軍王府君墓志銘》：天寶中，應明經舉及第，選授婺州義烏尉，以清幹稱，刺史韋之晋知之，署本州防禦判官。（《白氏文集》卷四十二）

常衮《加韋之晋御史大夫制》：銀青光禄大夫、檢校秘書監、兼衡州刺史、御史中丞、充湖南都團練守捉觀察處置等使、上柱國扶陽縣開國男韋之晋……可兼御史大夫。（《全唐文》四一三）

李嘉祐《送樊兵曹潭州謁韋大夫》（《全唐詩》卷二百六）

崔祐甫《廣喪朋友議》：憶永泰中於穆鄂州寧會客席，與故湖南觀察韋大夫之晋同宴。適值有發遠書者，知鄭郴州炅，知龐歙州湰，或以疾而殁，或遇戕於盜。韋氏出涕沱若而言曰：“二刺史，之晋之交友也。”於是斂匕箸，離筵席，因歸於所次而哭之三日。人來吊之者，韋則盡哀長號，不徒慼容而已。

《舊·張建封傳》：大曆初，道州刺史裴虬，薦建封於觀察使韋之晋，辟爲參謀，奏授左清道兵曹，不樂吏役而去。

韋見素

《上韋左相二十韻》　（卷三）

《詩話總龜》：杜甫累不第，天寶十三載，明皇朝獻太清宫，享廟及郊，甫奏賦三篇。帝奇之，使待制集賢院，命宰相試文章，故有《贈集賢崔于二學士》詩云："昭代將垂白，途窮乃叫閽。氣冲星象表，詞感帝王尊。天老書題目，春官驗討論。倚風遺鶂路，隨水到龍門。"舊注："陳希烈、韋見素爲宰相，而崔國輔、于休烈者皆集賢院學士也。故末句云：'謬稱三賦在，難述二公恩。'可謂不忘於藻鑒之重者矣。"案唐史，是歲陳希烈爲相，至八月，見素代之。而甫集有上見素詩云："持衡留藻鑒，聽履上星辰。"則甫之文乃爲見素所賞，非希烈也。

韋有夏

《寄韋有夏郎中》　（卷十五）

韋少游

《爲補遺薦岑參表》　（卷二十五）

《新表》韋氏南皮公房，考功郎中鏗子少游，吏部郎中。

賈至《授韋少游祠部員外郎等制》：敕左補闕直弘文館韋少游。

韋匡贊

《公安送韋二少府匡贊》　（卷二十二）

韋大少府

《季秋蘇五弟纓江樓夜宴崔十三評事韋少府侄三首》　（卷二十）

《戲寄崔評事表侄蘇五表弟韋大少府諸侄》　（卷二十）

韋七善贊[①]

《贈韋七善贊》　（卷二十三）

韋十郎官

《投簡梓州幕府兼簡韋十郎官》　（卷十二）

韋十六評事

《送韋十六評事充同谷防禦判官》　（卷五）

韋侍御

《奉漢中王手札報韋侍御蕭尊師亡》　（卷十六）

韋書記

《送韋書記赴安西》　（卷二）

韋司直

《送韋郎司直歸成都》　（卷十二）

韋贊善

《贈韋贊善别》　（卷十一）

---

① 中華書局1979年版《杜詩詳注》卷二十三有《贈韋七贊善》篇，當即此條引詩所本，然“善贊”“贊善”有异。仇注《贈韋贊善别》引《唐志》云：“東宫官左贊善大夫五人，掌傳令、諷過失、贊禮儀。”（《贈韋七贊善》篇引鶴注語亦同，唯“左”作“左右”。）於是，則“贊善”爲唐官職之稱謂。然從此稿目録及正文均分列“韋七善贊”“韋贊善”爲兩條看“善贊”又當非“贊善”之書寫倒誤。不知作者何故如此？抑或别有所本焉？此不妄删。

范邈

《范二員外邈吴十侍御郁特枉駕闕展待聊寄此作》 （卷十）

范季明

《泛舟送魏十八倉曹還京因寄岑中允參范郎中季明》 （卷十二）

岑參《范公叢竹歌序》：職方郎中兼侍御史范公，乃於陝西使院内種竹……詩以見示。美范公之清致雅操，遂爲歌以和之。

《元和姓纂》敦煌。狀云：范汪之後。職方郎中范季明，代居懷州，云自敦煌徙焉。

范十

《與李十二白同尋范十隱居》 （卷一）

徐知道

《詣徐卿覓果栽》 （卷九）

《徐卿二子歌》 （卷十）

岑參《東歸留題太常徐卿草堂》

徐司録

《上巳日徐司録林園宴集》 （卷二十一）

包佶《秋日過徐氏園林》：回塘分越水，古樹積吴烟。

徐九少尹

《徐九少尹見過》 （卷十）

唐誡

《别唐十五誡因寄禮部賈侍郎》　（卷十四）

唐十八使君

《敬寄族弟唐十八使君》　（卷二十一）

席謙

《章梓州永亭》　（卷十二）
《存殁口號二首》　（卷十六）

郗昂

《赤甲》　（卷十八）

常衮《授郗昂知制誥制》：朝議大夫、檢校尚書司勛郎中郗昂，冲和簡樸，不飾其外，有雄俊之才，可變《風》《雅》；有精深之學，實究儒、玄。……可守諫議大夫知制誥。(《全唐文》四一〇）

《新・藝文志》：《才命論》一卷，張鷟撰，郗昂注。一作張説撰，潘詢注。又《樂府古今題解》三卷。又《郗純集》六十卷。

李白《送郗昂謫巴中》。

《元和姓纂》(六脂）：唐左庶子郗昂，高平金鄉人。(原脱左字，依《舊書》增）

《舊・郗士美傳》：父純（《郎官石柱題名考》曰："按《舊傳》以昂爲純，蓋避文宗諱。"然憲宗諱純，疑亦有疑。)，字高卿。舉進士，繼以書判制策，三中高第。登朝，歷拾遺、補闕、員外、郎中、諫議大夫、中書舍人。

竇載《犀浦縣令楊府君（鷗）墓志銘》：僚友郗舍人昂等，聞公風聲，望公飛翔。

李華《楊騎曹集序》：刑部侍郎樂安孫公逖爲考功員外郎，君與高平郗昂等，連年高第。

《唐國史補》：郗昂與韋陟友善，有時稱。

《唐語林》：郗昂性捷直，與杜黄裳同學於嵩陽，同中第。郗以安禄山僞官貶歙縣尉。黄裳入相後，除中書舍人。(《郎官石柱題名考》曰："案杜黄裳似當從《舊傳》作崔祐甫。")

羊士諤游巴郡東山詩[1]注：乾元初，嚴黄門自京兆少尹貶牧巴郡時，郗詹事昂自拾遺貶清化尉。黄門年三十餘，且爲府主，與郗意氣友善，賦詩高會，文字猶存。

《唐會要》七九：贈户部尚書潞州都督郗昂，謚曰穆。

《唐語林》(五)：郗昂性捷直。源乾曜嘗戲之曰："謝安云：'郗生可謂入幕之賓矣'，豈非遠祖否？"郗曰："猶勝以氏爲禿髮，若不遇後魏道武稱曰'同源'，賜之源氏，豈可列姓苑乎？"源遂屈。後與杜黄裳同學於嵩陽，二人同中第。郗以安禄山僞官，貶歙縣尉。黄裳入相後，除中書舍人。

班司馬

《巴西聞牧京闕送班司馬入京二首》　（卷十三）

柳宗元《送班孝廉擢第歸東川覲省序》：家於蜀之東道，其嚴君以客卿之位，贊是方岳，爲大夫良，今將拜慶寧覲。

《元和姓纂》二七删：户部尚書班宏生肅，汲郡人，佐東川，嚴震婿。

陸宰

《題衡山縣文宣王廟新學堂呈陸宰》　（卷二十三）

---

① 即《乾元初嚴黄門自京兆少尹貶牧巴郡以長才英氣固多暇日每游郡之東山……》篇，見《全唐詩》卷三三二。

殷六參軍

《晚秋長沙蔡五侍御飲筵送殷六參軍歸澧覲省》　（卷二十三）

陳二補闕（兼？）

《贈陳二補闕》　（卷三）

《新表》：陳氏，左補闕（《傳》《姓纂》并作右）翰林學士兼。

秦少府

《戲贈閿鄉秦少府短歌》　（卷六）

馬巴州

《奉寄别馬巴州》　（卷十三）

馬大卿

《暮春江陵送馬大卿公恩命追赴闕下》　（卷二十一）

（馬暢嘗爲鴻臚少卿，時代合。）

孫宰

《彭衙行》　（卷五）

哥舒翰

《投贈哥舒開府翰二十韻》　（卷三）

于公异《吴岳祠堂記》：至天寶八年，哥舒翰拔石堡，破番蠻，封神爲成德公。

斛斯融

《江畔獨步尋花七絶句》　（卷十）
《聞斛斯六官未歸》　（卷十）
《過故斛斯校書莊二首》　（卷十四）

真諦寺禪師

《謁真諦寺禪師》　（卷二十）

崔尚

《壯游》（卷十六）

《寶刻叢編》引《集古録目》：《桐柏觀碑》，祠部郎中崔尚撰。……天台山有慶道宫，相傳以爲晋葛玄所居。天寶初，詔建爲桐柏宫，道士司馬子微營而成之。碑以天寶元年三月立。

錢箋引《科名記》：崔尚，久視二年進士。

顧炎武《金石文字記》：《池州刺史馮公碑》，崔尚撰，郭謙先八分書，開元十一年。（《金石萃編》七十四作沁州，跋云：各家作池州，是沁字之訛。）

《郎官石柱題名》，祠部郎中。

崔彧

《宇文晁崔彧重泛鄭監前湖》　（卷二十一）
《夏夜李尚書筵送宇文石首赴縣聯句》　（卷二十一）
《郎官石柱題名》，司勛郎中。
《新表》，南祖崔氏翹子彧，太子少詹事。

崔渙

《江閣卧病走筆寄呈崔盧兩侍御》　（卷二十二）

崔漪

《所思》　（卷十）（原注：崔吏部漪。）

《石刻郎官石柱題名》，主客員外郎，度支郎中，吏部郎中（吏作猗）。

《舊·裴冕傳》：時冕爲河西行軍司馬，授御史中丞，詔赴朝廷，遇太子於平凉，具陳時勢，勸之朔方，亟入靈武，冕與杜鴻漸、崔漪等勸進曰："……"（《新傳》同）

《新·肅宗紀》：天寶十五載六月，朔方節度判官崔漪等，迎太子治兵於朔方。

《舊·肅宗紀》：崔漪等奉箋迎上。又至德元載七月，以朔方節度判官崔漪爲吏部郎中，知中書舍人。

《新表》：清河小房崔氏子美子漪，不詳歷官。又清河青州房崔氏子棐元，孫漪（毛本蒍），庫部郎中。又博陵三房崔氏祁陽令抗，子漪，河間丞。（時代不合）

賈至《授杜鴻漸崔漪中書舍人制》，首云"知中書舍人鴻漸等"，末云："漪守中書舍人，判文部侍郎"。（《文苑英華》三八二）

《舊·顔真卿傳》：至德二載，中書舍人兼吏部侍郎崔漪，帶酒容入朝。御史大夫顔真卿劾之，貶爲右庶子。

《新·顔真卿傳》：武部侍郎崔漪等，皆被劾斥降。

崔戢

《晦日尋崔戢李封》　（卷四）

崔偉

《奉送二十三舅録事（崔偉）之攝郴州》　（卷二十三）

《入衡州》（卷二十三）

崔漪

《別崔漪因寄薛據孟雲卿》　（卷十八）

《聶令致酒肉》　（卷二十三）

元結《別王佐卿序》：癸卯歲……佐卿頃日去西蜀……與佐卿去者，有清河崔漪。（按佐卿即王契。）

崔宗之

崔興宗

《九日藍田崔氏莊》　（卷六）

《崔氏東山草堂》　（卷六）

崔公輔

《贈崔十三評事公輔》　（卷十五）

《季秋蘇五弟纓江樓夜宴崔十三評事韋少府侄三首》　（卷二十）

《戲寄崔評事表侄蘇武表弟韋大少府諸侄》　（卷二十）

崔國輔

《奉留贈集賢院崔于二學士》　（卷二）

崔惠童

《崔駙馬山亭宴集》　（卷三）

崔二

《上卿翁請修武侯廟遺像缺落時崔卿權夔州》　（卷二十）
《奉送卿二翁統節度鎮軍還江陵》　（卷二十）

崔四

《巫峽敝廬奉贈侍御四舅別之澧朗》　（卷十九）
（崔瓘嘗爲澧州刺史。）

崔十一

《王閬州筵奉酬十一舅惜別之作》　（卷十二）
《閬州東樓筵奉送十一舅往青城》　（卷十二）

崔十七

《奉送十七舅下邵桂》　（卷十八）

崔十九

《白水明府舅宅喜雨》　（卷四）
《九日楊奉先會白水崔明府》　（卷四）
《白水崔少府十九翁高齋三十韻》　（卷四）

崔二十四

《閬州奉送二十四舅使自京赴任青城》　（卷十二）

崔都水

《奉送崔都水翁下峽》　（卷十二）

崔十六評事

《毒熱寄簡崔評事十六弟》　（卷十五）

《崔評事弟許相迎不到應慮長夫見泥雨怯出必愆佳期走筆戲簡》（卷十八）

崔五侍御

《因崔五侍御寄高彭州一絶》　（卷九）

《夏日楊長寧宅送崔侍御常正字入京》　（卷二十一）

崔判官

《送魏二十四司直充嶺南掌選崔郎中判官兼寄韋韶州》　（卷二十三）

崔都督

《陪章留後惠義寺餞嘉州崔都督赴州》　（卷十二）

崔録事

《寄邛州崔録事》　（卷十三）

崔明府

《客至》　（卷九）

崔（南曹小司寇舅）

《假山》　（卷一）

郭受

《酬郭十五判官受》　（卷二十二）

郭華州

《爲華州郭使君進滅殘寇形勢圖狀》 （卷二十五）

郭英乂

《奉送郭中丞兼太僕卿充隴右節度使三十韻》 （卷五）

《長安志》：永崇坊宗道觀，本興信公主宅，賣與劍南節度郭英乂。其後入官。大曆十二年，爲華陽公主追福，立爲觀。

《舊·郭英乂傳》：郭英乂，先朝隴右節度使左羽林軍將軍知運之季子也。少以父業，習知武藝，策名河隴間，以軍功累遷諸衛員外將軍。至德初，肅宗興師朔野，英乂以將門子特見任用，遷隴右節度使兼御史中丞。既收二京，征還闕下，掌禁兵，遷羽林軍大將軍，加特進，以家艱去職。朝廷方討史思明，選任將帥，乃起英乂爲陝州刺史，充陝西節度、潼關防禦等使。尋加御史大夫，兼神策軍節度。代宗即位，加檢校户部尚書，兼御史大夫。元帥雍王自陝統諸軍討賊洛陽，留英乂在陝爲後殿。東都平，以英乂權爲東都留守。既至東都，不能禁暴，縱麾下兵與朔方回紇之衆，大掠都城，延及鄭、汝等州，比屋蕩盡。廣德元年，策勛加實封二百户。徵拜尚書右僕射，封定襄郡王。恃富而驕，於京城創起甲第，窮極奢靡。與宰臣元載交結，以久其權。會劍南節度使嚴武卒，載以英乂代之，兼成都尹，充劍南節度使。既至成都，肆行不軌，無所忌憚。玄宗幸蜀時舊宫，置爲道士觀，内有玄宗鑄金真容及乘輿侍衛圖畫。先是節度使每至，皆先拜而後視事。英乂以觀地形勝，乃入居之。其真容圖畫，悉遭毁壞，見者無不憤怒。以軍政苛酷，無敢發言。又頗恣狂蕩，聚女人騎驢擊球，制鈿驢鞍及諸服用，皆侈靡裝飾，日費數萬，以爲笑樂。未嘗問百姓間事，人頗怨之。又以西山兵馬使崔旰得衆心，屢抑之。旰因蜀人之怨，自西山率麾下五千餘衆襲成都，英乂出軍拒之，其衆皆叛，反攻英乂。英乂奔於簡州。普州刺史韓澄斬英乂首以送旰，并屠其妻子焉。

郭給事

《奉同郭給事湯東靈湫作》 （卷四）

郭三十二明府

《題鄭原郭三十二明府茅屋壁》 （卷十二）

許損

《夜聽許十一損誦詩愛而有作》 （卷三）

許思

《送許八拾遺歸江寧覲省甫昔時嘗客游此縣於許生處乞瓦棺寺維摩圖樣志諸篇末》 （卷六）

《因許八奉寄江寧旻上人》 （卷六）

岑參《送許子擢第歸江寧拜親因寄王大昌齡》（按天寶元年作）、《送許員外江外置常平倉》、《送許拾遺恩歸江寧拜親》。

劉長卿《送許拾遺還京》：萬里辭三殿，金陵到舊居。文星出西掖，卿月在南徐。故里驚朝服，高堂捧詔書。暫容乘駟馬，誰許戀鱸魚？

許主簿

《與任城許主簿游南池》 （卷一）

《對雨書懷走邀許主簿》 （卷一）

高適

《同諸公登慈恩寺塔》 （卷二）

《送高三十五書記十五韻》 （卷二）

《寄高三十五書記》　（卷三）

《送蔡希魯都尉還隴右因寄高三十五書記》　（卷三）

《寄高三十五詹事》　（卷六）

《贈高式顔》　（卷六）

《寄彭州高三十五使君適虢州岑二十七長史參三十韻》　（卷八）

《酬高使君相贈》　（卷九）

《因崔五侍御寄高彭州一絶》　（卷九）

《奉簡高三十五使君》　（卷九）

《王十七侍御掄許携酒至草堂奉寄此詩便請邀高三十五使君同到》（卷十）

《王竟携酒高亦同過》　（卷十）

《李司馬橋了承高使君自成都回》　（卷十）

《寄高適》　（卷十一）

《奉寄高常侍》　（卷十三）

《聞高常侍亡》　（卷十四）

《昔游》　（卷十六）

《遣懷》　（卷十六）

《追酬故高蜀州人日見寄》　（卷二十三）

高式顔

《贈高式顔》　（卷六）

高適《宋中送族侄式顔》（時張大夫貶括州，使人召式顔，遂有此作。）詩有“仍招布衣士”之句。《又送族侄式顔》：俱游帝城下，忽在梁園裏。

高仙芝

《高都護驄馬行》　（卷二）

高尋封

《送高司直尋封閬州》　（卷二十一）

畢曜

《逼側行贈畢四曜》　（卷六）

《贈畢四曜》　（卷六）

《秦州見敕目薛三據授司議郎畢四曜除監察與二子有故遠喜遷官兼述索居凡三十韻》　（卷八）

《存殁口號二首》　（卷十六）

《舊・喬琳傳》：尋拜監察御史。琳倜儻疏誕，好談諧，侮謔僚列，頗無禮檢。同院御史畢曜，初與琳嘲誚往復，因成釁隙，遂以公事互相告訴，坐貶巴州員外司户。

顏真卿《東方先生畫贊碑陰記》（碑建於天寶十三載季冬）：與……司經正字畢燿（等）……同兹謁拜。

《授堂金石跋》（《東方先生畫贊碑》）：畢燿見《酷吏敬羽傳》，與毛若虛、裴昇同時爲御史；又《叛臣喬琳傳》，郭子儀表琳朔方府掌書記，與聯舍畢曜相掉訐；《宰相世系表》，曜侍御史。今碑作燿，不以"日"。按《唐書・畢構傳》，子炕。《世系表》，炕與曜爲一格。疑皆從火，碑所書爲正。杜集《存殁口號》"畢曜仍傳舊小詩"，曜一作耀，亦燿之轉。

孟浩然《家園卧疾畢太祝曜（一無此字）見尋》。

獨孤及《客舍月下對酒醉後寄畢四耀》《夏中酬于逖畢耀問病見贈》。

錢起《白石枕》序曰：起與監察御史畢公耀交之厚矣。《送畢侍御謫居》《再得畢侍御見聞巴中卧病》《宿畢侍御宅》《嘆畢少府以持法無隱見縶》。

《舊・酷吏・敬羽傳》。

寇錫

《奉酬寇十侍御錫見寄四韻復寄寇》　（卷二十三）

《郎官石柱題名》，司封員外郎有寇□，王本缺，勞、趙考但引工部此詩，而未確定爲錫，不知其審。

啖助

《橋陵詩三十韻因呈縣内諸官》　（卷三）

終郁

《七月一日題終明府水樓二首》　（卷十九）

《蜀典》：唐杜甫有《題終明府水樓》詩。終係功曹，攝奉節令，名郁。

章彝

《陪章留後侍御宴南樓》　（卷十二）

《陪章留後惠義寺餞嘉州崔都督赴州》　（卷十二）

《章梓州水亭》　（卷十二）

《章梓州橘亭餞成都竇少尹》　（卷十二）

《隨章留後新亭會送諸公》　（卷十二）

《冬狩行》　（卷十二）

《山寺》　（原注：時章留後同游得開字）（卷十二）

《桃竹杖引贈章留後》　（卷十二）

《將適吴楚留別章使君兼幕府諸公》　（卷十二）

《奉寄章十侍御》　（卷十三）

綦毋潛《送章彝下第》：三十名未立，君還惜寸陰。

《新·嚴武傳》：梓州刺史章彝，始爲武判官，因小忿殺之。

曹霸

《丹青引》　（卷十三）
《韋諷録事宅觀曹將軍畫馬圖歌》　（卷十三）
《存殁口號二首》　（卷十六）

常正字

《夏日楊長寧宅送崔侍御常正字入京》　（卷二十一）

常徵君

《别常徵君》　（卷十四）
《寄常徵君》　（卷十四）

常少仙

《野望因過常少仙》　（卷十）

陶少尹

《赴青城縣出成都寄陶王二少尹》　（卷十）

焦校書

《戲贈友二首》　（卷十一）

張玠

《别張十三建封》　（卷二十三）

張垍

《贈翰林張四學士垍》　（卷二）

《奉贈太常張卿垍二十韻》　（卷三）

《通鑒》：至德元載五月，太常卿張垍薦虢王巨有勇略。

《唐會要》：明皇始選朝官有詞藝學識者，入居翰林供奉别旨，制誥書敕猶或分在集賢。開元二十六年，始以翰林供奉改稱學士，别建學士院，俾專内命，（太常少卿張垍、起居舍人劉光謙等首居之，）而集賢所掌由是罷息。

《舊·蕭穎士傳》：當開元中，天下承平，人物駢集，如賈曾、席豫、張垍、韋述輩皆有盛名，而穎士皆與之游。

張道《舊唐書疑義》：《垍傳》云垍與陳希烈爲賊宰相，垍死於賊中，而《刑法志》乃云桎大理寺獄賜自盡。然垍兄弟臨刑而免，則垍何至死獄哉？

《全唐詩》詩一首，或作兄均詩。

張彪

《寄張十二山人彪三十韻》　（卷八）

《石刻唐王宥等華岳題名》：上元元年三月……處士王季友、張彪等同謁。（《金石録補》一五）

常建《張山人彈琴》。

岑參《尋少室張山人聞與偃師周明府同入都》。

（上二詩張山人，不知是彪否？俟考。）

張之緒

《宿青溪驛奉懷張員外十五兄之緒》　（卷十四）

《新表》：魏郡張氏，高宗相大安，孫左金吾將軍洽，子之緒，都官郎中。

《新書·藝文志》，乙部史録職官類，張之緒《文昌損益》二卷，原注德宗時人。

《石刻郎官石柱題名》，金部員外郎有張之緒。

張叔卿

《題張氏隱居二首》 （？）（卷一）

《得廣州張判官叔卿書使還以詩代意》 （卷十）

《雜述》 （卷二十五）

《全唐詩》有張叔卿《空靈岸》詩云：“早知名是幻，不敢綉爲衣。”又《流桂州》詩云：“胡塵不到處，即是小長安。”

張建封

《别張十三建封》 （卷二十三）

《妝樓記》：徐州張尚書妓女，多涉獵經史。人有借其書者，往往粉指痕迹印於青編。

張十二參軍

《送張十二參軍赴蜀州因呈楊五侍御》 （卷三）

張舍人

《太子張舍人遺織成褥段》 （卷十三）

張學士（懷瓘？）

《送翰林張司馬南海勒碑》 （卷六）（司馬亦作學士。）

《全唐文》小傳：張懷瓘，海陵人，開元中，官鄂州司馬，翰林院供奉。（據懷瓘《文字論》，與蘇晋、王翰、包融交往。《二王書録》末署“乾元三年五月日録”。時代合也。）

《四庫全書總目》：《書斷》三卷，唐張懷瓘撰。是書《唐書·藝文志》著録，稱懷瓘爲開元中翰林院供奉。竇蒙《述書賦》注則云：懷瓘，海陵人，鄂州司馬。與《志》不合。然《述書賦》“張懷瑰”條下又注云：懷瑰，懷瓘弟，盛王府司馬，兄弟并翰林待詔。則與《志》相合。蓋嘗爲鄂州司馬，終於翰林供奉，二書各舉其一官爾。

司空曙《送翰林張學士嶺南勒聖碑》　（《全唐詩》卷二百九十二）

《古刻叢鈔·唐故宣義郎侍御史内供奉知鹽鐵嘉興監事張府君墓志銘》：宜春生盛王府司馬、翰林集賢兩院侍書侍讀學士，諱懷瑰，有文學，尤善草隸書，與兄懷瓘同時著名。（頁五十，《平津館叢書》本）

賈至

《留別賈嚴二閣老兩院補闕》　（卷五）

《奉和賈至舍人早朝大明宫》　（卷五）

《送賈閣老出汝州》　（卷六）

《寄岳州賈司馬六丈巴州嚴八使君兩閣老五十韻》　（卷八）

《别唐十五誡因寄禮部賈侍郎》　（卷十四）

陽濟

《入衡州》　（卷二十三）

《舟中苦熱遣懷奉呈陽中丞通簡臺省諸公》　（卷二十三）

馮紹正

《楊監又出畫鷹十二扇》　（卷十五）

《譚賓録》：高力士父喪，左金吾大將軍程伯獻、少府監馮紹正，二人於喪前被髮而哭，甚於己親，人皆笑之。

《歷代名畫記》：紹正開元中官少府監，八年爲户部侍郎，喜畫鷹、鶻、鷄、雉。

大村西崖《中國美術史》：馮紹正嘗畫禁中五龍堂壁。

覃二判官

《送覃二判官》　（卷二十二）

覃山人

《覃山人隱居》　（卷二十）

惠二

《送惠二歸故居》　（卷十八）

程録事

《送率府程録事還鄉》　（卷五）

賀蘭銛

《别賀蘭銛》　（卷十二）
《寄賀蘭銛》　（卷十四）

華蓋君

《憶昔行》　（卷二十一）

黄四娘

《江畔獨步尋花七絶句》　（卷十）

楊綰

《路逢襄陽楊少府入城戲呈楊四員外綰》　（卷六）

楊譚

《廣州段功曹到得楊五長史譚書功曹却歸聊寄此詩》 （卷十一）

楊子琳

《舟中苦熱遣懷奉呈陽中丞通簡臺省諸公》 （卷二十三）

《聶令致酒肉》 （卷二十三）

楊五侍御

《送張十二參軍赴蜀州因呈楊五侍御》 （卷三）

楊六判官

《送楊六判官使西蕃》 （卷五）

楊梓州

《答楊梓州》 （卷十二）

楊戎州

《宴戎州楊使君東樓》 （卷十四）

楊長寧

《夏日楊長寧宅送崔侍御常正字入京》 （卷二十一）（大曆三年夏作，時在荆南。）

劉長卿《夏口送長寧楊明府歸荆南因寄幕府諸公》：全家戀楚雲……草覆昭丘緑，江從夏口分。

戴叔倫《同辛兗州巢父盧副端岳相思獻酬之作因抒歸懷義呈辛魏二院長楊長寧》（一作戎昱詩。）

楊奉先

《九日楊奉先會白水崔明府》　（卷四）

楊少府

《路逢襄陽楊少府入城戲呈楊四員外綰》　（卷六）

楊長史

《樂游園歌》　（卷二）

楊監

《殿中楊監見示張旭草書圖》　（卷十五）
《楊監又出畫鷹十二扇》　（卷十五）
《送殿中楊監赴蜀見相公》　（卷十五）

楊氏

《聽楊氏歌》　（卷十七）

董頲

《別董頲》　（卷二十二）

戴叔倫《送董頲》：霜雁群飛下楚田，羈人掩泪望秦天。君行江海無定所，別後相思何處邊？

劉禹錫《董氏武陵集紀》：……董生之詞，杳如搏翠屏，浮層瀾，視聽所遇，非風塵間物，亦猶明金綷羽，得於遐裔，雖欲勿寶，可乎？生名侹，字庶中，幼嗜屬詩，晚而不衰，心源爲壚，筆端爲炭，鍛煉元本，雕礱群物，糾紛舛錯，逐意奔走，因故沿濁，協爲新聲。嘗所與游者，皆青雲之士，聞名如盧、杜（盧員外象、杜員外甫），高韻如包、李（包祭酒佶、李侍御紓），迭以章句揚於當時。末路寡徒，值余歡甚。因相謂曰：間者身以廷尉屬爲荆州從事，移疾罷去，幽卧於武陵。迨今四年，言未信於世，道不施於人，寓其性懷，播爲吟咏。時復發笥，紛然盈前，凡五十篇，因地爲目。吾子嘗號知我，盍表而志之，爲生羽翼？（按黄鶴注杜詩《别董頲》首曰："當是大曆三年作。詩云'逆浪開帆難'，蓋董溯漢而之鄧也。"據劉氏所紀，董嘗爲荆州從事，此與杜詩地點頗合，董頲董侹，是必一人。《一切經音義》十一，"侹，古文頲同"。）

劉禹錫《和董庶中古散調詞贈尹果毅》、《聞董評事疾因以書贈》（董生奉内典）、《覽董評事思歸之計因以詩贈》

《輿地碑紀目》引《集古録目》：《關將軍祠堂記》，董侹撰，張僓書，以貞元十八年立。

董嘉榮

《寄董卿嘉榮十韻》（卷十四）

董秦仙

《昔游》（卷二十）

《憶昔行》（卷二十一）

《南岳小録》，記唐朝在岳得道者十四人，有董先生秦仙，大曆元年十一月六日得道。

《輿地紀勝》：董奉先，天寶中修九華丹法於衡陽，栖朱陵後洞。杜甫《憶昔行》云："更憶衡陽董煉師。"

董庭蘭

《奉謝口敕放三司推問狀》（卷二十五）

高適《别董大二首》

敬超先

《湖中送敬十使君適廣陵》　（卷二十三）
《追酬故高蜀州人日見寄》　（卷二十三）

路六侍御

《送路六侍御入朝》　（卷十二）

路十九曹長

《遣悶戲呈路十九曹長》　（卷十八）

路陵州

《送陵州路使君之任》　（卷十二）

源大少府

《與鄠縣源大少府宴渼陂》　（卷三）
岑參《與鄠縣源少府泛渼陂》

裴冕

《寄裴施州》　（卷二十）

裴迪

《和裴迪登新津寺寄王侍郎》　（卷九）
《和裴迪登蜀州東亭送客逢早梅相憶見寄》　（卷九）
《暮登四安寺鐘樓寄裴十迪》　（卷九）

裴虬

《送裴二虬尉永嘉》（卷三）

《湘江宴餞裴二端公赴道州》（卷二十二）

《舟中苦熱遣懷奉呈陽中丞通簡臺省諸公》（卷二十三）

《江閣對雨有懷行營裴二端公》（卷二十三）

于邵《與裴諫議虬書》：昨日愚子皋謨起居回，蒙以《放鷹》《度隴》二賦，及《宗儒銘》《自發東甌至安南》諸作見示。……閣下心無所負，神保其真，冒南氣之炎鑠，泛重溟之湍悍，清光可鑒，素履惟精，雲天意長，復與此合，有足歡也。……所得四卷，繕寫已畢，致之篋笥爲藏。馳遣皋謨送本，不復一一。

《石刻浯溪觀題名》：河東裴虬，字深原，大曆四年爲著作郎兼侍御史。

劉長卿《過裴虬郊園》：軍符侯印取豈遲，紫燕緑耳行甚速。（案，謂七年之間，由尉而至於刺史也。）（原注：明裴不在，因以寄之。）

瞿中溶《古泉山館金石文編》：怡亭爲裴鶡所築，李陽冰爲名曰“怡亭”，并篆此二十二字，其銘又爲裴虬作，而李莒别以八分書之。一刻而分篆隸，又爲四人之事，皆所罕見，亦文人好奇之病也。外舅《潛研堂跋尾》云：裴虬字深源，子美集有《次湘江宴餞裴二端公赴道州》詩，即虬也。中溶案：此刻歐陽有跋云云。予考昌黎《裴復墓志》言，曾大夫元簡，大理正；大父曠，御史中丞；父虬，諫議大夫。以《唐書·宰相世系表》證之，乃洗馬裴氏天壽之後也。御史中丞曠有四子，長曰鶡（南監本誤鷗），容州長史；次曰虬，諫議大夫。虹子復，河南少尹。皆與墓志合。而以杜子美詩題稱“裴二”證之，則鶡即虬之兄也，歐公俱未細考耳。侍御史官從六品，諫議大夫則正四品，當是其後來遷轉之官也。

《授堂金石文字續跋》：虬又見《昌黎集·河南少尹裴君墓志銘》，載其父虬爲諫議大夫，引正大疑，有寵代宗朝。……杜工部《湘江宴餞裴二端公赴道州》朱氏注:《浯溪觀唐賢題名》: 河東裴虯，字深源，大暦四年爲著作郎，兼侍御史，道州刺史。……《唐書·代宗紀》: 大暦五年四月庚子，臧玠據州爲亂，澧州刺史楊子琳，道州刺史裴虯，衡州刺史陽濟，各出軍討玠。……（據紀文三年十二月道州刺史崔渙卒，虯於時當代崔渙任，紀文脱書於前。）

《鐵橋漫稿》: 裴虯，代宗時道州刺史。《集古録》謂唐史不見其事，武虚谷引《舊書·代宗紀》一條，余按《舊書·張建封傳》:"大暦初，道州刺史裴虯薦建封於觀察使韋之晋。"虚谷未及引。

裴薦

《爲補遺薦岑參表》　（卷二十五）

《新表》，洗馬裴氏裔子薦，主客員外郎。

《石刻郎官石柱題名》，主客員外郎。

賈至《授裴薦攝主客員外郎制》: 敕左拾遺裴薦，正直而温，洵美且惠，有紛綸之辭藻，懷耿介之志氣，自居近侍，屢獻讜言。中原未寧，鄰國是協，俾領攝於郎署，爲專對之使人（一作者），可攝主客員外郎。(《文苑英華》三九一）

《舊·來瑱傳》: 寶應元年五月，裴茂與來瑱戰，大敗，茂及弟薦，脱身北走。

武元衡《劉商郎中集序》(見"豆盧峰"條下）

裴南部

《贈裴南部》　（卷十二）

《輿地紀勝》(閬州）引《元和郡縣志》:"南部縣，本漢南充縣地，梁置南部郡，周閔帝天和初改爲南部縣，屬盤龍郡。"（隋大業三年改屬巴西郡，先天二年改屬閬州。）

裴使君

《陪裴使君登岳陽樓》　（卷二十二）

裴五

《送裴五赴東川》　（卷十）

裴

《橋陵詩三十韻因呈縣内諸官》　（卷三）

趙十七明府

《送趙十七明府之縣》　（卷二十三）

趙卿

《荆南兵馬使太常卿趙公大食刀歌》　（卷十八）

虞十五司馬

《贈虞十五司馬》　（卷十）

鄭虔

《陪鄭廣文游何將軍山林十首》　（卷二）
《醉時歌》　（卷三）
《戲簡鄭廣文兼呈蘇司業》　（卷三）
《鄭駙馬池臺喜遇鄭廣文同飲》　（卷五）
《送鄭十八虔貶台州司户傷其臨老之故闕爲面别情見於詩》　（卷五）
《題鄭十八著作丈故居》　（卷六）

《所思》 （卷八）
《哭台州鄭司户蘇少監》 （卷十四）
《八哀詩》 （卷十六）
《存殁口號二首》 （卷十六）
《九日五首》 （卷二十）

鄭審

《解悶十二首》 （卷十七）
《赤甲》 （卷十八）
《秋日夔府咏懷奉寄鄭監李賓客一百韻》 （卷十九）
《秋日寄題鄭監湖上亭三首》 （卷二十）
《宴胡侍御書堂》 （卷二十一）
《暮春陪李尚書李中丞過鄭監湖亭泛舟》 （卷二十一）
《宇文晁崔彧重泛鄭監前湖》 （卷二十一）
《舟出江陵南浦奉寄鄭少尹審》 （卷二十二）
《御史臺精舍題名》，碑陰右棱，又右側侍御兼殿中。
《郎官石柱題名》，司勛員外郎，吏部員外郎，吏部郎中。

《唐會要》（八六）：開元二十八年正月十三日，令兩京道路并種果樹，令殿中侍御史鄭審充使。

《大唐傳載》：鄭公審開元中爲殿中侍御史，充館驛使，令每傳舍立辰堠，自公始也。

《留存事始》：驛門十二辰候，開元二十五年，命觀風使鄭審檢校兩京驛，即令門置十二辰候。（《説郛》十）

《舊·惠文太子傳》：鄭繇子審，乾元中任袁州刺史。

顔真卿《正議大夫行國子司業上柱國金鄉縣開國男顔府君（允南）神道碑銘》：與諫議大夫鄭審、郎中祁賢之，每應制及朝廷倡和，必警絶封對，人人稱説之。

《國秀集》，有司勛員外鄭審詩一首。
《唐詩紀事》。

鄭煉

《贈別鄭煉赴襄陽》　（卷十）
《重贈鄭煉絶句》　（卷十）

鄭泛

《纜船苦風戲題四韻奉簡鄭十三判官》　（卷二十二）

鄭賁

《雲安九日鄭十八携酒陪諸公宴》　（卷十四）
《贈鄭十八賁》　（卷十四）

錢起《客舍贈鄭賁》：結交意不薄，匪席言莫違。世義隨波久，人生知己稀。先鳴誓相達，未遇還相依。一望金門詔，三看黄鳥飛，暝投同旅食，朝出易儒衣。嵇向林廬接，携手行將歸。

常衮《授鄭賁司農卿制》，結銜稱“朝散大夫，試秘書監、兼侍御史、上柱國，賜紫金魚袋鄭賁”，又曰：“早參軍畫，在樽俎而止戈；自董軍儲，有京坻之足食。”

《全唐詩》卷七百八十有鄭賁詩二首。賁事迹無著，不知即賁否？

《舊・李希烈傳》：既入汴州，於是僭號曰武成，以孫廣、鄭賁、李綬、李元平爲宰相。（希烈敗）……擒其僞將相鄭賁、劉敬宗等。

《新・李希烈傳》：以張鸞子、李綬、李元平爲宰相，鄭賁爲侍中，孫廣爲中書令，披其地爲四節度。

鄭南史

《曲江陪鄭八丈南史飲》　（卷六）

《郎官石柱題名》，司封員外郎、司勛郎中有鄭南史。

鄭潛曜

《重題鄭氏東亭》　（卷一）(？)
《鄭駙馬宅宴洞中》　（卷一）
《奉陪鄭駙馬韋曲二首》　（卷三）
《鄭駙馬池臺喜遇鄭廣文同飲》　（卷五）
《唐故德儀贈淑妃皇甫氏神道碑》　（卷二十五）

鄭（十七）

《答鄭十七郎一絶》　（卷十四）
本集《祭外祖祖母文》稱“外孫滎陽鄭宏之、京兆杜甫”云云。此詩稱鄭十七郎，豈即宏之之子耶?

鄭（諫議）

《敬贈鄭諫議十韻》　（卷二）

鄭（瑕丘）

《劉九法曹鄭瑕丘石門宴集》　（卷一）

鄭典設

《江雨有懷鄭典設》　（卷十八）
《鄭典設自施州歸》　（卷二十）

鄭

《橋陵詩三十韻因呈縣内諸官》　（卷三）

劉顥

《冬末以事之東都湖城東遇孟雲卿復歸劉顥宅宿宴飲散因爲醉歌》（卷六）

劉單

《橋陵詩三十韻因呈縣内諸官》　（卷三）

《奉先劉少府新畫山水障歌》　（卷四）

《元和姓纂》（十八尤）：禮部侍郎劉單，岐山人。

《唐才子傳》：天寶初，劉單榜進士邱爲。（天寶二年）

《舊・楊炎傳》：元載作相，嘗選擢朝士有文學才望者一人，厚遇之，將以代己。初引禮部郎中（《新傳》作侍郎）劉單，單卒。

《舊・高仙芝傳》：天寶六載九月，仙芝討小勃律國還，令劉單草告捷書，節度使夫蒙靈察以仙芝懸奏捷書，謂劉單曰："聞爾能作捷書？"單恐懼請罪。

岑參《武威送劉單判官赴安西行營使呈高開府》：中歲學兵符，又能守文章。

《乾𦠆子》：閻濟美初舉劉單侍郎下，雜文落。（《太平廣記》七十九）

《石刻郎官石柱題名》，司勛郎中有劉單。

劉伯華

《寄劉峽州伯華使君四十韻》　（卷十九）

《元和姓纂》，沛國相縣，允濟……孫伯華，工部郎中。生頌、莖、衮。頌，左補闕；衮，檢校郎中。

于邵《送峽州劉使君忠州李使君序》：國有戎事，今兹十年。（按自天寶十三載，至廣德二年，爲十年。）……今皇帝之臨御也，嘗思垂意於理道。（按指代宗。）……尚書駕部郎中劉公……。壽星之會，凉秋八月，言辭北闕，將騖南轅，惜五馬之不留，合六官以追餞，乃卜勝撰吉，咸集于吏部郎元公之居室。

劉（主簿）

《逢唐興劉主簿弟》　（卷十）

劉九法曹

《劉九法曹郑瑕丘石門宴集》　（卷一）

劉十判官

《惜别行送劉僕射判官》　（卷二十二）
《重送劉十弟判官》　（卷二十二）

蔡希魯（一作曾）

《送蔡希魯（一作曾）都尉還隴右因寄高三十五書記》　（卷三）

蔡（五侍御）

《晚秋長沙蔡五侍御飲筵送殷六參軍歸澧覲省》　（卷二十三）

蔡十四著作

《别蔡十四著作》　（卷十四）

蔡侯

《送孔巢父謝病歸游江東兼呈李白》　（卷一）
李白《早春於江夏送蔡十還家雲夢序》。

樊二十三侍御（希一）

《送樊二十三侍御赴漢中判官》　（卷五）

岑參《送樊侍御使丹陽便覲》。（按不知是否一人？）

《御史臺精舍題名》，監察御史有樊希一，時代合。又見殿中侍御史兼内供奉。

閭丘（師）

《贈蜀僧閭丘師兄》　（卷九）

沈汾《續仙傳》，隱化者二十人中，有閭邱方遠，字大方，舒州宿松人也。

作《寒山詩序》者閭丘胤。

衛鈞

《移居公安敬贈衛大郎（鈞）》　（卷二十二）

衛伯玉

《奉送蜀州柏二別駕將中丞命赴江陵起居衛尚書太夫人因示從弟行軍司馬位》　（卷十八）

《荆南兵馬使太常卿趙公大食刀歌》　（卷十八）

《王兵馬使二角鷹》　（卷十八）

《玉腕騮》　（卷十八）

《奉賀陽城郡王太夫人恩命加鄧國太夫人》　（卷二十一）

《送田四弟將軍將夔州柏中丞命起居江陵節度使陽城郡王衛公幕》（卷二十一）

《江陵節度使陽城郡王新樓成王請嚴侍御判官賦七字句同作》（卷二十一）

《又作此奉衛王》　（卷二十一）

《舊·衛伯玉傳》：衛伯玉，有膂力，幼習藝。天寶中，杖劍之安西，以邊功，累遷至員外諸衛將軍。肅宗即位，興師靖難，伯玉激憤，思立功名。自安西歸長安，初爲神策軍兵馬使出鎮。乾元二年十月，逆賊史思明遣僞將李歸仁鐵騎三千來犯，伯玉以數百騎於疆子坂擊破之，積尸滿野，虜馬六百匹，歸仁與其黨東走。以功遷右羽林軍大將軍，知軍事，轉四鎮北庭行營節度使，獻俘百餘人。至闕下，詔解縛而赦之，遷伯玉神策軍節度。上元二年二月，史思明領衆西下，圖長安。史朝義率其黨夜襲陝州，伯玉以兵逆擊，大破賊於永寧。賊退，進位特進，封河東郡公。廣德元年冬，吐蕃寇京師，乘輿幸陝，以伯玉有幹略，可當重寄，乃拜江陵尹，兼御史大夫，充荆南節度觀察等使。尋加檢校工部尚書，封陽城郡王。大曆初，丁母憂，朝廷以王昂代其任。伯玉潛諷將吏不受詔，遂起，復以本官爲荆南節度等使，時議醜之。大曆十一年二月，入覲，以疾卒於京師。

《唐會要》七十一。

肅宗《封衛伯玉陽城郡王制》(《全文》四十六)

衛八處士

《贈衛八處士》　(卷六)

高適《酬衛八雪中見寄》，又《同衛八題陸少府書齋》。(案二詩之衛八疑即此人。)

盧琚

《奉贈盧五丈參謀琚》　(卷二十二)

盧十四侍御

《江閣卧病走筆寄呈崔盧兩侍御》　(卷二十二)

《送盧十四弟侍御護韋尚書靈櫬歸上都二十四韻》　(卷二十三)

《舟中夜雪有懷盧十四侍御弟》　（卷二十三）

盧老

《憶昔行》　（卷二十一）

薛據

《同諸公登慈恩寺塔》　（卷二）

《秦州見敕目薛三據授司議郎畢四曜除監察與二子有故遠喜遷官兼述索居凡三十韻》　（卷八）

《解悶十二首》　（卷十七）

《別崔潩因寄薛據孟雲卿》　（卷十八）（鶴注：大曆元年）

《赤甲》"荆州鄭薛寄詩近"。　（卷十八）（鶴注：大曆二年春）

《寄薛三郎中據》　（卷十八）（鶴注：大曆二年春）

薛華

《蘇端薛復筵簡薛華醉歌》　（卷四）（鶴注：天寶十五載）

獨孤及《仲春裴胄先宅宴集聯句賦詩序》：右金吾倉曹薛華會……於署之公堂。

于良史《閑居寄薛據》。（一作華）

薛復

《蘇端薛復筵簡薛華醉歌》　（卷四）

薛景仙

《秋日荆南送石首薛明府辭滿告別奉寄薛尚書頌德叙懷斐然之作三十韻》　（卷二十一）

薛十二判官

《奉酬薛十二丈判官見贈》　（卷十九）

薛明府

《秋日荆南送石首薛明府辭滿告别奉寄薛尚書頌德叙懷斐然之作三十韻》　（卷二十一）

蕭實

《蕭八明府實處覓桃栽》　（卷九）

蕭十郎中

《贈比部蕭郎中十兄》　（卷一）

蕭十二使君

《奉贈蕭十二使君》　（卷二十三）

蕭遂州

《江亭王閬州筵餞蕭遂州》　（卷十三）

蕭尊師

《奉漢中王手札報韋侍御蕭尊師亡》　（卷十六）

蹇昂（？）

《陪李北海宴歷下亭》（詩中原注：時邑人蹇處士輩在坐。）　（卷一）

顔真卿《鮮于氏離堆記》：叔明、昱、炅亦篤世親之歡，真卿因之，又忝憲司之僚，亟與濟南蹇昂，奉以周旋，益著通家之好。

魏佑

《奉送魏六丈佑少府之交廣》　（卷二十三）

魏啓心

《壯游》　（卷十六）

《唐會要》：神龍三年才膺管樂科，魏啓心及第。

魏齊聃

《爲補遺薦岑參表》　（卷二十五）

魏十四侍御

《魏十四侍御就敝廬相别》　（卷十）

魏十八倉曹

《泛舟送魏十八倉曹還京因寄岑中允參范郎中季明》　（卷十二）

魏二十四司直

《送魏二十四司直充嶺南掌選崔郎中判官兼寄韋韶州》　（卷二十三）

魏將軍

《魏將軍歌》　（卷四）

魏

《秋述》　（卷二十五）

韓幹

《丹青引》　（卷十三）

《畫馬贊》　（卷二十四）

宋趙希鵠《洞天清禄集》：韓幹，與李、杜同時。所作馬，世間見一二長幀，上作街道闌干，不作馬櫳，并無他物；其馬神駿不可名狀。(《説郛》十二）

韓汯

《贈韓諫議汯》(依錢箋校改注爲汯）　（卷十七）

《新・韓休傳》：初汯知制誥，當草王璵詔，無借言。銜之，及當國，滉兄弟皆斥冗官。璵罷，乃擢殿中侍御史。

韓十四

《送韓十四江東省覲》　（卷十）

顔十少府

《醉歌行贈公安顔十少府請顧八題壁》　（卷二十二）

《官亭夕坐戲簡顔十少府》　（卷二十二）

鮮于仲通

《奉贈鮮于京兆二十韻》　（卷二）

《金石録》：仲通以多財結楊國忠，薦爲劍南節度使，討南詔蠻，大敗。國忠爲諱之，再薦爲京兆尹。其始卒無他可稱。見於史者，惟嘗表請國忠兼領劍南節度，及爲國忠立碑頌功德耳。魯公爲此碑，稱述甚盛。以此知碑志所載是非褒貶，果不可信。雖魯公猶爾，况他人乎？《明皇實録》稱仲通以漏禁中語，貶邵陽司馬，而碑言爲國忠所忌貶。

小人之交，初以利合，終以利敗，理固然也。

《御史臺精舍題名》，左棱，碑陰侍御史并内供奉。

《新·楊國忠傳》：國忠薦鮮于仲通爲蜀郡長史，率兵六萬討之，戰瀘川，舉軍没，獨仲通挺身免。時國忠兼兵部侍郎，素德仲通，爲匿其敗，更叙戰功，使白衣領職，因自請兼領劍南。國忠拜御史大夫，引仲通爲京兆尹。十二載，仲通等諷選者鄭怤願立碑省户下以頌德，詔仲通爲頌，帝爲易數字，因以黄金識其處。

顔真卿《中散大夫京兆尹漢陽郡太守贈太子少保鮮于公神道碑銘》：公諱向，字仲通，以字行，漁陽人也。開元二十年，年近四十，舉鄉貢進士，高第。自左衛兵曹，無何，攝監察御史，充劍南山南兩道山澤使。遷大理評事，充西山督察使。六載，拜監察御史。公誅羌豪董哥羅等數十人，以靖八州之地。郭公將圖弱水西之八國，奏公入覲，玄宗駭异之，即日拜尚書屯田員外郎，兼侍御史、蜀郡司馬、劍南行軍司馬。又云：真卿與公同在御史。

《舊·崔光遠傳》：天寶十一載，京兆尹鮮于仲通舉光遠爲長安令。

《舊·韓休傳》：天寶中，萬年主簿韓浩捕王鉷，資財有所容隱，爲京兆尹鮮于仲通所發。(《新傳》略同)

《鮮于氏離堆記》：以進士高第，驟登臺省。天寶九載，以益州大都督府長史，兼御史中丞，持節劍南節度副大使，知節度事，劍南山南西道采訪處置使，入爲司農少卿，遂作京兆尹。以忤楊國忠，貶邵陽郡司馬。十二載秋八月，除漢陽郡太守，終十有一月，終於所任官舍。又云：真卿因之又忝憲司之僚。(《顔魯公集》一三)

《舊·玄宗紀》：天寶十載四月，劍南節度使鮮于仲通，將兵六萬，與雲南王閤羅鳳戰於瀘川，官軍大敗。

《舊·南詔蠻傳》：天寶九年爲劍南節度使。

《新·玄宗紀》：天寶十載四月，劍南節度使鮮于仲通，及雲南蠻戰於西洱河，大敗績。

《新·李叔明傳》：本鮮于氏。兄仲通，字向，天寶末，爲京兆尹，兼御史中丞、劍南節度使。

《四川成都志》：天寶八載，鮮于仲通以京兆尹檢校太子太傅，領劍南節度、山南邛僰越雋等五十四州按察制置采訪使、蜀郡大都督府長史。十載夏，統軍數萬征雲南，敗績。

元李京《雲南志略》：唐以劍南節度使鮮于仲通將兵八萬討之。蒙使行成勿許。及戰，仲通大敗，僅以身免。閣羅鳳乃結之吐蕃，刻石於龍尾關，明其不得已叛唐之意。(《説郛》三十六)

鮮于炅

《送鮮于萬州遷巴州》　（卷十八）

聶耒陽

《聶耒陽以僕阻水書致酒肉療饑荒江詩得代懷興盡本韻至縣呈聶令陸路去方田驛四十里舟行一日時屬江漲泊於方田》　（卷二十三）

竇侍御

《入奏行贈西山檢察使竇侍御》　（卷十）

竇十五使君

《巴西驛亭觀江漲呈竇十五使君二首》　（卷十二）

《又呈竇使君》　（卷十二）

竇少尹

《章梓州橘亭餞成都竇少尹》　（卷十二）

竇九

《送竇九歸成都》　（卷十二）

贊公

《大雲寺贊公房四首》　（卷四）
《宿贊公房》　（卷七）
《西枝村尋置草堂地夜宿贊公土室二首》　（卷七）
《寄贊上人》　（卷七）
《別贊上人》　（卷八）

蘇涣

《蘇大侍御訪江浦賦八韻紀异》　（卷二十三）
《暮秋枉裴道州手札率爾遣興寄遞呈蘇涣侍御》　（卷二十三）
《入衡州》　（卷二十三）

蘇端

《蘇端薛復筵簡薛華醉歌》　（卷四）
《雨過蘇端》　（卷四）
錢起《蘇端林亭對酒喜雨》
《石刻郎官石柱題名》，度支員外郎。
《新・楊綰傳》：比部郎中蘇端，儉人也，持异議，宰相常衮陰助之。帝以其醜險不實，貶端巴州員外司馬，猶賜謚曰文簡。

蘇徯

《君不見簡蘇徯》　（卷十八）
《贈蘇四徯》　（卷十八）

《别蘇徯》 （卷十八）

《暮冬送蘇四郎徯兵曹適桂州》 （卷二十三）

蘇纓

《季秋蘇五弟纓江樓夜宴崔十三評事韋少府侄三首》 （卷二十）

《戲寄崔評事表侄蘇五表弟韋大少府諸侄》 （卷二十）

蘇源明

《戲簡鄭廣文兼呈蘇司業》 （卷三）

《懷舊》 （卷十四）

《哭台州鄭司户蘇少監》 （卷十四）

《八哀詩》 （卷十六）

《壯游》 （卷十六）

《九日五首》 （卷二十）

梁肅《朝散大夫使持節常州諸軍事守常州刺史賜紫金魚袋獨孤公行狀》：趙郡李華、扶風蘇源明，并稱公爲詞宗。

《寶刻叢編》引《集古録目》：《商餘操》，蘇預撰，韓擇木八分書。預友元結，隱居教授於商餘之肥溪，預爲作此辭。預時爲河南令，自號中行子。碑不載立石年月，在魯山縣。（繆荃孫曰：“案顔真卿撰《元結墓表》，稱中行子蘇源明。源明當是預之字。結隱居商餘，在天寶十二載舉進士之前。”）

《贈文部郎中薛悌碑》，國子司業蘇預撰。（按《金石録》，天寶十三年二月立。）

《渭南令路嗣恭遺愛表》，考功郎中知制誥蘇源明撰。……上元二年，渭南人爲立此表，在渭南。

蘇遂州

《陪李梓州王閬州蘇遂州李果州四使君登惠義寺》　（卷十二）

蘇合州

《短歌行送祁録事歸合州因寄蘇使君》　（卷十二）

嚴武

《奉贈嚴八閣老》　（卷五）
《留別賈嚴二閣老兩院補闕》　（卷五）
《寄岳州賈司馬六丈巴州嚴八使君兩閣老五十韻》　（卷八）
《奉酬嚴公寄題野亭之作》　（卷十）
《嚴中丞枉駕見過》　（卷十一）
《遭田父泥飲美嚴中丞》　（卷十一）
《奉和嚴中丞西城晚眺十韻》　（卷十一）
《中丞嚴公雨中垂寄見憶一絶奉答二絶》　（卷十一）
《謝嚴中丞送青城山道士乳酒一瓶》　（卷十一）
《嚴公仲夏枉駕草堂兼携酒饌》　（卷十一）
《嚴公廳宴同咏蜀道畫圖》　（卷十一）
《奉送嚴公入朝十韻》　（卷十一）
《送嚴侍郎到綿州同登杜使君江樓宴》　（卷十一）
《奉濟驛重送嚴公四韻》　（卷十一）
《九日奉寄嚴大夫》　（卷十一）
《奉待嚴大夫》　（卷十三）
《將赴成都草堂途中有作先寄嚴鄭公五首》　（卷十三）
《奉和嚴鄭公軍城早秋》　（卷十四）
《陪鄭公秋晚北池臨眺》　（卷十四）
《遣悶奉呈嚴公二十韻》　（卷十四）

《嚴鄭公階下新松》　（卷十四）
《嚴鄭公宅同咏竹》　（卷十四）
《晚秋陪嚴鄭公摩訶池泛舟》　（卷十四）
《奉觀嚴鄭公廳事岷山沲江畫圖十韻》　（卷十四）
《敝廬遣興奉寄嚴公》　（卷十四）
《哭嚴僕射歸櫬》　（卷十四）
《八哀詩》　（卷十五）
《説旱》　（卷二十五）

常衮《代嚴大夫謝黄門侍郎表》（《全文》四一七）

《舊・嚴武傳》：嚴武，中書侍郎挺之子也。神氣雋爽，敏於聞見。幼有成人之風，讀書不究精義，涉獵而已。弱冠以門蔭策名，隴右節度使哥舒翰奏充判官，遷侍御史。至德初，肅宗興師靖難，大收才杰，武杖節赴行在。宰相房琯以武名臣之子，素重之，及是，首薦才略可稱，累遷給事中。既收長安，以武爲京兆少尹、兼御史中丞，時年三十二。以史思明阻兵，不之官，優游京師，頗自矜大。出爲綿州刺史，遷劍南東川節度使；入爲太子賓客、兼御史中丞。上皇誥以劍兩川合爲一道，拜武成都尹、兼御史大夫，充劍南節度使；入爲太子賓客，遷京兆尹、兼御史大夫。二聖山陵，以武爲橋道使。無何，罷兼御史大夫，改吏部侍郎，尋遷黄門侍郎。與宰臣元載深相結托，冀其引在同列。事未行，求爲方面，復拜成都尹，充劍南節度等使。廣德二年，破吐蕃七萬餘衆，拔當狗城。十月，取鹽川城，加檢校吏部尚書，封鄭國公。前後在蜀累年，肆志逞欲，恣行猛政。梓州刺史章彝初爲武判官，及是小不副意，赴成都杖殺之，由是威震一方。蜀土頗饒珍産，武窮極奢靡，賞賜無度，或由一言賞至百萬。蜀方閭里以徵斂殆至匱竭，然蕃虜亦不敢犯境。而性本狂蕩，視事多率胸臆，雖慈母言不之顧。初爲劍南節度使，舊相房琯出爲管内刺史，琯於武有薦導之恩，武驕倨，見琯略無朝禮，甚爲時議所貶。永泰元年四月，以疾終，時年四十。

王維《河南嚴尹弟見宿弊廬訪别人賦十韻》：上客能論道，吾生學養蒙。貧交世情外，才子古人中。……

嚴礪　嚴震

《行次鹽亭縣聊題四韻奉簡嚴遂州篷州兩使君諮議諸昆季》（卷十二）

《舊·嚴礪傳》[1]：嚴礪，震之宗人也。性輕躁，多奸謀，以便佞在軍，歷職至山南東道節度都虞候、興州刺史、兼監察御史。貞元十五年，嚴震卒，以礪權留府事，兼遺表薦礪才堪委任。七月，超授興元尹、兼御史大夫，山南西道節度、支度營田、觀察使。詔下，諫官御史以爲除拜不當。是日，諫議、給事、補闕、拾遺并歸門下省共議：礪資歷甚淺，人望素輕，遽領節旄，恐非允當。既兼雜話，發論喧然。拾遺李繁獨奏云："昨除拜嚴礪，衆以爲不當。諫議大夫苗拯云：'已三度表論，未見聽允。'給事中許孟容曰：'誠如此，不曠職矣。'"又云："李元素、陳京、王舒并見拯及孟容言議。"上遣三司使詰之。拯狀云："實於衆中言曾論奏，不言三度。"繁證之不已。孟容等又云："拯實言兩度。"拯請依衆狀。翌日，貶拯萬州刺史，李繁播州參軍，并同正。礪在位貪殘，士民不堪其苦。素惡鳳州刺史馬勛，誣奏貶賀州司户。縱情肆志，皆此類也。元和四年三月卒。卒後，御史元稹奉使兩川按察，糾劾礪在任日贜罪數十萬。詔徵其贜，以死恕其罪。

權德輿《唐故劍南東川節度副大使知節度事管内支度營田觀察處置静戎軍等使光禄大夫檢校尚書左僕射使持節梓州諸軍事兼梓州刺史御史大夫鄭國公贈司空嚴公神道碑銘》(《全文》四九七)：字元明，元和四年春三月甲申薨，享年六十七。

《舊·嚴震傳》：嚴震，字遐聞，梓州鹽亭人。世爲田家，以財雄於鄉里。至德、乾元已後，震屢出家財以助邊軍，授州長史、王府諮議

① 《嚴礪傳》《嚴震傳》兩篇原稿未標點，此標點爲整理者據中華書局點校本《舊唐書》卷一一七所加。

參軍。東川節度判官韋收薦震才用於節度使嚴武，遂授合州長史。及嚴武移西川，署爲押衙，改恒王府司馬。嚴武以宗姓之故，軍府之事多以委之。又歷試衛尉、太常少卿。嚴武卒，乃罷歸。東川節度使又奏爲渝州刺史，以疾免。山南西道節度使又奏爲鳳州刺史，加侍御史，丁母憂罷。起復本官，仍充興、鳳兩州團練使，累加開府儀同三司、兼御史中丞。爲政清嚴，興利除害，遠近稱美。建中初，司勛郎中韋楨爲山、劍黜陟使，薦震理行爲山南第一，特賜上下考，封郧國公。在鳳州十四年，能政不渝。建中三年，代賈耽爲梁州刺史、兼御史大夫、山南西道節度觀察等使。及朱泚竊據京城，李懷光頓軍咸陽，又與之連結。泚令腹心穆庭光、宋瑗等賚白書誘震同叛，震集衆斬庭光等。時李懷光連賊，德宗欲移幸山南。震既聞順動，遣吏馳表往奉天迎駕，仍令大將張用誠領兵五千至盩厔已東迎護，上聞之喜。既而用誠爲賊所誘，欲謀背逆，朝廷憂之。會震又遣牙將馬勛奉表迎候，上臨軒召勛與之語，勛對曰："臣請計日至山南取節度使符召用誠，即不受召，臣當斬其首以復。"上喜曰："卿何日當至？"勛克日時而奏，帝勉勞之。勛既得震符，乃請壯丁五人偕行。既出駱谷，用誠以勛未知其謀，乃以數百騎迎勛，勛與俱之傳舍，用誠左右森然。勛先聚草發火於驛外，軍士争附火。勛乃從容出懷中符示之曰："大夫召君。"用誠惶懼起走，壯士自背束手而擒之。不虞用誠子居後，引刀斫勛，勛左右遽承其臂，刀下不甚，微傷勛首。遂格殺其子，而僕用誠於地。壯士跨其腹，以刃擬其喉曰："出聲即死！"勛即其營，軍士已被甲執兵矣。勛大言曰："汝等父母妻子皆在梁州，一朝棄之，欲從用誠反逆，有何利也？但滅汝族耳！大夫使我取張用誠，不問汝輩，欲何爲乎？"衆皆膺服。於是縛用誠送州，震杖殺之，拔其副將，使率其衆迎駕。勛以藥封首馳赴行在，愆約半日，上頗憂之，及勛至，上喜動顔色，翌日，車駕發奉天，及入駱谷，李懷光遣數百騎來襲，賴山南兵擊之而退，輿駕無警急之患。尋加震檢校户部尚書，賜實封二百户。三月，德宗至梁州。山南地貧，糧食難給，宰臣議請幸成都府。震奏曰："山南地接京畿，李晟方圖收復，藉六軍聲援。如幸西川，則晟未見收復之期也。幸陛下徐思其宜。”議未決，李晟表至，請車駕駐蹕梁、洋，以圖收復，群議乃止。梁、漢之間，刀耕火耨，民以采梠爲事，雖節察十五郡，而賦額不敵中原三數縣。自安、史之後，多爲山賊剽掠，户口流散大半。洎六師駐蹕，震設法勸課，鳩聚財賦，以給行在，民不至煩，供應無闕。其年六月，收復京城，車駕將還京師，進位檢校尚書左僕射。詔曰："朕遭罹寇難，播越梁、岷，蒸庶煩於供億，武旅勤於扞衛。凡百執事，各奉厥司，眷於是邦，復我興運，宜加崇大，以示將來。宜改梁州爲興元府，官名品制，同京兆、河南府；鄭縣升爲赤，諸縣升爲畿。見任州縣官，考滿日放選，百姓給復一年。洋州宜升爲望，見任州縣官，考滿減兩選。山南西道將士，并與甄叙。”以震爲興元尹，賜實封二百户。貞元元年十一月，德宗親祀昊天上帝於南郊，震入朝陪祭。十一年二月，加同平章事。貞元十五年六月卒，時年七十六，廢朝三日，册贈太保，賻布帛米粟有差。及喪將至，令百官以次赴宅吊哭。

嚴六侍御

《渝州候嚴六侍御不到先下峽》　（卷十四）

《江陵節度使陽城郡王新樓成王請嚴侍御判官賦七字句同作》（卷二十一）

嚴二別駕

《從事行贈嚴二別駕》　（卷十一）

嚴二

《與嚴二郎（一作歸）奉禮別》　（卷十二）

嚴（雲安令）

《水閣朝霽奉簡雲安嚴明府》　（卷十四）

嚴（大昌令）

《西閣三度期大昌嚴明府同宿不到》　（卷十七）

顧誡奢

《醉歌行贈公安顏十少府請顧八題壁》　（卷二十二）

《送顧八分文學適洪吉州》　（卷二十二）

《集古録目》:《吕公表》，元結撰，顧誡奢八分書，上元元年建巳月。

《金石録》:《吕公表》，元結撰，前太子文學翰林院待詔顧誡奢書。《杜甫集》有《贈顧八分文學》詩，即誡奢也。誡奢八分不多見。余所得者，衛密撰《吕公廟碑》，并此表，郭英奇、郭慎微碑爲四耳。甫詩稱其最工小字，而此表字畫甚大，尤偉壯可喜。

《輿地碑紀目》:《江陵尹吕諲廟碑》，衛密撰，顧誡奢書。

《東觀餘論·跋顧誡奢書吕肅公碑後》: 杜詩“顧八分文學”，謂誡奢也。觀其遺迹，乃知子美弗虚稱之。碑首倒韰亦自奇古，不獨八分可尚云。

岑嘉州繫年考證①

〔嘉州詩見存者三百六十首，其中可確指爲某年或某數年間作者，依余所考，殆十有七八。兹篇初稿，本已分年隸屬，釐訂粗備，旋以每定一詩，疏通篇旨，參驗時事，引緒既繁，卷帙大漲，慮其庬糅，不便省覽，乃僅留其時地有徵，可據詩以證事者，餘悉汰之。蓋兹篇意在研究作者之生活，當以事爲經，以詩爲緯，亦即不得不詳於事而略於詩也。讀者愼勿以嘉州篇咏之有年可稽者，胥盡於是。至於編年詩譜，不容偏廢，誰曰不然？别造專篇，儻在來日。

嘉州舊無年譜。撰此考垂成，或告以《嶺南學報》第一卷第二期有《岑參年譜》，取而讀之，則近時賴君義輝之所作也。以校拙撰，同者不及一二，异者何啻八九。誠以余爲此考，年經月緯，枝葉扶疏，亦既自病其事甚寡而詞甚費矣，故今也於其所以异於賴君者，雅不欲一一申辯，以重滋其蕪蔓。其或賴君洞矚未周，而事有關係甚巨，又非剖析不足以明真相者，則於附注中稍稍指陳之，但求有當於徵實，不務抑彼以張我也。雖然，吾得讀賴君此作，如入空谷，而足音跫然，忽在我前，斯亦可喜也矣。若夫篳路藍縷，先我著鞭，偉哉賴君，吾有愧色焉。民國二十二年三月，三易稿竟，一多謹識，時距嘉州没後實一千一百六十三載也。〕

① 本篇據開明版《聞一多全集·唐詩雜論》收入。

公諱參，唐荆州江陵人[①]，其先世本居南陽棘陽，梁時長寧公善方始徙江陵。善方以降，岑氏譜系，可得而詳焉，示圖如次[②]：

① 原注：諸書稱南陽人者，從其舊望也。據《新書·宰相世系表》，周文王异母弟耀，子渠，武王封爲岑子，其地梁國北岑亭是也，（案説本《吕覽》）子孫因以爲氏，世居南陽棘陽。（案漢棘陽縣故城，在今河南新縣東北。）後漢有征南大將軍岑彭，六傳至晊，徙居吴郡，又六傳至寵，徙鹽官，十世孫善方又徙江陵。張景毓《大唐朝散大夫行潤州句容縣令岑君德政碑》（《續古文苑》一八，後簡稱《張碑》）："其先出自顓頊氏，后稷之後。周文王母弟輝尅定殷墟，封爲岑子，今梁國岑亭，即其地也。因以爲姓，代居南陽之棘陽。十三代孫善方，隨梁宣帝西上，因官投迹，寓居於荆州焉。"又曰："梁亭漢室，先開佐命之封，吴郡荆門，晚葺因居之地。"此雖與《新表》所紀小异，（《元和姓纂》五與《新表》略同，當爲《表》所本）然岑氏之不居南陽已久，則無惑也。《舊書》七。《岑文本傳》，封江陵縣子（《張碑》作江陵縣伯），又嘗自稱"江南一布衣"。《法苑珠林》："中書令岑文本，江陵人。"《新書·岑羲傳》："羲江陵人。"《朝野僉載》："京中謡曰：岑羲獠子後，崔湜令公孫，三人相比接，莫賀咄最渾。"亦謂羲爲南人。唐世岑氏，籍隸江陵，此其明徵矣。他若《新書·文本傳》又稱鄧州人，則不悟望著南陽，本從漢郡，漢之南陽不因唐郡更名而爲鄧州也。夫諸書狃於六代積習，匿本貫而標郡望，已爲無謂，此更改稱鄧州，則又歧中之歧。《全唐詩》《全唐文》岑參小傳并從之，不思之甚矣。唐荆州（後升爲江陵府）江陵縣，即今湖北江陵縣。

② 原注：此圖據《新書·宰相世系表》及《姓纂》改制。《表》頗有舛誤，今依沈炳震《新舊唐書合鈔》訂正。長倩子五人，（本傳"五子同賜死"）《姓纂》但有虚源、廣成二名，而虚源《舊書·文本傳》又作靈源，今仍從《姓纂》。羲弟仲翔、仲休，《姓纂》《新書·文本傳》及《宰相世系表》并同，惟《舊書·文本傳》作翔、休，今從多數。杜確《岑嘉州集序》曰："嗣子佐公，復纂前緒。"佐公似即公子之名，《表》原闕，據《序》補入。諸人歷官皆不録，讀者參閲《姓纂》《張碑》及《新表》可耳。

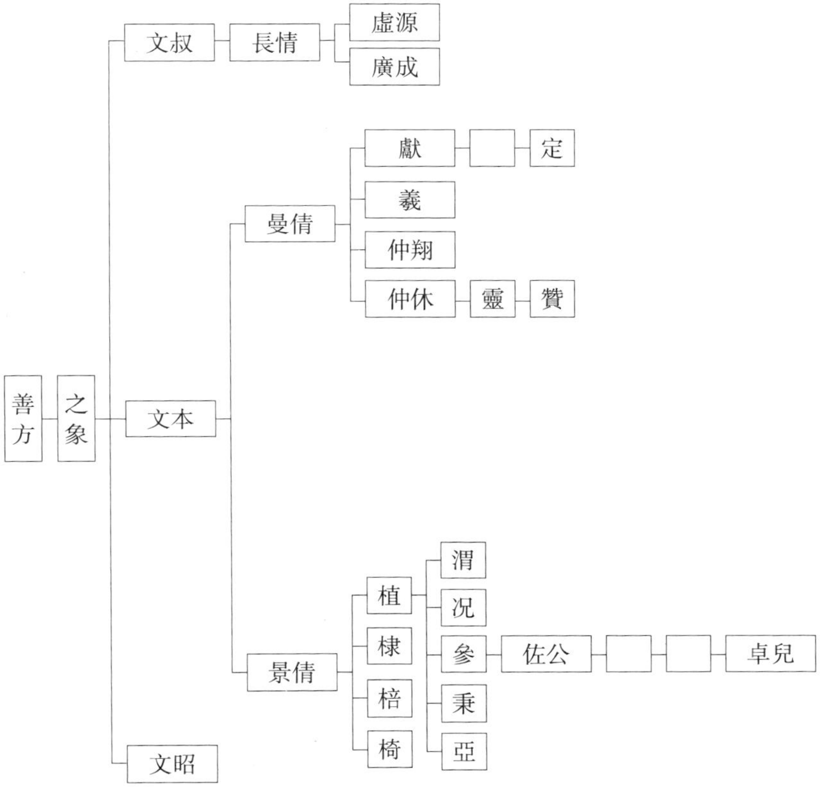

公《感舊賦》(《全唐文》三五八)序曰:“國家六葉，吾門三相矣。”三相者，曾祖文本相太宗，伯祖長倩相高宗，伯父羲相睿宗也。文本字景仁，以文翰位躋台輔，與虞世南、李百藥、許敬宗輩齊名。所著有集六十卷①，又嘗與令狐德棻同撰《周史》，其史論多出於文本。張景毓稱其“五車萬卷，百家諸子，吐鳳懷蛟，凌雲概日，不尚浮綺，尤存典裁，藻翰之美，今古絶倫”，雖貢諛之辭，不無溢美，要其聲榮之重，可想見也。《舊書》本傳紀其少年軼事曰:“父之象，隋末爲邯鄲令，常被人所訟，理不得申。文本性沈敏，有姿儀，博考經史，多所貫綜，

① 原注：盧照鄰《南陽公集序》(《全唐文》一六):“貞觀中，虞、李、岑、許之儔以文章進。”新舊二史志有文本集六十卷，本傳同，惟盧《序》云“凡所著述，千有餘篇，今之刊寫，成三十卷”，蓋當時刊寫未足之本耳。

美譚論，善屬文。時年十四，詣司隸稱冤，辭情慨切，召對明辨。衆頗异之，試令作《蓮花賦》。下筆便成，屬意甚佳。合臺莫不嘆賞。”又言其爲中書舍人時，“所草詔誥，或衆務繁凑，即命書僮六七人隨口并寫，須臾悉成，亦殆盡其妙”。斯則公家文學之遺傳，有足徵者也。

長倩字某，羲字伯華，繼居輔宰，并能守正不阿，然皆不獲令終。長倩以忤諸武被戮，五子同賜死；羲亦因政潮受牽，身死家破。先是睿宗景雲三年（七一二）正月，羲以户部尚書同中書門下三品，六月爲侍中。時羲兄獻爲國子司業，弟翔爲陝州刺史，休爲商州刺史，從族兄弟子侄因羲引用登清要者數十人，故《感舊賦》云：“朱門不改，畫戟重新，暮出黄閣，朝趨紫宸，綉轂照路，玉珂驚塵，列親戚以高會，沸歌鐘於上春，無大無小，皆爲縉紳，顒顒印印，逾數十人。”雖然“高明之家鬼瞰其室”，羲於斯時，似有預感，嘗嘆曰：“物極則返，可以懼矣！”果爾，明年七月，太平公主事發，羲以預謀伏誅，籍没其家，親族數十輩，放逐略盡，時則嘉州誕生之前二年也[①]。

公祖景倩，武周時麟臺少監，衛州刺史，宏文館學士[②]。父植，字德茂，弱冠補修文生，明經擢第，解褐同州參軍，轉蒲州司户參軍。俄以親累左授夔州雲安縣丞。秩滿，丁父憂去職。服闋，調補衢州司倉參軍。擢潤州句容縣令，有政聲。景龍二年（七〇八）源乾曜爲江東黜陟使，薦擢某官。既去句容，縣人爲立德政碑[③]。後終仙、晋二州刺史[④]。

植子五人：渭、況、參、秉、亞也。渭與秉、亞皆無考。況嘗官單父尉，與

---

① 原注：三相事迹詳見兩《唐書·岑文本傳》。

② 原注：見《新書·宰相世系表》。《張碑》云：“周大中大夫，行麟臺著作郎，兼宏文館學士。”

③ 原注：見張景毓《岑公德政碑》。

④ 原注：見《新表》。

劉長卿友善，似亦有文名[1]，杜甫《渼陂行》“岑參兄弟皆好奇”，王昌齡《留别岑參兄弟》“岑家雙瓊樹，騰光難爲儔”，蓋皆謂況也。

夷考群書，公之家世，大校如此。

玄宗開元三年乙卯（七一五）公一歲。父植除仙州刺史，至早當在此年，疑公即生於仙州官廨。

案景龍二年，植尚爲句容縣令，因源乾曜薦擢某官，則爲仙州刺史當在景龍二年後。《舊書·玄宗紀》：開元三年二月析許州唐州置仙州。《唐會要》七〇仙州條下云：“貞觀八年置魯州，九年廢。開元二年析許、魯、唐三州，復置仙州。”置仙州，《紀》作三年，《會要》作二年。檢《會要》同卷同頁又載開元十一年十二月，敕以仙州頻喪長史，欲廢之，令公卿議其可否。崔沔上議，有“然自創置，未盈十年”之語。若依《會要》開元二年創置，則下推至十一年十二月，已足十年，與崔沔語不合。是知始置仙州，當從《紀》作三年爲正。開元三年始有仙州，則植除仙州刺史不得早於此年明矣。

公之卒年，依余所考，定爲大曆五年，或不大謬，（説詳後）然但知卒年，不知壽算幾何，是其生年仍無由推計也。且集中諸詩凡有年月可稽者，又不詳其時作者幾歲，間有語及年歲者，又類皆約舉成數，（如曰三十，四十）文家修詞，不拘摭實，故亦不敢决爲誰實誰虚，是仍不足據以上推其生年也。不寧惟是，諸篇所述年歲，斟酌前後，往往互相牴牾。試觀下表：

① 原注：劉長卿有《曲阿對月别岑況徐説》詩，又有《旅次丹陽郡遇康侍御宣慰兼别岑單父》詩。以公《梁園歌送河南王説判官》原注“時家兄宰單父”，及《送楚丘麴少府赴官》詩“單父聞相近，家書爲早傳”之句證之，此岑單父即公兄況無疑也。曲阿縣屬丹陽郡。天寶元年正月改潤州爲丹陽郡，同年八月二十日改曲阿縣爲丹陽縣。長卿二詩於郡稱新名，縣稱舊名，疑作於天寶元年正月至八月之間。天寶元年，況在丹陽，則公《敬酬杜華淇上見贈兼呈熊曜》詩“憶昨癸未歲（案天寶二年），吾兄自江東”，當即指況，而《送人歸江寧》詩曰“吾兄應借問，爲報鬢毛霜”，《送揚州王司馬》“爲報吾兄道，如今已白頭”，皆即況矣。

		作詩之年	作者年歲之各種假設			
1	“參年三十未及一命”（感舊賦序）		二九	二八	二六	三〇
2	“三十始一命”（初授官題高冠草堂）	七四四	三〇	二九	二七	三一
3	“丈夫三十未富貴，安能終日守筆硯”（銀山磧西館）		三五	三四	三二	三六
4	“可知年四十猶自未封侯”（北庭作）	七五四—七五六	四〇—四二	三九—四一	三七—三九	四一—四三
5	“四十年未老”（行軍詩二首）	七五七	四三	四二	四〇	四四
6	“年紀蹉跎四十强自憐頭白始爲郎”（秋夕讀書幽興呈兵部李侍郎）	七六二	四八	四七	四五	四九

否認（1）之“三十”爲實數，則（2）（3）之“三十”，（4）（5）之“四十”，皆爲虛數，未始不可，唯（6）曰“四十强”，而其時實已四十九歲，則在疑似之間。若（5）之“四十”爲實數，則（3）之“三十”爲虛數可也，（6）之稱四十五爲“四十强”亦可，然（1）（2）（4）三例則皆相去甚遠。若定（6）之“四十强”爲四十七歲，則（3）（4）（5）皆爲虛數可也，（2）稱二十九歲曰“三十”，尚可，（1）稱二十八歲爲“三十”則斷不可。若認（2）之“三十”爲實數，則（3）（5）并爲虛數可也，（4）之“四十”或虛或實，亦無問題，（1）稱二十九爲“三十”，（6）之“四十强”爲四十八歲，皆不甚悖於理。綜觀以上各例，除（3）（4）兩詩不可確定爲何年所作，無從假定，其餘四例中，惟（2）爲較無滯礙，故余即准此定《初授官題高冠草堂》詩所云“三十始一命”者爲實指三十；其時爲天寶三載（七四四），則登第之年可證也。天寶三載年三十歲，則當

生於開元三年（七一五）。此雖別無確證，然優於其他各例則無疑也。[①]

既知公父爲仙州刺史至早在開元三年，而公之生亦在此年，則公即生於仙州官廨，爲極可能之事矣。

開元四年丙辰（七一六）二歲。

開元五年丁巳（七一七）三歲。

開元六年戊午（七一八）四歲。

開元七年己未（七一九）五歲。

始讀書。

《感舊賦》序："五歲讀書。"

開元八年庚申（七二〇）六歲。

公父轉晋州刺史，約當此年，公亦以此年侍父至晋州。

有唐官制，一歲爲一考，四考有替則爲滿，若無替，則五歲而罷，此其常例也。景龍以還，雖官紀大紊，然玄宗即位，大格奸濫，竊疑刺史改轉，是時已復遵常軌。[②]故植轉晋州，或經四考，或經五考，其時要不外開元七、八兩年。唯岑氏自羲得罪後，朝中遽失依馮，以常理推之，植守此劣州，[③]必歷久始得上遷。[④]今姑依五考之例，定植轉晋州之時爲開元八年。此固想當然耳，然亦有一事可資參證。本集《題平陽郡汾橋邊柳樹》詩原注曰："參曾居此郡八九年。"平陽郡即

① 原注：賴《譜》定公生於開元六年（七一八）乃本表第五例，其誤甚顯。《初授官題高冠草堂》詩當作於天寶三載，賴《譜》在六載，相差三年，此不可不辨。案杜《序》："天寶三載，進士高第，解褐右内率府兵曹參軍。"《蘇氏演義》曰："進士者，可以進受爵禄者也。"登第後即解褐授官，乃當時常式，故登第之年即解褐之年。賴君既知登第在天寶三載，乃謂六載始授官，豈別有據耶？又案唐制貢舉人正月就禮部試，二月放榜，四月送吏部，則公初授官當在天寶三載四月。《初授官題高冠草堂》詩曰："澗水吞樵路，山花醉藥欄。"物候頗合。是非特授官之年可考，抑其月亦有徵矣。

② 原注：《唐會要》六八載景龍二年，御史中丞盧懷慎上疏曰："臣竊見比來州牧上佐等，多者一二年，少者三五月，遂即改遷，不論課最，争取冒進。……臣請望諸州都督刺史上佐等，在位未經四考以上，不許遷除。"據《舊書》九八《懷慎傳》，疏上不納。

③ 原注：崔沔議有"户口稀疏"及"寧爲卑位，獨當廢省"等語。

④ 原注：仙州下州，刺史正四品下。晋州上州，刺史從二品。

晉州，天寶元年改名。公居晉八九年之久，而集中晉州詩僅見，是必童年侍父僑寓於此。《感舊賦》序曰“十五隱於嵩陽”，明十五以前未嘗居嵩陽也。十五以前不居嵩陽者，其時父方刺晉，公亦在晉州耳。十五歲之前一年爲開元十六年。由開元十六年上數九年爲開元八年，公之居晉蓋自是年始。既知公始至晉在開元八年，則父之來守是州，必經五考，而其年則亦爲開元八年矣。（若依四考計之，則轉晉在開元七年，而公之居晉宜爲十年，與《題柳樹》詩注不合。）

開元九年辛酉（七二一）七歲。

開元十年壬戌（七二二）八歲。

開元十一年癸亥（七二三）九歲。

始屬文。

《感舊賦》序：“九歲屬文。”

開元十二年甲子（七二四）十歲。

開元十三年乙丑（七二五）十一歲。

開元十四年丙寅（七二六）十二歲。

開元十五年丁卯（七二七）十三歲。

開元十六年戊辰（七二八）十四歲。

開元十七年己巳（七二九）十五歲。

移居河南府登封縣（太室別業）。

是時，公父已逝世。家貧，從兄受書，能自砥礪，遍覽經史。

《感舊賦》序曰：“十五隱於嵩陽。”案河南府嵩陽縣，武后時已改名登封（即今河南登封縣）。此序稱嵩陽，（賦亦曰“有嵩陽之一邱”，）則用舊名也。[①]《初至虢西官舍南池呈左右省及南宫故人》詩曰：“他日能相訪，嵩南舊草堂。”嵩南猶嵩陽耳。又案嵩高之名，舊有二説。《史記·封禪書》：“自殽以東，名山五。……曰太室——太室，嵩高也。”此狹義之嵩山。《藝文類聚》七引戴延之《西征記》：“嵩高，山岩中也，東謂太室，西謂少室，相去七十里；嵩高，總名也。”此廣義之嵩山。縣名嵩陽，蓋取狹義，專指太室。公有《峨眉東脚臨江

① 原注：更名登封後，唐人詩文中每沿用嵩陽舊名，即如公《滻水東店送唐子歸嵩陽》詩，即其一例也。

聽猿懷二室舊廬》詩，既曰二室，是公於太室、少室，皆嘗居之矣。其居少室，有《自潘陵尖還少室居止秋夕憑眺》詩可證。少室之居，既別有徵，則諸言嵩陽、嵩南者，非太室而何？李白《送楊山人歸嵩山》詩曰："我有萬古宅，嵩陽玉女峰。"據《登封縣志》，太室二十四峰有玉女峰。玉女爲太室峰名而曰嵩陽，可證唐人稱嵩陽皆謂太室之陽矣。

《新表》於植歷官，稱"仙、晋二州刺史"，是植官終於晋州刺史。植捐館之年，載籍不詳，難以確指。據杜《序》稱公"早歲孤貧"，則植之卒，即不在晋州任内，亦不出爾後數年中，總之，公移居嵩陽時，父已早卒，則可斷言也。蓋植歿後，妻子仍留寓晋州，必至本年，始徙嵩陽，故公於《題汾橋邊柳樹》詩注云"居平陽郡八九年"耳。

《感舊賦》曰："無負郭之數畝，有嵩陽之一邱。"而居嵩陽時年方十五，則與杜《序》所云"早歲孤貧"者正合。賦又曰："志學集其荼蓼，弱冠干於王侯，荷仁兄之教導，方勵己以增修。"杜《序》於"早歲孤貧"下亦曰"能自砥礪，遍覽經史"。蓋父卒，故從兄受業，而自十五至二十，則正其勤苦向學之時也。

開元十八年庚午（七三〇）十六歲。

移居潁陽（少室別業）當在本年以後。

《自潘陵尖還少室居止秋夕憑眺》詩曰："草堂近少室，夜静聞風松。"知公又嘗居少室也。集中又屢言歸潁陽，（《醉題匡城周少府廳壁》曰："潁陽秋草今黄盡，醉卧君家猶未還"，《偃師東與韓樽同詣景雲暉上人即事》曰："山陰老僧解《楞伽》，潁陽歸客遠相過"，《郊行寄杜位》曰："秋風引歸夢，昨夜到汝潁。"）潁陽即"少室居止"所在，其證有三。戴延之《西征記》稱太室、少室相去七十里。潁陽縣故治即今河南自由縣潁陽鎮，在登封縣西南七十里。登封縣在太室山下，其距潁陽道里乃與太室距少室道里符合，則公潁陽所居亦即少室居止矣。其證一。《還少室居止憑眺》詩又曰："火點伊陽村，烟深嵩角鐘。"按輿圖，少室距登封（嵩陽）與其距伊陽道里略相等，故自此憑眺，東望嵩角，則暮烟深處，時聞遠鐘，南瞻伊陽，則數星村火，隱約可辨。按之地望，此與潁陽正合，則潁陽即少室也。其證二。韋莊《潁陽縣》詩曰："琴堂連少室，故事即仙踪。"此尤潁陽縣治在少室山下之明驗。然則潁陽亦即少室也。其證三。又案《元和郡縣志》五，“潁水有三源，右水出陽乾山、潁谷，中水導源少室通阜，左水出少室南溪，東合潁水。”公又有《南溪别業》詩，曰：“結宇依青嶂”，曰：“溪合水重流。”“青嶂”殆即少室山，“溪合水重流”即南溪合潁水也。①蓋以縣言則曰潁陽，以山言則曰少室，以水言則曰南溪，其實一耳。

知移居潁陽在本年以後者：《會要》七〇：“咸亨四年分河南伊闕、嵩陽等縣置武林縣，開元十五年九月二日改潁陽縣。”集中凡言家園，絶無稱武林者，其稱潁陽者，數見不鮮，故移家潁陽，合在改名以後。然自開元八年至十六年，爲居晋州之期，而十七年居登封（嵩陽），亦有詩賦可據，則是遷居潁陽，至早不得過開元十八年矣。

又案公生平所居之地見於詩者，又有“緱山草堂”“陸渾别業”及“王屋别業”，疑皆天寶中遷長安以前所居之地，②其遷徙年次，則并不詳。姑附識於此，以俟續考。

開元十九年辛未（七三一）十七歲。

開元二十年壬申（七三二）十八歲。

開元二十一年癸酉（七三三）十九歲。

開元二十二年甲戌（七三四）二十歲。

始至長安，獻書闕下。此後十年，屢往返於京洛間。

成室當在本年以後、天寶元年八月以前。

《感舊賦》序曰：“二十獻書闕下，”賦曰：“弱冠干於王侯，”又曰：“我從東山，獻書西周。”按《登科記》有上書拜官，及上書及第。《封氏聞見記》云：“常舉外，有進獻文章并上著述之輩，或付本司，或付中書考試，亦同制舉。”《雲麓漫鈔》亦云：“上書者中書試，同進士及第。”《權載之集》有元和元年吏部試上書人策問三道，是與制舉對策無异。公獻書後，蓋亦嘗對策而落第耳。

知本年初至長安者，賦曰：“我從東山，獻書西周，”東山用謝安事，猶上

① 原注：《南溪别業》詩，明至德濟南本《岑集》所無，《全詩》有，又見蔣洌詩中。據此，則作蔣洌者非也。

② 原注：天寶三載登第授官後，當居京師。考集中天寶三載以後，吟咏所及，如曰：“終南草堂”，曰“高冠草堂”，曰“杜陵别業”之類，咸在長安，故偶有涉及嵩、潁故園者，皆追懷之詩，是知自移家長安後，遂不復東歸也。

文云“隱於嵩陽也”。獻書以前，未嘗涉迹帝都，故得曰“隱”，曰“東山”。

《夜過盤石隔河望永樂寄閨中效齊梁體》詩有“春物知人意，桃花笑索居”之句，似其時去新婚未久。《會要》七〇：“天寶元年八月，易州永樂縣改爲滿城縣。”此詩稱永樂，則當作於天寶元年八月以前。永樂在京、洛道中，詩蓋即“出入二郡”途經永樂時所作也。[①] 然本年以前，公未嘗至長安，則是詩之作，至早不得過本年。既知詩當作於本年以後，天寶元年以前，則公授室之年，亦約略可知矣。

開元二十三年乙亥（七三五）二十一歲。

開元二十四年丙子（七三六）二十二歲。

開元二十五年丁丑（七三七）二十三歲。

開元二十六年戊寅（七三八）二十四歲。

開元二十七年己卯（七三九）二十五歲。

在長安。

王昌齡開元二十八年冬謫江寧丞，（説詳後）有《留別岑參兄弟》詩，曰：“長安故人宅，秣馬經前秋。”詩作於開元二十八年而曰“前秋”，則是二十七年秋也。此本年公在長安之證。

開元二十八年庚辰（七四〇）二十六歲。

在長安。是冬，王昌齡出爲江寧丞，公有詩送之。

《送王大昌齡赴江寧》詩曰：“澤國從一官，滄波幾千里，群公滿天闕，獨去過淮水。”詩有憫惜之意，似是昌齡初謫江寧時贈别之作。昌齡謫官之歲月，載籍不詳。《送許子擢第歸江寧拜親因寄王大昌齡》詩曰：“王兄尚謫宦，屢見秋雲生。”彼詩作於天寶元年，（詳後）曰“尚謫宦”，則初赴江寧必在天寶元年以前，又曰“屢見秋雲”，則又不衹前一年，是昌齡謫官亦不得在開元二十九年也。又考王士源《孟浩然集序》，開元二十八年，王昌齡游襄陽，浩然因歡宴疾發而卒。昌齡若二十七年謫官，似既謫官後，不得於二十八年忽離職守，遠赴襄陽，故謫官亦不得在二十八年以前。昌齡《留別岑參兄弟》詩曰：“江城建業樓，山盡滄

① 原注：又有《題永樂韋少府廳壁》詩，宜爲同時所作，詩曰：“故人是邑尉，過客駐征軒。”永樂爲公行役所經之地，此其確證。

海頭，副職守玆邑，東南棹孤舟。”明爲謫江寧將之官時所作。詩又曰：“便以風雪暮，還爲縱酒留。”而公《送昌齡赴江寧》詩亦曰：“北風吹微雪，抱被肯同宿。”明時在冬日。意者昌齡游襄陽在二十八年冬前，其謫江寧則二十八年冬耳。

開元二十九年辛已（七四一）二十七歲。

是年游河朔。春自長安至邯鄲，歷井陘，抵貝丘。暮春自貝丘抵冀州。八月由匡城經鐵丘，至滑州，遂歸潁陽。

《送郭乂雜言》詩曰：“去年四月初，我正在河朔。”集中又有河南北詩數首，是公嘗有河朔之游也。知此游在本年者，其證有三。（一）《冀州客舍酒酣貽王綺寄題南樓》詩曰：“携手到冀州。”冀州天寶元年改信都郡，至德二載復爲冀州。然公自至德二載歸自北庭，爾後在長安，在虢州，在蜀，游踪所届，歷歷可考，絶不見游河朔之迹，且河北諸郡，自禄山叛命，逮於藩鎮，變亂相仍，迄無寧歲，其地亦斷非游衍之所，故詩與題所稱冀州，必天寶元年未更郡名以前之冀州。（二）斯游雖不在天寶元年，要當去天寶元年不遠。《至大梁却寄匡城主人》詩爲此游途中所作，（詳後）詩曰：“一從棄魚釣，十載干明王，無由謁天階，却欲歸滄浪。”此即《感舊賦》所謂“我從東山，獻書西周，出入二郡，蹉跎十秋”也。獻書事在開元二十二年，自彼年下推十載，爲天寶二年。此游不得在天寶元年後，既如前述，則詩曰“十載”，乃舉成數言之。然數字虛用，充其量，八載而冒稱十載可耳，七載以下似不宜猶稱十載。故此詩至早當作於開元二十九年，亦即獻書後八年也。（三）且事實上，天寶元、二兩年皆不得有河朔之游。天寶元年有長安詩，既在長安，則必無又在河朔之理。據《送郭乂雜言》詩“地上青草出，經冬今始歸”之句，知首年出游，次年“青草出”時，即二月間，始歸長安。出游若在天寶二年，則歸長安應在三載二月。然公三載登第，其年正月正就試禮部之時，安得二月始歸長安哉？天寶元、二年既皆不得有此游，則《寄匡城主人》詩所云“十載”，實纔八載，益無疑矣。

至斯游經行之地，案之輿圖，參以各詩所紀時物，其先後次第，似亦可尋，姑以意定之如此。説詳下方各詩本條中：

《邯鄲客舍歌》詩曰：“客從長安來”，知此游乃自長安首途。

《題井陘雙溪李道士所居》，井陘縣屬恒州，即今河北井陘縣。依路綫當自邯鄲至此，再至貝丘。

《冀州客舍酒酣貽王綺寄題南樓》詩曰："客舍梨花繁，深花隱鳴鳩。"與《送郭乂雜言》"去年四月初，我正在河朔"之語頗合。詩又曰："憶昨始相值，值君客貝丘，相看復乘興，携手到冀州。"則是與王綺同自貝丘來冀也。貝丘在今山東清平縣西四十里。

《醉題匡城周少府廳壁》，匡城縣在今河北長垣縣南十里。詩曰"潁陽秋草今黄盡，醉卧君家猶未還"，知是南旋途中所作，時在秋日也。

《至大梁却寄匡城主人》，大梁即滑州，隋時名東郡，唐復曰滑州，天寶元年改名靈昌郡。詩曰"仲秋至東郡"，又曰"仲秋蕭條景"，又曰"平明辭鐵丘，薄暮游大梁"，蓋自匡城至鐵丘，又至大梁，時則八月也。鐵丘在滑州衛南縣東南十里，今河北濮陽縣北。詩又曰"故人南燕吏"，是匡城主人即前詩之周少府也。

《郊行寄杜位》詩曰："秋風引歸夢，昨夜到汝潁。"又曰："所思何由見，東北徒引領。"似亦此次自河北歸潁陽道中作。杜位時在河朔，故曰東北引領。

《偃師東與韓樽同詣景雲暉上人即事》詩曰"潁陽歸客遠相過"，疑亦同時所作。

天寶元年壬午（七四二）二十八歲。

在長安。

《送郭乂雜言》詩有"初行莫早發，且宿灞橋頭"及"到家速覓長安使，待女書封我自開"等句，知作於長安。開元二十九年在河朔，詩曰"去年四月初，我正在河朔"，又曰"地上青草出，經冬今始歸"，則詩當作於天寶元年春。又本年正月甲寅田同秀上言，見玄元皇帝於丹鳳門之空中，告以所藏靈符在尹喜故宅，上遣使於故函谷關尹喜臺旁求得之；壬辰，群臣上表請於尊號加天寶字，從之。公《送許子擢第歸江寧拜親因寄王大昌齡》詩曰："玄元告靈符，丹洞獲其銘，皇帝受玉册，群臣羅天庭，喜氣薄太陽，祥光徹窅冥，奔走朝萬國，崩騰集百靈。"則亦作於天寶元年。《送許》詩又曰："六月槐花飛，忽思蒓菜羹，跨馬出國門，丹陽返柴荆。"集中又有詩題曰："宿關西客舍，寄東山嚴、許二山人，時天寶初七月初三日，在内學見有高道舉徵。"足證是年六七月，公猶在長安也。

天寶二年癸未（七四三）二十九歲。

在長安。歲晚作《感舊賦》。

《感舊賦》曰："我從東山，獻書西周，出入二郡，蹉跎十秋。"若定賦作於本年，則自開元二十二年獻書至本年，恰爲十年。然本年二十九歲，而賦序曰"參年三十，未及一命"，何哉？若從序"年三十"之語，定此賦作於明年，則自獻書至天寶三載爲十一年，又與"蹉跎十秋"之語不合。此序與賦一篇之内，自相牴牾也。明年《初授官題高冠草堂》詩曰"三十始一命"，而賦序曰"參年三十，未及一命"。同爲年三十，忽曰"始一命"，忽曰"未及一命"，此詩與賦又互相牴牾也。竊意詩言"三十"當爲實數，賦曰"十秋"亦然，賦序言"三十"則爲虚數，故賦當作於天寶二年，二十九歲時。或疑唐制新進士四月送吏部，授官即在送吏部後。然則歲初作賦，曰"未及一命"，至四月授官後，乃曰"始一命"，亦無不可，故賦與詩不妨同爲天寶三載所作。應曰，此不可能也。賦曰："嗟此路之其阻，恐歲月之不留，眷城闕以懷歸，將欲返雲林之舊游。"將謂賦作於正月乎？則正月乃就試禮闈之時，焉有既已就試，猶云欲返舊游之理？將謂賦作於二三月乎？則既已放榜登第矣，更無返舊游之必要。且賦中"雪凍穿屨，塵緇敝裘"之語，已明示作於冬日。既知作賦時未登第，此而冬日必非天寶三載冬，則其爲天寶二年冬，可不待煩言而解矣。賦又曰："强學以待，知音不無，思達人之惠顧，庶有望於亨衢。"蓋二年冬，因將赴舉而爲此賦，意欲使達人惠顧，或見激揚耳。唐世舉人，積習如此。公之此賦，倘亦賢者不免歟。

天寶三載甲申（七四四）三十歲。

在長安。是年舉進士，以第二人及第，解褐授右内率府兵曹參軍。

杜《序》："天寶三載，進士高第，解褐右内率府兵曹參軍。"《唐才子傳》三："岑參……天寶三年趙岳榜第二人及第。"案是年禮部侍郎達奚珣知貢舉，見《唐語林》。

天寶四載乙酉（七四五）三十一歲。

在長安。

《通鑒》：天寶四載三月，以刑部尚書裴敦復充嶺南五府經略等使，五月，敦復坐逗不之官，貶淄川太守。公有《送裴校書從大夫淄川覲省》詩，裴大夫當即敦復，校書，敦復之子也。詩曰："尚書東出守，愛子向青州。"疑敦復赴淄川後其子旋往省侍，故詩又有"倚處戟門秋"之句。此詩乃本年秋作於長安，可證其時公在長安也。

天寶五載丙戌（七四六）三十二歲。

天寶六載丁亥（七四七）三十三歲。

天寶七載戊子（七四八）三十四歲。

在長安。是年顔真卿使赴河隴，公有詩送之。

殷亮《顔魯公行狀》(《全文》五四一)："(天寶)七載，又充河西隴右軍試覆屯交兵使。"留元剛《顔魯公年譜》同。[①] 公有《胡笳歌送顔真卿使赴河隴》詩。

天寶八載己丑（七四九）三十五歲。

安西四鎮節度使高仙芝入朝，表公爲右威衛録事參軍，充節度使幕掌書記，遂赴安西。

公有《武威送劉單判官赴安西行營便呈高開府》詩，可證公嘗佐高仙芝幕。然始入高幕之年，載籍不詳。考仙芝天寶六載十二月代夫蒙靈詧爲安西四鎮節使，[②] 十載入爲右金吾大將軍。此四年中，七載公在長安，則七載尚未受辟也，八載九載，於詩無徵，在長安與否不可知。至十載，始有《武威送劉單便呈高開府》詩，(此詩當作於十載，説詳後)知其年已至邊地。然十載在邊，未必即十載始至邊地也。竊意仙芝居節鎮之四年中，嘗兩度入朝，一在八載，一在十載，[③] 其辟

① 原注：據《行狀》，六載使河東朔方，七載使河西隴右。《舊書》一二八《顔真卿傳》載使河朔事，在使河隴前，而不書何年，(《太平廣記》三二引《仙傳拾遺》與本傳同)蓋亦以六載使河朔，七載使河隴。《舊書》一一四《魯炅傳》云："天寶六年——顔真卿爲監察御史，使至隴口。"誤也。

② 原注：仙芝代靈詧，據《舊書》一〇四《仙芝傳》及《通鑑》，在天寶六載。《舊書》一二八《段秀實傳》作七載，誤。又《仙芝傳》作六月，沈炳震云當從《封常清傳》作十二月。按《通鑑》亦作十二月。

③ 原注：第二次入朝，《舊書》本傳作九載，《通鑑》作十載。案唐鎮將多因元旦入朝。仙芝蓋於九載十二月平石國後發安西，歲晏抵長安，其朝見玄宗則在十載元旦。故二書雖所紀互异而實無牴牾。

公爲幕僚，似在八載入朝之頃。《送劉單》詩作於武威，詩曰："都護新出師，五月發軍裝。"又有《臨洮客舍留别祁四》詩，曰："無事向邊外，至今仍不歸，三年絶鄉信，六月未春衣。"武威、臨洮地近也，五月、六月時近也，故别祁詩亦當作於十載。十載作此詩而曰"三年絶鄉信"，則初去家時，宜爲天寶八載。此與高仙芝節制安西後初次入朝之年，適合符節。然則定公受辟在八載仙芝入朝之時，不爲無據矣。

杜《序》於"解褐右内率府兵曹參軍"下曰"轉右威衛録事參軍"。右威衛録事參軍疑爲高仙芝辟公時所爲表請之官。其在安西幕中所守職事，據《銀山磧西館》詩"丈夫三十未富貴，安能終日守筆硯"之語，[①] 則似爲掌書記。唐時文士初入戎幕，每充掌書記，如高適之佐哥舒翰是也。公之於高仙芝，殆其類歟?

天寶九載庚寅（七五〇）三十六歲。

在安西。

天寶十載辛卯（七五一）三十七歲。

正月，高仙芝入朝，三月，除武威太守河西節度使，代安思順。於是仙芝幕僚群趨武威，公亦同至。適思順密諷群胡堅請留己，奏聞，制遂復留思順於河西，以仙芝爲右羽林大將軍。四月，諸胡潛引大食，欲共攻四鎮，仙芝聞之，急赴邊，將蕃漢三萬衆擊大食。遂以五月出師，至怛羅斯，與大食遇。仙芝所將蕃兵葛羅禄部衆叛，與大食夾攻唐軍，仙芝大敗。仙芝出征時，留公等在武威。及仙芝兵敗還朝，公亦迤邐東歸，以六月次臨洮，約於初秋至長安。

仙芝以天寶十載正月加開府儀同三司。又據《新書・方鎮表》，天寶十載王正見代高仙芝爲安西四鎮節度使，十一載正見死，封常清代之，常清居此職，至十四載始還平盧，是十載以後，仙芝不復在安西也。《武威送劉單》詩稱"高開府"，又曰"安西行營"，則作於天寶十載無疑。公作《送劉單》詩之年爲天寶十

① 原注：銀山磧在西州西南三百四十里，又四十里至焉耆界，有吕光館，詩題當即指此，在安西時所作也。本年三十五歲，而詩言三十者，計舉成數言之。

載，而作詩之地，乃在武威。此頗可注意。本年仙芝除河西，實未嘗赴鎮，[①]何以其幕僚[②]在武威？（河西節度使治武威郡）集中又有武威詩四首，似并爲同時所作。

1.《武威送劉判官赴磧西行軍》，按《會要》七八，“開元十二年以後，或稱磧西節度，或稱四鎮節度”。高仙芝是時爲安西四鎮節度使，故知此劉判官爲仙芝僚佐。詩曰“都護行營太白西”，“都護”即《送劉單》詩“都護新出師”之都護，謂仙芝也，“行營”與《送劉單》詩題之“安西行營”亦同。又此詩曰“火山五月行人少”，與《送劉單》詩“孟夏邊候遲，胡國草木長，都護新出師，五月發軍裝”所言時序亦合。此劉判官雖不必即劉單，然二詩皆作於天寶十載四五月間，則可斷言也。

2.《武威暮春聞宇文判官使還已到晋昌》，據前二詩，此公等四五月間在武威，此日暮春，則三月已來矣。

3.《河西春暮憶秦中》詩曰“凉州三月半”，凉州即武威郡。此與前篇同時所作。

4.《登凉州尹臺寺》詩曰：“胡地三月半，梨花今始開。”時序與前詩吻合，知爲同時所作。凉州，天寶元年改武威郡，此用舊名，亦猶前詩曰“凉州三月半”，《武威暮春聞宇文判官使還已到晋昌》詩曰“聞已到瓜州”也。（瓜州即晋昌郡，亦天寶元年改名。）

綜觀各詩，知仙芝僚屬之至武威者，公與劉單外，又有宇文判官，其赴磧西之劉判官，似别爲一人，疑即劉眺。[③]總之，仙芝僚佐之在武威者頗多，而其時則在天寶十載之三月至五月間。仙芝征大食，據《通鑒》在四月，而幕僚則三月已

① 原注：《新書·方鎮表》，天寶十載，仙芝入朝，還河西，未行，改右羽林大將軍。

② 原注：《舊書·高仙芝傳》：“天寶六載九月，仙芝討小勃律國還，令劉單草告捷書。”知劉單爲仙芝幕僚。

③ 原注：《唐會要》七八：“神策軍，天寶十三載七月十七日，隴右節度使哥舒翰以前年（案猶言去歲）收黄河、九曲，請分其地置洮陽郡，内置軍焉。”《舊書》一一〇《王思禮傳》：“十二載哥舒翰收黄河、九曲。”又翰兼河西節度，實因收九曲之功，故知兼河西之年，即知收九曲之年。《舊書》一〇四《翰傳》，十二載加河西節度使，《新書·方鎮表》一二，天寶十二載哥舒翰兼河西。此并與《通鑒》合。《舊·玄宗紀》，收九曲在十三載三月，其誤無疑。

到武威，此必諸人聞仙芝除河西之命，即趨赴武威，其後雖安思順復來，仙芝不果就鎮，然諸人既已來武威即暫留其地，直至仙芝征大食還，始同歸長安也。

仙芝擊大食事見《通鑒》,《舊書・玄宗紀》及《仙芝傳》皆不載。《通典》一九三引杜環《經行記》云："怛羅斯，石國大鎮，即天寶十載高仙芝兵敗之地。"《通典》又云："族子環，隨鎮西節度使高仙芝西征，天寶十載至西海，寶應初因賈商船自廣州而回，著《經行記》。"是則杜環亦仙芝幕僚而兵敗流落西域者。

《通鑒》載征大食事在四月，而公《送劉單》詩曰："孟夏邊候遲，胡國草木長，都護新出師，五月發軍裝。"蓋仙芝四月辭長安，五月整師西征耳。

知公東歸以六月次臨洮者,《臨洮客舍留别祁四》詩曰"六月未春衣",《臨洮龍興寺玄上人院同咏青木香叢》詩曰"六月花新吐"可證。六月至臨洮，初秋應抵長安。是秋，杜甫有《九日寄岑參》詩。

天寶十一載壬辰（七五二）三十八歲。

在長安。是秋，與杜甫、高適、儲光羲、薛據同登慈恩寺塔，賦詩。

薛播天寶十一載擢進士第，見《五百家韓注》。公有《送薛播擢第歸河東》詩，知本年在長安。

公有《與高適薛據登慈恩寺浮圖》詩，杜甫、儲光羲并有同諸公登慈恩寺塔詩，知斯游杜、儲亦與。今惟薛作不存，餘四家詩中所紀時序并同,（公詩曰"秋色從西來"，杜曰"少昊行清秋"，高曰"秋風昨夜至"，儲曰"登之清秋時"。）尤爲五人同游之證。杜詩梁氏編在天寶十三載，誠近臆斷，而仇氏但云"應在禄山陷京師以前，十載獻賦之後"，亦未能確定何年。今案登塔事，十載、十二載、十三載皆不可能，各有反證，分述如下：

1. 天寶十載《舊・玄宗紀》十載："是秋霖雨積旬，墻多壞，西京尤甚。"是年杜甫作《秋述》曰："秋，杜子卧病長安旅次，多雨生魚，青苔及榻。"多雨既非登塔之時，而杜甫卧病，尤無參與斯游之理，是登塔不得在天寶十載秋也。

2. 天寶十二載《通鑒》天寶十二載五月，哥舒翰擊吐蕃，拔洪濟、大漠門等城，悉收黄河九曲。《舊・玄宗紀》，天寶十二載九月，哥舒翰進封西平郡王。案高適有《同吕判官從哥舒大夫破洪濟城回登積石軍多福寺七級浮圖》《同李員外賀哥舒大夫破九曲之作》兩詩，又有《九曲詞三首》，句云“御史臺中异姓王”。是則天寶十二載五月至九月，適在河西，不得與於長安慈恩寺塔之游也。

3. 天寶十三載《舊·玄宗紀》，十三載八月以久雨，左相陳希烈罷知政事，又云“是秋霖雨積六十餘日”，蓋即杜甫《秋雨嘆》（盧氏編在十三載）所謂“秋來未曾見白日，泥污后土何時乾”者。十三載秋亦積雨若是之久，則登塔亦爲根本不可能。且據杜《年譜》，是秋因京師霖雨乏食，生計艱窘，携家往奉先，則縱有斯游，杜不得與。又十三載四月，岑公已赴北庭，（説詳後）則岑亦不得與於斯游也。

十載、十二載、十三載，諸公既不得同時在京，再參以仇氏杜詩當作於十載獻賦後之説，則登塔賦詩事，必在十一载无疑。《送薛播》詩已明示岑公是年在長安，高適十二載四月尚有《李雲南征蠻》詩，[1] 可證此前仍在長安，杜甫據《年譜》是年亦未他去，儲光羲是時宜官監察御史，蓋并薛據咸在京師也。

天寶十二載癸巳（七五三）三十九歲。

在長安。是春顔真卿出爲平原郡太守，公有詩贈行。

《送顔平原》詩序曰：“十二年春，有詔補尚書十數公爲郡守，上親賦詩，觴群公，宴於蓬萊前殿，仍錫以繒帛，寵餞加等。参美顔公是行，爲寵别章句。”留元剛《顔魯公年譜》：“天寶十二載，楊國忠以前事銜之，謬稱請擇，出公爲平原太守。”又曰：“按十三載有《東方朔畫贊碑陰記》，云去歲拜此郡，則以是年出守明矣。”

又案《太一石鱉崖口潭舊廬招王學士》詩曰：“偶逐干禄徒，十年皆小官。”自天寶三載解褐至本年爲十年。太一即終南山，在長安城南。此亦本年公在長安之證。

天寶十三載甲午（七五四）四十歲。

是年，安西四鎮節度使封常清入朝，三月，權北庭都護伊西節度瀚海軍使，表公爲大理評事，攝監察御史，充安西北庭節度判

① 原注：《李雲南征蠻詩序》曰：“十二載四月至於長安……適忝斯人之舊，因賦是詩。”

官，遂赴北庭。五月，常清出師西征，公在後方。六月，常清受降回軍。是冬，常清破播仙，師還，公獻《凱歌》六章。

《舊書》一〇四《封常清傳》："十三載入朝，攝御史大夫。俄而北庭都護程千里入爲右金吾大將軍，仍令常清權知北庭都護，持節充伊西節度等使。"《舊·玄宗紀》："十三載三月，封常清權北庭都護伊西節度使。"① 案伊西有瀚海軍。諸書於常清職銜多略瀚海軍使，今據《會要》七八補正。舊傳稱"伊西節度等使"者，蓋即包瀚海軍使在内耳。

知公本年始應封常清之辟赴北庭者，其證如次：

1. 十一二載皆有長安詩，十三載以後數年間無之，知十三載已離長安他去。然集中凡及封常清之詩，多曰北庭，而常清兼北庭始於十三載，其時公既不在長安，則是因常清之辟而赴北庭明矣。

2. 十三載以前，鎮北庭者爲程千里，公詩中無一語及程，知其至北庭不在程千里作鎮之時。繼千里者爲封常清，而瓜代之年在十三載。今及封之詩甚多，又多作於北庭，則知公至北庭必自十三載常清初兼北庭始。②

3. 十三載以前，安西與北庭分治。若十三載以前已事常清，則當在安西幕中。然詩凡及常清者輒曰北庭，此可證常清未兼北庭時，公不在幕中，其入幕乃

① 原注：常清兼北庭，諸書云在十三載三月。獨《唐會要》七八云："天寶十二載二月，始以安西四鎮節度封常清兼伊西北庭瀚海軍使。"兩二字必皆三字之譌。《舊書》一八七下《忠義程千里傳》："天寶十三載三月乙丑（《安禄山事迹》上作二十四日）獻俘於勤政樓……以功授右金吾衛大將軍同正，仍留佐羽林軍。"按千里罷北庭，乃留佐羽林，所遺北庭之職，封常清繼之，是千里留佐羽林之日，即常清兼北庭之日也。千里既以十三載三月授金吾，佐羽林，則常清之兼北庭不得在十二載二月明矣。又《新書·方鎮表》，天寶十三載，安西四鎮復兼北庭節度，即指常清言。此亦常清兼北庭在十三載之證。

② 原注：《送劉郎將歸河東》詩原注曰："參曾北庭事趙中丞。"《送郭司馬赴伊吾郡請示李明府》詩原注曰："郭子與趙節度同好。"集中又有《趙將軍歌》，似即一人。《方鎮表》，北庭節度無姓趙者。《舊·高仙芝傳》，討小勃律時，"使疏勒守捉使趙崇玭三千騎趣吐蕃連雲堡自北谷入，使撥换守捉使賈崇瓘自赤佛堂路入"。（《通鑑》乾元元年九月以右羽林大將軍趙玭〔《方鎮表》作泚〕爲同蒲虢三州節度使。疑趙崇玭當作趙玭，崇字舊傳誤涉下賈崇瓘而衍。）趙本安西將領，或天寶十四載封常清被召入朝後，代爲北庭節度者。然此乃十四載後事，不得爲十三載前公已至北庭之藉口。

自十三載兼北庭時始也。

4. 再以公平生經歷推之，至北庭當在四十以後。集中有北庭作詩曰："可知年四十，猶自未封侯。"

天寶十三載公四十歲，則其赴北庭，至晚當在天寶十三載。

知此次所授官職爲"大理評事，攝監察御史，充安西節度判官"者，其證如下。《優鉢羅花歌序》曰："天寶景申歲（案即丙申，天寶十五載），參忝大理評事，攝監察御史，領伊西北庭支度副使。"杜《序》曰："又遷大理評事，兼監察御史充安西節度判官。"案《新書·百官志》，節度使幕屬，有副大使知節度事行軍司馬，副使，判官，支使，掌書記巡官，衙推各一人。其兼支度營田討詔經略使者，則又有副使、判官各一人。副使位在判官上，則充判官宜在初應辟時，度支副使乃後此升遷之職也。

又案十三載以後，安西節度復兼北庭。則公是時所守之職銜，當稱"安西北庭節度判官"，不當但如杜《序》所云"安西節度判官"也。[1]

知五月常清出師西征，六月受降回軍者，《北庭西郊候封大夫受降回軍獻上》，及《登北庭北樓呈幕中諸公》二詩可證。常清十三載入朝，加御史大夫，三

① 原注：據《赴北庭度隴思家》，及《登北庭北樓呈幕中諸公》二詩，知是時節度使治所在北庭，不在安西。（北庭大都護府治庭州，安西大都護府治龜茲。）故必欲省稱，與其省"北庭"，不如省"安西"。揣杜確之意，實爲封常清幕判官。是時安西本兼北庭，稱封曰安西節度，即知其爲安西兼北庭節度也。然直稱封常清判官則可，謂爲安西節度判官則未確。

月兼北庭，據詩，回軍北庭西郊，又稱“封大夫”，[①]是至早作於十三載，且必在三月以後。又案是年首秋，公已自北庭至輪臺，（北庭治庭州，輪臺在庭州西三百二十里）爾後居輪臺時多，今二詩并作於北庭，則當在秋前也。《候受降回師》詩曰“大夫討匈奴，前月西出師”，《登北庭北樓》詩曰“六月秋風來”，又曰“上將新破胡”，明是役五月出征，六月回師，前與初抵北庭之時，後與去之輪臺之時，皆相銜接矣。又知西征時公在後方者，則候師回於北庭西郊，詩題固已明言之矣。

知七月至輪臺者，《首秋輪臺》詩可證也。詩曰：“輪臺萬里地，無事歷三年。”考公此次在邊，自十三載夏，至至德二載夏，適爲三周年。此詩題曰首秋，而至德二載六月已歸至鳳翔，則必作於至德元載之秋。其時在輪臺已歷三年，則本年應已自北庭至輪臺。

常清破播仙事，史傳失載，今從公《輪臺歌奉送封大夫出師西征》，及《獻封大夫破播仙凱歌六章》諸詩考得之。《輪臺歌》曰：“劍河風急雪片闊，沙口石凍馬蹄脱。”《凱歌》曰：“蒲海曉霜凝馬尾，葱山夜雪撲旌竿。”知與前者五月

① 原注：封常清天寶六載加朝散大夫，賴《譜》因以諸稱封大夫詩係於天寶六載後數年，此大謬也。偶拈四證，以實吾説。（一）《漢書・百官公卿表》：“御史大夫……掌副（《北堂書鈔》五三引有貳字）丞相。”《書鈔》五三引《漢官儀》：“高皇帝置御史大夫，位次丞相。”故後世稱御史大夫爲副相，或曰亞相。公《奉陪封大夫九日登高》詩曰“霜威逐亞相”，《輪臺歌奉送封大夫出師西征》曰“亞相勤王甘苦辛”。二詩題并稱大夫而詩曰亞相，則是御史大夫無疑。（高適《賀哥舒大夫破九曲之作》曰“遥傳副丞相，昨日破西蕃”，此則唐人御史大夫稱副相之例。）（二）《舊書・職官志》：“天寶邊將故事加節度使之號，連制數郡，奉辭之日，賜雙節雙旌。”公《北庭西郊候封大夫受降回軍獻上》詩曰：“驛馬從西來，雙節夾路馳。”明爲節度使之制。常清爲節度使後乃加御史大夫，其加朝散大夫，在爲節度使前六載。題中大夫二字果指朝散，則詩復言節度使之事可乎？（三）《舊書・常清傳》：“天寶六載……（高）仙芝代夫蒙靈詧爲安西四鎮節度使，更奏常清爲慶王府録事參軍，充節度判官，賜紫魚袋，加朝散大夫，專知四鎮倉庫屯田甲仗支度營田事。仙芝每出征，常令常清知留後事。”此明言常清爲朝散大夫時，不得有出征事。今一則曰“封大夫出師西征”，再則曰“封大夫受降回軍”，此大夫得謂爲朝散耶？（四）據《舊書・職官志》，朝散大夫，文散官，御史大夫，文職事官。唐世士大夫未聞以散官相呼者，故稱大夫，斷無指朝散之理。此唐人文字中凡稱大夫者皆然，又不特岑公此數詩而已也。

西征非一事。明年十一月，常清被召還京，則破播仙必在本年冬。

天寶十四載乙未（七五五）四十一歲。

在輪臺，間至北庭。十一月禄山反，主帥封常清被召還京。

《北庭貽宗學士道别》詩曰："忽來輪臺下，相見披心胸，飲酒對春草，彈琴聞夜鐘。"去年春公尚在長安，此言春與宗相見於輪臺，至遲當爲本年春。詩又曰"今且還龜兹"，曰"君有賢主將"。龜兹爲安西節度使治所，賢主將應指封常清。然本年十一月，常清已入京，則明年春不得仍在安西。此曰還龜兹，有賢主將，斷爲本年春所作。此本年春公在輪臺之證。然詩曰見宗於輪臺，而題曰北庭，何哉？詩又有"四月猶自寒"之句，蓋春晤宗於輪臺，旋同至北庭，四月宗又自北庭歸龜兹，公因作此詩以道别耳。此則本年公嘗至北庭之證。

肅宗至德元載丙申（七五六）四十二歲。

在輪臺，領伊西北庭支度副使。歲晚東歸，次晋昌、酒泉。

領支度副使，[①] 見《優鉢羅花歌序》。《首秋輪臺》詩曰："輪臺萬里地，無事歷三年，"則七月猶在輪臺。至其東歸之時，以《玉門關蓋將軍歌》等詩推之，當在本年十二月。《通鑒》：至德二載正月，"河西兵馬使蓋庭倫，與武威九姓商胡安門物等殺節度周佖"。案《元和郡縣志》，玉門關在瓜州晋昌縣東二十步，屬

① 原注：户部郎官稱度支，各道節度使屬僚之判官當稱支度，二名各不相混，説詳錢大昕《十駕齋養新録》十。《岑集·優鉢羅花歌序》稱"度支副使"，必傳寫誤倒，今校正。

河西節度管内。此蓋將軍在玉門關，當即河西兵馬使蓋庭倫也。[1] 公本年始領伊西北庭支度副使，詩曰“我來塞外按邊儲”，是至早當作於本年。詩又曰：“暖屋綉簾紅地爐，臘日射殺千年狐。”明年六月已歸鳳翔，則詩必本年臘日所作。詩既作於本年，而蓋庭倫本年適在河西，則蓋將軍爲庭倫益無疑矣。本年臘日忽在晋昌，必東歸途次於此。知臘日歸次晋昌，則知《過酒泉憶杜陵别業》詩曰“醉裏愁消日，歸期尚隔年”，《玉門寄長安李主簿》詩曰“况復明朝是歲除”，（此玉門乃玉門縣，《元和郡縣志》：玉門縣屬肅州酒泉郡，東至州二百二十里）與《蓋將軍歌》皆同月所作而略後，蓋臘日次晋昌，除夕次酒泉也。

至德二載丁酉（七五七）四十三歲。

二月，肅宗幸鳳翔，公亦旋至。六月十二日，杜甫等五人薦公可備諫職，詔即以公爲右補闕。十月，扈從肅宗還長安。

去歲除夕途次酒泉，計本年正月已到家。惟自去年六月長安失陷，其家人或留長安，或避地他徙，概不可知。肅宗二月幸鳳翔，杜甫薦狀署六月十二日，是公至鳳翔，當在二月後六月前。《行軍詩二首》《鳳翔府行軍送程使君赴成州》《宿岐州北郭嚴給事别業》《行軍九日思長安故園》諸詩，皆作於鳳翔，然皆在拜補闕以後，則初來鳳翔，又似去拜官前未久也。

杜甫薦狀，見存《杜集》中。其餘連署者，爲左拾遺裴薦，右拾遺孟昌浩、魏齊聃，左補闕韋少游等四人。狀前於公結銜稱“宣議郎試大理評事、攝監察御

---

① 原注：明正德濟南刊本《岑集》於《蓋將軍歌》下注曰：“即蓋嘉運。”影響之説，謬孰甚焉。考蓋嘉運二史皆不立傳。《新書·方鎮表》，自開元二十三年至二十八年，蓋嘉運爲安西四鎮節度使。又考之《通鑒》：

開元二十四年北庭都護蓋嘉運破突騎施；

開元二十六年命磧西節度使蓋嘉運招集突騎施拔汗那以西諸國；

開元二十七年磧西節度蓋嘉運擒突騎施可汗吐火仙；

開元二十八年蓋嘉運入朝獻捷，改河西隴右節度使；

開元二十九年蓋嘉運禦吐蕃無功。

所紀至此戛然而止。蓋開元二十九年以後，嘉運或因兵敗免官，或内調，或陣亡，要不復爲邊疆鎮將可知也。又檢《通典》“瀚海軍開元中蓋嘉運增築”，《會要》“開元中安西都護蓋嘉運撰《西域記》”，諸書凡及嘉運者，亦無不曰開元，此亦天寶改元後，嘉運不在西陲之驗。天寶以後蓋嘉運既不在西陲，而天寶以前公又未嘗涉足塞外，則與公相遇於玉門關之蓋將軍，必非嘉運矣。

史，賜緋魚袋”。狀中有“臣等竊見，岑參識度清遠，議論雅正，佳名早上，時輩所仰”等語。杜《序》云“入爲右補闕”，與公《西掖省即事》諸詩及杜甫《奉答岑參補闕見贈》詩“君隨丞相後”之句并合。十月，肅宗還長安，公既爲朝臣，理當扈從還京。

乾元元年戊戌（七五八）四十四歲。

在長安。時杜甫、王維、賈至等并爲兩省僚友，倡和甚盛。

《和賈至早朝大明宫》《寄左省杜拾遺》《送許拾遺歸江寧拜親》（杜甫同賦）并本年春夏所作。

乾元二年己亥（七五九）四十五歲。

在長安。三月轉起居舍人。四月署虢州長史，五月之官。是秋，杜甫自秦州寄詩問訊。

《佐郡思舊游》詩序曰：“己亥歲春三月，參自補闕轉起居舍人，夏四月署虢州長史。”[①] 杜《序》曰：“入爲右補闕，頻上封章，指述權佞，改起居郎，尋出虢州長史。”案《六典》九，起居郎屬門下省，起居舍人與右補闕并屬中書省。公自右補闕當轉起居舍人，同爲中書省（亦稱右省）官也。杜稱起居郎者誤。

知五月始到官所者，《出關經華岳寺訪法華雲公》詩曰“謫宦忽東走，王程苦相仍”，又曰“五月山雨熱”，則是五月始出關之任也。

杜甫有《寄彭州高三十五使君適虢州岑二十七長史參三十韻》詩，乾元二年秋作於秦州。

上元元年庚子（七六〇）四十六歲。

在虢州。

上元二年辛丑（七六一）四十七歲。

在虢州。

《虢州送鄭興宗弟歸扶風別廬》詩曰“佐郡已三載”。自乾元二年至本年爲三年，故知本年猶在虢州。

---

① 原注：《太平御覽》九五七：“乾元中虢州刺史王奇光奏閿鄉縣界女媧墳，天寶十三載大雨晦暝，失所在，今河上側近忽聞雷風聲，曉見墳踴出……”二史《五行志》并載此事在乾元二年六月，則公爲長史時，虢州刺史乃王奇光也。

代宗寶應元年壬寅（七六二）四十八歲。

改太子中允，至遲在本年春。旋兼殿中侍御史，充關西節度判官。十月，天下兵馬元帥雍王適（即德宗）會師陝州，討史朝義，以公爲掌書記。入爲祠部員外郎，疑在本年冬。

杜《序》：“又改太子中允，兼殿中侍御史，充關西節度判官。聖上潛龍藩邸，[1]總戎陝服，參佐僚吏，皆一時之選，由是委公以書奏之任。“案杜甫有《送魏十八倉曹還京因寄岑郎中參范郎中季明》詩曰：“帝鄉愁緒外，春色泪痕邊。”公去年春在虢州，明年春應已改考功員外郎，此詩稱中允，又稱春色，則改中允至遲在本年春。又杜詩稱中允而不稱侍御或判官，則兼侍御充判官當在改中允後。杜《序》并爲一事，恐未確。

《新書·方鎮表一》：上元二年，華州置鎮國節度，亦曰關東節度。廣德元年，鎮國節度使李懷讓自殺，罷鎮國節度，置同、華節度使。案鎮國節度治華州，乃潼關之西，宜稱關西節度，表作關東，疑爲字訛。公有《潼關鎮國軍句復使院早春寄王同州》《潼關使院懷王七季友》二詩，蓋即爲關西節度判官時所作。《寄王同州》詩曰“昨從關東來”，謂自虢州來也。關西節度去年始置，而《寄王同州》詩題曰早春，則初入使幕在本年早春，蓋改中允後，旋即兼侍御爲關西判官也。《懷王季友》詩曰“滿目徒春華”，則亦本年春所作。

《新書·百官志》，天下兵馬元帥幕屬有掌書記一人，杜《序》所謂委以書奏之任，蓋即此官。

杜《序》又云：“入爲祠部考功二員外郎。”石刻《郎官石柱題名》；祠部員外郎有岑參。案拜祠部員外郎，不知在何時，姑以意定爲本年十月雍王收東京、河陽、汴、鄭、滑、相、魏等州後。《秋夕讀書幽興獻兵部李侍郎》詩曰：“年紀蹉跎四十强，自憐頭白始爲郎。”本年四十八歲，詩蓋即作於此時。

廣德元年癸卯（七六三）四十九歲。

在長安。改考功員外郎，疑在本年。

本年正月劉晏同中書門下平章事，明年正月罷。公有《劉相公中書江山畫

① 原注：杜確卒於貞元時。序曰“聖上”，應指德宗。《全唐詩》岑參小傳以爲代宗，謬甚。

障》詩，此本年在京師之證一也。《舊書·代宗紀》：廣德元年十月，[①]以京兆尹兼吏部侍郎嚴武爲黄門侍郎。公有《暮秋會嚴京兆後廳竹齋》詩曰："能將吏部鏡，照取寸心知。"則此嚴京兆即武也。去年六月以劉晏爲京兆尹，本年正月晏同中書門下平章事，武代爲京兆尹。武以本年正月爲京兆尹，十月遷黄門，則公詩題曰"暮秋會嚴京兆後廳竹齋"者，正謂本年暮秋。此本年公在京師之證二也。

改考功員外郎年月無考。明年當以轉虞部中，則改考功或在本年。

廣德二年甲辰（七六四）五十歲。

在長安。轉虞部郎中。

《舊書》一一〇《李光弼傳》："代宗還京二年正月……以光進爲太子太保，兼御史大夫、諒國公、渭北節度使。"公有《奉送李太保兼御史大夫充渭北節度史》詩，原注："即太尉光弼弟。"《通鑒》：廣德二年正月，劍門，東、西川以黄門侍郎嚴武爲節度使。公有《送嚴黄門拜御史大夫再鎮蜀川兼覲省》詩。本年正月二十五日，第五琦奏諸道置常平倉，使司量置本錢和糴，許之。（見《舊書·代宗紀》,《新書·食貨志》及《會要》八八）公有《送許員外江外置常平倉》詩。此可證本年正月公在長安。《新書·代宗紀》《通鑒》并云本年三月甲子盛王琦薨，公有《盛王挽歌》。[②]《通鑒》，廣德二年三月，太子賓客劉晏爲河南、江淮以來轉運使，疏浚汴水，公有《送張秘書充劉相公通汴河判官便赴江外覲省》詩。[③]此可證本年三月公在長安。《舊·代宗紀》，廣德二年十月，河南尹蘇震薨，公有《故河南尹岐國公贈工部尚書蘇公挽歌二首》。此可證本年十月公在京師。

杜《序》於"入爲祠部考功二員外郎"後云"轉虞部庫部二正郎"。案轉虞部郎中不知在何年月，今據《送祁四再赴江南别》詩，定爲本年。祁四即畫家祁

---

① 原注：《唐天詔令集》作五月，誤。
② 原注：諸本咸誤作成王。成王乃代宗居藩邸時封號。
③ 原注：本年正月，劉晏已罷知政事，此曰劉相公者，蓋襲稱舊銜以尊之。唐人詩文，不乏此例。

岳。[1]于邵《送家令祁丞序》，稱善畫能詩，别家令丞即祁岳。序曰："去年八月，閩、越納貢，而吾子實董斯役，水陸萬里，寒暄浹年。三江五湖，夐然復游。遠與爲别，故人何情？虞部郎中岑公贈詩一篇，情言兼至，當時之絶也。"案岑公所贈詩當即《再送祁四赴江南别》詩，"三江五湖，夐然復游"，即"再赴江南也。"《舊書》一八八《于邵傳》："轉巴州刺史，夷獠圍州掠衆，邵與賊約，出城受降而圍解，節度使李抱玉以聞，超遷梓州，以疾不至，遷兵部郎中。"《舊書》一八三《李抱玉》傳："廣德元年冬，兼山南西節度使。"則其表奏于邵受降解圍，及邵辭梓州，遷兵部事，至早當在本年。本年于邵始至京師，序稱公爲虞部郎中，則本年公已轉此官矣。

永泰元年乙巳（七六五）五十一歲。

在長安。轉庫部郎中疑在本年。十一月，出爲嘉州刺史，因蜀中亂，行至梁州而還。

獨孤及有《同岑郎中屯田韋員外花樹歌》，公原唱《韋員外家花樹歌》今在集中。[2]《新書》一六二《獨孤及傳》："天寶末以道舉高第，補華陰尉，辟江淮都統李垣府掌書記。[3]代宗以左拾遺召，既至，上疏陳政。"《通鑒》載上疏事在永泰元年三月。李嘉祐《送獨孤拾遺先輩先赴上都》詩曰："行春日已曉，桂楫逐寒烟。"又曰："入京當獻賦，封事又聞天。"據此，及入京在春日，則是永泰元年春，甫至京師，即上疏也。既知獨孤及本年春始至長安，而明年春，公又已入蜀，則《花樹歌》之作斷在本年春矣。公又有《送盧郎中除杭州赴任》詩。案李華《杭州刺史廳壁記》，"詔以兵部郎中范陽盧公幼平爲，麾幢戾止，未逾三月，

---

① 原注：杜甫《奉先劉少府新畫山水障歌》曰："豈但祁岳與鄭虔，筆迹遠過楊契丹。"朱景玄《名畫録》："空有其名，不見踪迹二十五人。"有祁岳，在李國垣下。公有《送祁樂歸河東》詩曰："有時忽乘興，畫出江上峰。"岳作樂，或傳寫之僞。詩又云："天子召不見，揮鞭遂從戎。"而集又有《臨洮客舍留别祁四》詩，故知祁岳行四也。

② 原注：盧綸有《同耿湋司空曙二拾遺題韋員外東齋花樹》詩，乃五言近體，似非同賦。

③ 原注：獨孤及有《癸卯歲赴南豐道中聞京師失守寄權士繇韓幼深》詩。癸卯爲廣德元年，時及方赴南豐，知廣德元年以後，及不在京師，蓋至永泰元年始被召入朝耳。

降者遷忠義，歸者喜生育”，末云“永泰元年七月二十五日記”。[①]公詩之盧郎中當即幼平。詩曰：“千家窺驛舫，五馬飲春湖，柳色供詩用，鶯聲送酒須。”此所紀幼平出京時物候，明爲暮春。李記作於七月，而曰“麾幢戾止，未逾三月”，是幼平至杭州時爲四月。三月出京，四月到杭，詩與記紀時正合，則亦作於永泰元年矣。二詩皆本年春在長安作，此本年春公在長安之證。《舊書・代宗紀》：永泰元年四月，太保致仕苗晋卿薨。公有《苗侍中挽歌二首》。此本年四月公在長安之證。《通鑒》：永泰元年五月，以右僕射郭英乂爲劍南節度使，公有《送郭僕射節制劍南》詩。此本年五月，公在長安之證。轉庫部郎中歲月無徵。去年《再送祁四赴江南別》詩有云“山驛秋雲冷”，據于邵序，公作是詩時尚爲虞部。則轉庫部，當在去年秋後，本年十一月出刺嘉州以前。今姑繫於本年。

知本年十一月出刺嘉州者，《酬成少尹駱谷行見呈》諸詩可證。《酬成》詩曰：“憶昨蓬萊宫，新授刺史符……何幸承命日，得與夫子俱。携手出華省，連驪赴長途，五馬當路嘶，按節投蜀都。”知公與成同日受命，且同行入蜀也。獨孤及《送成少尹赴蜀序》曰：“歲次乙巳，定襄郡王英乂出鎮庸蜀，謀亞尹。僉曰：‘左司郎中成公可。温良而文，貞固能幹，力足以參大略，弼成務。’既條奏，詔曰：‘俞往。’公朝受命而夕撰日。卜十一月癸巳出車吉。”[②]據此則公實以本年十一月被命，即以同月之官，故其《酬成》詩又曰：“飛雪縮馬毛，烈風擘我膚。”而《赴嘉州過城固縣尋永安超禪師房》詩亦曰“滿樹枇杷冬着花”，“漢王城北雪初霽”耳。（城固縣屬梁州。）

大曆元年丙午（七六六）五十二歲。

歲初在長安。二月，杜鴻漸爲山南西道劍南東西川副元帥，劍

---

① 原注：《新書・宰相世系表》三，大房盧氏，暄子澐，杭州刺史，弟幼平，太子賓客。據李華所記，則表於二人歷官互誤。《吴興志》云：寶應三年，幼平自杭州刺史授湖州刺史。《統紀》作永泰元年。按寶應無三年，《統紀》是也。（見勞格《讀書雜識》七，《杭州刺史考》。）

② 原注：石刻《郎官石柱題名》，左司郎中有成賁。《文苑英華》五三四有成賁《對夷攻蠻假道判》。此成少尹即賁也。公又有《與鮮于庶子自梓州成都（此下疑奪成字）少尹自褒城同行至利州道中作》《漢川山行呈成少尹》二詩，《和刑部成員外秋夜寓直寄臺省知己》詩之成員外，疑亦即此人。

南西川節度使，平蜀亂，表公職方郎中，兼殿中侍御史，列置幕府，同入蜀。自春徂夏，留滯梁州，四月至益昌，六月入劍門，七月抵成都。

史稱鴻漸二月受命，八月始至蜀境。杜《序》："副元帥相國杜公鴻漸，表公職方郎中，兼侍御史，列爲幕府。"據郎士元《和杜相公益昌路作》詩"春半梁山正落花，台衡受律向天涯"句，及錢起《賦得青城山歌送楊杜二郎中赴蜀軍》詩"緑蘿春月營門近"句，知鴻漸等二月實已就道。公有《奉和杜相公初發京城作》詩曰："叨陪幕中客，敢和《出車》詩？"似公與鴻漸同行。二月與鴻漸同發京師，故知公本年歲初在長安。

《舊書》一二二《張獻誠傳》："三遷檢校工部尚書，兼梁州刺史。"又《代宗紀》：永泰元年正月，"山南西道節度使張獻誠加檢校工部尚書"。公有《過梁州奉贈張尚書大夫公》詩，即張獻誠也。詩曰"行春雨仍隨"，曰"春景透高戟"。獻誠去年正月始加工部尚書，而去年春公未離長安，若明年春則已至成都，故此詩必本年春日入蜀過梁州時作。又有《梁州陪趙行軍龍岡寺北庭（庭字疑誤）泛舟》詩曰："唱歌江鳥没，吹笛岸花香。"亦是春景，此并《龍岡寺泛舟》詩，疑皆本年所作。他若《梁州對雨懷麴二秀才便呈麴大判官時病贈余新詩》首曰"當暑涼幽齋"，則時已入夏。《早發五盤嶺》詩曰："松疏露孤驛，花密藏迴灘，棧道溪雨滑，畬田原草乾。"景物與前《梁州對雨》詩仿佛，蓋自梁州南行道中作也。詩又曰："此行爲知己，不覺蜀道難。"知己即謂杜鴻漸，[1]此亦公與鴻漸同行入蜀之證。又有《與鮮于庶子自梓州成都少尹自褒城同行至利州道中作》詩，曰："前日登七盤，曠然見三巴。"又曰："水種新插秧，山田正燒畬，夜猿嘯山雨，曙鳥鳴江花。"五盤嶺一名七盤，此曰"前日登七盤"，即前詩發五盤嶺也。至二詩所叙景物，尤無一不合。此行目的地爲利州，利州即益昌，杜鴻漸嘗駐節於此，（《奉和杜相公發益昌》詩可證）是亦與鴻漸同入蜀之一證。《和杜發益昌》詩曰："朝登劍閣雲隨馬，夜渡巴江雨洗兵，山花萬朵迎征蓋，川柳千條拂去旌。"仍似初夏物候，故定四月至益昌。至《入劍門作寄杜楊二郎中時二公并爲杜元帥判官》

① 原注:《陪狄員外早秋登府西樓因呈院中諸公》詩曰:"知己猶未報，鬢毛颯已霜。"亦謂鴻漸。

詩曰“凛凛三伏寒”，則六月始入劍門也。

知七月抵成都者，《陪狄員外早秋登府西樓因呈院中諸公》詩可證。詩曰：“常愛張儀樓，西山正相當。”知題中府字謂成都府也。杜鴻漸本年至成都，明年四月入朝。詩曰：“亞相自登壇，[①]時危安此方，聲威震蠻貊，惠化鍾華陽，旌節羅廣庭，戈鋋凛秋霜，階下貔虎士，幕中鵷鷺行。”明鴻漸尚在成都，則此早秋謂本年七月也。史稱八月鴻漸至蜀境，失之誣矣。

大曆二年丁未（七六七）五十三歲。

四月，杜鴻漸入朝奏事，以崔寧知西川留後。六月，鴻漸至京師，薦寧才堪寄任，上乃留鴻漸復知政事，使職遂罷。是月，公始赴嘉州刺吏任。

《早春陪崔中丞同泛浣花溪宴》詩[②]之崔中丞當即崔寧。公去年秋始至成都，明年在嘉州，此曰早春，宜爲本年之早春。《江上春嘆》詩曰“憶得故園時”，此江當指蜀江，詩曰“從人覓顔色”，乃居幕府時語氣，非任郡守時也。故知此言春日亦本年春。《送崔員外入奏因訪故園》詩有巴山、漢水等語，明在蜀中，又曰“仙郎去得意，亞相正承恩”，知崔乃爲杜鴻漸入奏，詩當作於本年四月鴻漸未還朝以前。此上三詩皆本年春作於成都，可證本年春猶未赴嘉州也。《送趙侍御歸上都》詩曰：“霜隨驅夏暑，風逐振江濤。”江濤應指蜀江。此亦成都詩，作於本年夏者也。《過王判官西津所居》詩曰“潛移岷山石，暗引巴江流”，明在蜀中。詩又曰“落日出公堂”。節度使幕有判官，出公堂，出使院也。此亦當爲成都詩，其曰“竹深夏已秋”者，則夏令向盡而秋未遽至，時在六月也。[③]以上二詩地在成都，而時當夏月，可證本年夏猶未赴嘉州也。

---

① 原注：鴻漸本已爲宰相，而此曰亞相者，專指其御史大夫之職而言。登壇則謂副元帥也。

② 原注：此首亦見《全唐詩》張謂集内。據見存關於張謂之記載，無入蜀事，而浣花溪在成都，則此詩不得爲張謂作矣。且崔寧加御史中丞，宜在大曆改元後，然大曆三年張謂方自禮部侍郎出刺潭州，（《唐詩紀事》引《長沙風土記》云“巨唐八葉，元聖六載，謂待罪江東”，正爲大曆三年。）是寧爲御史中丞時，謂在京師，在潭州，二人安得有同泛浣花溪之事？據此，詩非謂所作益無疑矣。

③ 原注：詩意謂竹中清凉，雖當夏日，儼有秋意，非謂已入秋序也。

然《赴犍爲經龍閣道》曰："汗流出鳥道，膽碎窺龍渦，驟雨暗溪口，歸雲網松蘿。"《江上阻風雨》曰："雲低岸花掩，水漲灘草没。"《初至犍爲作》曰："草生公府静，花落訟庭閑，雲雨連三峽，風塵到百蠻。"皆似夏日景物，而《登嘉州凌雲寺作》曰"夏日寒颼颼"，則既抵嘉州，仍在夏日。（前三詩皆言雲雨，《凌雲寺》詩亦曰"迴風吹虎穴，片雨當龍湫，僧房雲濛濛"，故知四詩時日最相近。）前在成都時已是盛夏，今至犍爲仍云夏月，則發成都，抵犍爲，并在六月矣。蓋杜鴻漸本年六月，復知政事，罷使職，於是幕府解散，而公亦得離成都赴嘉州之任耳。

大曆三年戊申（七六八）五十四歲。

在嘉州。七月，罷官東歸，至戎州，阻群盜，淹泊瀘口。久之乃改計北行，遂却至成都。

《阻戎瀘間群盜》詩原注："戊申歲，余罷官東歸。"《東歸發犍爲至泥溪舟中作》詩曰："七月江水大，滄波滿秋空。"知罷官東歸在本年七月也。《阻戎瀘間群盜》詩注又曰："屬斷江路，時淹泊戎州。"詩曰："帝鄉北近日，瀘口南連蠻，何當遇長房，縮地到京關。"則是旅泊於瀘口。按《通鑒》大曆三年四月，崔寧入朝，以弟寬爲留後，瀘州刺史楊子琳帥精騎數千乘虚突入成都。寬與子琳戰，數不利。七月，崔寧妾任氏出家財數十萬募兵，得數千人，帥以擊子琳，破之。子琳走。公七月罷官歸家，不由成都出劍門北上，而取江路東行者，蓋因其時成都戰氛未息，或甫息而秩序尚未恢復耳。《通鑒》又稱楊子琳既敗，還瀘州，招聚亡命，得數千人，沿江東下，聲言入朝。[①] 子琳兵敗，退還瀘州，公此行若取道成都，則難免與潰卒相遇於途中。然洎公既至戎、瀘間，而群盗復起，[②] 江路亦斷，淹泊江干，既非長策，則不得不却回成都，仍取陸路北歸。明年又有成都詩，可證其回至成都矣。

然公旅泊巴南似爲時頗久。《青山峽口泊舟懷狄侍御》詩曰："往來巴山道，三見秋草凋。"自大曆元年初秋入蜀至本年秋爲三年，則詩當爲本年所作。詩又

① 原注：此《通鑒》大曆四年二月文，然實追叙前年初敗時事，至下擊王守仙，殺張忠云云，乃大曆四年事。
② 原注：群盗或即指楊子琳。

曰："九月蘆花新，彌令客心焦。"則本年九月猶在巴南也。又《楚（當爲秋字之訛）夕游泊古興》曰："秋風冷蕭瑟，蘆荻花紛紛。"《晚發五渡》曰："蘆花雜渚田。"《下外江懷終南舊居》曰："水宿已淹時，蘆花白如雪。"諸篇并言蘆花，與《青山峽口》詩同，當屬一時所作。意九月尚未回至成都也。

大曆四年己酉（七六九）五十五歲。

旅寓成都。《招北客文》疑作於本年。

《西蜀旅舍春嘆寄朝中故人呈狄評事》詩題曰"旅舍"，則非佐幕時，亦非守郡時，此當爲本年春作，杜《序》所云"無幾使罷，[1]寓居於蜀"者是也。然他篇（《阻戎瀘間群盜》）曰"罷官自南蜀"，指嘉州，此曰"西蜀旅舍"，則當指成都，故知本年春已至成都。詩曰"吾將稅歸鞅，舊國如咫尺"，則意欲取陸路北歸之明證。《送綿州李司馬秩滿歸京因呈李兵部》詩曰："久客厭江月，罷官思早歸，眼看春光老，羞見梨花飛。"似亦本年春作於成都。《客舍悲秋有懷兩省舊游呈幕中諸公》詩曰："三度爲郎已白頭，一從出守五經秋。"自永泰元年出守，至本年爲五年。題曰幕中諸公，則與前詩曰"西蜀旅舍"者正合。據此，則本年秋公仍在成都。

杜《序》："旅軫有日，犯軑俟時，吉往凶歸，嗚呼不祿。"唐李歸一《王屋山志》及《唐詩紀事》并云"中原多故，卒死於蜀"。然據《舊書・代宗紀》，本年十二月戊戌，左僕射翼國公裴冕薨，公有《故僕射裴公挽歌三首》，則本年十二月公猶健在也。

杜《序》："時西川節度因亂受職，本非朝旨。其部統之內，文武衣冠，附會阿諛，以求自結，皆曰中原多故，劍外少（疑當作小）康，可以庇躬，無暇向闕。公乃著《招蜀客歸》一篇，申明逆順之理，抑挫佞邪之計。有識者感嘆，奸謀者慚沮，播德澤於梁益，暢皇風於邛僰。"案《文苑英華》有岑參《招北客文》，即杜所云《招蜀客歸》也。《北夢瑣言》引"千歲老蛟"數句，亦作岑參。《文粹》三十三録《招北客文》作獨孤及撰，後人遂以爲岑作《招蜀客歸》別爲一文，今佚。其實非也。公《峨眉東脚臨江聽猿懷二室舊廬》詩曰："哀猿不可聽，

---

① 原注：此謂罷嘉州刺史。刺史亦稱使君。故曰使罷。

北客欲流涕。"《巴南舟中思陸渾別業》詩曰:"瀘水南州遠,巴山北客稀。"公詩屢用北客字,則文題當以招北客歸爲正,杜確誤憶,題爲《招蜀客歸》,後世因之,遂多异説。

姚鉉以爲獨孤及作,不知何據。今趙懷玉刊本《毘陵集》實無此篇,惟補遺有之,云録自《文粹》,則以此文爲獨孤及作,《文粹》而外,亦别無佐證也。文末曰"蜀之北兮可以往,北客歸去來兮",亦自述其將出劍門北歸長安之意,此與本年《西蜀旅舍春嘆》詩"吾將稅歸鞅,舊國如咫尺"之語正合。

大曆五年庚戌(七七〇)五十六歲。

正月,卒於成都旅舍。

公詩歲月可考者,止於去年十二月之《故僕射裴公挽歌》。賴譜據杜甫《追酬故高蜀州人日見寄》詩序云:"今海内忘形故人,獨漢中王瑀與昭州敬使君超先。"詩作於大曆五年正月二十一日,而稱海内忘形故人,不及岑公,必其時公已逝世。案此説甚是,杜詩作於本年正月二十一日,則公之卒,當在正月二十一日以前。[1]

① 原注:賴《譜》定公卒於大曆四年,此因不知《裴公挽歌》作於四年十二月而致誤。賴又假定杜《序》作於貞元十五年(七九九),云自彼年逆數至大曆四年爲三十年,與序中"歲月逾邁,殆三十年"之語,所差甚微。今案序是否作於貞元十五年,尚屬疑問。假設不誤,則貞元十五年上距大曆五年爲二十九年,與序中"殆三十年"之語,不更合符節乎?故賴君此證,施於大曆四年之説,轉不若施於大曆五年之説爲有力矣。

岑嘉州交游事輯[1]

王崟

《餞王崟判官赴襄陽道》(《題新鄉王釜廳壁》，釜疑崟之譌。)

《新書·宰相世系表》：烏丸王氏，左千牛將軍仁忠，子崟，懷州刺史。

李邕《贈安州都督王仁忠神道碑》：子崟等，不詳歷官。

《舊書·王播傳》：祖崟，不詳歷官。

《新書·王播傳》同。

獨孤及《海上懷華中舊游寄鄭縣劉少府造渭南王少府崟》詩原注："王任鄭縣日，於城角築小臺，號'凉風臺'每與數公置酒登臨，望二華雲月。"

杜甫有《送王信州崟北歸》詩。

《郎官石柱題名》，左司員外郎、户部員外郎、度支員外郎，王崟名各一見，吏部員外郎兩見。

王紞

《和祠部王員外雪後早朝即事》

《新書·宰相世系表》：河東王氏汾州司馬處廉子紞，太常少卿。

《舊書·代宗紀》：大曆十二年四月，太常少卿王紞等十餘人，皆坐元載貶官。

---

① 本文據《清華周刊》第39卷第8期編入本編。

《新書·元載傳》：與載厚善坐貶者，王紀等數十百人。（案紀當作紞。）

《郎官石柱題名》，祠部員外郎有王紞，在岑參名後。（趙鉞《題名考》曰疑是王紞。）又司勛郎中有王紞。

王維有《林園即事寄舍弟紞》詩。又有《送高適弟耽歸臨淮作》詩。（案耽疑當作紞。）

《述書賦》注王維、王縉後曰：“幼弟紞有兩兄之風，閨門之内，友愛之極。”

錢起有《和王員外雪晴早朝》詩。（案此當是與嘉州同和。《郎官石柱題名》，祠部員外郎錢起名與王紞亦相近。起詩有“題柱盛名兼絶唱”之句，即指“石柱題名”故事也。）

王伯倫

《送王伯倫應制授正字歸》

《舊書·肅宗紀》：至德二載閏八月，“賊將遽寇鳳翔，崔光遠行軍司馬王伯倫、判官李椿，率衆捍賊。賊退，乘勝至中渭橋，殺賊守橋衆千人，追擊入苑中。時賊大軍屯武功，聞之，燒營而去。伯倫與賊血戰而死，李椿力窮被執。然自是賊不敢西侵。”

李嘉祐有《送王正字山寺讀書》詩。（案此未審即伯倫否。）

王季友

《潼關使院懷王七季友》《送王七録事赴虢州》（？）

《五月四日送王少府歸華陰》（？）

《六月三十日水亭送華陰王少府還縣》（？）

《喜華陰王少府使到南池宴集》（？）

《送王録事却歸華陰》（？）

（略）

王昌齡

《送王大昌齡赴江寧》

《送許子擢第歸江寧拜親因寄王大昌齡》

（略）

元撝

《歲暮磧外寄元撝》

《元和姓纂》二十二，元觚十一代孫撝謙兼御史。

《新書・宰相世系表》：元氏，綿州長史平叔，子挹，弟撝，太常博士。

石刻《鄭虔華岳題名》有尉元撝（開元二十三年）。

《舊書・韋堅傳》：天寶二年四月，進銀青光禄大夫、左散騎常侍、陝郡太守、水陸轉運使、句當緣河及江淮南租庸轉運處置使，并如故，又以判官元撝、豆盧友除監察御史。

《舊書・李林甫傳》：子婿撝爲京兆府户曹。

《新書・李林甫傳》：天寶十二載，諸婿若張博濟、鄭平、杜位、元撝，屬子復道光，皆貶官。

元鏡微

《醴泉東溪送程皓元鏡微入蜀》

鄭淥《左武衛郎將元府君夫人鄭氏墓志銘》："適河南元鏡遠。"（案《志》云鄭氏卒於大曆四年，則鏡遠肅、代時人，疑鏡微是其弟兄。）

成賁

《酬成少尹駱谷行見呈》

《漢川山行呈成少尹》

《與鮮于庶子自梓州成都（此下疑脱成字）少尹自褒城同行至利州道中作》

《和刑部成員外秋夜寓直寄臺省知己》（？）

獨孤及《送成都成少尹赴蜀序》："歲次乙巳（按代宗永元年）定襄郡王英乂出鎮庸蜀，謀亞尹。僉曰：'左司郎中成公可。温良而文，貞固能幹，力足以參大略，弼成務。'既條奏，詔曰：'俞往。'公朝受命而夕撰日，卜十一月癸巳出車吉。"

《郎官石柱題名》，左司員外郎有成賁。

《文苑英華》（五三四）有成賁《對夷攻蠻假道判》。

錢起有《和萬年成少府寓直》詩。（按疑即賁。）

李翥

《送李翥游江外》

高適有《觀李九少府翥樹宓子賤神祠碑》詩，（案李蓋嘗爲單父尉。）又有《秦中送李九赴越》詩，（按公《送李翥游江外》詩曰"青門須暫醉"，與此題云"秦中"正合；公詩曰"惆悵秋草死"，與此詩"山陰秋夜船"句亦合，則此李九即翥也。二詩乃同賦。）又有《賀安禄山死表》云："謹遣攝判官李翥奉表陳賀以聞。"（按至德二載安慶緒殺禄山。適至德元載除淮南節度使，李時爲淮南判官也。）

李之芳

《奉送李賓客荆南迎親》

《新書·宗室世系表》：蔣王房，左武衛將軍蔡國公承祖，子太子賓客之芳。

《舊書·蔣王惲傳》："之芳幼有令譽，頗善五言詩，宗室推之。……廣德元年……遣之芳兼御史大夫，使吐蕃，被留境上，二年而歸。除禮部尚書，尋改太子賓客。"

杜甫有《秋日夔府咏懷奉寄鄭監李賓客一百韻》詩。（案杜詩及之芳者又有《同李太守登歷下古城員外新亭》、《暫如臨邑至䗬山湖亭奉懷李員外率爾成興》、《宴胡侍御書堂》（原注：李尚書之芳、鄭秘監審同集，得歸字韻。）、《書堂飲既夜復邀李尚書下馬月下賦絶句》、《暮春陪李尚書李中丞鄭監湖亭泛舟》、《夏夜李尚書筵送宇文石首赴縣聯句》、《多病執熱奉懷李尚書》、《哭李尚書》、《重題》等九首。

獨孤及有《送李賓客荆南迎親》詩，曰："宗室劉中壘，文場謝客兒，當爲天北斗，曾使海西陲。"乃與公詩同賦。

李光進

《奉送李太保兼御史大夫充渭北節度使》

《舊書》一一〇《李光弼傳》："代宗還京二年正月……以光進爲太子太保，兼御史大夫、凉國公、渭北節度使。"

《新書》一三六《李光弼傳》："光弼弟光進，字太應。初爲房琯裨將，將北軍戰陳濤斜，兵敗，奔行在，肅宗宥之。代宗即位，拜檢校太子太保，封凉國公。吐蕃入寇至便橋，郭子儀爲副元帥，光進及郭英乂佐之。自至德後，與李輔國并掌禁兵，委以心膂。光弼被譖，出爲渭北邠寧節度使。永泰初，封武威郡王，累遷太子太保，卒。"

李栖筠

《使院中新栽柏樹子呈李十五栖筠》

《敬酬李判官使院即事見呈》

《磧西頭送李判官入京》

《新書》一四六《李栖筠傳》："栖筠，字貞一。幼孤，有遠度，莊重寡言，體貌軒特。喜書，多所通曉。爲文章，徑迅有體要。不妄交游。族子華每稱有王佐才，士多慕向。始居汲共城山下，華固請舉進士，俄擢高第。調冠氏主簿，太守李峴視若布衣交。遷安西封常清節度判官。常清被召，表攝監察御史，爲行軍司馬。”

《通鑒》至德元載七月：“上徵兵於安西。行軍兵馬李栖筠發精兵七千人，勵以忠義而遣之。”

《金石萃編》九九《黄石公祠記》，布衣趙郡李卓撰，碑陰記云：“序所題趙郡李卓，即今臺長栖筠。”是卓乃栖筠之初名也。

杜位

《郊行寄杜位》

《過燕支寄杜位》

《新書·宰相世系表》：襄陽杜氏，河西隴右節度使希望子位，考功郎中、湖州刺史。

《舊書·李林甫傳》：子婿杜位爲右補闕。

《新書·李林甫傳》：天寶十二載，諸婿杜位等皆貶官。

《郎官石柱題名》，司勛員外郎有杜位。

《吴興志》：杜位，乾寧元年（按當從《統紀》作大曆四年）自江寧（案當作陵）少尹拜（湖州刺史），卒官。

杜甫有《杜位宅守歲》《寄杜位》《奉送蜀州柏二别駕將中丞命赴江陵起居衛尚書太夫人因示從弟行軍司馬位》《寄杜位》《乘雨入行軍六弟宅》五詩。

杜佐

《送杜佐下第歸陸渾别業》

杜甫有《佐還山後寄三首》及《示侄佐》二詩。

劉長卿有《送杜越江佐覲省往新安江》詩。

杜亞

《入劍門作寄杜楊二郎中時二公并爲杜元帥判官》

《新書・宰相世系表》：京兆杜氏，秀容令繹，子亞，字次公，檢校禮部尚書。

權德輿《杜公神道碑》："公諱亞，字次公。……初公文章合雅，議論經遠，見知於太尉房公琯，受辟於衛國杜公鴻漸。（據《碑》生於開元十三年，卒於貞元十四年，享年七十四。）

《舊書》一四六、《新書》一七二并有傳。

《郎官石柱題名》，户部員外郎、吏部員外郎、吏部中并有杜亞。

《舊書・崔寧傳》："（杜鴻漸）至成都，日與判官杜亞、楊炎將吏等高會縱觀，軍州政事悉委旰，仍連表聞薦。"

錢起有《賦得青城山歌送楊杜二郎中赴蜀軍》詩。

獨孤及有《送吏部杜郎中兵部楊郎中入蜀序》。

杜甫有《送從弟亞赴河西判官》詩。

杜華

《敬酬杜華淇上見贈兼呈熊曜》

《舊書・文苑・王澣傳》："（張）説既罷相，出澣爲汝州長史，改仙州别駕。至郡，日聚英豪，縱禽擊鼓，恣爲歡賞，文士祖咏、杜華常在座。"

《太平廣記》一四九引《定命録》："杜華嘗見陳留僧法晃云，開封縣令沈庠合改畿令，十五月作御史中丞，華信之。"

杜甫

《寄左省杜拾遺》

《奉和中書舍人賈至早朝大明宫》

《送許拾遺恩歸江寧拜親》

《與鄠縣源少府泛渼陂》

《與高適薛據登慈恩寺浮圖》

（按以上四詩并與杜甫同賦）。

（略）

杜鴻漸

《奉和杜甫相公初發京城作》

《奉和相公發益昌》

《入劍門作寄杜楊二郎中時二公并爲杜元帥判官》

《舊書》一〇八、《新書》一二六并有傳。

元載《故相國杜鴻漸神道碑》。

孟孺卿

《送孟孺卿落第歸濟陽》

包何有《賦得秤送孟孺卿》詩。

祁樂

《送祁樂歸河東》

《臨洮客舍留别祁四》

《祁四再赴江南别詩》

杜甫《奉先劉少府新畫山水障歌》："豈但祁岳與鄭虔，筆迹遠過楊契丹。"（按杜詩與《名畫録》并作岳，與岑詩异，未審孰是？）

朱景玄《唐朝名畫録》，空有其名、不見踪迹二十五人，祁岳在李國埴下。

于邵《送家令祁丞序》："祁丞公，表微造理之士也。嘗精其思而深於詩，警其神而存乎象。深於詩者，得之於《風》《雅》；存乎象者，受之於丹青。非奇峰絶壑則不能運其機，非緣情體物則不能動其興。機興之作，爲達者多之。去年八月，閩越納貢，而吾子實董斯役，水陸萬里，寒暄浹年。三江五湖，敻然復游。遠與爲别，故人何情？虞部郎中岑公贈詩一篇，情言兼至，當時之絶也。”（按岑公贈詩當即《祁四再赴江南别詩》。）

封常清

《走馬川行奉送出師西征》
《輪臺歌送封大夫出師西征》
《北庭西郊候封大夫受降回軍獻上》
《獻封大夫破播仙凱歌六章》
《使交河郡郡在火山脚其地苦熱無雨雪獻封大夫》
《奉陪封大夫宴得征字時公鴻臚卿》
《奉陪封大夫九日登高》
《陪封大夫宴瀚海亭納凉》
《舊書》一〇四、《新書》一三五并有傳。

苗晋卿

《苗侍中挽歌二首》
《舊書》一一五、《新書》一四〇并有傳。
錢起有《故相國苗公挽歌》。

柳建

《春興思南山舊廬招柳建正字》
《元和姓纂》七，河東解縣柳氏，止戈孫建，金部郎中。
《新書·宰相世系表》：柳氏，延州司馬初子建，金部郎中。
《郎官石柱題名》，金部郎中有柳建。

姚曠

《懷葉縣關操姚曠韓涉李叔齊》

獨孤及《宋州送姚曠之江東劉冉之河北序》："春，葉尉吴興姚曠至自洛陽。"

高適

《與高適薛據登慈恩寺浮圖》

（略）

（《舊書》一一一、《新書》一四三并有傳。）

高仙芝

《武威送劉單判官赴安西行營便呈高開府》

《舊書》一〇四、《新書》一三五并有傳。

范季明

《范公叢竹歌》

《原頭送范侍御》

《虢州西山亭子送范端公》

《虢州西亭陪（疑脱范字）端公宴集》

《元和姓纂》：職方郎中范季明，代居懷州，云自敦煌徙焉。

（按公《范公叢竹歌序》曰："職方郎中兼侍御史范公乃於陝西使院内種竹，詩以見示。"以《姓纂》證之，知即季明也。）杜甫有《泛舟送魏十八倉曹還京因寄岑中允參范郎中季明》詩。

錢起有《和范郎中宿直中書曉玩清池贈南省同僚兩垣遺補》詩。

殷寅

《崔倉曹席上送殷寅充石（當作元）相判官赴淮南》

《元和姓纂》四，殷氏，踐猷生寅，永寧尉。

《舊書》一〇二《韋述傳》："殷踐猷……子寅，有至性，早孤事母以孝聞，應宏詞舉，爲永寧尉。”

《新書》一九九《儒學·殷踐猷傳》：“少子寅，舉宏辭，爲太子校書。出爲永寧尉，吏侮謾甚，寅怒殺之，貶澄城丞。病且死，以母蕭老，不忍決。及斂，其子亮斷指剪髮置棺中，自誓事祖母如寅在。其後侍蕭疾，不脱衣者數年，有白燕巢其楣。”

《新書·王紹傳》：“父端，第進士有名。天寶間，與柳芳、陸據、殷寅友善。據言端之莊、芳之辯、寅之介，可以名世。”

李華《三賢論》：“殷寅（字）直深，達於名理。”

《文苑英華》：殷寅，天寶四載進士。

崔明允

《鞏北秋興寄崔明允》

《新書·宰相世系表》：博陵大房崔氏，刑部郎中誠孫明允，禮部員外郎。

《唐會要》七十六：天寶元年，文辭秀逸科崔明允及第。（按《緯略》作崔尤，誤。）

《册府元龜》：天寶元年十月，應文詞秀逸舉人崔明允等二十人，各依資授官。

《唐才子傳》二：“陶翰……開元十八年崔明允下（按當作榜）進士及第。”

石刻《大唐平陽郡龍角山慶唐觀大聖祖玄元皇帝宮金籙齋頌》，朝議郎左拾遺内供奉崔明允纂，天寶二年十月立，文有“嘗佐汾邑”之語。

崔寧

《早春陪崔中丞同泛浣花溪宴》

《舊書》一一七、《新書》一四四并有傳。

崔惠童

《崔駙馬山池重送宇文明府》

杜甫有《崔駙馬山亭宴集》詩，黄鶴曰：“玄宗女晋國公主下嫁崔惠童，咸宜公主下嫁崔嵩。此駙馬乃惠童，惠童京城東有山池。”

王維有《過崔駙馬山池》詩。

《太平廣記》四三八引《廣异記》：“開元中高都主婿崔惠童。”

郭英乂

《送郭僕射節制劍南》

《舊書》一一七有傳,《新書》一三三郭知運傳附。

元載《故定襄王郭英乂神道碑》。(《全文》三六九)

梁鍠

《題梁鍠城中高居》

《送梁判官歸女幾舊廬》(？)

李欣《别梁鍠》：“梁生倜儻心不羈，窮途氣蓋長安兒，回頭轉眄似雕鶚，有志飛鳴人豈知？雖云四十無禄位，曾與大軍掌書記，抗辭請刃誅部曲，作色論兵犯二帥，一言不合龍額侯，擊劍拂衣從此棄。朝朝飲酒黄公壚，脱帽露頂争叫呼。庭中犢鼻昔嘗挂，懷裏琅玕今在無？時人見子多落魄，共笑狂歌非遠圖。忽然遣躍紫騮馬，還是昂藏一丈夫。洛陽城頭曉霜白，層冰峨峨滿川澤，但聞行路吟新詩，不嘆舉家無擔石。……”

錢起有《秋夕與梁鍠文宴》詩。

《全唐詩話》二有梁鍠《咏木老人》詩注云：“明皇還西内，每咏此詩。”(《開天傳信記》《優古堂詩話》并作鍠詩。)

許思（一作恩）

《送許子擢第歸江寧拜親因寄王大昌齡》

《送許拾遺恩歸江寧拜親》

《送許員外江外置常平倉》

杜甫有詩題曰：“送許八拾遺歸江寧覲省。甫昔時嘗游此縣，於許生處乞瓦棺寺維摩圖樣志諸篇末。”又有《因許八奉寄江寧旻上人》詩。

劉長卿有《送許拾遺還京》詩。

盛王琦

《盛（各本誤成，今正）王挽歌》

《舊書》一〇七、《新書》八二各有傳。

張獻誠

《過梁州奉贈張尚書大夫公》

《舊書》一二二有傳，《新書》一三三《張守珪傳》附。

程皓

《醴泉東溪送程皓元鏡微入蜀》

《封氏聞見記》八：“大曆中，刑部郎中程皓家在相州，宅前有小池，有人造劍，於池内淬之，蛇魚皆死。”又卷九：“檢校刑部郎中程皓，性周慎，不談人短。”

錢起有《同王鍇起居程浩郎中韓翃舍人題安國寺上人院》詩。（按不知即程皓否？）

喬潭

《送魏升卿擢第歸東都因懷魏校書陸渾喬潭》

《唐摭言》："喬潭，天寶十三年及第，任陸渾尉，（案公詩曰"喬生作尉别來久"）時元魯山客死是邑，潭減俸禮葬之，復恤其孤。"

《新書》一九四《卓行·元德秀傳》：南游陸渾，喬潭等皆號門弟子。天寶十三載卒，潭時爲陸渾尉，庀其葬。

李華《三賢論》："梁國喬潭德源，昂昂有古風。"

楊炎

《入劍門作寄杜楊二郎中時二公并爲杜元帥判官》

《上嘉州青衣山中峰題惠净上人幽居寄兵部楊郎中》

《舊書》一一八、《新書》一四五并有傳。

楊轔

《郡齋南池招楊轔》

《寶刻叢編》引《集古録目》："《傅説廟碑》，侍御史内供奉楊轔撰，夏縣尉宗正卿（缺姓名）八分書。大曆四年立，在夏縣。"

賈至

《奉和中書舍人賈至早朝大明宫》

《舊書》一九〇《文苑》中、《新書》一一九兩《賈曾傳》各有附傳。

楚金

《登千福寺楚金禪師法華院多寶塔》

《全唐文》三七九岑勛《西京千福寺多寶塔感應頌》："禪師法號楚

金，姓程，廣平人也。”又曰：“天寶元載，創構材木，肇安相輪，禪師理會佛心，感通帝夢。七月十三日，敕内侍趙思侃求諸寶坊，驗以所夢。入寺見塔，禮問禪師，聖夢有孚，法名惟肖。其日賜錢五十萬、絹千匹，助建修也。……於是道俗景附，檀施山積，庀徒度財，功百其倍矣。至二載，敕中使楊順景宣旨，令禪師於花萼樓下迎“多寶塔”額。……至四載，塔事將就，表請慶齋，歸功帝力。”

石刻《唐國師千福（《金石萃編》誤作佛）寺多寶塔院故法華楚金禪師碑》：“三十構多寶於千福，四十入帝夢於九重，上睹法名，下見金字，詰朝使問，罔不有孚。聲沸江海，豈唯京轂？於是傾玉帛，引金繩，千梁攢空，一塔聳漢，回廊飛閣，無不創焉。”（按《碑》載楚金乾元二年七月示寂，年六十有二。）

仙舟

《臨洮泛舟趙仙舟自北庭罷使還京》

王維有《河上送趙仙舟》詩，一作“淇上别趙仙舟”，又作“淇上送祖三”。

裴冕

《左僕射相國冀公東齊幽居同黎拾遺賦獻》

《故僕射裴公挽歌三首》

《舊書》一一三、《新書》一四〇各有傳。

元載《冀國公贈太尉裴冕碑》。（《全文》三六九）

熊曜

《敬酬杜華淇上見贈兼呈熊曜》

《元和姓纂》一，開元臨清尉熊中躍（案當作曜）。

《封氏聞見記》九：“熊曜爲臨清尉，以幹蠱聞。”

《全唐文》三五一熊曜小傳云：“南昌人，開元中進士，爲貝州參軍。”

《全唐詩》二八有熊曜《送楊諫議赴河西節度判官兼呈韓王二侍御》一首。

蓋庭倫

《玉門關蓋將軍歌》

《通鑒·唐紀》：至德二載正月，“河西兵馬使蓋庭倫，與武威九姓商胡安門物等殺簡度使周佖，聚衆六萬。武威大城之中，小城有七。胡據其五，二城堅守。度支判官崔稱與中使劉日新以二城兵攻之，旬有七日平之。”

道超

《赴嘉州過城固縣尋永安超禪師房》

贊寧《高僧傳》“唐京師興善寺潛真傳”：有“金閣寺大德道超禪師，學盡法相，行契心本，蓋大曆間人也。”（按超禪師似即此人。）

劉晏

《劉相公中書江山畫障》

《尹相公京兆府中棠樹降甘露詩》

《送張秘書充劉相公通汴河判官便赴江外覲省》

《舊書》一二三、《新書》一四九各有傳。

郎士元有《題劉相公三湘圖》詩。（按似即江山畫障。）

錢起有《京兆尹廳前甘棠樹降甘露》詩。（按似與《尹相公京兆府中棠樹降甘露》同賦。廣德元年正月劉晏自京兆尹拜吏部尚書同中書門下平章事，故稱尹相公。）

劉單

《武威送劉單判官赴安西行營便呈高開府》

《武威送劉判官赴磧西行軍》（？）

《虢州卧疾喜劉判官相過水亭》（？）

《舊書》一〇四《高仙芝傳》：天寶六載九月，仙芝討小勃律還，令劉單草告捷書。節度使夫蒙靈督怒仙芝懸奏捷書，大辱駡之。又謂劉單曰："聞爾能作捷書？"單恐懼請罪。

《唐才子傳》二《邱爲傳》："天寶初劉單榜進士。"（案天寶二年。）

《郎官石柱題名》，司勛郎中有劉單。

《太平廣記》七九引《乾𦠆子》：閻濟美初舉劉單侍郎下雜文落。

《舊書》一一八《楊炎傳》：元載作相，嘗選朝士有文學才望者一人，厚遇之，將以代己。初引禮部郎中（案當從《新書》作侍郎）劉單，單卒，乃引楊炎。

《元和姓纂》：禮部侍郎劉單，岐山人。

杜甫《奉先劉少府新畫山水障歌》，《文苑英華》題云"新畫山水障歌，奉先尉劉單宅作"。按此疑别是一人。

黎昕

《左僕射相國冀公東齊幽居同黎拾遺賦獻》

《元和姓纂》三：中城黎氏，唐右拾遺黎昕。

李白《與韓荆州書》："中間崔宗之、房習祖、黎昕、許瑩之徒，或以才名見知，或以清白見賞。"

王維有《青龍寺三首與黎昕戲題》《黎拾遺昕裴秀才迪見過秋夜對雨之作》，及《臨高臺送黎拾遺等》三詩。

衛憑

《南樓送衛憑》

《寶刻叢編》引《集古録目》："《貞一先生廟碑》，左威衛録事參軍衛憑撰。"（按《金石録》云天寶六載七月立。）

衛伯玉

《九日使君席奉餞衛中丞赴長水》

《衛節度赤驃馬歌》

《送江陵泉少府赴任便呈衛荆州》

《舊書》一一五、《新書》一四〇各有傳。

盧幼平

《送盧郎中除杭州赴任》

《全唐詩》卷二九有盧幼平。

《新書·宰相世系表三》：大房盧氏，暄子澐，杭州刺史，弟幼平，太子賓客。（按以李華《記》證之，此表於二人歷官互誤。）

李華《杭州刺史廳壁記》："詔以兵部郎中范陽盧公幼平爲。麾幢戾止，未逾三月。降者還忠義，歸者喜生育。"末云："永泰元年七月二十五日記。"

《吴興志》：寶應三年（按寶應三年，當從《統紀》作永泰元年），盧幼平自杭州刺史授湖州刺史。

薛播

《送薛播擢第歸河東》

《舊書》一四六、《新書》一五九各有傳。按播天寶十一載登進士第，見《五百家韓注》。又據《舊傳》，貞元三年卒。

薛據

《與高適薛據登慈恩寺浮圖》

（略）

薛彦偉

《送薛彦偉擢第東歸》

《舊書》一四六《薛播傳》："初播伯父元曖終於隰城丞，其妻濟南林氏丹陽太守洋之妹，有母儀令德，博涉五經，善屬文，所爲篇章，時人多諷咏之。元曖卒後，其子彦輔、彦國、彦偉、彦雲，及播兄據、揔并早孤，幼悉爲林氏所訓導，以至成立，咸致文學之名。開元天寶中二十年間，彦、輔、據等七人，并舉進士，連中科名，衣冠榮之。"

閻防

《携琴酒尋閻防崇濟寺所居僧院》

《宿華陰東郭客舍憶閻防》

（略）

鮮于叔明

《與鮮于庶子自梓州成都少尹自褒城同行至利州道中作》

《與鮮于庶子泛漢江》

《舊書》一二二、《新書》一四七各有《李叔明傳》，即鮮于叔明。

韓涉

《懷葉縣關操姚曠韓涉李叔齊》

顔真卿《靖居寺題名》："唐永泰二年，真卿以罪佐吉州，聞青原靖居寺有幽絶之致，御史韓公涉、刺史梁公乘嘗見招，欲同游而不果。"

顏韶

《送顏韶》

顏真卿《惟貞碑》："……勝、式、宣、韶，并進士制舉。"（按徐松《登科記考》附類有顏韶，注云進士，魯公侄。）

顏真卿

《送顏平原》

《胡笳歌送顏真卿使赴河隴》

《舊書》一二八、《新書》一五三各有傳。

歸一

《送青龍招提歸一上人遠游吴楚别詩》

張謂《送青龍一公》："事佛輕金印，勤王度玉關。不知從樹下，還肯到人間。楚水青蓮净，吴門白日閑。聖朝須助理，絶莫幾東山。"（按此必與公詩同時作。）

嚴武

《與獨孤漸道别長句兼呈嚴八侍御》

《宿岐州北郭嚴給事别業》

《虢州南池候嚴中丞不至》

《使君席夜送嚴河南赴長水》

《稠桑驛喜逢嚴河南中丞便别》

《暮秋會嚴京兆後廳竹齋》

《送嚴黄門拜御史大夫再鎮蜀川兼覲省》

《舊書》一一七有傳，《新書》一二九《嚴挺之傳》附。（按杜甫有《奉贈嚴八閣老》《寄岳州賈司馬六文巴州嚴八使君兩閣老五十韻》二詩，劉方平有《嚴八判官》詩，皆指嚴武，故知武行八。）

嚴詵[①]

《送嚴詵擢第歸蜀》

《元和姓纂》五：廣漢嚴氏，震從祖兄侁，兼御史中丞。(按《舊書》一一七《嚴震傳》，貞元十五年卒，年七十六，則生於開元十二年，與岑公同時。侁爲震兄，疑即詵也。)

嚴維

《送嚴維下第還江東》

(略)

蘇震

《故河南尹岐國公贈工部尚書蘇公挽歌二首》

《新書》一二五《蘇瓌傳》附傳。

---

① 原稿作"嚴説"，當是形近而誤。

岑參詩校讀[①]

丘中春卧寄王子

田中開白室，林下閉玄關。卷迹人方處，無心雲自閑。竹深喧暮鳥，花缺露春山。勝事那能説，王孫去未還。

案大曆二年《上嘉州青衣山》曰："早歲愛丹經。"此少室下諸詩語意多涉玄寂，蓋皆早年山居習静時所作，其時當在開元十八年以後，二十二年以前，公十六歲至二十歲之間。

南溪别業

結宇依青嶂，開軒對翠疇。樹交花兩色，溪合水重流。竹徑春來掃，蘭樽夜不收。逍遥自得意，鼓腹醉中游。

案《國秀集》作蔣洌，誤。少室有南溪，詳見《年譜》[②]。

宿東溪王屋李隱者

山店不鑿井，百家同一泉。晚來南村黑，雨色和人烟。霜畦吐寒菜，沙雁噪河田。隱者不可見，天壇飛鳥邊。

正德本題作"宋東溪懷王屋李隱者"。色作氣，邊作還。

案《新書・地理志》，河南府有王屋縣。

---

① 本文屬《唐詩校讀》之一（《唐詩校讀》亦僅此篇），據北京圖書館所藏作者手稿照相複印件編入本編。原稿中岑詩未標點斷句，此皆屬整理者所爲。

② 年譜，即本《全集》所收之《岑嘉州繫年考證》一文，下皆同。

尋鞏縣南李處士別業

先生近南郭，茅屋臨東川。桑葉隱村户，蘆花映釣船。有時著書暇，盡日窗中眠。且喜閭井近，灌田同一泉。

正德本别業作别居。

案《新書·地理志》，河南府有鞏縣。鞏縣與少室爲近，故詩曰："且喜閭井近，灌田同一泉。"

尋少室張山人聞與偃師周明府同入都

中峰煉金客，昨日游人間。葉縣鳧共去，葛陂龍暫還。春雲湊深水，秋雨懸空山。寂寂清溪上，空餘丹竈閑。

正德本眉批云秋本作夜，下寂字作寞。王荆公《詩選》春作暮，水作木，上作裏。

案《新書·地理志》，東都，天寶元年曰東京，此曰"入都"，當作於天寶元年以前，公居少室之時。

鞏北秋興寄崔明允

白露披梧桐，玄蟬晝夜號。秋風萬里動，日暮黄雲高。君子佐休明，小人事蓬蒿。所適在魚鳥，焉能徇錐刀？孤舟向廣武，一鳥歸成皋。勝概日相與，思君心鬱陶。

正德本焉作烏，成作城。

案詩云"君子"，謂崔明允，"小人"則公自謂。"佐休明"謂明允及第後受官，"事蓬蒿"蓋其時公猶居於少室。《唐才子傳》謂崔明允開元十八年進士及第，與公居少室之時正相合。

緱山西峰草堂作

結廬對中岳，青翠常在門。遂耽水木興，盡作漁樵言。頃來闕章句，但欲閑心魂。日色隱空谷，蟬聲喧暮村。曩聞道士語，偶見清净源。隱几閲吹葉，乘秋眺歸根。獨游念求仲，開徑招王孫。片雨下南澗，孤峰出東原。栖遲慮益澹，脱略道彌敦。野靄晴拂枕，客帆遥入軒。尚平今何在？此意誰與論？佇立雲去盡，蒼蒼月開園。

案《元和郡縣圖志》，河南府緱氏縣有緱氏山，在縣東南二十九里。詩云“片雨下南澗”，南澗疑即《南溪别業》之南溪。緱山西峰草堂疑即南溪别業。下篇《自潘陵尖還少室》云“草堂近少室”，草堂蓋即指緱山西峰草堂。

自潘陵尖還少室居止秋夕憑眺

草堂近少室，夜静聞風松。月出潘陵尖，照見十六峰。九月山葉赤，溪雲淡秋容。火點伊陽村，烟深嵩角鐘。尚子不可見，蔣生難再逢。勝愜衹自知，佳趣爲誰濃？昨詣山僧期，上到天壇東。向下望雷雨，雲間見回龍。夕與人（群）疏，轉愛丘壑中。心淡水木會，興幽魚鳥通。稀微了自釋，出處乃不同。况本無宦情，誓將依道風。

正德本愜作偃，夕作久，空白作群。

案《宿東溪王屋李隱者》云：“隱者不可見，天壇飛鳥邊。”此云：“昨詣山僧期，上到天壇東。”二篇所咏蓋即一事。《元豐九域志》，河南府澠池縣有天壇山，又孟州王屋縣有天壇山。李白《寄王屋山人孟大融》曰：“願隨夫子天壇上。”

還東山洛上作

春流急不淺，歸枻去何遲！愁客葉舟裏，夕陽花水時。雲晴開螮蝀，棹發起鶥鵝。莫道東山遠，衡門在夢思。

案以下諸篇疑皆開元二十二年以後數年中往返京洛間作。

東歸晚次潼關懷古

暮春别鄉樹，晚景低津樓。伯夷在首陽，欲往無輕舟。遂登關城望，下見洪河流。自從巨靈開，流血千萬秋。行行潘生賦，赫赫曹公謀。川上多往事，凄凉滿空洲。

正德本河作水。

戲題關門

來亦一布衣，去亦一布衣。羞見關城吏，還從舊路歸。

正德本路作道。

案關門蓋指潼關門。

滻水東店送唐子歸嵩陽

野店臨官路，重城壓御堤。山開灞水北，雨過杜陵西。歸夢秋能作，鄉書醉懶題。橋回忽不見，征馬尚聞嘶。

正德本頂注眉批云作音佐，忽作忽。

案此詩云“歸夢秋能作，鄉書醉懶題”，則其時公猶家於少室而未移居長安也。

宿華陰東郭客舍憶閻防

次舍山郭近，解鞍鳴鐘時。主人炊新粒，行子充夜饑。關月生首陽，照見華陰祠。蒼茫秋山晦，蕭瑟寒松悲。久從園廬別，遂與朋（一作相）知辭。舊壑蘭杜晚，歸軒今已遲。

正德本壑作壡。

案《新書·地理志》，關内道華州有華陰縣。

携琴酒尋閻防崇濟寺所居僧院（得濃字）

相訪但尋鐘，門寒古殿松。彈琴醒暮酒，捲幔引諸峰。事愜林中語，人幽物外踪。吾廬幸接近，兹地興偏濃。

正德本酒作雨，眉批云雨本作酒，接作相，眉批云近一作接。

楊固店

客舍梨葉赤，鄰家聞擣衣。夜來嘗有夢，墜泪緣思歸。洛水行欲盡，緱山看漸微。長安祇千里，何事信音稀？

正德本嘗作常。

開元二十八年在長安作，時年二十六歲

送王大昌齡赴江寧

對酒寂不語，悵然悲送君；明時未得用，白首徒攻文。澤國從一官，滄波幾千里；群公滿天闕，獨去過淮水。舊家富春渚，嘗憶卧江樓；自聞君欲行，頻望南徐州。窮巷獨閉門，寒燈静深屋；北風吹微雪，抱被肯同宿。君行到京口，正是桃花時；舟中饒孤興，湖上多新詩。潛虬且深蟠，黄鵠舉未（一作鶴飛來）晚；惜君青雲器，努力加餐飯。

正德本眉批云悲一作愁，未一作不，鵠一作鶴，黄鵠舉未作黄鶴飛來。王荆公《詩選》悲作愁，鵠作鶴。

案此開元二十八年詩，見《年譜》。

送崔全被放歸都覲省

夫子不自衒，世人知者稀。來傾阮氏酒，去着老萊衣。渭北草新出，關東花欲飛。楚王猶自惑，宋玉且將歸。

正德本宋玉作片玉。

案題曰歸都，謂歸東都也，東都天寶元年曰東京，此當作於天寶元年以前公在長安之時，開元二十八年公在長安。參見前篇。

送薛彦偉擢第東歸

時輩似君稀，青春戰勝歸。名登郄詵第，身着老萊衣。稱意人皆羡，還

家馬若飛。一枝誰不折，棣萼獨相輝。

正德本題作“送薛彦偉擢第東都覲省”。

案正德本題作“東都覲省”，蓋與前篇同時作。《舊書》一四六《薛播傳》云開元、天寶中二十年間，彦偉等兄弟七人并舉進士及第，今知彦偉及第在開元末而不在天寶中，可補正史之不足。

送蒲秀才擢第歸蜀

去馬疾如飛，看君戰勝歸。新登郄詵第，更著老萊衣（上四句與送薛彦詩相同）。漢水行人少，巴山客舍稀。向南風候暖，臘月見春輝。

正德本巴作已。詩注彦字下應補偉字。

案此篇與以上二篇有相同詩句，其時相去或不甚遠。

開元二十九年游河朔作

登古鄴城

下馬登鄴城，城空復何見？東風吹野火，暮入飛雲殿（一作入暮飛雲電）。城隅南對望陵臺，漳水東流不復回。武帝宫中人去盡，年年春色爲誰來？

王荆公《詩選》城空作空城，暮入作日暮，殿作電。

案以下諸篇皆開元二十九年游河朔及歸途中詩。時公新移家長安，故或云“潁陽歸客”，或云“吾廬終南下”也。參見《年譜》。

邯鄲客舍歌

客從長安來，馳馬邯鄲道。傷心叢臺下，一帶生蔓草。客舍門臨漳水邊，垂楊下繫釣魚船。邯鄲女兒夜沽酒，對客挑燈誇數錢。酩酊醉時日正午，一曲狂歌壚上眠。

正德本帶作旦，眉批云日本作月。

題井陘雙溪李道士所居

五粒松花酒，雙溪道士家。唯求縮却地，鄉路莫教賒。

冀州客舍酒酣貽王綺寄題南樓（時王子欲應制舉西上）

夫子傲常調，詔書下徵求，知君欲謁帝，秣馬趨西周。逸足何駸駸，美聲實風流，學富贍清詞，下筆不能休。君家一何盛，赫奕難爲儔，伯父四五人，同時爲諸侯。憶昨始相值，值君客貝丘，相看復乘興，携手到冀州。前日在南縣，與君上北樓，野曠不見山，白日落草頭。客舍梨花繁，深花隱鳴鳩；南鄰新酒熟，有女彈箜篌。醉後或狂歌，酒醒滿離憂，主人不相識，此地難淹留。吾廬終南下，堪與王孫游，何當肯相尋，澧上一孤舟。

正德本題注欲在舉下，秣作扶，眉批云扶一作秣，何一作方，聲一作秀，學富作富學，縣一作院，或一作欲。

醉題匡城周少府廳壁

婦姑城南風雨秋，婦姑城中人獨愁。愁雲遮却望鄉處，數日不上西南樓。故人薄暮公事閑，玉壺美酒琥珀殷。潁陽秋草今黄盡，醉卧君家猶未還。

正德本題無廳壁二字。

至（一作宫）大梁却寄匡（一作康）城主人

一從棄魚釣，十載干明王。無由謁天階，却欲歸滄浪。仲秋至東郡，遂見天雨霜。昨日夢故山，蕙草（一作芳蕙）色已黄。平明辭鐵丘，薄暮游大梁。仲秋蕭條景，拔剌飛鵝鶬。四郊陰氣（一作氛）閉，萬里無晶光。長風吹白茅，野火燒枯桑。故人南燕吏，籍籍名更香。聊以玉壺贈，置之君子堂。

正德本昨日作昨夜，蕙草作蕙帳，眉批云帳當作草。

梁園歌送河南王説判官

君不見梁孝王修竹園，頹墻隱轔勢仍存，嬌娥曼臉成草蔓，羅帷珠簾空竹根？大梁一旦人代改，秋月春風不相待，池中幾度雁新來，洲上千年鶴應在（梁園中有雁池鶴洲）。梁園二月梨花飛，却似梁王雪下時，當時置酒延枚叟，肯料平臺狐兔走！萬事翻覆如浮雲，昔人空在今人口。單父古來稱宓生，祇今爲政有吾兄（家兄時宰單父）；輶軒若過梁園道，應傍琴臺聞政聲。

天寶元年劉長卿有《旅次丹陽郡遇康侍御宣慰兼别岑單父》詩，岑單父謂公兄況（見後《送人歸江寧》下），知天寶元年以前岑況嘗官單父。此篇云“單父古來稱宓生，祇今爲政有吾兄”，下篇云“單父聞相近，家書早爲傳”，并當作於天寶元年以前，因無確年可考，姑繫開元二十九年。

送楚丘麴少府赴官

青袍美少年，黄綬一神仙。微子城東面，梁王苑北邊。桃花色似馬，榆莢小於錢。單父聞相近，家書早爲傳。

正德本眉批云莢一作英，（英）又作葉。

郊行寄杜位

峭崪空城烟，淒清（一作凉）寒山景。秋風引歸夢，昨夜到汝潁。近寺聞鐘聲，映陂見樹影。所思何由見？東北徒引領。

正德本眉批云清一作亦，陂一作波。

偃師東與韓樽同詣景雲（《英華》無景雲二字）暉上人即事

山陰老僧解《楞伽》，潁陽歸客遠相過。烟深草濕昨夜雨，雨後秋風渡漕河。空山終日塵事少，平（一作出）郊遠見行人小（一作人行渺）。尚書磧上黄昏鐘，别鴛渡頭一歸鳥。

天寶元年在長安及東歸詩

送郭乂雜言

地上青草出，經冬今始歸。博陵無近信，猶未换春衣。憐汝不忍别，送汝上酒樓。初行莫早發，且宿霸橋頭。功名須及早，歲月莫虚擲。早年已工詩，近日兼注《易》。何時過東洛，早晚度盟津。朝歌城邊柳嚲地，邯鄲道上花撲人。去年四月初，我正在河朔。曾上君家縣北樓，樓上分明見恒岳。中山明府待君來，須計行程及早回！到家速覓長安使，待汝書封我自開。

正德本今作方。初行二句另見，彼行作程，霸作灞。

此天寶元年詩，見《年譜》。

送人歸江寧

楚客憶鄉信，向家湖水長。住愁春草緑，去喜桂枝香。海月迎歸楚，江雲引到鄉。吾兄應借問，爲報鬢毛霜。

天寶元年劉長卿有《曲阿對月别岑况徐説》及《旅次丹陽郡遇康侍御宣慰兼别岑單父》二詩（見《年譜》注八），知公兄况天寶元年在丹陽。此篇送人歸江寧而云“吾兄應借問”，下篇送人赴揚州亦云“爲報吾兄道”，并當作於天寶元年。

送揚州王司馬

君家舊淮水，水上到揚州。海樹青官舍，江雲黑郡樓。東南隨去鳥，人吏待行（一作歸）舟。爲報吾兄道，如今已白頭。

正德本鳥作馬。

送許子擢第歸江寧拜親因寄王大昌齡

建業控京口，金陵款滄溟。君家臨秦淮，傍對石頭城。十年自勤學，一鼓游上京。青春登甲科，動地聞香名。解褐皆五侯，結交盡群（一作時）英。六月槐花飛，忽思蒓菜羹。跨馬出國門，丹陽返柴荊。楚雲引歸帆，淮水浮客程。到家拜親時，入門有光榮。鄉人盡來賀，置酒相邀迎。閑眺北顧（一作登江一作因登）樓，醉眠湖上亭。月從海門出，照見茅山青。昔爲帝王州，今幸天地（一作下）平。五朝變人世，千載空江聲。玄元告靈符，丹洞獲其銘。皇帝受玉册，群臣羅天庭。喜氣薄太陽，祥光徹窅冥。奔走朝萬國，崩騰集百靈。王兄尚謫宦，屢見秋雲生。孤城帶後湖，心與湖水清。一縣無諍辭，有時開道經。黃鶴垂兩翅，徘徊但悲（一作悲且）鳴。相思不可見，空望牛女星。

正德本眉批云國（門）一作郭，（五）朝一作胡，開（道經）一作聞。

此天寶元年詩，見《年譜》。

宿關西客舍寄東山嚴許二山人時天寶初七月初三日在内學見有高（一本有近字）道舉徵（别本俱作七月三日在内學見有高道舉徵宿關西客舍寄東山嚴許二山人）

雲送關西雨，風傳渭北秋。孤燈然客夢，寒杵搗鄉愁。灘上思嚴子，山中憶許由。蒼生今有望，飛詔下林丘。

正德本題作“宿關西客舍寄山東嚴許二山人時天寶高道舉徵”。

天寶三載游淇上及初授官詩

臨河客舍呈狄明府兄留題縣南樓

黎陽城南雪正飛，黎陽渡頭人未歸（一作渡口人渡稀）。河邊酒家堪寄宿，主人小女能縫衣。故人高卧黎陽縣，一别三年不相見。邑中雨雪偏着時，隔河東郡人遥羡。鄴都唯見古時丘，漳水還如舊日流。城上望鄉應不見，朝來好是懶登樓。

王荆公《詩選》及正德本上黎字俱作鳳。

案《新書·地理志》，魏州有臨河縣。以下諸篇疑皆天寶三載春所作。考見下篇。

敬酬杜華淇上見贈兼呈熊曜

杜侯實才子，盛名不可及，只曾效（一作爲）一官，今已年四十。是君同時者，已有尚書郎，憐君獨未遇，淹泊在他鄉。我從京師來，到此喜相見，共論窮途事，不覺泪滿面！憶昨癸未歲，吾兄自江東，得君江湖詩，骨氣凌謝公。熊生尉淇上，開館常待客，喜我二人來，歡笑朝復夕。縣樓壓春岸，戴勝鳴花枝，吾徒在舟中，縱酒兼彈棋。三月猶未還，寒愁滿春草，賴蒙瑶華贈，諷咏慰懷抱。

正德本曜作耀，憐作憐，寒作客。

案此篇云“憶昨癸未歲”，癸未謂天寶二年，則此當作於天寶三載。又云“熊生尉淇上”，淇上謂淇水之上。《元和姓纂》一：“開元臨清尉熊曜。”《新書·地理志》：貝州有臨清縣。臨清與淇水爲近，淇上殆即謂臨清。《姓纂》云熊曜開元時尉臨清，必開元末始授官，至天寶三載猶未罷也。上篇及以下二篇皆河北詩，疑同時作。

題新鄉王釜廳壁

憐君守一尉，家計復清貧。禄米嘗不足，俸錢供與人。城頭蘇門樹，陌上黎陽塵。不是舊相識，聲同心自親。

正德本眉批云復一作後，嘗作常。

案《新書・地理志》，衛州有新鄉縣。

春尋河陽陶處士别業

風暖日暾暾，黄鸝飛近村。花明潘子縣，柳暗陶公門。藥椀揺山影，魚竿帶水痕。南橋車馬客，何事苦喧喧？

正德本陶作聞。

案《新書・地理志》，孟州有河陽縣。

初授官題高冠草堂

三十始一命，宦情多欲闌。自憐無舊業，不敢耻微官。澗水吞樵路，山花醉藥欄。祇緣五斗米，辜負一漁竿。

正德本多作都，辜作孤。

此天寶三載詩，見《年譜》。

高冠（一作官）谷口招（一作贈）鄭鄠

谷口來相訪，空齋不見君。澗花然暮雨，潭樹暖春雲。門徑稀人迹，檐峰下鹿群。衣裳與枕蓆，山靄碧氛氲。

正德本冠作宫。

還高冠潭口留别舍弟

昨日山有信，祇今耕種時。遥傳杜陵叟，怪我還山遲。獨向潭上酌，無人林下棋。東溪憶汝處，閑卧對鸕鷀。

正德本酌作釣，棋作期。

終南雲際精舍尋法澄上人不遇歸高冠東潭石淙望秦嶺微雨作貽友人

昨夜雲際宿，旦（一作適）從西峰（一作嶺一作風）回。不見林中僧，微雨潭上來。諸峰皆青翠，秦嶺獨不開。石鼓有時鳴，秦王安在哉？東南雲開處，突兀獮猴臺。崖口懸瀑流，半空白皚皚（《河岳英靈》無上四句，有水深斷山口，吼沫相喧豗二句）。噴壁四時雨，傍村終日雷。北瞻長安道，日夕生塵埃。若訪張仲蔚，衡門滿（一作映）蒿萊。

正德本題作"潭石淙望秦嶺微雨貽友人"，青作晴，生作多，眉批云晴一作青，崖口一作瀼瀼（潒？）斷山口，吼沫相喧極，雨一作雲，夕一作生。

題雲際南峰眼上人讀經堂（眼公不下此堂十五年矣）

結宇題三藏，焚香老一峰。雲間獨坐卧，祇是對山松。

正德本眼作演，山作杉。洪邁宇作室，題作開，山作杉。

此雲際當即前篇之雲際，蓋亦居高冠時詩。

天寶四載在長安詩

送鄭堪歸東京氾水別業（得閑字）

客舍見春草，忽聞思舊山。看君灞陵去，匹馬成皋還。對酒風與雪，向家河復關。因悲宦游子，終歲無時閑！

正德本堪作甚，題注得上有分字。

案題曰東京，當作於天寶中，姑係三、四載間。

首春渭西郊行呈藍田張二主薄

回風度雨渭城西，細草新花踏作泥。秦女峰頭雪未盡，胡公陂上日初低。愁窺白髮羞微禄，悔别青山憶舊溪。聞道輞川多勝事，玉壺春酒正堪携。

正德本題無二字，溪作磎。

以下三篇玩詩意疑皆初授官後作。

喜韓樽相過

三月灞陵春已老，故人相逢耐醉倒。瓮頭春酒黄花脂，禄米袛充沽酒資。長安城中足年少，獨共韓侯開口笑。桃花點地紅斑斑（一作如錦斑），有酒留君且莫還。與君兄弟日携手，世上虚（一作浮）名好是閑。

正德本眉批云日一作只。

因假歸白閣西草堂

雷聲傍太白，雨在八九峰，東望白閣雲，半入紫閣松。勝概紛滿目，衡門趣彌濃，幸有數畝田，得延二仲踪。早聞達士語，偶與心相通，誤徇一微官，還山愧塵容。釣竿不復把，野碓無人舂，惆悵飛鳥盡，南溪聞夜鐘。

正德本因作田，誤作悮。

登千福寺楚金禪師法華院多寶塔

多寶滅已久，蓮華付吾師。寶塔凌太空，忽如涌出時。數年功不成，一志堅自持。明主親夢見，世人今始知。千家獻黄金，萬匠磨琉璃。既空泰山木，亦罄天府貲。焚香如雲屯，幡蓋珊珊垂。悉窣神繞護，衆魔不敢窺。作禮睹靈境，焚香方證疑。庶割區中緣，脱身恒在兹。

正德本空作虚，泰作秦，焚作聞，眉批云（蓮）華一作經，親一作先。

《全唐文》三七九岑勛《西京千福寺多寶佛塔感應碑》云："禪師法號楚金，姓程，廣平人也……誓建兹塔……天寶元載創構材木，肇安相輪。禪師理會佛心，感通帝夢……賜錢五十萬，絹千匹，助建修也……於是道俗景附，檀施山積，庀徒度財，功百其倍矣……至四載塔事將就，表請慶齋，歸功帝力……其爲狀也，則岳聳蓮披，雲垂蓋偃，下欻崛以踴地，上亭盈而媚空……。"

送裴校書從大夫淄川覲省

尚書未（應作東）出守，愛子向青州。一路通關樹，孤城近海樓。懷中江橘熟，倚處戟門秋。更奉輕軒去，知君無客愁。

正德本川下有郡字，未作東。

此天寶四載詩，見《年譜》。

天寶五、六年游平陽[①]詩

夜過盤石隔河望永樂寄閨中效齊梁體

盈盈一水隔，寂寂二更初。波上思羅襪，魚邊憶素書。月如眉已畫，雲似鬢新梳。春物知人意，桃花笑索居。

案《新書·地理志》，河中府有永樂縣。以下列諸篇考之，公此游蓋自陝、虢一帶渡河，歷永樂、絳州、平陽等地，入蒲關以返京師。復由《題平陽郡汾橋邊柳樹》一詩驗之，平陽郡天寶元年以前曰晉州，（見《舊書·地理志》）此曰平陽，當作於天寶元年後。天寶五、六兩年，公行事不明，游永樂、平陽疑即在此二年間。又案此篇云"春物知人意"，《宿蒲關東店》云"長安二月歸正好"，蓋此游始於春日，至翌春乃歸也。

① 《岑嘉州繫年考證》云天寶五、六、七載公在長安，此稿先亦云以下諸詩爲天寶五、六年在長安時作，後改稱游平陽詩。

晚過盤石寺禮鄭和尚

暫詣高僧話，來尋野寺孤。岸花藏水碓，溪水（一作竹）映風爐。頂上巢新鵲（一作鶴），衣中帶（一作得）舊珠。談禪未得去，輟櫂且踟躕。

正德本盤作磐，水作竹，鵲作鶴，帶作得，櫂作棹。

題永樂韋少府廳壁

大河南郭外，終日氣昏昏。白鳥下公府，青山當縣門。故人是邑尉，過客駐征軒。不憚烟波闊，思君一笑言。

正德本笑作咲。

驪姬墓下作（夷吾重耳墓隔河相去十三里）

驪姬北原上，閉骨已千秋。澮水日東注，惡名終不流。獻公恣耽惑，視子如仇讎。此事成蔓草，我來逢古丘。蛾眉山月苦，蟬鬢野雲愁。欲吊二公子，橫汾無輕舟。

正德本題作“驪姬墓”，苦作落。

案《元和郡縣圖志》，絳州正平縣有驪姬墓，在縣南八里。

題平陽郡汾橋邊柳樹（參曾居此郡八九年）

此地曾居住，今來宛似歸。可憐汾上柳，相見也依依。

正德本題無平陽郡三字，題注作“曾客居平陽郡八九年”，眉批云住一作慣。洪邁《萬首絶句》八九年作十八年，非。

宿蒲關東店憶杜陵別業

關門鎖歸客，一夜夢還家。月落河上曉，遥聞秦樹鴉。長安二月歸正好，杜陵樹邊純是花。

正德本客作路，秦作春。

案《新書·地理志》，河中府河西縣有蒲津關，一名蒲坂。此云蒲關，當即蒲津關之省稱。

入蒲關先寄秦中故人

秦山數點似青黛，渭上（一作水）一條如白練。京師故人不可見，寄將兩眼看飛燕。

正德本題無蒲字，上作水。洪邁眼看作紙西。

天寶七載及其前後詩

送宇文南金放後歸太原寓居因呈太原郝主薄

歸去不得意，北京關路賒。却投晋山老，愁見汾陽花。翻作灞陵客，憐君丞相家。夜眠旅舍雨，曉辭春城鴉。送君繫馬青門口；胡姬壚頭勸君酒。爲問太原賢主人，春來更有新詩否？

正德本陽作陰，眉批云京本作門。

案天寶八載有《呈宇文判官》詩，宇文判官疑即宇文南金。此云"南金放後歸太原"，則當在南金爲判官之前。又云"北京關路賒"，北都天寶元年曰北京。此篇蓋作於元年至七載之間。

送張卿郎君赴硤石尉

卿家送愛子，愁見灞頭春。草羨青袍色，花隨黄綬新。縣西函谷路，城北大陽津。日暮征鞍去，東郊一片塵。

正德本題作"送張卿郎中軍赴硤石尉"。

案乾元元年有《送張郎中赴隴右觀省[1]卿公》一詩，張郎中疑即此篇之張卿郎君。乾元元年爲郎中，則尉硤石當在天寶七載前後。

---

① 原稿"覲省"作"謁"，此據《全唐詩》及本文所繫乾元元年該題等改。

送人赴安西

上馬帶胡鈎，翩翩度隴頭。小來思報國，不是愛封侯。萬里鄉爲夢，三邊月作愁。早須清黠虜，無事莫經秋！

正德本不載。

案天寶八載及十三載公兩度赴安西，十五載始歸。十五載後中原多故，邊守幾廢。此篇蓋作於八載以前之數年間。

胡笳歌送顔真卿使赴河隴

君不聞胡笳聲最悲，紫髯緑（一作碧）眼胡人吹，吹之一曲猶未了，愁殺樓蘭征戍兒！凉秋八月蕭關道，北風吹斷天山草，崑崙山南月欲斜，胡人向月吹胡笳。胡笳怨兮將送君，秦山遥望隴山雲，邊城夜夜多愁夢，向月胡笳誰喜聞！

正德本題無使字，眉批云月一作夜。

此天寶七載詩，見《年譜》。

天寶八載赴安西詩

送費子歸武昌

漢陽歸客悲秋草，旅舍葉飛愁不掃。秋來倍憶武昌魚，夢着祇在巴陵道。曾隨上將過祈連，離家十年恒在邊。劍鋒可惜虚用盡，馬蹄無事今已穿。知君開館常愛客，樗蒱百金每一擲。平生有錢將與人，江上故園空四壁。吾觀費子毛骨奇，廣眉大口仍赤髭。看君失路尚如此，人生貴賤那得知？高秋八月歸南楚，東門一壺聊出祖。路指鳳凰山北雲，衣沾鸚鵡洲邊雨。勿嘆蹉跎白髮新，應須守道勿羞貧！男兒何必戀妻子，莫向江村老却人！

正德本常愛客之常作恒，何必作何心。

玩詩意，當作於天寶八載以前。

初過隴山途中呈宇文判官

一驛過一驛，驛騎如星流。平明發咸陽，暮及隴山頭。隴水不可聽，嗚咽令人愁。沙塵撲馬汗，霧露凝貂裘。西來誰家子，自道新封侯。前月發安西，路上無停留。都護猶未到，來時在西州。十日過沙磧，終朝風不休。馬走碎石中，四蹄皆血流。萬里奉王事，一身無所求。也知塞垣苦，豈爲妻子謀！山口月欲出，先照關城樓。溪流與松風，静夜相颼飀（一作颼）。別家（一作來）賴歸夢，山塞多離憂。與子且携手，不愁前路修。

正德本暮及作暮到，先照作光照，不愁作不肯，眉批云（山）塞一作色。

以下諸篇皆天寶八載赴安西途中作。《新書·地理志》，隴州汧源縣有安戎關，在隴山。此云“先照關城樓”，疑即指安戎關而言。

經隴頭分水

隴水何年有？潺潺逼路旁。東西流不歇，曾斷幾人腸！

《新書·地理志》，隴州汧源縣有五節堰，引隴水通漕。

西過渭州見渭水思秦川

渭水東流去，何時到雍州？憑添兩行泪，寄向故園流。

《新書·地理志》，隴右道渭州。

題金城臨河驛樓

古戍依重險，高樓見五凉。山根盤驛道，河水浸城墻。庭樹巢鸚鵡，園花隱麝香。忽如江浦上，憶作捕魚郎。

正德本眉批云作音佐。

《新書·地理志》，隴右道蘭州金城郡。

暮秋山行

疲馬卧長坂，夕陽下通津。山風吹空（一作長）林，颯颯如有人。蒼旻霽涼雨，石路無飛塵。千念集暮節，萬籟悲蕭晨。鶗鴂昨夜鳴，蕙草色已陳。况在遠行客，自然多苦辛。

正德本晨作辰。

過燕支寄杜位

燕支山西酒泉道，北風吹沙捲白草。長安遥在日光邊，憶君不見令人老。

案《新書·地理志》，涼州武威郡天寶縣有焉支山。

逢入京使

故園東望路漫漫，雙袖龍鍾泪不乾。馬上相逢無紙筆，憑君傳語報平安。

玉關寄長安李主簿

東去長安萬里餘，故人何惜一行書。玉關西望堪腸斷，况復明朝是歲除！

正德本題無李字。王荆公東作去，堪腸作腸堪。洪邁堪腸作腸堪。

《新書·地理志》，沙州敦煌郡壽昌縣有玉門關。《元和郡縣圖志》，沙州壽昌縣西北一百一十七里有玉門故關。

過　　磧

黄沙磧裏客行迷，四望雲天直下低。爲言地盡天還盡，行到安西更向西。

《新書·地理志》，伊州西州有沙磧。案伊州西州在安西之西，故此云“行到安西更向西”。

磧中作

走馬西來欲到天，辭家見月兩回圓。今夜不知何處宿，平沙萬里絶人烟。

正德本辭作離。

銀山磧西館

銀山磧口風似箭，鐵門關西月如練。雙雙愁泪沾馬毛，颯颯胡沙迸人面。丈夫三十未富貴，安能終日守筆硯！

正德本磧口作峽口。

案《新書·地理志》，西州交河郡西南入谷經礌石磧二百二十里至銀山磧，又四十里至焉耆界吕光館。

歲暮磧外寄元撝

西風傳戍鼓，南望見前軍。沙磧人愁月，山城犬吠雲。别家逢逼歲，出塞獨離群。髮到陽關白，書今遠報君。

經火山

火山今始見，突兀蒲昌東。赤焰燒虜雲，炎氛蒸塞空。不知陰陽炭，何獨然此中？我來嚴冬時，山下多炎風。人馬盡汗流，孰知造化功？

正德本眉批云氛一作氣。

《新書·地理志》，西州交河郡有蒲昌縣。

天寶九載在安西詩

安西館中思長安

家在日出處，朝來起東風。風從帝鄉來，不异家信通。絶域地欲盡，孤城天遂窮。彌年但走馬，終日隨飄蓬。寂寞不得意，辛勤方在公。胡塵净古塞，兵氣屯邊空。鄉路眇天外，歸期如夢中。遥憑長房術，爲縮天山東。

正德本起作喜，异作與，窮作穹，眉批云穹本作窮，屯作宅。王荆公起作喜，不异作异鄉。

此詩云“彌年但走馬”，當作於公至安西之次年，即天寶九載。

敦煌太守後庭歌

敦煌太守才且賢，郡中無事高枕眠。太守到來山出泉，黄砂磧裏人種田。敦煌耆舊鬢皓然，願留太守更五年。城頭月出星滿天，曲房置酒張錦筵。美人紅妝色正鮮，側垂高髻插金鈿。醉坐藏鈎紅燭前，不知鈎在若個邊。爲君手把珊瑚鞭，射得半段黄金錢，此中樂事亦已偏。

正德本月出作出月，眉批云更五年一作五三年，亦一作也。荆公舊作老。

《新書·地理志》，沙州敦煌郡敦煌縣。

寄宇文判官

西行殊未已，東望何時還？終日風與雪，連天沙復山。二年領公事，兩度過陽關。相憶不可見，别來頭已斑。

《新書·地理志》，沙州敦煌郡壽昌縣有陽關。此云“二年領公事，兩度過陽關”，蓋公至安西二年之内因公事已兩度出入陽關也。

憶長安曲二章寄龐㴶

東望望長安，正值日初出。長安不可見，喜（一作但）見長安日。長安何處在？衹在馬蹄下。明日歸長安，爲君急走馬。

早發焉耆懷終南别業

曉笛别鄉泪，秋冰鳴馬蹄。一身虜雲外，萬里胡天西。終日見征戰，連年聞鼓鼙。故山在何處？昨日夢清溪。

正德本别作引。

《元和郡縣圖志》，西州交河西南至焉耆七百二十里。

天寶十載在武威、臨洮詩

武威（一作城）春暮（一作寒）聞宇文判官西使還已到晋昌

岸（一作片）雨過城頭，黄鸝上戍樓。塞花飄客泪，邊柳挂鄉愁。白髮悲明鏡，青春换敝裘。君從萬里使，聞已到瓜州。

正德本岸作片，雨作雲，柳作樹，眉批云使一作戍。

以下諸篇皆天寶十載在凉州武威郡作，參見《年譜》。

河西春暮憶秦中

渭北春已老，河西人未歸。邊城細草出，客館梨花飛。别後鄉夢數，昨來家信稀。凉州三月半，猶未脱寒衣。

登凉州尹臺寺

胡地三月半，梨花今始開。因從老僧飯，更上夫人臺。清唱雲不去，彈弦風颯來。應須一倒載，還似山公回。

戲問花門酒家翁

老人七十仍沽酒，千壺百瓮花門口。道傍榆莢仍似錢，摘來沽酒君肯否？

正德本莢作葉，仍作青。洪氏七作九，口作有，仍作巧。

案《元和郡縣圖志》，甘州張掖東北至花門山一千四百五十里，東至凉州五百里，是凉州距花門山較甘州距花門山爲尤近。此詩云“道傍榆莢仍似錢”，當是三、四月之時，公天寶十載三、四月間在凉州，此詩當即天寶十載在凉州所作。同年秋有《凉州館中與諸判官夜集》詩云“花門樓前見秋草”，足資互證。

田使君美人舞如蓮花北鋋歌（此曲本出北同城）

美人舞如蓮花旋，世人有眼應未見。高堂滿地紅氍毹，試舞一曲天下無。此曲胡人傳入漢，諸客見之驚且嘆。慢臉嬌蛾纖復穠，輕羅金縷花葱蘢。回裾轉袖若飛雪，左哈右哈生旋風。琵琶横笛和未匝，花門山頭黄雲合。忽作出塞入塞聲，白草胡沙寒颯颯。翻身入破如有神，前見後見回回新。始知諸曲不可比，《采蓮》《落梅》徒聒耳。世人學舞衹是舞，恣（一作姿）態豈能得如此！

正德本題無舞字，諸哈字俱作鋋，高堂作高臺，回裾作回裙，匝作帀，恣作姿，眉批云花門一作花開，非；又云蓮花北鋋，樂府舞名，未詳；一作“如蓮花，舞北鋋”，亦回旋之意。荆公題同正德本，諸哈字俱作錠，首句作“如蓮花，舞北錠”，嬌娥作嬌蛾，花門作花開，胡沙作明沙，恣作姿。

此詩云“花門山頭黄雲合”，蓋與前篇同時作。

武威送劉單判官赴安西行營便（一作使）呈高開府

熱海亘鐵門，火山赫金方。白草磨天涯，胡沙莽茫茫。夫子佐戎幕，其鋒利如霜。中歲學兵符，不能守文章。功業須及時，立身有行藏。男兒感忠義，萬里忘越鄉。孟夏邊候遲，胡國草木長。馬疾過飛鳥，天窮超夕陽。都護新出師，五月發軍裝。甲兵二百萬，錯落黄金光。揚旗拂崑崙，伐鼓震蒲昌。太白引官軍，天威臨大荒。西望雲似蛇，戎夷知喪亡。渾驅犬宛馬，繫取樓蘭王。曾到交河城，風土斷人腸。寒驛遠如點，邊烽互相望。赤亭多飄風，鼓怒不可當。有時無人行，沙石亂飄颺。夜静天蕭條，鬼哭夾道旁。地上多髑髏，皆是古戰場。置酒高館夕，邊城月蒼蒼。軍中宰肥牛，堂上羅羽觴。紅泪金燭盤，嬌歌艷新妝。望君仰青冥，短翮難可翔。蒼然西郊道，握手何慨慷！

正德本湖作胡，莽作奔，犬作大，寒作塞，眉批云旗一作偈。荆公木作未，黄金光作金光揚，揚旗作揭旗，寒驛作塞驛。

武威送劉判官赴磧西行軍

火山五月行人少，看君馬去疾如鳥。都護行營太白西，角聲一動胡天曉。

正德本威作軍，行人作人行。洪邁行人作人行，去作上。

凉州館中與諸判官夜集

彎彎月出挂城頭，城頭月出照梁（一作凉）州。凉州七里（一作城）十萬家，胡人半解彈琵琶。琵琶一曲腸堪斷，風蕭蕭兮夜漫漫。河西幕中多故人，故人别來三五春。花門樓前見秋草，豈能貧賤相看老。一生大笑能幾回，斗酒相逢須醉到。

正德本諸凉字俱作梁，門樓作樓門，非，眉批云上出一作子，生一作年。荆公生作年。

送四鎮薛侍御東歸

相送泪沾衣，天涯獨未歸。將軍初得罪，門客復何依。夢去湖山闊，書停隴雁稀。園林幸接近，一爲到柴扉。

送韋侍御先歸京（得寬字）

聞欲朝龍闕，應須拂豸冠。風霜隨馬去，炎暑爲君寒。客泪題書落，鄉愁對酒寬。先憑報親友，後月到（一作客）長安。

正德本報在友下。《衆妙集》書作詩。

臨洮客舍留别祁四

無事向邊外，至今仍不歸。三年絶鄉信，六月未春衣。客舍洮水聒，孤城胡雁飛。心知别君後，開口笑應稀。

以下二篇皆天寶十載東歸途中作，參見《年譜》。

臨洮龍興寺玄上人院同咏青木香叢

移根自遠方，種得在僧房。六月花新吐，三春葉已長。抽莖高錫杖，引影到繩床。只爲能除疾，傾心向藥王。

正德本木作本、疾作病。

送李副使赴磧西官軍

火山六月應更熱，赤亭道口行人絶。知君慣度祈連城，豈能愁見輪臺月？脱鞍（一作衣）暫入酒家壚，送君萬里西擊胡。功名只向馬上取，真是英雄一丈夫！

玩詩意，似爲公東歸次臨洮時所作。時天寶十載六月也。參見前兩篇。

天寶十一載在長安詩

送薛播擢第歸河東

歸去新戰勝，盛名人共聞。鄉連渭川樹，家近條山雲。夫子能好學，聖朝全用文。弟兄負世譽，詞賦超人群。雨氣醒别酒，城陰低暮曛。遥知出關後（一作去），更有一終軍！

正德本盛作成。

薛播天寶十一載擢第，見五百家注《韓昌黎集·河東薛君墓志銘》。

與高適薛據登慈恩寺浮圖

塔勢如涌出，孤高聳天宫。登臨出世界，磴道盤虚空。突兀壓神州，峥嶸如鬼工。四角礙白日，七層摩蒼穹。下窺指高鳥，俯聽聞驚風。連山若波濤，奔凑似朝東。青槐夾馳道，宫館何玲瓏。秋色從西來，蒼然滿關中。五陵北原上，萬古青濛濛。净理了可悟，勝因夙所宗。誓將挂冠去，覺道資無窮。

正德本題作"與高適薛據同登慈恩寺"，無作與，注云一作"學道兹無窮"，眉批云角一作方，宗一作崇。

送李翥游江外

相識應十載，見君只一官。家貧禄尚薄，霜降衣仍單。惆悵秋草死，蕭條芳歲闌。且尋滄洲路，遥指（一作望）吴雲端。匹馬關塞遠，孤舟江海寬。夜眠楚烟濕，曉飯湖山寒。砧净紅鱠落，袖香朱橘團。帆前見禹廟，枕底聞嚴灘。便獲賞心趣，豈歌行路難。青門須醉别，少爲解征鞍。

案高適有《秦中送李九赴越》詩，與公此詩時地俱合，當亦天寶十一載同在長安所賦。（參見前篇及後篇）此詩曰"相識應十載"，由天寶十一載上溯至天寶二年爲十載，時公至長安方數年，與李翥相識，此正其時。

題李士曹廳壁畫度雨雲歌

似出棟梁裹，如和風雨飛。掾曹有時不敢歸，謂言雨過濕人衣。

正德本士作氏，無歌字。

案高適有《同李九士曹觀壁畫雲作》，亦五七言各二句，當係與公同賦。高適又有《觀李九少府翥樹宓子賤神祠碑》，知此李九士曹即李翥。天寶十一載，公與高適同在長安（參見前篇），此詩蓋亦是年所作。

青門歌送東臺張判官

青門金鎖平旦開，城頭日出使車回。青門柳枝正堪折，路旁一日幾人別。東出青門路不窮，驛樓官樹灞綾東。花撲征衣看似綉（一作錦），雲隨去馬色疑驄。胡姬酒壚日未午，絲繩玉缸酒如乳。灞頭落花没馬蹄，昨夜微雨花成泥。黄鸝翅濕飛轉低，關東尺書醉懶題。須臾望君不可見，揚鞭飛鞚疾如箭。借問使乎何時來？莫作東飛伯勞西飛燕！

正德本綾作陵，轉作屢，如作於，眉批云灞（頭）一作坡。荆公灞頭落花作“江頭花落”，黄鸝作鸝黄，轉作屢。

玩詩題與詩意，疑禄山亂前所作。

餞王岑（一作崟）判官赴襄陽道

故人漢陽使，走馬向南荆。不厭楚山路，只憐襄水清。津頭習氏宅，江上夫人城。夜入橘花宿，朝穿桐葉行。害群應自懾，持法固須平。暫得青門醉，斜光速去程。

正德本眉批云桐一作楓。

天寶三載有《題新鄉王釜廳壁》，王釜、王岑、王崟疑即一人而字訛。《郎官石柱題名》，左司、户部、度支、吏部諸員外郎下俱有王崟名，則作岑作釜者皆誤也，又案大曆初年杜甫有《送王信州崟北歸》詩，以此推王崟之歷官時日，其爲判官當在天寶十二載前後。蓋先爲新鄉尉（公《題新鄉王釜廳壁》曰“憐君守一尉”），繼爲判官，又歷諸員外郎，乃出爲刺史也。此詩云“暫得青門醉”，知作於長安。天寶十二載前後公在長安，與前事正合。

天寶十二載在長安詩

送顔平原（并序）

十二年春，有詔補尚書十數公爲郡守，上親賦詩，觴群公，宴於蓬萊前殿，仍贈以繒帛，寵餞加等。參美顔公是行，爲寵别章句。

天子念黎庶，詔書换諸侯。仙郎授剖符，華省輟分憂。置酒會前殿，賜錢若山丘。天章降三光，聖澤該九州。吾兄鎮河朔，拜命宣皇猷。駟馬辭國門，一星東北流。夏雲照銀印，暑雨隨行輈。赤筆仍在篋，爐香惹衣裘。此地鄰東溟，孤城吊滄洲。海風掣金戟，導吏呼鳴騶。郊原北連燕，剽劫風未休。魚鹽隘里巷，桑柘盈田疇。爲郡豈淹旬，政成應未秋。易俗去猛虎，化人似馴鷗。蒼生已望君，黄霸寧久留！

正德本序贈作錫，無顔字，（仍）在作存，吊作帶。（丁氏校刊）《碧溪詩話》引序尚書下有郎字，無宴字，無前殿字，贈作賜。

十二年謂天寶十二年也。

太一石鱉崖口潭舊廬招王學士

驟雨鳴淅瀝，颼飀溪谷寒。碧潭千餘尺，下見蛟龍蟠。石門吞衆流，絶岸呀層巒。幽趣倏萬變，奇觀非一端。偶逐干禄徒，十年皆小官。抱板尋舊圃，弊廬臨汎湍。君子滿清朝，小人思挂冠。釀酒漉松子，引泉通竹竿。何必濯滄浪，不能釣嚴灘。此地可遺老，勸君來考槃。

此云“偶逐干禄徒，十年皆小官”，案公天寶三載始授官，至天寶十二載爲十年。

題華嚴寺瑰公禪房

寺南幾十峰，峰翠晴可掬。朝從老僧飯，昨日崖口宿。錫杖倚枯松，繩床映深竹。東溪草堂路，來往行自熟。生事在雲山，誰能復羈束？

正德本瑰作環，眉批云枯一作孤。

此云"昨日崖口宿"，當即指前篇之"崖口潭舊廬"。又云"生事在雲山，誰能復羈束"，蓋承前篇之"小人思掛冠"而言。

終南東溪中作

溪水碧於草，潺潺花底流。沙平堪濯足，石淺不勝舟。洗藥朝與暮，釣魚春復秋。興來從所適，還欲向滄洲。

正德本中作口。

此與前兩篇蓋同時作，終南即前篇之太一。

終南山雙峰草堂作

斂迹歸山田，息心謝時輩。晝還草堂臥，但與雙峰對。興來恣佳游，事愜符勝概。著書高窗下，日夕見城內。曩爲世人誤，遂負平生愛。久與林壑辭，及來松杉大。偶兹近精廬，屢得名僧會。有時逐樵漁，盡（一作永）日不冠帶。崖口上新月，石門破蒼靄。色向群木深（一作沈），光摇一潭碎。緬懷鄭生谷，頗憶嚴子瀨。勝事猶可追，斯人邈千載！

正德本題無山字，雙作兩，無作字，但與作但見，恣作資，平生作生平，松杉作杉松，近在廬下，屢得作數預，眉批云破一作斂。

此云"斂迹歸山田，息心謝時輩"，又云"久與林壑辭，及來松杉大"，考公天寶十三載以後未嘗歸田，則此詩當作於天寶十載由安西歸後隱居終南之時。

送祁樂歸河東

祁樂後來秀，挺身出河東。往年詣驪山，獻賦温泉宫。天子不召見，揮鞭遂從戎。前月還長安，囊中金已空。有時忽乘興，畫出江上峰。床頭蒼梧雲，簾下天臺松。忽如高堂上，颯颯生清（一作聞江）風。五月火雲屯，氣燒天地紅。鳥且不敢飛，子行如轉蓬。少華與首陽，隔河勢争雄。新月河上出，清光滿關中。置酒灞亭别，高歌披心胸。君到故山時，爲謝五（一作君謝）老翁。

正德本後作后，爲謝五老翁作爲吾謝老翁，眉批云温一作甘，還一作達，生清風一作開江風，一作聞江風。荆公五老作吾老。

此云“天子不召見，揮鞭遂從戎；前月還長安，囊中金已空”，案天寶十載，公在臨洮有《留别祁四》詩，祁四即祁樂（詳後《祁四再赴江南别詩》下），此謂祁樂從戎，疑即指在臨洮之事。祁樂蓋繼公之後東歸，故此曰“前月還長安”。然則此詩當作於天寶十一二年間。杜甫有《奉先劉少府新畫山水障歌》云：“豈但祁岳（樂）與鄭虔。”杜詩亦天寶十四五年間作，可資參證。

送魏四落第還鄉

東歸不稱意，客舍戴勝鳴。臘酒飲未盡，春衫縫已成。長安柳枝春欲來，洛陽梨花在前開。魏侯池館今尚在，猶有太師歌舞臺。君家盛德豈徒然，時人注意在吾賢。莫令别後無佳句，衹向壚頭空醉眠！

荆公稱作得。

天寶十三載有《送魏升卿擢第歸東都因懷魏校書陸渾喬潭》詩，與此詩意多相合，魏四蓋即魏升卿。然則此詩當作於天寶十三載之前數年間。

送王伯倫應制授正字歸

當年最稱意，數子不如君。戰勝時偏許，名高人共（一作總）聞。半天城北雨，斜日灞西雲。科斗皆成字，無令錯古文！

正德本共作總，灞作嶺，眉批云嶺本作灞。

《舊書·肅宗紀》云："至德二載閏八月辛未，賊將逯寇鳳翔，崔光遠行軍司馬王伯倫、判官李椿，率衆捍賊，賊退，乘勝至中渭橋，殺賊守橋衆千人，追擊入苑中。時賊大軍屯武功，聞之燒營而去。伯倫與賊血戰而死。"案天寶十三載至至德二載之數年間公不在長安，則此詩當作於天寶十三載以前。

送嚴維下第還江東

勿嘆今不第，似君殊未遲。且歸滄洲去，相送青門時。望鳥指鄉遠，問人愁路疑。敝裘沾暮雪，歸棹帶流澌。嚴子瀨復在，謝公文可追。江皋如有信，莫不寄新詩！

《唐才子傳》，嚴維至德二載進士及第。此詩當作於天寶十三載前數年間公在長安之時。

送宇文舍人出宰元城（得陽字）

雙鳧出未央，千里過河陽。馬帶新行色，衣聞舊御香。縣花迎墨綬，關柳拂銅章。別後能爲政，相思淇水長。

正德本題注得上有分字。

此天寶十三載詩，考見下篇。

崔駙馬山池重送宇文明府（得苗字）

竹裹過紅橋，花間藉緑苗。池凉醒别酒，山翠拂行鑣。鳳去妝樓閉，鳧飛葉縣遥。不逢秦女在，何處聽吹簫！

正德本題注得上有分字。

上篇《送宇文舍人出宰元城》，謂宇文舍人出爲元城縣令也。唐稱縣令曰明府，故此篇又稱曰宇文明府。杜甫天寶十三載有《崔駙馬山亭宴集》詩，此篇蓋亦同年所作。

天寶十三載秋前在長安及赴北庭詩

春日醴泉杜明府承恩五品宴席上賦詩

鳧舃舊稱仙，鴻私降自天。青袍移草色，朱綬奪花然。邑裹雷仍震，臺中星欲懸。吾兄此栖棘，因得賀初筵。

《舊書·肅宗紀》，天寶十三載二月令丞各升一階。《新書·百官志》，京縣令正五品上，畿縣令正六品上。《新書·地理志》，京兆府醴泉縣爲次赤縣。此詩云杜明府承恩五品，蓋原只六品，今則升一階而爲五品也。

醴泉東溪送程皓元鏡微入蜀（得寒字）

蜀郡路漫漫，梁州過七盤。二人來信宿，一縣醉衣冠。溪逼春衫冷，林交宴席寒。西南如噴酒，遥向雨中看。

正德本眉批云噴一作噀。

夏初醴泉南樓送太康顔少府

何地堪相餞？南樓出萬家。可憐高處送，遠見故人車。野果新成子，庭槐欲作花。愛君兄弟好，書向潁中誇。

南樓送衛憑（得歸字）

近縣多過（一作來）客，似君誠亦稀。南樓取凉好，便送故人歸。鳥向望中滅，雨侵晴處飛。應須乘月去，且爲解征衣。

正德本憑作凴。

案此云“南樓取凉好”，與前篇“夏初醴泉南樓”之事合，又曰

“近縣多過客”，醴泉正爲近畿之縣。此上三篇蓋皆天寶十三載在醴泉詩。

與鄠縣群官泛渼陂

萬頃浸天色，千尋窮地根。舟移城入樹，岸闊水浮村。閑鷺驚簫管，潛虬傍酒樽。暝來呼小吏，列火儼歸軒。

正德本群作郡，呼作喧。

案天寶十三載杜甫有《渼陂行》云：“岑參兄弟皆好奇，携我遠來游渼陂。”知此篇爲同賦之作。杜云：“天地黤慘忽异色，波濤萬頃堆琉璃。”即此云“萬頃浸天色”。“鳬鷖散亂棹謳發，絲管啁啾空翠來。”即此云“閑鷺驚簫管”。斯游蓋及暝方罷，故此云“暝來呼小吏，列火儼歸軒”，杜亦云“船舷暝戛雲際寺，水面月出藍田關”也。

與鄠縣源少府泛渼陂（得人字）

載酒入天色，水凉難醉人。清摇縣郭動，碧洗雲山新。吹笛驚白鷺，垂竿跳紫鱗。憐君公事後，陂上日娱賓。

正德本盾批云日一作自。

杜甫同賦得寒字，錢箋云：“岑參得人字云：‘載酒入天色，水凉難醉人。’蓋公與參頻游渼陂也。”[①]

送魏升卿（一作叔虹）擢第歸東都因懷魏校書陸渾喬潭

井上桐葉雨（一作赤），灞亭卷秋風。故人適戰勝，匹馬歸山東。問君今年三十幾，能使香名滿人耳？君不見三峰直上五千仞，見君文章亦如此。如君兄弟天下稀，雄辭健筆皆若飛。將軍金印䩞紫綬，御史鐵冠重綉衣。喬生作尉别來久，因君爲問平安否？魏侯校理復何如？前日人來

① 原稿作“時岑參同游，得人字云：載酒入天色，水凉難醉人。公蓋與參頻游渼陂也”，此據上海古籍出版社1979年新2版《錢注杜詩》。

不得書。陸渾山下佳可賞，蓬閣閑時日應往。自料青雲未有期，誰知白髮偏能長。壚頭青絲白玉瓶，别時相顧酒如傾。摇鞭舉袂忽不見，千樹萬樹空蟬鳴。

正德本山下作山水，日應作亦應，眉批云如傾一作初醒，忽（不）一作去。荆公東都作東京，匹馬作走馬，今年作如今，如傾作初醒。

《摭言》云："喬潭天寶十三年及第，任陸渾尉。"《新書》一九四《元德秀傳》云：南游陸渾，喬潭等皆號門弟子。天寶十三載卒，潭時爲陸渾尉，庀其葬。案公十三載後已赴北庭，此詩明寫秋景，必十三載秋公赴北庭之前所作。詩題東都，當從王荆公《百家詩選》作東京。天寶元年已改稱東都曰東京。

赴北庭度隴思家

西向輪臺萬里餘，也知鄉信日應疏。隴山鸚鵡能言語，爲報家人數寄書。

洪邁五八題作"捉拍睦州"，向作去，也知鄉信作故鄉音耗，家作閨。《全唐詩》卷二樂府十一題作"簇拍陸州"，异文同上。

以下諸篇皆天寶十三載公充安西北庭節度判官赴北庭途中詩。

發臨洮將赴北庭留别（得飛字）

聞説輪臺路，連年（一作年年）見雪飛。春風曾（一作長）不到，漢使亦應（一作來）稀。白草通疏勒，青山過武威。勤王敢道遠（一作不敢道遠思），私向夢中歸。

正德本題無庭字，曾不作不曾，眉批云亦一作日。

臨洮泛舟趙仙舟自北庭罷使還京

白髮輪臺使，邊功竟不成。雲沙萬里地，孤負一書生。池上風回舫，橋西雨過城。醉眠鄉夢罷，東望羨歸程。

過酒泉憶杜陵别業

昨夜宿祁連，今朝過酒泉。黄沙西際海，白草北連天。愁裏難消日，歸期尚隔年。陽關萬里夢，知處杜陵田。

荆公夜作日。

《元和郡縣圖志》：甘州張掖縣有祁連山，在縣西南二百里，張掖酒泉二界上。此詩云“昨夜宿祁連，今朝過酒泉”，則當作於西去途中。公兩度西去，未審何次所作，姑繫十三載赴北庭時。

磧西頭送李判官入京

一身從遠使，萬里向安西。漢月垂鄉泪，胡沙費（一作損）馬蹄。尋河愁地盡，過磧覺天低。送子軍中飲，家書醉裏題。

正德本眉批云沙一作塵。

走馬川行奉送出師西征（一作行）

君不見走馬川行雪海邊（一作君不見走馬滄海邊），平沙莽莽黄入天！輪臺九月風夜吼，一川碎石大如斗，隨風滿地石亂走。匈奴草黄馬正肥，金山西見烟塵飛，漢家大將西出師。將軍金甲夜不脱，半夜軍行戈相撥，風頭如刀面如割。馬毛帶雪汗氣蒸，五花連錢旋作冰，幕中草檄硯水凝。虜騎聞之應膽慴，料知短兵不敢接，車師西門佇獻捷。

正德本碎（石）一作破。

以下諸篇到北庭後詩，參見《年譜》。《新書·地理志》有雪海（卷四三下），又北庭大都護府有輪臺縣。又西州交河郡開元中曰金山都督府。《元和郡縣圖志》，西州交河縣，本漢車師前王庭也。

輪臺歌奉送封大夫出師西征

輪臺城頭夜吹角，輪臺城北旄頭落。羽書昨夜過渠黎，單于已在金山西。戍樓西望烟塵黑，漢兵屯在輪臺北。上將擁旄西出征，平明（一作小胡）吹笛大軍行。四邊伐（一作戍）鼓雪海涌，三軍大呼陰山動。虜塞兵氣連雲屯，戰場白骨纏草根。劍河風急雪片闊，沙（一作河）口石凍馬蹄脱。亞相勤王甘苦辛，誓將報主静邊塵。古來青史誰不見？今見功名勝古人。

正德本雪片作雲片。

獻封大夫破播仙凱歌六首

漢將承恩西破戎，捷書先奏未央宫。天子預開麟閣待，衹今誰數貳師功！
官軍西出過樓蘭，營幕傍臨月窟寒。蒲海曉霜凝馬（一作劍）尾，葱山夜雪撲旌竿。
鳴笳迭（一作徧）鼓擁回軍，破國平蕃昔未聞。丈夫鵲印摇（一作迎）邊月，大（一作天）將龍旗掣海雲。
日落轅門鼓角鳴，千群面縛出蕃城。洗兵魚海雲迎陣，秣馬龍堆月照營。
蕃軍遥見漢家營，滿谷連山遍哭聲。萬箭千刀一夜殺，平明流血浸空城。
暮雨旌旗濕未乾，胡烟（一作塵）白草日光寒。昨夜將軍連曉戰，蕃軍衹見馬空鞍。

正德本首作章，第三首摇作迎，眉批云丈一作大。洪邁丈作大（第三），山作朝，殺作散（第五）。

《新書·地理志》：西州蒲昌縣有播仙鎮。又安西大都護府有葱嶺守捉城（諸地名詳《新書》四三下）。

天寶十四載在輪臺北庭詩

輪臺即事

輪臺風物异，地是古單于。三月無青草，千家盡白榆。蕃書文字别，胡俗語音殊。愁見流沙北，天西海一隅。

以下十四載詩。

北庭作

雁塞通鹽澤，龍堆接醋溝。孤城天北畔，絶域海西頭。秋雪春仍下，朝風夜不休。可知年四十，猶自未封侯?

《新書》四三下《地理志》有鹽泊。

北庭貽宗學士道别

萬事不可料，嘆君在軍中。讀書破萬卷，何事來從戎? 曾逐李輕車，西征出太蒙。荷戈月窟外，擐甲崑崙東。兩度皆破胡，朝廷輕戰功。十年祇一命，萬里如飄蓬。容鬢老胡塵，衣裘脆邊風。忽來輪臺下，相見披心胸。飲酒對春草，彈棋聞夜鐘。今且還龜兹，臂上懸角弓。平沙向旅館，匹馬隨飛鴻。孤城倚大磧，海氣迎邊空。四月猶自寒，天山雪濛濛。君有賢主將，何謂泣途窮? 時來整六翮，一舉凌蒼穹。

火山雲歌送别

火山突兀赤亭口，火山五月火雲厚。火雲滿山凝未開，飛鳥千里不敢來。平明乍逐胡風斷，薄暮渾隨塞雨回。繚繞斜呑鐵關樹，氛氲半掩交河戍。迢迢征路火山東，山上孤雲隨馬去。

《新書·地理志》：伊州納職縣西南至赤亭守捉。

北庭西郊候封大夫受降回軍獻上

胡地苜蓿美，輪臺征馬肥，大夫討匈奴，前月西出師。甲兵未得戰，降虜來如歸，橐駞何連連，穹帳亦纍纍。陰山烽火滅，劍水羽書稀，却笑霍嫖姚，區區徒爾爲！西郊候中軍，平沙懸落暉。驛馬從西來，雙節夾路馳，喜鵲捧金印，蛟龍盤畫旗。如公未四十，富貴能及時，直上排青雲，傍看疾若飛。前年斬樓蘭，去歲平月支，天子日殊寵，朝廷方見推。何幸一書生，忽蒙國士知，側身佐戎幕，斂衽事邊陲。自逐定遠侯，亦着短後衣，近來能走馬，不弱并州兒。

正德本駞作駝，眉批云并州兒一作幽并兒。

登北庭北樓呈幕中諸公

嘗讀《西域傳》，漢家得輪臺。古塞千年空，陰山獨崔嵬。二庭近西海，六月秋風來。日暮上北樓，殺氣凝不開。大荒無鳥飛，但見白龍埠（即堆）。舊國眇天末，歸心日悠哉。上將新破胡，西郊絶烟埃。邊城寂無事，撫劍空徘徊。幸得趨幕中，托身厠群才。早知安邊計，未盡平生懷。

滅胡曲

都護新滅胡，士馬氣亦粗。蕭條虜塵净，突兀天山孤。

《元和郡縣圖志》：伊州柔遠縣有天山，在縣北二十里。

奉陪封大夫宴得征字時封公兼鴻臚卿

西邊虜盡平，何處更專征？幕下人無事，軍中政已成。座參殊俗語，樂雜异方聲。醉裏東樓月，偏能照列卿！

正德本題自得字下爲注語，眉批云專作傳。

陪封大夫宴瀚海亭納凉（得時字）

細管雜青絲，千杯倒接䍦。軍中乘輿出，海上納凉時。日没鳥飛急，山高雲過遲。吾從大夫後，歸路擁旌旗。

《新書·地理志》：北庭大都護府有瀚海軍。

白雪歌送武判官歸京

北風捲地白草折，胡天八月即飛雪。忽然一夜春風來，千樹萬樹梨花開。散入珠簾濕羅幕，狐裘不暖錦衾薄。將軍角（一作雕）弓不得控，都護鐵衣冷難着。瀚海闌干百丈（一作百尺）冰，愁雲黲淡萬里凝。中軍置酒飲歸客，胡琴琵琶與羌笛。紛紛暮雪下轅門，風掣紅旗凍不翻。輪臺東門送君去，去時雪滿天山路。山回路轉不見君，雪上空留馬行處。

正德本百丈作百尺，黲作慘，眉批云掣一作擎。荆公胡琴作胡兒。

奉陪封大夫九日登高

九日黄花酒，登高會昔聞。霜威逐亞相，殺氣傍中軍。横笛驚征雁，嬌歌落塞雲。邊頭幸無事，醉舞荷吾君。

正德本中軍作中原，眉批云逐一作從。

趙將軍歌

九月天山風似刀，城南獵馬縮寒毛。將軍縱博場場勝，賭得單于貂鼠袍。

正德本單于作將軍。

敬酬李判官使院即事見呈

公府日無事，吾徒祇是閑。草根侵柱礎，苔色上門關。飲硯時見鳥，卷簾晴對山。新詩吟未足，昨夜夢東還。

正德本飲作映。

使院中新栽柏樹子呈李十五栖筠

愛爾青青色，移根此地來。不曾臺上種，留向磧中栽。脆葉欺門柳，狂花笑院梅。不須愁歲晚，霜露豈能摧？

正德本題無中字。

使交河郡郡在火山脚其地苦熱無雨雪獻封大夫

奉使按胡俗，平明發輪臺。暮投交河城，火山赤崔巍。九月尚流汗，炎風吹沙埃。何事陰陽工，不遣雨雪來？吾君方憂邊，分閫資大才。昨者新破胡，安西兵馬回。鐵關控天涯（一作崖），萬里何遼哉！烟塵不敢飛，白草空皚皚。軍中日無事，醉舞傾金罍。漢代李將軍，微功合（一作今）可咍！

荆公自下郡字以下爲注語。正德本同。又脚字上正德本有東字。正德本涯作崖，合作今。荆公合作今。

送崔子還京

匹馬西從天外歸，揚鞭祇共鳥争飛。送君九月交河北，雪裏題詩泪滿衣。

熱海行送崔侍御還京

側聞陰山胡兒語，西頭熱海水如煮。海上衆鳥不敢飛，中有鯉魚長且肥（海中有赤鯉）。岸旁青草常不歇，空中白雪遥旋滅。蒸沙爍石然虜雲，沸浪炎波煎漢月。陰火潜燒天地爐，何事偏烘西一隅？勢吞月窟侵太白，氣連赤坂通單于。送君一醉天山郭，正見夕陽海邊落。柏臺霜威寒逼人，熱海炎氣爲之（一作君）薄。

正德本眉批云勢吞一作熱入。荆公作勢入。

《新書》四三下《地理志》有熱海。

天山雪歌送蕭治（一作沼）歸京

天山有雪常不開，千峰萬嶺雪崔嵬。北風夜卷赤亭口，一夜天山雪更厚。能兼漢月照銀山，復逐胡風過鐵關。交河城邊飛鳥絶，輪臺路上馬蹄滑。晻靄寒氛萬里凝，闌干陰崖千丈冰。將軍狐裘卧不暖，都護寶刀凍欲斷。正是天山雪下時，送君走馬歸京師。雪中何以贈君别？帷有青青松樹枝。

正德本有雪作雪雲，飛鳥作鳥飛，眉批云雪（中）一作客。荆公晻靄作晻澹，雪中作客中。

送張都尉東歸

白羽緑弓弦，年年祇在邊。還家劍鋒盡，出塞馬蹄穿。逐虜西逾海，平胡北到天。封侯應不遠，燕頷豈徒然？

正德本題無張字。

正德本此詩眉批云："時封大夫初得罪。"案《舊書·玄宗紀》，天寶十四載十一月，封常清自安西入奏，命禦胡；十二月與賊戰，敗被斬。此詩蓋作於十四載之歲終。

胡　　歌

黑姓蕃王貂鼠裘，葡萄宫錦醉纏頭。關西老將能苦戰，七十行兵仍未休。

正德本蕃作賢。

日没賀延磧作

沙上見日出，沙上見日没。悔向萬里來，功名是何物？

《元和郡縣圖志》，伊州東南取莫賀磧路至瓜州九百里。

宿鐵關西館

馬汗踏成泥，朝馳幾萬蹄。雪中行地角，火處宿天倪。塞迥心常怯，鄉遥夢亦迷。那知故園月，也到鐵關西！

《新書·地理志》四三下：自焉耆西五十里過鐵門關。

題鐵門關樓

鐵關天西涯，極目少行客。關門一小吏，終日對石壁。橋跨千仞危，路盤兩崖窄。試登西樓望，一望頭欲白。

正德本鐵關作鐵門。

肅宗至德元載在輪臺及東歸詩

優鉢羅花歌（并序）

參嘗讀佛經，聞有優鉢羅花，目所未見。天寶庚申歲，參忝大理評事，攝監察御史，領伊西北庭度支[①]副使。自公多暇，乃於府庭内栽樹種藥，爲山鑿池，婆娑乎其間，足以寄傲。交河小吏有獻此花者，云得之於天山之南。其狀异於衆草，勢巃岩纵如冠弁，嶷然上聳，生不傍引，攢花中折（一作拆），駢葉外包，异香騰風，秀色媚景。因賞而嘆曰："爾不生於中土，僻在退裔，使牡丹價重，芙蓉譽高，惜哉！"夫天地無私，陰陽無偏，各遂其生，自物厥性，豈以偏地而不生乎？豈以無人而不芳乎？適此花不遭小吏，終委諸山谷，亦何异懷才之士，未會明主，擯於林藪邪？因感而爲歌。歌曰：

白山南，赤山北，其間有花人不識，緑莖碧葉好顔色。葉六瓣，花九房，夜掩朝開多异香，何不生彼中國兮生西方？移根在庭，媚我公堂，耻與衆草之爲伍，何亭亭而獨芳！何不爲人之所賞兮，深山窮谷委嚴

① 度支，據《岑嘉州繫年考證》注，當作支度。

霜？吾竊悲陽關道路長，曾不得獻於君王。

正德本庚申作景申。

案序云天寶庚申歲。庚申當作丙申。天寶十五載丙申。

與獨孤漸道別長句兼呈嚴八侍御

輪臺客舍春草滿，潁陽歸客腸堪斷。窮荒絶漠鳥不飛，萬磧千山夢猶懶。憐君白面一書生，讀書千卷未成名。王侯貴門脚不到，數畝山田身自耕。興來浪迹無遠近，及至辭家憶鄉信。無事垂鞭信馬頭，西南幾欲窮天盡。秦使三年獨未歸，邊頭詞客舊來稀。借問君來得幾日？到家不覺換春衣。高齋清晝卷帷幕，沙帽接䍦慵不着。中酒朝眠日色高，彈棋夜半燈花落。冰片高堆金錯盤，滿堂凛凛五月寒。桂林葡萄新吐蔓，武城刺蜜未可餐。軍中置酒夜撾鼓，錦筵紅燭日未午。花門將軍善胡歌，葉河蕃王能漢語。知爾園林壓渭濱，夫人堂上泣羅群。魚龍川北盤溪雨，鳥鼠山西洮水雲。臺中嚴公於我厚，别後新詩滿人口。自憐棄置天西頭，因君爲問相思否？

正德本秦使作奉使，幃幕作羅幕，羅群作紅裙，眉批云紅本作羅。

杜甫有《奉贈嚴八閣老》及《寄岳州賈司馬六丈巴州嚴八使君兩閣老五十韻》二詩，嚴八皆謂嚴武，知此詩之嚴八侍御，亦謂嚴武。《新書》一二九《嚴武傳》曰："累遷殿中侍御史，從玄宗入蜀，擢諫議大夫，至德初赴肅宗行在。"以下皆至德元載詩。

首秋輪臺

异域陰山外，孤城雪海邊。秋來唯有雁，夏盡不聞蟬。雨拂氈墻濕，風摇毳幕膻。輪臺萬里地，無事歷三年。

送郭司馬赴伊吾郡請示李明府（郭子是趙節度同好）

安西美少年，脱劍卸弓弦。不倚將軍勢，皆稱司馬賢。秋山城北面，古治郡東邊。江（一作池）上舟中月，遥思李郭仙。

玉門關蓋將軍歌

蓋將軍，真丈夫！行年三十執金吾，身長七尺頗有鬚。玉門關城迥且孤，黄沙萬里白草枯。南鄰犬戎北接胡，將軍到來備不虞。五千甲兵膽力粗，軍中無事但歡娱。暖屋綉簾紅地爐，織成壁衣花氍毹。燈前侍婢瀉玉壺，金鐺亂點野酡酥。紫紱金章左右趨，問着衹是蒼頭奴。美人一雙閑且都，朱唇翠眉映明矑（一作眸）。清歌一曲世所無，今日喜聞《鳳將雛》。可憐絶勝秦羅敷，使君五馬謾踟蹰。野草綉窠紫羅襦，紅牙縷馬對樗蒱。玉盤纖手撒（一作撥）作盧，衆中誇道不曾輸。櫪上昂昂皆駿駒，桃花叱撥價最殊。騎將獵向城南隅，臘日射殺千年狐。我來塞外按邊儲，爲君取醉酒剩沽。醉争酒盞相喧呼，忽（一作却）憶咸陽舊酒徒。

正德本白草作百草，衹是作即是，矑作眸，眉批云（紫）紱一作綬，即（是）一作盡。荆公甲兵作甲士，酡作駞，衹作即，蒱作蒲，沽作酤。

此至德元載詩，蓋將軍謂蓋庭倫，見《年譜》。

贈酒泉韓太守

太守有能政，遥聞如古人。俸錢盡供客，家計常清貧。酒泉西望玉關道，千山萬磧皆白草。辭君走馬歸長安，憶君倏忽令人老。

正德本常作亦，憶作思。

以下二篇至德元載東歸途中詩。

酒泉太守席上醉後作

酒泉太守能劍舞，高堂置酒夜擊鼓。胡笳一曲斷人腸，座上相看泪如雨。琵琶長笛曲相和，羌兒胡雛齊唱歌。渾炙犁牛烹野駝，交河美酒歸（一作金）叵羅。三更醉後軍中寢，無奈秦山歸夢何！

正德本歸作金。洪氏上作客。

案首四句洪邁《萬首唐人絶句》中收之,《全唐詩》本亦分爲二首。今從正德本合之。

題苜蓿峰寄家人

苜蓿峰邊逢立春，胡蘆河上泪沾巾。閨中衹是空相憶，不見沙場愁殺人。

正德本峰作烽，相憶作思想。

《元和郡縣圖志》，原州蕭關縣西有蔚茹水，一名葫蘆河，源出原州西南頹沙山下。

至德二載在鳳翔長安詩

醉裹送裴子赴鎮西

醉後未能别，待醒方送君。看君走馬去，直上天山雲。

正德本待醒作醒時。洪氏題作“醉裹送人赴西鎮”，上天作入火。

《新書・地理志》，安西大都護府，至德元載更名鎮。此詩蓋作於至德元、二載之間。

西掖省即事

西掖重雲開曙暉，北山疏雨點朝衣。千門柳色連青瑣，三殿花香入紫微。平明端笏陪鵷列，薄暮垂鞭信馬歸。官拙自悲頭白盡，不如岩下（一作石）偃（一作掩）荆扉。

正德本瑣作鎖，鵷作鴛。

以下至德二載公至鳳翔行在後所作。參見《年譜》。

行軍詩二首（時扈從在鳳翔）

吾竊悲此生，四十幸未老。一朝逢世亂，終日不自保。胡兵奪長安，宫殿生野草。傷心五陵樹，不見二京道。我皇在行軍，兵馬日浩浩。胡鶵尚未滅，諸將懇征討。昨聞咸陽敗，殺戮净如掃。積尸若丘山，流血漲豐鎬。干戈礙鄉國，豺虎滿城堡。村落皆無人，蕭條空桑棗。儒生有長策，無處豁懷抱。塊然傷時人，舉首哭蒼昊！

早知逢世亂，少小謾讀書。悔不學彎弓，向東射狂胡！偶從諫官列，謬向丹墀趨。未能匡吾君，虚作一丈夫。撫劍傷世路，哀歌泣良圖。功業今已遲，覽鏡悲白鬚。平生抱忠義，不敢私微軀。

正德本題無詩字，净如作盡如，豐作灃，蕭條作蕭然，塊然句上有兩句空白，眉批云生（野）一作在，泣（良）一作乏。

鳳翔府行軍送程使君赴成州

程侯新出守，好日發行軍。拜命時人羡，能官聖主聞。江樓黑塞雨，山郭冷秋雲。竹馬諸童子，朝朝待使君。

行軍九日思長安故園（時未收長安）

强欲登高去，無人送酒來。遥憐故園菊，應傍戰場開。

宿岐州北郭嚴給事别業

郭外山色暝，主人林館秋。疏鐘入卧内，片月到床頭。遥夜惜已半，清言殊未休。君雖在青瑣，心不忘滄洲。

《新書》一二九《嚴武傳》曰："至德初赴肅宗行在。房琯以其名臣子，薦爲給事中。"

行軍雪後月夜宴王卿家

子夜雪華餘，卿家月影初。酒香熏枕席，爐氣暖軒除。晚歲宦情薄，行軍歡宴疏。相逢剩取醉，身外盡空虚。

送張獻心充副使歸河西雜句

將門子弟君獨賢，一從受命常在邊。未至三十已高位，腰間金印色赭然。前日承恩白虎殿，歸來見者誰不羡？篋中賜衣十重餘，案上軍書十二卷。看君謀智若有神，愛君詞句皆清新。澄湖萬頃深見底，清冰一片光照人。雲中昨夜使星動，西門驛樓出相送。玉瓶素蟻臘酒香，金鞭白馬紫游韁。花門南，燕支北，張掖城頭雲正（一作磧雲）黑，送君一去天外憶。

正德本未至作未年，金鞭作金鞍，雲正作磧雲，眉批云常（在）一作恒，十重一作千萬，若（有）一作却。荆公首句無弟字，未至作未年，重作萬，十二作二千，謀智作智謀，詞句作詩句。

《元和郡縣圖志·凉州武威》，武德二年討平李軌，改爲凉州，置河西節度使。《舊書·肅宗紀》，至德二載十月，吐蕃寇陷西平郡。此詩曰“張掖城頭雲正黑”，疑即指吐蕃寇邊之事。雲正黑謂兵氣也。

乾元元年在長安詩

奉和中書舍人賈至早朝大明宫

鷄鳴紫陌曙光寒，鶯囀皇州春色（一作欲）闌。金闕（一作鎖）曉鐘開萬户，玉階仙仗擁千官。花迎（一作明）劍佩星初落，柳拂旌旗露未乾。獨有鳳凰池上客，《陽春》一曲和皆難。

正德本賈至在舍人上，珮作佩。

以下三篇皆乾元元年在長安作，見《年譜》。

寄左省杜拾遺

聯步趨丹陛，分曹限紫微。曉隨天仗入，暮惹御香歸。白髮悲花落，青雲羡鳥飛。聖朝無闕事，自覺諫書稀。

正德本微作薇，雲作春。

拾遺，杜甫。

送許拾遺恩歸江寧拜親

詔書下青瑣，駟馬還吴洲。束帛仍賜衣，恩波漲滄流。微禄將及親，向家非遠游。看君五斗米，不謝萬户侯。適出西掖垣，如到南徐州。歸心望海日，鄉夢登江樓。大江盤金陵，諸山横石頭。楓樹隱茅屋，橘林繫漁舟。種藥疏故畦，釣魚垂舊鈎。對月京口夕，觀濤海門秋。天子憐諫官，論事不可（一作肯）休。早來丹墀下，高駕無淹留！

正德本恩歸作思歸，眉批云夕一作石。荆公題無恩拜親三字，漁舟作歸舟。

天寶元年有《送許子擢第歸江寧拜親因寄王大昌齡》。

送王著作赴淮西幕府

燕子與百勞，一西復一東。天空信寥廓，翔集何時同？知己悵難遇，良朋非易逢。憐君心相親，與我家又通。言笑日無度，書札凡幾封！湛湛萬頃陂，森森千丈松。不知有機巧，無事干心胸。滿堂皆酒徒，豈復羡王公？早年抱將略，累歲依幕中。昨者從淮西，歸來奏邊功。承恩長樂殿，醉出明光宫。逆旅悲寒蟬，客夢驚飛鴻。發家見春草，却去聞秋風。月色冷楚城，淮光透霜空。各自務功業，當須激深衷。别後能相思，何嗟山水重。

正德本題中作字在幕府下，札作劄，承恩作乘恩，山水作山萬。

《資治通鑒》，至德元載十二月置淮南節度使，以（高）適爲之；置淮南西道節度使，以來瑱爲之。使與江東節度使韋陟共圖璘。二載二月永王璘敗死。此詩曰“昨者從淮西，歸來奏邊功”，當即指璘敗之事。又曰“承恩長樂殿，醉出明光宫”，知其時公在長安；至德二載方收復兩京，詩必乾元元年作。

衛節度赤驃馬歌

君家赤驃畫不得，一團旋風桃花色。紅纓紫鞚珊瑚鞭，玉鞍錦韉黄金勒。請君鞲（一作鞁）出看君騎，尾長窣地如紅絲。自矜諸馬皆不及，却憶百金新買時。香街紫陌鳳城内，滿城見者誰不愛？揚鞭驟急白汗流，弄影行驕碧蹄碎。紫髯胡雛金剪刀，平明剪出三鬉高。櫪上看時獨意氣，衆中牽出偏雄豪。騎將獵向南山口，城南狐兔不復有。草頭一點疾如飛，却使蒼鷹翻向後。憶昨看君朝未央，鳴珂擁蓋滿路香。始知邊將真富貴，可憐人馬相輝光。男兒稱意得如此，駿馬長鳴北風起。待君東去掃胡塵，爲君一日行千里！

正德本鞲作韝，看君作看馬，新買作初買，剪出三鬉作剪出三騣，眉批云珊瑚一作玳瑁，滿城一作行人，（滿）路一作邑。荆公節度作尚書，滿城作行人。《唐詩紀事》節度作尚書。

王荆公《唐百家詩選》及《唐詩紀事》節度俱作尚書。考《舊書·代宗紀》，大曆元年六月衛伯玉始加檢校工部尚書，其時公已入蜀，而此詩之作於長安又甚明，知作尚書者不合。又考新、舊《唐書·伯玉傳》及《舊書·本紀》，乾元元年及上元二年伯玉曾兩度出鎮陜州，而上元二年公在虢州，又不能爲此詩，惟乾元元年公在長安，則此詩斷爲乾元元年作矣。伯玉初次出鎮陜州之前，原爲安西將領，因肅宗興師靖難，乃歸長安，領神策兵馬使，出鎮陜州行營。詩所謂“憶昨看君朝未央”，“始知邊將真富貴”，“待君東去掃胡塵”者，即指此而言也。

懷葉縣關操姚曠韓涉李叔齊

數子皆故人，一時吏宛葉。經年總不見，書札徒滿篋。斜日半空庭，旋風走梨葉。去君千里地，言笑何時接！

正德本姚曠作姚擴，半空作空半，眉批云空半一作早空。

顔真卿《靖居寺題名》云：“唐永泰二年……御史韓公涉，刺史梁公乘嘗見招。”此知永泰二年韓涉爲御史。此詩謂韓涉“吏宛葉”，則當在官御史之前。詩又曰“去君千里地”，長安去葉縣千里，則詩蓋作於長安。乾元初及廣德年間公俱在長安。廣德距永泰爲近，其時韓涉恐已爲御史。而官葉縣疑即在乾元初。

送劉郎將歸河東（同用邊字）

借問虎賁將，從軍凡幾年？殺人寶刀缺，走馬貂裘穿。山雨醒别酒，關雲迎渡船。謝君賢主將，豈忘輪臺邊（參曾北庭事趙中丞故有下句）。

正德本送作同，寶刀作寶劍。

玩末二句及原注云云，當係自北庭東歸後所作。姑繫乾元元年。

過緱山王處士黑石谷隱居

舊居緱山下，偏識緱山雲。處士久不還，見雲如見君。别來逾十秋，兵馬日紛紛。青溪開戰場，黑谷屯行軍。遂令巢由輩，遠逐麋鹿群。獨有南澗水，潺湲如昔聞。

正德本眉批云湲一作潺。

此詩曰“别來逾十秋”，謂天寶初自少室别業移家關中迄今已十餘年也。又曰“兵馬日紛紛”，則指禄山叛亂之事。至德二載收復東京，乾元二年又失之，其前後公皆不能至緱氏，詩必乾元元年作。

送張郎中赴隴右覲省卿公（時張卿公亦充節度留後）

中郎鳳一毛，世上獨賢豪。弱冠已銀印，出身唯寶刀。還家卿月迥，度隴將星高。幕下多相識，邊書醉懶操。

正德本題無卿公二字，卿月作鄉月，眉批云惟（此本作唯）一作隨。荆公賢豪作英豪。

玩末二句，似作於自北庭東歸後不久，姑繫乾元元年。

乾元二年在長安虢州詩

出關經華岳寺訪法華雲公

野寺聊解鞍，偶見法華僧。開門對西岳，石壁青棱層。竹徑厚蒼苔，松門盤紫藤。長廊列古畫，高殿懸孤燈。五月山雨熱，三峰火雲蒸。側聞樵人言，深谷猶積冰。久願尋此山，至今嗟未能。謫官忽東走，王程苦相仍。欲去戀雙樹，何由窮一乘？月輪吐山郭，夜色空清澄。

正德本眉批云忽（東）一作向。

此乾元二年赴虢州途中詩，見《年譜》。

初至西虢官舍南池呈左右省及南宮諸故人

黜官自西掖，待罪臨下陽。空積犬馬戀，豈思鵷鷺行？素多江湖意，偶佐山水鄉。滿院池月静，捲簾溪雨凉。軒窗竹翠濕，案牘荷花香。白鳥上衣桁，青苔生筆床。數公不可見，一别盡相忘。敢恨青瑣客，無情華省郎。早年迷進退，晚節悟行藏。他日能相訪，嵩南舊草堂。

正德本鵷作鴛。

以下皆乾元二年任虢州長史時詩。

衙郡守還（洪邁曰監司郡守初上事既受官吏參謁至晡時僚屬復伺於客次胥吏立庭下通刺曰衙以聽進退之命）

世事何反復，一身難可料。頭白翻折腰，還家私自笑。所嗟無産業，妻子嫌不調。五斗米留人，東溪憶垂釣。

正德本守還作守邊，還家私自笑作歸家還自笑，眉批云一作還家惟自笑。

郡齋閑坐

負郭無良田，屈身狥微禄。平生好疏曠，何事就羈束？幸曾趨丹墀，數得侍黄屋。故人盡榮寵，誰念此幽獨？州縣非宿心，雲山欣滿目。頃來廢章句，終日披案牘。佐郡竟何成，自悲徒碌碌！

正德本狥作徇，榮寵作榮達。荆公數得作數載。

佐郡思舊游（并序）

已亥歲春三月，參自補闕轉起居舍人。夏四月，署虢州長史。適見秋草，凉風復來，昔桓譚出爲六安丞，常忽忽不樂，今知之矣。悲州縣瑣屑，思掖垣清閑，呈左右省舊游。

幸得趨紫殿，却憶侍丹墀。史筆衆推直，諫書人莫窺。平生恒自負，垂老此安卑。同類皆先達，非才獨後時。庭槐宿鳥亂，階草夜蟲悲。白髮今無數，青雲未有期！

正德本序昔桓作晋桓，呈上有因字。

早秋與諸子登虢州西亭觀眺

亭高出鳥外，客到與雲齊。樹點千家小，天圍萬嶺低。殘紅挂陝北，急雨過關西。酒榼緣青壁，瓜田傍緑溪。微官何足道，愛客且相携。唯有鄉園處，依依望不迷。

正德本題注有得低字三字。

玩詩意，疑初到虢州廨署之年所作。

九日使君席奉餞衛中丞赴長水

節使横行西（一作東）出師，鳴弓擐甲羽林兒。臺上霜風凌草木，軍中殺氣傍旌旗。預(一作須)知漢將宣威日，正是胡塵欲滅時。爲報使君多泛菊，更將弦管醉東籬。

衛中丞，衛伯玉也。《元和郡縣圖志》，河南府長水縣，東至府二百三十里。《舊書·肅宗紀》，乾元二年十二月癸巳朔神策將軍衛伯玉破賊於陜東彊子坂。

虢州西亭陪端公宴集

紅亭出鳥外，駿馬繫雲端。萬嶺窗前睥，千家肘底看。開瓶酒色嫩，踏地葉聲乾。爲逼霜臺使，重裘也覺寒。

正德本駿馬作驄馬。

前有《虢州西亭觀眺》詩，以下諸篇疑皆同時所作。

虢州西山亭子送范端公(得濃字)

百尺紅亭對萬峰，平明相送到齋鐘。驄馬勸君皆卸却，使君家醖舊來濃。

西亭送蔣侍御還京(得來字)

忽聞驄馬至，喜見故人來。欲語多時别，先愁計日回。山河宜晚眺，雲霧待(一作賴)君開。爲報烏臺客，須憐白髮催。

題虢州西樓

錯料一生事，蹉跎今白頭。縱横皆失計，妻子也堪羞。明主雖然棄，丹心亦未休。愁來無去處，衹上郡西樓。

正德本上作在。荆公然作能。

題觀樓

荒樓荒井閉空山，關令乘雲去不還。羽蓋霓旌何處在？空留藥臼向人間。

正德本留作餘。

此題函谷關也。《元和郡縣圖志》，陜州靈寶縣南十里有函谷故城。案靈寶縣本隸虢郡，武德元年始屬陜，此詩疑即在虢州作。

上元元年虢州詩

春興思南山舊廬招柳建正字

終歲不得意，春風今復來。自憐蓬鬢改，羞見梨花開。西掖誠可戀，南山思早回。園廬幸接近，相與歸蒿萊。

玩詩意，當係到虢州之次年，即上元元年所作。

陪使君早春東郊游眺（得春字）

太守擁朱輪，東郊物候新。鶯聲隨坐嘯，柳色唤行春。谷口雲迎馬，溪邊水照人。郡中叨佐理，何幸接芳塵。

以下疑皆上元元年在虢州詩。

春半與群公同游元處士別業

郭南處士宅，門外羅群峰。勝概忽相引，春華今正濃。山厨竹裹爨，野碓藤間舂。對酒雲數片，捲簾花萬重。岩泉嗟到晚，州縣欲歸慵。草色帶朝雨，灘聲兼夜鐘。愛兹清俗慮，何事老塵容。况有林下約，轉懷方外踪。

虢州南池候嚴中丞不至

池上日相待，知君殊未回。徒教柳葉長，漫使梨花開。驅馬去不見，雙魚空往來。思想（一作相思）不解説，孤負舟中杯。

正德本漫作謾，往作復，思想作相思。

嚴中丞，嚴武也。《舊書》一一七《嚴武傳》曰："既收長安，以武爲京兆少尹兼御史中丞。時年三十二。以史思明阻兵，不之官。"案至德二載九月收復長安，乾元二年九月史思明陷洛陽，同年夏公方至虢州，此詩既寫春景，則當作於乾元三年，即上元元年。下二篇同。

使君席夜送嚴河南赴長水（得時字）

嬌歌急管雜青絲，銀燭金杯映翠眉。使君地主能相送，河尹天明坐莫辭。春城月出人皆醉，野戍花深馬去遲。寄聲報爾山翁道，今日河南勝昔時。

此詩曰"河尹天明坐莫辭"，河尹即謂河南尹嚴武，亦即本傳所謂"爲京兆少尹，以史思明阻兵，不之官"者也。

稠桑驛喜逢嚴河南中丞便别（得時字）

驪馬映花枝，人人夾路窺。離心且莫問，春草自應知。不謂青雲客，猶思紫禁時（參忝西掖曾聯接）。别君能幾日？看取鬢成絲。

《元和郡縣圖志》及《元豐九域志》陝州靈寶縣，并有稠桑澤。此作稠桑驛，驛澤形近，未審孰是。

西亭子送李司馬

高高亭子郡城西，直上千尺與雲齊。盤崖緣壁試攀躋，群山向下飛鳥低。使君五馬天半嘶，絲繩玉壺爲君提。坐來一望無端倪，紅花緑柳鶯亂啼，千家萬井連回溪。酒行未醉聞暮鷄，點筆操紙爲君題。爲君題，惜解携；草萋萋，没馬蹄。

正德本直上作直下，眉批云下本作上，無下爲君題三字。眉批云絲繩一作青絲，柳一作錦。

暮春虢州東亭送李司馬歸扶風别廬

柳嚲鶯嬌花復殷，紅亭緑酒送君還。到來函谷愁中月，歸去磻溪夢裏山。簾前春色應須惜，世上浮名好是閑。西望鄉關腸欲斷，對君衫袖泪痕斑。

虢中酬陝西甄判官見贈

微才棄散地，拙宦慚清時。白髮徒自負，青雲難可期。胡塵暗東洛，亞相方出師。分陝振鼓鼙，二崤滿旌旗。夫子廊廟器，迥然青冥姿。閫外佐戎律，幕中吐兵奇。前者驛使來，忽枉行軍詩。晝吟庭花落，夜諷山月移。昔君隱蘇門，浪迹不可羈。詔書自徵用，令譽天下知。别來春草長，東望轉相思。寂寞山城暮，空聞畫角悲。

正德本題無見字。

此詩曰"胡塵暗東洛，亞相方出師"，亞相謂御史大夫郭英乂也。《舊書》一一七《英乂傳》曰："朝廷方討史思明，選任將帥，乃起英乂爲陝州刺史，充陝西節度、潼關防禦等使，尋加御史大夫。"《舊書·肅宗紀》，上元元年四月"庚申以右羽林大將軍郭英乂爲陝州刺史"。

喜華陰王少府使到南池宴集

有客至鈴下，自言身姓梅。仙人掌裏使，黄帝鼎邊來。竹影拂棋局，荷香隨酒杯。池前堪醉卧，待月未須回。

《元和郡縣圖志》，虢州湖城縣即黄帝鑄鼎之處。此詩曰"黄帝鼎邊來"，知即作於虢州。《新書·地理志》華州華陰，垂拱元年更名仙掌，神龍元年復曰華陰，上元二年曰太陰。此詩既稱華陰，則當作於上元元年。

五月四日送王少府歸華陰（得留字）

仙掌分明引馬頭，西看一點是關樓。五月也須應到舍，知君不肯更淹留。

正德本詩中月字作日。洪氏掌作馬，月作日，須應作應須。

六月三十（一作十三）日水亭送華陰王少府還縣（得潭字）

亭晚人將別，池凉酒未酣。關門勞夕夢，仙掌引歸驂。荷葉藏魚艇，藤花罥客簪。殘雲收夏暑，新雨帶秋嵐。失路情無適，離懷思不堪。賴兹庭户裏，別有小江潭。

正德本三十作十三，眉批云十三一作三十。

原頭送范侍御（得山字）

百尺原頭酒色殷，路傍驄馬汗斑斑。別君衹有相思夢，遮莫千山與萬山。

觀諸虢州詩，知虢州城西有高原。此詩百尺原頭云云，當亦虢州詩。

郡齋南池招楊轔

郡僻人事少，雲山常（一作遮）眼前。偶從池上醉，便向舟中眠。與子居最近，周官情又偏。閑時耐相訪，正有床頭錢。

正德本常作遮，周作同。

虢州諸詩多有南池字，此南池蓋亦謂虢州南池。

虢州卧疾喜劉判官相過水亭

卧疾嘗晏起，朝來頭未梳。見君勝服藥，清話病能除。低柳共繫馬，小池堪釣魚。觀棋不覺暝，月出水亭初。

正德本共作供。

劉判官當即下篇之劉顒。

水亭送劉顒使還歸節度（得低字）

無計留君住，應須絆馬蹄。紅亭莫惜醉，白日眼看低。解帶憐高柳，移床愛小溪。此來相見少，正（一作政）事各東西。

正德本正作王。

虢州後亭送李判官使赴晋絳（得秋字）

西原驛路挂城頭，客散紅亭雨未收。君去試看汾水上，白雲猶似漢時秋。

荆公、洪氏俱紅作江，收作休。正德本收作休。

虢州送天平何丞入京市馬

關樹晚蒼蒼，長安近夕陽。回風醒别酒，細雨濕行裝。習戰邊塵黑，防秋塞草黄。知君市駿馬，不是學燕王。

《新書·地理志》，虢州湖城縣，乾元三年更名天平，大曆四年復舊。

題山寺僧房

窗影摇群木，墻陰載一峰。野爐風自爇，山碓水能舂。勤學翻知誤，爲官好欲慵。高僧暝不見，月出但聞鐘。

正德本載作戴。

虢州多山，此詩多寫山城景色，又曰"爲官好欲慵"，自當是虢州詩。

送裴判官自賊中再歸河陽幕府

東郊未解圍，忠義似君稀。誤落胡塵裏，能持漢節歸。卷簾山對酒，上馬雪沾衣。却向嫖姚幕，翩翩去若飛。

《新書・地理志》孟州河陽，“武德四年析懷州之河陽、集城、温，於河陽宫置盟州。八年州廢，省集城入河陽、温，隸懷州”。此知河陽曾隸懷州。案《舊書・肅宗紀》，上元元年十一月乙巳李光弼奏收懷州，次年二月又失。此詩既送裴某再歸河陽，則當作於上元元年冬既收懷州之後。詩曰“上馬雪沾衣”，是其證。

上元二年虢州詩

陪使君早春西亭送王贊府赴選（得歸字）

西亭繫五馬，爲送故人歸。客舍草新出，關門花欲飛。到來逢歲酒，却去换春衣。吏部應相待，如君才調稀。

正德本眉批云門一作外。

以下蓋皆上元二年在虢州詩。

虢州酬辛侍御見贈

門柳葉已大，春花今復闌。鬢毛方二色，愁緒日千端。夫子屢新命，鄙夫仍舊官。相思難見面，時展尺書看。

此詩曰“鄙夫仍舊官”，知在虢州有年矣。

南池宴餞辛子賦得蝌斗子

臨池見蝌斗，羡爾樂有餘。不憂綱與釣，幸得免爲魚。且願充文字，登君尺素書。

正德本蝌斗子作科斗字。《全唐詩・韋應物集》題作“南池宴餞子辛賦得科斗”。

虢州諸詩多有南池字，此南池蓋亦謂虢州南池，辛子疑即前篇之辛侍御。

送陝縣王主簿赴襄陽成親

六月襄山道，三星漢水邊。求凰應不遠，去馬剩須鞭。野店愁中雨，江城夢裹蟬。襄陽多故事，爲我訪先賢！

正德本襄陽作襄城，山作陽。

此蓋王主簿赴襄陽，道出虢州，公送之而作。乾元二年及上元元年襄州阻兵，恐非此二年中事，故暫繫上元二年。

南池夜宿思王屋青蘿舊齋

池上卧煩暑，不櫛復不巾。有時清風來，自謂羲皇人。天晴雲歸盡，雨洗月色新。公事常不閑，道書日生塵。早年家王屋，五別青蘿春。安得還舊山，東溪垂釣綸！

虢州郡齋南池幽興因與閻二侍御道別

池色浄天碧，水凉雨凄凄。快風從東南，荷葉翻向西。性本愛魚鳥，未能返岩溪。中歲徇微官，遂令心賞睽。及兹佐山郡，不异尋幽栖。小吏趨竹徑，訟庭侵藥畦。胡塵暗河洛，二陝震鼓鼙。故人佐戎軒，逸翮凌雲霓。行軍在函谷，兩度聞鶯啼。相看紅旗下，飲酒白日低。聞君欲朝天，駟馬臨道嘶。仰望浮與沈，忽如雲與泥。夜眠驛樓月，曉發關城鷄。惆悵西郊暮，鄉書對君題。

正德本題無因與二字，題注有時任虢州長史六字。

案《舊書·肅宗紀》，上元二年二月李光弼與賊戰於北邙，官軍敗績。魚朝恩、衛伯玉走保陝州，河陽懷州共陷賊。三月賊又襲我陝州，衛伯玉擊敗之。此詩曰“胡塵暗河洛，二陝震鼓鼙”，殆即指其事。

虢州送鄭興宗弟歸扶風别廬

佐郡已三載，豈能長後時？出關少親友，賴汝常相隨。今旦忽言别，愴然俱泪垂。平生滄洲意，獨有青山知。州縣不敢説，雲霄誰敢期！因懷東溪老，最憶南峰緇。爲我多種藥，還山應未遲。

正德本旦作且，平作半，東作陳，眉批云陳本作東，爲我作我爲。

詩曰“佐郡已三載”，案自乾元二年至上元二年爲三載。

送楊録事充潼關判官（得江字一作充使）

夫子方寸裹，秋天澄霽江。關西望第一，郡内政無雙。狹室下珠箔，連宵傾玉缸。平明（一作使乎）猶未醉，斜月隱書（一作高，一作吟）窗。

正德本題作“送王録事充使”，秋天作清秋，狹作俠，平明作使乎，書窗作高囱，眉批云一作斜日隱書囱。

案判官爲節度等使僚屬，潼關判官蓋謂鎮國節度判官。此當是上元二年詩，參見後篇。

代宗寶應元年華州陝州長安詩

潼關鎮國軍句覆使院早春寄王同州

胡寇尚未盡，大軍鎮關門。旌旗遍草木，兵馬如雲屯。聖朝正用武，諸將皆承恩。不見征戰功，但聞歌吹喧。儒生有長策，閉口不敢言。昨從關東來，思與故人論。何爲廊廟器，至今居外藩？黄霸寧淹留，蒼生望騰騫。捲簾見西岳，仙掌明朝暾。昨夜聞春風，戴勝過後園。各自限官守，何由叙凉温！離憂不可忘，襟背思樹萱。

正德本旌旗作旗旌，廊廟作廟廊，眉批云（昨）從一作夜。

《新書·方鎮表》，上元二年以華州置鎮國節度，廣德元年罷。此詩即寶應元年公充關西節度判官時作。參見《年譜》。

潼關使院懷王七季友

王生今才子（一作人），時輩咸所仰。何當見顔色？終日勞夢想。驅車到關下，欲往阻河廣。滿目徒春華，思君罷心賞。開門見太華，朝日映高掌。忽覺蓮華峰，別來更如長。無心顧微禄，有意在獨往。不負林中期，終當出塵網。

正德本子作人，眉批云夢（想）一作憂，獨（往）一作長。荆公季友作秀才，在獨作佳獨。

與前篇同時作。

閿鄉送上官秀才歸關西别業

風塵奈汝（一作爾）何，終日獨波波。親老無官養，家貧在外多。醉眠輕白髮，春夢渡黄河。相去關城（一作山）近，何時更肯過？

《新書・地理志》，虢州閿鄉縣有潼關。此詩曰“春夢渡黄河”，與前兩篇潼關詩之季候相合，疑即同時作。

范公叢竹歌（并序）

職方郎中兼侍御史范公乃於陝西使院内種竹，新製叢竹詩以見示。美范公之清致雅操，遂爲歌以和之。

世人見竹不解愛，知君種竹府城内。此君托根幸得地，種來幾時聞已大。盛暑翛翛叢色寒，閑宵槭槭葉聲乾。能清案牘簾下見，宜對琴書窗外看。爲君成陰將蔽日，迸笋穿階踏還出。守節偏凌御史霜，虚心願比郎官筆。君莫愛南山松樹枝，竹色四時也不移。寒天草木黄落盡，猶自青青君始知。

正德本府城作府庭，得地作得所，盛暑作盛夏。

杜甫有《泛舟送魏十八倉曹還京因寄岑中允參范郎中季明》詩，范季明當即此詩之范公。而岑公改太子中允在寶應元年，則此詩亦當作於寶應元年。《杜詩》仇注引鶴注云："廣德元年，岑參自虢州長史歸爲太子中允。"誤，詳見《岑公年譜》。

敷水歌送竇漸入京

羅敷昔時秦氏女，千載無人空處所。昔時流水至今流，萬事皆逐東流去。此水東流無盡期，水聲還似舊來時。岸花仍自羞紅臉，堤柳猶能學翠眉。春去秋來不相待，水中月色長不改。羅敷養蠶空耳聞，使君五馬今何在？九月霜天水正寒，故人西去度征鞍。水底鯉魚幸無數，願君別後垂尺素！

《新書·地理志》，華州華陰西二十四里有敷水渠。此詩疑即公充關西節度判官居華州時作。

送永壽王贊府逕（一作遥）歸縣（得蟬字）

當官接閑暇，暫得歸林泉。百里路不宿，兩鄉山復連。夜深露濕簟，月出風驚蟬。且盡主人酒，爲君從醉眠。

上元二年在虢州有《送王贊府赴選》詩，此詩曰"當官接閑暇，暫得歸林泉"，疑當寶應元年王某落選後公送之還鄉也。

陝州月城樓送辛判官入奏

送客飛鳥外，城頭樓最高。樽前遇風雨，窗裏動波濤。謁帝向金殿，隨身唯寶刀。相思灞陵月，祇有夢偏勞。

正德本二句作"樓頭城最高"，陵月作陵後。

此當是寶應元年十月爲雍王掌書記在陝州作，辛判官疑即上元二年以詩酬贈之辛侍御。侍御可兼充判官，公即嘗以殿中侍御史充關西節度判官。

送王七録事赴虢州

早歲即相知，嗟君最後時。青雲仍未達，白髮欲成絲。小店關門樹，長河華岳祠。弘農人吏待，莫使馬行遲！

正德本眉批云，曰（疑白字之誤）一作黑，人一作民。

考見下篇。

送王録事却歸華陰（王録事自華陰尉授虢州録事參軍旬日却復舊官）

相送欲狂歌，其如此别何！攀轅人共惜，解印日無多。仙掌雲重見，關門路再過。雙魚莫不寄，縣外是黄河。

正德本共作亦，題注入眉批，却作即。

案上篇及此篇題注云云，自是寶應元年十月公爲雍王掌書記在陝州時，王録事旬日之内兩度過此送之而作。華陰上元二年曰太陰，寶應元年復故名。此詩稱華陰，亦作於寶應元年之一證。王七録事當即本年春在潼關使院所懷之王七季友。《懷王》詩云“開門見太華，朝日映高掌”，乃言季友所在之地。太華、高掌皆指華陰，與此王録事嘗爲華陰尉之事正合。又案唐時稱縣尉曰少府，則上元元年屢次酬贈之華陰王少府亦當是王季友矣。上元元年夏季友已爲華陰尉，及寶應元年冬猶未罷，則季友爲此官至少有三年之久。雖寶應元年十月間季友嘗授爲虢州録事參軍，然不過十日即復舊官，此由岑詩中於季友事迹之斑斑可考者。因慨季友事多不彰，故詳識於此。

秋夕讀書幽興獻兵部李侍郎

年紀蹉跎四十强，自憐頭白始爲郎。雨滋苔蘚侵階緑，秋颯梧桐覆井黄。驚蟬也解求高樹，旅雁還應厭後行。覽卷試穿鄰舍壁，明燈何惜借餘光。

正德本題幽字上有秋字。

此詩曰“自憐頭白始爲郎”，公始爲郎之年無確考，要當在寶應元年以後，參見《年譜》。

冬宵家會餞李郎司兵赴同州

急管雜青絲，玉瓶金屈卮。寒天高堂夜，撲地飛雪時。賀君關西掾，新綬腰下垂。白面皇家郎，逸翮青雲姿。明旦之官去，他辰良會稀。惜别冬夜短，務歡杯行遲。季女猶自小，老夫未令歸。且看匹馬行，不得鳴鳳飛。昔歲到馮翊，人烟接京師。曾上月樓頭，遥見西岳祠。沙苑逼官舍，蓮峰壓城池。多暇或自公，讀書復彈棋。州縣信徒勞，雲霄亦可期。應須力爲政，聊慰此相思。

正德本金屈卮作屈金卮。

此詩曰“州縣信徒勞”，似爲虢州長史後所作，姑繫寶應元年。

廣德元年長安詩

送懷州吴别駕

灞上柳枝黄，壚頭酒正香。春流飲去馬，暮雨濕行裝。驛路通函谷，州城接太行。覃懷人總喜，别駕得王祥。

《新書・百官志》：“高宗即位改别駕皆爲長史，上元二年諸州復置别駕。”案上元二年及寶應元年，公不在長安；且其時東京未復，懷州路恐未通。此詩殆廣德元年春所作。

省中即事

華省謬爲郎，蹉跎鬢已蒼。到來恒襆被，隨例且含香。竹影遮窗暗，花陰拂簟凉。君王新賜筆，草奏向明光。

正德本新作親，草作莫。

寶應元年冬公始爲祠部員外郎，廣德元年改爲考功員外郎。《新書·百官志》，吏部考功郎中員外郎各一人，掌文武百官功過善惡之考法及其行狀。此詩云“君王新賜筆，草奏向明光”，殆即謂其時正爲考功員外郎也。

劉相公中書江山畫障

相府徵墨妙，揮毫天地窮。始知丹青筆，能奪造化功。瀟湘在簾間，廬螯横座中。忽疑鳳凰池，暗與江海通。粉白湖上雲，黛青天際峰。晝日恒見月，孤帆如有風。岩花不飛落，澗草無春冬。擔錫香爐緇，釣魚滄浪翁。如何平津意，尚想塵外踪。富貴心獨輕，山林興彌濃。喧幽趣頗异，出處事不同。請君爲蒼生，未可追赤松。

正德本障作帳，眉批云螯疑作霍，塵外一作丘螯。

劉相公謂劉晏。此廣德元年詩，見《年譜》。

尹相公京兆府中棠樹降甘露詩

相國尹京兆，政成人不欺。甘露降府庭，上天表無私。非無他人家，豈少群木枝？被兹甘棠樹，美掩召伯詩。團團甜如蜜，皛皛凝若脂。千柯玉光碎，萬葉珠顆垂。崑崙何時來，慶雲相逐飛。魏宫銅盤貯，漢帝金掌持。王澤布人和，精心動靈祇。君臣日同德，禎瑞方潛施。何術令大臣，感通能及兹？忽驚政化理，暗與神物期。却笑趙張輩，徒稱今古稀！爲君下天酒，麴糵將用時。

正德本皛皛作晶晶，王澤作玉澤，禎瑞作貞瑜。

《舊書·代宗紀》，廣德元年正月國子祭酒兼御史大夫京兆尹劉宴爲吏部尚書同中書門下平章事。此詩曰“相國尹京兆”，知詩題之尹相公即謂劉宴。

送襄州任别駕

别乘向襄州，蕭條楚地秋。江聲官舍裏，山色郡城頭。莫羡黄公蓋，須乘彦伯舟。高陽諸醉客，唯見古時丘。

正德本頭作樓，眉批云樓本作頭。

此廣德元年秋所作，考見前《送懷州吴别駕》詩下。

送任郎中出守明州

罷起郎官草，初封刺史符。城邊樓枕海，郭裏樹侵湖。郡政傍連楚，朝恩獨借吴。觀濤秋正好，莫不上姑蘇。

正德本封作分，史作吏。

此詩疑亦廣德元年公爲郎時作。

送蜀郡李椽（一作接非）

飲酒俱未醉，一言聊贈君。功曹善爲政，明主還應聞。夜宿劍門月，朝行巴水雲。江城菊花發，滿道香氛氲。

正德本椽作掾，菊作橘。

案此詩作訓誨語，蓋亦公爲考功員外郎時詩。

暮秋會嚴京兆後廳竹齋

京兆小齋寬，公庭半藥闌。甌香茶色嫩，窗冷竹聲乾。盛德中朝貴，清風畫省寒。能將吏部鏡，照取寸心看。

正德本兆作尹。

嚴京兆謂嚴武。此廣德元年詩，見《年譜》。

崔倉曹席上送殷寅充石相判官赴淮南

清淮無底緑江深，宿處津亭楓樹林。駟馬欲辭丞相府，一樽須盡故人心。

案“石相”疑當作“元相”，謂元載也。載上元二年拜相，領度支轉運使如故。殷寅充判官赴淮南疑即爲支調之事。上元二年及寶應元年公不在長安，且其時東京阻兵，汴路未通，詩蓋廣德元年作。

送崔主簿赴夏陽

常愛夏陽縣，往年曾再過。縣中饒白鳥，郭外是黄河。地近行程少，家貧酒債多。知君新稱意，好得奈春何。

此詩曰“知君新稱意”，蓋謂崔某擢第後即授爲夏陽主簿也。《新書·地理志》，同州夏陽縣，本河西，乾元三年更名。則此詩當作於乾元三年以後。又案送人及第出任詩，依例當作於長安。長安距同州爲近，故詩又曰“地近行程少”。乾元三年以後至廣德初，公方由虢州至長安，此詩殆即廣德年間所作。又案河中府河西縣（即未改夏陽時）有蒲津關，天寶二年公嘗過此，故詩又曰“常愛夏陽縣，往年曾再過”也。

廣德二年在長安詩

送嚴黄門拜御史大夫再鎮蜀川兼觀省

授鉞辭金殿，承恩戀玉墀。登壇漢主用，講德蜀人思。副相韓安國，黄門向子期。刀州重入夢，劍閣再題詞。春草連青綬，晴花間赤旗。山鶯朝送酒，江月夜供詩。許國分憂日，榮親色養時。蒼生望已久，來去不應遲！

以下三篇皆廣德二年正月詩，見《年譜》。

奉送李太保兼御史大夫充渭北節度使（即太尉光弼弟）

詔出未央宫，登壇近總戎。上公周太保，副相漢司空。弓抱（一作挽）關西月，旗翻渭北風。弟兄皆許國，天地荷成功。

正德本作“送李太保充渭北節度”。

送許員外江外置常平倉

詔置海陵倉，朝推畫省郎。還家錦服貴，出使綉衣香。水驛風催舫，江樓月透床。仍懷陸氏橘，歸獻老親嘗。

成王挽歌

幽山悲舊桂，長坂愴餘蘭。地底孤燈冷，泉中一鏡寒。銘旌門客送，騎吹路人看。漫作琉璃碗，淮王誤合丹。

成當作盛。以下兩篇皆廣德二年三月詩，見《年譜》。

送張秘書充劉相公通汴河判官便赴江外覲省

前年見君時，見君正泥蟠，去年見君處，見君已風摶。朝趨赤墀前，高視青雲端。新登麒麟閣，適脱獬豸冠。劉公領舟楫，汴水揚波瀾。萬里江海通，九州天地寬。昨夜動使星，今旦送征鞍。老親在吴郡，令弟雙同官。鱸鱠剩堪憶，蒓羹殊可餐。既參幕中畫，復展膝下歡。因送故人行，試歌《行路難》。何處路最難？最難在長安！長安多權貴，珂佩聲珊珊。儒生直如弦，權貴不須干。斗酒取一醉，孤琴爲君彈。臨岐欲有贈，持以握中蘭。

正德本琴作瑟。

送江陵泉少府赴任便呈衛荆州

神仙吏姓梅，人吏待君來。渭北草新出，江南花已開。城邊宋玉宅，峽口楚王臺。不畏無知己，荆州甚愛才。

《舊書》二五《衛伯玉傳》："廣德元年冬，吐蕃寇京師，乘輿幸陜，以伯玉有幹略，可當重寄，乃拜江陵尹，兼御史大夫，充荆南節度、觀察等使。"此詩春景，當作於廣德二年。

左僕射相國冀公東齋幽居（同黎拾遺賦獻）

丞相百僚長，兩朝居此官。成功雲雷際，翊聖天地安。不矜南宫貴，祇向東山看。宅占鳳城勝，窗中雲嶺寬。午時松軒夕，六月藤齋寒。玉珮罥女蘿，金印耀牡丹。山蟬上衣桁，野鼠緣藥盤。有時披道書，竟日不着冠。幸得趨省闥，常欣在門闌。何當復持衡，短翮期風摶？

正德本題注入題，賦作所。

冀公謂裴冕。《新書》一百四十《裴冕傳》云："肅宗至鳳翔，罷冕政事……兩京平，封冀國公。"《舊書·代宗紀》，廣德二年二月戊寅"以澧州刺史裴冕爲左僕射"。此詩云左僕射相國冀公，蓋即作於廣德二年。

冀國夫人歌詞七首

據敦煌唐寫殘卷影片移録。以下六首不著名氏，在岑參《江行遇梅花之作》後，又格調視餘篇較高，疑亦參詩（第五首全缺）。

夫人封賞國初開，寶札綸言天上來。翔鵠日邊鸞不去，盤龍印處鵲飛回。

柳暗南橋花撲人，紅亭獨占二江春。爲愛錦波清見底，時時羅襪踏成塵。

錦帽紅纓紫簿寒，織成團襜鈿裝鞍。翩翩出向城南獵，幾許都人夾道看。

歌聲一發世間稀，數片晴雲不肯歸。弱腕醉□□□□，誤（原作吴缺其左半疑是誤字）令□月酒（原作酉左半缺損疑是酒字）□□□。

甲士千群若□雲，一身能出定三軍。□□玉指調金鏃，漢北已東誰不聞。

碎葉氍毹金獨盤，繁弦急管夜將闌。自憐丞相歌鐘貴，却笑陽臺雲雨寒。

案裴冕於兩京平封冀國公，則此詩當作於乾元元年或廣德二年前後公在長安時。

祁四再赴江南别詩

萬里來又去，三湘東復西。别多人換鬢，行遠馬穿蹄。山驛秋雲冷，江帆暮雨低。憐君不解説，相憶在書題。

此廣德二年詩，見《年譜》。

和刑部成員外秋夜寓直寄臺省知己

列宿光三署，仙郎直五宵。時衣天子賜，厨膳大官調。長樂鐘應近，明光漏不遥。黄門持被覆，侍女捧香燒。筆爲題詩點，燈緣起草挑。竹喧交砌葉，柳彈拂窗條。粉署榮新命，霜臺憶舊僚。名香播蘭蕙，重價蘊瓊瑶。擊水翻滄海，摶風透赤宵。微才喜同舍，何幸忽聞《韶》。

正德本題作“和刑部成員外秋寓直臺省寄知己”，漏作路，彈作殫。

成員外謂成賁。《郎官石柱題名》，左司員外郎有成賁。獨孤及《送成都成少尹赴蜀序》云：“歲次乙巳（永泰元年）定襄郡王英乂，出鎮庸蜀，謀亞尹，僉曰左司郎中成公可。”案成賁官員外郎當在爲郎中之前，其爲郎中既在永泰元年，則官員外郎當在廣德元、二年之間。

故河南尹岐國公贈工部尚書蘇公挽歌二首

河尹恩榮舊，尚書寵贈新。一門傳畫戟，幾世駕朱輪。夜色何時曉，泉臺不復春。唯餘朝服在，金印已生塵。

白日扃泉户，青春掩夜臺。舊堂階草長，空院砌花開。山晚銘旌去，郊寒騎吹回。三川難可見，應惜庾公才。

正德本題無故字，贈作賜，空院作新院。

此廣德二年十月詩，見《年譜》。

永泰元年長安梁州詩

韋員外家花樹歌

今年花似去年好，去年人到今年老。始知人老不如花，可惜落花君莫掃。君家兄弟不可當，列卿御史尚書郎。朝回花底恒會客，花撲玉缸春酒香。

正德本眉批云（不）如一作及，缸一作甌。荆公花似作春似，始知人老不如花作知人老去不及花，御作太。

以下四篇皆永泰元年春夏在長安作，見《年譜》。

送盧郎中除杭州赴任

罷起郎官草，初分刺史符。海雲迎過楚，江月引歸吴。城底濤聲震，樓端蜃氣孤。千家窺驛舫，五馬飲春湖。柳色供詩用，鶯聲送酒須。知君望鄉處，枉道上姑蘇。

正德本海（雲）一作山，震一作壯。

盧郎中幼平。

苗侍中挽歌二首

攝政朝章重，持衡國相尊。筆端通造化，掌内運乾坤。青史遺芳滿，黄樞故事存。空悲渭橋路，誰對漢皇言！

天子悲元老，都人惜上公。優賢几杖在，會葬市朝空。丹旐飛斜日，清笳怨暮風。平生門下客，繼美廟堂中。

正德本衡作行，飛斜作翻斜。

苗侍中晋卿。

送郭僕射節制劍南

鐵馬擐紅纓，幡旗出禁城。明王親授鉞，丞相欲專征。玉饌天厨送，金杯御酒傾。劍門乘險過，閣道踏空行。山鳥驚吹笛，江猿看洗兵。曉雲隨去陣，夜月逐行營。南仲今時往，西戎計日平。將心感知己，萬里寄懸旌。

正德本明王作明主，懸旌作旗旌，眉批云今（時）一作令，（戎）計一作刻，旗本作懸。

郭僕射英乂。

送韓巽入都覲省便赴舉

槐葉蒼蒼柳葉黄，秋高八月天欲霜。青門百壺送韓侯，白雲千里連嵩丘。北堂倚門望君憶，東歸扇枕後秋色。洛陽才子能幾人，明年桂枝是君得。

正德本眉批云丘一作岡。

《舊書·代宗紀》，廣德二年九月，“尚書左丞楊綰知東京選，禮部侍郎賈至知東都舉，兩都分舉選自此始也”。此詩送韓入東都赴舉，又在八月，則當作於永泰元年八月。其後公即赴蜀，永别長安矣。

酬成少尹駱谷行見呈

聞君行路難，惆悵臨長衢。豈不憚險艱？王程剩相拘。憶昨蓬萊宫，新授刺史符。明主仍賜衣，價值千萬餘。何幸承命日，得與夫子俱。携手出華省，連鑣赴長途。五馬當路嘶，按節投蜀都。千崖（一作岩）信縈折，一徑何盤紆。層冰滑征輪，密竹礙隼旟。深林迷昏旦，棧道凌空虚。飛雪縮馬毛，烈風擘我膚。峰攢望天小，亭午見日初。夜宿月近人，朝行雲滿車。泉澆石罅坼，火入松心枯。亞尹同心者，風流賢大夫。榮禄上及親，之官隨板輿。高價振臺閣，清詞出應徐。成都春酒香，且用俸錢沽。浮名何足道？海上堪乘桴。

正德本題行在見下，馬毛作馬尾，大（夫）一作丈。

成少尹賁。以下二篇皆永泰元年十一月赴蜀途中作，見《年譜》。

赴嘉州過城固縣尋永安超禪師房

滿寺枇杷冬着花，老僧相見具袈裟。漢王城北雪初霽，韓信臺西日欲斜。門外不須催五馬，林中且聽演三車。豈料巴川多勝事，爲君書此報京華。

正德本臺西作壇西。

雪後與群公過慈（一作報）恩寺

乘輿忽相招，僧房暮與朝。雪融雙樹濕，沙暗（一作閉）一燈燒。竹外山低塔，藤間院隔（一作接）橋。歸家如（一作好）欲懶，俗慮向來銷。

正德本沙暗作紗閉。

玩題意，當係永泰年前後公爲郎時作。考《舊書·代宗紀》，永泰元年正月及大曆元年正月皆大雪，此詩當即作於此二年間。

和祠部王員外雪後早朝即事

長安雪後似春歸，積素凝華連曙暉。色借玉珂迷曉騎，光添銀燭晃朝衣。西山落月臨天仗，北闕晴雲捧禁闈。聞道仙郎歌《白雪》，由來此曲和人稀。

王員外謂王紞。《郎官石柱題名》祠部員外郎王紞名在公後，則此詩當作於廣德元年以後，大曆元年以前。永泰元年及大曆元年皆大雪，詩蓋即作於此二年間。

送羽林長孫將軍赴歙州

剖竹向江濆，能名計日聞。隼旟新刺史，虎劍舊將軍。驛舫宿湖月，州城浸海雲。青門酒樓上，欲別醉醺醺。

正德本眉批云隼一作龍，浸一作侵。

長孫將軍謂長孫全緒。《通鑒》二二三廣德元年十月，“子儀使左羽林大將軍長孫全緒將二百騎出藍田觀虜勢”，此知全緒爲羽林將軍在廣德元年，而此詩送之出刺歙州，當在其後。姑繫永泰元年。

裴將軍宅蘆管歌

遼東九月蘆葉斷，遼東小兒採蘆管。可憐新管清且悲，一曲風飄海頭滿。海樹蕭索天雨霜，管聲寥亮月蒼蒼。白狼河北堪愁恨，玄兔城南皆斷腸。遼東將軍長安宅，美人蘆管會佳客。弄調啾颼勝洞簫，發聲窈窕欺横笛。夜半高堂客未回，祇將蘆管送君杯。巧能陌上驚楊柳，復向園中誤落梅。諸客愛之聽未足，高捲珠簾列紅燭。將軍醉舞不肯休，更使美人吹一曲。

正德本眉批云（蕭）索本作條，（玄）兔一作武。

玩詩意，疑永泰前數年間公在長安爲郎時作。

大曆元年長安入蜀詩

奉送李賓客荆南迎親

迎親辭舊苑，恩詔下儲闈。昨見雙魚去，今看駟馬歸。驛帆湘水闊，客舍楚山稀。手把黄香扇，身披萊子衣。鵲隨金印喜，烏傍板輿飛。勝作東征賦，還家滿路輝。

正德本題無奉字，舊作望，儲作慈，眉批云勝一作剩。

李賓客謂李之芳。《舊書·蔣王惲傳》：“廣德元年……遣之芳兼御史大夫，使吐蕃，被留境上，二年而歸，除禮部尚書，尋改太子賓客。”以此計其爲賓客時當在永泰元年。杜甫有《秋日夔府咏懷寄鄭監審李賓客一百韻》，作於大曆二年，蓋其時之芳猶未罷此官也。大曆元年二月公已首途赴蜀，則此詩當作於永泰元年或大曆元年之歲初。

奉和杜相公初發京城作

按節辭黄閣，登壇戀赤墀。銜恩期報主，授律遠行師。野鵲迎金印，郊雲拂畫旗。叨陪幕中客，敢和《出車》詩。

正德本題初下有夏字。

杜相公杜鴻漸也。以下兩篇皆大曆元年入蜀途中詩，見《年譜》。

過梁州奉贈張尚書大夫公

漢中二良將，今昔各一時。韓信此登壇，尚書復來斯。手把銅虎符，身總丈人師。錯落北斗星，照耀黑水湄。英雄若神授，大材濟時危。頃歲遇雷雲，精神感靈祇。勛業振青史，恩德繼鴻私。羌虜昔未平，華陽積僵尸。人烟絶墟落，鬼火依城池。巴漢空水流，褒斜惟鳥飛。自公布德政，此地生光輝。百堵創里閭，千家恤惸嫠。層城重鼓角，甲士如熊羆。坐嘯風自調，行春雨仍隨。芃芃麥苗長，藹藹桑葉肥。浮客相與來，群盜不敢窺。何幸承嘉惠，小年即相知。富貴情易疏，相逢心不移。置酒宴高館，嬌歌雜青絲。錦席綉拂廬，玉盤金屈卮。春景透高戟，江雲彗長麾。櫪馬嘶柳陰，美人映花枝。門傳大夫印，世擁上將旗。承家令名揚，許國苦節施。戎幕寧久駐，臺階不應遲。别有彈冠士，希君無見遺。

正德本丈人作文人，生光作先生，坐嘯作坐笑，眉批云昔（未）一作苦。

張尚書張獻誠也，時爲山南西道節度使兼梁州刺史。

尚書念舊垂賜袍衣率題絶句獻上以申感謝

富貴情還在，相逢豈間然。綈袍更有贈，猶荷故人憐。

由前篇“富貴情易疏，相逢心不移”之句驗之，知此詩之尚書亦指張尚書獻誠。

梁州陪趙行軍龍岡寺北庭泛舟宴王侍御（得長字）

誰宴霜臺使？行軍粉署郎。唱歌江鳥没，吹笛岸花香。酒影摇新月，灘聲聒夕陽。江鐘聞已暮，歸棹緑川長。

以下九篇皆大曆元年入蜀途中詩，見《年譜》。

陪群公龍岡寺泛舟（得盤字）

漢水天一色，寺樓波底看。鐘鳴長空夕，月出孤舟寒。映酒見山火，隔簾聞夜灘。紫鱗掣芳餌，紅燭然金盤。良友興正愜，勝游情未闌。此中堪倒載，須盡主人歡。

梁州對雨懷麴二秀才便呈麴大判官時疾贈余新詩

江上雲氣黑，㟭山昨夜雷。水惡平明飛，雨從嶓冢來。濛濛隨風過，蕭颯鳴庭槐。隔簾濕衣巾，當暑涼幽齋。麴生住相近，言語阻且乖。卧疾不見人，午時門始開。終日看本草，藥苗滿前階。兄弟早有名，甲科皆秀才。二人事慈母，不弱古老萊。昨嘆携手遲，未盡平生懷。愛君有佳句，一日吟幾回。

正德本眉批云惡一作急；又云河滿切，山在南山陽，此注㟭山也；又云縣一作歸。案詩中無歸字。

早上五盤嶺

平旦驅駟馬，曠然出五盤。江回兩岸鬥，日隱群峰攢。蒼翠烟景曙，森沈雲樹寒。松疏露孤驛，花密藏回灘。棧道溪雨滑，畬田原草乾。此行爲知己，不覺蜀道難。

正德本眉批云門一作閣。

與鮮于庶子泛漢江

急管更須吹，杯行（一作金杯）莫遣遲。酒光紅琥珀，江色碧琉璃。日影浮歸棹，蘆花罥釣絲。山公醉不醉，問取葛彊知。

正德本題注有得遲字三字，眉批云杯行一作金杯。

與鮮于庶子自梓州成都少尹自褒城同行至利州道中作

剖竹向西蜀，岷峨眇天涯。空深北闕戀，豈憚南路賒。前日登七盤，曠然見三巴。漢水出嶓冢，梁山控褒斜。棧道籠迅湍，行人貫層崖。岩傾劣通馬，石窄難容車。深林怯魑魅，洞穴防龍蛇。水種新插秧，山田正燒畬。夜猿嘯山雨，曙鳥鳴江花。過午方始飯，經時旋及瓜。數公各游宦，千里皆辭家。言笑忘羈旅，還如在京華。

正德本題利下無州字，籠迅作寵迅，秧作秡。

漢川山行呈成少尹

西蜀方携手，南宫憶比肩。平生猶不淺，羈旅轉相憐。山店雲迎客，江村犬吠船。秋來取一醉，須待月光眠。

正德本須待作待倚。

奉和（一本有杜字）相公發益昌

相公臨戎別（一作發）帝京，擁麾持節遠横行。朝登劍閣雲隨馬，夜渡巴江雨洗兵。山花萬朶迎（一作垂）征蓋，川柳千條拂（一作撥）去旌。暫到蜀城應計日，須知明主待持衡。

正德本公臨作國臨，麾作旄。

入劍門作寄杜楊二郎中時二公并爲杜元帥判官

不知造化初，此山誰開坼？雙崖倚天立，萬仞從地劈。雲飛不到頂，鳥去難過壁。速駕畏岩傾，單行愁路窄。平明地仍黑，停午日暫赤。凜凜三伏寒，巉巉五丁迹。與時忽開閉，作固或順逆。磅薄跨岷峨，巍蟠限蠻貊。星當觜参分，地處西南僻。陡覺烟景殊，杳將華夏隔。劉氏昔顛覆，公孫曾敗績。始知德不修，恃此險何益。相公總師旅，遠近罷金革。杜母來何遲，蜀人應更惜。暫回丹青慮，少用開濟策。二友華省郎，俱爲幕中客。良籌佐戎律，精理皆碩畫。高文出詩騷，奧學窮討賾。聖朝無外户，環宇被德澤。四海今一家，徒然劍門石。

正德本坼作折，地處作地起，陡作斗。

陪狄員外早秋登府西樓因呈院中諸公

常愛張儀樓，西山正相當。千峰帶積雪，百里臨城墻。烟氛掃晴空，草樹映朝光。車馬隘百井，里閈盤二江。亞相自登壇，時危安此方。威聲振蠻貊，惠化鍾華陽。旌節羅廣庭，戈鋋凜秋霜。階下貔虎士，幕中鵷鷺行。今我忽登臨，顧恩不望鄉。知己猶未報，鬢毛颯已蒼。時命難自知，功業豈暫忘。蟬鳴秋城夕，鳥去江天長。兵馬休戰争，風塵尚蒼茫。誰當共携手？賴有冬官郎。

正德本顧恩作顧思，眉批云（誰）當一作人。

此大曆元年七月抵成都後所作，見《年譜》。

送顔評事入京

顔子人嘆屈，宦游今未遲。佇聞明主用，豈負青雲姿。江柳秋吐葉，山花寒滿枝。知君客（一作窮）愁處，月滿（一作出一作落）巴川時。

此詩曰“江柳秋吐葉，月滿巴川時”，當作於大曆元年秋既至成都後。

送狄員外巡按西山軍（得霽字）

兵馬守西山，中國非得計。不知何代策，空使蜀人弊。八州崖谷深，千里雲雪閉。泉澆閣道滑，水凍繩橋脆。戰士常苦饑，糗糧不相繼。胡兵猶不歸，空山積年歲。儒生識損益，言事皆審諦。狄子幕府郎，有謀必康濟。胸中懸明鏡，照耀無巨細。莫辭冒險艱，可以裨節制。相思江樓夕，愁見月澄霽。

此詩冬景，當作於大曆元年冬，大曆二年冬公已至嘉州。參見前第二篇。又案西山謂劍南西山，時吐蕃勢强，故曰“胡兵猶不歸”。

寄青城龍溪奂道人

五岳之丈人，西望青瞢瞢（一作懵懵）。雲開露崖嶠，百里見石棱。龍溪盤中峰，上有蓮華僧。絶頂小（一作少）蘭若，四時嵐氣（一作翠）凝。身同雲虚無，心與溪清澄。誦戒龍每聽，賦詩人則稱。杉風吹（一作泠）袈裟，石壁懸孤燈。久欲謝微禄，誓將歸大乘。願聞開士説，庶以心相應。

正德本有題注云“青城即丈人，奂公有篇”九字，懸作泠，眉批云杉一作泠。

此亦大曆元年在成都詩。《新書・地理志》，蜀州青城縣有青城山。

送裴侍御赴（一作趁）歲入京（得陽字）

羡他驄馬郎，元日謁明光。立處聞天語，朝回惹御香。臺寒柏樹緑，江暖柳條黄。惜别津亭暮，揮戈憶魯陽。

正德本他作它。

公游宦之地若安西、虢州、成都，惟成都有汶江，此詩曰“江暖柳條黄”，當即作於成都。大曆元年冬公在成都，與題曰“趁歲”合。

大曆二年成都嘉州詩

早春陪崔中丞同泛浣花溪宴

旌節臨溪口，寒郊陡覺暄。紅亭移酒席，畫舸逗江村。雲帶歌聲揚，風飄舞袖翻。花間催秉燭，川上欲黄昏。

正德本題無同字，舸作枋。

崔中丞謂崔寧。以下三篇皆大曆二年春在成都作，見《年譜》。

江上春嘆

臘月江上暖，南橋新柳枝。春風觸處到，憶得故園時。終日不如意，出門何所之？從人覓顔色，自笑弱男兒！

正德本不如作不得，自笑作自嘆，眉批云何所之一作知告誰，自一作可。

送崔員外入秦（一作奏）因訪故園

欲謁明光殿，先（一作應）趨建禮門。仙郎去得意，亞相正承恩。竹裹巴山道，花間漢水源。憑將兩行泪，爲訪邵平園。

送李司諫歸京（得長字）

别酒爲誰香？春官駁正郎。醉經秦樹遠，夢怯漢川長。雨過風頭黑，雲開日脚黄。知君解起草，早去入文昌。

正德本眉批云風疑作峰。

此亦大曆二年春在成都作。

送趙侍御歸上都

驄馬五花毛，青雲歸處高。霜隨驅夏暑，風逐振江濤。執簡皆推直，勤王豈告勞。帝城誰不戀，回望動離騷。

正德本驅作祛。

以下二篇皆大曆二年夏在成都作，見《年譜》。上都，西京也，寶應元年改。

過王判官西津所居

勝迹不在遠，愛君池館幽。素懷岩中諾，宛得塵外游。何必到清溪，忽來見滄洲。潛移岷山石，暗引巴江流。樹密晝先夜，竹深夏已秋。沙鳥上筆床，溪花彗簾鈎。夫子賤簪冕，注心向林丘。落日出公堂，垂綸乘釣舟。賦詩憶楚老，載酒隨江鷗。翛然一傲吏，獨在西津頭。

正德本翛作脩，眉批云“垂綸乘釣舟”一作“垂釣登孤舟”。

酬崔十三侍御登玉壘山思故園見寄

玉壘天晴望，諸峰盡覺低。故園江樹北，斜日嶺雲西。曠野看人小，長空共鳥齊。高山徒仰止，不得日攀躋！

正德本高山作山高。

以下皆當作於成都。因詩中年月不明，姑係大曆二年。

聞崔十二（一作三十）侍御灌口夜宿報恩寺

聞君尋野寺，便（一作夜）宿支公房。溪月冷深殿，江雲擁回廊。然燈松林静，煮茗柴門香。勝事不可接，相思幽興長。

案《新書·地理志》劍南道蜀州有灌口府，又彭州導江縣貞觀中曰灌寧，有玉壘山。公既別有《酬崔十三侍御登玉壘山思故園見寄》，則二詩中之崔侍御當係一人。此作崔十二，二當三之訛，一作三十，乃十三之誤倒。

送柳録事赴梁州

英掾柳家郎，離亭酒瓮香。折腰思漢北，隨傳過巴陽。江樹連官舍，山雲到卧床。知君歸夢積，去去劍川長。

正德本去去作來去。

先主武侯廟

先主與武侯，相逢雲雷際。感通君臣分，義激魚水契。遺廟空蕭然，英靈貫千歲。

文公講堂

文公不可見，空使蜀人傳。講席何時散？高臺豈復全？豐碑文字滅，冥漠不知年。

揚雄草玄臺

吾悲子雲居，寂寞人已去。娟娟西江月，猶照草玄處。精怪喜無人，睢盱藏老樹。

司馬相如琴臺

相如琴臺古，人去臺亦空。臺上寒蕭條，至今多悲風。荒臺漢時月，色與舊時同。

嚴君平卜肆

君平曾賣卜，卜肆蕪已久。至今杖頭錢，時時地上有。不知支機石，還在人間否？

張儀樓

傳是秦時樓，巍巍至今在。樓南兩江水，千古長不改。曾聞昔時人，歲月不相待。

升仙橋

長橋題柱去，猶是未達時。及乘駟馬車，却從橋上歸。名共東流水，滔滔無盡期。

萬里橋

成都與維揚，相去萬里地。滄江東流疾，帆去如鳥翅。楚客過此橋，東看盡垂泪。

石　犀

江水初蕩潏，蜀人幾爲魚。向無爾石犀，安得有邑居？始知李太守，伯禹亦不如！

龍女祠

龍女何處來，來時乘風雨。祠堂青林下，宛宛如相語。蜀人競祈恩，捧酒仍擊鼓。

正德本：《文公》，臺作堂，無滅字，漠作寞。《揚雄》，喜作憙，老作古。《司馬》，條作瑟。《卜肆》，蕪作荒。《升仙》，作升遷，非。《萬里》，揚作陽。

《元和郡縣圖志》，成都府成都縣有張儀樓，文翁學堂，萬里橋，升仙橋，先主廟。又成都府犀浦縣本成都縣之界，垂拱二年分置犀浦縣，昔蜀守李冰造五石犀沈之於水以壓怪，因取其事爲名。又漢州雒縣有君平卜臺。

赴犍爲經龍閣道

側徑轉（一作摶）青壁，危梁透滄波。汗流出鳥道，膽碎窺龍（一作魚）渦。驟雨暗溪口（一作溪谷），歸雲網松蘿。屢聞羌兒笛，厭聽巴童歌。江路險復永，夢魂愁更多。聖朝幸典郡，不敢嫌岷峨。

正德本徑作逕，轉作搏（眉批云搏疑作轉），梁作橋，溪口作溪谷，聞作見。

江上（一作山）阻風雨

江上風欲來，泊舟未能發。氣昏雨已過，突兀山復出。積浪成高丘，盤渦爲嵌窟。雲低岸花掩，水漲灘草没。老樹虵蜕皮，崩崖龍退骨。平生抱忠信，艱險殊可忽。

正德本已過作未過，虵作蛇，眉批云（忠）信一作義。

初至犍爲作

山色軒檻内，灘聲枕席間。草生公府静，花落訟庭閑。雲雨連三峽，風塵接百蠻。到來能幾日，不覺鬢毛斑！

登嘉州凌雲寺作

寺出飛鳥外，青峰戴朱樓。搏壁躋半空，喜得登上頭。始知宇宙闊，下看三江流。天晴見峨眉，如向波上浮。迴曠烟景豁，陰森棕柟稠。願割區中緣，永從塵外游。回風吹虎穴，片雨當龍湫。僧房雲濛濛，夏月寒飀飀。回合俯近郭，寥落見遠舟。勝概無端倪，天宫可淹留。一官詎足道？欲去令人愁！

正德本始知作殆知，迴曠作迴野，永從作永絶。（言案《冬夜宿仙游寺呈謙道人》云："願謝區中緣，永依金人宫。"依正德本作作，依、作、從三字意皆相近，作絶者非。）

尋陽七郎中宅即事

萬事信蒼蒼，機心久已忘。無端來出守，不是厭爲郎。雨滴芭蕉赤，霜催橘子黄。逢君開口笑，何處有他鄉。

正德本陽作楊，無七字。

此亦大曆二年初至嘉州後詩。

上嘉州青衣山中峰題惠净上人幽居寄兵部楊郎中（并序）

青衣之山，在大江之中，屹然迥絶，崖壁蒼峭，周廣七里，長波四匝。有惠净上人廬於其巔，唯繩床竹杖而已；恒持《蓮花經》，十千不下山。予自公浮舟，聊一登眺。友人夏官弘農楊侯，清談之士也。素工爲文，獨立於世。與余有方外之約，每多獨往之意。今者幽躅勝概，嘆不得與此公俱。爰命小吏刮磨石壁，以識其事，乃詩以達楊友爾。

青衣誰開鑿？獨在水中央。浮舟一躋攀，側徑緣（一作沿）穹蒼。絶頂詣（一作訪）老僧，豁然登上方。諸嶺一何小，三江奔茫茫。蘭若向西開，蛾眉正相當。猿鳥樂鐘磬，松蘿泛天香。江雲入袈裟，山月吐繩床。早知清净理，久乃機心忘。尚以名宦拘，聿來夷獠鄉。吾友不可見，鬱爲尚書郎。早歲愛《丹經》，留心向《青囊》。渺渺雲智遠，幽幽海懷長。勝賞欲與俱，引領遥相望。爲政愧無術，分憂幸時康。君子滿天朝，老天憶滄浪。况值廬山遠，抽簪歸法王。

正德本序以達作之達，緣作沿，詣作訪，老天作老夫。

以下五篇皆嘉州詩，雖無確年可考，要不出大曆二年及三年之間。

峨眉東脚臨江聽猿懷二室舊廬

峨眉烟翠新，昨夜秋雨洗。分明峰頭樹，倒插秋江底。久别二室間，圖他五斗米。哀猿不可聽，北客欲流涕。

正德本他作佗，眉批云樹一作曙。

秋夕聽羅山人彈三峽流泉

皤皤岷山老，抱琴鬢蒼然。衫袖拂玉徽，爲彈三峽泉。此曲彈未半，高堂如空山。石林何颼飂，忽在窗户間。繞指弄嗚咽，青絲激潺湲。演漾怨楚雲，虚徐韻秋烟。疑兼陽臺雨，似雜巫山猿。幽引鬼神聽，净令耳目便。楚客腸欲斷，湘妃泪斑斑。誰裁青桐枝，絙以朱絲弦。能含古人曲，遞與今人傳。知音難再逢，惜君方老年。曲終月已落，惆悵東齋眠。

正德本絙作揯，眉批云揯一作擊，（古人）曲本作意。

郡齋平望江山

水路東連楚，人烟北接巴。山光圍一郡，江月照千家。庭樹純栽橘，園畦半種茶。夢魂知憶處，無夜不京華。

正德本題無平字，水作客。

咏郡齋壁畫片雲（得歸字）

雲片何人畫，塵侵粉色微。未曾行雨去，不見逐風歸。只怪偏凝壁，回看欲惹衣。丹青忽借便，移向帝鄉飛。

正德本侵作清，眉批云清本作浸。

東歸留題太常徐卿草堂（在蜀）

不謝古名將，吾知徐太常。年纔三十餘，勇冠西南方。頃曾策匹馬，獨出持兩槍。虜騎無數來，見君不敢當。漢將小衛霍，蜀將凌關張。卿月益清澄，將星轉光芒。復居少城北，遥對岷山陽。車馬日盈門，賓客常滿堂。曲池陰高樹，小徑穿叢篁。江鳥飛入簾，山雲來到床。題詩芭蕉滑，對酒棕花香。諸將射獵時，君在翰墨場。聖主賞勛業，邊城最輝光。與我情綢繆，相知久芬芳。忽作萬里别，東歸三峽長。

正德本眉批云（高）樹一作柳。

此大曆三年七月自嘉州罷官東歸詩。

東歸發犍爲至泥溪舟中作

前日解侯印，泛舟歸山東。平旦發犍爲，逍遥信回風。七月江水大，滄波漲秋空。復有峨眉僧，誦經在舟中。夜泊防虎豹，朝行逼魚龍。一道鳴迅湍，兩邊走連峰。猿拂岸花落，鳥啼檐樹重。烟靄吴楚連，泝沿湖海通。憶昨在西掖，復曾入南宫。日出朝聖人，端笏陪群公。不意今棄置，何由豁心胸！吾當海上去，且學乘桴翁。

正德本檐（樹）作崖，泝沿作泝船，乘桴作乘槎，眉批云逍遥一作蕭條。

以下九篇皆大曆三年自嘉州東歸及滯留巴南詩。參見《年譜》。

江行夜宿龍吼灘臨眺思峨眉隱者兼寄幕中諸公

官舍臨江口，灘聲人（一作已）慣聞。水烟晴吐月，山火夜燒雲。且欲尋方士，無心戀使君。异鄉何可住，况復久離群！

巴南舟中思陸渾别業

瀘水南州（一作舟）遠，巴山北客稀。嶺雲撩亂起，溪鷺等閒飛。鏡裏愁衰鬢，舟中换旅衣。夢魂知憶處，無夜不先歸。

巴南舟中夜市（一作夜書事）

渡口欲黄昏，歸人争渡喧。近鐘清野寺，遠火點（一作照）江村。見雁思鄉信，聞猿積泪痕。孤舟萬里外（一作夜），秋月不堪論！

正德本題作“巴南舟中夜書事”。（丁氏校刊）《優古堂詩話》引題作“巴南舟中夜事”。

阻戎瀘間群盗（戊申歲，余罷官東歸，屬斷江路，時淹泊戎州作。）

南州林莽深，亡命聚其間。殺人無昏曉，尸積填江灣。餓虎銜髑髏，飢烏啄心肝。腥裛灘草死，血流江水殷。夜雨風蕭蕭，鬼哭連楚山。三江行人絶，萬里無征船。唯有白鳥飛，空見秋月圓。罷官自南蜀，假道來兹川。瞻望陽臺雲，惆悵不敢前。帝鄉北近日，瀘口南連蠻。何當遇長房，縮地到京關。願得隨琴高，騎魚向雲烟。明主每憂人，節使恒在邊。兵革方禦寇，爾惡胡不悛？吾竊悲爾徒，此生安得全！

正德本連蠻作連巒。

青山峽口泊舟懷狄侍御

峽口秋水壯，沙邊且停橈。奔濤振石壁，峰勢如動摇。九月蘆花新，彌令客心焦。誰念在江島，故人滿天朝。無處豁心胸，憂來醉能銷。往來巴山道，三見秋草凋。狄生新相知，才調凌雲霄。賦詩析造化，入幕生風飆。把筆判甲兵，戰士不敢驕。皆云梁公後，遇鼎還能調。離别倏經時，音塵殊寂寥。何當見夫子，不嘆鄉關遥！

正德本離别作一别，眉批云析（造）本作探，夫（子）一作天。荆公析作拆，離作一。

楚夕旅泊古興

獨鶴唳江月，孤帆凌楚雲。秋風冷蕭瑟，蘆荻花紛紛。忽思湘川老，欲訪雲中君。麒麟息悲鳴，愁見豺虎群。

正德本下紛字作紜，川作州，眉批云州本作川。

晚發五渡

客厭巴南地，鄉鄰劍北天。江村片雨外，野寺夕陽邊。芋葉藏山徑，蘆花雜（一作間）渚田。舟行未可住，乘月且須牽。

正德本題渡作溪，眉批云劍一作漢。

下外江舟懷終南舊居

杉冷曉猿悲，楚客心欲絶。孤舟巴山雨，萬里陽臺月。水宿已淹時，蘆花白如雪。顔容老難赬，把鏡悲鬢髮。早年好金丹，方士傳口訣。敝廬終南下，久與真侣别。道書誰更開，藥竈烟遂滅。頃來厭塵網，安得有仙骨。岩壑歸去來，公卿是何物？

正德本題舟下有中字，赬作赭，眉批云公卿一作微官。

大曆四年成都詩

西蜀旅舍春嘆寄朝中故人呈狄評事

春與人相乖，柳青頭轉白。生平未得意，覽鏡私自惜。四海猶未安，一身無所適。自從兵戈動，遂覺天地窄。功業悲後時，光陰嘆虚擲。却爲文章累，幸有開濟策。何負當途人，無心矜窘厄。回瞻後來者，皆欲肆（一作相）轥轢。起草思南宫，寄言憶西掖。時危任舒卷，身退知損益。窮巷草轉深，閑門日將夕。橋西暮雨黑，籬外春江碧。昨者初識君，相看俱是客。聲華同道術，世業通往昔。早須歸天階，不得安孔席。吾先税歸鞅，舊國如咫尺。

正德本私自作心自，無心作心無，閑門作閉門，不得作不能。

以下四篇皆大曆四年旅寓成都詩，見《年譜》。

送綿州李司馬佚滿歸京因呈李兵部

久客厭江月，罷官思早歸。眼看春光（一作色）老，羞見梨花飛。劍北山居小，巴南音信稀。因君報兵部，愁泪日沾衣。

正德本題無因字，光作色。

客舍悲秋有懷兩省舊游呈幕中諸公

三度爲郎便白頭，一從出守五經秋。莫言聖主長不用，其那蒼生應未休。人間歲月如流水，客舍秋風今又起。不知心事向誰論，江上蟬鳴空滿耳。

故僕射裴公挽歌三首

盛德資邦杰，嘉謨作世程。門瞻駟馬貴，時仰八龍名。罷市秦人送，還鄉絳老迎。莫埋丞相印，留着付玄成。

五（一作二）府瞻高位，三臺喪大賢。禮容還故絳，寵贈冠（一作過）新田。氣歇汾陰鼎，魂飛京兆阡。先時劍已没，隴樹久蒼然。

富貴徒言久，鄉閭殁後歸。錦衣都未着，丹旐忽先飛。哀挽辭秦塞，悲笳出帝畿。遥知九原上，漸覺（一作遠）吊人稀。

正德本題無故字，八龍作八裴（眉批云八裴名一作衮龍榮），“魂飛京兆阡”作“魂歸京兆天”，隴作壠，未着作欲未，覺作遠。

裴公冕。

未能繫年詩

冬夜宿仙游寺南凉堂呈謙道人

太乙連太白，兩山知幾重？路盤石門窄，匹馬行才通。日西倒山寺，林下逢支公。昨夜山北時，星星聞此鐘。秦女去已久，仙臺在中峰。簫聲不可聞，此地留遺踪。石潭積黛色，每歲投金龍。亂流争迅湍，噴薄如雷風。夜來聞清磬，月出蒼山空。空山滿清光，水樹相玲瓏。回廊映密竹，秋殿隱深松。燈影落前溪，夜宿水聲中。愛兹林巒好，結宇向溪東。相識唯山僧，鄰家一釣翁。林晚栗初拆，枝寒梨已紅。物幽興易愜，事勝趣彌濃。願謝區中缘，永依金人宫。寄報乘輦客，簪裾爾何容。

正德本題冬作秋，倒山作到山，永依作永作，眉批云如雷風一作來如風，前（溪）一作清，林晚句一作“晚栗枝初折，寒梨葉已紅”。

精　衛

負劍出北門，乘桴適東溟。一鳥海上飛，云是帝女靈。玉顔溺水死，精衛空爲名。怨積徒有志，力微竟不成。西山木石盡，巨壑何時平！

適正德本作過。

石上藤（得上字）

石上生孤藤，弱蔓依石長。不逢高枝引，未得凌空上。何處堪托身（一作可堪托），爲君長萬丈？

太白東溪張（一作李）老舍即事寄舍弟侄等

（一本題上有宿字，題下無等字）

渭上秋雨過，北風何（一作暮）騷騷。天晴諸山出，太白峰最高。主人東溪老，兩耳生長毫。遠近知百歲，子孫皆二毛。中庭井欄上，一架獮猴桃。石泉飯香梗，酒瓮開新槽。愛兹田中趣，始悟世上勞。我行有勝事，書此寄爾曹。

正德本題作“宿太白東溪李老舍寄弟侄”，何作正，梗作粳。

春遇南使貽趙知音

端居春心醉，襟背思樹萱。美人在南州，爲爾歌《北門》。北風吹烟物，戴勝鳴中園。枯楊長（一作抽）新條，芳草滋舊根。網絲結寶琴，塵埃被空樽。適遇江海信，聊與南客論。

青龍招提歸一上人遠游吴楚别詩

久交應真侣，最嘆青龍僧。棄官向二年，削髮歸一乘。瞭然瑩心身，潔念樂空寂。名香泛窗户，幽磬清曉夕。往年仗一劍，由是佐二庭。於焉久從戎，兼復解論兵。世人猶未知，天子願相見。朝從青蓮宇，暮入白虎殿。宫女擎錫杖，御筵出香爐。説法開藏經，論邊窮陣圖。忘機厭塵喧，浪迹向江海。思師石可訪，惠遠峰猶在。今旦飛錫去，何時持鉢還？湖烟冷吴門，淮月銜楚山。一身如浮雲，萬里過江水。相思眇天末（一作外），南望無窮已。

正德本題上有送字，擎作檠，末作外。

觀楚國寺璋上人寫一切經院南有曲池深竹

璋公不出院，群木閉深居。誓寫一切經，欲向萬卷餘。揮毫散林鵲，研墨警池魚。音翻四句偈，字譯五天書。鳴鐘竹陰晚，汲水桐花初。雨氣潤衣鉢，香烟泛庭除。此地日清净，諸天應未如。不知將錫杖，早晚躡空虚。

正德本閉作閑，警作驚，潤作濕，眉批云（陰）晚一作凉。

函谷關歌送劉評事使關西

君不見函谷關，崩城毁壁至今在。樹根草蔓遮古道，空谷千年長不改。寂寞無人空舊山，聖朝無外（一作事）不須關。白馬公孫何處去，青牛老人更不還。蒼苔白骨空滿地，月與古時長相似。野花不省見行人，山鳥何曾識關吏。故人方乘使者車，吾知郭丹却不如。請君時憶關外客，行到關西多致書！

正德本外作事，老人作老子，眉批云致（書）一作寄。荆公時憶作時懷，致作寄。

秦箏歌送外甥蕭正歸京

汝不聞秦箏聲最苦，五色纏弦十三柱。怨調慢聲如欲語，一曲未終日移午。紅亭水木不知暑，忽彈《黄鐘》和《白紵》。清風颯來雲不去，聞之酒醒泪如雨。汝歸秦兮彈秦聲，秦聲悲兮聊送汝。

太白胡僧歌（并序）

太白中峰絶頂，有胡僧，不知幾百歲，眉長數寸，身不製繒帛，衣以草葉。恒持《楞伽經》，雲壁迥絶，人迹罕到。嘗東峰有鬥虎，弱者將死，僧杖而解之；西湫有毒龍，久而爲患，僧器而貯之。商山趙叟前年采茯苓，深入太白，偶值此僧，訪我而説。予恒有獨往之意，聞而悦之，乃爲歌曰：

聞有胡僧在太白，蘭若去天三百尺。一持《楞伽》入中峰，世人難見但聞鐘。窗邊錫杖解兩虎，床下鉢盂藏（一作盛）一龍。草衣不針復不綫，兩耳垂肩眉復面。此僧年幾那得知，手種青松今十圍。心將流水同清净，身與浮雲無是非。商山老人已曾識，願一見之何由得？山中有僧人不知，城裏看山空黛色。

正德本序東峰作果峰，商山趙叟省作商叟，無而説二字，年幾作年紀，眉批云復（不）一作亦。荆公同清作日清。

醉後戲與趙歌兒

秦州歌兒歌調苦，偏能立唱《濮陽女》。座中醉客不得意，聞之一聲泪如雨。向使逢着漢帝憐，董賢氣咽不能語。

正德本眉批云賢一作宣。

感　遇

五花驄馬七香車，云是平陽帝子家。鳳凰城頭日欲斜，門前高樹鳴春鴉。漢家魯元君不聞，今作城西一古墳。昔來唯有秦王女，獨自吹簫乘白雲。

正德本眉批云春一作禁，乘一作騎。

感　遇

北山有芳杜，靡靡花正發。未及得采之，秋風忽吹殺。君不見拂雲百丈青松柯，縱使秋風無奈何，四時常作青黛色，可憐杜花不相識。

正德本常作長。

漁　父

扁舟滄浪叟，心與滄浪清。不自道鄉里，無人知姓名。朝從灘上飯，暮向蘆中宿。歌竟還復歌，手持一竿竹。竿頭釣絲長丈餘，鼓枻乘流無定居。世人那得識（一作解）深意，此翁取適非取魚。

正德本眉批云意一作趣。

贈西岳山人李岡

君隱處，當一星，蓮花峰頭飯黄精，仙人掌上演《丹經》。鳥可到，人莫攀，隱來十年不下山。袖中短書誰爲達？華陰道士賣藥還。

蜀（一作戎）葵花歌（《英華》作劉昚虚詩，注云：附見岑參詩。）

昨日一花開，今日一花開。今日花正好，昨日花已老。始知人老不如花，可惜落花君莫掃（上二句與《韋員外家花樹歌》相重，他本多無此二句）。人生不得長少年，莫惜床頭沽酒錢。請君有錢向酒家，君不見，蜀葵花。

正德本無始知二句，長作恒。

澧頭送蔣侯

君住澧水北，我家澧水西。兩村辨喬木，五里聞鳴鷄。飲酒溪雨過，彈棋山月低。徒聞（一作開）蔣生徑，爾去誰相携。

正德本諸澧字俱作灃，是也。聞作開。荆公村辨作鄉見。

送孟孺卿落第歸濟陽

獻賦頭欲白，還家衣已穿。羞過灞陵樹，歸種汶陽田。客舍少鄉信，床頭無酒錢。聖朝徒側席，濟上獨遺賢。

正德本衣作心。荆公孟作蓋，濟陽作濟州。

送二十二兄北游尋羅中

斗柄欲東指，吾兄方北游。無媒謁明主，失計干諸侯。夜雪入穿履，朝霜凝敝裘。遥知客舍飲，醉裏聞春鳩。

正德本眉批云媒一作謀。

送楊千牛（一作秋）趁歲赴汝南郡覲省便成婚（得寒字）

問吉轉征鞍，安仁道姓潘。歸期明主賜，别酒故人歡。珠箔障爐暖，狐裘耐臘寒。汝南遥倚望，早去及春盤。

正德本題婚字作親，及作入。

送胡象落第歸王屋别業

看君尚少年，不第莫凄然。可即疲獻賦，山村歸種田。野花迎短褐，河柳拂長鞭。置酒聊相送，青門一醉眠。

正德本尚少年作年尚少，門作山。

送顔韶（得飛字）

遷客猶未老，聖朝今復歸。一從襄陽住，幾度梨花飛。世事了可見，憐君人亦稀。相逢貪醉卧，未得作春衣。

送杜佐下第歸陸渾别業

正月今（一作初）欲半，陸渾花未開。出關見青草，春色正東來。夫子且歸去，明時方愛才。還須及秋賦，莫即隱蒿萊。

正德本還須作須還，疑非。

送嚴詵擢第歸蜀

巴江秋月新，閣道發征輪。戰勝真才子，名高動世人。工文能似舅，擢第去榮親。十月天官待，應須早赴秦。

送張直公歸南鄭拜省

夫子思何速，世人皆嘆奇。萬言不加點，七步猶嫌遲。對酒落日後，還家飛雪時。北堂應久待，鄉夢促征期。

正德本促作從。

送張升卿宰新淦

官柳葉尚小，長安春未濃。送君潯陽宰，把酒青門鐘。水驛楚雲冷，山城江樹重。遥知南湖上，衹對香爐峰。

送陳子歸陸渾别業

雖不舊相識，知君丞相家。故園伊川上，夜夢方山花。種藥畏春過，出關愁路賒。青門酒壚别，日暮東城鴉。

正德本出作入。

送李郎尉武康

潘郎腰綬新，霅上縣花春。山色低官舍，湖光映吏人。不須嫌邑小，莫即耻家貧。更作《東征賦》，知君有老親。

正德本題作“餞李尉武康”。

送滕亢擢第歸蘇州拜親

送爾姑蘇客，滄波秋正凉。橘懷三個去，桂折一枝將（一作香）。湖上山當舍，天邊水是鄉。江村人事少，時作捕魚郎。

正德本亢作元，親作覯，波作浪。

送周子落第游荆南

足下復不第，家貧尋故人。且傾湘南酒，羞對關西塵。山店橘花發，江城楓葉新。若從巫峽過，應見楚王神。

正德本題落作下，荆作京，塵作春。

送楊瑗（一作張子）尉南海

不擇南州尉，高堂有老親。樓臺重蜃氣，邑里雜鮫人。海暗三山雨，花（一作江）明五嶺春。此鄉多寶玉，慎莫厭清貧。

正德本楊瑗作張子，山作江。荆公樓臺作縣樓。

送江陵黎少府

悔繫腰間綬，翻爲膝下愁。那堪漢水遠，更值楚山秋。新橘香官舍，征帆拂縣樓。王城（一作程）不敢住，豈是愛荆州！

送顔少府投鄭陳州

一尉便垂白，數年唯草玄。出關策匹馬，逆旅聞秋蟬。愛客多酒債，罷官無俸錢。知君羈思少，所適主人賢。

正德本客作君，疑涉下文而誤。

趙少尹南亭送鄭侍御歸東臺（得長字）

紅（一作江）亭酒瓮香，白面綉衣郎。砌冷蟲喧座，簾疏雨（一作月）到床。鐘催離興急，弦逐（一作緩）醉歌長。關樹應先落，隨君滿鬢（一作路）霜。

正德本題無歸東臺三字，紅作江，雨作月，興作思，先作皆，鬢作路。

送鄭少府赴滏陽

子真河朔尉，邑里帶清漳。春草迎袍色，晴花拂綬香。青山入官舍，黄鳥度宫墻。若到銅臺上，應憐魏寢荒。

《衆妙集》度作出。

送弘文李校書往漢南拜親

未識已先聞，清辭果出群。如逢禰處士，似見鮑參軍。夢暗巴山雨，家連漢水雲。慈親思愛子，幾度泣沾裙。

正德本已先作先已。

送李别將攝伊吾令充使赴武威便寄崔員外

詞賦滿書囊，胡爲在戰場？行間脱寶劍，邑裏挂銅章。馬疾飛（一作行）千里，凫飛向五凉。遥知竹林下，星使對星郎。

正德本題中攝字作還，裏作裹，飛作行。

送秘省虞校書赴虞鄉丞

花綬傍腰新，關東縣欲春。殘書厭科斗，舊閣别麒麟。虞坂臨官舍，條山映吏人。看君有知己，坦腹向平津。

正德本題無赴字。

送樊侍御使丹陽便覲

卧病窮巷晚，忽驚驄馬來。知君京口去，借問幾時回？驛舫江風引，鄉書海雁催。慈親應倍喜，愛子在霜臺。

正德本題中使字作歸。

送梁判官歸女几舊廬

女几知君憶，春雲相逐歸。草堂開藥裹，苔壁取荷衣。老竹移時小，新花舊處飛。可憐真傲吏，塵事到山稀。

正德本逐作送，小作少。

送李卿賦得孤島石（得離字）

一片他山石，巉巉映小池。緑窠攢剥蘚，尖碩（一作頂）坐鸕鷀。水底看常倒，花邊勢欲欹。君心能不轉，卿月豈相離。

正德本題送李卿三字在石字下，碩作頂，卿月作鄉月。

送楊子

斗酒渭城邊，壚頭耐醉眠。梨花千樹雪，楊（一作柳）葉萬條烟。惜别添壺酒，臨岐贈馬鞭。看君潁上去，新月到家圓。

《送楊子》正德本不載。王琦注《李白集》，耐醉眠作醉不眠，添作傾，酒作醑，岐作分，家作應（繆本作家）。

長門怨

君王嫌妾妒，閉妾在（一作向）長門。舞袖垂新寵，愁眉結舊恩。緑錢侵履迹，紅粉濕啼痕。羞被夭桃笑，看春獨不言。

正德本侵作生，夭桃作桃花，春作君。荆公侵作生，夭桃作桃花。

林　　卧

偶得魚鳥趣，復兹水木凉。遠峰帶雨色，落日摇川光。臼中西山藥，袖裏淮南方。唯愛隱几時，獨游無何鄉。

正德本眉批云唯愛一作誰見。

登總持閣

高閣逼諸天，登臨近日邊。晴開萬井樹，愁看五陵烟。檻外低秦嶺，窗中小渭川。早知清净理，常願奉金仙。

晦日陪侍御泛北池

春池滿復寬，晦節耐邀歡。月帶蝦蟆冷，霜隨獬豸寒。水雲低錦席，岸柳拂金盤。日暮舟中散，都人夾道看。

河西太守杜公挽歌四首

蒙叟悲藏壑，殷宗惜濟川。長安非舊日，京兆是新阡。黄霸官猶屈，蒼生望已愆。唯餘卿月在，留向杜陵懸。

鼓角（一作吹）城中出，墳塋郭外新。雨隨思太守，雲從送夫人。蒿里埋雙劍，松門閉萬春。回瞻北堂上，金印已生塵。

憶昨明光殿，新承天子恩。剖符移北地，授鉞領西門。塞草迎軍幕，邊雲拂使軒。至今聞隴外，戎虜尚亡魂。

漫漫澄波闊，沈沈大厦深。秉心常匪席（一作石），行義每揮金。汲引窺蘭室，招携入翰林。多君有令子，猶注世人心。

正德本題作“西河太守杜公挽歌”，第一首眉批云阡一作天，第三首作第四首，第四首作第三首。

西河郡太原守張夫人挽歌

鵲印慶仍傳，魚軒寵莫先。從夫元凱貴，訓子孟軻賢。龍是雙歸日，鸞非獨舞年。哀容今共盡，凄愴杜陵田。

《夫人挽歌》，正德本不載。

韓員外夫人清河縣君崔氏挽歌二首

令德當時重，高門舉世推。從夫榮已絶，封邑寵難追。陌上人皆惜，花間鳥亦悲。仙郎看隴月，猶憶畫眉時。

遽聞傷别劍，忽復嘆藏舟。燈冷泉中夜，衣寒地下秋。青松弔客泪，丹旐路人愁。徒有清河在，空悲逝水流。

正德本亦悲作自悲，憶作想，客泪作客思。

送陶銑棄舉荆南覲省

明時不愛璧，浪迹東南游。何必世人識，知君輕五侯。采蘭度漢水，問絹過荆州。异國有歸興，去鄉無客愁。天寒楚塞雨，月净襄陽秋。坐見吾道遠，令人看白頭。

正德本不載。

送薛弁歸河東

薛侯故鄉處，五老峰西頭。歸路秦樹滅，到鄉河水流。看君馬首去，滿耳蟬聲愁。獻賦今未售，讀書凡幾秋。應過伯夷廟，爲上關城樓。樓上能相憶，西南指雍州。

正德本弁作昪，侯作丈，眉批云丈作仗。

寄韓樽

夫子素多疾，别來未得書。北庭苦寒地，體内今何如?

洪氏題下多使北二字。

題梁鍠城中高居

高（一作居）住最高處，千家恒眼前。題詩飲酒後，祇對諸峰眠。

正德本上高字作居。洪邁諸作衆。

題三會寺蒼頡造字臺

野寺荒臺晚，寒天古木悲。空階有鳥迹，猶似造書時。

《説郛》七引《陳留風俗傳》，浚儀有師曠、倉頡城，城上有列仙吹臺。

秋　思

那知芳歲晚，坐見寒葉墮。吾不如腐草，翻飛作螢火。

正德本眉批云（秋）思一作怨。

嘆白髮

白髮生偏（一作太）速，交（一作教）人不奈何。今朝兩鬢上，更較數莖多。

正德本交作教，較作覺。

春　夢

洞房（一作庭）昨夜春風起，故人尚隔（一作遥憶美人）湘江水。枕上片時春夢中，行盡江南數千里。

正德本故人尚隔作遥憶美人。

春興戲題贈李侯

黄雀始欲銜花來，君家種桃花未開。長安二月眼看盡，寄報春風早爲催。

正德本無題字。

送李明府赴睦州便拜覲太夫人

手把銅章望海雲，夫人江上泣羅裙。嚴灘一點舟中月，萬里烟波也夢君。

正德本睦作陸，眉批云江一作堂。

奉送賈侍御使江外

新騎驄馬復承恩，使出金陵過海門。荆南渭北難相見，莫惜衫襟着酒痕。

正德本難相見作愁難見。

草堂村尋羅生不遇

數株溪柳色依依，深巷斜陽暮鳥飛。門前雪滿無人迹，應是先生出未歸。

正德本眉批云色一作欲，陽一作光，雪一作雲。洪氏溪作垂，色作欲，人作行。

醉戲竇子美人

朱唇一點桃花殷，宿妝嬌羞偏髻鬟。細看只似陽臺女，醉着莫許歸巫山。

正德本美人作絶句，似作是。洪氏桃作榴，似作在。

秋夜聞笛

天門街西聞搗帛，一夜愁殺湘南客。長安城中百萬家，不知何人吹夜笛。

正德本湘作江，吹夜笛作夜吹笛。

山房春事二首

風恬日暖蕩春光，戲蝶游蜂亂入房。數枝門柳低衣桁，一片山花落筆床。

梁園日暮亂飛鴉，極目蕭條三兩家。庭樹不知人死（一作去）盡，春來還發舊時花。

正德本死作去，還發作還落。

言案第二首疑僞。

僞　　詩

冬　夕

浩汗霜風刮天地，温泉火井無生意。澤國龍蛇凍不伸，南山瘦柏消殘翠。

正德本不載《冬夕》。

此莊南杰詩。（今《南杰集》俱不載，《才調集》及宋本《唐五十家小集》亦均作無名氏，則南杰詩淹没不聞久矣。果。）

漢上題韋氏莊

結茅聞楚客，卜築漢江邊。日落數歸鳥，夜深聞扣舷。水痕侵岸柳，山翠借厨烟。調笑提筐婦，春來蠶幾眠。

酬暢當嵩山尋麻道士見寄（一作盧綸詩）

聞逐樵夫閑看棋，忽逢人世是秦時。開雲種玉嫌山淺，渡海傳書怪鶴遲。陰洞石幢微有字，古壇松樹半無枝。煩君遠示《青囊録》，願得相從一問師。

送史司馬赴崔相公幕（一作無名氏詩，一作李白詩，一本題上有賦得鶴三字。）

峥嶸丞相府，清切鳳凰池。羡爾瑶臺鶴，高栖瓊樹枝。歸飛晴日好，吟弄惠風吹。正有乘軒樂，初當學舞時。珍禽在羅網，微命若游絲。願托周南羽，相銜溪水湄。

上三詩正德本皆不載。

《送史司馬》，《滄浪詩話》考證溪作漢。

江行遇梅花之作[1]（據敦煌唐寫殘卷影片）

江畔梅花白如雪，使我思鄉腸欲絶。擿得一枝在手中，無人遠向金閨説。願得青鳥銜此花，西飛直送到吾家。胡姬正在臨窗下，獨織留黄淺碧紗。此鳥銜花胡姬前，胡姬見花知我憐。千説萬説由不得，一夜抱花空館眠。

案岑參江陵人，此曰"西飛直送到吾家"，必其時旅游江陵之東。考其行迹又不及江陵之東，則此非岑參詩也。

① 本詩在原稿中緊接繫年詩（天寶十一載）《送薛播擢第歸河東》之後，因作者已明言非岑參詩，故移附此處（僞詩類）。

唐詩校讀法舉例 ①

《全唐詩》一書編得最草率，其間錯誤百出，幾乎觸目皆是。比方將甲詩混入乙集中，便是一個常見的例子。這種例子由已被發現的推測起來，未被發現的想必還有不少。最好能尋出若干構成錯誤的公式來，憑着公式去檢驗全書，問題便容易解決得多了。以下是我所擬定的公式之一種：

甲集附載乙詩，其題下的署名并入題中，因而誤爲甲詩。

唐人詩集中，凡遇有與旁人唱和的題，往往將那人的詩也收入集中，附在本詩的前面或後面。例如（一）《昌黎先生集·月蝕詩效玉川子作》的前面便載有盧仝的原作《月蝕詩》，（二）《竇氏聯珠集·奉寄辰州房使君郎中》的後面也附有房孺復的《酬竇大閑居見寄》。它們的標題與署名的款式如下：

（一）月蝕詩　　　盧仝

（二）酬竇大閑居見寄　　　辰州刺史房孺復

這種款式，一碰到粗疏或無知識的鈔胥手裏，而變成

（一）月蝕詩盧仝

① 本文原載《文哲月刊》第 1 卷第 5 期，發表後作者又略有改動，此據修改稿編入本編。

（二）酬竇大閑居見寄辰州刺史房孺復

是極可能的。署名既躲入題中，變成題的一部份，在形式上（一）便當然的變成韓愈的詩，（二）便變成竇常的詩了。但是實際上“《月蝕詩盧仝》”或“《酬竇大閑居見寄辰州刺史房孺復》”都講不通，所以寫録時縱會發生這種混亂，稍有知識的讀者定會馬上察覺而加以糾正。假如在另一種情形之下，把作者的名銜提上并入題中，而不幸讀起來仍舊通順，那就危險了。這類不幸的事件，就我所注意到的，現在已經有了五起。分别説明之如下。

（一）錢起詩誤入王維集一例

下詩見《全唐詩》卷五第十五頁[①]王維集，依原式録之。

> 留别錢起（英華題云晚歸藍田酬中書常舍人贈别或作錢起詩題云晚歸藍田酬王維給事“贈别”〔二字從本書錢起集補〕）
> 卑栖却得性，每與白雲歸，徇禄仍懷橘，看山免采薇，（錢起集作别山如昨日，春露已沾衣，采蕨頻盈手，看花空厭歸）暮禽先去馬，新月待開扉，霄漢時回首，知音青瑣闈。

卷九第十二頁錢起集亦載此詩。依詞意看去，决不是王維作的。詩曰“卑栖却得性”，又曰“霄漢時回首，知音青鎖闈”，分明是一個後進求助於先達的口氣。王維年紀比錢起大，官比他高，這詩若果是王維爲留别錢起而作的，豈非先達求助於後進？萬無此理。再説，若依《文苑英華》題作《晚歸藍田酬中書常舍人贈别》，那就更不能説是王維的詩了。因爲常舍人是常衮，據《舊書》一一九《常衮傳》，永泰元年（七六五）遷中書舍人，時王維死（七六一）已四年。反之，若作錢起詩，却毫無

① 原注：據同文館石印本，後仿此。

滯礙。錢起與常衮年輩相等，集中并有《奉和中書常舍人晚秋集賢院即事寄徐薛二侍御》詩，可知前面那一首，若依《文苑英華》題作《晚歸藍田酬中書常舍人贈别》，是合理的。但最好是題作《晚歸藍田酬王維給事贈别》。因爲涵芬樓景印元刊本《王右丞集》卷五也載有這首詩，在《送錢少府還藍田》之後。這就明白了。錢少府即錢起。錢起做過藍田縣尉，有《初黄綬赴藍田縣作》一詩可證。這回錢起從長安歸藍田，王維作了那首《送錢少府還藍田》詩送他，錢起也作了一首詩給他留别。這首詩在錢起本集裏便題作《晚歸藍田酬王維給事贈别》。王縉編《右丞集》時，錢起詩也被收入，又爲簡便計，改題作《留别》。原來的款式應該如此：

留别　　　錢起

被鈔胥誤爲

留别錢起

之後，作者的名字不見了，便成爲王維本集裏的詩了。元本《王右丞集》已經錯成了這樣，不過它的次第還緊接在《送錢少府還藍田》之後，所以我們依前面的方法，將詩意和題文對勘之後，再細心推索一下，還不難找出它的底藴來。若像《全唐詩》，又把舊有的次第撓亂了，使兩詩的部位相隔那樣遠，(《送錢少府還藍田》在第十二頁，《留别錢起》在第十五頁）案情的複雜又加深了一層，便更叫人摸不着頭緒了。

明白了王維的《送錢少府還藍田》和錢起的《晚歸藍田酬王維給事贈别》是一贈一答的“配偶作”，我們便知道錢起作藍田尉時，王維正在做給事中。王維天寶十五載已爲給事中，其初授此官，蓋在十二三載，因爲十一載他還在做文部郎中。錢起天寶十載登進士第，必是登第後授藍田尉，所以王維作給事中時，他還未滿秩。惟其如此，所以他給王維的詩中有“卑栖却得性”與“霄漢時回首，知音青鎖闈”等語。

（二）丘爲詩誤入王維集一例

前面所引《全唐詩》王維集中的《留别錢起》後，緊接着一首

> 留别丘爲
> 歸鞍白雲外，繚繞出前山，今日又明日，自知心不閑，
> 親勞簪組送，欲趁鶯花還，一步一回首，遲遲向近關。

這首詩又見於丘爲集，題作《留别王維》，下注云“一作王維留别丘爲詩。”不消説得，詩一定是丘爲作的，其所以錯給王維，與上述錢起詩的情形是一樣的。元刊本《王右丞集》也載了這首詩，緊前面一首的標題是《送丘爲往唐州》。很明顯的，這是王集中《送丘爲往唐州》後附録的丘爲的詩，原題作《留别》，下署“丘爲”二字，糊涂的寫官用和前邊一樣的手段，也把它奉送給王維了。至於在《全唐詩》中，《送錢少府還藍田》與《送丘爲往唐州》列在一起，在第十二頁，《留别錢起》與《留别丘爲》，也列在一起，在第十五頁，這種排列的動機，也不難窺破。許多唐人的集子本是編年的，後來多事的人偏要給他分類分體。左改右改，結果除了把編年體本身極寶貴的價值全毁了之外，還造了許多嚴重的罪孽。例如錢起、丘爲兩詩，在元刊本《右丞集》中，雖已經錯給王維了，但最初編次的部位都還保存着，所以由《送錢少府還藍田》，我們不難於推測出下面緊接着的《留别錢起》應題作《留别》，而將“錢起”二字向下移作此詩著者的姓名。同樣的由《送丘爲往唐州》，我們也可以悟到下面緊接着的《留别丘爲》也只應題作《留别》，而“丘爲”則當向下移作著者的姓名。但是《全唐詩》不知道根據了那一家分類的本子，把《送錢少府》與《送丘爲》兩詩排在一起，又把《留别錢起》與《留别丘爲》抽出來，排在另一處，吊在後面老遠的。這一來，尤其是丘爲這首詩，語意本來空空洞洞，不曾供給一點内證，假如

没有元本的次第作印證，我們怎敢毅然决然斷定它是那樣錯送給王維了的呢?

（三）皇甫冉詩誤入郎士元集一例

下列一詩見《全唐詩》卷九第五十九頁郎士元集：

朱方南郭留别皇甫冉（一作皇甫冉詩題作潤州南郭留别）
縈回楓葉岸，留滯木蘭橈，吴岫新經雨，江天正落潮，
故人勞見愛，行客自無憀，若問前程事，孤雲入剡遥。

這詩又見同卷第六十二頁皇甫冉集，正題作《潤州南郭留别》，下注云“一作郎士元詩”。《御覽詩》也有它，亦作皇甫冉，題作《江山（上）留别》。《御覽詩》是元和時令狐楚編的，當然比較可靠。所以我認爲這詩確乎是皇甫冉作的。何以錯入郎士元集中呢?原來郎集中必定附載過這首詩，下署名“皇甫冉”，寫官將“皇甫冉”三字并入題中，詩便爲郎士元所有了。

（四）皇甫冉詩誤入張南史集一例

《全唐詩》卷十一第三十六頁張南史集有《江北春望贈皇甫補闕》七律一首，下面緊接着又是一首七律。

酬張二倉曹揚子閑居見寄兼呈韓郎中左補闕皇甫冉孤雲獨鶴自悠悠，别後經年尚泊舟，漁父置（皇甫冉集作致，非是）詞相借問，仙郎能賦許依投，折芳遠計（當從皇甫冉集作寄）三春草，乘興閑看萬里流，莫怪杜門頻乞假，不堪扶病拜龍樓。

這詩的作者不是張南史，有一個鐵樣的内證。《唐書·藝文志》説張南

史曾經“以試參軍避亂居揚州揚子”,《唐才子傳》卷三説他“仕爲左衛倉曹參軍”,竇常又有《哭張倉曹南史》詩。由這些可以證明題中那閑居於揚子的張二倉曹,便是南史自己。詩若是南史作的,豈不成了自己給自己酬答嗎?原詩又見於卷九第六十七頁皇甫冉集中,題與張集所載相同,惟無“左補闕皇甫冉”六字。這其間的曲折也是極容易明白的。本是皇甫冉的詩,題曰《酬張二倉曹揚子閑居見寄兼呈韓郎中》,與張南史的《江北春望贈皇甫補闕》是一贈一答,所以張集中把它附載於那首贈詩之後。寫官不小心,將題下的名銜“左補闕皇甫冉”六字混入題中,這纔變成張南史的詩了。其實,讀者若是細心的話,單看題的下半截,已够令他疑心的了。首先,張南史對他的朋友皇甫冉,依常例,當稱“皇甫補闕”,或“皇甫補闕冉”,或“皇甫冉補闕”,决不稱“左補闕皇甫冉”。再者,假使這詩依張集標題的含義,是酬張二倉曹兼呈給韓某與皇甫冉兩人的,則對兩人的稱呼當一律,題作“兼呈韓郎中皇甫補闕”。(或作“□□郎中韓□左補闕皇甫冉”,如果這種稱呼是合乎習慣的話。)如今却分用兩種格式,一稱“韓郎中”,一稱“左補闕皇甫冉”,不也是很可怪的嗎?現在把“左補闕皇甫冉”六字從題中退出來,作爲此詩作者的名銜,疑團便立時冰釋了。至於篇末“莫怪杜門頻乞假,不堪扶病拜龍樓”二句,與皇甫冉的事迹也恰合。據獨孤及《左補闕安定皇甫公集序》説,冉遷左補闕後,回家不久便死了。遷左補闕時已經多病,因病而告假回家,回家不久便逝世,這顯然一貫的事實,不也暗示着這首詩的作者是皇甫冉嗎?

張南史的事迹,諸書所載的非常簡單。現在我們既判定前面那首詩是皇甫冉做左補闕時作的,而詩題稱“張二倉曹”,那麽我們也就知道張南史在大曆二年,已經做着倉曹參軍,因爲據獨孤及序,皇甫冉遷左拾遺,轉左(原誤作右)補闕,是在這年,而轉左補闕之後,不久就回到家鄉來死了。這是因確定了這首詩的真作者,而附帶獲得的一點新知識,雖所獲無多,然而在張南史那樣簡略的傳記中,這一點點小發現也就够寶貴的了。

（五）竇叔向詩誤入張繼集一例

《全唐詩》卷九第四十頁張繼集有下列一詩：

送竇十九判官使江南
游客淹星紀，裁詩煉土風，今看乘傳去，那與問津同，
南郡迎徐子，臨川謁謝公，思歸一惆悵，於越古亭中。

向後數第二首是

酬張二十員外前國子博士竇叔向
故交日零落，心賞寄何人，幸與馮唐遇，心同迹復親，
語言未終夕，離別又傷春，結念湓城下，聞猿詩興新。

第二首不象是張繼的詩，因爲有兩個可疑之點。第一，劉長卿有《哭張員外繼》詩，《中興間氣集》亦稱"張繼員外"，而張繼做過祠部員外郎，見《新書・藝文志》。這題中的張二十員外似即張繼自己。第二，這詩若是酬張、竇兩人的，依常例當稱"張二十員外竇十九博士"，（皇甫冉有《送竇十九叔向入京》詩，崔峒有《贈竇十九》詩，亦即叔向。）這裏對兩人的稱呼不一致，是不近情理的。因此，我斷定"國子博士竇叔向"七字是作詩人的名銜，誤入題中。這詩的原唱就是前面那題名《送竇十九判官使江南》的一首，因曾經附載在張繼集中，所以鬧出這個錯兒來。何以知道二詩是一贈一答的"配偶作"呢？除了標題的暗示外，詩中還有證據。《唐書・藝文志》稱張繼"大曆末，檢校祠部員外郎，分掌財賦於洪州"。劉長卿《哭張員外》詩原注也說道："公及夫人相次歿於洪州。"竇叔向奉使往江南去，必是從江西出發，所以張繼送他的詩中說"南郡迎徐子，臨川謁謝公"，都是用的江西的故事。而竇酬詩中有"結念湓城下"之語，湓城也是江西的地方。看來，後一

首是竇叔向的作品，毫無疑義。不過《全唐詩》竇叔向集中并没有載它，這却也不足怪。宋朝的洪邁不是已經説過竇叔向的詩難得遇見麽？元朝的辛文房不是依然嘆道“今存詩甚寡，蓋零落多矣”嗎？這一首在本人名下久已失落了的詩，幸而是被混進一位朋友的集子裏，纔得保存到今天。竇叔向的幸運，真可謂塞翁失馬，因禍得福了。

竇叔向的詩，除了洪邁從吴良嗣家所抄唐詩中收得的六首之外，後來毛晉又從《唐詩紀事》續添三首，共得九首。毛氏因而誇道：“自宋迄今幾百年，余所見叔向詩反多於容齋，始信詩文顯晦，故自有時，匪關歲月之先後久暫也。”從毛氏到今又是“幾百年”，叔向的詩又多出一首來，毛氏所謂“匪關歲月之先後久暫”，果然不錯。

荊楚文庫

聞一多全集（七）

聞一多 著
孫黨伯 袁謇正 主編

荊楚文庫編纂出版委員會
湖北人民出版社

唐詩大系

整理説明

一　作者有兩部“唐詩選”稿，一爲《唐詩大系》，一爲《唐詩》。此以《唐詩》一稿内容爲主，輔之以《唐詩大系》整理而成，名稱則依然沿用開明版《聞一多全集》曰《唐詩大系》。

二　原《唐詩大系》一稿僅録陳子良至李白等六十四人作品，全爲手抄。對其入選作家或篇目與原《唐詩》一稿略異者，此撮其主要，隨文注出，聊備參考。

三　原《唐詩大系》稿的入選作家各有小傳，且此“小傳”與作者《全唐詩人小傳》一稿略有不同，似更爲成熟。爲了不致遺珠漏玉，同時又能保證全篇體例統一，故此將六十四人小傳集中附録於篇末。

四　原《唐詩》爲鉛印稿，中有作者手書補入之眉批雜注等内容，開明版《聞一多全集》的《唐詩大系》即因此而成。然開明版等《唐詩大系》均起自王績，而原《唐詩》和原《唐詩大系》兩稿在王績之前，却又手書增補了楊師道、虞世南、陳子良、魏徵四人作品。本整理稿仍以王績開篇，對以上四人作品，則以注文形式附諸王績之後。

五　原《唐詩》稿中的手書眉批雜注，或有爲開明版《聞一多全集·唐詩大系》所未收者，此酌情適量收入，并隨文出注。

六　原《唐詩》一稿後附有作者手書“簡易姓名筆劃索引”和“詩人生卒年一覽表”兩部分，因價值不大，此删。

七　根據作者所訂之唐詩人生卒年（主要依生年），對《唐詩》一稿中入選者的次第或有移動。

八　本稿整理過程中對開明版《聞一多全集》多有參考。

目　録

王績[1]（五八五—六四四）

（上虞羅氏重刊《王無功集》三卷，補遺二卷。）

石竹咏

上天布甘雨，萬物咸均平。自顧微且賤，亦得蒙滋榮。（以《全唐詩補遺》三二補前四句。）萋萋結緑枝，曄曄垂朱英。常恐零露降，不得全其生。嘆息聊自思，此生豈我情。昔我未生時，誰者令我萌。弃置勿重陳，委化何足驚。

贈程處士

（本集《答杜君書》有處士程融。）

百年長擾擾，萬事悉悠悠。日光隨意落，河水任情流。禮樂囚姬旦，詩書縛孔丘。不如高枕上，時取醉消愁。（劉希夷《故園置酒》：“風前燈易滅，川上月難留。卒卒周姬旦，栖栖魯孔丘。平生能幾日，不及且遨游。”）

---

① 原《唐詩》鉛印稿“王績”條前，作者手書補入：

楊師道《還山宅》：暮春還舊嶺，徙倚玩年華。芳草無行徑，空山正落花。垂藤掃幽石，卧柳礙浮槎。鳥散茅檐静，雲披澗户斜。依然此泉路，猶是昔烟霞。虞世南《侍宴應詔賦韻得前字》：芬芳禁林晚，容與桂舟前。横空一鳥度，照水百花然。緑野明斜日，青山澹晚烟。濫陪終宴賞，握管類窺天。 陳子良《入蜀秋夜宿江渚》：我行逢日暮，弭棹獨維舟。水霧一邊起，風林兩岸秋。山陰黑斷磧，月影素寒流。故鄉千里外，何以慰離愁。 魏徵《暮秋言懷》：首夏别京輔，杪秋滯三河。沈沈蓬萊閣，日夕鄉思多。霜剪凉階蕙，風梢幽渚荷。歲芳坐淪歇，感此式微歌。

原《唐詩大系》稿“王績”條前，作者除手書補入陳子良《入蜀秋夜宿江渚》、魏徵《暮秋言懷》二首外，又有陳子良《於塞北春日思歸》：我家吴會青山遠，他鄉關塞白雲深。爲許羈愁長下泪，那堪春色更傷心。驚鳥屢飛恒失侣，落花一去不歸林。如何此日嗟遲暮，悲來還作白頭吟。

野　望

東皋薄暮望，徙倚欲何依。樹樹皆秋色，山山唯落暉。（王勃《山中》："長江悲已滯，萬里念將歸。况屬高風晚，山山黄葉飛。"）牧童驅犢返，獵馬帶禽歸。相顧無相識，長歌懷采薇[①]。

上官儀（六〇八？—六六四）

八咏應制録一[②]

啓重帷，重帷照文杏。翡翠藻輕花，流蘇媚浮影。瑶笙燕始歸，金堂露初晞。風隨少女至，虹共美人歸。羅薦已擘鴛鴦被，綺衣復有蒲萄帶。殘紅艷粉映簾中，戲蝶流鶯聚窗外。洛濱春雪回，巫峽暮雲來。雪花飄玉輦，雲光上璧臺。共待新妝出，清歌送落梅。

入朝洛堤步月

（《隋唐嘉話》《大唐新語》。）

脉脉廣川流，驅馬歷長洲。鵲飛山月曙（曙《嘉話》作曉），蟬噪野風秋。（此非全章。張説《和尹懋秋夜游㶚湖》："雁飛江月冷，猿嘯野風秋。"）

① 原《唐詩》稿"王績"條眉批云："績名似至中唐始大顯，韓愈、白居易皆嘗稱之。"

② 此篇爲原《唐詩》鉛印稿中作者手書補入，原《唐詩大系》稿中無此篇。且《唐詩大系》稿"上官儀小傳"中先言"今抄殘詩一首、詩一首"，後去掉"詩一首"而成"今抄殘詩一首"。（見後附"上官儀小傳"）由此似可揣知作者對此篇之意見。開明版《聞一多全集・唐詩大系》不收作者手書增補之楊師道、虞世南、陳子良、魏徵諸人作品，而獨收作者手書補入之此篇，似有悖原意。

盧照鄰（六三七—六八九？）

長安古意

長安大道連狹斜，青牛白馬七香車。玉輦縱横過主第，金鞭絡繹向侯家。龍銜寶蓋承朝日，鳳吐流蘇帶晚霞。百丈游絲争繞樹，一群嬌鳥共啼花。啼花戲蝶千門側，碧樹銀臺萬種色。複道交窗作合歡，雙闕連甍垂鳳翼。梁家畫閣天中起，漢帝金莖雲外直。樓前相望不相知，陌上相逢詎相識。借問吹簫向紫烟，曾經學舞度芳年。得成比目何辭死，願作鴛鴦不羡仙。比目鴛鴦真可羡，雙去雙來君不見。生憎帳額綉孤鸞，好取門簾帖雙燕。雙燕雙飛繞畫梁，羅幃翠被鬱金香。片片行雲著蟬鬢，纖纖新月上鴉黄。鴉黄粉白車中出，含嬌含態情非一。妖童寶馬鐵連錢，娼婦盤龍金屈膝。御史府中烏夜啼，廷尉門前雀欲栖。隱隱朱城臨玉道，遥遥翠幰没金堤。挾彈飛鷹杜陵北，探丸借客渭橋西。俱邀俠客芙蓉劍，共宿娼家桃李蹊。娼家日暮紫羅裙，清歌一囀口氛氲。北堂夜夜人如月，南陌朝朝騎似雲。南陌北堂連北里，五劇三條控三市。弱柳青槐拂地垂，佳氣紅塵暗天起。漢代金吾千騎來，翡翠屠蘇鸚鵡杯。羅襦寶帶爲君解，燕歌趙舞爲君開。别有豪華稱將相，轉日回天不相讓。意氣由來排灌夫，專權判不容蕭相。專權意氣本豪雄，青虬紫燕坐生風。自言歌舞長千載，自謂驕奢凌五公。節物風光不相待，桑田碧海須臾改。昔時金階白玉堂，即今惟見青松在。寂寞寥寥揚子居，年年歲歲一床書。獨有南山桂花發，飛來飛去襲人裾。

駱賓王[①]（六四〇？—六八四）

樂大夫挽詞[②]

蒿里誰家地，松門何代丘。百年三萬日，一別幾千秋。返照寒無影，窮泉凍不流。居然同物化，何處欲藏舟。

一旦先朝菌，千秋掩夜臺。青烏新兆去，白馬故人來。草露當春泣，松風向暮哀。寧知荒壠外，吊鶴自徘徊。

李嶠（六四五—七一四？）

送李安邑

（一作送李邕）

落日荒郊外，風景正凄凄。離人席上起，征馬路旁嘶。別酒傾壺贈，行書掩淚題。殷勤御溝水，從此各東西。

---

① 原《唐詩大系》稿駱賓王名下又有《同辛簿簡仰酬思玄上人林泉》：俗遠風塵隔，春還初服遲。林疑中散地，人似上皇時。芳杜湘君曲，幽蘭楚客詞。山中有春草，長似寄相思。

② 原《唐詩》稿及開明版《聞一多全集·唐詩大系》均以“一旦先朝菌”篇在前。此據中華書局 1960 年版《全唐詩》及陳晋熙《駱臨海集箋注》改移。且原《唐詩大系》稿亦以“蒿里誰家地”篇在前，“一旦先朝菌”篇居後。

薛稷（六四七—七一一）

早春魚亭山

春氣動百草，紛榮時斷續。白雲自高妙，徘徊空山曲。陽林花已紅，寒澗苔未緑。伊余息人事，蕭寂無營欲。客行雖云遠，玩之聊自足。

秋日還京陝西十里作

（《紀事》一〇。）

驅車越陝郊，北顧臨大河。隔河望鄉邑，秋風水增波。西登咸陽途，日暮憂思多。傅巖既紆鬱，首山亦嵯峨。操築無昔老，采薇有遺歌。客游節回換，人生知幾何。

杜審言[①]（六四八？—七〇八）

蓬萊三殿侍宴奉敕咏終南山應制

（《紀事》六。）

北斗挂城邊，南山倚殿前。雲標金闕迥，樹杪玉堂懸。半嶺通佳氣，中峰繞瑞烟。小臣持獻壽，長此戴堯天。

---

① 原《唐詩》稿及開明版《聞一多全集·唐詩大系》均將杜審言置於李嶠、薛稷前，此依作者所訂三人之生卒年及原《唐詩大系》稿次序移來此處。

夏日過鄭七山齋

（《國秀集》。）

共有樽中好，言尋谷口來。薜蘿山徑入，荷芰水亭開。日氣含殘雨，（《度石門山》："江聲連驟雨，日氣抱殘虹。"）雲陰送晚雷。洛陽鐘鼓至，車馬繫遲回。

和晉陵陸丞早春游望

（一作韋應物詩，非是。《能改齋漫録》十一引顧陶《唐詩選》載此，作韋詩，云韋集無之。一本丞下衍相字。唐宰相有陸元方，與審言同時，然詩中語氣殊不類。且唐時宰相亦不稱丞相。晉陵陸丞者，晉陵縣丞也。唐江南道常州有晉陵縣，今本韋集未衍。）

獨有宦游人，偏驚物候新。雲霞出海曙，梅柳渡江春。淑氣催黄鳥，晴光轉緑蘋。忽聞歌古調，歸思欲霑巾。

登襄陽城

旅客三秋至，層城四望開。楚山横地出，漢水接天回。冠蓋非新里，章華即舊臺。習池風景異，歸路滿塵埃。

秋夜宴臨津鄭明府宅

行止皆無地，招尋獨有君。酒中堪累月，身外即浮雲。露白宵鐘徹，風清曉漏聞。坐携餘興往，還似未離群。

春日京中有懷[①]

今年游寓獨游秦，愁思看春不當春。上林苑裏花徒發，細柳營前葉漫新。公子南橋應盡興，將軍西第幾留賓。（馬融有《梁大將軍西第頌》。）寄語洛城風日道，明年春色倍還人。

蘇味道（六四八—七〇五）

正月十五夜

（《搜玉小集》作《觀燈》，《全唐詩》作《上元》。）

火樹銀花合，星橋鐵鎖開。暗塵隨馬去，明月逐人來。游伎皆穠李，行歌盡落梅。金吾不禁夜，（《藝文類聚》四禁作惜，《紀事》六同。）玉漏莫相催。（樂府遺調）

王勃（六四九—六七六）

（蔣清翊《王子安集注》二十卷。羅振玉《王子安集佚文》一卷，《附録》一卷，《校記》一卷，《永豐鄉人雜著續編》。）

咏　　風

（《初學記》一、《文苑英華》一五六、《唐詩紀事》七。）

---

① 原《唐詩大系》稿此篇下又有《渡湘江》："遲日園林悲昔游，今春花鳥作邊愁。獨憐京國人南竄，不似湘江水北流。"

肅肅凉景生，加我林壑清。驅烟尋澗户，卷霧出山楹。去來固無迹，動息如有情。日落山水静，爲君起松聲。

滕王閣

（《英華》三四三。）

滕王高閣臨江渚，珮玉鳴鸞罷歌舞。畫棟朝飛南浦雲，珠簾暮捲西山雨。閑雲潭影日悠悠，物换星移幾度秋。閣中帝子今何在，檻外長江空自流。

聖泉宴并序

（《英華》二一四。各本俱無序，從日本卷子本《王子安集佚文》及項家達本補。《全唐文》以序入駱賓王卷。案序云得泉字，與詩合，則是王作無疑。）

玄武山趾有聖泉焉，浸淫滴瀝，數百千年矣。乘巖泌涌，接磴分流，下瞰長江，沙堤石岸，咸古人之遺迹也。兹乃青蘋緑芰，紫苔蒼蘚，遂使江湖思遠，寤寐寄托。既而崇巒左被，石壁前縈，丹崿萬尋，碧潭千頃，松風唱晚，竹露薰空，瀟瀟乎人間難遇也。方欲以林壑爲天屬，琴樽爲日用。嗟乎！古今代謝，方深川上之悲；少長同游，且盡山陰之樂。盍題芳什，共寫高情。詩得泉字。

披襟乘石磴，列藉俯春泉。（藉，諸本作籍，誤。《英華》作席。）蘭氣薰山酌，松聲韻野弦。影飄垂葉外，香度落花前。興洽林塘晚，重巖起夕烟。

秋日别薛昇華

（《英華》二八六。各本作别薛華，誤。此從《英華》。案薛曜，字昇華，見《唐書·宰相世系表》，本集有《秋夜於綿州群官席别薛昇華序》，疑即因此詩而作。又《仲氏宅宴序》云："蓋同序者高人薛曜等耳。"又《重别薛華》詩，據《英華》當作薛昇華。《春思賦》："咸亨二年，余春秋二十三〔舊作二，從蔣清翊改〕，旅寓巴蜀。"以上二詩，皆蜀中作，則纔年二十餘耳。）

送送多窮路，遑遑獨問津。悲凉千里道，凄斷百年身。心事同漂泊，生涯共苦辛。無論去與住，俱是夢中人。

送杜少府之任蜀川

（《英華》二六六。各本無送字，從《英華》補。）

城闕輔三秦，（輔，集作俯，此從《英華》）風烟望五津。與君離别意，同是宦游人。海内存知己，天涯若比鄰。無爲在歧路，兒女共霑巾。

春日還郊

（《英華》三一八。）

閑情兼默語，携杖赴巖泉。草緑縈新帶，榆青綴古錢。魚床侵岸水，鳥路入山烟。還題平子賦，花樹滿春田。（結拗）

銅雀妓

（《樂府詩集》三一。）

金鳳鄰銅雀，漳河望鄴城。君王無處所，臺榭若平生。舞席紛可就，歌梁儼未傾。西陵松檟冷，誰見綺羅情。

楊炯（六五〇—六九五？）

從軍行

烽火照西京，心中自不平。牙璋辭鳳闕，鐵騎繞龍城。雪暗凋旗畫，風多雜鼓聲。寧爲百夫長，勝作一書生。（賦體）

紫騮馬

俠客重周游，金鞭控紫騮。蛇弓白羽箭，鶴轡赤茸鞦。發迹來南海，長鳴向北州。匈奴今未滅，畫地取封侯。

韋承慶（六五一？—七〇六）

凌朝浮江旅思

（一作馬周詩，《紀事》四同，九作韋承慶。）

太清上初日，（太清一作天晴。《鶡冠子》："上及太清，下及太寧。"《文選·海賦》："擘洪波，指太清。"《楚辭·九嘆·遠游》："載赤霄而凌太清。"注："上凌太清，游天庭也。"）春水送孤舟。山遠疑無樹，潮平似不流。岸花開且落，江鳥没還浮。羈望傷千里，長歌遣四愁。

劉希夷（六五一—六七八[1]）

（《秋日題汝陽潭壁》：魚鱗可憐紫，鴨毛自然碧。）

采　　桑[2]

（《樂府詩集》二八。）

楊柳送行人，青青西入秦。誰家采桑女，樓上不勝春。盈盈灞水曲，步步春芳緑。紅臉耀明珠，絳脣含白玉。回首渭橋東，遥憐春色同。青絲嬌落日，緗綺弄春風。携籠長嘆息，逶遲戀春色。看花若有情，倚樹疑無力。薄暮思悠悠，使君南陌頭。相逢不相識，歸去夢青樓。

---

① 原《唐詩》稿及開明版《聞一多全集·唐詩大系》均未言劉希夷之卒年，此據原《唐詩大系》稿及原《唐詩》稿所附之"唐詩人生卒年一覽表"（此表已删）補。

② 原《唐詩大系》稿在《采桑》篇後、《代白頭吟》篇前又有：《代閨人春日》：珠簾的曉光，玉顔艷春彩。林間鳥鳴唤，户外花相待。花鳥惜芳菲，鳥鳴花亂飛。人今伴花鳥，日暮不能歸。池月憐歌扇，山雲愛舞衣。佳期楊柳陌，携手莫相違。《將軍行》：將軍闢轅門，耿介當風立。諸將欲言事，逡巡不敢入。劍氣射雲天，鼓聲震原隰。黄塵塞路起，走馬追兵急。彎弓從此去，飛箭如雨集。截圍一百重，斬首五千級。代馬流血死，胡人抱鞍泣。古來養甲兵，有事常討襲。乘我廟堂運，坐使干戈戢。獻凱還京師，軍容何翕習。　《秋日題汝陽潭壁》：獨坐秋陰生，悲來從所適。行見汝陽潭，飛蘿蒙水石。懸瓢木葉上，風吹何歷歷。幽人不耐煩，振衣步閑寂。回流清見底，金沙覆銀礫。錯落非一文，空濛幾千尺。魚鱗可憐紫，鴨毛自然碧。吟咏秋水篇，渺然忘損益。秋水隨形影，清濁混心迹。歲暮歸去來，東山余宿昔。　《歸山》：歸去嵩山道，烟花覆青草。草緑山無塵，山青楊柳春。日暮松聲合，空歌思殺人。　《公子行》：天津橋下陽春水，天津橋上繁華子。馬聲回合青雲外，人影動摇緑波裏。緑波蕩漾玉爲砂，青雲離披錦作霞。可憐楊柳傷心樹，可憐桃李斷腸花。此日遨游邀美女，此時歌舞入娼家。娼家美女鬱金香，飛去飛來公子傍。的的珠簾白日映，娥娥玉顔紅粉妝。花際徘徊雙蛺蝶，池邊顧步兩鴛鴦。傾國傾城漢武帝，爲雲爲雨楚襄王。古來容光人所羡，况復今日遥相見。願作輕羅著細腰，願爲明鏡分嬌面。與君相向轉相親，與君雙栖共一身。願作貞松千載古，誰論芳槿一朝新。百年同謝西山日，千秋萬古北邙塵。

代白頭吟

（吟，舊作翁，此從《搜玉小集》。案鮑照樂府皆曰代，代猶擬也。《白頭吟》樂府舊題，此擬之耳。《樂府詩集》四一作《白頭吟》,《韻語陽秋》六同。）

洛陽城東桃李花，飛來飛去落誰家。洛陽女兒好顏色，坐見落花長嘆息。今年花落顏色改，明年花開復誰在。已見松柏摧爲薪，更聞桑田變成海。古人無復洛城東，今人還對落花風。年年歲歲花相似，歲歲年年人不同。寄言全盛紅顏子，應憐半死白頭翁。此翁白頭真可憐，伊昔紅顏美少年。公子王孫芳樹下，清歌妙舞落花前。光禄池臺開錦綉，將軍樓閣畫神仙。一朝卧病無相識，三春行樂在誰邊。宛轉蛾眉能幾時，須臾鶴髮亂如絲。但見古來歌舞地，惟有黄昏鳥雀悲。

王無競[①]（六五二—七〇五）

巫　　山

（一作宋之問詩。《樂府詩集》一七作沈佺期詩。《紀事》八。）

神女向高唐，巫山下夕陽。徘徊作行雨，婉孌逐荆王。電影江前落，雷聲峽外長。朝雲無處所，臺殿曉蒼蒼。

① 原《唐詩大系》稿王無競在姚崇、崔融之後，崔融詩見後，姚崇詩如下,《夜渡江》：夜渚帶浮烟，蒼茫晦遠天。舟輕不覺動，纜急始知牽。聽草遥尋岸，聞香暗識蓮。唯看孤帆影，常似客心懸。

崔融[1]（六五二—七〇五）

（崔融五古高妙近宋之問。崔、宋近王、薛、陳，杜、沈近盧、駱、劉、張。）

關山月

月生西海上，氣逐邊風壯。萬里度關山，蒼茫非一狀。漢兵開郡國，胡馬窺亭障。夜夜聞悲笳，征人起南望。

吴中好風景

洛渚問吴潮，吴門想洛橋。夕烟楊柳岸，春水木蘭橈。城邑高樓近，星辰北斗遥。無因生羽翼，輕舉托還飆。

宋之問[2]（六五六？—七一二）

（崔、宋近，俱工古體；杜、沈近，俱工七律。）

① 原《唐詩》稿及開明版《聞一多全集》均無崔融生卒年，此據原《唐詩大系》稿補入。

② 原《唐詩大系》稿王無競後、宋之問前有喬知之《苦寒行》：胡天夜清迥，孤雲獨飄揚。遥裔出雁關，逶迤含晶光。陰陵久徘回，幽都無多陽。初寒凍巨海，殺氣流大荒。朔馬飲寒冰，行子履胡霜。路有從役倦，卧死黄沙場。羈旅因相依，慟之泪沾裳。由來從軍行，賞存不賞亡。亡者誠已矣，徒令存者傷。

夜飲東亭 ①

（《文粹》十五上。）

春泉鳴大壑，皓月吐層岑。岑壑景色佳，慰我遠游心。暗芳足幽氣，驚栖多衆音。高興南山曲，長謡横素琴。

雨從箕山來

雨從箕山來，倏與飄風度。晴明西峰日，綠縟南溪樹。此時客精廬，幸蒙真僧顧。深入清净理，妙斷往來趣。意得兩契如，言盡共忘喻。觀花寂不動，聞鳥懸可悟。向夕聞天香，淹留不能去。

初至崖口 ②

崖口衆山斷，嶔崟聳天壁。氣衝落日紅，影入春潭碧。錦繢織苔蘚，丹青畫松石。水禽泛容與，巖花飛的皪。微路從此深，我來限于役。惆悵情未已，群峰暗將夕。

夏日仙萼亭應制

高嶺逼星河，乘輿此日過。野含時雨潤，山雜夏雲多。睿藻光巖穴，宸襟洽薜蘿。悠然小天下，歸路擁笙歌。（擁《全唐詩》作滿。應制詩與杜審言同工。）

---

① 原《唐詩大系》稿《夜飲東亭》篇後有《題張老松樹》：歲晚東巖下，周顧何凄惻。日落西山陰，衆草起寒色。中有喬松樹，使我長嘆息。百尺無寸枝，一生自孤直。

② 原《唐詩大系》稿《初至崖口》篇下有《見南山夕陽召監師不至》：夕陽暗晴碧，山翠互明滅。此中意無限，要與開士説。徒鬱仲舉思，詎回道林轍。孤興欲待誰，待此湖上月。　《王子喬》：王子喬，愛神仙，七月七日上賓天。白虎摇瑟鳳吹笙，乘騎雲氣吸日精。吸日精，長不歸，遺廟今在而人非。空望山頭草，草露濕人衣。

扈從登封途中作

帳殿鬱崔嵬，仙游實壯哉。曉雲連幕捲，夜火雜星回。谷暗千旗出，山鳴萬乘來。扈從良可賦，終乏掞天才。

度大庾嶺

（《搜玉小集》。）

度嶺方辭國，停軺一望家。魂隨南翥鳥，淚盡北枝花。山雨初含霽，江雲欲變霞。但令歸有日，不敢恨長沙。（恨亦作怨）

陸渾山莊

歸來物外情，負杖閱巖耕。源水看花入，幽林采藥行。野人相問姓，山鳥自呼名。去去獨吾樂，無能愧此生。（學王績）

途中寒食題黄梅臨江驛寄崔融

馬上逢寒食，愁中屬暮春。（愁《類聚》四作途）可憐江浦望，不見洛橋人。（崔融《吴中好風景》"吴門想洛橋"，橋原作陽，改從一本。劉禹錫《送河南馮尹之任》："洛水橋長晝起雷。"《類聚》四字亦作橋。《紀事》八作同。）北極懷明主，南溟作逐臣。故園腸斷處，日夜柳條新。（似王勃而細密過之）

漢江宴別[1]

漢廣不分天，舟移杳若仙。秋虹映晚日，江鶴弄晴烟。積水浮冠

① 原《唐詩》稿《漢江宴別》篇下手書補入《渡漢江》篇篇名，未録原詩。原《唐詩大系》稿亦録此篇：嶺外音書斷，經冬復歷春。近鄉情更切，不敢問來人。

蓋，遥風逐管弦。嬉游不可極，留恨此山川。

沈佺期（六五六？—七一四[①]）

（亦宫體，近劉、張。）

游少林寺[②]

長歌游寶地，徙倚對珠林。雁塔風霜古，龍池歲月深。紺園澄夕霽，碧殿下秋陰。歸路烟霞晚，山蟬處處吟。

雜　詩

聞道黄龍戍，頻年不解兵。可憐閨裏月，偏照（偏照《全唐詩》作長在）漢家營。少婦今春意，良人昨夜情。誰能將旗鼓，一爲取龍城。

宿七盤嶺

（各本宿上有夜字，從《國秀集》删。）

獨游千里外，高卧七盤西。曉月臨窗近，天河入户低。芳春平仲緑，（《文選・上林賦》："華楓枰櫨。"郭璞注："枰，平仲木也。"）清夜子規啼。浮客空留聽，褒城聞曙鷄。

① 原《唐詩大系》稿及原《唐詩》稿所附之"唐詩人生卒年一覽表"均作"656？—713"。

② 原《唐詩大系》稿此篇在《雜詩》篇後。

巫山高[1]

（《衆妙集》作張循之詩。《樂府詩集》一七同。《紀事》一一："此詩范攄以爲佺期之作，而顧陶以爲張循之詩。"案《紀事》從范。）

巫山高不極，合沓狀奇新。暗谷疑風雨，陰崖若鬼神。月明三峽曙，潮滿九江春。爲問陽臺客，應知入夢人。

古意贈補闕喬知之

（《搜玉小集》、《樂府詩集》七五、《紀事》六。）

盧家少婦鬱金堂，海燕雙栖玳瑁梁。九月寒砧催木葉，十年征戍憶遼陽。白狼河北音書斷，丹鳳城南秋夜長。誰謂含愁獨不見，更教明月照流黄。

郭元振（六五六—七一三）

塞　上[2]

（《樂府詩集》九二。）

塞上虜塵飛，頻年出武威。死生隨玉劍，辛苦向金微。久戍人將老，長征馬不肥。仍聞酒泉郡，已合數重圍。

---

① 原《唐詩大系》稿沈佺期名下未收此篇。

② 原《唐詩大系》稿此篇前有《寶劍篇》：君不見昆吾鐵冶飛炎烟，紅光紫氣俱赫然。良工鍛煉凡幾年，鑄得寶劍名龍泉。龍泉顔色如霜雪，良工咨嗟嘆奇絶。琉璃玉匣吐蓮花，錯鏤金環映明月。正逢天下無風塵，幸得周防君子身。精光暗暗青蛇色，文章片片緑龜鱗。非直結交游俠子，亦常親近英雄人。何言中路遭弃捐，零落漂淪古獄邊。雖復塵埋無所用，猶能夜夜氣衝天。

寄劉校書[1]

（五、六不似初盛間語，疑非元振詩。）

俗吏三年何足論，每將榮辱在朝昏。才微易向風塵老，身賤難酬知己恩。御苑殘鶯啼落日，黄山細雨濕歸軒。回首漢家丞相府，昨來誰得掃重門。

張若虚[2]（六六〇—七二〇？）

春江花月夜

春江潮水連海平，海上明月共潮生。灧灧隨波千萬里，何處春江無月明。江流宛轉繞芳甸，月照花林皆似霰。空裏流霜不覺飛，汀上白沙看不見。江天一色無纖塵，皎皎空中孤月輪。江畔何人初見月，江月何年初照人。人生代代無窮已，江月年年祇相似。（《樂府詩集》四七作望相似）不知江月待何人，但見長江送流水。白雲一片去悠悠，青楓浦上不勝愁。誰家今夜扁舟子，何處相思明月樓。可憐樓上月徘徊，應照離人妝鏡臺。玉户簾中卷不去，搗衣砧上拂還來。此時相望不相聞，願逐月華流照君。鴻雁長飛光不度，魚龍潛躍水成文。昨夜閑潭夢落花，可憐春半不還家。江水流春去欲盡，江潭落月復西斜。斜月沉沉藏海霧，碣石瀟湘無限路。不知乘月幾人歸，落月摇情滿江樹。（殷文圭《八月十五夜》："滿衣冰彩拂不落，遍地水光凝欲流。"盧照鄰《明月引》："洞庭波兮鴻雁翔，風瑟瑟兮野蒼蒼。浮雲卷靄，明月流光。荆南兮趙

① 原《唐詩大系》稿此篇下有《春江曲》：江水春沈沈，上有雙竹林。竹葉壞水色，郎亦壞人心。

② 原《唐詩大系》稿張若虚在郭元振、張循之、陳子昂、宗楚客、長孫正隱諸人後，未言生卒年。

北，碣石兮瀟湘。澄清規於萬里，照離思於千行。横桂枝於西第，繞菱花於北堂。高樓思婦，飛蓋君王。文姬絶域，侍子他鄉。見胡鞍之似練，知漢劍之如霜。試登高而騁目，莫不變而回腸。”）

陳子昂[1]（六六一—七〇二）[2]

感　遇[3]

（《文粹》十八、《紀事》八。）

---

① 原《唐詩大系》稿陳子昂前有張循之《巫山高》：巫山高不極，合沓狀奇新。暗谷疑風雨，陰崖若鬼神。月明三峽曙，潮滿九江春。爲問陽臺客，應知入夢人。（此詩原《唐詩》稿作沈佺期詩，云：“《衆妙集》作張循之詩……”原《唐詩大系》稿沈佺期名下無此篇。）陳子昂後有：宗楚客《奉和人日清暉閣宴群臣遇雪應制》：窈窕神仙閣，參差雲漢間。九重中禁啓，七日早春還。太液天爲水，蓬萊雪作山。今朝上林樹，何處不堪攀。　長孫正隱《晦日宴高氏林亭》：晦晚屬烟霞，遨游重歲華。歌鐘雖戚里，林藪是山家。細雨猶開日，深池不漲沙。淹留迷處所，巖岫幾重花。

② 原《唐詩大系》稿及原《唐詩》稿所附之“唐詩人生卒年一覽表”均作：陳子昂（659—700）。

③ 原《唐詩大系》稿選陳子昂《感遇》十一首，即比原《唐詩》稿多如下六首：樂羊爲魏將，食子殉軍功。骨肉且相薄，他人安得忠。吾聞中山相，乃屬放麑翁。孤獸猶不忍，況以奉君終。（其四）　市人矜巧智，於道若童蒙。傾奪相夸侈，不知身所終。曷見玄真子，觀世玉壺中。窅然遺天地，乘化入無窮。（其五）　吾觀龍變化，乃知玉陽精。石林何冥密，幽洞無留行。古之得仙道，信與元化并。玄感非象識，誰能測沉冥。世人拘目見，酣酒笑丹經。崑崙有瑶樹，安得采其英。（其六）　幽居觀天運，悠悠念群生。終古代興没，豪聖莫能争。三季淪周赧，七雄滅秦嬴。復聞赤精子，提劍入咸京。炎光既無象，晋虜復縱横。堯禹道已昧，昏虐勢方行。豈無當世雄，天道與胡兵。咄咄安可言，時醉而未醒。仲尼溺東魯，伯陽遁西溟。大運自古來，旅人胡嘆哉。（其十七）玄天幽且默，群議曷嗤嗤。聖人教猶在，世運久陵夷。一繩將何繫，憂醉不能持。去去行采芝，勿爲塵所欺。（其二十）　浩然坐何慕，吾蜀有峨眉。念與楚狂子，悠悠白雲期。時哉悲不會，涕泣久漣洏。夢登綏山穴，南采巫山芝。探元觀群化，遺世從雲螭。婉孌時永矣，感悟不見之。（其三十六）　比原《唐詩》稿少“林居病時久”“翡翠巢南海”二首。

蘭若生春夏，芊蔚何青青。幽獨空林色，朱蕤冒紫莖。遲遲白日晚，嫋嫋秋風生。歲華盡摇落，芳意竟何成。

白日每不歸，青陽時暮矣。茫茫吾何思，林卧觀無始。衆芳委時晦，鶗鴂鳴悲耳。(《紀事》作悲鳴）鴻荒古已頽，誰識巢居子。

吾愛鬼谷子，青溪無垢氛。囊括經世道，遺身在白雲。七雄方龍鬥，天下久無君。浮榮不足貴，遵養晦時文。舒可彌宇宙，卷之不盈分。豈徒山木壽，空與麋鹿群。

林居病時久，水木澹孤清。閑卧觀物化，悠悠念無生。青春始萌達，朱火已滿盈。徂落方自此，感嘆何時平。

微霜知歲晏，斧柯始青青。况乃金天夕，浩露霑群英。登山望宇宙，白日已西暝。雲海方蕩潏，孤鱗安得寧。

翡翠巢南海，雄雌珠樹林。何知美人意，驕愛比黄金。殺身炎州裹，委羽玉堂陰。旖旎光首飾，葳蕤爛錦衾。豈不在遐遠，虞羅忽見尋。多材信爲累，嘆息此珍禽。

仲尼探元化，幽鴻順陽和。大運自盈縮，春秋遞來過。盲飆忽號怒，萬物相紛劘。溟海皆震蕩，孤鳳其如何。

酬暉上人秋夜山亭有贈

（贊寧《高僧傳》五中有《大雲寺圓暉傳》。）

皎皎白林秋，微微翠山静。禪居感物變，獨坐開軒屏。風泉夜聲雜，月露霄光冷。多謝忘機人，塵憂未能整。

酬暉上人夏日林泉見贈

（見贈二字從《文粹》十六下補。）

聞道白雲居，窈窕青蓮宇。巖泉萬丈流，樹石千年古。林卧對軒窗，山陰滿庭户。方釋塵事勞，從君襲蘭杜。

夏日暉上人房别李參軍崇嗣

四十九變化，一十三死生。翕忽玄黄裹，驅馳風雨情。是非紛妄作，寵辱坐相驚。至人獨幽鑒，窈窕隨昏明。咫尺山河道，軒窗日月庭。别離焉足問，悲樂固能并。我輩何爲爾，栖皇猶未平。金臺可攀陟，寶界絶將迎。户牖觀天地，階基上杳冥。自超三界樂，安知萬里征。中國要荒内，人寰宇宙榮。弦望如朝夕，寧嗟蜀道行。

秋園卧病呈暉上人

（文粹十五下。）

幽寂曠日遥，林園轉清密。疲痾澹無豫，獨坐泛瑶瑟。懷挾萬古情，憂虞百年疾。綿綿多滯念，忽忽每如失。緬想赤松游，高尋白雲逸。（尋原作情，從《文粹》改。）榮吝始都喪，幽人遂貞吉。圖書紛滿床，山水藹盈室。（水原作木，從《文粹》改。）宿昔心所尚，平生自兹畢。願言誰見知，梵筵有同術。八月高秋晚，凉風正蕭瑟。

登幽州臺歌

前不見古人，後不見來者。念天地之悠悠，獨愴然而涕下。

度荆門望楚

遥遥去巫峽，望望下章臺。巴國山川盡，荆門烟霧開。城分蒼野外，樹斷白雲隈。今日狂歌客，誰知入楚來。

月夜有懷

美人挾趙瑟，微月在西軒。寂寞夜何久，殷勤玉指繁。清光委衾枕，遥思屬湘沅。空簾隔星漢，猶夢感精魂。

春夜别友人

銀燭吐青烟，金樽對綺筵。離堂思琴瑟，别路繞山川。明月隱高樹，長河没曉天。悠悠洛陽道，此會在何年。

晚次樂鄉縣[①]

故鄉杳無際，日暮且孤征。川原迷舊國，道路入邊城。野戍荒烟斷，深山古木平。如何此時恨，噭噭夜猿鳴。

春日登金華觀[②]

白玉仙臺古，丹丘别望遥。山川亂雲日，樓榭入烟霄。鶴舞千年樹，虹飛百尺橋。還疑赤松子，天路坐相邀。

張説[③]（六六七—七三〇）

還至端州驛前與高六别處

舊館分江口，凄然望落暉。相逢傳旅食，臨别换征衣。昔記山川是，今傷人代非。往來皆此路，生死不同歸。（似王勃）

---

① 原《唐詩大系》稿此篇下有《送客》：故人洞庭去，楊柳春風生。相送河洲晚，蒼茫别思盈。白蘋已堪把，緑芷復含榮。江南多桂樹，歸客贈生平。

② 原《唐詩》稿即有此篇，且非手書補入，原《唐詩大系》稿亦録此篇。然開明版《聞一多全集·唐詩大系》未録此篇。

③ 原《唐詩大系》稿張説前有盧僎《南樓望》：去國三巴遠，登樓萬里春。傷心江上客，不是故鄉人。

同賀八送兗公赴荆州

疇昔同聲友，鶱飛出鳳池。風雲一蕩薄，日月屢參差。此别黄葉下，前期安可知。誰憐楚南樹，不爲歲寒移。

相州前池别許鄭二判官景先神力[①]

數步圓塘水，雙鴻戢羽儀。一飛喬木上，一返故林垂。瀁泊含秋景，虚明抱夜規。無因留絶翰，雲海意差池。

幽州夜飲

凉風吹夜雨，蕭瑟動寒林。正有高堂宴，能忘遲暮心。軍中宜舞劍，塞上重笳音。不作邊城將，誰知恩遇深。

同趙侍御巴陵早春作[②]

江上春來早可觀，巧將春物妒餘寒。水苔同繞留烏石，花島争開鬥鴨欄。（島原作烏）佩勝芳辰日漸暖，然燈美夜月初圓。意隨北雁雲飛去，直待南州蕙草殘。

灉湖山寺

空山寂歷道心生，虚谷迢遥野鳥聲。（虚一作靈）禪室從來塵外賞，（一作由來雲外賞）香臺豈是世中情。雲間東嶺千重出，樹裏南湖一片明。若使巢由知此意，（知一作同）不將蘿薜易簪纓。

①② 原《唐詩大系》稿無此篇。

蜀道後期

（《文粹》十五下。）

客心争日月，來往預期程。秋風不相待，先到洛陽城。

蘇頲（六七〇—七二七）[①]

奉和春日幸望春宫應制[②]

東望望春春可憐，更逢晴日柳含烟。宫中下見南山盡，城上平臨北斗懸。細草偏承回輦處，飛花故落奉觴前。宸游對此歡無極，鳥弄歌聲雜管弦。（《紀事》一〇作聲聲入管弦。）

奉和聖製登驪山高頂寓目應制[③]

仙蹕御層氛，高高積翠分。巖聲中谷應，天語半空聞。豐樹連黄葉，函關入紫雲。聖圖恢寓縣，歌賦小横汾。

① 原《唐詩》稿無蘇頲生卒年，此據原《唐詩大系》稿。

② 原《唐詩大系》稿無此篇。

③ 原《唐詩》稿此篇下有詩題《將赴益州題小園壁》。原《唐詩大系》稿此篇下亦録此詩：歲窮將益老，春至却辭家。可惜東園樹，無人也作花。

張旭[1]（六七五—七五〇？）

桃花溪

隱隱飛橋隔野烟，石磯西畔問漁船。桃花盡日隨流水，洞在清溪何處邊。

山行留客[2]

山光物態弄春輝，莫爲輕陰便擬歸。縱使晴明無雨色，入雲深處已沾衣。（庾信《和宇文内史春日游山》："山深雲濕衣。"敦煌寫本王梵志詩《殘卷》："惡人相遠離，善者近相知。縱使天無雨，陰雲自潤衣。"王維《山中》："山路元無雨，空翠濕人衣。"）

賀知章（六七七—七四四）

（《賀秘監遺書》，馮貞群、張壽鏞同編，見《四明叢書》。）

---

① 原《唐詩大系》稿張旭前有：崔湜《冀北春望》：回首覽燕趙，春生兩河間。曠然萬里餘，際海不見山。雨歇青林潤，烟空緑野閑。問鄉何處所，目送白雲邊。　徐晶《同蔡孚五亭咏》：章奏中京罷，雲泉别業歸。拂琴鋪野席，牽柳挂朝衣。翡翠巢書幌，鴛鴦立釣磯。幽栖可憐處，春事滿林扉。　鄭愔《折楊柳》：青柳映紅顔，黄雲蔽紫關。忽聞邊使出，枝葉爲君攀。舞腰愁欲斷，春心望不還。風花滚成雪，羅綺亂斑斑。

② 原《唐詩大系》稿無此篇。

送人之軍中[①]

（原無中字，從《國秀集》補，《英華》。）

常經絶脉塞，復見斷腸流。送子成今别，令人起昔愁。隴雲晴半雨，邊草夏先秋。萬里長城寄，無貽漢國憂。

張九齡（六七八—七四〇）

雜　　詩

孤桐亦胡爲，百尺傍無枝。疏陰不自覆，修幹欲何施。高岡地復迴，弱植風屢吹。凡鳥已相噪，鳳凰安得知。

感　　遇[②]

（《文粹》十八）

蘭葉春葳蕤，桂華秋皎潔。欣欣此生意，（此本作似，從《文粹》改。）自爾爲佳節。誰知林栖者，聞風坐相悦。草木有本心，何求美人折。

江南有丹橘，經冬猶緑林。豈伊地氣暖，自有歲寒心。可以薦嘉客，奈何阻重深。運命惟所遇，循環不可尋。徒言樹桃李，此木豈無陰。

我有異鄉憶，宛在雲溶溶。憑此目不覿，要之心所鍾。但欲附高

① 原《唐詩大系》稿此篇前有《曉發》：江皋聞曙鐘，輕枻理還舸。海潮夜約約，川露晨溶溶。始見沙上鳥，猶埋雲外峰。故鄉杳無際，明發懷朋從。

② 原《唐詩大系》稿所録《感遇》除此三篇外，又有：幽林歸獨卧，滯慮洗孤清。持此謝高鳥，因之傳遠情。日夕懷空意，人誰感至精。飛沉理自隔，何所慰吾誠。

鳥，安敢攀飛龍。至精無感遇，悲惋填心胸。歸來扣寂寞，人願天豈從。

晨坐齋中偶爾成咏

寒露潔秋空，遥山紛在矚。孤頂乍修聳，微雲復相續。人兹賞地偏，鳥亦愛林旭。結念憑幽遠，撫躬曷羈束。仰霄謝逸翰，臨路嗟疲足。徂歲方睽携，歸心亟躑躅。休閑倘有素，豈負南山曲。

歲初巡屬縣登高安南樓言懷

山城本孤峻，憑高結層軒。江氣偏宜早，林英燦已繁。餘滋含宿霽，衆妍在朝暾。拂衣釋簿領，伏檻遺紛喧。深俯東溪澳，遠延南山樊。歸雲納前嶺，去鳥投遥村。目盡有餘意，心惻不可諼。揭來彭蠡澤，載經敷淺原。春及但生思，時哉無與言。不才叨過舉，唯力酬明恩。美化猶寂蔑，迅節徒飛奔。雖無成立效，庶以去思論。行復徇孤迹，亦云吾道存。

春江晚景[①]

江林多秀發，雲日復相鮮。征路那逢此，春心亦渺然。興來祇自得，佳氣莫能傳。暮暮津亭下，餘花滿客船。

望月懷遠

海上生明月，天涯共此時。情人怨遥夜，竟夕起相思。滅燭憐光

① 此篇爲原鉛印《唐詩》稿手書補入，原《唐詩大系》稿亦録此篇。然開明版《聞一多全集》未録。

滿，披衣覺露滋。不堪盈手贈，還寢夢佳期。

湖口望廬山瀑布泉

萬丈紅泉落，迢迢半紫氛。奔飛下雜樹，灑落出重雲。日照虹霓似，天清風雨聞。靈山多秀色，空水共氤氳。

郡齋閑思

郡閣晝長掩，庭蕪日復滋。檐風落鳥毳，窗葉挂蟲絲。拙病宦情少，羈閑秋氣悲。理人無異績，爲郡但經時。（郡一作政）惟有江湖意，沉冥空在兹。

賦得自君之出矣

自君之出矣，不復理殘機。思君如滿月，夜夜減清輝。

常理①

（《樂府詩集》七二常理《古别離》，次王適後，姚係前。）

古别離

（《玉臺後集》、《樂府詩集》七二。）

① 原《唐詩大系》稿常理前有張諤《九日》：秋來林下不知春，一種佳游事也均。絳葉從朝飛著夜，黄花開日未成旬。將曛陌樹頻驚鳥，半醉歸途數問人。城遠登高并九日，茱萸凡作幾年新。

君御狐白裘，妾居緗綺幬。粟鈿金夾膝，花錯玉搔頭。(《宣室志·鄭德楙》條："七寶屏風，黃金屈膝。"張祜《病宮人》："四體强扶藤夾膝，雙環慵整玉搔頭。"陸龜蒙以竹夾膝寄贈襲美。〔二三，四六〕）離别生庭草，征衣斷戍樓。蠨蛸網清曙，菡萏落紅秋。小膽空房怯，長眉滿鏡愁。爲傳兒女意，不用遠封侯。(王涯《秋夜曲》："銀箏夜久殷勤弄，心怯空房不忍歸。")

蔣洌

古　意

(《國秀集》中。)

冉冉紅羅帳，開君玉樓上。畫作同心鳥，銜花兩相向。春風正可憐，吹映緑窗前。妾意空相感，君心何處邊。

薛奇童

擬　古

(《國秀集》中。)

沙塵朝蔽日，失道還相遇。寒影波上雲，秋聲月前樹。川氣生曉夕，野陰乍烟霧。沉沉滮池水，人馬不敢渡。吮癰世所薄，挾纊恩難顧。不見古時人，中宵泪横注。

包融（六八五— ？）

登翅頭山題儼公石壁

晨登翅頭山，山曛黄霧起。却瞻迷向背，直下失城市。暾日銜東郊，朝光生邑里。掃除諸烟氛，照出衆樓雉。青爲洞庭山，白是太湖水。蒼茫遠郊樹，倏忽不相似。萬象以區别，森然共盈几。坐令開心胸，漸覺落塵滓。北巖千餘仞，結廬誰家子。願陪中峰游，朝暮白雲裏。

阮公嘯臺

荒臺森荆杞，蒙籠無上路。傳是古人迹，阮公長嘯處。至今清風來，時時動林樹。逝者共已遠，升攀想遺趣。静然荒榛門，久之若有悟。靈光未歇滅，千載知仰慕。

送國子張主簿

湖岸纜初解，鶯啼别離處。遥見舟中人，時時一迴顧。坐悲芳歲晚，花落青軒樹。春夢隨我心，悠悠逐君去。

賀朝

南　山

（《説郛》六引《名山志》："石門山……破石溪南二百里又有石帆。"又十六引宋杜季陽《雲林石譜》上："袁州……有石帆……高數丈，段段有邊幅，有如舡檣如駕飽疾風狀。"）

湖北雨初晴，湖南山盡見。巖巖石帆影，如得海風便。仙穴茅山峰，彩雲時一見。邀君共探此，異籙殘幾卷。

王翰[1]（六八七—七二六）

涼州詞

（《國秀集》。）

葡萄美酒夜光杯，欲飲琵琶馬上催。醉卧沙場君莫笑，古來征戰幾人回。

---

① 原《唐詩大系》稿王翰前有張敬宗《邊詞》：五原春色舊來遲，二月垂楊未挂絲。即今河畔冰開日，正是長安花落時。

崔國輔（六八七—七五五）

雜　　詩①

逢著平樂兒，論交鞍馬前。與酤一斗酒，恰用十千錢。後余在關内，作事多迍邅。何處肯相救，徒聞寶劍篇。

宿法華寺

（《國秀集》。）

松雨時復滴，寺門清且凉。此心竟誰證，回憩支公床。壁畫感靈迹，龕經傳異香。獨游寄象外，忽忽歸南昌。

石頭灘作②

（《河嶽英靈集》中。）

悵矣秋風時，余臨石頭瀨。因高見超遠，盡此數州内。羽山數點青，海岸雜光碎。離離樹木少，漭漭湖波大。日暮千里帆，南飛落天外。須臾遂入夜，楚色有微靄。尋遠迹已窮，遺榮事多昧。一身猶未理，（理一本作了）安能濟時代。且泛朝夕潮，荷衣蕙爲帶。

怨　　詞

（《河嶽英靈集》中、《才調集》一、《文粹》十二、《樂府詩集》

① 原《唐詩大系》稿無此篇。

② 原《唐詩大系》稿此篇後有《古意》：紅荷楚水曲，彪炳爍晨霞。未得兩回摘，秋風吹却花。時芳不待妾，玉珮無處誇。悔不盛年時，嫁與青樓家。

四二。）

妾有羅衣裳，秦王在時作。爲舞春風多，秋來不堪著。

魏宫詞

（《河嶽英靈集》中、《才調集》一、《文粹》十二。）

朝日點紅妝，（點原作照，一本同。《河嶽》《才調》俱作點。）擬上銅雀臺。畫眉猶未了，魏帝使人催。

長信草[1]

（《河嶽英靈集》中、《文粹》十二、《樂府詩集》四三。）

長信宫中草，年年愁處生。故侵珠履迹，不使玉階行。

中流曲

（《才調集》一、《樂府詩集》九一。）

歸時日尚早，更欲向芳洲。渡口水流急，回船不自由。

采蓮曲

（《樂府詩集》五〇。）

玉溆花争發，金塘水亂流。相逢畏相失，并著采蓮舟。

---

① 原《唐詩大系》稿此篇後有《長樂少年行》：遺却珊瑚鞭，白馬驕不行。章臺折楊柳，春日路旁情。

小長干曲

(《樂府詩集》七二。)

月暗送潮風,(《樂府詩集》潮作湖。)相尋路不通。菱歌唱不徹,(同上徹作輟。)知在此塘中。

今離别[①]

(《樂府詩集》七二。)

送别未能旋,相望連水口。船行欲映洲,幾度急摇手。

古　　意[②]

(一作薛奇童,一作劉商。)

净掃黄金階,飛霜皎如雪。下簾彈箜篌,不忍見秋月。

孟浩然[③](六八九—七四〇)

(“微雲淡河漢,疏雨滴梧桐。”由荒淫而净化——思想與文字的净化,再進一步,乃注意社會而有正義感。孟亦有宫體,然 platonic,射洪文字不免疵纇,孟則通體明净。)

---

① 原《唐詩》鉛印稿此篇下有作者手書補入之《少年行》篇名。

② 原《唐詩大系》稿及開明版《聞一多全集》均未收此篇。

③ 原《唐詩大系》稿孟浩然前有蔡希寂《登福先寺上方然公禪室》:名都標佛刹,梵構臨河干。舉目上方峻,森森青翠攢。步登諸劫盡,忽造浮雲端。當暑敞扃闥,却嫌絺綌寒。禪房最高頂,静者殊閑安。疏雨向空城,數峰簾外盤。午鐘振衣坐,招我同一餐。真味雜飴露,衆香唯茝蘭。晚來恣偃俛,茶果仍留歡。

秋登蘭山寄張五

北山白雲裏，隱者自怡悦。相望試登高，心逐飛鳥滅。(《全唐詩》作心飛逐鳥滅）愁因薄暮起，興是清秋發。時見歸村人，沙行渡頭歇。天邊樹若薺，江畔舟如月。何當載酒來，共醉重陽節。

鸚鵡洲送王九之江左①

昔登江上黄鶴樓，遥愛江中鸚鵡洲。洲勢逶迤繞碧流，鴛鴦鸂鶒滿灘頭。灘頭日落沙磧長，金沙熠熠動飆光。舟人牽錦纜，浣女結羅裳。月明全見蘆花白，風起遥聞杜若香。君行采采莫相忘。

宿業師山房期丁大不至

夕陽度西嶺，群壑倏已暝。松月生夜凉，風泉滿清聽。樵人歸欲盡，烟鳥栖初定。之子期宿來，孤琴候蘿徑。

耶溪泛舟

落景餘清輝，輕橈弄溪渚。澄明愛水物，臨泛何容與。白首垂釣翁，新妝浣紗女。相看似相識，脉脉不得語。

宿揚子津寄潤州長山劉隱士

所思在建業，欲往大江深。日夕望京口，烟波愁我心。心馳茅山

---

① 原《唐詩大系》稿此篇下有《夜歸鹿門山歌》：山寺鐘鳴晝已昏，漁梁渡頭争渡喧。人隨沙路向江村，余亦乘舟歸鹿門。鹿門月照開烟樹，忽到龐公栖隱處。巖扉松徑長寂寥，惟有幽人夜來去。

洞，目極楓樹林。不見少微隱，星霜勞夜吟。

峴潭作

石潭傍隈隩，沙岸曉夤緣。試垂竹竿釣，果得槎頭鯿。美人騁金錯，纖手膾紅鮮。因謝陸内史，蒓羹何足傳。

萬山潭作

（以古變律。）

垂釣坐盤石，水清心亦閑。魚行潭樹下，猿挂島藤間。游女昔解佩，傳聞於此山。求之不可得，沿月棹歌還。

聽鄭五愔彈琴

（與龍槽比較。）

阮籍推名飲，清風滿竹林。半酣下衫袖，拂拭龍唇琴。一杯彈一曲，不覺夕陽沉。予意在山水，聞之諧夙心。

望洞庭湖贈張丞相[1]

（《衆妙集》。）

八月湖水平，涵虚渾太清。氣蒸雲夢澤，波撼岳陽城。欲濟無舟楫，端居耻聖明。坐觀垂釣者，徒有羨魚情。

---

① 原《唐詩大系》稿有此篇，原《唐詩》稿亦有此篇，且非手書增補。然開明版《聞一多全集·唐詩大系》未録此篇。

宿桐廬江寄廣陵舊游

山暝聽猿愁，滄江急夜流。風鳴兩岸葉，月照一孤舟。建德非吾土，維揚憶舊游。還將兩行泪，遥寄海西頭。

早寒江上有懷

（《國秀》中）

木落雁南度，北風江上寒。我家襄水上，遥隔楚雲端。鄉泪客中盡，孤帆天際看。迷津欲有問，平海夕漫漫。

廣陵别薛八

士有不得志，栖栖吴楚間。廣陵相遇罷，彭蠡泛舟還。檣出江中樹，波連海上山。風帆明日遠，何處更追攀。

與諸子登峴山

人事有代謝，往來成古今。江山留勝迹，我輩復登臨。水落魚梁淺，天寒夢澤深。羊公碑尚在，讀罷泪沾襟。

尋天台山

吾友太乙子，餐霞卧赤城。欲尋華頂去，不憚惡溪名。歇馬憑雲宿，揚帆截海行。高高翠微裏，遥見石梁橫。

游精思觀回王白雲在後

出谷未停午，到家日已曛。回瞻下山路，但見牛羊群。樵子暗相失，草蟲寒不聞。衡門猶未掩，佇立待夫君。

題大禹寺義公禪房

（贊寧《高僧傳》二九有《唐越州大禹寺神回傳》。）

義公習禪處，結宇依空林。户外一峰秀，階前衆壑深。夕陽連雨足，空翠落庭陰。看取蓮花净，方知不染心。

春中喜王九相尋

二月湖水清，家家春鳥鳴。林花掃更落，徑草踏還生。酒伴來相命，開尊共解酲。當杯已入手，歌妓莫停聲。

過故人莊

故人具鷄黍，邀我至田家。緑樹村邊合，青山郭外斜。開筵面場圃，把酒話桑麻。待到重陽日，還來就菊花。

歲暮歸南山①

北闕休上書，南山歸弊廬。不才明主弃，多病故人疏。白髮催年老，青陽逼歲除。永懷愁不寐，松月夜窗虚。

① 原《唐詩大系》稿無此篇，但原《唐詩》鉛印稿有此篇，且非手書補入。開明版《聞一多全集·唐詩大系》亦未載。

舟中曉望

挂席東南望，青山水國遥。舳艫争利涉，來往接風潮。問我今何去，天台訪石橋。坐看霞色晚，疑是赤城標。

永嘉上浦館逢張八子容

逆旅相逢處，江村日暮時。衆山遥對酒，孤嶼共題詩。廨宇鄰鮫室，人烟接島夷。鄉園萬餘里，失路一相悲。

春　　曉

春眠不覺曉，處處聞啼鳥。夜來風雨聲，花落知多少。

揚子津望京口

北國臨京口，夷山近海濱。江風白浪起，愁殺渡頭人。

宿建德江

移舟泊烟渚，日暮客愁新。野曠天低樹，江清月近人。

李頎[①]（六九〇—七五一？）

（《漁父歌》：緑水飯香稻，青荷包紫鱗。《無盡上人東林禪居》：

① 原《唐詩大系》稿李頎前有史青《應詔賦得除夜》：今歲今宵盡，明年明日催。寒隨一夜去，春逐五更來。氣色空中改，容顔暗裏回。風光人不覺，已著後園梅。

蘿筱慰春汲，巖潭恣討論。《送康洽入京進樂府歌》：柳色偏濃九華殿，鶯聲醉殺五陵兒。《雜興》：濟水自清河自濁，周公大聖接輿狂。《送暨道士還玉清觀》：大道本無我，青春常與君。）

塞下曲 ①

（《國秀集》。）

黄雲雁門郡，日暮風沙裏。千騎黑貂裘，皆稱羽林子。金笳吹朔雪，鐵馬嘶雲水。帳下飲葡萄，平生寸心是。

題神力師院

大師神杰貌，五岳森禪房。堅持日月珠，豁見滄江長。隨病拔諸苦，致身如法王。階庭藥草遍，飯食天花香。樹色向高閣，晝陰横半墻。每聞第一義，心净琉璃光。

宋少府東溪泛舟 ②

登岸還入舟，水禽驚笑語。晚葉低衆色，濕雲帶殘暑。落日乘醉歸，溪流復幾許。

---

① 原《唐詩大系》稿此篇下有《贈張旭》：張公性嗜酒，豁達無所營。皓首窮草隸，時稱太湖精。露頂據胡床，長叫三五聲。興來灑素壁，揮筆如流星。下舍風蕭條，寒草滿户庭。問家何所有，生事如浮萍。左手持蟹螯，右手執丹經。瞪目視霄漢，不知醉與醒。諸賓且方坐，旭日臨東城。荷葉裹江魚，白甌貯香粳。微禄心不屑，放神於八紘。時人不識者，即是安期生。

② 原《唐詩大系》稿此篇下有《送王昌齡》：漕水東去遠，送君多暮情。淹留野寺出，向背孤山明。前望數千里，中無蒲稗生。夕陽滿舟楫，但愛微波清。舉酒林月上，解衣沙鳥鳴。夜來蓮花界，夢裏金陵城。嘆息此離别，悠悠江海行。

留别王盧二拾遺 [1]

此别不可道，此心當報誰。春風灞水上，飲馬桃花時。誤作好文士，祇令游宦遲。留書下朝客，我有故山期。

① 原《唐詩大系》稿此篇下有《題盧道士房》：秋砧響落木，共坐茅君家。惟見兩童子，林前汲井華。空壇静白日，神鼎飛丹砂。麈尾拂霜草，金鈴摇霽霞。上章人世隔，看弈桐陰斜。稽首問仙要，黄精堪餌花。

古從軍行[1]

（《樂府詩集》三三。）

白日登山望烽火，黄昏飲馬傍交河。行人刁斗風沙暗，公主琵琶幽

① 原《唐詩大系》稿此篇下有《行路難》：漢家名臣楊德祖，四代五公享茅土。父子兄弟綰銀黄，躍馬鳴珂朝建章。火浣單衣綉方領，茱萸錦帶玉盤囊。賓客填街復滿座，片言出口生輝光。世人逐勢争奔走，瀝膽隳肝惟恐後。當時一顧登青雲，自謂生死長隨君。一朝謝病還鄉里，窮巷蒼苔絶知己。秋風落葉閉重門，昨日論交竟誰是。薄俗嗟嗟難重陳，深山麋鹿可爲鄰。魯連所以蹈東海，古往今來稱達人。 《放歌行答從弟墨卿》：小來好文恥學武，世上功名不解取。雖沾寸禄已後時，徒欲出身事明主。柏梁賦詩不及宴，長楸走馬誰相數。斂迹俛眉心自甘，高歌擊節聲半苦。由是蹉跎一老夫，養鷄牧豕東城隅。空歌漢代蕭相國，肯事霍家馮子都。徒爾當年聲籍籍，濫作詞林兩京客。故人斗酒安陵橋，黄鳥春風洛陽陌。吾家令弟才不羈，五言破的人共推。興來逸氣如濤涌，千里長江歸海時。别離短景何蕭索，佳句相思能間作。舉頭遥望魯陽山，木葉紛紛向人落。 《王母歌》：武皇齋戒承華殿，端拱須臾王母見。霓旌照耀麒麟車，羽蓋淋漓孔雀扇。手指交梨遺帝食，可以長生臨寓縣。頭上復戴九星冠，總領玉童坐南面。欲聞要言今告汝，帝乃焚香請此語。若能煉魄去三尸，後當見我天皇所。顧謂侍女董雙成，酒闌可奏雲和笙。紅霞白日儼不動，七龍五鳳紛相迎。惜哉志驕神不悦，嘆息馬蹄與車轍。複道歌鐘杳將暮，深宫桃李飛成雪。爲看青玉五枝燈，蟠螭吐火光欲絶。 《答高三十五留别便呈于十一》：累薦賢良皆不就，家近陳留訪耆舊。韓康雖復在人間，王霸終思隱巖竇。清泠池水灌園蔬，萬物滄江心澹如。妻子歡同五株柳，雲山老對一床書。昨日公車見三事，明君賜衣遣爲吏。懷章不使郡邸驚，待詔初從闕庭至。散誕由來自不羈，低頭授職爾何爲。故園壁挂烏紗帽，官舍塵生白接䍦。寄書寂寂於陵子，蓬蒿没身胡不仕。藜羹被褐環堵中，歲晚將貽故人耻。 《送王道士還山》：嵩陽道士餐柏實，居處三花對石室。心窮伏火陽精丹，口誦淮王萬畢術。自言神訣不可求，我師聞之玄圃游。出入彤庭佩金印，承恩赫赫如王侯。雙峰樹下曾受業，應傳肘後長生法。吾聞仙地多後身，安知不是具茨人。玉膏清泠瀑泉水，白雲溪中日方此。從今不見數十年，鬢髮顔容衹如是。先生捨我欲何歸，竹杖黄裳登翠微。當有巖前白蝙蝠，迎君日暮雙來飛。 《别梁鍠》：梁生倜儻心不羈，途窮氣蓋長安兒。回頭轉眄似雕鶚，有志飛鳴人豈知。雖云四十無禄位，曾與大軍掌書記。抗辭請刃誅部曲，作色論兵犯二帥。一言不合龍額侯，擊劍拂衣從此弃。朝朝飲酒黄公壚，脱帽露頂争叫呼。庭中犢鼻昔嘗挂，懷裏琅玕今在無。時人見子多落魄，共笑狂歌非遠圖。忽然遣躍紫騮馬，還是昂藏一丈夫。洛陽城頭曉霜白，層冰峨峨滿川澤。但聞行路吟新詩，不嘆舉家無擔石。莫言貧賤長可欺，覆簣成山當有時。莫言富貴長可托，木槿朝看暮還落。不見古時塞上翁，倚伏由來任天作。去去滄波勿復陳，五湖三江愁殺人。

怨多。野雲萬里無城郭，雨雪紛紛連大漠。胡雁哀鳴夜夜飛，胡兒眼泪雙雙落。聞道玉門猶被遮，應將性命逐輕車。年年戰骨埋荒外，空見蒲萄入漢家。

古　　意

（《河嶽英靈集》上。）

男兒事長征，少小幽燕客。賭勝馬蹄下，由來輕七尺。殺人莫敢前，鬚如猬毛磔。黄雲隴底白雪飛，未得報恩不得歸。遼東小婦年十五，慣彈琵琶解歌舞。今爲羌笛出塞聲，使我三軍泪如雨。

送陳章甫

（《河嶽英靈集》上。）

四月南風大麥黄，棗花未落桐葉長。青山朝别暮還見，嘶馬出門思故鄉。陳侯立身何坦蕩，虬鬚虎眉仍大顙。腹中貯書一萬卷，不肯低頭在草莽。東門沽酒飲我曹，心輕萬事如鴻毛。醉卧不知白日暮，有時空望孤雲高。長河浪頭連天黑，津吏停舟渡不得。鄭國游人未及家，洛陽行子空嘆息。聞道故林相識多，罷官昨日今如何。

送劉昱

八月寒葦花，秋江浪頭白。北風吹五兩，誰是潯陽客。鸕鷀山頭微雨晴，揚州郭裏暮潮生。行人夜宿金陵渚，試聽沙邊有雁聲。

望秦川

(《國秀集》。)

秦川朝望迥，日出正東峰。遠近山河净，逶迤城闕重。秋聲萬户竹，寒色五陵松。客有歸歟嘆，凄其霜露濃。

寄鏡湖朱處士

澄霽晚流闊，微風吹緑蘋。鱗鱗遠峰見，淡淡平湖春。芳草自堪把，白雲心所親。何時可爲樂，夢裏東山人。

送魏萬之京

朝聞游子唱驪歌，昨夜微霜初渡河。鴻雁不堪愁裏聽，雲山况是客中過。關城樹色催寒近，御苑砧聲向晚多。莫見長安行樂處，空令歲月易蹉跎。

題璿公山池

遠公遁迹廬山岑，開士幽居祇樹林。片石孤雲窺色相，(雲《全唐詩》作峰)清池皓月照禪心。指揮如意天花落，坐卧閑房春草深。此外俗塵都不染，惟餘玄度得相尋。

徐延壽

南州行

摇艇至南國，國門連大江。中洲兩邊岸，數步一垂楊。金釧越溪女，羅衣胡粉香。織縑春卷幔，采蕨暝提筐。弄瑟嬌垂幌，迎人笑下堂。河頭浣衣處，無數紫鴛鴦。

張均（六九一—七六〇？）

岳陽晚景

晚景寒鴉集，秋風旅雁歸。水光浮日出，霞彩映江飛。洲白蘆花吐，園紅柿葉稀。長沙卑濕地，九月未成衣。

綦毋潛（六九二—七四九？）

春泛若耶溪

（《河嶽英靈集》中、《文粹》十六上。）

幽意無斷絶，此去隨所偶。晚風吹行舟，花路入溪口。際夜轉西壑，隔山望南斗。潭烟飛溶溶，林月低向後。生事且彌漫，願爲持竿叟。

題鶴林寺

(《河嶽英靈集》中。《文粹》十七上作薛據詩，非是。)

道林隱形勝，向背臨層霄。松覆山殿冷，花藏溪路遥。珊珊寶幡挂，焰焰明燈燒。遲日半空谷，春風連上潮。少憑水木興，暫令身心調。願謝携手客，兹山禪誦饒。

題栖霞寺

南山勢回合，靈境依此住。殿轉雲巖陰，（一作空巖陰）僧探石泉度。龍蛇争翕習，神鬼皆密護。萬壑奔道場，群峰向雙樹。天花飛不著，水月白成路。今日觀我身，歸心復何處。

題靈隱寺山頂禪院

(《河嶽英靈集》中。)

招提此山頂，下界不相聞。塔影挂清漢，鐘聲和白雲。觀空静室掩，行道衆香焚。且駐西來駕，人天日未曛。

若耶溪逢孔九

(《河嶽英靈集》中。)

相逢此溪曲，勝托在烟霞。潭影竹間動，巖陰檐外斜。人言上皇代，犬吠武陵家。借問淹留日，春風滿若耶。

宿龍興寺

(《衆妙集》。)

香刹夜忘歸，松清（本作青）古殿扉。燈明方丈室，珠繫比丘衣。白月（本作日）傳心静，青蓮喻法微。天花落不盡，處處鳥銜飛。

韋述（六九三？—七五七）

春日山莊

初歲開韶月，田家喜載陽。晚晴摇水態，遲景蕩山光。浦净漁舟遠，花飛樵路香。自然成野趣，都使俗情忘。

王灣（六九三—七五一？）

北固山下作

（《國秀集》、《河嶽英靈集》下、《衆妙集》。《國秀》《衆妙》題上有次字。）

客路青山外，行舟緑水前。潮平兩岸闊，風正一帆懸。海日生殘夜，江春入舊年。鄉書何處達，歸雁洛陽邊。（鄭谷《偶題》："一卷疏蕪一百篇，名成未敢便忘筌。何如海日生殘夜，一句能令萬古傳。"）

邱爲（六九四—七八九？）

（《尋廬山崔徵君》：日高鷄犬静，門掩向寒塘。）

題農父廬舍

（《國秀集》。）

東風何時至，已緑湖上山。湖上春色早，（敦煌唐寫本《詩選》殘卷，色作既，《國秀》同，《全唐詩》作已。）田家日不閑。溝塍流水處，耒耜平蕪間。（唐寫本平作青。）薄暮飯牛罷，歸來還閉關。

泛若耶溪

結廬若耶裏，左右若耶水。無日不釣魚，有時向城市。溪中水流急，渡口水流寬。每得樵風便，往來殊不難。一川草長緑，四時那得辨。短褐衣妻兒，餘糧及鷄犬。日暮鳥雀稀，稚子呼牛歸。住處無鄰里，柴門獨掩扉。

登潤州城[1]

（一作江爲，誤。）

天末江城晚，登臨客望迷。春潮平島嶼，殘雨隔虹霓。鳥與孤帆遠，烟和獨樹低。鄉山何處是，目斷廣陵西。

① 原《唐詩大系》稿此篇下有《留别王維》：歸鞍白雲外，繚繞出前山。今日又明日，自知心不閑。親勞簪祖送，欲趁鶯花還。一步一回首，遲遲向近關。

王之涣（六九五— ？）

登鸛雀樓

（《國秀集》作朱斌。）

白日依山盡，黄河入海流。欲窮千里目，更上一層樓。

送　　别

楊柳東風樹，青青夾御河。近來攀折苦，應爲别離多。

凉州詞

（《國秀集》、《樂府詩集》二二。）

黄河遠上白雲間，一片孤城萬仞山。羌笛何須怨楊柳，春風不度玉門關。（風《全唐詩》作光）

宴　　詞

（《國秀集》。）

長堤春水緑悠悠，畎入漳河一道流。莫聽聲聲催去棹，桃花淺處不勝舟。

李嶷（六九五— ？）

少年行三首

（《河嶽英靈集》下、《樂府詩集》六六。《國秀集》録第三首，題作《游俠》。）

十八羽林郎，戎衣侍漢王。臂鷹金殿側，挾彈玉輿旁。馳道春風起，陪游出建章。

侍獵長楊下，承恩更射飛。塵生馬影滅，箭落雁行稀。薄暮隨天仗，聯翩入瑣闈。

玉劍膝邊横，金杯馬上傾。朝游茂陵道，夜宿鳳凰城。豪吏更多忌，（《全唐詩》作猜忌）無勞問姓名。

淮南秋夜呈周偘

（《河嶽英靈集》下、《文粹》十五上。）

天净河漢高，夜閑砧杵發。清秋忽如此，離恨應難歇。風亂池上螢，露光竹間月。與君共游處，勿作他鄉别。

林園秋夜作

（《河嶽英靈集》下。）

林卧避殘暑，白雲長在天。賞心既如此，對酒非徒然。月色遍秋露，竹聲兼夜泉。凉風懷袖裏，兹意與誰傳。

孫逖（六九六—七六一）

宿雲門寺閣

香閣東山下，烟花象外幽。懸燈千嶂夕，卷幔五湖秋。畫壁餘鴻雁，紗窗宿斗牛。更疑天路近，夢與白雲游。

尋龍湍

仙穴尋遺迹，輕舟愛水鄉。溪流一曲盡，山路九峰長。漁父歌金洞，江妃舞翠房。遥憐葛仙宅，真氣共微茫。

王昌齡（六九八—七五六[①]？）

塞下曲

（《河嶽英靈集》中録第二首。《國秀集》、《樂府詩集》九二。如杜甫前、後《出塞》。）

蟬鳴空桑林，八月蕭關道。出塞復入塞，處處黄蘆草。從來幽并客，皆共沙塵老。莫學游俠兒，矜誇紫騮好。

飲馬渡秋水，水寒風似刀。平沙日未没，黯黯見臨洮。昔日長城戰，咸言意氣高。黄塵足今古，白骨亂蓬蒿。

---

① 原《唐詩》稿王昌齡名下及《唐詩》稿所附之“唐詩人生卒年一覽表”均言：王昌齡（698—756？）開明版《聞一多全集·唐詩大系》作：王昌齡（698—765？），誤。

從軍行

(《樂府詩集》三三。)

向夕臨大荒，朔風軫歸慮。平沙萬里餘，飛鳥宿何處。虜騎獵長原，翩翩傍河去。邊聲摇白草，海氣生黄霧。百戰苦風塵，十年履霜露。雖投定遠筆，未坐將軍樹。早知行路難，悔不理章句。

悲哉行①

勿聽白頭吟，人間易憂怨。若非滄浪子，安得從所願。北上太行山，臨風閲吹萬。長雲數千里，倏忽還膚寸。觀其微滅時，精意莫能論。百年不容息，是處生意蔓。始悟海上人，辭君永飛遁。

① 原《唐詩大系》稿此篇下有《古意》：桃花四面發，桃葉一枝開。欲暮黄鸝囀，傷心玉鏡臺。清筝向明月，半夜春風來。《放歌行》：南渡洛陽津，西望十二樓。明堂坐天子，月朔朝諸侯。清樂動千門，皇風被九州。慶雲從東來，泱漭抱日流。升平貴論道，文墨將何求。有詔徵草澤，微誠將獻謀。冠冕如星羅，拜揖曹與周。望塵非吾事，入賦且遲留。幸蒙國士識，因脱貞薪裘。今者放歌行，以慰梁甫愁。但營數斗禄，奉養每豐羞。若得金膏遂，飛雲亦可儔。《鄭縣宿陶太公館中贈馮六元二》：儒有輕王侯，脱略當世務。本家藍田下，非爲漁弋故。無何困躬耕，且欲馳永路。幽居與君近，出谷同所騖。昨日辭石門，五年變秋露。雲龍未相感，干謁亦已屢。子爲黄綬羈，余忝蓬山顧。京門望西岳，百里見郊樹。飛雨祠上來，靄然關中暮。驅車鄭城宿，秉燭論往素。山月出華陰，開此河渚霧。清光比故人，豁達展心晤。馮公尚戢翼，元子仍跼步。拂衣易爲高，論迹難有趣。張范善終始，吾等豈不慕。罷酒當凉風，屈伸備冥數。

聽彈風入松閿贈楊補闕[1]

(《文粹》十七上。)

商風入我弦，夜竹深有露。弦悲與林寂，清景不可度。寥落幽居心，颼飀青松樹。松風吹草白，溪水寒日暮。聲意去復還，九變待一顧。空山多雨雪，獨立君始悟。

齋　　心[2]

(《河嶽英靈集》中、《文粹》十七下。)

女蘿覆石壁，溪水幽濛朧。紫葛蔓黄花，娟娟寒露中。朝飲花上露，夜卧松下風。雲英化爲水，光彩與我同。日月蕩精魄，寥寥天宇空。

---

① 原《唐詩大系》稿此篇下有《緱氏尉沈興宗置酒南溪留贈》：林色與溪古，深篁引幽翠。山尊在魚舟，棹月情已醉。始窮清源口，壑絶人境異。春泉滴空崖，萌草拆陰地。久之風榛寂，遠聞樵聲至。海雁時獨飛，永然滄洲意。古時青冥客，滅迹淪一尉。吾子躊躇心，豈其紛埃事。緱峰信所剋，濟北余乃遂。齊物意已會，息肩理猶未。卷舒形性表，脱略賢哲議。仲月期角巾，飯僧嵩陽寺。　《爲張僨贈閻使臣》：哀哀獻玉人，楚國同悲辛。泣盡繼以血，何由辨其真。賴承琢磨惠，復使光輝新。猶畏讒口疾，弃之如埃塵。　《同從弟銷南齋玩月憶山陰崔少府》：高卧南齋時，開帷月初吐。清輝淡水木，演漾在窗户。冉冉歲盈虚，澄澄變今古。美人清江畔，是夜越吟苦。千里其如何，微風吹蘭杜。　《雜興》：握中銅匕首，粉銼楚山鐵。義士頻報仇，殺人不曾缺。可悲燕丹事，終被虎狼滅。一舉無兩全，荆軻遂爲血。誠知匹夫勇，何取萬人杰。無道吞諸侯，坐見九州裂。　《秋興》：日暮西北堂，凉風洗修木。著書在南窗，門館常肅肅。苔草延古意，視聽轉幽獨。或問余所營，刈黍就寒谷。

② 原《唐詩大系》稿此篇下有《諸官游招隱寺》：山館人已空，青蘿换風雨。自從永明世，月向龍宫吐。鑿并長幽泉，白雲今如古。應真坐松柏，錫杖挂窗户。口云七十餘，能救諸有苦。回指巖樹花，如聞道場古。金色身壞滅，真如性無主。僚友同一心，清光遺誰取。　《太湖秋夕》：水宿烟雨寒，洞庭霜落微。月明移舟去，夜静魂夢歸。暗覺海風度，蕭蕭聞雁飛。

過華陰

（《文粹》十六上。）

雲起太華山，雲山互明滅。東峰始含景，了了見松雪。羈人感幽栖，窅暎轉奇絶。欣然忘所疲，永望吟不輟。信宿百餘里，出關玩新月。何意昨來心，遇物遂遷别。人生屢如此，何以肆愉悦。

東溪玩月

（《文粹》十六下。一作王維詩，實非。《文粹》作昌齡。）

月從斷山口，遥吐柴門端。萬木分空霽，流陰中夜攢。光連虚象白，氣與風露寒。谷静秋泉響，巖深青靄殘。澄清入幽夢，破影抱空巒。恍惚琴窗裏，松溪曉思難。

城傍曲

（《河嶽英靈集》中。）

秋風鳴桑條，草白狐兔驕。邯鄲飲來酒未消，城北原平掣皂雕。射殺空營兩騰虎，回身却月佩弓鞘。（吴均《從軍行》："陣頭横却月，馬腹帶連錢。"）

出　塞

（《樂府詩集》二一。）

秦時明月漢時關，萬里長征人未還。但使龍城飛將在，不教胡馬度陰山。

春宮曲

昨夜風開露井桃，未央前殿月輪高。平陽歌舞新承寵，簾外春寒賜錦袍。

西宮春怨

西宮夜静百花香，欲捲珠簾春恨長。斜抱雲和深見月，朦朧樹色隱昭陽。

長信秋詞

（《河嶽英靈集》中。）

奉帚平明金殿開，且將團扇暫徘徊。（《樂府詩集》四三且作鏨，暫作共。）玉顔不及寒鴉色，猶帶昭陽日影來。

青樓曲

（《文粹》十三、《樂府詩集》九一。）

白馬金鞍從武皇，旌旗十萬宿長楊。樓頭小婦鳴箏坐，遥見飛塵入建章。

閨　　怨

閨中少婦不知愁，春日凝妝上翠樓。忽見陌頭楊柳色，悔教夫婿覓封侯。

聽流人水調子

（《河嶽英靈集》中，流人二字互乙。）

孤舟微月對楓林，分付鳴箏與客心。嶺色千重萬重雨，斷弦收與泪痕深。

芙蓉樓送辛漸

（丁仙芝《江南曲》："始下芙蓉樓，言發琅琊岸。"〔四，七九〕）

寒雨連江夜入吴，平明送客楚山孤。洛陽親友如相問，一片冰心在玉壺。

祖咏（六九九—七四六？）

歸汝墳山莊留别盧象

淹留歲將晏，久廢南山期。舊業不見弃，還山從此辭。漚麻入南澗，刈麥向東菑。對酒鷄黍熟，閉門風雪時。非君一延首，誰慰遥相思。

夕次圃田店

（《極玄》。）

前路入鄭郊，尚經百餘里。馬煩時欲歇，客歸程未已。落日桑柘陰，遥村烟火起。西還不遑宿，中夜渡涇水。

長樂驛留别盧象裴總

(《極玄》。)

朝來已握手，宿别更傷心。灞水行人渡，商山驛路深。故情君且足，謫宦我難任。直道皆如此，誰能泪滿襟。

蘇氏别業

(《國秀》《河嶽》《極玄》《衆妙》。)

别業居幽處，到來生隱心。南山當户牖，灃水映園林。竹覆經冬雪，庭昏未夕陰。寥寥人境外，閑坐聽春禽。

過鄭曲

路向榮川谷，晴來望盡通。細烟生水上，圓月在舟中。岸勢迷行客，秋聲亂草蟲。旅懷勞自慰，淅淅有凉風。

泊揚子津

纔入維揚郡，鄉關此路遥。林藏初過雨，風退欲歸潮。江火明沙岸，雲帆礙浦橋。客衣今日薄，寒氣近來饒。

望薊門

(《國秀集》。)

燕臺一望客心驚，簫鼓喧喧漢將營。萬里寒光生積雪，三邊曙色動危旌。沙場烽火連胡月，海畔雲山擁薊城。少小雖非投筆吏，論功還欲請長纓。

終南望餘雪

（《河嶽英靈集》下、《文粹》十六上。）

終南陰嶺秀，積雪浮雲端。林表明霽色，城中增暮寒。

蔣渙[1]

途次維揚望京口寄白下諸公

北望情何限，南行路轉深。晚帆低荻葉，寒日下楓林。雲白蘭陵渚，烟青建業岑。江天秋向盡，無處不傷心。

于逖（七〇〇— ？）

野外行

老病無樂事，歲秋悲更長。窮郊日蕭索，生意已蒼黄。小弟髮亦白，兩男俱不强。有才且未達，况我非賢良。幸以朽鈍姿，野外老風霜。寒鴉噪晚景，喬木思故鄉。魏人宅蓬池，結網佇鱣魴。水清魚不來，歲暮空徬徨。

---

① 原《唐詩大系》稿蔣渙下有杜頠《從軍行》：秋草馬蹄輕，角弓持弦急。去爲龍城侯，正值胡兵襲。軍氣横大荒，戰酣日將入。長風金鼓動，白露鐵衣濕。四起愁邊聲，南轅時佇立。斷蓬孤自轉，寒雁飛相及。萬里雲沙漲，平川冰霰澀。夜聞漢使歸，獨向刀環泣。

盧象（七〇〇—七六〇？）

家叔徵君東溪草堂[1]

（《河嶽英靈集》下、《文粹》十六下。）

關（關本作開，從《文粹》改。）山十餘里，青壁森相倚。欲識堯時天，東溪白雲是。雷聲轉幽壑，雲氣杳（杳本作香，改同上。）流水。澗影生龍蛇，巖端翳檉梓。大道終不易，君恩何能已。鶴羨無老時，象言攝生理。浮年笑六甲，元化潛一指。未暇掃雲梯，空慚阮氏子。

永城使風

（裴耀卿有《酬張九齡使風見示》詩。原注，時爲宣州刺史。）

長風起秋色，細雨含落暉。夕鳥向林去，晚帆相逐飛。蟲聲出亂草，水氣薄行衣。一別故鄉道，悠悠今始歸。

送祖咏

（《河嶽英靈集》下。）

田家宜伏臘，歲晏子言歸。石路雪初下，荒村鷄共飛。東原多烟火，北澗隱寒暉。滿酌野人酒，倦聞鄰女機。胡爲困樵采，幾日罷朝衣。

---

① 原《唐詩大系》稿此篇下有《鄉試後自鞏還田家因謝鄰友見過之作》：鷄鳴出東邑，馬倦登南巒。落日見桑柘，翳然丘中寒。鄰家多舊識，投暝來相看。且問春税苦，兼陳行路難。園場近陰壑，草木易凋殘。峰晴雪猶積，澗深冰已團。浮名知何用，歲晏不成歡。置酒共君飲，當歌聊自寬。

寒山子（七〇〇—七八〇？）

（《景宋本寒山子》詩，建德周氏刊。李山甫《山中寄梁判官》："康樂公應頻結社，寒山子亦患多才。"）

詩三首

城中娥眉女，珠佩何珊珊。鸚鵡花前弄，琵琶月下彈。長歌三日響，短舞萬人看。未必長如此，芙蓉不耐寒。

欲得安身處，寒山可長保。微風吹幽松，近聽聲愈好。下有斑白人，喃喃讀黄老。十年歸不得，忘却來時道。（賈至《君山》："湘中老人讀黄老，手援紫藟坐碧草。春至不知湖水深，日暮忘却巴陵道。"）

寒山有裸蟲，身白而頭黑。手把兩卷書，一道將一德。住不安釜竈，行不將衣祴。（李群玉《湘中》："别成威閣黎，天香滿衣襋。"一作祴。王安石《和平甫舟中望九華山》："露坐引衣襋，風行欹帽檐。"）常持智慧劍，擬破煩惱賊。

沈千運（七〇〇—七五九？）

感懷弟妹

（《篋中集》。）

今日春氣暖，東風杏花坼。筋力又不如，却羨澗中石。神仙杳難準，中壽稀滿百。近世多夭傷，喜見鬢髪白。杖藜竹樹間，宛宛行舊迹。豈知林園主，却是林園客。兄弟可存半，空爲亡者惜。冥冥無再期，哀哀望松柏。骨肉能幾人，年大自疏隔。性情誰免此，與我不相易。唯念得爾輩，時看慰朝夕。平生兹已矣，此外盡非適。

山中作

（《篋中集》。）

栖隱别無事，所願離風塵。不辭城邑游，禮樂拘束人。邇來歸山林，庶事皆吾身。何者爲形骸，誰是智與仁。寂寞了閑事，而後知天真。咳唾矜榮華（《全唐詩》作崇華），迂俯相屈伸。何如巢與由，天子不得臣。

古　　歌

北邙不種田，但種松與柏。松柏未生處，留待市朝客。

陶翰（七〇一—七五四？）

古塞下曲

（《河嶽英靈集》上、《才調集》七、《文粹》十二作王季友，一作陶翰。《樂府詩集》九二、敦煌唐寫本《詩選》殘卷作陶翰，《庚溪詩話》同。）

進軍飛狐北，窮寇勢將變。日落沙塵昏，背河更一戰。騂馬黄金勒，雕弓白羽箭。射殺左賢王，歸奏未央殿。欲言塞下事，天子不召見。東出咸陽門，哀哀泪如霰。

燕歌行

（《河嶽英靈集》上、《樂府詩集》三二。）

請君留楚調，聽我吟燕歌。家在遼水頭，邊風意氣多。出身爲漢將，正值戎未和。雪中淩天山，冰上渡交河。大小百餘戰，封侯竟蹉跎。歸來灞陵下，故舊無相過。雄劍委塵匣，空門垂雀羅。玉簪還趙女，寶瑟付齊娥。昔日不爲樂，時哉今奈何。

宿天竺寺

（《河嶽英靈集》上。）

松柏亂巖口，山西微徑通。天開一峰見，宮闕生虚空。正殿倚霞壁，千樓標石叢。夜來猿鳥静，鐘梵響雲中。岑翠映湖月，泉聲亂溪風。心超諸境外，了與懸解同。明發唯改視，朝日長崖東。湖色濃蕩漾，海光漸曈曚。葛仙迹尚在，許氏道猶崇。獨往古來事，幽懷期二公。

李白（七〇一—七六二）

古　　風[1]

大雅久不作，吾衰竟誰陳。王風萎蔓草，戰國多荆榛。龍虎相啖食，兵戈逮狂秦。正聲何微茫，哀怨起騷人。揚馬激頹波，開流蕩無垠。廢興雖萬變，憲章亦已淪。自從建安來，綺麗不足珍。聖代復元古，垂衣貴清真。群才屬休明，乘運共躍鱗。文質相炳焕，衆星羅秋旻。我志在删述，垂輝映千春。希聖如有立，絶筆於獲麟。

秦皇掃六合，虎視何雄哉。揮劍决浮雲，諸侯盡西來。明斷自天啓，大略駕群才。收兵鑄金人，函谷正東開。銘功會稽嶺，騁望琅邪臺。刑徒七十萬，起土驪山隈。尚采不死藥，茫然使心哀。連弩射海魚，長鯨正崔嵬。額鼻象五岳，揚波噴雲雷。鬐鬣蔽青天，何由睹蓬

---

① 原《唐詩大系》稿李白《古風》入選篇目除此外又有如下諸篇：黄河走東溟，白日落西海。逝川與流光，飄忽不相待。春容捨我去，秋髮已衰改。人生非寒松，年貌豈長在。吾當乘雲螭，吸景駐光彩。（其十一）　君平既弃世，世亦弃君平。觀變窮太易，探元化群生。寂寞綴道論，空簾閉幽情。騶虞不虚來，鸑鷟有時鳴。安知天漢上，白日懸高名。海客去已久，誰人測沉冥。（其十三）　金華牧養兒，乃是紫烟客。我願從之游，未去髮已白。不知繁華子，擾擾何所迫。崑山采瓊蕊，可以煉精魄。（其十七）　天津三月時，千門桃與李。朝爲斷腸花，暮逐東流水。前水復後水，古今相續流。新人非舊人，年年橋上游。鷄鳴海色動，謁帝羅公侯。月落西上陽，餘輝半城樓。衣冠照雲日，朝下散皇州。鞍馬如飛龍，黄金絡馬頭。行人皆辟易，志氣横嵩丘。入門上高堂，列鼎錯珍羞。香風引趙舞，清管隨齊謳。七十紫鴛鴦，雙雙戲庭幽。行樂爭晝夜，自言度千秋。功成身不退，自古多愆尤。黄犬空嘆息，緑珠成釁仇。何如鴟夷子，散髮棹扁舟。（其十八）　西岳蓮花山，迢迢見明星。素手把芙蓉，虚步躡太清。霓裳曳廣帶，飄拂升天行。邀我登雲臺，高揖衛叔卿。恍恍與之去，駕鴻凌紫冥。俯視洛陽川，茫茫走胡兵。流血涂野草，豺狼盡冠纓。（其十九）　在世復幾時，倏如飄風度。空聞紫金經，白首愁相誤。撫已忽自笑，沉吟爲誰故。名利徒煎熬，安得閑餘步。終留赤玉舄，東上蓬萊路。秦帝如我求，蒼蒼但烟霧。（其二十後十二句）　玄風變太古，道喪無時還。擾擾季葉人，鷄鳴趨四關。但識金馬門，誰知蓬萊山。白首死羅綺，笑歌無休閑。渌酒哂丹液，青娥凋素顔。大儒揮金椎，琢之詩禮間。蒼蒼三珠樹，冥目焉能攀。（其三十）　美人出南國，灼灼芙蓉姿。皓齒終不發，芳心空自持。由來紫宫女，共妒青蛾眉。歸去瀟湘沚，沉吟何足悲。（其四十九）

萊。徐市載秦女，樓船幾時回。但見三泉下，金棺葬寒灰。

莊周夢蝴蝶，蝴蝶爲莊周。一體更變易，萬事良悠悠。乃知蓬萊水，復作清淺流。青門種瓜人，舊日東陵侯。富貴固如此，營營何所求。

齊有倜儻生，魯連特高妙。明月出海底，一朝開光曜。却秦振英聲，後世仰末照。意輕千金贈，顧向平原笑。吾亦澹蕩人，拂衣可同調。

鄭客西入關，行行未能已。白馬華山君，相逢平原里。璧遺鎬池君，明年祖龍死。秦人相謂曰，吾屬可去矣。一往桃花源，千春隔流水。

擬　古

長繩難繫日，自古共悲辛。黄金高北斗，不惜買陽春。石火無留光，還如世中人。即事已如夢，後來我誰身。提壺莫辭貧，取酒會四鄰。仙人殊恍惚，未若醉中真。

月色不可掃，客愁不可道。玉露生秋衣，流螢飛百草。日月終銷毁，天地同枯槁。蟪蛄啼青松，安見此樹老。金丹寧誤俗，昧者難精討。爾非千歲翁，多恨去世早。飲酒入玉壺，藏身以爲寶。

生者爲過客，死者爲婦人。天地一逆旅，同悲萬古塵。月兔空擣藥，扶桑已成薪。白骨寂無言，青松豈知春。前後更嘆息，浮榮安足珍。

涉江弄秋水，愛此荷花鮮。攀荷弄其珠，蕩漾不成圓。佳人彩雲裏，欲贈隔遠天。相思無由見，悵望凉風前。

望鸚鵡洲悲禰衡

魏帝營八極，蟻觀一禰衡。黄祖斗筲人，殺之受惡名。吴江賦鸚鵡，落筆超群英。鏘鏘振金玉，句句欲飛鳴。鷙鶚啄孤鳳，千春傷我情。五岳起方寸，隱然詎可平。才高竟何施，寡識冒天刑。至今芳洲上，蘭蕙不忍生。

送楊山人歸嵩山

我有萬古宅，嵩陽玉女峰。長留一片月，挂在東溪松。爾去掇仙草，昌蒲花紫茸。歲晚或相訪，青天騎白龍。

望終南山寄紫閣隱者

出門見南山，引領意無限。秀色難爲名，蒼翠日在眼。有時白雲起，天際自舒卷。心中與之然，托興每不淺。何當造幽人，滅迹栖絶巘。

月下獨酌

花間一壺酒，獨酌無相親。舉杯邀明月，對影成三人。月既不解飲，影徒隨我身。暫伴月將影，行樂須及春。我歌月徘徊，我舞影凌亂。醒時同交歡，醉後各分散。永結無情游，相期邈雲漢。

春日醉起言志①

處世若大夢，胡爲勞其生。所以終日醉，頽然卧前楹。覺來盼庭前，一鳥花間鳴。借問此何時，春風語流鶯。感之欲嘆息，對酒還自傾。浩歌待明月，曲盡已忘情。

長干行②

（《樂府詩集》七二。）

妾髪初覆額，折花門前劇。郎騎竹馬來，繞床弄青梅。同居長干里，兩小無嫌猜。十四爲君婦，羞顔未嘗開。低頭向暗壁，千唤不一回。十五始展眉，願同塵與灰。常存抱柱信，豈上望夫臺。十六君遠行，瞿塘灧澦堆。五月不可觸，猿聲天上哀。門前送行迹，一一生緑苔。苔深不可掃，落葉秋風早。八月蝴蝶黄，雙飛西園草。感此傷妾心，坐愁紅顔老。早晚下三巴，預將書報家。相迎不道遠，直至長風沙。（本集《江上贈竇長史》："萬里南遷夜郎國，三年歸及長風沙。"）

---

① 原《唐詩大系》稿此篇下又有：《下終南山過斛斯山人宿置酒》：暮從碧山下，山月隨人歸。却顧所來徑，蒼蒼横翠微。相携及田家，童稚開荆扉。緑竹入幽徑，青蘿拂行衣。歡言得所憩，美酒聊共揮。長歌吟松風，曲盡河星稀。我醉君復樂，陶然共忘機。　《尋陽紫極宫感秋作》：何處聞秋聲，翛翛北窗竹。迴薄萬古心，攬之不盈掬。静坐觀衆妙，浩然媚幽獨。白雲南山來，就我檐下宿。懶從唐生決，羞訪季主卜。四十九年非，一往不可復。野情轉蕭灑，世道有翻覆。陶令歸去來，田家酒應熟。　《淮陰書懷寄王宗城》：沙墩至梁苑，二十五長亭。大舶夾雙櫓，中流鵝鸛鳴。雲天掃空碧，川岳涵餘清。飛鳧從西來，適與佳興并。眷言王喬舄，婉孌故人情。復此親懿會，而增交道榮。沿洄且不定，飄忽悵徂征。暝投淮陰宿，欣得漂母迎。斗酒烹黄鷄，一餐感素誠。子爲楚壯士，不是魯諸生。有德必報之，千金恥爲輕。緬書羈孤意，遠寄棹歌聲。　《望廬山瀑布水》：西登香爐峰，南見瀑布水。挂流三百丈，噴壑數十里。欻如飛電來，隱若白虹起。初驚河漢落，半灑雲天裏。仰觀勢轉雄，壯哉造化功。海風吹不斷，江月照還空。空中亂潨射，左右洗青壁。飛珠散輕霞，流沫沸穹石。而我樂名山，對之心益閑。無論漱瓊液，還得洗塵顔。且諧宿所好，永願辭人間。

② 原《唐詩大系》稿無此篇。

獨漉篇

（《樂府詩集》五五。）

獨漉水中泥，水濁不見月。不見月尚可，水深行人没。越鳥從南來，胡雁亦北度。我欲彎弓向天射，惜其中道失歸路。落葉别樹，飄零隨風。客無所托，悲與此同。羅幃舒卷，似有人開。明月直入，無心可猜。雄劍挂壁，時時龍鳴。不斷犀象，綉澀苔生。國耻未雪，何由成名。神鷹夢澤，不顧鴟鳶。爲君一擊，摶鵬九天。

蜀道難[1]

（《河嶽英靈集》上、《樂府詩集》四〇。）

噫吁戲，危乎高哉，蜀道之難難於上青天。蠶叢及魚鳧，開國何茫然。爾來四萬八千歲，不與秦塞通人烟。西當太白有鳥道，可以横絶峨眉巔。地崩山摧壯士死，然後天梯石棧相鈎連。上有六龍回日之高標，下有衝波逆折之回川。黄鶴之飛尚不得過，猿猱欲度愁攀援。青泥何盤盤，百步九折縈巖巒。捫參歷井仰脅息，以手撫膺坐長嘆。問君西游何時還，畏途巉巖不可攀。但見悲鳥號古木，雄飛雌從繞林間。又聞子規啼夜月，愁空山。蜀道之難難於上青天，使人聽此凋朱顔。連峰去天不盈尺，枯松倒挂倚絶壁。飛湍瀑布争喧豗，砯崖轉石萬壑雷，其險也若此，嗟爾遠道之人胡爲乎來哉。劍閣峥嶸而崔嵬，一夫當關，萬人莫開。所守或匪親，化爲狼與豺。朝避猛虎，夕避長蛇。磨牙吮血，殺人如麻。錦城雖云樂，不如早還家。蜀道之難難於上青天，側身西望長咨嗟。

---

① 原《唐詩大系》稿此篇下有：《烏栖曲》：姑蘇臺上烏栖時，吴王宫裏醉西施。吴歌楚舞歡未畢，青山欲銜半邊日。銀箭金壺漏水多，起看秋月墜江波，東方漸高奈若何。　《長相思》：長相思，在長安。絡緯秋啼金井闌，微霜凄凄簟色寒。孤燈不明思欲絶，卷帷望月空長嘆，美人如花隔雲端。上有青冥之長天，下有緑水之波瀾。天長路遠魂飛苦，夢魂不到關山難。長相思，摧心肝。

夢游天姥吟留别

（《河嶽英靈集》上。）

海客談瀛洲，烟濤微茫信難求。越人語天姥，雲霓明滅或可睹。天姥連天向天横，勢拔五岳掩赤城。天台四萬八千丈，對此欲倒東南傾。我欲因之夢吴越，一夜飛度鏡湖月。湖月照我影，送我至剡溪。謝公宿處今尚在，渌水蕩漾清猿啼。脚著謝公屐，身登青雲梯。半壁見海日，空中聞天鷄。千巖萬轉路不定，迷花倚石忽已暝。熊咆龍吟殷巖泉，栗深林兮驚層巔。雲青青兮欲雨，水澹澹兮生烟。列缺霹靂，丘巒崩摧。洞天石扉，訇然中開。青冥浩蕩不見底，日月照耀金銀臺。霓爲衣兮風爲馬，雲之君兮紛紛而來下。虎鼓瑟兮鸞回車，仙之人兮列如麻。忽魂悸以魄動，恍驚起而長嗟。惟覺時之枕席，失向來之烟霞。世間行樂亦如此，古來萬事東流水。别君去兮何時還，且放白鹿青崖間，須行即騎訪名山。安能摧眉折腰事權貴，使我不得開心顔。

扶風豪士歌①

洛陽三月飛胡沙，洛陽城中人怨嗟。天津流水波赤血，白骨相撑亂如麻。我亦東奔向吴國，浮雲四塞道路賒。東方日出啼早鴉，城門人開掃落花。梧桐楊柳拂金井，來醉扶風豪士家。扶風豪士天下奇，意氣相傾山可移。作人不倚將軍勢，飲酒豈顧尚書期。雕盤綺食會衆客，吴歌趙舞香風吹。原嘗春陵六國時，開心寫意君所知。堂中各有三千士，明日報恩知是誰。撫長劍，一揚眉，清水白石何離離。脱吾帽，向君笑，飲君酒，爲君吟。張良未逐赤松去，橋邊黄石知我心。

① 原《唐詩大系》稿無此篇。

日出入行①

（《樂府詩集》二八。）

日出東方隈，似從地底來。歷天又復入西海，六龍所舍安在哉。其始與終古不息，人非元氣安得與之久徘徊。草不謝榮於春風，木不怨落於秋天。誰揮鞭策驅四運，萬物興歇皆自然。羲和羲和，汝奚汩没於荒淫之波。魯陽何德，駐景揮戈。逆道違天，矯誣實多。吾將囊括大塊，浩然與溟涬同科。

① 原《唐詩大系》稿此篇下有：《北風行》：燭龍栖寒門，光曜猶旦開。日月照之何不及此，唯有北風號怒天上來。燕山雪花大如席，片片吹落軒轅臺。幽并思婦十二月，停歌罷笑雙蛾摧。倚門望行人，念君長城苦寒良可哀。别時提劍救邊去，遺此虎紋金鞞靫。中有一雙白羽箭，蜘蛛結網生塵埃。箭空在，人今戰死不復回。不忍見此物，焚之已成灰。黄河捧土尚可塞，北風雨雪恨難裁。　《登高丘而望遠海》：登高丘，望遠海，六鰲骨已霜，三山流安在。扶桑半摧折，白日沉光彩。銀臺金闕如夢中，秦皇漢武空相待。精衛費木石，黿鼉無所憑。君不見驪山茂陵盡灰滅，牧羊之子來攀登。盜賊劫寶玉，精靈竟何能。窮兵黷武今如此，鼎湖飛龍安可乘。　《楊叛兒》：君歌楊叛兒，妾勸新豐酒。何許最關人，烏啼白門柳。烏啼隱楊花，君醉留妾家。博山爐中沉香火，雙烟一氣凌紫霞。　《山人勸酒》：蒼蒼雲松，落落綺皓。春風爾來爲阿誰，蝴蝶忽然滿芳草。秀眉霜雪顔桃花，骨青髓緑長美好。稱是秦時避世人，勸酒相歡不知老。各守麋鹿志，耻隨龍虎争。欻起佐太子，漢王乃復驚。顧謂戚夫人，彼翁羽翼成。歸來商山下，泛若雲無情。舉觴酹巢由，洗耳何獨清。浩歌望嵩岳，意氣還相傾。　《江上吟》：木蘭之枻沙棠舟，玉簫金管坐兩頭，美酒尊中置千斛，載妓隨波任去留。仙人有待來黄鶴，海客無心隨白鷗。屈平詞賦懸日月，楚王臺榭空山丘。興酣落筆摇五岳，詩成笑傲凌滄洲。功名富貴若長在，漢水亦應西北流。

西岳雲臺歌送丹丘子[①]

西岳峥嶸何壯哉，黄河如絲天際來。黄河萬里觸山動，盤渦轂轉秦

① 原《唐詩大系》稿此篇下有：《元丹丘歌》：元丹丘，愛神仙，朝飲穎川之清流，暮還嵩岑之紫烟，三十六峰長周旋。長周旋，躡星虹，身騎飛龍耳生風，横河跨海與天通，我知爾游心無窮。　《金陵歌送别范宣》：石頭巉巖如虎踞，凌波欲過滄江去。鍾山龍盤走勢來，秀色横分歷陽樹。四十餘帝三百秋，功名事迹隨東流。白馬小兒誰家子，泰清之歲來關囚。金陵昔時何壯哉，席捲英豪天下來。冠蓋散爲烟霧盡，金輿玉座成寒灰。扣劍悲吟空咄嗟，梁陳白骨亂如麻。天子龍沉景陽井，誰歌玉樹後庭花。此地傷心不能道，日下離離長春草。送爾長江萬里心，他年來訪商山皓。　《當塗趙炎少府粉圖山水歌》：峨眉高出西極天，羅浮直與南溟連。名公繹思揮彩筆，驅山走海置眼前，滿堂空翠如可掃，赤城霞氣蒼梧烟。洞庭瀟湘意渺綿，三江七澤情洄沿。驚濤洶涌向何處，孤舟一去迷歸年。征帆不動亦不旋，飄如隨風落天邊。心摇目斷興難盡，幾時可到三山巔。西峰峥嶸噴流泉，横石蹙水波潺湲。東崖合沓蔽輕霧，深林雜樹空芊綿。此中冥昧失晝夜，隱几寂聽無鳴蟬。長松之下列羽客，對坐不語南昌仙。南昌仙人趙夫子，妙年歷落青雲士。訟庭無事羅衆賓，杳然如在丹青裹。五色粉圖安足珍，真仙可以全吾身。若待功成拂衣去，武陵桃花笑殺人。　《春日獨坐寄鄭明府》：燕麥青青游子悲，河堤弱柳鬱金枝。長條一拂春風去，盡日飄揚無定時。我在河南别離久，那堪坐此對窗牖。情人道來竟不來，何人共醉新豐酒。　《寄王屋山人孟大融》：我昔東海上，勞山餐紫霞。親見安期公，食棗大如瓜。中年謁漢主，不愜還歸家。朱顔謝春暉，白髮見生涯。所期就金液，飛步登雲車。願隨夫子天壇上，閑與仙人掃落花。　《寄韋南陵冰余江上乘興訪之遇尋顔尚書笑有此贈》：南船正東風，北船來自緩。江上相逢借問君，語笑未了風吹斷。聞君携妓訪情人，應爲尚書不顧身。堂上三千珠履客，瓮中百斛金陵春。恨我阻此樂，淹留楚江濱。月色醉遠客，山花開欲然。春風狂殺人，一日劇三年。乘興嫌太遲，焚却子猷船。夢見五柳枝，已堪挂馬鞭。何日到彭澤，長歌陶令前。　《廬山謡寄盧侍御虚舟》：我本楚狂人，鳳歌笑孔丘。手持緑玉杖，朝别黄鶴樓。五岳尋仙不辭遠，一生好入名山游。廬山秀出南斗傍，屏風九迭雲錦張，影落明湖青黛光。金闕前開二峰長，銀河倒挂三石梁，香爐瀑布遥相望。回崖沓嶂凌蒼蒼，翠影紅霞映朝日，鳥飛不到吴天長。登高壯觀天地間，大江茫茫去不還。黄雲萬里動風色，白波九道流雪山。好爲廬山謡，興因廬山發。閑窺石鏡清我心，謝公行處青苔没。早服還丹無世情，琴心三迭道初成。遥見仙人采雲裹，手把芙蓉朝玉京。先期汗漫九垓上，願接盧遨游太清。　《涇溪東亭寄鄭少府諤》：我游東亭不見君，沙上行將白鷺群。白鷺行時散飛去，又如雪點青山雲。欲往涇溪不辭遠，龍門蹙波虎眼轉。杜鵑花開春已闌，歸向陵陽釣魚晚。　《金陵酒肆留别》：風吹柳花滿店香，吴姬壓酒勸客嘗。金陵子弟來相送，欲行不行各盡觴。請君試問東流水，别意與之誰短長。

地雷。榮光休氣紛五彩，千年一清聖人在。巨靈咆哮擘兩山，洪波噴流射東海。三峰却立如欲摧，翠崖丹谷高掌開。白帝金精運元氣，石作蓮花雲作臺。雲臺閣道連窈冥，中有不死丹丘生。明星玉女備灑掃，麻姑搔背指爪輕。我皇手把天地户，丹丘談天與天語。九重出入生光輝，東求蓬萊復西歸。玉漿倘惠故人飲，騎二茅龍上天飛。

宣州謝脁樓餞别校書叔雲

弃我去者昨日之日不可留，亂我心者今日之日多煩憂。長風萬里送秋雁，對此可以酣高樓。蓬萊文章建安骨，中間小謝又清發。俱懷逸興壯思飛，欲上青天覽日月。抽刀斷水水更流，舉杯消愁愁更愁。人生在世不稱意，明朝散髮弄扁舟。

把酒問月

青天有月來幾時，我今停杯一問之。人攀明月不可得，月行却與人相隨。皎如飛鏡臨丹闕，緑烟滅盡清輝發。但見宵從海上來，寧知曉向雲間没。白兔搗藥秋復春，嫦娥孤栖與誰鄰。今人不見古時月，今月曾經照古人。古人今人若流水，共看明月皆如此。唯願當歌對酒時，月光常照金樽裏。

南陵别兒童入京

白酒新熟山中歸，黄鷄啄黍秋正肥。呼童烹鷄酌白酒，兒女嬉笑牽人衣。高歌取醉欲自慰，起舞落日爭光輝。游説萬乘苦不早，著鞭跨馬涉遠道。會稽愚婦輕買臣，余亦辭家西入秦。仰天大笑出門去，我輩豈是蓬蒿人。

塞下曲

(《樂府詩集》九二。)

五月天山雪，無花衹有寒。笛中聞折柳，春色未曾看。曉戰隨金鼓，宵眠抱玉鞍。願將腰下劍，直爲斬樓蘭。

駿馬似風飆，鳴鞭出渭橋。彎弓辭漢月，插羽破天驕。陣解星芒盡，營空海霧消。功成畫麟閣，獨有霍嫖姚。

塞虜乘秋下，天兵出漢家。將軍分虎竹，戰士卧龍沙。邊月隨弓影，胡霜拂劍花。玉關殊未入，少婦莫長嗟。

紫騮馬

(《樂府詩集》二四。)

紫騮行且嘶，雙翻碧玉蹄。臨流不肯渡，似惜錦障泥。白雪關山遠，黄雲海戍迷。揮鞭萬里去，安得念春閨。

金　陵[①]

地擁金陵勢，城回江水流。當時百萬户，夾道起朱樓。亡國生春草，離宫没古丘。空餘後湖月，波上對江州。

六代興亡國，三杯爲爾歌。苑方秦地少，山似洛陽多。古殿吴花草，深宫晋綺羅。并隨人事滅，東逝與滄波。

夜泊牛渚懷古

牛渚西江夜，青天無片雲。登舟望秋月，空憶謝將軍。余亦能高

① 原《唐詩大系》稿此篇下有《贈孟浩然》：吾愛孟夫子，風流天下聞。紅顔弃軒冕，白首卧松雲。醉月頻中聖，迷花不事君。高山安可仰，徒此揖清芬。

咏，斯人不可聞。明朝挂帆席，楓葉落紛紛。

送友人

青山横北郭，白水繞東城。此地一爲别，孤蓬萬里征。浮雲游子意，落日故人情。揮手自兹去，蕭蕭斑馬鳴。

送友人入蜀[1]

見説蠶叢路，崎嶇不易行。山從人面起，雲傍馬頭生。芳樹籠秦棧，春流繞蜀城。升沉應已定，不必問君平。

贈崔秋浦

吾愛崔秋浦，宛然陶令風。門前五楊柳，井上二梧桐。山鳥下廳事，檐花落酒中。懷君未忍去，惆悵意無窮。

贈錢徵君少陽

白玉一杯酒，緑楊三月時。春風餘幾日，兩鬢各成絲。秉燭惟須飲，投竿也未遲。如逢渭川獵，猶可帝王師。

過崔八丈水亭

高閣横秀氣，清幽并在君。檐飛宛溪水，窗落敬亭雲。猿嘯風中斷，漁歌月裏聞。閑隨白鷗去，沙上自爲群。

---

① 原《唐詩大系》稿此篇下有《秋登宣城謝朓北樓》：江城如畫裏，山曉望晴空。兩水夾明鏡，衹橋落彩虹。人烟寒桔柚，秋色老梧桐。誰念北樓上，臨風懷謝公。

訪戴天山道士不遇

犬吠水聲中，桃花帶雨濃。樹深時見鹿，溪午不聞鐘。野竹分青靄，飛泉挂碧峰。無人知所去，愁倚兩三松。

聽蜀僧濬彈琴 ①

蜀僧抱緑綺，西下峨眉峰。爲我一揮手，如聽萬壑松。客心洗流水，餘響入霜鐘。不覺碧山暮，秋雲暗幾重。

關山月

（《樂府詩集》二三。）

明月出天山，蒼茫雲海間。長風幾萬里，吹度玉門關。漢下白登道，胡窺青海灣。由來征戰地，不見有人還。戍客望邊邑，思歸多苦顔。高樓當此夜，嘆息未應閑。

登金陵鳳凰臺

鳳凰臺上鳳凰游，鳳去臺空江自流。吴宫花草埋幽徑，晋代衣冠成古丘。三山半落青天外，二水中分白鷺洲。總爲浮雲能蔽日，長安不見使人愁。

---

① 原《唐詩大系》稿此篇下有《尋雍尊師隱居》：群峭碧摩天，逍遥不記年。撥雲尋古道，倚石聽流泉。花暖青牛卧，松高白鶴眠。語來江色暮，獨自下寒烟。

玉階怨[①]

（《樂府詩集》四三。）

玉階生白露，夜久侵羅襪。却下水精簾，玲瓏望秋月。

渌水曲[②]

（《樂府詩集》五九。）

渌水明秋月，南湖采白蘋。荷花嬌欲語，愁殺蕩舟人。

峨眉山月歌

峨眉山月半輪秋，影入平羌江水流。夜發清溪向三峽，思君不見下渝州。

早發白帝城

朝辭白帝彩雲間，千里江陵一日還。兩岸猿聲啼不住，輕舟已過萬重山。

---

① 原《唐詩大系》稿此篇下有《静夜思》：床前明月光，疑是地上霜。舉頭望明月，低頭思故鄉。

② 原《唐詩大系》稿此篇下有：《春思》：燕草如碧思，秦桑低緑枝。當君懷歸日，是妾斷腸時。春風不相識，何事入羅幃。　《子夜吴歌·秋歌》：長安一片月，萬户搗衣聲。秋風吹不盡，總是玉關情。何日平胡虜，良人罷遠征。　《獨坐敬亭山》：衆鳥高飛盡，孤雲獨去閑。相看兩不厭，祇有敬亭山。

黄鶴樓送孟浩然之廣陵①

故人西辭黄鶴樓，烟花三月下揚州。孤帆遠影碧空盡，惟見長江天際流。

陪族叔刑部侍郎曄及中書賈舍人游洞庭②

洞庭西望楚江分，水盡南天不見雲。日落長沙秋色遠，不知何處吊湘君。

客中行③

蘭陵美酒鬱金香，玉碗盛來琥珀光。但使主人能醉客，不知何處是家鄉。

蘇臺覽古

舊苑荒臺楊柳新，菱歌清唱不勝春。衹今惟有西江月，曾照吴王宫裏人。

① 原《唐詩大系》稿此篇下有《望天門山》：天門中斷楚江開，碧水東流至此回。兩岸青山相對出，孤帆一片日邊來。

② 原《唐詩大系》稿此篇下有《贈汪倫》：李白乘舟將欲行，忽聞岸上踏歌聲。桃花潭水深千尺，不及汪倫送我情。

③ 原《唐詩大系》稿此篇下有《越中懷古》：越王勾踐破吴歸，戰士還家盡錦衣。宫女如花滿春殿，衹今惟有鷓鴣飛。

長門怨[1]

（《樂府詩集》四二。）

天回北斗挂西樓，金屋無人螢火流。月光欲到長門殿，別作深宮一段愁。

王維（七〇一—七六一）

（《座上走筆贈薛據慕容損》：春風何預人，令我思東溪。《送綦毋秘書弃官還江東》：和光魚鳥際，淡爾蒹葭叢。）

贈李頎

聞君餌丹砂，甚有好顔色。不知從今去，幾時生羽翼。王母翳華芝，望爾崑崙側。文螭從赤豹，萬里方一息。悲哉世上人，甘此羶腥食。

贈劉藍田

（《河嶽英靈集》上。一本作盧象。）

籬間犬迎吠，出屋候柴扉。歲晏輸井税，山村人夜歸。晚田始家食，餘布成我衣。詎肯無公事，煩君問是非。

---

① 原《唐詩大系》稿此篇下有《春夜洛陽聞笛》：誰家玉笛暗飛聲，散入東風滿洛城。此夜曲中聞折柳，何人不起故園情。　《黄鶴樓聞笛》：一爲遷客去長沙，西望長安不見家。黄鶴樓中吹玉笛，江城五月落梅花。

送　別

下馬飲君酒，問君何所之。君言不得意，歸卧南山陲。但去莫復問，白雲無盡時。

崔濮陽兄季童前山興

秋色有佳興，况君池上閑。悠悠西林下，自識門前山。千里橫黛色，數峰出雲間。嵯峨對秦國，合沓藏荆關。殘雨斜日照，夕風飛鳥還。故人今尚爾，嘆息此頹顔。

渭川田家

斜光照墟落，窮巷牛羊歸。野老念牧童，倚仗候荆扉。雉雊麥苗秀，蠶眠桑葉稀。田夫荷鋤至，相見語依依。即此羨閑逸，悵然吟式微。（王績："相顧無相識，長歌懷采薇。"）

春日田園作

屋上春鳩鳴，村邊杏花白。持斧伐遠揚，荷鋤覘泉脉。歸燕識故巢，舊人看新曆。臨觴忽不御，惆悵遠行客。

過李楫宅

閑門秋草色，終日無車馬。客來深巷中，犬吠寒林下。散髮時未簪，道書行尚把。與我同心人，樂道安貧者。一罷宜城酌，還歸洛陽社。

終南别業

(《河嶽英靈集》上、《國秀集》。)

中歲頗好道，晚家南山陲。興來每獨往，勝事共自知。(共一作空)行到水窮處，坐看雲起時。偶然值林叟，談笑無還期。

隴頭吟

(《河嶽英靈集》上、《樂府詩集》二一。)

長城少年游俠客，夜上戍樓看太白。隴頭明月迥臨關，隴上行人夜吹笛。關西老將不勝愁，駐馬聽之雙泪流。身經大小百餘戰，麾下偏裨萬户侯。蘇武纔爲典屬國，節旄落盡海西頭。

桃源行

(《樂府詩集》九六。)

漁舟逐水愛山春，兩岸桃花夾去津。(《樂府詩集》去作古)坐看紅樹不知遠，行盡青溪不見人。(同上作忽值人)山口潛行始隈隩，山開曠望旋平陸。遥看一處攢雲樹，近入千家散花竹。樵客初傳漢姓名，居人未改秦衣服。居人共住武陵源，還從物外起田園。月明松下房櫳静，日出雲中鷄犬喧。驚聞俗客争來集，競引還家問都邑。平明閭巷掃花開，薄暮漁樵乘水入。初因避地去人間，及至成仙(同上作更問神仙)遂不還。峽裏誰知有人事，世中遥望空雲山。不疑靈境難聞見，塵心未盡思鄉縣。出洞無論隔山水，辭家終擬長游衍。自謂經過舊不迷，安知峰壑今來變。當時衹記入山深，青溪幾曲到雲林。春來遍是桃花水，不辨仙源何處尋。

洛陽女兒行

（《樂府詩集》九七。）

洛陽女兒對門居，纔可容顔十五餘。良人玉勒乘驄馬，侍女金盤膾鯉魚。畫閣朱樓遥相望，紅桃緑柳垂檐向。羅幃送上七香車，寶扇迎歸九華帳。狂夫富貴在青春，意氣驕奢劇季倫。自憐碧玉親教舞，不惜珊瑚持與人。春窗曙滅九微火，九微片片飛花璅。戲罷曾無理曲時，妝成祇是熏香坐。城中相識盡繁華，日夜經過趙李家。誰憐越女顔如玉，貧賤江頭自浣紗。

輞川閑居贈裴秀才迪

寒山轉蒼翠，秋水日潺湲。倚杖柴門外，臨風聽暮蟬。渡頭餘落日，墟里上孤煙。復值接輿醉，狂歌五柳前。

輞川閑居

一從歸白社，不復到青門。時倚檐前樹，遠看原上村。青菰臨水映，（映《全唐詩》作拔）白鳥向山翻。寂寞於陵子，桔槔方灌園。

登裴秀才迪小臺

端居不出户，滿目望雲山。落日鳥邊下，秋原人外閑。遥知遠林際，不見此檐間。好客多乘月，應門莫上關。

山居秋暝

空山新雨後，天氣晚來秋。明月松間照，清泉石上流。竹喧歸浣女，蓮動下漁舟。隨意春芳歇，王孫自可留。

歸嵩山作

清川帶長薄，車馬去閑閑。流水如有意，暮禽相與還。荒城臨古渡，落日滿秋山。迢遞嵩山下，歸來且閉關。

酬張少府

晚年惟好静，萬事不關心。自顧無長策，空知返舊林。松風吹解帶，山月照彈琴。君問窮通理，漁歌入浦深。

秋夜獨坐

獨坐悲雙鬢，空堂欲二更。雨中山果落，鐙下草蟲鳴。（韓翃《華亭夜宴庾侍御宅》："千峰孤燭外，片雨一更中。"）白髮終難變，黄金不可成。欲知除老病，惟有學無生。

終南山

（《衆妙集》。）

太乙近天都，連山到海隅。白雲回望合，青靄入看無。分野中峰變，（王勃《尋道觀》："芝廛光分野，蓬闕盛規横。"分讀去聲，與此同。）陰晴衆壑殊。欲投人處宿，隔水問樵夫。

寒食城中即事

清溪一道穿桃李，演漾緑蒲涵白芷。溪上人家凡幾家，落花半落東流水。蹴踘屢過飛鳥上，鞦韆競出垂楊裹。少年分日作遨游，不用清明兼上巳。

過香積寺

不知香積寺，數里入雲峰。古木無人徑，深山何處鐘。泉聲咽危石，日色冷青松。薄暮空潭曲，安禪制毒龍。

送梓州李使君

萬壑樹參天，千山響杜鵑。山中一夜雨，樹杪百重泉。漢女輸橦布，巴人訟芋田。文翁翻教授，不敢倚先賢。

送楊長使赴果州

褒斜不容幰，之子去何之。鳥道一千里，猿聲十二時。官橋祭酒客，山木女郎祠。别後同明月，君應聽子規。

觀　獵

（《極玄集》上、《衆妙集》。）

風勁角弓鳴，將軍獵渭城。草枯鷹眼疾，雪盡馬蹄輕。忽過新豐市，還歸細柳營。回看射雕處，千里暮雲平。

使至塞上

單車欲問邊，屬國過居延。征蓬出漢塞，歸雁入胡天。大漠孤烟直，長河落日圓。蕭關逢候騎，都護在燕然。

送平澹然判官

不識陽關路，新從定遠侯。黄雲斷春色，畫角起邊愁。瀚海經年別，交河出塞流。須令外國使，知飲月氐頭。

出塞作

（《樂府詩集》二一。）

居延城外獵天驕，白草連山野火燒。暮雲空磧時驅馬，秋日平原好射雕。護羌校尉朝乘障，破虜將軍夜度遼。玉靶角弓珠勒馬，漢家將賜霍嫖姚。

送方尊師歸嵩山

仙宫欲住九龍潭，毛節朱幡倚石龕。山壓天中半天上，洞穿江底出江南。瀑布杉松常帶雨，夕陽彩翠忽成嵐。借問迎來雙白鶴，已曾衡岳送蘇耽。

春日與裴迪過新昌里訪吕逸人不遇

桃源四面絶風塵，柳市南頭訪隱淪。到門不敢題凡鳥，看竹何須問主人。城外青山如屋裏，東家流水入西鄰。閉户著書多歲月，種松皆作老龍鱗。

息夫人

（《河嶽英靈集》上、《國秀集》作《息媯怨》。）

莫以今時寵，能忘舊日恩。（能《全唐詩》作難。）看花滿眼泪，不共楚王言。

臨高臺送劉拾遺

（《全唐詩》作黎拾遺。）

相送臨高臺，川原杳無極。日暮飛鳥還，行人去不息。

送　別

山中相送罷，日暮掩柴扉。春草年年緑，王孫歸不歸。

崔九弟欲往南山馬上口號與別

城隅一分手，幾日還相見。山中有桂花，莫待花如霰。

雜　詩

家住孟津河，門對孟津口。常有江南船，寄書家中否。

君自故鄉來，應知故鄉事。來日綺窗前，寒梅着花未。

相　思

紅豆生南國，秋來發幾枝。願君多采擷，此物最相思。

山　　中

荆溪白石出，天寒紅葉稀。山路元無雨，空翠濕人衣。

輞川集

鹿　　柴

空山不見人，但聞人語響。返景入深林，復照青苔上。

木蘭柴

秋山斂餘照，飛鳥逐前侶。彩翠忽分明，（時一作忽）夕嵐無處所。

文杏館

文杏裁爲梁，香茅結爲宇。不知棟裏雲，去作人間雨。

南　　垞

輕舟南垞去，北垞淼難即。隔浦望人家，遥遥不相識。

欹　　湖

吹簫凌極浦，日暮送夫君。湖上一回首，青山多白雲。（卷一作多）

白石灘

清淺白石灘，緑蒲尚堪把。（尚《全唐詩》作向）家住水東西，浣紗明月下。

竹里館

獨坐幽篁裏，彈琴復長嘯。深林人不知，明月來相照。

辛夷塢

木末芙蓉花，山中發紅萼。澗户寂無人，紛紛開且落。

漆　　園

漆園（《全唐詩》作古人）非傲吏，自闕經世務。偶寄一微官，婆娑數株樹。

皇甫岳雲溪雜題

（王昌齡有《至南陵答皇甫岳》及《别皇甫五》詩。）

鳥鳴澗

人閑桂花落，夜静春山空。月出驚山鳥，時鳴春澗中。

萍　　池

春池深且廣，會待輕舟回。靡靡緑萍合，垂楊掃復開。

送元二赴安西

（《樂府詩集》八〇。）

渭城朝雨浥輕塵，客舍青青楊柳新。（《樂府詩集》作柳色春）勸君更進（同上作盡）一杯酒，西出陽關無故人。

伊州歌[①]

清風明月苦相思，蕩子從戎十載餘。征人去日殷勤囑，歸雁來時數

---

① 原《唐詩》稿此篇題下有作者手書增補《少年行》篇名。

附書。

高適（七〇二？—七六五）

（《上陳左相》：天地莊生馬，江湖范蠡舟。《題陸少府書齋》：散帙至栖鳥，明燈留故人。）

寄孟五少府

秋風落窮巷，離憂兼暮蟬。後時已如此，高興亦徒然。知君念淹泊，憶我屢周旋。征路見來雁，歸人悲遠天。平生感千里，相望在貞堅。

贈別沈四逸人

（《文粹》十五上。）

沈侯未可測，其況信浮沉。十載常獨坐，幾人知此心。乘舟蹈滄海，買劍投黄金。世務不足煩，有田西山岑。我來遇知己，遂得開清襟。何意闔閭間，沛然江海深。疾風掃秋樹，濮上多鳴砧。耿耿尊酒前，聯雁飛愁音。平生重離別，感激對孤琴。

同諸公登慈恩寺浮圖

香界泯群有，浮圖豈諸相。登臨駭孤高，披佛欣大壯。言是羽翼生，迴出虚空上。頓疑身世別，乃覺形神王。宫闕皆户前，山河盡檐向。秋風昨夜至，秦塞多清曠。千里何蒼蒼，五陵鬱相望。盛時慚阮步，末宦知周防。輸效獨無因，斯焉可游放。

同群公宿開善寺贈陳十六所居

駕車出人境，避暑投僧家。徘徊龍象側，始見香林花。讀書不及經，飲酒不勝茶。知君悟此道，所未披袈裟。談空忘外物，持誡破諸邪。則是無心地，相看唯月華。

邯鄲少年行

（《河嶽英靈集》上、《文粹》十三、《樂府詩集》六六。）

邯鄲城南游俠子，自矜生長邯鄲裏。千場縱博家仍富，幾度報仇身不死。宅中歌笑日紛紛，門外車馬常如雲。（《樂府詩集》作如雲屯。）未知肝膽向誰是，令人却憶平原君。君不見今人交態薄，黄金用盡還疏索。以兹感嘆辭舊游，更於時事無所求。且與少年飲美酒，往來射獵西山頭。

燕歌行并序

（《河嶽英靈集》上、《文粹》十二、《樂府詩集》三二。）

開元二十六年，客有從御史大夫張公出塞而還者，作《燕歌行》以示適；感征戍之事，因而和焉。

漢家烟塵在東北，漢將辭家破殘賊。男兒本自重横行，天子非常賜顔色。摐金伐鼓下榆關，旌旗逶迤碣石間。校尉羽書飛瀚海，單于獵火照狼山。山川蕭條極邊土，胡騎憑陵雜風雨。戰士軍前半死生，美人帳下猶歌舞。大漠窮秋塞草腓，孤城落日鬥兵稀。身當恩遇恒輕敵，力盡關山未解圍。鐵衣遠戍辛勤久，玉筯應啼別離後。少婦城南欲斷腸，征人薊北空回首。邊庭飄飄那可度，絶域蒼茫更何有。殺氣三時作陣雲，寒聲一夜傳刁斗。相看白刃血紛紛，死節從來豈顧勛。君不見沙場征戰苦，至今猶憶李將軍。

賦得還山吟送沈四山人

還山吟，天高日暮寒山深，送君還山識君心。人生老大須恣意，看君解作一生事。山間偃仰無不至，石泉淙淙若風雨，桂花松子常滿地。賣藥囊中應有錢，還山服藥又長年。白雲勸盡杯中物，明月相隨何處眠。眠時憶問醒時事，夢魂可以相周旋。

送鄭侍御謫閩中

謫去君無恨，閩中我舊過。大都秋雁少，衹是夜猿多。東路雲山合，南天瘴癘和。自當逢雨露，行矣慎風波。

送李侍御赴安西

行子對飛蓬，金鞭指鐵驄。功名萬里外，心事一杯中。虜障燕支北，秦城太白東。離魂莫惆悵，看取寶刀雄。

自薊北歸

驅馬薊門北，北風邊馬哀。蒼茫遠山口，豁達胡天開。五將已深入，前軍止半回。誰憐不得意，長劍獨歸來。

東平別前衛縣李寀少府

黃鳥翩翩楊柳垂，春風送客使人悲。怨別自驚千里外，論交却憶十年時。雲開汶水孤帆遠，路繞梁山匹馬遲。此地從來可乘興，留君不住益凄其。

送李少府貶峽中王少府貶長沙

嗟君此别意何如，駐馬銜杯問謫居。巫峽啼猿數行泪，衡陽歸雁幾封書。青楓江上秋帆遠，白帝城邊古木疏。聖代即今多雨露，暫時分手莫躊躇。

薛據（七〇二— ？）

出青門往南山下别業

（《河嶽英靈集》中、《文粹》十六上。）

舊居在南山，夙駕自城闕。榛莽相蔽虧，去爾漸超忽。散漫餘雪晴，蒼茫季冬月。寒風吹長林，白日原上没。懷抱曠莫伸，相知阻胡越。弱年好栖隱，煉藥在巖窟。及此離垢氛，興來亦因物。末路期赤松，斯言庶不伐。

劉昚虛（七〇四—七四五？）

寄閻防

（防時在終南山豐德寺讀書。《河嶽英靈集》上、《文粹》十七上。）

青冥南山色，君與緇錫鄰。深路入古寺，亂花隨暮春。紛紛對寂寞，往往落衣巾。松色空照水，經聲時有人。晚心復南望，山遠情獨親。應以修往業，亦惟立此身。深林度空夜，烟月資清真。莫嘆文明日，彌年徒隱淪。

闕　題

（《河嶽英靈集》上。）

道由白雲盡，春與青溪長。時有落花至，遠隨流水香。閑門向山路，深柳讀書堂。幽映每白日，清輝照衣裳。

崔顥（七〇四？—七五四）

（明正德田氏刊本《崔顥詩集》。）

古游俠呈軍中諸將

（《河嶽英靈集》中、《國秀集》、《文粹》十三、《樂府詩集》六七。）

少年負膽氣，好勇復知機。仗劍出門去，孤城逢合圍。殺人遼水上，走馬漁陽歸。錯落金鎖甲，蒙茸貂鼠衣。還家行且獵，弓矢速如飛。地迥鷹犬疾，草深狐兔肥。腰間帶兩綬，轉盼生光輝。顧謂今日戰，何如隨建威。

贈王威古

三十羽林將，出身常事邊。春風吹淺草，獵騎何翩翩。插羽兩相顧，鳴弓新上弦。射麋入深谷，飲馬投荒泉。馬上共傾酒，野中聊割鮮。相看未及飲，雜虜寇幽燕。烽火去不息，胡塵高際天。長驅救東北，戰解城亦全。報國行赴難，古來皆共然。

孟門行

（《文粹》十二、《樂府詩集》九一。）

黄雀銜黄花，（一作蘋花）翩翩傍檐隙。本擬報君恩，如何反彈射。金罍美酒滿座春，平原愛才多衆賓。滿堂盡是忠義士，何意得有讒諛人。諛言反覆那可道，能令君心不自保。北園新栽桃李枝，根株未固何轉移。成陰結實君自取，若問傍人那得知。

古　意

（《搜玉小集》。）

十五嫁王昌，盈盈入畫堂。自矜年最少，復倚婿爲郎。舞愛前溪緑，歌憐子夜長。閑來鬥百草，度日不成妝。

贈梁州張都督

（《國秀集》《衆妙集》。）

聞君爲漢將，虜騎罷南侵。出塞清沙漠，還家拜羽林。風霜臣節苦，歲月主恩深。爲語西河使，知余報國心。

黃鶴樓

（《河嶽英靈集》中、《國秀集》、《文粹》十六上。）

昔人已乘黃鶴去，此地空餘黃鶴樓。黃鶴一去不復返，白雲千載空悠悠。晴川歷歷漢陽樹，芳草萋萋鸚鵡洲。日暮鄉關何處是，烟波江上使人愁。

行經華陰

岧嶢太華俯咸京，天外三峰削不成。武帝祠前雲欲散，仙人掌上雨初晴。河山北枕秦關險，驛樹西連漢畤平。借問路傍名利客，無如此處學長生。

長干曲

（《河嶽英靈集》中有第一首題曰《江南曲》,《樂府詩集》七二。）

君家何處住，妾住在横塘。停船暫借問，或恐是同鄉。

家臨九江水，來去九江側。同是長干人，生小不相識。（生《全唐詩》作自）

江南曲

（沈德潛曰：“此首本《江南曲》，從《萬首絶句》本誤入”今從之。）

下渚多風浪，蓮舟漸覺稀。（舟一作船）那能不相待，獨自逆潮歸。

崔曙（七〇四？—七三九）

山下晚晴

寥寥遠天净，溪路何空濛。斜光照疏雨，秋氣生白虹。雲盡山色暝，蕭條西北風。故林歸宿處，一葉下梧桐。

潁陽東溪懷古

（《河嶽英靈集》下、《文粹》十五上。）

靈溪氛霧歇，皎鏡清心顔。空色不映水，秋聲多在山。世人久疏曠，萬物皆自閑。白鷺寒更浴，孤雲晴未還。昔時讓王者，此地閉玄關。無以躡高步，凄凉岑壑間。

途中曉發

（《河嶽英靈集》下。）

曉霽長風裏，勞歌赴遠期。雲輕歸海疾，月滿下山遲。旅望因高盡，鄉心遇物悲。故林遥不見，况在落花時。

九日登望仙臺呈劉明府容

（《國秀集》呈上有仍字。）

漢文皇帝有高臺，此日登臨曙色開。三晋雲山皆北向，二陵風雨自東來。關門令尹誰能識，河上仙翁去不回。且欲近尋鼓澤宰，陶然共醉菊花杯。

閻防（七〇五—　？）

百丈溪新理茅茨讀書

（《河嶽英靈集》下、《文粹》十六下。）

浪迹弃人世，還山自幽獨。姑傍巢由踪，吾其獲心曲。荒庭何所有，（《芥隱筆記》引《河嶽英靈集》作荒庭人何許）老樹半空腹。秋蜩鳴北林，暮鳥穿我屋。栖遲樂遵渚，恬曠寡所欲。開卦推盈虚，散帙攻節目。養閑度人事，達命知止足。不學東國儒，（國，本作周，一作國。《河嶽》作國）俟時勞伐幅。

丁仙芝（七〇五—　？）

渡揚子江

桂楫中流望，空波兩岸明。林開揚子驛，山出潤州城。海盡邊陰静，江寒朔吹生。更聞風葉下，淅瀝度秋聲。

江南曲

長干斜路北，近浦是兒家。有意來相訪，明朝出浣紗。
發向横塘口，船開值急流。知郎舊時意，且請攏船頭。
昨暝逗南陵，風聲波浪阻。入浦不逢人，歸家誰信汝。
始下芙蓉樓，言發琅琊岸。急爲打船開，惡許傍人見。

吴豸之

陽春歌

簾低曉露濕，簾捲鶯聲急。欲起抱箜篌，如凝彩弦澀。孤眠愁不轉，點泪聲相及。净掃階上花，風來更吹入。

鄭德玄

晚至鄉亭

長亭日已暮，駐馬暫盤桓。山川杳不極，徒侶默相看。雲夕荆臺暗，秋風郢露寒。客心一如此，誰復采芳蘭。

儲光羲（七〇七—七五九？）

釣漁灣

垂釣緑灣春，春深杏花亂。潭清疑水淺，荷動知魚散。日暮待情人，維舟緑楊岸。

泛茅山東溪

清晨登仙峰，峰遠行未極。江海霽初景，草木含新色。而我任天和，此時聊動息。望鄉白雲裏，發棹清溪側。松柏生深山，無心自貞直。

終南幽居獻蘇侍郎時拜太祝未上

中歲尚微道，始知將谷神。抗策還南山，水木自相親。深林開一道，青嶂成四鄰。平明去采薇，日入行刈薪。雲歸萬壑暗，雪罷千崖春。始看玄鳥來，已見瑶華新。寄言搴芳者，無乃後時人。

田家即事

（《河嶽英靈集》中。）

蒲葉日已長，杏花日已滋。老農要看此，貴不違天時。迎晨起飯牛，雙駕耕東菑。蚯蚓土中出，田烏隨我飛。群合亂啄噪，嗷嗷如道飢。我心多惻隱，顧此兩傷悲。撥食與田烏，日暮空筐歸。親戚更相誚，我心終不移。

同王十三維偶然作

仲夏日中時，草木看欲燋。田家惜工力，把鋤來東皋。顧望浮雲陰，往往誤傷苗。歸來悲困極，兄嫂共相譊。無錢可沽酒，何以解劬勞。夜深星漢明，庭宇虚寥寥。高柳三五株，可以獨逍遥。

野老本貧賤，冒暑鋤瓜田。一畦未及終，樹下高枕眠。荷蓧者誰子，皤皤來息肩。不復問鄉墟，相見但依然。腹中無一物，高話羲皇年。落日臨層隅，逍遥望晴川。使婦提蠶筐，呼兒榜漁船。悠悠泛緑水，去摘浦中蓮。蓮花艷且美，使我不能還。

空山暮雨來，衆鳥竟栖息。斯須照夕陽，雙雙復撫翼。我念天時好，東田有稼穡。浮雲蔽川原，新流集溝洫。徘徊顧衡宇，僮僕邀我食。卧覽床頭書，睡看機中織。想見明膏煎，中夜起唧唧。

田家雜興

田家趨壠畝，當晝掩虛關。鄰里無烟火，兒童共幽閑。桔槔懸空圃，鷄犬滿桑間。時來農事隙，采藥游名山。但言所采多，不念路險艱。人生如蜉蝣，一往不可攀。君看西王母，千載美容顏。

楚山有高士，梁國有遺老。築室既相鄰，同田復同道。糗糒常共飯，兒孫每更抱。忘此耕耨勞，愧彼風雨好。蟪蛄鳴空澤，鶗鴂傷秋草，日夕寒風來，衣裳苦不早。

梧桐蔭我門，薜荔網我屋。迢迢兩夫婦，朝出暮還宿。稼穡既自種，牛羊還自牧。日旰懶耕鋤，登高望川陸。空山足禽獸，墟落多喬木。白馬誰家兒，聯翩相馳逐。

霽後貽馬十二巽

高天風雨散，清氣在園林。况我夜初静，當軒鳴緑琴。雲開北堂月，庭滿南山陰。不見長裾者，空歌游子吟。

題陸山人樓

暮聲雜初雁，夜色涵早秋。獨見海中月，照君池上樓。山雲拂高棟，天漢入雲流。不惜朝光滿，其如千里游。（游亦作愁。）

洛陽道獻吕四郎中

洛水春冰開，洛城春水緑。朝看大道上，落花亂馬足。
春風二月時，道傍柳堪把。上枝覆官閣，下枝拂車馬。

江南曲四首

緑江深見底，高浪直翻空。慣是湖邊住，舟輕不畏風。
逐流牽荇葉，緑岸摘蘆苗。爲惜鴛鴦鳥，輕輕動畫橈。
日暮長江裹，相邀歸渡頭。落花如有意，來去逐船流。
隔江看樹色，沿月聽歌聲。不是長干住，那從此路行。

常建（七〇八—七六五？）

［影印宋臨安本《常建詩集》二卷（《天禄琳琅叢書》）。《白龍窟泛舟寄天台學道者》："澹然意無限，身與波上月。"《白湖寺後溪宿雲門》："溪中日已没，歸鳥多爲雙。"］

閑齋卧病行藥至山館稍次湖亭作

（《河嶽英靈集》上。）

行藥至石壁，東風變萌芽。主人門外緑，（主人門外又作山人山門。）小隱湖中花。時物堪獨往，春帆宜别家。辭君嚮滄海，爛漫從天涯。（漫誤熳，改從宋本。）

夢太白西峰

（《文粹》十七下。）

夢寐升九崖，杳靄逢元君。遺我太白峰，寥寥辭垢氛。結宇在星漢，宴林閉氤氲。檐楹覆餘翠，巾舄生片雲。時往溪水間，孤亭晝仍曛。松峰引天影，石瀨清霞文。恬目緩舟趣，霽心投鳥群。春風又搖棹，潭島花紛紛。

吊王將軍墓

（《河嶽英靈集》上、《文粹》十五下。）

嫖姚北伐時，深入强千里。戰餘落日黄，軍敗鼓聲死。嘗聞漢飛將，可奪單于壘。今與山鬼鄰，殘兵哭遼水。

宿王昌齡隱居

（《河嶽英靈集》上、《文粹》十六下。）

清溪深不測，隱處唯孤雲。松際露微月，清光猶爲君。茅亭宿花影，藥院滋苔紋。余亦謝時去，西山鸞鶴群。

題破山寺後禪院

（《河嶽英靈集》上、《文粹》十七上。）

清晨入古寺，初日照高林。曲徑通幽處，禪房花木深。山光悦鳥性，潭影空人心。萬籟此俱寂，但餘鐘磬音。

秦系（七〇九—七九三）

（明刊本《秦隱君詩集》，毛扆依宋本手校。）

山中贈張正則評事

（時系授右衛佐，以疾不就。《衆妙集》。）

終年常避喧，自注五千言。（自注，本作師事，一作自注，毛校作自注。）流水閑過院，春風與閉門。山容邀過客，（容本作茶，集作容。過客本作上客。于鵠《題柏臺山僧》“禪定對山客”。）桂實落前軒。（郎士元《送奚賈歸吴》：“水容清過客，楓葉落行舟。”）何事教余起，（何事本作莫强，一作何事，毛校宋本作何事。）微官不足論。

題茅山李尊師山居

（一作嚴維詩。）

天師百歲少如童，不到山中竟不逢。洗藥每臨新瀑水，步虚時上最高峰。籬間五月留殘雪，座右千年蔭老松。此去人寰知遠近，回看雲壑一重重。

秋日送僧志幽歸山寺

（一作馬戴詩。）

禪室繩床在翠微，松間荷笠一僧歸。磬聲寂歷宜秋夜，手冷燈前自衲衣。

題僧明惠房

檐前朝暮雨添花，八十真僧飯一麻。入定幾時將出定，不知巢燕污袈裟。

殷遥（七〇九—七四八？）

春晚山行

寂歷春山晚，山行趣不稀。野花成子落，江燕引雛飛。暗草薰苔徑，晴楊拂石磯。俗人猶語此，（語一作頜。）余亦轉忘歸。

張潮

長干行

（一作李白詩，一作李益詩，遣詞轉韻與《江風行》如出一手，疑仍是張作。《艇齋詩話》引顧陶《唐詩選》作張潮，云“顧得其實”。注云：《玉臺新咏》〔後集〕亦作張潮。《樂府詩集》七二。）

憶昔深閨裏，烟塵不曾識。嫁與長干人，沙頭候風色。五月南風興，思君下巴陵。八月西風起，（《樂府詩集》作風度）想君發揚子。去來悲如何，見少離别多。湘潭幾日到，妾夢越風波。昨夜狂風起，吹折江頭樹，淼淼暗無邊，行人在何處。（同上，行人在何處下多“北客真王公，朱衣滿江中，日暮來投宿，數朝不肯東”四句）好乘浮雲驄，佳期蘭渚東。鴛鴦緑浦上，翡翠錦屏中。自憐十五餘，顔色桃花紅。那作商人婦，愁水復愁風。

江風行

（《樂府詩集》七二。）

婿貧如珠玉，婿富如埃塵。貧時不忘舊，富日多寵新。妾本富家女，與君爲偶匹。惠好一何深，中門不曾出。妾有綉衣裳，葳蕤金縷光。念君貧且賤，易此從遠方。遠方三千里，發竟悔不已。（亦作思君心未已）日暮情更來，空望去時水。孟夏麥始秀，江上多南風。商賈歸欲盡，君今尚巴東。巴東有巫山，窈窕神女顔。常恐游此方，果然不知還。

江南行

茨菰葉爛别西灣，蓮子花開不見還。(《全唐詩》作猶未還）妾夢不離江水上，人傳郎在鳳凰山。

采蓮詞

朝出沙頭日正紅，晚來雲起半江中。賴逢鄰女曾相識，并著蓮舟不畏風。

楊諫

長孫十一東山春夜見贈

(《國秀集》下。）

故人謝城闕，揮手碧雲期。溪月照隱處，松風生興時。舊林日云暮，芳草歲空滋。甘與子成夢，請君同所思。

金昌緒

（劉長卿有《送金昌宗歸錢塘》，或其兄弟行。云“新家浙江上”，則錢塘非其本貫。）

伊州歌

（《全唐詩話》一題作《春怨》，云顧陶引此詩爲唐類詩。）
打起黄鶯兒，莫教枝上啼。啼時驚妾夢，不得到遼西。

顔真卿（七〇九—七八四）

登平望橋下作

登橋試長望，望極與天平。際海蒹葭色，終朝鳧雁聲。近山猶仿佛，遠水忽微明。更覽諸公作，知高題柱名。

張巡（七〇九—七五七）

聞　笛

岧嶢試一臨，虜騎附城陰。不辨風塵色，安知天地心。營開邊月近，戰苦陣雲深。旦夕更樓上，遥聞横笛音。

劉長卿（七〇九—七八五？）

登揚州栖靈寺塔

北塔凌空虚，雄觀壓川澤。亭亭楚雲外，千里看不隔。遥對黄金臺，浮輝亂相射。盤梯接元氣，半壁栖夜魄。稍登諸劫盡，若騁排霄翮。向是滄洲人，已爲青雲客。雨飛千栱霽，日在萬家夕。鳥處高却低，天涯遠如迫。江流入空翠，海嶠現微碧。向暮期下來，誰堪復行役。

浮石瀨

秋月照瀟湘，月明聞蕩槳。石横晚瀨急，水落寒沙廣。衆嶺猿嘯重，空江人語響。清暉朝復暮，如待扁舟賞。

碧澗别墅喜皇甫十六侍御相訪

荒村帶返照，落葉亂紛紛。古路無行客，寒山獨見君。野橋經雨斷，澗水向田分。不爲憐同病，何人到白雲。

新年作

鄉心新歲切，天畔獨潸然。老至居人下，春歸在客先。嶺猿同旦暮，江柳共風烟。已似長沙傅，從今又幾年。

逢郴州使因寄鄭協律

相思楚天外，夢寐楚猿吟。更落淮南葉，難爲江上心。衡陽問人遠，湘水向君深。欲逐孤帆去，茫茫何處尋。

送李中丞之襄陽

（一作《送李中丞歸漢陽》。）

流落征南將，曾驅十萬師。罷歸無舊業，老去戀明時。獨立三邊静，輕生一劍知。茫茫江漢上，日暮欲何之。

餘干旅舍

摇落暮天迴，青松霜葉稀。（青松，《貢父詩話》引作丹楓。）孤城向水閉，獨鳥背人飛。渡口月初上，鄰家漁未歸。鄉心正欲絶，何處搗寒衣。（同上，寒作征）

北歸次秋浦界清溪館

萬嶺啼猿斷，孤村客暫依。雁過彭蠡暮，人向宛陵稀。舊路青山在，餘生白首歸。漸知行近北，不見鷓鴣飛。

秋日登吴公臺上寺遠眺

（寺即陳將吴明徹戰場。）

古臺摇落後，秋入望鄉心。野寺人來少，雲峰水隔深。夕陽依舊壘，寒磬滿空林。惆悵南朝事，長江獨至今。

送張扈司直歸越中

時危身赴敵，事往任浮沉。萬里三江客，孤城百戰心。春風吴草緑，古木剡山深。明日滄洲路，歸雲不可尋。

長沙過賈誼宅

三年謫宦此栖遲，萬古惟留楚客悲。秋草獨尋人去後，寒林空見日斜時。漢文有道恩猶薄，湘水無情吊豈知。寂寞江山揺落處，（寂寞《全唐詩》作寂寂）憐君何事到天涯。

登餘干古縣城

孤城上與白雲齊，萬古荒凉楚水西。官舍已空秋草没，（没《全唐詩》作緑）女墻猶在夜烏啼。平沙渺渺迷人遠，（同上沙作江，迷作來。）落日停停向客低。飛鳥不知陵谷變，（同上飛作沙）朝來暮去弋陽溪。（同上來作飛）

將赴嶺外留題蕭寺遠公院

（寺即梁朝蕭内史創。）

竹房遥閉上方幽，笞徑蒼蒼訪昔游。内史舊山空日暮，南朝古木向人秋。天香月色同僧室，葉落猿啼傍客舟。此去播遷明主意，白雲何事欲相留。

别嚴士元

春風倚棹闔閭城，水國春寒陰復晴。細雨濕衣看不見，閑花落地聽無聲。日斜江上孤帆影，草緑湖南萬里情。（《對床夜語》三引三四兩聯作劉詩。）東道若逢相識問，青袍今已誤儒生。

逢雪宿芙蓉山主人

日暮蒼山遠，天寒白屋貧。柴門聞犬吠，風雪夜歸人。

送方外上人

孤雲將野鶴，豈向人間住。莫買沃州山，時人已知處。

七里灘重送嚴維

秋江渺渺水空波，越客孤舟欲榜歌。手折衰楊悲老大，故人零落已無多。

劉方平（七一〇—　？）

烏栖曲

（《樂府詩集》四八。）

畫舸雙艚錦爲纜，芙蓉花發蓮葉暗。門前月色映横塘，感郎中夜渡瀟湘。

秋夜思

旅夢何時盡，征途望每賒。晚秋淮上水，新月楚人家。猿嘯空山近，鴻飛極浦斜。明朝南岸去，言折桂枝花。

秋夜泛舟

林塘夜發舟，蟲響荻飀飀。萬影皆因月，千聲各爲秋。歲華空復晚，鄉思不堪愁。西北浮雲外，伊川何處流。

春　怨

紗窗日落漸黄昏，金屋無人見泪痕。寂寞空庭春欲晚，梨花滿地不開門。

夜　月

更深月色半人家，北斗闌干南斗斜。今夜偏知春氣暖，蟲聲新透緑窗紗。

張彪

雜　詩

富貴多勝事，貧賤無良圖。上德兼濟心，中才不如愚。商者多巧智，農者争膏腴。儒生未遇時，衣食不自如。久與故交别，他榮我窮居。到門懶入門，何況千里餘。君子有褊性，矧乃尋常徒。行行任天地，無爲强親疏。

神　　仙

神仙可學無，百歲名大約。天地何茫茫，人間半哀樂。浮生亮多惑，善事翻爲惡。争光等馳驅，中路苦瘦弱。長老思養壽，（老一作者）後生笑寂寞。五穀非長年，四氣乃靈藥。列子何必待，吾心滿寥廓。

杜甫（七一二—七七〇）

望　　岳

岱宗夫如何，齊魯青未了。造化鍾神秀，陰陽割昏曉。蕩胸生層雲，決眥入歸鳥。會當凌絶頂，一覽衆山小。

同諸公登慈恩寺塔

高標跨蒼穹，烈風無時休。自非曠士懷，登兹翻百憂。方知象教力，足可追冥搜。仰穿龍蛇窟，始出枝撑幽。七星在北户，河漢聲西流。羲和鞭白日，少昊行清秋。秦山忽破碎，涇渭不可求。俯視但一氣，焉能辨皇州？回首叫虞舜，蒼梧雲正愁。惜哉瑶池飲，日晏崑崙丘。黄鵠去不息，哀鳴何所投。君看隨陽雁，各有稻粱謀。

前出塞九首

戚戚去故里，悠悠赴交河。公家有程期，亡命嬰禍羅。君已富土境，開邊一何多。弃絶父母恩，吞聲行負戈。

出門日已遠，不受徒旅欺。骨肉恩豈斷，男兒死無時。走馬脱轡頭，手中挑青絲。捷下萬仞岡，俯身試搴旗。

磨刀嗚咽水，水赤刃傷手。欲輕腸斷聲，心緒亂已久。丈夫誓許國，憤惋復何有。功名圖麒麟，戰骨當速朽。

送徒既有長，遠戍亦有身。生死向前去，不勞吏怒瞋。路逢相識人，附書與六親。哀哉兩决絶，不復同苦辛。

迢迢萬餘里，領我赴三軍。軍中異苦樂，主將寧盡聞。隔河見胡騎，倏忽數百群，我始爲奴僕，幾時樹功勛。

挽弓當挽强，用箭當用長。射人先射馬，擒賊先擒王。殺人亦有限，列國自有疆。苟能制侵陵，豈在多殺傷。

驅馬天雨雪，軍行入高山。徑危抱寒石，指落曾冰間。已去漢月遠，何時築城還。浮雲暮南征，可望不可攀。

單于寇我壘，百里風塵昏。雄劍四五動，彼軍爲我奔。擄其名王歸，繫頸授轅門。潛行備行列，一勝何足論。

從軍十餘年，能無分寸功。衆人貴苟得，欲語羞雷同。中原有鬥争，况在狄與戎。丈夫四方志，安可辭固窮。

後出塞五首

男兒生世間，及壯當封侯。戰伐有功業，焉能守舊丘。召募赴薊門，軍動不可留。千金買馬鞭，百金裝刀頭。閭里送我行，親戚擁道周。斑白居上列，酒酣進庶羞。少年别有贈，含笑看吴鈎。

朝進東門營，暮上河陽橋。落日照大旗，馬鳴風蕭蕭。平沙列萬幕，部伍各見招。中天懸明月，令嚴夜寂寥。悲笳數聲動，壯士慘不驕。借問大將誰，恐是霍嫖姚。

古人重守邊，今人重高勛。豈知英雄主，出師亘長雲。六合已一家，四夷且孤軍。遂使貔虎士，奮身勇所聞。拔劍擊大荒，日收胡馬群。誓開玄冥北，持以奉吾君。

獻凱日繼踵，兩蕃静無虞。漁陽豪俠地，擊鼓吹笙竽。雲帆轉遼海，粳稻來東吴。越羅與楚練，照耀輿臺軀。立將位益崇，氣驕凌上都。邊人不敢議，議者死路衢。

我本良家子，出師亦多門。將驕益愁思，身貴不足論。躍馬二十年，恐孤明主恩。坐見幽州騎，長驅河洛昏。中夜間道歸，故里但空村。惡名幸脱免，（一作幸得脱）窮老無兒孫。

自京赴奉先縣咏懷五百字

杜陵有布衣，老大意轉拙。許身一何愚，竊比稷與契。居然成濩落，白首甘契闊。蓋棺事則已，此志常覬豁。窮年憂黎元，嘆息腸内熱。取笑同學翁，浩歌彌激烈。非無江海志，瀟灑送日月。生逢堯舜君，不忍便永訣。當今廊廟具，構厦豈云缺。葵藿傾太陽，物性固莫奪。顧惟螻蟻輩，但自求其穴。胡爲慕大鯨，輒擬偃冥渤。以兹誤生理，獨耻事干謁。兀兀遂至今，忍爲塵埃没。終愧巢與由，未能易其節。沉飲聊自遣，放歌破愁絶。歲暮百草零，疾風高岡裂。天衢陰峥嶸，客子中夜發。霜嚴衣帶斷，指直不得結。凌晨過驪山，御榻在嵽嵲。蚩尤塞寒空，蹴踏崖谷滑。瑶池氣鬱律，羽林相摩戛。君臣留歡娱，樂動殷樛嶱。賜浴皆長纓，與宴非短褐。彤庭所分帛，本自寒女出。鞭撻其夫家，聚斂貢城闕。聖人筐篚恩，實欲邦國活。臣如忽至理，君豈弃此物。多士盈朝廷，仁者宜戰慄。况聞内金盤，盡在衛霍室。中堂有神仙，烟霧蒙玉質。暖客貂鼠裘，悲管逐清瑟。勸客駝蹄羹，霜橙壓香橘。朱門酒肉臭，路有凍死骨。榮枯咫尺異，惆悵難再述。北轅就涇渭，官渡又改轍。群水從西下，極目高崒兀。疑是崆峒來，恐觸天柱折。河梁幸未坼，枝撑聲窸窣。行旅相攀援，川廣不可越。老妻寄異縣，十口隔風雪。誰能久不顧，庶往共飢渴。入門聞號咷，幼子餓已卒。吾寧捨一哀，里巷亦嗚咽。所愧爲人父，無食致夭折。豈知秋禾登，貧窶有倉卒。生常免租税，名不隸征伐。撫迹猶酸辛，平人固騷屑。默思失業徒，因念遠戍卒。憂端齊終南，澒洞不可掇。

玉華宫

溪回松風長，蒼鼠竄古瓦。不知何王殿，遺構絶壁下。陰房鬼火青，壞道哀湍瀉。萬籟真笙竽，秋色正蕭灑。美人爲黄土，況乃粉黛假。當時侍金輿，故物獨石馬。憂來藉草坐，浩歌淚盈把。冉冉征途間，誰是長年者。

北　征

皇帝二載秋，閏八月初吉。杜子將北征，蒼茫問家室。維時遭艱虞，朝野少暇日。顧慚恩私被，詔許歸蓬蓽。拜辭詣闕下，怵惕久未出。雖乏諫諍姿，恐君有遺失。君誠中興主，經緯固密勿。東胡反未已，臣甫憤所切。揮涕戀行在，道途猶恍惚。乾坤含瘡痍，憂虞何時畢。靡靡逾阡陌，人烟渺蕭瑟。所遇多被傷，呻吟更流血。回首鳳翔縣，旌旗晚明滅。前登寒山重，屢得飲馬窟。邠郊入地底，涇水中蕩潏。猛虎立我前，蒼崖吼時裂。菊垂今秋花，石戴古車轍。青雲動高興，幽事亦可悦。山果多瑣細，羅生雜橡栗。或紅如丹砂，或黑如點漆。雨露之所濡，甘苦齊結實。緬思桃源内，益嘆身世拙。坡陀望鄜時，巖谷互出没。我行已水濱，我僕猶木末。鴟鴞鳴黄桑，野鼠拱亂穴。夜深經戰場，寒月照白骨。潼關百萬師，往者散何卒。遂令半秦民，殘害爲異物。况我墮胡塵，及歸盡華髮。經年至茅屋，妻子衣百結。慟哭松聲回，悲泉共幽咽。平生所嬌兒，顔色白勝雪。見耶背面啼，垢膩脚不襪。床前兩小女，補綻纔過膝。海圖折波濤，舊綉移曲折。天吴及紫鳳，顛倒在裋褐。老夫情懷惡，數日卧嘔泄。那無囊中帛，救汝寒凛栗。粉黛亦解苞，衾裯稍羅列。瘦妻面復光，痴女頭自櫛。學母無不爲，曉妝隨手抹。移時施朱鉛，狼藉畫眉闊。生還對童稚，似欲忘飢渴。問事竟挽鬚，誰能即嗔喝。翻思在賊愁，甘受雜亂聒。新歸且慰意，生理焉得説。至尊尚蒙塵，幾日休練卒。仰觀天色改，坐覺妖氛豁。陰風西北來，慘澹隨回鶻。其王願助順，其俗善馳突。送兵五千人，驅馬一萬匹。此輩少爲貴，四方服勇决。所用皆鷹騰，破敵過箭疾。聖心頗虚佇，時議氣欲奪。伊洛指掌收，西京不足拔。官軍請深入，蓄鋭可俱發。此舉開青徐，旋瞻略恒碣。昊天積霜露，正氣有肅殺。禍轉亡胡歲，勢成擒胡月。胡命其能久，皇綱未宜絶。憶昨狼狽初，事與古先别。奸臣竟菹醢，同惡隨蕩析。不聞夏殷衰，中自誅褒妲。周漢獲再興，宣光果明哲。桓桓陳將軍，仗鉞奮忠烈。微爾人盡非，於今國猶活。凄凉大同殿，寂寞白獸闥。都人望翠華，佳氣向金闕。園陵固有神，掃灑數不缺。煌煌太宗業，樹立甚宏達。

新安吏

客行新安道，喧呼聞點兵。借問新安吏，縣小更無丁。府帖昨日下，次選中男行。中男絶短小，何以守王城。肥男有母送，瘦男獨伶俜。白水暮東流，青山猶哭聲。莫自使眼枯，收汝泪縱横。眼枯即見骨，天地終無情。我軍取相州，日夕望其平。豈意賊難料，歸軍星散營。就糧近故壘，練卒依舊京。掘壕不到水，牧馬役亦輕。况乃王師順，撫養甚分明。送行勿泣血，僕射如父兄。

潼關吏

士卒何草草，築城潼關道。大城鐵不如，小城萬丈餘。借問潼關吏，修關還備胡。要我下馬行，爲我指山隅。連雲列戰格，飛鳥不能逾。胡來但自守，豈復憂西都。丈人視要處，窄狹容單車。艱難奮長戟，萬古用一夫。哀哉桃林戰，百萬化爲魚。請囑防關將，慎勿學哥舒。

石壕吏

暮投石壕村，有吏夜捉人。老翁逾墻走，老婦出看門。（一作出門看，出門首）吏呼一何怒，婦啼一何苦。聽婦前致詞，三男鄴城戍。一男附書至，二男新戰死。存者且偷生，死者長已矣。室中更無人，惟有乳下孫。孫有母未去，出入無完裙。老嫗力雖衰，請從吏夜歸。急應河陽役，猶得備晨炊。夜久語聲絶，如聞泣幽咽。天明登前途，獨與老翁别。

新婚别

兔絲附蓬麻，引蔓故不長。嫁女與征夫，不如弃路旁。結髪爲君妻，席不暖君床。暮婚晨告别，無乃太匆忙。君行雖不遠，守邊赴河陽。妾身未分明，何以拜姑嫜。父母養我時，日夜令我藏。生女有所歸，鷄狗亦得將。君今往死地，沉痛迫中腸。誓欲隨君去，形勢反蒼黄。勿爲新婚念，努力事戎行。婦人在軍中，兵氣恐不揚。自嗟貧家女，久致羅襦裳。羅襦不復施，對君洗紅妝。仰視百鳥飛，大小必雙翔。人事多錯迕，與君永相望。

垂老别

四郊未寧静，垂老不得安。子孫陣亡盡，焉用身獨完。投杖出門去，同行爲辛酸。幸有牙齒存，所悲骨髓乾。男兒既介胄，長揖别上官。老妻卧路啼，歲暮衣裳單。孰知是死别，且復傷其寒。此去必不歸，還聞勸加餐。土門壁甚堅，杏園度亦難。勢異鄴城下，縱死時猶寬。人生有離合，豈擇衰老端。憶昔少壯日，遲回竟長嘆。萬國盡征戍，烽火被岡巒。積尸草木腥，流血川原丹。何鄉爲樂土，安敢尚盤桓。弃絶蓬室居，塌然摧肺肝。

無家别

寂寞天寶後，園廬但蒿藜。我里百餘家，世亂各東西。存者無消息，死者爲塵泥。賤子因陣敗，歸來尋舊蹊。久行見空巷，日瘦氣慘淒。但對狐與狸，竪毛怒我啼。四鄰何所有，一二老寡妻。宿鳥戀本枝，安辭且窮栖。方春獨荷鋤，日暮還灌畦。縣吏知我至，召令習鼓鞞。雖從本州役，内顧無所携。近行止一身，遠去終轉迷。家鄉既蕩盡，遠近理亦齊。永痛長病母，五年委溝溪。生我不得力，終身兩酸嘶。人生無家别，何以爲蒸黎。

佳　　人

絶代有佳人，幽居在空谷。自云良家子，零落依草木。關中昔喪敗，兄弟遭殺戮。高官何足論，不得收骨肉。世情惡衰歇，萬事隨轉燭。夫婿輕薄兒，新人已如玉。合昏尚知時，鴛鴦不獨宿。但見新人笑，那聞舊人哭。在山泉水清，出山泉水濁。侍婢賣珠回，牽蘿補茅屋。摘花不插髮，采柏動盈掬。天寒翠袖薄，日暮倚修竹。

夢李白二首

死别已吞聲，生别常惻惻。江南瘴癘地，逐客無消息。故人入我夢，明我長相憶。恐非平生魂，路遠不可測。魂來楓葉青，魂返關塞黑。君今在羅網，何以有羽翼。落月滿屋梁，猶疑照顔色。水深波浪闊，無使蛟龍得。

浮雲終日行，游子久不至。三夜頻夢君，親情見君意。告歸常局促，苦道來不易。江湖多風波，舟楫恐失墜。出門搔白首，若負平生志。冠蓋滿京華，斯人獨憔悴。孰云網恢恢，將老身反累。千秋萬歲名，寂寞身後事。

有懷台州鄭十八司户

天台隔三江，風浪無晨暮。鄭公縱得歸，老病不識路。昔如水上鷗，今如罝中兔。性命由他人，悲辛但狂顧。山鬼獨一脚，蝮蛇長如樹。呼號傍孤城，歲月誰與度。從來禦魑魅，多爲才名誤。夫子嵇阮流，更被時俗惡。海隅微小吏，眼暗髮垂素。黄帽映青袍，非供折腰具。平生一杯酒，見我故人遇。相望無所成，乾坤莽回互。

遣　　興

長陵鋭頭兒，出獵待明發。騂弓金爪鏑，白馬蹴微雪。未知所馳逐，但見暮光滅。歸來懸兩狼，門户有旌節。

太平寺泉眼

招提憑高岡，疏散連草莽。出泉枯柳根，汲引歲月古。石間見海眼，天畔縈水府。廣深丈尺間，晏息敢輕侮。青白二小蛇，幽姿可時睹。如絲氣或上，爛漫爲雲雨。山頭到山下，鑿井不盡土。取供十方僧，香美勝牛乳。北風起寒文，弱藻舒翠縷。明涵客衣净，細蕩林影趣。何當宅下流，餘潤通藥圃。三春濕黄精，一食生毛羽。

鐵堂峽

山風吹游子，縹緲乘險絶。峽形藏堂隍，壁色立積鐵。徑摩穹蒼蟠，石與厚地裂。修纖無垠竹，嵌空太始雪。威遲哀壑底，徒旅慘不悦。水寒長冰横，我馬骨正折。生涯抵弧矢，盗賊殊未滅。飄蓬逾三年，回首肝肺熱。

法鏡寺

身危適他州，勉强終勞苦。神傷山行深，愁破崖寺古。嬋娟碧鮮净，蕭槭寒籜聚。回回山根水，冉冉松上雨。泄雲蒙清晨，初日翳復吐。朱甍半光炯，户牖粲可數。拄策忘前期，出蘿已亭午。冥冥子規叫，微徑不復取。

白沙渡

畏途隨長江，渡口下絶岸。差池上舟楫，窈窕入雲漢。天寒荒野外，日暮中流半，我馬向北嘶，山猿飲相唤。水清石礧礧，沙白灘漫漫。迥然洗愁辛，多病一疏散。高壁抵嶔崟，洪濤越凌亂。臨風獨回首，攬轡復三嘆。

飛仙閣

土門山行窄，微徑緣秋毫。棧雲闌干峻，梯石結構牢。萬壑欹疏林，積陰帶奔濤。寒日外澹泊，長風中怒號。歇鞍在地底，始覺所歷高。往來雜坐卧，人馬同疲勞。浮生有定分，飢飽豈可逃。嘆息謂妻子，我何隨汝曹。

寫　　懷

夜深坐南軒，明月照我膝。驚風翻河漢，梁棟日已出。群生各一宿，飛動自儔匹。吾亦驅其兒，營營爲私實。天寒行旅稀，歲暮日月疾。榮名忽中人，世亂如蟣虱。古者三皇前，滿腹志願畢。胡爲有結繩，陷此膠與漆。禍首燧人氏，厲階董狐筆。君看燈燭張，轉使飛蛾密。放神八極外，俯仰俱蕭瑟。終然契真如，歸匪金仙術。(《全唐詩》作得匪合仙術)

玄都壇歌寄元逸人

故人昔隱東蒙峰，已佩含景蒼精龍。故人今居子午谷，獨在陰崖結茅屋。屋前太古玄都壇，青石漠漠常風寒。子規夜啼山竹裂，王母晝下雲旗翻。知君此計成長往，芝草琅玕日應長。鐵鎖高垂不可攀，致身福地何蕭爽。

飲中八仙歌

知章騎馬似乘船，眼花落井水底眠。汝陽三斗始朝天，道逢麴車口流涎，恨不移封向酒泉。左相日興費萬錢，飲如長鯨吸百川，銜杯樂聖稱避賢。宗之瀟灑美少年，舉觴白眼望青天，皎如玉樹臨風前。蘇晋長齋繡佛前，醉中往往愛逃禪。李白一斗詩百篇，長安市上酒家眠，天子呼來不上船，自稱臣是酒中仙。張旭三杯草聖傳，脱帽露頂王公前，揮毫落紙如雲烟。焦遂五斗方卓然，高談雄辯驚四筵。

高都護驄馬行

安西都護胡青驄，聲價欻然來向東。此馬臨陣久無敵，與人一心成大功。功成惠養隨所致，飄飄遠自流沙至。雄姿未受伏櫪恩，猛氣猶思戰場利。腕促蹄高如踣鐵，交河幾蹴曾冰裂。五花散作雲滿身，萬里方看汗流血。長安壯兒不敢騎，走過掣電傾城知。青絲絡頭爲君老，何由却出横門道。

送孔巢父謝病歸游江東兼呈李白

巢父掉頭不肯住，東將入海隨烟霧。詩卷長留天地間，釣竿欲拂珊瑚樹。深山大澤龍蛇遠，春寒野陰風景暮。蓬萊織女回雲車，指點虛無引歸路。自是君身有仙骨，世人那得知其故。惜君秖欲苦死留，富貴何如草頭露。蔡侯静者意有餘，清夜置酒臨前除。罷琴惆悵月照席，幾歲寄我空中書。南尋禹穴見李白，道甫問訊今何如。

曲　江

自斷此生休問天，杜曲幸有麻桑田，故將移住南山邊。短衣匹馬隨李廣，看射猛虎終殘年。

樂游園歌

樂游古園崒森爽，烟綿碧草萋萋長。公子華筵勢最高，秦川對酒平如掌。長生木瓢示真率，更調鞍馬狂歡賞。青春波浪芙蓉園，白日雷霆夾城仗。閶闔晴開詄蕩蕩，曲江翠幕排銀牓。拂水低徊舞袖翻，緣雲清切歌聲上。却憶年年人醉時，秖今未醉已先悲。數莖白髮那抛得，百罰深杯亦不辭。聖朝已知賤士醜，一物自荷皇天慈。此身飲罷無歸處，獨立蒼茫自咏詩。

魏將軍歌

將軍昔着從事衫，鐵馬馳突重兩銜。披堅執鋭略西極，崑崙月窟東嶄巖。君門羽林萬猛士，惡若哮虎子所監。五年起家列霜戟，一日過海收雲帆。平生流輩徒蠢蠢，長安少年氣欲盡。魏侯骨聳精爽緊，華岳峰尖見秋隼。星躔寶校金盤陀，夜馳天駟超天河。欃槍熒惑不敢動，翠蕤雲旓相蕩摩。吾爲子起歌都護，酒闌插劍肝膽露。鈎陳蒼蒼玄武暮，萬歲千秋奉明主，臨江節士安足數。

哀王孫

(《樂府詩集》九一。)

長安城頭頭白烏，夜飛延秋門上呼。又向人家啄大屋，屋底達官走避胡。金鞭斷折九馬死，骨肉不得同馳驅。腰下寶玦青珊瑚，可憐王孫泣路隅。問之不肯道姓名，但道困苦乞爲奴。已經百日竄荆棘，身上無有完肌膚。高帝子孫盡隆準，龍種自與常人殊。豺狼在邑龍在野，王孫善保千金軀。不敢長語臨交衢，且爲王孫立斯須。昨夜東風吹血腥，東來橐駝滿舊都。朔方健兒好身手，昔何勇鋭今何愚。竊聞天子已傳位，聖德北服南單于。花門剺面請雪耻，慎勿出口他人狙。哀哉王孫慎勿疏，五陵佳氣無時無。

哀江頭

(《樂府詩集》九一。)

少陵野老吞聲哭，春日潜行曲江曲。江頭宫殿鎖千門，細柳新蒲爲誰緑。憶昔霓旌下南苑，苑中萬物生顔色。昭陽殿裏第一人，同輦隨君侍君側。輦前才人帶弓箭，白馬嚼嚙黄金勒。翻身向天仰射雲，一笑正墜雙飛翼。明眸皓齒今何在，血污游魂歸不得。清渭東流劍閣深，去住彼此無消息。人生有情泪沾臆，江水江花豈終極。黄昏胡騎塵滿城，欲往城南望城北。

丹青引贈曹將軍霸

將軍魏武之子孫，於今爲庶爲清門。英雄割據雖已矣，文采風流今尚存。學書初學衛夫人，但恨無過王右軍。丹青不知老將至，富貴於我如浮雲。開元之中常引見，承恩數上南薰殿。凌烟功臣少顔色，將軍下筆開生面。良相頭上進賢冠，猛將腰間大羽箭。褒公鄂公毛髮動，英姿颯爽來酣戰。先帝御馬玉花驄，畫工如山貌不同。是日牽來赤墀下，迥立閶闔生長風。詔謂將軍拂絹素，意匠慘淡經營中。斯須九重真龍出，一洗萬古凡馬空。玉花却在御榻上，榻上庭前屹相向。至尊含笑催賜金，圉人太僕皆惆悵。弟子韓幹早入室，亦能畫馬窮殊相。幹惟畫肉不畫骨，忍使驊騮氣凋喪。將軍畫善蓋有神，偶逢佳士亦寫真。即今飄泊干戈際，屢貌尋常行路人。途窮反遭俗眼白，世上未有如公貧。但看古來盛名下，終日坎壈纏其身。

古柏行

孔明廟前有古柏，柯如青銅根如石。霜皮溜雨四十圍，黛色參天二千尺。君臣已與時際會，樹木猶爲人愛惜。雲來氣接巫峽長，月出寒通雪山白。憶昨路繞錦亭東，先主武侯同閟宫。崔嵬枝幹郊原古，窈窕丹青户牖空。落落盤踞雖得地，冥冥孤高多烈風。扶持自是神明力，正直原因造化功。大厦如傾要梁棟，萬牛回首丘山重。不露文章世已驚，未辭剪伐誰能送。苦心豈免容螻蟻，香葉終經宿鸞鳳。志士幽人莫怨嗟，古來材大難爲用。

秋　風

秋風淅淅吹我衣，東流之外西日微。天清小城擣練急，石古細路行人稀。不知明月爲誰好，早晚孤帆他夜歸。會將白髮倚庭樹，故園池臺今是非。

短歌行贈王郎司直

王郎酒酣拔劍斫地歌莫哀，我能拔爾抑塞磊落之奇才。豫章翻風白日動，鯨魚跋浪滄溟開，且脱佩劍休徘徊。西得諸侯棹錦水，欲向何門趿珠履。仲宣樓頭春色深，青眼高歌望吾子，眼中之人吾老矣。

風雨看舟前落花戲爲新句

江上人家桃樹枝，春寒細雨出疏籬，影遭碧水潛勾引，風妒紅花却倒吹。吹花困懶傍舟楫，水光風力俱相怯。赤憎輕薄遮人懷，珍重分明不來接。濕久飛遲半欲高，縈沙惹草細於毛。蜜蜂蝴蝶生情性，偷眼蜻蜓避伯勞。

房兵曹胡馬

胡馬大宛名，鋒棱瘦骨成。竹批雙耳峻，風入四蹄輕。所向無空闊，真堪托死生。驍騰有如此，萬里可横行。

畫　　鷹

素練風霜起，蒼鷹畫作殊。攫身思狡兔，側目似愁胡，絛鏇光堪摘，軒楹勢可呼。何當擊凡鳥，毛血灑平蕪。

月　　夜

今夜鄜州月，閨中衹獨看。遥憐小兒女，未解憶長安。香霧雲鬟濕，清輝玉臂寒。何時倚虚幌，雙照泪痕乾。

春　　望

國破山河在，城春草木深。感時花濺泪，恨别鳥驚心。烽火連三月，家書抵萬金。白頭搔更短，渾欲不勝簪。

秦州雜詩

滿目悲生事，因人作遠游。遲回度隴怯，浩蕩及關愁。水落魚龍夜，山空鳥鼠秋。西征問烽火，心折此淹留。

南使宜天馬，由來萬匹强。浮雲連陣没，秋草遍山長。聞説真龍種，仍殘老驌驦。哀鳴思戰鬥，迥立向蒼蒼。

莽莽萬重山，孤城山谷間。無風雲出塞，不夜月臨關。屬國歸何晚，樓蘭斬未還。烟塵一長往，衰颯正摧顔。

東柯好崖谷，不與衆峰群。落日邀雙鳥，晴天養片雲。野人矜險絶，水竹會平分。采藥吾將老，兒童未遣聞。

天末懷李白

凉風起天末，君子意如何。鴻雁幾時到，江湖秋水多。文章憎命達，魑魅喜人過。應共冤魂語，投詩贈汨羅。

遣　　懷

愁眼看霜露，寒城菊自花。天風隨斷柳，客泪墮清笳。水净樓陰直，山昏塞日斜。夜來歸鳥盡，啼殺後栖鴉。

搗　　衣

亦知戍不返，秋至試清砧。已近苦寒月，况經長别心。寧辭搗衣倦，一寄塞垣深。用盡閨中力，君聽空外音。

野　望

清秋望不極，迢遞起層陰。遠水兼天净，孤城隱霧深。葉稀風更落，山迴日初沉。獨鶴歸何晚，昏鴉已滿林。

病　馬

乘爾亦已久，天寒關塞深。塵中老盡力，歲晚病傷心。毛骨豈殊衆，馴良猶至今。物微意不淺，感動一沉吟。

琴　臺

茂陵多病後，尚愛卓文君。酒肆人間世，琴臺日暮雲。野花留寶靨，蔓草見羅裙。歸鳳求凰意，寥寥不復聞。

屏　迹

用拙存吾道，幽居近物情。桑麻深雨露，燕雀半生成。村鼓時時急，漁舟個個輕。杖藜從白首，心迹喜雙清。

倦　夜

竹凉侵卧内，野月滿庭隅。重露成涓滴，稀星乍有無。暗飛螢自照，水宿鳥相呼。萬事干戈裏，空悲清夜徂。

禹　廟

禹廟空山裏，秋風落日斜。荒庭垂橘柚，古屋畫龍蛇。雲氣生虚壁，江聲走白沙。早知乘四載，疏鑿控三巴。

旅夜書懷

細草微風岸，危檣獨夜舟。星垂平野闊，月涌大江流。名豈文章著，官應老病休。飄零何所似，天地一沙鷗。

西閣夜

恍惚寒山暮，（山一本作江）逶迤白霧昏。（霧一本作露）山虛風落石，樓静月侵門。擊柝可憐子，無衣何處村。時危關百慮，盜賊爾猶存。

江　上

江上日多雨，蕭蕭荆楚秋。高風下木葉，永夜攬貂裘。勛業頻看鏡，行藏獨倚樓。時危思報主，衰謝不能休。

秋　野

禮樂攻吾短，山林引興長。掉頭紗帽仄，曝背竹書光。風落收松子，天寒割蜜房。稀疏小紅翠，駐屐近微香。（屐《全唐詩》作屧）

孤　雁

孤雁不飲啄，飛鳴聲念群。誰憐一片影，相失萬重雲。望盡似猶見，哀多如更聞。野鴉無意緒，鳴噪自紛紛。

日　　暮

牛羊下來夕，各已閉柴門。風月自清夜，江山非故園。石泉流暗壁，草露滿秋原。頭白燈明裏，何須花燼繁。

暝

日下四山陰，山庭嵐氣侵。牛羊歸徑險，鳥雀聚枝深。正枕當星劍，收書動玉琴。半扉開燭影，欲掩見清砧。

返　　照

反照開巫峽，寒空半有無。已低魚復暗，不盡白鹽孤。荻岸如秋水，松門似畫圖。牛羊識僮僕，既夕應傳呼。

登岳陽樓

（大曆三年？五十七歲。是年郭子儀將兵五萬屯奉天備吐蕃，白元光、李抱玉各出兵擊之。）

昔聞洞庭水，今上岳陽樓。吴楚東南坼，(《天問》："康回馮怒，墜何以東南傾。"《淮南子·天子篇》："昔者共工與顓頊爭爲帝，怒而觸不周之山，天維絶，地柱折，天傾西北，故日月星辰移焉，地不滿東南，故水潦塵埃歸焉。"《原道篇》："昔共工之與高辛争爲帝，力觸不周之山，使地東南傾。"）乾坤日夜浮。（孟："氣蒸雲夢澤，波撼岳陽城。"劉："迭浪浮元氣，中流没太陽。"）親朋無一字，老病有孤舟。戎馬關山北，憑軒涕泗流。

曲江陪鄭八丈南史飲

雀啄江頭黄柳花，鵁鶄鸂鶒滿晴沙。自知白髮非春事，且盡芳尊戀物華。近侍即今難浪迹，此身那得更無家。丈人才力猶强健，豈傍青門學種瓜。

曲江二首

一片花飛減却春，風飄萬點正愁人。且看欲盡花經眼，莫厭傷多酒入脣。江上小堂巢翡翠，苑邊高冢卧麒麟。細推物理須行樂，何用浮名絆此身！

朝回日日典春衣，每日江頭盡醉歸。酒債尋常行處有，人生七十古來稀。穿花蛺蝶深深見，點水蜻蜓款款飛。傳語風光共流轉，(《天厨禁臠》上，風作春。）暫時相賞莫相違。

曲江對酒

苑外江頭坐不歸，水精宫殿轉霏微。桃花細逐楊花落，黄鳥時兼白鳥飛。縱飲久判人共弃，懶朝真與世相違。吏情更覺滄洲遠，老大徒傷未拂衣。(徒《全唐詩》作悲）

九日藍田崔氏莊

老去悲秋强自寬，興來今日盡君歡。羞將短髮還吹帽，笑倩旁人爲正冠。藍水遠從千澗落，玉山高并兩峰寒。明年此會知誰健，醉把茱萸仔細看。

聞官軍收河南河北

［廣德元年春梓州作，亂後八年，五十二歲。〔仇一一，九〇。〕寶應元年冬十月，僕固懷恩等屢破史朝義兵，進克東京，其將薛嵩以相、衛等州降，張志忠以桓、趙等州降。十一月官軍破賊於洛陽，進收京都，河南平。朝義走河北，李懷仙斬其首以獻，河北平。次年春正月，田承嗣以莫州降，李懷仙以幽州降。本年召補京兆功曹，不赴。］

劍外忽傳收薊北，初聞涕泪滿衣裳。却看妻子愁何在，漫卷詩書喜欲狂。白日放歌須縱酒，青春作伴好還鄉。即從巴峽穿巫峽，便下襄陽向洛陽。（公自注：余田園在東京。仇云：還鄉承妻子。顧注：愁何在，不復愁矣。似均以爲妻子在東都，誤甚。是時妻子在成都，居草堂。劍外見地，青春見時。此時書猶是卷子，故曰漫卷，顧注抛書而起，謬甚。六用地名，與李白《峨眉山月歌》比。）

登　　樓

（〔仇一三，三一〕廣德二年〔？〕春初歸成都作。）

花近高樓傷客心，萬方多難此登臨。錦江春色來天地，（一作春水流天地）玉壘浮雲變古今。（玉壘山在灌縣西，錦水出焉。貞觀間，設關於其下，乃吐蕃往來之衝。〔在成都西北。〕盧思道《蜀國弦》："雲浮玉壘夕，日映錦城朝。"）北極朝廷終不改，（去年冬，吐蕃陷京師，郭子儀收復京師，乘輿反正，故曰朝廷終不改。）西山寇盜莫相侵。（是年十二月吐蕃又陷松、維、保三州，高適不能救，西山近維。）可憐後主還祠廟，日暮聊爲梁甫吟。

秋興八首

玉露凋傷楓樹林，巫山巫峽氣蕭森。江間波浪兼天涌，塞上風雲接地陰。叢菊兩開他日泪，孤舟一繫故園心。寒衣處處催刀尺，白帝城高急暮砧。

夔府孤城落日斜，每依北斗望京華。聽猿實下三聲泪，奉使虚隨八月槎。畫省香爐違伏枕，山樓粉堞隱悲笳。請看石上藤蘿月，已映洲前蘆荻花。

千家山郭静朝暉，日日江樓坐翠微。信宿漁人還泛泛，清秋燕子故飛飛。匡衡抗疏功名薄，劉向傳經心事違。同學少年多不賤，五陵衣馬自輕肥。

聞道長安似弈棋，百年世事不勝悲。王侯第宅皆新主，文武衣冠異昔時。直北關山金鼓震，征西車馬羽書馳。魚龍寂寞秋江冷，故國平居有所思。

蓬萊宫闕對南山，承露金莖霄漢間。西望瑶池降王母，東來紫氣滿函關。雲移雉尾開宫扇，日繞龍鱗識聖顔。一卧滄江驚歲晚，幾回青瑣點朝班。

瞿塘峽口曲江頭，萬里風烟接素秋。花萼夾城通御氣，芙蓉小苑入邊愁。珠簾綉柱圍黄鵠，錦纜牙檣起白鷗。回首可憐歌舞地，秦中自古帝王州。

昆明池水漢時功，武帝旌旗在眼中。織女機絲虚夜月，石鯨鱗甲動秋風。波漂菰米沉雲黑，露冷蓮房墜粉紅。關塞極天惟鳥道，江湖滿地一漁翁。

昆吾御宿自逶迤，紫閣峰陰入渼陂。紅稻啄餘鸚鵡粒，碧梧栖老鳳凰枝。佳人拾翠春相問，仙侣同舟晚更移。彩筆昔曾干氣象，白頭吟望苦低垂。

夜

露下天高秋氣清，空山獨夜旅魂驚。疏燈自照孤帆宿，新月猶懸雙杵鳴。南菊再逢人卧病，北書不至雁無情。步檐倚杖看牛斗，銀漢遥應接鳳城。

登　高

風急天高猿嘯哀，渚清沙白鳥飛回。無邊落木蕭蕭下，不盡長江滚滚來。萬里悲秋常作客，百年多病獨登臺。艱難苦恨繁霜鬢，潦倒新停濁酒杯。

燕子來舟中作

湖南爲客動經春，燕子銜泥兩度新。舊入故園曾識主，如今社日遠看人。可憐處處巢君室，何異飄飄托此身。暫語船檣還起去，穿花貼水益沾巾。

漫成一絶

江月去人衹數尺，風燈照夜欲三更。沙頭宿鷺聯拳静，船尾跳魚撥剌鳴。

夔州歌

瀼東瀼西一萬家，江南江北春冬花。背飛鶴子遺瓊蕊，相趁鳧雛入蔣牙。

絶句漫興

糝徑楊花鋪白氈，點溪荷葉叠錢。筍根稚子無人見，沙上鳧雛傍母眠。

贈花卿

錦城絲管日紛紛，半入江風半入雲。此曲衹應天上有，人間那得幾回聞。

江南逢李龜年

岐王宅裏尋常見，崔九堂前幾度聞。正是江南好風景，落花時節又逢君。

嚴維（七一三—　？）

酬劉員外見寄

蘇耽佐郡時，近出白雲司。藥補清羸疾，窗吟絶好詞。柳塘春水漫，花塢夕陽遲，欲識懷君意，明朝訪楫師。

荆溪館呈丘義興

失路荆溪上，依人忽暝投。長橋今夜月，陽羡古時州。野燒明山郭，寒更出縣樓。先生能館我，無事五湖游。

王季友（七一四—七九〇？）

寄韋子春

出山秋雲曙，山木已再春。食我山中藥，不憶山中人。山中誰余密，白髮惟相親。雀鼠晝夜無，知我厨廪貧。依依北舍松，不厭吾南鄰。有情盡弃捐，土石爲同身。夫子質千尋，天澤枝葉新。余以不材壽，非知免斧斤。（末四句據《全唐詩》補）

酬李十六岐

煉丹文武火未成，賣藥賣履具逃名。出谷迷行洛陽道，乘流醉卧滑臺城。城下故人又離怨，一歡適我兩家願。朝飲杖懸沽酒錢，暮餐囊有松花飯。如何車馬日憧憧，李膺門館争登龍。千賓揖對若流水，五經發難如叩鐘。下筆新詩行滿壁，立談古人坐在席。問我草堂有卧雲，如我山儲無儋石。自耕自刈食爲天，如鹿如麋飲野泉。亦知世上公卿貴，且養丘中草木年。

畢耀（七一五一　？）

贈獨孤常州

洪爐無久停，日月速若飛。忽然衝人身，飲酒不須疑。

岑參（七一五—七七〇）

潼關使院懷王七季友

王生今才子，時輩咸所仰。何當見顏色，終日勞夢想。驅車到關下，欲往阻河廣。滿目徒春華，思君罷心賞。開門見太華，朝日映高掌。忽覺蓮花峰，别來更如長。無心顧微禄，有意在獨往。不負林中期，終當出塵網。

宿東溪王屋李隱者

山店不鑿井，百家同一泉。晚來南村黑，雨色和人烟。霜畦吐寒菜，沙雁噪河田。隱者不可見，天壇飛鳥邊。

與高適薛據登慈恩寺浮圖

塔勢如涌出，孤高聳天宫。登臨出世界，磴道盤虚空。突兀壓神州，峥嶸如鬼工。四角礙白日，七層摩蒼穹。下窺指高鳥，俯聽聞驚風。連山若波濤，奔湊似朝東。青槐夾馳道，宫館何玲瓏。秋色從西來，蒼然滿關中。五陵北原上，萬古青濛濛。净理了可悟，勝因夙所宗。誓將挂冠去，覺道資無窮。

因假歸白閣西草堂

雷聲傍太白，雨在八九峰。東望白閣雲，半入紫閣松。勝概紛滿目，衡門趣彌濃。幸有數畝田，得延二仲踪。早聞達士語，偶與心相通。誤徇一微官，還山愧塵容。釣竿不復把，野碓無人舂。惆悵飛鳥盡，南溪聞夜鐘。

暮秋山行

疲馬卧長坡，夕陽下通津。山風吹空林，颯颯如有人。蒼旻霽凉雨，石路無飛塵。千念集暮節，萬籟悲蕭晨。鵾鳩昨夜鳴，蕙草色已陳。况在遠行客，自然多苦辛。

白雪歌送武判官歸京

北風捲地白草折，胡天八月即飛雪。忽然一夜春風來，千樹萬樹梨花開。散入珠簾濕羅幕，狐裘不暖錦衾薄。將軍角弓不得控，都護鐵衣冷難着。瀚海闌干百丈冰，愁雲慘淡萬里凝。中軍置酒飲歸客，胡琴琵琶與羌笛。紛紛暮雪下轅門，風掣紅旗凍不翻。輪臺東門送君去，去時雪滿天山路。山回路轉不見君，雪上空留馬行處。

走馬川行奉送封大夫出師西征

君不見走馬川行雪海邊，平沙莽莽黄入天。輪臺九月風夜吼，一川碎石大如斗，隨風滿地石亂走。匈奴草黄馬正肥，金山西見烟塵飛，漢家大將西出師。將軍金甲夜不脱，半夜軍行戈相撥，風頭如刀面如割。馬毛帶雪汗氣蒸，五花連錢旋作冰，幕中草檄硯水凝。虜騎聞之應膽懾，料知短兵不敢接，車師西門佇獻捷。

喜韓樽相過

三月灞陵春已老，故人相逢耐醉倒。瓮頭春酒黄花脂，禄米衹充沽酒資。長安城中足年少，獨共韓侯開口笑。桃花點地紅斑斑，有酒留君且莫還。與君兄弟日携手，世上虚名好是閑。

太白胡僧歌并序

太白中峰絶頂有胡僧，不知幾百歲，眉長數寸，身不襲繒帛，衣以草葉，恒持《楞伽經》。雲壁迥絶，人迹罕到，嘗東峰有鬥虎，弱者將死，僧杖而解之；西湫有毒龍，久而爲患，僧器而貯之。商山趙叟，前年采茯苓，深入太白，偶值此僧，訪我而説，予恒有獨往之意，聞而悦之，乃爲歌曰：

聞有胡僧在太白，蘭若去天三百尺。一持楞伽入中峰，世人難見但聞鐘。窗邊錫杖解兩虎，床下鉢盂藏一龍。草衣不針復不綫，兩耳垂肩眉覆面。此僧年幾那得知，手種青松今十圍。心將流水同清净，身與浮雲無是非。商山老人已曾識，願一見之何由得。山中有僧人不知，城裏看山空黛色。

寄左省杜拾遺

聯步趨丹陛，分曹限紫微。曉隨天仗入，暮惹御香歸。白髮悲花落，青雲羡鳥飛。聖朝無闕事，自覺諫書稀。

南樓送衛憑

近縣多過客，似君誠亦稀。南樓取凉好，便送故人歸。鳥向望中滅，雨侵晴處飛。應須乘月去，且爲解征衣。

還高冠潭口留別舍弟

昨日山有信，衹今耕種時。遥傳杜陵叟，怪我還山遲。獨向潭上酌，無人林下棋。東溪憶汝處，閑卧對鸕鷀。

送楊瑗尉南海

不擇南州尉，高堂有老親。樓臺重蜃氣，邑里雜鮫人。海暗三山雨，花明五嶺春。此鄉多寶玉，慎莫厭清貧。

陝州月城樓送辛判官入奏

送客飛鳥外，城頭樓最高。樽前遇風雨，窗裏動波濤。謁帝向金殿，隨身唯寶刀。相思灞陵月，衹有夢偏勞。

高冠谷口招鄭鄠

谷口來相訪，空齋不見君。澗花然暮雨，潭樹暖春雲。門徑稀人迹，檐峰下鹿群。衣裳與枕席，山靄碧氛氲。

題永樂韋少府廳壁

大河南郭外，終日氣昏昏。白鳥下公府，青山當縣門。故人是邑尉，過客駐征軒。不憚烟波闊，思君一笑言。

暮春虢州東亭送李司馬歸扶風別廬

柳嚲鶯嬌花復殷，紅亭緑酒送君還。到來函谷愁中月，歸去磻溪夢裏山。簾前春色應須惜，世上浮名好是閑。西望鄉關腸欲斷，對君衫袖淚痕斑。

逢入京使

故園東望路漫漫，雙袖龍鍾淚不乾。馬上相逢無紙筆，憑君傳語報平安。

李華（七一五—七六六）

咏　史

昂藏獬豸獸，出自太平年。亂代乃潛伏，縱人爲禍愆。嘗聞斷馬劍，每壯朱雲賢。身死名不滅，寒風吹暮田。精靈如有在，幽憤滿松烟。

裴迪（七一六—　？）

輞川集

華子岡

落日松風起，還家草露晞。雲光侵履迹，山翠拂人衣。

鹿　柴

日夕見寒山，便爲獨往客。不知深林事，但有麏麚迹。

宮槐陌

門前宮槐陌，是向欹湖道。秋來山雨多，落葉無人掃。

蕭穎士（七一七—七八〇）

越江秋曙

扁舟東路遠，曉月下江濆。瀲灩信潮上，蒼茫孤嶼分。林聲寒動葉，水氣曙連雲。暾日浪中出，榜歌天際聞。伯鸞常去國，安道惜離群。延首剡溪近，咏言懷數君。

包何（七一七—　？）

和程員外春日東郊即事

郎官休浣憐遲日，野老歡娱爲有年。幾處折花驚蝶夢，數家留葉待蠶眠。藤垂委地縈珠履，泉迸侵階浸緑錢。直到閉關朝謁去，鶯聲不散柳含烟。

賈至（七一八—七二二）

初至巴陵與李十二白裴九同泛洞庭湖

楓岸紛紛落葉多，洞庭秋水晚來波。乘興輕舟無近遠，白雲明月吊湘娥。

李嘉祐（七一九—七八一？）

至七里灘作

還客投於越，臨江泪滿衣。獨隨流水遠，轉覺故人稀。萬木迎秋序，千峰駐晚暉。行舟猶未已，惆悵暮潮歸。

和都官苗員外秋夜省直對雨簡諸知己

久雨南宫夜，仙郎寓直時。漏長丹鳳闕，秋冷白雲司。螢影侵階亂，鴻聲出苑遲。蕭條人吏散，小謝有新詩。

送王牧往吉州謁王使君叔

細草緑汀洲，王孫耐薄游。年華初冠帶，文體舊弓裘。野渡花争發，春塘水亂流。使君憐小阮，應念倚門愁。

奉陪韋潤州游鶴林寺

野寺江城近，雙旌五馬過。禪心超忍辱，梵語問多羅。松竹閑僧老，雲烟晚日和。寒塘歸路轉，清磬隔微波。

春日淇上作

淇水春來漲，鴛鴦逐浪飛。清明桑葉小，穀雨杏花稀。（穀雨本作度雨，一作雨度，此從《優古堂詩話》引。姚合《山中述懷》："雨過杏花稀。"）衛女紅妝薄，王孫白馬肥。相將踏青去，不解惜羅衣。

自蘇臺至望亭驛人家盡空春物增思悵然有作因寄從弟紓

南浦菰蔣覆白蘋，東吴黎庶逐黄巾。野棠自發空流水，江燕初歸不見人。遠樹依依如送客，平田渺渺獨傷春。那堪回首長洲苑，烽火年年報虜塵。

張謂（七二一—七八〇？）

讀後漢逸人傳

子陵没已久，讀史思其賢。誰謂潁陽人，千秋如比肩。嘗聞漢皇帝，曾是曠周旋。名位苟無心，對君猶可眠。東過富春渚，樂此佳山川。夜卧松下月，朝看江上烟。釣時如有待，釣罷應忘筌。生事在林壑，悠悠經暮年。於今七里灘，遺迹尚依然。高臺竟寂寞，流水空潺湲。

湖上對酒行

夜坐不厭湖上月，晝行不厭湖上山。眼前一尊又長滿，心中萬事如等閑。主人有黍百餘石，濁醪數斗應不惜。即今相對不盡歡，別後相思復何益。茱萸滿頭歸路賒，（滿《全唐詩》作灣）願君且宿黄公家。風光若此人不醉，參差辜負東園花。

送裴侍御歸上都

楚地勞行役，秦城罷鼓鼙。移舟洞庭岸，路出武陵溪。（出一作入）江月隨人影，山花趁馬蹄。離魂將別夢，先已到關西。

過從弟制疑官舍竹齋

羡爾方爲吏，衡門獨宴如。野猿偷紙筆，山鳥污圖書。竹裏藏公事，花間隱使車。不妨垂釣坐，時膾小江魚。

同王徵君湘中有懷①

八月洞庭秋，瀟湘水北流。還家萬里夢，爲客五更愁。不用開書帙，偏宜上酒樓。故人京洛滿，何日復同游。

---

① 此篇爲作者手書增補。此外又有手書增補《家園春宴》《送盧舉使河源》二篇題目。

錢起[1]（七二二—七八〇？）

酬王維春夜竹亭贈别

山月隨客來，主人興不淺。今宵竹林下，唯覺花源遠。惆悵曙鶯啼，孤雲還絶巘。

登勝果寺南樓雨中望嚴協律

微雨侵晚陽，連山半藏碧。林端陟香榭，雲外遲來客。孤村凝片烟，去水生遠白。但佳川原趣，不覺城池夕。更喜眼中人，清光漸咫尺。

雨中望海上懷鬱林觀中道侶

山觀海頭雨，懸沫動烟樹。衹疑蒼茫裏，鬱島欲飛去。大塊怒天吴，驚潮蕩雲路。群真儼盈想，一葦不可渡。惆悵赤城期，願假輕鴻馭。

杪秋南山西峰題準上人蘭若

向山看霽色，步步豁幽性。返照亂流明，寒空千嶂净。石門有餘好，霞殘月欲映。上詣遠公廬，孤峰懸一徑。雲裏隔窗火，松下聞山磬。客到兩忘言，猿心與禪定。

---

① 原《唐詩》稿有作者手書眉批云：齊己《謝人惠十才子圖》。鄭谷《題興善寺》原注："十才子詩集多有興善寺後池之作。"齊己《寄吴國西供奉》："應制才將十子齊。"

游輞川至南山寄谷口王十六

山色不厭遠，我行隨趣深。迹幽青蘿徑，思絶孤霞岑。獨鶴引過浦，鳴猿呼入林。褰裳百泉裏，一步一清心。王子在何處，隔雲鷄犬音。折麻定延佇，乘月期招尋。

藍田溪與漁者宿

獨游屢忘歸，况此隱淪處。濯髮清冷泉，月明不能去。更憐垂綸叟，静若沙上鷺。一論白雲心，千里滄洲趣。蘆中夜火盡，浦口秋山曙。嘆息分枝禽，何時更相遇。

谷口新居寄同省朋故

種黍傍烟溪，榛蕪兼沮洳。亦如生計薄，所貴隱身處。橡栗石上村，莓苔水中路。蕭然授衣日，得此還山趣。汲井愛秋泉，結茅因古樹。閑雲與幽鳥，對我不能去。寄謝鴛鴦群，狎鷗拙所慕。

山齋獨坐喜玄上人夕至

舍下虎溪徑，烟霞入暝開。柴門兼竹静，山月與僧來。心瑩紅蓮水，言忘緑茗杯。前峰曙更早，斜漢欲西回。

早下江寧

暮天微雨散，凉吹片帆輕。雲物高秋節，山川孤客情。霜蘋留楚水，寒雁别吴城。宿浦有歸夢，愁猿莫夜鳴。

裴迪南門秋夜對月

夜來詩酒興，月滿謝公樓。影閉重門静，寒生獨樹秋。鵲驚隨葉散，螢遠入烟流。今夕遥天末，清光幾處愁。

送彈琴李長史往洪州

抱琴爲傲吏，孤棹復南行。幾度秋江水，皆添白雪聲。佳期來客夢，幽思緩王程。佐牧無勞問，心和政自平。

題玉山村叟屋壁

谷口好泉石，居人能陸沉。牛羊下山小，烟火隔雲深。一徑入溪色，數家連竹陰。藏虹辭晚雨，驚隼落殘禽。涉趣皆流目，將歸羡在林。却思黄綬事，辜負紫芝心。

闕下贈裴舍人

二月黄鸝飛上林，春城紫禁曉陰陰。長樂鐘聲花外盡，龍池柳色雨中深。陽和不散窮途恨，霄漢常懷捧日心。獻賦十年猶未遇，羞將白髮對華簪。

題崔逸人山亭

藥徑深紅蘚，山窗滿翠微。羡君花下酒，蝴蝶夢中飛。

藍田溪雜咏

登　臺

望山登春臺，目盡趣難極。晚景下平阡，花際霞峰色。

藥　圃

春畦生百藥，花葉香初霽。好客似光風，偏來入叢蕙。

竹　嶼

幽鳥青漣上，興來看不足。新篁壓水低，昨夜鴛鴦宿。

田　鶴

田鶴望碧霄，無風亦自舉。單飛後片雲，早晚及前侶。

歸　雁[1]

瀟湘何事等閑回，水碧沙明兩岸苔。二十五弦彈夜月，不勝清怨却飛來。

春　郊

水繞冰渠漸有聲，氣融烟塢晚來明。東風好作陽和使，逢草逢花報發生。

① 原《唐詩》稿有此篇及下篇，開明版《聞一多全集·唐詩大系》無此二篇。

元結（七二三—七七二）

貧婦詞

誰知苦貧夫，家有愁怨妻。請君聽其詞，能不爲酸凄。(《樂府詩集》九六凄作嘶）所憐抱中兒，不如山下麑。空念庭前地，化爲人吏蹊。出門望山澤，回頭心復迷。何時見府主，長跪向之啼。

橘　井

靈橘無根井有泉，世間如夢又千年。鄉園不見重歸鶴，姓字今爲第幾仙。風冷露壇人悄悄，地閑荒徑草綿綿。如何躡得蘇君迹，白日霓旌擁上天。

欸乃曲并序　録二

(《樂府詩集》八二。）

大曆丁未中，漫叟以軍事詣都，使還州，逢春水，舟行不進，作欸乃五首令舟子唱之，蓋以取適於道路耳，詞曰：

湘江三月春水平，滿月和風宜夜行。唱橈欲過平陽戍，守吏相呼問姓名。

千里楓林烟雨深，無朝無暮有猿吟。停橈静聽曲中意，好是雲山韶濩音。

皇甫冉（七二三—七六七）

題裴二十一新園

東郭訪先生，西郊尋隱路。久爲江南客，自有雲陽樹。已得閑園心，不知公府步。開門白日晚，倚杖青山暮。果熟任霜封，籬疏從水度。窮年無牽綴，往事惜淪誤。唯見耦耕人，朝朝自來去。

西陵寄靈一上人朱放

西陵遇風處，自古是通津。終日空江上，雲山若待人。汀州寒事早，魚鳥興情新。回望山陰路，心中有所親。

巫山高

（《樂府詩集》一七。）

巫峽見巴東，迢迢出半空。雲藏神女館，雨到楚王宫。朝暮泉聲落，寒暄樹色同。清猿不可聽，偏在九秋中。

歸渡洛水

暝色赴春愁，歸人南渡頭。渚烟空翠合，灘月碎光流。澧浦饒芳草，滄浪有釣舟。誰知放歌客，此意正悠悠。

春　思

鶯啼燕語報新年，馬邑龍堆路幾千。家住層城鄰漢苑，（層《全唐詩》作秦）心隨明月到胡天。機中錦字論長恨，樓上花枝笑獨眠。爲問元戎竇車騎，何時反旆勒燕然。

包佶（七二三—七九二？）

秋日過徐氏園林

回塘分越水，古樹積吴烟。掃竹催鋪席，垂蘿待繫船。鳥窺新罅栗，龜上半欹蓮。屢入忘歸地，長嗟俗事牽。

張繼

楓橋夜泊

月落烏啼霜滿天，江楓漁火對愁眠。姑蘇城外寒山寺，夜半鐘聲到客船。

獨孤及（七二五—七七七）

雜　　詩

百花結成子，春物捨我去。流年惜不得，獨坐空閨暮。心自有所待，甘爲物華誤。未必千黄金，買得一人顧。

山中春思

獺祭川水大，人家春日長。獨謡晝不暮，搔首慚年芳。靡草知節换，含葩向新陽。不嫌三徑深，爲我生池塘。亭午井竈閑，雀聲響空倉。花落没屐齒，風動群木香。歸路雲水外，天涯杳茫茫。獨卷萬里心，深入山鳥行。芳景勿相迫，春愁未遽忘。

垂花塢醉後戲題[①]

紫蔓青條拂酒壺，落花時與竹風俱。歸時自負花前醉，笑向儵魚問樂無。

皇甫曾（七二一—七八五？）

烏程水樓留别[②]

悠悠千里去，惜此一尊同。客散高樓上，帆飛細雨中。山程隨遠水，楚思在青楓。共説前期易，滄波處處通。

---

① 原《唐詩》稿有此篇，開明版《聞一多全集·唐詩大系》則無。

② 原《唐詩》稿皇甫曾名下除此篇外，又有作者手書增補《送李中丞歸奉道》《送著公歸越》二篇題目。

于良史

冬日野望寄李贊府

地際朝陽滿，天邊宿霧收。風兼殘雪起，河帶斷冰流。北闕馳心極，南圖尚旅游，登臨思不已，何處得銷憂。

閑居寄薛據

隱几讀黃老，閑居耳目清。僻居人事少，多病道心生。雨洗山林濕，鴉鳴池館晴。晚來因廢卷，行藥至西城。

江上送友人

看爾動行棹，未收離別筵。千帆忽見及，亂却故人船。紛泊雁群起，逶迤沙溆連。長亭十里外，應是少人烟。

嚴武（七二六—七六五）

巴嶺答杜二見憶

（《天厨禁臠》上。）

卧向巴山落月時，兩鄉千里夢相思。可但步兵偏愛酒，也知光禄最能詩。江頭赤葉楓愁客，籬外黃花菊對誰。跂馬望君非一度，冷猿秋雁不勝悲。

靈一（七二七—七六二）

酬皇甫冉西陵見寄

西陵潮信滿，島嶼没中流。越客依風水，相思南渡頭。寒光生極浦，落日映滄洲。何事揚帆去，空驚海上鷗。

溪行即事

近夜山更碧，入林溪轉清。不知伏牛事，潭洞何縱横。曲岸烟初合，平湖月未生。孤舟屢失道，但聽秋泉聲。

酬皇甫冉將赴無錫於雲門寺贈别

湖南通古寺，來往意無涯。欲識雲門路，千峰到若耶。春山子猷宅，古木謝敷家。自可長偕隱，那言相去賒。

顧況（七二七—八一五？）

公子行

輕薄兒，面如玉，紫陌春風纏馬足。雙鐙懸金縷鶻飛，長衫刺雪生犀束。緑槐夾道陰初成，珊瑚幾節敵紅星。（《樂府詩集》九〇紅星作流星）紅肌拂拂酒光凝，（同上，凝作獰）當街背拉金吾行。朝游鼕鼕鼓聲發，暮游鼕鼕鼓聲絶。入門不肯自升堂，美人扶踏金階月。

范山人畫山水歌

山崢嶸，水泓澄。漫漫汗汗一筆耕，一草一木栖神明。忽如空中有物，物中有聲。復如遠道望鄉客，夢繞山川身不行。

洛陽早春

何地避春愁，終年憶舊游。一家千里外，百舌五更頭。客路偏逢雨，鄉山不入樓。故園桃李月，伊水向東流。

江　上

清江白鳥斜，蕩槳罥蘋花。聽唱菱歌晚，回塘月照沙。

溪　上

采蓮溪上女，舟小怯摇風。驚起鴛鴦宿，水雲撩亂紅。

憶鄱陽舊游

悠悠南國思，夜向江南泊。楚客斷腸時，月明楓子落。

郎士元（七二七—七八〇？）

塞下曲

寶刀塞下兒，身經百戰曾百勝，壯心未竟嫖姚知。(《樂府詩集》九三未竟互易）白草山頭日初没，黄沙戍下悲歌發。蕭條夜静邊風吹，獨倚營門望秋月。

送李將軍赴定州

雙旌漢飛將，萬里獨横戈。春色臨邊盡，黄雲出塞多。鼓鼙悲絶漠，烽戍隔長河。莫斷陰山路，天驕已請和。

送張南史

雨餘深巷静，獨酌送殘春。車馬雖嫌僻，鶯花不厭貧。蟲聲黏户網，鼠迹印床塵。借問山陽會，如今有幾人。

送奚賈歸吴

東南富春渚，曾是謝公游。今日奚生去，新安江正秋。水容清過客，楓葉落行舟。遥想赤亭下，聞猿應夜愁。

盩厔縣鄭礒宅送錢大

暮蟬不可聽，落葉豈堪聞。共是悲秋客，那知此路分。荒城背流水，遠雁入寒雲。陶令門前菊，餘花可贈君。

留盧秦卿

知有前期在，難分此夜中。無將故人酒，不及石尤風。（戴叔倫《送裴明州郎中徵》："瀟水連湘水，千波萬浪中。知君未得去，慚愧石尤風。"）

聽鄰家吹笙

鳳吹聲如隔彩霞，不知墻外是誰家。重門深鎖無尋處，疑有碧桃千樹花。

孟雲卿（七二九— ？）

古別離

朝日上高臺，離人怨秋草。但見萬里天，不見萬里道。君行本迢遠，苦樂良難保。宿昔夢同衾，憂心常傾倒。(《樂府詩集》七一傾作顛）含酸欲誰訴，展轉傷懷抱。結髮年已遲，征行去何早。寒暄有時謝，憔悴難再好。從皆算年壽，死者何曾老。少壯會無期，（同上，會無期作無見期）水深風浩浩。

今別離

(《樂府詩集》七二今作生。）

結髮生別離，相思復相保。如何日已久，五變庭中草。渺渺大海途，悠悠吴江島。但恐不出門，出門無遠道。遠道行既難，家貧衣復單。嚴風吹積雪，晨起鼻何酸。人生各有志，豈不懷所安。分明天上日，生死願同歡。

悲哉行

（《樂府詩集》六二。）

孤兒去慈親，遠客喪主人。莫吟苦辛曲，此曲誰忍聞。可聞不可説，去去無期别。行人念前程，不待參辰没。朝亦常苦飢，暮亦常苦飢。飄飄萬餘里，貧賤多是非。少年莫遠游，遠游多不歸。

古挽歌

草草閭巷喧，塗車儼成位。冥冥何所須，盡我人生意。（《樂府詩集》二七人生作生人。）北邙路非遠，此别終天地。臨穴頻撫棺，至哀反無泪。爾形未衰老，爾息纔童稚。骨肉安可離，皇天若容易。房帷即靈帳，庭宇爲哀次。薤露歌若斯，人生盡如寄。

放歌行

吾觀天地圖，世界亦何小。落落大海中，飄浮數洲島。賢愚與蟻虱，一種同草草。地脉日夜流，天衣有時掃。東山謁居士，了我生死道。目見難噬臍，心通可親腦。軒皇竟磨滅，周孔亦衰老。永謝當時人，吾將寶非寶。

傷　時

徘徊宋郊上，不睹平生親。獨立正傷心，悲風來孟津。大方載群物，生死有常倫。虎豹不相食，哀哉人食人。豈伊逢世運，天道亮云云。

蘇涣（七三〇—七七五）

變　　律

日月東西行，不照大荒北。其中有燭龍，靈怪人莫測。開目爲晨光，閉目爲夜色。一開復一閉，明晦無休息。居然六合内，曠哉天地德。天地且不言，世人浪喧喧。

毒蜂成一窠，高挂惡木枝。行人百步外，目斷魂亦飛。長安大道邊，挾彈誰家兒。右手持金丸，引滿無所疑。一中紛下來，勢若風雨隨。身如萬箭攢，宛轉迷所之。徒有疾惡心，奈何不知幾。

養蠶爲素絲，葉盡蠶不老。傾筐對空林，此意向誰道。一女不得織，萬夫受其寒。一夫不得意，四海行路難。禍亦不在大，福亦不在先。世路險孟門，吾徒當勉旃。

戴叔倫（七三二—七八九）

（司空圖引叔倫語曰：“詩人之詞，如藍田日暖，良玉生烟。”可自狀其詩境。）

除夜宿石頭驛

旅館誰相問，寒燈獨可親。一年將盡夜，萬里未歸人。寥落悲前事，支離笑此身。愁顏與衰鬢，明日又逢春。

客中言懷

白髮照烏紗，逢人祗自嗟。官閑如致仕，客久似無家。夜雨孤燈夢，春風幾度花。故園歸有日，詩酒老生涯。

送李明府之任

身爲百里長，家寵五諸侯。含笑聽猿狖，揺鞭望斗牛。梅花堪比雪，芳草不知秋。别後南風起，相思夢嶺頭。

越溪村居

年來橈客寄禪扉，多話貧居在翠微。黄鳥數聲催柳變，清溪一路踏花歸。空林野寺經過少，落日深山伴侣稀。負米到家春未盡，風蘿閑掃釣魚磯。

寄司空曙

細雨柴門生遠愁，向來詩句若爲酬。林花落處頻中酒，海燕飛時獨倚樓。北郭晚晴山更遠，南塘春盡水争流。可能相别還相憶，莫遣楊花笑白頭。

蘭溪棹歌

凉月如眉挂柳灣，越中山色鏡中看。蘭溪三日桃花雨，半夜鯉魚來上灘。

蘇溪亭

蘇溪亭上草漫漫，誰倚東風十二欄。燕子不歸春事晚，一汀烟雨杏花寒。

竇參（七三三—七九二）

湖上閑居

避影將息陰，自然知音稀。向來深林中，偶亦有所窺。飛鳥口銜食，引雛上高枝。但各子其子，安知宜不宜。止止復何云，物情方可知。

遷謫江表久未歸

一自經放逐，徘徊無所從。便爲寒山雲，不得隨飛龍。名豈不欲保，歸豈不欲早。苟無三月資，難適千里道。離心與羈思，終日常草草。人生年幾齊，憂苦即先老。誰能假羽翼，使我暢懷抱。

登潛山觀

山勢欲相抱，一條微徑盤。攀蘿歇復行，始得凌仙壇。聞道葛夫子，此中煉還丹。丹成五色光，服之生羽翰。靈草空自緑，餘霞誰共餐。至今步虛處，猶有孤飛鸞。幽幽古殿門，下壓浮雲端。萬丈水聲落，四時松色寒。既入無何鄉，轉嫌人事難。終當遠塵俗，高卧從所安。

耿湋（七三四—　？）

華州客舍奉和崔端公春城曉望

不語看芳徑，悲春懶獨行。向人微月在，報雨早霞生。貧病催年齒，風塵掩姓名。賴逢驄馬客，郢曲緩羈情。

春日即事

數畝東皋宅，青春欲屏居。家貧僮僕慢，官罷友朋疏。强飲沽來酒，羞看讀了書。閑花更滿地，惆悵復何如。

夜尋盧處士

月高鷄犬静，門掩向寒塘。夜竹深茅宇，秋庭冷石床。住山年已遠，服藥壽偏長。虚弃如吾者，逢君益自傷。

邠州留别

終歲山川路，生涯竟若何。艱難爲客慣，貧賤受恩多。暮角寒山色，秋風遠水波。無人見惆悵，垂鞚入烟蘿。

登沃州山

沃州初望海，携手盡時髦。小暑開鵬翼，新蓂長鷺濤。月如芳草遠，身比夕陽高。羊祜傷風景，誰云異我曹。

入塞曲

將軍帶十圍，重錦製戎衣。猿臂銷弓力，虬髯長劍威。首登平樂宴，新破大宛歸。樓上諸姬笑，（諸《全唐詩》作誅）門前問客稀。暮烽玄兔急，秋草紫騮肥。未奉君王詔，高槐晝掩扉。

秋　　日

返照入閭巷，憂來與誰語。古道無人行，秋風動禾黍。

秋　　夜

高秋夜分後，遠客雁來時。寂寞重門掩，無人向所思。

韋應物（七三六—七九〇？）

（孟郊《贈蘇州韋郎中使君》："文含元氣柔，鼓動萬物輕。"）

初發揚子寄元大校書

淒淒去親愛，泛泛入烟霧。歸棹洛陽人，殘鐘廣陵樹。今朝此爲別，何處還相遇。世事波上舟，沿洄安得住。

淮上即事寄廣陵親故

前舟已渺渺，欲渡誰相待。秋山起暮鐘，楚雨連滄海。風波離思滿，宿昔容鬢改。獨鳥下東南，廣陵何處在。

同德寺雨後寄元侍御李博士

川上風雨來，須臾滿城闕。岧嶢青蓮界，蕭條孤興發。前山遽已净，陰靄夜來歇。喬木生夏凉，流雲吐華月。嚴城自有限，一水非難越。相望曙河遠，高齋坐超忽。

園林晏起寄昭應韓明府盧主簿

田家已耕作，井屋起晨烟。園林鳴好鳥，閑居猶獨眠。不覺朝已晏，起來望青天。四體一舒散，情性亦欣然。還復茅檐下，對酒思數賢。束帶理官府，簡牘盈目前。當念中林賞，覽物遍山川。上非遇明世，庶以道自全。

寄恒璨

心絶去來緣，迹順人間事。獨尋秋草徑，夜宿寒山寺。今日郡齋閑，思問楞伽字。

寄全椒山中道士

今朝郡齋冷，忽念山中客。澗底束荆薪，歸來煮白石。欲持一瓢酒，遠慰風雨夕。落葉滿空山，何處尋行迹。

長安遇馮著

客從東方來，衣上灞陵雨。問客何爲來，采山因買斧。冥冥花正開，颺颺燕新乳。昨别今已春，鬢絲生幾縷。

夕次盱眙縣

落帆逗淮鎮，停舫臨孤驛。浩浩風起波，冥冥日沉夕。人歸山郭暗，雁下蘆洲白。獨夜憶秦關，聽鐘未眠客。

林園晚霽

雨歇見青山，落日照林園。山多烟鳥亂，林清風景翻。提携唯子弟，蕭散在琴樽。同游不同意，耿耿獨傷魂。寂寞鐘已盡，如何還入門。

再游西郊渡

水曲一追游，游人重懷戀。嬋娟昨夜月，還向波中見。驚禽栖不定，流芳寒未遍。携手更何時，伫看花似霰。

月溪與幼遐君貺同游（時二子還城）

（元錫字君貺，見梁肅《送元錫赴舉序》。）

岸篠覆回溪，回溪曲如月。沉沉水容緑，寂寂流鶯歇。淺石方凌亂，游禽時出没。半雨夕陽霏，緣源雜花發。明晨重來此，同心應已闕。

觀田家

微雨衆卉新，一雷驚蟄始。田家幾日閑，耕種從此起。丁壯俱在野，場圃亦就理。歸來景常晏，飲犢西澗水。飢劬不自苦，膏澤且爲喜。倉廪無宿儲，徭役猶未已。方慚不耕者，禄食出閭里。

游　　溪

野水烟鶴唳，楚天雲雨空。玩舟清景晚，垂釣緑蒲中。落花飄旅衣，歸流澹清風。緣源不可極，遠樹但青葱。

游開元精舍

夏衣始輕體，游步愛僧居。果園新雨後，香臺照日初。緑陰生晝静，孤花表春餘。符竹方爲累，形迹一來疏。

神静師院

青苔幽巷遍，新林露氣微。經聲在深竹，高齋獨掩扉。憩樹愛嵐嶺，聽禽悦朝暉。方耽静中趣，自與塵事違。

藍嶺精舍

石壁精舍高，排雲聊直上。佳游愜始願，忘險得前賞。崖傾景方晦，谷轉川如掌。緑林含蕭條，飛閣起弘敞。道人上方至，深夜還獨往。日落群山陰，天秋百泉響。所嗟累已成，安得長偃仰。

游南齋

池上鳴佳禽，僧齋日幽寂。高林晚露清，紅藥無人摘。春水不生烟，荒岡筠翳石。不應朝夕游，良爲蹉跎客。

燕居即事

蕭條竹林院，風雨叢蘭折。幽鳥林上啼，青苔人迹絶。燕居日已永，夏木紛成結。几閣積群書，時來北窗閱。

幽　　居

貴賤雖異等，出門皆有營。獨無外物牽，遂此幽居情。微雨夜來過，不知春草生。青山忽已曙，鳥雀繞舍鳴。時與道人偶，或隨樵者行。自當安蹇劣，誰爲薄世榮。

對春雪

蕭屑杉松聲，寂寥寒夜慮。州貧人吏稀，雪滿山城曙。春塘看幽谷，栖禽愁未去。開闈正亂流，寧辨花枝處。

永定寺喜辟强夜至

子有新歲慶，獨此苦寒歸。夜叩竹林寺，山行雪滿衣。深爐正燃火，空齋共掩扉。還將一樽酒，無言百事違。

奉送從兄宰晋陵

東郊春草歇，千里夏雲生。立馬愁將夕，看山獨送行。依微吴苑樹，迢遞晋陵城。慰此斷行别，邑人多頌聲。

送别覃孝廉

思親自當去，不第未蹉跎。家住青山下，門前芳草多。秭歸通遠徼，巫峽注驚波。州舉年年事，還期復幾何。

自鞏洛舟行入黄河即事寄府縣僚友

夾水蒼山路向東，東南山豁大河通。寒樹依微遠天外，夕陽明滅亂流中。孤村幾歲臨伊岸，一雁初晴下朔風。爲報洛橋游宦侣，扁舟不繫與心同。

寄李儋元錫

去年花裏逢君别，今日花開又一年。世事茫茫難自料，春愁黯黯獨成眠。身多疾病思田里，邑有流亡愧俸錢。聞道欲來相問訊，西樓望月幾回圓。

宿永陽寄璨律師

遥知郡齋夜，凍雪封松竹。時有山僧來，懸燈獨自宿。

秋夜寄丘二十二員外

懷君屬秋夜，散步咏凉天。山空松子落，幽人應未眠。

懷琅邪深標二釋子

白雲埋大壑，陰崖滴夜泉。應居西石室，月照山蒼然。

滁州西澗

獨憐幽草澗邊生，上有黄鸝深樹鳴。春潮帶雨晚來急，野渡無人舟自横。

登樓寄王卿

踏閣攀林恨不同，楚雲滄海思無窮。數家砧杵秋山下，一郡荆榛寒雨中。

梁鍠

美人春卧

（《國秀集》下題作《觀美人卧》。）

妾家巫峽陽，羅幌寢蘭堂。曉日臨窗久，春風引夢長。落釵猶罥鬢，微汗欲銷黄。縱使朦朧覺，魂猶逐楚王。

張萬頃

東溪待蘇户曹不至

洛陽城東伊水西，千花萬竹使人迷。臺上柳枝臨岸低，門前荷葉與橋齊。日暮待君君不見，長風吹雨過青溪。

李季蘭（七〇九—七八〇？）

寄校書七兄

無事烏程縣，蹉跎歲月餘。不知芸閣吏，寂寞竟何知。遠水浮仙棹，寒星伴使車。因過大雷岸，莫望幾行書。

李康成

采蓮曲

采蓮去，月没春江曙。翠鈿紅袖水中央，青荷蓮子雜衣香。雲起風生歸路長。歸路長，那得久。各回船，兩摇手。

芮梃章（七一〇— ？）

江南弄

春江可憐事，最是美人家。鸚鵡能言鳥，芙蓉巧笑花。地銜金作埒，水抱玉爲沙。薄晚青絲騎，長鞭赴狹斜。

張翬（七一六一　？）

游栖霞寺

躋險入幽林，翠微含竹殿。泉聲無休歇，山色時隱見。潮來雜風雨，梅落成霜霰。一從方外游，頗覺塵心變。

趙微明

挽歌詞

寒日蒿上明，凄凄郭東路。素車誰家子，丹旐引將去。原下荆棘叢，叢邊有新墓。人間痛傷别，此是長别處。曠野多蕭條，青松白楊樹。

張南史

富陽南樓望浙江風起

南樓渚風起，樹杪見滄波。稍覺征帆上，蕭蕭暮雨多。沙洲殊未極，雲水更相和。欲問任公子，(《御覽》八三二："任公子冬羅鯉於山阿。")垂綸意若何。

陸勝宅秋暮雨中探韻同作

同人永日自相將，深竹閑園偶辟疆。已被秋風教憶鱠，更聞寒雨勸飛觴。歸心莫問三江水，旅服從沾九月霜。醉裏欲尋騎馬路，蕭條幾處有垂楊。（韓偓《秋雨内宴》："更看檻外霏霏雨，似勸須教醉玉觴。"）

奚賈

尋許山人亭子

桃源若遠近，漁子棹輕舟。川路行難盡，人家到漸幽。山禽拂席起，溪水入庭流。君是何年隱，如今成白頭。

元融

泉上雨後作

風雨蕩繁暑，雷息佳霽初。衆峰帶雲雨，清氣入我廬。颯颯涼飆來，臨窺愜所圖。綠蘿長新蔓，褭褭垂坐隅。流水復檐下，丹砂發清渠。養葛爲我衣，種芋爲我蔬。誰是畹與畦，彌漫連野蕪。

陶峴

西塞山回舟作

匡廬舊業是誰主，吴越新居安此生。白髮數莖歸未得，青山一望計還成。鴉翻楓葉夕陽動，鷺立蘆花秋水明。從此舍舟何所詣，酒旗歌扇正相迎。

皎然[1]（七三〇—七九九）

尋陸鴻漸不遇

移家雖帶郭，野徑入桑麻。近種籬邊菊，秋來未着花。扣門無犬吠，欲去問西家。報道山中去，歸時每日斜。

秋宵書事寄吴憑處士

真性在方丈，寂寥無四鄰。秋天月色正，清夜道心真。大夢觀前事，浮名悟此身。不知庭樹意，榮落感何人。

---

① 原《唐詩》稿皎然名下有作者手書增補《奉酬于中丞使君郡齋卧病見示》《杼山禪居寄贈東溪吴處士憑》二篇題目。

鄭錫（七三四— ？）

邯鄲少年行

霞鞍金口騮，豹袖紫貂裘。家住叢臺近，(《樂府詩集》六六近作下）門前漳水流。唤人呈楚舞，借客試吴鈎。見説秦兵至，甘心赴國仇。

隴頭别

秋盡初移幕，沾裳一送君。據鞍窺古堠，開竈爇寒雲。登隴人回首，臨關馬顧群。從來斷腸處，皆向此中分。

度關山

象弭插文犀，魚腸瑩鸊鵜。（衛象《石詞》：“鸊鵜新淬劍光寒。”）水聲分隴咽，馬色度關迷。曉幕胡沙慘，危烽漢月低。仍聞數騎將，更欲出遼西。

送客之江西

乘軺奉紫泥，澤國渺天涯。九派春潮滿，孤帆暮雨低。草深鶯斷續，花落水東西。更有高唐處，知君路不迷。

竇叔向（七三七—八〇七？）

春日早朝應制

紫殿俯千官，春松應合歡。御爐香焰暖，馳道玉聲寒。乳燕翻珠綴，祥烏集露盤。宫花一萬樹，不敢舉頭看。

柳中庸

秋　　怨

玉樹起凉烟，凝情一葉前。别離傷曉鏡，摇落思秋弦。漢壘關西月，胡笳塞北天。不知腸斷夢，空繞幾山川。

寒食戲贈

春暮越江邊，春陰寒食天。杏花香麥粥，柳絮伴鞦韆。酒是芳菲節，人當桃李年。不知何處恨，已解入箏弦。

聽　　箏

抽弦促柱聽秦箏，無限秦人悲怨聲。似逐春風知柳態，如隨啼鳥識花情。誰家獨夜愁燈影，何處空樓思月明。更入幾重離别恨，江南歧路洛陽城。

江　　行

繁陰乍隱洲，落葉初飛浦。蕭蕭楚客帆，暮入寒江雨。

韓翃

送太常元博士歸潤州

渡江秋色裏，詩興與歸心。客路緣楓岸，人家掃橘林。潮聲當晝起，山翠近南深。幾日華陽洞，寒花引獨尋。

送丹陽劉太真

長干道上落花朝，羡爾當年賞事饒。下箸已憐鵝炙美，（《類聚》九一引《秦紀》：“符朗食鵝炙，知黑白之處。人不信，既而以試，果然。”）開籠不奈鴨媒嬌。春衣晚入青楊巷，細馬初過皂莢橋。相訪不辭千里遠，西風好借木蘭橈。

題仙游觀

仙臺下見五城樓，風物凄凄宿雨收。山色遥連秦樹晚，砧聲近報漢宫秋。疏松影落空壇静，細草香閑小洞幽。何用别尋方外去，人間亦自有丹丘。

送冷朝陽還上元

青絲絆引木蘭船，名遂身歸拜慶年。落日澄江烏榜外，秋風疏柳白門前。橋通小市家林近，山帶平湖野寺連。別後依依寒夢裏，共君携手在東田。

寒　　食

春城無處不飛花，寒食東風御柳斜。日暮漢宮傳蠟燭，輕烟散入五侯家。

少年行

千里斕斒玉勒驄，(《樂府詩集》六六玉勒作噴玉）青絲結尾綉纏鬃。鳴鞭曉出章臺路，葉葉春衣楊柳風。

鄭常

寄邢逸人

羨君無外事，日與世情違。地僻人難到，溪深鳥自飛。儒衣荷葉老，野飯藥苗肥。疇昔江湖意，而今憶共歸。

謫居漢陽白沙口阻雨因題驛亭

漢陽知遠近，見説過湓城。雲雨經春客，江山幾日程。終隨鷗鳥去，衹待海潮生。前路逢漁父，多愁問姓名。

司空曙（七四〇—七九〇？）

經廢寶慶寺

（《全唐詩》作《過慶寶寺》。）

黄葉前朝寺，無僧寒殿開。池晴龜出曝，松暝鶴飛回。古砌碑横草，陰廊畫雜苔。禪宫亦銷歇，塵世轉堪哀。

同苗員外宿薦福常師房

浮生共多故，聚宿喜君同。人息時聞磬，燈摇乍有風。霜階疑水際，夜木似山中。一願持如意，長來事遠公。

雲陽館與韓紳宿别

故人江海别，幾度隔山川。乍見翻疑夢，相悲各問年。孤燈寒照雨，濕竹暗浮烟。更有明朝恨，離懷惜共傳。

喜外弟盧綸見宿

静夜四無鄰，荒居舊業貧。雨中黄葉樹，燈下白頭人。以我獨沉久，愧君相見頻。平生自有分，（白居易《早春西湖閑游……偶成十八韻寄微之》："平生分最親。"）况是蔡家親。

獨游寄衛長林

草緑春陽動，遲遲澤畔游。戀花同野蝶，愛水劇江鷗。身外唯須醉，人間半是愁。那知鳴玉者，不羡賣瓜侯。

送曲山人之衡州

白石先生眉髮光，已分紺雪飲紅漿。衣巾半染烟霞氣，語笑兼和藥草香。茅洞玉聲流暗水，衡山碧色映朝陽。千年城郭如相問，華表峨峨有夜霜。

送張煉師還峨嵋山

太一天壇天柱西，垂蘿爲幌石爲梯。前登靈境青霄絶，下視人間白日低。松籟萬聲和管磬，丹光五色雜虹霓。春山一入尋無路，鳥響烟深水滿溪。

石　井

苔色遍春石，桐陰入寒井。幽人獨汲時，先樂殘陽影。

寒　塘

（一作趙嘏。）

曉髮梳臨水，寒塘坐見秋。鄉心正無限，一雁度南樓。

雜　　興

月没遼城暗出師，雙龍金角曉天悲。黄塵滿目隨風散，不認將軍燕尾旗。

戎昱（七四〇—七八七？）

長安秋夕

八月更漏長，愁人起常早。閉門寂無事，滿院生秋草。昨宵北窗夢，夢入荆南道。遠客歸去來，在家貧亦好。

漢上題韋氏莊

（一作岑參，非是。正德安氏本、正德蜀本，及同文館《唐四家詩》本岑集均不載。李壁《王荆公詩集注》二四引五六二句，正作戎詩。）

結茅同楚客，卜築漢江邊。日落數歸鳥，夜深聞扣舷。水痕侵岸柳，山翠借厨烟。調笑提筐婦，春來蠶幾眠。（齊、梁）

桂州臘夜

坐到三更盡，歸仍萬里賒。雪聲偏傍竹，寒夢不離家。曉角分殘漏，孤燈落碎花。二年隨驃騎，辛苦向天涯。

張志和（七四一—七七五？）

漁　　父

八月九月蘆花飛，南溪老人垂釣歸。秋山入簾翠滴滴，野艇倚檻雲依依。却把漁竿尋小徑，閑梳鶴髪對斜暉。翻嫌四皓曾多事，出爲儲皇定是非。

章八元（七四二—七九五？）

新安江行

江源南去永，野渡暫維梢。古戍懸魚網，空林露鳥巢。雪晴山脊見，沙淺浪痕交。自笑無媒者，逢人即解嘲。

李端（七四三—七八二？）

古別離二首

水國葉黄時，洞庭霜落夜。行舟聞商估，宿在楓林下。此地送君還，茫茫似夢間。後期知幾日，(《樂府詩集》八一日作月）前路轉多山。巫峽通湘浦，迢迢隔雲雨。天晴見海檣，月落聞津鼓。人老自多愁，水深難急流。清宵歌一曲，白首對汀洲。

與君桂陽别，令君岳陽待。後事忽差池，前期日空在。木落雁嗷嗷，洞庭波浪高。遠山雲似蓋，極浦樹如毫。朝發能幾里，暮來風又起。如何兩處愁，皆在孤舟裏。昨夜天月明，長川寒且清。菊花開欲盡，薺菜泊來生。下江帆勢速，五兩遥相逐。欲問去時人，知投何處宿。空令猿嘯時，泣對湘潭竹。

蕪城懷古

昔人登此地，丘隴已前悲。今日又非昔，春風能幾時。風吹城上樹，草没城邊路。城裏月明時，精靈自來去。（曹鄴《吴宫宴》）

九日贈司空文明

我有惆悵詞，待君醉時説。長來逢九日，難與菊花别。摘却正開花，暫言花未發。

巫山高

巫山十二峰，皆在碧虚中。回合雲藏日，霏微雨帶風。猿聲寒過澗，（《樂府詩集》一七澗作水）樹色暮連空。愁向高唐望，清秋見楚宫。

茂陵山行陪韋工部

（《全唐詩》作金部。）

宿雨朝來歇，空山天氣清。盤雲雙鶴下，隔水一蟬鳴。古道黄花落，平蕪赤燒生。茂陵雖有病，猶得伴君行。

茂陵村行贈何兆

春天黄鳥囀，野徑白雲閑。解帶依芳草，支頤想故山。人行九州路，樹老五陵間。誰道臨邛遠，相如自憶還。

宿雲際寺贈深上人

暫别青藍寺，今來髪欲斑。獨眠孤燭下，風雨在前山。壞宅終須去，空門不易還。支公有方便，一願啓玄關。

拜新月

（《樂府詩集》八二。）

開簾見新月，便即下階拜。細語人不聞，北風吹裙帶。

聽　箏

鳴箏金粟柱，素手玉房前。欲得周郎顧，時時誤拂弦。

感　興

香爐最高頂，中有高人住。日暮下山來，月明上山去。

暢當（七四三—七八七？）

天柱隱所重答韋江州

寂寞一悵望，秋風山景清。此中惟草色，翻意見人行。荒徑饒松子，深蘿絶鳥聲。陽崖全帶日，寬嶂偶通耕。拙昧難容世，貧閑别有情。煩君瓊玖贈，幽懶百無成。

山居酬韋蘇州見寄

孤茅泄烟處，此中山叟居。觀雲寧有事，耽酒詎知餘。水定鶴翻去，松欹峰儼如。猶煩使君問，更欲接環廬。

軍中醉飲寄沈八劉叟

（一作杜甫詩，非是。當又有《題沈八齋詩》，疑即此沈八。《艇齋詩話》引此正作暢當，云出《顧陶詩選》。）

酒渴愛江清，餘酣漱晚汀。軟莎欹坐穩，冷石醉眠醒。野膳隨行帳，華音發從伶。數杯君不見，都已遣沉冥。

于鵠（七四五—八〇四？）

早上淩霄第六峰入紫溪禮白鶴觀祠

路轉第六峰，傳是十里程。放石試深淺，䃤壁蛇鳥驚。欲下先襞衣，路底避枯莖。回途歇嵌窟，整帶重冠纓。及到紫石溪，晻晻已天明。漸近神仙居，桂花濕溟溟。陰苔無人蹤，時得白鶴翎。忽然見朱樓，象牌題玉京。沉沉五雲影，香風散縈縈。清齋上玉堂，窗户懸水精。青童撞金屑，杵臼聲丁丁。膻腥遥問誰，稽首稱姓名。若容在溪口，願乞殘雲英。

入白芝溪尋黄尊師

觸烟入溪口，岸岸唯樫櫟。其中盡碧流，十里不通屐。出林山始轉，絶徑緣峭壁。把藤借行勢，側足憑石脉。㰦牙斷行處，光滑猿猱迹。忽然風景異，乃到神仙宅。天晴茅屋頭，殘雲蒸氣白。隔窗梳髮聲，久立聞吹笛。抱琴出門來，不顧人間客。山院不灑掃，四時自虚寂。落葉埋長松，出地纔數尺。曾讀上清經，知注長生籍。願示不死方，何山有瓊液。

山中寄韋鉦

懶成身病日，因醉卧多時。送客出溪少，讀書終卷遲。幽窗聞墜葉，晴景見游絲。早晚來收藥，門前有紫芝。

南溪書齋

茅屋住來久，山深不置門。草生垂井口，花落擁籬根。入院將雛鳥，尋蘿抱子猿。會逢異人説，風景似桃源。

題南峰褚道士

得道南山久，曾教四皓棋。閉門醫病鶴，倒篋養神龜。松際風長在，泉中草不衰。誰知茅屋裏，有路向峨嵋。

途中寄楊涉

蕭蕭蘆荻晚，一徑入荒陂。日色雲收處，蛙聲雨歇時。前村見來久，羸馬自行遲。聞作王門客，應閑白接䍦。

過張老園林

身老無修飾，頭巾用白紗。開門朝掃徑，輦水夜澆花。藥氣閉深巷，桐陰到數家。不愁還酒債，腰下有丹砂。

古詞三首

素絲帶金地，窗間掬飛塵。偷得鳳凰釵，門前乞行人。

新長青絲髮，啞啞言語黠。隨人敲銅鏡，街頭救明月。

東家新長兒，與妾同時生。并長兩心熟，到大相呼名。

江南曲

（《樂府詩集》二六。）

偶向江邊采白蘋，還隨女伴賽江神。衆中不敢分明語，暗擲金錢卜遠人。

崔峒

登蔣山開善寺

山殿秋雲裏，香烟出翠微。客尋朝磬至，僧背夕陽歸。下界千門見，前朝萬事非。看心兼送目，葭菼暮依依。

題崇福寺禪院

僧家更無事，掃地與焚香。清磬度山翠，閑雲來竹房。身心塵外遠，歲月坐中長。（長一作忘）向晚禪堂閉，無人空夕陽。

劉言史（？—七八六？）

樂府雜詞

蟬鬢紅冠粉黛輕，雲和新教羽衣成。月光如雪金階上，迸却頗梨義甲聲。

劉復

雜　曲

寶劍飾文犀，當風似切泥。逢君感意氣，貰酒杜陵西。趙女顔雖少，宛駒齒正齊。嬌多不肯别，更待夜烏啼。

李宣遠

并州路

（《樂府詩集》九三作塞下。一作楊達詩，見《全唐詩》二八，六九。）

秋日并州路，黄榆落故關。孤城吹角罷，數騎射雕還。帳幕遥臨水，牛羊自下山。征人正垂淚，烽火起雲間。

盧綸（七四八—八〇〇？）

同吉中孚夢桃源

春雨夜不散，夢中山亦陰。雲中碧潭水，路暗紅花林。花水自深淺，無人知古今。

夜静春夢長，夢逐仙山客。園林滿芝術，鷄犬傍籬栅。幾處花下人，看予笑頭白。

臘日觀咸寧王部曲娑勒擒豹歌

山頭曈曈日將出，山下獵圍照初日。前林有獸未識名，將軍促騎無人聲。潛形踠伏草不動，雙雕旋轉群鴉鳴。陰方質子才三十，譯語受詞蕃語揖。捨鞍解甲疾如風，人忽虎蹲獸人立。欻然扼顙批其頤，爪牙委地涎淋漓。既蘇復吼拗仍怒，果葉英謀生致之。拖自深叢目如電，萬夫失容千馬戰。傳呼賀拜聲相連，殺氣騰凌陰滿川。始知縛虎如縛鼠，敗虜降羌生眼前。祝爾嘉詞爾無苦，獻爾將隨犀象舞。苑中流水禁中山，期爾攫搏開天顔。非熊之兆慶無極，願紀雄名傳百蠻。

送李端

（一作嚴維詩。）

故關衰草遍，離别自堪悲。路出寒雲外，人歸暮雪時。少孤爲客早，多難識君遲。掩泪空相向，風塵何處期。

夜中得循州趙司馬侍郎書因寄回使

瘴海寄雙魚，中宵達我居。兩行燈下泪，一紙嶺南書。地説炎蒸極，人稱老病餘。殷勤報賈傅，莫共酒杯疏。

長安春望

東風吹雨過青山，却望千門草色閑。家在夢中何日到，春歸江上幾人還。川原繚繞浮雲外，宫闕參差落照間。誰念爲儒逢世難，獨將衰鬢客秦關。

晚次鄂州

雲開遠見漢陽城，猶是孤帆一日程。估客晝眠知浪静，舟人夜語覺潮生。三湘愁鬢逢秋色，萬里歸心對月明。舊業已隨征戰盡，更堪江上鼓鼙聲。

至德中途中書事却寄李僩

亂離無處不傷情，況復看碑對古城。路繞寒山人獨去，月臨秋水雁空驚。顔衰重喜歸鄉國，身賤多慚問姓名。今日主人還共醉，應憐世故一儒生。

酬暢當尋嵩岳麻道士見寄

聞逐樵夫閑看棋，忽逢人世是秦時。開雲種玉嫌山淺，渡海傳書怪鶴遲。陰洞石幢微有字，古壇松樹半無枝。煩君遠示青囊箓，願得相從一問師。

和張僕射塞下曲

（《樂府詩集》九三。）

鷲翎金僕姑，燕尾綉蝥弧。獨立揚新令，千營共一呼。
林暗草驚風，將軍夜引弓。平明尋白羽，没在石棱中。
月黑雁飛高，單于夜遁逃。欲將輕騎逐，大雪滿弓刀。

贈李果毅

向日磨金鏃，當風着錦衣。上城邀賊語，走馬截雕飛。

與暢當夜泛秋潭

螢火颺蓮叢，水凉多夜風。離人將落葉，俱在一船中。

李益（七四八—八二七）

喜見外弟又言別

十年離亂後，長大一相逢。問姓驚初見，稱名憶舊容。別來滄海事，語罷暮天鐘。明日巴陵道，秋山又幾重。

竹窗聞風寄苗發司空曙

微風驚暮坐，臨牖思悠哉。開門復動竹，疑是故人來。時滴枝上露，稍霑階下苔。（霑本作沾，《優霑堂詩話》作霑）幸當一入幌，（幸本作何。《優古堂詩話》引作幸）爲拂緑琴埃。

鹽州過胡兒飲馬泉

緑楊著水草如烟，舊是胡兒飲馬泉。幾處吹笳明月夜，何人倚劍白雲天。從來凍合關山路，今日分流漢使前。莫遣行人照容鬢，恐驚憔悴入新年。

同崔邠登鸛雀樓

鸛雀樓西百尺檣，汀洲雲樹共茫茫。漢家簫鼓空流水，魏國山河半夕陽。事去千年猶恨速，愁來一日即爲長。風烟并起思歸望，遠目非春亦自傷。

鷓鴣詞

（《樂府詩集》八〇。）

湘江斑竹枝，錦翅鷓鴣飛。處處湘雲合，郎從何處歸。

夜上受降城聞笛

回樂峰前沙似雪，受降城外月如霜。不知何處吹蘆管，一夜征人盡望鄉。

從軍北征

天山雪後海風寒，橫笛偏吹行路難。磧裏征人三十萬，一時回首月中看。

聽曉角

邊霜昨夜墮關榆，吹角當城片月孤。無限塞鴻飛不度，秋風吹入小單于。

早度破訥沙

破訥沙頭雁正飛，鸊鵜泉上戰初歸。平明日出東南地，滿磧寒光生鐵衣。

汴河曲

（《優古堂詩話》引作《隋堤》。）

汴水東流無限春，隋家宫闕已成塵。行人莫上長堤望，風起楊花愁殺人。

春夜聞笛

寒山吹笛唤春歸，遷客相看泪滿衣。洞庭一夜無窮雁，不待天明盡北飛。

邊　　思

腰懸錦帶佩吴鈎，走馬曾防玉塞秋。莫笑關西將家子，秖將詩思入凉州。

法振

陳九溪中草堂

溪草落濺濺，魚飛入稻田。早寒臨洞月，輕素卷簾烟。額幘題新句，蓑衣象古賢。曙花閑秀色，三十六峰前。

月夜泛舟

西塞長雲盡，南湖片月斜。漾舟人不見，卧入武陵花。

暢諸

登鸛雀樓

（《全唐詩》作暢當詩。）

迴臨飛鳥上，高出世塵間。天勢圍平野，河流入斷山。

長孫佐輔

山居雨霽即事

（《全唐詩》作張碧詩。）

結茅蒼嶺下，自與喧卑隔。况值雷雨晴，郊原轉岑寂。出門看反照，繞屋殘溜滴。古路絶人行，荒陂響螻蟈。籬崩瓜豆蔓，圃壞牛羊迹。斷續古祠鴉，高低遠村笛。喜聞東皋潤，欲往未通屐。杖策試危橋，攀蘿瞰苔壁。鄰翁夜相訪，緩酌聊跂石。新月出污尊，浮雲在巾舄。常隳腐儒操，謬習經邦畫。有待時未知，非關慕沮溺。

山行經村徑

一徑有人迹，到來唯數家。依稀聽機杼，寂歷看桑麻。雨濕渡頭草，風吹墳上花。却驅羸馬去，數點歸林鴉。

尋山家

獨訪山家歇還涉，茅屋斜連隔松葉。主人聞語未開門，繞籬野菜飛黄蝶。

孟郊（七五一—八一四）

游子吟

（《樂府詩集》六七。）

慈母手中綫，游子身上衣。臨行密密縫，意恐遲遲歸。誰言寸草心，報得三春暉。

塘下行

塘邊日欲斜，年少早還家。徒將白羽扇，調妾木蘭花。不是城頭樹，那栖來去鴉。

怨　別

一别一回老，志士白髮早。在富易爲容，居貧難自好。沉憂損性靈，服藥亦枯槁。秋風游子衣，落日行遠道。君問去何之，賤身難自保。

灞上輕薄行

長安無緩步，況值天景莫。相逢灞滻間，親戚不相顧。自嘆方拙身，忽隨輕薄倫。常恐失所避，化爲車轍塵。此中生白髮，疾走亦未歇。

贈鄭夫子魴

（白居易有《讀鄧魴詩》，比之陶潛，不知即此否？）

天地入胸臆，吁嗟生風雷。文章得其微，物象由我裁。宋玉逞大句，李白飛狂才。苟非聖賢心，孰與造化該。勉矣鄭夫子，驪珠今始胎。

西上經靈寶觀

道士無白髮，語言靈泉清。青松多壽色，白石恒夜明。放步霽霞起，振衣華風生。真文秘中頂，寶氣浮四楹。一片古關路，萬里今人行。上仙不可見，驅策徒西征。

訪嵩陽道士不遇

先生五岳游，文焰藏金鼎。日下鶴過時，人間空落影。常言一粒藥，不墮生死境。何當列禦寇，去問仙人請。

送淡公

（《侯鯖録》七："傳載曰，僧淡然者，爲詩曰：'到處自鑿井，不能飲常流。'與孟郊、退之爲洛下之游，退之作《嘲淡然鼾睡》詩是也。"）

短蓑不怕雨，白鷺相争飛。短楫畫菰蒲，鬥作豪横歸。笑伊水健兒，浪戰求光輝。不如竹枝弓，射鴨無是非。

聽藍溪僧爲元居士説維摩經

古樹少枝葉，真僧亦相依。山木自曲直，道人無是非。手持維摩偈，心向居士歸。空景忽開霽，雪花猶在衣。洗然水溪晝，寒物生光輝。

秋　懷

秋月顔色冰，老客志氣單。冷露滴夢破，峭風梳骨寒。席上印病文，腸中轉愁盤。疑懷無所憑，虚聽多無端。梧桐枯峥嶸，聲響如哀彈。

秋至老更貧，破屋無門扉。一片月落床，四壁風入衣。疏夢不復遠，弱心良易歸。商葩將去緑，繚繞争餘輝。野步踏事少，病謀向物違。幽幽草根蟲，生意與我微。

竹風相戛語，幽閨暗中聞。鬼神滿衰聽，恍惚難自分。商葉墮乾雨，秋衣卧單雲。病骨可剸物，酸呻亦成文。瘦攢如此枯，壯落隨西曛。裊裊一綫命，徒言繫絪緼。

歲暮景氣乾，秋風兵甲聲。織織勞無衣，喓喓徒自鳴。商聲聳中夜，蹇支廢前行。青髮如秋園，一剪不復生。少年如餓花，瞥見不復明。君子山岳定，小人絲毫争。多争多無壽，天道戒其盈。

詈言不見血，殺人何紛紛。聲如窮家犬，吠竇何誾誾。詈痛幽鬼哭，詈侵黄金貧。言詞豈用多，憔悴在一聞。古詈舌不死，至今書云云。今人咏古書，善惡宜自分。秦火不爇舌，秦火空爇文。所以詈更生，至今横絪緼。

老　恨

無子抄文字，老吟多飄零。有時吐向床，枕度不解聽。鬥蟻甚微細，病聞亦清泠。小大不自識，自然天性靈。

峽　哀

三峽一綫天，三峽萬繩泉。上仄碎日月，下掣狂漪漣。破魂一兩點，凝幽數百年。峽暉不停午，峽險多飢涎。樹根鎖枯棺，孤骨裊裊懸。樹枝哭霜栖，哀韻杳杳鮮。逐客零落腸，到此湯火煎。性命如紡績，道路隨索緣。奠泪吊波靈，波靈將閃然。

峽稜剸日月，日月多摧輝。物皆斜仄生，鳥亦斜仄飛。潜石齒相鎖，沉魂招莫歸。恍惚清泉甲，斑爛碧石衣。餓咽潺湲號，涎似泓浤肥。峽春不可游，腥草生微微。

杏殤并序

杏殤，花乳也，霜剪而落，因悲昔嬰，故作是詩。

踏地恐土痛，損彼芳樹根。此誠天不知，剪弃我子孫。垂枝有千落，芳命無一存。誰謂生人家，春色不入門。

吊盧殷

登封草木深，登封道路微。日月不與光，莓苔空生衣。可憐無子翁，蚍蜉緣病肌。攣卧歲時長，漣漣但幽噫。幽噫虎豹聞，此外相訪稀。至親唯有詩，抱心死有歸。河南韓先生，後君作因依。磨一片嵌巖，書千古光輝。

同人少相哭，異類多相號。始知禽獸痴，却至天然高。非子病無泪，非父念莫勞。如何裁親疏，用禮如用刀。孤喪鮮匍匐，閉哀抱鬱陶。煩他手中葬，誠信焉能褒。嗟嗟無子翁，死弃如脱毛。

桐廬山中贈李明府

静境無濁氛，清雨零碧雲。千山不隱響，一葉動亦聞。即此佳志士，精微誰相群。欲識楚章句，袖中蘭桂薰。

懷南岳隱士

（《野客叢書》二四引"見説祝融峰"四句作孟郊詩。范希文《對床夜語》五作貫休詩，誤。盧藏用有《衡岳十八高僧傳序》，《傳》，釋惠日撰。）

見説祝融峰，擎天勢似騰。藏千尋布水，出十八高僧。古路無人迹，新霞吐石棱。終居將爾叟，一一共余登。

千峰映碧湘，真叟此中藏。飯不煮石吃，眉應似髮長。楓梩楢酒瓮，（《對床夜語》梩作根）鶴虱落琴床。强效忘機者，斯人尚未忘。

尋言上人

萬里莓苔地，不見驅馳踪。唯開文字窗，時寫日月容。竹韻漫蕭屑，草地徒纖茸。披霜入衆木，獨自識青松。

古別離

（《樂府詩集》七一作聶夷中詩。）

欲別牽郎衣，郎今到何處。不恨歸來遲，（同上，來作日）莫向臨邛去。

送柳淳

青山臨黄河，下有長安道。世上名利人，相逢不知老。

臨池曲

池中春蒲葉如帶，紫菱成角蓮子大。羅裙蟬鬢倚迎風，雙雙伯勞飛向東。

濟源寒食

一日踏春一百回，朝朝没脚走芳埃。飢童餓馬掃花喂，向晚飲溪三兩杯。

枋口花間掣手歸，嵩陽爲我駐紅暉。可憐躑躅千萬尺，柱地柱天疑欲飛。

李約（七五一—八一〇？）

從軍行

候火起雕城，塵沙擁戰聲。游軍藏虜幟，(《樂府詩集》三三虜作漢。）降騎説蕃情。霜落滤池淺，秋深太白明。嫖姚方虎視，不覺請添兵。

陳羽（七五三— ？）

宿淮陰作

秋燈點點淮陰市，楚客聯檣宿淮水。夜深風起魚鱉腥，韓信祠堂明月裏。

長安早春言志

九衢日暖樹蒼蒼，萬里吴人憶水鄉。漢主未曾親羽獵，不知將底諫君王。

羊士諤（七五六— ？）

郡中玩月寄江南李少尹虞部孟員外

月滿自高丘，江通無狹流。軒窗開到曉，風物坐含秋。鵲警銀河斷，蛩悲翠幕幽。清光望不極，耿耿下西樓。

西郊蘭若

雲天宜北户，塔廟似西方。林下僧無事，江清日復長。石泉盈掬冷，山實滿枝香。寂寞傳心印，玄言亦已忘。

寒食宴城北山池即故郡守榮陽鄭鋼目爲折柳亭

别館青山郭，游人折柳行。落花經上巳，細雨帶清明。鶗鴂流芳暗，鴛鴦曲水平。歸心何處醉，寶瑟有餘聲。

郡中言懷寄西川蕭員外

功名無力愧勤王，已近終南得草堂。身外盡歸天竺偈，腰間唯有會稽章。何時臘酒逢山客，不惜梅枝亞石床。歲晚我知仙客意，懸心應在白雲鄉。

玩花荷

（一作《郡中即事》。）

紅衣落盡暗香殘，葉上秋光白露寒。越女含情已無限，莫教長袖倚闌干。

寄江陵韓少尹

别來玄鬢共成霜，雲起無心出帝鄉。蜀國魚箋數行字，憶君秋夢過南塘。

武元衡（七五八—八一五）

送唐次

都門去馬嘶，灞水春流淺。青槐驛路長，白日離亭晚。望望烟景微，草色行人遠。

楊憑（七五九？—八一七）

長安春夜宿開元觀

霓裳下晚烟，留客杏花前。遍問人寰事，新從洞府天。長松皆掃月，老鶴不知年。爲説蓬瀛路，雲濤幾處連。

送　　別

江岸梅花雪不如，看君驛馭向南徐。相聞不必因來雁，雲裹飛軿落素書。

權德輿（七五九—八一八）

嚴子陵釣臺下作

絶頂聳蒼翠，清湍石磷磷。先生晦其中，天子不得臣。心靈栖顥氣，纓冕猶淄塵。不樂禁中卧，却歸江上春。潛驅東漢風，日使薄者醇。焉用佐天子，持此報故人。則知大賢心，不獨私其身。弛張有深致，耕釣陶天真。奈何清風後，擾擾論屈伸。交情同市道，利欲相紛綸。我行訪遺臺，仰古懷逸民。矰繳鴻鵠遠，雪霜松桂新。江流去不窮，山色凌秋旻。人世自今古，清暉照無垠。

舟行夜泊

蕭蕭落葉送殘秋，寂寞寒波急暝流。今夜不知何處泊，斷猿明月引孤舟。

楊凝（七六三？—八〇三）

留　　別

玉節隨東閣，金閨別舊僚。若爲花滿寺，躍馬上河橋。

味　　雨

塵浥多人路，泥歸足燕家。可憐繚亂點，濕盡滿宮花。

送客歸常州

行到河邊從此辭，寒天日遠暮帆遲。可憐芳草成衰草，公子歸時過綠時。

送客入蜀

劍閣迢迢夢想間，行人歸路繞梁山。明朝騎馬摇鞭去，秋雨槐花子午關。

楊凌（七六三—？）

潤州水樓

歸心不可留，雪桂一叢秋。葉雨空江月，螢飛白露洲。野蟬依獨樹，水郭帶孤樓。遥望山川路，相思萬里游。

王涯（七六五？—八三五）

春江曲

摇蕩越江春，相將采白蘋。歸時不覺夜，出浦月隨人。

秋夜曲

（《樂府詩集》七六誤作王維。）

桂魄初生秋露微，輕羅已薄未更衣。銀筝夜久殷勤弄，心怯空房不忍歸。

宫　　詞

白人宜着紫衣裳，冠子梳頭雙眼長。新睡起來思舊夢，見人忘却道勝常。

鵶飛深在禁城墻，多繞重樓複殿傍。時向春檐瓦溝上，散開雙翅占朝光。（“玉顔不及寒鵶色，猶帶昭陽日影來。”）

白雪猧兒拂地行，慣眠紅毯不曾驚。深宫更有何人到，衹曉金階吠晚螢。

迎風殿裏罷雲和，起聽新蟬步淺莎。爲愛九天和露滴，萬年枝上最聲多。

薛濤（七六八—八三一？）

牡　丹

去春零落暮春時，泪濕紅箋怨别離。常恐便同巫峽散，因何重有武陵期。傳情每向馨香得，不語還應彼此知。衹欲欄邊安枕席，夜間閑共説相思。

王建（七六八—八三〇？）

飲馬長城窟

長城窟，長城窟邊多馬骨。古來此地無井泉，賴得秦家築城卒。征人飲馬愁不回，長城變作望鄉堆。蹄踪未乾人去近，（《樂府詩集》三八踪作迹）續後馬來泥污盡。枕弓睡著待水生，不見陰山在前陣。馬蹄足脱裝馬頭，健兒戰死誰封侯。

水夫謡

苦哉生長當驛邊，官家使我牽驛船。辛苦日多樂日少，水宿沙行如海鳥。逆風上水萬斛重，前驛迢迢後淼淼。半夜緣堤雪和雨，受他驅遣還復去。衣寒衣濕披短蓑，臆穿足裂忍痛何。到明辛苦無處説，齊聲騰踏牽船出。一間茅屋何所直，父母之鄉去不得。我願此水作平田，長使水夫不怨天。

促刺詞

（《樂府詩集》九一。）

促刺復促刺，水中無魚山無石。少年雖嫁不得歸，頭白猶着父母衣。田邊舊宅非所有，（《樂府詩集》作四邊田宅）我身不及逐鷄飛。出門若有歸死處，猛虎當途向前去。百年不遣踏君門，在家誰喚爲新婦。豈不見他鄰舍娘，嫁來常在舅姑傍。

寄遠曲

美人别來無處所，巫山月明湘江雨。千回相見不分明，（《樂府詩集》九四相作想）井底看星夢中語。兩心相對尚難知，何況萬里不相疑。

鏡聽詞

重重摩挲嫁時鏡，夫婿遠行憑鏡聽。回身不遣别人知，人意丁寧鏡神聖。懷中收拾雙錦帶，恐畏街頭見驚怪。嗟嗟嚓嚓下堂階，獨自竈前來跪拜。出門願不聞悲哀，郎在任郎回未回。月明地上人過盡，好語多同皆道來。卷帷上床喜不定，與郎裁衣失翻正。可中三日得相見，重綉鏡囊磨鏡面。

北邙行

(《樂府詩集》九四。)

北邙山頭少閑土，盡是洛陽人舊墓。舊墓人家歸葬多，堆著黄金無買處。天涯悠悠葬日促，岡坂崎嶇不停轂。高張素幕繞銘旌，夜唱挽歌山下宿。洛陽城北復城東，魂車祖馬長相逢。車轍廣若長安路，蒿草少於松柏樹。澗底盤陀石漸稀，盡向墳前作羊虎。誰家石碑文字滅，後人重取書年月。朝朝車馬送葬回，還起大宅與高臺。

南　中

天南多鳥聲，州縣半無城。野市依蠻姓，山村逐水名。瘴烟沙上起，陰火雨中生。獨有求珠客，年年入海行。

汴路即事

千里河烟直，青槐夾岸長。天涯同此路，人語各殊方。草市迎江貨，津橋税海商。回看故宫柳，憔悴不成行。

故行宫

寥落古行宫，宫花寂寞紅。白頭宫女在，閑坐説玄宗。

宫　詞

樹頭樹底覓殘紅，一片西飛一片東。自是桃花貪結子，錯教人恨五更風。

張籍（七六八—八三〇？）

短歌行

青天蕩蕩高且虚，上有白日無根株。流光暫出還入地，使我年少不須臾。與君相逢勿寂寞，衰老不復如今樂。玉卮盛酒置君前，再拜勸君千萬年。(《樂府詩集》三十勸作願）

泗水行

泗水流急石篡篡，鯉魚上下紅尾短。春冰銷散日華滿，行舟往來浮橋斷。城邊魚市人早行，水烟漠漠多棹聲。

白紵歌

(《樂府詩集》五五。）

皎皎白紵白且鮮，將作春衣稱少年。裁縫長短不能定，自持刀尺向姑前。復恐蘭膏污纖指，常遣傍人收墮珥。衣裳着時寒食下，還把玉鞭鞭白馬。

節婦吟寄東平李司空師道

(《樂府詩集》九五。）

君知妾有夫，贈妾雙明珠。感君纏綿意，繫在紅羅襦。妾家高樓連苑起，良人執戟明光裏。知君用心如日月，事夫誓擬同生死。還君明珠雙泪垂，何不相逢未嫁時。

山農詞

（一作《野老歌》。）

老農家貧在山住，耕種山田三四畝。苗疏税多不得食，輸入官倉化爲土。歲暮鋤犁傍空室，呼兒登山收橡實。西江賈客珠百斛，船中養犬長食肉。

廢宅行

胡馬崩騰滿阡陌，都人避亂唯空宅。宅邊青桑垂宛宛，野蠶食葉還成繭。黄雀銜草入燕窠，嘖嘖啾啾白日晚。去時禾黍埋地中，飢兵掘土翻重重。鵄梟養子庭樹上，曲墻空屋多旋風。亂定幾人還本土，唯有官家重作主。

征婦怨

（《樂府詩集》九四。）

九月匈奴殺邊將，漢軍全没遼水上。萬里無人收白骨，家家城下招魂葬。婦人依倚子與夫，同居貧賤心亦舒。夫死戰場子在腹，妾身雖存如晝燭。

薊北旅思

日日望鄉國，空歌白苧詞。長因送人處，憶得别家時。失意還獨語，多愁衹自知。客亭門外柳，折盡向南枝。

江南春

江南楊柳春，日暖地無塵。渡口過新雨，夜來生白蘋。晴沙眠乳燕，芳樹醉游人。向晚青山下，誰家祭水神。

山中古祠

春草空祠墓，荒林唯鳥飛。記年碑石在，經亂祭人稀。野鼠緣珠帳，陰塵蓋畫衣。近門潭水黑，時見宿龍歸。

夜別漁家

漁家在江口，潮水入柴扉。行客欲投宿，主人猶未歸。竹深村路遠，月出釣船稀。遥見尋沙岸，春風動草衣。

宿臨江驛

（《貢父詩話》作《宿江上館》。又云：次劉長卿《旅舍》韻。）

楚驛南渡口，夜深來客稀。月明見潮上，江静覺鷗飛。旅泊今已遠，（泊《貢父詩話》作宿，《全唐詩》同。）此行猶未歸。（猶《貢父詩話》作殊。）離家久無信，又聽搗寒衣。（寒同上作砧。）

寄和州劉使君

別離已久猶爲郡，閑向春風倒酒瓶。送客將過沙口堰，看花多上水心亭。曉來江氣連城白，雨後山光滿郭青。到此詩情應更遠，醉中高咏有誰聽。

韓愈（七六八—八二四）

秋懷詩

窗前兩好樹，衆葉光薿薿。秋風一拂披，策策鳴不已。微燈照空床，夜半偏入耳。愁憂無端來，感嘆成坐起。天明視顔色，與故不相似。羲和驅日月，疾急不可恃。浮生雖多塗，趨死惟一軌。胡爲浪自苦，得酒且歡喜。

白露下百草，蕭蘭共雕悴。青青四墻下，已復生滿地。寒蟬暫寂寞，蟋蟀鳴自恣。運行無窮期，禀受氣苦異。適時各得所，松柏不必貴。

彼時何卒卒，我志何曼曼。犀首空好飲，廉頗尚能飯。學堂日無事，驅馬適所願。茫茫出門路，欲去聊自勸。歸還閱書史，文字浩千萬。陳迹竟誰尋，賤嗜非貴獻。丈夫意有在，女子乃多怨。

秋氣日惻惻，秋空日凌凌。上無枝上蜩，下無盤中蠅。豈不感時節，耳目去所憎。清曉卷書坐，南山見高棱。其下澄湫水，有蛟寒可罾。惜哉不得往，豈謂吾無能。

離離挂空悲，戚戚抱虚警。露泫秋樹高，蟲吊寒夜永。斂退就新懦，趨營悼前猛。歸愚識夷塗，汲古得修綆。名浮猶有耻，味薄真自幸。庶幾遺悔尤，即此是幽屏。

卷卷落地葉，隨風走前軒。鳴聲若有意，顛倒相追奔。空堂黄昏暮，我坐默不言。童子自外至，吹燈當我前。問我我不應，饋我我不餐。退坐西壁下，讀詩盡數編。作者非今士，相去時已千。其言有感觸，使我復凄酸。顧謂汝童子，置書且安眠。丈夫屬有念，事業無窮年。

霜風侵梧桐，衆葉着樹幹。空階一片下，琤若摧琅玕。謂是夜氣滅，望舒賈其團。青冥無依倚，飛轍危難安。驚起出户視，倚楹久汍瀾。憂愁費晷景，日月如跳丸。迷復不計遠，爲君駐塵鞍。

鮮鮮霜中菊，既晚何用好。揚揚弄芳蝶，爾生還不早。運窮兩值遇，婉孌死相保。西風蟄龍蛇，衆木日凋槁。由來命分爾，泯滅豈足道。

同冠峽

南方二月半，春物亦已少。維舟山水間，晨坐聽百鳥。宿雲尚含姿，朝日忽升曉。羈旅感和鳴，囚拘念輕矯。潺湲泪久迸，詰曲思增繞。行矣且無然，蓋棺事乃了。

送無本師歸范陽

無本於爲文，身大不及膽。吾嘗示之難，勇往無不敢。蛟龍弄角牙，造次欲手攬。衆鬼囚大幽，下覷襲玄窞。天陽熙四海，注視首不頷。鯨鵬相摩窣，兩舉快一瞰。夫豈能必然，固已謝黯黮。狂詞肆滂葩，低昂見舒慘。奸窮怪變得，往往造平澹。蜂蟬碎錦纈，緑池披菡萏。芝英擢荒榛，孤翮起連菼。家住幽都遠，未識氣先感。來尋吾何能，無殊嗜昌歜。始見洛陽春，桃枝綴紅糝。遂來長安里，時卦轉習坎。老懶無鬥心，久不事鉛槧。欲以金帛酬，舉室常顑頷。念當委我去，雪霜刻以憯。獰飈攪空衢，天地與頓撼。勉率吐歌詩，慰女别後覽。

山　　石

山石犖確行徑微，黄昏到寺蝙蝠飛。升堂坐階新雨足，芭蕉葉大梔子肥。僧言古壁佛畫好，以火來照所見稀。鋪床拂席置羹飯，疏糲亦足飽我飢。夜深静卧百蟲絶，清月出嶺光入扉。天明獨去無道路，出入高下窮烟霏。山紅澗碧紛爛熳，時見松櫪皆十圍。當流赤足蹋澗石，水聲激激風吹衣。人生如此自可樂，豈必局束爲人鞿。嗟哉吾黨二三子，安得至老不更歸。

汴泗交流贈張僕射

汴泗交流郡城角，築場千步平如削。短垣三面繚逶迤，擊鼓騰騰樹赤旗。新秋朝涼未見日，公早結束來何爲。分曹决勝約前定，百馬攢蹄近相映。球驚杖奮合且離，紅牛纓紱黄金羈。側身轉臂着馬腹，霹靂應手神珠馳。超遥散漫兩閑暇，揮霍紛紜争變化。發難得巧意氣粗，歡聲四合壯士呼。此誠習戰非爲劇，豈若安坐行良圖。當今忠臣不可得，公馬莫走須殺賊。

桃源圖

神仙有無何渺茫，桃源之説誠荒唐。流水盤回山百轉，生綃數幅垂中堂。武陵太守好事者，題封遠寄南宫下。南宫先生欣得之，波濤入筆驅文辭。文工畫妙各臻極，異境恍惚移於斯。架巖鑿谷開宫室，接屋連墻千萬日。嬴顛劉蹶了不聞，地坼天分非所恤。種桃處處惟開花，川原近遠蒸紅霞。初來猶自念鄉邑，歲久此地還成家。漁舟之子來何所，物色相猜更問語。大蛇中斷喪前王，群馬南渡開新主。聽終辭絶共凄然，自説經今六百年。當時萬事皆眼見，不知幾許猶流傳。争持酒食來相饋，禮數不同樽俎異。月明伴宿玉堂空，骨冷魂清無夢寐。夜半金鷄啁哳鳴，火輪飛出客心驚。人間有累不可住，依然離别難爲情。船開棹進一回顧，萬里蒼蒼烟水暮。世俗寧知僞與真，至今傳者武陵人。

八月十五夜贈張功曹

纖雲四卷天無河，清風吹空月舒波。沙平水息聲影絶，一杯相屬君當歌。君歌聲酸辭且苦，不能聽終泪如雨。洞庭連天九疑高，蛟龍出没猩鼯號。十生九死到官所，幽居默默如藏逃。下床畏蛇食畏藥，海氣濕蟄熏腥臊。昨者州前搥大鼓，嗣皇繼聖登夔皋。赦書一日行萬里，罪從大辟皆除死。遷者追回流者還，滌瑕蕩垢清朝班。州家申名使家抑，坎坷祇得移荆蠻。判司卑官不堪説，未免捶楚塵埃間。同時輩流多上道，天路幽險難追攀。君歌且休聽我歌，我歌今與君殊科。一年明月今宵多，人生由命非由他，有酒不飲奈月何。

謁衡岳廟遂宿岳寺題門樓

五岳祭秩皆三公，四方環鎮嵩當中。火維地荒足妖怪，天假神柄專其雄。噴雲泄霧藏半腹，雖有絶頂誰能窮。我來正逢秋雨節，陰氣晦昧無清風。潜心默禱若有應，豈非正直能感通。須臾静掃衆峰出，仰見突兀撑青空。紫蓋連延接天柱，石廩騰擲堆祝融。森然魄動下馬拜，松柏一徑趨靈宫。粉墻丹柱動光彩，鬼物圖畫填青紅。升階傴僂薦脯酒，欲以菲薄明其衷。廟令老人識神意，睢盱偵伺能鞠躬。手持杯珓導我擲，云此最吉餘難同。竄逐蠻荒幸不死，衣食纔足甘長終。侯王將相望久絶，神縱欲福難爲功。夜投佛寺上高閣，星月掩映雲曈曨。猿鳴鐘動不知曙，杲杲寒日生於東。

劉生詩

生名師命其姓劉，自少軒輊非常儔。弃家如遺來遠游，東走梁宋暨揚州。遂凌大江極東陬，洪濤舂天禹穴幽。越女一笑三年留，南逾横嶺入炎州。青鯨高磨波山浮，怪魅炫曜堆蛟虬。山獠讙譟猩猩游，毒氣爍體黄膏流。問胡不歸良有由。美酒傾水炰肥牛，妖歌慢舞爛不收，倒心迴腸爲青眸。千金邀顧不可酬，乃獨遇之盡綢繆。瞥然一餉成十秋，昔鬚未生今白頭，五管歷遍無賢侯，回望萬里還家羞。陽山窮邑惟猿猴，手持釣竿遠相投。我爲羅列陳前修，芟蒿斬蓬利鋤耰。天星回環數纔周，文學穰穰囷倉稠，車輕御良馬力優。咄哉識路行勿休，往取將相酬恩仇。

送區弘南歸

穆昔南征軍不歸，蟲沙猿鶴伏以飛。洶洶洞庭莽翠微，九疑鑱天荒是非。野有象犀水貝璣，分散百寶人士稀。我遷於南日周圍，來見者衆莫依俙。爰有區子熒熒暉，觀以彝訓或從違。我念前人譬葑菲，落以斧引以纆徽。雖有不逮驅騑騑，或采於薄漁於磯。服役不辱言不譏，從我荆州來京畿，離其母妻絶因依。嗟我道不能自肥，子雖勤苦終何希。王都觀闕雙巍巍，騰蹋衆駿事鞍鞿。佩服上色紫與緋，獨子之節可嗟唏。母附書至妻寄衣，開書拆衣泪痕晞。雖不敕還情庶幾，朝暮盤羞惻庭闈。幽房無人感伊威，人生此難餘可祈。子去矣時若發機?蜃沉海底氣升霏，彩雉野伏朝扇翬。處子窈窕王所妃，苟有令德隱不腓。况今天子鋪德威，蔽能者誅薦受禨。出送撫背我涕揮，行行正直慎脂韋。業成志樹來頎頎，我當爲子言天扉。

聽穎師彈琴

昵昵兒女語，恩怨相爾汝。劃然變軒昂，勇士赴敵場。浮雲柳絮無根蒂，天地闊遠隨飛揚。喧啾百鳥群，忽見孤鳳凰。躋攀分寸不可上，失勢一落千丈强。嗟余有兩耳，未省聽絲篁。自聞穎師彈，起坐在一旁。推手遽止之，濕衣泪滂滂。穎乎爾誠能，無以冰炭置我腸。

雪後寄崔二十六丞公

藍田十月雪塞關，我興南望愁群山。攢天嵬嵬凍相映，君乃寄命於其間。秩卑俸薄食口衆，豈有酒食開容顔。殿前群公賜食罷，驊騮踏路驕且閑。稱多量少鑒裁密，豈念幽桂遺榛菅。幾欲犯嚴出薦口，氣象硉兀未可攀。歸來殞涕掩關卧，心之紛亂誰能删。詩翁憔悴劚荒棘，清玉刻佩聯玦環。腦脂遮眼卧壯士，大弨挂壁無由彎。乾坤惠施萬物遂，獨於數子懷偏慳。朝欷暮唶不可解，我心安得如石頑。

奉酬盧給事雲夫四兄曲江荷花行見寄并呈上錢七兄閣老張十八助教

曲江千頃秋波净，平鋪紅雲蓋明鏡。大明宫中給事歸，走馬來看立不正。遺我明珠九十六，寒光映骨睡驪目。我今官閑得婆娑，問言何處芙蓉多。撑舟昆明度雲錦，脚敲兩舷叫吴歌。太白山高三百里，負雪崔嵬插花裏。玉山前却不復來，曲江汀瀅水平杯。我時相思不覺一回首，天門九扇相當開。上界真人足官府，豈如散仙鞭笞鸞鳳終日相追陪。

送桂州嚴大夫

蒼蒼森八桂，兹地在湘南。江作青羅帶，山如碧玉簪。户多輸翠羽，家自種黄柑。遠勝登仙去，飛鸞不假驂。

答張十一功曹

山净江空水見沙，哀猿啼處兩三家。篔簹競長纖纖笋，躑躅閑開艷艷花。未報恩波知死所，莫令炎瘴送生涯。吟君詩罷看雙鬢，斗覺霜毛一半加。

張仲素（七六九？—八一九）

宫中樂

（《樂府詩集》八二。）

奇樹留寒翠，神池結夕波。黄山一夜雪，渭水雁聲多。

春閨思

裊裊城邊柳，青青陌上桑。提籠忘采葉，昨夜夢漁陽。

秋閨思

碧窗斜日藹深暉，愁聽寒螿泪濕衣。夢裏分明見關塞，不知何路向金微。

竇鞏（七六九—八三一）

襄陽寒食寄宇文籍

烟水初銷見萬家，東風吹柳萬條斜。大堤欲上誰相伴，馬踏春泥半是花。

宫人斜

離宫路遠北原斜，生死恩深不到家。雲雨今歸何處去，黄鸝飛上野棠花。

楊巨源（七七〇— ？）

長城聞笛

孤城笛滿林，斷續共霜砧。夜月降羌泪，秋風老將心。静過寒壘遍，暗入故園深。惆悵梅花落，山川不可尋。

送人過衛州

憶昔征南府内游，君家東閣最淹留。縱横聯句長侵曉，次第看花直到秋。論舊舉杯先下泪，傷離臨水更登樓。相思前路頻回首，滿眼青山過衛州。

寄江州白司馬

江州司馬平安否，惠遠東林住得無。溢浦曾聞似衣帶，廬峰見説勝香爐。題詩歲晏離鴻斷，望闕天遥病鶴孤。莫漫勾牽雨花社，青雲依舊是前途。

寄薛侍御

世上無窮事，生涯莫廢詩。何曾好風月，不是憶君時。

宿藏公院聽齊孝若彈琴

禪思何妨在玉琴，真僧不見聽時心。離聲怨調秋堂夕，（一作“秋堂境寂夜方半”）雲向蒼梧湘水深。

山中主人

十里青山有一家，翠屏深處更添霞。若爲説得溪中事，錦石和烟四面花。

馬逢（七七〇—　？）

部落曲

蕃軍傍塞游，代馬噴風秋。老將垂金甲，閼支着錦裘。雕戈蒙豹尾，紅旆插狼頭。日暮天山下，嗚茄漢使愁。

宫　　詞

（一作顧况詩，作風不類。）

玉樓天半起笙歌，風送宫人笑語和。月影殿開聞曉漏，水晶簾捲近秋河。

雍裕之

春晦送客

（又見崔櫓集，題作《三月晦日送客》。）

野酌亂無巡，送君兼送春。明年春色至，莫作未歸人。

白居易（七七二—八四六）

雜　興

楚王多内寵，傾國選嬪妃。又愛從禽樂，馳騁每相隨。錦韝臂花隼，羅袂控金羈。遂習宫中女，皆如馬上兒。色禽合爲荒，刑政兩已衰。雲夢春仍獵，章華夜不歸。東風二月天，春雁正離離。美人挾銀鏑，一發疊雙飛。飛鴻驚斷行，斂翅避蛾眉。君王顧之笑，弓箭生光輝。回眸語君曰，昔聞莊王時，有一愚夫人，其名曰樊姬，不有此游樂，三載斷鮮肥。

夏日獨直寄蕭侍御

憲臺文法地，翰林清切司。鷹猜課野鶴，驥德責山麋。課責雖不同，同歸非所宜。是以方寸内，忽忽暗相思。夏日獨上直，日長何所爲。澹然無他念，虚静是吾師。形委有事牽，心與無事期。中臆一以曠，外累都若遺。地貴身不覺，意閑境來隨。但對松與竹，如在山中時。情性聊自適，吟咏偶成詩。此意非夫子，餘人多不知。

遣　　懷

寓心身體中，寓性方寸内。此身是外物，何足苦憂愛。況有假飾者，華簪及高蓋。此又疏於身，復在外物外。操之多惴栗，失之又悲悔。乃知名與器，得喪俱爲害。頽然環堵客，蘿蕙爲巾帶。自得此道來，身窮心甚泰。

渭上偶釣

渭水如鏡色，中有鯉與魴。偶持一竿竹，懸釣在其傍。微風吹釣絲，裊裊十尺長。誰知對魚坐，心在無何鄉。昔有白頭人，亦釣此渭陽。釣人不釣魚，七十得文王。況我垂釣意，人魚又兼忘。無機兩不得，但弄秋水光。興盡釣亦罷，歸來飲我觴。

睡起晏坐

後亭晝眠足，起坐春景暮。新覺眼猶昏，無思心正住。澹寂歸一性，虚閑遺萬慮。了然此時心，無物可譬喻。本是無有鄉，亦名不用處。行禪與坐忘，同歸無異路。

晏　　起

鳥鳴庭樹上，日照屋檐時。老去慵轉極，寒來起尤遲。厚薄被適性，高低枕得宜。神安體穩暖，此味何人知。睡足仰頭坐，兀然無所思。如未鑿七竅，若都遺四肢。緬想長安客，早朝霜滿衣。彼此各自適，不知誰是非。

同韓侍郎游鄭家池吟詩小飲

野艇容三人，晚池流浼浼。悠然依棹坐，水思如江海。宿雨洗沙塵，晴風蕩烟靄。殘陽上竹樹，枝葉生光彩。我本偶然來，景物如相待。白鷗驚不起，緑芡行堪采。齒髮雖已衰，性靈未云改。逢詩遇杯酒，尚有心情在。

三適贈道友

褐綾袍厚暖，卧蓋行坐披。紫氈履寬穩，蹇步頗相宜。足適已忘履，身適已忘衣。况我心又適，兼忘是與非。三適合爲一，怡怡復熙熙。禪那不動處，混沌未鑿時。此固不可説，爲君强言之。

風雪中作

歲暮風動地，夜寒雪連天。老夫何處宿，暖帳温爐前。兩重褐綺衾，一領花茸氈。粥熟呼不起，日高安穩眠。是時心與身，了無閑事牽。以此度風雪，閑居來六年。忽思遠游客，復想早朝士。踏凍侵夜行，凌寒未明起。心爲身君父，身爲心臣子。不得身自由，皆爲心所使。我心既知足，我身自安止。方寸語形骸，吾應不負爾。

自　　在

杲杲冬日光，明暖真可愛。移榻向陽坐，擁裘仍解帶。小奴捶我足，小婢搔我背。自問我爲誰，胡然獨安泰。安泰良有以，與君論梗概。心了事未了，飢寒迫於外。事了心未了，念慮煎於内。我今實多幸，事與心和會。内外及中間，了然無一礙。所以日陽中，向君言自在。

縛戎人

縛戎人，縛戎人，耳穿面破驅入秦。天子矜憐不忍殺，詔徙東南吴與越。黄衣小使録姓名，領出長安乘遞行。身被金創面多瘠，扶病徒行日一驛。朝餐飢渴費杯盤，夜卧腥臊污床席。忽逢江水憶交河，垂手齊聲嗚咽歌。其中一虜語諸虜，爾苦非多我苦多。同伴行人因借問，欲説喉中氣憤憤。自云鄉貫本涼原，大曆年中没落蕃。一落蕃中四十載，遣着皮裘繫毛帶。唯許正朝服漢儀，斂衣整巾潛泪垂。誓心密定歸鄉計，不使蕃中妻子知。（有李如暹者，蓬子將軍之子也，嘗没蕃中，自云蕃法唯正歲一日許唐人之没蕃者服唐衣冠，由是悲不自勝，遂密定歸計也。）暗思幸有殘筋力，更恐年衰歸不得。蕃候嚴兵鳥不飛，脱身冒死奔逃歸。晝伏宵行經大漠，雲陰月黑風沙惡。驚藏青冢寒草疏，偷渡黄河夜冰薄。忽聞漢軍鼙鼓聲，路傍走出再拜迎。游騎不聽能漢語，將軍遂縛作蕃生。配向東南卑濕地，定無存恤空防備。念此吞聲仰訴天，若爲辛苦度殘年。涼原鄉井不得見，胡地妻兒虚弃捐。没蕃被囚思漢土，歸漢被劫爲蕃虜。早知如此悔歸來，兩地寧如一處苦。縛戎人，縛戎人，戎人之中我苦辛。自古此冤應未有，漢心漢語吐蕃身。

同詩客携酒早看櫻桃花

曉報櫻桃發，春携酒客過。緑餳黏盞杓，紅雪壓枝柯。天色晴明少，人生事故多。停杯替花語，不醉擬如何。

偶　眠

放杯書案上，枕臂火爐前。老愛尋思事，慵多取次眠。妻教卸烏帽，婢與展青氈。便是屏風樣，何勞畫古賢。

秋雨夜眠

凉冷三秋夜，安閑一老翁。卧遲燈滅後，睡美雨聲中。灰宿温瓶火，香添暖被籠。曉晴寒未起，霜葉滿階紅。

西還壽安路西歇馬

槐陰歇鞍馬，柳絮惹衣巾。日晚獨歸路，春深多思人。去家纔百里，爲客衹三旬。已念紗窗下，應生寶瑟塵。

東亭閑望

東亭盡日坐，誰伴寂寥身。緑樹爲佳客，（樹《全唐詩》作桂。）紅蕉當美人。笑言雖不接，情狀似相親。不作悠悠想，如何度晚春。

江樓月

嘉陵江曲曲江池，明月雖同人别離。一宵光景潛相憶，兩地陰晴遠不知。誰料江邊懷我夜，正當池畔望君時。今朝共語方同悔，不解多情先寄詩。

南浦别

南浦凄凄别，西風裊裊秋。一看腸一斷，好去莫回頭。

望驛臺

（三月三十日）

靖安宅裏當窗柳，望驛臺前撲地花。兩處春光同日盡，居人思客客思家。

後宫詞

泪濕羅巾夢不成，夜深前殿按歌聲。紅顔未老恩先斷，斜倚薰籠坐到明。

東城晚歸

一條邛杖懸龜榼，雙角吴童控馬銜。晚入東城誰識我，短靴低帽白蕉衫。

惜　花

可憐夭艷正當時，剛被狂風一夜吹。今日流鶯來舊處，百般言語泥空枝。

長恨歌

漢皇重色思傾國，御宇多年求不得。楊家有女初長成，養在深閨人未識。天生麗質難自弃，一朝選在君王側。回眸一笑百媚生，六宫粉黛無顔色。春寒賜浴華清池，温泉水滑洗凝脂。侍兒扶起嬌無力，始是新承恩澤時。雲鬢花顔金步摇，芙蓉帳暖度春宵。春宵苦短日高起，從此君王不早朝。承歡侍宴無閑暇，春從春游夜專夜。後宫佳麗三千人，三千寵愛在一身。金屋妝成嬌侍夜，玉樓宴罷醉和春。姊妹兄弟皆列土，可憐光彩生門户。遂令天下父母心，不重生男重生女。驪宫高處入青雲，仙樂風飄處處聞。緩歌慢舞凝絲竹，盡日君王看不足。漁陽鼙鼓動地來，驚破霓裳羽衣曲。九重城闕烟塵生，千乘萬騎西南行。翠華摇摇行復止，西出都門百餘里。六軍不發無奈何，宛轉蛾眉馬前死。花鈿委地無人收，翠翹金雀玉搔頭。君王掩面救不得，回看血泪相和流。黄埃散漫風蕭索，雲棧縈紆登劍閣。峨嵋山下少人行，旌旗無光日色薄。蜀江水碧蜀山青，聖主朝朝暮暮情。行宫見月傷心色，夜雨聞鈴腸斷聲。天旋地轉回龍馭，到此躊躇不能去。馬嵬坡下泥土中，不見玉顔空死處。君臣相顧盡沾衣，東望都門信馬歸。歸來池苑皆依舊，太液芙蓉未央柳。芙蓉如面柳如眉，對此如何不泪垂。春風桃李花開夜，秋雨梧桐葉落時。西宫南苑多秋草，落葉滿階紅不掃。梨園子弟白髮新，椒房阿監青娥老。夕殿螢飛思悄然，孤燈挑盡未成眠。遲遲鐘鼓初長夜，耿耿星河欲曙天。鴛鴦瓦冷霜華重，翡翠衾寒誰與共。悠悠生死别經年，魂魄不曾來入夢。臨邛道士鴻都客，能以精誠致魂魄。爲感君王展轉思，遂教方士殷勤覓。排空馭氣奔如電，升天入地求之遍。上窮碧落下黄泉，兩處茫茫皆不見。忽聞海上有仙山，山在虚無縹緲間。樓閣玲瓏五雲起，其中綽約多仙子。中有一人字太真，雪膚花貌參差是。金闕西廂叩玉扃，轉教小玉報雙成。聞道漢家天子使，九華帳裏夢魂驚。攬衣推枕起徘徊，珠箔銀屏迤邐開。雲髻半偏新睡覺，花冠不整下堂來。風吹仙袂飄飄舉，猶似霓裳羽衣舞。玉容寂寞泪闌干，梨花一枝春帶雨。含情凝睇謝君王，一别音容兩渺茫。昭陽殿裏恩愛絶，蓬萊宫中日月長。回頭下望人寰處，不見長安見塵霧。唯將舊物表深情，鈿合金釵寄將去。釵留一股合一扇，釵擘黄金合分鈿。但教心似金鈿堅，天上人間會相見。臨别殷勤重寄詞，詞中有誓兩心知。七月七日長生殿，夜半無人私語時。在天願作比翼鳥，在地願爲連理枝。天長地久有時盡，此恨綿綿無絶期。

琵琶行并序

元和十年，予左遷九江郡司馬。明年秋，送客湓浦口，聞船中夜彈琵琶者。聽其音，錚錚然有京都聲。問其人，本長安倡女，嘗學琵琶於穆、曹二善才，年長色衰，委身爲賈人婦。遂命酒使快彈數曲。曲罷憫默，自叙少小時歡樂事，今漂淪憔悴，轉徙於江湖間。予出官二年，恬然自安，感斯人言，是夕始覺有遷謫意。因爲長句，歌以贈之，凡六百一十二言，命之曰《琵琶行》。

潯陽江頭夜送客，楓葉荻花秋瑟瑟。主人下馬客在船，舉酒欲飲無管弦。醉不成歡慘將别，别時茫茫江浸月。忽聞水上琵琶聲，主人忘歸客不發。尋聲暗問彈者誰，琵琶聲停欲語遲。移船相近邀相見，添酒回燈重開宴。千呼萬唤始出來，猶抱琵琶半遮面。轉軸撥弦三兩聲，未成曲調先有情。弦弦掩抑聲聲思，似訴生平不得志。低眉信手續續彈，説盡心中無限事。輕攏慢撚抹復挑，初爲霓裳後六幺。大弦嘈嘈如急雨，小弦切切如私語。嘈嘈切切錯雜彈，大珠小珠落玉盤。間關鶯語花底滑，幽咽泉流水下灘。水泉冷澀弦疑絶，疑絶不通聲暫歇。别有幽愁暗恨生，此時無聲勝有聲。銀瓶乍破水漿迸，鐵騎突出刀槍鳴。曲終收撥當心畫，四弦一聲如裂帛。東舟西舫悄無言，唯見江心秋月白。沉吟放撥插弦中，整頓衣裳起斂容。自言本是京城女，家在蝦蟆陵下住。十三學得琵琶成，名屬教坊第一部。曲罷曾教善才服，妝成每被秋娘妒。五陵年少争纏頭，一曲紅綃不知數。鈿頭雲篦擊節碎，血色羅裙翻酒污。今年歡笑復明年，秋月春風等閑度。弟走從軍阿姨死，暮去朝來顔色故。門前冷落車馬稀，老大嫁作商人婦。商人重利輕别離，前月浮梁買茶去。去來江口守空船，繞船月明江水寒。夜深忽夢少年事，夢啼妝泪紅闌干。我聞琵琶已嘆息，又聞此語重唧唧。同是天涯淪落人，相逢何必曾相識。我從去年辭帝京，謫居卧病潯陽城。潯陽地僻無音樂，終歲不聞絲竹聲。住近湓江地低濕，黄蘆苦竹繞宅生。其間旦暮聞何物，杜鵑啼血猿哀鳴。春江花朝秋月夜，往往取酒還獨傾。豈無山歌與村笛，嘔啞嘲哳難爲聽。今夜聞君琵琶語，如聽仙樂耳暫明。莫辭更坐彈一曲，爲君翻作琵琶行。感我此言良久立，却坐促弦弦轉急。凄凄不似向前聲，滿座重聞皆掩泣。座中泣下誰最多，江州司馬青衫濕。

賣炭翁

賣炭翁，伐薪燒炭南山中。滿面塵灰烟火色，兩鬢蒼蒼十指黑。賣炭得錢何所營，身上衣裳口中食。可憐身上衣正單，心憂炭賤願天寒。夜來城上一尺雪，曉駕炭車輾冰轍。牛困人飢日已高，市南門外泥中歇。翩翩兩騎來是誰，黃衣使者白衫兒。手把文書口稱敕，回車叱牛牽向北。一車炭重千餘斤，官使驅將惜不得。半匹紅紗一丈綾，繫向牛頭充炭直。（盧延讓《雪詩》："牛牽賣炭車。"）

賦得古原草送別

離離原上草，一歲一枯榮。野火燒不盡，春風吹又生。遠芳侵古道，晴翠接荒城。又送王孫去，萋萋滿別情。

百花亭

朱檻在空虛，涼風八月初。山形如峴首，江色似桐廬。佛寺乘舟入，人家枕水居。高亭仍有月，今夜宿何如。

賦得邊城角

邊角兩三枝，霜天隴上兒。望鄉相并立，向月一時吹。戰馬頭皆舉，征人手盡垂。嗚嗚三奏罷，城上展旌旗。

夜聞箏中彈瀟湘送神曲感舊

縹緲巫山女，歸來七八年。殷勤湘水曲，留在十三弦。苦調吟還出，深情咽不傳。萬重雲水思，今夜月明前。

西湖晚歸回望孤山寺贈諸客

柳湖松島蓮花寺，晚動歸橈出道場。盧橘子低山雨重，棕櫚葉戰水風凉。烟波澹蕩摇空碧，樓殿參差倚夕陽。到岸請君回首望，蓬萊宫在海中央。

杭州春望

望海樓明照曙霞，（城東樓名望海樓。）護江堤白踏晴沙。濤聲夜入伍員廟，柳色春藏蘇小家。紅袖織綾誇柿蒂，（杭州出柿，蒂花者猶佳。）青旗沽酒趁梨花。（其俗釀酒，趁梨花時熟，號爲梨花春。）誰開湖寺西南路，草緑裙腰一道斜。（孤山寺路在湖洲中，草緑時望如裙腰。）

寄殷協律

五歲優游同過日，一朝消散佀浮雲。琴詩酒伴皆抛我，雪月花時最憶君。幾度聽鷄歌白日，亦曾騎馬咏紅裙。（予在杭州日，有歌云："聽唱黄鷄與白日。"又有詩云："著紅騎馬是何人？"）吴娘暮雨蕭蕭曲，自别江南更不聞。（江南吴二娘曲詞云："暮雨蕭蕭郎不歸。"）

酬李十二侍郎

笋老蘭長花漸稀，衰翁相對惜芳菲。殘鶯着雨慵休囀，落絮無風凝不飛。行掇木芽供野食，坐牽蘿蔓挂朝衣。十年分手今同醉，醉不如泥莫道歸。

對　酒

（《全唐詩》作《醉中對紅葉》）

臨風杪秋樹，對酒長年人。醉貌如霜葉，雖紅不是春。

劉禹錫（七七二—八四二）

團扇歌

（《樂府詩集》四五。）

團扇復團扇，奉君清暑殿。秋風入庭樹，從此不相見。上有乘鸞女，蒼蒼蟲網遍。明年入懷袖，別是機中練。

插田歌并序

連州城下，俯接村墟，偶登郡樓，適有所感，遂書其事爲俚歌，以俟采詩者。

岡頭花草齊，燕子東西飛。田塍望如綫，白水光參差。農婦白紵裙，農父綠蓑衣。齊唱田中歌，嚶嚀如竹枝。但聞怨響音，不辨俚語詞。時時一大笑，此必相嘲嗤。水平苗漠漠，烟火生墟落。黄犬往復還，赤鷄鳴且啄。路旁誰家郎，烏帽衫袖長。自言上計吏，年幼離帝鄉。田夫語計吏，君家儂定記。一來長安道，眼大不相覷。計吏笑致辭，長安真大處。省門高軻峨，儂入無度數。昨來補衛士，唯用筒竹布。君看二三年，我作官人去。

送惟良上人

高齋灑寒水，是夕山僧至。玄牝無關鎖，瓊書捨文字。燈明香滿室，月午霜凝地。語到不言時，世間人盡睡。

客有爲余話登天壇遇雨之狀因以賦之

清晨登天壇，半路逢陰晦。疾行穿雨過，却立視雲背。白日照其上，風雷走於内。滉漾雪海翻，槎牙玉山碎。蛟龍露鬐鬣，神鬼含變態。萬狀互生滅，百音以繁會。俯觀群動静，始覺天宇大。山頂自晶明，人間已滂霈。豁然重昏斂，涣若春冰潰。反照入松門，瀑流飛縞帶。遥光泛物色，餘韻吟天籟。洞府撞仙鐘，村墟起夕靄。却見山下侣，已如迷世代。問我何處來，我來雲雨外。

送盧處士歸嵩山别業

世業嵩陽隱，雲深無四鄰。藥爐燒姹女，酒瓮貯賢人。曉日華陰霧，秋風函谷塵。送君從此去，鈴閣少談賓。

晝居池上亭獨吟

日午樹陰正，獨吟池上亭。静看蜂教誨，閑想鶴儀形。法酒調神氣，清琴入性靈。浩然機已息，几杖復何銘。

秋日送客至潛水驛

候吏立沙際，田家連竹溪。楓林社日鼓，茅屋午時鷄。鵲噪晚禾地，蝶飛秋草畦。驛樓官樹近，疲馬再三嘶。

松滋渡望峽中

渡頭輕雨灑寒梅，雲際溶溶雪水來。夢渚草長迷楚望，夷陵土黑有秦灰。巴人泪應猿聲落，蜀客船從鳥道回。十二碧峰何處所，永安宮外是荒臺。

西塞山懷古

王濬樓船下益州，金陵王氣黯然收。千尋鐵鎖沉江底，一片降幡出石頭。人世幾回傷往事，山形依舊枕寒流。今逢四海爲家日，故壘蕭蕭蘆荻秋。

和牛相公游南莊醉後寓言戲贈樂天兼見示

城外園林初夏天，就中野趣在西偏。薔薇亂發多臨水，鸂鶒雙游不避船。水底遠山雲似雪，橋邊平岸草如烟。自家唯有杯觴興，欲把頭盤打少年。

和僕射牛相公春日閑坐見懷

官曹崇重難頻入，第宅清閑且獨行。階蟻相逢如偶語，園蜂速去恐違程。人於紅藥唯看色，鶯到垂楊不惜聲。東洛池臺怨抛擲，移文非久會應成。

視刀環歌

（《樂府詩集》九四。）

常恨言語淺，不如人意深。今朝兩相視，脉脉萬重心。

淮陰行

(《樂府詩集》九四。)

船頭大銅環，摩挲光陣陣。早晚便風來，沙頭一眼認。

楊柳枝詞

金谷園中鶯亂飛，銅駝陌上好風吹。城中桃李須臾盡，争似垂楊無限時。

煬帝行宫汴水濱，數枝楊柳不勝春。(《樂府詩集》八一楊柳作殘柳)晚來風起花如雪，飛入宫墻不見人。

城外春風吹酒旗，(《樂府詩集》八一吹酒旗作滿酒旗)行人揮袂日西時。長安陌上無窮樹，唯有垂楊管别離。

輕盈裊娜占年華，舞榭妝樓處處遮。春盡絮飛留不得，隨風好去落誰家。

再游玄都觀并引

余貞元二十一年爲屯田員外郎時，此觀未有花，是歲出牧連州，尋貶朗州司馬。居十年，召至京師，人人皆言有道士手植仙桃，滿觀如紅霞，遂有前篇，以志一時之事。旋又出牧，今十有四年，復爲主客郎中，重游玄都觀，蕩然無復一樹，唯兔葵燕麥動揺於春風耳。因再題二十八字，以俟後游，時大和二年三月。

百畝庭中半是苔，桃花净盡菜花開。種桃道士歸何處，前度劉郎今又來。

金陵五題并序　録三

余少爲江南客而未游秣陵，嘗有遺恨。後爲歷陽守，跂而望之。適有客以金陵五題相示，逌爾生思，欻然有得，他日友人白樂天掉頭苦吟，嘆賞良久，且曰：“《石頭》詩云‘潮打空城寂寞回’，吾知後之詩人不復措辭矣。”餘四咏雖不及此，亦不孤樂天之言耳。

石頭城

山圍故國周遭在，潮打空城寂寞回。淮水東邊舊時月，夜深還過女墻來。

烏衣巷

朱雀橋邊野草花，烏衣巷口夕陽斜。舊時王謝堂前燕，飛入尋常百姓家。

生公講堂

生公説法鬼神聽，身後空堂夜不扃。高坐寂寥塵漠漠，一方明月可中庭。

楊柳枝

揚子江頭烟景迷，隋家宫樹拂金堤。嵯峨猶是當時色，半蘸波中水鳥栖。

吕温（七七二—八一一）

（陸游《夜讀吕化光文章抛盡愛功名之句戲作》："玉關西望氣横秋，肯信功名不自由。却是文章差得力，至今知有吕衡州。"）

古　興

越歐百煉時，楚卞三泣地。二寶無人識，千齡皆弃置。空巖起白虹，古獄生紫氣。安得命世客，直來開奥秘。劍任㓨鐘看，玉從投火試。必能絶疑惑，然後論奇異。

送僧歸漳州

幾夏京城住，今朝獨遠歸。修行四分律，護净七條衣。溪寺黄橙熟，沙田紫芋肥。九龍潭上路，同去客應稀。

柳宗元（七七三—八一九）

晨詣超師院讀禪經

汲井漱寒齒，清心拂塵服。閑持貝葉書，步出東齋讀。真源了無取，忘迹無所逐。遺言冀可冥，繕性何由熟。道人庭宇静，苔色連深竹。日出霧露餘，青松如膏沐。澹然離言説，悟悦心自足。

贈江華長老

老僧道機熟，默語心皆寂。去歲别春陵，沿流此投迹。室空無侍者，巾屨唯挂壁。一飯不願餘，跏趺便終夕。風窗疏竹響，露井寒松滴。偶地即安居，滿庭芳草積。

南澗中題

秋氣集南澗，獨游亭午時。迴風一蕭瑟，林影久參差。始至若有得，稍深遂忘疲。羈禽響幽谷，寒藻舞淪漪。去國魂已遠，懷人泪空垂。孤生易爲感，失路少所宜。索寞竟何事，徘徊祇自知。誰爲後來者，當與此心期。

溪　居

久爲簪組累，幸此南夷謫。閑依農圃鄰，偶似山林客。曉耕翻露草，夜榜響溪石。來往不逢人，長歌楚天碧。

秋曉行南谷經荒村

杪秋霜露重，晨起行幽谷。黄葉覆溪橋，荒村唯古木。寒花疏寂歷，幽泉微斷續。機心久已忘，何事驚麋鹿。

雨後曉行獨至愚溪北池

宿雲散洲渚，曉日明村塢。高樹臨清池，風驚夜來雨。予心適無事，偶此成賓主。

田家三首

蓐食徇所務，驅牛向東阡。鷄鳴村巷白，夜色歸暮田。札札耒耜聲，飛飛來烏鳶。竭兹筋力事，持用窮歲年。盡輸助徭役，聊就空自眠。子孫日已長，世世還復然。

籬落隔烟火，農談四鄰夕。庭際秋蟲鳴，疏麻方寂歷。蠶絲盡輸税，機杼空倚壁。里胥夜經過，鷄黍事筵席。各言官長峻，文字多督責。東鄉後租期，車轂陷泥澤。公門少推恕，鞭樸恣狼籍。努力慎經營，肌膚真可惜。迎新在此歲，唯恐踵前迹。

古道饒蒺藜，縈迴古城曲。蓼花被堤岸，陂水寒更淥。是時收穫竟，落日多樵牧。風高榆柳疏，霜重梨棗熟。行人迷去住，野鳥競栖宿。田翁笑相念，昏黑慎原陸。今年幸少豐，無厭饘與粥。

漁　翁

漁翁夜傍西巖宿，曉汲清湘燃楚竹。烟銷日出不見人，欸乃一聲山水緑。回看天際下中流，巖上無心雲相逐。

登柳州城樓寄漳汀封連四州刺史

城上高樓接大荒，海天愁思正茫茫。驚風亂颭芙蓉水，密雨斜侵薜荔墻。嶺樹重遮千里目，江流曲似九迴腸。共來百越文身地，猶自音書滯一鄉。

得盧衡州書因以詩寄

臨蒸且莫嘆炎方，爲報秋來雁幾行。林邑東回山似戟，牂牁南下水如湯。蒹葭淅瀝含秋雨，橘柚玲瓏透夕陽。非是白蘋洲畔客，還將遠意問瀟湘。

嶺南江行

瘴江南去入雲烟，望盡黄茅是海邊。山腹雨晴添象迹，潭心日暖長蛟涎。射工巧伺游人影，颶母偏驚旅客船。從此憂來非一事，豈容華髮待流年。

柳州峒氓

郡城南下接通津，異服殊音不可親。青箬裹鹽歸峒客，綠荷包飯趁虚人。鵝毛禦臘縫山罽，鷄骨占年拜水神。愁向公庭問重譯，欲投章甫作文身。

景雲

老　僧

（一作鄭綮詩。）

日照西山雪，老僧門始開。凍瓶粘柱礎，宿火陷爐灰。童子病歸去，鹿麑寒入來。齊鐘知漸近，枝鳥下生臺。

溪　叟

溪叟居處静，溪鳥入門飛。早起釣魚去，夜深乘月歸。露香菰米熟，烟暖荇絲肥。瀟灑塵埃外，扁舟一草衣。

馬戴（七五五— ？）

楚江懷古

露氣寒光集，微陽下楚丘。猿啼洞庭樹，人在木蘭舟。廣澤生明月，蒼山夾亂流。雲中君不見，竟夕自悲秋。

送人游蜀

别離楊柳陌，迢遞蜀門行。若聽清猿後，應多白髮生。虹霓侵棧道，風雨雜江聲。過盡愁人處，烟花是錦城。

宿翠微寺

處處松陰滿，樵開一逕通。鳥歸霜磬静，僧語石樓空。積翠含微月，遥泉韻細風。經行心不厭，憶在故山中。

寄終南真空禪師

閑想白雲外，了然清净僧。松門山半寺，夜雨佛前燈。此境可長往，浮生自不能。一從林下别，瀑布幾成冰。

送僧歸金山寺

金陵江色裏，蟬急向秋分。迴寺横洲島，歸僧渡水雲。夕陽依岸盡，清磬隔潮聞。遥想禪林下，爐香帶月焚。

宿無可上人房

稀逢息心侶，細話遠山期。雲漢秋生夜，杉梧露滴時。風傳林磬久，月掩草堂遲。坐卧禪心在，浮生皆不知。

題興善寺英律師院

虛室焚香久，禪心悟幾生。濾泉侵月起，掃徑避蟲行。樹隔前朝在，苔滋廢渚平。我來風雨夜，像設一燈明。

將别寄友人

帝鄉歸未得，辛苦事羈游。别館一尊酒，客程千里秋。霜風紅葉寺，夜雨白蘋洲。長恐此時泪，不禁和恨流。

鮑溶（七五五— ？）

途中旅思

喔喔鷄鳴曉，蕭蕭馬辭櫪。草草名利區，居人少於客。生期三萬日，童耄半虛擲。修短命半中，憂歡復相敵。朝提黄金爵，暮造青松宅。來往日相悲，北邙田土窄。峨峨西天岳，錦綉明翠壁。中有不死鄉，千年無人迹。心期周太子，下馬拜虛碧。鶴駕如可從，他年執烟策。

秋　　思

季秋天地閑，萬物生意足。我憂長於生，安得及草木。試從古人願，致酒歌秉燭。燕趙皆世人，詎能長似玉。俯憐老期近，仰視日車速。蕭颯御風君，魂夢願相逐。百年夜銷半，端爲垂纓束。

采蓮曲

（《樂府詩集》五〇。）

弄舟揭來南塘水，荷葉映身摘蓮子。暑衣清净鴛鴦喜，作浪舞花驚不起。殷勤護惜纖纖指，水菱初熟多新刺。

寄福州從事殷堯藩

越嶺寒輕物象殊，海城臺閣似蓬壺。幾回入市鮫綃女，終歲啼花山鷓鴣。雷令劍龍知去未，虎夷雲鶴亦來無。就中静事冥宵話，何惜雙輪訪病夫。

范傳真侍御累有寄因奉酬

雲髻鳳文鈿，對君歌少年。萬金酬一顧，可惜十千錢。
相勸醉年華，莫醒春日斜。春風宛陵道，萬里晋陽花。
碧緑草縈堤，紅藍花滿溪。願君常踐踏，莫使暗萋萋。
歲酒勸屠蘇，楚聲山鷓鴣。春風入君意，千日不須臾。

贈楊煉師

紫烟衣上綉春雲，清隱山書小篆文。明月在天將鳳管，夜深吹向玉晨君。

漢宮詞

月映東窗似玉輪，未央前殿絶聲塵。宫槐花落西風起，鸚鵡驚寒夜喚人。

姚合（七七五—八五五？）

山中述懷

爲客久未歸，寒山獨掩扉。曉來山鳥散，雨過杏花稀。天遠雲空積，溪深水自微。此情對春色，盡醉欲忘機。

武功縣中作

縣去京城遠，爲官與隱齊。馬隨山鹿放，鷄雜野禽栖。連舍惟藤架，侵階是藥畦。更師嵇叔夜，不擬作詩題。

薄書多不會，薄俸亦難銷。醉卧慵開眼，閑行懶繫腰。移花兼蝶至，買石得雲饒。且自心中樂，從他笑寂寥。

友人南游不歸因寄

（一作於武陵詩。）

相思春樹緑，千里亦依依。鄠杜月頻滿，瀟湘人不歸。桂花風半落，烟草蝶雙飛。一别無消息，水南車迹稀。

閑　　居

不自識疏鄙，終年住在城。過門無馬迹，滿宅是蟬聲。帶病吟雖苦，休官夢已清。何當學禪觀，依止古先生。

書縣丞舊廳

樓閣半山上，人家向下居。古廳眠易魘，老吏語多虚。雨水澆荒竹，溪沙擁廢渠。聖朝收外府，皆是九天除。

周賀（七七七—　？）

送耿山人歸湖南

南行隨越僧，別業一池菱。兩鬢已如雪，五湖歸挂罾。夜濤鳴柵鎖，寒葦露船燈。去此應無事，却來知不能。

送僧還南岳

辭僧下水柵，因夢岳鐘聲。遠路獨歸寺，幾時重到城。風高寒葉落，雨絶夜堂清。自説深居後，鄰州亦不行。

長安送人

上國多離別，年年渭水濱。空將未歸意，説向欲行人。雁度池塘月，山連井邑春。臨岐惜分手，日暮一沾巾。

晚秋江館書事寄姚郎中

病寄曲江居帶城，傍門高柳一蟬鳴。澄波月上見魚擲，晚徑葉多聞犬行。越島夜無侵閣色，寺鐘涼有隔原聲。故園盡賣休官去，潮水秋來空自平。

宿隱静寺上人

一宿五峰杯度寺，虚廊中夜磬聲分。疏林未落上方月，深澗忽生平地雲。幽鳥背泉栖静境，遠人當燭想遺文。暫來此地歇勞足，望斷故山滄海濆。

憶潯陽舊居兼寄長孫郎中

潯陽却到是何日，此地今無舊使君。長憶窮冬宿廬岳，瀑泉冰折共僧聞。

元稹（七七八—八三一）

田家行

（《樂府詩集》九三。）

牛吒吒，田确确，旱塊敲牛蹄趵趵。種得官倉珠顆穀，六十年來兵簇簇，月月食糧車轆轆。一日官軍收海服，驅牛駕車食牛肉，歸來收得牛兩角。重鑄鋤犁作斤劚，姑舂婦擔去輸官，輸官不足歸賣屋。願官早勝讎早覆，農死有兒牛有犢，不遣官軍糧不足。

冬白紵

（《樂府詩集》五六。）

吴宫夜長宫漏款，簾幕四垂燈焰暖。西施自舞王自管，雪紵翻翻鶴翎散，促節牽繁舞腰懶。舞腰懶，王罷飲，蓋覆西施鳳花錦。身作匡床臂爲枕，朝佩摐摐王晏寢。寢醒閽報門無事，子胥死後言爲諱。近王之臣諭王意，共笑越王窮惴惴，夜夜抱冰寒不睡。

將進酒

（《樂府詩集》一七。）

將進酒，將進酒，酒中有毒鴆主父，言之主父傷主母。母爲妾地父妾天，仰天俯地不忍言。陽爲僵踣主父前，主父不知加妾鞭。旁人知妾爲主説，主將泪洗鞭頭血。推椎主母牽下堂，扶妾遣升堂上床。將進酒，酒中無毒令主壽。願主回恩歸主母，遣妾如此由主父。妾爲此事人偶知，自慚不密方自悲。主今顛倒安置妾，貪天僭地誰不爲。

苦樂相倚曲

（《樂府詩集》九五。）

古來苦樂之相倚，近於掌上之十指。君心半夜猜恨生，荆棘滿懷天未明。漢成眼瞥飛燕時，可憐班女恩已衰。未有因由相决絶，猶得半年佯暖熱。轉將深意諭旁人，緝綴瑕疵遣潛説。一朝詔下辭金屋，班姬自痛何倉卒。呼天拊地將自明，不悟尋時暗銷骨。白首宫人前再拜，願將日月相輝解。苦樂相尋晝夜間，燈光那有天明在。主今被奪心應苦，妾奪深恩初爲主。欲知妾意恨主時，主今爲妾思量取。班姬收泪抱妾身，我曾排擯無限人。

以州宅誇於樂天

州城迴繞拂雲堆，鏡水稽山滿眼來。四面常時對屏障，一家終日在樓臺。星河看向檐前落，鼓角驚從地底回。我是玉皇香案吏，讁居猶得近蓬萊。（越地亦名蓬萊。）

牛僧孺（七七九—八四七）

贈劉汝州

（《全唐詩》作《席上贈劉夢得》。）

粉署爲郎四十春，今來名輩更無人。休論世上升沉事，且鬥樽前見在身。珠玉會應成咳唾，山川猶覺露精神。莫嫌恃酒輕言語，曾把文章謁後塵。

賈島（七七九—八四三）

旅　　游

此心非一事，書札若爲傳。舊國別多日，故人無少年。空巢霜葉落，疏牖水螢穿。留得林僧宿，中宵坐默然。

題皇甫荀藍田廳

任官經一年，縣與玉峰連。竹籠拾山果，瓦瓶擔石泉。客歸秋雨後，印鎖暮鐘前。(《寄武功姚主簿》："捲簾黄秋落，鎖印子規啼。"《宿姚少府北齋》："鎖城涼雨細，開印曙鐘遲。"）久别丹陽浦，時時夢釣船。

雨後宿劉司馬池上

藍溪秋漱玉，此地漲清澄。蘆葦聲兼雨，芰荷香繞燈。岸頭秦古道，亭面漢荒陵。静想泉根本，幽崖落幾層。

送田卓入華山

幽深足暮蟬，驚覺石床眠。瀑布五千仞，草堂瀑布邊。壇松涓滴露，岳月寥泬天。鶴過君須看，上頭應有仙。

題李凝幽居

閑居少鄰并，草徑入荒園。鳥宿池邊樹，僧敲月下門。過橋分野色，移石動雲根。暫去還來此，幽期不負言。

送唐環歸敷水莊

毛女峰當户，日高頭未梳。地侵山影掃，葉帶露痕書。松徑僧尋藥，沙泉鶴見魚。一川風景好，恨不有吾廬。

張郎中過原東居

（寶曆二年。）

年長惟添懶，經旬止掩關。高人餐藥後，下馬此林間。對坐天將暮，同來客亦閑。幾時能重至，水味似深山。

憶江上吳處士

閩國揚帆去，蟾蜍虧復圓。(《全唐詩》作團）秋風吹渭水，落葉滿長安。此地聚會夕，當時雷雨寒。蘭橈殊未返，消息海雲端。

懷博陵故人

（寶曆元年或稍後，四十七歲。）

孤城易水頭，不忘舊交游。雪壓圍棋石，風吹飲酒樓。路遥千萬里，人别十三秋。吟苦相思處，天寒水急流。

題長江廳

（六十一歲或稍後。）

言心俱好静，廨署落暉空。歸吏封宵鑰，行蛇入古桐。長江頻雨後，明月衆星中。若任遷人去，西溪與剡通。

泥陽館

客愁何并起，暮送故人回。廢館秋螢出，空城寒雨來。夕陽飄白露，樹影掃清苔。獨坐離容慘，孤燈照不開。

送友人游蜀

萬岑深積翠，路向此中難。欲暮多羈思，因高莫遠看。卓家人寂寞，揚子業凋殘。唯有岷江水，悠悠帶月寒。

寄山友長孫栖嶠

此時氣蕭颯，琴院可應關。鶴似君無事，風吹雨遍山。松生青石上，泉落白雲間。有徑連高頂，心期相與還。

過楊道士居

先生修道處，茅屋遠囂氛。叩齒坐明月，搘頤望白雲。精神含藥色，衣服帶霞紋。每語瀛洲路，多年別少君。

贈　僧

亂山秋木穴，裏有靈蛇藏。鐵錫挂臨海，石樓聞異香。出塵頭未白，入定衲凝霜。莫話五湖事，令人心欲狂。

净業寺與前鄠縣李廓少府同宿

（寶曆元年四十七歲後。）

來從城上峰，京寺暮相逢。往往語復默，微微雨灑松。家貧初罷吏，年長畏聞蛩。前日猶拘束，披衣起曉鐘。

宿山寺

衆岫聳寒色，精廬向此分。流星透疏木，走月逆行雲。絶頂人來少，高松鶴不群。一僧年八十，世事未嘗聞。

暮過山村

數里聞寒水，山家少四鄰。怪禽啼曠野，落日恐行人。初月未終夕，邊烽不過秦。蕭條桑拓外，烟火漸相親。

寄宋州田中丞

古郡近南徐，關河萬里餘。相思深夜後，未答去秋書。自别知音少，難忘識面初。舊山期已久，門掩數畦蔬。

夏夜上谷宿開元寺

詩成一夜月中題，便卧松風到曙鷄。帶月時聞山鳥語，郡城知近武陵溪。

宿村家亭子

床頭枕是溪中石，井底泉通竹下池。宿客未眠過夜半，獨聞山雨到來時。

劉皂

（《全唐詩》作賈島。）

渡桑乾

（《全唐詩》作《旅次朔方》。）

客舍并州已十霜，歸心日夜憶咸陽。無端更渡桑乾水，却望并州是故鄉。

殷堯藩（七八〇—八五五？）

吴　宫

吴王愛歌舞，夜夜醉嬋娟。見日吹紅燭，和塵掃翠鈿。徒令勾踐霸，不信子胥賢。莫問長洲草，荒凉無限年。

奉送劉使君王屋山隱居

散髮風檐下，沉沉日漸曛。鷹拳擒野雀，蛛網獵飛蚊。群動能歸計，吾生亦漫勤。塵緣難着眼，晚興寄青雲。

李舍人席上感遇

微雲斂雨天氣清，松聲出樹秋泠泠。窗户長含碧蘿色，溪流時帶蛟龍腥。一官到手不可避，萬事役我徒勞形。飄然曳杖出門去，無數好山江上橫。

和趙相公登鸛雀樓

（樓在河中府，前瞻中條，下瞰大河。）

危樓高架泬寥天，上相閑登立彩旃。樹色到京三百里，河流歸漢幾千年。晴峰聳日當周道，秋穀垂花滿舜田。雲路何人見高志，最看西面赤闌前。

沈亞之（七八一—八三二？）

村　　居

有樹巢宿鳥，（有一本作無，集亦作無）無酒共客醉。月上蟬韻殘，梧桐陰繞地。獨出村舍門，吟劇微風起。蕭蕭蘆荻叢，叫嘯如山鬼。應緣我憔悴，爲我哭秋思。

宿白馬津寄寇立

客思聽蛩嗟，秋懷似亂沙。劍頭懸日影，蠅鼻落燈花。天外歸鴻斷，漳南別路賒。聞君同旅舍，幾得夢還家。

宿後自華陽行次昭應寄王直方

重歸能幾日，物意早如春。暖色先驪岫，（《四部叢刊》明刻本《沈下賢集》先作鮮）寒聲別雁群。川光如戲劍，帆態似翔雲。爲報東園蝶，南枝日已曛。

李廓（七八三—八五〇？）

鷄鳴曲

星稀月没入五更，（《樂府詩集》八三入作上）膠膠角角鷄初鳴。征人牽馬出門立，辭妾欲向安西行。再鳴引頸檐頭下，樓中角聲催上馬。

纔分曙色第三鳴，旌旆紅塵已出城。婦人上城亂招手，夫婿不聞遥哭聲。長恨鷄鳴别時苦，不遣鷄栖近窗户。

長安少年行

（《樂府詩集》六六。）

遨游携艷妓，裝束似男兒。杯酒逢花住，笙歌簇馬吹。鶯聲催曲急，春色送歸遲。不以聞街鼓，華筵待月移。

戟門連日閉，苦飲惜殘春。開鎖通新客，教姬屈醉人。請歌牽白馬，自舞踏紅茵。時輩皆相許，平生不負身。

小婦教鸚鵡，頭邊唤醉醒。犬嬌眠玉簟，鷹掣撼金鈴。碧地攢花障，紅泥待客亭。雖然長按曲，不飲不曾聽。

送振武將軍

葉葉歸邊騎，風頭萬里乾。金裝腰帶重，鐵縫耳衣寒。蘆酒燒蓬暖，霜鴻捻箭看。黄河古戍道，秋雪白漫漫。

落　弟

榜前潛制泪，衆裏自嫌身。氣味如中酒，情懷似别人。暖風張樂席，晴日看花塵。盡是添愁處，深居乞過春。

章孝標（七八五— ？）

田　　家

（《全唐詩》作《長安秋夜》。）

田家無五行，水旱卜蛙聲。牛犢乘春放，兒孫候暖耕。池塘烟未起，桑柘雨初晴。歲晚香醪熟，村村自送迎。

歸海上舊居

鄉路繞蒹葭，縈紆出海涯。人衣披蜃氣，馬迹印鹽花。草没題詩石，潮摧坐釣槎。還歸舊窗裏，凝思向餘霞。

李德裕（七八五—八四七）

謫嶺南道中作

嶺水争分路轉迷，桄榔椰葉暗蠻溪。愁衝毒霧逢蛇草，畏落沙蟲避燕泥。五月畬田收火米，三更津吏報潮鷄。不堪腸斷思鄉處，紅槿花中越鳥啼。

無可

秋寄從兄賈島

（《天厨禁臠》上作《宿西林寺》。）

暗蟲喧暮色，默思坐西林。聽雨寒更盡，開門落葉深。昔因京邑病，并起洞庭心。亦是吾兄事，遲回直至今。

鄭巢

泊靈溪館

孤吟疏雨絶，荒館亂峰前。曉鷺栖危石，秋萍滿敗船。溜從華頂落，樹與赤城連。已有求閑意，相期在暮年。

送魏校書赴夏口從事

西風吹遠蟬，驛路在雲邊。獨夢諸峰外，（峰《全唐詩》作山）高談大旆前。夜燈分楚塞，秋日滿湘船。（日《全唐詩》作角）郡邑多巖竇，何方便學仙。

送琇上人

古殿焚香外，清羸坐石棱。茶烟開瓦雪，鶴迹上潭冰。孤磬侵雲動，靈山隔水登。白雲歸意遠，舊寺在廬陵。

秋　　思

寒蛩鳴不定，郭外水雲幽。南浦雁來日，北窗人卧秋。病身多在遠，生計少於愁。薄暮西風急，清砧響未休。

李餘（七八九—　？）

寒　　食

玉輪江上雨絲絲，公子游春醉不知。剪渡歸來風正急，水濺鞍帕嫩鵝兒。（張祜《公子行》："鐙金斜雁子，鞍帕嫩鵝兒。"）

臨邛怨

藕花衫子柳花裙，多着沉香慢火薰。惆悵妝成君不見，空教緑綺伴文君。

李賀（七九〇—八一六）

長歌續短歌

（《樂府詩集》三一。）

長歌破衣襟，短歌斷白髮。秦王不可見，旦夕成内熱。渴飲壺中酒，飢拔隴頭粟。凄凉四月蘭，千里一時緑。夜峰何離離，明月落石底。徘徊沿石尋，照出高峰外。不得與之游，歌成鬢先改。

銅駝悲

落魄三月罷，尋花去東家。誰作送春曲，洛岸悲銅駝。橋南多馬客，北山饒古人。客飲杯中酒，駝悲千萬春。生世莫徒勞，風吹盤上燭。厭見桃株笑，銅駝夜來哭。

摩多樓子

（《樂府詩集》七八。）

玉塞去金人，二萬四千里。風吹沙作雲，一時渡遼水。天白水如練，甲絲雙串斷。行行莫苦辛，城月猶殘半。曉氣朔烟上，趢趗胡馬蹄。行人臨水别，隴水長東西。

題趙生壁

大婦然竹根，中婦舂玉屑。冬暖拾松枝，日烟生蒙滅。木蘚青桐老，石泉水聲發。曝背卧東亭，桃花滿肌骨。

咏　懷

長卿懷茂陵，緑草垂石井。彈琴看文君，春風吹鬢影。梁王與武帝，弃之如斷梗。唯留一簡書，金泥泰山頂。

夢　天

老兔寒蟾泣天色，雲樓半開壁斜白。玉輪軋露濕團光，鸞佩相逢桂香陌。黄塵清水三山下，更變千年如走馬。遥望齊州九點烟，一泓海水杯中瀉。

浩　　歌

（《樂府詩集》六八。）

南風吹山作平地，帝遣天吴移海水。王母桃花千遍紅，彭祖巫咸幾回死。青毛驄馬參差錢，嬌春楊柳含細烟。箏人勸我金屈卮，神血未凝身問誰。不須浪飲丁都護，世上英雄本無主。買絲綉作平原君，有酒唯澆趙州土。漏催水咽玉蟾蜍，衛娘髪薄不勝梳。羞見秋眉换新緑，二十男兒那刺促。

貝宫夫人

丁丁海女弄金環，雀釵翹揭雙翅關。六宫不語一生閑，高懸銀榜照青山。長眉凝緑幾千年，清凉堪老鏡中鸞。秋肌稍覺玉衣寒，空光帖妥水如天。

金銅仙人辭漢歌并序

魏明帝青龍元年八月，詔宫官牽車西取漢孝武捧露盤仙人，欲立置前殿。宫官既拆盤，仙人臨載乃潸然泪下。唐諸王孫李長吉遂作《金銅仙人辭漢歌》。

茂陵劉郎秋風客，夜聞馬嘶曉無迹。畫欄桂樹懸秋香，三十六宫土花碧。魏官牽車指千里，東關酸風射眸子。空將漢月出宫門，憶君清泪如鉛水。衰蘭送客咸陽道，天若有情天亦老。攜盤獨出月荒凉，渭城已遠波聲小。

崑崙使者

崑崙使者無消息，茂陵烟樹生愁色。金盤玉露自淋漓，元氣茫茫收不得。麒麟背上石文裂，虬龍鱗下紅肢折。何處偏傷萬國心，中天夜久高明月。

秦王飲酒

秦王騎虎游八極，劍光照空天自碧。羲和敲日玻璃聲，劫灰飛盡古今平。龍頭瀉酒邀酒星，金槽琵琶夜棖棖。洞庭雨脚來吹笙，酒酣喝月使倒行。銀雲櫛櫛瑶殿明，宫外掌事報一更。花樓玉鳳聲嬌獰，海綃紅文香淺清。黄娥跌舞千年觥。仙人燭樹蠟烟輕，清琴醉眼泪泓泓。

公莫舞歌并序

《公莫舞歌》者，咏項伯翼蔽劉沛公也。會中壯士，灼灼於人，故無復書。且南北樂府率有歌引，賀陋諸家，今重作《公莫舞歌》云。（《晉志》云：“《公莫舞》，今之巾舞。”）

方花古礎排九楹，刺豹淋血盛銀罌。華筵鼓吹無桐竹，長刀直立割鳴筝。横楣粗錦生紅緯，日炙錦嫣王未醉。腰下三看寶玦光，項莊掉箾欄前起。材官小臣公莫舞，座上真人赤龍子。芒碭雲瑞抱天回，咸陽王氣清如水。鐵樞鐵楗重束關，大旗五丈撞雙鐶。漢王今日須秦印，絶臏刳腸臣不論。

雁門太守行

（《樂府詩集》三九作《向月》。）

黑雲壓城城欲摧，甲光向月金鱗開。角聲滿天秋色裹，塞上燕脂凝夜紫。半卷紅旗臨易水，霜重鼓寒聲不起。報君黄金臺上意，提携玉龍爲君死。

長平箭頭歌

漆灰骨末丹水砂，凄凄古血生銅花。白翎金簳雨中盡，直餘三脊殘狼牙。我尋平原乘兩馬，驛東石田蒿塢下。風長日短星蕭蕭，黑旗雲濕懸空夜。左魂右魄啼肌瘦，酪瓶倒盡將羊炙。蟲棲雁病蘆笋紅，陰火迴風吹送客。訪古汍瀾收斷鏃，折峰赤璺曾刲肉。南陌東城馬上兒，勸我將金換簝竹。

李憑箜篌引

吴絲蜀桐張高秋，空山凝雲頽不流。江娥啼竹素女愁，李憑中國彈箜篌。崑山玉碎鳳凰叫，芙蓉泣露香蘭笑。十二門前融冷光，二十三絲動紫皇。女媧煉石補天處，石破天驚逗秋雨。夢入神山教神嫗，老魚跳波瘦蛟舞。吴質不眠倚桂樹，露脚斜飛濕寒兔。

春坊正字劍子歌

先輩匣中三尺水，曾入吴潭斬龍子。隙月斜明刮露寒，練帶平鋪吹不起。蛟胎皮老蒺藜刺，鸊鵜淬花白鷴尾。直是荆軻一片心，莫教照見春坊字。挼絲團金懸麗㲉，神光欲截藍田玉。提出西方白帝驚，嗷嗷鬼母秋郊哭。

唐兒歌

頭玉磽磽眉刷翠，杜郎生得真男子。骨重神寒天廟器，一雙瞳人剪秋水。竹馬梢梢摇緑尾，銀鸞睒光踏半臂。東家嬌娘求對值，濃笑書空作唐字。眼大心雄知所以，莫忘作歌人姓李。

後園鑿井歌

井上轆轤床上轉，水聲繁，弦聲淺。情若何，荀奉倩。城頭日，長向城頭住。一日作千年，不須流下去。

江樓曲

樓前流水江陵道，鯉魚風起芙蓉老。曉釵催鬢語南風，抽帆歸來一日功。鼉吟浦口飛梅雨，竿頭酒旗換青苎。蕭騷浪白雲差池，黄粉油衫寄郎主。新糟酒聲苦無力，南湖一頃菱花白。眼前便有千里思，小玉開屏見山色。

南山田中行

秋野明，秋風白，塘水漻漻蟲嘖嘖。雲根苔蘚山上石，冷紅泣露嬌啼色。荒畦九月稻叉牙，蟄螢低飛隴徑斜。石脉水流泉滴沙，鬼燈如漆點松花。

溪晚凉

白狐向月號山風，秋寒掃雲留碧空。玉烟青濕白如幢，銀灣曉轉流天東。溪汀眠鷺夢征鴻，輕漣不語細游溶。層岫回岑複叠龍，苦篁對客吟歌筒。

示　　弟

别弟三年後，還家一日餘。醁醽今夕酒，緗帙去時書。病骨猶能在，人間底事無。何須問牛馬，抛擲任梟盧。

南　　園

小樹開朝徑，長茸濕夜烟。柳花驚雪浦，麥雨漲溪田。古刹疏鐘度，遥嵐破月懸。沙頭敲石火，燒竹照漁船。

始爲奉禮憶昌谷山居

掃斷馬蹄痕，衙回自閉門。長槍江米熟，小樹棗花春。向壁懸如意，當簾閱角巾。犬書曾去洛，鶴病悔游秦。土甑封茶葉，山杯鎖竹根。不知船上月，誰棹滿溪雲。

昌谷北園新笋

斫取青光寫楚辭，膩香春粉黑離離。無情有恨何人見，露壓烟啼千萬枝。

施肩吾（七九一—　？）

夜宴詞

蘭缸如晝曉不眠，玉堂夜起沉香烟。青娥一行十二仙，欲笑不笑桃花然。碧窗弄嬌梳洗晚，户外不知銀漢轉。被郎嗔罰瑠璃盞，酒入四肢紅玉軟。

古　曲

（《樂府詩集》七七。）

可憐江北女，慣唱江南曲。摇蕩木蘭舟，雙鳧不成浴。

春日錢塘雜興

（《全唐詩》無此首。）

仙姥溪頭桑裊裊，錢塘郭外柳毵毵。路逢鄰婦遥相問，小小如今學養蠶。西郊年少問東鄰，柳岸花堤幾處新。昨夜雨多春水闊，隔江桃葉唤何人。

江南怨

愁見橋邊荇葉新，蘭舟枕水楫生塵。從來不是無蓮采，十頃蓮塘賣與人。

仙翁詞

世間無遠可爲游，六合朝行夕已周。壇上夜深風雨静，小仙乘月繫蒼虬。

贈道士

（《全唐詩》作《贈莎地道士》。）

莎地陰森古蓮葉，游龜暗老青苔甲。池邊道士誇眼明，夜取蟭螟摘蚊睫。

許渾（七九一—八五四？）

行次潼關題驛後軒

飛閣極層臺，終南此路回。山形朝闕去，河勢抱關來。雁過秋風急，蟬鳴宿霧開。平生無限意，驅馬任塵埃。

題韋隱居西齋

劚藥去還歸，家人半掩扉。山風藤子落，溪雨豆花肥。寺遠僧來少，橋危客到稀。不聞砧杵動，應解製荷衣。

將歸塗口宿鬱林寺道玄上人院

春尋采藥翁，歸路宿禪宮。雲起客眠處，月殘僧定中。藤花深洞水，槲葉滿山風。清境不能住，朝朝慚遠公。

韶州送竇司直北歸

江曲山如畫，貪程亦駐舟。果隨巖狖落，槎帶水禽流。客散他鄉夜，人歸故國秋。樽前挂帆去，風雨下西樓。

金陵懷古

玉樹歌殘王氣終，（包佶《再過金陵》："玉樹歌終王氣收。"）景陽兵合戍樓空。松樹遠近千官冢，禾黍高低六代宮。石燕拂雲晴亦雨，江豚吹浪夜還風。英雄一去豪華盡，惟有青山似洛中。

凌歊臺

宋祖凌歊樂未回，三千歌舞宿層臺。湘潭雲盡暮山出，巴蜀雪消春水來。行殿有基荒薺合，寢園無主野棠開。百年便作萬年計，巖畔古碑空緑苔。

咸陽城東樓

一上高城萬里愁，蒹葭楊柳似汀洲。溪雲初起日沉閣，山雨欲來風滿樓。鳥下緑蕪秦苑夕，蟬鳴黄葉漢宫秋。行人莫問當年事，故國東來渭水流。

凌歊臺送韋秀才

雲起高臺日未沉，數村殘照半巖陰。野蠶成繭桑柘盡，溪鳥引雛蒲稗深。帆勢依依投極浦，鐘聲杳杳隔前林。故山迢遞故人去，一夜月明千里心。

謝亭送别

勞歌一曲解行舟，紅葉青山水急流。日暮酒醒人已遠，滿天風雨下西樓。

鷺　　鷥

西風澹澹水悠悠，雪點絲飄帶雨愁。何限歸心倚前閣，緑蒲紅蓼練塘秋。

學　仙

心期仙訣意無窮，采畫雲車起壽宮。聞有三山未知處，茂陵松柏滿西風。

紫　藤

緑蔓穠陰紫袖低，客來留坐小堂西。醉中掩瑟無人會，家住江南罨畫溪。

張祜（七九二—八五二？）

車遥遥

東方曨曨車軋軋，地色不分新去轍。閨門半掩窗半空，（《樂府詩集》六九窗作床）斑斑枕花殘泪紅。君心若車千萬轉，妾身如轍遺漸遠。碧川迢迢山宛宛，馬蹄在耳輪在眼。桑間女兒情不淺，莫道野蠶能作繭。

雁門太守行

城頭月没霜如水，趚趚踏沙人似鬼。燈前拭泪試香裘，長引一聲殘漏子。駝囊瀉酒酒一杯，前頭滴血心不回。（《樂府詩集》三九滴作啑）閨𠙚年少妻莫哀。（同上，閨中作寄語）魚金虎竹天上來，雁門山邊骨成灰。

途中逢李道實游蔡州

征馬漢江頭，逢君上蔡游。野橋經亥市，山路過申州。僻地人行澀，荒林虎迹稠。殷勤話新守，生物賴諸侯。

江西道中作

西江江上月，遠遠照征衣。夜色草中網，秋聲林外機。渚田牛路熟，石岸客船稀。無復是鄉井，鷓鴣聊自飛。

入潼關

都城三百里，雄險此迴環。地勢遥尊岳，河流側讓關。秦皇曾虎視，漢祖昔龍顔。何處梟雄輩，干戈自不閑。

白鼻騧

（《樂府詩集》二五。）

爲底胡姬酒，長來白鼻騧。摘蓮抛水上，郎意在浮花。

宫　　詞

故國三千里，深宫二十年。一聲何滿子，雙泪落君前。

贈内人

禁門宫樹月痕過，媚眼唯看宿鷺窠。斜拔玉釵燈影畔，剔開紅焰救飛蛾。

集靈臺

日光斜照集靈臺，紅樹花迎曉露開。昨夜上皇新受籙，太真含笑入簾來。

虢國夫人承主恩，平明騎馬入宮門。却嫌脂粉污顔色，淡掃蛾眉朝至尊。

雨霖鈴

雨霖鈴夜却歸秦，猶見張徽一曲新。(《樂府詩集》八〇見作是）長説上皇和泪教，月明南内更無人。

題金陵渡

金陵津渡小山樓，一宿行人自可愁。潮落夜江斜月裏，兩三星火是瓜州。

劉叉

自　問

自問彭城子，何人授汝顛。酒腸寬似海，詩膽大如天。斷劍徒勞匣，枯琴無復弦。相逢不多合，賴是向林泉。

盧仝（七九五？—八三五）

自　　咏

盧子蘢踵也，賢愚總莫驚。蚊蝱當家口，草石是親情。萬卷堆胸朽，三光撮眼明。翻悲廣成子，閑氣説長生。

物外無知己，人間一癖王。生涯身是夢，耽樂酒爲鄉。日月粘髭鬢，雲山鎖肺腸。愚公祇公是，不用謾驚張。

韓琮（七九五—　？）

春　　愁

金烏長飛玉兔走，青鬢長青古無有。秦娥十六語如弦，未解貪花惜楊柳。吴魚嶺雁無消息，水誓蘭情别來久。勸君年少莫游春，暖風遲日濃於酒。

晚春江晴寄友人

（《全唐詩》作《晚春别》。）

晚日低霞綺，晴山遠畫眉。春青河畔草，不是望鄉時。

暮春滻水送别

緑暗紅稀出鳳城，暮雲樓閣古今情。行人莫聽宫前水，流盡年光是此聲。

駱谷晚望

秦川如畫渭如絲，去國還鄉一望時。公子王孫莫來好，嶺花多是斷腸枝。

韋楚老[1]（七九五— ？）

祖龍行

（《樂府詩集》九一。）

黑雲兵氣射天裂，壯士朝眠夢冤結。祖龍一夜死沙丘，胡亥空隨鮑魚轍。腐肉偷生二千里，僞書先賜扶蘇死。墓接驪山土未乾，瑞光已向芒碭起。陳勝城中鼓三下，秦家天下如崩瓦。龍蛇撩亂入咸陽，少帝空隨漢家馬。

顧非熊（七九六—八五四？）

秋日陝州道中作

孤客秋風裏，驅車出陝西。關山午時路，村落一聲鷄。樹勢標秦遠，天形到岳低。誰知我名姓，來往自栖栖。

① 《全唐詩》作常楚老。

朱慶餘（七九七—　？）

泛　　溪

曲渚回花舫，生衣卧向風。鳥飛溪色裏，人語棹聲中。餘卉纔分影，新蒲自作叢。前灣更幽絶，誰識去猶通。（誰識《全唐詩》作雖淺）

湖中閑夜遣興

釣艇同琴酒，良宵背水濱。風波不起處，星月盡隨身。浦迴湘烟卷，林香岳氣春。誰知此中興，寧羡五湖人。

送陳標

滿酌勸僮僕，好隨郎馬蹄。春風慎行李，莫上白銅鞮。

宫　　詞

寂寂花時閉院門，美人相并立瓊軒。含情欲説宫中事，鸚鵡前頭不敢言。

近試上張水部閨意

（《全唐詩》作《閨意獻張水部》，又作《近試上張籍水部》。）

洞房昨夜停紅燭，待曉堂前拜舅姑。妝罷低聲問夫婿，畫眉深淺入時無。

劉得仁[1]（七九九— ？）

題邵公禪院

無事門多掩，陰階竹掃苔。勁風吹雪聚，渴鳥啄冰開。樹向寒山得，人從瀑布來。終期天目老，擎錫逐雲回。

寄春坊顧校書

寧因不得志，寂莫本相宜。冥目冥心坐，花開花落時。數畦蔬甲出，半夢鳥聲移。衹恐龍樓曉，歸山又見違。

劉滄（八〇〇—八六五？）

長洲懷古

野燒原空盡荻灰，吴王此地有樓臺。千年事往人何在，半夜月明潮自來。白鳥影從江樹没，清猿聲入楚雲哀。停車日晚薦蘋藻，風静寒塘花正開。

經煬帝行宫

此地曾經翠輦過，浮雲流水意如何。香銷南國美人盡，怨入東風芳

---

① 劉得仁：原《唐詩》稿作“劉得人”，開明版《聞一多全集・唐詩大系》亦作“劉得人”，并謂“《全唐詩》無此人”。

草多。殘柳宫前空露葉，夕陽川上浩烟波。行人遥起廣陵思，古渡月明聞棹歌。

李遠（八〇二—八七〇？）

送人入蜀

蜀客本多愁，君今是勝游。碧藏雲外樹，紅露驛邊樓。杜魄呼名語，巴江學字流。不知烟雨夜，何處夢刀州。

陳陶

步虚引

（《樂府詩集》七八。）

小隱山人十洲客，莓苔爲衣雙耳白。青編爲我忽降書，暮雨虹霓一千尺。赤城門開六丁直，曉日已燒東海色。朝天半夜聞玉鷄，星斗離離礙龍翼。

送沈次魯南游

高臺贈君别，滿握軒轅風。落日一揮手，金鵝雲雨空。鰲洲石梁外，劍浦羅浮東。兹興不可接，翛翛烟際鴻。

閑居寄太學盧景博士

無路青冥奪錦袍，耻隨黄雀住蓬蒿。碧雲夢後山風起，珠樹詩成海月高。久滯鼎書求羽翼，未忘龍闕致波濤。閑來長得留侯癖，羅列楂梨校六韜。

竹

嘯入新篁一里行，萬竿如瓮瑣龍泓。驚巢翡翠無尋處，閑倚雲根刻姓名。

隴西行

誓掃匈奴不顧身，五千貂錦喪胡塵。可憐無定河邊骨，猶是春閨夢裏人。

喻鳧

得子侄書

遠書來阮巷，闕下見江東。不得經史力，枉抛耕稼功。雁天霞脚雨，漁夜葦條風。無復琴杯興，開懷向爾同。

段成式（？—八六三）

題谷隱蘭若

風帶巢熊拗樹聲，老僧相引入雲行。半坡新路作作畬纔了，一谷寒烟燒不成。

崔櫓

春日長安即事

一百五日又欲來，梨花梅花參差開。行人自笑不歸去，瘦馬獨吟真可哀。杏酪漸香鄰舍粥，榆烟將變舊爐灰。畫橋春暖清歌夜，肯信愁腸日九回。

過鑾溪渡

綠楊如髮雨如烟，立馬危橋獨喚船。山口斷雲迷舊路，渡頭芳草憶前年。身隨遠道徒悲梗，詩賣明時不值錢。歸去楚臺還有計，釣船春雨日高眠。

華清宮三首

草遮回磴絶鳴鑾，雲樹深深碧殿寒。明月自來還自去，更無人倚玉欄干。

障掩金鶵蓄禍機，翠華西拂蜀雲飛。珠簾一閉朝元閣，不見人歸見燕歸。

門横金鎖悄無人，落日秋聲渭水濱。紅葉下山寒寂寂，濕雲如夢雨如塵。

殘蓮花

（《全唐詩》無此首。）

不耐高風怕冷烟，瘦紅欹委倒青蓮。無人解把無塵袖，盛取殘香盡日憐。

杜牧（八〇三—八五二）

揚　　州

煬帝雷塘土，迷藏有舊樓。誰家唱水調，明月滿揚州。駿馬宜閑出，千金好舊游。喧闐醉年少，半脱紫茸裘。

秋風放螢苑，春草鬥鷄臺。金絡擎雕去，鸞環拾翠來。蜀船紅錦重，越橐水沉堆。處處皆華表，淮王奈却回。

題揚州禪智寺

雨過一蟬噪，飄蕭松桂秋。青苔滿階砌，白鳥故遲留。暮靄生深樹，斜陽下小樓。誰知竹西路，歌吹是揚州。

句溪夏日送盧霈秀才歸王屋山將赴舉

（《全唐詩》“將”下有“欲”字。）

野店正紛泊，繭蠶初引絲。行人碧溪渡，繫馬緑楊枝。苒苒迹始去，悠悠心所期。秋山念君别，惆悵桂花時。

春　　懷

年光何太急，倏忽又青春。明月爲誰主，江山暗换人。鶯花潜運老，榮樂漸成塵。遥憶朱門柳，别離應更頻。

早　　行

垂鞭信馬行，數里未鷄鳴。林下帶殘夢，葉飛時忽驚。霜凝孤鶴迥，月曉遠山横。僮僕休辭險，時平路復平。

長安雜題長句

雨晴九陌鋪江練，嵐嫩千峰叠海濤。南苑草芳眠錦雉，夾城雲暖下霓旄。少年羈絡青紋玉，游女花簪紫蒂桃。江碧柳深人盡醉，一瓢顔巷日空高。

街西長句

碧池新漲浴嬌鴉，分鎖長安富貴家。游騎偶同人鬥酒，名園相倚杏交花。銀鞦騕褭嘶宛馬，綉鞅璁瓏走鈿車。一曲將軍何處笛，連雲芳草日初斜。

潤　州

句吴亭東千里秋，放歌曾作昔年游。青苔寺裏無馬迹，緑水橋邊多酒樓。大抵南朝皆曠達，可憐東晋最風流。月明更想桓伊在，一笛聞吹出塞愁。

題宣州開元寺水閣閣下宛溪夾溪居人

六朝文物草連空，天淡雲閑今古同。鳥去鳥來山色裏，人歌人哭水聲中。深秋簾幕千家雨，落日樓臺一笛風。惆悵無因見范蠡，參差烟樹五湖東。

自宣城赴官上京

瀟灑江湖十過秋，酒杯無日不淹留。謝公城畔溪驚夢，蘇小門前柳拂頭。千里雲山何處好，幾人襟韻一生休。塵冠挂却知閑事，終擬蹉跎訪舊游。

九日齊安登高

江涵秋影雁初飛，與客携壺上翠微。塵世難逢開口笑，菊花須插滿頭歸。但將酩酊酬佳節，不用登臨嘆落暉。古往今來祇如此，牛山何必泪沾衣。

早　雁

金河秋半虜弦開，雲外驚飛四散哀。仙掌月明孤影過，長門燈暗數聲來。須知胡騎紛紛在，豈逐春風一一回。莫厭瀟湘少人處，水多菰米岸莓苔。

商山麻澗

雲光嵐彩四面合，柔柔垂柳十餘家。雉飛鹿過芳草遠，牛巷鷄塒春日斜。秀眉老父將樽酒，茜袖女兒簪野花。征車自念塵土計，惆悵溪邊書細沙。

寄浙東韓八評事

一笑五雲溪上舟，跳丸日月十經秋。鬢衰酒减欲誰泥，迹辱魂慚好自尤。夢寐幾回迷蛺蝶，文章應解伴牢愁。無窮塵土無聊事，不得清言解不休。

正初奉酬歙州刺史邢群

翠巖千尺倚溪斜，曾得嚴光作釣家。越嶂遠分丁字水，臘梅遲見二年花。明時刀尺君須用，幽處田園我有涯。一壑風烟陽羨里，解龜休去路非賒。

江　樓

獨酌芳春酒，登樓已半醺。誰驚一行雁，衝斷過江雲。

將赴吴興登樂游原一絶

清時有味是無能，閑愛孤雲静愛僧。欲把一麾江海去，樂游原上望昭陵。

江南春絶句

千里鶯啼緑映紅，水村山郭酒旗風。南朝四百八十寺，多少樓臺烟雨中。

題齊安城樓

嗚咽江樓角一聲，微陽瀲瀲落寒汀。不用憑欄苦回首，故鄉七十五長亭。

赤　壁

（一作李商隱詩，實非。）

折戟沈沙鐵未銷，自將磨洗認前朝。東風不與周郎便，銅雀春深鎖二喬。

泊秦淮

烟籠寒水月籠沙，夜泊秦淮近酒家。商女不知亡國恨，隔江猶唱後庭花。

寄揚州韓綽判官

青山隱隱水迢迢，秋盡江南草未凋。二十四橋明月夜，玉人何處教吹簫。

題壽安縣甘棠館御溝

一渠東注芳華苑，苑鎖池塘百歲空。水殿半傾蟾口澀，爲誰流下蓼花中。

贈别二首

娉娉裊裊十三餘，荳蔻梢頭二月初。春風十里揚州路，卷上珠簾總不如。

多情却似總無情，唯覺尊前笑不成。蠟燭有心還惜别，替人垂泪到天明。

悵　　詩

自是尋春去較遲，不須惆悵怨芳時。狂風落盡深紅色，緑葉成陰子滿枝。(《候鯖録》一載蘇軾語引“緑葉成陰”句作杜牧之詩也）

山　　行

遠上寒山石徑斜，白雲生處有人家。停車坐愛楓林晚，霜葉紅於二月花。

秋　　夕

紅燭秋光冷畫屏，輕羅小扇撲流螢。天階夜色涼如水，卧看牽牛織女星。

金谷園

繁華事散逐香塵，流水無情草自春。日暮東風怨啼鳥，落花猶似墮樓人。

雍陶（八〇五— ？）

和劉補闕秋園寓興

閉門無事後，此地即山中。但覺鳥聲異，不知人境同。晚花開爲雨，殘果落因風。獨坐還吟酌，詩成酒已空。

塞上宿野寺

塞上蕃僧老，天寒疾上關。遠烟平似水，高樹暗如山。去馬朝常急，行人夜始閑。更深聽刁斗，時到磬聲間。

寒食夜池上對月懷友

人間多别離，處處是相思。海内無烟夜，天涯有月時。跳魚翻荇葉，驚鵲出花枝。親友皆千里，三更獨繞池。

和孫明府懷舊山

五柳先生本在山，偶然爲客落人間。秋來見月多歸思，自起開籠放白鷴。（宋之問《放白鷴》："玉徽閉匣留爲念，六翮開籠任爾飛。"）

城西訪友人别墅

澧水橋西小路斜，日高猶未到君家。村園門巷都相似，處處春風枳殻花。

天津橋望春

津橋春水浸紅霞，烟柳風絲拂岸斜。翠輦不來金殿閉，宫鶯銜出上陽花。

任翻（八〇五— ？）

洛陽道

憧憧洛陽道，塵下生春草。行者豈無家，無人在家老。鷄鳴前結束，争去恐不早。百年路傍盡，白日車中曉。求富江海狹，取貴山岳小。二端立在途，奔走無由了。

春　晴

楚國多春雨，柴門喜晚晴。幽人臨水坐，好鳥隔花鳴。野色臨空闊，江流接海平。門前到溪路，今夜月分明。

宿巾子山寺

（《全唐詩》“寺”上有“禪”字。）

絶頂新秋生夜凉，鶴翻松露滴衣裳。前峰月映半江水，僧在翠微開竹房。

薛逢（八〇六—八七六？）

漢武宮詞

漢武清齋夜築壇，自斟明水醮仙官。殿前童女移香案，雲際金人捧露盤。絳節幾時還入夢，碧桃何處更驂鸞。茂林烟雨埋冠劍，石馬無聲蔓草寒。

宮　　詞

十二樓中盡曉妝，望仙樓上望君王。鎖銜金獸連環冷，水滴銅龍晝漏長。雲髻罷梳還對鏡，羅衣欲換更添香。遥窺正殿簾開處，袍褲宮人掃御床。

方干（八〇九—八七三？）

寄李頻

衆木又揺落，望君還不還。軒車在何處，雨雪滿前山。思苦文星動，鄉遥釣渚閑。明年見名姓，唯我獨何顔。

冬夜泊僧舍

江東寒近臘，野寺水天昏。無酒可消夜，隨僧早閉門。照墻燈焰細，着瓦雪聲繁。飄泊仍千里，清吟欲斷魂。

旅次洋州寓居郝氏亭林

（《全唐詩》“亭林”作“林亭”。）

舉目縱然非我有，思量似在故山時。鶴盤遠勢投孤嶼，蟬曳殘聲過別枝。凉月照窗倚枕倦，澄泉繞石泛觴遲。青雲未得平行去，夢到江南身旅羈。

于武陵（八一〇— ？）

襃中即事

（《全唐詩》無此首。）

風吹殘雨歇，雲去有烟霞。南浦足游女，緑蘋應發花。遠鐘當半夜，明月入千家。不作故鄉夢，始知京洛賒。

秋夕聞雁

（《全唐詩》無此首。）

星漢欲沉盡，誰家砧未休。忽聞凉雁至，如報杜陵秋。千樹又黄葉，幾人新白頭。洞庭今夜客，一半却登舟。

贈王隱者山居

石室掃無塵，人寰與此分。飛來南浦樹，半是華山雲。浮世幾多事，先生應不聞。寒山滿西日，空照雁成群。

劉威

冬夜旅懷

寒窗危竹枕，月過半墻陰。嫩葉不歸夢，晴蟲成苦吟。酒無通夜力，事滿五更心。寂寞誰相似，殘燈與素琴。

冬日送友人西歸

北風吹別思，杳杳度雲山。滿望是歸處，一生猶未閑。知音方見譽，浮宦久相闗。空有心如月，同君千里還。

孟遲（八一一—　？）

懷鄭泊

風蘭舞幽香，雨葉墮寒滴。美人來不來，前山看向夕。

蓮　　塘

脉脉低迴殷袖遮，臉横秋水髻盤鴉。蓮莖有刺不曾折，盡日岸傍空看花。

李商隱（八一二—八五八）

無　　題

八歲偷照鏡，長眉已能畫。十歲去踏青，芙蓉作裙衩。十二學彈箏，銀甲不曾卸。十四藏六親，懸知猶未嫁。十五泣春風，背面鞦韆下。

宫中曲

雲母濾宫月，夜夜白如水。賺得羊車來，低扇遮黄子。水精不覺冷，自刻鴛鴦翅。蠶縷茜香濃，正朝纏左臂。巴箋兩三幅，滿寫承恩字。欲得識青天，昨夜蒼龍是。

蟬

本以高難飽，徒勞恨費聲。五更疏欲斷，一樹碧無情。薄宦梗猶泛，故園蕪已平。煩君最相警，我亦舉家清。

落　　花

高閣客竟去，小園花亂飛。參差連曲陌，迢遞送斜暉。腸斷未忍掃，眼穿仍欲歸。芳心向春盡，所得是沾衣。

河清與趙氏昆季宴集得擬杜工部

勝概殊江右，佳名逼渭川。虹收青嶂雨。鳥没夕陽天。客鬢行如此，滄波坐渺然。此中真得地，漂蕩釣魚船。

無　　題

昨夜星辰昨夜風，畫樓西畔桂堂東。身無彩鳳雙飛翼，心有靈犀一點通。隔座送鈎春酒暖，分曹射覆蠟燈紅。嗟余聽鼓應官去，走馬蘭臺類轉蓬。

無題二首

來是空言去絶踪，月斜樓上五更鐘。夢爲遠别啼難唤，書被催成墨未濃。蠟照半籠金翡翠，麝熏微度綉芙蓉。劉郎已恨蓬山遠，更隔蓬山一萬重。

颯颯東風細雨來，芙蓉塘外有輕雷。金蟾嚙鎖燒香入，玉虎牽絲汲井回。賈氏窺簾韓掾少，宓妃留枕魏王才。春心莫共花争發，一寸相思一寸灰。

無　　題

相見時難别亦難，東風無力百花殘。春蠶到死絲方盡，蠟炬成灰泪始乾。曉鏡但愁雲鬢改，夜吟應覺月光寒。蓬山此去無多路，青鳥殷勤爲探看。

錦　　瑟

錦瑟無端五十弦，一弦一柱思華年。莊生曉夢迷蝴蝶，望帝春心托杜鵑。滄海月明珠有泪，藍田日暖玉生烟。此情可待追成憶，（《全唐詩》作成追憶。）衹是當時已惘然。

重過聖女祠

白石巖扉碧蘚滋，上清淪謫得歸遲。一春夢雨常飄瓦，盡日靈風不滿旗。萼緑華來無定所，杜蘭香去未移時。玉郎會此通仙籍，憶向天階問紫芝。

二月二日

二月二日江上行，東風日暖聞吹笙。花鬚柳眼各無賴，紫蝶黄蜂俱有情。萬里憶歸元亮井，三年從事亞夫營。新灘莫悟游人意，更作風檐夜雨聲。

隋　宫

紫泉宫殿鎖烟霞，欲取蕪城作帝家。玉璽不緣歸日角，錦帆應是到天涯。於今腐草無螢火，終古垂楊有暮鴉。地下若逢陳後主，豈宜重問後庭花。

九成宫

十二層城閬苑西，平時避暑拂虹霓。雲隨夏后雙龍尾，風逐周王八駿蹄。吴岳曉光連翠巘，甘泉晚景上丹梯。荔枝盧橘沾恩幸，鸞鵲天書濕紫泥。

馬　嵬

海外徒聞更九州，他生未卜此生休。空聞虎旅傳宵柝，無復鷄人報曉籌。此日六軍同駐馬，當時七夕笑牽牛。如何四紀爲天子，不及盧家有莫愁。

杜工部蜀中離席

人生何處不離群，世路干戈惜暫分。雪嶺未歸天外使，松州猶駐殿前軍。座中醉客延醒客，江上晴雲雜雨雲。美酒成都堪送老，當壚仍是卓文君。

樂游原

向晚意不適，驅車登古原。夕陽無限好，衹是近黄昏。

天　涯

春日在天涯，天涯日又斜。鶯啼如有泪，爲濕最高花。

無　題

紫府仙人號寶燈，雲漿未飲結成冰。如何雪月交光夜，更在瑶臺十二層。

嫦　娥

雲母屏風燭影深，長河漸落曉星沉。嫦娥應悔偷靈藥，碧海青天夜夜心。

柳

曾逐東風拂舞筵，樂游春苑斷腸天。如何肯到清秋日，已帶斜陽又帶蟬。

宫　　辭

君恩如水向東流，得寵憂移失寵愁。莫向尊前奏花落，凉風衹在殿西頭。

夜雨寄北

君問歸期未有期，巴山夜雨漲秋池。何當共剪西窗燭，却話巴山夜雨時。

憶住一師

無事經年别遠公，帝城鐘曉憶西峰。爐香消盡寒燈晦，童子開門雪滿松。

李群玉（八一三—八六〇？）

火爐前坐

孤燈照不寐，風雨滿西林。多少關心事，書灰到夜深。

大庾山嶺别友人

貧篭無子鵁雛飢，毛羽凋摧不得歸。誰念火雲千嶂裏，低身猶傍鷓鴣飛。

黄陵廟

黄陵廟前莎草春，黄陵女兒茜裙新。輕舟小楫唱歌去，水遠山長愁殺人。

湘妃廟

少將風月怨平湖，見盡扶桑水到枯。相約杏花壇上去，畫欄紅紫鬥樗蒲。

姚鵠（八一四—　？）

寄雍陶先輩

知音杳何處，書札寄無由。獨宿月中寺，相思天半樓。露凝衰草白，雲渡遠烟秋。悵望難歸枕，吟勞生夜愁。

項斯（八一五一　？）

夜泊淮陰

夜入楚家烟，烟中人未眠。望來淮岸盡，坐到酒樓前。燈影半臨水，筝聲多在船。乘流向東去，别此易經年。

趙嘏（八一五一　？）

汾上宴别

雲物如故鄉，山川知異路。年來未歸客，馬上春色暮。一尊花下酒，殘日水西樹。不待管弦終，摇鞭背花去。

東歸道中

未明唤僮僕，江上憶殘春。風雨落花夜，山川驅馬人。星星一鏡髮，草草百年身。此日念前事，滄州情更親。

長安晚秋

雲物凄清拂曙流，漢家宫闕動高秋。殘星幾點雁横塞，長笛一聲人倚樓。紫艷半開籬菊静，紅衣落盡渚蓮愁。鱸魚正美不歸去，空戴南冠學楚囚。

憶山陽

家在枚皋舊宅邊，竹軒晴與楚坡連。芰荷香繞垂鞭袖，楊柳風橫弄笛船。城礙十洲烟島路，寺臨千頃夕陽川。可憐時節堪歸去，花落猿啼又一年。

曹鄴（八一六—八七五？）

吴宮宴

吴宮城闕高，龍鳳遥相倚。四面鏗鼓鐘，中央列羅綺。春風時一來，蘭麝聞數里。三度明月落，青娥醉不起。江頭鐵劍鳴，玉座成荒壘。適來歌舞處，不知身是鬼。

東武吟

心如山上虎，身若倉中鼠。惆悵倚市門，無人與之語。夜宴李將軍，欲望心相許。何曾聽我言，貪謔邯鄲女。獨上黄金臺，凄凉泪如雨。

古　詞

高闕礙飛鳥，人言是君家。經年不歸去，愛妾面上花。妾面雖如花，妾心非女蘿。郎妻自不重，於妾欲如何。

老圃堂

邵平瓜地接吾廬，穀雨乾時手自鋤。昨日東風欺不在，就床吹落讀殘書。

薛能（八一七？—八八〇）

秋夜山中叙事

初宵門未掩，獨坐對霜空。極目故鄉月，滿溪寒草風。樵聲當嶺上，僧語在雲中。正恨歸期晚，蕭蕭聞塞鴻。

李頻（八一八？—八七六）

湘口送友人

中流欲暮見湘烟，葦岸無窮接楚天。去雁遠衝雲夢雪，離人獨上洞庭船。風波盡日依山轉，星漢通霄向水連。零落梅花過殘臘，故園歸醉及新年。

温庭筠（八一八—八七二？）

黄曇子歌

参差緑蒲短，揺艶雲塘滿。紅潋蕩融融，鶯翁瀲鵣暖。萋芊小城路，馬上修娥懶。羅衫裊迴風，點粉金鸝卵。

峽客行

欲出鴻都門，陰雲蔽城闕。寶劍黯如水，微紅濕餘血。白馬夜頻驚，三更霸陵雪。

曉仙謡

（《樂府詩集》一〇〇。）

玉妃唤月歸海宫，月色澹白涵春空。銀河欲轉星靨靨，碧浪叠山埋早紅。（碧《樂府詩集》作雪）宫花有露如新泪，小苑叢叢入寒翠。綺閣空傳唱漏聲，網軒未辨凌雲字。遥遥珠帳連湘烟，鶴扇如霜金骨仙。碧簫曲盡彩霞動，下視九州皆悄然。秦王女騎紅尾鳳，乘空回首晨鷄弄。（乘《樂府詩集》作半）霧蓋狂塵億兆家，世人猶作牽情夢。

東峰歌

（《樂府詩集》一〇〇。）

錦礫潺湲玉溪水，曉來微雨藤花紫。冉冉山鷄紅尾長，一聲樵斧驚飛起。松刺梳空石差齒，烟香風軟人參蕊。陽崖一夢伴雲根，仙菌靈芝夢魂裏。

吴苑行

(《樂府詩集》一〇〇一。)

錦雉雙飛梅結子，平春遠緑窗中起。吴江澹畫水連空，三尺屏風隔千里。小苑有門紅扇開，天絲舞蝶共徘徊。綺户雕楹長若此，韶光歲歲如歸來。

漢皇迎春詞

(《樂府詩集》一〇〇。)

春草芊芊晴掃烟，宫城大錦紅殷鮮。海日初融照仙掌，淮王小隊纓鈴響。獵獵東風焰赤旗，畫神金甲葱蘢網。鉅公步輦迎句芒，複道掃塵燕彗長。豹尾竿前趙飛燕，柳風吹盡眉間黄。碧草含情杏花喜，上林鶯囀游絲起。寶馬摇環萬騎歸，恩光暗入簾櫳裏。

謝公墅歌

朱雀航南繞香陌，謝郎東墅連春碧。鳩眠高柳日方融，綺榭飄飖紫庭客。文楸方罫花参差，心陣未成星滿池。四座無喧梧竹静，金蟬玉柄俱持頤。對局含情見千里，都城已得長蛇尾。江南王氣繫疏襟，未許苻堅過淮水。

張静婉采蓮歌并序

静婉，羊侃妓也。其容絶世，侃自爲《采蓮》二曲。今樂府所存，失其故意，因歌以俟采詩者。事具載《梁史》。

蘭膏墜髮紅玉春，燕釵拖頸拋盤雲。城西楊柳向嬌晚，門前溝水波粼粼。麒麟公子朝天客，珂馬璫璫度春陌。掌中無力舞衣輕，剪斷鮫綃破春碧。抱月飄烟一尺腰，麝臍龍髓憐嬌饒。秋羅拂水碎光動，露重花多香不銷。鸂鶒膠膠塘水滿，緑萍如粟蓮莖短。一夜西風吹雨來，粉痕零落愁紅淺。船頭折藕絲暗牽，藕根蓮子相留連。郎心似月月未缺，十五十六清光圓。

蘭塘詞

（《樂府詩集》一〇〇。）

塘水汪汪鳧唼喋，憶上江南木蘭楫。綉頸金鬉蕩倒光，團團皺緑鷄頭葉。露凝荷卷珠净圓，紫菱刺短浮根纏。小姑歸晚紅妝淺，鏡裏芙蓉照水鮮。東溝潏潏勞回首，欲寄一杯瓊液酒。知道無郎却有情，長教月照相思柳。

春日野行

騎馬踏烟莎，青春奈怨何。蝶翎朝粉盡，鴉背夕陽多。柳艷欺芳帶，山愁縈翠娥。别情無處説，方寸是星河。

題盧處士山居

西溪向樵客，遥識主人家。古樹老連石，急泉清露沙。千峰隨雨暗，一徑入雲斜。日暮鳥飛散，滿山蕎麥花。

清旦題采藥翁草堂

幽人尋藥徑，來自曉雲邊。衣濕术花雨，語成松嶺烟。解藤開澗户，踏石過溪泉。林外晨光動，山昏鳥滿天。

商山早行

晨起動征鐸，客行悲故鄉。鷄聲茅店月，人迹板橋霜。槲葉暗山路，枳花明驛墻。因思杜陵夢，鳧雁滿回塘。

送人東游

荒戍落黄葉，浩然離故關。高風漢陽渡，初日郢門山。江上幾人在，天涯孤棹還。何當重相見，尊酒慰離顔。

利州南渡

澹然空水帶斜暉，曲島蒼茫接翠微。波上馬嘶看棹去，柳邊人歇待船歸。數叢沙草群鷗散，萬頃江田一鷺飛。誰解乘舟尋范蠡，五湖烟水獨忘機。

春日偶作

西園一曲艶陽歌，擾擾車塵負薜蘿。自欲放懷猶未得，不知經世竟如何。夜聞猛雨判花盡，寒戀重衾覺夢多。釣渚别來應更好，春風還爲起微波。

過陳琳墓

曾於青史見遺文，今日飄蓬過此墳。詞客有靈應識我，霸才無主始憐君。石麟埋没藏春草，銅雀荒凉對暮雲。莫怪臨風倍惆悵，欲將書劍學從軍。

瑶瑟怨

冰簟銀床夢不成，碧天如水夜雲輕。雁聲遠過瀟湘去，十二樓中月自明。

楊　柳

（《樂府詩集》八一。）

金縷毿毿碧瓦溝，六宫眉黛惹春愁。晚來更帶龍池雨，半拂闌干半入樓。

皇甫松

采蓮子

菡萏香連十頃陂，小姑貪戲采蓮遲。晚來弄水船頭濕，更脱紅裙裹鴨兒。

船動湖光灧灧秋，貪看年少信船流。無端隔水拋蓮子，遥被人知半日羞。

浪淘沙

（《樂府詩集》八二。）

灘頭細草接疏林，浪惡罾船半欲沉。宿鷺眠洲非舊浦，去年沙嘴是江心。

蠻歌豆蔻北人愁，松雨蒲風野艇秋。浪起鵁鶄眠不得，寒沙細細入江流。

劉綺莊

揚州懷古

（《全唐詩》作《揚州送人》。）

桂楫木蘭舟，楓江竹箭流。故人從此去，遠望不勝愁。落日低帆影，歸風引棹謳。思君折楊柳，泪盡武昌樓。

李山甫（八二〇—　？）

隋堤柳

曾傍龍舟拂翠華，至今凝恨倚天涯。但經春色還秋色，不覺楊家是李家。背日古陰從北朽，逐波疏影向南斜。年年袛有晴風便，遥爲雷塘送雪花。

趙牧

對　酒

雲翁耕扶桑，種黍養日烏。手挼六十花甲子，循環落落如弄珠。長繩繫日未是愚，有翁臨鏡捋白鬚。飢魂吊骨吟古書，馮唐八十無高車。人生如雲在須臾，何乃自苦八尺軀。裂衣换酒且爲娱，勸君朝飲一瓢，夜飲一壺。杞天崩，雷騰騰，桀非堯是何足憑。桐君桂父豈勝我，醉裏白龍多上升。菖蒲花開魚尾定，金丹始可延君命。

唐温如

題龍陽縣青草湖

西風吹老洞庭波，一夜湘君白髮多。醉後不知天在水，滿船清夢壓星河。

陸龜蒙

襲美見題郊居十首因次韻酬之以伸榮謝録一首

福地能容塹，玄關詎有扉。静思瓊版字，閑洗鐵笌衣。鳥破凉烟下，人衝暮雨歸。故園秋草夢，猶記緑微微。

别墅懷舊

水國初冬和暖天，南榮方好背陽眠。題詩朝憶復暮憶，見月上弦還下弦。遥爲晚花吟白菊，近炊香稻識紅蓮。何人授我黄金百，買取蘇君負郭田。

木蘭堂

洞庭波浪渺無津，日日征帆送遠人。幾度木蘭舟上望，不知元是此花身。

白　　蓮

素花多蒙别艷欺，此花真合在瑶池。無情有恨何人見，月曉風清欲墮時。

白　　鷺

雪然飛下立蒼苔，應伴江鷗拒我來。見欲扁舟摇蕩去，倩君先作水雲媒。

村中晚望

抱杖柴門立，江村日易斜。雁寒猶憶侣，人病更離家。短鬢看成雪，雙眸舊有花。何須萬里外，即此是天涯。

又酬襲美早春病中書事次韻

從來多遠思，尤向静中生。所以令心苦，還應是骨清。酒香偏入夢，花落又關情。積此風流事，争無後世名。

次和襲美病後春思

氣和靈府漸氤氲，酒有賢人藥有君。七字篇章看月得，百勞言語傍花聞。閑尋古寺消晴日，最憶深溪枕夜雲。早晚共摇孤艇去，紫屏風外碧波文。

奉和襲美題達上人藥圃

净名無語示清羸，藥草搜來喻更微。一雨一風皆遂性，花開花落盡忘機。教疏兔鏤金弦亂，（兔鏤，兔絲别名。）自擁龍芻紫汞肥。莫怪獨親幽圃坐，病容銷盡欲依歸。

奉和襲美夏景冲澹偶作次韻

蟬雀參差在扇紗，竹襟輕利籜冠斜。壚中有酒文園會，琴上無弦靖節家。芝畹烟霞全覆穗，橘州風浪半浮花。閑思兩地忘名者，不信人間髮解華。

病中秋懷寄襲美

病容愁思苦相兼，清鏡無形未我嫌。貪廣異蔬行徑窄，故求偏藥出錢添。同人散後休賒酒，雙燕辭來始下簾。更有是非齊未得，重憑詹尹拂龜占。

和襲美新秋即事次韻

帆楫衣裳盡釣徒，往來蹤迹遍三吴。閑中展卷興亡小，醉後題詩點畫粗。松島伴談多道氣，竹窗孤夢豈良圖。還須待致升平了，即任扁舟放五湖。

秋夕文宴得成字

筆陣初臨夜正清，擊銅遥認小金鉦。飛觥狀若游燕市，覓句難於下趙城。隔嶺故人因會憶，傍檐栖鳥帶吟驚。梁王座上多詞客，五韻甘心第七成。（梁昭明嘗文宴，賦詩各五韻，劉孝威第七方成。）

高駢（八二一—八八七）

步虚詞

（《樂府詩集》七八。）

青溪道士人不識，上天下天鶴一隻。洞門深鎖碧窗寒，滴露研朱點周易。

贈歌者

公子邀歡月滿樓，佳人揭調唱伊州。便從席上風沙起，直到蕭關水盡頭。

許棠（八二二— ？）

題慈恩寺元遂上人院

行檻匝回廊，城中似外方。月雲開作片，枝鳥立成行。徑接河源潤，庭容塔影涼。天台頻去説，誰占最高房。

劉駕（八二二— ？）

早　行

馬上續殘夢，馬嘶始復驚。心孤多所虞，僮僕近我行。栖禽未飛散，落月照孤城。莫羨居者閑，溪邊人已耕。

秋　夕

促織燈下吟，燈光冷於水。鄉魂坐中去，倚壁身如死。求名爲骨肉，骨肉萬餘里。富貴在何時，離别今如此。出門長嘆息，月白西風起。

李昌符（八二四— ？）

傷　春

（《全唐詩》作《旅游傷春》。）

酒醒鄉關遠，迢迢聽漏終。曙分林影外，春盡雨聲中。鳥思江村路，花殘野岸風。十年成底事，羸馬倦西東。

羅鄴（八二五— ？）

聞杜鵑

花時一宿碧山前，明月東風叫杜鵑。孤館覺來聽夜半，羸童相對亦無眠。汝身哀怨猶如此，我泪縱横豈偶然。争得蒼蒼知有恨，汝身成鶴我成仙。

僕射陂晚望

離人到此倍堪傷，陂水蘆花似故鄉。身世未知何日了，馬蹄惟覺到秋忙。田園牢落東歸晚，道路辛勤北去長。却羨無愁是沙鳥，雙雙相趁下斜陽。

唐求（八二五— ？）

山東蘭若遇静公夜歸

松門一徑微，苔滑往來稀。半夜聞鐘後，渾身帶雪歸。問寒僧接杖，辨語犬銜衣。又是安禪去，呼童閉竹扉。

夜上隱居寺

尋師擬學空，空住虎溪東。千里照山月，一枝驚鶴風。年如流去水，山似轉來蓬。盡日都無事，安禪石窟中。

曹唐

仙子洞中有懷劉阮

不將清瑟理霓裳，塵夢那知鶴夢長。洞裏有天春寂寂，人間無路月茫茫。玉沙瑤草連溪碧，流水桃花滿澗香。曉露風燈零落盡，此生無處訪劉郎。

贈南岳馮處士二首

白石溪邊自結廬，風泉滿院稱幽居。鳥啼深樹斸靈藥，花落閑窗看道書。烟嵐晚過鹿裘濕，水月夜明山舍虛。支頤冷笑緣名出，終日王門强曳裾。

寂寥深木閉烟霞，洞裏相知有幾家。笑看潭魚吹水沫，醉嗔溪鹿吃蕉花。穿厨歷歷泉聲細，繞屋悠悠樹影斜。夜静著灰封釜竈，自添文武養丹砂。

送康祭酒赴輪臺

灞水橋邊酒一杯，送君千里赴輪臺。霜粘海眼旗聲凍，風射犀文甲縫開。斷磧簇烟山似米，野營軒地鼓如雷。分明會得將軍意，不斬樓蘭不擬回。

南　　游

盡興南游卒未回，水工舟子不須催。政思碧樹關心句，難放紅螺蘸甲杯。漲海潮生陰火滅，蒼梧風暖瘴雲開。蘆花寂寂月如練，何處笛聲江上來。

小游仙詩

南斗闌珊北斗稀，茅君夜著紫霞衣。朝騎白鹿趁朝去，風押笙歌逐後飛。

冰屋朱扉曉未開，誰將金策扣瓊臺。碧花紅尾小仙犬，閑吠五雲嗔客來。

玉詔新除沈侍郎，便分茅土鎮東方。不知今夕游何處，侍從皆騎白鳳凰。

九天天路入雲長，燕使何由到上方。玉女暗來花下立，手挼裙帶問昭王。

玉皇賜妾紫衣裳，教向桃源嫁阮郎。爛煮瓊花勸君吃，恐君毛鬢暗成霜。

鶴叫風悲竹葉疏，誰來五嶺拜雲車。人間肉馬無輕步，踏破先生一卷書。

夜降西壇宴已終，花殘月榭霧朦朧。誰游八海門前過，穴洞一聲風雨中。

共愛初平住九霞，焚香不出閉金華。白羊成隊難收拾，吃盡溪頭巨勝花。

太一元君昨夜過，碧雲高髻綰婆娑。手抬玉策紅於火，敲斷金鸞使唱歌。

侍女親擎玉酒卮，滿卮傾酒勸安期。等閑相别三千歲，長憶水邊分棗時。

去住樓臺一任風，十三天洞暗相通。行厨侍女炊何物，滿竈無烟玉炭紅。

王母相留不放回，偶然沉醉卧瑶臺。憑君與向蕭郎道，教着青龍取妾來。

水滿桑田白日沉，凍雲乾霰濕重陰。遼東歸客閑相過，因話堯年雪更深。

瓊樹扶疏壓瑞烟，玉皇朝客滿花前。東風小飲人皆醉，短尾青龍枕水眠。

彤閣鐘鳴碧鷺飛，皇君催熨紫霞衣。丹房玉女心慵甚，貪看投壺不肯歸。

沙野先生閉玉虛，焚香夜寫紫微書。供承童子閑無事，教剉瓊花喂白驢。

北斗西風吹白榆，穆公相笑夜投壺。花前玉女來相問，賭得青龍許贖無？

張喬

送友人歸宜春

落花兼柳絮，無處不紛紛。遠道空歸去，流鶯獨自聞。野橋喧磑水，山郭入樓雲。故里南陔曲，（陔本作陵，一作陔。《貴池唐人集》作陔，注云："元僧圓至注《三體唐詩》，以南陔爲南陵，雲喬之故里。喬池州人，南陵隸宣，非也。自言宜春故里，歌《南陔》笙詩，貢生更入京耳。"）秋期更送君。

武瓘（八二九—　？）

勸　　酒

勸君金屈卮，滿酌不須辭。花發多風雨，人生足別離。

處默（八三〇—　？）

題聖果寺

路自中峰上，盤回出薜蘿。到江吴地盡，隔岸越山多。古木叢青靄，遥天浸白波。下方城郭近，鐘磬接笙歌。

儲嗣宗（八三〇—　？）

南陂遠望

閑門横古塘，紅樹已驚霜。獨立望秋草，野人耕夕陽。孤烟起蝸舍，飛鷺下魚梁。惟有田家事，依依似故鄉。

小　　樓

松杉風外亂山青，曲几焚香對石屏。記得去年春雨後，燕泥時污太玄經。

司馬扎

道中早發

野店鷄一聲，蕭蕭客車動。西峰帶曉月，十里猶相送。繁弦滿長道，羸馬四蹄重。遥羡青樓人，錦衾方遠夢。功名不我與，孤劍何所用。行役難自休，家山憶秋洞。

貫休（八三二—九一二）

寄令狐郎中

雨打繁暑盡，放懷步微凉。緑苔狂似人，入我白玉堂。塹鳥眠堪畫，庭欆夜益香。唯應蕊宫子，時到虎溪旁。

江邊道士

獨住大江濱，不知何代人。藥爐生紫氣，肌肉似紅銀。酒釃竹屋爛，（一本作爛）符收山鬼仁。何妨將我去，一看武陵春。

夢游仙

車渠地無塵，行至瑶池濱。森森椿樹下，白龍來嗅人。

于濆（八三二— ？）

古宴曲

雉扇合蓬萊，朝車回紫陌。重門集嘶馬，言宴金張宅。燕娥奉卮酒，低鬟若無力。十户手胼胝，鳳凰釵一隻。高樓齊下視，日照羅衣色。笑指負薪人，不信生中國。

寒　食

二月野中芳，凡花亦能香。素娥哭新冢，樵柯鳴柔桑。田父引黄犬，尋狐上高岡。墳前呼犬歸，不知頭似霜。

早　發

緑野含曙光，東北雲如茜。栖鴉林際起，落月水中見。此身何自苦，日日凌霜霰。流蘇帳裏人，猶在陽臺畔。

李郢（八三二— ？）

江上逢王將軍

虬髯憔悴羽林郎，曾入甘泉侍武皇。雕没夜雲知御苑，馬隨仙仗識天香。五湖歸去孤舟月，六國平來兩鬢霜。唯有桓伊江上笛，卧吹三弄送殘陽。

宿杭州虛白堂

秋月斜明虛白堂，寒蛩唧唧樹蒼蒼。江風徹曉不得寐，二十五聲秋點長。

崔道融（？—九〇〇？）

銅雀妓

歌咽新翻曲，香銷舊賜衣。陵園風雨後，（後《全唐詩》作暗）不見六龍歸。

春　閨

寒食月明雨，落花香滿泥。佳人持錦字，無雁寄遼西。

江　　村

日暮片帆落，江村如有情。獨對沙上月，滿船人睡聲。

寄人二首

（第二首一作韋承慶，非。）

花上斷續雨，江頭來去風。相思春欲盡，未遣酒尊空。

澹澹長江水，悠悠遠客情。落花相與恨，到地一無聲。

羅隱（八三三—九〇九）

巫山高

下壓重泉上千仞，香雲結夢西風緊。縱有精靈得往來，狖軛鼺軒亦顛隕。嵐光嵲嵲雷隱隱，愁爲衣裳恨爲鬢。暮灑朝行何所之，江邊日月情無盡。珠零冷露丹墮楓，細腰長臉愁滿宮。人生對面猶異同，况在千巖萬壑中。

江南行

江烟濕雨鮫綃軟，漠漠小山眉黛淺。水國多愁又有情，夜槽壓酒銀船滿。細絲摇柳凝曉空，（《樂府詩集》二六細絲摇柳作綳絲采怨）吴王臺榭春夢中。鴛鴦瀏鶒唤不起，平鋪緑水眠東風。西陵路邊月悄悄，油碧輕車蘇小小。（同上，油碧作油壁。）

金陵夜泊

冷烟輕靄傍衰叢，此夕秦淮駐斷蓬。栖雁遠驚沽酒火，亂鴉高避落帆風。地銷王氣波聲急，山帶秋陰樹影空。六代精靈人不見，思量應在月明中。

廣陵開元寺閣上作

滿檻山川漾落暉，檻前前事去如飛。雲中鷄犬劉安過，月裏笙歌煬帝歸。江蹙海門帆散去，地吞淮口樹相依。紅樓翠幕知多少，長向東風有是非。

杏　　花

暖觸衣襟漠漠香，閑梅遮柳不勝芳。數枝艷拂文君酒，半里紅欹宋玉墻。盡日無人疑悵望，有時經雨乍凄涼。舊山山下還如此，回首東風一斷腸。

綿谷回寄蔡氏昆仲

一年兩度錦江游，前值東風後值秋。芳草有情皆礙馬，好雲無處不遮樓。山將別恨和心斷，水帶離聲入夢流。今日因君試回首，澹烟喬木隔綿州。

皮日休（八三三— ？）

釣　侣

嚴陵灘勢似雲崩，釣具歸來放石層。烟浪濺篷寒不睡，更將枯蚌點漁燈。

酒病偶作

鬱林步障晝遮明，一炷濃香養病酲。何事晚來還欲飲，隔墻聞賣蛤蜊聲。

鹿門夏日

滿院松桂陰，日午却不知。山人睡一覺，庭鵲立未移。出檐趁雲去，忘戴白接䍦。書眼若薄霧，酒腸如漏卮。身外所勞者，飲食須自持。何如便絶粒，直使身無爲。

偶　書

女媧掉繩索，絙泥成下人。至今愚頑者，生如土偶身。雲物養吾道，天爵高我貧。大笑猗氏輩，爲富皆不仁。

讀　書

家資是何物，積帙列梁梠。高齋曉開卷，獨共聖人語。英賢雖異世，自古心相許。案頭見蠹魚，猶勝凡儔侣。

臨頓（里名）爲吴中偏勝之地，陸魯望居之，不出郛郭，曠若郊墅。余每相訪，款然惜去。因成五言十首，奉題屋壁録一

經歲岸烏紗，讀書三十車。水痕侵病竹，蛛網上衰花。詩任傳漁客，衣從遞酒家。知君秋晚事，白幘刈胡麻。

虎丘寺殿前有古杉一本，形狀醜怪，圖之不盡。况百卉競媚，若妒若娼，唯此杉死抱奇節，皜然闖然，不知雨露之可生也，風霜之可瘁也，乃造化者方外之材乎？遂賦三百言以見志

種日傳逢晋，枯來必自隋。鰐狂將立處，螭鬥未開時。卓犖擲槍幹，叉牙束戟枝。初驚蟉篆活，復訝獝狂痴。勁質如堯瘦，貞容學舜霉。勢能擒土伯，醜可駭山祇。虎爪拏巖穩，虬身脱浪欹。槎頭秃似刷，栟䔰利於錐。突兀方相脛，鱗皴夏氏胝。根應藏鬼血，柯欲漏龍漦。拗似神荼怒，呀如猰貐飢。朽癰難可吮，枯瘇不堪治。一炷玄雲拔，三尋黑稍奇。狼頭勃窣竪，蠆尾掘攣垂。目燥那逢爟，心開豈中鈹。任苔爲疥癬，從蠹作瘡痍。品格齊遼鶴，年齡等寶龜。將懷縮地力，欲負拔山姿。未倒防風骨，初僵負貳尸。漆書明古本，鐵室抗全師。磈礧還無極，伶俜又莫持。堅應敵駿骨，文定寫彪皮。蟠屈愁凌刹，騰驤恐攫池。搶烟寒嶱嶭，披蔦静褵褷。威仰誠難識，句芒恐不知。好燒胡律看，堪共達多期。寡色諸芳笑，無聲衆籟疑。終添八柱位，未要一繩維。盡日來唯我，當春玩更誰。他年如入用，直構太平基。

奉和魯望獨夜有懷吴體見寄

病鶴帶霧傍獨屋，破巢含雪傾孤梧。濯足將加漢光腹，抵掌欲捋梁武鬚。隱几清吟誰敢敵，枕琴高卧真堪圖。此時枉欠高散物，楠瘤作樽石作壚。

醉中偶作呈魯望

溪雲澗鳥本吾儕，剛爲浮名事事乖。十里尋山爲思役，五更看月是情差。分將吟咏華雙鬢，力以壺觴固百骸。争得草堂歸卧去，共君同作太常齋。

周樸（？—八七八）

董嶺水

湖州安吉縣，門與白雲齊。禹力不到處，河聲流向西。去衙山色遠，近水月光低。中有高人在，沙中曳杖藜。

李咸用

春　　日

浩蕩東風裏，徘徊無所親。危城三面水，古樹一邊春。衰世難修道，花時不稱貧。滔滔天下者，何處問通津。

李洞

送雲卿上人游安南

春往海南邊，秋聞半路蟬。鯨吞洗鉢水，犀觸點燈船。島嶼分諸國，星河共一天。長安却歸日，松偃舊房前。

鄭補闕山居

高節諫垣客，白雲居静坊。馬飢餐落葉，鶴病曬殘陽。野霧昏朝燭，溪箋惹御香。相招倚蒲壁，論句夜何長。

題維摩暢上人房

諸方幾游臘，五夏五峰銷。越講迎騎象，蕃齋懺射雕。冷筇和雪倚，朽櫟帶雲燒。從此西林老，瞥然三萬朝。

贈曹郎中崇賢所居

閑坊宅枕穿宮水，聽水分衾蓋蜀繒。藥杵聲中搗殘夢，茶鐺影裏煮孤燈。刑曹樹蔭千年井，華岳樓開萬仞冰。詩句變風官漸緊，夜濤春斷海邊滕。

贈青龍印禪師

雨澀秋刀剃雪時，庵前曾禮草堂師。居人昨日相過説，鶴已生孫竹滿池。

司空圖（八三七—九〇八）

塞　　下

（一作殷遥，下作上。案五六見圖《與李生論詩書》，則非殷詩明甚。）

萬里隋城在，三邊虜氣衰。沙填孤障角，燒斷故關碑。馬色經寒慘，雕聲帶晚飢。將軍正閑暇，留客换歌辭。

寄永嘉崔道融

旅寓雖難定，乘閑是勝游。碧雲蕭寺霽，紅樹謝村秋。戍鼓如潮暗，船燈照島幽。詩家多滯此，風景似相留。

下　　方

昏旦松軒下，怡然對一瓢。雨微吟詩足，花落夢無聊。細事當棋遣，衰容喜鏡饒。溪僧有深趣，書至又相邀。

上柏梯寺懷舊僧

（《全唐詩》作陌梯寺。）

雲根禪客居，皆説舊無廬。松日明金像，山風響木魚。依栖應不阻，名利本來疏。縱有人相問，林間懶折書。

江　　行

地闊分吴塞，楓高映楚天。曲塘春盡雨，方響夜深船。行紀添新夢，羈愁甚往年。何時京洛路，馬上見人烟。

庚子臘月五日

複道朝延火，嚴城夜漲塵。騂騮思故第，鸚鵡失佳人。禁漏虚傳點，妖星不振辰。何當回萬乘，重睹玉京春。

丁未歲歸王官谷

家山牢落戰塵西，匹馬偷歸路已迷。冢上卷旗人簇立，花邊移寨鳥驚啼。本來薄俗輕文字，却致中原動鼓鼙。將取一壺閑日月，長歌深入武陵溪。

退　　栖

宦游蕭索爲無能，移住中條最上層。得劍乍如添健僕，亡書久似憶良朋。燕昭不是空憐馬，支遁何妨亦愛鷹。自此致身繩檢外，肯教世路日兢兢。

雜　　題

溪漲漁家近，烟收鳥道高。松花飄可惜，睡裏灑離騷。

修史亭

烏紗巾上是青天，檢束酬知四十年。誰料平生臂鷹手，挑燈自送佛前錢。

歌　　者

五柳先生自識微，無弦共笑手空揮。胸中免被風波撓，肯爲螳螂動殺機。

聶夷中（八三七—　？）

雜　　興

兩葉能蔽目，雙豆能塞聰。理身不知道，將爲天地聾。擾擾造化内，茫茫天地中。苟或有所願，毛髮亦不容。

秋　　夕

日往無復見，秋堂暮仍學。玄髮不知白，曉入寒銅覺。爲材未辭樹，有玉猶在璞。誰把碧桐枝，刻作雲門樂。

公子家

種花滿西園，花發青樓道。花下一禾生，去之爲惡草。

章碣（八三七— ？）

旅舍早起

迹暗心多感，神疲夢不游。驚舟同魘夜，獨樹對悲秋。曉角和人戰，殘星入漢流。門前早行子，敲鐙唱離憂。

周繇（八三八[1]— ？）

登甘露寺

盤江上幾層，峭壁半垂藤。殿鎖南朝像，龕禪外國僧。海濤搖砌檻，山雨灑窗燈。日暮疏鐘起，聲聲徹廣陵。

---

① 原《唐詩》稿及所附“唐詩人生卒年一覽表”均言周繇生於838年。開明版《聞一多全集·唐詩大系》作837。

唐彦謙（八三九— ？）

曲江春望

杏艷桃嬌奪晚霞，樂游無廟有年華。漢朝冠蓋皆陵墓，十里宜春漢苑花。

仲山（高祖兄仲隱居之所）

千載遺踪寄薜蘿，沛中鄉里舊山河。長陵亦是閑丘隴，異日誰知與仲多。

鄭谷（八四二—九一〇？）

别同志

所立共寒苦，平生同與游。相看臨遠水，獨自上孤舟。天澹滄浪晚，風悲蘭杜秋。前程吟此景，爲子上高樓。

寄司勛張員外學士

平昔偏知我，司勛張外郎。昨來聞俶擾，憂甚欲顛狂。烟暝搔愁鬢，春陰賴酒鄉。江樓倚不得，横笛數聲長。

張谷田舍

縣官清且儉，深谷有人家。一徑入寒竹，小橋開野花。碓喧春澗滿，梯倚綠桑斜。自說年來稔，前村酒可賒。

鷓　　鴣

暖戲烟蕪錦翼齊，品流應得近山鷄。雨昏青草湖邊過，花落黄陵廟裏啼。游子乍聞征袖濕，佳人才唱翠眉低。相呼相唤湘江曲，苦竹叢深春日西。

韓偓（八四四—　？）

雨　　中

青桐承雨聲，聲聲何重叠。疏滴下高枝，次打欹低葉。鳥濕更梳翎，人愁方拄頰。獨自上西樓，風襟寒帖帖。

暴　　雨

電尾燒黑雲，雨脚飛銀綫。急點濺池心，微烟昏水面。氣涼氛祲消，暑退松篁健。叢蓼亞赬茸，擎荷翻綠扇。風期誰與同，逸趣余探遍。欲去更遲留，胸中久交戰。

殘春旅舍

旅舍殘春宿雨晴，恍然心地憶咸京。樹頭蜂抱花鬚落，池面魚吹柳絮行。禪伏詩魔歸凈域，酒衝愁陣出奇兵。兩梁免被塵埃污，拂拭朝簪待眼明。

半　　醉

水向東流竟不回，紅顔白髮遞相催。壯心暗逐高歌盡，往事空乘半醉來。雲護雁霜籠澹月，雨連鶯曉落殘梅。西樓悵望芳菲節，處處斜陽草似苔。

春　　盡

惜春連日醉昏昏，醒後衣裳見酒痕。細水浮花歸别澗，斷雲含雨入孤村。人閑易得芳時恨，地迥難招自古魂。慚愧流鶯相厚意，清晨猶爲到西園。

效崔國輔體

雨後碧苔院，霜來紅葉樓。閑階上斜日，鸚鵡伴人愁。

羅幕生春寒，綉窗愁未眠。南湖一夜雨，應濕采蓮船。

并　　州

戍旗青草接榆關，雨裏并州四月寒。誰會憑欄潛忍泪，不勝天際似江干。

已　涼

碧欄干外綉簾垂，猩色屏風畫折枝。八尺龍鬚方錦褥，已涼天氣未寒時。

寒食夜

惻惻輕寒剪剪風，杏花飄雪小桃紅。夜深斜搭鞦韆索，樓閣朦朧細雨中。

忍　笑

宮樣衣裳淺畫眉，晚來梳洗更相宜。水精鸚鵡釵頭顫，舉袂佯羞忍笑時。

半　睡

眉山暗澹向殘燈，一半雲鬟墜枕棱。四體著人嬌欲泣，自家揉損研繚綾。

寄　恨

秦釵枉斷長條玉，蜀紙空留小字紅。死恨物情難會處，蓮花不肯嫁東風。

杜荀鶴（八四六—九〇四）

春宫怨

早被嬋娟誤，欲妝臨鏡慵。承恩不在貌，教妾若爲容。風暖鳥聲碎，日高花影重。年年越溪女，相憶采芙蓉。

霽後登唐興寺水閣

一雨三秋色，蕭條古寺間。無端登水閣，有處似家山。白日生新事，何人得暫閑。將知老僧意，未必戀松關。

秋宿臨江驛

南來北去二三年，年去年來兩鬢斑。舉世盡從愁裏老，誰人肯向死前閑。漁舟火影寒歸浦，驛路鈴聲夜過山。身事未成歸未得，聽猿鞭馬入長安。

曹松（八四八—九〇一）

長安春日

浩浩看花晨，六街揚遠塵。塵中一丈日，誰是晏眠人。御柳舞著水，野鶯啼破春。徒云多失意，猶自惜離秦。

贈南陵李主簿

外邑官同隱，寧勞短吏趨。看雲情自足，愛酒逸應無。簟席遺棋子，衣裳惹印朱。仍聞陂水近，亦擬掉菰蒲。

寄崇聖寺僧

不醉長安酒，冥心祇似師。望山吟過日，伴鶴立多時。溝遠流聲細，林寒緑色遲。庵西蘿月夕，重約語空期。

送進士喻坦之游太原

北鄙征難盡，詩愁滿去程。廢巢侵燒色，荒冢入鋤聲。逗野河流濁，離雲磧日明。并州戎壘地，角動引風生。

再到洪州望西山

洪州向西顧，不忍暫忘君。記得瀑泉落，省同幽鳥聞。一回經雨雹，長有剩風雲。未定却栖息，前頭江海分。

贈衡山麋明府

爲縣瀟湘水，門前樹配苔。晚吟公籍少，春醉積林開。滌硯松香起，擎茶岳影來。任官爲此境，更莫夢天台。

南　　游

直到南箕下，方諳漲海頭。君恩過銅柱，戎節限交州。犀占花陰卧，波衝瘴色流。遠夷居不樂，自是北人愁。

南海旅次

憶歸休上越王臺，歸思臨高不易裁。爲客正當無雁處，故園誰道有書來。城頭早角吹霜盡，郭裏殘潮蕩月回。心似百花開未得，年年争發被春催。

吴融（八五〇—　？）

途　中

柳弱風長在，雲輕雨易休。不勞芳草色，更惹夕陽愁。萬里獨歸去，五陵無與游。春心漸傷盡，何處有高樓。

金橋感事

太行和雪叠晴空，二月春郊尚朔風。飲馬早聞臨渭北，射雕今欲過山東。百年徒有伊川嘆，五利寧無魏絳功。日暮長亭正愁絶，哀笳一曲戍烟中。

春歸次金陵

春陰漠漠覆江城，南國歸橈趁晚程。水上驛流初過雨，樹籠堤去不離鶯。迹疏冠蓋兼無夢，地近鄉關别有情。便被東風動愁思，楊花千里雪中行。

題湖城縣西道中槐樹

零落欹斜此路中，盛時曾識太平風。曉迷天仗歸春苑，暮送鸞旗指洛宮。一自烟塵生薊北，更無消息幸關東。而今祇有孤根在，鳥啄蟲穿没亂蓬。

山居即事

小亭前面接青崖，白石交加襯緑苔。日暮松聲滿階砌，不關風雨鶴歸來。

釣　竿

曾抛釣渚入秦關，今却持竿傍碧灘。認得舊溪兼舊意，恰如羊祜識金環。

韋莊（八五一—九一〇）

章臺夜思

清瑟怨遥夜，繞弦風雨哀。孤燈聞楚角，殘月下章臺。芳草已云暮，故人殊未來。鄉書不可寄，秋雁又南回。

延興門外作

芳草五陵道，美人金犢車。緑奔穿内水，紅落過墻花。馬足倦游客，鳥聲歡酒家。王孫歸去晚，宮樹欲栖鴉。

憶　昔

昔年曾向五陵游，子夜歌清月滿樓。銀燭樹前長似晝，露桃花下不知秋。西園公子名無忌，南國佳人字莫愁。今日亂離俱是夢，夕陽惟見水東流。

過楊州

當年人未識兵戈，處處清樓夜夜歌。花發洞中春日永，月明衣上好風多。淮王去後無鷄犬，煬帝歸來葬綺羅。二十四橋空寂寂，緑楊摧折舊官河。

綏州作

雕陰無樹水南流，雉堞連雲古帝州。帶雨晚駝鳴遠戍，望鄉孤客倚高樓。明妃去日花應笑，蔡琰歸時鬢已秋。一曲單于暮烽起，扶蘇城上月如鈎。

與東吴生相遇

十年身世各如萍，白首相逢泪滿纓。老去不知花有態，亂來惟覺酒多情。貧疑陋巷春偏少，貴想豪家月最明。且對一尊開口笑，未衰應見泰階平。

金陵曲

（《全唐詩》作臺城。）

江雨霏霏江草齊，六朝如夢鳥空啼。無情最是臺城柳，依舊烟籠十里堤。

崔塗（八五四— ？）

夕次洛陽道中

秋風吹故城，城下獨吟行。高樹鳥已息，古原人尚耕。流年川暗度，往事月空明。不復嘆歧路，馬前塵夜生。

秋宿天彭僧舍

身世兩相惜，秋雲每獨興。難將塵界事，話向雪山僧。力善知誰許，歸耕又未能。此懷平不得，挑盡草堂燈。

孤　雁

幾行歸去盡，念爾獨何之。暮雨相呼失，寒塘獨下遲。渚雲低暗度，乘月冷相隨。（下相字本作遥，一作相，此從一本。李壁《王荆公詩注》二二引亦作相）未必逢矰繳，孤飛自可疑。

秋日犍爲道中

久客厭歧路，出門吟且悲。平生未到處，落日獨行時。芳草不長緑，故人難重期。那堪更南渡，鄉國已天涯。

巴山道中除夜書懷

迢遞三巴路，羈危萬里身。亂山殘雪夜，孤燭異鄉人。漸與骨肉遠，轉於僮僕親。那堪正飄泊，明日歲華新。

春夕旅懷

水流花謝兩無情，送盡東風過楚城。蝴蝶夢中家萬里，杜鵑枝上月三更。故園書動經年絶，華髮春唯滿鏡生。自是不歸歸便得，五湖烟景有誰争。

王駕（八五一— ？）

古　意

夫戍蕭關妾在吴，西風吹妾妾憂夫。一行書信千行泪，寒到君邊衣到無？

齊己（八六一—九四〇？）

劍　　客

拔劍繞殘樽，歌終便出門。西風滿天雪，何處報人恩。勇死尋常事，輕仇不足論。翻嫌易水上，細碎動離魂。

登祝融峰

猿鳥共不到，我來身欲浮。四邊空碧落，絶頂正清秋。宇宙知何極，華夷見細流。壇西獨立久，白日轉神州。

王貞白（八六一—　？）

商　　山

商山名利路，夜亦有人行。四皓卧雲處，千秋疊蘚生。晝燒籠澗黑，殘雪隔林明。我待酬恩了，來聽水石聲。

題嚴陵釣臺

山色四時碧，溪聲七里清。嚴陵愛此景，下視漢公卿。垂釣月初上，放歌風正輕。應憐渭濱叟，匡國祇論兵。

過商山

一宿白雲根，時經采麝村。數峰雖似蜀，當晝不聞猿。馬立溪沙淺，人争閣道喧。明朝弃繻罷，步步入金門。

沈彬（八六一—九四五？）

塞　　下

塞葉聲悲秋欲霜，寒山數點下牛羊。映霞旅雁隨疏雨，向磧行人帶夕陽。邊騎不來沙路失，國恩深後海城荒。胡兒向化新成長，猶自千回問漢王。

張蠙（八六一—　？）

過蕭關

出得蕭關北，儒衣不稱身。隴狐來試客，沙鶻下欺人。曉戍殘烽火，晴原起獵塵。邊戎莫相忌，非是霍家親。

送友人歸武陵

聞近桃源住，無村不是花。戍旗招海客，廟鼓集江鴉。別島垂橙實，閑田長荻芽。游秦未得意，看即更離家。

錢塘夜宴留别郡守

四方騷動一州安，夜列樽罍伴客歡。觱栗調高山閣迴，蝦蟆更促海聲寒。屏間佩響藏歌妓，幕外刀光立從官。沉醉不愁歸棹遠，晚風吹上子陵灘。

翁承贊（八六二— ？）

柳

煬帝東游意緒多，宫娃眉翠兩相和。一聲水調春風暮，千里交陰鎖汴河。

徐夤（八六五— ？）

夢　斷

夢斷紗窗半夜雷，别君花落又花開。漁陽路遠書難寄，衡岳山高月不來。玄燕有情穿綉户，靈龜無應祝金杯。人生若得長相對，螢火生烟草化灰。

緑　鬢

緑鬢先生自出林，孟光同樂野雲深。躬耕爲食古人操，非織不衣賢者心。眼衆豈能分瑞璧，舌多須信爍良金。君看黄閣南遷客，一過瀧州絶好音。

裴説（八七二—　？）

鹿門寺

鹿門山上寺，突兀盡無塵。到此修行者，應非取次人。（白居易《病假中龐少尹携魚酒相過》："閑停茶碗從容語，醉把花枝取次吟。"《洛橋寒食日作十韻》："遇客踟躕立，尋花取次行。"《自咏》："隨宜飲食聊充腹，取次衣裘亦暖身。"《寒食江畔》："聞鶯樹下沈吟立，信馬江頭取次行。"《偶眠》："老愛尋思事，慵多取次眠。"《東城桂》："當時應逐南風落，落向人間取次生。"元稹《清明日》："常年寒食好風輕，觸處相隨取次行。"）鳥過驚石磬，日出礙金身。何計生煩惱，虚空是四鄰。

題岳州僧舍

喜到重湖地，（地《全唐詩》作北）孤舟横晚烟。鷺銜魚入寺，鴉接飯隨船。松檜君山迥，菰蒲夢澤連。與師吟論處，秋水浸遥天。

翁宏

送廖融處士南游[1]

病卧瘴雲間，莓苔漬竹關。孤吟牛渚月，老憶洞庭山。壯志潛消盡，淳風竟未還。今朝忽相遇，執手一開顔。

春　殘

又是春殘也，如何出翠幃。落花人獨立，微雨燕雙飛。寓目魂將斷，終年夢亦非。那堪愁向夕，蕭颯暮蟾輝。

譚用之

月夜懷寄友人

劍氣徒勞望斗牛，故人别後阻仙舟。殘春謾道深傾酒，好月那堪獨上樓。何處是非隨馬足，由來得喪白人頭。清風未許重携手，幾度高吟寄水流。

渭城春晚

秦樹朦朧春色微，香風烟暖樹依依。邊城夜静月初上，芳草路長人

① 開明版《聞一多全集·唐詩大系》無此篇。

未歸。折柳且堪吟晚檻，弄花何處醉殘暉。釣鄉千里斷消息，滿目碧雲空自飛。

徐鉉（九一六—九九一）

愛敬寺有老僧嘗游長安，言秦雍間事歷歷可聽，因贈此詩，兼示同行客。

白首栖禪者，嘗談灞滻游。能令過江客，偏起失鄉愁。室倚桃花崦，門臨杜若洲。城中無此景，將子剩淹留。

李中（九二四—九七五？）

春日野望懷故人

野外登臨望，蒼蒼烟景昏。暖風醫病草，甘雨洗荒村。雲散天邊影，潮回島上痕。故人不可見，倚杖役吟魂。

張泌（九三〇— ？）

春晚謡

雨微微，烟霏霏，小庭半坼紅薔薇。鈿筝斜倚畫屏曲，零落幾行金雁飛。蕭關夢斷無尋處，萬叠春波起南浦。凌亂楊花撲綉簾，晚窗時有流鶯語。

洞庭阻風

空江浩蕩景蕭然，盡日菰蒲泊釣船。青草浪高三月渡，绿楊花撲一溪烟。情多莫舉傷春目，愁極兼無買酒錢。猶有漁人數家住，不成村落夕陽邊。

晚次湘源縣

烟郭遥聞向晚鷄，水平舟静浪聲齊。高林帶雨楊梅熟，曲岸籠雲謝豹啼。二女廟荒汀樹老，九疑山碧楚天低。湘南自古多離怨，莫動哀吟易慘凄。

潘佑（九三七—九七二）

送人往宣城

江畔送行人，千山生暮氛。謝安團扇上，爲畫敬亭雲。

附：原《唐詩大系》稿所録詩人小傳

陳子良（571—632）：陳晋安王府諮議吴平侯之子。在隋爲楊素記室，入唐，官右衛率府長史。與蕭德言、庾抱等俱爲隱太子學士。貞觀六年終相如縣令，年六十二。集十卷，及注、辯證、論八卷，并佚。存詩十三首。今抄二首。

魏徵（580 — 643）：字玄成，魏州曲城人。初爲太子洗馬。太宗即位，拜諫議大夫、秘書監，尋晋檢校侍中，封鄭國公。以疾辭職，拜特進，仍知門下省事。性諒直，知無不言。校輯秘省群書，及撰齊、梁、陳、周、隋諸史序論，多出其手。卒謚“文貞”。集二十卷，《次禮記》二十卷、《祥瑞録》十卷、《時務策》五卷，并佚。《群書治要》五十卷，見存。《全唐詩》編詩一卷。抄一首。

王績（585 — 644）：字無功，號東皋子，絳州龍門人。兄文中子通，隋末大儒。績在隋爲揚州六合丞。入唐，以前官待詔門下省，尋罷去。選授太樂丞，歲餘，復歸隱河渚間。績少有才名，工文辭，善鼓琴，好陰陽曆數之術，嘗所從游者，方伎之士。性簡傲，好飲酒，至數斗不亂，世所傳績之事迹，皆其飲酒故事之“演義”耳。爲詩學陶潜，滌盡當時排比滯重之習，一以古淡爲宗。嘗云：“歌咏以會意爲巧，不必與夫悠悠間人相唱和也。”其文如《醉鄉記》《答馮子華處士書》等，亦有逸致。晚年續兄度撰《隋書》，未竟而卒，時年六十。所著《酒譜》《酒經》各一卷、《會心高士傳》五卷及注《老子》，今并不傳。《東皋子集》五卷，今祇三卷，亦非其舊。《全唐詩》編詩一卷。今抄三首。

上官儀（608？—664）：字游韶，陝州陝人。父宏爲隋江都副監，因家焉，宏爲將軍陳稜所殺。時儀尚幼，左右藏匿獲免，因私度爲沙門。貞觀元年登進士第，授宏文館直學士。龍朔二年，累遷至西臺侍郎，同東西臺三品。儀本以詞采自達，頗恃才任勢，時輩嫉之。又嘗與帝議廢武后，爲后所銜。麟德元年，竟因許敬宗誣構下獄死，籍没其家。儀博通群書，淹貫釋典。太宗時預撰《晋書》，太宗屬文，每遣視草。又多令繼和，凡有宴集，儀必與焉。其詩綺錯婉媚，而機構巧密，有“六對”“八對”之法。及貴顯，人多效之，號“上官體”。唐興承齊、梁餘緒，五十年間，文體日弊，至儀而極。其詩本無足甄録，世所傳《入朝洛堤步月》四句，稍見清麗，又似非全章，例不當載，今姑破格闌入，以爲此一時期之代表焉爾。所著《投壺經》一卷、集三十卷，并佚。《全唐詩》編詩一卷，匯補三首，又殘詩二首。今抄殘詩一首。

盧照鄰（637—689？）：字昇之，幽州范陽人。幼從曹憲、王義方授《蒼》、《雅》、經、史。初爲鄧王府典簽。王歷壽、襄二州刺史、兖州都督，所至，照鄰皆從焉。麟德二年，王薨，調益州新都尉。秩滿，留連蜀中者久之。時駱賓王亦在蜀，俱以少年才士，放曠詩酒，聲稱籍甚。照鄰尤浪漫不拘行檢，嘗私昵郭氏女，旋復弃之，時議目爲輕薄。咸亨中以疾去歸長安，師事孫思邈，學爲養生之術。餌丹砂，疾益甚，徙居東龍門山。數年，足攣。一手亦廢，乃去之陽翟具茨山下，買田數十畝，預自爲墓，疏潁水周舍，偃卧其中。既沈痼痿痹，不堪其苦，遂與親屬執别，自投潁水而死，時年四十。照鄰以《長安古意》《行路難》諸七言長篇得名，雖竟體淫哇，曲終奏雅，而奔流迴蕩，氣勢雄偉，不愧開國新聲，此杜甫所以力排衆議，判爲“不廢江河萬古流”也。五言秀句，如“横琴答山水，披卷閲公卿”“風摇十洲影，日亂九江文”亦新雋絶倫。集二十卷。又《幽憂子》三卷。《全唐詩》編詩二卷。抄一首。

駱賓王（640？—684）：婺州義烏人。少落魄無行，好與博徒游，然有節概。初爲道王府屬，歷武功主簿。上元中裴行儉爲洮州總管，表掌書記，因得盡歷西陲。久之，調長安主簿，遷侍御史。時武后專國，潛移唐祚。賓王數上書言事，后怒，誣繫獄中。后既廢中宗爲廬陵王，忌賓王，貶授臨海丞，悻悻弃官去。會徐敬業將舉兵揚州，遂往投之。敬業命草檄暴斥后罪。世傳后讀檄至“一抔之土未乾，六尺之孤何托，”矍然曰：“宰相安得失此人？”敬業敗，相從入海，將奔高麗，至海陵界阻風，追兵及，部將斬敬業求降，賓王與餘黨悉赴水死。或云賓王亦被害。賓王尤長於文，皇甫湜譏世人“筆語未有駱賓王一字，已罵宋玉爲罪人”。所著《百道判集》，今佚。集十卷。中宗時詔求其文，郄雲卿集成上之。今所傳《駱臨海集》七卷，殆非其舊。《全唐詩》編詩三卷。抄三首。

李嶠（645—714）：字巨山，趙州贊皇人。麟德元年進士第。調安定尉，舉制策甲科，遷長安。時與駱賓王等同稱畿尉名文章者，而嶠年最少，與等夷。聖曆初累官至同鳳閣鸞臺平章事。中宗即位，以附張易之兄弟，貶通州刺史，數月徵還。神龍二年，以吏部尚書爲中書令，加修文館大學士。睿宗即位，出爲懷州刺史。貶滁州別駕，改廬州。卒年七十。嶠富才思，其仕前與盧、駱接，中與崔融、蘇味道齊名，晚諸人歿而獨爲文章老宿，學者咸取法焉。其詩《汾陰行》最著。或云明皇將幸蜀，置酒花萼樓上，命工歌《奏水調》。一人歌曰：“山川滿目泪沾衣，富貴榮華能幾時。不見祇今汾水上，惟有年年秋雁飛。”上爲之潸然泣下，不待曲終而去。即《汾陰行》末四句也。然全章未能稱此。嶠有《軍謀前鑒》十卷，集五十卷，均佚。《雜咏詩》十二卷，今存。《全唐詩》編詩五卷。抄一首。

薛稷（647—711）：字嗣通，河東汾陰人。薛道衡曾孫，魏徵外孫也。登進士第。又舉臨難不顧、徇節寧邦科。歷彭山令、祠部員外郎、中書舍人。景龍末爲諫議大夫、昭文館學士。景雲初，累拜黄門侍郎，參知機務。尋罷，遷左散騎常侍，歷工部、禮部二尚書，除太子少保，封晋國公。仍以睿宗懿親，常召入宫，參决庶政。先天二年，坐知竇懷貞謀，賜死獄中，年六十五。稷有辭學，好古博雅。外祖家富圖籍，多藏前輩手迹，稷鋭精模仿，書畫并至名家。書宗褚遂良，“媚好膚肉、得師之半”。畫學閻立本，佛像菩薩、青牛花鳥俱妙，而尤精畫鶴。自臺省廳壁、王侯宅第、佛寺精舍，所在多有其迹。詩擅古風，骨氣高渾，過其外祖，杜甫所謂“少保有古風，得之陜郊篇”者，但其一臠耳。存詩十四首。抄二首。

杜審言（648？—708）：字必簡，襄州襄陽人，世居河南鞏縣。咸亨元年擢進士第，授隰城尉，累遷洛陽丞，坐事貶吉州司户參軍。與州僚司馬周、季重等不叶，季重等共構其罪，繫獄，將因事殺之。審言子并，年十三，伺季重等酣宴，刀刺之，季重中傷死，并亦爲左右所殺。審言坐免官歸東都。後則天召見，拜著作佐郎，遷膳部員外郎。神龍初，以交通張易之流峰州。景龍二年，入爲國子監主簿，加修文館直學士。卒，年六十餘。審言少有才名，蹇傲不羈，與李嶠、崔融、蘇味道等爲“文章四友”，世號“崔李蘇杜”。先是四杰等爲文以氣勢相倡導，時風一振。審言繼起，雄厚不減，又加深微。宋之問嘗評其詩曰：“言必得俊，意常通理。其含潤也，若和風吹曙，摇露氣於春林；其秉艷也，似凉雨半晴，懸日光於秋水。”審言詩文并工，兼長書翰。嘗語人曰：“吾文章當得屈、宋作衙官，吾筆當得王羲之北面。”集十卷，佚。

蘇味道（648—705）：趙州欒城人。乾封二年進士登第。累調咸陽尉。裴行儉征突厥，引爲掌書記。延載、聖曆間，兩登臺輔。神龍初，坐張易之黨，貶眉州刺史。卒，年五十八。味道與同里李嶠俱以文辭顯，時號“蘇李”。中宗時，上元夜觀燈，群臣賦詩，推味道第一。集十五卷，佚。《全唐詩》編詩一卷。抄一首。

王勃（649—676）：字子安，績之從孫也。十四對策高第，十七舉幽素科。沛王召爲府修撰，甚愛重之。諸王鬥雞，勃戲爲《檄周王雞》文，高宗覽之，大怒，立斥出府。後客游劍南，久之，補虢州參軍。官奴曹達抵罪，勃私匿之，又懼事泄，遂殺之以塞口。事發當誅，會赦除名。父福畤坐左遷交趾令。上元三年，勃往省父，渡南海，墮水而死，時年二十八。勃兄弟俱有才名，勃尤天姿卓絶。每屬文，則磨墨數升，酣飲引被覆面而卧，及寤，援筆成篇，人稱爲“腹稿”。爲文沈酣博洽，并世宗之。所至請托麕集，金帛豐積，號曰“心織筆耕”。詩則典麗深婉，雍容雅正，居然大家風度。又喜著述，有乃祖文中子風。自群經以及醫藥、曆數，咸有論撰。計有《舟中纂序》五卷,《周易發揮》五卷,《次論語》十卷,《大唐千歲曆》《黄帝八十一難經注》各若干卷,《漢書指瑕》十卷,《合論》十篇，并《續文中子書序》《詩序》及《元經傳》,今俱不傳。文集三十卷，存二十卷。佚文一卷。《全唐詩》編詩二卷。抄七首。

楊炯（650 — 695？）：華州華陰人。年十二舉神童，侍制宏文館。上元二年，應制及第，補校書郎。永隆二年，充崇文館學士。則天初，坐親累，出爲梓州司法參軍，秩滿，選授盈川令。性嚴酷，人吏動不如意，則榜殺之。無何卒官。炯博學，善屬文，與盧照鄰、駱賓王、王勃等以文詞齊名，海内號“王楊盧駱”。炯曰：“吾愧在盧前，耻居王后。”張説謂炯文思如懸河，酌之不竭，既優於盧，亦不減王。“耻居王后”，信然；“愧在盧前”，謙也。炯嘗與宋之問分直習藝館，交最密。集三十卷，今存十卷。《全唐詩》編詩一卷。抄二首。

韋承慶（651—706）：字延休，鄭州陽武人。父思謙，幽州都督。承慶舉進士，補雍王府參軍，累遷太子司議郎。長壽中，拜鳳閣侍郎，三掌天官選事。銓授平允，尋知政事。神龍初，坐附張易之，流嶺表。起授辰州刺史，入爲秘書少監。遷黄門侍郎，未拜而卒。集六十卷。存詩五首。抄一首。

劉希夷（651—678）：字庭芝，汝州人，或云宋之問之甥。上元二年進士第。美姿儀，善彈琵琶。有俊才，落魄不拘常格。年未三十，爲奸人所殺。希夷工爲閨情詩，詞調哀苦。《代白頭吟》最爲世所傳誦。孫昱編《正聲集》，取以爲冠。近世王士禛又愛其“魚鱗可憐紫，鴨毛自然碧”之句。集十卷，詩四卷，俱佚。《全唐詩》編詩一卷。今抄七首。

姚崇（651—721）：初名玄崇，又名玄之，陝州硤石人。貞觀中舉下筆成章科。授濮州司倉，五遷夏官郎中。遷侍郎，尋同鳳閣鸞臺平章事。中宗朝出爲刺史。睿宗立，拜兵部尚書，同中書門下，進中書令。後復貶刺史。先天中還爲尚書，知政事，遷紫微令。開元中與盧懷慎、源乾曜同居宰執，崇獨當重任，明於庶務，斷割不滯，號稱名相。尋薦宋璟自代，以開府儀同三司罷政，仍五日一參，入閣供奉。集十卷，佚。今存詩六首，抄一首。

崔融（652—705）：字安成，齊州全節人。擢八科高第，補宫門丞，遷崇文館學士。中宗爲太子時，融爲侍讀，典東朝章疏。長安中授著作佐郎，遷右史，進鳳閣舍人。坐附張易之兄弟，貶袁州刺史。尋召拜國子司業。融爲文華婉典麗，朝廷諸大手筆，多手敕委之。神龍元年，因撰《武后哀册文》，用思精苦，絶筆而卒，年五十四。謚曰文。集六十卷，《寶圖贊》一卷，并佚。《全唐詩》編詩一卷。抄二首。

王無競（652—705）：字仲烈，東萊人。儀鳳二年登下筆成章科。授欒城尉，歷秘書省正字，轉右武衛倉曹參軍，洛陽尉。遷監察御史，轉殿中。大足元年，以侮宰相宗楚客等，徙太子舍人。神龍初，坐訶詆權幸，出爲蘇州司馬。及張易之等敗，以嘗與交往，再貶廣州，仇家矯制榜殺之，年五十四。無競富文辭，嘗預修《三教珠英》。與陳子昂交最密。存詩五首，抄一首。

喬知之（　—690）：同州馮翊人。則天時累除右補闕，遷左司郎中。有婢曰窈娘，爲武承嗣所奪，知之賦《綠珠篇》密寄窈娘。窈娘結詩衣帶，投井而死。承嗣大恨，羅織殺之，時天授元年。知之與弟侃備并以文詞名，而知之尤稱俊才。《全唐詩》編詩一卷。抄一首。

宋之問（656？—712）：字延清，一名少連，虢州弘農人。上元二年進士第。武后召與楊炯分直習藝館，俄授洛州參軍，累轉尚方監丞、左奉宸内供奉。神龍初以附張易之貶瀧州參軍，未幾逃歸洛陽，匿張仲之家。仲之與王同晈等謀殺武三思，之問得其情，使人上急變，擢鴻臚主簿。景龍中遷户部員外郎，加修文館學士。轉考功員外郎，出爲越州長史。睿宗即位，坐張易之、武三思舊黨流欽州。先天中賜死桂州。之問偉儀貌，雄於辯，文思敏給。每扈從賦詩，則膺首選。其出佐州郡，所至窮歷名勝。或涉跋江嶺，賦詩流布京師，見者莫不嘆服。自則天至睿宗踐祚二十餘年間，政權屢易，士之得全身保名於其間者蓋寡。之問身丁其際，數遭貶劾，未必咎咸自取。史稱其“獪險盈惡”，又多舉其瑣屑穢行以實之。然其説出自稗官，多不足徵信。觀開元間杜甫蕭穎士輩，篇咏所及，於之問皆略無微詞。是之問雖士行不修，實不若悠悠者所傳之甚也。集十卷，友人武平一所纂。《全唐詩》編詩三卷。抄十三首。

沈佺期（656？—713）：字雲卿，相州内黄人。上元二年同宋之問登進士第，除協律郎。長安中累遷通事舍人，預修《三教珠英》。尋自考功員外除給事中，再轉考功。神龍二年，坐附張易之，長流驩州，移台州録事參軍。明年入計，得召見，拜起居郎，尋兼修文館直學士。歷中書舍人，太子少詹事，卒。佺期與杜審言、宋之問，於五言律詩，俱稱宗匠。而佺期“吞吐含芳，安詳合度”，品格尤高。集十卷，今佚。

《全唐詩》編詩三卷。抄四首。

郭元振（656—713）：名震，以字行，魏州貴鄉人。幼與薛稷等同爲太學生。咸亨四年進士第，又舉拔萃科，授通泉尉。任俠使氣，不拘細行。嘗盜鑄，又前後掠賣所部千餘人以遺賓客，百姓苦之。則天召欲詰，與語，奇之。索所爲文章，上《寶劍篇》，大見嘉賞。授右武衛鎧曹參軍，進奉宸監丞，充使聘吐蕃，以邊功拜主客郎中。大足元年，遷凉州都督、隴右諸軍州大使，拓地千餘里。神龍中遷左驍衛將軍，兼檢校安西大都護。遷金山道行軍大總管。睿宗即位，徵拜太僕卿。景雲二年，同中書門下三品，守吏部尚書，轉兵部。先天元年，爲朔方大總管。明年復同中書門下三品，封代國公，詔兼御史大夫，持節爲朔方道大總管。未行，玄宗講武驪山下，坐軍容不整，當斬，張説等諫止之，流新州。起爲饒州司馬，道病卒，年五十八。元振風神壯偉，英邁有膽識。初鎮安西時，烏質勒款塞通和，元振就其牙帳計會軍事，立風雪中與語，未嘗移足。烏質老，不勝寒苦，會罷而死。其子娑葛疑元振故殺其父，謀攻之。左右諷元振夜遁，不許，仍安卧帳中。旦日親入虜帳哭之甚哀，行吊贈之禮，爲留數十日助喪事。娑葛感其義，竟通和好如故。有集二十卷，《九諫書》一卷，《安邦策》一卷，《定遠安邊策》三卷，并佚。《全唐詩》編詩一卷。抄四首。

張循之：洛陽人。與弟仲之并以學業著名。則天時上書忤旨，被誅。存詩六首。抄一首。

陳子昂（659—700）：字伯玉，梓州射洪人。幼未知書，以富家子尚氣，决弋博自如。異日入鄉校，感悔，即痛修飭。開耀元年，入長安游太學，名大振。明年舉進士高第。文明元年，上書言事，武后奇其才，召見金華殿。子昂貌柔野，少威儀，而占對慷慨，擢麟臺正字。垂拱二年，劉敬同討金微州都督僕固，喬知之攝侍御史爲監軍，子昂從行焉。永昌元年，召見問爲政之要，條奏八科，遷右衛胄曹參軍。尋以母喪去官。服闋，補右拾遺。體固多病，居職不樂。會萬歲通天元年，武攸宜討契丹，表子昂參謀。即次漁陽，前軍敗，舉軍震恐。子昂請分麾下萬人爲前驅。攸宜以其文士，謝之。數日復請，攸宜怒，徙署軍曹。聖曆元年，以父老表解官歸侍，詔以官供養。縣令段簡貪暴，以子昂家多貲，將害之。家人納錢二十萬緡，簡薄其賂，收繫獄中。憂憤而卒，年四十三。子昂以文章道弊五百年，力倡復古，以挽頹俗，乃撫阮籍《咏懷》作《感遇》三十八首。開元、天寶以降，李白、杜甫、韓愈、柳宗元、白居易等，莫不同聲推戴，以爲有唐文學之盛，子昂有廓清之功。至近世王士禎承新史"薦圭璧於房闥"之論，多摘其表頌諸作以儕於《劇秦》《美新》，四庫館臣亦踵其説。斯則末學吠聲，不察事實，陳沆父子已辯之審矣。集十卷，友人盧藏用爲之序。《全唐詩》編詩二卷。抄二十四首。

宗楚客（　—710）：字叔敖，蒲州汾陰人。武后從姊子，長六尺八寸，明皙美鬚髯。及進士第，累遷户部侍郎。後坐贓流嶺外。神功元年檢校夏官侍郎，同鳳閣鸞臺平章事。明年自文昌左丞貶播州司馬，稍徙豫州長史，遷少府少監、陝州刺史。長安四年，復以夏官侍郎同鳳閣鸞臺平章事，尋貶原州都督。神龍初爲太僕卿。景龍元年遷兵部尚書，俄同中書門下三品。三年遷中書令。景雲元年，坐韋后黨伏誅。存詩六首。抄一首。

長孫正隱：高宗時人。駙馬高正臣嘗晦日置酒林亭，會客賦詩，作者二十一人，正隱與焉。陳子昂爲之序。正隱今存詩二首。抄一首。

張若虚：揚州人。官止兖州兵曹參軍。神龍中與賀知章、張旭、包融等稱"吴中四士"，俱以文詞俊秀，名揚上京。《春江花月夜》傳誦千古，説者謂"孤篇横絶、遂成大家"，信然。存詩二首。抄一首。

盧僎：其先世幽州范陽人，徙居相州臨漳。開元初自聞喜尉入爲麗正院修書學士。與陸去泰、王擇從、徐楚璧等，分修《四部書》於東都乾元殿。終吏部員外郎。存詩十四首。抄一首。

張説（667—730）：字道濟，一字説之，洛陽人。永昌元年對賢良方正策第一。授太子校書郎，遷左補闕，預修《三教珠英》。長安初遷鳳閣舍人。以助魏元忠忤旨，配流欽州。歲餘中宗立，召還，累遷工部、兵部二侍郎，兼修文館學士。睿宗立，拜中書侍郎，同中書門下平章事。開元初進中書令，封燕國公。尋出刺相州，左轉岳州，移荆州長史。召拜右羽林將軍，兼檢校幽州都督。七年檢校并州大都督府長史。九年拜兵部尚書，同中書門下三品。後爲集賢院學士，尚書左丞相。十八年卒，年六十四。謚曰文貞。説爲人敦氣義，重然諾。前後三秉大政，掌文學之任凡三十年。朝廷大述作，多出其手。與蘇頲號“燕許大手筆”。謫岳州後，詩益凄婉，人謂得江山之助。所著《今上實録》二十卷（與唐潁合撰），《八陣圖》十卷及《經》二卷，《才命論》一卷，《洪崖先生傳》一卷，并佚。集三十卷，今存二十五卷。《全唐詩》編詩五卷。抄五首。

蘇頲（670—727）：字廷碩，京兆武功人。調露二年進士第。調烏程尉，舉賢良方正，歷監察御史。神龍中遷給事中、修文館學士，轉中書舍人。開元四年由工部侍郎進紫微侍郎，知政事。襲父爵封許國公，後罷爲益州長史，復入知吏部選事。開元十五年卒，年五十八。頲以文章顯，與張説稱望略等，世號“燕許”。集三十卷，佚。《全唐詩》編詩二卷。抄二首。

崔湜（671—713）：字澄瀾，定州安喜人。聖曆二年進士第。累轉左補闕，預修《三教珠英》。附武三思、上官昭容，由考功員外郎驟遷中書舍人、兵部侍郎，俄拜中書侍郎、檢校吏部侍郎，同中書門下平章事。坐事貶江州司馬，安樂公主從中申護，改襄州刺史。韋后稱制，復同中書門下三品。睿宗立，出爲華州刺史，除太子詹事。景雲中太平公主引爲中書令。明皇立，流嶺外，追及荆州賜死。湜執政時年三十八。常暮出端門，緩轡賦詩，張説見之，嘆曰："文與位固可致，其年不可及也。"存詩三十餘首。抄一首。

徐晶：天寶初官魯郡録事參軍。存詩五首。抄一首。

鄭愔（ —710）：字文靖，滄州人。年十七擢進士第。天后時官殿中侍御史。後坐張易之黨貶許州司户參軍。既而附武三思，累遷太常少卿、吏部侍郎、修文館學士。景龍三年同中書門下平章事，尋貶，移汴州刺史。景雲元年，譙王重福謀反，署愔左丞相。事敗，伏誅。《全唐詩》編詩一卷。抄一首。

張旭（675—750？）：蘇州吴人。釋褐爲常熟尉。天寶中終左衛率府長史。善草書，嗜酒。每大醉，呼叫狂走乃下筆，既醒，自視以爲神，不可復得也。世呼"張顛"。嘗言始見公主、擔夫争道，又聞鼓吹而得筆法意，觀公孫大娘舞劍器得其神。文宗時詔以李白詩歌、裴旻舞劍、并旭草書爲"三絶"。存詩六首（内二首僞）。抄一首。

賀知章（676—744）：字季真，一字維摩，越州永興人。證聖元年擢進士第，又舉超拔群類科。累遷太常博士。開元十三年遷禮部侍郎，兼集賢院學士。歷太子右庶子，充侍讀，改工部侍郎。二十六年遷太子賓客，授秘書監。知章性夷曠，善談説笑謔。晚節尤縱誕無規檢。自號"四明狂客"。又稱"秘書外監"。天寶二年，因病夢游帝居，遂表請爲道士，還鄉里。詔許以宅爲"千秋觀"，并賜鏡湖一曲，以給漁樵。明年上自賦詩，令太子百官祖餞。未幾病卒。年六十八。知章少以文詞知名。神龍中與賀朝、萬齊融、張若虛、邢巨、包融等，俱以吴越之士，飛聲上都。尤善草隸，興酣命筆，好書大字，三五言不等。詩筆唯命，問有幾紙，報十紙，即語隨紙盡。或二十紙、三十紙，亦然。忽有佳處，人謂與造化争工。《全唐詩》編詩一卷。抄二首。

張九齡（678—740）：字子壽，韶州曲江人。長安二年擢進士第，調校書郎。先天元年以道侔伊吕科高第爲左拾遺。累遷中書舍人，出爲冀州刺史，改洪州都督。徙桂州，兼嶺南按察選補使。以張説薦爲集賢院學士。開元二十一年，拜中書侍郎平章事。明年遷中書令，爲李林甫所收，改尚書右丞相，罷政事，貶荆州長史。二十八年卒於家，年六十三。謚文獻。九齡風度醖籍，在相位，有謇諤之誠。以直道黜，不戚戚嬰望，惟文史自娱，天下稱“曲江公”而不名。集二十卷，《千秋金鑒録》五卷。《全唐詩》編詩三卷。抄十二首。

張諤：景龍二年進士第。岐王範雅好儒士，諤與閻朝隱、劉庭琦、鄭繇等皆從之游，賦詩飲酒。坐事貶山茌令。後又爲陳王灌府掾。存詩十二首。抄一首。

常理：爵里無考。存詩二首。抄一首。

包融：潤州延陵人。初爲越州户曹參軍。開元中張九齡引爲懷州司馬，遷集賢院直學士。天寶初爲大理司直。融有文名，與賀朝、張旭、張若虛等號“吴中四士”。又與孟浩然善。存詩八首。抄三首。

賀朝：越州人。官止山陰尉。存詩五首。抄一首。

張敬中：初以文吏著稱，官監察御史。景龍元年，張仁亶爲朔方道行軍大總管，表敬中等分總軍事。明年入爲吏部郎中。開元七年拜平盧節度使，後遷京兆尹。存詩二首。抄一首。

王翰：字子羽，并州晋陽人。擢景雲二年進士第。開元二年舉直言極諫科，調樂昌尉，尋又舉超拔群類科。十一年，張説引爲秘書正字，擢通事舍人，遷駕部員外郎。十四年出爲汝州長史，徙仙州别駕。至郡，日聚英豪、并文士祖咏、杜華等，縱禽擊鼓，恣爲歡賞，坐貶道州司馬，道卒。翰少豪蕩，恃才不羈，日以蒱酒爲事。張嘉貞爲本州長史，張説鎮并州，俱奇其才，禮接甚厚。居京師，櫪多名馬，家蓄聲伎，發言立意，自比王侯，頤指儕類，以故人多疾之。然才名日遠。杜甫詩曰："李邕求識面，王翰願卜鄰。"意以爲榮也。翰雄於文，又頗工書翰。文集十卷，今佚。存詩十五首。抄一首。

蔡希寂：潤州曲阿人。歷渭南尉，終金部郎中。與兄希周俱有詩名。存詩五首。抄一首。

孟浩然（689—740）：字浩然，襄州襄陽人。少漫游南北，遍交天下名士。年三十餘，一舉不第，遂終身不赴選，亦不求進仕。居郡之鹿門山，灌園藝竹，賦詩自娱。開元中采訪使韓朝宗，約偕至京師，欲薦諸朝，會與故人劇飲，歡甚不赴，朝宗怒辭行，浩然亦不悔。後張九齡鎮荆州，署爲從事。開元二十八年，王昌齡游襄陽，酣宴，疽發背而卒，年五十二。浩然骨貌淑清，風神散郎。爲詩佇興而作，造意極苦。既成則洗削凡近，氣象超遠。而采秀内映，藻思所不及。嘗游秘省，秋月新霽，名士群集賦詩，浩然句曰："微雲淡河漢，疏雨滴梧桐。"舉坐咸爲擱筆。浩然身爲布衣，而聲稱籍甚，并世詩人蓋無出其右者。當時大家，自李白、王維、杜甫，莫不宗仰。初州治亭中有王維畫浩然像，世稱"浩然亭"。咸通四年，刺史鄭誠更名"孟亭"，以示不名賢者之義。詩二百餘首，凡三卷，同里王士源編并序。《全唐詩》約爲二卷。抄二十四首。

史青：零陵人。聰敏强記。開元初上書自薦能詩，明皇召見，試以除夕、上元、竹火籠等題，應口而出，上稱賞，授左監門衛參軍。存詩一首。

李頎：東川人，家於潁陽。開元二十三年進士第，調新鄉尉，尋弃官歸隱，餌丹砂，期輕舉之道。時復浪迹南北，遍識賢豪，所至歙然推服。爲人曠達豪邁，不樂世務。詩中玄理最長，多爲放浪解脱之語，蕩人心魂。歌行爽秀駘蕩，聲調高郎，論者推爲當時第一。詩一卷，《全唐詩》分編三卷。抄二十五首。

徐延壽：潤州江寧人。隱居不仕，有詩名於開元間。殷璠匯其同里十八人詩爲《丹陽集》，延壽即其一也。存詩三首。抄一首。

張均：説之長子。開元四年進士第。歷左司、吏部兩員外郎，司封、兵部兩郎中，至刑部尚書、大理卿，襲燕公。禄山盗國，署僞中書令。賊平定罪，以房琯言免死，流合浦。均能文工書，詩凄清有父風。集二十卷，存詩七首。抄一首。

綦毋潛：字孝通，南康人。開元十四年進士第。釋褐授宜壽尉，入爲集賢院待制，復授校書郎。開元末，弃官歸江東别業。久之，起爲右拾遺，轉補闕。天寶中卒，贈著作郎。潛弃風儀，志行灑落，有江左風。雅好佛法，爲詩屹崒峭茜，善寫方外之情。殷璠云："荆南分野，數百年來獨秀斯人。"其推重如此。詩一卷，存二十餘首。今抄六首。

韋述：京兆杜陵人。少聰敏篤學。家有書二千卷，記覽殆遍。外兄元行冲，爲時大儒，深器重之。舉進士，時年甚少，儀形眇小，考功郎宋之問詰以童年有何事業，述對曰："性好著書。"之問曰："本求異才，果得遷固。”是歲登科。開元五年，馬懷素受詔編次圖書，奏用述等二十六人任其事，五年而成。述轉右補闕、集賢院直學士，遷起居舍人。十八年兼知史官事。天寶九載，累遷至工部侍郎。述在書府四十年，居史職二十年，嗜學著書，手不釋卷，而純厚長者，淡於勢利。家聚書二萬卷，兼歷代書畫數百卷，古碑古器、藥方格式、錢譜璽譜之類、當代名公尺題，無不畢具。及禄山亂，惟抱國史藏於南山，經籍資產，焚剽略盡。身陷賊庭，迫受僞官，至德二年，議罪，流渝州，卒。所撰有《開元譜》二十卷,《唐職儀》三十卷,《高宗實録》三十卷,《御史臺記》十卷,《兩京新記》五卷，并他著述凡二百餘卷，惟《兩京新記》今存。詩四首。抄一首。

王灣：洛陽人。登先天元年進士第。開元初爲滎陽主簿。五年，馬懷素請校正群籍，召涉學之士分部撰次，灣與劉仲邱同治集部，九年録成。又與陸紹伯等同校麗正院書。終洛陽尉。灣詞翰早著，嘗受知於武平一。其“海日生殘夜，江春入舊年”之句，張説居相府時，嘗手題於政事堂，每示能文，令爲楷式。灣與綦毋潛同官集賢院，交契最密。存詩十首。抄一首。

邱爲：蘇州嘉興人。天寶元年登進士第。時年將五十，事繼母孝。歷主客郎中、司勛郎中、太子右庶子、左散騎常侍。致仕，年八十餘，母猶無恙，詔給俸禄之半。及居憂，觀察使韓滉請給禄如故，惟罷春秋羊酒，時以爲榮。爲性恭謹。初還鄉，縣令謁之，爲侯門磬折，令坐，乃拜。里胥立庭下，既出，乃敢坐。經縣署，降馬而趣。其持身大率類是。卒，年九十六。爲與王維唱和，甚見稱許。有集卷亡，存詩十三首。抄四首。

王之涣：太原人。父景，萊州刺史。之涣與兄之咸、之賁俱有文名。之涣少有俠氣，多交五陵少年，擊劍悲歌，從禽飲酒，然富於文思。雖數絀名場，而聲榮早振。與崔國輔、王昌齡、高適等迭相唱和，名動一時。尤工絶句，每有作，樂工則取被管弦。小説載一日天寒微雪，之涣、昌齡、適等三人，共詣旗亭飲。會梨園名部繼至，三人因避席擁爐密窺，相約待諸妓所歌三人詩孰多以定甲乙。俄而歌昌齡詩者二，歌適詩者一。之涣曰："此輩庸陋，非知音者。"因指一麗者曰："待此子發聲，若非吾詩，終身不敢與君等抗席矣。"須臾其人果歌曰："黄河遠上白雲間"云云。三人遂大笑，諸妓相顧錯愕。三人即出白其事，諸妓競拜。遂移席共飲，酣醉竟日。稗官之言，雖非摭實，要可見時議推服之至也。存詩六首。抄四首。

蔣洌：義興陽羨人。擢進士第。歷司封、考功二員外郎，禮、吏、户三部郎中，終尚書左丞。洌與弟涣俱知名。禄山之亂，兄弟同受僞職。以家風修整，爲士大夫所稱，故得免死。存詩七首。抄一首。

孫逖：本越州富春人，父嘉之，少孤，依外家涉鞏間，遂家焉。逖幼有文，屬思警敏。登開元二年進士第。授山陰尉，遷秘書正字。十年舉賢良方正，玄宗御洛城門引見，第其文異等，擢左拾遺。李嵩鎮太原，表置幕府。以起居舍人入爲集賢院修撰，改考功員外郎。天寶三載，權判刑部侍郎。五載，以病改太子左庶子。綿廢久之，徙少詹事。上元中卒。逖掌誥八年，制敕所出，時流欽服。加之謙退不伐，故人多稱。集二十卷，佚。《全唐詩》編詩一卷。抄一首。

崔國輔：吴郡人。父惟明，海、沂等州司馬。國輔擢開元十四年進士第，授山陰尉。二十三年，應牧宰舉登科，授許昌令，入爲補闕，起居郎。天寶十載，杜甫獻《三大禮賦》，時國輔與于休烈方爲集賢院學士，交爲延譽，由是玄宗始讀甫文而奇之，命待制集賢院。甫詩所謂"謬稱三賦在，難述二公恩"是也。十一載，御史大夫王鉷賜死，國輔坐鉷近親，由禮部郎中貶竟陵郡司馬，居郡三年。與處士陸羽游，歡情甚洽，士林美之。國輔又善孟浩然、李白、王昌齡、王之涣等，名與相埒。尤工五言小詩，“婉孌清楚”，有齊梁遺意，後世號“崔國輔體”云。有集卷亡。《全唐詩》編詩一卷，今抄十三首。

王昌齡：字少伯，京兆人。登開元十五年進士第，授汜水尉。十九年中博學鴻辭科，遷秘書省校書郎。坐事謫江寧丞。晚節不護細行，貶龍標尉。天寶末，世亂還鄉，爲刺史閭丘曉所殺。後張鎬按兵河南，檄曉救宋州，曉後期，將戮之，辭以親老，鎬叱曰：“王昌齡親欲與誰養？”竟杖死，人以爲快。昌齡詩緒密而思清，絶句深秀，尤臻神妙，時稱“詩家天子王江寧”。嘗述作詩格律、境思、體例十四篇爲《詩格》一卷，又《詩中密旨》一卷，《古樂府解題》一卷，今惟存《詩格》若干條。詩集五卷。《全唐詩》編詩四卷，匯補一首，又殘章二十四首。今抄二十七首。

祖咏：洛陽人，後移家汝墳。開元十二年登進士第。十四年，王翰出爲仙州長史，至郡，日聚英豪，從禽歡賞，時咏亦在座。咏爲人恃才憑傲，時人目爲輕薄。初舉進士，試“終南望餘雪”四句即納。或詰之，曰：“意盡。”竟亦登第。與王維最善。爲詩剪刻省净，不入凡調，風格蓋在王、孟間。亦有文名，論者謂與李邕、張説相伯仲。詩一卷。抄八首。

蔣涣：洌之弟。登進士第。天寶末爲給事中。永泰初，以鴻臚卿爲日本使。嘗遺金帛不納，惟取箋一番，爲書以貽其副。大曆三年，自尚書左丞出爲華州刺史。七年，以禮部尚書充東都留守。存詩五首。抄一首。

杜頠：開元十五年進士第。存詩二首。抄一首。

于逖：天寶末隱居大梁，有聲於時。李白、李頎、高適等咸與之游。詩多散佚，惟見於《篋中集》者二首僅存。抄一首。

盧象：字緯卿，汶水人。開元中以前進士補秘書郎，轉右衛倉曹參軍，會張九齡執政，深器之，擢左補闕。歷河南府司録，司勛員外郎。爲蜚語所中，左遷齊、邠、鄭三郡司馬，入爲膳部員外郎。受禄山僞署，謫果州長史，貶永州司户參軍，移吉州長史，起爲主客員外郎。道病，卒於武昌。象開元、天寶間有大名，與王維、崔顥等，并肩驤首，鼓行於時。集二十卷，劉禹錫嘗爲文紀之。《全唐詩》編詩一卷。抄四首。

沈千運：吴興人，家於汝北。天寶中數舉不第。時年已五十，遨游襄、鄧間，干謁名公。所至寡合，遭時多艱，遂釋志還山中別業。肅宗且備禮徵致，會卒而罷。千運志趣高潔，群流宗仰。高適嘗贈詩曰："沈侯未可測，其況信浮沉。十載常獨坐，幾人知此心。"爲詩氣格高古，意多激昂。乾元中元結編其同調七家詩爲《篋中集》，以千運爲之冠，蓋巋然一派之宗主也。又工書，韋續狀爲"飢鷹殺心，忍瘦筋骨"，則與其詩同一機杼。集佚，存詩六首。今抄三首。

陶翰：潤州京口人。登開元十八年進士上第，以試《冰壺賦》得名。明年中博學宏詞科，授華陰丞。天寶初又登拔萃科，陟大理評事、太常博士，終禮部員外郎。翰工詩，早歲出入關塞，所作多慷慨之音。晚與綦毋潛、王昌齡等齊名。碑版賦序，亦號能手，故殷璠稱其能兼詩筆之美。有集卷亡，顧況爲之序。《全唐詩》編詩一卷。抄三首。

李白：字太白，蓋本西域人，神龍初，隨父來居蜀之綿州昌明縣，改姓李氏，遂爲郡人。白天姿英爽，早歲喜縱横術，擊劍爲任俠，嘗手刃數人。輕財重施，不事産業。與趙蕤讀書匡山中，數年不入城市。養奇禽千計，呼即就掌取食，了無驚猜。郡守舉二人有道科，并不起。尋出游襄漢，沿江而下，東至吴、越。還憩雲夢，留安陸者十年。至開元二十三年，乃北游太原。已而去之齊魯，寓家任城。時同游者六人，共號"竹溪六逸"。天寶元年，入會稽，遇道士吴筠。會筠以召赴闕，薦之於朝，白因亦被徵。既至京師，玉真公主及秘書監賀知章交爲延譽，召見金鑾殿，帝降輦步迎。及論當世務，草和蕃書，帝大嘉賞，寶床方丈賜食，手自調羹。有詔供奉翰林院，由是出入禁中，侍從游宴，恩遇莫比。然以疏放，終不見用。白亦浪迹縱酒，益自昏穢，與賀知章等爲"飲中八仙"之游。初知章奇白風骨，稱白"天上謫仙人"，至是朝列賦《謫仙歌》，凡數百篇，多言其不得意。天寶三載，疏乞歸，玄宗許之，詔賜金放還。於是就陳留采訪使李彦允請北海高天師授道籙於齊州紫極宫。是後復浮游南北者十年。迨禄山反，陷洛陽，白自洛南奔至宣城。將避地剡中，未果，卒往廬山。至德元載，玄宗幸蜀，在途，以永王璘爲江陵府大都督，充山南東路及嶺南、黔中、江南、西路四道節度采訪等使。璘至潯陽，辟白爲府僚佐。時江淮租税巨億萬，所在山委，璘私利其饒富，加以左右煽惑，遂萌異志，擅引師東下，遣將略地，欲取金陵。二載，璘兵敗奔鄱陽，將走嶺外，追兵及之，被執伏誅。白亦亡走彭澤，坐繫潯陽獄。宣慰大使崔涣、御史中丞宋若思，爲之推覆清雪。若思將率兵赴河南，釋其囚，使參謀軍事，并上書薦白才可用，不報，乾元元年竟長流夜郎。明年行至巫山，會赦得還。越二年李陽冰爲當塗令，白往依之。會代宗立，以左拾遺召，聞命而卒，時年六十二。白始娶於安陸許氏，又合於劉。劉訣，次合於魯之某氏，終娶於宗。間携妓昭陽、金陵等。迹類謝安石，世號爲"李東山"。駿馬美妾，所適郡守郊迎。飲數斗，醉則奴丹砂撫青海波，聲詞悲楚，滿堂不樂，白起行酒而後衆顔乃舒。其放誕不羈率類之。白卒後五十餘年，故人范倫子傳正爲宣、歙、池等州觀察使，訪其裔嗣，得農家婦二人，自言白之孫女，父伯禽，已卒，有兄一人，出游十餘載，不知所在。白詩文自李陽冰作序時，已謂十喪其九，今所傳《李太白集》三十卷，真贋雜糅。宋蘇軾、黄庭堅以下往往摘其僞作；清龔自珍至謂白真詩纔百二十二篇，則似又言之已甚。《全唐詩》編詩二十五卷。今抄八十七首。

全唐詩彙補[1]

① 本篇據北京圖書館藏聞一多手稿照相複印件收入。原稿未標點斷句。

目　録

引用書目

本書卷三十二補遺[①]
貴池唐人集
文標集
安洲詩逸
沅湘耆舊集
桂苑叢談
會稽掇英總集
廬山記
全唐詩逸（日本河世寧，知不足齋叢書）
全唐詩補逸（孫望，排印本）
任淵後山詩注
李壁王荆公詩注
翰林學士集
唐人選唐詩
敦煌唐人選唐詩殘卷（巴黎）
敦煌唐人寫本詩選殘卷（倫敦）
古刻叢鈔
續古文苑
唐詩紀事
劇談録
雲谷雜記
浩然齋雅談
野客叢書

① 即今之中華書局1960年版《全唐詩》卷八八二至卷八八八部分。本稿凡未注明出處者，均據此部分移録。

梁溪漫志
柴桃軒雜綴
放翁題跋
墨客揮犀（宋彭乘，説郛二四）
賓退録（宋趙與時，説郛二三）
齊東野語（稗海本）

卷一　太宗皇帝

塞外同賦山夜臨秋以臨爲韻

（本書但有“烟生”四句，據《翰林學士集》補全。）

邊城炎氣沉，塞外涼風侵。三韓駐旌節，九野暫登臨。水静霞中色，山高雲裏心。浪帷舒百丈，松蓋偃千尋。毁橋猶帶石，目闕尚横金。烟生遥岸隱，月落半峰陰。連洲驚鳥亂，隔岫斷猿吟。早花初密菊，晚葉未疏林。憑軾望寰宇，流眺極高深。河山非所恃，於焉鑒古今。

延慶殿集同賦花間鳥

（《翰林學士集》。）

露園芳蕊散，風樹□鸎新。啼笑非憂樂，嬌妝復對人。色映枝中錦，歌飛葉裏塵。所嗟非久質，共視歇餘春。

咏　　棋

（《翰林學士集》。）

手談標昔美，坐隱逸前良。參差分兩勢，玄素引雙行。捨生非假命，帶死不關傷。方知仙嶺側，爛斧幾寒芳。

治兵期制勝，裂地不要勛。半死圍中斷，全生節外分。雁行非假翼，陣氣本無雲。玩此孫吴意，怡神静俗氛。

卷一　則天皇后

雜言游仙篇

（據孫星衍《續古文苑》校録，孫望《全唐詩補逸》一據趙紹祖《金石續鈔》補缺四字。按詩在《升仙太子碑》陰上截，碑聖曆二年立。武億跋云：《全唐詩》存武后詩四十六篇，此雜言缺載，蓋石拓尋搜不及。）

絳宫珠闕敞仙家，霓裳羽旆自凌霞。碧落晨飄紫芝蓋，黄庭夕轉彩雲車。周旋宇宙殊非遠，寫望蓬壺停翠幰。千齡一日未言賒，億歲嬰孩誰謂晚。逶迤鳳舞時相向，變囀鸞歌引清唱。金漿既取玉杯斟，玉酒還用金膏釀。駐迴游天域，排空聊（《金石續鈔》缺）憩息。宿志慕三元，翹心祈五色。仙（《金石續鈔》缺）儲本性諒難求，聖迹奇術秘玄猷。願允（《金石續鈔》缺）丹誠（《金石續鈔》缺）賜靈藥，方期久視御隆周。

卷一　明皇帝

送日本使

（河世寧《全唐詩逸》據《日本高僧傳》補。《日本高僧傳》云：“天平勝寶四年（按天寶十一年），藤原清河爲遣唐大使，至長安，見玄宗。玄宗曰：聞彼國有賢君，今觀使者，趨揖有異。乃號禮儀君子國，命晁衡導清河等視府庫及三教殿，又圖清河貌，納於蕃藏。及歸賜詩。”）

日下非殊俗，天中嘉會朝。念余懷義遠，矜爾畏途遥。漲海寛秋月，歸帆駃夕飆。因驚彼君子，王化遠昭昭。

賜新羅王

（《全唐詩逸》據《東國通鑒·新羅紀》補。《東國通鑒·新羅紀》云：“唐天寶十五年，遣使朝帝於蜀。帝親製十韻詩，手札賜王曰：嘉新羅王歲禮朝貢，克踐禮樂名義，賜詩一首。其詩曰：”）

四維分景緯，萬象含中樞。玉帛遍天下，梯杭（按疑當作航）歸上都。緬懷阻青陸，歲月勤黄圖。漫漫窮地際，蒼蒼連海隅。興言名義國，豈謂山河殊。使去傳風教，人來習典謨。衣冠知奉禮，忠信識尊儒。誠矣天其鑒，賢哉德不孤。擁旄同作牧，貺此比生芻。益重青青志，風霜恒不渝。

卷一　德宗皇帝

秋夜（佚句）

（見大江維時《千載佳句》，據《全唐詩逸》補。）

玉殿笙歌宜此夜，更看明月照高樓。

卷一　吴越王錢鏐

（《全唐詩補逸》一據阮元《兩浙金石録》補。）

排衙石詩并序

（闕）巒峭拔鳳嶺穹□□□□苑右之土□□□□□□□之地（闕）而貞松門華瑤□秀而□直□歌往日□建靈□□□（闕）院陳三元之醮禮展四□之□□□□□□□□□□乃（闕）□香□□鋪□窄狹求見□□□□□□建國之後將（闕）□□□□□□□之宫酹□□□□□□□□之恩答□□□（闕）□□□□□開巒□填補□基其功即出自□行其□（闕）□□□□□□□異次□宫門乃於取上之中□出兩行（闕）□□□□□□□門即□仙聖所居必有禎祥之事特現（闕）□□□□□□□令即□址已周宫庭旋建聊題諷以（闕）□□□□□□□協□□鐘之首建此上宫七言八韻□□□□□□□□□□王

□□□□□□□、□南一劍定長鯨、□□□□□□□、□帝匡扶立正聲、□□□□□□□、□輝争不伏神明、□□□□□□□、□建瑶壇禮玉京、□□□□□□□、□□令爲顯真靈、□□□□□□□、□□□

來鎮上請。

卷二　陳叔達

（迻録本書卷三十二補遺詩一首。）

太廟祼地歌辭

清廟既祼，鬱鬯推禮。大哉孝思，嚴恭祖禰。龍衮以祭，鸞刀思啓。發德朱弦，升歌丹陛。遥享粢盛，堂斟況齊。降福穰穰，來儀濟濟。

卷二　長孫無忌

早秋侍宴儀鸞殿應詔

（《翰林學士集》。）

金猋扇徂暑，玉露下層臺。接綏芳筵合，臨池紫殿開。日斜林影去，風度荷香來。既承百味酒，願上萬年杯。

春日侍宴望海應詔

（《翰林學士集》。）

靈夔振窮髮，淑景麗青陽。千乘隱雷轉，萬騎儼騰驤。目極三山險，流睇百川長。仙湖遥藹藹，蜃氣遠蒼蒼。下物深愈廣，引濁清詎傷。帶霧含天碧，浮霞映日光。樓臺自接影，雲島間相望。春波飛碣石，曉浪拂扶桑。喧聲騁游□，旅浴恣翾（疑翾即翱字）翔。群鷗心久狎，如何□稻粱。

奉和行經破薛舉戰地應詔

（《翰林學士集》。）

天步昔未平，隴上駐神兵。戈回曦御轉，弓滿桂輪明。屏塵安地軸，卷霧静乾扃。往振雷霆氣，今垂雨露情。高垣起新色，長楊布故營。山川澄素景，林薄動秋聲。風野征翼駃，霜渚寒流清。朝烟澹雲罕，夕吹繞霓旌。鳴鸞出雁塞，迭鼓入龍城。方陪東觀禮，奉璧侍雲亭。

侍宴延慶殿同賦別題得寒叢桂應詔

（《翰林學士集》。）

根連八樹裹，枝拂九華端。風急小山外，葉下大江干。霜中花轉馥，露上色逾丹。自負淩峰性，巖幽待歲寒。

卷二　褚亮

（迻録本書卷三十二補遺詩一首。）

宗廟九德之歌辭

皇祖誕慶，於昭於天。積德斯遠，茂攸緒先。維文應曆，神武弘宣。肇迹□水，成功坂泉。道光覆載，聲穆吉先。式備犧象，用□牲牷。禮終九獻，樂展四懸。神貺景福，遐哉永年。

卷二　于志寧

曲池酺飲座銘

（《翰林學士集》。）

佀抽冠筝，源開綬花。水隨灣曲，樹逐風斜。始攀幽桂，更折疏麻。再歡難遇，聊賞山家。

卷二　岑文本

春日侍宴望海應詔

（《翰林學士集》。）

五材□水德，千流會谷王。委輸綿厚載，朝宗極大荒。浮天納星漢，浴日吐扶桑。奔濤疑迭島，驚浪似浮航。雲撤青丘見，霧卷碧流長。金臺煥霞景，銀闕藻春光。九夷驕巨壑，五輅出遼陽。朝神泛弘舸，鞭石濟飛梁。曜戈威海□，振楫落星芒。幸厠歌旅□，極望恧成章。

卷二　劉洎

春日侍宴望海應詔

（《翰林學士集》。）

巨壑觀無際，靈異藴難詳。尋真游漢武，架石駐秦皇。方丈神仙夐，蓬萊道路長。俱由肆情欲，非爲恤封疆。何如應順動，鳴鑾事省方。徘徊臨委輸，迢遞及扶桑。滔滔四瀆府，浩浩百川王。浮天還納漢，浴日乍翻光。夷洲曖淑景，鬱島麗時芳。幸屬滄波謐，欣逢寶化昌。

卷二　褚遂良

遼東侍宴山夜臨秋同賦臨韻應詔

（《翰林學士集》。）

涿野軒皇陣，丹浦帝堯心。彎弧射封豕，解網縱前禽。憑高御爽節，流目揚清陰。霧幣長城險，雲歸渤澥深。翻鴻入層漢，落雁警遥岑。露條疏更響，凉蟬寂不吟。三韓初静亂，八桂始披襟。商飆泛輕武，仙澗引衣簪。酒漾投川醁，歌傳芳樹音。邊烽良永□，麾旆疏成林。

春日侍宴望海應詔

（《翰林學士集》。）

從車渡蓬海，萬里正蒼蒼。縈波回天軸，激浪上天潢。夕雲類鵬徙（原誤從），春濤疑蓋張。天吴静無際，金駕儼成行。戈船凌白日，鞭石耿虹梁。電舉朝宗外，風驅韓貊鄉。之罘初播雨，遼碣始分光。麾城湛□□，□□□□□。同文漸邊服，入塞伫歌倡。

奉和行經破薛舉戰地應詔

（《翰林學士集》。）

王功先美化，帝略藴戎昭。魚麗（原誤驪）入丹浦，龍戰起鳴條。長劍星光落，高旗月影摇。昔往摧勍寇，今巡奏短簫。旌門麗霜景，帳殿含秋飆。□池冰未結，官渡柳初凋。邊烽夕霧卷，關陣曉雲消。鴻名兼轍迹，至聖俯唐堯。睿藻烟霞焕，天聲宫羽調。平分共飲德，率土更聞韶。

湘潭偶題

（《全唐詩補逸》據《槐廬叢書·金石録補》二二補。）

遠山酉萃翠凝烟，爛漫桐花二月天。游遍九衢燈火夜，歸來月挂海棠前。

卷二　沈叔安

曲池酺飲座銘

（《翰林學士集》。）

天地開泰，日月貞明。政教弘闡，至治隆平。三陽應節，百卉舒榮。惠流方外，酺飲上京。

卷二　楊師道

采　　蓮

（《全唐詩逸》據《千載佳句》補。）

采蓮江浦覓同心，日暮風生江水深。莫言花重船應没，自解凌波不畏沉。

早秋侍宴應詔

（《翰林學士集》。）

秋氣灑雲景，商弦韻早風。雕梁尚飛燕，洛浦未驚鴻。水泛芙蓉影，橋臨芳桂叢。稱觴奉高興，長願比華嵩。

奉和行經破薛舉戰地應詔

（《翰林學士集》。）

鳳紀初膺籙，龍顔昔在田。鳴祠憑隴嶂，召雨竊涇川。受律威丹浦，揚兵震阪泉。止戈基此地，握契肆斯年。六轡乘秋景，三驅被廣壥。凝笳入曉囀，析羽雜風懸。塞雲銜落日，關城帶斷烟。回輿登故壘，駐蹕想荒阡。歲月方悠貿，神功逾赫然。微臣願奉職，導禮翠華前。

卷二　許敬宗

奉和九月九日應制

（迻録卷三十二補遺詩。）

爽氣申時豫，臨秋肆武功。太液榮光發，曾城佳氣融。紫霄寒暑麗，黄山極望通。講藝遵先軌，睹德暢宸衷。鷩嶺飛夏服，娥魄亂雕弓。汗浹鑣流赭，塵生埒散紅。飲羽驚開石，中葉遽凋叢。雁殫雲路静，烏墜日輪空。九流參廣宴，萬宇抃恩隆。

奉和守歲應制

（迻録卷三十二補遺詩。）

玉琯移玄序，金奏賞彤闈。祥鸞歌裏轉，春燕舞前歸。壽爵傳三禮，燈枝麗九微。運廣薫風積，恩深湛露晞。送寒終此夜，延宴待晨暉。

奉陪皇太子釋奠詩應令

（《翰林學士集》。）

天鈞初播，流形硉分。應圖作極，執契爲君。經邦測景，命秩頒雲。功弘海謐，□洽風薰。（其一）

彝典潜敷，至淳冥缺。六位斯辨，九疇爰設。叔世時訛，滔天作孽。雅誥咸蕩，微言殆絶。（其二）

皇靈拓統，帝宅遐光。馳威日域，浹化乾綱。網羅千代，并吞百王。禎凝國太，慶襲元良。（其三）

前星降彩，猗蘭挺秀。少海揚清，若華騰茂。仙簧妙響，長琴雅奏。具體生知，尅昌宸構。（其四）

天庭朗玉，睿掌暉珠。問安昏定，奉禮晨趨。照宣離景，幾亞神樞。承綸太極，肆業鴻都。（其五）

望苑方春，震宫將旦。吟笳順動，連旗遠焕。册府開扃，儒庠引泮。回輪馳道，增華甲觀。（其六）

尊師上德，齒學崇年。登歌暢美，啐爵思虔。雩童鼓篋，碩老重筵。辭雕辯囿，矢激言泉。（其七）

九官率職，六聯咸事。濟濟飛纓，昂昂踐位。栝箭成德，瑑瑜爲器。仰仞齊高，升堂寫秘。（其八）

初芳候律，新聽諧音。磬喧浮泗，弦静瀫林。珪碑眩目，壁水澄心。綮飄蹊靄，葉滿帷深。（其九）

縟禮光備，文思可紀。日馭輪斜，雲門柷止。景福垂裕，受釐延祉。嚴訓一遵，澄湮萬祀。（其十）

曲池酺飲座銘

（《翰林學士集》。）

日月揚彩。爟烽撤候。賜飲平郊，列筵春岫。露鮮芳薄，影華清溜。倒載言旋，驪歌式奏。

遼東侍宴山夜臨秋同賦臨韻應詔

（《翰林學士集》。）

稽山騰禹計，姑射蕩堯心。豈如臨碣石，軒衛警摐金。轅門縈□水，大旆掩長岑。復屬高秋夜，澄空素景臨。層巖多麗色，幽澗有清音。含星光淺瀨，褰霧静疏林。高明興睿賞，仁智輔冲襟。湛露浮仙爵，凄風韻雅琴。秋令申威遠，寒光被物深。方懷草封禪，陪禮泰山陰。

侍宴延慶殿賦得阿閣鳳應詔

（《翰林學士集》。）

帝臺臨紫霧，仙鳳下丹霄。層巢依綺閣，清歌入洞簫。逸彩桐間艷，浮聲竹外嬌。自欣栖大厦，率舞爲聞韶。

七夕侍宴賦得歸衣飛機應詔

（《翰林學士集》。按《全唐詩》所録演爲七言，題作《七夕賦咏成篇》。）

一年銜别怨，七夕始言歸。破涕開星靨，微步動雲衣。天回兔漸没，河曠鵲停飛。那堪盡今夜，復往弄殘機。

侍宴延慶殿賦得花間鳥應詔

（《翰林學士集》。）

落花飛禁御，時鳥哢芳晨。飄香入綺殿，流響度天津。千笑千嬌切，一囀一驚新。方知物華處，偏在上林春。

後池侍宴回文詩應詔

（《翰林學士集》。）

涼氣澄佳序，碧沚澹遥空。篁林下儀鳳，彩鷁間賓鴻。蒼山帶落日，麗苑扇薰風。長筵列廣宴，慶洽載恩隆。

奉和咏棋應詔

（《翰林學士集》。）

魚麗新整陣，鸛□忽争先。入圍規破眼，略野務開邊。分行漸雲布，亂點逐星連。勝是□□□，□□□□□。

卷二　王績

句：一間松葉屋，數片蘚花冠。

（李壁《王荆公詩注》四一。）

卷二　崔善爲

九月九日

（逯録卷三十二補遺詩。）

九日重陽節，三秋季月殘。菊花催晚氣，萸房辟早寒。霜濃鷹擊遠，霧重雁飛難。誰憶龍山外，蕭條邊興闌。

卷二　朱子奢

早秋侍宴儀鸞殿應詔

（《翰林學士集》。）

殿閣炎光盡，池臺爽氣歸。荷香風裏歇，樹影日中衰。蟬聲出林散，鳥路入雲飛。承恩方未極，無由駐落暉。

卷二　張文琮

曲池酺飲座銘

（《翰林學士集》。）

和風習習，落景沉沉。俯映緑水，仰晞翠林。友朋好合，如□瑟琴。勉矣君子，俱奉堯心。

卷二　上官儀

句：曙色隨行漏，早吹入繁笳。旗文縈桂葉，騎影拂桃華。碧潭寫春照，青山籠雪花。

（《全唐詩逸》據《文鏡秘府論》補。）

句：池牖風月清，閑居遊客情。蘭泛樽中色，松吟弦上聲。

（《文鏡秘府論》。）

遼東侍宴山夜臨秋同賦臨韻應詔

（原缺首八句末四句，據《翰林學士集》補足。）

奉駕凌稽阜，同御掩□岑。肆賞乖濡足，窮覽愜乾心。一德光神武，萬象鏡冲襟。御□遼山夕，凝麾溟海潯。帷殿清炎氣，輦道含秋陰。凄風移漢築，流水入虞琴。雲飛送斷雁，月上净疏林。滴瀝露枝響，空濛烟壑深。撫躬謝仁智，泉石忝登臨。信美陪仙蹕，長歌慰陸沉。

春日侍宴望海應詔

（《翰林學士集》。）

青丘横日域，碧海貫乾綱。奇怪諸神府，朝宗擅穀王。靈官耀三岳，仙槎泛□□。蜃樓朝氣上，鶏樹早花芳。別島春潮駛，連汀宿霧長。驚湍蕩雲色，沓浪倒霞光。宸行肅遼隧，降望臨歸塘。夾林朱鷺澈，分空翠鳳翔。憑深體嬀后，徒御叶周王。游聖沾玄澤，詎假濯滄浪。

奉和行經破薛舉戰地應詔

（《翰林學士集》。）

策星�霄極，飛鴻浹地區。鮪水騰周駕，涿鹿警軒弧。榮河開秘篆，柳谷薦靈符。天游御長策，侮食被來蘇。秋原懷八陣，武校燭三驅。投石堙舊壘，削樹委荒途。□野驚霄磷，頹墉噪晚烏。毒涇晦涼雨，塞井蔽寒蕪。冲情朗金鏡，睿藻邃玄珠。□恩奉御什，撫己濫齊竽。

侍宴延慶殿同賦別題得凌霜應詔

（《翰林學士集》。）

涼沙起關塞，候雁下江干。流聲度迴月，浮影入長瀾。繫書天路遠，避繳曉風寒。□□□□曲，先驚霜翮殘。

卷二　盧照鄰

凌　晨

（補遺。）

日掩鴻都夕，河低亂箭移。蟲飛明月户，鵲繞落花枝。蘭襟帳北壑，玉匣鼓文漪。聞有啼鶯處，暗幄曉雲披。

卷二　陳元光

漳州新城秋宴

（《全唐詩補逸》一據沈定均《漳州府志・藝文志》補。）

地險行臺壯，天清景幕新。鴻飛青嶂杳，鷺點碧波真。風肅天如水，霜高月散銀。嬋娟争潑眼，廉潔正成鄰。東涌滄溟玉，西呈翠巘珍。畫船拖素練，朱榭映紅雲。琥珀杯方酌，鮫綃席未塵。秦簫吹引鳳，鄒律奏生春。縹緲纖歌遏，婆娑妙舞神。會知冥漠處，百怪惱精魂。

曉發佛潭橋

(《全唐詩補逸》一據沈定均《漳州府志・藝文志》補。)

朝暾催上道，兔魄欲西沉。去雁長空没，飛花曲徑深。事沿橋樹往，詩落海鷗吟。馬鬣嘶風聳，龍旂閃電臨。峰攢仙掌巧，露重將袍陰。農唤耕春早，僧迎展拜欽。看看葵日麗，照破艷陽心。

句：參軍許天正，是用紀邦勛。

（贈許天正，見許天正《和陳元光平潮寇》詩原注。）

卷二　李懷遠

鳳閣南廳槐樹半生死雖遇陽和終呈枯朽托根清禁頗覺非宜感物緣情率爾爲咏

（補遺。）

庭槐歲月深，半死尚抽心。葉少寧障日，枝疏不礙禽。帷幄諒無取，棟梁非所任。愧在龍樓側，羞處鳳池陰。未能辭雨露，猶得款衣簪。惜悲生意盡，空餘古木吟。

卷三　韋元旦

夏日游神泉

（據《續古文苑》四校録。）

聞有濠梁地，駕言并四美。契冥邀異適，勝會不延晷。澗響若琴中，泉華疑鏡裏。形隨圓月正，制逐規虹起。澡流鎣彤□，砇石凉玉砒。近焉將安適，行當潤蒙汜。

卷三　宋之問

（迻録補遺詩二首。）

登北固山

京鎮周天險，東南作北關。埭横江曲路，戍入海中山。望越心初切，思秦鬢已斑。空憐上林雁，朝夕待春還。

陪群公登箕山賦得群字

許由去已遠，冥莫見幽墳。世薄人不貴，兹山唯白雲。寧知三千歲，復有堯爲君。時佐激頹俗，登箕挹清芬。高節雖旦暮，邈與洪崖群。

卷三　蘇頲

（迻録補遺詩二首。）

人日兼立春小園宴

黄山積高次，表裏望京邑。白日最靈朝，登攀盡原隰。年灰律象動，陽氣開迎入。烟靄長薄含，臨流小溪澀。賓朋莫我弃，詞賦當春立。更與韶物期，不孤東園集。

和黄門舅十五夜作

聞君陌上來，歌管沸相催。孤月連明照，千燈合暗開。寶裝游騎出，香繞看車回。獨有歸閑意，春庭伴落梅。

卷三　崔融

游東林寺

（日本高山寺藏宋鈔本《廬山記》。詩末題云："元和十三年二月二十九日曾孫朝散大夫使持節江州諸軍事守江州刺史上柱國清河縣開國男賜紫金魚袋能再刊勒。"）

昨度匡山下，春鶯曉弄稀。今來湓水曲，秋雁晚行飛。國有文皇召，人慚謫傳歸。回行過梵塔，歷覽遍吴畿。杏樹栽時久，蓮花刻處□（原滅一字）。南溪雨（原僞兩）颯颯，東峴日輝輝。瀑溜天童捧，香爐法象圍。烟雲隨道路，鸞鶴遠驂騑。遠上靈儀肅，生公談柄揮。一兹觀佛影，暫欲罷朝衣。

卷三　薛曜

（據補遺録詩三首。）

登錦州富樂山別李道士榮

珠闕崑山遠，銀宮漲海懸。送君從此路，城郭幾千年。雲霧含丹景，桑麻覆細田。笙歌未盡曲，風馭獨泠然。

九城尋山水

菊浦桃源瞰九城，鸞歌鳳嘯忽將迎。千巖雜樹雲霞色，百道流泉風雨聲。上客由來軒蓋重，幽人自覺薜蘿輕。疑是昔年栖息地，山中日暮有餘情。

邙山古意

昔掩佳城路，曾驚壑易遷。今接宜都里，翻疑海作田。鏤鼎名應大，生金字不傳。風飆吹白日，羅綺拭黄泉。象鳳笙留國，成龍劍上天。長樂移新壟，咸陽失舊阡。川流徒漫漫，神理竟綿綿。伫見飛來鶴，沈嗟不學仙。

卷三　喬備

秋夜巫山

（補遺。）

巫峽裴回雨，陽臺淡蕩雲。江山空窈窕，朝暮自紛氳。螢色寒秋露，猿啼清夜聞。誰憐夢魂遠，腸斷思紛紛。

卷四　崔沔

贈崔日用（殘句）

（《全唐文》四〇九崔祐甫《齊昭公崔府君集序》。序云："祐甫先君左僕射與昭公道藝敦睦，故贈答詩"云云。按祐甫，沔之季子。）

棣華襲韡萼，桂樹連芳根。

卷四　孫逖

晦日與盧舍人同詣補闕城南林園

（補遺。）

芳年正月晦，假日早朝回。欲盡三春賞，還欽二阮才。柳迎郊騎入，花近□庭開。宛是人寰外，真情寓物來。

卷四　盧象

贈劉藍田

（補遺。一作王維詩。）

籬中犬迎吠，出屋候柴扉。歲晏輸井税，山村人暮歸。晚田始家食，餘布成我衣。對此能無事，勞君問是非。

送賀秘監歸會稽詩

（一作《歸四明》。宋孔延之《會稽掇英總集》。）

（先生紫陽真人，□耳河目，神氣有異，年八十六而道心益固，時人方之赤松子。去年寢疾累日，冥然如夢。長男曾子求於神鬼，長請於天，竊司命之籍，與鬼物相競而角抵焉，而告真人，乃泠然而歸。於是表請辭官，乞以父子入道，俱還故鄉，仍以山陰舊宅爲觀焉。皇帝嘉尚其事，尋而見許，擇日度公與男田。時公卿大夫，觀者如堵，皆曰賢才也。正月五日，上令周公、邵公洎百僚餞别青門之内，玄鶴摩於紫霄，吹笙擊鼓，盡是仙樂，聞者莫不增嘆，輕軒冕焉。余與真人相知，不以年，不以位，俱承太公之後，見賞王粲之詞。悠悠此别，不覺流涕。輒贈古歌辭一首，庶爲真人傳用之爾。）

君不見先生耳鼻有仙骨，自號狂生中有物。金華侍講三十年，兒戲公卿與簪笏。青門抗行謝客兒，健筆連羈王獻之。長安素絹書欲遍，主人愛惜常保持。每嘆二疏不足道，復言四皓常枯槁。去年寢疾彌數旬，神鬼盈庭謀一老。長男泣血求司命，少女嚬眉誦靈寶。還如簡子復歸來，更與洪崖同壽考。上書北闕言授籙，税駕東州願修道。初聞行路猶未信，果達吾君謂之好。山陰舊宅作仙壇，湖上閑田種芝草。鏡湖之水含杳冥，會稽仙洞多精靈。須乘赤鯉游滄海，當以群鵝寫道經。皇恩贈詩四十字，明主賜金三十鎰。供帳傾朝一送歸，雙童駟馬從兹出。回看紫綬若輕塵，遠别青門嗟故人。鴛鴦差池攀羽蓋，虹霓夭矯翊車輪。田男列侍浮邱伯，曾子榮過朱買臣。余高若是有先覺，滅迹歸根從大樸。千載悠悠等令威，十洲漫漫思方朔。歸去來，青牛頓足少遲回。忽然雲霧不相見，唯有飄飄香氣來。

卷四　殷遥

夏晚懷歸（殘句）

（《全唐詩逸》據《千載佳句》補。）

歸心静對螢飛月，遠夢長驚角滿樓。

卷四　丁仙芝

陪岐王宅宴（殘句）

（《千載佳句》。）

兩鳴鴛瓦收炎氣，風卷珠簾送曉凉。

卷四　李昂

題雍丘崔明府丹竈

（倫敦《敦煌唐寫本詩選殘卷》。）

聞君小邑暫鳴弦，隱几灰心有歲年。白石既燒應化鶴，黄金未熟且烹鮮。爐中近染三花氣，樹裏新飛五色烟。伊尹即今須負鼎，王喬何事欲衝天。

睢陽送韋參軍還汾上此公元昆任睢陽參軍

（倫敦《敦煌唐寫本詩選殘卷》。）

世業重籯金，青春映士林。文華兩孫楚，兄弟二曾參。竹抱盧門暗，山銜晋國深。預知汾水上，一雁有遺音。

馴鴿篇并序

（巴黎藏《敦煌唐人選唐詩殘卷》。）

滎陽主簿賈季良廳事有雙青鴿焉。賈公亦既下車，兹禽爰止於屋。豈鳥能有情乎？亦仁其誘之乎？鳥之將至，其貞吉乎？古之爲文，美木靈鳥，咸備哥頌，斐然有□，首題此章：

君不見賈誼□中推逸才，仇香坐處館□開。栖鸞未及銜天去，馴鴿先能聽□□。亦聞無角巢君屋，諸處不栖如擇林。寧隨駕鸞空繞梁，爲逐遷鶯俱□□。風窗月户清節凉，撫翼和鳴君子□。雙影時時臨硯水，輕毛片片落書□。□君德，輝彩鮮鮮生羽翼；感君心，靈□昭昭相應深。何必淮南投小吏，飛來□□化爲金。

塞上聽彈胡笳（原缺，據序補）作并序

（上缺）達兩蕃，常頓兵十萬，裹糧□甲，無粟不守，故天子命我柱史韋公括（中缺）監統□羅。韋公謂我不忝，奏充判（原缺，以意補）官。天寶七載十有一月，次於赤水軍，將計□□時有若尚書郎蘇公，專交兵使，處□别館。是日也，余因從韋公相與謁詣，既盡籌晝（原誤晝），且開樽俎。客有尹侯者，高冠長劍，尤善鼓琴。因接弦奏胡笳之曲，摧藏哀抑，聞之忘味。夫胡笳者，首出蔡女□（疑

爲没）胡塵泣胡霜而凄漢月、煩冤愁思之所作也，故有出塞、入塞之聲，清商、清□之韻。其音苦，其調悲，况此地近胡。（下缺）

（詩缺）

卷四　張謂

（《千載佳句》。）

月夜看美人踏歌（殘句）

天上姮娥遥解意，偏教月向踏歌明。

玩山月送白（原作百，疑誤）九（殘句）

共待山頭明月上，照君行棹出長川。

卷四　趙彦伯

和九月九日登慈恩寺浮圖應制

（補遺。）

出豫垂佳節，憑高陟梵宫。皇心滿塵界，佛迹現虚空。日月宜長壽，天人得大通。喜聞題寶偈，受記莫由同。

卷五　李頎

歸至舊任（疑當作莊）酬袁贊府見贈（殘句）

（《千載佳句》。）

巴路千山秋水上，江村獨樹夕陽時。

卷五　王維

牡丹花（殘句）

（《千載佳句》。）

自恨開遲還落早，縱横衹是怨春風。

卷五　王昌齡

題净眼師房

（倫敦《敦煌唐寫本詩選殘卷》。此首前皆王昌齡詩，後皆孟浩然詩，而卷本未題孟浩然姓名，不知所抄孟詩自此首起，抑自下首起？今兩家集皆無此詩，姑定爲昌齡之作，以俟詳考。）

白鴿飛時日欲斜，禪房寂歷飲香茶。傾人城，傾人國，斬新剃頭青且黑。玉如意，金澡瓶，朱唇皓齒能誦經，吴音唤字更分明。日暮鐘聲相送出，袈裟挂着箔簾釘。

梅花詩（殘句）

（《芥隱筆記》曰：東坡《梅》詞“不與梨花同夢”，蓋同王建《夢中梨花雲》詩。原注曰：王昌齡《梅花詩》云云，坡用此語。）

落落寞寞路不分，夢中喚作梨花雲。

以下并殘句：

（《全唐詩逸》據《秘府論》引王昌齡《詩格》補。）

旅次盩厔過韓士別業（殘句）

春烟桑柘枝，落日隱荒墅。泱漭平原夕，清吟久延佇。故人家於此，招我漁樵所。

上侍御士兄（殘句）

（士字疑誤，當爲“十一”之誤合。）

天人俟明路，益稷分堯心。利器必先舉，非賢安可任。吾兄執嚴憲，時佐能釣深。

上同州使君伯（殘句）

大賢本孤立，有時起絲綸。伯父自天稟，元功載生人。

留別（殘句）

桑林映陂水，雨過宛城西。留醉楚山別，陰雲暮霎霎。

贈李侍御(殘句)

青冥孤雲去，終當暮歸山。志士杖苦節，何時見龍顏。
渺然客子魂，倏鑠川上暉。還雲慘知暮，九月仍未歸。

送別(殘句)

春江愁送君，蕙草生氤氲。醉後不能語，鄉山雨雰雰。

失題(殘句)

時與醉林壑，因之墮農桑。槐烟漸含夜，樓月深蒼茫。

失題(殘句)

桑葉下墟落，鶡鷄鳴渚田。物情每衰極，吾道方淵然。

寄驩洲(殘句)

（疑當作州，題且有脱文。）
與君遠相知，不道雲海深。

見譴至伊水(殘句)

得罪由己招，本性易然諾。

客舍秋霖呈席姨夫（殘句）

黄葉亂秋雨，空齋愁暮心。

題上人房（殘句）

通經彼上人，無迹任勤苦。

送鄔賁覲省江東（殘句）

楓橋延海岸，客帆歸富春。

宴西亭（殘句）

寒江映村林，亭上納高潔。

登城懷古（殘句）

陵藪寒蒼茫，登城遂懷古。

失題（殘句）

孤烟曳長林，春水聊一望。

失題（殘句）

河口餞南客，進帆清江水。

失題（殘句）

遷客又相送，風悲蟬更號。

失題(殘句)

微雨隨雲收，濛濛傍山去。

失題(殘句)

海客時獨飛，永然滄洲意。

失題(殘句)

日夕辨靈藥，空山松桂香。

失題(殘句)

墟落有懷縣，長烟溪樹邊。

失題(殘句)

青桂花未吐，江中獨鳴琴。

失題(殘句)

還家望炎海，楚葉下秋水。

卷五　丘爲

（以下并見倫敦《敦煌殘卷》。）

答韓大

行人輩，莫相催，相看日暮何徘徊。登孤舟，望遠水，殷勤留語勸求仕。疇昔主司曾見知，琳琅叢中拔一枝。且得免輸天子課，何能屈腰鄉里兒。長安桑落酒，或可此時望携手。官班眼色不相當，拂衣還作捕魚郎。

辛四卧病舟中群公招登慈和寺

柳色扁舟帶水陰，聞君卧疾引登臨。憑高始見三吴勢，望遠因知四海心。山僧午後清禪洽，□□晴初緑藹深。雲外翩翩飛鳥盡，令人宛自動歸吟。

對雨聞鶯

垂柳街頭百丈絲，杏花林外度黄鸝。間關正在秦筝裏，歷亂偏傷楚客時。風傳一一聲來盡，雨濕雙雙飛去遲。羡爾能將還客意，何如栖得上林枝。

幽渚雲

漠漠雲在渚，無心去何從。青連晚湖色，澹起秋烟容。渡水上下白，歸山深淺重。來爲巫峽女，去逐葛川龍。勿爲長幽滯，當飛第一峰。

傷河龕老人

老人甲子難計論，耳中白毛三十根。釣魚幾年如一日，船舷數寸青苔痕。人生情命必歸止，精魄傷夫（疑當作失）向流水。月如鈎在輪影中，風似人來荻（原作荻，誤）聲裏。蒲葉（疑誤）高低没釣磯，破舟仍繫緑楊枝。水流不爲人流去，魚樂寧知人樂時。正（疑土）龕門前一行柳，獨引青絲織魚笱。柳花漠漠飛復飛，魚笱如今落誰手。余嗟老人多悲辛，老人昔日傷幾人。人情相掩且相嘆，不喜頭河秋與春。

卷五　劉長卿

清明日青龍寺上方

（補遺。）

上方偏可適，季月況堪過。遠近人都至，東西山色多。夕陽留徑草，新葉變庭柯。已度清明節，春愁如客何。

題張山人所居(殘句)

(《千載佳句》。)

春苔滿地無行處，深映桃花獨閉門。

卷六　孟浩然

咏　　青

（倫敦《敦煌唐寫本詩選殘卷》。）

霧開天光遠，春回日道臨。草濃河畔色，槐結路旁陰。欲映君王史，先標胄子襟。經明如何（當作可）拾，自有致雲心。

卷六　蕭穎士

（以下三首并見補遺。）

羽　　山

九山方蕩潏，三考伫良材。夏祖何屯圮，遷殛此山隈。空餘下泉客，誰復辨黄能。

游馬耳山

兹山表東服，遠近瞻其名。合沓盡溟漲，渾渾連太清。我來疑初伏，幽路無炎精。流水出溪盡，覆夢摇風輕。高深變氣候，俯仰暮天晴。入谷烟雨潤，登崖雲日明。乾坤正含養，種植總滋榮。草樹皆秀色，雛麋亂新聲。攀巖挹桂髓，洞穴拾瑶英。此地隱微徑，何人得長生。宿心尚葛許，彌願栖蓬瀛。太息宦名路，遲回忠孝情。還丹昧遠術，養素慚幽貞。安得從此去，悠然升玉京。

趙載同游焦湖夜歸作

□□將澤國，淜騰迎淮甸。東江輸大江，别流從此縣。仙尉俯勝景，輕橈恣游衍。自公暇有餘，微尚得所願。拈引間翰墨，風流盡歡宴。稍移井邑閑，始悦登眺便。遥岫逢應接，連塘乍回轉。劃然氣象分，萬頃行可見。波中峰一點，雲際帆千片。浩嘆無端涯，孰知藴虚變。往游信不厭，畢景方未還。蘭□烟靄裏，延緣蒲稗間。勢隨風潮遠，心與□□閑。回見出浦月，雄光射東關。悠然蓬壺事，□□□衰顔。安得傚吏隱，彌年寓兹山。

卷六　王翰

龍興觀金籙建醮

（補遺。）

泰山巖巖兮凌紫氛，中有群仙兮乘白雲，陳金薦璧兮□□□[①]。

卷六　崔曙

（以下殘句俱見《文鏡秘府論》。）

失題（殘句）

夜臺一閉無時盡，逝水東流何處還。

① 原稿無此三方格，此據中華書局 1960 年版《全唐詩》卷八八二補。

失題（殘句）

田家收已盡，蒼蒼祇白茅。

卷六　李白

庭前晚花開

（補遺。）

西王母桃種我家，三千陽春始一花。結實苦遲爲人笑，攀折唧唧長咨嗟。

瑞雪（殘句）

（《千載佳句》。）

玉階一夜留明月，金殿三春滿落花。

卷七　張謂

題故人別業

（《文鏡秘府論》。）

平子歸田處，園林接汝墳。落花開户入，啼鳥隔窗聞。池净流春水，山明斂霽雲。晝游仍不厭，乘月夜尋君。

失題(殘句)

(據《能改齋漫録》《雲谷雜記》《考古質疑》。)

囊無阿堵物,門有寧馨兒。

卷七　高適

(以下二詩據巴黎《敦煌唐人選唐詩殘卷》。)

自武威赴臨洮謁大夫不及因書即事寄河西隴右幕下諸公

浩蕩去鄉縣,飄颻瞻節旄。揚鞭發武威,落日至臨洮。主人未相識,客子心忉忉。顧見征戰歸,始知士馬豪。戈鋋耀崖谷,聲氣如風濤。隱軫戎旅間,功業競相褒。獻狀陳首級,饗軍烹太牢。俘囚驅面縛,長幼隨巔毛。氈裘何蒙茸,血食本羶臊。漢將乃兒戲,秦人空自勞。立馬眺洪河,驚風吹白蒿。屯雲寒色苦,雪合群山高。遠戍際天末,邊烽連賊壕。我本江海游,逝將心利逃。一朝感推薦,萬里從英旄(疑作髦)。飛鳴蓋殊倫,俯仰忝諸曹。燕鴿(疑作頷)知有待,龍泉惟所操。相士慚入幕,懷賢願同袍。清論揮麈(疑作麈)尾,乘酣持蟹螯。此行豈易酬,深意方鬱陶。微效倘不遂,終然辭佩刀。

同李司倉早春宴睢陽東亭(得花)

春皋宜晚景,芳樹雜流霞。鶯燕知二月,池臺稱百花。竹根初帶筍,槐色正開牙。且莫催行騎,歸時有月華。

卷七　岑參

江行遇梅花之作

（倫敦《敦煌唐寫本詩選殘卷》。）

江畔梅花白如雪，使我思鄉腸欲絶。擿得一枝在手中，無人遠向金閨說。願得青鳥銜此花，西飛直送到吾家。胡姬正在臨窗下，獨織留黄淺碧紗。此鳥銜花胡姬前，胡姬見花知我憐。千說萬說由不得，一夜抱花空館眠。

冀國夫人歌詞七首

（倫敦《敦煌唐寫本詩選殘卷》。七首内第五首全缺。其餘六首不著名氏，在《江行遇梅花之作》後，格調視前篇疑亦參詩。）

夫人封賞國初開，寶札綸言天上來。翔鵠日邊鸞不去，盤龍印處鵲飛回。

柳暗南橋花撲（原作僕）人，紅亭獨占二江春。爲愛錦波清見底，時時羅襪踏成塵。

錦帽紅纓紫薄（疑帕）寒，織成團襜鈿裝鞍。翩翩出向城南獵，幾許都人夾道看。

歌聲一發世間稀（原作希），數片晴雲不肯歸。弱腕醉□□□□，誤（原作吴，缺其左半，疑是誤字）令□月酒（左半缺損，疑是酒字）□□□。

甲士千群若□雲，一身能出定三軍。□□玉指調金鏃，漢北以（原作已）東誰不聞。

碎葉氍毹金獨盤，繁弦急管夜將闌（原作蘭）。自憐丞相歌鐘貴，却笑陽臺雲雨寒。

卷七　李嘉祐

江晚望陪楊園（殘句）

（《千載佳句》。）

巴峽猿聲催客泪，銅梁山翠入江樓。

發青泥店至長餘縣西涯山口（殘句）

（《千載佳句》。）

千峰鳥路含梅雨，五月蟬聲送麥秋。

卷七　包佶

翻經臺

（《廬山記》。原作包吉，避徽宗諱缺也。）

野蔓高臺下，前朝記不誣。金文翻古偈，漢字變胡書。彩綫風飄斷，緗縑（疑當作薑）火燼餘。破雲開白日，穿水照芙蕖。科斗頻更改，庵園幾遍鋤。真門兼逸韻，兩欲慕相如。

卷七　張鼎

山中松

（補遺。）

枝聳碧雲端，根侵蘚壁盤。幾經良匠顧，猶作散材看。雪積花開少，風多子落乾。空存後凋色，歲晚出林巒。

卷七　皇甫曾

送　　人[①]

（《全唐詩補逸》據《二南密旨》補。）

卷九　杜甫

漢州王大録事宅作

（補遺。）

南溪老病客，相見下肩輿。近髮看烏帽，催蒓煮白魚。宅中平岸水，身外滿床書。憶爾才名叔，含凄意有餘。

① 原稿無此詩正文，參見中華書局 1982 年版《全唐詩外編》中"全唐詩補逸"卷六。

卷九　皇甫冉

（以下七詩均據補遺。）

田家作

卧見高原燒，閑尋空谷泉。土膏消臘後，麥隴發春前。藥驗桐君録，心齊莊子篇。荒村三數處，衰柳百餘年。好就山僧去，時過野舍眠。汲流寧厭遠，卜地本求偏。向子諳樵路，陶家置黍田。雪峰明晚景，風雁急寒天。且復冠名鷃，寧知冕戴蟬。問津夫子倦，荷蓧丈人賢。顧物皆從爾，求心正倘然。嵇康懶慢性，衹自戀風烟。

寄劉方平

十年不出溪林中，一朝結束甘從戎。嚴子持竿心寂歷，寥落荒籬遮舊宅。終日碧湍聲自喧，暮秋黄菊花誰摘。每望南峰如對君，昨來不見多黄雲。石徑幽人何所在，玉泉疏鐘時獨聞。與君從來同語默，豈是悠悠但相識。天畔三秋空復情，袖中一字無由得。世人易合復易離，故交弃置求新知。嘆息青青長不改，歲寒霜雪貞松枝。

和中丞奉使承恩還終南舊居

軒車尋舊隱，賓從滿郊園。蕭散烟霞興，殷勤故老言。謝公山不改，陶令菊猶存。苔蘚侵垂釣，松篁長閉門。風霜清吏事，江海諭君恩。祇召趨宣室，沈冥在一論。

送令狐明府

行當臘候晚，共惜歲陰殘。聞道巴山遠，如何蜀路難。荒林藏積雪，亂石起驚湍。君有親人術，應令勞者安。

同韓給事觀畢給事畫松石

海嶠微茫那得到，楚關迢遞心空憶。夕郎善畫巖間松，遠意幽姿此何極。千條萬葉紛異狀，虎伏螭盤争勁力。扶疏半映晚天青，凝澹全和曙雲黑。烟籠月照安可道，雨濕風吹未曾息。能將積雪辨晴光，每與連峰作寒色。龍樓不競繁花吐，騎省偏宜遥夜直。羅浮道士訪移來，少室山僧舊應識。掖垣深沉晝無事，終日亭亭在人側。古槐衰柳寧足論，還對罘罳列行植。

送從侄栖閑律師

能知出世法，詎有在家心。南院開門送，東山策杖尋。經年期故里，及夏到空林。念遠長勞望，朝朝草色深。

舟中送李觀

江南近别亦依依，山晚川長客伴稀。獨坐相思計行日，出門臨水望君歸。

卷九　張彪

敕移橘栽

（補遺。）

南橘北爲枳，古來豈虚言。徙植期不變，陰陽感君恩。枝條皆宛然，本土封其根。及時望栽種，萬里繞花園。滋味豈聖心，實以憂黎元，暫勞致力重，永感貢獻煩。是嗟草木類，禀異於乾坤。願爲王母桃，千歲奉至尊。

卷九　錢起

早　　朝

（《四部叢刊》本《錢考功集》。）

鐘傳清禁纔應徹，漏報仙闈儼已開。雙闕薄烟籠菡萏，九成初日照蓬萊。朝時但向丹墀拜，仗下疑從碧落回。聖代逍遥更何事，願將巴曲贊康哉。

失題（殘句）

（《秘府論》。按下二句即郭震《塞上》詩中語，此以爲錢起詩，未詳何據。）

胡風迎馬首，漢月學蛾眉。久戍人將老，長征馬不肥。

卷九　王季友

（下二詩均據補遺。）

青出藍

芳藍滋匹帛，人力半天經。浸潤加新氣，光輝勝本清。還同冰出水，不共草爲螢。翻覆衣襟上，偏知造化靈。

皇帝移晦日爲中和節

皇心不向晦，改節號中和。淑氣同風景，嘉名别咏歌。湔裙移舊俗，賜尺下新科。曆象千年正，酺醵四海多。花隨春令發，鴻度歲陽過。天地齊休慶，歡聲欲蕩波。

卷九　獨孤及

詩一首

（本集《冬夜裴員外薛侍御置酒宴集序》。）

簿領日盈機，知君傲煩囂。飲和自忘渴，况以初筵招。道契迹自親，誰爲列宿遥。何用結同心，緑琴復長瓢。日月若走馬，炎凉催斗杓。一年解頤笑，幾日如今宵。奉君千金壽，莫使歲寒凋。

又一首

（本集《仲春裴胄先宅宴集聯句賦詩序》。）

上天垂光兮，熙予以青春。今日何日兮共此良辰。與君觥濁酒而藉落英兮，如年華之相親。蹇淹留以醉止，孰云含意而未申。

卷九　常兖

（以下二詩見沁泉山館郭柏蒼刊本《唐制誥集》。）

送薛縣丞還家

之子一爲别，秋霜萬里心。野花山路冷，明月柳邊陰。聚首情猶淺，垂鞭意更深。望君自珍重，幽賞托瑶琴。

赴京旅次感懷

萬里雲烟繞畫樓，客居無事轉深愁。秋風翠閣看初動，玉露金莖望欲流。廿載承恩誰報主，一生僚屬且封侯。明朝努力長安道，不爲晴川戀舊游。

卷十　顧況

（以下四詩見補遺。）

曲龍山歌

曲龍丈人冠藕花，其顔色映光明砂。玉繩金枝有通籍，五岳三山如一家。遥指叢霄沓靈島，島中曄曄無凡草。九仙傲倪折五芝，翠鳳白麟回異道。石臺石鏡月長明，石洞石橋連上清。人間妻子見不識，拍雲揮手升天行。摩天接漢何瀟灑，四石五雲更上下。下方小兆更拜焉，願得騎雲作車馬。

子欲居九夷，乘桴浮於海，聖人之意有所在。曲龍何在在海中，石室玉堂窅玲瓏。其下琛怪之所産，其上靈栖復無限。無風浪頂高屋脊，有風天晴翻海眼。願逐剛風騎吏旋，起居按摩參寥天。鳳皇頰骨流珠佩，孔雀尾毛張翠蓋。下看人界等蟲沙，夜宿層城阿母家。

柳宜城鵲巢歌并序

俗傳鵲巢在南，令人貧窮，多口舌。東西家者，已斫樹枝，公獨任其乳育。於鳥如此，於人可知。况承命歌曰：

相公宅前楊柳樹，野鵲飛來復飛去。東家斫樹枝，西家斫樹枝。東家西家斫樹枝，發遣野鵲巢何枝。相君處分留野巢，一月生得三個兒。相君長命復富貴，口舌貧窮徒爾爲。

道該上人院石竹花歌

道該房前石竹叢，深淺紫，深淺紅。嬋娟灼爍委清露，小枝小葉飄香風。上人心中如鏡中，永日垂簾觀色空。

卷十　耿湋

九　　日

（補遺。）

九日强游登藻井，髮稀那敢插茱萸。横空過雨千峰出，大野新霜萬壑鋪。更望尊中菊花酒，殷勤能得幾回沽。

卷十　嚴維

晚霽登王六東閣

（補遺。）

試上江樓望，初逢山雨晴。連空青嶂合，向晚白雲生。俊美要殊觀，蕭條見遠情。情來不可極，日暮水流清。

（殘句）

（《古刻叢鈔・王叔雅墓誌銘》。案志云："秘書郎嚴維每器而厚之，時携幼弟適郢，乃賦詩以贈。"云云。）

萬里天連水，孤舟弟與兄。

卷十　盧綸

（殘句）

（李壁《王荆公詩注》二三。）

青草湖將天暗合，白頭浪與雪相和。

卷十　竇叔向

青陽館望九子山

（補遺。）

蒼翠岧嶤上碧天，九峰遥落縣門前。毫芒映日千重樹，涓滴垂空萬丈泉。武帝南游曾駐蹕，始皇東幸亦祈年。雲祠絶迹終難訪，唯有猿聲到客邊。

卷十　竇鞏

自京師將赴黔南

（補遺。）

風雨荆州二月天，問人須雇峽中船。西南一望雲和水，猶道黔南有四千。

卷十　陳潤

題山陰朱徵君隱居（殘句）

（《千載佳句》。）

兩岸楊花風作雪，一池荷葉雨成簾。

客舍石已山渡行（殘句）

（《千載佳句》。）

暮猿啼處三聲絶，寒雁歸時一葉秋。

王昭君（殘句）

（《千載佳句》。）

一雙泪滴黄河水，願得東流入漢宫。

卷十　崔膺

歌妓（殘句）

（《千載佳句》。）

不隨暮雨蒼江去，且向朝雲白雪歌。

别山居(殘句)

(《千載佳句》。)

欲於北闕辭蒼海，却望東山愧白雲。

卷十　馮宿

酬宣上人(殘句)

(《千載佳句》。)

九衢車馬傳佳句，萬户鶯花接勝游。

卷十　張建封

朝天行(殘句)

(《國史補》。)

賴有雙旌在手中，鏌鋣昨夜新磨了。

卷十一　丘丹

奉使過石門瀑布并序

（補遺。）

謝康樂宋景平中爲永嘉守，有《宿石門巖山》詩。予六代祖梁中書侍郎，天監中有《過石門瀑布》詩，後亦爲此郡。小子大曆中奉使，竊有繼作。雖不足克紹祖德，追踪昔賢，蓋造奇懷感之志也。

溪上望懸泉，耿耿雲中見。披榛上巖巘，絶壁正東面。千仞瀉聯珠，一潭噴飛霰。嵯瀧滿山響，坐覺炎氛變。照日類虹霓，從風似綃練。靈奇既天造，惜處窮海甸。吾祖昔登臨，謝公亦游衍。王程懼淹泊，下磴空延眷。千里雷尚聞，巒回樹葱茜。奔波（一作此來）恭賤役，探討愧前彦。永欲洗塵纓，終當愜兹願。

秋夕宿石門館

（補遺。）

暝從石門宿，摇落四巖空。潭月漾山足，無河瀉澗中。杉松寒似雨，猿鳥夕驚風。獨卧不成寐，蒼然想謝公。

卷十一　暢當

釣渚亭（殘句）

（《唐詩紀事》。）

花發多遠意，鳧雁有閑情。遲暉耿不暮，平江寂無聲。

山居（殘句）

（《唐詩紀事》。）

寒林苞晚橘，風絮露垂楊。湖畔聞漁唱，天邊雁數行。

卷十一　劉商

送劉南史往杭州拜覲別駕叔

兄弟飄零自長年，見君眉白轉相憐。清揚似玉須勤學，富貴由人不在天。萬里榛蕪迷舊國，兩河烽火復相連。林中若使題書信，但問漳濱訪客船。

卷十一　于鵠

上陽宫（殘句）

（《千載佳句》。）

曾讀列仙王母傳，九天未勝此中游。

卷十二　崔備

（殘句）

（羊士諤有詩題曰："酬禮部崔員外備獨〔一本作矚，一本此下缺一字〕永寧里弊居見寄，來詩云：'圖書鎖塵閣，符節守山城。'"）

圖書鎖塵閣，符節守山城。

卷十二　楊巨源

和汴州令狐相公白菊

兔園春欲盡，别有一叢芳。直似窮陰雪，全輕向曉霜。凝暉侵桂魄，晶彩奪螢光。素萼迎風舞，銀房泫露香。水晶簾不隔，雲母扇韜鋩。紈袖呈瑶瑟，冰容啓玉堂。今來碧油下，知自白雲鄉。留此非吾土，須移鳳沼傍。

贈陳判官求子花詩

油地輕綃碧且紅，須憐纖手是良工。能生麗思千花外，善點穠姿五彩中。子細傳看臨霽景，殷勤持贈及春風。若將江上迎桃葉，一帖何妨錦綉同。

和劉員外赴闕次潼關作（殘句）

（《千載佳句》。）

鳴鞭秋色詩情遠，拂匣寒花劍力多。

永平里酬盧洪（殘句）

（《千載佳句》。）

籍通蓮闕秋光遍，詩答蓬山晚思遥。

春日（殘句）

（《千載佳句》。）

青門日暖塵光動，紫陌花晴風色來。

紫薇（殘句）

（《千載佳句》。）

艷欺藤蘿鶯無限，香壓荆花蝶不飛。

將赴嶺外留别（殘句）

（《千載佳句》。）

内史舊山空日暮，南朝古木向人秋。

寓居（殘句）

（《千載佳句》。）

夢中鄉信驚秋雁，窗下林聲帶夜蟬。

送王秀才（殘句）

（《千載佳句》。）

獨向曉山知露濕，遠臨秋水愛雲明。

送楊松陵歸宋汴州（殘句）

（《千載佳句》。）

新河柳色千株暗，故國雲帆萬里歸。

寄宣供奉（殘句）

（《千載佳句》。）

（一院緑錢童子拂，千竿青玉主人栽。）

贈紅樓院宣供奉（殘句）

（《千載佳句》。）

露凝丹地初疑雨，烟著紅樓半是霞。

題金字經供養□上人（殘句）

（《千載佳句》。）

宣門水定埃塵遠，真偈金書世界稀。

卷十三　歐陽詹

同諸公過福先寺律院宣上人房

律座下朝講，晝門猶掩關。叨同静者來，正值高雲閑。寂爾方丈內，瑩然虛白間。千燈智慧心，片玉清羸顏。松色落深井，竹陰寒小山。晤言流曦晚，惆悵歸人寰。

卷十三　劉禹錫

初冬（殘句）

（《千載佳句》。）

烟波半落新沙地，鳥雀群飛欲雪天。

題裴令公亭（殘句）

（《千載佳句》。）

櫻桃帶雨胭脂濕，楊柳當風緑綫低。

泛舟（殘句）

（《千載佳句》。）

山似屏風江似簟，叩舷來往月明中。

瀑布泉（殘句）

（《千載佳句》。）

晴日碧空雲脚斷，一條如練挂山尖。

酬李校事（殘句）

（《千載佳句》。）

飛文鬥疾敲銅器，陪宴會歡吐錦茵。

卷十三　胡證

汝州北樓晚望少室

（葉九來《金石録補》一九。）

卷十七　張碧

廬山瀑布

誰將織女機頭練，貼出青山碧雲面。造化工夫不等閑，剪破澄江凝一片。怪來洞口流嗚咽，怕見三冬晝飛雪。石鏡無光相對愁，漫漫頂上沈秋月。争得陽烏照山北，放出青天豁胸臆。黛花新染插天風，驀吐中心爛銀色。五月六月暑雲飛，閣門遠看澄心機。参差碎碧落巖畔，梅花亂擺當風散。

林書記薔薇

東風折盡諸花卉，是個亭臺冷如水。黄鸝舌滑跳柳陰，教看薔薇吐金蕊。雙成涌出琉璃宫，天香闊罩紅熏籠。西施曉下吴王殿，亂抛嬌臉新勻濃。瑶姬學綉流蘇幔，緑夾殷紅垂錦段。炎洲吹落滿汀雲，阮瑀庭前裝一半。醉且書懷還復吟，蜀箋影裏霞光侵。秦娥晚憑欄干立，柔枝墜落青羅襟。殷勤無波緑池水，爲君作鏡開妝蕊。

答友人新栽松

石門新長青龍髯，虬身宛轉雲光粘。聞君愛我幽崖前，十株五株寒霜天。越溪老僧頭削雪，曾云手植當庭月。三十年來遮火雲，凉風五月生空門。願君栽於清澗泉，貞姿莫迓夭桃妍。□□易開還易落，貞姿鬱鬱長依然。山童懶上孤峰巔，當窗劃破屏風烟。

卷十七　莊南杰

紅薔薇

九天碎霞明澤國，造化工夫潛剪刻。翠葉長眉約細枝，殷紅短刺鉤春色。明日當樓晚香歇，金帶盤空已成結。謝豹聲催麥隴秋，熏風吹落猩猩血。

曉　歌

鵾鷄哭樹星河轉，海上金烏翅如電。嫦娥歛髮綰雲頭，玉女舒霞織天面。九土厨烟滿城邑，商洛隴頭車馬急。魏宫鐘動綉窗明，夢娥驚對殘燈立。

春草歌

漠漠綿綿幾多思，無言領得春風意。花栽小錦綉晴空，葉抽碧簟鋪天地。含芳吊影争芬敷，繞雲恨起山蘼蕪。離人不忍到此處，泪娥滴盡雙真珠。

古松歌

山上山下松，森沈翠蓋烟。龜鱗犀甲鎖支體，泉聲雨脚洗春風。深碧麈尾掃冥濛，淺黄龍腹盤穹崇。挐天攫地數千尺，恐作雲雨歸維嵩。維嵩成大厦，莫遣邂逅逢樵者。

卷十七 陳翥

金錢花

梟露牽風夾瘦沙，一星星火遍窠窠。閑門永巷新秋裏，幸不傷廉莫怕多。

古蘚寒蕪讓品流，小齋多謝伴清幽。若教夷甫門前種，也是無多過一秋。

卷十七 長孫佐輔

山居雨齋即事

結茅蒼嶺下，自與喧卑隔。況值雷雨晴，郊原轉岑寂。出門看反照，繞屋殘溜滴。古路絶人行，荒陂響螻蟈。籬崩瓜豆蔓，圃壤牛羊迹。斷續古祠鴉，高低遠村笛。喜聞東皋潤，欲往未通屐。杖策試危橋，攀蘿瞰苔壁。憐翁夜相訪，緩酌聊跂石。新月出汗尊，浮雲在中舄。常隳腐儒操，謬習經邦畫。有待時未知，非關慕沮溺。

秋日登山

逐勝不怯寒，秋山閑獨登。依稀小徑通，深處逢來僧。側石擁寒溜，欹松懸古藤。明書問知友，興咏將誰能。

卷十七　李諒

（補詩一首，出《續古文苑》四。）

湘中紀行

湘江永州路，水碧山崒兀。古木□□潭，陰雲起龍窟。峻屏夾澄澈，怪石生□勒。□艦時邅回，輕舠已超忽。疾如奔羽翼，清可鑒毛髮。寂寞榜漁舟，逶迤逗商□。□行十月杪，猿嘯中夜發。楓葉寒始丹，菊花冬未歇。凝流綠可□，積草浮堪擷。□茜角驚新，幽奇信誇絕。稠峰迭玉嶂，淺浪翻殘雪。石燕雨中飛，霜鴻雲外別。（回雁峰）泝洄已勞苦，覽玩還愉悦。鶴嶺訪胎仙，（祈陽縣白鶴嶺道士屈志静得仙處）㾆（音吾）亭仰文哲。（祁陽㾆寧，元中丞次山所居）川間□漁釣，山上多薇蕨。無以佐雍熙，何如養疵拙。安人苟有績，撫己行將□。此路好□□，吾其謝羈紲。（大和四年十月二十五日□管都防禦觀察處置等使桂州刺史兼御史大夫李諒過此偶題，并領男潁同登覽。）

卷十七　周元範

奉和白舍人游鏡湖夜歸

（《千載佳句》。）

風前酒醒看山笑，湖上詩成其客吟。晝燭滿堤燒月色，澄江繞樹浸城陰。

和白舍人泛湖早發洞庭詩（殘句）

（《千載佳句》。）

路出胥門深淺浪，月殘吴苑兩三星。

寄白舍人兼鶴林招隱二長老（殘句）

（《千載佳句》。）

石橋路上千峰月，山殿雲中半夜鐘。

卷十七　王魯復

水　樓

（《千載佳句》。）

山銜落日溪光動，岸轉迴風檻影浮。座内數聲來遠鶴，烟中一派辨孤舟。

贈僧惟勣（殘句）

（《千載佳句》。）

清泉繞屋澄心遠，曙月銜山出定遲。

卷十八　李涉

睢陽行

黄昏日暮驅羸馬，夜宿睢陽烽火下。此地新經殺戮來，墟落無烟空碎瓦。層冰塞斷隋朝水，一道銀河貫千里。愁心翻覆夢難成，病僕呻吟呼不起。泗水三千招義軍，本是征戰邀殊勛。十年麾下蓄壯氣，一朝此地爲愁人。昨日太陽回照燭，轉見天心重含育。早晚東風的發生，古堤春草年年緑。

六　　嘆

蓬萊島邊采珠客，西望人寰星漢隔。千里迭浪聳雲高，萬里平沙連月白。海中洞穴尋難極，水底鮫人半相識。玄蚌初開影暫明，驪龍欲近威難逼。辛苦風濤白首期，得珠却恨求珠時。隋侯殁世幾千載，祇今薄俗空嗤嗤。

燕王愛賢築金臺，四方豪俊承風來。秦王燒書殺儒客，肘腋之中千里隔。去年八月幽并通，昭王陵邊哭秋草。今年三月游函關，秦家城外悲河山。河上山邊車馬路，殘日青烟五陵樹。

關東病儒客梁城，五歲十回逢亂兵。燒人之家食人肉，狼虎熾心都未足。城裏愁雲不開城，城頭野草春還緑。五十餘年忠烈臣，臨難守節羞謀身。堂上英髦沈白刃，門前輿隸乘朱輪。千古傷心汴河水，陰天落日悲風起。

却歸巴陵途中走筆寄唐知言

去年臘月來夏口，黑風白浪打頭吼。櫓聲軋軋摇不前，看他撩亂張帆走。逾月始到鸚鵡洲，鳴鳴暮角喧城頭。逡巡未得見官長，夢寢但覺生悲憂。軍中賢倅李監察，人馬曉來兼手札。教令參謁禮數全，頭頭要處相稱挈。唐氏一門今五龍，聲華殷殷皆如鐘。就中十一最年少，别有俊氣横心胸。巧綴五言才括骨，却怕柱天身硉矹。後輩無勞續出頭，坳塘不合窺溟渤。君家三兄舊山侶，方寸久來常許與。不覺淹留兩月餘，風光漫爛生洲渚。宇文文學儒家子，竹繞書齋花映水。醉舞狂歌此地多，有時酩酊扶還起。猥蒙方伯憐飢貧，假名許得陪諸賓。酒家債負有填日，恣意頗敢排青緡。余瞿二家同愛客，園蔬任遣奴人摘。野狐泉頭銀葉方，一别十年今再覿。更有風流歙奴子，能將盤帕來欺爾。白馬青袍豁眼明，許他真是查郎髓。良會芳時難再來，隙光電影長相催。扁舟惆悵人南去，目斷江天凡幾回。

山中五無奈何

無奈落葉何，紛紛滿衰草。疾來無氣力，擁户不能掃。欲訪雲外人，都迷上山道。

無奈澗水何，喧喧夜鳴石。疏林透斜月，散亂金光滴。欲訪澗底人，路窮潭水碧。

無奈阿鼎何，嬌啼索梨栗。柴門正風雨，千向千回出。欲識老病心，賴渠將過日。

無奈梅花何，滿巖光似雪。春風總未至，獨自驚時節。欲見惆悵心，又看花上月。

卷十八　姚合

中秋夜洞庭圓月

素月閑秋景，騷人泛洞庭。滄波正澄霽，凉葉未飄零。練彩凝葭菼，霜容静杳冥。曉栖汀畔鶴，宵映渚邊螢。圓彩含珠魄，微飆發桂馨。誰憐采蘋客，此夜宿孤汀。

卷十八　陸暢

九日（殘句）

（《千載佳句》。）

滿手香傳金菊酒，漏聲遥滴上陽宫。

卷十八　鮑溶

春日（殘句）

（《千載佳句》。）

徑草漸生長短緑，庭花欲綻淺深紅。

春日（殘句）

（《千載佳句》。）

夜瑟弦驚綠流水，暖松花放碧香烟。

春日貧居（殘句）

（《千載佳句》。）

窗間夜學凝殘燭，軒下朝吟向暖風。

送友人歸山（殘句）

（《千載佳句》。）

幽客携琴好歸去，七絲閑和百泉聲。

贈東郊（殘句）

（《千載佳句》。）

野寺訪僧歸帶月，芳林携客醉眠花。

卷十八　張蕭遠

興善寺看雨（殘句）

（《千載佳句》。）

須臾滿寺泉聲合，百尺飛檐挂玉繩。

宴（殘句）

（《千載佳句》。）

座客醉來雲雨散，一行高鳥萬山秋。

西山涯口宴韋賢大夫亭（殘句）

（《千載佳句》。）

綺羅香裏春長在，絲管聲中水暗流。

歌人（殘句）

（《千載佳句》。）

何事不歸巫峽去，故來人世斷人腸。

借山觀讀書（殘句）

（《千載佳句》。）

身居曉嶂紅霞外，書讀秋窗紫竹間。

送道器上人游吳江（殘句）

（《千載佳句》。）

瀑布水高清漢冷，莓苔橋滑碧烟虛。

禮道寬禪師（殘句）

（《千載佳句》。）

日月在天常照耀，了無塵垢污清光。

卷十八　殷堯藩

送韓協律勝起容府幕(殘句)

(《千載佳句》。)

雲收碧海連天水，風動紅蕉滴露光。

寄嶺南張明府(殘句)

柳花好爲酒，誰伴醉如泥。

(《稗海》本《齊東野語》一〇。按原引作殷堯封，蓋藩之僞。《方輿勝覽》引堯藩《寄嶺南張明甫》四句，甫當係府之僞，可資參證。許渾有《南海府罷歸京口經大庾嶺贈張明府》，疑即此人。)

卷十八　施肩吾

幽居(殘句)

(《千載佳句》。)

空巖雨暴泉聲亂，幽徑苔深鳥迹重。

卷十八　徐凝

九鎖山

（《洞霄詩集》。）

卷十八　周匡物

三橋隱居歌

（《漳州府志》。）

卷十九　張祜

簡寂觀

（據《廬山記》補。）

紫霄峰下（原誤丁）草堂仙，千載空遺石磬懸。白氣夜生龍在水，碧雲秋斷鶴歸天。竹房影占中庭月，松檻聲來半壁泉。明日又爲浮世恨，滿山徒積夢依然。

即席爲詩以獻王侍中

（據《劇談録》補。）

古來英杰動寰區，武德文經未有餘。王氏柱天勛業外，李陵章句右軍書。

（《太平廣記》作："十年受命鎮方隅，孝節忠規兩有餘。誰信將軍嘉政外，李陵章句右軍書。"）

江南雜題

積潦池新漲，頹垣址舊高。怒蛙横飽腹，鬥雀墮輕毛。碧瘦三棱草，紅鮮百葉桃。幽栖日無事，痛飲讀雜騷。

賦得福州白竹扇子

金泥小扇謾多情，未勝南工巧織成。藤縷雪光纏柄滑，蔑鋪銀薄露花輕。清風坐向羅衫起，明月看從玉手生。猶賴早時君不弃，每憐初作合歡名。

潤州楊别駕宅送蔣侍御收兵歸楊州

冷氣清金虎，兵威壯鐵冠。揚旌川色暗，吹角水風寒。人對輜軿醉，花垂睥睨殘。羡歸丞相閣，空望舊門闌。

觀泗州李常侍打球

日出樹烟紅，開場畫鼓雄。驟騎鞍上月，輕撥鐙前風。斗轉時乘勢，旁捎乍迸空。等來低背手，争得旋分騣。遠射門斜入，深排馬回通。遥和三殿下，長恨出征東。

閑　　居

僻巷新苔遍，空庭弱柳垂。井欄防稚子，盆水試鵝兒。喜客加籩食，邀僧長路棋。未能抛世事，除此更何爲。

卷十九　厲玄

元日觀潮

玉座臨新歲，朝盈萬國人。大連雙闕曉，仗列五門春。瑞雪銷鴛瓦，祥光在日輪。天顔不敢視，稱慶拜空頻。

卷十九　楊收

入洞庭望岳陽

（《千載佳句》。）

飛鷗撒浪三千里，暮草摇風一萬畦。黛色淺深山遠近，碧烟濃淡樹高低。

卷十九　章孝標

送張孝廉歸吳

(《千載佳句》。)

吳江勤苦見高科，藝至春官不奈何。想得江南諸父老，因君鞭撻子孫多。

夜笛詞

(《千載佳句》。)

皎潔西樓月未斜，笛聲寥亮入東家。頓令燈下裁衣婦，誤剪同心一片依（疑花）。

題碧山寺

(《千載佳句》。)

六時佛火明珠綴，午後茶烟出翠微。縈砌乳泉梳石髮，滴松銀露洗墻衣。

玩月遇雲

(《千載佳句》。)

無端玉葉連天起，不放金波到曉流。暗惜蚌胎沈海面，仰思鵬翼破風頭。

及第（殘句）

（《千載佳句》。）

錢塘去國三千里，一道風光任意看。

奉酬朱二十四見寄詩（殘句）

（《千載佳句》。）

珠呈夜浦螢無影，鶻坐秋林鳥失行。

觀草書（殘句）

（《千載佳句》。）

昨日見君親下筆，五花箋上黑龍飛。

楊柳枝（殘句）

（《千載佳句》。）

何人枉折教狼籍，孤負春風長養情。

早春初晴野宴（殘句）

（《千載佳句》。）

梅花帶雪飛琴上，柳色和烟入酒中。

竹詞（殘句）

（《千載佳句》。）

阮籍嘯場人步月，子猷看處鳥栖烟。

宴魚州（殘句）

（《千載佳句》。）
白練鳥迷山芍藥，紅妝妓妒水林檎。

獨鶴謠（殘句）

（《千載佳句》。）
今日華山秋頂上，聞天長叫在長空。

梨園調（殘句）

（《千載佳句》。）
天風更送新聲出，不放行雲過鳳樓。

贈盩厔陸少府（殘句）

（《千載佳句》。）
昨日天空吹樂府，六宫弦管一時新。

游檀溪（殘句）

（《千載佳句》。）
通傳勝事因風月，打破愁腸是酒杯。

送陸二十一及第歸（殘句）

（《千載佳句》。）

姑蘇臺上烟花月，寧負春風簫管聲。

登總持寺塔（殘句）

（《千載佳句》。）

玉輪低月中天曉，金鐸縱風上界秋。

題靈初禪師院（殘句）

（《千載佳句》。）

蕭灑竹房塵境外，滿天雲月共清虚。

贈言樞法師（殘句）

（《千載佳句》。）

言若浚川流巨海，戒如秋月挂長空。

宿天柱觀（殘句）

（《千載佳句》。）

金殿月中看搗藥，玉樓風裏聽吹笙。

卷十九　杜牧

渡吴江

堠館人稀夜更長，姑蘇城遠樹蒼蒼。江湖潮落高樓回，河漢秋歸廣殿凉。月轉碧梧移鵲影，露低紅草濕螢光。文園詩侶應多思，莫醉笙歌掩華堂。

卷十九　陳標

贈祝元膺（殘句）

（《千載佳句》。）

長把酒杯憑夜月，每將詩思泥春風。

叙舊(殘句)

（《千載佳句》。）

襄陽樂事經過盡，峴首烟花倒瀉空。

露荷(殘句)

（《千載佳句》。）

猶疑波底鮫人泪，滴在衣裳半欲零。

送人歸襄陽（殘句）

（《千載佳句》。）

春明門外襄陽路，落日秋風送客歸。

卷二十　劉得仁

晚　步

野步晚悠悠，山光澹早秋。遠空滄日脚，多稼没人頭。古木蟬齊噪，深塍水慢流。幽居回不近，秋策却堪愁。

村晚閑步

緩步出居處，過原邊雁行。夕陽投草木，遠水映蒼茫。野寺同蟾宿，雲溪劚藥嘗。蕭條霜景暮，極目盡堪傷。

冬日題興善寺崔律師院孤松

爲此疏名路，頻來訪遠公。孤標宜雪後，每見憶山中。静影生幽蘚，寒聲入回空。何年植兹地，曉夕動清風。

題新栽小松

滿庭蕭颯皆凡木，豈得飂飀似石溪。雪夜枝柯疑畫出，月中長短共人齊。未知何日干天及，恐到秋來被鶴栖。却向舊山尋得處，白雲根發覓應迷。

栽　　松

翠色凛空庭，披衣獨繞行。取從山頂險，栽得道心生。未弱幽泉韻，焉論別木聲。霜天殘月在，轉影入池清。

卷二十　于武陵

白櫻樹

記得花開雪滿枝，和蜂和蝶帶花移。如今花落游蜂去，空作主人惆悵詩。

卷二十　許渾

夜行次東關（一作行次潼關驛）逢魏扶東歸

南北斷（一作倦）蓬飄，長亭酒一瓢。殘雲歸太華，疏雨過中條。樹色隨關回，河聲入塞（一作海）遥。勞歌此分首（一作手），風急馬蕭蕭。

常州留與楊貽事(殘句)

(《千載佳句》。)

蒹葭水暗螢知夜，楊柳風高雁送秋。

題歌者（殘句）

(《千載佳句》。)

露滴曉花疑錦綉，風吹寒竹認笙簧。

卷二十　朱景玄

溪東岑望天都山

目望浮山丘，梯雲上東岑。群峰争入冥，巉巉生太陰。昔賢此升仙，結構窮聳深。未曉日先照，當晝色半沈。風泉雪霜飛，雲樹瓊玉林。大道非閉隔，無路不可尋。窺鏡澄夙慮，望壇起敬心。一從呼子安，永絶金玉音。

卷二十　薛瑩

十日菊

昨日尊前折，萬人酣曉香。今朝籬下見，滿地委殘陽。得失片時痡，榮枯一歲傷。未將同腐草，猶更有重霜。

卷二十　潘咸

芍　　藥

閑來竹亭賞，賞極蕊珠宫。葉已盡餘翠，花纔半展紅。媚欺桃李色，香奪綺羅風。每到春殘日，芳華處處同。

卷二十　喻鳬

樊川寒食

新松□緑草，古柏翳黄沙。珮珂客驚鳥，綺羅人間花。蹙塵南北馬，碾石去來車。川晚悲風動，墳前碎紙斜。

送歐陽孝廉及第歸彭澤（殘句）

（《千載佳句》。）

虹横布水臺南雨，雁返爐峰頂北霞。

溪居雨夜（殘句）

（《千載佳句》。）

閑卧東風燈漸亮，溪南花氣雨中來。

寄山陰李處士（殘句）

（《千載佳句》。）

一别山陰詩酒客，水風花片夢蘭亭。

卷二十　趙璜

六　　月

六月火雲散，蟬聲鳴樹梢。秋風豈便借，客思已蕭條。傾國三年别，烟霞一路遥。行人斷消息，更上灞陵橋。

卷二十　李商隱

晋元帝廟

（《浩然齋雅談》。）

青山遺廟與僧鄰，斷鏃殘碑鎖暗塵。紫蓋適符江左運，翠華空憶洛中春。夜臺無月照珠户，秋殿有風開玉扆。弓劍神靈定何處，年年春緑上麒麟。

卷二十　曹汾

曹汾，字道謙，河南人。(《廬山記》：開成四年進士，歷中書舍人。）忠武軍節度觀察使、户部侍郎。(按《廬山記》云：刑、户部侍郎、忠武軍節度使。）

(《舊書·曹確傳》：弟汾亦進士登第。《永樂大典》引《池州府志》：汾字子晋，銅陵人，開成四年登進士第。《古刻叢抄》：曹汾，開成四年崔蠡下進士，後爲中書舍人、户部侍郎、忠武軍節度使，實丞相確之弟。《唐詩紀事》：汾字道謙，開成四年登第。）

去東林

峰頭不住起孤烟，池上相留有白蓮。塵網分明知束縛，要須騎馬别雲泉。

(宋鈔本《廬山記》《古刻叢抄》。《廬山記》詩後附注：會昌三年七月十五日題。同書卷五古碑目門《栖霞寺故大德玭律師碑》陰有曹汾詩，會昌三年七月十三日題。）

卷二十　祝元膺

喜晴見山雪（殘句）

(《千載佳句》。）

却覓終南山色看，倚天横展玉屏風。

書懷奉放諸從事（殘句）

（《千載佳句》。）

杜甫一生憐李白，應緣孔聖道才難。

曲亭（殘句）

（《千載佳句》。）

終南山脚盤龍勢，紫閣雲心望鶴歸。

卷二十　趙嘏

述懷上令狐相公（殘句）

（《千載佳句》。）

池上昔游夫子鳳，雲間初起武侯龍。

送李仲赴任（殘句）

（《千載佳句》。）

亭分楚寺依依樹，水應公臺夜夜琴。

與杜陵客同醉口氏莊（殘句）

（《千載佳句》。）

鴝鵒舞酣人自醉，琵琶聲緩客初來。

齊安晚秋（殘句）

（《千載佳句》。）

高鳥過時秋色動，征帆落處暮烟生。

江夜歲暮（殘句）

（《千載佳句》。）

夜吟孤枕潮聲近，晚過千山雪氣寒。

成明年賀揚嚴別業聖將擢第（殘句）

（《千載佳句》。）

望臘早花緣路見，隨巖寒水隔林聞。

登華嚴寺（殘句）

（《千載佳句》。）

宿處客塵隨夜静，坐中烟水向人閑。

卷二十一　廬肇

聳翠峰題石

（據《文標集》補。原注：峰在袁州府城西三十里。）

聳翠峰高千百尺，四時常似莓藍色。卓然萬古鎮祇園，世代鬼工驅不得。巍巍直上插青天，遠疑似與天相連。登臨下視群山小，千里平鋪在眼（一作目）前。藤蔓交加生薜荔，土毛蒼蘚相蒙蔽。風剪雲開雨歇時，飛出一山新翡翠。日回影倒落前溪，烟波湛湛浸琉璃。更將何物可比類，分明一支擎天柱。

緑陰亭

（本書止載前四句，《文標集》從《臨江府志》録全，今據補。）

亭邊古木晝陰陰，亭下寒潭百尺深。黄菊近連陶令宅，青山遥負向平心。人歸别浦村烟斂，魚躍澄波檻水沈。更愛玉琴調惠政，爲君登此一開襟。

吊進士楊鄴

（《文標集》。）

名未榮身親在堂，九重泉路去何忙。夫妻鏡裏鸞分影，兄弟雲中雁斷行。林木蕭疏花失色，池亭牢落月無光。思君欲向靈山哭，又恐猿聞更斷腸。

戲宜春李令求廳前杜鵑

（《文標集》。）

杜家有女小名鵑，生在陶公吏案前。百里望風驚調態，千金買笑愜當筵。須防户外鋤蘭地，莫把籬東種菊田。爲問河陽嬌艷主，聘財却（一作都）要幾多錢。

嘲游使君

（夔州游使符邀客看花而不飲，至今荆、襄花下斟茶者吟此戲焉。按此詩見本書卷三十二諧謔門，今移於此。《文標集》但題曰夔州，似未洽。又注中使下疑奪君字。）

白帝城頭二月時，忍教清醒看花枝。莫言世上無袁許，客子由來是相師。

病馬（殘句）

（《放翁題跋》。）

塵土卧多毛已暗，風霜受盡眼猶明。

卷二十一　裴休

予自右轄出鎮鍾陵秘監家兄不忍遠別函見宰坐求替遂得同赴江西時也薦福大德顯公禪門上首言歸東林亦獲結侶道路陪游多承清論今過寺因留題詩一首

麟臺朝士辭書府，鳳闕禪宗出帝京。歸到□林親慧遠，行過五柳謁淵明。白衣居士輕班爵，敗衲（原缺，疑衲字）高僧□□情。引得病夫無外想，二心師事□□□。

（宋鈔本《廬山記》）

卷二十一　崔櫓

過南城縣麻姑山

似前如却玉堆堆，薄帶輕烟翠好裁。斜倚兔鈎孤影伴，梭低仙掌一頭來。盤疑虎伏形難寫，展認龍拏勢未回。驚訝昔人曾羽化，此中争不接瑶臺。

詩手難題畫手慚，淺青濃碧迭東南。塵愁世界忙心在，霞伴神仙穩夢酣。雨涕自悲看雪鬢，星冠無計整雲簪。家風負荷須名宦，可惜千峰緑似藍。

差烟危碧半斜暉，何代仙人此羽飛。高袖鎮長寒柏暗，古祠時復彩雲歸。紅塵鞭馬顔將换，碧落驂鸞意有違。聲利繫身家繫念，今生辜負六銖衣。

和友人題僧院薔薇花三首

何人移得在禪家，瑟瑟枝條簇簇霞。争那寂寥埋草暗，不勝惆悵舞風斜。無緣影對金尊酒，可惜香和石鼎茶。看取老僧齊物意，一般抛擲等凡花。

忍委芳心此地開，似霞顔色苦低迴。風驚少女偷香去，雨認巫娥覓伴來。今日獨憐僧院種，舊山曾映釣磯栽。三清上客知惆悵，勸我春醪一兩杯。

露香如醉態如慵，斜壓危欄草色中。試問更誰過野寺，無憀徒自舞春風。蘭缸尚惜連明在，錦帳先愁入夏空。一日幾回來又去，不能容易捨深紅。

春晚泊船江村

（按見王荊公《唐百家詩選》。）

芳草青青古渡頭，漁家住處暫維舟。殘花半樹悄無語，細雨滿天風似愁。家信不來春又晚，客程難盡水空流。自憐愛失心期約，看取花時更遠游。

柳

風慢日遲遲，拖烟拂水時。惹將千萬恨，繫在短長枝。骨軟張郎瘦，腰輕楚女飢。故園歸未得，多少斷腸思。

蓮　　花

影欹晴浪勢欹烟，恨態緘言日抵年。輕霧曉和香積飯，片紅時墮化人船。人間有筆應難畫，雨後無塵更好憐。何限斷腸名不得，倚風嬌怯醉腰偏。

殘蓮花

倚風無力減香時，涵露如啼卧翠池。金谷樓前馬嵬下，世間殊色一般悲。

不耐高風怕冷烟，瘦紅欹委倒青蓮。無人解把無塵袖，盛取殘香盡日憐。

惜蓮花

半塘前日染來紅，瘦盡金方昨夜風。留樣最嗟無巧筆，護香誰爲借熏籠。緣停翠棹沈吟看，忍使良波積漸空。魂斷舊溪憔悴態，冷烟殘粉楚臺東。

岳陽雲夢亭看蓮花

似醉如慵一水心，斜陽欲暝彩雲深。清明月照羞無語，涼冷風吹勢不禁。曾向楚臺和雨看，衹於吴苑弄船尋。當時爲汝題詩遍，此地依前泥苦吟。

村路菊花

裊風驚未定，溪影晚來寒。不得重陽節，虚將滿把看。神仙誰采掇，烟雨惜凋殘。牧豎樵童看，應教愛爾難。

題山驛新桐花

雨餘烟膩暖香浮，影暗斜陽古驛樓。丹鳳總巢阿閣去，紫花空映楚雲愁。堪憐翠蓋奇於畫，更惜芳庭冷似秋。長日老春看落盡，野禽閑哢碧悠悠。

山路木芙蓉

不向横塘泥裏栽，兩株晴笑碧巖隈。枉教絶世深紅色，衹向深山僻處開。萬里王孫應有恨，三年賈傅惜無才。緣花更嘆人間事，半日江邊悵望回。

新　柳

無情柔態任春催，似不勝風倚古臺。多少去年今日恨，御溝顏色洞庭來。

臨川見新柳

不見江頭三四日，橋邊楊柳老金絲。岸南岸北往來渡，帶雨帶烟深淺枝。何處故鄉牽夢想，兩回他國見榮衰。汀洲草色亦如此，愁殺遠人人不知。

南陽見柳

夜來風入最高枝，骨斷愁腸幾尺絲。楚寒曾吟烟午處，曲江長憶雪晴時。金銜細轂縈迴岸，戍笛牛歌遠近陂。還把舊年惆悵意，武安城下一吟詩。

別君山

點空誇黛妒愁眉，何必浮來結夢思。慚愧二年青翠色，惹窗粘枕伴吟詩。

宿壽安山陰館聞泉

一支清急萬山來，穿竹喧飛破石苔。夢在故鄉臨欲到，聲聞孤枕却驚回。多愁鬢髮余甘老，有限年光爾莫催。緣憶舊游相似處，月明山響子陵臺。

卷二十一　項斯

（以下二首《仙居叢書》本項子遷詩，據《安洲詩遺》補。又《三台詩録》載《貢院瑣宿聞吕員外使高麗贈徐騎省》一首，云：疑宋人詩。玆不録。）

寄韋秀才

荆臺蘭渚客，寥落共含情。空館相思夜，孤燈照雨聲。

小　院

小院無人夜，烟斜月轉明。清宵易惆悵，不必有離情。

卷二十一　賈島

赴南巴留别蘇臺知己

人過梅嶺上，歲歲北風寒。落日孤舟去，青山萬里看。猿聲湘水静，草色洞庭寬。已料生涯事，衹應持釣竿。

驚雪（殘句）

（《千載佳句》。）

莫是上天宫裏唱，歌聲飄下玉梁塵。

卷二十一　薛能

蒲中霽後晚望

河邊霽色無人見，身帶春風立岸頭。濁水茫茫有何意，日斜還向古蒲州。

龍門八韻

河浸華夷闊，山橫宇宙雄。高波萬丈瀉，夏禹幾年功。川迸晴明雨，林生旦暮風。人看翻進退，鳥性斷西東。氣逐雲歸海，聲驅石落空。近身毛乍竪，當面語難通。沸沫歸何處，盤渦傍此中。從來化鬐者，攀去路應同。

新　雪

細落粗和忽復繁，頓清朝市不聞喧。天迷皓色風何亂，地濕春泥土半翻。香暖會中懷岳寺，樵鳴村外想家園。閑吟衹愛煎茶淡，斡破平光向近軒。

送判官赴京

闕下情偏已絶稀，天涯身遠復相依。庭花每對從容落，夜燭多同笑語歸。君子是行應柏署，鄙人何望即柴扉。青雲若遇交親話，白璧無心待發揮。

卷二十一　劉綺莊

共佳人守歲

桂華窮北陸，荆艷作（一作下）東鄰。殘妝欲送曉，薄衣已迎春。舉袖争流雪，分歌競繞（一作曉）塵。不應將共醉，年去遠催人。

卷二十一　崔澹

古意（殘句）

（《千載佳句》。）

九重城裏春來早，百尺樓頭日落遲。

卷二十一　温庭筠

山居（殘句）

（《千載佳句》。）

沿澗水聲喧户外，捲簾山色入窗來。

次洞庭南（殘句）

（《千載佳句》。）

自有晚風推楚浪，不勞春色染湘烟。

題池亭（殘句）

（《千載佳句》。）

卓氏壚前金綫柳，隋家堤畔錦帆風。

失題（殘句）

（《千載佳句》。）

門外白云何處雨，一條清澗繞溪流。

卷二十二　皮日休

櫻桃花

婀娜枝香拂酒壺，向陽疑是不融酥。晚來嵬峨渾如醉，惟有春風獨自扶。

夜看櫻桃花

纖枝瑶月弄圓霜，半入鄰家半入墻。劉阮不知人獨立，滿衣清露到明香。

咏白蓮

膩於瓊粉白於脂，京兆夫人未畫眉。静婉舞偷將動處，西施嚬效半開時。通宵帶露妝難洗，盡日凌波步不移。願作水仙無别意，年年圖與此花期。

細嗅深看暗斷腸，從今無意愛紅芳。折來衹合瓊爲客，把種應須玉甃塘。向日但疑酥滴水，含風渾訝雪生香。吴王臺下開多少，遥似西施上素妝。

赤門堰白蓮花

縞帶與綸巾，輕舟漾赤門。千回紫萍岸，萬頃白蓮村。荷露傾衣袖，松風入髻根。瀟疏今若此，争不盡餘尊。

卷二十二　李頻

南游湘漢寄友人

南去遠三京，三湘五月行。巴江雪水下，楚澤火雲生。向野聊中飲，乘凉探暮程。離懷不可説，已近峽猿聲。

送劉山人歸洞庭

却共孤雲去，高眠最上峰。半湖乘早月，中路入疏鐘。秋盡蟲聲急，夜深山雨重。當時同隱者，分得幾株松。

卷二十二　李昌符

婢僕詩二首

（《説郛》二三《賓退録》存一首。）

不論秋菊與春花，個個能噇空腹茶。無事莫教頻入庫，等閑物件要些些。

卷二十二　李郢

早　　發

野店星河在，行人道路長。孤燈憐宿處，斜月厭新裝。草色多寒露，蟲聲似故鄉。清秋無限恨，殘菊過重陽。

題惠山

乳洞陰陰碧澗連，杉松六月冷無蟬。黄昏飛盡白蝙蝠，茶火數星山寂然。

雨中看山榴落

山榴逼砌栽，山火一團開。盡日風兼雨，春渠擁作堆。

寄友人乞菊栽

藥闌經雨正堪鋤，白菊煩君乞數株。潘岳賦中芳思在，陶潛籬下緑英無。移來稍及蟬鳴樹，種罷長教酒滿壺。□子成仙縱難學，九秋思看集鳩雛。

江邊柳

東風晴色挂闌干，眉葉初晴畏曉寒。江上别筵終日有，緑條春在長應難。

鵝　　兒

臘後閑行村舍邊，黄鵝清水真可憐。何窮散亂隨新草，永日淹留在野田。無事群鳴遮水際，争來引頸逼人前。風吹楚澤蒹葭暮，看下寒溪逐去船。

酬友人春暮寄枳花茶

昨日東風吹枳花，酒醒春晚一甌茶。如雲正護幽人塹，似雪纔分野老家。金餅拍成和雨露，玉塵煎出照烟霞。相如病渴今全校，不羡生臺白頸鴉。

郢自街西醉歸馬鞭墜失崔員外起秘書知其闕用皆許見貽俄頃之間二信俱至短長竪重價不相饒輒抒短章仰酬珍錫

蜀巖陰面冷冥冥，偃雪欺霜半露清。銛刃剪裁多鵲媚，細鞘揮拂帶龍腥。崖垂萬仞知無影，蘇清千年合有靈。蘭省貴寮蓬閣吏，一時緘贈到雲亭。

即　　目

自笑騰騰者，非憨又不狂。何爲跧似鼠，而復怯於獐。落拓無生計，伶俜戀酒鄉。冥搜得詩窟，偶戰出文場。愛雪愁冬盡，懷人覺夜長。石樓多爽氣，樫案有餘香。運去非關拙，時來不在忙。平生兩閑暇，孤趣滿滄浪。

羅敷東館亭下流泉云至前山擁咽經歲移時掬弄惆悵成章

看山亭下小鳴泉，嗚咽難通亦可憐。惆悵無人爲疏鑿，擁愁含恨過年年。

卷二十三　司空圖

丙午歲旦

鷄報已判春，中年抱疾身。曉催庭火暗，風帶寺幡新。多慮無成事，空休是吉人。梅花浮壽酒，莫笑又移巡。

丁巳元日

稟朔華夷會，開春氣象生。日隨行闕近，岳爲壽觴晴。作睿由稽古，昭仁事措刑。上玄勞眷佑，高廟保忠貞。星變當移幸，人心喜奉迎。

傳呼清御道，雪涕識臣誠。鼎餁和方濟，臺階潤欲平。扶天咨協力，并日召延英。金躍洪爐動，雲驅衆蟄驚。關中留王氣，席上縱奇兵。累降搜賢詔，兼持進善旌。短轅收驥步，直路發鵬程。自乏匡時略，非沽矯俗名。鶴籠何足獻，蝸舍别無營。羸帶漳濱病，吟哀越客聲。移居荒藥圃，耗志在棋枰。醉忘身空老，書憐眼尚明。偶能甘蹇分，豈是薄浮雲。慮戒防微淺，□知近利輕。獻陵三百里，寤寐禱時清。

光啓三年人日逢鹿

浮世仍逢亂，安排賴佛書。勞生中壽少，抱疾上升疏。日暖人逢鹿，園荒雪帶鋤。知非今又過，蘧瑗最憐渠。

浙上重陽

登高唯北望，菊助可□明。離恨初逢節，貧居祇喜晴。好文時可見，學稼老無成。莫嘆關山阻，何當不阻兵。

乙巳歲愚春秋四十九辭疾拜章將免左掖重陽獨登上方

雪鬢不禁鑷，知非又知年。退居還有旨，榮路免妨賢。落落鳴蛩鳥，晴霞度雁天。自無佳節興，依舊菊籬邊。

重陽山居

此身逃難入鄉關，八度重陽在舊山。籬菊亂來成爛漫，家僮常得解登攀。年隨曆日三分盡，醉伴浮生一片閑。滿目秋光還似鏡，殷勤爲我照衰顔。

旅中重陽

乘時争路衹危身，經亂登高有幾人。今歲節唯南至在，舊交墳向北邙新。當歌共惜初筵樂，且健無辭後會頻。莫道中冬猶有閏，蟾聲纔盡即青春。

南至日

年年山□□來頻，莫强孤危競要津。吉卦偶成開病眼，暖檐還葺寄羸身。求仙自躁非無藥，報國當材别有人。鬢髮堪傷白已遍，鏡中更待白眉新。

五月九日

金石皆銷鑠，賢愚共網羅。達從詩似偈，狂覺哭勝歌。高燕凌鴻鵠，枯槎壓芰荷。此中無别境，此外是閑魔。

庚子臘月五日

複道朝延火，嚴城夜漲塵。驊騮思故第，鸚鵡失佳人。禁漏虚傳點，妖星不振辰。何當回萬乘，重睹玉京春。

卷二十三　張喬

送友人北游

（《貴池唐人集》。）

東歸未遂心，北處幾沈吟。把酒思鄉遠，投雲入塞深。晉山擎白道，汾水截林青。想是連天雪，安知（一作長安）是積霖。

卷二十四　方干

山　　中

愛山却把圖書賣，嗜酒空教僮僕賒。祇向階前便漁釣，那知枕上有雲霞。暗泉出石飛仍咽，小徑通橋直復斜。窗竹未抽今夏笋，庭梅曾試當年花。姓名未及陶弘景，髭鬢白於姜子牙。松月水烟千古在，未知終久屬誰家。

題報恩寺上方（殘句）

（《千載佳句》。）

巖溜噴空晴似雨，林蘿礙日夏多寒。

卷二十四　羅隱

中元夜看月

朦朧南溟月，洶涌出雲濤。下射長鯨眼，遥分玉兔毫。勢來斗牛動，路越宵冥高。竟夕瞻光影，昂頭把白醪。

寄主客張員外（殘句）

（《千載佳句》。）

庾樓宴罷三更月，宏閣談時一座風。

卷二十四　羅鄴

早行（殘句）

（任淵《後山詩注》。）

旋呵鞭手凍粘鬚。

卷二十五　唐彦謙

木　　蘭

衆花摇落正無憀，脉脉芳叢契後凋。舒卷緑苞臨小檻，剪栽檀的綴長條。獨當春盡情何限，尚有秋期别未遥。桃葉近來消息絶，見君長憶渡江橈。

玉　　蕊

玉蕊兩高樹，相輝松桂旁。向來塵不雜，此夜月仍光。秀掩叢蘭色，艷吞穠李芳。世人嫌具美，何必更清香。

蓮

新蓮映多浦，迢遞緑塘東。静影摇波日，寒香映水風。金塵飄落蕊，玉露洗殘紅。看著餘芳少，無人問的中。

望岳時賊據華夏

長路風埃隔楚氛，忽驚神岳映朝曛。削成絶壁五千仞，高揖泥金七十君。祝史秘辭今莫睹，從臣嘉頌久無聞。幽人閑望封中地，好爲吾皇起白雲。

片　　石

小齋廬阜石，寄自沃洲僧。山客勞攜笈，幽人自得朋。瘦雲低作段，野浪凍成雲。便可同清話，何須有物憑。

柳

春風向楊柳，能事盡風流。有意疑張緒，無情見莫愁。依然金谷在，寧免武昌偷。前路難回首，何須苦映樓。

垂　柳

垂柳碧髯茸，樓昏帶雨容。思量成晝夢，來去發春慵。梳洗憑張敞，乘騎笑稚恭。碧虛從轉笠，紅燭近高舂。怨臉明秋水，愁眉淡遠峰。小園花盡蝶，静院酒醒蛩。舊作琴臺鳳，今爲藥店龍。寶奩拋擲久，一任景陽鐘。

紫薇花

素秋寒露重，芳事固應稀。小檻臨清沼，高叢見紫薇。温爐終有思，暗淡豈無輝。見欲迷交甫，誰能狀宓妃。妝新猶倚鏡，步緩不勝衣。悦似新相得，倀如久未歸。又疑神女過，猶佩七香幃。還似星娥織，初臨五彩機。慶雲今已集，威鳳莫驚飛。綺筆題難盡，煩君白玉徽。

望中條

虞鄉縣西廓，改觀揖中條。第蓄終南小，交□□□遥。崦深應有寺，峰近恐通橋。爲語前村叟，他時寄采樵。

蒙穀山

蒙穀山低碧海枯，仲君閑坐説麻姑。遥天鶴語知虚實，長夜神光竟有無。秘祝齋心開九轉，侍臣回首聽三呼。交朋漫信文成術，短燭瑶壇漏滿壺。

菊

雪菊金英兩斷腸，蝶翎蜂鼻帶清香。寒村宿霧臨幽徑，廢苑斜暉傍短墻。近取松筠爲伴侣，遠將桃李作參商。年來病肺疏杯酒，每憶龍山似故鄉。

卷二十五　秦韜玉

簡寂觀

（宋鈔本《廬山記》。）

物外靈踪客到稀，竹房斜掩舊荆扉。丹書萬卷題朱字，碧岫千重鎖翠微。泣露白猿携子去，唳風玄鶴傍人歸。衹應玉闕名長在，日暮閑雲空自飛。

卷二十五　羅虬

過友人故居

（《千載佳句》。）

堤草裊空垂露眼，渚蒲穿浪湊烟芽。晴樓談罷山横黛，夜局棋酣燭墜花。

和扶風老人詩（殘句）

（《千載佳句》。）

雪中放馬朝尋迹，雲外聞鴻夜射聲。

五華宫（殘句）

（《千載佳句》。）

龍鱗柳弱垂朝露，麈尾松高揮夜風。

江行（殘句）

（《千載佳句》。）

猿隔亂雲啼暮嶺，雁和微雨下寒湖

郊卧（殘句）

（《千載佳句》。）

夜渡酒酣千頃月，書樓棋罷一窗山。

卷二十六　王貞白

江上吟曉

一葉野人舟，長將載酒游。夜來吟思苦，江上月華秋。曉露滿紅蓼，輕波揚白鷗。漁翁似有約，相伴釣中流。

過商山

一宿白雲根，時經采麝村。數峰雖似蜀，當晝不聞猿。馬立溪沙淺，人争閣道喧。明朝弃儒罷，步步入金門。

泛鏡湖

我泛鏡湖日，未生千里蓴。時無賀賓客，誰識謫仙人。吟對四時雪，憶游三島春。惡聞亡越事，洗耳大江濱。

太湖石

誰憐孤峭質，移在太湖心。出得風波外，任他池館深。不同花逞艷，多愧竹垂陰。一片至堅操，那憂歲月侵。

依韻和干公題庭中太湖石[1]

山立衹盈尋，高奇藥圃陰。風濤打欲碎，巖穴蟄方深。蘚點晴偏

① 中華書局1960年版《全唐詩》卷八八五“全唐詩補遺”此詩題作“依韻和干公題庭中太湖石二首”，即前八句爲一首，後八句别爲一首。

緑，蛩藏曉競吟。歲寒終不變，堪比古人心。徒勞水府尋，宛在玉堂陰。蘭圃安雖窄，盆池映轉深。山僧來盡愛，詩客見先吟。若是買花者，年年不計心。

書陶潛醉石

片石陶真性，非爲麴蘗昏。争如累月醉，不笑獨醒人。積迭苺苔色，交加薜荔根。至今重九日，猶待白衣魂。

看天王院牡丹

前年帝里探春時，寺寺名花我盡知。今日長安已灰燼，忍隨南國對芳枝。

芍　藥

芍藥承春寵，何曾羨牡丹。麥秋能幾日，穀雨衹微寒。妒態風頻起，嬌妝露欲殘。芙蓉浣紗伴，長恨隔波瀾。

獨芙蓉

方塘清曉鏡，獨照玉容秋。蠹芰不相采，斂蘋空自愁。日斜還顧影，風起强垂頭。芳意羨何物，雙雙瀉鶒游。

馮氏書齋小松二首

孤根生遠岳，移植翠枝添。自秉雪霜操，任他蜂蝶嫌。微陰連迴竹，清韻入疏簾。聳勢即空碧，時人看莫厭。

得地已經歲，清音晝夜聞。根涵舊山土，葉間近溪雲。野鶴望長遠，庭花笑不群。須知摇落後，衆木始能分。

卷二十六　楊凝式

雪　　晴

春來冰未泮，冬至雪初晴。爲報方袍客，豐年瑞已成。

卷二十六　盧延讓

八月十六夜月

十六勝三五，中天照大荒。衹訛些子緣，應號没多光。桂老猶全在，蟾深未煞忙。難期一年事，到曉泥詩章。

冬除夜書情

兀兀坐無味，思量誰與鄰。數星深夜火，一個遠鄉人。雁翥天微雪，風號樹欲春。愁草自難過，不覺苦吟頻。

觀新歲朝賀

龍墀初立仗，鴛鴦列班行。元日燕脂色，朝天樺燭香。表章堆玉案，繒帛滿牙床。三百年如此，無因及我唐。

卷二十六　翁承贊

晨　　興

鼓絶天街冷霧收，曉來風景已堪愁。槐無顏色因經雨，菊有精神爲傍秋。自愛鮮飆生户外，不教閑事住心頭。披襟徐步一蕭灑，吟繞盆池想狎鷗。

卷二十六　韋莊

（據敦煌舊寫本補詩一首。）

秦婦吟

（巴黎國民圖書館藏本題："天復五年乙丑歲十二月十五日敦煌郡金光明寺學士張龜寫。"倫敦博物館藏本題："貞明五年己卯歲四月十一日敦煌郡金光明寺學士郎安有盛寫。"）

中和癸卯春三月，洛陽城外花如雪。東西南北路人絶，緑楊悄悄香塵滅。路旁忽見如花人，獨向緑楊陰下歇。鳳側鸞欹鬢脚斜，紅攢黛斂眉心折。借問女郎何處來，含嚬欲語聲先咽。回頭斂袂謝行人，喪亂漂淪何堪説。三年陷賤留秦地，依稀記得秦中事。君能爲妾解金鞍，妾亦與君停玉趾。前年庚子臘月五，正閉金籠教鸚鵡。斜開鸞鏡懶梳頭，閑憑雕欄慵不語。忽看門外起紅塵，已見街中擂金鼓。居人走出半倉惶，朝士歸來尚疑誤。是時四面官軍入，擬向潼關爲警急。皆言博野自相持，盡道賊軍來未及。須臾主父乘奔至，下馬入門痴似醉。適逢紫蓋去蒙塵，已見白衣來匝地。扶羸携幼競相呼，上屋緣墻不知次。南陵走入北陵藏，東鄰走向西鄰避。北鄰諸婦咸相湊，户外奔騰如走獸。轟轟崐崐（一作嶇嶇）乾坤動，萬馬雷聲從地涌。火迸金星上九天，十二天街烟烘炯。日輪西下寒光白，上帝無言空脉脉。陰雨暈氣若重圍，宦（一作宧）者流星（一作星流）如血色。紫氣潛隨帝座移，妖氣（疑當作氛）暗射台星拆。家家流血如泉沸，處處冤聲聲動地。舞伎歌姬盡暗捐（一作損，誤），嬰兒稚女皆生弃。東鄰有女眉新畫，傾國傾城不知價。長戈擁得上戎車，回首香閨泪盈把。旋抽金綫學縫旗，扶上雕鞍教走馬。有時馬上見良人，不敢回眸空泪下。西鄰有女真仙子，一寸横波剪秋水。妝成祇對鏡中春，年幼不知門外事。一夫跳躍上金階，斜袒半肩欲相耻。牽衣不肯出朱門，紅粉香脂刀下死。南鄰有女不記姓，昨日良媒新納聘。琉璃簾外不聞聲，翡翠樓間空見影。（外不聞聲翡翠樓七字原抄脱去，據倫敦一殘本補）忽看庭際刀刃鳴，身首支離在俄傾。仰天掩面哭一聲，女弟女兄同入井。北鄰少婦行相促，旋拑（一作衍）雲環試眉緑。已聞擊托壞高門，不覺攀緣上重屋。須臾四方火光來，欲下危梯梯又摧。烟中大叫猶求救，梁上懸尸已作灰。妾身幸得脱刀鋸，不敢踟躕久回顧。旋梳蟬鬢逐軍行，强展娥眉出門去。舊里從兹不得歸，六親自此無尋處。　　一從陷賊經三載，終日驚憂心膽碎。夜卧千重劍戟圍，朝飧一味人肝膾。鴛幃縱入詎成歡，寶貨雖多非所愛。蓬頭面垢猇眉赤，幾轉横波看不得。衣裳顛倒語言異，面上誇功雕作字。柏臺多士盡狐精，蘭省諸郎皆鼠魅。還將短鬢戴華簪，不脱朝衣纏綉被。翻持象笏作三公，倒佩金魚爲兩史。朝聞奏對入朝堂，暮見喧呼來酒市。一朝五鼓人驚起，叫嘯喧呼如竊議。夜來探馬入皇（一作黄）城，昨日官軍收赤水。赤水去城一百里，朝若來兮暮應至。凶徒馬上暗吞聲，女伴閨中潛失喜。皆言冤憤此時銷，必謂妖徒今日死。逡巡走馬傳聲急，又道軍前全陣入。大彭小彭相顧憂，二郎四郎抱鞍泣。泛泛數日無消息，必謂軍前已銜璧，簸旗掉劍却來歸，又道官軍悉敗績。　　四面從茲多厄束，一斗黄金一升粟。尚讓營中食木皮，黄巢機上封人肉。東南斷絶無糧道，溝壑漸平人漸少。六軍門外倚僵尸，七架營中填餓殍。長安寂寞今何有，廢市荒街麥苗秀。采樵斫盡杏花園，修寨誅殘御溝柳。華軒綉轂皆銷散，甲第朱門無一半。含元殿上狐兔行，花萼樓前荆棘滿。昔時繁盛皆埋没，舉目凄凉無故物。内庫燒爲錦綉灰，天街踏盡公卿骨。　　來時曉出城東陌，城外風烟如塞色。路旁時見游奕軍，坡下寂無迎送客。霸陵東望人烟絶，樹鎖驪山金翠滅。大道俱成棘子林，行人夜宿長（一作墻）匡（疑途）月。明朝曉至三峰路，百萬人家無一户。破落田園但有蒿，摧竹樹皆無主。路旁試問金天神，金天無語愁於人。廟中古柏有殘枿，殿上金爐生暗塵。一從狂寇陷中國（原抄作園，誤），天地晦冥風雨黑。案前神火呪不成，壁上陰兵驅不得。閑日徒歆奠饗恩，危時不助神通力。我今愧恶拙爲神，且向山中深避匿。寰中簫管不曾聞，筵上犧牲無處覓。旋教魔鬼傍鄉村，誅剥生靈過朝夕。妾聞此語愁更愁，天遣時灾非自由。神在山中猶避難，何須責望東諸侯（當作東望責諸侯）。　　前年又出楊震關，舉頭雲際見荆山。如從地府到人間，頓覺時清天地閑。陝州主帥忠且貞，不動干戈惟守城。蒲州主帥能戢兵，千里晏然無戈聲。朝携寶貨無人問，夜插金釵唯獨行。　　明朝又過新安東，路上乞漿逢一翁。蒼蒼面帶苔蘚色，隱隱身藏蓬荻中。問翁本是何鄉曲，底事寒天霜露宿。老翁暫起欲陳詞，却坐支頤仰天哭。鄉園本貫東畿縣，歲歲耕桑臨近甸。歲種良田二百堰（疑當作壥），年輸户税三千萬。小姑慣織褐絁袍，中婦能炊紅黍飯。千間倉兮萬絲箱，黄巢過後猶殘半。自從洛下屯師旅，日夜巡兵入村塢。匣中秋水拔青蛇，旗上高風吹白虎。入門下馬若旋風，罄室傾囊如捲土。家財既盡骨肉離，今日垂（當作殘）年一身苦。一身苦兮何足嗟，山中更有千萬家。朝飢山草尋蓬子，夜宿霜中卧荻花。　　妾聞此父傷心語，竟日闌干泪如雨。出門唯見亂梟鳴，更欲東奔何處所。仍聞汴路舟車絶，又道彭門自相煞。野色徒銷戰士魂，河津並是冤人血。適聞有客金陵至，見説江南風景異。自從大寇犯中原，戎馬不曾生四鄙。誅鋤盜賊若神功，惠愛生靈如赤子。城壕固護若金湯，賦税如雲送軍壘。如何四海盡滔滔，堪然一境平如砥。避難徒爲闕下人，懷安却羨江南鬼。願君舉棹東復東，咏此長歌獻相公。

卷二十六　杜荀鶴

酬湖州杜員外春至日見意（殘句）

（《千載佳句》。）

千嶂雪消溪影緑，幾家梅綻酒波清。

紫極宫上元齋次呈諸道流（殘句）

（《千載佳句》。）

風拂亂燈山磬曙，露沾仙杏石壇春。

卷二十六　黄滔

游囊山

（黄鳴喬刻本《黄御史集》二。）

卷二十七　沈彬

簡寂觀

（宋鈔本《廬山記》。）

山藏勝境當□□，□□樓臺洞府開。白髮滿頭誰肯到，蒼苔盈步自偷來。風帆閑事拋三日，玉液長生念一杯。此路有心星月在，杏壇仙侶莫相猜（杏壇疑當作杏林，用董奉事）。

再到東林寺

（同上。）

十五年前還到此，池深苔蘚樹垂藤。重游數處傷心日，不見舊時頭白僧。花有露含長夜月，殿無風動徹明燈。堪驚此去老又老，未有更來能不能（有字疑誤。）

瀑　　布

（同上。）

瀉出岳中源化水，噴成瀑布世還稀。雖如仙女偷來織，不見山公采得歸。萬古色嫌明月薄，千尋曾（原作男，疑曾）學白雲飛。若言真個堪裁剪，願被豪家買作衣。

望廬山

（同上。）

東過匡廬思醉眠，雙眸盡日挂危巔。壓低吴楚遥（原誤敔，據《野客叢書》校正）涵水，約破雲霞獨倚天。一面峭來無鳥徑，數峰狂欲趁漁船。江人莫笑偏凝望，卜隱長思瀑布前。

卷二十七　江爲

瀑　　布

（宋鈔本《廬山記》。）

廬山正南面，瀑布古來聞。萬里朝滄海，千尋出白雲。寒聲終自遠，靈派孰爲分。除却天台後，平流莫可群。

簡寂觀

（同上。）

纔入玄都解鬱陶，羽人相伴遍游遨。溪横洞口紅塵斷，岳聳天地紫氣高。金井泉秋光瀲灧，石壇松古韻蕭颾。吟餘却嘆浮生事，盡□□□□□□□。

簡寂觀

（同上。）

錢燼滿庭人醮罷，西峰凉歇月沈沈。到來往事碑中説，壇畔徘徊秋正深。

（殘句）

（《南浦詩話》引《紫桃軒雜綴》。）

竹影横斜水清淺，桂香浮動月黄昏。

卷二十七　孫魴

簡寂觀

（宋鈔本《廬山記》。）

廊（原誤郎）殿與雲連，紫霄蒼翠邊。自然應有藥，誰敢道無仙。蘚色吞崖徑，松聲讓瀑泉。未能長息去，豈便是前緣。

湖上望廬山

輟棹南湖首重回，笑青吟翠向崔嵬。天應不許人全見，長把雲藏一半來。

題梅嶺泉

梅嶺舊聞傳，林亭勢宛然。登臨真不易，幽勝恐無先。楚野平千里，吴江曲一邊。標形都大别，洞府豈知焉。飛閣横空去，征帆落面前。南雄雉堞峻，北壯鳳臺連。爛漫三春媚，參差百卉妍。風桃諸處錦，洛竹半溪烟。燕入晴梁語，鶯從暖谷遷。石根朝靄碧，簾際晚霞鮮。徑柳行難約，庭莎醉好眠。清明時更異，造化意疑偏。不獨宜韶景，尤須看暑天。藥苗繁似結，蘿蔓猛如編。珠亞垂枝果，冰澄汲井泉。粉墻蜩蜕落，丹檻雀雛顛。炎氣微茫覺，清飆左右穿。雲峰從勃起，葵葉豈勞扇。又見秋天麗，渾將夏日懸。紅顆著霜樹，香老卧池邊。菱芡誰鋪綉，莓苔自學錢。暗蟲依砌響，明月逗簾圓。小砌滋新菊，高軒噪暮蟬。雨聲寒颯颯，雁影曉聯聯。釋此可堪玩，深冬更可憐。窗中看短景，樹裏見重川。岡阜分明出，杉松氣概全。謳成白雪曲，吟是早梅篇。創制誰人解，根基太守賢。或時留皂蓋，盡日簇華筵。誰咏憂黎庶，狂游泥管弦。交加豐玉食，來去迸金船。侍從非常客，俳諧像列仙。畫旗張赫奕，妖妓舞嬋娟。罷宴心猶戀，將歸興尚牽。祇應愁逼夜，寧厭賞經年。孤賤今何幸，躋攀奈有緣。展眉驚豁達，徐步喜周旋。諷咏雖知苦，推功靡極玄。聊書四十韻，甘責未精專。

廬山瀑布

有山來便有，萬丈落雲端。霧噴千巖濕，雷傾九夏寒。圖中僧寫去，湖上客回看。却羨爲猿鶴，飛鳴近碧湍。

牡　丹

意態天生異，轉看看轉新。百花休放艷，三月始爲春。蝶死難離檻，鶯狂不避人。其如豪貴地，清醒復何因。

主人司空後庭牡丹

佳卉挺芳辰，夭容乃絶倫。望開從隔歲，愁過即無春。體物真英氣，餘花似庶人。蜂攢知眷戀，鳥語亦殷勤。况在豪華地，寧同里巷塵。酷憐應喪德，多賞奈怡神。忌穢栽時土，嘗甜折處津。繞行那識倦，圍坐豈辭頻。入夢殊巫峽，臨池勝洛濱。樂喧絲雜竹，露潰卯連寅。飲興尤思滿，吟情自合新。怕風惟怯夜，憂雨不經旬。欄檻爲良援，亭臺是四鄰。雖非能伐性，争免礙還淳。鬥艷何慚蜀，矜繁未讓秦。私心期一日，許近看逡巡。

看牡丹二首

莫將紅粉比穠華，紅粉那堪比此花。隔院聞香誰不惜，出欄呈艷自應誇。北方有態須傾國，西子能言亦喪家。輸我一枝和曉露，真珠簾外向人斜。

看花長到牡丹月，萬事全忘自不知。風促乍開方可惜，雨淋將謝可堪悲。閑月對坐渾成偶，醉後抛眠恐負伊。也擬便休還改過，迢迢争奈一年期。

題未開牡丹

青苞雖小葉雖疏，貴氣高情便有餘。渾未盛時猶若此，算應開日合何如。尋芳蝶已栖丹檻，襯落苔先染石渠。無限風光言不得，一心留在暮春初。

主人司空見和未開牡丹輒却奉和

把筆臨芳不自怡，首徵章句促妖期。已驚常調言多鄙，遽捧高吟愧可知。絶代貞名應愈重，千金方笑更難移。狂歌狂醉猶堪羨，大拙當時是老時。

又題牡丹上主人司空

一年芳勝一年芳，愛重賢侯意異常。手闢紅房看闊狹，自張青幄蓋馨香。白疑美玉無多潤，紫覺靈芝不是祥。衹恐夢徵他日去，又須疑向鳳池傍。

牡丹落後有作

未發先愁有一朝，如今零落更魂銷。青叢别後無多色，紅綫穿來已半焦。蓄恨綺羅猶眷眷，薄情蜂蝶去飄飄。明年雖道還期在，争奈憑欄乍寂寥。

柳絮咏

年年三月裏，隨處自悠揚。雨過渾疑盡，風來特地狂。入花蜂有礙，遮水燕無妨。苦是添離思，青門道路長。

甘露寺紫薇花

蜀葵鄙下兼全落，菡萏清高且未開。赫日迸光飛蝶去，紫薇擎艷出林來。聞香不稱從僧舍，見影尤思在酒杯。誰笑晚芳爲賤劣，便饒春麗已塵埃。牽吟過夏惟憂盡，立看移時亦忘回。惆悵寓居無好地，懶能分取一枝栽。

芳　　草

何處不相見，烟苗捧露心。萋萋緑遠水，苒苒在空林。野吹閑摇闊，游人醉卧深。南朝古城裏，碑石又應沈。

春　　苔

底物最牽吟，秋苔獨自尋。何時連夜雨，迭翠滿松陰。湘岸荒祠静，吴宫古砌深。侯門還可惜，長被馬蹄侵。

老　松

鬱鬱復蒼蒼，秋風韻更長。空心應有□，老葉不知霜。子落生深澗，陰清背夕陽。如逢東岱雨，猶得覆秦王。

柳

蘢葱二月初，青軟自相紆。意態花猶少，風流木更無。影繁晴陌上，烟重古城隅。煬帝河聲裏，幾番榮又枯。

數樹新栽在畫橋，春來猶自長長條。東風多事剛牽引，已解纖纖學舞腰。

金堤堤上一林烟，况近清明二月天。别有數枝遥望見，畫橋南面拂秋千。

春物牽情不奈何，就中楊柳態難過。也知是處無花去，争奈看時未覺多。

小眉初展緑條稠，露壓烟濛不自由。莫是折來偏屬意，依稀相似是風流。

九衢春霽濕雲凝，着地毵毵礙馬行。擬折無端抛又戀，亂穿來去羡黄鶯。

千樹陰陰蓋御溝，雪花金穗思悠悠。先朝事後應無也，惟是荒根逐碧流。

摇蕩和風恃賴春，蘸流遮路逐年新。顛狂絮落還堪恨，分外欺凌寂寞人。

暖催春促吐芳芽，伴雨從風處處斜。莫道玄功無定配，不然争得見桃花。

小池前後碧江濱，窣翠抛青爛漫春。不是和風爲抬舉，可能開眼向行人。

深緑依依配淺黄，兩般顔色一般香。到頭裊娜成何事，祇解年年斷客腸。

看　　桑

簇簇牙相遮，閑看實可嗟。藉多雖是葉，栽盛不如花。春緑暗連麥，秋千暮立鴉。舊鄉曾種得，經亂屬誰家。

卷二十七　陳光

題陶淵明醉石

片石露寒色，先生遺素風。醉眠芳草合，吟起白雲空。道出乾坤外，聲起日月中。我知彭澤後，千載興誰同。

長安新柳

九陌雲初霽，望衢柳已新。不同天苑景，先得日邊春。色淺微含露，絲輕未惹塵。一枝方欲折，歸去及兹晨。

卷二十七　熊皎

湘江曉望

笙歌歡罷散離筵，水色朦朧蘸宿烟。山響疏鐘何處寺，火光收釣下灘船。微雲過島侵微月，古岸平江浸遠天。歸夢已闌風色動，孤帆仍要往無緣。

早　　行

結束何妨早，將行西顧頻。山前猶見月，陌上未逢人。遠樹動宿鳥，危橋怯病身。漸明恒自慰，應免復迷津。

游嵩山

獨背焦桐訪洞天，暫攀靈迹弃塵緣。深逢野草皆疑藥，静見樵人恐是仙。翠木入雲空自老，古碑横水莫知年。可憐幽景堪長往，一任人間歲月遷。

九華望廬山

九江山勢盡峥嶸，惟有匡廬最得名。萬迭影遮殘雪在，數峰嵐帶夕陽明。冷侵醉榻鋪秋色，高亞吟龍送水聲。祇待丹霄酬志了，白雲深處是歸程。

道傍松

偃蓋當衢莫記年，獨含蒼翠鶴應憐。垂陰獨向笙歌地，有韻自成風雨天。塵□路岐分夜月，燒侵根脚起殘烟。論功祗合行人賞，銷得煩蒸古道邊。

月中桂

斷破重輪種者誰，銀蟾何事便相隨。莫言望夜無攀處，却是吟人有得時。孤影不凋清露滴，異香常在好風吹。幾回目斷雲霄外，未必姮娥惜一枝。

卷二十七　張蠙

社日村居

鵝湖山下稻粱肥，豘阱鷄栖對掩扉。桑柘影斜春社散，家家扶得醉人歸。

卷二十七　盧士衡

松

雲外千尋好性靈，伴杉陪柏事孤貞。招呼暑氣終無分，應和涼風別有聲。細雨灑時花旋落，道人食處葉重生。如逢郢匠垂搜采，爲棟爲梁力不輕。

再游紫陽洞重題小松

仙家種此充朝食，葉葉枝枝造化力。去年見時似鶴高，今年蕭騷八九尺。不同矮檜終委地，定向晴空倚天碧。好期逸士統貞根，昂枝點破秋苔色。尋思凡眼重花開，寧知此木超塵埃。衹是十年五年間，堪作大厦之宏材。

卷二十七　李洞

山　泉

半空飛下水，勢去響如雷。静徹啼猿寺，高凌坐客臺。耳同經劍閣，身若到天台。濺樹吹成凍，凌祠觸作灰。深中試梛栗，淺處落莓苔。半夜重城閉，潺湲枕上（一作底）來。

卷二十八　姚揆

晚　步

陋巷貧疑本姓顔，晚來閑步出林間。數聲長笛吹沈日，一片殘雲點破山。島寺漸疏敲石磬，漁家方半掩柴關。遲回從此搜吟久，待得溪頭月上還。

秋日江東晚行

迢迢驅馬過江東，此際令人恨莫窮。一撮秋烟堤上白，半輪殘日嶺頭紅。路岐滋味猶如舊，鄉曲聲音漸不同。含思看看到梁苑，畫樓絲竹徹遥空。

卷二十八　劉乙

曉　　望

地祇逃秀境，神化或殷雷。裂漢媧補合，高峰劍躍開。即今新定業，何世不遺才。若是浮名道，須言有禍胎。

山中早起

鷄調扶桑枝，秋空隱少微。闊雲霞并曜，高日月争輝。若厥開天道，同初發帝機。以言當代事，閑闢紫宸扉。

卷二十七　曹松

中秋月

九十日秋色，今秋已十分。孤光吞列宿，四面絶微雲。衆木排疏影，寒流迭細紋。遥遥望丹桂，心緒更紛紛。

寄方干

桐廬江水閑，終日對柴關。因想别離處，不知多少山。釣舟春岸闊（一作泊），庭樹晚烟（一作鶯）還。莫便求栖隱，桂枝堪恨顔。

宿山寺

溪山盡日行，方聽遠鐘聲。入院逢僧定，登樓見月生。露垂群木潤，泉落一巖清。此景關吾事，通宵寐不成。

冬日登江樓

高樓臨古岸，野步晚來登。江水因寒落，山雲爲雪凝。遠村雖入望，危檻不堪憑。親老未歸去，鄉愁徒自興。

寄李處士

僧話磻溪叟，平生重赤松。夜堂悲蟋蟀，秋水老芙蓉。吟坐倦垂釣，閑行多倚笻。聞名來已久，未得一相逢。塔見移來影，鐘聞過去聲。一齋唯默坐，應笑我營營。

客中立春

玉燭傳佳節，陽和應此辰。土牛呈歲稔，彩燕表年春。臘盡星回次，寒餘月建寅。梅花將柳色，偏思越鄉人。

南塘暝興

水色昏猶白，霞光暗慚無。風荷摇破扇，波月動連珠。蟋蟀啼相應，鴛鴦宿不孤。小僮頻報夜，歸步尚踟躕。

送鄭谷歸宜春

無成歸故國，上馬亦高歌。况是飛鳴後，殊爲喜慶多。暑消嵩岳雨，凉吹洞庭波。莫使閑吟去，須期接盛科。

送曾德邁歸寧宜春

湘東山川有清輝，袁水詞人得意歸。幾府争馳毛義檄，一鄉看待老萊衣。筵開灞岸臨清淺，路去藍關入翠微。想到宜陽更無事，并將歡慶奉庭闈。

卷二十八　劉昭禹

仙都山留題

林下事無非，塵中竟不知。白雲深擁我，青石合眠誰。山静搗靈藥，夜閑論古詩。此來親羽客，何日變枯髭。

晚霽望岳麓

湘西斜日邊，峭入幾尋天。翠落重城内，屏開萬户前。崖崚危濺瀑，林罅静通仙。誰肯功成後，相携掃石眠。

石　　筍

千古海門石，移歸吟叟居。竅腥蛟出後，形瘦浪衝餘。工語寧無玉，僧知忽有書。好期仙者叱，變化向庭隅。

傷雨後牡丹

廢功看不已，醉起又持杯。數日簾常捲，中宵雨忽來。凄凉無戲蝶，零落在蒼苔。造化根難問，令人首可回。

送人紅花栽

世上紅蕉異，因移萬里根。艱難離瘴土，瀟灑入朱門。葉戰青雲韻，花零宿露痕。長安多未識，誰想動吟魂。

卷二十九　李治

薔薇花

翠融紅綻渾無力，斜倚欄干似托人。深處最宜香惹蝶，摘時兼恐焰燒春。當空巧結玲瓏帳，著地能鋪錦綉裀。最好凌晨和露看，碧紗窗外一枝新。

柳

最愛纖纖曲水濱，夕陽移影過青蘋。東風又染一年緑，楚客更傷千里春。低葉已藏依岸棹，高枝應閉上樓人。舞腰漸重烟光老，散作飛綿惹翠茵。

卷二十九　寒山

詩一首

（任淵《後山詩注》。《梁溪漫志》作王梵志詩，字小異。）

人是黑頭蟲，剛作千年調。鑄鐵作門限，鬼見拍手笑。

卷二十九　靈澈

奉和郎中題仙巖瀑布十四韻

致閑在一郡，民安已三年。每懷貞士心，孫許猶差肩。采異百代後，得之古人前。捫險路坱圠，臨深聞潺湲。上有千歲樹，下飛百丈泉。清谷長雷雨，丹青凝霜烟。遥將大壑近，闇與方壺連。白石顔色寒，老藤花葉鮮。軒皇自兹去，喬木空依然。碧山東極海，明月高升天。平野生竹柏，雖遠地不偏。永願酬國恩，自將布金田。穆穆早朝人，英英丹陛賢。誰思滄洲意，方欲涉巨川。

卷三十　貫休

題東林寺

（《廬山記》原合前七絶三首，稱“題東林寺四首”。疑非，今删“四首”二字。）

閑行閑坐思攀緣，多是東林古寺前。小瀑便高三百尺，短松多是一千年。廬楞伽畫苔漫盡，殷仲堪碑雨滴穿。今欲更崇蓮社去，不知誰是古諸賢。

懷西林諸道者

（《廬山記》。）

島外更誰親，諸峰即四鄰。白頭寒枕石，青衲爛（原作瀾）無塵。

橡栗堆行徑，猿猴繞定身。儻然重結社，願作掃壇人。

過商山

吟（疑夤誤）緣橫翠憶天台，嘯狖啼猿見盡猜。四個老人何處去，一聲仙鶴過溪來。皇城宫闕回頭盡，紫閣烟霞爲我開。天際峰峰盡堪住，紅塵中去大悠哉。

卷三十　元孚

（補詩一首，出《古刻叢鈔》。）

元孚五十年前游天台宿建公院登華頂攀琪樹觀石橋之險絶緬懷昔游因爲絶句寄知建長安兼呈台州

王司馬

（按詩曰三十年前已攀折，疑題中五字當作三。）

天生石月架空虚，樹綴龍髯子貫珠。三十年前已攀折，建公曾到上方無。

（上都左街保壽寺應制内供奉大德元孚。）

卷三十　神穎

山水屏（殘句）

（《千載佳句》。）

手邊雲起何時雨，筆下波生不待風。

卷三十、三十一　齊己

落星寺

（《廬山記》。）

此星何事下穹蒼，獨爲僧居化渺茫。樓閣雨回青嶂冷，軒窗風渡白蘋香。經秋遠雁横高□，怨（疑）月寒濤響夜堂。盡日憑欄聊寫望，頓疑身忽在瀟湘。

西林水閣

（同上。）

松楸連塔古，窗檻任閑開。水繞清陰裏，人從熱處來。噪風蟬帶鶴，欹樹石兼苔。向曉東林下，遲遲捨此回。

卷三十一　修睦

僧院泉

澄澈照人膽，深山衹一般。來難窮處所，心去助波瀾。砌曲夜聲苦，窗虚客夢闌。無心誰肯愛，時有老僧看。

題僧院泉

何處雲根新布得，歸仍半日在烟蘿。莫輕竹引經窗小，須信更深入耳多。繞砌雖然清自别，出門長恐濁相和。從此無心戀滄海，滄海無風亦起波。

岳上作

始好步青苔，蟬聲且莫催。辛勤來到此，容易便言回。遠水月未上，四方雲正開。更堪逢道侣，特地話天台。

望西山

積翠異諸岳，令人看莫休。有時經暮雨，獨得倚高樓。雲外僧應老，林間水正秋。到頭歸隱處，豈在問嵩丘。

題虎跑泉

一自虎掊得，清聲四遠流。衆人憐爾處，長夜洗心頭。出谷花隨去，背巖猿下偷。林邊落江徼，風起雨翛翛。

松

細韻颸颸入骨凉，影兼巢鶴過高墻。盤根一種依平地，自是梧桐不久長。

岳陽對柳

誰此種秋色，令人看莫窮。正垂雲夢雨，不奈洞庭風。昔出長安道，獨游隋苑東。當時今日思，須信苦相同。

卷三十一　可朋

中秋月

登樓仍喜此宵晴，圓魄纔觀思便清。海面乍浮猶隱映，天心高挂最分明。片雲想有神仙出，回野應無鬼魅形。曾向洞庭湖上看，君山半霧水初平。

卷三十一　吴筠

游倚帝山二首

山間非吾心，物表翼所托。振衣超煩滓，策杖追岑壑。絶地窮峆岈，造天究盤礴。邇臨烟霞積，遯睇宇宙廓。俯驚白雲涌，仰駭飛泉落。苔濃鮮翠屏，松古麗丹崿。目冀睹喬羡，心希馭龍鶴。乃知巢由情，豈伊猿鳥樂。

兹山何獨秀，萬仞倚昊蒼。晨躋烟霞趾，夕憩靈仙場。俯觀海上月，坐弄浮雲翔。松風振雅音，桂露含晴光。不出六合外，超然萬累忘。信彼古來士，巖栖道彌彰。

翰林院望終南山

竊慕隱淪道，所歡巖穴居。誰言忝休命，遂入承明廬。物情不可易，幽中未嘗攄。幸見終南山，岧嶢凌太虚。

青靄長不滅，白雲閑卷舒。悠然相探討，延望空躊躕。迹縶心無極，神超興有餘。何當解維縶，永托逍遥墟。

秋日彭蠡湖中觀廬山

泛舟太湖上，回瞰兹山隈。萬頃滄波中，千峰鬱崔嵬。凉烟發爐嶠，秋日明帝臺。絶巘凌大漠，懸流瀉昭回。穹崇石梁引，岈豁天門開。飛鳥屢隱見，白雲時往來。超然契清賞，目醉心悠哉。董氏出六合，王君升九垓。誰言曠遐祀，庶可相追陪。從此永栖托，拂衣謝浮埃。

秋日望倚帝山

楚服多奇山，靈表先倚帝。孤秀白雲裹，青冥何崇麗。秋天已晴朗，晚日更澄霽。遠峰列在目，杳與神襟契。倏忽遺世間，宛如再登詣。伊予抱斯志，代處人烟閉。何事牽俗網，悠然負芝桂。朅來從隱淪，式保羡門計。

酬劉侍御過草堂

（《洞霄詩集》。）

第五將軍入道因寄

（同上。）

荊楚文庫

聞一多全集

（八）

聞一多 著

孫黨伯 袁謇正 主編

荊楚文庫編纂出版委員會

湖北人民出版社

全唐詩續補[1]

① 此篇據北京圖書館藏聞一多手稿照相複印件收入。原稿未標點斷句。

目　録

丁儒

《歸閑二十韻》
（《漳州府志》引《白石丁氏譜》。）
《冬日到泉郡次九龍江與諸公唱和》
（同上。）

〔補〕王堅

王堅，長安時文林郎。
《共城縣令曹府君百門陂祈雨詩》：良宰多憂憫，虔誠謁庶神。
（石刻原題："長安四年七月三日文林郎王堅。"）

〔補〕王鉉

王鉉，長安時文林郎。
（按《全唐文》七百九十一有王鉉，大中時處士，别一人。）
《共城縣令曹府君百門陂祈雨詩》：雨似隨車至，雲疑逐蓋飛。
（石刻原題："文林郎王鉉。"）

〔補〕王潛

王潛，元和時節度都巡使太常卿。詩一首。
《題雲居上寺》：萬木千峰空鳥喧，潺湲溪水下長川。人來石室藏經處，一徑歸時帶晚烟。

（石刻。）

〔補〕王益

王益，潛子。詩一首。

《題雲居上寺》：支公誦禪處，絶頂共登攀。日色千峰裏，鐘聲萬壑間。暮猿吟砌近，沙鳥傍溪閑。一徑堪藜杖，行行厭下山。

（石刻。）

〔補〕王謨

王謨，大中時台州司馬。詩一首。（出《古刻叢鈔》。）

《奉和元孚追懷昔游寄建公兼見示》：華嶺高峰接太虚，承攀琪樹賦垂珠。當年惟有建公在，老宿如今一半無。

（唐大中九年歲次乙亥八月丁丑朔六日壬午重題，以紀他年之事。）

王棨

《省題詩》二十一首

（《麟角集》）

王幹

（見《千載佳句》，履歷無考。）

句：莫驚此地逢春早，衹爲長安近日邊。

（《長安春日》）

王有初

（見《千載佳句》，履歷無考。）

句：頻醉管弦三月暮，遠尋花柳五湖來。

（《贈在賀先輩》）

元兢

元兢，龍朔中官周王府參軍。著《古今詩人秀句》二卷，及《詩格》一卷。詩一首。

《蓬州野望》：飄飖宕渠域，曠望蜀門隈。水共三巴遠，山隨八陣開。橋形疑漢接，石勢似烟回。欲下他鄉泪，猿聲幾處催。

（《秘府論》引元兢《詩格》。）

* 文丙[1]

《羅浮山》：羅浮多勝境，夢到固無因。知有長生樂，誰爲不死人。

---

[1] 凡標 * 者皆爲中華書局 1960 年版《全唐詩》卷八八二至八八六"補遺"部分之移録，下同。

根雖盤地脉，勢自倚天津。未便甘休去，須栖老此身。

《牡丹》：萬物承春各鬥奇，百花分貴近亭池。開時若也姮娥見，落日那堪公子知。詩客筵中金盞滿，美人頭上玉釵垂。不同寒菊舒重九，祇擬清香泛酒巵。

《薛花》：寂寞人偏重，無心愧牡丹。秋風凋不得，流水泛應難。怪石從教遍，幽庭一任盤。若逢公子顧，重迭是朱欄。

《新栽松》：可憐同百草，况負雪霜枝。歌舞地不尚，歲寒人自移。階除添冷淡，毫末入思惟。盡道生雲洞，誰知路險巇。

《柳》：何事動吟哦，長□翠色和。垂陰千樹少，送别一枝多。帶霧籠彭澤，摇風舞汴河。祇因隋帝植，民力幾銷磨。

〔補〕尹元凱

尹元凱，字駴，河間人，徐彦伯、韋元旦之友，别號裕明子。詩一首。

《同韋子游神泉詩》：桐坂疏抱瓮，昆丘落縣米。豈知中輔邑，迸泉毓爲醴。氣融靈兆作，潤洽衝務啓。月潭信玲瓏，霞溜幾清泚。湝湝上善用，的的煩慮洗。君子懷淡交，相從澗之底。

（據《續古文苑》四校録。）

*公孫杲

《五言贈諸法師》：駕鶴排朱霧，乘鸞入紫烟。凌晨味潭菊，薄暮玩峰蓮。玉葉低梁下，金飇引窗前。嘯傲雲霞際，留情鱗羽年。

石巖

（見《千載佳句》，履歷無考。）

句：炎氣擁爲衣上火，汗光流出腹中湯。

（《苦熱》）

白元鑒

《大滌洞》

（《洞霄詩集》）

《天壇》

（同上。）

《馴虎巖》

（同上。）

《石門》

（同上。）

《藥圃》

（同上。）

《撫掌泉》

（同上。）

《講堂》

（同上。）

《書樓》

（同上。）

《瀑布》

（同上。）

《新池》

（同上。）

〔補〕吉逾

（以下六人詩并據《續古文苑》四校録。）

吉逾，元和時范陽縣丞。（見石刻）詩一首。

《題雲居上寺并序》：（辛酉歲秋八月，僕與節度都巡使王潛、墨客軒轅偉、僕猶子駒駼、播、潛息益，同躋攀於此，勒四韻於後。）到此花宮裹，觀身火宅中。有爲皆是幻，何事不成空。晚籟鳴寒谷，秋山響暮鐘。欲歸林下路，新月上前峰。

〔補〕吉播

吉播，駒駼弟。詩一首。（石刻）

《題雲居上寺》：石路多奇迹，幽巖鑿寶徑。暮烟千壑裹，新月一山明。宿鳥知清梵，樵人慣獨行。爲隨歡奉後，豈敢學逃名。

〔補〕吉駒駼

吉駒駼，逾之子。詩一首。（石刻）

《題雲居上寺》：石室最高峰，躋攀到此中。白雲連晚翠，清磬度秋風。未悟無生理，寧知有想空。且歸山下寺，還欲問支公。

* 任要

《臘月中與韋户曹游發生洞裴回之際見雙白蝙蝠三飛洞門時多異之同爲口號》：山翠暮靈洞，洞深玄想微。一雙白蝙蝠，三度向明飛。雖然有兩翅，了自無毛衣。若非飽石髓，那得凌□□。偶見歸堪説，殊勝不見歸。

任珪

（據李壁《王荆公詩注》四十七補殘詩二句。）

《戲郡守詩》：入門堪笑復堪憐，三徑苔封一釣船。

朱千乘

（延曆中空海歸自唐，表上所賚書籍中有《朱千乘詩集》一卷。）

句（見《千載佳句》）：錦纜扁舟花岸静，玉壺春酒管弦清。

（《新移鏡中别業》）

〔補〕成公簡

成公簡，長安時武聖縣尉。

《共城縣令曹府君百門陂祈雨詩》：高軒感仁惠，應日灑甘滋。

（石刻原題："武聖縣尉成公簡。"）

樸昂

（見《千載佳句》，履歷無考。）

句：明主十徵何謝病，烟霞不許作堯臣。

（《尋太乙山人路次雲際寺》）

光温古

長安時共城縣人。

《共城縣令曹府君百門陂祈雨詩》：錦色陳川後，絲雨降桐鄉。

（《續古文苑》四。石刻原題："長安二年六月一日父老光温古人。"）

〔補〕江文蔚

（按《南浦詩話》引《武夷新集》："楊公行狀曰：'邑人江文蔚善賦，江爲善詩，公皆延客館之中，伸以師事之禮。曾未期歲，與之齊名。'"《尚友録》："江文蔚善於詞賦，仕南唐御史中丞，坐劾宰相貶江州治，紫車奉母，欣然就道。嘗作詩曰：……"）

句：屈原若遇高堂在，終不懷沙葬汨羅。

（見《尚友録》。）

* 宇文鼎

《山下泉》：可致清川廣，難量利物功。涓流此山下，誰識去無窮。

《惠泉》

(《湖北金石志》)

李郃

(傳、詩并據《沅湘耆舊集》補。)

郃，字子元，延唐（今湖南寧遠縣）人。太和二年，應賢良方正能極言直諫科，擢進士第一。（按賢良方正直言極諫爲制舉，與進士爲二事，此誤混爲一。）時昌平劉蕡對策，譏切時政，指斥宦官，考官馮宿等嗟伏，以爲過古。晁董畏中官不敢取。士人讀其辭，至感慨流涕。於時被選者二十有三人，子元爲首，乃嘆曰："劉蕡下第，我輩登科，吾顔其厚耶！"乃上疏讓蕡。……不納。時論服其公直，近臣忌之，以爲河南參軍，出爲賀州刺史。有詩六首。（鄧琮曰："郃字子元，郃有元之義。《通鑒》作郃，侯閤切。《湖南通志》引《藝文志》作李郃，字仲元。《楚紀》作李邵。今從《劉蕡傳》作李郃。歐陽文《澗東詩抄》有《劉諫議墓下》詩云：'舐痔居然衆口推，人間風漢總非才。君看乞子誇輕駛，終古何人似李郃？'不作郃讀也。"）

《賀州思九疑作》：我世家九疑，山在宅之陽。林叢倚虚壁，峭拔絶坤方。卓植斗杓南，序列儼成行。烟嵐緲相接，午影常中堂。去留如有期，勝覽誇新妝。少懷不覊思，那能繫空桑。對此疑山高，目眩幾成尪。飄風微我蕩，此興欣然長。幸隨長者車，身便神亦揚。詎仍手中扶，扶摇上翱翔。雲開躋巒頂，萬丈誠孤亢。俯瞰總群植，纖纖若毫芒。上與汗漫期，倒影徹罔浪。璇璣盤胸次，燦爛皆文章。清風時掀髯，世慮渾相忘。伸手叩玄關，閶闔鳴琅琅。九垓若可極，縱身托穹蒼。四眺憑空忽，興盡思弓藏。樊然下其肩，稽首來帝旁。有嚴淑多士，登造皆賢良。探懷攄忠藎，吾亦傾吾囊。鋒鋩避英鋭，鉛鑱費揮張。臚傳動天閽，顔厚何可常。騰章控多遜，遺珠映金光。蔽賢吾焉取，亦將勵名芳。維皇怒斯赫，投檄并炎荒。悵望九峰雲，母遠在蓮塘。夜分緝餘緒，旦朝禅衮裳。美人弗可見，此心中茫茫。朝哦甑嶺松，夕挹流霞觴。何當解羈紲，量移慰凄愴。嗤作盧敖游，願爲曼都狂。長揖别臨賀，策馬指延唐。時携二三子，葺彼山阿房。覓覓迹其故，餘復奚所望。

《游九疑黄庭觀》：靈峰標舜境，神府枕疑川。玉殿斜臨漢，金堂迴架烟。斷風疏晚竹，流水切寒弦。别有月陂上，空懷駐鶴仙。

《過九疑山有懷》：晚度疑山道，依然想重華。雲飄上苑葉，雪映御溝花。行嘆戍麾遠，坐令衣帶賒。交河通絶徼，弱水浸流沙。旅思徒漂梗，歸期歸及瓜。兩階干羽絶，夜夜泣胡笳。

《舜廟古杉》：總負億年質，高臨千仞峰。貞心欺晚桂，勁節掩寒松。任被風飆折，挺然霜雪衝。莖凌霄漢表，根蟠龍窟中。仙客頻栖舞，良工何渺逢。枝頭連理翠，擁護聖神宫。

《麓床》：麓床高接天，伏虎上栖烟。松低輕偃蓋，藤細若鈎懸。

《石鑒》：石明如挂鏡，照物别嗤妍。鶴鸞時弄影，何處覓神仙。

李淮

（一作鉅。見《千載佳句》。履歷無考。）

句：撩亂客心眠不得，秋庭一夜月中行。

（《聽彈沈湘怨》）

李許

（見《千載佳句》。履歷無考。）

句：澹蕩和風催去柚，摇揚淑景照離樽。

(《送舍弟》)

李堪

(見《秘府論》。蓋唐中葉人。)

句：此心復何已，新月清江長。

(失題。)

句：雲歸石壁盡，月照霜林清。

(失題。)

* 李夐

《晚秋登恒岳晨望有懷》：二儀均四序，五岳分九州。靈造良難測，神功匪易酬。恒山北臨岱，秀崿東跨幽。澒洞鎮河朔，嵯峨冠嵩丘。禋祠彭舊典，壇廟列平疇。古樹侵雲密，飛泉界道流。從官叨佐理，銜命奉珍羞。薦玉生誠效，鏘金諒有由。郊原照初日，林薄委徂秋。塞近風聲厲，川長霧氣收。他鄉饒感激，歸望切祈求。景福如光願，私門當復侯。

李顔

《贈王郎中棨》

(黄璞《王郎中傳》。)

〔補〕李鵬

(《全唐文》四三五：李至遠，始名鵬，趙州高邑人。上元時制策高第，歷司勛吏部員外郎中，遷天官侍郎，出爲壁州刺史，卒年四十八。有《維州刺史安侯神道碑》一首。）

李鵬，字至遠，垂拱時天官員外郎。詩一首。

《同韋子游神泉詩》：昔日鳴弦地，今聞生澗汜。靈潛敞政餘，潤發雕文始。滴滴流珠散，渟渟明月止。善利懷若人，淡交挹君子。鏡沏無纖翳，天清滌煩滓。虚忝神仙臺，何由弄風晷。

（據《續古文苑》四校録。）

李潭

（見《千載佳句》，履歷無考。）

句：人過遠村秋日晚，鳥飛平野暮天空。

(《秋暮》)

* 李縝

《奉和郎中游仙巖四瀑布寄包秘監李吏部趙婺州中丞齊處州諫議十四韻》：符守分珪組，放情在丘巒。悠然造雲族，忽爾登天壇。求古理方賾，玩奇物不殫。晴光散崖壁，瑞氣生芝蘭。中有四瀑水，奔流狀千般。風雲隱巖底，雨雪霏林端。晶晶含古色，颼颼引晨寒。澄潭見猿飲，潛穴知龍盤。坐憩苔石遍，仰窺杉桂攢。幽蹊創高躅，靈蘂餘仙餐。携賞喜康樂，示文蓦建安。縑緗炳珠寶，中外貽同官。末調亦何爲，輒陪高唱難。慚非御徒者，還得依門欄。

李伯良

（見《千載佳句》。履歷無考。）

句：風向銀燈花燼落，月臨珠箔玉鈎垂。

（《静女怨》）

〔補〕李大寶

李大寶，長安時成均進士。

《共城縣令曹府君百門陂祈晴詩》：陽耀求便灑，陰霖請復晴。

（石刻原題："成均進士李大寶。"）

李廣琛

開元時瓜州刺史。

句：刻舟尋化去，彈鋏未酬恩。

（《酉陽雜俎》六：開元中河西騎將宋青春有寶鈎，青春死後爲瓜州刺史李廣琛所得。哥舒鎮西知之，求易以他寶。廣琛不與，因贈詩云。）

李侍御

（失名。見《千載佳句》，履歷無考。）

句：盡日不歸花路晚，緑楊樓下醉如泥。

（《楊柳枝詞》）

句：月上西陵千里闊，漁舟夜火隔沙明。
（《浪淘沙詞》）

李堯

南唐廣陵布衣。

《嘲宋齊丘》（《説郛》二〇《南唐近事》）：中興唐祚滅强胡，總是先生設遠謨。今日喪離猶解哭，讓皇宫眷合何如。

（齊丘罷鎮江西，堯來謁。齊丘問："客素習何業？"對曰："修相業，於今十年矣。"齊丘曰："君修相福乎？"不能答。他日復求見，不得通，遂題一絶而去。）

* 吴黔

失題：故國海雲端，歸寧便整鞍。里榮身上茜，省罷手中蘭。燒急平蕪曠，風悲古木寒。謝公山色在，朝夕共誰觀。

* 吴士矩

《飲後獻時相》：一夕心期一種歡，那知疏散負杯盤。尊前數片朝雲在，不許馮公子細看。

宋休

（見《千載佳句》，履歷無考。）

句：借問夜來丹竈畔，幾多風水落絲桐。

（《寄江上人》）

沈寧

（見《千載佳句》，履歷無考。）

句：黃紙遠承新詔命，青袍遥謝舊山峰。

（《寄上洛陽劉明府》）

何元

（見《千載佳句》，履歷無考。）

《看花》：莫怪出門先驟馬，暮年常恐看花遲。可憐盡日春山下，似雪如雲一萬枝。

句——

《聽筝》：一望白雲千萬斷，筝聲日暮出花林。

《過山居》：門外夕陽寒映竹，洞中秋水暗連山。

《宿多寶寺》：鐘聲半夜香山雨，散入前林楓葉秋。

《題白鶴寺》：寺臨飛鳥青山遠，徑轉幽蘿白日長。

《游三覺寺上方》：黄昏人到鐘聲裏，雲起龍池不見山。

《題冲禪師房》：客來惆悵僧禪後，月出松門滿地霜。

《咏軍前突騎》：朔風寒日笳聲急，萬里遼城一段雲。

《月夜山居》：滿山月色連溪下，林葉蕭蕭一夜霜。

《玩雪》：秦客訪花驚出洞，庾公看月誤登樓。

吕讓

句：髮改河陽鬢，衣餘京洛塵。
（李壁《王荆公詩注》卷三十引。）

豆盧岑

（一作峰。見《千載佳句》，履歷無考。）
句：隔門借問人誰在，一樹桃花笑不應。
（《尋人不遇》）

* 孟翔

《奉和郎中游仙山四瀑布兼寄李吏部包秘監判官》：昔人忞探討，飛流稱石門。安知郡城側，别有神泉源。疏鑿意大禹，勤求聞軒轅。悠悠幾千歲，翳薈群木繁。奇狀出蔽蔓，勝概畢討論。沿崖百丈落，奔注當空翻。下如散雨足，上擬屯雲根。變態凡幾處，静神竟朝昏。渴賢寄珠玉，受馥尋蘭蓀。蘿蔦挂紫綬，巖隈駐朱轓。方思謝康樂，好事名空存。

林逢

（見《千載佳句》，履歷無考。）

句：白玉飛泉千仞雪，青松蔽日一林風。

（《嚴大夫新開泉》）

* 林披

《秋氣尚高凉》：秋氣尚高凉，寒笛吹萬木。故人入我庭，相照不出屋。出川雖遠觀，高懷不能掬。

〔補〕周礎

（出《廬山記》。原題："布衣周礎。"）

周礎，大中時布衣。

《題東林寺》：大中天子海恩深，再使迷徒識佛心。半死白蓮初降雲（疑），欲成荒地又鋪金。僧開石室經猶在，虎印溪泉迹未沈。誰謂王湖書劍客，此生重得見東林。

再崇玄法象西天，宏開新高碧嶂前。風送片雲招白馬，鶴迎貧女施金錢。沙門覓佛曾諳路，苦海悲人易得船。三教共興談帝道，大中年是太平年。

周存孺

（見《千載佳句》，履歷無考。）

句：指下黄金星未曙，七條弦上夜烏啼。
(《彈臺》)

金可紀

（一作記。按章孝標有《送金可紀歸新羅》詩，恐其人。）
句（見《千載佳句》）：波衝亂石長如雨，風激疏松鎮似秋。
(《題游仙寺》)

金立之

金立之，新羅人，憲德王七年從金昕入唐。
句（見《千載佳句》）——
《秋夜望月》：烟波樹頭驚宿鳥，露凝苔上暗流螢。
《峽山寺玩月》：山人見月寧思寢，更掬寒泉滿手霜。
《贈青龍寺僧》：紺殿雨晴松色冷，禪林風起竹聲餘。
《宿豐德寺》：風過古殿香烟散，月到前林竹露清。
《贈僧》：更有閑宵清净境，曲江澄月對心虚。
《秋夕》：寒露已催鴻北去，火雲漸散月西流。
《早春》：園梅坼甲迎春笑，庭草抽心待節芳。

金雲卿

（見《千載佳句》，履歷無考。）
句：秋月夜閑聞案曲，金風吹落玉簫聲。

（《秦樓仙》）

季方

（見《千載佳句》，履歷無考。）

句：林間縱有殘花在，留到明朝不是春。

（《三月晦》）

長孫鎰

（見《千載佳句》，履歷無考。）

句：霜沾雲夢千巖雪，雁度吴江萬木秋。

（《浙江逢楚老》）

* 韋洪

《臘月中游發生洞裴回之際見雙白蝙蝠三飛洞門時多異之同爲口號》：欲驗發生洞，先開冰雪行。窺臨見二翼，色素飛無聲。狀類白蝙蝠，幽感騰化精。應知五馬來，啓蟄迎春榮。露冕□之久，鳴騶還慰情。

韋振

（見《千載佳句》，履歷無考。）

句：林外雲消山色静，窗前春淺竹聲泉。
(《奉酬見贈》)

胡伯崇

號毗陵子。
《贈釋空海歌》：説四句，演毗尼，凡夫聽者盡歸依。天假吾師多伎術，就中草聖最狂逸。
（又見《性靈集序》中。）

* 胡傳美

《武康碧落觀》：仙宫碧落太微書，遺迹依然掩故居。幢節不歸天杳邈，烟霞空鎖日幽虚。不逢金簡扳雲洞，可惜瑶臺迭蘚除。欲脱儒衣陪羽客，傷心齒髮已凋疏。

郁回

（見《千載佳句》，履歷無考。）
句：破暗衣珠明有焰，照窗心月净無塵。
(《題照上人院》)

＊馬乂

《蜀中經蠻後寄陶雍》：酋馬渡瀘水，北來如鳥輕。幾年期鳳闕，一日破龜城。此地有征戰，誰家無死生。人悲還舊里，鳥喜下空營。弟侄意初定，交朋心尚驚。自從經難後，吟苦似猿聲。

＊馬令

《早春陪敕使麻先生（慈力）祭岳》：我皇盛文物，道化天地先。鞭撻走神鬼，玉帛禮山川。忽下袁州使，來游紫洞前。青羊得處所，白鶴□時年。虔懇飛龍記，昭彰化鳥篇。□風半山水，□氣總雲烟。光抱升中日，霞明五色天。山橫翠微外，室在緑潭邊。緹幕灰初廄，焚林火欲然。年光著草樹，春色换山泉。伊水來何日，嵩巖去幾千。山疑小天下，人是會神仙。葉令乘凫入，浮丘駕鶴旋。麻姑幾千歲，三見海成田。

馬珦

《石門歌》
（《武昌志》《湖北金石志》）

馬總

馬總，字會元，扶風人。少孤貧，好學，性剛直不妄交游。貞元中姚南仲鎮活臺，辟爲從事。坐事貶泉州别駕。元和中遷檢校刑部尚書。

詩一首。

《贈日本僧空海離合詩》：何乃萬里來，可非衒其才。增學助元機，土人如子稀。

（釋空海《性靈集序》云："和尚昔在唐日，作《離合詩》增土僧惟上。泉州別駕馬總，一時大才也，覽則驚怪，因贈詩云。"）

〔補〕馬友鹿

馬友鹿，武后時博城縣令。（按詩中用則天所造字，故知武后時人。）詩一首。

《早春陪敕使麻先生祭岳》：我皇盛文物，道化天地先。鞭撻造鬼神，玉帛禮山川。忽下玄洲使，來赴紫洞前。青羊得處所，白鶴怪時還。虔愬飛龍記，昭彰化鳥篇。巖風半山水，塘氣總雲烟。虬抱□中日，霞明五色天。山横翠微外，宇臨緑蘿邊。緹幕灰初暖，焚林火欲然。年光暮草樹，春色换山泉。伊水來何日，嵩巖去幾千。山對小天下，聖是會神仙。葉令乘鳬入，浮丘駕鶴旋。麻姑幾年歲，三海見成田。

馬雲奇

（《敦煌唐人手寫殘卷》。據影片移録。）

《懷素草書歌》[①]：懷素纔年三十（原作卅）餘，不出湖南學草書。大誇羲獻（原字模糊，疑當作獻）將齊德，切比鍾繇也不如。疇昔闍梨名蓋代，隱秀於今墨池在。賀老遥聞怯後生，張顛不敢稱先輩。一昨江

① 馬雲奇《懷素草書歌》中缺字部分，可參考中華書局1982年版《全唐詩外編》所收王重民輯録《敦煌唐人詩集殘卷》。

南投亞相，盡日花□書草障。含毫勢若斬蛟龍，挫管還同斷（疑）犀象。興來索筆縱橫掃，滿坐詞人皆道好。一點三峰巨石懸，長畫萬歲枯松倒。□□□□禮不拘，萬字千行意轉殊。紫塞傍窺鴻雁翼，金盤亂撒水精珠。直爲功成歲月多，青草湖中起墨波。醉來祇索山翁酒，書了寧論道士鵝。醒前猶自記草（疑）章，醉後無論絹與墻。眼□筆□□還掉。祇□文狂心不狂。自倚能書堪入貢，一□一回□筆弄。壁上颼颼風雨飛，行間□□龍蛇動。在身文翰兩相宜，還如明鏡對西施。三秋月澹青江水，二月花開綠樹枝。聞道懷書西入秦，客中相送轉相親。君王□是□□客，寄語江潭一路人。

郢展

（見《千載佳句》，履歷無考。）

句：秋水漲來舟去速，夜雲收盡月行遲。

（《汴水東歸詩》）

秦蚌

（見《千載佳句》，履歷無考。）

句：綠蘿剪作三春柳，紅錦裁成二月花。

（《思故鄉》）

唐樞

（見《千載佳句》，履歷無考。）

句——

《題法華院》：窗竹閑陰秋水薄，砌苔新色曉嵐鮮。

《贈琴僧》：不待江□移入座，便開三峽水來聲。

《酬書問》：芳字八行清露重，珠箋一片碧雲輕。

殷穆

（見《千載佳句》，履歷無考。）

句：藤拂石溪流水净，風來雲寺過鐘微。

（《題鄭士林亭》）

高鶴林

（官都虞侯冠軍大將軍試太常卿上柱國。）

《因使日本願謁鑒真和尚既滅度不覲尊顔嗟而述懷》：上方傳佛燈，名僧號鑒真。懷藏通鄰國，真如轉付民。早嫌居五濁，寂滅離囂塵。禪院從今古，青松繞塔新。斯法留千載，名記萬年春。

（見《鑒真和尚傳》。按鑒真示寂在天平寶字六年，鶴林奉使未詳在何年。）

徐源

《題靈泉寺》

（《岳陽縣金石録》）

徐涵

《題靈泉寺》

（同上。）

徐泳

《題靈泉寺》

（同上。）

〔補〕軒轅偉

軒轅偉，元和時人。詩一首。（石刻）

《題雲居上寺》：不着登山屐，捫蘿也上躋。石渠分鳥道，苔徑過雲霓。梵宇千花裏，秋聲萬籟齊。周游興未盡，鐘磬度前溪。

崔建

（見《千載佳句》，履歷無考。）

句：迴風向曉平湖上，引得荷花隔浦香。

（《夏日》）

＊崔融

《題惠聚寺》：人莫嫌山小，僧還愛寺靈。殿高神氣力，龍活客丹青。

崔文邕

《千秋亭咏》

（劉喜海《金石苑》。）

崔鶠

句：時時出輕芒，皚皚落微雪。

（《思牢竹》。《説郛》二一宋楊伯巖《臆乘》。）

崔致遠

崔致遠，高麗人。賓貢及第，高駢淮南從事。《藝文志》有《崔致遠四六》一卷、《桂林筆耕》二十卷。

《兗州留獻李員外》：芙蓉零落秋池雨，楊柳蕭疏曉岸風。神思祇勞書卷上，年光任過酒杯中。

（見《千載佳句》。）

句——

《登慈和山》：畫角聲中朝暮浪，青山影裏古今人。

（《東人詩話》云：崔文昌侯致遠入唐登第，以文章著名。題潤州慈和寺，有“畫角”云云之句。後鷄林價客入唐購詩，有以此句書示者。）

《長安柳》：烟低紫陌千行柳，日暮朱樓一曲歌。

《留贈洛中友人》：洛水波聲新草樹，嵩山雲影舊樓臺。

《送舍弟嚴府》：雲布長天龍勢逸，風高秋月雁行齊。

《春日》：風遞鶯聲喧座上，日移花影倒林中。

《成名後酬進士田仁義見贈》：芳園醉散花盈袖，幽徑吟歸月在帷。

《江上春懷》：極目遠山烟外暮，傷心歸棹日邊遲。

崔行檢

（見《千載佳句》，履歷無考。）

句——

《雲夢亭追凉》：紫籜粉成應漸密，白雲岑起未全高。

《即事》：慚愧交親問生事，一溪雲鳥滿床書。

張牙

（見《千載佳句》，履歷無考。）

句：看看舞罷輕雲外，應赴襄王夢裏期。

（《柘枝歌》）

＊張紹

《冲佑觀》：大始未形，混沌無際。上下開運，乾坤定位。日月麗天，山川鎮地。萬匯猶屯，三才始備。肇有神化，初生蒸民。上惟立德，下無疏親。皇風蕩蕩，黔首淳淳。天下有道，誰非聖人。開源嗜欲，澆漓俗盛。賢者避世，真人華命。八極神鄉，十州異境。翠阜丹丘，潛伏靈聖。惟彼武夷，實曰洞天。峰巒黛染，巖岫霞鮮。金房玉室，羽蓋雲軿。葬日風雨，會有神仙。國步多艱，皇綱中絶。四海九州，瓜分幅裂。稔禍陬隅，阻兵甌越。寂寞玄風，荒凉絳闕。赫赫烈祖，再造丕基。拱揖高讓，神人樂推。明明我后，允協昌基。功崇下武，德茂重熙。睿哲英斷，雄略神智。拓土開疆，經天緯地。五嶺來庭，三湘清徹。四海震威，群生懷惠。猶勞肓旰，猶混馬車。貪狼俟静，害焉方除。淹留駿馭，想象鶉居。心懸真洞，夢到華胥。乃眷名山，追惟聖迹。内庫頒金，元侯奉職。三境求規，五靈取則。跨谷彌岡，張霄架極。珠宫寶殿，璇臺玉堂。鳳翔高甍，龍轉回廊。錯落金碧，玲瓏壁璫。雲生林楚，雷繞藩墻。七聖斯嚴，三君如在。八景靈輿，九華神蓋。清霄莫胥，明霜匪對。仿佛壺中，依稀物外。衆真之宇，擬之無倫。會仙之類，名之惟新。高峰爲壑，區谷成坰。皇獻頌聲，永絶淄磷。

〔補〕張綽

咸通初進士。下第後，多游江淮間，頗有道術。常養氣絶粒，嗜酒耽棋，又以爐火藥術爲事。人或召飲，若遂合意，則剪蛺蝶三二十枚，以氣吹之，成列而飛，如此累刻，以指收之，俄皆在手。詩四首，見《桂苑叢談》。

《漫題》：争奈金烏何，頭上飛不住。紅爐謾燒藥，玉顔安可駐。

今年花發枝，明年葉落樹。不如且飲酒，莫管流年逝。

《述德陳情二首上狄令》：門風常有蕙蘭馨，鼎族家傳霸困名。容貌静懸秋月彩，文章高振海濤聲，訟堂無事調琴軫。郡國何妨醉玉觥，今日東漸（音炎）橋下水，一條從此鎮長清。

（《桂苑叢談》："綽常游鹽城，多爲酒困。非類輩欲乘酒試之，相競較力，留繫是邑中。醒乃課《述德陳情》二首以上狄令，乃令釋之。詩所紀惟一篇云：……"）

《贈狄明府》：何用梯媒向外求，長生衹在此中修。莫言大道人難得，自是行心不到頭。

（狄欲傳其術，張因贈此詩。）

《留題狄令琴堂》：張綽張綽自不會，天下經書在腹内。身却騰騰處世間，心即逍遥出天外。

張殷衡

（見《千載佳句》，履歷無考。）

句：已被夭桃歡來醉，麯塵彩樹恨何人。

（《清明日》）

張野人

（見《千載佳句》，履歷無考。）

句：銅街陌柳條條翠，金谷園花片片燃。

（《上巳寓洛中》）

張演先

（宋楊伯巖《臆乘》，見《説郛》二一。）

句：雉膏美景在叢陰，紅萼丹跗次第尋。

（失題。）

陸翬

（見《千載佳句》，履歷無考。）

《春日》：鶯歸樹頂繁聲轉，雁去天邊細影斜。雨拂青青行處草，烟含灼灼望中花。

句——

《贈李都使》：三尺寒光冰在手，一張弓勢月當心。

《松》：巖下光陰生户牖，澗邊形勢入池臺。

《送胡八弟》：孤帆影入江烟盡，百舌聲流浦樹新。

陸蟾

（據《廬山記》補。蟾世次爵里待考。《廬山記》編次在秦韜玉後、包佶前。然秦韜玉僖宗時人，不宜列包佶前。其他所録各詩，亦往往淩亂。如張祜在韋應物前，亦非。則原書次第，未可據信也。）

《瀑布》：正源人莫測，千尺挂雲端。岳色染不得，神功裁亦難。夏噴猿鳥凝，秋濺斗牛寒。待濟滄溟後，翻濤更好看。

陸侍御

（見《千載佳句》，履歷無考。）

句：今年閏在春三月，剩見金陵一月花。

（《送淮南李中丞》）

章嶰

（見《千載佳句》，履歷無考。）

句：聞説静中偏愛竹，自看疏密種秋烟。

（《贈宋山人》）

〔補〕章文谷

（按《南浦詩話》引《浦城章氏會譜》："五代章文谷，字若虚，有《送士濂弟之京》七律一首。"）

《送士濂弟之京》：行色翩翩入帝都，壯懷此去莫躊躇。昔曾故國登高第，今向新朝再上書。汝負才猷堪濟世，我慚衰朽合閑居。鶺原今日常相憶，衣錦還鄉慶有餘。

陳閏

（見《秘府論》。蓋唐中葉人。）

《罷官後却歸舊居》：不歸江畔久，舊業已凋殘。露草蟲絲濕，湖泥鳥迹乾。買山開客舍，選竹作漁竿。何必勞州縣，驅馳效一官。

陳素風

（見《千載佳句》，履歷無考。）

句——

《觀水福圖》：三行故柳藏鴉樹，一帶長波灌竹泉。

《寒食日游行》：千門竹影聯春色，一段和光徹翠微。

《寒食》：西陵古木年年老，南陌風光日日新。

《七夕》：百寶鏡輪金翡翠，五雲絲網玉蜘蛛。

陳上卿

（見《千載佳句》，履歷無考。）

句——

《歸舊山》：門前蕭索青松老，雲裏逍遥白鶴閑。

《和寧國吕護少府所開石渠》：波瀾晴泛三春色，桃李争開兩岸芳。

* 扈載

《芳草》：幽芳無處無，幽處恨何如。倦客傷歸思，春風滿舊居。晚烟迷杳靄，朝露健扶疏。省傍靈光看，殘陽少皡區。

* 許宏

《白雲寺》：踏破苔痕一徑斑，白雲飛處見青山。不知浮世塵中客，幾個能知物外閑。

曹戳

（見《千載佳句》，履歷無考。）

句——

《供洞縣東亭》：花映晝天當户日，樹摇晴暮上階烟。

《過洞庭湖》：驚飛沙鳥紛紛雪，候信雲帆片片風。

《贈陀律師》：鳳唱一抛琴瑟韻，霓裳長謝綺羅春。

《贈道者》：秋澄上水無藏影，春泛游雲不繫心。

《商山行》：老松不見千年鶴，殘雪猶疑六月花。

莊翶

（見《千載佳句》，履歷無考。）

《尋幽居不遇》：滿庭花落迷行路，繞院泉聲寫半山。向暮此中回首去，洞門深處鳥關關。

句——

《宿松門》：天外夜深風漸遠，高松長似水流聲。

《贈惠雅上人》：焚香暮入翻花殿，浄手秋開貝葉經。

《欲歸山》：野性本憐松下月，幽情唯愛洞中春。

《謁雷禪和尚》：殷勤笑喻人間事，遥指庭花對夕陽。

＊郭密之

《永嘉經謝公石門山作》：綿境經耳目，未嘗曠躋登。一窺石門險，再滌心神懵。洞壑閟金澗，倚崖盤石楞。陰潭下冪冪，秀嶺上層層。千丈瀑流蹇，半溪風雨絙。興餘志每愜，心遠道自弘。乘軺廣儲峙，祇命愧才能。輟棹周氣象，捫條歷騫崩。忽如生羽翼，恍若將起騰。謝客今已矣，我來誰與朋。

《永嘉懷古》

（一作石門山。《兩浙金石志》《青田縣志》。）

＊尉遲汾

《府尹王侍郎準制拜岳因狀嵩高靈勝寄呈三十韻》：雄雄天之中，峻極聞維嵩。作鎮盛標格，出雲爲雨風。瑞時物不癘，順澤年多豐。加高冠四方，（《白武通》云：中央之岳，獨加高字者何？中央居四方之中，可高，故曰嵩高。）視秩居三公。明朝虔昭報，頒祀歲嚴恭。署祝紆御札，詔賢導宸衷。皇皇三川守，馨德清明躬。肅徒奉蘭沐，竟夕玉華東。星漢耿齋户，松泉寒壽宫。具修諒躅古，曙色猶葱曚。端儀大圭立，興俛聲玲瓏。挹瓚椒桂馥，奏金巖壑空。靈歆若有答，仿佛傳祝工。卒事不遑偃，勝奇紛四叢。朝霞破靈嶂，錯落間蒼紅。動息形似蟻，玄黄氣如龍。奔傾千萬狀，群岳安比崇。日月襟袖捧，人天道路通。冥搜必殫竭，躋覽忘峙穹。踏翠遍諸刹，趣綿步難終。浮丘仙袂接，謝公屐齒窮。龍潭應下瞰，九曲當駭容。（又有九龍潭在寺側，崇崖對聳，壁立千仞，九曲分蓄，緘黑不測。）龍門許東豁，三台有何踪。（《雜道書》云：自岳廟東二十里至一山，名曰東龍門，其東有三台山。昔漢武東巡過此山，睹三學仙女，遂以爲名焉。）金象語奚應，（《仙經》云：嵩高大巖下，有佛圖音妙，有大金像在中。來語寺僧密公，密公時在嵩高寺，寺在嵩脚下，聞之，欣然披林求索。時白霧，昏迷失路，一往看之，即入山水，維睹一一麝香，去人三四步，側足雙跳，步步若有所引。良久，回顧去，十步中忽有焰青色。就視之，得自然天地。）玉人光想融。（盧元明《嵩山記》：岳廟畫爲神像，有一玉人長五寸，玉色甚光潤，制作亦佳，莫知早晚所造。蓋岳神之像，相傳謂明公，山中人悉云，嘗失之，經旬乃睹。）瑶漿與石髓，清骨宜遭逢。（世説嵩山北有大穴，中睹二人圍棋。有一杯白飲與墮者飲，氣力十倍。棋者問願停否，墮者云不願。棋者曰：從此西行，天井中多蛟龍，但投身入井，自當得出。若飢，取井物食之。墮者如言，可半年，乃出蜀中。問張華，華云：此仙館丈夫，所飲者玉漿，所食者龍穴石髓。）况是降神處，迹惟申甫同。周翰已洽論，伊衡亦期功。誠富東山興，須陟中台庸。勉促旋騑軨，未可戀雲松。散材事即異，期爲卜一峰。

傅温

（見《千載佳句》，履歷無考。）

句——

《冬夜宿僧院》：霜墜中天衣覺冷，月臨虚牖紙偏明。

《山居》：春風暗剪庭前樹，夜雨偷穿石上苔。

《溪橋》：曲水兩行排雁齒，斜橋一道蹈龍鱗。

《宿僧院》：山深野客如禪客，夜久松聲似雨聲。

《訪山居遇雨》：花疑漢女啼妝泪，水似吴娃笑弄箏。

程序

《題靈泉寺》

（《安陽縣金石録》）

裴公衍

（見《千載佳句》，履歷無考。）

《春夜宿雲際寺》：境静聞鐘聲易響，庭高見月影難沉。青山解隔塵中事，流水能清物外心。

句——

《游碧澗寺》：碧澗水流高殿影，青蘿風散晚鐘聲。

《題咸中丞客廳》：數片殘雲歸洞口，孤輪晴月挂山頭。

賀蘭暹

（一作遂。見《千載佳句》，履歷無考。）

句——

《贈所思妓女》：玉貌自宜雙黛翠，桃花獨笑一枝春。

《寄所思佳人》：秋水未鳴游女佩，寒雲空滿望夫山。

《觀北城宫殿》：黄閣暮蟲羅户牖，紫庭春草遍階墀。

《文馬》：緑耳半蔓湘浦竹，驪文亂點武陵花。

《宿羽宿仰戀闕庭》：遼陽客路千峰引，薊北鄉心片月知。

《客懷》：山雲渺渺川程遠，木葉蕭蕭雁過初。

《贈朱功曹》：回雁不傳鄉信去，秋風偏向客衣寒。

《望大寶山》：千峰黛色因晴出，百谷泉聲欲暮寒。

《百丈山》：黛色迴臨滄海上，泉聲遥落白雲中。

《贈朱功曹》：喜遇近臣楊得意，慚非詞客馬相如。

《喜到家》：秋迎曉月鴻聲早，日暎深山水氣寒。

惠文太子

太子名範，睿宗第四子，好學工書，愛儒士，無貴賤，爲盡禮。與閻朝隱、劉廷琦、張諤、鄭繇等善，常飲酒賦詩相娱樂。初王鄭，改封衛，俄降封巴陵。從誅太平公主，以功賜封岐。薨，册書贈太子及謚。

句——

《同李士懷長安》：渭水橋邊春已渡，灞陵原上雨初晴。

《宴大哥宅》：清冷池裏冰初合，紅粉樓中月未圓。

《三月三日》：可惜韶年三日暮，風光由繞碧燕觴。

《洛河山亭初晴》：晚日半銜西苑樹，晴雲直捲上天風。

《送植功還京》：離筵風日三晡晚，歸路雲霞一道開。

賈竦

賈竦，元和時人。（石刻題元和元年）詩一首。

《謁華岳廟詩》：老柏寒颼颼，清祠晝寂寂。開門華山北，嵐氣沉日夕。國家崇明祀，五岳盡封册。福我西土民，報君金天籍。惟神本貞信，以道徵損益。無乃惑聰明，訛言縱巫覡。因循作風俗，相與成寖溺。疲病閭里甿，錐刀往來客。我行歲雲暮，登殿拜瑶席。奠酒澈明靈，緒言多感謝。鬱然展冠冕，凛若生矛戟。斑駁石色重，陰深香烟碧。虹梁無燕雀，玉座鎮虺蜴。肸蚃似有聞，依稀疑所覿。髫年業文翰，弱冠罹屯厄。天命幾微茫，神逵徒悚惕。今來游上國，幸遇陶唐歷。正直不吾欺，願言從所適。

（據《續古文苑》四校録。又見《雍州金石記》。）

〔補〕賈言淑

賈言淑，平陽人，垂拱時美原縣主簿。詩一首。（石刻韋元旦《夏日游神泉》詩序：“爰命丞太原王公主簿平陽賈公尉南陽張公釋事以游焉。”同和有主簿賈言淋詩一首，見《續古文苑》四。又徐彦伯《同韋子游神泉》詩序末稱：“垂拱四年龍集戊子四月。”）

《夏日游神泉》：詞人擁高節，狎異尋幽賞。豁險洞深淵，皦鏡疑無象。形隨滿魄圓，氣逐非烟上。徙谷縈新溜，分溪疏舊壤。冥功兆□即，效奇靈既往。共漱鳴□清，超然□□想。

（據《續古文苑》四校録。）

*路應

《仙巖四瀑布即事寄上秘書包監侍郎七兄吏部李侍郎十七兄婺州趙中丞處州齊諫議明州李九郎十四韻》：絶境久蒙蔽，芟蘿方迨兹。樵蘇尚未及，冠冕誰能知。緣崖開徑小，架木度空危。水激千雷發，珠聯萬貫垂。陰晴狀非一，昏旦勢多奇。井識軒轅迹，壇餘漢武基。猿聲響深洞，巖影倒澄池。想象虬龍去，依稀羽客隨。玩奇目豈倦，尋異神忘疲。千雲松作蓋，積翠薜成帷。含意攀丹桂，凝情顧紫芝。芸香藹芳氣，冰鏡徹圓規。胥念滄波遠，徒懷魏闕期。徵黄應計日，莫鄙北山移。

路半千

（見《千載佳句》，履歷無考。）

《賞春》：暖日當頭催展菜，和風次第遣開花。呼童遠取溪心水，待客來煎柳眼茶。

句——

《松》：蒼翠暗消三暑熱，孤高能鎖四時烟。

《題別業》：緑楊近浦堪垂釣，翠竹當軒好韻琴。

《彈筝》：百舌乍啼鶯學語，分明聽在指頭邊。

温達

（見《千載佳句》，履歷無考。）

句——

《幽居》：三春種樹梅兼李，十月看書雪替螢。

《題潘岳六城南店店是源贊善處》：原公舊路唯三徑，潘岳新年已二毛。

《山中》：山底采薇雲不厭，洞中栽樹鶴先知。

〔補〕温翁念

温翁念，字敬祖，垂拱時左司郎中。詩一首。

《同韋子游神泉詩》：聞君泉壑幽，俯裂瀕陽趾。及我性情狎，遥輕武陵涘。焰窅明月制，沮滜凉風起。朋來想辟雍，日去疑濛汜。列坐殊滿腹，揚清非洗耳。仿佛參石游，淡焉適真理。

虞構

（見《千載佳句》，履歷無考。）

句：寒光乍退風猶切，春色新行柳未知。
（《元日》）

解叔禄

（見《千載佳句》，履歷無考。）
句：千花苑外韶芳暖，一鳥山邊翠色寒。
（《長安登望》）

楊欝伯

（見《千載佳句》，履歷無考。）
句：簾前對酒閑無事，待得分明似鏡時。
（《待月》）

〔補〕裴謨

裴謨，僖宗相坦之從兄，（見《新書·宰相世系表》“中眷裴氏”。）官秘書少監。（見裴休詩題。）

《和舍弟寄題東林寺》：元非附鳳攀龍客，本是山猿野鹿身。虚向班行紆組綬，争如□□□□塵。歡同玉季爲良伴，喜奉金□□□因。今日香爐峰下過，方欣物外有遺民。

（據《廬山記》補。）

＊裴諝

《儲潭廟》：江水上源急如箭，潭北轉急令目眩。中間十里澄漫漫，龍蛇相見若不見。老農老圃望天語，儲潭之神可致雨。質明齋服躬往奠，牢醴豐潔精誠舉。女巫紛紛堂下舞，色似授兮意似與。雲在山兮風在林，風雲忽起潭更深。氣靄祠宇連江陰，朝日不復照翠岑。回溪口兮棹清流，好風帶雨送到州。吏人雨立喜再拜，神兮靈兮如獻酬。城上樓兮危架空，登四望兮暗濛濛。不知兮千萬里，惠澤願兮與之同。我有言兮報匪徐，車騎復往禮如初。高垣墉兮大其門，灑掃丹雘壯神居。使過廟者之加敬，酒食貨財而有餘。神兮靈，神兮靈，匪享慢，享克誠。

＊暢甫

《偶宴西蜀摩訶地》：珍木鬱清池，風荷左右披。淺觴寧及醉，慢舸不知移。陰林簟光冷，照流簪影欹。胡爲獨羈者，雪涕向漣漪。

〔補〕趙不爲

趙不爲，開元時擢書判拔萃科。(《全唐文》四百一。)

《共城縣令曹府君百門陂祈雨詩》：調弦敷廣惠，濟物被深仁。

(石刻原題:〔長安〕四年五月十日前南岳齋郎趙不爲。)

《祈晴詩》：晴暉疑夢兆，甘液類隨車。

* 鄭露

《徹雲澗》：延綿不可窮，寒光徹雲際。落石蚤雷鳴，濺空春雨細。

鄭明

（見《千載佳句》，履歷無考。）

句：山頭落日催歸鳥，河畔垂楊纜醉船。

（《寒食陪諸公宴坡中》）

鄭師冉

（見《千載佳句》，履歷無考。）

句：烟消門外青山近，露重窗前緑竹低。

（《題戴孝廉别業》）

劉仁軌

（見白居易《自題酒庫》原注。）

句：天將富此翁。

（失題。）

樊賓

（見《千載佳句》，履歷無考。）

句：仍憐一夜春風急，開盡瑶池萬樹花。

（《步虚詞》）

盧條

（見《千載佳句》，履歷無考。）

句——

《早秋即事》：三徑雨來烟草合，一邱琴後濁醪傾。

《逢友》：共話世情塵靄靄，每嗟人事水潺潺。

盧邕

（見《千載佳句》，履歷無考。）

句：杯浮緑酒邀君醉，筆落紅箋寫我心。

（《送江十二山人南游》）

* 盧言

《上安禄山》：象曰雲雷屯，大君理經綸。馬上取天下，雪中朝海神。

盧元輔

《游天竺寺》
（阮元《兩浙金石志》。）

盧秀才

（見《千載佳句》，履歷無考。）
句：長醉金陵前殿酒，偏聞玉樹後庭花。
（《殷淑妃》）

* 錢信

《平望贈蚊》：安得神仙術，試爲施康濟。使此平望村，如吾江子匯。

〔補〕獨孤遐

句：近家心轉切，不敢問來人。
（任淵《後山詩注》引《脞説》。）

冀金

（見《千載佳句》，履歷無考。）

句：千里放心隨野鶴，五湖乘興狎沙鷗。
（《滄浪》）

衛填

（見《千載佳句》，履歷無考。）
句：明月開時山夜白，暖泉流處草冬青。
（《題水亭》）

戴寥

（見《千載佳句》，履歷無考。）
句：蛾繞燈輪千焰動，鶴飛雲路一聲長。
（《宿報恩寺》）

* 戴公懷

《奉和郎中游仙山四瀑泉兼寄李吏部包秘監趙婺州齊處州》：今日永嘉守，復追山水游。因尋莽蒼野，遂得軒轅丘。訪古事難究，覽新情屢周。溪垂緑篠暗，巖度白雲幽。過石奇不盡，出林香更浮。憑高擁虎節，搏險窺龍湫。淙漻瀉三四，奔騰千萬秋。寒驚殷雷動，暑駭繁霜流。珠濺群鳥外，光摇數峰頭。叢崖散滴瀝，近谷藏颼飂。沉此特形勝，自餘非等儔。靈光掩五岳，仙氣均十洲。書以謝群彦，永將叙徽猷。當思共攀陟，東南看斗牛。

＊薛光謙

《任閬中下鄉檢田登父蕭山北堂》：觀農巡井邑，長望歷山川。擁澗開新耨，緣崖指大田。荒村無徑陌，古戍有風烟。瓠葉縈籬長，藤花繞架懸。岸高攢樹石，水净寫雲天。回首鄉關路，行歌猶喟然。

檀約

《陽春歌》
（《唐詩類苑》十）

蘇替

（見《千載佳句》，履歷無考。）

《聽琴》（殘）：弦中恨起湘山遠，指下情多楚峽流。危檻曲終雲影暗，高樓風定燭光秋。

顧效古

（見《千載佳句》，履歷無考。）

句：孤舟發處沙鷗起，明月落時江水寒。
（《送王逸人歸海上》）

□紹伯

（見《千載佳句》，履歷無考。）

句：遠聲歷歷風和水，近色青青竹映松。

（《題福昌館》）

〔補〕□遠

□遠，前蜀僧。詩一首。（出《十國春秋》。）

《傷廢國》：樂極悲來數有涯，歌聲纔歇便興嗟。牽羊廢主尋傾國，指鹿奸臣盡喪家。丹禁夜涼空鎖月，後庭春老謾（當作漫）開花。兩朝帝業都成夢，陵樹蒼蒼噪暮鴉。

子泰

（見《千載佳句》，履歷無考。）

句：風姿艷態應無比，爛漫當春一樹芳。

（《醉後寄上官暖》）

大閑

（見《千載佳句》，履歷無考。）

句：霜沾草徑寒風急，雁度秋林落葉頻。

（《代雷孝廉送經州李判官》）

久則

（見《千載佳句》，履歷無考。）

句：湖上青山今欲買，白雲無主問何人。

（《旅寓越中》）

玄覽

玄覽，大曆末荆州陟屺寺僧。（《酉陽雜俎》十二）詩一首。

《題竹》：大海從魚躍，長空任鳥飛。欲知吾道廓，不與物情違。

（末二句《四部叢刊》本有，崇文書局本無。）

去奢

（見《千載佳句》，履歷無考。）

句：騎驟春風離漢苑，心懸秋月照吴關。

（《德征詞》）

良人

（見《千載佳句》，履歷無考。）

句：千點暮山三楚盡，一泓寒水九江斜。

（《題江州寶曆寺閣》）

〔補〕匡白

匡白，太和時廬山東林寺沙門，賜號文通大師。（按《全唐文》九一九有《江州德化東林寺白氏文集記》，末署：太和六年歲次甲午八月己巳朔十二日庚辰，管内僧正講論大德賜紫沙門匡白記。《廬山記》卷四題文通大師匡白。）

《題東林二首》：東林佳景一何長，蘭蕙生多地亦香。堪嘆世人來不得，便隨雲樹老何妨。倚天蒼翠晴當户，落石（原作口）潺湲夜繞廊。到此衹除重結社，自餘閑事莫思量。

東林繼四絶，物象更清幽。社客去不返，鍾峰雲已（原作也，疑誤）秋。松枯群狖散，溪大□槎流。待卜歸休計，重來卧石樓。

闕題：□□□□□□□□□□□□□□□□□□人似鶴，紅塵（原誤鹿）路上事如麻。石肥滯雨添蒼蘚，（原剥蝕略盡，但作艹形，蓋蘚之上半隱約可辨。）水膩長松落翠花。莫道此間無我分，遺民長在惠持家。

（《廬山記》此前有脱頁。緊後《落星寺》詩，於作者姓氏處但云同前。本卷所録留題篇章至此而止。小序稱録唐以前人詩著於篇，則二詩爲唐人作無惑矣。然前頁爲匡白詩，疑脱頁。此二詩皆屬匡白，匡白本廬山僧，留題獨富，理固然也。特希世秘笈，無别本可證耳。）

《落星寺》：是岳皆游遍，南來吴楚間。偶登湖裹寺，疑到海中山。獷樹茜夢濕，遥汀白鳥閑。終須謝浮世，高卧聽潺潺。

直千

（直一作真。見《千載佳句》，履歷無考。）

句：鷹隼風高隨草去，旌旗日晚傍山來。

（《駕幸華清宫》）

〔補〕法琳

法琳，俗姓陳氏，潁川人，寓居襄陽，出家荆州青溪玉泉寺。隋季入關，往京師濟法寺。武德二年，上《破邪論》，以語涉謗訕，下獄。後徙益郡，行至百牢關菩提寺，卒，年六十九。(《全唐文》九百三）詩一首。(出《辨正論》。)

《青溪野老詩》：元淑世位卑，長卿宦情寡。二頃且營田，三錢聊飲馬。懸峰白雲上，挂月青山下。中心欲有言，未得忘言者。

真元

(以下僧。見《千載佳句》，履歷無考。)

句：精明合浦珠相似，斷割昆吾劍不如。

(《上李尚書》)

清閑

(見《千載佳句》，履歷無考。)

句：五色雲中鳴玉磬，千花臺上禮金仙。

(《題浮槎寺》)

* 清豁

《歸山吟》：聚如浮沫散如雲，聚不相將散不分。入郭當時君是我，歸山今日我非君。

清觀

台州國清寺僧。

句：睿山新月冷，台嶠古風清。

(《贈圓珍和尚》。見《智證大師傳》。大師乃釋圓珍也。)

道彥

(見《千載佳句》，履歷無考。)

句——

《秋夜旅泊》：風起竹間螢影亂，月明江上笛聲多。

《貧居自遣》：夜静檻前調緑綺，日高窗下戴烏紗。

《途中偶題》：漁艇遠飄滄海上，草堂深鎖白雲間。

《湖上閑居》：柴門半掩潮光裏，野徑斜分草色中。

漢皓

(見《千載佳句》，履歷無考。)

句：西風暮雨驚殘夢，應是巫山寄恨來。

(《對雨》)

靈業

(見《千載佳句》履歷無考。)

句：

洞中仙草嚴冬緑，江外靈山臘月青。

（《游靈隱寺上方》）

〔補〕（聯句）

徐知證（節度使時進檢校太尉平章事）、處修（賜紫僧）、李玄（道士）、李（缺名，觀察推官賜紫金魚袋）、王（缺名，觀察推官賜緋魚袋）、孟拱辰（司理參軍掌表奏）、鍾敬（原作歌，疑敬）倫（管句〔疑〕官賜紫金魚袋）。

《天祚二年三月十六日偶與幕客門館僧道閑游聯句》：古殿巍峨鎮碧峰，晋朝靈應顯神踪。林間野鳥驚寅梵，嶺上孤猿聽晚鐘。（徐知證）雁□（疑塔）冷雲生曉檻，虎溪秋月照寒松。（處修）香飛寶殿籠金像，檜倚松窗覆玉容。（李玄）蝶戀半巖花灼灼，鹿眠深谷草茸茸。（李）游僧駐錫心皆佛，老樹擎烟勢似龍。（王）竹陰禪扉青靄合，嵐蒸幽徑緑（原誤緣）苔封。（孟拱辰）流泉繞砌清聲遠，列巘趨門更□（原重，憧字誤）憧。高吟况愛無塵境，吟（疑尋誤）訪空關不厭重。（鍾敬倫）

（出《廬山記》。）

〔補〕

（《敦煌掇瑣》收詩詞甚多，擇其雅馴者補入之。）

《西方奇妙鳥》（擬題）：西方仏净土，從來九異禽。偏（疑翩）翻呈瑞氣，寥亮演清音。每見祛塵網，時聞益道心。彌陀親所化，方悟願緣深。

（出《掇瑣》十七。）

《白野鶴鄜州進》（原題）：輕毛坫（疑粘）雪翅開霜，紅嘴能深練尾長。名應玉符朝北闕，體柔天性瑞西方。不憂雲路闐（疑填）河遠，爲對天顏送喜忙。從此定知栖息處，月宮瓊樹是家鄉。

（出《掇瑣》十七。）

《王照（昭誤）君怨諸詞人聯句》（原題）：掖庭嬌幸在蛾眉，争用黄金寫艷姿。始言恩寵由君意，誰謂容顔信畫師。微軀一自入深宫，春華幾度落秋風。君恩不惜便衣處，妾貌應殊畫辟（疑筆之僞）中。聞道和親將我敞，（俗書闕，疑）選貌披圖遍宫掖。圖中容貌既不如，選後君王空海（悔誤）惜。始知王意本相親，自恨舟（丹誤）青每誤身。昔是宫中薄命妾，今成塞外斷腸人。九重恩愛應長謝，萬里關山愁遠嫁。飛來北地不勝春，月照南庭空度夜。夜中含涕獨嬋娟，遥念君邊與朔邊。毳幕不同羅帳日，氈裘非復錦衾年。長安高闕三千里，一望能令一心死。秋來懷抱既不堪，况復南飛雁聲起。

（出《掇瑣》三十四。）

（失名）

（以下十八篇出《敦煌唐人手寫殘卷》。據影片移録。）

（闕題）：（上闕）帝城春。松篁翠色能藏馬，桃李垂陰可借人。那堪更有窮途（原誤徒）子，颯然離家數千里。秦地由來無主人，漢庭若個爲知己。一别鄉園已數年，不乘駟馬耻歸田。揚子賦成（原誤城）人未見，蘇秦裘弊有誰憐。恭聞濟諸無餘眷，義聲揚揚天下遍。平生肝膽向誰呈，今日呈君願君見。

《月》：陰之精，月之體，初出海中凈如洗。半輪已挂（原作卦）劍山頭，一片仍開漢江底。山頭山底何（原作河）曈曨，坐見風塵颯已空。光浮萬里關河外，影入千家户牖中。天既青，月彌（疑）瑩（原作螢），夜未闌（原作蘭）兮北斗正。睹此光暉勝魏珠，照兹肝膽勝秦鏡。庭庭兮秋夜，皎皎兮新秋。鵲飛愛繞千年樹，蟬影偏宜百尺樓。自憐遘疾獨歌卧，耳聞寒蟬心欲破。歲時總向愁處拋，風月偷以病中過。城下擣衣聲徹天，百憂從此更相煎。所恨不如臺上月，徘徊常在列卿前。

《從軍行》：俠少翩翩馳鐵騎，白羽插腰弓在臂。戰勝未蒙天子知，功成却使將軍忌。十年辭魏闕，征戰猶未歇。容顏久犯胡地霜，肝膽長懸漢家月。願得總王師，滅却匈奴也不疑。何圖秘取班超印，不憤空傳竇憲碑。此懷猶未愜，舉目愁雲又重迭。試動胡笳（原作家）一兩聲，歸心便碎榆關葉。

《從軍行同前作》：十四五年在金微，身上何曾解鐵衣。教旗乍覺山河轉，走馬回頭草樹乖。邊庭三月仍蕭索，白日□□□沙漠。關中春色始欲來，塞上寒風又吹却。頻到虜庭斬首還，即令□上血猶殷。欲覓封侯仍未得，却令羞見玉門關。

《咏拗龍籌》：幸得陪樽俎，良籌復在兹。獻酬君有禮，賞罰我無私。莫怪斜相向，還將正自持。一朝權入手，看取令行時。

《閨情》：桃花日照柳含烟，深下簾幃衹是眠。春鳥怪人朝不起，千言萬語傍窗前。

春來往往不知明，黄鳥窗邊唤始驚。枕上頻眉猶囈（原作藝）語，覺來還説夢中情。

□前不掩綉被衫，入帳斜推仄枕函。春睡起來猶未足，銀波莫捲水精簾。

君王不見泪空垂，梅樹徒開向日枝。深宫隔是無人伴，遮莫狂風旋旋吹。

慣得君王偏寵憐，日高猶在御樓眠。睡來香氣衝簾外，覺後□花落枕前。

《白雲歌》（予時落殊俗隨蕃軍望之感此而作）：遥望白雲出海灣，變成萬狀須臾間。忽散鳥飛趁不及，唯衹清風隨往還。生復滅兮滅復生，將欲凝兮旋已□。因悟悠悠寄邊（疑）客，何須擾擾徇功名。滅復生兮生復滅，左之盈兮右之缺。從來舉□皆爾爲，何不含情自怡悦。殊方節物異長安，盛夏雲光也自寒。繞戍衹將烟正起，横峰又似雪猶殘。白雲片片暎青山，白雲不盡青山盡。展轉霏微度□□，碧空乍見浮雲近。漸覺雲低駐馬看，聯綿縹緲拂征鞍。一不一兮幾紛紛，散不散兮何漫漫。東西南北□□馳，上下高（中闕）底光浮緑樹靄凝枝欲謂白雲必從龍（中闕）白雲不從龍乍輕乍重誰能□一重未（中闕）酒應隨去（中闕）吹雲置袖中雲飛（中闕）朦朦成陰潤下雲（中闕）賢濟世徒自勞一朝（中闕）何所年年歲歲從山起雲收未必歸（中闕）世人遷變比白雲無心從氛氳白雲（中闕）苦辛旋生旋滅何窮已有心無心衹（中闕）□不□浮□□非是望白雲白運遼（中闕）□情欲余遂感之（中闕）自閑望白雲白雲天（中闕）塞復入塞應亦有時還帝鄉。

《送游大德赴甘州（中闕）將軍》：支公張掖去何如，異俗多嫌不寄書。數人四海皆兄弟，爲報殷勤好在無。

《九日同諸公殊俗之作》：一人歌唱數人啼，拭泪相看意轉迷。不見書傳□海北，衹知魂斷隴山西。登高乍似雲霄近，寓目仍驚草樹低。□酒何須頻勸酌，自然心醉已如泥。（太常妻曰：“一日不齋醉如泥。”）

《俯吐蕃禁門觀田判官贈向將軍真言口號》：□來偏得主君憐，料取分明在眼前。説相未應□燕□，看心且愛真如弦。

《題周秦卿》：明王道得腹心臣，百萬人中獨一人。階下往來三徑迹，門前桃李四時春。

《贈鄧郎將四弟》：把袂相歡意最濃，十年言笑得□從。憐君節操曾無易，衹是青山一樹松。

《同前以（原作已）詩代書》：故來同病總相憐，不似今人見眼前。且隨浮俗貪趨世，肯料寒灰亦重然。

《途中憶兒女之作》：髮爲思鄉白，形因泣泪枯。汝曹應有夢，知我斷腸無。

《至淡河同前之作》：念爾兼辭國，緘愁欲渡河。到來河更闊，應爲得流多。

《破蕃軍中拘縶之作》；何事逐漂蓬，悠悠過鑿空。世窮徒運榮（二字疑誤），戰苦不成功。泪滴東流水，心追北翥鴻。可能忠孝節，長遣困（原作間）西戎。

《諸公破落官蕃中製作》：別來心事幾悠悠，恨續長波曉夜流。欲知起坐相思意，看取山雲一段愁。

《贈樂使君》：知君桃李遍成蹊，故托高林此處栖。雖然灌水凌雲秀，會有寒鴉夜夜啼。

全唐詩辨證[1]

① 此篇據北京圖書館藏聞一多手稿照相複印件收入。因原稿字迹不清、迭印漏印處甚多，故整理時有所删減。

目　録

卷一　太宗皇帝

《守歲》(一作董思恭詩。)

案此詩疑作太宗者是，首二句云："暮景斜芳殿，年華麗綺宫。"

《除夜》(一作董思恭詩。)

《咏桃》(一作董思恭詩。)

《琵琶》(《唐詩紀事》作董思恭詩。)

《咏弓》(《紀事》作董思恭詩。)

《探得李》(一作《咏李》,《紀事》作董思恭詩。)

案以上五詩,《唐詩紀事》卷三俱作董思恭。

《望送魏徵葬》

案此詩又見卷三董思恭集中，題作《感懷》，缺頭兩句。《唐詩紀事》卷四魏徵下載此詩末四句，謂太宗作；卷三董思恭下載全篇，缺題。誤或自《紀事》始。

《咏烏代陳師道》

案陳當作楊,《唐音統籤》不誤。本書卷二有楊師道集。

《餞中書侍郎來濟》

案《舊唐書·來濟傳》,"永徽二年拜中書侍郎"，則此乃高宗詩，非太宗詩也。濟貞觀中嘗爲中書舍人(《舊書》八十本傳)，豈侍郎爲舍人之誤耶?《紀事》四來濟下作太宗，此承《文苑英華》之誤。然永徽二年，宋之問尚未生，其去來時遠，則亦非之問詩固矣。

卷一　明皇帝

《初入秦川路逢寒食》

案此詩題與詩意，疑非明皇詩。

《春日出苑游矚》(太子時作，一作張説詩。)

案此明皇詩，辨見卷四張説下。

《傀儡吟》（一作梁鍠《咏木老人》詩。）

卷七梁鍠集題注云：“《明皇雜録》云：‘李輔國矯制遷明皇西宫，戚戚不樂，日一蔬食，嘗咏此詩。’或云明皇所作。”案《紀事》卷二明皇下不載，而卷二十九梁鍠下載之，其詩又不似帝王之口氣，則自是梁鍠詩。又《開天傳信記》云：“梁鍠作此，明皇還蜀，嘗以爲誦，非明皇作也。”《全唐詩話》二、《優古堂詩話》引此詩亦并作梁鍠，互見卷七梁鍠集。

卷一　宣宗

《瀑布聯句》（《詩史》云：“帝常游方外，至黄檗，與黄檗禪師同觀瀑布聯句。”《佛祖統紀》云：“帝至廬山，與香巖閒禪師咏。”時黄檗在海昌，《詩史》誤。）

案宋寫本《廬山記》題中無聯句二字，以爲四句皆宣宗作，與二説異，未知孰是。（“千巖萬壑”《記》作“穿雲透石”，“遠者”作“遠地”。）

卷一　則天皇后

《如意娘》（《樂苑》曰：“《如意娘》，商調曲，唐則天皇后所作也。”）

案驗風調，决非武后作。不知出自何書？俟考。郭遐叔《贈嵇康》詩曰：“思念君子，温其如玉，心之憂矣，視丹爲緑。”蓋此詩即“看朱成碧思紛紛，憔悴支離爲憶君”二句所從出也。

卷一　上官昭容

《游長寧公主流杯池》二十首

案末首又見卷二十八，作景龍文館學士詩。此從《紀事》，疑誤。

句："勢如連璧友，心似臭蘭人。"（咏後苑雙頭牡丹，見《龍城録》。）

案《龍城録》係宋人王銍僞撰（見《春渚紀聞》及《墨莊漫録》），不足據。白居易《牡丹》詩曰："見説開元歲，初令植御欄。"是開元前禁中尚無牡丹，遑論雙頭異種？（舒元輿《牡丹賦序》謂牡丹始於天后。果爾，則沈、宋諸人，不宜不見吟咏，舒説殆不可憑。）唐代詩人言牡丹多矣，從無言及雙頭者。詩及題皆不類初唐，必僞無疑。

卷二　劉孝孫

《送劉散員同賦陳思王詩游人久不歸》（一作賀朝詩，又作賀朝清。）

案楊濬有《送劉散員賦得陳思王詩明月照高樓》，許敬宗有《送劉散員同賦陳思王詩山樹鬱蒼蒼》。皆貞觀時人，與孝孫同時，則此仍是劉孝孫詩。賀朝神龍時人（見《舊書·文苑傳》），賀朝清所傳二詩俱一作賀朝，疑是一人。

卷二　虞世南

《應詔嘲司花女》（《隋遺録》曰："煬帝幸江都，洛陽人獻合蒂迎輦花，帝命御車女袁寶兒持之，號司花女。時詔虞世南草敕於帝側，寶兒注視久之。帝曰：'昔飛燕可掌上舞，今得寶兒，方昭前事，然多憨態。今注目於卿，卿可便嘲之。'世南爲絶句。"）

案《隋遺録》似五代人僞撰，所載篇咏，皆不足信。此篇格調亦不似隋、唐，此從《全唐詩話》誤收，當删。

卷二　王績

《益州城西張超亭觀妓》（一作盧照鄰詩，一作王勣詩。）

案王績行踪，略見於王度《古鏡記》、吕才《王無功集序》，均不言入蜀。盧照鄰則嘗爲新都尉，秩滿留蜀。《朝野僉載》云："秩滿，婆娑於蜀中。"照鄰《早度分水嶺》曰："丁年游蜀道，斑鬢向長安。"其集中益州詩甚多，此其一也。然則此爲盧詩無疑。即以作風論之，亦是盧非王，不知何因而亂入王集。又案績、勣一字，王勣即王績，吕才《東皋子後序》、王度《古鏡記》并作勣，兩《唐書·隱逸傳》《北夢瑣言》《密齋筆記》并作績，玄應《一切經音義》十四："績，古文作勣。"本書卷三十補遺中又有王勣，而本卷此三詩下并注云："一作王勣。"尤爲疏謬。

《咏妓》（一作王勣詩。）

《辛司法宅觀妓》（一作王勣詩。）

案以上二篇，以作風驗之，當係盧照鄰作。後一首明見同卷盧照鄰集中，是其確證。

《咏巫山》

案此即王無競《巫山高》後四句，全章見卷三王無競集中。劉禹錫過巫山，盡去昔人所題詩，唯留四首，無競詩即其一也。（事見《全唐詩話》四。三峽間亦非績足迹所到。）績字無功，與王無競名相混，故有此誤也。

卷二　王宏

《從軍行》

案此詩氣體不類初唐，亦不知所出。《樂府詩集》有此題而不載此篇，《文粹》亦無之。王宏名唯見《龍城録》，云“與太宗幼日同學”。此書宋人僞託，非柳宗元作，不足據信。或太宗謂宋太宗歟？則宏乃宋人也，疑莫能明。(《五國故事》：“〔南漢劉巖乾亨〕九年八月〔後唐莊宗同光九年〕，白虹入其僞三清殿中。……會有詞臣王宏……以白虹爲白龍見，上賦以賀之。巖大悦，乃改元白龍，更名龔，又改名龔。”是宏乃五代人。《龍城録》云太宗，即宋太宗無疑。〔《畫史會要》：永徽時有王弘，善畫人馬，非此。〕《統簽》云：“此首見《戲鴻堂帖》。”案作風不類初唐，疑帖贋品。)

卷二　盧照鄰

《酬楊比部員外暮宿琴堂朝躋書閣率爾見贈之作》(一作王維詩。)

案明刊本《幽憂子》不載，作風似王維。王維集中有《同比部楊員外夜游有懷》詩。

卷二　韋承慶

《江樓》

案此杜牧詩，見《全唐詩》卷九。

《南行別弟》

案互見卷二十六崔道融集中，以作崔詩者是。“落花相與恨，到地亦無聲。”似脱胎於劉長卿“閑花落地聽無聲”。

卷二　宗楚客

《安樂公主移入新宅》

案互見卷三李適集。

卷三　張九齡

《旅宿淮陽亭口號》（一作宋之問。）

案詩云："故鄉臨桂水。"九齡曲江人，曲江有桂水（見《輿地廣記》）。之問弘農人，不合。

《賦得自君之出矣》

案樂府九作辛弘智，詞大同。卷二十八辛下注云："《樂府詩集》作李康成。"

《答陸澧》

案卷五劉長卿有《送陸澧歸吴中》《送陸澧倉曹西上》《新安送陸澧歸江陰》，卷十嚴維有《自雲陽歸晚泊陸澧宅》，卷三十皎然有《遥和塵外上人與陸澧夜集山寺問涅槃義兼賞陸生文卷》，卷九皇甫冉有《送陸澧郭鄖》，卷十一朱放有《答陸澧》，卷十三陳羽有《若耶溪逢陸澧》，卷十盧綸有《同耿湋宿陸澧旅舍》。諸家澧澧錯出，當是一人。陸，中唐人，與九齡時代不相接，疑此非九齡詩。

卷三　楊炯

《送楊處士反初卜居曲江》

案又見卷二十許渾集。考楊炯未卷貶嶺外，詩曰："别怨應無限，門前桂水斜。"與許渾行踪合，此許詩無疑。

卷三　宋之問

《有所思》（一作劉希夷詩，題云《代悲白頭翁》。）

案此劉詩，見《大唐新語》及《劉賓客嘉話録》。《新語》并云："孫昱撰《正聲集》，以希夷詩爲集中之最。"

《冬夜寓直麟閣》（一作王維詩。）

案王維時不當稱麟閣，此仍係之問詩。

《内題賦得巫山雨》（一作沈佺期詩，題云《巫山高》。）

案此王無競詩，見卷三王無競集。《全唐詩話》四劉禹錫過巫山所存四詩，此首作王無競。《樂府詩集》十七作沈詩，作沈、宋者均誤。

《奉和九日登慈恩寺浮圖應制》《送沙門泓景、道俊、玄奘還荆州應制》《春日芙蓉園侍宴應制》《咏笛》《咏鐘》

案上五詩皆見李乂集，第二、第四、第五首均注：一作之問。李集散排，宋集連排。宋集此五詩下多他人詩誤入者。宋又别有《奉和九月九日登慈恩寺浮屠應制》《春日芙蓉園侍宴應制》詩，則此五首皆當是李乂詩。第四、第五首，在李集中自成系統，第二首《唐詩紀事》十作李。第三首《紀事》宋之問門不載，而載另一首。

《望月有懷》（一作康庭芝詩，一作沈佺期詩。）

案卷四沈佺期集作《和洛州康士曹庭芝望月有懷》，同卷康集衹此一首，題作《咏月》，注云："當是康詩。"以杜審言和篇與此篇比較觀之，此似非康詩，係沈、宋和篇，詳見沈佺期《和洛州康士曹庭芝望月有懷》條，及康庭芝《咏月》條。

《駕出長安》（一作王昌齡詩。）

案沈佺期有《扈從出長安應制》，雖詩題稍異，宋之問詩云："太平多扈從"，知亦是扈從，二詩時令亦同，則此詩當屬之問。杜審言亦有《扈從出長安應制》詩，尤其證。

《餞中書侍郎來濟》（一作太宗詩。）

案見太宗下。

《奉和幸韋嗣立山莊侍宴應制》（一作李乂詩。）

案當時隨臣有此作者，李有二首，一五言長，一七言短。此當是李詩，《紀事》作李。之問或未侍從，亦未可知。

《渡漢江》

案又見卷二十二李頻集。之問貶嶺南，故云在嶺南經冬歷春，未有鄉信。今渡漢江，而距家鄉嵩山爲近。若李頻睦州人，豈得有此言耶。

《嵩山夜還》

案亦見李頻集，宋之問弘農人，故云："家住嵩山下"，而李頻則不可。又李頻詩第一句作"家住東皋去"，必因下句"好采首山薇"而誤。蓋夷、齊首陽采薇，與王績東皋地近。王績詩云："東皋薄暮望……長歌懷采薇。"後人遂因之而改爲"東皋玄"，不知之問詩"家住嵩山下"與"好采首山薇"并不衝突。况李頻亦非東皋人邪。

《新年作》

案又見劉長卿集，今《四部叢刊》影明藏本之問集不載此詩。自是長卿詩。長卿、之問俱貶嶺南，故有此誤。又風格亦是劉而非宋。

卷三　王勃

《秋日仙游觀贈道士》（一作駱賓王詩，無首四句。）

案同卷駱集不載，駱有《於紫雲觀贈道士》。疑此本王詩，因某分類選本并列，抄者誤爲駱所作。

卷三　李嶠

《上清暉閣遇雪》

案又見本卷徐彦伯集、卷四趙彦伯集，三處俱失注。徐、趙兩集俱題作《苑中遇雪應制》，又李嶠另有一首《游苑中遇雪應制》詩。

卷三　杜審言

《和晋陵陸丞早春游望》（一作韋應物詩。）

案此非韋詩。《能改齋漫録》十一引顧陶《唐詩選》載此作韋詩，云："韋集無之。"是此詩誤爲韋作者，自顧陶始，然宋時韋集猶未誤補。

卷三　姚崇

《夜渡江》（一作柳中庸詩。）

案作風不類中唐，七、八失粘，尤非中唐所當有。柳中庸有《江行》詩甚工，疑選家分類抄撮，以柳詩與此詩相次，轉寫者遂有誤此爲柳詩者也。

卷三　王無競

《巫山》（一作宋之問詩。）

案仍是無競詩，題下應增高字，見《唐詩紀事》八。

卷三　崔融

《吴中好風景》

案又見卷四李乂集，題作《次蘇州》。

卷三　李適

《安樂公主移入新宅》

案互見卷二宗楚客集。《唐詩紀事》九作宗楚客詩。

卷三　駱賓王

《從軍中行路難》二首（第一首下注曰：此篇一本作辛常伯詩。）

案第一首言征滇事，與賓王行迹不合，當從一本作辛詩。《駱臨海集箋注》有第二首，題爲《軍中行路難同辛常伯作》，尤可證。

卷三　劉希夷

《夜集張諲所居》

案希夷與張諲時代不相及，詩又見卷九皇甫冉集，題下注明“得飄字”。冉又有《答張諲劉方平兼呈賀蘭廣》《與張諲宿劉八城東莊》二詩，則此實冉詩也。

卷四　張説

《奉和聖制春日出苑應制》（一作矚目應令，一作明皇詩。）

《先天應令》

案前詩卷一明皇集不載。後詩明皇集載之，題作《春日出苑游矚》，并注云："太子時作，一作張説詩。"考卷三賈曾集有《奉和春日出苑矚目應令》一詩，并注云："時爲太子舍人，使在東都作。"則知前詩當歸之張説，原題應作《奉和春日游苑矚目應令》，作"應制"者誤也。後詩應題作《春日出苑游矚》，作《先天應令》者，蓋後人因張説而改也。但由此題可證明一事，即先天乃睿宗末年號，其時明皇猶爲太子，故明皇集題注云："太子時作"；其題作"應令"者，正指太子而言也。至其所以致誆之故，蓋由於張集附載明皇原作，後遺明皇名，遂一并視爲張之詩，聚珍版張説集此二詩緊相接，足資爲證。

卷四　齊澣

《長門怨》（一作劉皂詩。）

案作劉皂是。

卷四　沈佺期

《巫山高》二首（一作宋之問詩。）

《巫山高》

案二首中之第二首，即之問集中之《内題賦得巫山雨》，前既云當是王無競詩矣。而佺期又别有《巫山高》一首，則二首中第一首似當歸之問。意者沈、宋、王三人各賦一篇，宋、王二作附在沈集，後遂一并誤爲沈詩。又之問、無競二首同附在沈集，而之問在先，故又誤無競一首爲之問。無競又與無功相混，故無競一首又誤入王績集。

《和洛州康士曹庭芝望月有懷》（一作康庭芝詩，一作宋之問詩。）

案題中既云和康庭芝，則必非庭芝詩，同卷康庭芝集不載。

《紅樓院應制》（一作僧廣宣詩。）

案詩云："支遁愛山情漫切，曇摩泛海路空長。"則是廣宣詩無疑。白居易有《廣宣上人以應制詩見示，因以贈之。詔許上人居安國寺紅樓院，以詩供奉》，見卷十六。

《入道場紀事應制》（一作僧廣宣詩。）

案此亦廣宣詩，觀題自明。

卷四　賀知章

《回鄉偶書》二首

案第二首又見卷二十七黄損集，文字小異，題下引蘇軾《説賴仙芝傳》此詩爲黄損作。《侯鯖録》二引二首云："一説云黄拱作。"拱或損之誤。損，連州人，詩中第三句鏡湖作鑒池，疑自鑒池誤爲鏡湖，後人遂以此詩爲知章作。知章見存四絶均失粘，固是初盛間本色，此二首聲調流轉，的近晚唐，此亦二詩爲黄損作之一驗也。

鍾輅《續前定録》（《百川學海》本）："黄損，連州人。有大志，舉於廬山，與桑維翰、宋齊丘相遇，每論天下之務，皆出損下，損亦自負……"曾慥《集仙傳》："黄損者，不知何許人也，五代時仕南漢爲尚書僕射。"（《説郛》）

卷四　康庭芝

《咏月》（一作沈佺期詩，又作宋之問詩，誤，杜審言和庭芝咏月即和此也。）

案卷三杜詩題作《和康五庭芝望月有懷》，卷四沈集載此詩作《和洛州康士曹庭芝望月有懷》，命題款式頗合。卷三宋集題作《望月有懷》，或文有省略。疑此詩非沈即宋，康之原作已佚也。果係康詩，則沈集擬題不當如彼，館臣説全無確據。

卷四　張暈

《游（一作題）栖霞寺》

案又見卷十三張彙集。

卷四　殷遥

《塞上》

案互見卷二三司空圖集，題作《塞下》。圖《與李生論詩書》，自舉其佳句曰："得於塞上，則有'馬色徑寒慘，雕聲帶晚飢'。"正在此篇，則確係圖詩。

卷四　張子容

《送孟六浩然歸襄陽》二首（第二首一作王維詩。）

案第一首曰："東越相逢地，西亭送別津。"蓋在樂城送。第二首曰："好是一生事，無勞問子虚。"明是在長安送。則是二首不得作於同時。第二首下注云："此篇一作王維詩。"卷五王維集有，題作《送孟六歸襄陽》，今玩此首作風，與張子容他篇迥異，其爲王維詩錯入張集無疑。《紀事》卷二十二張子容條衹載第一首，最是。（劉辰翁本及元刊本王維集不載，顧元緯本入外篇。）

案第二首本書卷五王維集題作《送孟六歸襄陽》，六字是。其第一首曰：“東越相逢地”，蓋作於永嘉（子容、浩然并嘗至永嘉，見各本集），浩然有《永嘉别子容》，即此首之酬答篇。至第二首曰：“杜門不復出，久與世情疏；以此爲長策，勸君歸舊廬。”此則與浩然《留别王侍御維》“祇應守寂寞，還掩故園扉”之語意正相吻合，是第二首確係王詩。汲古閣本《孟浩使集》附載有此二首及王維《憶孟六》詩，其式如下：

《送孟六歸襄陽》（見宋本）張子容

又

《憶孟六》（見宋元刻）王維

蓋王維之置名原在第二首之下，後世展轉鈔寫，誤移於後一首下，則第二首本爲王詩者，轉誤爲張詩矣。

《樂城歲日贈孟浩然》（一作王維詩。）

案卷五王維集不載。詩曰：“土地窮甌越，風光肇建寅。”考張子容先天元年（七一二）及第（見《登科記考》），授樂城尉（本集有《貶樂城尉日作》），開元二年（七一四）甲寅，則此子容開元二年元日所作詩也。

《長安早春》（一作孟浩然詩。）

案《文苑英華》作張子容，《唐詩紀事》同。詩曰：“咸歌太平日，共樂建寅春。……何當桂枝折，還及柳條新。”蓋謂建寅年之早春，既應試而榜猶未放時所作詩也。考張子容先天元年（七一二）擢第登科，開元二年（七一四）甲寅，詩果子容所作，不當已及第二年，而猶作此企望及第之語。浩然則《舊唐書》本傳云：“年四十來游京師，應舉不第（浩然《陪盧明府泛舟回》云：‘猶憐不才子，白首未登科’）。”以開元二十八年五十二歲（見王士源《孟浩然集序》）推之，其四十歲當在開元十六年；而開元十四年丙寅，則此詩當即開元十四年早春，浩然三十八歲時應試後所作。本傳云年四十者，蓋舉其成數耳。浩然平生行事，余别有考，與今所云，若合符節，兹不復詳。

卷四　張旭

《春游值雨》

案《升庵詩話》曰："余見崔鴻臚所藏有旭書石刻三詩。其三《春游值雨》云：'……'按蔡襄詩帖有《吉祥院探花》二絶，此其一也，惟列字作倒，董其昌嘗臨之。注云：'此詩洪氏收入《唐人絶句》，乃君謨詩帖也。'"

顧元慶《夷白齋詩話》曰："張旭《春草帖》云：'春草青青萬里餘，邊城落日動寒墟。情知海上三年别，不寄雲中一雁書。'集所不載。"案詩格不似初唐，恐亦僞冒張顛書者所爲。

卷四　盧象

《八月十五日象自江東止田園移莊慶會未幾歸汶上小弟幼妹尤嗟其别兼賦是詩》三首。（俱見王維集，第一首題云《休假還舊業》，第二、第三首題云《别弟妹》。）

案此盧象詩，辨見卷五王維下。

《嘆白髮》（一作王維詩。）

案此盧象詩，辨見卷五王維下。

《早秋宴張郎中海亭即事》（一作孟浩然詩。）

案此盧象詩，辨見卷六孟浩然下。

《寄河上段十六》（一作王維詩。）

案并見卷五王維集，王荆公《百家詩選》卷一作盧象。

卷四　裴士淹

《咏白牡丹》

案又見卷十盧綸集，題作《裴給事看牡丹》，又見卷十九裴潾集。考《南部新書》："長安三月十五日看牡丹，奔走車馬。慈恩寺元果院牡丹先於諸牡丹半月開，太真院牡丹後諸牡丹半月開，故裴兵部潾《白牡丹》詩，自題於佛壁東頰唇壁之上。太和中車駕（指敬宗）自夾城出芙蓉園，路幸此寺，見所題詩，吟玩久之，因令宫嬪諷念，及暮歸大内，即此詩滿六宫矣。詩曰：'長安豪貴惜春殘，争賞先開紫牡丹，别有玉杯承露冷，無人肯向月中看。'兵部時爲給事。"《苕溪漁隱叢話》："裴潾咏《白牡丹》詩，時稱絶唱……"是此詩乃裴潾作也。其誤爲士淹。《酉陽雜俎》曰："開元末裴士淹爲郎官，奉使幽冀，回至汾州衆香寺，得白牡丹一窠，植於長安私第，天寶中爲都下奇賞。"是其事也。（黎君見明説）

卷五　王維

《東窗玩月》（一作王昌齡。）

案同卷王昌齡集有，劉辰翁本《王右丞集》無，顧元緯本入外編。《文苑英華》作王維詩，《文粹》作王昌齡，題爲《東窗玩月》。玩風格，龍標爲近，疑《文粹》是也。

《賦得秋日懸清光》

案劉本不載，《品彙》作無名氏詩。元刊本有，《詩雋類函》《唐詩類苑》并作王維，恐不足據。本書卷二十八作無名氏詩，宜從之。

《寄河上段十六》

案互見卷四盧象集。元刊本有王維《雜詩》："家住孟津河，門對孟津口，常有江南船，寄書江南否。"似即維寄段十六詩。（黎見明

説）

《贈劉藍田》（一作盧象詩。）

案卷四盧象集不載。王荆公《百家詩選》作盧象。《河嶽英靈集》上、《唐文粹》十六下，并作王維。元刊本《右丞集》有，疑作王維者是。

《寓言》二首（次首《律髓》入俠少類，題曰《雜詩》，作盧象。）

案卷四盧象集《雜詩》二首中之第二首，即此詩之第二首。元刊本《右丞集》亦載有此首。案盧象《雜詩》二首，皆五言八句，其一曰："家住五原上"，一曰："君家御溝上"，玩其詞氣，似出一人之手。王維《寓言》第一首則五言十二句，與第二首纔八句殊爲不類。疑第二首原係盧詩，選家與王詩連類抄撮，而寫官復偶失盧名，遂致乖訛耳。

《休假還舊業便使》（一作盧象詩。）

《别弟妹》二首（一作盧象詩。）

案以上三首卷四盧象題作《八月十五日象自江東止田園移莊慶會未幾歸汶上小弟幼妹尤嗟其别兼賦是詩》，第一首曰："衰柳日肖條，秋光清邑里。"與題中"八月十五日"合，第三首曰："宛作越人言"，與題"自江東"合。疑三首俱是盧詩，元刊本始誤入王集，《唐詩紀事》二十六正作盧象。

《嘆白髮》

《嘆白髮》

案前一首互見盧象集，此失注，疑本盧詩誤入，王荆公《百家詩選》正作盧象。元刊本以二首相次排列，題作《嘆白髮》二首，尤謬。二詩意境迥别，一望可知。

《送孟六歸襄陽》（一作張子容詩。）

《文苑英華》作王維，顧元緯本入外編。案此當是維詩，辨見卷四張子容下。元刊本不載，蓋其時已誤作張詩也，《瀛奎律髓》作張子容。

《留别錢起》（《英華》題云《晚歸藍田酬中書常舍人贈别》，或作錢起詩，題云《晚歸藍田酬王維給事》。）

案王維别有《送錢少府還藍田》一詩，元刊本緊次於此詩之前，則此詩似爲錢起留别王維之作，附載維集，原題作《留别》，下屬錢起名，後之抄胥不慎，將錢起二字并入題中，遂混爲王維之作矣。卷九錢起集題作《晚歸藍田酬王維給事贈别》，明活字本《錢考功集》同。與王維《送錢少府還藍田》之事正相合，則此錢詩益無疑。

《留别丘爲》

此詩又見同卷丘爲集，題作《留别王維》。案王維别有《送丘爲往唐州》，元刊本緊次於此詩之前，則此詩蓋亦丘爲留别王維之作，因附在維集而致誤者。

《酬比部楊員外暮宿琴臺朝躋書閣率爾見贈之作》（一作盧照鄰詩。）

案此仍王詩，辨見卷二盧照鄰集。

《送元中丞轉運江淮》（一作錢起詩。）

案卷九錢起集有，明活字本《錢考功集》亦有。元中丞即元載，與王似無交往，而檢錢集則與元贈答之詩甚多，則此當爲錢詩。

《過香積寺》（一作王昌齡詩。）

案卷五王昌齡集不載，元刊本《右丞集》有，此仍右丞詩也。

《送孫秀才》

案《紀事》作王縉詩，本書同卷王縉集亦有，疑此誤收。

《游悟真寺》（一作王縉。）

案《紀事》作王縉詩，本書同卷王縉集有，而元刊本《右丞集》亦載此詩，疑作縉者是。

《書事》（《天厨禁臠》。）

案《升庵詩話》引《天厨禁臠》載此詩。然玩詩，不似唐人，乃宋人格調也。（黎見明説）

《偶然作》第六首

案朱景玄《唐朝名畫記》記載嘗自製詩云："宿世謬詞客，前身應畫師。"纔二句，《古今詩話》同。張彦遠《歷代名畫記》及《圖畫見聞録》《萬首唐人絶句》《唐詩紀事》均爲四句，元刊本本集又增爲八句，即此第六首是也。疑《名畫記》所載二句是右丞原作，餘皆後人以意妄增。（黎見明説）

句："人家在仙掌，雲氣欲生衣。"

案見董逌《廣川畫跋》。《畫斷》云："唐王墨，不知何許人。名洽，善潑墨，時人謂之王墨。多游江湖，善畫山水、松柏、雜樹。"（《太平廣記》二一三）疑後世所傳維畫，多是王墨作。董逌所記此畫，已屬可疑，跋詩之真僞，更無論矣。（黎見明説）

卷五　丘爲

《登潤州城》

案互見卷二十八江爲集。

卷五　祖咏

句："不知叠嶂夜來雨，清曉石楠花亂流。"（佚句）

案宋陳巖肖《庚溪詩話》下載此詩全章曰："坐見茅齋一葉秋，小山叢桂鳥聲幽。不知叠嶂夜來雨，清曉石楠花亂流。"云："見外祖朱少魏良臣書帙中。下注云：'司馬才叔作。'而曾慥《詩選》作何正平詩，未知孰是。"據此則明係宋人詩，不知何時誤作祖咏，而本書遂亦據以收入咏集也。

《贈苗員外發》（一作李端。）

案卷十一李端集題作《茂陵山行陪韋金部》。

《中峰居喜見苗發》（一作李端。）

案李端集題作《雲際中峰居喜見苗發》。

《贈苗發員外》

案李端集題作《奉贈苗員外》。以上三詩《唐詩紀事》俱作李端是。苗發，大曆時人，與祖咏時代不相及。《衆妙集》有前二詩，俱作李端。

卷五　儲光羲

《田家即事》

案又見卷十九楊發集。題作《南野逢田客》，儲集七律，衹此一首，且氣體卑弱，疑是楊詩。

卷五　陶翰

《古塞下曲》（一作王季友，誤。）

案羅氏影印《敦煌唐寫本詩選》有此詩，題作《古意》，下有“禮部員外郎陶翰”七字，知此確係陶詩。（《河嶽英靈集》作陶翰。《樂府詩集》、荆公《百家詩選》、《唐文粹》作王季友，云一作陶翰。）

卷六　張抃

《題衡陽泗州寺》

案小傳引宋汪應辰作《廟記》云：“初顯於湖湘間，後及江右，至玉山皆祀之。碑載詩一首。”然此詩格調絶似晚唐，甚或五代宋人作，疑係游人題寺之什，附刻碑上，與張抃無涉。本書循汪氏之誤，收爲張詩，疏矣。

卷六　孟浩然

《盧明府早秋宴張郎中海園》
《盧明府早秋宴張郎中海園即事得秋字》(一作盧象詩。)

案以上第一首曰:“華省曾聯事”,第二首曰:“眷言華省舊”,浩然未嘗爲尚書省官,則二詩非浩然作明甚。前者《同盧明府餞張郎中除義王府司馬海園作》,乃真浩然詩。右第二首又見盧象集,題作《早秋宴張郎中海亭即事》,此題上“盧明府”三字當删(此作者名誤入題中例),盧明府即盧象也。第一首不知誰作,俟考。

《歲除夜有懷》

案此崔涂詩,見卷二十五崔集中。

句:“逐逐懷良馭,肖肖顧樂鳴。”(《省試騏驥長鳴》,詩見《丹陽集》。)

案浩然非丹陽人,詩不得入《丹陽集》,此不知誰氏作。

卷六　李白

《長干行》

《艇齋詩話》曰:“唐詩人《小長干行》全篇皆佳。《才調集》載兩首(六字原倒在下文,今正),其一(原脱一字)首云:‘憶昔深閨裏,烟塵不曾識。嫁與長干人,沙頭候風色。’是也。其一:‘妾髮初覆額,折花門前劇。郎騎竹馬來,繞床弄青梅。’是也。與前一首皆作李太白作。惟顧陶《唐詩選》并載,而分兩處。‘妾髮初覆額’一篇李白作,‘憶昔深閨裏’一篇張潮作。二者未知孰是?然顧陶選恐得其實也。又二書(原誤詩)所載各不同。‘妾髮初覆額’篇内‘十五始展眉,願同塵與灰。’《才調集》又有兩句云:‘恒存抱柱信,豈上望夫臺。’方至‘十六君遠行,瞿塘灎澦堆’。顧陶(原誤況,下同)《詩選》即無臺字一韻。又‘憶昔（原誤妾）深閨裏’篇内‘淼淼暗無邊，行人在何處’。下有四句云：‘好乘浮雲驄，佳期蘭渚東。鴛鴦緑浦上，翡翠錦屏中。’《才調集》却云：‘北客真王公，朱衣滿汀中。日暮來投宿，數朝不肯東。’與顧陶本不同。以予觀之（之字原脱），前一篇《才調集》有臺字一韻，不如顧陶删去，後一篇顧陶四句，不如《才調集》四句，二本互有得失也。”又注云：“山谷嘗辨《李太白集》中所載二詩云：‘妾髮初覆額’是李白作。‘憶妾深閨裏’一篇是李益詩。山谷雖能辨其非太白詩，而不知其爲張潮作也。《玉臺新咏》（案謂《後集》）亦以爲張潮作，顧陶恐□（疑脱不字）誤。”

《觀放白鷹》二首

案第二首“蒼鷹八九毛”之句，與題不合，詩又見高適集中，題作《見薛大臂鷹作》，疑本高詩。選本以李、高二詩相次，而傳寫偶脱高名，遂誤入李集也。（彭蘭君説）

卷七　張謂

《登金陵臨江驛樓》

案互見本書岑參集，題作《題金城臨河驛樓》，詩五梁作五凉，又云古戍、鸚鵡、麝香，皆隴外景物，與岑詩題合，非張行踪所届。此本岑參詩，錯入張集，因考題中金城爲金陵，臨河爲臨江，并改詩中五凉爲五梁也。

《揚州雨中張十七宅觀妓》（一作劉長卿詩。）

案謂似未嘗至揚州，疑作劉長卿是。

《早春陪崔中丞浣花溪宴得暄字》

案又見岑參集，此岑詩，説詳《岑嘉州繫年考證》。

卷七　岑參

《漢上題韋氏莊》

案又見戎昱集，考參行踪不及江漢，戎昱則楚人，此當係戎詩。正德安氏本、正德蜀本及同文館《唐四家詩》本《岑參集》均不載。而李壁《王荆公詩集注》二四引“水痕侵柳岸，山翠借厨烟”二句正作戎詩，尤其確證。（王夫之《唐詩評選》作戎詩，《唐賢三昧集》《惜抱軒今體詩抄》并作岑詩。）

《奉和春日幸長春宫應制》

案又見岑羲集，此羲詩也。（王彦銘君説。）

卷七　李嘉祐

《送皇甫冉往安宜》

案又見李端集，題作《送皇甫冉往白田》。

《與鄭錫游春》

案又見李端集。

卷七　皇甫曾

《送著公游越》

案又見卷十一朱放集中。

卷七　高適

《見薛大臂鷹作》（一作李白詩。）

案確係高詩，辨見李白集《觀放白鷹》二首下。

《聽張立本女吟》

案卷三十二《張氏女夢王尚書口授吟》與此同，此當删。

《送鄭侍御謫閩中》

案適生平未至閩中，而詩云："閩中我舊過"，疑此非適詩。考適族孫式顔，開元二十七年嘗從張守珪之括州，其地在今浙江麗水縣東南，距閩甚近，或嘗游閩。此或式顔詩，以適名高於式顔，故誤入適集也。

《漣上别王秀才》

案以下四詩，亦并疑爲式顔詩。適雖嘗以平永王璘亂，授揚州都督府長史、淮南節度使，然依《舊唐書》本傳："師將渡而永王敗，乃招季廣琛於歷陽，兵罷。李輔國惡適敢言，短於上前，乃左授太子少詹事。"是其兵臨廣陵，尋即罷去，以常情度之，無游觀之暇。且適之授官在至德元載十二月，永王璘敗在至德二載二月，而集中廣陵諸詩有作於深秋者，尤爲可疑。諸詩亦無一語及軍事，玩其辭氣，與適身份不合。考廣陵爲自長安往括州必經之地，疑諸詩皆式顔赴括州途中所作也。本篇及下篇題中俱有漣水字，考漣水有二：一在今廣陵附近，即今揚州一帶，一在今湖南境。下篇云："煮鹽漲海曲，種稻長淮邊。"故知爲廣陵漣水。張守珪開元二十七年六月貶揚州，計至漣水，當届秋時，本篇云："客思滿窮秋"，與式顔此行時令正合，又曰："余亦從此辭，異鄉難久留。"明係途中作也。

《漣上題樊氏水亭》

案此亦式顔詩，"漣上非所趣，偶爲世務牽"。與式顔身份合，與適則否也。

《登廣陵栖霞寺塔》

詩云："遠思駐江帆，暮時結春藹。"疑式顔自括返京，途次廣陵所作。張到括不久即卒，式顔當亦北返。

《廣陵别鄭威士》

案詩云："落日知分手，春風莫斷腸。"蓋與前詩同時作。（以上五詩并彭蘭君説）

卷九　錢起

《同程九早入中書》（一作錢珝。）

《和王員外雪晴早朝》

案《韻語陽秋》二："錢起集前八卷，後五卷。鮑欽止謂昭宗時中書舍人錢珝亦起之諸孫，今起集中恐亦有珝所作者。余初未知其所據也，比者見前集中有《同程七蚤入中書》一篇云：'不意雲霄能自致，空驚鵷鷺忽相隨。臘雪新晴柏子殿，春風欲上萬年枝。'《和王員外雪晴早朝》云：'紫微晴雪帶恩光，繞帳偏隨鵷鷺行。長信月留寧避曉，宜春花滿不飛香。'二詩皆珝所作無疑，蓋起未嘗入中書也。集中又有《登彭祖樓》一詩，而薛能集亦載，則知所編甚駁也。"

《江行無題》一百首（一作錢珝。）

案互見卷二十六錢珝集，注中辨之綦詳，此當删。

卷九　郎士元

《南郭留别皇甫冉》（一作皇甫冉詩，題作《潤州南郭留别》。）

案同卷皇甫冉集有，此本冉詩，附載郎集，題下名銜誤入題中，遂誤爲郎詩。《御覽詩》正作皇甫冉，題作《江上留别》。餘詳《校讀法》[①]。

卷九　薛據

《題鶴林寺》

案又見綦毋潛集，《河嶽英靈集》中正作綦毋潛。小序中并引“松覆山殿冷”句，以爲不可多得。此從《文粹》作薛據，非是。

卷十　嚴維

《同王徵君湘中有懷》（一作張謂。）

案又見卷七張謂集。嚴未嘗至湘中，張謂嘗爲潭州刺史，見常衮《授張謂太子左庶子制》（《文苑英華》四〇四）及《唐才子傳》。此謂詩也，作風亦與謂相近。

卷十　顧況

《望夫石》

《後山詩話》以爲顧況詩，《艇齋詩話》云：“王建詩。”

① 此指作者《唐詩校讀法舉例》一文，下同。

卷十一　李端

《送皇甫冉往白田》

案又見李嘉祐集，題作《送皇甫冉往安宜》。

卷十一　暢當

《軍中醉飲寄沈八、劉叟》（一作杜甫詩。）

案此當詩也，當又有《題沈八齋》詩，疑即此沈八。《艇齋詩話》引比正作暢當，云："見顧陶《詩選》。"《觀林詩話》引同。

卷十一　暢諸

《登鸛雀摟》（一作暢當。）

案《温公續詩話》曰："河中府鸛雀樓有王之涣、暢諸二詩。"原注："一云暢當"，即指此首。《墨客揮犀》引作暢諸，《夢溪筆談》引亦作暢諸，疑作諸者是。

卷十一　張南史

《酬張二倉揚子閑居見寄兼呈韓郎中左補闕皇甫冉》

案張二倉曹即南史，則詩必非南史所作。同詩又見卷九皇甫冉集，題與此同，惟無"左補闕皇甫冉"六字，此冉詩附載張集，寫官以冉名銜并入題中，遂誤爲張詩也。説見《校讀法舉例》。

卷十一　劉復

《送黄曄明府岳州湘陰赴任》（一作劉三復詩。）

案又見卷十九劉三復集。黄曄，長慶時人，與劉復時代不相及，作劉三復者是。

卷十一　朱放

《歸桐廬舊居寄嚴長史》（一作章八元詩。）

案章八元桐廬人，此章詩也。卷十章八元集有。

卷十三　劉禹錫

句："銀花懸院榜，翠羽撼簾緌。"（《雪見天中記》）

案"銀花懸院榜，翠羽映簾緌。"見《浙西李大夫述夢四十韻并浙東元相公酬和斐然繼聲》一首，詩意亦與雪無關。

卷十四　孟郊

《嬋娟篇》

《艇齋詩話》："孟東野集古樂府有《嬋娟篇》云：'漢宫承寵不多時，飛燕婕妤相妒疾。'今顧况集中亦有，疑非孟詩，似顧况諸體。"

卷十七　孫叔向

《題昭應温泉》

案《艇齋詩話》引顧陶《唐詩類選》作孫叔向，云：“《金華瀛湘集》作王建詩，非也。”

卷十九　姚合

《山中述懷》

案《六一詩話》：“余少時猶見其（周樸）集，其句有云：‘曉來山鳥鬧，雨過杏花稀。’誠佳句也。”《全唐詩話》六：“或曰‘曉來山鳥鬧，雨過杏花稀。’亦樸詩也。”《優古堂詩話》亦以爲周樸作。

《白鼻騧》

案又見張祜集。

卷十九　周賀

《送張諲之睦州》

案張諲天寶時人，與周賀時世不相及，疑此非周詩。

卷十九　張祜

《華清宫和杜舍人》

案又見卷二十趙嘏集。

《墻頭花》二首

案第二首即崔國輔《怨詞》二首之第一首，此誤收。

《戎渾》（此首即王維《觀獵》詩前四句。）

案當删。

《寄題商洛王隱居》

案又見卷二十許渾集。

《送客歸湘楚》

案又見許渾集。

卷十九　楊發

《南溪書院》

案又見于鵠集，題作《南溪書齋》，驗作風，當係于詩。

《南野逢田客》

案又見儲光羲集，題作《田家即事》。

卷十九　杜牧

《秋夕》

《竹坡詩話》曰："此一詩杜牧之、王建集中皆有之，不知其誰所作也。以余觀之，當是建詩耳。蓋二子之詩，其流婉大略相似，而牧多險側，建多工麗，此詩蓋清而平者也。"

《聞開江相國宋下世》

案又見許渾集。

《過鮑溶宅有感》

案又見許渾集，亦見劉得仁集，題作《哭鮑溶有感》。

《江上偶見絶句》

案此即劉禹錫《酬竇員外使君寒食日途次松滋先寄示四韻》前四句。竇常有《之任武陵寒食日途次松滋先寄員外劉禹錫》即劉所酬之原作。

《嘆花》《惆悵詩》

案二詩大同，此各據異本兩收，當删其一。

《懷舊》

案詩曰："争得便歸湘浦去，却持竿上釣魚船。"牧非湘人，疑此非牧詩。

《初宿》

案詩曰："遠夢歸侵曉，家書到隔年。湘江好烟月，門繫釣魚船。"疑亦非牧詩。

卷二十　許渾

《寄房千里博士》（一本作《途經敷水》，一作《客有新豐館題怨别之詞因詰傳盡得其實偶作四韻嘲之》。）

案集上有《途經敷水》，第一二句作："修蛾顰翠倚柔桑，遥謝春風白面郎。"第七、八句作："何處野花何處水，下峰流出一渠香。"與此詩校注所引一本全合。宋本《丁卯集》有《途經敷水》，無《寄房千里博士》。

《和友人送僧歸桂州靈巖寺》（與《和浙西從事劉三復送僧南歸》前四句同。）

《和浙西從事劉三復送僧南歸》

案以上二首本係一詩，題作《和浙西從事劉三復送僧歸桂州靈巖寺》，定稿與初稿後四句不同，編者誤以爲二詩，遂分爲二題。

《重經姑蘇懷古》二首（一作杜牧之詩。）

案卷十九杜集作《吴宫詞》二首。渾有《姑蘇懷古》七言一首，與此第一首同韻，蓋即初經所作。《閑居孟夏即事》曰："魚躍海風起，鼉鳴江雨來。"與此第二首"鸛鳴山欲雨，魚躍水多風"句法相彷，亦可證此必許渾詩。

《春雨舟中次和横江裴使君見迎李趙二秀才同來因書四韻兼寄江南》

案又見卷十九杜牧集，題作《初春雨中舟次和州横江裴使君見迎李趙二秀才同來因書四韻兼寄江南許渾先輩》。原是杜作，此題文多脱缺，蓋題末先輩二字脱去，淺人遂讀江南截句，而以許渾二字爲作詩人名，因而編入渾集也。《酬杜補闕初春雨中舟次横江喜裴郎中相迎見寄》即許渾和杜之詩。

《送太昱禪師》

案又見卷十九杜牧集，宋本許集有。

《卜居招書侶》

案又見卷十九杜牧集。

《西山草堂》

案又見杜集。

《招隱者》

案杜集作《貽隱者》。

《寄小弟》

案杜集作《寄兄弟》。

《秋日》

《石池》

《留題李侍御書齋》

《行次白沙館先寄上河南王侍御》

《暝投蜜智寺渡溪不得却沿江路往》

《送荔浦蔣明府赴任》

《憶政禪師院》

《秋夕有懷》

《秋霽寄遠》

《惜春》
《鴛鴦》
《聞雁》
《過鮑溶宅有感》（亦見卷二十劉得仁集，作《哭鮑溶有感》。）
《聞開江宋相公申錫下世》
《古行宮》
《秋曉懷茅山石涵村舍》
《貴游》
《贈别》
《秋夜與友人宿》
《將赴京留贈僧院》
《寄湘中友人》
《江上逢友人》
《㑹谷懷古》
《行經廬山東林寺》
《途中逢故人話西山讀書早曾游覽》
《將赴京題陵陽王氏水居》
《送别》
《寄遠》
《新柳》
《旅懷作》
《雁》
《㠣關》
《越中》

案以上均又見杜集。

《漢水傷稼》

案杜集作《題白雲樓》，宋本許集有。《韻語陽秋》一引《漢水傷稼》："江村夜漲浮天水，澤國秋生動地風。"二句作許詩。

《紫藤》

案杜集作《綠蘿》。

《宣城贈肖兵曹》

案又見杜集，宋本許集有。

《寄桐江隱者》

案又見杜集，宋本許集有。

《夜過松江渡寄友人》

案杜集作《泊松江》。

《送沈卓少尉任江都》(一作趙嘏詩。)

案趙嘏集題作《送沈單作尉江都》》又見薛逢集，題同趙集。宋本許集有。

《客至》

案又見趙嘏集。

《送樓煩李别駕》

案又見杜牧集，題作《送蘇協律從事振武》。宋本許集有。

《冬日五浪館水亭懷别》

案又見杜集，題中五浪作五湖。

《不寢》

案又見杜集。

《宿東横山》

案又見杜集，題作《宿東横山瀨》。

《聞范秀才自蜀游江湖》

案又見杜集。

《贈遷客》

案又見杜集，贈作貽。

《題愁》

案又見杜集，題作《愁》。

《記夢》

案互見同卷許瀍，注引《逸史》作許瀍詩。《本事詩》及《唐詩紀事》并作許渾，疑《逸史》是，故瀍詩誤歸於渾。

卷二十　李商隱

《赤壁》(此詩又見杜牧集。)

案《道山清話》曰："石曼卿一日在李駙馬家，見楊大年寫絶句詩一首云：'折戟沉沙鐵未消，自將磨洗認前朝。東風不與周郎便，銅雀春深鎖二喬。'後書'義山'二字。曼卿笑云：'昆裹没這般文意。'塗去義山二字，書其傍曰：'牧之。'蓋兩家集中皆載此詩也。"案曼卿説近是。

卷二十　紀唐夫

《送友人歸宜春》

案此張喬作，見卷二十三。喬宜春人，故題曰歸宜春，而詩曰'故里南陔曲'。《貴池唐人集》本張喬集有此首，《唐詩紀事》亦作張喬詩。

卷二十　劉得仁

《送友人下第歸覲》

案又見殷遥集。

卷二十　趙嘏

《汾上宴别》（一作許渾詩。）

案《婺州宴留上肖員外》（原作《婺州宴上留别》，此從一本。）曰："獨自下樓騎瘦馬，搖鞭重入亂蟬聲。"與此末二句："不待管弦終，摇鞭背花去。"詞意相仿，疑此確係趙詩。

《發剡中》

案又見薛逢集，題作《早發剡山》。

《送李給事》（一作《肖俛相公歸山》。）

案又見薛逢集，題作《送肖俛相公歸山》。

《送盧緘歸揚州》

案又見薛逢集。

《李裴評事》

案又見薛逢集，題無李字。

《送同年鄭祥先輩歸漢南》

《沈單作尉江都》（一作許渾詩。）

《送韓絳歸淮南寄韓綽先輩》

《送薛耽先輩歸謁漢南》

案以上詩均又見薛逢集。

《送李藴赴鄭州因獻盧郎中（一作中丞）俶》

案又見薛逢集，題下無俶字。

卷二十一　項斯

《蠻家》

案互見馬戴集。

卷二十一　馬戴

《蠻家》

案互見項斯集。

卷二十一　薛能

《牡丹》

案又見卷二十九薛濤集，誤。辨在彼條。

卷二十三　司空圖

《酬張芬赦後見寄》（一作司空曙詩。）

案張芬中唐人，皇甫曾有《張芬見訪郊居作》詩云："三徑荒蕪羞對客，十年衰老愧稱兄。"李端有《酬大理評事張芬》《送張芬歸江東兼寄柳中庸》《山中期張芬不至》，崔峒有《送張芬東歸》。又符載《劍南西川幕府諸公寫真贊》有兵部張郎中芬、水部司空郎中曙，此詩互見卷十一司空曙集中，必曙詩無疑。

卷二十三　張喬

《省中偶作》

劉師培曰："張喬以進士隱九華，而喬有《省中偶作》詩，以馮唐作況，則此非喬作。"案劉說是也，《貴池唐人集》本《張喬集》不載，當據删。

《秘省伴直》

案以前詩例之，此亦非喬作。

卷二十六　杜荀鶴

《春宫怨》

案《臨漢隱居詩話》："歐陽文忠公作詩話，稱周樸之詩曰：'風暖鳥聲碎，日高花影重。'以爲佳句，以乃杜荀鶴之句，非樸也。"《觀林詩話》曰："杜荀鶴詩句鄙惡，世所傳《唐風集》首篇'風暖鳥聲碎，日高花影重'者，余甚疑其不類荀鶴語。他日觀唐人小説，見此詩乃周樸所作，而歐陽文忠公亦云耳，蓋借此引編，已行於世矣。"

卷二十七　黄巢

《題菊花》(《貴耳集》："巢五歲時侍其翁與父爲菊花詩，翁未就。巢信口曰：'堪與百花爲總首，自然天賜赭黄衣。'父怪欲擊之。翁曰：'可令再賦。'巢應聲云云。"

《不第後賦菊》

《自題像》(陶穀《五代亂離記》："黄巢敗後爲僧，依張全義於洛陽，曾繪像題詩，人見像，識其爲巢云。")

案《賓退録》曰："陶穀《五代亂離記》載黄巢遁免後，祝髪爲浮屠，有詩云：'三十年前草上飛，鐵衣着儘着僧衣。天津橋上無人問，猶倚欄干看落暉。'近世王仲言亦信之，筆之於《揮塵録》。殊不知此乃以元微之《智度師》詩，竄易磔裂，合二爲一，元集可考也。其一云：'四十年前馬上飛，功名藏盡擁禪衣。石榴園下擒生處，獨自閑行獨自歸。'其二曰：'三陷思明三突圍，鐵衣抛盡衲禪衣。天津橋上無人識，閑憑欄干望落暉。’”（《説郛》二三）據此，則此爲好事者依托黄巢無疑。上《題菊花》及《不第後賦菊》，殆亦此類。《題菊花》傳爲五歲時作，尤不可信。

卷二十七　江爲

《登潤州城》

案互見卷五丘爲集。

卷二十八　楊希道

案希道詩五首，俱見卷二楊師道集，希即師聲之誤。

卷二十八　張修之

《長門怨》

案互見卷四張循之集中，修即循之誤。（修或作脩，與循形近，古多互僞。）

卷二十八　楊衡

《白紵辭》（此二首又見貞元進士楊衡集中，《詩紀》《詩所》俱編入初唐。）

案卷十七楊衡集有此詩，題作《白紵歌》二首，《對床夜語》四載第二首，又載“落葉寒擁壁”六句，“都無看花意”四句，并作楊衡詩。今“落葉寒擁壁”六句在卷十七楊衡集中，題作《盧十五竹亭送侄偁歸山》，其“都無看花意”四句亦在衡集中，題作《題花樹》。是《對床夜語》不以作《白紵辭》者爲别一楊衡也。衡自是中唐人（符載有《與楊衡説舊因送游南越序》），二詩作風，亦非初唐。《全唐詩話》四載《題花樹》作中唐楊衡詩，《詩紀》《詩所》誤也。符載又有《犀浦縣令楊府君墓志》，楊即衡之父也。此人與詩并當删。

卷二十八　羅炯

《行縣至浮查寺》

案此詩已見卷十一羅珦集，彼注云：“珦一作炯。”炯即珦之誤。羅珦見《舊書·孝友羅讓傳》及《新書·循吏傳》，字并作珦可證。

卷二十八　殷陶

《經杜甫舊宅》

案此詩見卷十九雍陶集中，殷即雍聲之誤，當删。

卷二十八　韓雄

《敕和元相公家園即事寄王相公》

案已見卷九韓翃集，題敕（當爲敬之誤）和作奉和。元相公，元載；王相公，王縉也。翃又有《奉送王相公縉赴幽州巡邊》一詩。此雄即翃字之誤無疑。

卷二十八　王邵

《冬晚對雪憶胡處士》

案已見卷五王維集，彼注云："一作王邵，非。"此又誤劭爲邵。

卷二十八　潘佐

《送人往宣城》

案已見卷二十一潘佑集，佐即佑之誤。

卷二十八　李逸

《洛陽河亭奉酬留守群公追送》

案又見卷十李益集，彼注云："一作李逸詩。"《二西堂叢書》本《李尚書詩集》又云："一作李遠詩。"檢卷十九李遠集，不載此篇，然蓋《過馬嵬》第二首，互見李遠集，是益、遠二家詩，固有相亂者。此篇是益是遠，雖不可知，要不當作逸，則可斷言。益、逸聲近，遠、逸形近，轉寫致訛，極有可能。

卷二十八　王夢周

《故白巖禪師院》

案已見卷十七王復魯集，復魯字夢周。

卷二十八　王言史

《廣州王園寺伏日即事寄北中親友》

案已見卷十七劉言史集，王即劉之誤。《偶題》二首“得罪除名謫海頭”，是劉言史嘗游嶺外之證。

卷二十八　易思

《尋易尊師不遇》

案又作陳嶰詩，疑本陳詩，題中易尊師即易思，因誤作易詩。

卷二十八　令狐挺

《題鄜州相思鋪》(一作令狐楚。)

案令狐挺事迹未聞，傳世作品復衹一首，疑挺即楚字之誤，此當删。

卷二十八　寇埴

《題瑩上人院》

案卷四有寇坦，開元時人。埴疑坦之訛。卷三十一有趙氏寇坦母，瑩上人即理瑩，見卷二十九，小傳云：“與寇坦同時。”字正作坦。卷五李頎有《宿瑩公禪房聞梵》一詩。

卷二十八　馮渚

《燕銜泥》

案已見卷七馮著集，作風與著亦合，渚蓋著之誤。

卷二十八　無名氏

《賦得秋日懸清光》

案又見卷五王維集，辯見彼處。

卷二十九　無名氏句

"卷簾黄葉落，鎖印子規啼。"

案此賈島《寄武功姚主簿》詩句。

"瀑布五千仞，草堂瀑布邊。"

案此賈島《送田卓入華山》詩句。

"故園從小别，夜雨近秋聞。"

案此賈島《寄賀蘭朋吉》詩句。

"臨水通宵坐，知君此興同。"

案此劉得仁《對月寄雍陶》詩句。

"馬飢飱落葉，鶴病曬殘陽。"

案此李洞《鄭補闕山居》詩句。

卷二十九　花蕊夫人

《宫詞》

案宋僧文瑩《湘山野録》云："王安國奉詔定蜀氏、楚氏、秦氏三家所獻書可入三館者，令史李希顔料理之。其書多剥脱，中得一弊紙，乃花蕊夫人手寫《宫詞》三十二首，此所未知，而受詔定三家書者，又斥去之。安國以爲可惜，遂令令史郭祥繕寫入三館，歸口誦數篇與荆公，荆公明日在中書語及之，時王禹玉方參政，願傳其本，於是盛行於時。文瑩親於安國處得副本，凡三十二首，今俱見於《野録》中，即此第一至第二十七及七十三、八十七、八十八、九十六、一百二十四諸首是也。"趙與時《賓退録》引王恭簡《續成都集》所記纔二十八首，即上述三十二首，除去第二十六、二十七、一百二十四等四首也。文瑩説花蕊《宫詞》發現之顛末甚晰，是此詩本祇三十二首。《貢父詩話》曰："孟蜀時花蕊夫人號能詩，而世不傳。王平父因治館中廢書，得一軸，八九十首，而存者纔三十餘篇。"案劉説與文瑩異，然所引二首，即此第七、第八十八兩首，均在《湘山野録》及《續成都集》所引中，可證三十二首確係花蕊真詩。今《全唐詩》所載，乃多至一百五十七首，是除上述三十二首外，其餘一百二十五首，或係贋作，或他家詩誤收，皎然可知。《賓退録》又云："王平甫謂館中校花蕊夫人《宫詞》止三十二首，夫人親筆。又别有六十六篇者，乃近世好事者旋加搜索續之。語意與前詩相類者極多，誠爲亂真。世又有王岐公《宫詞》百篇，蓋亦依托者。"案本書所載第一百三十七首下校注云："以下二十一首一作王建詩。"此二十一首今正在王建集中。一百五十七，減去二十一，得一百三十六首。本書所載第九十六首下校注云："以下四十一首一作王珪詩。"此蓋即《賓退録》所言王岐公《宫詞》。然九十七、一百二十四兩首確係花蕊詩（見上），則王珪詩雜於此中者，實止三十九首。一百三十六減去三十九，得九十七首。九十七減去花蕊真詩三十二首，所餘六十五首，與《賓退録》所謂近世好事旋加搜索者六十六首，僅少一首。然則此六十五首（二十八—七十二、七十四—八十六、八十九—九十五）即係後人依托之花蕊詩矣。（王建集有“後宮宮女無多少”一首校注云：“一作花蕊夫人詩。”今花蕊夫人詩無之，疑此亦好事者續搜花蕊詩之一，而全詩偶失之。增此一首，正合《賓退録》六十六首之數。）

卷二十九　韓續姬

《贈别》

案互見卷二十七韓熙載集，題作《書歌妓金泥事》，繹序意，確係熙載詩。

卷二十九　長孫佐轉妻

《答外》

案轉疑作輔，長孫佐輔見卷十七，《對床夜語》四引佐輔詩一首。

卷二十九　薛濤

《牡丹》

案又見卷二十一薛能集中，胡元質《牡丹記》曰：“僞蜀王氏，號其苑曰宣華，權相勛臣，競起第宅，窮極奢麗，皆無牡丹。惟徐近瓊聞秦州董成村僧院有牡丹一株，遂厚以金帛，歷三千里取至蜀，植於新宅。至孟氏於宣華苑廣加栽植，名之曰‘牡丹苑’。”薛濤時蜀中尚無牡丹，此詩必薛能作無疑。（黎見明君説）

卷二十九　景雲

《老僧》

案《全唐詩話》五引《古今詩話》作鄭綮詩。

卷三十　貫休

《懷南岳隱士》二首

案又見卷十四孟郊集。《野客叢書》二四引第二首“見説祝融峰”句，作孟郊詩。范希文《對床夜語》五引“楓橿”二句，作貫休詩，誤。

卷三十一　張令問

《寄杜光庭》

案已見卷二十八張令問集，寄字作與，此當刪。

卷三十二　許渾

《夜行次東關逢魏扶東歸》

案已見卷二十許渾集，此當刪。

卷三十二　杜荀鶴

《春宫苑》

案已見卷二十六杜荀鶴集，此當删。

王達津　徐少舟整理

説杜叢鈔[1]

① 本篇據北京圖書館藏聞一多手稿照相複印件收入。原稿未標點斷句。

目　録

引用書目

日知録	顧炎武
帶經堂詩話	王士禛
舊事考遺	程大中
香墅漫鈔	曾廷枚
十駕齋養新録	錢大昕
一瓢詩話	薛　雪
説詩管蒯	吴雷發
拜經樓詩話	吴　騫
讀書脞録	孫志祖
瞥記	梁玉繩
庭立記聞	同　上
甌北詩話	趙　翼
唾餘新拾　續拾　補拾	李調元
讀書叢録	洪頤煊
過庭録	宋翔鳳
通齋詩話	蔣超伯
石遺室詩話	陳　衍
群書札記	朱亦棟
訂僞雜録	胡鳴玉
歷代社會狀況史	尚秉和

日知録

崑山顧炎武著

徐關

《寄臨邑舍弟》詩："徐關深水府。"《送舍弟穎赴齊州》詩："徐關東海西。"徐關在齊境，今不可考。《左傳》成公二年：齊師敗於鞍，齊侯自徐關入。十七年，齊侯與國佐盟於徐關而復之。

虎狼都

《行次昭陵》詩："威定虎狼都。"注引《蘇秦傳》："秦虎狼之國"，甚爲無理。此乃用《秦本紀贊》"據狼弧，蹈參伐"。參爲白虎，秦之分星也。

鐵馬

"往者灾猶降，蒼生喘未蘇"。謂武韋之禍。"指麾安率土，蕩滌撫洪爐"。謂元宗再造唐室也。本於太宗之遺德在人，故詩中及之。錢氏謂此詩天寶亂後作，而改鐵馬爲石馬，以合李義山詩昭陵石馬之説，非矣。其《朝享太廟賦》曰："弓劍皆鳴，汗鑄金之風馬。"此在未亂以前，又將何説，必古記有此事，而令失之爾。（原注：今昭陵六馬見存，皆琢石爲屏，而刻馬於上。其文凸起，非金馬也。乾陵石雁亦然。）

殘杯冷炙

《奉贈韋左丞丈》詩："殘杯與冷炙，到處潛悲辛。"《顔氏家訓》：

“古來名士，多所愛好，惟不可令有稱譽，見役勛貴，處之下坐，以取殘杯冷炙之辱。”

胡青驄

《高都護驄馬行》：“安西都護胡青驄。”《魏書・吐谷渾傳》：吐谷渾嘗得波斯草馬，放入海，因生驄駒，能日行千里，世傳青海驄者是也。

白麥

《送蔡希魯還隴右》詩：“凉州白麥枯。”《杜氏通典》：“凉州貢白小麥十石。”

張景順

《天育驃騎歌》：“伊昔太僕張景順，監牧攻駒閱清峻。遂令大奴守天育，别養驥子憐神駿。”按史言元宗初即位，牧馬有二十四萬匹，以太僕卿王毛仲爲内外閑厩使，少卿張景順副之。開元十三年元宗東封，有馬四十三萬匹，牛羊稱是。上嘉毛仲之功，加開府儀，同三司。是景順特毛仲之副爾。今斥毛仲爲大奴，而歸其功於景順，殆以詩人之筆而追黜陟之權乎。

乞爲奴

《哀王孫》詩：“但道困苦乞爲奴。”《南史》：齊明帝爲宣城王，遣典籤柯令孫殺建安王子真，子真走入床下，令孫手牽出之，叩頭乞爲奴，不許而死。

身手

“朔方健兒好身手”。《顏氏家訓》：“頃世離亂，衣冠之士，雖無身手，或聚徒衆。”

國狗

《大雲寺贊公房》詩：“狺狺國多狗。”《韓非子・外儲説右上》：夫國亦有狗。有道之士陳其術，而欲以明萬乘之主，大臣爲猛狗迎而齕之。此人主之所以蔽脅，而有道之士所以不用也。（原注：《戰國策》，江乙以狗喻昭奚恤。）

江總

《晚行口號》：“遠愧梁江總，還家尚黑頭。”劉辰翁評曰：人知江令自陳入隋，不知其自梁時已達官矣。自梁入陳，自陳入隋，歸尚黑頭，其人物心可知著。一梁字而不勝其愧矣。詩之妙爲此，豈待罵哉？（錢氏曰：《陳書》姚思廉所修，以江總與姚察同傳。唐人之重江總如此，以其一代文宗也。子美以總自比，豈有微詞哉？）按《陳書・江總傳》，侯景寇京都，詔以總權兼太常卿。臺城陷，總避難崎嶇，至會稽郡，復往廣州，依肖勃。及元帝平侯景，徵總爲明威將軍，始興内史。會江陵陷，不行。總因此流寓嶺南積歲。天嘉四年以中書侍郎徵還朝。以本傳總之年計之，梁太清三年己巳臺城陷，總年三十一，自此流離於外十四五年，至陳天嘉四年癸未還朝，總年四十五，即所謂“還家尚黑頭”也。總集有《詔孔中丞奂》詩曰：“我行五嶺表，辭鄉二十年。”子美遭亂崎嶇略與總同，而自傷其年已老，故發此嘆爾，何暇罵人哉？《傳》又云：京城陷，入隋爲上開府。開皇十四年卒於江都，時年七十六，去禎明三年己酉陳亡之歲又已五年，頭安得黑乎？其臺城陷而避亂，本在梁時，自不得蒙以陳氏，何罵之有？且子美詩有云："莫看江總老，猶被賞時魚。"有云："管寧紗帽净，江令錦袍鮮。"有云："江總外家養，謝安乘興長。"亦已亟稱之矣。（原注：李義山《贈杜牧之》詩云："前身應是梁江總。"此又何所譏哉？）

密勿

《北征》詩："君誠中興主，經緯固密勿。"《漢書·劉向傳》引《詩》"密勿從事"，師古曰：密勿，猶黽勉。

夏殷褒妲

"不聞夏殷衰，中自誅褒妲"。不言周，不言妹喜，此古人互文之抄，自八股學興，無人解此文法矣。

鷄栖

《晚出左掖》詩："騎馬欲鷄栖。"蓋欲效古人敝車羸馬之意。《後漢書·陳蕃傳》：朱震，字伯厚。爲州從事，奏濟陰太守單匡贓罪，并連匡兄中常侍車騎將軍超。桓帝收匡下廷尉，以譴超。超詣獄，謝三府語曰：車如鷄栖馬如狗，疾惡如風朱伯厚。鷄栖，言鷄小也。余聞之張錦衣紀云。（原注：唐席豫《高都公楊府君碑銘》曰：獬豸之角初見觸邪，鷄栖之車遠聞疾惡。）

土門杏園

《垂老别》詩："土門壁甚堅，杏園度亦難。"土門在井陘之東，（原注：今獲鹿縣西南十里）杏園度在衛州汲縣。臨河而守，以遏賊，使不得度，皆唐人控制河北之要地也。《舊唐書》：郭子儀自杏園渡河圍衛州，史思明遣薛岑圍令狐彰於杏園，李忠臣爲濮州刺史，移鎮杏園渡。今河南徙而故迹不可尋矣。唐崔峒《送馬將軍》詩："想到滑臺桑葉落，黄河東注杏園秋。"

外甥國

《秦州雜詩》："西戎外甥國。"注引《吐蕃表》稱外甥爲證。按《册府元龜》載吐蕃書皆自稱外甥，稱上爲皇帝舅。開元二十一年從公主言樹碑於赤嶺。其碑文曰："維大唐開元二十一年歲次壬申，舅甥修其舊好同爲一家。"則盟誓之文、詔敕之語已載之矣。

白題

"胡舞白題斜"。按《南史》，裴子野爲著作舍人時，西北遠邊有白題國遣使由岷山道入貢。此國歷代弗賓，莫知所出。子野曰：漢潁陰侯斬白題將一人。服虔注云："白題，胡名也。"然則白題乃是國名。（原注：梁武帝普通三年，白題國遣使獻方物。《册府元龜》：白題國在滑國東。）而此詩以爲白額，儻亦詞家所謂借用者乎。（楊氏曰：雕題黑齒，亦謂刺其額也。）

家家賣釵釧

《喜聞官軍已臨賊境二十韻》："家家賣釵釧，準擬獻香醪。"《南史·庾杲之傳》：杲之嘗兼主客郎，封魏使。使問杲之曰：百姓那得家家題名帖賣宅？著曰：朝廷既欲掃蕩京雒，克復神州，所以家家賣宅耳。

畫師

《送鄭虔貶台州司户》詩："酒後嘗稱老畫師。"《舊唐書・閻立本傳》：太宗常與侍臣學士泛舟於春苑池中，有異鳥隨波容與。召立本，令寫《鳥閣外傳》，呼云"畫師閻立本"。

賈筆嚴賦

《寄岳州賈司馬六丈巴州嚴八使君》詩："賈筆論孤憤，嚴君賦幾篇。"是用《史記》賈誼至長沙吊屈原事。《漢書・藝文志》：嚴助賦三十五篇。

伏虔陶侃胡奴

古人經、史皆是寫本，久客四方未必能携，一時用事之誤，自所不免，後人不必曲爲之諱。子美《寄岳州賈司馬六丈巴州嚴八使君》詩："弟子貧原憲，諸生老伏虔。"本用濟南伏生事。伏生名勝，非虔後。漢有服虔，非伏也。《示獠奴阿段》詩："曾驚陶侃胡奴異。"蓋謂士行有胡奴可比阿段。胡奴，侃子範小字，非奴也。（原注：又如《上兜率寺》詩："何容好不忘。"當是周容。見葉少藴《避暑録話》。）

分張

《佐還山後寄》詩："分張素有期。"後魏高允《徵士頌》："任者數子，仍復分張。"《北史》蠕蠕阿那瓌言："老母在彼，萬里分張。"後周庾信《傷心賦》："兄弟則五郡分張，父子則三州離散。"

頻繁

《蜀相》詩："三顧頻繁天下計。"《入衡州》詩："頻繁命屢及。"《蜀志·費禕傳》："以奉使稱旨，頻繁至吴。"《晋書·刑法志》："詔旨使問頻繁。"《山濤傳》："手詔頻繁。"《文選》庾亮《讓中書令表》："頻繁省闥，出總六軍。"潘尼《贈張正治》詩："張生拔幽華，頻繁登二宫。"陸雲《夏府君誄》："頻繁幃幄。"《答兄平原書》："錫命頻繁。"（原注：唯費禕、山濤二傳作煩。蓋後人減筆書爾。錢氏曰：頻煩，漢人語。《蜀志》《晋書》及庾亮皆仍用之。《史通·書志篇》："頻煩互出。"《雜説篇》"詔策頻煩"。皆取頻仍之義。亦作頻繁。頻繁，雙聲字。繁、煩音相同，故亦通用，非由後人減筆。）

適小國

《題郭明府茅屋》詩："頻驚適小國。"《左傳》僖公七年：楚文王戒申侯無適小國。

色難

《寄韓諫議》詩："色難腥腐餐楓香。"《漢書·佞幸傳》："於齰雍而色難之。"

晋山自棄

《送李卿》詩上四句謂李卿，下四句乃公自道。"晋山難自棄"，是用介之推入綿上山中事。

纏兵氣

《傷春》詩："大角纏兵氣。"《後漢書·董卓傳贊》："矢延王輅，兵纏魏象。"

鈎陳

"鈎陳出帝畿"。《水經注》："紫微有鈎陳之宿，主鬥訟兵陳。"

天衣

"耆舊把天衣"。《南齊書·輿服志》：衮衣，漢世出，陳留襄邑所織。宋末用綉及織成。齊建武中乃彩畫爲之，加飾金銀薄，時亦謂天衣。梁庾肩吾《和皇太子重雲殿受戒》詩："天衣初拂石，豆火欲然薪。"唐姚元景《光宅寺造佛像贊》："姜被承歡，曳天衣而下拂。"

女長男大

《贈王二十四侍御》詩："女長裁褐穩，男大卷書勻。"《南齊書·張融傳》：《與從叔征北將軍永書》曰："世業清貧，民生多待，榛栗棗修，女贄既長；束帛禽鳥，男權已大，勉身就官，十年七仕，不欲代耕，何至此事。"

米萬錢

《八哀詩》："長安米萬錢。"《漢書·高帝紀》："關中大饑，米斛萬錢。"《食貨志》："米至石萬錢。"

鄭瓜州

《解悶》詩："何人爲覓鄭瓜州。"公自注："鄭秘監審。"劉辰翁曰："因金陵有瓜州，號鄭瓜州。"謬甚。按瓜洲唐時屬潤州，非金陵。（原注：別有考在第三十一卷。）且其字作洲，非州也。本文并無金陵，即令秘監流寓金陵，遂可以二百里外江中之一洲爲此君之名號乎？《唐書·地理志》：瓜州晋昌郡下都督府，武德五年析沙州之常樂置，屬隴右道。《肖嵩傳》：開元十五年，吐蕃陷瓜州，執刺史田元獻。以嵩爲兵部。尚書河西節度使嵩奏以命張守珪爲瓜州刺史，修築州城，招輯百姓，令其復業。《張守珪傳》：以戰功加銀青光禄大夫，仍以瓜州爲都督府，以守珪爲都督。岑參《爲宇文判官》詩："君從萬里使，聞已到瓜州。"蓋必鄭審嘗官此州，故以是稱之。今不可考矣。

察眉

《夔府書懷》詩："蒼生可察眉。"《列子》："晋國苦盗，有郄雍者能視盗之貌，察其眉睫之間，可得其情。"

渾脱

《觀公孫大娘弟子舞劍器行序》記："於郾城觀公孫氏舞劍器渾脱。"《舊唐書·郭山惲傳》：中宗引近臣宴集，將作大匠宗晋卿舞渾脱。胡三省注《通鑒》：長孫無忌以烏羊毛爲渾脱氈帽，人多效之，謂之"趙公渾脱"，因演以爲舞。中宗神農二年三月，并州清源縣尉吕元泰上疏言：比見都邑坊市相率爲渾脱、駿馬、胡服，名爲《蘇莫遮》，非雅樂也。

大爐

《遣懷》詩：“元和辭大爐。”揚雄《解難》：“陶冶大爐。”

直北

《秋興》詩：“直北關山金鼓震。”《史記・封禪書》：遂因其直北立五帝壇。

菰米

“波漂菰米沉雲黑”。梁庾肩吾《奉和皇太子納涼梧下應令》詩：“黑米生菰葉，青花出稻苗。”

擺闔

《久居夔府將適江陵四十韻》：“擺闔盤渦沸。”《鬼谷子》有《捭闔篇》。捭、擺，古今字通。

李之芳

《哭李尚書》詩：“奉使失張騫。”《舊唐書・蔣王惲傳》：惲孫之芳幼有令譽，頗善五言詩，宗室推之。開元末爲駕部員外郎。天寶十三載，安禄山奏爲范陽司馬。禄山反，自拔歸西京，授右司郎中，歷工部侍郎、太子右庶子。廣德元年，遣之芳兼御史大夫，使吐蕃，被留境上，二年而歸。除禮部尚書，尋改太子賓客。

王孫

“秋色凋春草，王孫若個邊”。五臣注《文選·招隱士》曰：“屈原與楚同姓，故云王孫。”

閒

《宴王使君宅》詩：“留歡卜夜閑。”閑字當從月。甫父名閑，自不須諱此閑字。《説文》：閑，隙也，閑暇之閑。本從隙生，義袛是一字。《至日遣興》詩：“朱衣袛在殿中閑。”音異字同。

帶經堂詩話

新城王士禎原著

海鹽張宗柟匯纂

《登慈恩寺塔》詩

元、白因傳香於慈恩寺塔下，忽睹章先輩八元詩，吟咏竟日，悉令除去諸家之詩，唯留章作。其五六句云：“回梯暗踏如穿洞，絶頂初攀似出籠。”殊不成語，不知元、白何以心折如此？盛唐高、岑、子美諸公，同登慈恩寺塔賦詩，或云：“秋色從西來[①]，蒼然滿關中；五陵北原上，萬古青濛濛。”（岑）或云：“秋風昨夜至，秦塞多清曠；千里何蒼蒼，五陵鬱相望。”（高）或云：“秦山忽破碎，涇渭不可求；俯視但一氣，焉能辨皇州。”（杜）此是何等氣慨！視章作真小兒號嗄耳。每思

① 原稿及人民文學出版社 1963 年版《帶經堂詩話》均作“秋色從東來”，此據上海古籍出版社 1981 年版《岑參集校注》改。

高、岑、杜輩同登慈恩塔，高、李、杜輩同登吹臺，一時大敵，旗鼓相當，恨不厠身其間，爲執鞭弭之役。(《池北偶談》)

唐人章八元題慈恩寺塔詩云："回梯暗踏如穿洞，絶頂初攀似出籠。"俚鄙極矣。乃元、白激賛之不容口，且曰："不意嚴維出此弟子。"論詩至此，亦一劫也。盛唐諸大家有《同登慈恩寺塔》詩，如杜工部云："七星在北户，河漢聲西流。"又："秦山忽破碎，涇渭不可求；俯視但一氣，焉能辨皇州。"高常侍云："秋風昨夜至，秦塞多清曠；千里何蒼蒼，五陵鬱相望。"岑嘉州云："下窺指高鳥，俯聽聞驚風。"又："秋色從西來，蒼然滿關中；五陵北原上，萬古青濛濛。"已上數公，如大將旗鼓相當，皆萬人敵；視八元詩，真鬼窟中作活計，殆奴僕臺隸之不如也。元、白豈未睹此耶？(《居易録》)

《八哀詩》

杜《八哀詩》最冗雜不成章，亦多啽囈語。而古今稱之，不可解也。(《漁洋詩話》)

杜甫《八哀詩》鈍滯冗長，絶少剪裁。而前輩多推之，崔鶠至謂"可表裏雅頌"，過矣。試摘其累句，如《汝陽王》云："愛其謹潔極，""上又回翠麟，""天笑不爲新，""手自與金銀，""匪唯帝老大，皆是王忠勤。"《李邕》云："盼睞已皆虚，跋沙曾不泥，""衆歸周給美，擺落多藏穢，""是非張相國，相扼一危脆。"《蘇源明》云："秘書茂松意，""溟漲本末淺。"(《文苑英華》本異，亦不可曉。)《鄭虔》云："地崇士大夫，况乃氣精爽"，"方朔諧太枉，""寡鶴誤一響。"《張公九齡》云："骨驚畏曩哲，鬒變負人境，""諷咏在務屏，""用才文章境，散帙起翠螭，""未缺隻字警。"云云，率不可曉。披沙揀金，在慧眼自能辨之，未可爲群瞽語白黑也。(《居易録》)

予嘗議子美《八哀詩》，《後村詩話》先已言之，曰："如鄭虔之類，每篇多蕪詞累句，或爲韻拘，殊欠條鬯，不如《飲中八仙》之警策。蓋

《八仙歌》每人止三兩句,《八哀詩》或纍押二三十韻，以此知繁不如簡，大手筆亦然。”又云：“《八哀詩》，崔德符以爲‘表裏雅頌，中古作者莫及’，韓子蒼謂其‘筆力變化，與太史公諸贊方駕’。唯葉石林謂‘長篇最難。魏、晋已前不過十韻，常使人以意逆志，初不以叙事傾倒爲工。此八篇本非集中高作，而世多尊稱，不敢議其病；蓋傷於多。如《李北海》《蘇源明》篇中多纍句，刮去其半方善’。石林之評纍句之病，爲長篇者不可不知。”右皆確論，與予意吻合。(同上)

梓橦縣光禄坂

梓橦縣鵝溪在城北，人家以絹爲業，堅潔異他處，文與可詩作云“鵝溪絹”也。杜詩：“雲溪花淡淡，春郭水泠泠。全蜀多名士，嚴家聚德星。”縣有“德星”“春郭”二橋以此。出南門，渡梓橦江，緣光禄山行，即杜《光禄坂》詩所謂“山行落日下絶壁”者也。(《蜀道驛程記》)

牛頭山

潼川州有桔亭、水亭、官閣諸迹，以杜詩得名。州西門外跬步即牛頭山，杜詩“青山意不盡，衮衮上牛頭”者也。山高不丈許，無巖壑之觀，上有亭，即所謂牛頭山亭子，今廢。(同上)

夔州

夔州府治奉節縣，訪永安宫故址，今爲府學。季漢治白帝城，在瞿唐峽口，永安宫乃在城西。《三國志》云：先主改魚復爲永安，仍於州西七里築永安宫。《水經注》謂：宫前距平地可二里許，江山迴闊，入峽所無。放翁《入蜀記》：州在山麓沙上，所謂魚復永安宫，景德中轉運使丁謂、薛顔所徙，比白帝頗平曠者是也。按周移信州治永安宫南，則徙城在隋之前。然唐故夔州，放翁謂與白帝城相連，引杜詩“白帝夔州各異城”爲據。《方輿勝覽》亦云：唐時州理白帝，而武侯廟在城西卧龍山上，故少陵詩云“猶有西郊諸廟”云云。蓋周、隋間曾移城於此，唐又還治白帝，宋景德中又移今治，遂沿至今耳。太守留飲“詩史堂”，堂本王龜齡先生守郡時因少陵建，毁於兵，太守甫興葺之。（同上）

卧龍山

卧龍山下里許至少陵祠，有石碣題“杜工部子美游寓處”。堂三楹，祠中有沔陽陳文燭修祠舊（《蠶尾續文》無舊字）碑，宋治平中知州賈昌言常刻少陵夔府詩爲十二碑，建中靖國元年運判王蘧又刻十碑於瀼西果園，今“昆明池水”一篇獨完，蓋（《續文》作則）後人别刻《秋興》八碑，非宋之舊矣。（同上）

白帝城

白帝城枕白帝山，石垣繚繞，上極青冥，羊腸數轉，始達絶頂。正府瞿唐兩崖，灩澦石在其西，孤峙江面。南向爲“昭烈廟”，規制宏麗，“明良殿”凡五楹，中祀昭烈皇帝，以武侯、關、張配食，像設古雅，舊傳有山谷題名及元和碑，皆不存；正德中行軍右都御史林公俊一碣，記舊有廟，祀公孫述，林以征藍之役駐軍於此，始廢述祀，改創“三功祠”。“三功”者，后土氏、江瀆之神、漢伏波將軍馬援也。乃知此地曾祀子陽及伏波矣。放翁《白帝廟》詩：“參差層巔上，邦人祀公孫。力戰死社稷，宜享廟貌尊。丈夫貴不撓，成敗何足論。”二公持論不同如此，亦各有見。（《蠶尾續文》無亦各有見四字）祠北即（《續文》作有）麝香山，《杜詩注》引《寰宇記》謂在秭歸縣東南者，非。城西門去江岸直下數十丈，余（《續文》無余字有爲之二字）震掉，下馬徐步，舉少陵“白帝城門水雲白，低身直下八千尺”之句，宛然目中。（同上）

西瀼

過西瀼，記稱少陵亦嘗居之，有草堂遺址。考《少陵年譜》以大曆二年居夔州瀼西草堂，三年正月去夔，有《將别巫峽贈南鄉兄瀼西果園》詩，三月即至江陵，秋移公安，未嘗淹留巴東，復有西瀼之宅。蓋土人以山間之流通江者，通呼曰瀼。瀼西名適相類，因付會耳。（同上）

鹿頭關

落鳳坡上有諸葛公、龐靖侯祠，祠毁於獻賊，唯祠門石狻猊尚存其一，有碑題“漢龍、鳳二公祠”。東鹿頭關即士元墓，杜詩所謂“鹿頭何亭亭”者也。(《秦蜀驛程後記》) [①]

石壕

硤石古二崤也，與函谷東西相距百七十里，《左傳》蹇叔曰：崤有二陵焉，其南陵夏后皋之墓，北陵文王之所避風雨也。峻坂崎嶇，抵石壕，即杜詩所云“石壕吏”者。（同上）

芙蓉溪

綿州東涪水、安昌水合處，匯爲芙蓉溪，即杜子美所云“東津觀打

① 原稿作《隴蜀餘聞》，此據人民文學出版社 1963 年版《帶經堂詩話》卷十三改。

魚”地，今有漁父村，相傳漢涪翁所居。(《隴蜀餘聞》)

上清宫

上清宫即唐玄元皇帝廟，按《劇談録》云：神仙像皆開元中楊惠之所塑，又有吴道子畫壁。杜子美詩所謂“五聖聯龍衮，千官列雁行”者也。(《居易録》)

漢州

登天柱山，盤折而上下，連山渡河，野宿漢州界。自閏七月朔入棧，時逾旬月，途歷二千，至此始出山，杜詩“連山西南斷，始見千里豁”，信爲實録。(《蜀道驛程記》)

下牢溪

下牢溪，望虎牙、荆門二山，錯峙江上；此下即荆江，江流洪闊舒緩，遠山映帶。自入峽七百里，重巒叠崿，虧蔽霄漢，至此始覺天日清朗，杜詩云：“始知雲雨峽，忽盡下牢邊。”(《蜀道驛程記》)

年譜

嘉興魯訔《杜工部詩年譜》一卷，謂甫生於先天元年壬子，卒於大曆五年庚戌；趙子櫟《杜年譜》一卷，謂生於開元元年癸丑，(抄本作二年，非)没於大曆六年辛亥。先是吕汲公始創爲年譜，訔書成於紹興癸酉，譜説蓋沿汲公之舊；而趙則謂汲公之譜生殁所紀年，與紀年所值甲子，皆有一歲之差。近錢先生牧齋之譜，獨遵吕説。(《居易録》)

馮紹正

杜詩“近時馮紹正，能畫鷙鳥樣”。《歷代名畫記》：紹正開元中官少府監，八年爲户部侍郎，喜畫鷹、鶻、鷄、雉。《談賓録》云：高力士父喪，左金吾衛大將軍陸伯獻、少府監馮紹正二人，於喪前被髮而哭，甚於己親，人皆笑之。即是人也。(《古夫于亭雜録》)

大麥行

漢桓帝時童謡云：“小麥青青大麥枯，誰當獲者婦與姑。丈夫何在西擊胡。吏買馬，君具車。請爲諸君鼓嚨胡。”杜《大麥行》全襲其語，《兵車行》句調亦本此。(《池北偶談》)

白鳥

老杜詩“白鳥去邊明”，坡公詩“貪看白鳥横秋浦，不覺青林没晚潮”，余少登京口北固山多景樓亦有句云：“高飛白鳥過江明。”一時即目，不覺暗合。(《分甘餘話》)

《從人覓小胡孫》詩錯簡

杜詩《從人覓小胡孫》一首，第三句云“舉家聞若駭”，下云“爲寄小如拳”，結云“許求聰慧者，童稚捧應顛”，殊不貫。宋劉昌詩《蘆浦筆記》云：合移“童稚”句作第四，移“爲寄小如拳”作結，則一篇意義渾全，亦成對偶。甚有理，而錢牧翁不采其説，想未見此書耶？然此詩殊不成語。(《居易録》)

漫興

秀水朱竹垞簡討（彝尊）云：杜詩“老去詩篇渾漫與”，今本皆訛作漫興，非也。予考舊刻劉會孟本、《千家注》本，果皆作與字。趙云：耽佳句而語驚人，言其平昔如此；今老矣，所爲詩則漫與而已，無復著意於驚人也。劉後村集《跋陳教授杜詩補注》亦云：或信筆漫與云云。然近日虞山錢宗伯本仍作興字，略無辨證。（《池北偶談》）

分減

梁晳次先生於古文不多作，其有作必合古人矩度，而於禪悦文字尤善；嘗共讀杜詩，至分減二字，諸家注皆不之及，先生謂出《華嚴經》，其淹博皆此類。（《蠶尾文》）

中興

中興、中酒二中字音，予嘗言之，適讀王敬美集一段，附著於後云：中酒二字，始見《徐邈傳》，中聖人，義如中著之中，而音反從平聲；《樊噲傳》，項羽既饗軍士，中酒。顔注云：飲酒之中也，不醉不醒故謂之中。義宜從平聲，而音乃竹仲切何也？然古人詩，如“氣味如中酒”之類，皆從平聲，無竹仲一讀。又宋王觀國《學林》云：老杜“新數中興年”，“百年垂死中興時”，中并去聲。《烝民》詩序曰：任賢使能，周室中興焉。陸德明音義曰：中，丁仲反。觀國按：中字有鐘、衆二音，音鐘者，當二者之中，首尾均也；音衆者，首尾不必均，但在二者之間爾，此中興之中所以音衆，又如中年、中葉、中天、中塗、中詘之類，皆當從衆。（《池北偶談》）

枚乘

門人太原閻咏寄予書云：此間有一傖父，自謂精通小學，問咏今代詩人誰爲第一？咏以吾師新城公對，渠云：吾家少陵詩“賓客減應劉”，應爲人姓，當讀作平聲，何新城公作仄聲用？咏不能對，歸質家尊。家尊云：皆可用也。此字正爲《左傳》《國語》應爲武王之子所封之國，陸氏、宋氏無音，故黄公紹《韻會》於蒸部應字曰人姓；陰時夫《韻府》於徑部應字曰人姓，非平仄兩用之證乎？亦猶吾鄉之枚乘，《漢書》無音，故子美作仄聲，“枚乘文章古”是也；太白又作平聲，“八月枚乘筆”是也，安得是李而非杜，是杜而非李乎？伍子胥之員，讀作運，亦讀作雲，故陸魯望詩“賴得伍員騷思少”，未聞以“令公四俊”之謡而病其不識字也。徐自笑曰：吾作新城公桓譚得否？百詩博聞强記，漢唐注疏皆能舉其詞，此其緒餘耳。然予詩用應、劉，衹作平聲，彼云作仄用者，不知其何據也。(《居易録》)

多羅樹

貝吉多樹枝幹皆左旋，甚奇古，望之如畫枯木，二月葉始生，三月作花，五出，如木筆，邊白，内黄外紫，氣馥郁，略如梔子，瓣亦左旋，其葉較菩提尖而大，紋理如綉，可作書。按《酉陽雜俎》云：貝多出摩伽陀國，有三種：一多羅婆力叉貝多，一多黎婆力叉貝多，三（疑當作一。）都闍婆力叉貝多，即《西域記》之多羅樹也。杜詩：“吾知多羅樹，却倚蓮花臺。”(《皇華紀聞》)

嶺南貝吉多樹無根可活，昔在廣州，劉都督（顯芳）招飲署中，堂後有此樹，予戲折一枝，手植寓館，時方雨，一昔鬱茂，因署數字楣間以紀歲月，系詩云：“貝葉無根插短籬，一宵春雨發華滋。他年誰續《羊城志》，記取漁洋手種時。”今《南海集》不載，追記於此。(《居易録》)

粤東有貝多樹，余嘗於劉將軍署見之。從者誤折一枝，余惋惜携歸使院，植諸階墀，值雨一昔而活，青葱可愛。余題詩壁間云："貝葉無根插短籬，一宵春雨發華滋。他年誰續《羊城志》，記取漁洋手種時。"今二十餘年，計已成圍矣。(《漁洋詩話》)

渾脱

樂府有《渾脱舞》,《明皇雜録》《歷代名畫記》皆云：公孫大娘善舞西河《劍器》《渾脱》，故杜詩云云。注家多不詳渾脱之義，朱中丞《浣水續談》云：唐長孫無忌以烏羊毛爲渾脱氈帽，時人效之，號"趙公渾脱"。予於役三關，次太子灘，隔岸群彝來見，亂流而渡，見有騎一物浮水面者，問之，曰渾脱也。蓋取羊皮去其骨肉，令不透水，以氣管吹之，宛然羊也，彝人乘以渡水，若壺然。蓋渾脱其肉骨而製之，故以爲名，趙公之帽，義亦應爾。愚因憶南卓《羯鼓録》載杜鴻漸嘗於嘉陵江樓，月夜以柘枝擊羯鼓，見岸上群羊皆低昂盤旋舞，應節奏；則舞名渾脱，亦當以羊取義。頃聞奮威將軍王進寶自河西恢復蘭州時，賊盡拘船於河東，王乃縫羊皮爲囊以濟師，須臾飛渡，蓋中丞所見即此製也。(《皇華紀聞》)

織成

《治安策》：今民賣僮者，爲之綉衣、絲履，偏諸緣。又云：白縠之表，薄紈之裏，緁以偏諸服。注曰：如牙條以作履緣。顔曰：偏諸若今之織成，以爲要襻及標領者也。杜詩"客從西北來，遺我翠織成"，錢注引《廣雅》"天竺有細織成",《宋書·禮志》"諸織成衣帽、錦帳、純金銀器、雲母從廣一寸以上，皆爲禁物",《高麗史》"獻織成衣襖、弓劍"。按子美詩題乃"太子張舍人遺織成褥段"，蓋褥帳、衣帽、要襻、標領皆有織成，而偏諸以爲衣履之緣者，乃織成之一耳。(《池北偶

談》)

蝎子草

蝎子草，即杜詩所云“其毒甚蜂蠆”者，吴若注蕣草是也，一名山韭，觸之如蠆尾之螫人，今城郭彌望皆是。又有蠛子者，蚊虻之屬，元微之《蠛子詩》序云：黑而小，不礙紗縠，夜伏晝飛，噛人成瘡，秋夏不愈，膏楸葉傅之，則差；聞柏烟麝香，即去。此二物，蜀地之最可憎者。(《隴蜀餘聞》)

杜律注

《懷麓堂詩話》云：《杜律》乃張注，非虞注，宣德初有刊本。按張性字伯成，江西金溪人，元進士，嘗著《尚書補傳》，獨足翁吴伯慶有挽詩云：“箋疏空令傳《杜律》，志銘誰與繼唐碑。”予在京師曾得張注舊書。(《池北偶談》)

注家

錢牧齋注杜主宋紹興吴若、季海本，若自序云：凡稱樊者，樊晃《小集》也；稱晋者，開運二年官書也；稱荆者，王介甫四選也；稱宋者，宋景文也；稱陳者，陳無己也；稱刊及一作者，黄魯直、晁以道諸本也。又宋胡仔《苕溪漁隱》云：子美集予所見者凡八家：《杜工部小集》，則潤州刺史樊晃所序也；《注杜工部集》，則内翰王原叔洙所注也；(吴彦高集云：是元祐間秘閣校對黄本，鄧忠臣慎思所注，托名原叔。)改正王内翰注，則王寧祖也；《補注杜工部集》，則學士薛夢符也；《校定杜工部集》，則黄長睿伯思也；《重編少陵先生集并正異》，則東萊蔡興宗也》《注杜詩補遺正謬集》，則城南杜田也；《少陵詩譜》，則縉雲鮑

彪也。（同上）

吕太一

杜詩“自平宫中吕太一”，黄鶴注云：當作中官吕太一。錢牧翁注：《舊書》廣德元年宦官市舶使吕太一逐廣南節度使張休。又《韋倫》傳：代宗即位，中官吕太一，於嶺南矯詔募兵爲亂。按劉肅《唐世説》：吕太一拜監察御史裏行，咏院中叢竹以寄意曰：“擢擢當軒竹，青青重歲寒。心貞徒見賞，籜小未成竿。”後遷户部員外，牒吏部云：當須簡要清通，何必竪籬插棘。又按《唐會要》：魏知古嘗薦洹水縣令吕太一，又張嘉貞薦吕太一及苗延嗣等，時號“令君四雋”。此又一吕太一也；皆與中官無涉。（同上）

雨脚

今人但貴宋槧本，顧宋板亦多訛舛，但從善本可耳。如錢牧翁所定杜集《九日寄岑參》詩，從宋刻作“兩脚但如舊”，而注其下云：陳本作雨。此甚可笑。《冷齋夜話》云：老杜詩“雨脚泥滑滑”，世俗乃作“兩脚泥滑滑”。此類當時已辨之，然猶不如前句之必不可通也。（《居易録》，亦見《蠶尾文》）

己上人

予嘗厭古今注杜詩者，而深服陸務觀不敢注蘇詩之説。如劉會孟本，須溪與其子將孫二序，深契言外之意，自謂如郭象注《莊》。偶看至“己公茅屋下”一首，引歐陽公云：己公，齊己也。按齊己，唐末人，客荆南高氏，豈得與子美同時？此注不知果出永叔否？以此例之，古今注家訛謬可勝道耶！（《居易録》）

吴曾

宋臨川吴曾虎臣著《能改齋漫録》十五卷，虞山錢公注杜詩多引之。當時有知麻城縣鄭顯文者，遣其子之翰赴御史臺，論曾事涉謗訕，有旨曾、顯文各降兩官，賴臣僚繳奏，孝宗明聖，黜顯文，其子送汀州編管，後京鏜愛其書，始版行。見《恕齋叢談》。著書之難如此。今觀曾書多不滿王介甫之論奸人，殆猶襲黨人故智云。(《池北偶談》)

干人

《丹浦窽言》云：杜詩“千人何事網羅求”，當作“干人”，杜牧之詩：“自滴階前大梧葉，干君何事動哀吟。”按此説，則南唐元宗戲馮延巳云：吹皺一池春水，干卿何事？語固有本。然《千家注》、劉會孟本祇作“千”字，錢本注云：晋作“干”，或作“千”“十”字，恐無義。“千”字對上句“在”字亦未切，子田之説是也。(《池北偶談》)

杜子美黑白二鷹詩“干人何事網羅求”，南唐元宗謂馮延巳云：吹皺一池春水，干卿何事？《舊唐書》明皇爲楚王叱金吾將軍武懿宗曰：吾家朝堂，干汝何事，敢迫吾騎從！此語在前，見《本紀》。(《香祖筆記》)

舞馬

杜詩“舞馬既登床”，《珊瑚鈎詩話》云：舞馬，借之以榻也。朱翌引《樂府雜録》云：有馬舞者，攏馬人著彩衣，執鞭於床上舞，馬蹀躞，蹄皆應節。是登床而舞乃馭者，而馬應節於下也，二説未知孰是？(《池北偶談》)

花門椑

樓攻愧《答杜仲高書》曰：杜《留花門》“連雲屯左輔，百里見積雪”，以趙次公之詳且博，略不注釋；蓋花門即回鶻，嘗考回鶻之俗，衣冠皆白，故連屯左輔，百里如積雪然。又嘗與蜀士黄文叔裳食花椑，因問：蜀有此乎？黄曰：此物甚多，正出閬州，杜詩“黄知橘柚來”，誤矣。嘗至蒼溪順流而下，兩岸黄色照耀，直似橘柚，其實乃此椑耳。有好事者欲爲子美解嘲，於其處大種橘柚，終以非其土宜，無一活者。此二條頗新異可喜。(《居易録》)

徐介詩

錢牧齋先生注杜詩，卷首附録有徐介題耒陽杜工部祠堂詩云：“手接汨羅水，天心知所存。故教工部死，來伴大夫魂。流落同千古，風騷共一源。消凝傷往事，斜日隱頹垣。”偶看不得臣《麈史》云：熙寧初調官泊報慈寺，陽翟徐秀才出其父屯田（忘名）詩，清苦平淡，有古人風，其過杜工部墓一首云：“水與汨羅接，天心深有存。遠移工部死，（四、五、六句同。）江山不受吊，寒日下西原。”字句稍不同，蓋屯田即介也。前本手接二字不可曉，疑有誤。(《池北偶談》)

酒中八仙

范傳正作《李翰林墓碑》云：與賀監、汝陽王、崔宗之、裴周南等八人，爲酒中八仙。周南之名，杜《酒中八仙歌》無之,《唐書》白本傳所載酒八仙人，亦與杜詩同。(《香祖筆記》)

柬絹

蜀鹽亭縣有鵝溪，縣出絹，謂之鵝溪絹，亦名柬絹，子美詩“我有一匹好柬絹”是也。周紫芝詩“百尺寒松老幹枯，韋郎筆妙古今無。何如莫掃鵝溪絹，留取天吳紫鳳圖”。此雖諧謔，然《北征》自作於赴行在時，而《題韋偃畫松》則在入蜀之後，固不可同日語也。(《池北偶談》)

鄭莊

神禾原過鄭、韓二莊。鄭莊相傳是鄭谷居；韓即退之别業，宋人詩“韓莊連鄭里，相望樹交枝”。按鄭莊近瓜州村，宋張禮《游城南記》：濟潏水，涉神禾原，西望香積寺，下原過瓜州村。注：瓜州村與鄭莊近；莊，虔郊居也。杜詩“今日南湖采薇蕨，何人爲覓鄭瓜州”，自注：今鄭秘監審。虔之侄，則鄭莊非谷居明矣，志傳僞也。(《秦蜀驛程後記》，亦見《蠶尾續文》)

杜詩律格

偶於故書肆買得《詩法源流》一帙，乃元人傅與礪、若金述、范德機語也，後附《杜詩律格》，(有接項、纖腰、充股、連珠、單蹄、雙蹄等。)有元至治壬戌楊仲宏序，略云：少從叔文圭游成都，過浣花求工部之祠而觀焉，有主祠者子美九世孫杜舉居祠之後，造而問之，舉之言曰：甫不傳諸子，而獨於門人吴成、鄒遂、王恭傳其法，予傳之三子者，子從遠方來，敢不以三子所傳者與子言之。按舉之名不見於書傳，吴、郎、王三子亦不見於諸家志序中，且子美全家避亂下峽，不應復有裔孫留居成都；又所拈《秋興》《燕子來舟中》等篇，載三子之説。大抵如村學究語，如“仙侣同舟晚更移”一句，解爲明皇與貴妃諸臣泛舟

渼陂，可笑至此，餘可例推。第不知仲宏之序何人僞造，如醉人夢囈，可恨也。(《居易録》)

彈棋

今人賦詩，用事不詳出處，僞謬相沿，最爲可笑。如彈棋之戲，《西京雜記》云：成帝好蹴踘，群臣以爲勞體，非至尊所宜，帝曰：可擇似而不勞者奏之。家君（歆謂向也。）作彈棋以獻。《博物志》云：魏文帝善彈棋，能用手巾角，時有書生又能低頭以所冠著葛巾角撇棋。故李義山詩云："玉作彈棋局，中心最不平。"此與弈棋有何干涉，而今人率以弈爲彈棋，此類甚多。(《居易録》)

王文恪鏊《姑蘇志方技》載席謙善棋，下引杜詩云"席謙不見近彈棋"，是亦僞彈棋爲弈也，何怪今人沿襲之謬。（同上）

彈棋之戲始見《西京雜記》,《後漢·梁冀傳》注稍詳之，似近投壺，而其製不傳，今人詩多以弈棋當之，可發一笑，王建《宫詞》云："彈棋玉指兩參差，背局臨虚鬥著危；先打角頭紅子落，上三金字半邊垂。"讀之亦不能通曉也。(《香祖筆記》)

渾脱

杜詩《公孫大娘弟子舞劍器行》序云：開元五載，余尚童稚，記於郾城觀公孫氏舞《劍器》《渾脱》，瀏漓頓挫，獨出冠時。按陳暘《樂書》云：樂府諸曲，自古不用犯聲，唐自則天末年,《劍器》入《渾脱》爲犯聲之始。《劍器》宫調,《渾脱》商調，以臣犯君，故爲犯聲。又唐多解曲，如《柘枝》用《渾脱》解之類。觀此則《劍器》《渾脱》自各爲舞曲之名。今人誤讀杜詩序，以《劍器》爲句，而以"渾脱瀏漓頓挫"六字爲句，以爲皆極贊舞劍器之妙。僞謬沿襲，文字中往往以"渾脱瀏漓"四字連綴用之，可笑也。(《居易録》)

黄衫年少

《田疇傳》字子泰，或云子春。陶詩："聞有田子春，節義爲士雄。"姚寬引《漢書·劉澤傳》云：高后時齊人田生游乏資，以書干澤，澤大悦之，用金二百斤爲田生壽；田生如長安，幸謁者張卿，諷高后立澤爲琅琊王。晋灼曰：《楚漢春秋》云：田生字子春。按此詩上文去"策馬至無終"，無終正疇所居，若《澤傳》田生乃齊人，其説謁者張卿，乃游士説客之流，安得稱節義？此寬好奇之過也。又杜詩《少年行》"黄衫年少來宜數"，寬引《霍小玉傳》"有一豪士，衣輕黄衫，挾朱筋彈"云云，更爲無稽，而虞山錢宗伯注取之。按寬字令威，嘗測金海陵之敗，所著書二百卷，古今同異無不該括，晚始召對殿中，忽感風眩而卒，見葉正則集。(《居易録》)

草堂詩話

《草堂詩話》二卷，凡二百餘條，建安蔡夢弼集，牧齋剌取增入，僅二十條而已。(《居易録》)

黄伯思

宋雲林子黄伯思長睿《東觀餘論》上下卷，秀水項氏校刻大字本，仿佛宋槧；後附李忠定公撰墓志銘，末有子訒紹興丁卯後序，嘉定中樓攻愧序。訒云：紹興初寓居福唐，以先人秘閣學士校定杜子美集二十二卷，槧本流傳。忠定稱其有《東觀文集》一百卷，又序其校定杜工部集云：武陽黄長睿父博雅好古，尤篤喜工部詩，用東坡之説，隨年編纂，以古律相參，先後始末皆有次第，然後子美之出處，及少壯老成之作，燦然可觀。自開元全盛之時，迄於至德、大曆干戈亂離之際，詩凡千四百四十餘篇。長睿父官洛下，與名士大夫游，又得逸詩數十篇，參於卷中；及在秘閣，得御府定本校讎，益號精密，非世所行者比。忠定此序作於紹興六年丙辰，距長睿之歿十有七年。雲林博雅擅宋代，編校必精，今其書不知尚傳否？錢牧齋注杜詩，極駁梁權道、魯訔、黄鶴之徒，而獨取樊晃、吴若本，即無一字及長睿，當是未睹其書。吴若本自序雜引樊晃、開運二年官書，王介甫、宋景文、黄魯直、陳無已、晁以道諸家，亦無一語及長睿。按若序作於紹興三年，而長睿書刊於紹興六年，則未見此書明矣。唯胡仔所見八本，有長睿校定杜工部集，記之俟訪於藏書者。（《居易録》）

僞作

“村歌聒耳烏鹽角，社酒柔情玉練槌。”宋末《月泉吟社》中佳句也，《山居雜志》載杭人徐炬《酒譜》，乃引作少陵詩。不辨格調之類否，而妄稱子美，則《虢國夫人》、《杜鵑行》（黄鶴、陳浩然二本。）、《狂歌行》（裴煜所收。）諸篇，妄人皆雜入杜集，又何怪乎！（《居易録》，亦見《蠶尾文》，無小注十一字。）

趙子昂誤

“南山之下，汧渭之間，想見開元天寶年。”此篇乃坡翁書韓幹馬圖作也。趙松雪題五代趙巖《調馬圖》書此詩，而自跋云：以杜子美詩書之。王穉登又跋云：拾遺集無此作，魏公何從得之？古今詞人之作，散逸不傳者多，寧獨此歌而已。云云。予閲之失笑，在子昂或一時誤書，百谷豈一生未睹蘇集耶，何孟浪至是？且子美明皇時人，安得云“想見開元天寶”耶？二公亦未之思耶。（《居易録》）

朱翌讀杜詩

南宋朱舍人翌，字新仲，著《猗覺僚雜記》凡四百餘條，言甚博辨。劉後村嘗稱其《讀杜詩》云“縱之逼《説劍》，收之入《檀弓》”二句，未經他人道過。(《池北偶談》)

德州古器

德州趙侍郎宅掘得古冢，中有女子髑髏一，枕一磁枕，枕上有杜詩“百寶裝腰帶”四句。(《居易録》)

德州四牌坊西，居人掘地得古冢，中一石枕上鋟詩云：“百寶裝腰帶，金絲絡臂韝。笑時花近眼，舞罷錦纏頭。”(《香祖筆記》)

王宰

偶過杜子静編修（鎮）觀畫：一、郭河陽摹王宰《平泉圖》，署“臣郭忠恕奉旨摹”。有御府圖書，後有東坡《李氏園詩》，子由書，書法類長公，署紹聖二年十月二日。按：長公以元祐八年自定州南遷，紹聖二年公在惠州，少公亦在謫所。而此乃御府所藏，不知何從書之，此爲可疑。吴興趙孟頫子俊跋，以爲李文饒洛陽平泉，且引“隴右諸侯”“日南太守”之句，而卷首署李將軍，畫中有偉丈夫設皋比亭中，亭下壯士林立，挾弓矢，衣褲褶，顧盼自雄。(《蠶尾續文》有者字。) 按：平泉爲衛公别墅，不應稱將軍。若蘇詩，乃爲李茂貞園作，鳳翔八觀之一也。茂貞以僖宗光啓三年平李昌符，尋爲鳳翔節度使，園正其時營造，詩中所謂“云昔李將軍，負險乘衰叔”者是也。俗又稱皇后園，蓋謂茂貞之妻；然又不應稱平泉。又杜子美有《王宰山水歌》，所謂“能事不受相促迫，王宰始肯留真迹”云云。則當是開元、大曆間人，與文饒、茂貞皆不相及。皆（《續文》作尤）不可解。然畫圖（《續

文》作圖畫）清麗，非俗筆。（《池北偶談》）

題畫詩

宋淳熙間，孫紹遠稽仲纂古今人題畫詩八卷，爲《聲畫集》。因念六朝已來題畫詩絶罕見，盛唐如李太白輩，間一爲之，拙劣不工；王季友一篇雖小有致，不能佳也。杜子美始創爲畫松、畫馬、畫鷹、畫山水諸大篇，搜奇抉奥，筆補造化。嗣是蘇、黄二公，極妍盡態，物無遁形。虞伯生尤專工於此，《學古録》中歌行佳者，皆題畫之作也。入明，劉槎軒、李西涯、沈石田輩，以追空同、大復，皆擬少陵。子美創始之功偉矣。（《居易録》無汉义上八字）如有好事廣而續之，亦佳事也。（《蠶尾文》）

近世畫家專尚南宗，而置華原、營邱、洪谷、河陽諸大家，是特樂其秀潤，憚其雄奇，予未敢以爲定論也。不思史中遷、固，文中韓、柳，詩中甫、愈（子美，河南鞏縣人），近日之空同、大復，不皆北宗乎？牧仲中丞論畫最推北宋數大家，真得祭川先河之義，足破聾瞽，予深服之。其詩之工又無論已。（《蠶尾文》）

趙松雪畫《杜子美戴笠圖》

趙松雪畫《杜子美戴笠圖》，深衣烏帽加竹笠其上，足躡芒鞋，昂首袖手，若行吟之狀。下方有“趙子昂氏”及“松雪齋”二印，上有劉崧子高題絶句云：“杜陵憔悴鬢如絲，飯顆凄涼日午時”云云，自跋云：“右草堂杜拾遺戴笠小像，吴興趙文敏公所畫，往年余得之高安劉氏，它日與（缺三字）徵士觀畫於桃源山中，因持以歸之，并題識其上云。洪武庚申秋仲，珠林生劉崧書。”解春雨又題七言長歌一篇，書法精勁類邢太僕，云：“碧鷄坊裏春風顛，浣花溪邊晴日暄。浩歌（缺二字）花弄影，慷慨（缺二字）開元前。飯顆山頭憶相見，歷下新亭舊時面。吟詩未遣髭鬢愁，愁絶胡塵暗河縣。平生落筆五岳摇，調笑不作兒女嬌。錦袍仙人伯仲耳，誰謂有作徒相嘲。詩卷長留兩不滅，玉顔癯骨俱雅絶。萬古詩人照膽寒，松柏蒼然傲冰雪。吴興公子真天人，（缺一字）影自與韓衆親。新圖古色照秋水，如此子美方逼真。槎翁老仙我所敬，十年寤寐游珠林。新詩妙墨聚片紙，令我觀之諧夙心。嗟余豈是諸公徒，青天空行一事無。紛紛餘子風斯下，獨立唯見明星孤，吁嗟杜陵焉可呼！前翰林解晋書。”右詩不見本集。予平生所見，唯故友宋荔裳（琬）所刻秦州像，何宇度所刻成都浣花草堂像，皆石本，蓋皆臨松雪畫，而風神不及遠矣。(《居易録》)

杜與楊國忠

杜甫《進封西岳賦表》有云："維岳授陛下元弼，克生司空。"按《舊書》紀天寶九載正月，群臣請封西岳，從之；二月辛亥，西岳廟灾，制停封；二月，右相楊國忠守司空，天雨黄土，沾於朝服。杜所謂元弼、司空，謂國忠也。國忠以椒房進，夤緣三公，天下知其非據，而甫獨引《大雅》甫、申之詞以諛之，可謂無耻。他日作《麗人行》又云"慎莫近前丞相嗔"，杜固詩史，其人品未可知，顧自許稷、契亦妄矣！(《池北偶談》)

（宗枏附識：兄寒坪云：案《舊書》天寶十三載二月，右相楊國忠守司空；玄宗御製《西岳碑文》云"十有一載孟冬之月"，似封西岳在前，而國忠受册司空在後。朱注《年譜》但據表中年過四十語，以爲進表當在十三載，史無明文，終屬臆斷之辭，其爲十一載、十二載亦未可知。疑杜所稱司空未必便指國忠，即指國忠，而此外别無諂稱之語，在老杜未必矛盾至此。又《全唐詩録》年表杜《麗人行》作於天寶四載，則在《進封西岳表》之前，所云"他日"亦未合。枏案：杜集中蒿目時艱，憂心國是，任舉一事一物，獨見其大，故有詩史之目。若《進封西岳表》稱引失倫，固屬詞賦家之陋，即其自許稷、契，少陵果足當之乎？今案《通鑒》：天寶十三載二月丁丑，楊國忠進位司空，甲申臨軒册命。與《舊書》合。又證之《唐會要》：臨軒册三公，自神龍已來册禮久廢，唯天寶末册楊國忠爲司空。云云。是表語中元弼、司空確指國忠無疑。蓋御製碑文自在十一載，既因廟灾停封，逾年成禮，而少陵進賦乃在十三載耳。箋注《年譜》國忠守司空受册，及少陵《進封西岳賦》《麗人行》，俱係於天寶十三載，實足據依。至《全唐詩録》年表載《麗人行》云云，當天寶四載，國忠猶名釗未改，方隨供奉官出入禁中，改金吾兵曹參軍，結處"丞相"何以稱焉？竊謂山人此條時事簡核，特訾議稍過，亦緣視杜公身分太高耳。輒就家兄所疑而詳著之。）

《禹廟》詩

宋時士大夫爲王氏之學者，務爲穿鑿，有稱杜子美《禹廟》詩"空庭垂橘柚"，謂"厥包橘、柚、錫貢"也；"古屋畫龍蛇"，謂"驅龍蛇而放之菹"也。予童時見此説，即知笑之，語諸兄曰：信如此，則杜公之詩何殊今佛寺壁畫觀音救八難、善財五十三參，關侯廟壁畫五關斬將、水淹七軍耶？諸兄爲之軒渠。(《香祖筆記》)

（宗楠案：山人童時所見，乃爾超然，顧佛寺畫壁之嘲，斯言稍過。宋孫莘老云：橘、柚、錫貢，驅龍蛇，皆禹之事，公因見此有感也。虞山注亦采之。近富平李檢討天生云：橘柚龍蛇，禹貢也；雲氣江聲，亦禹所時歷也。妙在於庭屋壁垣閑寫之，不必定無，亦不必定有，用之禹廟亦可，通之他廟亦似，眼前點綴，絶非掌故堆填，既知其佳，彌嘆其妙。又云：雖可通之他廟，究竟施之禹廟爲至當。此真得詩中三昧矣，不然泛用於堯、舜之廟復成何語乎？愚謂：宋人解詩多穿鑿附會，自須分别觀之，即檢討云云，似亦本於孫氏，而會意精融，持論圓至，愈覺杜陵用經有别具壚錘之妙。若三家村夫子，遇此等題，則點竄塗改以爲工，此余所議殆難免矣。）

蘇渙

盧循盜賊，而沙門慧遠與之友善；祖約叛逆，而少與阮孚齊名，王丞相尤愛重之，曰：昨與祖士少語，遂令人忘疲。是皆理之不可解者。杜子美《贈蘇渙詩》序云：蘇大侍御渙，静者也。渙竟煽動嶺表，與哥舒晃作亂，亦其類也。(《分甘餘話》)

舊事考遺（在《山堂全集》）

應城程大中拳時著

唐時酒價

唐《食貨志》：貞元二年，禁京城畿酒，天下置肆以沽者斗錢百五十，免其徭役。若據子美詩斗酒三百，則税錢去其半，釀者難矣。建中三年，置肆釀酒，斛收直三千，此與子美詩相符。而李白詩“金尊美酒斗十千”，樂天詩“共把十千沽一斗”，崔國輔詩“與沽一斗酒，恰用十千錢”，此皆與三百之直不合。或疑諸公所言者美酒，子美詩乃常酒，然不應懸絶若此。丁謂據以對真宗，非確證也。

香墅漫鈔（乾隆五十二年刊本）

南城曾廷枚輯

貫穿經傳

漢司馬遷贊，貫穿經傳，馳騁古今。杜少陵《八哀詩》：貫穿百萬衆，貫穿無遺恨。柳子厚《送易師楊君序》，論説辨問，貫穿上下。俗作貫串，非。

書空咄咄

《世説》：殷浩被廢，終日恒畫書張空作字，揚州吏人尋議遂之竊視，惟作"咄咄怪事"四字而已。咄咄，驚怪聲。《增韻》注："咄，咨嗟語也。"范雲至殿門不得入，但云咄咄，亦此意。杜甫《對雪》詩"愁坐正書空"，《喜晴》詩："咄咄空咨嗟"，皆援此耳。

薈蕞

鄭虔采集異聞，著書四十餘卷，名曰《薈蕞》。薈，草多貌；蕞，小也。虔自謂著書雖多，皆碎小之事也。後人傳寫誤爲會粹，謂會集其純粹，失之遠矣。唐史亦因之。獨杜工部《八哀詩》云"薈蕞何技癢"，可以爲據。

罘罳（即今之亮隔，見《綱目注》）

鄭康成《禮記注》：屏謂之樹，今罘罳也。《漢儀注》：罘罳，伏思也，君視朝，至内屏思惟，故名之。《鹽鐵論》：垣闕罘罳，言樹屏隅角所架也。唐《蘇鶚演義》：罘罳織絲爲之，輕疏浮虚，象羅網交文之狀，蓋官殿檐户之間。《酉陽雜俎》：士林間多呼殿榱桷護雀網爲罘罳。其淺誤如此。《雍録》：罘罳，鏤木爲之，其中疏通，可以透明，或爲方空，或爲連鎖，其狀扶疏，故曰罘罳。其制與青鎖同類，顧所施之地不同，名亦隨異：在宫闕則爲上罘罳，在陵垣則爲陵上罘罳。蕭子雲《雪賦》“韜罘罳之飛棟”，杜工部詩“紫鴿下罘罳”，王珪詩“宫花千樹櫬罘罳”，《柏梁詩》“走狗逐鹿張罘罳”。《釋名》：“復罳在門外，罘，復也。將入請事，此復重思。”李長吉詩：“寒入罘罳殿影昏。”自以《漢儀注》爲是。

鱓鱣二字不同音

蛇鱓魚名，黄質黑文，或作鱔，見十六銑韻。《毛詩》：“鱣鮪發發。”《賈誼傳》：“横江湖之鱣鯨。”鱣，張連切，今鱘鰉魚，見一先韻。按蛇鱓之鱓，與鱣鮪之鱣，二字本不同音。後漢《楊震傳》：“冠雀銜三鱣魚，飛集講堂前，都講取魚進曰：‘地鱣者，卿大夫服之象也。’”遂以黄質黑文之鱓而書爲鱣矣。《顔氏家訓》曰：“孫卿云：‘魚鱉鰌鱣。’”《韓非》《説苑》皆曰鱣似蛇。假鱣爲鱓，其來久矣。但字雖通寫而音無平用。杜詩“求飽我三鱣”，押爲平韻，後遂以三鱣事入一先矣。

相於

孔文舉書“岸幘廣堂，舉杯相於”，杜工部詩“此行非不濟，良友昔相於”，“老矣逢迎拙，相於托契饒”。按相於與相與同。

黄獨

老杜云："長鑱長鑱白木柄，我生托子以爲命。黄獨無苗山雪盛，短衣數挽不掩脛。"往時儒者不解黄獨義，改爲黄精，學者承之。以余考之，蓋黄獨是也。《本草》"赭魁"注：黄獨，肉白皮黄，巴漢人蒸食之，江東謂之土芋。余求之江西，江西謂之土卵。蒸煮食之，類芋魁。見《山谷雜書》。

并

并一音蚌，蒲項反。如《史記・秦紀》"并河以東"，《匈奴傳》"并陰山下"，《漢書》"北至琅邪并海上"，《説苑》"并崖止之"，見處甚多，未暇覶縷也。又杜詩"玉山高并兩峰寒"，蘇詩"今季并海棗如瓜"。或作如字讀者非。

漫與

杜工部集有《漫與》五言絶句九首。又七言云："老去詩篇渾漫與，春來花鳥莫深愁。"渾漫與者，言即景口占，率意而作也。其後蘇子瞻、黄魯直、楊廷秀諸公皆襲用之，押入上聲語韻。姜堯章《蟋蟀詞》云："邠詩漫與，笑籬落呼燈，世間兒女。"段復之詞云："詩句一春渾漫與，紛紛紅紫俱塵土。"陰時夫輯《韻府群玉》亦采入語字韻中。蓋自元以前，無有讀作漫興者。迨楊廉夫作《漫興》七首。妄謂學杜者先得其情性語言，必自《漫興》始。而其弟子吴復，從而傅會之，注云："《漫興》者，老杜在浣花溪之所作也。《漫興》之爲言，蓋即眼前之景，以爲漫成之辭。其言語佀村，而未始不俊，此杜體之最難學者。"自廉夫詩出，而世之人遂盡改杜集之舊，易與爲興矣。時夫《韻府》，學者每笑其弇陋，然猶識字。乃知勤於學者，雖《兔園册子》，正未可廢爾。

見《曝書亭集》。

蒼黄誤倉皇

人以忙劇爲倉皇，然古人多作蒼黄。少陵："誓欲隨君去，形勢反蒼黄。""蒼黄已就長途往，邂逅無端出餞遲。"柳州："蒼黄見驅逐，誰識死與生。"又云："數州之犬，蒼黄吠噬。"無作倉皇者。倉皇二字，應是後人誤用，因倉卒皇遽而連及之也。歐公《伶官傳》則云："倉皇東去。"已屬宋人文字矣。

孤負誤辜負（辜，罪也，與負不協。）

今人負恩爲辜負。按辜，辠也。絶非此意。少陵"孤負滄州願"，昌黎"孤負平生志"，義山"映書孤志業"之類，無用辜者。又李陵《答蘇武書》"孤負陵心"，"陵負雖孤恩"之句，更在唐人以前。

中

中興之中，讀去聲。元凱《左傳序》云："析天永命，紹開中興。"陸德明音丁仲反，若當興而興，故謂之中，不必恰在中間也。杜詩："今朝漢社稷，新數中興年"，又"百年垂死中興時"，餘不可悉數。中酒之中，讀平聲。《漢書·樊噲傳》："項羽既饗軍士中酒。"師古注："飲酒之中，不醒不醉，故謂之中也。"太白"醉月頻中聖，迷花不事君"，東坡"君獨未知其趣耳，臣今聊復一中之"，亦不可悉數。後人中興平讀，中酒仄讀，每每兩失。

渾脱

少陵《觀公孫大娘弟子舞劍器行序》云："觀公孫氏舞劍器渾脱（音，駝），瀏漓頓挫，獨出冠時。"按《樂府雜録》謂劍器，健舞曲名。《唐書》：中宗引近臣宴集，宗晋卿舞渾脱。則知劍器渾脱，皆舞名。後人誤以劍器爲舞劍，而以渾脱二字與瀏漓頓挫并讀，未免使人笑粲。

屠蘇

周王褒詩："飛甍雕翡翠，綉桷畫屠蘇。"則知屠蘇本草名，畫於屋上，因草名以名屋。杜詩云："願隨金騕褭，走置錦屠蘇。"此屠蘇屋名也。後人又借屋以名酒。東坡詩云："不辭醉後飲屠蘇。"元人屠蘇酒是也。又大帽形類屋，亦名屠蘇。南史謡云："屠蘇障目覆兩耳"是也。此二字有四義矣。

十駕齋養新録

嘉定錢大昕

中

中興之中，去聲。杜預《春秋序》："紹開中興。"《釋文》云："丁仲反。"杜子美詩："新數中興年"，"百年垂死中興時"，李義山詩："言皆在中興"，皆讀去聲。杜又有《送李判官》詩："近賀中興主，神兵動朔方。"《哭韋大夫之晋》詩："漢道中興盛，韋經亞相傳。"《秋日夔府書懷》詩："側聽中興主，長吟不世賢。"《聞河北節度入朝絶句》："神靈漢代中興主，功業汾陽異姓王。"此類俱讀平聲矣。黄滔詩："虚左中興榜，無先北海尊。待到中興日，同看上國春。"陸務觀《嘆息》詩："國家圖録合中興，嘆息吾寧粥飯僧。"亦讀平聲。

比

比鄰之比，有平仄二音。王勃詩："海内存知己，天涯若比鄰。"讀去聲；杜甫詩："暫往比鄰去，空聞二妙歸。""休怪兒童延俗客，不將鵝鴨惱比鄰。"讀平聲。……比鄰亦云鄰比。《管輅别傳》："與鄰比兒共戲。"

難

《詩》："兄弟急難。"《釋文》："難如字，又乃旦反。"庾子山賦："本無情於急難。"杜子美詩："爲問彭州牧，何時救急難。"王介甫詩："急難兄弟想君愁，功名常見急難時。"陳後山詩："又爲貧賤别，更覺急難情。"皆讀平聲。

票姚

《漢書》：霍去病爲票姚校尉。服虔音飄摇，此漢讀也。《説文》：旚，旌旗旚繇也。票姚即旚繇，本以旌旗之飄揚得聲。小顔但據荀悦紀作票繇字，遂謂兩字皆當讀去聲，以服音爲不當，誤矣。荀紀雖易姚爲繇，并未有音。小顔謂取勁疾之貌，出於臆訣，即後來票騎之號，亦未見其必讀去聲也。庾信《咏畫屏風》詩："寒衣須及早，將寄霍姚嫖。"杜子美詩屢用嫖姚，字皆從服氏音來。老杜生開元、天寶之世，小顔《漢書》方盛行而獨不用其音，可謂精於小學者矣。

詩集附它人作

《謝宣城集》附王融、沈約、虞炎、柳惲詩，皆同咏一題。《杜工部集》附李邕、賈至、嚴武、高適、郭受、韋迢諸人，皆酬贈之作。唯元次山《舂陵行》《賊退示官吏》兩篇重其詩因重其人，故特録之，此又一例也。

杜少陵詩用韻

杜子美《石壕吏》詩："暮投石壕村，有吏夜捉人。老翁逾墻走，老婦出門看。"顧寧人謂下二句無韻，非也。寒桓與魂痕，古韻本相通。

《雨晴》詩："天際秋雲薄，從西萬里風。今朝好晴景，久雨不妨農。塞柳行疏翠，山梨結小紅。胡笳樓上發，一雁入高空。"按《廣韻》一東部無農字，乃張仲素《稼如雲賦》官限農字，賦中押同、功、終字全入東韻，正與杜《雨晴》詩同。蓋唐時東、冬兩部皆有農字，後來删去其一耳。

"西川有杜鵑，東川無杜鵑，涪萬無杜鵑，雲安有杜鵑。"此用古樂府"魚戲蓮葉東，魚戲蓮葉西，魚戲蓮葉北"體也。《湯盤銘》三句皆用"日新"。古人已開其先，後人詫爲異事矣。

少陵生卒年月

元微之志子美墓云"享年五十九"，而不言卒於何年。《舊唐書》云："永泰二年卒。"永泰二年即大曆之元年，是歲丙午，則當生於景龍二年戊申矣。按子美《追酬故高蜀州人日見寄》詩序云大曆五年正月二十一日，則大曆庚戌春尚無恙。謂卒於永泰二年者誤也。《唐詩紀事》謂先天元年癸丑生，大曆五年辛亥卒，似矣。而干支却差一歲。蓋先天改元，實壬午，大曆五年，實庚戌也。吴曾《漫録》引鮑彪《杜詩譜》云：大曆四年己酉年五十八。干支雖合，却非卒年。

飲中八仙

范傳正撰《李太白墓碑》云：時人以公及賀監、汝陽王、崔宗之、裴周南等八人爲"酒中八仙"。按子美《飲中八仙歌》無周南名，蓋傳聞異詞。《唐書·李白傳》載酒八仙人姓名，與杜詩同。

亞相

少陵《哭韋大夫之晋》詩："漢道中興盛，韋經亞相傳。"漢以御史大夫爲亞相。之晋官湖南觀察使兼御史大夫，故以亞相目之。傳經雖韋氏故事，然賢與元成兩世丞相，非終於御史大夫也。

頻煩

頻煩，漢人語。《蜀志·費禕傳》"以奉使稱旨頻煩至吴"是也。《晋書·紀瞻傳》："頻煩饔竊。"《庾亮傳》："沐浴芳風，頻煩省闥。"《周書·太祖紀》："頻煩請謁，至於再三。"劉知幾《史通·書志篇》："頻煩互出。"《雜説篇》"詔策頻煩"。皆取頻仍之義。亦作頻繁。《晋書·王濬傳》："蒙國厚恩，頻繁寵擢。"繁、煩同音亦同義也。杜詩"三顧頻煩天下計"，正用《蜀志》，《漢書·王莽傳》："非皇天所以鄭重降符命之意。"師古《注》："鄭重，猶頻煩也。"古人以鄭重爲重迭之義，鄭重、頻煩，皆雙聲。

友于

“一重一掩吾肺腑，山鳥山花吾友于。”或疑友于歇後語，不可以偶肺腑。予謂唐人精於聲律，肺腑、友于雖虛實不同，而皆爲雙聲，故可屬對，猶王子安《滕王閣詩序》以邱、墟對已、矣也。予聞之大父云。

分減

杜子美《秋野》詩：“盤飧老夫食，分減反溪魚。”梁侍御曰：緝謂分減二字見《華嚴經》。王阮亭、汪鈍庵兩公極稱之，以爲注家所未及。吾友惠徵士松厓云：《東觀漢記》：孔舊篤骨肉弟奇在洛陽，每有所食甘美，輒分減以遺奇。（見《御覽》四百十七卷）此分減二字所本。《華嚴》唐人所譯，未可以注杜詩也。（大昕按：《陳書・姚察傳》：常以己分減推諸弟妹，分當讀去聲。）

少陵用薛據詩

《唐詩紀事》：“省署開文苑，滄浪學釣翁。”薛據詩也。子美懷據詩乃云：“獨當省署開文苑，兼泛滄浪學釣翁。”

一瓢詩話

河津薛雪生白著

李不及杜

杜少陵、李青蓮雙峰并峙，不可軒輊。然青蓮畢竟有一點不及少陵處，學者當自悟入。

金鎖甲、緑沉槍

杜詩：“雨抛金鎖甲，苔卧緑沉槍。”薛氏《補遺》引解太鑿，周少隱非之極是；而自解則云：“甲抛於雨，爲金所鎖；槍卧於苔，爲緑所沉。”夫槍爲苔埋，爲緑所沉猶可；若甲抛於雨，爲金所鎖，荒謬甚矣。鎖子甲、緑沉槍，原是上將之物。浣花所用現成器名，何必扭捏。總之不諳武備，自呈敗缺，又且造語不精。故云：不破萬卷書，不行萬里程，讀不得杜詩。

宋子京改字僞托

晁以道藏宋子京手抄杜詩，内换“握節漢臣歸”爲“秃節”，“新炊間黄粱”爲“聞黄粱”。以道跋云：“前輩見書自多，不似晚生少年，但以印本爲正也。”余謂此是好事愚人僞作宋鈔本欺世，并以道跋亦是假者。何也？“握”字有“我心匪石”之義；“間”字有“老少異糧”之訓，何等委曲！换却“秃”字“聞”字，呆板無味，損盡精采。吾輩尚無此等惡作，况少陵詩聖邪？

“悠悠委薄俗”二句

一部杜浣花集，字字白虹，聲聲碧血。讀至“悠悠委薄俗，鬱鬱回剛腸”之句，尤覺心墮魂折。

人字誤

對仗之法，古人讀書多，用法備，常有不似對而實對者。淺言之，如“尋常”對“七十”之類。又有兩字對一字者頗多，不可不自理會，動云刊誤。惟杜浣花“問知人客姓，誦得老夫詩”之句，疑“來”字與“人”字流傳易訛，恐是“問知來客姓”，苦無善本爲證。

葉横山戲代俗子評杜

張表臣駁老杜“軒墀曾寵鶴”、小杜“欲把一麾江海去”，以爲誤用懿公好鶴與顔延年詩意。殊不知二公非死煞用事者，其好處正是此種。吾師横山先生惡此等咬文嚼字，因摘取杜少陵似有可議而實無可議之句，戲代俗子評駁，摹寫妄人口吻，句句酷肖，令人捧腹。恨不能悉記，聊述數語，以共欣賞：“自是秦樓壓鄭谷。”（俗子必曰：秦樓與鄭谷不相屬，壓鄭谷何出？）“愚公谷口村。”（必曰：愚公谷也，從村字，押韻杜撰。）“參軍舊紫髯。”（必曰：晋有髯參軍，紫髯另是一人，杜撰牽合。）“河隴降王款聖朝。”（必曰：降則款矣，款則降矣，字眼重出，凑句。）“王綱尚旒綴。”（必曰：綴旒倒用，何出？）“不聞夏殷衰，中自誅褒妲。”（必曰：褒、妲是殷、周，與夏無涉。）“前軍蘇武節，左將吕虔刀。”（必曰：蘇武前軍乎？吕虔左將乎？）“第五橋邊流恨水，皇陂亭北結愁亭。”（必曰：恨水、愁亭何出？牽橋、陂尤杜撰。）“但訝鹿皮翁，忘機對芳草。”（必曰：鹿皮翁對芳草事何出？）“舊諳疏懶叔。”（必曰：懶是嵇康，牽阮家不上。）“囚梁亦固扃。”（必曰：固扃押韻何出？）“歷下辭薑被，關西得孟鄰。”（必曰：姜被、孟鄰，豈歷下、關西事？）“處士禰衡俊。”（必曰：禰衡稱俊，何出？）“斬木火井窮猿呼。”（必曰：斬木一事，火井一事，窮猿呼一事，硬牽合。）“片雲天共遠，永夜月同孤。落日心猶壯，秋風病欲蘇。”（必曰：言片雲，言天，言永夜，言月，言秋風，二十字中，重見迭出，無法之甚。）“永負蒿里餞。”（必曰：蒿里餞何出？）“不見杏壇丈。”（必曰：函丈邪？可單用丈字邪？抑指稱孔子邪？）“侍祠恧先露。”（必曰：恧先露不成文，費解。）“涇渭開愁容。”（必曰：涇、渭亦有愁容邪？）“氣劇屈賈壘，目短曹劉墻。”（必曰：屈、賈壘，曹、劉墻，何出？）“管寧紗帽净。”（必曰：改皂爲紗，取葉平仄，杜撰。）“潘生驂閣遠。”（必曰：散騎省曰驂閣，有出否？）“豺構哀登楚。”（必曰：王粲《七哀詩》：“豺虎方遘患。”登荆州樓五字，何異“蛙翻白出闊”邪？）“楚星南天黑，蜀月西霧重。”（必曰：楚星、蜀月、西霧何出？）“傾銀注玉驚人眼。”（必曰：銀瓶耶？玉碗邪？杜撰不成文，且俗。）“郭振起通泉。”（必曰：郭元振去元字，何據？）“嚴家聚德星。”（必曰：《簡嚴遂州》以聚德星屬嚴家，則一部《千家姓》，家家可聚德星矣。）“把文驚小陸。”（必曰：小陸何人邪？若指陸雲，何出？）“先儒曾抱麟。”（必曰：即泣麟邪？抱字何出？）“修文將管輅。”（必曰：修文非管輅事。）“悠悠伏枕左書空。”（必曰：左字何解？）“祇同燕石能星隕。”（必曰：隕石也，稱燕石何出？）“凉憶峴山巔。”（必曰：峴山之凉，有出乎？）“名參漢望苑。”（必曰：博望苑去博字，杜撰。）“馮招疾病纏。”（必曰：左思詩：“馮公豈不偉？白首不見招。”曰馮招，可乎？以疾病屬馮，尤無謂。）“韋經亞相傳。”（必曰：韋元成稱亞相，有出乎？）“舌存耻作窮途哭。”（必曰：不是一事，牽合。）“嫌疑陸賈裝。”（必曰：馬援薏苡嫌疑，陸賈裝有何嫌疑乎？）“穀貴没潛夫。”（必曰：王符以穀貴没乎？）

漫興

一友與余論詩，引朱竹垞、王阮亭兩先生云：杜詩中“老去詩篇渾漫興”是“漫與”，錢虞山改爲“漫興”。余曰：“先曾祖注杜詩一首，今坊間流傳《杜詩七律薛注》者是也，係天啓初刻本，其中亦是‘漫興’。可見虞山箋本以前，已皆如是。若果所改，必非無據。朱、王兩公，南北名家，騷壇宗匠，亦非無見者；改‘漫與’而對‘深愁’，恐無其説，姑互存之。”

（多案：公詩題中用“興”字者，又有：曰《遣興》者二見，《遣興二首》者一見，《遣興三首》者二見，《遣興五首》者二見。又曰《水宿遣興奉呈群公》，《敝廬遣興奉寄嚴公》，曰《至日遣興寄北省舊閣老兩院故人二首》，曰《暮秋枉裴道州手札遣興呈蘇涣侍御》，曰《暫如臨邑至嶕山湖亭奉懷李員外率爾成興》，曰《聶耒陽以僕阻水書致酒肉療饑荒江詩得代懷興盡本韻至縣呈聶令》。又有《秋興八首》。……以諸詩律之，則作“漫興”者爲是。“率爾遣興”，“率爾成興”，尤與“漫興”義合。）

阿戎

杜少陵：“守歲阿戎家。”或云“阿咸”。董養性注作杜位小字，陳聲伯引王宴“隆昌之末，阿戎勸吾自裁”以證其非。至東坡詩云：“欲唤阿咸來守歲。”聲伯亦謂其以意改耳。非也。阿戎例呼從弟，阿咸例以呼侄，何必拘拘如此？

避地逸詩誤收

“避地歲時晚，竄身筋骨勞。詩書遂墻壁，僮僕且旌旄。行在僅問信，此身隨所遭。神堯舊天下，會見出腥臊。”云是杜少陵題避地逸詩，下有公自注云："至德三載丁酉作。"今坊本不載。嚴滄浪云："真少陵語也。"余謂真不是少陵語，題下所注，更不是少陵語，滄浪之眼易惑乃爾；獨識得"蘭亭春望"非景差之句，卓見可嘉。

巴西聞收京逸詩

好事者往往僞撰杜少陵逸詩，或謂得於石刻，或謂得於民間敗簏中，以冀流傳。惟《巴西聞收京有句》云："克復誠如此，安危在數公。"確是杜句易"安危"二字。

自字

老杜善用"自"字，如"村村自花柳""花柳自無私""寒城菊自開""故園花自發""風月自清夜""虚閣自松聲"之類，下一"自"字，便覺其寄身離亂感時傷事之情，掬出紙上。不獨此也，凡字經老杜筆底，各有妙處。若止"自"字，則李義山"青樓自管弦""秋池不自冷""不識寒郊自轉蓬"之類，未始非無窮感慨之情，所以直登老杜之堂，亦有由矣。

杜詩可讀不可解

杜少陵詩，止可讀，不可解。何也？公詩如溟渤，無流不納；如日月，無幽不燭；如大圓鏡，無物不現，如何可解？小而言之，如《陰符》《道德》，兵家讀之爲兵，道家讀之爲道，治天下國家者讀之爲政，無往不可。所以解之者不下數百餘家，總無全璧。楊誠齋云："可以意解，而不可以辭解；必不得已而解之，可以一句一首解，而不可以全帙解。"余謂：讀之既熟，思之既久，神將通之，不落言詮，自明妙理，何必斷斷然論今道古耶？

説詩菅蒯

震澤吴雷發起蛟著

屬對不必工確

詩之屬對，固在工確。然間有自然成對處，雖字句稍借，正不害其爲佳。今人於一二字輒多嗤點，縱非忌刻，亦是識見不廣。試觀老杜句，如“晚凉看洗馬，森木亂鳴蟬”，“紫鱗衝岸躍，蒼隼護巢歸”，“且食雙魚美，誰看異味重”，“華館春風起，高城烟霧開”，“漢使徒空到，神農竟不知”，“霧樹行相引，蓮峰望或開”，“城郭終何事，風塵豈駐顔”，“天上多鴻雁，人間足鯉魚”，“蛟龍得雲雨，雕鶚在秋天”，“已知出郭少塵事，更有澄江銷客愁”，“慣看賓客兒童喜，得食階除鳥雀馴”，“扁舟繫纜沙邊久，南國浮雲水上多”，“老去詩篇渾漫興，春來花鳥莫深愁”，“宛馬總肥秦苜蓿，將軍祇數漢嫖姚”，“林花着雨胭脂濕，水荇牽風翠帶長”，“棋局動隨幽澗竹，袈裟憶上泛湖船”，“籬邊老却陶潜菊，江上徒逢袁紹杯”，“正憐日破浪花出，更復春從沙際歸”，以今人論之，必以爲欠工確矣。然於老杜則忽之，於後人則必刻求。如謂老杜則可，後人則不可，將厚責後人耶？是薄待老杜矣；抑姑置老杜耶？是薄待後人矣。第在作詩者，不可藉口以自恕耳。

鄙語恒言入詩

或於詩句之易解者，輒訾爲平庸。因謂之曰：詩之爲道，恐非易言。即以子説論之，詩莫工於杜，試隨摘其句曰：“新詩句句好”“美名人不及”“却怕有人知”“河魚不論錢”“二月已破三月來”“無處告訴祇顛狂”“耶娘妻子走相送”“但願殘年飽吃飯”“祇願無事長相見”等句，若非出自少陵集中，爾輩見之，豈不欲噴飯耶？總之，文辭一道，唯其是而已矣。是則生澀亦佳，爽直處亦佳；否則爽直者易粗率，生澀者欲自掩其陋劣，而醜狀愈不可耐矣。吾謂善用者，雖鄙語恒言，俱臻妙境；不善用者，雖經史所載，但覺塵腐而已。

羅大經説鑿

羅大經《鶴林玉露》云：杜陵詩"桑麻深雨露，燕雀半生成"，後山詩"輟耕扶日月，起廢極吹噓"，或謂虚實不類。殊不知生爲造，成爲化，吹爲陰，噓爲陽，氣勢力量與雨露、日月正相配也。愚按此論是爲古人曲護，而其説頗鑿。古人用此，亦是偶然，在兩公或未必見及此。且即無此解，虚實未嘗不可活對。古人有知，甚無取後人之曲護也。試即類推之，如"氣色皇居近，金銀佛寺開"，得無曰氣爲陽色爲陰乎？又"竟日淹留佳客至，百年粗糲腐儒餐"，淹留二字，又當何解？

拜經樓詩話（《清詩話》本、嘉慶三年序）

海寧吴騫槎客輯

一戎

海鹽胡宣子《谷水談林》："杜工部《贈李八秘書别》云：'一戎纔汗馬。'劉須溪以'一戎'爲不成語。余案：高宗伐高麗，克之，製《一戎大定樂》。習用既久，想不爲破句耳。"騫考梁元帝答群下勸進令云："庶一戎既定，罪人斯得。"蓋六朝人已有此語，非唐人創爲之矣。

花卿

少陵《戲作花卿歌》曰："成都猛將有花卿，學語小兒知姓名。"按：花卿即花驚定，爲成都尹崔光遠部將。《舊唐書·高適傳》云："西川牙將花驚定者，恃勇既誅子璋，大掠東蜀，天子怒光遠不能戢軍，乃罷之。"而《崔光遠傳》謂花驚定將士肆其剽掠，婦女有金銀釧者，多斷腕以取之。蓋其暴如此。今丹陵縣有花卿冢，過者多題詩，黄魯直所謂"至有英氣血食其鄉"者。按：孛蘭肹《元一統志》云："花驚定入蜀充牙將。先討叛將段子璋，有功。後征南蠻，又有功。唐封嘉祥縣公。後又平寇，單騎鏖戰，已喪其元，尚騎馬荷戈至鎮，下馬沃盥。適有浣紗女在旁，謂曰：'將軍無頭，何以盥爲？'遂僵僕。居民神之，葬溪上。因植戈於冢，祝曰：'戈若發生，當爲立廟。'已而戈果生，遂立廟。歷代封贈，廟食至今。杜甫詩云云。"據此則花卿爲牙將時，雖縱暴掠，厥後忠烈，實有過人者，轉惜少陵不及見之耳。

八陣圖

《珊瑚鈎詩話》："武侯八陣圖與木牛流馬法，後人俱不能得。故余《八陣圖詩》云：'八陣功成妙用藏，木牛流馬法俱亡。後來識得常山勢，縱有桓温恐未詳。'"案：八陣圖有三，其在沔陽之高平者，酈道元已言傾褫難識；在廣都之八陣鄉及魚復永安宫南者，雖江水澒涌，而小石之堆，行列依然，初不紊亂，昔人言之詳矣。至木牛流馬法，見杜氏《通典》十卷，後人亦有仿造者，似未可盡云亡也。

雙聲疊韻

少陵詩多用雙聲疊韻，今人皆知。又往往嵌雜於五七言中，使人乍讀之不覺，細玩乃知其下字之妙。《文心雕龍·聲律篇》云："雙聲隔字而每舛；叠字雜句而必睽。”夫音韻之學，莫盛於齊、梁，而彦和之言猶若是，所以“老去漸於詩律細”洵非此老不能也。

讀書脞録（刊本，嘉慶四年跋）

仁和孫志祖

蕭芝

《藝文類聚》載：蕭望之爲郎，有雉數十，常隨車翔集。案《漢書》望之本傳不載此事。李瀚《蒙求》云：“朱博烏集，蕭芝雉隨。”蓋《類聚》誤以蕭芝爲蕭望之也。《太平御覽》引蕭廣濟《孝子傳》此事，正作蕭芝，但未詳何代人爾。杜少陵《奉贈蕭十二使君》詩“王鳧聊暫出，蕭雉祇相馴”，用此。

楊揚一姓

楊用修云：芊楊揚陽本一姓，揚子雲自以爲蜀無它楊，其揚字不從木。而楊修云：吾家子雲，亦同關西之楊。特子雲好奇之過，獨自標異爾。志祖案：《漢書》雄本傳，據其自叙，出於晋之楊侯。而《廣韻》楊字注：又姓，出宏農、天水二望，自周楊侯後并於晋，因爲氏也。其揚字注不云又姓，是古人但有從木之楊姓，無從扌之揚姓矣。或議修家子雲一語，謂德祖自紊其譜牒者，蓋失於不考。杜子美《壯游》詩云：“斯文崔魏徒，以我似班楊。”謂班固、楊雄也。其下又“神心飛揚”，則子美亦以子雲之姓從木矣。故《夏日楊長寧宅》詩又曰“醉酒楊雄宅”。

阿戎

杜少陵爲征南十三世孫，位乃少陵從弟，集中有《送柏二别駕因示從弟行軍司馬》及《乘雨入行軍大弟宅》詩可證。而《杜位宅》詩“守歲阿戎家”，或以爲用王戎事，指位爲侄，非也。《南史·王思遠傳》：王晏曰：“隆昌之末，阿戎勸吾自裁。”阿戎蓋思遠小字，思遠爲晏從父弟，杜詩用此。（胡三省《通鑑注》：晋、宋間人多謂從弟爲阿戎。姚際恒《庸言録》：謝靈運稱弟惠連爲阿戎，曰：“阿戎才悟如此，不當以常兒遇之。”子美詩正用靈運語也。）

古衣冠不忌白

古人居喪，不脱衰絰，衣冠并以麻爲之，其時但以衰絰爲凶服，衣冠不忌白也。沿及唐代，猶以白紗帽爲視朝聽訟宴見賓客之服。樂府《白紵歌》：“質如輕雲白如銀，製以爲袍餘爲巾。”杜詩：“狂遺白接籬”，“白帽岸江皋”，皆可爲不忌白之證。《雲谷雜記》言之甚詳，唯引管寧不應州縣辟，常着白帽。案今《魏志·管寧傳》乃作皂帽，豈張淏所見宋本有異乎？（杜詩“皂帽應兼似管寧”，一本作白帽，非。）

春風啜茗

楊升庵云：杜子美《何將軍山莊》詩“薰風啜茗時”，今本作春風，非。此詩十首皆一時作，其曰“千章夏木清”，又曰“紅綻雨肥梅”，皆是夏景可證。志祖案：此是《重過五首》中句，與前十首非一時作，前游在夏，重游在春，當作春風，非薰風也，升庵誤。

瞥記（《清白士集》二十三）

梁玉繩

丈人屋上烏

杜詩“丈人屋上烏，人好烏亦好”，用《尚書大傳》太公語也。晉趙王倫收解系兄弟曰：“我於水中見蟹且惡之，況此人兄弟輕我邪？”桓伊詒忠敬王遵，遵曰：“我聞人姓木邊，便欲殺之，況諸桓乎？”則豈僅所謂不愛人者及其骨餘也。

覓胡孫詩

宋劉興伯《蘆浦筆記》云：杜詩《覓胡孫》第二聯：“舉家聞若駭，爲寄小如拳。”每疑其非是。趙傁謂合移斷章“童稚捧應顛”作第四句，却於“許求聰慧者”下云“爲寄小如拳”，則一篇意義渾全，亦成對偶。(《居易録》亦言之。)

千家注

《杜詩千家注》有《東坡汪應辰文定集書少陵詩集正異》云：閩中所刻《東坡杜詩事實》者，不知何人假托，皆鑿空撰造，無一語有來處。朱子云：閩中鄭昂僞爲之。蓋此猶王梅溪《蘇詩注》亦僞托也。

放翁用杜蒓鯽語

陸放翁《哭張季長》詩：“半年僅得陳蒓鯽，白首臨風涕自潸。”《祭周益公文》：“豈無蒓鯽，致此薄酹。”蒓鯽二字出杜集《祭房相國文》。放翁蓋愛其語，故屢用之。

元弼、司空

陳子昂有《周受命頌》“何異《劇秦》《美新》”，杜甫《封西岳賦表》“維岳授陛下元弼，克生司空”，謂楊國忠也。（鄭熏作《仇士良神道碑》稱爲全德，獎爲殊庸。）

庭立記聞

梁玉繩子學昌輯卷一

耆輯卷二

衆輯卷三

田輯卷四

北堂

《詩》：“焉得諼草，言樹之背。”後人因以稱母，何也？或謂起於孟郊《游子吟》(《文苑英華》作聶夷中)。不關此詩。果是歟？房半以北爲北堂，北堂爲背，婦人所常處，因以稱母，亦無不可。杜甫《送許拾遺歸覲》詩：“慈顔赴北堂”，岑參《送韓巽覲省》詩：“北堂倚門望君憶”，皆本此義。若諼止訓忘，《毛傳》、孔疏及郭注《爾雅》并不以諼爲草名。伯兮之諼草，猶陸士衡《贈從兄》詩所云“安得忘歸草，言樹背與衿”也。自《説文》引《詩》作萱，直曰令人忘憂草，而《爾雅》又作蕿，《釋文》引别本作萱諼二字，於是實指爲草名矣。俗稱母萱堂，不過撮合之語爾。至《游子吟》云：“萱草集堂階，游子行天涯。慈親倚堂門，不見萱草花。”乃母思其子，於義不合。《西溪叢語》又

有一説；今人多用北堂萱草於鰥居之人，以其花未嘗雙開也。（卷一）

鄭虔字

鄭虔有名於天寶間，與杜子美友善，而其字不著。《書畫譜》引《畫家傳》云：虔字弱齊，《台州志》作若齊，未知孰是？曰：聞之先輩云：弱字僞，齊當讀如“齊明盛服”之齊，庶與名相配。（卷一）

石壕吏

杜工部《石壕》詩：“老翁逾墻走，老婦出門看。”二語不叶。曰：施愚山云：舊刻本作“老婦出門首”，既立門首，則張皇顧望，情勢躍然，不言看而意在其中矣。（卷二）

私鑄

昔人言開通元寶爲得輕重大小之中，始於武德四年，終唐之世，行用其錢，徑八分，重二銖四參，積十錢重一兩，無盜鑄盜銷之弊，不知今可行否？曰：杜子美《歲晏行》云：“往日用錢捉私鑄，今許鉛錫和青銅。”則未能無弊，大抵患在銅少耳。《卷三》

詩律

杜工部自言“老去漸於詩律細”，豈前此猶未細乎？不知如何方是細？富平李天生云：凡五、七言近體，唐賢落韻共一紐者不連用，夫人而然。至於一、三、五、七句用仄字上、去、入三聲，老杜必隔别用之，無叠出之字，他人則不能也。此天生先生之獨見，從未經人道，是亦細之一端。朱竹垞常驗之，惟八首有迭用字。後得宋、元舊雕本及

《文苑英華》校之，乃知今本之非，合之天生所説，八詩無一犯者。（見竹垞《寄查德尹書》）據斯義以勘杜詩各本異字，凡言一作某者，皆可按韻而審定矣。（卷四）

甌北詩話

陽湖趙翼

杜少陵一生窮愁，以詩度日，其所作必不止今所傳古體三百九十首、近體一千六首而已。使一無散失，後人自可即詩以考其生平。惜乎遺落過半！韓昌黎所謂"平生千萬篇，雷電下取將。流落人間者，泰山一毫芒"。此在唐時已然矣。幸北宋諸公，搜羅掇拾，彙爲全編。吕汲公因之作年譜，略次第其出處之歲月，頗得大概。黄鶴、魯訔之徒，乃又爲之年經月緯，一若親從少陵遊歷者，則未免穿鑿附會，宜常熟本之笑其愚也。然常熟本開卷即以《贈韋左丞》爲第一首，謂"此首布置最得正體，前賢皆録爲壓卷"云。然此詩乃詣京師考試報罷，將出都之作，則天寶六、七載事也。王洙本則以《游龍門奉先寺》爲首。龍門在河南，公游東都，在開元之末，則此詩自在前。然公先在其父閑兖州官舍，有《登兖州城樓》詩，云："東郡趨庭日"，則又在游東都之前，自應列在卷首，而以《望岳》《游南池》《宴歷亭》諸詩次之。今王洙本亦仍在《奉先寺》後。又《前出塞》爲秦、隴兵赴交河而作，尚是開元中事。《後出塞》爲東都兵赴薊門而作，末章明言安禄山將反，先脱身逃歸，則是天寶十四載之事，此當在首卷《兵車行》之後。而王洙本及常熟本皆入秦州詩内，謂在秦州時追述者。此有何據耶？皆編次之誤也。

宋子京《唐書·杜甫傳贊》，謂其詩"渾涵汪茫，千彙萬狀，兼古今而有之"，大概就其氣體而言。此外，如荆公、東坡、山谷等，各就一首一句，嘆以爲不可及，皆未説着少陵之真本領也。其真本領仍在少陵詩中“語不驚人死不休”一句。蓋其思力沉厚，他人不過説到七八分者，少陵必説到十分，甚至有十二三分者。其筆力之豪勁，又足以副其才思之所至，故深入無淺語。微之謂其薄《風》《雅》，該沈、宋，奪蘇、李，吞曹、劉，掩顔、謝，綜徐、庾，足見其牢籠萬有。秦少游并謂其不集諸家之長，亦不能如此。則似少陵專以學力集諸家之大成。明李崆峒諸人，遂謂李太白全乎天才，杜子美全乎學力。此真耳食之論也！思力所到，即其才分所到，有不如是則不快者。此非性靈中本有是分際，而盡其量乎？出於性靈所固有，而謂其全以學力勝乎？今姑摘數條於此，有沉著至十分者，有奇險至十二三分者，略爲舉隅，學者可類推矣。

一題必盡題中之義，沉著至十分者，如《房兵曹胡馬》，既言“竹批雙耳”“風入四蹄”矣，下又云：“所向無空闊，真堪托死生。”《聽許十一彈琴》詩，既云“應手錘鈎，清心聽鏑”矣，下又云：“精微穿溟涬，飛動摧霹靂。”以至稱李白詩“筆落驚風雨，詩成泣鬼神”，稱高、岑二公詩“意愜關飛動，篇終接混茫”，稱侄勤詩“詞源倒流三峽水，筆陣獨歸千人軍”。《登慈恩寺塔》云：“俯視但一氣，焉能辨皇州？”《赴奉先縣》云：“朱門酒肉臭，路有凍死骨。”《北征》云：“夜深經戰場，寒月照白骨。”《述懷》云：“摧頽蒼松根，地冷骨未朽。”此皆題中應有之，他人説不到，而少陵獨到者也。

有題中未必有此義，而銘心刻骨，奇險至十二三分者，如《望岳》之“蕩胸生層雲，決眥入歸鳥”。《登慈恩寺塔》之“七星在北户，河漢聲西流”。《三川觀水漲》之“聲吹鬼神下，勢閱人代速”。《送韋評事》之“鳥驚出死樹，龍怒拔老湫”。《劉少府畫山水障》之“反思前夜風雨急，乃是蒲城鬼神人。元氣淋漓障猶濕，真宰上訴天應泣”。《韋偃畫松》之“白摧朽骨龍虎死，黑入太陰雷雨垂”。《鐵堂峽》之“徑摩蒼穹蟠，石與厚地裂”。《木皮嶺》之“仰干塞大明，俯入裂厚坤”。《桃竹杖》之“路幽必爲鬼神奪，拔劍或與蛟龍争”。《登白帝城樓》之“扶桑西枝封斷石，弱水東影隨長流”，扶桑在東而曰“西枝”，弱水在西而曰“東影”，正極言其地之高，所眺之遠。皆題中本無此義，而竭意摹寫，寧過無不及，遂成此意外奇險之句，所謂十二三分者也。至於尋常寫景，不必有意驚人，而體貼入微，亦復人不能到。如東坡所賞“四更山吐月，殘夜水明樓”，“暗飛螢自照，水宿鳥相呼”等句，若不甚經意，而已十分圓足，益可見其才力之獨至也。

自初唐沈、宋諸人創爲律體，於是五字七字中争爲雄麗之語，及盛唐而益出。如賈至《早朝大明宫》之作，少陵、王維、岑參等皆有和詩，詩中皆有杰句是也。杜詩五律，究以“江山有巴蜀，棟宇自齊梁”一聯爲最。東西數千里，上下數百年，盡納入兩個虚字中，此何等神力！其次則“星臨萬户動，月傍九霄多”，亦有氣勢。至岳陽樓之“吴楚東南坼，乾坤日夜浮”，古今無不推爲絶唱。然春秋時洞庭左右皆楚地，無吴地也。若以孫吴與蜀分湘水爲界，則當云“吴蜀東南坼”。且以天下地勢而論，洞庭尚在西南，亦難指爲東南。少陵從蜀東下，但覺其在東南故耳。又七律中“五更鼓角聲悲壯，三峽星河影動摇”，“錦江春色來天地，玉壘浮雲變古今”，亦是絶唱。然换却“三峽”“錦江”“玉壘”等字，何地不可移用？則此數聯亦不無可議；祇以此等氣魄從前未有，獨創自少陵，故群相尊奉爲劈山開道之始祖，而無異詞耳。自後亦竟莫有能嗣響者。東坡舉歐陽公“蒼波萬古流不極，白鳥雙飛意自閑”，“萬馬不嘶聽號令，諸蕃無事樂耕耘”，及坡自作“令嚴鐘鼓三更月，野宿貔貅萬竈烟”，“露布朝馳玉關塞，捷書夜到甘泉宫”，謂可以繼之，然聲調已稍減。元人《月夜登樓》一聯“大地山河微有影，九天風露寂無聲”，近時朱竹垞“絶頂蛟龍晴有氣，虚堂神鬼晝無聲”，似較勝宋人也。鄙作《觀西廠烟火》云：“九邊塵静平安火，上苑春開頃刻花。”亦頗近之。他如《滇南從軍》云：“一軍皆甲晨聽令，萬馬無聲夜踏邊。”《宿馬山祥符寺》云：“半夜月明鵶鵲警，九霄風急斗星摇。”似亦有力，然不能切定何地。若切定地里，又能聲出金石，則惟陳恭尹《廣州鎮海樓》一聯“五嶺北來山到地，九州南盡水連天”。雖少陵亦當視爲畏友也。

杜詩又有獨創句法，爲前人所無者。如《何將軍園》之“緑垂風折笋，紅綻雨肥梅”，“雨抛金鎖甲，苔卧緑沉槍”，《寄賈嚴二閣老》之“翠乾危棧竹，紅膩小湖蓮”，《江閣》之“野流行地日，江入度山雲”，《南楚》之“無名江上草，隨意嶺頭雲”，《新晴》之“碧知湖外草，晴見海東雲”，《秋興》之“香稻啄餘鸚鵡粒，碧梧栖老鳳凰枝”。古詩内亦有創句者。如《宿贊公房》之“明燃林中薪，暗汲石底井”，《白水縣高齋》之“上有無心雲，下有欲落石”，《鄭典設自施州歸》之“攀緣懸根木，登頓入矢石”，《閬山歌》之“松浮欲盡不盡雲，江動將崩未崩石”，以及《石龕》之“熊羆咆我東，虎豹號我西。我後鬼長嘯，我前狨又啼”，皆是創體。至如《杜鵑行》之“西川有杜鵑，東川無杜鵑，涪萬無杜鵑，雲安有杜鵑”，此究是題下注語，而論者引樂府“魚戲荷葉南，魚戲荷葉北”，以爲杜詩所仿，則又信杜太過矣。試思“西川”四句，與全首詩中意，有何關涉耶？

李、杜詩垂名千古，至今無人不知，然當其時則未也。惟少陵則及身預知之。其《贈王維》不過曰“中允聲名久”，贈高適不過曰“美名人不及”而已。獨至李白則云：“千秋萬歲名，寂寞身後事。”其自負亦云：“丈夫垂名千萬年，記憶細故非高賢。”似已預識二人之必傳千秋萬歲者。贈鄭虔雖亦有“名垂萬古知何用”之句，然猶是泛論也。此外更無有許以不朽者。蓋其探源溯流，自《風》《騷》以及漢、魏、六朝諸才人，無不悉其才力而默相比較，自覺己與白之才，實屬前無古人，後無來者。是以一語吐露，而不以爲嫌。所謂“文章千古事，得失寸心知”也。按是時，青蓮及身才名，本已震爆一世，李陽冰序謂其詩一出，今古文集，遏而不行。則名滿天下可知。而少陵雖流離困厄中，名亦與之相埒，元微之序所謂時人稱爲李、杜者也。同時已有任華者，推奉二公，特作兩長篇，一寄李，一寄杜，而不及他人。是可見二公之同時齊名矣。其後韓昌黎亦李、杜并尊。《調張籍》云："李杜文章在，光焰萬丈長。"《石鼓歌》云："少陵無人謫仙死，才薄其奈石鼓何！"《醉留東野》云："昔年曾讀李白、杜甫詩，長恨二人不相從。"《酬盧雲夫》云："遠追甫白感至誠。"《感春》詩云："近憐李杜無檢束，爛漫長醉多文辭。"是其於二公固未嘗稍有軒輊。至元、白，漸申杜而抑李。微之序杜集云：是時李白亦以能詩名，然至於"鋪陳終始，排比聲韻，大或千言，次猶數百，詞氣豪邁而風調清深，屬對律切而脱棄凡近，則李尚不能歷其藩翰，况堂奥乎"。香山亦云：李白詩才矣奇矣，然不如杜詩"可傳者千餘首。貫穿今古，覶縷格律，盡善盡工，又過於李焉"。自此以後，北宋諸公皆奉杜爲正宗，而杜之名遂獨有千古。然杜雖獨有千古，而李之名終不因此稍減。讀者但覺杜可學而李不敢學，則天才不可及也。

黄山谷謂"少陵夔州以後詩，不煩繩削而自合"。此蓋因集中有"老去漸於詩律細"一語，而妄以爲愈老愈工也。今觀夔州後詩，惟《秋興八首》及《咏懷古迹五首》，細意熨貼，一唱三嘆，意味悠長；其它則意興衰颯，筆亦枯率，無復舊時豪邁沉雄之慨。入湖南後，除《岳陽樓》一首外，并少完璧。即《岳麓道林》詩爲當時所推者，究亦不免粗莽；其他則拙澀者十之七八矣。朱子嘗云："魯直衹一時有所見，創爲此論。今人見魯直説好，便都説好，矮人看場耳。"斯實杜詩定評也。

集中咏杜鵑共有三首，其編在入蜀後者，王洙及常熟本，皆以爲感明皇被李輔國遷居西内而作。其曰："雖同君臣有舊禮，骨肉滿眼身羈孤"，末云："萬事反覆何所無，豈憶當殿群臣趨"，固似爲明皇而發。而夔州以後又有《杜鵑》二首，亦道其前爲帝王，死後魂化爲鳥，生子不自哺，寄百鳥巢，百鳥猶爲哺之，而嘆其昔年曾居深宫，嬪嫱左右，如花之紅，與前一首同一意也。此已在大曆年間，明皇崩已久，豈又爲之寄慨耶？説詩者未可逞己意而好爲議論也。

《八哀詩》中《張曲江》一首，但言其立朝孤介，及出鎮荆州以後，專以風雅爲後進領袖，而不及其他。按《朝野僉載》："曲江先論安禄山有反相，因其討奚、契丹兵敗，張守珪執送京師，曲江即判曰：'穰苴出師，先誅莊賈；孫武習戰，猶戮宫嬪。守珪法行於軍，禄山不宜免死。'帝特謂曲江曰：'卿無以王衍知石勒故事，而害忠良。'遂特赦之。其后帝在蜀，思曲江之先見，遣使祭之於韶州。"是曲江生平，此一事最關國事之大。乃杜詩中絶無一字及之。即新、舊《唐書》曲江本傳及守珪、禄山傳亦不載。豈出於傳聞而非實事耶？然劉禹錫疏有云："罪謫官員，雖量移不得與内地。此例自九齡建議。故雖有識禄山必反之先見，而終身無子"云。禹錫距天寶不甚相遠，且形之章疏，則此事又人所共見聞，而非鑿空撰出者。不知杜詩中何以遺之？而新、舊兩書亦不説及也。(《資治通鑒》却載明皇遣人祭曲江事。)

"朱門酒肉臭，路有凍死骨"，此語本有所自。《孟子》："狗彘食人食而不知檢，塗有餓莩而不知發。"《史記·平原君傳》："君之後宫婢妾，被綺縠，餘粱肉，而民衣褐不完，糟糠不厭。"《淮南子》："貧民糟糠不接於口，而虎狼饜芻豢；百姓短褐不完，而宫室衣錦綉。"此皆古人久已説過，而一入少陵手，便覺驚心動魂，似從古未經人道者。

書生窮眼，偶值聲伎之宴，輒不禁見之吟咏，而力爲鋪張。杜集中如《陪諸公子丈八溝納凉》，則云："公子調冰水，佳人雪藕絲。"《陪李梓州泛江》，有伎樂，則戲爲艷曲云："江清歌扇低，野曠舞衣前。"《陪王侍御宴姚通泉携酒泛江》，有伎，則云："復携美人登彩舟，笛聲憤怨哀中流。"《戎州宴楊使君東樓》，則云："座從歌伎密，樂任主人爲。"《江畔獨步尋花》，至黄四娘家，則云："黄四娘家花滿蹊，千朵萬朵壓枝低。"皆不免有過望之喜，而其詩究亦不工。如《陪李梓州艷曲》云："使君自有婦，莫學野鴛鴦。"固已毫無醖藉。《戲題惱郝使君》云："願携王趙兩紅顔，再騁肌膚如素練。"則更惡俗，殺風景矣。

古人流寓，往往先營居宅。杜詩云："杜曲幸有桑麻田。"又《寄河南韋尹》一首，自注"甫有故廬在偃師，公頻有訪問"云。是杜曲、偃䢖，皆有少陵田宅，不知何以寄妻子於鄜州？蓋因禄山之亂，河南、長安所在被兵故耳。因妻子在鄜，而托贊上人爲覓栖止之所。先擇東柯谷，次及西枝村，卒結茅於同谷。未幾入蜀，結廬於浣花江上。其後入巫峽，又有"前江後山根"之居。已而巫峽敝廬贈崔侍御。而至夔州，先寓西閣，旋卜居赤甲，又遷瀼西，再遷東屯。此數年中，課辛秀伐木，遣信行修水筩，催宗文樹鷄柵，使獠奴阿段尋水源，使張望補稻畦水，其辛勤較成都十倍矣。後將出峽，則以果園四十畝贈南卿兄而去。以後流落湖、湘，并無突黔之地矣。後來東坡亦略似之。黄州則有臨皋亭、雪堂之居，惠州則有白鶴觀之居，儋州則又結茅與黎人雜居，亦隨地營宅。然坡以遷謫難必歸期，故然。少陵則偃師、杜曲尚有家可歸，且身是郎官，赴京尚可補選，乃不作歸計，處處卜居，想以携家不能遠涉之故。甚矣妻子之纍人也！

古人作畫，多在素壁，少陵《題玄武禪師屋壁》所謂"何年顧虎頭，滿壁畫滄州"是也。又有《題玄元皇帝廟》，吴道子所畫五聖像云："冕旒俱秀發，旌旆盡飛揚。"《通泉觀薛少保畫壁》，縣署後壁，亦有薛少保畫鶴，韋偃亦爲少陵寓齋畫馬於壁，少陵皆有詩可考也。至如《劉少府畫山水障》，及贈韋偃詩"我有一匹好東絹，請公放筆爲直幹"，則縑素矣。（按《韻語陽秋》："沙州龍興寺吴道子畫，一壁作維摩示疾，文殊來問；一壁作太子游四門，釋迦降魔。"又張彦遠《名畫記》："西京唐安寺菩提院北壁《降魔變相》，道子畫也。"《東齋記》亦載蜀有大慈寺壁畫《明皇按樂十眉圖》。東坡咏王維畫，亦云："今觀此壁畫。"又詩云："應似畫師吴道子，高堂巨壁寫降魔。"是皆壁畫故事。放翁有《嘉祐寺觀壁間文與可墨竹》詩。）

宋子京修《唐書》，好取材於小説。《杜甫傳》云：甫嘗醉登嚴武之床，呼其父字。武欲殺之，冠鈎於簾者三，其母救之，乃止。劉後村據杜《哭嚴僕射歸櫬》及《八哀詩》中有武一首，《諸將》詩中亦有“正憶往時嚴僕射”一首，謂杜、嚴二公交情如此，豈有欲殺之理！此固確論也。然杜在嚴幕，亦實有不得意之處。如《立秋雨院中有作》云：“窮途愧知己，暮齒借前籌。已費清晨謁，那成長者謀。”《到村》云：“暫酬知己分，還入故林栖。”《遣悶呈鄭公》云：“曉入朱扉啓，昏歸畫角終。不成尋別業，未敢息微躬。”《池上晚眺》云：“何補參軍乏，歡娛到薄躬。”《宿府》云：“已忍伶俜十年事，强移栖息一枝安。”《簡院内諸公》云：“白頭趨幕府，深覺負平生。”又《去矣行》一首云：“野人曠蕩無靦顔，豈可久在王侯間！”則明明有“逝將去汝”之嘆。蓋二公少時，本以文字及戚誼深相交契，武初鎮蜀，杜來依之，彼此以故人相接，歡然無間。及再鎮蜀，表杜爲工部員外郎，參謀幕府，則已爲其屬官。武氣岸自負，房琯以故相爲其屬州刺史，即以屬禮待之。想其於杜，亦不復能如前此之闊略禮節。而杜猶以故人自待，不免稍有取嫌之處。觀杜却還張舍人織成褥段云：“嘆息當路子，干戈尚縱横。掌握有權柄，衣馬自肥輕。李鼎死岐陽，實以驕貴盈。來瑱賜自盡，氣豪直阻兵。”杜區區一幕僚，何必引節鎮大官自戒！此蓋藉以諷武之驕恣，而杜之鬱鬱不得意，亦可想見於言外矣。且既爲幕僚，其同官中必有相嫉妒者。杜呈嚴詩云：“束縛酬知己，蹉跎效小忠。周防期稍稍，太簡遂匆匆。”所謂“周防”者，非有所猜疑乎？又《莫相疑行》一首云：“晚將末契托年少，當面輸心背面笑。寄語悠悠世上兒，不争好惡莫相疑。”是必同官中有間之於武者。纖微芥蒂，固所不免也。至於武死而哭其歸櫬，追憶交舊而列武於《八哀詩》中，則以生平交契之深，受惠之厚，固莫如武，而從前一時小小嫌疑，自不復介懷。讀詩者專信宋子京固非，專信劉後村謂二公始終無纖毫間隙，亦不必也。

士當窮困時，急於求進，干謁貴人，固所不免。如李白《上韓荆州書》，韓退之《上宰相書》，皆是也。杜集如贈汝陽王及韋左丞詩，因其有知己之雅，故作詩投贈，自無可議。至其《贈翰林張垍》云：“倘憶山陽笛，悲歌在一聽。”《上韋左相見素》云：“爲公歌此曲，涕泪在衣襟。”《贈田舍人》云：“揚雄更有河東賦，唯待吹嘘送上天。”《送田九判官》云：“麾下賴君才并入，獨能無意向漁樵！”《贈沈八丈》云：“徒懷貢公喜，颯颯鬢毛蒼。”幾於無處不乞援。然張垍等猶皆同氣類之人也。鮮于仲通，則楊國忠之黨，并非儒臣，而贈詩云：“有儒愁餓死，早晚報平津。”哥舒翰，武夫也，高適爲其掌書記，杜送高詩：“請君問主將，安用窮荒爲？”是固已薄翰之貪功邀寵矣；而贈翰詩則又諛之以“開府當朝杰，論兵邁古風”，末又云“防身一長劍，將欲倚崆峒”，若不勝其乞哀者。可知貧賤時自立之難也。

詩人之窮，莫窮於少陵。當其游吴、越，游齊、趙，少年快意，裘馬清狂，固尚未困厄。天寶六載，召試至長安，報罷之後，則日益飢窘。觀其詩可知也。《雨過蘇端》，端爲具酒，則云：“濁醪必在眼，盡醉攄懷抱。”《晦日尋崔戢李封》，則云：“晚定崔李交，會心真罕儔。每過得酒傾，二宅可淹留。”《病後過王倚留飲》，則云：“惟生哀我未平復，爲我力致美肴膳。”而所食者，不過香粳、冬菹、土酥、豕肉而已。鄭重感謝，謂“主人情味晚誰似，令我手脚輕欲旋”。《程録事還鄉携酒饌來就别》，則云：“内愧不突黔，庶羞以賙給。素絲挈長魚，碧酒隨玉粒。”亦不過魚、酒、稻米也。與妻子徒步至彭衙，有孫宰留宿具飯，則云：“誓將與夫子，永結爲弟昆。”甚至向侄佐索米，則云：“已應舂得細，正想滑流匙。”又云：“甚聞霜薤白，重惠意如何？”則并乞及葱薤矣。在同谷親拾橡栗，到劚黄精不獲而歸，對兒女長嘆，其景况可想也。唯入蜀以後，前後在浣花草堂一二年，稍免飢寒。崔明府見訪，嚴鄭公出郊，尚能留飲。夔州以後，又生事不給。《王十五前閣會》，則云：“病身虚俊味，何幸飫兒童！”孟倉曹饋酒醬二物，則有詩志惠。甚至園官送菜，而嘆其以苦苣馬齒，掩乎嘉蔬。迨至湖南，則更流徙丐貸，朝不謀夕，遂以牛肉白酒，一醉飽而歿。天以千秋萬歲名榮之於身後，而斗粟尺縑，偏靳之於生前，此理真不可解也。或謂詩必窮而後工，此亦不然。觀集中《重經昭陵》《高都護驄馬》《劉少府山水障》《天育驃騎》《玉華宮》《九成宮》《曹霸丹青》《韋偃雙松》諸杰作，皆在不甚飢窘時。氣壯力厚，有此巨觀，則又未必真以窮而後工也。

杜詩“坡陀金蝦蟆，出見蓋有由。至尊顧之笑，王母不肯收”。按唐人陸勛《集異志》：“高宗患頭風，莫能療。有宫人陳姓者，世業其術，帝令其合藥。方置藥爐，忽一蝦蟆躍出，色如黄金，背有朱書‘武’字，帝命放於苑池。”《集異志》本小説家，而少陵用之，想是實事。可見唐人小説，非盡無稽。後來東坡亦用徐佐卿等事，蓋少陵開其先矣。

唾餘新拾（刊本）

綿州李調元

人情人事

《晋書·武帝紀》：泰始四年，頒五條詔書於郡國。五曰去人事。按人事乃饋遺之稱，韓退之撰《王用神道碑》：“用男送馬匹轡鞍，及白玉腰帶，朝廷令公受領。”集中有《謝許受王用男人事物狀》。後撰《平淮西碑》：“韓宏寄絹五百匹充人事。”又有《奏韓宏人事物狀》。白居易奏《于頔裴均欲入朝事宜狀》云：“上須進奉，下須人事。”杜牧《謝許受江西送撰韋丹碑彩絹等狀》，亦有所寄“人事彩絹”之語。

又杜甫詩："粔妝作人情。"耐得翁《都城紀勝》：趁赴茶酒人，每日與人傳語往還，或講集人情分子。元典章：出使經過州縣，中間要做梯己人情者，必然惠送段匹禮物。按以禮物相遺曰送人情，唐、宋、元人皆言之也。

怱怱

杜甫詩："相逢惟究究，告别莫怱怱。"按怱字《説文》作悤，解云：多遽悤悤也。《晋書・王彪之傳》"無故悤悤"正作悤字。惜《文字志》："張芝怱怱，不暇草書"，《南史・雍州童謡》："莫怱怱，且寛公"，及工部此詩，皆變體爲怱。《説文》别有勿字，解云：州里所建旗，以之趣民，故遽稱勿勿。王右軍帖："頓乏勿勿"，陸雲《與平原書》："南去轉遠，洛中勿勿少暇"，杜牧詩："浮生長勿勿"，所用則俱勿字。近俗書怱字往往省去其心，形與物類，而其義又同爲遽，昧者遂疑二字爲一。附辨正之。

人客

杜甫《感懷》詩："問知人客姓，誦得老夫詩。"白居易《酬周從事》詩："腰痛拜迎人客倦。"今云客來爲人客來，本此詩。

流落

《明皇雜録》：李白、杜甫、孟浩然雖有文明，俱流落不偶。江總詩："流落今如此。"杜甫詩："流落意無窮。"按《史記》有云留落即流落也。《霍去病傳》：諸宿將常坐留落不遇。注云：謂遲留零落。

剪紙招魂

《唐書·王璵傳》：漢以來葬者皆有瘞錢，後世里俗稍以紙寓錢爲鬼事，至是，璵乃用爲禳枝。按《法苑珠林》，紙錢起於殷長史、法慶善。《杜詩辨證》云：齊東昏侯好鬼神之術，剪紙爲錢，以代束帛，至唐盛行其事。王睿詩："紙錢灰出木棉花"，李山甫詩："可要行人贈紙錢"，徐凝詩："無人送與紙錢來"，皆言之。邵康節春秋祭祀亦焚紙錢，程伊川門之曰：冥器之義也，脱有益，非孝子順孫之心乎？宋王炎有《清明日先塋挂紙錢》詩。

上人

《能改齋漫録》：唐人皆以僧爲上人，如杜子美"已上人茅屋"是也。《增一阿含經》：有能改過者爲上人。《摩訶般若經》：一心行阿耨菩提心，不敢散亂，是名上人。《十誦律》：人有四種：一粗人，二蜀人，三中間人，四上人。按晋時稱釋子多曰道人，至鮑明遠始有《秋日示休上人》詩。

子細

《北史·源思禮傳》：爲貴人，當舉綱維，何必太子細也？杜甫詩："野橋分子細"，"醉把茱萸子細看"本此。

作

《蔡寬夫詩話》：吴人以作爲佐音，退之《方橋》詩："非閣復非船，可居兼可過。君欲方問橋，方橋如此作。"用此音也。《苕溪漁隱叢話》：老杜有"主人送客無所作"句，則老杜固先用此方言矣。按作字去聲，其音有二：一入二十一“個”。梁江紅《洪箋詩》：“雜彩何足奇，唯紅偏可作。灼爍類藁開，輕明似霞破。”更在杜、韓二公先也。一入七“遇”，其來甚遠。《莊子》：行修於内者，無位而不作。《音義》云：作，在路反。《荀子》：肉腐出蟲，魚枯生蠹，貪利忘身，幾禍乃作。作以蠹叶爲韻語。《漢書·景帝紀》注：民語云：“金可作，世可度。”《後漢書·廉苑傳》[1]：民歌曰：“廉叔度，來何暮？不禁火，民安作？昔無襦，今五褲。”古詩：“微物雖輕，拙手所作。餘帛三丈，爲郎別厝。”所叶皆七“遇”字也。唐開元宫人詩：“戰袍經手作”，寒山詩：“一生懶情作”，如此類者，悉當讀爲去聲。今世俗別書“做”字，僅釋氏語録及元雜劇曾遇見之。

箇

《大學》：若有一個臣。《左傳》：又弱一個焉。《吴語》：一個負矢，百群皆奔。《考工記》：廟門容大扃七個，闈門容小扃參個。通作箇。揚子《方言》：箇，枚也。《荀子·議兵篇》：負矢五十箇。亦作個。《儀禮》士虞及特牲饋食，俱云俎釋三個。鄭注云：今或名枚曰個者，音相近也。俗言物數有云若干個者。按個屬古字，經典皆用之；箇起六國時，個則用於漢末。鄭康成猶謂俗言，唐人習用箇字，如杜詩“兩箇黄鸝鳴翠柳”。今或反疑個爲省筆，非也。

長年

《文選》謝宣遠詩：“榜人理行艫”，李善注：“榜人，船長也。”按杜詩稱梢工曰長年三老，猶此。時俗謂之家長，家當是駕音訛，以其駕舵、駕艫，故號駕長耳。

---

① 原稿作常建詩，誤。

唾餘續拾

綿州李調元

打頭風

杜甫詩："風急打船頭"，元稹詩："船泊打頭風。"按打字舊在梗韻，讀若頂，今語仍然。《五代史補》：吴越王初入朝，上賜寶馬，馬出禁中，驕行欲走，王顧左右曰：此豈遇打頭風耶？

秤

《史記·廉頗傳》："食肉一秤。"《小爾雅》："斤十爲衡，衡半爲秤。"《太平御覽》："諸葛亮曰：我心如秤，不能隨人低昂。"《嘉話録》："上官昭容母夢人與秤，曰：持此秤量天下士。"按秤字始見《廣韻》，注云：俗稱字。《淮南子》"角斗稱"，《隋·律曆志》"新稱""古稱"，俱即稱字用之。今人分平、去二音，指呼其器爲去聲，以量物輕重爲平聲。據《月令》"蠶事既登，分繭稱絲"，《考工記》注"權謂稱分之"，音義俱尺證切，則雖量物亦讀去也。杜詩"姹女縈新裹，丹砂冷舊秤"，恐是趁筆之誤。又秤星見於在閣《知新録》。今謂秤上斤兩爲花星，唐人有之。賈島《中山》詩："鑿石養蜂休賣寧，坐山秤藥不争星。"按包何《秤送孟孺卿》詩亦有"衡直衆星隨"句。又拾得詩"銀星釘稱衡緑絲"，作稱紐。《傳燈録》：寶峰云：無星秤子有甚辨處？

（多按：《奇聞録》："近來好裹束，各自競尖新。秤無三五兩，因何號一斤？"）

晚飯

朝飯、晚飯，見杜詩“晚飯越中行”、蘇詩“却到龜山未朝飯”。中飯見王維詩“中飯顧王程，離憂從此始”、李頻詩“向野聊中飯，乘凉探暮程”。

唾餘補拾

綿州李調元

丈

《搜神記》：管輅至南陽平原，見一少年，嗟嘆而過，少年曰：老丈有何事嗟嘆？或稱丈丈。《全唐詩話》：鄭谷幼年，司空圖見而奇之曰：曾吟丈丈詩否？曰：吟得丈丈《曲江晚眺》斷篇。按丈猶言丈人也，李白有《過崔八丈水亭》詩，杜甫有《贈李八丈判官》詩。《愛日齋叢抄》云：曾吉甫在館中，同舍相約：曾公前輩可尊，是宜曰丈，餘人自今各以字自行。稱丈之尊若此。

北堂

周嬰《巵林》：《儀禮》：有司徹曰主婦、北堂。《士昏禮》曰：姑洗於北洗。鄭注曰：北洗在北堂，主婦也，姑也，非母之稱乎？李陵書：“老母終堂”，潘岳賦：“太夫人在堂”，顔延之《秋胡詩》：“上堂拜家慶”，固知高堂之上，慈母所居，自昔然矣。隋侯夫人自傷詩：“偏親老北堂”，杜甫詩：“慈顔赴北堂”，岑參詩：“北堂倚門望君憶”，此後代堂老、令堂之稱所祖耳。按世俗又或稱萱堂、萱親，則因北堂而牽連及之。孟郊詩：“萱草集堂陛，游子行天涯。慈親倚堂門，不見萱草花。”乃其牽連之祖。

爺孃

《南史·齊宗室傳》：帝謂子良曰：汝何不讀書？曰：孃今何處？何用讀書？帝即召后還。《北史·隋宗室傳》：帝謂勇昔語衛王曰：阿孃不與我一好婦女，因指皇后侍兒曰：皆我物。《隋書·韋世康傳》：《與子弟書》曰：孃春秋已高，温清宜奉。《木蘭詩》：“朝辭爺孃去”，杜甫詩：“爺孃妻子走相送”，《朝野僉載》：婁師德責其鄉人曰：汝辭父孃，求覓官職，不能謹潔，知復奈何？《廣異記》：李萇聞檐上呼曰：此是狐婆作祟，何以枉殺我孃兒？《輟耕録》：娘字，俗書也，古無之，作孃爲是。按《説文》：孃，煩擾也，肥大也。其義衹如此。以之稱母，雖始於六朝，終亦近俗。若娘字古非無有，特其義更謬戾。《北史·齊后妃傳》有馮娘、李娘、王娘、穆娘，皆宫中之賤媵。《子夜歌》：“見娘喜容媚，願得結金蘭。”《黄竹子歌》：“一船使兩槳，得娘還故鄉。”《江陵女歌》：“拾得娘裙帶，同心結兩頭。”則皆用於男女期會之辭。以此思之，其可不考而誤用也？《廣韻》云：“娘，母稱”；“娘，少女之號”。此二語最明晰可遵。

官人

《韓昌黎集·王適墓志》：一女憐之，必嫁官人，不以與凡子。杜甫《逢唐興劉主簿》詩：“劍外官人冷。”按唐時惟有官者方得稱官人，宋乃不然。若周密《武林舊事》所載：金四官人以棋著，李大官人以書會著，陳三官人以演史著，喬七官人以説藥著，鄧四官人以唱賺著，戴官人以捕蛇著。吴自收《夢粱録》又有：徐官人幞頭鋪，崔官人扇面鋪，張官人文籍鋪，傅官人刷牙鋪。當時殆無不官人者矣。

穿耳

穿耳見《輟耕録》。或謂晋、唐間人所畫士女多不帶耳環，以爲古無穿耳者。然《莊子》云："天子之諸御不爪剪、不穿耳。"是古亦有之矣。按《説文》謂珥即充耳，則《詩傳》已言之。但充耳雖懸於耳，而未穿貫耳中。《釋名》云："穿耳施珠曰璫，此本出於蠻夷所爲，中國人效之耳。"《吴志》：諸葛恪曰："母之於女，恩愛至矣，穿耳附珠，何傷於仁？"杜甫詩："玉環穿耳誰家女？"乃漢、唐來士女穿耳之證。至《山海經》言"青要之山宜女，其神小腰白齒，穿耳以鐻"，則更在夐古矣。

續弦

《十洲記》：鳳麟洲人以鳳喙、麟角合煎作膠，能續弓弦。《漢武外傳》：西海獻鸞膠，帝弦斷，以膠續之，弦兩端遂相著，終日射之不斷，帝悦，賜名續弦膠。杜甫詩："麟角鳳嘴世莫識，煎膠續弦奇自見。"杜牧之詩："天上鳳凰難得髓，世間那有續弦膠？"按今俗謂喪妻曰斷弦，再娶曰續弦，村農市賈無不言之。

泥

杜詩："忽忽窮愁泥殺人。"《升庵外集》：俗以柔言索物曰泥，乃計切，諺所謂"軟纏"也。元稹："泥他沽酒拔金釵"，楊乘："晝泥琴聲夜泥書"，鄧文原："銀燈影裏泥人嬌。"用者不一字，或作昵，亦作妮。

讀書叢録（刊本，道光元年序）

臨海洪頤煊

杜工部詩

《集千家注分類杜工部詩》二十五卷，題東萊徐居仁編次，臨川黄鶴補注。前有杜工部傳序碑銘一卷，後有“廣勤書堂新刊”六字木長印。年譜一卷，目録一卷。集注姓氏後有“三峰書舍”鐘式木印，“廣勤堂”三字鼎式木印。元刊黑口本，每頁廿四行，行廿字。

（又）

《集千家注批點杜工部詩集》二十卷，題“須溪先生劉會孟評點”。前有大德癸卯劉將孫序，序後有須溪劉氏將孫尚友父五木印。年譜一卷，目録一卷，末卷已闕。後人抄補元刊黑口本，每頁廿二行，行廿三字。

過庭録（刊本，咸豐三年序）

長洲宋翔鳳

劍器

杜有《觀公孫大娘弟子舞劍器行》。王漁洋據陳暘《樂書》，以劍器、渾脱爲舞曲解之名。然此但以正序中劍器、渾脱四字之句讀則可，竟以劍器爲舞曲而非舞劍則不可。考鄭嵎《津陽門》詩：“都廬尋橦誠齷齪，公孫劍伎方神奇”，自注：“有公孫大娘舞劍，當時號爲雄妙。”又蘇涣《懷素上人草書歌》：“西學舞劍氣淩雲。”此并是唐人，去杜甚近，并以爲舞劍也。《文獻通考》一百四十五卷云：“健舞曲有大杆、阿連、柘枝、劍氣（同器）、胡旋、胡勝。”又一百四十六卷云：“小兒隊二曰劍器隊，衣五色綉羅襦，裹交脚幞頭，紅羅綉抹額，器仗。”按器仗謂劍。劍器用劍，猶抛球樂之用綉球、采蓮隊之執蓮花也。（并見《通考》）又樂府凡鞞鐸、巾拂之舞，所持即是鞞鐸、巾拂，則無疑乎劍器之用劍矣。《舊唐書・音樂志》云：“梁有跳劍伎、吞劍伎，今并存。”此亦謂舞樂，鄭嵎劍伎之字所出也。

飛花

杜《曲江》詩：“一片花飛減却春”，此花謂柳花，故能風飄萬點；第三句：“且看欲盡花經眼”，乃指桃李百花。且如此解，方不嫌重復。太白詩：“不作飛空之落花”，又云：“十見花城雪”，并謂柳花也。韓翃“春城無處不飛花，寒食東風御柳斜”，此飛花更明言柳花。凡解杜詩如虞伯生諸人，及作試帖者，無不誤作桃李百花也。

通齋詩話（南城李三鼎鉛印本）

江都蔣超伯輯

裴虬

《武昌怡亭銘》，唐裴虬所製，與李莒八分，陽冰篆，時稱“三絶”。工部《暮秋枉裴道州手札》詩云：“憶子初爲永嘉尉，紅顔白面花映肉。軍符侯印取豈遲，紫燕騄耳行甚速。”注：裴虬，字深源，大曆四年爲道州刺史。"紫燕騄耳行甚速"者，謂七年之間由尉而至刺史也。張建封未遇時，虬曾薦之於韋之晋。杜老《别張十三建封》詩中亦及之。其人在當時頗有名。吕温《湖南都團練使廳壁》記其逸才奇略，韓昌黎《河南少尹裴復墓志》稱：父虬，有氣略，敢諫諍，爲諫議大夫。引正大疑，卒贈工部尚書。超囊游浯溪，索虬題名不可得，口占一絶云："俗耳惟聞元道州，浯溪誰更訪裴虬。蒼苔剥落題名黯，多少塗鴉占上頭。"（宋時浯溪尚有袁滋季康篆，共七十一行，見《浯翁集》。）

當

《説文》：蒂，瓜當也。杜詩："擺浪散帙防，危沙折花當。"花當謂花蒂，他説均非。

烏鷄愈風

杜工部《催宗文樹鷄栅》詩："愈風傳烏鷄，秋卵方漫吃。"《本草》言：烏骨鷄補虚勞，鷄子益氣。不云愈風。

薛稷畫鶴

薛少保畫鶴居神品，唐世極重之。杜工部《通泉縣署屋壁薛少保畫鶴》詩："薛公十一鶴，皆寫青田真。畫色久欲盡，蒼然猶出塵。"秘書省壁亦有公所畫鶴。李贊皇詩："畫壁看薛鶴"，鄭谷詩亦云："因看薛稷鶴，共起五湖心。"至宋時真迹尚有存者，米元章得二鶴云。近時繪事罕工此者，頃年得王應祥茂才畫八鶴，幅闊及丈，神采飛騰，滄波際天，海日初出，屢欲以詩紀之，因循未果也。（稷令彭山時，作《茅茨賦》貽朱桃椎。見《録異記》。）

拳毛騧

杜詩："昔時太宗拳馬騧。"拳毛,《爾雅》所謂回毛也。回毛惟在膺吉。陸佃云：在脅後爲挾尸，在口畔爲銜禍，在尾下爲喪門，在耳下爲聽哭，在耳後爲螣蛇。近時徐星伯説云：綫臉孤蹄，僧道不騎。辛未夏在粤垣，友人贈二馬，其一如徐説。豢之數月，而余疾作，怔忡澈夜，急請北歸，至今未能霍然，亦可異也。

張彪

《論語·述而篇》："依於仁。"古注：依，倚也，仁者功施於人，故可倚。杜工部《寄張十二山人彪》詩："此邦今尚武，何處且倚仁"，正與古注義合。元次山《篋中集》祇選七人，而彪列其内，蓋亦有盛名者。韋續《書品》目彪草書如孤峰削成，藏筋露骨，與孫過庭、鄔彤等并稱。杜亦推許之至，詩中有云："草書何太苦，詩興不無神。曹植休前輩，張芝更後生。"

七祖

僧家七祖，唐時紛無定説，李華、王縉皆以大通爲六祖，大照爲七祖。大通即神秀，大照即普寂也。劉賓客《送宗密上人歸草堂》云："自從七祖傳心印，不要三乘入便門"，則以荷澤會爲七祖。然圭峰不一二傳，遂不大顯。而南岳讓之後爲潙仰、爲臨濟，青原思之後分雲門、洞山、法眼三宗，迤衍盛大，震蕩無際，思與讓又并尊爲七祖。杜詩"身許雙峰寺，門求七祖禪"。方工部客蜀時，荷澤一宗甚盛，子美之意，似指神會言之。

市暨瀼

杜工部《夔府咏懷寄鄭審李之芳一百韻》詩："陣圖沙岸北，市暨瀼西巔"，又"塹抵公畦棱，村依野廟壖"。自注：市暨音既，峽人目市井處曰市暨，江水横通山谷處，方言謂之瀼。《黄山谷集》則云：犍爲之俗，謂江之瀼水爲浩。有金箱浩，眉山人吴季成所居，爲屋百楹。

藤輪

惠州藤枕甚華潔。杜詩云："長歌敲柳癭，小睡憑藤輪。"當即藤枕之圓者耳。

孟雲卿

杜工部《孟氏》詩云："孟氏好兄弟，養親唯小園。承顔胝手足，坐客强盤飧。負米夕葵外，讀書秋樹根。卜鄰慚近舍，訓子學誰門。"又《解悶》詩云："李陵蘇武是吾師，孟子論文更不疑。一飯未曾留俗客，數篇今見古人詩。"自注：校書郎雲卿。二詩詞意一律，則孟氏即雲卿耳。

上番

杜詩："無數春笋滿林生，柴門密掩斷人行。會須上番看成竹，客至從嗔不出迎。"蓋第二番笋便不能成竹。《爾雅》：仲無笐。陸農師曰：笐，竿也；仲，第二番笋。其説是也，予園多竹，驗之良然。

裴冕

杜詩："廊廟之具裴施州"，謂裴冕也。《宰相世系》不詳冕子幾人。薛用弱《集異記》"裴越客"一條云：冕第三子，前藍田尉。

石遺室詩話

侯官陳　衍

寫景

任是如何景象，俱寫得字字逼真者，惟有老杜，其餘則如時手寫真，肖得六七分，已歡喜過望矣。杜如："旁見北斗向江低，仰見明星當空大"，寫出曠野夜行景；"暗水流花徑，春星帶草堂"，"飛星過水白，落月動沙虛。擇木知幽鳥，潛波想巨魚"，寫出無月夜景；"雷聲忽送千峰雨，花氣渾如百和香"，寫出暑天鬱蒸將雨景；"震雷翻暮燕，驟雨落河魚"，則真大雨景矣；"樓雪融城濕，宮雲去殿低"，真雪後陰天景。

體物

"西川有杜鵑，東川無杜鵑，涪萬無杜鵑，雲安有杜鵑。"此殆學"魚戲蓮葉東"四句，而不可常爲者也。"巨刃摩天揚，刺手拔鯨牙，舉瓢酌天漿。"此大言欺人，非真有其事者也。奇莫奇於"千巖無人萬壑静，十步回頭五步坐"，妙莫妙於"一重一掩吾肺腑，山鳥山花吾友於"，快莫快於"青惜峰巒過，黄知橘柚來。江流大自在，安坐興悠哉"，壯莫壯於"豫章翻風白日動，鯨魚跋浪滄溟開"，横莫横於"白推朽骨龍虎死，黑入太陰雷雨垂”。及其細膩風光也，則一蝴蝶而云“娟娟戲蝶過閑幔”，“穿花蛺蝶深深見”矣；一蜻蜓而云“點水蜻蜓款款飛”，“無數蜻蜓飛上下”矣；一鷗也而云“片片輕鷗下急湍”，“但見群鷗日日來”，“相親相近水中鷗”矣；一螢火也而云“暗飛螢自照”，“巫山秋夜螢火飛，疏簾巧入坐人衣”矣。所謂體物瀏亮也。世徒賞其“孤雁不飲啄”，“促織甚微細”而已。

開宋人法門

“堂前撲棗任西鄰，無食無兒一婦人。不爲困窮寧有此，衹緣恐懼轉相親。”開宋人無限法門。世徒賞其“帶甲滿天地”，致此自辟遠而已。

絶句

鐵崖道人《竹枝詞》《漫興》各絶句，專學杜者。漁洋《冶春詞》專學鐵崖，余酷喜之，以爲漁洋集中無出此數首及《懷人絶句》右者。今人習於沈歸愚先生各《别裁集》之説，以爲七言絶句，必如王龍標、李供奉一路，方爲正宗；以老杜絶句，在盛唐爲獨創一格，變體也，由其才力横絶，偶爲短韻，不免有蟠屈之象，惟《贈花卿》《逢李龜年》數首，乃爲絶唱云云。不思七言絶句和樂皆五句，其平仄相間，惟作四句，則始於湯惠休《秋思引》，亦爲古《竹枝》《柳枝》之音，趹宕奇古，何嘗必如盛唐哉？必學盛唐者，王阮亭標舉神韻，沈歸愚墨守明人議論故耳。《花卿》《龜年》諸作，在老杜正是變調，偶效當時體。宋芷灣（湘）有絶句二首云：“豈果開元天寶間，文章司命付梨園。諸公自有旗亭見，不愛田家老瓦盆。”“滿眼餘波爲綺麗，少陵家法必風騷。千秋尚有昌黎老，流出崑崙第二條。”題云：“人皆議少陵絶句短，予以爲少陵自不肯爲人之所長，若夫古今派别，焉可誣也？杜自云：‘法自儒家有，心從弱歲疲。’或輒以别調目之，是可異已。作二絶句。”可謂獨見語，先我而實獲我心者矣。王蘭泉翁覃谿於嶺南詩人，稱馮魚山、黎二樵輩，而不及芷灣。芷灣刻意學杜寫景言情幽秀一路，所刻詩衹見《豐湖漫草》《續草》二卷，《不易居齋》一卷，近體居八九，語多不猶人，《湖居後十首》短古最工，世僅傳其《伯牙琴臺》七古一首，非其至也。

製題

康樂製題，極見用意，然康樂後，無逾老杜者。柳州不過三數題而已。杜詩如：《早秋苦熱堆案相仍》《柟樹爲風雨所拔》《茅屋爲秋風所破》《遭田父泥飲美中丞》《通泉驛南去通泉縣十五里山水作》《水閣朝霽宴嚴雲安》《信行遠修水筒》《槐葉冷淘》《行官張望補稻畦水歸》《催宗文樹鷄柵》《秋行官張望督促東渚耗稻向畢清晨遣女奴阿稽豎子阿段問》《暇日小園散病將種秋菜督勒耕牛兼書觸目》《醉爲馬墜諸公携酒相看》《聶耒陽以僕阻水書致酒肉療飢荒江詩得代懷興盡本韻至縣呈聶令》《南曹小司寇舅於我太夫人堂下累土爲山旁植慈竹》《江上值水如海勢聊短述》《王侍御携酒至草堂便請邀高使君同到》《王竟携酒高亦同過》《王録事許修草堂貲不到聊小詰》《課小豎鋤斫舍北果林枝蔓荒穢净訖移床》《寒雨朝行視園樹自瀼西荆扉且移居東屯茅屋》《刈稻了咏懷》《九日諸人集於林》《孟倉曹步趾領新酒醬見遺老夫》《續得觀書正月中旬定出三峽》，皆隨意結構，與唐人尋常詩題迥不相同者。宋人則往往效之。

木庵説杜詩

先伯兄木庵先生，善説杜詩，不下百十則。常謂：“莫厭傷多酒入唇”之傷，即《孟子》傷廉、傷惠之傷，傷字乃對得上句欲盡之欲字。

向來含混讀過不求甚解矣。"意匠慘淡經營中"，王阮亭改作經營成，論者以爲點金成鐵。然須知少陵無一字無來歷，經營中三字，實本古樂府"小立經營中"句。"寡妻群盜非今日，天下車書共一家"。寡妻如何與群盜并舉？蓋即"喜心翻倒極，嗚咽欲沾巾"意，不覺其口號之語無倫次也。然亦從《大雅》"刑於寡妻，至於兄弟，以御於家邦"翻出來。至愛者寡妻，至惡者群盜，舉其兩極端言之耳。先生懶於著書，所口説過而輒忘，多無從記憶矣。余亦言山谷之"商略督郵風味惡，不堪持到蛤蜊前"，前韻似湊，不知古人以物送人，必有一物居首。弦高牛十二犒秦師，以乘韋先。蛤蜊前之前字，即乘韋先之先字。少儀之乘壺酒束脩與犬亦是也。先生極以爲然。

五律

五律須四十字，字字清高。惟初唐至太白爲然，老杜則無所不有矣。然自摩詰已然，老杜五律高調似初唐者，以"國破山河"一首爲最。

句法所本

少陵之"邊秋一雁聲"，"露從今夜白"，從江淹《别賦》"值秋雁兮飛日，當白露兮下時"，不覺脱化而出。"月是故鄉明"，亦翻用謝莊"隔千里兮共明月"意耳。

卒年

錢牧齋撰《少陵先生年譜》，據《舊唐書》本傳"溯沿湘流游衡山，寓居耒陽，啗牛肉白酒，一夕而卒，年五十九"，定是年爲大曆五年，定《聶耒陽以僕阻水書致酒肉療飢荒江詩得代懷興盡本韻至縣呈聶令》一首爲杜老絶筆，殊不然也。按杜老絶筆當在《風疾舟中伏枕書懷三十六韻呈湖南親友》一首。詩中有云："十暑岷山葛，三霜楚户砧。"自述半生流轉處所歲月，最爲明瞭。公《發秦州》詩自注："乾元二年十二月十一日，自隴右赴成都紀行。"第二首《木皮嶺》云："冬季携童稚，辛苦赴蜀門。"第四首《水會渡》云："中夜尚未安，微月没已久。"是十二三下半夜之月也。第十二首《成都府》詩有云："曾城鎮華屋，季冬樹木蒼。"又云："初月出不高，衆星尚争光。"是二十五六下半夜之月。是十二月下旬，已到成都也。自乾元二年，至大曆三年，凡十年，皆在蜀中，所謂"十暑岷山葛"也。公有《大曆三年春白帝城放船出瞿唐峽久居夔府將適江陵漂泊有詩凡四十韻》，又有《暮春江陵送馬大卿公恩命追赴闕下》詩，至《風疾舟中伏枕書懷》時，已歷三年，皆在楚地，所謂"三霜楚户砧"也。惟此詩中云："故國悲寒望，群雲慘歲陰。水鄉霾白屋，楓岸迭青岑。鬱鬱冬炎瘴，濛濛雨滯淫。"是已届大曆五年之冬。又詩中有云："舟泊常依震，湖平早見參。"是又從湘水上游，下至洞庭湖也。其所有《泊岳陽城下》《登岳陽樓》《陪裴使君登岳陽樓》諸詩，則來時初至岳州所作，蓋《泊岳陽城下》云"圖南未可料，變化有鵾鵬"，《陪裴使君》云"敢違漁父問，從此更南征"也。其時爲大曆三年冬、四年春，蓋《泊岳陽城下》云："舟雪灑寒燈"，《陪裴使君》云："雪片叢梅發，春泥百草生"，《宿白沙驛》云："湖外草新青，萬象皆春氣"，《湘夫人祠》云："空墻碧水春"，《祠南夕望》云："山鬼迷春竹"，《入喬口》云："落日對春華"，《銅官渚》云："春火更燒山"，《北風》（新康江信宿方行）云："春生南國瘴"也。故自《泊岳陽城下》，以至《宿青草湖》《宿白沙驛》《湘夫人祠》《入喬口》《銅官渚守風》《望岳》《入衡州》等篇，皆由北而南之作；自《回棹》以至《舟中苦熱遣懷》《過南岳入洞庭湖》《暮秋將歸秦留别湖南幕府親友》《風疾舟中伏枕書懷》諸篇，爲由南而北之作。不然，《泊岳陽城下》《登岳陽樓》，已在大曆三年冬、四年春，而五年冬，又至洞庭湖泊舟何耶？《聶耒陽以僕阻水》一首，在入衡州以後、回棹以前，杜公何得遽卒耶？耒陽阻水，當在大曆五年春夏之交，風疾書懷在其冬，其夏舟中苦熱，已有“耻以風病辭，胡然泊湘岸”之句，則杜公之卒，必在大曆六年，而扁舟下荆楚間，竟以寓卒，旅殯岳陽，享年五十九。元稹撰墓志銘，言之鑿鑿，焉有卒於耒陽之事耶。

題與序

杜詩除《課伐木》《園官送菜》《追酬故高蜀州人日見寄》《觀公孫大娘弟子舞劍器行》《同元使君舂陵行》《八哀詩》諸篇題下并有小序外，有長題多至數十字而非序者。大概古體用序，近體絶不用序。杜亭説杜，謂《蘇大侍御訪江浦賦八韻紀異》一首，是逸去元題，草堂本遂以小序爲題，别本有此題者，乃是後人增耳。五律中“天寶初南曹小司寇舅於我太夫人堂下壘土爲山”云云，亦是小序之文。東坡每仿此爲長題，究非詩家正式。此説實不然。長題爲小序，始於大謝，少陵後尚有柳州、杜牧之、李義山諸家。柳州前已論之。義山如《永樂縣所居一草一木無非自栽今春悉已芳茂因書即事一章》《題道静院院在中條山故王顏中丞所置虢州刺史舍官居此今寫真存焉》《韓冬郎即席爲詩相送一座盡驚他日余方追吟連宵侍坐徘徊久之句有老成之風因成二絶寄酬兼呈畏之員外》，牧之如《今皇帝陛下一詔徵兵不日功集河湟諸郡次第歸降臣獲睹聖功輒獻歌咏》《李侍郎於陽羨里富有泉石某亦於陽羨粗有薄産叙舊述懷因獻長句四韻》《道一大尹存之學士庭美學士簡於聖明自致霄漢皆與舍弟昔年還往牧支離窮悴竊於一麾書美歌詩兼自言志因成長句四韻呈上三君子》，皆長題而無序，非至東坡始仿爲之。少陵則如《得舍弟觀書自中都已達江陵今兹暮春月末行李合到夔州悲喜相兼團圓可待賦詩即事情見乎詞》《見王監兵馬使説近山有白黑二鷹羅者久取竟未能得王以爲毛骨有異他鷹恐臘後春生騫飛避暖勁翮思秋之甚眇不可見請余賦詩》《送大理封主簿五郎親事不合却赴通州主簿前閬州賢子余與主簿平章鄭氏女子垂欲納采鄭氏伯父京書至女子已許他族親事遂停》，皆近體也。古體則《秋行官張望督促東渚耗稻向畢清晨遣女奴阿稽竪子阿段問》一首亦是。故“南曹小司寇舅”云云，實題而非序也。

章法

杜陵古詩，往往將後面意撮在前面預説，使人不易看出綫索。退之作文之善於蔽掩，即此法也。如《遣懷》詩，爲高適、李白叙哀而作，“芒碭”十字，似登臺語，而寓意極微。語切友生，懷深先帝，上句喻雲馭上賓，時事改易，下句喻庸庸求食，無復功名之想。此二句置在未入先帝之前，故無所閡口，而使人不覺。下面即緊頂先帝好武，叙拓境後，便接以存殁，中間全無曲折，蓋亦倒找勢耳。通篇要指，全在“氣酣”二十字中。言先皇升遐後，三人皆無望於進取。白佯狂詩酒，懇辭還山，原是避諸楊之禍。集中有《懼讒》一詩，又句云：“讒惑英主心，恩疏佞臣計。”史稱帝每欲官白，輒爲妃子所阻。適先曾授鉞淮南，爲李輔國所阻毁，改授詹事，後來攝鉞西川，旋經内召，身雖顯於肅、代間，特以質格遷官，以云受知，則未也。《甘林》詩“子實”四句，即長老語，却用“主人”二句倒押在後。杜詩如此筆法甚多。

學古

學古人總要能變化。曹孟德《苦寒行》中云：“熊羆對我蹲，虎豹夾路啼。”少陵《石龕》詩云：“熊羆咆我東，虎豹號我西。我後鬼長嘯，我前狨又啼。”蓋變本加厲言之，而用之篇首，與曹公用之篇中者，尤見突兀。《水會渡》詩：“大江動我前”，又用此種句法。《草堂》詩之“舊犬喜我歸，低迴入衣裾。鄰舍喜我歸，沽酒携胡蘆。大官知我來，遣騎問所須。城郭知我來，賓客隘村墟”，則用《木蘭辭》而小變换之。他人之學少陵者，王荆公《思王逢原》云：“廬山南墮當書案，湓水東來入酒卮”，非從“涴水流中座，岷山到此堂”（少陵《奉觀嚴鄭公廳事岷山沲江畫圖十韻》句）來乎？“青山捫虱坐，黄鳥挾書眼”，非從“鈎簾宿鷺起，丸藥流鶯囀”（少陵《水閣朝霽奉簡雲安嚴明府》句）來乎？但“廬山”一聯，視“沲水”一聯無不及，“鈎簾”一聯何等自然，“青山”二語，則所謂是底言矣。山谷之“淒其望諸葛”，則明用《晚登瀼上堂》之“淒其望吕葛”耳。

别唐誡詩

少陵《别唐十五誡因寄禮部賈侍郎至》詩，言唐負經濟才，九載相逢，仍舊未遇，豈甘槁餓老死？設其此舉一虚，勢必干謁鎮帥，謀以他途進身。“胡星”六句，所以著驕將悍帥之多。末“念子善師事，歲寒守舊柯”二句，如其不然，不可改操。後來昌黎《送董邵南序》，用意全本此詩。

揮字來歷

少陵詩用字之有來歷者，《甘林》之“脱粟爲爾揮”，言長老留飯也。揮字用范彦龍“恨不具鷄黍，得與故人揮”句。

誇侈

詩人往往好爲已甚之言，如少陵云：“厚禄故人書斷絶，恒飢稚子色淒涼。”官高交廣事忙，疏於通候，自有之，或本不數在故人之列，或我不往，彼亦不嗣音，否亦何至真斷絶？稚子飢或不免，亦何至於恒？此“幼子飢已卒”，《杜園説杜》所以力辯之也。若“郎君官貴施行馬”二語，則實有其事，出於有因矣。

群書札記（光緒四年馮一梅序）

古虞朱亦棟著

衛莊

杜《赤霄行》："皇孫猶曾困連勺，衛莊見貶傷其足。"注：衛當作鮑。《左傳》：鮑莊子之知不如葵，葵猶能衛其足。注：葵傾葉嚮日，以蔽其根。按《左·哀十七年》，衛莊公逾於北方而隊折股，則傷足矣。上文用皇孫事，此當用衛莊事，但不知其何所指耳？

將軍蓋

杜少陵《修水筒》詩："詎要方氏符，何假將軍蓋（草堂作佩）。"趙曰：意是用貳師將軍拔刀刺山而飛泉出事，但無蓋字耳。按《東觀漢記》：耿恭爲校尉，居疏勒，匈奴來攻，城中穿井十五丈無水。恭曰：聞貳師將軍拔佩刀刔（一作刺）山而飛泉出，今漢德神靈，豈有窮乎？乃正衣冠，向井拜。有傾，井泉噴出。據此，則草堂作佩者是也。或云蓋當作拜，亦通。

風吹蒼江樹

杜詩："風吹蒼江樹，雨灑石壁來。"《朱子語録》：杜詩最多誤字，如"風吹蒼江樹，雨灑石壁來"，樹字無意思，當作去字無疑。去字對來字。又如蜀有漏天，以其西極陰盛，常雨如天之漏也，故杜詩云："鼓角漏天東。"後人不曉其義，遂改漏字爲滿。似此類極多。按杜《上漢中王》詩："杳杳東山携漢妓，泠泠修竹待王歸。"《滄浪詩話》云：疑是携妓去。亦以去對歸也。《寰宇記》：邛都縣漏天，秋夏常雨棘人道，有大漏天、小漏天。《梁益記》：雅州西北有大、小漏天。時公居梓州，正在其東，故曰“鼓角漏天東”也。

杜《陪李七司馬皁江上觀造竹橋》詩：“天寒白鶴歸，華日落青龍。”見《水經注》引《搜神後記》丁令威化鶴歸集城門華表柱事。按《異苑》：太康二年冬，大雪南州，人見二百鶴於橋下，語曰：今兹寒不減堯崩年，於是飛去。此句切橋，下句切竹橋也。

收珠南海

杜詩：“自平宫中吕太一，收珠南海千餘日。”按李善《文選注》：李陵《與蘇武書》曰：陵當爲單于畜兵養士，循先將軍之令，將飲馬河洛，收珠南海。少陵蓋本此也。考《通鑒綱目》，代宗廣德元年，宦官吕太一反，廣州討平之。或以自平爲官名者誤也。

豆子熟

杜少陵《别贊上人》詩：“楊柳晨在手，豆子雨已熟。”《杜詩詳注》：《華嚴疏抄》云：譬如春月下諸豆子，得暖氣色，尋便出上。按《傳燈録》：馬祖謂大梅和尚：梅子熟矣。亦即此意。

五雲高太甲

杜詩：“五雲高太甲，六月曠摶扶。”《嚴滄浪詩話》云：太甲之義殆不可曉，得非高太乙耶？乙爲甲，蓋亦相近，以星對風，亦從其類也。考王勃《益州夫子廟碑》云：“帝車南指，遁七曜於中階；華蓋西臨，藏五雲於太甲。”《酉陽雜俎》：燕公讀碑自“帝車”至“太甲”四句，悉不解，訪之一公，一公言：北斗建午，七曜在南，方有是之象，無位聖人，當出華蓋。已下卒不可悉。按少陵此句明用王子安語，則嚴滄浪之欲改甲爲乙者妄矣。楊升庵云:《晋·天文志》:華蓋杠旁六星曰六甲，太甲恐是六甲，一星之名。然未有考證，姑闕疑以俟博識可也。

《杜詩補注》:太甲二字，遍查諸注皆未詳所出。年友張希良石虹曰:《漢武帝内傳》:帝受太甲靈飛於西王母。又考桑道茂能爲太乙遁甲之術，太甲、太乙，皆上天貴神。得此一證，宿疑爲之頓釋。按《内傳》乃“六甲靈飛”，非太甲也。若太乙遁甲，則不可云太甲。惟《嚴滄浪詩話》云“太甲之義殊不可曉，得非高太乙耶”，此爲近之。然王子安《益州夫子廟碑》云“華蓋西臨，藏五雲於太甲”，當時如燕公一公已不能悉，況後人乎?姑闕疑焉可也。

夕葵

杜少陵詩:“負米力葵外，讀詩秋樹根。”蔡夢弼注:力一作夕。劉須溪云:力葵固不可解，夕葵亦晦。按陸士衡《園葵詩》:“種葵北園中，葵生鬱萋萋。朝榮東北傾，夕穎西南晞。”則夕葵二字原有出處，所謂“韓文杜詩，無一字無來歷”也。

杜位宅守歲

杜詩:“守歲阿戎家，椒盤已頌花。”戎一作咸。《千家注》王洙曰:晋王戎字濬冲，阮籍與戎父渾爲友，嘗謂渾曰:共卿語不如與阿戎談。黄鶴曰:杜位乃公之從弟，不應用父子事。善注本作阿咸。東坡《與子由》詩云:“頭上銀幡笑阿咸。”又云:“欲唤阿咸來守歲，林烏櫪馬鬬喧嘩。”正用公此詩也。按《竹林七賢論》:初籍與戎父渾俱爲尚書郎，每造渾，坐未安輒曰:與卿語不如與阿戎語。黄注所以云不應用父子事也。按《南史·王鎮之傳》:王思遠，王晏從父弟也。晏拜驃騎，會子弟，謂思遠兄思徵曰:隆昌之末，阿戎勸吾自裁。若用其語，豈有今日！思遠遽應曰：如阿戎所見，猶未晚也。阿戎思遠小字。則阿戎二字，正是從弟杜，未嘗誤用也。如“功曹非復漢蕭何”，乃解者自誤耳。

胡奴

杜少陵《示獠奴阿段》詩：“曾驚陶侃胡奴異，怪爾常穿虎豹群。”（趙注：薛夢符云：晋陶侃傳家僮千餘。《世説》謂：胡奴，陶範小字。《侃别傳》曰：範，侃第十子也。可以見胡奴者，陶侃之子名。其於阿段似無相干。）按劉敬叔《異苑》：陶侃家僮千餘人。嘗得胡奴，不喜言，嘗默坐。侃一日出郊，奴執鞭以隨。胡僧見而驚，禮云：此海山使者也。侃異之。至夜，失奴所在。杜蓋用此。

杜少陵《示獠奴阿段》詩：“曾驚陶侃胡奴異，怪爾常穿虎豹群。”顧炎武曰：陶侃胡奴，蓋謂士行有胡奴可比阿段。胡奴乃侃子範小字，非奴也。或曰當作陶峴。胡奴事見《甘澤謡》。陳廷敬曰：陶侃奴見僞蘇注及《異苑》，薛夢符已辨其妄謬。然其事卒不知所出。舊有臆解陶侃或是陶峴。峴，彭澤之孫，浮游江湖，與孟彦深、孟雲卿、焦遂共載，人號水仙。有崑崙名磨訶，善泅水，後峴投劍西塞江。命奴取，久之，奴支體磔落，裂浮於江水上，峴流涕回棹，賦詩自序，不復游江湖。峴既公同時人，其友又公之友，異事新聞，故公用之耳。侃、峴音相近，但峴事僻，人因改作侃也。按陶侃胡奴事以僞蘇注所引，故并《異苑》而疑之。然《異苑》不可信，袁郊《甘澤謡》獨可信乎？陶之子名胡奴，陶之童有胡奴，不必以此而疑彼也。

况余白首

杜少陵《觀公孫大娘弟子舞劍器行序》：“大曆二年十月十九日，夔州别駕元特宅見臨潁李十二娘舞劍器，壯其尉跂。問所師，曰：余公孫大娘弟子也。開元三載，余尚童稚，記於郾城觀公孫氏舞劍器、渾脱，瀏漓頓挫，獨出冠時。自高頭宜春、梨園二伎，坊内人洎外供奉，曉是舞者，聖文神武皇帝初，公孫一人而已。玉貌綉衣，况余（《唐詩三百首》云：疑是晚餘之訛。）白首，今兹弟子，亦匪盛顔。既辨其由來，知波瀾莫二。撫事慷慨，聊爲《劍器行》。昔者吴人張旭，善草書書帖，數常於鄴縣見公孫大娘舞西河劍器，自此草書長進，豪蕩感激。即公孫可知矣。”按“况余”二字，承“余尚童稚”句來，多少感慨？若作“晚餘”二字，指公孫大娘説，則“玉貌綉衣，晚餘白首”竟成何語耶？

天闕

杜少陵《游龍門奉先寺》詩：“天闕象緯逼，雲卧衣裳冷。”劉會孟曰：卧字可虚可實，用天闕高渾，若天閲闊，豈不牽强乎？蔡夢弼注引蔡絛《西清詩話》：荆公云：天闕當作天閲，對雲卧爲親切。（《語林》：黄山谷對衆極言其是。劉貢父聞之曰：直是怕他。）按韋述《東都記》：龍門號雙闕，以與大内對峙若天闕。此《龍門》詩也用闕字無疑。此爲的解。楊升庵云：《章表臣詩話》據舊本作天窺，引《史記》“以管窺天”之語，其見卓矣。今又按文選潘岳《秋興賦》：“窺天文之秘奥”，注引陸賈《新語》“楚王作乾祐之臺窺天文”。杜子美熟精《文選》者也，其用天窺字正本此。天窺，窺天也。雲卧，卧雲也。此倒字法也。子美復生，必以余爲知言。然余謂總不若天闕之渾成耳。

鐵馬汗常趨

杜工部《行次昭陵》詩：“玉衣晨自舉，鐵馬汗常趨。”《楊升庵集》：安禄山之亂，哥舒翰與賊將崔乾祐戰，見黄旗軍數百隊，官軍以爲賊，賊以爲官軍，相持久之，忽不見。是日，昭陵内石馬皆汗流。杜詩蓋用此也。

花雜雲輕

杜少陵詩：“花遠重重樹，雲輕處處山。”遠一作雜。按此用邱遲《與陳伯之書》“暮春三月，雜花生樹”句，則雜字爲是。且以遠字對輕字，則輕字對上讀，謂雲氣縹緲，處處見山也。以雜字對輕字，則輕字連下讀，謂春山吐雲，處處皆輕也。雜字、輕字，乃寫花而非寫樹，寫雲而非寫山。此唐人詩法也。

丙穴

杜少陵詩：“魚知丙穴由來美。”《千家注》王洙曰：左太冲《蜀都賦》：“嘉魚出於丙穴。”注云：丙穴在漢中沔陽北，有魚穴二所，常以二八月取之。丙，地名也。曾達臣《獨醒志》曰：鄒善良曰：丙穴之魚，不獨漢中有之，柏枝山有丙穴，方數尺，有嘉魚，常以春末游渚，冬入穴。丙，陽方穴口。向以爲魚以丙日取者，非也。魚何能擇日出入耶。黄鶴曰：邛州太邑縣有嘉魚穴。又萬州梁山縣柏枝山有丙穴出嘉魚。興州順政縣丙水出穴，丙穴穴口闊五六尺，有嘉魚。然則蜀多丙穴魚也。按《水經注》：丙水上承出丙穴，穴出嘉魚，常以三月出，十月入，穴口向丙，故曰丙穴。最爲明析。又《本草綱目》陳藏器曰：左思《蜀都賦》：“嘉魚出於丙穴。”六臣注云：魚以丙日出穴。或云穴向丙耳，魚豈能擇日出入耶？按《抱朴子》云：“燕避戊巳，鶴知夜半。”魚豈不知丙日乎？此又一説也。

鳩芹詩

杜少陵詩：“炙背可以獻天子，野人由來知美芹。”蓋用《列子》

也。按《二老堂詩話》：蜀人縷鳩爲膾，配以芹菜。或爲詩云："本欲將芹補，那知弄巧成？"鳩芹二字甚新，弄巧成三字不可解，大約言鳩性掘也。

毒我腸

杜少陵《夏夜嘆》："永日不可暮，炎蒸毒我腸。"按徐陵《玉臺新咏》載相如《琴歌》曰："鳳兮鳳兮歸故鄉，遨游四海求其皇，時未通兮無所將，何悟今日登此堂。有艷淑女在此房，室邇人遐毒我腸，何緣交頸爲鴛鴦！"少陵毒我腸本此。或改毒字爲愁字者誤也。

屠蘇

杜少陵《槐葉冷淘》詩："願隨金腰褭（洙曰：馬也），走置錦屠蘇。"（《千家注杜》）修可曰：屠蘇，字或作廜㢝。《玉篇》云：廜㢝，庵也。《通俗文》：屋平曰廜㢝。《廣韻》云：廜㢝，草庵。又屠蘇酒，蓋昔人居廜㢝釀酒因名。今詳是詩"走置錦屠蘇"，正謂屋也。古樂府："插腰銅匕首，障日錦屠蘇。"《楊升庵集》：蕭子雲《雪賦》曰："韜罘罳之飛棟，没屠蘇之高影。始飄舞於圓池，終亭華於芳井。"《廣雅》云：屠蘇，平屋也。《魏略》云：李勝爲河南太守，群廳事前屠蘇壞。唐孫思邈有"屠蘇酒方"，蓋取庵名以名酒，後人遂以屠蘇爲酒名矣。何遜詩："郊郭勤二頃，形體憩一蘇。"又大冠亦曰屠蘇。《禮》曰：童子幘無屋，凡冠有屋者曰屠蘇。《晋志》：元康中商人皆著大障。諺曰："屠蘇障日覆兩耳，會見喝兒作天子。"按屠蘇二字切音爲廬，則屠蘇之爲屋也明矣。

槐葉冷淘

《猗覺寮雜記》：子美《槐葉冷淘》云："君王納晚凉，此味亦時須。"事見太官令令夏供槐葉。冷淘出《唐六典》。又東坡云："青浮卵碗槐牙餅，紅點冰盤藿葉魚。"槐芽冷淘見杜詩，藿葉膾見《禮記注》。

坐人衣

杜少陵詩："巫山秋夜螢火飛，疏簾巧入坐人衣。"或曰坐字指螢説，謂坐人衣上也，坐字巧甚。按坐人二字疑連讀，坐人謂在坐之人耳。若以螢爲坐衣，則太纖矣。此與"黄鶯并坐交愁濕"，古樂府"烏生八九子，端坐秦氏桂樹間"故不同也。

功曹

杜子美詩："勛業終歸馬伏波，功曹非復漢蕭何。"《中山詩話》：曹參嘗爲功曹，而杜詩云蕭何，誤矣。按光武嘗謂鄧禹：何以不掾功曹？《墨莊漫録》：前漢《高帝紀》：蕭何爲主吏。孟康注曰：主吏，功曹也。然則少陵用此非誤，第貢父偶思之未至耳。按《吴志·江表傳》：孫策謂虞翻曰：卿復以功曹，爲吾蕭何，守會稽耳。是亦以蕭何爲功曹也。

何顒

杜子美《上兜率寺》詩："庾信哀雖久，何顒好不忘。"劉注似謂好佛，豈誤記何胤耶？胤侈於食味，周顒勸之食菜。應作周顒，緣出處姓誤。蔡夢弼曰：何顒疑是周顒。何顒，後漢黨錮之輩；周顒，常奉佛食菜。考之《南史》，周顒字彦倫，音辭辯麗，長於佛理。然公集中《岳麓道林二寺行》又有“何顒免興孤”之句，豈亦誤耶？按《唐書・藝文志》有《何顒傳》一卷，老杜所用或在於此，姑闕疑焉可也。

春睡美

杜子美《逼側行》：“曉來急雨春風顛，睡美不聞鐘鼓傳。”東坡詩云：“報導先生春睡美，道人輕打五更鐘。”蓋本諸此。

禿節

杜少陵詩：“燃臍郿塢敗，握節漢臣歸。”《竹坡詩話》：晁以道家有宋子京手書杜少陵詩一卷，如“握節漢臣歸”乃是禿節，“新炊間黄粱”乃是聞黄粱。以道跋云：前輩見書自多，不如晚生少年，但以印本爲正也。按《蘇武傳》：杖漢節牧羊，卧起操持，節毛盡落。《後漢書・張衡傳》：蘇武以禿節效貞。禿節二字本此。

黔突暖席

杜詩：“賢有不黔突，聖有不暖席。”（注：《淮南子》：“墨子無黔突，孔子無暖席。”）按《淮南子・修務訓》：“孔子無黔突，墨子無暖席。”高注：“突竈不至於黑，坐席不至於温，汲汲於行道也。”注易孔、墨二字，誤。考《文子》曰：“墨子無黔突，孔子無暖席，非以貪禄慕位，欲起天下之利，除萬民之害也。”班孟堅《答賓戲》：“聖哲之治，栖栖皇皇，孔席不暖，墨突不黔。”韓退之《諍臣論》：“孔席不暇暖，墨突不得黔。”皆本此也。

合歡

杜《陪李七司馬皂江上觀造竹橋》："合歡却笑千年事，驅石何時到海東。"劉須溪曰：如此用合歡事不可解。趙次公云：合歡，橋落成而聚客歡飲。笑者，笑前人之勞而無。按成擬，合歡二字擬。是合歡之訛，以題上原有觀字也。不必曲解。

將軍蓋

杜少陵《修水筒》詩："詎要方士符，何假將軍蓋。"趙曰："何假將軍蓋"，意是用貳師將軍拔刀刺山而飛泉出事，但無蓋字耳。按《後漢書·耿恭傳》：聞昔貳師將軍拔佩刀刺山，飛泉出涌。此蓋字疑是佩字之訛。

緑沉槍

杜少陵《重過何將軍山林》詩："雨抛金鎖甲，苔卧緑沉槍。"蔡夢弼曰：甲言金鎖，謂以金綿連鎖之也；槍言緑沉，謂以緑色之物沉没其柄也。陸放翁《老學庵筆記》云：王逸少《筆經》曰：有人以緑沉漆竹管，及鏤，管見遺。老杜所謂"苔卧緑沉槍"，蓋謂是也。按卧槍猶言寢兵，謂以槍卧於地而緑苔生其上也。緑沉，蓋緑色之深者。（今俗語所云緑陰陰是也。）或以緑沉爲精鐵者，非。抛甲猶言抛戈，金鎖甲即鎖子甲者。是爲雨字不可解。竊意古詩如："風流雲散，一列如雨。雨落不上天，水覆難再收。"皆棄置决絶之詞，此亦疑是抛甲而永不復用之意，故曰"將軍不好武"也。

粔妝

杜少陵詩："粔妝作人情"，宋玉《招魂》："粔妝蜜餌，有餦餭些"，注云：粔妝，以蜜和米麵煎作之。《説文》：粔妝，膏糫也。《齊民要術》：粔妝，名環餅，象環釧形。《廣雅》謂之粰梳，今通名饊子。又《楚辭》注：吴謂之膏環，亦曰寒具。按粔妝二字切音爲黍，蓋用黍也。《珊瑚鉤詩話》：端午之號，同於重九，角黍之事，肇於風俗。昔日屈原懷沙忠死，後人每年以五色絲絡粔妝而吊之，此其始也。以粔妝作角黍解最爲得之，向來以爲膏環者非。

坐人衣

杜少陵詩："巫山秋夜螢火飛，疏簾巧入坐人衣。"《杜詩補注》：《田藝》云：北齊劉逖詩："無由似元豹，縱意坐山中"，張説詩："樹坐猿猴笑"，杜詩："楓樹坐猿深"，又："黄鶯并坐交愁濕"，又："巫山秋夜螢火飛，疏簾巧入坐人衣"，豹坐、猿坐，猶人所能言，若黄鶯并坐，語便新奇，而螢火坐衣，則更新奇。按坐與座通，坐人即坐上之人也。汝成作坐字解，毋乃纖甚。

蕭史幽栖地

《杜詩補注》：張希良曰：《楊誠齋雜記》：蕭史，宣王之史官，弄玉之婿。按自宣王至秦穆公，當襄王之世，更幽、平、桓、莊、僖、惠六王，年且一百七十六。襄王嗣立，蕭史非有延年之術，何以婿弄玉耶？誠齋之説甚怪，附識於此。今按，蕭史，乃史官，非人名也。所謂弄玉婿者，恐是蕭氏後人世爲史官者。若指宣王時之蕭史，豈有年長三甲之人可爲穆公婿乎？誠齋之説，亦當存疑。按《誠齋雜記》云：蕭史，宣王之末，史籍散亂，蕭仙能文著本末，以備史之不及，人以史稱之，實無名也。此條乃元林坤所輯，未知出於何書。以爲楊誠齋，誤矣。考劉向《列女傳》，蕭史者，秦穆公時人也，善吹簫，能致孔雀、白鶴於庭。穆公有女字弄玉，好之，公遂以女妻焉。則蕭史似另是一人。即《雜記》亦并不云此郎弄玉婿也。

胡舞白題斜

《杜詩詳注》：《漢書·灌嬰傳》：斬胡白題將一人。薛夢符曰：題者，額也，其俗以白塗堊其額，因得名。舞則首偏，故曰白題斜。白題如黑齒、雕題之類。朱注：按服虔《漢書注》：白題，胡名也。《西域傳》：白題，國王姓支名史稽毅，其先匈奴之别種也。備考。《杜臆》：《代醉編》云：李叔元在京，戎騎入城，有胡人風吹氈笠墮地，後騎云："落下白題。"乃知是氈笠之名。按《晋書》有白接䍦。《集韻》：接䍦，白帽也。接䍦二字切音爲題，白題猶白接䍦也。疑《琅琊代醉編》以爲氈笠者近是。

豆子熟

杜少陵《别贊上人》詩："楊柳晨在手，豆子雨已熟。"蔡夢弼曰：雨或作兩，"豆子兩已熟"，言來秦州已經兩年。蘇曰：崔元見習鑿齒曰：豆子熟矣。張亘曰：豆子，眼中黑睛也，言無邪視也。《杜詩詳注》引《華嚴疏抄》云：譬如春月下諸豆子，得暖氣色，尋便出土。按《文殊師利問經》：如種大麥及麻豆等，芽始生時，已堪用不？不堪用也。何以故？以未熟。故一切衆生，善根未熟，亦是不堪制戒。杜詩本此。又《傳燈録》云：馬祖謂大梅和尚：梅子熟也。亦即此意。僞蘇注所引不足信也。

何太龍種極

《杜詩詳注》:《青箱雜記》: 古語有二聲合爲一字者，如不可爲叵，而已爲耳，蓋起於西域二合之音。龍種切爲癃，潦倒爲老，謂人之癃老，以龍鍾潦倒目之。《音義》取此。薛蒼舒注:《廣韻》: 龍鍾，竹名。世言龍鍾，謂年老如竹支枝葉，摇曳不自矜持。此説杜撰不經，後人《記事珠》等書據爲故實，可笑也。按龍鍾二字不可解，疑《雜記》以爲切音者近是，但未知其的切爲何字耳。若竹之名龍鍾，直取義於龍之種，（用竹杖化龍事）固不必强爲牽合也。

乘龍

杜少陵詩:“門闌多喜色，女婿近乘龍。”薛夢符曰:《楚國先賢傳》: 孫雋、李元禮俱娶太尉桓焉之女，時人謂桓叔元兩女俱乘龍，言得婿如龍也。《杜詩補注》: 張希良曰:《神仙拾遺》: 弄玉乘鳳、蕭史乘龍。此女婿乘龍之原始也。按《列仙全傳》: 蕭史得道，好吹簫，秦穆公以女弄玉妻之，遂教弄玉吹簫作鳳鳴。有鳳來止屋，公爲作鳳臺。後弄玉乘鳳、蕭史乘龍，共升天去。此非劉向《列仙傳》，恐不足信也。

根如石

杜少陵《古柏行》:“孔明廟前有老柏，柯如青銅根如石。”按《述異記》: 虞氏縣有盧君古冢，冢旁柏二株，枝條蔭茂，二百餘步，樹文隱起，皆如龜，根勁如銅石。少陵蓋用此也。

鷄栖

杜子美《晚出左掖》詩："避人焚諫草，騎馬欲鷄栖。"謂日之將夕，鷄已欲栖也。或引後諺曰："車如鷄栖馬如狗，疾惡如風朱伯厚。"則與晚出意不合矣。然欲鷄栖三字到底費解。按潘安仁《寡婦賦》："鷄登栖而斂翼"，竊疑欲字或即斂字之訛耳。

剩客

杜少陵詩："若放衰翁語，須令剩客迷。"劉須溪云："剩，必勝也，字誤。蔡夢弼曰：陸機詩："游賞愧剩客。"則剩客二字有本矣。按《南史·張緒傳》：何敬容居權軸，賓客輻輳。有過詣纘，纘輒拒不前，曰：吾不能對何敬容殘客。殘客猶剩客也。

烏鬼

杜子美詩："異俗吁可怪，斯人難并居。家家養烏鬼，頓頓食黄魚。"沈存中《筆談》：峽中人謂鸕鷀爲烏鬼，以繩繫其頸，使之捕魚，得魚則倒提出之。苕溪胡仔曰：余觀諸公詩話，烏鬼之説有四：曰鸕鷀、曰猪、曰烏野神、曰烏蠻鬼。其曰鸕鷀者，見沈存中《筆談》。其曰猪者，見《漫叟詩話》，云川人每呼猪則作烏鬼聲，故號猪爲烏鬼。其曰烏野神者，見《蔡寬夫詩話》引元微之《江陵》詩云："病賽烏稱鬼，巫占瓦代龜"，則養字讀爲供養之養。其曰烏蠻鬼者，見《冷齋夜話》，云川峽路民多供事烏蠻鬼，以臨江，故頓頓黄魚耳，俗人不解，便作養畜字讀。余嘗細考其説，沈以爲鸕鷀者是也。劉須溪注養字去聲最怪，决無用養字代供字之理。且烏蠻鬼稱烏鬼亦可乎？鸕鷀自是。按此聯以一事言，則存中之説良是；以二事言之，則諸家之説皆通。又元微之詩注云：南人染病，競賽烏鬼，楚巫列肆，悉賣瓦卜。竊疑養字或即賽字之訛，未可知耳。

投壺

《西京雜記》：武帝時郭舍人善投壺，以竹爲矢，不用棘也。古之投壺取中而不求還，故實小頭於中，惡其矢躍出也。郭舍人則激矢令還，一矢百餘反，謂之爲驍，言如博之拏梟杰也。每爲武帝投壺，輒賜金帛。按東方朔《神異經》：東王公恒與一玉女投壺，每投千二百矯（《仙傳拾遺》作梟），設有入不出者，天爲之嚌嘘；矯出而脱誤不接者，天爲之笑。則亦以入而復反者爲中俊矣。朔之語言蓋此類也。杜少陵"能畫毛延壽，投壺郭舍人。每蒙天一笑，復以物皆春"，最爲得解。

龍鍾

《劇談録》：裴度微時乘蹇驢上天津橋，有二老人語曰：憂蔡州未平，須待此人爲相。僕述其事，度曰：見我龍鍾，故相戲耳。《廣韻》：龍鍾，竹名，年老者如竹，枝葉摇曳，不自禁持。宋況梅《才調集注》按龍鍾二字有作老憊解者，有作蹭蹬解者，有作下泪解者。杜詩云："何太龍鍾極"，高適詩云："龍鍾遂忝二千石"，則老憊之狀也。元載《入關别妻》詩云："年來誰不似龍鍾，雖在侯門不見容"，蘇頲詩云："龍鍾踏澗泥"，《品彙》注：龍鍾，行不動貌。《述異記》有龍鍾石，皆蹭蹬之狀也。王褒書云："援筆攬紙，龍鍾横集"，李端詩："龍鍾相見誰能免"，岑參詩："雙袖龍鍾泪不乾"，則下泪之狀也。按竹之稱龍鍾，猶筍之稱龍孫，以解人之龍鍾，謬矣。

隨意

隋王胄詩："庭草無人隨意緑"，蓋本庾子山《蕩子賦》"細草横階隨意生”也，而青出於藍矣。杜少陵詩：“見輕吹鳥毛，隨意數花鬚”，又云：“無名江上草，隨意嶺頭雲”，又云：“却思翻玉羽，隨意點春苗”，宋人小詞：“重門不鎖相思夢，隨意繞天涯”，俱佳。

自平宫中

《芥隱筆記》：杜詩：“自平宫中吕太一。”按唐史有宦官吕太一，爲廣南市舶使反。故下云：“收兵南海千餘日。”而説詩者謂唐有自平宫，開元中，中書舍人吕太一與張嘉貞號四優者。又吕寧爲太一宫使，尤謬。按《仇池筆記》：杜子美詩“自平宫中吕太一”，世不能解其意，而妄者以爲唐有平中宫。偶讀《元宗實録》，有中宫吕太一叛於廣南。據此則宫中當作中宫也。

釜星

《紫薇詩話》：汪信民嘗和予《欲晴》詩云：“釜星晚雜出，雨脚晨可歇。”按杜少陵詩：“俄頃風定雲墨色，雨脚如麻未斷絶。”李長吉詩：“洞庭雨脚來吹笙，酒酣喝月使倒行。”釜星二字，未知所出。按《齊民要術》：胡麻宜白地種，種欲截雨脚。雨脚二字本此。

隱囊

《楊升庵集》：晋以後士大夫尚清談，喜晏佚，始作麈尾、隱囊之制。《顔氏家訓》云：梁朝全盛之時，貴游子弟駕長檐車，跟高齒屐，坐棋子方褥，憑班絲、隱囊。王右丞詩：“不學城東游俠兒，隱囊紗帽坐彈棋。”按隱，倚也，如隱几之隱，隱囊如今之靠枕。杜少陵詩：“屏開金孔雀，褥隱綉芙蓉”，亦其義也。

鶯啼修竹

《楊升庵集》：杜子美《滕王亭》詩："春日鶯啼修竹裏，仙家犬吠白雲間。"修竹用梁孝王事，犬吠雲中用淮南王事，人皆知之矣。予嘗恠修竹本無鶯啼字也，後見孫綽《蘭亭詩》"鶯啼吟修竹，游鱗戲瀾濤"，乃知杜老用此也。

崖蜜

戴埴《鼠璞》：東坡《橄欖》云："待得微甘回齒頰，已輸崖蜜十分甜。"注引杜詩"崖蜜松花落"。《本草》：崖蜜蜂黑色，作房於巖崖高峻處。然坡詩與橄欖對説，非真蜜也。《鬼谷子》：崖蜜，櫻桃也。予讀《南海志》，崖蜜子小而黄，殼薄味甘。雖不知與櫻桃爲一物與否，要其類也。注坡詩者引小説：橄欖與棗争，棗曰：待爾回味，我已甜了。特坡公换崖蜜作對耳。按此與《野客叢書》皆以崖蜜作櫻桃言。考《冷齋夜話》：崖蜜事見《鬼谷子》，曰：照夜，青螢也。百花，醲蜜也。崖蜜，櫻桃也。按今本《鬼谷子》無此語，不知冷齋所云，竟是何書也？

《猗覺寮雜記》云：《王立之詩話》以爲崖蜜，櫻桃也，出《金樓子》。不知坡意正謂蜜爾。言餘甘者，甘味有餘，非果中餘甘也。立之見餘甘爲果，遂以崖蜜爲櫻桃。杜詩云："崖蜜亦易求"，又云："崖蜜松花落"，皆蜂蜜之蜜也。然則崖蜜豈專是櫻桃？且櫻桃非十分甘者，又不與橄欖同時。趙與時《賓退録》：東坡又有詩云："崖蜜助甘冷，山薑發芳辛。"製地黄法當用薑與蜜，而用櫻桃可乎？按《老學庵筆記》：仲殊長老，東坡爲作《食蜜歌》者，所食皆蜜也，豆腐、麵筋、牛乳之類，皆漬蜜食之，客多不能下箸，惟東坡性亦酷嗜蜜，能與之共飽。據此，則東坡嗜蜜，乃以甜與苦對言，不必以櫻桃對橄欖。又《太平廣記》：南威，橄欖也。石蜜，櫻桃也。木蜜，棗子也。見《輟耕録》。

訂僞雜録（乾隆四年跋，《湖海樓叢書本》）

青浦胡鳴玉廷佩氏述

密勿

密勿不作秘密解。《漢書·劉向傳》：君子獨處，守正不撓（音鬧），衆枉勉强以從王事，則反見憎毒讒訴，故其《詩》曰：“密勿從事，不敢告勞。無罪無辜，讒口嗸嗸（《詩》作囂囂）。”顔師古注：密勿，猶黽勉也。又傅亮表：密勿軍國，心力俱盡。少陵《北征》詩：“君誠中興主，經緯固密勿。”周興嗣《千字文》亦有“俊乂密勿，多士實寧”語，并解黽勉。惟柳子厚《爲李京兆祭楊郎中》：密勿之謀，惟道是履。《祭姊（音止）夫崔使君文》：密勿書奏，元侯是俞。似亦作秘密解，恐子厚失考。

數奇

數奇，音朔基。《漢·李廣傳》：大將軍陰受上指，以爲李廣數奇，毋令（平聲）當單于，恐不得所欲。注如淳曰：數爲匈奴所敗，爲奇不耦。服虔曰：作事數不耦也。師古曰：數音所角反，奇音居宜反。楊蟠詩云：“仲父嘗三逐，將軍老數奇”，洪邁《制詞》云：“李廣數奇，應恨封侯之相；孟明一眚，終酬拜賜之師”，皆遵《漢書音義》作疏數字用。王維詩：“衛青不敗由天幸，李廣無功因數奇。”《邵氏聞見録》曰：《漢書音義》數作朔，則亦不可以對天矣，其説良是。又按范筠詩：“數奇不可偶，性直誰能紆”，杜詩：“數奇謫關塞，道廣存箕潁”，白詩集序云：“文士多數奇，詩人尤命薄”，蘇詩：“數奇逢惡歲，計拙集枯梧”，并作命數之數。黄山谷謂師古注以數奇爲命隻不耦，乃命數之數，非疏數之數也。宋景文公《筆録》謂得江南《漢書》本，乃所具反，傳寫誤以所具反爲所角反耳，去、入二聲，其用不同、其説各異如此。

培塿

培，音剖。塿，樓上聲。《説文》：培塿，小土山也。揚雄《方言》：冢（俗混作筿，非。冢即蒙字），秦、晋間謂之培塿。杜詩：“太守（去聲）頃者領山南，邦人思之比父母（音牡）。王生早曾拜顏色，高山之外皆培塿。”白樂天《青冢》詩：“上有飢雁號，下有飛蓬走。茫茫邊雪裏，一掬沙培塿。”亦作部婁。《左》襄二十四年，太叔曰：部婁無松柏。陸德明曰：部，蒲口反。婁，路口反。二字人每誤讀平聲。

口號

詩題用口號字。近見注杜詩者於《紫宸殿退朝口號》等題，輒作平聲，謂隨口號吟也。説是近理。然李義山詩《柏臺成口號》：“雲閣暫肩隨”，昌黎詩：“五言出漢時，蘇李首更號。東都漸彌漫，派别百川導。”號乃名稱之義，非號吟也。又王摩詰《凝碧池》詩題云：“私成口號誦示裴迪”，若作平聲，於解不通。

處分等語

《晋書》：謝安曰：朝廷處分已定矣。杜詩：“明明嶺處分”，“處分聽（平聲）人主”，劉夢得詩：“停杯處分不須吹”，分字皆仄用。又《樂律》：三分損益，隔八相生。《禮記》：分無求多，分夾而進。《左傳》：君其取分焉，分之采物，四國皆有分。《漢書》：分部逐捕。古有分土、亡分氏之類，并音扶問反。流俗或不盡知，誤讀平聲。

大觀壯觀等語

大觀音貫。《易·觀卦》：大觀在上。《本義》云：觀者，有以中正示人而爲人所仰也。予謂凡視之平聲，有以示人使之來觀去聲。如《左傳》“觀兵於周疆”，《國語》“耀德不觀兵”，《漢書》“觀之珍寶”之類。又奇觀、壯觀、舊觀，并應去聲。杜詩：“先朝常宴會，壯觀已塵埃”，此一徵也。宋王景文詩云：“直翁自了平，事不了山陰。”陸務觀放翁見之笑曰：我字務觀，乃去聲，如何把做平聲押了。此雖戲語，亦可爲用字不詳出處者戒。（直翁謂時相史浩。）

中興

中興之中，讀衆。毛公《丞氏》詩序云：任賢使能，周室中興。杜元凱《左傳序》云：祈天永命，紹開中興。陸德明并音丁仲反。杜詩：“今朝漢社稷，新數中興年”，又“萬里傷心嚴譴日，百年垂死中興時”，李義山詩：“路有論（平聲）冤謫，言皆在中興”，東坡詩：“威聲又數中興年，二虜行當一矢聯”，皆本陸音。王觀《國林新編》云：中有鐘、衆二音。音鐘者，當二者之中，首尾均也；音衆者，首尾不必均，但在二者之間耳。此中興之中，所以音衆。又如中年、中葉、中天、中途、中詘之類，并當從衆音。楊弘詩：“一代人才頗中衰”，此其徵也。予又按漢婁敬傳：乃營成周都洛，以爲此天下中。師古音竹仲反，知中年、中途類，必應讀衆也。

尚書

劉熙《釋名》曰：尚書者何也？尚，上也，言最在上，總領之也。《尚書》孔穎達正義曰：尚者，上也，言此上代以來之書，故曰《尚書》。是官名與書名并應去聲。杜子美《題瀼（囊上聲）西新賃草屋》

詩："欲陳濟世策，已老尚書郎。"元自仄用。（予見辯證書，莫不以尚書謂應讀上而不引此詩，爲證何也？）孔平仲《珩璜新論》云：尚書與尚食、尚公主同，而世俗相承以平聲呼，誤矣。《夢溪筆談》云："官名中尚書，本秦官，尚音上，謂之尚書者，秦人音也。至今秦人謂尚書爲常。《宛（借音遠）委餘編》曰：尚書之尚，不知後世何以作平聲？元美蓋未見存中之説耳。（《輟耕録》：秦時少府遣吏在殿主發書，故謂尚書。尚，主也，如尚衣、尚食，并時亮反。）

一臠

臠，連上聲，塊切肉。一臠、禁臠，字出《晋書・謝混傳》，俗讀爲鸞，非也。杜詩："禁臠去東床，趨庭赴北堂。"義山詩："南朝禁臠無人近，瘦盡瓊枝吟四愁。"東坡《老饕賦》："嘗項上之一臠，嚼霜前之兩螯（音翱）。"放翁詩："秋日留連野老家，朱盤鮓臠燦如花。"無作平聲用者。若音鸞，是病瘠貌。《説文》引《詩》"棘人欒欒"作臠臠。近時字書謂禁臠一臠宜讀鸞，彼蓋未見杜、李諸公之詩耳。

仰字去聲用

仰一讀去聲，仗也，資也，與俯仰音義不同。《史・平準書》：衣食皆仰給縣官，封君皆低首仰給。（既云低首，仰非上聲益信也。）《漢・匈奴傳》：以衣食異，無仰於漢。《公孫弘傳》：故人賓客，皆仰衣食。亦作卬，如《東方朔傳》："萬民所卬足也"，《鄭當時傳》："卬奉賜給諸公"，《王莽傳》："物物卬市，日闕亡儲"之類，師古并音牛向反。又杜詩："家貧仰母慈"，韓詩"舉族仰薄宦"。今上官文移必曰仰某官，準此若作上聲，於義不通。孔平仲《雜説》云：今公家文字用仰，字出《北史・北齊孝昭紀》：昭定三恪（康入聲）禮儀體式，亦仰議之賈昌朝。字音清濁辨，上聲，下瞻上也；去聲，上委下也。

蒼黄

人謂匆遽失措倉皇，若作蒼黄，必嗤爲别字。然古人集中如少陵《新婚别》詩：“誓欲隨君去，形勢反蒼黄”，《入衡州》詩：“無論再繾綣，已是安蒼黄”，昌黎《祭女挐文》：“值吾南逐，蒼黄分散”，柳河東《韋道安》詩：“蒼黄見驅逐，誰識死與生”，又《答韋中立書》：“數州之犬，皆蒼黄吠噬”之類，無作倉皇者。至宋人始作倉皇。如歐陽公《五代史伶官傳序》云“倉皇東出”之類。（《北山移文》：“始終參差，蒼黄反覆”，以蒼黄對始終，是另爲一義，不指匆遽言。近見杜詩注，於《新婚别》引此爲證，非也。）

丈人行等語

輩行，杭去聲，與行行如也音同。蘇東坡《哭任遵聖》詩：“老任況奇逸，先子推輩行。文章得少譽，詩語尤清壯。”《漢・蘇武傳》：漢天子，我丈人行。師古曰：行，音胡浪反。杜詩：“王孫丈人行，垂老見飄零。”（注家謂行叶音巷。《漢書》既明翻胡浪，安得謂叶？）又云：“豈如（一作知）吾甥不流宕，丞相中郎丈人行。”小杜詩：“再拜宜同丈人行，過庭交分有無同。”皆仄用。近時一名流《梅花與桃李并開》詩云：“李桃不言惟解笑，都忘渠是丈人行。”押八陽韻，誤也。又《史・孝武紀》：老人爲兒時，從其大父行識其處。《漢・鄭當時傳》：自見年少官薄，然其知友皆大父行。《衛、霍傳》：斬單于大父行籍若侯産。

宂長

宂長，音仗，義與剩、賸同。陸士衡《文賦》：“雖區分之在兹，亦禁邪而制放。要辭達而理舉，故無取乎冗長。”謂文之冗雜餘長也。

杜詩："官聯辭冗長，行路徙欹危"，香山詩："通州海内凄惶地，司馬人間冗長（自注：去聲）官"，東坡謂范淳夫講書無一冘字，無一長句。歷觀諸則，音義曉然。俗用此二字，誤爲長短之長。

貫穿

貫穿音串。《漢・司馬遷贊》：貫穿經傳，馳騁古今。杜少陵《八哀詩》："貫穿百萬衆"，"貫穿無遺恨"，柳子厚《送易師楊君序》："論説辨問，貫穿上下。"俗作貫串，非。近日名流寫作貫弗，或疑爲串字之僞，不知其本於昌黎《贈張籍》詩"試將詩義授，如以肉貫弗"也。弗音産，炙肉器。

孤負

李陵《答蘇武書》：陵雖孤恩，漢亦負德。又曰：孤負陵心。孤負字意必出此，或前更有出，未可知也。杜詩："孤負滄洲願"，韓詩："孤負平生心"，蘇詩："莫教孤負竹風凉"，又杜詩："更長燭明不可孤"，義山詩："映書孤志業"之類，不可殫述，總無誤辜負者，即有之，係後人傳寫梓刻之僞，非元文也。辜，辠也，與孤負意絶不相蒙。

劍器渾脱

杜少陵詩序云："觀公孫氏舞劍器、渾（平聲）脱（音駝），瀏漓頓挫，獨出冠時。"唐段安節《樂府雜録》謂劍器是健舞曲名。又《文獻通考》"舞部"謂劍器，古武舞之曲名，其舞用女妓雄壯，空手而舞。按此，今人意以劍器爲刀劍之器，非是。《舊唐書・郭山惲傳》：中宗引近臣宴集，將作大匠宗晋卿舞渾脱。胡三省注《通鑒》：長孫無忌以烏羊毛爲渾脱氈帽，人多效之，謂之趙公渾脱，因演以爲舞。《容齋隨筆》云：唐中宗時清河尉吕元泰上書言時政曰：比見坊邑相率爲渾脱隊。楊用修曰：渾脱隊，即所謂公孫大娘渾脱舞也。又《居易録》云：按陳暘《樂書》云：樂府諸曲自古不用犯聲，唐自則天末年劍器入渾脱，爲犯聲之始。劍器宫調，渾脱商調，以臣犯君，故爲犯聲。又唐多解曲，如“柘枝”用“渾脱解”之類，觀此，則“劍器”“渾脱”自各爲舞曲之名。今人誤讀杜詩序，以劍器爲句，而以渾脱瀏漓頓挫六字爲句，以爲皆極贊舞劍器之妙。僞謬沿襲，文字中往往以渾脱瀏漓四字連綴用之，可笑也。又云：渾脱之義，予向詳之。《皇華紀聞》：閲李中麓（開先）太僕《塞上曲》云：“不用輕帆并短棹，渾脱飛渡衹須臾。”與朱秉器中丞《河上楮談》所紀略同。李自注云：脱音駝。然後知渾脱舞、渾脱帽皆當作平聲也。玉謂：渾讀平聲，人所知也；脱之音駝，人鮮知之。

東閤等語

《漢·公孫弘傳》：開東閤以延賢人。師古曰：閤者，小門，東向開之，避當庭門而引賓客，以别於掾史官屬也。又《朱雲傳》：且留我東閤以觀四方奇士。古人詩文用東閤字本此。俗本多傳寫誤梓作閣，如少陵詩：“東閣官梅動詩興”，義山詩：“東閣無因得再窺”，東坡詩：“東閣郎君懶重尋”，石湖詩：“飄零東閣似詩人”之類。唐制以宣政殿爲前殿，紫宸殿爲便殿，前殿謂之正衙，天子不御前殿而御紫宸，乃自正衙唤仗，由閤門而入，百官候朝於衙者，因隨以入見，謂之入閤。又門下省以黄塗門，謂之黄閤，長官曰閤老、閤下。又太守（去聲）有鈴閤。又閤閤，蛙聲。昌黎詩：“蛙黽鳴無謂，閤閤衹亂人”，放翁詩：“科斗已成蛙閤閤。”惟前明宫禁有東閣、文華閣，學士入閣辦事者，有内閣、閣老、閣下之稱，明以前無之也。今欲執後繩前，漢、唐詩文東閤、閤下盡改爲閣，惡乎可哉？（《日知録》言閤、閣之義甚悉詳，録第九卷。）

作一讀做

昌黎詩："非閣復非船，可居兼可過。君若問方橋，方橋如此作。"少陵詩："主人送客何所作"，自注去聲。岑參詩："歸夢秋能作。"權德輿詩："小婦無所作"，亦自音佐。白樂天、皮日休詩皆然。《韻書》：俗作做，非。做，音直佐反。

帆一作去聲

劉熙《釋名》曰：隨風張幔曰帆，注去聲。《廣韻》曰：船使風，音與梵同。《左傳》杜注：拔旆投衡，上差（音虆）輕使不帆風。陸氏音凡劍反。杜詩："浦帆晨初發，郊扉冷未開。"朱子引以證韓詩"不枉故人書，無因帆江水"，謂帆字當去聲。又張説之詩："夏雲隨白帆，同日過江來"，張曲江詩："征鞍稅北渚，歸帆指南陲"，劉刪詩："回艫乘派水，舉帆逐分風"，包何詩："錦帆乘風轉，金裝照地新"，孟浩然詩："嶺北回征帆，巴東問故人。"楊用修曰：近蘇州刻孟詩改征帆爲征棹，何仲默笑曰：征帆改征棹，錦帆亦改曰錦棹可乎？

并一讀傍

并一音蚌，蒲項反。如《史·秦紀》：并河以東，《匈奴傳》：并陰山下，《漢書》：北至琅邪并海上，《説苑》：并崖止之。見處甚多，不暇縷舉也。又杜詩："玉山高并兩峰寒"，蘇詩："今年并海棗如瓜。"今人不知，作如字讀。

貌一讀莫

貌音漠，描畫人物類其狀也，與形貌音義不同。如杜詩"畫工如山貌不同”“曾貌先帝照夜白”“屢貌尋常行路人”“貌得山僧及童子”之類。

元

今人詩題誤寫元韻作原韻，雖號作家，往往不免。《日知録》云：元者，本也，本官曰元官，本籍曰元籍，本來曰元來，唐、宋人多此語。後人以原字代之，不知何解？原者，再也。……原漢、原廟之原，皆作再字解，（《漢書注》師古曰：原，重也，言已有正廟，更重立也。）與本來之義全不相同。或以爲洪武中臣下有稱元仕官者，嫌於元朝之官，故改此字。又云：古人亦有稱原官者。後漢張衡曰：官今又原之。注：《爾雅》曰：原，再也。衡爲太史令，去官五載，復爲太史令，故曰原之。然則原官乃再官之義也。玉按：古人詩文中本來義無一作原者，偶閲杜詩，拈出一二處爲證：“鬢毛元自白，泪點向來垂”，“渚柳元幽僻，村花不掃除”，“錦江元過楚，劍閣復通秦”。其餘不可殫述。

龍鍾

龍鍾，一説竹名，謂年老之人如竹枝摇曳，不自矜持。一説石名，謂老人身如石難移動也。此皆杜撰不經之語。杜詩：“何太龍鍾極，於今出處妨。”錢箋云：龍鍾，演義謂不昌熾、不翹舉，如藍鬖拉搭之類。玉謂：若作竹、石名，是死字，如何對得出處二字來？且其爲義亦不一，有作下泪解者，有作蹭蹬解者，今人但知爲老憊用耳。王褒書云：授筆攬紙，龍鍾横集。岑參詩：“雙袖龍鍾泪不乾”，李端詩：“龍鍾相見誰能免”，此下泪之狀也。蘇頲詩：“龍鍾踏澗泥”，香山詩：“瀟灑登山去，龍鍾遇雨回”，“莫問龍鍾惡官職，且聽清脆好詩篇”，此蹭蹬之意也。杜詩：“何太龍鍾極”，高適詩：“龍鍾還忝二千石”，元載《别妻》詩：“誰不厭龍鍾”，昌黎詩：“白首誇龍鍾”，元遺山詩：“龍鍾今屬負喧墻”，此老憊意也。又《荀子》：隴種東籠而退。注：遺矢貌。《稗蒼》作朧踵，或作種。杜弼爲侯景檄梁曰：龍鍾、稚子。裴度曰：見我龍鍾，故相戲爾。總爲潦倒笨累之狀。乃知二字之解甚多，隨所用而各異，不得拘泥於老憊一意，而竹與石之説紛紛也。

鍾離權

以漢壽亭侯爲壽亭侯，誤以漢字屬上，已辨之矣。唐時仙人鍾離雲房名權，與吕巖同時，嘗自稱天下都散。漢鍾離權（見《宣和書譜》），今人稱漢鍾離，此誤以漢字屬下，因遂付會以鍾離權爲漢將鍾離昧（音末，與從午未之未音妹不同），可笑其妄。漢鍾離乃地名，非人名。少陵《元日寄妹》詩：“近聞韋氏妹，迎在漢鐘離。”

張翰

翰字之義有四：羽翰、屏翰、詞翰、又白色。……義雖不同，隨韻押用，不分平、去。周平園謂張翰字季鷹，是羽翰之翰，當作平聲讀，後人循習讀去聲，皆失音義。此論一起，世人遂鑿然，謂羽翰當平聲，屏翰等當去聲，豈知《詩・常武》“如飛如翰，如江如漢”？則羽翰亦去聲讀。《嵩高》“戎有良翰”與“申伯番番”協，《文賦》“始躑躅於燥吻，終流離於濡翰”，與難、端等字協，則屏翰、詞翰亦平聲讀。大凡字有平、仄二音通用者，不得執一而論。予按唐人詩無以張翰作寒音者，如少陵：“扁舟不獨如張翰，皂帽還應似管寧”，香山：“鍾儀徒戀楚，張翰浪思吴”，義山：“越桂留烹張翰鱠，蜀薑供煮陸機蒓”之類。

消渴

《史・漢相如傳》：口吃而善著書，常有消渴疾。謂消中之疾，杜詩："消中日伏枕"，"消中得自由"是也。(《素問》云：多食數溲曰消中，即消渴也。）後漢《李通傳》：素有消疾。此即相如渴疾。俗用作消解其渴意，與解酲一例，如方秋崖《楊梅》詩："並與文園消午渴，不禁越女蹙春山"之類，謬也。少陵詩慣用消渴字："新亭舉目風景切，茂陵著書消渴長"，"飄零仍百里，消渴已三年"，"消渴今如此，提携愧老夫"。觀其屬對，可益明其義矣。(消渴本雙迭字，俗誤爲消其渴意，此與第一卷所言落魄之弊正同。)

折桂

郄詵對策東堂爲天下第一，曰："臣猶桂林一枝，崑山片玉。"後世遂以登科爲折桂。如杜詩："夢蘭他日應，折桂早年知"，白樂天詩："桂折因同樹，鶯遷各異年"，又："桂折一枝先許我，楊穿三葉盡驚人"，温飛卿詩："猶喜故人先折桂，自憐羈客尚飄蓬"之類，已屬假借。俗更以月中有桂謂之蟾宫桂，以登科爲登蟾宫，展轉付會，博雅之士所勿道也。杜詩："禮闈曾擢桂，憲府舊乘驄"，孟襄陽詩："桂枝如已擢，早逐雁南飛"，折改爲擢，與郄語本指便合。

樂翁

晋衛玠娶樂廣女，裴叔道曰：妻父有冰清之姿，婿有玉潤之望，所爲秦、晋之匹也。後世稱婦翁爲樂翁本此，猶稱叔曰大阮，侄曰小阮之類。後僞作岳，因付會其説，謂泰岳有丈人峰，故稱岳父，又稱泰山。(歐陽公云：今人呼妻父爲岳公，以泰山有丈人峰。又呼妻母爲泰水，不知出何書也？）豈知丈人爲長老通稱，非必外舅也。且以丈人名山不獨泰岱，黄帝時封青城山爲五岳丈人，故少陵有《丈人山》詩。《雜俎》載唐明皇東封，以張説爲封禪使，及已三品以下皆轉一品，説之婿鄭鎰官九品，因説遷五品。元宗怪而問之，鎰不能對，黄番山對曰：泰山之力也。此因封泰山而得官，故云，然并非以泰山爲外舅。後世或因此而傳僞亦未可知。

令弟

古人自稱弟妹曰令，若出今人，當作一笑。謝靈運《酬從弟惠連》詩："末路值令弟，開顔披心胸"，杜少陵《乘雨入行軍六弟宅》詩："令弟雄軍佐，凡才污省郎"，《送從弟亞赴河西判官》詩："令弟草中來，蒼然請論事"，《送鄉弟韶》詩："令弟尚爲蒼水使，名家莫出杜陵人"，李頎《放歌行答從弟異卿》云："吾家令弟才不羈，五言破的人共推"，陶淵明《祭程氏妹》云："咨爾令妹，有德有操。"

三鱣

後漢《楊震傳》：有冠雀銜三鱣魚飛集講堂前，都講取魚進曰：蛇鱣者，(與蛇連類言，自應作去聲。)卿大夫服之象也，數三者，法三台也，先生自此升矣。注云：冠音貫，即鸛雀也，鱣音善，似蛇，一作鱓，卿大夫之服象也。郭璞云：鱣魚長二三丈，音知然反。(玉按：此即鱣鮪之鱣，江東呼爲黄魚，少陵詩所謂"頓頓食黄魚，脂膏兼飼犬，長大不容身"者是也，今謂之鱘鰉魚。)安有鸛雀能勝二三丈乎？此其爲鱓明矣。太子賢説如此。予歷覽古今辨證書，均謂三鱣應讀鱓。世俗平聲用者誤。蓋遵《後漢注》音也。然少陵《秋日夔府咏懷寄鄭監李賓客百韻》詩："敕厨惟一味，求飽或三鱣"，押八先韻，則讀爲專音，亦未可盡非。吴曾《漫録》曰：以楊震碑考之，則云"貽我三魚，以辨懿德"，稱鱓未必得其真也。

爛漫

今人目物之燦爛者曰爛熳，非也。按字書無熳字，止合作爛漫，淋漓衆多也。如杜、韓詩："爛漫倒家釀"，"衆雛爛漫睡，""爛漫通經術"，"爛漫忽無次"，"爛漫堆衆皺"，"爛漫長醉多文辭"之類，不可殫述也。（凡古人詩文集爛漫作熳，并係後人傳寫之僞。）《莊子·在宥篇》有"性命爛漫"語，此二字之非佳可知。

逃禪

少陵《飲中八仙歌》："蘇晋長齋綉佛前，醉中往往愛逃禪。"逃禪猶云逃墨、逃楊，是逃而出，非逃而入。王嗣奭云：醉酒而悖其教，故曰逃禪。後人以學佛者爲逃禪，誤矣。玉按：東坡《老饕賦》："美人告去，已而雲散，先生方兀然而禪逃。"逃禪作禪逃，益信王説爲不誣。若爲學佛解，應曰安禪，杜詩亦有之。《登惠義寺》云："誰能解金印，瀟灑共安禪。"

長年

杜工部《撥悶》詩云："長年三老遥憐汝，捩舵開頭捷有神。"蔡注云：峽中以篙師爲長年，舵工爲三老。邵注云：三老捩舵者，長年開頭者。又《夔州歌》絶句云："長年三老長歌裏，白晝攤錢高浪中。"又《最能行》云："歸州長年行最能。"陶南村《輟耕録》有此一條，但止引"長年三老長歌裏"爲證，而僞長歌爲歌聲，且引《古今詩話》，謂川峽以篙手爲三老，與蔡、邵二説不合。

乘查

乘槎（應作查）至天河，得織女支機石，歸問成都嚴君平，曰：某時客星犯斗牛，即此人也。此係海客事，見《博物志》。按《漢・張騫傳》及《西域傳》并不言博望乘槎，自宗懍《荆楚歲時記》僞爲張騫，（張、嚴不同時，安得相見？可笑其妄。）雖少陵大家亦承襲用之。如“乘槎有漢臣”，“槎上似張騫”，“奉使虚乘八月槎”，“乘槎斷消息，無處覓張騫”之類。東坡有《次韻陳海州乘槎亭》詩，無一字謬涉張騫，真卓識也。

白首爲郎非馮唐事

白首爲郎是顔駟事，古今詞人屬之馮唐，少陵詩亦踵此弊，如“馮唐毛髮白，歸興日蕭蕭”，“垂白馮唐老，清秋宋玉悲”之類，此與以乘査爲張騫事同一誤也。按《史・馮唐傳》：唐以孝著爲中郎署，長文帝，文帝輦過，問唐曰：父老何自爲郎？云云。并無白首字。《野客叢書》云：《漢武故事》載顔駟一事，甚與馮唐同，曰：上至郎署，見一老郎鬢眉皓白，問：何其老也？對曰：臣姓顔名駟，以文帝時爲郎，文帝好文而臣好武，景帝好老而臣尚少，陛下好少而臣已老，是以三葉不遇。上感其言，擢爲會稽都尉。然人往往以此事爲唐事用，如《白氏六帖》曰：漢文帝時，馮唐白首爲郎，帝問之，對曰：臣三朝不遇。樂天詩亦曰：“重文疏卜式，尚少棄馮唐”，楊巨源詩：“此地含香從白首，馮唐何事怨明時”，劉孝標《辨命論》曰：“賈大夫沮志於長沙，馮都尉皓髮於郎署”，左太冲《咏史》詩曰：“馮唐豈不偉，白首不見招”，皆有白首不遇之説，是以顔駟事爲馮唐用也。東坡詩曰：“是爲先帝白首郎”，李注亦引馮唐之事，如此甚多。諸詩誤引承襲而然，《白帖》云云，尤爲可笑。

漫與

杜少陵《水檻遣興》詩云："老去詩篇渾漫與"，今本梓作漫興。考舊刻劉會孟本、《千家注》本，皆作漫與。趙次公云：耽佳句而語驚人，言其平昔如此，今老矣，所爲詩則漫與而已，無復著意驚人也。《劉後村集》跋陳教授《杜詩補注》亦云或信漫與云云。王介甫詩："粉墨空多真漫與"，東坡詩："袖手焚筆硯，清篇真漫與"，皆可相證。又杜集有《絶句漫興九首》，《韻府》亦引作漫與。

裋褐

揚雄《方言》：自關而西，以襜褕短者謂之裋。《漢·貢禹傳》：糠豆不贍，裋褐不完。師古并音豎，謂僮豎所着布長襦也。又《史·秦紀》：寒者利短褐。索隱曰：褐布豎裁，爲勞役之衣，短而且狹，故謂之短褐，亦曰豎褐。《孟嘗君傳》：士不得短褐。索隱音豎。按此二則正文并作短，注或作豎，音豎。故杜詩直用作長短之短，如"賜浴皆長纓，與宴非短褐"，"短褐風霜入，還丹日月遲"，"江湖漂短褐，霜雪滿飛蓬"，"諸生舊短褐，旅泛一浮萍"之類。董彦遠、洪慶善皆辨古無短褐字，《史·孟嘗君傳》諸處係後世傳寫之僞，至唐儒方兩用之，未知然否？（曾見一辨證書云：近得古本杜詩，"短褐風霜入"諸處短皆作裋，乃知今本之僞。予謂裋褐、短褐雖皆本之《史》《漢》，不妨通用，然如杜詩所云，斷宜作短非裋也，觀其屬對，應自知之。）

郢削

《莊子·徐無鬼》：莊子送葬，過惠子之墓，顧謂從者曰：郢人堊漫其鼻端，若蠅翼，使匠石斫之，匠石運斤成風，聽而斫之，盡堊而鼻不傷，郢人立不失容。觀此則堊鼻者郢人也，斫削者，匠石也。今人曰郢削、郢正、郢斤，是以匠石之斫屬之郢人，大非。杜詩："脱略磻溪釣，操持郢匠斤"，帶匠字説便不妨。此與《夢溪筆談》所辨郢歌之誤同。

烏鬼

《野客叢書》云：老杜詩"家家養烏鬼"，（玉按：《續筆談》曰．養讀從去聲）説者不一。《懶真子》以爲猪，蔡寬夫以爲烏野七神，《冷齋夜話》以爲烏蠻鬼，沈存中《筆談》《緗素雜記》《漁隱叢話》、陸農師《埤雅》以爲鸕鷀。四説不同，惟冷齋之説爲有據。觀《唐書·南蠻傳》：俗尚巫鬼，大部落有大鬼主，百家則置小鬼主，一姓白蠻，五姓烏蠻。所謂烏蠻，則婦人衣黑繒；白蠻，婦人衣白繒。又以驗冷齋之説。劉禹錫《南中》詩亦曰"淫祀多青鬼，居人少白頭"，又有所謂青鬼之説。蓋廣南州峽諸蠻之流風，故當時有青鬼、烏鬼等名。杜詩以黄魚（玉按：黄魚即今之鱘鰉魚，俗以石首魚爲黄魚，非）對烏鬼，知其爲烏蠻鬼也審矣。然觀元微之詩曰："鄉味尤珍蛤，家神悉事烏"，又曰："病賽烏稱鬼，巫占瓦代龜"，注：南人染病，競賽烏鬼。此説又似不同。據《南蠻傳》，烏即烏黑之烏，而元詩以蛤對烏，則以爲烏鴉之烏。玉按：《續筆談》謂夔峽居人相率十百爲曹，設牲酒於田間，衆操兵仗，群噪而祭，謂之養鬼，言烏蠻戰殤，多與人爲厲，每歲以此禳之。此説與冷齋合，與初説鸕鷀不同。

相於

相於與相與同，似俗實雅，古人詩文多用之，如孔文舉書："岸幘廣坐，舉杯相於"，杜詩："此行非不濟，良友昔相於"，"老矣逢迎拙，相於托契饒"之類。

金錯刀

張衡《四愁詩》："美人贈我金錯刀。" 金錯刀，王莽所鑄錢名。《漢・食貨志》：王莽居攝，變漢制以周錢，有子母相權，於是更造大錢，徑寸二分，重十二銖，文曰大錢五十。又造契刀、錯刀，其環如大錢，身形如刀，長二寸，文曰契刀五百。錯刀以黄金錯其文，曰一刀直五千，與五銖錢凡四品并行。杜詩："金錯囊垂罄，銀壺酒易賒"，韓退之詩："閑道松醪賤，何須吝錯刀"，（玉按：韓集無此詩，何也？）皆謂是也。《藝苑雌黄》之説如此。《繼古叢編》謂金錯刀一名而二物，錢一也，刀二也，王莽所造。張衡、韓、杜所云是錢名。杜詩："熒熒金錯刀，濯濯朱絲繩"，孟襄陽詩："美人聘金錯，雙手膾鮮鱗"，是刀名。玉又按：梅聖俞《送蔡騮下第》詩云："爾持金錯刀，不入鵝眼（錢名）貫。" 今俗但知爲刀名，而不知爲錢名也。

芧栗

《夢溪筆談》云：江南有小栗謂之茅栗，（茅音草茅之茅）以予觀之，此正所謂芧也，則《莊子》所謂"狙公賦芧（音序）"，此文相近之誤也。存中之説如此。因思少陵《南鄰》詩"錦里先生烏角巾，園收芧栗未全貧"，本於《莊子・徐無鬼篇》"先生居山林食芧栗"也。今注家必欲改作芋栗，謂蜀有蹲鴟且芋栗，二物可該園中所産，而芧栗野生，不待園中收種，若但芧栗充飢，安得謂未全貧？此種議論，雖似近理，終覺牽合支離，未必當時杜公意也。山谷謂杜詩、韓文，無一字無來歷，以芧栗屬先生説，此正從《莊子》來也。紛紛聚訟，不當息乎？

喪家之狗

《家語》：鄭人謂孔子纍然如喪家之狗。注云：喪家狗，主人哀荒，不見飲食，故纍然不得意。《韓詩外傳》：子曰：賜獨不見喪家之狗與？既斂而椁，布器而祭，顧望無人，故儽然也。按此則喪字宜平聲讀。今之用作去聲者亦有所本，杜詩："昔如縱壑魚，今如喪家狗"，《夏侯湛贊》："若失水之魚、喪家之狗。"

火耕

《史・貨殖傳》：楚、越之地，地廣人希，飯稻羹魚，或火耕而水耨。注謂：楚燒榛種田。杜子美《居楚遣悶》詩云："瓦卜傳神語，燒田費火耕（一作聲）"，此一徵也。今用作水耕火耨。耕或用水，火豈可以施於耨乎？

歷代社會狀況史

行唐尚秉和編

唐京官貧者無馬至騎驢上朝

杜甫《逼仄行》："自從官馬送還官，行路難行澀如棘。我貧無乘非無足，昔者相過今不得。實不是愛微軀，又非關足無力。徒步翻愁長官怒，此心炯炯君應識。曉來急雨春風顛，睡美不聞鐘鼓傳。東家蹇驢許借我，泥滑不敢騎朝天。"是因泥滑不敢騎驢入朝，若非雨後，則騎驢矣。又繹詩意，承平時凡京官所騎之馬皆官馬也。亂後馬少，收還官，故難得騎。是詩本叙與畢君闊絶之故，然所以闊絶者非關足無力，實恐徒步訪友爲長官所見，論失官體而觸怒也。是又可證唐時京官雖間暇與朋友過從，亦不可徒步自輕，否則被劾也。是皆史所不載，而其風尚習慣盡於詩中見之，故後人謂杜詩爲"詩史"也。又《隋唐嘉話》：

則天稱周，心不安，多置裏行、拾遺、補闕、御史，至有“車斗量”之詠。有御史臺令史將入門，值裏行、御史數十聚立門内，令史下，驢衝過。諸御史大怒，將杖之。令史云：今日之過在驢，請先數之，然後受罰。御史許之，謂驢曰：汝技藝可知，精神極鈍，何物驢畜，敢於御史裏行？乃羞而止。以是證京官貧者寧騎驢不徒步也，唐盛時已如此也。

漢唐以來都會盜劫則鳴桴鼓

《漢書·尹賞傳》：長安城中，薄暮塵起，剽劫行者，死傷横道，桴鼓不絶。又《張敞傳》：由是桴鼓稀鳴，市無偷盜。又唐杜甫詩：“殺人紅塵裏，報答在斯須”，又《隋唐嘉話》：諸街晨昏傳叫代之以鼓。是在漢、唐時都城街市以人烟繁盛，故殺掠劫奪，白晝不諱，街吏聞警，則鳴鼓以報也。

六朝唐宋社日仍盛

《魏書·王修傳》：母以社日亡，來歲鄰里社，修感念母，哀甚。鄰里聞之，爲之罷社。唐杜甫詩：“今年大作社，拾遺能住否。”宋《墨莊漫録》云：今人家閨房遇春秋社日，不可組紃，謂之忌作。故周美成《秋蕊香》詞云：“聞知社日停針綫。”觀以上諸證，自六朝以迄唐、宋，社日之盛況仍與周、秦、兩漢同，可謂久矣。至歷代詩人社者尤多，不可枚舉，略而不書，書其能爲社會狀況證者。

唐風樓攟録[1]

① 本篇據北京圖書館藏聞一多手稿照相複印件收入。原稿大部未標點斷句。又原稿中有“杜詩目録索引”一份，此删。

目　録

總　目

本編所見叢書彙目

十三經注疏
玉函山房輯佚書
黄氏逸書考
雅雨堂叢書
宸翰樓叢書
吉石庵叢書
津逮秘書
學津討源
鐵華館叢書
平津館叢書
湖北先正遺書
正覺樓叢書
粤雅堂叢書
守山閣叢書
釋氏十三經
海山仙館叢書

百川學海
琳琅秘室叢書
學海類編
抱經堂叢書
通志堂經解
古書叢刊
藝海珠塵
古逸叢書
續古逸叢書
墨海金壺
函海
知不足齋叢書
周秦諸子校注十種
湖海樓叢書
金華叢書
十萬卷樓叢書
士禮居黄氏叢書
後知不足齋叢書
悉曇三書
武林往哲遺書
三唐人集
四唐人集
五唐人詩集
唐六名家集
四婦人集
四部叢刊
道藏舉要
三十三種叢書
雲窗叢刻
佚存叢書
藕香零拾
唐人説薈
小石山房叢書
稗海
古今説海
雲自在龕叢書
龍威秘書
隨庵徐氏叢書
武英殿聚珍版叢書
畿輔叢書
岱南閣叢書
知服齋叢書
槐廬叢書
螺樹山房叢書
二酉堂叢書
觀古堂彙刻書
別下齋叢書
晨風閣叢書
嶺南遺書
粟香室叢書
彊村叢書
青照堂叢書
寶顔堂秘笈
藝苑捃華秘書
硯雲編
長恩書室叢書

六子全書
子書百家
拜經樓叢書
邵武徐氏叢書
朱氏結一廬叢書
乾坤正氣集
清芬堂叢書
明辨齋叢書
歷代詩話續編
麟後山房七種
遜敏堂叢書
三長物齋叢書
常州先哲遺書
史學叢書
豫章叢書
翠琅玕館叢書
天懷閣叢書
詩觸叢書十六種
影宋本蔣氏密韻樓叢書
讀畫齋叢書
算經十種
十種古逸書
古香齋袖珍十種
連筠簃叢書
求實齋叢書
涵芬樓秘笈
嘯園叢書
鳴沙石室佚書
廣雅叢書
永嘉詩人祠堂叢刻
釋氏四書
唐宋傳奇集
無一是齋叢書
孫氏叢書
適園叢書
貴池先哲遺書
歷代詩話
净土四經
懺華庵叢書
説郛

分類書目[1]

五經：

侯氏易注　侯（行？）果　漢學堂叢書（一卷）　玉函山房輯佚書（三卷，題曰周易侯氏注）

周易朱氏注　朱仰之　玉函山房輯佚書（一卷）

周易探元三卷　崔憬　玉函山房輯佚書　漢學堂叢書（一卷，題曰崔憬易探元）

周易元義一卷　李淳風　玉函山房輯佚書

周易新論傳疏一卷　陰弘道　玉函山房輯佚書

周易新義一卷　徐鄖　玉函山房輯佚書

易纂一卷　僧一行　玉函山房輯佚書

關氏易傳一卷　趙蕤　津逮秘書

李氏易傳十七卷　李鼎祚　雅雨堂叢書　津逮秘書　學津討源（津逮、學津并題曰周易集解）

周易正義十四卷　孔穎達　嘉業堂覆刻單疏本　十三經注疏

易釋文一卷　陸德明　雅雨堂叢書　津逮秘書

王氏周易集解略例一卷　邢璹注　津逮秘書

周易舉正三卷　郭京　津逮秘書　學津討源　宸翰樓叢書（獨山莫氏影謙牧堂影宋本）　遜敏堂叢書

尚書正義二十卷　孔穎達　嘉業堂刊本（附校勘記二卷）　十三經注疏

尚書釋文　陸德明　吉石庵叢書（影敦煌唐寫本殘卷）

施氏詩説一卷　施士丐　玉函山房輯佚書

---

① 此四字爲整理者所增，原稿無。

杜注考工記二卷　杜牧　琳琅秘室叢書　清華大學圖書館藏舊抄本

禮記外傳一卷　成伯璵　玉函山房輯佚書

釋疑論一卷　元行冲　玉函山房輯佚書

春秋微旨三卷　陸淳　學津討源　學海類編（春秋集傳微旨）

春秋例統一卷　啖助　玉函山房輯佚書

春秋集卷一卷　啖助　玉函山房輯佚書

春秋闡微纂類義統一卷　趙匡　玉函山房輯佚書

春秋通例一卷　陸希聲　玉函山房輯佚書

春秋折衷論一卷　陳岳　玉函山房輯佚書

毛詩指説一卷　成伯璵

儀禮注疏十七卷　賈公彦疏　十三經注疏

禮記正義六十三卷　孔穎達　十三經注疏

經典釋文三十卷　陸德明　湖北崇文書局刊本　湖南書局刻本　通志堂經解　四部叢刊（附校勘記三卷）　抱經堂叢書

周易口訣義六卷　史徵

春秋左傳正義六十卷　孔穎達

春秋公羊傳注疏二十八卷　徐彦疏

春秋穀梁傳注疏二十卷　楊士勛疏

春秋集傳纂例十卷　陸淳　陸心源群書校補

春秋集傳辨疑十卷　陸淳

張氏三禮圖一卷　張鎰　玉函山房輯佚書

月令注解　玄宗　漢學堂叢書

儒家：

孝經正義三卷　玄宗　十三經注疏

孝經注一卷　玄宗　十三經注疏　通志堂經解（題曰孝經注解）　四部叢刊　古書叢刊　古逸叢書

御注孝經疏一卷　元行冲　玉函山房輯佚書

孝經訓注一卷　魏真己　玉函山房輯佚書

論語筆解二卷　韓愈李翺　墨海金壺　藝海珠塵　清芬堂叢書

孟子陸氏注一卷　陸善經　玉函山房輯佚書

孟子張氏音義一卷　張鎰　玉函山房輯佚書

孟子丁氏手音一卷　丁公著　玉函山房輯佚書　（全唐文三百六十六賈至授丁公著工部侍郎。勞格校云：見白氏文集舊抄。英華作白居易。刊本脱名，此當删。）

素履子三卷　張弧　藝海珠塵　函海　子書百家　（提要子部儒家類一）世次不可考

仲蒙子三卷　林慎思　知不足齋叢書　藝海珠塵　函海子書百家（提要同上）

續孟子二卷　林慎思　知不足齋叢書　函海　子書百家（提要同上）

荀子二十卷　楊倞注　抱經堂叢書　古逸叢書（影宋台州本）

孝經音義一卷　陸德明　粤雅堂叢書續集

管子注　尹知章

意林五卷　馬總　道藏舉要　三十三種叢書　周廣業意林注補遺（聚學軒叢書）（嚴可均馬總意林闕目叙，見鐵橋漫稿六。又校勘記一卷，目見鐵橋漫稿未刻。蔣光煦斟補隅録。）

劉子十卷　袁孝政續撰并注　道藏舉要

因論　劉禹錫　百川學海

五臣音注揚子法言十卷　柳宗元等注　六子全書

女孝經一卷　陳邈妻鄭氏　津逮秘書

長短經九卷　趙蕤　讀畫齋叢書

兩同書二卷　羅隱　寶顏堂秘笈

讒書五卷　羅隱　拜經樓叢書　邵武徐氏叢書　清芬樓叢書

道家：

玄宗御注道德真經四卷　道藏舉要

玄宗御制道德真經疏十卷　道藏舉要

玄宗御制道德真經疏四卷　道藏舉要

道德真經傳四卷　陸希聲　道藏舉要　（未收書目著録）

道德真經新注四卷　李約　道藏舉要

道德真經玄德纂疏二十卷　强思齊　道藏舉要

道德真經論兵要義述四卷　王真　道藏舉要

道德真經注四卷　李榮　道藏舉要

道德真經廣聖義五十卷　杜光庭　道藏舉要

南華真經注疏三十五卷　成玄英疏　道藏舉要　古逸叢書（影宋本莊子注疏十卷）（未收書目著録）

列子釋文二卷　殷敬順（宋陳景元補遺）　道藏舉要　周秦諸子校注十種（稱列子釋文）　湖海樓叢書（同上）

天隱子一卷　司馬承禎　道藏舉要

玄真子三卷　張志和　金華叢書　知不足齋叢書（一卷）　道藏舉要（稱玄真子外篇三卷）

黄帝陰符經疏三卷　李筌　道藏舉要　墨海金壺　（未收書目著録）

通玄真經注十二卷　徐靈府　鐵華館叢書　道藏舉要（未收書目著録）

廣黄帝本行記一卷　王瓘　平津館叢書　道藏舉要　孫氏叢書（未收書目著録）

道德真經集解八卷　張君相　（未收書目著録）

列子注八卷　盧重元　嘉慶癸亥江都秦氏刊本　（未收書目著録）

洞天福地岳瀆名山記　杜光庭　道藏舉要　百川學海（名山洞天福地記）

關尹子一卷　唐人托名周尹喜撰　子書百家　墨海金壺
亢倉子一卷　王士元　子書百家　湖北先正遺書　墨海金壺
無能子三卷　不著撰人名氏　子書百家　道藏舉要
鬻子二卷　逢行珪注　道藏舉要
南華真經十卷　陸德明音義　六子全書
化書六卷　譚峭　正覺樓叢書

摩尼教（此類未盡）：

摩尼教殘經　巴黎圖書館藏本　陳垣校録本（北京大學國學季刊第一卷第三號）　鳴沙石室佚書續編（羅振玉刊本）

佛教：

華嚴經音義四卷　慧苑　粵雅堂叢書　守山閣叢書
大方廣圓覺修多羅了義經　佛佗多羅譯　釋氏十三種
三藏法師取經記　失名　吉石庵叢書（影宋槧殘本）
寶藏論一卷　僧肇　函海
心要經一卷　道㲉譯　函海
大佛頂首楞嚴經十卷　般剌密帝譯　釋氏十三種
法苑珠林一百二十卷　道世　四部叢刊　道光七年據釋藏刊本（九十六卷）
一切經音義二十五卷　玄應　海山仙館叢書　康熙年莊炘校刊本
華嚴經訣疑論四卷　李通玄　刊本
廣弘明集三十卷　道宣　四部叢刊
大唐西域記十二卷　玄奘　見地理類
開元釋教録二十卷　智昇
古清凉傳二卷　慧祥　（未收書目著録）

慧超往五天竺傳殘卷　慧超　雲窗叢刻

高僧傳二集四十卷　道宣　刊本

永嘉集證道歌　元覺　永嘉詩人祠堂叢刻

一切經音義一百卷　慧琳　日本刊本

大悲經　俄梵達摩譯　士禮居叢書

壇經一卷　慧能説　釋氏四書

法華玄義釋籤四十卷　湛然釋

普賢行願品一卷　罽賓國三藏般若奉詔譯　浄土四經單行本（四十卷）

金剛經六譯本六卷　玄奘　義净譯

止觀輔仁傳弘决十卷　湛然述

大寶積經一百二十卷　流志等譯

起信論疏記會閲十卷　法藏述疏

觀經疏抄四卷　知禮述

地藏經三卷　實乂　難陀譯

百丈清規八卷　懷海編

愣嚴經十卷　波刺密帝譯

圓覺經略疏二卷　宗密

華嚴經合論一百二十卷　志寧

華嚴經八十一卷　實乂　難陀譯

東海若解一卷　柳宗元實賢解

神會和尚遺集　胡適授敦煌唐寫本　亞東圖書館印行

歷史（列朝史史注史評通史）：

史記索引三十卷　司馬貞　廣雅叢書　史學叢書

史記正義一百三十卷　張守節

後漢書注一百二十卷　章懷太子賢

晋書一百三十卷　房喬等奉敕撰

梁書五十六卷　姚思廉奉敕撰

陳書三十六卷　姚思廉奉敕撰

北齊書五十卷　李百藥奉敕撰

周書五十卷　令狐德棻奉敕撰

隋書八十五卷　魏徵等奉敕撰

南史八十卷　李延壽

北史一百卷　李延壽

國語補音三卷　唐人寫本（宋宋庠補）

史通二十卷　劉知幾　盧文弨群書拾補

通紀七卷　馬總（五代孫光憲續五卷）

蒙求三卷　李瀚　佚存叢書　大文堂刊本（十七史蒙求）　明辨齋叢書（李氏蒙求注）　畿輔叢書

史緯三百三十卷　司馬貞　刊本

雜史（别史）：

唐國史補三卷　李肇　學津討源　津逮秘書　唐人説薈　無一是齋叢書（一卷）

順宗實録五卷　韓愈　海山仙館叢書

安禄山事迹三卷　姚汝能　學海類編　藕香零拾（繆荃孫校）　唐人小説六種（附校記，即繆本）

東觀奏紀三卷　裴庭裕　粤雅堂叢書　小石山房叢書　稗海　藕香零拾

北里志一卷　孫棨　古今説海　唐人説薈

奉天録四卷　趙元一　粤雅堂叢書　雲自在龕叢書

開天傳信記一卷　鄭棨　學津討源　百川學海　唐人説薈

牛羊日曆　撰人姓氏無考　藕香零拾（輯佚）

渚宫舊事五卷補遺一卷　余知古　平津館叢書　墨海金壺　吉石庵叢書

廣陵妖亂志　郭廷晦（新書藝文志）鄭延晦（直齋書録解題）鄭廷晦（經籍考引陳氏）　羅隱（説郛）　藕香零拾（繆荃孫輯補）

高力士別傳　郭湜　顧氏文房小説　唐人小説六種

史屑：

明皇雜録三卷　鄭處誨　守山閣叢書　唐人説薈　墨海金壺　（據提要當作二卷，別録一卷）

大唐新語十三卷　劉肅　稗海　唐人説薈　内府藏本

因話録六卷　趙璘　稗海　唐人説薈

金鑾密記一卷　韓偓　唐人説薈

松窗雜録一卷　李濬?

次柳氏舊聞（一名明皇十七事）一卷　李德裕　唐人説薈　學海類編（題明皇十七事二卷）　寶顔堂秘笈　説郛　唐人小説六種本（附考異）　五朝小説　顧氏文房小説

大唐傳載一卷　不著撰人名氏　唐人説薈　守山閣叢書

常侍者言一卷　柳珵　唐人説薈

南楚新聞一卷　尉遲樞　唐人説薈

舊聞記一卷　柳公權　唐人説薈

記事珠一卷　馮贄　唐人説薈

集異記一卷　薛用弱

李林甫外傳一卷　失名　顧氏文房小説　唐人小説六種

地理：

嶺表録異三卷　劉恂　武英殿聚珍版叢書

天台山記一卷　徐靈府　古逸叢書（影舊抄卷子本）

蠻書十卷　樊綽　琳琅秘室叢書　（宋史藝文志題作雲南志，永樂大典題作雲南史記。）

兩京新記一卷　韋述　粵雅堂叢書　佚存叢書　正覺樓叢書　（未收書目著録）

大唐西域記十二卷　玄奘譯　守山閣叢書　四部叢刊　墨海金壺

元和郡縣志四十卷　李吉甫　畿輔叢書　武英殿聚珍版叢書　岱南閣叢書（附闕卷佚文、武英殿、岱南閣并稱元和郡縣圖志。）　刊本雲自在龕叢書　繆荃孫校輯逸文三卷

南岳小録一卷　李冲昭　知服齋叢書

括地志八卷　李泰　正覺樓叢書　漢學堂叢書　岱南閣叢書　槐廬叢書

經行記一卷　杜環　王國維校録古行記四種

北户録三卷　段公路　十萬卷樓叢書　湖北先正遺書　唐人説薈　學海類編　古今説海

桂林風土記一卷　莫休符

貞元十道録（殘卷）　賈耽　鳴沙石室佚書

王屋山志二卷　李歸一（？）　高昌秘笈甲集（影明刊本）

政治（政典政論　法律）：

大唐創業起居注三卷　温大雅　藕香零拾（繆荃孫校）　津逮秘書

建康實録二十卷　許嵩

貞觀政要十卷　吴兢　上虞羅氏印本（古寫原本卷五六，殘卷附佚篇一卷。）

魏鄭公諫録五卷　王方慶

李相國文論事集六卷　李絳　畿輔叢書

唐六典三十卷　玄宗撰李林甫奉敕注

翰林志一卷　李肇　百川學海

通典二百卷　杜佑

唐會要一百卷　蘇冕等撰（宋王溥續）

大唐開元禮一百五十卷　蕭嵩等奉敕撰

唐律疏義三十卷　長孫無忌等奉敕撰　岱南閣叢書

臣軌二卷　武則天　佚存叢書　粵雅堂叢書（一卷？）羅振玉鉛印本

律文十二卷　不著撰人名氏　（附音義一卷，宋孫奭等撰。）（未收書目著録）

唐陸宣公奏議注十五卷　陸贄（宋郎煜注）　陸宣公集四卷（正誼堂叢書）　十萬卷樓叢書

帝範四卷　太宗（貞觀十二年撰）　武英殿聚珍版叢書　粵雅堂叢書（一卷）　羅振玉鉛印本　清芬堂叢書　（提要子部儒家類一）

梁公九諫一卷　不著撰人名氏　士禮居黄氏叢書

疑獄集四卷　和凝與子㠓同撰

大唐郊祀録十卷　王涇　適園叢書續編

語言文字：

五經文字三卷　張參　後知不足齋叢書

九經字樣一卷　唐元度　後知不足齋叢書

干禄字書一卷　顔元孫　後知不足齋叢書　青照堂叢書

匡謬正俗八卷　顔師古　雅雨堂叢書　藝海珠塵　三十三種叢書（即湖北局刻叢書）

爾雅裴氏注一卷　裴瑜　玉函山房輯佚書

唐韻上下卷　孫緬　漢學堂叢書（即黄氏逸書考）

切韻　李舟　漢學堂叢書（即黄氏逸書考）

唐寫本切韻殘卷　陸法言　吴縣蔣斧影印本

刊謬補缺切韻　王仁昫　上虞羅氏石印本

四聲五音九弄反紐圖　神珙　玉函山房輯佚書

悉曇字記一卷　智廣　悉曇三書

景佑天竺字源七卷　惟净　悉曇三書

急就篇四卷　顔師古注　津逮秘書　天懷閣叢書

一切經音義二十五卷　主應

廣韻五卷　陸法言撰孫緬增加　古逸叢書（覆元泰定本）

字樣　顔師古　汪黎慶輯　廣倉學宭叢書小學叢殘之一

開元文字音義　玄宗　汪黎慶輯　廣倉學宭叢書小學叢殘之二

韻銓　武元之　汪黎慶輯　廣倉學宭叢書小學叢殘之三

韻英　陳廷堅（？）　汪黎慶輯　廣倉學宭叢書小學叢殘之四

别集（詩詞文）：

王無功集三卷補遺二卷校勘記一卷　王績（校勘記羅振玉撰）　光緒三十二年唐風樓本

魏鄭公集三卷　魏徵　畿輔叢書本（附諫録一卷，續諫録一卷。）

褚亮集一卷　褚亮　武林往哲遺書本

褚遂良集一卷　褚遂良　武林往哲遺書本

寒山子詩集一卷附豐干拾得詩一卷　寒山子及豐干拾得四部叢刊本　擇是居叢書（張鈞衡）影宋（？）本

盧昇之集七卷　盧照鄰　四部叢刊本　畿輔叢書本

駱賓王集十卷　駱賓王　唐人三家集本（秦恩復據宋蜀本刊考異一卷，恩復自撰。）　四部叢刊本（稱文集）　金華叢書（稱駱丞集，清胡丹鳳校，并撰辨僞、考異各一卷）　小讀書惟校刻足本（顧之逵校）清陳熙晋駱臨海集注十卷（道光刊本）

王子安集十六卷　王勃　四部叢刊本　羅振玉輯佚文（上虞羅氏印本）　清蔣清翊王子安集注二十卷（上海鑄記書局石印本）

盈川集十卷附録一卷　楊炯　四部叢刊本

杜審言集　杜審言　海源閣藏宋本

陳伯玉集十卷　陳子昂　四部叢刊本　清道光十七年楊國楨刻本（文集三卷，詩集二卷，附録一卷。）

張説之集二十五卷補遺五卷　張説　朱氏結一廬叢書本　四部叢刊本（無補遺）　聚珍版輯補本（稱張燕公集）

曲江張先生文集二十一卷　張九齡　四部叢刊本　廣東祠堂本（二十卷）　紹風堂刊本（十二卷）

李北海集六卷附録一卷　李邕　四庫本　乾坤正氣集本　湖北先正遺書本（五卷）

雜咏二卷　李嶠　藝海珠塵本　正覺樓叢書本　佚存叢書本

孟浩然集四卷　孟浩然　四部叢刊本　五唐人詩集本（稱襄陽集三卷）　湖北先正遺書本（三卷）

王右丞集六卷　王維　四部叢刊本（劉辰翁校）　清趙殿成王右丞集箋注二十八卷（原刊本，上海文瑞樓影原本）　藝海珠塵本（稱輞川詩抄六卷，清王濡編。）

常建詩三卷　常建　唐六名家集本

李翰林集三十卷　李白　玉海堂景宋咸淳本刻本（劉世珩刊，附札記）　清王琦李太白詩集注三十六卷（刊本中華書局聚珍本）　吴隱刊影宋本

儲光羲詩五卷　儲光羲　四庫本

高常侍集十卷　高適　明刊本　四部叢刊本（八卷）　畿輔叢書本（二卷）

宗元集三卷附録玄綱論一卷内丹丸章經一卷　吴筠　四庫部

杜工部集二十二卷　杜甫　湖北先正遺書本　四部叢刊本（稱分門集注杜詩）　古逸叢書本（稱草堂詩箋，宋魯訔編次，蔡夢弼會箋。）清錢謙益注杜工部集二十卷（静思堂刊本）　清仇兆鰲杜詩詳注二十二卷（通行本）　清楊倫杜詩鏡銓二十二卷附張溍杜文注解（成都合刻

本）　清浦起龍讀杜心解六卷（乾隆刊本）　景宋本杜陵詩史三十二卷（玉海堂刻本）

岑嘉州詩集八卷　岑參　四部叢刊本

元次山文集十卷附拾遺　元結　四部叢刊本　清芬堂叢書本（詩集二卷）

抒山集十卷　皎然　四庫本　四部叢刊本（稱皎然集）

顔魯公集十五卷補遺一卷年譜一卷　顔真卿　清嘉慶七年顔重梘刻本　三長物齋叢書本（三十卷）　四部叢刊本（二十一卷）　乾坤正氣集（十四卷）

蕭茂挺文集一卷　蕭穎士　常州先哲遺書本

毘陵集二十二卷　獨孤及　四部叢刊本　清乾隆趙懷玉刻本（二十卷）　常州先哲遺書十六卷補遺一卷

劉隨州詩集十一卷　劉長卿　四部叢刊本　畿輔叢書本

韋蘇州集十卷　韋應物　唐六名家集本　退補齋刊本　明凌濛朱墨印本　四部叢刊本（稱韋江州集十一卷）

錢考功集十卷　錢起　四部叢刊本　螺樹山房叢書本（稱錢仲文集）

華陽集三卷補遺一卷　顧況

李尚書詩集　李益　二酉堂叢書本

翰苑集二十二卷　陸贄　雍正元年年羹堯刊本　清張佩芳陸宣公翰苑集注二十四卷（乾隆刊本）　四部叢刊本（二十四卷）　影宋大字本陸宣公集二十二卷（西泠印社）

權載之集五十卷　權德輿　四部叢刊本

孟東野詩集十卷　孟郊　四部叢刊本　五唐人詩集本（稱東野集）

樊紹述集注二卷　樊宗師（清孫之騄注）　乾隆孫之騄刊本　民國五年樊氏刊本　絳守居園池記一卷（續金華叢書本）

劉賓客文集三十卷外集十卷　劉禹錫　結一廬朱氏剩餘叢書本　畿輔叢書本（三十卷）　四部叢刊本（稱劉夢得文集）

韓昌黎集四十卷外集十卷　韓愈　涵芬樓影宋本（宋魏仲舉編，附序、傳、碑、記一卷，類譜十卷，考異十卷，稱五百家注音辨韓昌黎集。）　江蘇書局刊本（稱昌黎先生集，又點勘四卷）　掃葉山房石印本（稱同上，又點勘四卷，遺文一卷。）　宋廖瑩中編東雅堂韓昌黎集注（商務印書館排印本）　四部叢刊本（附遺文一卷，稱朱文公校昌黎先生文集）

吕叔和文集十卷　吕温　四部叢刊本　粤雅堂叢書本（稱吕衡州集）　唐人三家集本（秦恩復刊）

柳河東集四十五卷　柳宗元　雙梧居刊本　商務印書館本　四部叢刊本（增廣注釋音辨唐柳先生集四十三卷，别集二卷，外集二卷，附録一卷，傳一卷，後序一卷。宋童宗説注釋，張敦頤音辨，潘緯音義。）五百家注音辨柳先生文集二十一卷外集一卷新編外集一卷龍城録二卷附録八卷（宋魏仲舉編）　蘇之翻柳集輯注（楊廷理刻本，附楊子注龍城録。）

張司業集八卷　張籍　四部叢刊本　續古逸叢書本（稱張文昌集四卷）

皇甫持正集六卷　皇甫湜　四部叢刊本　續古逸叢書本

李文公集十卷　李翺　四部叢刊本

孫可之集十卷　孫樵　汲古閣刊本　孫馮翼刊本　四部叢刊本（唐孫樵集）　續古逸叢書本（稱孫可之文集）

歐陽行周文集十卷　歐陽詹　四部叢刊本　麟後山房七種（稱歐陽四門集八卷附一卷）

李元賓集六卷　李觀　粤雅堂叢書本　畿輔叢書本　唐人三家集本（秦恩復刊，李元賓文編三卷、外編二卷、續編一卷。）

賈長江集十卷　賈島　畿輔叢書本　四部叢刊本（稱唐賈浪仙長江集）

白氏文集七十一集　白居易　四部叢刊本　掃葉山房石印本（稱白香山詩集四十卷，附録、年譜一卷，清汪立名編。）　明華氏蘭雪堂活

字本（稱白氏長慶集七十一卷）

元氏長慶集六十卷補遺六卷　元稹　明嘉靖壬子董氏刊本　四部叢刊本

會昌一品集二十卷　李德裕　畿輔叢書本（又别集十卷，外集、補遺五卷。）　四部叢刊本（稱李衛公文集三十四卷）　清光緒十六年常慊慊齋刊本（會昌一品制集二十卷，别集十卷，外集四卷，補遺一卷。）

李賀詩歌編五卷　李賀　四唐人集本　四部叢刊本（四卷）　影元刊本（稱錦囊集四卷）　續古逸叢書本（稱李長吉文集四卷）　寶翰樓刊本（稱昌谷集四卷）　清王琦李長吉詩歌彙解四卷外集一卷（掃葉山房石印本）　影宋本蔣氏密韻樓叢書（四卷，外集一卷）

王司馬集八卷　王建　胡介祉校刊本

沈下賢集十二卷　沈亞之　觀古堂彙刻書本（十卷）　四部叢刊本

玉川子詩集三卷　盧仝　四部叢刊本　畿輔叢書本（稱玉川子集）清孫之騄玉川子詩集注五卷（清康熙孫晴川叢刻本）

追昔游集三卷　李紳

樊川文集二十二卷　杜牧　四部叢刊本　影宋刊本（二十卷，西泠印社）　楊壽昌景蘇園影日本楓山官庫宋本二十卷。

姚少監詩集十卷　姚合　四部叢刊本　唐六名家集本

李義山詩集六卷文集五卷　李商隱　四部叢刊本

温庭筠詩八卷　温庭筠　四部叢刊本　五唐人詩集本（金荃集）清顧嗣立温飛卿詩集箋注九卷（光緒壬午萬軸山房刊本）　彊村叢書本（金奩集一卷）

文泉子集一卷　劉蜕　別下齋叢書本　四部叢刊本（稱唐劉蜕集）

丁卯集二卷續集二卷續補一卷集外遺詩一卷　許渾　近丹徒陳慶年刻本　湖北先正遺書本（三卷）　四部叢刊本（二卷）　續古逸叢書本（稱許用晦集）

李群玉詩集三卷後集五卷　李群玉　四部叢刊本

鮑溶詩七卷　鮑溶　唐六名家集本

唐女郎魚玄機詩集一卷　魚玄機　隨庵徐氏叢書本（宋親睦坊陳解元書棚）　四婦人集本　麗樓叢書

鄭守愚文集三卷　鄭谷　續古逸叢書本　明嘉靖嚴嵩刻本（稱雲臺編）　雲臺編三卷（豫章叢書本，據八千卷樓影嘉靖本副刊，用全唐詩文復校。）

皮子文藪十卷　皮日休　四部叢刊本　湖北先正遺書本（稱松陵集）

甫里先生文集十九卷附録一卷　陸龜蒙　四部叢刊本　笠澤叢書（六卷）

司空表聖文集十卷又詩集五卷　司空圖　四部叢刊本　結一廬叢書本（文集十卷）　乾坤正氣集本（集四卷）　續古逸叢書本（文集十卷）　吴興劉氏刊本（詩集三卷，附録一卷。）

玉山樵人集香奩集附　韓偓　四部叢刊本　唐六名家集本（韓内翰别集一卷）　五唐人詩集本（香奩集一卷）　清宗室震香奩集發微一卷（新刊本）　麟後山房七種（稱翰林集四卷，附又香奩集三卷。）

麟角集一卷　王棨　知不足齋叢書本　天懷閣叢書（附録省題詩一卷）　麟後山房七種

唐英歌詩三卷　吴融　四唐人集

桂苑筆耕集二十卷　崔致遠　四部叢刊本　海山仙館叢書本

唐黄御史集九卷　黄滔　四部叢刊本（内附録一卷）　天懷閣叢書（二卷，别録一卷，附録一卷。）　麟後山房七種（八卷）

甲乙集十卷　羅隱　四部叢刊本　康熙十九年刊本（稱羅昭諫集八卷）

薛濤詩一卷　薛濤　四婦人集本　翠琅玕館叢書

元英集八卷　方干　汲古閣刊本

白蓮集十卷　齊己　四部叢刊本

唐風集三卷　杜荀鶴　四唐人集本　貴池唐人集（又補遺詩九首，

附録松窗雜録一卷。）

鹿門集五卷　唐彦謙　晨風閣叢書本（附補遺）

禪月集二十卷補遺一卷　貫休　金華叢書本

浣花集十卷補遺一卷　韋莊　汲古閣本　英倫敦博物館藏唐寫本韋莊秦婦吟殘詩（王國維校録本，見北京大學國學季刊第一卷第四期。）

碧雲集三卷　李中　四部叢刊本

披沙集六卷　李咸　四部叢刊本

劉希仁文集一卷　劉軻　嶺南遺書本

陽春集一卷　馮延巳　粟香室叢書

吴文惠集一卷　吴少微　光緒丙申吴氏有福讀書堂刊本（見揚州吴氏測海樓藏書目録）

費冠卿詩一卷　費冠卿　貴池唐人集　貴池先哲遺書

周繇詩一卷　周繇　（同上）

張祜處士集五卷　張祜　（同上）

顧雲詩一卷文一卷　顧雲　（同上）

張喬詩一卷附文一首　張喬　（同上）

殷文奎詩一卷附文一首　殷文奎　（同上）

文標集三卷外録一卷　盧肇　豫章叢書本（據八千卷樓精抄本副刊，用袁際唐注本復校。）

鄭巢詩一卷　武林往哲遺書

白行簡賦殘卷

總集：

文館詞林十三卷　許敬宗　古逸叢書　粤雅堂叢書（四卷）　適園叢書（二十五卷）　民國十六年董康用唐寫本影印本（二十卷）　光緒十年黎庶昌用舊抄卷子本刻本（十三卷半）　光緒十九年楊守敬刻本（六卷）

國秀集三卷　芮挺章　四部叢刊

河嶽英靈集四卷　殷璠　四部叢刊

篋中集一卷　元結　隨庵徐氏叢書（附札記）宋太廟前尹家刊本

中興間氣集三卷　高仲武　四部叢刊　趙齋所刻書（二卷）　影宋本（西泠）

竇氏聯珠集五卷　竇常等　續古逸叢書　四唐人集（一卷）　蔣氏密韻樓叢書（一卷）

高氏三宴詩三卷　高正臣　晨風閣叢書

香山九老會詩一卷　白居易　晨風閣叢書

批評研究：

二十四詩品一卷　司空圖　津逮秘書　學津討源　龍威秘書　詩觸叢書十六種　歷代詩話　藝苑捃華秘書

詩式五卷　皎然　十萬卷樓叢書　學海類編（一卷）　詩觸叢書（一卷）　歷代詩話

風騷旨格一卷　齊己　學津討源　津逮秘書　歷代詩話續編　説郛　藝圃搜奇　格致叢書　談藝珠叢　古今説部叢書

詩人主客圖一卷　張爲　函海　豫章叢書　歷代詩話續編

二南密旨一卷　賈島　學海類編　遜敏堂叢書

樂府古題要解二卷　吴兢　學津討源　津逮秘書　詩觸叢書　歷代詩話續編

文選李注

文選五臣注

小説：

古鏡記　王度　唐宋傳奇集

補江總白猿傳　缺名　唐宋傳奇集

離魂記　陳玄祐　唐宋傳奇集

枕中記　沈既濟　唐宋傳奇集

任氏傳　沈既濟　唐宋傳奇集

編次鄭欽説辨大同古銘論　李吉甫　唐宋傳奇集

柳氏傳一卷　許堯佐　藝苑捃華秘書（稱章臺柳傳）　唐宋傳奇集

柳毅傳　李朝威　藝苑捃華秘書　唐宋傳奇集　龍威秘書

李章武傳　李景亮　唐宋傳奇集

霍小玉傳　蔣防　唐宋傳奇集

古岳瀆經　李公佐　唐宋傳奇集

南柯太守傳　李公佐　唐宋傳奇集　無一是齋叢書（稱南柯記）

廬江馮媪傳　李公佐　唐宋傳奇集

謝小娥傳　李公佐　藝苑捃華秘書　唐宋傳奇集

李娃傳　白行簡　藝苑捃華秘書　唐宋傳奇集　無一是齋叢書（稱汧國夫人記）

三夢記　白行簡　唐宋傳奇集

長恨傳　陳鴻　藝苑捃華秘書　唐宋傳奇集　龍威秘書（稱長恨歌傳）

東城父老傳　陳鴻　唐宋傳奇集

開元升平源　吴兢　唐宋傳奇集

鶯鶯傳　元稹　唐宋傳奇集　無一是齋叢書（稱會真記）

周秦行紀　牛僧孺　唐宋傳奇集

湘中怨辭　沈亞之　唐宋傳奇集

異夢録　沈亞之　唐宋傳奇集

秦夢記　沈亞之　唐宋傳奇集

無雙傳　薛調　藝苑捃華秘書　唐宋傳奇集　龍威秘書（題劉無雙傳）

上清傳　柳珵　唐宋傳奇集

楊娼傳　房千里　唐宋傳奇集

虬髯客傳　杜光庭　藝苑捃華秘書　唐宋傳奇集　無一是齋叢書（稱髯虬客記，張説撰）　龍威秘書（題張説）（蘇氏演義云：近代學者著張虬鬚傳，頗行於世，乃云隋末喪亂，李靖與張虬鬚同詣太原尋天子氣，及謁見太宗，知是真主。）

冥音録　缺名

李泌傳一卷　李蘩　藝苑捃華秘書　龍威秘書

仙吏傳一卷　太上隱者　藝苑捃華秘書　龍威秘書

英雄傳一卷　雍陶　藝苑捃華秘書　龍威秘書

劍俠傳一卷　段成式　藝苑捃華秘書　龍威秘書

馮燕傳一卷　沈亞之　藝苑捃華秘書　龍威秘書

蔣子文傳一卷　羅鄴　藝苑捃華秘書　龍威秘書

杜子春傳一卷　鄭還古　藝苑捃華秘書　龍威秘書

龍女傳一卷　薛瑩　藝苑捃華秘書　龍威秘書

妙女傳一卷　顧非熊　藝苑捃華秘書　龍威秘書

神女傳　孫顔　藝苑捃華秘書　龍威秘書（題孫頠撰）

楊太真外傳二卷　樂史　藝苑捃華秘書　龍威秘書（稱太真外傳）顧氏文房小説　唐人小説六種

梅妃傳一卷　曹鄴　藝苑捃華秘書　無一是齋叢書　龍威秘書　顧氏文房小説　唐人小説六種（不著撰人）

紅綫傳一卷　楊巨源　藝苑捃華秘書　無一是齋叢書（題段成式撰）　龍威秘書

牛應真傳一卷　宋若昭　藝苑捃華秘書

聶隱娘傳一卷　段成式　無一是齋叢書

枕中秘一卷　李泌　無一是齋叢書

揚州夢記一卷　于鄴　無一是齋叢書

海山記一卷　韓偓　無一是齋叢書

崑崙奴傳一卷　段成式　無一是齋叢書

迷樓記一卷　韓偓　無一是齋叢書

開河記一卷　韓偓　無一是齋叢書

音樂書畫：

琴書一卷　趙惟暕　玉函山房輯佚書

樂府雜録一卷　段安節　守山閣叢書　湖北先正遺書　學海類編　古今説海　唐人説薈　墨海金壺

羯鼓録一卷　南卓　守山閣叢書　墨海金壺　唐人説薈　寶顔堂秘笈

歷代名畫記十卷　張彦遠　學津討源　津逮秘書

法書要録十卷　張彦遠　津逮秘書　王氏書苑　汲古閣刻本

墨藪一卷　韋續　十萬卷樓叢書

續畫品録一卷　李嗣真　津逮秘書

後畫録一卷　彦悰　津逮秘書

貞觀公私畫史一卷　裴孝源　唐人説薈

教坊記一卷　崔令欽

書斷四卷　張懷瓘　百川學海

書譜一卷　孫虔禮　百川學海　王氏書苑　天津安氏石刻本

國朝名畫録一卷　朱景玄

述書賦二卷　竇泉撰竇蒙注

畫山水賦一卷附筆法記一卷　荆浩

王管照神局三卷　宋齊邱　十萬卷樓叢書

論篆一卷　李陽冰　道光二十年篆學瑣箸本

五十六種書法一卷　韋續　篆學瑣箸本

三代鼎器録一卷　吴協　説郛本　（容庚金石書録目二云：衹録彝器二百八十七種，乃宋人以後人所作，而托名唐人者。）

游藝雜品：

茶經三卷　陸羽　湖北先正遺書　學津討源　（別本茶經三卷，題玉茗堂主人湯顯祖，閲提要斥爲坊賈托名。）

五木經一卷　李翱　津逮秘書

煎茶水記一卷　張又新

錢本草一卷　張説　硯雲編

兵法算術醫藥農藝：

太白陰經十卷　李筌　長思書室叢書　守山閣叢書　墨海金壺　四庫

道德真經論兵要義述四卷　王真　道藏舉要

周髀算經二卷　李淳風等注釋　四部叢刊

張邱建算經三卷　李淳風注　知不足齋叢書

五曹算經五卷　李淳風注（提要稱注已散佚）　知不足齋叢書　武英殿聚珍版叢書　算經十書

孫子算經三卷　李淳風注　知不足齋叢書　武英殿聚珍版叢書　算經十書

輯古算經一卷　王孝通　知不足齋叢書　算經十書　函海　藝學軒刊本　岱南閣叢書

黄帝内經素問二十四卷　孫兆重改誤王冰注　影宋嘉祐本刊本

内經素問集注九卷　張志聰　浙江書局刊本

黄帝内經二十四卷　王冰注　四部叢刊

黄帝内經太素三十卷　楊上善　蕭氏刊本

千金翼方三十卷　孫思邈　保元堂刊本

廣成先生玉函經　杜光庭　隨庵叢書續編

石藥爾雅二卷　梅彪　别下齋叢書

末耜經一卷　陸龜蒙　津逮秘書　學津討源　唐人説薈

千金要方九十三卷　孫思邈　道藏舉要

千金寶要六卷　孫思邈（宋郭思纂要）　平津館叢書

唐月令注　玄宗定李林甫等注　十種古逸書　黄氏逸書考（稱唐明皇月令注解）

海島算經一卷　李淳風等奉敕注

五經算術二卷　李淳風注

星經二卷（疑唐人所撰）

步天歌七卷　王希明?

青羅曆?　無卷數，不著撰人名氏

靈樞經十二卷　王冰

外經秘要四十卷　王燾

吴子一卷　陸希聲附益（晁公武説）四庫

陰陽五行雜占堪輿：

陰陽書一卷　吕才　玉函山房輯佚書

夢雋一卷　柳燦　玉函山房輯佚書

雜五行書一卷　闕名　玉函山房輯佚書

請雨止雨書一卷　闕名　玉函山房輯佚書

黄帝授三子玄女經一卷　闕名　津逮秘書

玄女經一卷　闕名　藝海珠塵

握奇經解一卷　唐人僞撰?　藝海珠塵

開元占經一百二十卷　瞿曇悉達　恒德堂刊本

乙巳占十卷　李淳風　十萬卷樓叢書

龍經三卷　楊益　正覺樓叢書　粤雅堂叢書續集（題疑龍經一卷，撼龍經一卷。）

衛氏元苞經數五卷　蘇源明傳李江注　津逮秘書

青囊奥語一卷青囊序一卷　楊益

天玉經内傳三卷外編一卷　楊益

玉照定真經一卷　張顒

太乙金鏡武經十卷　王希明

玄珠密語十七卷　王冰　道藏舉要

通占大象曆星經六卷　不著撰人名氏（提要云：似是唐人之詞。）

類書：

北堂書鈔一百六十卷　虞世南（按此世南未入唐時所纂）　明萬曆刻本

藝文類聚一百卷　歐陽詢　宏建堂校刊本

龍筋鳳髓判四卷　張鷟　海山仙館叢書　學津討源（二卷）　湖海樓叢書　懺華庵叢書

初學記三十卷　徐堅等奉敕纂　明萬曆十五年寧壽堂徐氏刻本　古香齋袖珍十種本　陸心源群書校補

稽瑞一卷　劉賡　後知不足齋叢書

白孔六帖一百卷　白居易（宋孔傳續）

小名録二卷　陸龜蒙　唐人説薈

歲華紀麗四卷　韓鄂　（明胡震亨僞撰，見王士禎居易録。）

事始　（雜家存目三）

古今同姓名録二卷　陸善經續梁元帝原著　函海

元和姓纂十卷　林寶　金陵書局校刊本　古歙洪氏刊本　羅振玉元和姓纂校勘記二卷佚文一卷（雪堂叢刻）

雜考：

群書治要五十卷　魏徵　四部叢刊　連筠簃叢書　求實齋叢書（子

抄二卷） 粤雅堂叢書

李氏刊誤二卷 李涪 學津討源 百川學海 青照堂叢書 四庫

資暇集三卷 李匡乂 學海類編 藝海珠塵 四庫

蘇氏演義二卷 蘇鶚（光啓中進士第） 藝海珠塵 函海 四庫

兼明書五卷 邱光庭（五代） 續百川學海 四庫

古今注三卷附中華古今注三卷 馬縞

封氏聞見記十卷 封演 雅雨堂叢書 畿輔叢書 學海類編 學津討源 陸心源群書校補 黄朱合校稿本（見存山東省立圖書館）

炙轂子雜録五卷 王叡 説郛

雜述：

朝野僉載一卷 張鷟 古今説海 畿輔叢書 唐人説薈 寶顔堂秘笈

本事詩一卷 孟棨 龍威秘書 津逮秘書 唐人説薈 藝苑捃華秘書

劇談録二卷 康駢 嘯園叢書 津逮秘書 學津討源 唐人説薈 貴池先哲遺書 貴池唐人集（補逸文五條）

瀟湘録一卷 李隱 古今説海 唐人説薈

幽閑鼓吹一卷 張固 學海類編 唐人説薈 寶顔堂秘笈

劉賓客嘉話録一卷 韋絢 學海類編 唐人説薈 内府藏本

甘澤謡一卷 袁郊 學津討源 津逮秘書 唐人説薈

乾𦠆子一卷 温庭筠 龍威秘書

雲溪友議 范攄 龍威秘書 稗海 唐人説薈 藝苑捃華秘書

尚書故實一卷 李綽 唐人説薈 寶顔堂秘笈 畿輔叢書

灌畦暇語一卷

玉泉子一卷 不著撰人名氏

義山雜纂一卷 李商隱 懺華庵叢書

故宫遺録一卷　蕭詢　龍威秘書

金華子雜編二卷　讀畫齋叢書

異聞：

博異志一卷　鄭還古?　龍威秘書　唐人説薈　藝苑捃華秘書

靈應傳一卷　孫顔　龍威秘書　古今説海　唐人説薈

才鬼記一卷　鄭蕡　龍威秘書　唐人説薈

靈鬼志一卷　常沂　龍威秘書　唐人説薈

幽怪録一卷　牛僧孺　龍威秘書　唐人説薈（題牛嶠撰）

續幽怪録四卷　李復言　琳琅秘室叢書（補遺二卷）　隨庵叢書續編　龍威秘書（一卷）　唐人説薈　續古逸叢書

玄怪記一卷　徐炫　龍威秘書

續玄怪記一卷　闕名　龍威秘書

酉陽雜俎二十卷續集十卷　段成式　湖北先正遺書　學津討源　津逮秘書　四部叢刊　三十三種叢書　民國元年湖北官書處重刊本（二十卷）　龍威秘書　唐人説薈

冥報記三卷　唐臨　涵芬樓秘笈　光緒二十六年日本影印高山寺藏唐寫本

幽怪録　王惲　龍威秘書　唐人説薈

杜陽雜編三卷　蘇鶚　學律討源　稗海　唐人説薈

前定録一卷　鍾輅　學津討源　百川學海　唐人説薈

桂苑叢談一卷　馮翊子　唐人説薈　寶顔堂秘笈

宣室志十卷補遺一卷　張讀

述異記二卷　唐人僞托梁任昉撰　隨庵徐氏叢書宋太廟前尹家刊本

獨異志三卷　李冗，一作李亢

陸氏集異記四卷　陸勛　寶顔堂秘笈（稱集異志）

三水小牘二卷　皇甫枚　抱經堂叢書　雲自在龕叢書（又逸文一

卷）（未收書目著録）

録異記八卷　杜光庭　道藏舉要　龍威秘書

神仙感遇傳五卷　杜光庭　道藏舉要

博異記一卷　谷神子　秘書二十一種

集異記　薛用弱　秘書二十一種　陸心源群書校補

疑仙傳　王簡　寶顔堂秘笈

卓異記一卷　李翱　寶顔堂秘笈　遜敏堂叢書

韓仙傳　韓若雲　寶顔堂秘笈

太公家教　王國維太公家教跋，見永觀堂海内外雜文上

兔園册府　杜嗣光　唐寫本殘卷，出敦煌石室，王國維有跋

僞書：

千秋金鉛録一卷　四庫・子、儒存一

唐代研究用書目録舉要

唐昭陵石迹考略五卷　清・林侗　觀自得齋叢書　粤雅堂叢書

唐折衝府考四卷　清・勞經原　鄦齋叢書

唐折衝府考補一卷　羅振玉　廣倉學宭叢書

新舊唐書互證二十卷　清・趙紹祖　史學叢書　廣雅叢書

徵刻唐宋人秘書目一卷考證一卷　清・紀映鐘等撰，葉德輝考證　觀古堂書目叢刻

蘇齋唐碑選一卷　清・翁方綱　咫進齋叢書

廟堂碑唐本存字一卷　清・翁方綱　百一廬金石叢書

唐才子傳十卷　元・辛文房　佚存叢書　粤雅堂叢書三間草堂（陸氏）刊本　文學山房聚珍叢書

舊唐書疑義四卷　清·張道　正覺樓叢書
全唐詩話六卷　宋·尤袤　津逮秘書　歷代詩話
新唐書糾謬二十卷　宋·吴縝　知不足齋叢書
全唐詩逸二卷　日本·河世寧　知不足齋叢書
唐史論斷三卷　宋·孫甫　藝海珠塵　粤雅堂叢書
唐語林八卷　宋·王讜　墨海金壺　惜陰軒叢書　守山閣叢書
新舊唐書雜論一卷　明·李東陽　借月山房彙抄
唐兩京城坊考五卷　清·徐松　連筠簃叢書
唐韻考五卷　清·紀容舒　守山閣叢書
韓柳年譜八卷　粤雅堂叢書
漢唐事箋前集十二卷後集八卷　元·朱禮　粤雅堂叢書
唐鑒二十四卷　宋·范祖禹　金華叢書
登科記考三十卷　清·徐松　南菁書院叢書　清光緒王先謙刊本
唐詩紀事八十一卷　宋·計有功　四部叢刊
全唐詩話續編　清·孫濤　清詩話
新舊唐書合抄　沈炳震
舊唐書　晋劉昫等奉敕撰
唐書　宋·歐陽修、宋祁等奉敕撰
唐會要　宋·王溥續　武英殿聚珍版叢書
全唐文　清·嘉慶敕編
全唐詩九百卷總目一卷　清·康熙敕編
唐文粹一百卷　宋·姚鉉
唐書釋音　宋·董衡
續唐書　清·陳鱣　廣雅叢書
唐書直筆四卷　宋·吕夏卿　擇是居叢書
唐文粹補遺　清·郭麐
唐摭言十五卷　五代·王保定　雅雨堂叢書　稗海　唐人説薈
中朝故事二卷　南唐·尉遲偓　隨庵徐氏叢書　唐人説薈

金華子二卷　南唐・劉崇遠

開元天寶遺事四卷　五代・王仁裕

雲仙雜記十卷

鑒戒録十卷　蜀・何光遠　（多記唐事）

北夢瑣言二十卷　宋・孫光憲　（多載唐代逸事）

南部新書十卷　宋・錢易　（記唐時故事，間及五代）

龍城録二卷　宋・王銍

唐闕史二卷　五代・高彦修　知不足齋叢書　三十三種叢書　龍威秘書　崇文書局刊本

續仙傳三卷　南唐・沈汾

唐開成九經碑圖一卷　清・魏錫曾　藕香零拾

兩京城坊考補一卷　清・程鴻詔　藕香零拾

晋唐指掌藩鎮指掌二卷　明・張大齡　峭帆樓叢書

昭陵碑録三卷附録一卷　羅振玉校録　晨風閣叢書

唐御史臺精舍題名考三卷　清・趙鉞、勞格　月河精舍叢抄

唐尚書省郎官石柱題名考二十六卷　清・勞格、趙鉞　月河精舍叢抄

唐紀（無卷數）　明・孫懿

唐大詔令集一百三十卷　宋・宋敏求編　適園叢書

魏鄭公諫續録二卷　元・翟思忠輯

杜工部年譜一卷　宋・趙子櫟

吴地記一卷　宋人托名唐陸廣微撰

唐碑帖跋四卷　明・周錫珪

史通通釋二十卷　清・浦起龍

史通會要三卷　明・陸深

史通評釋二十卷　明・李維楨

史通訓故二十卷　明・王維儉

史通訓故補二十卷　清・黄叔琳

唐鑒偶評四卷　清・周池

蒙求集注二卷　宋·徐子光注
唐文續拾　陸心源　潜園總集
唐文拾遺　陸心源　潜園總集
全唐文紀事　陳鴻墀　廣州刻本
唐律文明法會要録一卷　元人，見法家類存目（翠琅玕館叢書）
顔書編年録四卷　清·黄本驥　翠琅玕叢書
新唐書突厥傳地理考證一卷　丁謙　浙江圖書館叢書
新舊唐書西域傳地理考證一卷　丁謙　浙江圖書館叢書
唐釋辯機大唐西域記地理考證一卷附録一卷印度風俗總論一卷　丁謙　浙江圖書館叢書
唐杜環經行記地理考證一卷　丁謙　浙江圖書館叢書
三唐傳國編年五卷　清·吴非　貴池先哲遺書
補唐書張義潮傳一卷　羅振玉　雪堂叢刻
三補唐折衝府考補　羅振玉
唐韻佚文一卷　王國維　王忠慤公遺書
唐寫本唐韻校記二卷　王國維　王忠慤公遺書
唐宋大曲考一卷　王國維　王忠慤公遺書
唐韻别考一卷　王國維　學術叢書
欽定全唐文姓氏韻編一卷　嘉慶十九年敕編
修唐書史臣表一卷　錢大昕　潜研堂全集
唐宋小樂府一卷　洪亮吉　懺華庵叢書
讀雪山房唐詩序例附雜著二卷　管世銘　粟香室叢書
唐詩金粉十卷　沈炳震　融經館叢書
隋唐石刻遺拾二卷　黄本驥　聚學軒叢書
唐代華化蕃胡考　馮承鈞　東方雜志二十七卷十七號
玉溪生年譜會箋　張采田
唐書合抄補正　丁子復
漢唐兵制史志不詳説　張稱達　沅湘通藝録

唐設算學博士論　傅鸞翔　沅湘通藝録

唐顔秘書注漢書賦　王第祺　沅湘通藝録

漢唐之和親政策　王桐齡　史學年報第一期（燕京大學歷史學會）

唐宋時代妓女考　王桐齡　（同上）

中世紀泉州狀況　張星烺　（同上）

以日本平安京證唐代西京之規制　瞿兑之　（同上）

大唐西域記撰人辯機　陳垣　歷史語言研究所集刊第二本第一份

吐蕃彝泰贊普名號年代考　陳寅恪　（同上）

敦煌本維摩詰經文殊師利問疾品演義跋　陳寅恪　（同上）

高昌　黄文弼　西北科學考查團叢刊之二

校宋蜀本元微之文集十卷跋　傅增湘　北平圖書館館刊四卷四號

唐代的勞動文藝　孫俍工　國立勞動大學月刊一卷五號

白樂天的婦女文學　徐景賢　婦女雜志十六卷三號

文選白氏文學之流行於日本　李秉中譯　大公報文學副刊一三七號（十九年八月二十五日）

斯坦因所得之唐代高昌碑志　國立北平圖書館館刊四卷四號

李尚書詩集序　張澍　養素堂文集卷四

李白未至夜郎辨　張澍　養素堂文集卷十二頁十四

張王非睢陽辨　張澍　養素堂文集卷十二頁十五

書乙速孤神慶碑後 書褚河南陰符經後 書破邪論後 書顔魯公劉中使君帖後 書楊盈川少室山碑後 書唐東平太守章仇玄素神道碑後 書十八學士畫像并贊石刻後 書唐昌川刺史韋君靖碑後　張澍　養素堂文集卷十九頁七至十四

奉天録跋 李長吉詩跋　張澍　養素堂文集卷三十四頁十四

僞周二龜符跋　王國維　永觀堂海内外雜文下頁八　廣倉學宭叢書

唐尺考　王國維　永觀堂海内外雜文下頁十　廣倉學宭叢書

磚文考略　宋徑畬　廣倉學宭叢書卷四頁一之六唐五代磚

H.C.Gallois：Mutual Influences between Chinese and Near Eastern

Ceramics in Tang Period and Before the Asiatic Review Vol. ⅩⅩⅧ，No.96. Oct.1932

燈下閑談　宋・無名氏　載唐及五代異聞（商務印書館）

補唐書藝文志：

番禺雜記　鄭熊　（見説郛一八抄宋顧文薦負暄雜録）
茶述　裴述　（同上）
理道要訣　杜佑　（見宋王灼碧鷄漫志霓裳羽衣曲條又水調歌條）
閑居受用　張彦遠　（見宋趙希鵠洞天清禄集）
博經一卷　董叔經　（貞元時人，見國史補。）
科目記十三卷　鄭顥　（大中時人，見東觀奏記。）
出世記　李肇　（見宋竇革酒譜外篇神異八）
旌異記　侯白　（酉陽雜俎十三之五引一則）
續神異記　南巨川　（酉陽雜俎十三之一）
李子正辯　李鉉　（酉陽雜俎八之七）

唐　語

檀郎

王涣《惆悵詩》：薄倖檀郎斷芳信。

卓

王建《送吴郎中赴忠州》：山頭卓望旗。（一本作丘，非。）韋莊《春陌》：滿街芳草卓香車。張祜《拄杖》：書空疑未决，卓地計初成。

退紅

王建《題所賃宅牡丹》：肉色退紅嬌。（一本作遠，非。）元稹《雜憶五首》：鈿頭雲映退紅蘇。王貞白《娼樓行》：龍腦香調水，教人染退紅。《花間集・樂府》：床上小薰籠，昭州新退紅。

可

王建《原上新居十三首》：兒病可來嬌。（一作向，非。）

曖迺

劉言史《瀟湘游》：閑歌曖迺山谷裏。（此據《西溪叢語》引，《全唐詩》作欸乃，字同。）

若爲

杜荀鶴《春宫怨》：承恩不在貌，教妾若爲容。王建《上張弘靖相公》：若爲門下賜從容。

校

（唐人謂病小愈曰校，見王燾《外臺秘要》。）

張籍《閑游》：病眼校來猶斷酒。《患眼》：三年患眼今年校。（此據任淵《後山詩注》引，《全唐詩》與下免字誤倒。）薛能《黄蜀葵》：

記得玉人春病校。白居易：頭痛牙痛三日卧，妻看煎藥婢來扶。今朝似校抬頭語，先問南鄰有酒無。

從教

裴慶餘《柳枝詞·篙水濺妓衣》：從教水濺羅裙濕。

貴欲

王建《尋橦歌》：貴欲歡他平地人。《送衣曲》：貴欲征人身上暖。

風頭

岑參《送李司諫歸京》：雨過風頭黑。李廓《送振武軍》：葉葉歸邊騎，風頭萬里乾。

勞動

王建《酬于汝錫曉雪見寄》：勞動更裁新樣錦。《從軍後寄山中友人》：勞動先生遠相示。

支分

王建《題元郎中新宅》：鋪設暖房迎道士，支分閑院著醫人。《贈郭將軍》：向晚臨階看號簿，眼前風景任支分。

活計

王建《晚秋病中》：萬事風吹過耳輪，貧兒活計亦曾聞。《全唐詩·諧謔·建州人歌》：令我活計大。孟郊《送淡公》：倚詩爲活計，從古多無肥。

似

元稹《盧十九子蒙吟盧七員外洛川懷古六韻命余和》：子蒙將此曲，吟似獨眠人。(《才調集》補注：圓至云：似者，呈似之似，猶言向也。)

隔是

元稹《長苦悲》：天公隔是妒相憐。(《容齋一筆》：隔是猶言已是也。)

小玉

白居易《長恨歌》：轉教小玉報雙成。元稹《暮秋》：小玉上床鋪夜衾。(按《玉臺新咏》有鮑令暉《代葛沙門妻郭小玉詩》。)

破

元稹《箏》：急揮舞破催飛燕，慢逐歌詞弄小娘。

吃虛

韋莊《定子》：却笑吃虛隋煬帝，破家亡國爲何人。《北里志》：劉泰娘門有槫樹，贈詩云：尋常凡木最輕槫，今日尋槫桂不如。漢高初破咸陽後，莫使奔波遂吃虛。《言鯖》：吃虛即今之吃虧。

生

虞世南《嘲司花女》：垂肩嚲袖太憨生。《游仙窟》：十娘笑曰：漢騎驢則胡馬行，胡步行則漢騎驢，總悉輸他便點兒，遞换作少府公太能生。

查牙

李賀《馬詩》：飢卧骨查牙。曹唐《病馬五首呈鄭校書章三吴十五先輩》：失雲龍骨瘦查牙。

揎

趙光遠《咏手二首》：唤人急拍臨前檻，摘杏高揎近曲池。

剩

孫棨《題北里妓人壁三首》：東鄰起樣裙腰闊，剩蹙黄金一兩條。岑參《玉門關蓋將軍歌》：爲君取醉酒剩沽。

判

韋莊《關山》：到處因循緣嗜酒，一生惆悵爲判花。

澤家

韋莊《鷓鴣》：懊惱澤家非有恨，年年長憶鳳城歸。(《才調集》補注云：天子以天下爲宅，四海爲家，故曰宅家。澤與宅同音，如樂府思、絲、悲、碑通用。)

止竟

韋莊《多情》：止竟多情何處好，少年長抱長年悲。(《才調集》補注云：即至竟意。《言鯖》云：即今俗言到底也。)

噭

白居易《玩半開花贈皇甫郎中》：西日憑輕照，東風莫噭吹。(一作殺。《丹鉛録》：白詩自注殺去聲，俗語太甚曰殺。《容齋隨筆序》：殺有好處。元人傳奇：忒風流、忒殺思。)

攏

李廓《長安少年行十首》：長攏出獵馬，數换打球衣。《集韻》：攏，理也。

當家

王建《贈樞密》：不是當家偏向説，九重争得外人知。《酉陽雜俎》：魏貞謂周皓曰：汴州周簡老義士也，復與郎君當家。

個

秦系《將移耶溪舊居留贈嚴維秘書》：謝安無個事，忽起爲蒼生。

栽

（猶苗也。）

皇甫冉有詩題云：臺頭寺願上人院古松下有小松栽，毫末新生，與纖草不辨，重其有凌雲干霄之志，與趙八員外、裴十補闕同賦之。又有詩題：謝韋大夫柳栽。

呀

元結《與瀼溪鄰里》：峰谷呀回映。岑參《太一石鱉崖口潭舊廬招王學士》：絶岸呀層巒。韓愈《征蜀聯句》：抉門呀拗闔。

若個

李賀《南園十三首》：若個書生萬户侯。

拗花

李賀《酬答二首》：今朝誰是拗花人。（《輟耕録》：南方謂折花爲拗花。）

撈攏

李賀《黄頭郎》：黄頭郎撈攏去不歸。

窣

明皇《路逢寒食》：灞岸垂楊窣地新。岑參《衛節度赤驃馬歌》：長尾窣地如紅絲。李賀《南園十三首》：黄桑飲露窣宫簾。元稹《櫻桃花》：花磚曾立摘花人，窣破羅裙紅似火。孫光憲詞：六幅羅裙窣地，微行曳碧波。（案：《説文》：窣，從地中卒出。此非其義。《説文》有踤字，觸也。《一切經音義》五引《字書》：捽，揩也，窣，蓋踤，或捽之通假字。）

亸

虞世南《嘲司花女》：垂肩亸袖太憨生。（一作軃。）岑參《和刑部成員外秋夜寓直寄臺省知己》：柳亸拂窗條。《送郭乂雜言》：朝歌城邊柳亸地。《暮春虢州東亭送李司馬歸扶風别廬》：柳亸鶯花復殷。（按《字林》，亸，垂下貌。）

遮莫

杜甫：遮莫鄰鷄下五更。李白《寒女吟》：下堂辭君去，去後悔遮莫。岑參《原頭送范侍御》：别君祇有相思夢，遮莫千山與萬山。鄭綮《開天傳信記》：劉朝霞獻明皇幸温泉詞……遮莫稱古時千帝，豈如我今日三郎。（按《鶴林玉露》：詩家用遮莫字，蓋俗語所謂盡教也。）

且莫

（與遮莫同。）

《懶真子》嘗記開元中有人（原注：忘其姓名）獻俳文於明皇，略云：説甚三皇五帝，不如求告三郎。既是千年一遇，且莫五角六張。孟郊《勸善吟》：視聽且相隔，一身且莫同。

龍鍾

按《荀子》作隴種，《埤蒼》作躘踵，唐人多作龍鍾，約有數義：（一）杜甫：何太龍鍾極。孟郊《勸善吟》：相哀老龍鍾。（身體衰疲。）（二）白居易：莫問龍鍾惡官職。元載《入關别妻》：年來誰不似龍鍾，雖在侯門不見容。李冶《恩命追入留别廣陵故人》：無才多病分龍鍾。（潦倒失意。）（三）蘇頲：龍鍾踏澗泥。（躑躅難行。《述異記》有龍鍾石，取義蓋同。）（四）岑参《逢入京使》：雙袖龍鍾泪不乾。李端：龍鍾相見誰能免。（沾濡濕潤。其義始見於王褒書"援筆攬紙，龍鍾横集"之語。）

乍可

王梵志詩：乍可刺你眼，不可隱我脚。（慧洪《林間録》下引作寧。）《敦煌掇瑣》十三《昭君出塞唱本》：乍可陣頭失却馬，那堪向老更亡妻。玄應《一切經音義》二十五：乍可，《廣雅》：乍，暫也；《蒼頡篇》：乍，兩辭也。高適《封丘作》：乍可狂歌草澤中，寧堪作吏風塵下。

將

盧象《送綦毋潛》：欲識秦將漢，嘗聞王與裴。孟郊《感别送從叔校書簡再登科東歸》：獨恨魚鳥别，一飛將一沉。

耐

李白：耐可乘明月。　耐可乘流直上天。（《通俗篇》云：即寧可。）

白地

李白《越女詞》：相看月未墜，白地斷人腸。（《演繁露》云：此東坡長短句所取以爲"平白地爲伊腸斷"也。《通俗篇》云：猶言空，今俗以徼幸營求空費心力曰白白兒，同此。）

亞

孟郊《南浦篇》：南浦桃花亞水紅。《悼亡》：蕭蕭野竹風吹亞。《登華嚴寺樓望終南山贈林校書兄弟》：地脊亞爲崖。李嘉祐《登楚州城望驛路十餘里山村竹林相次交映》：霜濃竹枝亞。

妥

杜甫《重過何氏五首》：花妥鶯梢蝶，溪喧獺趁魚。（吴若本注：刊作墮，音妥，妥又音墮。關中人謂落爲妥。三山老人曰：花妥即花墮也。《曲禮正義》云：妥，下也。《毛詩傳》：妥，安坐也。）

捻

杜甫《陪鄭廣文游河將軍山林十首》：盡捻書籍賣，來問爾東家。（蔡夢弼曰：捻正作拈。）

唐風樓捃録

唐棋盤石石刻

《膠澳志》引王葆崇《嶗山金石目録》：白雲洞西南六里，明道觀之東南，棋盤石上面鎸“敕采仙藥孫曇遣祭山海求仙石”十數字，似篆似隸。其西曰柴場，石上刻孫曇遺像，鬚眉皆具。稍西一大石，鎸“大唐天寶二年三月六日采仙藥孫曇”等字，剥蝕不可讀。

渾脱

《會要》卷三十四：神龍二年三月，并州清源縣尉吕元泰上疏曰：“比見都邑城市，相率爲渾脱，駿馬胡服，名爲蘇莫遮。旗鼓相當，軍陣之勢也；騰逐喧嘩，戰逐之象也；錦綉競誇，害女工也；徵斂貧弱，傷政體也；胡服相效，非雅樂也；渾脱爲號，非美名也。安可以禮儀之朝，法戎虜之俗、軍陣之勢，列庭闕之下？竊見諸王，亦有此好，自家刑國，豈若是也？”按渾脱之名見於杜詩，諸注家所引不及此，當補入。唐開國之初，競尚武風，於此可窺一斑。

長安宮殿考

《長安宮殿考》二十卷，清汪士鋐撰，南匯吴氏家藏舊抄本，未刻，見《郘亭知見傳本書目》。

唐時大食波斯在華人數

天寶亂時，劉展反，詔田神功助鄧景山討之，神功引衆入揚州大掠，殺商胡大食、波斯數千人。語見《唐書》田、鄧兩人傳。

唐之工程學

《舊書·李郴昭德傳》：中橋歲爲洛水衝注，常勞葺治，昭德創意積石爲脚，鋭其前以分水勢，自是竟無漂損。

戴叔倫詩誤

《全唐詩》卷十戴叔倫有《送崔融》詩，又有《冬日有懷李賀長吉》詩。崔融與李賀時代絶不相及，必有誤。案乾寧中亦有一崔融，吴郡人，詩一首，見《全唐詩補遺》。

陸海

陸餘慶與陳子昂、盧藏用等爲方外十友，海乃餘慶之孫，不得與子昂同游。《全唐詩》卷四海小傳乃謂與陳、盧等爲方外十友，誤矣。

兩謝偃

唐初有謝偃，善爲賦，時人稱爲“李詩謝賦”者是也。高適集有《逢謝偃》詩，曰：“紅顔愴爲别，白髮始相逢。”此别是一人。

陳章甫

李頎《送陳章甫》詩，人人習誦，而陳爲若何人，世鮮知之。按高適《同觀陳十六史興碑》詩序云：“楚人陳章甫，繼《毛詩》而作《史興碑》，遠自周末，迨乎隋季，善惡不隱，蓋《國風》之流。未藏名山，刊在樂石。僕美其事而賦是詩焉。”《封氏聞見記》：“舊舉人應及第，開檢無籍者不得與第。陳章甫制策登科，吏部榜放，章甫上書（云云），所司不能奪，特詔執政收之，天下稱美焉。”

麨

王績《食後》詩：“胡麻山麨樣”，向者不知麨爲何物。今按桂馥《札樸》云：“《梁書》：高昌國人多噉麨，滑國人以麨爲糧。《玉篇》：‘麨與䴵同，糗也，音充小切。’馥按：吾鄉和蜜或鹽作餅，切小方塊……即麨也。顔注《急就篇》：‘麩者糗也。甘麩者以蜜和糗，故其味甘也。’”

崇聖寺

太和城北崇聖寺，開元元年南詔盛羅皮所造，外起三塔。長慶二年晟豐佑更修之，二倍於初。咸通十二年佑世隆鑄大士像，高丈餘，又鑄大鐘，上有諸佛像，并建極紀年，今俱存。見桂馥《札樸》。

唐代山東之文人

《山東通志·人物志》歷代文苑中，唐有崔信明（青州益都）、吕才（博州清平）、徐彦伯（兗州瑕邱——今滋陽）、崔融（齊州全節）、王無競（東萊）、周思茂（貝州漳南——今恩縣）、孫逖（博州武水——今聊城）、儲光羲（兗州）、段成式（臨淄）、蕭祜（蘭陵）。按儲光羲非山東人，余别有辨。《志》所不載而應補入者，若：吴筠（《志》從《唐書》入"隱逸傳"，然筠亦以文名，《唐才子傳》已收入。《唐書》云：筠，魯人。蓋指魯郡，即兗州）、王泠然（《唐才子傳》云：山東人）、盧象（汶水）、劉滄（魯人）、崔國輔（《全唐文》小傳云：青州人），其尤著者也。

妙喜寺

嚴可均《重建湖州永福寺碑》云："……湖郡名僧，智永後，首數皎然，居城南之妙喜寺。刺史顔魯公於此修《韻海鏡源》三百六十卷，其書不傳，而皎然詩集具存。然問所謂妙喜寺者，但見荒烟蔓草焉耳。"（《鐵橋漫稿》）

北堂書鈔大唐類要古唐類範實爲一書

嚴鐵橋《書北堂書鈔原本後》曰："朱錫鬯得《大唐類要》，有跋，見《曝書亭集》。季滄葦得《古唐類範》，見《延令書目》。嘉慶初，《古唐類範》爲吴縣黄蕘圃所得，散片兩包，未曾裝册，余屢借觀，卷首有季振宜印，首尾有秀水朱氏潛采堂印，每卷'古唐類範'四字俱挖補。蓋《類範》即《類要》，《類要》即《書鈔》，書估作僞，實是《書鈔》原本也。"

唐試律説

紀曉嵐有《唐試律説》，序在文集中，未見刊本。

李林甫

李林甫善畫，史籍罕及之。高適《釋褐時留上李右相》詩曰：“身外即青丹”，是一證也。

吴武陵交游

董挺《武陵集紀》云：“聞名如盧杜”，注：“盧員外象，杜員外甫。”“高韻如包李”，注：“包祭酒佶，李侍郎紓。”而謂“所與游者其時可疑”，又謂“末路與余歡甚”。

二蘇涣

宋亦有蘇涣，嘉祐七年卒，年六十二，見《欒城集》。

司空圖疑經

圖疑經爲求金之書，非夫子筆。

長吉詩集會稽姚氏本

《李長吉詩》有會稽姚氏本，見薛季宣《浪語集》。

唐明皇吹簫圖

葉夢得紹興庚申二月《題唐明皇吹簫圖後》，見《建康集》。

唐人雋語

《全蜀藝文志》：眉山象耳山有“夜來月下卧醒，花影凌亂，滿人襟袖，疑如濯魄於冰壺也。李白書”二十五字。又王維《與裴迪書》，語亦雋絶，與此讀之，皆令人飄然神往。

注唐書

《齊東野語》第十卷有注《唐書》。

王李二家詩注

朱長孺注李義山，取資釋道源。趙松谷注《王右丞集》，闢釋氏者，王琢厓贊成之。

辭源訛字

《辭源》“河嶽英靈集”條：“所録常建等二十四人之詩”，“建”訛作“連”。

李館陶

李肇《國史補》云：開元後位卑而名著者：李北海、王江寧、李館陶、鄭廣文、元魯山、蕭功曹、張長史、獨孤常州、崔比部、梁補闕、韋蘇州，凡十一人。其九人，後世類皆知之，獨李館陶、崔比部二人者無聞焉。今閲皇甫冉詩有《館陶李丞舊居》一首云："盛名天下挹餘芳，棄置終身不拜郎。詞藻世傳平子賦，園林人比鄭公鄉。門前墜葉浮秋水，籬外寒皋帶夕陽。日日青松成古木，祇應來者爲心傷。"李於當時誠有盛名，而其名竟不傳於後，殆有幸有不幸耶？

河北文人

李嶠、盧照鄰、趙冬曦、蘇味道、李華、李嘉祐、李端、張南史、劉長卿、盧仝、賈島、耿湋、任華、高適、崔峒、郎士元、張鷟、劉禹錫、于濆、張祜、司空曙、張彙甫、劉言史，又有李希仲、盧殷、盧真、崔膺、公乘億、高正臣。

聞判官

皇甫冉有《招隱寺送聞判官還江州》詩，"聞"一作"閻"。按當以閻爲正。宋以前聞氏不見於史籍，疑其時猶是聞人複姓，唐時有聞人遂安，見《新書》（一一二）《薛登傳》。

林寶

《唐會要》：工部尚書馬暢卒，太常博士林寶議謚曰敬，工部郎中崔備駁議，曰云云。

行卷

《文獻通考》引江陵項氏曰："風俗之弊，至唐極矣。王公大人巍然於上，以先達自居，不復求士。天下之士，什什伍伍，戴破帽，騎蹇驢，未到門百步，輒下馬奉幣刺，再拜以謁於典客者，投其所爲之文，名之曰‘求知己’。如是而不問，則再如前所爲者，名之曰‘温卷’。如是而又不問，則執贄於馬前自贊曰：‘某人上謁者！’嗟乎，風俗之弊，至此極矣。此不獨爲士者可鄙，其時之治亂蓋可知矣。”《雲麓漫抄》云：“唐之舉人，先藉當世顯人，以姓名達之主司，然後以所業投獻，逾數日又投，謂之温卷。如《幽怪録》傳奇等皆是也。蓋此等文備衆體，可以見才、史、詩、筆、議論。”《玉海》：“薛登曰：‘方令舉士詔下，陳篇希恩，奏記誓報，俗號舉人，皆稱覓舉。禮部采名譽，觀素學，故預投公卷。’柳宗元上權德輿温卷，後周竇儀請進士省試納五軸以上。”《演繁露》：“唐人舉進士必行卷者，爲緘軸録其所著文以獻主司也。其式見李義山集新書序（卷七），曰治紙工率一幅，以墨爲邊準（今俗呼解行也），用十六行式（言一幅解爲墨邊十六行也），率一行不十一字（此式至今朝不用）。”

薛逢上白相公啓

自相公再秉鈞衡，重開爐冶，私門相慶，如春發榮。山妻斂袂而前，於是整某之冠，急某之帶，驅策僕御，促某出門，乃授某洛下所著百篇，再拜祝而送之曰：“飛龍在天，雲雨闐闐。賢相秉鈞，倫方序圓。時哉時哉，君其勉焉！”某離鞍拜賜，超乘而出，茫茫然而又不知其所自。

清代唐史專家

有清唐代研究專家：徐松有《登科記考》《唐兩京城坊考》，陳鴻墀有《全唐文紀事》，沈炳震有《新舊唐書合抄》《唐詩金粉》，勞格有《讀書雜識》《御史臺精舍題名考》《郎官石柱題名考》，（以上二種與趙鉞合著）趙紹祖有《新舊唐書互證》，勞經原有《唐折衝府考》，張道有

《舊唐書疑義》，陳鱣有《續唐書》，程鴻詔有《兩京城坊考補》，陸心源有《唐文拾遺》《唐文續拾》，羅振玉有《補唐書張義朝傳》《三補唐折衝府考補》，張甫田有《玉溪生年譜會箋》。錢大昕爲一代史學大家，諸史無所不精，尤長於唐代，《二十二史考異》外，又有《修唐書史臣表》。

東都相國寺

東都相國寺樓門，唐人所造。國初木工喻浩曰："他皆可能，惟不解卷檐爾。每至其下，仰而觀焉，立極則坐，坐極則卧，求其理而不得。"門内兩井亭，近代木工亦不解也。寺有十絶，此爲二耳。(《後山談叢》)

斗

陝之宇居多古屋，下柱不過九尺。唐制不爲高大，務經久耳。行露亭用斗百餘，數倍常數；而朱實亭不用一斗，亦一奇也。(《後山談叢》)

女未嫁稱娘

《舊唐書·列女傳》："奉天縣竇氏二女伯娘、仲娘……"

韋之晋

崔祐甫《廣喪朋友議》曰："……憶永泰中於穆鄂州寧會客席，與故湖南觀察韋大夫之晋同宴。適值有發遠書者，知鄭郴州炅、知龐歙州濬或以疾而殁，或遇戕於盗。韋氏出涕沱若而言曰：'二刺史，之晋之交友也。’於是斂匕箸，離筵席，因歸於所次而哭之三日。人來吊之者，韋則盡哀長號，不徒慼容而已。”案之晋與杜公交好，而生平之詳，不見於史籍，觀此則古節義君子也。

擁劍

《七修類稿》云：“魚鬣爲劍，以其刺人也，蓋魚游則樹鬣。故何遜詩曰：‘躍魚如擁劍’，孟浩然詩曰：‘游魚擁劍來’，《吴都賦》云：‘烏賊擁劍’，明矣。《西溪叢語》以蟹之持螯爲擁劍，反以何、孟二詩爲誤。殊不知蟹有一種，自名擁劍，今惑其名而又駕之於螯也。”

唐宋明西臺之别

唐謂御史在長安者爲西臺，以别分東都者，見《劇談録》。宋都汴，汴謂洛陽爲西京，亦號西臺也。明置都察院於西北方，以其肅殺也，亦可云西臺。（見《七修類稿》）

籠餅

宋張師正《倦游雜録》云：“唐人呼饅頭爲籠餅，豈非……籠蒸而食者皆可呼籠餅？”（見《説郛》卷十四。）

宋子京標致

宋子京晚年知成都，帶《唐書》於本任刊修。每宴罷，開寢門，垂簾，燃二椽燭，媵婢夾侍，和墨伸紙，觀者皆知尚書修《唐書》，望之如神仙。（見《負暄雜録》）

唐紙多取自外夷

宋顧文薦《負暄雜録》云："唐中國紙未備，多取於外夷，故唐人詩中多用蠻箋字，亦有謂也。高麗歲貢蠻紙，書卷多用爲襯。日本國出松皮紙。又南蕃出香皮紙，色白，紋如魚子。又苔紙，以水苔爲之，名側理紙。薛道衡詩：'昔時應春色，引緑泛青溝。今來承玉管，布字轉銀鈎。'又扶桑國出芨皮紙。"

祭河

《師友談記》載東坡言郭子儀鎮河中日，河甚爲患，子儀禱河伯曰："水患止，當以女奉妻。"已而河復故道。其女一日無疾而卒。子儀以其骨塑之於廟，至今祀之。惜乎此事不見史也。（見《説郛》十二賈似道《悦生隨抄》。）

開天時琴工

宋趙希鵠《洞天清禄集》云："今人見琴池沼中有'雷文張越'字，便以爲至寶。不知雷、張皆開元、天寶時人，去今幾何？"

青林音樂

唐世京城游手，夏月采蟬貨之，唱曰："祇賣青林音樂！"婦妾小兒争買，以籠懸窗户間。亦有驗其聲長短爲勝負者，謂仙蟲社。（出宋陶穀《清異録》。）

夜渚

《清異録》云：溺器曰“夜渚”，見於唐人文集。但不詳出何集。

定名筆

唐世舉子將入場，嗜利者争賣健毫圓鋒筆，其價十倍，號定名筆。筆工每賣一枚，則録姓名，候某榮捷，則詣名求阿堵，俗呼謝筆。（見《清異録》）

北堂書鈔亦名北堂秘抄

《説郛》（六十七）《國史異纂》曰：“虞公之爲秘書，於省後堂集群書中不可爲文用者，號爲《北堂秘抄》。”

李邕書碑自刻

周越《法書苑》云：“唐李邕善書，仍自刻，多假立刻字人名‘茯苓芝’‘黄仙鶴’之類。”（《説郛》七十九）

菠菜

韋絢《劉賓客嘉話録》云：“菜之菠棱，本西國中有僧將其子來，如苜蓿、蒲萄因張騫而至也。絢曰：豈非頗棱國將來，時語訛爲菠棱耶？”據此則菠菜之至中土，自唐始也。

宋子京事

宋子京修《唐書》，嘗一日逢大雪，添帟幙，然椽燭一，秉燭二，左右熾炭兩巨爐，諸姬環侍，磨墨濡毫，以澄心堂紙草某人傳，未成，顧諸姬曰："汝輩俱曾在人家，曾見主人如此否？可謂清矣！"皆曰："實無有也。"其間一人，來自宗子家，子京曰："汝太尉遇此天氣，亦復何如？"對曰："祗是擁爐命歌舞，間以雜劇，引滿大醉而已。如何比得内翰？"子京點頭曰："也自不惡。"乃閣筆掩卷起，索酒飲之，幾達晨。明日對客自言其事。後每燕集，屢舉以爲笑。（宋朱弁《曲洧舊聞》）

婦人印面

《説郛》（三十六）《酉陽雜俎》載："今婦人面飾用花子，起自昭容上官氏所製，以掩黥迹。大曆已前，士大夫妻妾多妒悍者，婢妾小不如意，輒印面，故有月黥錢黥。"

歇馬杯

開元中天下康樂，自昭應縣至都門，官道之左右，當路市酒錢量數飲之。（此句疑有脱字）亦有施者，爲行者解乏，故路人號爲歇馬杯，亦古人衢尊之義也。（宋竇苹《酒譜》上篇）

王元寶事

唐王元寶富而好施，每大雪，自坊口掃雪，立於坊前，迎賓就家具酒暖寒。（同上）

取進士衣裳爲吉利

程大昌《演繁露》云：“張籍……《送李餘及第》云：‘歸去惟將新誥牒，後來争取舊衣裳。’……知新進士衣物，人取之以爲吉兆，唐俗亦既有之。”

唐試通晝夜

唐人嘗有題詩試闈者，曰：“三條燭盡鐘初動，九轉丹成鼎未開。殘月漸低人擾擾，不知誰是謫仙才。”讀此知爲夜試矣。而未知自夜以始耶，抑通晝夜也？白樂天集長慶元年《重考試進士事宜狀》：“伏準禮部試進士例，許用書策，兼得通宵。得通宵則思慮精，用書策則文字不錯。然重試之日，書策不容一字，給燭祇許兩條，迫促驚忙，幸皆成就，與禮部所試不同，縱有瑕病，或可矜量。”其曰通宵，則知自晝達夜。前詩言盡三燭，而此止得兩燭，皆可略存唐制也。（程大昌《考古編》）

進士見重自開元後始

唐開元以前，未嘗尚進士科，故天下名士雜出他途。開元以後，始尊崇之，故當時名士中此科者十常七八。以此卜之，可以見矣。（馬永卿《懶真子》）

唐世書籍

唐以前，凡書籍皆寫本，未有模印之法。人以藏書爲貴。人不多有，而藏者精於讎對，故往往皆有善本。學者以傳録之艱，故其誦讀亦精詳。（葉夢得《石林燕語》）古書不以簡策，縑帛皆爲卷軸。至唐始爲頁子，今書册也。然古竹牒已用疊簡爲名，顧唐始以縑紙卷軸改爲頁耳。(《程大昌《演繁露》) 多案：杜詩："男大卷書匀"，則當杜之時，猶是卷軸也。

杜少陵骨

秘書郎喬中山云：至元十年，自以東曹掾出使延安，道出鄜州。土人傳有杜少陵骨在石中者，因往觀之。石在州市，色青質堅，樹於道旁，中有人骨一具，趺坐，若自生成者，與石俱化；以佩刀削之，真人骨也。(《説郛》五十三《鈎玄》)

張商英論歐陽永叔修唐書

宋張商英《護法論》(《説郛》八五）曰："唐之公卿，好道甚多，其與禪衲游，有機緣事迹者，舉皆削之。"

縣尉受笞

張鷟判有"御史嚴宣前任洪洞縣尉日，被長史田順鞭之。宣爲御史，彈順受贓二百貫，勘當是實。順訴宣挾私彈事。勘問，宣挾私有實，順受贓不虛"一條。舊説唐制縣尉得受笞，或云縣尉得笞人。據此判，則前説是也。

臘月乞寒

蘇頲《禁斷臘月乞寒敕》云："臘月乞寒，外蕃所出，漸漬成俗，因循已久，至使乘肥衣輕，競矜胡服，闐城溢陌，深玷華風。朕思革頹弊，返於淳樸。"

胡樂

武平一《諫大享用倡優媟狎書》云："……伏見胡樂施於音律，本備四夷之數。比來日益流宕，異曲新聲，哀思淫溺，始自王公，稍及閭巷，妖伎胡人，街童市子，或言妃主情貌，或列王公名質，咏歌蹈舞，號曰合生。"又云："倡優媟狎，不當施之朝聽之所，若聽政之暇，苟玩耳目，自當奏之後庭可也。"

顯慶玉輅至宋猶存

宋周必大《玉堂雜記》曰："大禮，上乘玉輅，率命翰林學士執綏，備顧問。近歲多闕正員，臨時選差他官，與五使同降旨。淳熙丙申南郊，己亥明堂，必大再爲之。按京師用唐顯慶輅，嘗以登封，其安固可知。元豐改造，已不能及。今乃紹興癸亥歲所製。上自太廟服通天冠，絳紗袍，乘輦至輅後，由木陛以登。惟留御藥二宦者侍立。執綏官先從旁用小梯攀援而上。衛士以彩繩圍腰，繫於箱柱。輅行頗摇兀，宸几亦覺危坐云。"按唐史《輿服志》："玉輅青質，以玉飾諸末，重輿，左青龍，右白虎，金鳳翅，畫簾文鳥獸黄屋左纛，金鳳一，在軾前，十二鑾在衡，二鈴在軾。龍輈前設鄣塵，青蓋黄裏（三層），綉飾博山鏡子（上設博山方鏡，下圓鏡），樹羽輪，皆（金根）朱班重牙。左建旂，十有二旒，皆畫升龍，其長曳地（青綉綢杠）。右載闟戟，長四尺，廣三尺，黻文旂首金龍頭銜（錦）結綬及鈴綏。駕蒼龍，金鍐方釳，插翟尾五焦，鏤錫鞶纓十有二就。（原注：錫，馬當顱，鏤金爲之。鞶纓鞍，皆以五彩飾之。就，成也，一匝爲一就也）祭祀納後則供之。"又曰："自高宗不喜乘輅，每有大禮，則御輦以來往，爰洎則天以後，遂以爲常。玄宗又以輦不中禮，又廢而不用。開元十一年冬，將有事於南郊，乘輅而往，禮畢，騎而還。自此行幸及郊祀等事，無遠近，皆騎於儀衛之内，其玉輅及腰輿之屬，但陳於鹵簿而已。"（依沈氏《合抄》）

開天時字體

米芾《海岳名言》曰："唐官誥在世，爲褚、陸、徐、喬之體，殊有不俗者。開元以來，緣明皇字體肥俗，始有徐浩以合時君所好。經生字亦自此肥。開元以前古氣，無復有矣。"

則天改字

則天改新字，有言"國"中有"或"，或者惑也，乞以"武"鎮之，乃改爲"國"。後言"武"在"□"中，與囚何異？乃改作"圀"。見《説郛》八十諸集拾遺。

幞頭

幞頭起於周武帝，以幅巾裹首，故曰幞頭。幞字音伏，與襆被之襆同，今訛爲僕。唐人幞頭，初以皂紗爲之，後以其軟，遂以桐木山子在前襯起，名曰軍容頭，以爲起於魚朝恩。……周武所製，不過如今之結巾，就垂兩角，初無帶。唐人添四帶，兩角垂前，兩角垂後。（元俞琰《席上腐談》）

膳夫經

唐巢縣令楊日華《膳夫經》，以旱頭爲天何生。(《説郛》七十五《談助》)

唐俗言

《蘇氏演義》："婁羅幹辦，集事之稱也。世傳謂婁敬、甘羅，甚非理。”“龍鍾，不昌不翹舉之貌，如‘鬖髿’‘拉搭’‘緉緉’之類。”此皆唐世俗言也。

長安風俗

二月二日，曲江采菜，士民游觀極盛。端午前兩日東市，謂之扇市，車馬特盛。見李淖《秦中歲時記》。

元德秀之死

丁用晦《芝田》載：“元德秀退居安禄縣南，獨處一室，去家數十里，值大雨水漲，七日不通，餧死室中。中書舍人盧載爲之誄曰：“誰爲府君，犬必啗肉？誰爲府僚，馬必食粟？忍使元公，餧死空腹。”此與世傳老杜因水漲而死，略同。

夾纈

玄宗時，柳婕妤妹適趙氏，性巧慧，使工鏤版爲雜花象之而爲夾纈，因婕妤生日，獻王皇后。上見而賞之，因敕宫中依樣製之。當時甚秘，後漸出，遍於天下。（見《演繁露》）按此疑即今之印花布。

五代末有椅子

（字當作倚，椅乃椅桐，梓質而桐皮者也，宋時始混倚爲椅。《論語》注引《程子》曰：“且如置此兩椅，一不正，便是無序。”）

丁晋公《談録》云：“（竇）儀因於堂前雕起花椅子二隻，以祇備右丞洎太夫人同坐。儼忽見之，謂兄曰：‘好工夫！奈何其間一隻至某月日先破？’儀於是以幕覆於屏風後，愛謹不用。至是日，有内夫人至儀第，其從人不知，急於屏風後取此椅子，就門外下馬，遂爲馬踢而碎之。此晋公聞於楊徽之尚書之説也。”（陸龜蒙詩：“烟徑水厓多好鳥，竹林蒲倚但高僧。”字作倚。）

唐諱丙作景

明正德蜀刊本《岑嘉州集·優鉢羅花歌序》：“天寶景申歲”，《全唐詩》改“景申”爲“庚申”。然天寶無庚申歲。天寶三載甲申，十五載丙申。余舊疑岑三載不當在北庭，序字當作“丙申”，而以明本岑集爲僞誤也。今按獨孤及《舒州山谷寺覺寂塔鏡智禪師碑銘》有“天寶景戌”語。考天寶惟有丙戌，則是避“丙”字諱改爲“景”字，與岑詩合也。丙字不知係何人諱，俟考。（天寶時《試樂官樂司請考判》：“景任樂司博士”，景字疑亦因諱丙字改。又《琴有殺聲判》：“甲鼓琴多殺聲，景與其鄰懸鏡於樹，以盤水察之”，亦以景爲丙。又《行湯瓫破奴死棄水判》：“景奴死棄水中。”）

牡丹開元末始到長安

《酉陽雜俎》載：開元末，裴士淹爲郎官，奉使幽、冀，回至汾州衆香寺，得白牡丹一棵，植於長安私第。天寶中，爲都下奇賞。當時名公有《裴給事宅看牡丹》詩。

迷信

見存試士判題，最足占當時社會情形。試録數條，以見唐世迷信之甚。（一）“甲執無鬼論，俄而鬼忽來取，求乞免。鬼云誰似汝者，甲云乙似，而便死。後乙弟知，告甲謀殺兄。不伏。”（《無鬼論判》）（二）“甲於太室，而擇嗣先幼者。或非之。稱神所命。”（《太室擇嗣判》）

（三）“甲善算，爲律娶妻生子。人告其妖，不伏。”（《爲律娶妻判》）（四）“王祖母飢病，立冬，劉公孫興澤中取土，得堇粟，遺之。後有火過於西鄰。鄰告云妖。一有司科之，使司奏請旌異。”（《澤中得堇判》）（五）“甲鼓琴多殺聲。景與其鄰懸鏡於樹，以盤水察之，盡達微隱。甲訟景非理，云恐有害人。”（《琴有殺聲判》）（六）“得甲稱人有習星曆。屬念吉凶，有司劾以爲妖。款云天文志所載，不伏。”（《習星曆判》）

夜合石竹

閑花野草，亦隨時輕重。唐人詩中多言夜合、石竹，如“遼陽春盡無消息，夜合花開日又西”，“山花插寶髻，石竹綉羅衣”是也。至今唐畫宫殿池臺，多作二花，自然有富貴氣。今日絶不知重矣。（宋章淵《槁簡贅筆》）

佚小説

達奚《盈盈傳》，晏元獻家有之，蓋唐人所撰也。盈盈者，天寶中貴人之妾，姿艷冠絶一時。會貴人者病，同官之子爲千牛謁者，父遣往問之，因是以秘計相親，盈盈遂匿於其室甚久。其父失子，索之甚急。明皇聞之，詔大索京師，無所不至，而莫見其迹。因問近往何處。其父言貴人病，常往問之。詔且索貴人之室，盈盈謂千牛曰：“今勢不能自隱矣，出亦無甚害。”千牛懼得罪。盈盈因教曰：“第不可言此在，恐上問何往，但云所見人物如此，帟幕屏幃如此，所食物如此，勢不由己，則决無患矣。”既出，明皇大怒，問之，對如盈盈言。上笑而不問。後數日虢國夫人入内，明皇戲謂曰：“何久藏少年不出耶？”夫人亦大笑而已。爲人妾者，智術固可慮矣。又見天寶後，掖庭戚屬，莫不如此，國何以久安耶？此傳晏元獻手書，在其甥楊文仲家。其間叙婦人姿色及情好，曲折甚詳，然大意若此也。（宋王銍《默記》）

泥人祈晴

玄宗天寶十三載，自八月連雨六十餘日，京城市垣頹壞。敕令人家門前作泥人，長三尺，左手指天，右手指地，以祈晴也。(《説郛》十馮鑒《續事始》)

聯宗

近俗喜聯宗，凡同姓者，勢可藉，利可資，無不兄弟叔侄者矣。此風大盛於唐。其時重舊姓，故競相依附。至於每放一榜，諸中試人與主司同姓者，則爲侄，其母與主司同姓，則爲甥，其妻與主司同姓者則爲侄婿，與主司之母同姓則爲表侄，與主司之妻同姓則爲妻侄。姓稍孤僻，或上推至祖母、曾祖母，必求有當。交互組織，無非嫡親骨肉，真異事也。又有可異者，杜子美《重送劉十弟判官》詩云："分源豕韋派，别浦雁賓秋。年事推兄忝，人才覺弟優。"注云："劉、杜本一姓，故公與劉十爲兄弟。"習俗移人，一至此乎？（張爾岐《蒿庵閑話》）

石佛

（王建《題柱國寺》："古像斜開一面山。"）

皇甫湜《石佛谷》曰："漫澶太行北，千里一塊石。平腹有壑谷，深處數百尺。土僧何爲者，老草毛髮白。寢處容身龕，足膝隱成迹。金仙琢靈象，相好依北壁。花座五雲扶，玉毫六虚射。文人留紀述，時事可辨析。鳥迹巧均分，龍骸極癯瘠。枯松間槎枿，猛獸恣騰擲。蛣蜣蟲食縱（一作踪），懸垂露凝滴。精藝貫古今，窮巖誰愛惜。托師禪誦餘，勿使塵埃積。"

百不知　血暈妝

長慶中，京城婦人首飾，有以金碧珠翠笄櫛步摇，無不具美，謂之“百不知”；婦人去眉以丹紫三四横約於目上下，謂之“血暈妝”。(《唐語林》六）

太宗

太宗得鷂子，俊異，私自臂之，望見魏公，乃藏於懷。公知之，遂前白事，因話自古帝王逸豫，微以爲諷。上惜鷂子恐死，而又素嚴憚徵，欲盡其言。徵語愈久，鷂竟死懷中。(《唐語林》三）

白紵頻歌黛同蹄墜舞釵

自注：白紵、同蹄，皆樂人姓名。案：張澍《書周造像記後》云：“按碑末有同琋姓六十餘人，字書無琋字，即蹄字也。元微之詩曰：‘白紵頻歌黛，同蹄墜舞釵。’自注云：‘白紵、同蹄，皆樂人姓名。’非也。白紵，吴時樂歌，亦作白緒。且同蹄爲姓，亦非名也。蓋同蹄即銅鍉，以音同變而爲同蹄耳。”(《養素堂文集》十九）

杜蘇詩讖

杭州府署内土地祠是東坡先生，讖用蘇詩絶句。此亦如射洪陸使君祠（梁刺史陸弼）以杜詩爲讖也（見放翁詩自注。梁玉繩《瞥記》)

王叔文敗後誦杜詩

王叔文既敗，每誦杜甫諸葛祠詩，未免不類。若宋宗留守，庶幾無

愧。(《瞥記》)

沈詩用事誤

沈佺期長流驩州，有《移驩州廨》詩："古來堯禪舜，何必罪驩兜。"無論隋、唐歡州，非因放驩兜得名。(《四書釋地》辨之甚詳)而考《吕氏春秋》《韓子》《博物志》《山海經注》，俱謂伯鲧、共工、三苗諫沮禪舜得罪，本屬謬説，不聞驩兜沮禪被放。文人多不檢勘。(《瞥記》)

唐初之黨派

《新書·文苑·袁朗傳》云：武德初，隱太子與齊王、秦王相傾，争致名臣以自助。太子有李綱、竇軌、裴矩、鄭善果、賀德仁、魏徵、王珪、徐師謨、歐陽詢、任燦、唐臨、韋挺、庾抱、唐憲。秦王有于志寧、房玄齡、虞世南、顔思魯、竇綸、蕭景、杜如晦、褚遂良、戴胄、閻立德、薛元敬、蔡允恭、薛收、李道元、蘇幹、姚思廉、褚亮、顔師古、蕭瑀、屈突通、竇誕、唐儉、封倫、蘇世長、杜淹、李守素、顔相時。齊王有榮九思、武士逸、裴宣儼、袁朗。

越女

杜詩"越女天下白"，楊慎引李詩，以爲指白足，誤也。當引李詩《越女詞》"耶溪女似雪"爲正。

一切道藏音義撰人

史崇（大使，《新書·藝文志》作史崇玄）、盧子真（副使）、史杲（判官）、崔湜、薛稷、徐彦伯、賈膺福、竺乂、邱悦、盧藏用、韋利器、沈佺期、李猷、張齊賢、鄭喜、胡皓、祝欽明、徐堅、王琚、員半千、胡雄、褚無量、劉子元、賈曾、蘇晋、張萬福、劉静儼、田君楷、阮孝波、尹敬崇、寇義待、孫文俊、時居貞、單大昜、高貞一、張範、田克勤、范仙厦、矦元爽、矦抱虚、張至虚、劉元良、席抱舟。見史崇《妙門由起序》。又云："今且據京中藏内見在經二千餘卷，以爲音訓。……餘經儀傳論疏記等文可易解者，此不詳備……名曰《一切道經音義》。并撰《妙門由起》六篇。……及今所音經目，與舊經目録，都爲一百十三卷。"

金可紀樸處士無名頭陀

章孝標《送金可紀歸新羅》詩曰："登唐科第語唐音"，顧非熊《送樸處士歸新羅》詩曰："少年離本國，今去已成翁"，又曰："學得中華語，將歸誰與同？"非熊又有《寄紫閣無名新羅頭陀僧》一首。劉得仁有《送新羅人歸本國》詩云："到彼星霜换，唐家語却生。"姚鵠《送僧歸新羅》、項斯《送客歸新羅》、馬戴《送樸山人歸新羅》。

藏書家朱兵曹

張祜《題朱兵曹山居》(《全詩》十九）曰："朱氏西齋萬卷書，水門山闊自高疏。我來穿穴非無意，願向君家作壁魚。"

寫御容寫真

李遠有《寫御容（一作真）李長史》詩。(《全詩》十九）徐鉉《送寫真成處士入京》。(《全詩》二八）

國棋王逢

杜牧有《送國棋王逢》詩，國某，猶今之言國手也。

唐之散文

唐人周夔以英州碧落洞山水奇麗，賦《到難》篇，云："湞陽之石室，兩崖卷束，勢合如屋，孱顏百間，開待朝旭，羽容霓色，霏繞瑶局，峭然嵐壁，宛矣仙躅。"夔不以文名，而詞意之遒拔如此。

竈王

北俗稱竈神曰竈王，自唐已然。李廓《鏡聽詞》："匣中取鏡辭竈王，羅衣卷盡明月光。"（蔣超伯《麓澞薈録》）

方鎮蓄閹人

《酉陽雜俎》："（韋陟）侍兒閹竪左右常數十人。"于鵠《送唐中丞入道》詩："侍婢休疏宫樣髻，閹童新改道家名。"是唐時方鎮例蓄閹人。（多案：寒山子詩："角婢紅羅縝，閹奴紫錦裳。"是蓄閹奴，豪家常事也。）

唐室爲異族之證

《舊書》（六四）《滕王元嬰傳》："神龍初，以循琦弟循培子涉嗣滕王，本名茂宗，狀貌類胡而豐碩。"

崑崙奴

(《廣記》二三二引《原化記》:“唐周邯自蜀沿流，嘗市得一奴，名曰水精，善於探水，乃崑崙白水之屬也。”杜甫詩:“家家蓄烏鬼。”《雲溪友議》載崔涯《嘲妓》詩曰:“雖得蘇方本，猶貪玳瑁皮。懷胎十個月，生下崑崙兒。”謂其黑也。張籍《崑崙兒》詩:“崑崙家住海中洲，蠻客將來漢地游。言語解教秦吉了，波濤初過鬱林洲。金環欲落曾穿耳，螺髻長卷不裹頭。自愛肌膚黑如漆，行時半脱木綿裘。”《廣記》四七〇引《廣異記》載:東京魏王池中有一黿窟，開元時敕使擊射之，得崑崙數十人，悉持刀槍，沉入其窟，得黿大小數十頭。)

周、隋之際，公卿民庶之家，多有獠口，見李延壽《北史·蠻獠傳》。宋世廣中富人多畜鬼奴，力可負數百斤，色黑如墨，脣紅齒白，髮卷而黄，生海外諸山中，久蓄能曉人語，而自不能言。有一種近海者，入水，眼不眩，謂之崑崙奴。見朱彧《可談》。按《海島逸志》，烏鬼非一種，曰武敦、曰西蘭、曰吉獰、曰暴暴，或深目高鼻，口闊至耳，或巢於樹上，狀如夜叉，和蘭等國，役爲奴隸。(《麓濾薈録》)

賦限八字韻脚

賦用八字韻脚原始，見於《能改齋漫録》，云:賦家者流，由漢、晋歷隋、唐之初，專以取士，止命以題，初無定韻。至開元二年，王邱員外知貢舉，試《旗賦》，始有八字韻脚，所謂“風日雲浮，軍國清肅”，見僞蜀馮鑒所記《文體旨要》。然亦有不拘程式者。王維《白鸚鵡賦》，韻限以“容日上海，孤飛色媚”八字，而賦止五韻，首尾完善，不似脱簡。豈如祖咏之賦終南山雪，崔曙之咏明堂火珠，意盡而止，不復足成邪?其筆意高雋，自是右丞本色。又乾符中，蔣凝應宏辭，爲賦僅及四韻，遂曳白而去。試官嘆息之。頃刻之間，播於人口。或稱之曰:“白頭花鈿滿面，不若徐妃半妝。”觀此則唐人應試，恒有任意多寡者，不獨右丞爲然也。

太宗賦

太宗《小山賦》云：“松新翠薄，桂小丹輕，纔有力以勝蝶，本無心而引鶯，半葉舒而巖暗，一花散而峰明。”《小池賦》云：“牽狹鏡兮數尋，泛芥舟而已沉，涌菱花於岸腹，劈蓮影於波心，減微涓而已淺，足一滴而還深。”渲染小字，工妙乃爾，然而雄厚之氣，蕩然無存，唐賦之不振，此有以導之矣。

藏書家杜兼

（開元二十八年生，元和四年卒。即 740—809）

杜兼，字處宏，京兆人，貞觀中宰相杜正倫五代孫。家聚書至萬卷，署其尾，以墜鬻爲不孝戒子孫。見《新書》本傳。

王建詩所用方言

勞動——《酬于汝錫曉雪見寄》：“勞動更裁新樣錦。”《從軍後寄山中友人》：“勞動先生遠相示。”勞動，猶言惹得。

若爲——《上張弘靖相公》：“若爲門下賜從容。”

支分——《題元郎中新宅》：“鋪設暖房近道士，支分閑院著醫人。”《贈郭將軍》：“向晚臨階看號簿，眼前風景任支分。”

活計——《晚秋病中》：“萬事風吹過耳輪，貧兒活計亦曾聞。”

藥囊

李賀《聽穎師彈琴歌》：“藥囊暫别龍鬚席。”

檀郎

司空曙《送史申之峽州》："檀郎好聯句，莫滯謝家門。"

中唐已有雕版

《全唐文》六二四有馮宿《禁版印時憲書奏》曰："准敕禁斷印曆日版。劍南兩川及淮南道，皆以版印曆日，鬻於市。每歲司天臺未奏頒下新曆，其印曆已滿天下，有乖敬授之道。"馮宿生於大曆二年（767），卒於開成元年（836）。

登科記

（《説郛》七五引《東觀奏記》："上〔宣宗〕尤重科目，鄭顥知舉，帝索科目記，顥撰十三卷，自武德至大中，仍乞今。後放榜録及第人姓名，記賦題匯入有司接續編次。"）

王建《贈胡泟將軍》詩："書生難得是金吾，近日登科記總無。"

題名

王建《洛中張籍所居》："自君移到無多日，墻上人名滿緑苔。"

通字學

唐人字體，訛亂特多。王建《贈太虛盧道士》詩云："書囊八方通字學。"美之之辭也。

遍

王建《送宫人入道》："弟子抄將歌遍迭，宫人分散舞衣裳。"《閑説》："歌頭舞遍回回别，鬢樣眉心日日新。"

東野詩摘句

《列女操》：波瀾誓不起，妾心古井水。《歸信吟》：書去魂亦去，兀然空一身。《感興》：萬物根一氣，如何互相傾。《冬日》：萬事有何味，一生處自囚。《夜感自遣》：如何不自閑，心與身爲仇。《秋懷》：冷露滴夢破，峭風梳骨寒。　秋風兵甲聲。　商氣洗聲瘦，晚陰驅景勞。　霜氣入病骨，老人身生冰。　秦火不爇舌，秦火空爇文。《游終南龍池寺》：飛鳥不到處，僧房終南巔。《喜與長文上人宿李秀才小山池亭》：燈盡語不盡，主人庭砌幽。《石淙》：磴雪入呀谷，掬星灑遥天。《與王二十一員外涯游枋口柳溪》：萬株古柳樹，拏此磷磷溪。《旅次洛城東水亭》：水竹色相洗，碧花動軒楹。《藍溪元居士草堂》：市井不容義，義歸山谷中。《桐廬山中贈李明府》：千山不隱響，一葉動亦聞。《大隱訪》：大道母群物，達人腹衆才。《戲贈無本》：春草步步緑，春山日日喧。《寄張籍》：黯然秋思來，走入志士膺。《寄銘州李大夫》：弓貪不讓勛。《大梁送柳淳先入關》：青山輾爲塵，白日無閑人。《感别送從叔校書簡再登科東歸》：長安車馬道，高槐結浮陰。下有名利人，一人千萬心。《送淡公》：坐愛青草上，意含滄海濱。渺渺獨見水，悠悠不問人。鏡浪洗手緑，剡花入心春。《曉鶴》：如開孤月口，似説明星心。《邀人賞薔薇》：醉紅不自力，狂艷如索扶。《尋裴處士》：寒草不藏徑，靈峰知有人。《聽藍溪僧爲元居士説維摩經》：空景忽開霽，雪花猶在衣。《借車》：借車載家具，家具少於車。百年徒校走，萬事盡如花。《喜符郎詩有天縱》：念符不由級，屹得文章階。《吊國殤》：秦漢偷山岳，鑄殺不鑄耕。《杏殤》：踏地恐土痛，損彼芳樹根。《吊盧殷》：我面古玉顏。

廬山記唐碑目

日本高山寺藏宋抄本《廬山記》，羅振玉影印以入《吉石庵叢書》。今取其卷五古碑目中凡屬唐代者，悉移録於此[①]，以備考證之資。此書《守山閣叢書》槧《四庫》本，纔前三篇，非足本也。

《太平觀　使者靈廟碑》——荊州黄梅縣東山衡門之下草第臣李泚撰，開元二十年歲次壬申正月乙巳朔二十五日己巳樹，使者靈驗記。

花燭

新婚曰花燭，唐初已然。褚亮《咏花燭》詩："蘭徑春風滿，梅梁曖日斜。言是東方騎，來尋南陌車。靨星臨夜燭，眉月隱輕紗。莫言春稍晚，自有鎮開花。"楊師道《初宵看婚》詩："洛城花燭動，戚里畫新娥。隱扇羞應慣，含情愁已多。"又王昌齡有《蕭駙馬花燭》詩。（蔣超伯《通齋詩話》上之十二）

本朝紀元稱文明

《廣記》四七四引《玄怪録》："文明元年毗陵滕庭俊患病熱積年。"顧況《禮部員外郎陶氏集序》："天寶文明載登宏詞拔萃兩科。"

① 原稿僅録一條。

感應經引司馬彪莊子注

《太平廣記》四七三引《感應經》云："司馬彪《莊子注》言：童子埋青蜓之頭不食而舞曰：此將爲珠人笑之。"

文選

《朝野僉載》："唐國子監助教張簡，河南緱氏人也，曾爲鄉學講《文選》，有野狐假簡形，講一紙書而去。"

蒼頭

《廣記》四四四："魏元忠……未達時，家貧，獨有一婢……常呼蒼頭未應，狗代呼之。"

漢書

《太平廣記》四四八引《廣異記》："唐兑州李參軍拜職赴上，途次新鄭逆旅，遇老人讀《漢書》。"

點心

《太平廣記》四五一引《廣異記》："唐洛陽思恭里有唐參軍者，立性修整，簡於接對。有趙門福及康三者投刺謁唐，未出見之，問其來意，門福者云：求點心飯耳。唐使門人辭云不在，二人徑入至堂所，門福曰：唐都官何以云不在，惜一餐耳？"

狐姓

《廣記》四五〇引《廣異記》"唐參軍"條："千年之狐姓趙、姓張，五百年狐姓白、姓康。"

天荒

《廣記》四五六引《廣異記》："唐忻州刺史是天荒，闕前後，歷任多死。"

丁鳳

羅振玉《蒿里遺文目録》(《國學叢刊》)：《河南府參軍張君墓志》，天寶六載十月十二日立，丁鳳撰，正書，在湖北襄陽。按孟浩然有《送丁大鳳進士赴舉呈張九齡》《宿業師山房期丁大不至》兩詩。蓋襄陽人，與浩然同里也。(志文見《唐文拾遺》二十一。鳳，鄉貢進士。)

初唐的艷詩

陳叔達《自君之出矣》，長孫無忌《新曲二首》，褚亮《咏花燭》，陸敬《七夕賦咏成篇》，沈叔安（同上），何仲宣（同上），楊師道《初宵看婚》《咏舞》，許敬宗《七夕賦咏成篇》，李義府《堂堂詞二首》，虞世南《怨歌行》《中婦織流黄》《咏舞》《應詔嘲司花女》，蕭德言《咏舞》，鄭世翼《看新婚》《見佳人負錢出路》，謝偃《踏歌詞三首》《樂府新歌應教》，陳子良《賦得妓》《酬蕭侍中春園聽妓》《七夕看新婦隔巷停車》，張文恭《七夕》《佳人照鏡》，閻立本《巫山高》，上官儀《八咏應制二首》《咏畫障》，李百藥《妾薄命》《火鳳詞二首》，胡元範《和李公七夕》《和長孫秘監七夕》。

奴

明月奴見魏顥《李翰林集序》，崑崙奴見（前[1]），獠奴阿段見杜詩。（又“但願乞爲奴”。）

長安風俗志

《尚書故實》：京國頃歲街陌中有聚觀戲場者，詢之，乃云：二刺蝟對打，既合節奏，又中章程。時座中有將作李少監韞亦云曾見。（《廣記》四四二）

《稽神録》：司農卿楊邁少好畋獵，自云在長安時放鷹於野……（《廣記》四四三）

《酉陽雜俎》：秦中兒童戲曰：“顛當牢守門，蠮螉寇汝無處奔。”（《廣記》四七八）

又：天牛蟲，黑甲蟲也。長安夏中，此蟲或出於籬壁間。段成式七度驗之皆應。（《廣記》四七七）長安秋多蠅　（同上）

《摭言》：王源中文宗時爲翰林承旨，暇日與諸昆季蹴鞠於太平里第，球子擊起誤中源中之額薄有所損。（《廣記》三三三）

《國史纂要》：景龍中，妃主家競爲奢侈。駙馬楊慎交武崇訓，至以油灑地築球場。（《廣記》三三六）

以賦試進士

唐調露中始以賦試進士。紀曉嵐有《唐試律説》。

---

[1] 原稿無前字，整理者增。

滿秩

唐世外官當有任期，第史籍無載。李白有《對雪餞任城六秩滿歸京》及《送王司馬秩滿西歸》詩，劉長卿有《送薛承矩秩滿北游》詩，耿湋有《送胡校書秩滿歸河中》詩。

離婚

唐詩人離婚者有秦系、王季友等。劉長卿有《夜中對雪贈秦系時系初與謝氏離婚謝氏在越》詩曰："月明花滿地，君自憶山陰。誰遣因風起，紛紛亂此心。"又《見秦系離婚後山居作》曰："朱家自愧貧"，則系之出此，殆不得已耶？王季友亦嘗離婚，見杜詩。

白居易與錢徽

香山與錢起子徽同游，有《和錢員外答盧員外早春獨游曲江》詩。徽，貞元元年進士，《唐書》有傳。

論大曆十子當入盛唐

（《才子傳》：起詩體制新奇，理致清勝，芟宋、齊之浮游，削梁、陳之靡嫚，獨主王右丞。）

盛唐詩壇執牛耳者右丞也。劉文房及大曆諸詩人之作風皆學右丞，其年代亦多與右丞相及。右丞生於六九九，卒於七五九。兹以大曆諸子詩中年分可考者彙列如下，以資對照：

錢起：天寶十載（751）登進士第。《酬王維春夜竹亭贈別》、《晚歸藍田酬王維給事（一作中書常舍人）贈別》、《藍上茅茨期王維補闕》、《送元中丞江淮轉運》（一作王維詩）、《中書王舍人輞川舊居》、《故王維右丞堂前芍藥花開凄然感懷》。《右丞集》亦有《春夜竹亭贈錢少府歸藍田》、《送錢少府歸藍田》、《留别錢起》(一作錢詩)。

郎士元:《春宴王補闕城東别業》(?)

皇甫冉:《和王給事(一本有維字)禁省梨花咏》。《右丞集》亦有此詩,注云:與邱爲、皇甫冉同作。

盧綸:《寄贈庫部王郎中》(時充折糧使)。

李嘉祐:李肇稱王維取嘉祐"水田"一聯爲七言,胡元瑀謂是李剪王句,非王演李語。亦誤於盛唐、中唐之分耳。

皇甫曾:《奉寄中書王舍人》。(按右丞以至德三載責授太子中允,遷太子中庶子、中書舍人,復拜給事中。詩有"志道安禪得此生"之句,右丞好佛,故云。《唐才子傳》謂曾"出王維之門"。)

司空曙:《過胡居士(一作湖上)睹王右丞遺文》,詩曰:"舊日相知盡……每許前山隱,曾憐陋巷貧。"

王維:開元十九年進士。

韓翃:天寶十三載進士。

錢起:天寶十載進士。

司空曙:進士,年未詳。(《極玄集》)

苗發:姓名齒《才子》,少見詩篇。

崔峒:進士,年不詳。(《唐詩紀事》)時人稱其句爲"披沙揀金,往往見寶"。

耿湋:寶應二年進士。

夏侯審:建中元年軍謀越衆科,諷吟頗多,今稍零落,時見一二,皆錦製也。

李端:大曆五年進士,嘉祐侄,《才子傳》稱纂毋潛與端同時。

郎士元:天寶十五載進士,詩集今傳於世。

李益:大曆四年進士,有集今傳,建中四年拔萃科。

李嘉祐:天寶七載進士,有集今傳。包何師事孟浩然授格法,與李嘉祐相友善。

皇甫曾：天寶十二載進士，善詩，出王維之門。

吉中孚：進士，年不詳。

冷朝陽：大曆四年進士，工詩，在大曆諸才子法度稍弱，字韻清越不減也，有集傳世。

劉長卿：開元二十一年進士。

皇甫冉：天寶十五載進士。

張繼：天寶十二載進士。

鮑防：天寶十二載進士，時年三十二。貞元六年卒，年六十九。

嚴維：至德二載進士。

顧況：同上。

竇叔向：大曆元年進士。

戎昱：進士，年不詳。

包何：曾師事孟浩然授格法，與李嘉祐友善。

戴叔倫詩

《全唐詩》卷十戴叔倫詩内有《送崔融》詩，又有《冬日有懷李賀長吉》詩，時代絶不相及，必有誤。

唐詩人爲道士者

有吉中孚、戴叔倫、施肩吾、曹唐、劉商、賀知章、吴筠。

吉中孚初爲道士。盧綸《送吉中孚校書歸楚州舊山》原注：“中孚自仙官入仕。”李嘉祐《晚春送吉校書歸楚州》注曰：“吉中孚曾爲道士。”李端《聞吉道士還俗因而有贈》。

姻婭

李益有《贈内兄盧綸》詩，司空曙有《喜外弟盧綸見宿》，王季友與郎士元亦屬姻婭，第不知若何關係。

廣文博士

王建有《寄廣文張博士》及《留别張廣文》二詩，謂張籍也。

韋蘇州

韋夏卿亦嘗爲蘇州刺史，薦竇群舉孝廉。

静者

張繼《感懷》詩："心將静者論"，辛文房稱其詩"有道者風"。杜甫《寄張彪》詩："静者心多妙。"

張鎬

嘗救杜甫、爲王昌齡復仇。李白繫獄，亦上鎬詩。

土室

杜詩有土室字，王績詩曰："土室映山斜"，舊注未及。

社會詩人

聶夷中詩專道農夫疾苦，在晚唐爲極變。其時又有于濆、李紳。于濆《辛苦吟》曰："壠上扶犁兒，手種腹長飢。窗下擲梭女，手作衣無衣。"李紳《憫農》詩人所共識。又無名氏《蠶婦》詩曰："遍身羅綺者，不是養蠶人。"謝榛《四溟詩話》曰："《鹽鐵論》曰：'歐冶能因國君銅鐵作金鑪大鏞，而不能自作一是盤。'此論高古，乃三詩之源，夐然氣象不同。"（李約《觀祈雨》曰："桑條無葉土生烟，簫管迎龍水廟前。朱門幾處看歌舞，猶恐春陰咽管弦。"楊慎曰："與聶夷中'一條五穀'之詩并觀，有《三百篇》意。"）

中唐詩多虛字

謝榛曰："中唐詩虛字愈多……劉文房七言律《品彙》所取二十一首，中有虛字者半之，如'暮雨不知涓口處，春風衹到穆陵西'之嘆；錢仲文七言律《品彙》所取十九首，上四字虛者亦强半，如'不知鳳沼霖初霽，但覺堯天日轉迷'，'鴛鴦久别難爲夢，鳳管遥聞更起愁'之類。"

杜與江西詩派

紀文達曰："詩至少陵而詣極，然唐人自李義山外罕學杜，元結、殷璠以下選當代之詩者，亦無一家録及杜，其故莫詳也。至於南宋，始以少陵爲一祖，而以黄山谷、陳後山、陳簡齋爲三宗，於是江西體盛，而吕紫微《宗派圖》作焉。故江西者，少陵之流别也。"（《二樟詩抄序》）

中外

（新羅之詩初見於唐。）

《春秋傳》載戎子駒支自云言語不通，而能賦《青蠅》。《東觀漢記》載白狼王慕德諸歌，具注譯語。唐武平一《景龍文館記》載中宗正月五日蓬萊宫聯句，有吐蕃舍人明悉獵，今金川以及廓爾喀其故地也。宋計敏夫《唐詩紀事》載南詔國王驃信與其清平官等唱和，今緬甸其故地也。

詩之正統

自鍾嶸《詩品》陰分三等，各溯根源，是爲詩派之濫觴。張爲創立《主客圖》，乃明分畦畛。司空圖分爲二十四品，乃辨别蹊徑，判若鴻溝，雖無美不收，而大旨所歸，則在清微妙遠之一派。自陶、謝以下逮乎王、孟、韋、柳者是也。至嚴羽《滄浪詩話》始獨標妙悟爲正宗，所謂如空中音、如相中色、如鏡中花、如水中月，如羚角無迹可尋，即司空圖所謂“不著一字，盡得風流”也。沿及有明，惟徐昌穀、高叔嗣傳其衣鉢，王敬美謂數百年後，李、何或有慶興，高、徐正無絶響，斯言當矣。况“課虚無以責有，叩寂寞而求音”，陸平原言之；“思君如流水，既是即目，清晨登隴首，羌無故實”，鍾記室言之；“山沓水匝，樹雜雲合，目既往還，心亦吐納。春日遲遲，秋日颯颯，情往似贈，興來如答”，劉舍人亦言之，則此論不倡自儀卿也。

文以載道

文以載道，非濂溪之創論也。“理扶質以立幹，文垂條以結繁”，陸平原實先發之，要皆孔子所謂言有物也。顧真西山《文章正宗》黜《逐客書》、斥《横汾詞》，劉後村以“深衣雅樂”譬之，謂非綺羅箏笛所能比，而卒不能與昭明之《選》争後先，何哉？言之不文，行之不遠也。

元遺山不喜東坡詩

紀昀曰："東坡才筆横據一代，未有異詞，而元遺山《論詩絶句》乃曰：'蘇門果有忠臣在，肯放坡詩百態新？'又曰：'奇外無奇更出奇，一波纔動萬波隨。衹言詩到蘇黄盡，滄海横流却是誰？'二公均屬詞宗，而元之持論若不欲人鑽仰於蘇者，其故殆不可曉。余嘉慶壬戌典會試三場，以此條發策，四千人莫余答也。惟揭曉前一夕，得朱子士彦卷對曰：'南宋末年，江湖一派，萬口同音，故元好問追尋源本，作是懲羹吹齏之論。又南北分疆，未免心存畛域，其《中州集》末題詩，一則曰：若從華實評詩品，未便吴儂得錦袍。一則曰：北人不拾江西唾，未要曾郎借齒牙。詞意曉然，未可執爲定論也。'喜其洞見癥結，急爲補入榜中。"

鐵堂偶記

分——司空曙、劉禹錫、杜牧：司空曙《喜外弟盧綸見宿》詩："平生自有分，况是蔡家親。"自有分一作有深意。案劉禹錫有詩題曰《樂天見示傷微之敦詩晦叔三君子皆有深分因成是詩以寄》，杜牧詩曰："再拜宜同丈人行，過庭交分有無同。"然則有分者，有交情也，作有深意者疑非。又盧綸《雪謗後書事上皇甫大夫》："分深存没感，恩在子孫榮》。"

應聖觀——王建、儲光羲：王建《題應聖觀》原注："觀即李林甫舊宅。"儲光羲亦有《題應聖觀》詩，云："空中望小山，山下見餘雪。皎皎河漢女，在兹養真骨。登門駭天書，啓籥問仙訣。池光摇水霧，燈色連松月。合礴起花臺，折草成玉節。天鷄弄白羽，王母垂玄髮。北有上（一作祈）年宫，一路在雲霓。上心方向道，時復朝金闕。"此與王建詩正合。惟《長安志》：平康坊有李林甫宅。又説其宅有妖怪，東北隅溝中至夜火光大起，有小兒持火出入，林甫惡之，奏分其宅東南隅立爲嘉猷觀，明皇御書金字額以賜之。林甫奏女爲觀主。觀中有精思院，王維、鄭虔、吴道子皆有畫壁。林甫死後，改爲道士觀，擇道術者居之。案此，則觀初名嘉猷，後乃改爲應聖耳。林甫有女名騰空，見李白《送内之廬山訪女道士李騰空》詩，或即初爲觀主者。

花磚——王建：《題應聖觀》曰："空廊鳥啄花磚縫。"李肇《翰林志》："北廳有花磚道，冬中，日及五磚爲入直之候。"

全唐詩校勘記[1]

[1] 本篇據北京圖書館藏聞一多手稿照相複印件收入。原稿未標點斷句，整理稿中原詩之標點僅屬斷句性質而非準確標點符號。所校原詩中凡空一格者，均爲上下句間有省略。凡整理稿中括號内文字，均屬原稿中之兩行小字。

目　録

引用書目

續古文苑（平津館叢書）
麈史
考古質疑
敦煌唐寫本詩選
常建詩集（影印宋本）
崔顥詩集（明正德本）
王荆公詩注（李壁）
優古堂詩話
芥隱筆記
河嶽英靈集（明刊本）
秦隱君詩集（明刊本）
艇齋詩話
王建詩集（明嘉靖本）
後山詩注（任淵）
浩然齋雅談
懶真子
廬山記（日本高山寺藏宋本）
西溪叢語
貴池唐人集
沈下賢集（觀古堂刊本）
周賀詩集（影印宋臨安本）
陽山志（明·岳岱，峭帆樓叢書）
雲谷雜記
砎溪詩話
對床夜語
金石萃編

群書拾補
南浦詩話（梁章鉅）
豹隱紀談（宋・無名氏，説郛七）
文標集（豫章叢書）
南楚新聞
槁簡贅筆（宋・章淵）

卷一　高宗皇帝

《太子納妃太平公主出降》（咸亨四年太子弘納妃裴氏，有司奏贄用白雁，適苑中獲之。）

（案：劉師培曰："考太平公主出降，在開耀元年，其時之太子乃中宗。注謂太子即弘。然弘納裴妃，當咸亨四年，與太平公主出降時殊，則注文似非。"）

卷一　（吴越）後王錢俶

《宫中作》

（《續古文苑》引《汝帖》題作七言律。）

廊（《續古文苑》引《汝帖》作檐下，省稱孫）周遭（孫作重重）翠幕遮，禁林深處（孫作搜尋唯此）絶喧嘩，界（孫作介）開日影憐窗紙（孫作眼），穿破苔痕（孫作紋）惡筍芽（孫作笋牙），西第（孫作曲檻）晚宜供（孫作烹）露茗，　猶把輸贏（孫作戎機）局上誇。

卷三　杜審言

《春日京中有懷》

寄語洛城風日道。

（校：《塵史》作風與月。）

《和韋承慶過義陽公主山池五首》

綰霧青絲（一作條。校：《塵史》綰霧互易，絲作條）弱，牽風（校：《塵史》二字互易）紫蔓長。

卷四　張説

《節義太子楊妃挽歌》

（校：劉師培曰："節義者，節愍之訛也。"）

《扈從温泉宫賦詩》

鳴笳步步引南熏。

（校：熏誤。《考古質疑》作薰。）

卷四　李郢

《賦戚夫人楚舞歌》

（用《敦煌唐寫本詩選殘卷》校，《卷》本題在斷損處。）

珠簾夕殿聞鐘磬（《卷》作漏），白日秋天憶鼓鼙，（此下《卷》多"且矜容色長自持，且遇〔疑〕乘輿恩幸時，香羅侍寢雙龍殿，玉輦看書百子池"四句。）　不奈君王容鬢（《卷作髮）衰，　已見儲君（一作謀臣，《卷》作謀臣）歸惠帝。

卷五　丘爲

《題農夫廬舍》

（用《敦煌唐寫本詩選殘卷》校，《卷》題作田家。）

東風何時（一作處，《卷》作時）至，　湖上春已（一作既，《卷》作既）早，　溝塍（一作壑，《卷》作塍）流水處，耒耜平（《卷》作青）蕪間。

卷五　常建

《送陸擢》

（以下用《天禄琳瑯叢書》影印宋臨安本《常建詩集》校。）

聖代多才俊（一作秀，宋本作秀），　殷勤（宋本作慇懃）嘆孤鳳。

《送李十一尉臨溪》

越溪（一作聲，宋本作溪）澄碧林。

《江上琴興》

萬木澄幽陰（一作音，宋本作陰）。

《湖中晚霽》

言乘（一作垂，宋本作乘）星漢明。

《宿王昌齡隱居》

清溪深不測（一作極，宋本作測），　茅亭（宋本作庭）宿花影。

《送楚十少府》

寒（宋本作塞）影明（一作流，宋本作流）前除。

《張山人彈琴》

出嶺聞清（一作幽，宋本作清）音，了然雲霞氣（一作意，宋本作氣），　改弦扣（一作和，宋本作扣）商聲，　永矣（一作以，宋本作矣）投吾簪。

《白湖寺後溪宿雲門》

前瞻王（一作去，宋本作王，云：一作去）程促。

《閑齋卧病（一作雨，宋本作病）行藥至山館稍次湖亭二首（一作一首，宋本作二首）》

心魂畏虚（一作靈，宋本作虚）室。

主人門外（一作山人山門，宋本作主人山門）緑，　爛熳（漫字從水，宋本不誤）從天涯。

《塞上曲》

寒日傍（一作旁，宋本作旁）城没。

《仙谷遇毛女意知是秦宫人》

松栝疎（宋本作踈）幽風，垂嶺枝（一作竹，宋本作枝）裊裊，前流（一作臨，宋本作臨）殊未窮，涰（宋本作彌）漫長天空。

《夢太白西峰》

遺（宋本誤貴）我太白峰（一作岑，宋本作峰），　宴林閉氤（宋本作氛）氲，檐楹覆（宋本誤付）餘翠，　時往溪水（一作谷，宋本作水）間。

《鄂渚招王昌齡張僨》

沙土（一作上，宋本作上）飛黄雲，　午日逐蛟（一作蛇，宋本作蛟）龍，　名（一作官，宋本作名）宦安足云，溪澗花（一作何，宋本作花）氤（宋本作氛）氲。

《春詞二首》(《樂府詩集》題作陌上桑，一本連後“階下草猶短”一首，共作三首。案宋本作春詞二首。）

倚對（一作樹，宋本作對）春光（一作風，宋本作光）遲。

非但畏（一作爲，宋本作畏）蠶飢。

《晦日馬鐙曲稍次中流作》

秦（一作晴，宋本作秦）天無纖翳，　因（一作同，宋本作因）唱滄浪吟。

《古意》（一本連後《古意三首》共作四首。案宋本不連。）

《宿五度溪（宋本作谿，後同）仙人得道處》

二月（宋本作人）尋片雲。

《西山》

渚日（宋本作日渚，誤）遠陰映，　至（宋本作其）夜轉清迥。

《贈三侍御》

明君錯甚（一作任，宋本作甚）才，　固知非（宋本作飛）天池。

《第三峰》

雲梯升（宋本作昇）幾重，　縹渺（宋本作眇）輕霞客，　因寂清萬象（宋本作像）。

《古興》

遍（宋本作偏）觀今時人。

《張天師草堂》

遂登仙（宋本缺）子谷（宋本缺），因醉（宋本缺）田生（一作中，宋本作生）樽，　心化便（一作更，宋本作便）無影，　忽而與（一作舉，宋本作與）霄漢。

《古意三首》

態深入（一作人，宋本作入）空貴。

《空靈山應田叟》

山舍多黄茆（宋本作茅），土（宋本誤士）俗不尚農，豈暇論肥磽（宋本作硝），　空山滿咆哮（宋本作哮哮），　采薇可爲肴（宋本作殽），曳（宋本作拽）策背（宋本誤皆）落日。

《太公哀晚遇》

匹馬令（一作今，宋本作令）致辭，怏怏（一作怏俠，宋本作怏怏）悟靈龜，　倏忽（一作悲，宋本作悲）天地人。

《昭君墓》

異域傷獨（一作猶傷，宋本作傷獨）没，　回車（一作軍，宋本作車，云：一作軍）夜出塞，　共（一作憤，宋本作共）恨丹青人。

《古興》

織成（宋本誤女）錦衾當爲誰。

《張公子行》（一作古意，宋本作張公子行。）

俠客（一作使君，宋本作俠客）白雲中， 轉戰孤軍西海（一作海西，宋本作西海）北（一作曲，宋本作北，云：一作曲）。

《題破山寺後禪院》

初日照（宋本作朗）高林，竹（一作一，一作曲，宋本仍作竹）徑通（一作遇，宋本作通）幽處。

《聽琴秋夜贈寇尊師》

寒蟲臨砌急（一作默，宋本作默）。

《泊舟盱眙》

泊舟淮（宋本誤睢）水次。

《燕（宋本作讌）居》

《送宇文六》

花映垂楊漢水（一作水徹，宋本作漢水）清，微（一作曉，宋本作微）風林裏一枝輕。

《落第長安》

家園好在尚（一作住上，宋本作在尚）留秦。

《塞下》

左賢未遁旌（一作斬，宋本作兵）竿折。

《題法院》

勝景門閑（一作開，宋本作閑）對遠山， 皓（一作皎，一作素，宋本作皓）月殿中三度磬。

《嶺猿》

杳杳裊裊（一作淒淒，一作依依，宋本作裊裊）清且切。

《戲題湖上》

湖上老人坐磯（一作島，宋本作礬）頭， 竹竿裊裊波無（一作白波，宋本作波無）際。

附録宋本《常建詩集》目次：

（卷上） 昭君墓 湖中晚霽 吊王將軍墓 題破山寺後禪院 宿王昌齡隱居 古意 送楚十少府 送陸擢 送李十一尉臨溪 送宇文六 張山人彈琴 江上琴興 白湖寺後溪宿雲門 閑齋卧病行藥至山館稍次湖亭二首 塞上曲 送李大都護 潭州留别 仙谷遇毛女意知是秦宫人 古興 夢太白西峰 鄂渚招王昌齡張僨 春詞二首 張公子行 晦日馬鐙曲稍次中流作 落第長安 塞下 聽琴秋夜贈寇尊師 題法院 嶺猿 泊舟盱眙 三日尋李九莊 塞下曲四首

（卷下） 宿五度谿仙人得道處 戲題湖上 古意 西山 春詞 贈三侍郎 第三峰 古興 江行 謫居 高樓夜彈箏 客有自燕而歸哀其老而贈之 白龍窟泛舟寄天台學道者 張天師草堂 古意三首 漁浦 空靈山應田叟 太公哀晚遇

（共五十七首）

卷五 崔顥

（江安傅氏得明正德田瀾工字軒刊本《崔顥詩集》，因據以改正嘉靖《百家唐詩》，其校記布於北平圖書館館刊第六卷第二號。余觀其所改處，亦不盡是。今復取傅氏所校以校《全詩》，存其是者録之如次：）

《贈王威古》

戰解城亦全。（一作轉戰解城全，田作戰解城亦全。）

《贈懷一上人》

因心得化城（一作域，一作成，田作城）， 因（田作化）成日既久。

《游天竺寺》

厓（一作澗，田作崖）泉争噴薄，青（田作蒼）翠滿寒山。

《雜詩》

玉堂（田作堂中）有美女。

《渭城少年行》

游子春來不（一作喜，田作不）見（田作到）家，鬥鷄下杜（一作社，田作杜）塵初合。

《邯鄲宫人怨》

人生萬事由上（田作上由）天。

《王家少婦》

舞愛青谿緑（田作渌），度日不成（一作能，田作成）妝。

《上巳》

更向九龍津（一作神，田作津）。

《贈梁州張都督》

虜騎罷（一作不，田作罷）南征，出塞（一作磧，田作塞）清沙漠。

《晚入汴水》

長淮亦（一作一，田作亦）已盡。

《送單于裴都護赴西河》

征馬去（一作出，田作去）翩翩。

《黄鶴樓》

此（一作兹，田作此）地空餘（一作留，田作餘）黄鶴樓，晴川歷歷漢陽樹（一作戍，田作樹），春（一作芳）草萋萋（一作青青，田作萋萋）鸚鵡洲，日暮鄉關何處是（一作在，田作是）。

《長干曲四首》

獨自逆（一作送，田作逆）潮歸。

卷五　劉長卿

《岳陽館中望洞庭湖》

孤舟有歸客。（姚鼐曰：“歸疑還。”）

《題元録事開元所居》（開元下疑脱寺字，詩中“冒風歸野寺”句可證。又有《集梁耿開元寺所居院》一首。）

《罪所上御史惟則》（惟則二字上疑脱史字。）

卷七　包佶

《雙山過信公所居》

積雨（李壁《王荆公詩注》四七引作雪，是）封苔徑。

卷七　李嘉祐

《送皇甫冉往安宜》（案一作李端詩，題作送皇甫冉往白田。）

《與鄭錫游春》（案一作李端詩。）

《春日溪上作》（一作淇口春。補注：《優古堂詩話》作春思。）

清明桑葉小，度雨杏花稀。（校：度雨，《優古堂詩話》作穀雨，勝。）

卷七　岑參

《漢上題韋氏莊》

（誤收。案李壁《王荆公詩注》二四引“水痕侵岸柳，山翠借厨烟”二句正作戎昱詩。此詩又見戎昱詩内，正德安氏本、正德賈本及同文館《四家詩》本岑參集皆不載。王夫之《唐詩評選》作戎昱詩，是也。《唐賢三昧集》誤作岑詩。）

《西河郡太原（校：原字當乙。參又有《西河太守杜公挽歌》四首，此詩有“從夫元凱貴”之句，知夫人即杜之妻）守張夫人挽歌》

（校：又作李岑詩，一作李峰詩，此處失注。然《西河太守杜公挽歌》云：“雨隨思太守，雲從送夫人。蒿里埋雙劍，松門閉萬春。”此詩云：“龍是雙歸日，鸞非獨舞年。哀容今共盡，凄愴杜陵田。”夫人蓋與杜公并殁，二詩宜亦同時作。《杜公挽歌》既見嘉州集中，則此亦當屬嘉州。作李岑、李峰者，蓋傳寫之訛也。）

《南溪別業》

（校：又見蔣冽詩中，此處失注。正德濟南本無，然的是公詩，說見《繫年考證》[1]。）

《郡齋南池招楊轔》

周（校：周誤，正德濟南本正作同）官情又親。

《田使君美人舞如蓮花北鋋歌》（此曲本出北同城。）

慢（校：曼之僞。劉孝綽詩：“回羞出曼臉”，庾信詩：“向人長曼臉”）臉嬌娥纖復穠。

《崔倉曹席上送殷寅充石相判官赴淮南》（案唐宰相無姓石者，此必元字之誤，蓋謂元載也。）

《題苜蓿峰（案：楊慎《丹鉛總録》曰：“唐三藏《西域志》云：‘塞外無驛亭，又無山嶺，止以烽爲識。’玉門關外有五烽，苜蓿烽，其一也。”李益有《黄堆烽》詩。詩中峰字亦誤）寄家人》

《題觀樓》

（疑當作關樓。）

《梁州陪趙行軍龍岡寺北庭泛舟宴王侍御》

（案庭疑字誤。）

《梁園歌送河南王說判官》

頹墻隱轔（案：《文選·東京賦》：“隱隱轔轔。”薛注：“轔轔，

① 即作者《岑嘉州詩繫年考證》。

車聲也。”此非其義。《文選·西征賦》：“裁岐岏以隱嶙。”注：“隱嶙，絶起貌。”）勢仍存，　池中幾度雁新來，洲上千年鶴應在。（梁園中有雁池、鶴洲。案：雁池、鶴洲出《西京雜記》，人所習知。此注疑後人所增，當刪。）

《河西（案：當作西河。唐《地理志》：河東道有汾州西河郡。王維有《故西河郡杜太守挽歌三首》，尤可證。本集《西河郡太原守張夫人挽歌》，字尚未倒。正德濟南本正作西河）太守杜公挽歌四首》

《送宇文舍人出宰元縣》（得陽字。）

（案：元縣當作元城縣。）

《與鮮于庶子自梓州成都少尹自褒城同行至利州道中作》

（案：少尹上疑有成字，涉上文成字而脱也。獨孤及有《送成都成少尹赴蜀序》，本集又有《酬成少尹駱谷行見呈》《漢川山行呈成少尹》二詩，并即一人，合觀三詩自明。獨孤及序曰：“歲次乙巳〔案代宗永泰元年〕，定襄郡王英乂，出鎮蜀，謀亞相。僉曰右司郎成公可。”《文苑英華》有成賁《對夷攻蠻假道判》，云大曆時人，官左司員外郎。石刻《唐郎官石柱題名》左司員外郎有成賁，即此人也。）

《成王挽歌》

（案：成當作盛。）

卷九　閻防

（《四部叢刊》景明本《河嶽英靈集》，《顧氏文房小説》翻宋本《芥隱筆記》。）

《百大谿新理茅茨讀書》

荒庭何所有（《芥隱筆記》引《河嶽英靈集》作荒庭人何許，今《河嶽英靈集》仍作何所有），　不學東周（一作國，《河嶽》作國）儒。

《晚秋石門禮拜》（一作禮佛，《河嶽英靈集》作禮拜，是。）

舟車無由（一作游，《河嶽》作游）徑。

《宿岸道人精舍》

放情入（《河嶽》作已）寥廓，重因息（一作經因息，《河嶽》同一作）心侶，遂果巖下（《河嶽》作中）諾，　竹房（一作臼，《河嶽》作房）聞搗藥。

《夕次鹿門山作》

雙巖（一作闕，《河嶽》作闕）開鹿門，　焦原不足險（一作足險峻，《河嶽》作不足險），　我行自春仲（《河嶽》作中春），夏鳥忽（《河嶽》作仲夏鳥）綿蠻，　客心殊倦（一作未，《河嶽》作未）還。

《與永樂諸公夜泛黄河》

忽與人世（一作世人，《河嶽》作人世）疏，無暇（一作假，《河嶽》作暇）然官燭。

句：

熊踞（《河嶽》作梐。案《廣雅》釋宣梐，牢也）庭中樹。

卷九　秦系

（明刊本《唐秦隱君詩集》，毛扆〔斧季〕依宋槧本校，前有宋吕夏卿序，民國二十二年四月歸清華大學圖書館，共詩三十九首，〔附韋應物詩一首，〕比《全詩》少一首。）

《晚秋拾遺朱放訪山居》（毛校改：晚秋朱拾遺放過訪山居。）

那得到空（毛校：宋本缺）山。

《山中枉張宙員外書期訪衡門》

卧雲驚（集作擎，毛校：宋本作驚）聖代，　時果（集作菓，毛校：乙艸頭）連枝熟，　山色滿（毛校：宋本作共）湖光。

《山中贈（毛校改與）張正則評事》（系時授右〔集作被奏，毛校改授右〕衛佐〔集作左〕，以疾不就。）

師事（一作自注，集作師事，毛校：作自注，一作自注）五千言，山茶（集作客，毛校：宋本作茶）邀上客，桂實落前（集作華，毛改前）軒，莫强（一作何事，集作莫强，毛校：宋本作何事）教余起，微官（一作言，集作官，毛校：宋本作言）不足論。

《題女道士居》

掃（毛改埽）地青牛卧，栽松白鶴棲（集作栖）。

《題鏡湖野老所居》

樹喧（集作暄，毛校：宋本作喧）巢鳥出。

《早秋宿崔業居處》

卧簟（毛校改病）覺新秋。

《贈烏程楊蘋明府》

策（集作束，毛校：宋本作策）杖政成時。

《徐侍郎素未相識時携酒命饌兼（毛增同字）命諸詩客同訪會稽山居》

珍味代藜（集作藜，毛改藜）羹，洗硯魚仍（毛改猶）戲。

《春日閑居三首》

驚夢院鶯（集作鸎）啼。

青鏡出簷（毛改檐）窺。

中年曾屢辟（毛改避）。

《題石室山王寧所居》（罷官學道。）（毛校：宋本作題王寧石室山居。）

鳥來翻（集作飜）藥椀（毛改碗），猿飲（毛校：宋本缺）怕魚竿，借問檐（集作巖）前樹。

《送王道士》

石徑術（毛改藥）苗香。

《將移耶溪舊居留贈嚴維秘書》（一作留呈嚴長史陳秘書，毛校：宋本與校注同。）

那邀落日（一作即今邀客，毛校：宋本與校注同）醉，　書篋（一作屐，又作笈，集作屐，毛校：宋本作篋）將非重。

《山中奉寄錢起員外兼簡苗發員外》

窮（一作江，集作窮，毛校：宋本作江）海無梁泛一槎，　高（一作朗，集作閬，毛校：宋本作高）吟麗句驚巢鶴。

《獻薛僕射》（有序，集作并序，毛改有。）

人或（集脱或字，毛增）以其（集脱其字）文聞於（集脱於字，毛校增）鄴留（集脱留字，毛校增）守，輒獻斯詩（集作文，毛校：宋本作詩）。

《鮑防員外見尋因書情呈贈》（曾與系同舉。）（注本無，毛校增。）

覽（集作擥，毛改覽）鏡已（一作自，集作已，毛校：宋本作自）知身漸老，　時人莫道我（毛改托）佯狂。

《寄浙東皇甫中丞》

一兩（毛改半）年來鬢欲衰，　久帶紗巾仍藉（集作籍，毛改藉）草。

《山中枉皇甫温大夫見招書》

亞相已能憐潦（集作老，毛改潦）倒，山花笑（毛改開）處莫（毛改暮）啼猿。

《題茅山李尊師山居》

天師百歲少如（集作兒，毛校：宋本作如）童，座右千年廕（毛改蔭）老松。

《山中崔大夫有書相問》（一作崔大夫有書問余山中，毛校：宋本與校注同。）

帶月乘漁（集作魚，毛改漁）艇，已于（集作於）人事少。

《張建封大夫奏系爲校（毛改校）書郎因寄此作》

遺校（毛改校）幾多書。

《會稽山居（毛改中）寄薛播侍郎袁高給事高參舍人》

《山中贈耿拾遺湋（集作緯）兼兩省故人》

青山白（集作百，毛校：宋本作白）鳥豈知貧，如今非是秦時世（集作也，毛校：宋本作世）。

《秋日送僧志幽歸山寺》（毛校：宋本作秋日送僧還山。）

《贈僧明惠房》

八十真僧飯（集作飰，毛改飯）一（一作熟，集作一，毛改熟）麻。

《答泉州薛播使君重陽日（重陽日，毛校：宋本作九日）贈酒》

《期王煉師不至》

昨日（毛改夜）圍棋未終局，多（毛改且）乘白鶴下山來。

《山中書懷寄張建封大夫》

昨日年催（一作新，集作新，毛校：宋本作催）白髮新。

《奉寄晝公》

團（一作巴，集作巴，毛改芭，又校：宋本作團）蕉何事教人見。

《宿雲門上方》

不更將錢買沃州（一作洲，集作州，毛校：宋本作洲）。

《即事奉呈郎中韋使君》（時系試秘書省校書郎。集缺小注，毛補。）

附録《唐秦隱君詩集》目次：

晚秋拾遺朱放訪山居　題女道士居　山中贈諸暨丹丘明府　山中枉

張宙員外書期訪衡門　閑居覽史　山中贈張正則評事　題鏡湖野老所居　會稽山居寄薛播侍郎袁高給事高參舍人　早秋宿崔業居處　秋日送僧志幽歸山寺　贈烏程楊蘋明府　徐侍郎素未相識時携酒命饌兼命諸詩客同訪會稽山居　題僧明惠房　山中贈拾遺耿緯兼兩省故人　春日閑居三首　耶溪書懷寄劉長卿員外　題石室山王寧所居　山中枉皇甫温大夫見招書　山中崔大夫有書相問　題贈張道士山居　山中書懷寄張建封大夫　送王道士　將移耶溪舊居留贈嚴秘書　題茅山李尊師山居　秋日過僧惟則故院　題章野人山居　答泉州薛播使君重陽日贈酒　題洪道士山院　山中奉寄錢起員外兼簡苗發員外　獻薛僕射　鮑防員外見尋因書情呈贈　期王煉師不至　寄浙東皇甫中丞　奉寄晝公　張建封大夫奏系爲校書郎因寄此作　宿雲門上方　即事奉呈郎中韋使君　（附蘇州刺史韋應物《答秦十四校書》）

（共詩三十九首）

卷十　李益

《竹窗聞風寄苗發司空曙》

稍沾（一作沿。校：《優古堂詩話》作霑，沾、霑并是）階上苔，何（《優古堂詩話》作幸）當一入幌。

《汴河曲》（校：《優古堂詩話》作隋堤。）

汴（《優古堂詩話》作碧）水東流無限春，隋家宫闕（一作苑。校：《優古堂詩話》作苑）已（一作盡。校：《優古堂詩話》作已）成塵，行人（校：《優古堂詩話》作時）莫上長堤望，風（一作吹。校：《優古堂詩話》作吹）起楊花愁殺人。

卷十　竇鞏

《新營别墅寄家兄》

買得西山（一作山居。校：李璧《王荆公詩注》三引作西山）正值春。

卷十一　暢當

《軍中醉飲寄沈八劉叟》（一作杜甫詩。案此暢當詩。當又有《題沈八齋》詩，疑即此篇之沈八。《艇齋詩話》引此正作暢當，云：見顧陶《詩選》。）

《山居酬韋蘇州見寄》

松歌（欹誤）峰儼如。

卷十一　司空曙

《酬張芬有赦後見贈》（一作司空圖詩。案張芬中唐人，與圖時代懸絶，此必曙詩無疑。圖集題作酬張芬赦後見寄，似較勝。）

陽春忽布（一作報。案報字是，《司空圖集》正作報）網羅除，欲報瓊瑶恨（《司空圖集》作愧，勝）不如。

卷十一　王建

《七泉寺上方》（以下用汲古閣《唐六名家集》本周心如批校明嘉靖

本校。)

陰泉養成龜,古壁飛却(一作虬)龍。(却,汲古閣本、周本并同。繹詩意,作却者是。小注一作虬三字,可删。)

《荆南贈别李肇著作轉韻詩》

兩京二十(一作十二)年,(毛本、周本并作二十。) 且歡身體適,(一作遥。毛作適,周作遥。作適者正。) 簡授晝(一作盡)我籌,(毛、周并作晝,作盡者僞字。) 潘館(一作室)幸諸甥,(毛、周并作館。) 闗山足(一作正)重迭,(毛、周并作足。) 莫嘆(一作勸)各從軍。(毛、周嘆并作歡。)

《早發金堤驛》

秋風徹經脉,(徹,周同,毛作輒,疑誤。) 唯願在(一作住)貧家。(一作在家貧。毛作在貧家,周作在貧貧,周誤。)

《和裴相公道中贈别張相公》

鞍馬朝天色,(一作邑。毛、周并作色。) 日臨宫(一作官)樹高,(毛、周并作宫。) 聯影繞池(一作江)行。(毛、周并作池。)

《和錢舍人水植詩》

盆裏盛野泉,(泉,周同,毛作水。) 晚鮮幽更(一作池)好,(毛、周并作池。) 多時水馬(一作鳥)出。(毛、周并作馬,作鳥誤。)

《題壽安南館》

明蒙(一作發)竹間亭,(毛、周并作發。) 濕樹(一作堤)浴鳥痕,(毛、周并作堤,堤字勝。) 堪(一作復)作商皓宅。(毛、周并作堪。)

《送張籍歸江東》

行行成此歸，（毛作行行成歸此，云：此一作計。周作行行成歸計。） 訪余咏新文。（毛、周余并誤作餘。）

《山中寄及第故人》

㾓㾓（一作語）説珪璋，（毛、周并作㾓。） 自從無佳（一作故）人，（毛、周并作佳。） 山中不（一作少）輝光，（毛、周并作不。） 各願（一作願各）不相望，（毛、周并作各願。） 始終名利途。（終，周誤中。）

《求友》

鑒形須明（一作初）鏡，（毛、周并作明。）不重勸勉詞，（不，毛、周并誤千。） 甘與（一作爲）僮僕隨，（毛、周并作與。） 以石投（一作探）深池，（毛、周并作投。） 所貴去瑕玼，（一作疵。毛同作玼，云：一作疵。周作疵。）

《寄李益少監兼送張實來幽州》

鳳鳥（一作皇）安來翔，（毛、周并作鳥。） 古來難（一作詎）自達，（毛、周并作誰。） 取鑒在（一作有）賢良，（毛、周并作有。） 偉（一作驚）哉清河子。（毛、周并作偉。）

《寄崔列中丞》

火山無冷地，（一作氣。毛、周并作地。） 我愛古人道，（愛，毛、周并作受。） 家事幸獲（一作護）存。（毛、周并作獲。）

《宋氏五女》（二本序皆在題下，《全詩》改注爲序，審文氣，恐非。）

不因儒者知，（知，周作資。） 短窄古時衣。（衣，毛、周并作儀，誤。）

《送於丹移家洺州》

送人萬長歌。（萬，毛、周并作莫，是。）

《壞屋》

回（一作因）循任傾側。（回，周作因。作因者正。）

《送薛曼應舉》

若生在世間。（若，周誤作苦。若訓爾。）

《將歸故山留别杜侍御》

日月俱照輝。（一作耀。毛、周并作耀。作耀勝。）

《寒食行》

牧兒驅牛下冢頭。（兒，毛、周并作羊。）

《北邙行》

澗底盤陀石（一作古）漸稀，誰家石碑文字滅。（一作古三字當移下句石字下。毛正作古碑。周作石碑，云：一作古。）

《戴勝詞》

紫冠采采褐羽斑。（采采，毛、周并作彩彩，下彩字云：一作深。）

《秋千詞》

少年兒女重秋千。（兒女，毛、周并作女兒，此誤倒，驗詩意甚明。）

《田家留客》

人家（一作客）少能留我宿。（毛、周家俱作客，是。）

《望夫石》

上（一作山）頭日日風復雨。（作山者是，毛正。）

《白紵詞》

後庭歌聲更窈窕。（窈，窈誤。毛、周并正。）

《春燕詞》

黄姑説向新婦女。（一作去。注涉下句去字誤增。毛、周皆作女，是。）

《關山月》

金沙嶺西看看没。（沙，毛、周并作莎。看看，毛作看着，是。）

《田家行》

回（一作田）家衣食無厚薄。（毛、周并作田，作田者正。）

《神樹詞》

官事上下無言語。（毛、周官事俱作事官，勝。）

《汴路即事》

千里河（一作何。校：毛、周并作河，河字是。此注當删）烟直。

《山居》

茅檐（一作房，一作屋。校：作檐者是。注當删）下有溪，分食養

（一作與。校：養字是，注當刪。毛、周并作養）山鷄。

《醉後憶山中故人》（一作故人山中。）

在山（一作生。校：山字是，注當刪。毛、周并作山）難免愁，鬥（一作聞。校：鬥字是，注當刪）健且登樓。

《貧居》

避雨拾（一作濕。校：拾字是，注當刪）黄葉。（一作避濕堆黄葉。校：注當刪，疑拾僞濕，文義不屬，後人遂臆改此句耳。）

《過趙居士擬置草堂處所》

爲礙（一作愛。校：礙字是，注當刪。毛、周并作礙）看南山。

《新開望山處》

猶（一作獨。校：猶字是，注當刪。毛、周并作猶）自數峰偏。

《題東華觀》

鶴雛靈（一作虚。校：靈字是，注當刪）解語，寂寥虚境裏。（一作還歸對憂樂。校：毛、周并作寂寥虚境裏，疑是。）

《飯僧》

温（一作濾。校：毛、周并作温，温字是，注當刪）泉調葛面。（一作粉。校：面字是，毛、周并作面，注當刪。）

《初到昭應呈同僚》

不稱世間忙（一作强。校：忙字是，注當刪，毛、周并作忙），秋雨懸（校：縣僞，毛、周并作縣）墻緑，暮山宫（一作官。校：宫字是，注當刪，毛、周并作宫）樹黄。

《林居》

頑僕長如客（一作友。校：客字勝，注當删，毛、周并作客），閑（校：間僞）親販藥翁。

《原上新居十三首》

莊孤幸得貧（一作鄰。校：貧字是，注當删，毛、周并作貧），何由得（校：毛、周并作脱，是）此身。

百里是生（一作天。校：疑天字是）涯，將（一作捋。校：將字是，注當删，毛、周并作將）馬中（一作市。校：疑市字是）豪家。

澆（一作洗。校：澆字是，注當删，毛、周并作澆）地引蘭生。

兒病可（一作向。校：作向者非，可謂痊可，毛本、周本并作可，注當删）來嬌。

閑（校：間僞）詩任客吟。

嫩（校：懶僞，毛、周并作懶）更學諸餘，　閑（校：間僞）行人事絶。

《新修道居》

閑（校：間僞）加經遍數。

《贈洪誓（一作哲。校：毛、周并作哲，疑作哲者正）師》

閑（校：間僞）坐語中聽（校：當從毛本作廳）。

《題（校：疑當作贈）法雲禪院僧》

《謝亭續（一作績。校：毛、周并作續）主簿》

《惜歡》

齊年人已（一作幾個。校：作人已者是，注當删，毛、周并作人已）殘。

《山中惜花》

宿夜（校：葉僞，毛、周并作葉）守空枝。

《題所賃宅牡丹花》

粉（一作霞。校：粉字是，毛、周并同，注當删）光深紫膩，肉色退（一作遠。校：退字是，毛、周并同，注當删）紅嬌，　惟愁日炙燋（一作銷。校：燋字是，毛、周并同，注當删）。

《昭應官舍》

知道縣家閑（校：閒僞）。

《杜中丞書院新移小竹》

貧來（校：毛、周并作家，是）緣（一作原。校：緣字是，毛、周并同，注當删）未有。

《同于汝錫賞白牡丹》

月光裁（一作栽。校：裁字是，毛、周并作裁，注當删）不得。

《送吴（一作李。校：毛、周并作吴）郎中赴忠州》

遥（一作巡）邊（一作遥裝，一作揺鞭。校：毛、周作巡邊，是。遥邊、遥裝、揺鞭皆非）過驛近，　朝野（一作達）憑人（一作朝達留詩。校：毛、周并作朝野憑人，是。朝達與朝達留詩注當删）別，　山頭卓（一作丘。校：卓是卓拄，立也。韋莊《春陌》詩："滿街芳草卓香車"，牛嶠詞作"晴街春色香車立"。毛、周并作卓）望旗。

《照鏡》

摇（一作换。校：换字是，毛、周二本并作换）白方多錯，　家貧（一作悲。校：貧字是，注當删）何所戀。

《送唐大夫罷節歸山》

旄節抱歸宫（校：官僞，毛、周不僞）路上。

《贈崔禮駙馬》（案《唐書》，肅、代諸宗時，駙馬無崔禮其人，順宗東陽公主下嫁崔杞。恐作杞是。案禮俗書作礼，與杞形近，蓋杞誤爲礼，又改爲禮。此是崔杞無疑。）

《贈太虚盧（一作宫）道士》

想向諸山尋（一作巡。校：作巡者是）禮遍。

《題元郎中新宅》

入得未（校：朱僞）門未免貧，惟（一作雖。校：惟字是，删注）有好詩名字出。

《上崔相公》

開閣（校：毛作閤）復看祥瑞曆。

《晚秋病中》

難得閑（校：閒僞）人話（校：毛、周作語）白雲。

《和少府崔卿微雪早朝》

粉畫南山棱（一作城。校：棱字是，毛、周作稜，注當删）郭出。

《春日五（一作午）門西望》

館（一作宮）松枝（一作葉）重（一作古城葉重）墻頭出，（句間小注并當芟。）御（一作渠。芟）柳條長水面齊，唯有教坊南草緑（一作色），古苔（一作陰）陰地（一作處）冷凄凄。（句間小字并當芟盡。）

《長安早春》

暖催衣上縫羅（一作人。校：羅字是，注當删）勝，　今（一作年。校：今字是，注當删）年須遣蝶遲（一作蜂，一作遮）留。

《寄賈島》（一作張籍贈項斯詩。）

驢（一作鶴。校：鶴字是。劉禹錫詩："新秋放鶴野田青。"）放秋田夜不歸，傍暝（校：疑暖）旋（一作併）妝紅（一作新。校：新字勝）落葉。

《寄杜侍御》

道氣清凝（一作寧。校：寧字非）分曉爽，　學通儒（一作傳。校：傳字非，毛、周作儒）釋三千卷。

《寄上韓愈侍郎》

重登（一作於。校：登字是，毛、周同）大學領紆流，　不以雄名疏（一作殊。校：疏字是，毛、周同）野賤，　參（一作客。校：參字是，毛、周同）來擬設官人禮，朝退多逢月閣（一作下。校：閣字是，毛、周問）游。

《送裴相公上太原》

朱架早朝立（一作排。校：排字是，毛、周作排）劍戟。

《東征行》

司危常（一作嘗）膳皆得對。（周作掌膳，是。常、嘗并誤。）

《尋橦歌》

貴欲（一作舞）歡他平地人。（貴欲，毛作憒舞。然本集《送衣曲》有“貴欲征人身上暖”句。貴欲似是成語。）

《鷄鳴曲》（以下七首毛、周并缺。）

《斜路行》

誰將古曲换斜音。（斜疑涉下句斜字誤，正當作邪。）

卷十四　張籍

《患眼》

三年患（校：任淵《後山詩注》作病）眼今年免，校（校：任淵《後山詩注》免校互易是也。本集《閑游》詩：“病眼校來猶斷酒”可證）與風光便隔生。

卷十四　孟郊

《游子吟》

誰言（一作難將。校：《浩然齋雅談》作難將）寸草心，報得（校：《浩然齋雅談》作報答）三春暉。

《送韓愈從軍》

親賓（校：《懶真子》作朋友）改舊觀。

卷十七　楊衡

《宿青牛谷》(一本此下有梁煉師仙居五字。校：日本高山寺藏宋抄本《廬山記》有。)

《宿吉祥寺寄廬山隱者》(校：宋抄《廬山記》作寵廬山隱者。)

風（一作鳳。校：《廬山記》作風）鳴雲外鐘，　月出山重重。(一作孤月出山重。校：《廬山記》作月出山重重。)

卷十七　劉言史

《瀟湘游》

閑歌欸乃（校：《西溪叢語》作曖乃，云：即欸乃字。下同）深峽裏。

卷十七　孫叔向

（案《優古堂詩話》作叔孫向，是。）

《題昭應温泉》(案《優古堂詩話》題作經。)

一道流泉繞御樓（案《優古堂詩話》樓作溝）。

卷十八　李紳

《欲到西陵寄王行周》

西陵沙岸回流急。(注：錢王以陵非吉語，改名西興。案：此後人所增，刪。劉師培曰："吴越建邦，紳没已久。"）

卷十八　費冠卿

《答蕭建》

　　夏牖竹稍（當作梢）風。

《酬范（《康熙池州府志》作崔）中丞見（以下當依《唐詩紀事》及《康熙池州府志》增惠字）》

卷十八　朱晝

《喜陳懿老示新製》（一作喜陳懿老自宛陵至示余新製三十餘篇。補注：《優古堂詩話》作喜陳懿老至，與此題疑并是節文，當以注中一作爲正。）

　　今夕（校：《優古堂詩話》作日）見玉色。

卷十八　沈亞之

《答殷堯藩贈罷涇源（案：原誤）記室》（以下用觀古堂本《沈下賢集》校。）

　　聽説事壃（疆誤）場。

《五月六日發石頭城步望前船示舍弟兼寄侯郎》

　　霧濯（櫂誤）起晨（集作雲）凉，　因風報惠（一作司。案集作司）遠。

《宿白馬津寄寇立（一作至）》

蠅（一作黿。集作黿。案作蠅是也，以蠅鼻狀燈花，取象奇絶，真才人語。語黿鼻則不倫）鼻落燈花。

《汴州船行賦岸傍所》

出（一作垂。案集作幽，是）根挂鳳腸。

《題海榴樹呈八叔大人》

染日裁霞深（一作假。案當從集作承）兩露，　凌寒送（案集作破）暖占風烟，　逢波逐（一作隨。案集作隨）浪送（一作逐。案集作逐）張騫。

《勸（案當作勤，集不誤）政樓下觀百官獻壽》

早陽（案集作暘）生彩仗，　獻壽皆（一作比。案作皆是，集作皆）鴛（案當從集作鵷）鷺。

《曲江亭望慈恩杏花發》

曲江晴好望（案當從集作望好）。

《村居》

有（一作無。案集作無）樹巢宿鳥，　爲我哭秋（一作發愁。案集作哭秋）思。

《春詞酬元微之》

黄鶯（一作烏。案集作鶯）啼時春日高。

《題侯仙亭》（案侯疑當作候。）

湖南山（一作春。案作山是，集正作山）色捲簾看。

卷十八　陸暢

《驚雪》（一作對雪。校：李壁《王荆公詩注》二十七作雪詩，卷二十九又引作顧況詩。）

天人寧許（一作底。校：李壁作底）巧。

卷十九　杜牧

《重送五（王誤）十》

《聞開江相國宋下世》（案一作許渾詩。）

《過鮑溶宅有感》（案一作許渾詩，一作劉得仁詩。）

卷十九　周賀

《寄新（疑脱羅字。顧非熊有《寄紫閣無名新羅頭陀僧》詩，賀與非熊同時也）頭陀》

《送張諲之睦州》（案張諲盛唐時人，王維詩稱張五弟諲是也，與賀時代邈不相及，不則或爲一人。）

《留辭杭州姚合郎中》（以下用宋臨安本《周賀詩集》校。）

會宿逢高士（一作燒。案宋本作燒），辭歸（一作燒山。案宋本作辭歸）值積霖（一作雨淋。案宋本作積霖），　孤燭（一作火。案宋本作燭）海船（一作雲。案宋本作船）深，尚有重來約（一作計。案宋本作約）。

卷十九　張祜

《和杜舍人》（案一作趙嘏詩。）

《觀宋州于使君家樂琵琶》（案觀宋州于使君家樂是總題，琵琶及箏以下九事是子目，琵琶二字當另行底一字，箏以下九題與琵琶平列。《貴池唐人集》亦誤。）

《寄靈澈（徹誤）上人》

《題蘇州思益寺》（案王安石有《慧聚寺次張祜韻》，李壁云：即此詩。恐非。兩詩用韻不同也。）

兩峰高崒屼（案李壁《王荆公詩注》二四作兀），　會當來結社（案李壁作舍，疑非），長日（案李壁作月，非）爲（案當從李壁作共）僧吟。

卷十九　雍陶

《題寶應縣》（校：劉師培曰："寶應者，寶鷄之訛也。詩言'渭水梁山鳥卵著'，又言'聞説德宗曾到此'。"）

卷十九　李敬方

《勸酒》（校：《優古堂詩話》作歡醉。）

祇憂（一作因。校：《優古堂詩話》作因，涉上應誤）連夜雨。

卷二十一　賈島

《寄柳舍人宗元》（一本無宗元二字。校：劉師培曰："子厚未嘗官舍人，當從一本。"）

卷二十一　薛能

《謝劉相（一本有公字）寄天柱茶》（校：任淵《後山詩注》引末二句，題云：謝王參威寄茶。）

《蜀州鄭史（一作使）君寄鳥（校：烏僞，下同）嘴茶因以贈答八韻》

鹽損添常誡（案任淵《後山詩注》作戒，是），薑宜著（案任淵《後山詩注》作煮，是）更誇（案任淵《後山詩注》誤作鮮）。

卷二十一　李群玉

《送秦煉師歸岑公山》（校：劉師培曰："詩有'北省諫書藏舊草，南宮郎署握新蘭'句，必係贈諫官還省郎之作，與煉師還山靡涉，此詩題之誤也。"）

卷二十一　鄭嵎

《津陽門詩》（辯誤：劉師培曰："序首句言'開成中'，又言'旅邸主翁，年且艾，自言世事明皇，爲嵎道承平故實'，詩言'翁曾豪盛客不見，我自爲君陳昔時。時平親衛號羽林，我纔十五爲孤兒。注引開元以六軍爲親衛事。又言'湟中土地昔湮没，昨夜收復無瘡痍'。確係宣宗時事。此翁及事明皇，年必百餘，而序言'年且艾'，必序文之訛也。"）

卷二十一　馬戴

《宿賈島原居》（一作尋賈島東居。案當作原東居。島有《張郎中過原東居》詩可證。）

《蠻家》（案一作項斯詩。）

卷二十二　李頻

《題陽山顧煉師草堂》

若到當時上升（明岳岱《陽山志》升作昇）處，坐見年（一作視將。《陽山志》作見將）來取茯神。

卷二十三　張喬

（用《貴池唐人集》校。）

《郢州（校：集作中）即事》

《寄處士梁燭》

諷（一作誦。校：集作風，是）與古人同。

《曲江春》

波影逐（一作遥。校：遥，送之誤，集作送，一作逐）游人。

《吊栖白上人》

今古遭（校：集作遞，字同）相送。

《岳陽即事》

竹風山上（校：集作下）路。

《送友人往（一作歸）宜春（一作江南）》

故里南陵（一作陔。校：集作陔，曰：元僧圓至注《三體唐詩》，以南陔爲南陵，云喬之故里。喬，池州人，南陔隸宣，非也。自言宜春故里，歌《南陔》笙詩，貢士更入京耳）曲。

卷二十四　羅鄴

《歲仗》

春排北極迎仙馭（一作仗。校：馭字是。《塵史》引正作馭）。

卷二十五　唐彦謙

《題虔僧》（校：劉師培曰："詩有'也嚬眉黛托腮愁'句，與題不合，此詩題之誤也。"）

卷二十五　崔塗

《孤雁》

關月冷遥（一作相。案李壁《王荆公詩注》二二作相）隨。

卷二十五　韓偓

《大慶堂賜宴元璫而有詩呈吴越王》（案以下四詩又見卷二十八，吴越失姓名人作。兩處均失注。劉師培曰："偓未游吴越，則此非偓詩。"是也。）

《又和》

《再和》

《重和》

卷二十六　杜荀鶴

《感春》

無況（校：《雲谷雜記》作限）青雲（一作春。校：《雲谷雜記》作雲）有限身。

《旅舍（一作館。校：《雲谷雜記》作中）遇雨》

一時和（一作隨。校：《雲谷雜記》作和）雨到心頭。

《閨中秋思》（校：《雲谷雜記》無秋思二字。）

北畔是山南畔（校：《雲谷雜記》作是）海。

《和吴太守罷郡山村偶題二首》

官（校：宦誤。《雲谷雜記》正作宦）情隨日薄。

《哭劉德仁》（案德當作得。劉得仁，早負才名，而終身不第，故詩中以賈島比之。）

《雪》

光（一作先。案先字是。任淵《後山詩注》正作先）於曉色報窗明。

卷二十六　殷文圭

《趙侍郎看紅白牡丹因寄楊狀頭贊圖》（校：劉師培曰："看上必有脱文。"）

卷二十六　王轂

《玉樹曲》

壁月夜滿樓風輕，（校：《碧溪詩話》引《漁樵閑話》作壁月夜，瓊樓春，三字爲句） 當時狎客盡持（一作居。校：《砻溪詩話》引《漁樵閑話》作豐）禄，歌舞未終樂未闋，（校：《砻溪詩話》引《漁樵閑話》作歌未闋三字句）晋王劍上粘（校：《砻溪詩話》引《漁樵閑話》作黏）腥血。

卷二十八 徐鉉

《送從兄赴臨川幕》

金柅亭邊緑樹繁。（注引《方輿勝覽》，當删。劉師培曰："此書遠成於鉉後。"）

卷二十八 孫元晏

《陸（校：劉師培曰：陸，凌之訛，詩中"將軍身没有孤兒，虎子爲名教讀書"句可證）統詩》

卷二十九 寒山

《自聞梁朝日》

折（校：拆誤。任淵《後山詩注》正作拆）西補東爾。（校：任淵《後山詩注》作拆東補西爾。）

卷三十　貫休

《再游東林寺作五首》(校:《廬山記》作題東林寺四首，無第一、第二兩首，别出七律一首。疑七律當是前游所作，其餘七絶三首則當從本書入再游東林寺作五首。詩中注《廬山記》并缺。)

桓(校:《廬山記》作亘，避欽宗諱省)玄舊輦殘雲濕，　有個山(校:《廬山記》作老)僧倚松睡(校:《廬山記》作樹)，恐人來(校:《廬山記》作偷)取白猿兒。

錦霞多傍石墻(校:《廬山記》作壇，是)生，花裏(校:《廬山記》作峰頂)唯聞鳩(一作鴂。校:作鳩者是,《廬山記》同)鳥聲。

白檐蔔(校:《廬山記》作旃檀，是)花露滴滴，紅(一作碧。校:碧字是,《廬山記》作碧)苾芻草香濛濛。

卷三十　子蘭

《華嚴寺望樊川》

秋(《對床夜語》作積)水浸雲容。

卷三十一　殷七七

《醉歌》

解醖頃刻酒，能開非時花。(一作能栽頃刻花。校:任淵《後山詩注》引沈玢《續仙傳》作解醖逡巡酒，能開頃刻花。)

卷三十二　李夐

《恒岳晨望有懷》(《金石萃編》題上尚有晚秋登三字，當據補。)

卷二　狄仁杰

《奉和聖製夏日游石淙山》

仙路峥嶸碧澗(《金石萃編》六十四作洞)幽，羽仗遥臨(《萃編》作迎)鸞鶴駕，帷宮直坐(《萃編》作上)鳳麟洲。

卷三　蘇味道

《嵩山石淙侍宴應制》

天洛(《金石萃編》六十四作日落)宸襟有餘興。

卷四　沈佺期

《嵩山石淙侍宴應制》

山(《金石萃編》六十四作巖)烟片片繞香爐。

卷四　裴士淹

《白牡丹》

争認慈恩紫牡丹。(校：題曰白牡丹，而此曰紫牡丹，疑必有一誤。）

卷五　常建

（據《敦煌唐寫本詩選殘卷》校。）

《吊王將軍墓》（卷無墓字，作陶翰詩。此後九首，今皆在李白集中。知抄者有誤。此詩殆同一例，皆以他家所作，誤歸陶翰也。羅氏乃以此爲翰逸詩，謬矣。宋臨安本有墓字。）

嫖（卷誤漂）姚北伐時，深入强（一作幾，卷作强）千里，戰餘（卷作酣）落日黄。

卷五　陶翰

（據《敦煌唐寫本詩選殘卷》校。）

《古塞下曲》（一作王季友。校：卷本題作古意，下有陶翰禮部員外郎七字。一本作王季友，誤。）

窮寇（卷作寝勢將變，　騂（一作駿，卷作騂）馬黄金勒，射殺（卷作煞）左賢王。

卷五　王昌齡

（用《敦煌唐寫本詩選殘卷》校，又補詩一首。）

《城傍曲》（卷題作邯鄲少年行。）

射殺空營兩騰虎，（卷作走馬穿園射騰虎。）回（卷作翻）身却月佩弓弰。

《巴陵送李十二》（卷送作别。）

遥曳（卷作枻）巴陵洲渚分，清江（卷作波）傳語便風聞。

《别李浦之京》（卷作送康浦之京。）

一封書寄數（卷作去雁）行啼。

《長信秋詞五首》（卷無第一、二、三、五四首，題作長信怨。）

夢見君王覺後（卷作怯復）疑，分明複（卷作復，誤）道奉恩時。

《送人歸江夏》（卷作送單十三晁〔疑〕五歸〔下缺〕。）

寒江（一作天，卷作江）緑水（卷作竹）楚雲深，莫道離憂（卷作居）遷遠心。

《城旁曲》（卷本旁下缺，疑是曲字。）

降奚能騎射，戰馬百餘匹，甲仗明寒川，霜□□□□，□□煞（當作殺）單于，薄暮紅旗出，城旁龕少年，□馬垂長鞭，脱却□□□，□□淪（疑）秋天，匈奴不敢（疑）出，漢北開塵烟。

卷六　顔真卿

《咏陶淵明》（校：《廬山記》題作栗里。）

張良思報韓（校：《廬山記》作漢，誤），狙擊不肯（校：《廬山記》作苦不，是）就，舍（校：《廬山記》作捨）生悲縉（校：《廬山記》作把）紳，　奕葉（校：《廬山記》作棄業）爲晋臣，　興逐孤雲外（校：《廬山記》作遠），心（校：《廬山記》作辨）隨還鳥泯。（校：《廬山記》此下云：未見全篇。）

卷六　孟浩然

（用《敦煌唐寫本詩選殘卷》校。又補詩一首。各詩原亂入王昌齡詩中，羅氏檢核未周，作昌齡逸詩疏矣。）

《夜泊廬江聞故人在東（一有林字，卷本有）寺以詩寄之》

禪枝（一作林，卷作枝）怖鴿栖。

《寄趙正字》（卷趙作是。）

幽人竹素（一作葉。卷作桒，俗桑字。疑當作葉，桒葉形近而訛）園，經過宛如昨（卷本二句互乙，疑非），　羝羊漫（一作屢，卷作漫）觸藩，　從此（一作徒自，卷作從此）願（一作欲，卷作欲）忘（一作無，卷作無）言。

《與張折衝游耆闍寺》

貝葉傳金（卷作金傳）口，山樓（一作櫻，卷作樓）作賦開。

《梅道士水亭》（卷本下有亭金剛波若五字。）

傲吏非凡（卷奪凡字）吏，再（卷作往）來迷處所。

《與黄侍御北津泛舟》

何如（一作知，卷作知）同（卷作住）鷁舟，　曾是（卷奪）昔年游，莫（卷作不）奏琴中鶴，　才（卷作材）非管樂儔。

《姚開府山池》（卷本題奪。）

主人（卷作家）新邸第。

《望洞庭湖贈張丞相》（一作臨洞庭，卷作洞庭湖作。）

波撼（一作動，卷作動）岳陽城。（卷無以下四句。）

《盧明府九日峴山宴袁（一作馬，卷作馬，馬下有二字）使君張郎中崔員外》（卷張郎中、崔員外乙轉，題上有奉和二字。）

烟虹鋪藻翰（一作麗，卷作翰），　叔子神如（卷作猶）在，山公興未（卷作欲）闌，傳（一作常，卷作嘗）聞騎馬醉。

《李少府與楊（一作王）九再來》（卷題作寒食卧疾喜李少府見尋。）

如何（卷作何知）春月柳，　笙歌達（一作咽，卷作達）曙鐘。

卷六　李白

（據《敦煌唐寫本詩選殘卷》校。）

《月下獨酌四首》（卷本合一、二兩首爲一首，無三、四兩首，題作月下對影獨酌。）

花間（一作下，一作前，卷作間）一壺酒，　我舞影零（卷作凌）亂，　相期邈雲漢（一作碧巖畔，卷作邈雲漢）。

天若不愛（卷作飲）酒，（卷連前作一首。）　已聞清比聖。（卷無此下四句。）

《望廬山瀑布水二首》（卷本無第二首。卷羼入陶翰詩，題作瀑布水。）

挂流三百（一作千，卷作百）丈，　欻（卷作倏）如飛電（一作練，卷作電）來，隱（卷作宛）若白虹起，　初驚河漢落，半灑雲天裏，（卷作舟人莫敢窺，羽客遥相指。）仰觀（卷作指看）氣轉雄，江（一作山，卷作江）月照還空，空中亂潈（卷作叢）射，左右洗青壁（卷作各千尺），　流（卷作灑）沫沸穹石，而我樂（卷作游）名山，對（卷作弄）之心益閑，無論漱瓊液（卷作傷玉趾），還（卷作且）得洗塵顏，且諧宿所好（卷作愛此腸欲斷），永願辭（卷作不能歸）人間。

《送程劉二侍郎兼獨孤判官赴安西》（卷兼作及，安西下有幕府二字。卷羼入陶翰詩。）

安西幕府多材（卷作才）雄，　綉衣貂裘明（卷作照）積雪，　朝辭明主（卷作君）出紫宫，銀鞍（卷作瓊筵）送别金城（卷作樽）空，胡塞清塵幾（卷作計）日歸。

《黄鶴樓送孟浩然之廣陵》（卷之廣陵作下惟揚。）

孤帆遠影（卷作映）碧（卷作緑）山盡。

《元丹丘歌》（卷羼入陶翰詩。）

朝飲潁（卷作穎，誤）水之清流，暮還嵩（卷誤葛）岑之紫烟，横河跨（卷作矯）海與天通，我知爾游心（卷作心游）無窮。

《宫中行樂詞八首》（卷録前三首。“小小”第一，“廬橘”第二，“柳色”第三，題作宫中三章，下云：皇帝侍文李白。）

盈盈在（卷作入）紫微，　每出（一作上，卷作出）深宫裏，　只（卷作衹）愁歌舞散（一作罷，卷作散）。

柳色黄金嫩（卷作暖），　玉樓巢（一作關，卷作聞）翡翠，金（一作珠，卷作珠）殿鎖（卷作入）鴛鴦。

《怨歌行》（長安見内人出嫁，友人令余代爲之。卷本無題下小注。）

侍寢金屏（一作錦帲，卷作金屏）中，薦枕嬌夕月（卷作白日），捲衣戀春（一作香，卷作香）風，　舞衣罷雕龍（一作籠，卷作彫籠）。

《白紵詞三首》

館娃日落歌吹濛。（卷本此句在第二首月寒句上。濛作深。）

一朝飛去青（卷作緑）雲上。

吴刀剪彩（一作綺，卷作綺）縫舞衣，　揚眉（卷作蛾）轉袖若雪飛。

《臨江王節士歌》

燕鴻（卷作雁，下同）始入吴雲飛，　節士悲（一作感，卷作感）秋泪如雨，白日當天心，照之可以事明主。（卷無白日以下十二字。）

《前有一樽酒行二首》（一本無一字，卷無，又無二首二字。）

金樽渌（卷作緑）酒生微波，　美人欲醉朱顔酡，（卷無此句。）流光欺人忽蹉跎（卷流作烟），　當年意氣不肯平（一作傾，卷作傾）。

催弦拂柱（卷作燭）與君飲，看朱（卷作珠）成碧顔始紅，胡姬貌（卷無貌字）如花，　君今不醉將（一作欲，卷作欲）安歸。

《長相思》

絡緯秋啼金井闌（卷作欄），微（一作凝，卷作微）霜凄凄簟色（卷作上）寒，孤燈不明（一作寐，卷作明）思欲絶，　美人如花隔雲端，（美人如花一作佳期迢迢，卷作美人如花。）上有青冥之長（卷無長字）天，　夢魂（卷作行）不到關山難。

《戰城南》

匈奴以殺（卷作已煞）戮爲耕作，　秦家築城避（一作備，卷作備）胡處，　征戰（一作長征，卷作征戰）無已時，　敗（卷作怒）馬號鳴向天悲，　銜飛上挂枯樹枝（一作銜飛上枯枝，卷作愁飛上挂枯樹枝），　乃知兵者是（卷無是字）兇器，聖人（卷作君，下有應字）不得已而用之。

《白鼻騧》

細雨春風花落時，（一作春風細雨落花時，卷作細雨春風花落時。）揮鞭直（一作且，卷作且）就胡姬飲。

《胡無人》

筋幹（卷作筋簳）精堅胡馬驕，　將軍兼領（一作淮者，卷作誰者）霍嫖（卷作漂）姚，　雲龍風虎盡（卷作龍風虎雲書）交回，　胡無人，漢道昌。（一本此下有“陛下之壽三千霜，但歌大風雪飛揚，安得猛士兮守四方，胡無人，漢道昌”五句，卷本無。）

《飛龍引二首》

騎龍飛上（卷作去）太清（卷作上）家。

鼎湖流（卷無流字）水清且閑，　長雲河車（四字卷作屯雲車）載五女，　紫皇乃賜白兔所搗之藥方（卷無方字），　下視瑶池見王（卷作西）母。

《行行游且獵篇》（卷無且字。）

生年（二字卷作閑）不讀一字書，但將（卷無二字）游獵誇輕趫，騎來躡影何矜（一作可憐，卷作何矜）驕，金鞭拂雪（一作雲，卷作雪）揮鳴鞘，　弓彎（一作彎弧，卷作彎弓）滿月不虚發，雙鶬迸落連飛鶻（一作髀，卷作鶻），　儒生不及游俠（卷作征戰）人，白首下（卷作垂）帷復何益。

《烏栖曲》

青山欲（一作猶，卷作猶）銜半邊日，銀箭金壺（一作金壺丁丁，卷作銀箭金壺）漏水多，起看江月墜（卷作墮）江波，東方漸高奈樂（一作爾，卷作樂）何。

《烏夜啼》

黄雲城邊烏欲（卷作夜）栖，　機中織錦（一作閨中織婦，卷作機中織錦）秦川（一作家，卷作川）女，停梭悵然憶遠人，獨宿孤（一作空，卷作空）房（卷房作床）泪如雨。

《陽春歌》

緑楊結烟垂（卷作乘）裊風，　紫君夫人絶世（一作代，卷作世）歌，聖君（卷作皇）三萬六千歲。

《蜀道難》（卷作古蜀道難。）

噫吁（卷作呼）嚱，　不（卷不上有乃字）與秦塞通人烟，　地（卷作蛇）崩山摧壯士死，然後天梯石棧相（一作方，卷作方）鈎連，上有六龍回日之高標，（一作横河斷海之浮雲，卷作横河斷海之浮雲。）下有衝（卷作衝）波逆折之回川，　猿猱欲度愁攀援（一作緣，卷作牽），以手撫膺（卷作心）坐長嘆，問君（一作征人，卷作問君）西游何時（一作當，卷作時）還，　但見悲鳥號古（一作枯，卷作枯）木，雄飛雌從（一作呼雌，一作從雌，卷作從雌）繞林（卷作花）間，又聞子規啼夜（卷無夜字）月，　連峰去天不盈尺，（一作入烟幾千尺，卷作入烟幾千尺。）　其險也（卷無也字）若此，　萬夫（一作人，卷作夫）莫開，所守或匪親（一作人，卷作親），　錦城雖云樂，不如早還家，（卷無此句。）　側身西望長咨（一作令人，卷作令人）嗟。

《出自薊北門行》

列卒（一作陣，卷作卒）赤山下，孟冬（一作秋，卷作冬）風沙（卷作沙風）緊，旌旗（卷作旃）颯凋傷，畫（卷誤書）角悲海月，彎弓射賢（一作訾，卷作賢）王，　行歌（一作歌舞，卷作歌舞）歸咸陽。

《紫騮馬》

紫騮行（卷作驕）且嘶，雙（卷作霜）翻碧玉蹄，　白雪關山（一作城，卷作城）遠，黃雲海戍（一作樹，卷作樹）迷，揮（一作抽）鞭萬里去，安得念（一作戀，卷作念）春閨。

《將進酒》（卷題作惜樽空。）

君不見高堂（卷作床頭）明鏡悲白髮，朝如青絲（卷作雲）暮成雪，　天生我材必有用（卷作吾徒有俊才），　將進酒，君莫停，（卷無此二句。）　請君爲我側耳聽，（七字卷作請君爲我傾。）鐘鼓饌玉不足貴，（一本作鐘鼓玉帛豈足貴，卷同校注。）但願長醉不願（一作復，卷作用）醒，古來聖賢皆寂寞（卷作死盡）。

《獨不見》（案今集中《塞下曲》第四首與此全同，唯第一句金此作花，第九句時此作然。今集中《獨不見》與此全異，唯末四句同。）

白馬黃花塞，雲沙繞夢思，那堪愁苦節，遠憶邊城兒，螢飛秋窗滿，月度霜閨遲，摧殘梧桐葉，蕭颯沙棠枝，無然獨不見，流泪空自知。

《梁園吟》（卷作梁園醉歌，羼入陶翰詩。）

我浮黃雲（一作河，卷作河）去京闕（卷作關），挂席欲進（卷誤逄）波連山，　因吟淥（卷作綠）水揚洪波，　人生達命豈暇（卷作假）愁，　王（卷作素）盤楊（卷作青）梅爲君設，　莫學夷齊事高潔，（一作何用孤高比雲月，卷作世上悠悠不堪説。）　梁王宮闕今安在，枚（卷誤牧）馬先歸不相待，　沉吟此事泪滿（卷作沾）衣，　歌且謡（卷奪謡字），　東山高卧時起來，欲濟蒼生未（卷作不）應晚。

《陌上桑》

美女渭橋東（一作緗綺衣，卷作渭橋東），　五馬如飛龍（一作花，卷作花），　采桑（卷作葉）向城隅，　寒螿愛碧草，鳴鳳栖碧梧。（卷無此二句。）

《送賀賓客歸越》（卷作陰盤驛送賀監歸越。）

鏡湖流水漾清（卷作春始）波， 應寫黄庭换（卷作取）白鵝。

《送族弟綰從軍安西》（卷作送族弟綰赴安西作。卷亂入陶翰詩。）

爾隨漢將（卷作揮白刃）出門去， 君王按劍望邊色（一作邑，卷作色）， 匈奴繫頸數應盡，（卷作當今匈奴百萬衆。）明年應（卷作歸）入蒲萄（卷作桃）宫。

《山中問答》（卷作山中答俗人問。）

問余何意（一作事，卷作意）栖碧山。

《酬中都小吏携斗酒雙魚於逆旅見贈》（卷作魯中都有小吏逢七朗以斗酒雙魚贈余於逆旅，因鱠魚飲酒留詩而去。卷亂入陶翰詩。）

魯酒若琥珀（一作琥珀色，卷作若琥珀）， 手携（一作持，卷作擕）此物贈遠人，意氣相傾兩相顧，斗酒雙魚表情素，（一本此下有酒來我飲之，鱠作别離處二句。卷無意氣相傾兩句，有酒來爲我傾，鱠作别離處二句。）雙鰓呀呷鰭鬣張，蹳刺銀盤欲飛去，呼兒拂几（卷作機）霜刃揮， 爲君下箸一餐飽（一作罷，卷作罷），醉着金鞍（卷作鞭）上馬歸。

《秋下荆門》（卷秋作初。）

《效古二首》（卷無第二首，題作古意。卷亂入陶翰詩。）

碧樹摇蒼（卷作烟）空， 揮（卷作抽）毫頌清風， 金井雙梧（卷作花緑）桐，（此下卷有佳人出綉户，含笑嬌鉛紅二句。）清歌弦（卷作紹）古曲。

《千里思》

迢迢五原關，（卷作相思天山上。）朔雪亂邊花。（一作愁見雪如花，卷作愁見雪如花，無此下四句。）

《江上秋懷》（卷作江上之山藏秋作。卷亂入陶翰詩。）

朔雁（卷作鴻）別海裔，　惻愴（卷作感激）心自悲（卷作傷），潺湲（卷奪湲字）泪難收。

《有所思》（一作古有所思行，卷作古有所思。）

我思仙（一作佳，卷作佳）人乃在碧海之東隅，　白波連山（一作天，卷作山）倒（卷作到）蓬壺，　願寄一書（卷作言）謝麻姑。

卷七　薛令之

（閩中長溪人，神龍二年及第，開元時爲左庶子。見《摭言》。）

《自悼》

朝（校：任淵《後山詩注》作初）日上團團。

卷七　韋應物

（盧文弨《群書拾補》用宋本韋集校余懷本，今復取盧校以校本書，間有己意，亦附入之。）

《擬古詩十二首》

憂歡（一作懼）容（一作客）髮變。

芳樹自妍芳。（一云自交結，又云房樹正妍鬱，盧校作芳樹正妍鬱。）

《大梁亭會李四栖梧作》

相與（一作將。校：盧校作將，是）樂佳辰。

《淮上喜會梁川故人》

何因北（一作不。校：當從盧校作不）歸去，淮上對（一作有。校：當作有）秋山。

《南塘泛舟會元六昆季》

寧用訴（一作計。校：盧正作訴，是）華觴。

《城中卧疾知閻薛二子屢從邑令飲因以贈之》

人生羈寓（一作旅。校：盧校作寓）時。

《聽嘉陵江水聲寄深上人》

貽之道門舊（一作友。校：當從盧作友）。

《高陵書情寄三原盧少府》

兵凶久（一作互。校：當從盧校作互）相殘。

《淮上即事寄廣陵親故》

前舟已眇眇（校：當從盧作渺渺）。

《澧上西齋寄諸友》（七月中善福之西齋作。）

效禾方（校：盧校作妨）負樵。

《寄職方劉郎中》

群烈（校：盧作列）慕（一作器。校：疑作慕者是）英聲。

《京師叛亂寄諸弟》

思（校：盧作心）憶故園（一作里）行。

《寄裴處士》

一問清冷（校：當從盧作泠）子。

《寄皎然上人》（校：馬永卿《懶真子》作招晝公。）

道心長（校：馬作常）晏如，想兹（校：馬作子）栖禪夜，鳴鐘（一作磬）驚巖壑，（校：馬作清磬落巖谷。） 叨（校：馬作夙）慕端成舊， 茂苑文（校：馬作繁）華地，流水古（校：馬作野）僧居。

《送張侍御秘書江左覲省》

晨飡（校：盧作餐）亦可薦（一作潔）。

《送别覃孝廉》

不（校：盧校宋本作下）第未蹉跎。

《送楊氏女》

自小闕内訓。（言早無恃。校：無，盧作失。）

《酬盧嵩秋夜見寄五韻》

携手當此時。（盧詩云：歲晏以爲期。校：盧作元注。盧詩有歲晏以爲期之句。）

《答暢校書當》

彩色發我容（一作蒙。校：容，盧作庸，注同）。

《答趙氏生伉》（校：盧生上有外字。）

《答崔都水》（校：崔，盧作移。疑誤。）

責逋甘首免（一作退。校：退，盧作追）。

《夏夜憶盧嵩》

人生無閑（校：盧校作間）日。

《乘月過西郊渡》

悵恨秉（校：當從盧作乖）幽素。

《除日》

梅援（一作稍。校：稍當從盧作梢）還飄素。

《林園晚霽》

蕭散在琴言（一作尊。校：言，盧作樽，注云：一作言。案作樽者是）。

《秋夜二首》（校：夜，盧作意。疑誤。）

《登寶意寺上方舊游》

坐聽徽（一作巖。校：巖，盧作巖）鐘記往年。

《登西南岡卜居遇雨尋竹浪至灃壖縈帶數里繪繪清流茂樹雲物可賞》

紆曲（一作直。校：盧校：當作曲。案紆曲與綿延對文）水分野。

《游龍門香山泉》

碧泉更（校：盧校：宋本一作交）幽絶。

《襄武館游眺》

還希習池賞。（一作還喜曲池濱。校：濱，盧作賞。）

《秋景詣琅琊精舍》

蕭（校：當從盧作瀟）灑中林行。

《曇智禪師院》

門徑（一作援。校：援當從盧作接）衆草生。

《示全真元常》（元常，趙氏生。校：王得臣《麈史》題贈元常全真二甥。）

寧知風雪（校：《麈史》作雨）夜。

《贈令狐士曹》

秋檐（一作霜。校：《麈史》作秋林）滴滴對床寢。

《野居》

捕魚緣赤（校：盧校作石）澗。

《上方僧》（校：盧僧作寺。）

《燕銜泥》

尾涎涎（校：盧校作涏涏）。

《信州録事參軍常曾古鼎歌》

雕螭（一作蟲。校：蟲，盧作蟲）刻篆相錯蟠。

《答暢參軍》（補注：以下四首熙寧丙辰校本添。）

官閑（校：閒僞）高興生。

《南池宴錢子辛賦得科斗》（校：一作岑參詩，題作南池宴錢辛子賦得蝌斗子。案：南池凡七見於岑集，内稱虢州南池者三，其一有句云：“黄帝鼎邊來。”黄帝鑄鼎處在虢州之湖城縣，則南池即虢州之南池，因知此南池即一處也。岑參嘗爲虢州長史，此詩必本岑作而誤入韋集者，當删。）

《陪王郎中尋孔徵君》（補注：以下三首紹興壬子校本添。）

俗吏閑（校：閒僞）居少，　來訪竹林歡（校：盧作觀。疑誤）。

《九日》（補注：乾道辛卯校本添。）

卷七　高適

（據《唐人選唐詩》〔羅氏影印《敦煌唐寫本詩選殘卷》〕校。）

《信安王幕府詩并序》（校：卷作信安王出塞，題下無并序二字。）

開元二十（卷作廿）年，　時考功郎中王公司勳郎中劉公（卷無王公司勳郎中六字），　監察御史（卷無御史二字）崔公，　詩以頌美（卷無詩字、美字），　凡三十（卷作卅）韻。

雲紀軒皇（卷作黄）代，　廟堂咨（卷作資）上策，　剪桐光寵錫（卷作晹），　聖祚（卷作作）雄圖廣，　華省征群人（卷作乂），　并秉（卷作秉，俗書）韜鈐（卷作軩，俗書）術（卷作述，誤），　樅金歷薊（卷作塞）壖，　東征務以（卷作已）專，　兵戎（卷作威）自九天，　波際隱（卷作指）朝鮮，　夜壁衝（卷作衜）高斗，　庶物（四句卷在關塞四句下），　關（卷誤開）塞鴻勛著（卷誤着），　空（卷作徒）欲仰（卷作慕）神仙。

《古樂府飛龍曲留上陳左相》（卷無古樂府飛龍曲留七字，題下小注陳希烈三字後人所增，卷本無。）

天子富平（卷作人）侯，尊（卷作撙）俎資高論，巖廊挹（一作揖。卷作挹）大猷，相門連户牖。（相門至能爲二十二字卷本殘缺。）

卷十　章八元

《題慈恩寺塔》

十（校：《懶真子》引作七，是）層突兀在虛空，却怪（校：《懶真子》作訝）鳥飛平地上，滿城春樹（校：《懶真子》作睡。疑非）雨濛濛。

卷十二　林藻

《梨嶺》（見《閩南唐雅》。校：《南浦詩話》："《八閩通志》載：折桂嶺在浦城安樂里，唐林藻與弟蘊登第過此題詩〔云云〕，故名折桂嶺，一名泗州嶺。案《閩南唐雅》載此詩題作過梨嶺。顧祖禹《方輿紀要》云：折桂嶺在梨嶺北十里，一名桂枝嶺，又名泗州嶺。則山脉本相連亘耳。"又："《八閩通志》《閩南唐雅》及《福建通志》并載林藻過嶺詩，惟《閩南唐雅》……小異耳。而余曾見林邵州蘊遺集附録此詩，有小序云：'唐貞元攝提歲，清源郡登賢能之書，余伯仲四人與焉。時躋北嶺，列名巨石，誓曰：彼鵠彼鵠睨在目，堅取乃速，失鵠袛奪福，二三子無替！一之年，季弟蘊以明經中；二之年，伯兄葦以明經選，次弟薦以明經中；三之年，余以詞賦擢進士。後昆弟旋軫歸慶，心悦忘險，雖有策馬肩輿之難、拖舟懸度之阻，易如也，乃税駕危嶠，開懷放情。曩日之出也，相戒而堅，志固取達；今之入也，相勸以適，願固愜抱。伊昔題橋，我今誓嶺，獲乃同揆，夫何慚哉？聊以書形於短章云：兄弟九人來應舉，不穿楊葉不言歸。如今各折一枝桂，還向關頭聯影飛。’則與各書迥別，然誓嶺詞則林俊《見素集》及何喬《遠聞書》并引之，蓋亦吾鄉軼事之可據者矣。”）

曾向（《八閩通志》作長記）嶺頭題姓字，　弟兄各折一（《八閩通志》作而今折得兩）枝桂，還（《八閩通志》作又）向嶺頭聯影飛。

卷十二　裴度

《涼風亭睡覺》（案：劉師培曰：“裴度《涼風亭睡覺》諸詩，均似丁謂所爲。”未聞其審。丁謂，宋人。唐大曆時有丁位，本書卷十一有詩一首。劉氏又稱“《流風亭睡覺》諸詩”，蓋并此下《雪中訝諸公不相訪》及《傍水閑竹》二首而言。三詩作風相近。）

卷十三　李翺

《戲贈》（劉師培曰：“似後人依托。”）

卷十三　皇甫湜

《出世篇》（劉師培曰：“似後人依托。”）

卷十三　劉禹錫

《送張監赴舉詩并引》

爾生始懸弧，（校：《懶真子》作憶爾懸弧日。）我作座（校：《懶真子》作余爲坐）上賓，引箸舉（校：《懶真子》作舉箸食）湯餅。

《百舌吟》

何許（一作處。校：《後山詩注》作許）相逢緑楊路。

《再游玄都觀并引》

桃花净（一作開，一作落。校：《後山詩注》作净）盡菜花開。

《酬柳柳州家鷄之贈》

且盡薑芽斂（一作劍。校：斂字是，《後山詩注》正作斂）手徒。

《苦雨行》

無乃（一作妨。校：集作乃）酣且歌。

《養鷙詞并引》

志在逐獸（校：集作絶）。

日日（一作夜。校：集作日）哺不息。

《學阮公體三首》

百勝難慮敵（一作慮無敵。校：集作慮無敵。）

《昏鏡詞并引》

列十鏡於賈奩（校：集作匳，下同），或曰良苦（一作楛。校：集作苦，本集《賈客詞》云："眩俗雜良苦。"）之不侔甚矣。

漠然喪其晶（一作精。校：集作晶），瑕疵既（一作闇。校：集作既）不見，　飾帶以紋（一作綺。校：集作紋）綉。

《賈客詞并引》

摇（一作捶。校：集作捶）鈎侔懸衡，邀（一作繳。校：集作繳）福禱波神，　關梁自（一作似。校：集作自）無征。

《調瑟詞并引》

猶（此上集有然字）役之無蓺極（一無極字。校：集作藝極）。

卷十四　李賀

（吴汝綸《李長吉詩評》取家藏舊抄注本，合行世諸本勘正之，頗精審。今以吴本勘校本書，王琦注本間亦采之。）

《李憑箜篌引》

江（校：吴一作湘）娥啼竹素女愁，　昆（校：吴一作荆）山玉碎鳳凰叫，　女媧鍊（校：吴作煉）石補天處，　夢入坤（一作神。校：吴作神，云：一作坤。王本、毛本并作神，作神者是）山教神嫗，　空白（一作山。案：當作白，諸本并作白）凝雲頽（校：毛本跋引作遏。疑誤）不流。

《還自會稽歌并序》

及園世（一作勢。校：當從吴作勢）淪敗。

《示弟》

醁醽今夕（校：吴作日與，他本皆異，疑僞）酒，　病骨猶（一作獨。校：吴從宋本改猶爲獨）能在。

《竹》

露華生（一作垂。校：吴云生字是）笋徑。

《始爲奉禮憶昌谷山居》

大（校：犬僞）書曾去洛。

《七夕》

别浦（校：曾益本、姚文燮本并作渚）今朝暗。

《送沈亞之歌》

春卿拾材（校：吴本、王琦本并作才。毛作林，誤）白日下。

《咏懷二首》

日夕著（一作看。校：吴依汲古閣一本改著爲看，勝）書罷，飲水得自（一作相。校：吴、王并作相）宜。

《春坊正字劍子歌》

曾入吴潭（校：一作江）斬龍子，　蛟胎皮老（校：一作蛟螭老皮，吴曰：蛟胎當是鮫鮐）蒺藜刺，鷿鵜（校：一作鸊）淬花白鷴尾，莫教（校：一作分明。吴曰作分明者是）照見春坊字，　嗷嗷鬼母（校：《文苑》作姥）秋郊哭。

《雁門太守行》

甲光向日（一作月。校：作日者是，《塵史》作日）金鱗開，霜重鼓寒聲（一作聲寒。校：吴曰：作寒聲是）不起，提携玉龍（校：《文苑》作環，非）爲君死。

《蘇小小墓》（一作歌。校：王琦云：作歌者非。）

《唐兒歌》（杜豳公之子。校：吴依《又玄集》首加杜家二字。）

濃笑畫（一作書。校：王、吴并作書，是）空作唐字。

《緑章封事》（爲吴道士夜醮作。）

青霓（一作猊。校：王云作霓字是）扣額呼宫神。

《河南府試十二月樂詞》（并閏月）

正月：寒緑幽風（一作泥。校：吴校改泥字）生短絲， 露臉（校：吴依宋本改瞼）未開對朝暝。

二月：蒲如交劍（一作絞刀。校：交劍字勝。唐無名氏《春詩》："蒲抽小劍割湘波。"）風如薰，勞勞胡（一作鶯。校：胡字是）燕怨酣春， 金翹峨（一作娥。校：峨字是，注當删）髻愁暮雲。

三月：新翠舞衿净（一作襟静。校：衿、襟字同，静字非，注當删）如水， 曲水漂（校：王、吴并作飄，是）香去不歸，梨花落盡成秋（一作愁。校：秋字是，芟注）苑。

四月：墮紅殘（校：吴作沉）萼暗參差。

五月：雕玉押檐額（一作上。校：額字勝）， 扇織鴛鴦紋（一作文。校：紋字勝）。

六月：帔（一本無帔字。校：一本非）拂疏霜簟秋玉。

八月：傍檐蟲緝（一作織。校：緝字勝）絲。

十月：燭龍（校：王、吴并作籠，引張籍詩證龍字非是）兩行照飛閣， 金鳳刺（音戚。校：二字可删）衣着體寒。

十一月：御溝泉（一作冰。校：吴作凍）合如環素，火井温泉（一作水。校：作水非。王校一作湯）在何處。

閏月：年（一作午。校：年字是）重時。

《天上謡》

天河夜轉漂（校：《文苑英華》作杓）回星，　仙妾采香（校：吴依《文苑》改仙姿彩女）垂珮纓，秦妃卷簾北窗（校：吴依《文苑》改八方）曉，窗前植（校：吴依《文苑》改食）桐青鳳小，　呼龍耕（校：吴作種）烟種（校：吴作拾）瑶草，　海塵新（校：吴依《文苑》改雲初）生石山（校：吴依《文苑》改城）下。

《浩歌》

嬌春楊柳含細（校：吴依《文苑》改緗）烟，　神血未凝（校：《文苑》作寧）身問（校：《文苑》作是）誰，　衛娘髮（校：吴校：一作鬢）薄不勝梳，看（一作羞。校：吴依《文苑》校改羞）見秋眉换新（一作深。校：《文苑》作深）緑，二十（校：吴校：一作世上）男兒那刺促。

《秋來》

桐風驚心壯（校：《文苑》作志）士苦，　雨冷香（校：《文苑》作鄉）魂吊書客。

《秦王飲酒》

劫灰飛盡古今（校：吴依《文苑》校改今太）平，　宫門掌事報一（校：吴依吕種玉《言鯖》引改六）更，花樓玉鳳聲嬌獰（校：吴正子云：當作佇，弱也，困也。恐非），　黄鵝（校：《文苑》作娥。吴正子云：當作娥）跌舞千年觥，　清琴（校：《文苑》作青春，一作青琴。王琦曰：當作青琴。青琴，神女也）醉眼泪泓泓。

《洛姝真珠》

真珠小娘下清（一作青。校：吴作青）廓，　金鵝（校：吴正子作娥）屏風蜀山夢，　八驄籠晃臉（校：宋本作瞼）差移。

《李夫人歌》（一本無歌字。校：吴無。）

孤鸞驚（校：《文苑》作曉）啼商絲（校：《文苑》作弦）發，紅（校：《文苑》作空）壁闌珊懸佩璫。

《湘妃》

長伴秦（一作神。校：吴作神）娥蓋湘水，蠻娘（校：吴云：《廣西通志》作風，是也）吟弄滿寒空。

《南園十三首》

青蟬獨噪日光（校：姚經三本作將）斜，桃膠迎夏香（校：曾益本作新）琥珀，自課越傭（校：曾益本作儂）能種瓜。

魚擁香鉤近石（校：姚經三本作釣）機。

瀉酒木欄（校：王依吴正子改作蘭。吴同）椒葉蓋。

《金銅仙人辭漢歌》

魏明帝青龍元年（校：吴作九年，曰：案《魏略》事在景初元年，此序九年當是五年之誤，今本作青龍元年者，後人妄改也）八月。

《古悠悠行》

海沙（校：曾作波）變成石。

《黄頭郎》

玉瑟（校：吴正子作琴）調青門。

卷十四　盧仝

《守歲二首》

去年（一作年去。校：任淵《後山詩注》正作年去）留不住。

《觀放魚歌》

此輩肥脃（校：脆誤）爲絶尤，　天雨曼陀羅，花深（校：任淵《後山詩注》深下有泥字）没膝。

卷十五、六、七　白居易

《東城桂》（劉師培曰："第三首與古樂府同，惟首句'遥知'作'可憐'、不得列入白詩也。"）

卷十八　姚合

《偵兩浙贈羅隱》（案又見卷二十七羅衮詩。劉師培曰："合與隱不同時。〔隱爲唐末人〕《唐摭言》載此詩，又以爲姚洎作。衮爲洎副使，或衮代洎所爲，非合詩也。"案劉説至確，此當删。）

卷十八　徐凝

《廬山瀑布》

虚空落泉（一作瀑布瀑布。校：《廬山記》作瀑泉瀑泉）千仞（一作丈。校：《廬山記》作丈）直，雷奔入江（一作海。校：《廬山記》作海）不暫息，　一條界（一作解。校：《廬山記》作界）破青山色。

卷十九　崔涯

《黄蜀葵》（校：任淵《後山詩注》作黄葵。）

嫩碧（校：任淵《後山詩注》作葵，又云一作蘖）淺輕態（校：任淵《後山詩注》作黄色），幽香閑澹（校：任淵《後山詩注》作寒淡）姿。

卷十九　楊漢公

《明月樓》（據《説郛》七宋無名氏《豹隱紀談》，題似當作九月十五日夜登明月樓。）

“吴興”二句，《豹隱紀談》作“江南地暖少南（當作巖）風，九月炎凉正得中”。

卷二十　盧肇

《漢堤詩并序》

庭垣盡潴（潴誤），　資三（《豫章叢書》本《文標集》作二）其食，　民既保（集作安）寧，　謹按正考甫（集作父）作商詩。

洎（集作汨）入大郛，　以隳（集作墮）我堵，　飢（集作饑）傷喘呼　缺落拗（泑誤）圮，　呀吁（集重呀字）來助，　萌（集一作彼）渚不峻。

《題甘露寺》

流年景謾（漫誤）催。

《江陵府初試澄心如水》（江陵府初試五字集作小字在題下。）

出險（一作海。校：集仍作險）每徐徐。

《風不鳴條》

過（校：集作柔，云一作過）條不（校作詎，云一作不）自鳴，拂樹花仍落（校：集作發），經林鳥自（一作詎。校：集作不）驚。

《別宜春赴舉》

筵上芳（校：集作青，云一作芳）樽今日酒，　入海終爲戴（校：集作帶，云一作戴）角魚。

《和主司王起》（一作奉和主司王僕射答周侍郎賀放榜作。校：集題同小注，當以集爲正。）

鳳詔伫歸尃（校：尊誤，集正作尊）北極。

《及第（一本有後字。校：集有）送潘圖歸宜春》

君歸爲説龍門寺（一作事。校：當作事，集正作事，云一作寺）。

《競渡詩》（一作及第後江寧觀競渡寄袁州刺史成應元。校：集題下小注無及第後三字。）

獸頭凌處雪微微，（校：集作畫橈翻處雪霏霏。）衝波突出人齊（校：集作争，云一作齊）瞰（瞰誤），　向（校：集一作報）道是龍剛（校：集作君，云一作剛）不信。

《除歙州途中寄座主王侍郎》

朱户昨（校：集作乍）經新棨戟。

《新植紅茶花偶出被人移去以詩索之》

嚴（一作最。校：集作最，云一作嚴）限柴門一樹花。

《戲題》（肇初計偕至襄陽，奇章公方有真珠之惑。校：集重章字。）

彤雲猶擁牡丹鞋（校：集作鞵），　强（校：集一作放）將纖手整金釵。

《成名後作》

共與鄉閭（校：集作間）年少看。

《謫後再書一絶》

崆峒道士悮（校：集作誤）燒丹。

《牧童》

牛上横眠秋聽深（校：集作聲）。

卷二十二　裴虔餘（校：《後山詩注》引《摭言》作裴慶餘。）

《柳枝詞咏篙水濺妓衣》

從教水濺羅裙（校：任淵《後山詩注》引《摭言》作衣）濕，還道朝來（一作知道巫山。校：任淵《後山詩注》引《摭言》正作知道巫山）行雨歸。

卷二十三　張喬

《楊花落》（劉師培曰：“與他作重出。”案：未知所指，俟考。）

《送僧雅覺歸東海》（一作海東。校：集作海東，是。）

禪（一作秋。校：集作秋，是）歸海外峰，鳥行來有路（校：集作地）。

《和薛監察題興善寺古松》（薛一作崔。校：集作崔，一作薛。）

種在法（校：集作種近，一作在法）王城。

《送友人進士許棠》（一本無進士二字，校：集無，云一本有。）

瘴癘喜家（一作身。校：集作家）全。

《將歸江淮書》（一作冬歸有感。校：集冬作東，是。）

《送蜀客》

西南轉（一作過第。校：轉集作過，云一作轉，一作第）幾州。

《塞上》（一作塞下曲。校：又見劉駕詩，作塞下曲。兩處俱失注。集亦作塞下曲。云作劉駕者誤。）

《贈仰大師》

江（校：集一作水）月定中（一作時）明。

《隱巖陪鄭少師夜坐》（校：集有注云：鄭薰歸老，號所居爲隱巖。編者所增。）

《送李道士歸南岳》（校：集減送字。）

《登慈恩寺塔》

窗户幾（一作響。校：集作響，是）層風。

《送僧鸞歸蜀寧親》

天（校：集作夫，是）子是知音，因師滿蜀今（校：吟誤。集作吟）。

《題湖上友人居》

逍遥向雲水（校：集作外）。

《送友人歸宣州》

吟過曉（一作晚。校：集作晚，疑是）蟬秋。

《題古觀》

松留千載（校：集作歲）鶴。

《題（一作移）小松》

斸開深（一作新。校：集作深，是）。

《吴江旅次》

旅途歸計（校：集作次）晚。

《華山》

瀑漏（校：溜誤，集作溜）斜飛凍。

《再書邊事》（校：集作書邊事，一作再書邊事。）

須賀當（一作今。校：集作今）時聖主明。

《無題》（一作贈友人。校：集作贈友人。）

《題河中鸛雀樓》

鸛雀今無野燕（一作雀。校：集作雀，是）過。

《對月二首》（校：集二首互易。）

《贈友人》

共（一作去。校：集作去）向嵩山采茯苓。

《笛》

明日（校：集作月，是）曾聞向隴頭。

《題上元許棠所任（校：集同。疑住之僞字）王昌齡廳》

《宿江叟島居》

一家烟島隈（一作上。校：集作上）。

《贈進士顧雲》

雲邊（校：當從集删）高蓋水邊□。

《題宣州開元寺》（校：集載《謝公亭懷古》首，以此首入附録，題下出閣字。）

《七松亭》

已比子真耕（校：集作栖）谷口。（篇末集有編者附注云：七松亭，鄭少師薰隱巖别墅中亭也。薰歸老築隱巖，蒔松七本，號七松處士，自謂異代可與五柳先生作對，詩中用子真、陶令以此。詳見新唐史及《南部新書》。）

《題賈島吟詩臺》

今（校：吟誤。集正）魂不復游。

《望巫山》

東歸未必勝覊（校：羇誤）旅。

《楊花落》

翠羽輕裙（校：集作裾）承不著。

《長門怨》（校：又見劉駕詩，此失注。集云作劉駕詩者誤，未知所據何本？）

卷二十五　薛昭緯

《謝銀工》（用《説郛》〔七十三〕本《南楚新聞》校。）

一棵氈根（《南楚新聞》作羹）數十皴（《南楚新聞》作根），悔不當初學冶（《南楚新聞》作治）銀。

卷二十五　唐彦謙

《贈孟德茂》（浩然子。）

劉師培《讀全唐詩書後》（見《左庵集》）曰："彦謙距浩然百餘年，未必克見浩然之子，則此非彦謙詩。"多案：朱慶餘《過孟浩然舊居》

云："冢邊空有樹，身後獨無兒。" 慶餘中唐時人，已謂浩然無兒，則彦謙此詩小注似後人妄增。然符載《上樊澤箋》云："門裔陵遲"，未嘗明言浩然無嗣也，又與慶餘詩抵牾。俟詳考。

卷二十五　王駕

《雨晴》（一作晴景。）

却（校：任淵《後山詩注》引作應）疑春色在鄰家。

卷二十五　韓偓

《哭花》

今見（一作日。任淵《後山詩注》正作見）妖紅委地時。

《雨》

此時高味（一作咏。校：任淵《後山詩注》作味）共誰論，擁（一作揜。校：任淵《後山詩注》作掩）鼻吟詩空佇立。

卷二十六　杜荀鶴

《哭劉德仁》（德當作得。）

案劉得仁早負才名，而終身不第，故詩中以賈島爲比。且時代亦合。德必得之誤。

卷二十六　徐夤

《依御史（一本無御史二字）温飛卿華清宫二十二韻》（當從别本删御史二字。）

案飛卿未嘗爲御史。

卷二十八　江爲

《登潤州城》（一作丘爲詩。丘爲，蘇州嘉興人，而詩曰："鄉山何處是，目斷廣陵西。"似不合。江爲本閩人，詩亦不合。《閩南唐雅》云：江爲其先宋州人，避亂入閩。若然，則此是江爲詩。然江氏徙閩，恐在爲前，疑莫能明矣。各本皆作丘爲，當以丘爲爲正。《全詩》兩處俱失注。）

卷二十八　孫光憲

《采蓮》（劉師培曰："與他作重出。"案未知所指，俟考。）

卷二十八　鍾謨

《代京妓越賓答徐鉉》（劉師培曰："與他作重出。"案未知所指，俟考。）

卷二十九　靈澈

《遠公墓》（校：《廬山記》作題遠大師墳。）

《東林寺寄包侍御》（校：《廬山記》御作郎。）

《西林寄楊公》（校：《廬山記》作題西林寺奉寄武陽公。）

余（校：《廬山記》作餘，是）身定寄林中老。

《簡寂觀》

古松（校：《廬山記》作杉）古柏巖壁間，猿攀鶴巢古枝（校：《廬山記》作枝枯）折，五月有霜（校：《廬山記》作冰）六月寒，時見山（校：《廬山記》作仙）翁來卧雪。

卷二十九　開元宫人

《袍中詩》

沙場征戍（校：《浩然齋雅談》作戰）客，今生已過也（一作看已過。校：《浩然齋雅談》作已過也），結取（一作願結。校：《浩然齋雅談》作重結）後生緣。

卷二十九　僖宗宫人

《金鎖詩》

鎖寄千里客。（一作鎖情寄千里。校：《浩然齋雅談》作鎖寄千里客。）

卷二十九　薛濤

《十離詩》（誤收，當删。）

劉師培曰："據《唐摭言》，以爲元微之幕客薛書記作，則此非濤詩。"

《寄舊》（劉師培曰："與他作重出。"案未知所指，俟考。）

卷二十九　歐陽彬

句：桑柘斜陽裏，兒孫落葉中。（彬有子稚齒，作《田父詩》云云。廖凝見之，知其不壽，尋果卒。見《郡閣雅談》。案：劉師培曰："注言彬有子作《田父詩》云云，則此係彬子所作。"）

卷三十二　胡傳美

《武康碧落觀》（據《槁簡贅筆》，題上當有題字。）

仙官碧落太微（《説郛》作應徵）書，　不逢金簡扳（《説郛》作投）雲洞。

唐文學年表①

① 本篇據北京圖書館藏聞一多手稿照相複印件收入。原稿未標點斷句，正文分上下兩格。整理時將兩格内容合爲一處，并加以標點。

高祖武德元年　戊寅　六一八

高祖即位於長安，年五十三。

二年　己卯　六一九

三年　庚辰　六二〇

立老子廟於晉州羊角山。

四年　辛巳　六二一

秦王世民滅王世充、竇建德。又開文學館延房、杜等號“十八學士”。

王績入長安。命霍仲初江西新平製進御窑器。

五年　壬午　六二二

購募遺書。顏師古撰《隋書》。

六年　癸未　六二三

七年　甲申　六二四

武后生。歐陽詢奉敕撰《藝文類聚》成上之。

八年　乙酉　六二五

九年　丙戌　六二六

閻立本畫《十八學士像》。八月太宗即位，年二十九。

太宗貞觀元年　丁亥　六二七

陸德明卒。上官儀進士。

二年　戊子　六二八

魏徵始引學者校定四部書。

三年　己丑　六二九

閻立德奉敕作《王會圖》。姚思廉撰《梁書》。玄奘赴天竺取經。

四年　庚寅　六三〇

滅東突厥。日本使臣吉士長丹、副使吉士駒來朝，僧徒學士一百二十人從。

五年　辛卯　六三一

妖教傳法穆護何禄詣闕入奏，敕令立寺於長安。魏徵上《群書治要》。成玄英召至京師。

六年　壬辰　六三二

命整治御府占今工書鍾、王等真迹。崔信明應詔舉，授長世丞。（遷秦川令卒。）

七年　癸巳　六三三

李淳風造渾天儀成。

八年　甲午　六三四

始令貢士試雜文。

九年　乙未　六三五

高祖崩，年七十。

一〇年　丙申　六三六

姚思廉撰《陳書》成。

一一年　丁酉　六三七

修宣尼廟於兗州。盧照鄰生?

一二年　戊戌　六三八

波斯人景教僧阿羅本來長安，詔爲建波斯寺。《氏族志》成。虞世南卒，年八十二。

一三年　己亥　六三九

敕購求王右軍書迹。

一四年　庚子　六四〇

魏王泰上《括地志》。滅高昌。命孔穎達等撰《五經正義》。駱賓王生?

一五年　辛丑　六四一

吐蕃内屬。歐陽詢卒，年八十五。

一六年　壬寅　六四二

一七年　癸卯　六四三

魏徵卒，年六十四。謝偃卒。

一八年　甲辰　六四四

閻立本作《凌烟閣二十四功臣圖》。王績卒，年六十。

一九年　乙巳　六四五

顏師古卒，年六十五。玄奘自西天竺還。薛稷生。李嶠生。

二〇年　丙午　六四六

二一年　丁未　六四七

造玉華宮。滅鐵勒。

二二年　戊申　六四八

滅龜兹。降印度。王玄策自印度歸，美術家宋法智從。杜審言生?李百藥卒。馬周卒。蘇味道生。

二三年　己酉　六四九

高宗永徽元年　庚戌　六五〇

王勃生。楊烱生。

二年　辛亥　六五一

廢玉華宮爲佛寺。李思訓生。劉希夷生。

三年　壬子　六五二

王無競生。崔融生。

四年　癸丑　六五三

日本使臣高四首根麻吕、副使掃守連小麻吕來朝，道昭及學生一百二十一人從。

五年　甲寅　六五四

六年　乙卯　六五五

盧照鄰爲典簽。

顯慶元年　丙辰　六五六

閻立德卒。蘇瓌登進士第。郭元振生。宋之問生。

二年　丁巳　六五七

令史官撰《西域圖志》。許敬宗上《文館詞林》一千卷。滅西突厥。吐火羅内屬。遣天竺方士歸國。

三年　戊午　六五八

徵太白山人孫思邈入京。

四年　己未　六五九

褚遂良卒，年六十四。賀知章生。

五年　庚申　六六〇

初令武后決政事。滅百濟。張鷟生。

龍朔元年　辛酉　六六一

李善上《文選注》。劉知幾生。陳子昂生。楊炯舉神童，年十二。

二年　壬戌　六六二

畫家釋善導卒。許敬宗等撰《瑤山玉彩》成，上之。

三年　癸亥　六六三

王勃對策高第，拜朝散郎。

麟德元年　甲子　六六四

玄奘卒，年六十九。道王元慶薨。上官儀伏誅。李嶠進士第。

二年　乙丑　六六五

吕才卒。裴行儉拜安西大都護。

乾封元年　丙寅　六六六

詔群儒刊正並繕寫四部書。蘇瑰、王勃（年十七）應幽素舉及第。

二年　丁卯　六六七

張説生。

總章元年　戊辰　六六八

閻立本拜右相。滅高麗。

二年　己巳　六六九

裴行儉遷司列少常伯。王勃出沛王府客劍南。盧照鄰爲新都尉。蘇頲生。

咸亨元年　庚午　六七〇

吐蕃陷安西，罷四鎮。李淳風卒，年六十九。杜審言進士及第。

二年　辛未　六七一

義净赴天竺求經。郭元振入太學。崔湜生。

三年　壬申　六七二

許敬宗卒。

四年　癸酉　六七三

閻立本卒。盧照鄰在長安作《病梨樹賦》。郭元振進士及第，又舉拔萃科，授通泉尉。

上元元年　甲戌　六七四

崔行功卒。

二年　乙亥　六七五

加試進士“老子策”三條。楊炯應制及第。沈佺期、宋之問、劉希夷（年二十五）舉進士及第。

儀鳳元年　丙子　六七六

章懷太子賢上所注《後漢書》。裴行儉爲洪州總管。王勃墮水死。崔融辭殫文律科及第。

二年　丁丑　六七七

王無競應下筆成章科及第。

三年　戊寅　六七八

李邕生。張九齡生。

調露元年　己卯　六七九

進士始試雜文。裴行儉平西突厥。張鷟登進士第。

永隆元年　庚辰　六八〇

蘇頲進士及第，年十一。

開耀元年　辛巳　六八一

楊炯充崇文館學士。

永淳元年　壬午　六八二

裴行儉卒。劉知幾進士及第。

弘道元年　癸未　六八三

高宗崩。

中宗嗣聖元年（睿宗文明元年、武后光宅元年）　甲申　六八四

太子賢被殺。徐敬業舉兵敗。駱賓王死難。楊炯貶梓州司法參軍。陳子昂登進士第。

武后垂拱元年　乙酉　六八五

八月五日玄宗生。陳子昂上疏請興太學。孟利貞卒。

二年　丙戌　六八六

劉敬同討僕固（突厥），喬知之爲監軍。陳子昂、王無競從喬知之北征。

三年　丁亥　六八七

武后大殺唐宗室。王翰約生於此時。

四年　戊子　六八八

盧照鄰卒？張説對策，糊名第一，年二十二。

永昌元年　己丑　六八九

陳子昂召見擢右衛胄曹參軍。

（周）天授元年（載初元年）　庚寅　六九〇

策貢士於洛陽殿。改國號曰周。楊炯、宋之問分直習乙館。崔國輔約生於此時。喬知之被殺。

二年　辛卯　六九一

長壽元年（如意元年）　壬辰　六九二

復安西四鎮。楊炯獻《盂蘭盆賦》，旋授盈川令。李嶠貶潤州司馬。

二年　癸巳　六九三

安金藏剖腹。

延載元年　甲午　六九四

令貢士習臣軌停《老子》。楊炯授盈川令？丘爲約生於此年。薛稷舉諸科。

證聖元年（天冊萬歲元年）　乙未　六九五

天樞成。蘇味道貶集州刺史。綦毋潛約生於此時。

萬歲登封元年（萬歲通天元年）　丙申　六九六

鑄九鼎成。九月武攸宜擊契丹。陳子昂從武攸宜討契丹。孫逖生。元德秀生。

神功元年　丁酉　六九七

樊基子剖腹。房琯生。賢首創華嚴宗。蘇頲絶倫科及第。宗楚客同鳳閣鸞臺平章事。

聖曆元年　戊戌　六九八

陳子昂解官歸里。宗楚客罷。

二年　己亥　六九九

置控鶴監。孟浩然十歲?

久視元年（大足元年）　庚子　七〇〇

修《三教珠英》。改控鶴監爲奉宸府。李嶠、王無競、沈佺期、宋之問、張説預撰《三教珠英》。祖咏約生於此時。

長安元年　辛丑　七〇一

日本使臣粟田真人來朝。王維生（趙譜）。太白生。

二年　壬寅　七〇二

陳子昂卒，年四十二。張九齡進士第。

三年　癸卯　七〇三

王元感上《尚書糾謬》并所注《孝經》《史記》等稿，拜太子司議郎、崇文館學士。

四年　甲辰　七〇四

郭元振爲凉州都督。宗楚客同鳳閣鸞臺平章事，尋貶原州都督。

中宗神龍元年　乙巳　七〇五

武后崩，年八十二。中宗復位。張易之敗。蘇味道卒。王無競貶處州，卒。崔融卒。宋之問貶瀧州，沈佺期流驩州，杜審言流峰州，同流十八人。劉方平約生於此時。

二年　丙午　七〇六

神秀（大通禪師）示寂。李嶠爲中書令。宋之問告密贖罪，擢鴻臚主簿。

景龍元年　丁未　七〇七

張九齡才堪經邦科及第？沈佺期入計拜起居郎。兵部尚書宗楚客同中書門下三品。

二年　戊申　七〇八

置修文館。李嶠等四人爲修文館太學士，崔湜、盧藏用等八人爲學士，宋之問、沈佺期、杜審言等十二人爲直學士。婕妤上官氏爲昭容。杜審言卒。

三年　己酉　七〇九

拜韋嗣立逍遥公。沈佺期賦《回波詞》。孟浩然二十歲？李嶠罷中書令。顔真卿生。宋之問貶越州長史，三月宗楚客爲中書令，崔湜守兵部侍郎、太常少卿，鄭愔守吏部侍郎、同中書門下平章事。五月貶崔湜爲瀼州刺史、鄭愔江州司馬。

睿宗景雲元年　庚戌　七一〇

韋后弑中宗，臨朝稱制。臨淄王隆基定亂，睿宗即位。宋之問流欽州。李嶠出爲懷州刺史。上官婉兒被殺。鄭愔伏誅。

二年　辛亥　七一一

王翰進士及第。(《登科記考》)

太極元年（延和元年、玄宗先天元年）　壬子　七一二玄宗即位，年二十八。置翰林院。杜甫生。張九齡擢道侔伊吕科。王灣登進士第。宋之問賜死。李嶠貶滁州别駕，改廬州，卒，年七十。

玄宗開元元年　癸丑　七一三

講武於驪山下，十二月改元。沈佺期卒。孫逖哲人奇士逸倫屠釣科及第。郭元振置定遠軍於靈州，旋卒。崔湜賜死，年四十三。

二年　甲寅　七一四

置梨園。王翰舉直言極諫科，又舉超拔群類科。殷璠選《河嶽英靈集》起於是年。常建約生此時。

二年　乙卯　七一五

西域八國請降。嚴維約生於此時。岑參生。

四年　丙辰　七一六

印度僧善無畏來華。李思訓卒，年六十六。日本使臣多治比縣守來朝，吉備真備及阿部仲麻吕（晁衡）從。裴迪生?

五年　丁巳　七一七

置乾元殿書院，校正群書。王灣校書乾元院。杜甫觀公孫大娘舞，六歲。

六年　戊午　七一八

改乾元院爲麗正書院。七月馬懷素卒。尹知章卒。

七年　己未　七一九

《華嚴論》成。孟浩然三十歲。

八年　庚申　七二〇

印度金剛智、不空金剛來華。

九年　辛酉　七二一

元行冲上《群書四部録》。劉知幾卒，年六十一。命行一造《大衍曆》、梁令瓚造黄道游儀。王灣校書麗正書院。

一〇年　壬戌　七二二

吴道玄畫《敬愛寺西禪院日藏月藏經變》，業報差别畫。孫逖舉賢良方正。張九齡遷司勛員外郎。鮑防生。

一一年　癸亥　七二三

置温泉宫。元結生。崔顥、劉昚虚登進士第。張説爲中書令。皇甫冉生。

一二年　甲子　七二四

祖咏登進士第。

一三年　乙丑　七二五

水運渾天成。吴道玄等三人合製《金橋圖》。封泰山。丁仙芝登進士第。獨孤及生？劉太真生？

一四年　丙寅　七二六

張説罷中書令。儲光羲、崔國輔、綦毋潜（宜壽尉）并登進士第。王翰卒。崔國輔授山陰尉。張九齡改太常少卿，尋出爲洪州都督。

一五年　丁卯　七二七

徐堅等撰《初學記》成。王昌齡、常建登進士第。蘇頲卒，年五十八。李嶷進士第（狀元）。靈一生。

一六年　戊辰　七二八

賀蘭進明登進士第。

一七年　己巳　七二九

孟浩然四十歲，游京師。孟雲卿生。

一八年　庚午　七三〇

智昇撰《開元釋教録》。張説卒，年六十四。陶翰試《冰壺賦》登進士第。杜甫年十九，游晋。

一九年　辛未　七三一

薛據登進士第。王昌齡、陶翰舉博學宏詞科。杜甫游吴、越。王維釋褐太樂丞，後坐累謫濟州司倉參軍。

二〇年　壬申　七三二

信安王禕破奚丹。

二一年　癸酉　七三三

分天下爲十五道，置采訪使。張九齡同中書門下平章事。劉長卿、元德秀登進士第。伐渤海。

二二年　甲戌　七三四

韋濟薦張果。房琯拜監察御史，旋貶睦州司户。神會於滑臺大雲寺設無遮大會，建立南宗宗旨。張九齡爲中書令。閻防登進士第。王維擢右拾遺。

二三年　乙亥　七三五

上注《老子》，修《疏義》，并製《開元文字音義》。册壽王妃楊氏。司馬承禎化形。杜佑生。賈至（狀元）、李頎、蕭穎士、李華登進士第，李欣調新鄉尉。李白游太原。杜甫自吴、越歸東都，舉進士不第。崔國輔舉牧宰，登科授許昌令。

二四年　丙子　七三六

吴道玄作《地獄變相圖》。西京罷集賢殿書院。張守節上《史記正義》。義福（大智禪師）示寂。張九齡罷。杜甫游齊、趙。

二五年　丁丑　七三七

王維爲監察御史，在河西幕中。張九齡貶荆州長史，孟浩然受辟在府中。懷素生。

二六年　戊寅　七三八

張守珪大破契丹林胡。高適作《燕歌行》。崔曙舉進士，試《明堂火珠》詩，以狀元及第。韋應物生。

二七年　己卯　七三九

追謚孔子爲文宣王。普寂（大照禪師）示寂。崔曙卒。

二八年　庚辰　七四〇

張九齡卒。王昌齡游襄陽，與孟浩然歡宴，浩然疽發而卒。杜甫與高適遇於齊魯間。張鷟卒。王維爲殿中侍御史，知南選至襄陽在此後二年。

二九年　辛巳　七四一

置崇玄學。杜甫自齊、趙歸東都。陶峴移家崑山?

天寶元年　壬午　七四二

造長生殿。追崇老子爲玄元皇帝。顔真卿文辭秀逸科及第。李白自會稽來京師。王維時爲左補闕遷庫部郎中。王昌齡時爲江寧令。

二年　癸未　七四三

廣運潭成。邱爲、孟彦深、張謂登進士第。李邕爲北海郡太守。長安“飲中八仙”之游約當此時。

三年　甲申　七四四

李白、杜甫、高適同在梁宋登吹臺、琴臺懷古賦詩。李白供奉翰林院，尋賜金放還，始遇杜甫於東都。岑參登進士第。芮挺章選《國秀集》。李白受《道籙》於齊州紫極宫。賀知章請爲道士歸會稽，卒。

四年　乙酉　七四五

改波斯寺名曰大秦寺。册太真爲貴妃，孫逖撰册。冬，李白自山東往江東。杜甫再游齊、趙，夏與李邕宴於齊州，秋與李白同在魯郡。

五年　丙戌　七四六

房琯試給事中。靈徹生。元結浮隋河至江淮。杜甫歸長安。

六年　丁亥　七四七

改温泉宫爲華清宫，治浴池，修宫室。置百僚邸第，房琯爲繕理。高仙芝破小勃律。薛琚風雅古調科及第。李邕被殺，年七十。杜甫、元結應詔試文章，皆退下。包佶登進士第。

七年　戊子　七四八

包何、李嘉祐登進士第。盧綸生。李益生。

八年　己丑　七四九

不空自印度以密藏經論歸。高適舉有道科，調封丘尉。元結居商於山。

九年　庚寅　七五〇

鄭虔爲廣文館博士。沈既濟生。汝陽王璡卒。綦毋潛約卒於此年。

一〇年　辛卯　七五一

孟郊生。錢起舉進士試《湘靈鼓瑟》詩登第。賈至舉明經科登第。杜甫獻三大禮賦，待制集賢院。

一一年　壬辰　七五二

李林甫死，楊國忠爲右相。岑參自長安往安西。崔國輔貶竟陵郡司馬，與陸羽游。高適隨哥舒翰入朝。王維時爲文部郎中。

一二年　癸巳　七五三

殷璠選《河嶽英靈集》止於是年。皇甫曾、張繼、鮑防、劉太冲登進士第。

一三年　甲午　七五四

制舉始試詩賦。户部奏户口爲唐之極盛。楊綰舉同藻宏麗科。岑参自安西至北庭。崔顥卒。陸贄生，元德秀卒，年五十九。韓翃、元結登進士第。獨孤及舉洞曉玄經科登第。

一四年　乙未　七五五

安禄山反，十二月陷東京。顏真卿起兵討賊。

肅宗至德元年　丙申　七五六

永王璘反。玄宗奔蜀，楊貴妃賜死。肅宗即位於靈武。高適除淮南節度使。李白從永王東下。岑參爲大理評事，攝監察御史，領伊西北庭度支副使。郎士元、皇甫冉登進士第。王維時爲給事中，被執，服藥稱瘖，拘於菩提寺，送至洛陽。王昌齡被殺。

二年　丁酉　七五七

安慶緒殺禄山，張巡死難，十月上還西京。賀蘭進明除嶺南五府經略兼節度使。杜甫等薦岑參。高適下除太子少詹事，歸東都。李白繫潯陽獄。劉長卿貶南巴尉。嚴維、顧况登進士第。

乾元元年　戊戌　七五八

寧國公主嫁回紇可汗。盧楞伽畫《成都大聖慈寺殿東西廊行道僧三堵六身》，顔真卿題詩，時稱“雙絶”。高適除彭州刺史。劉長卿攝海鹽令。賈至爲汝州刺史。薛端登進士第。李白流夜郎。賈至賦《早朝大明宫》詩，王維、杜甫、岑參同和。杜甫出爲華州司功參軍。王維責授太子中允，遷太子中庶子、中書舍人，復拜給事中。

二年　己亥　七五九

史思明殺安慶緒。郭子儀收洛陽。王維轉尚書右丞。張謂爲尚書郎。岑參出爲虢州長史。權德輿生。李白赦還。

上元元年　庚子　七六〇

李輔國遷玄宗於西内。李光弼破賊。神會（荷澤大師）示寂，年九十三。高適遷蜀州刺史。元結撰《篋中集》，爲監察御史。四月以郭英乂爲陝州刺史、陝西節度、潼關防禦等使。

二年　辛丑　七六一

史朝義殺思明。嚴武爲成都尹。高適至成都，過杜甫草堂。七月王維卒，趙譜：六十一。元結爲尚書郎，在荆南幕府。

代宗寶應元年　壬寅　七六二

玄宗、肅宗崩。回紇入援，朝義敗死。高適代嚴武爲成都尹。李白卒，年六十四，李陽冰編《李白集》。杜甫訪陳子昂讀書堂遺址及故宅。郎士元補渭南尉。元結居樊上。靈一示寂。

廣德元年　癸卯　七六三

吐蕃入寇長安，郭子儀擊之。房琯卒。高適禦吐蕃無功。元結除道州刺史。耿湋登進士第。岑參自虢州長史歸爲太子中允。梁肅生。

二年　甲辰　七六四

行《五紀律》。張鎬卒。高適召還爲刑部侍郎，轉左散騎常侍。蘇渙舉進士第。鄭虔卒，蘇源明卒。

永泰元年　乙巳　七六五

回紇、吐蕃入寇，回紇受盟而還。高適卒。令狐楚生。嚴武卒。韋應物授京兆功曹，遷洛陽丞。張籍生？

大曆元年　丙午　七六六

竇叔向登進士第。盧綸自鄱陽還京師約在此時。岑參爲嘉州刺史，杜鴻漸表爲職方郎中，兼侍御史。李華卒。

二年　丁未　七六七

元結在道州作《欸乃曲》。皇甫冉遷右補闕，奉使江表，卒於家，年五十四。

三年　戊申　七六八

李勉爲廣州刺史。李筌進《太白陰經》。李之芳卒。韓愈生。岑参罷官東歸。張謂奉使長沙，撰《長沙風土記》。

四年　己酉　七六九

杜鴻漸、裴冕卒。冷朝陽、李益登進士第。

五年　庚戌　七七〇

李公佐生。李端登進士第。杜甫卒。薛兼訓奏秦系爲右衛率府倉曹参軍，不就。

六年　辛亥　七七一

顔真卿書《麻姑仙壇記》。章八元登進士第。

七年　壬子　七七二

劉禹錫生。賈至卒，年五十五。白居易生。元結卒，年五十。吕温生。暢當登進士第。張謂爲禮部侍郎，典選三年。

八年　癸丑　七七三

柳宗元、段文昌生。

九年　甲寅　七七四

朱泚入朝。不空工藏卒。楊憑進士第。

一〇年　乙卯　七七五

王建登進士第。蘇涣伏誅。白行簡生？姚合生？

一一年　丙辰　七七六

楊凌進士第。

一二年　丁巳　七七七

顔真卿上《韻海鏡原》。誅宰相元載。獨孤及卒，年五十三。劉長卿爲睦州司馬？錢起官司勛員外郎。

一三年　戊午　七七八

柳公權生。韋應物爲鄠縣令。吴筠卒。吉中孚萬年尉？楊凝進士第。

一四年　己未　七七九[1]

元稹生。牛僧孺生。竇常登進士第。韋應物除櫟陽令，以疾歸善福精舍。耿湋五原尉？

德宗建中元年　庚申　七八〇

夏侯審登軍謀越衆科，授校書郎。盧綸爲昭應令？韓翃爲駕部郎中，知制誥。梁肅舉文詞清麗科。

二年　辛酉　七八一

試進士以箴、論、表代詩賦。景净建"大秦景教流行中國碑"。韋應物拜尚書比部員外郎。

三年　壬戌　七八二

韋應物出爲滁州刺史。張衆甫卒。

四年　癸亥　七八三

① 原稿本年眉批：《中興間氣集》。

德宗幸奉天。李益拔萃科登第。韋應物自郡遣使奔向行在所。盧綸爲渾瑊判官，檢校金部郎中。戎昱在辰州。武元衡進士第。

興元元年　甲子　七八四

六月朱泚平。

貞元元年　乙醜　七八五

顔真卿卒，年七十七。麴信陵進士第，羊士諤進士第。

二年　丙寅　七八六

馬總撰《意林》，戴叔倫作序。韋應物由左司郎中補蘇州刺史。戴叔倫爲撫州刺史。朱放舉韜晦奇才，拜左拾遺，不就。

三年　丁卯　七八七

李德裕生。吉中孚卒。（考）

四年　戊辰　七八八

賈島生。

五年　己巳　七八九

三月李泌卒，年六十八。楊巨源、馬逢、裴度并進士第。

六年　庚午　七九〇

鮑防卒。李賀生。盧象約卒於此時。韋應物卒?

七年　辛未　七九一

令狐楚進士第。二月李紓卒。許渾生?

八年　壬申　七九二

徵皎然文集，于頔編而上之，並作序。三月劉太真卒，年六十八。王涯、韓愈并進士第。

九年　癸酉　七九三

梁肅卒，年四十一。柳宗元、劉禹錫進士，元稹明經科登第。

一〇年　甲戌　七九四

一一年　乙亥　七九五

白行簡作《李娃傳》。

一二年　丙子　七九六

孟郊、崔護進士第。

一三年　丁丑　七九七

一四年　戊寅　七九八

張建封卒。韓愈在汴州，掌鄉貢。張籍膺首選。張仲素、吕温進士第。

一五年　己卯　七九九

渾瑊卒。盧綸卒於此年前。張籍進士第。

一六年　庚辰　八〇〇

懷素書《千字文》。沈既濟卒。白居易（戴叔倫？）進士第。

一七年　辛巳　八〇一

杜佑上《通典》。

一八年　壬午　八〇二

日本使臣菅原清公來朝，最澄從。白居易、元稹、崔元亮拔萃科。

一九年　癸未　八〇三

杜牧生。韓愈貶陽山令。權德輿序《宗玄集》。皇甫湜有文。

二〇年　甲申　八〇四

日本使臣藤原野蔴吕來朝，空海從。

順宗永貞元年　乙酉　八〇五

陸贄卒，年五十二。柳宗元、劉禹錫貶諸州刺史。

憲宗元和元年　丙戌　八〇六

白居易作《長恨歌》，陳鴻作《傳》。皇甫湜進士。

二年　丁亥　八〇七

河南、太原二府置摩尼寺。白居易爲翰林學士。費冠卿登進士第。

三年　戊子　八〇八

四年　己丑　八〇九

沈亞之在杭州。鮑溶進士。

五年　庚寅　八一〇

六年　辛卯　八一一

呂温卒，年四十。薛逢生？

七年　壬辰　八一二

杜佑卒，年七十八。王涯爲兵部員外郎，上《姓纂》(《會要》三六)。

八年　癸巳　八一三

李商隱生。費冠卿作《九華山化成寺記》。皇甫湜有文。

九年　甲午　八一四

孟郊卒，年六十四。沈亞之往邯鄲。殷堯藩、陳商進士。

一〇年　乙未　八一五

白居易江州司馬，與弟行簡同赴郡。柳宗元爲柳州刺史。姚合在涇州。

一一年　丙申　八一六

靈徹卒，年七十一。李賀卒，年二十七。姚合進士。

一二年　丁酉　八一七

一三年　戊戌　八一八

權德輿卒，年六十。沈亞之過泗上。(楊於陵《祭權相公文》稱：元和十四年歲次己亥七月丁丑。)李廓進士。

一四年　己亥　八一九

章孝標進士。

一五年　庚子　八二〇

貶孟簡爲吉州司馬。白居易入爲尚書郎，行簡授左拾遺。張祜有詩。施肩吾進士。

穆宗長慶兀年　辛丑　八二一

孟簡爲睦州司馬。太和公主出降回鶻。沈亞之在櫟陽。韓愈爲國子祭酒，遷兵部侍郎。

二年　壬寅　八二二

孟簡卒。張籍除水部員外郎。召拜費冠卿右拾遺，不應。沈亞之客於解縣蒲城。白居易杭州刺史。孫革刑部員外郎。(《會要》三九、十六）

三年　癸卯　八二三

孫革爲刑部員外郎。兀稹自同州爲浙東觀察、越州刺史。

四年　甲辰　八二四

韋楚老登進士第。

敬宗寶曆元年　乙巳　八二五

白居易除蘇州刺史。皇甫湜有文。

二年　丙午　八二六

白行簡卒。

文宗大和元年　丁未　八二七

李益卒，年七十九。沈亞之爲德州行營判官。白居易爲秘書監。(《舊紀》）張又新貶汀州刺史。(《舊紀》）

二年　戊申　八二八

白居易有《雨中招張籍》詩。（汪譜）杜牧進士第。白居易爲刑部侍郎。

三年　己酉　八二九

王涯爲太常卿。沈亞之貶南康尉。崔護爲嶺南節度使。李德裕爲兵部侍郎，尋兼義成軍節度使。元稹爲尚書左丞。（以上并據《舊紀》）

四年　庚戌　八三〇

張籍卒？王涯爲右僕射。白居易東都尹。（以上二事《舊紀》）李約奉禮部。

五年　辛亥　八三一

元稹卒，年五十三。沈亞之爲郢州掾。李遠進士。

六年　壬子　八三二

貫休生。許渾進士。

七年　癸丑　八三三

羅隱生。李餘進士。白居易爲太子賓客，分司東都。

八年　甲寅　八三四

貢舉人不試詩賦。雍陶進士。李德裕進《柳氏舊聞》。（《舊紀》）

九年　乙卯　八三五

劉禹錫爲同州刺史。（《舊紀》）

開成元年　丙辰　八三六

二年　丁巳　八三七

令狐楚卒。司空圖生。張祜有詩。李商隱進士。

三年　戊午　八三八

日本使臣藤原常嗣來朝。

四年　己未　八三九

裴度卒。

五年　庚申　八四〇

喻鳧進士。

武宗會昌元年　辛酉　八四一

薛逢登進士第。紇干泉爲刑部郎中，知制誥。(《會要》三九）

二年　壬戌　八四二

賈島卒。

三年　癸亥　八四三

段成式官秘書。

四年　甲子　八四四

韓偓生。（繆荃孫《年譜》）項斯、趙嘏、馬戴進士。

五年　乙丑　八四五

張祜有詩。顧非熊進士。

六年　丙寅　八四六

白居易卒.年七十六。薛能進士。杜荀鶴生。

宣宗大中[①]元年　丁卯　八四七

仍任進士放傍後杏園宴集。牛僧孺卒，年六十九。

二年　戊辰　八四八

三年　己巳　八四九

李德裕卒，年六十三。張祜作《孟才人嘆》。李廓爲武寧節度使，軍亂被逐。

四年　庚午　八五〇

令狐綯相。杜光庭生。李公佐卒。曹鄴、劉蜕進士。許渾自編詩集。

五年　辛未　八五一

鄭嵎進士。

六年　壬申　八五二

杜牧卒，年五十。劉駕進士。雍陶授國子毛詩博士。

七年　癸酉　八五三

薛逢等撰《續會要》成上之。段成式歸京。

---

① 原稿眉批：趙嘏大中中卒，年四十餘。

八年　甲戌　八五四

李群玉上詩。李頻、劉滄進士。雍陶出刺簡州。許渾卒?

九年　乙亥　八五五

孫樵進士。姚合卒?

一〇年　丙子　八五六

李郢進士。顧陶作《唐詩類選序》。

一一年　丁丑　八五七

一二年　戊寅　八五八

温庭筠授隨縣尉。李遠爲杭州刺史。

一三年　己卯　八五九

李商隱卒。儲嗣宗進士。

懿宗咸通元年　庚辰　八六〇

白敏中再入相。段成式出爲江州刺史。方干卒?

二年　辛巳　八六一

於濆進士。

三年　壬午　八六二

曹鄴爲太常博士。

四年　癸未　八六三

段成式卒。李昌符進士。

五年　甲申　八六四

六年　乙酉　八六五

柳公權卒，年八十八。曹鄴太常博士。

七年　丙戌　八六六

八年　丁亥　八六七

皮日休進士。

九年　戊子　八六八

一〇年　己丑　八六九

司空圖進士。

一一年　庚寅　八七〇

王鐸作相，薛逢作詩嘲之。

一二年　辛卯　八七一

許棠、聶夷中進士。

一三年　壬辰　八七二

周繇進士。

一四年　癸巳　八七三

唐彥謙進士。方干卒?

僖宗乾符元年　甲午　八七四

顧雲進士。

二年　乙未　八七五

李頻爲建州刺史。

三年　丙申　八七六

鄭谷進士。李頻卒。

四年　丁酉　八七七

五年　戊戌　八七八

薛能時爲許州刺史。

六年　己亥　八七九

廣明元年　庚子　八八〇

十二月黄巢陷長安，帝走興元。

中和元年　辛丑　八八一

正月帝幸成都。

二年　壬寅　八八二

秦韜玉進士。

三年　癸卯　八八三

正月李克用破黄巢，復長安。

四年　甲辰　八八四

光啓元年　乙巳　八八五

二年　丙午　八八六

二年　丁未　八八七

文德元年　戊申　八八八

崔塗進士。

昭宗龍紀元年　己酉　八八九

韓偓登進士第。吴融登進士第。

大順元年　庚戌　八九〇

二年　辛亥　八九一

杜荀鶴進士。

景福元年　壬子　八九二

二年　癸丑　八九三

乾寧元年　甲寅　八九四

韋莊進士。徐夤進士。

二年　乙卯　八九五

三月韓偓佐崔胤幕。張蠙、王貞白進士。

三年　丙辰　八九六

王贊作《方干集序》。

四年　丁巳　八九七

光化元年　戊午　八九八

二年　己未　八九九

三年　庚申　九〇〇

天復元年　辛酉　九〇一

五月韓偓爲翰林學士，與吴融等倡和“無題”詩。曹松登進士第卒。

二年　壬戌　九〇二

三年　癸亥　九〇三

天祐元年　甲子　九〇四

韓偓在湖南。

二年　乙丑　九〇五

三年　丙寅　九〇六

二月韓偓在撫州，三月往南城縣，秋至福清主黄滔家。裴説進士。

四年　丁卯　九〇七

荊楚文庫

聞一多全集（九）

聞一多 著

孫黨伯 袁謇正 主編

荊楚文庫編纂出版委員會

湖北人民出版社

全唐詩人小傳①

① 該篇係未刊、未定稿，由袁謇正，徐少舟二人共同整理（“虞世南”至“李嘉祐”由徐少舟負責，“張謂”至“徐鉉”由袁謇正負責）。南開大學王達津先生曾於1978年在《全唐詩人小傳》一稿複印件上認真做過部分標校工作。《全唐詩補傳》甲、乙兩種屬補其不足，可作附録觀。

整理説明

一、原稿僅有少量標點（《補傳》乙全無標點），大部分標點爲整理者所加。

二、原稿徵引繁富，時或不注書名、篇名、版本、卷次。由於時間緊、人手少、資料有限，整理時往往衹訂正明顯的錯漏，而未能一一校勘引文。

三、原稿所注明的部分引文的卷次，與今通行本不一致者，爲避免混誤，整理時已經删除。原稿引文未詳細注明篇名、卷次，或雖注明篇名，而無書名者，整理時一般不再補足。

四、原稿中詩人的順序、材料的排列及格式等，整理時原則上不作變動或加工。

五、原稿詩人傳記材料輕重不一，如初唐部分較重，中、晚唐部分較輕；即同一時期的詩人，也往往輕重懸殊。對此，整理時均不作增删。

六、原稿體例不一。大多數詩人之下，是傳記材料的羅列，但也有綜合和改寫。對此，整理時亦不强求統一。

七、原稿有目無辭者，整理時删去目録。

目　録

虞世南

《册府元龜》：虞世南善屬文，嘗祖述徐陵，陵亦言世南得己之意。世南爲秘書少監，上《聖德論》，詞多不載。康國獻獅子，詔世南爲之賦，命編之東觀。

《郡齋讀書志》十四：《北堂書鈔》一百七十三卷，唐虞世南撰。世南仕隋爲秘書郎時，抄經史百家之事以備用，分八十部，八百一類。北堂者，省中虞世南抄書之所也。家一百二十卷。

又：《兔園策》十卷，唐虞世南撰。奉王命纂古今事爲四十八門，皆偶麗之語。至五代時行於民間村野以授學童，故有“遺下《兔園册》”之誚。

陳子良

《舊·文苑·賀德仁傳》：隱太子封隴西公，用德仁爲隴西公友，尋遷太子中舍人，以衰老不習吏事，轉太子洗馬。時蕭德言亦爲洗馬，陳子良爲右衛率府長史，皆爲東宫學士。

王績五八五—六四四

《舊唐書·隱逸傳》卷一九二：王績字無功，絳州龍門人，少與李播、吕才爲莫逆之交。隋大業中，應孝悌廉潔舉，授揚州六合縣丞，非其所好，弃官還鄉里。績河渚中先有田數頃，鄰渚有隱士仲長子光服食養性，績重其貞素，願與相近，乃結廬河渚，以琴酒自樂。嘗游北山，因爲《北山賦》以見志，詞多不載。績嘗躬耕於東皋，故時人號“東皋子”。或經過酒肆，動經數日，往往題壁作詩，多爲好事者諷咏。貞觀十八年卒。臨終自克死日，遺命薄葬，兼預自爲墓志。有文集五卷，又撰《隋書》未就而卒。兄通字仲淹，隋大業中名儒，號“文中子”，自有傳。

又《隱逸傳論》同上：阮嗣宗傲世佯狂，王無功嗜酒放蕩。才不足而智有餘，傷其時而悔其用，深識之士也。

《新唐書·隱逸傳》卷一九六：王績字無功。絳州龍門人，性簡放，不喜拜揖。兄通，隋末大儒也，聚徒河、汾間，仿古作《六經》，又爲《中説》以擬《論語》。不爲諸儒稱道，故書不顯，惟《中説》獨傳。通知績誕縱，不嬰以家事，鄉族慶吊昏冠不與也。與李播、吕才善。大業中舉孝悌廉潔，授秘書省正字。不樂在朝，求爲六合丞，以嗜酒不任事，時天下亦亂，因劾遂解去。嘆曰：“網羅在天，吾且安之！”乃還鄉里。有田十六頃，在河渚間。仲長子光者，亦隱者也，無妻子，結廬北渚，凡三十年，非其力不食。績愛其真，徙與相近。子光喑，未嘗交語，與對酌酒歡甚。績有奴婢數人，種黍，春秋釀酒，養鳧雁、蒔藥草自供。以《周易》《老子》《莊子》置床頭，他書罕讀也。欲見兄弟，輒度河還家。游北山東皋，著書自號“東皋子”。乘牛經酒肆，留或數日。高祖武德初，以前官待詔門下省，故事，官給酒日三升。或問：“待詔何樂邪？”答曰：“良醖可戀耳！”侍中陳叔達聞之，日給一斗，時稱“斗酒學士”。貞觀初以疾罷，復調有司。時太樂署史焦革家善釀，績求爲丞，吏部以非流不許，績固請曰：“有深意！”竟除之。革死，妻送酒不絶。歲餘又死。績曰：“天不使我酣美酒邪！”弃官去。自是太樂丞爲清職。追述革酒法爲經，又采杜康、儀狄以來善酒者爲譜。李淳風曰：“君酒家南、董也。”所居東南有盤石，立杜康祠祭之，尊爲師，以革配。著《醉鄉記》以次劉伶《酒德頌》。其飲至五斗不亂。人有以酒邀者，無貴賤輒往。著《五斗先生傳》。刺史崔喜悦之，請相見。答曰：“奈何坐召嚴君平邪？”卒不詣。杜之松，故人也，爲刺史，請績講禮。答曰：“吾不能揖讓邦君門，談糟粕弃醇醪也。”之松歲時贈以酒脯。初，兄凝爲隋著作郎，撰《隋書》未成死。績續餘功，亦不能成。

豫知終日，命薄葬，自志其墓。績之仕以醉失職，鄉人靳之，托無心子以見趣曰："無心子居越，越王不知其大人也，拘之仕，無喜色。越國法曰：'穢行者不齒。'俄而無心子以穢行聞，王黜之，無愠色，退而適茫蕩之野，過動之邑而見機士。機士撫髀曰：'嘻，子賢者而以罪廢邪？'無心子不應。機士曰：'願見教。'曰：'子聞蜚廉氏馬乎？一者朱鬣白毳，龍骼鳳臆，驟馳如舞，終日不釋轡，而以熱死；一者重頭昂尾，駝頸貉膝，踶齧善蹶，弃諸野，終年而肥。夫鳳不憎山栖，龍不羞泥蟠。君子不苟潔以罹患，不避穢而養精也。'"其自處如此。

《唐詩紀事》卷四：績字無功，絳州人。兄通，大儒也。績誕縱，與李播、吕才善。大業末，仕爲六合丞，嗜酒不任事，因解去。居河渚間，與仲長子光友。以《周易》《老子》置床頭，他書罕讀也。著《五斗先生傳》《醉鄉記》《無心子傳》。豫知終日，自志其墓。自號"東皋子"。

《紀事》四爲王績，五又有王勣。

《唐才子傳》：績字無功，絳州龍門人，文中子通之弟也。年十五游長安，謁李素（素卒於大業二年）。一坐服其英敏，目爲神仙童子。隋大業末，舉孝廉高第，除秘書正字。不樂在朝，辭疾，復授揚州六合縣丞。以嗜酒妨政，時天下亦亂，遂托病風，輕舟夜遁。嘆曰："網羅在天，吾將安之！"乃還故鄉。至唐武德中，詔徵以前朝官待詔門下省，績弟静謂績曰："待詔可樂否？"曰："待詔俸薄，况蕭瑟，但良醖三升差可戀耳。"江國公聞之曰："三升良醖未足以絆王先生。"特判日給一斗。時人呼爲"斗酒學士"。貞觀初，以疾罷歸河渚間。有仲長子光者，亦隱士也，無妻子。績愛其真，遂相近結廬，日與對酌。君有奴婢數人，多種黍，春秋釀酒；養鳧雁、莳藥草自供；以《周易》《莊》《老》置床頭，無他用心也。自號"東皋子"。雖刺史謁見皆不答，終於家。性簡傲，好飲酒，能盡五斗，自著《五斗先生傳》。彈琴爲詩著文，高情勝氣，獨步當時。撰《酒經》一卷，《酒譜》一卷（李淳風見之曰："君酒家南、董也。"）及詩賦等傳世。

《全唐詩·小傳》曰：著書號“東皋子”，集五卷，今編詩一卷。

王績，字無功，絳州龍門人，性簡放，不善拜揖。兄通，隋末大儒也……知績誕縱，不嬰以家事，鄉族慶吊昏冠不與也。績年十五，游長安，謁楊素，一坐服其英敏，目爲神仙童子。（《唐才子傳》）少與李播、吕才爲莫逆之交。（《舊書·隱逸傳》《新書》略同。）隋大業中（《唐才子傳》）舉孝悌廉潔高第，除秘書正字。不樂在朝，辭疾。復授揚州六合丞，以嗜酒妨政，時天下亦亂，乃托病風，輕舟夜遁，嘆曰：“網羅在天，吾將安之！”乃還故鄉。（《唐才子傳》）時大業十年（六一四）也。有田十六頃在河渚間。仲長子光者，亦隱者也，無妻子，結廬北渚，服食養性。（《新書·隱逸傳》）凡三十年，非其力不食。績愛其真，徙與相近。子光瘖，未嘗交語，與對酌酒，歡甚。績有奴婢數人，種黍，春秋釀酒，養鳧雁、莳藥草自供，以《周易》《老》《莊》置床頭，無他用心也。（《唐才子傳》）欲見兄弟，輒度河還家。嘗游北山，因爲《北山賦》以見志……嘗躬耕於東皋。（《舊書·隱逸傳》）著書自號“東皋子”。乘牛經酒肆，留或數日，往往題壁作詩，多爲好事者諷咏。（《舊書·隱逸傳》）高祖武德初，詔徵以前官待詔門下省。績弟静謂績曰：“待詔可樂否？”曰：“待詔俸薄，况蕭瑟，但良醖三升差可戀耳。”江國公陳叔達（按當從《新書》作“侍中陳叔達”。叔達武德四年拜侍中，五年進封江國公。史稱江南名士薄游長安者，叔達多爲薦拔。其愛才可知。）聞之曰：“三升良醖未足以絆王先生。”特判日給一斗。時人呼爲“斗酒學士”。（《唐才子傳》）貞觀初，以疾罷，復調有司。時太樂署史焦革家善釀，績求爲丞，吏部以非流，不許。績固請曰：“有深意。”竟除之。革死，妻送酒不絶，歲餘又死，績曰：“天不使我酣美酒邪？”弃官去。自是太樂丞爲清職。追述革酒法爲經，又采杜康、儀狄以來善酒者爲譜。李淳風曰：“君酒家南、董也。”所居東南有盤石，立杜康祠祭之，尊爲神，以革配。著《醉鄉記》以次劉伶《酒德頌》。其飲至五斗不亂。人有以酒邀者，無貴賤輒往。著《五斗先生傳》。刺史崔悦喜之，請相見。答曰：“奈何坐召嚴君平邪？”卒不詣。杜之松，故人也，爲刺，請績講禮。答曰："吾不能揖讓邦君門，談糟粕弃醇醪也。"之松歲時贈以酒脯。初兄凝爲隋著作郎，撰《隋書》未成死，績續餘功，亦不能成。貞觀十八年（六四四）卒。（《舊書・隱逸傳》）豫知終日，命薄葬，自志其墓。績彈琴爲詩著文，高情勝氣，獨步當時。（《唐才子傳》）所著有《酒經》一卷，《酒譜》一卷，文集五卷，《全唐詩》編詩一卷。（用《新書・隱逸傳》作底本，再據《唐才子傳》《舊書・隱逸傳》《全唐詩補》補寫。）

辛文房撰《唐才子傳》二百七十八篇，附録不泯者又一百二十家，而以王績爲一代詩人之冠（新、舊《唐書・隱逸傳》亦以績名居首），復爲之論曰："唐興迨季葉，治日少而亂日多，雖草衣帶索，罕得安居。當其時，遠釣弋者，多走山而逃海，斯德而隱者矣。自王君以下，幽人間出，皆遠騰長往之士，危行言遜，重撥禍機，糠覈軒冕，挂冠引退，往往見之。躍身炎冷之途，標華黄綺之列，雖或累聘丘園，勉加冠佩，適足以速深藏於藪澤耳。然猶有不能逃白刃、死非命焉。夫迹晦名彰，風高塵絶，豈不以有翰墨之妙，騷雅之奇？美哉文章爲不朽之盛事也！"

嘗考《新書・隱逸傳》所録，自績以下，如盧鴻、吴筠、賀知章、秦系、張志和、陸龜蒙之輩，兼以詩稱者甚衆；其餘潔己高標之士，尤指不勝屈，此唐詩之一特質也，而開其風氣之先者，則自王君始。自來論唐詩者，多指魏徵爲一代作家之祖，獨元辛文房撰《唐才子傳》，以王君冠諸篇首，真灼見也。

《策杖尋隱士》："置酒燒枯葉，披書坐落花。"佳句，風韻似中唐。

"小池聊養鶴，閑田且牧豬。"（《田家三首》其一）一作王勃詩。按績有贈薛收詩云："嘗愛陶淵明，酌醴焚枯魚。嘗學公孫弘，策杖牧群豬。"則牧豬或實有其事，故此仍當作績詩爲正。張燮《王子安集》附録糾謬一事云："永嘉所刻初唐十二家，其《王子安集》有《田家三首》，過眼知非子安作。細玩知爲王無功作也。張氏貴公子，多食客，何以謬誤至此？剔出，以不誤觀者。”

《食後》詩曰：“田家無所有，晚食遂爲常。菜剪三秋緑，飧炊百日黄。胡麻山麨樣，楚豆野麋方。始暴松皮脯，新添杜若漿。葛花消酒毒，萸蒂發羹香。鼓腹聊乘興，寧知逢世昌。”此等意趣開太祝之先河。

《全唐詩補遺》詩一首，實即《石竹咏》之異文。

白居易有《前進士王績授校書郎江西巡官制》，别是一人。

崔善爲《答王無功冬夜載酒鄉館》《答王無功九日》。（貞觀元年陜州刺史崔善爲上表論移户，見《會要》八十四。）朱仲晦《答王無功問故園》。

王度《古鏡記》：……大業十年，度弟勣自六合丞弃官歸，又將遍游山水，以爲長往之策。度止之曰：“今天下向亂，盗賊充斥，欲安之乎？且吾與汝同氣，未嘗遠别。此行也，似將高蹈。昔向子平游五岳，不知所之。汝若追踵前賢，吾所不堪也。”便涕泣對勣。勣曰：“意已决矣，必不可留。兄今之達人，當無所不體。孔子曰：‘匹夫不奪其志矣。’人生百年，忽同過隙，得情則樂，失志則悲，安遂其欲，聖人之義也。”度不得已，與之决别。勣曰：“此别也，亦有所求。兄所寶鏡，非塵俗物也。勣將抗志雲路，栖踪烟霞，欲兄以此爲贈。”度曰：“吾何惜於汝也。”即以與之。勣得鏡，遂行，不言所適。至大業十三年夏六月，始歸長安，以鏡歸……

案：近人魯迅《唐宋傳奇集》附稗邊小綴云：勣即績，而度則績兄凝也。其説是矣。度事迹之可藉本文考見者如下：大業七年五月，自御史罷歸河東；六月，歸長安。八年四月，在臺；冬，兼著作郎，奉詔撰國史。九年秋，出兼芮城令；冬，以御史帶芮城令，持節河北道，開倉賑給陜東。

此與績《傳》所云“兄凝爲隋著作郎，撰《隋書》……”者正合。又《記》云：“弟勣自六合丞弃官歸。”其即績，亦明。以上數事，魯迅悉已指出。今按《記》曰“汾陰侯生……贈度以古鏡”，曰“度自御史罷歸河東”，曰“勣還河東”，是度、勣所居地與凝、績同，又其證一也。又《記》述勣出游時語氣，與績人格適合，其證二也。《記》云：“逢異人張始鸞，授勣《周髀》《九章》及明堂六甲之事。”張始鸞雖不可考，然績所善吕才、李播、崔善爲皆方伎之士，而史稱績“預知終日”，則亦好術數者，此可證勣即績者三也。《記》言勣罷官後遠游，疑屬虚構。文傳既不載遠游事，而稽之詩集，亦杳無可徵。至《記》於二人之名改凝爲度，績爲勣者，則以文意在刺唐，故隱其名以避禍耳。蓋鏡以象隋祚，隋亡於大業十三年，鏡亦以其年失去。又言日月薄蝕，鏡亦昏昧，而篇首“今度遭世擾攘，居常鬱怏，王室如毁，生涯何地，寶鏡復去，哀哉”數語，寄意所在，尤昭然若揭。其云“華山府君廟前長松下千歲老狸”，疑狸諧李音。

杜之松《答王績書》：辱書，知不降顧，歎恨何已。僕幸恃故情，庶回高躅。豈意康成道重，不許太守稱官；老萊家居，羞與諸侯爲友。延佇不獲，如何如何！奇迹獨全，幸甚幸甚！敬想結廬人境，植杖山阿。林壑，地之所豐；烟霞，性之所適，蔭丹桂，借白茅，濁酒一杯，清琴數弄，誠足樂也。此真高士，何謂狂生？僕憑藉國恩，濫尸貴部，官守有限，就學無因，延頸下風，我勞何極？前因行縣，實欲祇尋。誠恐敦煌孝廉，守琴書而不出；酒泉太守，列鐘鼓而空還。所以遲回，遂攬轡也。僕雖不敏，頗識前言。道既知尊，榮何足恃。豈不能正平公之坐，敬養亥唐；屈文侯之膝，恭師子夏？雖齊桓德薄，五行無疑；眭夸故人，一來何損？蒙借《家禮》，今見披尋，微而精，簡而備，誠經傳之典略，閨庭之要訓也。其喪禮新義，頗有所疑，謹用條問，具如别帖，想荒宴之餘爲詮釋也。遲更知聞，杜之松白。（案，《唐詩紀事》云：之松貞觀中爲河中刺史。《卧游録》載此書不全。）

吕才《王無功文集序》：君河中有渚田十數頃，又有隱士仲長子光，服食養性，君遂結廬河渚。貞觀中，京兆杜之松、清河崔善爲繼爲州刺史，皆召之。君曰：“奈何坐召君平耶？”

《四庫總目提要》：《東皋子集》三卷，唐王績撰。績字無功，太原祁人。隋大業中，授秘書省正字，出爲六合丞。歸隱北山東皋，自號“東皋子”。唐初以前官待詔門下，復求爲太樂丞，後乃解官歸里。是身事兩朝，皆以仕途不達，乃退而放浪於山林。《新唐書》列之《隱逸傳》，所未喻也。然績爲王通之弟，而志趣高雅，不隨通聚徒講學，獻策干進，其人亦不可及矣。史稱其“簡放嗜酒”，嘗作《醉鄉記》《五斗先生傳》《無心子傳》。其《醉鄉記》爲蘇軾所稱，然他文亦疏野有致。其詩惟《野望》一首爲世傳誦，然如《石竹咏》，意境高古；《薛記室收過莊見尋請二十四韻》，氣格遒健，皆能滌初唐俳偶板滯之習，置之開元、天寶間，弗能别也。《唐書·藝文志》載績集五卷。陳振孫《書録解題》亦云其友吕才鳩訪遺文，編成五卷，爲之序。而今本實止三卷。又晁公武《讀書志》引吕才序，稱績年十五，謁楊素，占對英辨；薛道衡見其《登龍門憶禹賦》，嘆爲今之庾信，且載其卜筮之驗者數事。今本吕才序尚存，而晁公武所引之文則無之。又《序》稱“鳩訪未畢，輯爲三卷”，與《書録解題》不合。其《登龍門》一賦，亦不載集中。或宋末本集已佚，後人從《文苑英華》《文粹》諸書中采績詩文彙爲此編，而僞托才序以冠之，未可知也。此本爲明崇禎中刊本，卷首尚有陸淳序一首。晁、陳二家目中，皆未言及，其真僞亦在兩可間矣。

本集《三日賦序》：余以大業四年，獲游京邑，暮春三月，暫騁娱游，新亭隱士之船，即赴群工之席。賞閑興洽，接袂方轅，西望昆池，東臨灞岸。帷屏竟野，士女盈川，寶馬香車，星流雲布。氣鮮風暖，誠如褚爽之詞；絡繹繽紛，正是張衡之説。不能默爾，聊爲賦焉。同博奕之猶賢，取波流之順俗。終非白玉，未可抱之而悲；近等黄花，猶當湓然而笑云爾。

本集《游北山賦序》：吾周人也，本家於祁。永嘉之際，扈從江左。地實儒素，人多高烈。穆公感建元之耻，歸於洛陽；同州悲永安之事，退居河西。始則晋陽之開國，終乃安康之受田。墳隴寓居，倏焉五葉；桑榆成蔭，俄將百年。績南山故情，老而彌篤；東陂餘業，悠哉自寧。酒瓮多於步兵，黍田廣於彭澤。皇甫謐之心事，隴畝終焉；仲長統之規模，園林幸足。獨居南渚，時游北山，聊度日以爲娱，忽經年而忘返。西窮馬谷，北達牛溪，丘壑依然，風烟滿目。孫登默坐，對嵇、阮而無言；王霸幽居，與妻孥而共去。窗臨水石，砌繞松篁。類田園之去來，亦已久矣；望山林之故道，何其悠哉！詩者志之所之，賦者詩之流也。式抽短思，即爲賦云。

文中子《中説》：王福畤曰：東皋先生，諱績，字無功，文中子之季弟也。弃官不仕，耕於東皋，自號“東皋子”。貞觀初，仲父太原府君爲監察御史，彈侯君集，事連長孫太尉，由是獲罪。時杜淹爲御史大夫，密奏仲父直言非辜，於是太尉與杜公有隙，而王氏弟兄皆抑而不用矣。季父（按，即績）與陳尚書叔達相善。陳公方撰《隋史》，季父持《文中子世家》與陳公編之，陳公亦避太尉之權，藏而未出，重作書遺季父，深言勤懇。季父答書，其略曰：……

杜淹《文中子世家》：其先漢徵君霸，潔身不仕，高尚鎮天下。十八代祖殷，仕漢至雲中太守，以賢良稱，肇家於祁，以《春秋》《周易》訓授鄉里，爲子孫資。十四代祖述，克播前烈，著《春秋義統》，公府辟，不就。九代祖寓，仕晋，遭愍懷之難，遂東遷焉。寓生罕，罕生秀，皆以文學顯。秀生二子，長曰元謨，次曰元則。元謨以武略升，元則以儒術進。元則，字彦法，即文中子六代祖也，仕宋，歷太僕國子博士；……究心道德，博考經籍……江左號爲王先生，受其道者曰王先生業，於是始稱儒門，無濟厥美矣。先生生江州府君焕，焕生虬，虬始北仕魏，太和中至并州刺史，創家臨河、汾，惟曰晋陽穆公。穆公生同州刺史彦，惟曰同州府君。彦生濟州刺史杰，惟曰安康獻公。安康獻公生銅川府君，諱隆，字伯高，文中子之父也，幽識遠悟，非禮不動，傳先生之業，所在教授門徒，常千餘人。隋開皇初，以國子博士，待詔雲龍門。時國家新有揖讓之事，方以恭儉定天下。天子常從容謂府君曰：“朕何如主也？”府君曰：“陛下聰明神武，得之於天，發號施令，不盡稽古，雖負堯、舜之姿，終以不學爲累。”帝默然曰：“先生，朕之陸賈也，何以教朕？”府君承詔著《興衰要論》七篇，每奏，帝輒稱善，然未甚達也。府君求出，補樂昌令，尋轉猗氏，後遷銅川，所在著稱，吏人敬愛。秩滿退歸，遂不仕。開皇四年，文中子生。

（文中子）謂所親曰："我周人也，家本於祁。永嘉之亂，蓋東遷焉。高祖穆公，始仕於魏，魏、周之際，有大功於生人，天子錫之地，始家於河、汾，故有墳隴，於兹四代矣。兹土也，其人憂深思遠，乃有陶唐氏之遺風焉，先君之所懷也。且有先人之敝廬在焉，家本儉約，茅檐土階，蕞如也，以避風雨。"……定居萬春鄉之甘澤里。

大唐武德四年，天下大定，先夫人得返於故居，復以書授於其弟凝。文中子二子：長曰福郊，次曰福畤。

附王氏世系表：

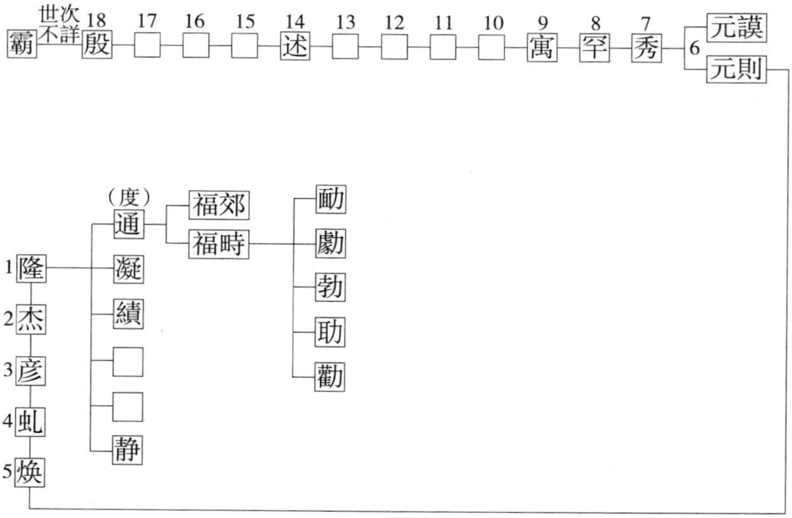

參考：

杜淹《文中子世家》。
吕才《東皋子後序》。
陳叔達《答王績書》。

本集《與陳叔達重借隋紀書》《重答杜君書》。

文中子《中説》。

楊炯《王勃集序》。

《唐書・文藝・王勃傳》。

薛收《隋故徵君文中子碣銘》。

《困學紀聞》：仲長子光，《中説》稱之。王無功爲傳云：著《獨游頌》及《河渚先生傳》以自喻。文中子比之虞仲夷逸。又爲祭文云："明道若昧，進道若退，鳥飛知還，龍亢靡悔，藏用以密，養正以蒙，不見其始，孰知其終。"

《密齋筆記》（宋謝采伯撰）：醉鄉王績，字無功，《祭禹文》云："潦水降而寒潭清，山光沉而白雲晚。"王勃云："潦水净而寒潭清，烟光凝而暮山紫。"

《北夢瑣言》：東皋子王績，字無功，有《杜康廟碑》《醉鄉記》，備言酒德。

《清一統志》：疏屬山，在河津縣東四十里，高一千九百丈，周三十四里。《文中子》云："疏屬之南，汾水之曲，有先人敝廬。"

黄頰山，在河津縣東北四十里，上有文中子洞。唐王績有《望黄頰山》詩。

姑射山，在河津縣東三十五里。

遮馬峪泉，在河津縣東北四十里、瓜峪之北一原坡下。《舊志》：唐貞觀中，縣尹長孫恕鑿山修爲二渠溉田。

王通故里，在河津縣南三十里。《舊志》：元王思誠《圖記》云："通化村集賢里，即王通故隱處。"又通弟王績隱處在東皋村，在縣東。《唐書》本傳，"有田十六頃，在河渚間"是也。

《升庵詩話》：王無功，隋人，入唐，隱節既高，詩律又盛，蓋王、楊、盧、駱之濫觴，陳、杜、沈、宋之先鞭也，而人罕知之，况文中子之道德乎？乃知名亦有幸不幸。古云："蓋棺事乃定。"若此者，千年猶未定也。

竇革《酒譜》：唐王無功以美酒之故，求爲太樂丞。丞最爲冗職，自無功居之後，遂爲清流。(《説郛》六十六。)

《郡齋讀書志》十七：王績《東皋子集》五卷。右唐王績無功也，龍門人，隋大業中舉孝悌廉潔，授六合丞。弃官耕東皋，自號“東皋子”。《唐書》以爲隱逸。集有吕才序，稱其幼岐嶷年十五，謁楊素，占對英辨，一坐盡傾，以爲神仙童子。薛道衡見其《登龍門憶禹賦》，嘆曰：今之庾信也。且載其卜筮之驗者數事云。

劉禹錫《贈左散騎常侍王公（質）神道碑》：始文中子先生有重名於隋末，其弟勣亦以有道顯於國初，自號“東皋子”，文章高逸，傳在人間。議者謂兄以大中立言，弟游方外遂性，三百年間，君子稱之，雖四夷亦聞其名字。

《舊唐書·經籍志》卷四十七：王績集五卷。

《新唐書·藝文志》：王績集五卷。

附：大事記及主要著作繫年等：

開皇五年（乙巳，五八五）：績生。一歲。

七年（丁未，五八七）：隋滅後梁。三歲。

八年（戊申，五八八）：伐陳。四歲。

九年（己酉，五八九）：陷建康，虜陳王。五歲。

一五年（乙卯，五九五）：三月仁壽宫成。十一歲。

一九年（己未，五九九）：游長安謁楊素。十五歲。

仁壽元年（辛酉，六〇一）：薛收生。十七歲。

二年（壬戌，六〇二）：李淳風生。薛道衡出爲襄州總管。績十八歲。

大業元年（乙丑，六〇五）：開通濟渠自洛達於河。薛道衡召還。績二十一歲。

二年（丙寅，六〇六）：楊素七月卒。績二十二歲。

三年（丁卯，六〇七）：績至京師，爲《三日賦》，時二十三歲。

五年（己巳，六〇九）：薛道衡被殺。績二十五歲。

七年（辛未，六一一）：舉孝廉，除秘書正字，約在此時（？），年二十七。

八年（壬申，六一二）：兄度兼著作郎，奉詔撰國史。績二十八歲。

十年（甲戌，六一四）：績自六合丞弃官歸，年三十歲。

十三年（丁丑，六一七）：績歸長安，年三十三歲。兄通卒。

武德四年（辛巳，六二一）：秦王世民破王世充、竇建德。薛收拜天策府記室参軍。績至長安，以前朝官待詔門下省，年三十七歲。

五年（壬午，六二二）：陳叔達封江國公，判給績酒一斗。績侄福畤生。年三十八。

九年（丙戌，六二六）：杜淹拜御史大夫檢校吏部尚書。績年四十二。

貞觀元年（丁亥，六二七）：陜州刺史崔善爲上表論移户。績兄凝爲御史大夫，因彈侯君集事，見惡於長孫無忌，自是王氏弟兄皆抑而不用。績年四十三。

二年（戊子，六二八）：十月杜淹卒。績四十四歲。

三年（己丑，六二九）：八月玄奘入天竺求經。吕才直宏文館。績四十五歲。

七年（癸巳，六三三）：薛收卒（三十三）。李淳風造渾天儀成。績四十九歲。

九年（乙未，六三五）：陳叔達卒。績五十一。

十一年（丁酉，六三七）：盧照鄰生。房玄齡封梁國公。績年五十三，爲《游北山賦》。

十四年（庚子，六四〇）：侯君集滅高昌。績年五十六。

十五年（辛丑，六四一）：李淳風除太常博士。績年五十七。
十六年（壬寅，六四二）：李嶠生。績年五十八。
十七年（癸卯，六四三）：魏徵卒。績年五十九。
十八年（甲辰，六四四）：王績卒，享年六十。

王　宏

《龍城録》：王宏，濟南人，太宗幼日同學，因問爲八體書。太宗既即極，因訪宏，而鄉人竟傳隱去，是亦子陵之徒與。（王宏善爲八體書條。）宋太宗太平興國元年（九七六）。

《畫史會要》：王弘，太原人，永徽時畫人馬。

《五國故事》：（南漢劉巖乾亨）九年（九二五）八月，白虹入其僞三清殿中，頗憂畏，中外震懼。會有詞臣王宏欲説巖，乃以白虹爲龍見，上賦以賀之。巖大悦，乃改元白龍，更名龔，又改名龑。

後唐莊宗同光三年（九二五）。假定是時三十歲，則生於唐昭宗乾寧三年（八九六）。

上官儀

《舊唐書》卷八十本傳：上官儀，本陝州陝人也。父弘，隋江都宫副監，因家於江都。大業末，弘爲將軍陳棱所殺。儀時幼，藏匿獲免，因私度爲沙門，游情釋典，尤精“三論”，兼涉獵經史，善屬文。貞觀初，楊仁恭爲都督，深禮待之，舉進士。太宗聞其名，召授弘文館直學士，累遷秘書郎。時太宗雅好屬文，每遣儀視草，又多令繼和，凡有宴集，儀嘗預焉。俄又撰《晋書》成，轉起居郎，加級賜帛。高宗嗣位，遷秘書少監。龍朔二年，加銀青光禄大夫西臺侍郎，同東西臺三品，兼弘文館學士如故。本以詞采自達，工於五言詩，好以綺錯婉媚爲本。儀既貴顯，故當時多有學其體者，時人謂爲“上官體”。儀頗恃才任勢，故爲當代所嫉。麟德元年，宦者王伏勝與梁王忠抵罪，許敬宗乃構儀與忠通謀，遂下獄而死。家口籍没。子庭芝，歷位周王府屬，與儀俱被殺。庭芝有女，中宗時爲昭容，每侍帝草制誥，以故追贈儀爲中書令秦州都督楚國公，庭芝黄門侍郎岐州刺史天水郡公，仍令以禮改葬。

《新唐書》卷一百〇五本傳：上官儀，字游韶，陝州陝人。父弘爲隋江都宫副監，大業末，爲陳稜所殺。時儀幼，左右匿免，冒爲沙門服。浸工文詞，涉貫墳典。貞觀初，擢進士第，召授弘文館直學士，遷秘書郎。太宗每屬文，遣儀視稿，宴私未嘗不預。轉起居郎。高宗即位，爲秘書少監，進西臺侍郎，同東西臺三品。時以雍州司士參軍韋絢爲殿中侍御史，或疑非遷。儀曰：“此野人語耳。御史供奉赤墀下，接武夔龍，簉羽鵷鷺，豈雍州判佐比乎？”時以爲清言。儀工詩，其詞綺錯婉媚。及貴顯，人多效之，謂爲“上官體”。麟德元年，坐梁王忠事下獄死，籍其家。初武后得志，遂牽制帝，專威福，帝不能堪。又引道士行厭勝，中人王伏勝發之，帝因大怒，將廢爲庶人，召儀與議。儀曰：“皇后專恣，海内失望，宜廢之以順人心。”帝使草詔。左右奔告后，后自申訴。帝乃悔，又恐后怨恚，乃曰：“上官儀教我。”后由是深惡儀。始忠爲陳王時，儀爲諮議，與王伏勝同府。至是，許敬宗構儀與忠謀大逆，后志也。自褚遂良等元老大臣相次屠覆，公卿莫敢正議，獨儀納忠，禍又不旋踵，由是天下之政歸於后，而帝拱手矣。子庭芝，歷周王府屬，亦被殺。庭芝女，中宗時爲昭容。追贈儀爲中書令秦州都督楚國公，庭芝黄門侍郎岐州刺史天水郡公，以禮改葬。

《隋唐嘉話》：高宗承貞觀之後，天下無事，上官侍郎儀獨持國政。嘗凌晨入朝，循洛水堤，步月徐轡，咏詩云：“脉脉廣川流，驅馬歷長洲。鵲飛山月曉，蟬噪野風秋。”音韻清亮，群公望之，猶神仙焉。（《唐語林》四同，又見《大唐新語》）

《唐會要》六〇：龍朔三年五月，雍州司户參軍韋絢除殿中侍御史，或以爲非遷。中書侍郎上官儀聞而笑曰："此田舍翁議論。殿中侍御史赤墀下供奉，接武夔龍，簉羽鵷鷺，奈何以雍州判佐相比？"以爲清議。

《書斷》：上官儀師法虞公。

《元和姓纂》七：東郡上官氏弘，隋比部郎中、江都總監，因居揚州，生儀。西臺侍中、平章事，二子：庭芝、庭璋。庭芝，周王府屬，生怡（疑昭）容。

《新唐書·藝文志》：上官儀集二十卷。

楊師道《中書寓直咏雨簡褚起居上官學士》：雲暗蒼龍闕，沈沈殊未開。窗臨鳳凰沼，颯颯雨聲來。電影入飛閣，風威凌吹臺。長檐響奔溜，清簟肅浮埃。早荷葉稍没，新篁枝半摧。兹晨悵多緒，懷友自難裁。況復重城内，日暮獨裵回。玉階良史筆，金馬剡天才。高甍通散騎，復道駕蓬萊。思君贈桃李，於此冀瓊瑰。

李乂《故西臺侍郎上官公挽歌》：寓内文儒重，朝端禮命優。立言多啓沃，論道盛謀猷……

上官昭容

《舊唐書》卷五十一本傳：中宗上官昭容，名婉兒，西臺侍郎儀之孫也。父庭芝，與儀同被誅。婉兒時正在襁褓，隨母配入掖庭。及長有文詞，明習吏事。則天時婉兒忤旨當誅，則天惜其才不殺，但黥其面而已。自聖曆以後，百司表奏多令參決。中宗即位，又令專掌制命，深被信任。尋拜爲昭容，封其母鄭氏爲沛國夫人。婉兒既與武三思淫亂，每下制敕，多因事推尊武后，而排抑皇家，節愍太子深惡之。及舉兵至肅章門扣閤，索婉兒，婉兒大言曰："觀其此意，即當次索皇后以及大家。"帝與后遂激怒，并將婉兒登玄武門樓以避兵鋒，俄而事定。婉兒常勸廣置昭文學士，盛引當朝詞學之臣，數賜游宴，賦詩唱和。婉兒每代帝及后，長寧、安樂二公主，數首并作，辭甚綺麗，時人咸諷誦之。婉兒又通於吏部侍郎崔湜，引知政事。湜嘗充使開商山新路，功未半而中宗崩。婉兒草遺制，曲叙其功，而加褒賞。及韋庶人敗，婉兒亦斬於旗下。玄宗令收其詩筆，撰成文集二十卷，令張説爲之序。初婉兒在孕時，其母夢人遺己大秤。占者曰："當生貴子，而秉國權衡。"既生女，聞者嗤其無效。及婉兒專秉内政，果如占者之言。

《新唐書》卷七十六本傳：上官昭容者，名婉兒，西臺侍郎儀之孫也。父庭芝與儀死武后時。母鄭，太常少卿休遠之姊。婉兒始生，與母配掖廷。天性韶警，善文章。年十四，武后召見。有所製作，若素構。自通天以來，内掌詔命，掞麗可觀。嘗忤旨當誅，后惜其才，止黥而不殺也。然群臣奏議，及天下事皆與之。帝即位，大被信任，進拜昭容，封鄭沛國夫人。婉兒通武三思，故詔書推右武氏，抑唐家。節愍太子不平，及舉兵叩肅章門，索婉兒，婉兒曰："我死，當次索皇后大家矣。"以激怒帝。帝與后挾婉兒登玄武門避之。會太子敗，乃免。婉兒勸帝侈大書館，增學士員，引大臣名儒充選，數賜宴賦詩，君臣賡和。婉兒常代帝及后，長寧、安樂二主，衆篇并作，而采麗益新。又差第群臣所賦賜金爵，故朝廷靡然成風。當時屬辭者大抵雖浮靡，然所得皆有可觀，婉兒力也。鄭卒，謚節義夫人。婉兒請降秩行服，詔起爲婕妤，俄還昭容。帝即婉兒居，穿沼築巖，窮飾勝趣，即引侍臣宴其所。是時左右内職，皆聽出外不呵止。婉兒與近嬖至皆營外宅，邪人穢夫争候門下肆狎昵，因以求劇職要官。與崔湜亂，遂引知政事。湜開商山道未半，因帝遺制，虚列其功，加甄賞。韋后之敗，斬闕下。初，鄭方妊，夢巨人畀大稱曰："持此稱量天下。"婉兒生逾月，母戲曰："稱量者，豈爾耶？"輒啞然應。後内秉機政，符其夢云。景雲中追復昭容，謚惠文。始從母子王昱爲拾遺。昱戒曰："上往囚房陵，武氏得志矣。卒而中興，天命所在，不可幸也。三思雖乘釁，天下知必敗。今昭容上所信而附之，且滅族。"鄭以責婉兒，不從。節愍誅三思，果索之，始憂懼。及草遺制，即引相王輔政。臨淄王兵起，被收。婉兒以詔草示劉幽求，幽求言之王，王不許，遂誅。開元初，裒次其文章，詔張説題篇。

吕温《上官昭容書樓歌》：貞元十四年，友人崔仁亮於東都買得《研神記》一卷，有“昭容”列名書縫處，因用感嘆而作是歌（歌略）。

《劉賓客嘉話録》：上官昭容者，侍郎儀之孤也。儀有罪，婦鄭氏填宮，遺腹生昭容。其母將誕之夕，夢人與秤曰：“持之秤量天下。”鄭氏冀其男也。及生昭容，母視之曰：“秤量天下，豈汝耶？”嘔啞如應曰：“是。”（《唐語林》三引略同，孤作孫。）

《酉陽雜俎》八。

鄭愔《奉和幸上官昭容院獻詩四首》。

《唐會要》六七：景龍二年，長寧、宜城、安定、新都、金城等公主及皇后陸氏妹郕國夫人、馮氏妹崇國夫人并昭容上官氏與其母沛國夫人鄭氏、尚宮柴氏、賀婁氏、女夫弟五英兒、隴西夫人趙氏，咸樹朋黨，降墨敕斜封以授官。

盧照鄰

《舊唐書·文苑傳》上卷一百九十上：盧照鄰，字昇之，幽州范陽人也。年十餘歲，就曹憲、王義方授《蒼》《雅》及經史，博學善屬文。初授鄧王府典籤，王甚愛重之，曾謂群官曰：“此即寡人相如也。”後拜新都尉，因染風疾去官，處太白山中，以服餌爲食。後疾轉篤，徙居陽翟山之具茨山。著《釋疾文》《五悲》等誦，頗有騷人之風，甚爲文士所重。照鄰既沈痼攣廢，不堪其苦，嘗與親屬執别，遂自投潁水而死，時年四十。文集二十卷。兄光乘，亦知名，長壽中爲隴州刺史。

《新唐書·文藝傳》上卷二百〇一：照鄰，字昇之，范陽人。十歲從曹憲、王義方授《蒼》《雅》。調鄧王府典籤，王愛重，謂人曰：“此吾之相如。”調新都尉，病去官，居太白山，得方士玄明膏餌之，會父喪，號嘔，丹輒出，由是疾益甚。客東龍門山，布衣藜羹，裴瑾之、韋方質、范履冰等，時時供衣藥。疾甚，足攣，一手又廢，乃去具茨山下，買園數十畝，疏潁水周舍，復豫爲墓，偃卧其中。照鄰自以當高宗時尚吏，己獨儒；武后尚法，己獨黄老；后封嵩山，屢聘賢士，己已廢，著《五悲文》以自明。病既久，與親屬訣，自沈潁水。

《唐詩紀事》卷七：照鄰，字昇之，范陽人。調新都尉，病去官。足攣，一手又廢，乃居具茨山下。自以爲高宗尚吏，己獨儒；武后尚法，己獨黄老；后封嵩山，屢聘賢士，己獨廢，著《五悲文》以自明。病既久，與親屬訣，自沈潁水。

《唐才子傳》一：照鄰，字升之，范陽人。調鄧王府典籤，王愛重，謂人曰："此吾之相如也。"後遷新都尉，嬰病去官，居太白山草閣，得方士玄明膏餌之。會父喪，號慟，因嘔，丹輒出，疾愈甚。家貧苦，貴官時時供衣藥，乃去具茨山下，買園數十畝，疏潁水周舍，復豫爲墓，偃卧其中。自以當高宗之時尚吏，己獨儒；武后尚法，己獨黄老；后封嵩山，屢聘賢士，己已廢，著《五悲文》以自明。手足攣緩，不起行已十年。每春歸秋至，雲壑烟郊，輒輿出户庭，悠然一望。遂自傷，作《釋疾文》，有云："覆燾雖廣，嗟不容乎此生；亭育雖繁，恩已絶乎斯代。"與親屬訣，自沈潁水。有詩文二十卷及《幽憂子》三卷行於世。

（新、舊《唐書》、《唐才子傳》合寫）：照鄰，字昇之（《唐才子傳》作升之），幽州范陽人。（《舊書·文苑》本傳）十歲，從曹憲、王義方授《蒼》《雅》及經史，博學，善屬文。初授鄧王府典籤，王甚愛重之（《舊書》），謂人曰："此吾之相如。"後拜新都尉，因染風疾去官，居太白山（《舊書》）草閣（《唐才子傳》），得方士玄明膏餌之，會父喪，號嘔，丹輒出，由是疾益甚。客東龍門山，布衣藜羹，裴瑾之、韋方質、范履冰等，時時供衣藥。疾甚，足攣，一手又廢。乃去陽翟之具茨山（《舊書》）下，買園數十畝，疏潁水周舍，復豫爲墓，偃卧其中。照鄰自以高宗時尚吏，己獨儒；武后尚法，己獨黄老；后封嵩山（《新書·則天紀》：垂拱四年七月，改嵩山爲神岳，封其神天中王太師），屢聘賢士，己已廢，著《五悲文》以自明。照鄰既沈痼攣廢，不堪其苦，嘗與親屬執别，遂自投潁水而死，時年四十。文集二十卷。（《全唐詩》編詩二卷，補遺一首。）兄光乘，亦知名，長壽中爲隴州刺史。（《舊書》）

范履冰事迹，附見兩《唐書》"文苑""文藝"《元萬頃傳》，北門學士之一也。光乘，司封員外郎，見《郎官石柱題名》。

王義方：《舊唐書·忠義傳》，《新唐書》列傳（卷一一二）。

《會要》八十二：顯慶三年，詔徵太白山人孫思邈入京。盧照鄰、宋令文、孟詵皆執師贄之禮。照鄰嘗問醫道，因自傷强仕之年而嬰沉病，乃作《病梨樹賦》以傷稟受之不固。

駱賓王《艷情代郭氏答盧照鄰》（《全唐詩》卷三）。

《舊唐書·鄧王元裕傳》：好學，善談名理，與典簽盧照鄰爲布衣之交。

《舊唐書·方伎·孫思邈傳》：上元元年，辭疾請歸，特賜良馬，及鄱陽公主邑司以居焉。當時知名之士宋之問、孟詵、盧照鄰等執師贄之禮以事焉。思邈嘗從幸九成宫，照鄰留在其宅，時庭前有病梨樹，照鄰爲賦，其序曰……

《朝野僉載》：盧照鄰，字昇之，范陽人。弱冠拜鄧王府典簽，王府書記，一以委之。王有書十二車，照鄰總披覽，略能記憶。後爲益州新都縣尉。秩滿，婆娑於蜀中，放曠詩酒，故世稱"王、楊、盧、駱"。照鄰聞之曰："喜居王後，耻在駱前。"時楊之爲文，好以古人姓名連用，如"張平子之略談，陸士衡之所記，潘安仁宜其陋矣，仲長統何足知之"，號爲"點鬼簿"。駱賓王好以數對，如"秦地重關一百二，漢家離宫三十六"，時人號爲"算博士"。如盧生之文，時人莫能評其得失。惜哉，不幸有冉耕之疾！著《幽憂子》以釋憤。存文集三十卷。

《舊唐書·經籍志》：盧照鄰集二十卷。

《新唐書·藝文志》：盧照鄰集二十卷，又《幽憂子》三卷。

《四庫總目提要》：《盧昇之集》七卷，唐盧照鄰撰。《唐書·文苑傳》稱照鄰初爲鄧王府典籤，調新都尉，以病去官，後手足攣廢，竟自沈潁水而死。考集中《相里夫人檀龕序》稱“乾封紀歲”，當爲乾封元年丙寅；《對蜀父老問》稱“龍荒集落”，當爲總章二年己巳——皆在益州時所作。《病梨樹賦序》稱“癸酉之歲”，“卧病長安”，則其罷官當在咸亨四年以前。計其羈栖一尉，僅五六年。又《窮魚賦序》稱“横事被拘”，“將致之深議”，則中間又遭非罪。其病廢以後，與洛陽名流朝士乞藥借書，至每人乞錢二千，其貧亦可想見。蓋文士之極坎坷者。故平生所作，大抵歡寡愁殷，有騷人之遺響，亦遭遇使之然也。史又稱“王、楊、盧、駱”，“以文章齊名”。楊炯嘗謂：“愧在盧前，耻居王後。”張説則曰：“盈川文如懸河，酌之不竭，優於盧而不減王，耻居後，信然；愧在前，謙也。”今觀照鄰之文，似不及王、楊、駱三家之宏放，疑説之論爲然。然所傳篇什獨少，未可以一斑概全豹。杜甫均以“江河萬古”許之，似難執殘篇斷簡以强定低昂。况張鷟《朝野僉載》亦記是語，而作照鄰謂“喜居王後，耻在駱前”。文人品目，多一時興到之言，尤未可據爲定論也。其集晁氏、陳氏書目俱作十卷，此本僅七卷，則其散佚者已多。又《窮魚賦序》稱“嘗思報德，故冠之篇首”，則照鄰自編之集當以是賦爲第一，而此本列《秋霖》《馴鳶》二賦後。其與在朝諸賢書亦非完本。知由後人掇拾而成，非其舊帙矣。

《郡齋讀書志》十七：盧照鄰《幽憂子集》十卷。右唐盧照鄰，昇之也，范陽人，調新都尉，病去官，隱具茨山下，手足攣廢，疾久，訣親戚，自沈潁水，照鄰自以當高宗時尚吏，己獨儒；武后尚法，己獨黄老；后封嵩山，聘賢士，己病廢。著《五悲文》，今在集中。嘗自號“幽憂子”。

本集《窮魚賦序》：余曾有横事被拘，爲群小所使，將致之深議。友人救護得免。竊感趙壹窮鳥之事，遂作《窮魚賦》。常思報德，故冠之篇首云。

案：集中有《獄中學騷體》一首。又《窮魚賦》云：“大鵬過而哀之曰：‘昔予爲鯤也，與是游乎。自予羽化，之子其孤。’”則是救護之者，必其時顯貴人之强有力者。惜其名氏，莫可考見。

本集《寄裴舍人諸公遺衣藥直書》：余家咸亨中，良賤百口。自丁家難，私門弟妹凋喪，七八年間，貨用都盡。余不幸遇斯疾，母兄哀憐，破産以供醫藥，屬多穀不登，家道屢困。兄弟薄游近縣，創鉅未平，雖每分多見憂，然亦莫能取給。海内相識，亦時致薄藥，恩亦多矣。晚更篤信佛法，於山間營建，所費尤廣。本欲息貪寡欲，緣此更使貪心萌生，每得一物，輒歡喜，更恨不足。鳴呼，道惡在而奔競之若兹！雖觀苦空無常，而此業已就，不可中廢。祈獲福澤，思與士君子共之。

本集《早度分水嶺》：丁年游蜀道，斑鬢向長安。

案：漢以二十爲丁，唐以二十一爲丁。

又《於時春也，慨然有江湖之思，寄贈柳九隴》：提琴一萬里，負書三十年……關山悲蜀道，花鳥憶秦川。天子何時問，公卿本亦憐。

又《送幽州陳參軍赴任寄呈鄉曲父老》：薊北三千里，關西二十年。馮唐猶在漢，樂毅不歸燕。

案：垂拱二年，敬同討僕固，喬知之爲監軍，陳子昂從行。疑陳參軍即子昂。

又《中和樂》九章：《歌登封》第一，《歌明堂》第二。

案：《新唐書·則天紀》：垂拱四年七月，封嵩山。《舊唐書·高宗紀》：垂拱四年二月，毁乾元殿，就其地造明堂。十二月，明堂成。永昌元年正月，親享明堂。

又《病梨樹賦序》：癸酉之歲，余卧病於長安光德坊之官舍……余年垂强仕，則有幽憂之疾。

案：癸酉爲咸亨四年，曰"年垂强仕"，姑定爲三十八歲，則生於貞觀十年（六三六）。

又《五悲文》第三《悲昔游》：少年游宦，來從北燕，淮南芳桂之嶺，峴北明珠之川；東魯則過仲尼之故宅，西蜀則耕武侯之薄田……暫辭薊門千萬里，少别昭邱三十年。

案：《舊唐書》六十四《鄧王元裕傳》："高宗時歷壽、襄二州刺史、兖州都督。麟德二年薨。"照鄰文，淮南即指壽州，峴北指襄州，東魯指兖州。元裕爲刺史、都督，故照鄰得游其地也。洎元裕薨，照鄰乃爲新都尉。

駱賓王

《舊唐書·文苑傳》上卷一百九十上：駱賓王，婺州義烏人。少善屬文，尤妙於五言詩。嘗作《帝京篇》，當時以爲絶唱。然落魄無行，好與博徒游。高宗末爲長安主簿，坐贓左遷臨海丞，怏怏失志，弃官而去。文明中與徐敬業於揚州作亂，敬業軍中書檄，皆賓王之詞也。敬業敗，伏誅，文多散失。則天素重其文，遣使求之，有兖州人郄雲卿集成十卷，盛傳於世。

《新唐書·文藝傳》上卷二百一：賓王，義烏人，七歲能賦詩。初爲道王府屬。嘗使自言所能，賓王不答。歷武功主簿。裴行儉爲洮州總管，表掌書奏，不應，調長安主簿。武后時數上疏言事，下除臨海丞，怏怏不得志，弃官去。徐敬業亂，署賓王爲府屬，爲敬業傳檄天下，斥武后罪。后讀但嘻笑。至"一抔之土未乾，六尺之孤安在？"矍然曰："誰爲之？"或以賓王對。后曰："宰相安得失此人？"敬業敗，賓王亡命，不知所之。中宗時，詔求其文，得數百篇。它日崔融與張説評勃等曰："勃文章宏放，非常人所及，炯、照鄰可以企之。"説曰："不然。盈川文如懸河，酌之不竭，優於盧而不減王。'耻居後'信然，'愧在前'，謙也。"開元中，説與徐堅論近世文章。説曰："李嶠、崔融、薛稷、宋之問之文，如良金美玉，無施不可；富嘉謨如孤峰絶岸，壁立萬仞，濃雲鬱興，震雷俱發，誠可畏也，若施於廊廟駭矣；閻朝隱如麗服靚妝，燕歌趙舞，觀者忘疲，若類之《風》《雅》，則罪人矣。"堅問今世奈何？説曰："韓休之文，如大羹玄酒，有典則，薄滋味；許景先如豐肌膩理，雖穠華可愛，而乏風骨；張九齡如輕縑素練，實濟時用，而窘邊幅；王翰如瓊杯玉斝，雖爛然可珍，而多玷缺。”堅謂篤論云。

《唐詩紀事》卷七：賓王，義烏人，七歲能賦詩。武后時，數上疏言事，除臨海丞，快快不得志，弃官去。徐敬業亂，以爲府屬。敬業爲檄武后罪。后讀但嘻笑。至“一抔之土未乾，六尺之孤安在”，矍然曰：“誰爲之？”或以賓王對，后曰：“宰相安得失此人？”敬業敗，亡命，不知所之。中宗時詔求其文，得數百篇。

世稱王、楊、盧、駱。楊盈川之文，好以古人姓名連用，如“張平子之略談，陸士衡之所記，潘安仁宜其陋矣，仲長統何足知之”，號爲“點鬼簿”。賓王文好以數對，如“秦地重關一百二，漢家離宫三十六”，人號爲“算博士”。《帝京篇》曰：“倏忽摶風生羽翼，須臾失浪委泥沙。”賓王後與徐敬業興兵揚州，大敗逃死，此其讖也。

宋之問貶黜放還，至江南游靈隱寺。夜月極明，長廊行吟曰：“鷲嶺鬱岧嶢，龍宫鎖寂寥。”句未屬。有老僧點長明燈，問曰：“少年夜久不寐，何耶？”之問曰：“適偶欲題此寺，而興思不屬。”僧請吟上聯，即曰：“何不云‘樓觀滄海日，門對浙江潮’？”之問謌然，訝其遒麗。又續終篇曰：“桂子月中落，天香雲外飄。捫蘿登塔遠，刳木取泉遥。霜薄花更發，冰輕葉互凋。待入天台路，看余渡石橋。”遲明更訪之，則不復見矣。寺僧有知者曰：“此賓王也。”

《咏月》云：“忌滿光先缺，乘昏影暫流。既能明似鏡，何用曲如鈎？”

《唐才子傳》一：賓王，義烏人，七歲能賦詩。武后時，數上疏言事，得罪，貶臨海丞，快快不得志，弃官去。文明中，徐敬業起兵，欲反正，往投之，署爲府屬，爲敬業作檄傳天下，暴斥武后罪。后見讀之，矍然曰：“誰爲之？”或以賓王對。后曰：“有如此才不用，宰相過也。”及敗，亡命不知所之。後宋之問貶還，道出錢塘，游靈隱寺，夜月行吟長廊下曰：“鷲嶺鬱岧嶢，龍宫隱寂寥。”未得下聯。有老僧燃燈坐禪，問曰：“少年不寐而吟諷甚苦，何耶？”之問曰：“欲題此寺而思不屬。”僧笑曰：“何不道‘樓觀滄海日，門對浙江潮’？”之問終篇曰：“桂子月中落，天香雲外飄。捫蘿登塔遠，刳木取泉遥。雲薄霜初下，冰輕葉未凋。待入天台寺，看余渡石橋。”僧一聯，篇中警策也。遲明訪之，已不見。老僧即駱賓王也。傳聞桴海而去矣。後中宗詔求其文，得百餘篇及詩等十卷，命郄雲卿次序之，及《百道判集》一卷，今傳於世。

《金華詩録》小傳：賓王，義烏人。七歲能賦詩。初爲道王府屬，使自言所能，不答。歷武功主簿。裴行儉爲洮州總管，表掌書奏，不應，調長安主簿。武后時，數上疏言事，下除臨海丞，怏怏不得志，弃官去。徐敬業亂，署爲府屬，爲敬業傳檄天下，武后讀至“一抔之土未乾，六尺之孤安在”，矍然曰：“誰爲之？”或以賓王對，后曰：“宰相安得失此人！”敬業敗，亡命不知所之。中宗時，詔求其文，得數百篇。有集。

駱賓王（史傳不書字，《義烏縣志·逸事》云：字觀光。未審何據。），婺州義烏人。（《舊書·文苑》本傳）七歲能賦詩。初爲道王府屬，嘗使自言所能，賓王不答。歷武功主簿。上元三年（即儀鳳元年，據《舊書·裴行儉傳》）裴行儉爲洮州總管，表掌書奏，不應，調長安主簿。武后時，數上疏言事，忤旨繫獄，（多按：《在獄中咏蟬》詩亦作於比時。胡鳳丹《金華詩録》注曰：“按本集《螢火賦序》云：‘猥以明時，久遭幽縶。’又云：‘觀兹流螢之自明，哀此覆盆之難照。’當亦此時作。或云因武后時屢上書言事，繫獄。讀集中《幽縶書情通簡知己》五言長律有云‘一命淪驕餌，三緘慎禍胎’，則此言信然。”新、舊兩《書》皆不言繫獄事，《舊書》且誣其坐贓左遷，何是非顛倒如此。）貶臨海丞，怏怏不得志，弃官去。文明中（《舊書》）徐敬業舉兵揚州（原作亂），署賓王爲府屬。賓王爲敬業傳檄天下斥武后罪，后讀，但嘻笑，至“一抔之土未乾，六尺之孤安在”，瞿然曰：“誰爲之？”或以賓王對，后曰：“宰相安得失此人？”敬業敗，與其屬乘小舸，將入海投高麗，追兵及，皆捕獲之。（《舊書·李勣傳》）或云賓王亦被捕伏誅，或云亡命爲僧，不知所終。（參衆説補。又一説，有人發賓王墓者，知賓王實不死，且未嘗爲僧，詳參《涌幢小品》。）中宗時，詔求其文，有兖州人郄雲卿者集成十卷，盛傳於世。（《舊書》。《新書》云：則天素重其文，遣使求之。）賓王少落魄無行，好與博徒游。（《舊書》）然奉母至孝，集中三與上官啓，皆以捧檄負米爲言，至裴行儉辟爲記室，則辭以母老，不堪遠行，情致酸楚，詞旨真篤，即李令伯表不過也。（胡元瑞語）至其以上書繫獄，助敬業舉義，歷二大節，尤不愧爲有唐義士，故楊慎謂其"與垂拱'四杰'爲列，以文章之末技，掩立身之大閑，可惜也"。賓王尤妙於五言詩，嘗作《帝京篇》，當時以爲絶唱。（《舊書》）其檄武后文，世所習知。陸時雍極賞其"風生曳鷺之濤，雨濕印龜之岸"之句，謂爲"風味絶色"云。

《通鑒考異》引《唐紀》："初官軍逆風不利，俄而風日甚勁，孝逸縱火，賊懼燒而潰。敬業、猷、之奇、求仁、賓王走歸江都，焚簿書，携妻子潜筭山下，手書召宗臣。敬業初與宗臣木契爲約，時亡其契，宗臣疑而不赴。或云宗臣已歸順。敬業入海，欲奔東夷，至海陵界阻風，僞將王那相斬之，求仁降，餘黨赴水死。

賓王詩有"青烏新兆去"句。《抱朴子》："黄帝相地則書青烏之説。"注："青烏，彭祖弟子。"《文獻通考》："秦有青烏子，著《青烏經》。"《風俗通》："漢有青烏子，善術數。"（《崇文總目》青烏子《風論》一卷，此乃醫家。）王應麟《姓氏急就篇》："三烏青烏，五鳩爽鳩。"《唐書·藝文志》：王燦新撰《青烏子》三卷。王維《能禪師碑》："擇吉祥之地，不待青烏；變功德之林，皆成白鶴。"《劉賓客集·袁公挽歌》："地得青烏相，賓驚白鶴飛。"柳子厚《爲伯祖妣李夫人墓銘》："艮之山，兑之水；靈之車，當返此。子孫百代承麟趾，誰之言者青烏子。"石刻唐《吴善墓志》："福緣奄去，木兆起於青烏；禍因倏來，沉灾成於白雉。"《五燈會元》："鎮州普化和尚，咸通初將示滅，乃辭衆曰：'普化明日去東門死也。'衆人相率送出城，師厲聲曰：'今日葬不合青烏。'"地師青烏之術。今譌作青烏。惠棟《松崖筆記》又引青烏子《算書》。

本集《上司列太常伯啓》,《臨海集》題下注云：唐高宗總章二年，以盧承慶爲太常伯。啓曰：自弱齡植操，本謝聲名；中年誓心，不期聞達。

又《靈泉頌》序曰：調露二年，來佐百里。又曰：某出贊荒隅，途經勝壤。

又《疇昔篇》：忽聞驛使發關東，傳道天波萬里通。涸鱗去轍還游海，幽禽釋網便翔空。

郄雲卿《駱丞集序》：駱賓王，婺州義烏人。七歲能屬文。高宗朝，與盧照鄰、王勃、楊炯文詞齊名，海内稱焉，號爲“四杰”。仕至侍御史。後以天后即位，頻貢章疏諷諫，因得罪，貶臨海丞。文明中，與李敬業起義廣陵，事不捷，逃遁。文集悉皆散失，後中宗朝，降敕搜訪賓王遺筆，令雲卿集焉。所載即當時之遺漏，凡十卷。

宋之問《祭杜學士審言文》：駱則不能保族而全軀。

皇甫湜《與李生書》(見《摭言》引)：筆語未有駱賓王一字，已罵宋玉爲罪人矣。

李嶠《餞駱四》二首：平生何以樂，斗酒夜相逢。曲中驚別緒，醉裏失愁容。星月懸秋漢，風霜入曙鐘。明日臨溝水，青山幾萬重。

甲第驅車入，良宵秉燭游。人追竹林會，酒獻菊花秋。霜吹飄無已，星河漫不流。重嗟歡賞地，翻召別離憂。

賓王有《別李嶠得勝字》，詩中時序合。

又李嶠《送駱奉禮從軍》：玉塞邊烽舉，金壇廟略申。羽書資鋭筆，戎幕引英賓。劍動三軍氣，衣飄萬里塵。琴尊留別賞，風景惜離晨。笛梅含晚吹，營柳帶餘春。希君勒石返，歌舞入城闉。

辛常伯《軍中行路難》，注與駱賓王同時作。

楊炯《從軍行》，疑與駱賓王同時作。

《本事詩》：宋考功之問以事累貶，後還至江南，游靈隱寺。夜月極明，長廊吟行，且爲詩曰：“鷲嶺鬱岧嶤，龍宫閉寂寥。”第二聯，搜奇思，終不如意。有老僧點長明燈，坐大禪床，問曰："少年夜久不寐，而吟諷甚苦，何耶？"之問答曰："弟子業詩，偶欲題此寺，而興思不屬。"僧曰："試吟上聯。"即吟與之。再三吟諷，因曰："何不云'樓觀滄海日，門聽浙江潮'？"之問諤然，訝其遒麗，又續終篇曰："桂子月中落，天香雲外飄。捫蘿登塔遠，刳木取泉遥。霜薄花更發，冰輕葉未凋。待入天台路，看余渡石橋。"僧所吟句，乃爲一篇之警策。遲明更訪之，則不復見矣。寺僧有知者曰："此駱賓王也。"之問詰之。曰："當敬業之敗，與賓王俱逃，捕之不獲。將帥慮失大魁，得不測罪，因求戮類二人者，函首以獻。"後雖知不死，不敢捕送。故敬業得爲衡山僧，年九十餘乃卒；賓王亦落髮，遍游名山，至靈隱，以同歲卒。當時雖敗，且以匡復爲名，故人多護脱之。（案：敬業爲僧事，出趙魯《游南嶽記》）

陸時雍：余嘗讀駱義烏文，絶愛其"風生曳鷺之濤，雨濕印龜之岸"，謂其風味絶色。

胡應麟《少室山房筆叢》：用修云："孔北海大志直節，而與建安七子并稱；駱賓王勁辭義舉，而與垂拱四杰爲列，以文章之末技，掩其立身之大閑，可慨也，君子當表而出之。"楊氏此論甚公。然謂大閑掩於末技，恐不應爾。妖牝竊唐，舉唐臣子頌德恐後，自賓王一檄，痛責其奸，大聲其惡，曌雖漏網，千載下罪孽歷歷，即轘磔都市不過，何云末技？且當時從敬業起事，詎止賓王一二？今皆湮没無聞。而賓王以一檄故，名流天壤。謂文章傳氣節乎？氣節重文章乎？

武曌以淫牝穢亂唐室，實曠劫所無之變，而一代英才傑士，俯首臣伏，無敢聲其罪者。獨駱賓王廣陵一檄，詞嚴義正，足寒猾賊之膽，蓋唐初第一流人物也。而生蒙淺躁之譏，死罹怨望之訕，史氏因循，置於文苑，并其字失之。遂令邑中祀典，千載寥寥。余籍弟子員日，嘗以白督學建安滕公。滕公急材甚業舉行，會擢任去，不果。蘇觀察君禹繼至，雅是余論，即移文祀駱於鄉。此舉不特爲當時節士伸冤，亦爲萬古詞場吐氣也。

唐郄雲卿云：賓王仕高宗，至侍御史。天后朝，數上書諷諫，得罪，貶臨海丞，遂與徐敬業起義廣陵。然則賓王勁氣直節，始終無毫髮可議。自裴行儉惑衆於先，魏元忠助桀於後，致忠義之操，久湮不白。自是人世間一大缺陷，余不得不明目張膽言之，匪以同里故也。

唐人稱賓王上書諷諫武氏得罪，必責其復辟廬陵之故。不然何以稱諷諫，何以致得罪，而賓王又何以遂與敬業起兵也？

賓王起義，人所共知，而不知其奉母至孝。集中三與上官啓，皆以捧檄負米爲言。至裴行儉辟爲記室，則辭以母老，不堪遠行，情致酸楚，詞旨真篤，字字滴泪，即李令伯表不過也。道王命以自陳，則抗言不答。半千諭以干進，則守道不回。凡賓王操履，類出唐文士上，遺集班班，學者徒泥裴語，何哉？

駱答裴書云："義士期於壯夫，忠臣出於孝子。既不能挂心奉母，亦焉能死節事人？"駱之器識如此，而裴以爲浮躁淺露。彼方陳力僞朝，詎相入哉？裴雖死高宗末，實武后用事世。

凡稱知人者，知其人臧否邪正，窮達修短，則姑布子平小術，君子不道也。裴行儉以器識短王、楊四子，幸而偶中。至今儒者樂道之。《卮言》云："裴所稱王勮、王勔、蘇味道，皆覆身竄籍，何以優劣四子？"余謂此不必辨。使勮、勔果有奇節卓行，即裴言不中，吾猶以爲確論。今徒以位遇通塞爲驗，則裴所見，真姑布子平之術耳。况勃等即如裴論，不過浮淺小節，而味道輩模棱邪諂，榮寵牝朝，器識何在？裴之取捨如此，其足以混詞場欺達者哉？（胡應麟有《駱侍御忠孝辨》一卷，見王世貞《石羊生傳》。）

胡應麟《補唐書駱侍御傳》：駱賓王，越東陽郡人也。父爲博昌令。（見本集《與博昌父老書》中）賓王生七歲，能詩。嘗嬉戲池上，客指鵝群令賦焉，應聲曰："白毛浮緑水，紅掌撥清波。"客嘆詫呼神童。比長，天才逸發，與王勃、楊炯、盧照鄰并以藻繪擅一時，號"垂拱四杰"云。先是唐起梁、陳衰運後，詩文纖弱委靡，體日益下。賓王首與勃等一振之，雖未能驟革六朝餘習，而詩律精嚴，文詞雄放，滔滔混混，横絶無前，唐三百年風雅之盛，以四人者爲之前導也。永徽中，歷官侍御史。時高宗孱不君，后曌擅國。賓王睹唐運且密移，數上書言天下大計。后曌怒，誣以法，逮繫獄中，作《螢火賦》以自廣。久之，謫臨海丞。高宗崩，后曌廢廬陵，改唐物。賓王耻食周粟，即日弃官歸，賦“寶劍思存楚，金椎許報韓”之句。會英公徐敬業起兵誅后曌，賓王杖策從之。敬業雅慕賓王名，得之大悦，引至戎幕中，羽書文告之屬，一切諮焉。既而義師大集，將直指長安，賓王援筆慷慨爲文，以諭海内。檄傳四方振動。曌讀之至“一抔”“六尺”語，凛然曰：“如此材而流落不偶，宰相之過也。”敬業進兵，拔潤州，敗僞周將雷仁智，與李考逸遇下阿，擊其前鋒，大破之。敵垂遁，適星墜營中，魏元忠縱火圍逼，敬業軍遂潰。黨羽悉擒，獨賓王變姓名逸去，削髮爲浮屠，居天竺靈隱間十餘載。考功郎宋之問謫官嶺表，宿寺中，賦詩，得“鷲嶺”“龍宫”之句，思不屬，方苦吟。一老僧卧禪榻，問故，遽續云：“樓觀滄海日，門聽浙江潮。”之問大駭，質明，趣訪之，逝矣。識者云：“此駱賓王也。”以是知敬業之敗，有司慮曌以檄故，必蕲得其人，因斬貌類者以獻云。始賓王父早亡，奉母竭力，裴行儉再辟幕下。皆陳啓峻辭，意致委篤，人以方李密《陳情表》。世傳“士先器識”之云，殆匪實録。至奮身爲國，舉宗百口，弃置若遺，其忠孝，天性然也。賓王既以起義亡，無敢褒其製作者。廬陵復辟，累詔訪求。魯國郗雲卿始集傳之。天寶以還，唐風載變，後生輕薄，齮齕前薪，杜甫氏以凌跨百代之才，特推轂賓王，至擬之江河不廢……

胡應麟論曰：吾越之言詩文，率由賓王始，非直婺一方耳也。

王安石《發蒙》：《晦日楚園寺宴序》，係中宗嗣聖元年正月晦日也。二月，以諷諫謫臨海丞。九月，遂有討武氏之檄。后讀檄至“入宫見嫉”等語，驚嘆不已；及終篇，問知是賓王作，嘆曰奇才。

劉定之：徐敬業與駱賓王兵敗，賓王亡命爲僧，往來靈隱寺。宋之問至寺，夜吟“鷲嶺鬱岧嶢，龍宫閉寂寥”，久無下韻。賓王隔壁朗吟，以終其篇。之問大駭，質問求見，則遁矣。敬業亦脱去，爲僧於衡山。

毛奇齡《重刊臨海集序》：……據本傳，賓王亡後，中宗曾詔求其文，而已多散失。然且二十之字，至今不識。即唐史所載官職，爲丞爲簿，亦一往闕落。惟魯國郄氏受詔收賓王文者，有云："賓王在高宗朝爲侍御史，以諷諫下獄。"至今集中有《在獄賦螢》《在獄咏蟬》之作，而唐史無有。又且父祖閥閲，終古滅沫，至明萬曆間蘭谿胡氏讀其《與博昌父老書》中有云"昔吾先君，出宰斯邑"一語，而後知其父爲博昌令也。乃予又有進者，考集之首卷第一篇，則《靈泉頌》也。靈泉爲邑丞宋公孝事後母，丞廳階下涌泉而作。然而未知爲何邑丞也。但以請作者爲蕭縣尉，因之作《舊唐書》者屬之徐州之蕭縣，而余嘗争之。《頌》明云："此邑城控剡溪，地聯禹穴。"徐州控剡溪乎？又云："某出贊荒隅，途經勝壤。"賓王之臨海，當經徐乎？此必吾邑蕭山，實有斯迹，而生其地者，既弇鄙而不自知，而前時史官，又并不遇一讀書人可檢點及此。既而自疑予邑之復名永興在儀鳳年，其改名蕭山在天寶年，賓王之臨海時，即又安得有蕭山？又既而讀《文苑英華》，則蕭縣"蕭"字，本是"前"字，且有注云："前，集誤作蕭。"然後知前縣尉者，謂前之縣尉，即予邑永興而前此之爲尉者，不惟蕭縣誤，即蕭山亦誤。

郎瑛《七修類稿》：杭靈隱寺"鷲嶺鬱岧嶢"之詩，乃唐駱賓王集中所載。然有一二字不同，不能别其爲誰作。獨劉文安公定之集云：初起二句，乃宋之問詩，宋吟之而久無下韻，賓王隔壁朗吟，續以終篇，之問大駭，明發求見，則遁矣。是知一首二人成之，故兩繫焉。世所傳誦者如此。然《太平廣記》又載宋之問於靈隱夜吟未就，聞有人云：何不道"樓觀滄海日，門對浙江潮？"不知何人。有識者曰："此駱賓王也。"似此駱則二句矣。予又見一書云：之問正吟，遇老僧於殿燈之間，應聲成之，後知賓王。據後二書，兩人皆相見矣。平日素知，不應又有"何人"之問，及劉文安之説也。若袛文安、《廣記》之説，後世又不傳駱之爲僧也，詩亦未必各繫之也。書俟博識。

《朝野僉載》：唐明堂主簿駱賓王《帝京篇》曰："倏忽搏風生羽翼，須臾失浪委泥沙。"賓王後與徐敬業興兵揚州，大敗，投江水而死，此其讖也。(《太平廣記》一六三。)

梁玉繩《瞥記》:《裴度傳》: 張權輿欲傾度，作僞謡云:“非衣小兒坦其腹，天上有口被驅逐。”考《朝野僉載》: 裴炎爲中書令，徐敬業欲反，令駱賓王畫計，取炎同起事，乃爲謡曰:“一片火，兩片火，緋衣小兒當殿坐。”張蓋用駱謡也。

《詩藪》内三: 駱賓王《蕩子從軍賦》，……近獻吉改爲歌行。考駱本辭，賦語實三之一。李但削去此類，餘皆仍其舊也。

船山《唐詩評選》一: 盧照鄰《長安古意》是將《西京》諸賦改入七言者，但不廢詩，則必不廢，然此篇似司馬長卿；駱丞《帝京篇》，乃揚雄之下駟，賦心之别，靈蠢見矣。

《漁洋詩話》辨《詩話類編》一則(見高適)。

《唐語林》: 駱賓王年方弱冠，時徐敬業據揚州而反，賓王陷於賊庭，其時書檄皆賓王之詞也。每與朝廷文字，極數僞周。天后覽之，至“蛾眉不肯讓人，狐媚偏能惑主”，初微笑之。及見“一抔之土未乾，六尺之孤安在”，乃不悦曰:“宰相因何失如此之人?”蓋有遺才之恨。

《舊唐書·經籍志》: 駱賓王集十卷。

《新唐書·藝文志》: 駱賓王集十卷，又《百道判集》一卷。《郡齋讀書志》(十七): 駱賓王集十卷。右唐駱賓王，義烏人也。武后時數言事得罪，貶臨海丞，不得志，弃官去。文明中徐敬業亂，署府佐，爲敬業傳檄天下，斥武后罪，后讀之，矍然。及敗亡命，不知所之。後宋之問逢之於靈隱，已祝髪爲浮屠矣。賓王七歲能屬文，妙於五言詩。中宗詔求其文，得百餘篇，命郄雲卿次序之。

《四庫提要》: 駱丞集四卷，唐駱賓王撰。《唐書·文苑傳》稱中宗時詔求其文，得百餘篇，命郄雲卿編次之。《書録解題》引雲卿舊序，稱光宅中，廣陵亂，伏誅。蓋據李孝逸奏捷之語。孟棨《本事詩》則云: 賓王落髪，遍游名山。宋之問游靈隱寺作詩，嘗爲續“樓觀滄海日，門對浙江潮”之句。今觀集中，與之問踪迹甚密，在江南則有投贈之作，在兗州則有餞别之章，宜非不相識者，何至睹面失之? 封演爲天賓中人，去賓王時甚近，所作《聞見記》中，載之問此詩。證“月中桂子”之事，并不云出賓王，知當時尚無是説。又朱國楨《涌幢小品》載：正德九年，有曹某者，鑿靛池於海門城東黄泥口，得古冢題石曰：駱賓王之墓云云。亦足證亡命爲僧之説不確。蓋武后改唐爲周，人心共憤；敬業、賓王之敗，世頗憐之。故造是語。孟棨不考而誤載也。其集新、舊《唐書》皆作十卷,《宋·藝文志》載有《百道判》三卷，今并散佚。此本四卷，蓋後人所裒輯。其注則明給事中顔文選所作，援引疏舛，殆無可取。以文選之外，别無注本，而其中亦尚有一二可采者，故姑并録之，以備參考焉。

又《四庫提要·子部·雜家類》五:《五總志》一卷，宋吴炯撰。……《唐詩紀事》稱駱賓王從徐敬業起兵，事敗爲僧靈隱寺，爲宋之問續“桂子”“天香”之句。其説已舛駁不合。而此書乃云賓王未顯時庸作杭州梵天寺，一老僧苦吟不已，賓王爲足成之。更不知其何據。

李嶠

《舊書》九四、《新書》一二三：李嶠，字巨山，趙州贊皇人，隋内史侍郎元操從曾孫也。代爲著姓。父鎮惡，襄城令。嶠早孤，事母以孝聞。爲兒童時，夢有神人遺之雙筆，自是漸有學業。(《舊書》本傳）十五通五經，薛元超稱之。二十擢進士第，始調安定尉。舉制策甲科，遷長安；時畿尉名文章者駱賓王、劉光業（光業名見《酷吏傳》），嶠最少，與等夷。授監察御史。時嶺南邕、巖二州首領反叛，發兵討擊，高宗令嶠往監軍事。嶠乃宣朝旨，特赦其罪，親入獠洞以招諭之，叛者盡降，因罷兵而還。高宗甚嘉之，累遷給事中。(《舊書》）如意元年（據《新書·酷吏來俊臣傳》），來俊臣構狄仁杰、李嗣真、裴宣禮等獄，將抵死，敕嶠與大理少卿張德裕、侍御史劉憲復驗。德裕等内知其冤，不敢異，嶠曰：“知其枉不申，是謂見義不爲者。”卒與二人列其枉狀，忤武后旨，出爲潤州司馬。久乃召爲鳳閣舍人（《會要》八一五：證聖元年鳳閣舍人李嶠上表論移户），則天深加接待，朝廷每有大手筆，皆特令嶠爲之。時初置右御史臺，巡按天下。嶠上疏陳其得失……則天善之，乃下制分天下爲二十道，簡擇堪爲使者。會有沮議者，竟不行。尋知天官侍郎事，遷麟臺少監。聖曆初，與姚崇偕遷同鳳閣鸞臺平章事。俄轉鸞臺侍郎（久視元年《夏日游石淙詩》石刻，稱鸞臺侍郎李嶠），依舊平章事，兼修國史。久視元年，嶠舅天官侍郎張錫入知政事，嶠轉成均祭酒，罷知政事及修史。舅甥相繼在相位，時人榮之。嶠尋檢校文昌左丞，東都留守。長安三年，嶠復以本官平章事，尋知納言事。明年，遷内史。嶠後固辭煩劇，復拜成均祭酒，平章事如故。長安末，則天將建大像於白司馬坂。(《舊書》) 嶠諫造像雖俾浮屠輸錢，然非州縣承辦不能濟，是名雖不税而實税之……不納。中宗即位，嶠以附會張易之兄弟，出爲豫州刺史，未行，又貶爲通州刺史。數月，徵拜吏部侍郎，封贊皇縣男。無幾，遷吏部尚書，進封縣公。神龍二年，代韋安石爲中書令。(《舊書》) 嶠在吏部時，陰欲借時望復宰相。乃曲行私惠……奏置員外官數千人。至是官僚倍多，府庫减耗。(《舊書》) 乃上書歸咎於時，因蓋向非……中宗以其身宰相，乃自陳失政。匄罷官，無所嫁非，手詔詰讓。嶠惶恐，復視事。(《舊書》云：嶠抗表引咎辭職，并陳利害十餘事，中宗以嶠昌言時政之失，輒請罷免，手制慰諭而不允。尋令復居舊職。）三年，(按，二年置修文館，杜審言爲直學士，其年卒，此言三年，誤。）又加修文館大學士，監修國史，(《舊書》) 封趙國公。景龍三年，罷中書令，以特進守兵部尚書，同中書門下三品。睿宗即位，出爲懷州刺史，尋以年老致仕。初，中宗崩，嶠密表請處置相王諸子，勿令在京。及玄宗踐祚，宫内獲其表，以示侍臣，或請誅之，中書令張説曰："嶠雖不辨逆順，然亦爲當時之謀，吠非其主，不可追討其罪。"上從其言，(《舊書》) 遂免，貶滁州别駕，聽隨子虔州刺史暢之官，尋改廬州别駕，卒年七十。嶠富才思，有所屬綴，人多傳諷。武后時，汜水獲瑞石，嶠爲御史，上《皇符》一篇，爲世譏薄。然其仕前與王勃、楊盈川接，中與崔融、蘇味道齊名，晚諸人没，而爲文章老宿，一時學者取法焉。有文集五十卷（《舊書》）。《全唐詩》編詩五卷。

《全唐詩》小傳：張氲，一名藴，字藏真，晋州人。神情秀逸儵閑，學道不娶，嘗寓李嶠家十餘年。栖息洪崖古壇，自號“洪崖子”。天后及明皇朝屢召不赴。詩三首。

徐彦伯《送特進李嶠入都祔廟》。

駱賓王《别李嶠得勝字》。

《國史補》：初李嶠與李迥秀同在廟堂，奉詔爲兄弟。又西祖王璋與信安王禕同産。故趙郡隴西二族，昭穆不定，一會之中，或孫爲祖，或祖爲孫。（《廣記》一八四）

《大唐傳載》：李鎮惡，即趙公嶠之父。選授梓州郪縣令，與友人書曰：“州帶子號，縣帶妻名，由來不屬老夫，并是婦兒官職。”

《新唐書·藝文志》：李嶠《雜咏詩》十二卷。李嶠集五十卷（《舊書》五十卷）。又兵書類《軍謀前鑒》十卷。

《褒碧齋日記》：齊梁新體，爲人哂薄。然自唐李巨山後，無人嗣響。

《朝野僉載》：客問浮休子曰：“……中書令李嶠如何？”答曰：“李公有三戾：性好榮遷，憎人升進；性好文章，憎人才筆；性貪濁，憎人受賄。亦如古者有文君，性好嗜肥鮮，禁人食肉；性好愛綺羅，斷人衣錦；性好淫縱，憎人畜聲色。此亦李公之徒也。”

《次柳氏舊聞》：興慶宫，上潛龍之地，即聖曆初五王宅也。上性友愛，及即位，立樓於宫之西南垣，署曰“光萼相輝”，朝退與諸王游，或置酒爲樂。時天下無事，號太平者，垂五十年。及羯胡犯闕，乘傳遽以告。上欲過幸，復登樓置酒，回顧凄愴。乃命奏玉環。玉環者，睿宗所御琵琶也。異時，上張樂宫中歌舞，常置之别榻，以黄帕覆之，不以雜他樂器，而未嘗持用。至是使樂工賀懷智取調之，又命禪定寺僧段師彈之。時美人善歌從者三人，使其中一人歌《水調》。畢奏，上將去，復留眷眷。因使視樓下工歌有善《水調》者乎？一少年心悟上意，自言工歌，亦善《水調》。使之登樓且歌。歌曰："山川滿目泪沾衣，富貴榮華能幾時，不見祗今汾水上，惟有年年秋雁飛。"上聞之潸然泪出，顧侍者曰："誰爲此詞？"或對曰："宰相李嶠。"上曰："李嶠真才子也。"不待曲終而去。

《大唐新語》：則天徵天下銅鐵於定鼎門内，鑄八稜銅柱，高九十尺，徑一丈二尺，金彩熒煌，光侔日月。武三思爲文，朝士獻詩者，不可勝紀，惟李嶠詩冠絶當時。詩曰："轍迹光西崊，勛庸紀北燕。何如萬國會，諷德九門前。灼灼臨黄道，迢迢入紫烟。仙盤正下露，高柱欲承天。山類叢雲起，珠疑大火懸。聲流塵作劫，業共海成田。聖澤傾堯酒，薰風入舜弦。忻逢下生日，還偶上皇年。"後憲司發嶠附會韋庶人，左授滁州别駕。

又《大唐新語》：張説、徐堅同爲集賢學士十餘年，好尚頗同，情契相得。時諸學士凋落者衆，説、堅二人存焉。説手疏諸人名，與堅同觀之。堅謂説曰："諸公昔年，皆擅一時之美。敢問藝之先後。"説曰："李嶠、崔融、薛稷、宋之問之文，皆如良金美玉，無施不可；富嘉漠之文，如孤峰絶岸，壁立萬仞，叢雲鬱興，震雷俱發，誠可異乎？若施之郎廟，則爲駭矣；閻朝隱之文，則如麗色靚妝，衣之綺綉，燕歌趙舞，觀者忘憂，然類之風雅，則爲俳矣。"堅又曰："今之後進，文詞孰賢？"説曰："韓休之文，有如太羹元酒，雖雅有典則，而薄於滋味；許景先之文，有如豐肌膩體，雖穠華可愛，而乏風骨；張九齡之文，有如輕縑素練，實濟時用，而窘於邊幅；王翰之文，有如瓊杯玉斝，雖爛然可珍，而多有玷缺，若能箴其所短，濟其所長，亦一時之秀也。"

《夏日游石淙詩》碑，久視元年五月立，李嶠侍游有詩。結銜稱鸞臺侍郎，與史傳合。

《朝野僉載》：唐黄門侍郎崔泰之《哭特進李嶠》詩曰："臺閣神仙地，衣冠君子鄉。昨朝猶對坐，今日忽云亡。魂隨司命鬼，魄逐見閻王。此時罷歡笑，無復向朝堂。"

權德輿《昭文館大學士壁記》：自景龍二年李趙公嶠始受命爲大學

士，至公凡若干人。

《新唐書·宰相世系表》：趙郡李氏東祖房襄城令鎮惡子嶠，字巨山，相武后。

《郎官石柱題名》，司封郎中有李嶠。

《格古要論》：唐道州碧落洞，元結改曰無爲洞，篆刻在焉，李嶠有篆額。

《唐才子傳》：嶠字巨山，趙州人。十五通五經，二十擢進士，累遷爲監察御史。武后時，同鳳閣鸞臺平章事。後因罪貶廬州别駕，卒。嶠富才思，有所屬綴，人輒傳諷。明皇將幸蜀，登花萼樓，使樓前善《水調》者奏歌，歌曰："山川滿目泪沾衣，富貴榮華能幾時？不見衹今汾水上，惟有年年秋雁飛。"帝慘愴移時，顧侍者曰："誰爲此？"對曰："故宰相李嶠之詞也。"帝曰："真才子！"不待曲終而去。嶠前與王勃、楊炯接，中與崔融、蘇味道齊名，晚諸人没，爲文章宿老，學者取法焉。今集五十卷，《雜咏詩》十二卷，單題詩一百二十首，張方爲注，傳於世。

薛　稷

《册府元龜》：延載元年，臨難不顧徇節寧邦科薛稷登第。（案，時年五十。）

蘇頲《授薛稷中書侍郎制》《授薛稷諫議大夫制》。

韋續《續書品》：真行書二十二人，薛稷書風驚苑花，雪惹山柏。

《郎官石柱題名》：祠部員外郎。

《新唐書·表》：薛氏西祖房仁偉子稷相（中）睿宗。

《舊唐書》七十三《薛收附稷傳》：稷舉進士，累轉中書舍人。時從祖兄曜爲正諫大夫，與稷俱以辭學知名，同在兩省，爲時所稱。景龍末爲諫議大夫、昭文館學士。好古博雅，尤工隸書。自貞觀、永徽之際，虞世南、褚遂良，時人宗其書迹，自後罕能繼者。稷外祖魏徵家富圖籍，多有虞、褚舊迹。稷鋭精模仿，筆態遒麗，當時無及之者。又善畫，博探古迹。睿宗在藩，留意於小學，稷於是特見招引。俄又令其子伯陽尚仙源公主。及踐祚，累拜中書侍郎，與蘇頲等對掌制誥。俄與中書侍郎崔日用參知政事。睿宗以鍾紹京爲中書令。稷勸令禮讓，因入言於帝曰："紹京素無才望，出自胥吏，雖有功勛，未聞令德，一朝超居元宰，師長百僚，臣恐清濁同貫，失於聖朝具瞻之美。"帝然其言，因紹京表讓，遂轉爲户部尚書。稷又於帝前折崔日用，遞相短長，由是罷知政事，遷左散騎常侍，歷工部、禮部二尚書。以翊贊睿宗功，封晋國公，賜實封三百户，除太子少保。睿宗常召稷入宫中，參決庶政，恩遇莫與爲比。及竇懷貞伏誅，稷以知其謀，賜死於萬年縣獄中。

張説《郭元振行狀》：十六入太學，與薛稷、趙彦昭同業。年十八，擢進士第。（按：咸亨二年，郭元振十六歲，是年稷二十七歲。）

杜甫《觀薛少保書畫壁》：少保有古風，得之陝郊篇。惜哉功名忤，但見書畫傳。我游梓州東，遺迹涪江邊。畫藏青蓮界，書入金榜懸。仰看垂露姿，不崩亦不騫。鬱鬱三大字，蛟龍岌相纏。又揮西方變，發地扶屋椽。慘淡壁飛動，到今色未填。此行迭壯觀，郭、薛俱才賢。不知百載後，誰復來通泉。

又《通泉縣署屋壁後薛少保畫鶴》：薛公十一鶴，皆寫青田真。畫色久欲盡，蒼然猶出塵。低昂各有意，磊落如長人。佳此志氣遠，豈惟粉墨新。萬里不以力，群游森會神。威遲白鳳態，非是倉鶊鄰。高堂未傾覆，常得慰嘉賓。曝露墻壁外，終嗟風雨頻。赤霄有真骨，耻飲洿池津。冥冥任所往，脱略誰能馴。

《新唐書·宰相表》：睿宗景雲元年六月，薛稷以黄門侍郎參預機務。七月，薛稷免。

《舊唐書·睿宗紀》：景雲元年六月丙午，新除太常少卿薛稷爲黄門侍郎，參知機務。七月戊辰（《新》己巳），薛稷爲右（《表》左）散騎常侍，停知機務。先天二年七月甲子，太平公主與僕射竇懷貞等謀逆事覺，皇帝率兵誅之，窮其黨與，太子少保薛稷等誅之。

《圖畫見聞志》：成都静德精舍，有薛稷畫雜人物鳥獸二壁。有胡氏亡其名，嗜古好奇，惜少保之迹將廢，乃募壯夫操斤力劖於頹垒之際，得像三十七首、馬八蹄。又於福聖寺得展子虔天樂部二十五身，悉陷於屋壁，號實墨亭。司門外郎郭圓記。（會昌廢壁）《紀事》言：郭圓，會昌中爲劍南節度使李固言從事、檢校司門員外郎。即此人。

《歷代名畫記》：薛稷尤善花鳥、人物、雜畫，畫鶴知名。

《唐朝名畫録》：薛稷畫踪如閻立本，今秘書省有畫鶴，時號一絶。曾旅新安郡，遇李白，（少保死時，太白年纔十二，此説不確。）因相留，請書西安寺額，兼畫西方佛一壁，筆力瀟灑，風姿逸秀，曹、張之匹也。二迹之妙，李翰林題贊俱在。神品下七人：薛稷：鶴竹人物佛像菩薩青牛花鳥。薛稷書師褚河南，時稱“買褚得薛，不失其節”。

《封氏聞見記》：尚書省考功員外郎廳，有薛稷畫鶴，宋之問爲贊；工部尚書廳，有稷畫樹石；東京尚書坊岐王宅，亦有稷畫鶴。皆稱精絶。

盧求《成都記》：府衙院西廳，薛少保畫鶴與青牛，今改舊制，無畫踪矣。

郭圓《胡氏亭畫記》：唐故宰相薛公稷，畫入神品。成都静德精舍有壁二堵，雜繪鳥獸人物，態狀生動，乃一時之尤者也。

《宣和畫譜》：花鳥門：唐薛稷御府所藏七：琢苔鶴圖一，顧步鶴圖一，鶴圖五。

竇臮《述書賦》：東之效虞，疏薄不逮；少保師褚，菁華却倍。注：薛稷，河東人，太子少保。（案：《書斷》：褚遂良隸行入妙。《廣川書跋》：褚河南書似西漢，不減銅筩等書。）

《新唐書·宗室傳》：惠文太子範好聚書畫，皆世所珍者。初隋亡，禁内圖書堙没。唐興募訪，稍稍復出，藏秘府。長安初，張易之奏天下善工潢治，乃密使摩肖，殆不可辨，竊其真藏於家。既誅，悉爲薛稷取去。稷又敗，範得之。後卒爲火所焚。

《歷代名畫記》：吴道玄學書於張長史旭、賀監知章，學書不成，因工畫……其書迹似薛少保，亦甚便利。

《南部新書》：秘省内落星石，薛稷畫鶴，賀知章草書，郎餘令畫鳳，相傳號爲四絶。

《書斷》：薛稷，河東人。書學褚公，尤尚綺麗，媚好膚肉，得師之半，可謂河南公之高足，甚爲時所珍尚。

《廣川書跋》：薛稷於書，得歐、虞、褚、陸遺墨至備，故於法可據。

《輿地紀勝》：薛稷書"慧普寺"三字，方徑三尺，筆劃雄健，在通泉聖壽寺聚古堂。

《書學傳授》：薛少保傳李北海邕，與賀監知章，同鳴開元之間。

韋續《九品書》：下中十人：薛稷行草。

鄭谷《秘閣伴直》：閑看薛稷鶴，共起五湖心。

《録異記》：隱士朱君記靈池縣圖經云：朱桃椎者，隱士也，以武德元年於蜀縣白女毛村居焉……太子少保河東薛公稷初爲彭山令，聞其風而説之，乃作《茆茨賦》以贈焉。洎解印還京，假途就謁其室，已虚矣。但遺踪宛然。訪於鄉里，云"朱公或出或處，或隱或顯"，蓋得道者。薛公題贊於其壁，而還長安。

蘇味道

《舊唐書》九四、《新唐書》一一四：

蘇味道，趙州欒城人。九歲能屬辭，與里人李嶠俱以文翰顯，時號"蘇李"。逮冠，州舉進士，中第，累調咸陽尉。吏部侍郎裴行儉才之，會征突厥阿史那都之（《舊書》本傳），引管書記。裴居道爲左金吾衛將軍，倩味道作謝表（《舊書》），攬筆而具，閑徹清密，當時盛傳。延載中(《舊書》,中作初),以鳳閣舍人檢校侍郎,同鳳閣鸞臺平章事,尋加正授。(《舊書》)證聖元年,與張錫俱坐法繫司刑獄,錫雖下吏,氣象自如,味道獨席地飯蔬爲危惴可憐者。武后聞,放錫嶺南,纔降味道集州刺史。召爲天官侍郎。聖曆初(元年),復以鳳閣侍郎,同鳳閣鸞臺三品。長安中(四年),請還鄉改葬其父,(《舊書》)有詔州縣治喪事,味道因役庸過程,遂侵毀鄉人墓田,蕭至忠劾之,貶坊州刺史。遷益州大都督府長史。神龍初,(《舊書》)張易之敗,坐黨附,貶眉州刺史。復還益州長史,未就道,卒,年五十八,贈冀州刺史。味道練臺閣故事,善占奏,然其爲相,特具位,未嘗有所發明,脂韋自營而已;常謂人曰:"决事不欲明白,誤則有悔,摸稜持兩端可也。"故世號"摸稜手"。性友愛。其弟味元。味元嘗請托,不遂,因慢折之,味道怡然不屑。所論著行於時。(集十五卷。今存詩十五首,《全唐詩》編爲一卷。)

《舊唐書·文苑·王勃傳》:初,吏部侍郎裴行儉典選,有知人之鑒,見勮與蘇味道,謂人曰:"二子亦當掌詮衡之任。"《舊唐書·外戚·武承嗣傳附薛懷義傳》:長壽二年,默啜(突厥)復犯塞,又以懷義爲代北道行軍大總管……未行,改朔方道行軍大總管,以……鳳閣侍郎平章事蘇味道爲行軍司馬……未行虜退,乃止。

《舊唐書·忠義·王求禮傳》:都城三月雨雪,鳳閣侍郎蘇味道以爲瑞雪,率群官表賀。求禮曰:"公爲宰相,不能燮理陰陽,非時降雪,又將灾而爲瑞,誣罔視聽。若以三月雪爲瑞雪,即臘雷亦爲瑞雷耶?"味道不從。(《通鑒》事在長安元年)

《新唐書·張文瓘傳》附錫事:錫久視初爲鳳閣侍郎,同鳳閣鸞臺平章事,代其甥李嶠爲宰相,請還廬陵王,不爲張易之所右。與鄭杲俱知選,坐泄禁中語,又賕謝鉅萬。時蘇味道亦坐事同被訊,繫鳳閣,俄徙司刑三品院。錫按轡專道,神氣不懾,日膳豐鮮,無損貶。味道徒步赴逮,席地菜食。武后聞之,釋味道,將斬錫,既而流循州。

《新唐書·朱敬則傳》:冬官侍郎易之等集名儒撰《三教珠英》,又繪武三思、李嶠、蘇味道、李迥秀、王紹宗等十八人像以爲圖，欲引敬則，固辭不與，世潔其爲人。

杜審言《贈蘇味道》。

沈佺期《酬蘇員外味道夏晚寓直省中見贈》《哭蘇眉州崔司業二公》《從驩州廨宅移住山間水亭贈蘇使君》。

味道刺眉，一子居焉，故眉有蘇氏。

《册府元龜》：蘇味道初爲裴行儉征突厥管記。孝敬皇帝妃父裴居道再登左金吾將軍，訪當時才子爲謝表，乞於味道。援筆而成，詞理清密，盛傳於世。

石刻《郎官石柱題名》，考功郎中，吏部員外郎，二傳失載。

《唐語林》五：蘇味道詞亞於李嶠，時稱“蘇李”。崔融嘗戲蘇曰：“我詞不如公有‘銀花合’也。”蘇即答：“猶不及公‘金銅釘’。”謂“今同丁令威”也。

《夏日游石淙詩》碑，久視元年五月立，蘇味道侍游有詩。結銜稱鳳閣侍郎，與史傳合。

《新唐書·藝文志》：蘇味道集十五卷。

《唐會要》六十一：長安四年三月，監察御史蕭至忠彈鳳閣侍郎同鳳閣鸞臺三品蘇味道贓污，貶官……

杜審言六四五—七〇八　行五

審言卒於景龍二年。宋之問《祭杜審言文》稱：景龍二年考功員外郎宋之問。又云：“孟冬十日兮共歸君。”是以十月死也。

《舊唐書·文苑·杜易簡傳》、《新唐書·文藝》本傳、《唐才子傳》、《新唐書·崔融傳》、宋之問《祭杜審言文》：

杜審言，字必簡，襄州襄陽人，晋征南將軍預遠裔。咸亨元年(《登科記》)擢進士第，爲隰城尉。雅善五言詩，工書翰，有能名。然恃才謇傲，甚爲時輩所嫉。乾封中蘇味道爲天官侍郎，審言預選，試判訖，謂人曰："蘇味道必死。"（《舊書》）人驚問故，答曰："見吾判即自當羞死矣。"（《舊書》）又嘗語人曰："吾文章當得屈、宋作衙官，吾筆當得王羲之北面。"其矜誕類此。累遷洛陽丞。坐事貶吉州司户參軍，又與州僚不叶，司馬周季重與員外司户郭若訥共構審言罪狀，繫獄，將因事殺之。既而季重等府中酣讌，審言子并——年十三——懷刃以擊之，季重中傷死，而并亦爲左右所殺。季重臨死曰："吾不知審言有孝子，郭若訥誤我至此。"審言因此免官還東都，自爲文祭并，士友咸哀并孝烈，蘇頲爲墓志，劉允濟爲祭文（蘇、劉文俱不傳）。後則天召見審言，將加擢用，問曰："卿歡喜否？"審言蹈舞謝恩，因令作《歡喜詩》，甚見嘉賞，拜著作佐郎。俄遷膳部員外郎（《舊書》）。神龍初，坐交通張易之，流峰州。入爲國子監主簿，修文館直學士，景龍二年（據宋之問《祭審言文》），年六十餘，卒（《舊書·文苑·杜易簡傳》，上云舊書者同）。大學士李嶠等奏請加贈，詔贈著作郎。初審言病甚，宋之問、武平一等省候何如，答曰"甚爲造化小兒相苦，尚何言！然吾在久壓公等，今且死，固大慰，但恨不見替人"云。少與李嶠、崔融、蘇味道爲"文章四友"，世號"崔、李、蘇、杜"。初審言爲融所獎引，及融卒（審龍元年），審言爲服緦麻。（參《新書·崔融傳》）審言有集十卷。（《舊書》。《全唐詩》編詩一卷。）

宋之問《至端州驛見杜五審言、沈三佺期、閻五朝隱、王二無競題壁，慨然成咏》《送杜審言》。

李嶠《酬杜五弟晴朝獨坐見贈》《和杜學士江南初霽羈懷》《和杜學士旅次淮口阻風》《奉和杜員外扈從教閲》。

于季子《早春洛陽答杜審言》。

沈佺期《遥同杜員外審言過嶺》。

《大唐新語》：杜審言雅善五言詩，尤工書翰，恃才謇傲。自洛陽縣丞貶吉州司户，又與群僚不叶。司馬周季重與員外司户郭若訥共構之，審言繫獄，將因事殺之。審言子并，年十三，伺季重等酬讌，密懷刃以刺季重。季重中刃而死，并亦見害。審言由是免官，歸東都，自爲祭文以祭并。士友咸哀并孝烈，蘇頲爲墓志，劉允濟爲祭文。則天召見審言，甚加嘆異，累遷膳部員外。

郎瑛《七修類稿》：楊萬里序杜審言集，謂其祖孫詩句相似者數處，不知尤其極似者。如“日氣抱殘虹”，即“日射江樓霧氣黄”；如“明年春色倍還人”，即“錦江春色逐人來”；如“八荒平物土”，即“八荒開壽域”；如“伐鼓撞鐘驚海上”，即“撞鐘考鼓天下聞”；如“去歲兹辰捧玉床，五更三點入鵷行”，即“季冬除夜接新年，帝子王臣捧御筵”。

宋之問《祭杜學士審言文》：運鍾唐虞，崇文寵儒，國求至寶，家獻靈珠。後復有王楊盧駱，繼之以子躍雲衢……惟靈昭昭，度越數子。言必得俊，意常通理。其含潤也，若和風吹曙，摇露氣於春林；其秉鼓也，似凉雨半晴，懸日光於秋水。衆轍同遵者擯落，群心不際者探擬……余向十旬，日或再展，君感斯意，贈言宛轉。（案，此言病時事）識金石之契密，悔文章之交淺，命子誡妻，既懇且辨。自予與君，弱歲游執，文翰共許，風露相浥。况窮海兮同竄，復文房兮并入？……

武平一《請追贈杜審言官表》。

《舊唐書·經籍志》：杜審言集十卷。

《新唐書·藝文志》：杜審言集十卷。

《君溪詩話》：世人喜子美造次不忘君。嘗觀其祖審言《除夜》云：“還將萬億壽，更謁九重城。”則教忠之家風舊矣。

《唐詩紀事》：子美《贈閭丘師》詩云：“吾祖詩冠古，同年蒙主恩。”謂審言以詩、閭丘以字，同侍武后也。

本集《登襄陽城》：旅客三秋至，層城四望開。案：此審言不自以爲襄陽人，史傳云云，稱其舊望也。

本集《春日懷歸》：河山鑒魏闕，桑梓憶秦川……更懷歡賞地，車馬洛橋邊。

本集《贈崔融二十韻》：十年俱薄宦，萬里各他鄉……北使從江表，東歸在洛陽。相逢慰疇昔，相對叙存亡。草深窮巷毀，竹盡故園荒。

《新唐書・崔融傳》。

《郡齋讀書志》十七：杜審言，必簡也，襄陽人，預之後裔。擢進士，恃高才以傲世。嘗對武后賦《歡喜詩》，后嘆重其文。與李嶠、崔融、蘇味道爲“文章四友”。集有詩四十餘篇而已。

《唐才子傳》：審言，字必簡，京兆人，預之遠裔。咸亨元年宋守節榜進士，爲隰城尉。恃高才傲世見疾。蘇味道爲天官侍郎，審言集判，出謂人曰：“味道必死。”人驚問何故，曰：“彼見吾判，當羞死耳。”又曰：“吾文章當得屈、宋作衙官，吾筆當得王羲之北面。”其矜誕類此。坐事貶吉州司户。及武后召還，將用之，問曰：“卿喜否？”審言舞蹈謝。后令賦《歡喜詩》，稱旨，授著作郎，爲修文館直學士。卒。初，審言病，宋之問、武平一往省候。曰：“甚爲造化小兒相苦，尚何言！然吾在，久壓公等。今且死，但恨不見替人也。”少與李嶠、崔融、蘇味道爲“文章四友”。有集十卷，今不存，但傳詩四十餘篇而已。

王勃六四九—六七六

《舊唐書・文苑》上卷一百九十上：王勃，字子安，絳州龍門人。祖通，隋蜀郡司户書佐，大業末弃官歸，以著書講學爲業，依《春秋》體例，自“獲麟”後歷秦漢至於後魏，著紀年之書，謂之《元經》；又依《孔子家語》、揚雄《法言》例，爲客主對答之説，號曰《中説》。皆爲儒士所稱。義寧元年，卒。門人薛收等相與議謚，曰“文中子”。二子：福畤、福郊。勃六歲解屬文，構思無滯，詞情英邁，與兄勔、勮才藻相類。父友杜易簡常稱之曰：“此王氏三珠樹也。”勃年未及冠，應幽素舉及第。乾封初詣闕上《宸游東岳頌》。時東都造乾元殿，又上《乾元殿頌》。沛王賢聞其名，召爲沛府修撰，甚愛重之。諸王鬥鷄，互有勝負，勃戲爲《檄英王鷄文》。高宗覽之，怒曰："據此是交構之漸。"即日斥勃，不令入府。久之，補虢州參軍。勃恃才傲物，爲同僚所嫉。有官奴曹達犯罪，勃匿之，又懼事泄，乃殺達以塞口，事發當誅，會赦除名。時勃父福時爲雍州司户參軍，坐勃左遷交趾令。上元二年，勃往交趾省父，道出江中，爲《采蓮賦》以見意，其辭甚美。渡南海墮水而卒，時年二十八。勮弱冠進士登第，累除太子典膳丞。長壽中擢爲鳳閣舍人。時壽春王成器、衡陽王成義等五王初出閤，同日授册，有司撰儀注，忘載册文，及百僚在列，方知闕禮，宰相相顧失色。勮立召書吏五人，各令執筆，口占分寫，一時俱畢，詞理典贍，人皆嘆服。尋加弘文館學士，兼知天官侍郎。勮頗任權勢，交結非類。萬歲通天二年，綦連耀謀逆事泄，勮坐與耀善，并弟勔并伏誅。勔累官至涇州刺史。神龍初有詔追復勮、勔官位。福時天后朝以子貴，累轉澤州長史，卒。初，吏部侍郎裴行儉典選，有知人之鑒，見勮與蘇味道，謂人曰："二子亦當掌銓衡之任。"李敬玄尤重楊炯、盧照鄰、駱賓王與王勃等四人，必當顯貴。行儉曰："士之致遠，先器識而後文藝。勃等雖有文才，而浮躁淺露，豈享爵禄之器耶？楊子沉静，應至令長，餘得令終爲幸。"果如其言。勃文章邁捷，下筆則成，尤好著書，撰《周易發揮》五卷，及《次論語》等書數部。勃亡後，并多遺失。有文集三十卷；勃聰警絶衆，於推步曆算尤精。嘗作《大唐千歲曆》，言唐德靈長千年，不合承周、隋短祚。其論大旨云：以土王者五十代而一千年，金王者四十九代而九百年，水王者二十代而六百年，木王者三十代而八百年，火王者二十代而七百年。此天地之常期，符曆之數也。自黄帝至漢，并是五運真主。五行已遍，土運復歸，唐德承之宜矣。魏晋至於周隋，咸非正統，五行之沴氣也，故不可承之。大率如此。

《新唐書·文藝》上卷二百一：王勃字子安，絳州龍門人。六歲善屬文辭，九歲得顔師古注《漢書》讀之，作《指瑕》以摘其失。麟德初，劉祥道巡行關内，勃上書自陳，祥道表於朝，對策高第。年未及冠，授朝散郎，數獻頌闕下。沛王聞其名，召署府修撰論次《平臺秘略》，書成，王愛重之。是時諸王鬥鷄，勃戲爲文檄英王鷄。高宗怒曰："是且交構。"斥出府。勃既廢，客劍南，嘗登葛憤山曠望，慨然思諸葛亮之功，賦詩見情。聞虢州多藥草，求補參軍。倚才陵借，爲僚吏共嫉。官奴曹達抵罪匿勃所，懼事泄，輒殺之。事覺當誅，會赦除名。父福時由雍州司功參軍坐勃故，左遷交趾令。勃往省，度海溺水痵而卒，年二十九。初道出鍾陵，九月九日都督大宴滕王閣，宿命其婿作序以誇客，因出紙筆遍請，客莫敢當。至勃沆然不辭，都督怒起更衣，遣吏伺其文輒報。一再報，語益奇，乃矍然曰："天才也！"請遂成文，極歡罷。勃屬文初不精思，先磨墨數升，則酣飲引被覆面卧，及寤，援筆成篇，不易一字，時人謂勃爲"腹稿"。尤喜著書。初，祖通隋末居白牛溪教授，門人甚衆。嘗起漢魏盡晋作書百二十篇，以續古《尚書》，後亡其序。有録無書者十篇，勃補完缺逸，定著二十五篇。嘗謂人子不可不知醫。時長安曹元有秘術，勃從之游，盡得其要。嘗讀《易》夜夢，若有告者曰："《易》有太極，子勉思之！"寤而作《易發揮》數篇，至晋卦會病止。又謂：王者：乘土王世五十，數盡千年；乘金王世四十九，數九百年；乘水王世二十，數六百年；乘木王世三十，數八百年；乘火王世二十，數七百年。天地之常也。自黄帝至漢五運，適周土復歸唐，唐應繼周漢，不可承周、隋短祚。乃斥魏晋以降非真主正統，皆五行沴氣。遂作《唐家千歲曆》。武后時，李嗣真請以周漢爲二王後，而廢周隋。中宗復用周隋。天寶中太平久，上言者多以詭異進。有崔昌者，采勃舊説，上《五行應運曆》，請承周漢，廢周隋爲閏。右相李林甫亦贊佑之，集公卿議可否。集賢學士衛包、起居舍人閻伯璵上表曰：都堂集議之夕，四星聚於尾，天意昭然矣。於是玄宗下詔，以唐承漢，黜隋以前帝王，廢介酅公，尊周漢爲二王後，以商爲三恪，京城起周武王、漢高祖廟，授崔昌太子贊善大夫，衛包司虞員外郎，楊國忠爲右相，自稱隋宗建議。復用魏爲三恪，周隋爲二王後，酅、介二公復舊封，貶崔昌烏雷尉，衛包夜郎尉，閻伯璵涪川尉。

勃兄勮、弟助皆第進士。勮長壽中爲鳳閣舍人。壽春等五王出閤，有司具儀忘載册文，群臣已在，乃寤其闕，宰相失色。勮召五吏，執筆分占其辭，粲然皆畢，人人嗟服。尋加弘文館學士，兼知天官侍郎。始裴行儉典選，見勮與蘇味道曰："二子者皆銓衡才。"至是語驗。勮素善劉思禮，用爲箕州刺史，與綦連耀謀反。勮與兄涇州刺史勔及助皆坐誅。神龍初，詔復官。

助字子功，七歲喪母，哀號，鄰里爲泣。居父憂，毁骨立。服除爲監察御史裏行。初，勔、勮、勃皆著才名，故杜易簡稱"三珠樹"。其後助、劼又以文顯，劼早卒。福畤少子勸亦有文。福畤嘗詫韓思彦。思彦戲曰："武子有馬癖，君有譽兒癖，王家癖何多耶？"使助出其文，思彦曰："生子若是，可誇也！"勃與楊炯、盧照鄰、駱賓王皆以文章齊名，天下稱"王、楊、盧、駱"四杰。炯嘗曰："吾愧在盧前，耻居王後。"議者謂然。

《唐詩紀事》卷七：裴行儉在吏部，見蘇味道、王勮曰："二君後皆掌銓衡。"李敬玄盛稱王勃、楊炯、盧照鄰、駱賓王，行儉曰："勃等雖有才，然浮躁衒露，豈享爵禄者；炯頗沉默，可至令長，餘皆不得其死。"

勃爲文先磨墨數升，引被覆面而卧，忽起書之，初不加點，時謂"腹稿"。

勃爲沛王府修撰時，諸王鬥鷄，勃戲爲文檄英王鷄。高宗曰："是且交構。"斥出府。勃既廢，客劍南，嘗登葛憒山曠望，慨然思諸葛之功，賦詩見情。爲虢州参軍，坐罪除名。父福畤，以左遷交趾令，勃往省，度海溺水痵而卒，年二十九。勮、勔以事坐誅。

《唐才子傳》一：勃字子安，太原人，王通之諸孫也。六歲善辭章。麟德初，劉祥道表其材，對策高第。未及冠，授朝散郎。沛王召署府修撰。時諸王鬥鷄，會勃戲爲文檄英王鷄。高宗聞之怒，斥出府。勃既廢，客劍南，登山曠望，慨然思諸葛之功，賦詩見情。又嘗匿死罪官奴，恐事泄，輒殺之。事覺當誅，會赦除名。父福畤坐是左遷交趾令。

勃往省覲，途過南昌，時都督閻公新修滕王閣成，九月九日大會賓客，將令其婿作記，以誇盛事。勃至入謁，帥知其才，因請爲之，勃欣然對客操觚，頃刻而就，文不加點，滿座大驚。酒酣辭別，帥贈百縑，即舉帆去。至炎方舟入洋海溺死，年二十九。勃屬文綺麗，請者甚多，金帛盈積。心織而衣，筆耕而食，然不甚精思，先磨墨數升，則酣飲引被覆面卧，及寤，援筆成篇，不易一字，人謂之“腹稿”。嘗言人子不可不知醫。時長安曹元有秘方，勃盡得其術，又以虢州多藥草，求補參軍。倚才陵借，僚吏疾之。有集三十卷，及《舟中纂序》五卷，今行於世。勃嘗遇異人，相之曰：“子神强骨弱，氣清體羸，腦骨虧陷，目睛不全，秀而不實，終無大貴矣。”故其才長而命短者，豈非相乎？

《新唐書・文藝傳》、《舊唐書・文苑傳》、《唐才子傳》、《新唐書・藝文志》、《唐摭言》、楊炯《王勃集序》等：

王勃，字子安，絳州龍門人。少時夢人遺以墨丸盈袖。（《酉陽雜俎》）六歲善文辭；九歲得顔師古注《漢書》讀之，作《指瑕》以擿其失。龍朔三年（六六三。《才子傳》云麟德初），劉祥道巡行關内，勃上書自陳，祥道表於朝，對策高第……授朝散郎。乾封元年（六六六），又應幽素科及第，時猶未及冠。（據《舊書》，參《登科記》補。案：《新書・文藝・勃傳》：麟德初，劉祥道巡行關内。然《舊書・高宗紀》：龍朔三年八日，詔百僚極言正諫，命司元太常伯竇德玄、司刑太常伯劉祥道等九人爲持節大使，分行天下，仍令内外官五品以上各舉所知。而麟德初不書巡行事。且唐制貞觀十九年後，復以十一月選，三月畢。《登科記》：麟德二年，選士并落下。又《舊書》云應幽素科及第，與《新書》異，然《登科記》乾封元年有是舉，并載勃及第時年十七，則《舊書》正亦不誤。意者對策及第與應幽素舉及第爲兩事，而《新書》《舊書》但各書其一耳。且祥道卒於乾封元年，知勃上書對策正在龍朔三年，而應幽素舉别爲一事。又據《登科記》，勃舉幽素及第時年十七，則對策及第時，纔十四歲耳。）詣闕上《宸游東岳頌》。時東都乾元殿已成，（《舊書・高宗紀》，乾元殿前一年，即麟德二年已成）

因又上《乾元殿頌》。(《舊書》)沛王聞其名，召署府修撰，(案:《舊書·高宗紀》:龍朔三年，“兼司列太常伯、檢校沛王府長史、陽城縣侯劉祥道兼右相”。勃署沛府修撰，或因祥道之薦。然祥道卒於乾封元年，則沛王或先聞勃名，至是始召署府屬耳。俟考。)論次《平臺秘略》，書成，王愛重之。龍朔元年九月(《通鑒》)，諸王鬥鷄，互有勝負，勃戲爲《檄周王鷄文》(《通鑒考異》:“舊傳云《檄英王鷄》，案中宗爲英王時，沛王賢已爲太子，當云周王。”)，高宗覽之，怒曰:“據此是交構之漸。”即日斥勃，不令入府。(《舊書》。較詳於《新書》)勃既廢，客劍南，嘗登葛憒山曠望，慨然思諸葛亮之功，賦詩見情。聞虢州多藥草，求補參軍。倚才陵借，爲僚吏共嫉。官奴曹達抵罪，勃匿之，又懼事泄，乃殺達以塞口，事發當誅，會赦除名。(《舊書》。《舊書·高宗紀》:咸亨五年八月，改元上元，大赦。)父福畤由雍州司功(《舊書》作司户)參軍坐勃故，左遷交趾令。上元二年，勃往交趾省父，道出江中，爲《采蓮賦》以見意，其辭甚美，渡南海墮水而卒，時年二十九(《舊書》。原作時年二十八，此從《新書》)。初，道出鍾陵(南昌)，九月九日，都督(閻公)大宴滕王閣，宿命其婿作序以誇客，因出紙筆遍請，客莫敢當，至勃，沆然不辭。都督怒，起更衣，遣吏伺其文輒報。僕報云“南昌故郡，洪都新府”，公曰“老生常談”，又云“星分翼軫，地接衡廬”，公不語。至“落霞與孤鶩齊飛，秋水共長天一色”，乃矍然曰:“真天才也!”(案:《唐摭言》云:是時年十四。謬不足辨。)請遂成文，極歡罷。酒酣辭别，帥贈百縑，即舉帆去(《唐才子傳》)。勃屬文綺麗(《唐才子傳》)，初不精思，先磨墨數升，則酣飲，引被覆而卧，及寤，援筆成篇，不易一字，時人謂勃爲“腹稿”。所至請托爲文，金帛豐積，人謂心織筆耕。(《翰林盛事》)李敬玄尤重楊炯、盧照鄰、駱賓王與勃等，謂四人必當顯貴。裴行儉曰:“士之致遠，先器識而後文藝，勃等雖有文才，而浮躁淺露，豈享爵禄之器耶?楊子沉静，應至令長，餘得令終爲幸。”果如其言。(《舊書》)勃尤喜著書。初，祖通……嘗起漢、魏盡晋作書百二十篇，以續古《尚書》，後亡其序，有録無書者十篇，勃補完缺逸，定著二十五篇。嘗謂人子不可不知醫。時長安曹元有秘術，勃從之游，盡得其要。嘗讀《易》夜夢，若有告者曰：“《易》有太極，子勉思之。”寤而作《易發揮》數篇，至晋卦，會病止。於推步曆算尤精，嘗作《大唐千歲曆》。(《舊書》。《新書·藝文志》易類：王勃《周易發揮》五卷。與《舊書》本傳同。别集類：又有《舟中纂序》五卷。曆算類：《千歲曆》卷亡。論語類：《次論語》十卷。）……天寶中……有崔昌者采勃舊説，上《五行應運曆》，玄宗嘉納，旋復廢之。勃亡後，著述多佚，惟文集三十卷存。（據《舊書》補。《全唐詩》編詩一卷。）

勃與兄勔、勮才藻相類，父友杜易簡嘗稱之曰：“此王氏三珠樹也。”(《舊書》）勮弱冠進士登第，累除太子典膳丞。長壽中擢爲鳳閣舍人。(《舊書》）時壽春等五王出閤，同日授册。有司撰儀注，忘載册文。及百僚在列，方知闕禮，宰相相顧失色。勮立召書吏五人，各令執筆，口占分寫，一時俱畢，詞理典贍，人皆嘆服。尋加弘文館學士，兼知天官侍郎……萬歲通天二年（六九七），綦連耀謀逆事泄（《舊書》），勮坐素善耀同黨劉思禮，與兄勔及弟助并伏誅。（改寫）初，勔、勮、勃皆著才名……其後助、劼又以文顯，劼早卒。福時少子勸亦有文。福時嘗詫韓思彦，思彦戲曰：“武子有馬癖，君有譽兒癖，王家癖何多耶！”使出其文，(《新書·藝文志》“别集類”載王助《雕蟲集》一卷。）思彦曰：“生子若是，可誇也！”

勃嘗遇異人，相之曰：“子神强骨弱，氣清體羸，腦骨虧陷，目睛不全，秀而不實，終無大貴矣。”(《唐才子傳》）

邵大震（大震，字令遠，安陽人）《九日登玄武山旅眺》：九月九日望遥空，秋水秋天生夕風。寒雁一向南去遠，游人幾度菊花叢。（玄武山在今東蜀，高宗時，王勃以《檄鷄文》斥出沛王府。既廢，客劍南，有《游玄武山賦詩》。盧照鄰爲都尉，亦有和作。）

盧照鄰《三月曲水宴得尊字》。又《九月九日登玄武山》：九月九日眺山川，歸心歸望積風烟。他鄉共酌金花酒，萬里同悲鴻雁天。

楊炯《王勃集序》：……君諱勃，字子安，太原祁人也。其先出自有周，睿啓大明之裔，隱乎炎漢，弘宣高尚之風；晋室南遷，家聲布於淮海，宋臣北徙，門德勝於河汾。宏材繼出，達人間峙。祖父通，隋秀才高第、蜀郡司户書佐、蜀王侍讀，大業末，退講藝於龍門，其卒也，門人謚之曰“文中子”。聞風睹奥，起予道帷，揣摩三古，開闡八風，始擯落於鄒、韓，終激揚於荀、孟。父福畤，歷任太常博士、雍州司功、交趾、六合二縣令，爲齊州長史。抑維邦彦，是曰人宗，絶六藝以成能，兼百科而爲德，司馬談之晚歲，思弘授史之功，揚子雲之暮年，遂起參玄之嘆。君之生也，含章是托，神何由降？星辰奇偉之精；明何由出？家國賢才之運。性非外獎，智乃自然，孝本乎未名，人應乎初識，器識之敏，先乎就傅。九歲讀顔氏《漢書》，撰《指瑕》十卷。十歲包綜六經，成乎期月，懸然天得，自符昔訓，時師百年之學，旬日兼之。昔人千載之機，立談可見。居難則易，在塞咸通，於術無所滯，於詞無所假。幼有鈞衡之略，獨負舟航之用。年十有四，時譽斯歸。太常伯劉公巡行風俗，見而異之，曰：“此神童也。”因加表薦，對策高第，拜爲朝散郎。沛王之初建國也，博選奇士，徵爲侍讀，奉敕撰《平臺鈔略》十篇，書就，賜帛五十匹。先鳴楚館，孤峙齊宫，乘、忌側目，應、劉失步，臨秀不容，尋反初服。遠游江漢，登降岷峨，觀精氣之會昌，玩靈奇之肸蠁，考文章之迹，徵造作之程，神機若助，日新其業，西南洪筆，咸出其詞，每有一文，海内驚瞻。所製《九隴縣孔子廟堂碑文》，宏偉絶人，稀代爲寶，正乎之作，不能奪也。咸亨之初，乃參時選，三府交辟，遇疾辭焉。友人陸季友時爲虢州司法，盛稱宏農藥物，乃求補虢州參軍。坐免，歲餘尋復舊職。弃官沈迹，就養於交趾焉。長卿坐廢於時，君山不合於朝；豈無媒也？其惟命乎！富貴比於浮雲，光陰逾於尺璧，著撰之志，自此居多，觀覽舊章，翺翔群藝，隨方滲漉，於何不盡，在乎辭翰，倍所用心。嘗以龍朔初載，文場變體，争構纖微，競爲雕刻，糅之金玉龍鳳，亂之朱紫青黄，影帶以徇其功，假對以稱其美，骨氣都盡，剛健不聞，思革其弊，用光志業。薛令公朝右文宗，托末契而推一變；盧照鄰人間才杰，覽清規而輟九攻。知音與之矣，知己從之矣，於是鼓舞其心，發泄其用，八弦馳騁於思緒，萬代出没於毫端，契將往而必融，防未來而先制。動摇文律，宫商有奔命之勞；沃蕩詞源，河海無息肩之地。以兹偉鑒，取其雄伯，壯而不虚，剛而能潤，雕而不碎，按而彌堅，大則用之以時，小則施之有序，徒縱横以取勢，非鼓怒以爲資。長風一振，衆萌自偃，遂使繁綜淺術，無藩籬之固；紛繪小才，失金湯之險，積年綺碎，一朝清廓，翰苑豁如，詞林增峻。反諸宏博，君之力焉；矯枉過正，文之權也。後進之士，翕然景慕，久倦樊籠，咸思自釋，近則面受而心服，遠則言發而響應，教（疑當作效）之者逾於激電，傳之者速於置郵，得其片言而忽焉高視，視其一氣則邈矣孤騫，竊形骸者既昭發於樞機，吸精微者亦潛附於聲律。雖雅才之變例，誠壯思之雄宗也。妙異之徒，别爲縱誕，專求怪説，争發大言，乾坤日月張其文，山河鬼神走其思，長句以增其滯，容氣以廣其靈，已逾江南之風，漸成河朔之制，謬稱相述，罕識其源。扣純粹之精機，未投足而先逝，覽奔放之偏節，已滯心而忘返，乃相循於跼步，豈見習於通方？倍譎不同，非墨翟之過；重增其放，豈莊周之失？唱高罕屬，既知之矣，以文罪我，其可得乎？君以爲摛藻雕章，研幾之餘事；知來藏往，探迹之所宗，隨時以發，其惟應便，稽古以成，其殆察微。循紫宫於北門，幽求聖律；訪玄扈於東洛，響像天人。每覽韋編，思弘大《易》，周流窮乎八索，變動該乎四營，爲之發揮，以成注解。嘗因夜夢有稱孔夫子而謂之曰："《易》有太極，子其勉之！"寤而循環思過半矣。於是窮蓍蔡以像告，考爻象以情言，既乘理而得玄，亦研精而遁道。虞仲翔之盡思，徒見三爻；韓康伯之成功，僅逾兩繫。君之所注，見光前古，與夫發天地之秘藏，知鬼神之情狀者，合其心矣。君又以幽贊神明，非杼軸於人事；經營訓導，乃優游於聖作。於是編次《論語》，各以群分，窮源造極，爲之古訓，仰貫一以知歸，希體二而致遠，爲文武序，大義昭然。文中子之居龍門也，睹隋室之將喪，知吾道之未行，循"嘆鳳"之遠圖，宗"獲麟"之遺制，裁成大典，以贊孔門，討論漢魏，迄於晋代，删其詔命爲百篇以續《書》，甄正樂府，取其雅奥爲三百篇以續《詩》。又自晋太熙元年，至隋開皇九年平陳之歲，褒貶行事，述《元經》以法《春秋》。門人薛收竊慕，因爲《元經》之傳，未就而殁。君思崇祖德，光宣奥義，續薛氏之遺傳，製詩書之衆序，包舉藝文，克融前烈。陳群禀太丘之訓，時不逮焉；孔伋傳司寇之文，彼何功矣。詩書之序，并冠於篇，《元經》之傳，未終其業。命不我與，有涯先謝，春秋二十八，皇唐上元三年秋八月，不改其樂，顔氏斯殂，養空而游，賈生終逝。嗚呼，天道何載！所注《周易》，窮乎晋卦。又注《黄子八十一難》，辛就其功。撰《合論》十篇，見行於代。君平生屬文，歲時不倦，綴其存者，纔數言篇……兄勔及勮，磊落詞韻，鏗鍧風骨，皆九變之雄律也。弟助及劼，揔括前藻，網羅群思，亦一時之健筆焉。友愛之至，人倫所及……

《芝田録》：王勃之先文中子見勃弄筆，令作題《太公遇文王贊》。曰："姬昌好德，吕望潜華，城闕雖近，風雨尚賒，漁舟倚石，釣浦横沙，路幽山僻，溪深岸斜，豹韜穰惡，龍吟辟邪，雖逢切近，猶待安車，君王握手，何其晚耶？"

案：張燮："楊炯序勃文集云：'陳群禀太丘之訓，時不逮焉。'是勃未及見祖也。丁用悔云文中子命之作頌，恐誤。"陳鴻博曰：《天中記》據《舊唐書》及《文中子》云：王通隋義寧元年卒。楊炯作勃文集序云："陳群禀太丘之訓，時不逮焉。"是勃未見其祖也。《芝田録》云文中子命勃作贊，誤。(《唐語林》二引略同。)

《韻語陽秋》：王勃《示知己》詩云："客書同十奏，臣劍已三奔。"則不爲無意於功名者。《夢游仙》詩云："乘月披金枝，連星解瓊佩。"則不爲無意於神仙者。是以登葛幘山而思武侯之功，宿仙居觀而思霓裳之侣也。又《述懷擬古》詩云："僕生二十祀，有志十數年。下策圖富貴，上策懷神仙。"而二志竟不遂，可勝嘆哉！

王福畤之子勔、勮、勃皆有才名，故杜易簡稱爲"三珠樹"。其後助、劼、勸又皆以文顯。勃於兄弟之間極友愛。《自鄉還虢》詩曰："人生忽如客，骨肉知何常。願及百年内，華蕚常相將。無使棠棣廢，取譬人無良。”觀此語意，豈兄弟中有不相能者邪？及觀《誡功勁》云：“欲不可縱，争不可常，勿輕小忿，將成大殃。”此二人者，似非處於禮義之域者。“棠棣廢”之詩，疑爲此二人設也。

《太平廣記》：唐成敬奇有俊才，天册中詣闕自陳，請日試文章三十道。則天乃命王勃試之，授校書郎。

《唐語林》二：王勃凡欲作文，先令磨墨數升，飲酒數杯，以被覆面而寢，既寤，援筆而成，文不加點，時人謂爲“腹稿”也。

《雲仙雜記》引《北里志》：《翰林盛事》云：“王勃所至，請托爲文。金帛豐積，人謂心織筆耕。”（《翰林志》引《翰林盛事》同。）

《册府元龜》：王勃高宗乾封初，上《東岳頌》及《乾元殿頌》，沛王賢奏就府修撰。時諸王以鬥鷄爲戲，勃作《檄英王鷄文》。高宗聞之曰：“回車朝歌，不踐勝母者，惡其名也。勃之此文，恐成交構之漸。”斥勃不令入府。

《鐵立文起》：華無技曰：“子安詞賦，如千錦飛光，萬花騰焰，篇篇結緑，語語連珠，胸無儉思，腕有餘藻，其於文章家，信九天之霞府，百川之谷王也。天才横恣，浮音時亦間出，要之少年肆筆，何妨馳驟飛揚哉？”

《摭遺新説》：王勃自洪州旋舟，謝向時所見老叟，曰：“神既藉以好風，躬修牢酒，以報神賜。”（任淵《後山詩注》引）

《藝概》二：唐初四子，源出子山，觀少陵《戲爲六絶句》專論四子，而第一首起句便云“庾信文章老更成”。有意無意之間，驪珠已得。

《詩學纂聞》：杜集《戲爲六絶》……次章云：“王楊盧駱當時體，輕薄爲文哂未休。”輕薄爲文四字，乃後世哂四家之語，非指後生輩爲輕薄人也……此解蓋聞之茶陵彭閣老。

明張燮《王子安集序》：自裴氏以器識程人，而抹殺文藝，謂四杰輕浮淺露，必非騁邁長享之骨，而四子淹躓不振，一時剖斷，終莫能拔，此不過愛憎之言幸而中耳。然則男子生世，必盡槐鼎期，頤如孔光張禹及近孔敬宗輩，始克自標根器而不愧鬚眉，恐世間無此名教也。且四子本傳，不過揚己護前，無所於讓，先輩見而惡之耳。若六朝傷化敗倫之事，萬萬必無，豈可投畀之於死法中也？子安天性過人，夙企曾閔，所遭多忤，然父子兄弟之際，自成雍熙。至其貽愆高堂，貶官遠播，百悔填膺，無以自贖，勢必自投蛟龍腹中以爲化身處，差足自原也。盧昇之灌園以奉母，佞佛以延母，而志俱不可伸，有心人宜共惋痛。若李公起義，駱公應之，浩氣凌霄，尺檄殲牝，今明興已祀侍御於學宮，不知并時之人却目之爲叛，纍代皆狂，亦獨何哉？盈川以從叔弟神讓與李敬業有連，神讓被誅，盈川亦用外鎸。貞柯殘翠，傲彼華苑。四君子炳炳如此，不獎賞其忠孝之大節，而詆訶其褊急之小疵，顧不謬哉？子安謂人子必鋭意醫部，事曹元而通秘，乞虢州而采藥，其與弟詩云："自余返初服，無情想高蓋。報國豈無情，以親心乃大。"家門往復，和易真摯。且祖述河汾，多所發明，大有琅琅禮樂器者焉。公文大率從引滿擁被，酣暢得來，玄鶴争蜚，絳螭百變，即雕鏤者所不能争其工。又字字俱有根蒂，非漫言者。小序碎金，輝動衫袖。諸廟寺碑以三珠之樹彩，增七寶之莊嚴。乃"乾元殿"等頌何以不動同時之嘆？命運所遭，豈大力所得高坐而揶揄哉？余因叙子安集，而備書四杰忠孝之大凡，千年烟靄，至是經天。明識君子，必以余爲知言。

《藝苑卮言》曰："裴行儉弗取四杰，懸斷終始，然亦臆中耳。彼所重王勮、王勔、蘇味道者，一以鈎黨取族，一以模棱貶竄。區區相位，何益人毛髮事？千古肉食不識丁人，舉爲談柄，良可嘆也。"王長公此段，正先得我心，而余又互有發明，聊質之裴氏。

《舊唐書·經籍志》：王勃集三十卷。

《新唐書·藝文志》：王勃集三十卷，又《舟中纂序》五卷。

《郡齋讀書志》十七：王勃集二十卷。右唐王勃子安也，通之孫。麟德初，劉祥道薦其才，對策高等，授朝散郎。沛王召署府修撰，以戲爲諸王鬥鷄檄，高宗怒斥出府。父爲交趾令，勃往省，溺海卒。勃屬文初不精思，先磨墨數升，酌飲引被覆面卧，及寤，援筆成篇，不易一字，時人謂之“腹稿”。有劉元濟序。

《四庫提要·集部·别集》二：《王子安集》十六卷（山東巡撫采進本），唐王勃撰。《唐書·文苑傳》稱其文集三十卷，而《楊炯集序》則謂分爲二十卷，其諸篇目，洪邁《容齋隨筆》亦稱今存者二十卷，蓋猶舊本。明以來，其集已佚，原目遂不可考。世所傳初唐十二家集，僅載勃詩賦二卷，闕略殊甚，故皇甫汸作《楊炯集序》，稱王詩賦之餘，未睹他製。此本乃明崇禎中閩人張燮搜輯《文苑英華》諸書編爲一十六卷，雖非唐宋之舊，而以視别本，則較爲完善矣。勃文爲四杰之冠，儒者頗病其浮艷。按段成式《酉陽雜俎》曰：張燕公嘗讀勃《夫子學堂碑頌》“帝車南指，遁七曜於中階，華蓋西臨，高五雲於太甲”四句，悉不解，訪之一公（按一公謂僧一行也），一公言北斗建午，七曜在南方，有是之祥，無位聖人當出。“華蓋”以下，卒不可悉。洪邁《容齋隨筆》亦曰：王勃等四子之文，皆精切有本原，其用駢儷作記、序、碑、碣，蓋一時體格如此，而後來頗議之。杜詩云：“王楊盧駱當時體，輕薄爲文哂未休。爾曹身與名俱滅，不廢江河萬古流。”正謂此耳。身名俱滅以責輕薄子，江河萬古指四子也。韓公《滕王閣記》云：江南多游觀之美，而滕王閣獨爲第一，及得三王爲序賦記等，壯其文詞。注謂王勃作游閣序。又云中丞命爲記，竊喜載名其上，詞列三王之次，有榮耀焉。則韓之所以推勃，亦爲不淺矣。夫一行、段成式，博洽冠絶古今；杜甫、韓愈，詩文亦冠絶古今，而其推勃如是。枵腹白戰之徒，掇拾語録之糟粕，乃沾沾焉而動其喙，殆所謂“蚍蜉撼樹”者歟。今録勃集，并録成式及邁之所記，庶耳食者無輕詆焉！

楊炯六五〇—七〇〇？　行七

《舊唐書·文苑》上卷一百九十上：楊炯，華陰人。伯祖虔威，武德中官至右衛將軍。炯幼聰敏，博學，善屬文，神童舉，拜校書郎，爲崇文館學士。儀鳳中，·太常博士蘇知幾上表以公卿以下冕服，請別立節文，敕下有司詳議。炯獻議曰：古者太昊庖犧氏，仰以觀象，俯以察法，造書契而文籍生；次有黄帝軒轅氏，長而敦敏，成而聰明，垂衣裳而天下理。其後數遷五德，君非一姓，體國經野，建邦設都，文質所以再而復，正朔所以三而改。夫改正朔者，謂夏后氏之建寅，殷人建丑，周人建子。至於以日繫月，以月繫時，以時繫年，此三王相襲之道也。夫易服色者，謂夏后氏尚黑，殷人尚白，自周人尚赤，至於山龍華蟲，宗彝藻火，粉米黼黻，此又百代可知之道。謹按《虞書》曰：予欲觀古人之象，日月星辰，山龍華蟲，作會宗彝，藻火粉米，黼黻絺綉，由此言之，則其所以來者尚矣。日月星辰者，明光照下土也；山者，布散雲雨，象聖王大澤沾下也；龍者，變化無方，象聖王應時布教也；華蟲者，雉也，身被五彩，象聖王體兼文明也；宗彝者，武蜼也，以剛猛制物，象聖王神武定亂也；藻者，逐水上下，象聖王隨代而應也；火者，陶冶烹飪，象聖王至德日新也；粉米者，人恃以生，象聖王爲物之所賴也；黼能斷割，象聖王臨事能决也；黻者，兩己相背，象君臣可否相濟也。迨有周氏，乃以日月星辰爲旌旗之節。又登龍於山，登火於宗彝，於是乎，製衮冕以祀先王也。九章者，法陽數也，以龍爲首章。衮者，卷也，龍德神異應變潛見，表聖王深識遠智卷舒神化也，又製鷩冕以祭先公也。鷩者，雉也，有耿介之志，表公有賢才能守耿介之節也，又製毳冕以祭四望也。四望者，岳瀆之神也。武蜼者，山林所生，明其象也，製絺冕以祭社稷也。社稷者，土穀之神也，粉米由之而成，象其功也，又製玄冕以祭群小祀也。百神異形，難可遍擬，但取黻之相背，昭異名也。夫以周公之多才也，故治定制禮，功成作樂；夫以孔宣之將聖也，故行夏之時，服周之冕。先王之法服，乃此之自出矣，天下之能事，又於是乎畢矣。今知幾表狀請制大明冕十三章，乘輿服之者，謹按日月星辰者，已施於旌旗矣。龍武山火者，又不逾於古矣，而云麟鳳有四靈之名，玄龜有負圖之應，雲有紀官之號，水有盛德之祥，此蓋別表休徵，終是無逾比象。然則皇王受命，天地興符，仰觀則璧合珠連，俯察則銀黄玉紫，殫南宫之粉壁不足寫其形狀，罄東觀之鉛黄，未可紀其名實，固不可畢陳於法服也。雲者，龍之氣也；水者，藻之自生也，又不假別爲章目，此蓋不經之甚也。又鸞冕八章三公服之者，鸞者，太平之瑞也，非三公之德也。鷹鸇者，鷙鳥也，適可以辨祥刑之職也。熊羆者，猛獸也，適可以旌武臣之力也。又稱藻爲水草，無所法象，引張衡賦"蔕倒茄於藻井，披紅葩之狎獵，請爲蓮華，取其文彩"者，夫茄者，蓮也，若以蓮代藻，變古從今，既不知草木之名，亦未達文章之意，此又不經之甚也。又毳冕六章三品服之者，按此王者祀四望服之名也，今三品乃得同王之毳冕，而三公不得同王之衮名，豈唯顛倒衣裳，抑亦自相矛盾，此又不經之甚也。又黻冕四章五品服之者，考之於古，則無其名，驗之於今，則非章首，此又不經之甚也。若夫禮唯從俗，則命爲制令爲詔，乃秦皇之故事，猶可以適於今矣；若夫義取隨時，則出稱警，入稱蹕，乃漢國之舊儀，猶可以行於代矣，亦何取變周公之軌物，改宣尼之法度者哉？由是竟寢知幾所請。炯俄遷詹事司直。則天初，坐從祖弟神讓犯逆，左轉梓州司法參軍，秩滿選授盈川令。如意元年七月望日，宫中出盂蘭盆，分送佛寺，則天御洛南門，與百僚觀之，炯獻《盂蘭盆賦》，詞甚雅麗。炯至官，爲政殘酷，人吏動不如意，輒榜殺之。又所居府舍；多進士亭臺，皆書榜額爲之美名，大爲遠近所笑，無何卒官。中宗即位，以舊僚追贈著作郎。文集三十卷。炯與王勃、盧照鄰、駱賓王以文詞齊名，海内稱"王楊盧駱"，亦號爲"四杰"。炯聞之謂人曰："吾愧在盧前，耻居王後。"當時議者亦以爲然。其後崔融、李嶠、張説俱重四杰之文。崔融曰："王勃文章宏逸，有絶塵之迹，固非常流所及，炯與照鄰可以企之，盈川之言信矣。"説曰："楊盈川文思如懸河注水，酌之不竭，既優於盧，亦不減王，'耻居王後'，信然，'愧在盧前'，謙也。"開元中，説爲集賢大學士十餘年，常與學士徐堅論近代文士，悲其凋喪。堅曰："李趙公、崔文公之筆術，擅價一時，其間孰優？"説曰："李嶠、崔融、薛稷、宋之問之文如良金美玉，無施不可。富嘉謨之文，如孤峰絶岸，壁立萬仞，濃雲鬱興，震雷俱發，誠可畏也，若施於廊廟，則駭矣。閻朝隱之文如麗服靚妝，燕歌趙舞，觀者忘疲，若類之風雅，則罪人矣。”問後進詞人之優劣，説曰：“韓休之文，如大羹旨酒，雅有典則，而薄於滋味。許景先之文，如豐肌膩理，雖穠華可愛，而微少風骨。張九齡之文，如輕縑素練，實濟時用，而微窘邊幅。王翰之文，如瓊杯玉斝，爛然可珍，而多有玷缺。”堅以爲然。虔威子德幹，高宗末歷澤、齊、汴、相四州刺史，有威名，郡人爲之語曰：“寧食三斗蒜，不逢楊德幹。”子神讓，天授初與徐敬業於揚州謀叛，父子伏誅。

《新唐書·文藝》上卷二百一：炯，華陰人，舉神童，授校書郎。永隆二年，皇太子已釋奠，表毫俊充崇文館學士，中書侍郎薛元超薦炯及鄭祖玄、鄧玄挺、崔融等，詔可，遷詹事司直，俄坐從父弟神讓與徐敬業亂，出爲梓州司法參軍，遷盈川令。張説以箴贈行，戒其苛。至官，果以嚴酷稱。吏稍忤意，榜殺之，不爲人所多，卒官下。中宗時，贈著作郎。

《唐詩紀事》卷上：炯，華陰人。永隆二年，皇太子已釋奠，求豪俊，充崇文館學士。後爲盈川令，説以箴贈行，戒其苛。至官，果以嚴酷稱，不爲人所多。卒官。中宗時，贈著作郎。

張燕公《贈别盈川箴》云：“杳杳深谷，森森喬木，天與之才，或解其禄。君服六藝，道德爲尊；君居百里，風化之源。才勿驕吝，政勿苛煩，明神是福，而小人不冤。畏其不畏，存其不存，作誥兹酒，成敗之根，勒銘其口，禍福之門。雖有韶夏，勿弃擊轅，豈無車馬，敢贈一言。”

《唐才子傳》一：炯，華陰人。顯慶六年舉神童，授校書郎。永隆二年，皇太子舍奠，表豪俊，充崇文館學士。後爲婺州盈川令。卒。炯恃才憑傲，每耻朝士矯飾，呼爲“麒麟楦”。或問之，曰：“今弄假麒麟戲者，必刻畫其形覆驢上，宛然異物，及去其皮，還是驢耳。”聞者甚不平，故爲時所忌。初，張説以箴贈盈川之行，戒其苛刻，至官，果以酷稱。炯博學善文，與王勃、盧照鄰、駱賓王以文辭齊名，海内稱“四才子”，亦曰“四杰”，效之者風靡焉。炯嘗謂：“吾愧在盧前，耻居王後。”張説曰：“盈川文如懸河，酌之不竭。耻王後信然，愧盧前謙也。”有《盈川集》三十卷行於世。

楊炯，華陰人。伯祖虔威，武德中官至右衛將軍。炯幼聰敏，博學，善屬文。(《舊書》) 龍朔元年（六六一。《才子傳》云顯慶六年），舉神童，時年十二。(據《登科記》) 上元二年（六七五），應制及第，(據《登科記》) 補校書郎 (《新書》。《舊書》同)。永隆二年（六八一），皇太子已釋奠，表豪俊，充崇文館學士。中書侍郎薛元超薦炯及鄭祖玄、鄧玄挺、崔融等，詔可，遷詹事司直。則天初（六八四。《舊書》)，坐從父弟神讓與徐敬業亂，出爲梓州司法參軍。秩滿，選授盈川令。如意元年（六九二）七月望日，宫中出盂蘭盆，分送佛寺，則天御洛南門與百僚觀之。炯獻《盂蘭盆賦》，詞甚雅麗。(《舊書》) 初，炯將之官，(補) 張説以箴贈行，戒其苛。至官，果以嚴酷稱，人吏動不如意，輒榜殺之，(《舊書》) 不爲人所多。又所居府舍，多進士亭臺，皆書榜額，爲之美名，大爲遠近所笑。無何，卒官。中宗即位，以舊僚追贈著作郎。文集三十卷。(《舊書》。《新書・藝文志》稱《盈川集》)《全唐詩》編詩一卷。(補) 炯與王勃、盧照鄰、駱賓王以文詞齊名海内，稱“王楊盧駱”……炯聞之，謂之曰：“吾愧在盧前，耻居王後。”當時議者亦以爲然。其後崔融、李嶠、張説俱重四杰之文。崔融曰：“王勃文章，宏逸有絶塵之迹，固非常流所及，炯與照鄰可以企之，盈川之言信矣。”説曰：“楊盈川文思如懸河注水，酌之不竭，既優於盧，亦不减王，‘耻居王後’信然，‘愧在盧前’謙也。”(《舊書》)

楊容華，炯之侄女，今存《新妝詩》一首。

鄭玄挺，《舊書・文苑》有傳。

《新唐書・文藝・宋之問傳》：“甫冠，武后召與楊炯分直習藝館。”

《新唐書・藝文志》“儀注類”有楊炯《家禮》十卷。按《舊唐書·良吏·楊瑒傳》:“瑒,華陰人……常嘆儀禮廢絶,雖士大夫不能行之。其家子女婚冠及有吉凶之會,皆按據舊文,更爲儀注,使長幼遵行焉。”撰《家禮》者瑒,非炯也。

本集《渾天賦序》:顯慶五年,炯時年十一,待制宏文館。上元三年,始以應制補校書郎,朝夕靈臺之下,備見銅渾之象。尋返初服,卧病邱園,二十年而一徙官,斯亦拙之效也。

宋之問《温泉莊卧病寄楊七炯》。

王勃《秋日餞别序》:黯然别之銷魂,悲哉秋之爲氣,人之情也,傷如之何!極野蒼茫,白露凉風之八月;窮途蕭瑟,青山白雲之萬里,奏鳴琴則離鵾别鶴,驚岐路之悲心;來勝地則時雨凉風,助他鄉之旅思。琴書人物,冀北關西,去馬歸軒,雲間日下。楊學士天璞自然,地靈無對,二十八宿,禀太微之一星;六十四爻,受乾坤之兩卦,論其器宇,滄海添江漢之波;序其文章,元圃積烟霞之氣。幾神之外,猶是卿雲;陶鑄之餘,尚同嵇阮。接光儀於促席,直觀明月生天;響詞辯於中筵,但覺清風滿室。悠哉天地,含靈有喜愠之容;邱也東西,悵望積别離之恨。烟霞直視,蛇龍去而泉石空;文酒求朋,賢俊散而琴歌斷。門生餞别,如北海之郡前;高士將歸,似東都之門外。研精麝墨,運思龍章,希存宿昔之資,共啓相思之咏。

張説《贈别楊盈川炯箴》。見前《唐詩紀事》所引。

宋之問《秋蓮賦序》:天授元年,敕學士楊炯與之問分直……

又《祭楊盈川文》:聞人之善,若在諸己,受人之恩,許之以死。惟子堅剛,氣陵秋霜,行不苟合,言不苟忘。大君有命,徵子文房,余亦叨忝,隨君頡頏。同趨北禁,并拜東堂,志事俱得,形骸兩忘。載罹寒暑,寒貧洛陽,裘馬同弊,老幼均糧。自君出宰,南浮江海,余嘗苦飢,今日猶在……痛君不嗣,匪我孤諾……子文子翰,我緘我持,子宅子兆,我營我思。子有神鑒,我言不欺。

又《祭杜學士審言文》:王也纔參卿於西陝,楊也終遠宰於東吴,盧則哀其栖山而卧,駱則不能保族而全軀,由運然也。

顔真卿《顔君碑》：天授元年，糊名考試，判入高等，以親累授衢州参軍，與盈川令楊炯、信安尉桓彦範相得甚歡。

《唐會要》：儀鳳二年，太常博士蘇知機上表以公卿以下冕服，請别立節文。敕下有司詳議。崇文館學士校書郎楊炯議云。由是竟寢知機所請。

《朝野僉載》：楊盈川侄女曰容華，幼善屬文，常爲《新妝詩》，好事者多傳之。詩曰："宿鳥驚眠罷，房櫳乘曉開。鳳釵金作縷，鸞鏡玉爲臺。妝似臨池出，人疑月下來。自憐終不見，欲去復徘徊。"

《南部新書》：楊盈川顯慶五年待制宏文館，時年方十一。上元三年，始以應制補校書郎。尤最深於宣夜之學，故作《老人星賦》爲佳。

葉適《習學記言》：舊史楊炯駁孫茂道、蘇知幾冕服議，識達通諒，諳於古今。唐人本不善立論，能如此者，固少矣。其有俊名，不虚，但惜文字煩雜，無以發之耳。茂道、知幾何人？世之凡鄙妄作，每令人徒費爬梳，往往而是，何足算哉！

《賦格》：楊炯《渾天賦》有名。後兩段襲用《天問》，微嫌弩末。

《困學紀聞》：《大象賦》，唐志謂黄冠子李播撰，李台集解；今本題楊炯撰，畢懷亮注。

韓淲《澗泉日記》：李習之《東南録》載："癸巳駕濤江，逆波至富春。丙申，上七里灘，至睦州。庚子，止楊盈川亭。辛丑，至衢州。"今時不見盈川亭，不知何所也。

《讀書叢録》二十四：張衡《大象賦》一卷，題苗爲注。《困學紀聞》：《大象賦》，唐志謂黄冠子李播撰，李台集解；今本題楊炯撰，畢懷亮注。《館閣書目》題張衡撰，李淳風注，皆與此本不同。此是孫之騄手鈔本，與《宋書·藝文志》同。喬令來《步天歌注》引張衡云，洪興祖《楚辭補注》引《天文大象賦注》，皆是此書。

况周儀《蕙風簃二筆》(《蕙風簃叢書》)：楊盈川序王子安文集云："薛令公朝右文宗，托末契而推一變，盧照鄰人間才杰，覽清規而輟九知。"所謂九知者，蓋用《漢書》"九變復貫，知言之暹"之語也。其見推許若是，而云“愧在盧前，耻居王後”，何耶？

《舊唐書·經籍志》：楊炯《盈川集》三十卷。

《新唐書·藝文志》：楊炯《盈川集》三十卷。

《郡齋讀書志》十七：楊炯《盈川集》二十卷。右唐楊炯也，華陰人，顯慶六年舉神童，授校書郎，終婺州盈川令，卒。炯博學善屬文，與王勃、盧照鄰、駱賓王以文詞齊名，海内稱“王楊盧駱四才子”，亦曰“四杰”。炯自謂“吾愧在盧前，耻居王後”。張説曰：“盈川文如懸河，酌之不竭。‘耻王後’信然，‘愧盧前’謙也。”集本三十卷，今多亡逸。

《四庫提要·集部·别集類》二：《盈川集》十卷，附録一卷（浙江鮑士恭家藏本），唐楊炯撰。《唐書·文苑傳》稱其文集本三十卷，晁公武《讀書志》僅著録二十卷，云今多亡逸，是宋代已非完本，然其本今亦不傳。此乃明萬曆中龍游童佩從諸書裒集詮次成篇，并以本傳及贈答之文、評論之語别爲附録一卷，皇甫汸爲之序，凡賦八首，詩三十四首，雜文三十九首。《文苑英華》載其《彭城公夫人爾朱氏墓志銘》一首，《伯母東平郡夫人李氏墓志銘》一首，列庾信文後，明人因誤編入集中。此本收《爾朱氏志》一篇，而《李氏志》仍不載，則搜羅尚有所遺也。《舊唐書》本傳最稱其《盂蘭盆賦》，然炯之麗製，不止此篇，劉昫殆以爲奏御之作，故特加紀録歟。傳又載其《駁太常博士蘇知幾冕服議》一篇，引援經義，排斥游談，炯文之最有根底者，知其詞章瑰麗，由於貫穿典籍，不止涉獵浮華。而《新唐書》本傳删之不載，蓋猶本紀不載詔令之意，是宋祁之偏見，非定評也。又新、舊《唐書》并稱炯爲政嚴酷，則非循吏可概見。童佩序稱盈川廢縣在瀔水北，其地隸龍邱，去郡四十餘里，今址巍然獨存。炯令盈川，無何卒，縣尋罷，民尸祝其地，至今春秋不輟，是則因其文藝而更粉飾其治績，亦非公論矣。

韋承慶

承慶弟嗣立，中宗封爲逍遥公，有句曰："嶺雲隨馬足，山鳥向人前。"

《元和姓纂》二：襄陽韋氏：仁約，納言、博昌男，生承慶、嗣立、淑；承慶，鳳閣侍郎、平章事，扶陽子。

《唐會要》六十七：儀鳳四年五月，皇太子賢頗邇聲色，司議郎韋承慶上書諫曰：（下略。）

杜審言《和韋承慶過義陽公主山池五首》。

顔真卿《康希銑神道碑銘》：君諱希銑，字南金，嘗撰自古今以來《清白吏圖》四卷，仍自爲序贊，以見其志。宰相黄門侍郎韋承慶、中書舍人馬吉甫等，美而同述焉，盛行於世。

劉希夷六五一—？

《唐百家詩選》一：希夷，字庭芝。武后時（下闕）。

《舊唐書·文苑·喬知之傳》：汝州人劉希夷，上元二年（六七五）擢進士第，時年二十五。（《登科記》）善爲從軍閨情之詩，詞調哀苦，爲時所重。志行不修，爲奸人所殺。集十卷，内詩四卷。（《新書·藝文志》：劉希夷集十卷，又劉希夷詩集四卷；《舊書·經籍志》：劉希夷集三卷。此從《新書·藝文》。）《全唐詩》編詩一卷。

日本釋空海《獻書表》：劉希夷集四卷，右，伏奉小内記大伴氏上宣書，取奉進，但恐久韞揮翰，筆不勝怱，不免强書，空污珍紙。

《劉賓客嘉話録》：劉希夷詩曰："年年歲歲花相似，歲歲年年人不同。"其舅宋之問曰："苦愛此兩句，懇乞許！"而不與之。之問怒，以土袋壓殺之。宋生不得其死，天之報也。

《唐語林》五：劉希夷詩曰："年年歲歲花相似，歲歲年年人不同。”其舅即宋之問也，苦愛此兩句，知其未示人，懇乞此兩句。許而不與。之問怒，以土囊壓殺之。劉禹錫曰：“宋生不得死，天報之矣！”

《大唐新語》：劉希夷，一名庭芝，汝州人，少有文華，好爲宮體詩，詞旨悲苦，不爲時人所重。善彈琵琶。嘗爲《白頭翁》咏云：“今年花落顔色改，明年花開復誰在？”既而自悔曰：“我此詩讖，與石崇‘白首同所歸’何以異也！”乃更作一聯云：“年年歲歲花相似，歲歲年年人不同。”既而嘆曰：“此句復似向讖矣，然生死由命，豈復出此。”乃兩存之。詩成未周歲，爲奸人所殺。或云宋之問害之。後孫昱撰《正聲集》，以希夷詩爲集中之最，由是大爲時人所稱。

《香祖筆記》：唐劉希夷《汝陽潭》詩“魚鱗可憐紫，鴨毛自然碧”，寫物最工，然非初唐人語，已似皮、陸。予近咏寓邸西齋叢竹有句云：“冉冉紫雲蓋，翻翻紅鵲尾。”自謂不減劉語。（案：《漁洋詩話》載田霡句曰“柔藍浮野岸，淡墨上春鱗”，尤得劉之神體。）

《新唐書·藝文志》：劉希夷集十卷，又劉希夷詩集四卷。

《唐才子傳》一：希夷，字廷芝，潁川人。上元二年鄭益榜進士，時年二十五，射策有文名。苦篇咏，特善閨帷之作，詞情哀怨，多依古調，體勢與時不合，遂不爲所重。希夷美姿容，好談笑，善彈琵琶，飲酒至數斗不醉，落魄不拘常檢。嘗作《白頭吟》，一聯云：“今年花落顔色改，明年花開復誰在。”既而嘆曰：“此語讖也。石崇謂‘白首同所歸’，復何以異。”乃除之，又吟曰：“年年歲歲花相似，歲歲年年人不同。”復嘆曰：“死生有命，豈由此虚言乎？”遂并存之。舅宋之問苦愛後一聯，知其未傳於人，懇求之，許而竟不與。之問怒其誑已，使奴以土囊壓殺於别舍，時未及三十，人悉憐之。有集十卷，及詩集四卷，今傳。希夷天賦俊爽，才情如此，想其事業勛名，何所不至，孰謂奇蹇之運，遭逢惡人，寸禄不沾，長懷頓挫，斯才高而見忌者也。賈生悼長沙之屈，禰衡痛江夏之來，倏焉折首，夫何殞命。以隋侯之珠，彈千仞之雀，所較者輕，所失者重，玉迸松摧，良可惜也，况於骨肉相殘者乎？

王無競

王無競，《新唐書》附於《陳子昂傳》，《舊唐書》附於《文苑・閻朝隱傳》。

《唐會要》六十二：大足元年，王無競爲殿中侍御史，正班於閣門外，宰相團立於班北。無競前曰："去上不遠，公雖大臣，自須肅敬。"以笏揮之，請齊班。（案：當時朝議，是非參半。）

《舊唐書・文苑・閻朝隱傳》：王無競者，字仲烈（《新書》作列）。其先琅邪人，因官徙居東萊，宋太尉弘之十一代孫。父侃，棣州司馬。無競家足於財，頗負氣豪縱，（《新書・陳子昂傳》）與陳子昂交最厚。（據《新書・陳子昂傳》補）儀鳳二年（據《登科記考》）應"下筆成章"舉及第，解褐，授趙州欒城縣尉。歷秘書省正字，轉右武衛倉曹、洛陽縣尉，遷監察御史，轉殿中。舊例每日更直於殿前，正會朝，宰相宗楚客、楊再思離班偶語，無競揚笏曰："朝禮尚敬，公等大臣，不宜慢常典。"（《新書・陳子昂傳》，與《舊書》語略同），楚客等大怒，轉無競爲太子舍人。神龍初，坐訶詆權幸，出爲蘇州司馬。及張易之等敗，以嘗交往，再貶廣州，仇家矯制榜殺之（《新書・陳子昂傳》），年五十四。無競富文辭，嘗預修《三教珠英》。（據《舊書》補）今存詩五首（補）。

陳子昂《觀荆玉篇序》："時東萊王仲烈亦同旅舍。"

又《喜馬參軍相遇醉歌序》："若東萊王仲烈見之，必以爲真醉。"

又《送東萊王學士無競》："寶劍千金買，平生未許人。懷君萬里別，持贈結交親。"

又《度峽口山贈喬補闕知之、王二無競》詩。

趙明誠《金石録》：右唐王無競碑。無競事迹，附見《唐書・陳子昂傳》後。以碑考傳，頗不合。傳言自殿中侍御史徙太子舍人，神龍初出爲蘇州司馬，貶廣州，仇家矯制榜殺之，而碑言爲中書舍人卒。傳言坐與張易之等交往貶，而碑云兩張弄權，九有蕩析，公黜而無愠。皆莫知其孰是。據碑言無競無子孫，權知萊州刺史姚汭爲買石立碑。去無競之没已遠，事得於傳聞，未足盡信也。

宋之問行五，一作行十一

《新唐書·文藝傳》：宋之問，字延清，一名少連，汾州人（《舊書》云虢州弘農人）。父令文，高宗時爲左驍衛郎將（《舊書·文苑·之問傳》）、東臺詳正學士。之問偉儀貌，雄於辯。弱冠知名，尤善五言詩，當時無能出其右者。（《舊書》）武后召與楊炯分直習藝館。俄授洛州參軍。（《舊書》）累轉尚方監丞左奉宸内供奉。常扈從游宴。（《舊書》）武后游洛南龍門，詔從臣賦詩，左史東方虬詩先成，后賜錦袍。之問俄傾獻，后覽之嗟賞，更奪袍以賜。於時張易之等烝昵寵甚，之問與閻朝隱、沈佺期、劉允濟傾心媚附；易之所賦諸篇，盡之問、朝隱所爲；至爲易之奉溺器。神龍元年（七〇五），易之等敗，之問貶瀧州，朝隱崖州，并參軍事。未幾，（《舊書》）之問逃歸洛陽，匿張仲之家。會武三思復用事，（《舊書·中宗紀》：神龍元年二月，特進太子賓客梁王武三思爲司空，同中書門下三品，三思固讓……《舊書·外戚·武承嗣傳》：三思既構誣敬暉等，并流於嶺表而死，威權日盛，軍國政事，多所參綜。敬暉等所斥黜者皆能引復舊職，令百官復行則天之法，時人皆言其陰懷篡逆，以比曹孟德、司馬仲達。）仲之與王同皎謀殺三思安王室，之問得其實，令兄子曇與冉祖雍上急變，因丐贖罪，由是擢鴻臚主簿，（《舊書·中宗紀》：神龍二年三月，殺光禄卿駙馬都尉王同皎。則之問贖罪擢官亦在是年。）天下醜其行。景龍中，遷考功員外郎。景龍二年四月，（據《舊書·中宗紀》補）中宗增置修文館學士，擇朝中文學之士，之問與薛稷、杜審言等首膺其選，當時榮之。（《舊書》）初，之問諂事太平公主，故見用。及安樂公主權盛，復往諧結，故太平深嫉之。中宗將用爲中書舍人，太平發其知貢舉時賕餉狼藉，下遷汴州長史。未行，改越州長史，頗自力爲政。窮歷剡溪山，置酒賦詩，流布京師，人人傳諷。睿宗即位，以之問嘗附張易之、武三思，（《舊書》）獪險盈惡，詔流欽州。經途江嶺，所有篇咏，傳布遠近。（《舊書》）祖雍歷中書舍人，刑部侍郎，倡飲省中，爲御史劾奏，貶蘄州刺史，至是亦流嶺南。先天中，（《舊書》）并賜死桂州。之問得詔震汗，東西步，不引決。祖雍請使者曰："之問有妻子，幸聽訣。"使者許之，而之問荒悸不能處家事。祖雍怒曰："與公俱負國家當死，奈何遲回邪？"乃飲食洗沐就死……初，之問父令文富文辭，且工書，有力絶人，世稱"三絶"。都下有牛善觸，人莫敢嬰，令文直往拔取角，折其頸殺之。既之問以文章起，其弟之悌以蹻勇聞，之遜精草隸，議者云各得父之一絶。（《舊書》）之悌長八尺，開元中，自右羽林將軍出爲益州長史，歷劍南節度兼采訪使，遷太原尹。（《舊書》）嘗坐事流朱鳶，會蠻陷驩州，授總管擊之，募壯士八人，被重甲，大呼薄賊曰："獠動即死！"賊七百人皆伏不能興，遂平賊。之遜爲連州參軍，刺史聞其善歌，使教婢，日執笏立簾外，唱吟自如。神龍初，武三思專政，謀纂逆。時之遜爲光禄丞，祖雍侍御史，與侍御史周利用、太僕丞李悛、監察御史姚紹之等五人，常爲其耳目，時人呼爲"三思五狗"。（據《外戚·武承嗣傳》補）祖雍，江夏王道宗甥，及進士等，有名於時。

之問嘗預修《三教珠英》。典選時，引拔後進，多知名者。集十卷，友人武平一纂。（據《舊書》補）《全唐詩》編詩三卷，補遺二首。（補）

李白《江夏別宋之悌》。

《分甘餘話》：唐中宗時，群臣多應制賦詩，如崔湜、鄭愔、宋之問輩，皆人頭畜鳴。張柬之等五王，皆死此三人之手。蓋將以擁戴武三思危唐社稷，與宗楚客厥罪經均。

《高宗紀》："調露元年，遣郎將來令文使吐蕃。"影宋本作宋令文。

《舊書·外戚·武承嗣傳》：安樂公主再隆武延秀，產男滿月，中宗、韋后幸其第，就第放赦，遣宰相李嶠、文士宋之問、沈佺期、張説、閻朝隱等數百人賦詩美之。又公主尚武崇訓時，三思令宰臣李嶠、蘇味道、詞人沈佺期、宋之問、徐彦伯、張説、閻朝隱、崔融、崔湜、鄭愔等賦《花燭行》以美之。其時張易之昌宗、宗楚客兄弟貴盛，時假詞於人，皆有新句。

《舊書·忠義·王同皎傳》：神龍二年（七〇六），同皎以武三思專權任勢，謀爲逆亂，乃招集壯士，期以則天靈駕發引，劫殺三思。同謀人撫州司倉冉祖雍具以計密告三思，三思乃遣校書郎李悛上言："同皎潛謀殺三思後，將擁兵詣闕，廢黜皇后。"帝然之，遂斬同皎於都亭驛前，籍没其家……睿宗即位，令復其官爵，執冉祖雍、李悛并誅之。

陳子昂集有《東征至淇門答宋參軍之問》及《同參軍宋之問夢趙六贈盧二子之作》兩詩。

王無競《和宋之問下山歌》。

司馬承禎《答宋之問》。

賈曾《和宋之問下山歌》。

李夔《使至汴州喜逢宋之問》。（案：夔爲汴州司户。）

李適《答宋十一崖口五渡見贈》。（案：之問有《入崖口五渡寄李適》，則之問行十一。）

崔融《和宋之問寒食題黄梅臨江驛》。

田游岩《弘農清岩曲有盤石可坐宋十一每拂拭待余寄詩贈之》。

徐彦伯《和李適答宋十一入崖口五渡見贈》。

胡皓《和宋之問寒食題臨江驛》。

韋述《廣陵送别宋員外佐越鄭舍人還京》。（一作張諤詩。）

《本事詩》：宋考功天后朝求爲北門學士，不許。作《明河篇》以見其意，云："明河可望不可親，願得乘槎一問津。更將織女支機石，還訪成都賣卜人。"則天見其詩，謂崔融曰："吾非不知之問有才調，但以其有口過。"蓋以之問患齒疾，口常臭故也。之問終身懷憤。

石刻《郎官石柱題名》，考功員外郎，又户部員外郎。

《元和姓纂》：弘農宋氏，唐太常丞宋仁回生（疑有脱文）。果毅生之問、之望、之悌。之問，户、考二員外，生昌藻。之望改名之遜，荆州刺史。之悌太原尹，益州長史，河南、劍南節度。

《舊書·韋述傳》。

《舊·韋虚心傳》：户部郎中韋維，善於剖判。時員外郎宋之問工於詩，時人以爲户部有二妙。

《唐會要》六四：景龍二年五月五日，敕户部員外郎宋之問爲修文館學士。

《國史補》：王維好佛，故字摩詰，性致高遠，得宋之問輞川别業，山水絶勝，今清凉寺是也。

魏泰《臨漢隱居詩話》：韋絢集劉禹錫之言爲《嘉話録》，載劉希夷詩云："年年歲歲花相似，歲歲年年人不同。"希夷之舅宋之問愛此句，欲奪之。希夷不與。之問怒，以土囊壓殺希夷。世謂之問末節貶死，乃劉生之報也。吾觀之問集中盡有好處，而希夷之句殊無可采，不知何至壓殺乃奪之，真枉死也。

本集《祭王城門文》，作於長安二年（七〇二），稱司禮主簿。

本集《祭禹廟文》，作於景龍三年（七〇九），稱越州長史。

《朝野僉載》：唐天后時，張岌諂事薛師，掌擎黄幞隨薛師後，於馬旁伏地承薛師馬鐙；侍御史郭霸嘗來俊臣糞穢；宋之問捧張易之溺器，并偷媚取容，實名教之罪人也。

同上：洛陽縣丞宋之遜，性好唱歌。出爲連州參軍。刺史陳希古者，庸人也，令之遜教婢歌，每日端笏立於庭中，呦呦而唱，其婢隔窗從而和之，聞者無不大笑。

《唐會要》七十八："（開元）十八年十二月宋之悌除河東節度。"

《舊·經籍志》：宋之問集十卷。

《隋唐嘉話》：武后游龍門，命群臣賦詩，先成者賞錦袍。左史東方虬既拜賜，坐未安，宋之問詩復成，文理兼美，左右莫不稱善，乃就奪袍衣之。

《大唐新語》張説評文一則，見李嶠。

《金石萃編》六十四跋《夏日游石淙詩碑》：（之問詩未刻，詩末云：“微臣昔忝方明御，今日還陪八駿游。”）“方明御”語本《莊子》“黄帝將見大隗乎？具茨之山，方明爲御”。傳稱之問累轉尚方監丞、左奉宸、内供奉。武后游洛南龍門，詔從臣賦詩，左史東方虯詩先成，后賜錦袍。之問俄傾獻，后覽之，嗟賞，更奪錦袍以賜之問。《石淙詩》所謂“微臣昔忝方明御”者，即指此事。下云“今日還陪八駿游”，是在陪游之列。則信乎《石淙詩》是同時所作。以之問之才，似此詩亦不至遠殿諸人之後，不知何以不入碑中也。

《新·藝文志》：宋之問集十卷。

蕭穎士《庭莎賦序》：天寶十載，予以史臣推擇，待詔闕下，僻直多忤，連歲不偶，未選叙，求參河南府軍事……廳階之下，蹊有莎草，故參軍宋之問徙於伊川而植焉。結根五紀，綿幕庭際，廣不累步，高樹十餘，間以雜果陰蔽其上。俗吏往來，必凌踐之。嘆其稟山野之姿，而托非其所，以就窘迫，因而賦曰。

陳子昂《昭夷子趙氏碣》：蒼龍甲（一作丙）申，歲在大梁，遭命不造，發痟疾而卒……洛州參軍西河宋之問……

韋續《續書品》：真行二十二人，宋之問書天性卓絶，而功未逮。

《書斷》：宋令文，河南陜人，奇姿偉麗，身有三絶，曰書、畫、力。書備兼諸體，偏意在草，甚得書之媚趣。若與高卿（按：高正臣）比權量力，則騶忌之類徐公也。

《玉海》：宋太平興國二年，袁州獻宋之問書《龍鳴寺碑》。

《書史會要》：之問工真、行，天性卓絶。

《唐才子傳》一：之問，字延清，汾州人。上元二年進士。偉貌辯給。甫冠，武后召與楊炯分直習藝館，累轉尚方監丞。后游龍門，詔從臣賦詩，左史東方虯詩先成，后賜錦袍；之問俄傾獻，后覽之，嗟賞，更奪袍以賜。後求北門學士，以有齒疾不許，遂作《明河篇》，有“明河可望不可親”之句以見志。諂事張易之，坐貶瀧州。後逃匿張仲之家，聞仲之謀殺武三思，乃告變，擢鴻臚簿，遷考功郎。復媚太平公主，以知舉賄賂狼藉，下遷越州長史。窮歷剡溪山水，置酒賦詩，日游宴，賓客雜遝。睿宗立，以無悛悟之心，流欽州，御史劾奏賜死。人言劉希夷之報也。徐堅嘗論其文“如良金美玉，無施不可”。有集行世。

《郡齋讀書志》十七：宋之問《考功集》十卷。右唐宋之問，延清也，汾州人。武后召與楊炯分直習藝館。諂事太平公主，爲考功員外郎。睿宗初，貶欽州，賜死。自魏建安迄江左，詩律屢變；至沈約、庾信，以音韻相婉附，屬對精密；及之問、沈佺期，又加靡麗，回忌聲病，約句準篇，如綿綉成文，學者宗之，號曰“沈宋”。徐堅嘗論之問之文“如良金美玉，無施不可”，其爲當時所重如此。

駱賓王在江南有《贈宋五之問》，在兖州有《餞宋五之問》《送宋五之問得凉字》。按李適、田游岩、徐彦伯詩稱宋之問行十一，獨駱賓王三詩稱宋五之問。考駱集《靈泉頌》有廣平宋思禮，字過庭，永州刺史昉之嫡孫，户部員外（《英華》有郎字）順之長子。順之二字互倒。《元和姓纂》（二宋）：工部郎中宋元昉，江夏安陸人，生之順，户部員外。《太平廣記》二五四引《御史臺記》：杜文範與高上智俱任殿中，爲侍御史張由古、宋之順所排蹙，與上智遷員外既五旬，由古、之順方入省。《新書·長孫無忌傳》：顯慶四年，中書令許敬宗令御史臺宋之順等即黔中暴訊長孫無忌。賓王詩宋五當即此人。之順後世傳爲之問，是因問、順二字聲近而誤也。

沈佺期行三

沈佺期，字雲卿，相州内黄人，上元二年（《登科記》）及進士第，除協律郎。長安中，累遷通事舍人，預修《三教珠英》（《舊書·文苑》本傳）。累除給事中，再轉考功員外郎（《舊書》）。受賕，劾未究，會張易之敗，遂長流驩州，稍遷台州録事參軍。神龍中（《舊書》）入計，得召見，拜起居郎，景龍二年，兼修文館直學士。明年元日侍宴，帝詔學士等舞《回波》，佺期爲弄辭悦帝，還賜牙、緋。尋歷中書舍人、太子少詹事。開元初卒。有文集十卷（《舊書》），《全唐詩》編詩三卷。又嘗同崔湜、薛稷及道士史崇玄等撰《道藏音義目録》一百十三卷。（據《新書·藝文志》補）弟全交、全宇，皆有才章，而不逮佺期。

集中有《自考功郎外授給事中》詩。

《久視元年夏日游石淙詩石刻》稱通事舍人沈佺期。

魏建安後，迄江左，詩律屢變；至沈約、庾信，以音韻相婉附，屬對精密；及沈佺期、宋之問，又加靡麗，回忌聲病，約句準篇，如錦綉成文，學者宗之，號曰“沈宋”，語曰：“蘇、李居前，沈、宋比肩。”謂蘇武、李陵也。（《新書·文藝·宋之問傳》）佺期尤長七言之作。（《舊書》）初，佺期嘗以詩贈張説，説曰：“沈三兄詩清麗，須讓居第一也。”詩名大振。（《唐才子傳》）

《答魑魅代書寄家人》：“龍鍾辭北闕……曉鏡憐雙鬢……將老更垂裳。”

胡應麟《詩藪》：唐人語云：“蘇、李居前，沈、宋比肩。”詩話謂蘇武、李陵，非也。漢蘇、李未有律詩，於沈、宋何與？蓋謂蘇味道、李嶠，與佺期、之問同輩，而年行差前。（多案：《舊書·徐彦伯傳論》曰：“崔融、盧藏用、徐彦伯等文學之功，不讓蘇、李。”謂味道及嶠也。胡駁《紀事》，良是。）

本集《峽山寺賦序》：峽山寺者，名隸端州，連山夾江，頗有奇石。飛泉回落，悉從梅竹下。過渡口，至山頂，石道數層，齋房浴堂，渺在雲漢。神龍二年夏六月，予投弃南裔，承恩北歸，結纜山隅，周謁精舍，爲之賦焉。

顔真卿《上柱國徐府君碑銘》：君諱秀，東海剡人也。年十五，爲崇文生，應舉，考功員外郎沈佺期再試《東堂壁畫賦》，公援翰立成，沈公駭異之，遂擢高第。

徐浩《中書令張公(九齡)神道碑》:弱冠,鄉試進士,考功郎沈佺期尤所激賞,一舉高第。

《元和姓纂》七:鄴郡内黄沈氏。狀云:本吴興人,唐下邳令,生真、怪。怪生佺期,……中書舍人、太子詹事。

蘇頲《授沈佺期太子少詹事等制》:正議大夫、太府少卿、昭文館學士、上柱國吴興縣開國男臣沈佺期,才標穎拔,思詣精微,早升多士之行,獨擅詞人之律,可太子少詹事。餘如故。

史崇《一切道經音義·妙門由起序》:稱正議大夫、行太府少卿、昭文館學士、上柱國吴興縣開國男臣沈佺期。(《道藏》太平部儀字號)

石刻《郎官石柱題名》:考功員外郎。

《唐語林》二:沈佺期,以工詩著名,燕公張説嘗謂人曰:"沈三兄詩須還他第一。"(又見《隋唐嘉話》)

《新書·藝文志》:《道藏音義目録》一百一十三卷,崔湜、薛稷、沈佺期、道士史崇玄等撰。又沈佺期集十卷。

《雍録》:"隆慶坊舊宅有井,忽涌爲小池,周袤十數畝,常有雲氣,或黄龍出其中。至景雲間,潜復出水,其沼浸廣,里中人悉移居,遂瀕洞爲池焉。開元初,以爲離宫,後又增廣,以爲南内。又開元二年七月,以宅爲宫院所,隆慶坊以爲宫名,而帝之二名,其一爲隆,故改隆爲興,是爲興慶宫也。"案沈佺期有《興慶池侍宴應制》詩,(同賦者韋元旦、劉憲、蘇頲——頲詩"山光逼嶼疑無地,水態迎帆若有風"二句爲李乂、盧從願所賞。)然則佺期卒於開元二年七月後而史稱開元初卒,殆未確與?

《舊·經籍志》:沈佺期集十卷。

《詩鏡總論》:杜審言渾厚有餘,宋之問精工不乏,沈佺期吞吐含芳,安詳合度,亭亭整整,喁喁叮叮,覺其句自能言,字自能語,品之所以爲美。蘇、李法有餘閑,材之不逮遠矣。

《漫堂説詩》:律詩盛於唐,而五言律爲尤盛。神龍以後,陳、杜、沈、宋開其先,李、杜、高、岑、王、孟諸家繼起,卓然名家。子美變化猶高，在牝牡驪黄之外。降而錢、劉、韋、郎，清辭妙句，令人一唱三嘆。即晚唐刻劃景物之作，亦足怡閑情而發幽思。始信四十字爲唐人絶調。宋、元、明非無佳作，莫能出此範圍矣。

《隋唐嘉話》：沈佺期以工詩著名，燕公張説嘗謂之曰：沈三兄詩，直須還他第一。

《金石萃編》六十四，(《夏日游石淙詩碑》，久視元年五月立，佺期侍游有詩，結銜稱通事舍人。）次沈佺期傳但云及進士第，由協律郎累除給事中，不言其官通事舍人。

《書史會要》：佺期以工書著名。

《唐才子傳》一：佺期字雲卿，相州人。上元二年鄭益榜進士。工五言。由協律、考功郎受賕，長流驩州。後召拜起居郎，兼修文館直學士。常侍宫中，既侍宴，帝詔學士等爲《回波舞》，佺期作弄辭悦帝，詔賜牙、緋。歷中書舍人。佺期嘗以詩贈張燕公，公曰："沈三兄詩清麗，須讓居第一也。"詩名大振。自魏建安迄江左，詩律屢變；至沈約、鮑照、庾信、徐陵，以音韻相婉附，屬對精緻；及佺期、之問，又加靡麗，回忌聲病，約句凖篇，著定格律，遂成近體，如綿綉爲文，學者宗尚，語曰："蘇、李居前，沈、宋比肩。"謂唐詩變體，始自二公，猶漢人五字詩始自蘇武、李陵也。有集十卷，今傳於世。

《郡齋讀書志》十七：沈佺期集五卷。右唐沈佺期雲卿也，相州人。及進士第，由協律郎累遷宏文館直學士。嘗侍中宗宴，舞《回波》、爲弄辭悦帝，還賜牙笏、衣緋。

郭元振

《舊書》九十七。

《新・表》：濟州刺史善慶（《舊・元振傳》無"善"字）子元振，相睿宗。

《郎官石柱題名》，主客郎中有郭元振。

馬永卿《懶真子》：僕之故友柴慎微嘗云：開元元年宰相七人，五人出太平公主門下，謂岑羲、竇懷真、蕭至忠、崔湜、陸象先也；二人明皇自用，謂張説、郭元振也。

《元和姓纂》：唐濟州刺史致仕郭善慶狀，稱林宗之後。生元振，兵、禮、刑三尚書，平章事，代國公。

《諾皋記》：郭代公常山居，中夜有人，面如盤，目出於燈下，公了無懼色，徐染翰題其頰曰“久止人偏重，長征馬不肥”，公之警句也。題畢吟之，其物遂滅。數日……見巨木上有白耳，大如數斗，與題句在焉。

王惲《幽怪録》：代國公郭元振，開元中不第，自晋之汾，夜行陰晦失道。久而絶遠有燈火之光，以爲人居也，徑往尋之。八九里有宅門，院宇甚峻。入門廊下，及堂上，燈光螢煌，牢饌羅列，若嫁女之家，而悄無人。公繫馬西廊前，歷階而升，徘徊堂上，不知且何處也。俄聞堂上東閣有女子哭聲，嗚咽不已。公問曰：“堂中泣者人耶？鬼耶？何陳設如此，無人而獨泣？”曰：“妾此鄉之祠，有烏將軍者，能禍福人，每歲求偶於鄉人，必擇處女之美者而歸焉。妾雖陋拙，父利鄉人之五百緡，潛以應選。今夕，鄉人之女，并爲游宴者到是，闗妾此室，共鎖而去，以適於將軍者也。今父母弃之，就死而已，惴惴哀懼。君誠人耶？能相救免，畢身爲掃除之婦，以奉指使。”公大憤曰：“來當何時？”曰：“二更。”公曰：“吾忝爲大丈夫，必力救之。若不得，當殺身以效汝，終不使汝枉死於淫鬼之手也。”女泣少止。於是坐於西階上，移其馬於堂北，令一僕峙立於前，若爲儐而待之。未幾，天光照耀，車馬駢闐，二紫衣吏入而復走，出曰：“相公在此。”逡巡二黄衫吏入而出，亦曰：“相公在此。”公私心獨喜曰：“吾當爲宰相，必勝此鬼矣。”既而將軍漸下，導吏復告之。將軍曰：“入！”有戈劍弓矢，翼以入，即至階下，一使僕前曰：“郭秀才見。”遂行揖。將軍曰：“秀才安得到此？”曰：“聞將軍今夕喜慶，願爲小相耳。”將軍者喜而延坐，與對食，言笑相歡。公囊中有利刃，思欲刺之，乃問曰：“將軍曾食鹿脯乎？”曰：“此物難遇。”公曰：“某有少許珍者，得自御厨，願削以獻。”將軍者大悦。公乃起取鹿脯，并小刃，因削之，置一小器，令自取之。不疑其他。公伺其無機，乃投其脯，捉其腕而斷之。將軍失聲而走。導從之吏，一時驚散。公執其手，脱衣纏之。令僕夫出望之，無所見。乃啓門謂泣者曰：“將軍之腕，已在此矣。尋其血迹，死亦不久。汝既獲免，可出就食。”泣者乃出，年可十七八，而甚佳麗，拜揖公前，曰：“誓爲僕妾！”公勉諭焉。天方曙，開視其手，則猪蹄也。俄聞哭泣之聲漸近，乃女之父母兄弟及鄉中耆老，相與舁櫬而來，將收尸以備殯。見公及女乃生人也，咸驚以問之。公具以告焉。鄉老共怒君殘其神，曰：“烏將軍，此鄉鎮神，鄉人奉之久矣。歲配以女，纔無他虞。此禮不設，即風雨雹雷爲虐。奈何失路之客，而傷我明神？致暴於人，此鄉何負？當殺公以祭烏將軍，不爾亦縛送本縣。”揮少年將令執公。公諭之曰：“爾徒老於年，未老於事。我天下之達理者。爾衆其聽吾言。夫神，承天而爲鎮也，不若諸侯受命於天子，而疆理天下乎？”曰：“然。”公曰：“使諸侯漁色於國中，天子不怒乎？殘虐於人，天子不伐乎？誠使爾呼將軍者，其明神也，神固有猪蹄者乎？且淫妖之狀，天地之罪畜也，吾執正以誅之，豈不可乎？爾曹無正人，使爾少年之女，年年横死於妖畜，積罪動天，安知天不使吾雪焉？從吾言，當爲爾除之，永無聘禮之患，何如？”鄉人悟而意之，曰：“願從命。”公乃令數百人，執弓矢刀槍鍬钁之屬，相隨尋血而行。纔二十里，血入大冢穴中。因圍而斸之，應手，漸大如瓮口。公令束薪燃火，投入照之。其中若大室。見一大猪，無前左脚，血卧其地，突烟走出，斃於圍中。鄉人翻共相慶，會錢以酬公。公不受，曰：“吾爲人除害，非鬻獵者。”得救之女，辭其父母親族，曰：“多幸爲人，托質血肉，閨閣未出，固無可殺之罪。今日貪錢五十萬，以嫁妖獸，忍鎖而去，豈人所宜？若非郭公之仁勇，寧有今日？是妾死於父母，而生於郭公。請從郭公，不復以舊鄉爲念矣。”泣拜而從公。公多方慰喻，止之不獲，遂納爲側室，生子數人。公之貴也，皆任大官之位。事已前定，雖生遠地而至於鬼神終不能害，明矣。

劉餗《隋唐嘉話》：郭尚書元振，始爲梓州射洪令，徵求無厭，至掠人賣爲奴者甚衆。武后聞之，使籍其家，唯有書數百卷。后後聞資財所在，知皆以濟人，於是奇而免之。後爲凉州都督，路不拾遺，藩國聞其風，多請朝獻。自國家善爲凉州者，郭居其最。

《開元天寶遺事》：郭元振少時，美風姿，有才藝。宰相張嘉貞欲納爲婿。元振曰："知公門下有女五人，未知孰陋，事不可倉卒，更待忖之。"張曰："吾女各有姿色，即不知誰是匹偶。以子風骨奇秀，非常人也。吾欲令五女各持一絲幔前，使子取便牽之，得者爲婿。"元振欣然從命，遂牽一紅絲綫，得第三女，大有姿色。後果隨夫貴達。

《唐語林》三：宗楚客兄秦客，潛勸則天革命，累遷内史，後以贜罪流於嶺南死。楚客無他材能，附會武三思，神龍中爲中書舍人。時西突厥阿史那與忠節不和，安西都護郭元振奏請徙忠節於内地。楚客與弟晋卿及紀處納等納忠節厚賂，請發兵以討西突厥，不納元振之奏。突厥大怒，舉兵入寇，甚爲邊患。監察御史崔琬劾楚客等，中宗不從，遽令與琬和解。俄而韋氏敗，楚客等咸誅。

新、舊《唐書》合鈔：郭元振，名震，以字顯，魏州貴鄉（故城在今河北大名縣東）人。長七尺，美鬚髯。少有大志。十六與薛稷、趙彦昭同爲太學生，家嘗送資四十萬，會有縗服者叩門自言五世未葬，願假以治喪。元振舉與之，無少吝，不質名氏。稷等嘆駭。十八舉進士，授通泉尉。任俠使氣，不以細務介意。嘗盜鑄，（又）前後掠賣所部千餘人，以遺賓客。百姓苦之。則天聞其名，召見與語，甚奇之。索所爲文章。上《寶劍篇》。后覽嗟嘆，詔示學士李嶠等。

時吐蕃請和，乃授元振右武衛鎧曹，進奉宸監丞，充使聘於吐蕃。吐蕃大將論欽陵，請去四鎮兵，分十姓之地。朝廷使元振因察其事宜。元振還，上疏（請爲計以緩之，使彼和望未絶，則其惡意亦不得頓生），則天從之。又上言（吐蕃百姓久倦徭戍），咸願早和，其大將論欽陵，欲分四鎮境，統兵專制，故不欲歸款。若國家每歲發和親使，而欽陵常不從命，則彼蕃之人怨欽陵日深，望國家日甚，設欲廣舉醜徒，固亦難矣……則天甚然之。自是數年間，吐蕃君臣果相猜貳，因誅大將論欽陵，其弟贊婆，及兄子莽布支并來降。則天仍令元振與河源軍大使夫蒙令卿率騎以接之。後吐蕃將麴莽布支率兵入寇，涼州都督唐休璟勒兵破之，元振參預其謀，以功拜主客郎中。

大足元年，遷涼州都督、隴右諸軍州大使。時突厥、吐蕃聯兵寇涼州，後方御洛城門宴，邊警遽至，因輟樂，即遣之。先是涼州封界南北不過四百餘里，既逼突厥、吐蕃，二寇頻歲奄至城下，百姓苦之。元振始於南境硤口置和戎城，北界磧中置白亭軍，控其要路，乃拓州境一千五百里。自是寇虜不復更至城下。元振又令甘州刺史李漢通開置屯田，盡其水陸之利。舊涼州粟麥斛至數千。及漢通收率之後，數年豐稔，乃至一匹絹粟數十斛，積軍糧支數十年。

元振風神壯偉，而善於撫御。在涼州五年，夷夏畏慕，令行禁止，牛羊被野，路不拾遺，河西諸郡置生祠揭碑頌德。神龍中，遷左驍衛將軍，兼檢校安西大都護。時西突厥首領烏質勒部落强盛，款塞通和。元振就其牙帳計會軍事。時天大雪，元振立於帳前，與烏質勒言議。須臾雪深風凍，元振未嘗移足。烏質勒年老，不勝寒苦，會罷而死。其子娑葛以元振故殺其父，謀勒兵攻之。副使御史中丞解琬知其謀，勸元振夜遁。元振曰："吾以誠信待人，何所疑懼？且深在寇庭，遁將安適？"乃安卧帳中。明日，親入虜帳，哭之甚哀，吊行贈之禮，爲留數十日助喪事。娑葛乃感其義，復與元振通好，因遣使進馬五十匹、駝二百、牛羊十餘萬及方物。制以元振爲金山道行軍大總管。

先是，娑葛與阿史那闕啜忠節不和，屢相侵掠。闕啜兵衆寡弱，漸不能支。元振奏請追闕啜入朝宿衛，移其部落入於瓜、沙等州安置。制從之。闕啜行至播仙城，與經略使右威將軍周以悌相遇，以悌謂之曰："國家以高班厚秩待君者，以君統攝部落下有兵衆故也。今輕身入朝，是一老胡耳。在朝之人，誰復喜見？非唯官資難得，亦恐性命在人。今宰相有宗楚客、紀處訥，并專權用事，何不厚貺二公，請留不行？仍發安西兵，并引吐蕃，以擊娑葛，求阿史那獻爲可汗，以招十姓，使郭虔瓘往拔汗那，徵甲馬以助軍用。既得報仇，又得存其部落。如此，與入朝受制於人，豈復同也？”闕啜然其言，便勒兵攻陷于闐坎城，獲金寶及生口，遣人間道納賂於宗、紀。元振聞其謀，遽上疏（抗争），不省。楚客等既受闕啜之賂，乃建議遣御史中丞馮嘉賓持節安撫闕啜，御史吕守素處置四鎮，持璽書便報元振，除牛師獎爲安西副都護，便領甘、涼已西兵募，兼征吐蕃，以討娑葛。娑葛進馬使娑臘知楚客計，馳還報娑葛。娑葛是日發兵五千騎出安西，五千騎出撥换，五千騎出焉耆，五千騎出疏勒。時元振在疏勒於河口栅，不敢進。闕啜在計舒河口候見嘉賓，娑葛兵掩至，生擒闕啜，殺嘉賓等，吕守素至僻城亦見害，又殺牛師獎於火燒城，乃陷安西，四鎮路絶。楚客又奏請周以悌代元振，徵元振，將陷之，使阿史那獻爲十姓可汗，置軍焉耆，以取娑葛。娑葛遺元振書曰：“與漢本來無惡，祇仇於闕啜。而宗尚書取闕啜金，枉擬破奴部落。馮中丞、牛都護相次而來，奴等豈坐受死？又聞史獻欲來，徒擾亂軍州，恐未有寧日。乞大使商量處置。”元振奏娑葛狀。楚客怒，奏言元振有異圖。元振使其子鴻間道奏其狀。以悌竟得罪，流於白州。尊以元振代以悌，赦娑葛罪，册爲十四姓可汗。元振奏稱西土未寧，事資安撫，逗留不敢歸京。會楚客等被誅，睿宗即位，徵拜太僕卿，加銀青光禄大夫。將行，安西酋長有剺面哭送者，旌節下玉門關，去涼州猶八百里，城中争具壺漿奉迎，都督嗟嘆以聞。

景雲二年，同中書門下三品，代宋璟爲吏部尚書。無幾，轉兵部尚書，封館陶縣男。時元振父愛年老在鄉，就拜濟州刺史，仍聽致仕。其冬，與韋安石、張説等俱罷知政事。

先天元年，爲朔方軍大總管，始築定遠城，以爲行軍計集之所，至今賴之。

明年，復同中書門下三品。及蕭至忠、竇懷貞等附太平公主潛謀不順，玄宗發羽林兵誅之，睿宗登承天門，元振躬率兵侍衛之，宿中書者十四宿乃休。事定論功，進封代國公，食實封四百户，賜一子官，賜物一千段。又令兼御史大夫，持節爲朔方道大總管，以備突厥。未行，玄宗於驪山講武，既三令，帝親鼓之，元振遽奏禮止，帝怒，坐軍容不整，坐於纛下，將斬以徇。劉幽求、張説於馬前諫曰："元振有翊贊大功，雖有罪，當以原宥。"乃赦之，流於新州。尋又思其舊功，起爲饒州司馬。元振自恃功勛，怏怏不得志，道病卒，年五十八。開元十年，追贈太子少保。有文集二十卷。

元振雖少雄邁，及貴，居處乃儉約。手不置書。人莫見其喜愠。建宅宣陽里，未嘗一至諸院厩。自朝還，對親欣欣，退就室，儼如也。距國初，仕至宰相而親具者，唯元振云。

多案：《紀事》十：趙彦昭景龍中爲相，以權幸出，後御史郭震劾暴舊惡，姚崇忿之，貶江州别駕。郭震下原注云：非元振也。是當時有兩郭震。元振以字行，蓋爲避同名耳。考唐人著述，如《姓纂》《諸皋記》《隋唐嘉話》《開元天寶遺事》《幽怪録》，莫不稱元振，《郎官石柱題名》亦稱元振，乃後世録元振詩者復題曰郭震，何哉?（《宋高僧傳》三"流志傳"亦稱尚書郭元振。）

《少室山房筆叢》十八：兩郭震，一代國公，字元振；一御史，劾趙彦昭，見《紀事》。

高適《三君咏・郭代公元振》：代公實英邁，津涯浩難識。擁兵抗矯徵，仗節歸有德。縱横負才智，顧盼安社稷。流落勿重陳，懷哉爲凄惻。（序云：魏郡里中有故尚書郭公遺業。）

《新書・藝文志》：郭元振集二十卷，又《九諫書》一卷，又《安邦策》一卷，又兵書類郭元振《定遠安邊策》三卷。

《通鑒唐紀》：（開元十四年，）自王孝杰克復四鎮，置安西都護府，以唐兵三萬戍之，百姓苦其役。爲都護者，惟田揚名、郭元振、張嵩及（杜）暹皆有善政，爲人所稱。

盧崇道《新都南亭别郭大元振》（略）。

張説《送郭大夫元振再使吐蕃》，又《五君咏・郭代公元振》。

白居易《龍花寺主家小尼》原注：郭代公愛姬薛氏幼嘗爲尼，小名仙人子。

《郡齋讀書志》十四：郭元振《安邊策》三卷。右唐郭元振撰，以總兵進攻、聚衆退守，不可無權謀，乃著此書，故舊題曰《定遠安邊策》。

陳子昂

陳子昂，字伯玉，梓州射洪人。其先居新城，六世祖太樂，當齊時兄弟五人爲鄉豪杰，梁武帝命爲郡司馬。太樂子方慶，好道家者，言墨子五行秘書、白虎七變，隱於郡之武東山，子孫因家焉。世爲豪杰，傳至元敬。元敬，子昂父也，弱冠以豪俠聞。家故多貲，屬歲饑，出粟萬石賑鄉里，鄉人翕然歸之。貞元二十一年（據子昂撰《周文林郎陳公墓志銘》），舉明經，調文林郎。子昂十八未知書，以富家子尚氣決弋博自如，他日入鄉校，感悔，即痛修飭。文明元年舉進士，（此據《登科記》。《舊書》不著舉進士何年，《新書》以《舊書》“舉進士”連下“會高宗崩，靈駕將還長安”文讀，遂亂斷爲文明初，實則子昂上書論遷梓宫事在文明元年，而舉進士固前二年事，《登科記》必不誤也。）會高宗崩，靈駕將還長安（《舊書》本傳），於是關中無歲，子昂詣闕上書（《舊書》），盛言東都勝塏，可營山陵……武后奇其才，召見金華殿。子昂貌柔野少威儀，而占對慷慨，擢麟臺正字。垂拱初，（《唐會要》云光宅二年，按即垂拱元年。《舊書·則天紀》：垂拱四年正月造明堂，子昂上書疑在三年，俟考。）詔問群臣調元氣當以何道？子昂因是勸后興明堂、太學。於時吐蕃、九姓叛，詔田揚名發金山道十姓兵討之，十姓君長以三萬騎戰，有功，遂請入朝，后責其嘗不奉命擅破回紇，不聽。（子昂上書諫之，意亦不動。）其後吐蕃果入寇，終後世爲邊患最甚。后方謀開蜀山，由雅州道，翦生羌，因以襲吐蕃，子昂上書以七驗諫止之。后復召見，使論爲政之要，適時不便者，毋援上古角空言，子昂乃奏八科。俄遷右衛冑曹參軍。（后）雖數召見問政事，論亦詳切，顧（原作固，疑誤。）奏聞輒罷。以母喪去官，服終，擢右拾遺。子昂多病，居職不樂。會武攸宜討契丹，高置幕府，表子昂及左補闕喬知之爲參謀。（趙儋《旌德碑》）次漁陽，前軍敗，舉軍震恐……子昂諷攸宜分麾下萬人爲前驅，攸宜以其儒者，謝不納。居數日，復進計，攸宜怒，徙署軍曹，子昂知不合，不復言。聖曆初，以父老表解官歸侍，詔以官供養。（會父喪，廬冢次，每哀慟，聞者爲涕。）縣令段簡貪暴，聞其富，欲害子昂，家人納錢二十萬緡，簡薄其賂，捕送獄中。（子昂之見捕，自筮卦成，驚曰："天命不祐，吾殆死乎！"）死獄中，年四十三。（《陳氏别傳》：年四十二。《旌德碑》同。）

（《舊書》云：子昂父在鄉，爲縣令段簡所辱，子昂聞之，遽還鄉里。因事收繫獄中，憂憤而卒。沈德潛《唐書考證》曰："據《舊書》，是子昂之歸，父未死也，且無廬冢事，兩《書》情事不合。"多案：《新書》固不言丁父憂解官歸，第以父老表解官歸侍，則其歸時，父自未死，與《舊書》實合。惟《舊書》意似謂子昂之死在父死前，則與《新書》異耳。考子昂集中有《周處士陳公墓志銘》，稱元敬卒於聖曆二年，是父死在前無疑，而廬冢事亦自有據。《新書》云聖曆初解官歸侍，是指聖曆元年，蓋解官之翌年，始遭父喪，與《志》適合。）

子昂資褊躁，然輕財好施，篤朋友，與陸餘慶、王無競、房融、崔泰之、盧藏用、趙元亮最厚。唐興文章承徐、庾餘風，天下祖尚，於昂始變雅正。初爲《感遇詩》三十八章（《舊書》云三十首，誤），京兆司功王適見而驚曰："此子必爲天下文宗矣！"（《舊書》）乃請交。子昂所論者，當世以爲法。大曆中，東川節度使李叔明爲立旌德碑於梓州，而學堂至今猶存。有集十卷，友人黄門侍郎盧藏用爲之序，行於代。（《舊書》）《全唐詩》編詩二卷。

雅善趙貞固、盧藏用、陳子昂、杜審言、宋之問、畢構、郭襲微、司馬承禎、釋懷一，時號"方外十友"。（《新書·陸元方傳》附《餘慶

傳》)

少與陳子昂、趙貞固友善，二人并早卒，藏用厚撫其子，爲時所稱。(《舊書·盧藏用傳》)

《觀荆玉篇序》："丙戌歲，余從左補闕喬公北征，夏四月，軍幕次於張掖河。河洲草木無他異者，惟有仙人杖往往叢生，幽朔地寒，與中國稍異。余家世好服食，昔嘗餌之，及此役也，而息意兹味。戍人有薦嘉蔬者，此物存焉。覼爾而笑曰：'始者與此君别，不圖至是而見之，豈非神明嘉惠，欲將扶吾壽也！'因爲喬公昌言其能。時東萊王仲烈亦同旅，聞之大喜，甘心食之已旬有五日矣。適有行人自謂能知藥者，謂喬公曰：'此白棘也，公何謬哉？'仲烈愕然而疑，亦曰：'吾怪其味甜，今果如此。'喬公信是言，乃譏余，作《采玉篇》，謂宋人不識玉而寶珉石也。余心知必是，猶以獨見之故，被奪於衆人，乃……作《觀玉篇》以答之，并示仲烈，譏其失真也。"

《修竹篇序》："東方公足下：文章道弊五百年矣。漢、魏風骨，晋、宋莫傳，然而文獻有可徵者。僕嘗暇時觀齊、梁間詩，彩麗競繁，而興寄都絶，每以永嘆思古人，常恐逶迤頽靡，《風》《雅》不作，以耿耿也。一昨於解三處見明公《咏孤桐篇》，骨氣端翔，音情頓挫，光英朗練，有金石聲，遂用洗心飾視，發揮幽鬱，不圖正始之音復睹於兹，可使建安作者相視而笑。解君云：'張茂先、何敬祖，東方生與其比肩。'僕亦以爲知言也。故感嘆雅製，作《修竹篇》，當有知音以傳示之。"

陳氏世系圖(據《新書》本傳、趙儋《右拾遺陳公旌德碑》、子昂《武東山故居士陳君碑》及《文林郎陳公墓志銘》)：

(《旌德碑》稱子昂爲元敬"元子"，文集有《合平津口别舍弟》詩，知子昂有弟，惟名字無考，兹從闕。《全唐文》有簡甫《宣州開元以來良吏記》。)

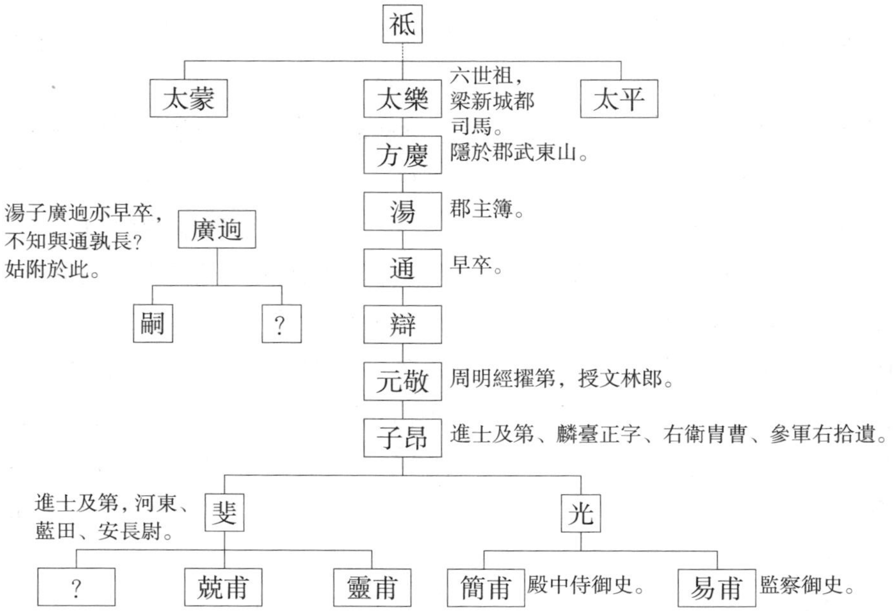

子昂交游可考者：喬知之、王無競、韋虛己、盧藏用、趙元亮、宋之問、李崇嗣、（李崇嗣則天時奉宸府主簿，聖曆中曾奉敕預東觀修書，《全唐詩》有詩三首）田游岩、魏懔、崔泰之、冀珪、畢構、暉上人、杜審言、陸餘慶、房融、郭襲微、司馬承禎、釋懷一。

子昂多病，往往見於吟咏。《感遇》第十三首云“林居病時久”，《酬暉上人秋夜獨坐山亭有贈》曰“寧知人世裏，疲病苦攀緣”，《遇崔司議泰之冀侍御珪二使》曰“謝病南山下，幽卧不知春”，又有《秋園卧疾呈暉上人》及《卧疾家園》兩詩，情詞尤辛楚。

《淮南子》：“舒之幕於六合，卷之不盈於一握。”道家固有此一派，乃與縱横家合流。二語子昂篇什中屢用之，《感遇》第十一首曰：“舒之彌宇宙，卷之不盈分。”《贈趙六》第二首又云：“舒可彌宇宙，攬之不盈拳。”可以知其志尚矣。《文林郎墓志銘》：“公性英雄而志尚玄默。”

耿耿孤懷，而微意所在，正欲希踪阮籍。然環顧時流，誰可語者？故詩中時有孤寂之感。《上薛令文章啓》有云：“某實鄙能，未窺作者，斐然狂簡，雖有勞人之歌，悵爾咏懷，曾無阮籍之思。”不敢以阮籍自況，正其志欲希踪阮籍也。趙儋《旌德碑頌》自注曰：“嗟乎道不可合，運不可諧，遂放言於《感遇》，亦阮公之《咏懷》，已而已而，陳公之微意在斯。”洵知言也。

杜甫《過陳拾遺故宅》云：“千古立忠義，感遇有遺篇。”又《送梓州李使君》云：“遇害陳公殞，於今蜀道憐。君行射洪縣，爲我一潸然。”又《冬到金華山觀》云：“陳公讀書堂，石柱仄青苔。悲風爲我起，激烈傷雄才。”此皆表其忠義致死之實據。

子昂世高貲，故《宿空舲峽青樹村浦》曰：“憶作千金子，寧知九逝魂。”又《萬州曉發放舟乘漲還寄蜀中親朋》云：“寄謝千金子，江海事多違。”

“雲海方蕩潏，孤鱗安得寧？”“群物從大化，孤英將奈何？”“溟海皆震蕩，孤鳳其如何？”皆見《感遇詩》中。

盧藏用《宋主簿鳴皋夢趙六予未及報而陳子云亡今追爲此詩答宋兼貽平昔舊游》曰：“陳生富清理，卓犖兼文史。思縟巫山雲，調逸岷江水。鏗鏘哀忠義，感激懷知己。負劍登薊門，孤游入燕市。浩歌去京國，歸守西山趾。幽居探元化，立言見千祀。埋没經濟情，良圖竟云已。”

宋之問《使往太平軍馬約與陳子昂新鄉爲期及還而不相遇》。

喬知之《擬古贈陳子昂》。

盧照鄰《送幽州陳參軍赴任寄呈鄉曲父老》（作於六八六年）。

高正臣《晦日置酒林亭》。（是日同宴二十一人，陳嘉言、崔知賢、韓仲宣、周彦昭、高球、弓嗣初、高瑾、王茂時、長孫正隱、高紹、郎餘令、王勔、周彦暉、高嶠、劉友賢、周思鈞、張錫、解琬同咏，詩皆存。皆以華字爲韻，子昂爲之序。）

郭廷謂《哭陳子昂》句：“魂逐東流水，墳依獨坐山。”

邊塞詩：《西還至散關答喬補闕》《還至張掖古城聞東軍告捷贈韋五》《度峽口山贈喬補闕知之王二無競》《題祀山烽樹贈喬十二侍御》《題居延古城贈喬十二》《贈趙六二首》《答韓使同在邊》《居延海樹聞鶯同作》《東征答朝臣相送》。

陳子昂年表：

龍朔元年辛酉（661）：一歲。

麟德二年乙丑（665）：五歲。

咸亨元年庚午（670）：十歲。

上元二年乙亥（675）：十五歲。

永隆元年庚辰（680）：二十歲。

開耀元年辛巳（681）：二十一歲。至長安。

永淳元年壬午（682）：二十二歲。潘師正卒。試進士落第。《落第西還別劉祭酒高明府》《落第西還别魏四懔》。

弘道元年癸未（683）：二十三歲。薛元超罷中書令，高宗崩。《暉上人房餞齊少府序》（夏）。

光宅、文明、嗣聖元年甲申（684）：二十四歲。四游岩拜太子洗馬，太子賢被殺，改東都爲神都，并改官名，徐敬業舉兵敗。召見金華殿，擢麟臺正字。《麈尾賦》、《諫靈駕入京書》、《昭夷子趙氏碑》、《東征至淇門答宋參軍之問》（？）。

垂拱元年乙酉（685）：二十五歲。修故白馬寺，薛懷義爲寺主，田游岩放還。召見賜筆札中書省，令條上利害。《諫政理書》《上軍國利害事三條》。

垂拱二年丙戌（686）：二十六歲。三月設銅匭，命左豹韜衛將軍劉敬同討金微州都督僕固，喬知之攝侍御史、爲監軍。從左補闕喬知之北征突厥。《諫用刑書》《燕然軍人畫像銘》《吊塞上翁文》《觀荆玉篇》。

垂拱三年丁亥（687）：二十七歲。《同參軍宋之問夢趙六贈盧、陳二子之作》、《感遇》（二十九？）。

垂拱四年戊子（688）：二十八歲。作明堂，拜洛受圖。《諫雅州討生羌書》《爲程處弼慶拜洛表》。

永昌元年己丑（689）：二十九歲。張楚金等臨刑被釋。三月壬申召見問爲政之要，擢右衛胄曹參軍。《答制問事八條》《諫刑書》。

載初、天授元年庚寅（690）：三十歲。策貢士於洛城殿（是爲殿試之始），法明等上《大雲經》，改國號曰“周”。《申周公高君墓志》《大周受命頌》《上大周受命頌表》。

天授二年辛卯（691）：三十一歲。《離狐縣丞高府君墓志銘》《清河張氏墓志銘》《河南宇文氏墓志銘》《上殤高氏墓志銘》。

長壽、如意元年壬辰（692）：三十二歲。復安西四鎮，李昭德築洛陽外城。

長壽二年癸巳（693）：三十三歲。後自製《神宫樂》《時政記》，安金藏剖腹，郭元振爲通泉尉。《武東山故居士陳公碑》《郭公姬薛氏墓志銘》。

延載元年甲午（694）：三十四歲。《堂弟孜墓志銘》（？）、《陳君碩人銘》。

證聖、天册萬歲元年乙未（695）：三十五歲。作夾紵大像，懷義焚天堂及明堂。《送中岳二三真人序》。

萬歲通天、萬歲登封元年丙申（696）：三十六歲。新明堂成。從武攸宜討契丹。

神功元年丁酉（697）：三十七歲。樊棋子剖腹，張易之兄弟入侍，九鼎成，王孝杰敗死，喬知之死。《登薊城西北樓送崔著作入都序》《國殤文》《禡牙文》《禜海文》《古墳記銘》《登薊丘樓送賈兵曹入都》《薊丘覽古六首》《登幽州臺歌》。

聖曆元年戊戌（698）：三十八歲。表解官歸侍，撰《後史記》。

聖曆二年己亥（699）：三十九歲。置控鶴監。父元敬卒。《府君文林郎陳公墓志銘》《申州司馬王府君墓志》。

久視元年庚子（700）：四十歲。修《三教珠英》。

大足、長安元年辛丑（701）：四十一歲。

長安二年壬寅（702）：四十二歲。卒。

《蜀鑒》：武后垂拱五年，詔發兵自雅州開山出襲吐蕃，陳子昂上書諫。太后欲發梁、鳳、巴、蜑，自雅州開山通道，出擊生羌，因襲吐蕃。正字陳子昂上書，以爲雅州邊羌，自國初以來，未嘗爲盜。今一日無罪戮之，其怨必甚，且懼誅滅，必蜂起爲盜。西山盜起，則蜀之邊邑，不得不連兵備守。兵久不解，西蜀之禍，自此結矣。既而役不果興。

《元和姓纂》：廣漢射洪：左拾遺陳子昂生光，祠部員外。

《獨異記》：子昂初入京，不爲人知。有賣胡琴者，價百萬，豪貴傳視，無辨者，子昂突出，顧左右曰："輦千緡市之。"衆驚問，答曰："余善此樂。"皆曰："可得聞乎？"曰："明日可集宣陽里。"如期偕往，則酒肴畢具，置胡琴於前。食畢，捧琴語曰："蜀人陳子昂，有文百軸，馳走京轂，碌碌塵土，不爲人知。此樂賤工之役，豈宜留心？"舉而碎之，以其文軸遍贈會者，一日之内，聲華溢都。時武攸宜爲建安王，辟爲書記。（《紀事》引）

《升庵詩話》二：（王）適，唐初人。《陳子昂别傳》云：幽人王適見《感遇詩》曰："是必爲海内文宗矣。"即其人也。予見《蜀志》載王適《蜀中旅懷》一首云：……蓋因旅游入蜀而見子昂也。

船山《唐詩評選》二：歷下謂子昂以其古詩爲古詩，非古也。若非古而猶然爲詩，亦何妨風以世移？正字《感遇詩》，似誦、似説、似獄詞、似講義，乃不復似詩，何有於古？故曰五言古自是而亡。

又一：（評《登幽州臺歌》）融液初終，以神行而不以機牽，摇蕩古今，豈但其大言之赫赫哉？

《藝概》二：曲江之《感遇》出於《騷》，射洪之《感遇》出於《莊》，纏綿超曠，各有獨至。

《提要・集部・别集類》二：陳拾遺集十卷（内府藏本），唐陳子昂撰。子昂事迹具《唐書》本傳，及盧藏用所爲《别傳》。唐初文章，不脱陳、隋舊習。子昂始奮發自爲，追古作者。韓愈詩云："國朝盛文章，子昂始高蹈。"柳宗元亦謂："張説工著述，張九齡善比興，兼備者子昂而已。"馬端臨《文獻通考》乃謂："子昂惟詩語高妙，其他文則不脱偶儷卑弱之體。韓、柳之論不專稱其詩，皆所未喻。"今觀其集，惟諸表、序猶沿排儷之習，若論事書疏之類，實疏樸近古，韓、柳之論未爲非也。子昂嘗上書武后，請興明堂、太學。宋祁《新唐書》傳贊以爲："薦圭璧於房闥，以脂澤污漫之。"其文今載集中。王士禎《香祖筆記》又舉其《大周受命頌》四章、《進表》一篇、《請追上太原王帝號表》一篇，以爲視《劇秦美新》殆又過之，其下筆時，不復知世有節義廉耻事。今亦載集中。然則是集之傳，特以詞采見珍。譬諸蕩姬佚女，以色藝冠一世，而不可以禮法繩之者也。此本傳寫多僞脱，第七卷闕兩頁。據目録尋之，《禡牙文》《禜海文》在《文苑英華》九百九十五卷。《吊塞上翁文》在九百九十九卷。《祭孫府君文》在九百七十九卷。又《送崔融》等序之後，據目録尚有《餞陳少府序》一篇。此本亦佚。《英華》七百十九卷有此文。今并葺補，俾成完本。《英華》八百二十二卷收子昂《大崇福觀記》一篇，稱武士彠爲太祖孝明皇帝。此集不載其目，殆偶佚脱。今并補入，俾操觚揮翰之士知立身一敗，遺詬萬年，有求其不傳而不能者焉。

《帶經堂詩話》：子昂五言詩力變齊、梁，不須言。其表、序、碑、記等作沿襲頽波，無可觀者。《上大周受命頌表》一篇、《大周受命頌》四章，其辭諂誕不經。又有《請追上太原王帝號表》，太原王者，士彠也。此與揚雄《劇秦美新》無異，殆又過之。其下筆時，不知世有節義廉耻事矣。子昂真無忌憚之小人哉！

《宋高僧傳》五《唐中大雲寺圓暉傳》：釋圓暉，未詳何許人也。

關輔之間，聲名藉甚，精研性相，善達諸宗，幼於俱舍一門，最爲鋭意。時禮部侍郎賈曾，歸心釋氏，好樂斯文，多命暉談此宗相，然其難者則非想見惑，繁者則得非得章，爰請暉師略伸梗概，究其光師疏義繁極難尋。又聖善寺遠懷律師，願心相合，因節略古疏，頌則再牒而釋，論乃有別而具注，甚爲徑捷，學者易知。後有崇廣，著《金華鈔》十卷以解焉。光、寶二師之後，暉公間出，兩河間、二京道、江表、燕、齊、楚、蜀，盛行暉疏焉。

賓王《秋日餞陸道士陳文林》。（案：子昂父元敬，贈文林郎，此殆即玄敬耶？然序曰："陳文林言返東吴，修途走落星之浦。"則又不可解。）

《新·藝文志》：陳子昂集十卷。

張説《孔補闕集序》：永昌之始接迹書坊，有廣漢陳子昂、鉅鹿魏知古、高陽許望、信都杜澄、昌樂谷倚、廣陵馬懷素、東萊王無競、河南元希聲、臨淄李伯魚、譙國桓彦範，僉謂季和神清韻遠，析理探微，衛叔寶之比也。

白居易《江樓夜吟元九律詩成三十韻》：每嘆陳夫子，常嗟李謫仙。名高折人爵，思苦减天年。不得當時遇，空令後代憐。

《郡齋讀書志》十七：陳子昂集十卷，右唐陳子昂，伯玉也，梓州人。文明初舉進士，上書，召見，累擢拾遺。《新唐書》稱子昂聖曆初解官歸養，父喪，廬墓。縣令段簡貪暴，欲取其賂，不厭，逮捕死獄中。沈下賢獨云爲武承嗣所殺。未知孰是？子昂少以豪俠使氣，及冠，折節爲學，精究墳籍，耽愛黄老、易象，尤善屬文。唐興文章，承徐、庾餘風，天下祖尚，至是始變雅正。故雖無風節，而唐之名人，無不推之。柳儀曹曰：張説以著述之餘攻比興，而莫能極；張九齡以比興之暇窮著述，而不克備。唐興以來，稱是選而不怍者，子昂一人而已。

顔真卿《崔孝公陋室銘記》：二十四舉鄉貢進士，考功郎李迥秀器異之，曰：王佐才也。遂擢高第。其年舉賢良方主，對策萬數，公獨居第一。而兄渾亦在甲科。典試官梁載言陳子昂嘆曰：雖公孫晁郄不及也。

張若虚

《舊書·文苑·賀知章傳》：

張若虚，揚州人。神龍中與賀知章、賀朝、萬齊融、邢巨、包融，俱以吴、越之士，文詞俊秀，名揚於上京。若虚官止兗州兵曹。（據《舊書·文苑·賀知章傳》）若虚與賀知章、張旭、包融，號“吴中四士”。今存詩二首。

胡光煒《張若虚事迹考略》：

張若虚事實，世所得者殊鮮。若虚在兩《唐書》皆無傳，僅附見《舊書》一百九十六《文苑·賀知章傳》中。彼文云：

> 先是神龍中，知章與越州賀朝、萬齊融，揚州張若虚、邢巨，湖州包融，俱以吴、越之士，名揚於上京……若虚兗州兵曹。

其姓名爵里可考者僅此。案《舊書》四十《地理志》三淮南道揚州大都督府下云：

> 武德三年，杜伏威歸國，於潤州江寧縣置揚州，以隋江都縣爲兗州……七年改兗州爲邗州，九年省江寧縣之揚州，改邗州爲揚州……天寶元年，改爲廣陵郡。

《新書》四十一《地理志》則云：

> 揚州廣陵郡大都督府本南兗州江都郡，武德七年曰邗州，以邗溝爲名。九年，更置揚州。天寶元年，更郡名。

其文較《舊書》爲略。按知章生於高宗顯慶四年，卒於天寶三載，年八十六，（《歷代名人年譜》四）歷初、盛二世。惟《舊書》本傳云，與若虚等齊名，在神龍中。神龍爲武后最後紀元，中宗復辟後仍稱之。其時揚州正昔之邗州。新、舊《書》“志”載揚州屬縣凡七，不知若虚所隸爲江都，爲江陵，抑爲六合、高郵？史祇言揚州，不言何縣，難可確知。惟揚州都督府向治江都，或爲江都人歟？

若虚成名於初唐，其時文風，據《新書》二百一《文藝傳》總叙云：

> 唐有天下三百年，文章無慮三變。高祖太宗，大難始夷，沿江左餘風，飾句繪章，揣合抵昂，故王、楊爲之伯。

王、楊并托旨宫闈，善爲情咏。自梁簡文帝好爲宫體，而情詩怨什，一時稱盛，所謂江左餘風，蓋指梁、陳舊習而言。若虚生際初唐，受其熏沐，故所作亦純爲抒情之什。《春江花月夜》之題，本陳曲也。

《樂府詩集》四十七，《春江花月夜》屬“清商曲辭”之“吴聲歌曲”。“吴聲歌曲”者，《晋書·樂志》云：“吴歌雜曲，并出江南，東晋以來，稍有增廣。”又《晋書·樂志》曰：“《春江花月夜》《玉樹後庭花》《堂堂》，并陳後主所作。常與宫中女學士及朝臣相和爲詩，太常令何胥又善於文咏，采其尤艷麗者，以爲此曲。”

陳詞今不傳，《樂府詩集》所引舊作，祇有三家，一爲隋煬帝，二爲諸葛潁（隋人，入《隋書·文學傳》），其後則爲張子容，皆爲五言短章。今以隋煬帝所作爲例，凡二首，其辭曰：

> 莫江春不動，春花滿正開。流波將月去，潮水帶星來。

> 夜露含花氣，春潭漾月暉。漢水逢游女，湘川值兩妃。

自若虚出，而改五言爲七言，進短章爲巨製，天才横逸，極創作之能事。湘潭王君稱其“孤篇横絶，遂成大家”（見王《志》卷二），良不虛也。後世惟温庭筠之“玉樹歌闌海雲黑”云云，差足繼響，然温詩藻繪有餘，天然不足，以彼方此，若顏延之之於謝客矣。其與此篇取旨相類者，有劉希夷之“年年歲歲花相似，歲歲年年人不同，”與後來李白之“青天有月來幾時”云云。然咏月之作，此篇固千古絶唱矣。

若虛官兖州。唐兖州屬河南道，於今地爲山東滋陽縣。其詩云“青楓浦”，據《一統志》在今湖南瀏陽。又以“碣石”“瀟湘”對舉，則若虛或曾至湘中耶?

《新書・藝文志》無若虛集。名篇傳世，僅存此一首。又官不過兵曹，《舊書》一百九十中稱“朝萬止山陰尉、齊融崑山令……數子人間往往傳其文，獨知章最貴”，蓋傷之也。“才秀人微，取湮當代”（《詩品》評鮑照語），然詩人生命殊不關窮通屯泰耳。

張　說

《新書》一二五、《舊書》九七。

張説，字道濟，或字説之。其先范陽人，代居河東，（後）又徙家河南之洛陽（《舊書》本傳）。永昌中，武后策賢良方正，詔吏部尚書李景諶糊名較覆，説所對第一，後署乙等，授太子校書郎，遷左補闕（《舊書》作右補闕），預修《三教珠英》（《舊書》）。久視中（元年，《會要》），后違暑三陽宫，汔秋未還，説上疏（諫上），不省。長安初，修《三教珠英》畢，遷右史内供奉，兼知考功貢舉事，擢拜鳳閣舍人。時麟臺監張易之與其弟昌宗構陷御史大夫魏元忠……謀反，引説令證其事（《舊書》），説廷對元忠無不順言，元忠由是免誅，（而）説坐忤旨，配流欽州（《舊書》）。

在嶺外歲餘，中宗立（《舊書》），召爲兵部員外郎。累遷工部、兵部二侍郎，景龍中（《舊書》）以母喪免。既期，詔起爲黄門侍郎，固請終制，祁陳哀到，優詔方許之（《舊書》）。時禮俗衰薄，士以奪服爲榮，而説獨以禮終，天下高之。除喪，復爲兵部，兼修文館學士。睿宗即位，擢中書侍郎，兼雍州長史。景雲元年秋，譙王重福於東都構逆而死，留守捕繫枝黨數百人考訊結構之狀，經時不決（《舊書》），詔説往按，一昔而罪人得，乃誅張靈均、鄭愔，餘詿誤悉原。帝嘉其不枉直、不漏惡，慰勞之。

玄宗在東宫，説與國子司業褚無量俱爲侍讀（《舊書》），尤見親禮。逾年，進同中書門下平章事，監修國史。是歲二月，睿宗謂侍臣曰："有術者上言五日内有急兵入宫，卿者爲朕備之。"左右相顧莫能對。説進曰："此是讒人設計，擬摇動東宫耳。陛下若使太子監國，則君臣分定，自然窺覦路絶，灾難不生。"睿宗大悦，即日下制皇太子監國。明年又制皇太子即帝位。俄而太平公主引蕭至忠、崔湜等爲宰相，以説爲不附己，轉爲尚書左丞，罷知政事，仍令往東都留守。説既知太平等陰懷異計，乃因使獻佩刀於玄宗，請先事討之。玄宗深嘉納焉。及至忠等伏誅，徵拜中書令，封燕國公，賜實封二百户。其冬，改易官名，拜紫微令。自則天末年，季冬爲潑寒胡戲，中宗嘗御樓以觀之。至是，因蕃夷入朝，又作此戲。説上疏諫（之），自是此戲乃絶（《舊書》）。

俄而爲姚崇所構，出爲相州刺史，仍充河北道按察使。俄又坐事，左轉岳州刺史，仍停所食實封二百户（《舊書》）。説既失執政，意内自懼。雅與蘇瓌善，時瓌子頲爲相，因作《五君咏》獻頲，其一紀瓌也，候瓌忌日致之。頲覽詩嗚咽。未幾見帝，陳説忠謇有勛，不宜弃外。遂遷荆州長史。

遷右羽林將軍，兼檢校幽州都督，入朝，以戎服見，帝大喜。開元七年，檢校并州大都督府長史，兼天兵軍大使，攝御史大夫，兼修國史，仍賫史本就并州隨軍修撰。八年秋，朔方大使王晙誅河曲降虜阿布思等千餘人，時并州大同横野等軍有九姓同羅、拔曳固等部落，皆懷震懼。説率輕騎二十人，持旌節，宣諭其部落，宿於帳下，召酋帥以慰撫之。副使李憲以爲夷虜難信，不宜輕涉不測，馳狀以諫，説報書曰："吾肉非黄羊，必不畏吃，血非野馬，必不畏刺。士見危致命，是吾效死之秋也。”於是九姓感義，其心乃安。

九年四月，胡賊康待賓率衆反，據長泉縣，自稱葉護，攻陷蘭、池等六州。詔王晙率兵討之，仍令説相知經略。時叛胡與黨項連結，攻銀城連谷，以據倉糧。説統馬步萬人，出合河關掩擊，大破之，追至駱駝堰，胡及黨項自相殺，阻夜，胡乃西遁，入鐵建山，餘黨潰散。説招集黨項，復其居業。副使史獻請因此誅黨項，絶其翻動之計。説曰：“先王之道，推亡固存，如盡誅之，是逆天道也。”因奏置麟州，以安置黨項餘燼。其年，拜兵部尚書，同中書門下三品，仍依舊修國史，讓宋璟、陸象先，不許。

明年，又敕説爲朔方軍節度大使，往巡五城，處置兵馬。時有康待賓餘黨、慶州、方渠降胡康願子自立爲可汗，舉兵反，謀掠監牧馬，西涉河出塞。説進兵討擒之，并獲其家屬於木盤山，送都斬之。其黨悉平，獲男女三千餘人，於是移河曲六州殘胡五萬餘口，配許汝唐、鄧、仙、豫等州，始空河南朔方千地之地。説以討賊功，復賜實封三百户（《舊書》二百户）。

先是緣邊鎮兵常六十餘萬。説以時無强寇，不假師衆，奏罷二十餘萬，勒還營農。玄宗頗以爲疑。説奏曰：“臣久在疆埸，具悉邊事。軍將但欲自衛，及雜使營私。若禦敵制勝，不在多擁閑冗，以妨農務。陛下若以爲疑，臣請以闔門百口爲保。以陛下之明，四夷畏伏，必不慮減兵而招寇也。”上乃從之。

時當番衛士浸以貧弱逃亡略盡。説又建策，請一切召募强壯，令其宿衛，不簡色役，優爲條例，逋逃者必争來應募。上從之。旬日得精兵一十三萬人，分繫諸衛，更番上下，以實京師，其後彍騎是也。

是歲，玄宗將還京，而便幸并州。説進言（請祀后土），以爲三農祈穀……上從其言。及祀后土禮畢，説代張嘉貞爲中書令。夏四月，玄宗親爲詔（褒之）。説又首建封禪之議。十三年，受詔與右散騎常侍徐堅、太常少卿韋縚等，撰《東封儀注》。舊儀不便者，説多所裁正，語在《禮志》。玄宗尋召説及禮官學士等，賜宴於集仙殿，謂説曰：“今與卿等賢才，同宴於此，宜改名爲集賢殿。”因下制改麗正書院爲集賢殿書院，授説集賢院學士，知院事。

及將東封，授説爲右丞相，兼中書令，源乾曜爲左丞相，兼侍中，蓋勒成岱宗，以明宰相佐成王化也。説又撰《封禪壇頌》，以紀聖德。初源乾曜本意不欲封禪，而説固贊其事，由是頗不相平。及登山，説引所親攝供奉官及主事等，從升加階，超入五等，其餘官多不得上。又行從兵士惟加勳，不得賜物。由是頗爲内外所怨。先是御史中丞宇文融獻策請括天下逃户及籍外剩田，置十道勸農使，分往檢察。説嫌其擾人不便，數建議違之。及東封還，融又密奏分吏部置十銓，融與禮部尚書蘇頲等分掌選事，融等每有奏請，皆爲説所抑，由是銓綜失叙。融乃與御史大夫崔隱甫、中丞李林甫奏彈説引術士王慶則夜祠禱解，而奏表其間，引僧道岸窺覘時事，冒署右職，所親吏張觀、范堯臣依據説勢，市權招賂，擅給太原九姓羊錢千萬。其言醜慘。帝怒，敕宰臣源乾曜、刑部尚書韋抗、大理少卿胡珪、御史大夫崔隱甫，就尚書省鞠問，發金吾兵圍其第。説兄左庶子光詣朝堂割耳稱冤。説經兩宿，玄宗使中官高力士視之，回奏説坐於草上，於瓦器中食，蓬首垢面自罰，憂懼之甚。玄宗憫之。力士奏曰：“説曾爲侍讀，又於國有功。”玄宗然其奏，由是停兼中書令。觀及慶則决杖而死。連坐遷貶者十餘人。隱甫及融等恐説復用，爲己患，又密奏毁之。素忿説者又著《疾邪篇》。明年，詔説致仕，仍令在家修史。

初説爲相時，玄宗意討吐蕃。説密奏許其通和，以息邊境。玄宗不從，曰：“朕待王君㚟計之。”説出，告源乾曜曰：“君㚟好兵以求利，彼入，吾言不用矣。”後君㚟破吐蕃於青海西，説策其且敗。及瓜州失守，王君㚟死，説因獲嶲州鬥羊，上表獻之，以申諷諭……玄宗深悟其意，賜絹及雜綵一千匹。

十七年，復拜尚書左丞相、集賢院學士。尋代源乾曜爲尚書左丞相。視事之日，上敕所司供帳，設音樂，内出酒食。御製詩一篇，以叙其事。尋以修《謁陵儀注》功，加開府儀同三司。時長子均爲中書舍人，次子垍尚寧親公主，拜駙馬都尉；又特授説兄慶王傅光爲銀青光禄大夫。當時榮寵，莫與爲比。

十八年，遇疾。玄宗每日令中使問疾，并手寫藥方賜之。十二月，薨，時年六十四。上憯惻久之，遽於光順門舉哀，因罷十九年元正朝會。

始玄宗在東宫，説已蒙禮遇。及太平用事，儲位頗危，説獨排其黨，請太子監國，深謀密劃，竟清内難，遂爲開元宗臣。前後三秉大政，掌文學之任，凡三十年。爲文俊麗，用思精密，朝廷大手筆皆特承中旨撰述，天下詞人，咸諷誦之。尤長於碑文墓志，當代無能及者。既貶岳州，而詩益凄婉，人謂得江山助云。喜延納後進，善用己長，引文儒之士，佐佑王化。當承平歲久，志在粉飾盛時，其封泰山、祠脽上、謁五陵、開集賢、修太宗之政，皆説爲倡首。而又敦氣義，重然諾，於君臣朋友之際，大義甚篤。

時中書舍人徐堅自負文學，常以集賢院學士多非其人，所司供膳太厚，嘗謂朝列曰："此輩於國家何益？如此虚費，將建議罷之。"説曰："自古帝王功成則奢縱之失，或興池臺、或玩聲色。今聖上崇儒重道，親自講論，刊正圖書，詳延學者。今麗正書院，天子禮樂之司，永代規模不易之道也。所費者細，所益者大。徐子之言，何其隘哉！"玄宗知之，由是薄堅。

説既遭訕鑠，罷知政事，專集賢文史之任，每軍國大事，帝遣中使先訪其可否。始帝欲授説大學士。辭曰："學士本無大稱。中宗崇寵大臣乃有之。臣不敢以爲稱。"固辭，乃免。後宴集賢院，故事官重者先飲。説曰吾聞儒以道相高，不以官閥爲先後。太宗時修史十九人，長孫無忌以元舅，每宴，不肯先舉爵。長安中預修《珠英》，當時學士，亦不以品秩爲限。於是引觴同飲。時伏其有體。説嘗自製其父《贈丹州刺史騭碑》文，玄宗聞之，而御書其碑額賜之，曰："嗚呼，積善之墓。"有文集三十卷。太常謚議曰"文貞"，左司郎中陽伯誠駁議，以爲不稱，工部侍郎張九齡立議，請依太常爲定，紛紜未决。玄宗爲説自製《神道碑》文，御筆賜謚曰“文貞”，由是方定。開元後宰相不以姓著者曰燕公云。大曆中，詔配享玄宗廟庭。

《唐語林》二：鄭□□云：張燕公文逸而學奥，蘇許公文似古、學少簡而密。張有《河朔刺史冉府君碑序金城郡》云：“蕣華前落，藁瘞城隅。天使馬悲，啓滕公之室；人看鶴舞，閉王母之墳。”亦其比也。公又云：張巧於才，近世罕比。《端午三殿侍宴》詩云：“甘露垂天酒，芝花捧御書。含丹同蝘蜓，灰骨慕蟾蜍。”上親解紫拂菻帶以賜焉。

《唐語林》四：文宗自太和乙卯歲後，常戚戚不樂，事稍閑，則必有嘆息之音。會幸三殿東亭，見横御架巨，上指謂畫工程修己曰：“此開元東封圖也。”命内臣懸於東廡下，上舉玉如意指張説輩嘆曰：“使吾得其中一人，則可見開元之理。”

同上：開元中，燕公張説當朝，文伯冠服，以儒者自處。玄宗嫌其異己，賜内樣巾子、長脚羅幞頭。燕公服之入朝，玄宗大喜。

《朝野僉載》：唐燕國公張説，倖佞人也。前爲并州刺史，諂事特進王毛仲，餉致金寶，不可勝數。後毛仲巡邊，會説於天雄軍。大宴，酒酣，恩敕忽降，授兵部尚書，同中書門下三品。説拜謝訖，便把毛仲手起舞，嗅其靴鼻。(《廣記》三四〇)

《定命録》：燕公説之少也，元懷景知其必貴，嫁女與之。後張至宰相，其男女數人，婚姻榮盛，男尚公主，女爲三品夫人。(《廣記》一七〇)

《玄宗實録》：中書舍人張均知考，父左相張説知京官考，特注曰：“父教子忠，古之善訓。祁奚舉子，義不務私。至如潤色王言，章施帝載，道參墳典，例絶常功，恭聞前烈，尤難其任。豈以嫌疑，敢撓綱紀？考上下。”(《廣記》一八六)

《唐會要》(？)：武德七年，高祖謂吏部侍郎張説曰：“今年選人之内，豈無才用者？卿可簡試，將來欲縻之好爵。”於是説以張行成、張知運數人應命。時以爲知人。(《廣記》一八五)

《國史補》：張説好求山東婚姻，當時皆惡之。及後與張氏親，乃

申明四姓，鄭氏不離滎陽，又崗頭盧、澤底李、土門崔，皆爲鼎甲。（《廣記》一八四）

《大唐傳載》：燕文貞公張説，其女嫁盧氏，嘗爲舅求官，候父朝下而問焉，父不語，但指搘床龜而示之。女拜而歸室，告其夫曰："舅得詹事矣。"

《開元天寶遺事》：開元中，張説爲宰相，有人惠説一珠，紺色有光，名曰記事珠。或有闕忘之事，則以手持弄此珠，便覺心神開悟，事無巨細，涣然明曉，一無所忘。説秘爲至寶。

又：張説母夢有一玉燕自東南飛來，投入懷中，而有孕，生説，果爲宰相。其至貴之祥也。

《新・藝文志》：張説集三十卷。

又：《洪崖先生傳》一卷。注：張氲先生，唐初人。

《開元天寶遺事》：燕公説有宰輔之才，而多詭詐，復貪財賄，時亦多之、亦污之。每中書議事，及衆僚巡廳，或有所忤，立便叱駡，爲衆所嫌，故朝彦相謂曰：張公之言，毒於極刑。言好面辱人也。

《開天傳信記》：玄宗封太山回，車駕……過金橋（橋在潞州），御路縈轉。上見數十里間，旗纛鮮潔，羽衛齊整，謂左右曰："張説言我勒兵三十萬，旌旗經千里間，陝右上黨，至於太原，直才子也。"左右稱萬歲。上遂召吴道玄、韋無忝、陳閎，令同製《金橋圖》。

《大唐新語》與徐堅評文一則，見李嶠。

《明皇雜録》：張説之謫岳州也，常鬱鬱不樂。時宰以説機辨才略，互相排擯。蘇頲方當大用，而張説與瓌善，張因爲《五君咏》，致書封其詩以遺頲，戒其使曰："候忌日近暮送之。"使者既至，因忌日，齎書至頲門下，會積陰累旬，近暮吊客至，多説先公僚舊，頲因覽詩，嗚咽流涕，悲不自勝。翌日乃上封，大陳説忠貞謇諤，嘗勤勞王室，亦人望所屬，不宜淪滯於遐方。上乃降璽書勞問，俄而遷荆州長史。由是陸象先、韋嗣立、張廷珪、賈曾，皆以讁逐歲久，因加甄收。頲常以説父之執友，事之甚謹。而説重其才器，深加敬慕焉。

又：姚元崇與張説同爲宰輔，頗懷疑阻，屢以事相侵，張銜之頗切。姚既病，誡諸子曰："張丞相與吾不協，釁隙甚深，然其人少懷奢侈，尤好服玩。吾身殁之後，以吾常同官，當來吊。汝其盛陳吾平生服玩寶帶重器，羅列於帳前。若不一顧，汝其速計家事，舉族無類矣；若目此，則吾屬無所慮，便當録其玩用致於張公，仍以神道碑爲請。既獲其文，登時便寫進御，仍先礱石以待之，便令鎸刻。張丞相見事遲於我，數日之後，必當悔。若却徵碑文，以刊削爲辭，當引使視其鎸刻，仍告以聞上訖。"姚既殁，張果至，目其玩服三四。姚氏諸孤悉如教誡，不數日文成，叙述該詳，時爲極筆。其略曰："八柱承天，高明之位列；四時成歲，亭毒之功存。"後數日，果使使取文本，以爲詞未周密，欲重加删改。姚氏諸子乃引使者示其碑，并告以奏御。使者復命，悔恨拊膺曰："死姚崇猶能弄生張説，吾今日方知才之不及遠矣。"

《常侍言旨》：張説置永樂東南第一宅，有永巷者。浮屠泓戒曰："此宅西北隅，最是王地，慎勿於此取土。"越月，泓又至，謂説曰："此宅氣候忽然索漠，其必有取土於西北隅者。"與説并視，果有取土三數坑，皆深丈餘。泓大驚曰："令公富貴一身而已，更二十年外，諸郎君皆不得天年。"説懼將平之。泓曰："客土無氣，與地脉不相連，今欲填之，猶人有瘡痏，補之他肉，無益也。"説子均、垍皆爲禄山委任，克復後，均賜死，垍長流。（案：與史不合。）

《提要·集部·别集類》二：張燕公集二十五卷（兩淮馬裕家藏本），唐張説撰。説事迹具《唐書》本傳。其文章典麗宏贍，當時與蘇頲并稱，朝廷大述作多出其手，號曰"燕許"。《唐書·藝文志》載其集三十卷，今所傳本止二十五卷。然自宋以後，諸家著録并同，則其五卷之佚久矣。集中《元處士碣銘》稱序爲處士子將作少監行冲撰，而《唐書·行冲傳》乃不載其爲此官。《爲留守奏慶山醴泉表》稱萬年縣令鄭國忠狀，六月十四日縣界霸陵鄉有慶山，見醴泉出，而《唐書·武后傳》載此事乃作新豐縣。皆與史傳頗有異同。然説在當時，必無譌誤，知《唐書》之疏舛多矣。此書所以貴舊本也。集首永樂七年伍德記一篇，稱兵燹之後，散佚僅存，録而藏之，至嘉靖間，其子孫始爲梓行，而僞舛特甚。又參考本傳及《文粹》《文苑英華》諸書，其文不載於集者尚多。今旁加搜輯，於集外得頌一首、箴一首、表十八首、疏二首、狀六首、策三首、批答一首、序十一首、啓一首、書二首、露布一首、碑四首、墓志九首、行狀一首，凡六十一首，皆依類補入，而原集目次錯互者，亦詮次更定，仍釐爲二十五卷，庶幾復成完本焉。

《會要》三六：十七年九月十一日上令左丞相張説修《八陣圖》十卷及經二卷，成。

《廣記》三三五引《御史臺記》：（吴少微《哭富嘉謨文》曰：）太常少卿徐公，鄜州刺史尹公，中書徐、元二舍人，兵部張郎中説未嘗值我不嘆於朝。

崔日用《奉和聖制送張説巡邊》。

任希古《和左僕射燕公春日端居述懷》。

《書史會要》：張説字學衛夫人，婉美有象。

《唐才子傳》一：説字道濟，洛陽人。垂拱四年，舉學綜古今科，中第三等。考策日封進，授太子校書。令曰："張説文思清新，藝能優洽，金門對策，已居高科之首；銀榜效官，宜申一命之秩。"後累遷鳳閣舍人，睿宗時兵部侍郎平章事，開元十八年終左丞相、燕國公。説敦氣節，重然諾，爲文精壯，長於碑志，朝廷大述作多出其手。詩法特妙，晚謫岳陽，詩益凄婉，人謂得江山之助。今有集三十卷，行於世。子均，開元四年進士，亦以詩鳴。

《郡齋讀書志》：張説集三十卷。右唐張説道濟也，洛陽人。永昌元年賢良方正策第一，累遷鳳閣舍人，睿宗時兵部侍郎平章事，開元十八年終左丞相、燕國公。説爲文精壯，長於碑志，朝廷大述作多出其手。嘗與集賢圖書之任，間爲天平軍大使。及致仕，一歲皆即軍中，於其家論撰國史。晚謫岳州，詩益凄婉，人謂得江山助。

蘇頲行五

《新》一二五《蘇頲傳》。

《天中記》：武德及開元中，有顔侍郎、陳叔達、蘇頲云大手筆，掌書王命，故一朝言語，焕成文章。

《開元天寶遺事》：張九齡嘗覽蘇頲文卷，謂同僚曰："蘇生之俊贍無敵，真文陣之雄帥也。"

獨孤及《唐故朝議大夫高平郡别駕權公（徹）神道碑銘》：其鄉舉也，考功郎中蘇頲拔諸群萃之中。(《毘陵集》八）

石刻《郎官石柱題名》，考功員外郎。

《新·顔春卿傳》：蘇頲代爲長史，被譖繫獄，爲《椶櫚賦》自托，頲遽出之。

《朝野僉載》：蘇頲年五歲，裴談過其父，頲方在，乃試誦庾信《枯樹賦》，將及終篇，避"談"字，因易其韻曰："昔年移樹，依依漢陰；今看摇落，凄凄江潯。樹猶如此，人何以任？"談駭嘆久之，知其他日必主文章也。

《廣人物志》。(同上，見《太平廣記》一六九引。）

《唐語林》五：玄宗時，以林邑國進白鸚鵡，慧利之性，特異常者。因暇日以金籠飾之，示於三相。上再三美之。時蘇頲初入相，每以忠讜勵己，因前進曰："《記》云'鸚鵡能言，不離飛鳥'，臣願陛下深以爲志。"

《松窗録》。(同上）

《唐語林》二：蘇頲少不得父意，嘗與僕夫雜處，而好學不倦。每欲讀書，患無燈燭，嘗於馬廐竈中吹火照書誦焉。其苦學如此。(《開元天寶遺事》略同。）

《唐語林》二：長安春時，盛於游賞。蘇頲應制詩云："飛埃結紅霧，游蓋飄青雲。"玄宗覽之，嘉賞，遂以御花親插頲巾上。

《唐語林》二：鄭□□云：……蘇許公文似古，學少簡而密。(此句疑有脱誤）……蘇嘗夢書壁云："元老見逐，讒人孔多。既誅群凶，方宣大化。"後十三年視草禁中，《拜劉幽求左僕射制》，上親授其意，及進本，上自益前四句，乃夢中之詞也。

《唐語林》二：蘇頲神龍中給事中，兼宏文館學士，轉中書舍人。時父瓌爲宰相。父子同掌樞密，時人榮之。屬機事填委，凡制誥皆出其手。中書令李嶠嘆曰："舍人思如泉涌，嶠所不及。"後爲中書侍郎，與宋璟同知政事。璟剛正，多所裁斷，頲順從其美。璟甚悦之，嘗謂人曰："吾與賢父子前後皆同時爲宰相，僕射長厚，誠爲國器，獻可替否，罄盡臣節，頲過其父也。"後罷政，拜禮部尚書而薨。及葬日，玄宗游咸宜宫，將舉獵，頲喪出，愴然曰："蘇頲今日葬，吾寧忍娱游哉？"遂中路還宫。

《明皇雜録》：蘇頲聰悟過人，日誦數千言，雖記覽如神，而父瓌訓勵嚴至，嘗令衣青布襦伏於床下，出其脛受榎楚。及壯而文學該博，冠於一時，性疏俊，嗜酒。及玄宗既平内難，將欲草制書，甚難其人，顧謂瓌曰："誰可爲詔？試爲思之！"瓌曰："臣不知他。臣男頲甚敏捷，可備指使。然嗜酒，幸免沾醉，足以了其事。"玄宗遽命召來。至時，宿酲未解，粗備拜舞，嘗醉嘔殿下。命中人扶卧於御前，玄宗親爲舉衾以覆之。既醒，授簡筆立成，才藻縱横，詞理曲贍。玄宗大喜，扶其背曰："知子莫若父，有如此耶？"由是器重，已注意於大用矣。韋嗣立拜中書令，瓌署官告，頲爲之辭，薛稷書，時人謂之"三絶"。頲纔能言，有京兆尹過瓌，命頲咏尹字。乃曰："丑雖有足，甲不全身，見尹無口，知伊小人。"瓌與東明觀道士周彦雲素相往來。周時欲爲師建立碑碣，謂瓌曰："成某志，不過煩相公諸子五郎文、六郎書、七郎致石。"瓌大笑，口不言而心服其公。瓌子頲第五，詵第六，冰第七。詵善八分書。(《廣記》一七四）

《開元天寶遺事》：蘇頲與李乂對掌文誥，玄宗顧念之深也。八月十五夜，於禁中直宿，諸學士玩月，備文酒之宴。時長天無雲，月色如晝，蘇曰："清光可愛，何用燈燭？"遂使撤去。

同上：長安春時，盛於游賞，園林樹木無閑地。故學士蘇頲應制曰：“飛埃結紅霧，游蓋飄青雲。”帝覽之，嘉賞焉，遂以御花親插頲之巾上，時人榮之。

又：學士蘇頲有一錦紋花石，鏤爲筆架，嘗置於硯席間。每天欲雨，則此石架津出如汗，逡巡而雨。頲以此常爲此候，固無差矣。

《升庵詩活》：唐自貞觀至景龍，詩人之作，盡是應制，命題既同，體制復一，其綺繪有餘，而微乏韻度。獨蘇頲“東望望春春可憐”一篇，迴出群英矣。

《開天傳信記》：蘇瓌初未知頲，常處頲於馬厩中，與傭保雜作。一日有客詣瓌，候廳事，頲擁彗趨庭，遺墮文書。客取視之，乃《咏崑崙奴》詩也。其詞曰：“指頭十頲墨，耳朵兩張匙。”客心異之。久而瓌出，與客淹留。客笑語之餘，因咏其詩，并言形貌，問瓌何人，非足下宗族庶孽耶？瓌備言其事。客驚賀之，請瓌加禮收舉，必蘇氏之令子也。瓌自是稍親之。適有人獻瓌兔懸於廊廡之下，瓌乃召頲咏之。頲立呈詩曰：“兔子死闌彈，持來挂竹竿。試將明鏡照，何異月中看？”瓌大驚奇，驟加顧禮。由是學問日親，文章蓋代。

《明皇雜録》：玄宗常器重蘇頲，欲倚以爲相，禮與顧問，與群臣特異。欲命相前一日，上秘密不欲令左右知。迨夜艾，乃令草詔，訪於侍臣曰：“外庭直宿誰？”遂命秉燭召來，至則中書舍人蕭嵩。上即以頲姓名授嵩，令草制書。既成，其詞曰：“國之瓌寶。”上尋讀三四，謂嵩曰：“頲，瓌之子，朕不欲斥其父名，卿爲刊削之。”上仍命撤帳中屏風與嵩。嵩慚懼流汗，筆不能下者久之。上以嵩抒思移時，必當精密，不覺前席以觀，惟改曰“國之珍寶”，他無更易。嵩既退，上擲其草於地，曰：“虚有其表耳。”（嵩長大多髯，上故有是名）左右失笑。上聞，遽起掩其口，曰：“嵩雖才藝非長，人臣之貴，亦無與比耳。其默識神覽，皆此類也。”

又：見張説。

宋之問《送合宫蘇明府頲》。

《太平廣記》四二五引《廣異記》：唐蘇頲始爲烏程縣都尉，暇日曾與同寮泛舟沿溪，醉諷咏，因至道磯寺。寺前有霅溪最深處，此水深不可測，中有蛟螭，代爲人患。頲乘醉步行，還自駱駝橋，遇橋壞，墮水，直至潭底，水中有令人扶尚書出，遂冉冉至水上，頲遂得濟。

李華《揚州司馬李公（并）墓志銘》：外兄許公蘇尚書頲特親重之。

羅隱《寄蘇拾遺》：拾遺，許公之後，今猶居開元中舊第。

《墨池編》：《唐隴右節度使郭知運碑》，蘇頲撰并書，在京兆武功。

《郡齋讀書志》十七：蘇頲許公集二十卷。右唐蘇頲廷碩也，武功人。調露二年進士，賢良方正異等，除左司率府胄曹。元宗時中書舍人，知制誥。開元四年同紫微黄門平章事。頲幼敏悟，一覽五千言輒復。景龍後與張説俱以文章顯，時號“燕許”。李德裕謂近世詔誥，惟頲叙事，外爲文章，韓休爲序。集本四十六卷，今亡其半矣。

張旭行九

李頎《贈張旭》：張公性嗜酒，豁達無所營。皓首窮草隸，時稱太湖精。露頂據胡床，長叫三五聲。興來灑素壁，揮筆如流星。下舍風蕭條，寒草滿户庭。問家何所有，生事如浮萍。左手持蟹螯，右手執丹經。瞪目視霄漢，不知醉與醒。諸賓且方坐，旭日臨東城。荷葉裹江魚，白甌貯香秔。微禄心不屑，放神於八紘。時人不識者，即是安期生。

《唐書·文藝·李白傳》：旭，蘇州吴人。嗜酒，每大醉，呼叫狂走乃下筆。或以頭濡墨而書，既醒自視，以爲神，不可復得也。世呼“張顛”。初仕爲常熟尉，有老人陳箋求判，宿昔又來，旭怒其煩，責之。老人曰：“觀公筆奇妙，欲以藏家爾。”旭因問所藏。盡出其父書。

旭視之，天下奇筆也。自是盡其法。旭自言始見公主、擔夫争道，又聞鼓吹而得筆法意；觀公孫舞《劍器》，得其神。後人論書，歐、虞、褚、陸，皆有異論。至旭，無非短者。傳其法，惟崔邈、顔真卿云。（文宗時詔以李白歌詩、裴旻舞劍、張旭章書爲“三絶”。）

《七修類稿》：張長史帽科頭。杜子美歌曰：“張旭三杯草聖傳，脱帽露頂王公前。”李頎又贈曰：“露頂據胡床，長叫三五聲。”

陳善《捫虱新語》：顧愷之善畫，時人以爲痴；張長史工書，而時人以爲顛。予謂此二人之所以精書畫者也。《莊子》曰：“用志不分，乃凝於神。”

韋續《書訣墨藪》：張長史曰：“褚河南論書：用筆當如印泥畫沙。”始不悟。後於江岸見沙地平静，以錐畫字，媚好可愛。始信長史之言，貴藏鋒也。

陸羽《僧懷素傳》：兵曹錢唐鄔彤授其筆法……至中夕而謂懷素曰：“草書古勢多矣。惟太宗以獻之書如凌冬枯樹，寒寂勁硬，不置枝葉。張旭長史又嘗私謂彤曰：‘孤蓬自振，驚沙坐飛。’余師而爲書，故得奇怪……”顔太師真卿，以懷素爲同學鄔兵曹弟子，問之曰：“夫草書師授之外，須自得之。張長史睹孤蓬驚沙之外，見公孫大娘《劍器舞》，始得低昂迴翔之狀，未知鄔兵曹有之乎？”

沈亞之《叙草書送山人王傳乂》：余聞之學者曰：昔張旭善草書，出見公孫大娘舞《劍器》《渾脱》，鼓吹既作，言能使孤蓬自振，驚沙坐飛，而旭歸爲之書，則非常矣。斯意氣之感歟？

《幽閑鼓吹》：張長史釋褐爲蘇州常熟尉，上後旬日，有老父過狀，判去不數日，復至。乃怒而責之曰：“敢以閑事屢擾公門！”老父曰：“某實非論事，但睹少公筆迹多妙，貴爲篋笥之珍耳。”長史異之，因詰其何得愛書。答曰：“先父愛書，兼有著述。”長史取視之，曰：“信天下工書者也。”自是備得筆法之妙，冠於一時。

顧元慶《夷白齋詩話》：張旭《春草帖》曰：“春草青青萬里餘，邊城落日動寒墟。情知海上三年别，不寄雲中一雁書。”集所不載。

《升庵詩話》：張旭以能書名，世人罕見其詩。余見崔鴻臚所藏有旭書石刻三詩，其三《春游值雨》云："難尋軒檻列清樽，江上烟雲向晚昏。須倩東風吹散雨，明朝却待入華園。"按蔡襄詩帖有《吉祥院探花》二絶，此其一也，惟列字作倒。董其昌嘗臨之，注云：此詩洪氏收入《唐人絶句》，實君謨詩帖也。

《國史補》：張旭草書得筆法，後傳崔邈、顔真卿。旭言："始吾聞公主與擔夫争路，而得筆法之意；後見公孫氏舞《劍器》而得其神。"飲醉則草書，揮筆大叫，以頭揾水墨中而書之，天下呼爲"張顛"。醒後視以爲神異，不可復得。後輩言筆札者，歐、虞、褚、薛，或有異論，至長史無閑言。

蔡希綜《法書論》：邇來率府長史張旭，卓然孤立，聲被環中，意象之奇，不能不全。其古制，就王之内，彌更减省。或有百字五十字，字㪽未形，雄逸氣象，是爲天縱。又乘興之後，方肆其筆，或施於壁，或札於屏，則群象自形，有若飛動。議者以爲張公亦小王之再出也。旭常云："或問書之妙，何得齊古人？曰：妙在執筆令其圓暢，勿使拘攣；其次識法，須口傳手授，勿使無度。所謂筆法也。其次在布置不慢不越，巧使合宜；其次變通適懷，縱合規矩；其次紙筆精佳。五者備矣，然後能齊古人。"（《書苑菁華》十二）

《顔魯公集·張長史十二意筆法記》云："予罷秩醴泉，特詣京、洛，訪金吾長史張公，請師筆法。"（按年譜事在天寶五載）

韋續《續書品》：草書十二人，張旭書立性顛逸，超絶古今。

東坡：五代文章衰盡。詩有貫休、亞栖，村俗之氣，大率相似。如蘇子美家收藏張長史書云："隔簾歌已俊，對面貌彌精。"幾惡而字畫，真亞栖之流。近見曾子固編李太白詩，有《懷素草書歌》，及笑矣乎？數篇皆貫休已下詞格。

竇泉《述書賦》：張長史則酒酣不羈，逸軌神澄，回眸而壁無全粉，揮筆而氣有餘興，若遺能於學知，遂獨荷其顛。（柟注：張旭，吴郡人，左率府長史，俗號張顛。）

杜甫《殿中楊監見示張旭草書圖》。

《臨池妙訣》：張旭之傳法蓋多其人，若韓太傅滉、徐吏部浩、顔魯公真卿、魏仲犀，又傳清河崔邈。

《集古録》：《唐郎官石記》，張旭書，此字真楷可愛。

《宣和書譜》：旭本以顛草，至小楷、行書，又不減草字之妙。其草字雖奇怪百出，而求其源流，無一點畫不該規矩者。或謂張顛不顛者是也。

《歷代名畫記》：張顛以善草得名，余曾見小楷，樂毅、虞、褚之流。

《金壺記》：張旭草書爲世所重。有人家貧，因卜旭爲鄰數四，致簡於旭，得其報章，遂鬻於市，後獲富足焉。

韋續《九品書》：上上十九人，張旭大小草、正書。

《灌畦暇語》：近吴道玄亦師張顛筆法，而世傳其畫，以爲卓絶。

李白《猛虎行》：楚人每道張旭奇，心藏風雲世莫知。

《草書歌行》：張顛老死不足數。

顔真卿《草篆帖》：真卿自南朝來，上祖多以草、隸、篆、籀爲當代所稱。及至小子，斯道大喪，但曾見張旭長史頗示少糟粕。自恨無分，遂不能佳耳。真卿白。(《忠義堂帖續刻》)

賀知章六五九—七四四

《舊唐書・文苑傳》：開元十三年，玄宗封東岳，有詔應行從群臣并留於谷口，上獨與宰臣及升壇紀事官登於岳上齋宫之所。初上以靈山清潔，不欲喧繁，召知章講定儀注，（適稱帝意。）知章卒，肅宗以侍讀之舊，乾元元年十一月詔曰："故越州千秋觀道士賀知章，器識夷淡，襟懷和雅，神清志逸，學富才雄，挺會稽之美箭，蘊崑岡之良玉，故飛名仙省，侍講龍樓，常静默以養閑，因談諧而諷諫。以暮齒辭禄，再見款誠，願追二老之踪，克遂四名之客，允葉初志，脱落朝衣。駕青牛而不還，狎白衣而長往，丹壑非昔，人琴兩亡。惟舊之懷，有深追悼，宜加縟禮，式展哀榮，可贈禮部尚書。”先是神龍中，知章與越州賀朝、萬齊融，揚州張若虚、邢巨，湖州包融，俱以吴、越之士，文詞俊秀，名揚於上京……數子人間往往傳其文，獨知章最貴。

《唐書》本傳：賀知章，字季真，越州永興人。性曠夷，善談説。與族姑子陸象先善。象先嘗謂人曰：“季真清談風流，吾一日不見，則鄙吝生矣。”證聖初，擢進士、超拔群類科。累遷太常博士。張説爲麗正殿修書使，表知章及徐堅、趙冬曦入院撰《六典》等書，纍年無功。開元十三年，遷禮部侍郎，兼集賢院學士，一日并謝。宰相源乾曜語説曰：“賀公兩命之榮，足爲光寵，然學士、侍郎孰爲美？”説曰：“侍郎，衣冠之選，然要爲具員吏；學士懷先王之道，經緯之文，然後處之。此其爲間也。”玄宗自爲贊賜之。遷太子右庶子，充侍讀。申王薨，詔選挽郎，而知章取捨不平，蔭子喧訴不能止，知章梯墻出首以決事，人皆靳之，坐徙工部。肅宗爲太子（開元二十六年），知章遷賓客，授秘書監，而左補闕薛令之兼侍讀。時東宫官積年不遷，令之書壁，望禮之薄，帝見，復題“聽自安者令之”。即弃官徒步歸鄉里。知章晚節尤誕放，遨嬉里巷，自號“四明狂客”，及“秘書外監”。每醉則屬辭，筆不停書，咸有可觀，未始刊飭。善草隸，好事者具筆研從之，意有所愜，不復拒，然紙纔十數字，世傳以爲寶。天寶初，病，夢游帝居，數日寤，乃請爲道士還鄉里。詔許之，以宅爲千秋觀而居。又求周宫湖數頃爲放生池。有詔賜鏡湖、剡川一曲。既行，帝賜詩，皇太子百官餞送。擢其子僧子爲會稽郡司馬，賜緋魚，使侍養。幼子亦聽爲道士。卒，年八十六。肅宗乾元初，以雅舊贈禮尚書。

《全唐詩話》：賀知章年八十六，卧病，冥然無知。疾損，上表乞爲道士還鄉。明皇許之，捨宅爲觀，賜名千秋；命其男僧子會稽郡司馬；賜鑒湖、剡川一曲。（元乞官湖一曲爲放生池，因賜剡川一曲。）詔令供帳東門，百僚祖餞。御製送詩并序云：“天寶三年，太子賓客賀知章，鑒止足之分，抗歸老之疏，解組辭榮，志期入道。朕以其年在遲暮，用循挂冠之事，俾遂赤松之游。正月五日，將歸會稽。遂餞東路，乃命六卿庶尹大夫供帳青門，寵行邁也。豈惟崇德尚齒，抑亦勵俗勸人。無令二疏，獨光漢册。乃賦詩贈行云：'遺榮期入道，辭老竟抽簪。豈不惜賢達？其如高尚心！寰中得秘要，方外散幽襟。獨有青門餞，群英悵别深。'又云：'筵開百壺餞，詔許二疏歸。仙記題金籙，朝章换羽衣。悄然承睿藻，行路滿光輝。'"

《會稽志》：賀知章，字季真，會稽人。善隸草。《書賦》云："湖山降祉，狂客風流，落筆精絶，芳詞寡仇，如青林之絢彩，實一望而寫憂。"今存草書一帖云。

《野客叢書》：《唐書》載殷踐猷博學，與賀知章相善，知章嘗號爲五總龜，謂千年五聚，問無不知也。而顔真卿所撰《踐猷墓碑》曰："顔元孫、韋述、賀知章、陸象先，與踐猷凡五人相聚，故曰五總龜。"其説不同。

石刻《郎官石柱題名》：户部員外郎有賀知章。二傳失載。蘇頲《授賀知章起居郎制》：補朝議郎（一作大夫）前行户部員外郎賀知章。

梁肅《越州開元寺僧曇一碑銘》：師與賀賓客知章、李北海邕、褚諫議庭誨、涇陽令萬齊融，爲儒釋之游、莫逆之友。

《野客叢書》：《賀知章傳》云：天寶初，請爲道士還鄉里，詔許之，賜鏡湖、剡川一曲。既行，帝賦詩，皇太子百官餞送。僕尋考《會稽志》，得明皇所爲送賀老歸越之序與詩，及朝士自李適以下三十七人餞别之作。是時正天寶三載正月五日也。青門祖帳，冠蓋如雲，雖漢二疏，無以加此。觀者如堵，甚以爲寵。《傳》又謂卒年八十六。僕觀徐鉉《序》中謂有彭汭者，於會稽郡之延壽院泥中得一石，乃許鼎所撰《和祖先生碑》。其間載賀監知章得攝生之妙，不死，負笈賣藥，爲韓康伯。近於台州上升，遍於人聽。元和己亥，先生遇之云云。此碑正元和間所作，相去未遠也。不知何以言此？

李元《獨異志》：賀知章乘醉賦詩，問左右紙多少，紙盡思窮。(《説郛》六)

《記事珠》：洛陽振德坊皆貧民，例享糟糠之薄，賀知章目爲糠市。

劉禹錫《洛中寺北樓見賀監草書題詩》。

《唐語林》五：賀監爲禮部侍郎時，祁王贈制云："惠昭太子補齋挽郎。"賀大納苞苴，爲豪子相率詬辱之。吏據掩門。賀梯墻謂曰："諸君且散，見説寧王亦甚慘澹矣。"

《唐語林》八：初詼諧自賀知章，輕薄自祖咏，諢語自賀蘭廣、鄭涉。

《唐會要》五十：其年（按天寶二年）十二月二十日，太子賓客賀知章請爲道士還鄉，捨會稽宅爲千秋觀。

姚鵠《送賀知章入道》。(一本題上有擬字。)

朱放《經故賀賓客鏡湖道士觀》。

温庭筠《題賀知章故居叠韻作》。

温庭筠《秘書省有賀監知章題詩筆力遒健風尚高遠拂塵尋玩因有此（一作此有）作》(一作《過賀監舊宅》)：越溪漁客賀知章，任達憐才愛酒狂。鸂鶒葦花隨釣艇，蛤蜊菰菜（一作葉）夢横塘。幾年凉月拘華者，一宿秋風憶故鄉。榮路脱身終自得，洞庭回首莫相忘。出籠（一作群）鸞鶴歸（一作辭）遼海，落筆龍蛇滿壞墻。李白死來無辭客，可憐神彩吊殘陽。

《丹鉛總録》：李白《憶賀知章》詩"金龜换酒處"，蓋白弱冠遇賀知章，尚在中宗朝，未改武后之制。

徐時棟（《烟嶼樓文集》卷二十八）《賀監里居考》：賀監，鄮人也（今寧波府鄞縣），而隱於山陰（今紹興府）。夫鄉有先賢而不知，與非其鄉而争之者，皆非也。賀監赫然擢用於開元、天寶之間，抗懷二疏，終老里閈，可不謂賢乎？明州、越州兩争之，迄今無定論。夫其人與其同時人之所稱道，不可誣也。而曰姑舍是，而以後世顯，然刺謬之説，忿起而争之，尤非也。鄮境有四明山（本《元和郡縣圖志》），監自號“四明狂客”（本唐詩及本傳），其行也，餞之者皆曰送歸四明（本元宗詩及同時應制詩），《四明圖經》著於唐時者已亡，宋、元存焉，多有他證，然以晚近，姑略之。若其自號與同時送别之詩，不足以證乎？故曰：監，鄮人也。監之歸也，上賜以鏡湖及剡川。其同時賦詩皆稱鏡湖在山陰（本李白、杜甫、儲光羲、孟浩然諸詩），故曰隱於山陰也。蜀人李白至長安，監賞之，呼爲“謫仙”，白耿耿不忘。監没，憶之以詩曰：“狂客歸四明，山陰道士迎。”則是監本鄮人，而隱於山陰者也。故觀諸李白之詩，而吾言尤信。乃唐史稱監爲永興（今蕭山縣）人，妄也。今蕭山人據以争之甚力，其言辨，故爲條駁附於後。（下略）

權德輿《秘閣五絶圖賀監草書贊》：季真造適，揮翰睨壁。酒仙逸態，草聖絶迹。興涵雲海，詞韻金石。傳於秘邱，永永無斁。

宋施宿《嘉泰會稽志》載張長史帖云：賀八清鑒，風流千載人也。

張説《同賀八送兖公赴荆州》。

韋續《續書品》，真行二十二人，賀知章書縱筆如飛，酌而不竭。

宋朱長文《續書斷》，能品六十六人有賀知章。

杜甫《飲中八仙歌》。

《唐才子傳》：知章，字季真，會稽人。少以文詞知名，性曠夷，善談論笑謔。證聖初，擢進士、超拔群類科。陸象先在中書，引爲太常博士。象先與知章最親善，常曰：“季真清談風韻，吾一日不見，則鄙吝生矣。”當時賢達，皆傾慕之。爲太子賓客。開元十三年，遷禮部侍郎兼集賢院學士。晚年尤加縱誕，無復禮度，自號“四明狂客”，又稱“秘書外監”，遨游里巷。又善草隸，每醉，輒屬辭，筆不停綴，咸有可觀。每紙不過數十字，好事者共傳寶之。天寶三年，因病夢游帝居，及寤，表請爲道士，求還鄉里，即捨住宅爲千秋觀。上許之，詔賜鏡湖、剡溪一曲，以給漁樵。帝賦詩，及太子百官祖餞。壽八十六。集今傳。

《元和姓纂》：德仁侄曾孫太子賓客知章，生曾。

竇蒙《述書賦注》：賀知章，字維摩，會稽永興人，太子洗馬德仁之孫。少以文詞知名，工草隸書。進士及第，歷官太常少卿、禮部侍郎、集賢院學士、太子右庶子、兼皇太子侍讀、檢校工部侍郎，遷秘書監、太子賓客、慶王侍讀。知章性放善謔，晚年尤縱，無復規檢。年八十六。自號“四明狂客”。每興酣命筆，好書大字，或三百言，或五百言。詩筆唯命，問有幾紙，報十紙，紙盡語亦盡；二十紙、三十紙，紙盡語亦盡。忽有好處，與造化相爭，非人工所到也。天寶二年，以老年上表，請入道歸鄉里。特詔許之，重令入閣諸王以下拜辭。上親製詩序，令所司供帳，百僚餞送，賜詩叙別。知章表謝，手詔答曰：“卿儒才舊業，德著老成，方欲乞言，以光東序，而乃高蹈世表，歸心妙門。雖雅意難違，良深耿嘆。眷言離祖，是用贈詩。宜保松喬，慎行李也。兒子等常所執經，故令親別，尊師之義，何以謝焉？”仍拜其子典設郎子曾爲朝散大夫、本郡司馬，以伸侍養。知章以羸老乘輿而往到會稽，無幾老終。元年冬十二月詔曰：“故越州千秋觀道士賀知章神清志逸，學富才雄，挺會稽之美箭，蘊崑岡之良玉，故飛名仙省，待詔龍樓。願追二老之奇踪，克遂四明之狂客。允協初志，脱落朝衣。駕青牛而不還，狎白鷗而長往。舟壑靡息，人琴兩亡。惟舊之懷，有深追悼。宜加縟禮，式展哀榮。可贈兵部尚書者也。”

《宣和書譜》：賀知章，善草隸。當世稱重，恐不能遽取，每於燕間游息之所具筆硯佳紙，候之偶意有愜適，不復較其高下，揮毫落紙，纔數十字，已爲人藏去，傳以爲寶。晚節尤放誕，自號“四明狂客”，脱落簪纓之纍，嬉戲里巷間，與物無忤。每醉必作爲文詞，初不經意，卒然便就，行、草相間，時及於怪逸，尤見真率。往往自以爲奇，使醒而復書，未必爾也。書時惟問紙有幾幅，或曰十幅，則詞隨十幅盡；或曰二十幅，則隨二十幅意乃止。然多多益辨，不見筆力之衰。忽有佳處，人謂其機會與造化争衡，非人工可到。蓋胸中所養不凡，源深流長，自然之道。

韋續《九品書》，中下十二人，賀知章大行。

吴融《贈辔光上人草書歌》：稽山賀老昔所傳，又聞能者惟張顛。

《猗覺寮雜記》：賜畫像贊者，明皇時張説、康子元、陸堅、賀知章。

《侯鯖録》二：四明狂客賀知章《回鄉偶書二首》云：“離别家鄉歲月多，近來人事半消磨。惟有門前鑒湖水，春風不減舊時波。”又云：“幼少離家老大回，鄉音難改面皮鬔。家童相見不相識，却問客從何處來？”一説云黄拱作。(《稗海》本）多案：二詩作風不類，又鑒湖當時稱鏡湖，尤爲可疑。此黄拱詩也。

張九齡

《新唐書》卷一二六、《舊唐書》卷九九。

唐有兩張九齡。錢大昕《二十二史考異》云：(《舊唐書·高宗紀》顯慶）四年，“惟郭待封、張九齡五人居上第”，此别一張九齡。案又見《會要》卷二十六、頁二十四。

張九齡，字子壽，韶州曲江人。七歲知屬文；十三以書干廣州刺史五方慶，方慶嘆曰：“是必致遠。”會張説謫嶺南，一見厚遇之。居父喪，哀毁，廷中木連理。擢進士，始調校書郎。(《新唐書》）先天元年（據《册府元龜》及《唐會要》)，以道侔伊吕科策高第，爲左拾遺(《新唐書》本傳。《舊唐書》云玄宗在東宫，舉天下文藻之士，親加策問，九齡對策高第，遷右拾遺。）……俄遷左補闕。九齡有才鑒，吏部試拔萃與舉者，常與右拾遺趙冬曦考次，號稱詳平。(《新唐書》）開元十年，三遷司勛員外郎（《舊唐書》)。時張説爲宰相，(尤）親重之，與通譜系，常曰：“後出詞人之冠也。”(《新唐書》）十一年，拜中書舍人（《舊唐書》)。會帝封泰山，説多引兩省録事主書及所親攝官升山，超階至五品，九齡當草詔，(諷説審肅，無貽後悔，不聽，）既而果得謗。御史中丞宇文融方事田法，有所關奏，説輒建議違之，融積不平(《新唐書》)，九齡復勸説爲備，説又不從其言，無幾果爲融所劾，罷知政事；九齡亦改太常少卿，尋出爲冀州刺史，以母老在鄉……上疏固請換江南一州，望得數承母音耗，優制許之，改爲洪州都督，俄轉桂州都督，仍充嶺南道按察使。(《舊唐書》) 始説知集賢院，嘗薦九齡可備顧問，説卒，天子思其言，召爲秘書少監、集賢院學士，知院事。會賜渤海詔，而書命無足爲者，乃召九齡爲之，被詔輒成，遷工部侍郎，知制誥。數乞歸表，詔不許，以其弟九皋、九章爲嶺南刺史，歲時聽給驛省家。遷中書侍郎，以母喪解，毁不勝哀，有紫芝産座側，白鳩、白雀巢家樹。是歲（開元二十一年）奪哀拜中書侍郎，同中書門下平章事，固辭不許。明年，遷中書令。始議河南開水屯，兼河南稻田史。上言廢循資格，復置十道采訪史。李林甫無學術，見九齡文雅爲帝知，内忌之(《新唐書》)，乃引牛仙客知政事。九齡屢言不可，帝不悦。(《舊唐書》) 翌日，林甫進曰："仙客宰相材也，乃不堪尚書邪？九齡文史，拘古義，失大體。" 帝由是决，用仙客不疑。九齡既戾帝旨，固内懼恐，遂爲林甫所危，因帝賜白羽扇，乃獻賦自況，其末曰"苟效用之所得，雖殺身而何忌"，又曰："縱秋氣之移奪，終感恩於篋中。" 帝雖優答，然卒以尚書右丞相罷政事，而用仙客。自是朝廷士大夫持禄養恩矣。嘗薦長安尉周子諒爲監察御史，子諒劾奏仙客，其語援讖書，帝怒，杖子諒於朝堂，流瀼州，死於道。九齡坐舉非其人，貶荆州長史。雖以直道黜，不戚戚嬰望，惟文史自娱，朝廷許其勝流。久之，封始興伯。請還展墓，病卒，年六十八。贈荆州大都督，謚曰"文獻"。九齡體弱，有醖藉，故事公卿皆搢笏於帶，而後乘馬，九齡獨常使人持之，因設笏囊，（笏囊之設，自九齡始也。）后帝每用人，必曰："風度能若九齡乎？" 初千秋節，王公并獻寶鑒，九齡上"事鑒"十章，號《千秋金鑒録》，以伸諷諭。與嚴挺之、袁仁敬、梁昇卿、盧怡善，世稱其交能終始者。及爲相，諤諤有大臣節。當是時，帝在位久，稍怠於政，故九齡議論必極言得失，所推引皆正人。武惠妃謀陷太子瑛，九齡執不可，妃密遣宦奴牛貴兒告之曰："廢必有興，公爲援，宰相可長處。" 九齡叱曰："房幄安有外言哉？" 遽奏之，帝爲動容。故卒九齡相而太子無患。安禄山初以范陽偏校入奏，氣驕蹇，九齡謂裴光庭曰：“亂幽州者，此胡雛也。”及討奚、契丹敗，張守珪執如京師，九齡署其狀曰：“穰苴出師，必（《新唐書》作而。從《舊唐書》）誅莊賈；孫武習戰，猶戮宮嬪。守珪法行於軍，禄山不容免死。”帝不許，赦之。九齡曰：“禄山狼子野心，有逆相，宜即事誅之，以絶後患。”帝曰：“卿無以王衍知石勒而害忠良。”卒不用。帝後在蜀，思其忠，爲泣下，且遣使祭於韶州，厚幣恤其家。開元後，天下稱曰“曲江公”而不名云。建中元年，德宗賢其風烈，復贈司徒。（《新唐書》）有集二十卷。（《舊唐書》）《全唐詩》編詩三卷。

《舊唐書》：“性頗躁急，動輒忿詈，議者以此少之。”

張説評九齡之文“如輕縑素練，實濟時用，而微窘邊幅”。（《舊唐書·文苑·楊炯傳》）

《新唐書·藝文志》“故事類”：《張九齡事迹》一卷，不著撰人。

裴耀卿《敬酬張九齡當塗界留贈之作》。

裴耀卿《酬張九齡使風見示》（注：時爲宣州刺史。）。

宋鼎《贈張丞相》。

崔頌《和張荆州九齡晨出郡舍林下》。

孫翊《奉酬張洪州九齡江上見贈》。

孟浩然《從張丞相游南紀城獵戲贈裴迪張參軍》。

孟浩然《送丁大鳳進士赴舉呈張九齡》。

孟浩然《和張丞相春朝對雪》。

孟浩然《望洞庭湖贈張丞相》。

孟浩然《陪張丞相登嵩陽樓》。

孟浩然《荆門上張丞相》。

孟浩然《陪張丞相登荆城樓因寄薊州張使君及浪泊戍主劉家》。

孟浩然《陪張丞相祠紫蓋山途經玉泉寺》。

孟浩然《陪張丞相自松滋江東泊渚宫》。

王昌齡《奉贈張荆州》。

錢起《奉和張荆州巡農晚望》。

王維《獻始興公》。

《桂故》：張九齡，字子壽，曲江人。自洪州都督徙桂州，兼嶺南按察選補使。謁虞山舜廟，有文。其詩則巡按自漓水南行者，甚稱山川之佳，至句云：“目因詭容逆，心與清暉滌。”驚嘆其勝如此。劉禹錫乃謂九齡在治安，有瘴癘之嘆，非也。禹錫蓋因九齡當國時，曾建言宜峻遷客之防，禹錫屢經謫外，又久不得量移内地，故追憾九齡，且云無後，况不安瘴癘乎？（張羽王，自號漓山人，著《桂勝》四卷、《桂故》八卷，見况周儀《蕙風簃》二筆卷二。）

石刻《郎官石柱題名》：禮外，勛外。

《感定録》：開元二十一年，安禄山自范陽入奏。張九齡謂同列曰：“亂幽州者是人也。”其後從張守珪失利，九齡判曰：“穰苴出軍，必誅莊賈；孫武行令，猶戮宫嬪。守珪軍令若行，禄山不宜免死。請斬之！”玄宗惜其勇，令白衣致命。九齡執論請誅之。玄宗曰：“豈以王夷甫識石勒也？”後至蜀，追恨不從九齡言，命使酹於墓（《太平廣記》）。

陶穀《清異録》：張曲江里第之側，有古柘，常因狂風發其一根，解爲器具，花紋甚奇。人又以公之手筆冠世，目之曰：“文章樹。”

明黄佐《廣州人物志》。

《開元天寶遺事》：張九齡累歷刑獄之司，無所不察。每有公事，赴本司行勘，胥吏輩未敢訊劾，先取則於九齡。（召）囚於前，面分曲直，口撰案牘，囚無輕重，咸樂其罪。時人謂之“張公口案”。

《唐語林》四：玄宗早朝，百官趨班。上見張九齡風儀整秀，有異於衆，謂左右曰：“朕見張九齡，精神頓生。”

張祜《讀始興公傳》。

徐浩《唐尚書右丞相中書令張公神道碑》。

《朝野僉載》：岐王府參軍石惠恭，與監察御李全交詩曰：“御史非長任，參軍不久居。待君遷轉後，此職還到余。”因競放箋往來，全交爲之判十餘紙以服，乃假手於拾遺張九齡。

《開元天寶遺事》：明皇於勤政樓，以七寶裝成山座，高七尺，召諸學士講議經旨及時務，勝者得升焉。惟張九齡論辯風生，升此座，餘人皆不可階也。時論美之。

同上：張九齡少年時，家養群鴿，每與親知書信往來，輒以書繫鴿足上，依所教之處，飛往投之。九齡目之爲飛奴，時人無不愛訝。

同上：明皇帝謂侍臣曰："張九齡文章，自有唐名公，皆弗如也。朕終身師之，不得其一二。此人真文場之元帥也。"

同上：張九齡善談論，每與賓客議論經旨，滔滔不竭，如下坂走丸也。時人服其俊辯。

又：張九齡見朝之文武僚屬，趨附楊國忠，争求富貴，惟張九齡未嘗及門。楊甚銜之。九齡常與識者議曰："今時之朝彦，皆是向火乞兒。一旦火盡灰冷，暖氣何在？當凍尸裂體，弃骨於溝壑中，禍不遠矣。"果然，因禄山之亂，附炎者皆罪累族滅，不可勝數。九齡之先見，信夫神智博達。向火，言附炎也。

《新唐書·藝文志》：張九齡集二十卷，《千秋金鑒録》五卷。

《詩藪》内二：唐初承襲梁、隋，陳子昂獨開古雅之源，張子壽首創清淡之派。盛唐繼起，孟浩然、王維、儲光羲、常建、韋應物，本曲江之清澹而益以風神者也；高適、岑參、王昌齡、李頎、孟雲卿，本子昂之古雅而加以氣骨者也。

《藝概》二，見陳子昂。

《開元天寶遺事》：明皇每朝政有闕，則虚懷納諫，大開士路。早朝百辟趨班，帝見張九齡風威秀整，異於衆僚，謂左右曰："朕每見九齡，使我精神頓生。"

《常侍言旨》：玄宗至蜀，每思張曲江，則泣下，遣使韶州祭之，兼賫貨幣以恤其家。其誥詞刻於白石山屋壁間。

《大唐新語》：張説評文一則，見李嶠。

《明皇雜録》：張九齡在相位，有蹇諤匪躬之誠。元宗既在位年深，稍怠庶政。每見帝無不極言得失。李林甫時方同列，聞帝意陰欲中之。時欲加朔方節度使牛仙客實封，九齡因稱其不可，甚不協帝意。他日林甫請見，屢陳九齡頗懷誹謗。於時方秋，帝命高力士持白羽扇以賜，將寄意焉。九齡惶恐，因作賦以獻，又爲《歸燕》詩以貽林甫。其詩曰："海燕何微渺，乘春亦楚來。豈知泥滓賤，衹見玉堂開。綉户時雙入，華軒日幾回。無心與物競，鷹隼莫相猜。"林甫覽之，知其必退，恚怒稍解。九齡洎裴耀卿罷免之日，自中書至月華門，將就班列，二人鞠躬卑遜。林甫處其中，抑揚自得。觀者竊謂一雕挾兩兔。俄而詔張、裴爲左、右僕射，罷知政事。林甫視其詔，大怒曰："猶爲左、右，丞相耶？"二人趨就本班，林甫曰"送之"。公卿以下視之，不覺股栗。

《常侍言旨》：元宗開元二十四年，時在東都，因宫中有怪，明日召宰相欲西幸。裴稷山、張曲江諫曰："百姓場圃未畢，請待冬中！"是時李林甫初拜相，竊知上意，及班旅退，佯爲蹇步。上問何故脚疾，對曰："臣非脚疾，願獨奏事。"乃言："二京，陛下東、西宫也。將欲駕幸，焉用擇時？假有妨於刈獲，則獨可蠲免沿路租税。臣請宣示有司，即日西幸！"上大悦，自此駕至長安，不復東矣。旬月，耀卿、九齡俱罷，而牛仙客進焉。

《四庫全書總目提要·集部·别集類》二：《曲江集》二十卷（廣東巡撫采進本），唐張九齡撰。九齡事迹具《唐書》本傳。徐浩作《九齡墓碑》，稱其學究精義，文參微旨，而不及其文集卷數。唐、宋二史《藝文志》俱載有九齡文集二十卷。其後流播稍稀，惟明《文淵閣書目》有《曲江文集》一部四册，又一部五册，而外間多未之睹。成化間邱濬始從内閣録出，韶州知府蘇韡爲刊行之，其卷目與唐《志》相合，蓋猶宋以來之舊本也。九齡守正嫉邪，以道匡弼，稱開元賢相，而文章高雅，亦不在燕、許諸人下。《新唐書·文藝傳》載徐堅之言，謂其文"如輕縑素練，實濟時用，而窘邊幅"，今觀其《感遇》諸作，神味超軼，可與陳子昂方駕，文筆宏博典實，有垂紳正笏氣象，亦具見《大雅》之遺，堅局於當時風氣，以富艷求之，不足以爲定論。至所撰制草，明白切當，多得王言之體。本傳稱爲秘書少監時，曾賜渤海詔，而書命無足爲者，乃命九齡爲之，被詔輒成，因遷工部侍郎，知制誥。今檢集中，有《渤海王大武藝書》，當即其時所作。而其他詔命，亦多可與史傳相參考。如集中有《敕奚都督右金吾衛大將軍歸誠王李歸國書》，而覈之《唐書》"外國傳"所載奚事，自開元以後，僅有李大酺魯蘇、李詩延寵婆固諸酋長名，而不及歸國，知記載有所脱漏，是尤可以補史之闕矣。

權德輿《和李大夫西山祈雨因感張曲江故事十韻》。

《書史會要》：九齡善書，宋《紹興秘閣續法帖》内有其迹。

《郡齋讀書志》：張九齡《曲江集》二十卷。右唐張九齡子壽也，曲江人。長安二年進士，調校書郎，以道侔伊吕科策高第，爲左拾遺。開元中爲中書令，卒謚"文獻"。九齡風度醖藉，幼善屬文。元宗朝知制誥，雅爲帝知。爲相諤諤有大臣節。及貶荆州，惟文史是娱。朝廷許其勝流。徐堅論九齡之文"如輕縑素練，實濟時用，而窘邊幅"，柳宗元以九齡"兼攻詩文，但不能究其極爾"。集後有姚子彦所撰《行狀》、吕温撰《真贊》、鄭宗珍撰《謚議》、徐浩撰《墓碑》及《贈司徒敕辭》。

常　理

《樂府詩集》七二次王適後、姚係前。

包　融

《唐詩紀事》：融，潤州延陵人。歷大理司直。二子何、佶齊名，世稱"二包"。

孟浩然《宴包二融宅》：閑居枕清洛，左右接大野。門賓（？）無雜賓，車轍多長者。（下略）

《國秀集》：大理司直包融。

張懷瓘《文字論》：其後僕賦成，往呈之，遇褚恩光、萬希莊、包融并會。衆讀賦訖，多有賞激。

孟浩然《崔二十一游鏡湖寄包賀二公》：府掾有包子，文章推賀生。

賀　朝

一作賀朝清。

王翰開元十四年（七二六）卒

《新唐書·文藝傳》：王翰，字子羽，并州晋陽人。少豪俠恃才。及進士第。然喜蒱酒。張嘉貞爲本州長史，偉其人，厚遇之。翰自歌，以舞屬嘉貞，神氣軒舉自如。張説至，禮益加。復舉直言極諫，調昌樂尉。又舉超拔群類，方説輔政，故召爲秘書正字。擢通事舍人、駕部員外郎。家蓄聲伎，目使頤令，自視王侯，人莫不惡之。説罷宰相，翰出爲汝州長史，徙仙州别駕。日與才士豪俠飲樂游畋，伐鼓窮歡。坐貶道州司馬，卒。

《舊唐書·文苑傳》：王澣，并州晋陽人。少豪蕩不羈。登進士第。日以蒱酒爲事。并州長史張嘉貞奇其才，禮接甚厚。澣感之，撰樂詞以叙情，於席上自唱自舞，神氣豪邁。張説鎮并州（開元七年），禮澣益至。會説復知政事（開元十年），以澣爲秘書正字，擢拜通事舍人。遷駕部員外郎。櫪多名馬，家有妓樂。澣發言立意，自比王侯，頤指儕類，人多嫉之。説既罷相（開元十四年），出澣爲汝州長史，改仙州别駕。至郡，日聚英豪，縱禽擊鼓，恣爲歡賞，文士祖咏、杜華常在座。於是貶道州司馬，卒。有文集十卷。

《長安志》：開元八年，乘輿自南入，黑氣從東北角起，倏忽滿城。從官相失。上悵然回宫。學士王翰以爲龍躍雲從，無足異者，作《客問》上之。（案翰未嘗爲學士，且十四年始自并州至京師爲正字，則此别是一人。）

《舊唐書·文苑傳》張説與徐堅論文云：王翰之文，如瓊杯玉斝，雖爛然可珍，而多有玷缺。

杜甫《奉贈韋左丞丈二十二韻》：王翰願卜鄰。

祖咏《汝墳秋同仙州王長史翰聞百舌鳥》。

祖咏《寄王長史》。

張懷瓘《文字論》：時吏部蘇侍郎晋、兵部王員外翰，俱朝端英秀，詞場雄伯。王謂僕曰："文章雖久游心，翰墨近甚留意。若此妙事，古來少有知者。今擬討論之，欲造《書賦》，兼與公作《書斷》後序。"……其後僕賦成，往呈之，遇褚恩光、萬希莊、包融并會。衆讀賦訖，多有賞激。蘇謂三子曰："晋及員外俱造《書賦》，歷旬不成。今此觀之，固非思慮所際也。"（《舊唐書·蘇珦傳》附《蘇晋傳》：開元十四年遷吏部侍郎。又案史云：翰爲駕部員外郎，不云兵部。駕部本兵部四司之一。疑懷瓘誤記。）

《新唐書·藝文志》：《王澣集》十卷。

《少室山房筆叢》十八：兩王翰：一初唐詩人，一太和間邠州人。見《廣記》一百八十九卷"再生類"。

《大唐新語》，張説評文一則，見李嶠。

《唐才子傳》：翰字子羽，并州人。景雲元年盧逸下進士及第。又舉直言極諫，又舉超拔群類科（案《登科記考》在開元二年）。少豪蕩恃才不羈，喜縱酒。櫪多名馬，家蓄妓樂。翰發言立意，自比王侯。日聚英杰，縱禽擊鼓爲歡。張嘉貞爲本州長史，厚遇之。翰酒間自歌舞屬嘉貞，神氣軒舉。張説尤加禮異，及輔政，召爲正字，擢駕部員外郎。説罷，翰出爲仙州别駕，以窮樂畋飲貶嶺表道，卒。翰工詩，多壯麗之詞。文士祖咏、杜華等嘗與游從。華母崔氏云：“吾聞孟母三遷，吾今欲卜居，使汝與王翰爲鄰足矣。”其才名如此。燕公論其文“如瓊杯玉斝，雖爛然可珍，而多玷缺”云。有集今傳。

《登科記考》四：《唐才子傳》載王翰景雲元年盧逸下進士。案景雲改元於七月，所謂元年，蓋二年之榜也。

又五：唐人例以上年冬命次年知舉人，故王翰實二年榜也。

《全唐文》王翰《對兩貫判》一首。

《舊唐書·韋述傳》：（張）説重詞學之士。述與張九齡、許景先、袁暉、趙冬曦、孫逖、王翰，常游其門。

孟浩然

《郡齋讀書志》：《孟浩然詩》一卷。右唐孟浩然，襄陽人。工五言詩。隱鹿門山。年四十乃游京師。一日諸名士集秘省聯句，浩然句曰：“微雲淡河漢，疏雨滴梧桐。”衆皆服。張九齡、王維雅稱道之。維私邀入禁林，遇元宗臨幸，浩然匿床下。維以聞。上曰：“素聞其人。”因召見，命自誦所爲詩。至“不才明主弃”之句，上曰：“不求進而誣朕弃人。”命放歸。所著詩二百一十首，宜城處士王士源序次爲三卷，今并爲一。又有天寶中韋滔序。

鮫人潛不見，漁父歌自逸。（《登江中孤嶼贈白雲先生王迥》）

羊公峴山下，神女漢皋曲。（《初春漢中漾舟》）

白首垂釣翁，新妝浣紗女。（《耶溪泛舟》）

游女昔解佩，傳聞於此山。（《萬山潭作》）

予奉垂堂誡，千金非所輕。（《經七里灘》）

先人留素業，老圃作鄰家。（《南山下與老圃期種瓜》）

《四庫全書總目提要·集部·别集類》二:《孟浩然集》四卷(江蘇蔣會瑩家藏本),唐孟浩然撰。浩然事迹具《新唐書·文藝傳》。前有天寶四載宜城王士源序(按士源即補亢倉子之王士元,其事亦見序中。此作源字,蓋傳寫異文),又有天寶九載韋滔序。士源序稱:浩然卒於開元二十八年,年五十有二。凡所屬綴,就輒毁弃,無復編録,鄉里購采,不有其半,敷求四方,往往而獲。今集其詩二百一十七首,分爲四卷。此本四卷之數雖與序合,而詩乃二百六十二首,較原本多四十五首。洪邁《容齋隨筆》嘗疑其《示孟郊》詩時代不能相及。今考《長安早春》一首,《文苑英華》作張子容,而《同張將軍薊門看燈》一首,亦非浩然游踪之所及。則後人竄入者多矣。士源序又稱:詩或闕逸未成,而製思清美。及他人酬贈,咸次而不弃。而此本無不完之篇,亦無唱和之作。其非原本,尤有明證。排律之名,始於楊宏《唐音》,古無此稱,此本乃標排律爲一體:其中《田家元日》一首、《晚泊潯陽望香爐峰》一首、《萬山潭》一首、《渭南園即事貽皎上人》一首,皆五言近體,而編入古詩;《臨洞庭》詩,舊本題下有獻張相公四字,見方回《瀛奎律髓》,此本亦無之。顯然爲明代重刻,有所移改。至序中"丞相范陽張九齡等與浩然爲忘形之交"語,考《唐書》,張説嘗謫岳州司馬,集中稱張相公、張丞相者凡五首,皆爲説作。若九齡則籍隸嶺南,以曲江著號,安得署曰范陽?亦明人以意妄改也。今世所行别無他本,姑仍其舊録之,而附訂其舛互如右。

交游:裴迪、閻防、包融、張九齡、王昌齡、盧象、綦毋潛、劉昚虚、崔國輔、張子容、王維、儲光羲、賀知章。

朱慶餘《過孟浩然舊居》:命合終山水,才非不稱時。冢邊空有樹,身後獨無兒。散盡詩篇本,長存道德碑。平生誰見重,應祇是王維。

《滄浪詩話》:孟浩然之詩,諷咏之久,有宫商金石之聲。

敖陶孫《臞翁詩評》:孟浩然如洞庭始波,木葉微脱。

吴雯《題雲林秋山圖》:經營慘淡意如何,渺渺秋山遠遠波。豈但穠華謝桃李，空林黄葉亦無多。

皮日休《孟亭記》："先生之作，遇景入咏，不拘奇抉異，令齷齪束人口者。涵涵然有干霄之興，若公輸氏當巧而不巧者也。"又賞其"微雲淡河漢，疏雨滴梧桐"，"氣蒸雲夢澤，波撼岳陽城"，"荷風送香氣，竹露滴清響"之句，説者曰："王右丞筆先生貌於郢之亭，每有觀型之志……"

張洎《題王右丞襄陽孟公馬上吟詩圖》：襄陽之狀，頎而長、峭而瘦、衣白袍，靴帽重戴，乘款段馬，一童總角提書笈負琴而從。風儀落落，凛然如生。（《韻語陽秋》十四）

《後山詩話》：子瞻謂孟浩然之詩韻高而才短，如造内法酒手，而無材料爾。

《歲寒堂詩話》：子瞻云："浩然詩如内庫法酒，却是上尊之規模，但欠酒材爾。"

王士源《孟浩然集序》：骨貌淑清，風神散朗。救患釋紛以立義表、灌園藝竹以全高尚。交游之中，通脱傾蓋，機警無匿，學不爲儒，務掇菁藻，文不按古，匠心獨妙。五言詩，天下稱其盡美矣。閑游秘省，秋月新霽，諸英華賦詩作會，浩然句曰："微雲淡河漢，疏雨滴梧桐。"舉坐嗟其清絶，咸閣筆不復爲繼……浩然文不爲仕，伫興而作，故或遲；行不爲飾，動以求真，故以誕；游不爲利，期以放性，故常貧。名不繼於選部，聚不盈於擔石，雖屢空不給，而自若也。

韋滔《孟浩然集序》。（略）

皮日休《郢州孟亭記》。（見上）

《韻語陽秋》十四：余在毘陵見孫潤夫家有王維畫孟浩然像，絹素敗爛，丹青已渝。維題其上云維嘗見孟公吟曰：'日暮馬行疾，城荒人住稀。'又吟云：'挂席數千里，名山都未逢。泊舟潯陽郭，始見香爐峰。'余因美其風調，至移舍，圖於素軸。（又引陸鴻漸序。又宋張洎題識。）

李白《贈孟浩然》。

李白《春日歸山寄孟浩然》。

李白《黄鶴樓送孟浩然之廣陵》。

李　頎

《唐才子傳》：頎，東川人。開元二十三年賈季鄰榜進士及第，調新鄉尉。性疏簡，厭薄世務，慕神仙，服餌丹砂，期輕舉之道，結好塵喧之外，一時名輩，莫不重之。工詩，發調既清，修辭亦秀，雜歌咸善，玄理最長，多爲放浪之語，足可震蕩心神。惜其偉材，衹到黄綬，故其論道家往往高於衆作。有集今傳。

《唐詩紀事》：頎，開元進士也。

李華《楊騎曹集序》：宏農楊君諱極，字齊物。舉進士，時刑部侍郎樂安孫公逖，以文章之冠，爲考功員外郎，精試群材，君與南陽張茂之，京兆杜鴻漸，琅琊顔真卿，蘭陵蕭穎士，河東柳芳，天水趙驊，頓丘李琚，趙郡李萼、李頎，南陽張階，常山閻防，范陽張南容，高平郗昂，連年高第，華亦與焉。

《唐詩粹選》：李頎，子長卿，洛陽人。(《七言律準》引）

《唐詩品彙》：東川人。（案本集有《不調歸東川别業》詩，則頎非東川人明矣。）

《唐音》：宋州人。

白居易《放言詩序》：元九在江陵，有《放言長句》詩五韻，韻高而體律，意古而詞新，前輩深於詩者，未有此作。唯李頎有云："濟水至清河自濁，周公大聖接輿狂。"斯句近之矣。

王維《贈李頎》：聞君餌丹砂，甚有好顔色。不知從今去，幾時生羽翼。王母翳華芝，望爾崑崙側。文螭從赤豹，萬里方一息。悲哉世上人，甘此羶腥食。

《全唐詩逸》引《千載佳句》：李頎句：巴路千山秋水上，江村獨

樹夕陽時。(《歸至舊任酬袁贊府見贈》)

本集:《晚歸東園》二首"籬笋":東園長新笋,映日復穿籬。

《河嶽英靈集》:頎詩發調既清,修辭亦秀,雜歌咸善,玄理最長。至如《送暨道士》云:"大道本無我,青春長與君。"又《聽彈胡笳聲》云:"幽吾變調忽飄灑,長風吹林雨墮瓦。迸泉颯颯飛木末,野鹿呦呦走堂下。"足可歔欷,震蕩心神。惜其偉才,衹到黃綬,故其論道家,往往高於衆作。

《新唐書·藝文志》:《李頎詩》一卷。開元進士第。

《裒碧齋日記》:東川、達夫七言詩,以直率而見其雋爽。自元、白口中道出,便覺神味索然。

本集《與諸公游濟瀆泛舟》:"我本家潁北,開門見維嵩。"《緩歌行》:"十年閉户潁水陽。"《東郊寄萬楚》:"潁水日夜流,故人相見稀。"

本集《無盡上人東林禪居》:顧余守耕稼,十載隱田園。

本集《送皇甫曾游襄陽山水兼謁韋太守》。(按曾卒於貞元元年。)

本集《寄萬齊融》,又《贈張旭》。(按二人皆初、盛唐間人。)

《國秀集》:新鄉尉李頎。(按集天寶三載編。)

《放歌行答從弟墨卿》:由是蹉跎一老夫,養鷄牧豕東城隅……故人斗酒安陵橋,黃鳥春風洛陽陌。

李紳《入揚州郭》:潮水舊通揚州郭内,大曆以後,潮信不通。李頎詩:"鸕鷀山頭片雨晴,揚州郭裏見潮生。"此可以驗。

余延壽

江寧人,開元間處士,詩三首。

《搜玉小集》有余延壽《人日剪綵》一首。

儲光羲《貽余處士》:故園至新浦,遥復未百里。北望是他鄉,紛吾即游士……此地日逢迎，終思隱君子。莫言異舒卷，形音在心耳。（案蓋離鄉道中却寄於余者，其人必延壽無疑。）

《新唐書・藝文志》：江寧有……處士徐延壽（等）十八人，皆有詩名，殷璠彙爲《丹陽集》。

《唐詩紀事》：（徐）延壽，開元間江寧人，處士也。

《樂府詩集》二二：余延壽《折楊柳》。

張　均

盧象《贈張均員外》：公門世緒昌，才子冠裴王。出自平津邸，還爲吏部郎。神仙餘氣色，列宿動輝光。夜直南宮静，朝趨北禁長。時人歸水鏡，明主賜衣裳。翰苑飛鸚鵡，天池待鳳凰。承歡疇日顧，未紀後時傷。去去圖南遠，微才幸不忘。

《唐詩紀事》：均，丞相説之子也，説最衷愛，其情見於《岳州别均》之作。説爲左相，知官考，均時任中書舍人，特注之曰："父教子忠，古之善訓。祁奚舉子，義不務私。至於潤色王言，彰施帝載，道參墳典，例紀功常，恭聞前烈，尤難其任，豈以嫌疑，敢撓綱紀。考上下。"均能文，爲大理卿。禄山盗國，爲僞中書令。免死，流合浦。（按説《岳州别均》詩云："離筵非讌喜，别酒正消魂。念汝猶童孺，嗟予隔遠藩。津亭拔心草，江路斷腸猿。他日將何見，愁來獨倚門。"）

《郎官石柱題名》：左司員外郎，司封員外郎中，并有張均。又吏部員外郎有張鈞。

《安禄山事迹》下：陳希烈、張均（等）并賜自盡……太師房琯曰：張均欲往賊所，望五陵涕泣而不忍去也。遂減死一等，流於崖州。

《新唐書・宰相世系表》：張氏，睿宗、玄宗相説子均，字均，刑部尚書、大理卿、襲"燕公"。

《唐會要》：開元九年正月，監察御史宇文融奏太原司録張均等充勸農判官。

《集賢注記》：張均工書。(《圖書集成》"書家部"引。)

徐夤《馬嵬》：張均兄弟皆何在？却是楊妃死報君。

《唐會要》：開元十三年十二月，吏部置十銓。當時榜詩云："員外却題銓裹榜，尚書不得數中分。"（尚書，裴漼；員外郎，張均。）

《容齋隨筆》引韋述《集賢注紀》：開元二十三年，十月。制加皇子榮王已下官爵，令宰相及朝官工書者就集賢院，寫告身以進。於是宰相張九齡、裴耀卿、李林甫，朝士蕭太師嵩、李尚書暠、崔少保琳、陳黄門希烈、嚴中書挺之、張兵部均、韋太常陟、褚諫議庭誨等十三人，各寫一通，裝縹進内。上大悦，賜三相絹各三百匹，餘官各二百匹。

綦毋潛六九五—七五〇？

盧象《送綦毋潛》：夫君不得意，本自滄海來。高足未云騁，虚舟空復回。淮南楓葉落，潮岸桃花開。出處暫爲耳，沉浮安繫哉？

張九齡《在洪州答綦毋學士》。

張九齡《同綦毋學士月夜聞雁》：聯翩俱不定，憐爾越鄉心。

李頎《寄綦毋三》：新加大邑綬仍黄，近與單車去洛陽。顧盼一過丞相府，風流三接令公香。南川粳稻花侵縣，西嶺雲霞色滿堂。共道進賢蒙上賞，看君幾歲作書郎。

李頎《送綦毋三謁房給事》（見後）。房琯天寶五載擢試給事中，坐與李適之善，貶宜春太守。按是年四月李適之罷左相，六載正月飲藥死。

李頎《題綦毋校書别業》：常稱挂冠吏，昨日歸滄州。

李頎《欲之新鄉答崔顥綦毋潛》。

李頎《送綦毋三寺中賦得紗燈》。

李頎《奉送五叔入京兼寄綦毋三》。

孟浩然《題李十四莊兼贈綦毋校書》。案浩然開元二十八年卒，據此詩，潛爲校書郎宜始於二十八年前。

王昌齡《東京府縣諸公與綦毋潛李頎相送至白馬寺宿》（一作《同府縣諸公送綦毋潛李頎至白馬寺》）。

儲光羲《酬綦毋校書夢耶溪見贈之作》：校文在仙掖，每有滄洲心。況以北窗下，夢游清溪陰。

王維《送綦毋潛落第還鄉》：江淮度寒食，京洛縫春衣。

王維《送綦毋校（一作秘）書弃官還江東》。

王維《別綦毋潛》：端笏明光宫，歷稔朝雲陛。詔刊延閣書，高議平津邸。適意偶輕人，虚心削繁禮。盛得江左風，彌工建安體……荷蓧幾時還，塵纓待君洗。

高適《同崔員外綦毋拾遺九日宴京兆府李士曹》。

韋應物《和李二主簿寄淮上綦毋三》：滿城憐傲吏，終日賦新詩。請報淮陰客，春帆浪作期。

顧况《禮部員外郎陶氏集序》：綦毋著作潛、王龍標昌齡，則其勍敵……綦毋通，問（按翰之子）之世友，撫事編次。（案此，則通，潛之子也。）

《全唐文》小傳：潛，字季通，荆南人。開元十四年進士，調宜壽尉，入爲集賢待制，遷右拾遺，終著作郎。（案今存《龍興寺銘》一首。《全文》又載房琯《龍興寺碑序》一首，末云："銘而頌之，實在能者。"蓋是房琯撰序，潛作銘也。序云："開元十七年，天火下焚，僅獲半存。州將皇三從叔無言……興言多感，舉意大成，以家率先，施錢數萬，合境僧尼……同力來奉佛塔。"則序、銘作時，當略後於開元十七年。序又云："此州是闔廬故國，太伯始封。"則是蘇州之龍興寺也。潛集有《宿龍興寺》詩，即此。）

《元和姓纂》：南康綦毋氏，開元右拾遺綦毋潛，虔州人。

本集《早發上東門》詩：十五能文西入秦，三十無家作路人。時命不將明主合，布衣空染洛陽塵。（案此下第後作也。《紀事》引此作潛詩，注云："顧陶取爲《唐類詩》。"）

《唐詩紀事》：綦毋潛，字孝通，開元中由宜壽尉入集賢院待制，遷右拾遺，終著作郎。

李頎《送綦毋三謁房給事》：夫子大名下，家無鍾石儲。惜哉湖海上，曾校蓬萊書。外物非本意，此生空濸如。所思但乘興，遠適唯單車。高道時坎坷，舊交願吹噓。徒言青瑣闥，不愛承明廬。百里人户滿，片言諍訟疏。手持蓮花經，目送飛鳥餘。晚景南路別，炎雲中伏初。此行倘不遂，歸食蘆洲魚。

《河嶽英靈集》：潛詩屹崒峭蒨，足佳句，善寫方外之情。至如"松覆山殿冷"，不可多得。又"塔影挂清漢，鐘聲扣白雲"，歷代未有。荆南分野，數百年來，獨秀斯人。（案《紀事》引殷璠語，當亦出此集，而詞句迥殊，今并録之："拾遺詩舉體清秀，蕭蕭跨俗。桑門之説，於己獨能。至如'松覆山殿冷'，不可多得；'鐘聲扣白雲'，歷代少有。借使若人加氣質，減雕飾，則高視三百年之外也。"）

王灣《哭補闕亡友綦毋學士》：明代資多士，儒林得異才。書從金殿出，人向玉墀來。詞學張平子，風儀褚彦回。崇儀希上德，近侍接元臺。曩契心期早，今游宴賞陪。屢遷君擢桂，分尉我從梅。忽遇乘軺客，雲傾構厦材。泣爲洹水化，嘆作泰山頹。冀善初將慰，尋言半始猜。位聯情易感，交密痛難裁。遠日寒旌暗，長風古挽哀。寰中無舊業，行處有新苔。反哭魂猶寄，終喪子尚孩。葬田門吏給，墳木路人栽。遽泄悲成往，俄傳寵令回。玄經貽石室，朱紱耀泉臺。地古春長閉，天明夜不開。登上一臨哭，揮泪滿蒿萊。

《惜抱軒今體詩鈔》（李頎《寄綦毋三》詩注）：綦毋潛以麗正殿書院校書，授宜壽尉，蓋薄尉職而去之，歸南康。宜壽，即盩厔，畿縣也，故曰"大邑"；而尉則黄綬矣。時明皇居東都，故曰"去洛陽"。唐制選人，吏部注擬後，過門下省，是"一過丞相府"也。麗正殿書院，中書令張燕公統之，"三接"借用《易象》，謂燕公有意於進賢矣。南川即南江，章貢水也。西嶺即洪州西山也。張曲江有《洪州答綦毋學士》詩，足證其歸。王灣有《哭綦毋補闕》詩云："遽泄悲成往，俄傳寵令回。"蓋補闕之命下，而潛已死矣。

《新唐書·藝文志》：《綦毋潛詩》一卷。潛，字孝通，開元中，由宜壽尉，入集賢院待制，遷右拾遺，終著作郎。

《唐才子傳》：潛，字孝通，荆南人。開元十四年嚴迪榜進士及第，授宜壽尉，遷右拾遺，入集賢院待制，復授校書，終著作郎。與李端（疑頎誤）同時。詩調屹崒峭蒨，足佳句，善寫方外之情，歷代未有。荆南分野，數百年來，獨秀斯人。後見兵亂，官況日惡，挂冠歸隱江東別業，王維有詩送之曰："明時久不達，弃置與君同。天命無怨色，人生有素風。"一時文士，咸賦詩祖餞，甚榮。有集一卷行世。

多案：潛詩今傳者二十六首，内四首并見他家集中，實衹二十二首。而言浮屠氏者凡八首，居全數三分之一强。李頎贈詩有云："手持蓮花經，目送飛鳥餘。"其人乃癖佛法者。殷璠稱其"善寫方外之情"，蓋有以也。

韋　述

《元和姓纂》：景駿房州刺史，生述、迪、起、迠、巡、冰。述工部侍郎，撰國史，集賢學士、禮儀使，京兆杜陵人。

《郎官石柱題名》：史部郎中。

竇蒙《述書賦注》：韋述，京兆人，尚書工部侍郎。

《舊唐書·韋述傳》。

《玉海》：《集賢注記》：開元二十年二月，敕院内修御、集賢學士韋述、徐安正專其事，竟不成。

《舊唐書·裴光庭傳》：太常博士孫琬將議光庭謚，以其用循資格，非奬勸之道，建謚爲克，時人以爲希嵩（蕭嵩）旨。上聞而特下詔，賜謚曰忠獻。仍令中書令張九齡爲其碑文，史官韋述以改謚爲非，論之云云。

王灣六八七——七五二？

（余定綦毋潛卒於七五〇，灣有《哭潛》詩，故擬灣卒年略後於潛。）

灣，開元十一年常無名榜進士，與學士綦毋潛契切。詞翰早著，爲天下所稱。往來吴、楚間，多有著述。如《江南意》一聯云："海日生殘夜，江春入舊年。"詩人以來，罕有此作。張燕公手題於政事堂，每示能文，令爲楷式。曾奉使登終南山，有賦，志趣高遠，識者不能弃焉。(《唐才子傳》）今存詩十首。（紇干俞《登天壇山望海日初出賦》以"海日生殘夜"爲韻。見《全唐文》七二三。）

《舊唐書·經籍志序》：九年十一月，殷踐猷、王愜、韋述、余欽、毋煚、劉彦真、王灣、劉仲等，重修《群書四部録》二百卷，右散騎常侍元行冲奏上之。

灣，洛陽人（《河南通志》)。先天元年（七一二）進士及第。（此依《登科記》。《唐才子傳》云開元十一年常無名榜進士，誤。）開元初爲滎陽主簿。(《全唐詩話》《河南通志》。）五年，馬懷素請校正群籍，召學涉之士分部撰次，灣在選中，與劉仲同治集部（知其得名甚早）。九年，録成。(《河南通志》云八年録成，誤。案九年十一月，元行冲上《群書四部録》。）又與陸紹伯等同召入校麗正院書。（六年改乾元殿書院爲麗正書院，十三年改集賢書院。）終洛陽尉。灣與綦毋潛契切，辭翰早著，嘗受知於武平一。其"海日生殘夜，江春入舊年"之句，當時稱最。張説居相府時，手題於政事堂，每示能文，令爲楷式。今存詩十首。殷璠評曰："詩人以來，無聞此句。"（案《宰相世系表》，太原王氏二房有王灣，長安尉，不知是一人否？）

與綦毋潛同官集賢院，交契最密，其哭潛詩曰："位聯情易感，交密痛難裁。"

《全唐文》有王灣《對清白二渠判》一首。

灣有《奉和賀監林月清酌》詩。賀知章以開元二十六年拜秘書監，

(《唐書・文藝・知章傳》：肅宗爲太子，知章遷賓客，授秘書監。《肅宗紀》：開元二十五年，皇太子瑛廢死，明年立爲皇太子。）以天寶三載致仕還鄉，則此詩當作於七三八至七四四年之間。

《河嶽英靈集》：灣詞翰早著，爲天下所稱最者，不過一二。游吴中，作《江南意》詩云："海日生殘夜，江春入舊年。"詩人已來，少有此句。張燕公手題政事堂，每示能文，令爲楷式。又《搗衣篇》云："月華照杵空隨妾，風響傳砧不到君。"所有衆製，咸類若斯。非張、蔡之未曾見也，覺顔、謝之彌遠乎。

《唐會要》：九年十一月十三日，左散騎常侍元行冲上《群書四部録》二百卷，藏之内府，凡二千六百五十五部，四萬八千一百六十九卷，分爲經、史、子、集四部。經庫是殷踐猷、王恢編，史庫韋述、余欽，子庫毋煚、劉彦直，集庫王灣、劉仲。其序例韋述撰。其後毋煚又略爲四十卷，爲《古今書録》。

《國秀集》：洛陽尉王灣。(案《國秀集》天寶三載編。)

《唐才子傳》：灣，開元十一年常無名榜進士。與學士綦毋潛契切。詞翰早著，爲天下所稱。往來吴、楚間，多有著述。如，《江南意》一聯云："海日生殘夜，江春入舊年。"詩人以來，罕有此作。張燕公手題於政事堂，每示能文，令爲楷式。曾奉使登終南山，有賦，志趣高遠，識者不能弃焉。

鄭谷《偶題》：一卷疏蕪一百篇，名成未敢便忘筌。何如海日生殘夜，一句能令萬古傳。

丘　　爲

《唐才子傳》：爲，嘉興人。初累舉不第，歸山讀書數年。天寶初劉單榜進士。王維甚稱許之，嘗與唱和。初事繼母孝，有靈芝生堂下。累官太子右庶子。時年八十餘，母猶無恙，給俸禄之半。及居憂（原本脱），觀察使韓滉以爲致仕，官給禄，所以惠養老臣，不可在喪爲異，唯罷春秋羊酒。初還，縣令謁之，爲候門磬折，令坐，方拜；里胥立庭下，既出乃敢坐。經縣署降馬而過，舉動有禮。卒年九十六。有集行世。

《全唐詩》小傳：丘爲，蘇州嘉興人。事繼母孝，常有靈芝生堂下。累官太子右庶子。致仕，給俸禄之半以終身。年八十餘，母尚無恙。及居憂，觀察使韓滉以致仕官給禄，所以惠養老臣，不可在喪而異，惟罷春秋羊酒。卒年九十六。與劉長卿善，其赴上都也，長卿有詩送之。亦與王維爲友。詩十三首。

祖咏《送丘爲下第》：滄江一身客，獻賦空十年。

王維《送丘爲落第歸江東》。

王維《送丘爲往唐州》。

王維《留别丘爲》。

王維《左掖梨花》（與丘爲、皇甫冉同作）。

劉長卿《送丘爲赴上都》（一作《送皇甫曾》）。

嚴維《送丘爲下第歸蘇州》。

《郎官石柱題名》：主客郎中，司勛郎中。

《元和姓纂》：右常侍邱爲，吴郡人。弟丹倉部員外。

《舊唐書・德宗紀》：貞元四年七月，以蘇州刺史孫晟爲桂州刺史、桂管觀察使。

《資治通鑒》：建中二年六月，以浙東西觀察使、蘇州刺史韓滉爲潤州刺史、浙江東西節度使，名其軍曰"鎮海"。

《舊唐書・德宗紀》：建中二年四月，以浙江西道爲鎮海軍，加蘇州刺史韓滉檢校禮部尚書、潤州刺史，充鎮海軍節度使、浙江東西道觀察等使。

又：建中元年正月，除韓滉蘇州刺史。

《新唐書・藝文志》：《邱爲集》，卷亡。蘇州嘉興人。事繼母孝，嘗有靈芝生堂下。累官太子右庶子。時年八十餘，而母無恙，給俸禄之半。及居憂，觀察使韓滉以致仕官給禄，所以惠養老臣，不可在喪爲異，惟罷春秋羊酒。初還鄉，縣令謁之，爲候門磬折，令坐乃拜。里胥立庭下，既出，乃敢坐。經縣署，降馬而趨。卒年九十六。

《唐會要》：貞元四年四月，以前左散騎常侍致仕邱爲復舊官。初爲致仕還鄉，特給俸禄之半。既丁母喪，蘇州疑所給，請於觀察使韓滉。（疑脱滉字）以爲授官致仕，令不理務，特給禄俸，惠養老臣也，不可以在喪爲異，命仍舊給之，唯春秋二時羊酒之直則不給。雖程式無文，見稱折衷。及是，爲服除，乃復之。

《談賓録》：邱爲致仕還鄉，特給禄俸之半。既丁母喪，州郡疑所給，請於觀察使韓滉。滉以爲授官致仕，本不理務，特令給禄以恩養老臣，不可以在喪爲義（異），命仍舊給之，唯春秋二時羊酒之直則不給。雖程式無文，見稱折衷。（《廣記》四九五）

約建中元年（七八〇）丁母憂，年八十七。貞元四年復舊官，時年九十五。明年（七八九）卒，年九十六。則生於延載元年（六九四）。據《新書·藝文志》："卒年九十六。"《會要》"貞元四年四月，以前左散騎常侍復舊官"，則貞元四年猶在，兹定爲卒於貞元五年。韓滉建中元年正月除蘇州刺史，二年四月移潤州。丁母憂時，韓滉爲刺史，爲年八十餘。若卒於貞元五年，則建中元年八十七，丁母憂或在其時。

本集《冬至下寄舍弟時應赴入京》：終日讀書仍少孤，家貧兄弟未當途。

王維《送丘爲落第歸江東》：還家白髮新。

王維《送丘爲往唐州》：朝端肯相送，天子綉衣臣。

王維《留别丘爲》。（一作丘爲詩。）

《國秀集》：進士丘爲。（案《國秀集》編於天寶三載，爲登天寶元年進士第，則當稱前進士，疑集誤，或傳寫訛脱也。）

王之涣

高適《薊門不遇王之涣郭密之因以留贈》。

《全唐詩話》：之涣，并州人，與兄之咸、之賁，皆有文，天寶間人。樂天作《滁州刺史鄭昈墓志》云："與王昌齡、王之涣、崔國輔連唱迭和，名動一時。"

《唐才子傳》：之奂，薊門人。少有俠氣，所從游皆五陵少年，擊劍悲歌，從禽縱酒。中折節，工文。十年，名譽日振。耻困場屋，遂交謁名公。爲詩情致雅暢，得齊、梁之風。每有作，樂工輒取以被聲律。與王昌齡、高適、暢當忘形爾汝。嘗共詣旗亭，有梨園名部繼至。昌齡等曰："我輩擅詩名，未定甲乙，可觀諸伶謳詩，以多者爲優。"一伶唱昌齡二絶句，一唱適一絶句。之涣曰："樂人所唱，皆下里（本作俚，誤）之詞。"須臾一佳妓唱曰："黄河遠上白雲間，一片孤城萬仞山。羌笛何須怨楊柳，春風不度玉門關。"復唱二絶，皆之奂詞。王子大笑曰："田舍奴，吾豈妄哉！"諸伶竟不諭其故，拜曰："肉眼不識神仙。"三子從之酣醉終日。其狂放如此云。有詩傳於今。

《全唐詩》小傳：王之涣，并州人。兄之咸、之賁皆有文名。天寶間，與王昌齡、崔國輔、鄭昈聯唱迭和，名動一時。詩六首。

《舊唐書・王緯傳》：王緯，字文卿，太原人也。祖景，司門員外郎，萊州刺史。父之咸，長安尉，與昆弟之賁、之涣，皆善屬文。（緯貞元十四年卒，年七十一。）

《集異記》二：開元中詩人王昌齡、高適、王之涣齊名，時風塵未偶，而游處略同。一日天寒微雪，三詩人共詣旗亭，貰酒小飲。忽有梨園伶官十數人，登樓會讌。三詩人因避席隈暖，擁爐火以觀焉。俄有妙妓四輩，尋續而至，奢華艶曳，都冶頗極。旋則奏樂，皆當時之名部也。昌齡等私相約曰："我輩各擅詩名，每不自定其甲乙，今者可以密觀諸伶所謳，若詩入歌詞之多者，則爲優矣。"俄而一伶拊節而唱，乃曰："寒雨連江夜入吴，平明送客楚山孤。洛陽親友如相問，一片冰心在玉壺。”昌齡則引手畫壁曰：“一絶句。”尋又一伶謳之曰：“開篋泪沾臆，見君前日書。夜臺何寂寞，猶是子雲居。”適則引手畫壁曰：“一絶句。”尋又一伶謳曰：“奉帚平明金殿開，强將團扇共徘徊。玉顔不及寒鴉色，猶帶昭陽日影來。”昌齡則又引手畫壁曰：“二絶句。”之涣自以得名已久，因謂諸人曰：“此輩皆潦倒樂官，所唱皆巴人下俚之詞耳，豈陽春白雪之曲？俗物敢近哉？”因指諸妓之中最佳者曰：“待此子所唱，如非我詩，吾即終身不敢與子争衡矣；脱是吾詩，子等當須列拜床下，奉吾爲師。”因歡笑而俟之。須臾次至雙環發聲，則曰：“黄沙遠上白雲間，一片孤城萬仞山。羌笛何須怨楊柳，春風不度玉門關。”之涣即擨歈二子曰：“田舍奴，我豈妄哉？”因大諧笑。諸伶不喻其故，皆起詣曰：“不知諸郎君何以發噱？”昌齡等因話其事。諸伶競拜曰：“俗眼不識神仙，乞降清重，俯就筵席！”三子從之，飲醉竟日。（據《顧氏文房小説》重刻宋本録。之涣原誤涣之，梨誤黎，妄誤妾，今并正。）

《國秀集》：王之涣，無官爵。

孫逖六九六—七六一

孫逖，博州武水人（今聊城境）。父嘉之，少孤，依外家客涉、鞏間（《舊書》稱逖潞州涉縣人者以此）。

逖幼有文，屬思警敏，年十五，見知於雍州長史崔日用（《舊書·睿宗紀》：景龍四年七月，日用爲雍州長史。時逖十五歲，則當生於萬歲通天元年。傳云上元中卒，兹定爲上元二年，計享壽五十一歲。），爲忘年之交，遂有聲譽。（《新書》）開元初，應“哲人奇士”舉，授山陰尉，遷秘書正字。（《舊書》）十年，又舉“賢良方正”，玄宗御洛城門引見，命户部郎中蘇晋第其文異等，擢左拾遺。李嵩鎮太原，表置幕府。以起居舍人入爲集賢院修撰，改考功員外郎。（據《舊書》

本傳，事在開元二十一年。）二十四年，拜……中書舍人。（《舊書》）時嘉之且八十，猶爲令，逖求降外官，增父秩。帝嘉納，拜嘉之宋州司馬，聽致仕。（《新書》）尋卒，丁父喪免；二十九年服闋，復爲中書舍人，其年充河東黜陟使。天寶三載，權判刑部侍郎。五載，以風疾求散秩，改太子左庶子（《舊書》），遂綿廢累年，徙少詹事（《舊書》云太子詹事）。上元中卒，贈尚書右僕射，謚曰"文"。（《新書》）逖掌誥八年，制敕所出，爲時流嘆服，議者以爲自開元以來，蘇頲、齊澣、蘇晋、賈曾、韓休、許景先及逖爲王言之最（《舊書》），而逖尤精密，張九齡視其草，欲易一字，卒不能也。（《新書》）加之謙退不伐，人多稱之。（《舊書》）有集三十卷（《舊書》本傳。《新書・藝文志》作二十卷。），《全唐詩》編詩一卷，《補遺》詩一首。

（王丘）爲吏部侍郎，典選累年，甚稱平允，擢用山陰尉孫逖、桃林尉張鏡微、湖城尉張晋明、進士王泠然，皆稱一時之秀。（《舊書・丘傳》）

張説與人論後進詞人優劣，曰："韓休之文如太羹旨酒，雅有典則而薄於滋味；許景先之文如豐肌膩理，雖穠華可愛而微少風骨。"（《舊書・文苑・楊炯傳》）

賈曾與蘇晋同掌制誥，皆以詞學見知，時人稱爲"蘇賈"。（《舊書・文苑・賈曾傳》）

開元初，景先與中書舍人齊澣、王丘、韓休、張九齡掌知制誥，以文翰見稱。中書令張説嘗稱曰："許舍人之文，雖無峻峰激流、嶄絶之勢，然屬詞豐美，得中和之氣，亦一時之秀也。（《舊書・文苑・許景先傳》）

萬頃孫正，修名節，擢明經高第，授監門衛兵曹參軍。舅孫逖與譚物理，嘆己不逮。（《新書・文藝・元萬頃傳》）

本集《送李補闕攝御史充河西節度判官》云："昔年叨補衮，邊地亦埋輪。"

《郎官石柱題名》：吏部郎中。

《唐語林》：累爲主司者，考功員外郎孫逖，再二十二年、二十三年。

《舊唐書·苗晋卿傳》：開元二十四年，與吏部郎中孫逖并拜中書舍人。

《談賓録》：開元八年，侍郎王丘拔山陰尉孫逖、進士王泠然，不數年皆掌綸誥……衆以爲知人。（《廣記》一七〇）

《唐會要》：開元八年七月，王邱爲吏部侍郎，擢山陰尉孫逖，桃林尉張鏡微，湖城丞張晋明，進士王泠然、李昂等，不數年，登禮闈掌綸誥焉。

楊慎《升庵詩話》“漁父歌金洞，江妃舞翠房”，最爲秀句。本今作“漁火”，非。

《新唐書·藝文志》：《孫逖集》二十卷。

《舊唐書·文苑·孫逖傳》。

《國秀集》：刑部侍郎孫逖。（案《國秀集》天寶三載編，稱刑部侍郎，與史合。）

《新唐書·陸元方傳》附《余慶傳》：開元初，爲河南、河北宣撫使，薦富春孫逖、京兆韋述、吴興蔣冽、河南達奚珣，後皆爲知名士。

《新唐書·宰相世系表》：武邑孫氏，宋州司馬嘉之子，逖，刑部侍郎、右庶子，謚曰文。

《唐才子傳》：逖，博州人。幼而有文，屬思警敏，援筆成篇。開元二年，舉手筆俊拔、哲人奇士、隱淪屠釣及文藻寵麗等科第一人及第。玄宗引見，擢左拾遺、集賢殿修撰，改考功員外郎，遷中書舍人，仕終刑部侍郎。善詩，古調今格，悉其所長。集二十卷，今傳。

蔣　冽

《古今姓氏書辯證》二六：詡十代孫休，自樂安徙義興陽羨縣……

挺主爵郎中、國子司業，生洌、湲、深。洌，尚書左丞。(《全詩》小傳：挺，景雲時人。)……湲，禮部尚書、東都留守。獨孤及《送柳員外赴上都序》：今之史臣樂安蔣鎮。

《全唐詩》小傳：蔣洌，儀鳳中宰相高智周之外孫。第進士，考功員外郎，終尚書左丞。詩七首。蔣渙，洌之弟，擢進士，天寶末爲給事中。永泰初，歷鴻臚卿。日本使嘗遺金帛不受，惟取箋一番，爲書以貽其副。終禮部尚書。詩五首。(《舊書·代宗紀》：大曆三年九月，以尚書左丞蔣渙爲華州刺史，充鎮國軍潼關禦防使。七年五月，以檢校禮部尚書蔣渙充東都留守。)

《唐詩紀事》：渙，儀鳳宰相智周之孫，與兄洌，皆第進士。渙，永泰初歷鴻臚卿。日本使嘗遺金帛不納，唯取箋一番爲書，以貽其副云。終吏部尚書。洌終尚書左丞。

《舊唐書·蔣鎮傳》：蔣鎮，常州義興人，尚書左丞洌之子也。與兄鍊并以文學進……初鎮父洌、叔渙當禄山、思明之亂，并受僞職，然以家風修整，爲士大夫所稱。鎮兄弟亦以教義禮法爲己任，而貪禄愛死，節隳身戮，爲天下笑。(案受朱泚僞署)

《新唐書·陸元方傳》附《陸餘慶傳》：開元初爲河南、河北宣撫使，薦富春孫逖、京兆韋述、吴興蔣洌、河南達奚珣，後皆爲知名士。

《舊唐書·良吏·高智周傳》：蔣捷(案當作挺)子洌、渙，并進士及第。洌，歷禮、吏、户三部侍郎、尚書左丞。

《新唐書·顔真卿傳》：宰相楊國忠惡真卿，諷中丞蔣洌奏爲東都采訪判官。

孫逖《授蔣洌等監察御史制》：朝議(一作通直)郎、行大理評事蔣洌。

《郎官石柱題名》：司封員外郎。

《御史臺精舍題名》：陰右棱，又右側，侍御兼殿中。

《舊唐書·張廷珪傳》：開元初，監察御史蔣挺，以監决杖刑稍輕，敕朝堂杖之。(案蔣挺見《郎官》封中，又《御史臺》監察題名。)

崔國輔

《登科記考》開元二十三年牧宰舉有崔國輔，注曰："《新書·文藝志》：'國輔應縣令舉，授許昌令。'縣令舉，疑即此牧宰舉也。李畛《泗州刺史李君神道碑》云：'今夫人清河人也，弟國輔，秀才擢第，制舉登科。'"

天寶十一載四月，御史大夫王鉷賜死。禮部員外郎崔國輔以鉷近親，貶竟陵郡司馬。

管世銘曰："專工五言小詩，自崔國輔始，篇篇有樂府遺章。"

國輔，山陰人。(《全唐文》小傳云青州人，是也。《全詩》小傳云吴郡人。）開元十四年嚴迪榜進士，與儲光羲、綦毋潛同時。二十三年舉牧宰登科，授許昌令。(《全唐文》云抒昌）累遷集賢直學士、禮部郎中（《唐書》、《唐詩紀事》、《全唐文》小傳、李白詩皆曰禮部員外郎）。天寶十一載，御史大夫王鉷得罪賜死，國輔坐鉷近親，貶竟陵郡司馬。初至竟陵，與處士陸鴻漸游，三歲，交情至厚，謔笑永日。嘗相與較定茶水之品。臨别，謂鴻漸曰："予有襄陽太守李憕所遺白驢、烏犎牛各一頭，及盧□所遺文槐書函一枚，此物皆己之所惜者，宜野人□蓄，故特以相贈。"雅意高情，一時所尚。有酬酢之歌詩并集傳焉。國輔詩文婉孌清楚，深宜諷咏，樂府短章，古人有不能過也。(《唐才子傳》《新書·藝文志》及《王鉷傳》)《全唐詩》編詩一卷。

李白《送崔度還吴》原注云："度，故人禮部員外國輔之子。"

杜甫《奉留贈集賢院崔于二學士》。(注云："甫獻三大禮賦出身，二公嘗謬稱述。")

《新唐書·宰相世系表》：崔氏清河青州房，海、沂等州司馬惟怦（《李君碑》作惟明），子國輔，禮部員外郎。子度。

李畛《泗州刺史李君神道碑》：今夫人清河崔氏，弟國輔，秀才擢第，制舉登科，歷補闕、起居、禮部員外郎。(《文苑英華》九百二十三）

《全唐文》崔國輔《上何都督履光書》：昨日自府廷而退者，云君公垂責，以爲怠於奉上之禮……夫叔向者，不能言，退然不勝衣（句有脱誤），爲晋國之望。張良婦人也，而懦夫下輩（有脱誤），宜君公不禮……僕今日復何言哉?

陸羽《陸文學自傳》：後負書於火門山鄒夫子别墅，屬禮部郎中崔公國輔出守竟陵，與之游處，凡三年。贈白驢、烏犎牛一頭、文槐書函一枚，（曰）："白驢、犎牛，襄陽太守李憕見遺；文槐函，故盧黄門侍郎所與。此物皆己之所惜也，宜野人乘蓄，故特以相贈。"

韓偓《效崔國輔體》四首。

李紾《李君碑》：今夫人，清河人也。父諱惟明，累遷海、沂等州司馬。兄鏡邈，隱居太行，累辟不起。弟……（案碑稱：夫人"值潼關失守……潜避山谷，重壑固陰，深林酷冷，因之違豫，至於彌留，以其年九月二十九日薨於終南山居，享年七十有三"。案天寶十五載潼關失守，夫人時年七十三，則當生於嗣聖元年。國輔乃夫人之弟，若少夫人二歲，則生於嗣聖三年。碑大曆元年十一月作。）

《新唐書·藝文志》：《崔國輔集》，卷亡。國輔應縣令舉，授許昌令、集賢直學士、禮部員外郎。坐王鉷近親，貶竟陵郡司馬。

孟浩然《宿永嘉江寄山陰崔少府國輔》。

孟浩然《江上寄山陰崔少府國輔》。

王昌齡《同從弟銷南齋玩月憶山陰崔少府》。

錢起《詔許昌崔明府拜補闕》。

《唐詩紀事》：子美獻三賦，國輔、于休烈每稱述焉。子美有《留贈集賢院崔于二學士》詩云："欲整還鄉旆，長懷禁掖垣。謬稱三賦在，難述二公恩。"太白有《送崔度自幽燕還吴》詩云："故人禮部員外國輔之子也。"國輔明皇時應縣令舉，授許昌令、集賢直學士、禮部員外郎。坐王鉷近親，貶晋（按竟誤）陵郡司馬。

《河嶽英靈集》：國輔詩婉孌清楚，深宜諷咏，樂府數章，古人不能過也。

李白《同王昌齡崔國輔送李舟歸郴州》（一作《同王昌齡送族弟襄歸桂陽》）。

《國秀集》：左補闕崔國輔。（案《國秀集》天寶三載編。）

《唐才子傳》：國輔，山陰人。開元十四年嚴迪榜進士，與儲光羲、綦毋潛同時。舉縣令，累遷集賢直學士、禮部郎中。天寶間，坐是王鉷近親，貶竟陵司馬。有文及詩，婉孌清楚，深宜諷咏。樂府短章，古人有不能過也。初至竟陵，與處士陸鴻漸游三歲，交情至厚，謔笑永日。又相與較定茶水之品，臨别謂羽曰："予有襄陽太守李憕所遺白驢、烏犎牛各一頭，及盧黄門所遺文槐書函一枚，此物皆己之所惜者，宜野人乘蓄，故特以相贈。"雅意高情，一時所尚。有酬酢之歌詩并集傳焉。

王昌齡行大

王昌齡，字少伯，京兆人。（《新書·文藝·孟浩然傳》云江寧人，《唐才子傳》云太原人。《舊書·文苑·孟浩然傳》不言昌齡籍貫，而於《文苑·陸據傳》有"京兆王昌齡"語。案太原是其族望，云江寧人者，涉官所而誤。岑參《送許子擢第歸江寧拜親因寄王大昌齡》詩曰："王兄尚謫宦……一縣無諍辭"，苟江寧爲昌齡故里，則不得云"謫宦"。要當以京兆人爲正。）開元十五年李嶷榜進士（案同榜詩人又有常建），授汜水尉（李華《揚州龍興寺經律院和尚碑》曰："……詞人汜水尉王昌齡等所共瞻奉，願同灑掃。"和尚法名懷仁，天寶十載示寂，詩僧靈一是其弟子）。十九年（據《登科記》補。《全唐詩》小傳云二十二年，誤），又中宏辭（即博學宏辭科），遷校書郎。（《唐才子傳》。《舊書》云："進士登第，補秘書省校書郎，又以博學宏辭登科，再遷汜水尉。"《新書》略同，授官次第顛倒。考唐制選人釋褐後，進士甚艱，授官纔中縣以下縣尉耳，位從九品下階，最微賤。秘書省校書郎，正九品上階。既已爲校書郎，又中宏辭，當上遷，不得復降居縣尉。《新書》又誤秘書省校書郎爲秘書郎，秘書郎從六品上階，更無再遷縣尉之理。）後以不護細行，謫江寧丞，又貶龍標尉（龍剽，南朝梁置縣，唐改爲龍標，今湖南黔陽縣。李白有《聞王昌齡左遷龍標》詩）。以世亂還鄉里，爲刺史閭邱曉所忌而殺。（《新書》，參《唐才子傳》。曉，濠州刺史。《全唐詩》有其《夜渡江》一首，云："……夜火連淮市……水窮滄海畔，路盡小山南，且喜鄉園近……"，當是江淮間人。）至德二載，張巡宋州圍急，張鎬檄曉引兵出救。曉素愎戾，馭下少恩，好獨任己；及鎬信至，略無稟命，又慮兵敗禍及於己，遂逗留不進。鎬至淮口，宋州已陷。鎬大怒，將戮之，辭以親老，乞怨。鎬曰："王昌齡親欲與誰養？"曉默然，竟杖死。（《舊書·鎬傳》《新書·文藝傳》，參《唐才子傳》。）昌齡爲文緒微而思清（《舊書·文苑傳》），時稱"詩家夫王江寧"（王昌齡稱"詩天子"，天一作夫。案作天是。晚唐周朴有句云："禪是大潙詩是朴，大唐天子衹三人。"稱詩聖爲"詩天子"，蓋唐時俗語，猶今人言某王、某大王也），蓋嘗爲江寧令（《唐才子傳》。岑參《送王大昌齡赴江寧》詩云："澤國從一官，滄波幾千里。"）。與文士王之渙、辛漸交友至深，皆出模範（《唐才子傳》）有詩集五卷，《全唐詩》編爲四卷。又述作詩格律、境思、體例共十四篇爲《詩格》一卷，又《詩中密旨》一卷、《古樂府解題》一卷（《新書·藝文志·樂志》：郗昂《樂府古今題解》三卷，注：一作王昌齡），今并佚，惟釋空海《文鏡秘府論》引《詩格》數事。（參《唐才子傳》《全唐詩補》）

殷璠曰：若王維、昌齡、儲光羲等二十四人，皆河岳英靈也。

《博異志》：開元中，琅邪王昌齡自吴抵京國，舟行至馬當山，屬風便而舟人云："貴賤至此，皆合謁廟，以祈風水之安。"昌齡不能駐，亦先有禱神之備，見舟人言，乃命使賫酒脯紙馬獻於大王，兼有一黑草履子上大王夫人，而一首詩命使至彼而禱之。詩曰："青驄一匹崑崙牽，奉上大王以取錢。宜爲猛風波裹驟，莫怪昌齡不下船。"讀畢而過。當市草履子時，兼市金錯刀一副，貯在履子内。至禱神時，忘取之，誤并履子將往，使者亦不曉焉。昌齡至前程，偶覓錯刀子，方知誤并將神廟所矣。又行不數里，忽有赤鯉，長可三尺，躍入昌齡舟中。昌齡笑曰："自來之味！"呼侍者烹之。既剖腸，得金錯刀子，宛然是誤送廟中者。昌齡嘆息曰："鬼神之情亦昭然。嘗聞葛仙翁命魚送書，古詩有'剖鯉得素書'，今日亦頗同。"

張喬《題上元許棠所任王昌齡廳》：瑠璃堂裏當時客，久絶吟聲繼後塵。百四十年庭樹老，如今重得見詩人。（案上元縣唐置，民國廢入江寧縣。）

顧况《禮部員外郎陶氏集序》：綦毋著作潛、王龍標昌齡，則其勍敵。

本集《别李浦之京》：故園今在灞陵西，江畔逢君醉不迷。小弟鄰莊尚漁獵，一封書寄數行啼。（案此可證昌齡爲京兆人。）

《沅志》引昌齡佚句：昨從金陵邑，遠謫沅溪濱。

本集《放歌行》：升平貴論道，文墨將何求。有詔徵草澤，微誠將獻謀。冠冕如星羅，拜揖曹與周。望塵非吾事，入賦且遲留。幸蒙國士識，因脱負薪裘。令者放歌行，以慰梁甫愁。但營數斗禄，奉養每豐羞。若得金膏遂，飛雲亦可儔。（按此應博學宏詞舉時所作，時開元十九年。《舊紀》是年十一月，帝幸東都，故此詩首曰："南渡洛陽津，西望十二樓。明堂坐天子，月朔朝諸侯。"）

本集《鄭縣宿陶太公館中贈馮六元二》：本家藍田下，非爲漁弋故。無何（一作才）困躬耕，且欲馳永路。幽居與君近，出谷同所騖。昨日辭石門，五年變秋露。雲龍未相感，干謁亦已屢。子爲黄綬羈，余忝蓬山顧……

本集《留别岑參兄弟》：江城建業樓，山盡滄海頭。副職守兹縣，東南棹孤舟。（案《全詩》云遷江寧丞，而《才子傳》云江寧令。據此詩，則《全詩》是也。）

本集《題灞池》二首、《灞上閑居》：鴻都有歸客，偃卧滋陽村。（詩與題似不合。）《獨游》：林卧情每閑，獨游景常晏。時從灞陵下，垂釣往南澗。

《唐詩紀事》：昌齡，字少伯，江寧人。中第，補校書郎；又中博學宏辭科，遷汜水尉。不護細行，還鄉里。因世亂，爲刺史閭丘曉所殺。工詩，縝密而思清。時謂王江寧。（《全唐詩話》同。）

《河嶽英靈集》：元嘉以還，四百年内，曹、劉、陸、謝，風骨頓盡。頃有太原王昌齡、魯國儲光羲，頗從厥迹。且兩賢氣同體别，而王稍聲峻……余常睹王公長平伏冤、又《吊枳道賦》，仁有餘也。奈何晚節不矜細行，謗議沸騰，垂歷遐荒，使知音者嘆惜。

李頎《送王昌齡》：漕水東去遠，送君多暮情。淹留野寺出，向背孤山明……夜來蓮花界，夢裏金陵城。嘆息此離别，悠悠江海行。（案此即昌齡詩題所云"東京府縣諸公與綦毋潜、李頎相送至白馬寺宿"者也，時昌齡赴江寧丞任，題一作"同府縣諸公送綦毋潜、李頎至白馬寺"，非。）

王維《青龍寺曇壁上人兄院集》：序曰：時江寧大兄持片石命維序之。（案昌齡有《同王維集青龍寺曇壁上人兄院五韻》詩，即此也。）

王縉《同王昌齡裴迪游青龍寺曇壁上人兄院集和兄維》。

裴迪《青龍寺曇壁上人院集》。

《衰碧齋日記》：王龍標詩務爲清超，少沈苦，其源蓋出於江文通。至所爲七古，以雄直之氣，改初唐輕艷之風，與東川并爲時杰。若崔司勋源出明遠，自又一家。

《詩鏡總論》：王昌齡多意而多用之，李太白寡意而寡用之；昌齡得之椎練，太白出於自然。然而昌齡之意象深矣。難之奇，有曲澗層巒之致；易之妙，有舒雲流水之情。王昌齡絶句，難中之難；李青蓮歌行，易中之易。難而苦爲長吉，易而脱爲樂天，則無取焉。

孟浩然《與王昌齡宴王道士房》。

孟浩然《初出關旅亭夜坐懷王大校書》。

孟浩然《送王大校書》。（案以上二詩，疑即指昌齡。昌齡行大，并見王維、岑參詩，又嘗爲校書郎。）

孟浩然《送王昌齡之嶺南》：已抱沉痼疾，更貽魑魅憂。數年同筆硯，兹夕間衾裯。意氣今何在，相思望斗牛。

《詩格》，《新唐書·藝文志》二卷，《唐才子傳》、日本釋遍照金剛（即空海）《性靈集》并作一卷。

《漫堂説詩》：詩至唐人七言絶句，盡善盡美。自帝王、公卿、名流、方外以及婦人女子，佳作纍纍。取而諷之，往往令人移情，迴環含咀，不能自已。此真《風》《騷》之遺響也……大抵各體有初、盛、中、晚之别，而三唐七絶，并堪不朽。太白、龍標，絶倫逸群。龍標更有“詩天子”號。楊升庵云：“龍標絶句，無一篇不佳。”良然。

《大唐新語》：李義府嘗賦詩曰：“鏤月成歌扇，裁雲作舞衣。自憐回雪影，好取洛川歸。”有棗强尉張懷慶好偷名士文章，乃爲詩曰：“生情鏤月爲歌扇，出意裁雲作舞衣。照鏡自憐回雪影，來時好取洛川歸。”時人爲之語曰：“活剥王昌齡，生吞郭正一。”（案此當是張昌齡。）

《新唐書·藝文志》：《王昌齡集》五卷。

常建《宿王昌齡隱居》。

常建《鄂渚招王昌齡張僨》：楚山隔湘水，湖畔落日曛。春雁又北飛，音書固難聞。謫居未爲嘆，讒枉何由分。午日逐蛟龍，宜爲吊冤文。（案此似昌齡謫龍標時作。）

《國秀集》：校書郎王昌齡。（案《國秀集》編於天寶三載。）

《郡齋讀書志》：《王昌齡詩》六卷。右唐王昌齡少伯也，江寧人。開元十五年進士，爲校書郎，又中宏詞科。不護細行，貶龍標尉。以世亂歸鄉里，爲刺史閭丘曉所殺。昌齡工詩，縝密而思清，時謂王江寧云。

釋空海《獻書表》：王昌齡《詩格》一卷。此是在唐之日，於作者邊偶得此書。古詩格等，雖有數家，近代才子切愛此格。當今堯日麗天，薰風通地，垂拱無爲，頌德溢街，不仕手足，敢以奉進。庶令屬文士知見之矣，還恐招耻遼豕。（《唐文續拾》二六）

又《獻雜文表》：《急就章》一卷、《王昌齡集》一卷、《雜詩集》四卷、《朱晝詩》一卷、《朱千乘》一卷、《雜文》一卷、《王智章》一卷、贊一卷、詔一卷、敕一卷、《繹經圖記》一卷，右伏承昨日進止，隨探得且奉進所遺表啓等，零在他處，今見令人覓取來則馳奉。（同上）

王士源《孟浩然集序》：開元二十八年，王昌齡游襄陽。時浩然疾疹發背，且愈，相得甚歡，浪情宴謔，食鮮疾動，終於治城南園。

太白有《同王昌齡送族弟襄歸桂陽》詩，王琦曰太白在翰林時作。太白以天寶元年召入，三載放還。玩詩意，當作於二三載間。

昌齡有《巴陵送李十二》詩云："山長不見秋城色，日暮蒹葭空水雲。"賈至有《初至巴陵與李十二白裴九同泛洞庭湖》三首，及《洞庭送李十二赴零陵》一首，詩中時令相合，疑是同時作。

唐人絶句，皆推太白、少伯二人爲獨至。盧世㴶《紫房餘論》曰："天生太白、少伯以主絶句之席。勿論有唐三百年，兩人爲蛟；亘古今來，無復有驂乘者矣。"

并代詩人與少伯交游者：李白、孟浩然、劉昚虛、王維、崔國輔（《同從弟銷南齋玩月憶山陰崔少府》）、綦毋潛、李頎、岑參、薛據、常建。

孟浩然《送王昌齡之嶺南》。

孟浩然《與王昌齡宴王道士房》。

孟浩然《初至闕旅亭夜坐懷王大校書》。

孟浩然《送王大校書》。

岑參《送許子擢第歸江寧拜親因寄王大昌齡》。

岑參《送王大昌齡赴江寧》。

李白《聞王昌齡左遷龍標遥有此寄》。

李白《同王昌齡送族弟襄歸桂陽》（一作《同王昌齡崔國輔送李舟歸郴州》）。

祖咏七〇〇？—？　行三

咏，洛陽人，開元十二年杜綰榜進士。有文名。張説引爲駕部員外郎（《河南通志》）。殷璠評其詩“剪刻省静，用思尤苦，氣雖不高，調頗凌俗，足稱爲才子也”。少與王維爲吟侣。維在濟州寓官舍《贈祖三咏》詩有云：“結交二十載，不得一日展。貧病子既深，契闊余不淺。”蓋亦流落不偶，極可傷也。後移家歸汝墳間别業，以漁樵自終。有詩一卷，傳於世。（《唐才子傳》）《全唐詩》編詩一卷。

《舊唐書·文苑·王翰傳》：王翰出爲汝州長史，改仙州别駕（案事在開元十四年），至郡，日聚英豪，從禽擊鼓，恣爲歡賞，文士祖咏、杜華常在座，於是貶道州司馬。

竇泉《述書賦》竇蒙注：時議……論筆則曰王縉、李邕、祖咏，張説不得預焉。

《唐語林》：輕薄自祖咏。

《唐詩品彙》：祖咏，洛陽人，開元十三年進士，張説引爲駕部員外郎。

張玉成《七言律準》：按《唐詩紀事》曰：“張説在并州，厚遇王翰。既相，引爲駕部員外郎。説罷相，出翰仙州别駕。至郡，日聚英豪，從禽擊鼓，恣爲歡賞。咏與杜華嘗在座。翰坐是貶道州司馬。”則駕部郎，乃翰也，非咏也。闕疑以俟君子。

《明皇雜録》：天寶末，劉希夷、王泠然、王昌齡、祖咏、張若虚、張子容、孟浩然、常建、李白、劉昚虚、崔署、杜甫，雖有盛名，皆流落不偶。

《河嶽英靈集》：咏詩剪刻省净，用思尤苦，氣雖不高，調頗凌俗。至如“霽日園林好，清明烟火新”，亦可稱爲才子也。

《新唐書·藝文志》：《祖咏詩》一卷。注云：開元進士第。

《國秀集》：進士祖咏。

《唐才子傳》：咏，洛陽人，開元十二年杜綰榜進士，有文名。殷璠評其詩“剪刻省净，用思尤苦，氣雖不高，凋頗凌俗，足稱爲才子也”。少與王維爲吟侣，維在濟州寓官舍《贈祖三咏》詩有云：“結交三十載，不得一日展。貧病子既深，契闊余不淺。”蓋亦流落不偶，極可傷也。後移家歸汝墳間别業，以漁樵自終。有詩一卷傳於世。

本集《汝墳别業》：失路農爲業，移家到汝墳。（隋置汝墳縣，唐廢。今有汝墳店，在河南葉縣北十五里。）又有《歸汝墳山莊留别盧象》詩、《汝墳秋同仙州王長史翰聞百舌鳥》詩。

蔡希寂《洛陽客舍逢祖咏留宴》。

王維《贈祖三咏》，原注：“濟州官舍作。”詩曰：“雖有近音信，千里阻河關。中復客汝潁，去年歸舊山。結交二（二一作三，按時維年方三十一二，作二者是）十載，不得一日展。貧病子既深，契闊余不淺。”又《喜祖三至留宿》曰“早歲同袍者，高車何處歸”，又曰：“門前洛陽客，下馬拂征衣。”又《齊州送祖二（當作三）》曰：“送君南浦泪如絲，君向東周使我悲。爲報故人憔悴盡，如今不似洛陽時。”又有《齊州送祖三》一首，一作《河上送趙仙舟》，又作《淇上别趙仙舟》。

盧象《送祖咏》。

儲光羲《華陽作貽祖三咏》：朝行敷水上，暮宿華山東……凄然望伊洛，如見息陽宫。舊識無高位，新知盡固窮。夫君獨輕舉，遠近善文雄。豈念千里駕，崎嶇秦塞中。

王翰《别唐祖二子》。

于逖十一

蕭穎士《蓮蕊散賦序》：予同生繼夭，憯戚所萃。己未歲夏六月，旅寄韋城，憂傷感疾，腫生於左脅之下，彌旬不愈，楚痛備至。友生于逖、張南容在大梁，聞之，以言於方牧李公……（張南容，開元二十三年進士。案穎士開元五年生，上元元年卒，其間唯開元七年己未，時穎士纔三歲。疑己未爲乙未之訛，天寶十四載也。）

獨孤及《夏中酬于逖畢耀問病見贈》。

李白《留別于十一兄逖裴十三游塞垣》：于公白首大梁野，使人悵望何可論。（案此言逖在大梁，與蕭穎士賦正合。）

本集《野外行》：少弟鬓亦白，兩男俱不强。

李頎《答高三十五留别便呈于十一》："寄書寂寂於陵子，蓬蒿没身胡不仕。藜羹被褐環堵中，歲晚將貽故人耻。"（案高適居陳留，于逖隱於大梁。此詩答高適留別便呈于十一，其即逖無疑。）詩曰："清冷池水灌園蔬，萬物滄江心澹如。"池蓋即蓬池。（《地理志》：汴州陳留郡開封縣有福源池，本蓬池。）逖《野外行》曰："魏人宅蓬池，結網佇鱣魴。水清魚不來，歲暮空彷徨。"是也。

盧象行八

《唐才子傳》：象，字緯卿，汶水人，鴻之侄也。携家來居江東最久。仕爲校書郎、左拾遺、膳部員外郎。授安禄山僞官，貶永州司户參軍。後爲主客員外郎。有詩名，譽充秘閣，雅而不素，有大體，得國士之風。集十二卷。

《全唐詩》小傳：盧象，字緯卿，汶水人。開元中由前進士補秘書郎，轉右衛倉曹掾。丞相張九齡深器之，擢左補闕、河南府司録、司勛員外郎。名盛氣高，少所卑下，爲飛語所中，左遷齊、邠、鄭三郡司馬，入爲膳部員外郎。安禄山之亂，象受僞署，貶永州司户。起爲主客員外郎，道病卒。集十二卷，今編詩一卷。

交游：張均、祖咏、綦毋潛、王維、李邕、張九齡、崔興宗。

祖咏《歸汝墳山莊留別盧象》。

祖咏《長樂驛留別盧象裴總》。

李頎《寄司勛盧員外》《留別王盧二拾遺》？

崔顥《贈盧八象》。

王維《同盧拾遺過韋給事别業二十韻》。

王維《與盧象集朱家》。

王維《與盧員外象過崔處士興宗林亭》。

王縉《與盧員外象過崔處士興宗林亭》。

孟浩然《和盧明府送鄭十三還京兼寄之什》。

孟浩然《盧明府九日峴山宴袁使君張郎中崔員外》。

孟浩然《陪盧明府泛舟作》。

崔興宗《酬王維盧象見過林亭》。

李白《贈盧司户》？

《河嶽英靈集》：象雅而平素，有大體，得國士之風。曩在校書，名充秘閣。其“靈越山最秀，新安江甚清”，盡東南之數郡。

劉禹錫《董挺詩集序》：嘗所游皆青雲之士。聞名如盧、杜（員外象、工部甫），高韻如包、李（祭酒佶、侍郎紓），迭於章句，揚於當時。（案此紀同游者時不相及，恐有誤，章實齋已疑之。）

劉禹錫《唐故尚書主客員外郎盧公集紀》：公始以章句振起於開元中，與王維、崔顥比肩驤首，鼓行於時，妍詞一變，樂府傳貴。由前進士補秘書郎，轉右衛倉曹掾。丞相曲江公方執文衡，揣摩後進，得公，深器之，擢爲左補闕、河南府司録、司勛員外郎。名高氣盛，少所卑下，爲飛語所中，左遷齊、邠、鄭三郡司馬。入爲膳部員外郎。大盜起幽陵，入洛師執公，脅之從伍中，謫果州長史，又貶永州司户。移吉州長史。詔主客員外郎，道病留武昌，遂不起。故相崔太傅時爲右史，方在鄂，以文志其墓，其詞曰：“噫！公妙年有聲，振耀當代，翺翔雲露，不虞矰繳。盛名先物，易生疵癘。三至郎署，坐成遺釁，蹭蹬江皋，栖栖没齒，見知者恨之。”

《新唐書·藝文志》：《盧象集》十二卷。字緯卿。左拾遺、膳部員外郎。授安禄山僞官，貶永州司户參軍，起爲主客員外郎。

石刻《郎官石柱題名》：主客員外郎，司勛員外郎。

《舊唐書·韋涉傳》：才名之士盧象等常與韋涉唱和游處。

李頎《寄司勛盧員外》。

《唐語林》：……（鄭）虔天寶初采進異聞，著書八十餘卷。人有竊窺其稿草，上書告虔私修國史。虔遽焚之，由是貶謫十餘年，方從調選授廣文館學士。虔所焚稿既無别本，後更纂録，率多遺忘，猶成四十餘卷。書未有名，及爲廣文館博士，詢於國子司業蘇源明，源明請名爲《會粹》，取《爾雅序》“會粹舊説”也。西河太守盧象贈虔詩云：“書名會粹才偏逸，酒號屠蘇味更醇。”即此也。（案象未嘗爲西河太守，此不知何據？《封氏聞見記》同。）

《國秀集》：右補闕盧象。（案集編於天寶三載。）

沈千運行四

《唐才子傳》：千運，吴興人。工舊體詩，氣格高古。當時士流皆敬慕之，號“沈四山人”。天寶中，數應舉不第。時年齒已邁，遨游襄、鄧間，干謁名公。來濮上，感懷賦詩曰：“聖朝優賢良，草澤無遺族。人生各有志，在余胡不淑？一生但區區，五十無寸禄。衰落當捐弃，貧賤招謗讟。”其時多艱，自知屯蹇，遂浩然有歸歟之志，賦詩曰：“栖隱無别事，所願離風塵。不來城邑游，禮樂拘束人。”又曰：“如何巢與由，天子不得臣。”遂釋志還山中别業。嘗曰：“衡門之下，可以栖遲，有薄田園，兒稼女織，偃仰今古，自足此生，誰能作小吏走風塵下乎？”高適賦《還山吟》贈行曰：（略）。肅宗議備禮徵致，會卒而罷。有集傳世。張籍《沈千運舊（一作故）居》。

王季友《代賀若（一作枝）令譽贈沈千運》。

韋續《續書品》：真行書二十二人，沈千運書，飢鷹殺心，忍瘦筋骨。

《書史會要》：千運善八分。

寒山子

李山甫《山中寄梁判官》：康樂公應頻結社，寒山子亦患多才。

陶　翰

翰，潤州京口（《江南通志》）人，開元十八年（七三〇）崔明允下進士及第，次年中博學宏辭，（與鄭昉同時）官至禮部員外郎。以《冰壺賦》得名（《唐才子傳》）。《全唐詩》編詩一卷。有集卷亡。

殷璠云："歷代詞人詩筆雙美者鮮矣。今陶生實爲兼之，既多興象，復備風骨，三百年以前，方可論其體裁也。"

靈一《題黄公陶翰别業》。（一作處一詩，題云："題陶翰别業。"《唐詩品彙》："處一，天寶時人。"一作蘇廣文詩，題云："自商山宿陶令隱居。"詩有句云："黄公石上三芝秀。"石上《紀事》作庭下。張玉成《七言律準》曰："黄公石，當是黄石公山也，在下邳。《水經注》：'黄石山有黄公九磯。'"）

《唐會要》：開元十九年，博學宏詞科陶翰及第。

《緯略》，同上。

《太平廣記》二一七：九月禮部員外陶翰病，請假，敕除補闕王晃。

顧况《禮部員外郎陶氏集序》（《全文》五二八）：唐詞臣姓陶氏，諱翰，冀方思深之裔。前漢青、後漢謙、東晋侃，至靖節、貞白二先生，生人表秀，間朝育才，方守省署，慶鍾於君。開元十八年進士上第，天寶□□載登宏詞拔萃兩科。累陟太常博士、禮部員外郎。喉舌密勿，擅場破的，無發不中。行在六經，志在五言，尤精賦序，朝出暮遍，殷如舊鐸。山塞海隅，化諸溺音，蔚公之容，萬籟静然，華實光於苑圃。（案以上原文錯亂脱漏，不可讀，今以意正之如此。）綦毋著作潛、王龍標昌齡，則其勍敵。登公之門，李膺之門也。鮑、馬二京兆，中書謝舍人良弼、良輔，侍御史李封，殿中劉全誠，名自公出，名著公器。神人所貴，寧不貴名，詳矣……嗣子問，儒爲法官，捧先人之集，霜露之疾，將訴於吾。綦毋通，問之世友，撫事編次，咨於彝訓，稽於故實，是有冠篇之述乎哉？

《寶刻叢編》引《集古録目》：《華嶽真君碑》，華陰丞陶翰撰、韋騰書。玄宗開元十九年，加五岳神號真君，初建祠宇，立此碑。

同上：《禮部尚書徐南美碑》，大理評事陶翰撰、翰林待詔左衛率府兵曹參軍蔡有鄰八分書。徐筠，字南美，東海人也，垂拱中官至禮部尚書。碑以天寶九載立。

《全唐文》賦二首、判二首、贈序十六首。

《新唐書·藝文志》：《陶翰集》，注云卷亡。潤州人，開元禮部員外郎。

薛據《題丹陽陶司馬廳》：高鑒清洞徹，儒風入進難。詔書增寵命，才子益能官。（案疑即翰也。）

《唐才子傳》：翰，潤州人。開元十八年崔明允下進士及第，次年中博學宏辭。與鄭昉同時，官至禮部員外郎。爲詩詞筆雙美，既多興象，復備風骨，三百年以前，方可論其裁製，大爲當時所稱。今有集相傳。

李　白

張澍《李白未至夜郎辯》：夜郎，漢屬牂柯郡，牂柯本且蘭國，今在遵義界，唐屬珍州，在今歌羅寨。《舊志》云：李白曾貶竄於此。今桐梓驛西二十里有夜郎城，道卧古碑，字已漫滅。縣治内，白故宅舊井迹存焉。余攝篆遵義之日，暇游桃源洞，洞前贔屓屹然，鎸曰“李白聽鶯處”，謂“清浮蟻酒醅初緑，暖入鶯簧舌漸調”，乃流謫時所咏也。近人遂謂白流夜郎，實已至其地。按白於乾元元年被放，二年遇赦得還，故集内有《流夜郎半道承恩放還兼欣克復之美書懷示息秀才》詩，蓋白泝三湘，將至夜郎，乃聞赦命，而還憩江夏、岳陽，復出尋陽，時年五十九矣，其《秋浦桃華憶舊游》詩所云“三載夜郎還，於此煉金骨”也。又《烏江留别宗十六璟》詩曰“拙妻莫邪劍，反比二龍隨”，殆白携妻子就貶所，而宗璟從之，未至先還，白别璟於烏江也。今遵義城南八十里有烏江，源出黔西，經縣之湘、洪、仁三江，由思南北流，入蜀之涪江，與詩所謂“白帝曉猿斷，黄牛過客遲”者亦符。今不觀前賢全集，輒摭一二語爲譚資，且矜其創獲，是猶詫維摩之取孟堅而遺班固也。(《養素堂集》十二)

陳寅恪《李唐氏族之推測》。(《歷史語言研究所集刊》三本一分册)

《藝概》二：海上三山，方以爲近，忽又是遠。太白詩言在口頭，想出天外，殆亦如是。以友天下之善士爲未足，又尚論古之人，神仙猶古之人耳。故知太白詩好言神仙，衹是將神仙當賢友，初非鄙薄當世人。太白早好縱横，晚學黄老，故詩意每托之以自娱。少陵一生却衹在儒家界内。詩一往作遺世自樂語，以爲仙意，不知却是仙障。仙意須如陰長生古詩“游戲仙都，顧愍群愚”二語，庶爲得之。抑《度人經》所謂“悲歌朗太空”也。

《滹南詩話》一：李白詩歌豪放飄逸，人固莫及，然其格止如此而已，不知變也。至於杜甫，則發斂抑揚，疾徐縱横，無施不可，蓋其緒密而思深，非近者所能窺，斯其所以掩前人而後來無繼也。

龔自珍《最録李白集》：龔自珍曰：《李白集》十之五六僞也，有唐人僞者，有五代十國人僞者，有宋人僞者。李陽冰曰：“當世著述，十喪其九，今所存者，得之他人焉。”陽冰已爲此言矣。韓愈曰：“惜哉傳於今，泰山一毫芒。”愈已爲此言矣。劉全白云：“李君文集家有之，而無定卷。”全白貞元時人，又爲此言矣。蘇軾、黄庭堅、蕭士贇，皆非無目之士，蘇、黄皆嘗指某篇爲僞作，蕭所指有七篇，善乎三君子之發之端也。宋人各出其家藏，愈出愈多，補綴成今本。宋人皆自言之，委巷童子，不窺見白之真，以白詩爲易效，是故效杜甫、韓愈者少，效白者多。予以道光戊子夏，費再旬日之力，用朱墨别真僞，定李白真詩百二十二篇。於是撮録其指意曰：莊、屈實二，不可以并，并之以爲心，自白始；儒、仙、俠實三，不可以合，合之以爲氣，又自白始也。其斯以爲白之真原也。次第依明許自昌本。（《邃漢齋校訂本定庵全集》卷五）

《寒廳詩話》：四明周屺公斯盛曰：太白《峨眉山月歌》四句中連用峨眉、平羌、清溪、三峽、渝州五地名，絶無痕迹，豈非仙才？

《尚書故實》：陸暢，字達夫，常爲韋南康作《蜀道易》，首句曰："蜀道易，易於履平地。"南康大喜，贈羅八百匹。南康薨，朝廷欲繩其既往之事，復閱先所進兵器，刻"定秦"二字，不相與者，因欲構成罪名。暢上疏理之云："臣在蜀日，見所造進兵器，定秦者，匠之名也。"由是得釋。《蜀道難》，李白罪嚴武作，陸暢感韋之遇，遂反其詞焉。

《開元天寶遺事》：李太白少時，夢所用之筆頭上生花，後天才贍逸，名聞天下。李白有天才俊逸之譽，每與人談論，皆成句讀，如春葩麗藻，燦於齒牙之下，時人號曰"李白燦花之論"。李白嗜酒，不拘小節，然沈酣中所撰文章，未嘗錯誤。而與不醉之人相對議事，皆不出太白所見，時人號曰"醉聖"。明皇召諸學士宴於便殿，因酒酣顧謂李白曰："我朝與天后之朝如何？"白曰："天后朝政出多門，國由奸幸，任人之道，如小兒市瓜，不擇香味，惟揀肥大者。我朝任人如淘沙取金、剖石采玉，皆得其精粹。"明皇曰："學士過有所飾。"李白於便殿對明皇撰詔誥，時十月大寒，凍筆不能書字。帝敕宫嬪十人，侍於李白左右，令各執牙筆呵之，遂取而書其詔。其受聖眷如此。

《四庫全書總目提要·集部·别集類》二：《李太白集》三十卷（安徽巡撫采進本），唐李白撰。《舊唐書·白傳》稱山東人，《新唐書》則作隴西成紀人。考杜甫作《崔端薛復筵醉歌》，有"近來海内爲長句，汝與山東李白好”句。楊慎《丹鉛録》據魏顥《李翰林集序》有“世號爲李東山之文”，謂杜集傳寫誤倒其字，似乎有理。然元稹作《杜甫墓志》，亦稱“與山東人李白”，其文鑿然。如倒之作東山人，則語不成文，又不得以魏《序》爲解。檢白集《寄東魯二子》詩，有“我家寄東魯”句。顥《序》亦稱合於魯一婦人，生子曰頗黎。蓋居山東頗久，故人亦以是稱之，實則非其本籍。劉昫等誤也。至於隴西成紀，乃唐時李氏以郡望通稱。故劉知幾《史通·因習篇》自注曰：“近代史，爲王氏傳云琅邪臨沂人，爲李氏傳云隴西成紀人。非惟王、李二族，久離本郡，亦自當時無此郡縣，皆是魏、晋以前舊名。”今勘驗《唐書·地理志》，果如所説。則宋祁等因襲舊文，亦不足據。惟李陽冰《序》稱涼武昭王暠之後，謫居條支，神龍之始，逃歸於蜀，復指李樹而生伯陽，驚姜之夕，長庚入夢；顥《序》稱白本隴西，乃因家於綿，身既生蜀云云。則白爲蜀人，具有確證二史所書，皆非其實也。陽冰《序》不言卷數，《新唐書·藝文志》則曰《草堂集》二十卷，李陽冰編。案宋敏求《後序》曰：唐李陽冰《序》，李白《草堂集》十卷。咸平中樂史别得白歌詩十卷，合爲《李翰林集》二十卷。史又云雜著爲别集十卷。然則《草堂集》原本十卷，《唐志》以陽冰所編爲二十卷者，殊失之不考。今《草堂集》不傳，樂史所編亦罕見。此本乃宋敏求得王溥及唐魏顥本，又裒集《唐類詩》諸編洎石刻所傳，編爲一集。曾鞏又考其先後而次第之爲三十卷，首卷惟載諸序碑記，二卷以下乃爲歌詩，爲二十三卷，雜著六卷，流傳頗少。國朝康熙中，吴縣繆曰芑始重刊之。後有曰芑跋云：得臨川晏氏宋本，重加校正，較坊刻頗爲近古。然陳氏《書録解題》、晁氏《讀書志》并題《李翰林集》，而此乃云《太白全集》，未審爲宋本所改？曰芑所改？是則稍稍可疑耳。據王琦注本，是刻尚有《考異》一卷，而坊間印本皆削去曰芑序目，以贋宋本，遂并《考異》而削之。以其文已全載王琦本，今亦不更補録焉。

《四庫全書總目提要·集部·别集類》二：《分類補注李太白集》三十卷（通行本），宋楊齊賢集注，而元蕭士贇所删補也。《杜甫集》自北宋以來注者不下數十家，《李白集》注宋、元人所撰輯者，今惟此本行世而已。康熙中，吴縣繆曰芑翻刻宋本《李翰林集》，前二十三卷爲歌詩，後六卷爲雜著。此本前二十五卷爲古賦、樂府、歌詩，後五卷爲雜文，且分標門類，與繆本目次不同。其爲齊賢改編？或士贇改編？原書無序跋，已不可考。惟所輯注文，則以“齊賢曰”“士贇曰”互爲標題以别之，故猶可辨識。注中多徵引故實，兼及意義，卷帙浩博，不能無失。唐覲《延州筆記》嘗摘士贇注《寄遠》詩第七首“滅燭解羅衣”句，不知出《史記·滑稽傳》淳于髡語，乃泛引謝瞻、曹植諸詩。又如《臨江王節士歌》，齊賢以爲史失其名，士贇則引樂府《游俠曲》證之。不知《漢書·藝文志》《臨江王》及《愁思節士歌》原各爲一篇，自南齊陸厥始并作《臨江王節士歌》，後來庾信、杜甫俱承其誤，白詩亦屬沿僞。齊賢等不爲辨析，而轉以爲史失名。此類俱未爲精覈。然其大致詳贍，足資檢閱。中如《廣武戰場懷古》一首，士贇謂非太白之詩，釐置卷末，亦具有所見，其於白集固不爲無功焉。齊賢字子見，舂陵人。士贇字粹可，寧都人，宋辰州通判立等之子，篤學工詩，與吴澄相友善，所著有詩評二十餘篇，及《冰崖集》，俱已久佚，獨此本爲世所共傳云。

《四庫全書總目提要·集部·别集類》二：《李太白詩集注》三十六卷（浙江巡撫采進本），國朝王琦撰。琦字琢崖，錢塘人。注李詩者自楊齊賢、蕭士贇後，明林兆珂有《李詩鈔述注》十六卷，簡陋殊甚。胡震亨駁正舊注，作《李詩通》二十一卷，琦以其尚多漏略，乃重爲編次箋釋，定爲此本。其詩參合諸本，益以逸篇，釐爲三十卷，以合曾鞏序所言之數，别以序、志、碑、傳、贈答、題咏、詩文評語、年譜、外紀爲“附録”六卷。而繆氏本所謂“考異”一卷，散入文句之下，不另列焉。其注欲補三家之遺闕，故采摭頗富，不免微傷於蕪雜。然捃拾殘剩，時亦寸有所長。自宋以來注杜詩者林立，而注李詩者寥寥僅二三本。録而存之，亦足以資考證。是固物少見珍之義也。

《新唐書·藝文志》：李白《草堂集》二十卷。注云：李陽冰録。

項斯《經李白墓》：夜郎歸未老，醉死此江邊。葬闕官家禮，詩殘樂府篇。游魂應到蜀，小碣豈旌賢。身没猶何罪，遺墳野火燃。

張孜《夢李白歌》（句）。

皮日休《七愛詩》（李翰林白）

皮日休《魯望昨以五百言見貽過有褒美内揣庸陋彌增愧悚因成一千言上述吾唐文物之盛次叙稍得之歡亦迭和之微旨也》。

許渾《途經李翰林墓》。

薛能《論詩》（句）、《寄符郎中》（句）。

司空圖《贈詈光》（句）。

韓愈《醉留東野》《調張籍》。

曹松《吊李翰林》。

貫休《觀李翰林真》二首。

劉長卿《將赴南巴至餘干别李十二》：江上花催問禮人，鄱陽鶯報越鄉春。誰憐此别悲歡異，萬里青山送逐臣。

《唐才子傳》：白，字太白，山東人。母夢長庚星而誕，因以命之。十歲通五經，自夢筆頭生花，後天才贍逸。喜縱横，擊劍爲任俠，輕財好施。更客任城，與孔巢父、韓準、裴政、張叔明、陶沔居徂徠山中，日沉飲，號“竹溪六逸”。天寶初，自蜀至長安，道未振，以所業投賀知章，讀至《蜀道難》，嘆曰：“子謫仙人也。”乃解金龜换酒，終日相樂，遂薦於玄宗。召見金鑾殿，論時事，因奏頌一篇，帝喜，賜食，親爲調羹，詔供奉翰林。嘗大醉上前，草詔，使高力士脱靴，力士耻之，摘其《清平調》中飛燕事，以激怒貴妃，帝每欲與官，妃輒沮之。自益傲放，與賀知章、李適之、汝陽王璡、崔宗之、蘇晋、張旭、焦遂爲飲酒八仙人。懇求還山，賜黄金，詔放歸。白浮游四方，欲登華山，乘醉跨驢，經縣治，宰不知，怒引至庭下曰：“汝何人，敢無禮？”白供狀不書姓名，曰：“曾令龍巾拭吐，御手調羹，貴妃捧硯，力士脱靴。天子門前，尚容走馬；花陰縣裏，不得騎驢？”宰驚愧，拜謝曰：“不知翰林至此。”白長笑而去。嘗乘舟與崔宗之自采石至金陵，著宫錦袍坐，傍若無人。禄山反，明皇在蜀，永王璘節度東南，白時卧廬山，辟爲僚佐。璘起兵反，白逃還彭澤。璘敗，累繫潯陽獄。初，白游并州，見郭子儀，奇之，曾救其死罪。至是，郭子儀請官以贖，詔長流夜郎。白晚節好黄老，度牛渚磯，乘酒捉月，沉水中。初，悦謝家青山，今墓在焉。有文集二十卷，行世。或云：白，凉武昭王暠九世孫也。

陳寅恪《李太白氏族之疑問》：

李陽冰《草堂集序》云：李白，字太白，隴西成紀人，凉武昭王暠九世孫。蟬聯珪組，世爲顯著。中葉非罪，謫居條支，易姓與（與字繆本作爲）名。然自窮蟬至舜五世爲庶，累世不大曜，亦可嘆焉。神龍之始，逃歸於蜀，復指李樹而生伯陽。驚姜之夕，長庚入夢，故生而名白，以太白字之。

范傳正《唐左拾遺翰林學士李公新墓碑》云：公名白，字太白，其先隴西成紀人。絶嗣之家，難求譜牒。公之孫女搜於箱篋中，得公之亡子伯禽手疏十數行，紙壞字缺，不能詳備，約而計之，凉武昭王九代孫也。隋末多難，一房被竄於碎葉，流離散落，隱易姓名，故自國朝已來，漏於屬籍。神龍初，潜還廣漢，因僑爲郡人。父客以逋其邑，遂以客爲名，高卧雲林，不求禄仕。公之生也，先府君指天枝以複姓，先夫人夢長庚而告祥，名之與字咸所取象。

寅恪案：《新唐書》卷肆拾《地理志》云：安西大都護府，初治西州。顯慶二年平賀魯，析其地，置濛池、昆陵二都護府，分種落，列置州縣。西盡波斯國，皆隸安西。又徙置高昌故地。三年徙治龜兹都督府，而故府復爲西州。（有保大軍，屯碎葉城。）

又卷肆叁下云：焉耆都督府。（貞觀十八年滅焉耆，置有碎葉城。）（中略）西域府十六、州七十二。（中略）條支都督府，領州九。（中略）右隸安西都護府。

是碎葉、條支在唐太宗貞觀十八年，即西曆六四四年平焉耆，高宗顯慶二年（即西曆六五七年）平賀魯，隸屬中國政治勢力範圍之後，始可成爲竄謫罪人之地。若太白先人於楊隋末世即竄謫如斯之遠地，斷非當日情勢所能有之事實。其爲依托，不待詳辨。至所以詭稱楊隋末世者，殆以文飾其既爲凉武昭王之後裔，何以不編入李唐宗室屬籍之故耳。

又考《太白集》卷貳陸《爲宋中丞自薦表》云：臣伏見前翰林供奉李白年五十七。

寅恪案：太白爲宋若思作此表時在唐肅宗至德二載，即西曆七五七年。據以上推其誕生之歲，應爲武后大足（多案：當作長安）元年，即西曆七〇一年。此年下距中宗神龍元年，即西曆七〇五年，尚有四年之隔。然則太白由西域遷居蜀漢之時，其年至少已五歲矣。是太白生於西域，不生於中國也。又考李序"指李樹而生伯陽"及范碑"先府君指天枝以複姓"之語，則是太白至中國後方改姓李也。其父之所以名客者，殆由西域之人其名字不通於華夏，因以胡客呼之，遂取以爲名，其實非自稱之本名也。夫以一元非漢姓之家，忽來從西域，自稱其先世於隋末由中國謫居於西突厥舊疆之内，實爲一必不可能之事。則其人之本爲西域胡人，絶無疑義矣。

又《續高僧傳》叁肆《感通篇上・隋道仙傳》云：釋道仙，本康居國人，以游賈爲業。梁、周之際往來吴、蜀，行賈達於梓州。

又同書卷叁伍《感通篇中・唐慧岸傳》云：釋慧岸者，未詳何人，而鼻似胡，言同蜀漢。

又杜甫在夔州作《解悶》十二首之二云：賈胡離别下揚州，憶上西陵舊驛樓。爲問淮南米貴賤，老夫乘興欲東游。

據此，可知六朝、隋、唐時代蜀漢亦爲西胡行賈區域，其地之有西胡人種往來僑寓自無足怪也。太白既詭托隴西李氏，又稱李陽冰爲從叔（見《獻從叔當塗宰陽冰》五言詩）。陽冰爲趙郡李氏（見《唐文粹》卷七七及《宣和畫譜》等），故太白之同時人及後來之人亦以山東人稱太白（杜甫《蘇端薛復筵簡薛華醉歌》及元稹《唐檢校工部員外杜君墓志》），蓋謂其出於趙郡李氏也。《舊唐書》卷壹玖下《文苑傳・李白傳》既載不可徵信之"父爲任城尉"一語，又稱白爲"山東人"。但山東非當時郡邑之名，依《舊唐書》書郡望之慣例，應作“趙郡人”也。錢大昕《二十二史考異》卷一八既言“山東非唐時州縣之名。杜甫詩雖有‘山東李白’之稱，不可以入史也”，復言：“白既家任城，即當云任城人矣。”

則是其意應以家住地爲籍貫，不知如是書法固可入史。而於《舊唐書》書郡望之慣例仍略有未合。此點所關甚微，因考辨太白氏族問題，并於篇末附論及之，以見讀史之非易事也。

楊憑《竇洛陽見簡篇章偶贈絶句》：直用天才衆却瞋，應欺李杜久爲塵。南荒不死中華老，别玉翻同西國人。

竇牟《奉酬楊侍郎十兄見贈之作》：翠羽雕蟲日日新，翰林工部欲何神。自悲由瑟無彈處，今作關西門下人。

鄭谷《讀李白集》：何事文星與酒星，一時鍾在李先生。高吟大醉三千首，留著人間伴月明。

《郡齋讀書志》：《李翰林集》二十卷。右唐李白太白也。白集舊十卷，唐李陽冰序。咸平中樂史别得白歌詩十卷，凡歌詩七百七十六篇。又纂雜著爲别集十卷。宋次道治平中得王文獻及唐魏顥所纂白詩，又裒《唐類詩》洎刻石所傳者，通李陽冰、樂史集，共一千一篇，雜著六十五篇。曾子固乃考其先後而次第之，云：“白，蜀郡人。天寶初至長安，明皇召爲翰林供奉。頃之，不合去。安禄山反，明皇在蜀，永王璘節度東南，白時卧廬山，迫致之。璘敗，坐繫潯陽獄。崔涣、宋若思驗治白，以爲罪薄，釋其囚，使謀其軍。乾元元年，終以污璘事長流夜郎。以赦得釋，過當塗以卒。始終更涉如此，之詩書所自序可考者也。舊史稱白山東人，爲翰林待詔。又稱白在宣城謁見永王璘，遂辟爲從事。而《新書》又稱白流夜郎，還潯陽，坐事下獄。宋若思釋之者，皆不合於白之自序，蓋史誤也。”予案杜甫詩，亦以白爲山東人，而蘇子瞻常恨白集爲庸俗所亂，則白之自序，亦未可盡信，而遂以爲史誤。近蜀本又附入左綿邑人所裒白隱處少年所作詩六十篇，尤爲淺俗。白天才英麗，其辭逸蕩，雋偉飄然，有超世之心，非常人所及，讀者自可别其真僞也。

姚合《送李餘及第歸蜀》："李白蜀道難，羞爲無成歸。"《送杜立歸蜀》："誰爲李白後，爲訪錦官城。"

鄭谷《蜀中》：雲藏李白讀書山。

王　維

《放翁題跋》：余年十七八時，讀摩詰詩最熟，後遂置之者，幾六十年。今年七十七，永晝無事，再取讀之，如見舊師友，恨閑擱之久也。嘉泰辛酉五月六日龜堂南窗書。(《跋右丞集》)

《新唐書·藝文志》：王維集十卷。

何文焕《歷代詩話考索》：元載夫人王韞秀寄諸姊妹詩云："家風第一右丞詩。"《全唐詩話》謂是王縉相公之女，蓋據范氏《雲溪友議》也。仁和趙松谷箋注《右丞集》，考《唐書》韞秀乃王忠嗣女，不知范氏何據而云然，豈因"家風"句邪？余案范氏所記，前云王相公鎮北京，以嫁元載。復云元相敗，上令入宮備彤管之任。韞秀嘆曰："二十年太原節度使女，十六年宰相妻，誰能書得長信、昭陽之争。"考王縉亦無二十年太原節度事，前人小説，概難盡信也。

《古歡堂雜著》：摩詰恬潔精微，如天女散花，幽香萬片，落人巾幘間。每於胸念塵雜時，取而讀之，便覺神怡氣静。

《詩藪》内二：仲默云：右丞他詩甚長，獨古作不逮。讀其集，大篇句語俊拔，殊乏完章；小言結構清新，所少風骨。孟五言秀雅不及王，而閑澹頗自成局。

《昭昧詹言》：輞川於詩，亦稱一祖，然比之杜公，真如維摩之於如來，確然别爲一派。尋其所至，祇是以興象超遠、渾然元氣，爲後人所莫及。高華精警，極聲色之宗，而不落人間聲色，所以可貴。然愚乃不喜之，以其無血氣、無性情也。譬如澤闕仙官，非不尊貴，而於世無益；又如畫工圖寫逼肖，終非實物，何以用之？稱詩而無當於興、觀、群、怨，失《風》《騷》之行，遠聖人之教，亦何取乎？正如司馬相如之文，使世間無此，殊無所損。但以資於館閣，詞人醖釀句法，以爲應制之用，誠爲好手耳。

《藝概》二：王右丞詩，一種近孟襄陽，一種近李東川，清高名雋，各有宜也。

《明皇雜録》：天寶末，群賊陷兩京，大掠文武朝臣及黄門宫嬪、樂工、騎士，每獲數百人，以兵仗嚴衛，送於洛陽。至有逃於山谷者，而卒能羅捕追脅，授以冠帶。禄山尤致意樂工，求訪頗切，於旬日獲梨園子弟數百人。群賊因相與大會於凝碧池，宴僞官十數人，大陳御庫珍寶，羅列於前後。樂既作，梨園舊人，不覺歔欷相對泣下。群逆皆露刃持滿以脅之，而悲不能已。有樂工雷海清者，投樂器於地，西向慟哭。逆黨乃縛海清於戲馬殿，支解以示衆，聞之者莫不傷痛。王維時爲賊拘於菩提佛寺中，聞之賦詩曰："萬户傷心生野烟，百官何日更朝天。秋槐葉落空宫裏，凝碧池頭奏管弦。"

《國史補》：王右丞維，嘗至招國坊庾敬休宅，見屋壁有畫奏樂圖，維熟視而笑。或問其故，維曰："此《霓裳羽衣曲》第三迭第一拍。"好事者集樂工驗之，無一差者。

又：王維好釋氏，故字摩詰，性高致。得宋之問輞川别業，山水勝絶，今清凉寺是也。維有詩名，然好取人章句，如"行到水窮處，坐看雲起時"，人以爲《含英集》中詩也。"漠漠水田飛白鷺，陰陰夏木囀黄鸝"，乃李嘉祐詩也。(《唐語林》二引此條，"好釋氏"作"好佛"，"清凉寺"上無"今"字，"含英集"作"英華集"，"李嘉祐"上無"乃"字。)

《四庫全書總目提要·集部·别集類》二：《王右丞集箋注》二十八卷附録二卷（江蘇巡撫采進本），唐王維撰，國朝趙殿成注。殿成字松谷，仁和人。《王維集》舊有顧起經分類注本，但注詩而不及文，詩注亦間有舛漏。殿成是本，初定稿於雍正戊申，成書於乾隆丙辰，鈎稽考訂，定爲古體詩六卷、近體詩八卷，皆以元劉辰翁評本所載爲斷；其别本所增及他著互見者，則爲外編一卷；其雜文則釐爲十三卷，并爲箋注；又以王縉進表、代宗批答、《唐書》本傳、世系、遺事及同時唱和、後人題咏爲一卷，并之於首；以詩評、畫録、年譜爲一卷，綴之於末。其年譜亦本傳、世系之類，後人題咏亦詩評、畫録之類，而一置於後、一置於前，編次殊爲未協。又集外之詩，既爲外編，其論畫諸篇，亦集外之文，疑以傳疑者，而混於文集，不復分别，體例亦未劃一。然排比有緒，終較他本爲精審。其箋注往往捃拾類書，不能深究出典。即以開卷而論，"閶闔"字見《楚辭》，而引《三輔黄圖》；"八荒"字見《淮南子》，而引章懷太子《後漢書注》；"胡床"字見《世説新語》桓伊、戴淵事，而引張端義《貴耳集》；"朱門"字亦見《世説新語》支遁語，而引程大昌《演繁露》；"雙鵠"字自用古詩"願爲雙黄鵠"語，而引謝維新《合璧事類》；"絶迹"字見《莊子》，而引曹植《與楊修書》，皆未免舉末遺本。然於顧注多所訂正。又維本精於佛典，顧注多未及詳，殿成以王琦熟於三藏，屬其助成，亦頗補所未備。覈其品第，固猶在顧注上也。

許尹《黄陳詩集注序》：李太白、王摩詰之詩如亂雲凌空、寒月照水，雖千變萬化，而及物之功亦少。

杜牧《唐故灞陵駱處士（峻）墓志銘》：善圖山水狀，鑒者比之朱審、王維之儔。

《國秀集》：尚書右丞王維。

楊巨源《贈從弟茂卿》：王維證時符水月，杜甫狂處遺天地。

宋朱長文《續書斷》，能品六十六人，有王維。

張祜《題王右丞山水障》二首。

儲嗣宗《過王右丞書堂》二首。

《唐才子傳》：維字摩詰，太原人。九歲知屬辭。工草隸，閑音律，岐王重之。維將應舉，岐王謂曰："子詩清越者可録數篇，琵琶新聲，能度一曲，同詣九公主第。"維如其言。是日，諸伶擁維獨奏，主問何名，曰：“《鬱輪袍》。”因出詩卷。主曰：“皆我習諷，謂是古作，乃子之佳製乎？”延於上座，曰：“京兆得此生爲解頭，榮哉！”力薦之。開元十九年狀元及第。擢左拾遺，遷給事中。賊陷兩京，駕出幸，維扈從不及，爲賊所擒，服藥稱瘖病。禄山愛其才，逼至洛陽供舊職，拘於普施寺。賊宴凝碧池，悉召梨園諸工合樂，維痛悼，賦詩曰：“萬户傷心生野烟，百官何日再朝天？秋槐花落空宫裏，凝碧池頭奏管弦。”詩聞行在所。賊平後，授爲僞官者皆定罪，獨維得免。仕至尚書右丞。維詩入妙品上上，畫思亦然。至山水平遠，雲勢石色，皆天機所到，非學而能。自爲詩云：“當代謬詞客，前身應畫師。”後人評維“詩中有畫，畫中有詩”，信哉！客有以《按樂圖》示維者，曰：“此《霓裳》第三迭最初拍也。”對曲果然。篤志奉佛，蔬食素衣。喪妻不再娶，孤居三十年。别墅在藍田縣南輞川，亭館相望。嘗自寫其景物奇勝，日與文士邱爲、裴迪、崔興宗游覽賦詩，琴樽自樂。後表宅請以爲寺。臨終，作書辭親友，停筆而化。代宗訪維文章，弟縉集賦詩等十卷上之，今傳於世。

杜甫《奉贈王中允維》。

杜甫《崔氏東山草堂》。

杜甫《解悶》十二首。

《郎官石柱題名》：吏部郎中。

《御史臺精舍題名》：碑陰下層，又右棱，又陰左棱，又右側侍御兼殿中。

《新唐書·宰相世系表》：河東王氏，汾州司馬處廉子維，字摩詰，尚書右丞。

韋莊《和友人》：静閲王維畫，閑翻褚胤棋。

《郡齋讀書志》：王維集十卷。右唐王維，摩詰也，太原人。開元九年進士，終尚書右丞。維幼能屬文，工草隸，善畫，名盛。安禄山反，嘗陷賊中，賊大宴凝碧池，賦詩痛悼。詩聞行在，後得免死。代宗訪維文章於維弟縉，裒集十卷上之。李肇譏維“漠漠水田飛白鷺，陰陰夏木囀黄鸝”之句，以爲竊李嘉祐者，今嘉祐之集無之，豈肇之厚誣乎？

（王縉編詩文共十卷，劉須溪本詩六卷，武陵本文四卷。按正合十卷之數。趙箋注本分二十八卷。縉編四百餘篇，劉本三百七十一篇，他本《游春辭》三十餘首本王涯作，趙本外編四十七首，《七言律準》又載《海棠》一首，云出《唐詩類苑》。聞桐城方氏有元版《王右丞集》二十卷，内有書牘、年譜，詩題下無小注，本蕭敬孚物，蕭殁後歸於方氏。趙松谷云：蜀本、廣信本、維揚本皆未見，此必居其一矣。）

常　建

房從真嘗畫《常建冒雪入京圖》，見《圖繪寶鑒》。房，前蜀人。

歐陽修《臨行題青州山齋》：吾常喜誦常建詩云：“竹徑遇幽處，禪房花木深。”欲效其語作一聯，久不可得，乃知造意者難爲工也。晚來青州，始得山齋宴息，因謂不意平生想見而不能道以言者，乃爲己有，於是益欲希其仿佛，竟爾莫獲一言。夫前人爲開其端，其物景又在其目，然不能自稱其懷，豈人才有限而不可强？吾將老矣，文思之衰耶？兹爲終身之恨爾！熙寧庚戌仲夏望日題。

姚寬《西溪叢語》：常建《題破山寺後禪院》詩云：“竹徑通幽處，禪房花木深。”又觀《又玄集》《唐詩類選》，皆作“通”。熙寧元年歐陽永叔守青州，題廨宇後山齋云：“竹徑遇幽處。”有以鄠杜石本往河内以見邢和叔，始未見時，亦頗疑其誤，及見碑，反復味之，亦以爲佳。不知别有本耶，抑永叔自改耶？古人用一字不苟也。

殷璠《河嶽英靈集》：高才無貴士，誠哉是言。曩劉楨死於文學，左思終於記室，鮑照卒於參軍，今常建亦淪於一尉，悲夫！建詩似初發通莊，却尋野徑，百里之外，方歸大道，所以其旨遠、其興僻，佳句輒來，唯論意表。至如“松際露微月，清光猶爲君”，又“山光悦鳥性，潭影空人心”，此例十數句，并可稱警策。然一篇盡善者，“……戰盡落日黄，軍敗鼓聲死……今與山鬼鄰，殘兵哭遼水”，屬思既苦，詞亦警絶，潘岳雖云能叙悲怨，未見如此章。

毛晋《常建集跋》：常建字無考，開元十五年進士，大曆中爲盱眙尉。（案盱眙故城在今安徽淮灑道盱眙縣東北，清屬泗州。許慎曰：張目爲盱，舉目爲眙。城居山上，可以眺遠，故名。）丹陽進士殷璠選《河嶽英靈集》，起甲寅，終癸巳，上下四十年，品藻二十四人，選録二百三十四詩，叙云：“名不副實，才不合道，縱權壓梁、竇，終無取焉。”唯以建詩一十五首列於卷端。尤稱《吊王將軍》一篇，以爲潘岳弗如也。惜其淪於下僚，且曰“高才無貴士，誠哉是言”，可謂感慨極矣。據唐《藝文志》及《通考》俱云一卷。今流傳詩五十有七首，不知何人類而析之爲三卷。又見洪魏公載《吴故宫》一絶，因附焉。

建，長安人。（集中《落第長安》詩有曰：“恐逢故里鶯花笑，且向長安度一春。”案此建非長安人，上云“家園好在尚留奉”者，詞意不明，可作數解，要當以末二句爲據。或嘗寄居長安，亦有家園歟？）開元十五年與王昌齡同榜登進士第。大曆中授盱眙尉。（盱眙故城在今安徽淮泗道盱眙縣東北。《唐書・藝文志》云建肅、代時人，據宦游之時而言耳。建與王昌齡同游，而《贈三侍御》詩曰“誰念獨枯槁，四十長江干”，當即尉盱眙時所作。作尉時已四十，未得爲肅、代時人也。即其詩風而論，建自是盛唐人。）仕頗不如意，遂放浪琴酒，往來太白、紫閣諸峰，有肥遁之志。嘗采藥仙谷中，遇女子遍體毛緑，自言是秦時宫人，亡入山來，食松葉，遂不飢寒。因授建微旨，所養非常。後寓鄂渚，招王昌齡、張僨同隱，獲大名當時。集一卷。（案此段紕繆百出，鑿空之談，不值一笑。遇毛女事，全因集中《仙谷遇毛女》一詩附會而來，然詩題明言“意知是秦宫人”，何嘗有毛女自述入山之事？且“目睹神已寓，鶴飛言未終”，詩人故爲惚恍之詞，其爲寓言無疑也。至上云授盱眙尉，仕不得意，下云後寓鄂渚，招王昌齡隱，尤爲悖謬。王昌齡死於天寶亂初，而建官盱眙在大曆中，焉得有去官後，復招昌齡同隱之

理？)(《唐才子傳》)

《新唐書·藝文志》:《常建詩》一卷。注云：肅、代時人。

王世懋《藝圃擷餘》：常徵君《贈王龍標》詩，有“松際露微月，清光猶爲君”之句，膾炙人口，然王子安《咏風》詩云“日落山水静，爲君起松聲”，則已先標此義矣。二詩句雅堪作配，未易優劣也。(案常建稱徵君，不知何所本？)

《詩藪》内二：常建語極幽玄，讀之使人泠然如出塵表，然過此則鬼語矣。

《漁洋詩話》中：王右丞畫《孟襄陽吟詩圖》，至今流傳，以爲佳話。宣和御府所藏，又有厲歸真畫《常建冒雪入京圖》，蓋當時文人高士，爲世所艷慕如此。

《四庫全書總目提要·集部·别集類》二:《常建詩》三卷(江蘇巡撫采進本)。案唐常建不知其字，其里貫亦無可考。據陳振孫《書録解題》，知爲開元十五年進士，終於盱眙尉而已。詩家但稱曰常尉，從其官也。《唐書·藝文志》載常建詩一卷。此本三卷，乃毛晋汲古閣所刊，云不知何人類而析之。據《書録解題》作於宋末，尚稱一卷，則元、明人所分矣。殷璠作《河嶽英靈集》，去取至爲精覈，肅、代之間，所録僅二十四人，以建爲冠；載詩僅二百三十四首，而建詩居十五首。其序稱“劉楨死於文學，左思終於記室，鮑照卒於参軍，常建亦淪於一尉”，深用悲惋。又稱其“松際露微月，清光猶爲君”，“山光悦鳥性，潭影空人心”諸句，而尤推《吊王將軍墓》一篇，以爲善叙悲怨，勝於潘岳。今觀其詩凡五十七首，所與贈答者率莫考其姓氏。其中最知名者，惟王昌齡一人，而僅有宿其隱居一篇，爲招與張僨共隱。則非惟宦途寂寞，守道無營，即倡和交游，亦泊然於名場聲氣之外。不然則李白與昌齡最契，高適、王之涣等亦與昌齡旗亭畫壁，同作俊游，建亦何難因緣牽附，以搏一時之譽哉？其人品如是，則詩品之高，固其所矣。其詩自殷璠所稱外，歐陽修《題青州山齋》又極賞其“曲徑通幽處，禪房花木深”之句，稱欲效其語，久不可得。(案修集本作“竹徑遇幽處”，蓋一時誤記，姚寬《西溪叢話》已辨之。今據建集改正，附識於此。）然全集之中，卓然與王、孟抗行者，殆十之六七，不但二人所稱也。洪邁《萬首絶句》別載建《吴故宫》一首，此集不載，語亦不類，邁所編舛誤至多，不盡足據。今亦不復增入焉。

奚賈《嚴陵灘下寄常建》。（案郎士元有《送奚賈歸吴》詩，竇常有《早發金鈎店寄奚十唐大二茂才》，奚十不知即賈否？）

殷璠撰《河嶽英靈集》止於天寶十二載，云“今常建亦淪於一尉”，是建天寶時已作尉。《唐才子傳》云“大曆時爲盱眙尉”，不知何據。想因《新志》“肅、代時人”一語而誤耳。建《贈三侍御》詩曰：“誰念獨枯槁，四十長江干。責躬貴知己，效拙從一官。”

建開元十五年進士登第，時至少二十歲，當生於景龍二年。

《國秀集》：前進士常建。（案《國秀集》天寶三載編，其時建未授官。）

徐夤《追和常建嘆王昭君》。

《唐才子傳》：建，長安人，開元十五年與王昌齡同榜登科。大曆中授盱眙尉。仕頗不如意，遂放浪琴酒，往來太白、紫閣諸峰，有肥遁之志。嘗采藥山谷中，遇女子遍體毛緑，自言是秦時宫人，亡入山，來食松葉，遂不飢寒。因授建微旨，所養非常。後寓鄂渚，招王昌齡、張僨同隱。獲大名當時。集一卷，今傳。古稱高才而無貴仕，誠哉是言。曩劉楨死於文學，鮑照卒於參軍，今建亦淪於一尉，悲夫！建屬思既精，詞亦警絶，似初發通莊，却尋野徑，百里之外，方歸大道。旨遠興僻，能論意表，可謂一唱而三嘆矣。

韋莊《贈峨嵋山彈琴李處士》：晋朝叔夜舊相知，蜀郡文君小來識。後生常建彼何人，贈我篇章苦雕刻。

《郡齋讀書志》：《常建集》一卷。右唐常建，開元十五年進士。歐陽永叔嘗愛“竹徑通幽處，禪房花木深”之句，乃建詩也。

高適七〇五?—七六五　行三十五

管世銘論七古曰："高常侍豪宕感激，岑嘉州創辟經奇，各有建大將旗鼓出井陘之意。"

李頎《贈别高三十五》。

李頎《答高三十五留别便呈于十一》。

王維《送高適弟耽歸臨淮作》。

劉長卿《秋夜有懷高三十五適兼呈空上人》。（一作皇甫冉詩）

賈至《閑居秋懷寄陽翟陸贊府封丘高少府》。

獨孤及《送陳兼應辟兼寄高適賈至》。

獨孤及《雨後公超谷北原眺望寄高拾遺》。

岑參《與高適薛據登慈恩寺浮圖》。

杜甫《送高書記》。

杜甫《寄高三十五書記》。

杜甫《寄高詹事》。

杜甫《贈高式顔》（案詩中亦及適）。

杜甫《寄高使君岑長史》。

杜甫《酬高使君相贈》。

杜甫《因崔侍御寄高彭州》。

杜甫《簡高使君》。

杜甫《王竟携酒高亦同過》。

杜甫《王侍御許携酒……》。

杜甫《寄高適》。

杜甫《寄高常侍》。

杜甫《贈田九判官梁丘》。

適字達夫，（或云一字仲武，因以《中興間氣集》屬之，謬甚。）渤海蓨人。父從文，位終韶州長史。少濩落，不治生事，客梁宋間，以求丐取給。天寶八載（據《郡齋讀書志》)，舉有道科，中第，釋褐封丘尉，去河西。節度使哥舒翰表爲左驍衛兵曹參軍，掌書記。明年，禄山反，召翰討賊，即拜適左拾遺，轉監察御史，佐翰守潼。翰敗，玄宗西幸，自駱谷間道及帝於河池，遷侍御史。十五載，永王璘叛，肅宗除適揚州大都督府長史、淮南節度使，詔與江東韋陟、淮西來瑱會師討之，方濟師而王敗。李輔國惡其才，數短毁之，下除太子少詹事。乾元元年（七五八），蜀亂，出爲彭州刺史。上元元年（七六〇）遷蜀州。（傳云“出爲蜀州刺史，遷彭州”。誤。據張道《舊唐書疑義》改。）寶應元年（七六二），嚴武歸朝，以適代成都尹。廣德元年（七六三），吐蕃陷京畿，適率兵出南鄙，欲牽致其力，無功。廣德二年三月，遂召還爲刑部侍郎、左散騎常侍。永泰元年（七六五）正月卒。性豪放，尚節義，好語王霸。遭時多亂，以功名自許，而言浮其術。然爲政寬簡，所莅，人便之。爲詩以氣質自高，每一篇已，好事者輒傳布。有文集二十卷。有唐以來，詩人之達者，唯適而已。（殷璠曰：“適詩多胸臆，兼有氣骨，故朝野通賞其文……余所愛者，‘未知肝膽向誰是，令人却憶平原君。’吟諷不厭矣。”）

高達夫年表：

神龍元年（乙巳，七〇五），一歲。武后崩，中宗復位。

景雲元年（庚戌，七一〇），五歲。睿宗即位。

先天元年（壬子，七一二），七歲。玄宗即位。杜甫生。

開元十一年（癸亥，七二三），十九歲。元結生。

十二年（甲子，七二四），二十歲。《别韋參軍》：“二十解書劍，西游長安城。”

十八年（庚午，七三〇），二十六歲。張説卒。

二十年（壬申，七三二），二十八歲。信安王禕大破奚契丹。《信安王幕府詩》。

二十三年（乙亥，七三五），三十一歲。司馬承禎卒。徵詣長安。

二十六年（戊寅，七三八），三十四歲。《燕歌行》。

二十七年（己卯，七三九），三十五歲。崔曙卒。自梁園至山東，初遇杜甫約在此時。《宋中送族侄式顔》《又送族侄式顔》。

二十八年（庚辰，七四〇），三十六歲。張九齡、孟浩然卒。

天寶元年（壬午，七四二），三十八歲。《鶻賦》。

二年（癸未，七四三），三十九歲。李邕爲北海太守。

三年（甲申，七四四），四十歲。在宋中，登琴臺、吹臺，與李、杜相從賦詩，十月適楚。《宓公琴臺詩三首》《東征賦》。

六年（丁亥，七四七），四十三歲。哥舒翰充隴右節度使。

八年（己丑，七四九），四十五歲。哥舒翰拔吐蕃石堡城。舉有道科，秋調封丘尉。《留别鄭三韋九兼洛下諸公》《古樂府飛龍曲留上陳左相》《留上李右相》《初至封丘作》。

九年（庚寅，七五〇），四十六歲。客游河西。

十年（辛卯，七五一），四十七歲。在河西。

十一年（壬辰，七五二），四十八歲。哥舒翰入朝（舊傳、《通鑒》），十一月李林甫薨。隨哥舒翰入朝，翰盛之於上前。《登慈恩寺浮圖》《秦中送李九赴越》。

十二年（癸巳，七五三），四十九歲。哥舒翰兼河西節度使，五月破洪濟等城，收九曲。五月哥舒翰奏爲掌書記（見《杜譜》《岑譜》）。《李雲南征蠻詩》（四月）。

十三年（甲午，七五四），五十歲。制舉始試詩賦，八月陳希烈罷知政事。

十四年（乙未，七五五），五十一歲。十二月拜左拾遺，轉監察御史。

至德元年（丙申，七五六），五十二歲。潼關失守，永王璘反。自駱谷及帝於河池，言事，不省。十二月除揚州長史、淮南節度使。

二年（丁酉，七五七），五十三歲。置東川節度使治梓州。左遷太子少詹事，在東京。《登廣陵栖靈寺塔》《廣陵别鄭處士》。

乾元元年（戊戌，七五八），五十四歲。五月除彭州刺史，自東京至長安，過睢陽，祭張、許，自長安入蜀，七月到彭，道中被劫。《祭張巡許遠文》《春酒歌》《酬裴員外以詩代書》《赴彭州山行之作》。

二年（己亥，七五九），五十五歲。李峴爲蜀州刺史。

上元元年（庚子，七六〇），五十六歲。遷蜀州刺史。

寶應元年（壬寅，七六二），五十八歲。夏代嚴武爲成都尹。

廣德元年（癸卯，七六三），五十九歲。吐蕃入寇陷長安，失松、維二州及雲山城。禦吐蕃無功。

二年（甲辰，七六四），六十歲。三月召還爲刑部侍郎，轉左散騎常侍，封渤海縣侯。

永泰元年（乙巳，七六五），六十一歲。正月卒，贈禮部尚書，謚曰“忠”。

《留别鄭三韋九兼洛下諸公》曰“年過四十尚躬耕”，《奉酬北海李太守丈人夏日平陰亭》曰“四十猶聚螢”，疑天寶四載作，三載秋與李、杜同游梁宋，蓋四載同往齊粵。

《封丘作》：我本漁樵孟諸野，一生自是悠悠者，乍可狂歌草澤中，寧堪作吏風塵下。祇言小邑無所爲，公門百事皆有期，拜迎官長心欲碎，鞭撻黎庶令人悲。歸來向家問妻子，舉家盡笑今如此。生事應須南畝田，世情付與東流水。夢想舊山安在哉，爲銜君命日遲回。乃知梅福徒爲爾，轉憶陶潛歸去來。

顔真卿《上柱國金鄉縣開國男顔府君神道碑銘》：十五年，長安陷，輿駕幸蜀，朝官多出駱谷至興道，房琯、李煜、高適等數十人盡在。

《唐書·韋陟傳》：肅宗即位於靈武，因與淮南節度使高適、淮西節度使來瑱等，同至安州。陟推瑱爲地主，乃爲載書登壇誓衆曰："淮西節度使兼御史大夫瑱、江東節度使御史大夫陟、淮南節度使御史大夫適等，銜國威，命各方隅，糾合三垂，剪除凶慝，好惡同之，無有異志。有渝此盟，墜命亡族。皇天后土，祖宗神明，實鑒斯言！"陟等辭旨慷慨，血泪俱下，三軍感激，莫不隕泣。其後江表樹碑以紀忠烈。

仇兆鰲《杜詩詳注·送高三十五書記十五韻》注：案《舊書》：高適，字達夫，渤海人，解褐授汴州封丘尉，非其好也，乃去位，客游河右。河西節度使哥舒翰，見而異之，表爲左驍衛兵曹，充翰序掌書記，從翰入朝，盛稱之於上前。據此則適爲書記，在翰未入朝之前，其入朝稱適，必在十一載時，蓋適同至京，而公作詩。

梁肅《朝散大夫使持節常州諸軍事守常州刺史賜紫金魚袋獨孤公行狀》：二十餘，以文章游梁宋間，通人潁川陳兼、長樂賈至、渤海高適，見公，皆色授心服，約子孫之契。

《新唐書·藝文志》：《高適集》二十卷。

《四庫全書總目提要·集部·别集類》二：《高常侍集》十卷，唐高適撰。適《唐書》作渤海人，其集亦題曰渤海。《河間府志》據其《封邱縣》詩"我本漁樵孟諸野"句，又《初至封邱》詩有"去家百里不得歸"句，定爲梁宋間人。然集中《别孫沂》詩題下又注"時俱客宋中"，則又非生於梁宋者。《志》所辨，似亦未確。考唐代士人多題郡望，史傳亦復因之，往往失其里籍。劉知幾作《史通》，極言其弊，而終不能更。適集既無定詞，則亦闕疑可也。其集《唐志》作十卷，《通考》又有集外文一卷、詩一卷。此本以宋本影抄，内廓字闕筆，避寧宗嫌名，當爲慶元以後之本。凡詩八卷、文二卷，其集外詩文則無之。考明人所刻適集，以《太平廣記》高鍇侍郎墓中狐妖絶句"危冠高髻楚宫妝，閑步前庭趁夜凉。自把玉簪敲砌竹，清歌一曲月如霜"一首，并載入之，蕪雜殊甚。又《九日》一詩，見宋程俱《北山集》，毛奇齡選唐人七律，亦誤題適作。此本不載，較他本特爲精審。第十卷中有《賀安禄山死表》，稱："臣得河南道及諸州牒，皆言逆賊安禄山苦痛而死，手足俱落，眼鼻殘壞。”則禄山竟以病死，與史載李猪兒事迥異，蓋兵戈雲擾，得諸傳聞之故也。

《詩鏡總論》：七言古盛於開元以後，高適當屬名手，調響氣佚，頗得縱横，勾角廉折，立見涯涘，以是知李、杜之氣局深矣。高達夫調響而急。

《宣和書譜》：（司空圖《贈晉光》逸句曰：）“看師逸迹兩師宜，高適歌行李白詩。”

《藝概》二：高適詩，兩《唐書》本傳并稱其以氣質自高，今即以七古論之，體或近似唐初，而魄力雄毅，自不可及。

《漁洋詩話》下：《詩話類編》一條，最可笑者，高適爲兩浙觀察使，過杭之清風嶺僧院，題詩云：“前峰月落一江水，僧在翠微開竹房。”及台州事竣，復過此，欲改“一江”爲“半江”，僧言前有一官人過此，言詩佳矣，但“一”字不如“半”字。高驚問爲誰，僧曰：“駱賓王也。”余案駱與高二人，世代遠不相及，達夫亦未嘗爲兩浙觀察使，乃賓王既代宋之問吟“樓觀滄海日”矣。爾時已稱老僧，何時又煉形住世，復還俗作官人，而爲達夫改此詩耶？真可令人噴飯。又按此詩乃晚唐任翻之作。

《國史補》：白岑曾遇異人傳發背方，其驗十全，岑賣弄以求利。後爲淮南小將節度高適脅取之，其方不甚效。

賈至《閑居秋懷寄陽翟陸贊府封丘高少府》。

《國秀集》：絳郡長史高適。（集天寶三載編。絳郡，今山西新絳縣治，天寶元年改州爲郡。）

司空圖《贈晉光》（句）。

《唐才子傳》：適字達夫，一字仲武，滄州人。少性拓落，不拘小節，耻預常科，隱迹博徒，才名更遠。後舉有道，授封邱尉。未幾，哥舒翰表掌書記。後擢諫議大夫。負氣敢言，權近側目。李輔國忌其才。蜀亂，出爲蜀、彭二州刺史，遷西川節度使。還爲左散騎常侍。永泰初卒。適尚氣節，語王霸袞袞不厭。遭多艱，以功名自許。年五十始學爲詩，即工，以氣質自高，多胸臆間語。每一篇已，好事者輒傳播吟玩。嘗過汴州，與李白、杜甫會，酒酣登吹臺，慷慨悲歌，臨風懷古，人莫測也。中間唱和頗多。今有詩文等二十卷，及所選至德迄大曆述作者二十六人詩爲《中興間氣集》二卷，并傳。

杜甫《送高三十五書記十五韻》。

杜甫《同諸公登慈恩寺塔》。

杜甫《寄高三十五書記》。

杜甫《送蔡希魯都尉還隴右因寄高三十五書記》。

杜甫《寄高三十五詹事》。

杜甫《贈高式顔》。

杜甫《寄彭州高三十五使君適虢州岑二十七長史參三十韻》。

杜甫《酬高使君相贈》。

杜甫《因崔五侍御寄高彭州一絶》。

杜甫《奉簡高三十五使君》。

杜甫《王十七侍御掄許携酒至草堂奉寄此詩便請邀高三十五使君同到》。

杜甫《王竟携酒高亦同過》。

杜甫《李司馬橋成承高使君自成都回》。

杜甫《寄高適》。

杜甫《奉寄高常侍》。

杜甫《聞高常侍亡》杜甫《昔游》。

杜甫《遣懷》。

杜甫《追酬故高蜀州人日見寄》。

皇甫冉《秋夜有懷高三十五兼呈空和尚》(一作劉長卿詩)。

《郡齋讀書志》七：高適集十卷、集外文一卷、别詩一卷。右唐高適，達夫也，渤海人。天寶八年舉有道科中第。永泰初終散騎常侍。五十始爲詩，即工，以氣質自高。每一篇出，好事者輒傳布云。

薛據行三

劉長卿《送薛據宰涉縣》。（注：自永樂主簿陟狀，尋復選受此官。）

《唐才子傳》：據，荆南人。開元十九年王維榜進士。天寶六年，又中風雅古調科第一人。於吏部參選，據自恃才名，請受萬年録事。流外官訴宰執，以爲赤縣是某等清要。據無由，改涉縣令。後仕歷司議郎。終水部郎中。據爲人骨鯁，有氣魄，文章亦然。嘗自傷不得早達。造句往往追凌鮑、謝。初好栖遁，居高山煉藥。晚歲置别業終南山下老焉。有集今傳。

《全唐詩》小傳：薛據，河中寶鼎人。開元十九年登第。尚書水部郎中，贈給事中。據與王維、杜甫最善。子美贈詩云："文章開突奧，才力老益神。"高適贈詩云："隱軫經濟具，縱横建安作。"劉長卿亦有贈詩，皆推重之。據爲人骨鯁有氣魄。詩十二首。（案《題鶴林寺》一首又見綦毋潛詩中，的是潛詩，殷璠引"松覆山殿冷"句可證。《早發上東門》一首、《冬夜寓居寄儲太祝》一首，亦并或作潛詩。）

《舊唐書·薛播傳》：初播伯父元曖，終於隰城丞。其妻濟南林氏，丹陽太守洋之妹，有母儀令德，博涉五經，善屬文，所爲篇章，時人多諷咏之。元曖卒後，其子彦輔、彦國、彦偉、彦雲，及播兄據，總并早孤，幼悉爲林氏所訓導，以至成立，咸致文學之名。

《唐書·薛播傳》：河中寶鼎人。曾祖文思，官中書舍人。播早孤，伯母林氏通經史，善屬文，躬授經諸子及播兄弟。故開元、天寶間，播兄弟七人皆擢進士第，爲衣冠光韙。

高適《淇上酬薛三據兼寄郭少府微》《酬别薛三蔡大留簡韓十四主簿》《同韓四薛三東亭玩月》。

胡應麟《詩藪》：薛奇童詩真盛唐，而名字弗傳，大爲惋惜。然《國秀》以爲太子司議，而薛據嘗爲此官，蓋其人耶？（杜甫《賀薛據擢太子司議》詩。）

《唐詩紀事》：據，河中寶鼎人。中書舍人文思曾孫。父元暉，什邡令。開元、天寶間，據與弟播、總相繼登科。終禮部侍郎（按禮部侍郎是）。據開元中自恃才名，於吏部參選，請授萬年録事。諸流外官共見宰執訴之曰："赤（縣）録事，某等清要官，今被進士奪去，某等邑人無措手足矣。"遂罷。

殷璠《河嶽英靈集》：據爲人骨鯁有氣魄，其文亦爾。自傷不早達，因著《古興》詩云："投珠恐見疑，抱玉但垂泣。道在君不舉，功成嘆何及。"怨憤頗深。至如"寒風吹長林，白日原上没"，又"孟冬時短晷，日盡西南天"，可謂曠代之佳句。

《新唐書·宰相世系表》：薛氏西祖房，什邡令元暉子據，禮部侍郎。

《封氏聞見記》三：開元中，河東薛據，自恃才名，於吏部參選，請授萬年縣録氏。吏曹敢注，以諮執政。將許之，諸流外共見宰相訴之，遂罷。

《唐摭言》十二略同。

韓愈《國子助教河東薛君墓志銘》：父尚書禮部侍郎播命君後兄據，據爲尚書水部郎中，贈給事中。（《考異》：據或作授。《五百家注音辯》作授，云石本作據。水部，石本作禮部。）

常衮《荆南節度判官崔君墓志銘》：夫人河東薛氏，故水部郎中據之女也。（《文苑英華》九五六）

《文獻通考》三三：天寶六年風雅古調（《緯略》作詞）科薛據及第。（《會要》《緯略》作琚。）

石刻《郎官石柱題名》：祠部員外郎。

杜甫《别崔潩因寄薛據孟雲卿》：荆州過薛孟，爲報欲論詩。（鶴編大曆元年。）

劉長卿《送薛據宰涉縣》（自永樂主簿陟狀尋復選受此官）：故人河山秀，獨立風神異。人許白眉長，天資青雲器。雄辭變文名，高價喧時議。下筆盈萬言，皆合古人意。一從負能名，數載猶卑位。寶劍誠可用，烹鮮是虚弃。昔聞在河上，高卧自無事。几案終日閑，蒲鞭使人畏。頃因歲月滿，方謝風塵吏。頌德有輿人，薦賢逢八使。栖鸞往已屈，馴雀今可嗣。此道如不移，雲霄坐應致。縣前漳水緑，郭外晋山翠。日得謝客游，時堪陶令醉。前期今尚遠，握手空宴慰。驛路疏柳長，春城百花媚。裴回白日隱，暝色含天地。一鳥向灞陵，孤雲送行騎。夫君多述作，而我常諷味。賴有瓊瑶資，能寬别離思。槐陰覆堂殿，苔色上階砌。鳥倦自歸飛，雲閑獨容滴。既將慕幽絶，兼欲看定慧。遇物忘世緣，還家懶生計。無生妄已息，有妄心可制。心鏡當虚明，時人自淪翳。

杜甫《别薛三郎中據》：賦詩賓客間，揮灑動八垠。乃知蓋代手，才力老益神。

杜甫《同諸公登慈恩寺塔》。

杜甫《秦州見敕目薛三璩授司議郎畢四曜除監察與二子有故遠喜遷官兼述索居凡三十韻》。

杜甫《解悶》二十首。

杜甫《赤甲》。

崔曙《送薛據之宋州》。

于良史《閑居寄薛據（一作華）》。

王維《座上走筆贈薛據慕容損》。

王維《送張舍人佐江州同薛據十韻》。

王維《瓜園詩》（時太子司議郎薛據發此題）。

梁　鍠

《唐詩紀事》九：官執戟，天寶中人，詩十五首。

錢起《秋夕與梁鍠文宴》。

李頎《别梁鍠》：梁生倜儻心不羈，途窮氣蓋長安兒。回頭轉眄似雕鶚，有志飛鳴人豈知。雖云四十無禄位，曾與大軍掌書記。抗辭請刃誅部曲，作色論兵犯二帥。一言不合龍額侯，擊劍拂衣從此弃。朝朝飲酒黄公壚，脱帽露頂争叫呼。庭中犢鼻昔嘗挂，懷裏琅玕今在無。時人見子多落魄，共笑狂歌非遠圖。忽然遣躍紫騮馬，還是昂藏一丈夫。

劉昚虚行大

《漁洋詩話》：劉昚虚，字挺卿，其詩超遠幽敻，在王、孟、王昌齡、常建、祖咏伯仲之間。考其人，蓋深於經術，不但詞華也。李華《三賢論》曰："劉名儒史官之家，兄弟以學著稱，乃述《易》《詩》《書》《春秋》《禮樂》爲五説，條貫源流，備古今之變。……尚書劉公每有勝理，必詣與談，終日忘返……殷直清有識，尚恨言理少對，未與劉面，常想見其人……高適達夫，落落有奇節，皆重劉者也。"按《唐書》"儒學""文苑"，皆不爲昚虚立傳，而《全唐詩話》《唐詩紀事》亦略之，故詳於此。

《江西詩徵》云：字全一。

《帶經堂詩話》：劉昚虚，盛唐詩人之杰。李華作《三賢論》，論昚虚與元德秀、蕭穎士曰："劉，名儒……在京下常寢疾，（太尉）房公時臨扶風，聞之通夕不寐，謂賓從曰：'挺卿日若不起，無復有神道。'尚書劉公每……詣與談……嘆曰：'聞劉公清言，見皇王之理矣。'"又云"元罷魯山，終於陸渾；劉避地逝於安康（安康，隋縣，梁州西城郡，今陝西漢陰縣治）；蕭歸葬先人，殁於汝田……無復下壽（《莊子》：下壽六十）"云。昚虚學行蓋不僅詩人之冠冕，惜不概見於後世，而所傳五言亦止十四篇。新、舊《唐書》皆不爲昚虚立傳，與同韋蘇州同一憾事。《江西通志》云：新吴人。新吴即今奉新。

錢大昕《十駕齋養新録》謂唐有兩劉昚虚，同時，一爲詩人，舉宏詞科，行大；一爲劉知幾之子迅，善史學，行五。

“吴中四士”賀知章、包融、張旭外，或以爲張若虛，或以爲劉昚虛。昚虛非吴人，年輩亦略後，當是張也。

《明皇雜録》：天寶中，劉昚虛輩，雖有文章盛名，流落不偶。

《河嶽英靈集》：昚虛詩情幽興遠，思苦語奇，忽有所得，便驚衆聽。頃東南高唱者數人，然聲律婉態無出其右。唯氣骨不逮諸公。自永明以往，可杰立江表。惜其不永天年，隕碎國寶。

鍾惺酷愛其詩。林茂之作小册全録之，題其後云：“陶公坐高秋，俗士不敢入。不受人去取，孤意先自立。”

《江西詩徵》云：集五卷。《全唐詩》編詩一卷。

本集《積雪爲小山》詩有句云：“以幽能皎潔，謂近可循環。”徐倬曰：“此劉君自評其詩也。”

王昌齡《送劉昚虛歸取宏辭解》云：“太清聞海鶴，游子引鄉眄。”

孫昌胤《和司空曙劉昚虛九日送人》。（昚虛有《九日送人》詩。）

孟浩然《九日龍沙作寄劉大昚虛》。

《南昌郡乘》：劉昚虛，字全正，新吴人。孝友恭儉，哲悟過人。時吴兢爲洪州刺史，方直少許可，獨高其行，改所居之里爲孝悌鄉以表異之。開元中舉宏詞，累官崇文館校書郎。與孟浩然、王昌齡相友善。評者目昚虛詩情幽興遠，思苦語奇，可以杰立江表。

《全唐文》四〇八有劉昚虛《對不知名物判》一首。

《十駕齋養新録》十二：殷璠《河嶽英靈集》録劉昚虛詩，謂頃東南高唱者十數人，然聲律婉然，無出其右。惜其不永天年，隕碎國寶。昚虛未詳何許人，意其爲南士也。李華《三賢論》謂劉昚虛名儒史官之家，兄弟以學著，五説條貫源流，備古今之變。在京嘗疾，太尉房公臨扶風，聞之曰：“挺卿日若不起，無復有神道。”殷直清有識，尚恨言理少對，常想見其面。後避地逝於安慶（當作康，安康郡即金州也。《唐書・劉迅傳》作康）。此昚虛即劉知幾之子迅，《唐書》附《知幾傳》，不言其能詩，或并爲一人，似不然。孟浩然有《九日於龍沙寄劉大沓虛》詩，而新、舊《書》叙知幾六子，迅次在五，是行第不同也；王昌齡有《送劉沓虛歸取宏詞解》詩，而唐史不言登宏詞科，是出身不同也；一工於詩，一善著書，是趣向不同也。兩劉生雖同時，并有才不遇，而一名一號，似同實異，恐難混而一之。

高適《别劉大校書》：昔日京華去，知君才望新。應猶作賦好，莫嘆在官貧。且復傷遠别，不然愁此身。清風幾萬里，江山一歸人。

《唐才子傳》：慎虛，嵩山人。姿容秀拔。九歲屬文，上書，召見，拜童子郎。開元十一年，徐徵榜進士。調洛陽尉，遷夏縣令。性高古，脱略勢利，嘯傲風塵。後欲卜隱廬阜，不果。交游多山僧道侶。爲詩情幽興遠，思雅詞奇，忽有所得，便驚衆聽。當時東南高唱者數十人，聲律婉態，無出其右。唯氣骨不逮諸公。永明已還，端可杰立江表。善爲方外之言。夫何不永，天碎國寶，有志不就，惜哉！集今傳世。

崔顥?—七五四

管世銘曰："讀崔顥《長干曲》，宛如艤舟江上，聽兒女子問答，此之謂天籟。"

開元十一年登進士第。(《唐才子傳》) 有俊才，無士行，好蒱博飲酒，及游京師，(《舊書·文苑傳》) 娶妻惟擇美者，俄又弃之，凡四五娶。(《新書·文藝傳》) 初李邕聞其名，虛舍邀之，顥至獻詩，首章曰："十五嫁王昌。" 邕叱曰："小兒無禮！" 不與接而去。(《新書·文藝傳》) 累官司勛員外郎，天寶十三年卒。(《舊書·文苑傳》)

顥，汴州人。開元十一年（源少良下）及進士第。有俊才，無士行，好蒱博飲酒。及游京師，娶妻惟擇美者，稍不愜，即弃之，凡易三四。少年多浮艷之作，《長干曲》四首最佳，"宛如艤舟江上，聽兒女子問答"（管世銘語）。李邕聞其名，虛舍邀之。顥至獻詩，首章云："十五嫁王昌。" 邕叱曰："小兒無禮！" 不與接而去。晚節忽變常體，風骨凜然。一窺塞垣，狀極戎旅。其《黄鶴樓》詩爲世所稱，最高妙。李白來，嘗吟曰："眼前有景道不得，崔顥題詩在上頭。"竟無作而去。顥與王維齊名，苦吟咏，嘗病起清虚，友人戲之曰："非子病如此，乃苦吟詩瘦耳。"遂爲口實。歷司勛員外郎。天寶十三年卒。有詩一卷。《全唐詩》編詩一卷。(《舊書·文苑傳》《新書·文藝傳》《河嶽英靈集》《唐才子傳》)

《舊唐書·韋安石傳》：（子斌）天寶初轉國子司業，徐安貞、王維、崔顥當代辭人，特爲推挹。

時議論詩則曰王維、崔顥。（竇臮《述書賦》竇蒙注）

胡應麟《詩藪》："十五嫁王昌，盈盈入畫堂。"是樂府本色語。李邕以爲小兒輕薄，豈六朝諸人製作，全未過目耶？唐以詩詞取士，乃有此輩，可發一笑。晚近紛紛競述其語，尤可笑也。

石刻《郎官石柱題名》：司勛員外郎。

《舊唐書·文苑傳》：顥登進士第，累官司勛員外郎。天寶十三載卒。

《新唐書·藝文志》：崔顥詩一卷。汴州人。才俊無行，娶妻不愜即去之者三四。歷司勛員外郎。

勞格《讀全唐文札記》三百三十：崔顥《薦齊秀才書》，據《唐文粹》八十六，是令狐楚文，見下（五百四十三）。此重出，當删。(《讀書雜識》)

《河嶽英靈集》：顥年少爲詩，名陷輕薄，晚節忽變常體，風骨凜然。一窺塞垣，説盡戎旅。至如"殺人遼水上，走馬漁陽歸。錯落金鎖甲，蒙茸貂鼠衣"，又"春風吹殘草，獵騎何翩翩。插羽兩相顧，鳴弓上新弦"，可與鮑照并驅也。

《傳燈録》：有秀才看千佛名經，問招賢禪師曰："百千諸佛，但見其名，未審居何國土，還化物也無？"曰："黄鶴樓崔顥題後，秀才還曾題也未？"曰："未曾。"曰："得閑，題取一篇好。"

李頎《欲之新鄉答崔顥綦毋潜》。

《滄浪詩話》：唐人七言律詩，當以崔顥《黄鶴樓》爲第一。

《升庵詩話》：宋嚴滄浪取崔顥《黄鶴樓》爲唐人七言律第一，近日何仲默、薛君采取沈佺期“盧家少婦鬱金堂”一首爲第一。二詩未易優劣，或以問予。予曰：崔詩賦體多，沈詩比興多，以畫家法論之，沈詩披麻皴，崔詩大斧劈皴也。

《唐語林》三：崔顥有美名，李邕常欲一見。及顥至獻文，其首云：“十五嫁王昌。”邕叱起曰：“小子無禮！”遂不接。

《國秀集》：太僕丞崔顥。（按集天寶三載編）

《唐才子傳》：顥，汴州人。開元十一年源少良下及進士第。天寶中爲尚書司勛員外郎。少年爲詩意浮艷，多陷輕薄，晚節忽變常體，風骨凛然，一窺塞垣，狀極戎旅，奇造往往并驅江、鮑。後游武昌，登黄鶴樓，感慨賦詩。及李白來，曰：“眼前有景道不得，崔顥題詩在上頭。”無作而去，爲哲匠斂手云。然行履稍劣，好蒱博嗜酒，娶妻擇美者，稍不愜即弃之，凡易三四。初，李邕聞其才名，虚舍邀之。顥至獻詩，首章云：“十五嫁王昌。”邕叱曰：“小兒無禮！”不與接而入。顥苦吟咏，嘗病起清虚，友人戲之曰：“非子病如此，乃苦吟詩瘦耳。”遂爲口實。天寶十三年卒。有詩一卷，今行。

崔曙?—七三九

曙（《唐才子傳》作署），宋州人。少孤貧，不應薦辟。志况疏爽，擇交於方外。苦讀書，高栖少室山中，與薛據友善。工詩，言詞款要，情興悲凉，送别登樓，俱堪泪下。集傳於今也。（《唐才子傳》。多案：曙《送薛據之宋州》詩云：“我生早孤賤，淪落居此州……一從文章事，兩京春復秋。”據此，則曙非宋州土著也。）

《全唐詩》編詩一卷。

《唐詩品彙》：崔署，宋州人。

《文獻通考》：崔曙，開元二十六年進士，狀頭。

徐充《唐詩粹選》：曙爲河内尉，流落不偶，居宋州久之。（見《七言律準》引）

《唐詩紀事》：曙以試《明堂火珠》詩得名，中有云："夜來雙月滿，曙後一星孤。"明年卒，惟一女名星星，始悟其讖也。

《河嶽英靈集》：署詩言詞款要，情意悲凉，送别登樓，俱堪泪下。

《酉陽雜俎》：邢和璞……曾居終南，好道者多卜築依之。崔曙年少，亦隨焉。伐薪汲泉，皆是名士。邢嘗謂其徒曰："三五日有一異客，君等可爲予各辦一味也。"數日，備諸水陸，遂張筵於一亭，戒无妄窺，衆皆閉户，不敢謦咳。邢下山延一客，長五尺，闊三尺，首居其半，緋衣寬博，横執象笏，其睫疏長，色若削瓜，鼓髯大笑，吻角侵耳，與邢劇談，多非人間事故也。崔曙不耐，因走而過庭。客熟視顧邢曰："此非泰山老師耶？"應曰："是。"客復曰："更一轉，則先之千里矣，可惜！"及暮而去。邢命崔曙謂曰："向客，上帝戲臣也。言泰山老師，頗記無？"崔垂泣言："某實泰山老師後身，不復憶，少常聽先人言之。"

《全唐文》：崔曙，博陵人。有《對士祭判》，疑别一人。

《國秀集》：内尉崔曙。

《新唐書·宰相世系表》：博陵崔氏大房，景孫署，不詳歷官。（與左補闕峒同格，當是兄弟行。）

薛奇童一作章

案：當作童。唐有崔玄童（見《郎官石柱題名》"司封郎中"、《會要》七六、《樂府詩集》七、《長安志》七）、薛江童（見《郎官石柱題名》"司封員外郎""司倉郎中"、《新書·宰相世系表》"薛氏西祖房"、韓愈《唐故殿中侍御史李君墓志銘》、韋建《黔州刺史薛舒神道碑》、崔巨《大唐宣州刺史薛公去思碑》)、傅神童(《郎官石柱題名》“金部郎中”、《舊酷吏傳》、《游藝傳》)、崔孝童、崔嗣童(并見《新表》“清河大房”)、崔惠童(《新表》、《紀事》二五)、崔敏童(《紀事》二五)、劉太童(《御史臺精舍監察御史題名》)。

《國秀集》中目録：大理司直薛奇童(本文作章。《四部叢刊》、景明刊本如此，汲古閣本兩作章。)。

《樂府詩集》四二：薛奇童《怨詩》二首。

《新唐書·宰相世系表》：薛氏西祖房，俊，字爽之，慈州刺史。第四子奇童，字靈孺，慈州刺史，(兄弟行以童名者十五人。)稷之族弟、元超(相高宗)之孫。

案：奇童父子皆官慈州刺史，似有誤。《國秀集》成於天寶三載，稱奇童官大理司直，則其刺慈州似當在玄宗世。然自天寶改元後，刺史改稱太守(奇童從兄江童，陳留太守；兄上童，隴西太守；獻童，馮翊太守。并見本表)，至乾元始復舊稱。奇童果嘗典郡，當稱文城郡太守(《舊地理志》：慈州天寶元年改爲文城郡，乾元元年復爲慈州)，不當曰慈州刺史也。疑涉父官而誤。

閻防行九

《唐才子傳》：防，河中人。開元二十二年李琚榜及第。顔真卿甚敬愛之，欲薦於朝，不屈。爲人好古博雅。詩語真素，魂清魄爽。放曠山水，高情獨詣。於終南山豐德寺結茅茨讀書。百丈溪是其隱處，題詩云：“浪迹弃人世，還山自幽獨。始傍巢由踪，吾其獲心曲。”又云：“養閑度人事，達命知心足。不學魯國儒，俟時勞伐輻。”後信命，不務進取，以此自終。有詩集行世。

《全唐詩》小傳：閻防，開元、天寶間有文名。謫官長沙司户。孟浩然有《湖中旅泊寄閻九司户》詩。又嘗與薛據讀書終南豐德寺。詩五首。

岑參《携琴酒尋閻防崇濟寺所居僧院》："吾廬幸接近，兹地興偏濃。"《宿華陰東郭客舍憶閻防》。

劉昚虚《寄閻防》。（防時在終南山豐德寺讀書。）

孟浩然《湖中旅泊寄閻九司户防》："才子謫長沙，長沙饒瘴癘，胡爲久留滯。"又《洞庭湖寄閻防》。

《河嶽英靈集》：防爲人好古博雅，其警策語多真素。至如"荒庭何所有，老樹半空腹"，又"熊絓庭中樹，龍蒸棟裹雲"，皎然可信也。

丘爲《送閻校書之越》。（？）

李華《楊騎曹集序》：與常山閻防等連年高第。

賈至《巴陵早秋寄荆州司馬吏部閻功曹舍人》：謫居瀟湘者，再見洞庭秋。極目連江漢，西南浸斗牛……故人西掖寮，同扈岐陽蒐。差池盡三黙，蹭蹬各南州。（？）

《元和姓纂》：廣平閻氏，狀云：本常山人，至爲，太常博士，生防（原作訪），評事。（案《姓纂》閻春生處逸、處節，處逸曾孫訪，處節曾孫伯均，是訪與伯均爲兄弟行。伯均爲李嘉祐内弟，又與李季蘭唱和，與防時代正同，知訪必防之誤。）

丁仙芝

《畿輔通志》：丁仙芝，曲阿人。舉進士，爲餘杭尉。工詩。郡人又有陶翰、殷遥、張潮皆以能詩聞於時。

《全唐詩》小傳：丁仙芝，曲阿人。登開元進士第，爲餘杭尉。詩十四首。

儲光羲《貽丁主簿仙芝别》。（案詩原注云："丁侯前舉，予次年舉。"儲開元十四年進士，則仙芝登第在開元十三年。）《登科記考》

引《永樂大典》引《嘉定鎮江志》：丁仙芝，曲阿人。進士第，餘杭尉。

《國秀集》：餘杭尉丁仙芝。

《唐詩紀事》：仙芝，潤州曲阿人。登開元進士第，爲餘杭尉。

《新唐書·藝文志》。

吴豸之

《郎官石柱題名》：主外有吴象之。

《御史臺精舍題名》：右側侍御兼殿中有吴□之。

玄宗《賜蒲州童子敕》：蒲州童子吴豸之，薄綴小篇，兼記古事，不稍優異，無申獎勸，宜賜其父絹十匹，令更習學，便有成就。(《大詔令集》)

《舊唐書·韋陟傳》：天寶十二載，楊國忠引河東人吴豸之，謂曰："子能使人告韋陟，吾以子爲御史。"曰："能。"乃告陟與御史中丞吉温結托，欲謀陷朝廷。

《舊唐書·吉温傳》：天寶十三載冬，楊國忠諷評事吴豸之，使鄉人告韋陟饋吉温及權貴。

《新唐書·韋陟傳》：天寶十二載……楊國忠忌其才，謂拾遺吴豸之曰："子能發陟罪乎？吾以御史相處。"豸之乃劾陟饋遺事。

儲光羲

《全唐詩話》：光羲有污禄山僞命之謗。然考《新唐書·藝文志》"儒家類"，儲光羲《正論》十五卷，兖州人，開元進士，詔試中書文章，歷監察御史。安禄山反，陷賊自歸。《藝文志》又有《從賊中詣行在日記》一卷，儲光羲撰。則光羲已自拔賊中，從亡靈武，與杜少陵之麻鞋謁帝，大節相同。從未有表而出之者，可勝嘆哉？與皮日休之尊崇孟、韓，而受降黄巢之謗，同一不幸也。（陳沆《詩比興箋》）

光羲，兖州人。（案《新書·藝文志》"儒家類"云兖州人，别集又云包融與儲光羲皆延陵人，未知孰是？）開元十四年嚴迪榜進士，有詔中書試文章。（《贈丁主簿仙芝别》自注："予後及第，又應制授官。"）嘗爲監察御史，值安禄山陷長安，輒受僞署，賊平後自歸，貶死嶺南。（按受僞署事失實，辨見陳沆《詩比興箋》。）工詩，格高調逸，趣遠情深，削盡常言，挾風雅之道，養浩然之氣，覽者猶聽《韶》《濩》音，先洗桑濮耳，庶幾乎賞音也。有集七十卷（《全唐詩》編爲四卷），《正論》十五卷，《九經分義疏》二十卷，并傳。（《唐才子傳》）

《河嶽英靈集》：儲公詩格高調逸，趣遠情深，削盡常言，挾風雅之迹（《紀事》作道），得浩然之氣。《述華清宫》詩云："山開鴻蒙色，天轉招摇星。"又《游茅山》詩云："山門入松柏，天路涵空虚。"此例數百句，已略見《荆揚集》，不復廣引。璠嘗睹公《政論》十五卷、《九經分（《紀事》作外）義疏》二十卷，言博理當，實可謂經國之術也。

顧况《序》云："儲公進士高第，與崔國輔員外、綦毋潛著作同時（按謂同時擢第），其明年擢侍御史。常建少府、王龍標昌齡，皆當時之秀，而侍御聲價隱隱轥轢諸子。其文篇賦論七十卷，雖無雲雷之會，而意氣相感，扶危急病，有賢達之風。挾身賊廷，竟隱危邦，士生不融，何以言命？然窺其鴻黄窈邃之風、金石管磬之聲，如登瑶臺而進玉府，靈篇邃宇，景物寥映，緑流翠草，嘉禾瑞鳥，不足稱珍。"

《欒城遺言》："儲詩高處似陶淵明，平處似王摩詰。"

多案：儲公污僞命事，太初引《藝文志》辨之審矣，且集中有《登秦嶺作時陷賊歸國》詩尤爲鐵證。然顧况唐人，去公未遠，言其"挾身賊廷，竟隱危邦"，則延之所稱亦不誣。意者受僞署後，復亡歸行在，雖初無屈賊之心，而迹已近污，故賊平定罪，大法及身，終莫能自雪。

讀《獄中貽姚張薛李鄭柳諸公》詩，知當時譖之者有隙乘，而救之者愛莫能助也。又集中有《晚霽中園喜赦作》，所言景物，不類嶺南，且亦別無嶺南詩，舊云公集七十卷，今存者不及十之一，則嶺南詩其必散佚矣。

又案：儲公確是延陵人。其《游茅山》第一首曰“十年別鄉縣，西去入皇州。此意在觀國，不言空遠游……北洛反初路，東江還故丘”；第二首曰“家近華陽洞”。茅山在江蘇句容縣東南，故稱鄉縣。《貽余處士》云：“故園至新浦，遥復未百里。”唐新浦縣，在今四川，然下云：“吴王昔喪元，隋帝又滅祀。”則是揚州地名，故去延陵纔百里之遥。又《秦中初霽獻給事》二首曰：“南國久爲思，西都嘗作賓……擢第文昌閣，還家滄海濱。”是公爲江東人無疑也。其至兖州，則自應貢舉時始，《晚次東亭獻鄭州宋使君文》曰：“自初賓上國，乃到鄒人鄉。曾點與曾子，俱升闕裏堂。”蓋與其父同至。或其居兖頗久，故世遂誤傳爲兖人，後人耳食，習用其説，自是不讀儲集耳。（茅山在潤州延陵縣。）

孟浩然《同儲十二洛陽道中作》。

綦毋潛《送儲十二還莊城》。

綦毋潛《冬夜寓居寄儲太祝》（一作薛據詩）。

王維《待儲光羲不至》。

《元和姓纂》：開元汜水尉儲光羲，潤州人。生石，石生燕客，燕客生嗣宗，校書郎，生隱，檢校郎中。（汜水縣屬孟州。）

顧况《監察御史儲公集序》。

《新唐書·藝文志》：《儲光羲集》七十卷，《正論》十五卷。注：兖州人，開元進士第，又詔中書試文章，歷監察御史。安禄山反，陷賊自歸。

《四庫全書總目提要·集部·别集類》二：《儲光羲詩》五卷。案陳振孫《書録解題》載《儲光羲詩》五卷，唐監察御史魯國儲光羲撰。與崔國輔、綦毋潛皆同年進士。天寶末任僞官，貶死。《唐書·藝文志》

儲光羲《政論》下注曰："兖州人，開元進士第，又詔中書試文章，歷監察御史。安禄山反，陷賊自歸。"與振孫所叙爵里相同，而任僞官事已小異。又"包融集"條下注曰："融與儲光羲皆延陵人，與丁仙芝等十八人，皆有詩名。"殷璠彙次其詩，號曰《丹陽集》，則并其里籍亦異。自相矛盾，莫之詳也。《唐志》載其集七十卷，是集前有顧况序，亦稱所著文編賦論七十卷。辛文房《唐才子傳》稱其又有《九經分義疏》二十卷、與所作《政論》十卷，并傳。今皆散佚，存者惟此詩五卷耳。其詩源出陶潛，質樸之中有古雅之味，位置於王維、孟浩然間，殆無愧色。殷璠《河嶽英靈集》稱其"削盡常言，得浩然之氣"，非溢美也。

本集《同王十三維偶然作十首》：迢遞别東國，超遥來西都……故鄉滿親戚，道遠情日疏。偶欲陳此意，復無南飛鳧。

本集《題辛道士房》：……迨此遠南楚，遂令思北游。先生秀衡嶽，玉立居玄丘。

本集《赴馮翊作》：迢遞别荆吴，飄颻涉沂泗。

本集《敬酬陳掾親家翁秋夜有贈》：别離曠南北，譴謫罹苦辛。晝游還荆吴，迷方客咸秦。

本集《秋庭貽馬九》：伊昔好觀國，自鄉西入秦。往復萬餘里，相逢皆衆人。大君幸東嶽，世哲扈時巡。予亦從此去，閑居清洛濱。（案開元十三年封東嶽。）

本集《獻華陰羅丞别》：昔余在天目，總角奉游從。寒暑遞來往，今復蓮花峰。

本集《大酺得長字時任安宜尉》。（唐安宜縣故城在今河北槀城縣西南。）

本集《貽王侍御出臺掾丹陽》：紛吾家延州，結友在童孺。岑陽沐天德，邦邑持民務。躑躅望朝陰，如何復淪誤。牙曠三千里，擊轅非所慕。秋濤聯滄溟，舟楫湊北固。江氾日綿眇，朝夕空寐寤。中洞松栝新，東皋阡陌故。餘輝方焜耀，可以歡邑聚。南華在濠上，誰辨魏王瓠。登陟芙蓉樓，爲我時一賦。（按延州來，春秋吴地，季札封延陵，故曰延陵季子，今江蘇武進縣也。後吴滅州來，復以封札，故又曰延州來季子。芙蓉樓在鎮江，王昌齡有《芙蓉樓送辛漸》詩。唐延陵縣治在今江蘇丹陽縣南三十五里，宋省爲鎮，即今延陵鎮。）

本集《安宜園林獻高使君》（安宜縣南齊置，唐改寶應，故治在今江蘇寶應縣西南）：直道已三出，幸從江上回……楚言滿鄰里，雁叫喧池臺。魚鱉樂仁政，浮沉亦至哉。小山宜大隱，要自望蓬萊。（《舊志》：楚州寶應縣望。漢平安縣，本安宜。武德四年以縣置倉州，七年州廢來屬。上元三年，以得定國寶更名。）

本集《獻高使君大酺作》：肅穆郊祀畢，工歌賞事并。（按開元十三年十一月，封東嶽還，壬辰賜酺七日。二十年十一月庚申，祀后土於脽上，大酺三日。二十三年正月乙亥，親耕籍田，賜酺三日。此當是二十年之酺。）

本集《送丘健至州敕放作時任下邽縣》。（縣一作尉，非。下邽屬華州，望。）

《河嶽英靈集》（論王昌齡）：元嘉以還，四百年内，曹、劉、陸、謝，風骨頓盡。頃有太原王昌齡、魯國儲光羲，頗從厥迹。且兩賢氣同體别，而王稍聲峻。

《詩藪》内二：儲光羲閑婉真至，農家者流，往往出於王、孟上。

《唐才子傳》：光羲，兖州人。開元十四年嚴迪榜進士，有詔中書試文章。嘗爲監察御史。值安禄山陷長安，輒受僞署。賊平後自歸，貶死嶺南。工詩，格高調逸，趣遠情深，削盡常言，挾風雅之道，養浩然之氣。覽者猶聽《韶》《濩》音，先洗桑濮耳，庶幾乎賞音也。有集七十卷、《政論》十五卷、《九經分義疏》二十卷，并傳。

《郡齋讀書志》：《儲光羲集》五卷。右唐儲光羲，魯人。登開元十四年進士第。嘗爲監察御史。後從安禄山僞署，賊平貶死。

李嶷七〇八—七五〇

《唐才子傳》：王昌齡……開元十五年李嶷榜進士。

《河嶽英靈集》：嶷詩鮮潔有規矩，其《少年行》三首，詞雖不多，翩翩然俠氣在目也。（涵芬樓《四部叢刊》本俠作佚。）

權德輿《李巽墓志銘》：曾祖知讓，皇河南府長水縣主簿。祖承允，江州别駕，贈太府少卿。父嶷，右武衛録事參軍。（按《志》云：巽字全叔，元和四年五月卒，享年六十三。返葬於洛師緱氏縣芝田鄉之大墓。則嶷，緱氏人也。《舊書》一二三《李巽傳》云"趙郡人"，稱其郡望耳。《傳》云：巽元和四年四月卒，年七十一。亦與《志》異。當以《志》語爲正。巽天寶六載生。）權德輿《李公（巽）遺愛碑銘》：趙郡贊皇人，曾祖知讓，皇河南府長水主簿。祖承允，皇任朝散大夫、江州别駕。考嶷，皇右武衛録事參軍。代名文行，爲北州冠族。（按《志》《碑》皆不言巽丁艱致仕，疑嶷早卒也。）

《國秀集》：右武衛録事李嶷。（案《國秀集》天寶三載編。）李嶷，趙郡贊皇人，家於緱氏。開元十五年進士登第，天寶間終右武衛録事參軍，存詩六首。

秦系行十四

劉長卿《贈秦系徵君》。

劉長卿《秦系頃以家事獲謗因出舊山每荷觀察崔公見知欲歸未遂感其流寓詩以贈之》。

劉長卿《夜中對雪贈秦系時系初與謝氏離婚謝氏在越》。

劉長卿《見秦系離婚後出山居作》。

劉長卿《酬秦系》。

劉長卿《答秦徵君徐少府春日見集苕溪酬梁耿别後見寄六言》

劉長卿《贈秦系》。

戴叔倫《題秦隱君麗句亭》。

戴叔倫《送秦系》。

戴叔倫《張評事涉秦居士系見訪郡齋即同賦中字》。

韋應物《答秦十四校書》（注：秦系）。

韋應物《送秦系赴潤州》。

皎然《酬秦山人系題贈》。

皎然《酬秦山人贈別二首》。

皎然《酬秦山人出山見呈》。

皎然《酬秦山人見尋》。

皎然《酬秦系山人題（一作戲）贈》。

皎然《題秦系山人麗句亭》。

皎然《奉酬袁使君西樓餞秦山人與書同赴李侍御招三韻》。

皎然《送珍上人還天竺兼寄廣通上人秦山人》。

《唐書》本傳：秦系，字公緒，越州會稽人。天寶末，避亂剡溪。北都留守薛兼訓奏爲右衛率府倉曹參軍，不就。客泉州南安，有九日山，大松百餘章，俗傳東晋時所植。系結廬其上，穴石爲研，注《老子》，彌年不出。刺史薛播數往見之，歲時致羊酒，而系未嘗至城門。姜公輔之謫，見系，輒窮日不能出，築室與相近，忘流落之苦。公輔卒，妻子在遠，系爲葬山下。張建封聞系之不可致，請就加校書郎。與劉長卿善，以詩相贈答。權德輿曰："長卿自以爲五言長城，系用偏師攻之，雖老益壯。"其後東度秣陵，年八十餘，卒。南安人思之，爲立於亭，就其山爲高士峰云。

《全唐詩話》：系，字公緒，會稽人。隱泉州南安九日山。張建封聞系不可致，就加校書郎。自號東海釣客。與劉長卿善。權德輿曰："長卿自以爲五言長城，系用偏師攻之矣。"韋應物答系云："知掩山扉三十秋，魚鬚翠碧滿床頭。莫道謝公方在郡，五言今日爲君休。"蓋以五言得名久矣。年八十餘歲，卒。南安人號其峰爲高士峰。

系家剡山，向隱一紀。大曆五年，人或以其文聞於留守薛公，無何，奏系右衛率府倉曹參軍，意所不欲，以疾辭免，因將命者獻詩云："由來那敢議輕肥，散髮行歌自采薇。逋客未能忘野興，辟書令遣脱荷衣。家中匹婦空相笑，池上群鷗盡欲飛。更乞大賢容小隱，益看愚谷有光輝。"

吕夏卿《唐秦隱君詩集序》：夫出處二者，所以觀君子之正。山林朝廷，行道善身，得乎時而合乎大中。斯二者，輕重存乎其間，而賢者所取常重，不賢者所取常輕。出乎朝廷，忘乎行道，入乎山林，悖乎善身，其名磨滅之不暇，尚何足躑躅齊慕於後人哉？子惡匏瓜不食，又曰"危邦不入，亂邦不居"。聖人以出處爲難，况其降者乎。唐明皇帝之季，賢人潛伏。秦隱君，字公緒者，有詩名於天寶間。會亂，避地剡川，作麗句亭。郡守改其居曰秦君里。大曆五年，北都留守薛兼訓奏爲右衛率府倉曹參軍，以疾辭不就。建中初，隱於泉之南安山，未幾，南陽公張建封奏爲校書郎。正元七年游於丹陽，蓋八十餘矣，其後莫知所終。當時如權文公，世稱知人者，常稱隱君之詩，詞約旨深，乍近致遠，爲一代之冠。顧氏銓次唐詩，其取捨之法尤詳，而隱君詩復在焉。然病史筆無人，故高蹈之名，泯滅不傳。去隱君一百八十年，南安之山，草廬、篆字、石硯猶存。東海忠順王乃即其故基爲亭。慶曆六年八月，與弟嗣卿、友人江淵、僧法輝，同游兹亭，得隱君詩二十九篇於榜。惜乎年代久遠，古人之詩不可得也，又况有遺而不録者，因捃其外詩八篇，以揭諸楹間。《詩》不云乎："高山仰止，景行行止。"昔之羊公峴山，孤竹首山，雖出處殊致，而遺烈不忘。後之人至其地，未始不神馳而目會之。予知南安之山，以亭思人，以詩求義，以字與器觀古，其心則斐然躑躅高尚之風，而知出處難，未必不繇隱君而有立志矣。上人全公，居南安觀音院，以吟咏禪觀見稱，喜隱君詩益多，願摹刻之，因法輝請文，遂書隱君本末，以爲時觀云。東平吕夏卿序。（明槧本《唐秦隱君詩集》）

權德輿《秦徵君校書與劉隨州唱和詩序》：儒有秦公緒者，當天寶理平之世，興麗則，鼓盛名於當時。遭多故，道進身退，越部山水，佐其清機，圓冠野服，翛然自放。宅遐心於事外，得佳句於物表，不知華纓丹轂之爲貴也，幾四十年。方帥時賢，軾閭懸榻，昔鄭公通德，有鄉門之號，秦君麗句，創里亭之名，慕風騷者，多所向仰。貞元中，天下無事，大君好文，公緒舊游，多在顯列，伯喈、文舉之徒，争爲薦首。而壽陽大夫公之章先聞，故有書府典校之拜，時動静不滯於一方矣。七年春，始與予遇於南徐，白頭初命，色無愠怍，知名歲久，故其相得甚歡。因謂予曰："今業六藝以著稱者，必當唱酬往復，亦所以極其思慮，較其勝敗，而文以時之聞人，序而申之。"悉索笈中，得數十編，皆文場之重名强敵，且見校以故敵故（二字疑衍）隨州劉君長卿贈答之卷，惜其長往，謂余且叙。嚱夫彼漢東守嘗自以爲"五言長城"，而公緒用偏伍奇師，攻堅擊衆，雖老益壯，未嘗頓鋒。詞或約而旨深，類乍近而致遠，若珩佩之清越相激，類組綉之玄黄相發，奇彩逸響，争爲前驅。至於家室離合之義、朋友切磋之道，咏言其傷，折之以正。凡若干首，各見於詞云。

《唐才子傳》：系，字公緒，會稽人。天寶末，避亂剡溪，自稱"東海釣客"。北都留守薛兼訓奏爲倉曹參軍，不就。客泉州南安九日山中，有大松百餘章，俗傳東晋時所植。系結廬其上，穴石爲研，注《老子》，彌年不出。時姜公輔以直言罷爲泉州别駕，見系，輒日不能去，築室與相近，遂忘流落之苦。公輔卒，妻子在遠，系爲營葬山下。其好義如此。張建封聞系不可致，請就加校書郎。與劉長卿、韋應物善，多以詩相贈答。權德輿曰："長卿自以爲五言長城，系用偏師攻之，雖老益壯。"年八十餘卒。南安人思之，號其山爲高士峰，今有麗句亭在焉。集一卷，今傳。

殷遥行四

王維《哭殷遥》：慈母未及葬，一女纔十齡……憶昔君在時，問我學無生。勸君苦不早，令君無所成。

又《送殷四葬》(一作《哭殷遥》)：送君返葬石樓山。

儲光羲《同王十三維哭殷遥》：生理無不盡，念君在中年。游道雖未深，舉世莫能賢。筮仕苦貧賤，爲客少田園。膏腴不可求，乃在許西偏。四鄰盡桑柘，咫尺開墻垣。内艱未及虞，形影隨化遷。茅茨俯苫蓋，雙殯兩楹間。時聞孤女號，迥出陌與阡。

又《新豐作貽殷四校書》。

《唐才子傳》：遥，丹陽人。天寶間常仕爲忠王府倉曹參軍。與王維結交，同慕禪寂，志趣高疏，多雲岫之想。而苦家貧。死不能葬，一女纔十歲，日哀號於親愛，憐之者賵贈埋骨石樓山中。工詩，詞彩不群，而多警句。杜甫嘗稱許之。有詩傳於今。

《全唐詩》小傳：殷遥，句容人，天寶間忠王府曹參軍。詩五首。(案遥見存詩五首皆佳，而《春晚山行》一首尤清絶。惜哉史籍軼其生平，無可考見矣。)

《唐詩紀事》：遥，丹陽人，天寶間，終於忠王府曹參軍。

《新唐書·藝文志》：句容有忠王府倉曹參軍殷遥。(按遥與包融、儲光羲、丁仙芝等十八人詩，殷璠彙集以爲《丹陽集》。)

劉希夷《洛中晴月送殷四入關》。(案疑即遥)

杜甫《晚秋長沙蔡五侍御飲筵送殷六參軍歸澧覲省》。(案《唐才子傳》云“杜甫嘗稱許之”，意即指此詩，大謬。殷遥第四，潤州人，且天寶間卒，此詩鶴注大曆四年冬作，則非遥明矣。)

顔真卿

皮日休《追和虎丘寺清遠道士詩》。

《郡齋讀書志》:《顔真卿文》一卷。右唐顔真卿，清臣也，萬年人。博學工辭章，開元二十二年進士，又登制科。代宗時爲太子太師，使李希烈，爲希烈所害。世謂真卿忤楊國忠、李輔國、元載、楊炎、盧杞，拒安禄山、李希烈，廢斥者七八，以至於死，而不自悔，天下一人而已。而學問文章，往往雜於神仙浮屠之説，不皆合於理，而所爲乃爾者，蓋天性然也。

張　巡

《郎官石柱題名》：主客郎中。

劉長卿行八（？）

皇甫冉《歸陽羨兼送劉八長卿》。

皇甫冉《與張諲宿劉八（？）城東莊》。

皇甫冉《使往（一作至）壽州淮路寄劉長卿（一作判官）》。

耿湋《贈别劉員外長卿》。

章八元《酬劉員外月下見寄》。

章八元《寄都官劉員外》。

錢起《酬劉員外雨中見寄》。

秦系《耶溪書懷寄劉長卿員外》。（注：時在睦州。）

李嘉祐《入睦州分水路憶劉長卿》。

皇甫曾《寄劉員外長卿》。

皇甫曾《過劉員外長卿别墅》（一作《碧澗别墅》）。

《全唐詩》小傳：劉長卿，字文房，河間人。開元二十一年進士。至德中爲監察御史（至德三載攝海鹽令），以檢校祠部員外郎，爲轉運使判官，知淮南鄂岳轉運留後。鄂岳觀察使吴仲孺誣奏，貶潘州南巴尉。會有爲之辯者，除睦州（今浙江建德縣）司馬，終隨州（今湖北隨縣）刺史。以詩馳聲上元、寶應間。權德輿嘗謂爲“五言長城”。皇甫湜亦云：“詩未有劉長卿一句，已呼宋玉爲老兵。”其見重如此。集十卷，内詩九卷。今編詩五卷。（楊綰《汾陽王妻霍國夫人王氏神道碑》：“次女適鄂州觀察使吴仲孺。”）

《全唐詩話》。（同上）

高仲武曰：長卿員外有吏干而犯上，兩度遷謫，皆自取之。詩體雖不新奇，甚能煉飾。十首以上，語意稍同，於落句尤甚，此其短也。然“春風吴草緑，古木剡山深。明日滄州路，歸雲不可尋”，又“沙鷗驚小吏，明月上高枝”，又“細雨濕衣看不見，閑花落地聽無聲”，截長補短，蓋玉徽之類歟。又“得罪風霜苦，全生天地仁”，傷而不怨，亦足以發揮風雅矣。

《雲溪友議》：劉長卿郎中因人謂“前有沈、宋、王、杜，後有錢、郎、劉、李”，乃曰：“李嘉祐、郎士元焉得與予齊稱耶？”每題詩不言其姓，但言長卿而已，以海内合知之耳。然士林或見譏也。

《唐才子傳》：長卿，字文房，河間人。少居嵩山讀書，後移家來鄱陽最久。開元二十一年徐徵榜及第。至德中歷監察御史，以檢校祠部員外郎出爲轉運使判官，知淮西岳鄂轉運留後。觀察使吴仲孺誣奏非罪，繫姑蘇獄，久之貶潘州南巴尉。會有爲辯之者，量移睦州司馬。終隨州刺史。長卿清才冠世，頗凌浮俗，性剛，多忤權門，故兩逢遷斥，人悉冤之。詩調雅暢，甚能煉飾。其自賦傷而不怨，足以發揮風雅。權德輿稱爲“五言長城”。長卿嘗謂：“今人稱前有沈、宋、王、杜，後有錢、郎、劉、李。李嘉祐、郎士元何得與余并驅？”每題詩不言姓，但書長卿，以天下無不知其名者云。灞陵碧澗有别業。今集詩賦文等傳世。淮南李穆有清才，公之婿也。

獨孤及《送長洲劉少府貶南巴使牒留洪州序》：曩子之尉於是邦也，傲其迹而峻其政，能使綱不紊、吏不欺。夫迹傲則合不苟，政峻則物忤。故績未書也，而謗及之，臧倉之徒，得騁其媒孽。子於是竟謫爲南巴尉。而吾子直爲己任，愠不見於色，於其胸臆，未嘗蔕芥。會同譴有叩閽者，天子命憲府雜鞫且延辨其濫，故有後命，俾除館豫章，俟條奏也。是月也，艤船吴門，將涉江而西。夫行止者時，得喪者機，飛不搏不高，矢不激不遠，何用知南巴之不爲大來之機括乎？由圖南而致九萬，吾惟子之望！但春水方生，孤舟鳥游，青山芳草，奈遠别何？同乎道者，蓋偕賦詩以貺吾子！

《詩鏡總論》：劉長卿體物情深、工於鑄意，其勝處有迥出盛唐者。“黄葉減餘年”，的是庾信、王褒語氣；“老至居人下，春歸在客先”，“春歸”句何減薛道衡《人日思歸》語？“寒鳥數移柯”，與隋煬“鳥擊初移樹”同，而風格欲遜。“鳥似五湖人”，語冷而尖，巧還傷雅，中唐身手於此見矣。

《麓堂詩話》：劉長卿集，凄惋清切，盡羈人怨士之思，蓋其性情固然，非但以遷謫故。譬之琴有商調，自成一格。

嚴維《留别鄒紹劉長卿》。

嚴維《贈别劉長卿時赴河南嚴中丞幕府》。

嚴維《答劉長卿七里瀨重送》。

嚴維《答劉長卿蛇浦橋月下重送》。

嚴維《發桐廬寄劉員外》。

嚴維《重送新安劉員外》。

嚴維《酬劉員外見寄》。

包佶《嶺下卧疾寄劉長卿員外》。

《藝概》二：劉文房詩以研煉字句見長，而清贍閑雅，蹈乎大方。其篇章亦盡有法度，所以能斷截晚唐家數。

《詩學纂聞》：友人有曾游於何義門先生之門者，嘗言劉隨州詩

"細雨濕衣看不見，閑花落地聽無聲"。先生家有宋槧本，乃是"閑花滿地落無聲"，蓋花已落地，更無可聽。古人不沾沾以"聽"對"看"也。余始聞而信之……（《唐詩鼓吹》作李嘉祐詩，毛西河《唐七律選》從之，以爲誤入劉集，不知何故？）

《四庫全書總目提要·集部·别集類》二：《劉隨州集》十一卷（編修鄒炳泰家藏本），唐劉長卿撰。長卿字文房，河間人，姚合《極元集》作宣城人，莫能詳也。開元二十一年登進士第，官終隨州刺史，故至今稱曰劉隨州。是集凡詩十卷，文一卷。第二卷中《送河南元判官赴河南勾當苗税充百官俸錢》詩，不書勾字，但注曰"御名"，蓋宋高宗名構，當時例避同音，故勾字稱"御名"，則猶從南宋舊本翻雕也。然編次叢脞頗甚，諸體皆以絶句爲冠，中間古體、近體亦多淆亂。如"四月深澗底，桃花方欲然。寧知地勢下，遂使春風偏"四句，第四卷中作《晚桃》詩前半首，乃《幽居八咏上李侍郎》之一；而第一卷又割此四句爲絶句，題曰《入百丈澗見桃花晚開》。是二者有一僞也。舊原有外集一卷，所録僅詩十首，而《重送》一首已是八卷中，又佚去題中"裴郎中貶吉州"六字。《次前溪館作》一首，已見二卷中。《贈袁贊府》一首，已見九卷中，而又誤以題下所注"時經劉展平後"句爲題，并軼"時經"二字。《送裴二十七端公》詩，亦見二卷中。《哭李宥》一首，亦見九卷中。《秋雲嶺》《洞山陽》《横龍渡》《赤沙湖》四首，即四卷中《湘中紀行》十首之四，又僞"秋雲嶺"爲"雲秋嶺"、"洞山陽"爲"山陽洞"。《寄李侍郎行營五十韻》一首，已見七卷，又佚其題首"至德三年"等二十四字。不知何以舛謬至此？蓋宋本亦有善不善，不能一一精覈也。今刊除《入百丈澗見桃花晚開》一首，其外集亦一并刊除，以省重複。長卿詩號"五言長城"，大抵研煉深穩，而自有高秀之韻。其文工於造語，亦如其詩。故於盛唐、中唐之間，號爲名手。但才地稍弱，是其一短。高仲武《中興間氣集》病其"十首以後，語意略同"，可謂識微之論。王士禎《論詩絶句》乃云："不解雌黄高仲武，長城何意貶文房？"非篤論也。

贊寧《高僧傳》二九《鄂州開元寺玄晏傳》：或賦詩一章，遠思標拔，孤游境外。彭城劉長卿，名重五言，大嗟賞之，由是風雲草木，每有賦咏，輒爲工文者之所吟諷也。（案玄晏貞元十六年示寂，年五十八。）

李商隱《請盧尚書撰曾祖妣志文狀》：安陽君年十九一舉中進士第，與彭城劉長卿、中山劉眘虚、清河張楚金齊名。

《元和姓纂》：弘農劉氏元遂生長卿，工部員外。長卿生敞，巫州刺史。又諸郡劉氏，考功郎中劉慶約，宣州人，孫長卿，隋州刺史。

《郡齋讀書志》：《劉長卿集》十卷。右唐劉長卿，字文房。開元末中進士第，至德中監察御史。以檢校祠部員外郎，爲轉運使判官，知淮西岳鄂轉運留後。觀察使吴仲孺誣奏，貶潘州南巴縣尉，會有爲之辯者，除睦州司馬。終隨州刺史。長卿剛而犯上，故兩逢斥廢。詩雖窘於才，而能鍛煉，權德輿嘗謂爲"五言長城"。今集詩九卷，雜文一卷。

李季蘭

皎然《答李季蘭》。

《唐才子傳》：季蘭，名冶，以字行，峽中人，女道士也。美姿容，神情蕭散。專心翰墨，善彈琴，尤工格律。當時才子，頗誇纖麗，殊少荒艷之態。冶年六歲時，作《薔薇》詩云："經時不架却，心緒亂縱横。"其父見曰："此女聰黠非常，恐爲失行婦人。"後以交游文士，微泄風聲，皆興乎輕薄之口。夫"士有百行，女唯四德"，季蘭則不然，形氣既雄，詩意亦蕩，自鮑昭以下，罕有其倫。時往來剡中，與山人陸羽、上人皎然，意氣相得。皎然嘗有詩云："天女來相試，將花欲染衣。禪心竟不起，還捧舊花歸。"其謔浪至此。又嘗會諸賢於烏程開元寺，知河間劉長卿有陰重之疾，誚曰"山氣日夕佳"，劉應聲曰"衆鳥欣有托"，舉坐大笑，論者兩美之。天寶間，玄宗聞其詩才，詔赴闕，留宫中月餘，優賜其厚，遣歸故山。評者謂上比班姬則不足，下比韓英則有餘。不以遲暮，亦一俊媪。有集，今傳於世。

朱放《别李季蘭》：古岸新花開一枝，岸旁花下有分離。莫將羅袖拂花落，便是行人腸斷時。

《四庫全書總目提要·集部·總集類》一：《薛濤李冶詩集》二卷（編修汪如藻家藏本）。薛濤，蜀中妓。李冶，烏程女道士。濤與元稹相倡和，冶亦嘗與劉禹錫游，皆中唐人也。《書録解題》載《薛濤詩》一卷，《李冶詩》一卷，今皆不傳。此本皆後人抄撮而成。濤集中如《聞道邊城苦》一首，兼載洪邁《唐人萬首絶句》、計有功《唐詩紀事》，楊慎《升庵詩話》之説，一詩兩見。又《唐詩紀事》之《五離詩》、《唐摭言》之《十離詩》，乃一事僞傳，其文互異，亦相并載。其編輯頗爲詳慎。附以補遺三篇，又采摭濤傳及諸書所載事迹，考證亦殊賅備。冶集僅詩十四首，然其中《恩命追入留别廣陵故人》一首，詳其詞意，不類冶作，殆好事者欲裒冶詩與濤相配，病其太少，姑摭他詩足之也。濤《送友人》及《題竹郎廟》詩，爲向來傳誦。然如《籌邊樓》詩曰："平臨雲鳥八窗秋，壯壓西南四十州。諸將莫貪羌族馬，最高層處見邊頭。"其托意深遠，有魯嫠不恤緯、漆室女坐嘯之思，非尋常裙屐所及，宜其名重一時。冶詩以五言擅長，如《寄校書七兄》詩、《送韓揆之江西》詩、《送閻二十六赴剡縣》詩，置之大曆十子之中，不復可辨。其風格又遠在濤之上，未可以篇什之少弃之矣。

本集《恩命追入留别廣陵故人》：無才多病分龍鍾，不料虚名達九重。仰愧彈冠上華髮，多慚拂鏡理衰容。馳心北闕隨芳草，極目南山望舊峰。桂樹不能留野客，沙鷗出浦謾相逢。（案《唐才子傳》，"天寶間，玄宗聞其詩才，詔赴闕"，即指此事。以詩中"華髮""衰容"等語證之，冶天寶中殆四五十矣。）

交游：陸羽（《湖上卧病喜陸鴻漸至》）、朱放（《寄朱放》）、韓揆（《送韓揆之江西》，一作《送閻伯鈞往江州》）、閻伯鈞（《得閻伯鈞書》《送閻伯鈞往江州》，一作《送韓揆之江西》《閻二十六赴剡縣》）、皎然、劉長卿。

《吟窗雜録》引《陷賊寄故人》佚句曰："鞞鼓喧行選，旌旗拂座隅。"按蓋指禄山之亂。

《中興間氣集》下：士有百行，女唯四德，季蘭則不然。形氣既雄，詩意亦蕩，自鮑昭（以下疑脱妹字）以下，罕有其倫。如"遠水浮仙棹，寒星伴使車"，蓋五言之佳境也。上仿班姬則不足，下比韓英則有餘。不以遲暮，亦一俊嫗。

包何《同閻伯均宿道士觀有述》：南國佳人去不回，洛陽才子更須媒。綺琴白雪無心弄，羅幌清風到曉開。冉冉修篁依户牖，迢迢列宿映樓臺。縱令奔月成仙去，且作行雲入夢來。（案季蘭與閻伯均善，此詩所咏蓋即季蘭。）

李嘉祐《秋曉招隱寺東峰茶宴送内弟閻伯均歸江州》。清晝等《遠意》聯句、《樂意》聯句，《恨意》聯句，并有嚴伯均，嚴疑爲閻之誤。《元和姓纂》五：廣平閻氏，伯璵，刑部侍郎。……從父弟伯均。（案閻防兄弟行。閻伯璵見《郎官題名考》三"吏中"。）

劉方平

《全唐詩》小傳：劉方平，河南人，邢襄公政會之後。與元德秀善，不仕。詩一卷。（案共二十六首。）

《唐才子傳》：方平，河南人。白皙，美容儀。二十工詞賦。與元魯山交善。隱居潁陽大谷，尚高不仕。皇甫冉、李頎等相與贈答，有云："籬邊潁陽道，竹外少姨峰。"神意淡泊，善畫山水，墨妙無前。汧國公李勉延致齋中，甚敬愛之，欲薦於朝，不忍屈，辭還歸隱。工詩，多悠遠之思，陶寫性靈，默會風雅，故能脱略世故，超然物外。區區斗筲，何足以繫劉先生哉？有集今傳。（案"籬邊"二句，皇甫冉詩，題曰《寄劉方平大谷田家》。）

《夜月》：更深月色半人家，北斗闌干南斗斜。今夜偏知春氣暖，蟲聲新透緑窗紗。

《春怨》：紗窗日落漸黄昏，金屋無人見泪痕。寂寞空庭春欲晚，梨花滿地不開門。

《唐詩紀事》：蕭穎士《送劉方平沈仲昌秀才同觀所試雜文》云："山東茂異，有河南劉方平、臨汝沈仲昌，以府都計偕之尤，當禮闈能賦之試，餘勇待賈，未始逾辰，吾徒相與登群玉，咀遺芳，目臨雲外，思入神境，佳哉樂乎。意數子之出幽谷而漸於陸矣。

《七言律準》：劉方平，河南人，蓋邢襄公政會之後也。與元魯山善，不仕，隱居潁陽大谷。汧國公李勉延致之，不屈。蕭穎士云："山東茂異，有河南劉方平。"方平有詩一卷，《品彙》列之中唐。案《玉臺新咏後集》收方平詩，又李新鄉有《送劉方平》詩，當列盛唐。(原注：輯《新唐書·藝文志》《唐詩紀事》《唐詩粹選》及《唐詩紀》。)

多案：元德秀生於六九六，卒於七五四，方平與德秀交善，年當相若，假定少德秀十歲，當生於神龍元年（七〇五），方平又與張諲同時（皇甫冉有《答張諲劉方平兼呈賀蘭廣》詩），諲亦天寶時人，少於王維（維有《戲贈張五弟諲三首》），則方平爲盛唐人必矣。(張諲亦善畫。)

《新唐書·藝文志》:《劉方平詩》一卷。注云：河南人，與元魯山善，不仕。

皇甫冉《答張諲劉方平兼呈賀蘭廣》。

皇甫冉《劉方平西齋對雪》。

皇甫冉《劉方平壁畫山》：墨妙無前，性生筆先。

皇甫冉《寄劉方平》：坐憶山中人，窮栖事南畝。烟霞相親外，墟落今何有。潘郎作賦年，陶令辭官後。達生貴自適，良願固無負。田取潁水流，樹入陽城口。歲暮憂思盈，離居不堪久。

皇甫冉《秋夜戲題劉方平壁》。

皇甫冉《寄劉方平大谷田家》：籬邊潁陽道，竹外少姨峰。

皇甫冉《之京留别劉方平》。

李頎《送劉方平》：綺紈游上國，多作少年行。二十工詞賦，惟君著美名。童顔且白晳，佩德如瑶瓊。荀氏風流甚，胡家公子清。有才不偶誰之過，肯即藏鋒事高卧。洛陽草色猶自春，游子東歸喜拜親。漳水橋頭值鳴雁，朝歌縣北少行人。别離斗酒心相許，落日青郊半微雨。請君騎馬望西陵，爲我殷勤吊魏武。

《歷代名畫記》：劉方平，工山水樹石。汧國公李勉甚重之。

楊　諫

《新唐書·宰相世系表》：楊氏，户部侍郎慎矜，子諫，岳州刺史。

《國秀集》下目録：永樂丞楊諫。

《文苑英華》十八：楊諫《新渾儀賦》。（勞格曰："《玉海》四：開元十八年，進士試《新渾儀賦》。則諫當即是年進士也。"案《登科記考》七，開元十八年進士試《冰壺賦》，無楊諫。俟考。）

《御史臺精舍題名》：碑陰下層監察御史。

《登科記考》八：開元二十二年博學宏詞科楊諫，見《文苑英華》。

《舊唐書·楊慎矜傳》：隋煬帝元孫也……天寶六載賜死。

李康成

天寶中與李、杜同時，其赴使江東，劉長卿有詩送之。嘗撰《玉臺後集》，自陳後主、隋煬帝、江總、庾信、沈、宋、王、楊、盧、駱而下二百九人，詩六百七十首，彙爲十卷。自載其詩八篇，今存四首。

張彪行十二

杜甫《寄張十二山人彪三十韻》。（案又有《送張十二參軍赴蜀州因呈楊五侍御》詩，不知即彪否？）

《石刻唐王宥等華岳題名》：上元元年三月……處士王季友、張彪等同謁。（《金石補録》一五）

《唐才子傳》：彪，潁上人。初赴舉，無所遇，適遭喪亂，奉老母避地，隱居嵩山，供養至謹。與孟雲卿爲中表，俱工古調詩。雲卿有贈云："善道居貧賤，潔服蒙塵埃。行行無定心，坎壈難歸來。"性高簡，善草書，志在輕舉。《咏神仙》云："五穀非長年，四氣乃靈藥。列子何必待，吾心滿寥廓。"時與杜甫往還。嘗寄張十二山人詩，云："静者心多妙，先生藝絶倫。草書何太古，詩興不無神。曹植休前輩，張芝更後身。數篇吟可老，一字買堪貧。"觀工部之作，可知其人矣。

韋續《續書品》：草書十二人，張彪書孤峰削成，藏筋露骨。

杜　　甫

《龍禪室雜摭譚》引《任元祥與侯方域書》：漢魏曹、王，風流藴藉，去《三百篇》不遠；六朝左、鮑、陶、謝，神隽不失《風》《雅》。杜甫磋研，少風流；李白頗風流，終少藴藉。

《麓堂詩話》：杜子美《漫興》絶句，有《古竹枝》意，跌宕奇古，超出詩人蹊徑。韓退之亦有之。

《捫虱新話》上一：韓以文爲詩，杜以詩爲文，世傳以爲戲。然文中要自有詩，詩中要自有文，亦相生法也。文中有詩，則句語精確；詩中有文，則詞調流暢。謝玄暉曰："好詩圓美流轉如彈丸。"此所謂詩中有文也。唐子西曰："古人雖不用偶儷，而散句之中，暗有聲調，步驟馳騁，亦有節奏。"此所謂文中有詩也。前代作者，皆知此法，吾謂無出韓、杜。觀子美夔州以後詩，簡易純熟，無斧鑿痕，信是如彈丸矣。退之《畫記》，鋪排收放，字字不虚，但不肯入韻耳。或者謂其殆似甲乙帳，非也。以此知杜詩、韓文，闕一不可。世之議者，遂謂子美無韻語，殆不堪讀，而以退之之詩但爲押韻之文者。是果足以爲韓、杜病乎？文中有詩，詩中有文，知者領予此語。

《藝概》二：詩以出於《騷》者爲正，以出於《莊》者爲變。少陵純乎《騷》，太白在《莊》《騷》間，東坡則出於《莊》者十之八九。

《才鬼記》：京兆韋氏子舉進士，門閥甚盛。嘗納妓於洛，顔色明秀，尤善音律。嘗令寫杜工部詩，得本甚舛，妓隨筆改正，文理曉然，是以頗爲所惑，年二十一而卒。

《唐語林》：陳子曰："衛公之戰伐，無兵也；杜員外咏歌，無詩也；張長史草聖，無書也。"

《四庫全書總目提要·集部·别集類》二：《九家集注杜詩》三十六卷（内府藏本），宋郭知達編。知達，蜀人。前有自序，作於淳熙八年。又有曾噩重刻序，作於寶慶元年。噩據《書録解題》作字子肅，閩清人。凌迪知《萬姓統譜》則作字噩甫，閩縣人，慶元中尉上高，復還廣東漕使，與陳振孫所記小異。振孫與噩同時，迪知所叙又與序中結銜合，未詳孰是也？宋人喜言杜詩，而注杜詩者無善本。此書集王洙、宋祁、王安石、黄庭堅、薛夢符、杜田、鮑彪、師尹、趙彦材之注，頗爲簡要。知達《序》稱："屬二三士友，隨是非而去取之。如假托名氏，撰造事實，皆删削不載。"陳振孫《書録解題》亦曰："世有稱東坡事實者（案當作老杜事實），隨事造文，一一牽合，而皆不言其所自出。且其詞氣首末出一口，蓋妄人僞托以欺亂流俗者。書坊輒抄入集注中，殊敗人意。此獨削去之。"云云。與序相合，知其别裁有法矣。振孫稱噩刊本五羊漕司，字大宜老（案宜老謂宜乎老眼。刻本或作可考，非），最爲善本。此本即噩家所初印，字劃端勁而清楷，宋版中之絶佳者。振孫所言，固不爲虚云。

《四庫全書總目提要·集部·别集類》二：《黄氏補注杜詩》三十六

卷（内府藏本），宋黄希原本，而其子鶴續成之者也。希字夢得，宜黄人。登進士第，官至永新令。嘗作春風堂於縣治，楊萬里爲作記，今載《誠齋集》中。鶴字叔似，著有《北窗寓言集》，今已久佚。希以杜詩舊注每多遺舛，嘗爲隨文補緝，未竟而歿。鶴因取槧本集注，即遺稿爲之正定，又益以所見，積三十餘年之力，至嘉定丙子，始克成編。書首原題《千家集注杜工部詩史》。所列注家姓氏，實止一百五十一人。注中徵引則王洙、趙次公、師尹、鮑彪、杜修可、魯訔諸家之説爲多，其他亦寥寥罕見。而當時所稱僞蘇注者，乃并見采綴。蓋坊行原有千家注本，鶴特因而廣之，故以"補注"爲名。其郭知達《九家注》、蔡夢弼《草堂詩箋》，視鶴本成書稍前（案知達本成於淳熙辛丑，在鶴本前三十餘年；夢弼成於嘉泰甲子，在鶴本前十有二年），而注内無一字引及，殆流傳未廣，偶未之見也。書中凡原注各稱某曰，其補注則稱希曰、鶴曰以别之。大旨在於按年編詩，故冠以"年譜辨疑"，用爲綱領。而詩中各以所作歲月注於逐篇之下，使讀者得考見其先後出處之大致。其例蓋始於黄伯思，後魯訔等踵加考訂，至鶴父子而益推明之。鈎稽辨證，亦頗具苦心。其間牴牾不合者，如《贈李白》一首，鶴以爲開元二十四年游齊趙時作，不知甫與白初未相見，至天寶十四載白自供奉被放後，始相遇於東都。觀甫《寄白二十韻》詩所云"乞歸優詔許，遇我宿心親"者，是其確證。鶴説殊誤。又《鄭駙馬宅宴洞中》一首，鶴謂與《重題鄭氏東亭》詩皆在河南新安縣作，不知《長安志》有蓮花洞，在神禾原鄭駙馬之居，即詩所云"洞中"，并不在新安，不可與東亭混而爲一。又《高都護驄馬行》，鶴以爲天寶七載作。考高仙芝平小勃律後，以天寶八載方入朝，詩中有"飄飄遠自流沙至"語，則當在八載而非七載。又《遣興》詩"赫赫京兆尹"句，鶴以京兆爲蕭至忠，不知至宗未嘗官京兆尹，詩中所指當是蕭炅。又《喜雨》一首，鶴謂永泰元年所作。考詩末甫自注"浙右多盜賊"語，正指寶應元年袁晁之亂，詩當作於是年。時甫方在梓、閬間，故有"巴人"之句，鶴説非是。似此者尚數十條，皆爲疏於考覈，又題與詩皆無明文，不可考其年月者，亦牽合其一字一句，强爲編排，殊傷穿鑿。然其考據精覈者，後來注杜諸家亦往往援以爲證。故無不攻駁其書，而終不能廢弃其書焉。

《四庫全書總目提要・集部・别集類》二：《集千家注杜詩》二十卷（江蘇巡撫采進本），不著編輯人名氏。前載王洙、王安石、胡宗愈、蔡夢弼四序。所采不滿百家，而題曰千家，蓋務誇摭拾之富，如魏仲舉《韓柳集注》亦虚稱五百家也。其句下篇末諸評，悉劉辰翁之語，朱彝尊謂夢弼所編入。然夢弼所撰，本名《草堂詩箋》，其自序内標識注例甚詳，與此本不合。宋犖謂杜詩評點自劉辰翁始。劉本無注。元大德間有高楚芳者，删存諸注，以劉評附之。此本疑即楚芳編也。辰翁評所見至淺，其標舉尖新字句，殆於竟陵之先聲。王士禎乃比之郭象注《莊》，殆未爲篤論。至編中所集諸家之注，真贋錯雜，亦多爲後來所抨彈。然宋以來注杜諸家鮮有專本傳世。遺文緒論，頗賴此書以存。其篳路藍縷之功，亦未可盡廢也。

《四庫全書總目提要・集部・别集類》二：《杜詩攟》四卷（江蘇巡撫采進本），明唐元竑撰。竑字遠生，烏程人，萬曆戊子舉人。明亡，不食死，論者以首陽餓夫比之。是編乃其讀杜詩時所札記，所閱蓋《千家注》本，其中附載劉辰翁評，故多駁正辰翁語。自宋人倡"詩史"之説，而箋杜詩者遂以劉昫、宋祁二書據爲稿本，一字一句，務使與紀傳相符。夫忠君愛國，君子之心，感事憂時，風人之旨。杜詩所以高於諸家者，固在於是。然集中根本不過數十首耳。咏月而以爲比肅宗，咏螢而以爲比李輔國，則詩家無景物矣。謂紈袴下服比小人，謂儒冠上服比君子，則詩家無字句矣。元竑所論，雖未必全得杜意，而刊除附會，涵咏性情，頗能會於意言之外。其中如"白鷗没浩蕩"句，必抑蘇軾而申宋敏求；"宛馬總肥秦苜蓿"句，正用漢武帝離宫種苜蓿事，而執誤本春苜蓿事以爲不對漢嫖姚。又往往喜言詩讖，尤屬不經。然大旨合者爲多，勝舊注之穿鑿遠矣。

《四庫全書總目提要・集部・别集類》二：《杜詩詳注》二十五卷、附編二卷（内府藏本），國朝仇兆鰲撰。兆鰲字滄柱，鄞縣人。康熙乙丑進士，官至吏部侍郎。是書乃康熙三十二年兆鰲爲編修時所奏進，凡詩注二十三卷、雜文注二卷，後以逸杜、咏杜、補杜、論杜爲附編上下二卷。其總目自二十八卷以下尚有仿杜集杜諸卷，皆有録無書，疑欲續爲而未成也。每詩各分段落，先詮釋文義於前，而徵引典故列於詩末。其中摭拾類書，小有舛誤者。如注"忘機對芳草"句，引《高士傳》葉幹忘機，今《高士傳》無此文，即《太平御覽》所載嵇康《高士傳》幾盈二卷，亦無此文。又注"宵旰憂虞軫"句，不知二字本徐陵文，乃引《左傳》注旰食，引《儀禮》注宵衣。考之鄭注，宵乃同綃，非宵旦之宵也。至吟杜卷中載徐增一詩，本出其《説唐詩》中，所謂"佛讓王維作，才憐李白狂"者，蓋以維詩雜禪趣、白詩多逸氣，以互形甫之謹嚴。兆鰲乃改上句爲"賦似相如逸"，乖其本旨。如此之類，往往有之，皆不可據爲典要。然援據繁富，而無千家諸注僞撰故實之陋習，覈其大局，可資考證者爲多，亦未可竟廢也。

李遠《送賀著作憑出宰永新序》：會稽賀憑以著作郎出宰永新。其行也，其色似若有不懌者。一時學省憲府之友，咸共語之，舉杜甫詩云："樽前失詩流，塞上得國寶。"乃相與賦詩送别秦東亭。

白居易《初授拾遺》：杜甫陳子昂，才名括天地。當時非不遇，尚無過斯位。

雍陶《經杜甫舊宅》。

杜牧《讀韓杜集》。

趙鴻《杜甫同谷茅茨》。

趙鴻《栗亭》。

薛能《海棠》。

薛能《荔枝詩》。

鄭顥《續夢中十韻》。

顧雲《蘇君廳觀韓幹馬障歌》。

羅隱《經耒陽杜工部墓》。

羅隱《題杜甫集》。

韓愈《醉留東野》。

韓愈《調張籍》。

楊巨源《贈從弟茂卿》。

貫休《讀杜工部集二首》。

裴説《經杜工部墳》。

皮日休《魯望昨以五百言見貽過有褒美内揣庸陋彌增愧悚因成一千言上述吾唐文物之盛次叙相得之歡亦迭和之微旨也》。

《唐才子傳》：甫字子美，京兆人。審言生閑，閑生甫。貧，少不自振，客吴、越、齊、趙間。李邕奇其材，先往見之。舉進士不中第，困長安。天寶三載，玄宗朝獻太清宫，饗廟及郊，甫奏賦三篇，帝奇之，使待詔集賢院。命宰相試文章，擢河西尉，不拜，改右衛率府胄曹參軍。數上賦頌，高自稱道，且言："先臣恕、預以來，承儒守官十一世。迨審言以文章顯。臣賴緒業，自七歲屬辭，且四十年。然衣不蓋體，常寄食於人，竊恐轉死溝壑，伏惟天子哀憐之。若令執先臣故事，拔泥途久辱，則臣之述作，雖不足鼓吹六經，先鳴數子，至沉鬱頓挫，隨時敏給，揚雄、枚皋，可企及也。有臣如此，陛下其忍弃之？"會禄山亂，天子入蜀，甫避走三川。肅宗立，自鄜州羸服欲奔行在，爲賊所得。至德二年，亡走鳳翔，上謁，拜左拾遺。與房琯爲布衣交，琯時敗兵，又以琴客董廷蘭之故罷相，甫上疏言罪細不宜免大臣。帝怒，詔三司親問。宰相張鎬曰："甫若抵罪，絶言者路。"帝解，不復問。時所在寇奪，甫家寓鄜，彌年艱窶，孺弱至餓死，因許甫自往省視。從還京師，出爲華州司功參軍。關輔饑，輒弃官去。客秦州，負薪拾橡栗自給。流落劍南，營草堂成都西郭浣花溪。召補京兆功曹參軍，不至。會嚴武節度劍南西川，往依焉。武再帥劍南，表爲參謀、檢校工部員外郎。武以世舊，待甫甚善，親詣其家，甫見之，或時不巾。而性褊躁傲誕，常醉登武床，瞪視曰："嚴挺之乃有此兒！"武中銜之。一日欲殺甫，集吏於門，武將出，冠鈎於簾者三，左右走報其母，力救得止。崔旰等亂，甫往來梓、夔間。大曆中，出瞿塘，泝沅、湘，以登衡山。因客耒陽，游岳祠，大水暴至，涉旬不得食。縣令具舟迎之，乃得還。爲設牛炙、白酒，大醉，一昔卒。年五十九。甫放曠不自檢，好論天下大事，高而不切也。與李白齊名，時號“李杜”。數嘗寇亂，挺節無所污。爲歌詩，傷時撓弱，情不忘君，人皆憐之。墳在岳陽。有集六十卷，及潤州刺史樊晃纂《小集》，今傳。能言者未必能行，能行者未必能言。觀李、杜二公，崎嶇板蕩之際，語語王霸，褒貶得失。忠孝之心，驚動千古；《騷》《雅》之妙，雙振當時。兼衆善於古今，集大成於往作。歷世之下，想見風塵。惜乎長轡未騁，奇才并屈，竹帛少色，徒列空言，嗚呼哀哉！昔謂杜之典重，李之飄逸，神聖之際，二公造焉。“觀於海者難爲水，游李、杜之門者難爲詩”。斯言信哉！

《書史會要》：杜甫於楷隸行草無不工。

《郡齋讀書志》：《杜甫集》二十卷，集外詩一卷。《注杜詩》二十卷。蔡興宗編《杜詩》二十卷。趙次公注《杜詩》五十九卷。右唐杜甫，子美也，審言之孫。天寶十三年，元宗朝獻太清宫，享廟及郊，奏賦三篇，使待制集賢院。宰相試文，再遷右衛率府胄曹，終於劍南參謀、檢校工部員外。曠放不自檢，好論天下大事，高而不切。少與李白齊名，時號“李杜”。數當寇亂，挺節無污。爲歌詩傷時撓弱，情不忘君，人憐其忠云。集有王洙原叔、王琪君玉序。皇朝自王原叔以後，學者喜觀甫詩。世有爲之注者數家，率皆鄙淺可笑。有托原叔名者，其實非也。吕微仲在成都時，嘗譜其年月，近時有蔡興宗者，再用年月編次之。而趙次公者，又以古律詩雜次第之，且爲之注。兩人頗以意改定其誤字云。

嚴維七一五？—？

秦系《將移耶溪舊居留贈嚴維秘書》。（一作《留呈嚴長史陳秘書》）

《唐才子傳》：維，字正文，越州人。初隱居桐廬，慕子陵之高風。至德二年，江淮選補使侍郎崔涣下以詞藻宏麗進士及第，以家貧親老，不能遠離，授諸暨尉，時年已四十餘。後歷秘書郎。嚴中丞節度河南，辟佐幕府。遷餘姚令。仕終右補闕。維少無宦情，懷家山之樂，以業素從升斗之禄，聊代耕耳。詩情雅重，挹魏、晋之風，鍛煉鏗鏘，庶少遺恨。一時名輩，孰匪金蘭？詩集一卷，今傳。

（芮挺章《國秀集》成於天寶三載，有進士嚴維詩三首，此亦維詩當入盛唐之證。）

錢起《送嚴維尉河南》。

皇甫冉《秋夜宿嚴維宅》。

皇甫冉《宿嚴維宅送包七（一作劉長卿）》。

皇甫冉《和朝郎中揚子玩雪寄山陰嚴維》。

岑參《送嚴維下第還江東》。

岑參《清江早發陝州途中贈嚴秘書》。

岑參《宿嚴維宅簡章八元》（一作《宿嚴秘書宅》）。

岑參《喜嚴侍御蜀還贈嚴秘書》。

《浙江通志》：嚴維，字正文，山陰人。爲校書郎。大曆中，與鄭概、裴冕、徐嶷、王綱等宴其園宅，聯句賦詩，世傳浙東唱和。維有詩一卷，行世。

本集《酬耿拾遺題贈》：顧身悲欲老，戒子力爲儒。

本集《酬諸公宿鏡水宅》：詩書何德名夫子，草木推年長數公。聞道漢家偏尚少，此身那比訪芝翁。

本集《留别鄒紹劉長卿》：中年從一尉，自笑此身非。道在甘微禄，時難耻息機。

本集《書情獻（一本有劉字）相公》：年衰白髮欲星星，誤却生涯是一經……今日更須詢哲匠，不應休去老岩扃。

本集《書情上李蘇州》：禮數自憐今日絶，風流空計往年歡。誤著青袍將十載，忍令漁浦却垂竿。

本集《答劉長卿七里瀨重送》：醉裏别時秋水色，老人南望一狂歌。

本集《歲初喜皇甫侍御至》：明朝别後門還掩，修竹千竿一老身。《答劉長卿蛇浦橋月下重送》：寂寞多年老宦，殷勤遠别深情。《重送新安劉員外》：手折衰楊悲老大，故人零落已無多。

許志雍《唐故江南道觀察判官監察御史裹行太原王公墓志銘》：公諱叔雅，字元宏……時秘書郎嚴維有盛名於代，雖以公年幼，交契老成……嘉其至性敦重，機□深邃，每器而厚之。時携幼弟適郢，乃賦詩以贈云："萬里天連水，孤舟弟與兄。"時屬而和者，連郡繼邑，染簡飛翰，期月不息，繇是聲譽籍甚於公卿間。(《古刻叢鈔》,《平津館叢書》本。)

《新唐書·藝文志》:《嚴維詩》一卷。注云：字正文，越州人，秘書郎。

劉長卿《送嚴維尉諸暨》(原注：嚴即越州人)：愛爾文章遠，還家印綬榮。退公兼色養，臨下帶鄉情。

劉長卿《蛇浦橋下重送嚴維》。

劉長卿《七里灘重送》。

劉長卿《對酒寄嚴維》。

劉長卿《送嚴維赴河南充嚴中丞幕府》。

劉長卿《宿嚴維宅寄包佶》(一作皇甫冉詩)。

武元衡《酬嚴維秋夜見寄》。

武元衡《經嚴秘書維故宅》。

武元衡《聞嚴秘書與正字及諸客夜會因寄》。

李嘉祐《送嚴維歸越州》。

李嘉祐《晚發江寧道中呈嚴維》。

李嘉祐《和韓郎中揚子津玩雪寄嚴維》。

李嘉祐《送嚴員外》(一作劉長卿詩)。

耿湋《贈嚴維》。

王季友行七

于邵《送王司議季友赴洪州序》：洪州之爲連率也，舊矣。自幽薊外奸，加之以師旅，十年之間，爲巨防矣。（案此序約作於廣德二年）……故朝廷重於鎮定，咨爾宗枝勉移獨坐之權，實專方面之寄……（案此指李勉，下又云："中丞宣力王室。"）

杜甫《可嘆》：近者抉眼去其夫，河東女兒身姓柳。丈夫正色動引經，豐城客子王季友。群書萬卷當暗誦，孝經一通看在手。貧窮老瘦家賣屐，好事就之爲携酒。豫章太守高帝孫（案李勉廣德二年九月爲洪州刺史，至大曆二年四月罷），引爲賓客敬頗久。聞道三年未曾語，小心恐懼閉其口。太守得之更不疑，人生反覆看已醜。明月無瑕豈容易，紫氣鬱鬱猶衝斗。時危可仗真豪俊，二人得置君側否。太守頃者領山南（案寶應初李勉爲梁州刺史、山南西道觀察使），邦人思之比父母。王生早曾拜顔色，高山之外皆培塿。（節録）

朱鶴齡《杜詩補注》：此詩爲季友而作也。季友，肅、代間人，殷璠謂其詩放蕩，愛險務奇，然而白首短褐。錢起有《贈季友赴洪州幕》詩云："列郡皆用武，南征所從誰。諸侯重才略，見子如瓊枝。"即豫章賓客之事也。潘淳《詩話》載《唐江西新幢子記題名》云："使兼御史中丞李勉、兼監察御史王季友。"蓋勉罷河南尹，以御史中丞歸西臺，出爲江西觀察使，故紀銜如此。于邵《送王司議季友赴洪州序》云："洪州之爲連率，舊矣。朝廷重於鎮定，咨爾宗支勉移獨坐之權，專方面之寄。是以王司議得爲副車。"案此詩"豐城客子"云云，則季友祗在勉幕府耳。《題名》及《序》所云，與"白首短褐"語不合，疑御史司議，止是虚銜，未嘗官於朝也。（案《河嶽英靈集》天寶十二載編時，季友猶未授官，故曰短褐；李勉刺洪自廣德二年始，大曆二年四月罷，故杜詩曰："三年未曾語。"朱説誤也。）

《唐才子傳》：季友，河南人也。誦書萬卷，論必引經。家貧賣屐，好事者多携酒就之。其妻柳氏，疾季友窮醜，遣去，來客豐城。洪州刺史李公，一見傾敬（案此語據杜詩。李勉爲梁州刺史時，已識季友），即引佐幕府。工詩，性磊浪不羈，“愛奇務險，遠出常情之外”。“白首短褐”，崎嶇士林，傷哉貧也。甞有詩云：“山中誰余密？白髮日相親。雀鼠晝夜無，知我厨廩貧。”又：“自耕自刈食爲天，如鹿如麋飲野泉。亦知世上公卿貴，且養丘中草木年。”觀其篤志山水，可謂遠性風疏，逸情雲上矣。有集，傳於世。（案錢詩“問我何功德，負恩留玉墀”，則季友乃自京赴洪州，此謂客豐城時，李勉引爲幕府，亦誤。）

錢起《送王季友赴洪州幕下》：列郡皆用武，南征所從誰。諸侯重才略，見子如瓊枝。（下略）

郎士元《酬王季友題半日村别業兼呈李明府》。

郎士元《酬王季友秋夜宿露臺寺見寄》（一本題作《題精舍寺》）。

岑參《潼關使院懷王七季友》：王生今才子，時輩咸所仰。何當見顔色，終日勞夢想。驅車到關下，欲往阻河廣。滿目徒春華，思君罷心賞。（下略）

多案：岑又有《送王七録事赴虢州》詩云：“早歲即相知，嗟君最後時。青雲仍未達，白髮欲成絲。”季友行七；青雲未達，白髮成絲，身世亦頗類季友。又《送王録事却歸華陰》詩原注曰：“王録事自華陰尉授虢州録事參軍，旬日却復舊官。”則《五月四日送王少府歸華陰》《六月三十日水亭送華陰王少府還縣》《喜華陰王少府使到南池宴集》諸詩，并即一人。疑岑到潼關時，王猶在華陰，故思往訪之也。

戎昱《苦哉行》五首。（原注：寶應中過滑州、洛陽後同王季友作。）

本集《皇帝移晦日爲中和節》。（案貞元五年改中和節，此别一王季友。）

《唐詩紀事》：季友，肅、代間詩人也。

《南昌郡乘》：王季友，豐城人。博極群書，能詩，與杜甫、岑參、郎士元游。舉開元進士。李勉爲江西觀察使，表監察御史，遷御史中丞。……自號“雲峰居士”。（《圖書集成》“文學名家列傳”引）

畢曜行四

杜甫《逼側行贈畢四曜》。

杜甫《贈畢四曜》。

杜甫《秦州見敕目薛璩授司議郎畢曜除監察遠喜遷官兼述索居凡三十韻》《存殁口號》二首。

《草堂詩箋》十四《贈畢四曜》。(《玉臺後集》有曜詩二首。)

孟浩然《家園卧疾畢太祝曜(一無此字)見尋》。(?)

錢起《白石枕》序:起與監察御史畢公交之厚矣。

錢起《送畢侍御謫居》。

錢起《再得畢侍御謫見聞巴中卧病》。

錢起《宿畢侍御宅》。

錢起《嘆畢少府以持法無隱見繫》。

獨孤及《客舍月下對酒醉後寄畢四耀》。

獨孤及《夏中酬于逖畢耀問病見贈》。

《舊唐書·喬琳傳》:……尋拜監察御史。琳倜儻疏誕,好談諧,侮謔僚列,頗無禮檢。同院御史畢耀初與琳嘲誚往復,因成釁隙,遂以公事互相告訴,坐貶巴州員外司户。

顔真卿《東方先生畫贊碑陰記》:與……司經正字畢燿(等)同兹謁拜。(天寶十三載季冬建。)

《授堂金石跋·東方先生畫贊碑跋》:畢燿見《酷吏敬羽傳》,與毛若虛、裴昇同時爲御史。又《叛臣喬琳傳》:郭子儀表爲琳朔方府掌書記,與聯舍畢曜相掉訐。《宰相世系表》:曜,侍御史。今碑作燿,不從日。案《唐書·畢構傳》:子炕。《世系表》炕與曜爲一格,疑皆從火,碑所言爲正。杜集《存殁口號》"畢曜猶傳舊小詩",曜一作耀,亦燿之轉。

《舊唐書·酷吏·敬羽傳》:又有裴昇、畢曜同爲御史,皆酷毒。人之陷刑,當時有"毛、敬、裴、畢"之稱。畢尋流黔中。

《元和姓纂》：東平畢氏，栩，大理正、工部郎中。生曜，御史。

岑參行二十七

《唐才子傳》：參，南陽人，文本之後，登天寶進士第。天寶三載趙岳榜第二人及第。累官左補闕、起居郎，出爲嘉州刺史。杜鴻漸表置安西（案當是西川之誤）幕府，拜職方郎中，兼侍御史。辭罷（？）。别業在杜陵山中。後終於蜀。參累佐戎幕，往來鞍馬烽塵間十餘載，極征行離别之情，城障塞堡，無不經行。博覽史籍，尤工綴文。屬詞清尚，用心良苦。詩調尤高，唐興罕見此作。放情山水，故常懷逸念，奇造幽致，所得往往超拔孤秀，度超常情。與高適風骨頗同，讀之令人慷慨懷感。每篇絶筆，人輒傳味（案疑當作咏）。至德中，裴休、杜甫常薦其“識度清遠，議論雅正，佳名早立，時輩所仰，可以備獻替之官”。未及大用而謝世，豈不傷哉！有集十卷行於世，杜確爲之序云。

《唐詩紀事》：參，南陽人，文本之後，登天寶進士第。累爲安西、關西節度判官，入爲祠、功二外郎（案《郎官石柱題名》祠部員外郎下有參名），虞、庫二正郎。出爲嘉州刺史。副元帥杜鴻漸表公兼侍御史，列於幕府。使罷，寓於蜀中。中原多故，卒死於蜀。

《湖廣通志》：岑參，文本曾孫。少孤。比長，遍覽經史，綴文屬詞，迥拔孤秀。天寶中進士，歷右補闕。頻上封事，指摘權佞，改太子中允，兼侍御史，補嘉州刺史。宰相杜鴻漸表薦爲職方郎中。著《感舊賦》自叙。卒，子佐公復纂前緒。（《圖書集成》引）

《全唐詩》小傳：岑參，南陽人，文本之後。少孤貧篤學。登天寶三載進士第。由率府參軍，累官右補闕。論斥權佞，改起居郎。尋出爲虢州長史，復入爲太子中允。代宗總戎陝服，委以書奏之任。由庫部郎出刺嘉州。杜鴻漸鎮西川，表爲從事，以職方郎，兼侍御史，領幕職。使罷，流寓不還，遂終於蜀。參詩辭意清切，迥拔孤秀，多出佳境，每一篇出，人競傳寫，比之吴均、何遜焉。集八卷，今編四卷。

《唐語林》：崔祐甫爲中書舍人時，宰相常衮當國。祐甫每見執問事，未曾屈，舍人岑參掌誥，屢稱疾，不入宿直，人多憚而不敢發。崔獨入見，以舍人稱疾既多，有同離局。衮曰："此子羸病日久，諸賢豈不能容之？"崔曰："相公若知岑舍人抱疾，本不當遷授，今既居此，安可以疾辭王事乎？"衮默然無以奪也，由是心銜之。及德宗在諒暗中，衮矯制除崔爲河南少尹。上覺其事，遽追還之，拜中書侍郎平章事。而衮謫於嶺外。

《彦周詩話》：岑參詩亦自成一家，蓋嘗從封常清軍，其記西域異事甚多，如《優鉢羅花歌》《熱海行》，古今傳記所不載也。（多案：參從戎西域，爲一生大事，名篇佳製，多作於其時。諸書叙參生平者皆略之，獨彦周以爲參詩之所以自成一家在此，真灼見也。）

（近人徐嘉瑞云："參詩象一百二十面鼓、七十面金鉦和奏着的《鼓吹曲》一樣。"可謂妙於設喻矣。）

《感舊賦序》：參，相門子，五歲讀書，九歲屬文，十五隱於嵩陽（嵩陽縣隋置，唐改登封，即今河南登封縣。集中有《自潘陵尖還少室居止秋夕憑眺》詩，即指此。），二十獻書闕下。嘗自謂：雲霄坐致，青紫俯拾。金盡裘敝，蹇而無成，豈命之過歟！國家六葉，吾門三相矣。江陵公爲中書令，輔太宗；鄧國公爲文昌右相，輔高宗；汝南公爲侍中，輔睿宗。相承寵光，繼出輔弼。《易》曰："物不可以終泰，故受之以否。"逮乎武后臨朝，鄧國公由是得罪；先天中，汝南公又得罪，朱輪華轂，如夢中矣。今王道休明，噫！世業淪替，猶欽若前德，將施於後人。參年三十，未及一命。昔一何榮矣，今一何悴矣！直念昔者爲賦云。

獨孤及《招北客文》，《文苑英華》作岑參。案參有《招蜀客歸》，已佚。此因題字類似而誤。

杜甫《渼陂行》。

杜甫《與鄠縣源大少府宴渼陂》。

杜甫《九日寄岑參》。

杜甫《奉答岑參補闕見贈》。

杜甫《寄高使君岑長史》。

王昌齡《留别岑參兄弟》。

戎昱《贈岑郎中》：童年未解讀書時，誦得郎中數首詩。四海烟塵猶隔闊，十年魂夢每相隨……

《河嶽英靈集》：參詩語奇體峻，意亦造奇。至如“長風吹白茅，野火燒枯桑”，可謂逸才。又“山風吹空林，颯颯如有人”，宜稱幽致也。

錢起《賦得綿綿思遠道送岑判官入嶺》。（？）

獨孤及《同岑郎中屯田韋員外花樹歌》。

杜確《岑嘉州集序》：公諱參，代爲本州冠族。曾大父文本、大父長倩、伯父羲，皆以學術德望，官至台輔。早歲孤貧，能自砥礪，遍覽史籍，尤工綴文。屬辭尚清，用意尚切，其有所得，多入佳境，迥拔孤秀，出於常情。每一篇絶筆，則人人傳寫，雖閭里士庶、戎夷蠻貊，莫不諷誦吟習焉。時議擬公於吴均、何遜，亦可謂精當矣。天寶三載，進士高第，解褐右内率府兵曹參軍。轉右威衛録事參軍，又遷大理評事，兼監察御史，充安西節度判官。入爲右補闕，頻上封章，指述權佞，改爲起居郎，尋出虢州長史。又改太子中允，兼殿中侍御史，充關西節度判官。聖上潛龍藩邸，總戎陝服，參佐僚史，皆一時之選，由是委公以書奏之任。入爲祠部、考功二員外郎，轉虞部、庫部二正郎，又出爲嘉州刺史。副元帥相國杜公鴻漸表公職方郎中，兼侍御史，列於幕府。無幾使罷，寓居於蜀。時西川節度因亂受職，本非朝旨，其部統之内，文武衣冠，附會阿諛，以求自結，皆曰中原多故，劍外少康，可以庇躬，無暇（一作段）向闕。公乃著《招蜀客歸》一篇，申明逆順之理，抑挫佞邪之計，有識者感嘆，奸謀者漸沮，播德澤於梁、益，暢皇風於邛、僰。旋軫有日，犯軷俟時，吉往凶歸，嗚呼不禄！歲月逾邁，殆三十年。嗣子佐公復纂前緒，亦以文采登名翰場。收公遺文，貯之篋笥。以確接通家餘烈，忝同聲後輩，命編次，因令繕録，區分類聚，勒成八卷。倘後之詞人，有所觀覽，亦由聆廣樂者識清商之韻，游名山者仰翠微之色，足以瑩徹心府，發揮高致焉。

勞格、趙鉞《唐尚書省郎官石柱題名考》（卷十“考功員外郎補遺”）：《新表》：岑氏，仙、晋二州刺史植。子參，庫部郎中、嘉州都督。杜確《岑嘉州集序》：南陽岑公，天寶三載進士高第，自太子中允，兼殿中侍御史，充關西節度判官，入爲祠部、考功二員外郎，轉虞部、庫部二正郎，又出爲嘉州刺史。（仿宋本）《新唐書·藝文志》：岑參集十卷。

《郎官石柱題名》：祠部員外郎。

于邵《送家令祁丞序》：虞部郎中岑公贈詩一篇，情言兼至，當時之絶也。

賴義輝《岑參年譜》（《嶺南學報》第一卷第二期）。

李歸一《王屋山志》：岑參，南陽人，（文）本之後。天寶中進士。正德二載，試大理評事，攝監察御史。杜甫薦之，轉左補闕、起居郎。累遷侍御史，出爲嘉州。早年家王屋，後徙居杜陵山中。屬中原多故，卒死於蜀。有集八卷行於世。

王士禎《秦蜀驛程後記》：靈寶縣，右弘農縣，桃林地也。唐天寶初獲靈符於古函谷，改今名，又改虢略縣。今有虢略鎮，即古虢州、《左傳》“東盡虢略”是也。唐岑嘉州參賦詩處，有西樓、西亭、三堂諸名迹。

《放翁題跋》：予自少時，絶好岑嘉州詩。往在山中，每醉歸，倚胡床睡，輒令兒曹誦之，至酒醒或睡熟乃已。嘗以爲太白、子美之後一人而已。今年自唐安别駕來攝犍爲，既畫公像齋壁，又雜取世所傳公遺詩八十餘篇刻之，以摶知詩律者，不獨備此邦故事，亦平生素意也。乾道癸巳八月三日山陰陸某務觀題。（《跋岑嘉州詩集》）

詩集據杜確《序》稱八卷，李歸一（亦唐人）《王屋山志》同。《新唐書·藝文志》《唐才子傳》并稱十卷，恐誤。

《元和姓纂》：（南陽棘陽岑氏）景倩孫參，嘉州刺史。

《峴傭説詩》：岑嘉州七古，勁骨奇翼，如霜天一鶚，故旋之邊塞最宜。嘉州《赤驃馬歌》："草頭一點疾如飛，欲使蒼鷹翻向後。"寫盡馬之才矣。少陵諸馬詩，并能寫馬之德，所以更高一層。

《北江詩話》：詩之奇而入理者，其惟岑嘉州乎？如游終南山詩："雷聲傍太白，雨在八九峰。東望白閣雲，半入紫閣松。"余嘗以乙巳春夏之際，獨游終南山紫、白二閣，遇急雨，回憩草堂寺，時原空如沸，山勢欲頹，急雨劈門，怒雲奔谷，而後知岑詩之奇矣。又嘗以己未冬杪謫戍出關，祁連雪山，日在馬首，又晝夜行戈壁中，沙石嚇人，没及髁膝，而後知岑詩"一川碎石大如斗，隨風滿地石亂走"之奇而實確也。

《新唐書・藝文志》：岑參集十卷。

《朝野僉載》：時崔、岑、鄭愔并爲吏部，京中謡之曰："岑羲獠子後，崔湜令公孫，三人相比接，莫賀咄最渾。"（案此，岑氏必南人，譜牒稱岑，彭之後，乃妄也。）

權德輿《秘書郎廳壁記》：始以岑江陵、虞永興、褚河南迭爲之。（案岑江陵謂文本，此亦參爲江陵人之證。）

《元和姓纂》：南陽棘陽岑氏，善方梁起居、尚書、長寧公，又居江陵生曼倩、景倩……景倩孫參，嘉州刺史。

《唐百家詩選》三：文本之曾孫，天寶初登進士第。由庫部郎中出嘉州刺史卒。

《郡齋讀書志》：岑參集十卷。右唐岑參，南陽人，文本裔孫。天寶三年進士，累官補闕、起居郎，出爲嘉州刺史。杜鴻漸表置幕府，爲職方郎中，兼侍御史，罷，終於蜀。參博覽史籍，尤工綴文，屬辭清尚，用心良苦，其有所得，往往超拔孤秀，度越常情，每篇絶筆，人競傳諷。至德中，裴薦、杜甫等嘗薦其"識度清越，議論雅正，佳名早立，時輩所仰，可以備獻替之官"云。集有杜確序。

李華行三

《唐書·文藝傳》：李華，字遐叔，趙州贊皇人。曾祖太沖，名冠宗族間，鄉人語曰："太沖無兄。"太宗時擢祠部郎中。華少曠達，外若坦蕩，内謹重，尚然許，每慕汲黯爲人。累中進士宏辭科。天寶十一載，遷監察御史。宰相楊國忠支婭所在横猾，華出使，劾按不撓，州縣肅然。然爲權幸見嫉，徙右補闕。安禄山反，上誅守之策，皆留不報。玄宗入蜀，百官解竄。華母在鄴，欲間行輦母以逃，爲盗所得，僞署鳳閣舍人。賊平，貶杭州司户參軍。華自傷踐危亂不能完節，又不能安親。欲終養而母亡，遂屏居江南。上元中，以左補闕司封員外郎召之。華喟然曰："烏有隳節危親，欲荷天子寵乎？"稱疾不拜。李峴領選江南，表置幕府，擢檢校吏部員外郎。苦風痹，去官，客隱山陽，勒子弟力農，安於窮槁。晚事浮圖法。不甚著書，惟天下士大夫家傳墓版，及州縣碑頌，時時齎金帛往請，乃强爲應。大曆初，卒。初華作《含元殿賦》成，以示蕭穎士。穎士曰："《景福》之上，《靈光》之下。"華文辭綿麗，少宏杰氣。穎士健爽自肆。時謂不及穎士，而華自疑過之。因作《吊古戰場文》，極思研摧，已成，污爲故書，雜置梵書之庋。他日，與穎士讀之，稱工。華問今誰可及？穎士曰："君加精思，便能至矣。"華愕然而服。華愛奬士類，名隨以重。若獨孤及、韓雲卿、韓會、李紓、柳識、崔祐甫、皇甫冉、謝良弼、朱巨川，後至執政顯官。華觴禍銜悔，及爲元德秀《權皋銘》《四皓贊》，稱道深宛，讀者憐其志。宗子翰，從子觀，皆有名。

《郎官石柱題名》：金部郎中。

《御史臺精舍題名》：左側監察。

《唐摭言》四：李華至德中，自前司封員外，起爲相國李梁公峴從事、檢校吏部員外。

李良《薦蒙求表》：司封員外郎李華，當代文宗，名望夙著，與作序……（日本本古本《蒙求》。案《表》署天寶五年八月一日饒州刺史李良。）

梁肅《爲常州獨孤使君祭李員外文》：維大曆元年五月日，朝散大夫守常州刺史賜紫金魚袋獨孤某，謹以清酌之奠，祭於故尚書吏部郎趙郡李遐叔三兄之靈。嗚呼！疇昔之年，接兄討論，倚伏之數，或尋其源，嘗謂仁人，百禄滋蕃，如何於兄，斯道莫存？嗚呼哀哉！惟兄孝友仁恕，高明寬裕，何德之茂，何才之富！

梁肅《送李補闕歸少室養病序》。

《國史補》：李華作《含元殿賦》，蕭穎士見之曰："《景福》之上，《靈光》之下。"華著論言龜卜可廢，可謂深識之士矣。後以失節賊庭，故其文殷勤於四皓、元魯山，極筆於權著作，蓋心所愧也。（《唐語林》引詞。）

《新唐書·藝文志》：《李華前集》十卷、《中集》二十卷。

裴迪行十

《帶經堂詩話》：唐有兩裴迪。一天寶詩人，與王維、杜甫友善。一爲王鐸辟租庸招納使，朱温鎮宣武，辟節度判官，既篡位，拜右僕射。温自岐還，將吏皆賜迎鑾叶贊，功臣入見，温目迪曰："叶贊之功，唯裴公有之。"見《五代史·雜傳》。

《七言律準》：《文苑英華》有殷廷珪《授裴迪太僕卿元鎬京兆少尹盧玭司業制》。案廷珪唐末人，則兩裴迪也。

《少室山房筆叢》一八：兩裴迪，一與王維唱和，一唐末幕官，《五代史》有傳。

錢起《餞（終南山供奉）迪侍御使蜀》：柱史纔年四十强，鬚髯玄髮美清揚。（案迪上元元年在蜀，杜詩可證。）

儲光羲《山居貽裴十二迪》：落葉滿山砌，蒼烟埋竹扉。遠懷青冥士，書劍常相依。霜卧眇兹地，琴言紛已違。衡言今萬里，南雁將何歸。出徑惜松引，入舟憐釣磯。西林有明月，夜久空微微。

李頎《聖善閣送裴迪入京》：伊川惜東別，灞水向西看。舊托含香署，雲霄何足難。

孟浩然《從張丞相游南紀城獵戲贈裴迪張參軍》。（案《提要》謂張丞相乃張説，疑當是九齡。）

杜甫《和裴迪登新津寺寄王侍御》（上元元年秋作）。

杜甫《和裴迪登蜀州東亭送客逢早梅相憶見寄》（上元元年冬）。

杜甫《暮登四安寺鐘樓寄裴十迪》：知君苦思緣詩瘦，太向交游萬事慵。（上元二年）

王維《贈裴十迪》。

王維《贈裴迪》。

王維《輞川閑居寄裴十秀才迪》。

王維《登裴秀才小臺》。

王維《黎拾遺昕裴秀才迪見過秋夜對雨之作》。

王維《春日與裴迪過新昌里訪吕逸人不遇》。

王維《酌酒與裴迪》。

王維《答裴迪輞口遇雨憶終南山之作》。

王維《聞裴秀才迪吟詩因戲贈》。

王維《菩提寺禁裴迪來相看説逆賊等凝碧池上作音樂供奉人等舉聲便一時泪下私成口號誦示裴迪》。

王維《菩提禁口號又示裴迪》。

張　暈

一作翬。曲阿人，開元二十三年進士，官校書郎。存詩二首。

《唐詩紀事》：暈，開元進士，蕭穎士同年生也。

蕭穎士《張暈下第歸江東》：俱飛仍失路，彩服遡清波。地積東南美，朝遺甲乙科。客愁千里别，春色五湖多。明日舊山去，其如相望何。（案穎士開元二十三年登進士第，蓋二人同以是年赴舉，而暈獨下第，故穎士贈詩云然。《登科記考》列暈爲二十三年進士登第，而謂蕭詩所言爲制舉落第，非是。《紀事》亦衹云開元進士，不云進士第也。）

《嘉定鎮江志》：張暈，曲阿人，進士第，校書郎。（《登科記考》附録引）

張萬頃

開元、天寶間進士。詩三首。

錢起《謝法曹張萬頃小山暇景見憶》。

《安禄山事迹》中：（天寶十四載）九月九日甲午，縛太原尹楊光翽送之，移牒陳其罪狀……至鉅鹿郡欲宿，禄山忽驚曰："我名禄山，非所宜宿也。"移營至沙河縣，博陵太守張萬頃獻《漢高祖不宿柏人頌》，王子牒至云："黄河水見底，冰結成橋。"

又下：張萬頃、獨孤問俗、張休并復舊官，禄山令問俗壞太廟，問俗遷延，終以獲全。令萬頃捕殺皇支，萬頃多所脱免。休數回諫禄山。此二三人者，本禄山賓佐。

《舊唐書・楊慎矜傳》：（天寶六載十一月）二十五日，詔楊慎矜、慎餘、慎名，并賜自盡……乃使監察御史顔真卿送敕至東京，殿中侍御史崔寓引慎名，令河南法曹張萬頃宣敕示之。

蕭穎士

《朝野僉載》：蕭穎士，開元中年十九，擢進士第。至二十餘，該博三教。性急躁忿戾，舉無其比。常使一傭僕杜亮，每一决責，便至瘡，養平復，遵其指使如故。或勸亮曰："子傭夫也，何不擇其善主，而受苦若是乎？"亮曰："愚豈不知，但愛其才學博奥，以此戀戀不能去。"卒至於死。

《新唐書・藝文志》：蕭穎士《游梁新集》三卷，文集十卷。

《郡齋讀書志》：穎士通書籀，嘗教授濮陽，時號"蕭夫子"。

《舊唐書・文苑傳》：蕭穎士者，字茂挺，與華同年登進士第。當開元中，天下承平，人物駢集，如賈曾、席豫、張垍、韋述輩，皆有盛名，而穎士皆與之游，由是縉紳多譽之。李林甫采其名，欲拔用之，乃召見。時穎士寓居廣陵，母喪，即縗麻而詣京師，徑謁林甫於政事省。林甫素不識，遽見縗麻，大惡之，即令斥去。穎士大忿，乃爲《伐櫻桃賦》以刺林甫，云："擢無庸之瑣質，因本枝而自庇。洎枝幹而非據，專廟廷之右地。雖先寢而或薦，豈和羹之正味。"其狂率不遜，皆此類也。然而聰警絶倫。嘗與李華、陸據同游洛南龍門，三人共讀路側古碑，穎士一閲，即能誦之。華再閲、據三閲，方能記之。議者以三人才格高下亦如此。是時外夷亦知穎士之名，新羅使入朝，言國人願得蕭夫子爲師，其名動華夷若此。終以誕傲褊忿，困躓而卒。

《郡齋讀書志》：《蕭穎士集》十卷。右唐蕭穎士，茂挺也。梁宗室之後。舉進士，開元二十三年中第，爲史館待制。安禄山反，竄山南，節度崔圓授揚州工曹，至官信宿而去，客死汝南逆旅，門人謚曰"文元先生"。穎士善觀書，一覽即誦，通百家譜系書籀，嘗教授濮陽，時號"蕭夫子"。李林甫惡不附己，故數罷去。閻士和盛推穎士文章，以爲聞蕭氏之風者，童子羞稱曹、陸。《唐書》云穎士作《伐櫻桃賦》以詆李林甫，君子恨其褊。案集載其辭有曰："每俯臨乎蕭墻，奸回得而窺伺。"蓋謂林甫之必致寇也。其後果階禄山之禍，唐遂不振。然則穎士可謂知機矣，宜褒而返加以貶詞，何哉？

包　何

《唐詩紀事》：何字幼嗣，融之子也。大曆中爲起居舍人。

《唐才子傳》：何字幼嗣，潤州延陵人，包融之子也。與弟佶俱以詩鳴時，稱“二包”。天寶七年，楊譽榜及第。曾師事孟浩然，授格法，與李嘉祐相友善。大曆中仕終起居舍人。詩傳者可數，蓋流離世故，率多素辭，大播芳名，亦當時望族也。

賈至七一八—七七二　行六

韋應物《賈常侍林亭燕集》：池館在東周。（案聞人倓注引賈曾詩曰“臣在東周獨留滯”，是也。）

錢謙益杜詩《送賈閣老出汝州》箋：賈至本傳不載出守之故，杜有別賈、嚴二閣老及《寄岳州兩閣老》詩，知其爲房琯黨也與。武尚未貶，而先出至者，以普安郡制置天下之詔，至實當制，故先出之也。岳州之謫，亦本於此。公詩有“艱難”“去住”之句，情見乎辭矣。

獨孤及《祭賈尚書文》，大曆七年四月二十一日，又稱“賈公六兒”。

常衮《授賈至京兆尹制》：正議大夫、行尚書兵部侍郎、信都縣開國男、賜紫金魚袋賈至。

《新唐書·藝文志》：《賈至集》二十卷，別十五卷，蘇冕編。

《新唐書·賈曾傳》附《至傳》：至字幼鄰，擢明經第，解褐單父尉。從玄宗幸蜀，拜起居舍人，知制誥。帝傳位，至嘗撰册，既進稿，帝曰：“昔先天誥命，乃父爲之辭，今兹命册，又爾爲之，兩朝盛典，出卿家父子手，可謂繼美矣。”至頓首嗚咽流涕。歷中書舍人。至德中，將軍王去榮殺富平令杜徽，肅宗新得陝，且惜去榮材，詔貸死，以流人使自效。至諫曰：“聖人誅亂，必先示法令，崇禮義。漢始入關，約法三章：‘殺人者死！’不易之法也。按將軍去榮，以朔方偏裨，提數千士，不能整行列，挾私怨，殺縣令，有犯上之逆。或曰去榮善守，陝新下，非去榮不可守。臣謂不然。李光弼守太原，程千里守上黨，許叔冀守靈昌，魯炅守南陽，賈賁守雍丘，張巡守睢陽，初無去榮，未聞賊能下也。以一能而免死，彼弧矢絶倫、劍術無前者，恃能犯上，何以止之？若捨去榮，誅將來，是法不一而招罪人也。惜一去榮，殺十去榮之材，其傷蓋多，後逆亂之人，有逆於此而順於彼乎？亂富平而治於陝乎？悖縣令，能不悖於君乎？律令者，太宗之律令，陛下不可以一士小材，廢祖宗大法。”帝召群臣議，太子太師韋見素、文部郎中崔器等皆以爲：“法者，天地大典，王者不敢專也。帝王不擅殺，而小人得擅殺者，是權過人主。開元以前，無敢專殺，尊朝廷也；今有之，是弱國家也。太宗定天下，陛下復鴻業，則去榮非至德罪人，乃貞觀罪人也。其罪祖宗所不赦，陛下可易之耶？”詔可。蒲州刺史以河東瀕賊，徹傳城廬舍五千室，不使賊得保聚，民大擾。詔遣至尉安，官助營完，蒲人乃安。坐小法，貶岳州司馬。寶應初，召復故官，遷尚書左丞。楊綰建請依古制，縣令舉孝廉於刺史，刺史升天子禮部。詔有司參議，多是綰言。至議以爲：“自晋後，衣冠遷徙，人多僑處，因緣官族，所在占籍。今鄉舉取人未盡，請廣學校，增國子博士員，十道大州得置大學館，詔博士領之，召置生徒。使保桑梓者，鄉里舉焉；在流寓者，庠序推焉。”議者更附至議。轉禮部侍郎，待制集賢院。大曆初，徙兵部。累封信都縣伯，進京兆尹。七年，以右散騎常侍卒，年五十五，贈禮部尚書，謚曰“文”。

杜甫《奉和賈至舍人早朝大明宮》。

杜甫《留别賈嚴二閣老兩院補闕》。

杜甫《送賈閣老出汝州》。

杜甫《寄岳州賈司馬六丈巴州嚴八使君兩閣老五十韻》。

杜甫《别唐十五誡因寄禮部賈侍郎》。

《唐才子傳》：至字幼鄰，洛陽人，曾之子也。曾開元間與蘇晋同掌制誥。至天寶十年明經擢第，累官起居舍人，知制誥。從幸西川，嘗撰傳位肅宗册文，既進稿，玄宗曰："先天誥命，乃父所爲；今兹大册，爾又爲之。兩朝盛典，出卿家父子，可謂繼美矣。"大曆初，遷京兆尹。以散騎常侍卒。初，嘗以事謫守巴陵，與李白相遇，日酣杯酒，追憶京華舊游，多見酬唱。白贈詩有云："聖主恩深漢文帝，憐君不遣到長沙。"至特工詩，俊逸之氣，不減鮑照、庾信，調亦清暢，且多素辭，蓋厭於漂流淪落者也。有集三十餘卷，今傳。

《元和姓纂》：長樂賈氏曾，中書舍人、禮部侍郎。生深、至……至，中書舍人、禮兵二侍郎、京兆尹、右常侍。

《郡齋讀書志》：賈至集十卷。右唐賈至，幼幾也，洛陽人。天寶十年明經擢第，累官起居舍人，知制誥。從幸西川，嘗撰傳位册，既進稿，上曰："先天誥命，乃父爲之；今兹册命，又爾爲之。兩朝大典，出卿父子，可謂繼美矣。"大曆中，終散騎常侍。集李邯鄲淑家本，二十卷，蘇弁編次，常仲孺爲序，以墓銘叙碑列於後，今亡其半。蘇子瞻嘗行吕惠卿責詞，有"元凶在位"之語，仇人乃曰：世惟宋太子劭謂之"元凶"，因誣其指斥，殊不知曹子建《責躬》詩有曰："元凶是率。"蓋自謂也。今至制誥中，除魏仲犀、徐歸道詞，亦以"元凶"指禄山，豈獨劭爲元凶邪？世多疑子瞻失詞，因表出之。

李嘉祐

劉長卿《初貶南巴至鄱陽題李嘉祐江亭》。

錢起《寄袁州李嘉祐員外》。

竇叔向《酬李袁州嘉祐》。

司空曙《送李嘉祐正字括圖書兼往揚州覲省》。

《唐才子傳》：嘉祐，字從一，趙州人。天寶七年楊譽榜進士。爲秘書正字。以罪謫南荒，未幾何，有詔量移爲鄱陽宰。又爲江陰令，後遷台、袁二州刺史。善爲詩，綺麗婉靡，與錢、劉別爲一體，往往涉於齊、梁時風，人擬爲“吴均、何遜之敵”，“自振藻天朝，大收芳譽，中興風流”也。有集今傳。

本集《答泉州薛播使君重陽日贈酒》。(《舊唐書·薛播傳》：崔祐甫輔政，用爲中書舍人，出汝州刺史，以公事貶泉州刺史。尋除晋州刺史、河南尹，遷尚書左丞，轉禮部侍郎。遇疾，貞元三年卒。《舊唐書·德宗紀》：大曆十四年，崔祐甫同中書門下平章事。建中元年六月，崔祐甫卒。案大曆末薛播始爲中書舍人，其出刺汝州、貶泉州，至早在建中元年。嘉祐此詩，疑作於二年。)

本集《元日無衣冠入朝寄皇甫拾遺冉從弟補闕紓》《自蘇臺至望亭驛人家盡空春物增思悵然有作因寄從弟紓》。(《舊唐書·李紓傳》：卒於官，年六十二。貞元八年贈禮部尚書。《舊唐書·德宗紀》：貞元七年二月，吏部尚書李紓卒。案生於開元十八年。)

《直齋書録解題》：李嘉祐，天寶七載進士。

宋謝克家《李嘉祐詩集序》：上元中，嘗爲台州刺史。大曆間，又刺袁州。

《新唐書·藝文志》：《李嘉祐詩》一卷。别名從一，袁州、台州二刺史。(陳氏《書録》同，云：“亦號《臺閣集》。”案今本《臺閣集》前題：“袁州刺史李嘉祐，字從一，或名從一。”)

石刻《郎官石柱題名》：司勛員外郎。

張謂行十四

《唐詩紀事》：謂登天寶二年進士第。奉使長沙，嘗作《長沙風土記》，云：“巨唐八葉，元聖六載(案在大曆三年)，正言待罪湘東。”謂大曆間爲禮部侍郎，典七年、八年、九年貢舉。

殷璠《河嶽英靈集》：謂《代北州老翁答》及《湖中對酒行》，并在物情之外，但衆人未曾説耳。亦何必歷遐遠，探古迹，然後始爲冥搜？

《唐才子傳》：謂，字正言，河内人也。少讀書嵩山。清才拔萃，泛覽流觀。不屈於權勢。自矜奇骨，必談笑封侯。二十四受辟，從戎營朔，十載亭障間，稍立功勛。以將軍得罪，流滯薊門，有以非辜雪之者，累官爲禮部侍郎。無幾何，出爲潭州刺史。性嗜酒簡淡，樂意湖山。工詩，格度嚴密，語致精深，多擊節之音。今有集傳於世。

《全唐詩》小傳：張謂，字正言，河南人。天寶二年登進士第。乾元中爲尚書郎。大曆間官至禮部尚書，三典貢舉。詩一卷。

本集有《夏大夫闕公碑陰文》：乾元歲，以戎車之殿，朝於京師，一覽吴子之文，再明闕公之義。

常衮《授張謂禮部侍郎制》：結御稱中散大夫，守太子左庶子，上柱國河内縣開國子，賜紫金魚袋張謂。當寶應中始知制誥，大曆元年遷禮部侍郎。

常衮《授張謂太子左庶子制》：中散大夫，前守潭州刺史，本州團練守捉使，上柱國河内縣開國子，賜紫金魚袋張謂。

顔真卿《容州都督元結表墓碑銘》：起家爲道州刺史……既受代，百姓詣闕，請立生祠，仍乞再留觀察使。奏課第一，轉容府都督，兼侍御史，本管經略使，仍請禮部侍郎張謂作《甘棠頌》以美之……大曆四年夏四月，拜左金吾衛將軍，兼御史中丞，管使如故。

《宣室志》：元載布衣時，常與故禮部侍郎張謂友善，貧無僕馬，弊衣徒行於陳蔡。一日天暮，忽大風雷，原野曛黑，二人相與詣道左神廟中以避焉。時有盗數輩，皆仗劍佩弧矢，匿於廟宇下，元張二人忽見之，惶懼益甚，且慮爲其所害。二人即負壁而立，不敢動。俄間，廟中有呼者曰："元相公、張侍郎且至，群盗當疾去，無有害於貴人。"群盗相目而驚，遂馳去。二人遂偕賀聖，向者以殍死爲憂，今日真神人之語也，且喜且嘆。其後載果相代宗，謂終禮部侍郎。（《唐記》三〇四）

賈至《巴陵寄李二户部張十四禮部》。（原注：時貶岳州司馬。）

錢起行大

王維《春夜竹亭贈錢少府歸藍田》《送錢少府還藍田》。

秦系《山中奉寄錢起員外兼簡苗發員外》。

郎士元《周至縣鄭礒宅送錢大》（一作《别錢起》，又作《送友人别》）、《送彭偃房由赴朝因寄錢大郎中李十七舍人》。

張繼《褚主簿宅會畢庶子錢員外郎使君》（一作韓翃詩）。

司空曙《暮春野望寄錢起》（一作耿湋詩）、《過錢員外》。《唐書·文藝下·盧綸傳》：起，吴興人。天寶中舉進士。與郎士元齊名，時語曰："前有沈宋，後有錢郎。"終考功郎中。

《浙江通志》：錢起，字仲文，長城人。少能詩。嘗寓驛舍，聞人吟二句云："曲終人不見，江上數峰青。"天寶十年就進士，試《湘靈鼓瑟詩》成，結句未得，遂以二語足之。試官李煒批曰："神句也。"遂中首選，授秘書郎。與郎士元齊名。時人語曰："前有沈宋，後有錢郎。"大曆中，爲翰林學士。有詩集二十卷行世。

石刻《郎官石柱題名》：司勛員外郎，祠部員外郎。

李嘉祐《過烏公山寄錢起員外》。

《贈夏侯審》：詩成流水上，夢盡落花間。《中書遇雨》：雲銜七曜起，雨拂九門來。

《唐才子傳》：起，字仲文，吴興人。天寶十年李巨卿榜及第。少聰明，承鄉曲之譽。初從計吏至京口，客舍月夜閑步，聞户外有行吟聲，哦曰："曲終人不見，江上數峰青。"凡再三往來。起遽從之，無所見矣。嘗怪異之。及就試粉闈，詩題乃《湘靈鼓瑟》，起綴就，即以鬼謡十字爲落句。主文李暐深嘉美，擊節吟味久之，曰："是必有神助之耳。"遂擢置高第。釋褐授校書郎。嘗采簫竹奉使入蜀。除考功郎中。大曆中爲太清宫使、翰林學士。起詩體制新奇，理致清贍，芟宋齊之浮游，削陳梁之嫚靡，迥然獨立也。王右丞許以高格。與郎士元齊名。士林語曰："前有沈宋，後有錢郎。"集十卷，今傳。子徽能詩，外甥懷素善書，一門之中，藝名森出，可尚矣。

《藝概》：錢仲文，郎君冑也，大率衍王、孟之緒，但王、孟之渾成，却非錢郎所及。王、孟及大曆十子詩，皆尚清雅，惟格止於此，而不能變，故猶未足籠罩一切。

《國史補》：見李端。

《雲溪友議》：宣宗朝，前進士陳玩等三人，應博士宏詞。所司考定名第，及詩賦論。上於延英殿，詔中書舍人李藩等，問曰："凡考試之中，重用字如何?"藩對曰："賦忌偏枯叢雜，論失褒貶是非，詩則緣題落韻。緣題如《白雲起封中》，詩云'封中白雲起'是也。其間重用文字，乃是庶幾，亦非常有例也。"又曰："孰詩重用字?"對曰："錢起《湘靈鼓瑟詩》云：'善撫雲和瑟，常聞帝子靈。馮夷空自舞，楚客不堪聽。苦調淒金石，清音發杳冥。蒼梧來怨慕，白芷動芳馨。流水傳湘浦，悲風過洞庭。曲終人不見，江上數峰青。'中有二不字。"上曰："錢起雖重用字，他詩似不及起。雖謝朓'洞庭張樂地，瀟湘帝子游。雲去蒼梧遠，水還江漢流'之篇，無以比也。其宏詞詩重用字登科，起詩便付史選。"

李端《野亭三韻送錢員外》、《歸山居寄錢起》("髮鬢將回色，簪纓未到身。"案端自謂。)、《得山中道友書寄苗錢二員外》。

法照《寄錢郎中》。

本集有《長安落第作》及《下第長安題客舍》《落第劉拾遺相送東歸》，諸詩疑起登第頗晚。

《故相國苗公挽歌》：苗晋卿，永泰元年卒。

《貞懿皇后挽詞》。

《送冷朝陽擢第後歸金陵覲省》：冷陽朝，大曆四年及第。

《賦得青城山歌送楊杜二郎中赴蜀軍》：大曆元年。

《送陸贄擢第還蘇州》：大曆八年進士，見《順宗實録》、《讀書志》、權德輿撰《翰苑集序》。

《懷素自叙帖》：從父司勛員外郎吴興錢起詩云："遠錫無前侶，孤雲寄太虛。狂來輕世界，醉裹得真如。”（起集中有《送外甥懷素上人歸鄉侍奉詩》，帖中從父字疑有誤。）末署時大曆丁巳冬十月廿有八日，案丁巳爲大曆十二年（七七七）。

《中興間氣集》上：員外詩體格新奇，理致清贍，越從登第，挺冠詞林。文宗右丞，許以高格。右丞設酒，員外爲雄。芟齊宋之浮游，削梁陳之靡嫚。迥然獨立，莫之與群。且如：“鳥道挂疏雨，人家殘夕陽。”又：“牛羊上山小，烟火隔林疏。”又：“長樂鐘聲花外盡，龍池柳色雨中深。”皆特出意表，標雅古今。又：“窮達戀明主，耕桑亦近郊。”則禮義克全，忠孝兼著，足可弘長名流，爲後楷式。士林語曰：“前有沈宋，後有錢郎。”

盧綸《將赴閿鄉灞上留别錢起員外》。

盧綸《客舍苦雨即事寄錢起郎士元二員外》。

盧綸《同錢員外春中題薛載少府新書院》（一作《同耿拾遺春中題第四郎新修書院》）。

盧綸《同錢郎中晚春過慈恩寺》。

劉灣《對雨愁悶寄錢大郎中》。

耿湋《夏夜西亭即事寄錢員外》。

耿湋《寄錢起》（一作司空曙詩）。

戴叔倫《送别錢起》。

《郡齋讀書志》：《錢起詩》二卷。有唐錢起，徽之父，吴郡人。天寶中，舉進士。初從鄉薦，客舍月夜，聞人哦於庭曰：“曲終人不見，江上數峰青。”起攝衣從之，無所見矣。及就試，詩題乃《湘靈鼓瑟》也。起即以鬼謡十字爲落句，主文李暐深嘉之，擢置高第，釋褐授校書郎，終考功。與郎士元齊名。時曰：“前有沈宋，後有錢郎。”

元結七二二—七七二　行二

《舊唐書·良吏·袁滋傳》：滋字德深，陳郡汝南人也。弱歲强學，以外兄道州刺史元結有重名，往來依焉。每讀書，玄解旨奥，結甚重之……工篆籀書，雅有古法。因使行南詔，著《雲南記》五卷。又著有《甘陵賦後序》。

潘耒《遂初堂集》：浯溪遠望之，石壁嶙峋，如屏如闕；近視之，嵌空玲瓏，叠峰而多穴。石質類太湖，復類靈壁。面背皆奇，隨步異態，設窮人巧爲假山，未有能仿佛者。崖畔槎丫老樹，交柯垂陰，蒼藤倒挂，瓔珞百千。清溪一綫，注於江，觸石笋而墜，有聲鏗然，境致清絶。元次山罷道州，樂其出勝，遂移家焉。一水一石，各爲之銘，又乞顔魯公書其作《中興頌》，鑱諸崖壁。

杜甫《同元使君舂陵行》。

錢大昕《金石文跋尾》：《容州都督元結表墓碑》，顔魯公書……《唐書·元結傳》稱曾祖仁基，寧塞令，而碑云褒信令；又稱父延祖，再調舂陵丞，而碑云歷魏成主簿，延唐丞。皆其異者。

胡應麟《少室山房筆叢》：高似孫極稱其（元結）文"英崛過柳柳州，唐文惟二公"，似不省昌輩，始解散爲古文。蕭李文尚平典，元獨嶠峻艱澀，近於怪且迂矣。一變而樊宗師諸人，皆結之倡也。

張籍《送元結（一作紹）》。

皇甫湜《題浯溪石》（《全唐詩》）：次山有文章，可惋祇在碎。然長於指叙，約潔有餘態。心語適相應，出句分多外。於諸作者間，拔戟成一隊。中行雖富劇，粹美若（一作君）可蓋。子昂感遇佳，未若君雅裁。退之全而神，上與千載對。李杜才海翻，高下非可概。文與（一作於）一氣間，爲物莫與大。先王路不荒，豈不仰吾輩？石屏立衙衙，溪口揚素瀨。我思何人知，徙倚如有待。

《輿地碑目》引《集古録目》：《江陵尹吕公表》，元結撰，顧誡奢八分書。碑以肅宗上元元年立。在江陵府吕公祠當中。

《楚辭後語》：歸來子曰（案晁補之號歸來子）："結性耿介，有憂道憫俗之意。天寶之亂，或仕或隱，自謂與世聱牙，故其見於文字者，亦冲澹而隱約，譬古鐘磬不諧於里耳，而詞義幽眇，玩之翛然，若有塵外之趣云。"

吕温《道州刺史廳後記》：河南元結，字次山。自作《道州刺史廳事記》，既彰善而不黨，亦指惡而不誣，直舉胸臆，用爲鑒戒，昭昭吏師，長在屋壁。後之貪虐放肆，以生人爲戲者，獨不愧於心乎？全自幼時讀古循吏傳，慕其爲人，以爲士大夫，立名於代，無以高此。前年冬，由尚書刑部郎中，出爲此州，雖履劇自課，而未能逮其意也。往刺史有許子良者，輒移次山記於北牖下，而以其文代之。後亦有時號君子之請者，莅此，孰視焉而莫之改。豈是非之際，如是其難乎！予也魯，安知其它，則命圬而書之，俾復其舊，且爲後記以廣次山之志云。（《全唐文》）

《石魚湖上醉歌》《欸乃曲》，灑落似太白，憂世閔世之作，類皆不佳，唯《貧婦詞》略見凄楚。結詩雖饒理致，是其特徵，然時復瀕於散文。《招孟武昌》《喻瀼溪鄉舊游》，直不傷雅，五言之中之可誦者，祇此而已。

《升庵詩話》：文章好奇，自是一病，好奇之過，反不奇矣。《元次山集》凡十一卷，《大唐中興頌》一篇，足名世矣。詩如《欸乃》一絶，已入選。《舂陵行》及《賊退示官吏》，雖爲杜公所稱，取其志，非取其辭也。其餘如《洄溪詩》："松膏乳水田肥良，稻苗如蒲米粒長。糜色如珈玉液酒，酒熟猶聞松節香。"又："修竹多夾路，扁舟皆到門。"東坡常書之，然此外亦無留良矣。

《讀雪山房唐詩鈔》：元次山稱與世聱牙，而《橘井》一章，又何其流逸乃爾。

《藝概》："獨挺於流俗之中，强攘於已溺之後。"元次山以此序沈千運詩，亦以自寓也。次山詩令人想見立意較然，不欺其志其疾官邪，輕爵禄，意皆起於惻怛爲民，不獨《舂陵行》及《賊退示官吏作》，足使杜陵感喟也。元、韋兩家學陶。然蘇州猶多一“慕陶直可庶”之意，吾尤愛次山以不必似爲真似也。孔門如用詩，則於元道州必有取焉，可由“思狂狷”知之。

《郡齋讀書志》：天寶之亂，元結自汝濆大率鄰里，南投襄漢，保全者千餘家。乃舉義師宛葉之間，有嬰城捍寇之力。結天寶中師中行子，始在商於之山，稱元子，逃難入猗玗之山，稱猗玗子，或稱浪士、漁者，稱爲聱叟、酒徒，呼爲漫叟。及爲官，呼爲漫郎。(《唐語林》四引略同。)

《四庫全書總目提要·集部·别集類》二：《元次山集》十二卷（内府藏本），唐元結撰。結事迹具《新唐書》本傳。結所著有《元子》十卷，李商隱爲作序。《文編》十卷，李紓爲作序。又《猗玗子》一卷。并見《唐志》。今皆不傳。所傳者惟此本，而書名、卷數皆不合。蓋後人摭拾散佚而編之，非其舊本。觀洪邁譏所記二十國事，如方國、圓國、言國、相乳國、無手國、無足國、惡國、忍國、無鼻國、觸國之類，見於《容齋隨筆》者，此本皆無之，則其佚篇多矣。結性不諧俗，亦往往迹涉詭激。初居商餘山，自稱季。及逃難猗玗洞，稱猗玗子，又或稱浪士，或稱聱叟，或稱漫叟。爲官，或稱漫郎。頗近於古之狂。然制行高潔，而深抱閔時憂國之心。文章戛戛自異，變排偶綺靡之習。杜甫嘗和其《舂陵行》，稱其可爲天地萬物吐氣。晁公武謂其文如古鐘磬，不諧俗耳。高似孫謂其文章奇古，不蹈襲。蓋唐文在韓愈以前毅然自爲者，自結始。亦可謂耿介拔俗之姿矣。皇甫湜嘗題其《浯溪中興頌》曰：“次山有文章，可惋祇在碎。然長於指叙，約結有餘態。心語適相應，出句多分外。於諸作者間，拔戟成一隊。”其品題亦頗近實也。

《金石萃編》九十六《跋朝陽岩銘》：案《唐書·地理志》永州零陵郡，屬淮南西道，有零陵縣。又有祁陽縣，縣即浯溪也。《唐書·元結傳》：代宗立，丐侍親歸樊上。顔真卿撰墓碑亦云：“今上登極，拜著作郎，遂家於武昌之樊口。”則或自樊口至零陵，亦未可知。代宗初立，改元廣德，凡二年，改元永泰。至二年十一月，改元大曆。此云永泰丙午中，當在十一月以前，尚是永泰也。

《金石録》：《元結碑》，顔魯公撰并書。案《唐書》列傳，結後魏常山王遵十五世孫。而碑與《元氏家録序》皆云十二世，蓋史之誤。又碑與《元和姓纂》云：結高祖名善禕，而《家録》作善褘，未知孰是也。

《中州金石記》：《容州都督元結墓表碑》，大曆八年十月立。其文與《新唐書》本傳略同，宋祁當即據此爲之。惟碑云祖利貞，史云祖亨字利貞。碑云充山南東道節度參謀，史作西道。碑云猗玗洞，史作猗玕洞。碑云將家瀼濱，史作讓濱。蓋傳寫之誤。李義山作《元結文集後序》云："見憎於第五琦、元載，故其將兵不得受，作官不至達，母老不得盡其養，母喪不得終其哀。"碑獨不書其事者，以同時忌諱，而《新唐書》則應采録此事，乃僅襲碑文，何也？碑云："葬君於魯山青嶺泉陵原。"今在縣城北三十里，青嶺俗名青條嶺也。

董作棟《魯山縣志》：銘載道士申泰芝誣湖南防禦使龐承鼎謀反，并判官吴子宜等，皆被决殺，推官嚴郢坐流。俾君按覆，君建明承鼎，獲免者百餘家。《新唐書》結本傳不載此事，惟附於《嚴郢傳》。方士申泰芝（《舊唐書》作奉芝），以得幸肅宗，遨游湖衡間，以妖幼詭衆，奸贓巨萬。潭州刺史龐承鼎按治，帝不信，召還泰芝，下承鼎江陵獄。郢具言泰芝左道云云，帝怒叱郢去，卒殺承鼎，流郢建州，與志銘符。《舊唐書·吕諲傳》：龐承鼎因奉芝入奏，至長沙，縶之，遣使奏聞。輔國黨奉芝，召奉芝赴闕。既得召見，具言承鼎，曲加誣陷，詔鞫承鼎誣網之罪。據是，奉芝不過指承鼎爲誣陷，何帝怒不已，必致之死地。以銘考之，泰芝乃誣承鼎謀反，時殆未具其實也。後承鼎竟得雪，泰芝竟以贓敗流死，亦由結建明承鼎，而《新》《舊》史皆於結本傳不書，其疏甚矣。（《跋容州都督元結碑》。）

劉長卿《贈元容州》（《全唐詩》）。

《新唐書·藝文志》元結《猗玕子》一卷。

《元和姓纂》：太原元氏，結容府經略兼中丞。生友直，爲京兆少尹。

《古今姓氏書辯證》：永州元氏，結字次山，水部員外郎。老於文學，居永州祁陽縣，自名其溪曰浯溪，上居民釣魚鬻碑者數十室，皆其遠孫桑梓猶在。

《唐才子傳》：結字次山，武昌人，魯山令元紫芝族弟也。少不羈，弱冠始折節讀書。天寶十三年進士，禮部侍郎楊浚見其文，曰："一第，慁子耳。"遂擢高品。後舉制科。會天下亂，沉浮人間。蘇源明薦於肅宗，授右金吾兵曹。累遷御史，參山南來瑱府，除容管經略使。始隱於商山中，稱元子。逃難入猗玕洞，稱猗玕子。或稱浪士、漁者，或稱聱叟、酒徒、漫叟，及爲官，呼漫郎，皆以命所著。性梗僻，深憎薄俗，有憂道閔世之心。《中興頌》一文，燦爛金石，清奪湘流。作詩著辭，尚聱牙，天下皆知敬仰。復嗜酒，有句云："有時逢惡客。"自注："非酒徒即惡客也。"有《文編》十卷，及所集當時人詩爲《篋中集》一卷，并傳。

皇甫冉

王維《左掖梨花》（與丘爲、皇甫冉同作）。

郎士元《朱方南郭留别皇甫冉》（一作冉詩，題作《潤州南郭留别》）。

劉方平《秋夜寄皇甫冉鄭豐》。

張南史《江北春望贈皇甫補闕》。

靈一《酬皇甫冉西陵見寄》（一作《西陵渡》）。

靈一《酬皇甫冉將赴無錫於雲門寺贈别》。

李嘉祐《元日無衣冠入朝寄皇甫拾遺冉從弟補闕紓》。

李嘉祐《同皇甫冉赴官留别靈一上人》。

李嘉祐《同皇甫冉登重玄閣》。

《唐書·文藝傳》：皇甫冉，字茂政。十歲便能屬文，張九齡嘆異之。與弟曾皆善詩，天寶中踵登進士，授無錫尉。王縉爲河南元帥，表掌書記。累遷右補闕，卒。

《唐詩紀事》：字茂政，玄晏先生之後。張曲江深愛之，謂清穎秀拔，有江徐之風。大曆二年，遷右補闕。

獨孤及《唐故左補闕安定皇甫公集序》：五言詩之源，生於《國風》，廣於《離騷》，著於蘇李，盛於曹劉，其所自遠矣。當漢魏之間，雖已樸散爲器，作者猶質有餘而文不足。以今揆昔，則有朱弦疏越，大羹遺味之嘆。歷千餘歲，至沈詹事、宋考功，始裁成六律，彰施五色，使言之而中綸，歌之而成聲，緣情綺靡之功，至是乃備。雖去雅寖遠，其麗有過於古者，亦猶路鼗出於土鼓，篆籀生於鳥迹也。沈宋既没，而崔司勛顥、王右丞維復崛起於開元、天寶之間。得其門而入者，當代不過數人，補闕其人也。(《全唐文》)

高仲武《中興間氣集》：皇甫冉補闕，自擢桂禮闈，遂爲高格。往以世道艱虞，避地江外，每文章一到朝廷，作者變色。於詞場爲先輩，推錢郎爲伯仲，誰家勝負，或逐鹿中原。如"菓熟任霜封，籬疏從水渡"，又"裛露收新稼，迎寒葺舊廬"，又"燕知社日辭窠去，菊爲重陽冒雨開"，可以雄視潘張，平揖沈謝。又《巫山詩》終篇皆麗，自晋宋齊梁陳周隋以來，采綴者無數，而補闕獲驪珠，使前賢失步，後輩却立。自非天假，何以迨斯？恨長轡未騁，而芳蘭早凋，悲夫！

《唐才子傳》：冉，字茂政，安定人，避地來寓丹陽，耕山釣湖，放適閑淡，或云秘書少監彬之侄也。十歲能屬文，張九齡一見，嘆以清才。天寶十五年盧庚榜進士。調無錫尉，營別墅陽羡山中。大曆初，王縉爲河南節度，辟掌書記，後入爲左金吾衛兵曹參軍，仕終拾遺左補闕。公自擢桂禮闈，便稱高格。往以世道艱虞，遂心江外，故多飄薄之嘆。每文章一到朝廷，而作者變色。當年才子，悉願締交，推爲宗伯。至其造語玄微，端可平揖沈謝，雄視潘張。惜乎長轡未騁，芳蘭早凋，良可痛哉！有詩集三卷，獨孤及爲序，今傳。又《陸羽傳》：與皇甫補闕善。時鮑尚書防在越，羽往依焉，冉送以序曰……

《新唐書·藝文志》：《皇甫冉詩集》三卷。注云字茂政，潤州丹陽人，秘書少監集賢院修撰林侄也。天寶末無錫尉，避難居陽羨。後爲左金吾衛兵曹參軍，左補闕。與弟曾齊名。[案《郎官石柱題名》主客郎中有皇甫彬。趙勞考疑此林字乃彬字之誤。《元和姓纂》："户部尚書，滑國公皇甫無逸三從弟彬（有脱字）郎中，秘書少監，安定朝那縣人。"獨孤及《唐故左補闕安定皇甫公冉集序》："伯父，秘書少監彬，尤器之。"《嘉定鎮江志》："朝散大夫饒州樂平縣令皇甫價，子彬，官秘書少監，集賢院修撰。"《新唐書·肅宗紀》："開元中，玄宗遣皇甫彬等侍讀左右。"]

崔峒《送皇甫冉往白田》：試問疲人與征戰，使君雙泪定沾衣。（《全唐詩》又見李嘉祐集，題云《送皇甫冉往安宜》，詞少異。）

錢起《苦雨憶皇甫冉》：如何游宦客，江海隨泛梗。（《全唐詩》。）

張繼《春夜皇甫宅歡宴》：那知横吹笛，江外作邊聲。（《全唐詩》。）

張繼《奉寄皇甫補闕》：京口情人别久，揚州估客來疏。潮至潯陽回去，相思無處通書。（案冉《酬張繼》詩序云："懿孫，余之舊好，祗役武昌，枉六言詩見懷。"即此也。）

獨孤及《唐故左補闕安定皇甫公集序》：補闕，諱冉，字茂政，玄晏先生之後，銀青光禄大夫澤州刺史諱敬德之曾孫，朝散大夫饒州樂平縣令諱價之孫，中散大夫潭州刺史諱覬之子。十歲能屬文，十五歲而老成，右丞相曲江張深嘆異，謂清穎秀拔，有江徐之風。伯父秘書少監彬尤器之。自是令聞休暢，舉進士第一。歷無錫縣尉，左金吾兵曹。今相國太原公之推轂河南也，辟爲書記。大曆二年，遷左拾遺，轉右補闕。奉使江表，因省家至丹陽，朝廷虚三署郎位，以待君之復，不幸短命，年方五十四（多案疑當作三十四或四十五）而殁……蓋存於遺札者，凡三百有五十篇。其詩大略以古之比興，就今之聲律，涵咏風騷，憲章顔謝。至若麗曲感動，逸思奔發，則天機獨得，有非師資所獎。每舞雩咏歸，金谷文會，或曲水修禊，南浦愴别，新聲秀句，輒加於常時一等，才鍾於情故也……孝常既除表，懼遺制之墜於地也，以及與茂政前後爲諫官，故銜痛編次，以論撰見托，遂著其始終，以冠於篇。(《全唐文》。)

《四庫全書總目提要・集部・總集類》一：《二皇甫集》七卷（江蘇蔣曾瑩家藏本），唐皇甫冉、皇甫曾兄弟合集也。冉字茂政，丹陽人。天寶十五載進士。大曆中官至左補闕。曾字孝常，天寶十二載進士，官至監察御史，謫陽翟令以終。曾集一卷，與《書録解題》合。冉集六卷，《較書録解》題多五卷。然曾集前有大曆十年獨孤及序，稱三百有五十篇，而此本僅一百三十四篇，則已佚其一百十六篇。又《酬楊侍御寺中見招》《送薛判官之越》《送魏中丞還河北》《賦得越山》，皆三韻律詩，而編五言古詩中。《奉寄皇甫補闕》六言一首，乃張繼詩，冉有答詩并序可證，而亦編爲冉詩。知舊本附答詩後，重刊者分體編次，乃雜入六言詩中，遂誤爲冉詩，則并次第亦非其舊。觀其與曾集，皆以五言排律别立一體，非惟唐無此名，即宋元亦尚無此名。其爲高棅以後不學者所竄亂，審矣。前有王廷相序，後有楊慎跋，并稱河中劉潤之輯《二皇甫集》，然則此集即潤之所編也。戴叔倫《宿城南盛本道懷皇甫冉》。

《郡齋讀書志》：《皇甫冉詩》二卷。右唐皇甫冉，茂政也，丹陽人。天寶十五年進士，爲無錫尉。歷拾遺、補闕，卒。與弟曾齊名。當時比張氏景陽、孟陽云。集有獨孤及序。

包佶行七

《郎官石柱題名》：度支郎中，度支員外郎。

《新唐書・劉晏傳》：佶，字幼正，潤州延陵人。擢進士第。累官諫議大夫。坐善元載，貶嶺南。劉晏奏起爲汴東兩税使。晏罷，以佶充諸道鹽鐵輕貨錢物使。遷刑部侍郎，改秘書監。封丹陽郡公。

《舊代宗紀》：大曆十二年四月，諫議大夫知制誥包佶等十餘人皆坐元載貶官。

《新唐書·元載傳》：與元載厚善坐貶者，包佶等等數十百人。

《舊德宗紀》：建中二年十一月，以權監鐵使户部郎中包佶充江淮水陸運使。三年八月戊辰，以江淮鐵鹽使太常少卿包佶爲汴東水陸運兩税鹽鐵使。又貞元元年三月爲申朔，以汴東水陸運等使左庶子包佶爲刑部侍郎。又二年正月丁未，以國子祭酒包佶知禮部貢舉。

《唐會要》八七：建中三年十二月二十日，包佶除左庶子，充汴東水陸運使，又充汴東鹽鐵使。

《舊唐書·陳少游傳》：建中四年十月，駕幸奉天，度支汴東兩税使包佶在揚州所總賦税錢帛約八百萬貫，兵三千，悉爲陳少游奪之。佶奔白沙，過江至上元，復爲韓滉拘留，佶領胥吏往江鄂等州。後佶入朝，具奏事狀，少游重税供之。（勞趙考曰：案是時少游判官崔顢稱包佶爲中丞，當是檢校官也。）

《舊唐書·房孺復傳》：德宗幸奉天，包佶掌賦於揚州，陳少游將抑奪之，佶聞奔出。少游方遣人劫佶令回。從事房孺復請行，會包佶已過江南，乃還。

《舊唐書·李若初傳》：轉運使劉宴判官包佶重李若初勤幹，以女妻之。

獨孤及《吊道殣文序》：辛丑歲（上元二年，七六一）大旱，三吴饑甚，人相食。明年大疫，死者十七八……於是延陵包佶作《道殣文》，蓋《小雅·雲漢》之流。及亦斐然獻吊，且告之運命云。（《毘陵集》十九）

梁肅《秘書監包府君集序》（《全唐文》五一八）：有唐故秘書監丹陽公包氏，諱佶，字幼正。烈考集洎公與兄起居何，又世其業，競爽於天寶之後，一動一静，必形於文辭，由是議者稱爲二包。孝友之美，聞於天下。推諸孔門，則何居德行，公居政事，而偕以文爲主，不其偉歟?

《唐才子傳》：佶，字幼正。天寶六年楊護榜進士，累遷秘書監。劉晏治財，奏爲汴東兩税使。及晏罷，以佶爲諸道鹽鐵等使。未幾，遷刑部侍郎、太常少卿，拜諫議大夫，御史中丞。居官謹確，所在有聲。佶天才贍逸，氣宇清深，心醉古經，神和大雅，詩家老斫輪也。與劉長卿、竇叔向諸公皆莫逆之愛。晚歲沾風痹之疾，辭寵樂高，不及榮利。卒封丹陽郡公。有詩集行於世。

本集《戲題諸判官廳壁》：六十老翁無所取，二三君子不相遺。願留今日交歡意，直到隳官謝病時。

本集《酬兵部李侍郎晚過東廳之作》原注：時自刑部侍郎拜祭酒。（案貞元元年三月，爲刑部侍郎。此詩曰："庭槐暫摇落，幸爲入春看。"則拜祭酒在本年冬日。）

本集《昭德皇后挽歌》。

本集《尚書宗兄使過詩以奉獻》：洛下交親滿，歸閑意有餘。翻嫌舊坐宅，却駕所（一作新）懸車。

本集《近獲風痹之疾題寄所懷》：無醫能却老，有變是游魂。

戴叔倫《將游東都留别包諫議》：衰客慚墨綬，素舸逐秋風。雲雨恩難報，江湖意已終。縣當仙洞口，路出故園東。唯有新離恨，長留夢寐中。

戴叔倫《將赴東陽留上包諫議》：敝邑連山遠，仙舟數刻同。多慚屢回首，前路在泥中。

盧綸《同兵部李紓侍郎刑部包佶侍郎哭皇甫侍御曾》。

竇常《故秘監丹陽郡公延陵包公挽歌詞》：卓絶明時第，孤貞貴後貧。郤詵爲冑子，季札是鄉人。筆下調金石，花開領搢紳。那堪歸葬日，哭渡柳楊津。

竇牟《故秘監丹陽郡公延陵包公挽歌》：台鼎嘗虚位，夔龍莫致堯。德音冥秘府，風韻散清朝。天上文星落，林端玉樹凋。有吴君子墓，返葬故山遥。

盧綸《苦雨聞包諫議欲見訪戲贈》。

盧綸《郊居對雨寄趙涓給事包佶郎中》。

盧綸《酬包佶郎中覽拙卷後見寄》。

劉長卿《酬包諫議佶見寄之什》。

劉長卿《宿嚴維宅送包佶》(一作皇甫冉詩)。

顧况《寄秘書包監》：一别長安路幾千，遥知舊日主人憐。賈生祇是三年謫，獨自無才已四年。

孟郊《哭秘書包大監》：哲人卧病日，賤子泣玉年。常恐寶鏡破，明月難再圓。文字未改素，聲容忽歸玄。始知知音稀，千載一絶弦。舊館有遺琴，清風那復傳。

孟翔《奉和郎中游仙山四瀑布兼寄李吏部包秘監判官》(判官上疑脱一字)。

路應《仙岩四瀑布即事寄上秘書包監侍郎七兄吏部李侍郎十七兄婺州趙中丞處州齊諫議明州李九郎十四韻》。

李縝《奉和郎中游仙岩四瀑布寄包秘監李吏部趙婺州中丞齊處州諫議十四韻》。

戴公懷《奉和郎中游仙山四瀑泉兼寄包秘監趙婺州齊處州》。

皇甫冉《酬包評事壁畫山水見寄》：一官知所傲，本意在雲泉。濡翰生新興，群峰忽眼前。

權德輿《陪包諫議湖墅路中舉帆》。

包何《同舍弟佶班韋二員外秋苔對之成咏》。

權德輿《祭秘書監文》：維貞元八年，歲次壬申，五月朔日……敬祭於故秘書包七丈之靈。

竇叔向《秋砧送包大夫》。

靈澈《東林寺寄包侍御》(御疑當作郎)。

李復言《續幽怪録》：岳州刺史李公俊，興元中舉進士，連不中第。次年有故人國子祭酒通春官包佶(元誤結)者援成之。(《四部叢刊續編》影印南宋書棚本。)

張繼行二十

劉長卿《哭張員外繼》。

皇甫冉《酬張繼序》：懿孫，余之舊好，祗役武昌，枉六言詩見懷。今以七言裁答，蓋拙於事者繁而費也。

高仲武《中興間氣集》：張繼員外，纍代詞伯，積襲弓箕。其於爲文，不雕不飾。及爾登第，秀發當時。詩體清迥，有道者風。

《唐詩紀事》：繼，字懿孫，襄州人，登天寶進士第。大曆末，檢校祠部員外郎，分掌財賦於洪州。

《唐才子傳》：繼，字懿孫，襄州人。天寶十二年，禮部侍郎楊浚下及第。與皇甫冉有髫年之故，契逾昆玉。早振詞名，初來長安，頗矜氣節。有《感懷》詩云："調與時人背，心將静者論。終年帝城裏，不識五侯門。"嘗佐鎮戎軍幕府，又爲鹽鐵判官。大曆間，入内侍。仕終檢校祠部郎中。繼博覽有識，好談論，知治體，亦嘗領郡，輒有政聲。詩情爽激，多金玉音。蓋其纍代詞伯，積襲弓裘，其於爲文，不雕不飾，丰姿清迥，有道者風。集一卷，今傳。（案本集《郵亭》云："自從身逐征西府，每到開時不在家。"傳云："嘗佐鎮戎軍幕。"蓋本於此。然此詩是否自咏，殊不可知，未足據也。）

劉長卿《哭張員外繼》（原注：公及夫人相次歿於洪州）：慟哭鍾陵下，東流與别離……故園荒峴曲，旅櫬寄天涯。白簡曾連拜，滄州每共思。撫孤憐齒稚，嘆逝顧身衰……秋風鄰笛發，寒日寢門悲。世難愁歸路，家貧緩葬期。

《新唐書·藝文志》：《張繼詩》一卷。繼，字懿孫，襄州人。大曆末檢校祠部員外郎，分掌財賦於洪州。

竇叔向《酬張二十員外》：故交日零落，心賞寄何人。幸與馮唐遇，心同迹復親。語言未終夕，離别又傷春。結念湓城下，聞猿詩興新。（案此詩見張繼卷中，原題"酬張二十員外前國子博士竇叔向"，然諦審詩意，當是叔向詩，附於繼集中者，本題作"酬張二十員外"，下署“前國子博士竇叔向”，寫者誤以作者名銜并入詩題，遂爲張繼詩。繼晚年檢校以祠部員外郎，分掌財賦於洪州。詩曰“幸與馮唐過”，謂年老爲郎也。曰“結念湓城下”，謂在洪州也。繼别有《送竇十九判官使江南》詩。竇十九即叔向，可證繼與叔向有舊。）

皇甫冉《又得雲字》：何事千年過聖君，坐令雙鬢老江雲。南行更入山深淺，岐路悠悠水自分。（見繼集，題作“留别”，注云：一作皇甫冉詩，題作“又得雲字”，案似即繼前詩而作者。）

《新唐書·方鎮表》：乾元元年，置洪吉都防禦團練觀察處置使，兼莫徭軍使，治洪州。廣德二年，洪吉都防禦團練觀察使更號江南西道。大曆十四年，杜亞遷陝虢，張鎰代。尋遷吏部侍郎，崔昭代。《德宗紀》：大曆十四年五月，代宗崩，德宗即位，以壽州刺史杜亞（沈炳震云：“當作張鎰是。”）爲江西觀察使。《舊唐書·張鎰傳》：尋遷壽州刺史，德宗即位，除江南西道都團練觀察使，洪州刺史，兼御史中丞，徵拜吏部侍郎。（案繼集有《送張中丞歸使幕》詩，張中丞即鎰也。繼爲張鎰幕府判官，分掌財賦，在大曆十四年，於此可證。）

趙微明

竇臮《述書賦》注：趙微明，天水人。

獨孤及 七二五—七七七　行十四

張南史《獨孤常州北亭》。

李幼卿《前年春與獨孤常州兄花時爲别倏已三年矣今鶯花又爾睹物增懷因之抒情聊以奉寄》。

劉長卿《題獨孤使君（一作常州）湖上林（一作新）亭》。

嚴維《奉和獨孤中丞游雲門寺》。

韓翃《贈别崔司直赴江東兼簡常州獨孤使君》。

皇甫冉《獨孤中丞筵陪餞韋使君赴昇州》。

皇甫冉《奉和獨孤中丞游法華寺》。

畢耀《贈獨孤常州》。

石刻《郎官石柱題名》：吏部員外郎。

《新書·獨孤郁傳》：父及，天寶末，與李華、蕭穎士等齊名。善爲文，所著《仙掌銘》，大爲時流所賞。

本集《祭賈尚書文》：大曆七年四月二十一日作。銜稱“朝散大夫，檢校尚書司封郎中，兼舒州刺史，賜紫金魚袋”。文曰：“某獲見於兄，二十有六年矣。兄有七年之長，蒙以伯仲相視……前後尺牘，羅列案几。”

本集《祭亡妻博陵郡君文》：大曆八年二月十五日作。銜稱“檢校司封郎中兼舒州刺史”。

崔祐甫《故常州刺史獨孤公神道碑銘》(《全唐文》四〇九)

崔祐甫《祭獨孤常州文》(《全唐文》四〇九)。

梁肅《朝散大夫使持節常州諸軍事守常州刺史賜紫金魚袋獨孤公行狀》(《全唐文》五二二)。

梁肅《祭獨孤常州文》。

梁肅《常州刺史獨孤及集後序》(《全唐文》五一八)。

梁肅《陪獨孤常州觀講論語序》(《全唐文》五一八)。

梁肅《爲常州獨孤使君祭李員外文》：大曆元年五月作，銜常州刺史。(案元當作九。)

崔元翰《與常州獨孤使君書》(《全唐文》五二三)。

《大唐傳載》：獨孤及《昆陵集》二十卷。

權德輿《祭獨孤常州文》：貞元二十二年，歲次甲申，十一月……敬祭於故常州刺史獨孤憲公十四丈之靈。

李紳《昆陵東山》。

《郡齋讀書志》十七：獨孤及《毘陵集》二十卷。右唐獨孤及至之也，洛陽人。天寶中舉洞曉元經科。代宗初爲太常博士，濠舒二州刺史，政最。徙常州，卒於官。及幼有成人之量，遍覽五經，觀其大義，不爲章句學。爲文以文憲誡世，褒賢遏惡爲用，長於議論。《唐實録》稱韓愈師其爲文云。集有梁肅前後序，未載崔祐甫碑志。

皇甫曾行十六

李頎《送皇甫曾游襄陽山水兼謁韋太守》。

李嘉祐《同皇甫侍御題薦福寺一公房》。

李嘉祐《酬皇甫十六侍御曾見寄》（此公時貶舒州司馬）。

皇甫冉《曾東游以詩寄之》。

靈一《贈别皇甫曾》。

朱放《山中謁皇甫曾》。

盧綸《同兵部李紓侍郎刑部包佶侍郎哭皇甫侍御曾》。

《唐書·文藝傳》：曾，字孝常。歷監察御史。其名與冉相上下，當時比張氏景陽、孟陽云。

獨孤及《祭韋端公炎文》：司封郎中兼舒州刺史獨孤及，前舒州司馬皇甫曾等，謹以……（案及大曆七年祭賈至文署銜與此同，則曾爲舒州司馬在大曆七年以前。）

《國史補》：李翰文雖宏暢，而思甚苦澀。晚居陽翟，從邑令皇甫曾求音樂，思涸則奏樂，神全則綴文。

《唐語林》二：同上。

贊寧《高僧傳》十七《神邕傳》：旋居故鄉法華寺，殿中御史皇甫曾、大理評事張河、金吾衛長史嚴維、兵曹吕渭、諸暨長丘丹、校書陳允初，賦詩往復，盧士武爲之序。以繼支許之游，爲邑中故事。（案神邕貞元四年示寂，年七十九。）

劉長卿《赴江西湖上贈皇甫曾之宣州》。

劉長卿《碧澗别墅喜皇甫侍御見訪》。

劉長卿《送皇甫曾赴上都》。

劉長卿《酬皇甫侍御見寄時前相國姑臧公初臨郡》。

獨孤及《答皇甫十六侍御北歸留别作》。

獨孤及《酬皇甫侍御望天灊山見示之作》。

獨孤及《暮春於山谷寺上方遇恩命加官賜服酬皇甫侍御見賀之作》。

獨孤及《登山谷寺上方答皇甫侍御卧疾闕陪車騎之後》。

獨孤及《同皇甫侍御齋中春望見示之作》。

獨孤及《李張皇甫閻權等數公并有送别之作見寄因答》。

皎然《建元寺集皇甫侍御書閣》。

皎然《春日陪顔使君真卿皇甫曾西亭重會韻海諸生》。

皎然《送皇甫侍御曾還丹陽别業》。

皎然《雜言重送皇甫侍御曾》。

皎然《同顔魯公泛舟送皇甫侍御曾》。

《舊唐書·文苑傳》下《蕭穎士附李翰傳》：天寶中，寓居陽翟，爲文精密，用思苦澀。常從陽翟令皇甫曾求音樂，每思竭則奏樂，神逸則著文。

于良史

《唐才子傳》三：良史，至德中仕爲侍御史。詩體清雅，工於形似，又多警句。蓋其珪璋特達，早步清朝，興致不群，詞苑增價。雖平生似昧，而篇什多傳。

《唐語林》四：于良史爲張徐州建封從事，每自吟曰：“出身三十年，白髮衣猶碧。日暮依朱門，從朱污袍赤。”公聞之，爲奏章服焉。

（案《方鎮表》徐泗，貞元四年至十六年張建封。）

《中興間氣集》上：侍御詩清雅，工於形似，如："風兼殘雪起，河帶斷水流。"吟之未終，皎然在目。

《唐詩紀事》（與《唐語林》略同）。

本集《閑居寄薛華（一作據）》：案獨孤及《仲春裴胄先宅宴集聯句賦詩序》："右金吾倉曹薛華……會河東裴冀、滎陽鄭哀、河南獨孤及於暑之公堂。"杜甫《蘇端薛復筵簡薛華醉歌》，黄鶴定天寶十五載作。又杜《赤甲》詩云："荆州鄭薛寄詩近。"薛即薛據。又《寄薛三郎中璩》，亦即據。二詩黄鶴定并作於大曆二年。）

嚴武行八

羊士諤《乾元初嚴黄門自京兆少尹貶牧巴郡以長才英氣固多暇日每游郡之東山山側精舍有盤石細泉疏爲浮杯之勝苔深樹老蒼然遺躅士諤謬因出守得繼兹賞乃賦詩十四韻刻於石壁》。

羊士諤《題郡南山光福寺寺即嚴黄門所置時自給事中京兆少尹出守年三十性樂山水故老云每旬數至後分閫西川州門有去思碑即郄拾遺之詞也》。

杜甫《奉贈嚴八閣老》。

杜甫《留别賈嚴二閣老兩院補闕》。

杜甫《寄岳州賈司馬六丈巴州嚴八使君兩閣老五十韻》。

杜甫《奉酬嚴公寄題野亭之作》。

杜甫《嚴中丞枉駕見過》。

杜甫《遭田父泥飲美嚴中丞》。

杜甫《奉和嚴中丞西城晚眺十韻》。

杜甫《中丞嚴公雨中垂寄見憶一絶奉答二絶》。

杜甫《謝嚴中丞送青城道士乳酒一瓶》。

杜甫《嚴公仲夏枉駕草堂兼携酒饌》。

杜甫《嚴公廳宴同咏蜀道畫圖》。

杜甫《送嚴侍郎到綿州同登杜使君江樓宴》。

杜甫《奉送嚴公入朝》。

杜甫《奉濟驛重送嚴公四韻》。

杜甫《九日奉寄嚴大夫》。

杜甫《奉待嚴大夫》。

杜甫《將赴成都草堂途中有作先寄嚴鄭公五首》。

杜甫《奉和嚴鄭公軍城早秋》。

杜甫《陪鄭公秋晚北池臨眺》。

杜甫《遣悶奉呈嚴公二十韻》。

杜甫《嚴鄭公階下新松》。

杜甫《嚴鄭公宅同咏竹》。

杜甫《晚秋陪嚴鄭公摩訶池泛舟》。

杜甫《奉觀嚴鄭公廳事岷山沲江畫圖十韻》。

杜甫《敝廬遣興奉寄嚴公》。

杜甫《哭嚴僕射歸櫬》。

杜甫《八哀詩》。

杜甫《説旱》。

王維《河南嚴尹弟見宿弊廬訪別人賦十韻》。

常衮《代嚴大夫謝黄門侍郎表》(《全唐文》)。

岑參《與獨孤漸道别長句兼呈嚴八侍御》：臺中嚴公於我厚，别後新詩滿人口。自憐弃置天西頭，因君爲問相思否。

《元和姓纂》五：馮翊嚴氏（徙華陰），挺之中書侍郎。生武史部尚書鄭公。

賈至《答嚴大夫》。

劉方平《寄嚴八判官》。

劉方平《寄隴右嚴判官》。

王維《晚春嚴少尹與諸公見過》：自憐黄髮暮，一倍惜年華。

《舊唐書》一一七《嚴武傳》：中書侍郎挺之子也。神氣雋爽，敏於聞見。幼有成人之風。讀書不究精義，涉獵而已。弱冠，以門蔭策名。隴右節度使哥舒翰奏充判官，遷侍御史。至德初，肅宗興師靖難，大收才杰。武杖節赴行在，宰相房琯以武名臣之子，素重之，及是首薦，才略可稱，累遷給事中。既收長安，以武爲京兆少尹，兼御史中丞，時年三十二。以史思明阻兵不之官，優游京師，頗自矜大，出爲綿州刺史。遷劍南東川節度使。入爲太子賓客，兼御史中丞。上皇詔以劍南兩川合爲一道，拜武成都尹，兼御史大夫，改吏部侍郎，尋遷黄門侍郎。與宰臣元載深相結托，冀其引在同列，事未行，求爲方面，復拜成都尹，充劍南節度等使。廣德二載，破吐蕃七萬餘衆，拔當拘城。十月取鹽川城。改檢校吏部尚書，封鄭國公。前後在蜀纍年，肆志逞欲，恣行猛政。梓州刺史章彝，初爲武判官，及是小不副意，赴成都杖殺之，由是威震一方。蜀土頗饒珍産，武窮極奢靡，賞賜無度，或由一言賞至百萬。蜀方閭里以徵斂殆至匱竭，然蕃虜亦不敢犯境。而性本狂蕩，視事多率胸臆，雖慈母言不之顧。初爲劍南節度，舊相房琯出爲管内刺史，琯於武有薦導之恩，武驕倨，見琯略無朝禮，甚爲時議所貶。永泰元年四月，以疾終，時年四十。

張南史行二

獨孤及《唐故揚州慶雲寺律師一公塔銘》：公諱靈一，俗姓吴，廣陵人也……與天台道士潘清、廣陵曹評、趙郡李華、潁川韓極、中山劉穎、襄陽朱放、趙郡李紓、頓丘李湯、南陽張繼、安定皇甫冉、范陽張南史、清河房從心，相與爲塵外之友。

劉長卿《赴楚州次白田途中阻淺問張南史》。

劉長卿《長沙桓王墓下别李紓張南史》。

竇常《哭張倉曹南史》。

《唐詩紀事》四一：南史好弈棋，其後折節讀書，遂入詩境。南史，字季直，幽州人。以試參軍，避亂居揚州揚子，再召未赴而卒。

《唐才子傳》：南史，字季直，幽州人。工弈棋，神算無亂，游心太極。嘗幅巾藜杖，出入王侯之宅十年。高談闊視，慷慨奇士也。中歲感激，始苦節學文，無希世苟合之意。數年間，稍入詩境，調體超閑，情致兼美。如并燕老將，氣韻沈雄，時少及之者。肅宗時，廟堂獎拔，仕爲左衛倉曹參軍。後避亂寓居揚州揚子，難平再召，未及赴而卒。有詩一卷，今傳。

李端《哭張南史因寄南史侄叔宗》：争路忽摧車，沉鉤未得魚。結交唯我少，喪舊自君初。諫草文難似，圍棋智不如。

錢起《贈張南史》。

《中興間氣集》下：張君弈棋者，中歲感激，苦節學文，數載間稍入詩境。如"已被秋風教憶鱠，更聞寒雨勸飛觴"，可謂物理俱美，情致兼深。

皇甫冉《酬張二倉曹揚子所居見寄兼呈韓郎中》九。(此詩下署"左補闕皇甫冉"，案余考冉約卒於大曆五年，是南史居揚子，亦在此時也。)

郎士元《送張南史》(一作《寄李紓》)。

皇甫冉《送張南史》：馬卿工詞賦，位下年將暮。謝客愛雲山，家貧身不閑。風波杳未極，幾處逢相識？富貴人皆變，誰能念貧賤？

戴叔倫《送張南史》。

本集《獨孤常州北亭》。(案獨孤及大曆十二年卒，梁肅行狀稱爲郡之四載，大曆十二年四月薨。則是大曆九年始拜，南史此詩稱常州，則大曆末尚未卒也。北亭謂常州北亭，詩曰"海樹凝烟遠，湖田見鶴清"可證。)

靈一七二七—七六二

皇甫冉《小江懷靈一上人》。

皇甫冉《西陵寄靈一上人》(一本題下有朱放二字)。

李嘉祐《同皇甫侍御題薦福寺一公房》。

李嘉祐《同皇甫冉赴官留别靈一上人》。

朱放《雲門寺贈靈一上人》。

《紹興府志》：靈一居雲門寺，持律甚嚴，以清高爲世所推。劉長卿、嚴維、郎士元、皇甫冉皆以詩與往來。

獨孤及《唐故揚州慶雲寺律師一公塔序》(《全唐文》)。

姚合《寄靈一律師》(《全唐詩》)。

張籍《寄靈一上人初歸雲門寺》(《全唐詩》)。

陳羽《送靈一上人》(《全唐詩》)。

《唐語林》：楚僧靈一律行高潔，而能爲詩。吴僧皎然一名晝一，工篇什，著《詩評》三卷，及卒，德宗遣使取其遺文。中世文僧，二人首出。

《唐餘杭宜豐寺靈一傳》：釋靈一，姓吴氏，廣陵人也。神清氣和，方寸地虚，與大和元精合其純粹。年肇九歲，僻嫌朽宅，決入梵園。墮息慈之倫，稟出家之制。暨乎始冠，受其具足，學習無倦，律儀是修。示見談笑，欲明解脱，示人文藝，以誘世智。初不計身中有我，我中有身，德全道成，緣斷形謝。以寶應元年冬十月十六日，寂滅於杭州龍興寺，春秋三十五。凡滿十五安居，臨終，顧謂弟子，行荼毘法，樹小浮圖焉。時左衛兵參軍李紓、嘉興縣令李湯、左金吾衛兵曹參軍獨孤及，相與悼梁木之既壞，慮陵谷之當遷，後之人禮應真之塔婆，昧應真之德行，故刻石於武林山東峰之陽也。一家富貨殖，既而削髮，推千金之産，悉讓昆弟，所取者惟衲衣錫杖。自爾叩維揚法慎師，學相部律，造乎微而臻乎極。友善者慧凝、明幽、靈祐、會稽曇一、晉陵義宣，同門三益，作者七人也。一咳唾塵境，繼日經行，宴坐必擇山椒樹下。初舍於會稽山南懸溜寺，接禪者隱空、乾靖，討論第一義諦。或游慶雲寺，復居餘杭宜豐寺，寺鄰生丹山，門對佳境，冏然獨往。暴風偃山，正智不動，巨浪沃日，浮囊不飄。於是著《法性論》，以究真諦，此一文了語也。每禪誦之隙，輒賦詩歌，事思入無間，興含飛動。潘阮之遺韻，江謝之闕文，必能綴之，無愧古人。循循善誘，門弟子受教，若良田之納膏雨焉。一迹不入族姓之門，與天台道士潘志清、襄陽朱放、南陽張繼、安定皇甫曾、范陽張南史、吴郡陸迅、東海徐嶷、景陵陸鴻漸，爲塵外之友。講德味道，朗咏終日。其終篇必博之以文，約之以修，量其根之上下而授藥焉。一居寺高隅，初無井泉，一旦呀然而涌，噴金砂之溜於庭之左右，挹之彌清，斛之無竭，蓋精至之感矣。詩行於世，有選其尤者入《間氣集》焉。（贊寧《高僧傳》十五。）

貫休《哭靈一上人》。

張南史《西陵懷靈一上人兼寄朱放》。

劉長卿《和靈一上人新泉》。

劉長卿《重過宣峰寺山房寄靈一上人》。

劉長卿《雲門寺訪靈一上人》。

劉長卿《寄靈一上人初還雲門》（一作皇甫曾詩）。

劉長卿《寄靈一上人》（一作皇甫冉，一作郎士元）。

嚴維《哭靈一上人》。

郎士元《赴無錫寄别靈一净虚二上人（一本有還字）雲門所居》。

顧况行十二

韋夏卿《送顧况歸茅山》。

綦毋誠《同韋夏卿送顧况歸茅山》。

張繼《送顧况泗上覲叔父》。

劉太真《顧十二况左遷過韋蘇州房杭州韋睦州三使君皆有郡中宴，

集詩辭章高麗鄙夫之所仰慕顧生既至留連笑語因亦成篇以繼三君子之風焉》。

皎然《送顧處士歌》(注：吴興丘司議之女壻，即况也)。

《全唐文》：至德二年(七五八)進士第。

《舊唐書·李泌傳》：顧況，蘇州人。能爲歌詩。性詼諧，雖王公之貴，與之交者，必戲侮之。然以嘲誚能文，人多狎之。柳渾輔政，以校書郎徵。復遇李泌繼入，自謂已知秉樞要(《補正》曰：已知疑當作知己)，當得達官。久之，方遷著作郎，况心不樂，求歸於吴。而班列群官，咸有侮玩之目，皆惡嫉之。及泌卒，不哭，而有調笑之言。爲憲司所劾，貶饒州司户。有文集二十卷。其贈柳宜城，辭句率多戲劇，文體皆此類也。子非熊，登進士第，累佐使府，亦有詩名於時。(案李泌貞元五年三月甲辰卒，見《舊唐書》一三《德宗紀》。)

《尚書故實》：顧況，字逋翁。文詞之暇，兼攻小筆。嘗求知新亭監，人或詰之，謂曰："余要寫貌海中山耳。"乃辟善畫者王默爲副知也。顧况志向疏逸，近於方外。有時宰曾招致，將以好官命之。况以詩答曰："四海如今已太平，相公何用唤狂生。此身還似籠中鶴，東望滄州叫一聲。"後吴中皆言况得道解去。

《桂苑叢談》：吴郡顧況，貞元中進士及第，詞清妙絶。爲韓晋公浙西觀察判官。公嘗有乳母與外相通，卜射求事，公持法欲殺，闔宅莫敢言，密令人言於况，令救之。况乃詣公所問何故。公曰："天下皆知某守法，豈伊乳母先犯也？"况對曰："三尺兒亦知公法令禁，何宅内人而違犯？然公幼年時，讀書早起夜卧，看侍即要乳母，今年長爲公相侯伯，乳母焉用哉？誠宜殺之也。"公悲悟，遽捨之。况後在朝爲小著，諧謔輕薄，傲毁朝士，貶信州司馬。

《酉陽雜俎》：顧况喪一子，年七十。其子魂游，恍惚如夢，不離其家。顧悲傷不已，因作詩吟之且哭。詩云："老人喪其子，日暮泣成血。心逐斷猿驚，迹隨飛鳥滅。老人年七十，不作多時别。"其子聽之感慟，因自誓，忽若作人，當再爲顧家子。經日，如被人執至一處，若縣吏者，斷令托生顧家。復都無所知，忽覺心醒，開目認其屋宇，兄弟親愛滿側，唯語不得。當其生也，以後又不記。年至七歲，其兄戲批之，忽曰："我是爾兄，何故批我?"一家驚異。方叙前生事，歷歷不誤。弟妹小名，悉遍呼之。抑知羊叔子之事，非怪也。即進士顧非熊。成式常訪之，涕泣爲成式言。釋氏《處胎經》，言人之住胎，與此稍差。

《幽閑鼓吹》："尚書白居易應舉，初至京，以詩謁著作顧况。况睹姓名，熟視白公曰："米價方貴，居亦弗易。"乃披卷，首篇曰："離離原上草，一歲一枯榮。野火燒不盡，春風吹又生。"却嗟賞曰："道得個語，居即易矣。"因爲之延譽，聲名大振。(《太平廣記》一七〇）

包佶《顧著作宅賦詩》。

包佶《酬顧况見寄》。

《後山詩話》：望夫石在處有之，古今詩人，共用一律，惟夢得云："望來已是幾千歲，衹似當年初望時。"語雖壯而意工，黄叔度，魯直之弟也，以顧况爲第一，云"山頭日日風和雨，行人歸來石應語"，語意皆工。江南有望夫石，每過其下，不風即雨，疑况得句處也。

趙令畤《侯鯖録》：唐吴人顧况，一見李鄴侯，如舊相識，待以異禮。及鄴侯卒，况感其知，咏海鷗以寄懷，云："萬里飛來爲客鳥，曾蒙丹鳳借枝柯。一朝鳳去梧桐死，滿目鴟鳶奈爾何！"遂爲權貴所疾，貶饒州司户。(《説郛》三十一。)

《新唐書·藝文志》：顧况集二十卷，《畫評》一卷。

《舊唐書》一三〇《李泌傳》：及在相位，隨時俯仰，無足可稱，復引顧况輩輕薄之流，動爲朝士戲侮，頗貽譏誚……初，泌流放江南，與柳渾、顧况爲人外之交，吟咏自適。

貫休《讀顧况歌行》。

《古今姓氏書辯證》三十：吴人秘書郎顧况，子非熊，大中時爲盱眙〔主〕簿，弃官隱茅山。有詩一卷。

《清河書畫舫》："吴邑顧况，人品清逸。能詩畫，工真行書。唐僧清書《送顧處士》，詩云：“醉書在篋稱絶倫，神畫開厨怕飛出。”

《郡齋讀書志》：顧況集二十卷。右唐顧況，字逋翁，蘇州人，至德二年江東進士。善爲歌詩，性詼諧。德宗時，柳渾輔政，以秘書郎召況。況素善李泌，及泌相，自謂當得達官，久之，遷著作郎。及泌卒，有調笑語，貶饒州司户，卒。集有皇甫湜序。

郎士元行四？

司空曙《送郎使君赴郢州》。

戴叔倫《送郎士元》：白髮金陵客，懷歸不暫留。交情分兩地，行色載孤舟。黄葉蟬吟晚，滄江雁送秋。何年重會此，詩酒復追游。

李端《送客赴江陵寄郢州郎使君》。

《新唐書·藝文志》：《郎士元詩》一卷。士元字君胄，中山人。寶應元年遵義縣官，詔試中書，補渭南尉。歷拾遺，郢州刺史。

張繼《褚主簿宅會畢庶子錢員外郎使君》。（一作韓翃詩。按據此，錢起官員外時，士元方授郢州刺史。詩曰：“更喜宣城印，朝廷與謝公。”褚疑爲褚朝陽，畢疑即畢宏。）

《全唐詩話》：士元，字君胄，中山人。寶應中，選京畿縣官，詔試中書，補渭南尉。歷拾遺，郢州刺史。

高仲武《中興間氣集》：士元員外，河嶽英奇，人倫秀異，自家邢國，遂擁大名。右丞已後，錢郎争長。自丞相以下，出使作牧，二公無詩祖餞，時論鄙之。兩公詞體，大約欲同。就中郎公稍更閑雅，近於康樂。如：“荒城背流水，遠雁入寒林。”又：“去鳥不知倦，遠帆生暮愁。”又：“蕭條夜静邊風吹，獨倚營門望秋月。”可齊衡古人，掩映時輩。又：“暮蟬不可聽，落葉豈堪聞。”古人謂謝朓工於發端，比之於今，有慚沮矣。

《唐才子傳》：士元，字君胄，中山人也。天寶十五載盧庚榜進士。

寶應初，選京畿縣官，詔試政事中書，補渭南尉。歷左拾遺，出爲郢州刺史。與員外郎錢起齊名。時朝廷自丞相以下，出牧奉使，無兩君詩文祖餞，人以爲愧。其珍重如此。二人體調，大抵欲同，就中郎君稍更閑雅，逼近康樂，珠聯玉映，不覺成編，掩映時流，名不虚矣。有别業在半日吴村，王季友、錢起等皆見題咏，每誇勝絶。詩集今傳於世。

常衮《授郎士元等拾遺制》：敕前渭南縣尉郎士元等，有君子之行，有詩人之風。頃尉於畿，亦克用乂，匪躬之故，無以易焉。（案衮寶應中知制誥，永泰遷中書舍人，加集賢院學士，大曆初拜門下侍郎，同平章事。）

《唐語林》：郎士元詩句清絶，輕薄好爲劇語。每云："郭令公不入琴，馬鎮西不入茶，田承嗣不入朝。"馬知此，語之曰："郎中言燧不入茶，請左顧，爲設也。"即依期而往。時豪家食次，起羊肉一斤，層布於巨胡餅中，隔（隔字原在中上，以意易之）以椒豉，潤以酥，入爐迫之，候肉半熟食之，呼爲古摟子。馬晨起，啖古摟子以伫。士元至，馬喉乾如窑，即命急烹茶，各啜二十餘甌。士元已老，虚冷腹脹，屢辭。馬輒曰："馬鎮西不入茶，何遽辭也？"如此又七甌。士元固辭而起。及馬氣液俱下，因病數旬，馬乃遺絹二百匹。（案《舊唐書》一三四《馬燧傳》，貞元十一年八月薨，時年七十。）

錢起《獨往覆釜山寄郎士元》。

錢起《寄郢州郎士元使君》。

錢起《夜宿靈臺寺寄郎士元》。

錢起《題郎士元半日吴村别業兼呈李長官》：閏月今年春意賒。（官字疑當作史。）

錢起《郎員外見尋不遇》。（案《中興間氣集》稱士元員外。盧綸有《客舍苦雨寄錢起郎士元二員外》，知此郎員外即士元。）

錢起《送郎四補闕東歸》。（案諸書不言士元官校書、補闕，然以下二詩疑并謂士元，存參。）

錢起《東皋早春寄郎四校書》。

韓翃《送郢州郎使君》。

盧綸《客舍苦雨即事寄錢起郎士元二員外》。

盧綸《送郎士元使君赴郢州》。

《郡齋讀書志》:《郎士元詩》一卷。右唐郎士元,字君胄,中山人。天寶十五年進士。爲郢州刺史。與錢起俱有詩名,而士元尤更清雅。時朝廷公卿出牧奉使,若兩人無詩祖行,人以爲愧。

奚　賈

竇常《早發金鈎店寄奚十(?)唐大二茂才》。

郎士元《送奚賈歸吴》。

《全唐詩》小傳:奚賈,富春人,詩三首。

元　融

《唐詩紀事》:季川,大曆正元間詩人也。一曰季川,名融,元次山之弟。次山作《處規》云:"季川曰:'兟復不言,兟有意乎?'兟,兄之别稱也。"

陶　峴

《唐詩紀事》:峴,彭澤之裔孫,開元末家於崑山。與孟彦深、孟雲卿、焦遂游。嘗製三舟,一舟自載,一舟供賓客,一舟置飲饌。有女樂一部,奏清商之曲,逢山泉則窮其景物。吴越之士,謂之水仙。省親南海,獲崑崙奴名摩訶,善游水。至西塞山下,泊舟吉祥佛舍,見江水深黑，謂必有怪物，投劍命摩訶下取，久之支體磔裂，浮於水上。峴流涕回棹，賦詩自叙，不復游江湖矣。

錢起有《酬陶六辭秩歸舊居見柬》詩，曰："靖節昔高尚，令孫嗣清徽。"不知即峴否。峴開元末始移家崑山，則前此仍居柴桑耶？起詩又曰："舊廬雲峰下。"宜指匡廬而言。俟考。

又劉昚虚有《潯陽陶氏別業》詩云："陶氏習先隱，種柳長江邊。"疑與峴亦有關係。

《七言律準》引《崑山志》：峴雅好游覽，治三舟，幽探山水，必窮其勝。諸貴人慕而招之，不屑往也。自號麋鹿野人。

孟雲卿七二九—？　行九

高仲武《中興間氣集》：孟君詩祖述沈千運，賦中十首，又漁獵陳拾遺，詞氣傷，古怨者之流。如"虎豹不相食，哀哉人食人"，方於《七哀》"路有飢婦人，抱子弃草間"，則雲卿深矣。

《唐才子傳》：雲卿，關西人。天寶間不第，氣頗難平，志亦高尚，懷嘉遯之節。與薛據相友善。嘗流寓荆州。杜工部多有與雲卿贈答之作，甚愛重之。工詩，其體"祖述沈千運，漁獵陳拾遺，詞氣傷怨。雖然模效，纔得升堂，猶未入室，當時古調，無出其右，一時之英也。如："虎豹不相食，哀哉人食人。"又："朝亦常苦飢，暮亦嘗苦飢。飄飄萬里餘，貧賤多是非。少年莫遠游，遠游多不歸。"皆爲當代推服。韋應物過廣陵，遇孟九，贈詩云："高文激頹波，四海靡不傳。西施且一笑，衆女安得妍？"其才名於此可見矣。仕終校書郎。集今傳。雲卿稟通濟之才，淪吞噬之俗，栖栖南北，苦無所遇，何生之不辰也！身處江湖，心存魏闕，猶杞國之人憂天墜相率而逃者。匹夫之志，亦可念矣。

劉長卿《北游酬孟雲卿見寄》：幸君夙姻親，深見中外懷。

張彪《北游還酬孟雲卿》。

韋應物《廣陵遇孟九雲卿》。

《甘澤謡》：陶峴，開元中家於崑山，自製三舟，客有前進士孟彦深、進士孟雲卿。（案《唐才子傳》云“天寶間不第”，與此異。布衣焦遂，如置饌妾，共載游山水。）

元結《送孟校書往南海詩序》：平昌孟雲卿，與元次山同州里，以詞學相友，幾二十年。次山今罷守春陵，雲卿始典校芸閣。於戲！材業次山不如雲卿，詞賦次山不如雲卿，通和次山不如雲卿。次山又詡然求進者也。誰言時命，吾欲聽之。次山今且未老，雲卿少次山六七歲。雲卿聲名滿天下，知己在朝廷，及次山之年，雲卿何事不可至？［案結生於開元十一年（七二三），則雲卿當生於七二八或七二九。詩有云：“君有失母兒，愛之似阿陽。始能隨人行，不欲離人傍。”知時雲卿方悼亡也。］孟郊《哀孟雲卿嵩陽荒居》：戚戚抱幽獨，宴宴沈荒居。不聞新歡笑，但睹舊詩書。藝蘗意彌苦，耕山食無餘。定交昔何在，至戚今或疏。薄俗易銷歇，淳風難久舒。秋蕪上空堂，寒槿落枯渠。薙草恐傷蕙，攝衣自理鋤。殘芳亦可餌，遺秀誰忍除？徘徊未能去，爲爾涕漣如。（案東野少雲卿纔二十一二歲，故詩有“定交昔何在”之句。孟浩然集有《示孟郊》詩，疑本雲卿所作，竄入襄陽集者，體亦似雲卿。）

杜甫《解悶》十二首：李陵蘇武是吾師，孟子（原注：校書郎孟雲卿）論文更不疑。一飯未曾留俗客，數篇今見古人詩。（案十二首中及并世詩人者五首，鄭審、薛據、孟浩然、王維及雲卿也。除鄭審外，餘四人皆論及其詩。）鶴注：當是大曆元年夔州作。

杜甫《酬孟雲卿》：鶴注：當是乾元元年六月出爲華州司功將到時作。

杜甫《冬末以事之東都湖城東遇孟雲卿復歸劉顥宅宿宴飲散因爲醉歌》：鶴注：當是乾元元年冬自華州游東都作。

杜甫《别崔潩因寄薛據孟雲卿》：荆州遇薛孟，爲報欲論詩。（原注：内弟潩赴湖南幕職。）（鶴編大曆元年。）

《詩藪》内二：孟（雲卿）"朝日上高堂，離人怨秋草……少壯無會期，水深風浩浩"，劇爲東野所宗。

《通齋詩話》卷下：杜工部《孟氏》詩云："孟氏好兄弟，養親唯小園。承顔胝手足，坐客强盤飧。負米夕葵外，讀書秋樹根。卜鄰慚近舍，訓子學誰門。"又《解悶》詩云："李陵蘇武是吾師，孟子論文更不疑。一飯未曾留俗客，數篇今見古人詩。"自注："校書郎孟雲卿。"二詩詞意一律，則孟氏即雲卿耳。

蘇涣七三〇—七七五

《唐才子傳》：涣，廣德二年楊栖梧進士。本不平者，往來剽盗，善月白弩，巴賓商人苦之，稱曰白跖。後自知非，折節從學，遂成名。累遷侍御史。湖南崔中丞瓘辟爲從事。瓘遇害，繼走交廣，扇動哥舒晃跋扈，如蛟龍見血，本質彰矣。居無何，伏誅。初，嘗爲《變律詩》十九首上廣州節度李勉，其文意長於諷刺，亦有陳拾遺一鱗半甲，故加待之。或曰："此子羽翼孽臣，侵敗王略，今尚其文，可歟？"勉曰："漢策載蒯通説辭，皇史録祖君檄草，此大容細者。善惡必書，《春秋》至訓。明言不廢，《孟子》格談。涣其庶乎？豈但存雕蟲小技，亦以深懲賊子也。"時以爲名言。杜甫有與贈答之詩，今悉傳。

《舊唐書・代宗紀》大曆五年：夏四月庚子，湖南知團練使崔瓘爲兵馬使臧玠所殺。玠據潭州爲亂。澧州刺史楊子琳、道州刺史裴虬、衡州刺史楊濟，出軍討玠。大曆八年：九月壬午嶺南節度使、廣州刺使吕崇賁，爲部將哥舒晃所殺。大曆十年：十一月丁未，路嗣恭攻破廣州，擒哥舒晃，斬首以獻。

《舊唐書・藝文志》：蘇涣詩一卷。注曰："涣少喜剽盗，善用白弩，巴蜀商人苦之，號白跖，以比莊蹻。後折節讀書，進士及第。湖南崔瓘辟從事。瓘遇害，涣走交廣，與哥舒晃反，伏誅。

《全唐詩》小傳：蘇涣嘗訪杜甫於江浦，甫請誦新作，有詩美之。涣善放白弩，巴中號爲弩跖。後變節從學，鄉試擢第，累遷至侍御史。佐湖南崔中丞瓘幕府。崔遇害，遂逾嶺，扇動哥舒晃跋扈交廣，伏誅。詩四首。

勞格《讀書雜識·讀〈全唐文〉札記》：四百五十八高仲武紀蘇涣文，此即蘇涣詩評，見《中興間氣集》上，此當删。

杜甫《入衡州》詩：劇孟七國畏，馬卿四賦良。門闌蘇生在，勇鋭白起强。仇注：涣號白跖，故以劇孟、白起比之。又嘗稱異其詩，故以馬卿爲比。（案涣當是蜀人，故有馬卿云云。仇又曰：時涣亦自潭奔衡，公望當事收而用之，及陽濟不能用，故又走廣交而罹罪耳。）

杜甫《蘇大侍御訪江浦賦八韻紀異》。

杜甫《暮秋枉裴道州手札率爾遣興寄遞呈蘇涣侍御》。

權德輿《南兖郡王伊慎神道碑》：大曆中，嶺南裨將哥舒晃作亂，晃謀主蘇涣屯據要害。詔公討之。明年十月，斬晃、涣泔溪，揭其首以殉。

《南部新書》：蘇涣，本不平者，善放白弩，巴中號爲弩跖，賓人患之。比壯年後，自知非，變節從學。鄉試擢第，累遷至侍御史，佐湖南幕。崔瓘中丞遇害，遂逾嶺，扇動哥舒晃扈跋交廣，作變，伏誅。有《變律詩》十九首上廣帥李公。唐人謂涣詩見於諷刺，得陳拾遺一鱗半甲。余觀其詞氣頡頏如此，固可見其胸中矣。子美逆旅相遇，美其能詩，又以龐公比之，此過情之譽也。

宋鄭克《折獄龜鑒》：蘇涣郎中知衡州，耒陽民爲盗所殺，而盗不獲。尉執一人，指爲盗，涣察而疑之，問所從得，曰："弓手見血衣，呼同儕視之，得其人以獻。"涣曰："弓手見血衣，當自取衣以爲功，尚何呼他人，此必有奸。"訊之而服，他日果得真盗。（《説郛》九八。）

蘇涣，蜀人。少喜剽盗，善用白弩，巴蜀商人苦之，號曰白跖，以比莊蹻。後折節從學，擢廣德二年進士第。累遷侍御史。大曆四年，杜甫旅次潭州，時渙爲湖南都團練使崔瓘從事，夜訪甫於舟中，因頌所爲詩，甫大賞異，明日賦詩贈之，其序曰："……憶其涌思雷出，書篋几杖之外，殷殷留金石聲。賦八韻紀異，亦見老夫傾倒於蘇至矣。"明年崔瓘遇害，遂逾嶺走廣州，煽動哥舒晃跋扈交廣。大曆八年，晃殺主將作亂，渙屯據要害，蓋"蛟龍見血，本質彰矣"。十年十一月，兵敗，與晃同被執，斬於沿漢。（權德輿《南兖郡王伊慎神道碑》作十月，疑誤。）有詩一卷。其上廣帥李勉《變律詩》十九首（今本《中興間氣集》作《變律格詩》，又九上無十字），詞氣頡頏，優於諷刺，高仲武謂有陳拾遺一鱗半甲云（殊非過譽）。今存詩三首，見《中興間氣集》。（《中興間氣集》、《南部新書》、《新唐書·藝文志》、《唐才子傳》、權德輿《伊慎神道碑》、《舊唐書·代宗紀》、《容齋隨筆》及杜詩。）

皎　然

韋應物《寄皎然上人》。

秦系《奉寄晝公》。

李端《送皎然上人歸山》。

李端《憶皎然上人》。

于頔《釋皎然杼山集序》（《全唐文》）。

于頔《郡齋卧疾贈晝上人》。

孟郊《答晝上人止讒作》。

孟郊《同晝上人送郭（一作鄔，一作郘）秀才江南尋兄弟》。

孟郊《送陸暢歸湖州因憑題（一作吊）故人皎然塔陸羽墳》。

孟郊《逢江西故晝上人會中鄭方回》（自注：上人往年手札五十篇相贈云以爲他日之念）。

《唐語林》：吴興僧晝一，字皎然，工律詩。嘗謁韋蘇州，恐詩體不合，乃於舟中抒思，作古體數十篇爲獻，韋皆不稱賞。晝一極失望。

明日，寫其舊製獻之。韋吟諷，大加嘆賞，因語晝一云："幾致失聲名。何不但以所工見投，而猥希老夫之意？人各有所得，非卒能致。"晝一服其能鑒。

周賀《贈皎然上人》（一本無然字，《全唐詩》一九）。

周賀《題晝公院》（一作《四明蘭若贈寂禪師》）。

周賀《宿甄山南溪晝公院》（一作《宿杼山晝公禪堂》）。

何文煥《歷代詩話考索》考晝公《詩式》有五卷，又有《詩評》三卷，今非全本矣。中有云："注於前卷、後卷，不復備舉。"訛脱之一證也。

《四庫全書總目提要·集部·别集類》二：《杼山集》十卷（内府藏本），唐僧皎然撰。案《唐書·藝文志》，皎然字清晝，湖州人，謝靈運十世孫，居杼山。顔真卿爲刺史，集文士撰《韻海鏡源》，預其論著。貞元中，取其集藏集賢御書院，刺史于頔爲序。此集卷數與《唐志》合，頔序亦存。蓋猶舊本，前有贊寧所爲傳，蓋自《高僧傳》録入。末有集外詩，則毛晋所補輯也。皎然及貫休、齊己皆以詩名。今觀所作，弱於齊己而雅於貫休，在中唐作者之間，可厠末席。集末附載雜文數篇，則聊以備體，非其所長矣。别本附刊杼山《詩式》一卷。案《唐志》晝公《詩式》《詩評》皆載文史類中，不附本集，今亦析出，别録著焉。

《唐湖州杼山皎然傳》：釋皎然，名晝，姓謝氏，長城人，康樂侯十世孫也。幼負異才，性與道合，初脱羈絆，漸加削染，登戒於靈隱戒壇守直律師邊。聽毘尼道，特所留心，於篇什中，吟咏情性，所謂造其微矣。文章俊麗，當時號爲釋門偉器哉。後博訪名山，法席罕不登聽者。然其兼攻并進，子史經書，各臻其極。凡所游歷，京師則公相敦重，諸郡則邦伯所欽。莫非始以詩句牽勸，令入佛智，行化之意，本在乎兹。及中年，謁諸禪祖，了心地法門，與武丘山元浩、會稽靈澈爲道交，故時諺曰："霅之晝，能清秀。"貞元初，居於東溪草堂，欲屏息詩道，非禪者之意，而自誨之曰："假使有宣尼之博識，胥臣之多聞，終朝目前，矜道侈義，適足以擾我真性，豈若孤松片雲，禪座相對，無言而道合，至静而性同哉。吾將入杼峰，與松雲爲偶，所著《詩式》，及諸文筆，并寢而不紀。因顧筆硯曰："我疲爾役，爾困我愚，數十年間，了無所得，况汝是外物，何累於人哉？住既無心，去亦無我，將放汝各歸本性，使物自物，不關於予，豈不樂乎？"遂命弟子黜焉。至五年五月，會前御史中丞李洪自河北負譴，再移爲湖守。初相見，未交一言，恍若神合，素知公精於佛理，因請益焉。先問宗源，次及心印，公笑而後答。他日言及《詩式》，具陳以宿昔之志。公曰："不然。"故命門人檢出草本，一覽而嘆曰："早年曾見沈約《品藻》、惠休《翰林》、庾信《詩箴》，三子所論，殊不及此。奈何學小乘褊見，以宿志爲辭邪！"遂舉邑中辭人吴季德、梁常侍均之後，具文有家風，予器而重之。晝以陸鴻漸爲莫逆之交，相國于公頔，顔魯公真卿，命裨贊《韻海》二十餘卷。好爲《五雜俎》篇，用意奇險，實不忝江南謝之遠裔矣。晝清净其志，高邁其心，浮名薄利，所不能啖，唯事林巒，與道者游，故終身無惰色。又興冥齋，蓋循燋面然，故事施鬼神食也。晝舊居州興國寺，起意自捐衣囊施之。嘗有軍吏沈釗，本德清人也，夕從州出，乘馬到駱駝橋，月色皎如，見數人盛飾衣冠，釗怪問之，如何到此？曰："項王祠東興國寺然公修冥齋，在兹伺耳。"釗翌日往復，果是鬼物矣。又長城赵胥錢沛，行役泊舟吕山南，見數十百人，得非提食器，負束帛，怡然語笑而過，問其故。云："赴然師齋來。"時顔魯公爲刺郡，早事交游，而加崇重焉。以貞元年終山寺。有集十卷，于頔序集。貞元八年正月，勒寫其文集入於秘閣，天下榮之。觀其文也，亹亹而不厭，合律乎清壯，亦一代偉才焉。晝生常與韋應物、盧幼平、吴季德、李萼、皇甫曾、梁肅、崔子向、薛逢、吕渭、楊逵，或簪組，或布衣，與之交結，必高吟樂道，道其同者則然始定交哉。故著《儒釋交游傳》及《内典類聚》共四十卷，《號呶子》十卷。時貴流布。元和四年，太守范傳正、會稽釋靈澈，同過舊院，就影堂傷悼彌久。遺題曰："道安已返無何鄉，慧遠來過舊草堂。余亦當時及門者，共吟佳句一焚香。"其遺德，後賢所慕者相繼有焉。（贊寧《高僧傳》二十九。）

顔真卿《贈僧皎然》。

許渾《湖州韋長史山居（即皎然舊宅）》。

《郡齋讀書志》：皎然《杼山集》十卷。右唐僧皎然撰。字清晝，吴興人，謝靈運十世孫。工篇什，德宗詔録本納集賢院。集前有于頔序，并《贈晝上人》詩。

竇　　參

《舊唐書》一二三《李巽傳》：（巽）性强狠狡惡，忌刻頗甚，乘德宗之怒，謀殺竇參，物論冤之。初參爲宰相，不悦於巽，自左司郎中出爲常州刺史，仍促其行。不數月，參貶郴州司馬。久之，巽自給事中爲湖南觀察使，郴即屬郡也。宣武軍節度劉士寧以擅襲父任，物議不可，朝廷不得已而授之。及參之貶，士寧嘗以絹數千匹賂參，巽在湖南，具奏其事，言參與藩鎮交通。德宗怒，遂賜參死，議者冤之。

《新唐書·宰相世系表》：竇氏三祖房，聞喜尉審言，子參，相德宗。

《郎官石柱題名》：金部員外郎。

《舊唐書·文苑·唐次傳》：貞元初，歷侍御史，竇參深重之，轉禮部員外郎。

《舊唐書》一三七《崔元翰傳》：入朝爲太常博士，禮部員外郎。竇參輔政，用爲知制誥。

耿湋行十三

劉長卿《送耿拾遺歸上都》。

秦系《山中贈耿拾遺湋兼兩省故人》。

司空曙《冬夜耿拾遺王秀才就宿因傷故人》。

司空曙《殘鶯百囀歌》。

司空曙《歲暮懷崔峒耿湋》。

司空曙《和耿拾遺元日觀早朝》。

《古今姓氏書辯證》：唐大曆拾遺耿湋，徙居河東。

《畿輔通志》：耿湋，東鹿人，弇之後也。徙居東鹿。善詩文，句法新奇，時人重之，與錢起等齊名，謂之大曆十才子。

《唐書・文藝傳》：湋，右拾遺。

《唐詩紀事》：偉，（案諸書皆作湋，此作偉，字誤。）寶應元年進士。（案當作廣德元年，即寶應二年。）爲左拾遺。詩有"家貧僮僕慢，官罷友朋疏"。世多傳之。

《唐才子傳》：湋，河東人也。寶應二年洪源榜進士。與古之奇爲莫逆之交。初爲大理司法。充括圖書使，來江淮，窮山水之勝。仕終左拾遺。詩才俊爽，意思不群。似湋等輩，不可多得。詩集二卷，今傳。

梁肅《送耿拾遺歸朝廷序》(《全唐文》)。

《詩鏡總論》：耿湋："小暑開鵬翼，新蓂長鷺濤。"其語翠色可摘。

嚴維《酬耿拾遺題贈》。

戴叔倫《送耿十三湋復往遼海》。

戴叔倫《酬周至耿少府湋見寄》。

李端《早春夜集耿拾遺宅》。

李端《慈恩寺晲上人房招耿拾遺》。

李端《送耿拾遺湋使江南括圖書》。

盧綸《留别耿湋侯釗馮著》。

盧綸《得耿湋司法書因叙長安故友零落兵部苗員外發秘省李校書端相次傾逝潞府崔功曹峒長林司空丞曙俱謫遠方余以摇落之時對書增嘆因呈河中鄭倉曹暢參軍昆季》。

盧綸《綸與吉侍郎中孚司空郎中曙苗員外發崔補闕峒耿拾遺湋李校書端風塵追游向三十載數公皆負當時盛稱榮耀未幾俱沈下泉暢博士當感懷前踪有五十韻見寄輒有所酬以申悲舊兼寄夏侯侍御（一作郎）審侯倉曹釗》。

盧綸《早春歸周至舊居（一作别業）却寄耿拾遺湋李校書端》。

盧綸《同耿拾遺還春中題第四郎新修書院》（一作《同錢員外春中題薛載少府新書院》）。

盧綸《出山逢耿湋》。

盧綸《同耿湋宿陸澧旅舍》。

盧綸《早春游樊川野居却寄李端校書兼呈崔峒補闕司空曙主簿耿湋拾遺》。

盧綸《同耿湋司空曙二拾遺題韋員外東齋花樹》。

盧綸《送耿拾遺湋充括圖書使往江淮》。

《郡齋讀書志》：耿湋詩二卷。右唐耿湋，寶應元年進士，爲左拾遺。

鄭　　錫

李翱《故歙州長史隴西李府君則墓志銘》：長女婿禮部員外郎鄭錫（寶曆三年）。（《李文公集》一五）

司空曙《送鄭錫》原注：曙曾事此公李父。（《全唐詩》）

《全唐文》小傳：錫，寶應中進士，官禮部員外郎。（今存賦二首，卷四五〇。）

《唐詩紀事》：錫登寶應進士。寶曆間爲禮部員外。（案自寶應元年至寶曆元年凡二十三年，登第與爲郎之間相去不應若是之久，疑寶曆爲大曆之誤。又與錫贈答者，李端、司空曙等，皆大曆間人，即是一證。現存詩十首，并見《御覽詩》。《紀事》原注："事見李翱所撰鄭長史墓銘。”案據墓志，府君於寶曆三年安葬，其時距府君死後甚久，不得據以定錫爲寶曆人也。）

李端《與鄭錫游春》(《全唐詩》)。(《御覽詩》作李端詩，《紀事》作李嘉祐詩，案當從《御覽詩》。）

李端《卧病别鄭錫》(《全唐詩》)。

李端《雜歌呈鄭錫司空文明》(《全唐詩》)。

韋應物

《詩比興箋》：……唐有兩韋應物，一盛唐，一中唐。沈氏誤合爲一人，至使後人據《李觀文集》(即《李元賓文編》)所譏“褊躁”之韋應物，指爲左司。編韋詩者，亦遂皆入之中唐，何以知人論世……韋公詩集終於蘇州，自罷守以後，更無一字，蓋不久旋卒，故唐人稱之者，但曰韋左司，韋蘇州。此卒於貞元初年之明證。若如沈氏補傳，去蘇以後，尚爲太僕寺卿，兼御史中丞，爲諸道鹽鐵轉運江淮留後，何以集中一字不及？且沈氏所據者，以劉禹錫贈白居易詩云：“蘇州刺史例能詩，西掖今來替左司。”遂謂韋以貞元二年補外得蘇州刺史，久之白居易自中書舍人出守吴門，應物罷郡，二人相爲替代。又據《劉禹錫集》中，有太和六年除蘇州，舉中丞韋應物自代狀，遂謂後此復爲御史中丞。不知白之刺蘇，在敬宗寶曆元年，去貞元初凡四十載，豈有韋守蘇州，久至四紀之理？樂天元和中謫江州時，《與元微之書》已云韋蘇州詩，當其在時人未甚愛重，必待身後人始貴之。此韋已殁之證。其云“幸有文章替左司”者，蓋言詩名足與相繼，非前後任交待之謂也。況劉之舉狀，又在是書十年以後，尚得謂是一人乎？且韋公生於開元，仕於天寶，屢見於詩，如云“建中即藩守，天寶爲侍臣”，如云“出身天寶今幾年，忽憶先皇游幸年”，如云“與君十五侍皇闈，雪下驪山沐浴時”，又《建中四載寄弟》諸詩云“弱冠逢世亂，二紀猶未平”，又云“少事武皇帝，無賴恃恩私”——此皆在天寶末年已弱冠之證。若七十載而至寶曆元年，與樂天交代，則已九十餘歲矣，再逾八載而至文宗太和六年爲劉禹錫所舉則已百歲矣！後者尚有鹽鐵轉運江淮留後之任，不在百餘歲外乎？沈氏亦知其難通，乃臆造爲年九十餘歲不知所終之説，遁詞顯然。故宋嘉祐中王欽臣校定《韋集》序云：“以詩中及時人所稱，推其仕宦本末，疑止於蘇州刺史。”可謂要言不煩。而紀文達作《四庫書目》，反據沈傳以駁其疏略，且引《李觀集》中《上應物書》，深譏其褊躁。夫韋以貞元二年刺蘇，不久罷歸，尋卒，而李觀貞元八年始舉進士，豈及見韋公而上書譏之哉？以冲淡近道（《朱子語録》），高潔寡欲（李肇《國史補》）之左司，而以與褊躁無文之鹽鐵轉運江淮留後合爲一人，不幾於殺人之曾參，亂齊之宰我乎？……後之選唐詩者，宜列韋於盛唐以正誤列中唐之失。

吴昌綬《吴郡通典》云：沈作喆《韋應物補傳》曰：“白居易自中書舍人出守吴門，應物罷郡，寓於郡之永定佛寺。”考寶曆之距貞元，已四十年。《香山吴郡詩石記》，專爲刻應物郡齋宴集詩而作。記中言十四五時旅蘇、杭二郡，以幼賤不得與游，其景慕韋公甚至，豈有韋公尚寓蘇州，意不相聞問耶？此稱韋、白，特以其志趣相合，非果屬同時也。”（多案：貞元二年韋自左司郎中爲蘇州刺史，白之刺蘇在寶曆元年。）

暢當《天柱隱所重答江州應物》（下四字亦作韋江州）、《山居酬韋蘇州見寄》。

楊凌《奉酬韋滁州寄示》。

崔峒《書情寄上蘇州韋使君兼呈吴縣李明府》、《送韋員外還京》（？）。

劉長卿《餘干夜宴奉餞前蘇州韋使君新除婺州作》《赴宣州使院夜宴寂上人房留辭前蘇州韋使君》。

顧況《酬本郡韋左司》（一題作《奉和郎中韋使君郡齋雨中宴集》）（注：時况左遷饒州）。

令狐峘《硤州旅舍奉懷蘇州韋郎中》（注：公頻有尺書，頗積離鄉之思）。

秦系《即事奉呈郎中韋使君》（注：時系試秘書省校書郎）。

皇甫曾《韋使君宅海榴咏》。

皎然《答蘇州韋應物郎中》。

沈作喆《韋應物補傳》。

《西溪叢語》：葛蘩校《蘇州韋刺史集》十卷，今平江板本是也。刺史，洛陽人，姓韋氏，名應物。貞元中以左司郎出爲蘇州刺史。書目姓名，略見《唐書·藝文志》，其詳不載於正史，不可得而考也。今睹其《逢楊開府》詩云："少事武皇帝，無賴恃恩私，身作里中横，家藏亡命兒，朝持樗蒲局，暮竊東鄰姬，司隸不敢捕，立在白玉墀。驪山風雪夜，長楊羽獵時，一字都不識，飲酒肆頑痴。武皇升仙去，憔悴被人欺。讀書事已晚，把筆學題詩，兩府始收迹，南宫謬見推。非才果不容，出守撫惸嫠。忽逢楊開府，論舊涕俱垂，坐客何由識，唯有故人知。"又《温泉行》云："出身天寶今年幾，頑鈍如槌命如紙，作官不了却來歸，還是杜陵一男子。"又云："自騎厩馬引天仗，直入清華列御前。"是嘗爲三衛而踪迹不羈也。《燕李録事》詩云："與君十五侍皇闈。"又《京師叛亂寄諸弟》云："弱冠遭世難，二紀猶未平。"當天寶十五載六月，明皇避安禄山之難，是年應物年二十。至寶應元年建巳月，上皇崩，則武皇升仙之時，應物年二十七。又《示從子河南尉班》詩序云："永泰中，予任洛陽丞。"則應物年二十九。及其來吴《贈舊識》云："少年游太學，負氣蔑諸生，蹉跎三十載，今日海隅行。"則少游太學，蓋武皇升仙後二年，入太學，遂爲丞也。自洛陽丞爲京兆府功曹。大曆十四年，自鄠縣令别除櫟陽令，以疾歸善福精舍。建中二年，由前資除比部員外郎出爲滁州，改判江州，改左司郎中。貞元初，又歷蘇州，罷守，寓居永定精舍。以詩考之，歷官次序如此。廣德二年，乃爲洛陽丞。自京師叛亂之後，至德、乾元、上元、寶應數年間，折節讀書，遂入仕，而因請之微官也。善福精舍書注"建中二年除比部”，則應物年四十五。建中四年十月三日，京師兵亂，自滁州間道遣使。明年，興元甲子歲五月九日，使還，寄諸弟作詩云：“歲暮兵戈亂京國，帛書間道訪存亡。”乃德宗幸奉天時，應物年四十八。自後，守九江，至爲蘇州刺史，計其年五十餘矣。以集中事及時人所稱，考其仕官如此，得非遂止於蘇邪？案白居易《蘇州答劉禹錫》詩云：“敢有文章替左司。”左司蓋謂應物也。官稱止如此。其集中詩《寄大梁諸友》云：“分竹守南譙，弭節過梁地。”則是守亳時也。篇末云“相敦在勤事，海内方勞師”，似與興元甲子不遠。又唐小説載與諸公倡和稱韋十九。林寶《姓纂》云：“周逍遥公敻之後左僕射扶陽公待價，生司門郎中令儀，令儀生鑾，鑾生應物，應物生監察御史河東節度書記慶復。”李肇《國史補》云：“爲人性高潔，鮮食寡欲，所居焚香掃地而坐。其爲詩馳驟建安已還，各得風韻。”又云：“開元以後，位卑而名著者，李北海、王江寧、李館陶、鄭廣文、元魯山、蕭功曹、張長史、獨孤常州、崔比部、梁補闕、韋蘇州。”其大略可見如此。

《郎官石柱題名》：左司郎中有□應物，當是缺韋字。

楊巨源《許雲封傳》：許雲封，樂工之善笛者。貞元初，韋應物自蘭臺郎出爲州牧，非所宜願，頗不得志。輕舟東下，夜泊靈壁驛，時雲天初瑩，秋露凝冷，舟中吟瓢，將以屬詞，忽聞雲封笛聲，嗟嘆良久。韋公洞曉音律，謂其笛聲酷似天寶中梨園法曲，李謩所吹者。遂召雲封問之，乃是李謩外孫也……韋公曰：“我有乳母之子，其名千金，嘗於天寶中受笛李供奉，藝成身死，每所怨嗟，舊吹之笛，即李君所賜也。”遂囊出舊笛。雲封跪捧悲切，撫而觀之，曰：“信是佳笛，但非外祖所吹者。”乃爲韋公曰：“竹生雲夢之南，鑒在柯亭之下，以今年七月望前生，明年七月望前伐。過期不伐，則其音至；未期而伐，則其音浮。浮者外澤中乾，乾者受氣不全，氣不全則其竹夭……其已夭之竹，遇至音必破，所以知非外祖所吹者。”韋公曰：“欲旌汝鑒，笛破無傷。”雲封乃捧笛吹《六州》，遍一叠未盡，劃然中裂。韋公驚嘆者久之，遂禮雲封於曲部。

《帶經堂詩話》十八：韋蘇州，史失爲立傳，宋沈明遠始補傳，其生平端末，終亦未詳。集中有《逢楊開府》一篇，“少事武皇帝，無賴恃恩私”云云，後人遂疑爲三衛，而《韻語陽秋》因附會以爲恃韋皇后宗族云云，囈語武斷可笑。腐儒之見如此。

《帶經堂詩話》十八：小説載李習之翱在潭州嫁柘枝妓事，以爲韋蘇州。舒元輿詩云：“誰是蔡邕琴酒客，魏公懷舊嫁文姬。”古今以爲佳話，而不知其污衊賢者也。案應物爲蘇州刺史，在貞元之初。其後又有韋夏卿，在貞元十年，韋覬在元和時，與習之之世差近，而翱與應物固渺不相及也。且韋李二集具在，亦無一字相涉，則蔡邕琴酒之語，何竟武斷屬之左司耶？李觀《元賓集》中，有《代人上蘇州》二書，每疑其暴戾恣横，不類左司所爲。觀與翱同元和中人，皆與左司無涉。此二事不可不辯也。乾元中又有韋黄裳、韋之晋。大中時又有韋某，志失名。所稱韋蘇州，蓋不下六七人矣，人但知有左司耳。

《唐宋遺史》：韋應物，蘇州太守，嘗有詩贈米嘉榮曰：“吹得凉州意外聲，舊人惟有米嘉榮，近時年少欺前輩，好染髭鬚學後生。”又嘗赴亾州司馬杜鴻漸宴，醉宿驛亭，醒見二佳人在側，驚問其故。乃曰：“郎中席上與司空詩，因令樂妓侍寢。”問記其詩否。一妓强記，乃誦之曰：“高髻雲鬟宮樣妝，春風一曲杜韋娘。司空見慣渾閑事，斷盡蘇州刺史腸。”（案《古今詩話》作劉禹錫詩。）

《國史補》：韋應物爲蘇州刺史，有屬官因建中之亂，得國工康崑崙琴瑟琵琶，至是送官，表進入内。

《碧溪詩話》十：老杜所以爲人稱慕者，不獨文章爲工，蓋其語默所主，君臣之外，非父子兄弟，即朋友黎庶也。嘗觀韋應物詩，及兄弟者十之二三。《廣陵覲兄》云：“收情且爲歡，曩日不知飢。”《冬至寄諸弟》云：“已懷時節感，更抱别離酸。”《元日寄諸弟》云：“日月昧遠期，念君何時歇。”《社日寄》云：“遥思里中會，心緒恨微微。”《寒食》云：“聯騎定何時，吾今顔已老。”又云：“把酒看花想諸弟，杜陵寒食草青青。”《初秋寄》云：“高梧一葉下，空齋歸思多。”《聞蟬寄諸弟》云："緘書報是時，此心方耿耿。"《登郡樓寄諸季》云："迨兹聞雁夜，重憶别離秋。"《懷京師寄》云："上懷犬馬戀，下有骨肉情。"余謂觀此集者，雖讒鬩交痡，當一變而怡怡也。

《觀林詩話》："近世韋蘇州歌行，才麗之外，頗近興諷。其五言詩文，又高雅閑淡，自成一家之體，今之秉筆者，誰能及之。"故東坡有"樂天長短三千首，却愛韋郎五字詩"之句。然樂天既知韋應物之詩，而乃自甘心於淺俗，何耶？豈才有所限乎？

《藝概》二：韋蘇州憂民之意如元道州，試觀《高陵書情》云："兵凶久相踐，徭賦豈得閑！促戚不可哀，寬政身致患。日夕思自退，出門望故山。"此可與《春陵行》《賊退示官吏》作并讀，但氣别婉勁耳。

《四庫全書總目提要·集部·别集類》二：《韋蘇州集》十卷，唐韋應物撰。應物，京兆人。新、舊《唐書》俱無傳。宋姚寬《西溪叢話》載，吴興沈作喆爲作補傳，稱應物少游太學。當開元、天寶間，充宿衛。扈從游幸，頗任俠負氣。兵亂後，流落失職，乃更折節讀書。由京兆功曹累官至蘇州刺史、太僕少卿、兼御史中丞，爲諸道鹽鐵轉運江淮留後。年九十餘，不知其所終。先是，嘉祐中王欽臣校定其集，有《序》一首，述應物事迹與補傳皆合。惟云以集中及時人所稱推其仕宦本末，疑止於蘇州刺史。考《劉禹錫集》，有《蘇州舉韋中丞自代狀》，則欽臣爲疏略矣。《李觀集》有《上應物書》，深言其褊躁，而李肇《國史補》云："應物性高潔，鮮食寡欲，所居焚香掃地而坐。"二談頗異。蓋狷潔之過，每傷峭刻，亦事理所兼有也。其詩七言不如五言，近體不如古體。五言古體源出於陶，而鎔化於三謝，故真而不樸，華而不綺。但以爲步趨柴桑，未爲得實。如"喬木生夏凉，流雲吐華月"，陶詩安有是格耶？此本爲康熙中項絪以宋槧翻雕，即欽臣所校定。首賦，次雜擬，次燕集，次寄贈，次送别，次酬答，次逢遇，次懷思，次行旅，次感嘆，次登眺，次游覽，次雜興，次歌行。凡爲類十四，爲篇五百七十一。原《序》乃云分類十五，殊不可解。然字畫精好，遠勝毛氏所刻四家刻本，故今據以著録。其毛本所載拾遺數首，真僞莫决，亦不復補入焉。

《十駕齋養新録》十二：韋應物貞元二年由左司郎中出爲蘇州刺史，而《劉禹錫集》中有《大和六年除蘇州舉韋應物自代狀》，宋葉少藴、胡元任已疑其非一人。而沈作喆撰《韋傳》，合而一之，篇末雖亦有疑詞，而終未敢决。近世陳少章景雲據白樂天於元和中謫江州後貽書元微之，於文盛稱韋蘇州詩，又言"當蘇州在時，人亦未甚愛重，必待身後，人始貴之"，則是時蘇州已殁，而劉狀又在此書十年以後，則其所舉必别是一人矣。樂天守蘇日，夢得以詩酬之，云"蘇州刺史例能詩，西掖今來替左司"，言白之詩名足繼左司耳，非謂實代其任也。沈傳謂貞元二年補外，得蘇州刺史，久之，白居易中書舍人出守吴門，應物罷郡，寓郡之永定佛寺，則誤甚矣。白公出守在長慶間，距貞元初垂四十年，豈有與韋交代之理乎？（大昕案樂天刺蘇州，在寶曆元年，陳以爲在長慶間，亦誤。）

李紳《追和韋應物滁州登北樓》詩。

《元和姓纂》二：京兆杜陵韋氏鑾生應物，蘇州刺史應物生慶復。

《郡齋讀書志》十七：《韋應物集》十卷。右唐韋應物，京兆人。周逍遥公夐之後。左僕射扶陽公待價生令儀，令儀生鑾，鑾生應物。天寶時，爲三衛。永泰中，任洛陽丞、京兆府功曹。大曆十四年，自鄠縣制除櫟陽令，稱疾辭歸。建中二年，授比部郎中守滁州。居頃之，改江州。召還，擢左司郎中。或媢其進媒孽之，出爲蘇州刺史。性高潔，鮮食寡欲，所居焚香除地而坐。詩律自沈宋以後，日益靡嫚，鎪章刻句，揣合浮切，雖音韻婉諧，屬對麗密，而嫻雅平淡之氣不存矣；獨應物之詩馳驟建安以還，得其風格云。

竇叔向

崔峒《贈竇十九》（案時公車待詔長安）。

張繼《送竇十九判官使江南》《酬張二十員外前國子博士竇叔向》。

韓翃《寄雍丘竇明府》。（？）

皇甫冉《送竇十九叔向赴（一作入）京》《送竇叔向》。

李嘉祐《送竇拾遺赴朝因寄中書十七弟》（注：竇拾遺叔向其弟竇舒也）。

皇甫曾《酬竇拾遺秋日見呈》（注：此公自江陰令陳諫官）。

《唐才子傳》：叔向，字遺直。扶風平陵人也。有卓絶之行。登第於大曆初。遠振佳名，爲文物冠冕。詩法謹嚴，又非常格。名流才子，多仰飈塵。少與常衮同燈火，及衮相，引擢左拾遺内供奉。及坐貶，亦出爲溧水令。卒贈工部尚書。五子常、牟、群、庠、鞏，俱能詩，咄咄有跨竈之譽，當時羨之。《藝文志》載《叔向集》七卷，今存詩甚寡，蓋零落久矣。

包佶《答竇拾遺卧病見寄》：今春扶病移滄海，幾度承恩對白花……誤入塵埃牽吏役，羞將簿領到君家。

《金石略竇叔向碑》：元和二年秋八月十七□□啓殯自丹陽郡覆釜山克葬於河南之偃師。

羊士諤《左拾遺内供奉贈使持節舒州諸軍事舒州刺史扶風竇府君神道碑》：元和二年秋八月十七日□啓殯自丹陽覆釜山克葬於河南之偃師北原……文集七卷。（元和三年建。）

《唐詩紀事》：叔向，字遺直，京兆人。代宗時，常衮爲相，用爲左拾遺内供奉，及貶，亦出爲溧水令。四子登第，群以處士隱毘陵，韋夏卿薦之朝，德宗擢爲左拾遺，代武元衡爲中丞，薦吕温、羊士諤爲御史。李吉甫以二人躁險，持不下。群怨吉甫，司吉甫陰事，幾爲憲宗所誅。群與兄常、牟，弟庠、鞏，皆爲郎，工詞章，爲《聯珠集》，行於時，義取昆弟若五星然。

褚藏言《竇常傳》：……皇考叔向，仕至左拾遺，贈尚書右僕射，當代宗皇帝朝，善五言詩，名冠流輩。時屬貞懿皇后山陵，上注意哀挽，即時進三章，内考首出，傳諸人口者，有“禮遜生前貴，恩追殁後榮”，又“命婦羞蘋葉，都人插棣花”，又“禁兵環素帟，宫女哭寒雲”，備在文集。故刑部侍郎包佶製序，府君同氣五人，各載首序。府君大曆十四年舉進士，與故吏部侍郎奚陟、商州牧卞俛、秘校獨孤綬同年上第，迨拾遺下世，力養繼親，家無舊産，百口漂寓，由是弃高科於盛時，就泉府之少職，邅回者十年。厥後載，罹家禍，因卜居廣陵之柳楊西偏，流泉種竹，隱几著書。又十載，由擢第至釋褐，凡二十年，洎貞元十四年秋……

《新唐書・宰相世系表》二：扶風竇氏叔向，左拾遺。

柳中庸

《唐詩紀事》：中庸，子厚之族，御史并之弟也。與弟中行，皆有文名，咸爲官早死。

《酉陽雜俎》：中庸善易，嘗詣普寂公，公曰：“筮吾心所在也。”柳曰：“和尚心在前檐第七題。”復問之在某處，寂曰：“萬物無逃於數也，吾將逃矣，嘗試測之。”柳久之，矍然曰：“至矣，寂然不動，吾無得而知矣。”（《紀事》三一引。）

柳宗元《先友記》：柳氏兄弟者，先君族兄弟也。最大并，字百存，爲文學，至御史，病瞽遂廢。次中庸、中行，皆名有文，咸爲官早死。

李端《留别柳中庸》(《全唐詩》)。

李端《送張芬歸江東兼寄柳中庸》(《全唐詩》)。

李端《宿瓜洲寄柳中庸》(《全唐詩》)。

李端《江上别柳中庸》(《全唐詩》)。

李端《江上逢柳中庸》(《全唐詩》)。

李端《溪行逢雨與柳中庸》(《全唐詩》)。

《元和姓纂》七：河東解縣柳氏，喜生賁、并、〔淡〕(據世系表補)、中行、宷……淡字中庸，洪府户曹。

顏真卿《登峴山觀李左相石尊聯句》：有柳淡（又有陸羽、皎然等)。

《郡齋讀書志》：《柳郯詩》一卷。右唐《柳郯集》有與李端、盧綸輩相酬贈詩，大曆間進士也。

韓　翃

《分甘餘話》：唐韓翃以“春城無處不飛花”一詩見知九重，召知制誥，傳爲佳話，世盡知之。《杜陽雜編》又載一事：德宗西幸，有二馬，一號神智驄，一號如意騮。貞元三年，蜀中進瑞鞭，有麟鳳龜龍之形，色類琥珀。一日將幸諸苑，内厩進瑞鞭，上顧近臣曰：“昔朕西幸有二駿，稱二絶，今獲此鞭，可稱三絶矣。”因吟曰：“鴛鴦赭白齒新齊，曉日花間散碧蹄。玉勒乍回初噴沫，金鞭欲下不成嘶。”亦翃作也。知翃詩流聞禁中者多，不獨寒食東風之句而已。

錢起《同王錥起居程浩郎中韓翃舍人題安國寺用上人院》。

耿湋《朝下寄韓舍人》。

耿湋《許下書情寄張韓二舍人》。

《唐書·文藝傳》：翃，字君平，南陽人。侯希逸表佐淄青幕府，府罷，十年不出。李勉在宣武復辟之。俄以駕部郎中知制誥。時有兩韓翃，其一爲刺史。宰相請孰與。德宗曰：“與詩人韓翃。”終中書舍人。

《全唐詩話》：侯希逸鎮淄青，翃爲從事。罷府，閑居十年。李勉鎮夷門，辟爲幕屬。時已遲暮，不得意，多家居。一日，夜將半，客叩門急，賀曰：“員外除駕部郎中知制誥。”翃愕然曰：“誤矣。”客曰：“邸報，制誥闕人，中書兩進名，不從。又請之。曰：‘與韓翃。’時有同姓名者，爲江淮刺史。又具二人同進。御批曰：“春城無處不飛花，寒食東風御柳斜。日暮漢宫傳蠟燭，青烟散入五侯家。”又批曰：“與此韓翃。”客曰：“此員外詩耶？”翃曰：“是也。是不誤。”時建中初也。德宗西幸，有神智驄、如意驄二馬，謂之功臣。一日，有進瑞鞭者。上曰：“朕有二駿，今得此可爲三絶。”因吟翃《觀調馬》詩：“鴛鴦赭白齒新齊，曉日花間散碧蹄。玉勒乍回初噴沫，金鞭欲下不成嘶。”世傳翃有寵姬柳氏。翃成名，從辟淄青，置之都下。數歲，寄詩曰：“章臺柳，章臺柳，顔色青青今在否？縱使長條似舊垂，也應攀折他人手。”柳答曰：“楊柳枝，芳菲節，可恨年年贈離别。一葉隨風忽報秋，縱使君來豈堪折？”後果爲蕃將沙吒利所劫。翃會入中書，道逢之，謂永訣矣。是日，臨淄大校置酒，疑翃不樂，具告之。有虞侯將許俊，以義烈自許，即詐取得之，以授韓。希逸聞之，曰：“似我往日所爲也，俊復能之。”翃後爲夷門幕府，後生共目爲惡詩，輕之。

牟融《贈韓翃》：京國久知名，江河近識荆。不辭今日醉，便有故人情。細雨孤鴻遠，西風一棹輕。暫時分手去，應不負詩盟。（《全唐詩》十七）

李商隱《韓翃舍人即事》（案此擬翃詩也）。

《杜陽雜編》：上西幸有二馬，一號神智驄，一號如意騮。皆耳中有毛，引之可長一尺，（《相馬經》云：“耳中有毛長一尺者，日行千里。”）而進退緩急，皆如上意，故謂之功臣。一日花木方春，上欲幸諸苑，内厩控馬，侍者進瑞鞭。上指二駿語近臣曰：“昔朕西幸有二駿，謂之二絶，今獲此鞭，可謂三絶矣。”遂命酒飲之。左右引翼而去。因吟曰：“鴛鴦赭白齒新齊，曉日花開散碧蹄。玉勒乍回初噴沫，金鞭欲下不成嘶。”（中書舍人韓翃詩也。）

《升庵詩話》：宋人詩話稱戴石屏“春水渡傍渡，夕陽山外山”，以爲奇句。余觀唐韓君平“夕陽山向背，春草水東西”，意同而語尤工。

《國史補》（見李端）。

《元和姓纂》：昌黎棘成縣韓氏，朝宗，京兆尹。生質，京兆少尹。（以上節文。）生翃，中書舍人（生翃二字原誤在中書舍人下）拾遺。

《郡齋讀書志》：《韓翃詩》五卷。右唐韓翃，君平也，南陽人。天寶十三進士。淄青侯希逸，宣武李勉相繼辟幕府，俄以駕部郎中知制誥，終於中書舍人。翃詩興致繁富，朝野重之。

鄭　　常

《郡齋讀書志》八：《洽聞記》三卷，唐鄭常撰，記郡國舊事。

司空曙

司空曙，字文明（一作初），廣平人。登大曆進士第，從韋皋於劍南。（《全唐詩》小傳）授洛陽主簿。未幾，遷長林縣（屬山南道江陵府，今湖北荆門西北）丞，累官左拾遺。（《唐才子傳》）貞元中爲水部郎中，終虞部郎中。詩格清華，爲大曆十才子之一。（《全唐詩》小傳）與李約員外至交。性耿介，不干權要，家無甔石，晏如也。有詩集二卷（《廣平府志》作六卷）行世。（《唐才子傳》）

李益《竹窗聞風寄苗發司空曙》。

孫昌胤《和司空曙劉慎虚九日送人》。

耿湋《秋晚卧疾寄司空拾遺曙盧少府綸》。

耿湋《尋覺公因寄李二端司空十四曙》。

盧綸《送張調參軍侍從歸覲荆南因寄長林司空十四曙》。

盧綸《得耿湋司法書因叙長安故友零落兵部苗員外發秘省李校書端相次傾逝潞府崔功曹峒長林司空丞曙俱謫遠方余以摇落之時對書增嘆因呈河中鄭倉曹暢參軍昆季》（《全唐詩》一〇）。

盧綸《綸與吉侍郎中孚司空郎中曙苗員外發崔補闕峒耿拾遺湋李校書端風塵追游向三十載數公皆負當時盛稱榮耀未幾俱沉下泉暢博士當感

傷前踪有五十韻見寄輒有所酬以申悲舊兼寄夏侯侍御審侯倉曹釗》。

《唐書・文藝傳》：曙，字文初，廣平人。從韋臯於劍南。終虞部郎中。[案臯傳（《合鈔》一九一）貞元元年（七八五）拜檢校户部尚書，兼成都尹，御史大夫，劍南西川節度使，在蜀二十一年。]

符載《劍南西川幕府諸公寫真贊》：戊辰歲（貞元四年），尚書韋公授鉞之四年也。初尚書以汧隴殊勛，拜執金吾。天子猶以爲功重而報輕，俾作鎮於蜀，得自開幕府，延納賢隽焉。（以上序。）水部司空郎中曙字文初，風儀朗邁，振拔氛囂，玉氣温潤，鶴情超遼。文燭翰苑，德成士標，問望何有，羽儀中朝。（《全唐文》六九〇）

《詩鏡總論》：司空曙："蒹葭新有雁，雲雨不離猿。"雲雨句，似不落思慮所得，意何襞積，語何渾成。語云："已雕已琢，復歸於樸。""窮水雲同穴，尋僧虎共林。"昔庾子山曾有"人禽或對巢"之句，其奇趣同而庾較險也。凡異想異境，其托胎處固已遠矣。老杜云："勛業頻看鏡，行藏獨倚樓。"語意徘徊，司空曙"相悲各問年"，更自應手犀快，風塵閱歷，有此苦語。

李端《九日贈司空文明》。

李端《夜尋司空文明逢深上人因寄晋侍御》。

李端《慈恩寺懷舊》：《序》云：余去夏五月，與耿湋、司空文明、吉中孚同陪故考功王員外來游此寺……

李端《江上逢司空曙》（一作《岳陽逢司空文明得關中書》）：共爾髫年故，相逢萬里餘。

李端《晚游東田寄司空曙》。

李端《秋夜寄司空文明》（一作《冬夜寄韓弇》）。

李端《秋日旅舍别司空文明》。

李端《江上喜逢司空文明》：落日見秋草，暮年逢故人。非夫長作客，多病淺謀身。

李端《送司空文明歸江上舊居》。

李端《宿淮浦憶司空文明》：秦地故人成遠夢，楚天凉雨在孤舟。

李端《憶故山贈司空曙》。

李端《同司空文明過堅上人故院》（一作《過堅上人影堂逢司空曙》）。

李端《雜歌呈鄭錫司空文明》。

苗發《送司空曙之蘇州》。

張南史《送司空十四北游宋州》：九拒危城下，蕭條送爾歸。

韋應物《司空主簿琴席》。

韋應物《冬夜宿司空曙野居因寄酬贈》。

大昜《贈司空拾遺》：侍臣何事辭雲陛，江上微雲見雪花。望闕未承丹鳳詔，掩門空對楚人家。

《元和姓纂》二：京兆司徒氏，上元，潤州刺史。司徒襲或云河内人。署，虞部郎中。孫圖。（案此多訛脱，當即司空曙，誤入司徒條。）

盧綸《客舍喜崔補闕司空拾遺訪宿》。

盧綸《春日憶司空文明》。

盧綸《洛陽早春憶吉中孚校書司空曙主簿因寄清江上人》。

盧綸《春日書情贈别司空曙》。

盧綸《過司空曙村居》。

盧綸《早春游樊川野居却寄李端校書兼呈崔峒補闕司空曙主簿耿湋拾遺》。

盧綸《同耿湋司空曙二拾遺題韋員外東齋花樹》。

盧綸《贈别司空曙》。

戴叔倫《贈司空拾遺》。

戴叔倫《寄司空曙》。

戎　昱

《湖廣通志》：戎昱，荆南人。至德間，以文名登進士，衛伯玉辟爲從事。嘗著《元戎出塞》詩。京兆尹李鑾欲妻以女，命改姓，昱拒之。建中間，歷辰虔二州（案辰州，今湖南沅陵縣。虔州，今江西贛縣）刺史。

《唐才子傳》：昱，荆南人。美風度，能談。少舉進士，不上，乃放游名都。雖貧士而軒昂，氣不消沮。愛湖湘山水，來客時，李夔（案李夔嘗爲汴州司户，有《逢宋之問》詩）廉察桂林，寓官舍，月夜聞鄰居行吟之音清麗，遲明訪之，乃昱也。即延爲幕賓，待之甚厚。崔中丞亦在湖南，愛之，有女國色，欲以妻昱，而不喜其姓戎，能改則訂議。昱聞之，以詩謝云："千金未必能移姓，一諾從來許殺身。"自謂李大夫恩私至深，無任感激。初事顧平原，嘗佐其征南幕，亦累薦之。衛伯玉鎮荆南，辟爲從事，歷虔州刺史。至德中，以罪謫爲辰州刺史。後客劍南，置家隴西數載。憲宗時，邊烽累急，大臣議和親。上曰："比聞一詩人姓名稍僻者爲誰？"宰相對以冷朝陽、包子虚，皆非。帝舉其詩。對曰："戎昱也。"上曰："嘗記其《咏史》云：'漢家青史上，拙計是和親。社稷依明主，安危托婦人。豈能將玉貌，便擬净沙塵？地下千年骨，誰爲輔佐臣！'"因笑曰："魏絳何其懦也！此人如在，可與武陵，桃花源足稱其清咏。"士林榮之。昱詩在盛唐，格氣頗劣，中間有繼似晚作。然風流綺麗，不虧政化。當時賞音，喧傳翰苑，固不誣矣。有集今傳。

《本事詩》：韓晋公鎮浙西，戎昱爲部内刺史。（失州名）郡有酒妓，善歌，色亦媚妙，昱情屬甚厚。浙西樂府將聞其能，白晋公召置籍中，昱不敢留。餞於湖上，爲歌詞以贈之，且曰："至彼令歌，必首唱此詞。"既至，韓爲開筵，自持盃命歌送之。遂唱戎詞。曲既終，韓問曰："戎使君於汝寄情邪？"悚然起立曰："然。"言隨泪下。韓令更衣待命，席上爲之憂危。韓召樂將責曰："戎使君名士，留情郡妓，何故不知而召置之，成余之過？”乃笞之。命與妓百縑，即時歸之。其詞曰：“好去春風湖上亭，柳條藤蔓繫離情。黄鶯久住渾相識，欲别頻啼四五聲。”

《雲溪友議》：憲宗朝，以北狄侵邊，大臣奏議，古者和親有五科而無千金之費。帝曰：“比聞有一卿能爲詩，而姓氏稍僻，是誰？”宰相對曰：“恐是包子虚、冷朝陽。”皆不是也。帝遂吟曰：“山上青松陌上塵，雲泥豈合得相親？世路盡嫌良馬瘦，唯君不弃卧龍貧。千金未必能移姓，一諾從來許殺身。莫道書生無感激，寸人還是報恩人。”侍臣對曰：“此是戎昱詩也。京兆尹李鑾擬以女嫁昱，令其改姓，昱固辭焉。”帝悦曰：“朕又記得《咏史》一篇，此人若在，便與朗州刺史。武陵桃源，足稱詩人之興咏。”聖旨如此稠叠，士林之榮也。其《咏史》詩云：“漢家青史内，計拙是和親。社稷依明主，安危托婦人。豈能將玉貌，便擬静胡塵？地下千年骨，誰爲輔佐臣！”帝笑曰：“魏絳之功，何其懦也！”大臣公卿，遂息和戎之論。

《唐語林》：有客自零陵來，稱戎昱使君席上有善歌者。公（案于頔也）遽命召焉，戎不敢違。逾月而至，及至，令唱歌，歌乃戎使君送妓之詩。其辭曰：“寶鈿青蛾翡翠裙，妝成掩泣欲行雲。慇懃好取襄王夢，莫向陽臺夢使君。”公曰：“丈人不能立功業，爲異代之所稱，豈可奪人愛姬爲己之嬉娱？以此觀之，誠可竄身於無人之地。”遂以繒帛贐行，爲書謝零陵守。

本集《苦哉行》五首原注：寶應中過滑州洛陽後同王季友作。

本集《贈岑郎中》：童年未解讀書時，誦得郎中數首詩。四海烟塵猶隔闊，十年魂夢每相隨。雖披雲霧逢迎疾，已恨趨風拜德遲。天下無人鑒詩句，不尋詩伯重尋誰？［案岑參爲虞部、庫部兩郎中，約在廣德二年、永泰元年，自廣德二年上推十年，爲天寶十三載，時昱方在童年，假定其時昱十五歲，則生於開元二十八年（七四〇）。］

本集《辰州建中四年多懷》。

本集《辰州聞大駕還宮》（案德宗興元元年七月自奉天還京）。

《宣和書譜》：戎昱作字有楷法，其用筆類段季展，然筋骨太剛，而殊乏婉媚，故雅德者避之。嘗書其自作《早梅》詩云："應緣近水花先發，疑是經春雪未銷。"豈有得於此者，宜其字特奇崛，蓋是挾勝氣以作之耳。今御府所藏正書一《早梅》詩。

《郡齋讀書志》：《戎昱集》三卷。右唐戎昱撰。初李夔廉察桂林，月夜聞鄰君吟咏之音清暢，遲明訪之，乃昱也，即延爲幕賓。後因飲席，調其侍兒，夔微知其故，即贈之。昱感作，賦詩有"恩合死前酬"之句。又爲衛伯玉荆南從事，後歷辰虔二州刺史。

張志和

皎然《奉應顔尚書真卿觀玄真子置酒張樂舞破陣畫洞庭三山歌》。

皎然《奉和顔魯公真卿落玄真子舴艋舟歌》（原注：楚章華臺成〔影〕，願諸侯落之）。

《新唐書·隱逸傳》：張志和，字子同，婺州金華人，始名龜齡。父游朝，通莊、列二子書，爲《象罔》《白馬證》諸篇佐其説。母夢楓生腹上而産志和。十六擢明經，以策干肅宗，特見賞重，命待詔翰林，授左金吾衛録事參軍，因賜名。後坐事貶南浦尉。會赦還，以親既喪，不復仕。居江湖，自稱烟波釣徒。著《玄真子》，亦以自號。有韋詣者爲撰《内解》。志和又著《太易》十五篇，其卦三百六十五。

《唐才子傳》：志和，字子同，婺州人。初名龜齡，詔改之。十六擢明經。嘗以策干肅宗，特見賞重，命待詔翰林。以親喪辭去，不復仕。居江湖，性邁不束，自稱烟波釣徒。撰《玄真子》二卷，又爲號焉。兄鶴齡，恐其遁世，爲築室越州東部，茅茨數椽，花竹掩映。嘗豹席椶屩，沿溪垂釣，每不投餌，志不在魚也。觀察使陳少游頻往候問。帝嘗賜奴婢各一人，志和配爲夫婦，號漁童、樵童。與陸羽嘗爲顔平原食客。平原初來刺湖州，志和造謁，顔請以舟敝，欲爲更之。曰："願爲浮家泛宅，往來苕霅間足矣。”善畫山水，酒酣或擊鼓吹笛，舐笑輒就，曲盡天真。自撰《漁歌》，便復畫之。興趣高遠，人不能及。憲宗聞之，詔寫真求訪，并其歌詩，不能致。後傳一旦忽乘雲鶴而去。李德裕稱以爲：“漁父賢而名隱，鴟夷智而功高，未若玄真隱而名彰，方而無事，不窮而達（案據《唐書》，而達當作不達），其嚴光之比歟！”

沈汾《續仙傳》：飛升一十六人，第一，玄貞子，姓張，名志和，會稽山陰人也。

顔真卿《浪迹先生元真子張志和碑銘》。

方勺《泊宅編》：烏程縣之東數十里，有泊宅村，時人不曉泊宅之義。予寓居之明年，買田適在村下，因閲金石遺文，昔顔魯公守湖州，張志和浮家泛宅，往來苕霅間，此乃志和泊舟之所也。《續仙傳》云，志和越人，而唐史以爲婺人。予喜卜築之初，聞同里之高風，遂得友其人於千載，因作詩識之。王侍郎漢之一見而號予泊宅之少翁，仍爲作真贊曰：“形色保神，環無初終，粉飾太（疑當作大或作天）鈞，而爲之容，是曰泊宅之少翁。”

《新唐書·藝文志》：張志和《太易》十五卷。又《玄真子》十二卷。注云韋詣作《内解》。

《歷代名畫記》：張志和，字子同，會稽人。性高邁，不拘檢。自稱烟波釣徒。著《玄真子》十卷。書迹狂逸，自爲《漁歌》，便畫之，甚有逸思。肅宗朝官至左金吾衛録事參軍。

章八元行十八

熊孺登《春郊醉中贈章八元》。

張繼《贈章八元》：衰年逢二妙，亦得悶懷寬。

劉長卿《月下呈章秀才八元》：向老三年謫，當秋百感多。家貧惟好月，空愧子猷過。

清江《宿嚴維宅簡章八元》（一作《宿嚴秘書宅》）。

清江《上都酬章十八兄》（案《唐才子傳》稱清江與八元爲兄弟之好，似即據此詩）。

《唐才子傳》：八元，睦州桐廬人。少喜爲詩，嘗於郵亭偶題數語，蓋激楚之音也。宗匠嚴維到驛，見而異之，問八元曰："爾能從我授格乎？"曰："素所願也。"少頃遂發，八元已辭親矣。維大器之，親爲指諭，數歲間，詩賦精絶。大曆六年王溆榜第三人進士。居京既久，床頭金盡，歸江南，訪韋蘇州，待贈甚厚。復來都應制科。貞元中調句容主簿，況薄，辭歸。時有清江上人，善詩，與八元爲兄弟之好。初，長安慈恩寺浮圖，前後名流詩版甚多。八元亦題，有云："却怪鳥飛平地上，自驚人語半天中。"後元微之、白樂天至塔下遍覽，因悉除去，惟存八元版在，吟咏久之，曰："名下無虚士也。"其警策稱是。有詩集傳於世，一卷。

本集《歸桐廬舊居寄嚴長史》：昨辭天子棹歸舟，家在桐廬憶舊丘……近聞江老傳鄉語，遥見家山減旅愁。（案此一作朱放詩，非也。放，襄州人。）

《唐詩紀事》：八元題慈恩塔云：……或云："元白見其詩云：'不謂嚴維出此弟子。'"

韋應物《送章八元擢第往上都應制》。

《唐書·藝文志》：《章八元詩》一卷。八元，睦州人，大曆進士第。

暢　當

司空曙《閑園書事招暢當》。

耿湋《春日游慈恩寺寄暢當》。

耿湋《酬暢當》。

盧綸《送暢當還舊山》。

盧綸《送暢當赴山南幕》。

盧綸《送暢當》。

盧綸《酬暢當尋嵩岳麻道士見寄》。

盧綸《得耿湋司法書因叙長安故友零落兵部苗員外發秘省李校書端相次傾逝潞府崔功曹峒長林司空丞曙俱謫遠方余以摇落之時對書增嘆因呈河中鄭倉曹暢參軍昆季》。

盧綸《綸與吉侍郎中孚司空郎中曙苗員外發崔補闕峒耿拾遺湋李校書端風塵追游向三十載數公皆負當時盛稱榮耀未幾俱沉下泉暢博士當感懷前蹤有五十韻見寄輒有所酬以申悲舊兼寄夏侯侍御審侯倉曹釗》。

盧綸《寄贈暢當山居》。

盧綸《偶宿山中憶暢當》。

盧綸《新移北廳因貽同院諸公兼呈暢博士》。

盧綸《秋夜同暢當宿藏公院》。

盧綸《重同暢當奘公院聞琴》。

盧綸《秋夜同暢當宿潭上西亭》。

盧綸《與暢當夜泛秋潭》。

盧綸《同暢當咏蒲團》。

李端《救生寺望春寄暢當》。

李端《寄暢當》。

李端《書志贈暢當》。

李端《贈當》詩序：余少尚神仙，且未能去。友人暢當以禪門見導。余心知其是而未得其門，因寄詩以咨焉。

韋應物《西郊養疾聞暢校書有新什見贈久佇不至先寄此詩》：閉户灃水曲。（案應物大曆十四年除櫟陽令，以疾歸善福精舍，此詩正作於其時，知暢當爲校書，在大曆末也。）

韋應物《寄暢當》（注：聞以子弟被召從軍）：寇賊起東山，英俊方未閑。聞君新應募，籍籍動京關。出身文翰場，高步不可攀。青袍未及解，白羽插腰間。

韋應物《答暢校書當》。（案詩曰“夜還澧水東”，則仍居善福精舍時也。）

韋應物《答暢參軍》：秉筆振芳步，少年且吏游。

《唐詩紀事》：當，河東人。貞元初，爲太常博士。後以果州刺史卒。與弟諸皆有詩名。當詩平淡多佳句，如《渚釣亭》云“花發多遠意，鳬雁有閑情。遲暉耿不暮，平江寂無聲”；《天柱隱所》云“荒徑饒松子，深蘿絶鳥聲。陽崖全帶日，寬障偶通耕”；《山居》云“水定鶴翻去，松欹峰儼如”，又“寒林苞晚橘，風絮露垂楊。湖畔聞漁唱，天邊數雁行”，皆有遠意。

《唐才子傳》：當，河東人。大曆七年張式榜及第。當少諳武事，生亂離間，盤馬彎弓，摶沙寫陳，人曾伏之。時山東有寇，以子弟被召參軍。貞元初，爲太常博士。仕終果州刺史。與李司馬司空郎中有膠漆之契。多往來嵩華間，結念方外，頗參禪道，故多松桂之興，深存不死之志。詞名藉甚，表表凌雲。有詩二卷，傳於世。

高適《睢陽酬别暢大判官》：吾友遇知己，策名逢聖朝。高才擅白雪，逸翰懷青霄。承詔選嘉賓，慨然即馳軺。清晝下公館，尺書忽相邀。留歡惜别離，畢景駐行鑣。言及沙漠事，益令胡馬驕。丈夫拔東蕃，聲冠霍嫖姚。兜鍪衝矢石，鐵甲生風飈。諸將出井陘，連營濟石橋。酋豪盡俘馘，子弟輸征徭。邊庭絶刁斗，戰地成漁樵。榆關夜不扃，塞口長蕭蕭。降胡滿薊門，一一能射雕。軍中多燕樂，馬上何輕趫。戎狄本無厭，羈縻非一朝。飢附誠足用，飽飛安可招？李牧制儋藍，遺風豈寂寥？君還謝幕府，慎勿輕芻蕘（案此疑是當父璀）。

顧陶《唐詩類選序》：國朝以來，人多反古，德澤廣被。詩之作者繼出，則有李杜，挻崖於時，群才莫得而并。其亞則昌齡、伯玉、雲卿、千運、應物、益、適、建、況、鵠、當、光羲、郊、愈、籍、合十數子，挺然頹波間，得蘇、李、劉、謝之風骨，多爲清德之所諷覽，乃能抑退浮僞之辭，宜矣。（《全唐文》）

《新唐書》二〇〇《儒學·暢當傳》：暢當，河東人。父璀，左散騎常侍。代宗時與裴冕、賈至、王延昌待制集賢院，終户部尚書。當進士擢第，貞元初爲太常博士……以果州刺史卒。

《舊唐書》一一一《暢璀傳》：暢璀，河東人也。鄉舉進士。天寶末，安禄山奏爲河北海運判官，三遷大理評事，副元帥郭子儀辟爲從事。至德初，肅宗即位，大收俊杰，或薦璀，召見，悦之，拜諫議大夫，累轉吏部侍郎。廣德二年十二月，爲散騎常侍、河中尹，兼御史大夫。永泰元年，復爲左常侍，與裴冕并集賢院待制。大曆五年，兼判太常卿，遷户部尚書。十年七月卒，贈太子太師。璀廓落有口才，好談王霸之略，居職責成屬吏，齪齪無過而已。

戴叔倫《吊暢當》：萬里江南一布衣，早將佳句動京畿。徒聞子敬遺琴在，不見相如駟馬歸。朔雪恐迷新冢草，秋風愁老故山薇。玉堂知己能銘述，猶得精魂慰所依。[案當貞元初爲太常博士，以果州刺史卒，戴叔倫卒於貞元五年，據此詩，當蓋卒於貞元二年至五年間。惟當本河東人，此曰“江南一布衣”，疑莫能明。叔倫詩固多誤（如《冬日有懷李賀長吉》《送崔融》《别鄭谷》等），不知此詩真僞何如，存參。]

《古今姓氏書辯證》三三：唐有詩人暢當。

李端行二

司空曙《贈李端》。

司空曙《過堅上人故院與李端同賦》。

司空曙《酬李端校書見贈》。

司空曙《殘鶯百囀歌》。

司空曙《深上人見訪憶李端》。

嚴維《送李端》（一作盧綸詩）。

耿湋《送李端》。

耿湋《同李端春望》。

耿湋《尋覺公因寄李二端司空十四曙》。

盧綸《酬李端長安寓居偶咏見寄》(一本作《酬暢當尋嵩岳麻道士見寄》第二首)。

盧綸《得耿湋司法書因叙長安故友零落兵部苗員外發秘省李校書端相次傾逝潞府崔功曹峒長林司空丞曙俱謫遠方余以摇落之時對書增嘆因呈河中鄭倉曹暢參軍昆季》。[案苗發大曆五年(七七〇)卒,端卒在發後,今定爲大曆六年(七七一)。]

盧綸《綸與吉侍郎中孚司空郎中曙苗員外發崔補闕峒耿拾遺湋李校書端風塵追游向三十載數公皆負當時盛稱榮耀未幾俱沉下泉暢博士當感懷前縱有五十韻見寄輒有所酬以申悲舊兼寄夏侯侍御審侯倉曹釗》。

盧綸《早春歸周至舊居(一作别業)却寄耿拾遺湋李校書端》。

盧綸《早春游樊川野居却寄李端校書兼呈崔峒補闕司空曙主簿耿湋拾遺》。

盧綸《送李方東歸》(原注:即故李校書端親弟)。[案盧綸約卒於貞元十六年(八〇〇),端卒當在此前。]

李嘉祐《送從侄端之東都》。

韋應物《休沐東還胄貴里示端》。

《舊唐書·李虞仲傳》:虞仲父端,登進士第。工詩,大曆中與韓翃、錢起、盧綸等文咏唱和,馳名都下,號大曆十才子。時郭尚父少子曖尚代宗女昇平公主,賢明有才思,尤喜詩人,而端等十人多在曖之門下。每宴集賦詩,公主坐視簾中,詩之美者,賞百縑。曖因拜官,會十子曰:“詩先成者賞。”時端先獻,警句云:“薰香荀令偏憐小,傅粉何郎不解愁。”主即以百縑賞之。錢起曰:“李校書誠有才,此篇宿構也。願賦一韻正之,請以起姓爲韻。”端即襞牋而獻曰:“方塘似鏡草芊芊,初月如鈎未上弦。新開金埒教調馬,舊賜銅山許鑄錢……”曖曰:“此愈工也。”起等始服。端自校書郎,移疾江南,授杭州司馬而卒。

《南部新書》:昇平公宅即席,李端擅場;送王相之幽鎮,(韓)翃擅場；送劉相巡江淮，錢起擅場。

《舊唐書·文藝傳》：端，趙州人。詔郭曖尚昇平公主，主賢明有才思，尤推納士，故端等多以曖游。曖嘗進官，大集客，端賦詩最工。錢起曰："爲之，請賦起姓。"端立獻一章，又工於前，客乃服。主贈帛百。後移疾江南，終杭州司馬。

衛象《傷李端》：才子浮生促，泉臺此路賒。官卑揚執戟，年少賈長沙。人去門栖鵩，災成酒誤蛇。唯餘封禪草，留在茂陵家。

沈亞之《唐故銀青光禄大夫檢校左散騎常侍兼宫苑閑廄使駙馬都尉郭公墓志》：乃詔子曖尚昇平公主，都尉主客皆賢，故長安中名人文士，自李端、司空曙之徒，咸游其門，賦詩席酒。

《詩鏡總論》：李端"園林帶雪潛生草，桃李雖春未有花"。此語清標絶勝。

《國史補》：郭曖尚昇平公主盛集文士，即席賦詩，公主帷而觀之。李端中宴詩成，有荀令何郎之句，衆稱妙絶，或謂宿構，端曰："願試一韻。"錢起曰："請以起姓爲韻。"復有金埒銅山之句，曖大喜，出名馬金帛爲贈。是會也，端擅場。送丞相王縉之鎮幽朔，韓翃擅場。送丞相劉晏之巡江淮，錢起擅場。

顧况《饒州刺史趙郡李府君墓志銘》：諱端字公表。（案别是一人。）

《唐才子傳》：大曆五年李摶榜進士及第，授秘書省校書郎。

《極玄集》：李端字正己，大曆五年進士。

本集《歸山居寄錢起》：髮鬢將回色，簪纓未到身。（案端大曆五年進士及第，此登第前作，疑時將三十。）

本集《下第上薛侍郎》：家貧求禄早，身賤報恩遲。（案《唐摭言》："大曆二年右補闕薛邕拜禮部侍郎，聯翩四榜，共放八十人。"此詩蓋二年至四年間作。）

本集《江上逢司空曙》：共爾髫年故，相逢萬里餘。

《郡齋讀書志》：李端司馬集三卷。右唐李端，趙州人。大曆五年進士，爲校書郎，卒官杭州司馬。郭曖尚昇平公主，賢明招納士類，故端等皆客之。嘗座上賦詩奇甚，主大加稱嘆。錢起曰："素爲之，請賦起姓。"端立獻一章云："新開金埒看調馬，舊賜銅山許鑄錢。"起乃服，主喜厚賜之。

于鵠七五〇？—八〇四？

《唐才子傳》：鵠初買山於漢陽，高隱，三十猶未成名。大曆中，嘗應薦歷諸府從事，出塞入塞，馳逐風沙。有詩甚工，長短間作，時出度外，縱橫放逸，而不陷於疏遠，且多警策云。集一卷，今傳。

本集《山中寄樊僕射》：却憶東溪日，同年事魯儒。[案《舊唐書》一二二《樊澤傳》："（貞元）十二年，加檢校右僕射，卒年五十。"《舊唐書》十三《德宗紀》：貞元十四年九月，"山南東道節度使、檢校尚書右僕射、襄州刺史樊澤卒"。計樊澤生於天寶八載（七四九），卒於貞元十四年（七九八），鵠當與澤年相若，姑定生於天寶九載（七五〇）。《新唐書》一九五《樊澤傳》："十四年卒，年五十七。"則生於天寶元年（七四二）。]

本集《塞上曲》：行人朝走馬，直走薊城傍。薊城通漢（漠）北，萬里別吴鄉。（案此鵠似爲吴人，又有《江南曲》古詞三首，皆脱胎南朝樂府，蓋自寫其本地風光也。）

本集《山中自述》：三十無名客，空山獨卧秋。

本集《寓意》[一作《荆南陪楚（樊）尚書惜落花》，一作《襄陽席上看花時因小蠻作》]。（案《方鎮表》，山南東道節度觀察使賈耽遷工部尚書，樊澤代。貞元三年，樊澤遷荆南。八年，樊澤遷山南東道。十四年卒。樊澤在荆南，自貞元三年至八年，凡五年。）

張籍《別于鵠》。

張籍《哭于鵠》：青山無逸人，忽覺大國貧。良玉沉幽泉，名爲天下珍。野性疏時俗，再拜乃從軍。氣高終不合，去如鏡上塵。我初有章句，相合者唯君。今來吊嗣子，對隴燒新文。

張籍《贈王建》：曰（《唐詩紀事》作於）君去後交游少，東野亡來篋笥貧。賴有白頭王建在，眼前猶見咏詩人。

孟郊《惜苦》：于鵠值諫議，以毬不能官。焦蒙值舍人，以盃不得完。可惜大雅旨，意此小團欒。（案《舊唐書·樊澤傳》，時李希烈背叛，詔以普王爲行軍元帥，徵澤爲諫議大夫元帥行軍右司馬）

《唐詩紀事》二九：鵠，大曆貞元間人也，爲諸府從事，居江湖間。有《卜居漢陽》及《荆南陪樊尚書賞花》詩，其自述曰："三十無名客，空山獨卧秋。"豈以詩窮者耶！

《新唐書·藝文志》：《于鵠詩》一卷。

王建《送唐大夫罷節歸山》（案鵠亦有《送唐大夫讓節歸山》詩，當是同賦）。

崔　峒

《唐才子傳》：峒，博陵人。工文有聲。初辟潞府功曹，後歷左拾遺，終右補闕。詞采炳然，意思方雅，時人稱其句爲披沙揀金，往往見寶。詩集一卷，今行於世。

《唐詩紀事》：峒登進士第，爲拾遺，入集賢，爲學士，後終州刺史，或云終元武令，《文藝傳》云終右補闕。

戴叔倫《送崔拾遺峒江淮訪圖書》。

《舊唐書·文藝傳》：峒終右補闕。

王烈《酬崔峒》。

嚴維《送崔峒使往睦州兼寄薛司户》：如今相府用英髦，獨往南州肯告勞。

本集《初入集賢院贈李獻仁》（注：曾於常山聯官）：燕代官初罷，

江湖路便分。九遷從命薄，四十幸人聞。迹愧趨丹禁，身曾繫白雲。何由返滄海，昨日謁明君。

本集《初除拾遺酬丘二十二見寄》：丹墀初謁帝，白髮免羞人。

本集《書情寄上蘇州韋使君兼呈吴縣李明府》（案韋應物貞元二年除蘇州刺史）。

《全唐詩話》二：峒登進士第，爲拾遺，入爲集賢學士，後終州刺史，或云終元武令，《文藝傳》云終右補闕。

《中興間氣集》：崔拾遺文采炳然，意思方雅，如“清磬渡山翠，閑雲來竹房”，又“流水聲中視公事，寒山影裏見人家”，斯亦披砂揀金，往往見寶。[案《中興間氣集》收詩止於大曆暮年，此稱峒爲拾遺，知峒除此官在大曆末也。又據初除拾遺酬丘丹詩云，“白髮免羞人”，似時已五十歲。假定大曆十四年（七七九）五十歲，則生於開元十八年（七三〇）；四十五歲，則生於開元二十三年（七三五）。]

劉言史《山中喜崔補闕見尋》。

包何《長安曉望寄崔補闕》（一作司空曙詩）。

盧綸《得耿湋司法書因叙長安故友零落兵部苗員外發秘省李校書端相次傾逝潞府崔功曹峒長林司空丞曙俱謫遠方余以摇落之時對書增嘆因呈河中鄭倉曹暢參軍昆季》。

盧綸《綸與吉侍郎中孚司空郎中曙苗員外發崔補闕峒耿拾遺湋李校書端風塵追游向三十載數公皆負當時盛稱榮耀未幾俱沉下泉暢博士當感懷前踪有五十韻見寄輒有所酬以申悲舊兼寄夏侯侍御審侯倉曹釗》。

盧綸《春日山中憶崔峒吉中孚》（一作寄李舍人）。

盧綸《客舍喜崔補闕司空拾遺訪宿》。

盧綸《早春游樊川野居却寄李端校書兼呈崔峒補闕司空曙主簿耿湋拾遺》。

盧綸《同崔峒補闕慈恩寺避暑》。

劉言史

李翺《奉酬劉言史宴光風亭》：閏餘春早景沉沉，禊飲風亭恣賞心。紅袖青娥留永夕，漢陰寧肯羡山陰。

《唐才子傳》：言史，趙州人也。少尚氣節，不舉進士。工詩，美麗恢贍，世少其倫。與李賀、孟郊同時爲友。（案言史卒於七八六，長吉七九〇始生，辛説大謬。）冀鎮節度使王武俊頗好詞藝，言史造之，特加敬異。武俊嘗獵，有雙鴨起蒲稗間，一矢聯之，遂於馬上草《射鴨歌》以獻。因表薦請官。詔授棗强令，辭疾不就，當時重之。故相國隴西公李夷簡爲漢南節度，與言史少同游習，因遣以襄陽鞣器千事賂武俊請之，由是爲漢南幕賓，日與談讌，歌詩唱答，大播清才。問言史所欲爲，曰："司空掾甚閑，或可承闕。"遂署。雖居官曹，敬待埒諸從事。歲餘，奏升秩，詔下之日，不恙而終。公初以言史相薄，不欲貴，以惜其壽。至是慟哭之，曰："果然微禄殺吾愛客也。"厚葬於襄城。皮日休稱其賦"雕金篆玉，牢奇籠怪，百鍛爲字，千煉成句，真佳作也"。有歌詩六卷，今傳。

孟郊《哭劉言史》：詩人業孤峭，餓死良已多。相悲與相笑，纍纍其奈何。精異劉言史，詩腸傾珠河。取次抱置（一作拋擲）之，飛過東溟波。可惜大國謡，飄爲四夷歌。常於衆中會，顔色兩切磋。今日果成死，葬襄之洛河。洛岸遠相吊，灑泪雙滂沱。

孟郊《送淡公》：盧殷劉言史，餓死君已噫。

劉　復

孟郊《失意歸吴因寄東臺劉復侍御》。

《沅湘耆舊集》：《全唐詩》不詳其里貫，存詩十六首。《楚風補》録其《送王倫》詩，玩詩語意，固湘人也。今仍《楚風補》録入。

案《御覽詩》有復詩四首。

《唐詩紀事》：復登大曆進士第，嘗爲水部員外郎，爲石洪父平墓銘。

《元和姓纂》：水部員外郎劉復，訪未獲。

李宣遠

《御覽詩》有宣遠詩一首。

《唐詩紀事》：宣遠，貞元進士登第。

盧　綸

暢當《別盧綸》。

司空曙《秋喜盧綸同宿寺》（一作《同苗員外宿薦福常師房》）。

司空曙《送盧使君赴夔州》。

司空曙《江園書事寄盧綸》。

司空曙《喜外弟盧綸見宿》。

司空曙《別盧綸》（一作綸別曙詩）。

韋渠牟《覽外生盧綸詩因以示此》。

耿湋《秋晚卧疾寄司空拾遺曙盧少府綸》。

李益《贈内兄盧綸》。

李端《早春雪夜寄盧綸兼呈秘書元丞》。

李端《野寺病居喜盧綸見訪》。

李端《長安感事呈盧綸》。

李端《長安書事寄盧綸》。

李端《聽夜雨寄盧綸》。

本集《同耿湋宿陸澧旅舍》：抱琴聞雁來。

本集《赴池州拜覲舅氏留上考功郎中舅》：衰榮同族少，生長外家多。

本集《送李端》：少孤爲客早。

本集《春日書情贈别司空曙》：誰堪少兄弟，三十又無官。

《唐書·文藝傳》：盧綸，字允言，河中蒲人。避天寶亂，客鄱陽。大曆初，數舉進士，不入第。元載取綸文以進，補閿鄉尉，累遷監察御史，輒稱疾去。坐與王縉善，久不調。渾瑊鎮河中，辟元帥判官，累遷檢校户部郎中。嘗朝京師，是時舅韋渠牟得幸德宗，表其才，召見禁中。帝有所作，輒使賡和。異日問渠牟、盧綸、李益何在，答曰："盧綸從渾瑊在河中。"驛召之，會卒……憲宗詔中書舍人張仲素訪集遺文。文宗尤愛其詩，問宰相："綸文章幾何？亦有子否？"李德裕對："綸四子：簡能、簡辭、弘正、簡求，皆擢進士第，在臺閣。"帝遣中人悉索家笥，得詩五百篇以聞。

《舊唐書·盧簡辭傳》：（簡辭）父綸，天寶末舉進士，遇亂不第，奉親避地於鄱陽，與郡人吉中孚爲林泉之友。大曆初還京師，宰相王縉奏爲集賢學士，秘書省校書郎。王縉兄弟有詩名於世，縉既官重，凡所延辟，皆辭人名士，以綸能詩，禮待逾厚。會縉得罪，坐累，久之調陝府户曹，河南密縣令。建中初，爲昭應令。朱泚之亂，咸寧王渾瑊充京城西面副元帥，乃拔綸爲元帥判官，檢校金部郎中。貞元中，吉中孚爲翰林學士，户部侍郎，典邦賦，薦綸於朝，會丁家艱而中孚卒。大府卿韋渠牟得幸於德宗，綸即渠牟之甥也。數稱綸之才。德宗召之内殿，令和御製詩，超拜户部侍郎中，方欲委之掌誥，居無何卒。初，大曆中，詩人李端、錢起、韓翃輩能爲五言詩，而辭情捷麗，綸作尤工。至貞元末，錢李諸公凋落，綸嘗爲"懷舊"詩五十韻，叙其事曰："吾與吉侍郎中孚，司空郎中曙，苗員外發，崔補闕峒，耿拾遺湋，李校書端，風塵追游，向三十載。數公皆負當時盛稱，榮耀未幾，俱沉下泉。"……文宗好文，尤其綸詩，嘗問侍臣曰："盧綸集幾卷？有子弟否？"李德裕對曰："綸有四男，皆登進士第，今員外郎簡能、侍御史簡辭是也。"即遣中使詣其家，令進文集。簡能盡以所集五百卷上獻，優詔嘉之。

《唐才子傳》：有别業在終南山中。集十卷，今傳。

《新唐書·表》：盧氏，臨黄尉之翰子，綸，字允言，檢校户部郎中。（案《舊唐書·盧簡辭傳》，祖翰，蓋誤脱"之"字。翰相德宗，别是一人。）

放翁《跋〈唐御覽詩〉》：案盧綸墓碑云："元和中，章武皇帝命侍臣采詩，第名家得三百一十篇，公之章句，奏御者居十之一。"今《御覽》所載綸詩正三十二篇，所謂居十之一者也。

《丹陽集》：盧綸與吉中孚、韓翃、錢起、司空曙、苗發、崔峒、耿湋、夏侯審、李端，皆能詩，齊名，號大曆十才子。憲宗尤愛綸文，至詔張仲素求其遺稿……諸人更唱迭和，莫非佳句。蓋草木臭味既同，則金蘭契分彌篤爾。

《郡齋讀書志》：《盧綸詩》一卷，右唐盧綸與吉中孚、韓翃、錢起、司空曙、苗發、崔峒、耿湋、夏侯審、李端，皆以能詩名，號大曆十才子。綸字允言，纍舉進士不第。

李益七四八—八二七　行十

張澍《李尚書詩集序》：君虞以爽颯之氣，寫征戍之情，覽關塞之勝，極辛苦之狀。當朔風驅雁，荒月拜狐，抗聲讀之，恍見士卒踏冰而皸瘃，介馬停秣而悲鳴，詎非才之獨至耶？（《二酉堂叢書》）。

張澍輯李氏事迹曰：澍按秦州舊志載李益《敬兄箴》曰："善事兄長，乃謂之弟。胡今之人惟事之肆，侮老慢上，毫無顧忌。就其所行，稱以不弟，彼必自知，其名實厲。名且雖當，胡不自勵？能敬能愛，斯免物議。"又載益《勸學箴》曰："人而不學，何異鹿豕？理義不明，綱常廢弛。孔孟六經，爲學之始，所言不外，君臣父子，夫婦昆朋，五倫之理。推而廣之，修齊平治；約而言之，禮義廉耻。曲學之士，惟博青紫。”二箴詞意膚淺，不類唐人，疑出附托。不知引據何書，今姑存之。

《全唐詩録》：君虞長始八歲，燕戎亂作。［按燕戎指禄山也。天寶十四載（七五五）八歲，則生於天寶七載（七四八）。］出身年二十三受末秩，從事十八載，五在兵間。故其爲文，咸多軍旅之思。自建中初，故府司空巡行朔野，迨貞元初，又忝今尚書之命，從此出上郡五原四五年，荏苒從役其中，雖流落南北，亦多在軍戎。凡所作邊塞諸文，皆書奏餘事。（同時幕府選辟，多出詞人。）或因軍中酒酣，或時塞上兵役，相與投劍秉筆，散懷於斯文。率皆出於慷慨，意氣武毅獷厲，本其涼國。則世將之後，乃西州之遺民歟？亦其坎壈當世，發憤之所致也？（《全唐詩録》脱憤字，據《張氏叢書》本補。）時左補闕盧景亮見知於文者，令予輯録，遂成五十首贈之。

《唐才子傳》：二十三受策秩，從軍十年，運籌决勝，尤其所長。往往鞍馬間爲文，横槊賦詩，故多楊柳激礪悲離之作，高適、岑參之流也。

《唐摭言》：長慶初，趙宗儒爲太常卿，贊郊廟之禮，罷相三十餘年，年七十六，衆論其精健。有常侍李益笑曰：“趙乃僕爲東府試官所送進士也。”

《因話録》：李尚書益有宗人庶子同名，俱出於姑臧公。時人謂尚書爲文章李益，庶子爲門户李益，而尚書亦兼門地焉。嘗姻族間有禮會，尚書歸笑謂家人曰：“大堪笑，今日局席，兩個座頭總是李益。”（《唐語林》四同）

《郡齋讀書志》：李益詩一卷。右唐李益，君虞也，姑臧人。大曆四年進士，調鄭縣尉。幽州劉濟辟從事。憲宗雅聞其名，召爲集賢殿學士。負才陵藉，士衆不能堪，暴其《獻濟》詩“不上望京樓”之句，以涉怨望，詔降秩。俄復舊。益少負詞藻，長於歌詩，與宗人賀齊名。每作一篇，樂工以賂求，取被聲歌，供奉天子。《征人早行》詩，天下皆施之圖繪。今集有《從軍》詩五十首，而無此詩，惜其放逸多矣。

陳振孫《直齋書録解題》：益，宰相揆之族子。舊史本傳其少有痴疾，防閑妻妾，過於苛酷，有散灰扃户之談聞於時，故時謂妒痴爲李益疾。世傳《霍小玉傳》所謂李十郎詩“開簾風動竹，疑是故人來”者即益也。舊史所載如此。豈小玉將死訣絶之言果驗耶？抑好事者因其有此疾，遂爲此説以實之也？

《舊唐書》一七一《李渤傳》：右散騎常侍李益等諫幸驪山。

王建《寄李益少監兼送張實游幽州》。

王建《上李益庶子》。

盧綸《酬李益端公夜宴見贈》。

盧綸《同李益傷秋》。

盧綸《玩春因寄馮衛二補闕戲呈李益》（注：時君與李新除侍御史）。

盧綸《春日陪李庶子遵善寺東院曉望》。

盧綸《奉和李益游栖岩寺》（一作《登西岩寺》，一作常衮詩）。

盧綸《寶泉寺送李益端公歸邠寧幕》。

盧綸《酬李端公（一本無端字）野寺病居見寄》。（？）

盧綸《李端公》（一作嚴維詩，題作《送李端》）。（？）

韋應物《送李侍御益赴幽州幕》。

《唐書·文藝傳》：李益，故宰相揆族子。於詩尤所長。貞元末，名與宗人賀相埒。［案貞元末（八〇四）李賀纔十五歲，疑有誤。］每一篇成，樂工争以賂取之，被聲樂，供奉天子。至《征人早行》等篇，天下皆施之圖繪。少痴而忌克，防閑妻苛嚴，世謂妒爲李益疾。同輩行稍稍進顯，益獨不調，鬱鬱去游燕，劉濟辟置幕府，（案劉濟貞元五年充幽州節度使。）進爲營田副使。嘗與濟詩語怨望。憲宗雅知名，召爲秘書少監，集賢殿學士。自負才凌藉，士衆不能堪，諫官因暴幽州時怨望語。詔降秩。俄復舊官。累遷右散騎常侍。太和初，以禮部尚書致仕，卒。［案太和元年（八二七），享年七十九歲。］時又有太子庶子李益同在朝，故世言文章李益以辨云。

《全唐詩話》：益，姑臧人，字君虞。大曆四年登第。其《受降城聞笛》詩，教坊樂人取爲聲樂度曲。又有寫征人歌、早行詩爲圖畫者，“回樂峰前沙似雪”之詩是也。益有心疾，不見用。及爲幽州劉濟營田副使，獻詩有“感恩知有地，不上望京樓”之句，左遷右庶子。年且老，門人趙宗儒自宰相罷免，年七十餘。益曰：“此爲我東府所選進士也。”聞者憐益之困。後遷禮部尚書，致仕，卒。

姚寬《西溪叢語》：杜甫《少年行》第二首云：“巢燕引雛渾去盡，江花結子已無多。黄衫年少宜來數，不見堂前東逝波。”蔣防作《霍小玉傳》，書大曆中李益事，有一豪士衣輕黄衫，挾朱筋彈，至霍，霍遂死，乃三月牡丹時也。甫作詩時，大曆間正在蜀，想有好事者傳去，作此詩。

《册府元龜》：韋貫之爲右補闕，憲宗元和元年，與中書舍人張弘靖，考制策，第其名者十八人，其後多以文稱。遷爲吏部員外郎。三年，策賢良之士，又與户部侍郎楊於陵，左司郎中鄭敬，都官郎中李益，同爲考策官。貫之奏居上第者三人。是三人言實，指切時病，不顧忌諱，雖同考策者皆難其詞直。貫之獨署其奏，遂出爲果州刺史。

權德輿《劉公濟墓志銘》：隴西李益，樂安任公叔，皆以賓介薦延，至郎吏二千石，爲近臣良守。

竇牟《李舍人少尹惠家醖一小榼立書絶句》。（案葉啓藩影印汲古閣本《聯珠集》，此詩後附録李益《答竇二曹長留酒還榼一絶》，今此詩見益集中。）

竇牟《緱氏拜陵回道中呈李舍人少尹》。（案汲古閣本尹誤君，《全唐詩》不誤。詩有“仍陪長者車”之句，知益是其前輩也。史不言益官舍人及少尹，此不知即君虞否？）

鮑溶《秋暮（一作日）山中懷李端公益（一本益字在端公上）》。

鮑溶《竊覽都官李郎中和李舍人益酬張舍人弘静夏夜寓直思聞雅琴見寄》。

《唐語林》：長慶初，趙相爲太常卿，贊郊廟之禮，時罷相二十餘年，年七十六，衆服其健。右常侍郎孝奕笑曰："是僕爲東府試官所選進士也。"（案此與《摭言》所載異，并録之以備考。）李益詩名早著，有征人歌《早行》一篇，好事畫爲圖障。又有云："回樂峰前沙似雪，受降城外月如霜。不知何處吹蘆管，一夜征人盡望鄉。"天下亦唱爲歌曲。

《唐語林》八：起居舍人韋綬以心疾廢。校書郎李播亦以心疾廢，播常疑遇毒，鏁井而飲。散騎常侍李益少有疑病，亦心疾也。夫心者，靈府也，爲物所中，終身不痊，多思慮，多疑惑，乃疾之本也。

孟郊《抒情因上郎中二十二叔監察十五叔兼呈李益端公柳縝評事》。

孟郊《監察十五叔東齋招李益端公會别》。

孟郊《答李員外小榼味》。

賈島《投李益》：四十歸燕字，千（一作十）年外始吟。已將書北嶽，不用比南金。

賈島《再投李益常侍》：何處初投刺，當時赴尹京。淹留花柳變，然諾肺腸傾。避暑蟬移樹，高眠（一作登高）雁過城。人家嵩岳色，公府洛河聲。聯句逢秋盡，嘗茶見月生。新衣裁白苧，思從曲江行。

賈島《欲游嵩岳留别李少尹益（一本無益字）》

王建《寄李益少監兼送張實游幽州》：大雅廢已久，人倫失其常。天若不生君，誰復爲文綱？迷者得道路，溺者遇舟航。國風人已變，山澤增輝光……少小慕高名，所念隔山岡。集卷新紙封，每讀常焚香……常恐一世中，不上君子堂。偉哉清河子（按指張實），少年志堅强……幸君達精誠，爲我求回章。

王建《上李益庶子》：紫烟樓閣碧紗亭，上界詩仙獨自行。奇險驅回還寂寞，雲山經用始鮮明。藕綃紋縷裁來滑，鏡水波濤濾得清。昏思願因秋露洗，幸容階下禮先生。

《全唐文》小傳：李奕，隴西姑臧人，姑臧穆侯承十世孫，秘書少監益之子。(案有《登科記序》，題貞元七年春三月丁亥序，見《全唐文》五三六。)

李翺《唐故金紫光禄大夫尚書右僕射致仕上柱國弘農郡開國公食邑二千户贈司空楊公於陵墓志銘》：復爲户部侍郎……會考制輩人，授直言策爲第一。中貴人大怒，宰相有欲因而出之者，由是爲嶺南節度使。是時得考策者凡四人。公既得嶺南，員外郎韋貫之再貶巴州刺史，而李益、鄭敬皆抵於患。

《秋窗隨筆》：李益詩："早雁忽爲雙，驚秋風水凉，夜長人自起，星月滿空江。"所謂不著一字，盡得風流者耶?

《舊唐書》本傳：李益，肅宗朝宰相揆之族子，登進士第。長爲歌詩，貞元末與宗人李賀齊名。每作一篇，爲教坊樂人以賂求取，唱爲供奉歌詞。其征人歌《早行》篇，好事者畫爲屏障。"回樂峰前沙似雪，受降城外月如霜"之句，天下以爲歌詞。然少有痴病，而多猜忌，防閑妻妾，過爲苛酷，而有散灰扃户之譚聞於時。故時謂妒痴爲李益疾，以是久之不調，而流輩皆居顯位。益不得意，北游河朔，幽州劉濟辟爲從事，常與濟詩，而有"不上望京樓"之句。憲宗雖聞其名，自河北召還，用爲秘書少監、集賢殿學士。自負才地，多所凌忽，爲衆不容。諫官舉其幽州詩句，降居散秩。俄復用，爲秘書監，遷太子賓客，集賢學士判院事，轉右散騎常侍。太和初，以禮部尚書致仕，卒。

韓愈《送幽州李端公序》(案《五百家韓集》二〇韓注曰："端公名益，宰相揆之族子。大曆四年登第，正元中幽州盧龍節度使劉濟辟爲從事。公因益來東都，序而送之。")

柳宗元《先友記》：李益，隴西姑臧人。風流有文詞，少有僻疾，以故不得用。年老常望仕，非其志，復爲尚書郎。

附録：蔣防《霍小玉傳》。(略)

法　振

《唐詩紀事》七三。

李益《送賈弇秘校東歸寄振上人》。

李益《與法振同賦應門緑苔》。

《極玄集》下有法振《送人游閩越》及《疾愈寄友》二詩。（案次在靈一後，皎然前。）

皇甫冉《寄振上人無礙寺所居》。

暢　諸

《元和姓纂》：詩人暢諸，汝州人，許昌尉。

《登科記考》：開元九年拔萃科暢諸。（徐引《永樂大典》載舊本《文苑英華》有暢諸《歷生失度判》。）

杜　牧

張祜《和杜牧之齊山登高》（一作《奉和池州杜員外重陽日齊山登高》）。

張祜《華清宮和杜舍人》（一作趙嘏詩，一作薛能詩）。

張祜《讀池州杜員外杜秋娘詩》。

張祜《和杜使君九華樓見寄》。

張祜《江上旅泊呈杜員外》。

李商隱《杜司勛牧》。

李商隱《贈司勛杜十三員外》。

邢群《郡中有懷寄上睦州員外杜十三兄》。

曹汾《早發靈芝望九華寄杜員外使君》。

趙嘏《杜陵貽杜牧侍御》(一作《題杜侍御別業》)。

趙嘏《代人贈杜牧侍御》(宣州會中)。

薛能《投杜舍人》。

李郢《和湖州杜員外冬至日白蘋洲見憶》。

伍喬《聞杜牧赴闕》。

崔道融《讀杜紫微集》:紫微纔調復知兵,長覺風雷筆下生。還有杜抛心力處,多於五柳賦閑情。

《觀林詩話》:杜牧詩喜用緪字:"半月緪雙臉","如日月緪升","日痕緪翠巘","孤直緪月定"。牧又多以竹雨比羽林,《栽竹》詩云:"歷歷羽林影。"又:"竹岡森羽林。"《大雨》:"行雲萬里積,芽苗羽林槍。"又:"雲林寺外逢猛雨,林黑山高雨脚長。曾奉郊宫爲近侍,分明摟摟羽林槍。"

《一瓢詩話》:杜樊川《示阿宜》詩云:"一子呶呶喧相門,宣乎須記若而人。長林管領閑風月,曾有佳兒屬杜筠。"杜筠究不知何許人,或牧之曾以一子繼之,或筠有佳兒,牧之贊嘆之,俱未可定。而《癸辛雜識》周必大曰:"《池陽集》載杜牧之守郡時,有妾懷妊而出之,以嫁州人杜筠,生子即荀鶴也。此事人罕知之。余過池嘗有詩云:'千古風流杜牧之,詩材猶及杜筠兒。向來稍喜《唐風集》,今悟樊川是父師。'是成何語!且必欲證實其事,是誠何心!污衊樊川,已屬不堪,於彦之尤不可忍。楊森嘉樹曾引太平《杜氏宗譜》辨之,殊合鄙意。

《藝概》二:杜樊川詩雄姿英發,李樊南詩深情綿邈。其後李成宗派,而杜不成,殆以杜之較無窠臼歟?

《雲溪友議》:杜牧罷宣州幕,經陝,有酒糾,肥碩而詞讐。牧贈詩云:"盤古當時有遠孫,尚令今日逞家門。一車白土將泥項,十幅紅旗補破裩。瓦官寺裏逢行迹,華岳山前見掌痕。不須啼哭愁難嫁,待與將書問岳坤。"

裴延翰《樊川文集序》(延翰結銜稱將仕郎守京兆府藍田縣尉充集

賢殿校理）：長安南下杜樊鄉，酈元注《水經》，實樊川也。延翰外曾祖司徒岐公之别墅在焉。上五年冬，仲舅自吴興守拜考功郎中，知制誥，盡吴興奉錢，創治其墅。出中書直，亟召昵密，往游其地。一旦談啁酒酣，顧延翰曰：“司馬遷云：‘自古富貴，其名磨滅者，不可勝紀。’我適稚走於此，得官受奉，再治完具，俄及老爲樊上翁。既不自期富貴，要有數百首文章。異日爾爲我序，號《樊川集》，如此則顧樊川一禽一草木無恨矣，庶千百年未隨此磨滅邪！”明年冬，遷中書舍人，始少得恙，盡搜文章閲千百紙，擲焚之，纔屬留者十二三。延翰自撮髪讀書學文，率承導誘。伏念始初出仕入朝，三直太史筆，比四出守，其間餘二十年，凡有撰制，大手短章，塗稿醉墨，碩夥纖屑，雖適僻阻，不遠數千里，必獲寫示。以是在延翰久藏蓄者，甲乙簽目，比校焚外，十多七八。得詩、賦、傳、録、論、辯、碑、志、序、記、書、啓、表、制，離爲二十編，合爲四百五十首，題曰《樊川文集》。烏呼！雖當一時戲感之言，孰見魄兆而果驗白邪？嘻！文章與政通，而風俗以文移。在三代之道，以文與忠敬隨之，是爲理具，與運高下。搜采古作者之論，以屈原、宋玉、賈誼、司馬遷、相如、揚雄、劉向、班固，爲世魁杰。然騷人之辭，怨刺憤懟，雖授及君臣教化，而不能沾洽持論；相如、子雲，瑰麗詭變，諷多要寡，漫羨無歸，不見治亂；賈、馬、劉、班，乘時君之善否，直豁己臆，奮然以拯世扶物爲任，纂緒造端，必不空言；言之所及，則君臣、禮樂、教化、賞罰，無不包焉。竊觀仲舅之文，高騁夐厲，旁紹曲摭，絜簡渾圓，勁出横貫，滌濯滓窳，支立攲倚。呵摩皸瘃，如火煦焉；爬梳痛癢，如水洗焉。其抉剔挫偃，敢斷果行，若誓牧野，前無有敵；其正視嚴聽，前衡後鑾，如整冠裳，祗謁宗廟；其聒蟄爆聾，迅發不栗，若大吕勁鳴，洪鐘横撞，撑裂噎喑，戛切韶濩；其砭熨嫉害，堤障初終，若濡槁於未焚，膏癰於未穿，栽培教化，翻正治亂，變醨養瘠，堯醲舜薰。斯有意趨賈、馬、劉、班之藩墻者邪！其文有《罪言》者，《原十六衛》者，《戰》《守》二論者，與時宰《論用兵》《論江賊》二書者，上獵秦、漢、魏、晋、南北二朝，逮貞觀至長慶，數千百年兵農刑政措置當否，皆能采取前事，凡人未嘗經度者。若繩裁刀解，粉晝綫織，布在眼見耳聞者。其議往事，則《阿房宫賦》。刺當代，則《感懷》詩。有國欲亡，則得一賢人，决遂不亡者，則《張保皋傳》。尚古兵柄，本出儒術、不專任武力者，則注《孫子》而爲其序。褒勸賢杰，表揭職業，則贈莊淑大長公主及故丞相奇章公、汝南公墓志。摽白歷代取士得才，率由公族子弟爲多，則《與高大夫書》。諫諍之體，非訐醜惡，與主鬥激，則《論諫書》。若一縣宰，因行德教，不施刑罰，能舉古風，則《謝守黄州表》。一存一亡，適見交分，則《祭李處州文》。訓厲官業，告束君命，擬古典謨，以寓誅賞，則《司帝之誥》。其餘述論贊誡，興風愁傷，易格異狀，機鍵雜發，雖綿遠窮幽，醲腴魁壘，筆酣句健，窕眇碎細，包詩人之軌憲，整揚、馬之衙陳，聳曹、劉之骨氣，掇顔、謝之物色，然未始不撥劚治本，緪幅道義，鈎索於經史，抵禦於理化也。故文中子曰："言文而不及理，是天下無文也，王道何從而興乎？"嘻！所謂文章與政通，而風俗以文移，果於是以卜。盛時理具，踔三代而蔭萬古，若躋太華，臨溟渤，但觀乎積高而沓深，不知其磅礴澶漫，所爲遠大者也。近代或序其文，非有名與位，則文學宗老。小子既就其集、寤寐思慮，顛倒反覆，不翅逾年。苟墜承顧付與之言，雖晦顯兩不相解，在它人無知狀者；然以高有天，幽有神，陰有宰物者，可自抵誣，以罰殛邪！故總條目，强自作序。

《舊唐書·杜佑傳》附《牧傳》：杜牧，字牧之。既以進士擢第，又制舉登乙第，解褐弘文館校書郎，試左武衛兵曹參軍。沈傳師廉察江西宣州，辟牧爲從事，試大理評事。又爲淮南節度推官，監察御史裏行，轉掌書記，俄真拜監察御史，分司東都。以弟顗病目，弃官。授宣州團練判官，殿中侍御史内供奉。遷左補闕，史館修撰，轉膳部、比部員外郎，并兼史職。出牧黄、池、睦三郡，復遷司勛員外郎，史館修撰，轉吏部員外郎。又以弟病免歸。授湖州刺史，入拜考功郎中，知制誥。歲中，遷中書舍人。牧好讀書，工詩，爲文嘗自負經緯才略。武宗朝，誅昆夷、鮮卑，牧上宰相書，論兵事。言胡戎入寇，在秋冬之間，盛夏無備，宜五六月中擊胡爲便。李德裕稱之。注曹公所定《孫武十三篇》，行於代。牧從兄驚，隆盛於時，牧居下位，心嘗不樂。將及知命，得病，自爲墓志、祭文。又嘗夢人告曰："爾改名畢。"逾月，奴自家來，告曰："炊將熟而甑裂。"牧曰："皆不祥也。"俄又夢書行紙曰："皎皎白駒，在彼空谷。"寤，寢而嘆曰："此過隙也。吾生於角，徵還於角，爲第八宫，吾之甚厄也。予自湖守遷舍人，木還角，足矣。"其年以疾終於安仁里，年五十。有集二十卷，曰《杜氏樊川集》，行於代。子德祥，官至丞郎。

《唐書·杜佑傳》附《牧傳》：杜牧，字牧之。善屬文。第進士，復舉賢良方正。沈傳師表爲江西團練府巡官，又爲牛僧孺淮南節度府掌書記。擢監察御史，移疾，分司東都。以弟顗病，弃官。復爲宣州團練判官，拜殿中侍御史内供奉。是時劉從諫守澤潞，何進滔據魏博，頗驕蹇不循法度。牧追咎長慶以來朝廷措置亡術，復失山東。鉅封劇鎮，所以繫天下輕重，不得承襲輕授。皆國家大事，嫌不當位而言，實有罪，故作《罪言》……累遷左補闕，史館修撰，改膳部員外郎。宰相李德裕素奇其才，會昌中，黠戛斯破回鶻，回鶻種落潰入漠南，牧説德裕，不如遂取之。以爲兩漢伐虜，常以秋冬，當匈奴勁弓折膠，重馬免乳，與之相校，故敗多勝少。今若以仲夏發幽、并突騎及酒泉兵，出其意外，一舉無類矣。德裕善之。會劉稹拒命，詔諸鎮兵討之。牧修移書於德裕，以河陽西北去天井關强百里，用萬人爲壘，窒其口，深壁勿與戰。成德軍世與昭義爲敵，王元逵思一雪以自奮，然不能長驅徑擣上黨，其必取者，在西面。今若以忠武、武寧兩軍，益青州精甲五千，宣、潤弩手二千，道絳而入，不數月，必覆賊巢。昭義之食，盡仰山東，常日節度使率留食邢州。山西兵單少，可乘虚襲取。故兵聞拙速，未睹巧之久也。俄而澤潞平，略如牧策。歷黄、池、睦三州刺史，入爲司勛員外郎，常兼史職，改吏部，復乞爲湖州刺史。逾年，以考功郎中知制誥，遷中書舍人。牧剛直有奇節，不爲齪齪小謹，敢論列大事，指陳病利尤切至。少與李甘、李中敏、宋邧善。其通古今，善處成敗，甘等不及也。牧亦以疏直，時無右援者。從兄悰，更歷將相，而牧困躓不自振，頗怏怏不平。卒年五十。初牧夢人告曰："爾應名畢。"復夢書皎皎白駒字，或曰："過隙也。"俄而炊甑裂，牧曰："不祥也。"乃自爲墓志，悉取所爲文章焚之。牧於詩，情致豪邁，人號爲小杜，以别杜甫云。

丁用晦《芝田録》：牛奇章帥維揚，杜牧在幕中，夜多微服逸游。公聞之，以衙子數輩潛隨牧之，以防不虞。後牧之以拾遺召，臨别，公以縱逸爲戒。牧之始猶諱之，公命取一篋，皆街子報帖，云"杜書記平善"，乃大感服。（《説郛》七十四）

況周儀《香東漫筆》：匋齋藏小宛寶章帖，山谷書杜牧《山行》詩："遠上寒山石徑斜，白雲生處有人家。"此詩世盛傳，生處作深處，不如生字雋。

《唐才子傳》：牧，字牧之，京兆人也。善屬文，大和二年，韋籌榜進士，與厲玄同年。初未第，來東都，時主司郎崔郾，太學博士吴武陵策蹇進謁曰："侍郎以峻德偉望，爲明君選才，僕敢不薄施塵露！向偶見文士十數輩，揚眉抵掌，共讀一卷文書，覽之，乃進士杜牧《阿房宫賦》，其人王佐才也。"因出卷，搢笏朗誦之，郾大加賞。曰："請公與狀頭。"郾曰："已得人矣。"曰："不得，即請第五人。更否，則請以賦見還。"辭容激厲。郾曰："諸生多言牧疏曠不拘細行，然敬依所教，不敢易也。"後又舉賢良方正科。沈傳師表爲江西團練府巡官。又爲牛僧孺淮南節度府掌書記。拜侍御史，累遷左補闕，歷黄、池、睦三州刺史，以考功郎中知制誥，遷中書舍人。牧剛直有奇節，不爲齪齪小謹，敢論列大事，指陳利病尤切。兵法戎機，平昔盡意。嘗以從兄悰更歷將相，而己困躓不振，怏怏難平。卒年五十。臨死自寫墓志，多焚所爲文章。詩情豪邁，語率驚人。識者以擬杜甫，故呼大杜、小杜以别之。後人評牧詩"如銅丸走坂，駿馬注坡"，謂圓快奮急也。牧美容姿，好歌舞，風情頗張，不能自遏。時淮南稱繁盛，不減京華，且多名姬絶色。牧恣心賞，牛相收街史報杜書記平安帖子至盈篋。牧御中分司洛陽，時李司徒閑居，家妓爲當時第一，宴朝士，以牧風憲，不敢邀。

牧因遣諷李使召己，既至，曰：“聞有紫雲者妙歌舞，孰是？”即贈詩曰：“華堂今日綺筵開，誰喚分司御史來？忽發狂言驚四座，兩行紅袖一時回。”意氣閑逸，傍若無人，座客莫不稱異。大和末，往湖州，目成一女子，方十餘歲，約以“十年後吾來典郡當納之”，結以金幣。洎周墀入相，上箋乞守湖州，比至，已十四年，前女子從人兩抱雛矣。賦詩曰：“自恨尋芳去較遲，不須惆悵怨芳時。如今風擺花狼藉，緑葉成蔭子滿枝。”此其大概一二。凡所牽繫，情見於辭。别業樊川。有樊川集二十卷及注《孫子》，并傳。同時有嚴惲，字子重，工詩，與牧友善，以《問春》詩得名。昔聞有集，今無之矣。

李紳《拜宣武軍節度使》。

曹唐《望九華寄池陽杜員外》。

皮日休《傷進士嚴子重詩》。

《郎官石柱題名》：司勛員外郎，吏部員外郎。

《吴興志》：杜牧，大中四年十一月，自大理少卿，授遷中書舍人。

《宣和書譜》：杜牧之作行草，氣格雄健，與其文章相表裏。大抵書法至唐，自歐、虞、柳、薛，振起衰陋，故一時詞人墨客，落筆便有佳處，况如杜牧等輩耶。今御府所藏行書一《張好好》詩。

《容臺集》：杜牧之書《張好好》詩，深得六朝人風韻。余見顔、柳以後，若温飛卿與牧之，亦名家也。

《郡齋讀書志》：杜牧《樊川集》二十卷，外集一卷。右唐杜牧，牧之也，京兆人。大和二年進士，復舉制科。會昌中，以考功郎中知制誥，終中書舍人。牧善屬文，剛直有奇節，敢論列大事，指陳利病。爲詩情致豪邁，人號小杜，以别甫云。臨終自爲墓志，悉焚所爲文章，其甥裴廷翰，輯其稿編次，爲之後序。樊川蓋杜氏所居。外集皆詩也。

徐鉉《走筆送義興令趙宣輔》：聞君孤棹泛荆溪，隴首雲隨别恨飛。杜牧舊居憑買取，他年藜杖願同歸。

雍　陶

姚鵠（會昌三年進士第）《寄雍陶先輩》。

賈島《送雍陶入蜀》。

賈島《過雍秀才居》。

賈島《送雍陶及第歸成都寧親》。

賈島《喜雍陶至》。

馬乂《蜀中經變後寄雍陶（原誤陶雍，今正）》。

《唐才子傳》七：陶，字國鈞，成都人。工於詞賦。少貧，遭蜀中亂後，播越羈旅，有詩云："貧當多病日，閑過少年時。"大和八年陳寬榜進士及第，一時名輩，咸偉其作。然恃才傲睨，薄於親黨。其舅雲安李欽之下第，歸三峽，却寄陶詩云："地近衡陽雖少雁，水連巴蜀豈無魚？"得詩頗愧赧，遂通問不絶。大中六年，授國子《毛詩》博士。與賈島、殷堯藩、無可、徐凝、章孝標友善，以琴樽詩翰相娱，留長安中。大中末，出刺簡州，時名益重，自比謝宣城、柳吴興；國初諸人，詩奴耳。賓至，必佯狂挫辱，投贄者少得通。秀才馮道明，時稱機捷，因罷舉請謁，給閽者曰："與太守有故。"陶倒屣，及見，呵責曰："與足下素昧平生，何故之有？"馮曰："誦公詩文，室邇人遠，何隔年生？"吟陶詩數聯，如"立當青草人先見，江近白蓮魚未知"，又"閉門客到常如病，滿院花開未是貧"，又"行聲秋入峽，雨色夜侵樓"等句。陶多其慕己，厚贈遣之。自負如此。後爲雅州刺史，郭外有情盡橋，乃分衿祖别之所。因送客，陶怪之，遂於上立候館，改名折柳橋，取古樂府《折楊柳》之義。題詩曰："從來衹有情難盡，何事呼爲情盡橋？自此改名爲折柳，任他離恨一條條。"甚膾炙當時。竟辭榮，閑居廬岳，養痾傲世，與塵事日冥矣。有《唐志》集五卷，今傳。

《唐百家詩選》：雍陶，大中中終簡州刺史。

殷堯藩《過雍陶博士邸中飲》。

殷堯藩《酬雍秀才》二首。

姚合《送雍陶游蜀》。

姚合《送雍陶及第歸覲》。

姚合《喜雍陶秋夜訪宿》。

劉得仁《贈雍陶博士》。

劉得仁《寄雍陶先輩》。

劉得仁《對月寄雍陶》。

劉得仁《送雍陶侍御赴兖州裴尚書命》。

薛濤《酬雍秀才貽巴峽圖》。

《郡齋讀書志》:《雍陶詩》五卷。右唐雍陶,字國鈞,大和八年進士。大中六年,自國子《毛詩》博士,出刺簡州。《唐志》集十卷,今亡其半。

任翻或作蕃

《唐才子傳》:蕃,會昌間人,家江東。多游會稽苕、霅間。初亦舉進士之京,不第,榜罷進謁主司曰:“僕本寒鄉之人,不遠萬里,手遮赤日,步來長安,取一第榮父母不得。侍郎豈不聞江東一任蕃,家貧吟苦,忍令其去如來日也?敢從此辭,彈琴自娱,學道自樂耳。”主司慚,欲留不可得。歸江湖,專尚聲調。去游天台巾子峰,題詩壁間云:“絶頂新秋生夜凉,鶴翻松露滴衣裳。前峰月照一江水,僧在翠微開竹房。”既去百餘里,欲回改作“半江水”,行到題處,他人已改矣。後復有題詩者,亡其姓氏,曰:“任蕃題後無人繼,寂寞空山二百年。”才名類是。凡作必使人改視易聽。如《洛陽道》云:“憧憧洛陽道,塵下生春草。行者豈無家,無人在家老。鷄鳴前結束,争去恐不早。百年路傍盡,白日車中曉。求富江海狹,取貴山岳小。二端立在途,奔走何由了。”想蕃風度,此亦足舉其梗概。有詩七十七首爲一卷,今傳非全文矣。

薛逢八〇六—八七六?

《上中書李舍人啓》：南宮試藝三篇，徒獻於重；東觀讎書七稔，纔登於一邑……某自守一官，倏爾兩考。(《全唐文》。)

《上白相公啓》：縱白首粗沾一名，或終身不知五味。……因大中四年冬，蒙相公念以苦心，拔授官職，期於旦暮，必使奮飛。旋遇羌寇犯邊，相公北討，風雲一失，流落十年。尉萬年而郎秘書，宰四畿而糾東洛……爰及成人，役思慮者三十年，著詩賦者千餘首。自相公再秉鈞衡，重間爐冶。(案《舊唐書·白居易傳》附《敏中傳》：會昌末同平章事……〔大中〕五年罷相。懿宗即位，徵拜司徒門下侍郎同平章事，後輔政。)(《全唐文》。)

《唐才子傳》：逢，字陶臣，蒲州人。會昌元年，崔峴榜第三人進士，調萬年尉。未幾，佐河中幕府。崔鉉入相，引值弘文館。歷侍御史、尚書郎。持論鯁切，以謀略高自標顯。布衣中，與劉瑑交，而文辭出逢下，常易瑑。及當國，有薦逢知制誥者，瑑猥言："先朝以兩省官給事舍人治州縣，乃得除，逢未試州，不可。"乃出爲巴州刺史。初，及第與楊收、王鐸同年，而逢文藝最優。收輔政，逢有詩云："誰知金印朝天客，同是沙堤避路人。"收銜之，斥爲蓬、綿二州刺史。及鐸相，逢又賦詩云："昨日鴻毛萬鈞重，今朝山岳一毫輕。"鐸怒，中外亦鄙褊傲。遷秘書監，卒。逢晚年岨峿宦途，嘗策羸赴朝，值新進士榜下，綴行而出，呵殿整然，見逢行李蕭條，前導曰："回避新郎君。"逢囅然，因遣一介語之曰："報導莫貧相，阿婆三五少年時，也曾東塗西抹來。"其人辟易。逢天資本高，學力亦贍，故不甚苦思。豪逸之態，長短皆率然而成，未免失淺露俗。亦當時所尚，非離群絶俗之謂。夫道家三寶，其一不敢爲天下先。前人者，孰肯後之?加入者，孰能受之?觀逢恃才怠傲，耻在喧卑，而喋喋唇齒，亦猶惡醉而强酒也。纍擯遠方，寸進尺退，至龍鍾而自憤不已，蓋禍福無不自己者焉。有詩集十卷，又别紙十三卷，賦集十四卷，今并行。

皎然《送薛逢之宣州謁裴使君》。

《唐百家詩選》：薛逢，咸通初爲嘉州刺史，將作監。

高璩《和薛逢贈別》。

《書史會要》：薛逢書法，渾厚奇秀。

《舊唐書·文苑傳》：薛逢，字陶臣，河東人，父倚。逢會昌初進士擢第，釋褐秘書省校書郎。崔鉉罷相鎮河中，辟爲從事。鉉復輔政，奏授萬年尉，直弘文館。累遷侍御史、尚書郎。逢文詞俊拔，議論激切，自負經畫之略，久之，不達。應進士時，與彭城劉瑑尤相善，而瑑詞藝不迨逢，逢每侮之。至大中末，瑑揚歷禁署，逢愈不得意，自是相怨。俄而瑑知政事，或薦逢知制誥，瑑奏曰："先朝立制，兩省官給事中、舍人除拜，須先歷州縣。逢未嘗治郡，宜先試之。"乃出爲巴州刺史。既而沈詢、楊收、王鐸由學士相繼爲將相，皆同年進士，而逢文藝最優。楊收作相後，逢有詩云："須知金印朝天客，同是沙堤避路人。威鳳偶時皆瑞聖，潛龍無水謾通神。"收聞大銜之，又出爲蓬州刺史。收罷相，入爲太常少卿、給事中。王鐸作相，逢又有詩云："昨日鴻毛萬鈞重，今朝山岳一塵輕。"鐸又怨之。以恃才褊忿，人士鄙之。遷秘書監，卒。子廷珪，中和中登進士第。大順初，累遷司勛員外郎，知制誥，正拜中書舍人。乾寧三年，奉使太原復命。昭宗幸華州，改左散騎常侍，移疾免，客游成都。光化中，復爲中書舍人，遷刑部、吏部二侍郎，權知禮部貢舉。拜尚書左丞。入梁至禮部尚書。

《郡齋讀書志》：《薛逢歌詩》二卷。右唐薛逢，陶臣也，河東人。會昌元年進士。終秘書監。逢持論骾切，以謀略高自標顯。與楊收、王鐸同年登第，而逢文藝最優。收作相，逢有詩云："誰知金印朝天客，同是沙堤避路人。"鐸作相，逢又有詩云："昨日鴻毛萬鈞重，今朝山岳一毫輕。"二人皆怒，故不見齒。

方　　干

李群玉《贈方處士》。

李群玉《贈方處士兼以寫别》：白衣四十秋，逍遥一何久。

李群玉《送處士自番禺東游便歸蘇臺别業》。

李群玉《廣州重别方處士之封川》（原注：久約同游羅浮，期素秋而行。）

曹松《贈鏡湖處士方干》二首：後輩難爲措機杼，先生織字得龍梭。

曹松《九江送方干歸鏡湖》。

曹松《秋日送方干游上元》。

曹松《寄方干》。

《四庫全書總目提要·集部·别集類》四：《元英集》八卷（浙江范懋柱家天一閣藏本），唐方干撰。干字雄飛，新定人，章八元之外孫也。以詩名於江南。咸通中一舉不第，遂遁迹會稽。殁後，宰相張文蔚請追賜名儒淪落者及第凡十五人，干與焉。是集前有乾寧丙辰中書舍人祁縣王贊《序》。又有安樂孫郃所作小傳。名曰元英者，干私謚元英先生也。何光遠《鑒戒録》稱干爲詩煉句，字字無失；咏繫風雅，體絶物理。《郃傳》亦稱其高堅峻拔。蓋其氣格清迥，意度閑遠，於晚唐纖靡俚俗之中，獨能自振，故盛爲一時所推。然其七言淺弱，較遜五言。郝氏林亭而外，佳句無多，則又風會之有以限之也。贊《序》稱干甥楊弇洎門僧居遠收綴遺詩三百七十餘篇，析爲十卷。《唐書·藝文志》亦同。此本爲明嘉靖丁酉干裔孫廷璽重刊，衹分八卷，詩三百七篇。卷目俱非其舊。近時洞庭席氏《百家唐詩》，本從宋刻録出者，雖仍作十卷，而詩亦止三百十六篇。《全唐詩》搜羅放失，增爲三百四十七篇，然與贊《序》原數終不相合。蓋流傳既久，其佚闕者多矣。

杜荀鶴《哭方干》：况有數篇關教化，得無餘慶及兒孫。

崔道融《鏡湖雪霽貽方干》。

齊己《寄鏡湖方干處士》。

尚顔《寄方干處士》。

虛中《悼方干處士》。

可朋《贈方干》。

乾康《經方干舊居》：鏡湖中有月，處士後無人。荻筍抽高節，鱸魚躍老鱗。（佚句。）

孫郃《方玄英先生傳》：先生新定人，字雄飛，章八元即先生外王父也。廣明、中和間爲律詩，江之南未有及者。始謁錢塘守姚公合，公視其貌醜陋，初甚侮之。坐定，覽卷，駭目變容而嘆之。先生一舉不得志，遂遁於會稽，漁於鑒湖。與鄭仁規、李頻、陶詳爲三益友。弟子弘農楊弇、釋子居遠。及卒，弇編其詩，請舍人王贊之爲序。贊《序》云"張祜升杜甫之堂，方干入錢起之室"云。（案似非全文）（《唐詩紀事》六三。）

王贊《玄英先生詩集序》：風雅不主於今之詩，而其流涉賦。今之詩蓋起於漢魏，南齊五代，文愈深，詩愈麗。陳隋之際，其君自好之，而浮靡追灃，流於淫樂。故曰音能亡國，信哉。唐興，其音復振。陳子昂始以骨飛爲主，而寖拘四聲、五七字律。建中之後，其詩彌善，錢起爲最。杜甫雄鳴於至德、大曆間，而詩人或不尚之。嗚呼！子美之詩，可謂無聲無臭者矣。吴越故多詩人，末有新安方干，擅名於杭越，流聲於京洛。夫干之爲詩，鋟肌滌骨，冰瑩霞絢。嘉肴自將，不吮餘雋。麗不葩芬，苦不癯棘。當其得志，倏與神會。詞若未至，意已獨往。予爲兒時，得生詩數十篇，心獨好之。生時尚存，地遠莫克相見。其後生名愈藉，爲詩者多能諷之，而生歿矣。今年遇樂安孫郃於荆，早與生善，出示所作《元英先生傳》，且曰：與其甥楊弇、洎門僧居遠，收掇其遺詩，得三百七十餘篇，析爲十卷，欲予爲之序，冀偕之不朽。先是丹陽有南陽張祜，差前於生，其詩發言横肆，皆吴越之遺逸。予嘗較之，張祜升杜甫之堂，方干入錢起之室矣。干之出處行事，郃《傳》實備之，不復互出。直嘉郃能懷人之遇，成人之不泯，而又愛我之厚，故集詩之廢興，題於干集之首。

《唐才子傳》：干，字飛雄，桐廬人。幼有清才，散拙無營務。大中中，舉進士不第，隱居鏡湖中。湖北有茅齋，湖西有松島，每風清月明，携稚子鄰叟，輕棹往返，甚愜素心。所住水木幽閟，一草一花，俱能留客。家貧，蓄古琴，行吟醉卧以自娱。徐凝初有詩名，一見干器之，遂相師友，因授格律。干有贈凝詩云："把得新詩草裏論。"時謂反語爲村裏老，疑干譏誚，非也。干貌陋兔缺，性喜凌侮。王大夫廉問浙東，禮邀干至，誤三拜，人號爲方三拜。王公嘉其操，將薦於朝，托吴融草表，行有日，王公以疾逝去，事不果成。干早歲偕計往來兩京，公卿好事者争延納，名竟不入手，遂歸，無復榮辱之念。浙間凡有園林名勝，輒造主人，留題幾遍。初，李頻學干爲詩，頻及第［案李頻大中八年（八五四）登第］，詩僧清越賀云："弟子已折桂，先生猶灌園。"咸通末卒。門人相與論德謀迹，謚曰玄英先生。樂安孫郃等綴其遺詩三百七十餘篇，爲十卷。王贊論之曰："鋟肌滌骨，冰瑩霞絢。嘉肴自將，不吮餘雋。麗不葩芬，苦不癯棘。當其得志，倏與神會。詞若未至，意已獨往。"郃亦論曰："其秀也仙蘂於常花，其鳴也靈鼉於衆響。"觀其所述，論不過矣。古黔婁先生死，曾參與門人來吊，問曰："先生終，何以謚？"妻曰："以康。"參曰："先生存時，食不充虜，衣不蓋形，死則手足不斂，旁無酒肉。生不美，死不榮，何樂而謚爲康哉？"妻曰："昔先生，國君用爲相，辭不受，是有餘貴也。君饋粟三十鍾，辭不納，是有餘富也。先生甘天下之淡味，安天下之卑位，不戚戚於貧賤，不遑遑於富貴，求仁得仁，求義得義，謚之以康，不亦宜乎？"方干韋布之士，生稱高尚，死謚玄英，其梗概大節，庶幾乎黔婁者耶？（案《方鎮表》十：咸通十四年，王龜拜浙東。又云：王龜爲賊所害，未詳何年，傳中王大夫蓋即龜也。）

《聞奇録》：處士方干，與許瞶善，瞶寓越中，有非罪，金漢宏械於闤闠。干時在新定，聞之，馳於境上，賣一橱，高其價，不售，固蔽瞶之刑也，曰："方處士爲友賣橱。"太守知之，遂釋瞶之過。

翁洮《贈方干先生》：不愛春宫分桂樹，欲教天子枉蒲輪。

翁洮《和方干題李頻莊》。

唐彦謙《吊方干處士》二首：交猶及前輩，語不似今人。

周樸《寄處士方干》。

鄭谷《寄題方干處士》：暮年詩力在，新句更幽微。

崔塗《讀方干詩因懷別業》：華髮新知少，滄州舊隱深。

吴融《方干處士歌》。

徐夤《依韻贈南安方處士》五首：無家寄泊南安縣，六月門前也似冰。

《後村詩話》：朱新仲《題元英舊隱》云："五季浪拍天，不覆釣翁船。"語意甚新，不犯前人。

貫休《春晚訪鏡湖方干》。

貫休《懷方干張爲》。

貫休《贈方干》。

李山甫《方干隱居》。

羅鄴《吴門再逢方干處士》。

羅隱《題方干詩》。

《唐詩百家選》：方干，字雄飛，新定人。咸通中，進士不第，隱會稽之鏡湖及江東，人謂玄英先生。

《郡齋讀書志》十八：方干詩集一卷。右唐方干，字雄飛，歙人。唐末舉進士，不第，隱鏡湖上。徐凝有詩名，一見干，器之，授以詩律。其貌寢陋，又兔闕，而喜凌侮。嘗謁廉帥，誤三拜，人號方三拜。將薦於朝而卒，門人謚元英先生。其集楊弇與孫郃編次遺詩，王贊爲《序》，郃又爲作《元英先生傳》附。

于武陵

《唐才子傳》：武陵名鄴，以字行，杜曲人也。大中時，嘗舉進士，不稱意，携書與琴，往來商、洛、巴、蜀間，或隱於卜中，存獨醒之意。避地嘿嘿，語不及榮貴，少與時輩交游。嘗南來瀟、湘，愛汀洲芳草，况是古騷人舊國，風景不殊，欲卜居未果。歸老嵩陽别墅。詩多五言，興趣飄逸多感。每終篇一意，策名當時，集一卷，今傳。

《郡齋讀書志》：于武陵詩一卷。右唐于武陵，大中進士。

劉　威

《唐詩紀事》：威，會昌時詩人也。（案《五代史·吴越世家》有武將劉威，别一人。）

本集《秋日寄陳景孚秀才》“夢到楚山迷”；《旅懷》“夢有驚魂在楚鄉”，則威乃楚人也。

孟　遲

杜牧《池州送孟遲先輩》。

杜牧《重送》。

《唐才子傳》：遲，字遲之，平昌人，會昌五年易重榜進士。有詩名，尤工絶句，風流嫵媚，皆宫商金石之聲情，與顧非熊甚相得，且同年。有詩一卷，行於世。

《郡齋讀書志》：孟遲詩一卷。右唐孟遲，字叔之，平昌人，會昌五年陳商下及第。

李商隱

喻鳧《贈李商隱》。

薛逢《重送徐州李從事商隱》。

崔珏《哭李商隱》。

温庭筠《秋日旅舍寄義山李侍御》。

《峴傭説詩》：義山七絶，以議論驅駕書卷，而神韻不乏，卓然有以自立，此體於咏史最宜。義山七律，得於少陵者深，故穠麗之中，時帶沉鬱。如《重有感》《籌筆驛》等篇，氣足神完，直登其堂，入其室矣。飛卿華而不實，牧之俊而不雄，皆非此公敵手。

《因寄軒文集·復陸祁孫書》曰："義山古詩，雖有可取處，然學人而不能脱化，故不及其近體。如《韓碑》極力摹韓，終不免艱難勞苦之象，若其他，則太似長吉者多矣。此亦同之私見，而非蹈襲歸愚也。"

《詩鏡總論》：李商隱七言律，氣韻香甘，唐李得此，所謂枇杷晚翠。

《昭昧詹言》：《韓碑》……此詩但句法可取耳，無復章法浮切氣脉之妙，由不知古文也。

《昭昧詹言》：義山以孤兒崛起，自見於世，一時鉅公，争相延攬，亦可謂奇士矣。然，二十五歲始得第，二十六歲始得婚，奔走崎嶇兵亂間，卒擠困以死，年僅中壽。迹其生平，足爲流涕。然而讀其詩，不能使人考其志事，以興敬而起哀，則皆其華藻掩没其性情面目也。如是而曰："能得比興，則三百篇、屈子、杜公，獨無比興乎？學者可因以知其故，而謹所從事矣。"

前人論義山者多矣，譽之訾之，各有見地，須善會之。如蔡天啓謂其"用事深僻，語工而意不及"。范景文謂"詩家病使事太多"。賀裳謂："義山某某篇，政如木蘭，雖兜牟裲襠，馳逐金戈鐵馬間，夢魂猶在鉛黛也。"又曰："魏晋以降，多工賦體，義山猶兼比興。"愚謂藻飾太甚，則比興隱而不見矣。釋石林曰："詩人論少陵忠君愛國，一飯不忘，而目義山爲浪子，以綺麗華艷極，《玉臺》《金樓》之體也。”以上諸論，皆有見，亦平允得實。許彦周謂“學義山，可以藥淺易鄙俗之病”。愚謂不善學義山，政恐得此病，許蓋譬其編事之富，謂爲不鄙陋耳，不知編事富，政是陋處。

《金石萃編·補略》：温憲《集賢直院官榮王府長史程公墓志銘》：大中初，詞人李商隱，每從公游，以爲清言□味，可雪濁垢。

《唐才子傳》：商隱字義山，懷州人也。令狐楚奇其才，使游門下，授以文法，遇之甚厚。開成二年，高鍇知貢舉，楚善於鍇，奬譽甚力，遂擢進士。又中拔萃，楚又奏爲集賢校理。楚出，王茂元鎮興元，素愛其才，表掌書記，以子妻之。除侍御史。茂元爲牛、李黨，士流嗤謪商隱，以爲詭薄無行，共排擯之。來京都，久不調。更依桂林總管鄭亞府爲判官，後隨亞謫循州，三年始回。歸窮於宰相綯，綯惡其忘家恩，放利偷合，從小人之辟，謝絶殊不展分。重陽日，因詣廳事留題云：“十年泉下無消息，九日樽前有所思。”又云：“郎君官重施行馬，東閣無因許再窺。”綯見之惻然，乃補太學博士。柳仲郢節度中州，辟爲判官。商隱廉介可畏，出爲廣州都督，人或袖金以贈，商隱曰：“吾自性分不可易，非畏人知也。”未幾，入拜檢校吏部員外郎，罷，客滎陽卒。商隱工詩，爲文瑰邁奇古，辭難事隱。及從楚學，儷偶長短，而繁縟過之。每屬綴，多檢閲書册，左右鱗次，號“獺祭魚”，而旨能感人，人謂其横絶前後。時温庭筠、段成式各以穠緻相誇，號“三十六體”，後評者謂其詩“如百寶流蘇，千絲鐵網，綺密瑰妍，要非適用之具”。斯言信哉！初得大名，薄游長安，尚希識面，因投宿逆旅。有衆客方酣飲，賦《木蘭花》詩，就呼與坐，不知爲商隱也。後成一篇云：“洞庭波冷曉侵雲，日日征帆送遠人。幾度木蘭船上望，不知元是此花身。”客問姓名，大驚稱罪。時白樂天老退，極喜商隱文章，曰：“我死後，得爲爾兒足矣。”白花數年，生子，遂以白老名之。既長，殊鄙鈍，温飛卿戲曰：“以爾爲侍郎後身，不亦忝乎？”後更生子，名衮師，聰俊。商隱詩云：“衮師我嬌兒，英秀乃無匹。”此或其後身也。商隱文自成一洛，後學者重之，謂"西崑體"也。有《樊南甲集》二十卷，《乙集》二十卷，《玉溪生詩》三卷，初自號玉溪子。又賦一卷，文一卷，并傳於世。

《郡齋讀書志》：李商隱《樊南甲集》二十卷，《乙集》二十卷，又《文集》十卷。右唐李商隱，義山也，隴西士。初爲文，瓌邁奇古，及從楚學，儷偶長短，而繁縟過之，旨意能感人，人謂其横絶，前後無儔者。今《樊南甲乙集》皆四六，自爲序，即所謂繁縟者。又有古賦及文共三卷，辭旨恢詭，宋景文序傳中稱譎怪則李商隱，蓋以此詩五卷，清新纖艷，故舊史稱其與温庭筠、段成式齊名，時號三十六體云。

李群玉八一三—八六〇？

段成式《哭李群玉》：曾話黄陵事，今爲白日催，老無兒女累，誰哭到泉臺？酒裏詩中三十年，縱横唐突世喧喧。明時不作禰衡死，傲盡公卿歸九泉。

李頻《江上送從兄群玉校書東游》。

周樸《吊李群玉》：群玉詩名冠李唐，投詩换得校書郎。吟魂醉魄知何處，空有幽蘭隔岸香。

本集《始忝四座奏狀聞薦蒙恩授官旋進歌詩延英宣賜言懷紀事呈同館諸公二十四韻》。

《雲溪友議》：李校書群玉既解天禄之任，而歸涔陽，經湘中，乘舟題二妃廟詩二首，曰："小孤洲北浦雲邊，二女明妝共儼然。野廟向江春寂寂，古碑無字草芊芊。東風近墓吹芳芷，落日深山哭杜鵑。猶似含顰望巡狩，九疑如黛隔湘川。"又曰："黄陵廟前莎草春，黄陵女兒茜裙新。輕舟小楫唱歌去，水遠山長愁殺人。"後又題曰："黄陵廟前春已空，子規滴血啼松風。不知精爽落何處，疑是行雲秋色中。"李自以第二篇春空便到秋色，踟躕欲改之。乃有二女郎見曰："兒是娥皇、女英也。二年後，當與郎君爲雲雨之游。”李君乃悉具所陳，俄而影滅，遂掌其神塑而去。重涉湖嶺，至於潯陽。潯陽太守段成式郎中，素爲詩酒之交，具述此事。段公因戲之曰：“不知足下是虞舜之辟陽侯也！”群玉題詩後二年，乃逝於洪井，段乃爲詩，哭李四校書也：“酒裏詩中三十年，縱横唐突世喧喧。明時不作禰衡死，傲盡公卿歸九泉。”又曰：“曾話黄陵事，今爲白日催。老無男女累，誰哭到泉臺？”

令狐綯《薦處士李群玉狀》：苦心歌篇，屏迹林壑，佳句流傳於衆口，芳聲藉甚於一時。守道安貧，遠絶名利，當文明之聖代，宜備搜羅，俾典校於瀛州，伫光志業。臣綯等，今日延英已面陳奏狀，伏奉聖旨，令與一文學者。臣等商量，望授弘文館校書郎，未審可否，謹具奏聞，伏聽敕旨。(《全唐文》。)

方干《過李群玉故居》：訐直上書難遇主，銜冤下世未成翁。琴尊劍鶴誰將去，惟鎖山齋一樹風。

《唐才子傳》七：群玉，字文山，澧州人也。清才曠逸，不樂仕進，專以吟咏自適。詩筆遒麗，文體豐妍。好吹笙，美翰墨，如王、謝子弟，别有一種風流。親友强之赴舉，一上即止。裴相公休觀察湖南，厚禮延致郡中，嘗勉之曰：“處士被褐懷玉，浮雲富貴，名高而身不知，神寶寧久弃荒途？子其行矣。”大中八年，以草澤臣來京，詣闕上表，自進詩三百篇，休適入相，復論薦，上悦之，敕授弘文館校書郎。李頻使君呼爲從兄。歸湘中，題詩二妃廟。是暮宿山舍，夢見二女子來，曰：“兒娥皇、女英也。承君佳句，徽佩將游於汗漫，願相從也。”俄而影滅。群玉自是鬱鬱，歲餘而卒。段成式爲詩哭曰：“曾話黄陵事，今爲白日催。老無男女累，誰哭到泉臺？”今有詩三卷，後集五卷，行世。夫澧浦，古騷人之國，屈平仕遭譖毁，不知所訴，心煩意亂，賦爲《離騷》。騷，愁也。“已矣哉，國無人知我兮，又何懷乎故都？”委身魚腹，魂招不來。芳草萋藹，蕭艾參天，奚獨一時而然也。群玉繼禀修能，翱翔大化。人不知而不恤，禄不及而不言。望涔陽之亡極，挹杜蘭之緒馨。款君門以披懷，沾一命而潛退。風景滿目，寧無愧於古人。故其格調清越，而多登山臨水，懷人送歸之製，如“遠客坐長夜，雨聲孤寺秋。請量東海水，看取淺深愁”等句，已曲盡羈旅坎壈之情，壯心千里，於方寸不擾，亦大難矣。

姚合《寄李群玉》。

杜牧《送李群玉赴舉》。

本集《酬魏三十七》：一吟麗句風流極，没得弘文李校書。

本集《重經巴丘追感》（原注：開成初陪故員從翁詩酒游泛。）（案開成元年八三六。）

《唐百家詩選》一七：李群玉，字文山，澧州人。大中中宰相崔鉉進其詩，以處士除弘文館校書郎。

盧肇《贈句》：妙吹應諧鳳，工書定得鵝。（按《紀事》云：“李群玉善急就章，喜食鵝，肇贈句云云。”）

《郡齋讀書志》：李群玉詩一卷。右唐李群玉文山也，澧州人。曠逸不樂仕進，專以吟咏自適。詩筆妍麗，才力遒健。好吹笙，善書翰。親友强赴舉，一上而止。裴休廉察湖南，延郡中。大中八年來京師，進詩三百篇，休復論薦，授弘文館校書郎。集後附其進詩表，并除官制。《太平廣記》所載黄陵廟事甚異，其絶句在焉。

姚　鵠

李頻《送姚部先輩赴汝州辟》。

段成式

許棠《贈段成式》（句）。

韋蟾《和柯古窮居苦日喜雨》。

温庭筠《和段少常柯古》。

温庭筠《和太常段少卿東都修竹里有嘉蓮》。

温庭筠《答段柯古見嘲》。

周繇《嘲段成式》。

周繇《看牡丹贈段成式》。

周繇《以人蓡遺段成式》。

周繇《和段成式》。

《東觀餘論》：唐段柯古《靖居寺碑》，大中中作，左金吾長史顔稷所書，殊有楷法。

鄭谷《故少師從翁隱岩别墅亂後榛蕪感舊愴懷遂有追紀》：辭與段卿親。（段少常成式奥學辛勤，章句入微，孤卿爲前序。）

《金華子雜編》上：段郎中成式……子安節娶温庭筠女，安節仕至吏部郎中、沂王傅，善音律，著《樂府新録》傳於世。

盧知猷《盧鴻草堂圖後跋》：相國鄒平段公家藏書，并用所歷方鎮印記。咸通初，余爲荆州從事，與柯古同在蘭陵公幕下，閲此軸。今所歷歲祀，倏逾二紀，薦罹多難，編軸尚存，物在時遷，所宜興嘆。丁未年，駕在岐山，涿郡子蓍記。（《避暑録話》。）

儲嗣宗

司馬扎《秋日懷儲嗣宗》：故人北游久不回，塞雁南渡聲何哀。相思聞雁更惆悵，却向單于臺下來。

《元和姓纂》：開元汜水尉儲光羲，潤州人。生石，石生燕容，燕容生嗣宗，校書郎。（案此，則嗣宗乃光羲曾孫。）

《唐才子傳》八：嗣宗，大中十三年孔緯榜及第。與顧非熊先生相結好，大得詩名，苦思夢索，所謂逐句留心，每字着意，悠然背塵外之想。覽其所作，及見其人。警聯如："緑毛辭世女，白髮入壺翁。"

又:“片水明在野,萬花深見人。”又:“黄鶴有歸語,白雲無忌心。”又:“蟬鳴月中樹,風落客前花。”又:“池亭千里月,烟水一封書。”又:“鶴語松上月,花明雲裏春。”又:“一酌水邊酒,數聲花下琴。”又:“宿草風悲夜,荒村月吊人。”《哭彭先生》云:“空階鶴戀丹霄影,秋雨苔封白石床。”《題閑居》云:“鳥啼碧樹閑臨水,花滿青山静掩門。”等句,皆區區所當避舍者也。有集一卷,今傳。

李昌符

許棠《題李昌符豐樂幽居》。

《宗室世系表》大鄭王房:武寧軍節度使檢校工部尚書廓,孫濟,濟子昌符,字岩夢。

《唐才子傳》八:昌符,字若夢,咸通四年禮部侍郎蕭倣下進士。工詩,在長安與鄭谷酬贈,仕終膳部員外郎。嘗作《奴婢詩》五十首,有云:“不論秋菊與春花,個個能噇空肚茶。無事莫教頻入庫,每般閑物要些些。”等句。後爲御史劾奏,以爲輕薄爲文,多妨政務,虧嚴重之德,唱誹戲之風。謫去,匏繫終身。有詩集一卷,行於世。

鄭谷《寄膳部李郎中昌符》。

《直齋書録解題》一九:《李昌符集》一卷,唐膳部員外郎李昌符撰,咸通四年進士。

《五代史·前蜀世家》:(光啓)二年三月,(僖宗)移幸興元,以(王建)爲清道使,使負玉璽以從。行至當塗驛,李昌符焚棧道,棧道幾斷。建控僖宗馬,冒烟焰中過。[案假定咸通四年(八六三)三十五,則生於太和三年(八二九),至光啓二年(八八六)爲五十七歲。假定卒於大順元年(八九〇),即享年六十一歲。]

項　　斯

歐陽衮《和項斯游頭陀寺上方》。

《尚書故實》：楊祭酒敬之愛才公心，嘗知江表之士項斯，贈詩曰："處處見詩詩總好，及觀標格過於詩。平生不解藏人善，到處相逢説項斯。"項因此名振，遂登高科。

《唐才子傳》：斯字子遷，江東人也。會昌四年，王起下第二人進士。始潤州丹徒縣尉，卒於任所。開成之際，聲價藉甚，特爲張水部所知賞，故其詩格頗與水部相類，清妙奇絶。鄭少師薰贈詩云："項斯逢水部，誰道不關情？"斯性疏曠，温飽非其本心。初築草廬於朝陽峰前，交結净者，槃礴宇宙，戴蘚花冠，披鶴氅，就松陰，枕白石，飲清水，長哦細酌。凡如此三十餘年。晚污一名，殊屈清致。其警聯如："病嘗山藥遍，貧起草堂低。"如："客來因月宿，床勢向山移。"《下第》云："獨存過江馬，强拂看花衣。"《病僧》云："不言身後事，猶坐病中禪。"又："湖山萬叠翠，門樹一行春。"又："一燈愁裏夢，九陌病中春。"如："月明古寺客初到，風度閑門僧未歸。"《宫人入道》云："將敲碧落新齋磬，却進昭陽舊賜箏。"之類，不一而足，當時盛稱。楊敬之祭酒贈詩云："幾度見詩詩總好，及觀標格過於詩。平生不解藏人善，到處逢人説項斯。"其名以此益彰矣。集一卷，今行。

《後村詩話》：張洎序項斯云："元和中，張水部爲律格，字清意遠。惟朱慶餘親授其旨，沿流而下，則有任藩、陳標、章孝標、司空圖等，咸及門焉。"

《唐百家詩選》：項斯，字子遷，江東人。會昌四年擢進士第，爲潤州丹徒縣尉。卒官。

楊敬之《贈項斯》。

張籍《贈項斯》(一作王建詩，題云《贈賈島》)。

鄭薰《句》。

《古今姓氏書辯證》二一：唐江東人項斯，字子遷，能詩。楊祭酒詩云："平生不解藏人善，到處逢人説項斯。"會昌中爲丹徒尉。

趙　　嘏

杜牧《雪晴訪趙嘏街西所居》三韻。

温庭筠《和趙嘏題岳寺》。

《唐百家詩選》一五：趙嘏，會昌二年擢進士第，終渭南尉。

《郡齋讀書志》十八：趙嘏《渭南詩》三卷。右唐趙嘏，承祐也，會昌四年進士，終渭南尉。杜紫微讀其《早秋》詩云："殘星幾點雁横塞，長笛一聲人倚樓。"因謂之趙倚樓云。

曹　　鄴

李頻《寄曹鄴》。

《唐才子傳》七：鄴字鄴之，桂林人。纍舉不第，爲四怨、三愁、五情詩，雅道甚古。時爲舍人韋慤所知。力薦於禮部侍郎裴休，大中四年，張温琪榜中第。看榜日上主司詩云："一辭桂岩猿，九泣都門月。年年孟春至，看花如看雪。"《杏園宴呈同年》云："岐路不在天，十年行不至。一旦公道開，青雲在平地。"又云："忽忽出九衢，童僕顔色異。故衣未及换，尚有去年泪。"又云："永持共濟心，莫起胡越意。"佳句類此甚多。志特勤苦。仕至洋州刺史。有集一卷，今傳。

《新唐書·白居易傳》附《白敏中傳》：卒，册贈太尉。博士曹鄴責其病不堅退，且逐諫臣，舉怙威肆行謚曰醜。（案《舊懿紀》，敏中咸通二年罷相，卒年未詳。）

《唐詩紀事》：曹鄴，唐末以祠部郎中知洋州。

鄭谷《送祠部曹郎中鄴出守洋州》。

鄭谷《送吏（一作祠）部曹郎中免官南歸》：高名向已求，古韻古無儔。風月抛蘭省，江山復桂州。賢人知止足，中歲便歸休……小生誠淺拙，早歲便依投。

《石刻紇干濬贈太尉韓允忠神道碑》：乾符元年十一月，皇帝（下缺）郎中曹鄴，太子（下缺）議大夫李景莊，庫部員外郎陳翰，備鼓吹，升輅車，由□□宣政正衙，及□□□公之靈座，册贈司徒，謚曰□。（山東莘縣俎家店。）

《新唐書·高元裕傳》附《高璩傳》：懿宗時，高璩卒，贈司空。太常博士曹鄴建言：璩宰相，交游醜雜，進取多蹊徑，謚法不思妄愛曰刺。請謚爲刺，從之。（《新懿紀》咸通六年六月高璩薨。《宰相表》同。）

《新唐書·藝文志》：丁部集録别集類，曹鄴詩三卷，字鄴之，大中進士第，洋州刺史。

《直齋書録解題》：曹鄴集一卷，唐洋州刺史曹鄴撰，大中四年進士。

《郎官石柱題名》：主客員外郎，祠部郎中。

本集《將赴天平職書懷寄翰林從兄》，又《從天平節度使游平流園》，又《奉命齊州推事畢寄本府尚書》，又《賀雪寄本府尚書》。（案疑高璩謚在咸通六年，佐天平幕當在此前。《方鎮表》：天平軍節度，咸通五年增，領齊棣二州。以奉命齊州推事詩證之，鄴自幕職遷博士，必在五年或六年。然齊州推事詩曰："仲夏天氣熱。"高璩卒於六年六月，六年六月在長安，則齊州推事必五年五月也。《方鎮表》：五年柳仲郢拜，六年卒。《舊懿紀》：咸通六年正月，以孔温裕爲鄆州刺史，天平軍節度使。疑仲郢卒於六年正月，鄴本仲郢幕僚，故仲郢卒，鄴即入爲太常博士也。）

李洞《送曹郎中（一本有罷官二字）南歸時南中用軍》：桂水净如天，南歸似謫仙。

李洞《贈曹郎中崇賢所居》：刑曹樹蔭千年井，華岳樓開萬仞冰。

詩句變風官漸緊，夜濤春斷海邊藤。

薛能八一七—八八〇？

李頻《送薛能少府任周至》。

又《關東逢薛能》。

又《送薛能赴鎮徐方》。

《舊僖紀》：廣明元年九月，徐州兵三千人赴㵎水，途經許。許州節度使薛能，前爲徐帥，得軍民情，徐軍吏至請館，能以徐軍懷惠，令館於州内。許軍懼徐人見襲，許州大將周岌自㵎水以其戍卒還，逐薛能，自據其城。

《唐才子傳》：能字大拙，汾州人。會昌六年，狄慎思榜登第。大中末，書判入等中選，補周至尉。太原、陜虢、河陽從事。李福鎮滑臺，表置觀察判官。歷御史、都官刑部員外郎。福徙西蜀，奏以自副。咸通中，攝嘉州刺史。造朝，遷主客、度支、刑部郎中。俄爲同州刺史，京兆大尹。出帥感化，入授工部尚書。復節度徐州，徙鎮忠武。廣明元年，徐軍戍㵎水，經許，能以軍多懷舊惠，館待於城中。許軍懼見襲，大將周岌乘衆疑怒，因爲亂，逐能據城，自稱留後。數日，殺能并屠其家。能治政嚴察，絶請謁。耽醉於詩，一賦一章爲課。性喜凌人，格律卑卑，亦無甚高論。嘗以第一流自居，罕所拔拂。時劉得仁擅雅稱，持詩卷造能，能以句謝云："千首如一首，卷初如卷終。"蓋譏其無變體也。量人如此，非厚德君子。晚節尚浮屠，奉法惟謹。資性傲忽，又多佻輕忤世。及爲藩鎮，每易武吏。嘗命其子屬櫜鞬，雅拜新進士，或問其故，曰："渠消弭灾咎耳。"今有集十卷，及《繁城集》一卷傳焉。

許棠《寄周至薛能少府》。

《舊懿紀》：咸通十一年十月，以給事中薛能爲京兆尹。十二年正月，葬衛國公主，京兆尹薛能爲外監護。

《唐摭言》：乾符中，薛能尚書爲大京兆……自吏部郎中拜京兆少尹，權知大尹。

《玉泉子》：路岩以薛能自尚書郎（《廣記》一八八作省郎）權知（知《廣記》有）京兆府事，李蠙之舉也。

《郎官石柱題名》：主客郎中。

《新僖紀》：廣明元年九月，忠武軍將周岌殺其節度使薛能。

顏蕘《顏上人集序》：蕘同年文人，故許州節度使、尚書薛公字大拙，以文人，不言其名。擅詩名於天下，與所與讓。（《文苑英華》七一四。）

《新唐書·文藝傳序》：若能等，其類尚多，皆斑斑有文在人間，史家逸其行事，故弗得而述云。

《唐詩紀事》：薛能字大拙，汾州人。會昌六年進士。大中八年書判入等，補周至尉，辟太原、陝虢、河陽從事。李福鎮滑州，表觀察判官，歷侍御史，都官、刑部員外郎。福徙西川，取爲節度副使。咸通中攝嘉州刺史。歸朝遷主客、度支、刑部郎中，俄刺同州。京兆尹温璋貶，命權知尹事。出領感化節度，入授工部，復節度徐州，徙忠武。廣明元年，徐兵入激水，經許。能以前帥徐，軍吏懷恩，館之州内。許軍懼徐人見襲，大將周岌因衆怒，逐能，自稱留後，能全家遇害。

鄭谷《故許昌薛尚書能嘗爲都官郎中後數歲故建州李員外頻自憲府内彈拜都官員外八座外郎皆一時騷雅宗師則都官之曹振盛於此予早年請益實受深知今忝此官復是正秩豈唯俯慰孤宦何以仰繼前賢榮惕在衷遂賦自賀》。

鄭谷《讀故許昌薛尚書詩集》：篇篇高且真，真爲國風陳。澹薄雖師古，縱横得意新。翦裁成幾篋（近世詩人述作公篇什最多），唱和是誰人。華岳題無敵，黄河句絶倫。（《華岳》《黄河》二詩序云："此皆二京之内巨題目也。"）吟殘荔枝雨，咏徹海棠春。（公有《海棠》《荔枝》二首，序云："杜子美老於兩蜀，而無此咏。"）李白欺前輩，（公有

《寄符郎中》詩云："我生若在開元日，争遣名爲李翰林。"）陶潛仰後塵，（公有《論詩》一章云："李白終無敵，陶潛固不刊。"）難忘嵩室下（公有《嵩山》巨篇），不負蜀江濱（公嘗從事蜀中，著《江干集》）。屬思看山眼，冥搜倚樹身。楷模勞夢想，諷誦爽精神。落筆空追愴，曾蒙借斧斤。

《通鑒·唐紀》：（懿宗咸通十二年四月）以（路）岩同平章事，充西川節度使。岩出城，路人以瓦礫擲之。權京兆尹薛能，岩所擢也，岩謂能曰："臨行，煩以瓦礫相餞。"能徐舉笏對曰："向來宰相出，府司無例發人防衛。"岩甚慚。能，汾州人也。乾符三年十二月，王仙芝攻申、光、廬、壽、舒等州。淮南節度劉鄴奏求益兵，敕感化節度使薛能選精兵數千助之。

《通鑒·唐紀》：（廣明元年七月）詔河南諸道發兵屯溵水，泰寧節度使齊克讓屯汝州，以備黄巢……（九月）徐州遣兵三千赴溵水，過許昌。徐卒素名凶悖，節度使薛能，自謂前鎮彭城，有恩信於徐人，館之毬場。及暮，徐卒大噪，能登子城樓問之，對以供備疏闕，慰勞久之，方定，許人大懼。時忠武亦遣大將周岌詣溵水，行未遠，聞之，夜引兵還。比明入城，襲擊徐卒，盡殺之。且怨能之厚徐卒也，遂逐之。能將奔襄陽，亂兵追殺之，并其家，岌自稱留後。

《郡齋讀書志》：薛能集十卷。右唐薛能字大拙，汾州人。會昌六年登進士第，大中末書判中選，補周至尉，辟太原、陝虢、河陽從事。李福鎮滑，表署觀察判官，歷御史、都官、刑部員外郎。福徙西蜀，奏以自副。咸通中，攝嘉州刺史。造朝遷主客、度支、刑部郎中，俄刺同州。京兆尹温璋貶，命權知尹事，出帥感化，入授工部尚書，復節度徐州，徙忠武。廣明元年，徐軍戍溵水，經許，能以軍懷舊惠，館之城中。時軍以供備疏闕，能登子城樓慰勞之。久乃定。忠武亦遣大將周岌詣溵水，聞之夜還，襲擊徐卒，盡殺之。且怨能之厚徐卒也，遂逐之。能將奔襄陽，亂兵追殺之，并屠其家。能爲政嚴察，禁絶私謁，資性倨傲，輕佻忤物。晚節惑浮屠法，信奉惟謹。其爲藩鎮，尤易武吏，嘗命其子屬櫜鞬，雅拜新進士。或問其故，曰與渠銷弭灾咎云。

李頻八一五?—八七六

《南浦詩話》：相傳浦城舊有李建州祠，舊志失載，故鮮有能指其地者。宋周弼《端平詩雋》中有《題頻行祠》云："建安壁獄老梨木，刻作唐朝建州牧。香爐忽動吹寒灰，浦城環翠陰風來。嶺頭頑石盡能走，澗下奔泉皆倒回，猿猱啼號鬼嘯野，六玄虬兮四驪馬，想須吟繞碧草亭，舉手高翻白雲寫。峰如文通各夢筆，楊公書堂曾散帙。麗月鮮露付與誰，烟墅有人還築室。田父何所祈，贈爾青皵黑桑椹。里儒何所求，贈爾黄粱布囊枕。萬歲兮千秋，既往兮復留。抽蘭心，折椒口，簸南箕，挹北斗。不假竹枝譜，何須折楊枝，衹用秦原妙絶祠，傳入神弦薦春酒。"或因據此詩，謂當在夢筆山。然憶亡友謝甸男廣文遺集中有《梨嶺謁李建州祠》云："重岡雲樹鬱蒼蒼，刺史遺阡鎮上方。卷裹詩篇媒少婦，殿頭箋奏乞君王。江山幾見遺民老，膢臘猶勤異代將。却憶豐碑三百六，昭陵石馬幾滄桑。"是又祠在梨嶺之證。惜數過其地，未及詳也。

許棠《送李頻之南陵主簿》。

林寬《送李員外頻之建州》。

翁洮《和方干題李頻莊》。

鄭谷《贈進士李德新接海棠梨》。

鄭谷《哭建州李員外頻》：令終歸故里，末歲道如初。舊友誰爲志，清風豈易書？雨墳生野蕨，鄉奠釣江魚。獨夜吟還泣，前年伴直廬。

鄭谷《故許昌薛尚書能嘗爲都官郎中後數歲故建州李員外頻自憲府内彈拜都官員外八座外郎皆一時騷雅宗師則都官之曹振盛於此予早年請益實受深知今忝此官復是正秩豈唯俯慰孤宦何以仰繼前賢榮惕在衷遂賦

自賀》。

薛能《寄李頻》。

方干《寄李頻》《途中逢孫輅因得李頻消息》《寄李頻及第》句。

曹松《吊建州李員外》。

曹松《林下書懷寄建州李頻員外》。

曹松《哭李頻員外》（時在建州）：出麾臨建水，下世在公堂。苦集休開篋，清資罷轉郎。瘴中無子奠，嶺外一妻孀。定是浮香骨，東歸就故鄉。

張蠙《哭建州李員外》。

《舊僖紀》：乾符二年正月，都官員外李頻爲建州刺史。三年十一月，以度支分巡院使李仲章爲建州刺史。（案頻當卒於三年。）

《唐才子傳》七：頻字德新，睦州壽昌人。少秀悟，長廬西山。多記覽，於詩特工。與同里方干爲師友。給事中姚合時稱詩頻，頻不憚走千里，丐其品第。合見大加獎挹，且愛其標格，即以女妻之。太中八年，頻標榜擢進士，調秘書郎，爲南陵主簿。試判入等，遷武功令。頻性耿介，難干以非理。賑饑民，戢豪右，於是京畿多賴，事事可傳。懿宗嘉之，賜緋銀魚，擢侍御史。守法不阿，遷都官員外郎。表乞建州刺史，至則布條數，以禮治下。時盜所在衝突，惟建賴頻以安。未幾，卒官下，櫬隨家歸，父老相與扶柩哀悼。尋永樂州。爲立廟於梨山，歲時祭祠。有灾沴必禱，垂福逮今。頻詩雖出晚年，體制多與劉隨州相抗。騷嚴風謹，慘慘逼人。有詩一卷，今行世。

貫休《聞李頻員外卒》。

貫休《秋寄李頻使君二首》。

姚合《寄李頻》。

姚合《題李頻新居》。

姚合《答李頻秀才》。

喻鳧《龍翔寺寄李頻》。

張喬《吊建州李員外》。

張喬《送南陵尉李頻》。

羅隱《題方干詩》：中間李建州，夏汭偶同游。顧我論佳句，推君最上流。

《唐百家詩選》十六：李頻，睦州遂安人。乾符自尚書工部員外郎爲建州刺史。

温庭筠

李商隱《有懷在蒙飛卿》。

李商隱《聞著明凶問哭寄飛卿》。

紀唐夫《送温庭筠尉方城》。

段成式《寄温飛卿箋紙》。

段成式《嘲飛卿》七首。

段成式《柔卿解籍戲呈飛卿》三首。

徐夤《依御史（一本無御史二字）温飛卿華清宫二十二韻》。

《三山老人語録》：六一居士喜温庭筠詩："鷄聲茅店月，人迹板橋霜。"嘗作《過張至秘校莊》詩云："鳥聲梅店雨，野色板橋春。"效其體也。

《桐薪》：温岐少曾於江淮爲親表檟楚，故改名庭雲，字飛卿，而他書或作庭筠，不曉所謂。温嘗傲唐宣皇於逆旅，不獨獲罪令狐綯，流落而死，晚矣。温貌甚陋，號温鍾馗，不稱才名。最善鼓琴吹笛，云："有絲即彈，有孔即吹，不必柯亭爨桐也。"著《乾臊子》，今其書不傳。

《玉泉子》：温庭筠有詞賦盛名。初將從鄉里舉，客游江淮間，揚子留後姚勖厚遺之。庭筠少年，所得錢帛，多爲狹邪費。勖大怒，笞且逐之。以故庭筠卒不中第。其姊，趙顓之妻也，每以庭筠下第，輒切齒於勖。一日，廳有客，温氏偶問客姓氏，左右以勖對。温氏遂出廳事前，執勖袖大哭。勖殊驚異，且持袖牢固，不可脱，不知所爲。移時温氏方曰："我弟年少宴游，人之常情，奈何笞之？迄今無成，由汝致之。"復大哭。久之，方得解。勖歸憤訝，竟因此得疾而卒。

《南部新書》：令狐綯以姓氏少，族人有投者，不吝其力，由是遠近皆趨之，至有姓胡冒令狐者。進士温庭筠戲爲詞曰："自從元老登庸後，天下諸胡悉帶令。"

《滄浪詩話》：西崑體即李商隱體，然兼温庭筠及本朝楊劉諸公而名之也。

《彦周詩話》：段成式《與温庭筠雲藍紙詩序》曰："余在九江，出意造雲藍紙，輒分送五十枚。"其詩曰："三十六鱗充使時，數番猶得表相思。"蓋龍八十一鱗，鯉三十六鱗也。

《野鴻詩的》：飛卿古詩，與義山近體相埒，題既無謂，詩亦荒謬，若不論義理，而祇取姿態，則可矣。

《全唐詩話》：庭筠才思艷麗，工於小賦，每入試，押官韻作賦，凡八叉手而八韻成，時號温八叉。多爲鄰鋪假手，日救數人。而士行玷缺，縉紳薄之。李義山謂曰："近得一聯句云：'遠比召公，三十六年宰輔。'未得偶句。"温曰："何不云：'近同郭令，二十四考中書。'"宣宗嘗賦詩，上句有"金步摇"，未能對。遣求進士對之，庭筠乃以"玉條脱"續，宣宗賞焉。又藥名有"白頭翁"，温以"蒼耳子"爲對，他皆類此。宣皇愛唱《菩薩蠻》詞，丞相令狐綯假其新撰密進之，戒令勿泄，而遽言於人，由是疏之。温亦有言云："中書堂内坐將軍。"譏相國無學也。宣皇好微行，遇於逆旅，温不識龍顔，傲然而詰之曰："公非長史、司馬之流？"帝曰："非也。"又曰："得非六參、簿尉之類？"帝曰："非也。"謫爲方城尉。其制詞曰："孔門以德行爲先，文章爲末。爾既德行無取，文章何以稱焉？徒負不羈之才，罕有適時之用。"竟流落而死。杜悰自西川除淮海，庭筠詣韋曲杜氏林亭，留詩云："卓氏爐前金綫柳，隋家堤畔錦帆風。貪爲兩地行霖雨，不見池蓮照水紅。"邠公聞之，遺絹千匹。曾於江淮爲親表辱之，由是改名。

《雪浪齋日記》：温庭筠小詩尤工，如："墻高蝶過遲。"又："蝶翎胡粉重，鴉背夕陽多。"又《過蘇武廟》詩云："歸日樓臺非甲帳，去時冠劍是丁年。"皆工句也。

《北夢瑣言》：温庭筠理髮思來，即罷櫛綴文。庭筠又每歲筆場，多爲舉人假手。侍郎沈詢知舉，别施鋪席授庭筠，不與諸公鄰比。翌日於簾前請庭筠曰："向來策名者，皆是文賦托於學士，某今歲場中，并無假托，學士勉旃。"因遣之，由是不得意也。

《唐詩紀事》：令狐綯曾以舊事訪於庭筠，對曰："事出《南華》，非僻書也，或冀相公燮理之暇，時宜覽古。"綯益怒，奏庭筠有才無行，卒不得第。庭筠有詩曰："因知此恨人多積，悔讀《南華》第二篇。"

《詩鏡總論》：温飛卿有詞無情，如飛絮飄颺，莫知指適。

《舊唐書·文苑本傳》：温庭筠者，太原人。本名岐，字飛卿。(《新唐書》庭筠，彦博孫。）大中初應進士，苦心硯席，尤長於詩賦。初至京師，人士翕然推重，然士行塵雜，不修邊幅。能逐弦吹之音，爲側艷之詞。公卿家無賴子弟裴誠、令狐縞之徒，相與蒲飲，酣醉終日，由是纍年不第。(《新唐書》：庭筠思神速，多爲人作文，大中末，試有司，廉視尤謹，庭筠不樂，上書千餘言，然私占授者已八人。執政鄙其所爲，授方山尉。）徐商鎮襄陽，往依之，署爲巡官。咸通中，失意歸江東，路由廣陵，心怨令狐綯在位時不爲成名。既至，與新進少年狂游狹邪，久不刺謁。又乞索於楊子院，醉而犯夜，爲虞候所擊，敗面折齒，方還揚州。訴之令狐綯，捕虞候治之，極言庭筠狹邪醜迹，乃兩釋之，自是污行聞於京師。庭筠自至長安，致書公卿間雪冤，屬徐商知政事，頗爲言之。無何，商罷相出鎮，楊收怒之，貶爲方城尉。再遷隋縣尉，卒。(《新唐書》：事聞京師，庭筠遍見公卿，言爲吏誣染。俄而徐商執政，頗右之，欲白用，會商罷，楊收疾之，遂廢卒。）子憲以進士擢第。弟庭皓咸通中爲徐州從事。節度使崔彦魯爲龐勛所殺，庭皓亦被害。庭筠著述頗多。(《新唐書·藝文志》：《握蘭集》三卷，又《金筌集》十卷，詩集五卷，《漢南真稿》十卷。《宋志》同。）而詩賦韻格清拔，文士稱之。（《新唐書》：庭筠工爲辭章，與李商隱皆有名，號温李。《李商隱傳》：商隱與太原温庭筠、南郡段成式齊名，時號三十六體，文思清麗，視庭筠過之，而俱無特操，恃才詭激，爲當途者所薄，名宦不進，坎壈終身。）

《尚書故實》：會昌毁寺時，分遣御史檢天下所廢寺，及收録金銀佛像。有蘇監察者（不記名），巡覆兩街諸寺，見銀佛一尺以下者，多袖之而歸。人謂之"蘇杠（烏譜反）佛"。或問温庭筠："將何對好？"遽曰："無以過密陀僧也。"

《南楚新聞》：太常卿段成式，相國文昌子也。與舉子温庭筠親善。咸通四年六月卒。庭筠居閑輦下。是歲十一月十三日冬至大雪，凌晨，有叩門者，僕夫視之，乃隔扉授一竹筒，云："段少常送書來。"庭筠初謂誤，發筒獲書，其上無字，開之乃成式手札也。庭筠大驚，出户，其人已滅矣。乃焚香再拜而讀，但不喻其理，辭曰："慟發幽門，哀歸短數，平生已矣，後世何云。況復男紫悲黄，女青懼緑，杜陵分絶，武子成䍧。自是井障流鸎，庭鐘舞鵠，交昆之故，永斷私情。慨慷所深，力占難盡。不具。荆州牧段成式頓首。"後寂無所聞。書云䍧字，字書所無，以意讀之，當作群字耳。温段之家，皆傳其本。子安節前沂王傅，乃庭筠婿也。

《金華子雜篇》上：段郎中成式，博學文章，著書甚多。守……廬陵時，爲人妄訴，逾年方辨，乃退居於襄陽。温博士庭筠亦謫隨縣尉，節度使徐太師留在幕府，與成式尤相善。嘗送墨一挺與庭筠，往復致謝，搜故者凡九（《唐語林》二作幾）函。成式子安節娶庭筠女。安節仕至吏部郎中、沂王傅。善音律，著《樂府新録》，傳於世。（末二字據《唐語林》二補。）

《唐語林》二：大中咸通之後，每歲試禮部者千餘人。其間有名聲，如何植、李玫、皇甫松、李孺犀、梁望、毛潯、具麻、來鵠、賈隨，以文章稱；温庭筠、鄭瀆、何涓、周鈴、宋耘、沈駕、周繫，以詞翰顯；

賈島、平曾、李淘、劉得仁、喻坦之、張喬、劇燕、許琳、陳覺，以律詩傳；張維、皇甫川、郭鄩、劉庭輝，以古風著。雖然，皆不中科。（出《劇談録》。）

裴坦《貶温庭筠敕》：敕：鄉貢進士温庭筠，早隨計吏，夙著雄名，徒負不羈之才，罕有適時之用。放騷人於湘浦，移賈誼於長沙，尚有前席之期，未爽抽毫之思。可隨州隨縣尉。（《全唐文》。）

《金石萃編補略》：《集賢直院官榮王府長史程公墓志》：鄉貢進士温憲撰，咸通四年四月。志云："憲嘗爲《咏蛺蝶》詩，公稱其句，因作竹映杏花，畫三蝶相從，以寫其思。其孤以憲辱公之眄，遂泣血請銘。"又曰："憲嚴君有盛名於世，亦朝夕與公申莫逆之契。"憲即庭筠子也。

張祜《送温飛卿赴方城》（一作《贈李修源》）。

魚玄機《冬夜寄温飛卿》。

魚玄機《寄飛卿》。

《古今姓氏書辯證》：庭筠本名岐，字飛卿。工辭章。與李商隱齊名，號温李。時宰斥其擾場屋，不得第。子憲，光啓中及第，爲山南從事。李巨川嘗表雪庭筠曰："蛾眉先妒，明妃爲去國之人；猿臂自傷，李廣爲不侯之將。"人至今傳之。庭筠弟廷皓，拒龐勛，不爲草表，被害，贈兵部郎中。

《容臺集》：《湖陰曲》温庭筠書，似平原而遒媚有態。

《北夢瑣言》：宣宗時，相國令狐綯最受恩遇而怙權，尤忌勝己……或云：曾以故事，訪於温岐，對以其事出《南華》，且曰："非僻書也，或冀相公燮理之暇，時宜覽古。"綯益怒之，乃奏岐有才無行，不宜與第。會宣宗私行，爲温岐所忤，乃授方城尉。所以岐詩云："因知此恨人多積，悔讀《南華》第二篇。"又李商隱，綯父楚之故吏也，殊不展分。商隱憾之，因題廳閣，落句云："郎君官重施行馬，東閣無因許再窺。"亦怒之，宦止使下員外也。江東羅隱，亦受知於綯，畢竟無成，有詩哭相國云："深恩無以報，底事是柴荆。"以三才子怨望，即知綯之遺賢也。

《郡齋讀書志》：温庭筠《金荃集》七卷,《外集》一卷。右唐温庭筠也。庭筠本名岐，字飛卿，宰相彦博之裔。詩賦清麗，與李商隱齊名，時號温李。薄於行。多作側辭艷曲。纍舉不第，終國子助教。宣宗嘗作詩賜宫人，句有“金步摇”，遣場中對之。庭筠對以“玉跳脱”。上喜其敏，欲用之。以嘗作詩忤時相令狐綯，終廢斥云。

《唐摭言》：開成中，温庭筠才名籍甚，然罕拘細行，以文爲貨，識者鄙之。無何，執政間復有惡奏庭筠，攪擾場屋，黜隨州縣尉。時中書舍人裴坦當制，忸怩含毫久之。時有老吏在側，因訊之升黜，對曰：“舍人合爲責辭，何者，入策進士與望州長，馬一齊資。”坦釋然，故有澤畔、長沙之比。温庭筠燭下未嘗起草，但籠袖憑几，每賦一咏一吟而已，故場中號爲温八吟。

《東觀奏記》：吏部侍郎兼判尚書裴諗，左授國子祭酒。吏部侍郎周敬復，罰一月俸。監察御史馮顓，左授秘書省著作佐郎。考院所送博學宏辭科趙秬等十人，并宜覆落，不在施行之限。初，裴諗兼上銓，主試宏技兩科。其年争名者衆，應宏詞選，前進士苗臺符、楊嚴、薛訢、李詢、古敬翊已下一十五人就試。諗寬豫仁厚，有賦題不密之説。前進士柳翰，京兆尹柳憙之子也，故事宏詞科衹三人，翰在選中。不中者言翰於諗處，先得賦題，托詞人温庭筠爲之，翰既中選，其聲聒不止，事徹宸聽。杜德公時爲中書舍人，言於執政，曰：“某兩爲考官，未試宏詞，先鏁考官，然後考文書，若自先得賦題者必佳，糊名考文書，得佳者，考官乃公。當罪上銓，爲考官不合坐。”宏詞趙秬，丞相令狐綯故人子也，同列將以此事嫁患於令狐丞相。丞相逐之，盡覆去。初，日官奏文昌星暗，科場當有事。沈詢爲禮部侍郎，聞而憂焉。至是三科盡覆，日官之言方驗。

高　　駢

《唐語林》：高公駢鎮蜀日，因巡邊，至資中郡，舍於刺史衙。對郡山頂有開元寺，是夜僧衆禮佛，其聲喧達。公命軍候悉擒械之，來朝笞背斥逐。召將吏而謂之曰："僧徒禮念，亦無罪過。但此寺十年後，當有秃丁數千爲亂，以是厭之。"其後，土人皆髡，執兵，號大髡、小髡，據寺爲寨，果叶高公之言。

羅隱《淮南高駢所造迎仙樓》。

《唐才子傳》九：駢字千里，幽州人也，崇文之孫。少閑鞍馬弓刀，善射，有膂力。更剉鋭爲文學，與諸儒交，硜硜談治道。初事朱叔明，爲府司馬，遷侍御史。一日校獵圍合，有雙雕并飛，駢曰："我後大富貴，當貫之。"遂一發聯翩而墜。衆大驚，號"落雕御史"。駢爲西川節度，築成都城四十里，朝廷疑之。以宴間《咏風箏》云："依稀似曲纔堪聽，又被風吹别調中。"明日詔下，移鎮渚宫，亦讖之類也。仕至平章事，封渤海郡王。初，駢以戰討之勛，累拜節度，手握王爵，口含天憲，國家倚之。時巢賊日益甚，兩京亦陷，大駕蒙塵，遂無勤王之意，包藏禍心，欲便徼幸。帝知之，以王鐸代爲都統，加侍中。駢失兵柄，攘袂大詬。一旦失勢，威望頓盡。方且弃人間事，絶女色，屬意神仙。鄱陽商儈吕用之會妖術，役鬼神，及狂人諸葛殷、張守一等，相引而進，多爲謬悠長年飛化之説，羽衣鶴氅，詭辯風生。駢事之若神。造迎仙樓，高八十尺。日同方士登眺，計鸞笙在雲表而下。用之等叱咤風雷，或望空揖拜，言諸仙過，駢輒隨之。用之曰："玉皇欲補公真官，吾謫限亦滿，必當陪幢節同歸上清耳。"其造怪不可勝紀。至以用之、守一、殷等爲將，分掌兵符，皆稱將軍，開府置官屬，禮與駢均。卒至叛逆首亂，磔尸道途，死且不悟。裹駢以破氈，與子弟七人，一坎而瘞，名書於《唐史·叛臣傳》，亦何足道矣。有詩一卷，今傳。大順中，謝蟠隱爲之序。

《集古録》：《唐磻溪廟記》，咸通二年張翔撰，高駢書。駢爲將軍，筆硯固非其所事，然字亦不俗。

皇甫松

《唐詩紀事》：松著《醉鄉日月》三卷，自叙也。或曰："松，丞相奇章公表甥，公不薦舉，怨望，因襄陽大水，極言誹謗，有'夜入真珠室，朝游玳瑁宫'之句。真珠，公愛姬名也。松韓門第子湜之子也。"

《醉鄉日月序》：昔竇常爲酒律，與今飲酒不同，蓋止遲籌，尋弃於世。余會昌五年春，嘗因醉罷，戲纂當今飲酒者之格，尋而亡之。是冬閑暇，追以再就，名曰"醉鄉日月"，勒成一家，施於好事。凡上中下三卷。（此文陳鴻墀從《永樂大典》録出，見《全唐文紀事》三十三。）

《新唐書》一七六《韓愈傳》附《皇甫湜傳》：皇甫湜字持正，睦州新安人。擢進士第，爲陸渾尉，仕至工部郎中。辨急使酒，數忤同省，求分司東都。留守裴度辟爲判官，度修福先寺將立碑，求文於白居易。湜怒曰："近捨湜而遠取居易，請從此辭。"度謝之，湜即請斗酒，飲酣，援筆立就。度贈以車馬繒彩甚厚。湜大怒，曰："自吾爲顧況集序，未嘗許人。今碑字三千，字三縑，何遇我薄邪！"度笑曰："不羈之才也。"從而酬之。湜嘗爲蜂螫指，購小兒歛蜂，擣取其液。一日命其子録詩。一字誤，詬躍呼杖，杖未至，齧其臂血流。

《説郛》五十八：皇甫松字子奇，唐宣、僖、懿間人。

劉綺莊

龔明之《中吴紀聞》：唐人劉綺莊，爲崑山尉，研窮古今緗帙，所積甚富。嘗分類應用事注釋於下，如《六帖》之狀，號《崑山編》，今其書尚存。(《升庵詩話》引。)

《正楊》：綺莊，大曆時爲崑山尉，作《崑山編》，行於世，見《志》及《中吴紀聞》。《綺莊集》有《上白敏中啓》。(多案：大曆蓋大中之誤。)

《藝林學山》八：《劉氏集類》一百卷。宋《藝文志》、鄭《藝文略》皆云綺莊撰。《通考》載晁公武云："綺莊，毘陵人，嘗爲蘇州崑山令。家多異書，采摭《事類》五十萬言，上之朝。萬希序云：'開元二十九年辛巳。'案綺莊有《上白敏中啓》，疑非玄宗時，當考。"(陳晦伯所稱《崑山編》，據《中吴紀聞》，即此書也。)《紀事》："綺莊下載此詩。(多案：即升庵所舉《揚州送人》一首，見之《續南部烟花録》者。)稱其善樂府，嘗守藩，與白敏中、韋琮、崔元式善，宣宗時人。據此，劉晚唐人明甚，前疑可盡釋矣。"(多案：懿宗咸通二年辛巳，萬序開元二十九年，或係後人妄續。)

《漁洋詩話》：案《吴中人物志》："劉綺莊，崑山尉，研窮古今，博考傳記，作《類書》一百卷，號《崑山編》。"其平生著作最夥，而所傳止此一詩(案指"桂楫木蘭舟"一首)，可惜也。

《唐詩紀事》：綺莊尤善樂府，嘗守藩服，與白敏中、崔元式、韋琮相知，宣宗時人也。

《全唐詩》小傳：劉綺莊，毘陵人。初爲崑山尉，宣宗時官州刺史，集十卷，今存詩二首。(案補遺一首。)

《郡齋讀書志》：《劉綺莊歌詩》四卷。右唐劉綺莊，未詳其人，唐四庫書目有《綺莊集》十卷，今所餘止四卷，詩三十二，啓狀四十四而已，惜其散落大半。其本乃南唐故物，紙墨甚精。後題曰"昇元四年重題"。印其文曰"建鄴文房"。本内密字，皆闕其畫，而超字不闕，蓋吴時所繕寫也。其詩如《置酒》《揚州送人》皆不凡，而樂府格調尤高。然史逸其行事，詩中亦不可考，獨啓事内有白、韋、崔三相公狀，白乃敏中，崔乃元式，韋乃琮也。三人同相於宣宗初載。其末云"限守藩服"，則知綺莊時已任刺史矣。

《郡齋讀書志》：《集類》一百卷。右唐劉綺莊撰。綺莊，毘陵人，嘗爲蘇州崑山縣令。家多異書，采摭事類，分二十餘門，凡五十餘萬言，上之於朝。前有萬希序，題云："開元二十九年辛巳。"案《綺莊集》有《上白敏中啓》，疑非元宗時人，當考。

李山甫

《耳目記》：唐乾符之際，黄巢盜據兩京。長安士人，避地北游者多矣。時有翰林待詔王敬傲，長安人，能棋善琴，風骨清峻。初自蒲坂歷於并。并帥鄭從讜，以相國鎮汾，傲謁之，不見禮。後又之鄴。時羅紹威新立，方撫士卒，務在戰争。敬傲在鄴中數載。時李山甫文筆雄健，名著一方，適於道觀中與敬傲相遇。又有李處士亦善撫琴。山甫謂二客曰："《幽蘭》《緑水》，可得聞乎？"敬傲即應命而奏之，聲清韻古，感動神人。曲終，敬傲潸然返袂云："憶在咸通，王庭秋夜，供奉至尊之際，不意流離於此也。"李處士亦爲《白鶴》之操。山甫援毫抒思，以詩贈曰："《幽蘭》《緑水》耿清音，嘆息先王枉用心。世上幾時曾好古？人前何必苦沾襟？"餘句未成，山甫亦自黯然悲其未遇也。王生因别彈一曲，坐客彌加悚敬，非尋常之品調。山甫遂命酒停弦，各飲滿數杯，俄而玉山俱倒。洎酒醒，山甫方從容問曰："向來所操者何曲？他處未之有也。"王生曰："某家習正音，奕世傳受，自由德順以來，待詔金門之下，凡四世矣。其常所操弄，人衆共知，唯嵇中散所受伶倫之曲，人皆謂絶於洛陽東市，而不知有傳者。余得自先人，名之曰《廣陵散》也。"山甫早疑其音韻，殆以神工，又見王生之説，即知古之《廣陵散》，或傳於世矣。遂成四韻，載於詩集。今山甫集中，祇標李處士，蓋寫録之誤耳。由是李公常目待詔爲王中散也。（《太平廣記》二〇三。）

《唐才子傳》：山甫，咸通中，纍舉進士不第，落魄有不羈才，鬚髯如戟，能爲青白眼，生平憎俗子，尚豪俠，雖簞食豆羹，自甘不厭。爲詩托諷，不得志，每狂歌痛飲，拔劍斫地，少攄鬱鬱之氣耳。後流寓河、朔間，依樂彦禎爲魏博從事。不得衆情，以陵傲之故，無所遇。嘗有《老將》詩曰："校獵燕山經幾春，雕弓白羽不離身。年來馬上渾無力，望見飛鴻指似人。"此傷其蹇薄無成，時人憐之。後不知所終。山甫詩文激切，耿耿有奇氣，多感時懷古之作。今集一卷，賦二卷，并傳。

交游有方干、齊己。

《新唐書》一八五《王鐸傳》：〔中和〕四年，徙義昌節度使。鐸世貴，出入裘馬鮮明，妾侍且衆。過魏，樂彦禎子從訓，心利之。李山甫者，數舉進士被黜，依魏幕府，内樂禍且怨中朝大臣，導從訓以詭謀，使伏兵高鷄泊劫之。鐸及家屬、吏佐三百餘人皆遇害。朝廷微弱，不能治其冤，天下痛之。

陸龜蒙

曹松《拜訪陸處士》。

曹松《浙右贈陸處士》。

《唐語林》四：吴郡陸龜蒙，字魯望，舊族也。其父賓虞，進士甲科，浙東從事，侍御史，家於蘇臺。龜蒙幼精六籍，弱冠攻文，與顔蕘、皮日休、羅隱、吴融爲益友。性高潔，家貧，思養親之禄，與張摶爲吴興、廬江二郡倅。著《吴興實録》四十卷，《松陵集》十卷，《笠澤叢書》三卷。丞相李公蔚，盧公携景重之。羅給事寄陸詩云："龍樓李丞相，昔歲仰高文。黄閣今無主，青山竟不焚。"蓋嘗有徵聘之意。唐末以左拾遺授之，詔下之日，疾終。光化三年，贈右補闕。吴侍郎融立傳貽史官，右補闕韋莊撰誄文，相國陸希聲撰碑文（多案韋誄、陸碑俱佚），給事中顔蕘書。皮日休博士爲詩友，寇死浙中。方干詩名著於吴中，陸未許之，一旦頓作詩五十首，裝爲方干新製，時輩吟賞降仰。陸謂曰：“此乃下官效方干之所作也。方詩在模範中耳。”奇意精識者亦然之。薛許州能以詩道爲己任。還劉夢得詩卷（多案夢得當作得仁），有詩云：“百首如一首，卷初如卷終。”譏劉不能變態，乃陸之比也。

殷文圭《題吴中陸龜蒙山齋》（二六，六四）》

《覽陸龜蒙舊集》（二六，六五）。

齊己《寄松江陸龜蒙處士》。

尚顔《懷陸龜蒙處士》。

《唐才子傳》：龜蒙，字魯望，姑蘇人。幼而聰悟，有高致，明《春秋》，善屬文，尤能談笑。詩體江、謝，名振全吴。家藏書萬卷，少無聲色之娱。舉進士，一不中。嘗從張摶，游歷湖、蘇二州，將辟以自佐。又嘗至饒州，三日無所詣。刺史率官屬就見，龜蒙不樂，拂衣去。居松江甫里，多所撰論。有田數百畝，屋三十楹。田苦下，雨澇則與江通，故常患饑。身自畚鍤葔剌無休時。或譏其勞，答曰：“堯、舜黴瘠，禹胼胝，彼聖人也；吾一褐衣，敢不勤乎？”龜蒙嗜飲茶，置小園顧渚山下，歲入茶租，薄爲甌蟻之費。著書一編，繼《茶經》《茶訣》之後。又判品張又新《水説》爲七種。好事者雖惠山、虎丘、松江，不遠百里爲致之。又不喜與流俗交，雖造門亦罕納。不乘馬，每寒暑得中體無事，時泛扁舟，挂蓬席，賫束書、茶竈、筆床、釣具，鼓棹鳴榔。太湖三萬六千頃，水天一色，直入空明。或往來别浦，所指少不會意，徑往不留。自稱“江湖散人”，又號“天隨子”“甫里先生”。漢涪翁、漁父、江上丈人，嘗謂即己。後以高士徵，不至。苦吟，極清麗。與皮日休爲耐久交。中和初，遘疾卒。吴融誄文曰：“霏漠漠，淡涓涓，春融冶，秋鮮妍。觸即碎，潭下月；拭不滅，玉上烟。”今有《笠澤叢書》三卷，《詩編》十卷，《賦》六卷，并傳。

司馬都《和陸魯望白菊》

羅隱《寄陸龜蒙》（李相公在淮南徵陸龜蒙詩）。

李縠《浙東罷府西歸酬别張廣文皮先輩陸秀才》。

鄭璧《奉和陸魯望白菊》。

張賁《賁中間有吴門旅泊之什蒙魯望垂和更作一章以伸酬謝》《和魯望白菊》《偶約道流終乖文會答皮陸》《和皮陸酒病偶作》《以青餵飯分送襲美魯望因成一絶》《玩金鸂鶒和陸魯望》。

李建勛《寺居陸處士相訪感懷却寄二三友人》。

《郡齋讀書志》：陸龜蒙《笠澤叢書》四卷。右唐陸龜蒙魯望也，蘇州人。少高放，通六經大義，尤明《春秋》。舉進士，一不中，從張搏爲蘇湖從事。居松江甫里，以文章自怡。少工歌詩，其體裁不一，卒造乎平淡而已，自號“江湖散人”，或號“甫里先生”。著作之博，新史多取之，而獨不云工歌詩。笠澤者，松江地名也。其集自序云：“自乾符六年春，卧病笠澤，時隱几著書，詩、賦、銘、記，往往雜發，混而録之，故曰《叢書》。”今按其集，歌詩爲多，又比他文最工，新史疏漏如此。

又：《小名録》三卷。右唐陸龜蒙撰。龜蒙以末世有官名、小名之别，自秦至隋，編而紀之。至於神仙玉女之名，婦人臧獲之字，亦無弃焉。龜蒙世稱其博，然此書特雜取於史傳間爾，無異聞也。

《齊東野語》十六（《稗海》本）有陸龜蒙事。

趙　　牧

《唐詩紀事》：牧，不知何許人也。大中、咸通中，效李長吉爲短歌，《對酒》云云。

李咸用《讀修睦上人歌篇》：李白亡，李賀死，陳陶、趙睦（案疑牧之誤）尋相次。須知代不乏騷人，貫休之後，惟修睦而已矣。

許　棠

鄭谷《送許棠先輩之官涇縣》：白頭新作尉，縣在故山中。高第能卑宦，前賢尚此風。蕪湖春蕩漾，梅雨晝溟濛。佐理人安後，篇章莫廢功。

鄭谷《南康郡牧陸肱郎中辟許棠先輩爲郡從事因有寄贈》。

薛能《送進士許棠下第東歸》。

林寬《送許棠先輩之宣州》：髮枯窮律韻，字字合塤篪。日月所到處，姓名無不知。

曹松《山中寒夜呈進士許棠》。

曹松《都門送許棠東歸》（一作送進士張喬）。

李頻《送許棠及第歸宣州》。

李頻《送許棠歸涇作尉》。

李頻《春日南游寄浙東許同年》。

張蠙《和友人許裳（疑棠）題宣平里古藤》。

《全唐詩話》：（汪）遵幼爲吏，許棠應二十餘舉，遵猶在胥徒。善爲絶句詩，而深晦縝密。一旦辭役就貢，會棠送客至灞、滻間，遇遵於途，訊曰："何事至京？"遵曰："就貢。"棠曰："小吏無禮。"後遵成名五年，棠始登第。又：遵，宣城人，登咸通七年進士第；許棠其鄉人也。

《唐才子傳》：棠，字文化，宣州涇人也。苦於詩文，性僻少合。既久困名場，時馬戴佐大同軍幕，爲詞宗。棠往謁之，一見如舊交。留連纍月，但從事詩酒而已，未嘗問所欲。一旦大會賓客，命使以棠家書授之；棠驚愕，不喻其來，啓緘即知戴潛遣一介恤其家矣。古人温良泛愛，振窮周急，謙退不伐，亦皆絶異之姿也。咸通十二年李筠榜進士及第，時及知命，嘗曰："自得一第，稍覺筋骨輕健，愈於少年。則知一名乃孤進之還丹也。"調涇縣尉，之官，鄭谷送詩曰："白頭新作尉，縣在故山中。高第能卑宦，前賢尚此風。"後潦倒辭榮。初作《洞庭詩》，膾炙人口，時號“許洞庭”云。今集一卷，傳世。

貫休《聞許棠及第因寄桂雍》。

張喬《送許棠下第游蜀》。

張喬《送許棠及第歸宣州》。

張喬《送友人進士（一本無二字）許棠》。

張喬《江上逢進士許棠》。

張喬《題上元許棠所任王昌齡廳》。

劉　駕

李頻《客洛酬劉駕》。

曹鄴《寄劉駕》。

曹鄴《瀧川寄進士劉駕》。

薛能《送劉駕歸京》。

《詩鏡總論》：五言古非神韻綿綿，定當捉衿露肘。劉駕、曹鄴以意撑持，雖不迨古，亦所謂“鐵中錚錚，庸中姣姣”矣。

李洞《和劉駕博士贈莊嚴律禪師》。

《唐才子傳》：駕字司南，大中六年，禮部侍郎崔嶼下進士。初，與曹鄴爲友，深相結，俱工古風詩。鄴既擢第，不忍先歸，待長安中，駕成名，乃同歸范蠡故山。時國家復河、湟故地，有歸馬放牛之象，駕獻《樂府》十章，《序》曰：“駕生唐二十八年，獲見明天子以德歸河、湟，臣得與天下夫婦復爲太平人。恨愚且賤，不得拜舞上前。作詩十篇，雖不足貢聲宗廟，形容盛德，願與耕稼陶漁者歌江湖田野間，亦足自快。”詩奏，上甚悦，累歷達官。駕詩多比興含蓄，體無定規，意盡即止，爲時所宗。今集一卷，行於世。

《唐詩紀事》：駕與曹鄴友善，工古風。鄴大中時擢第，不出京；候駕登科，同去。

本集《下第後屏居長安書懷寄太原從事》：故山彭蠡上，歸夢向汾水。

本集《送友人擢第東歸》：同家楚天南，相識秦雲西。

本集《久客》：如何昨宵夢，到曉家山色。南音入誰耳，曲盡頭自白。

本集《送人登第東歸》：海畔豈無家，終難成故山。

聶夷中《哭劉駕博士》。

戴叔倫《江上別劉駕》。

羅　鄴

《唐才子傳》：鄴，餘杭人也。家貲鉅萬，父則爲鹽鐵吏，子二人，俱以文學干進。鄴尤長律詩。時宗人隱、中，數下第，有詩云："故鄉依舊空歸去，帝里如同不到來。"崔安潛侍郎廉問江西，鄴適飄蓬湘浦間，崔素賞其作，志在弓旌，竟爲幕吏所沮。既而俯就督郵，不得志。踉蹌北征，赴職單于牙帳。鄴去家愈遠，萬里沙漠，滿目誰親，因玆舉事闌珊無成，於邑而卒。鄴素有英資，筆端超絶，其氣宇亦不在諸人下。初無箕裘之訓，頓改門風，崛興音韻，馳譽當時，非易事也。而跋前疐後，絶域無聊，獨奈其命薄何？孔子曰"才難"，信然。有詩集一卷，今傳。

貫休《海邊見羅鄴》。

貫休《送羅鄴赴許昌辟》。

《古今姓氏書辯證》：羅浩原、羅鄴皆有詩一卷。

唐　　求

《唐才子傳》：求，隱君子也，成都人。值三靈改卜，絶念鼎鐘，放曠疏逸，出處悠然，人多不識。方外物表，是所游心也。酷耽吟調，氣韻清新，每動奇趣，工而不僻，皆達者之辭。所行覽不出二百里間，無秋毫世慮之想。有所得，即將稿撚爲丸，投大瓢中。或成聯片語，不拘長短，數日後足成之。後卧病，投瓢於錦江，望而祝曰："兹瓢倘不淪没，得之者始知吾苦心耳。"瓢泛至新渠，有識者見曰："此唐山人詩瓢也。"扁舟接之，得詩數十篇。求初未嘗示人，至是方競傳。今行於世，後不知所終。

《茅亭客話》：唐求居味江山，王建召爲參謀，不就。人謂之唐隱居。每入市，騎一青牛，至暮，醺酣而歸。非其類，不與之交。或吟或咏，有所得，則將稿撚爲丸，内於大瓢中，二十餘年，莫知其數。其贈送寄别之詩，布於人口。暮年因卧病，索瓢至於江中，曰："斯文苟不沉没於水，後之人得者方知我苦心耳。"漂至新渠江口，有識者云："唐山人詩瓢也。"探得之，已遭漂潤損壞，十得其二三，凡三十餘篇，行於世。

《直齋書録題解》：《唐求集》一卷，唐唐求撰。與顧非熊同時，《藝文志》不載。（案求有《邛州水亭夜宴送顧非熊之官》詩，然二人時代不相及，恐誤。）

《唐詩紀事》：球居蜀之味江山，方外之士也。爲詩撚稿爲圓，納之大瓢中。後臨病，投瓢於江，曰："斯文苟不沉没，得者方知吾心爾。"至新渠，有識者曰："唐山人瓢也。"接得之，十纔二三。球生於唐末，至性純慤，篤好雅道，放曠疏遠，邦人謂之唐隱居。或云："王建帥蜀，召爲參謀，不就。"今以其故居爲隱居寺。

《北夢瑣言》：球詩思游歷不出二百里。

李洞《贈唐山人》：長鬚長我髮，七十色如黧。醉眼青天小，吟情太華低。千年松繞屋，半夜雨連溪。邛蜀路無限，往來琴自携。（案

《紀事》録此詩，云："不知是球否也。"多考求集邛州詩甚多，此言邛蜀路無限，則即求無疑。）

曹　唐

《宣室志》：進士曹唐以能詩名世，嘗得句云："水底有天春寂寂，人間無路月茫茫。"忽見二素衣婦人，閑冶徐步，吟賞此句。數日唐卒。(《説郛》六）

《唐才子傳》：唐字堯賓，桂林人。初爲道士，工文賦詩。大中間舉進士，咸通中爲諸府從事。唐與羅隱同時，才情不異。唐始起清流，志趣淡然，有凌雲之骨，追慕古仙子高情，往往奇遇，而己才思不減，遂作《大游仙》詩五十篇，又《小游仙》詩等，紀其悲歡離合之要，大播於時。唐嘗會隱，各論近作。隱曰："聞兄游仙之製甚佳，但中聯云'洞裏有天春寂寂，人間無路月茫茫'，乃是鬼耳。"唐笑曰："足下牡丹詩一聯咏女子：'若教解語應傾國，任是無情也動人。'"於是座客大笑。唐平生之志激昂，至是薄官，頗自鬱悒，爲病馬詩以自況，警聯爲："尾盤夜雨紅絲脆，頭捽秋風白練低。"又云："風吹病骨無驕氣，土蝕騘花見卧痕。"又云："飲驚白露泉花冷，吃怕清秋豆葉寒。"皆膾炙人口。忽一日，晝夢仙女，鶯服花冠，衣如烟霧，倚樹吟唐吹天台劉阮詩，欲相招而去者，唐驚覺，頗怪之。明日暴病卒，亦感憶之所致也。有詩集二卷，今傳於世。人云：有德者或無文，有文者或無德。文德兼備，古今所難，《典論》謂文人相輕，從古而然。各以所長，相輕所短。矛盾之極，則是非鋒起，隙始於毫末。禍大於丘山，前後類此多矣。夫以口舌常談，無益無損，每至喪清德，負良友、承輕薄子之名，乏藏疾匿瑕之量。爲此功業未見其超者矣。君子所慎也。

《抒情集》：曹唐、羅隱同有詩名。羅曰："唐有鬼詩。"或曰："何也？"曰："樹底有天春寂寂，人間無路月茫茫。"唐曰："隱有《牡丹》詩曰：‘若教解語應傾國，任是無情也動人。’”

《望九華寄池陽杜員外》：《舊唐書·杜牧傳》：“韓膳部，比部員外郎，并兼史職，出牧黄、池、睦三郡。”

《郡齋讀書志》：《曹唐詩》一卷。右唐曹唐字堯賓，桂州人。初爲道士，咸通中爲府從事，卒。作《游仙詩》百餘篇，或靳之曰：“堯賓嘗作鬼詩。”唐曰：“何也？”“‘井底有天春寂寂，人間無路月茫茫。’非鬼詩而何？”唐乃大哂。今集中不見，然他詩及神仙者尚多。

張　　喬

薛能《寄唁張喬喻坦之》：何事盡參差，惜哉吾子詩。日令銷此道，天亦負明時。

許棠《題張喬升平里居》。

曹松《送進士張喬》（一作《都門送許棠東歸》）（同上二十四）。

李洞《送張喬下第歸宣州》。

李洞《懷張喬張霞》。

杜荀鶴《維揚逢詩友張喬》。

《唐才子傳》：喬隱居九華山，池州人也。有高致，十年不窺園。以苦學，詩句清雅，迥少其倫。當時東南多才子，如許棠、喻坦之、劇燕、吴罕、任濤、周繇、張蠙、鄭谷、李栖遠與喬，亦稱十哲。俱以韻律，馳聲大順中。京兆府解試，李參軍頻時主文，試《月中桂》詩。喬云：“根非生下土，葉不墜秋風。”遂擅場。其年，頻以許棠久困場屋，以爲首薦。喬與喻坦之，復受許下薛尚書知，欲表於朝。以他不果。競齟齬名途，徒得一進耳。有詩集二卷傳世。

《摭言》：張喬九華人也，詩句清雅，復無與倫。咸通末，京兆府解，李建州時爲京兆參軍，主試。同試有許棠與喬，及喻坦之、劇燕、任濤、吴罕、張蠙、周繇、鄭谷、李栖遠。温憲、李昌符謂之十哲。其年府試《月中桂》詩，喬擅場，詩曰："與月長洪蒙，扶疏萬古同。根非生下土，葉不墜秋風。每以圓時足，還隨缺處空。影高群木外，香滿一輪中。未種青霄日，應虚白兔宫。何當因羽化，細得問神功。"其年頻以許裳在場席多年，以爲首薦。喬與喻坦之復受許下薛能尚書深知，因以詩唁二子，曰："何事盡參差，惜哉吾子詩。日令銷此道，天亦負明時。有路當重振，無門即不知。何曾見堯日，相與啜澆漓。"

《全蜀藝文志》：張喬《送人游蜀》云："劍閣緣空去，西過第幾州。丹霄行客語，明月杜鵑愁。露帶山花落，雲隨野水流。相如曾醉地，莫戀少年游。"

楊夔《金陵逢張喬》。

貫休八三二—九一二

裴説《寄貫休》、《贈貫休》(句)。

曹松《與胡汾坐月期貫休上人不至》。

《丹鉛總録》：劉涇嘗作《書話》，以懷素比玉，䛒光比珠，高閑比金，貫休比玻璃，亞栖比水晶。

黄滔《東林寺貫休上人篆隸題詩》。

齊己《聞貫休下世》《送休師歸長沙寧覲》。

齊己《寄貫休》。

齊己《荆州貫休大師舊房》。

齊己《荆門寄題禪月大師影堂》。

修睦《寄貫休上人》。

吴融《禪月集序》：夫詩之作者，善善則咏頌之，惡惡則風刺之。苟不能本此二者，韻雖甚切，猶土木偶，不生於氣血，何所尚哉。自風雅之道息，爲五言、七言詩者，皆率拘以句度屬對焉。既有所拘，則演情叙事不盡矣。且歌與詩，其道一也。然詩之所拘悉無之，足得於意，則非常語，語非常意，意又盡，則爲善矣。國朝爲能歌詩者不少，獨李太白爲稱首，蓋氣骨高舉，不失頌咏風刺之道。厥後白樂天爲諷諫五十篇，亦一時之奇逸極言。昔張爲作詩圖五層，以白氏爲廣大教化主，不錯矣。至於李長吉以降，皆以刻削峭拔，飛動文彩爲第一流，而下筆不在洞房蛾眉、神仙鬼怪之間，則擲之不顧。邇來相效學者，靡漫侵淫，困不知變，嗚呼，亦風俗使然。君子萌一心，發一言，亦當有益於事，矧極思屬詞，得不動關於教化。沙門貫休，本江南人，幼得苦空理，落髮於東陽金華山。機神穎秀，止於荆門龍興寺。余謫官南行，因造其室，每談論，未嘗不了於理性。自是而往，日入忘歸，邈然浩然，使我不知放逐之感。此外商榷二雅，酬唱循環，越三日不得往來，恨疏矣。爲此者凡期有半，上人之作，多以理勝，復能創新意，其語往往得景物於混茫之際，然其旨歸，必合於道。太白、樂天既殁，可嗣其美者，非上人而誰。丙辰歲（八九六），余蒙恩詔歸，與上人别，袖出歌詩草本一，曰《西嶽集》，以爲盡矣。竊慮將來作者，或未深知，故題於卷之首。時己未歲（八九九），嘉平月之三日。

贊寧《高僧傳》:《梁成都府東禪院貫休傳》：釋貫休字德隱，俗姓姜氏，金華蘭溪登高人也。七歲，父母雅愛之，投本縣和安寺圓貞禪師出家爲童侍。日誦《法華經》一千字，耳所暫聞，不忘於心。與處默同削染，鄰院而居，每隔籬論詩，互吟尋偶對，僧友見之，皆驚異焉。受具之後，詩名聳動於時。乃往豫章傳《法華經》《起信論》，皆精奥義，講訓且勤。本郡太守王慥，彌相篤重。次太守蔣瓌開洗懺壇，命休爲監壇焉。乾寧初，齋志謁吴越武肅王錢氏，因獻詩五章，章八句。甚愜旨，遺贈亦豐。王立，去僞功，朝廷旌爲功臣。乃别樹堂立碑記，同列平越將校姓名，遂刊休詩於碑陰，見重如此。休善小筆，得六法，長於水墨，形似之狀可睹。受衆安橋强氏藥肆請，出羅漢一堂。云：每畫一尊，必祈夢得應真貌，方成之，與常體不同。自此游黟歙，與唐安寺蘭闍梨道合。後思登南岳，北謁荆帥成汭，初甚禮焉，於龍興寺安置。時内翰吴融謫官相遇，往來論道論詩。融爲休作集序，則乾寧三年也。

尋被誣譖於荆帥，黜休於功安。鬱悒中題硯子曰：“入匣始身安。”弟子勸師入蜀，時王氏將圖僭僞，邀四方賢士，得休甚喜。盛被禮遇，賜賚隆洽，署號禪月大師。蜀主常呼爲得得來和尚，時韋藹舉其美號。所長考歌吟，諷刺微隱，存於教化，體調不下二李、白、賀也。至梁乾化二年終於所居，春秋八十一。蜀主慘怛，一皆官葬，塔號白蓮，於成都北門外，升遷爲浮圖。乃僞蜀乾德中，即梁乾化之年癸酉歲也。休能草聖，出弟子墨域。癸酉年集詩文集，首安吴内翰序，域爲後序。韋莊嘗贈詩曰：“豈是爲窮常見隔，衹應嫌酒不相過。”又廣成先生杜光庭相善，比鄉人也。休書迹，好事者傳，號曰姜體是也。嘗睹休真相，肥而挫，蜀宰相王鍇作贊。曇域戒學精微，篆文雄健，重集許慎《説文》，見行於蜀。有詩集，亞師之體也。

《唐才子傳》：休字德隱，婺州蘭溪人。俗姓姜氏，風雅之外，尤精筆札。荆州成中令問以書法，休勃然曰：“此事須登壇可授，安得草草而言。”中令銜之，乃遞入黔中。自爲《病鶴》詩以見志，云：“見説氣清邪不入，不知爾病自何來。”初，昭宗以武肅錢璆平董昌功，拜鎮東軍節度使，自稱吴越王。休時居靈隱，往投詩賀，中聯云：“滿堂花醉三千客，一劍霜寒十四州。”武肅大喜。然僭侈之心始張，遣諭令改爲四十州，乃可相見。休性躁急，答曰：“州亦難添，詩亦難改。余孤雲野鶴，何天不可飛。”即日裹衣鉢，拂袖而去。至蜀，以詩投孟知祥云：“一瓶一鉢垂垂老，萬水千山特特來。”知祥久慕，至是非常尊禮之。及王建僭位，一日游龍華寺，召休坐，令口誦近詩。時諸王貴戚皆侍，休意在箴戒，自讀《公子行》曰：“錦衣鮮華手擎鶻，閑行氣貌多陵忽。稼穡艱難總不知，五帝三皇是何物？”建小忍，然敬事不少怠也，賜號禪月大師。後順寂，敕塔葬丈人山青城峰下。有集三十卷，今傳。休一條直氣，海内無雙。意度高疏，學問叢脞。天賦敏速之才，筆吐猛鋭之氣。樂府古律，當時所宗。雖尚崛奇，每得神助，餘人走下風者多矣。昔謂龍象蹴踏，非驢所堪，果僧中之一豪也。後少其比者，前以方支道林，不過矣。

《郡閣雅談》：沙門貫休，鍾陵人，精於筆札。荆州成中令問其筆札法，休曰："此事須登壇而授，安可草草而言。"成令銜之，乃遞於黔中。因爲《病鶴》詩見意，曰："見説氣清邪不入，不知爾病自何來。"

《夢溪筆談》：西域書：阿羅漢諾矩羅，居震旦東南大海際雁蕩山芙蓉峰龍湫。僧貫休爲《諾矩羅贊》有"雁蕩經行雲漠漠，龍湫宴坐雨濛濛"之句。此山南有芙蓉峰，下芙蓉驛前瞰大海，山頂有大池，相傳以爲雁蕩。下有二潭，以爲龍湫。又有經行峽，宴坐峰，皆以貫休詩名之。

《宣和書譜》：釋貫休字德隱，姜姓，蘭溪人。七歲出家，日誦書過千字，不復遺忘。工爲歌詩，多警句，膾炙人口。以至丹青之屬，皆怪古不媚，草書尤奇崛。天復中入蜀，賜號禪月，有歌詩千餘首，號《禪月集》，今御府所藏，有《夢游山》詩。

《西溪叢話》：貫休云"新蟬避栗皺"，又"栗不和皺落"，即栗蓬也。

《古今詩話》：唐昭宗以錢武肅平董昌功，拜鎮東軍節度使，自稱吴越國王：貫休投詩曰："貴逼身心不自由，幾年勤苦蹈林丘。滿堂花醉三千客，一劍霜寒十四州。萊子衣裳宫錦窄，謝公篇咏綺霞羞。他年名上凌烟閣，豈羡當時萬户侯。"武肅愛其詩，遣諭令改爲四十州，乃可相見。答曰："州亦難添，詩亦難改，閑雲孤鶴，何天不可飛。"遂入蜀，以詩授孟知祥云："一瓶一鉢垂垂老，萬水千山得得來。"

《冷齋夜話》：余在臨川景德寺，與謝無逸輩升閣，得禪月所畫十八應真象，甚奇，而失第五軸。予口占嘲之曰："十八應聞解唾根，少叢羅漢亂山門。不知何處進齋去，不見雲堂第五尊。"明日有女子來拜叙曰："兒南營兵妻也，寡而食素，夜夢一僧來言曰：'我北景德僧，因行失隊，煩相引歸寺，可乎？'既覺，而鄰家邀飯，入其門，見壁間有畫異僧形象，了然夢中所見也。"時朱世英守臨川，異之，使迎還，閣藏之。

《山谷題跋》：遠法師居廬山下，持律清苦，過中，不受蜜湯，而作詩换酒飲。陶彭澤送客，無貴賤不過虎溪，而與陸道士行，過虎溪數百步，大笑而别。故禪月作詩云："留陶淵明把酒碗，送陸静修别虎溪。胸次九流清似鏡，人間萬事醉如泥。"

杜荀鶴《贈休禪和》："祇道詩人無佛性，長將二雅入三乘。"案禪和蓋即上人，荀鶴又有《題覺禪和》《題江寺禪和》《和劉評事送海禪和歸山》諸詩可證。

周庠《寄禪月大師》：有時捻得休公卷，倚柱閑吟見落霞。

張格《寄禪月大師》：畫成羅漢驚三界，書似張顛值萬金。

王鍇《贈禪月大師》。

歐陽炯《貫休應夢羅漢畫歌》。

劉昭禹《送休公歸衡》。

《郡齋讀書志》十八：貫休《禪月集》三十卷。右唐僧貫休撰。字德隱，姓姜氏，婺州人。後入蜀，號禪月大師。初，吴融爲之序，其弟子曇域削去，别爲序引，僞蜀乾德中獻之。

于 濆

《唐才子傳》：濆字子漪，咸通二年裴延魯榜進士。患當時作詩者拘束聲律而入輕浮，故作《古風》三十篇，以矯弊俗，自號《逸詩》。今一卷，傳於世。觀唐詩至此間，弊亦極矣，獨奈何國運將弛，士氣日喪，文不能不如之。嘲雲戲月，刻翠粘紅，不見補於采風，無少裨於化育，徒務巧於一聯，或伐善於隻字，悦心快口，何異秋蟬亂鳴也。于濆、邵謁、劉駕、曹鄴等，能返棹下流，更唱瘖俗，置聲禄於度外，患大雅之凌遲，使耳厭鄭、衛，而忽洗雲和，心醉醇醴，而乍爽玄酒。所謂清清泠泠，愈病析酲。逃空虚者，聞人足音，不亦快哉。晋處士戴顒春日携斗酒，往樹下聽鸝黄曰"此俗耳針砭，詩腸鼓吹"者，豈徒然哉。於數子亦云。

李　　郢

盧延讓《哭李郢端公》。

方干《贈李郢端公》。

温庭筠《寒食節日寄楚望》二首。

《唐才子傳》八：郢，字楚望，大中十年崔鉶榜進士及第。初居餘杭，出有山水之興，入有琴書之娱，疏於馳競。歷爲藩鎮從事，後拜侍御史。郢工詩，理密辭閑，個個珠玉。其清麗極能，寫景狀懷，每使人竟日不能釋卷。與清塞、賈島最相善。時塞還俗，聞島尋卒，郢重來錢塘，俱絶音響，感而賦詩曰："却到城中事事傷，惠休還俗賈生亡。誰人收得章句篋，獨我重經苔蘚房。一命未沾爲逐客，萬緣初盡别空王。蕭蕭竹塢殘陽在，葉覆閑階雪擁墻。"其他警策率類此。有集一卷，今傳。

杜牧《湖南正初招李郢秀才》。

《唐百家詩選》：李郢字楚望，大中中進士及第，爲藩鎮從事，兼侍御史。

魚玄機《酬李郢夏日釣魚回見示》。

魚玄機《聞李端公垂釣回寄贈》。

《郡齋讀書志》：《李郢端公詩》一卷。右唐李郢，楚望也，大中十年進士。詩調清麗，居餘杭，疏於馳競，爲藩鎮從事兼侍御史。

崔道融?—九〇〇

《唐才子傳》九：道融，荆人也。自號東甌散人，與司空圖爲詩友。

出爲永嘉宰。工絶句，語意妙甚。如《銅雀妓》云："歌咽新翻曲，香銷舊賜衣。陵園風雨暗，不見六龍歸。"《春閨》云："寒食月明雨，落花香滿泥。佳人持錦字，無雁寄征西。"《寄人》云："澹澹長江水，悠悠遠客情。落花相與恨，到地一無聲。"《寒食夜》云："滿地梨花白，風吹碎月明。大家寒食夜，獨貯遠鄉情。"等尚衆。誰謂晚唐間忽有此作？使古人復生，亦不多讓，可謂出乎其萃，拔乎其類者矣。人悉推服其風情雅度，猶恨出處未能梗概之也。有《甲唐集》十卷，自序云："乾符乙卯夏，寓永嘉山齋，收拾草稿，得五百餘篇。"今存於世。（案乾符無乙卯，當作乾寧，即乾寧二年，八九五）

《十國春秋》：崔道融，荆州人。以徵辟爲永嘉令，累官右補闕。避地來閩依太祖，未幾病卒。道融素與黄滔善，其卒也，滔爲文祭之。有云："識通龜策，耀握靈珠，國風騷雅，王佐謀訏。袁安之涕泣泫然，劉氏之宗祧莫扶。"

司空圖《寄永嘉崔道融》。

《直齋書録解題》：《東浮集》九卷。唐荆南崔道融撰。自號東甌散人，乾寧乙卯永嘉山齋編成，蓋避地於此，今缺第十卷。《唐詩》三卷，崔道融撰。皆四言詩，述唐中興以前事實，事爲一篇，篇各有小序，凡六十九篇。

羅隱八三三—九〇九

《澗泉日記》：羅隱爲錢塘令，手植牡丹一本於庭前，王黄州有詩稱之。舊治在錢塘門裏三十步，今車馬門是也。

又：羅隱，新城人。唐光啓三年，吴越王表薦爲錢塘令，遷著作郎，辟掌書記。天祐三年，充判官。梁開平二年，授給事中，三年遷發運使。是年卒，葬於定山，金部郎中沈崧銘其墓。（原注：《白孔六帖》云："墓在撫州樂安縣羅家潭。"）[《武英殿聚珍版叢書》館臣案：《十國春秋》："隱，新城人也。"《吴越備史》作新登人，《全唐詩話》作餘杭人。蓋新城本三國吴置，後梁時吴越改新登，宋乃復爲新城也。稱餘杭者，唐（多案疑隋誤）大業中，改杭州爲餘杭郡，故新城亦屬餘杭。今《杭州府志》以隱爲餘杭縣人，誤矣。又《太平寰宇記》"定山突出浙江數百丈"，萬曆《杭州府志》"在錢塘縣南四十里"，則隱墓在越可知。且《詩話》謂隱年八十，終餘杭，是隱之生卒皆在故鄉，不應遠葬撫州。原注引《孔帖》謂隱墓在撫州樂安縣，亦誤矣。]

羅衮《贈羅隱》：平日時風好涕流，《讒書》雖盛一名休。寰區嘆屈瞻天問，夷陌聞詩過海求。向夕便思青瑣拜，近年尋伴赤松游。何當世祖從人望，早以公台命卓侯。

《詩鏡總論》：羅隱"秋深霧露侵燈下，夜静魚龍逼岸行"。此言當與沈佺期、王摩詰折證。

劉贊《贈羅隱》。

《升庵詩話》：江淹《别賦》："春草碧色，春水緑波，送軍南浦，傷如之何。"取諸目前，不雕琢而自工，可謂天然之句。他如梁元帝"秋水文波，秋雲似羅"。唐羅昭諫《蟋蟀賦》"美人在何，夜影流波，與子佇立，徘徊思多"。抑其次也。

《廣記》二五二引《抒情詩》：唐羅隱與周繇交深，謂隱曰："閣下有女障子詩，極好，乃爲絶唱。"隱不喻何爲也。曰："若教解語應傾國，任是無情也動人。"是隱《題花》詩，隱拊掌大笑。

《摭言》：唐裴筠婚蕭遘女，問名未幾，便擢進士第，羅隱以一絶刺之。略曰："細看月輪還有意，信知青桂近姮娥。"

杜荀鶴《錢塘别羅隱》。

杜荀鶴《獻錢塘縣羅著作判官》。

徐夤《寄兩浙羅書記》。

黄滔《寄羅郎中隱》。

李頻《送羅著作兩浙按獄》：著作嘗宰蘇州吴縣。

齊己《寄錢塘羅給事》（同上三十）。

《唐才子傳》九：隱字昭諫，錢塘人也。少英敏，善屬文，詩筆尤俊拔，養浩然之氣。乾符初，舉進士，纍不第。廣明中，遇亂歸鄉里。時錢尚父鎮東南，節鉞崇重，隱欲依焉。進謁投素作，卷首《過夏口》云："一個禰衡容不得，思量黄祖謾英雄。"鏐得之大喜，遂以書辟，曰："仲宣遠托劉荆州，蓋因亂世；夫子樂爲魯司寇，祇爲故鄉。"隱曰："是不可去矣。"遂爲掌書記。性簡傲，高談闊論，滿座風生。好諧謔，感遇輒發。鏐愛其才，前後賜予無數，陪從不頃刻相背。表遷節度判官，鹽鐵發運使。未幾奏授著作郎。鏐初授鎮，命沈崧草表謝，盛言浙西富庶。隱曰："今浙西焚蕩之餘，朝臣方切賄賂，表奏，將鷹犬我矣。"鏐請隱更之。有云："天寒而麋鹿曾游，日暮而牛羊不下。"又爲賀昭宗改名表云："左則姬昌之半字，右爲虞舜之全文。"作者稱賞。轉司勛郎中。自號江東生。魏博節度羅紹威慕其名，推宗人之分，拜爲叔父。時亦老矣，嘗表薦之。隱恃才忽睨，衆頗憎忌。自以當得大用，而一第落落，傳食諸侯，因人成事，深怨唐室。詩文凡以譏刺爲主，雖荒祠木偶，莫能免者。且介僻寡和，不喜軍旅，獻酬俎豆間，綽綽有餘也。隱初貧，來赴舉，過鍾陵，見營妓雲英有才思，後一紀，下第過之，英曰："羅秀才尚未脱白。"隱贈詩云："鍾陵醉别十餘春，重見雲英掌上身。我未成名英未嫁，可能俱是不如人。"與顧雲同謁淮南高駢，駢不禮。駢後爲畢將軍所殺。隱有延和閣之譏。又以詩投相國鄭畋，畋有女殊麗，喜詩咏，讀隱作，至"張華謾出如舟語，不及劉侯一紙書"，由是切慕之，精爽飛越，莫知所從。隱忽來謁，女從簾後窺見迂寢之狀，不復念矣。隱精法書，喜筆工萇鳳，謂曰："筆，文章貨也。今助子取高價。"即以雁頭箋百幅爲贈，士大夫踵門問價，一致千金，率多藉重如此。所著《讒書》《讒本》《淮海寓言》《湘南應用集》《甲乙集》《外集》《啓事》等，并行於世。《易》戒毋以小喜爲無益而弗爲，小惡爲無傷而弗去也。羅隱以褊急性能，動必嘲訕，率成謾作，頃刻相傳。以其事業非不五鼎也，學術非不經史也，夫何齊東野人，猥巷小子，語及譏誚，必以隱爲稱首。凋喪浮才，揄揚穢德，白日能蔽於浮翳，美玉曾玷於青蠅，雖亦未必盡然，是皆闕慎微之豫。阮嗣宗臧否不挂口，欲免其身。爲滑稽玩世東方朔之流，又不相類也。

《後村詩話》：唐人尤重進士，其末也，如李振勸朱温一日殺司空裴贄等百餘人於白馬驛，蘇楷駁昭宗謚李山甫教樂從訓害王鐸一家三百口，皆不得志於場屋者爲之。乃至巢寇亦進士也，科目之弊如此！當時唯羅隱有詩名，屢擯於名場，然逢世亂離，依錢氏以庇身，未嘗失節。五言云："四海霍光第，六龍張奉營。"此必是諸鎮皆封王，賜功臣號，及岐汴劫質天子之時。又云："陪臣無以報，西望不勝情。"又聞幸蜀七言云："静憐貴族謀身易，危惜文星創業難。"猶有惓惓本朝之意，可嘉也。

《吴越備史》：初節度判官羅隱勸王舉兵討梁，曰："即無成功，猶可退保杭越，自爲東帝，奈何交臂事賊，爲終古羞乎！"王以隱不遇於唐，必有怨心，及聞其言，雖不能用，心甚義之。隱字昭諫，新登縣人。凡十上不中第，遂更名，始謁武肅王，不見用。以所爲《夏口》詩，標於卷首，云："一個禰衡容不得，思量黄祖謾英雄。"王覽之，大笑。因加殊遇，復命簡書辟之，曰："仲宣遠托劉荆州，都緣亂世；夫子辟爲魯司寇，衹爲故鄉。"王初授鎮海節度，命沈崧草謝表，盛言浙西繁富，以示隱。隱曰："今浙西兵火之餘，日不暇給，朝廷執政，方切賄賂，此表入奏，豈無意要求耶？"乃請更之，略曰："天寒而麋鹿常游，日暮而牛羊不下。"朝廷見之，曰："此羅隱之詞也。"及爲賀昭宗更名表曰："左則虞舜之全名，右則姬昌之半字。"當時京師，稱爲第一。隱寢疾，王親臨撫問。題其壁云："黄河信有澄清日，後世應雖戀此才。"隱起，續末句曰："門外旌旗屯虎豹，壁間章句動風雷。"以紅紗覆其上，其後果無文嗣。（案羅塞翁善畫羊、猿，爲吴中從事，即隱之子。）所著《江南甲乙集》《淮海寓言》及《讒書》《後集》，并行於世。初新登鼍江，常有一氣，亘于江上，晝夜不滅。及隱洎丞相杜建徽生而二氣不復見，識者以爲文武秀氣焉。

《古今詩話》：羅隱與桐廬章魯風齊名。錢武肅崛起，以魯風善書札，召爲表奏孔目官，魯風不就，執之。後以羅隱爲錢塘令，因宴賦詩一個禰衡云云，自是始厚之。

《蔡寬夫詩話》：潤州甘露寺有塊石……相傳孫權嘗據其上，與昭烈論曹公。壁間舊有羅隱詩板云："紫髯桑蓋兩沉吟，很石空存事莫尋。漢鼎未分聊把手，楚醪雖美肯同心。英雄已往時難問，苔蘚何知日漸深。還有市廛沽酒客，雀喧鳩聚話蹄涔。"時錢鏐、高駢、徐温鼎立三方，潤州介處其間，隱此詩比平時所作亦差婉而有味也。元符末寺經火，詩板不復存而石亦毁剥矣。苕溪漁隱曰：余讀五代舊史，隱，錢塘人，工詩尤長於咏史，唐宰相鄭畋深器之。鄭有女美而才，嘗得隱詩諷誦，至忘寢食。鄭憐其意，欲以妻隱，至私第具食，俾女於壁間窺之。女見隱貌極陋，遂焚其詩，不復肯誦焉，婚竟不成。隱纍舉進士不第，錢尚父鏐辟爲從事，官至給事中。

《藝苑雌黄》：《江東集》有《泪》詩曰："自從魯國潸然後，不是奸人即婦人。"常疑其所出。觀《孔叢子》，言子高游趙平原，客有鄒文、李節者，與子高相友善。臨别，文節流涕交頤，子高徒抗手而已。其徒疑之，子高曰："始吾謂二子丈夫，今乃知其婦人也。"曰："二子之泣非耶？"曰："二子良人也，有不忍之心，其於敢斷，必不足矣。"曰："凡泣者一無取乎？"子高曰："有二焉，大奸之人，以泣自信，婦人懦夫，以泣著愛。"始解其説。唐人記后土夫人事，以譏武后耳。高駢六年，惑於神仙之説，吕用之、諸葛殷等，皆言能投使鬼神，駢酷信之。用之等援引朋黨，恣爲不法。嘗云：后土夫人靈仇，遣使就某借兵馬，并李筌所撰《太白陰經》。駢遽下兩縣，率百姓以葦席千領，畫甲馬之狀，令用之於廟庭焚之。又以五彩箋，寫《太白陰經》十通，置於神座之側。又於夫人帳中，塑緑衣少年，謂之韋郎。故羅隱詩云："韋郎年少知何在，端坐思量太白經。"

《詩話總龜》：顧雲依淮南高駢，隱譏之。夏，飲於海風亭，雲曰："青蠅被扇扇離席。"隱遽曰："白澤遭釘釘在門。"隱在浙幕，沈崧得新榜示隱，隱題其末曰："黄土原邊狡兔肥，矢如流電馬如飛。灞陵老將無功業，猶憶當時夜獵歸。”又昭宗欲以甲科處隱，有大臣舉隱《華清宮》詩云：“也知道德勝堯舜，争奈楊妃解笑何。”其事遂寢。

《摭言》：羅隱，梁開平中，纍徵夕郎，不起。羅衮以詩寄之，曰：“平日時風好涕流，《讒書》雖勝一名休。寰區嘆屈瞻《天問》，夷貊聞詩過海求。向夕便思青瑣拜，近年尋伴赤松游。何嘗世祖從人望，早以公台命卓侯。”隱答曰：“崑崙水色九般流，飲即神仙憩即休。敢恨守株曾失意，始知緣木更難求。鴒原謾欲均餘力，鶴髮那堪問舊游。遥望北辰當上國，羡君歸棹五諸侯。”

《摭言》：羅隱《謝裴廷翰詩卷》云：“澤國佳人，唯妝半面，謍邛辯士，或獻空籠。”

姚合《使兩浙贈羅隱》。案非合詩，時代不相及。

歸仁《悼羅隱》。

貫休《懷錢塘羅隱章魯封》。

《古今姓氏書辯證》十二：杭州錢塘羅氏，給事中羅隱，爲錢氏幕客，有詩名，號《江東集》。

《舊五代史本傳》：羅隱，餘杭人。詩名於天下，尤長於咏史。然多所譏諷，以故不中第。大爲唐宰相鄭畋、李蔚所知，隱雖負文稱，然貌古而陋。畋女幼有文性，嘗覽隱詩卷，諷誦不已。畋疑其女有慕才之意，一日隱至第，俾女垂簾而窺之，自是絶不咏其詩。唐廣明中，因亂歸鄉里，節度使錢鏐辟爲從事。開平初，太祖以右諫議大夫徵，不至。魏博節度使羅紹威密表推薦，乃授給事中。年八十餘，終於錢塘。有文集數卷，行於世。

《郡齋讀書志》：羅隱《甲乙集》十卷，《讒書》五卷。右杭越羅隱字昭諫，餘杭人。唐乾符中，舉進士不第，從事諸鎮，皆無合。久之而歸錢鏐，辟掌書記，歷節度判官、副使，奏授司勛郎中。梁祖以諫議大夫召，不行。魏博羅紹威推爲叔父，表薦給事中，卒。隱少聰敏，作詩著文，以譏刺爲主，自號江東生，其集皆自爲序。

又：《吴越掌記集》一卷。右唐羅隱也，與其族人虬、鄴齊名。後歸吴越，掌錢鏐記室。集中其所著表啓也。

皮日休

《蛾術編》：《新唐書·黄巢傳》：巢以皮日休爲翰林學士，而《舊唐書》巢傳無文。《通鑒》廣明元年十二月，黄巢入宫，即皇帝位於含元殿，號大齊，改元金統，以太常博士皮日休爲翰林學士。胡三省注引陸游《老學庵筆記》，辨其非是。考游《老學庵筆記》云：《該聞録》言皮日休陷黄巢爲翰林學士，巢敗被誅。今《唐書》取其事。案尹紅魯作《大理寺丞皮子良墓志》，稱曾祖日休云云，祖光業云云。據此則日休未嘗陷賊，爲其翰林學士被誅也。光業見《吴越備史》頗詳，孫在仁廟仕通顯。乃知小説語妄，無所不有。師魯文章傳世，且剛直有守，非欺後世。可信不疑也。故予表而出之，爲襲美雪謗泉下。予家藏鈔本《河南尹先生文集》，載《故宣德郎守大理寺丞累贈司封員外郎皮公墓志銘》云“公諱子良。其先襄陽人，曾祖日休，避廣明之難，徙籍會稽，及錢氏王其地，遂依之。官太常博士，贈禮部尚書。祖光業，佐吴越國，爲其丞相。父璨，元帥府判官，歸朝，歷鴻臚少卿。公幼能屬詞，淳化中以家集上獻。初尚書以文章取重於咸通乾符之興，降及丞相、鴻臚，皆以文雄江東，三世俱有編集，總百餘卷，至是悉以奏御”云云。觀此，則師魯文誠可信。《通鑒》取之《新唐書》，《新唐書》取之《該聞録》，小説之爲害如此。（迮鶴壽曰：案皮日休，字襲美，襄陽人，隱居鹿門山。咸通中第進士，爲著作郎。嘗流寓京中，與陸龜蒙友善，有《松陵唱和集》。或云乾符之亂，出關，爲黄巢所害。其子光業辨巢賊時，父依吴越王，無遇害事。《該聞録》謂巢以襲美爲翰林學士，誣妄甚矣。觀其自號間氣布衣，豈肯事賊者邪？）

《三水小牘》：東都留守劉允章，文學之宗，氣頗高介，後進尋常之士，罕有敢及門者。咸通中，自禮部侍郎授鄂州觀察使。明年，皮日休登第，將歸覲於蘇臺，路由江夏，因投刺焉。劉待之甚厚，至於饔餼有加等。留連累日，仍致宴於黄鶴樓以命之。監軍使與參佐悉集後，日休方赴召，已酒酣矣。既登樓，劉以其末至，復乘酒應命，心薄之。及酒數行，而日休吐論紛擾，頓亡禮敬。劉作色謂曰："吴兒勿恃蕞爾之才，且可主席。"日休答曰："大夫豈南岳諸劉乎？何倨貴如是！"劉大怒，戟手遥指而詬曰："皮日休知鸚鵡洲是彌衡死處否？"日休不敢答，但嵬峨如醉。掌客者扶出。翌日，微服而遁於浙左。（《太平廣記》二六五引）

吴融《高侍御話及皮博士池中白蓮因成一章寄博士兼奉呈》。

吴融《和皮博士赴上京觀中修靈齋贈威儀尊師兼見寄》。

《援鶉堂筆記》：《老學庵筆記》云："《該聞録》言皮日休陷黄巢，爲翰林學士，巢敗被誅。今唐書取其事。案尹師魯作《皮子良墓志》，稱曾祖日休避廣明之亂，徙籍會稽，依錢氏，官太常博士，贈禮部尚書。則日休未嘗爲賊翰林學士被誅也。"范案《舊書·僖宗紀》，賊以太常博士皮日休、沈雲翔爲學士，非始於《該聞録》也。且《新書》亦不云巢敗，日休被誅。意日休既仕巢，既避入吴越，未可知耳。

《四庫全書總目提要·集部·總集類》一：《松陵集》十卷（編修汪如藻家藏本）：唐皮日休、陸龜蒙等倡和之詩。考卷端日休之序，則編而成集者龜蒙，題集名者日休也。龜蒙有《耒耜經》，日休有《文藪》，皆已著録。依韻倡和，始於北魏王肅夫婦。至唐代，盛於元白，而極於皮陸。蓋其時崔璞以諫議大夫爲蘇州刺史，辟日休爲從事，而陸龜蒙適以所業謁璞，因得與日休相贈答。同時進士顔萱、前廣文博士張賁、進士鄭璧、司馬都浙東觀察推官李縠、前進士崔璐及處士魏朴、羊昭業等，亦相隨有作。哀爲此集，序稱其詩六百八十五首。今考集中日休、龜蒙各得往體詩九十三首，今體詩一百九十三首，雜體詩三十八首，又聯句及問答十有八首。外顔萱得詩三首，張賁得詩十四首，鄭璧得詩四首，司馬都得詩二首，李縠得詩三首，崔璐、魏朴、羊昭業各得詩一首，崔璞亦得詩二首。其他如清遠道士、顔真卿、李德裕、幽獨君等五首，皆以追録舊作，不在數内，尚得詩六百九十八首。與序中所列之數不符，豈序以傳寫誤歟？明弘治壬戌，吴江知縣濟南劉濟民以舊本重刊，都穆爲之跋尾。歲久漫漶，毛晋又得宋刊本重校刻之。今所行者皆毛本。唐人倡和裒爲集者凡三。斷金集久佚，王士禎記湖廣莫進士有《漢上題襟集》，求之不獲，今亦未見傳本。其存者惟此一集，録而存之，尚可想見一時文雅之盛也。

《古歡堂雜著》：松陵一派，西山爽氣，碧水澄波。"白雲翁欲歸，遠樹忽削半。"詩境似之。

《野鴻詩的》：皮陸如吃蒙汗藥，普騰而作囈語。

《唐才子傳》八：日休字襲美，一字逸少，襄陽人也。隱居鹿門山，性嗜酒，癖詩，號醉吟先生，又自稱醉士。且傲誕，又號間氣布衣，言己天地之間氣也。以文章自負，尤善箴銘。咸通八年，禮部侍郎鄭愚下及第，爲著作郎，遷太常博士。時值末年，虎狼放縱，百姓手足無措，上下所行，皆大亂之道，遂作《鹿門隱書》六十篇，多譏切謬政，有云："毁人者自毁之，譽人者自譽之。"又曰："不思而立言，不知而定交，吾其憚也。"又曰："古之殺人也怒，今之殺人也笑。"又曰"古之置吏也將以逐盜，今之置吏也將以爲盜"等，皆有所指云爾。日休性冲泊無營，臨難不懼，乾符喪亂，東出關，爲毘陵副使，陷巢賊中。巢惜其才，授以翰林學士。日休惶怒踢蹴，欲死未能。刼令作讖文以惑衆，曰："欲知聖人姓，田八二十一。欲知聖人名，果頭三屈律。"賊疑其裹恨必譏己，遂殺之。臨刑，神色自若，無知不知，皆痛惋也。日休在鄉里，與陸龜蒙交擬金蘭，日相贈和。自集所爲文十卷，名《文藪》，及詩集一卷，《滑臺集》七卷，又著《皮氏鹿門家鈔》九十卷，并傳。夫次韻唱酬，其法不古，元和以前，未之見也。暨令狐楚、薛能、元稹、白樂天集中，稍稍開端。以意相和之法，漸廢間作。日休、龜蒙，則飈流頓盛，猶空谷有聲，隨響即答。韓偓、吴融以後，守之愈篤，汗漫而無禁也。於是天下翕然，順下風而趍，至數十反而不已，莫知非焉。夫才情斂之不盈握，散之彌八紘，遣意於時間，寄興於物表，或上下出入，縱横流散，游刃所及，熟非我有，本無拘縛沾滯之忌也。今則限以韻聲，莫違次第，得佳韻則杳不相干，齟齬難入，有當事，則韻不能强，進退雙違。必至窘束長才，牽接非類，求無瑕片玉，千不遇焉，詩家之大弊也。更以言巧稱工，誇多鬥麗，足見其少雍容之度。然前修有恨其迷途既遠，無法以救之矣。

《唐百家詩選》：皮日休字襲美，咸通八年登進士第。

張賁《酬襲美先見寄倒來韻》。

張賁《奉和襲美醉中即席見贈次韻》。

張賁《奉和襲美題褚家林亭》。

張賁《奉和襲美傷開元觀顧道士》。

張賁《奉和襲美先輩悼鶴》。

張賁《和襲美寒夜見訪》。

張賁《和襲美醉中先起次韻》。

張賁《和皮陸酒病偶作》(同上)。

張賁《以青飿飯分送襲美魯望因成一絶》(同上)。

張賁《悼鶴和襲美》。

崔璐《覽皮先輩盛製因作十韻以寄用伸欵仰》。

李縠《浙東罷府西歸酬别張廣文皮先輩陸秀才》。

李縠《和皮日休悼鶴》。

李縠《醉中襲美先月中歸》。

崔璞《奉酬皮先輩霜菊見贈》。

魏樸《和皮日休悼鶴》。

華昭業《皮襲美見留小宴次韻》。

鄭璧《和襲美傷顧道士》。

鄭璧《和襲美索友人酒》。

《古今姓氏書辯證》：唐末有襄陽皮日休，蘇州刺史，生光業。

《郡齋讀書志》：皮日休《文藪》十卷。右唐皮日休字襲美，一字逸少，襄陽人。隱鹿門山，自號醉吟先生。以文章自負，尤善箴銘。咸通八年，登進士第，爲著作佐郎，太常博士。乾符之亂，東出關，爲毘陵副使，陷巢賊中。賊遣爲讖文，疑其譏己，遂害之。集乃咸通丙戌年，居州里所編，自序云："發篋次類，文稿繁如藪澤，因以名之。"凡二百篇。

《北夢瑣言》：咸通中，進士皮日休進書兩通。其一，請以孟子爲學科，其略云：臣聞聖人之道，不過乎經，經之降者不過乎史，史之降者不過乎子，子不異道者，孟子也。捨是而諸子者，必斥乎經史，爲聖人之賊也，云云。文多不載。請廢莊列之書，以孟子爲主，有能通其義者，其科選請用明經也。其二，請以韓文公愈配饗太學，其略云：臣聞聖人之道，不過乎求用，用於生前，則一時可知也，用於死後，則萬世可知也，云云。又云：孟子、荀卿翼輔孔道，以至於文中子，文中子之道曠矣。其幾於室授者，唯韓愈焉。蹴及楊墨，踩踐釋老，故得孔道，炳然如日星焉。吾唐以來，一人而已。苟不得在二十一賢之數列，則典禮未爲備也。日休先字逸少，後字襲美，襄陽竟陵人也。業文，隱鹿門山，號醉吟先生。竊比大聖。榜未及第，禮侍郎鄭愚，以其貌不揚，戲之曰："子之才學甚富，如一目何？"休對曰："侍郎不可以一目廢二目。"謂不以人廢言也。舉子咸推伏之。官至國子博士（當作太常博士），寓蘇州與陸龜蒙爲友，著《文藪》十卷，《皮子》三卷，人多傳之。黄寇中遇害，其子爲錢尚父吴越相。

本集《題同官縣壁》："余行邑過此，偶無令長，遂寄榻縣宇，步履後圃，荒蕪不治，獨有四小柏，鬱然於草莽間，與菅茅并處，良可嘆者，後之來者，當有瘦馬長官，定能爲四柏主人，幸無忽此語也。中和三年三月望日日休書。"

李　洞

《齊東野語》：唐李洞字子江，苦吟有聲，慕賈浪仙之詩，遂鑄其像事之，誦賈島佛不絶口，時以爲異。五代孫晟，初名鳳，好學，尤長於詩，嘗畫賈島像，置屋壁，晨夕事之，人以爲妖。

齊己《寄李洞秀才》。

《唐才子傳》：洞字才江，雍州人，諸王之孫也。家貧，吟極苦，至廢寢食。酷慕賈長江，遂銅寫島像，戴之巾中。常持數珠念賈島佛，一日千遍。人有喜島者，洞必手録島詩贈之，叮嚀再四曰："此無異佛經，歸焚香拜之。"其仰慕一何如此之切也！然洞詩逼真於島，新奇或過之。時人多誚僻澀，不貴其卓峭，唯吴融賞異。融以大才，八面受敵，新律著稱游刃，頗攻騷雅。嘗以百篇示洞，洞曰："大兄所示中一聯：'暖漾魚遺子，晴游鹿引麛。'絶妙也。"融不怨所鄙，而善其許。洞詩大略如《終南山》云："殘陽高照蜀，敗葉遠浮涇。斸竹烟嵐凍，偷湫雨雹腥。""遠平丹鳳闕，冷射五侯廳。"《贈司空圖》云："馬飢餐落葉，鶴病曬殘陽。"又曰："卷箔清溪月，敲松紫閣書。"《送僧》云："越講迎騎象，蕃齋懺射雕。"《歸日本》云："島嶼分諸國，星河共一天。"《夜》云："藥杵聲中搗殘夢，茶鐺影裏煮孤燈。"皆偉拔時流者。昭宗時凡三上不第。裴公第二榜簾前獻詩云："公道此時如不得，昭陵慟哭一生休。"果失意，流落往來，寓蜀而卒。初，島任長江，乃東蜀，家在其處。鄭谷哭洞詩云："得近長江死，想君勝在生。"言死生不相遠也。洞嘗集島警句五十聯及唐人警句五十聯爲《詩句圖》，自爲之序，及所爲詩一卷，并傳。

韋莊《送李秀才歸荆溪》：八月中秋月正圓，送君吟上木蘭船。人言格調勝玄度，我愛篇章敵浪仙。晚渡去時衝細雨，夜灘何處宿寒烟。楚王宫去陽臺近，莫倚風流滯少年。

《郡齋讀書志》：《李洞詩》一卷。右唐李洞字才江，諸王之孫。慕賈島爲詩，銅鑄爲像，事之如神。時人多誚其僻澀，不貴其奇峭，唯吴融稱之。昭宗時不第，避蜀卒。

處　默

裴説《哭處默上人》。

羅隱《寄處默師》。

羅隱《北固亭東望寄默師》。

羅隱《錢塘遇默師憶潤州舊游》。

曇域《禪月集序》：先師名貫休……少小之時，便歸覺路於安和寺……先師與鄰院童子法號處默偕年十餘歲，同時發心念經，每於精修之暇，更相唱和……年齒漸高，屬天下喪亂，處默和尚謂師曰："吾師抱不羈之才，懷自然之道，時不與我，慎無傷智。"復謂先師曰："分袂無血泪，望處空闌干。"（《全唐文》）

周　朴

《捫虱新語》下一：見杜荀鶴。

《唐才子傳》：朴字見素，長樂人，嵩山隱君也。工爲詩，抒思尤艱，每有所得，必極雕琢，時詩家稱爲月煅季煉，未及成篇，已播人口，取重當時如此。貫休尤與往還，深爲憐才，而朴本無奪名競利之心，特以道尊德貴，美價益超耳。乾符中，爲巢賊所得，以不屈，竟及於禍，遠近聞之，莫不流涕。林嵩得其詩百餘篇，爲二卷，僧栖浩序首，今傳於世。

貫休《懷張爲周朴》。

貫休《途中懷周朴》。

貫休《懷周朴張爲》。

司空圖八三七—?

盧携《題司空圖壁》：姓氏司空貴，官班御史卑。老夫如且在，不用嘆屯奇。

《瓶水齋詩話》：先祖（案名大成）論詩有云："司空表聖七絶，猶七律之有玉溪也。幽深怨咽，不名狀，而同歸風雅，三閭變態，乃至此乎！"又云："表聖全祖樂天。"又云："香山之清變。"余案表聖《修史亭》詩曰："烏紗巾上是青天，檢束酬知四十年。誰信平生臂鷹手，挑燈自送佛前錢。"所謂三閭變態是已。大抵詩家晚節矯然者，其詩必傳，傳者多佳，如晋陶潜，及金之元好問，元之楊維楨皆是。（案大成，康熙壬辰進士，官檢討，有《試墨齋詩集》，見《光緒順天府志》。）

劉承幹《跋司空表聖文集》：《司空表聖文集》，唐司空圖撰。表聖，河中雲鄉人。咸通末擢進士第，官至户部侍郎。見亂世不出，歸隱中條，唐亡，不食卒。事迹見《唐書·卓行傳》《舊唐書·文苑傳》。表聖清風亮節，舉世共欽。《五代史闕文》引《梁史》，稱其謀宰相未得，發憤歸山，柳璨推詔，復加醜詆，殊不類表聖爲人，則《梁史》之誣也。《文集》十卷。陳振孫《書録題解》云："蜀本前後八卷，俱題雜著，五六兩卷，獨題碑字。案卷七雜著中，又有《復安南碑》，不應此兩卷獨題曰碑，當由後人誤改。"則與陳所見之本無異也。每卷首行，題《司空表聖文集》卷幾，下題《一鳴集》，與瞿氏書目載《宋刻杜荀鶴文集》，下題《唐風集》同，知其原出於宋。此本爲曹氏書倉影寫明成化本，前有"乃昭"朱文、"王氏家藏"白文兩印，"南昌彭氏""知聖道齋藏"朱文兩印。後有"白隄錢聽默經眼"朱文小印。案曹名學經，字能始，侯官人，萬曆乙未進士，官至禮部尚書，殉國難。王乃昭，常熟人，與錢牧齋同時。錢聽默，名時霽，號景開，苕佑中最有名。共捺經眼印者，書必佳。知聖道齋爲彭文勤公舊藏，詩集《唐音統籤》分五卷，《席刻百家詩》作三卷，今從席本，以《統籤》校之。附録《新舊書》兩傳，《五代史》王禹偁辨《五代史闕文》一則，詩話一則，逸句一則，藉以考其事實云。甲寅人日，吴興劉承幹跋。

李洞《上司空員外》(《全唐詩》二十七）：禪心高卧似疏慵，詩客經過不厭重。藤杖幾携量磧雪，玉鞭曾把數嵩峰。夜眠古巷當城月，秋直清曹入省鐘。禹鑿故山歸未得，河聲暗（一作聒）老兩三松。

《升庵詩話》：（司空圖《馮燕歌》)《麗情集》作沈亞之。歌中亦云“爲盛詞人”云云，下賢，亞之字也。

徐夤《寄華山司空侍郎》。

徐夤《聞司空侍郎訃音》。

徐夤《寄華山司空侍郎（一作表聖）》二首（《全唐詩》二十六）。

齊已《寄華山司空圖》。

齊已《寄監利司空學士》。

齊已《送司空學士赴京》。

尚顔《寄華陰司空侍郎》。

虚中《寄華山司空圖》二首。

《唐才子傳》八：圖字表聖，河中人也。父輿，大中時爲商州刺史。圖咸通十年歸仁紹榜進士。主司王凝初典絳州，圖時方應舉，自別墅到郡上謁，去，閽吏遽申司空秀才出郭門。後入郭訪親知，即不造郡齋，公謂其尊敬，愈重之。及知貢，圖第四人捷。同年鄙薄者謗曰：“此司空圖得一名也。”公頗聞，因宴全榜，宣言曰：“凝叨忝文柄，今年榜帖，專爲司空先輩一人而已。”由是名益振。未幾，凝爲宣歙觀察使，辟置幕府，召拜殿中侍御史，不忍去凝府，臺劾，左遷光禄寺主簿。盧相携還朝，過陜虢，訪圖，深愛重，留詩曰：“氏族司空貴，官班御史雄。老夫如且在，未可嘆途窮。”就屬於觀察使盧渥曰：“司空御史，高士也。”渥遂奉爲僚佐。携執政，召拜禮部員外郎，尋遷郎中。丁黄巢亂，間關至河中，僖宗次鳳翔，知制誥、中書舍人。景福中，拜諫議大夫，不赴。昭宗在華州，召爲兵部侍郎，以足疾自乞聽還。圖家本中條山王官谷，有先人田廬，遂隱不出。作亭榭素室，悉畫唐興節士文人像。嘗曰：“某宦情蕭索，百事無能。量才，一宜休；揣分，二宜休；

耄而聵，三宜休。”遂名其亭曰“三休”。作文以伸志，自號知非子、耐辱居士。言涉詭激不常，欲免當時之禍。初以風雨夜得古寶劍，慘淡精靈，嘗佩出入。性苦吟，舉筆緣興，幾千萬篇。自致於繩檢之外。豫置冢棺，遇勝日，引客坐壙中，賦詩酌酒，沾醉高歌。客有難者曰：“君何不廣耶！生死一致，吾寧暫游此中哉？”歲時祠禱，與閭里父老鼓舞相樂。時寇盗所過齏粉，獨不入谷中，知圖賢如古王蠋也。士民依以避難。後聞哀帝遇弑，不食扼腕，嘔血數升而卒，年七十有二。先撰自爲文於濯纓亭一鳴窗，今有《一鳴集》三十卷行於世。

《古今姓氏書辯證》：唐有司空圖……字表聖，以御史歸隱中條山。時相盧携寄詩曰：“姓氏司空貴，官班御史崇。”

《宣和書譜》：司空圖自號爲耐辱居士。其父輿得徐浩真迹一屏，題“朔風動秋草，邊馬有歸心”。尤爲精絶。因以戒圖曰：“儒家之寶，莫逾此屏。”圖後爲之志，曰：“人之格狀或峻，則其心必勁，視其筆。”

《郡齋讀書志》：司空圖《一鳴集》三十卷。右唐司空圖表聖也。河中人，咸通十一年王凝下及第。黄巢陷長安，僖宗次鳳翔，召爲知制誥，中書舍人。朱温將篡，召爲禮部尚書，不赴。聞哀帝遇弑，不食而卒。圖居中條山，自號知非子、耐辱居士，集自爲序，以《濯纓亭》《一鳴》總名其集，子荷别爲集後記。最長於詩，其論詩有曰：“梅止於酸，而鹽止於鹹，味常在於酸鹹之外。”謂其詩“棋聲花院静，旛影石壇高”之句，爲得之。人以其言爲然。

聶夷中

《唐才子傳》：夷中字坦之，河南人也。咸通十二年禮部侍郎高湜下進士，與許棠、公乘億同袍。時兵革多務，不暇銓注，夷中滯長安久，皂裘已弊，黄糧如珠，始得調華陰縣尉，之官唯琴書而已。性儉，蓋奮身草澤，備嘗辛楚，率多傷俗閔時之舉，哀稼穡之艱難。適值險阻，進退維谷。才足而命屯，有志卒爽，含蓄諷刺，亦有謂焉。古樂府尤得體，皆警省之辭，裨補政治，樂而不淫，哀而不傷，正國風之義也。其詩一卷，今傳。

周　繇

林寬《和周繇校書先輩省中寓直》。

杜荀鶴《送福昌周繇少府歸寧兼謀隱》（同上，二十六）：登科作尉官雖小，避世安親禄已榮。

《唐才子傳》八：繇，江南人。咸通十三年鄭昌圖榜進士，調福昌縣尉。家貧，生理索寞，祇苦篇韻，俯有思，仰有咏，深造閫域，時號爲詩禪。警聯如《送人尉黔中》云："公庭飛白鳥，官俸請丹砂。"《望海》云："島間應有國，波外恐無天。"《甘露寺》云："殿鎖南朝像，龕禪外國僧。"又："山從平地有，水到遠天無。"又："白雲連晋閣，碧樹盡蕪城。"《江州上薛能尚書》云："樹翳樓臺月，帆飛鼓角風。"又"郡齋多岳客，鄉户半漁翁"等句甚多，讀之使人竦然，誠好手也。落拓杯酒，無榮辱之累，所交游悉一時名公。集今傳世。同登第有張演者，工詩，間見一二篇，亦佳作也。嘗謂禪家者流，論有大小乘，有邪正法，要能具正法服，方爲第一義，出有無間。若聲聞、辟支、四果，已非正也，况又墮野狐外道鬼窟中乎！言詩亦然，宗派或殊，風義必合。品則有神妙，體則有古今，才則有聖凡，時則有取捨。自魏晋以降，遞至盛唐，大曆、元和以下，逮晚年，考其時變，商其格制，其邪正了然在目，不能隱也。經云："過而不能改，是謂過矣。"悟門洞開，慧燈深照，頓漸之境，若天所賦。觀於時以詩禪許周繇，爲不入於邪見，能致思於妙品，固知其衣冠於裸人之國。昔謂學詩如學仙，此之類歟。

温庭筠《和周繇》。

段成式《怯酒贈周繇》。

段成式《不赴光風亭贈周繇》。

段成式《寄周繇求人參》。

段成式《和周繇見嘲》。

段成式《嘲元中丞》（一作《襄陽中堂賞花爲憲與妓人戲語嘲之》）（同上）。

唐彦謙

《唐才子傳》：彦謙，字茂業，并州人也。咸通末舉進士及第。中和，王重榮表爲河中從事，歷節度副使，晋、絳二州刺史。重榮遇害，彦謙貶漢中掾。興元節度使楊守亮留署判官，尋遷副使，爲閬州刺史卒。彦謙才高負氣，毫髪逆意，大怒叵禁。博學足藝，尤長於詩。亦其道古心雄，發言不苟，極能用事，如自己出。初師温庭筠，調度逼似，傷多纖麗之詞。後變淳雅，尊崇工部。唐人效甫者，惟彦謙一人而已。自號鹿門先生。有詩集傳於世，薛廷珪序云。

《舊唐書》一五八《鄭餘慶傳》附《鄭從讜傳》：（中和三年）五月十五日，從讜離太原時，京城雖復，車駕未還，道途多寇。行次絳州，唐彦謙爲刺史，留住數月……在絳州時，彦謙判官陸扆，嗜學有才思，寓於郡齋，日與談宴，無間先後，乃稱之於朝，位至清顯。

《新唐書》八十九《唐儉傳》。

《古今姓氏書辯證》：持字德守，容管經略，朔方、昭義節度使，檢校户部尚書。生彦謙，字茂業，河中、興元節度副使，晋、絳、朗（案郎當作閬）、壁四州刺史。號鹿門先生。

《墨池編》：《唐王重榮德政碑》："中和四年，歸仁澤，唐彦謙書。"

《舊唐書・文苑傳》下：彦謙字茂業，咸通末應進士，才高負氣，無所屈降，十餘年不第。乾符末，河南盜起，兩都覆没，以其家避地漢南。中和中，王重榮鎮河中，辟爲從事，累奏至河中節度副使，歷晋、絳二州刺史。彦謙博學多藝，文詞壯麗，至於書畫、音樂、博飲之技，無不出於輩流。尤能七言詩。少時師温庭筠，故文格類之。光啓末，王重榮爲部下所害，朝議責參佐，彦謙與書記李巨川俱貶漢中掾曹。時楊守亮鎮興元，素聞其名，彦謙以本府參承，守亮見之，喜握手曰："聞尚書名久矣，邂逅於兹。"翌日署爲判官。累官至副使，閬、壁二郡刺史，卒於漢中。有詩數百篇，禮部侍郎薛廷珪爲之序，號《鹿門先生集》，行於世。

《郡齋讀書志》十八：唐彦謙《鹿門詩》一卷。右唐唐彦謙茂業也。并州人。咸通末，舉進士第。中和中，王重榮表河中從事，歷節度副使，晋、絳二州刺史。重榮遇害，貶漢中掾，興元楊守亮留署判官，遷副使，閬、壁二郡刺史，卒。彦謙才高負氣，無所摧屈，博學多藝，尤能七言詩，師温庭筠，故格體類之，世稱"耳聞明主提三尺，眼見愚民盜一抔"，蓋彦謙句也。自號鹿門先生。有薛廷珪序。

鄭貽《鹿門詩集叙》：并山川英淑奇麗，當塞阨之衝，古多豪士，事武功健馬，垂光宇内，未有鈎錦綉（一作秀）絶擅聲詞翰者。君出其中，翕輕清以爲性，結冷汰以爲質，煦鮮榮以爲詞，偏於逸歌長句，駿奔踔厲，往往而劇，李白、杜甫死，非君而誰哉？君諱彦謙，字茂業，咸通二年進士，以文章入仕，操官履潔，如其爲文。晚從王重榮辟從事河中，歷薊、絳諸州刺史。所至有能績。光啓七年隱居鹿門山，以著述爲任。與施肩吾希聖、薛能大拙爲詩友，而二君皆以爲不逮，折行與交。君卒稿多散落，予爲輯綴，僅二百餘篇。黄鐘玉磬，咸其章章者，因題曰《鹿門集》，析爲三卷。武城鄭貽序。

魚玄機

李億大中十二年（八五八）狀元，見《玉芝堂談薈》。假定年三十，則生於大和三年（八二九）。玄機乃億之妾，若少億十歲，則生於開成四年（八三九），少億五歲，則生於大和八年（八三四）。

《直齋書録解題》：《魚玄機集》一卷。唐女冠，坐妒殺女婢，抵死（事見《補妒記》）。

鄭　谷

曹鄴《送鄭谷歸宜春》（一作曹松詩）。

《藏海詩話》："春陰妨柳絮，月黑見梨花。""登臨獨無語，風柳自摇春。"鄭谷詩，此二聯無人拈出。"椎床破面棖觸人，作無義語怒四鄰。尊中歡伯見爾笑，我本和氣如三春。"前兩名本粗惡語，能鍛煉成詩，真造化手，所謂點鐵成金矣。

《捫虱新語》下。（見杜荀鶴。）

晁説之《晁氏客語》：上書鄭谷《雪》詩爲扇，賜禁近，"亂飄僧舍茶烟濕"改云"輕飄僧舍茶烟濕"，云禁中諱危亂傾覆字，宫中皆不敢道著。（《説郛》九十三）

王貞白《寄鄭谷》。

《江南通志》：乾寧四年，以都官郎中退居於仰山東莊之書堂。（《圖書集成》引。）

齊己《和鄭谷郎中看棋》。

齊己《戊辰歲湘中寄鄭谷郎中》。

齊己《亂中聞鄭谷吴延保下世》。

齊己《永夜感懷寄鄭谷郎中》。

齊己《寄鄭谷郎中》。

齊己《傷鄭谷郎中》。

齊己《禪庭蘆竹十二韻呈鄭谷郎中》。

齊己《次韻酬鄭谷郎中》。

齊己《和鄭谷郎中幽栖之什》。

齊己《寄鄭谷郎中》。

齊己《寄孫闢呈鄭谷郎中》。

齊己《赴鄭谷郎中招游龍興觀讀題詩板謁七真儀像因有十八韻》。

齊己《哭鄭谷郎中》。

齊己《題鄭郎中谷仰山居》。

齊己《寄鄭谷郎中》。

齊己《寄鄭谷郎中》。

虚中《獻鄭都官》。

《唐才子傳》：谷字守愚，袁州宜春人。父史，開成中爲永州刺史。谷幼穎悟絶倫，七歲能詩。司空侍郎圖與史同院，見而奇之，問曰："予詩有病否？"曰："大夫《曲江晚望》云：'村南斜日閑回首，一對鴛鴦落渡頭。'此意深矣。"圖拊谷背曰："當爲一代風騷主也。"光啓三年，右丞柳玭下第進士，授京兆鄠縣尉，遷右拾遺補闕。乾寧四年，爲都官郎中，詩家稱鄭都官。又嘗賦《鷓鴣》，警絶，復稱鄭鷓鴣云。未幾告歸，退隱仰山書堂。卒於北岩别墅。谷詩清婉明白，不俚而切，爲薛能、李頻所賞。與許棠、任濤、張蠙、李栖遠、張喬、喻坦之、周繇、温憲、李昌符唱答往還，號芳林十哲。谷多結契山僧，曰："蜀茶似僧，未必皆美。不能捨之。"齊己攜詩卷來袁謁谷，《早梅》云："前村深雪裏，昨夜數枝開。"谷曰："數枝非早也，未若一枝佳。"己不覺投拜曰："我一字師也。"嘗從僖宗登三峰，朝謁之暇，寓於雲臺道舍，編所作爲《雲臺編》三卷；歸編《宜陽集》三卷，及撰《國風正訣》一卷，分六門，摭詩聯，注其比象君臣賢否、國家治亂之意，今并傳焉。

《緗素雜記》：鄭谷與僧齊己、黄損等，共定今體詩格。凡詩用韻有數格，一曰葫蘆，一曰轆轤，一曰進退。葫蘆韻者，先二後四。轆轤韻，雙出雙入。進退韻者，一進一退。失此則謬矣。余案《倦游雜録》載唐介爲臺官，廷疏宰相之失，仁廟怒，謫英州别駕。朝中士大夫以詩送行者頗衆，獨李師中待制一篇，爲人傳誦。詩曰："孤忠自許衆不與，獨立敢言人所難。去國一身輕似葉，高名千古重於山。并游英俊顔何厚，未死奸諛骨已寒。天爲吾君扶社稷，肯教夫子不生還。"此正所謂進退韻格也。案《韻略》難字第二十五，山字第二十七，寒字又在二十五，而還又在二十七，一進一退，誠合體格，豈率爾爲之哉！

張喬《送鄭侍御先輩赴汝州辟命》。

張喬《送鄭侍御赴汝州辟命》。

唐有兩鄭谷，一中唐人，皎然《題鄭谷江畔桐齋》。（原注：鄭生好琴，性達兼寡欲。）又《夏日題鄭谷江上納凉館》。

《郡齋讀書志》：《雲臺編》三卷，《宜陽外編》一卷。右唐鄭谷字守愚，宜春人。光啓三年擢高第，遷右拾遺，歷都官郎中。乾寧四年歸宜春，卒於别墅。其集號《雲臺編》者，以其扈從華山下，觀居所編次也。谷詩屬思，凝切於理而格韻繁猥，語句浮俚不競，不爲議者所多，然一時傳諷，號鄭都官而弗名也。

楊夔《送鄭谷》。

薛廷珪《授長安縣尉直弘文館楊贊禹左拾遺鄠縣尉鄭谷右拾遺制》(《文苑英華》三八三)。

《雲臺編序》：谷勤苦於風雅者，自騎竹之年，則有賦咏，雖屬對聲律未暢，而不無旨諷。同年丈人古川守李公朋、同官丈人馬博士戴，嘗撫頂嘆勉，謂他日必垂名。及冠，則編軸盈笥，求試春闈，歷干於大匠，故少師相國太原公，深推獎之。故薛許昌能、李建州頻不以晚輩見待，預於唱和之流，而忝所得爲多游舉場，凡十六年，著述近千餘首，自可者無幾。登第之後，孜孜忘倦，甚於始學也。喪亂奔離，散墜略盡。乾寧初，上幸三峰，朝謁多暇，寓止雲臺道舍，因以所記，或得章句，綴於箋毫。或得於故侯屋壁，或聞於江左近儒，或祇省一聯，或不知落句，遂拾墜補遺，編成三百首，分爲上中下三卷，目之爲《雲臺編》。所不能自負初心，非敢矜於作者。

韓偓八四四—？

《四庫全書總目提要·集部·別集類》四：《韓内翰别集》一卷，唐韓偓撰。《唐書》本傳謂偓字致光，計有功《唐詩紀事》作致堯，胡仔《漁隱叢話》謂字致元，毛晋作是集跋，以爲未知孰是。案劉向《列仙傳》稱偓佺，堯時仙人，堯從而問道，則偓字致堯，於義爲合。致光、致元，皆以字形相近誤也。世爲京兆萬年人。父瞻，與李商隱同登開成四年進士第，又同爲王茂元婿，商隱集中所謂留贈畏之同年者，即瞻之字。偓十歲即能詩，商隱集中所謂“韓冬郎即席得句，有老成之風”者，即偓也。偓亦登龍紀元年進士第。昭宗時，官至兵部侍郎，翰林學士、承旨。忤朱全忠，貶濮州司馬，再貶榮懿尉，徙鄧州司馬。天祐二年，復故官。偓惡全忠逆節，不肯入朝，避地入閩，依王審知以卒。偓爲學士時，内預秘謀，外争國是，屢觸逆臣之鋒，死生患難，百折不渝，晚節亦管寧之流亞，實爲唐末完人。其詩雖局於風氣，渾厚不及前人，而忠憤之氣，時時溢於語外。性情既摯，風骨自遒，慷慨激昂，迥異當時靡靡之響。其在晚唐，亦可謂文章之鳴鳳矣。變風變雅，聖人不廢，又何必定以一格繩之乎！《唐書·藝文志》載偓集一卷，《香奩集》一卷。晁氏《讀書志》云《韓偓詩》二卷，《香奩》不載卷數。陳振孫《書録解題》云《香奩集》二卷，入内廷後詩集一卷，别集三卷。各家著録，互有不同。今鈔本既曰别集，又注曰入内廷後詩，而集中所載又不盡在内廷所作，疑爲後人裒集成書，按年編次，實非偓之全集也。

《通齋詩話》：韓冬郎《香奩》五排長句詩有云：“合成雲五色，宜在月中輪。照獸金塗爪，釵魚玉鏤鱗。錦囊霞采爛，羅襪研光匀。茜袖啼痕數，香箋墨色新。”綺膩極矣，豈和凝所能辦。况同時吴融有《和韓致光侍郎無題詩》，其句有云："瘦難勝寶帶，輕欲馭飈輪。篦鳳金雕翼，釵魚玉鏤鱗。"鱗韻即襲用致光全句，足證和宫傳嫁名一説之誤。吴融另有《個人》詩，詩格亦《香奩》，其句有云："額點梅花様，心通棘刺情。炷香龍薦腦，辟魘虎輸睛。匣鏡金螭怒，簾旌綉獸獰。"（卷上第二十五頁）

《唐才子傳》：偓字致堯，京兆人。龍紀元年禮部侍郎，趙崇下擢第，天復中，王溥薦爲翰林學士，遷中書舍人。從昭宗幸鳳翔，進兵部侍郎、翰林承旨。嘗與崔胤定策誅劉季述。昭宗反正，論爲功臣。帝疾宦人驕横，欲去之。偓畫策稱旨，帝前膝曰："此一事終始以屬卿。"偓因薦座主御史大夫趙崇，時稱能讓。李彦弼倨甚，因譖偓漏禁省語，帝怒曰："卿有官屬，日夕議事，奈何不欲我見韓學士耶?"帝勵精政事，偓處可機密，率與上意合，欲相者三四，讓不敢當。偓喜侵侮有位，朱全忠亦惡之，乃搆禍貶濮州司馬。帝流涕曰："我左右無人矣。"天祐六年，復召爲學士，偓不敢入朝，挈其族南依王審知而卒。偓自號玉山樵人。工詩，有集一卷。又作《香奩集》一卷，詞多側艷情巧。又作《金鑾密記》五卷。今并傳。

《金鑾密記》：偓於昭宗朝召入院試學士，試文五篇：《萬邦咸寧賦》《禹拜昌言詩》《武臣授東川節度使制》《答佛誓國王進貢書》《批三功臣讓圖形表》。

《南唐近事》：韓□亮，偓之子也，嘗言偓捐館日，温陵帥聞其家藏箱笥頗多，而緘鐍甚密，使親信發觀，惟得燒殘龍鳳燭，金縷紅巾百餘條。有老僕泫然言曰："公爲學士日，常視草金鑾殿，深夜方還。翰苑當時皆宫妓秉燭炬以送，公悉藏之。"後延平有老尼亦説斯事，尼即偓之妾也。

《摭言》：韓偓天復，初入翰林，其年冬，車駕出鳳翔，偓有扈駕之功。返正初，上面許偓爲相，奏云："陛下運契中興，當復用重德鎮風俗，臣座主右僕射趙崇，可以副陛下是選，乞回臣之命授崇，天下幸甚。"上嘉嘆，翌日制用崇暨兵部侍郎王贊爲相。時梁太祖在京，素聞崇之輕佻，贊復有嫌釁，馳入請見，於上前具言二公長短。上曰：“趙崇是偓薦。”時偓在側，梁主叱之。偓奏曰：“臣不敢與大臣争。”上曰：“韓偓出。”尋謫官入門，故偓有詩曰：“手風慵展八行書，眼暗休看九局圖。窗裹日光飛野馬，案前筠管長蒲盧。謀身拙爲安蛇足，報國危曾捋虎鬚。滿世可能無默識，未知誰擬試齊竽。”

杜荀鶴八四六—九〇四

李昭象《喜杜荀鶴及第》。

吴聿《觀林詩話》：杜荀鶴詩句鄙惡，世所傳《唐風集》首篇“風暖鳥聲碎，日高花影重”者，余甚疑不類荀鶴詩，他日觀唐人小説，見此詩乃周朴所作，而歐陽文忠公亦云耳，蓋借此引編，已行於世矣。

《捫虱新語》下：處世周朴，有能詩名於唐末，歐陽文忠公嘗稱朴詩“風暖鳥聲碎，日高花影重”之句，然此杜荀鶴詩，非朴句也，見《唐風集》，公言少時見其集，今不復傳。公又言鄭谷詩號《雲臺編》者，今亦不行於世，然今市書肆實有此集。二人唐史皆不爲立傳，獨朴死巢兵，不屈其節，因見巢傳中。予家有朴詩百餘篇，曾爲之序，異日當别出搜訪遺逸爲全集，以傳於世。

《四庫全書總目提要・集部・别集類》四：《唐風集》三卷（江蘇巡撫采進本）：唐杜荀鶴撰。荀鶴，池州人。案計有功《唐詩紀事》稱荀鶴有詩名，大順初擢進士第二。牧之微子也。牧之自齊安移守秋浦，時有妾懷孕，出嫁長林鄉杜筠而生荀鶴。又稱荀鶴擢第，時危勢晏，復還舊山。田頵在宣州，甚重之。頵起兵，陰令以箋間至梁太祖許。及頵遇禍，梁主表授翰林學士，主客員外郎中，知制誥。恃勢侮易縉紳，衆怒欲殺之，未及。天祐初卒。又稱荀鶴初謁梁王朱全忠，雨作而天無雲。荀鶴賦詩有“若教陰翳都相似，争表梁王造化功”句，是荀鶴爲人至不足道。其稱杜牧之子，殆亦梁師成之依托蘇軾乎？其詩最有名者爲“風暖鳥聲碎，日高花影重”一聯。而歐陽修《六一詩話》以爲周朴詩。吴聿《觀林詩話》亦稱見唐人小説作朴詩，荀鶴特竊以壓卷。然則此一聯者，又如寶月之於柴廓矣。此集乃其初登第時所自編。詩多俗調，不稱其名。以唐人舊集流傳已久，姑存以備一家。毛晋刻本前有顧雲序，序末謂之《唐風集》，以下文不相屬，蓋舊本《唐詩紀事》載雲此序，誤連下條“荀鶴初謁梁王”云云六十四字爲一條，晋不察而誤并鈔之，殊爲疏舛。今刊除此段，以還其舊焉。

王希羽《贈杜荀鶴》。

殷文圭《寄賀杜荀鶴及第》。

殷文圭《次韻九華杜先輩重陽寄投宛陵丞相》。

《北夢瑣言》：洎〔梁太祖〕受禪，拜翰林學士，五日而卒。

《唐才子傳》：荀鶴字彦之，牧之微子也。牧會昌末，自齊安移守秋浦，時妾有孕，出嫁長林鄉士杜筠，生荀鶴。早得詩名，嘗謁梁王朱全忠，與之坐，忽無雲而雨，王以爲天泣不祥，命作詩稱意，王喜之。荀鶴寒進，連敗文場，甚苦。至是，遣送名春官，大順二年裴贄侍郎下第八人登科。正月十日放榜，正荀鶴生朝也。王希羽獻詩曰：“金榜曉懸生世日，玉書潛記上升時。九華山色高千尺，未必高於第八枝。”荀鶴居九華，號九華山人。張曙拾遺亦工詩，又同年，嘗醉謔曰：“杜十五大榮，而得與曙同年。”荀鶴曰：“是公榮，天下衹知有荀鶴，若個知有張五十郎邪！”各大笑而罷。宣州田頵甚重之，常致箋問。梁王立，薦爲翰林學士，遷主客員外郎。頗恃勢侮慢縉紳，爲文多主箴刺，衆怒欲殺之，未得。天祐元年卒。荀鶴苦吟，平生所志不遂，晚始成名，況丁亂世，殊多憂惋思慮之語，於一觴一咏，變俗爲雅，極事物之情，足丘壑之趣，非易能及者也。與太常博士顧雲初隱一山，登第之明年，寧親相會，雲撰集其詩三百餘篇，爲《唐風集》三卷，且序以爲：“壯語大言，則決起逸發，可以左攬工部袂，右拍翰林肩，吞賈、喻八九於胸中，曾不介蒂。或情發乎中，則極思冥搜，神游希夷，形兀枯木，五聲勞於呼吸，萬象貪於抉剔，信詩家之雄杰者矣。”荀鶴嗜酒，善彈琴，風情雅度，千載猶可想望也。

《洞微志》：荀鶴字彦之，遇知於朱温，送名春官。於裴贄侍郎下第八人登科，大順十五年正月十日，荀鶴生日也。九華王希羽以詩獻曰："金榜曉懸生世日，玉書潛記上升時。九華山色高千尺，未必高於第八枝。"杜荀鶴謁梁祖，忽無雲而雨。温曰："無雲而雨，謂之天泣，不知何祥？"請賦詩。荀鶴曰："同是乾坤事不同，雨絲飛灑日輪中。若教陰顯都相似，争表梁王造化工。"温喜之。

《詩話總龜》："風暖鳥聲碎，日高花影重。"杜荀鶴集有全篇。嘗有云：杜詩三百首，妙在一聯中，風暖云云。歐陽公乃以爲周朴詩。

《捫虱新話》：荆公常讀杜荀鶴詩云："江湖不見飛禽影，岩谷唯聞折竹聲。"改云："宜作禽飛影，竹折聲。"

《唐百家詩選》：杜荀鶴，字彦之，自稱九華山人。大順中登進士第。

《宣和書譜》：《草書叙論》："五代得杜荀鶴、楊凝式輩三人。"

《舊五代史》本傳：杜荀鶴，池州人。善爲詩，辭句切理，爲時所許。既擢第，復還舊山。時田頵在宣州，甚重之。頵將起兵，乃陰令以箋問至太祖，遇之頗厚。及頵遇禍，太祖以其才表薦之。尋授翰林學士、主客員外郎。既而恃太祖之勢，凡縉紳間己所不悦者，日屈指怒數，將謀盡殺之。苞蓄未及泄，丁重疾，旬日而卒。

《郡齋讀書志》：杜荀鶴《唐風集》十卷。右唐杜荀鶴，池州人，大順二年進士。善爲詞章，宣州田頵重之，嘗以箋問至梁祖，薦爲翰林學士、主客員外。恃勢侮易縉紳，衆怒欲殺之，而未及，天祐初病卒。有顧雲序。荀鶴自號九華山人。

曹松八四八—九〇一

裴説《寄曹松》。

《徽州府志》:《曹松詩集》三卷(《圖書集成》引)。

齊己《贈曹松先輩》。

齊己《寄曹松》。

《唐才子傳》十:松字夢徵,舒州人也。學賈島爲詩,深入幽境,然無枯淡之癖。尤長啓事,不減山公。早未達,嘗避亂來栖洪都西山。初在建州,依李頻,頻卒後,往來一無所遇。光化四年,禮部侍郎杜德祥下,與王希羽、劉象、柯崇、鄭希顔同登第,年皆七十餘矣,號爲五老榜。時值新平内難,朝廷放進士爲喜,特授校書郎而卒。松野性方直,罕嘗俗事,故拙於進宦,構身林澤,寓情虚無,苦極於詩,然别有一種風味,不淪乎怪也。集三卷,今傳。

《郡齋讀書志》:《曹松詩》一卷。右唐曹卷,夢徵也,舒州人,學賈島爲詩。天復元年,與王希羽、劉象、柯崇、鄭希顔同登,年皆七十餘,號五老榜。時以新平内難,聞放進士喜,特敕授校書郎而卒。

吴　融

《四庫全書總目提要·集部·别集類》四:《唐英歌詩》三卷(江蘇巡撫采進本):唐吴融撰。融字子華,越州山陰人。龍紀元年登進士第,昭宗時官翰林學士承旨、户部侍郎、知制誥。事迹具《新唐書·文藝傳》。融與韓偓同爲翰林學士,故偓有《與融玉堂同直》詩。然二人唱酬僅一兩篇,未詳其故。以立身本末論之,偓心在朝廷,力圖匡輔,以孱弱文士毅然折逆黨之凶鋒。其詩所謂"報國危曾將虎鬚"者,實非虚語。純忠亮節,萬萬非融所能及。以文章工拙論之,則融詩音節諧雅,猶有中唐之遺風,較偓爲稍勝焉。在天祐諸詩人中,閑遠不及司空圖,沉摯不及羅隱,繁富不及皮日休,奇闢不及周朴。然其餘作者,實罕與雁行。《唐書》本傳稱,昭宗反正,融於御前跪作十許詔,少選即成,意詳語當。《唐詩紀事》又稱,李巨川爲韓建草謝表以示融,融吟罷立成一篇，巨川嘗嘆不已。蓋在當時，亦鐵中錚錚者矣。

《唐才子傳》：融字子華，山陰人。初力學，富辭調，工捷。龍紀元年，李翰榜及進士第。韋昭度討蜀，表掌書記。坐累去官，流浪荆南，依成汭。久之，召爲左補闕，以禮部郎中爲翰林學士，拜中書舍人。天復元年元旦，東内反正，既御樓，融最先至，上命於前座跪草十數詔，簡備精當，曾不頃刻，皆中旨，大加賞激，進户部侍郎。帝幸鳳翔，融不及從去，客閿鄉，俄召爲翰林承旨，卒。爲詩靡麗有餘，而雅重不足。集四卷，及制誥一卷，并行。

貫休《晚春寄吴融于競二侍郎》。

貫休《送吴融員外赴闕》。

《唐百家詩選》二十：吴融字子華，昭宗時爲翰林學士、户部侍郎。

陸龜蒙《寄吴融》。

韋莊八五一—九一〇

詹爾士（Giles）《韋莊事迹考》（見《秦婦吟之考證與校釋》，張蔭麟譯）：正史無韋莊傳，然韋莊事迹之可徵於其他載籍者頗多。最初記韋莊事迹者爲宋初孫光憲之《北夢瑣言》（中有云："蜀相韋莊應舉時，遇黄寇犯闕，著《秦婦吟》一篇，云：'内庫燒爲錦綉灰，天街踏盡公卿骨[①]'，爾後公卿頗多垂訝，莊乃諱之。時人號爲秦婦吟秀才。他日撰家誡内，不許垂《秦婦吟》幛子，以此止謗，亦無及也。"）其次爲一二二四年（宋寧宗嘉定十七年）計有功所編之《唐詩紀事》。又其次爲元辛文房之《唐才子傳》。兹參合上述諸書，并其他零碎資料，爲韋莊傳如次。

① 原注：此句《唐才子傳》作"天街踏盡却重回"。

韋莊，字端己，長安郡東之杜陵縣人。其先韋見素爲玄宗時顯官。（嘗隨玄宗出奔，本傳見於新、舊《唐書》。）曾祖少微爲宣宗朝（八四七—八六〇）中書舍人。莊少孤，家貧力學，以異才顯。[①]然疏曠不拘小節。莊生年於載籍無徵；然吾人知其八八〇年舉秀才時尚爲一少年。試假定其時年二十，當不大謬。爾後二三年間所爲之《秦婦吟》，其格調之參差，及中間粗率未純之詞句，在在足徵其爲少年時代之作品。然以其詩筆之雄健及取材之新穎動人，遂風行一世。逮莊舉進士，求仕於朝，始知所受少作之累。當其自謂"長年方悟少年非，人道新詩勝舊詩"（《浣花集》二）之時，其心中還有《秦婦吟》在無疑矣。

八八三年至八九三年間，韋莊浪迹四方。唯其行動可考者極鮮。《唐才子傳》僅謂，黄巢亂後，韋莊益窘，移家於越，周游南方，其弟妹於南方各縣散居焉。吾人從韋莊詩中尚可考知數事。據《秦婦吟》之末句，知本詩乃以獻江西某師者。依王國維氏所考，此即其時振海軍節度使同平章事鎮潤州之周寶也。又《洛陽吟自序》謂："昔大駕在蜀，巢寇未平，洛中寓居，作七言。"而《江上逢史館李學士》詩有"關河自此爲征壘，城闕於今陷戰鼙"之句，自注"時巢寇未平"。使此而指長安之再陷（其事在八八三年五月），則韋莊之去洛陽，不能後於是年四月。又據他詩，知韋莊曾過南京，又曾館"浙西相府"所[②]，此浙西相府或即周寶也。（多案《説郛》卷十四引徐鉉《稽神録》載陝西周寶爲浙西節度使治戍，至鶴林門，得石冢棺櫝一事，則浙西相府即周寶無疑）。吾人更可追循韋莊之游踪至於江西、湖南。莊流寓江南之久，觀其《提寄舊知》詩（《浣花集》八）中"萬里有家留百越，十年無路到三秦"之句而可知矣。方其浪游也，體會自然之偉象，備歷人世之艱

① 原注：《太平廣記》以莊屬於幼敏一流。

② 原注：譯者案此當是據《浣花集》四《陪金陵府相中堂夜宴》及《觀浙西府相畋游》二詩。又案《浣花集》四有《潤州顯閣曉望》詩是莊曾至周寶所鎮地也。《官莊》詩自注云："江南富民悉以犯酒没家産，因以此詩諷之，浙帥遂改酒法，不入財産。"此浙帥當亦指周寶。

苦。以是其詩凄怨情深。《唐才子傳》（卷十）所謂："於流離漂泛，寓目緣情……或離群軫慮，或反袂興怨，四愁九怨之文，一咏一觴之作，俱能感動人也。"

昭宗景福二年（八九三）韋莊還京師，應試下第。次年，始舉進士[①]，爲校書郎。李珣拜兩川宣諭和協使，辟莊爲判官。然其時中部各州道擾攘不寧，韋莊私納交於西川節度使王建，建使掌記室。《唐詩紀事》所載如此。依王國維所考，韋莊入蜀凡二次。第一次在八九六年（乾寧三年）至八九八年（光化元年）之間。[②] 此次使蜀，旋即還朝；故《唐書·隱逸傳·陸龜蒙傳》載"光化中（《北夢瑣言》記此事在光化元年，八九八），韋莊表龜蒙及孟郊等十人皆贈右補闕[③]"之事。[④]

其第二次入蜀在九〇〇年（光化三年），次年春，遂掌王建記室。[⑤]自是居蜀終身。朝廷曾徵爲起居郎，王建奏留之而止。未幾建割據自主，以其義子王宗佶及莊爲相。九〇七年，唐亡，建稱尊建國，韋莊參預密勿。朝廷措施多采其策；開國制度多出其手。積功升吏部尚書同平章事。

莊雖不在官曹，不廢吟咏。九〇三年（昭宗天復三年）其弟藹刊行其詩集六卷，名《浣花集》。莊又選杜甫、王維等一百五十家之詩凡三百首名《又玄集》，以續姚合之《玄極集》，其弟藹亦爲校刊行世。[⑥]莊生平最景仰杜甫。方其至成都也，訪得老杜浣花谿邊故居，時已頹

① 原注：據徐松《登科記考》卷二十四又《浣花集·放榜日作》。

② 原注：《浣花集》十《過樊川舊居》詩自注有"時在華州駕前奏便入蜀"之語，而昭宗之幸華州，在乾寧三年七月，至光化元年八月，始還京師。

③ 原注：《全唐文》卷八八九作左補闕。左右二字形近易訛。

④ 原注：原文此下云："復次韋莊之升爲中諫（唐人左右補闕之稱），據其弟所記乃在九〇〇年（光化三年）。"譯者案此蓋由於誤解韋藹《浣花集序》"庚申夏自中諫□□"之語。據此莊是時方爲中諫，唯未必是時始升中諫也。

⑤ 原注：《唐詩紀事》："韋莊爲記室時，蜀有某縣令藉故擾民，莊奏有云：'正當凋瘵之秋，好安凋瘵；勿使瘡痍之後，復作瘡痍。'此語傳誦一時。"

⑥ 原注：《全唐文》韋莊《又玄集自序》及《唐詩紀事》皆云百五十家，唯《唐才子傳》云五十二家，豈所見爲另一節本歟？

圮，鞠爲茂草，唯棟柱猶存。則刈除榛蔓，完葺而自居焉。但復舊觀，不加廣築，其弟藹所謂“欲思其人而成其處”者也。莊以大蜀建國之四年（九一〇）七月卒於成都花林坊，葬於白沙，謚文靖。

大凡貴顯之人，鮮有能逃詆謗者。韋莊身後亦受一不知名之仇敵之賜矣。《朝野僉載》有韋莊軼事一則（《太平廣記》采録之）如下：韋莊者，數米而炊，稱薪而爨之士也。庖人捧餱至，雖短肉一片，亦必知之。有一子，八歲而夭，其妻殮以常服；莊剥去，易以敝席。及葬，則并去敝席携歸家中。此段記載今無從證明或反證。唯吾人有當知者二端：（一）此故事之來歷不能令人無疑，《朝野僉載》及《太平廣記》皆爲著名荒誕無稽之稗乘。（二）韋莊之家人戚友未嘗因韋莊有此劣迹而對之失其敬愛。（下論《秦婦吟》格調，譯者删去。）（見《燕京學報》第一期。）

《唐才子傳》：莊字端己，京兆杜陵人也。少孤貧力學，才敏過人。莊應舉正黄巢犯闕，兵火交作，遂著《秦婦吟》，有云：“内庫燒爲錦綉灰，天街踏盡却重回。”亂定，公卿多訝之，號爲《秦婦吟》秀才。乾寧元年蘇檢榜進士，釋褐校書郎。李詢宣諭西川，舉莊爲判官。後王建辟爲掌書記，尋徵起居郎，建表留之。及建開僞蜀，莊托在腹心，首預謀劃，其郊廟之禮，册書赦令，皆出莊手。以功臣，授吏部侍郎同平章事。莊早嘗冠禮，間關頓躓，携家來越中，弟妹散居諸郡，西江、湖南，所在曾游，舉目有山河之異。故於流離漂泛，寓目緣情，子期懷歸之辭，王粲傷時之製，或離群軫慮，或反袂興悲，《四愁》《九怨》之文，一咏一觴之作，俱能感動人也。莊自來成都，尋得杜少陵所居浣花溪故址，雖蕪没已久，而柱砥猶存，遂誅茅重作草堂而居焉。性儉，秤薪而爨，數米而炊，達人鄙之。弟藹，撰莊詩爲《浣花集》六卷，及莊嘗選杜甫、王維等五十二人詩，爲《又玄集》，以續姚合之《極玄》，今并傳世。

《郡齋讀書志》：韋莊《浣花集》五卷。右僞蜀韋莊字端己，仕王建，至吏部侍郎同平章事。集乃其弟藹所編，以所居即杜甫草堂舊址，故名。僞史稱莊有集二十卷，今止存此。

崔　塗

《唐才子傳》：塗字禮山，光啓四年，鄭貽矩榜進士及第。工詩，深造理窟，端能竦動人意，寫景狀懷，往往宣陶肺腑。亦窮年羈旅，壯歲上巴蜀，老大游隴山，家寄江南，每多離怨之作。警策如“流年川暗度，往事月空明”。《巫娥》云：“江山非舊主，雲雨是前身。”如“病知新事少，老别故交難。”《孤雁》云：“渚雲低暗度，關月冷相隨。”《山寺》云：“夕陽高鳥過，疏雨一鐘殘。”又“谷樹雲埋老，僧窗瀑照寒”。《鸚鵡洲》云：“曹瞞尚不能容物，黄祖何因解愛才。”《春夕》云：“胡蝶夢中家萬里，杜鵑枝上月三更。”《隴上》云：“三聲戍角邊城暮，萬里歸心塞草春。”《過峽》云：“五千里外三年客，十二峰前一望秋。”等聯，作者於此歛衽。意味俱遠，大名不虛。有詩一卷，今傳。

《唐百家詩選》：崔塗字禮仙，光啓四年登進士第。

齊己？—九三七？

《梁江陵府龍興寺齊己傳》：釋齊己，姓胡，益陽人。秉節高亮，氣貌劣陋，幼而捐俗於大潙山寺，聰敏逸倫。納圓品法，學習律儀，而性耽吟咏，氣調清淡。有禪客自德山來，述其理趣，己不覺神游寥廓之場，乃躬往禮訊，既解悟，都亡朕迹矣。如是，藥山、鹿門、護國凡百禪林，孰不參請，視其名利，悉若浮雲矣。於石霜法會，請知僧務。梁革唐命，天下紛紜，於時高李昌稟梁帝之命，攻逐雷滿出渚宫，己便爲荆州留後，尋正受節度。迨乎均帝失御，河東莊宗自魏府入洛，高氏遂割據一方，搜聚四遠名節之士，得齊之義豐，南岳之己，以爲築金之始驗也。龍德元年辛巳中，禮己於龍興寺净院安置，給其月俸，命作僧正，非所好也。其如閑長静夜，多事篇章，乃作《渚宫莫問》十五章以見意，且徇高之命耳。己頸有瘤贅，時號詩囊。栖約自安，破納擁身，枲麻纏膝，愛樂山水，懶謁王侯，至有“未曾將一字，容易謁諸侯”句。爲狎華山隱士鄭谷，詩相酬唱，卒有《白蓮集》行於世，自號衡岳沙門焉。

龍德元年。

尚顔《讀齊己上人集》。

曇域《懷齊己》。

修睦《思齊己上人》。

乾康《投謁齊己》。

《唐才子傳》：齊己，長沙人姓胡氏，早失怙恃。七歲穎悟，爲大潙山寺司牧，往往抒思，取竹枝畫牛背爲小詩。耆夙異之，遂共相挽入戒。風度日改，聲價益隆。游江海名山，登岳陽，望洞庭，時秋高水落，君山如黛，唯湘江一條而已。欲吟杳不可得，徘徊久之。來長安數載，遍覽終南、條、華之勝，歸過豫章，時陳陽近仙去，己留題有云：“夜過修竹寺，醉打老僧門。”至宜春投詩鄭都官云：“自封修藥院，别下著僧床。”谷曰：“善則善矣，一字未安。”經數日來曰：“别掃如何？”谷嘉賞，結爲詩友。曹松、方干皆己良契。性放逸，不滯土木形骸，頗任琴樽之好。嘗撰《玄機分别要覽》一卷，摭古人詩聯，以類分次，仍别調、賦、比、興、雅、頌，又撰《詩格》一卷，又與鄭谷、黄損等共定用韻爲葫蘆、轆轤、進退等格，并其詩《白蓮集》十卷，今傳。

《郡閣雅談》：僧齊己，往袁州謁鄭谷，獻詩云：“高名喧省闥，雅頌出吾唐。叠巘供秋望，飛雲到夕陽。自封修藥院，别下著僧床。幾許中朝事，久離鴛鴦行。”谷覽之曰：“請改一字，方得相見。”經數日，再見，云：“已改得‘别掃著僧床’。”谷大嘉賞，結爲詩友。

《零陵總記》：瀟水在永州西三十步，湘水在州北十里，自零陵合流，謂之瀟湘。齊己詩云："二水遠難論，捉離到坎奔。今穿千嶂陌，清過幾州門。"沈彬云："數家漁網秋雲外，一岸殘陽細雨中。"何涓云："雁影數行秋半逢，漁歌一聲夜深發。"皆曲盡其妙。

《續本事詩》：僧齊己《松》詩云："雷電不敢伐，鱗皴勢萬端。蠹依乾節死，蛇入朽根蟠。影浸僧禪濕，風吹鶴夢寒。尋常風雨夜，疑有鬼神看。"《小松》云："發地纔盈尺，蟠根已有靈。嚴霜百花死，深院一株青。後夜簫馬動，空階蟋蟀聽。誰於千歲外，吟依老龍形。"

李山甫《賦得寒月寄齊己》。

齊己《渚宮莫問詩序》：予以辛巳歲蒙主人命居龍寺。[據傳在龍德元年（九二一）]詩云："已過知命歲，休把運行推。"又云："步履三千外，形骸六十餘。"

《寄廖匡圖兄弟》：僧外閑吟樂最清，年登八十喪南荆。

《荆州新秋病起雜題》：明年七十六，約此健相期。

《與崔校書静話言懷》：同年生在咸通裹，事佛爲儒趣盡高。假定咸通二年（八六一）生，至龍德元年（九二一）應得六十一歲，天福五年（九四〇）年八十。

《荆渚感懷寄僧達禪弟》：電擊流年七十三，齒衰氣沮竟何堪。

交游——方干、鄭谷、羅隱、劉蛻、沈彬、貫休、曹松、李洞、司空圖、陸龜蒙。

徐仲雅《贈齊己》。

王貞白

裴説《見王貞白》：共賀登科後，明宣入紫宸。又看重試榜，還見苦吟人。此得名渾别，歸來話亦新。分明一枝桂，堪動楚江濱。

《唐才子傳》：貞白字有道，信州永豐人也。乾寧二年登第，時榜下物議紛紛，詔翰林學士陸扆於内殿復試，中選，授校書郎，時登科後七年矣。鄭谷以詩贈曰："殿前新進士，闕下校書郎。"初蘭溪僧得雅名，與貞白居去不遠而未會，嘗寄《御溝》詩有云："此波涵帝澤，無處濯塵纓。"後會，語及此，休曰："剩一字。"貞白拂袂而去。休曰："此公思敏，當即來。"休書字於掌心，逡巡貞白還，曰："此'中涵帝澤'如何？"休以掌示之，無異所改，遂訂深契。後值天王狩於岐，迺退居著書，不復干禄，當時大獲芳譽。性恬和，明易象，手編所爲詩三百篇，及賦文等爲《雲溪集》七卷，傳於世，卒葬家山。貞白學力精贍，篤志於詩，清潤典雅，呼吸間兩獲科甲，自致於青雲之上，文價可知矣。深惟存亡取捨之義，進而就禄，退而保身，君子也。梁陶弘景弃官隱居三茅，國事必咨請，稱"山中宰相"，號貞白，今王公慕其爲人而云爾。

《青瑣後集》：王貞白，唐末大播詩名。嘗作《御溝》詩云"一片御溝水，緑槐相蔭清。此波涵帝澤，無處濯塵纓"云云。以示貫休，休曰："剩一字。"貞白揚袂而去。休預書一中字於掌。逡巡貞白回，曰"此中涵帝澤"，休開掌示之，不異所改。

貫休《送王貞白重試東歸》。

《唐詩紀事》。

沈　彬

《采異記》：廬山康王觀道士李谷神言：沈彬郎中，袁州宜陽人，即谷神鄉里之鄰伍也。趨尚高邈，嘗謂簪組爲梏身具狀，卒年自卜葬地，子孫不敢違。既兆穴開之，下至七尺間，得方石數片，既啓之，下有隧道，漸次闢之，乃造成石墓一所。其中高九尺，前後一丈二尺，闊與高等。靈座前，有青石蓮花臺三樹，上有青石蓮花燈碗三枚，皆覆之。後列數樹如前者。其鎸鑱之工，妙絶於世。靈座中，又得青石銘記一片，朱字篆，若方填曰："開成二年開，雖開不葬埋。漆燈猶未點，留待沈彬來。"乃就葬之。(《五代詩話》引。)

許棠《東歸留辭沈侍郎（？）》。

齊己《寄吴都沈員外彬》。

齊己《寓居岳麓謝進士沈彬再訪》。

齊己《聞沈彬赴吴都請辟》。

齊己《荆門寄沈彬》。

齊己《逢進士沈彬》。

栖蟾《居南岳懷沈彬》。

《唐才子傳》：彬字子文，筠州高安人。自幼苦學，屬末歲離亂，隨計不捷，南游湖、湘，隱雲陽山數年，歸鄉里。時南唐李昪鎮金陵，旁羅俊逸，名儒宿老，必命郡縣起之。彬赴辟，知昪欲取楊氏，因獻畫山水詩云："須知筆力安排定，不怕山河整頓難。"昪覽之大喜，授秘書郎。保大中，以尚書郎致仕歸，徙居宜春。初經版蕩，與韋莊、杜光庭、貫休，俱避難在蜀，多見酬酢。彬臨終指葬處，示家人窆，果掘得一空冢，有漆燈青熒，壙頭立一銅版，篆之曰："佳城今已開，雖開不葬埋。漆燈終未滅，留待沈彬來。"遂窀穸於此。有詩集一卷，傳世。彬第二子廷瑞，性坦率，豪於觴咏，舉動異俗，盛夏附火，嚴冬單衣。或遇崇山野水，古洞幽壇，竟日不返。時人異之，呼爲沈道者。士大夫多邀至門館，一日邑宰戲問何日道成，廷瑞即留詩曰："何須問我道成時，紫府清都自有期。手握藥苗人不識，體涵仙骨俗争知。"宰謦謝。後浪游四方，或傳仙去也。

《詩話總龜》：李昪移鎮金陵，旁羅隱逸。沈彬赴辟，知其欲取楊氏，因獻《山水圖》詩曰："須知手筆安排定，不怕山河整頓難。"覽之而喜。

《江南野録》：沈彬臨終，指葬處以示家人，穴之，乃一冢。石燈臺上有漆燈一，壙頭有一銅牌，鎸篆文云："佳城今已開，雖開不葬埋。漆燈猶未滅，留待沈彬來。"

《詩史》：桂州左右山，皆平地拔起千百丈，石如染黛，陽朔縣尤佳。沈彬有詩曰：“陶潜彭澤五株柳，潘岳河陽一縣花。兩處争如陽朔好，碧蓮峰裏住人家。”

《摭遺》：郴州城東有山高秀，神仙蘇耽修真之所，唐封爲蘇仙山。沈彬詩：“眼穿林罅見郴州，井里相逢側局楸。味道不來閑處坐，勞生更欲幾時休。蘇仙宅古烟霞老，義帝墳荒草木愁。千古是非無處問，夕陽西去水東流。”

《零陵總記》：法華寺在永州東南一里。城郭林巒，互相掩映，名士多題咏之。沈彬云：“地隈一水巡城轉，天約群山附郭來。”孟賓于云：“匝地人家憑檻見，遠山秋色卷簾看。”可謂得其狀。

《郡閣閑談》：潘天錫員外與沈彬郎中同游古觀，分題，潘云：“風便磬聲遠，日斜樓影長。”沈云：“松欹晚影離壇草，鐘撼秋聲入殿風。”

《雅言雜載》：沈彬，字子美，高安人。爲詩天才狂逸，下筆成章。好神仙之事，少孤，西游以三舉爲約。嘗夢着錦彩衣，貼月而飛，識者言雖名滿天下，身不入月，終不及第。洪州解至長安，初舉時納省卷，作《夢仙游》云：“玉殿大開從容入，金桃爛熟没人偷。鳳驚寶扇頻翻翅，龍誤金鞭忽轉頭。”第二舉《憶仙謡》云：“白榆風占九天秋，王母朝回宴玉樓。日月漸長雙鳳睡，桑田欲變六鼇愁。雲翻簫管長隨去，星逐旌幢各自流。詩酒近來狂不得，騎龍却意上清游。”第三舉《贈劉象》一首云：“曾應大中天子舉，四朝風月鬢蕭疏。不隨世祖重携劍，知爲文皇再讀書。十載戰塵消舊業，滿城風雨壞貧居。一枝何事於君惜，仙桂年年幸有餘。”劉象三十舉無成，孤寒，主司覽彬詩，其年放象及第。五老榜，即其數也。彬乾符中，值四方多事，遂南游湖湘及嶺表，二十餘年，却回吴中。過江南，受僞命，官至吏部侍郎致仕，退居高安。

卿雲《長安言懷寄沈彬侍郎》。

貫休《送沈侍郎》。

保大中致仕，假定保大三年（九四五）卒，年八十五，則生於咸通二年（八六一）。

李建勛《贈送致仕郎中》：鶴立瘦棱棱，髭長白似銀。衣冠皆古製，貌氣異常人。《重戲和春雪寄沈員外》《十春寫懷寄沈彬員外》《和致仕沈郎中》。

李中《寄贈致仕沈彬郎中》：鶴氅换朝服，逍遥雲水鄉。有時乘一葉，載酒入三湘。

李中《送致仕沈彬郎中游茅山》：挂却朝冠披鶴氅，羽人相伴恣遨游。

李中《贈致仕沈彬郎中》。

《郡齋讀書志》：《沈彬集》一卷。右南唐沈彬，保大中，以尚書郎致仕，居高安。集中有與韋莊、杜光庭、貫休詩，唐末三人皆在蜀，疑其同時避亂，嘗入蜀云。上李昪《山水圖》詩在焉。

《沈彬方等寺經藏記》：彬八十餘生三教在念……（末署）唐保大二年，八月十五日。

張　　蠙

《升庵詩話》：《蜀志》載王衍以霞光箋五百幅賜金堂令張蠙，霞光，即深紅箋也。

黄滔《貽張蠙》一本有同年二字。（《全唐詩》二十六）

《唐才子傳》：蠙字象文，清河人也。乾寧二年，趙觀文榜進士及第，釋褐爲校書郎，調櫟陽尉，遷犀浦令。僞蜀王建開國，拜膳部員外郎，後爲金堂令。王衍與徐后游大慈寺，見壁間題：“墻頭細雨無纖草，水面迴風聚落花。”愛賞久之，問誰作，左右以蠙對。因給札令以詩進。蠙上二篇，衍尤重待，將召掌制誥，宋光嗣以其輕傲駙馬，宜疏之，止賜白金千兩而已。蠙生而秀穎，幼能爲詩，《登單于臺》有“白日地中出，黄河天上來”句，由是知名。初以家貧，累下第，留滯長安，賦詩：“月裏路從何處上，江邊身合幾時歸？十年九陌寒風夜，夢掃蘆花絮客衣。”王司知爲非濫，成名，餘詩皆佳，各有意度，過人遠矣。詩集二卷，今傳。

《唐百家詩選》：張蠙字象文，昭宗時爲尚書膳部員外郎。

《郡齋讀書志》：《張蠙詩》一卷。右僞蜀張蠙字象文，清河人。唐乾寧中進士，爲校書郎，櫟陽尉，犀浦令。王建開國，拜膳部員外郎，後爲金堂令。王衍與徐后游大慈寺，見壁間書：“墻頭細雨無纖草，水面迴風聚落花。”愛之，問知蠙句，給札令以詩進。蠙以二百首獻，衍頗重之，將召爲知制誥。宋光嗣謂其輕傲，止賜白金而已。蠙生而穎秀，幼能詩，作《登單于臺》，有“白日地中出，黄河天外來”之句，爲世所稱。

殷文圭

《後唐張崇修廬州外羅城記》：天祐十四載，歲次丁丑，七月戊申朔，二十六日癸酉建立。淮南節度掌書記殷文奎文。

徐　夤

黄滔《酬徐正字夤》。

黄滔《寄徐正字夤》。

《五代史補》：徐夤登第歸閩中。途經大梁，因獻太祖《游大梁賦》。時梁祖與太原武皇爲仇敵，武皇眇一目而又出自沙陀部落，夤欲曲媚梁祖，故詞及之，云：“一眼匈奴，望英威而膽落。”未幾，有人得其本示太原者，武皇見而大怒。及莊宗之滅梁也，四方諸侯以爲唐室復興，奉琛爲慶者相繼。王審知在閩中，亦遣使至，遽召其使，問曰："徐夤在否?"使不敢隱，以無恙對。莊宗因惨然曰："汝歸語王審知，父母之仇，不可同天。徐夤指斥先帝，今聞在彼中，何以容之。"使回，具以告審知。曰："如此，則主上欲殺徐夤耳。今殺則未敢奉詔，但不可以用矣。"即日戒閽者，不得引接徐夤，坐是終身止於秘書正字。

黄滔在閩中爲王審知推官，一旦饋之魚，時滔方與徐夤對談，遂請代爲謝箋。夤援筆而成，其略曰："銜諸斷索，纔從羊續懸來；列在琱盤，便到馮驩食處。"時人大稱之。

王延彬哭徐夤（同上，二十八）：延壽溪頭嘆逝波。（原注：延壽溪，夤所居也。）

裴　說

《後山詩話》：禮部員外郎裴説……詩句甚麗，《零陵總記》載説詩一篇，尤詼詭也。

司空曙《秋思呈尹植裴説》，一本題下有鄭洞二字。

韋應物《答長安丞裴説》。

韋應物《答裴丞説歸京所獻》。

符載劍南西川幕府諸公寫真贊：有禮部裴員外説，字公諒。（案又有水部司空郎中曙，字文初。全部尹員外植，字元本。序云："戊辰歲，尚書韋公授鉞之四年也。"戊辰蓋貞元四年，七八八，與天祐之裴説非一人。）

《唐才子傳》：説工詩，得盛名。天祐三年，禮部侍郎薛廷珪下狀元及第。幼年窘迫亂離，奔走道路，有詩曰"避亂一身多"，見者悲之。後仕爲補闕，終禮部員外郎。爲詩足奇思，非意表琢煉不舉筆，有島洞之風也。弟諧，亦以詩名世，仕終桂嶺假官宰。今俱有集相傳。

《書史會要》：裴說以行草著名。

《直齋書録解題》十九：《裴説集》一卷。唐裴説撰。天祐三年進士狀頭，唐蓋將亡矣，説後爲禮部員外郎。世傳其《寄邊衣》古詩甚麗，此集無之，僅有短律而已，非全集也。其詩有"避亂一身多"之句。

《郡齋讀書志》：《裴説詩》一卷。右唐裴説撰。天祐三年進士，詩有"避亂一身多"之句。

《侯鯖録》八：詹介，南方人。有《咏梅》詩云："衹有雪争白，更無花似香。"全似裴説詩格。説《碁》詩云："人心無算處，國手有輸時。"又《牡丹》詩云："未嘗貧處見，不似地中生。"又云："入山不避虎，當路却防人。"格雖不高，其入理之言。（下缺）

孟賓于九〇五——九七九

《唐才子傳》十：賓于字國儀，連州人。聰敏特異，有鄉曲之譽。垂髫時，書所作百篇，名《金鰲集》，獻之李若虛侍郎。若虛采獵佳句，記之尺書，使賓于馳詣洛陽，致諸朝達，聲譽藹然。留寓久之，晋天福九年，禮部侍郎符蒙知貢，賓于簾下投詩云："那堪雨後更聞蟬，溪隔重湖路七千。憶得故園楊柳岸，全家送上渡頭船。"蒙得詩以爲相見之晚，遂擢第，時已敗六舉矣。與詩人李昉同年，情厚。後賓于來仕江南李主，調淦陽令。因犯法抵罪當死，會昉拜翰林學士，聞在縲紲，以詩寄之曰："初携書劍别湘潭，金榜標名第十三。昔日聲塵喧洛下，近來詩價滿江南。長爲邑令情終屈，縱處曹郎志未甘。莫學馮唐便休去，明君脱事未爲慚。"後主偶見詩，遂釋之，遷水部郎中，又知豐城縣。興國中致仕，居玉笥山，年七十餘卒，自號群玉峰叟。有集，今傳。

《雅言系述》：孟賓于《蟠溪懷古》云："良哉吕尚父，深隱始歸周。釣石千年在，春風一水流。松根盤蘚石，花影卧沙鷗。誰更憐韜術，追思古渡頭。"又《懷連上舊居》云："閑思連上景難齊，樹繞仙鄉路繞溪。明月夜船漁父唱，春風平野鷓鴣啼。城邊寄信歸雲外，花下傾杯到日西。更憶海陽垂釣侶，昔年相遇草萋萋。”

《郡閣雅談》：賓于字國儀，連州人。天福中，自湖湘越京洛應舉，遠人無援，遂卜命於華山神珓，一年乞一珓，凡六擲，乃得上上大吉。第一年云：“蟾宫空手下，澤國更誰來。”二年云：“水國二親應探榜，龍門三月又傷春。”三年云：“仙島却回空説夢，清朝未達自嫌身。”四年云：“失意從他桃李春，嵩陽經過歇行塵。雲僧不見塵中事，問是今年第幾人。”五年云：“因逢日者教重應，忍被雲僧勸即歸。”天福九年，禮部侍郎符蒙下及第，果大舉。後仕江南，官至水部郎中。

《江南野録》：孟賓于，湖湘連上人。有詩百篇，號《金鼇集》，獻於李若虚侍郎。使賓于馳詣洛陽，獻於朝，其譽藹然。明年與李昉同舉進士第。後事李後主，爲溢陽令，抵法當死。會昉遷翰林學士，以詩寄賓于曰：“初携書劍别湘潭，金榜標名第十三。昔日聲塵喧洛下，近來詩價滿江南。長爲邑令情終屈，縱處曹郎志未甘。莫學馮唐便休去，明君晚事未爲慚。”主見昉詩，宥之，復官。

《雅言系述》：孟賓于獻主司詩云：“那堪雨後更聞蟬，溪隔重湖路七千。憶昔故園楊柳岸，全家送上渡頭船。”當年中第。興國中，致仕歸，過廬陵，吉守贈以詩云：“曾聞洛浦綴神仙，火樹南樓幾十年。白首自忻丹桂在，詩名已得四方傳。行隨秋渚將歸雁，吟傍梅花欲雪天。今日還家莫惆悵，不同初上渡頭船。”

《鑒戒野録》：孟賓于子歸唐，寓廬山學，得瀑布一聯云：“練色有窮處，寒聲無盡時。”鄰舍有人，亦得此句，互誦之，助教不能理。因送江州，以全篇定之，歸唐勝焉。

《直齋書録解題》：《孟賓于集》一卷。五代進士孟賓于撰，仕湖南江南。

王禹偁《孟水部詩集序》：水部諱賓于，生於連州。其先太原人，故其詩云：“吾祖并州隔萬山，吾家多難謫郴連。”幼擅詩名，吟咏忘倦。後唐長興末，渡江赴舉，咸推薦之，由是詩名藉甚。游舉場十年，故有“十載戀明主”之什，凡八章，五上登第，故詩云：“兩京游寺曾題榜，五舉逢知始看花。”晋天福甲辰歲，禮部符侍郎蒙門人也。（徐松案證以五舉逢知句則言六舉者誤，賓于於唐入宋爲黄州司馬，亦見王禹偁序。）

徐鉉《憶新淦觴池寄孟賓于員外》。

徐鉉《送孟賓于員外還新淦》。

徐鉉《孟君别後相續寄書作此酬之》：尺素寄天涯，淦江秋水色。

徐鉉《送察院李侍御使廬陵因寄孟員外》：肯向九仙臺下歇，閑聽孟叟醉吟聲。

李　中

《墨池編》：唐懷素草帖有李中書長深字。

孟賓于《碧雲集序》：昔者仲尼删三百篇，梁太子選十九首，厥後治朝，垂名者不少，苦志者彌多，入室升堂，有其數矣。然六藝之旨，二南之風，後來未甚窮目，沉淪者怨刺傷多，取事者雅頌一貫。亂後江南，鄭都官、王貞白用情創志，不共轍，不同塗，俱不及矣。今官淦陽宰隴西李中字有中，緣情入妙，麗則可知；出示全編，備多奇句。衹如“乾坤一夕雨，草木萬方春”。此乃王澤所均，春風廣扇。《姑蘇懷古》云：“歌舞一場夢，烟波千古愁。”因想繁華之日，引成興嘆之詞。《書王秀才壁》句：“貧來賣書劍，病起憶江湖。”詩人興嘆，時政如何。《聽鄭道士琴》：“秋月空山寂，淳風一夜生。”乃景清虚，真風迴返。《徐司徒池亭》句：“扶疏皆竹柏，冷淡似瀟湘。”心匠所到，景致尤疏。《落花》句：“酷恨西園雨，生憎南陌風。”阻公子歡，動旅人感。《寒江莫泊寄左偃》云：“烟火人家遠，汀洲莫雨寒。”詩人之作，客况凄然。《秋雨》句：“秋聲在梧葉，潤氣逼書幃。”《廬山》句：“谷春攢錦綉，石潤叠瓊琳。”比興之言，搜羅尤異。《江行夜泊》句：“半夜風雷過，一天星斗寒。”恐怖一場，虚明徹曉。《寄劉鈞》云：“閑花半落處，幽客未來時。”《得故人消息》句：“夢歸殘月曉，信到落花時。”肺腸難述，懷想可知。《訪龍光謙上人》云：“相留看山雪，盡日論風騷。”見請道之相於，望寒山之不舍。又七言《宿廬山白雲峰重道者院》句：“雲開碧落星河近，月出滄溟世界秋。”又《海上從事秋日書懷》句：“千里夢隨殘月斷，一聲蟬送早秋來。”又《夜泊寄詩友》詩：“魚龍不動澄江遠，烟霧皆收皎月高。”《東林寺遠大師》句：“杉檜已依靈塔老，烟霞空鎖影堂深。”《登昆陵青山樓有感》句：“千里吴山青不斷，一邊遼海浸無窮。”《訪洞仙宫不遇邵道者》句：“羽客不知何處去，洞前花落立多時。”《憶溪居》句：“杜若菰蒲烟雨歇，一溪春色屬何人。”又《大言》句：“半落銅臺月曉，亂飄金谷風多。”《客中春思》云：“又聽黄鳥綿蠻，目斷家鄉未還，春水引將客夢，悠悠繞遍關山。”《賦泉》句：“誰當秋霽後，獨聽月明中。”《柴司徒亭前假山》句：“螢影夜攢疑燒起，茶烟朝出認雲歸。”衆目所歡，他心不到。《春莫懷故人》句：“池館寂寥三月莫，落花重叠蓋莓苔。惜春春戀不忍掃，感物心情無計開。”《贈王道士》云：“槎流海上波濤闊，酒滿壺中天地春。”論玄酒太羹，常徒肯愛，述神龍真虎，賢者則知。負勤苦，值干戈，從軍之後，受命以來，上表中朝，乞歸故園。以同氣没世，二親在堂，弃一宰於淮西，獲安家於都邑。公之忠孝彰矣，賢彦稱之。載被朱衣，猶思丹桂，乃爲言曰：“且名隨榜上者衆，藝逐雲高者稀，今之人衹儔方干處士、賈島長江，何須第一者哉。公理淦民，飲淦水，清白著矣，歌咏興焉。况今賢爲寶，以禮示人，必當閨籍將書，清庭即踐。愚生於邂逅，得遂披承，時也。素月流天，澄江如練，對滄州而援筆，乏麗藻以當心。以公五七言兼六言二百篇，目曰《碧雲集》。癸酉年（案開寶六年——九七三）八月五日序。(《五代詩話》引《五代文鈔》。）

張　泌

徐鉉《送張佖郭貢二先輩序》(《全唐文》八八二）：鉉也不佞，生於先賢之後，進在二子之前。

《娜嬛記》引虚樓《續本事詩》：張泌，江南人，字子澄，仕南唐爲内史舍人。初與鄰女浣衣相善，夜必夢之。嘗有詩寄云："别夢依依到謝家，小廊迴合曲闌斜。多情衹有春庭月，猶爲離人照落花。"浣衣計無所出，流泪而已。(後主改中書門下省爲左右内史府，在宋開寶五年九七二）

《道山清話》：予一日道過毘陵，舍於張郎中巷。見張第宅雄偉，園亭臺榭之盛，古木參天。訪之，問其家世，知國初有張佖者，隨李煜入朝。太宗時，佖在史館，家常多食客。一日，上問："卿何賓客之多？每日聚説何事？"佖曰："臣之親舊，多客都下，貧乏絶權。臣累輕而俸有餘，故常過臣，飯止菜羹而已。臣愧菲薄，而彼以爲美，故其來也，不得拒之。"一日，上遣快行家一人，伺其食，直入佖家，取一客之食以進。果止糲飯菜羹，仍皆粗疊陶器。上喜其不隱，時號菜羹張家。

《江表志》：後主即位初，張泌上書，建隆二年七月二十八日，將仕郎、守江寧府句容縣尉張某言：頓首，頓首，死罪，死罪。謹上書云云。御批云："古人讀書，不衹爲詞賦口舌也。委賢事人，忠信無隱，斯可謂不辱士之風矣。况朕纂承之始，政德未敷，哀毁之中，知慮荒亂。深虞布政設教，有不足仰副民望。泌居下位，而首進讜論，詞氣激揚，十事焕美，可興而行。朕必善初而思終，卿無今直而後佞。其中事件，亦已於赦書處分者。二十八日。"

《十國春秋》：張泌事元宗父子，官句容縣尉。建隆二年七月，憤國事日非，上書後主，幾數千言。略云："臣惟國家今日之急務，一曰舉簡大以行君道。二曰略繁小以責臣職。三曰明賞罰以彰勸善懲惡。四曰慎名器以杜作威擅權。五曰詢言行以擇忠良。六曰均賦役以恤黎庶。七曰納諫諍以容正直。八曰究毁譽以遠讒佞。九曰節用以行克儉。十曰克己以固舊好。云云。後主覽書大悦，優詔慰答，然亦未竟用其言，遂至於亡。

江　　爲

《唐才子傳》：爲，考城人。宋江淹之裔，少帝時，出爲建陽吴興令，因家爲郡人焉。爲唐末嘗舉進士，輒不第。工於詩，有“天形圍澤國，秋色露人家”“月寒花露重，江晚水烟微”等，膾炙人口。少游白鹿寺，有句：“吟登蕭寺旃檀閣，醉倚王家玳瑁筵。”後主南遷見之曰：“此人大是富貴家。”時劉洞、夏寶松就傳詩法，爲益傲肆，自謂俯拾青紫，乃詣金陵求舉，屢黜於有司。怏怏不能已，欲束書亡越，會同謀者上變，按得其狀，伏罪。今建陽縣西靖安寺，即處士故居，後留題者甚衆。有集一卷，今傳。

《藝苑雌黄》：《緗素雜記》載《江南野録》云：“江爲者，宋世淹之後，先祖仕於建陽，因家焉。”余觀《南史·江淹傳》，淹濟陽考城人，宋少帝時，黜爲建安吴興令，終於梁天監中左衛將軍。又《吴均傳》云：濟陽江洪，工屬文，爲建陽令，坐事死。竟陵王子良開西邸，招文學，洪以美詞藻游焉。淹與洪俱出考城，又俱仕齊梁間，淹爲建安吴興令，而後他遷。洪爲建陽令，而死於建陽。疑爲之系出於洪，非出於淹。爲工詩，如“天形圍澤國，秋氣露人家”之句，極膾炙人口。少游江南，有詩云：“吟登蕭寺旃檀閣，醉倚王家玳瑁筵。”後主見之曰：“此人大是富貴家。”而劉夜坐、夏江城等，并就傳句法。後以讒死。今建陽縣之西七里，有靖安寺，即爲之故居。留題者甚衆，唯陳師道洙一篇最佳。云：“處士亡來幾百年，舊居牢落變祇園。詩名長伴江山秀，冤氣上摩星斗昏。臺榭幾人留雅句，漁樵何處問曹孫。當時泉石生涯地，日暮雲寒古寺門。”

《苕溪漁隱叢話》：《南唐書》云：“江爲，其先宋人，避亂建陽，遂爲建陽人。爲有《題白鹿寺》詩云：‘吟登蕭寺旃檀閣，醉倚王家玳瑁筵。’元宗南遷，駐於寺，見其詩，稱美久之。爲由是放肆，自謂俯拾青紫，乃詣金陵求舉，屢黜於有司。爲怏怏不能自已，欲東亡吴越，會同謀者上變，按得其狀，伏罪。”余以二書考之，《藝苑》謂後主見爲詩有富貴家之語，及爲後以讒死，其言悉非是，當以《南唐書》爲正也。

《紫桃軒雜綴》：江爲詩“竹影横斜水清淺，桂香浮動月黄昏”，林君復衹改二字，爲疏影暗香，以咏梅，遂成千古絶唱。詩字點化之妙，如丹頭在手，瓦礫皆金。

《聲畫集》：爲《觀山水障》歌云：“適來一觀山水障，萬里江山在其上。遠近猶如二月春，咫尺分成百般象。一岩嵯峨入雲際，七賢鎮在青松裏。潭水澄泓不見波，孤帆滉漾張風勢。釣魚老翁無伴侣，孑然此地輕寒暑。灘頭坐久髩絲垂，手把漁竿不曾舉。樹婀娜，山崔嵬。片雲似去又不去，雙鶴如飛又不飛。良工巧匠多分布，筆頭寫出江山路。垂柳風吹不動條，樵夫負重難移步。”

《宋稗類鈔》：楊徽之《哭江爲》詩云：“廢宅寒塘水，荒墳宿草烟。”

潘佑九三七—九七二

《湘山野録》：潘佑有文而容陋，其妻右僕射嚴續之女，有絶態。一日晨妝，佑潛窺於鏡臺，面落鏡中，妻怖遽倒。佑怒其惡己，因弃之。佑方丱，未入學，已能文，命筆題壁，曰：“朝游滄海東，暮歸何太速。衹因騎折玉龍腰，謫向人間三十六。”果當其歲誅之。

《宣和書譜》：潘佑事江南李後主，閉户讀書，博通經史。文章富贍，時譽藹然。韓熙載、陳喬共薦之，累遷中書舍人。有行書許堅等詩帖，筆勢奕奕，殆有東晉之遺風。

《五代史·南唐世家》：六年，内史舍人潘佑上書極諫，煜收下獄，佑自縊死。

《江南野録》：金陵將危，劉洞爲七言詩大榜於路傍曰："千里長江皆渡馬，十年養士得何人。"又云："翻憶潘郎章奏内，愔愔日暮好沾巾。"蓋潘佑表云"家園愔愔，如日將暮"也。

《郡齋讀書志》：潘佑《滎陽集》十卷。右僞唐潘佑，金陵人。韓熙載薦於璟，授秘書正字，直崇文館。煜時爲虞部員外，史館修撰、知制誥、中書舍人。佑性貞介，文章贍逸，尤長論議，坐言事悖慢下獄，自剄死。人頗言張洎譖之。

翁　宏

王元《懷翁宏》。

廖融《謝翁宏以詩百篇見示》。

徐　鉉

《宋史·文苑·徐鉉傳》：徐鉉字鼎臣，揚州廣陵人。十歲能屬文，不妄游處，與韓熙載齊名，江東謂之韓徐。仕吴爲校書郎，又仕南唐李昪父子，試知制誥。與宰相宋齊丘不協，時有得軍中書檄者，鉉及弟鍇評其援引不當。檄乃湯悦所作，悦與齊丘誣鉉鍇泄機事，鉉坐貶泰州司户掾，鍇貶爲烏江尉，俄復舊官。時景命内臣車延規、傅宏營屯田於楚州，處事苛細，人不堪命，致盗賊群起，命鉉乘傳巡撫。鉉至楚州，奏罷屯田。延規等懼，逃罪，鉉捕之急，權近側目。及捕得賊首，即斬之，不俟報，坐專殺流舒州。周世宗南征，景徙鉉饒州，俄召爲太子右諭德、知制誥，遷中書舍人。景死，事其子煜，爲禮部侍郎，通署中書省事，歷尚書右丞，兵部侍郎，翰林學士，御史大夫，吏部尚書。宋師圍金陵，煜遣鉉求援兵，時煜將朱令贇將兵十餘萬自上江來援，煜以鉉既行，欲止令贇勿令東下。鉉曰：“此行未保必能濟艱，江南所恃者援兵爾，奈何止之。”煜曰：“方求和解，而復决戰，豈利於汝乎？”鉉曰：“要以社稷爲計，豈顧一介之使，置之度外可也。”煜泣而遣之。及至，雖不能緩兵，而入見辭歸，禮遇皆與常時同。及隨煜入覲，太祖責之，聲甚厲。鉉對曰：“臣爲江南大臣，國亡罪當死，不當問其他。”太祖嘆曰：“忠臣也，事我當如李氏。”命爲太子率更令。太平興國初，李昉獨直翰林，鉉直學士院，從征太原，軍中書詔填委，鉉援筆無滯，辭理精當，時論能之。師還，加給事中。八年出爲右散騎常侍，遷左常侍。淳化二年，廬州女僧道安誣鉉姦私，下吏。道安坐不實抵罪，鉉亦貶静難行軍司馬。初鉉至京師，見被毛褐者，輒哂之。邠州苦寒，終不御毛褐，致冷疾，一日晨起方冠帶，遽索筆手疏約束後事。又别署曰：“道者，天地之母。”書訖而卒，年七十六。鉉無子，門人鄭文寶護其喪至汴，胡仲容歸其葬於南昌之西山。鉉性簡淡寡欲，質直無矯飾，不喜釋氏而好神怪，有以此獻者，所求必如其請。鉉精小學，好李斯小篆，臻其妙，隸書亦工。嘗受詔與句中正、葛湍、王惟恭等同校《説文》……鍇亦善小學，嘗以許慎《説文》依四聲譜次爲十卷，目曰《説文解字韻譜》……鉉親爲之篆，鏤板以行於世。鍇字楚金，四歲而孤，母方教鉉，未暇及鍇，能自知書。李景見其文，以爲秘書省正字。累官内史、舍人。因鉉奉使入宋憂懼而卒，年五十五。李穆使江南，見其兄弟文章，嘆曰：“二陸不能及也。”鉉有文集三十卷，《質疑論》若干卷。所著《稽神録》多出於其客蒯亮。鍇所著則有《文集》《家傳》《方輿記》《古今國典》《賦苑》《歲時廣記》云。

《郡齋讀書志》：徐鉉集三十卷。右僞唐徐鉉字鼎臣，廣陵人。仕楊溥爲秘書郎，直宣徽北院，掌文翰。李昪時，知制誥。煜時，累遷翰林學士，歸朝爲直學士院，給事中，散騎常侍。淳化初，坐累黜静難軍司馬。鉉初，至京師，見御毛褐者，輒哂之。邠苦寒，竟以冷氣入腹而卒。鉉幼能屬文，尤精小學，嘗謂文速則意思雄壯，緩則體勢疏慢，故未嘗沉思。集有陳彭年序。

徐鉉《廬山九天使者廟張靈官記》：天祐初，江西連帥，南平王鍾公，遣道士沈太虛設醮於廟。太虛醮罷，恍然若夢，見圖象一人，前揖太虛曰："我張懷武也。常爲軍將，有微功及物，帝命爲靈官。"既寤，訪懷武之名，無能知者。歸以語進士沈彬，彬後二十年，游醴陵，邑令陸生客之。方食，有軍吏許某後至，話及張懷武，彬因問之。許曰：……沈君好道者也，常以此語人。鉉始在膠庠，預聞斯論，辛酉歲，扈從南幸，獲謁祠宫，道士童處明出沈君所述傳，求潤色之，以刊貞石。

袁謇正　徐少舟整理

全唐詩補傳甲

目　録

丁居晦

丁居晦，長慶二年進士第。（見《文苑英華》）太和中官起居舍人、集賢院直學士，擢拾遺，改司勛員外郎。開成中轉司封郎中，知制誥，遷中書舍人，拜御史中丞，遷户部侍郎。卒，贈吏部侍郎。（《全唐文》七七五）詩一首。

《郎官石柱題名》，司封郎中、司勛員外郎，并有丁居晦。

《舊唐書·宋申錫傳》：太和五年，申錫被罪，拾遺丁居晦等奏以獄付外。（《新傳》同）

《重修承旨學士壁記》：丁居晦，太和九年五月三日，自起居舍人集賢院直學士充。十月十八日，賜緋；十九日，遷司勛員外郎。開成二年九月一日，加司封郎中知制誥。三年八月十四日，遷中書舍人。十一月十六日，拜御史中丞，出院。又開成四年閏正月，自御史中丞，改中書舍人。五年二月二日，賜紫。其年三月十三日，遷户部侍郎，知制誥。其月二十三日，卒官，贈吏部侍郎。（《翰苑群書》上）

《舊唐書·文宗紀》下：開成三年十一月庚午，以翰林學士丁居晦爲御史中丞。

《南部新書》壬：開成中，文皇一日謂執政曰："丁居晦作中丞，朕曾以時諺謂杜甫、李白輩爲'四絶'，問居晦。晦曰：'此非君上要知之事。'朕常以此記得居晦，今所以擢爲中丞。"

万俟造

《元和姓纂》一〇之四五：河南万俟氏，肅，殿中監，虢州刺史。曾孫元。元生造。

《文苑英華》：万侯造，貞元十三年登進士第。（案即万俟造傳寫之誤。）

王　　玄

《雅言系述》有王元《悼李韶》詩。疑即玄。

王　　沈

詩一首。見《玉臺後集》。(？)

王　　約

王約，與郭求同時人，詩一首。

《新表》：太原大房王氏，元方子約，不詳歷官。

《舊唐書·經籍志》(《丁部集録·别集類》)：《王約集》一卷。(《新唐書·藝文志》同。)

《郎官石柱題名》，吏部員外郎有王約，在裴玄本後、潘求仁前，皆初唐人。

王　　偃

詩二首。見《玉臺後集》。(？)

王　　瓚

《新唐書·宰相世系表》：琅邪王氏宏直後，范陽丞璆，弟瓚，不詳歷官。（原作璆從子，此從沈炳震。）

王季友

王季友，貞元十四年進士第。（見《文苑英華》。案與天寶時王季友別。）詩一首。

石　　倚

石倚，肅宗時擢書判拔萃科。（《全唐文》四三六。案《登科記考》，肅宗朝無拔萃科，代宗寶應二年有此科。對“被替請選”判，與倚所對不合。）詩一首。

丘光庭

吴興人，國子博士。集三卷。（《全唐文》八九九）

殷文奎《題湖州太學丘光庭博士幽居》。

朱　　休

補傳：《全唐文》九四六有朱休《駕幸太學賦》（以“人安國泰，大播儒風”爲韻）一首。

賈島《送朱休歸劍南》：劍南歸受賀，太學賦聲雄。

朱　　華

朱華，敬則之裔，官楚州録事參軍。(？)《新唐書・宰相世系表》：穀熟令存古，次子華。）詩一首。

朱　　琳

朱琳，丹陽人。(《宰相世系表》：才子琳，不詳歷官。）詩一首。

安　　錡

安（一作鄭）錡，普州從事。詩一首。

據《題賈島墓》詩，知爲中唐以後人。

安　　鳳

《太平廣記》三四四引《瀟湘雜録》："安鳳，壽春人。少與鄉里徐侃友善，俱有才學。"

李　　何

見《御覽詩》，疑德宗時人。

《新唐書・宰相世系表》：姑臧李氏，韶後，給事中昇期子，殿中侍御史儋，兄何，汜水令。

李　　伉

李伉，咸通朝官吏部郎中（《全唐文》八〇六）。詩一首。《新表》：壽王瑁，子伉，薛國公。

《唐會要》四五：太和二年六月，詔故中書侍郎李元紘曾孫伉，可鄧州向城縣尉。

《寶慶四明志》一：李伉，咸通六年明州刺史，建五龍堂。

《寶刻類編》五：《修秦文公廟記》，掌書記李伉撰并書篆額，開成五𠂉立坊。

《新唐書・藝文志》（丙部子録・雜家類）：李伉《系蒙》二卷。

《萬首唐人絶句》目録：李伉，袁州刺史。

《郎官石柱題名》，户中有李伉，在盧奕後（奕，慎子，見《舊書・忠義傳》）、張博濟前（博濟，李林甫子婿，見兩《李林甫傳》）。

李　　沛

李沛，興元元年爲汴、宋節度使劉元佐判官，相州司户參軍（《全唐文》五一六）。詩二首。

李　　胄

李胄，官户部員外郎（《全唐文》七一六）。詩一首。

《新表》：趙郡李氏，東祖房倉部員外郎昂。子胄，比部郎中。（沈本）

舊鈔本《文苑英華》四〇，李渭《冰井賦》，目作李胄。（《户外題名考》）

《文苑英華》一八七有李胄《省試文宣王廟古松》詩。

歐陽詹《贈魯山李明府》詩。又《魯山令李冑三月三日宴僚吏序》：貞元十二年暮春，月既魄哉，生明一日，臨汝魯山令趙郡李冑恭國令，宴於縣南滍濱。(《歐陽行周文集》一〇)

《蘭亭考》十二作李冑。武億《魯山縣志》二六：恭國冑字增韻。胄，國名，冑蓋胄之誤。

《郎官石柱題名》，户外有李胄，在王崟後、路士則前。(王安石《唐百家詩選》七有戴叔倫《客舍秋懷呈駱正字士則》詩，駱疑當作路。王崟見岑參詩。)

李　　祐

江南録事參軍纂之子。詩一首。

貫休有《贈李祐道人》詩。

《太平廣記》二一九引《獨異志》：李祐爲淮西將，元和十三年送款歸國。

李　　倫

《新唐書·宰相世系表》：趙郡李氏，東祖房系後，阜城尉瑗從子倫，范令(疑有脱佚)。

李　　章

見《玉臺後集》。(？)

李　　韶

《新唐書・宰相世系表》：東祖房緦後，襄邑丞琡，子韶，太子通事舍人。又系後，臨川尉端（案詩人正己）從弟韶，不詳歷官。又安邑丞虚己子、吏部員外郎華（遐叔）從兄韶，延陵丞。又大理丞震子韶，不詳歷官。

《郎官石柱題名》，户外有李韶，在薛調前。調，懿宗時人，見《唐語林》四。

《新唐書・宗室世系表》：蜀王房，東陽令季方，子安州刺史韶。

《雅言系述》：李韶，邯州人。苦吟固窮。《題司空山觀》云：……識者謂韶必無名，果如其言。王元悼之云："韶也命何奇，生前與世違。貧栖古梵刹，終着舊麻衣。雅句僧抄遍，孤墳客吊稀。故園今孰在，應見夢中歸。"（《五代詩話》五）

李　　暇

見《玉臺後集》。（？）

李　　播

見《玉臺後集》。（？）

杜牧《唐故進士龔軺墓志》：會昌五年十二月，某自秋浦守桐廬，路由錢塘，時刺史趙郡李播……（《樊川文集》九。）

《唐詩紀事》：李播，元和進士第。

李　　澣

李澣，字日新。仕後唐，歷集賢校理。入晋，累遷中書舍人。契丹入汴，陷塞北。宋建隆三年，卒於契丹。（《全唐文》八六一）詩一首。（柳宗元《李侍御墓碣》：監察御史澣字濯纓，明兩經，仕歷永興臨晋尉。）

（《太平廣記》三三七引《廣異記》："河中少尹李澣以廣德二年薨。"）

李　　聰

《新唐書·宰相世系表》：隴西李氏（後徙京兆），德宗相晟子，河中節度使願弟，聰，光禄寺主簿。

李　　曜

官尚書，嘗爲歙州刺史。詩一首。

《太平廣記》二五二引《抒情詩》。

李士元

或云嘗爲僧。（？）《返初詩》二首。

李茂復

泗州刺史。詩二首。

吴　　秘

吴秘，貞元九年進士第（《登科記考》一三）。詩一首。

吴　　圓

歙州刺史。詩一首。
《太平廣記》二五二引《抒情詩》。

吴大江

吴大江，世次不詳（《全唐文》九四六有《棋賦》一首）。詩一首。

吴象之

《舊唐書·韋陟傳》：天寶十二載，楊國忠引河東人吴豸之，謂曰："子能使人告韋陟否？吾以子爲御史。"豸之曰："能！"乃告陟與御史中丞吉温結托，欲謀陷朝庭。（《新傳》略同）

玄宗《賜蒲州童子吴豸之》：薄綴小篇，兼記古事，不稍優異，無申獎勸，宜賜其父絹十匹，令更習學，便有成就。（《大詔令集》）

《唐郎官石柱題名》：主客員外郎有吴豸之。

《御史臺精舍題名》：右側侍御兼殿中有吴□之。（案疑象爲豸之誤。）

吕　　炅

《登科記考》：吕炅，貞元十九年登進士第。（卷十五之二十二）

韓愈《河南少尹李素墓志銘》：吕氏子炅，弃其妻，着道士衣冠，謝母曰："當學仙王屋山。"去數月，復出，間詣公。公立之府門外，使吏卒脱道士冠，給冠帶，送付其母。（案昌黎又有詩云："非痴非狂誰氏子。"注云："謂炅。"）

元稹《酬哥舒大少府寄同年科第》："前年科第偏年少，未解知羞最愛狂。九陌争馳好鞍馬，八人同著彩衣裳。"注云："同年科第：宏詞吕二炅、王十一起；拔萃白二十二居易；平判李十一復禮，吕四頻，哥舒大恒，崔十八元亮，逮不肖八人，皆奉榮養。"

白居易《和元九與吕二同宿話舊》詩：見君新贈吕君詩，憶得同年行樂時。

吕　　敞

《元和姓纂》六（一六）：吕元播，臨汝人，又家緱氏。生渭輔。渭輔生敞，監察御史、起居郎。

吕　　價

《寶刻叢編》引《集古録目》:《唐魏博節度田布碑》，前鄉貢進士吕價書。

何　　象

遂寧令。詩一首。

宋　　迪

《永樂大典》引《宜春志》: 貞元十三年，宋迪登進士第。(《登科記》一四之一四引。)

辛弘智

《自君之出矣》一首，見《玉臺後集》。疑初、盛間人。

狄　　焕

字子炎，梁公仁杰之後，隱於南岳。詩三首。

《雅言系述》: 狄焕，字子炎，梁公之裔。寄於南岳，以林泉自適。

三詩王士禎載入《五代詩話》卷五。

杜周士

杜周士，京兆人。鄉貢進士（《全唐文》六九三。疑元和時人）。詩一首。

貞元十七年進士第，見《文苑英華》。周士又見柳宗元《童區寄傳》。宗元又有《送杜留後詩序》。韓注：周士，貞元十七年中進士第。

吕温《湖南都團練副使廳壁記》：元和三年冬，天子命御史中丞隴西李公廷賜大旆，俾綏衡湘。於是前太常寺奉禮郎京兆杜君周士，群材響附，各以類至，文雅器用，歲餘大備。（《吕衡州文集》十）

《新唐書·西原蠻傳》：長慶初，邕管既廢，人不謂宜。御史杜周士使安南，過邕州，刺史李元宗白狀，周士從事五管積三十年矣，亦知其不便。容管經略使嚴公素，遣人盜其稿。周士憤死。

冷朝光

見《玉臺後集》。（？）

豆盧回

豆盧回，欽望孫。京兆少尹。（《新唐書·宰相世系表》。回一作田。）詩一首。

《元和姓纂》九之二五：昌黎棘城豆盧氏，欽望弟欽肅。欽肅生靈昭，宣州刺史。子回，京兆少尹。（節文）

林　琨

林琨，濟南郡鄒縣人。代宗朝官左司、司封郎中，知制誥(《全唐文》四五八)。詩一首。

《郎官石柱題名》，左中、封中有林琨。(左中在裴諝後。《舊唐書·諝傳》：代宗時爲河東道租庸鹽鐵等使，入計拜左司郎中。封中琨在崔浩後、趙昂前。《唐會要》七六：建中元年，孝弟力田聞於鄉閭科，崔浩及第，韋執誼翰林院故事。至德已後，趙昂自太博充祠外，又充，卒於駕外。)

《元和姓纂》五：濟南鄒縣林氏，居三源(疑原)縣。定平丞希邱，生琨，司駕員外，知制誥。生禮(二字疑衍)，膳部左司郎中，諫議大夫，中都男，贈兵部侍郎，工部尚書。生賁、贄、貴、寶。三代進士。(原有訛誤，此約述原文。)

林　璠

《元和姓纂》五：濟南鄒縣林氏，希邱弟希禮，生璠，京兆法曹，三源(源疑原)縣人。(案即琨之從兄弟。)

孟　翺

世次不詳。《全唐文》九五八有《謙受益賦》一首。詩一首。

孟匡朝

《郎官石柱題名》，左外有孟匡朝，在任瑗後（任瑗見《新唐書·安祿山傳》）。又見《御史臺精舍題名》碑陰左棱題名。

李肇《翰林志》：開元二十六年，别建學士院。有孟匡朝等，在舊翰林院，雖有其名，不職其事。

韋執誼翰林院故事。孟匡朝等在舊翰林院中，但假其名，而無所職。（《翰院群書》上。）

《唐會要》七四：天寶元年冬，選六十四人，判入等。至來年正月，上於勤政樓下親自重試，惟二十人比類稍優，餘并下第。左拾遺孟匡朝等并貶官。

《封氏聞見記》八：拾遺孟匡朝貶賀州，作《竊蟲賦》，比之鬼魅。

《續博物志》九：孟康朝作賦，比之鬼魅。（案康宋人避諱改。）

《封氏聞見記》四：開元中，拾遺蓋匡朝上書，以江淮河濟，各能獨達於海，故受四瀆之名。（案蓋爲孟之誤。）

易　　思

《永樂大典》引《宜春志》：易偲進士第。（《登科記考》二七）

叔孫玄觀

叔孫玄觀，蕭昕同時人（《全唐文》四四〇）。詩一首。

《元和姓纂》十：開元大理司直叔孫通元孫觀生興。（案此有脱誤，當是叔孫元觀。）

武翊黄

原有爵里，無世次。

武翊黄，字坤輿，元衡子（見《新唐書・宰相世系表》)。元和元年進士及第（見《登科記考》)。又登宏詞科。翊黄府送爲解頭，及第爲狀頭，宏詞爲敕頭，時號爲“武三頭”（見《唐語林》。又章孝標《錢塘贈武翊黄》詩云：“天人科第占三頭。”)。後惑於媵嬖薛荔，苦其冢婦盧氏，雖宰相李紳力蔽之，而衆論不容，終至流竄（見《唐語林》)。詩一首。

《宰相世系表》云官大理卿。

胡玢一作汾

貫休《寄西山胡汾》：待價欲要君，山前獨灌園。雖然不識面，要且已銷魂。鹿睡紅霞影，泉淋白石門。伊余心更苦，何日共深論。

貫休《送胡處士》：不名兼不利，相遇海西濆。白字未干髮，清時錯愛雲。頭巾多酒氣，竹杖有苔文。久積希顏意，林中又送君。

貫休《寄西山胡汾吴樵》：帶經鋤隴者，何止手胼胝。覓句句句好，慚予筋力衰。雲埴臨案冷，鹿隊過門遲。相憶空回首，江頭日暮時。

（案當從一本作汾。）

《唐才子傳》九《任濤傳》：李常侍騭廉察江西，素聞濤。取其詩覽之。（案本書胡玢小傳曰：“李騰廉問江西。”疑即此人。）

曹松《哭胡處士》：故人江閣在，重到事悠悠。（在《滕王閣春日晚眺》及《鍾陵野步》二詩後。）

曹松《與胡汾坐月期貫休上人不至》。

曹松《贈胡處士》。

曹松《哭胡處士》：世上亡君後，詩聲更大哉。

（案松有《亂後入洪州西山》詩。又《再洪州望西山》詩原注云："松嘗栖此山。"）

胡　權

胡權，開成時人（《全唐文》七五九）。詩一首。

韋　鎰

韋鎰，待價之孫，官終監察御史（《宰相世系表》逍遥公房韋氏）。詩一首。

《舊唐書·元載傳》：天寶初，監察御史韋鎰充使監選黔中，引爲判官。

《太平廣記》三三二引《紀聞》：監察御史韋鎰，自貶降量移虢州司户參軍，卒。

《御史臺精舍題名》，監察御史有韋鎰。

紇干著

見《御覽詩》。疑德宗時人。

苑 讷

《太平廣記》二四二引《乾䉼子》：唐尚書裴胄鎮江陵，常與苑論有舊。論及第後，更不相見，但書札通問而已。論弟讷方應舉，過江陵，行謁地主之禮。

姚 揆

姚揆，官温州郡丞（《全唐文》九〇一。疑晚唐人）。詩四首。

邢象玉

邢象玉，武德、貞觀間人，與王績友善。（見《唐詩紀事》。）

徐 至

徐至，貞元中進士（《全唐文》六一九）。詩一首。

貞元十七年進士第，見《登科記考》一五。

徐之才

見《玉臺後集》。

《太平廣記》二一八引《太原故事》：北齊右僕射徐之才。《太平廣記》二四七引《談藪》：齊西陽王高平徐之才博識有口辯。

《太平廣記》二五三引《啓顔録》：北（原誤比）齊徐之才封西陽王時。

徐仁嗣

《新表》：徐氏，懿宗相商子、昭宗相彦若弟仁嗣，不詳歷官。

《舊唐書·僖宗紀》：乾符二年二月，以翰林學士徐仁嗣爲司封郎中，學士如故。

案仁嗣省試《天驥呈材》詩一首，見《文苑英華》一八五。黄璞《王郎中傳》："咸通三年，鄭侍郎讜試例載《干戈賦》《天驥呈材》詩。"仁嗣當是登咸通三年進士。

《郎官石柱題名》，司封員外郎有徐仁嗣，在鄭就後（《舊唐書·僖宗紀》：乾符二年六月，以户部員外郎鄭就爲司勛員外郎）、盧胤征前（《舊唐書·僖宗紀》：乾符元年四月，以侍御史盧胤征爲司封員外郎。案二年七月，司封員外郎盧胤征爲吏部員外郎）。司封郎中亦有徐仁嗣，在崔澹後（崔澹見《舊唐書·崔璵傳》，大中十三年登進士第。《新唐書》同。又見《舊唐書·僖宗紀》二年，又四年）。

徐玄之

徐玄之，南昌人，官終諫議大夫（《元和姓纂》二）。詩一首。

《元和姓纂》二：諫議大夫徐元之，居南昌。

《吴興志》：徐元之，開元七年自諫議大夫授，改邠王府長史。（《統紀》云十五年，《石柱·吏中考》引。）

權德輿《太子少保徐公（申）墓志銘》：吉州太和丞仁澈，生皇吏部郎中諫議大夫元之。（《權載之文集》二四）

李翺《嶺南節度使徐公行狀》：祖玄之，皇考功員外郎，贈（疑衍）吏部郎中、諫議大夫。(《李文公集》一一)

《郎官石柱題名》，吏中有徐玄之，在袁仁敬後（仁敬與張九齡友善，見兩《張九齡傳》）、陳希烈前。又見吏外、勛外。又主中有徐立之，時代合，立疑玄之誤。

《太平廣記》四七八引《纂異記》：有徐玄之者，自浙東遷於吴，於立義里居。

唐　　備

《唐才子傳》九：唐備，龍紀元年進士。工古詩，多極諷刺，頗干教化，非浮艷輕斐之作。同時於濆者，共一機軸，大爲時流所許。又《載逸》詩云："狂風拔倒樹，樹倒根已露。上有數枝藤，青青猶未悟。"

唐　　暄

唐暄，儉之曾孫，官義王府户曹參軍。（見《宰相世系表》。又儉族弟相州别駕爽，有孫亦名暄，不詳歷官。案《表》户曹有從兄昕、晦、昭。不詳歷官之暄，二兄一弟，并與同名。疑後者有誤。）詩三首。

唐堯臣

《太平廣記》三八九引《廣異記》：張師覽善卜冢，弟子王景超傳其業。開元中，唐堯臣卒於鄭州，師覽使景超爲定葬地。後唐氏六畜等皆能言。罵云："何物蟲狗，葬我著如此地！"家人惶懼，遽移其墓。怪遂絶。

《郎官石柱題名》，勛外有唐堯臣，在李岫（林甫子）後。

《御史臺精舍題名》，殿中侍御史有唐堯臣（武后中至開元末）。

孫　　頠

孫頠，肅宗時（《全唐文》四五七）富春人。登進士第。（郎士元有《送孫頠》詩："悠然富春客，憶與暮潮歸。及第人多羨，如君獨步稀。"）詩二首。

馬　　逢

馬逢，開元時人（《全唐文》三九五）。詩五首。（案逢詩見《御覽詩》中，當爲德宗時人。此云開元，蓋貞元之誤。）

《唐才子傳》：馬逢，閩中人，貞元五年盧頊榜進士。

《元和姓纂》七：扶風茂陵馬氏，擇，兵部員外，河間太守，生著、署。署生逢，監察御史。

《新唐書·宰相世系表》：兵部員外郎、河間太守擇。子署。署子逢，兼監察御史。

《侯鯖録》六：唐王仲舒爲郎中，與馬逢友善。每責逢曰："貧不可堪，何不尋碑志相救？"逢笑曰："適見人家走馬呼醫，立可待也。"（《稗海》本）

劉禹錫《重送鴻舉師赴江陵謁馬逢侍御》。

元稹《送東川馬逢侍御使回十韻》。

張　何

張何，大曆中進士（《全唐文》四五七）。詩一首。

張　昭

張昭，南漢時人。詩一首。

辨誤：劉師培曰：“詩言‘高廟明靈再啓圖，金根玉輅幸神都’，又言‘正撫薰琴娛赤子，忽登仙駕泣蒼梧’。明係後漢高祖樂章，非南漢之詩，則傳文亦誤。”

張昭，字潛夫，本名昭遠，避漢祖諱，止稱昭。仕後唐，累遷禮部侍郎。入晋，歷尚書右丞。漢初爲吏部侍郎，乾祐年加檢校禮部尚書。周廣順初拜户部尚書，顯德元年遷兵部。恭帝即位，封舒國公。入宋，開寶五年卒。（《全唐文》八六四）詩一首。

張　起

見《御覽詩》。德宗時人。

張　陵

見《玉臺後集》。

張　　軫

張軫，字季心，柬之孫。幼爲沙門，居龍興寺。後還俗，舉秀才擢第。無何，拜河南府參軍。開元二十年卒，年三十六。有集三卷。(《唐文拾遺》二一丁鳳《河南府參軍張君墓志》。又見《宰相世系表》。）今存詩一首。

吕岩説《故河南府參軍范陽張府君墓志銘》：君諱軫，字季心，其先范陽方城人。九世祖貞仕宋南徙，五世祖策隨梁北歸，寓居襄陽，因爲此土舊族。年九歲，以母氏宿願固請爲沙門……以進士甲科拜河南府參軍。

張　　震

石刻《郎官石柱題名》，左外有張震，在李知止後（孫逖有《授李知止司封員外郎制》)、畢炕前（《舊唐書・禮儀志》：天寶十載，遣畢炕祭醫無閭山廣寧公。又《新唐書・畢構傳》：子炕，天寶末爲廣平太守)。又見户中，在盧奕前、楊玘後。蓋開元、天寶間人。

張　　隨

張隨，始興人，徙居韶州曲江，容州司馬鳳初從孫（《全唐文》九〇一)。詩二首。

張元正

與盧綸同時（綸有詩及之）。

張令問

張令問，唐興人。隱居不仕（案卷三十一云："隱居天國山。"），號"天國山人"。詩一首。

案：梁章鉅《南浦詩話》曰："浦城在漢爲漢興，在三國吴爲吴興，唐武德四年改爲唐興。此張令問，當即浦人。建安孟貫有《寄張山人》詩云：'草堂南澗邊，有客嘯雲烟。掃葉林風後，拾薪山雨前。野橋通竹徑，流水入芝田。琴月相親夜，更深戀不眠。'蓋即寄令問之作也。又案杜光庭有《題福唐觀》詩云'曾隨雲水此山游'，蓋杜曾入閩，張因與之賡和歟？"《東都事略》："楊徽之，字仲猷，建州浦城人也……少好學，同邑有江文蔚善賦、江爲善詩，徽之遂與齊名。"

張修之

當删，即張循之。

張欽敬

張欽敬，開元時擢進士第（《全唐文》四〇一）。詩一首。

張復元

張復元，貞元中進士（《全唐文》五九四）。詩一首。
貞元九年進士第（見《登科記考》一三）。

張敬微

蔡希寂有《贈張敬微》詩。希寂開元時人，詩見《丹陽集》。希寂又有《洛陽客舍逢祖咏留宴》詩。

郭　　求

原爵里世次俱無考。

郭求，京兆人（《元和姓纂》十九：司農郎中、懷州刺史郭齊宗曾孫求，校書郎，京兆人）。登進士第（《文苑英華》一八七有郭求省試《日暖萬年枝》詩。求登第年待考。《唐摭言》二：元和元年府元落郭求）。元和三年又以賢良方正能直言極諫科及第（見《唐會要》七十。又見《册府元龜》。亦作郭球，疑誤）。歷藍田尉、翰林學士、左拾遺。[《重修承旨學士壁記》："郭求，元和十一年十一月六日自藍田尉、史館修撰充。八月遷左拾遺，十一月八日出守本官。"《翰苑群書》上引：韋執誼翰林院故事。元和已後，郭求藍田尉授集賢校理，充拾遺，又充出守本官。（案勞格《讀書雜識》六云：《壁記》年月有誤。）《新唐書·韋貫之傳》："貫之罷相（案《憲宗紀》：元和十一年八月壬寅，韋貫之罷相），翰林學士、左拾遺郭求上疏申理，詔免求學士。"］太和中，與白居易同官分司，爲左庶子。以心疾與同僚忿競，貶婺王府司馬。（白居易《吟四維》詩有云："家雖貧猶富於郭庶子。"注云："分司同官中，庶子求貧苦最甚。”《舊唐書・文宗紀》下：太和五年九月甲辰，貶太子左庶子郭求爲婺王府司馬。以其心疾，與同僚忿競也。）詩一首。

郭　　汭

郭汭，潁川人，待舉之孫。官終陳留采訪使。(《宰相世系表》作納。以從兄名潤推之，疑當從水作汭。《表》誤也）詩一首。

《全唐文》三五一：郭納，開元中陳留采訪使。

郭　　邕

郭邕，開元時人。詩一首。

陳　　述

陳述，河東桑泉人，後魏征南將軍許昌公琬玄孫（《元和姓纂》三）。詩一首。

陳　　祐

原誤祜。《文苑英華》作祐。一作佑。

陳祐，貞元九年進士第（《登科記考》）。歷明州長史員外郎。（劉禹錫《贈同年陳長史員外》詩：“明州長史外臺郎，憶昔同年翰墨場。”）

爲淄青節度副大使李師道僚屬，師道叛，祐抗節忤賊，被囚。(《全唐文》五九四原作陳佑）詩一首。

陳　璀

陳璀，貞元九年進士第（《登科記考》一五）。詩一首。

陳　嶰

《永樂大典》引《宜春志》：陳嶰，登進士第(《登科記考》二七)。

陳中師

《舊唐書·張宏靖傳》：憲宗時，盗殺宰相武元衡。詔録鎮卒張晏輩付御史陳中師按之。

白居易《陳中師除太常少卿制》略云：敕尚書吏部郎中兼侍御史陳中師早以體物（《英華》作要）之文、待問之學，中鄉里選，第甲乙科。及筮仕立身，皆有本末，不背俗以矯逸，不趨時以沽名，從容中道，自致聞望。累踐郎署，再參憲司，官無卑崇，事無簡劇，如玉在佩，動必有聲。爲時所稱，何用不可？可太常少卿。(《白氏文集》五十一。)

《郎官石柱題名》，吏中有陳仲師，在于敖後（《舊唐書·于敖傳》：元和六年真拜監察御史，長慶四年入爲吏部郎中）、盧元輔前（元輔二史皆有傳。白居易有《授盧元輔吏部郎中制》)。吏外有陳中師，在崔郾後（崔郾二史有傳。杜牧有《禮部尚書崔公行狀》)、楊嗣復前（楊嗣復二史有傳)。封中亦有陳中師，在薛存慶後(存慶見《新表》薛氏西祖房、《新・薛珏傳》、《唐會要》七六)、嚴休復前。

梁　　獻

梁獻，先天時官倉部員外郎(《全唐文》二八二)。詩一首。

陶　　拱

原爵里世次俱無考。一作洪。案《全唐文》亦作拱，則拱字是。

陶拱，貞元中進士(《全唐文》五九四)。詩一首。

馮待徵

馮待徵，開元時人(《全唐文》四〇二)。詩一首。

馮道之

一作用之。詩一首。

馮用之，天寶朝官金部員外郎、考功郎中(《全唐文》四〇四)。

《元和姓纂》一：萬年縣令馮用之，洛陽人。

《集古録目》:《唐户部尚書章仇兼瓊碑》，唐檢校倉部郎中馮用之撰，天寶十年立。(《寶刻叢編》七引)。

《唐郎官石柱題名》，金部員外郎、倉部郎中，并有馮用之。

景　　池

貫休《寄景池判官》：渚宫江上别，倏忽十餘年。舉世唯攻説，多君即不然。浦珠爲履重，園柳助詩玄。勉力酬知己，昌朝正急賢。

楊　　衡

符載《荆州與楊衡説舊因送游南越序》。又《犀浦縣令楊府君墓志》。

楊　　夔

楊夔，弘農人（本集《小池記》："較貪，自稱弘農子。"）。有雋才。爲宣州田頵上客，知頵不足抗吴，著《溺賦》以戒之。頵不用，竟至於敗（《全唐文》八六六）。集五卷，今存詩十二首。

楊希道

當删，即楊師道。

楊齊哲

楊齊哲，長安四年官洛陽縣尉（《全唐文》二六〇）。詩一首。

《過函谷關》詩，見《初學記》七，在宋之問《過函谷關》詩後。

賈彦璋

《元和姓纂》七：河内野王賈氏，中書舍人登陜郡（疑有脱誤），庫部郎中賈彦璋。

趙　坊

《永樂大典》引《宜春志》：趙坊，登進士第（《登科記考》二七）。

趙　摶

《唐才子傳》十《張鼎傳》：同時趙摶，有爽邁之度，工歌詩……詩各一卷。

裴　杞

裴杞，貞元九年進士第（《登科記考》一三）。詩一首。

熊　曜

（當移岑參後。）

補傳：熊曜，南昌人。開元中進士，爲貝州參軍（見《全唐文》小傳。曜文今存《琅邪臺觀日賦》一首）。岑參有《敬酬杜華淇上見贈兼呈熊曜》詩。

《元和姓纂》一：開元臨清尉熊躍，洪州人。（躍爲曜誤。）

鄭　昉

鄭昉，滎陽人。建中元年登第（《全唐文》四三六。案《登科記考》，建中元年進士、明經諸科皆無鄭昉。待考）。詩一首。

《郎官石柱題名》，吏中、户中、倉外、主外，各有鄭昉。蓋開元中人。

鄭　蕡

原爵里世次俱無考。

鄭蕡，貞元十二年進士第（見《文苑英華》）。詩二首。

錢起《客舍贈鄭蕡》（似别是一人）。

鄭　鏦

見《御覽詩》。疑德宗時人。

鄭述誠

清晝同時人。（《秋日盧郎中使君幼平泛舟聯句》有清晝、盧藻、陸羽、潘述、李恂、盧幼平及述誠。）

鄭師貞

鄭師貞，與郭求同時人。

劉　　望

《永樂大典》引《宜春志》：劉望，登進士第。(《登科記考》二七。)

劉　　廓

《永樂大典》引《宜春志》：劉廓，登進士第。(《登科記考》二七。)

劉元淑

劉元淑（原作叔，云一作淑。案《全唐文》九五四有劉元淑《夏雲賦》，似即此人，則作淑字是），世次不詳。詩一首。

劉夷道

詩見《初學記》十九。

《郎官石柱題名》，吏部員外郎有劉夷道，在李志遠後（志遠見《新唐書·循吏傳》。又《石刻五言同韋子游神泉詩》後署：天官員外郎李鵬，字至遠，垂拱四年立）。

潘　　圖

潘圖，文宗時人（《全唐文》七四一）。詩一首。

盧肇《及第後送潘圖歸宜春》曰：“青雲乍喜逢知己，白社猶悲送故人。”又曰：“君歸爲説龍門事，雷雨初生電繞身。”（《北夢瑣言》：肇，會昌三年進士及第。又見肇進《海潮賦狀》。）

《永樂大典》引《宜春志》：潘圖，進士第。（《登科記考》二七。）

潘求仁

《元和姓纂》四：隋尚書右丞潘子義孫求仁，唐屯田郎中，杭州刺史，廣宗人。

許敬宗《賀杭州等龍見并慶雲朱草表》：杭州刺史潘求仁表稱於錢塘縣界見青龍一。（《文苑英華》五六五。）

《舊唐書·經籍志》下（丁部·集録·别集類）：《潘求仁集》三卷。（《新唐書·藝文志》同。）

《郎官石柱題名》，吏部員外郎有潘求仁，在王紛後。

樂　　坤

樂坤，貞元十七年進士第（見《文苑英華》）。詩一首。

《雲溪友議》：樂坤，舊名冲。纍舉不第，元和十二年乃罷舉東歸……終於郢州。

閻德隱

《元和姓纂》五：常山閻氏，唐監察御史文逸，生德隱，給事中。

盧　　汪

見《唐詩紀事》六十六。

盧　　征

《郎官石柱題名》，封外有盧胤征，在徐仁嗣後。又見吏外，在崔瀆後（瀆見《舊唐書・崔球傳》，大中末進士第）。

《舊唐書・僖宗紀》：乾符元年四月，以侍御史盧胤征爲司封員外郎，判户部。（案二年七月以司封員外郎盧胤征爲吏部員外郎。）

《新唐書・黄巢傳》：中和二年，天子以王鐸爲諸道行營都統，中書舍人盧胤征爲克復制置副使。

《文苑英華》一八五有盧征省試《天驥呈材》詩。

案：盧征即盧胤征，宋人避諱闕之也。

又案：黄璞《王郎中傳》："咸通三年，鄭侍郎讜試例載《干戈賦》《天驥呈材》詩。"則胤征當即是年進士。惟徐仁嗣、鄭賁、王棨三詩俱得"呈"字，此得"天"字爲少異。

盧　　鉟

《郎官石柱題名》，左外有盧鉟，在張黯後（黯，張籍子。見《姑蘇志》五四）、孫鍠前（孫鍠見《舊唐書·懿宗紀》咸通十一年，又新、舊《劉瞻傳》）。又見户外，在崔彦昭後（彦昭二史有傳，又《舊唐書·懿宗紀》咸通三年）。

《太平廣記》二七三引盧懷（《新唐書·藝文志》作瓌）《抒情集盧常侍鉟牧瀘江》。

《南部新書》辛同上。作廬江。

錢衆仲

錢衆仲，貞元時人。（案：貞元十四年進士王季友有省試《玉壺冰》詩，與錢衆仲詩題同，故知爲同時人。然貞元十四年省試《青出藍》詩，則衆仲非此年進士矣。《全文》四九有錢衆仲賦二首，世次亦不詳。）詩二首。

穆　　寂

原爵里世次俱無考。

穆寂，貞元九年進士第。（見《登科記考》。案《考》引《永樂大典》載《瑞陽志》：貞元九年穆寂榜。是寂爲狀元，誤。《嘉話録》：貞元末，太府卿韋渠牟、金吾李齊運、度支裴元齡、京兆尹嗣道王實，皆承恩寵，事薦人多得名位。時劉師老、穆寂皆應科目，渠牟主持穆寂，齊運主持師老。會齊運朝對，上嗟其羸弱，許其致政，而師老失授。故無名子曰："太府朝天升穆老，尚書倒地落劉師。"皎然有《送穆寂赴舉》詩。）詩二首。

《全唐文》六八三。

吕温《湖南都團練副使廳壁記》：元和三年冬，天子命御史中丞隴西李公廷賜大旆，俾綏衡湘，於是監察御史河南穆君寂，群材響附，各以類至，文雅器用，歲餘大備。(《吕衡州文集》十。)

《文苑英華》一八三有穆寂省試《春風戒寒》詩。

《元和姓纂》十：河南穆氏昌，生寂，著作佐郎。

《永樂大典》引《瑞陽志》(見前)。

《嘉話録》(見前)。

皎然《送穆寂赴舉》詩。

韓　雄

當删，即韓翃。

戴　察

《酉陽雜俎》：臨川郡南城縣令戴察。

戴休珽

《郎官石柱題名》，倉中有戴休珽，倉外有戴休琁，勛外補有戴林琁。疑即休琁之誤。

《石刻開元天寶聖文神武皇帝夢烈祖玄元皇帝靈應頌》，朝散大夫守倉部郎中上柱國戴璇撰序。(天寶元年七月，陝西盩厔。)

《新唐書·戴休顔傳》：弟休璿，歷開府儀同三司，封東陽郡王。

《金石録目録》六：《唐江州刺史戴希謙墓志》，從子休璇撰，次子崿八分書，開元二十六年十一月。

《文苑英華》二〇五有戴休珽《古意》一首。

《元和姓纂》九：河東桑泉戴氏，唐司勛員外郎戴休琁。

薛少殷

《太平廣記》一五二引《前定録》：河東薛少殷舉進士……及第。未幾，授秘書省正字，充（原誤克）和蕃判官。及回，改同官主簿。秩滿，遇趙昌爲安南節度，少殷與之有舊，求爲從事……昌許之，曰："乘遞之鎮，未暇有表，至江陵，當以表請。"及表至，少殷尋以丁母憂服除，選授萬年縣尉。時青淄卒吏與附馬家僮鬥死，京兆府不時奏，德宗赫怒。時少殷主戒唐一日，乃貶高州雷澤縣尉，十餘年備歷艱苦……及順宗嗣位，有詔收録貶官，少殷移至桂（原作珪，疑誤）陽。（道卒。）

濮陽瓘

《元和姓纂》十：陳留濮陽氏，大曆嶺南判官、檢校刑部員外濮陽灌（案灌字疑誤）。

蕭　意

見《玉臺後集》。

顔　舒

顔舒，曲阜人。天寶時制科登進士第（《全唐文》四〇八）。詩一首。

顔真卿《顔含碑》。

羅　炯

當删，即羅珦。

嚴　郭

當作嚴郾，此因《唐詩紀事》六六而誤。

嚴識玄

嚴識玄，武后朝官魏州刺史，後爲兵部郎中（《全唐文》一六七）。詩一首。

權　徹

《御史臺精舍題名》，監察御史權徹名兩見。

《石刻琵琶泓詩》，朝議大夫高平郡别駕權徹詞，錢唐縣尉琅邪王紓書。序云："秉憲被譴，來佐丹曲。"（天寶五載山西鳳臺。）

獨孤及《唐故朝議大夫高平郡别駕權公神道碑》：公諱徹，字幼明，隴西天水人也。(《毘陵集》八。)

全唐詩補傳乙

目　録

孟　　郊

貞元十二年登第，時年五十四。貞元十九年爲溧陽尉。元和二年爲協律郎。元和九年爲鄭餘慶參謀，行至閿鄉暴卒，治喪東都。父庭玢，妻鄭氏，無子。二弟酆、郢，與樊宗師最善。（以上見韓愈《貞曜先生墓志》、《送孟東野序》、《祭十二郎文》注、《與鄭相公書》。）

柳珹摹雁塔題名殘拓本，有貞元九年正月五日進士孟郊題字，時猶未第，故無前字。

張禮《游城南記》注（藕香零拾本）：（慈恩寺）塔既經焚，塗污皆剥，而磚始露焉。唐人墨迹，於是畢見。今孟郊、舒元輿之類尚存，至其他不聞於後世者，蓋不可勝數也。

《唐兩京城坊考》（連筠簃叢書本）五：立德坊，孟郊宅。

王建《哭孟東野》：老松臨死不生枝，東野先生早哭兒。（謹案：據此，所謂東野無子者，蓋其子早夭也。）

《北平晨報·北晨藝圃》載《孟郊年譜》（民國二十三年五月十六、二十二、二十三日）。

《唐詩紀事》三五孟郊門：李翱薦郊於張建封云：兹有平昌孟郊，貞士也。伏聞執事舊知之……李觀薦郊於梁肅補闕書曰：……韓愈送郊詩曰："作詩三百首，杳默《咸池》音。"彼二子皆知言也，豈欺天下之人哉！郊窮餓不得安養其親，周天下無所遇……韋莊奏請追贈十餘人，其一孟郊，字東野，尚古風詩，與李觀、韓退之爲友。貞元十二年及第。佐徐州張建封幕。卒，私謚曰貞耀先生……郊，字東野，湖州人。年五十，擢調溧陽尉。鄭餘慶爲東都留守，表爲水陸運判官。鎮興元，表爲參謀，卒。

《全唐詩》十四小傳：湖州武康人，少隱嵩山，性介，少諧合，韓愈一見，爲忘形交。年五十得進士第，調溧陽尉。縣有投金瀨、平陵城，林薄蒙翳，下有積水，郊間往坐水旁，裴回賦詩，曹務多廢。令白府以假尉代之，分其半奉。鄭餘慶爲東都留守，署水陸轉運判官，餘慶鎮興元，奏爲參謀，卒。張籍私謚曰貞曜先生。郊爲詩有理致，最爲愈所稱。然思苦奇澀。（案此本於《新唐書》一七六本傳，《新唐書》謂郊卒年六十四。）

賈島《吊孟協律》曰：孤冢北邙外，空齊中岳西。集詩應萬首，物象遍曾題。[案孟郊在中岳嵩山，山有齊，又見島《投孟郊》曰："萍家復從（一作徙）趙，雲思常縈縈（一作嵩）。"嵩字是，謂郊嵩山宅也。]

李　約

《唐詩紀事》三十一李約門：約雅度簡遠，有山林之致。在潤州得古鐵一片，擊之清越。又養一猿，名山公。月夜泛江，登金山鼓琴，猿必嘯和。曾佐庶人李錡幕，至金陵，屢贊詔隱寺標致。一日，庶人宴寺中，明日謂曰："子嘗稱招隱之致，昨日游宴，何殊州中？"約曰："某所賞者疏野耳。若遠山將翠幕遮，古松用彩物裹，膻腥涴鹿跑泉，音樂亂山鳥聲，此則實不如在叔父大廳也。"性又嗜茶，能自煎，曰茶須緩火炙，活火煎。活火，炭火有焰者。曾奉使行陝州硤石縣東，愛渠水清流，旬日忘發。梁武造寺，令蕭子雲飛白大書一蕭字。約自江淮竭産致歸洛中，匣於小亭，號曰蕭齋。

《全唐詩》十一小傳：約字存博，汧公勉之子。自稱蕭齋。官兵部員外郎。詩十首。

王荆公《唐百家詩選》十一：李約，汧國公勉之子，仕爲尚書兵部員外郎。

陳　羽

《唐詩紀事》三五陳羽門：羽與退之同年（貞元八年）登第。《全唐詩》十三小傳：江東人，登貞元進士第，歷官樂宮尉佐。

羊士諤

《唐詩紀事》四十三士諤門：《順宗實録》云：元年六月貶宣州巡官羊士諤爲汀州寧化縣尉。士諤性傾險，時以公事至京，遇叔文用事，朋黨相煽，頗不能平。公言其非，叔文聞之，怒欲下詔斬之，執誼不可，則令杖殺之，又不可，遂貶焉。由是叔文始大惡執誼。士諤受知李吉甫，又最善吕温，薦爲御史，嘗爲資州刺史。

《全唐詩》十二小傳：泰山人，登貞元元年進士第，累至宣歙巡官。元和初，拜監察御史。坐誣李吉甫，出爲資州刺史。

劉　皂

《唐詩紀事》三十六劉皂門：“皂，貞元間人也。”《全唐詩話》二皂作竈。

賈島《渡桑乾》《御覽詩》作劉皂，是也。其詩云云，知皂關中人。

武元衡

王建《上武元衡相公》：旌旗坐鎮蜀江雄，帝命重開舊閣崇。

《唐詩紀事》三十三武元衡門：元衡，字伯蒼。元和二年爲相，代高崇文鎮蜀。八年召還……元衡善爲五言，好事者傳之，被之管弦。嘗夏夜作詩云："夜久喧暫息，池臺惟月明。無因駐清景，日出事還生。"明日遇害。初，元和八年，元衡自蜀再輔政，時太微犯上相，歷執法，占者言今之三相皆不利，始輕末重。月餘，李絳以足疾免。明年十月，李吉甫以暴疾卒。至是，元衡爲盗所害。年五十八。始，元衡與吉甫齊年，又同日爲宰相，及出鎮，分領揚、益。及吉甫再入，元衡亦還。吉甫先一年以元衡生月卒，元衡後一年以吉甫生月卒，吉凶之數，若符會焉。先是長安謡曰："打麥，麥打，三三三。"既而旋其袖曰："舞了也。"解者謂："打麥者，打麥時也。麥打者，謂暗中突擊也。三三三，謂六月三日也。舞了也，謂元衡之卒也。"

《全唐詩》十一小傳：字伯蒼，河南緱氏人。建中四年登進士第，累辟使府，至監察御史，後改華原縣令。德宗知其才，召授比部員外郎。歲内，三遷至右司郎中，尋擢御史中丞。順宗立，罷爲右庶子。憲宗即位，復前官，進户部侍郎。元和二年，拜門下侍郎平章事，尋出爲劍南節度使。八年，徵還秉政，早朝爲盗所害。贈司徒，謚忠愍。《臨淮集》十卷。今編詩二卷。

《舊唐書》一五八本傳：曾祖德載，天后從父弟，官至湖州刺史。祖平一，善屬文，終考功員外郎，修文館學士，事在《逸人傳》。父就殿中侍御史……（元和）十年六月三日，將朝，出里東門，有暗中叱使滅燭者，導騎訶之賊，射之中肩……賊乃持元衡馬，東南行十餘步，害之。

楊淩憑、凝

《唐詩紀事》二十八楊淩門：韋應物刺滁州，淩時以協律客滁州……淩字恭履，最善文章。大曆中與兄憑、凝踵進士第，時號三楊。淩終侍御史。子敬之。

《全唐詩》楊憑小傳：字虛受，弘農人。與弟凝、淩皆工文辭。大曆中，踵擢進士第，時稱三楊。憑重交游，尚氣節。與穆質、許孟容、李鄘相友善，號楊、穆、許、李。歷事節度府，召爲監察御史，累拜京兆尹。與李夷簡素有隙，因擿發他罪，欲抵以死，憲宗以憑治京兆有績，但貶臨賀尉。俄徙杭州長史。以太子詹事卒。詩一卷。

《全唐詩》楊凝小傳：字懋功。由協律三遷侍御史，爲司封員外郎，徙吏部，稍遷右郎中，終兵部郎中。集二十卷，今存一卷。

《全唐詩》楊淩小傳：字恭履。少以篇什著聲。官終侍御史。

《舊唐書》一四六楊憑傳：字虛受（《新唐書》一六〇：一字，嗣仁），弘農人……元和四年拜京兆尹。

《新唐書》一六〇楊凝傳：……稍遷右司郎中，宣武董晋表爲判官。亳州刺史缺，晋以凝行州事，增墾田，决污堰，築堤防，水患訖息。時孟叔度橫縱撓軍治，而凝亦荒湎。晋卒，亂作。凝走還京師，闔門三年。拜兵部郎中，以痼疾卒。

權德輿

《唐詩紀事》三十一德輿門：字載之。元和中爲相。其文雅正贍縟，動止無外飾，其醖藉風流，自然可慕。楊嗣復序其文集曰："貞元中，奉詔考定賢良，草澤之士升名者七十七人。及爲禮部侍郎，擢進士第者七十有二。鸞鳳杞梓，舉集其門，登輔相之位者前後十人。"

《全唐詩》小傳：天水略陽人。未冠，即以文章稱。杜佑、裴胄交辟之。德宗聞其材，召爲太常博士，改左補闕，兼制誥，進中書舍人，歷禮部侍郎，三知貢舉。憲宗元和初，歷兵部、吏部侍郎。坐郎吏誤用官闕，改太子賓客。俄復前官，遷太常卿，拜禮部尚書，同平章事。會李吉甫再秉政，帝又自用李絳，議論持異，德輿從容不敢有所輕重，坐是罷，以檢校吏部尚書，留守東都。復拜太常卿，徙刑部尚書。出爲山南西道節度使。二年，以病乞還，卒於道，年六十。贈左僕射，謚曰文。德輿積思經術，無不貫綜。其文雅正贍縟，動止無外飾，而醞藉風流，自然可慕。爲貞元、元和間縉紳羽儀。文集五十卷。（案此本於《新唐書》一六五傳。）

《舊唐書》一四八本傳：十五爲文數百篇，編爲《童蒙集》十卷，名聲日大……貞元初復爲江西觀察使李兼判官……九年（貞元），自司農少卿除户部侍郎，仍判度支……十年，遷起居舍人……貞元十七年冬，以本官知禮部貢舉，來年，真拜侍郎，凡三歲掌貢士，至今號爲得人。轉户部侍部……五年冬，宰相裴垍寢疾，德輿拜禮部尚書……十一年，復以檢校吏部尚書出鎮興元。十三年八月，有疾，詔許歸闕，道卒，年六十……子璩，中書舍人。

《因話録》：德輿身不由科第，掌貢舉三年，門下所出諸生，相繼爲公相。得人之盛，時論居多。

竇群鞏

《唐詩紀事》三十一竇叔向門：叔向，字遺直，京兆人。代宗時，常衮爲相，用爲左拾遺内供奉，及貶，亦出爲溧水令。四子登第，群以處士隱毘陵，韋夏卿薦之朝，德宗擢爲左拾遺，代武元衡爲中丞，薦呂温、羊士諤爲御史。李吉甫以二人躁險，持不下。群怨吉甫，伺吉甫陰事，幾爲憲宗所誅。群與兄常、牟，弟庠、鞏，皆爲郎，工詞章，爲聯珠集，行於時，義取昆弟若五星然……鞏，字友封，元稹節度武昌，辟爲御史中丞，充副使；雅俗有名於時，平居與人言，若不出口，世號“囁囁翁”。卒於武昌……樂天與微之書云：“君興有餘力，且與僕悉索還往詩中，取其尤長者，如張十八古樂府，李二十新歌行（紳也），盧、楊二秘書律詩（貞與巨源），竇七（鞏也）元八絶句，博考精掇，編而次之，號《元白往還詩集》。衆君子得擬議於此者，莫不踴躍歡喜，以爲盛事。

《全唐詩》十小傳：竇群，字丹列。兄弟皆擢進士第，獨群以處士客於毘陵。韋夏卿薦之，爲左拾遺。轉膳部員外郎，兼侍御史，知雜事。出爲唐州刺史，武元衡、李吉甫共引之，召拜吏部郎中。元衡輔政，復薦爲中丞，後出爲湖南觀察史，改黔中，坐事，貶開州刺史。稍遷容管經略使，召還卒。詩二十三首。

《全唐詩》十小傳：竇鞏，字友封。登元和進士，累辟幕府，入拜侍御史，轉司勛員外、刑部郎中。元稹觀察浙東，奏爲副使，又從鎮武昌。歸京師卒。

《舊唐書》一五五《竇群傳》：竇群，字丹列。扶風平陵人。祖亶，同昌郡司馬。父叔向，以工詩稱……後學春秋於啖助之門人盧庇者，著書三十四卷，號《史記名臣疏》……王叔文之黨柳宗元、劉禹錫皆慢群，群不附之。其黨議欲貶群官，韋執誼止之……憲宗即位，轉膳部員外、兼侍御史知雜，出爲唐州刺史。節度使于頔素聞其名，既謁見，群危言激切，頔甚悦，奏留充山南東道節度副使……元衡輔政，舉群代己爲中丞……憲宗怒，將誅群等，吉甫救之，出爲湖南觀察使……六年九月，貶開州刺史。在郡二年，改容州刺史，容管經略觀察使。九年詔還朝，至衡州病卒，時年五十（《新唐書》一七五謂卒年五十五）。群性狠戾，頗復恩仇，臨事不顧生死。是時徵入，云欲大用，人皆懼駭。聞其卒方安。二子謙餘、審餘。

《舊唐書》一五五《竇鞏傳》：“字友封，元和二年登進士第。袁滋鎮滑州，辟爲從事。滋改荆、襄二鎮，皆從之掌管記之任。平盧薛平又辟爲副使。入朝，拜侍御史，歷司勛員外、刑部郎中。元稹觀察浙東，奏爲副使、檢校秘書少監、兼御史中丞，賜金紫。稹移鎮武昌，鞏又從之……終於鄂渚，時年六十。子六人，景餘師裕最知名。

王　涯

《唐詩紀事》四十二王涯門：涯，字廣津，博學，工屬文，梁肅、陸贄異其才。元和中爲相，又相穆宗。至文宗時，李訓敗，遂及禍。

《全唐詩》十三小傳：王涯，字廣津。太原人。博學，工屬文。貞元中，擢進士，又舉宏辭，調藍田尉，以左拾遺爲翰林學士，進起居舍人。憲宗元和初，貶虢州司馬，徙袁州刺史，以兵部員外郎召知制誥，再爲翰林學士，累遷工部侍郎。涯文有雅思。永貞、元和間，訓誥温麗，多所稿定。拜中書侍郎、同中書門下平章事。尋罷，再遷吏部侍郎。穆宗立，出爲劍南、東川節度使。長慶三年，入爲御史大夫，遷户部尚書、鹽鐵轉運使。敬宗寶曆時，復出領山南西道節度使。文宗嗣位，召拜太常卿，以吏部尚書總鹽鐵。歲中，進尚書右僕射、代郡公。久之，以本官同中書門下平章。俄檢校司空、兼門下侍郎。李訓敗，乃及禍。集十卷。

《舊唐書》一六九本傳：父晃，涯貞元八年進士擢第……元和三年，爲宰相李吉甫所怒，罷學士，守都官員外郎，再貶虢州司馬……十一年十二月，加中書侍郎同平章事。十三年八月，罷相，守兵部侍郎，尋遷吏部。穆宗即位，以檢校禮部尚書、梓州刺史、劍南東川節度使……太和三年正月，入爲太常卿。文宗以樂府之音鄭衛太甚，命涯詢於舊工，取開元時雅樂選樂童案之，名曰雲韶樂，樂曲成，涯與太常丞李廓少府監庾承憲押樂工獻於梨園亭。帝案之於會昌殿。上悦，賜涯等錦彩……七年七月，以本官同平章事進封代國公，食邑二千户……九年十一月二十一日，李訓事敗，文宗入内，涯與同列歸中書會食未下箸……爲禁兵所擒……涯實不知其故……乃令手書反狀自誣與訓同謀……乃腰斬於子城西南隅獨柳樹下。涯以榷茶事，百姓怨恨詬罵之，投瓦礫以擊之……涯積家財鉅萬……書數萬卷……至是，人破其垣取之。

《新唐書》一七九本傳：往見梁肅，肅異其才，薦於陸贄，擢進士……元和初，會其甥皇甫湜以賢良方正對策異等，忤宰相，涯坐不避嫌，罷學士……涯居永寧里，乃楊憑故第。

薛　濤

王建《寄蜀中薛濤校書》（一作胡曾濤，《紀事》作胡曾）：萬里橋邊女校書，枇杷花下閉門居，掃眉才子於今少，管領春風總不如。

白居易《贈薛濤》。

張爲《詩人主客圖》：清奇雅正主李益、升堂薛濤。

《唐詩紀事》七十九薛濤門：《罰赴邊有懷上韋相公》云……元微之贈薛濤詩……。濤好製小詩，惜其幅大，狹小之，蜀中號薛濤箋。或以營妓無校書之號，韋南康欲奏之而罷，後遂呼之……進士楊蘊中下成都獄，夢一婦人曰："吾薛也。"

《全唐詩》二九小傳：字洪度。本長安良家女，隨父宦，流落蜀中，遂入樂籍。辨慧工詩，有林下風致。韋皋鎮蜀，召令侍酒賦詩，稱爲女校書，出爲幕府，歷事十一鎮。皆以詩受知。暮年屏居浣花溪，着女冠服。好製松花小箋，時號薛濤箋。有《洪度集》一卷。

有《上川主武元衡相國》二首、《酬雍秀才貽巴峽圖》（疑爲雍陶）、《和劉賓客玉蕣》（疑劉禹錫）。

《剪燈餘話》卷二。

王　建

《唐才子傳》四本傳：建，字仲初。潁川人。大曆十年丁澤榜第二人及第，釋褐授渭南尉，調昭應縣丞。諸司歷薦，遷太府寺丞、秘書丞、侍御史。太和中，出爲陝州司馬。從軍塞上，弓劍不離身。數年後歸，卜居咸陽原上。初，游韓吏部門墻，爲忘年之友……建性耽酒，放浪無拘，《宫詞》特妙前古。

《唐詩紀事》四十四王建門：建初爲渭南尉，值内官王樞密者，盡宗人之分，然彼我不均，復懷輕謗之色。忽過飲，語及漢桓、靈信任中官，起黨錮興廢之事，樞密深憾其譏。乃曰："吾弟所有《宫詞》，天下皆誦於口，禁掖深邃，何以知之？"建不能對。後爲詩以贈之，乃脱其禍……建，大曆進士，爲昭應丞、太府寺丞，終於司馬。

《全唐詩》十一小傳：太和中，出爲陝州司馬，從軍塞上，後歸咸陽，卜居原上。

建長慶四年爲秘書丞（本年韓愈有《玩月喜張十八員外以王六秘書至》詩）。《才子傳》謂太和中，其由侍御史出爲陝州司馬，當在太和二三年間（張籍有《贈别王侍御赴任陝州司馬》詩，而籍卒於太和四年）。太和五年間，由陝州司馬出爲光州刺史。（建爲光州刺史，史籍無考，由賈島詩知之。詳賈譜。）

張　籍

王建《送張籍歸江東》：君詩發大雅，正氣回我腸……昔歲同講道，青襟在師傍。出處兩相因，如彼衣與裳。行行成此歸，離我適咸陽……所念俱貧賤，安得相發揚。回車遠歸省，舊宅江南廂……五月天氣熱，波濤毒於湯。慎勿多飲酒，藥膳願自强。

王建《洛中張籍新居》：最是城中閑静處，更回門向寺前開……借倩學生排藥合，留連處士乞松栽。自君移到無多日，墻上人名滿緑苔。又王建《尋張籍不見》：别後知君在楚城，揚州寺裏覓君名。

籍貞元十二年在汴（韓愈《答張籍書》），貞元十五年及第（《登科記考》）。十六年三月在和州居喪，家甚貧（韓愈《與孟郊書》）。元和元年在京爲四門博士助教（韓愈《答張籍書》）。五年八月爲太常寺太祝，病眼京師（韓愈《代張籍與李浙東書》）。十五年自校書郎除國子博士（韓愈《舉張籍自代狀》），歷水部員外郎，主客郎中，仕終國子司業（《新書》一七六本傳）；有《與賈島閑游》詩（詳賈譜）。卒太和四年。

《城坊考》：靖安里，張籍宅。其先居延康里，見白居易詩後寓居寺中，又移居靖安也。

《唐音統籤》胡氏《叙録》：據韓詩外集及籍詩中語定籍生於吴，寓於和。

《唐詩紀事》四十一張蕭遠門：張蕭遠，籍之弟也。

宋張戒《歲寒堂詩話》卷上：退之於籍、湜輩皆兒子畜之，獨於東野極口推重。

明楊慎《升庵詩話》卷十一《晚唐兩詩派》條：晚唐之詩分爲二派：一派學張籍，則朱慶餘、陳標、任蕃、章孝標、司空圖、項斯其人也；一派學賈島……二派見《張洎集》序項斯詩，非余之臆説也。

《唐詩紀事》三十四張籍門：籍，字文昌，和州人。歷水部外郎，終主客郎中。……白樂天讀籍詩集云："張公何爲者？業文三十春。尤攻樂府詞，舉代少其人。"姚合讀籍詩，有詩云："妙絶《江南曲》，凄凉怨女詩。古風無敵手，新語是人知。"

《全唐詩》十四小傳：張籍，字文昌，蘇州吴人，或曰和州烏江人。貞元十五年登進士第。授太常寺太祝。久之，遷秘書郎。韓愈薦爲國子博士。歷水部員外郎、主客郎中。當時有名士皆與游，而愈賢重之。籍爲詩長於樂府，多警句。仕終國子司業。

長慶四年爲水部員外郎，詳賈譜。寶曆二年前後爲主客郎中。太和二年爲國子司業（是年白居易有《雨中招張司業宿》詩）。太和四年卒（籍有《送白賓客分司東都》詩，白居易太和三年分司東都，是太和三年籍猶存世）。

《雲仙雜記》：張籍取杜甫詩一帙，焚取灰燼以膏蜜頻飲之，曰："今吾肝腸從此改易。"

韓　愈

《日知録》三一謂公自稱昌黎，本其郡望；宋元豐七年封公爲昌黎伯，亦是取其本望。

樂天詩謂退之服硫黄，乃魏退之，非韓愈。

王建《寄上韓愈侍郎》：鞭驅險句最先投。

李嘉言稿《韓愈年譜》：

大曆三年公生。見李漢序。

五年，三歲。父殁，養於兄會舍。見李翺行狀。

九年，七歲。從兄居秦。見祭嫂文。

建中四年，十六歲。就食江南。見歐陽詹哀詞。有别業在宣城。見示爽詩。

貞元二年，十九歲。始來京城。見祭老成文。

貞元八年，二十五歲。登進士第。

十年試博學宏詞，不入選。嘗歸河陽省墳墓。見祭老成文。

十二年，二十九歲。張籍、李翺始相從，受董晋之辟得試秘書省校書郎，爲宣武軍觀察推官。

十五年，三十二歲。董晋卒。從喪，行至徐，張建封奏爲節度推官。冬，至京師。

十六年，自京返徐，復去洛。

十八年，三十五歲。爲四門博士。

十九年，自四門博士拜監察御史，言旱饑得罪，黜爲連州陽山令。

二十年春，到陽山。

二十一年，自陽山量移江陵，法曹佐裴均俟命於郴。八月過衡至潭，十月至岳州，與劉禹錫邂逅荆蠻。

元和元年，自江陵召還，權知國子博士。

二年，四十歲。避謗求分教東都。

五年，四十三歲。授河南令。愛盧仝詩，厚禮之。

六年秋，拜職方員外郎。

七年，復爲國子博士，作《進學解》以自喻。

八年，爲比部郎中、史館修撰。

九年十月，爲考功郎中，依前史館修撰。十二月以考功知制誥。

十一年，四十九歲。春爲中書舍人，旋因謗語遷右庶子。

十二年七月，以右庶子兼御史中丞充彰義軍行軍司馬，從裴度平蔡。十二月遷刑部侍郎。

十四年正月，上《佛骨表》，貶爲潮州刺史。三月，至潮。冬，自潮量移袁州。

十五年，自袁州召拜國子祭酒。

長慶元年七月，遷兵部侍郎。

三年九月，爲吏部侍郎，轉京兆尹，兼御史大夫。

四年，以病告假，至八月滿百日，免吏部侍郎。十二月薨於靖安里第，年五十七。贈禮部尚書，謚曰文。

《舊唐書》一六〇本傳：昌黎人。父仲卿，無名位……大曆貞元之間，文字多尚古學，效揚雄、董仲舒之述作，而獨孤及、梁肅最稱淵奥，儒林推重，愈從其徒游，鋭意鑽仰，欲自振於一代。洎舉進士，投文於公卿間，故相鄭餘慶頗爲之延譽，由是知名於時……時謂愈有史筆，及撰《順宗實録》，繁簡不當，叙事拙於取捨，頗爲當代所非……有文集四十卷，李漢爲之序。子昶，亦登進士第。

《新唐書》一七六本傳：鄧州南陽人。七世祖茂有功於後魏，封安定王。父仲卿，爲武昌令，有美政。

《雲溪友議》《龍城録》《國史補》。

《河南通志》有長文考證其身世。

張仲素

《唐詩紀事》四十二仲素門：仲素，字繪之，建封之子。憲宗以仲素、段文昌爲翰林學士，韋賢（貫?）之曰：“學士所以備顧問，不宜專取辭藝。”罷之。後終中書舍人。

《全唐詩》十三小傳：河間人。（餘同上。）

《唐才子傳》五本傳：仲素，字繪之。貞元十四年李隨榜進士，與李翺、吕温同年。以中朝無援，不調，潛耀久之。復中博學鴻辭，始任武康軍從事。貞元二十年，遷司勛員外郎，除翰林學士。時憲宗求盧綸詩文遺草，敕仲素編集進之。後拜中書舍人。仲素能屬文，法度嚴確。魏文帝有云：“文以意爲主，以氣爲輔，以詞爲衛。”此言得之矣。其每詞未達而意先備也。善詩，多警句。尤精樂府，往往和在宫商，古人有未能慮者。集一卷，及《賦樞》三卷，今傳。

楊巨源

王建《賀楊巨源博士拜虞部員外》：合歸蘭署已多時，上得金梯亦未遲。

王建《寄楊十二秘書》：初移古寺正南方，静是浮山遠是莊。

《唐詩紀事》三十五巨源門：巨源在元和時，詩韻不爲新語，體律務實，工夫頗深，旦暮吟咏不輟。年老頭摇，人言吟詩所致……巨源以“三刀夢益州，一箭取遼城”得名……後拜省郎……字景山。大中時，爲河中少尹……善叙事。

韓愈《送楊少尹序》注：……命其爲都少尹，蓋公河中人，即其鄉也。（案韓《序》長慶四年作，知此年巨源爲少尹。）

《唐才子傳》五本傳：貞元五年，劉太真下第二人及第，大和中，爲河中少尹。

《全唐詩》十二小傳：字景山，河中人。貞元五年擢進士第。爲張弘靖從事。由秘書郎擢太常博士、禮部員外郎。出爲鳳翔少尹，復召除國子司業。年七十致仕歸。時宰白以爲河中少尹。食其禄終身。集五卷。

元和十年巨源爲秘書郎。見元稹《和樂天贈楊秘書巨源》。案上言長慶四年巨源爲少尹，《才子傳》謂大和中，知巨源爲此官甚久。所謂食大禄終身也。《紀事》謂在大中時，大中當爲大和之誤。

馬　　逢

《全唐詩》二八歸入無考類。無傳。詩五首。

《劉夢得文集》卷七《送鴻舉赴江陵謁馬逢侍御》曰：西北秋風凋蕙蘭，洞庭波上碧雲寒。茂陵才子江陵住，乞取新詩合掌看。（此知馬逢，茂陵人，以侍御官江陵。）

雍裕之

《唐詩紀事》五十二裕之門：裕之，貞元後詩人也。

《説郛》二引《劇談録》：大中年，韋顓舉進士，詞學優贍，而貧窶滋甚，歲暮飢寒，無以自給。有韋光者待以宗黨（後名殷裕之），輟所居外舍館之。放榜之夕，風雪凝，互報光成名者，絡繹而至。（案殷裕之疑即雍裕之，猶殷陶即雍陶也。）

白居易

汪立名《白香山年譜》：公自撰墓志，以是年（大曆七年）正月二十日生於鄭州新鄭縣東郭宅。五六年歲便學爲詩，九歲暗識聲韻，十一歲兩河用兵，避難越中。貞元初，十四五歲，旅游蘇杭。十五六歲，初至京師，袖文謁顧況。易之及見“野火燒不盡”句，爲之嘆服延譽。貞元十年在襄陽。十六年二月，高郢下及第。十八年試判拔萃科入等，授校書郎。居長安常樂里。二十年移家秦中，卜居渭上。元和元年，應才識兼茂明於體用科，策入四等，除周至尉。是年作《長恨歌》，時三十五歲。元和三年，爲制策考官。五年五月，除京兆尹曹參軍。（是年有《秦中吟》等詩。）六年，丁母陳縣君喪，退居渭上。九年，入朝，拜太子左贊善大夫。十年，貶江州司馬。（十一年作《琵琶行》。）十三年，除忠州刺史。十五年，自忠州召還，拜尚書司門員外郎，轉主客司郎中知制誥。長慶元年，加朝散大夫，始著緋。又轉上柱國，除中書舍人知制誥。時年五十。長慶二年，國是日荒，河朔再亂，公連上疏言軍事及時政，皆不見用。求外任。七月除杭州刺史。寶曆元年三月，除蘇州刺史。二年，以病免郡事。大和元年，徵拜秘書監，賜金紫。二年，授刑部侍郎。三年，二李黨事起，公稱病東歸，以太子賓客分司東都，自此不復出矣。五年，除河南尹。開成四年，六十八歲，得風痹之疾。會昌二年，罷太子少傅，以刑部尚書致仕。五年，於洛中爲七老會，又合如滿僧、李元爽爲九老圖。六年八月卒，年七十五。宣宗以詩吊之。贈尚書右僕射。十一月葬龍門。

宣宗《吊白居易》：童子解吟《長恨曲》，胡兒能唱《琵琶篇》。文章已滿行人耳，一度思卿一愴然。

元微之《白氏長慶集序》：巴蜀江楚間，洎長安中少年，遞相仿效，競作新詞，自謂爲元和詩，而知樂天《秦中吟》《賀雨》《諷諭》等篇，時人罕能知者。（謹案據此可知當時元、白流行詩乃《長恨》《琵琶》之類。然此種詩老嫗决不能解。如《秦中吟》之類，平民比較能解者，則又未嘗流布。所謂“老嫗都解”，乃宋人詩揚之辭。所謂“童子解吟胡兒能唱”，亦但能背誦其詞，其意恐未通曉。）

宋《高僧傳》十一《甄公傳》，又十《惟寬傳》，又十五《道標傳》，又十六《上恒傳》《慧琳傳》《神湊傳》，又十七《智常傳》，又二十七《寂然傳》（引見元稹下）。

《雲仙雜記》。

劉禹錫

《唐詩紀事》三十九禹錫門：長慶中，元微之、夢得、韋楚客同會樂天舍，論南朝興廢……元和十年自郎州召至京……《再游玄都觀絶句并序》云：“余貞元二十一年爲屯田員外郎，時此觀未有花。是歲出牧連州，尋貶朗州司馬。居十年，召至京師……旋又出牧，今十有四年，復爲主客郎中，重游玄都……時大和二年三月也。”……禹錫赴吴臺，揚州大司馬杜公鴻漸，開宴命妓侍酒……禹錫與樂天唱和，號《劉白唱和集》。與裴度唱和，號《汝洛集》。與令狐楚唱和，號《彭陽唱和集》。與李德裕唱和，號《吴蜀集》。禹錫字夢得。附叔文，擢度支員外郎。人不敢斥其名，號二王劉柳。憲宗立，禹錫貶連州。未至，斥朗州司馬，作《竹枝詞》。武元衡初不爲宗元所喜，自中丞下除右庶子。及是執政，禹錫久落魄，乃作《問大鈞》《謫九年》等賦，又叙張九齡事爲詩，欲感諷權要。久之，召還，宰相欲任南省郎，乃作《玄都觀看花君子》詩。當路不喜，出爲播州，易連州，徙夔州。由和州刺史入爲主客郎中，復作《游玄都觀》詩，有兔葵燕麥之語，聞者益薄其行。俄分司東都，裴度薦爲集賢學士。度罷，出刺蘇州，徙汝、同二州。會昌時，檢校禮部尚書，卒。禹錫晚年與白傅友善。

《全唐詩》十三小傳：劉禹錫，字夢得。彭城人。貞元九年擢進士第，登博學宏詞科，從事淮南幕府，入爲監察御史。王叔文用事，引入禁中，與之圖議，言無不從。轉屯田員外郎，判度支鹽鐵案。叔文敗，坐貶連州刺史，在道貶朗州司馬。落魄不自聊。吐詞多諷托幽遠。蠻俗好巫，嘗依騷人之旨，倚其聲作《竹枝詞》十餘篇，武陵溪洞間悉歌之。居十年，召還，將置之郎署，以作《玄都觀看花》詩涉譏忿，執政不悦，復出刺播州。裴度以母老爲言，改連州。徙夔、和二州。久之，徵入爲主客郎中。又以作《重游玄都觀》詩，出分司東都。度仍薦爲禮部郎中，集賢學士。度罷，出刺蘇州，徙汝、同二州。遷太子賓客分司。禹錫素善詩，晚節尤精。不幸坐廢，偃蹇寡所合，以文章自適。與白居易酬復頗多。居易嘗敘其詩曰："彭城劉夢得，詩豪者也。其鋒森然，少敢當者。"又言其詩在處應有神物護持。其爲名流推重如此。會昌時，加檢校禮部尚書。卒年七十二。贈户部尚書。詩集十八卷。

《雲仙雜記》：順宗時，劉禹錫干預大權，門吏接書尺日數千，禹錫一一報謝緑珠盆中，曰："日麵一斗，而糊以供緘封。"

《雲溪友議》。

吕　温

《唐詩紀事》四十三吕温門：字和叔，一字化光，禮部侍郎渭之子。貞元中，連中兩科，德宗召爲集賢校書。後爲治書侍御史，坐王叔文，貶道州，改衡州。年四十而殁，有子安衡……劉夢得序其文曰……是以夢得、元微之、柳子厚悼吕衡州詩并誄，皆以温功業未濟爲辭……子厚作誄云："元和六年八月日，衡州刺史東平吕君卒。君由道州以涉爲衡州，君之卒，二州之人哭者逾月。湖南人重社飲酒，是月上戊，不酒去樂，會哭於神所而歸。君之志與能，不施於生人，知之者又不過十人。

世徒讀君之文章，歌君之理行，不知二者之於君，其末也。”

《全唐詩》十三小傳：河中人。貞元末，擢進士第。因善王叔文，再遷爲左拾遺，以侍御史使吐蕃，元和元年乃還。柳宗元等皆坐叔文貶，温獨免。進户部員外郎。與竇群、羊士諤相昵。群爲御史中丞，薦温知雜事。士諤爲御史，宰相李吉甫持之不報，温乘間奏吉甫陰事，詰辯皆妄，貶均州刺史。議者不厭，再貶道州。久之，徙衡州卒。集十卷，内詩二卷。

《新唐書》一百六十《吕渭傳》附《温傳》：從陸贄治《春秋》，梁肅爲文章……與韋執誼厚……以侍御史副張薦使吐蕃，會順宗立，薦卒於虜。虜以中國有喪，留温不遣。時叔文秉權，與游者皆貴顯，温在絶域，不得遷，常自悲。元和元年，乃還……温藻翰精富，一時流輩推尚。性險躁譎詭而好利……久之，徙衡州，治有善狀。卒年四十。（删略處已見前。）

《舊唐書》一百三十七傳：二十年（貞元?）冬，副工部侍郎，張薦爲入吐蕃使……五年（元和），轉衡州，秩滿歸京，不得意發疾，卒。

柳宗元

《唐詩紀事》四十三宗元門：子厚與楊誨之書云：“吾年十七，求進士，四年乃得舉。二十四，求博學宏詞科，二年乃得仕。及爲藍田尉，走謁大官堂下，與卒伍無别。益學老子和光同塵，雖自以爲得，然已得號爲輕薄人矣。及爲御史郎官，自以登朝廷，利害益大，雖戒礪益切，然卒不免爲連累廢逐。”（子厚陷王叔文之黨遷謫，卒死於柳州，柳人立廟羅池。）……子厚死三年，愚溪無復曩時矣。劉夢得聞之，賦三絶云……

《全唐詩》十三小傳：柳宗元，字子厚。河東人。登進士第，應舉宏辭，授校書郎，調藍田尉。貞元十九年，爲監察御史裏行。王叔文、韋執誼用事，尤奇待宗元，擢尚書禮部員外郎。會叔文敗，貶永州司馬。宗元少精警絶倫，爲文章雄深雅健，踔厲風發，爲當時流輩所推仰。既罹竄逐，涉履蠻瘴，居閑益自刻苦，其堙厄感鬱，一寓諸文，讀者爲之悲惻。元和十年，移柳州刺史，江嶺間爲進士者，走數千里，從宗元游，經指授者，爲文辭皆有法。世號柳柳州。元和十四年卒，年四十七。集四十五，内詩二卷。

《新唐書》一六八本傳：其先蓋河東人……父鎮，天寶末遇亂，奉母隱王屋山。常間行求養，後徙於吴。肅宗平賊，鎮上書言事，擢左衛，率府兵曹參軍……終侍御史……宗元少時嗜進，謂功業可就，既坐廢逐，不振。然其才實高，名蓋一時。韓愈評其文曰：雄深雅健，似司馬子長，崔蔡不足多也。既殁，柳人懷之，托言降於州之堂，人有慢者輒死。廟於羅池。愈因碑以實之云。

《雲仙雜記》、《因話録》、《捫虱新語》、韓愈《柳子厚墓志銘》。

景　　雲

岑參《偃師東與韓樽同詣景雲上人即事》云："山陰老僧解楞伽，潁陽歸客遠相過。"

《全唐詩》二九小傳：善草書，與岑參同時。

姚　　合

《新唐書》一二四本傳：元和中，進士及第，調武功尉。善詩，世號姚武功者。遷監察御史，累轉給事中……歷陝虢觀察使，終秘書監。

《舊唐書》十七本紀：開成四年八月，以給事中姚合爲陝虢觀察使。

《唐詩紀事》四十九姚合門：合，宰相崇曾孫。登元和進士第，調武功主簿，世號姚武功。又爲富平、萬年尉。寶應中，歷監察御史、户部員外郎，出荆、杭二州刺史，後爲給事中、陝虢觀察使。開成末，終秘書監。與馬戴、費冠卿、殷堯藩、張籍游，李頻師之。合有《涵極元集》，取王維等二十六人詩百篇，曰此詩中射雕手也……合爲魏州從事，《寄耿拾遺》云：少在兵馬間，長還繫戎職……三年城中游，與君最相識。（謹案史籍不詳合爲魏州從事事，耿拾遺亦不知何人。《全詩》耿一作狄。）

《唐才子傳》六姚合傳：合，陝州人。宰相崇之曾孫也。以詩聞。元和十一年，李逢吉知貢舉，有夙好，因拔泥塗，鄭解榜及第。歷武功主簿，富平、萬年尉。寶應中，除監察御史，遷户部員外郎。出爲金、杭二州刺史。後召入，拜刑、户二部郎中，諫議大夫，給事中。開成間，李商隱尉弘農，以活囚忤觀察使孫簡，將罷去。會合來代簡，一見大喜，以風雅之契，即諭使還官，人雅服其義。後仕終秘書監。與賈島同時，號姚賈。（謹案此謂合爲崇之曾孫，《舊書》姚合傳以合爲崇元孫。鄧名世《古今姓氏書辨證》云，陝郡姚氏懿嶲州都督文獻公生元景、元之、元素，元素生鄠陵令奕，奕生閎，閎子秘書合，世所稱姚武功者，則合爲元素曾孫。）

《唐兩京城坊考》三引姚合《新昌里》詩云：舊客常樂坊，井泉濁而鹹。新屋新昌里，井泉清而甘。（案此詩《全詩》編在末卷，疑即據《城坊考》收入。）

《新唐書》六十《藝文志》姚合詩例一卷。

《全唐詩》十八小傳：陝州硤石人。

合元和十一年擢第。

元和十二年爲武功主簿。

長慶元年爲（富平）萬年尉。

寶曆中爲監察御史。

太和初爲户部員外郎。

太和七八年間爲金州刺史。

太和八九年間同賈島由金州經巫峽至湘，轉杭州刺史。

開成四年爲陜虢觀察使。

開成五年終秘書監。

賈島有《酬姚合校書》詩。合爲校書事，載籍不詳。

馬　戴

《唐才子傳》七馬戴傳：戴，字虞臣，華州人。會昌四年左僕射王起下進士，與項斯、趙嘏同榜，俱有盛名。初應辟佐大同軍幕府，與賈島、許棠唱答……後遷國子博士卒。

《唐語林》二：馬博士戴，大中初爲太原李司空掌記，以正直被斥，貶朗州龍陽尉。戴著書，自痛不得盡忠於故府，而動天下之議。行道興咏，寄情哀楚，凡數十篇。（謹案《校勘記》云："見《説郛》所録《金華子雜篇》，今原書此條逸。"）

《唐詩紀事》四十五馬戴門：咸通末，戴佐大同軍幕，棠往謁之，一見如舊相識。留連數月，但詩酒而已，未嘗問所欲。一旦，大會賓友，會使者以棠家書授之，棠驚愕，莫知其來。啓緘，即知戴潛遣一介恤其家矣。戴與姚合善……《金華子》云："戴大中初掌書記於太原李司空幕，以正言被斥，貶龍陽尉。行道興咏以自傷。"

《全唐詩》二一小傳：咸通末，佐大同軍幕，終太學博士。

寶曆中，戴至洛訪姚合。繼至長安訪賈島。詳賈譜。

鮑　溶

《唐詩紀事》四十一鮑溶門：溶登元和進士第，與韓愈、李正封、孟郊友善。

《全唐詩》十八小傳：字德源（下同《紀事》）。

有《寄福州從事殷堯藩》《述德上太原嚴尚書綬》《山中懷劉修》《秋暮山中懷李端公益》。

周賀即僧清塞

《唐摭言》：周賀少從浮屠，法名清塞。遇姚合而返。初，詩格清雅，與賈長江、魯可上人齊名。島《哭柏岩禪師》（元和十年作）詩籍甚，及賀賦一篇，與島不相上下。

《唐詩紀事》七十六清塞門：師東洛人，姓周氏（下同《摭言》）。

《全唐詩》十九小傳：字南卿（餘同上）。

元稹

《登科記考》十六：稹元和元年明經科登第。

《侯鯖録》載微之年譜。

《唐詩紀事》三十七元稹門：稹爲御史，奉使東川，於褒城題《黄明府》詩。其序云："昔年曾於解縣飲酒……元和四年三月，奉使東川，十六日至褒城驛東數里……"公先娶京兆韋氏，字蕙叢……稹元和四年爲御史，鞫獄梓潼，樂天昆仲送至城西而别……稹以明經制策入仕……穆宗時，嬪御多誦稹歌，宫中號爲元才子。後荆南監軍崔峻歸朝，出稹《連昌宫詞》等百餘篇，奏御，穆宗大悦，即日拜祠部郎中、知制誥。稹上令狐文公書云："某始自御史府謫官於外，十餘年矣……"樂天在洛，大和中，稹拜左丞相，自越過洛……未幾，死於鄂……稹序詩書寄樂天云："稹九歲學賦詩，長者往往驚其可教。年十五六，粗識聲病……故鄭京兆於僕爲外諸父，深賜憐獎，因以所賦呈獻……不數年，與詩人楊巨源友善……識足下時，有詩數百篇矣……又不幸年三十二時，有罪譴弃，今三十七矣……自十六時至是，元和七年矣，有詩八百首……”稹在鄂州，周復爲從事……一云微之守浙東，樂天守蘇臺，遞簡唱和。

《全唐詩》十四小傳：河南河内人。幼孤，母鄭賢而文，親授書傳，舉明經書判入等，補校書郎。元和初，應制策第一，除左拾遺，歷監察御史。坐事貶江陵士曹參軍，徙通州司馬。自虢州長史徵爲膳部員外郎，拜祠部郎中、知制誥。召入翰林，爲中書舍人、承旨學士，進工部侍郎同平章事。未幾，罷相，出爲同州刺史，改越州刺史，兼御史大夫、浙東觀察使。太和初，入爲尚書左丞、檢校户部尚書，兼鄂州刺史、武昌軍節度使。年五十三卒。贈尚書右僕射。

《舊唐書》一六六本傳：十五兩經擢第。二十四調判入第四等，授秘書省校書郎。二十八應制舉才識兼茂、明於體用科，登第者十八人，稹爲第一。元和元年四月也……（元和）十四年自虢州長史徵還，爲膳部員外郎……長慶初，潭峻歸朝，出稹《連昌宫辭》等百餘篇奏御，穆宗大悦……即日轉祠部郎中、知制誥……長慶二年拜平章事……乃出稹爲同州刺史，在郡二年，改授越州刺史……凡在越八年。太和初，就加檢校禮部尚書。三年九月，入爲尚書左丞……四年正月，檢校户部尚書，兼鄂州刺史、御史大夫、武昌軍節度使。五年七月二十二日暴疾，一日而卒於鎮，時年五十三。贈尚書右僕射。有子曰道護，時年三歲。

《新唐書》一七四本傳：稹始言事峭直，欲以立名，中見斥廢十年，信道不堅，乃喪所守。附宦貴得宰相，居位纔三月，罷。晚節彌沮喪，加廉節不飾云。

宋《高僧傳》二七《寂然傳》：到剡沃洲山……浙江廉使元相國稹，聞之始爲卜築……後終於山院。太和七年，時白樂天在河南保釐爲記，劉禹錫書之。

《舊唐書》傳謂稹長慶初轉祠部郎中，此稍有誤。當是元和十五年。

辯見賈譜。

《雲仙雜記》《雲溪友議》。

牛僧孺

《唐詩紀事》三十九僧孺門：公始至京，致琴書灞、滻間，先以所業謁韓文公、皇甫員外。二公披卷，卷首有《説樂》一章，未閲其詞，遽曰："且以拍板爲什麽?"對曰："樂句。"二公相顧大喜，曰："期高文必矣。"公因謀所居，二公良久曰："可於客户坊稅一廟院。"公如所教。二公復誨之曰："某日可游青花寺，薄暮而歸。"二公其日聯鑣至彼，因大書其門曰："韓愈、皇甫湜同謁幾官先輩不遇。"翌日，輦轂名士，咸往觀焉。奇章之名，由是赫然矣。或云：僧孺登第，與同輩登政事堂。宰相曰："掃廳奉候。"……樂天在香山，時僧孺在廣陵（時僧孺年五十七）……公赴舉之秋，嘗投贄於劉補闕禹錫，對客展卷，飛筆塗竄其文。歷二十餘歲，劉轉汝州，公鎮海南，枉道駐旌，信宿酒酣賦詩，劉方悟往年改公文卷……僧孺《周秦行紀》云："余貞元中舉進士落第，歸宛葉間。至伊闕南道鳴皋山下，將宿大安民舍……"

《全唐詩》十七小傳：字思黯。隴西人。貞元中，擢進士第。歷相穆、敬兩朝，封奇章郡公，後出爲武昌節度使。文宗朝，徵入再相。夙與李德裕相惡。會昌中，貶循州長史。大中初，還爲太子少師，卒。集五卷，今存詩四首。

《舊唐書》一七二本傳：隋僕射奇章公弘之後。祖紹，父幼簡，官卑……二年正月，拜户部侍郎。三年三月，以本官同平章事……敬宗即位，加中書侍郎、銀青光禄大夫，封奇章子，邑五百户……開成二年五月，加檢校司空，食邑二千户……僧孺識量弘遠，心居事外，不以細故介懷……二子蔚、藂。

《新唐書》一七四本傳：卒贈太尉，年六十九。

殷堯藩

《唐詩紀事》五十一堯藩門：元和九年，韋貫之掌文衡，堯藩雜文黜矣。尚書楊漢公，乃貫之前榜門生，盛言堯藩屈，貫之爲之重收，是年登第……堯藩從李翱長沙幕府，後以侍御官江南，姚合有《送堯藩歸同州》詩。堯藩爲永樂令，雍陶寄詩云……堯藩有《憶江南》詩三十章，皆蘇杭事。樂天詩曰："江南名郡數蘇杭，寫在殷家三十章。君是旅人猶苦憶，我爲刺史更難忘。"

《唐詩紀事》三十五李翱門：（李）翱在潭州，席上有舞《柘枝》者，顔色憂悴。殷堯藩侍御當筵贈詩曰……

《唐音統籤》胡氏云：吾郡（胡氏海鹽人）古志并稱堯藩，人物中鑿有可據，當是先客吴中後樂其風土移家耳。

《唐才子傳》六本傳：後終侍御史。堯藩初游韋應物門墻，兩相契合。至長沙，於尚書李翱席上，有舞《柘枝》者，容語凄惻，因感而賦詩以贈曰……

姚合有《寄永樂長官殷堯藩》詩。

沈亞之有《答殷堯藩贈罷涇原記室》。

《全唐詩》十八小傳：蘇州嘉興人。

從李翱長沙幕，後官江南，當爲太和八年事。九年由杭赴同州。詳賈譜。

沈亞之

《唐詩紀事》五十一亞之門：字下賢，登進士第。大和初，李同捷反，詔兩河諸鎮出兵，久無功，乃授柏耆德州行營諸軍計會使，亞之以殿中侍御史爲判官諭旨。會李祐平德州，同捷窮，請降，耆乃馳入滄，誅同捷。諸將嫉其功，比奏攢詆，文宗不獲已，貶耆循州司户參軍，亞之南康尉。張祜以詩送云……亞之，吴人。元和七年不第，李賀以詩送云……

《舊唐書》十七本紀：太和三年五月，貶滄德宣尉使、諫議大夫柏耆循州司户，宣慰判官、殿中侍御史沈亞之虔州南康尉，以擅入滄州取李同捷，諸鎮所怒，奏論之也。

《唐摭言》九：沈雲翔，亞之弟也。

《北夢瑣言》十二：唐沈詢侍郎，亞之之子也。昆弟二人，一人（忘其名）……

《登科記考》十八：亞之，元和十年進士。又十九：長慶元年賢良方正。

《全唐詩》十八小傳：吴興人……歷殿中丞御史、内供奉……終郢州掾。（節略處已見上，故不録。）

賈島《送沈秀才下第東歸》曰："毁出疾夫口，騰入禮部闈，下第子不耻，遺才人耻之。"知亞之以遭讒下第。又曰："明年春光别，回音不復疑。"島送詩作於元和七年，則此謂八年亞之將復返長安應舉也。

亞之《與京兆試官書》曰：去年始來京師，與群士求進賦以八咏，雕琢綺言與聲病，亞之習未熟，而又以文不合於禮部先黜去，今年復來。

亞之著《湘中怨詞》《歌者葉記》《馮燕傳》，并見《唐人説薈》。

亞之元和十年進士及第，見其自著《送同年任畹歸蜀序》。

李德裕

《唐詩紀事》四十八德裕門：元和十一年，歲在丙午，李逢吉下三十三人皆取寒素……德裕頗爲寒素開路，及謫官南去，或有詩曰："八百孤寒齊下泪，一時回首望崖州（出《摭言》）。"德裕營平泉莊，遠方以異揚奉之……《離東都平泉》詩云："十年紫殿掌洪鈞，出入三朝一品身。文帝寵深陪雉尾，武皇恩重燕龍津。黑山永破和親虜，烏嶺全坑跋扈臣。自是功高臨津處，禍來名滅不由人。"

《全唐詩》十六小傳：字文饒，趙郡人。宰相吉甫子也。以蔭補校書郎，拜監察御史。穆宗即位，擢翰林學士，再進中書舍人。未幾，授御史中丞。牛僧孺、李宗閔追怨吉甫，出德裕爲浙江觀察使。太和三年，召拜兵部侍郎。宗閔秉政，復出爲鄭滑節度使。逾年，徙劍南西川，以兵部尚書召，俄拜中書門下平章事，封贊皇縣伯。宗閔罷，代爲中書侍郎、集賢殿大學士。鄭注、李訓怨之，乃召宗閔，拜德裕爲興元節度使。入見帝，自陳願留闕下；復拜兵部尚書。爲王璠、李漢所譖，貶爲太子賓客，分司東都，再貶袁州刺史。未幾，徙滁州。開成初，起爲浙西觀察使，遷淮南節度使。武宗立，召爲門下侍郎，同中書門下平章事。拜太尉，封衛國公。當國凡六年，威名獨重於時。宣宗即位，罷爲荆南節度使。白敏中、令狐綯使黨人構之，貶崖州司户參軍卒。德裕少力學，善爲文，雖在大位，手不去書。《會昌一品集》二十卷，别集十卷，外集四卷。

《舊唐書》一七四本傳：幼有壯志，苦心力學，尤精西漢書、《左氏春秋》……大中三年十二月卒，時年六十三……德裕三子。燁，檢校祠部員外郎、汴宋亳觀察判官。大中二年，坐父貶象州立山尉，二子幼，從父殁於崖州。燁咸通初，量移郴州郴縣尉，卒於桂陽。子延古。

無　　可

姚合《送無可上人游越》。

戴叔倫《宿無可上人房》。

《唐才子傳》六本傳：無可，長安人，高僧也……初，賈島弃俗時同居青龍寺，呼島爲從兄。

《關中金石記》：僧無可書幢在西安府百塔寺。無可字法學柳公權。

《直齋書録解題》十九：唐僧賈無可，島弟也。

齊己《酬西蜀廣濟大師見寄》：應憐無可同無本，終向風騷作弟兄。

宋龔鼎《浪仙祠堂記》云：而天仙寺浮屠，無可謂之天仙集。

鄭　巢

《全唐詩》十九小傳：與姚合同時。

李　餘

《唐詩紀事》四十六李餘門：餘登長慶三年進士第，蜀人也。

《登科記考》：《玉芝堂談薈》："太和八年狀元。李餘，成都人。"案八年狀元爲陳寬，則李餘當在此年（太和七年）。

姚合、賈島、朱慶餘俱有《送李餘及第歸蜀》詩。

賈島有《送李餘往湖南》詩。

李　廓

《唐詩紀事》六十李廓門：廓，李程之子也。登元和進士第。大中中，拜武寧節度使，不能治軍。補闕鄭魯言："新麥未登，徐必亂。"既而軍亂，果逐廓。案舊史：廓有詩名，大中末，累官至潁州刺史，再爲觀察史。子書，亦登進士第……小説載：廓從其父程過三亭渡，爲小石隱，足痛，以呼父。程曰："太華峰頭，見有仙人手迹；黄河灘裏，争得隱人脚跟？"

《唐才子傳》六本傳：元和十三年獨孤樟榜進士。調司經局正字，出爲鄠縣令，累歷顯宦，仕終武寧節度使，政有奇迹。……與賈島友善。

姚合《送李廓侍御赴西川行營寄鄠縣李廓少府》。

賈島《酬鄠縣李廓少府見寄》。

《新唐書》一百三十一《李程傳》：襄邑恭王神符五世孫也……子廓第進士，累遷刑部侍郎。大中中，拜武寧節度使……

太和三年官太常丞。見《舊書》一六九《王涯傳》。

無可有《冬夜姚侍御宅送李廓少府》詩。姚侍御爲姚合，合寶曆中爲監察御史，知李廓爲少府（鄠縣尉），時亦在寶曆中。

章孝標

楊巨源有《送章孝標校書歸杭州因寄白舍人》。白舍人是白居易。居易長慶二年以中書舍人出爲杭州刺史，是章孝標爲校書赴杭，當在長慶二年至四年之間也。

《唐詩紀事》四十一孝標門：孝標元和十三年下第。時輩多爲詩以刺主司，獨孝標爲《歸燕詩》留獻，侍郎庾承宣得詩展轉吟諷。庾果重典禮曹，孝標來年登第……孝標及第除正字，東歸《題杭州樟亭驛》云："樟亭驛上題詩客，一半尋爲山下塵。世事日隨流水去，紅花還似白頭人。"初成落句云："紅花直笑白頭人。"改爲"還似"。且曰："我將老成名，似我芳艷，詎能久乎！"及還鄉而逝。或曰：前有八元，後有孝標，皆桐廬人，復同姓而皆不達矣。李紳鎮揚州，請孝標賦《春雪》詩……孝標大和中山南東道從事，試大理評事。

李　賀

朱自清先生《李賀年譜》：

字長吉，唐宗室鄭王之後。居河南府福昌縣之昌谷。父晋肅，邊上從事。

賀細瘦，通眉，巨鼻，長指爪。能苦吟疾書。

貞元六年，賀生。

七歲，能辭章。

十五歲，以樂府歌詩名於時。

十七歲，鬢已斑白。

十八歲（元和二年），至東都，以歌詩謁韓愈。

二十歲，在東都。韓愈、皇甫湜相過，賀爲作《高軒過》詩。

二十一歲（元和五年），韓愈爲河南令。賀應河南府試，作《十二月樂詞》，獲雋。冬，舉進士入京。或毁賀曰："父名晋肅，子不得舉進士。"韓愈爲作《諱辯》，然賀卒不就試，歸。

二十二歲，爲奉禮郎當在是年。

二十四歲（元和八年），是年春，以病辭官，歸昌谷。歸途所歷，皆著爲詩。冬十月，復入京。

二十五歲，自京師歸，秋至潞州，依張徹，時徹初效潞幕。

二十六歲，在潞州。

二十七歲（元和十一年），自潞州歸，卒。

賀交游有姓名可考者十四人。愈以外若皇甫湜、沈亞之、李漢、陳商、張徹……尚有張又新、崔植……王參元、楊敬之、權璩。（謹案十四人舉其十一，餘蓋見本集，若韋仁實等。又有劉言史者，亦與賀交。《才子傳》四《劉言史傳》："與李賀、孟郊結爲契友。"聞先生云，言史與賀時代不相及，《才子傳》誤。）

施肩吾

《唐詩紀事》四十一肩吾門：肩吾，洪州人。元和十年登第。以洪州西山羽化之地，慕其真風，高蹈於此。爲詩奇麗，著《百韻山居詩》。

《全唐詩》十八小傳：字希聖。爲詩奇麗，《西山集》十卷。（删略處同《紀事》）

有《越中遇寒食》《錢塘渡口》《鄠縣村居》《旅次文水縣喜遇李少府》。

曾慥《集仙傳》（《説郛》本）：施肩吾字希聖，九江人也。授真筌於洞賓。

許　渾

《唐詩紀事》五十六許渾門：《祇命南海至廬陵逢表兄軍倅奉使淮海别後却寄》云……杜牧之有《許七侍御弃官東歸瀟灑江南高秋企望寄贈》之詩……韋莊讀渾詩云："江南才子許渾詩，字字清新句句奇。十斛真珠量不盡，惠休虚作《碧雲詞》。"……渾，字用晦，睦州人，圉師之後。大中三年，任監察御史，以疾乞東歸，終郢、睦二州刺史。

《全唐詩》二十小傳：丹陽人。故相圉師之後。太和六年進士第。爲當塗、太平二縣令，以病免，起潤州司馬。大中三年，爲監察御史，歷虞部員外郎，睦、郢二州刺史。潤州有丁卯橋，渾别墅在焉。因以名其集。（圉師，《新書》九十，《舊書》五十九有傳。）

《丁卯集箋注》附宋胡宗愈《唐許用晦先生傳》：公諱渾，字用晦。譙國公紹五世孫也。祖諱自明。由平樂與適雲陽邑西北陵，因仁其里而卜築焉。父忱，有隱德。公幼穎悟，善詩詞，頃刻千言，出人意表。登唐文宗太和六年進士第。授監察御史。抱疾歸隱京口丁卯橋别墅。後再起，歷郢、睦二州刺史。公志在考槃，不樂仕進。尋復解組歸隱。杜牧嘗寄之以詩，甚見推重，相期以遠，非止於能詩已也。所著有《丁卯集》二卷行世。其宅在潤城五里丁卯澗，公日夕其間，時揮灑長吟以自適，故以丁卯名集。公有《夜歸丁卯橋村舍》詩云："月凉風静夜，歸客泊岩前。橋響犬遥吠，庭空人散眠。紫蒲低水檻，紅葉半江船。自有還家計，南湖二頃田。"其田在練湖之南，即今子孫世守其業。生二子，曰瑩曰犖，隨父居丁卯橋。瑩仍居北陵祖宅焉。宋元祐庚午資政殿學士，中大夫，知成都軍府事。後學胡宗愈撰。

同上附《丁卯集·原叙》：昔郢州自記其篇目，多至五百；而今之書肆，見於板行者纔逾一半……大德丁未金華王唐書……潤州城南有丁卯橋，許用晦以之名其集……西蜀仙井雷起劍頓首拜撰。

《唐才子傳》七本傳：渾，字仲晦。潤州丹陽人。圉師之後也。大和六年李珪榜進士。爲當塗、太平二縣令。少苦學勞心，有清羸之疾，至是以伏枕免。久之，起爲潤州司馬。大中三年，拜監察御史，歷虞部員外郎，睦、郢二州刺史。嘗分司朱方，買田築室。後抱病退居丁卯澗橋村舍，暇日綴録所作，因以名集。渾樂林泉，亦慷慨悲歌之士，登高懷古，已見壯心。故爲格調豪麗，猶强弩初張，牙淺弦急，俱無留意耳。至今慕者極多，家家自謂得驪龍之照夜也。早歲嘗游天台，仰看瀑布，旁眺赤城。辨方廣於非烟，躡石橋於懸壁。登陟兼晨，窮覽幽勝。朗誦孫綽古賦，傲然有思歸之想。志存不朽，再三信宿，彷徨不能去。以王事不果，有負初心。後晝夢登山，有宫闕凌虚，問，曰此崑崙也。少頃，遠見數人方飲，招渾就坐，暮而罷。一佳人出箋求詩，未成夢破，後吟曰："曉入瑶臺露氣清，庭中惟見許飛瓊。塵心未斷俗緣在，十里下山空月明。"他日復夢至山中，佳人曰："子何題余姓名於人間？"遂改爲"天風吹下步虚聲"，曰："善矣。"渾才思翩翩，仙子所愛，夢寐求之，一至於此。昔子建賦《洛神》，人以徒聞虚語，以是謂迂誕不信矣。未幾，遂卒。有詩二卷，今傳。

張 祜

《唐詩紀事》五十二張祜門：祜長慶中深爲令狐楚所知，楚鎮天平，自草薦表，令以詩三百篇隨狀表進。祜至今，屬元稹在内庭，上問之，稹曰："祜雕蟲小巧，壯夫不爲，或獎激之，恐變陛下風教。"上頷之。由是失意東歸，有"孟浩然身更不疑"之句……皮日休云：祜，字長吉。元和中，作宫體小詩，辭曲艷發，當時輕薄之流能其才，合噪得譽。老大稍窺建安風格，誦樂府録，知作者本意，短章大篇，往往間出，講諷怨譎，時與六義相左右。善題目佳境，言不可刊置別處，此爲才子之最也。或薦之天子，書奏不下。亦受辟諸侯府，性狷介不容物，輒自劾去。以曲阿地古澹有南朝遺風，遂築室種植而家焉。性嗜木石，悉力致之，從南海間罷職事，載羅浮石笋還。不蓄美田利産爲身後計，死未二十年，而故姬遺孕，凍餒不暇，豈其怨刺於神明耶？天果不愛才，没而猶譴耶！又進士顔萱過祜丹陽遺居，見其愛姬崔氏，貧居荆榛下，有一子杞兒，求食汝墳矣。憫然作詩吊之。萱詩曰："憶昔爲兒逐我兄，曾抛竹馬拜先生。書齋已换當時主，詩壁空題故友名……"（杞兒後名望虔，嘉興監裴洪慶以爲冬爪堰宫。）或言祜清河人，嘗賦《淮南》詩，有"人生秖合揚州死，禪智山光好墓田"。大中中，果卒於丹陽隱舍。

《全唐詩》十九小傳：字承吉，清河人……嘗客淮南，愛丹陽曲阿地，築室卜隱。集十卷。

王荆公《唐百家詩選》十五：張祜字永吉，以處士居蘇州。令狐楚嘗薦其詩於朝，不報。

《郡閣雅言》：張祜素籍詩名，凡知己者皆當世英儒，故杜牧之云："誰人得似張公子，千首詩輕萬户侯。"祜有《華清宫》，爲世所稱，云："龍虎旌旗……"

《青陽縣志》：字承吉，南陵鄉人。唐才子之最，一時賢俊，多與之游。令狐楚鎮天平日薦之，書奏不報。每以賢能受辟諸侯府。性狷介又容物，輒自劾去。至潤州，慕曲阿古澹，有南朝遺風，遂僑寓焉。值杜牧守池州登九華樓作詩寄祜，祜亦賦詩奉答。太和中，卒。所著有《張處士詩》三卷，行於世。皮日休、陸龜蒙等有詩吊之。

《野客叢談》：……《松陵集韻》萱《序》中曰：過祜丹陽故居，已易他主。祜有四男一女。男曰椿兒、桂兒、椅兒、杞兒。三已物故，惟杞爲遺孕，與女尚存。故姬崔氏，霜髩黄冠，杖策迎内。與之話舊，歷然可聽。琴書圖籍，今屬他人。

朱慶餘

《唐詩紀事》四十六慶餘門：慶餘遇水部郎中張籍知音，索慶餘新舊篇什，留二十六章，置之懷袖而推贊之。時人以籍重名，皆繕録諷咏，遂登科。慶餘作《閨意》一篇以獻曰……由是朱之詩名流於海内矣……慶餘，名可久，以字行。登寶應（歷）進士第。

《唐才子傳》六本傳：寶曆二年進士及第，授秘省校書。得張水部詩旨。

《吴禮部詩話》（元吴師道著《歷代詩話續編》本）：朱慶餘，張籍門人，傳其詩法，然獨以《閨怨》一篇知名於時。

《雲溪友議》（《説薈》本）云云同《紀事》，《紀事》蓋本於《雲溪友議》。

姚合、張籍、賈島俱有《送朱慶餘及第後歸越》詩，許渾有《再游越中傷朱餘慶（二字誤倒）先輩直上人》。

朱慶餘有《鳳翔西池與賈島納凉》《與賈島顧非熊無可上人宿萬年姚少府宅》等詩。（在鳳翔與賈島納凉疑當元和十三年，宿萬年姚宅在長慶元年。詳賈譜。）

慶餘著《冥音録》。見《唐人説薈》。

本集（宋刊本）朱慶餘《近試上張弘水部》：洞房昨夜停紅燭……

劉　叉

《唐詩紀事》三十五劉叉門：《塞上逢盧仝》云……叉，節士也。少放肆爲俠行，因酒殺人亡命。會赦，出，更折節讀書，能爲歌詩。然恃故時所負，不能俯仰貴人。聞韓愈接天下士，步謁之。作《冰柱》《雪車》二詩，出盧、孟右。樊宗師見，爲獨拜。後以争語不能下賓客，因揀愈金數斤去，曰："此諛墓中人得耳，不若與劉君爲壽。"愈不能正。歸齊魯，不知所終。

宋龔鼎《浪仙祠堂記》：浪仙學詩於劉叉。

盧　仝

賈島《哭盧仝》：賢人無官死，不親者亦悲……平生四十年，惟著白布衣……長安有交友，托孤遽弃移（一作遺）。

許顗《彦周詩話》：玉川子在王涯書院中，會食，不能自别，枉陷於禍，哀哉。（謹案：此謂太和九年甘露之變也。事見《通鑒》卷二四五。）

南菁書院叢書李邦黻輯盧仝《春秋摘微》一卷。

《唐詩紀事》三十五盧仝門：仝居東都，退之爲河南令，愛其詩，厚禮之。自號玉川子。嘗爲《月蝕》詩，譏切元和朋黨……《與馬異結交》詩：天地日月如等閑，盧仝四十無往還。

《全唐詩》十四小傳：范陽人。隱少室山，自號玉川子。徵諫議不起。

温庭筠《醉歌》：洛陽盧仝稱文房，妻子脚禿舂黄糧。

韓　　琮

《唐詩紀事》五十六韓琮門：字代封。大中中，爲湖南觀察使，待將士不以禮。宣宗時爲都將石載順等所逐。

《全唐詩》二十一小傳：字成（一作代）封。初爲陳許節度判官，後歷中書舍人、湖南觀察使。

韋楚老

《唐詩紀事》五十六楚老門：長慶進士，終於拾遺。開成時，李德裕代牛僧孺爲淮南節度，奏僧孺錢帛事。補闕王績、魏謨、崔讜、韋有翼，拾遺令狐綯及楚老、樊宗仁，連章奏德裕妄奏錢帛，以傾僧孺。上不問。

楚老爲拾遺時，在開成二三年間。見《舊唐書》一七四《德裕傳》。

李德裕《訪韋楚老不遇》：昔日徵黄綺，余慚在鳳池。今來招隱士，恨不見瓊枝。

楊洵美

《唐詩紀事》五十一洵美門：洵美登寶曆元年進士第，終監察御史。

顧非熊

王建《送顧非熊秀才歸丹陽》：江城柳色海門烟，欲到芳山始下船。知道君家當瀑布，菖蒲潭在草堂前。

《舊唐書》一三〇《顧况傳》：子非熊登進士第，累佐使府。亦有詩名於時。

《唐摭言》八《已落重收》條：長慶中，陳商放榜，上怪無非熊名，詔有司追榜放令及第，時天下寒進皆知勸矣。詩人劉得仁賀詩曰："愚爲童稚時，已解念君詩。及得高科晚，須逢聖主知。"

《唐摭言》八《入道》條：顧况全家隱居茅山，竟莫知所止。其子非熊及第，慶既莫知，况寧否亦隱於舊山，或聞有所遇長生之秘術也。

《北夢瑣言》八《顧非熊再生》條：顧况……暮年有一子，即非熊前身也，一旦暴亡。况追悼哀切，所不忍言。乃吟曰："老人喪愛子，日暮泣成血。老夫年七十，不作多時别。"非熊在冥間聞之，甚悲憶，遂以情告冥官，皆憫之，遂商量却令先於况家。三歲能言冥間聞父苦吟，却求再生之事歷歷然。長成應舉，擢進士第。或有朝士問，即垂泣而言之。王定保《摭言》云："人傳况父子皆有所遇，不知所適。"由此而言，信有之矣。

《唐詩紀事》六十三非熊門：非熊滑稽好凌轢，在舉場垂三十年。長慶中登第，劉得仁賀以詩云……成名歸茅山，項斯送以詩曰："吟詩三十載，成此一名難……"非熊大中時自盱眙簿弃官，隱茅山……段成式云：况始喪子，年七十。况哭之曰……後再生子。七歲，其兄戲批之，忽曰："我爾之兄，何故批我？"乃叙前生事，歷歷不誤，即非熊也。

《唐才子傳》七本傳：會昌五年……陳商……追榜放令及第……授盱眙主簿，不樂拜迎，更厭鞭撻，因弃官歸隱……一時餞别吟贈，俱名流。後不知所終。或傳住茅山十餘年，一旦入異人，相隨入深谷，不復出矣。

姚合有《送顧非熊下第歸越》詩。

厲玄、項斯俱有《送顧非熊及第歸茅山》詩。

非熊長慶元年與賈島、朱慶餘、無可會宿萬年尉姚合宅。所著《冥言録》見《唐人説薈》。

劉得仁

《唐摭言》十：劉得仁，貴主之子。自開成至大中三朝，昆弟皆歷貴仕，而得仁苦於詩，出入舉場三十年，竟無所成。嘗自述曰："外家雖是帝，當路且無親。"既終，詩人争爲詩以吊之。惟供奉僧栖白擅名，詩曰：忍苦爲詩身到此，冰魂雪魄已難招。直教桂子落墳上，生得一枝冤始銷。

《唐詩紀事》五十三得仁門事同《摭言》，蓋本於《摭言》。

《全唐詩》二十小傳：長慶中即以詩名。

劉　滄

《唐詩紀事》五十八劉滄門：字藴靈，大中進士也。

《全唐詩》二十二小傳：魯人，大中八年進士第，調華原尉，遷龍門令。

王荆公《百家詩選》：字藴靈，大中八年進士及第。

陳　陶

《唐詩紀事》六十陳陶門：《北夢瑣言》云：大中年，陳陶歌詩，似負神仙之術，或露王霸之説……諸如此例，不可殫紀……陶，劍浦人，居南昌之西山。宋齊丘守南昌，因有蒲安之覲，乃自咏云："中原莫道無麟鳳，自是皇家結網疏。"與水曹任畹郎中友善……江南後主即位，知其運祚衰替，以修養爲事……嚴尚書宇鎮豫章，遣小妓號蓮花者，往西山侍陶，陶殊不顧……陶，唐末自稱布衣，開寶中人或見之，或云已得仙矣。

《五代詩話》三卷陳陶門引《十國春秋》：陶少與水曹任畹友善。

同上引《因樹屋書影》：《南唐書·陳陶傳》："陶所遁西山，先産藥物數十種，陶采而餌之。開寶中，嘗見一叟，角髮被褐，與一老媪貨藥於市，獲錢則市酢對飲，旁若無人。既醉行舞而歌曰：'籃采禾，籃采禾。'……或疑爲陶夫婦云。"觀本傳則知俗繪八仙中之藍采和，豈人名哉？以禾爲和，以籃爲藍，謬矣。

同上《十國春秋》：二子小字祖棃。

同上引《蔡寬夫詩話》：龍衮《江南野録》爲陶傳稱其得道不死，開寶間猶無恙。然唐末人曹松、方干之徒，皆有哭陶詩，則陶之死久矣。不知衮何據乎？陶見於唐末，而集中乃有《贈高閑歌》，若爾亦自當年百餘歲。唐詩人劉商亦傳爲仙去，固不可知。但既有哭之人，則知其死不誣耳。

《全唐詩》二七小傳：字嵩伯，嶺南（一云鄱陽，一云劍浦）人。大中時，游學長安。南唐昇元中，隱洪州西山，後不知所終。詩十卷。

《北夢瑣言》五《陳陶〈癖書〉》：大中年，洪州處士陳陶者，有逸才，歌詩中似負神仙之術，或露王霸之説，雖文章之士，亦未足憑，而以詩見志，乃宣父之遺訓也……著《癖書》十卷。聞其名而未嘗見之。（或云《癖書》是鍾離從事陳岳所著，今兩存之。）

《唐才子傳》八本傳：陶字嵩伯，鄱陽劍浦人。嘗舉進士，輒下，爲詩云："中原不是無麟鳳，自是皇家結網疏。"頗負壯懷。志遠心曠，遂高居不求進達，恣游名山，自稱三教布衣。大中中，避亂入洪州西山，學神仙咽氣有得，出入無間。時嚴尚書宇牧豫章，慕其清操，嘗備齋供，俯就山中，揮麈談終日，而欲試之，遣小妓蓮花往侍。陶笑不答，蓮花賦詩求去，曰……陶賦詩贈之云……宇見詩，益嘉貞節。陶金骨已堅，戒行通體，夜必鶴氅，焚香巨石上，鳴金步虚，禮星月，少寐。所止茅屋，風雷洶洶不絶。忽一日不見，惟鼎竈杵臼依然。開寶間，有樵者入深谷，猶見無恙，後不知所終。陶工賦詩，無一點塵氣，於晚唐諸人中，最得平淡，要非時流所能企及者。有《文録》十卷，今傳於世。

李　遠

《唐詩紀事》五十六李遠門：張固《幽閑鼓吹》云：宣宗朝，令狐綯薦遠爲杭州。宣宗曰："我聞遠有詩云：'長日唯銷一局棋。'豈可以臨郡哉！"對曰："詩人之言，非有實也。"仍薦遠廉察可任，乃俞之。宣宗視遠到郡謝上表，左右曰："不足煩聖慮也。"上曰："遠到郡無非時奏章，衹有此謝上表，安知不有情懇乎？吾不敢忽也。"遠字求古，大中時爲建州刺史。

《全唐詩》十九小傳：字求（一作承）古，蜀人。第太和進士，歷忠、建、江三州刺史，終御史中丞。

王荆公《百家詩選》：字求古，大中中，爲忠州刺史。

喻　鳧

《唐詩紀事》五十一喻鳧門：毘陵人，開成進士也。卒於烏程令……與方干友善。

《唐才子傳》七本傳：毘陵人，開成五年李從實榜進士。

無可有《送喻鳧及第歸陽羡》詩。

《北夢瑣言》：皛體閬仙爲詩，嘗謁杜紫微，不遇，乃曰：“我詩無羅綺鉛粉，宜其不售也。”

袁謇正整理

荊楚文庫

聞一多全集（十）

聞一多 著
孫黨伯 袁謇正 主編

荊楚文庫編纂出版委員會
湖北人民出版社

荆楚文库

莊子編

袁謇正　整理

編者説明

本編爲《莊子編》，包括作者關於莊子的論著五種，以及與《莊子》并無密切關係的論道教的文章一篇。

《莊子》《莊子内篇校釋》和《道教的精神》，曾編入開明版《聞一多全集》。

《莊子章句》《莊子校補》和《莊子義疏》係未刊稿，據手稿照相複製件整理，編入本編。

《校補》《義疏》原屬《章句》附録，今皆獨立成篇，三者并列。

目　録

莊　　子[1]

① 原載《新月》第2卷第9期(1929年11月10日)。據開明版《聞一多全集·古典新義》編入本編。

臣子所好者道也，進乎技矣。

——《養生主》

一

莊子名周，宋之蒙人[①]（今河南商丘縣東北）。宋在戰國時屬魏，魏都大梁，因又稱梁。《史記》說他與梁惠王、齊宣王同時。《莊子·田子方》《徐無鬼》兩篇於魏文侯，武侯稱謚，而《則陽篇》《秋水篇》逕稱惠王的名字，又稱公子，《山木篇》又稱爲王，《養生主》稱文惠君，看來他大概生於魏武侯末葉，現在姑且定爲周烈王元年（前三七五）。他的卒年，馬叙倫定爲赧王二十年（前二九五），大致是不錯的。

與他同時代的惠施衹管被梁王稱爲“仲父”，齊國的稷下先生們衹管“皆列第爲上大夫”，荀卿衹管“三爲祭酒”，吕不韋的門下衹管“珠履者三千人”，——莊周衹管窮困了一生，寂寞了一生，《莊子·外物篇》說他“家貧，故往貸粟於監河侯”，《山木篇》說他“衣大布而補之，正緳繫履而過魏王。”這兩件故事是否寓言，不得而知，然而拿這裏所反映的一副窮措大的寫照，加在莊周身上，决不冤枉他。我們知道一個人稍有點才智，在當時，要交結王侯，賺些名聲利禄，是極平常的事。《史記》稱莊子“其學無所不窺”，又說他“善屬書離辭，指事類情，用剽剥儒墨，雖當世宿學不能自解免也”。莊子的博學和才辯并不弱似何人，當時也不是没人請教他，無奈他脾氣太古怪，不會和他們混，不願和他們混。據説楚威王遣過兩位大夫來聘他爲相，他發一大篇議論，吩咐他們走了。《史記》又說他做過一晌漆園吏，那多半是爲糊口計。吏的職分真是小得可憐，談不上仕宦，可是也有個好處——不致妨害人的身份，剥奪人的自由。莊子一輩子衹是不肯作事，大概當一個

① 原注：閻若璩曰：“鳳陽（濠梁）爲其游覽之地，曹暑（漆園）爲其宦游之地。”

小吏，在莊子，是讓步到最高限度了。依據他自己的學説，做事是不應當的，還不祇是一個人肯不肯的問題。但我想那是憤激的遁辭。他的實心話不業已對楚王的使者講過嗎？

> 子獨不見郊祭之犧牛乎？養食之數歲，衣以文綉，以入太廟，當是之時，雖欲爲孤豚，豈可得乎？

又有一次宋國有個曹商，爲宋王出使到秦國，初去時，得了幾乘車的俸禄，秦王高興了，加到百乘。這人回來，碰見莊子，大誇他的本領，你猜莊子怎樣回答他？

> 秦王有病，召醫。破癰潰痤者得車一乘，舐痔者得車五乘，所治愈下，得車愈多。子豈治其痔邪？何車之多也？子行矣！

話是太挖苦了，可是當時宦途的風氣也就可想而知。在那種情況之下，即使莊子想要做事，叫他如何做去？

我們根據現存的《莊子》三十三篇中比較可靠的一部分，考察他的行踪，知道他到過楚國一次，在齊國待過一晌，此外似乎在家鄉的時候多。和他接談過的也十有八九是本國人。《田子方篇》見魯哀公的話，毫無問題是寓言；《説劍》是一篇贋作，因此見趙文王的事更靠不住。倒是"莊子釣於濮水""莊子與惠子游於濠梁之上""莊子游乎雕陵之樊""莊子行於山中……出於山，舍於故人之家"——這一類的記載比較合於莊周的身份，所以我們至少可以從這裏猜出他的生活的一個大致。他大概是《刻意篇》所謂"就藪澤，處閑曠，釣魚閑處，無爲而已矣"的一種人。我們不能想像莊子那人，朱門大厦中會常常有他的足迹，儘管時代的風氣是那樣的，風氣干莊周什麽事？况且王侯們也未必十分熱心要見莊周。憑白的叫他挖苦一頓做什麽！太史公不是明講了"自王公大人不能器之"嗎？惠子屢次攻擊莊子"無用"。那真是全不懂莊子而又懂透了莊子。莊子誠然是無用，但是他要“用”做什麽？

> 山木自寇也；膏火自煎也；桂可食，故伐之；漆可用，故割之。人皆知有用之用，而莫知無用之用也。

這樣看來，王公大人們不能器重莊子，正合莊子的心願。他“學無所不窺”，他“屬書離辭，指事類情”，正因犯着有用的嫌疑，所以更不能不掩藏、避諱，裝出那“其卧徐徐，其覺于于，一以己爲馬，一以己爲牛”的一副假痴假騃的樣子，以求自救。

歸真的講，關於莊子的生活，我們知道的很有限。三十三篇中述了不少關於他的軼事，可是誰能指出那是寓言，那是實録？所幸的，那些似真似假的材料，雖不好坐實爲莊子的信史，却足以代表他的性情與思想；那起碼都算得畫家所謂“得其神似”。例如《齊物論》裏“莊周夢爲蝴蝶”的談話，恰恰反映着一個瀟灑的莊子；《至樂篇》稱“莊子妻死，惠子吊之，莊子則方箕踞鼓盆而歌”，又分明影射着一個放達的莊子；《列禦寇篇》所載莊子臨終的那段放論，也許完全可靠：

> 莊子將死，弟子欲厚葬之。莊子曰：“吾以天地爲棺椁，日月爲連璧，星辰爲珠璣，萬物爲賫送。吾葬具豈不備邪？何以加此？”弟子曰：“吾恐烏鳶之食夫子也。”莊子曰：“在上爲烏鳶食，在下爲螻蟻食，奪彼與此，何其偏也！”

其餘的故事，或滑稽，或激烈，或高超，或毒辣，不勝枚舉，每一事象徵着莊子人格的一方面，綜合的看去，何嘗不儼然是一個活現的人物？

有一件事，我們知道是萬無可疑的，惠施在莊子生活中占一個很重要的位置。這人是他最接近的朋友，也是他最大的仇敵。他的思想行爲，一切都和莊子相反，然而才極高，學極博，又是和莊子相同的。他是當時最有勢力的一派學説的首領，是魏國的一位大政治家。莊子一開口便和惠子抬杠；一部《莊子》，幾乎頁頁上有直接或間接糟蹋惠子的話。説不定莊周著書的動機大部分是爲反對惠施和惠施的學説，他并且有誣衊到老朋友的人格的時候。據説（大概是他的弟子們造的謡言）莊子到梁國，惠子得着消息，下了一道通緝令，滿城搜索了三天。説惠子是怕莊子來搶他的相位，冤枉了惠子，也冤枉了莊子。假如那事屬實，大概惠子是被莊子毁謗得太過火，爲他辦事起見，不能不下那毒手？然而惠子死後，莊子送葬，走到朋友的墓旁，嘆息道："自夫子之死也，吾無以爲質矣，吾無與言之矣！"兩人本是旗鼓相當的敵手，難怪惠子死了，莊子反而感到孤寂。

除了同國的惠子之外，莊子不見得還有多少朋友。他的門徒大概也有限。朱熹以爲"莊子當時亦無人宗之，他衹在僻處自説"，像是對的。孟子是鄒人，離着蒙不甚遠，梁、宋又是他到過的地方，他辟楊墨，没有辟到莊子。《尸子》曰："墨子貴兼，孔子貴公，皇子貴衷，田子貴均，列子貴虚，料子貴别囿。"没有提及莊子。《吕氏春秋》也有同類的論斷，從老聃數到兒良，偏漏掉了莊子。似乎當時衹有荀卿談到莊子一次，此外絶没有注意到他的。

莊子果然畢生是寂寞，不但如此，死後還埋没了很長的時期。西漢人講黄老而不講老莊。東漢初班嗣有報桓譚借《莊子》的信札，博學的桓譚連《莊子》都没見過。注《老子》的鄰氏、傅氏、徐氏、河上公、劉向、毋丘望之、嚴遵等都是西漢人；兩漢竟没有注《莊子》的。莊子説他要"處乎材與不材之間"，他怕的是名，一心要逃名，果然他幾乎要達到目的，永遠湮没了。但是我們記得，韓康徒然要向賣藥的生活中埋名，不曉得名早落在人間，并且恰巧要被一個尋常的女子當面給他説破。求名之難那有逃名難呢？莊周也要逃名；暫時的名可算給他逃過了，可是暫時的沉寂畢竟衹爲那永久的赫烜作了張本。

一到魏、晋之間，莊子的聲勢忽然浩大起來，崔譔首先給他作注，跟着向秀、郭象、司馬彪、李頤都注《莊子》。像魔術似的，莊子忽然占據了那全時代的身心，他們的生活、思想、文藝——整個文明的核心是莊子。他們說：“三日不讀老莊，則舌本間强。”尤其是《莊子》，竟是清談家的靈感的泉源。從此以後，中國人的文化上永遠留着莊子的烙印。他的書成了經典。他屢次榮膺帝王的尊封。[①]至於歷代文人學者對他的崇拜，更不用提。别的聖哲，我們也崇拜，但那像對莊子那樣傾倒、醉心、發狂？

二

庖丁對答文惠君説：“臣之所好者道也，進乎技矣。”這句話的意義，若許人變通的解釋一下，便恰好可以移作莊子本人的斷語。莊子是一位哲學家，然而侵入了文學的聖域。莊子的哲學，不屬本篇討論的範圍。我們單講文學家莊子；如有涉及他的思想的地方，那是當作文學的核心看待的，對於思想本身，我們不加批評。

古來談哲學以老、莊并稱，談文學以莊、屈并稱。南華的文辭是千真萬真的文學，人人都承認。可是《莊子》的文學價值還不衹在文辭上。實在連他的哲學都不像尋常那一種矜嚴的，峻刻的，料峭的一味皺眉頭，絞腦子的東西；他的思想的本身便是一首絶妙的詩。

一壁認定現實全是幻覺，是虚無，一壁以爲那真正的虚無纔是實有，莊子的議論，反來覆去，不外這兩個觀點。那虚無，或稱太極，或稱涅槃，或稱本體，莊子稱之爲“道”。他説：

> 夫道有情有信，無爲無形，可傳而不可受，可得而不可見，自本自根，未有天地，自古以固存，神鬼神帝，生天生地，在太極之先而不爲高，在六極之下而不爲深，先天地生而不爲久，長於上古而不爲老——狶韋氏得之以挈天地，伏戲氏得之以襲氣母，維斗得

① 原注：唐玄宗封爲“南華真人”，宋徽宗封爲“微妙玄通真君”。

之終古不忒，日月得之終古不息，堪壞得之以襲崑崙，馮夷得之以游大川，肩吾得之以處大山，黄帝得之以登雲天，顓頊得之以處玄宫，禺强得之立乎北極，西王母得之坐乎少廣，莫知其始，莫知其終，彭祖得之上及有虞，下及五伯，傅説得之以相武丁，奄有天下，乘東維，騎箕尾，而比於列星。

有大智慧的人們都會認識道的存在，信仰道的實有，却不像莊子那樣熱忱的愛慕它。在這裏，莊子是從哲學又跨進了一步，到了文學的封域。他那嬰兒哭着要捉月亮似的天真，那神秘的悵惘，聖睿的憧憬，無邊際的企慕，無涯岸的艷羡，便使他成爲最真實的詩人。

然而現實究竟不容易抹煞，即使你説現實是幻覺，幻覺的存在也是一種存在。要調解這衝突，起碼得承認現實是一種寄寓，或則像李白認定自己是“天上謫仙人”，現世的生活便成爲他的流寓了。“萬物生於有，有生於無”，莊子彷彿説：那“無”處便是我們真正的故鄉。他苦的是不能忘情於他的故鄉。“舊國舊都，望之悵然”，是人情之常。縱使故鄉是在時間以前，空間以外的一個縹緲極了的“無何有之鄉”，誰能不追憶，不悵望？何况羈旅中的生活又是那般齷齪、偪仄、孤凄、煩悶？

悲歌可以當泣，遠望可以當歸。

莊子的著述，與其説是哲學，毋寧説是客中思家的哀呼；他運用思想，與其説是尋求真理，毋寧説是眺望故鄉，咀嚼舊夢。他説：“卮言日出，和以天倪，因以曼衍，所以窮年。”一種客中百無聊賴的情緒完全流露了。他這思念故鄉的病意，根本是一種浪漫的態度，詩的情趣。并且因爲他鍾情之處，“大有逕庭，不近人情”，太超忽，太神秘，廣大無邊，幾乎令人捉摸不住，所以浪漫的態度中又充滿了不可逼視的莊嚴。是詩便少不了那一個哀艷的“情”字。《三百篇》是勞人思婦的情；屈、宋是仁人志士的情；莊子的情可難説了，衹超人纔載得住他那種神聖的客愁。所以莊子是開闢以來最古怪最偉大的一個情種；若講莊子是詩人，還不僅是泛泛的一個詩人。

或許你要問：《莊子》的思致誠然是美，可是那一種精深的思想不美呢？怎見得《莊子》便是文學？你説他的趣味分明是理智的冷艷多於情感的温馨，他的姿態也是瘦硬多於柔膩，那衹算得思想的美，不是情緒的美。不錯。不過你能爲我指出思想與情緒的分界究竟在那裏嗎？唐子西在惠州給各種酒取名字，温和的叫作“養生主”，勁烈的叫作“齊物論”。他真是善於飲酒，又善於讀《莊子》。《莊子》會使你陶醉，正因爲那裏邊充滿了和煦的、鬱蒸的、焚灼的各種温度的情緒。向來一切偉大的文學和偉大的哲學是不分彼此的。你若看不出《莊子》的文學，衹因他的神理太高，你驟然體驗不到。

又恐瓊樓玉宇，高處不勝寒。

是就下界的人們講的，你若真是隸籍仙靈，何至有不勝寒的苦頭？并且文學是要和哲學不分彼此，纔莊嚴，纔偉大。哲學的起點便是文學的核心。衹有淺薄的、庸瑣的、渺小的文學，纔專門注意花葉的美茂，而忘掉了那最原始、最寶貴的類似哲學的仁子。無論《莊子》的花葉已經够美茂的了；即令他没有發展到花葉，衹他那簡單的幾顆仁子，給投在文學的園地上，便是莫大的貢獻，無量的功德。

三

講到文辭，本是莊子的餘事，但也就够人贊嘆不盡的，講究辭令的風氣，我們知道，春秋時早已發育了；戰國時縱横家以及孟軻、荀卿、韓非、李斯等人的文章也够好了，但充其量衹算得辭令的極致，一種純熟的工具，工具的本身難得有獨立的價值。莊子可不然，到他手裏，辭令正式蜕化成文學了。他的文字不僅是表現思想的工具，似乎也是一種目的。對於文學家莊子的認識，老早就有了定案。《天下篇》討論其他諸子，衹講思想，談到莊周，大半是評論文辭的話。

以謬悠之説，荒唐之言，無端崖之辭，時恣縱而儻[①]，不以觭見之也。以天下爲沉濁，不可與莊語，以卮言爲曼衍，以重言爲真，以寓言爲廣……其書雖瓌瑋，而連犿無傷也；其辭雖參差，而諔詭可觀……其理不竭，其來不蜕，芒乎昧乎，未之盡者。

這可見莊子的文學色彩，在當時已瞞不過《天下篇》作者的注意，（假如《天下篇》是出於莊子自己的手筆，他簡直以文學家自居了。）至於後世的文人學者，每逢提到莊子，誰不一唱三嘆的頌揚他的文辭？高似孫説他

極天之荒，窮人之僞，放肆迤演，如長江、大河，滚滚灌注，泛濫乎天下；又如萬籟怒號，澎湃汹涌，聲沉影滅，不可控摶。

趙秉忠把他和列子并論，説他們

摛而爲文，窮造化之姿態，極生靈之遼廣，剖神聖之渺幽，探有無之隱賾……

嗚呼！天籟之鳴，風水之運，吾靡得覃其奇矣！

凌約言講得簡括而尤其有意致：

莊子如神仙下世，咳吐謔浪，皆成丹砂。

① 原注：諸本作“不儻”，《釋文》無“不”字，今據删。

讀《莊子》，本分不出那是思想的美，那是文字的美。那思想與文字，外型與本質的極端的調和，那種不可捉摸的渾圓的機體，便是文章家的極致；衹那一點，便足注定莊子在文學中的地位。朱熹説莊子“是他見得方説到”，一句極平淡極敷泛的斷語，嚴格的講，古今有幾個人當得起？其實在莊子，“見”與“説”之間并無因果的關係，那譬如一面花，一面字，原來衹是一顆錢幣。世界本無所謂真純的思想，除了托身在文學裏，思想别無存在的餘地；同時，是一個字，便有它的涵義，文字等於是思想的軀殼，然而説來又覺得矛盾，一拿單字連綴成文章，居然有了缺乏思想的文字，或文字表達不出的思想。比方我講自然現象中有一種無光的火，或無火的光，你肯信嗎？在人工的製作裏確乎有那種文字與思想不碰頭的偏枯的現象，不是辭不達意，便是辭浮於理。我們且不講言情的文，或狀物的文。言情狀物要作到文辭與意義兼到，固然不容易，純粹説理的文做到那地步尤其難，幾乎不可能。也許正因那是近乎不可能的境地，有人便要把説理文根本排出文學的範圍外，那真是和狐狸吃不着葡萄，説葡萄酸一樣的可笑。要反駁那種謬論，最好拿《莊子》給他讀。即使除了莊子，你抬不出第二位證人來，那也不妨。就算莊子造了一件靈異的奇迹，一件化工罷了——就算莊子是單身匹馬給文學開拓了一塊新領土，也無不可。讀《莊子》的人，定知道那是多層的愉快。你正在驚異那思想的奇警，在那躊躇的當兒，忽然又發覺一件事，你問那精微奥妙的思想何以竟有那樣湊巧的、曲達圓妙的辭句來表現它，你更驚異；再定神一看，又不知道那是思想那是文字了，也許什麽也不是，而是經過化合作用的第三種東西，於是你尤其驚異。這應接不暇的驚異，便使你加倍的愉快，樂不可支。這境界，無論如何，在莊子以前，絶對找不到，以後，遇着的機會確實也不多。

四

如果你要的是純粹的文學，在莊子那素净的説理文的背景上，也有着你看不完的花團錦簇的點綴——斷素，零紈，珠光，劍氣，鳥語，花香——詩，賦，傳奇，小説，種種的原料，儘够你欣賞的，采擷的。這可以證明如果莊子高興做一個通常所謂的文學家，他不是不能。

他是一個抒情的天才。宋祁、劉辰翁、楊慎等極欣賞的

> 送君者皆自厓而返，君自此遠矣！

果然是讀了“令人蕭寥有遺世之意”。《則陽篇》也有一段極有情致的文字：

> 舊國舊都，望之暢然，雖使丘陵草木之緡，入之者十九，猶之暢然，况見見聞聞者也？以十仞之臺懸衆間者也？

明人吴世尚曰：“《易》之妙妙於象，《詩》之妙妙於情；《老》之妙得於《易》，《莊子》妙得於《詩》。”這裏果然是一首妙絶的詩——外形同本質都是詩：

> 天其運乎？地其處乎？日月其争於所乎？孰主張是？孰維綱是？孰居無事推而行是？意者其有機緘而不得已邪？意者其運轉而不能自止邪？雲者爲雨乎？雨者爲雲乎？孰隆施是？孰居無事淫樂而勸是？風起北方，一西一東，有上彷徨——孰嘘吸是？孰居無事而披拂是？

這比屈原的《天問》何如？歐陽修説：“參差奇詭而近於物情，興者比者俱不能得其仿佛也。”祇講對了作者的一種“百戰不許持寸鐵”

的妙技，至於他那越世高談的神理，後世除了李白，誰追上他的踪塵？李白仿這意思作了一首《日出入行》，我們也録來看看：

日出東方隈，似從地底來，歷天又入海，六龍所舍安在哉？其始與終古不息，人非元氣安得與之久徘徊！草不謝榮於春風，木不怨落於秋天。誰揮鞭策驅四運？萬物興歇皆自然……

古來最善解《莊子》的莫如宋真宗。張端義《貴耳集》載着一件軼事，説他："宴近臣，語及《莊子》，忽命秋水，至則翠鬟緑衣，一小女童，誦《秋水》一篇。"這真是一種奇妙批評《莊子》的方法。清人程庭鷺説："向秀、郭象應遜此女童全具《南華》神理。"所謂"神理"正指詩中那種最飄忽的，最高妙的抒情的趣味。

莊子又是一位寫生的妙手。他的觀察力往往勝過旁人百倍，正如劉辰翁所謂"不隨人觀物，故自有見"。他知道真人"凄然似秋，暖然似春"，或則"尸居而龍見，淵默而雷聲"。他知道"生物之以息相吹"；他形容馬"喜則交頸相靡，怒則分背相踶"；又看見"澤雉十步一啄，百步一飲"。他又知道"槐之生也，入季春五日而兔目，十日而鼠耳，更旬而始規，二旬而葉成"[①]。一部《莊子》中，這類的零星的珍玩，搜羅不盡。可是能刻畫具型的物件，還不算一回事，風是一件不容易描寫的東西，你看《齊物論》裏有一段奇文：

夫大塊噫氣，其名爲風，是唯無作，作則萬竅怒號。而獨不聞之翏翏乎？山林之畏隹，大木百圍之竅穴——似鼻，似口，似耳，似枅，似圈，似臼，似窪者，似污者——激者，謞者，叱者，吸者，叫者，譹者，宎者，咬者，前者唱于而隨者唱喁，泠風則小和，飄風則大和，厲風濟，則衆竅爲虚，而獨不見之調調之刁刁乎？

① 原注：萬希槐輯《莊子逸文》引《御覽》。

注意那寫的是風的自身，不像著名的宋玉（？）《風賦》衹寫了風的表象。

五

討論莊子的文學，真不好從那裏講起，頭緒太多了，最緊要的例如他的諧趣，他的想象；而想象中，又有怪誕的，幽渺的，新奇的，穠麗的各種方向，有所謂“建設的想象”，有幻想；就諧趣講，也有幽默，詼諧，諷刺，謔弄等等類别。這些其實都用得着專篇的文字來討論，現在我們衹就他的寓言連帶的談談。

寓言本也是從辭令演化來的，不過莊子用得最多，也最精；寓言成爲一種文藝，是從莊子起的。我們試想《桃花源記》《毛穎傳》等作品對於中國文學的貢獻，便明瞭莊子的貢獻。往下再不必問了，你可以一直推到《西游記》《儒林外史》等等，都可以説是莊子的賜予。《寓言篇》明講“寓言十九”。一部《莊子》幾乎全是寓言，[1] 我們暫時無需舉例。此刻急待解決的，倒是何以莊子的寓言便是文學。講到這裏，我衹提到前面提出的諧趣與想象兩點，你便恍然了；因爲你知道那兩種質素在文藝作品中所占的位置，尤其在中國文學中，更是那樣鳳毛麟角似的珍貴。若不是充滿了他那雋永的諧趣，奇肆的想象，莊子的寓言當然和晏子、孟子以及一般游士説客的寓言，没有區别。諧趣和想象打成一片，設想愈奇幻，趣味愈滑稽，結果便愈能發人深省——這纔是莊子的寓言。

有國於蝸之左角者，曰觸氏，有國於蝸之右角者曰蠻氏，時相與争地而戰。伏尸數萬，逐北，旬有五日而後反。

① 原注：近人胡遠濬曰：“莊子自别其言有寓重卮三者，其實重言皆卮言也，亦即寓言也。”案所見甚是。

今之大冶鑄金，金踴躍曰："我必且爲鏌鋣。"大冶必以爲不祥之金。今一犯人之形，而曰："人耳，人耳！"夫造化者，必以爲不祥之人。

莊子的寓言竟有快變成唐、宋人的傳奇的。他的"母題"固在故事所象徵的意義，然而對於故事的本身——結構、描寫、人格的分析，"氛圍"的布置……他未嘗不感覺興味。

儒以詩禮發冢，大儒臚傳曰："東方作矣，事之何若？"小儒曰："未解裙襦，口中有珠，詩固有之，曰：青青之麥，生於陵陂，生不布施，死何含珠爲！"接其鬢，壓其顪，儒以金椎控其頤，徐别其頰，無傷口中珠。……[1]

以及敘庖丁解牛時的細密的描寫，還有其他的許多例，都足見莊子那小説家的手腕。至於書中各種各色的人格的研究，尤其值得注意，藐姑射山的神人，支離疏，庖丁，庚桑楚，都是極生動，極有個性的人物。

支離疏者，頤隱於臍，肩高於頂，會撮指天，五管在上，兩髀爲脅；挫針治繲，足以糊口，鼓筴播精，足以食十人。上徵武士，則支離攘臂而游於其間；上有大役，則支離以有常疾不受功；上與病者粟，則受三鍾與十束薪。

文中之支離疏，畫中的達摩，是中國藝術裏最特色的兩個産品。正如達摩是畫中有詩，文中也常有一種"清醜入圖畫，視之如古銅古玉"[2]的人物，都代表中國藝術中極高古、極純粹的境界；而文學中這種境界的開創者，則推莊子。誠然《易經》的"載鬼一車"，《詩經》的"牂羊墳

① 原注：案此下疑有脱文。
② 原注：語見龔自珍《書金伶》。

首”早已開創了一種荒怪醜惡的趣味，但没有莊子用得多而且精。這種以醜爲美的興趣，多到莊子那程度，或許近於病態；可是誰知道，文學不根本便犯着那嫌疑呢！并且莊子也有健全的時候。

> 藐姑射之山，有神人居焉，肌膚若冰雪，淖約若處子，不食五穀，吸風飲露，乘雲氣，御飛龍，而游乎四海之外，其神凝，使物不疵癘，而年穀熟……之人也，物莫之傷，大浸稽天而不溺，大旱金石流，土山焦而不熱。

講健全有能超過這樣的嗎？單看“肌膚若冰雪”一句，我們現在對於最高超也是最健全的美的觀念，何嘗不也是二千年前莊子給定下的標準？其實我們所謂健全不是莊子的健全，我們講的是形骸，他注重的是精神。叔山無趾“猶有尊足者存”[①]，王駘“且不知耳目之所宜，而游心於法之和，物視其所一，而不見其所喪，視喪其足，猶遺土也”。莊子自有他所謂的健全，似乎比我們的眼光更高一等。即令退一百步講，認定精神不能離開形骸而單獨存在；那麽，你又應注意，莊子的病態中是帶着幾分詼諧的，因此可以稱爲病態，却不好算作墮落。

① 原注：宣穎釋曰：“有尊於足者，不在形骸。”

莊子内篇校釋[1]

① 《莊子内篇校釋》原載重慶《學術季刊》第3期（1943年9月1日）。據開明版《聞一多全集·古典新義》編入本編。

目　録

本篇所舉《莊子》原文，據郭慶藩《莊子集釋》本。凡經校正之字句，悉加標識。其例如下：（一）誤文改正者，（二）倒文乙轉者，（三）脱文補足者，皆在字旁加“·”；（四）衍文删去者在空格内加“○”。

内一　逍遥游篇

是鳥也，海運則將徙於南冥。

案運讀爲渾。《太玄·瑩》“周渾曆紀”，范注曰“運也”，又《玄首》“渾行無窮”，即運行。《類聚》一引《渾天儀》曰“天轉如車轂之運”，是渾天即運天。此皆以渾爲運。本書又以運爲渾。《説文》曰“渾，混流聲也”，《西山經》“東望澤泑，河水所潛也，其原（源）渾渾泡泡”，郭注曰“渾渾泡泡，水濆涌之聲也”。水流聲謂之渾，水流亦謂之渾。《荀子·富國篇》“則財貨渾渾如泉源”，楊注曰“渾渾，水流貌”，《法言·問神篇》“渾渾若川”，李注曰“渾渾，洪流也”，《廣雅·釋訓》曰“渾渾，流也”。今字作滚。（郭注《西山經》渾音衮，《集韻》滚同渾。《淮南子·精神篇》“渾然而往”，高注“渾，轉行貌”，此義今正作滚。）俗呼沸水曰滚水。《博物志》三曰：“九真有神牛，乃生溪上，黑出時共鬥，即海沸。”（汪本。）《御覽》九四七引《符子》曰：“遇長風激浪，崇濤萬仞，海水沸，地雷震。”曹植《大暑賦》曰“山坼海沸”，蕭統《六月啓》曰“海水沸而漂爍”。海渾（滚）猶海水沸，謂狂飆大作，海水沸騰，今所謂海嘯是矣。《魯語》上曰：“海鳥曰爰居，止於魯東門之外三日……是歲也，海多大風。”

案《至樂篇》司馬注曰“爰居……舉頭高八尺”，《爾雅·釋鳥》郭注曰“漢元帝時，瑯邪有大鳥，如馬駒，時人謂之爰居”，又《釋鳥》樊注曰“爰居似鳳皇”，《文選·吴都賦》劉注亦曰“似鳳”。夫爰居大鳥似鳳，鵬亦大鳥，而鵬鳳復爲一字，且鵬因海運（渾）而南徙，爰居亦因海多大風而止於魯郊，是鵬與爰居蓋一鳥，海運（渾）與海大風亦一事也。舊讀運皆如字，又以海運爲鵬因海以運，胥失之。

摶扶摇而上者九萬里。

《釋文》："摶，徒端反。"《文選·吴都賦》注、謝宣遠《於安城答謝靈運詩》注、謝靈運《初發石首城詩》注、江文通《雜體詩》、阮步兵《咏懷》、張廷尉《雜述》兩注、曹子建《七啓》注引并作摶。案摶讀爲縛若轉。《考工記·弓人》："老牛之角紾而昔。"鄭衆注："紾讀爲抮縛之抮。"《釋文》曰："角絞縛之意也。"字一作轉。《説文》曰："紾，轉也。"

《爾雅·釋天》"扶摇謂之猋"，孫注曰"迴風從下上曰猋"，《月令》鄭注曰"迴風爲猋"，均以迴訓猋。

案扶摇即猋之切音，是扶摇者迴旋之貌也。《淮南子·原道篇》曰："扶摇抮抱羊角而上。"抮與摶，抱與猋（扶摇），均聲近義同。紾縛同義，詳上。紾與抮，縛與摶，并同。《説文》"飆，扶摇風也，"重文作颮，抱與颮通。《莊》曰"摶扶摇"，猶《淮南》曰"診抱"耳。摶訓絞縛，扶摇訓迴旋，義同，然而言摶復言扶摇者，古人自有複語也。(《淮南》言抮與抱，又言扶摇，則復而又復。《楚辭》《漢賦》語例多類是，蓋戰國以來接近口語之新文體。）摶與扶摇皆動詞作副詞用。崔以摶爲動詞，扶摇爲名詞（風名），而"扶摇"爲"摶"之賓語，又嫌風不可言摶，遂改摶爲搏，失之遠矣。

去以六月息者也。

《御覽》九四四引作“去以六月一息者也”，“息”上有“一”字，於義亦通，曰六月一息，則言外尚有再三息。六月一息，數息而至天也，極言其道遠而歷時甚久也。尋郭注義，似所據本無一字。

去以六月息者也。天之蒼蒼，其正色邪？其遠而無所至極邪？其視下也亦若是則而已矣。

案“天之蒼蒼”三句本在下文，依文義，當移此。上文曰“搏扶摇而上者九萬里”，此曰“視下”，即鵬自九萬里之上俯視於下也。下視蒼蒼，不辨正色，一如人之仰而視天，正以見鵬飛之高而離地絶遠。此一意也。至“野馬也，塵埃也，生物之以息相吹者也”十五字，乃借物之極細者，乘息而游，以反醒鵬之大，非大風海運不足以舉其體（詳下條）。此又一意。今本十五字錯置在“去以六月息者也”與“天之蒼蒼”間，則兩段文意皆不顯豁。今以意移正。“其遠而無所至極邪”，《白帖》一，《御覽》二，引“其”上有“以”字，語義較足。《晋書・天文志》引郗萌《記先師相傳宣夜説》曰：“天了無質，仰而瞻之，高遠無極，眼瞀精絶，故蒼蒼然也。譬如旁望遠道之黄山而皆青，俯察千仞之深谷而窈黑，夫青非真色，而黑非有體也。”此即《莊子》遠無至極之義。出此一義，欲據下視上以推上視下，因以明鵬飛之高也。“亦若是則而已矣，”則讀爲測。(《書・多士》傳“不則德義之徑”，《釋文》“則本作測”，《荀子・禮論篇》“小人不能測也”，《史記・禮書》作則。)《爾雅・釋言》：“測，深也。”郭《注》曰：“測亦水深之别名。”《説文》曰“測，深所至也”，深所至猶今言深度。《考工記・弓人》曰“漆欲測”，孔廣森、郝懿行并訓測爲深。上言“其遠而無所至極”，下言“亦若是測”，測與遠對舉，測訓深，深亦遠也。《齊物論篇》曰：“人之生也，固若是芒乎？”“若是測”與

“若是芒”，文同一例。陳景元碧虚子《南華真經章句音義校》（下簡稱陳校）引文如海本則作而。疑占本作“亦若是則而已矣”。（後文“時則不至而控於地而已矣”，《養生主篇》“已而爲知者，殆而已矣”，《大宗師篇》“翛然而來而已矣”，《應帝王篇》“確乎能其事而已矣”。本書“而已矣”連文數見。）文本無則字，今本無而字，各有刪減，總緣不知“則”爲實字故耳。王引之據今本訓則爲而，亦非。夫則訓而，經傳誠多有之，訓而已之而，則未見他例。王氏之書旨在釋詞，蓋亦不免强實字以爲虚字歟？

野馬也，塵埃也，生物之以息相吹者也。（以下似有脱文。）

案野馬字蓋即沙漠之漠。字一作幕。《史記·匈奴傳》：“益北絶幕”。集解引傅瓚曰“沙土曰幕”。案塵土亦曰漠，故塵土之狀謂之漠漠。《楚辭·九思·疾世》曰：“塵漠漠兮未分。”字一作莫。《文選·羽獵賦》“莫莫紛紛”，注曰：“莫莫，風塵之貌也。”音存字變則爲馬。野馬亦塵埃耳。《莊子》蓋以野外者爲野馬，室中者爲塵埃，故兩稱而不嫌。馬義既明，則野馬塵埃與生物必爲二事。《人間世篇》曰：“汝不知夫養虎者乎？不敢以生物與之，爲其殺之之怒也。”生物者死物之反也。本篇生物義同，故能以息吹。若野馬塵埃則塵土耳，焉得爲生物哉？“生物之以息相吹者也”，吹下本無者字，《類聚》六引有，今據補。“以息相吹者”，吹之者生物，被吹者野馬塵埃也。此言野馬塵埃，亦物之能飛者，然必待生物以口吹嘘之，而後能飛，以喻鵬飛亦必待大風海運（渾）而後能舉其體。然而二者所待，大小不同。生物一息之吹，野馬塵埃即因之以浮游，所待者小，體小故也。鵬非大風海運，不能自舉，所待者大，體大故也。本篇屢以大小對照，此亦宜然。疑“生物之以息相吹者也”下，尚有説鵬所待者大之文，今本脱之。文有脱失，校者又錯置“天之蒼蒼”等二十六字於其間，注家遂莫不以生物即野馬塵埃爲鵬所憑以飛者矣。

覆杯水於坳堂之上，則芥爲之舟，置杯焉則膠，水淺而舟大也。今以木爲舟，則稱衛舟大白。

《釋文·叙録》曰："《漢書·藝文志》：《莊子》五十二篇，即司馬彪、孟氏所注是也。言多詭誕，或似《山海經》，或類《占夢書》，故注者以意去取。"又記崔譔《注》二十七篇，向秀《注》二十六篇，一作二十七篇，一作二十八篇，郭象《注》三十三篇，均視司馬、孟氏卷帙爲少。然則諸家於司馬、孟氏舊本，所刊落者多矣。今諸書所引《莊子》佚文有司馬彪注者，不下十數事，即諸家所删司馬本舊文之確然可考者。《書鈔》一三七引《莊子》曰"今以木爲舟，則彌衛舟大白"，慧琳《一切經音義》八九引彌作稱，又引司馬彪注曰："大白，舶名也。"尋繹文義，當在本篇"水淺而舟大也"下。上言芥舟，大小對舉，與本篇文意適合。今補。惟語似未盡，或以下尚有闕奪。慧琳引彌作稱義長，今從之。

湯之問棘也是已（上下當有脱文）。

此句與下文語意不屬，當脱湯問棘事一段。唐僧神清《北山録》曰："湯問革曰：'上下四方有極乎？'革曰：'無極之外，復無極也。'"僧慧寶注曰："語在《莊子》，與《列子》小異。"案革棘古字通，《列子·湯問篇》正作革。神清所引，其即此處佚文無疑。惜句多省略，無從補入。馬叙倫疑《莊》義已闕，僞撰《列子》者謬補其辭，讀者因據校注於本文下，故《釋文》不載。今案本書佚文之不見於《釋文》者多矣，焉知《列子》之文，非僞撰者雜取他書以變易《莊》義，而神清所引，則《莊子》之真乎？馬説武斷，難爲定論。

摶扶摇羊角而上者九萬里。

《楚辭·九懷·昭世》補注引此文亦作摶。摶扶摇之義已見上文。《釋文》引司馬注曰“羊角，風曲上行若羊角”，《御覽》九，《事類賦》注二引某氏注曰：“扶摇，羊角，風也，今旋風上如羖羊角。”案“羊角”亦謂鳥飛旋回而上之狀如羊角，非鳥所乘風之名也。“羊角而上”與《墨子·號令篇》“鷄足置”，《管子·事語篇》“綈（鵜）素（嗉）滿”，《尚書大傳·大戰篇》“魚鱗下”，《太玄·禮》次六“魚鱗差”，語例同。摶也，扶摇也，皆上之狀，三詞叠用，亦複語也。《淮南子·原道篇》“扶摇抮抱羊角而上”，高注訓抮抱爲引戾，釋羊角爲“如如羊角轉（原衍如字）曲縈行而上”。扶摇也，抮抱也，羊角也，亦三詞叠用，例與此同。又案《爾雅·釋天》曰“扶摇謂之飆”，《楚辭·九懷·昭世》曰“登羊角兮扶輿”，《開元占經》九一《風占篇》引李淳風曰：“扶摇羊角，今謂之迴風，迴風，自旋風也。迴風卒起而圜轉扶摇，有如羊角迴上轉輪。”是扶摇羊角本亦風名。莊子以爲鵬飛之狀者，風、鳳鵬古爲一字，神話亦以風與鳳鵬爲一物，故扶摇羊角爲風旋上之狀，即爲鵬旋上之狀也。惟莊子用爲副詞，故謂其直以“扶摇”“羊角”之原義狀鳥飛也可，謂其以風名扶摇羊角者之狀狀鳥飛也，亦無不可，獨以二者爲鳥所乘之風，則誤副詞爲名詞，按之語法，爲不可通耳。

苦夫乘天地之正，而御六氣之辯，以游無窮者，彼且惡乎待哉？

《釋文》曰“辯，變也”，成疏同。案“天地之正”謂正氣，“六氣之變”謂變氣，御亦乘也。二句上下錯舉，互文以足義。《周語》下曰“所以宣六氣九德也”，《左傳》昭元年曰“天有六氣”，

《管子·戒篇》曰“御正六氣之變”，本書《在宥篇》曰“天氣不和，地氣鬱結，六氣不調，四時不節”，《楚辭·遠游》曰“餐六氣而飲沆瀣兮”，《韓詩外傳》五曰“聖人養一性而御六氣”。六氣之説不一，惟章、杜二注“陰陽風雨晦明”之義爲得其朔，《史記·天官書》正義曰：“軒轅……主雷雨之神。陰陽交感，激爲雷電，和爲雨，怒爲風，亂爲霧，凝爲霜，散爲露，聚爲雲氣，立爲虹蜺，離爲背璚，分爲抱珥，二十四變，皆軒轅主之。”二十四變蓋即古六氣之遺説，《韓非子·解老篇》“四時得之，以御其變氣”，是也。六氣言御，當指神人乘風雨，蹈雲霧之事，御即上文“列子御風而行”之御。(《管子》《韓傳》之六氣謂人之六情，則彼書御字當訓調節。語是而義變，當各依本書。)《遠游》曰“因氣變而遂曾舉兮，忽神奔而鬼怪（遹）”，氣變即此六氣之變。王注曰：“乘風蹈霧，升皇庭也，往來奄忽，出杳冥也。”王以乘風蹈霧釋《遠游》之“因氣變”，亦即本書氣變之義。《遠游》之語可與本書相發。《莊子》之學，本與方士神仙之説相通，此其一例也。

内二　齊物論篇

山陵之畏佳。

陵本作林，奚侗云當爲陵，引《六韜·絶糧篇》“依山林險阻，水泉林木而爲之固”，《通典》五七作山陵爲例。案奚説是，今據改正。《楚辭·大招》“山林險隘”，舊校林一作陵，《吕氏春秋·禁塞篇》“爲京丘若山陵”，高注“……若山陵高大也”，注中陵字今本作林。二書亦并“山陵”誤爲“山林”，與此同比，(《周書·王會篇》“央林以酋牙”，《尚書大傳》作於陵氏，《左傳》僖十四年“諸侯城緣陵”，《穀梁》作林，亦陵林相亂。)《釋文》引李頤注曰“畏佳，山阜貌”，是李本正作山陵。(郭釋畏佳爲扇動貌，則字已誤林。)惟李釋畏佳之義，亦未切確。今案《管子·形勢篇》“大山之隈”，尹注曰“隈，山曲也”，《文選·魏都賦》劉注曰“隈，隅也”，《左傳》僖二十五年杜注曰“隈，隱蔽之處，畏佳叠韻連語，猶隈也”。(崔本畏作嵔，嵔隈同。)《文選·風賦》曰“侵淫溪谷，盛怒於土囊之口，緣大山之阿”，曰溪谷，曰土囊之口，曰阿，皆此所謂“畏佳”之類。李云山阜貌，則直以爲崔嵬，義未精當，且誤名詞爲形容詞。郭説失之更遠。

夫吹萬不同。而使其自已也咸，其自取也怒者，其誰邪？

案“取”下脱“也”字，今補。此當讀“而使其自已也咸，其自取也怒者，其誰邪？”《文選》謝靈運《九日從宋公戲馬臺送孔令詩》注引司馬注曰：“已，止也。”咸讀爲緘。《説文》曰：“醎，堅持意，一曰（二字從《集韻》補）口閉也。”緘醎同。已與緘義相因。取讀爲趣。趣與已對舉。怒讀爲呶。《小雅·賓之初筵》“賓既醉止，載號載呶”，《傳》曰：“號呶，呼號歡呶也。”趣與呶義相因。吹緘亦對舉。“自已也緘，自趣也吹。”謂風之息作。風之一息一作，咸其自動，然而其所以時動時否者，冥冥之中似仍有主使之者。主使者誰？天籟是已。此即下文“其有真君存焉”之意。審如郭義，衆竅自鳴，莫或主之，則是無所謂天籟者，與上文“未聞天籟”之語相左矣。

縵者窖者，密者□者。

案此文上下皆四字爲句，“密者”下當有“□者”二字，方與上下文一律。今補。

其發若機括，（其司是非之謂也？）其留如詛盟，（其守勝之謂也？）其殺若秋冬，（以言其日消也？其溺之所爲之不可使復之也？）其厭也如緘。（以言其老洫也？近死之心，莫使復陽也？）

此文舊作“其發若機括，其司是非之謂也。其留如詛盟，其守勝之謂也。其殺若秋冬，以言其日消也。其溺之所爲之不可使復之也。其厭也如緘，以言其老洫也。近死之心，莫使復陽也”。詳審語氣，“其司是非之謂也”，“其守勝之謂也”，“以言其日消也，其溺之所爲之不可使復之也”，“以言其老洫也，近死之心莫使復陽也”，句首諸“其”字均當讀爲豈，句末“也”字均讀爲邪。六句皆商酌語氣，似玩索《莊》義者旁注之文，亦或淮南王《莊子解説》之羼入本書正文者。今悉小字書之（今皆加括號——編者），以别於正文。“其發若機括，其留如詛盟，其殺若秋冬，其厭也如緘”四句直接下文“喜怒哀樂，慮嘆變慹……”亦覺於文彌順。

慮嘆變慹

馬叙倫讀變爲戀，是也。案慹亦猶戀。《説文》曰“墊，至也，讀若摯”。《詩·關雎》傳：“雎鳩，王雎也，鳥摯而有別。”箋曰：“摯之言至也，謂王雎之鳥，雌雄情意至。”慹墊摯并同。《釋文》引司馬注曰“不動貌”，成疏曰“慹則屈服不伸”，并失之。

與物相刃相靡。

馬叙倫、朱桂曜并讀靡爲䃺（磨），是也。案刃亦猶磨也。《説文》曰“軔，礙車木也”。又曰“杒，桎杒也，”《詩·節南山》箋，《釋文》曰“桎，礙也”，桎扨連文，是杒亦礙也。刃與軔杒，并字異而義同。轂礙與切磨義近，是刃亦猶磨也。《管子·霸形篇》“裸體紉胸稱疾”，尹注曰“紉猶摩也”。刃之訓磨，猶紉之訓摩矣。郭、成訓刃摩爲逆順，非是。

夫隨其成心而師之，誰獨且無師乎？奚必知成而心自取者有之？愚者與有焉。

“奚必知成而心自取者有之”，成舊作代，并讀“奚必知代”句，“而心自取者有之”句。案知讀爲智，與下愚字對舉。代當爲成，字之誤也。此當讀“奚必知成而心自取者有之”十一字爲句。成盛古通。後文曰“三子之知幾乎皆其盛者也”，《大宗師篇》曰“是知之盛也”。此知成即知盛。《詩·猗嗟》箋曰“成，備也”，《儀禮·士虞禮》注曰“成，畢也”。備畢與盛義亦相因。本篇此文之“成”（動詞），下文之“盛”（形容詞）當訓備若畢。《大宗師》之“盛”，則猶今言“極致”。《天地篇》曰“孝子不諛其親，忠臣不諂其君，臣子之盛也”，義同。又案《德充符篇》曰：“以其知得其心，以其心得其常心。”此云不必知成而心自取，亦知與心并言，義與彼同。

故言儒墨之是非，以是其所是而非其所非，欲是其所非，而非其所是，則莫若以明。

案“以是其所是，而非其所非”，本作“以是其所非，而非其所是”，上非字，下是字，涉下文而倒。今乙正。“是其所是，而非其所非”者，儒墨自是其所是，自非其所非，即所謂“儒墨之是非”也。莊子欲以己之是非一反儒墨之是非，故又曰“欲是其所非，非其所是”。四其字俱指儒墨。如今本，則儒墨已自反其是非，不待莊子之反之矣。以是明其不然。

以指喻指之非指，不若以非指喻指之非指也。以馬喻馬之非馬，不若以非馬喻馬之非馬也。天地一指也，萬物一馬也。

案指即《公孫龍子・指物論》之指。龍之言曰“物莫非指，而指非指”，即此所謂“以指喻指之非指”也。又曰：“天下無指，物無可謂物。非指者天下，而物可謂指乎？指也者天下之所無也，物也者天下之所有也。以天下之所有爲天下之所無，未可……”莊子謂“天地一指”，蓋即針對龍之此言而發。

馬猶今言籌馬、法馬、號馬、數馬也。《管子》書有《乘馬》，《臣乘馬》[1]，《乘馬數》之篇。《禮記・投壺》曰：“爲勝者立馬。一馬從二馬，三馬既立，請慶多馬。”鄭注曰：“立馬者，取算以爲馬，表其勝之數。”（宋李易安有《打馬圖經》。）指謂名稱，馬謂符號，皆所以代表實物者。崔注曰：“指，百體之一體。馬，萬

① 臣乘馬，原誤作“巨乘馬”，今正。

物之一物。”成疏曰：“指，手指也。馬，戲籌也。”又曰：“獨奉指馬（原脱馬字）者，欲明近取諸身，切要無過於指，遠托諸物，勝負莫先於馬，故舉二事，以况是非。”二家并以代表實物者爲實物，失其義矣。

是故滑疑之耀，聖人之所鄙也。

案滑疑猶滑稽也。《史記·樗里子甘茂傳》“滑稽多智”，正義引顔師古曰“稽，疑也”，疑稽聲之轉。郭注曰“故滑疑之耀，則圖而域之，恢恑憰怪，則通而一之”，又曰“故雖放蕩之變，屈奇之異，曲而從之，寄之自用”。恢恑憰怪，放蕩屈奇，并與滑稽之義近，似郭亦讀滑疑爲滑稽。然疑滑稽之稽本字當作脂。稽脂并從旨聲，故得通用。《考工記·鮑人》曰“欲其柔滑而腥脂之則需”，《釋名·釋首飾》曰“脂，砥也，著面柔滑，如砥石也”。脂之性滑澤，故謂滑澤之貌曰滑脂。《楚辭·卜居》曰：“將突梯滑稽，如脂如韋，以潔楹乎？”滑稽本即滑脂，故滑澤如脂之貌又謂之滑稽（滑稽〔脂〕叠韻連語）。《爾雅·釋器》孫炎本曰：“凝，脂也。”（《説文》凝爲冰之重文。今本《爾雅》作“冰，脂也”，郭注引本書《逍遥游篇》“肌膚若冰雪”，云“冰雪，脂膏也”，亦以凝爲脂之名。）疑凝古亦通用。形容詞滑脂一曰滑疑，猶名詞脂一曰凝也。（稽訓疑，亦其比。詳上。）疑膩聲近。《楚辭·招魂》“靡顔膩理”，王注曰“膩，滑也”。滑謂之疑，猶滑謂之膩，疑也，膩也，皆脂聲之轉也。要之滑疑即滑脂，今俗語曰“油滑”，是其義。脂膏滑潤而有光澤者，故曰“滑疑之耀”。鄙本作圖，誤。鄙古祇作啚，校者誤爲圖字，遂改爲圖耳。今正。惠子以堅白異同之論，解説是非，滑稽吊詭，變幻不窮，世以爲其多智而能明大道。莊子則謂惠子之知，非聖人之真知，猶滑疑（脂）之耀，異乎日火之真耀，故曰：“滑疑之耀，聖人之所鄙也。”

孰知不言之辯，不道之道？若有能知，此之謂天府。注焉而不滿，酌焉而不竭，而不知其所由來，此之謂葆光。葆光者資量萬物者也。

《淮南子・本經篇》曰："未言之辯，不道之道，若或通焉，謂之天府。取焉而不損，酌焉而不竭。莫知其所由出，謂之瑶光。瑶光者，資糧萬物者也。"案糧爲量之誤，資與貲通，貲亦量也。（《後漢書・陳蕃傳》注。）瑶從䍃聲，䍃從缶聲，葆從保聲，缶葆聲同，故葆光一曰瑶光。本書文與《淮南》同，惟缺末句。疑當據補"葆光者資量萬物者也"九字。《淮南》高注曰："瑶光謂北斗杓第七星也，居中而運，歷指十二辰，擿（提）起陰陽以殺生萬物也。一説瑶光，和氣之見者也。"案《文子・下德篇》作"揺光"。《史記・天官書》索隱引《春秋運斗樞》曰："斗第一天樞，第二旋，第三璣，第四權，第五衡，第六開陽，第七揺光。第一至第四爲魁，第五至第七爲杓，合而爲斗。"北斗第五至第七星曰杓，而揺光《開元占經》六七《石氏中官占篇》引《春秋緯》稱"杓星"，則揺光又爲第五至第七星之名。（杓星，《占經》又引石氏作部星。杓〔甫遥切〕部一聲之轉。）同書同篇又引郗萌曰："北斗杓爲北斗。"是杓又爲北斗七星之總名。揺光謂之杓，北斗亦謂之杓，疑揺光本北斗七星之總名，後乃變爲七星中三星之類名，又變而爲三星中一星之小類名也。要之，揺光本北斗之别名。北斗一名揺光者，揺光即匏瓜聲之轉，（揺瑶聲同，瑶之基本聲符爲缶，見上。）故一曰葆光，葆匏聲亦近也。《易・泰》九二曰"包荒，用馮河，不遐遺"，包荒亦即匏瓜。匏瓜轉爲葆光，亦猶轉爲包荒也。古斗以匏爲之，故北斗之星亦曰匏瓜，聲轉而爲葆光，瑶（揺）光耳。至杓本即斗，（杓訓瓢，《御覽》七六二引《通俗文》"木瓢爲斗"。）故北斗又謂之杓星，杓匏聲亦近也。葆光（瑶光、揺光）即斗之名，故曰"注焉而不滿，酌焉而不竭"，又曰"資（貲）量萬物者也”。

蝍蛆甘帶。

《類聚》九二引帶作螮，同。《釋文》曰：“帶，崔云蛇也，司馬云小蛇也。”《淮南·説林篇》曰“騰蛇游霧而殆於蝍蛆”，《史記·龜策列傳》曰“騰蛇之神而殆於即且”。《説文》曰“螣，神蛇也”，騰螣同。螮即螣蛇也。螣螮一聲之轉。《方言》五曰“槌……其横關西曰概，宋、魏、陳、楚、江、淮之間謂之㯰”，《禮記·少儀》“甲不組縢”，注曰“以組飾之及衿帶也”。螣轉爲螮，猶概轉爲㯰，縢轉爲帶矣。崔與司馬泛稱爲蛇，猶未確切。

猨獵狚以爲雌。

獵狚本作猵狚。《釋文》引司馬注曰“猵（從《御覽》九一引補）狚，一名獦牂，似猨而狗頭，憙與雌猨交也”，又引崔注曰“猵狚一名獦牂，其雄憙與猨雌爲牝牡”。案猵狚當爲獵狚，并字之誤也。金文《叔夷鐘》“劚（伐）夏后”，劚字左方似扁，故諸家咸誤釋爲刷。（詳拙著《金文雜識》。）《爾雅·釋畜》“犣牛”，《漢書·司馬相如傳》注謂之偏牛，《正字通》引《水東日記》，吴任臣注《山海經·北山經》引李東壁説并作犏牛。偏犏并犣之誤。（字書無犏字，始見《正字通》。）獵誤爲猵，猶劚誤爲刷，犣誤爲犏也。狚狙亦形近易混。《東山經》曰：“北號之山……有獸焉，其狀如狼，赤眉鼠目，其音如豚，名曰猲狚。”（今本作獦狚，從《廣韻》引改，《一切經音義》一四引《字林》同。）猲即獵字，《廣韻》又曰“獵狚，獸名，似狼”，即獦狚也。獦狚叠韻連語，（上古曷切，下當割切。）獸名獦狚，猶鳥名鶡鴠耳。《説文》獵訓毛鬣。犣牛，牛之多毛者，故一曰旄牛。鶡鴠一曰侃旦，《御覽》

九二一引《廣志》曰“侃旦，冬毛希，夏毛盛”，是此鳥亦以毛盛而得名。牛之多毛者曰犛，鳥之多毛者曰鶡鴠，而獵（獦）狚之名，與鶡鴠正同，然則獵狚蓋亦猨類之多毛者歟？司馬、崔注并云“一名獦牂”，即獦狚矣。司馬又云“狗頭”，亦與《山海經》云如狼者合，今本誤作猵狚，狚誠猨類，然猵即獱字，獺也，狚稱猵狚，斯爲不倫矣。

予嘗爲汝妄言之，汝亦妄聽之奚若？

亦本作以。案當作亦，草書形近而訛。注曰“故亦妄聽之”，疏曰“我誠爲汝妄説，汝亦妄聽”，是郭、成二本并作亦。今據正。句末若字原缺，從朱桂曜增。

與王同匡床。

匡本作筐。《釋文》曰“筐本亦作匡”，《御覽》七〇六引亦作匡。今據正。床三面有圍，其形如匚，匚亦古匡字，故謂之匡床。字變爲匠。《篇海》音口浪切，云“匠床，坐床也”。案今所在多有。北人累磚爲寢床，三面連壁，亦呼曰匠，即古匡床之遺。（俗以床下煴火，字變作炕，非其朔誼。）今本作筐床，失其義矣。

吾待蛇蚹蜩翼邪？

成疏曰：“蚹者蛇蜕皮也，蜩翼者蜩甲也。”案成説蛇蚹是，説蜩翼非。《六書故》引唐本《説文》曰“莩……一曰葭中白皮”，《漢書·中山靖王勝傳》注説同。字一作苻，（《説文》稃重文作粖。）《淮南子·俶真篇》“蘆苻之厚”，高注曰“苻，蘆中之白苻也”。案在内者謂之苻，在外者亦謂之苻。蚹即苻字，以其爲蛇皮，故變從蟲。蛇之蚹，蜩之翼，皆薄極而近透明體，照之無景，故景曰“吾待蛇蚹蜩翼邪”？《寓言篇》曰“予蜩甲也，蛇蜕也，似之而非也”，與此異義。成以《寓言》之義解本篇，大非，以蜩翼爲蜩甲，尤不可。司馬以蚹爲“蛇腹下齟齬可以行者”，亦不足辯。

内三 養生主篇

奏刀騞然，莫不中音，合於桑林之舞，乃中經首之會。

《釋文》曰："桑林，司馬云湯樂名，崔云宋樂名。案即《左傳》'舞師題以旌夏'也。"案事見襄十年，《傳》曰："宋公享晋侯於楚丘，請以桑林……舞師題以旌夏，晋侯懼而退入於房。去旌，卒享而還。"考夏頁首占爲同義字，旌夏即旌首也。《周禮·司常》曰"析羽爲旌"，以鳥羽加於首上曰旌首。《説文》曰："䍿，樂舞以羽翿自翳其首，以祀星辰也。從羽王聲，讀爲皇。"《周禮·舞師》注曰"皇，雜五采羽如鳳皇色，持以舞"。旌首蓋即䍿，舞師所持以自翳其首者，故曰旌首。（首一曰夏，故又曰旌夏。旌夏以五色采羽爲之，因之五采羽亦謂之夏，翟〔雉〕之五色備成章者謂之夏翟。）以物加於首上曰題，舞師初入時，以旌夏蒙首，其狀詭異，故晋侯驚怖而退入於房也。旌經聲近可通，經首即旌首，亦即旌夏。《文選·琴賦》"激清響以赴會"，李注曰："會，節會也。"旌者，舞師所持以節舞者，故曰："合於桑林之舞，乃（而）中經首之會。"成疏謂刀爲鸞刀，至確。近世出土鸞刀，當環處有鸞，狀與車鸞同。《小雅·信南山》傳曰："鸞刀，刀有鸞者，言割中節也。"《禮記·郊特牲》曰："割刀之用，而鸞刀之貴，貴其義也，聲和而後斷也。"此乃謂鸞刀，故言奏，（《離騷》"吕望之鼓刀兮"，《天問》"鼓刀揚聲後何喜"，彼刀亦謂鸞刀，鼓刀猶鼓鐘，鼓琴，鼓瑟也。）又曰"莫不中音"。又鸞刀者，宗廟割切之刀，然則此所解牛乃祭祀所用之牲，而桑林或亦當時實用之樂矣。

動刀甚微，謋然已解，牛不知其死也。

本無“牛不知其死也”一句，陳校引文如海本，劉得一本并有，今據補。

指窮於爲薪，而火傳也，不知其盡也。

薪下本無而字，從《御覽》三七〇引補。

朱桂曜曰：“指爲脂之誤或假。《國語·越語》‘勾踐載稻與脂於舟以行’，注：‘脂，膏也。’脂膏可以燃燒之薪，故《人間世篇》曰：‘膏火自煎也。’此言脂膏有窮，而火之傳延無盡，以喻人之形體有死，而精神不滅，正不必以死爲悲。”案朱説是也。古所謂薪，有爨薪，有燭薪，爨薪所以取熱，燭薪所以取光。古無蠟燭，以薪裹動物脂肪而燃之，謂之白燭，一曰薪。燭之言照也，所以照物者，故謂之曰燭。此曰“脂窮於爲薪”即燭薪也。崔注曰：“薪火，爝火也。”（此誤以火屬上讀。）爝火即古取光之燭，故《逍遥游篇》曰：“日月出矣，而爝火不息，其於光也，不亦難乎？”《釋文》：“爝亦作燋。”《禮記·少儀》“主者執燭抱燋”，鄭注曰：“未爇曰燋。”是爇者曰燭也。崔以爝釋薪，而爝（燋）即未爇之燭，是崔意薪即燭薪矣。

内四　人間世篇

夫道不欲雜，雜則多，多則擾，擾則憂憂而不救。

案《楚辭·九章·抽思》“傷余心之優優”，王注曰：“優優，病貌也。”憂憂與優優同。救，治也。不救謂不可救治，“擾則憂憂而不救”七字爲句，舊讀“擾則憂”句，“憂而不救”句，非是。

何暇至於暴人之所乎？

乎本作行。案當爲乎字之誤也。今正。

且若亦知夫德之所爲蕩，而知之所爲出乎？

蕩上本無爲案當有爲字，與下句一律。注曰“德之所以流蕩者矜名故也，知之所以横出者争善故也”，以兩“以”字釋兩“爲”字，是郭本上句正有爲字。今據補。《淮南子·俶真篇》“其德蕩者其行僞”，高注曰：“蕩，逸也。”《周語》下韋注曰：“蕩，壞也。”散逸與敗壞義相因。出讀爲屈。《吕氏春秋·安死篇》“智巧窮屈”，高注曰：“屈，盡也。”郭以屈爲横出，未允。

夫以陽爲充孔，〇采色不定，常人之所不違，因案人之所感，以求容與其心，名之曰日漸之德。

孔下舊有揚字，從馬叙倫删。馬又謂此指顔回之“端而虚，勉而一”言，亦是。案充孔叠韻連語，《集韻》引《埤蒼》曰“恍，心動也”，《玉篇》曰“憤，心動也”，充孔即恍憤，心動不安之貌也。

陽與佯同，“陽爲充孔”，猶言貌爲謹慤。

“采色不定”即充孔之狀。馬叙倫讀常爲嘗，讀違爲韙，并是。案，依也。(《漢書·司馬相如傳》上注。）言嘗試人君之所不以爲是者，避而勿言，依據人君心之所感者而言之也。“日漸之德”舊屬下讀，非是，詳下。

日漸之德不成，而况大德乎？

舊無“日漸之德”四字。案此承上文，當重“日漸之德”四字，乃成文義。今補。

外曲者與人〇爲徒。

人下舊有之字，衍。“與人爲徒”，與上“與天爲徒”，下“與古爲徒”，文同一例，下文“是之謂與人爲徒”，是其確證。今據删。“與天爲徒”“與人爲徒”，語亦見《大宗師篇》。

其言雖教讁之，實〇古之有也，非吾有也。

實下舊有也字。案也字涉下文而衍，今删。此謂其言雖教告之，斥讁之，然實古人之言，非我之言。言自古出，則寄直於古，無以病我，故下文曰“雖直而不病”。郭據誤本，讀“其言雖教”句，“讁之實也”句，不辭之甚。

回之家貧，唯不飲酒不茹葷者數月矣。

案回雖貧何致數月不食葱薤？古謂葷猶腥也。《管子·輕重戊篇》“黄帝作鈷燧生火，以熟葷臊”，《路史·後記》三注曰引作腥臊，是其證。不茹葷謂不肉食耳。

一若志，無聽之以耳，而聽之以心。

“一若志”舊作“若一志”。案“若一”二字似倒。一謂專一，若猶汝也，“一若志”謂專一汝之心志。疏曰“志一汝心，無複異端”，即以“一汝心”釋“一若志”，是成本猶未倒。今據乙正。

伏羲遂人之所行今。

遂人本作几蘧。《釋文》曰：“几蘧，向云古之帝王也，李云上古帝王。”疏曰：“几蘧者，三皇已前無文字之君也。”案古帝王無號几蘧者，當是遂人，遂訛爲蘧（《左傳》桓十三年“遂見楚子”，《漢書·五行志》中之上作遽見），人訛爲几，又誤倒其文，因爲“几蘧”耳。今乙正。遂人即燧人。（《路史·前紀》五注引《尸子》及《禮含文嘉》并作遂人。）《繕性篇》曰“及燧人、伏羲始爲天下”，亦二王并舉，例與此同。

凡事若小苦大，寡不道以成懽。

“成懽”舊作“懽成”。案陳校引江南古藏本作“成懽”。注曰“少有不言以成爲懽者耳”，疏曰“而莫不以成遂爲懽適也”，是郭、成二本亦并作“成懽”。今據乙正。懽，古患字。《爾雅·釋訓》“懽懽，愮愮，憂無告也”，《玉篇》《廣韻》并云“悹，憂無告也”，《説文》“悹，悳也”，朱駿聲疑即患之異文，是也。“凡事若小若大，寡不道以成懽”者，古書多以道爲由，言事無大小，罕有不由之以成灾患者也。下文“事若不成，則必有人道之患，事若成，則必有陰陽之患”，即承此言之。《外物篇》曰“惠（唯）以歡爲驁”，當作“惠以懽爲驚”，懽亦古患字。（説詳彼篇。）古本《莊子》蓋以懽爲患，寫者或改成今字，或否，注家不察，悉讀未改之懽爲歡，失《莊》旨矣。

事若成，則必有陰陽之患。

案此文曰“陰陽之患”，下文曰“内熱”，然則陰陽之患即病也。《大宗師篇》曰“子輿有病……陰陽之氣有沴，其心閑而無事”，又曰：“子來有病，喘喘然將死……曰：‘子於父母，東西南北，唯命之從。陰陽於人，不翅父母。彼近（祈）吾死，而我不聽，我則悍矣，彼何罪焉！’”亦并以病爲陰陽之氣。後世醫家言猶如此。

若成若不成，而復無患者，唯有德者能之。

復，舊作後。案後當爲復字之誤也。今正。《天道篇》“復言夫兼愛”，（盧文弨校引舊本如此。）今本復誤作後，是其比。他書復後互訛之例，不煩枚舉。

吾未至乎事之情而既有陰陽之患矣，事苦不成，必有人道之患，是兩患也。

兩下舊無：患字。案此患字當有。陰陽之患，人道之患，是所謂兩患。今本脱此患字，則文義不足。今補。

意有所至，而愛有所亡。

案至讀“專心致志”之致[1]，猶專也。《廣雅・釋詁》三曰“摯，摶也”，致專與摯摶同。亡讀爲忘，與致對舉。此承上文，“意有所致”謂盛矢盛溺，“愛有所忘”謂拊之不時。

俯而視其大根，則軸解而不可以爲棺槨。

視舊作見，從馬叙倫校改。馬又曰“軸解與拳曲對文”，亦是。案由聲字多有長而中空之義。笛袖胄舳皆物之長而空者。《説文》曰“岫，山有穴也”，《淮南子・齊俗篇》曰“往古來今謂之宙”，《廣雅・釋詁》三曰“甹，空也”，岫宙甹義近。軸亦從由，義當相仿。解亦長而中空之名。《吕氏春秋・古樂篇》曰“昔黄帝令伶倫……取竹之嶰谷”，《漢書・律曆志》作解谷，注引孟康曰：“谷，竹溝也。”案當云：“解谷，竹溝也。”《廣雅・釋山》曰：“嶰，谷也。”解谷雙聲連語，《御覽》九六二引《吕覽》作“取竹之谷溪”，乃溪谷之倒，《書鈔》一一二引作“磬谷”，磬嶰通解（嶰），溪嶰一語之轉，皆有空義。李注曰“解，如衣軸之直解也”，疑謂衣袖。《釋名・釋衣服》曰“褠，禪衣之無胡者也，言袖夾（狹）直形如溝也”，衣袖之直解謂之褠，猶竹之解谷謂之竹溝也。《廣雅・釋器》曰“褑，袖也”，《集韻》引《埤蒼》曰：“褑，衣袖也。”解（嶰）溪一語之轉，説已詳上。解褑亦然。軸一曰解，猶袖一曰褑矣。要之，軸解義訓不異。因悟由聲字如笛迪等皆轉入支部，與解同韻，“軸解”或本叠韻，故二字義同。

咶其葉則舌爛而爲傷。

舌舊作口，從馬叙倫校改，案傷讀爲瘍。《素問・風論》“故使

① 致，原作“至”，據文義改。

肥肉憤脹而有瘍”。王注曰：“瘍，瘡也。”

針挫治繲，足以糊口，數策播糈，足以食十人。

“針挫”舊作“挫針”倒。今乙正。針，刺也（《廣雅·釋詁》一）。挫謂肢體挫折。《說文》曰“痤，小腫也”，肢體折傷則腫，挫與痤同。繲即解字。挫解即今所謂跌打損傷。“數筴播糈”舊作“鼓筴播精”。《釋文》“播精”下曰：“如字，一音所，則字當作數精。”案此十一字當在上文“鼓筴”下，“數精”當作“數筴”。上文引司馬曰：“鼓，簸也，小箕曰筴。”又引崔曰“鼓筴，揲蓍鑽龜也”，鼓筴亦當作數筴。蓋司馬本作鼓，崔本作數，音所，即崔本舊音也。《韓非子·飾邪篇》曰“鑿龜數策”，《秦策》一曰“襄主錯龜數策占兆”，筮者取決於數，故曰數策，《史記·龜策列傳》曰“撻策定數”，此之謂也。策即蓍，（《文選·卜居》五臣注：“策，蓍也。”）因之數筴一曰數蓍，《六韜》曰：“數蓍，蓍交而折。”本書崔本數筴，義長，今據正。郭慶藩云精當爲糈之誤。是也。今亦據正。崔曰“播精，卜卦占兆也，鼓筴播精言賣卜”，精亦當爲糈，鼓亦當爲數。針挫治繲，醫術也。數筴播糈，巫術也。古巫亦即醫，故兼治二術。《淮南子·說山篇》曰“病者寢席，醫之用針石，巫之用糈藉，所救鈞也”，高注曰：“醫師在男曰覡，在女曰巫。石針所抵，彈人雍（癰）痤，出其惡血。糈米所以享神。藉，菅茅，皆所以療病求福祚，故曰救鈞。”《淮南》以醫用針石與巫用糈藉并言，可與《莊》義相發。今本《莊子》文多訛舛，是以注家解說互歧，而義鮮確當。

鳳兮鳳兮，何如德之衰也！

案《說文》曰：“孔，通也。從乙從子。乙，請子之候鳥也。

乙至而得子，嘉美之也，古人名嘉字子孔。”又曰：“乳，人及鳥生子曰乳，獸曰産。從孚從乙。乙者玄鳥也。《明堂月令》‘玄鳥至之日，祠於高禖以請子’，故乳從乙。請子必以乙至之日者，乙春分來，秋分去，開生之候鳥，帝少昊司分之官也。”案孔乳古當爲一字。以聲言之，《左傳》宣四年“楚人謂乳穀”，《釋文》：“穀，如口反。”穀即㲉字。《玉篇》穀亦有奴豆、公豆二音。實則乳亦有此二讀，乳㲉同字異體耳。《集韻》㲉同㲉，又作吼。吼即乳字也。公豆之“乳”，由侯對轉入東，即爲孔。（反之，孔亦可由東轉侯，讀公豆切，吼字即從之得聲。）以形言之，㲉亦作㝅，是從子與從孚同，同則孔乳亦當同字矣。乳從乙，乙即殷人之圖騰玄鳥，故許君訓爲人及鳥生子。孔與乳同字，本亦訓生子，故古人名嘉字子孔。《天問》曰“簡狄在臺嚳何宜，玄鳥致貽女何嘉”，鄭注《月令》曰“玄鳥遺卵，娀簡吞之而生契，後王以爲媒官嘉祥而立其祠焉”，嘉皆訓生子。（《爾雅·釋天》“甘雨時降，萬物以嘉”，即萬物以生。）名嘉字子孔者，名與字義相應也。然古字往往無專義。孔字從“子”爲義者訓生子。其緐文即乳。從“乙”爲義者則爲鳥名，《周書·王會篇》“方人以孔鳥”是也。《王會篇》孔注曰：“孔，與鸞相配者。”案鸞，鳳類也，孔爲鸞配，則亦鳳類。孔字從乙，是鳥以孔名者，亦當爲請子之鳥。鳳亦請子之鳥也。（《離騷》：“鳳皇既受貽兮，恐高辛之先我。”《月令》疏引《鄭志》焦喬答王權曰：“娀簡狄吞鳳子之後，後王以爲禖官嘉祥，祀之以配帝，謂之高禖。”）孔爲請子之鳥，鳳亦然，是孔即鳳類矣。明乎孔鳳爲同類之鳥，則知接輿稱“鳳兮鳳兮”以嘲孔子，實以“鳳”字隱射“孔”字。“何如德之衰也”，如讀爲汝，（《漢石經·論語·微子篇》作“何而德之衰也”，而亦汝也。）汝斥鳳言？即斥孔子言矣。

福輕於羽，莫之知載。禍重於地，莫之知避。

置舊作避，《釋文》："避舊作寘，云置也。"案字當作置，與載對舉。置訓舍，謂不載也。此以車爲喻，言輕者當載而不載，重者當舍而不舍。字若作避，則義不精切。置有措舍二義，寘則但有措義而無舍義。故經傳寘訓置者，其義皆爲措置而非舍置。舊本作寘，訓置，亦當爲措置之置。然措置於車中即載之車中，與歌意適相反，是以知其必爲誤字。且置與載德爲韻，作避作寘，均失其韻。或謂地讀入支部，則與避若寘亦相叶。然"已乎已乎，臨人以德"以上十六句，皆偶句叶韻，此亦不當例外。況莊子之時，"地"果屬支部與否，尚不可知邪？郭注上文曰"故乃釋此無爲之至易，而行彼有爲之至難，棄夫自舉之至輕，而取夫載彼之至重"，"釋""弃"二字即置字之義。疑郭本亦作置。其注本文曰"禍至重而莫之知避"，則發揮句義，但取便文，不拘原字。今本正文作避，或即涉注文而誤。至舊本作寘，則置寘形聲義俱近，自易訛混。今改正。

迷陽迷陽。

案迷瞇通。《集韻》曰："瞇，眇目也。"《漢書·叙傳》"離婁眇目於毫分"，顏注曰："眇，細視也。"（今俗瞄准字作瞄，音義同。）瞇眇一聲之轉。瞇一曰迷陽，猶眇一曰眇睢。《文選·海賦》"眇睢冶夷"，李注曰"眇睢，視貌"。迷陽又轉爲望陽。《論衡·骨相篇》曰"武王望陽"，《朝野僉載》曰"長孺子視望陽，目爲呷醋漢"，此謂近視者。然近視與細視，其貌皆顰眉斂睫，迫視審諦。"呷醋"之喻，妙可解頤，本謂近視，亦可施於細視。"迷陽迷陽，無傷吾行"，行讀爲胻，足脛也，（詳下條。）言瞇目諦視，無令道土荆榛瓦礫之屬傷吾足脛也。郭注謂迷陽猶亡陽，是也。亡陽亦即望陽。然釋亡陽爲任獨，則非。朱桂曜亦知亡陽即望陽，而以望陽爲仰視，則與傷胻之戒，又相乖牾。此皆於《莊》書之義，未達一間者也。

無傷吾行。

案行讀爲胻。《説文》曰“胻，脛耑也”，《廣雅·釋親》曰“胻，脛也”。《補史記·龜策列傳》“壯士斬其胻”，集解曰“胻，脚脛也”。行與胻通。《大雅·采菽》“邪幅在下”，箋曰：“邪幅，如今行縢也。偪束其脛，自足至膝。故曰在下。”《釋名·釋衣服》曰：“幅所以自逼束也，今謂之行縢，言以裹脚行，可以跳騰輕便也。”行縢之行即胻字，《釋名》“以裹脚行”，即脚胻矣。本書“無傷吾行”，與下文“無傷吾足”爲互文，故知行亦胻字。

却曲却曲。

舊作“吾行却曲”。陳校引張君房本作“却曲却曲”，與上文“迷陽迷陽”一律。今據正。《釋文》曰“却曲，去逆反。字書作⿺𠃊只，《廣雅》云：“⿺𠃊只，曲也。”案今本《廣雅》作迟（《釋詁》一），《説文》曰“𠃊，匿也，象迟曲隱匿之形”，又曰“迟，曲行也”。（《玉篇》邱戟反。）⿺𠃊只與迟同，𠃊即𠃊，古文曲之省變，⿺𠃊只從𠃊，故有曲義。《禮記·明堂位》“俎……殷以椇”，鄭注曰“椇之言迟椇也”，謂曲橈之也。宋玉《風賦》曰“枳句來巢”，亦謂枝之橈曲者。枳椇枳句并與迟曲聲近義同。行而迟曲其身，謹敬之貌，故曰“無傷吾足”也。《左傳》昭七年：“《正考父鼎銘》曰：‘一命而僂，再命而傴，三命而俯，循墻而走，亦莫余敢侮。’”傴僂而行，即此迟曲之義。然則接輿所以戒孔子者，即孔子先人之遺訓矣。

内五　德充符篇

奚假魯國？丘將引天下而與從之。

案《説文》曰“假，非真也”，非真猶非實，是假與虚義近。語詞“假令”“假設”之假，亦虚擬之意。書傳假暇通用。閑暇即閑空，空亦虚也。《淮南子·説山篇》“媒但者非學謾也”，高注曰“但，詐也”，詐亦非真之謂。經傳古注又多訓但爲空。假但并有非真與空虚之義，故假亦可訓但。郭注以“奚但一國而已哉”釋“奚假魯國”，義至精確。假與暇通。《晏子春秋·諫王篇》曰“何假去彗，茀又將見矣”，言何但去彗也，《韓詩外傳》一〇曰“吾則死矣，奚暇老哉”，亦言奚但老也，可資互證。成疏曰“何但假藉魯之一邦耶”，即承郭義，又曰假藉，斯爲蛇足矣。與讀爲舉，猶皆也。

審乎無爲而不與物遷。

爲舊作假。案“無假”疑當爲“無爲”。《應帝王篇》“汝又何帠以治天下感予之心爲”，《釋文》帠崔本作爲。孫詒讓云，帠古叚字。（《札迻》五。）案孫説是也。叚讀爲暇。崔本作爲者，《説文》爲古文作[illegible]，疑古爲字形與帠近，《説文》作[illegible]，是其省體。爲、叚古字形近，故《應帝王篇》“何暇”崔本誤作“何爲”，本篇“無爲”又誤作“無假”。“無爲”與“不與物遷”義正相應。作“無假”則不詞矣。今正。

受命於地，唯松柏獨也正，冬夏常青青。

“正”舊作“在”，“夏”下無“常”字。俞樾疑在爲正之訛。

案俞説是也，今據正。陳校引張君房本“在”上有“正”字。蓋一本作正，一本作在，而張本誤合之。《文選·古詩十九首》注引夏下有“常”字，義長。今據補。疏曰“通年四序，常保青全”，似成本亦有常字。

彼且擇日而登假，人則從是也。

郭讀人字截句。《釋文》曰“假徐音遐，讀連上句，人字向下”，案徐讀是。登假猶登霞也。《楚辭·遠游》曰：“載營魄而登霞兮，掩浮雲而上征。”字一作遐若徦。谷永《上封事》曰“及言世有仙人，眼食不終之藥，遥興輕舉，登遐倒景”，《華山碑》曰“思登徦之道”。又作假，本篇曰“彼且擇日而登假”，《大宗師篇》曰“是知之能登假於道也若此”，《淮南子·精神篇》曰“此精神之所以能登假於道者也”，揚雄《劇秦美新》曰“登假皇穹”。一曰升假。《淮南子·齊俗篇》曰“其不能乘雲升假亦明矣”。或曰上遐。司馬相如《大人賦》曰“乘虚亡而上遐兮”。《齊俗篇》以乘雲、升假對舉，與《遠游》以登霞、掩浮雲連言同例，是升假即登霞也。(“乘雲升假”與《原道篇》“乘雲陵霄”語例亦同。《後漢書·仲長統傳》注：“霄，摩天赤氣也。”)《精神篇》高注曰“或作蝦蟇，雲氣”，則謂借爲霞。以上《遠游》言登霞，《淮南》一言登假，一言升假，皆謂登雲霞，是其本義。自餘但謂上升，則其引申義也。

《墨子·節葬下篇》曰：“秦之西有儀渠之國者，其親戚死，聚柴薪而焚之，熏上，謂之登遐。”《太平廣記》四八〇引《博物志》作“登霞”，劉書《新論·風俗篇》作“升霞”，是登霞之語，其源乃出於西戎火葬之俗。火化謂之登霞者，霞字一作赮，本訓赤氣，故火焰亦謂之霞，登霞謂靈魂乘火焰以上升也。《御覽》七九四引《莊子》佚文曰“羌人死，燔而揚其灰”。《吕氏春秋·義賞篇》曰：“氐、羌之民，其虜也，不憂其係累，而憂其死不焚也。”火葬之旨，在使死者靈魂得乘火焰以上升於天，故羌人憂其死不焚者，爲其靈魂不能上升耳。《列仙傳》説嘯父既傳其作火法於梁母，“臨上三亮山，與梁母别，列數十火而升”，又説師門“亦能使火”，死後，“一旦風雨迎之，訖則山木皆焚”，又説赤松子“能入火自燒，往往至崑崙山上”，此皆暗示仙人即火化上升者，而寧封子事言火葬尤明晰。《傳》曰：“寧封子者……世傳爲黄帝陶正。有神人過之，爲其掌火，能出五色煙，久則以教封子。封子積火自燒，而隨煙氣上下。視其灰燼，猶有其骨。時人共葬於寧北山中，故謂之寧封子焉。”此明以火化而魂氣上升者爲仙人。然則世稱升仙爲登霞，其義即源於火葬，明矣。《禮記·曲禮》上曰：“天子崩，告喪曰‘天王登霞’”，《周頌·下武》箋曰“既没登假”，本書《大宗師篇》崔本曰“死登假三年而形遁”，《列子·黄帝篇》曰“又二十八年……而帝登假”，《周穆王篇》曰“猶百年乃徂，世以爲登假焉”，《吕氏春秋·本味篇》高注曰“群帝，衆帝先升遐者”。此死稱登假升遐者，亦足證登假之語，本與喪葬有關。諸家雖知本篇之文當從徐讀，而不能質言登假之義，故具論之，以明莊子思想之背景焉爾。

魯有兀者叔山無趾。

案叔山疑即蜀山。古有蜀山氏。《大戴禮記·帝繫篇》曰：“昌意娶於蜀山氏。”《楚語》上“懼之以蜀之役”，韋注曰“蜀，魯地”。

仲尼曰“丘也嘗游於楚矣……”

游舊作使，《釋文》曰：“使本一作游。”案孔子無使楚事，一本作游，是也。今據正。疏曰“丘曾領門徒游行楚”，是成本亦作游。

見豘子食於其死母者。

《釋文》曰："食音飲，邑錦反，注同。舊如字，簡文同。"案食字不得有飲音，"食音飲"疑當作"食本作飲"。蓋一本食作飤，與飲形近，因誤爲飲。(《説文》"籇，飤牛筐也"，飤，今亦誤作飲。飤即飼字，古與食亦通用。)《莊子》一本作飤，用正字，今本作食，用借字。

天選子之形。

案選與撰通。《楚辭·招魂》"結撰至思"，王注曰"撰猶摶（今本誤搏）也"。《御覽》七八引《風俗通義》曰"女媧摶黄土作人"，《天問》曰"女媧有體，孰制匠之"，即問其事。《淮南子·精神篇》曰："夫造化者既以我爲坯矣。"又曰："夫造化者之攫援物也，譬猶陶人之埏埴也，其取之地而已爲盆盎也，與夫未離於地無以異，其已成器而破碎漫瀾而復歸其故也，與其爲盆盎亦無以異矣。"此其傳説之微變者，本書曰"天選子之形"，即摶子之形，亦摶土作人之遺説也。

内六　大宗師篇

真人之息以踵，衆人之息以喉。〇屈服者，其嗌音若哇。其耆欲深者，其天機淺。

案以上二十九字語意隔斷，疑亦舊注或《淮南》解說之亂入正文者。音舊作言。馬叙倫云言疑當作音。案馬説是也，今據正。嗌音即喉音。

其心止，其容寂。

止舊作志，郭注曰："所居而安曰志。"案志不得有居安之義。正文及注兩志字并當爲止。志從之，篆書止之形近，止誤爲之，不成文義，校者遂肊改爲志耳。今正。下文"與（豫）乎止我德也"，即此心止之義。心止，容寂，顙頯[①]，義本一貫，説詳下條。

其顙頯。

《釋文》曰"頯向本作魌"，云"魌然大朴貌"。案魌之言猶塊也。塊本訓土，故引申爲安止不動之貌。《穀梁傳》僖五年"塊然受諸侯之尊"，疏引徐邈曰："塊然，安然也。"《荀子·君道篇》曰："塊然獨坐，而天下從之如一體。"《楚辭·九辯》曰："塊獨守此無澤兮。"本書《應帝王篇》曰："塊然獨以其形立。"義并同。此曰"其顙魌"，正謂其屹然不動如委土。心止，容寂，顙魌義相側貫。今本作頯，音近通假。向注朴字疑當爲圤。《説文》曰"凷，墣也"，重文作塊，又曰"墣，塊也"，重文作圤。魌然即塊

① "頯"，原作"頮"，據文義改。

然，故爲大圤貌。

故聖人之用兵也，亡國而不失人心，利澤施乎萬世，不爲愛人。故樂窮通物，非聖人也，有親，非仁也，時天非賢也，利害不通，非君子也，徇名失己，非士也，亡身不真，非役人也。若狐不偕、務光、伯夷、叔齊、箕子、胥餘、紀他、申徒狄，是役人之役，適人之適，而不自適其適者也。

案自篇首至"天與人不相勝也，是之謂真人"，中間凡四言"古之真人"，兩言"是之謂真人"，文意一貫，自爲片段，惟此一百一字與上下詞旨不類，疑係錯簡。且"聖人之用兵也，亡國而不失人心"，寧得爲莊子語？可疑者一也。務光事與許由同科，許由者《逍遥游篇》即擬之於聖人矣，此於務光乃反譏之爲"役人之役，適人之適，而不自適其適者"。可疑者二也。朱亦芹以《尸子》《秦策》證胥餘即接輿，其説殆不可易。本書内篇凡三引接輿之言，(《逍遥游》《人間世》《應帝王》。）是莊子意中，其人亦古賢士之達於至道者，乃此亦目爲徇名失己之徒。可疑者三也。"利澤施於萬世"，又見《天運》，"適人之適而不自適其適者也"，又見《駢拇》，并在《外篇》中。以彼例此，則此一百一字蓋亦莊子後學之言，退之《外篇》可耳。樂下舊無窮字。時天舊作天時，今依馬叙倫校補乙。徇名舊作行名，無義。行當爲徇之壞字，今正。餘文似尚多踳駁，不能盡正。

滀乎進我色也，豫乎止我德也。

司馬注曰："滀，色憤起貌。"案與讀爲豫，猶豫也。《老子》一五章"豫焉若冬涉川"。河上公本作與，《史記·吕太后本紀》索隱引同。《文子·上德篇》曰："豫兮若冬涉大川者，不敢行也，進不敢行者，退不敢先也。”“淪乎進”“豫乎止”對舉，猶言貌似欲進而心實止也。

厲乎其似世也。謷乎其未可制也。

世下也字舊作乎，依陳校引文如海，成玄英，張君房諸本改。厲讀爲囑，字一作噧。《説文》曰：“噧，高氣多言也。”《集韻》噧亦作囑。世讀爲泄。

《大雅·板篇》“無然泄泄”。《説文》兩引，一作呭，一作詍，并云“多言也”。案《詩》以水泄狀多言也。此以世爲之，義同。《楚辭·九思·怨上》某氏注曰：“謷謷，不聽話言而妄語也。”此二句與下句對舉，皆言辭之狀。舊解未憭。

連乎其似好閉也，悗乎其忘説也。

“悗乎其忘説也”舊作“悗呼忘其言也”。劉師培疑言爲説之訛，馬叙倫云“蓋爛奪右方”。案劉、馬説是也。世制閉説四字爲韻。今改正。“忘其”當作“其忘”，與上三句一律。今乙轉。崔注曰：“連，蹇連也，音輦。”案《文選·解嘲》：“孟軻雖連蹇，猶爲萬乘師。”注引蘇林曰：“連蹇，言語不便利也。”蹇連即連蹇。連一作謰。《集韻》曰“謰謰，語亂也”，《楚辭·九思·疾世》曰：“媒女詘兮謰謰。”義同。閉之言猶謐也，謐，静也。王注曰：“悗，廢忘也。”連乎好閉，悗乎忘説，通二句爲一義。

夫道有情有信，無象無形。

象舊作爲。案當作象。爲字本從象，古亦通用，（金文《邾討鼎》：“鼄討象其鼎。”《内史龔鼎》：“用象考寶障。”《立盨》：

“立象旅盨。”象并即爲字。）隸書象或作爲，亦與爲形近，故致訛混，今正。情誠古通，“有情有信，無象無形”，情亦信也，象亦形也。

可受而不可傳，可得而不可見。

“可受而不可傳”舊作“可傳而不可受”。案傳受二字倒，傳讀爲摶。受與得對，摶與見對，二句總承上文“無象無形”而言。《知北游篇》曰“終日視之而不見……摶之而不得”，《老子》一四章曰“視之不見曰夷……摶之不得曰微”，并與此同義。《楚辭·遠游》曰：“道可受兮不可傳。”傳亦讀爲摶，即襲此文。今據乙正。

狶韋氏得之，以挈天地。

疏曰“挈又作契”。案《大雅·綿篇》“爰契我龜”。傳曰“契，開也”。此叙狶韋氏在伏羲前，狶韋氏蓋當於後世所傳盤古氏，契天地即開闢天地也。今本作挈者，挈與契通。《詩》“爰契我龜”，《漢書·叙傳》作挈，即其比。疏訓契爲合，未得其義。

吾猶告而守之參日，而後能外天下。

舊作“守而告之參日”。案當作“告而守之參日”。下文曰“守之七日”“守之九日”。可證。疏曰：“告示甚易，爲須修守，所以成難。”又曰：“今欲傳告，猶自守之。”是成本正作“告而守之”。今據乙正。

僂曲發背。

案發讀爲撥，(《商頌·長發》"玄王桓撥"，《韓詩》撥作發。)撥剌枉曲之貌也。《荀子·正論篇》曰"不能以撥弓曲矢中"，撥與曲對，《西周策》曰"弓撥矢鉤"，撥與鉤對，皆枉曲之謂也。《考工記·弓人》："居幹之道，菑㮚不地，則弓不發。"撥以發爲之。《楚辭·懷沙》曰："巧倕不斵兮，孰察其撥正。"《管子·宙合篇》曰："夫繩扶撥以爲正。"《淮南子·本經篇》曰："扶撥以爲正。"高注曰："撥，枉也。"撥一曰撥剌。《淮南子·修務篇》"琴或撥剌枉撓"，高注曰："撥剌，不正也。"不正即曲矣。發背即撥剌之背，謂曲背也。《方言》五郭注曰："江東呼籧篨爲籧。"《玉篇》曰："籧，籧篨也。"籧篨同。《廣雅·釋器》曰："鏺，鐮也。"《玉篇》日："鏺，刈鉤也。"鎌鐮同。席之拳曲者謂之籧（篨），刀之鉤曲者謂之鏺，弓之枉曲者謂之撥，亦謂之發，背之僂曲者謂之發，其義一也。

以汝爲鼠肝乎？以汝爲蟲臂乎？

《釋文》曰："臂亦作腸，崔本同。"案臂與腗通。《集韻》曰："腗，臍也。"《釋名·釋形體》曰："臍，劑也，腸端之所限劑也。"疑古亦通稱腸曰臍，一曰腗。臍即腸，故崔本作腸。此以肝與腗對舉，皆臟腑之屬，故《五音集韻》又曰："腗，腑也。"

子之於父母，東西南北，唯命是從。

"子之於父母"舊作"父母之於子"。案當作"子之於父母"。謂子聽命於父母也。如今本，則是父母聽命於子，庸有當乎？注曰："自古或有能違父母之命者矣。"疏曰："夫孝子侍親，尚驅馳唯命。"是郭、成本尚未倒。今據乙正。

不知孰先，不知孰後。

兩孰字舊并作就。案就當爲孰，字之誤也。今正。“不知孰先，不知孰後”，猶上文云“又惡知死生先後之所在”也。

孟孫氏特覺，人哭亦哭，是自其所謂吾者以夃且也相與吾之耳矣，庸詎知吾所謂吾之是吾乎？庸詎知吾所謂吾之非吾乎？

“是自其所謂吾者以夃且也相與吾之耳矣”舊作“是自其所以乃（句）且也相與吾之耳矣”，所下無“謂吾者”三字，夃作乃。“庸詎知吾所謂吾之是吾乎？庸詎知吾所謂吾之非吾乎？”舊作“庸詎知吾所謂吾之乎？”無“是吾乎庸詎知吾之非吾”十二字[①]。朱桂曜云：“乃爲夃誤，夃與姑同。當讀‘是自其所以夃且也相與吾之耳矣’十四字爲句。‘庸詎知吾所謂吾之乎？’之下脱“非吾”二字。本作‘庸詎知吾所謂吾之非吾乎？’與上文‘庸詎知吾所謂天之非人乎？’《齊物論篇》‘庸詎知吾所謂知之非不知邪？’句法同。”案朱説是矣，而未盡也。上句“是自其所”下當依下文補“謂吾者”三字，文意乃足。本篇上文曰：“庸詎知吾所謂天之非人乎？所謂人之非天乎？”《齊物論篇》曰：“庸詎知吾所謂知之非不知邪？庸詎知吾所謂不知之非知邪？”皆反正二意對舉。此亦當作：“庸詎知吾所謂吾之是吾乎？庸詎知吾所謂吾之非吾乎？”乃符莊子玄同是非生死兩忘之旨。審如朱氏所補，則是不知吾之非吾，即知吾之是吾，斯誠所謂夢而未始覺者，去莊子之旨遠矣。今參朱説上句改一字，補三字，下句補十二字。

① 此句疑當作“無‘是吾乎莆詎知吾所謂吾之非吾’十三字”。

安排而化去，乃入於寥天一。

“化去”舊作“去化”。案“去化”二字誤倒。注曰：“安於推移而與化俱去。”疏曰：“未始非吾而與化俱去。”是郭、成本俱作“化去”。今據乙正。化去即化形而仙去，郭、成説非。

庸詎知夫造物之不息我黥，而補我劓，使我乘成以隨先生耶？

案《釋名·釋言語》曰：“息，塞也，言物滋塞滿也。”《漢書·東方朔傳》注曰：“塞，補也。”此以“息黥”“補劓”對舉，息訓塞，塞亦補也。

而果其賢乎丘也，請從而後也。

疏曰：“忘遺如此，定是大賢，丘雖汝後，從而學之，是丘所願。”是讀“而果其賢乎”句，“丘也請從而後也”句。諸家并同。案當讀“而果其賢乎丘也”句，“請從而後也”句。“賢乎丘”即賢於丘。下而字亦訓汝。

曰“吾思夫使我至此極者而弗得也。父母豈欲吾貧哉？天無私覆，地無私載，天地豈私貧我哉？（求其爲之者而不得也。）然而至此極者，命也夫！”（言物皆自然，無爲之者也。）

“求其爲之者而不得也”九字舊作正文。案諦審語勢，并參校下注，此九字當係郭注之誤入正文者。今改正。

内七　應帝王篇

虎豹之文來累，猨狙之便○○○○來藉。

累舊作田，從馬叙倫校改。“猨狙之便”下舊有“執斄之狗”四字。案《淮南子·繆稱篇》曰“虎豹之文來射，猨狖之捷來措”。《説林篇》曰：“虎 豹之文來射，蝯蚖之捷來乍。”《文子·上德篇》曰：“虎豹之文來射，援蚖之捷來格。”疑此本作“虎豹之文來累，猨狙之便來藉”。爲《淮南》等所本。《天地篇》曰：“執留之狗成累，（舊作思，從孫詒讓改。）猿狙之便來格”，（來格舊作“自山林來”四字。）校者據彼文旁注“執斄之狗”四字於此，傳寫遂誤入正文耳。今删。《列子·仲尼篇》：“長幼群聚而爲牢藉庖厨之物，奚異犬豕之類乎？”《釋文》曰：“藉謂以竹木圍繞。”案《説文》曰：“湝，所以擁水也。”湝借字異而義同。皆所以遮擁之也。此以累與藉對舉，累謂拘係，藉謂遮擁，事相鄰類。

吾與汝既其名，未既其實。

名舊作文。案文當爲名，聲近而誤。下文“名實不入而機發於踵”。亦名實對舉，是其證。今改正。

灰然，有生矣。

灰舊作全。《列子·黄帝篇》作灰，《釋文》曰“灰或作全”。案全爲灰之誤字，今正。然燃同。前以“見濕灰”爲壺子將死之兆，灰濕則不能燃也。今壺子有瘳，故曰：“灰燃，有生矣。”今本灰誤作全，衆家胥以然爲語詞，又讀“全然有生矣”五字爲句，則文不成義。

是殆見吾者善機也。

"者善機"舊作"善者機"。案當作"者善機"，者讀爲杜。(《左傳》莊十四年堵敖,《史記·楚世家》作杜敖,《昭九年》屠蒯,《檀弓下》作杜蕢。)"杜善機"與上"杜德機"文同一例。上文季咸曰"吾見其杜權矣"，郭注"權，機也"。"杜權"即此所謂"杜善機"也。今乙正。

是殆見吾衡氣機也。

案《説文》曰:"衡，牛觸，横大木其角。"《周禮·封人》"設其楅衡"，鄭衆注曰:"楅衡，所以楅持牛也。"是衡即楅衡。所以楅持牛者謂之衡，因之凡楅持之亦曰衡之。上文曰"杜德機"，曰"者(杜)善機"，杜塞與楅持義近似,"衡氣機"亦猶言"杜氣機"也。

吾與之虚而委蛇。

案"虚而委蛇"於文不順。虚下疑脱邪字。《邶風·北風》:"其虚其邪。"陳奂曰:"虚邪猶委蛇也。""虚邪""委蛇"并叠韻連語，義復相仿，二詞連用，古人自有複語也。

因以爲弟靡，因以爲波隨。

"波隨"舊作"波流",《釋文》引崔本流作隨。王念孫云:"當作'波隨'，蛇何靡隨爲韻。"案王説是也，今據正。"弟靡",《釋文》“弟徐音頽”。是弟靡猶頽靡也。(《文選·射雉賦》徐注“夷靡，頽弛也”，朱桂曜云“弟靡即夷靡”亦是。)波隨當讀爲陂陁，亦頽靡之意。文一作陂池，《文選·上林賦》“陂池貏豸”，郭注曰：“陂池，旁頽貌也。”一作岥峗，《文選·西征賦》“裁岥峗以隱嶙”，李注曰“岥峗，頽貌”。

南海之帝爲儵，北海之帝爲忽，中央之帝爲渾沌。

案《左傳》昭二十九年曰：“少皞氏有四叔，曰重，曰該，曰修，曰熙……修及熙爲玄冥。”儵即修也。《昭元年》曰：“昔金天氏有裔子曰昧，爲玄冥師。”忽即昧也。忽曶古通，(《春秋》鄭昭公忽，《説文·日部》作曶。《論語·微子篇》仲忽，《漢書·古今人表》作中曶。又《漢書·揚雄傳上》注，《文選·舞賦》注并云“曶與忽同”。)曶昧一字，(《漢書·郊祀志上》“冬至曶爽”，《司馬相如傳》下“曶爽暗昧”，即昧爽。)故昧一作忽。修與昧皆爲玄冥，玄冥者水神也，故此以爲南北海之帝。玄冥之色黑，儵本訓黑，暗昧亦黑也。《左傳》文十八年曰“昔帝鴻氏有不才子……天下之民謂之渾敦”，《神異經》作渾沌。《西山經》曰：“天山……有神焉，其狀如黄囊，赤如丹火，六足四翼，渾敦無面目，是識歌舞，實惟帝江也。”帝江即帝鴻。《左傳》之渾敦，自賈逵、鄭玄以下咸謂即驩兜，而驩兜鄒漢勛又以爲即丹朱，是渾敦亦即丹朱，故《西山經》有“赤如丹火”之説。本書之渾沌即渾敦，亦即驩兜、丹朱也。無七竅，與狀如黄囊而無面目合。稱帝，與《海内北經》言“帝丹朱臺”合。(杜注《左傳》亦云：“渾敦，不開通之貌也。”)其云中央帝者，驩兜放於崇山，當即《周語》上“昔夏之興也，融降於崇山”之崇山。驩兜本屬夏民族，《大荒南經》曰：“鯀妻士敬，士敬子曰炎融，炎融生驩頭。”驩頭即驩兜，可證。崇山今曰嵩山，其中岳之號，雖始於漢武，然論其地望，戰國時固爲區夏之中央。觀莊子已稱渾沌爲中央帝，則以崇山爲中央之山，或係先秦舊説，而漢武定岳，特因舊説而立名耳。莊子寓言，大都脱胎於先古傳説，而非盡由虚構，此其明驗也。

莊子章句

整理説明

《莊子章句》是作者未刊稿，據手稿照相複製件整理而成。

《章句》手稿共三種，北圖同一編號，但有（一）（二）（三）之分。内容大同小異。三稿除詮釋《莊子》字詞句章外，尚有校勘，二者多隨《莊》文書以雙行小字。三稿亦有增補，眉批旁批隨處可見。

《章句》（一）當是最後稿。整理此著即以（一）爲基礎，以（二）（三）爲參照。凡三稿不互相牴牾之增補文字及有關眉批旁批，幾乎都已録入整理稿中。整理者也審慎地補足了原稿因水漬壞損和複製模糊的文字。

原稿《章句》（一）内七篇中部分校勘文字，作者曾單獨標號列出，今皆隨文，以求與外雜二十六篇一律。

目　録

内一　逍遥游

逍遥讀爲霄霓。《淮南子·原道篇》："上游於霄霓之野，下出於無限之門。"本書《天運篇》："游於逍遥之墟"，猶霄霓之野也。《淮南子·俶真篇》："虚無寂寞，蕭條霄霓。"是逍遥游即游於虚空也。

一

北冥（溟）本作冥，此從《釋文》一本、元刊本《玉篇》引本書、《慧琳音義》三一引司馬注及成疏。有魚，溟，海也。其名爲鯤（鰥）。鯤之大，不知其幾千里也。化而爲鳥，其名爲鵬（鳳）。鵬之背不知其幾千里也，怒而飛，怒猶努。其翼若垂天之雲。是鳥也，海運（渾）則將徙於南冥。渾同滚，海滚即海沸。（南冥者，天池也。）齊諧者，志怪者也。齊諧，猶滑稽也。品性名詞擬人化。諧之言曰："鵬之徙於南冥也，水擊（激）《一切經音義》八七、《御覽》九二七引并作激。三千里，將飛鼓翼，水花驚濺。摶（縛）扶摇而上者九萬里，縛，絞轉也。扶摇，回飆也。言絞轉縈旋而上，如回飆之狀。去以六月息《御覽》九四四引息上有一字。者也。"每去輒留居六月而後返，凡候鳥皆如是。天之蒼蒼，其正色邪？其遠而無所至極邪？《晋書·天文志》引郗萌《記先師相傳宣夜説》曰："天了無質，仰而瞻之，高遠無極，眼瞀精絶，故蒼蒼然也。譬如旁望遠道之黄山而皆青，俯察千仞之深谷而窈黑，夫青非正色，而黑非有體也。"其視下也，其指鵬。亦若是則碧虚子校引文如海本作而。已矣。二十六字原倒在下文"生物之以息相吹者也"下。今依文意移正。是指仰視時所見之天。下謂鵬下視地之地；見地之深，一如人仰視視天；藉人觀天，喻鵬下視，極言其縛上之高。

野馬也，微塵也，一曰水氣。塵埃也，生物之以息相吹者依《藝文類聚》六引補。也。生物謂有生之倫。息，氣息。吹者生物，被吹者野馬塵埃。生物一息之吹，野馬塵埃即因之以浮動，所待者小，體小故也。……似有脱文，説鵬之體大，故所待焉者亦大。且夫水之積也不厚，則其負大舟也無力，復杯水於坳堂之上，堂上坳陷之地。則芥爲之舟，芥，小草也。置杯焉則膠。粘着於地。水淺而舟大也。《書鈔》一三七引《莊子》："今以木爲舟，則彌衛舟大白。"《一切經音義》八七引彌作稱。又引司馬注曰："大白，舶名也。"依據文義，當在此句下。……似脱説大舟之文一段。諸書所引"今以木爲舟，則稱衛舟大白"二句，即此處佚文之僅存者。風之積也不厚，則其負大翼也無力，故九萬里則風斯在下矣。斯，盡也。

而後乃今培（憑）風背，乃今猶而今也。"而後而今"即"而今而後"。負青天，而莫之夭閼者，夭閼，雙聲連語，遮止也。而後乃今將圖（度）南。《廣雅·釋詁》二曰："度，就也。"《楚辭·惜賢》"年忽忽而日度"，注："去也。"蜩與學（鸒）鳩笑之曰：蜩，蟬也。鸒鳩，小鳩。"我決起而飛，決然而起，言其敏捷。搶榆枋[而][止]，依文如海本，江南古藏本，《文選》江文通《雜體詩》注引補。搶，奪也，争也，如有所争奪，亦言其迅捷。時則不止，則，即也。而控於地而已矣。而猶則也。控，投也。奚以之九萬里而南爲！以，用。之猶其也。爲語詞。適莽蒼者三湌而反，莽蒼，叠語連語，猶莽草也，此謂近郊草莽之地。三湌，三飯也，今語曰三碗飯。禮經屢言"三飯告飽"。腹猶果然。飽貌。適百里者宿舂糧，隔宿擣米以儲糧。適千里者三月聚糧。之二蟲又何知！之，此也。二蟲，蜩與鸒鳩。

小知（智）不及大知，小年不及大年，奚以知其然也？朝菌《淮南子·道應篇》引作朝秀，注："朝秀，朝生暮死之蟲也。"（今本乃後人竄改，詳王念孫、陶方琦説。）不知晦朔，朝菌一曰朝蟋，蟲名，疑即蜉蝣。蟪蛄不知春秋，蟪蛄，寒蟬。此小年也。楚之南有冥（榠）靈者，榠靈蓋即樠木。以五百歲爲春，五百歲爲秋，上古有大椿者，以八千歲爲春，八千歲爲秋，[此][大][年][也]。依陳景元校引成玄英本補。而彭祖乃今以久特聞，彭祖，彭姓之祖，名鏗。彭姓國有大彭，享祚八百年，世遂稱彭祖壽八百歲。久，壽。特，獨也。彭祖獨以久壽聞於世。衆人匹之，不亦悲乎！以彭祖比榠靈大椿，猶見暫促，況以衆人比之，不彌可悲乎！

二

……湯之問棘也是已。棘,《列子·湯問篇》作夏革,蓋夏臣之歸湯者。……神清《北山録》曰:“湯問革曰:‘上下四方有極乎?’革曰:‘無極之外,復無極也。’”慧寶注曰:“語在《莊子》。”)疑即此處佚文。

窮發之北有冥海者,窮發,蓋山名。《海外東經》“髮丘”,注:“音嗟,或作發。”《書鈔》九二引亦作發。天池也。有魚焉,其廣數千里,未有知其修者,修,長也。其名爲鯤。有鳥焉,其名爲鵬,背若太山,翼若垂天之雲,摶《楚辭·九懷》補注引作搏。扶摇羊角而上者九萬里,《事類賦注》二引注:“扶摇,羊角風也。今旋風上如羖羊角。”羊角之狀,亦絞轉而上。(此名詞作副詞用。)絶雲氣,截斷浮雲。負青天,然後圖南。且適南冥也。且,將也,下彼且同。斥(澤)鴳笑之曰:“彼且奚適也?我騰躍而上,不過數仞,而(乃)下翱翔蓬蒿之間。此亦飛之至也,飛之所至。而彼且奚適也?”此小大之辯(辨)也。

故夫知(智)效一官,夫猶凡也,又彼也。《左傳》昭公二十六年“宣王有志而後效官”,注:“效,授也。”行比一鄉,比合也。度其智行,足以居一鄉之官。德合一君,而(能)征一國者,驗其德能,足以爲一國之君。知與德對,行與能對,官與君對。其自視也亦若此矣。此,指斥鴳。而宋榮子猶(悠)然笑之。宋榮子即宋鈃,詳《天下篇》。彼且今本無彼字,依文義補。篇中“彼且”屢見。舉世而譽之而不加勸,舉世而非之而不加沮,定乎内外之分,分野。辯(辨)乎榮辱之境,疆域。斯已矣。彼其於世,未數數然也,若宋子者,求之世間,未可數數覯也。雖然,猶有未樹也。樹,立也。至德未立,固不足慕。夫列子御(馭)風而行,列禦寇,世傳其能乘風而行,謂之風仙。泠然善也,泠然清凉,而意甚適。《初學記》一引作“泠泠然善”,無也字。并引司馬注“泠泠然,凉貌也”。是司馬本亦叠“泠”字。《事類賦》二、天部二引善下皆無“也”字。旬有(又)五日而後反。彼於致福者,未數數然也。致福者謂巫祝之流。此言若列子者,求之巫祝之間,未可數數覯也。此雖免乎行,猶有所待者也。此,指御風之術。御風雖免足行,猶必待風,列子亦不足慕。若夫乘天地之正,正謂正氣。

而御六氣之辯（變），六氣即六情，好惡喜怒哀樂是也。天地六情見於諸氣象變化，其順時者曰正，非常者曰變。御猶乘也。此以“天地”與“六氣”爲互文，言天地六氣有正有變，彼則或乘其正或御其變也。以游無窮者，彼且惡乎待哉？

故曰：至人無己，無我。神人無功，聖人無名。

三

堯讓天下於許由，即皋陶。曰：“日月出矣，而爝火不息，爝火，炬火。其於光也，不亦難乎？時雨降矣，《路史·後紀》三注引《尸子》：“五日爲行雨，旬日爲穀雨，旬五日爲時雨。”而猶浸灌，其於澤也，澤，潤也。不亦勞乎？夫子立而天下治，立謂立爲諸侯。而我猶尸之，虛擁天子之位。吾自視缺然，請致天下。”致，奉也。

許由曰：“子治天下，天下既已治也，而我猶代子，吾將爲名乎！徒有名義。——名者實之賓也，吾將爲賓乎？賓則不臣，將爲賓謂將不臣於堯也。上賓字猶對待詞，虛義；下賓字不臣之賓，實義。鷦鷯巢於深林，不過一枝；偃（鼹）鼠飲河，不過滿腹。歸休乎，君！予無所用天下爲！庖人雖不治庖，尸祝不越（奪）樽俎而代之矣。”

葉大慶《愛日齋叢鈔》引樓昉曰：“從來人説莊周盡是寓言，却不曾深考，如堯讓許由依舊是有此人。蓋申吕齊許皆四岳之後，許由其一也，以當時咨四岳觀之，則堯有讓許由之事，但周之言不無文飾過當處。”

四

肩吾問於連叔曰：“吾聞言於接輿，大而無當，寥廓而無所底止，往而不返，吾驚怖其言——猶河漢而無極也。莫竟源委，承‘往而不返’。大有逕庭（逕廷），逕廷猶逕流也。逕流甚大，不見涯涘，承‘大而無當’。不近人情焉。”

連叔曰："其言謂何哉？"

曰："藐姑射之山有神人居焉，後世所傳麻姑，疑即此。肌膚若冰（凝）雪，綽《山谷外集》一二《寄晁元忠十首》引作婥。約若處子，綽約，猶窈窕，要冶，叠韻連語，柔弱貌。處子，處女也。不食五穀，吸風飲露，乘雲氣，御飛龍，而游乎四海之外，其神凝，使物不疵癘而年穀熟。此蓋司寒氣之神也。《晏子春秋·雜上篇》之一七曰：'陰冰凝，陽冰厚五寸者，寒温節，節即刑正平，平則上下和，和則年穀熟。'吾以是狂（誑）而不信也。"以即認爲。信，實也。

連叔曰："然。瞽者無以與乎文章之觀，聾者無以與乎鐘鼓之聲。豈惟形骸有聾瞽今作盲，從碧虚子校引天台山方瀛觀古藏本改。哉？夫知（智）亦有之。是其言也，猶時（之）女（汝）也。之人也，之德也，謂神人。將旁礴萬物，旁礴，雙聲連語，混同也。以爲一世蘄（祈）乎亂，治也。孰弊弊也（焉）以天下爲事？弊弊，煩碎貌，與旁礴對。之人也，物莫之傷，大侵稽天而不溺，稽，至也。大旱，金石流，土山焦，而不熱。是其塵垢粃糠猶將鑄堯舜者也，孰肯以物爲事！"

五

宋人資（賫）章甫而適諸越，《御覽》六八五引作於越。賫，持也。宋，殷故國。章甫，殷冠也。適猶售也。越人斷髮文身，無所用之。

堯治天下之民，平四海之政，平亦治也。往見四子藐姑射之山，四子蓋即四岳。……汾水之陽，上脱"顧望"或"還至"等字。窅（杳）然喪其天下焉。

六

惠施謂莊子曰：惠施，詳《天下篇》。"魏王貽我大瓠之種，瓠，今之葫蘆。我樹之成，而實五石，種之而結實，能容五石之糧。以盛水漿，其堅不能自舉也，虚脱不堅，故盛水多即不能自勝。剖之以爲瓢，則瓠落無所容。簡文注："瓠落猶廓落也。"虚火無物可容。非不呺然人也，呺然，虚大。吾爲其無用而掊之。掊，擊破也。

莊子曰："夫子固拙於用大矣！宋人有善爲不龜手之藥者，龜，皴也，言圻裂如龜背，字一作皸。世世以洴澼絖（纊）爲事。洴澼，雙聲連語，漂也，謂水中擊絮。纊，絮也。《御覽》二十七引舊注云："案絖，古纊字，絮也。洴澼，浣漂斫絮於水中也。"《吴越春秋》一《王僚使公子光傳》："適會女子，擊綿於瀨水之上。"《越絶書》一《越絶荆平王内傳》作"見一女子擊絮於瀨水之中"。客聞之，請買其方百金。聚族而謀曰：'我世世爲洴澼絖，爲猶業也。不過數金，今一朝而鬻技百金，鬻，賣。技猶方也。請與之。'客得之，以説吴王。越有難，吴王使之將，乘越内亂而伐之。冬與越人水戰，大敗越人，裂地而封之。能不龜手一也，或以封，或不免於洴澼絖，則所用之異也。今子有五石之瓠，何不慮（絡）以爲大樽，而浮於江湖？以繩絡瓠，狀如酒樽，繫而渡水，可以自浮，所謂腰舟是也。而憂其瓠落無所容，則夫子猶有蓬之心也夫！"心如飛蓬，飄摇浮蕩而無所思慮。

七

惠子謂莊子曰："吾有大樹，人謂之樗，《一切經音義》八四引作樗。其大本擁（癰）腫而不中繩墨，其小枝卷曲而不中規矩，立之塗（途），樹之道旁。匠者《山谷外集》四《寄南陽謝外舅》注引作匠石。不顧。今子之言，大而無用，衆所同去也。"去，弃也。

莊子曰："子獨不見狸狌（鼪）乎？狸，野猫。狌，黄鼠狼。卑身而伏，以候敖（遨）者，遨游之物，謂鷄鼠之屬。東西跳梁（踉），不辟（避）高下，中於機辟（臂），此謂捕鳥獸之翻車。機臂即翻車之弩，有兩轅如人之兩臂，故曰機臂。死於罔（網）罟。即繫於機臂之窅網。弩機之轅臂則窅網下而禽獸捕。今夫斄牛，旄牛。其大若垂（綴）天之雲，此能爲大矣，而不能執鼠。今子有大樹，患其無用，何不樹之無何有之鄉，廣莫之野，廣莫，廣大貌。彷徨乎無爲其側，逍遥乎寢卧其下？——不夭斧斤，不夭傷於斧斤。物無害者，無所可用，無處可用之。安所困苦哉！”

内二　齊物論

物倫猶事類，齊物倫猶齊事類。

八

南郭子綦隱几而坐，事又見《徐無鬼篇》。隱，憑也。仰天而噓，向云："息也。"《玉篇》引《聲類》："出氣緩曰噓。"荅（塌）焉似喪其耦（偶）。塌，圮毁貌。偶，偶像也。《釋文》本又作偶，《文選·北山移文》注、盧湛《贈劉琨詩》注、《玉篇·人部》引并同。偶寓本同字，摶土刻木爲像，所以寄寓神之精氣，故謂之寓。神與像爲二，對神言之，則像爲神之偶。故又謂之偶。似喪其偶者，謂形軀委頓，如神之土木形骸，將就圮毁，而失其所寓也。子綦全於神者，故以神擬之，而方其形骸爲偶像。此以精神爲實體，形骸爲象徵實體之偶像，猶後世言精神爲真我，形骸爲假我也。

顔成子游立侍乎前，曰："何居乎？居乎猶哉乎。形固可使如槁木，而心固可使如死灰乎？槁木死灰之喻，亦自偶像生出，言其墮形去智，身心兩忘也。今之隱几者，真我。非昔之隱几者？"假我。今日氣象，與昨不同。

子綦曰："偃，子游名。不亦善乎而問之也？而，汝也。今者吾喪我，身心兩棄，獨以神存。汝知之乎？汝聞人籟而未聞地籟，汝聞地籟而未聞天籟夫！"籟，簫也。此通指音樂。天籟謂本然的音樂。明乎天籟之理，而後知神全之妙，而身心不足貴矣。

子游曰："敢問其方（仿）。"方猶仿佛也。《後漢書·班彪傳》注："仿佛猶梗概也。"《説文》："仿，相似也。"《孟子·萬章》上"君子可欺以其方"，注："方，類也。"類亦似也。

子綦曰："夫大塊噫（呃）氣，大塊，地也。塊本作甴，字從土，土即地也。氣逆上衝作聲曰呃。其名爲風，是唯無作，作，起也。作則萬竅怒呺（號）。而獨不聞之翏翏（飂飂）乎？而，汝。之猶其也。飂飂，風聲。山陵本作林，依李《注》義改。之畏佳（嵔崔），山曲阿也。大木百圍之竅穴，似鼻，似口，似耳，似枅（鈃），似鐘而頸長。似圈（盎），盂也。似臼，似窪者，似污者，窪，深池也，小者曰污。三似身，三似器，二似地。——激（噭）者，叫也。謞（哮）者，呼也。叱者，吸者，叫者，譹者，哭聲。宎（笑）者，咬者，讙聲如鳥鳴。——前者唱於（吁），而隨者唱喁；泠風則小和，飄風則大和。泠，清風。飄，疾風。厲風濟，則衆竅爲虚。厲，餘。濟，止也。而獨不見之調調、之刁刁乎？”之猶其也。調調，刁刁，樹枝輕摇貌。

子游曰：“地籟則衆竅是矣，人籟則比竹是矣，敢問天籟。”

子綦曰：“夫吹，萬不同，而使其自已也咸（緘），已，止。緘，默也。其自取（趣）也依文義補。怒（呶）者，趣猶動也。呶，喧呶。其誰邪？止動謂風之息作。風之一息一作，固其自主，然而止則默然，動則喧呶，冥冥之間，必有主使之者，即下文之“真宰”“真君”之意。此答天籟之問。

大知（智）閑閑，豁然慧了。小智閒閒，耿如隙光。大言炎炎（啖啖），誇譀貌。小言詹詹（噡噡），呫囁貌。小言之成實因小知爲幻，下文隨寫小知之心理諸相。——其寐也魂交，神魂定止。其覺也形開，官知活動。與接爲構，與、爲皆猶相也。日以心鬥，以心計相角鬥。縵者，縵，密也。《晏子春秋·内·問》上一五：“縵密不能蔍苴不學者詘。”《外》上一七：“微事不通麤事不能者勞。”王云縵猶綿密。窖（蓎）者，粗率。密者，□者，依文義補。小恐惴惴，神志尚在，故但惴惴戰慄。大恐縵縵（惛惛），神志已奪，則惛然痴迷矣。——其發若機栝，發動之速，有如弩牙。（其司（伺）是非之謂也？）弧内似後人旁注之語，羼入正文。下同。其留如詛盟，留止不動，如有約誓。（其守勝之謂也？）勝利在己，故願長保之。其殺（衰）若秋冬，（以言其日消也？其溺之所爲之不可使復之也？）首之字訓於，次之字訓而。其厭也如緘，厭倦則安静如緘封。（以言其老洫也？衰耗也。近死之心，莫使復陽（暘）也？）暘，生。——喜怒，哀樂，慮嘆變慹（熱），憂慮嗟嘆，至於内熱。姚佚啓態，姚冶輕佚，露其驕態。——樂出虚，蒸成菌，如樂出虚，有聲出於無聲，如蒸成菌，無形而生有形。日夜相代乎前，而莫知其所萌。已乎！已乎！旦暮得此，謂上述諸心靈活動。其所由以生乎？生之所以爲生，豈即以此？非彼無我，彼指心靈活動。我非彼，無以爲我。非我無所取。取，爲也。彼非我，亦不知其爲誰而然。——是亦近矣，此理固亦淺近易明。而不知其所爲使。使，役使也。然而其所以如此者，究不知其爲誰供其役使。若有真宰，宰，主也。而特不得其眹，但不得其迹兆。可行已信，其可運用已信而有徵。而不見其形，有情而無形。有可行之情實，而不見其形貌。我之心身譬彼地籟，九竅六藏，大木之竅也。喜怒哀樂，竅中之風聲也。然而風之或止而緘，或趣而呶，則必有主使之者，天籟是已。我之喜怒哀樂相代乎前，亦當有主使之者，真宰是已。天籟無迹可尋，真宰亦然。此因天籟以明真宰之必存。

"百骸、九竅、六藏（臟），賅而存焉，賅，兼也。吾誰與爲親？汝皆説（悦）之乎？其有私焉？如是皆有（或）爲臣妾乎？是指百骸、九竅、六臟。其臣妾不足以相治乎？其遞相爲君臣乎？其有真君存焉？如求得其情與不得，情，實也。無益損乎其真。一受其成形，成形，完整之形。不化化本作亡，依《田子方篇》及郭注義改。以待盡。待盡，待年壽之盡。化即物化，謂變形相嬗。《晋語》九："趙簡子嘆曰：'雀入於海爲蛤，雉入於淮爲蜃，黿魚魚鱉莫不能化，唯人不能，哀夫！'"與物相刃（韌）相靡（磨），韌，擊礙也。磨，磨切也。其行行下本有盡字，用馬叙倫説删。如馳，而莫之能止，不亦悲乎？終身役役，而不見其成功，苶然疲役，而不知其所歸，苶，疲困貌。可不哀邪？人謂之不死，奚益？其形死，死本作化，依文義改。其心與之然，可不謂大哀乎？人之生也，固若是芒乎？芒，暗昧也。其我獨芒，而人亦有不芒者乎？"

九

夫隨其成心而師之，誰獨且無師乎？成猶完整也。天然完整之心，即直覺。依憑直覺以爲準的，則人皆有師。奚必知（智）成成本作代，依文義改。而心自取者有之，反已即得，不待他求。取，用。愚者與有焉。不待後天智識完備，而隨心所欲，自然知所取舍。世間多有其例，愚者亦爾。未成乎心而有是非，是今日適越而昔（昨）至者也。隨其成心而師之，則是非自得。今未嘗先成乎心，而遽有是非之見，譬猶人有言今適越而昔至者，其未嘗至明矣。"今日適越而昔來"，惠施歷物之説，見《天下篇》。——是以無有爲有。無有爲有，雖有神禹且不能知，禹鑄神鼎，能知神奸，故以爲言。吾獨且奈何哉！

夫言，非吹也，吹爲簫管之物。簫管之音律有定準，吹有六律，吹宫則宫，吹商則商，言則反是，故曰言非吹也。言者有言，其所言者特未定也。道不可以言傳，一落言詮，則非道也，故欲辯忘言。今有人於此，其所言之是未必是，所言之非未必非。此指惠施輩合異同，離堅白之説。果有言邪？其未嘗有言邪？有言如此，言猶未言也。其以爲異於鷇音，亦有辯乎？其無辯乎？鷇，雛也。雛鳥之鳴，但有聲音，而無意義。或以此輩之音異乎鷇音，斯説也，有可争論者乎？無可争論者乎？

道惡乎隱而有真僞？言惡乎隱而有是非？隱晦暗昧，即上"未定"之謂。道惡乎往而不存，言惡乎往而不可？大道無往不存，故無真僞之分；至言無所不可，故無是非之别。而道有真僞，言有是非者，物或隱之使然也。道隱於小成，未大備也。言隱於榮華，浮辯之辭，華美之言，指惠施輩辯者而言。故有儒墨之是非，惠施墨徒，此後數章意主攻墨，而此兼及儒者，但取便文耳。以是其所非，而非其所是。儒墨各用已是是彼非，各用己非非彼是，而終不得真是非。欲是其所非，而非其所是，則莫若以明。明者隱之對。恣縱其辭，反復曉喻，以務明析其本然之理也。隱一曰昧（詳下）。惠施歷物之説，如《天下篇》所載者，皆隱晦暗昧，不可究詰，莊子之學，一反惠施，故倡"明"以折之。

物無非彼，物無非是；觀物，則物皆爲彼；以物自觀，物皆爲此。自彼則不見，自是原作知，依成疏與文義改。則知之。觀人則昧，返觀即明。彼不能自見其爲彼，自此觀彼，乃知有彼。故曰彼出於是，是亦因彼彼是"方生"之説也。雖然，方生方死，方死方生，"日方中方睨，物方生方死"，亦惠施説，見《天下篇》。方可方不可，方不可方可，因是因非，因非因是，有因而是之者，即有因而非之者。有因而非之者，即有因而是之者。既有彼此，則是非之生無窮。永遠矛盾，即陷入不可知論。是以聖人不由，由，用也。不可知論不能解決問題，故聖人不用。而照之於天。以天然之理爲鏡而照之，即上所謂"隨其成心而師之"。亦"因是"也。因任自然。自是則知之。"因是"既可得知，則不必再事推求。是亦彼也，彼亦是也。此爲彼所彼，彼亦自以爲此。上文"彼生於是，是亦因彼"，就物言彼此對立也。此云"是亦彼也，彼亦是也"，就道言則彼此混同也。彼亦一是非，此亦一是非，彼此既各有一是非，則彼此畢竟相同。果且有彼是乎哉？果且無彼是乎哉？彼此易地而居，則彼亦此，此亦彼，而彼此皆無矣。彼是莫得其偶，偶，對也。彼此皆無，無復對立之象。謂之道樞。此之謂道之樞要。樞始得其環中，環中，空也。以應無窮。如彼機樞，立於環中，循環旋轉，動而不動，其應無窮。是亦一無窮，非亦一無窮也。是非無窮，如環之轉，聖人兩順而固應之，其理亦然。故曰莫若以明。

一〇

以“指”喻指之非指，次指謂指名之指（抽象名詞），末指謂手指之指（實物名詞），“指”則兼此二義之名。不若以“非指”喻指之非指也。以“馬”喻馬之非馬，次馬謂籌馬之馬（抽象名詞），末馬謂牛馬之馬。今字作碼（實物名詞），“馬”則兼此二義之名。不若以“非馬”喻馬之非馬也。天下天下本作天地，依成《疏》改。一指也，萬物一馬也。本有“可乎可不可乎不可”八字，依劉文典説删。一猶皆也。此指、馬二字俱抽象名詞。指、馬之辯，蓋惠施發其端，而公孫龍演其緒，此亦駁惠施説。道行之而成，宣云：道，路也。王云：行之而成，《孟子》所謂“用之而成路也”。物謂之而然。凡物稱之而名立，非先因此名也。惡乎然？然於然。惡乎不然？不然於不然。惡乎可？可於可。惡乎不可？不可於不可。依《寓言篇》補。物固有所然，物固有所可。無物不然，無物不可。故爲是舉莛與楹，小與大。厲（癩）與西施，醜與美。恢詭憰怪，道（導）通爲一。導亦通也。顛倒之，變亂之，直混而爲一。其分也，成也；一物分而數物成，其成也，毁也。成於此則毁於彼。凡物無成與毁，復通爲一。無論成毁皆可返而混同爲一。唯達者知通爲一，爲是不用而寓諸庸。寓，托也。庸，無用也，愚也。托於愚而不用。庸也者用也。無用亦用也。用也者通也。能以無用爲用則通。通也者得也。通則條暢自得。適得而幾矣。而猶則也，幾，盡也。至理盡於自得。“因是”已。因任自然，隨其成心而師之，豈措情哉！已而不知其然謂之道。已，如此也。如此而不自知其如此，未嘗有心也，謂之道。若知其如此，則因是隨有因非，便不能盡，不得謂之道矣。勞神明爲一，而不知其同也，勞其神志以求一，而不知其本同。惠子歷物之藩，存雄益怪，而終謂“天地一體”，此勞神明爲一，而不知其同也。前謂物有對立，指離堅白，此又指其混異同也。謂之“朝三”。何謂“朝三”？狙公賦芧，狙公，老狙也。賦，予。芧，橡栗也。曰：“朝三而暮四”，衆狙皆怒。曰：“然則朝四而暮三。”衆狙皆喜。名實未虧而喜怒爲用，虧，變也。亦“因是”也。順其所喜，避其所怒，因任物情而利用之，此亦因是之道也。是以聖人和之以是非，和讀唱和之和。謂聖人不自立是非，而隨人之是非以爲是非。而休乎天鈞，鈞，陶鈞也。陶家名模下之輪曰鈞。置模於鈞上，旋轉而成器。此藉以喻自然法則之運行。聖人和應是非，任自然以成事，如陶者因鈞轉以成器，而不假人力，故曰休乎天鈞。是之謂兩行。陶鈞之運，左旋右旋，皆無不可。聖人是非兩可，莫之偏任，亦猶是也。

一一

古之人其知有所至矣。至者，造極之名。惡乎至？有以爲未始有物者，至矣，盡矣，不可以加矣。其次以爲有物矣，而未始有封也。封，界域也。雖見有物，而尚無彼此。其次以爲有封焉，而未始有是非也。雖有彼此，而尚無是非。是非之彰也，道之所以虧也。道之所以虧，愛之所以成。愛惡以是非而成。果且有成與虧乎哉？果且無虧與成乎哉？雖然，因是非之彰隱以爲虧成者，究非至道。至道者，永無虧成者也。有成與虧，故昭氏之鼓琴也；無成與虧，故昭氏之不鼓琴也。鄭太師昭文，世善鼓琴。故昭氏，謂昭文之先人。撫絃調音，必有偏好，音之成而道之所虧也。反之，不鼓琴則偏愛不生，亦無成虧矣。

昭文之鼓琴也，師曠之枝（支）策也，師曠晋平公時人，妙解音律。支，計。策，數也。支策謂計其律吕之數。惠子之據梧也，惠子蓋亦知音。《德充符篇》載其“倚樹而吟，據槁梧而瞑”，樹即梧，謂柷敔也。倚人即倚聲之倚。倚據柷敔之聲而瞑目沈吟，蓋勞神思以窮樂理者歟？昭文以聲求之，師曠以數計之，惠子以思索之。師曠之爲樂進乎昭文，惠子又進乎師曠，然而昭文最近自然。三子之知幾乎皆其盛（成）者也，故載之末年。傳之近世。唯（雖）其好之也，以（已）異於彼，其好之也，上其指惠子，彼指昭文師曠。下其猶之也。惠子之所好者道術，本異乎彼二子之所好。欲以明之彼，之猶於也。惠子乃欲以其所好之道，明之於彼二子所好之樂。非所明而明之，聲與數不足以明道，而惠子欲假以明道，則是明於所不當明者。故以堅白之昧（謎）終。惠施堅白之説，略見《天下篇》，其言迷離回互，實類謎語。此言惠子終不能明道，而所得但堅白異同之謎耳。而其子又以文之綸終，終身無成。其子，惠子之子；文，昭文也。綸，術也。文之綸謂鼓琴之術。惠子之子，終身學鼓琴，而無所成。若是而可謂成乎？雖我無成，亦可謂成也。江南古藏本作“雖我無成，亦可謂成矣”。此“是”字指惠子。若惠子者，欲藉琴聲以明道，而以堅白之昧終，此而可謂之成，雖我之未嘗據梧沈吟，亦可謂成也。若是而不可謂成乎？物與我無成也。此“是”字指惠子之子。若惠子之子，終身鼓琴而無所成，此而不可謂成，則物與我皆無成者。惠子之有成不如其子之無成，蓋無成者亦無虧，是成之至也。是故滑疑（凝）之耀，聖人之所鄙鄙本作圖，依文義改。也。滑，光澤也。凝，脂也。塗敷脂膏以爲光耀，異乎日火之真耀，以喻惠子以離堅白爲知，異乎聖人之真知，此其所以見弃於聖人也。爲是不用而寓諸庸，此之謂以明。

一二

今且有言於此，不知其與“是”類乎？其與“是”不類乎？類與不類，相與爲類，類與不類，皆類别之辯，故共爲一類。則與“彼”無以異矣。類與不類既屬同類，則是與彼亦何以異？雖然，請嘗言之。嘗，試也。

有本不重有字，依文義補。有“始”也者，有“未始有始”也者，有“未始有夫未始有始”也者。有“有”也者，有“無”也者，有“未始有無”也者，有“未始有夫未始有無”也者。俄而“有無”矣，而未知“有無”之果孰有孰無也。今我則已有謂矣，而未知吾所謂之其果有謂乎，其果無謂乎。

一三

天下莫大於秋豪（毫）之末，秋時獸生毫毛至微。末，杪也。而太山爲小，天下之物，有相千萬於太山之大者，亦有相千萬於毫末之小者，以此視彼，則莫大於毫末，莫小於太山。莫壽於殤子，而彭祖爲夭。壽夭之義，説同大小。天地與我并生，而萬物與我爲一。既已爲一矣，且得有言乎？一者混一之謂，有言則有所分辯，故既已爲一，則不得有言。既已謂之一矣，且得無言乎？謂之一，即是言。一與一爲二，妙一者理，理非所言，是以知以言言一，而言非非一也。今一既一矣，而言又言焉，有一有言，二名斯起。二與一爲三，復將後起之二名，對前時之妙一，有一有二，合之爲三。自此以往，巧曆不能得，而况其凡乎？曆，算也。從三以往，雖有巧算之人，不能盡其數，而况庸人乎？故自無適有，以（已）《衍義手鈔》七引作已。至於三，至理無言，言則名起。若從無言以適有言，才言即已至於三。而况自有適有乎？若從有言以適有言，其枝流分派，可窮盡乎？無適焉，“因是”已。聖人止於無言，無所適往。

一四

夫道未始有封，至道玄同，本無界域。言未始有常，爲是而有畛也。畛猶封也。道之所以有界域者，言辭無常使之然耳。請言其畛。有左有右，袒左袒右。有倫（論）有義（議），有分有辯，有競有争，此之謂八德。六合之外，聖人存而不論；妙理希夷，不可言説。六合之内，聖人論而不議。有聞必録，不議是非。《春秋》經世先王之志，聖人議而不辯。古通稱史書曰《春秋》。經世猶紀年也。志，記也。辯，博辯也。雖議是非，而不流於米鹽博雜，以上或存或論或議，條因其當然耳。故分也者，有不分也；辯也者，有不辯也。掛一則漏萬也。曰：“何也？聖人懷之，存之於己，衆人辯之以相示也。誇示於人。故曰：辯也者，有不見也。或見於此，不見於彼，故辯起。夫大道不稱，無可稱名，故不稱。大辯不言，不以言勝。大仁不仁，自然煦復，無心於仁，大廉不嗛（謙），大勇不忮。很也。道昭而不道，而猶則也。下同。以道炫物，必非真道。言辯而不及（給），辯則不勝辯。仁常而不周，周本作成，依江南古藏本及郭注改。物不勝愛，故常其愛者必有不周遍之時。廉清而不信，外過清激，則中近矯僞。勇忮而不成，輕諾者難成事。五者園（刓）而幾向方矣。刓，削損也。五者本園，用之過度，則削損而變方矣。故知止其所不知，至矣。知止於其不可知者，是知之至也。孰知不言之辯，不道之道！不道即不稱。若有能知，此之謂天府。天府，星名，以喻知之盛者，渾然之中，無所不藏。——注焉而不滿，酌焉而不竭，而不知其所由來，此之謂葆光。葆光即北斗。古斗以匏爲之，故北斗一曰匏瓜，語轉爲葆光。此亦以星名爲喻。

一五

昔者堯問於舜曰："我欲伐宗（崇）膾（鄶）骨骨本作胥，用孫詒讓説改。（屈）敖，伐崇、鄶、屈敖，即《在宥篇》之放驩兜，流共工，投三苗。南面而不釋然，三國皆在南方，故曰南面。釋然，怡悦貌。其何故也？"

舜曰："夫三子者，三國之君。猶存乎蓬艾之間，三國皆在荒裔，草萊未辟，故曰蓬艾之間，若（汝）不釋然何哉？王師未興，三子俱在，何遽不釋之有哉？昔者十日并出，萬物皆照，舊傳天有十日，因以爲喻。而況德之進乎日者乎？進，過也。日之所照，猶有所不及，德則彌綸兩間，無所不被。昔者十日并出，萬物尚無不照，況王者德澤廣被，過乎十日，何憂乎三子之不蒙沾渥哉？

一六

齧缺問乎王倪，齧缺、王倪四岳之二，故傳説以爲堯師。又云堯師許由，許由師齧缺，齧缺師王倪。曰："子知物之所同是乎？"人言子知物之所同，然乎否邪？

曰："吾惡乎知之！"

——"子知子之所不知邪？"

曰："吾惡乎知之！"

——“然則物無知邪？”

曰：“吾惡乎知之！雖然，嘗試言之。庸詎知吾所謂知之非不知邪？庸詎知吾所謂不知之非知邪？且吾嘗試問乎汝。民濕處則腰疾偏死，即偏枯。鰍然乎哉？鰍，泥鰍。木處則惴慄恂（眩）懼，猨猴然乎哉？三者孰知正處？民食芻豢，牛羊犬豕之屬。麋鹿食薦，美草。蝍蛆甘帶（蝳），蝍蛆似蝗，大腹長角，未知今何蟲。蝳即蛇之小者。鴟鴉耆（嗜）鼠。四者孰知正味？猨猵狙以爲雌，猵狙本名獦狚，一名獦牂，猨類之多毛而狗頭者，喜與雌猿交。麋與鹿交，鰍與魚游，游亦交也。毛嬙西施，西施本作麗姬，依崔本及《御覽》三八一引改。人之所美也，魚見之深入，鳥見之高飛，麋鹿見之決驟。疾馳也。四者孰知天下之正色哉？自我觀之，仁義之端，是非之途（敘），緒也。樊然殽亂，樊然，錯綜貌。吾惡能知其辯（辨）！辨，別也。”

齧缺曰：“子不知利害，則至人固不知利害乎？”

王倪曰：“至人神矣，大澤焚而不能熱，古人燒澤而畋。河漢沍而不能寒，沍，凍也。疾雷破山，飄依江南李氏本及成疏補。（飈）風振海而不能驚。若然者，乘雲氣，騎日月，而游乎四海之外，自昔相傳如此。莊生實信其然，故舉以佐説，非寓言也。死生無變於己，至人永存，故無生死。而況利害之端乎？生死且不知，何有於利害？”

一七

瞿鵲子問乎長梧子，瞿鵲子，孔子弟子。長梧子未詳。曰：“吾聞諸夫子，孔子也。聖人不從事於務，强競。不就利，不違害，違，避也。不喜求，不緣道，自然寂照，不貪緣以求之。無謂有謂，以不言爲言。有謂無謂，言猶不言。而游於塵垢之外——夫子以爲孟浪之言，猶罔兩朦朧不了之貌。而我以爲妙道之行也。行，迹也。吾子以爲奚若？”

長梧子曰：“是皇（黄）帝之聽（怔）熒也，怔熒，迭韻連語，懼惑貌。而丘也何足以知之！且女（汝）亦大早計，見卵而求時（司）夜，夜謂晨夜。見彈而求鴞炙。鴞似斑鳩而大、青緑色，肉美堪爲美炙。卵有生鷄之用，而卵未能司晨；彈有得鴞之功，而彈不堪爲炙；亦猶言能詮乎妙道之理，而言不足以當道也。才聞言説，便欲實行，其計用太早，與上説者何異？予嘗爲汝妄言之，嘗，試也。女姑亦亦本作以，依《説郛》一《經子法語》引及郭注、成疏改。妄聽之，奚若？用朱桂曜説補。旁（并）日月，挾宇宙，并包日月，以死生爲晝夜。挾藏宇宙，與萬物爲一體。爲其吻合，吻，脣也。如兩脣之相合而無間。置其滑涽（汩涽），置猶任也。汩涽，雙聲連語，亂雜貌。任其汩涽不以爲嫌。以隸相尊，貴賤一視。衆人役役，蠢動貌。聖人愚芚（惷），上下皆愚。參萬歲而一成純，參，并也，齊也。一，皆也。成，完整也。純，純樸也。萬物盡然而以是相藴，是指萬歲成純。藴，積也。萬物皆萬歲成純以相藴積。——予惡乎知説生之非惑邪？予惡知死之非弱（溺）喪而不知歸者邪？如溺死者，其魂不歸。一説如弱齡迷失，安於他鄉，不知歸返。麗（驪）之姬，艾封人之子也。驪，戎國名，姬姓，故稱驪姬。艾蓋驪之都邑，附庸之君曰封人。子，女也。晋國之始得之也，涕泣沾襟。及其至於王所，王謂晋獻公，春秋列國多稱王，不自六國始。與王同匡匡本作筐，依《釋文》引一本及《御覽》七〇六，《山谷外集》一二《次韻晁元忠西歸十首》注引改。床，今之匡床。食芻豢，而後悔其泣也。予惡知夫知死者不悔其始之蘄生乎？蘄，求也。夢飲酒者，旦而哭泣；夢哭泣者，旦而田獵。占夢家言夢與覺吉凶相反，今俗亦云然。方其夢也，不知其夢也，夢之中又占其夢焉，覺而後知其夢也。且有大覺，而後知此其大夢也。死爲大覺，則生爲大夢。而愚者自以爲覺，竊竊然知之。竊竊，猶察察，《釋文》引崔本作察察。竊竊然自以爲知之。君乎？牧乎？牧，臣也。君臣猶貴賤。生果貴乎？死果賤乎？固哉！而必欲分貴分賤，何其愚哉！丘也與女皆夢也，予謂女夢，亦夢也。是其言也，其名爲吊詭。吊（音的）詭，迭韻連語，變異不常也。萬世之後，而一遇大聖知其解者，是旦暮遇之也。”解人難得，萬世一遇，猶朝夕遇之。此言衆人聞之，以爲吊詭，遇大聖則解之矣。

一八

既使我與若辯矣，若勝我，我不若勝，若果是也，我果非也邪？

我勝若，若不吾勝，我果是也，而果非也邪？若而皆汝也。其或是也，其或非也邪？一人是，一人非。其俱是也，其俱非也邪？我與若不能相知也，則人固受其黮暗，吾誰使正之？黮暗，迭韻連讀，不明貌。我與若既各執偏見，不能相知，則人亦必昧於所從，吾將使誰正之？使同乎若者正之，既與若同矣，惡能正之？使同乎我者正之，既同乎我矣，惡能正之？使異乎我與若者正之，既異乎我與若矣，惡能正之？使同乎我與若者正之，既同乎我，又同乎若。既同乎我與若矣，惡能正之？然則我與若與人俱不能相知也，而待“彼”也邪？彼即人，人與我若之不能相知，猶我與若之不能相知，同是不相知也，焉待彼以正我若之辯？此言至理自明，不假外證。……疑有“和之以天倪”等語，今脱。（依文義，當有脱文。）何謂“和之以天倪（硊）”？和，合也。硊，磨石也。楊泉《物理論》：“周髀立蓋天，言天氣循邊而行，如磨石焉。”是古疑天如磨，故有天倪之稱。此藉以説自然之理。曰：是不是，然不然，是即不是，然即不然。是若果是也，則是之異乎不是也，其其本作亦，依江南古藏本改。無辯矣。然若果然也，則然之異乎不然也，亦無辯矣。以上兩矣字，并依江南古藏本補。是若果是，則必無是與不是之争。然若果然，則必無然與不然之辯。然否有辯，是非有争，則是不必是，然不必然矣。化（和）聲之相待，若其不相待。二聲□□□若相待，若不相待□□待有須待，有對待，同者相須，異者相對。同聲相應者，須而不對，故其相待者相須待也，其不相待者不相對待也。和之以天倪，因之以曼衍，因，任也。曼衍猶綿延無窮也。天硊旋轉不息，聖人亦順應無窮。所以窮年也。窮，終也。此所以終天年之道也。忘年，忘我，我本作義，依文義改。窮年者可以忘年，忘年者可以忘我。振（抵）於無竟，抵，至也。竟，畫也。故寓諸無竟（境）。無竟，忘年也。無境，忘我也。竟無境，時空兩忘。

一九

罔兩問景（影），罔兩，若有若無之狀，此言人之神，莊子謂之真君。影，陰影也，曰：“曩子行，今子止，曩子坐，今子起，何其無特操與（歟）！”特操，獨立之志操。影隨形動，形既行止起坐無常，影亦行止起坐無常，故曰無特操。

景曰："吾有待而然者邪？吾所待又有所待而然者邪？影不能自主，須待形；形不能自主，又待真宰。吾待蛇蚹（膚）蜩翼邪？蛇膚即蛇蜕皮。蜩，蟬也。蛇膚蜩翼皆透明體而無影，故影無待於此。惡識所以然？惡識所以不然？""然"有影，"不然"無影，物皆有影，而蛇膚蜩翼則無。同是物也，或有影，或無影，何可以有影，何可以無影，此其爲理，曷可勝究？

二〇

昔者莊周夢爲胡蝶，昔，昨夜也。栩栩然胡蝶也，此下本有"自喻適志與"五字，依《類聚·蟲豸部》、《御覽》九四五、《爾雅翼》二五引删。栩栩，輕飛貌。不知周也。不知其爲周也。俄然覺，俄然猶俄而。則蘧蘧（瞿瞿）然周也。瞿瞿然，驚視貌。不知周之夢爲胡蝶與？胡蝶之夢爲周與？周與胡蝶則必有分矣。分，别也。此之謂物化。《荀子·正名篇》："狀變而實無别而爲異者謂之化。"《寓言篇》："以不同形相禪，始卒若環，莫之其倫。"即物化之謂也。既形變而實不變，則物類本齊，其不其者特幻焉耳。

内三　養生主

二一

吾生也有涯，而知也無涯。生命有窮，知識無盡。以有涯隨無涯，殆已。隨，逐也。以有窮逐無盡，必歸困殆。已而爲知者，殆而已矣。已，此也，指以有涯隨無涯。求知如此，所得必唯困殆。

二二

爲善無（毋）近名，爲惡無（毋）近刑。聲色之類，不可名爲善者，即惡也。緣督以爲經（徑）。緣，循。督，中縫也。可以保身，可以全生（性），可以養親，《淵海》五二無此句，《容齋三筆》六引亦無。可以盡年。盡其天年。

庖丁爲惠文原作文惠，據《書鈔》一二三、《御覽》三四六引乙轉。下同。君解牛，丁，其名。惠文君，梁惠王也。牛，宗廟所用犧牲。手之所觸，肩之所倚，足之所履，膝之所踦，舉一足以抵牛。砉然向（響），向下然字從《釋文》一本删。奏刀騞然，砉騞皆聲。刀鸞刀，刀有鈴者，故曰奏。莫不中音，合於八音。合於桑林之舞，桑林，宋樂名。乃（而）中經首之會。經首疑即旌夏，旌夏者，雜五采翟羽爲首飾，舞師用以自翳其首，亦揮以節舞，故曰中經首之會。會，節也。此宗廟犧牲，故解時有樂舞。

惠文君曰："譆（嘻）！善哉！技蓋（盍）至此乎！"

庖丁釋刀對曰："臣之所好者道也，進乎技矣。進，過也，超也。始臣之解牛之時，所見無非牛《山谷外集》一〇《長句謝陳適用惠送吴南雄所贈紙》注引作全，《淵海》五五引同。者。三年之後，未嘗見全牛也。方今之時，臣以神遇而不以目視，官知止而神欲行。廢弃感官，專憑直覺。依乎天理，天然之理腠。批（劈）大郤（隙），導大窾，導，通也。窾，空也。因其固然，技（肢）經（脛）肯綮之未嘗，肢脛，肯綮，并雙聲連語。肢脛謂牛肢體，肯綮，筋肉結聚著骨處。嘗，試也。而况大軱（髁）乎？髁，股骨也。良庖歲更刀，割也。族庖月更刀，折也。族庖，衆庖也。折謂折骨。今臣之刀十九年矣，所解數千牛矣，而刀刃若新發於硎。硎，磨石。彼節者有間，骨節間有空隙。而刀刃者無厚，以無厚入有間，恢恢乎其於游刃必有餘地矣。恢恢，寬綽貌。是以十九年而刀刃若新發於硎。雖然每至於族，交錯聚結處。吾見其難爲，怵然爲戒，視爲止，行爲遲，動刀甚微，動刀輕微，謋（磔）然已解，磔然，解散貌。如土委地，——提刀而立，爲之四顧，爲之躊躇滿志，善（繕）刀而藏之。繕，治也。謂磨□其刀而藏之韜中。

惠文君曰："善哉！吾聞庖丁之言，得養生焉。"

二三

公文軒見右師而驚曰："是何人也？惡乎介《釋文》引崔本作兀。也！蹠殘也，謂缺一足。天與？其人與？"其猶抑也。

曰："天也，非人也。雖由人事，亦是天意，故是天非人。天之生是使獨也。是指足，一足日獨。人之貌有與也，與，侣也，兩足相侣。以是知其天也，非人也。"

二四

澤雉十步一啄，百步一飲，不蘄（期）蓄乎樊中，不期爲人所得，蓄之樊籠之中。神雖王（旺），不善也。雖不憂飲啄，未若澤中之適也。

二五

老聃死，秦失（佚）吊之，三號而出。

弟子曰："非夫子之友邪？"

曰："然。"

——“然則吊焉若此，可乎？”傷死當慟，失僅三號，弟子怪其哀感未至，故見責以非吊友之道。

曰：“然。始也吾以爲其人也，其猶殆也。而今非也，始吾以老聃亦猶夫人，吊當致戚，今乃知其非人而天，故爾聊順俗情，三號而出。向吾入而吊焉，有老者哭之如哭其子。少者哭之如哭其母。皆妄執生死之見，故哀感若此之甚。彼其所以會之，彼指老聃，其猶之也。之指衆哭者。彼之所以聚合衆人於此。必有不蘄（期）言（唁）而言，吊生曰唁。不蘄哭而哭者。言死生何有於老聃？其所以聚合衆人於此者，本不欲其來而爲我吊生哭死，而竟有吊之哭之，如此其哀者，豈我之所及料哉？是遁天倍（背）情，若此衆人是爲違反天道，背棄真理。忘其所受，有生即有死，是人之所受於天者。古者謂之遁天之刑。天刑，死也。適來，夫子時也，適去，夫子順也，當其來時而來，順其去時而去，皆偶然耳。安時而處順，處亦安也，哀樂不能入也，古者謂是帝之縣（懸）解。帝，天也。生，天懸之。死，天解之。《知北游篇》：“解其天弢，墮其天袠。”指（脂）窮於爲薪，[而]《御覽》三七〇引火上有而字。火傳也，不知其盡也。薪即燭，燃脂以爲燭，脂有窮而火之傳延無盡，以喻人之形體有死，而精神不滅，正不必以死爲悲。古秉燭之法，兩薪交錯，前薪將盡，斷以後薪，是謂火傳。

内四 人間世

二六

顔回見仲尼請行。

曰："奚之？"

曰："將之衛。"

曰："奚爲焉？"

曰："回聞衛君其年壯，其行獨，自專。輕用其國而不見其過，役民無時，莫敢諫者。輕用民死，不惜民命。死者以國量乎澤若蕉（樵），舉國而輸之死地，遂使澤中暴尸不可以數計，乃以澤藪之數計之，若量樵薪者然。一説國讀爲馘，首級也。民其無如矣！猶言無遺類。回嘗聞之夫子，曰：'治國去之，亂國就之。'醫門多疾，醫喻人主。人主，治人者也。治人者恒待人治，譬諸善醫之家，恒自多疾病，而必就醫於人。願以所聞息其[所][行]，息本作思，依文義當爲息，形近而誤。"其"下陳碧虚《闕誤》據李氏本有"所行"二字，并"則"從下讀，於義爲長，今據正。息，補也。則庶幾其國有瘳乎！"

仲尼曰："譆！若殆往而刑耳。汝將往而就戳。夫道不欲雜，雜則多，多則擾，擾則憂憂（懮懮）而不救。懮懮，病貌。救，治也。古之至人，先存諸己，而後存諸人。存，立也。所存於己者未定，何暇至於暴人之所乎？乎本作行。案行字無義，當爲乎字之誤，今正。"以上言己未立者不能立人。適衛之不可者一。且若亦知夫德之所[爲]"蕩"上本無爲字。當有爲字，與下句一律。郭注以兩以字釋兩爲字，是郭注正有爲字，今據補。蕩，而知之所爲出乎？蕩，流散。出，横逸也。德蕩乎名，知出乎争。德所以流蕩喪真者，矜名故也；智所以横出逾分者，争善故也。名者相札（軋）也，互相壓倒。知者争之器也，二者凶器，非所以盡行也。非行之極致。以上言用智争名，則内將傷其德。適衛之不可者二。且德厚信矼（砮），堅固貌。未達人氣，名聞不争，未達人心，德行純固者，不争聲名，聲名不顯，則不以動人主之心。而强以仁義繩墨之言衒衒本作術，據江南古藏本改。暴人之前者，行且賣曰衒。是以人惡育（鬻）育本作有，據《釋文》崔本改。其美也，鬻亦賣也。借人之惡以賣己之美。命之曰灾人。命，名也。灾，害也。灾人者，人必反灾之。若殆爲人灾夫！以上言不用智争名，則外將喪其身。適衛之不可者三。

"且苟爲悦賢而惡不肖，惡用而求有以異？使衛君真能好賢而惡不肖，則朝必多正人，何用汝之往而求有以自異？若爲無詔，詔猶言也。一作詺，訟論也。王公必將乘人而鬥其捷，汝惟不言則已，若有所言，王公必將乘人之隙，而令其捷辯相鬥。而目將熒之，汝將始而熒然眼花。熒，眩惑。而色將平（豟）之，豟然失色。口將營（狗）之，繼而辭言靡順。容將形之，氣色卑柔。心且成之，就也。終且内心和同，舍己之是以從人之非矣。是以火救火，以水救水，名之曰益多。果爾，則是彼惡既多，汝又從而益之。順始無窮，若殆以不信厚言，年深月久，汝將以不忠不信之言言於君前。必死於暴人之前矣！言不忠信，終必自敗。以上言獨是不能勝衆非，則將屈於詐僞，習以爲常，而終以取敗。適衛之不可者四。

"且昔者桀殺關龍逢，紂殺王子比干，是皆修其身，以下傴拊（嘔呴）人之民，嘔呴謂憐愛之也。以"以"下舊有"下"字，係涉上文而衍，今删。拂其上者也，拂謂觸怒之也。故其君因其修以擠之。排陷之。是[皆]皆字依文義補。好名者也。龍、比好名而修德愛民，桀、紂惡其臣之有美名，而自耻弗如，是亦好名也。昔者堯攻叢（崇）快（鄶）快本作枝，據奚侗説改。胥（屈）胥本作胥，已見《齊物論》。敖，三國名。禹攻有扈，國爲虚（墟）厲，四國地爲廢墟，人爲厲鬼。身爲形戮，四君身敗名裂。其用兵不止，其求實無已。其所以用兵不止者，爲其貪得之心無厭耳。是皆求求下舊衍"名"字，依文義删。實者也。叢快胥敖有扈以貪得而用兵，是求實也。堯禹因而攻滅之，亦求實者也。而獨不聞之乎？——名實者聖人之所不能勝也。雖聖人，不能無好名貪實之心。而况若乎？適衛之不可，理非一端，既如上述，賢如顔回，不可不知，然而猶來請行者，豈其好名貪實之心不能自勝乎？故又陳此義以曉之。雖然，若必有以也，若非不勝名實之心，則必别有故焉。嘗以語我來。"

顔回曰："端而虚，端肅而謙虚。勉而一，黽勉而純一。則可乎？"

曰："惡，惡可！夫以陽（佯）爲充孔（恍憒）悸懼貌。孔下原衍揚字，從馬叙倫説删。采色不定，面色屢變。常（嘗）人之所不違（韙），嘗試人君之所不以爲是者。因案（按）人之所感，所感謂欲念。事以有人君心知其非而欲所不能禁者，則從而助之，以按抑其欲，勸止之令勿爲。以求容與其心，如此則其心怡然悦樂。名之曰日漸之德。此逐日漸漬，久而自化之小德。日漸之德四字原脱，依文義補。不成，而况大德乎？求其爲漸漬遷善之小德，尚不可得，况乎聞過則喜，從善如流之大德，豈可望乎？將執而不化，外合而内原衍“不”字，從馬叙倫説删。訾（疵），彼雖聞諫，將自以爲是，外若不違，而内實既之。其庸詎可乎？”

“然則我内直而外曲，成而上比。下詳。内直者與天爲徒，内心誠直者，與天爲徒類。與天爲徒者，知天子之與己皆天之所子，天子，人君也。而獨以己言蘄乎而人善之，蘄乎而人不善之邪？而人猶若人，謂人君也。我與人君，皆天之所生，則人同此心，心同此理，我言若是，彼言亦然，何獨以我言爲是者求彼隨而是之，我言爲非者，求彼隨而非之邪？若然者，人謂之童子。依乎天理，純一無私，若嬰兒也。是之謂與天爲徒。外曲者，與人原衍之字，删。爲徒也。外貌委曲，順乎人事之宜。擎跽曲拳（踡）擎，拱手。跽，跪膝。曲踡，折腰。人臣之禮也，人皆爲之，吾敢不爲邪？爲人之所爲者，人亦無疵焉。是之謂與人爲徒。成而上比者，忠諫之事，成之於今，君臣之義，上比於古。與古爲徒。其言雖教讁（責）之也，實實也二字誤倒，實字屬下讀。古之有也，非吾之有也，教告責斥之言，雖傷於直，然其言實古人之言，非我之言。若然者，雖直不爲病。寄直於古，則無以病我。是之謂與古爲徒。若是，則可乎？”呈此三條，未知可否？

仲尼曰：“惡，惡可！大多！當理無二，而張三條，大傷繁冗也。政（正）原爲政法二字，衍一法字。馬叙倫以政爲衍文，誤。而不諜（喋），多言也。雖固亦無罪。但使立言正直，而不傷煩喋，雖强諫，而不及於罪。雖然止是耳矣，止於免罪而已。夫胡可以及化？未足以使彼化善。猶師心者也。汝猶師心自用者也。”

顔回曰：“吾無以進矣，吾之所知，無以過此。敢問其方。”

仲尼曰：“齋，吾將語若。有心舊脱心字，從張君房補。而爲之，其易邪？有心而爲之，豈易至哉？易之者皞（昊）天不宜。”

顔回曰：“回之家貧，唯不飲酒不茹葷數月矣。葷猶腥也。如此，則可以爲齋乎？”

曰：“是祭祀之齋，非心齋也。”

回曰：“敢問心齋？”

仲尼曰：“一若一若本作若一，依文義及成疏乙轉。志，專一汝之心志。無聽之以耳，而聽之以心；無聽之以心，而聽之以氣。耳止於聽，耳聽原倒，從俞樾説乙。心止於符（忿），思也。氣者，虚而待物者也。唯道集虚，虚則道來止集。虚者心齋也。”

顔回曰：“回之未始得使，之猶若也，得使謂有所受命於君。實有原作自，從奚侗説改。回也，得使之也，未始有回也，可謂虚乎？”未受命時則有我，既受命後則無我，如斯乃可謂虚乎？”

夫子曰：“盡矣！心齋之妙止於此。吾語若。若能入游其樊園圃。而無感其名，入則鳴，能入游嬉於其間而無矜名之心，則入，入則言。不入則止，否則姑止。無門無毒（竇），小門。一宅而寓於不得已，既入焉，則不思迁徙。則幾矣。絶迹易，無行地難。行於虚空。爲人使，易以僞；爲天使，難以僞。人情驅使，動成虚妄，任人而行，觸處全真。聞以有翼飛者矣，未聞以無翼飛者也，以神運者。聞以有知知者矣，未聞以無知知者也。以寂照者。兩未聞皆嘆美之詞。瞻彼闋者，虚室生白，闋，空貌。室喻心，心能空虚，則寂光顯現，燭耀八極。吉祥止之。原誤止，從俞樾、奚侗、朱桂曜説改。夫且不止，是之謂坐馳。止而不止，周流六虚，謂之坐馳。夫徇（循）耳目内通而外於心知，内耳目即收視反聽，外心知即墮聰黜明，所謂至虚極，守静篤也。鬼神將來舍，依，止也。而况人乎？是萬物之化也，禹舜之所紐（狃）也，狃，習行也。伏羲遂人遂人原誤几蘧。遂誤爲蘧，人誤爲几，之後更爲誤乙者，今正。之所行終，行之以終其身。而况散焉者乎？散，凡也。”

二七

葉公子高將使於齊，子高，楚大夫，姓沈，名諸梁，字子高，爲葉縣尹，故稱葉公。葉公子高又見《論語・述而》、《墨子・耕柱篇》、《左傳》定公五年。問於仲尼曰："王使者諸梁也甚重，委寄甚重，將有求於齊也。齊之待使者蓋將甚敬而不急。恐將空報以敬禮，而不肯急應所求。匹夫猶未可動也，而况諸侯乎？吾甚慄之。慄，懼也。子嘗語諸梁也，曰："凡事若小若大，若，或也。寡不道以成懽（患），各本作懽成，江南古藏本作成懽，郭、成本同，注疏可證。懽，古爲患字。道，由也。事無大小，寡不由之以成禍患也。事若不成，則必有人道之患，主必降罪。事若成，則必有陰陽之患。大喜破陽，大懼破陰，喜懼交戰，陰陽兩傷，而疾病作矣。若成若不成，而復復本作後，今據文義改正。無患者，唯有德者能之。"吾食也執粗而不臧，甘守粗糲，不求精善。爨無欲清（清）之人，清，涼也。執爨之人用火不多，無熱可避，故無思清涼者，言食薄而事簡也。今吾朝受命而夕飲冰，冷也。我其内熱與？美食者多内熱，子高粗食，宜無内熱，今乃朝受命而夕飲冰，似有内熱者，憂懼辱命，有以致此。吾未至乎事之情，實也。既有陰陽之患矣，使齊之任，未成事實，而身已先病。事若不成，必有人道之患，是兩[患]舊脱患字，依文義補。也，爲人臣者不足以任之。不堪受此。子其有以語我來。"

仲尼問："天下有大戒二，其一命也，其一義也。子之愛親，命也，不可解於心。受之於天，自然固結。臣之事君，義也，無適而非君也，無所逃於天地之間。天下未有無君之國。是之謂大戒。是以夫事其親者，不擇地而安之，夫猶凡也。孝之至也。夫事其君者，不擇事而安之，忠之盛也。自事其心者，事，用也。哀樂不易施（移）乎前，哀樂之境移易於前，已則視若無睹。知其不可奈何而安之若命，德之至也。爲人臣子者固有所不得已，行事之情而忘其身，何暇至於悦生而惡死？尚何陰陽之患？夫子其行可矣，丘請復以所聞。復，白也，告也。

"凡交，與異國相交。近則必相靡（縻）以信，縻，結繫也。遠則必忠之以言。以言辭表其忠誠。言必或傳之。必有傳之者。夫傳兩喜兩怒之言，爲兩國之君傳其喜怒之言。天下之難者也。夫兩喜必多溢美之言，兩怒必多溢惡之言。欲傳其喜怒之情，則言辭不能無所增飾。凡溢之類妄，近乎虚構。妄則其信之也莫（漠），淡然也。莫則傳言者殃。故《法言》格言也。曰：'傳其常情。'傳其平實者。無傳其溢言，則幾乎全。庶可自全。"且以巧鬥力者，巧，技也。始乎陽，明鬥。常卒乎陰，陰謀。大至則多奇巧；奇，邪也。欲勝之情過甚，則手段必流於邪僻。以禮飲酒者始乎治，尊卑有别，旅酬有次。常卒乎亂，湛湎淫佚。大至則多奇樂。凡事亦然，始乎諸（都），諸本作諒，今從俞樾説改諒爲諸，并讀諸爲都。都，雅正。常卒乎鄙，粗野。其作始也簡，其將畢也必巨。夫言者風波也，以言許人，如風之波蕩，無迹可尋。行者實喪也，見諸實行，則有損於己。風波易以動，空言易以動人。實喪易以危（詭），實喪，人之所難，故多詭詐。故忿設（悦）説舊作設，字之誤也，今正。無由，巧言偏辭。欲憤怒之、愉悦之而無由，則必濟之以巧詐之言，偏激之辭。獸死不擇音，困而就死，鳴不擇音。氣息茀（沸）然，如沸水之蒸氣。於是并生心厲，心生厲氣，欲噬人也。剋核大至，則必有不肖之心應之，而不知其然也。用力過度，則鄙吝心生，而不自覺。苟爲不知其然也，孰知其所終？不知其伊於胡底。故《法言》曰：'無遷（愆）令（命），無勸成。'於其國君，則直傳君命，不愆其實；於敵國之君，則任彼自爲，弗勞强勸。過度，益也。言過其度，是有所增益也。遷令勸成，殆事。是謂殆忽其所事。美成在久，非一蹴可幾。惡成不及改，可不慎與！悔之無及，故當慎之。且夫乘物以游心，隨遇而安，以求容與其心。托於不得已以養中，養猶保也，以保其中庸之道。至矣。此臣道之極則。何作爲報也？莫若爲致命。但致君命於敵國，不爲敵國之所以報我者謀。此其難者。即此爲難，外此皆不足措意。"

二八

顔闔將傅衛靈公大子，顔闔，魯賢人。大子，蒯聵。而問於蘧伯玉曰："有人於此，其德夭（嘸）殺，夭本作天，奚侗説天當爲夭。馬叙倫説夭殺當讀爲嘸殺。今并從之。與之爲無方則危吾國，與之爲有方則危吾身，縱其敗度，必覆邦家；制以法度，先將害己。其知適足以知人之過而不知其所以過，但知責人，不見己過。若然者，吾奈之何？"

蘧伯玉曰："善哉問乎！戒之，慎之，正汝身也哉！先求己身無過。形莫若就，心莫若和。外示親附之貌，内寓和順之心。雖然，之二者有患。就不欲入，和不欲出，附不欲深，順不欲顯。形就而入，且爲顛爲滅（越），爲崩（蹦）爲蹶，心和而出，且爲聲爲名，爲妖爲孽。彼且爲嬰兒，亦與之爲嬰兒，侗然無識，不知父我之分。彼且爲無町畦，亦與之爲無町畦，無小分界。彼且爲無崖，亦與之爲無崖，無大分界。達之入於無疵。去其藩籬，泯其畛域，人我之間，同乎大通，不見疵瑕。

"汝不知夫螳螂乎？怒（拏）其臂以當車轍，拏，張也。不知其不勝任也，是其才之美者也。戒之，慎之，積伐而美者以犯之，幾矣！伐，功。幾，危也。積功而有美才者，持以犯人，則危矣。

"汝不知夫養虎者乎？不敢以生物與之，爲其殺之之怒也；不敢以全物與之，爲其決之之怒也。以死物投虎，亦先爲分決之，不使用力。時（伺）其飢飽，達（奇）其怒心。虎之與人異類而媚養己者，順也，順之則媚人。故其殺者，逆也。是以知其噬殺人者，人先逆之耳。

"夫愛馬者，以筐盛矢（屎），以蜄盛溺，蜄，大蛤。適有蚉䖟僕（附）緣而拊之不時，拊，拍也。不時，掩馬不意。則缺（決）銜，毀首，碎胸。銜，勒也。馬驚至此。意有所至（致），而愛有所亡（忘），致，專也。專心於爲馬除蚉䖟，而忘其足以驚馬，故愛之於此者，或忘之於彼。可不慎也！"

二九

匠石之齊，至乎乎本作于。《書鈔》八七、《衍義手鈔》七、《山谷内集》二《次韻李之純少監惠硯》注引《外集》四《寄南陽謝外舅》注引并作乎，崇文書院本、世德堂本同。今據改。曲轅，見櫟社樹，其大敝（蔽）數千牛，絜之百圍，絜，匝也。丈爲圍。其高臨山，十仞而後有枝，其可以爲舟者旁（方）十數，古刳木爲舟，所謂獨木舟。方，且也。觀者如市，匠伯不顧，遂行不輟。遂，直也。輟，止也。

弟子厭（饜）觀之，饜，飽也。走及匠石，走，疾行也。曰："自吾執斧斤以隨夫子，未嘗見材如此其美也。先生不肯視，行不輟，何邪？"

曰："已矣，勿言之矣！散木也，無用之木。以爲舟則沉，易漏。以爲棺槨則速腐，以爲器則速毁，以爲門户則液樠（漫），以爲柱則蠹，是不材之木也，無所可用，故能若是之壽。”

匠石歸，櫟社見夢，社神托夢於匠石。曰：“汝將惡乎比予哉？若將比予於文木邪？有用之木。夫柤梨橘柚果蓏之屬，實熟則剥，落也。剥則辱，見擾。大枝折，小枝泄（抴），大枝見折，小枝見引。此以其能苦其生者也。能，才也。故不終其天年而中道夭，自掊擊於世俗者也，自取打擊。物莫不若是。且予求無所可用久矣，幾死，乃今得之，爲予大用。幾被伐而死，而後方得全身，爲我大用。使予也而有用，且得有此大也邪？且也，若與予也皆物也，奈何哉其相物也？下物字猶輕也。而幾死之散人，而，汝也。又惡知散木！”

匠石覺而診其夢。診，告也。

弟子曰：“趣取無用，疾求無用。則爲社何邪？”

曰：“密（默）！若無言。彼亦直（特）寄焉，以爲不知己者詬厲（詈）也。但托於社以自污耳。不爲社者，且幾有翦乎？不然，則將不免於剪伐。且也彼其所保（寶）與衆異，而以義譽之，而，汝也，義謂常規。不亦遠乎？”

三〇

南伯（郭）子綦游乎商之丘，商之故墟。見大木焉，有異，結駟千乘，將隱二字原倒，據張君房本及郭注正，奚侗、朱桂曜説同。芘（庇）其所藾，蔭也。子綦曰：“此何木也哉！此必有異材夫！”仰而視其細枝，則拳曲而不可以爲棟梁，俯而視原作見，從馬叙倫校改。《淵海》一引亦作視。其大根（莖），則軸解不可以爲棺槨，軸解，中空貌。咶其葉，則口爛而爲傷（瘍），嗅之，則使人狂酲三日而不已。病酒曰酲。子綦曰：“此果不材之木也，以至於此其大也。嗟乎！神人以（似）此不材。”

三一

宋人有荆氏者，荆氏，蓋地名。宜楸柏桑，其拱把而上者，兩手曰拱，一手曰把。求狙猴之杙者斬之，杙，栖猴木。三圍、四圍，求高名之麗（欐）者斬之，高明，星高大者。欐，屋棟。七圍、八圍，貴人富商之家求禪傍（榜）者斬之，禪榜，棺木。故未終其天年，而中道之夭於斧斤，此材之患也。故解之以二字原倒，從馬叙倫校乙。牛之白顙者，與豚之亢鼻者，與人之有痔疾者，不可以適（擿）河。解，巫祝解除灾禍之祠。顙，額。亢，高。擿，投也。祭祀用牲，必妙選騂具，故巫祝解除，弃此三者。此皆巫祝以（已）知之矣，所以爲不祥也，此乃神人之所以爲大祥也。三者以不祥全生，自神人視之，則爲大祥。

三二

支離疏者，支離，形體不正貌。疏，其名。頤隱於臍，肩高於頂，背曲脊之狀。會撮指天，會撮，髻也。古者髻在項中，脊曲頭低，故髻指天。五管在上，五管，五臟腧也，并在人背，脊曲，故臟腧在上。兩髀爲脅，脊曲，脅與髀并，驟視之不見脅，而誤以髀爲脅矣。針挫（痤）舊作"挫針"，誤倒，今乙正。治繲（解），針，刺也；肢體挫折而微腫曰痤，以石針刺之，出其惡血，則愈。解，骨節解脱也。足以糊口，數筴舊作鼓筴，本書崔本作數笑，於義爲長，今據正。播糈，播糈舊作播精，從郭慶藩説改。筴，蓍。糈，米也。數筴即筮，播糈，以米卜也。足以食十人。上徵武士，則支離攘臂而游於其間，恃其無用，故不自竄匿。上有大役，則支離以有常疾不受功（工），不任工作。上與病者粟，則受三鍾與十束薪。夫支離其形者，猶足以養其身，終其天年，又况支離其德者乎？

三三

孔子適楚，楚狂接輿游其門，曰："鳳兮，鳳兮！何如（汝）德之衰也！鳳喻孔子。來世不可待，往世不可追也。昔之盛世，已成陳迹；後之盛世，尚未可必。天下有道，聖人成焉，成其功。天下無道，聖人生焉，全其生。方今之時，僅免刑焉。天下無道也。福輕乎羽，莫之知載，易取不取。禍重乎地，莫之知置。當舍不舍。置舊作避，《釋文》曰："避當作實，云置也。"案字當作置，今改正。已乎已乎！臨人以德，以德詔人者，其可以已乎。殆乎殆乎！畫地而趨。世路險巇，當慎吾行。——迷（瞇）陽迷陽，無傷吾行（胻）！瞇陽，眇目諦視貌，瞇，脛也。却曲却曲，原作"吾行却曲"，從焦竑改。無傷吾足！却曲，行而屈曲其身，謹敬之貌也。"

三四

山木自寇也，膏火自煎也。木爲斧柯，還自伐；膏起火，還自消。桂可食，故伐之；桂，肉桂。漆可用，故割之。人皆知有用之用，而莫知無用之用也。

内五　德充符

三五

魯有兀者王駘，刖足曰兀。從之游者，與仲尼相若。弟子多寡敵孔子。常季問於仲尼曰："王駘，兀者也，從之游者與夫子中分魯，立不教，坐不議，虛而往，實而歸。弟子皆有所得。固有不言之教，無形而心成者邪？形殘而心全。是何人也？"

仲尼曰："夫子聖人也，丘也直（特）後而未往耳。未及往從。丘將以爲師，而况不若丘者也？奚假魯國，假，但也。丘將引天下而與（舉）舉，皆也。從之。"

常季曰："彼兀者也，而王先生，王，勝也。先生、仲尼。其與庸亦遠矣。與猶去也。庸謂常人。《晏子春秋·雜篇》："其去俗亦遠矣。"文例同此。若然者，其用心也獨若之何？"

仲尼曰："死生亦大矣，而不得與之變，雖天地覆墜，亦將不與之遺（隤），審乎無假，假疑當作爲。而不與物遷，命物之化而守其宗也。"

常季曰："何謂也？"

仲尼曰："自其異者視之，肝膽楚越也，自其同者視之，萬物皆一也。夫若然者，且不知耳目之所宜，而游心乎德之和，物視其所一而不見其所喪，視萬物爲一體，無有得喪。視喪其足，猶遺土也。"

常季曰："彼爲己，彼之修己。以其知得其心，以其知識求得吾心中之理。以其心得其常心，以吾心之理，求得古今常然之心理。物何爲最（聚）之哉？衆人何爲群聚而從之哉。"

仲尼曰："人莫鑒於流水，而鑒於止水。古以水爲鑒。唯止能正衆生。唯自止，故能止衆之求止者。受命於地，唯松柏獨也[正]，從張君房本補。在冬夏[常]從《文選·古詩十九首》注引補。疏曰："通年四序，常保青全。"似成本亦有常字。

青青。受命於天，唯堯《爾雅翼》九引無堯字。從張君房本補。舜獨也正，在萬物之首，從張君房本補。幸能正生，以正衆生。能正己之性，致物性自皆受正。以堯舜喻駘之得天獨厚，故人皆從之。夫保始之徵，不懼之實，勇士一人，雄入於九軍，——將求名而能自要者而猶若是，將以功名自許者，尚能若是。而況官（館）天地，府萬物，以天地爲館舍，萬物爲府庫。直（特）寓（偶）六骸，象耳目，視六骸耳目如偶象。六骸，身首四肢也。一知（智）之所知，智之所知者萬殊，自彼視之，則一而已矣。而心未嘗死者乎？得其常心，不以死生變。彼且擇日而登假（霞），人則從是（之）也，黄帝自擇亡日，果有黄龍垂髯下迎，帝乘龍升天，群臣從者七十二人。彼且何肯以物爲事乎？”未嘗有意求人之來從，而人自從之。

三六

申屠嘉，兀者也，而與鄭子産同師於伯昏無人。子産謂申屠嘉曰：“我先出則子止，子先出則我止。”

其明日，又與合堂同席而坐，子産謂申屠嘉曰：“我先出則子止，子先出則我止。今我將出，子可以止乎，其未邪？且子見執政而不違，執政，子産自稱。違，避也。子齊執政乎？齊，同也，斥其不遜。”

申屠嘉曰：“先生之門謂伯昏無人之門。固（顧）有執政焉於於舊作如，無義，當作於，今正。此哉？言先生之門非廟堂之上，則不當有執政。子而（乃）悦子之執政而後人者也。裴云：“後猶忽也。”《孟子·梁惠王篇》：“未有義而後其君者也。”後，忽也。説見趙注。此言子乃愛悦子之執政而忽人者也。聞之曰：‘鑒明則塵垢不止。’止則不明也。久與賢人處，則無過。今子之所取大者先生也，取大猶引重也。而猶出言若是，不亦過乎？”

子産曰：“子既若是矣，形殘。猶與堯争善，堯，善之至者，故以爲言。計子之德，不足以自反邪？子之素行必有過而後致兀，尚不能自懲艾邪？”

申屠嘉曰：“自狀其過，以裴云以猶則也。不當亡者衆，使人自陳其過，則不當亡者衆。不狀其過，以不當存者寡，人不陳其過，而但使自反，則不當存者寡也。知[其]從《人間世篇》補。不可奈何而安之若命，唯有德者能之。游於羿之彀中，喻刑網。中央者中地也，然而不中者命也。下二中字去聲。言同居刑網之中，孰能自信無過，其不爲刑罰所加，亦命之偶值耳。人以其全足笑吾不全足者多矣，我怫然而怒，而適先生之所，則廢然而反，廢向者之怒而復常。不知先生之洗我以善邪？[吾][之][自][寤][邪]？劉文典據張君房、褚伯秀本補。吾與夫子游十九年矣，而未嘗知吾兀者也？未嘗以形殘見擯。今子與我游於形骸之外，以道德相友。而子索我於形骸之内，内外二字原倒，從王懋竑乙。以形迹相求。不亦過乎？"

子産蹴然改容更貌，曰："子無乃稱！"乃，如此也。

三七

魯有兀者叔山無趾，趾即足，無足，因以爲號。踵見仲尼，踵，頻。仲尼曰："子不謹前，既犯（逢）患若是矣，失足。雖今來，何及矣！"

無趾曰："吾唯不知務[學]，從馬叙倫説補。而輕用吾身，吾是以亡足。今吾來也，猶有尊[乎]足者存[焉]，從劉文典校補。吾是以務全之也。夫天無不覆，地無不載，吾以夫子爲天地，安知夫子之猶若是也！"

孔子曰："丘則陋矣，夫子胡不入乎？請講以所聞。"

無趾出，孔子曰："弟子勉之！夫無趾，兀者也，猶務學以復補[其]從《御覽》六〇七補。前行之惡，而况全德之人乎？"

無耻語老聃曰："孔丘之於至人，其未邪？彼何賓賓（頻頻）以學子爲？怪其方復模仿老聃。彼且蘄以諔詭幻怪之名聞，欲以異名聞於世。不知至人之以是爲己桎梏邪？至人視名聲，猶己身之桎梏，彼殆未之知邪？"

老聃曰："胡不直使彼以死生爲一條，以可不可爲一貫者解其桎梏，其可乎？通死是非爲一，則名聲可忘，而桎梏解矣。"

無耻曰："天刑之，安可解！"彼其天性，方以居桎梏之中爲樂，孰可得而解之哉！

三八

魯哀公問於仲尼曰："衛有惡人焉，貌醜。曰哀駘它（駝）。丈夫與之處者，思而不能去也。婦人見之，請於父母曰'與爲人妻，願爲夫子妾'者，十數而未止也。未嘗有聞其唱者也，常和人而已矣。——無君人之位以濟乎人之死，無聚禄以望人之腹，聚，積。望，滿也。又以惡駭天下，無美色以動人。和而不唱，未嘗招引人。知不出乎四域，知名不出四鄰。且而（乃）雌雄合乎前，丈夫婦人皆來親之。是必有異乎人者也。寡人召而觀之，果以惡駭天下。與寡人處，不至以月數，而寡人有意乎其爲人也，未經月已覺其有遠處。不至乎期年，而寡人信之。國無宰，寡人傳國焉，悶然而後應，悶然，不覺貌。氾（泛）若而若而舊作而若，從奚侗説乙。辭泛然，不繫貌。寡人醜乎，醜，慚也。卒授之國。授以國政。無幾何也，去寡人而行，去，棄也。寡人卹（忽）焉若有亡也，若無與樂是國也。是何人者也？"

仲尼曰："丘也嘗游原作使，從《釋文》一本改。於楚矣，適見㹠子食於其死母者，食，食乳。少焉眴若皆弃之而走，不見己焉爾，不得類焉爾。焉爾猶乃爾也。言㹠子之驚疑舍去，蓋以母之不顧見己也，又不得其生之氣類，乃如此也。所愛其母者，非愛其形也，愛使其形者也。使其形者精神也。戰而死者，其人之葬也，不以翣貿（柳），翣柳，棺羽飾，戰死者形不完，故不用翣柳。貿原作資，從孫詒讓、馬叙倫説改。刖者之屨，無爲愛之，所愛於屨者爲足故耳。皆無其本矣。翣本於形，屨本於足。爲天子之諸御，不爪翦（鬋），爪，括。鬋，鬢也。不穿耳，女御不加修飾，使其質全。取妻者止於外，不得復使，男御之娶妻者或止宿於外，則不復入直，恐虧其形也。形全猶足以爲爾，奉侍至尊。而况德全之人乎？今哀駘它未言而信，無功而親，使人授己國，唯恐其不受也，是必才全而德不形者也。形猶露也。"

哀公曰："何謂才全？"

仲尼曰："死生，存亡，窮達，貧富，賢與不肖，毁譽，飢渴寒暑，是非之變，命之行也。日夜相代乎前，而知不能規（窺）乎其始者也，人之知識不能測其所自始。故（固）不足以滑和，亂其天和。不可入於靈府，精神之宅。使之和豫，之指以上八目，所謂事之變命之行者是也。通而不失於兑（脱），使日夜無郤（隙），而與物爲春，日夜無間，隨物所在，皆同游於春和之中。是接而生時乎心者也。是四時不在天地，而吾心之春，無有間斷，乃接續而生時於心者也。是之謂才全。”

“何謂德不形？”

曰：“平者水停之盛也，其可以爲法也，内保之而不外蕩也。内保其明而不蕩散於外。德者成和之修也，德不形者物不能離也。”

哀公異日以告閔子曰：“始也吾以南面而君天下，執民之紀而憂其死，吾自以爲至通矣！今吾聞至人之言，恐吾無其實，輕用吾身而亡其國。吾與孔丘非君臣也，德友而已矣。”

三九

闉跂支離無脤（脣），肢體坼裂，傴僂殘病復無脣也。説衛靈公，靈公説（悦）之，而視全人，其脰肩肩（顧顧），脰，頸也。顧顧，强項貌。其指靈公。言其於全人，反强項怒視，心不悦也。甕㼜大癭説齊桓公，項有懸癭，大如甕㼜。桓公説之，而視全人，其脰肩肩。故德有所長而形有所忘。人不忘其所忘，而忘其所不忘，不當忘者德，當忘者形，不忘其所當忘，而忘其所不當忘者，是謂真忘。此謂誠忘。

故聖人有所游，游心於虚，純任自然。而知爲孽，約爲膠，德爲接（捷），工爲商，智計之巧，乃媒孽也，如有司之構成罪釁者，禮信約束，乃膠漆也，非自然而合者，有德之得，乃捷取也，如軍士獲俘者，工藝之能，乃商賈也，如居貨以射利者，故聖人皆不用。聖人不謀，焉用知？心不謀慮，故不用智。不斫，惡用膠？本無斫損，何須膠合。無喪，惡用德？德之言得也，未嘗喪失，何用復得？不貨，惡用商？不求衒鬻，故不求商賈。四者天鬻（粥）也，天粥，蓋本星名。天鬻者天食也。既受食於天，又惡用人！既受食於天矣，則當全其自然，不用人以爲雜之。

有人之形，無人之情。摒絶情感。有人之形，故群於人，和光混迹。無人之情，故是非不得於身。絶是非之端。眇乎小哉，所以屬於人也，謷乎大哉，獨成其天。謷，高大貌。

四〇

惠子謂莊子曰："人故（固）《衍義手鈔》一五引故作固。無情乎？"

莊子曰："然。"

惠子曰："人而無情，何以謂之人？"

莊子曰："道與之貌，天與之形，惡得不謂之人？"

惠子曰："既謂之人，惡得無情？"

莊子曰："是非吾所謂情也。吾所謂[無]《衍義手鈔》一五情上有無字。《集義》六引、王志然引、陳碧虚引亦并有無字。情者，言人之不以好惡内傷其身，常因自然而不益生也。"本生之理，不以人爲加益之。

惠子曰："不益生，何以有其身？有，保也。"

莊子曰："道與之貌，天與之形，無以好惡内傷其身。今子外乎子之神，馳驅神志，蕩而忘返。勞乎子之精，倚樹而吟，據槁梧而瞑（眠），倚樹哀吟，疲極而睡，是以情自困者也。——天選（摶）子之形，舊傳女媧摶黄土作人。子以'堅白'鳴。"

内六　大宗師

四一

知天之所爲，知人之所爲者，至矣。知天之所爲者，天而生也。天然而生。知人之所爲者，以其知（智）之所知，衛生之術。以養其知（智）之所不知，年命之數。終其天年而不中道夭者，是知之盛也。雖然有患。夫知有所待而後當，其所待者特未定也，有待則無定。庸詎知吾所謂天之非人乎？所謂人之非天乎？天謂年命之數，人謂衛生之術。且有真人，而後有真知。何謂真人？

古之真人，不逆（斥）寡，不雄成（盛），多也。不謨（謀）士（事），皆虚懷任物之謂。若然者，過而弗悔，當而不自得也，不遇弗悔，遇亦不自喜。——若然者，登高不栗，入水不濡，入火不熱。是知之能登假於道也若此。

古之真人，其寢不夢，其覺無憂，其食不甘，其息深深。内息。（真人之息以踵，衆人之息以喉。屈服者其嗌音音舊作言，從馬叙倫説改。若哇，嗌，喉。哇，嘔也。其耆〔嗜〕欲深者其天機淺。）

古之真人，不知説（悦）生，不知惡死，其出不訢（欣），説生。其入不距（拒），惡死。翛然而往，翛然而來而已矣；不志各本誤忘，此從崇德書院本。其所始，志，記也。不求（究）其所終，受而喜之，亡亡本作忘，從馬叙倫説改。而復之，二句疑當作"受而不喜，亡而不復"。復，念也。——是之謂不以心損損本作捐，從《史記索隱》改。道，不以人助天，——是之謂真人。若然者，其心止，止本作志，今依文義改。其容寂，其顙頯（魌），凄然似秋，暖然似春，喜怒通四時，與寒暑同温嚴，而未嘗有心。與物有宜，與猶接也。而莫知其極。至正四極。此下"故聖人之用心也……適人之適，而不自適其道者也"一段，共一〇一字，文義不類，疑係錯簡。（故聖人之用兵也，亡國而不失人心，亡人之國而人不之怨。利澤施於萬物，不爲愛人。由仁義行，非行仁義。故樂窮，本作“樂通物”，從馬叙倫説删補。非聖人也。有親，非仁也。至仁無親，任理自存。時天，本作“天時”，從馬叙倫説乙正。非賢也，動必待時，非真賢能。利害不通，非君子也。利害不能觀其通，故有趨避。佝〔殉〕徇本作行，字之誤也，今正。名失己，非士也，矯行求名而失己性，非有道之士。亡身不真，非役人也。徒弃其身，而無當於真性，非僕役之良者。若狐不偕，或云堯時人。務光、夏末人，不受湯讓，負石自沉。伯夷、叔齊、箕子、胥餘、即接輿。紀他、未詳。申徒狄，六國時人，亦自沉。是役人之役，適人之適，而不自適其適者也。爲人用，快人意，於真人何益？）

古之真人，其狀義（峨）而不朋（崩），若不足而不承（增），不以多而損之，不以不足而加之。與乎其觚（孤）而不固固本作堅，從劉師培説改。也？張乎其虚而不華（誇）也？孤特而不失於固陋，虚張而不失於浮誇。邴邴（沾沾）邴邴原作邴邴，形之誤也，今正。乎其似喜也？也本作乎，從文如海、成玄英、張君房諸本改。崔崔（慛慛）本不重崔字，從文、成、張諸本改。乎其不得已也？也本作乎，從文、成、張諸本改。沾沾，喜貌。慛慛，憂貌。似若有所哀樂，皆莫知其然而然。（滀乎進，我色也，與（豫）乎止，我德也。滀然，憤起之貌。豫，猶豫也。貌似欲進而心實止。厲（噧）乎其似世（泄）也？也本作乎，從文、成、張諸本改。謷乎其未可制也？連乎其似好閉（謐）也？悗（悶）乎其忘説説本作言，從劉師培、馬叙倫説改。原“忘其”當作“其忘”，與上三句一律，今乙轉。也？噧，盛氣多言也。泄，如水泄也。謷，不聽語言而妄語也。連，連蹇，言語不便利也。謐，静也。悶，廢忘也。以上四句狀其語默之情態。

以刑爲體，足刖形殘。以禮爲翼，禮蓋爲歌舞事神之儀，兀者不能以足行，故假禮爲羽翼以行也。以知（智）爲時，妙用神智，應時而動。以德爲循。緣德而行，不失其道。以刑爲體者，綽（卓）乎其殺也，卓，伫立貌。殺，止也。以禮爲翼者，所以行於世也，應世行道，必資乎禮。以知爲時者，不得已於事也，不得已於世事，故以智量時，隨宜應之。以德爲循者，言其與有足者至於丘也，而人真以爲勤行者也。緣德而行，則雖無足而能與有足者同躋，高顯，然而若以爲真人實嘗苶然疲役，勤行不怠者，則誠大惑矣。故其好之也一，其弗好之也一，既忘懷於美惡，即無所謂愛憎，故好與弗好，皆出無心，未嘗不一。其一也一，其不一也一；其一，聖智也，其不一，凡情也，既均彼我，混異同，則不一者亦一也。其一與天爲徒，其不一與人爲徒，無有而不一者與天爲類，彼彼我我者與人爲類。天與人不相勝也，是之謂真人。雖天無彼我，人有是非，然必謂天是而人非，則仍爲執是。必也混一天人，冥同彼是，不使人勝天，亦不使天勝人，乃得謂之真人。

四二

死生，命也，其有夜旦之常，天也，人之有所不與（預），皆物之情也。命有生死，猶天有晝夜，皆自然之常理，人力不得參預於其間。彼特以天爲父，而身猶愛之，而况其卓（踔）乎？一足爲踔。彼王者猶以天爲父而愛天，况此刑餘之人。體有偏刖之陋，而身非九五之尊，能勿愛天如父乎？人特以有君爲愈乎已，本作人己之己，誤，今正。而身猶死之，而况其真乎？已謂無有，真，真君，一曰天君，謂天也。人惟以有君勝於無君，故爲其君效忠以死。雖然人君之尊，孰與天君？人於人君，猶效忠以死，而况天君乎？此言死爲天命，不可不從。此下原有"泉涸，魚相處於陸"等三十九字，當在後文。下又有"夫大塊"六句，係錯簡重出，今删。

四三

夫藏舟於壑，藏山（汕）於澤，汕，樔也，捕魚器。謂之固矣，然而夜半有力者負之而走（趨），昧（寐）者不知也。藏小大有宜，猶有所遯，雖藏得其所，而不免逃逸。若夫藏天下於天下，而不得所遯，藏天下於天下，猶不藏也，無所藏，則無所遯。而猶則也。是恒物之大情也。此常物之通理。以下舊有"特犯人之形……可勝計邪"二十九字，王懋竑、馬叙倫均以爲錯簡，今據删。故聖人將游於物之所不得遯而皆存。以下舊有"善夭……而一化之所待乎"等二十六字，從馬叙倫説移後。

四四

泉涸，魚相與處於陸，相呴以濕，呴，吹也。相濡以沫，不如相忘於江湖。與其譽堯而非桀也，不如兩忘而化其道。以上三十九字原在上文“而況其真乎”下，王懋竑疑爲錯簡，今移此。末句“不如兩忘而化其道”，正與下句“夫道有情有信”意相連貫。

夫道有情（誠）有信，無象象舊作爲，今正。無形，可受而不可傳（摶），舊作“可傳而不可受”，傳受誤倒，今乙正。可得而不可見；自本自根，道爲事物根本，更無爲道之根本者，自本自根耳。未有天地，自古以（已）固存；神鬼神帝，人鬼天帝□□以有□□□道使之然。生天生地；在太極之上上原誤先，用俞樾、馬叙倫說改。《淵海》一引作先。而不爲高，在六極之下而不爲深，陰陽未判之爲太極，天地四方，謂之六極，高猶遠也。先天地生而不爲久，長於上古而不爲老；狶韋氏得之而挈（契）天地，此蓋當於後世所傳盤古氏。契，開也。契天地即開闢天地。伏戲氏《路史·前紀》五引有氏字，宋徽宗《御解道德真經》一江澂《疏義》一又四，杜光庭《廣聖義》八引，亦并有氏字。得之以襲氣母，襲，合也。氣，精氣也。氣母蓋謂女媧。伏戲與女媧始合精氣，生育萬類。維斗得之，終古不忒，斗，北斗，斗杓後三星曰維。維以一端繫斗，一端掛於北極之鈎，（四星，在極後。）斗轉天隨而有四時寒暑。終古猶永久。不忒，四時不差忒也。日月得之，終古不息，堪壞得之，以襲崑崙，堪壞，崑崙神，蓋始造崑崙者。襲，累也。馮夷得之，以遊（游）大川，馮夷，河伯。肩吾得之，以處大山，肩吾，山神，居崑崙司九天之界部，及天帝苑囿之時節。大山謂崑崙。黄帝得之，以登雲天，黄帝鑄鼎成，有龍垂髯下迎，逐乘以登天。顓頊得之，以處玄宫，顓頊，北方帝。禺强得之，立乎北極，禺强，北海神。西王母得之，坐乎少廣，莫知其始，莫知其終，少廣，穴名，或曰山名。彭祖得之，上及有虞，下及五伯，彭祖壽八百。傅説得之，此下舊有“以相武門，奄有天下”八字，蓋舊注闌入正文者，今删。乘東維，騎箕尾，而比於列星。傅説一星，在尾上，東維，箕斗之間，天漢，津之東維也。

四五

南伯子葵即南郭子綦問乎女偊美婦人曰："子之年長矣，而色若孺子，何也？"

曰："吾聞道矣。"

南伯子葵曰："道可得學邪？"

曰："惡，惡可！子非其人也。夫卜梁倚有聖人之才，卜梁，姓。倚，名也。學養生者。而無聖人之道，我有聖人之道，而無聖人之才，身爲女流，故非其才。吾欲以教之，庶幾其果爲聖人乎。欲以聖人之道教倚，冀其果成聖人，然而未可必也。不然，若一教而即能決其必成。以聖人之道告聖人之才，亦易矣。則直以我道傳告彼才，豈不甚易？吾猶告而守之，舊作"守而告之"，守告誤倒，今據成疏乙正。惟其匪言之艱，行之惟艱，是以吾既告之，又勤守之，以觀其效。參（三）日而後能外天下。外猶遺也。天下疏遠，三日可忘。已外天下矣，吾又守之，七日而後能外物。資身之物，切近難忘，故須七日。已外物矣，吾又守之，九日而後能外生。既遺衆物，兼忘己身，其忘之也愈難，其須時也愈久。已外生矣，而後能朝（周）徹，徹，浹也。周浹，無不通也。朝徹而後能見獨，獨，一也。能周浹，故萬物復通於一。見獨而後能無古今。忘時間。無古今，而後能入於不死不生，故從江南古藏本補。殺生者不死，生生者不生，雖殺而未嘗死，雖生而未嘗生，二句重申上文不死不生。其爲物也，無不將也，無不迎也，將，送也。莫非送往，莫非迎來。無不毀也，無不成也，莫非毀滅，莫非生成。其名爲攖（㥦）寧，㥦寧，安止貌，言坐忘我喪，一切歸於至寂。攖寧者，攖而後成者也。攖成即攖寧之雙關語，此攖字訓按，按之而後成，應上守字義。"

南伯子葵曰："子獨惡乎聞之？"

曰："聞諸副墨（背默）之子，背默，背文默誦也。以下人名皆寓言。副墨之子聞之洛（詻）誦之孫，詻誦，朗聲誦之也。洛誦之孫聞之瞻明（譫妄），多言也。瞻明聞之聶許（讘嘘），聶許聞之需役（嚅吺），需役聞之於謳（嗚嘔），以上三者皆細語希聲，嚅吺甚於讘嘘，嗚嘔又甚於嚅吺。於謳聞之玄冥，玄冥聞之參寥，空虚也。參寥聞之疑始（儗佁）。無知覺也。"

四六

子祀、子輿、子犁、子永永舊作來，今據《抱朴子》改。下同。四人相與語曰："孰能以無爲首，以生爲脊，以死爲尻，孰知生死存亡之一體者，吾與之友矣。"四人相視而笑，莫逆（忤）於心，遂相與爲友。

俄而子輿有病，子祀往問之。

曰：子輿自嘆。"偉哉！夫造物者將以予爲此拘拘也？"夫，彼也。拘拘，體拘攣也。——曲僂發（撥）背，撥，枉曲也。上有五管，頤隱於齊（臍），肩高於頂，勾贅（撮）指天，勾撮即括撮，餘詳《人間世篇》。陰陽之氣有沴（戾），陰陽乖戾，謂病也。其心閑而無事，不以病攖心。跰䠊而鑒於井，跰䠊猶蹩躠，跛行貌。曳疾力行，臨照於井。曰："嗟乎！夫造物者又將以予爲此拘拘也！"苟予病死化去，造物者豈仍將以予爲此拘攣者邪？

子祀曰："子惡之乎？"

曰："亡，予何惡！浸假而化予之左臂以爲卵卵本作鷄，今從《齊物論篇》改，予因以求時夜，時夜，鷄也。浸假而化予之右臂以爲彈，予因以求鴞炙，浸假而化予之尻以爲輪，以神爲馬，予因而而本作以，《鶴林玉露》三引作而，影宋本、世德堂本并同，今據改。乘之，豈更駕哉？且夫得者時也，失者順也，得謂生，失謂死。安時而處順，哀樂不能入也，此古之所謂懸解也，而不能自解者，物有（或）結之。然而人之所以不能自解者，物情結之耳。且夫物不能勝天，久矣，物結之，天解之，物不能勝天則天不解之結。吾又何惡焉！"

俄而子永有病，喘喘然將死，其妻子環而泣之。子犁往問之。曰："叱，避！無怛化！怛，驚也。叱令妻子退避，勿驚此將化之人。"——倚其户，與之語曰："偉哉！造化又將奚以汝適？適，投也。猶今言調遣發落。以女爲鼠肝乎？以女爲蟲臂（腁）乎？腁，腸也。鼠肝蟲腸，取微蔑至賤。"

子永曰："子於父母，舊作"父母於子"，今從郭、成本乙正。東西南北，唯命之（是）從。陰陽於人，不翅（啻）於父母？陰陽，造化二氣。啻，止也。父母之命，容可不從，造化之命，孰能抗拒！彼迈（期）迈本作近，今正。吾死，而我不聽，彼謂陰陽。我則悍矣，悍，不順也。彼何罪焉！夫大塊載我以形，大塊，地也。勞我以生，佚我以老，息我以死，故善吾生者乃所以善吾死也。爲求善死，故善吾生，生爲手段，死爲目的。今“今”下本有“之”字，《續古逸叢書》本、崇德書院本、世德堂本并無，今據删。大冶鑄金，今猶若也。大冶，冶匠。金，銅也。金踊躍曰：“我且必爲鏌鋣！”“且”猶“則”也，“鏌鋣”，良劍名。大冶必以爲不祥之金。今一犯人之形，一，偶一也。而曰：‘人耳！人耳！’夫造化者必以爲不祥之人。偶然見範人形，遂欣愛鄭重，自幸異於衆物，則造化亦必以爲不祥。以下五十五字從上文移此。特犯（範）人之形，而猶喜之，範猶鑄也。但鑄爲人像，見之者猶喜。若人之形者，萬化而未始有極也，其爲樂可勝計邪？鑄像一成不變，猶喜之，若真人之形，萬變而無窮，其可喜不將千百倍於鑄像哉？善夭，善老，善始，善終，人猶效之，善猶能也，夭，少也。人之形善少善老，善始善終，其變動不常也如此，而人猶刻意模擬，求其形似，以作爲肖像。又況萬物之所繫，一氣氣本作化，據文義改。之所待乎？況於彼繫懸萬物、化育群生之天不更當仿傚之乎！萬物繫於天，亦待天而化也。今‘今’下舊有一字，依文義删。以天地爲大爐，以造化爲大冶，惡乎往而不可哉！”鼠肝蟲臂，何關念慮！成然寐，猶言熟睡。蘧（瞿）然覺，發（沛）然汗出。舊無此四字，《釋文》引向、崔本有，今據補。病已也。

四七

子桑户、孟子反、子琴張，皆狂士。子琴張，孔子弟子。三人相與爲友。曰：“孰能相與於無相與，相爲於無相爲！與，親。爲，助也。以不□□□□□□□□□。孰能登天爲霧，撓挑（趬跳）無極，相忘以生，無所終窮！”三人相視而笑，莫逆於心，遂相與爲友。莫（嗼）然有間，而子桑户死。未葬，孔子聞之，使子貢往侍事焉。或編曲，織葦簿。或鼓琴，相和而歌曰：“嗟來，桑户乎！嗟來，桑户乎！而已反其真，而我猶爲人猗！猗汝已還歸造物，而我猶寄人間。”

子貢趨而進曰：“敢問臨尸而歌，禮乎？”

二人相視而笑曰："是惡知禮意！是謂子貢。"

子貢反，以告孔子，曰："彼何人者邪？修行無有，習行虛無之道。而外其形骸，外，遺忘也。臨尸而歌，顏色不變，無以命（名）之。彼何人者邪？"

孔子曰："彼游方之外者也，而丘游方之内者也，方，區域也。外内不相及，而丘使汝往吊之，丘則陋矣！彼方且與造物者爲人，人猶偶也。而游乎天地之一氣，元氣。彼以生爲附贅懸疣，氣結而生，譬疣贅附懸，非所樂。以死爲决疣潰癰，氣散而死，若疣癰决潰，非所惜也。夫若然者，又惡知死生先後之所在！一氣循環。假於異物，托於同體，物化。忘其肝膽，遺其耳目，反覆終結，不知端倪，生死循環，莫知其極。芒然彷徨乎塵垢之外，逍遥乎無爲之業，業，始也。彼又惡能憒憒然爲世俗之禮，以觀衆人之耳目哉！憒憒，煩亂貌。觀，耀也。"

子貢曰："然則夫子何方之（是）依？"

孔子曰："丘，天之戮民也，《德充符篇》："天刑之，安可解！"雖然，吾與汝共之。"

子貢曰："敢問其方。"

孔子曰："魚相造乎水，人相造乎道。造，適也。相造乎水者，穿池而養給，相造乎道者，無事而生足，足本作定，從俞樾説改。故曰魚相忘乎江湖，人相忘乎道術。"

子貢曰："敢問畸人。畸，不偶也。問何所謂游於方外，不偶於俗者若何。"

曰："畸人者，畸於人而侔於天，侔猶儕也。故曰天之小人，人之君子，天之君子，人之小人也。各本下句天人互倒，從奚侗説乙轉。"

四八

顏回問仲尼曰："孟孫才，孟孫，姓。才，名。其母死，哭泣無涕，中心不戚，居喪不哀，無是三者，以善處喪蓋魯國，善守喪之名蓋乎魯國。固有無其實而得其名者乎？回壹怪之。壹，深也。"

仲尼曰：“夫孟孫氏盡之矣，進於知矣。進，過也。不僅知禮，抑又過之，蓋盡禮意矣。唯簡之而不得，夫已有所簡矣。簡者，略於義節。世俗相因，不得獨簡，故未免哭泣居喪之事，然已無涕不戚不哀，是已有所簡矣。孟孫氏不知所以生，不知所以死，不知有生死。不知孰先，不知孰兩孰字舊并作就，字之誤也，今改正。後，亦不知其孰先孰後。若化爲物以待其所不知之化化下舊衍已字，今删。乎。物，鬼物。人死化爲鬼，但有精氣而無形質，鬼物復化成形，則如鼠肝蟲臂之類。且方將化，惡知不化哉？方將化而爲鬼物，安知其不復化爲生人？方將不化，惡知已化哉？方爲生人，安知其爲鬼物所化乎？吾特與汝其夢未始覺者邪？吾與汝特夢而未醒者邪？且彼有駭形而無損心，孫氏雖因母死而形有驚駭，而未嘗以損累其心。有旦（怚）宅而無耗精，“耗精”本作“精死”，今據《淮南子·精神篇》校改。怚，驚也，形爲神之舍，故謂形爲宅。耗，損也。精，精神也。形雖精而神未損。孟孫氏特覺，人哭亦哭，是自其所謂吾者以乃（姑）“所”下當有“謂吾者”三字，語意乃足，今補。“乃”下“且也”二字疑是舊注，今删。相與吾之耳矣，庸詎知吾所謂吾之非吾依朱桂曜説補。乎？人各謂我有我身，我亦姑隨之曰我有我身，安知我所謂我身者之本非我身乎？且汝夢爲鳥而厲（戾）乎天，戾，至也。夢爲魚而没於淵，不識今之言者，其覺者乎，其夢者乎？夢而爲鳥爲魚，方其夢也，不知其爲夢也，今我言我有我身，不知我之方爲此言時，其覺乎，其夢乎？造適不及笑，造亦適也。戲原誤獻，從馬叙倫朱桂曜説改。笑不及排（俳），安俳而化去，原作“去化”，當互乙。《釋文》引崔本此下有“不及眇，眇不及雄漂淪，雄漂淪不及簟筮，簟筮”十八字。化形而仙去。乃入於寥天一。天一，星名。”

四九

意而子見許由，許由曰：“堯何以資汝？資猶益也。”

意而子曰：“堯謂我：‘汝必躬服仁義，躬，親。服，行。而明言是非。’”

許由曰：“而奚爲來軹（只）？而，汝。只，猶哉也。夫堯既而黥汝以仁義而劓汝以是非矣，汝將何以游夫遥蕩恣睢轉徙之途乎？恣睢，縱任。轉徙，變化也。”

意而子曰：“雖然，吾願游於其藩。游乎其邊緣。”

許由曰：“不然，夫盲者無以與乎眉目顔色之好，瞽者無以與乎青黄黼黻之觀。”

意而子曰：“夫無莊（毛嬙）之失其美，據（杞）梁之失其力，黄帝之亡其知，或弃粉黛而自忘其美色，或忍詬耻而自忘其勇力，或黜聰明而自忘其聖智，皆以聞道故。皆在爐棰之間耳。三人聞大道以契真，如器物之假爐棰以成用。庸詎知夫造物者之不息我黥息，塞也。而補我劓，使我乘（增）成以隨先生邪？成，備也。增補完備即謂息黥補劓。”

許由曰：“噫！未可知也。我爲汝言其大略。吾師乎！吾師乎！整（濟）萬物而不爲義，澤及萬世而不爲仁，長於上古而不爲老，覆載天地、刻雕衆形而不爲巧，此所游已。”

五〇

顔回曰：“回益矣。益猶進步也。”

仲尼曰：“何謂也？”

曰：“回忘禮樂此文“禮樂”與下文“仁義”原互倒，據《淮南子·道應訓》乙轉。矣。”禮樂有形，故忘之也易。

曰：“可矣，猶未也。”

他日復見，曰：“回益矣。”

曰：“何謂也？”

曰：“回忘仁義矣。”仁義無形，故忘之也難。

曰：“可矣，猶未也。”

他日復見曰：“回益矣。”

曰：“何謂也？”

曰：“回坐忘矣。安閑無事，自忘其身，斯爲最上。”

仲尼蹴然曰："何謂坐忘？"

顔回曰："墮肢體，不用手足。黜聰明，不用耳目。離形去知，總上二句。同於大通，冥於大道。此謂坐忘。"

仲尼曰："同則無好也，無私心，化則無常也，無凝理。而果其賢乎丘也，而，汝。下同。其猶幾也。請從而後也。"

五一

子輿與子桑桑疑作來，蘇軾所見本猶有作來者。友，而霖雨十日。子輿曰："子桑殆病矣！病，困憊也。"裹飯而往食之。至子桑之門，則若歌若哭，鼓琴曰：鼓琴而歌。"父邪母邪？天乎人乎？"有不任其聲，而趨舉（促遽）其詩焉。詩，辭也，下歌詩即歌辭。憊甚，故無音曲。

子輿入曰："子之歌詩，何故若是？"

曰："吾思夫使我至此極者而弗得也。夫，彼。極，憊也。父母豈欲吾貧哉？天無私覆，地無私載，天地豈思貧我哉？此下舊有"求其爲之而不得也"九字，疑注之誤入正文者，今删。然而至此極者，命也夫！"

内七　應帝王

五二

齧缺問於王倪，四問而四不知。事在《齊物論篇》。齧缺因躍而大喜，行以告蒲衣子。

蒲衣子曰："而乃今知之乎？——有虞氏不及泰氏。疑即今西南諸泰族。有虞氏其猶藏仁以要人，懷仁心以結人。亦得人矣，《徐無鬼篇》："舜有羶行，百姓悦之，故三徙成都，至鄧之墟而十有萬家。"而來始出於非人。非人者是我也，未出非人，未忘我見也。泰氏其卧徐徐（舒舒），其覺于于（盱盱），瞳然無知貌。一以己爲馬，一以己爲牛，或馬或牛，隨人呼召。其知情（誠）信，其德甚真，而未入始於非人。"

五三

肩吾見狂接輿，狂接輿日："日中（仲）始何以語女？"日猶日者。

肩吾曰："告我：'君人者以己出經式義（儀），經義皆法也，式，表也，謂表出之。庶民"庶民"本作"度人"，從張君房本改。孰敢不聽而化諸？'"

狂接輿曰："是欺德也，其於治天下也，猶涉海鑿河，而使蚊負山也。夫聖人之治也治外乎？用法是治外也。正而後行，正其性而化自行。言治内也。《德充符篇》："幸能正生（性）以正衆生（性）。"確乎能其事而已矣。自正其性，此事之確有可能者，即此已足，不必外求。且鳥高飛於層漢之上，五字從《記纂淵海》五七引補。以避矰弋之害，鼷鼠深穴乎神丘之下，以避熏鑿劉文典曰："熏鑿"當作"熏灌"，《御覽》九一一引正作"熏灌"。之患，神丘、社壇。鳥鼠微物，猶知趨避。而曾二蟲之無知？而，汝……下有脱文。"

五四

天根游於殷陽，至蓼水之上，適遭無名人而問焉，曰："請問爲天下。爲，治也。"

無名人曰："去！汝鄙人也，何問之不豫（敎）也！敎，厭也，猶言不憚煩。予方將與造物者爲人，人，偶也。厭，則又乘夫莽眇之鳥，厭，倦。莽眇，輕虚之狀。以出六極之外，六極，六合。而游無何有之鄉，以處壙埌之野，壙埌，空虚貌。汝又何叚（暇）叚本作帠，依孫詒讓説改。以治天下感予之心爲！"

又復問。

無名人日："汝游心於淡，合氣於漠，順物自然，而無容私焉，不用我智。而天下治矣。而，則也。"

五五

陽子居見老聃，陽子居即楊朱。曰："有人於此嚮（蠁）疾强梁，蠁亦疾也。强梁，果决。物（曶）徹疏明，曶，微明貌。徹，達也，明也。疏，通明貌。學道不倦，如是者可比明王乎？"

老聃曰："是於聖人也，胥易（緆）技係，勞形怵心者也，胥，胥徒。技□□□係也。古之徒役羈□□。且也虎豹之文來累（縲），累本作田，從馬叙倫説改。猨狙之便此下舊有"執斄之狗"四字，案《淮南子·繆稱篇》《説林篇》及本書《天地篇》皆不當有，今删。來藉，柵也。皆以才能致禍。如是者可比明王乎？"

陽子居蹴然曰："敢問明王之治。"

老聃曰："明王之治，功蓋天下而似不自己，化貸萬物而民弗恃，貸，施。恃，賴也。民受其澤化，而謂非賴君力，所謂"功成事遂，百姓皆謂我自然"也。有莫舉名，似有無能名之者。而本無"而"字，與上下不一律，今補。使物自喜，物皆自得而喜。立乎不測，所存者神。而游於無有者也。行所無事。"

五六

鄭有神巫曰季咸，知人之死生存亡禍福壽夭，期以歲月旬日若神，或歲或月，或旬或日，無不驗。鄭人見之，皆弃而走。惟恐言其不吉。列子見之而心醉，迷惑其術。歸以告壺子，姓壺丘，名林，鄭人，列子師也。曰："始吾以夫子之道爲至矣，則又有至焉者矣。則猶乃也。"

壺子曰："我與汝既其文，未既其實，而固（顧）得道與？與猶爲也，既，盡也。□餘所□□□爲汝盡其名言，而未盡其妙理，汝豈真得道也哉？衆雌而無雄，而又奚卵焉？有雌無雄，焉能得卵？有文無實，不能成道。而以道與世亢（抗），必信矣據《列子·黄帝篇》補。夫，而，汝也。信猶明也。故使人得而相汝。嘗試與來，以予示之。"

明日，列子與之見壺子。出而謂列子曰："嘻！子之先生死矣，弗活矣，不可據《御覽》七八一、《列子·黄帝篇》補。旬日矣。吾見怪焉，怪徵。見濕灰焉。濕灰不能復燃，弗活之兆。"

列子入，泣涕沾襟，以告壺子。壺子曰："向吾示之以地文，罪（崋）乎不震不止，罪本作萌，止本作正，從俞樾説改。崋，山貌。震，動也。是殆見吾杜德機也。杜，閉也。嘗又與來。試再同來。"

明日，又與之見壺子。出而謂列子曰："幸矣，子之先生遇我也，有瘳也，灰本作全，從《列子·黄帝篇》改。然（燃）有生也，——吾見其杜權矣。"

列子入，以告壺子。壺子曰："向吾示之以天壤，壤，地也，兩儀既分，生物之始。名實不入，而機發於踵，發，開也。《大宗師篇》："真人之息以踵。"是殆見吾善者機也。嘗又與來。"

明日，又與之見壺子。出而謂列子曰："子之先生不齊（齋），吾無得而相焉，試齊，且復相之。"

列子入，以告壺子。壺子曰："向吾示之以太沖莫（無）勝（朕），沖，虚。朕，兆□□緼一氣□□象。是殆見吾衡氣機也。衡，閉持也。鯢（研）桓（旋）之審爲淵，止水之審爲淵，流水之審爲淵，淵有九名，此處三焉。三淵以喻杜德，養者，衡氣二機。嘗又與來。”

明日，又與之見壺子，立未定，自失（佚）而走。

壺子曰：“追之。”

列子追之不及，反報壺子曰：“已滅矣，已失矣，滅失不見。吾弗及已。”

壺子曰：“向吾示之以未始出吾宗，《天下篇》：“不離於宗，謂之天人。”弗出於宗，則深根寧極，莫可探測也。吾與之虛而委蛇，《列禦寇篇》“虛而遨游”，無心感應也。不知其誰何，不知對象爲何。因以爲弟（夷）靡，因以爲波隨（陂陀），“波隨”原作“波流”，從崔本改正。與物升降千變萬化而無極。故逃也。相者不測，故逃也。”

然後列子自以爲未始學，而（乃）歸，三年不出，爲其妻炊，遺尊卑之分。食（飼）豕如食人，忘人禽之别。於事無所親，萬物一體，無所親疏。雕琢復樸，學返自然。塊然以其形立，□□□□□□□□□□。紛然而封戎（鬔鬆），散亂貌。謂土塊也。一以是終。以此終身，守之不變。

五七

無爲名尸，尸，主也。無爲謀府，不藏智謀。無爲事任（賃），傭也。無爲知（智）主，體盡無窮，而游無朕，即上“太沖莫朕”，虛無迹象也。盡其所受乎天，承“體盡無窮”。而無見得，亦虛而已。不見所得□□也。《大宗師篇》：“可得而不可見。”承上“游無朕”。至人之用心也本無也字，從《類聚》七〇、《御覽》七一七引補。若鏡，不將不迎，將，送也。物有去來，鏡無迎送。應而不藏，物來□□無□□□。物而不傷。能任物而不爲所累。

五八

南海之帝爲儵（修），北海之帝爲忽（昧），南北海神。中央之帝爲渾沌，即渾敦，狀如黄囊，渾敦無面目，崇（嵩）山神也。儵與忽時相與遇於渾沌之地，渾沌待之甚善，儵與忽謀報渾沌之德，曰：“人皆有七竅，以視聽食息，此獨無有，嘗試鑿之。”日鑿一竅，七日而渾沌死。

外八　駢拇

五九

駢拇枝指，成曰："駢，合也。"案駢而成四，枝而爲六。出乎性哉，而侈於德。王先謙曰："生而有之，故曰出乎性。德之言得也，所得比人爲過。"生而有之爲性，共性爲德，所共得天者比人爲過。附贅縣疣，《一切經音義》二〇作肬。出乎形哉，而侈於性。駢拇枝指，先天之畸形，故曰出乎性；附贅縣疣，後天之病態，故曰侈乎性。多方（旁）下文"此皆多駢旁枝之道"，多方即多駢旁枝。乎仁義而用之者，列於五藏哉。《齊物論篇》"六藏"，《在宥篇》"愁其五藏以爲仁義"。而非道德之正也。是故駢於足音，連無用之肉也。枝於手者，樹無用之指也。多方二字疑衍。《集解》本作文。駢枝於五藏之情者，淫僻於仁義之行，而多方於聰明之用也。是故駢於明者，亂五色，淫文章，青黄黼黻之煌煌非乎？而（如）離朱是已。多於聰者，亂五聲，淫六律，金石絲竹黄鐘大吕之聲非乎？而師曠是已。枝於仁者，擢德搴原誤塞，用王念孫説改。性，以收名聲，使天下簧鼓以奉不及之法非乎？而曾史是已。駢於辯者，累丸，原誤瓦，用《釋文》一説改。結繩，竄句（鉤），游心於堅白同異之間，而敝跬警譽。於原誤譽。無用之言乎？而楊墨是已。故此皆多駢旁枝之道，非天下之至正也。彼至原誤正，用王敔俞樾説改。正者，不失其性命之情，故合者不爲駢，而枝者不爲跂，長者不爲有餘，短者不爲不足。是故鳧脛雖短，續之則憂，鶴脛雖長，斷之則悲，故性長非所斷，性短非所續，無所去（弃）憂也。意（疑）仁義其非人情乎？彼仁人何其多憂也？且夫駢於拇者，決之則泣，枝於手者，齕之則啼，成曰："齕者齧斷也，决者離析也。"二者或有餘於數，或不足於數，其於憂一也。王先謙曰："駢者數不足，枝者數有餘。今世之仁人，蒿（睢）目而憂世之患，睢目猶瞠目也。不仁之人，決性命之情而饕富貴，故意仁義其非人情乎？自三代以下者，天下何其囂囂也？且夫待鉤繩規矩而正者，是削其性者也。待繩約膠漆而固者，是侵其德者也。成曰："侵，傷也。"屈折禮樂，呴俞（呴愉）仁義，屈折，禮樂之容，呴俞，仁義之貌。以慰天下之心者，此失其常然也。天下有常然。常然者，曲者不以鈎，直者不以繩，圓者不以規，方者不以矩，附離（麗）不以膠漆，約束不以纆索，故天下誘（油）然皆生，而不知其所以生，同（侗）侗，混沌貌。焉皆得，而不知其所以得。故古今不二，不可虧也，王先謙曰："古今無二理，不可以人爲損之。"則仁義又奚連連如膠漆纆索，而游乎道德之間爲哉？使天下惑也。夫小惑易方，王曰："迷失所向。"大惑易性。王曰："失其真性。"何以知其然邪？自虞氏招仁義以撓天下也，俞曰："招，舉也。"天下莫不奔命於義。是非以仁義易其性與？故嘗試論之。自三代以下者，天下莫不以物易其性矣。小人則以身殉利，士則以身殉名，大夫則以身殉家，聖人則以身殉天下。故此數子者，事業不同，名聲異號，其於傷性，以身爲殉，一也。臧與穀二人相與牧羊，而俱亡其羊。問臧奚事，則挾筴（册）《山谷外集》六《再答明略二首》注引筴作册。讀書。問穀奚事，則博塞以游。游，戲也。二人者，事業不同，其於亡羊均也。伯夷死名於首陽之下，盜跖死利於東陵之上，二人者，所死不同，其於殘生傷性均也。奚必伯夷之是而盜跖之非乎？天下盡殉也，彼其所殉仁義也，則俗謂之君子，其所殉貨財也，則俗謂之小人。其殉一也，則有君子焉，有小人焉，若其殘生損性，則盜跖亦伯夷已，又惡取君子小人於其間哉？宣曰："稱名何取相異。"且夫屬其性乎仁義者，雖通如曾史，非吾所謂臧也。成曰："臧，善也。"屬其性乎原誤於。□□者，雖通如楊墨，從《釋文》本補。非吾所謂辯者原誤臧。也。屬其性乎五聲，雖通如師曠，非吾所謂聰也。屬其性乎五色，雖通如離朱，非吾所謂明也。吾所謂臧者，非仁義之謂也，曾史臧於其德而已矣。吾所謂辯原誤臧。者，非衍所謂二字□□原作仁義。之謂也，楊墨。任其性命之情而已矣。吾所謂聰者，非謂其聞彼也，師曠。自聞而已矣。吾所謂明者，非謂其見彼也，離朱。自見而已矣。聲來自聞，色在自見，自然應物，無所措心焉。夫不自見而見彼，不自得而得彼者，是得人之得而不自得其得者也，適人之適而不自適其適者也。《大宗師篇》："狐不偕、務光、伯夷、叔齊、箕子、胥餘、紀他、申徒狄，是役人之役，適人之適，而不自適其適者也。”夫適人之適而不自適其適，盜跖與伯夷，是同爲淫僻也。余愧乎道德，是以上不敢爲仁義之操，而下不敢爲淫僻之行也。《養生主篇》：“爲善無近名，爲惡無近刑。”

外九　馬蹄

六〇

馬，蹄可以踐霜雪，毛可以禦風寒，齕草飲水，翹足而陸（踛），跳也。此馬之真性也，雖有義臺路寢，義臺猶靈臺。路寢，正寢之大殿。義本訓高，路本訓大。無所用之。及至伯樂，曰“我善治馬”，燒之，燒鐵炙之，炙，削其蹄甲。剔之，剃也，刺落其毛鬣。刻之，削也。雒（烙）之，連之以羈馽，約前兩足。編之以皁棧，皁，槽櫪。棧，編本爲椗，安馬脚下，以禦濕，所謂馬床。馬之死者十二三矣；飢之，渴之，馳之，驟之，整之，齊之，前有橛飾之患，《一切經音義》八四引作銜橛之飾，六八作橜同。橛，銜也，勒銜之類。而後有便（鞭）筴之威，而馬之死者已過半矣。陶者曰“我善治埴，土。圓者中規，方者中矩”；匠人曰：“我善治木，曲者中《廣聖義》三四引作應。鈎，直者應繩。”夫埴木之性，豈欲中規矩鈎繩哉？然且世世稱之曰，伯樂善治馬，而陶匠善治埴木，此亦治天下者之過也。治天下者之過亦猶是也。吾意善治天下者不然。彼民有常性，織而衣，耕而食，是謂同德，民同此德。一而不黨，渾一無偏。命名曰天放。放，牧也。故至德之世，其行填填（蹎蹎），其視顛顛（嗔嗔），當是時也，山無蹊隧，澤無舟梁，不相往來。萬物群生，連屬其鄉，各以類聚。禽獸成群，草木遂長，言其繁盛。是故禽獸可繫羈而游，鳥鵲之巢可攀援而闚。夫至德之世，居與鳥獸同，居同二字原倒，今乙。族與萬物并，族，聚居也。惡乎知君子小人哉？同（侗）乎無知，其德不離，同（侗）乎無欲，是謂素樸，如木未斫。素樸而民性得矣。及至聖人，蹩躠《晏子春秋·諫》上五作“敝撒”。爲仁，踶跂爲義，蹩躠、踶跂皆用力勉爲貌。而天下始疑矣。澶漫縱恣爲樂，摘僻（擗）爲禮，郭嵩燾曰：“摘者摘取之，擗者分析之，謂煩碎也。”案孟郊《吊盧殷十首》詩曰：“如何裁親疏，用禮如用刀。”而天下始分矣。故純樸不殘，純樸，猶素樸也。孰爲犧尊？酒器刻爲牛首。白玉不毁，孰爲珪璋？上鋭下方曰珪，半跬曰璋。道德不廢，安取仁義？情性二字原倒，從馬叙倫校乙。不離，安用禮樂？五色不斷，孰爲文采？五聲不亂，孰應六律？夫殘樸以爲器，工匠之罪也，毀道德以爲仁義，聖人之過也。夫馬，此下“陸”字用馬説删。居則食草飲水，喜則交頸相靡（摩），怒則分背相踶，馬知已此矣。夫加之以衡扼（軛），衡，轅前横木。軛，叉馬頸木。齊之以月（軏）題（輗），軏輗，轅端連接衡軛者。而馬知介朱駿聲讀爲齘。馬叙倫改作兀，讀爲扤，動也。倪（輗），闉（抈）猶摧也。扼（扼），曲頸以抵突脱軛。鷙（抵）曼（幔），衣車蓋。詭銜，吐出銜勒。竊轡。盜脱籠頭。故馬之知而原衍態字，今删。至盜者，伯樂之罪也。夫赫胥氏之時，民居不知所爲，行不知所之，含哺而熙（嬉），《廣聖義》七引作嬉。鼓腹而游，民能以（已）此矣。及至聖人，屈折禮樂，以匡疑本作筐，借爲養。《史頌毀》“日遅天子覭命”，遅從筐。故疑此本作筐，以與養并從羊聲，故借爲養。今作匡，即筐之訛。天下之形，縣跂（跂）仁義，以慰天下之心，而民乃始踶跂好知，争歸於利，不可止也。此亦聖人之過也。

外十　胠篋

六一

將爲胠篋、探囊、發匱（櫃）下同。之盗而爲守備，則必攝緘縢，固扃鐍，此世俗之所謂知（智）後隨文别之。也。然而巨盗至，則負匱、揭篋、擔囊而趨，唯恐緘縢扃鐍之不固也。然則鄉（嚮）之所謂知者，不乃爲大盗積者也？

故嘗試論之，世俗之所謂知者，有不爲大盗積者乎？所謂聖者，有不爲大盗守者乎？何以知其然邪？昔者齊國鄰邑相望，鷄狗之音相聞，罔罟之所布，耒耨之所刺，方二千餘里，闔四境之内，所以立宗廟社稷，治邑屋州閭鄉曲者，曷嘗不法聖人哉？然而田成子一旦殺齊君而盗其國。所盗者豈獨其國邪？并與（舉）其聖知之法而盗之。故田成子有乎盗賊之名，而身處堯舜之安，小國不敢非，大國不敢誅，十二世有齊國，《史記》田齊衹十世，錢穆據《紀年》補悼子及剡二世，適得十二世，與本篇合。則是不乃竊國并與（舉）其聖知之法，以守其盗賊之身乎？上言人臣之盗。

嘗試論之，世俗之所謂至知者，有不爲大盗積者乎？所謂至聖者，有不爲大盗守者乎？何以知其然邪？昔者龍逢斬，比干剖，萇弘胣，子胥靡……故四子之賢而身不免乎戮……蘇輿曰："聖法寄於刑賞，而桀紂用法以戮賢。"

故跖之徒問於跖曰："盗亦有道乎？"跖曰："何適而無有道邪？夫妄意中藏，意下衍室字，中下衍之字，今删。聖也，入先，勇也，出後，義也，知可否，知也，分均，仁也。五者不備而能成大盗者，天下未之有也。"由是觀之，善人不得聖人之道不立，跖不得聖人之道不行。天下之善人少而不善人多，則聖人之利天下也少，而害天下也多。故曰唇竭（揭）唇皮乾裂則反舉而向上。則齒寒，魯酒薄而邯鄲圍，聖人生而大盗起。掊擊聖人，《衍義手鈔》五《廣聖義》三四引人并作智。縱舍盗賊，而天下始治矣。

夫川竭而谷虚，丘夷而淵實，聖人已死，則大盜不起，天下平而無故矣。聖人不死，大盜不止。雖重聖人而治天下，重，益也。則是重利盜跖也。爲之斗斛以量之，則并《説郛》、《淵海》三作并，《衍義手鈔》五同。與斗斛而竊之，爲之權衡以稱之，則并與權衡而竊之，爲之符璽以信之，則并與符璽而竊之，爲之仁義以矯之，則并與仁義而竊之。何以知其然邪？彼竊鈎者誅，竊國者爲諸侯，諸侯之門，而字衍，今删。仁義焉存，二字原倒，用王引之説乙。則是非竊仁義聖知邪？故逐於大盜，揭（抾）諸侯，《荀子·修身篇》"刦（抾）之以師友"，注："刦，奪去也。"《漢書·揚雄傳·羽獵賦》"抾靈蠵"，注："抾，奪去也。"竊仁義，并斗斛權衡符璽之利者，雖有軒冕之賞弗能勸，斧鉞之威弗能禁，此重利盜跖而使不可禁者，是乃聖人之過也。

故曰魚不可脱於淵，國之利器，不可以示人。《老子》三十六章。彼聖人者，天下之利器也，非所以明天下也。《老子》六十五章"古之善爲道者，非以明民，將以愚之"，明猶曉也。故絶聖弃知，大盜巧止，擿唐玄宗《道德真經》疏六，《廣聖義》三四，引擿并作擲。玉毀珠，小盜不起。焚符破璽而民朴鄙，掊斗折衡而民不争，殫殘天下之聖法，而民始可與議論。擢（掉）亂法律，鑠（櫟）絶竽瑟，塞瞽曠之耳，而天下始人含其聰矣。滅文章，散五采，膠離朱之目，而天下始人含其明矣。毀絶鈎繩而弃規矩，攦工倕之指，《説文》櫪㮙，柙指也。攦通櫪，孫詒讓説。而天下始人有其巧矣。此下"故曰大巧若拙"六字，用王懋竑説删。削曾史之行，鉗楊墨之口，攘弃仁義，而天下之德始玄同矣。玄同猶混同也。人含其明，則天下不鑠矣，人含其聰，則天下不累（儽）矣，人含其知，則天下不惑矣，人含其德，則天下不僻矣。彼曾、史、楊、墨、師、曠、工倕、離朱皆外立其德而以爚（掉）亂天下者也，《吕氏春秋·適威篇》"故功名立"，注："立猶見也。"《莊子·天地篇》："德成之謂立。"法之所無二字原倒。用也。

子獨不知至德之世乎？昔者容成氏、大庭氏、伯皇氏、中央氏、《路史·前紀》六引世作時，又引容作庸，伯作栢，央作皇，《廣聖義》一六引作栢。栗陸氏、驪留原作畜，用馬説改。氏、《路史・前紀》七引《六韜》作驪連氏，《廣聖義》一六引本文同，杜道堅《玄經原旨發揮》上同。軒轅氏、赫胥氏、尊盧氏、祝融氏、伏犧氏、《路史・發揮》一引容作庸，伯作栢，祝融作祝庸，犧作戲。神農氏，——當是時也，民結繩而用之，甘其食，美其服，樂其俗，安其居，鄰國相望，鷄犬之音《山谷外集》七《寄題安福李令先春閣》注引國作邑，音作聲。相聞，民至老死而不相往來，——若此之時，則至治[也]《御覽》七六引有也字。已。今遂至使民延頸舉踵曰"某所有賢者"，贏糧而趣之，則内弃其親，而外去其主之事，足迹接乎諸侯之境，車軌結乎千里之外，則是上好知之過也。上誠好知而無道，則天下大亂矣。何以知其然邪？夫弓弩畢弋機變（皤）之知《衍義手鈔》一七作智，《取善集》一〇引同。多，則鳥亂於上矣。鈎原誤鉤，從王念孫校改。餌罔罟罾笱之智多，則魚亂於水矣。削（箾）格羅落罝罘之知《衍義手鈔》一七作智。多，左思《吴都賦》："格周施。"則獸亂於澤矣。知詐漸毒，漸，詐也。頡滑堅白，解垢同異之變《衍義手鈔》一五作智。多，則俗惑於辯矣。故天下每每大亂，罪在於好知。《衍義手鈔》作智。故天下皆知求其所不知，而莫知求其所已知者，皆知非其所不善，而莫知非其所已善者，是以大亂。故上悖日月之明，下爍《廣聖義》二七引作鑠。山川之精，中墮（差）四時之施（移）《説郛》作惴。喘耎《道德真經義疏》五作蝡蠕。之蟲，肖翹之物，莫不失其性。甚矣夫！好知之亂天下也，自三代以下者是已。舍夫種種之民，而悦夫役役之佞，釋夫恬淡無爲，而悦夫啍啍之意。啍啍已亂天下矣！

外十一　在宥

六二

此篇蓋宋鈃之徒所作。《尸子·廣澤篇》："料子貴别囿。"本書《天下篇》："宋鈃、尹文……接萬物以别宥爲始。"《吕氏春秋·去宥篇》："故人必别宥，然後知别宥則能全其天矣。"畢沅讀宥爲囿。

聞在宥（囿）天下，在，圍壅也，障也。囿，區隔也。區隔而圍壅之，使勿相雜，即宋鈃、尹文别宥之義。不聞治天下也。在之也者，恐天下之淫其性也，宥之也者，恐天下之遷（愆）其德也。淫、愆，皆過也。(《左傳》襄公二十九年"遷而不淫"，注："淫，過蕩。")謂越過其天然之界域。淫性遷德即失性失德。天下不淫其性，不遷其德，有治天下者哉？昔堯之治天下也，使天下欣欣焉人樂其性，是不恬也，恬，静。桀之治天下也，使天下瘁瘁焉人苦其性，是不愉也。愉，樂也。夫不恬不愉，非德也。非德也而可長久者，天下無之。人大喜邪，毗（敃）于（乎）陽，敃，破也。《方言》六"器破而未離南楚謂之敃"。大怒邪，毗（敃）于（乎）陰。喜屬陽，怒屬陰，大喜大怒則陰陽破壞，傷天地之和，人多疾病矣。陰陽并毗，四時不至，寒暑之和不成，其反傷人之形乎。人大喜大怒，能使天地陰陽之氣失節，失節則癘氣生，癘氣生則將反而傷人之形體。使人喜怒失位，居處無常，思慮不自得，中道不成章。謂中道夭也。《史記·貨殖列傳》"山居千章之材"，索隱："大材也。"《漢書·百官公卿表上》"東園之章"，注："大材也。"於是乎天下始喬詰縱恣，謂桀跖。卓鷙，獨立有特操之貌，謂曾史。而後有桀原誤盜，用馬説改。跖曾史之行。故舉天下以賞其善者不足，舉天下以罰其惡者不給。給亦足也。故天下之大，不足以賞罰。不足供賞善罰惡之用。自三代以下者，匈匈喧擾競逐焉終以賞罰爲事，彼何暇安其性命之情（誠）本然狀態。哉？而且説（悦）明邪，是淫於色也，説聰邪，是淫於聲也，説仁邪，是亂於德也，説義邪，是悖於理也，説禮邪，是相與技也，相，助也。説樂邪，是相與淫也，説聖邪，聖，事皆通也。是相與藝也，藝，能。説知邪，是相與疵（訾）也。疵，苛察。《禮記·喪服四制》注“口毁曰訾”，《一切經音義》引作呰。《説文》：“呰，訶也。”天下將安其性命之情，將猶若也。之八者存可也，亡可也。天下將不安其性命之情，之八者乃始臠卷獊囊（搶攘）亂貌而亂天下也。而天下乃始尊之，惜之。甚矣天下之惑也。豈直過□□也而去之邪？去，藏也。乃齋戒以言（祝）之，跪坐以進之，跪坐即長跪。進，獻。鼓歌以儛之，吾若（奈）是何哉！故君子不得已而臨莅天下，莫若無爲。無爲也而後安其性命之情。故貴以身於此及下於字下并有爲字，用王念孫説刪。天下，則可以托天下，愛以身於天下，則可以寄天下。貴以愛以兩以字并猶其也。故君子苟能無解（懈）其五藏，《禮記·雜記》注：“解，倦也。”案猶勞也。下文“愁其五藏以爲仁義”，《駢拇》：“駢枝於五藏之情者，淫僻於仁義之行，而多於聰明之用也。”無擢（燿）其聰明，尸居而龍見，龍星之見，天下皆睹。淵默而雷鳴，不動而天下皆睹，不言而天下共聞。神動而天隨，精神方動，天機自赴，其動如神，其行如天。隨，行也。從容無爲而萬物炊累焉。而，如也，若也。吾又何暇治天下哉？任其自然而已。

六三

崔瞿問於老聃，曰：“不治天下，安藏人心？”藏，厚也，何以使人心歸善？

老聃曰：“汝慎無攖人心。攖，撓。人心排下而進上，進疑推之誤，推亦排也。上下囚殺（憔悴）章炳麟説。淖約柔乎剛强，柔，弱。廉劌雕琢，廉，利也。劌，割也。淖約者雖柔於剛强，而剛强者爲之刻削雕琢。其熱焦（燋）火，如（燋）火。其寒凝冰，如凝冰。其疾，俯仰之間而再撫四海之外，撫，臨。其居也淵原有而字，用俞樾、劉師培説刪。静，如淵之静定。其動也天縣（旋），原作縣而天，而字用俞樾、劉師培説刪。如天之旋轉。僨驕而不可繫者，僨，僨怒。

驕，驕矜。繫，制。其唯人心乎。昔者黄帝始以仁義攖人之心。堯舜於是乎股無胈，（胈，）白肉。脛無毛，以養天下之形，愁其五藏以爲仁義，愁，勞。矜其血氣以規法度，矜，苦也。規，劃。然猶有不勝也。勝，克。不足以治天下。堯於是放讙兜於崇山，投三苗於三峗，流共工於幽都，此不勝天下也。夫施（延）及三王而天下大駭矣。下有桀跖，上有曾史，而儒曾史墨桀跖。畢起，於是乎喜怒相疑，愚知相欺，善否相非，誕欺信誠實相譏，而天下衰矣。大德不同而性命爛漫矣，爛漫，散亂。天下好知而百姓求竭（膠葛）章炳麟説。矣，於是乎釿鋸制焉，制，裁斷也。繩墨（纆）殺焉，絞戮。椎鑿決焉。天下脊脊（藉藉）相踐藉。大亂，罪在攖人心。故賢者伏處大山嵁（湛）巖之下，伏處，隱居。湛，深也。而萬乘之君憂栗乎廟堂之上，今天下殊死斷頭者相枕也，桁楊者相推也，刑戮者相望也，而儒墨乃始離（攡）跂攘臂乎桎梏之間。攡，舒也。械在足曰桎，在頸曰梏。意！甚矣哉，其無愧而不知耻也！甚矣吾未知聖知之不爲桁楊接槢也，槢，械楔，械不楔不牢。仁義之不爲桎梏鑿枘也，枘，孔，以物納孔中，梏無孔無用。曾史之不爲桀跖嚆矢也。嚆矢，響箭，信號。故曰：絶聖弃知而天下大治。”去其所以攖之之術。

六四

黄帝立爲天子十九年，令行天下，聞廣成子在於空同之山，原作上，縱張居房本及《書鈔》一二、又八五、《文選》王融永明九年《策秀才文》注、《神仙傳》、《廣黄帝本行記》、《道德真經廣聖義》一六、又二三引并成疏改。《路史·後紀》五注引已誤作上，《山谷内集》一二《贈黔南賈使君》注亦誤。故往見之，曰：“我聞吾子達於至道，敢問至道之精。吾欲取天地之精，以佐五穀，以養民人，《廣黄帝本行記》作人民。吾又欲官（掮）陰陽以遂群生。掮，取也。遂，育也。爲之奈何?

廣成子曰：“而所欲問者，物之質也，質，本也。而所欲官（掮）者，物之殘也。殘，末也。自而《歲華紀麗》二注引自而作自爾。治天下，雲氣不待族（湊）而雨，草木不待黄而落，日月之光益以荒矣。荒，不明貌，《長門賦》："荒亭亭而復明。"而佞人之心翦翦（諓諓）王先謙説。者，又奚足以語至道？"

黄帝退，捐天下，築特室，孤特之室。席白茅，閑居三月，復往邀之。廣成子南首而卧。黄帝順下風，膝行而進，再拜稽首而問曰："聞吾子達於至道，敢問治身奈何而可以長久？"

廣成子蹶然而起，曰："善哉問乎！來！吾語汝至道。至道之精，窈窈冥冥，至道之極，昏昏默默。無視無聽，抱（保）神以静，形將自正。必静必清，無勞汝形，無摇汝精，乃可以《神仙傳》一、《廣黄帝本行記》、《廣聖義》三三并無以字。長生。目無所見，耳無所聞，心無所知，汝神將守形，形乃長生。《廣黄帝本行記》、《廣聖義》三三作乃可長生。慎汝内，閉汝外，多知爲敗。我爲汝遂於大明之上矣，遂，出也。至彼至陽之原也，爲汝入於窈冥之門矣，至彼至陰之原也。天地有官（館），陰陽有藏，慎守汝身，物將自壯。壯，盛也。我守其一，以處唐玄宗《道德真經疏》一六引處作抱。其和，故我修身千二百歲矣，吾《廣聖義》三三、唐玄宗《道德真經疏》六引吾作而。形未嘗衰。"

黄帝再拜稽首曰："廣成子之謂天矣！"

廣成子曰："來！余語汝。彼其物無窮，而人皆以爲有終，彼其物無測，測，盡也。而人皆以爲有極。得吾道者上爲皇而下爲王，失吾道者上見光而下爲土。今夫百昌皆生於土而反於土，《書考靈曜》："審地理者昌，昌，地之材也。"《大戴記·誥志》："地曰作昌。"故余將去汝，入無窮之門，以游無極之野。吾與日月參光，參，同也。吾與天地爲常。當我緍（睧）乎，遠我昏乎，向我者睧眩，背我者暗昧，此謂與日月參光。人其盡死而我獨存乎。"此謂與天地爲常。

六五

雲將東游，雲即黄帝，黄帝爲雲師也。過扶摇之枝，扶摇即姑繇之木，崑崙

□□之長木也，在軒轅之丘西。而適遭鴻蒙。鴻蒙，元氣也，蓋即廣成子。鴻蒙方將拊髀爵躍而游，拊，拍。雲將見之，倘（党）《説文》："党，距也。"然止，贄不動。然立，曰："叟何人邪？叟何爲此？"

鴻蒙拊髀爵躍不輟，對雲將曰："游。"

雲將曰："朕願有聞也。"

鴻蒙仰而視雲將曰："吁！"

雲將曰："天氣不和，地氣鬱結，六氣不調，六氣：陰陽風雨晦明。四時不節，令我願合六氣之精，以育群生，爲之奈何？"鴻蒙拊髀爵躍掉頭曰："吾弗知，吾弗知。"

雲將不得問。

又三年，東游，過有宋之野而適遭鴻蒙，雲將大喜，行趨而進，曰："天忘朕邪？尊之曰天。天忘朕邪？"再拜稽首，願聞於鴻蒙。

鴻蒙曰："浮游不知所求，猖狂不知所往，游者（諸）鞅掌（柍桹），中央也。以觀无妄（漠茫），虚無也。朕又何知？"

雲將曰："朕也自以爲猖狂，而民隨予所往，朕也不得已於民，謝之不去。今則民之放也。放，表率。願聞一言。"

鴻蒙曰："亂天之經，常道。逆物之情，真性。玄天弗成，解獸之群，獸驚散其群。而鳥皆夜鳴，鳥驚於夜。灾及草木，禍及蟲正原作止，從孫詒讓校改。意（噫）！治人之過也。"欲治之而反亂之。

雲將曰："然則吾奈何？"

鴻蒙曰："意！毒哉！"爲害深矣。仙仙乎歸矣。

雲將曰："吾遇大難，願聞一言。"

鴻蒙曰："意！心養。但以心養群生，不用六氣也。汝徒處無爲而物自化，徒，但也。墮爾形體，絀原誤吐，爾聰明，倫（惀）與物忘，大同乎涬溟（鴻蒙），元氣也，與元氣同體。解心釋神，莫然虚無貌。無魂，雲之形質。萬物雲雲，動貌。各復其根。復其虚無之本原。各復其根而不知，〔則〕渾渾沌沌，終身不離，混亂一氣，終不離散。若彼知之，乃是離之。無問其名，無闚其情，物固自生。"

雲將曰："天降朕以德，降，賜也。示朕以默。躬身求之，乃令也得。"再拜稽首，起辭而行。

六六

世俗之人，皆喜人之同乎己，欲借人之同乎己，以慰其忿競之心，所聞見不能得天下才智之全，則所以自慰者適所以自欺耳。而惡人之異於己也。同於己而欲之，異於己而不欲者，以出乎衆爲心也。以爲人皆順己，則己之才智必出乎衆人之上。夫以出乎衆爲心者，曷常出乎衆哉？衆人之才智無窮，而己所聞者有限，故所聞者皆同乎己，非天下皆同乎己也。不能必天下皆同乎己，則己終未能出乎天下。因衆以寧，所聞不如衆技衆矣。而欲爲人之國者，爲，治也。此攬乎三王之利，而不見其患者也。此以人之國僥幸也。幾何僥幸而不喪人之國乎？其存人之國也，無萬分之一，其喪人之國也，一不成而萬有餘喪矣。悲夫！有土者之不知也。夫有土者有大物也，有大物者，不可以物。以物爲物，謂自見有物也。物而不物，故能物物，有物而不見有物，則超乎物外，是真能有物也。明乎物物者之非物也，真能有物者之非自見有物也。豈獨治天下百姓而已哉？出入六合，游乎九州，獨往獨來，是謂獨有。獨有之人，是《衍義手鈔》九是下有之字。謂至貴。

六七

大人之教，若形之於影，聲之於響，有問而應之，盡其所懷，爲天下配。配，匹也。先感爲主，應者爲匹。處乎無響（嚮），居無定嚮。行乎無方，隨物轉化。挈如原誤汝。適復之，適復，往復也。撓撓（繞繞）循環宛轉貌。以游無端。循環往復，周而復始，不知其端。出入無旁，超空間，無邊際也。與日無始（殆），殆，已也，《老子》："用行而不殆。"此謂超時間。頌（庸）論形軀？何用論形軀哉？合乎大同。大同而無己，大同則無我，身與心忘也。無己惡乎得有"有"？既無人我，即無所謂有無。睹"有"者昔之君子，三代所謂明聖。

睹"無"者天地之友。三代以上德配天地。

當入下篇。

六八

賤而不可不任者物也，任，用也。卑而不可不因者民也，因，就也。匿（縟）而不可不爲者事也，匿，煩也。爲，治也。麤而不可不陳者法也，陳，布也。遠而不可不居者義也，親而不可不廣者仁也，廣謂擴大之。節而不可不積者禮也，禮者節也。中而不可不高者德也，一而不可不易者道也，易謂簡易。神而不可不爲者天也。故聖人觀於天而不助，不以力助，《大宗師》："不以人助天。"成於德而不累，《樂記》："德成而上。"出於道而不謀，道本簡易，不謀自成。會於仁而不恃，會，合也。恃，負也。雖合於仁而不自負。薄於義而不積，薄，負也，依也。率性守義非由强積。應於禮而不諱（違），接於事而不辭，齊於法而不亂，恃於民而不輕，因於物而不去（弃）。物者莫足爲也而不可不爲。不明於天者不純於德，不通於道者無自而可。不明於道者，悲夫！何謂道？有天道，有人道。無爲而尊者天道也，有爲而累（僨也）者，人道也。主者天道也，臣者人道也。天道之與人道也，相去遠矣，不可不察也。

外十二　天地

六九

天地雖大，其化均也。萬物雖多，其治一也。人卒雖衆，其主君也。君原於德而成於天。原，本也。故曰玄（縣）古之君天下，縣古，遠古也。無爲也，天德而已矣。以道觀言而天下之名原作君正，以道觀分而君臣之義明，以道觀能而天下之官治，以道泛觀而萬物之應備。故通於天者道也，順於五字從江南古藏本補。地者德也，《大宗師》："以德爲備。"行於萬物者義原誤作道，從江南古藏本補。也，上治人者事也，能有所藝者技也。技兼於事，技在事中，下仿此。事兼於義，義兼於德，德兼於道，道兼於天。故曰古之畜天下者，無欲而天下足，無爲而萬物化，淵靜而百姓定，定下原有"記曰"二字，疑衍。通於一而萬事《説郛》事作物。畢，無心得而鬼神服。

七〇

夫子曰："夫道覆載萬物者也，洋洋乎大哉，君子不可以不刳（捓）心焉。捓心，充大其心。《漢書·五行志》下之上"大者不捓"，注："捓，横大也。"《漢書·司馬相如傳》"誇條直暢"，注："誇，張布也。"《吕覽·本生》"非誇以名也"，注："誇，虚也。"《廣雅·釋詁》三："㝑，寬也。"無爲爲之之謂天，無爲言之之謂德，愛人利物之謂仁，不同同之之謂大，行不崖（詭）異之謂寬，崖讀爲詭，《齊物論》"其名爲吊詭"，《釋文》："詭，異也。"有萬不同之謂富，故執德之謂紀，德成之謂立，循於道之謂備，不以物挫志之謂完。完，堅也。君子明於此十者，則韜乎其事心之大也，韜，寬也。《淮南子·本經》："小而行大則滔窕而不親，大而行小則陿隘而不容。"南宫縚字子容。事心，用心也。《吕覽·論人》："事心乎自然之途。"沛乎其爲（與）萬物逝也。爲當爲與聲之誤也。《論語·衛靈公篇》"道不同不相爲謀",《鹽鐵論·憂邊篇》爲作與。《戰國策·西周策》"秦與天下俱罷則令不横行於周矣",與當作爲。若然者,藏金於山,藏珠於淵,不利貨財,不近(祈)貴富,不樂壽,不哀夭,不榮通,不醜窮,醜,耻也。不拘(鈎)一世之利以爲己私分,鈎,取也;私,私有之,《説文》引《韓非子》"自營謂私",《戰國策·秦策》"王雖有萬金,弗得私也";分,分器,謂珍寶之器也,《左傳》昭公十二年"四國皆有分",注:"分,珍寶之器",《邾公牼鐘》"至於萬年,分器是寺"。《周書·武稱》"餌敵以分",注:"分謂以分器土田餌之。"不以王天下爲己處顯,顯下原有"顯則明"三字,疑舊注文。處顯猶保榮也。萬物一府,死生同狀。"

七一

夫子曰:"夫道,淵乎其居也,漻乎其清也,金石不得無以鳴……故金石有聲,不考不鳴……萬物孰能定之?夫王德之人,素(索)逝而聖原誤作耻。通於事,索,獨也;索逝猶獨往也。《詩·桃夭》正義引《小爾雅》:"無夫無婦并謂之寡,丈夫曰索,婦人曰嫠。"《禮記·檀弓》:"吾離群而索居。"立之本原而知通於神,上文曰"君原於德而成於天",又"德成謂之文"。故其德廣,其心之出,有物採(捊)之。故形非道不生,生非德不明。存形窮生,窮,盡也。立德明道,非王德者邪?蕩蕩乎,忽然出,勃然動,《老子》五章:"天地之間其猶橐籥乎,虚而不屈(詘),動而愈出。"而萬物從之乎,此之謂王德之人。視乎冥冥,聽乎無聲。冥冥之中獨見曉焉,無聲之中獨聞和焉。故深之又深而能物焉,鬼神謂之物。《説文》:"鬽,老精物也。"《漢志》:雜占人鬼精物六畜變怪二十一卷。《淮南子·道應篇》注:"罔兩,水之精物也。"神之又神而能精焉。《老子》二十一章:"道之爲物,惟恍惟惚。惚兮恍兮,其中有象,恍兮惚兮,其中有物。窈兮冥兮,其中有精,其精甚真,其中有信。"故其與萬物接也,至無而供其求,時騁而要其宿。己身了無所有而能供人之求,己身時在馳騁中而能邀人來宿。大小長短,修遠……《淮南子·原道篇》作"小大修短,各有其具"。"

七二

黄帝游乎赤水之北，登乎崑崙之丘而南望。還歸，遺其玄珠。使知索之而不得，使離朱索之而不得，使喫（謑）詬索之而不得也，乃使罔象。罔象得之。黄帝曰："異哉！罔象乃可以得之乎？"

七三

堯之師曰許由，許由之師曰齧缺，齧缺之師曰王倪，王倪之師曰被衣。

堯問於許由曰："齧缺可以配天下乎？吾藉王倪以要之。"

許由曰："殆哉圾乎！天下。齧缺之爲人也，聰明睿知，給（捷）數（速）以敏，其性過人，性，才性。而又乃（能）以人受天。受天猶效天。彼審乎禁過，而不知過之所由生。與（以）之配天乎？彼且乘人而無天，方且本身而異形，本，因也；異，變也。方且尊（遵）知而北（背）原誤作火。馳，《説文》"遵，循也"；背，分也。方且爲使（事）緒三字原倒。《説文》："緒，絲端也。"方且爲物絯，《集韻》"絯，絲也"。方且四顧而物應，與物相應，酬接不暇。方且應衆宜，事事求合。方且與物化而未始有恒，屢爲物化而又能定。夫何足以配天乎？雖然，有族，有祖，有族即有祖。可以爲衆父，契，殷之祖；父，始也。《老子》二十一章"自古及今，其名不去，以閲（悦）衆甫（父）"，十二章河上注："父，始也。"而不可以爲衆父父。衆父之父則天也。治，亂之率也，《春秋元命苞》"律之爲言率也"，注："率猶遵也。"《説文》："逵，先導也。"北面之禍也，北面，民。南面之賊也。"南面，君。

七四

堯觀乎華。華封人曰："嘻！聖人。請祝聖人，使聖人壽。"《晏子·諫》上一三麥丘封人祝景公，又見《韓詩外傳》一〇、《新序·雜事》、桓譚《新論》。

堯曰："辭。"

"使聖人富。"

堯曰："辭。"

"使聖人多男子。"

堯曰："辭。"

封人曰："壽，富，多男子，人之所欲也，汝獨不欲，何邪？"

堯曰："多男子則多懼，富則多事，壽則多辱，是三者非所以養德也，故辭。"

封人曰："始也我以汝爲聖人邪（也），今然（乃）君子也。天生萬民，必授之職，多男子而授之職，則何懼之有？富而使人分之，則何事之有？夫聖人鶉居而鷇食，鳥行而無彰，天下有道，則與物皆昌，天下無道，則修德就閑，千歲厭世，去而上仙，乘彼白雲，至於帝鄉，三患莫至，身常無殃，則何辱之有？"封人去之。

堯隨之曰："請問……"

封人曰："退已！"

七五

堯治天下，伯成子高立爲諸侯。伯成子高《路史·前紀》六作栢成子皋，注引《通變經》同。伯成子高疑即皋陶，偃姓即嬴姓，嬴成古同聲，伯成子即伯嬴氏之子。《荀子·成相篇》"禹……得益、皋陶、横革、直成爲□輔"；《楚辭·大招》"直嬴在位近禹麾只"，直成即直嬴；《神仙傳》"老子……夏禹時爲真行子"。及及字從《御覽》八引補。《蒙求集注》下"伯成辭耕"引無及字。堯授舜，舜授禹，伯成子高辭爲諸侯而耕。禹往見之則耕在野。禹趨就下風，立而問焉，曰："昔堯治天下，吾子立爲諸侯，堯授舜，舜授予，而吾子辭爲諸侯而耕。敢問其故何也？"

子高曰："昔堯治天下，不賞而民勸，不罰而民畏，今子賞罰而民且不仁，德自此衰，刑自此立，後世之亂自此始矣。夫子闔（盍）行邪？無落（擱）吾事！悒悒乎耕而不顧。《漢書·谷永傳》"忿邑非之與滿公玉書，良增邑邑"，注："邑邑，不樂也。"《蒼頡篇》："悒悒，不舒之貌也。"《素問·刺瘧篇》："腹中悒悒"，注："不暢之貌。"

七六

泰初有無無，有無名；一之所起，有一而未形。物得以生謂之德。未形者有分，然且二字原倒無間謂之命。且猶尚也。雖已分畫而不見界域。留（流）動而生物，物成生理謂之形。理，肌理。形體保神，各有儀則，謂之性。性修反德，德至，同於初。同乃虛，虛乃大。合喙鳴，喙鳴合與天地爲合，其合緡緡，若愚若昏，是謂玄德，同於大順。

七七

夫子問於老聃曰："有人治道若相放，《吕覽·審分》："無使放悖。"可不可，然不然。辯者有言曰'離堅白若縣寓'，若是則可謂聖人乎？"

老聃曰："是胥（疏）易（剔）技（支）係（系），勞形怵心者也。執狸之狗成累，原誤作思，用孫詒讓説改。猿狙之便自山林來。疑當作"狙猿之便（猵）來口"。丘！予告若〔以〕而所不能聞與而所不能言〔者〕。道。而，汝也。凡有首有趾〔而〕無心無耳者，無知無聞。——衆有形者，物。與無形無狀而皆存者，天。盡無。無有此道。其止，動也；其死，生也；其廢，起也；此又非其所以（有）也。有治在人，忘乎物，忘乎天，其名爲忘己。忘己之人，是之謂入於天。"

七八

將閭葂見季徹曰：將閭葂《路史·後紀》七注引作蔣閭葂，《姓纂》作將閭菟。

《史記·秦始皇本紀》"公子將閭昆弟三人囚於内宫"，與此同名，將閭葂蓋一名一字。"魯君謂葂也曰：'請受教。'辭，不獲命。既已告矣，未知中否？請嘗薦之。《廣雅·釋詁》："薦，陳也。"吾謂魯君曰："必服恭儉，服，行也。拔出公忠之屬，屬猶輩也。而無阿私，民孰敢不輯？'"輯，和也，服也。

季徹局局（噱）然笑曰："若夫子之言，於帝王之德，猶螳蜋之怒（努）臂以當車軼（轍），《説郛》作轍，《山谷内集》一《演雅》注，仍作軼。則必不勝任矣。喻多行仁義則民皆來聚而己身殆，此其所以自爲處危也。且若是，則其自爲處危。其觀臺多，物將往投迹者衆。"觀臺，望氣之臺，望雲物辨祲祥之臺。物，精靈也。觀臺多物則登之者衆，而臺將不支也。

將閭葂覤覤（虢）然驚，曰："葂也汒（茫）若於夫子之所言矣。雖然，願先生之言其風（凡）也。"

季徹曰："大聖之治天下也，摇蕩民心，使之成教易俗，舉滅其賊心，而皆進其獨（媰）志，舉，皆也；媰，善也。《説文》："獨，犬相得而鬥也。""屬，連也。""媰，謹也，讀若人不孫爲不媰。"《廣雅·釋詁》一："媰，善也。"《禮記·祭義》："洞洞乎屬屬乎。"《考工記》："欲其樸屬而微至，不樸屬無以爲完久也。"若性之自爲，而民不知其所由然。生性自然而不知其所以然。若然者，豈兄（況）堯舜之教民溟涬然弟（夷）之哉？溟涬，混然。欲（慾）同乎德而心居矣。心有所欲，自然與天同德而心安。居，安定也。

七九

子貢南游於楚，反於晋，過漢陰，見一丈人方將爲圃畦，爲，治也。鑿隧而入井，隧，地道。抱甕而出灌，搰搰（勖）然用力甚多而見功寡。勖勖力貌。子貢曰："有械於此，一日浸百畦，用力甚寡而見功多，夫子不欲乎？"

爲圃者仰而視之，曰："奈何？"

曰："鑿木爲機，後重前輕，挈水若抽，《一切經音義》九八引抽作流。數（速）如泆湯，《衍義手鈔》一一湯作蕩，一六同。其名爲槔。"

爲圃者忿然作色而笑曰：“吾聞之吾師，有機械者必有機事，有機事者必有機心。機心存於胸中，則純白不備，備，完也。純白不備，則神生（性）不定。神生不定者，道之所不載也。載，存也。《老子》十章“載營魄抱一”，注：“載猶處也。”《説文》“在，存也”，《廣雅·釋詁》二“尻也”。吾非不知，羞而不爲也。”

子貢瞞然慚，俯而不對。

有間，爲圃者曰：“子奚爲者邪？”

曰：“孔丘之徒也。”

爲圃者曰：“子非夫博學以擬聖，於于二字《淮南子·俶真篇》作華誣。以蓋（劫）衆，《漢書·高帝紀》“因以劫衆”，注：“劫謂威脅之。”獨（擉）弦哀歌以賣名聲於天下者乎？汝方將忘汝神氣，隳汝形骸，而庶幾乎。而身之不能治，而何暇治天下乎？子往矣！無乏（覂）吾事。”《説文》：“覂，覆也。”駿聲説。

子貢卑陬（顰蹙）章炳麟説。失色，頊頊然不自得，羞。行三十里而後愈。其弟子曰：“向之人何爲者邪，夫子何故見之變容失色，終日不自反邪？”

曰：“始吾以夫子爲天下一人耳，不知復有夫（彼）人也。吾聞之夫子，事求可，功求成，用力少見功多者，聖人之道。今徒（獨）不然。執道者德全，德全者形全，形全者神全。神全者聖人之道也，托生與民并行，而不知其所之，汒乎淳備哉，淳備皆全也，然與下文不協。疑備讀爲白，淳白即純素，或讀爲樸。《荀子·賦篇》：“往來惛憊，通於大神。”功利機巧必忘〔乎〕夫人之心。若夫人者，非其志不之，非其心不爲，雖以天下譽之，得其所謂，謷然不顧，以天下非之，失其所謂，儻（党）《記纂》《淵海》四九儻作倘。然不受。天下之非譽無益損焉，是謂全德之人哉。我之謂風波之民。”

反於魯，以告孔子。孔子曰：“彼彼下原衍假字，假即彼之訛衍。修渾沌氏之術者也，識其一，不識其二，治其内而不治其外。夫明白入素，無爲復樸，體性抱神，以游世俗之間者，汝將固驚邪（也）。且渾沌氏之術，予與汝何足以識之哉？”

八〇

諄芒將東之大壑，適遇苑風於東海之濱。

苑風曰：“子將奚之？”

曰：“將之大壑。”

曰：“奚爲焉？”

曰：“夫大壑之爲物也，注焉而不滿，酌焉而不竭，吾將游焉。”

苑風曰：“夫子無意於横目之民乎？願聞聖治。”

諄芒曰：“聖治乎？官施（館舍）而不失其宜，館舍，百官所居之處，因名百官爲館舍。拔舉而不失其能，畢見其情事而行其所爲，行言自爲而天下化，手撓顧指，四方之民莫不俱至，此之謂聖治。”

“願聞德人。”

曰：“德人者，居無思，行無慮，不藏是非美惡，四海之内共利之之謂悦，共給之之謂安，怊（惘）乎若嬰兒之失其母也，惘，失意也。儻（瞠）乎若行而失其道也，財用有餘而不知其所自來，飲食取足而不知其所從，此謂德人之容。”《老子》二十一“孔德之容”，簡文注：容，狀也。

“願聞神人。”

曰：“上神乘光，與形滅亡，此謂照（超）曠。致命盡情，天地樂（鑠）而萬事銷亡，萬物復情，此之謂混冥（芒）。”《繕性篇》：“古之人在混芒之中。”

八一

門無鬼與赤張滿稽觀於武王之師，赤張滿稽曰：“不及有虞氏乎，故離此患也！”

門無鬼曰：“天下均治，而有虞氏治之與？其亂而後治之與？”

赤張滿稽曰："天下均治之爲願，而何計以有虞氏爲？有虞氏之藥（療）瘍也，秃而施髢，病而求醫。老子操藥以脩（羞）慈父，其色燋然，聖人羞之。至德之世，不尚賢，不使能，上如標枝，民如野鹿，端正而不知以爲義，相愛而不知以爲仁，實而不知以爲忠，實，誠也。當而不知以爲信，蠢動而相使不以爲賜，賜，德惠。是故行而無迹，事而無傳。"

八二

孝子不諛其親，忠臣不諂其君，臣子之盛也。盛，盛德。親之所言而然，所行而善，則世俗謂之不肖子，君之所言而然，所行而善，則世俗謂之不肖臣。而未知此其必然邪？世俗之所謂然而然之，所謂善而善之，則不謂之導《説郛》作道。（諂）下同，王念孫説。諛之人也。然則俗故（固）嚴於親而尊於君邪？謂己導人則勃然作色，謂己諛人則怫然作色，而終身導人也，終身諛人也，合譬飾辭、聚衆也，合譬飾辭，傅合譬喻，雕飾言辭。是終始本末不相坐。《韓非子・内儲説上》"夫不使賤議貴，下必坐上"，《八説篇》："賤得議貴，下必坐上。"垂衣裳，設采色，動容貌，以媚一世而不自謂導諛，與夫人之爲徒通是非，而不自謂衆人，愚之至也。

知其愚者非大愚也，知其惑者非大惑也。大惑者終身不解，大愚者終身不靈。三人行而一人惑，所適者猶可致也，惑者少也。二人惑則勞而不至，惑者勝也。而今也以天下惑予，雖有祈向，不可得也，不亦悲乎！大聲不入於里耳，折揚皇（黄）華，李白詩"折揚黄華合流俗"；樂府題解有"折楊柳""黄華子"；黄庭堅《送彦孚主薄》"黄華雖衆笑，白雪不同腔"；王安石詩"折楊黄華笑者多，陽春白雪和者少"；《淵海》六〇引亦作黄。則嗑然而笑。是故高言不止於衆人之心，至言不出，俗言勝也。以二垂踵惑而所適不得矣，而今也以天下惑予，雖有祈向，其庸可得邪？知其不可得也而强之，又一惑也。故莫若釋之而不推。不推，誰其比憂？

八三

厲（癘）之人夜半生其子，遽取火而視之，汲汲然唯恐其似己也。

八四

百年之木，破爲犧樽，青黄而文之，其□一字從馬叙倫校補。斷在溝中，比犧樽於溝中之斷，則美惡有間矣，其於失性一也。桀桀字從劉師培校補。跖與曾史，行義有間矣，然其失性均也。

且夫失性有五：一曰五色亂目，使目不明，二曰五聲亂耳，使耳不聰，三曰五臭薰鼻，困惾中顙，《廣雅·釋詁》三“𢯱，聚也”；《説文》“艐，船著不行也”，“堫，一曰内其中也”；《字林》“鯼，魚出南海，頭中有石，一名石首”；《通俗文》“手捉頭曰揔”；《思古愁》“倥傯於山陸”，注“倥傯猶困苦也”；《漢書·五子侯表》“參嵏侯則”，注：“音倥嵏。”四曰五味濁口，使口厲爽（傷），五曰趣舍滑心，使性飛揚。此五者皆生之害也，而楊墨乃始離跂自以爲得，非吾所謂得也。夫得者困，可以爲得乎？則鳩鴞之在籠也，亦可以爲得矣。且夫趣舍聲色以柴其内，皮弁鷸冠、搢笏修紳二字原倒，用馬叙倫説乙。以約其外，内支（枝）盈（楹）於柴柵，《史記·項羽本紀》“莫敢枝梧”，□曰“小柱曰枝”，《説文》“楹，柱也”。外重纆繳，睆睆（綰）然在纆繳之中，而自以爲得，則是罪人交臂歷（櫪）指，而虎豹在於囊（籠）檻，亦可以爲得矣。

外十三　天道

《天道》引莊子曰云云，語見《大宗師篇》，可證此非漆園所作。《刻意篇》語多襲此。

八五

天道運而無所積，故萬物成。帝道運而無所積，故天下歸。聖道運而無所積，故海内服。積，滯也。明於天，通於聖，六通四辟（闢）於帝王之德者，其自爲也，昧（寐）《釋文》作眛，眛當爲昧之誤。《淮南子·精神篇》“故覺而若昧”，注：“昧，暗也，厭也，楚之謂厭爲昧，喻無知也。”然無不静者矣。聖人之静也，非曰静也善，故静也，萬物無足以鐃（撓）《説文》作撓。心者，故静也。水静則明燭鬚眉，燭，照也。平中凖，大匠取法焉。水静猶明，而况精神静乎？静乎二字本在“聖人之心”下。聖人之心，天地之鑒也，萬物之鏡也。夫虚静恬淡寂漠無爲者，天地之本原誤作平，用馬叙倫説改。而道德之至（質）也也字從張君房本及《文選》江文通《雜體詩》注引補。質猶實也，郭慶藩説。故帝王聖人休焉。休則虚，虚則實實下原衍實字，删。者備備字原誤作倫，從馬叙倫、劉文典校改。劉云，備與得韻。矣。虚則静，静則動動下原衍動字，删。者原誤作則，從《文選》江文通《雜體詩》注引改。得矣。得猶當也，當，任也。静則無爲，無爲也則任事者責矣。静觀無爲，不擾群下，則任事者各自責矣。無爲則俞俞（愉），愉愉，從容和樂。俞俞者憂患不能處，年壽長矣。夫虚静恬淡寂漠無爲者，萬物之本也。明此以南鄉（嚮），邵博《聞見後録》一六引作嚮。堯之爲君也，明此以北面，舜之爲臣也。以此處上，帝王天子之德也。以此處下，玄聖素王之道也。以此退居而閑游江海，山林之士服（伏）。伏，隱也。以此進爲而撫世，則功大名顯而天下一也。静而聖，内則體也，動而王外則用也。無爲也而尊，樸素而天下莫能與之争美。

夫明白於天地之德者，此之謂大本大宗，與天和者也。天地以無爲爲法，明乎此則與天和合。所以均調天下，與人和者也。均調天下而不攪擾之則人和合。與人和者謂之人樂，與天和者謂之天樂。莊子曰："吾師乎！吾師乎！𩐋萬物而不爲戾（利）《廣雅·釋詁》一："戾，善也。"《老子》十九章"絶巧弃利"，注："巧，利用之善也。"《易義海撮要》："益萬物爲利。"澤及萬世而不爲仁，長於上古而不爲壽，覆載天地、刻雕衆形，而不爲巧——此之謂天樂。"語出《大宗師篇》。故曰：知天樂者，其生也天行，其死也物化，静而與陰同德，動而與陽同波。故知天樂者，無天怨，無人非（誹），無物累，無鬼責。故曰：其動也天，其静也地，一心定而王天下，其鬼不祟，其魂不疲，《刻意》作罷。一心定而萬物服。言以虚静推於天地，通於萬物，此之謂天樂。天樂者，聖人之心以畜天下[者]者字從郭注補。也。

夫帝王之德，以天地爲宗，以道德爲主，以無爲爲常。無爲也則用天下而有餘，有爲也則爲天下用而不足，故古人之貴夫無爲也。上無爲也，下亦無爲也，是下與上同德。下與上同德則不臣。下有爲也，上亦有爲也，是上與下同道。上與下同道則不主。上必無爲而用天下，下必有爲[而]爲天下用，此不易之道也。故古之王天下者，知雖落（絡）《淮南子·俶真》"智終天地"，劉云，終爲絡之壞。天地，不自慮也，辯雖雕（周）章炳麟説。萬物，不自説也，能雖窮海内，不自爲也。天不産而萬物化，地不長而萬物育，帝王無爲而天下功，功下原衍成字，用王念孫説删。功即成也。故曰莫神於天，莫富於地，莫大於帝王——故曰帝王之德配天地。此乘天地，馳萬物，馳疑當作馭，驅使萬物。而用人群之道也。

本在於上，末在於下，要在於主，詳在於臣。主道逸而簡要，臣道勞而繁冗。三軍五兵之運，運，用也。德之末也。賞罰利害、五刑之辟，辟，法也。教之末也。禮法度數，形（刑）下同。名比詳，比校詳審。治之末也。鐘鼓之音，羽旄之容，樂之末也。哭泣衰（縗）絰，隆殺之服，哀之末也。此五末者，須精神之運，心術之動，然後從之者也。末學者，古[之]人有之，而非所以先也。所以先者謂本也。五末之學雖自古有之，而非治道之根本。君先而民從，父先而子從，兄先而弟從，長先而少從，男先而女從，夫先而婦從。夫尊卑先後，天地之行也，行，道也。故聖人取象焉。天尊地卑，神明之位也。春夏先，秋冬後，四時之序也。萬物化作，作，生也。萌區有狀，《禮記・月令》："句者畢出，芒者盡達。"草木芽蘖屈曲者曰句，達者曰芒。萌區與句芒同，即句芒之倒也。盛衰之殺，之當作有。殺，差也。變化之流也。流，行也，行亦道也。夫天地至神矣，矣字從張君房本補。而有尊卑先後之序，而況人道乎？宗廟尚親，朝廷尚尊，鄉黨尚齒，行事尚賢，大道之序也。語道而非其序者，非其道也。語道而非其道者，安取道哉？哉字從如海本補。是故古之明大道者，先明天而道德次之，道德已明而仁義次之，仁義已明而分守次之，分守已明而形名次之，形名已明而因任次之，因任，因材任職。因任已明而原省次之，原省，原度省察。原省已明而是非次之，是非已明而賞罰次之，賞罰已明而愚知處宜，貴賤履位，仁賢不肖襲情，必分其能，必由其名。以此事上，爲此畜下，以此治物，以此修身，知謀不用，必歸其天。歸，返也。其猶之也。此之謂太平，治之至也。故書曰"有形有名"。形名者，古之人有之，而非所以先也。古之語大道者，五變而形名可舉，五變：天一、道德二、仁義三、分守四、形名五。九變而賞罰可言也。九變：因任六、原省七、是非八、賞罰九。驟而語形名，驟而猶驟然。不知其本也，驟而語賞罰，不知其始也。倒道而言，迕（逆）道而説者，人之所治也，安能治人？驟而語形名賞罰，此有（又）知治之具，阮曰：有猶又也。非知治之道——可用於天下，不足以用天下——此之謂辯士一曲之人也。一曲猶一方，一面也。禮法數度，形名比詳，古之人有之，此下之所以事上，非上之所以畜下也。

八六

昔者舜問於堯曰："天王之用心何如？"

堯曰："吾不敖（嗸）無告，不廢窮民，廢疑當爲睽，苦死者，苦，矜也。《爾雅・釋言》："矜，苦也。"《説文通訓定聲》："矜假借爲憐。"郝曰：矜憐其苦亦爲苦也。嘉孺子而哀婦人，嘉，喜愛也；哀，憐愛也。此吾所以用心已。

舜曰："美則美矣，而未大也。"

堯曰："然則如何？"

舜曰："天清清原誤作德，草書德、清相似。而土土原誤作出，用孫詒讓說改。寧，《老子》三九章："天得一以清，地得一以寧。"《淮南子·精神》："天静以清，地定以寧。"《至樂篇》："天無爲以之清，地無爲以之寧。"《列禦寇篇》："水流乎無形，發泄乎太清，悲哉乎！汝爲知在毫毛而不知大寧。"日月照而四時行，若晝夜之有經，經，常也。雲行而雨施矣。"《史記·五帝本紀》："帝堯者放勛，其仁爲天，其知爲神，就之如日，望之如雲。"《左傳》哀公六年："惟彼陶唐，率彼天常，有此冀方。"

堯曰："膠膠（漻）擾擾乎！《廣雅·釋詁》三："漻，擾也。"厭其煩聒故斥之。子，天之合也，我，人之合也。"合，配也。堯，天也，故配於人；舜，人也，故配於天。《論語·泰伯》："大哉！堯之爲君也。巍巍乎！唯天爲大。唯堯則之，蕩蕩乎！民無能名焉。巍巍乎！其有成功也。焕乎！其有文章。"

夫天地者古之所大也，而黄帝堯舜之所共美也，故古之王天下者奚爲哉？天地而已矣。

八七

孔子西藏書於周室，藏所著書。子路謀曰："由聞之，周之徵藏史有老聃者，《史記·老子傳》："自孔子死後百二十九年，而史記周太史儋見秦獻公。"或曰："儋即老子，或曰非也，世莫知其然否。"又："老子者……周守藏室之史也。"索隱曰："藏室史乃周藏書室之史也。"又《張湯傳》：老子爲柱下史即爲藏書之柱下，因以爲官名。"免而歸居，免解其職，歸而家居。夫子欲藏書，則試往因焉。"孔子曰："善！"

往見老聃而老聃不許，於是繙十二經以説，《廣聖義》三，十三經作六經。《南史·周續之傳》："年十二詣（范）寧受業，居學數年，通五經五緯，號十經。"錢穆《諸子繫年考辯》四曰："十二經乃六經六緯……非戰國時所有，則明非莊子時書。"繙，委曲敷衍，反復説之，俗曰搬弄。老聃中其説曰："大謾！願聞其要。"中説，中其説，不俟其辭畢。大謾，太散漫蕪雜，博而寡要也。

孔子曰："要在仁義。"

老聃曰："請問仁義人之性邪？"

孔子曰："然。君子不仁則不成，不義則不生，仁義真人之性也，又將奚爲矣？"舍仁義又將何爲乎？

老聃曰："請問何謂仁義？"

孔子曰："中心易原誤作物，用章炳麟説改。愷，易愷，和樂貌。兼愛無私，此仁義之情也。"

老聃曰："意（噫）！幾乎復原誤作後，用馬叙倫説改。言夫兼愛，不亦迂乎？無私焉乃私也。夫子若欲使天下無失其牧《天運篇》牧作樸。乎，牧，養也。則天地固有常矣，日月固有明矣，星辰固有列矣，禽獸固有群矣，樹木固有立矣，《神仙傳》一作"草木固有區矣"。夫子亦放德而行，放，依也。循道而趨，已至矣。《神仙傳》作"則以至矣"。又何偈偈乎揭仁義若擊鼓而求亡子焉？偈偈，高舉貌。揭猶揭櫫，著其名物以爲表識也。亡子，逃亡之子。擊鼓以求亡子，鼓聲愈大，逃者愈急；揭仁義以求，仁義愈彰，去道愈遠。逃亡之子擊鼓求之是速其亡也，機智之世揭仁義以治之是速其亂也。意（噫）！夫子亂人之性也。"

八八

士成綺見老子而問曰："吾聞夫子聖人也，吾固（故）不辭遠道而來願見，百舍重趼（繭）而不敢息。所歷次舍凡以百數，言道之遠。足下繭愈而再生，言事之勞。然而不遑止息，慕義心切也。今吾觀子非聖人也，鼠壤有餘蔬（糈）而弃妹之者，不仁也。生孰不盡於前而積斂無崖。"此下疑敓"者不義也"四字。

老子漠然不應。

士成綺明日復見曰："昔者吾有刺於子，今吾心正却矣，何故也？"

老子曰："夫巧知神聖之名名原作久。吾自以爲脱（蜕）焉。昔者子呼我牛也而謂之牛，呼我馬也而謂之馬。而猶則也。苟有其實，人與之名而弗受，再受其殃。再當爲身之誤。吾服也恒服，吾非以服有服。兩句服字疑皆爲脱字之誤。”

士成綺雁行避影，履行遂進，而問修身若何。《穀梁》襄公十年：“遂，直遂也。”《爾雅·釋宫》：“桷直而遂謂之閱。”修身，斜行也。入室當脱履，今失其常度，乃和履而行，直遂以進。

老子曰：“而容崖然，崖，異。而目衝然，瞳直視。而顙頯（塊）然，而口闞然，口豁張。而狀義（峩）然，峩，高大。似繫馬而止也，動而持，如逸馬被繫，意在奔馳，然而欲動身被拘持。發也機，察而審，猛然而發，如弓弩之猝能傷人，伺物審諦，有發必中。知巧而睹於泰，凡以爲不信……”

八九

邊竟（境）有人焉，其名爲竊……此下有奪文，鄧延楨説。

九〇

夫子曰：“夫道於大不終，終，窮也。於小《廣聖義》二一、唐玄宗《道德真經疏》三引，小并作細。不遺，遺，餘也。謂道大用之不見其窘窮而不足，小用之不見其横大而有餘也。故萬物备。廣廣（曠）乎其無不容也，淵淵淵字從馬叙倫校補。乎其不可測也。形（刑）德仁義，神之末也，非至人孰能定之？夫至人有有原誤作用，從馬叙倫校改。世不亦大乎？而不足以爲之累，天下奮棅（柄）而不與之偕，《説文》“揮，奮也”，“奮，翬也”。審乎無爲原誤作假而不與物原誤作利，從馬叙倫校改。遷，極物之真能（而）守其本，故外天地、遺萬物、而神未嘗有所困也。通乎道，合乎德，退仁義，賓（擯）禮樂，至人之心有所定矣。

九一

世之所貴貴下原衍道字，删。者書也。書不過語，語有所貴也。語之所貴者意也，意有所隨。意之所隨者不可以言傳也，而世因貴言傳書。世雖貴之，我猶不之原誤作足。貴也。爲其貴非可原誤作其。貴也。故視而可見者形與色也，聽而可聞者名與聲也。悲夫！世人以形色名聲爲足以得彼之情。夫形色名聲果不足以得彼之情，則知者不言，言者不知，而世豈識之哉？

桓公讀書於堂上，輪扁斫輪於堂下，釋椎鑿而上問桓公曰："敢問公之所讀者何書書原作言，從《書鈔》一〇〇、又一四一引及《淮南子・道應篇》改。《山谷外集》二《奉答子高見贈十韻》注引作言，《衍義手鈔》一五同。邪？"

公曰："聖人之言也。"

曰："聖人在乎？"

公曰："已死矣。"

曰："然則公原作君，從《書鈔》一〇〇、《御覽》六一六引改。之所讀者，古人之糟魄（粕）已矣。"

桓公曰："寡人讀書，輪人安得議乎？有説則可，無説則死。"

輪扁曰："臣也以臣之事觀之。斫輪徐則甘而不固，疾則苦而不入。不徐不疾，得之於手而應之之字從《御覽》七七五引補。《衍義手鈔》一五、《草堂詩箋》七《夜聽許十一誦詩愛而有作》箋引有之字，《别集》上《題子瞻墨竹》注引有之字，《淵海》五五引無。於心，口不能言，有數存焉於其間，臣不能以喻臣之子，臣之子亦不能受之於臣，是以行年七十而老斫輪。古之人與其不可傳者原作也。從《御覽》上《題子瞻墨竹》注引改，《山谷内集》七注引作也，《别集》上注引同。死矣。然則君之所讀者，古人之糟魄《山谷内集》七注引作粕，《别集》上注引同。《草堂詩箋》三一《偶題》箋引同。已夫！"

外十四　天運

九二

天其運乎？地其處乎？日月其争於所乎？孰主張是？孰維綱是？孰居無事而推《山谷外集》二《寄裴沖謀》注引與今本同。二字原倒，用奚侗説改。行是？意者其有機緘而不得已邪？意者其運轉而不能自止邪？雲者爲雨乎？雨者爲雲乎？孰隆（降）施是？孰居無事淫樂而勸是？勸，助也。風起北方，一西一東，有（又）吴汝倫説。上彷徨，孰噓吸是？孰居無事而披拂是？敢問何故？

巫咸袑日："來！吾語汝。天有六極、五常，帝王順之則治，逆之則凶，九洛之事，治成德備，監（臨）照下土，天下戴之，此謂上皇。"

九三

商太宰蕩問仁於莊子。

莊子曰："虎狼仁也。"

曰："何謂也。"

莊子曰："父子相親，何爲不仁？"

曰："請問至仁。"

莊子曰："至仁無親。"

太宰曰："蕩聞之，無親則不愛，不愛則不孝，謂至仁不孝，可乎？"

莊子曰："不然。夫至仁尚矣，孝固不足以言之。此非過孝之言也，不及孝之言也。夫南行者至於郢，北面而不見冥山，是何也？則去之遠也。故曰以敬孝易，以愛孝難，以愛孝易而原誤以，從馬叙倫校改。忘親難，忘親易，使親忘我難，使親忘我易，兼忘天下難，兼忘天下易，使天下兼忘我難。夫德遺堯舜而不爲也，利澤施於萬世，天下莫知也，豈直太息而言仁孝乎哉？夫孝悌仁義忠信貞廉，此皆自勉以役其德者也，不足多也，故曰至貴，國爵并（屏）下同。焉，至富，國財并焉，至顯，原誤願，從馬叙倫校改。名譽并焉，是以道不渝……”文有奪失，馬叙倫説。

九四

北門成問於黄帝曰：“帝張咸池之樂於洞庭之野，吾始聞之[而]懼，從《書鈔》一〇五、《類聚》六引補。下同。復聞之[而]怠，卒聞之而惑，藹藹（喝喝）原誤蕩蕩，從《御覽》三九二引改默默，《庚桑楚篇》崔注：喝，啞也。乃（而）不自得。”

帝曰：“汝殆其然哉！吾奏之以人，徵之以天，行之以禮義，建之以太清，“夫至樂者先應之以人事順之以天理行之以五德應之以自然然後調理四時太和萬物”三十五字用蘇轍、馬叙倫、劉文典説删。四時迭起，萬物循生，一盛一衰，文武倫（綸）經，一清一濁，陰陽調和，流光其聲，蟄蟲始作，吾驚之以雷霆，其卒無尾，其始無首，一死一生，一僨一起，所常（當）無窮，而一不可待，汝故懼也。吾又奏之以陰陽之和，燭之以日月之明，其聲能短能長，能柔能剛，變化齊一，不主故常，在谷滿谷，在阬滿阬，涂却守神，以物爲量，其聲揮綽，其名高明，是故鬼神守其幽，日月星辰行其紀，吾止之於有窮，流之於無止，子原作予，從馬叙倫校改。欲慮之而不能知也，望之而不能見也，逐之而不能及也，儻（曭）然立於四虚之道，倚於槁梧而吟，[心][□][乎][所][欲][知]，參馬叙倫説補。目用馬叙倫説删知字。窮乎所欲見，力屈乎所欲逐，吾既不及已，夫（故）形充空虚，乃至委蛇，汝委蛇故怠。吾又奏之以無怠之聲，調之以自然之命，故若混逐（沌）叢生，體原作林，從劉文典校改。《山谷外集》一《巖下放言五首》注引仍作林。樂而無形，布揮而不曳，幽昏而無聲，動於無方，居於窈冥，或謂之死，或謂之生，或謂之實，或謂之榮，行流散徙，不主常聲，世疑之，稽於聖人，“聖也者達於情而遂於命也天機不張而五官皆備”二十字疑舊注文。

《山谷内集》八《次韻王炳之惠王版紙》注引“天機不張而五官皆備”亦作正文。此之謂天樂，無言而心悦……疑有奪文。故有焱氏爲之頌曰，聽之不聞其聲，視之不見其形，充滿天地，苞裹六極。汝欲聽之而無接焉，故惑也。樂也者，始於懼，懼故祟。吾又次之以怠，怠故遁。卒之以惑，惑故遇。愚故道，道可載而與之俱也。”

九五

孔子西游於衛，顔淵問師金曰：“以夫子之行爲奚如？”

師金曰：“惜乎而夫子其窮哉！”

顔淵曰：“何也？”

師金曰：“夫芻狗之未陳也，盛以篋衍，巾以文綉，尸祝齋戒以將之。及其已陳也，行者踐其首脊，蘇者取而爨之而已。將復取而盛以篋衍，巾以文綉，游居寢卧其下，彼不得夢，必且數眯（寱）焉。今而夫子亦取先王已陳之《經集義》一〇引補。芻狗，聚弟子游居寢卧其下，故伐樹於宋，削迹於衛，窮於商周，是非其夢也邪？圍於陳蔡之間，七日不火食，死生相與鄰，是非其眯邪？夫水行莫如用舟，而陸行莫如用車。以舟之可行於水也，而求推之於陸，則没世不行尋常。古今非水陸與？周魯非舟車與？今蘄行周於魯，是猶推舟於陸也，勞而無功，身必有殃。彼未知乎無方之傳（轉），應物而不窮者也。且子獨不見夫桔槔者乎？引之則俯，舍之則仰。彼人之所引，非引人者從唐寫本及《御覽》七六五引補。也，故俯仰而不得罪於人。故夫三皇五帝之禮義（儀）下同。法度，不矜於同而矜於治。故譬三皇五帝之禮義法度，其猶柤（樝）梨橘柚邪，其味相反而皆可於口。故禮義法度者，應時而變者也。今取猨狙而衣以周公之服，彼必齕齧挽裂，盡去而後慊。觀古今之異，猶猨狙之異乎周公也。故西施病心而矉，其里《蒙求集注》上“西施捧心”注引上“其里”作“其眉”。下文亦有“其眉”二字。重衍，從唐寫本及馬叙倫校删。下同。之醜人見而美之，歸亦捧心而矉。其里之富人見之，堅閉門而不出，貧人見之，絜妻子而去之走。彼知矉美而不知矉之所以美。惜乎而夫子其窮哉！”

九六

孔子行年五十有一而不聞道，乃南之沛見老聃。

老聃曰：“子來乎？吾聞子北方之賢者也，亦得道乎？”

孔子曰：“未得也。”

老聃曰：“子惡乎求之哉？”

曰：“吾求之於度數，五年而未得也。”

老聃曰：“子又惡乎求之哉？”

曰：“吾求之於陰陽，十有二年而未得。”

老子曰：“然。使道而可獻，則人莫不獻之於其君，使道而可進，則人莫不進之於其親，使道而可以告人，則人莫不告其兄弟，使道而可以與人，則人莫不與其子孫。然不可者，無佗也，中無主而不止，外無正而不行。由中出者，不受於外，聖人不出。由外入者，無主於中，聖人不隱。名者從張君房本補。公器也，不可多取。仁義者從《御覽》一九四引補。先王之蘧（遽）廬也，止可以一宿而不可久處，覯（逗）而多責（債）。古之至人，假道於仁，托宿於義，以游逍遥之墟，食於苟簡之田，立於不貸之圃。逍遥無爲也，苟簡易養也，不貸無出也，古者謂是采真之游。支遁《咏懷詩》：“采真游理間。”以富爲是者，不能讓禄，以顯爲是者，不能讓名，親權者不能與人柄，操之則慄，舍之則悲，而一無所鑒，以窺其所不休者，是天之戮民也。怨、恩、取、與、諫、教、生、殺八者，正（政）下同。之器也，唯循大變無所湮者爲能用之。故曰正者正也。其心以爲不然者，天門弗開矣。”

九七

孔子見老聃而語仁義。老聃曰：“夫播穅眯目，則天地四方易位矣，蚊虻噆膚，則通昔（夕）《意林》引作夕，《神仙傳》一、《廣聖義》三同。不寐矣。夫仁義憯然乃（而）憒吾心，憒原作憤，從郭慶藩校改。《神仙傳》作“慘然而汩人心”，《廣聖義》三引作憒。亂莫大焉。吾子使天下無失其樸，吾子亦放風而動，總（從）德而立矣，又奚傑傑從唐寫本補，馬校同。《廣聖義》一七引作桀桀。然若負建鼓而求亡子者邪？夫鵠（鶴）不日浴而白，烏不日黔而黑。黑白之樸，不足以爲辯，名譽之觀，不足以爲廣。泉涸，魚相與處於陸，相呴以濕，相濡以沫，不若相忘於江湖也。從《御覽》九三五引補。”

九八

孔子見老聃，歸，三日不談。弟子問《困學紀聞》一〇引有問字。曰：“夫子見老聃，亦將何規哉？”

孔子曰：“吾與汝於魯之時，人有用意如飛鴻者，吾爲弓矰而射之，如游鹿者，吾走狗而逐之，如井魚者，吾爲鈎繳以投之。以上從馬叙倫校補。吾乃今於是乎見龍。龍合而成體，散而成章，乘《困學紀聞》一〇引乘下有乎字。雲氣而養（翔）劉師培説。乎陰陽，予口張而不能嗋噏，舌舉而不能訒，從奚侗校補。予又何規老聃哉？”

子貢曰：“然則至從劉文典校補。人固有尸居而龍見，淵默而雷聲，原作“雷聲而淵默”，從奚侗校改。發動如天隨原誤地。者乎？賜亦可得而觀乎？”遂以孔子聲見老聃。

老聃方將倨堂而應微曰：“予年運而往矣，子將何以戒我乎？”

子貢曰：“夫三王《釋文》本或作三皇，《廣聖義》一八引同。五帝之治天下不同，其係聲名一也，而先生獨以爲非聖人，如何哉？”

老聃曰：“小子少進！子何以謂不同？”

對曰：“堯授舜，舜授禹，禹用力而湯用兵，文王順紂而不敢逆，武王逆紂而不肯順，不曰不同。”

老聃曰：“小子少進！余語汝三皇五帝之治天下也！昔從江南古藏本補。黄帝之治天下，使民心一，民有其親死，不哭，而民不非也。堯之治天下，使民心親，民有爲其親殺其服，原誤殺，從劉文典校改。而民不非也。舜之治天下，使民心競，民《廣聖義》十八引民作故。婦孕二字原倒，從馬叙倫乙。十月而從《御覽》三六〇引補。生子，子生五月而能言，不至乎孩而始誰，則人始有夭矣。禹之治天下，使民心變，人有心而兵有順，殺盜非殺人，從孫詒讓讀。自爲種（鍾）馬叙倫説。而天下耳，是以天下大駭，儒墨皆起，其作始有倫而今乎歸。原誤婦，用奚侗説改。女何言哉？余語汝，三皇五帝二字從唐寫本删。之治天下，名曰治之，而亂莫甚焉。三皇之知，上悖日月之明，下睽《廣蒼》："睽，目少精也。"山川之精，中墮（差）四時之施（移）。其知憯於蠣蠆《爾雅》二六引作蠆蠍。之尾，鮮規之獸，莫得安其性命之情者。而猶自以爲聖人，不可耻乎？其無耻也！"

子貢蹴蹴然立不安。

九九

孔子謂老聃曰："丘治《詩》《書》《禮》《樂》《易》《春秋》六經，自以爲久矣，孰（熟）知其故矣，以奸（干）者七十二《神仙傳》一，二作餘。君，論《神仙傳》一論作誦。先王之道而明周召之迹，一君無所鈎用無所猶未嘗鈎取也。甚矣夫！人之難説也，道之難明邪（也）！"

老子曰："幸矣！子之不遇治世之君也。夫六經，先王之陳迹也，豈其所以迹哉？今子之所言猶迹也。夫迹，履之所出，而迹豈履哉？夫白鶂之相親，眸子不運而風化，螣蛇二字原作蟲，用劉文典説改。《爾雅冀》一九引仍作蟲。雄鳴於上風，雌應之從唐寫本及《御覽》八八八引補。於下風而風化，類自爲雌雄而原作故，從《山海經·南山經》注引改。風化。風化之風本訓牝牡合，諸本或徑删風字，或改作感，均非。性不可易，命不可變，時不可止，道不可壅。苟得於道，無自而不可，失焉者無自而可。"

孔子不出三月，復見，曰："丘得之矣！烏鵲孺，（乳）朱駿聲説。魚傅（哺）原作傳，從馬叙倫校改。沫，細要者化，有弟而兄啼。久矣夫丘不與化爲人，不與化爲人，安能化人？"

老子曰："可，丘得之矣！"

外十五　刻意

一〇〇

刻意尚行，離世異俗，高論怨誹，爲亢而已矣，此山谷之士，非世之人，枯槁赴淵者之所好也。語仁義、忠信、恭儉、推讓，爲修而已矣，此平世之士，教誨之人，游居學者之所好也。語大功，立大名，禮君臣，正上下，爲治而已矣，此朝廷之士，尊主强國之人，致功并兼者之所好者也。就藪澤，處閑曠，鈎魚閑處，無爲而已矣，此江海之士，避世之人，閑暇者之所好也。吹呴呼吸，吐故納新，熊經鳥申，爲壽而已矣，此導引之士，養形之人，彭祖壽考者之所好也。若夫不刻意而高，無仁義而修，無功名而治，無江海而閑，不導引而壽，無不忘（亡）也，無不有也，澹然無極而衆美從之，此天地之道，聖人之德也。故曰夫恬淡寂寞，虛無無爲，此天地之本原作平，從馬叙倫校改。而道德之質也。故曰聖人休焉，休二字原倒，從馬叙倫校改。則平易矣，平易則恬淡矣，平易恬淡則憂患不能入也，邪氣不能襲也，故其德全而神不虧矣。以上據唐鈔本補。故曰聖人之生也天行，其死也物化，静而與陰同德，動而與陽同波，不爲福先，不爲禍始，感而後應，迫而後動，不得已而後起，去知與故，循天之理，故無天灾，無物累，無人非，無鬼責，其生若浮，其死若休，不思慮，不豫謀，光矣而不燿，信矣而不期，其寢不夢，其覺無憂，其神純粹，其魂不罷，虛無恬淡，乃合天德。故曰悲樂者德之邪也，喜怒者道之過也，好惡者心原誤德，從劉文典校改。之失也，以上據唐鈔本補。故心不憂樂，德之至也，一而不變，静之至也，無所於忤，虛之至也，不與物交，淡之至也，無所於逆，粹之至也。故曰形勞而不休則弊，精用而不已則勞，勞則□，勞則竭。水之性不雜則清，莫動則平，鬱閉而不流亦不能清，天德之象也。《淵海》一引“水之性”四句同。故曰純粹而不雜，静一而不變，淡而無爲，動而以天行，此養神之道也。夫有于越之劍者，柙而藏之，不敢輕從馬其昶、馬叙倫校補。用也，寶之至也。精神四達并（旁）流，無所不極，上際於天，下蟠於地，化育萬物，不可爲象，其名爲同帝。純素之道，唯神是守，守而勿失，與神爲一，一之精通，合於天倫。野語有之曰："衆人重利，廉士重名，賢士尚志，聖人貴精。"故素也者，謂其無所與雜也，純也者，謂其不虧其神也。能體純素，謂之真人。

外十六　繕性

一〇一

繕性於俗，原重俗字，從張君房本删，蘇輿説同。學以求復其初，滑欲於俗思以求致其明，謂之蔽蒙之民。古之知原誤治，用王懋竑説改。道者以恬養知。主静而識益明。知生而無以知爲也，謂之以知養恬。致知而本益固。知與恬交相養，而和理出其性。夫德，和也，道，理也，德無不容，仁也，道無不理，義也，義明而物親，忠也，□□而行□，信也，用馬叙倫説補。中純實而反乎情，樂也，信行容體而順乎文，禮也。禮樂偏行，則天下亂矣。彼正而蒙己德，德則不冒。冒則物必失其性也。古之人在混芒《詩史補遺》七《灧預堆》注引作茫。之中，與（舉）一世而得澹漠焉。當是時也，陰陽和静，鬼神不擾，四時得節，萬物不傷，群生不夭，人雖有知，無所用之，此之謂至一。當是時也，莫之爲而常自然。逮德下衰，及燧人伏羲始爲天下，是故順而不一。德又下衰，及神農黄帝始爲天下，是故安而不順。德又下衰，及唐虞始爲天下，興治化之流，澆淳散樸，離道以爲，原作善，用郭慶藩説改。險德以行，然後去性而從於心。心與心識，知而不足以定天下，然後附之以文，益之以博。文滅質，博溺心，然後民始惑亂，無以反其性情而復其初。由是觀之，世喪道矣，道喪世矣，世與道交相喪也，道之人二字用奚侗説删。何由興乎世？世亦何由興乎道哉？道無以興乎世，世無以興乎道，雖聖人不在山林之中，其德隱矣。隱故（固）不自隱。古之所謂隱士者，非伏其身而弗見也。非閉其言而不出也，非藏其知而不發也，時命大謬也。當時命而大行乎天下，則反一無迹，不當時命而大窮乎天下，則深根寧極而待，此存身之道也。古之存原誤行，用陳昌壽説改，崇本、世本正作存。身者，不以辯飾知，不以知窮天下，不以知窮德，危（巋）然處其所而反其性已，又何爲哉？道固不小行，德固不小識。小識傷德，小行傷道。故曰正己而已矣。樂全之謂得志。古之所謂得志者，非軒冕之謂也。謂其無以益其樂而已矣。今之所謂得志者，軒冕之謂也。軒冕在身，非性命之有《山谷外集》一五《送張林翁赴秦》注引無二字，從張君房本補。也。物之儻來，寄者也。寄之（者）其來不可圉，其去不可止。故不爲軒冕肆志，不爲窮約趨俗，其樂彼與此同，故無憂而已矣。今寄去則不樂。由此觀之，雖樂未嘗不荒也。故曰喪己於物，失性於俗者，謂之倒置之民。

外十七　秋水

一〇二

……上有脱文。秋水時至，百川灌河，涇（經）《水經·河水注》引作經。流之大，兩涘渚涯之間，不辨牛馬，於是焉河伯欣然自喜，以天下之美爲盡在己。順流而東行，至於北海，東面而視，不見水端，於是焉河伯始旋其面目，望洋《晏·諫》上六"杜扃望羊待於朝"。向若而嘆曰："野語有之曰'聞道百以爲莫己若'者，我之謂也，且夫我嘗聞少仲尼之聞而輕伯夷之義者，始吾弗信，今我睹子之難窮也，吾非至於子之門則殆矣。吾長見笑於大方之家。"

北海若曰："井魚原誤蛙，從王引之校改。《山谷外集》一三《題神仁壽塔》注引作蛙，一五《和答莘老見贈》注同。《淵海》五四、五七同。不可以語於海者，拘於墟也，夏蟲不可以語於冰者，篤於時也，曲士不可以語於道者，束於教也。今爾出於涯涘，觀於大海，乃知爾醜，爾將可與語大理矣。天下之水莫大於海，萬川歸之不知何時止，而不盈，尾閭泄之不知何時已，而不虛，春秋不變，水旱不知，此其過江河之流，不可爲量數。而吾未嘗以此自多者，自以比形於天地而受氣於陰陽，吾在天地之間猶小石小木之在大山也，方存乎見少，又奚以自多？計四海之在天地之間也，不似礨（疊）《淵海》五七作罍。空（坎）奚洞説。之在大澤乎？計中國之在海内，不似稊米之在大倉乎？號物之數謂之萬，人處一焉，"人卒九州穀，食之所生，舟車之所通"十四字當在下文，"人處一焉"四字誤重，并馬叙倫説。此其比萬物也，不似豪末之在馬體乎？大率原誤人卒，用俞樾説改。九州穀食之所生，舟車之所通。詳上。五帝之所連，連猶禪也。三王之所争，仁人之所憂，任士之所勞，盡此矣，伯夷辭之以爲名，仲尼語之以爲博。此其自多也，不似爾向之自多於水乎？"

河伯曰："然則吾大天地而小豪末，可乎？"

北海若曰："否。夫物量無窮，時無止，分無常，終始無故。是故大知觀於遠近，故小而不寡，大而不多，知物量之無窮也；以上并用劉文典説補。證於曏今，猶古今也。故原重此字，今删。遥而不悶（滿），掇而不跂（忮），知時之無止也；以上二字用劉文典説補。察乎盈虚，故得而不喜，失而不憂，知分之無常也；明乎坦途，故生而不悦，死而不禍，知終始之無原作不可，二字用劉文典説改。故也。計人之所知，不若其所不知，其生之時不若未生之時。以其至小求窮其至大之域，是故迷亂而不能自得也。由此觀之，又何以知毫末之足以定至細之倪，又何以知天地之足以窮至大之域？"

河伯曰："世之議者皆曰'至精無形，至大不可圍'，是信情乎？"

北海若曰："夫自細視大者不盡，自大視細者不明，故異便。三字原在後文"大之殷也"下，用馬叙倫説移。夫精，小之微也；垺，大之殷（徽）殷原誤殷。也；此勢之有也。夫精粗者期於有形者也，無形者數之所不能分也，不可圍者數之所不能窮也。可以言諭原作論，從馬叙倫校改。下同。者物之粗也，可以意致者物之精也。言之所不能諭，意之所不能衍察字，用馬叙倫説删。致者，不期裴訓期爲在。精粗焉，是故大人之行，不出乎害人，不多仁恩，動不爲利，不賤門隸，貨財弗争，不多辭讓，事焉不借人，不多食乎力……有奪句，馬叙倫説。不賤貪污，行殊乎俗，不多辟（僻）異，爲在從衆，不賤佞諂，世之爵禄不足以爲勸，戮耻不足以爲辱，知是非之不可爲分，細大之不可爲倪也。聞曰'道人不聞，至德不得，大人無己'，約分之至也。"

河伯曰："若物之外，若物之内，惡至而倪貴賤，惡至而倪小大？"

北海若曰："以道觀之，物無貴賤；以物觀之，自貴而相賤；以俗觀之，貴賤不在己；以差觀之！因其所大而大之，則萬物莫不大，因其所小而小之，則萬物莫不小；（知天地之爲稊米也，知毫末之爲丘山也，則差數睹矣。）以功觀之，因其所有而有之，則萬物莫不有，因其所無而無之，則萬物莫不無；（知東西之相反而不可以相無，則功分定矣。）以趣觀之，因其所然而然之，則萬物莫不然，因其所非而非之，則萬物莫不非。(知堯桀之自然而相非，則趣舍原誤操，用劉文典説改。睹矣。)昔者堯舜讓而帝，之噲讓而絶，湯武争而王，白公争而滅。由此觀之，争讓之禮，堯舜之行，貴賤有時，未可以爲常也。梁麗(欐)可以衝城而不可以窒穴，言殊器也；騏驥驊騮一日而馳千里，捕鼠不如狸狌，言殊技也；鴟鵂夜撮蚤，察毫末，晝出《爾雅翼》二六引出作日，《記纂淵海》四九引仍作出，又五七引同。瞋目而不見丘山，言殊性也。故曰蓋師是而無非，師治而無亂乎？是未明天地之理，萬物之情者也。是猶師天而無地，師陰而無陽，其不可行明矣。然且語而不舍，非愚則誣也。五帝原作帝王，用馬叙倫説改。殊禪，三代殊繼。差其時，逆其俗者謂之簒夫；當其時，順其俗者謂之義徒。默默乎河伯！女惡知貴賤之門，小大之家？"

河伯曰："然則我何爲乎？何不爲乎？吾辭受趣舍，吾終奈何？"

北海若曰："以道觀之，何貴何賤？是謂反衍；猶盤旋也。無拘而志，與道大(夭)蹇。何少何多？是謂謝施；猶委蛇也，吴汝綸説。無一而行，與道參差。嚴嚴用奚侗説補。乎若國之有君其無私德，繇繇乎若祭之有社其無私福，汎汎乎其若四方之無窮，其無所畛域。以上三其字并猶而也。兼懷萬物，其孰承翼？是謂無方。萬物一齊，孰短孰長？道無終始，物有死生，不恃其成，一虚一滿，不位乎其形。年不可舉(距)馬叙倫説。時不可止，消息盈虚，終則有始。是所以語大義之方，論萬物之理也。物之生也若驟若馳，無動而不變，無時而不移，何爲乎？何不爲乎？夫固將自化。"

河伯曰："然則何貴於道邪？"

北海若曰："知道者必達於理，達於理者必明於權，明於權者不以物害己。至德者火弗能熱，水弗能溺，寒暑弗能害，禽獸弗能賊。非謂其薄之也，言察乎安危，寧於禍福，謹於去就，莫之能害也。故曰天在内，人在外。德在乎天。知知後原有天字，疑衍，今删。人之行，本乎天，位乎得(德)蹢躅而屈伸，反要而語極。"

河伯曰："何謂天？何謂人？"

北海若曰："牛馬四足，是謂天，落馬首，穿牛鼻，是謂人。故曰無以人滅天，無以故滅命，無以得殉名，謹守而弗失，是謂反其真。”

一〇三

夔憐蚿，蚿憐蛇，蛇憐風，風憐目，目憐心。

夔謂蚿曰：“吾以一足踸踔而行，子原誤予，從《御覽》九四八引改。無如矣。今子之使萬足，獨奈何？”

蚿曰：“不然。子見夫唾者乎？噴則大者如珠，小者如霧，雜而下者，不可勝數也。今予動吾天機而不知其所以然。”

蚿謂蛇曰：“吾以衆足行而不及子之無足，何也？”

蛇曰：“夫天機之所動，何可易邪？吾安用足哉！”

蛇謂風曰：“予動吾脊脅而行，則似有二字原倒，用馬叙倫説改。也。今子蓬蓬然起於北海，蓬蓬然入於南海，而似無有，何也？”

風曰：“然。予蓬蓬然起於北海而《衍義手鈔》一一引而作“蓬蓬然”三字。入於南海也，然而指我則勝我，蹭（蹴）我亦勝我。雖然，夫折大木蜚大屋者，唯我能也。”“故以衆小不勝爲大勝也，爲大勝者唯聖人能之”十九字疑舊注，今删。然此下仍有敚失……

一〇四

孔子游於匡，宋人圍之數匝，而弦歌不輟，子路入見，曰：“何夫子之娱也！”

孔子曰：“由！從《御覽》四三七引補。來，吾語汝。我諱窮久矣，而不免，命也。求通久矣，而不得，時也。當堯舜而天下無窮人，非知得也，當桀紂而天下無通人，非知失也，時勢適然。夫水行不避蛟龍者，漁父之勇也；陸行不避兕虎者，獵夫之勇也；白刃交於前，視死若生者，烈士之勇也；知窮之有命，知通之有時，臨大難而不懼者，聖人之勇也。由處矣！吾命有所制矣。”

無幾何，將甲者進，辭曰："以爲陽虎也，故圍之，今非也，請辭而退。"

一〇五

公孫龍問於魏牟曰："龍少學先王之道，長而明仁義之行，合同異，離堅白，然不然，可不可，困百家之知，窮衆口之辯，《淵海》五七作説。吾自以爲至達矣。《淵海》作已。今吾聞莊子之言，汒然異之。不知論之不及與？知之弗若與？今吾無所開吾喙，敢問其方？"

公子牟隱几太息，仰天而笑曰："子獨不聞夫埳井之蛙《爾雅翼》二八、《蟹譜》上引作鼃。乎？謂東海之鱉曰："吾樂與！出跳原衍梁字，從馬叙倫校改。《蟹譜》上引有梁字，《淵海》五四引亦有。乎井幹之上，入休乎缺甃之崖，赴水則接腋持頤，蹶泥則没足滅跗，還[視]從馬叙倫校補。《淵海》五四，《蟹譜》，《爾雅翼》二八、三〇兩引俱無視字。虷蟹與科斗，莫吾能若也。且夫擅一壑之水而跨跱埳井之樂，此亦至矣，夫子奚不時來入觀乎？"東海之鱉左足未入而右膝已縶矣。於是逡巡而却，告之曰："夫海，原倒在曰字之上，從《類聚》八、《御覽》六三二引乙轉，俞樾説同。千里之遠不足以舉其大，千仞之高不足以極其深，禹之時十年九潦，而水弗爲加益，湯之時八年七旱，而崖不爲加損。夫不爲頃久推移，不以多少進退者，此亦東海之大樂也。"於是埳井之蛙聞之，適適然驚，規規然自失也。且夫知不知是非之境，而猶欲觀於莊子之言，是猶使蚊虻負山，商蚷馳河也，必不勝任矣。且夫知不知論極妙之言，而自適一時之利者，是非埳井之蛙與？且彼方跐踐也，俗作跴。黄泉而登大皇，無南無北，奭（赫）然四解，淪於不測，無西無東，西東二字原倒，用王念孫説乙。始於玄冥，反於大通。子乃規規然而求之以察，索之以辯，是直用管窺天，用錐指地也，不亦小乎？子往矣！且子獨不聞夫壽陵餘子之學步原誤行，從馬叙倫、劉文典校改。於邯鄲與？未得其原誤國，從奚侗校改。能，又失其故步原誤行，從馬、劉校改。《史詩補遺》一〇《風疾舟中伏枕書懷三十六韻》"奉呈湖南親友"注引作步。矣，直匍匐而歸耳。今子不去，將忘子之故，失子之業。”

公孫龍口呿而不合，舌舉而不下，乃逸而走。

一〇六

莊子釣於濮水[之][上]。從劉文典校補。《山谷内集》六《次韻文潛同游王舍人園》注引無“之上”二字，《淵海》五三引亦無。

楚王使大夫二人往先焉，曰：“願以境内累《山谷内集》六《次韻文潛同游王舍人園》注引累下有子字。矣。《淵海》五三引矣作耳。”

莊子持竿不顧，曰：“吾聞楚有神龜，死已三千歲矣，王巾笥而藏之廟堂之上。此龜者，寧其死爲裴云爲猶而也。留骨而貴乎？寧其生而曳尾於塗中乎？”

二大夫曰：“寧生而曳尾塗中。”

莊子曰：“往矣！吾將曳尾於塗中。”

一〇七

惠子相梁，莊子往見之。或謂惠子曰：“莊子來，欲代子相。”於是惠子恐，搜於國中三日三夜。

莊子往見之曰：“南方有鳥，其名爲鵷雛，子知之乎？夫鵷雛發於南海而飛於北海，非梧桐不止，非練實不食，非醴泉不飲。於是鴟得腐鼠，鵷雛過之，仰而視之，曰：‘嚇！’今子欲以子之梁國而嚇我邪？”

一〇八

莊子與惠子游於濠梁之上。莊子曰：“儵原誤鯈，從劉文典校改。《草堂詩箋》三《陪鄭廣文游何將軍山林十首》箋引亦作儵。《山谷内集》四《奉答謝公定與榮子邕論狄元規孫少述詩長韻》注引亦作儵，《爾雅翼》二八引同。魚出游從容，是魚之《山谷内集》注引無之字。樂也。”

惠子曰：“子非魚，安知魚之樂？”

莊子曰：“子非我，安知我不知魚之樂？”

惠子曰：“我非子，固不知子矣。子固非魚也，子之不知魚之樂全矣。”

莊子曰：“請循其本。子曰‘汝安知魚樂’云者，既已知吾知之而問我，我知之濠上也。”

外十八　至樂

一〇九

天下有至樂無有哉？有可以活身者無有哉？今奚爲，奚據？奚避，奚處？奚就，奚去？奚樂，奚惡？夫天下之所尊者富貴壽善也，所樂者身安、厚味、美服、好色、音聲也，所下者貧賤夭惡也，所苦者身不得安逸，口不得厚味，形不得美服，目不得好色，耳不得音聲。若不得者則大憂以懼，其爲形也亦愚哉！夫富者苦身疾作，多積財而不得盡用，其爲形也亦外矣！夫貴者夜以繼日，思慮善否，其爲形也亦疏矣！人之生也，與憂俱生，壽者惛惛，久憂不死，何之從馬叙倫校補。《衍義手鈔》一二引亦有之字。苦也！其爲形也亦遠矣！烈士爲天下見善矣，未足以活身，吾未知善之誠善邪，誠不善邪。若以爲善矣，不足活身，以爲不善矣，足以活人。故曰“忠諫不聽，蹲循勿争”。故夫子胥争之以殘其形，不争，名亦不成。誠有善無有哉？今俗之所爲與其所樂，吾又未知樂之果樂邪，果不樂邪。吾觀夫俗之所樂，舉群趨者，誙誙然如將不得已，而皆曰樂者，吾未知之樂也，亦未知之不樂也。果有樂無有哉？吾以無爲誠樂矣，又俗之所大苦也。故曰至樂無樂，至譽無譽，天下是非果未可定也。雖然，無爲可以定是非，至樂活身，唯無爲幾存。

請嘗試言之：天無爲以之清，地無爲以之寧，故兩無爲相合，萬物皆化生。從江南古藏本補。芒乎芴乎而無出乎，芴乎芒乎而無有像乎，萬物職職，皆從無爲殖。故曰：天地無爲也而無不爲也！人也孰能得無爲哉？

一一〇

莊子妻死，惠子吊之，莊子則方箕踞鼓盆而歌。

惠子曰："與人居，長子，老身，死不哭，亦足矣，又鼓盆而歌，不亦甚乎？"

莊子曰："不然。是其始死也，我獨何能無概（慨）然？察其始而本無生，非徒無生也，而本無形，非徒無形也，而本無氣，雜乎芒芴之間，變而有氣，氣變而有形，形變而有生，今又變而之死，是相與爲春秋冬夏四時行也。人且偃然寢於巨室，而我噭噭然隨而哭之，自以爲不通乎命，故止也。"

一一一

支離叔與滑介叔觀於冥伯之丘，崑崙之虛，黄帝之所休，俄而柳（瘤）李慈銘説。生其左肘，其意蹶蹶然惡之。

支離叔曰："子惡之乎？"

滑介叔曰："亡，予何惡！生者假借也，"假之而生"四字衍，用馬叙倫説删。生者塵垢也，死生爲晝夜。且吾與子觀化而化及我，我又何惡焉？"

一一二

莊子之楚，見空髑髏，髐然有形，撽以馬捶，因而問之曰："夫子貪生失理，而爲此乎？將子有亡國之事，斧鉞之誅而爲此乎？將子有不善之行，愧遺父母妻子之醜而爲此乎？將子有凍餒之患而爲此乎？將子之春秋故（固）及此乎？"於是語卒，援髑髏枕而卧。

夜半，髑髏見夢曰："[向]從張君房本補。子之談者似辯士，諸原誤視，從《御覽》三七四、又五四八引改。子所言諸猶凡也。皆生人之累也，死則無此矣。子欲聞死之説乎？"

莊子曰："然。"

髑髏曰："死，無君於上，無臣於下，亦無四時之事，泛原誤從，從奚侗校改。然以天地爲春秋，雖南面王樂不能過也。”

莊子不信，曰：“吾使司命復生子形，爲子骨肉肌膚，反子父母妻子閭里知識，子欲之乎？”

髑髏深矉蹙頞曰：“吾安能弃南面王樂，而復爲生人生人原作人間，從劉文典校改。之勞乎！”

一一三

顔淵東之齊，孔子有憂色，子貢下席而問曰：“小子敢問回東之齊，夫子有憂色，何邪？”

孔子曰：“善哉汝問！昔者管子有言，丘甚善之，曰：‘褚（𥶵）郭慶藩説。小者不可以懷大，綆短者不可以汲深。’夫若是者，以爲命有所成而形有所適也。夫不可損益。吾恐回與齊侯言堯舜黄帝之道，而重以燧人神農之言，彼將内求於己而不得，不得則惑，人惑則死。且汝獨不聞邪？昔者海鳥止於魯郊，魯侯御而觴之於廟，奏《九韶》以爲樂，具太牢以爲膳，鳥乃眩視憂悲，不敢食一臠，不敢飲一杯，三日而死。《水經·泗水注》節引，又《達生篇》略同。此以己養養鳥也，非以鳥養養鳥也。夫以鳥養養鳥者，宜栖之深林，游之壇（坦）陸，浮之江湖，食之鰌鰷，隨行列而止，委虵而處。彼唯尺言之惡聞，奚以夫譊譊爲乎！《咸池》《九韶》之樂，張之洞庭之野，鳥聞之而飛，獸聞之而走，魚聞之而下入，人卒聞之，相與還而觀之。魚處水而生，人處水而死，彼必相與異其好惡，故異也。故先聖不一其能，不同其事，名止於實，義設於適，是之謂條達而福持。”

一一四

列子行，食於道徒，（途）原誤從，從郭慶藩校改。見百歲髑髏，攓蓬而指之曰：“唯予與汝知夫原誤而。未嘗死，未嘗生也，汝果養（恙）俞樾説。

乎？恙，憂也。予果歡乎？”

一一五

種有幾，（蟣）幾𧖴并從聲。得水則爲𧖴，得水之際則爲鼃蠙之衣，生於陵屯則爲陵舄。陵舄得鬱栖則爲烏足，烏足之根爲蠐螬，其葉爲胡蝶。胡蝶胥（須）猶斯須也。馬叙倫説。也化而爲蟲，生於竈下，其狀若脱，（蜕）其名爲鴝掇。鴝掇千日化而從《御覽》八八七引及《列子·天瑞篇》補。爲鳥，其名爲乾餘胥。原作骨，從《御覽》八八七引改，下同。乾餘胥之沫爲斯彌，斯彌爲食醯。頤輅生乎食醯黄軦，食醯黄軦，從《御覽》八八七引及《列子·天瑞篇》補。生乎九猷，九猷生乎瞀芮，（蟁蜹）朱駿聲説。以上敓文從張君房本、《御覽》八八七引及《列子·天瑞篇》補。瞀芮生乎腐蠸，腐蠸生乎羊奚。從張君房本及《御覽》八八七引補。羊奚比乎不箰久竹生青寧，《笋譜》引作“筍作生於青寧（𧖴）”。《神異經》：“㭢竹可以爲船，其子美，煮而食之，可以亡創厲。”張華注：“子，笋也。”（《笋譜》引）青寧生程，程生馬，馬生人，人久原作又，從俞樾校。反，入於幾。原作機，用馬叙倫説改。下同。萬物皆出於幾，《笋譜》、《淵海》一引此下兩幾并作機。皆入於幾。

外十九　達生

一一六

達生（性）之情者，不務生之所無以（能）爲。達命之情者，不務命原誤知，用馬叙倫、劉文典説改。之所無奈何。養形必先之以物，物有餘而形不養者有之矣。有生必先無離形，形不離而生亡者有之矣。生之來不能却，其去不能止。悲夫！世之人以爲養形足以存生，而養形果不足以存生則世奚足爲哉？雖不足爲而不可不爲者，其爲不免矣。夫欲免爲形者，莫如弃世。弃世則無累，無累則正（政）平。正（政）平則與彼更生，更生則幾矣。事奚足弃而生奚足遺？弃事則形不勞，遺生則精不虧。夫形全精復，與天爲一。天地者萬物之父母也，合則成體，散則成始。形精不虧，是謂能移，精而又精，反以相天。

一一七

子列子問關尹曰："至人潛行不窒，蹈火不熱，行乎萬物之上而不栗，請問何以至於此？"

關尹曰："是純氣之守也，非知巧果敢之列。（賴）居！予語汝。凡有貌象聲色者皆物也，物與物何以相遠？夫奚足以至乎先？是形從奚侗校補。色而已。則物之造乎不形而止乎無所化，夫得是而窮之者，物焉得而至原誤止，從陶光改。焉？彼將處乎不淫（深）測也。之度，《列子·黄帝篇》作"不深之度"，張注：深，當作淫。同篇"朕之過淫矣"，張注：淫，當作深。同篇又曰"因腹指河之淫隅"，亦即深隅。而藏乎無端之紀，游乎萬物之所終始，壹其性，養其氣，含原作合，從馬叙倫校改。其德，以通乎物之所造——夫若是者，其天守全，其神無郤，物奚自入焉？夫醉者之墜車，雖疾不死，骨節與人同而犯害與人異，其神全也。乘亦不知也，墜亦不知也，死生驚懼不入乎其胸中，是故遻物而不慴。彼得全於酒而猶若是，而况得全於天乎？聖人藏於天，故莫之能傷也。復仇者不折鏌干，雖有忮心者不怨飄瓦。是以天下平均，故無攻戰之亂，無殺戮之刑者，由此道也。不開人之天而開天之天。開天者德生，開人者賊生。不厭其裴云其猶於也。天，不忽於人，此下衍民字，用馬叙倫説删。幾乎以裴云以猶有也。其真。”

一一八

仲尼適楚，出於林中，見痀僂者承蜩，猶掇之也。仲尼曰：“子巧乎！有道邪？”

曰：“我有道也。五六月累二丸二字原倒，從劉文典校乙。而不墜，則失者錙銖，累三而不墜，則失者十一，累五而不墜，猶掇之也。吾處身也若橛株拘，吾執臂也若槁木之枝，雖天地之大，萬物之多，而唯蜩翼之知，吾不反不側《山谷外集》一劉明仲《墨竹賦》注引作仄。不以萬物易蜩之翼何爲而不得？”

孔子顧謂弟子曰：“用志不分，乃疑（擬）疑原作凝，從俞樾、馬叙倫校改。於神，其痀僂丈人之謂乎！”

一一九

顔淵問仲尼曰：“回原作吾，從《御覽》七六八引改。《山谷外集》一一《辛酉憩刀坑口》注引作吾。嘗濟乎觴深之淵，津人操舟若神。吾問焉曰：‘操舟可學邪？’曰：‘可。善游者數[習][而][後]從《六帖》一一引補。下同。《山谷外集》一一《辛酉憩坑口》注引數下無“習而後”三字。能，若乃夫没人，則未嘗見舟而便操之也。’吾問焉而不吾告。敢問何謂也？”

仲尼曰：“善游者數[習][而][後]能，忘水[故]從《御覽》七八六引補。也，若乃夫没人之未嘗見舟而便操之也，彼視淵若陵，視舟之覆，猶其車却也，其猶之也。覆却萬方陳乎前，而不得入其舍，惡往而不暇？以瓦注者巧，以鈎注者憚，以黄金注者殙，《山谷内集》八《次韻冕仲考進士試卷》注、《淵海》五九引作昏。《淵海》亦作惛。其巧一也，而有所矜，則重外也。凡外重者内拙。”

一二〇

田開之見周威公，威公曰：“吾聞祝腎學生，吾子與祝腎游，亦何聞焉？”

田開之曰：“開之操拔彗以侍門庭，亦何聞於夫子？”

威公曰：“田子無讓，寡人願聞之。”

開之曰：“聞之夫子曰：‘善養生者，若牧羊然，視其後者而鞭之。’”

威公曰：“何謂也？”

田開之曰：“魯有單豹者，巖居而谷原誤水，從馬叙倫校改。飲，不與民共利，行年七十而猶有嬰兒之色，不幸遇餓虎，餓虎殺而食之。有張毅者，見從劉得一本補。高門縣薄，無不走（趣）也，行年四十而有内熱之病以死。豹養其内而虎食其外，毅養其外而病攻其内，此二子者，皆不鞭其後者也。”

一二一

仲尼曰：“無入而藏，無出而陽（楊），柴立其中央。三者若得，其名必極。夫畏途者十殺一人，則父子兄弟相戒也，必盛卒徒而後敢出焉，不亦知乎！人之所取（最）畏者，衽席之上，飲食之間，而不知爲之戒者，不知之知之二字從馬叙倫校補。審文義知上當更有不字。過也。”

一二二

祝宗人玄端以臨牢筴，説彘曰："汝奚惡死？吾將三月豢汝，十日戒，三日齋，藉白茅，加汝肩尻乎雕俎之上，則汝爲之乎？"爲彘謀，則原誤曰。不如食以糠糟而錯之牢筴之中。自爲謀，則苟生有軒冕之尊，死得於腞楯之上，聚僂（翣蔞）之中則爲之。爲彘謀則去之，自爲謀則取之，[其]從張潛夫本補。所異彘者何也？

一二三

桓公《容齋》五筆九引作威公，誤。田於澤，管仲御，見鬼焉，《晏·諫》下一〇："景公出獵，下山見蛇。"公撫管仲之手曰："仲父何見？"對曰："臣無所見。"公反，誒詒爲病，數日不出。

齊士有皇子告敖者曰："公則自傷，鬼惡能傷公？夫忿滀之氣，散而不反，則爲不足，上而不下則使人善怒，下而不上則使人善忘，不上不下，中身當心，則爲病。"

桓公曰："然則有鬼乎？"

曰："有。沈（煁）俞樾説。有履，竈有髻，户内之煩壤，雷霆處之，東北方之下者，倍阿鮭蛙蠪躍之，西北方之下者，則泆陽處之，水有罔象，丘有峷，山有夔，野有彷徨，澤有委蛇。"

公曰："請問委蛇之狀如何？"

皇子曰："委蛇其大如轂，其長如轅，紫衣而朱冠，其爲物也惡，聞雷車之聲則捧其首而立。見之者殆乎霸。"

桓公輾然而笑曰："此寡人之所見也！"於是正衣冠與之坐，不終日而不知病之去也。

一二四

紀渻子《湖海》六二引作齊宣王，爲王養鬥鷄，十日而問："鷄可鬥從《列子·黄帝篇》補。已乎？"

曰："未也，方虚憍而恃氣。"

十日又問。

曰："未也，猶應嚮（響）景。"

十日又問。

曰："未也，猶疾視而盛氣。"

十日又問。

曰："幾矣。鷄雖有鳴者，已無變矣。望之似木鷄矣，其德全矣。異鷄無敢應，從馬叙倫讀。見從馬叙倫校補。者反走矣。《列子》矣作耳。"

一二五

孔子觀於吕梁，縣水三三原誤四，從劉文典校改。十仞，流沫十里，黿鼉魚鱉之所不能游也。見一丈夫游之，以爲有苦而欲死也，使弟子并流而拯之，數百步而出，被髮行歌而遊原誤游，從《御覽》三九五引改。於塘下。孔子從而問焉曰："吾以子爲鬼，察子則人也。請問蹈水有道乎？"

曰："亡，吾無道。吾始乎故，長乎性，成乎命，與齊俱入，與汩俱出，從水之道而不爲私焉，此吾所以蹈之也。"

孔子曰："何謂始乎故，長乎性，成乎命？"

曰："吾生於陵而安於陵，故也，長於水而安於水，性也，不知吾所以然而然，命也。"

一二六

梓慶（匠）削木爲鐻，鐻成，見者驚猶鬼神。魯侯出而問焉曰："子何術以爲焉？"

對曰："臣工人，何術之有？雖然，有一焉。臣將爲鐻，未嘗敢以耗氣也，必齋以静心。齋三日，而不敢懷慶賞爵禄，齋五日，不敢懷非譽巧拙，齋七日，輒（縶）然忘吾有四枝形體也。當是時也，無公朝，其巧專而外滑消，然後入山林，觀天性。形軀至矣，此下"然後成見鐻"五字用馬叙倫説删。然後加手焉。不然，則已，則以天合天。器之所以疑（擬）神者，其[由]從馬叙倫校補是與！"

一二七

東野稷以御見莊公，進退中繩，左右旋中規，莊公以爲[造]父造字原缺，父誤作文，從錢大昕、劉文典校補正。弗過也，使之鉤百（�）而[少]及少字原缺，及誤作反，從馬叙倫説補正。焉。顔闔遇之，入見曰："稷之馬將敗。"公密（默）而不應。少焉，果敗而反。公曰："子何以知之？"曰："其馬力竭矣，而猶求焉，故曰敗。"《説郛》引敗上有必字。

一二八

工倕旋而蓋（割）此下原有規字，用章炳麟説删。矩，指與物化，而不以心稽，故其靈臺而不桎。

一二九

忘足，屨之適也。忘要，帶之適也。此下原衍知字，從張君房、文如海本删。忘是非，心之適也。不内變，不外從，事會之適也。始乎適而未嘗不適者，忘適之適也。

一三〇

有孫休者，踵門而詫子扁慶子曰："休居鄉不見謂不修，臨難不見謂不勇，然而田原不遇歲，事君不遇世，賓（擯）於鄉里，逐於州部，則胡罪乎天哉，休惡遇此命也？"

扁子曰："子獨不聞夫至人之自行邪？忘其肝膽，遺其耳目，芒然彷徨乎塵垢之外，逍遥乎無事之業（孽），始也。是謂爲而不恃，長而不宰。今汝飾知以驚愚，修身以明汙，昭昭乎若揭日月而行也，汝得全而形軀，具而九竅，無中道夭於聾盲跛蹇，而比於人數，亦幸矣，又何暇乎天之怨哉？子往矣！"

孫子出。扁子入，坐有間，仰天而嘆。

弟子問曰："先生何爲嘆乎？"

扁子曰："何者休來，吾告之以至人之德，吾恐其驚而遂至於惑也。"

弟子曰："不然。孫子之所言是邪，先生之所言非邪，非固不能惑是。孫子所言非邪，先生所言是邪，彼固惑而來矣。又奚罪焉？"

扁子曰："不然。昔者有鳥止於魯郊。魯君悦之，爲具太牢以饗之，奏《九韶》以樂之。鳥乃始憂悲眩視，不敢飲食。此之謂以己養養鳥也。若夫以鳥養養鳥者，則宜栖之深林，游之平陸，浮之江湖，食之以鰌鰷委蛇而處以上原多奪亂，用俞樾、馬叙倫説補正。而已矣。今休款啓寡聞之民也，吾告以至人之德，譬之若載鼷以車馬，樂鴳《山谷外集》一三《題神移仁壽塔》注引鴳作鷃，惡作烏。以鐘鼓也，彼又惡能無驚乎哉？"

外二十　山木

一三一

莊子行於山中，見大木，枝葉盛茂，《淵海》一引作茂盛。伐者止其旁而不取也。問其故，曰："無所可用。"莊子曰："此木以不材得終天原誤夫，下又衍子字，從馬叙倫校補正。年矣。"出於山，及邑，從《類聚》九一及《吕氏春秋·必己篇》補。舍於故人之家。故人喜，具酒食，從劉。命豎子殺雁而亨（享）原誤烹，從王念孫校改。之。豎子請曰："其一能鳴，其一不能鳴，請奚殺？"主人曰："殺不能鳴者。"

明日，弟子問於莊子曰："昨日山中之木，以不材得終其天年，今主人之雁以不材死，先生將何焉？從《類聚》九一、《御覽》七一九引補。"

莊子笑曰："周將處夫材與不材之間乎！從世德堂本及《類聚》九一引補。材也不材之間，似之而非也，故未免乎累。若乎乘道德而浮游，則不然。無譽無訾，一龍一蛇，與時俱化，而無肯專爲，一下一上，下上二字原倒，用俞樾説改。以和爲量，浮游乎萬物之祖，物物而不物於物，則胡可得而累邪？此神農黄帝之法則也。若夫萬物之情，人倫之傳，則不然。合則離，成則毁，廉則挫，尊則議（俄），有爲則虧，賢則謀，不肖則欺，胡可得而必乎哉？悲夫！弟子志之，其唯道德之鄉乎！"

一三二

市南宜僚見魯侯，魯侯有憂色。市南子曰："君有憂色，何也？"

魯侯曰："吾學先王之道，修先君之業，吾敬鬼尊賢，親而行之，無須臾原衍離字，從俞樾校删。居，然不免於患，吾是以憂。"

市南子曰："君之除患之術淺矣。夫豐狐文豹棲於山林，伏於巖穴，静也，夜行晝居，戒也，雖飢渴隱約，猶且原誤旦，從馬叙倫校改。唐寫本同。《山谷外集》一〇《四月戊申賦鹽萬歲山中仰懷外舅謝師厚》注引亦作且。胥疏（須臾）（踽踽），猶逍遥也。於江湖之上而求食焉，定也，然且從《淵海》五七引補。不免於罔羅機辟之患，是何罪之有哉？其皮爲之災也。今魯國獨非君之皮邪？吾願君刳形去皮，灑心去欲，而游於無人之野。南越有邑焉，名爲建德之國，其民愚而樸，少私而寡欲，知作而不知藏，與而不求其報，不知義之所適，不知禮之所將，猖狂妄行，乃蹈乎大方，其生可樂，其死可葬。吾願君去國捐俗，與道相輔而行。”

君曰：“彼其道遠而險，又有江山，我無舟車，奈何？”

市南子曰：“君無形倨無留居以爲君車。”

君曰：“彼其道幽遠而無人，吾誰與爲鄰？吾無糧，我無食，安得而至焉？”

市南子曰：“少君之費，寡君之欲，雖無糧而乃（能）足。君其涉於江而浮於海，望之而不見其崖，愈往而不知其所窮，送君者皆自崖而反，君自此遠矣。故有人者累，見有於人者憂。故堯非有人，非見有於人也。吾願去君之累，除君之憂，而獨與道游於大莫（漠）之國。

“方舟而濟於河，有虚船來觸舟，雖有褊心之人不怒。有一人在其上，則一呼張之，一呼以上從馬叙倫校補。歙之，一呼而不聞，再呼而不聞，於是三呼邪，則必以惡聲隨之。向也不怒而今也怒，向也虚而今也實也。人能虚己以游於從唐寫本及《文選》王仲寶《褚淵碑文》注引補。世，其孰能害之？”

一三三

北宫奢爲衛靈公賦斂以爲鐘（鍾），爲壇乎郭門之外，三月而成上下之縣。

王子慶忌見而問焉曰：“子何術之設？”

奢曰：“一之耳，原誤聞，從馬叙倫校改。無敢設也。奢聞之，既雕既琢，復歸於樸，侗乎其無識，儻乎其怠疑（佁儗），萃乎芒乎，其送往而迎來，來者勿禁，往者勿止，從其强梁，隨其曲傅，原誤傳，從馬叙倫校改。《山谷外集》一一《己未過太湖僧寺得宗汝爲書寄山蕷白酒長韻寄答》注引傳作轉。因其自窮也。從唐寫本補。故裴云故猶夫也。朝夕賦斂而毫毛不挫，而况有大途者乎？”

一三四

孔子圍於陳蔡之間，七日不火食，太公任往吊之曰：“子幾死乎？”

曰：“然。”

曰：“子惡死乎？”

曰：“然。”

任曰：“予嘗言不死之道。東海有鳥焉，其名曰意怠。其爲鳥也，翂翂翐翐而似無能，引援而飛，迫脅而栖，進不敢爲前，退不敢爲後，食不敢先嘗，必取其緒，是故其行列不斥，而從馬叙倫校删外字。人卒不得害，是以免於患。直木先伐，甘井先竭，子其意者飾知以驚愚，修身以明汙，昭昭乎如揭日月而行，故不免也。昔吾聞之大成之人曰：‘自伐者無功，功成者墮，名成者虧。孰能去名與功，而還反無成？孰能去與功，而還與衆人同？以上并依《管子·白心篇》補。’道流而不明（名）居，得（德）行而不名處，純純常常，乃（而）比於狂，削迹捐勢，不爲名功，二字原倒，從唐寫本乙。是故無責於人，人亦無責焉。至人不聞，子何喜哉？”

孔子曰：“善哉！”辭其交游，去其弟子，逃於大澤，衣裘褐，食杼栗，入獸不亂群，入鳥不亂行。鳥獸不惡，而况人乎？

一三五

孔子問子桑雽曰：“吾再逐於魯，伐樹於宋，削迹於衛，窮於商周，圍於陳蔡之間，吾犯此數患，親交益疏，徒友益散，何與？”

子桑雩曰：“子獨不聞於殷原作假，從孫詒讓校改。人之亡與？林回弃千金之璧，負赤子而趨。或曰：‘爲其布與？赤子之布寡矣。爲其累與？赤子之累多矣。弃千金之璧，負赤子而趨，何也？’林回曰：‘彼以利合，此以天屬者從唐寫本及《文選》王仲寶《褚淵碑文》注引補。也。’夫以利合者迫窮禍患害相弃也，以天屬者迫窮禍患害相收也。夫相收之與相弃亦遠矣！且君子之交淡若水，小人之交甘若醴，君子淡以親，小人甘以絶。《表記》語略同。彼無故以合者則無故以離。”

孔子曰：“敬聞命矣！”徐行翔佯而歸，絶學捐書，弟子無挹（揖）於前，其愛益加進。

異日桑雩又曰：“舜之將死，逌令（命）原誤真、泠。《説郛》泠作命。用王引之説改。禹曰：‘汝戒之哉！形莫若緣，情莫若率。緣則不離，率則不勞。不離不勞，則不求文以待形，不求文以待形，固不待物。’”

一三六

莊子衣大布而補之，正縻（絜）繫履而過魏王，正，治也。絜，麻耑。魏王曰：“何先生之憊邪！”

莊子曰：“貧也，非憊也。士有道德，不能行，憊也。衣弊履穿，貧也，非憊也。此所謂非遭時者從唐寫本補。也。王獨不見夫騰猿乎？其得柟梓豫章也，攬蔓其枝而王長其間，雖羿、逢蒙不能睥睨也。及其得柘棘枳枸之間也，危行側視，振動悼慄，此筋骨非有加急而不柔也，處勢不便，未足以逞其能也。今處昏上亂相之間而欲無憊，奚可得邪？此比干之見剖心，微原誤徵，用馬叙倫説改，子之□□□參馬叙倫説補。也夫！”

一三七

孔子窮於陳蔡之間，七日不火食，左據槁木，右擊槁枝，而歌猋原作猋，從唐寫本改。劉秀生説同。《路史·前紀》七注引亦作猋，又而上有晨起二字。氏之風，有其具而無其數，有其聲而無宫角，木聲與人聲梨然，有當於人之心。顔回端拱還（睔）目而窺之。仲尼恐其廣己而造大也，愛己而造哀也。曰："回！無受天捐易，無受人益難，無始而非卒也，人與天一也。夫今之歌者其誰乎？"

回曰："敢問無受天損易。"

仲尼曰："飢渴寒暑窮桎不行。天地之行也，運物之泄也，言與之偕逝之謂也。爲人臣者不敢去之。執臣之道猶若是，而况乎所以待天乎？"

"何謂無受人益難？"

仲尼曰："始用四達，爵禄并至而不窮。物之所利，乃非己也，吾命有原誤其，從唐寫本改，馬叙倫校同。在外者也。君子不爲盗，賢人不爲竊，吾若取之，何哉？故曰鳥莫知於鷾鴯，目之所不宜處，不絡（略）原誤給，從馬叙倫校改。視，雖落其實，弃之而走。其畏人也而襲（習）諸人間，黍原誤社。稷存焉耳，何爲無始。"

"何謂無始而非卒？"

仲尼曰："其化二字原倒。萬方原誤物，從唐寫本改。而不知其禪之者，焉知其所終？焉知其所始？正而待之而已耳。"

"何謂人與天一邪？"

仲尼曰："有人，天也，有天亦天也。人之不能有天，性也，聖人晏然體逝而終矣。"

一三八

莊周游乎雕陵之樊，睹一異鵲自南方來者，翼廣七尺，目大運寸，感周之顙而集於栗林。莊周曰："此何鳥哉？翼殷不逝，目大不睹。"蹇（攐）裳躩步，執彈而留之。睹一蟬方得美蔭而忘《淵海》五二忘作亡，下同。其身，螳蜋執翳而搏之，見得而忘其形，異鵲從而利之，見利而忘其真。莊周怵然曰："噫！物固相累，二類相召也！"捐彈而反走，虞人逐而誶之。

莊周反入，三日原誤月，從王念孫校改。不庭（甹），藺且從而問之："夫子何爲頃間甚不庭乎？"

莊周曰："吾守形而忘身，觀於濁水而迷於清淵。且吾聞諸夫子曰：'入其俗，從其俗。'今吾游於雕陵而忘吾字從唐寫本删。身，異鵲感吾顙，游於栗林而忘真，原有栗林二字，從唐寫本、張君房本删。虞人以吾爲戮，吾所以不庭也。"

一三九

陽子之宋，宿於逆旅。逆旅人有妾二人，其一人美，其一人惡，惡者貴而美者賤。陽子問其故。逆旅小子對曰："其美者自美，吾不知其美也，其惡者自惡，吾不知其惡也。"

陽子曰："弟子記之，行賢而去自賢之心，原誤行，用奚侗、劉文典説改。安往而不愛哉！"

外二十一　田子方

一四〇

田子方侍坐於魏文侯，數稱谿工。文侯曰："谿工，子之師邪？"

子方曰："非也，無擇之里人也，稱道數當，故無擇稱之。"

文侯曰："然則子無師邪？"

子方曰："有。"

曰："子之師誰邪？"

子方曰："東郭順子。"

文侯曰："然則夫子何故未嘗稱之？"

子方曰："其爲人也真，人貌而天虛，緣疑虛緣二字倒。而葆真，清而容物，物無道，正容以悟之，使人之意也消。無擇何足以稱之？"

子方出，文侯儻然終日不言。召前立臣而語之曰："遠矣！全德之君子。始吾以聖知之言仁義之行爲至矣。吾聞子方之師，吾形解（懈）而不欲動，口鉗而不欲言。吾所學者直土梗耳！夫魏真爲我累耳！"

一四一

温伯雪子適齊，舍於魯，魯人有請見之者。温伯雪子曰："不可。吾聞中國之君子明乎禮義，而陋於知人心，吾不欲見也。"

至於齊，反舍於魯，是人也又請見。温伯雪子曰："往也《説郛》作者。蘄見我，今也又蘄見我，是必有以振我也。"

出而見客，入而嘆，明日見客，又入而嘆。

其僕曰："每見之客也必入而嘆，何邪？"

曰："吾固告子矣，中國之民，明乎禮义而陋乎知人心。昔之見我者，進退一成規，一成矩，從容一若龍，一若虎，其諫我也似子，其道

（導）我也似父，是以嘆也。”

仲尼見之不言[而][出]。從馬叙倫校補。

子路曰：“夫原作吾，從劉文典校改。子欲見温伯雪子久矣，見之而不言，何邪？”

仲尼曰：“若夫人者，目擊而道存矣，亦不可以容聲矣。”

一四二

顔淵問於仲尼曰：“夫子步亦步，夫子趨亦趨，夫子馳亦馳，夫子奔逸絶塵而回瞠乎若後矣。”

仲尼原作夫子，用馬叙倫説。曰：“回何謂邪？”

曰：“夫子步亦步也，夫子言亦言也。夫子趨亦趨也，夫子辯亦辯也。夫子馳亦馳也，夫子言道，回亦言道也。及奔逸絶塵而回瞠若乎後《淵海》五六作瞠乎若後。者，夫子不言而信，不比而周，無器而民蹈乎前，而不知所以然而已矣。”

仲尼曰：“惡！可不察與？夫哀莫大於心死，而人死亦次之。日出東方而入於西極，萬物莫不比方，有首原誤目，從馬叙倫校改。有趾者待是而後成功，是出則存，是入則亡，萬物亦然，有待也而死，有待也而生，吾一受其成形而不化以待盡，效物而動，日夜無隙而不知其所終，薰然其成形，知命不能規乎其前，丘以是日徂。吾終身與汝交一臂《文選·喻巴蜀檄文》“交臂受事”，注：“交臂，拱手也。”而失之，可不哀與？汝殆著乎吾所以著也。彼已盡矣，而汝求之以爲有，是求馬於唐肆也。吾服（復）下同。汝也甚忘，汝服吾也亦甚忘。雖然汝奚患焉？雖忘乎吾，吾故（固）原倒在乎下有不忘者存。《説郛》引“忘乎故吾”，“雖忘故吾，吾有不忘者存”。”

一四三

孔子見老聃，老聃新沐，方將被髮而乾，慹（縶）然似非人，孔子便（屏）章炳麟説。而待之。少焉見，曰："丘也眩與？其信然與？向者先生形體掘（柮）馬叙倫説。若槁木，《説文》：柮，斷木也。似遺物離人而立於獨也。"

老聃曰："吾游原衍心字，從馬叙倫校删。於物之初。

孔子曰："何謂邪？"

曰："心困焉而不能知，口辟焉而不能言，嘗爲汝議乎其將（狀）。至陰肅肅，至陽赫赫，肅肅出乎天，赫赫發乎地，兩者交通成和而物生焉。或爲之紀而莫見其形，消息滿虚，一晦一明，日改月化，日有所爲而莫見其功，生有所乎萌，死有所乎歸，始終相反乎無端而莫知乎所窮，非是也且孰爲之宗？"

孔子曰："請問游是。"

老聃曰："夫得是，至美至樂也。得至美而游乎至樂，謂之至人。"

孔子曰："願聞其方。"

曰："草木之獸不疾易藪，水生之蟲不疾易水，行小變而不失其大常也。"喜怒哀樂不入於胸次"九字移在下文。夫天下也者，萬物之所一也。得其所一而同焉，則喜怒哀樂不入於胸次，四支百體將爲塵垢，而死生終始將爲晝夜，而莫之能滑，而况得喪禍福之所介乎？弃隸者若弃泥塗，知身貴於隸也。貴在於我，而不失於變，且萬化而未始有極也，夫孰足以患心已？爲道者解乎此。"

孔子曰："夫子德配天地，而猶假至言以修心，古之君子孰能脱焉？"

老聃曰："不然。夫水之於汋也，無爲而才自然矣。至人之於德也，不修而物不能離焉。若天之自高，地之自厚，日月之自明，夫何修爲？原誤焉，從劉秀生校改。《文選》晳束《補亡詩》注引同。"

孔子出，以告顔回曰：“丘之於道也，其猶醯鷄與！微夫子之發吾覆也，吾不知天地之大全也。”

一四四

莊子見魯哀公，哀公曰：“魯多儒士，少爲先生方者。”

莊子曰：“魯少儒。”

哀公曰：“舉魯國而儒服，何謂少乎？”

莊子曰：“周聞之，儒者冠圜冠者知天時，履方原作句，從劉文典校改。《釋文》音矩，李云方也。《爾雅翼》一五引仍作句。屨者知地形，《禮記》：“知天者冠述，知地者履絇。”緩（綰）佩玦者事至而斷。君子有其道者，未必爲其服也，爲其服者未必知其道也。公固以爲不然，何不號於國中曰：‘無此道而爲此服者，其罪死？’”

於是哀公號之，五日而魯國無敢儒服者。獨有一丈夫，儒服而立於公門，公即召而問以國事，千轉萬變而不窮。

莊子曰：“以魯國而儒者一人耳，可謂多乎？”

一四五

百里奚爵禄不入於心，故飯牛而牛肥，使秦穆公忘其賤，與之政也。有虞氏死生不入於心，故不足以動人。

一四六

宋元君將畫圖，衆史皆至，受揖而立，舐筆和墨，在外者半。有一史後至者，儃儃然不趨，受揖不立，因之舍。公使人視之，則解衣槃礴羸。君曰：“可矣！是真畫者也！”

一四七

文王觀於臧，見一丈人原誤夫，從馬叙倫校改。釣，而其釣莫釣，非持其釣以原誤有釣者也，兩其釣之釣字并讀爲鈎。常釣也。文王欲舉而授之政，而恐大臣父兄之弗安也，欲終而釋之，而不忍百姓之無天也，於是旦屬之大夫曰："昔者寡人夢見良人，黑色而頿，乘駁馬而偏朱蹄，號曰：'寓而政於臧丈人，庶幾乎民有瘳乎！'"

諸大夫蹴然曰："先君令從俞樾説、馬叙倫校補。王也。"

文王曰："然則卜之。"

諸大夫曰："先君之命，王其無它，又何卜焉？"

遂迎臧丈人而授之政，典法無更，偏令無出。

三年，文王觀於國，則列士壞植散群，長官者不成德，斔斛不敢入於四境。列士壞植散群，則尚同也。長官者不成德，則同務也。斔斛不敢入於四境，則諸侯無二心也。文王於是焉以爲大師，北面而問曰："政可以及天下乎？"

臧丈人昧然而不應，泛然而辭，朝令而夜遁，終身無聞。

顔淵問於仲尼曰："文王其猶未邪？又何以夢爲邪？"

仲尼曰："默！汝無言！夫文王盡之也，而又何論刺焉？彼直以循斯須也。"

一四八

列禦寇爲伯昏無人射，引之盈貫，措杯水其肘上，發之，適矢復沓，方矢復寓（韝）馬叙倫説。當是時，猶象人也。伯昏無人曰："是射之射，非不射之射也。嘗與汝登高山，履危石，臨百仞之淵，若能射乎？"

於是伯昏從劉文典校補。無人遂登高山，履危石，臨百仞之淵，背逡巡，足二分垂在外，揖禦寇而進之。禦寇伏地，汗流至踵。

伯昏無人曰："夫至人者，上闚青天，下潜黄泉，揮斥八極，神氣不變。今汝怵然有恂（眴）目之志，爾於中也殆已夫！"

一四九

肩吾問於孫叔敖曰："子三爲令尹而不榮華，三去之而無憂色。吾始也疑子，今視子之鼻間栩栩然，子之用心獨奈何？"

孫叔敖曰："吾何以過人哉？吾以其來不可却也，其去不可止也，吾以爲得失之非我也，而無憂而已矣。我何以過人哉？且不知在彼乎，其在我乎，其在彼邪，亡我乎，在我邪，亡彼乎，方將躊躇，方將四顧，何暇至乎人貴人賤哉？"

仲尼聞之，曰："古之真人，知者不得説，美人不得濫，盗人不得劫，伏羲黄帝不得友。死生亦大矣，而無變乎己，况爵禄乎？若然者，其神經乎大山而無介，入乎淵泉而不濡，處卑細而不憊，充滿天地，既以與人己愈有。"

一五〇

楚王與凡《隱七年》"凡伯來聘"，杜注曰："汲郡共縣東南有凡城。"《水經·清水注》引司馬彪、袁山松《郡國志》共縣有凡亭，周凡伯國。君坐，少焉，楚王左右曰："凡亡者三。"

凡君曰："凡之亡也，不足以喪吾存，則楚之存不足以存□存。由是觀之，則凡未始亡而楚未始存也。"

外二十二　知北游

一五一

知北游於玄水之上，登隱弅之丘，而適曹無爲謂焉。知謂無爲謂曰："予欲有問乎若：何思何慮則知道？何處何服（伏）則安道？何從何道（由）則得道？"三問而無爲謂不答也。非不答，不知答也。

知不得問，反於白水之南，登狐闋之上，而睹狂屈（僪）焉。知以之言也問乎狂屈。狂屈曰："唉！予知之，將語若。中欲言而忘其所欲言。"

知不得問，反於帝宫，見黄帝而問焉。黄帝曰："無思無慮始知道，無處無服（伏）始安道，無從無道（由）始得道。"

知問黄帝曰："我與若知之，彼與彼不知也，其孰是邪？"

黄帝曰："彼無爲真是也，狂屈似之，我與汝終不近也。夫知者不言，言者不知，故聖人行不言之教。道不可致，德不可至，仁可爲也，義可虧也，禮相僞也。故曰失道而後德，失德而後仁，失仁而後義，失義而後禮。禮者道之華而亂之首也。故曰爲道者日損。損之又損之，以致於無爲，無爲而無不爲也。今已爲物也，欲復歸根，不亦難乎？其易也，其唯大人乎！生也死之徒（途），死也生之始，孰知其紀？人之生，气之聚也。聚則爲生，散則爲死。若死生爲徒，吾又何患！故萬物一也，是其所美者爲神奇，其所惡者爲臭腐，臭腐復化爲神奇，神奇復化爲臭腐，故曰通天下一氣耳。聖人故貴一。"

知謂黄帝曰："吾問無爲謂，無爲謂不我應，二字原倒。非不我應，不知應我也。吾問狂屈，狂屈中欲告我而不我告，非不我告，中欲告而忘之也。今予問乎若，若知之，奚故不近？"

黄帝曰："彼其真是也，以其不知也。此其似之也，以其忘之也。予與若終不近也，以其知之也。"

狂屈聞之，以黄帝爲知言。

一五二

天地有大美而不言，四時有明法而不議；萬物有成理而不説。聖人者，原天地之美而達萬物之理，是故至人無爲，大聖不作，觀於天地之謂也。今彼神明至精，與彼百化，物、己、死、生、方、圓，莫知其根也，扁（遍）然而（如）萬物，自古以固存，六合爲巨，未離其内，秋毫爲小，待之成體，天下莫不沉浮，終身不故（居），陰陽四時，運行各得其序，惛然若亡而存，油然不形而神，萬物而不知，此之謂本根，可以觀於天矣。

一五三

齧缺問道乎被衣，被衣曰："若正汝形，一汝視，天和將至，攝汝知，正原誤一，從俞樾校改。汝度，（宅）馬叙倫説。神將來舍，德將爲汝容，原誤美，從馬叙倫校改。道將爲汝居，汝瞳焉如新生之犢，而無（毋）求其故……"

言未卒，齧缺睡寐。被衣大悦，行歌而去之，曰："形若槁骸，心若死灰，真實不知，原作"真其實知"，依《淮南子·原道篇》改。不以故自持，媒媒晦晦，無心而不可與謀——彼何人哉！"

一五四

舜問乎丞曰："道可得而有乎？"

曰："汝身非汝有也，汝何得有夫道？"

舜曰："吾身非吾有也，孰有之哉？"

曰："是天地之委形也。生非汝有，是天地之委和生活之活即和字也；性命非汝有，是天地之委順也；孫子《記纂淵海》五一引仍作孫子。非汝有，是天地之委蜕也。故行不知所往，處不知所持，食不知所味。天地，原衍之字，從陶光校删。陰原誤强，用陶光説改。陽叙氣也，又胡可得而有邪！”

一五五

孔子問於老聃曰：“今日晏閑，敢問至道。”

老聃曰：“汝齋戒疏瀹《説郛》作瀹，《山谷外集》一三《答永新宗令寄石耳》注、《淵海》六二引同。而心，澡雪而精神，掊擊而知。夫道窅然難言哉！將爲汝言其崖略。夫昭昭生於冥冥，有倫生於無形，精神生於道，形體原作本，疑體之誤。生於精，而萬物以形相生。故九竅者胎生，八竅者卵生，其來無迹，其往無崖，無門無房，四達之皇皇也。邀於此者，四肢强良用奚侗説補。思慮恂（睿）達，耳目聰明，其用心不勞，其應物無方。天不得不高，地不得不廣，日月不得不行，萬物不得不昌，此其道與！且夫博之不必知，辯之不必慧，聖人以（已）斷之矣。若夫益之而不加益，損之而不加損者，聖人之所保（寶）也。淵淵乎其若海，巍巍乎其若山用馬叙倫説補。終則復始也，運（賑）量萬物而不匱，則君子之道。彼其外與萬物皆往，資焉而不匱，此其道與！中國有人焉，非陰非陽，處於天地之間，直且爲人，將反於宗。自本觀之，生者暗醷物也，雖有壽夭，相去幾何！須臾之説也，奚足以爲堯桀之是非！”

一五六

果蓏有理，人倫雖（唯）難（然），所以相齒。聖人遭之而不違，過之而不守。調（周）而應之，德也，偶而應之，道也，帝之所興，王之所起也。

一五七

人生天地之間，若白駒之過郤，忽然而已。注然勃（浡）然，莫不出焉，油（漻）然漻（流）然，莫不入焉。已化而生，又化而死，物化。生物哀之，人類悲之。解其天弢，墮其天袠（帣），紛乎宛（紜）乎，魂魄將往，乃身從之，乃大歸乎！

一五八

不形之形，形之不形，是人之所同知也——非特原誤將。至[人]從馬叙倫校補。之所務也，此衆人之所同論也。彼至則不論，論則不至，明見無值，辯不若默，道不可聞，聞不若塞。此之謂大得。

一五九

東郭子問於莊子曰："所謂道，惡乎在？"

莊子曰："無所不在。"

東郭子曰："期而後可。"裴云：期，極也，至也。

莊子曰："在螻蟻。"

曰："何其下邪！"

曰："在稊稗。"

曰："何其愈下邪！"

曰："在瓦甓。"

曰："何其愈甚邪！"

曰："在屎溺。"

東郭子不應。

莊子曰："夫子之問也，固不及質正獲之問於監市履狶也，每下愈況。況，益也。益猶甚也。汝唯莫必，無乎逃物。至道若是，大言亦然。周、遍、咸三者，異名同實，其指一也。嘗相與游乎無何有宫，同合而論，無所終窮乎！嘗相與無爲乎，澹而静乎，漠而清乎，調而閑乎！寥已（矣）吾志，無字用馬叙倫説删。往焉而不知其所至，去而二字衍。來而不知其所止。吾已往來焉，而不知其所終，彷徨乎馮閎，大知入焉而不知其所窮。物物者與物無際，而物有際者，所謂物際者也，不際之際，際之不際者也。此下“謂盈虚衰殺”五字，疑舊注文，今删。彼爲盈虚非盈虚，彼爲衰疑隆之誤。下同。殺非衰殺，彼爲本末非本末，彼爲積散非積散也。”

一六〇

婀荷《路史·後紀》三注引荷作何。甘與神農同學於老龍吉，神龍隱几闔户晝瞑，婀荷甘日中奓户而入，曰：“老龍死矣！”

神農原有隱几二字，從俞樾、王先謙説、馬其昶校删。擁杖而起，曝然投原作放，從馬叙倫校改。杖而哭原作笑，用馬叙倫説改。曰：“天知予僻陋慢（謾）訑，故棄予而死！已矣夫！子無所發子原作予，用馬叙倫説改。之狂言而死矣夫！”

弇堈吊（叔）聞之，曰：“夫體道者，天下之君子所繫焉。今於道，秋毫之端，萬分未得處一焉，而猶知藏其狂言而死，又况夫體道者乎？視之無形，聽之無聲，於人之論者謂之冥冥，所以論道非道也。”

一六一

於是泰清問乎無窮曰：“子知道乎？”

無窮曰：“吾不知。”

又問乎無爲。

無爲曰：“吾知道。”

曰：“子之知道，亦有數乎？”

曰：“有。”

曰：“其數若何？”

無爲曰：“吾知道之可以貴，可以賤，可以約，可以散，此吾所以知道之數也。”

泰清以之言也問乎無始曰："若是則無窮之弗知，與無爲之知，孰是而孰非乎？"

無始曰："不知深矣，知之淺矣；弗知内矣，知之外矣。"

於是泰清卬原作中，從奚侗校改。而嘆曰："弗知乃知乎？知乃不知乎？孰知知之爲不知，不知之爲知乎？從奚侗、馬叙倫校補。"

無始曰："道不可聞，聞而非也；道不可見，見而非也；道不可言，言而非也。孰從奚侗校補。知形原重形字，用劉文典説删。之不……道不當名……"馬叙倫云上下有奪文，蓋有泰清復問之辭。

無始曰："有問道而應之者，不知道也。雖問道者，亦未聞道。道無問，問無應。無問問之，是問窮也。無應應之，是無内也。以無内待問窮，若是者，外不觀乎宇宙，内不知乎太初，是以不過乎崑崙，不游乎太虚。"

一六二

光曜問乎無有曰："夫子有乎？其無有乎？"

無有弗應也，光曜不得問，下重不得問，删。而孰視其狀貌，窅然空然，終日視之而不見，聽之而不聞，搏（摶）之而不得也。

光曜曰："至矣！其孰能至此乎！予能有無矣，而未能無無也。及爲無無矣，何從至此哉！"

一六三

大馬之捶鉤者年八十矣，而不失豪芒。

大馬曰："子巧與？有道與？"

曰："臣有守（道）王念孫説。也。臣之年二十而好捶鉤，於物無視也，非鉤無察也。"

是用之者，假不用者也，也字衍。以長（常）得其用。而况乎無從《淮南子·道應篇》刪不字。用者乎？物孰不資焉？

一六四

冉求問於仲尼曰："未有天地，可知邪？"

仲尼曰："可，古猶今也。"

冉求失問而退。明日復見，曰："昔者吾問：'未有天地，可知乎？'夫子曰：'可，古猶今也。'昔日吾昭然，今日吾昧然。敢問何謂也？"

仲尼曰："昔之昭然也，神者先受之。今之昧然也，且又爲不神者求邪？無古無今，無始無終，未有子孫而有子孫，可乎？"

冉求未對。

仲尼曰："已矣！未應矣！不以生生死，不以死死生，死生有待邪？皆有所一體。有先天地生者，物邪？物物者非物，物出不得先物也，猶其有物也。原重"猶其有物也"五字，用馬叙倫説刪。無已。聖人之愛人也，終無已者，亦乃取於是者也。"

一六五

顏淵問乎仲尼曰："回嘗聞諸夫子曰：'無有所將，無有所迎。'回敢問其游。"

仲尼曰："古之人外化而内不化，今之人内化而外不化。與物化者，一皆也。不化者也，安化安不化？安與相靡？必之莫多。狶韋氏之囿，黄帝之圃，有虞氏之宫，湯武之室。君子之人，若儒墨者師，故以是非相整也。而况今之人乎？聖人處而不傷物。不傷物者，物亦不能傷也。唯無所傷者，爲能與人相將迎。山林與？皋壤與？與我無親，從劉文典校補。使我欣欣然而樂與？《爾雅翼》序音釋引有而字，《山谷外集》一三《次韻吉老游青原將歸》注引同，無"與我無親"四字。樂未畢也，哀又繼之。哀樂之來，吾不能禦，其去弗能止。悲夫！世人直爲物逆旅耳！夫知遇而（乃）不知所不遇，知字用馬其昶説删。能能而（乃）不能所不能。無知無能者，固人之所不免也。夫務免乎人之所不免者，豈不亦悲哉？至言去言，至爲爲原誤去，從陶光校正。爲，齊知之所知，則淺矣！”

雜二十三　庚桑楚

一六六

老聃之役有庚桑楚者，遍得老聃之道，以北居畏（㟪）壘《御覽》五三二引作㟪𡾊之山，其臣之畫然知者去之，其妾之絜（藹）然仁者遠之，擁腫之與居，鞅掌之爲使。擁腫、鞅掌一聲之轉。居三年，畏壘大穰。畏壘之民相與言曰："庚桑子之始來，吾洒然異之。《説文》訊古文作㐰。汛亦古洒字。揚雄《甘泉賦》："猋駭雲迅"，迅亦駭也。《太玄·玄圖》"乃訊感天"，訊感猶驚感也。又與旬音近。眴，驚視貌也。《德充符》"少焉，眴若"，司馬注："眴，驚也。"《説文》："眴，目摇也。"《素問·風論》："腠理開則洒然寒。"《素問·疏五過論》："洒洒然時驚。"今吾日計之而不足，歲計之而有餘。庶幾其聖人乎！子胡不相與尸而祝之，社而稷之乎？"庚桑子聞之，南面而不釋然。

弟子異之。

庚桑楚曰："弟子何異於予？夫春氣發而百草生，正得秋《説郛》作"歲得秋"。《山谷外集》十一《次韻孫子實寄少游》詩注引作"正得秋"而萬實成。夫春與秋豈無得而然哉？天道已行矣。吾聞至人尸居環堵之室，而百姓猖狂不知所如往。今以畏壘之細民，而竊竊焉《山谷外集》七《再和答爲之》詩注引焉作然，欲俎豆予於賢人之間，我其杓之人邪？吾是以不釋於老聃之言。"

弟子曰："不然，夫尋常之溝洫，從馬叙倫校補。《淵海》五五引無洫字。巨魚無所還《淵海》五五引作旋。其體，而鯢鰌爲之制（折）桂馥説。步仞之丘陵，《淵海》引無陵字，巨獸無所隱其軀，而孽狐爲之祥（徉）猶徜徉也。且夫尊賢授能，先善與利，自古堯舜以（已）然，而況畏壘之民乎？夫子亦聽矣。"

庚桑子曰："小子來！夫函車之獸，夰原誤作介。而離山，《説文》："夰，放也。""奡，嫚也……讀若傲。"此語爲教，若遨，《逍遥游》："以候敖者。"

則不免於罔罟之患；吞舟之魚碭而失水，則螻從馬叙倫校補。《史記·賈生傳》索隱引碭作蕩，有螻字。《山谷外集》十一《次韻章禹直魏道輔贈答之詩》注引碭作蕩，無螻字。蟻能苦之。故鳥獸不厭高，魚鱉不厭深。夫全其形生之人，藏其身也，不厭深眇而已矣。且夫二子者又何足以稱揚哉？是其於辯也，將妄（無）王引之説鑿垣墻而殖蓬蒿也？簡髮而櫛，數米《淵海》五三引米作粒。而炊，竊竊乎又何足以濟世哉？與賢則民相軋，任智則民相盜。之數物者，不足以厚民。民之於利甚勤，子有殺父，臣有殺君，正晝爲盜，日中穴阫。吾語汝：大亂之本必生於堯舜之間，其末存乎千世之後，千世之後，其必有人與人相食者也。"

一六七

南榮趎蹴然正坐曰："若趎之年者已長矣，將惡乎托業以及此言邪？"

庚桑子曰："全汝形，抱（保）下同，俞樾説。汝生，無使汝思慮營營，若此三年則可以及此言也。"

南榮趎曰："目之與形，吾不知其異也，而盲者不能自見。耳之與形，吾不知其異也，而聾者不能自聞。心之與形，吾不知其異也，而狂者不能自得。形之與形亦辟（譬）親也，馬叙倫説。矣，而物或間之邪？欲相求而不能相得，今謂趎曰：'全汝形，抱（保）汝生，勿使汝思慮營營。'趎勉聞道耳。原作"聞道達耳矣"，疑達爲道之訛衍，矣又涉下文而衍。"

庚桑子曰："辭盡矣。原衍曰字，從張伯禧説、劉文典校删。奔蜂不能化藿蠋。越鷄不能伏（孵）鵠卵，魯鷄固能矣。鷄之與鷄，其德非不同也，有能與不能者，其才固有巨小也。今吾才小，不足以化子，子胡不南見老子？"

南榮趎贏糧，七日七夜至老子之所。老子曰："子自楚之所來乎？"

南榮趎曰："唯。"

老子曰：“子何與人偕來之衆也？”

南榮趎懼（懼）然顧其後。

老子曰：“子不知吾所謂乎？”

南榮趎俯而慚，仰而嘆，曰：“今者吾忘吾答，因失吾問。”

老子曰：“何謂也？”

南榮趎曰：“不知乎？人謂我朱《説郛》作趎。愚。知乎？反愁我軀。不仁則害人，仁則反愁我身。不義則傷彼，義則反愁我己。我安逃此而可？此三言者，趎之所患也。願因楚而問之。”

老子曰：“向吾見若眉睫之間，吾因以得汝矣。今汝又言而信之。若規規然若喪父母，揭竿而求諸海也。汝亡（妄）人哉！惘惘乎，汝欲反汝性情而無由入，可憐哉！”

南榮趎請入就舍，召其所好，去其所惡，十日自息，原作愁，從江南李氏本、文如海本、劉得一本、張君房改。復見老子。

老子曰：“汝自灑濯，孰哉！鬱鬱乎！然其中津津乎猶有惡也。津津，有餘也。夫外韄者不可繁（樊）而捉，韄猶閉也。將内揵（楗）。内韄者不可繆而捉，將外揵。内外韄者，道德不能持，而況放（倣）道而行者乎？”

南榮趎曰：“里人有病，里人問之，病者能言其病，然其病病者猶未病也。若趎之聞大道，譬猶飲藥以加病也。《御覽》七三八引有也字。趎願聞衛生之經而已矣。”

老子曰：“衛生之經：能抱一乎，能勿失乎，能無卜筮而知凶吉二字原倒，用王念孫説乙。乎！能止乎，能已乎，能舍諸人而求諸己乎！能翛然乎，能侗然乎，能兒子乎！兒子終日嗥而嗌不嗄，和之至也；終日握而手不掜，共其德衆；終日視而目不瞚，偏不在外也；行不知所之，居不知所爲，與物委蛇，而同其波。是衛生之經已！”

南榮趎曰：“然則是至人之德已乎？”

曰：“非也，是乃所謂冰解凍釋者能乎！乃猶但也。夫至人者，相與交（邀）俞樾説。食乎地而交樂乎天，不以人物利害相攖，不相與爲怪，不相與爲謀，不相與爲事，儵然而往，侗然而來，是爲衛生之經已。”

曰：“然則是至乎？”

曰：“未也，吾固告汝曰‘能兒子乎！’兒子動不知所爲，行不知所之，身若槁木之枝，而心若死灰。若是者，禍亦不至，福亦不來。禍福無有，惡有人灾也？”

宇泰定泰定即太定、太寧。《書抄·天部》引楊泉《物理論》：“定寧無不載，廣厚元不窮。”《鶡冠子·度萬篇》：“故其德上及太清，下及泰寧，中及萬靈。”《徐無鬼篇》“知大定”，又“大走持之”。者，發乎天光；發天光者，人見其人，物見其物。從奚侗、馬叙倫校補四字。人有修者，乃今有恒。有恒者，人舍之，天助之。人之所舍，謂之天民。天之所助，謂之天子。

一六八

學者學其所不能學也。行者行其所不能行也。辯者辯其所不能辯也。知止乎其所不能知，至矣。若有不即是者，天鈞敗之。

一六九

備物以將形，藏不虞以生心，奚侗曰將、生皆養也。敬中以達彼，若是而萬惡至者皆天也，而非人也，不足以滑和。滑和原作成用，用劉文典説改。萬惡萬惡二字從《文選·廣絶交論》注、《御覽》三六七引補。不可内於靈臺。靈臺者，有持（痔）儲也。而不知其所持，而不可持者也。《容齋續筆》七引洪興祖曰：“此一章謂持心有道。苟爲不知其所以持之，則不復可持矣。”

一七〇

不見其誠己而發，每發而不當。業入而不舍，每妄從劉得一本補，郭成本亦有。更爲失。

一七一

爲不善乎顯明之中者，人得而誅之。爲不善乎幽閑之中者，鬼得而誅之。明乎人、明乎鬼者，然後能獨行。

一七二

券（倦）内者行乎無名，券外者志乎期費。《山谷外集》十六《和劉景文》注引費作實。行乎無名者，唯庸有光，志乎期費者，唯賈人也。

一七三

人見其跂，猶之魁（塊）然。

一七四

與物窮者，物入焉，與物且（阻）者，其身之不能容，焉能容人？不能容人者無親，無親者盡人。

一七五

兵莫憯於志，莫邪爲下，《漢書·賈誼傳》瓚注引許慎曰："莫邪，大戟也。寇莫大於陰陽，桴鼓爲小。四字用奚侗説補，劉文典云，此下仍有奪文……無所逃於天地之間，非陰陽賊之，心則使之也。

一七六

道通，其分也，成也；二字據《齊物論》補。其成也，毁也。所惡乎分者，其分也以備，所以惡乎備者，其有以備。故出而不反，見其鬼，出而得，是爲得死，滅而有實，鬼之一也。以有形者象無形者而定矣。象，擬想也。

一七七

出無本，入無竅，有實而無乎處，有長而無乎此處原衍本字，用馬叙倫説删。剽（標）馬叙倫説。此處原有“有所出而無竅者”七字，疑當作“有所出而無本者，有所入而無竅者”，本上文“出無本，入無竅”之舊注，今删。有實二字原誤重。而無乎處者，宇也。有長而無乎原誤作本。剽者，宙也。

一七八

有乎生，有乎死，有乎出，有乎入，出入二字原倒，從張君房本乙，而無見其形，是謂天門。天門者，無有也。萬物出乎無有，有不能以有爲有，必出乎無有，而無有一無有。聖人藏乎是。古之人其知有所至矣。惡乎至？有以爲未始有物者，至矣，盡矣，弗可以加矣。其次以爲有物矣，將以生爲喪也，以死爲反也，是其分已。其次曰：始無有，既而有生，生俄而死；以無有爲首，以生爲體，以死爲尻，孰知有無死生之一守（道）王念孫説者，吾與之爲友。是三者，雖異，公族也。昭景也，著戴（代）章炳麟説也，甲（屈）王應麟、馬叙倫説氏也，著封也，非一也……

一七九

有生黬也，披然曰：移是。嘗言移是，非所言也。雖然，不可知者也。臘者之有膍胲，原誤胲，用孫詒讓説改。可散而不可散也。觀室者周於寢廟，又適其偃（匽）厠也，郭慶藩説溲從劉文典校補。焉，爲是舉移是。請常（嘗）言移是。是以生爲本，以知爲師，因以乘是非，果有名實，因以己爲質，使人以爲己節，因以死償節。若然者，以用爲知，以不用爲愚，以徹爲名，以窮爲辱，移是非從馬叙倫校補。今之人也，是蜩與鸞鳩同於同也。

一八〇

蹍市人之足，則辭以放驁，兄則以嫗（敏）馬叙倫説，大親則已矣。則猶而也。故曰至禮有不人，至義不物，至知不謀，至仁無親，至信辟金。

一八一

徹志之勃（悖），解心之謬（繆），去德之累，達道之塞。貴、富、顯、嚴、名、利六者，勃志也。容、動、色、理、氣、意六者，繆心也。惡、欲、喜、怒、哀、樂六者，累德也。去、就、取、予、知、能六者，塞道也。此四六者不蕩胸中則正，正則静，静則明，明則虚，虚則無爲而無不爲也。

一八二

道者德之欽（鑒）也，生者德之光也，性者生之質也。性之動謂之爲，爲之僞謂之失。

一八三

知者接也，知（智）者謨（謀）也。接物而知之謂之知，遭事而得之謂之智。知（智）者之所不知，猶睨也。嗔（？）目直視而無所見曰睨。《墨子・經説上篇》："慮，求也。"《經説》上曰："慮也者，以其知有求也，而不必得之，若睨。"又："知，接也。"説曰："知也者，以其知遇物而能貌之，若見。"本書下知字，即

《墨子》之慮。《吕氏春秋·知接篇》："瞑者，目無由接也，無由接而言見，詤……自以爲智，智必不接；今不接而自以智，悖。"

一八四

動以不得已之謂德，動無非我之謂治，名相反而實相順也。

一八五

羿工乎中微，而拙乎使人無己譽。聖人工乎天，而拙乎人。夫工乎天而俍乎人者，唯全人能之。唯蟲能蟲，唯蟲能天。全人惡天。惡人之天，而况惡原作吾。天之原作乎。人乎？

一八六

一雀過原作適，用孫詒讓説改。《類聚》九二、《御覽》七六四引同。羿，羿必得之，威也。以天下爲之籠，則雀無所逃。《韓非子·難三篇》："故宋人語曰：一雀過羿，羿必得之，則羿誣矣。以天下爲之羅，則雀不失矣。"是故湯以庖人籠伊尹，秦穆公以五羊之皮籠百里奚。是故非以其所好籠之而可得者，無有也。

一八七

介者拸畫（繣），《廣雅·釋詁》一："移，沾禣也"《廣韻》："姡姼，輕薄貌。"《方言》十三："跢、跌、蹷也。"非外譽也，胥靡登高而不懼，遺死生也。夫復謵（習）不餽（愧）而忘，人忘人，因以爲天人矣。故敬之而不喜，侮之而不怒者，唯同乎天和者爲然。

一八八

出怒不怒，則怒出於不怒矣。出爲無爲，則爲出於無爲矣。欲静則平氣，欲神則順心，有爲也。欲當則緣於不得已，不得已之類聖人之道。

雜二十四　徐無鬼

一八九

徐無鬼因女商見魏武侯，徐無鬼司馬本作緡山人徐無鬼。鬼、畏古字通，姓徐名無畏，隱於緡山。女商，魏之宰臣。武侯勞之曰："先生病矣，病，憊也。苦於山林之勞，故乃肯見於寡人。"

徐無鬼曰："我則勞於君，君有何勞於我？君將盈耆欲《衍義手鈔》九引作嗜欲。將猶若也。長好惡，則性命之情病矣，君將黜嗜欲，《廣雅・釋詁》二："黜，減也。"《儀禮・聘禮》"屈繅"，注："斂之。"掔好惡，《羽獵賦》"掔象犀"，注："扼也。"《史記・楚世家》："鄭伯肉袒掔羊以逆。"《公羊傳》定公十四年："公會齊侯衛侯於堅。"堅，《左傳》作牽。《説文》："掔，一曰約也。"《素問・氣交變大論》"其化緊斂"，注："緊，縮也。"則耳目病矣。我將《衍義手鈔》九將作則。勞君，君有何勞於我？"

武侯超（怊）悵也。然不對。

少焉，徐無鬼曰："嘗（試）語君，吾相狗也。下之質，品質下等。既飽而止，《衍義手鈔》九，止作已。既原誤作執，執當爲既草書，執既形近而誤。後文"狙既死"，既亦誤爲執，可資互證。是狸德也。狸，猫也。中之質，若視日。凝然遠望。上之質，若亡其一。一指形軀。《遠游》"羡韓衆之得一"。《董逃行》言："欲從聖道，求一得命延。"《老子》十章"營魄抱一，能無離乎"；二二章"是以聖人抱一，爲天下式"；三九章"昔之得一者，天得一以清，地得一以寧，神得一以靈，欲得一以盈，萬物得一以生，侯王得一以爲天下貞"；四二章"道生一"。吾相狗，又不若吾相馬也。吾相馬，直者中繩，謂前齒。曲者鉤，謂馬項。方者中矩，頭。圓者中規，眼。是國馬也，而未若天下馬也。天下馬有成材，自然已足，不須教習。若卹若失（佚），形軀滅失。卹借爲滅，卹從血聲，血皿一字，皿滅雙聲。若喪其一，若是者，超軼絶塵，不知其所。"

武侯大悦而笑。

徐無鬼出，女商曰："先生獨何以説吾君乎？説，始鋭切，下同。吾所以説吾君者，横説之則以詩書禮樂，從（縱）説之則以金版六弢沈濤云：六當爲大。弢，縱横，經緯也。金版六弢即金匱六韜。武侯好武，故説之之道，以兵法爲經，六經爲緯。奉事而大有功者不可爲數，奉事，行事。《漢書·食貨志》"春以奉耕"，注："謂供奉也。"《國語·晋語》"是之不果奉"，注："往也。"不可爲數即不可勝數。而吾君未嘗啓齒。笑。今先生何以説吾君，使吾君説（悦）若此乎？"

徐無鬼曰："吾直告之吾相狗馬耳。"

女商曰："若是乎？"

曰："子不聞夫越之流人乎？流人，有罪見流紲者。去國數日，見其所知而喜，去國旬月，見所嘗見於國中者喜，及期年也，期音基。見似人者而喜矣。不亦去人滋久，思人滋深乎《山谷内集》四《奉和文潛贈无咎篇末多以見及以既見君子云胡不喜爲韻》注引乎作於。夫逃虚空者，虚空謂廢墟殘邑，人畜逃散。藜藋柱宇，宇原作乎，從文如海本、張君房本、《爾雅翼》六引改。鼪鼬之迹迹原作逕，從《釋文》一本改。踉位（涖）其空踉涖即狼戾；空猶間也。聞人足音跫然而喜矣，而猶則也。又况乎昆弟親戚之謦欬其側者乎？久矣夫！莫以真人之言謦欬吾君之側乎！"

一九〇

徐無鬼見武侯，武侯曰："先生居山林，食芧栗，橡栗。厭葱韭厭同饜。以賓寡人，賓，不臣也。久矣夫！今老邪？其欲干酒肉之味邪？干，求也。其寡人亦有社稷之福邪？"亦有善言嘉謀以利寡人之社稷乎？

徐無鬼曰："無鬼生於貧賤，未嘗敢飲食君之酒肉，將來勞君也。"

君曰："何哉！奚勞寡人？"

曰："勞君之神與形。"

武侯曰："何謂邪？"

徐無鬼曰："天地之養也一，天地之萬民，其養之也均。登高不可以爲長，居下不可以爲短。高下，貴賤；長短，賢愚也。君獨爲萬乘之主，以苦一國之民，以養耳目鼻口。夫神者，不自許也。不與私。夫神者，好和而惡奸。好□共□和□自與者奸。夫奸，病也，故勞之。唯（惟）君所病之可原作何。也！"病愈謂之可。《禮記·少儀》"即席，曰：可矣"，注："可猶止也。"唐人稱病愈曰可，王建《原上新居》詩："兒病可來嬌。"又魏文帝《寡婦賦》："愁百端兮猥來，心鬱鬱兮無可。"義亦近。

武侯曰："欲見先生久矣，吾欲愛民而爲義偃兵，其可乎？"

徐無鬼曰："不可。愛民，害民之始也。爲義偃兵，造兵之本也。君自此爲之，則殆不成。凡成美，惡器也。君雖爲仁義，民原作幾，從馬叙倫校改。且僞哉！形固造形（形），成固有伐（敗）章炳麟説。變固有原作外，用馬叙倫説改。戰。君亦必無（毋）盛鶴列於麗譙之間，無徒（走）驥於錙壇之宮，徒驥謂走馬。《考工·輪人》"察其菑蚤不齵"，注："菑謂輻入轂者也。凡植物於地中謂之菑。"司農注："泰山平原所樹立物爲菑……博立梟棊亦爲菑。"《史記·河渠書》："頽竹林兮楗石菑。"《荀子·非相》"周公之狀，身如斷菑"，注："菑與椔同。"《管子·問篇》"鄉師車輜"，注："輜，謂車之有防蔽可以重載者。"《説文》："埘，遏遮也。"《公羊》昭二十五年"以人爲菑"，注："菑，周埒垣也，所以分别内外，衛威儀，今大學辟雍作側字。"無藏逆於得（德），藏逆，隱惡。無以巧勝人，無以謀勝人，謀謂拒敵之謀。無以戰勝人。三者皆藏□於德之事。夫殺人之士民，兼人之土地，以養吾私與吾神者，與，助也。其戰不知孰善，敵我皆然，誰善誰惡。勝之惡乎在？苟善不在我，雖勝猶辱。君勿若勿若二字原倒，用奚侗説乙。已矣！修胸中之誠，以應天地之情好和惡姦之情。而勿攖。攖，擾。夫民死已脱矣，民已脱於死。君將惡乎用夫偃兵哉？"

一九一

黄帝將見大隗乎具茨之山，《水經·潩水篇》"潩水出河南密縣大騩山"，注："大騩即具茨山也，黄帝登具茨之山，升於洪堤上，受神芝圖於華蓋童子，即是山也。"

大騩見中次七經。方明爲御，昌寓參乘，張若謵朋謵原作謂，從《釋文》本改。謵朋《廣黄帝本行記》作謵庨，《路史·後紀》五作謵朋，《山谷内集》二《題二仲弓兄弟巽序》詩注引作習朋。前馬《本行記》作“前導後從”，又無下昆字。昆閽滑稽後車，至於襄城之野，《水經·汝水注》“汝水東南逕襄城縣故城南”，注引王隱《晋書·地道記》曰：“楚靈王築。”七聖皆迷，無所問途，適遇牧馬童子[而]從《御覽》四九〇引補。問途焉，曰：“若知具茨之山乎？”

曰：“然。”

“若知大隗之所存乎？”

曰：“然。”

黄帝曰：“異哉！小童非徒《本行記》徒作獨。知具茨之山，又知大隗之所存。請問爲天下。”

小童曰：“夫爲天下者，亦若此《本行記》此作是，而已矣，若己之間游於此而已。又奚事焉？予少而自游於六合之内，予適有瞀病，有長者教予曰：“若乘日之車而游於襄城之野。”今予病少痊，予又且復游於六合之外。夫爲天下亦若此而已，《本行記》下有矣字。予又奚事焉？”

黄帝曰：“夫爲天下者，則誠非吾子之事，雖然，請問爲天下。”

小童辞。《本行記》作辭。

黄帝又問。

小童曰：“夫爲天下者，亦奚以異乎牧馬者哉？亦去其害馬者而已矣。”凡衡軛銜轡羈縶鞭策之屬足以傷馬性者務去之，使馬得全其天。

黄帝再拜稽首，稱“天師”而退。頓悟至言，知己見大隗矣。

一九二

知士無思慮之變（辯）鬥争則不樂，辯士無談説之序（緒）則不樂，察士無凌誶（碎）之事則不樂，皆囿於物者也。招（詔）世之士興（嬹）朝，嬹朝，樂於在朝。《廣雅·釋詁》一：“嬹，喜也。”《禮記·學記》“不興其藝，不能樂學”，注：“興之言喜也，歆也。”中民之士榮官，中，得也。榮官，樂於在朝，以居官爲榮。筋力之士矜（勤）難《國語・周語》“非以翟爲榮”，注：“榮樂也。”筋力之士矜（勤）難，矜難，務於濟難。《廣雅・釋詁》一：“矜，急也。”勇敢之士奮患，奮於赴患。《荀子・子道》“奮於言者華，奮於行者伐”，注：“奮，振矜也。”《戰國策・秦策》“是貴奮也”，注：“奮，勇也。”兵革之士樂戰，枯槁之士宿（收）名，宿名收買聲名。《駢拇篇》：“擢德塞（搴）性以收名聲。”法律之士廣（横）縱恣也。治，務拓大其獄事。《周禮・秋官・方士》“凡都家之士所上治則主之”，注：“所上治謂獄訟之小事不附罪者也。”禮樂之士敬容，謹於容儀。仁義之士貴際。所貴者明乎分際。《小爾雅》：“際，界也。”農夫無草萊之事則不比，順也。商賈無市井之事則不比。庶人有旦暮之業則勸（歡），百工有器械之巧則壯（獎）馬叙倫説。錢財不積則貪者憂，權勢不充（足）原作尤，從馬叙倫校改。則誇者悲，勢利原作物，用奚侗説改。之徒樂變，遭時有所用，不能無爲也。隨時追逐，不能自主。此皆順比於歲而易於物二字原倒，用馬叙倫説乙。者也，馳其形性，馳，騁也。潛之萬物，潛，私往。《方言》十三：“潛，亡也。”《廣雅・釋詁》一：“潛，没也。”郭曰：“不守一家之能，而之夫萬方，以要時利。”物疑當作方。終身不反，悲夫！

一九三

莊子曰：“射者非前期而中，謂之善射，天下皆羿也可乎？”非預期中而中，謂偶中也。偶中而謂之善射，則天下皆善射，可乎？

惠子曰：“可。”

莊子曰：“天下非有公是也，而各是其所是。天下皆堯也可乎？”

惠子曰：“可。”

莊子曰：“然則儒墨楊秉（季）秉疑當爲季，字并從禾，故相涉而誤。季謂季真，《則陽篇》曰：“季真之莫爲，接子之或使，二家之議，孰正於其情，孰偏於其理。”是季真亦當時顯學。《荀子・成相篇》曰：“慎墨、季惠百家之説誠不祥。”《韓非子・外儲説左上篇》曰：“故季（原誤李，從顧廣圻改）惠、宋、墨皆畫策也。”季、惠、墨并稱，與此同符，自餘除儒不計外，楊、慎、宋三家説皆相近，故或稱楊，或稱慎，或稱宋也。其實一而已矣。唐人殷敬順謂秉爲公孫龍字，洪頤煊又疑宋之誤，俱未確。四，與夫子爲五，果孰是邪？或者若魯遽者邪？其弟子曰：‘我得夫子之道矣，吾能冬爨鼎而夏造冰矣。’魯遽曰：‘是直以陽召陽，以陰召陰，非吾所謂道也。吾示子乎吾道。’於是爲之調瑟，廢一於堂，廢一於室，廢，置也。鼓宫宫動，鼓角角動，音律同矣。夫或改調一弦，於五音無當也，鼓之二十五弦皆動，未始異於聲而音之君已，且若是者邪？”

惠子曰：“今夫儒墨楊秉且方與我以辯，與，敵也，章炳麟説。相拂以辭，相鎮以聲，而未始吾非也，則奚若矣？”

莊子曰：“齊人蹢（擿）子於宋者，擿，投，王念孫説。其命閽也以不二字原倒。“以不完”與下“以束縛”句法同。完，命閽，使之守門。《漢書·刑法志》“己論命”，注：“命逃亡也。”又《咸宣傳》“作沈命法”，注：“命，亡逃也。”《周禮·秦官·大祝》：“作六辭以通上下親疏遠近，一曰祠，二曰命。”《漢書·李陵傳》“射命中”，注：“命中者，所指名處即中之也。”其求（救）趼踵二字原誤作鈃鐘，用郭嵩燾説改。也以束縛，束縛謂行縢也，郭嵩燾説。《天道》：“百舍重趼而不敢息”，司馬注：“趼，胝也。”《吕氏春秋·愛類》“裂裳果足，日夜不休”，《世説新語·文學篇》注引墨子同。《淮南子·修務》“足重繭而不休息，裂裳果足”。其求唐（蕩）子也而未始出域，唐子，蕩子也，游蕩忘返之子，一作宕。樂府《鷄鳴》“蕩子何所之”，《東光》：“諸軍游蕩子”，《烏生》“秦氏有游遨蕩子”。《文選·七發》“浩唐之心”，五臣作蕩。有遺類矣夫？楚人寄（踦）馬叙倫説而蹢閽者，夜半於無人之時而與舟人鬥，《考工記》有輈人。未始離於岑（涔），《釋文》“岑又語審反，謂崖岸也”；郭注“岸也”；《集韻》“牛錦切，崖岸也”。《韓詩章句》“涔，魚池也”；《長笛賦》“渟涔障潰”；《集韻》“涔，徐心切，音尋”。潯，《集韻》亦徐心切。《文選·七發》“弭節乎江潯”，《廣雅·釋邱》“潯，厓也”；《淮南子·原道》“游於江潯海裔”；《江賦》注引許注：“水涯也。”《解嘲》：“或横江潭而漁。”《集韻》：“潭，徐心切。”《漢書·揚雄傳》“因江潭而淮記兮”，注：“潭，水邊也。”而足以造於怨也。”

一九四

莊子送葬，過惠子之墓，顧謂從者曰："郢（堊）錢坫説。人堊漫（墁）《淵海》五五引作墁。其鼻端若蠅翼，使匠石斫之。匠石運斤成風，聽而斫之，堊盡二字原倒，從劉文典校乙。而鼻不傷，郢人立而從劉文典校補。《山谷外集》五《賦未見君子憂心靡樂八韻寄李師載》注引與今本同。不失容。宋元君聞之，《春秋》宋元公名佐。召匠石曰：'嘗試爲寡人爲之。'匠石曰：'臣則嘗能斫之，雖然，臣之質《廣雅・釋言》："質，地也。"死久矣。'自夫子之死也，吾無以爲質矣！吾無與言之矣！"

一九五

管仲有病，桓公問之曰："仲父之病病矣，苟原誤可。不諱原誤謂，從江南李氏本改。奚侗校同。而原誤云。至於大病，則寡人惡乎屬國而（乃）可？"

管仲曰："公誰欲與？"

公曰："鮑叔牙。"

曰："不可，其爲人潔廉善士也，其於不己若者，不比之人原誤又，從孫詒讓校改。一聞人之過，終身不忘。使之治國，上且鉤乎君，鉤亦逆也，章炳麟説。下且逆乎民，其得罪於君也，將弗久矣！"

公曰："然則孰可？"

對曰："勿已，則隰朋可。其爲人也，上忘而下不畔，愧不若黄帝而哀不己若者。以德分人謂之聖，以財分人謂之賢。以賢臨人，未有得人者也。以賢下人，未有不得人者也。其於國有不聞也，其於家有不見也。勿已，則隰朋可。"

一九六

吴王浮於江，登乎狙之山。衆狙見之，恂（昀）然弃而走，逃於深蓁（榛）。有一狙焉，委蛇攫搔，《淵海》五七作抓。見巧乎王，王射之，敏給搏用馬叙倫説删捷字。矢。王命相者趨射之。

狙既原誤執，從《御覽》七四五引改。死，王顧謂其友顔不疑曰："之狙也，伐其巧，恃其便，以敖（傲）予，以至此極原作殛，從《御覽》七四五、《淵海》五七引改。也。戒之哉！嗟乎！無以汝色驕人哉！"

顔不疑歸而師董梧以鋤其色，去樂辭顯，三年而國人稱之。

一九七

南伯（郭）子綦隱几而坐，仰天而嘘。顔成子入見，曰："夫子物之尤也，形固可使如槁骸，心固可使若死灰乎？"子綦不能滅□匿端，不使田和得以轉竊國之謀也。

曰："吾嘗居山穴之中矣，隱居山穴。當是時也，田禾一睹我而齊國之衆三賀之。我必有原作先，用奚侗説改。之，彼故知之。我必賣之，彼故鬻之。必我自賣其名聲，故田禾得見而敗之。若我而不有之，彼惡得而知之？若我而不賣之，彼惡得而鬻之？嗟夫！我悲人之自喪者，吾又悲夫悲人者，吾又悲夫悲人之悲者，悲夫人之自喪者，亦自喪也。其後而日遠矣！"自此，而後乃與世日遠，而至於槁骸死灰之境。

一九八

仲尼之楚，楚王觴之，孫叔敖執爵而立，市南宜僚受酒而祭，曰："古之人乎，於此言已！"

仲尼曰："丘也聞不言之言矣，未之嘗言，於此乎言之。王先謙曰：前此未嘗言"不言之言"，今乃言之。市南宜僚弄丸而兩家之難解，孫叔敖甘

（酣）寢秉羽而郢人投兵，丘願有喙三尺！”喙長則不利於言，願有喙如此，以免乎言也。日本今西龍輯本朝鮮舊《三國史·東明王本紀》曰：“河伯大怒其女……令左右絞挽女口，其唇吻長三尺……貶於優勃水中，【後爲】漁師【所得】，女唇長不能言，令三截其唇，乃言。”是喙長三尺，不能出言，蓋古之成語。舊以長喙爲能言之具，非是。

彼之謂不道之道，弄丸解難，甘寢息兵。此之謂不言之辯。有喙三尺。故德總乎道之所一，而言休乎知（智）之所不知，至矣。道之所一者，德不能周也，知（智）之所不能知者，辯不能舉也。名若儒墨，而（乃）凶矣。有儒墨善辯之名則凶矣。故海不辭東流，大之至也。聖人并包天地，澤及天下，而不知其誰氏。是故生無爵，死無謚，實不聚，《説文》：“實，富也。”《禮記·表記》“耻費輕實”，注：“實，財貨也。”《左傳》文公十八年“聚斂積實”，注：“實，財也。”名不立，此之謂大人。狗不以善吠爲良，人不以善言爲賢，而况爲大乎？大愈□不可爲而得。夫爲大不足以爲大，而况爲德乎？唯自然乃德。夫大用馬叙倫説删備矣二字。莫若天地，然奚求焉而（乃）大備矣？天地無求，自然大備。知大備者，無求、無實、無弃，不以物易己也。知己貴於物也。反己而不窮，循古而不摩，（磨），王云：摩，消滅也。馬叙倫以爲靡，披靡也。大人之誠。

一九九

子綦有八子，陳諸前，召九方歅曰：“爲我相吾子孰爲祥。”

九方歅曰：“梱也爲祥。”

子綦瞿然喜曰：“奚若？”

曰：“梱也將與國君同食以終其身。”

子綦索然出涕：“吾子何爲以至於是極也！”

九方歅曰：“夫與國君同食，澤及三族，而况父母乎？今夫子聞之而泣，是禦福也。禦，拒也。子則祥矣，父則不祥。”

子綦曰：“歅！汝何足以識之而梱祥邪？盡於酒肉，入於鼻口矣，而何足以知其所自來？吾未嘗爲牧而牂生於奥，未嘗好田而鶉生於宎，若勿怪，何邪？吾所與吾子游者，游於天地也。從江南古藏本補。吾與之邀樂於天，吾與之邀食於地，吾不與之爲事，不與之爲謀，不與之爲怪，吾與之乘天地之誠（正），《逍遥游篇》："乘天地之正。"《大宗師篇》："庸詎知夫造物者之不息我黥而補我劓，使我乘成以隨先生邪？"而不以物與之相攖，吾與之一委蛇，而不與之爲事所宜。今也然（乃）馬叙倫説。有世俗之償焉。凡有怪徵者，必有怪行。殆乎非我與吾子之罪，豈（幾）王引之説。天與之也？吾是以泣也。"

無幾何而使梱之於燕，盗得之於道，全而鬻之則難，不若刖之則易，於是乎刖而鬻之於齊，適當（掌）康公之閭。康原作渠，閭原作街，并用孫詒讓説改。然（乃）馬叙倫説。身食肉而終。

二〇〇

齧缺遇許由，曰："子將奚之？"

曰："將逃堯。"

曰："奚謂邪？"

曰："夫堯畜畜然仁，吾恐其爲天下笑。後世其人與人相食與！夫民不難聚也，愛之則親，利之則至，譽之則勸，致其所惡則散。愛利出乎仁義，捐仁義者寡，利仁義者衆。夫仁義之行，是惟原作唯且。無誠（成），且假乎禽（譺）食者器。是以一人之斷制用馬叙倫説删利字。天下，譬之猶一覕（瞥）段玉裁説。也。覕當通柲，柲，戈矛之柄也。賢人猶戈矛，王者猶柄，賢人賴王者以致用，猶戈矛須柲以成器也。夫堯知賢人之利天下也，而不知其賊天下也，刀爲利器，亦爲凶器，譬之賢人可以利天下，亦可以賊天下。夫唯外乎賢者知之矣。"

二〇一

有暖（媛）姝者，暖姝，柔媚也。《管子·任地》“使地肥而土緩”，注：“柔也。”有濡需者，苟安偷惰。《漢書·西南夷傳》：“恐議者選耎，復守和解議。”《史記·律書》：“選蠕觀望。”《方言》十二“偷輸，愚也”，注：“猶儒撰也。”有卷婁拘攣。者。

所謂暖姝者，學一先生之言則暖暖姝姝而私自説（悦）也，自以爲足矣，而未知（其）未始有物也。是以謂暖姝者也。囿於知識。

濡需者，豕蝨是也，擇處從馬叙倫校補。疏鬣長毛，從張君房本及成疏補。自以爲廣宫大囿，奎蹏（胜腣）曲隈，《埤蒼》：“胜腣，腹肤也。”《玉篇》：“腣胜，大腹。”《集韻》：“腣胜，腹肤貌。”《集韻》：“肤，一曰連脽肉。”《説文》：“湀，湀闢，流水處也。”《淮南子·修務》：“啳睽哆噅。”《釋詁》二：“睽，醜也。”《漢書·武帝紀》“立后土祠於汾陰脽上”，師古注：“脽者，以其形高起如人尻脽，故以名云。一説此臨汾水之上，地本名鄈，音與葵同，彼鄉人呼葵音如誰，故轉而爲脽字耳，故《漢舊儀》云葵上。”乳間股却，原誤腳，用馬叙倫説改。自以爲安室利處，不知屠者之一旦鼓臂布草操烟火，而己與豕俱焦也。此以域進，此以域退，《荀子·不苟》“其誰能以己之潐潐受人之掝掝者哉”，注：“掝，惛也。”《説文》：“惛，不憭也。”此其所謂濡需者也。滯於形迹。

卷婁者，舜也。羊肉不慕蟻，蟻慕羊肉，羊肉羶也。舜有羶行，百姓悦之，故三徙成都，至鄧之墟而十有萬家。堯聞舜之賢，舉之童土之地，曰冀得其來之澤。舜舉乎童土之地，年齒長矣，聰明衰矣，而不得休歸，所謂卷婁也。罷於因應。

是以神人惡衆至，不願衆人來聚。衆至則不比，比，和。不比則不利，於己不利。故無所甚親，無所甚疏，抱（炮）德煬和，以順天下，此謂真人。

古之真人，於蟻弃知，於魚得計，於羊弃意。蟻知避水，天將雨則成垤，弃其避水之智。魚相忘於江湖。馬叙倫云，疑有奪誤。

二〇二

以目視目，以耳聽耳，以心復心，復猶思也。若然者，其平也繩，其變也循（順）。

二〇三

古之真人，以天待人，原誤之，從奚侗校改，宣説同。不以人入天。

二〇四

古之真人得之也生，失之也死，得之也死，失之也生，藥也，其實堇也，桔梗也，鷄壅也，豕零也，是時（代）爲帝者也，何可勝言。水恃源而涯，故其守土也審，影緣形而生，故其守人也審，物因天而生，故水生於土，土不竭即水不竭，影生於人，人不滅即影不滅。水非土不積，影非人不見，物非物不立。水生於土，明生於目，然目之爲明，有時而盡。

二〇五

勾踐也，以甲盾三千栖於會稽，唯種也能知亡之所以存，唯種也不知其身之所以愁。故曰鴟目有所適，鶴脛有所節，限也。解之也悲。四字涉《駢拇》衍。

二〇六

故曰風之過河也有損焉，日之過河也有損焉，宣云：吹曬能令水耗。請只（迟）阻撓也。風與日相與守河，迟，阻撓也。《漢書・韓安國傳》："廷尉當恢迟撓當斬。"《禮記・明堂位》"俎般以㰶"，注："椇之言迟椇，謂曲撓之也。"而河以爲未始其《山谷外集》五《見子瞻粲字韻詩和答三人四返不困而愈崛奇輒次韻寄彭門三首》注引其作有攖也，恃源而注原誤往者也。試使風日常守河上，而河終不見損，何也？賴有河源之注之不息也。源也者，深藏土中，故能無所損耗而注之河，使河終不可攖，及其外流，則風日損之。《儀禮·有司徹》“以挹湆注於疏匕”，注：“注猶瀉也。”

故水之守土也審，審，堅定不移。《考工·弓人》“冰析灂則審環”，注：“猶定也。”影之守人也審，物之守物也審。上物謂精，無形之物，下物謂有形之物。水恃源而注，故其守土也審；影緣形而生，故其守人也審；物因天而生，故其守物也審。水生於土，土不竭水亦不竭；形生於人，人不滅影亦不滅。水非土不積，影非人不見，物非物不立。

故目之於明也殆，水生於土，明生於目，然目之爲明有時而盡。《淮南子·俶真》：“精有湫盡而神無窮極。”耳之於聰也殆，心之於殉（睿）也殆，凡能其（之）於府也殆。府藏不用，則永無竭時。其猶之也。殆之成也不給（及）改，府之能若至毁壞，壞已成而欲改之，將不及。禍之長也茲（滋）萃（猝），其反也緣功，其果也待久，欲反其初，必緣功用；欲成其果，亦待積久。而人以爲己寶，不亦悲乎？故有亡國戮民無已，不知問是也。

故足之於地也淺，原作踐，從俞樾説改。下同。雖淺，恃其所不蹍而後善博（厚）也。人之於知也少，雖少，恃其所不知而後知天之所謂也。地之所以爲地以其厚。物莫厚於地，莫大於自然。厚者有其不可覆者也，大者有其不可知者也。然而人之所善於地者，則以有其不可履者在。人之所以知有自然者，則以有其不可知者在也。故足之履地，其入地也雖淺，地則恃其不履者以成其厚；人之於自然，其所知者雖少，然而自然則恃其不可知者在，而後成其大。知大一，知大陰，知大目，知大均（圓）馬叙倫説，知大方，知大信，知大定，至矣。大一通之，大陰解之，一陽數，故解而爲二，則爲陰數，故曰大陰解之。通而爲一。一陽數，故爲天。一者道也，萬物皆統一於道，故曰大一通之。大目視之，大均緣之，《荀子·議兵》“緣之以方城”，注：“緣繞也。”大方體之，大信稽之，大定持之。

盡有天，循有照，盡乎七者之用，則有自然之妙；順乎七者之道，則智有明照。冥有樞，始有彼，則其解之也似不解之者，其知之也似不知之也。

不知而後知之。冥昏之若知若不知則得其樞要。其問之也不可以有崖，而不可以無崖。頡滑有實，古今不代，而不可以虧，則可不謂有大揚搉乎？闔（盍）不亦問是已？奚惑然爲？《逍遥游》"奚以之九萬里而南爲"，又"予無所用天下爲"。以不惑解惑，是尚不大惑。

雜二十五　則陽

二〇七

則馬叙倫疑彭之訛。陽游於楚，夷節言之於王，王未之見，夷節歸。彭陽見王果曰："夫子何不譚延引。《韓非子·孤憤篇》："故學士爲之談也。"注："談者謂爲重人延譽。"我於王？"

王果曰："曰我不若公閱休。"

彭陽曰："公閱休奚爲者邪？"

曰："冬則擉鱉於江，夏則休乎山樊，有過而問者，曰：'此予宅也。'夫夷節已不能，而況我乎？吾又不若夷節。夫夷節之爲人也，無德而有知，不自許以之神其交，固顛冥（頓慜）《方言》十："頓慜，惽也。南楚飲毒藥懣謂之氐惆，亦謂之頓慜，猶中齊言眠眩也。"乎富貴之地，非相助以德（得），相助消也。夫凍者假兼從馬叙倫校補。《管子·山國軌篇》："春縑衣。"張佩綸云縑當爲兼。衣於春，暍者反冷風乎冬。原作"冬乎"，倒在"冷風"上，從奚侗校乙。《歲華記麗》二引作"暍者反凍乎泠風"。夫楚王之爲人也，形尊而嚴，其於罪也，無赦如虎，非夫佞（仁）馬叙倫説。人正德，其孰能橈焉？故聖人，其窮也，使家人忘其貧，其達也，使王公忘爵禄而用馬叙倫説删化字。卑於人，從馬叙倫校補。其於物也與之爲娱矣，其於人也，樂物之通而保己焉，故或不言而飲人以和，與人并立而使人化，父子之宜彼其乎歸居，而一閑其所施。其於人心者，若是其遠也。故曰待公閱休。"

二〇八

聖人達綢繆，周盡一體矣，而不知其然，性也。復命摇（由）作而以天爲師，人則從而命（名）之也。憂乎知而所行恒無幾（期）馬叙倫説。時，其有止也若之何！

生而美者，人與之鑒，不告，則不知其美於人也。若知之，若不知之，若聞之，若不聞之，其可喜也終無已，人之好之亦無已，性也。聖人之愛人也，人與之名，不告，則不知其愛人也。若知之，若不知之，若聞之，若不聞之，其愛人也終無已，人之安之亦無已，性也。

舊國舊都，望之暢然，宣云：以故物喻本性。雖使丘陵草木之緡（混）入原衍之字。者十九，混合於丘陵草木中者十之九，則顯現於外者纔十之一。《史記·司馬相如傳》“紅杳渺以，眩湣”，索隱：“眩泯，混合也。”《方言》六：“吴越之間脱衣相被謂之緡綿。”猶之暢然，况見見聞聞者也？以十仞之臺縣衆間者也？縣，抗也。况以十仞之臺，抗縣於耳目之間，使之見所欲見，聞所欲聞，其爲樂，豈易言哉！劉克莊《歸至武陽渡詩》：“夾岸盲風掃楝花，高城已近被雲遮。遮時留取城西塔，逢底歸人縣衆家。”

冉相氏得其環中以隨成，與物無終無始，無幾（期）無時，日與物化者，一不化者也，《路史·前紀》三引作“不化者也”，下有“此之謂真人”五字。闔（盍）嘗舍之？夫師天而不得師天，與物皆殉，其以爲事也若之何！

夫聖人未始有天，未始有人，未始有始，未始有物，與世偕行而不替，所行之備而不洫，其合之也若之何！

二〇九

湯得其司御門尹登恒爲之傅之，從師而不囿，得其隨成，爲之司其名之原有名字，疑衍。嬴法。得其兩見。仲尼之盡慮爲之傅之。

二一〇

容成氏曰：“除日無歲，無内無外。”《吕氏春秋·勿躬篇》：“容成作歷。”

魏䓨魏惠王。與田侯牟約，齊威王名因齊，字牟。田侯牟背之，魏䓨怒，將使人刺之。犀首公孫衍。聞而耻之，曰：“君爲萬乘之君也，而以匹夫從仇。成云：從仇猶報仇也。衍請受甲二十萬，爲君攻之，虜其人民，繫其牛馬，使其君内熱發於背，然後拔其國，忌也鄒忌。出走，然後抶其背，折其脊。”

季子疑即季真。聞而耻之，曰：“築十仞之城原誤重城字。者，既七原誤十，用俞樾説、劉秀生校改。仞矣，則又壞之，此胥靡之所苦也。今兵不起七年矣，此王之基也。衍，亂人，不可聽也。”

華子聞而醜之，曰：“善言伐齊者亂人也，善言勿伐者亦亂人也，謂伐之與不伐亂人也者，又亂人也。”

君曰：“然則若何？”

曰：“君求其道而已矣。”

惠子聞之而見戴晋人，見之於王。《左傳》昭公二十年“乃見鱄設諸焉”，疏曰：“見謂爲之紹介。”戴晋人曰：“有所謂蝸者，君知之乎？

曰：“然。”

“有國於蝸之左角者曰觸氏，有國於蝸之右角者曰蠻氏，《左傳》哀公四年“單浮餘圍蠻氏”，注：“城在河南新城縣之東南，伊洛之戎陸渾蠻氏城也。”時相與争地而戰，伏尸數《爾雅翼》三〇引數作百，《容齋隨筆》十三引仍作數。萬，逐北旬有五日而後反。”

君曰：“噫！其虚言與！”

曰：“臣請爲君實之。君以意在蘇輿曰：“在猶察也。”四方上下有窮乎？”

君曰：“無窮。”

曰：“知游心於無窮而反在通達之國，若存若亡乎？”既游心於無窮，復反察乎舟車所通、人迹所及之城，以此方彼，直若有若無耳。

君曰：“然。”

曰：“通達之中有魏，於魏中有梁，於梁中有王，王與蠻觸原誤氏。有辯（辨）乎？”

君曰：“無辯。”客出而君惝然若有亡也。

客出，惠子見，君曰：“客，大人也，聖人不足以當之。”

惠子曰："夫吹管也，猶有嗃也，吹劍首者，吷而已矣。堯舜，人之所譽也，道堯舜於戴晋人之前，臂猶一吷也。"

二一一

孔子之楚，舍於蟻丘之漿，《六帖》："蟻丘之漿，賣漿之家也。"其鄰有夫妻臣妾登極者。子路曰："是稯稯何爲者邪？"

仲尼曰："是聖人僕也。是自埋於民，自藏於畔，其聲銷，其志無窮，其口雖言，其心未嘗言，方且與世違而心不屑與之俱，是陸沉者也。沉，潛也。是其市南宜僚邪！"

子路請往召之。

孔子曰："已矣！彼知丘之著於己也，知丘之適楚也，以丘爲必使楚王之召己也，彼且以丘爲佞人也。夫若然者，其於佞人也，羞聞其言，而况親見其身乎？而何以存爲？二字原倒。而，汝也。以猶用也。存，問也。彼將避而不見，汝何用存問之乎？

子路往視之，其室虚矣。

二一二

長梧封人問子牢牢爲琴誤，即子琴張。曰："君爲政焉勿鹵莽，治民焉勿滅裂。昔予爲治也。禾，耕而鹵莽之，則其實亦鹵莽而報予，蕓而滅裂之，其實亦滅裂而報予。予來年變齊，《春秋説題辭》："齊，度也。"度，法也。深其根而熟耰之，其禾繁以滋，予終年厭飧。"

莊子聞之，曰："今人之治其形，理其心，多有似封人之所謂。遁其天，離其性，滅其情，亡其神以爲僞。二字原作衆爲，從馬叙倫校改。故鹵莽其性者，欲惡之孽（蘖），爲生原誤性。萑葦蒹葭，始萌以扶吾形，始生之時若欲扶助吾形。尋擢吾性，寖尋而擢拔吾性。《駢拇篇》："擢德塞性以收名聲。"并（旁）潰漏發，王先謙云："漏發，穿孔而出也。"不擇所出，漂（瘭）

《一切經皆義》二又五、又四一引作瘭。疽疥癰，《後漢書·鮮卑傳》："中國之困胸背之瘭疽。"《千金方》："肉中忽生點，大者如豆，細者如黍粟，甚者如梅李，有根，痛傷應心，久則四面腫泡，曰瘭疽。"内熱溲膏是也。"

二一三

柏矩學於老聃，曰："請之天下游。"

老聃曰："已矣！天下猶是也！"

又請之。

老聃曰："汝將何始？"

曰："始於齊。"

至齊，見辜俞樾云：辜，磔。人焉，推而彊（僵）之，解朝服而幕之，號天而哭之曰："子乎！子乎！天下有大灾，子獨先離（罹）之！"曰："莫爲盜？莫爲殺人？榮辱立，然後睹所病，貨財聚，然後睹所争。今立人之所病，聚人之所争，窮困人之身，使無休時，欲無至此，得乎？古之君人者以得爲在民，以失爲在己，以正爲在民，以枉爲在己，故一形（刑）有失其形（刑）者，退而自責。今則不然，匿爲物而過原誤愚，用俞樾、郭慶藩説改。不識，大爲難而罪不敢，重爲任而罰不勝，遠其途而誅不至，民知力竭，則以僞繼之，日出多僞，士民安敢原誤取。不僞？夫力不足則僞，知不足則欺，財不足則盜，盜竊之行，於誰責而可乎？"

二一四

蘧伯玉行年六十而六十化，未嘗不始於是之而卒詘（黜）之以[爲]從《山谷外集》一七《次韻元日》注引補。非也。未知今之所謂是之非五十九《説郛》九下有年字。非也？萬物有乎生而莫見其根，有乎出而莫見其門。人皆尊其知之所知而莫知恃其知之所不知而後知，可不謂大疑乎！已乎已乎！且無所逃。此所謂然與，然乎？

二一五

仲尼問於太史大弢，伯常騫、狶韋曰："夫衛靈公飲酒湛樂，不聽國家之政，田獵畢弋，不應諸侯之際，司馬云：際謂盟會之事。其所以爲靈公者何邪？"

大弢曰："是因是也。"郭云：靈即是無道之謚也。

伯常騫曰："夫靈公有妻三人，同濫（鑒）而浴，史鰌奉御而進所，搏幣而扶翼。其慢若彼之甚也，見賢人若此其肅也，是其所以爲靈公也。"此則以靈爲有道之謚。

狶韋曰："夫靈公也，死，卜葬於故墓，不吉，卜葬於沙丘而吉。掘之數仞，得石槨焉，洗而視之，有銘焉，曰：'不馮其子。'靈公奪而里之。夫靈公之爲靈也久矣，之二人何足以識之！"此又以預知來事爲靈，與有道無道俱無涉。三人議謚雖同，而取義各異，以見是非之難定也。

二一六

少知問於太公疑即太史大弢。調曰："何謂丘里之言？"

太公調曰："丘里者，合十姓百名而以爲風俗者也。合異以爲同，散同以爲異。今指馬之百體而不得馬，而馬係於前者，立其百體而謂之馬也。是故丘山積卑而爲高，江河合小原誤水，用俞樾説改。而爲大，大人并私原作合并，用馬叙倫説改。而爲公。是以自外入者有主而不執，由中出者有正而不距。四時殊氣，天不賜，故歲成。五官殊職，君不私，故國治。文武大人不賜，故德備。萬物殊理，道不私，故無名。無名故無爲，無爲而無不爲。時有終始，世有變化，禍福淳淳淳誤重。至，有所拂（悖）者而（乃）有所宜；自殉殊面，有所正者[而]（乃）有所差。比於大澤，百材皆度（宅），觀於大山，木石同壇（廛）。《周禮·廛人》故書廛作壇，杜子春讀壇爲廛。又《載師》"以廛里任國中之地"，故書廛或作壇。鄭司農云壇讀爲廛。《管子·五輔篇》"利壇宅"，《荀子·王制篇》"定廛宅"，以壇宅、廛宅并舉，猶此以度壇并舉。度與宅通。《載師》注：廛，民居之區域也。此之謂丘里之言。”

少知曰：“然則謂之道，足乎？”

太公調曰：“不然。今計物之數，不止於萬，而期（紀）曰萬物者，以數之多者號而讀之也。是故天地者形之大者也，陰陽者氣之大者也，道者爲之公，因其大以號而讀之則可也。已有之矣，乃將得比哉？則若以斯辯，譬猶狗馬，其不及遠矣。”

少知曰：“四方之内，六合之裏，萬物之所生惡起？”

太公調曰：“陰陽相照，相蓋（害）俞樾説。相治，四時相代，相生相殺，欲惡去就，於是橋起，王筠云：橋，桔槔也。案橋起一上一下也。雌雄片（牉）合，於是庸有。安危相易，禍福相生，緩急相摩（春），聚散相原作以，用馬叙倫説改。成，此名實之可紀，精微之可志也。隨序之相理，橋運之相使，窮則反，終則始，此物之所有，言之所盡，知之所至，極物而已。睹道之人不隨其所廢，不原其所起，此議之所止。”

少知曰：“季真之莫爲，機械的自然論。接子之或使，主宰的自然論。二家之議孰正於其情？熟偏於其理？”

太公調曰：“鷄鳴狗吠，是人之所知。鳴者鷄也，吠者狗也，盡人皆知。雖有大知（智），不能以言讀其所自化，不能以言説鷄狗所以化生之故。又不能以意[測]用馬叙倫説補。其所將爲。又不能以意測其將欲鳴吠之機。斯分也。而析之，精至於無倫，大至於不可圍。或之使，莫之爲，未免於物而終以爲過。或使則實，莫爲則虚。有名有實，是物之居，無名無實，在物之虚。可言可意，言而愈疏。未生不可忌，已死不可阻，死生非遠也，理不可睹。或之使，莫之爲，疑之所假。吾觀之本，其往無窮。吾求之末，其來無止。無窮無止，言之無也，之，其也。與物同理。或使莫爲，言之本也，之，其也。與物終始。道不可有，重有字，用馬叙倫説删。不可無，道之爲名，所假而行。或使莫爲，在物一曲，夫胡爲於大方？言而足，《山谷内集》四《和邢惇夫秋懷十首》注引“言而足”作“言而當物”，疑誤。則終日言而盡道，言而不足，則終日言而盡物。道物之極，言默不足以載，非言非默，議有所極。”

雜二十六　外物

二一七

外物不可必，故龍逢誅，比干戮，箕子狂，惡來死，桀紂亡。人主莫不欲其臣之忠，而忠未必信，未必見信。故伍員流於江，萇弘死於蜀。（藏其血，三年而化爲碧。）疑注。人親莫不欲其子之孝，而孝未必愛，故孝己憂而曾參悲。

二一八

木與木相摩則然，金與火相守則流，陰陽錯行則天地大絯（駭）。駭，擾也。於是乎有雷有霆，木原誤水（《爾雅翼》一一已誤），從劉文典校改。中有火，乃焚大槐。有甚憂兩陷而無所逃，螴蜳（忡融）司馬彪説。不得成（定），心若懸於天地之間，慰暋（鬱悶）沈屯（頓），利害相摩，生火甚多，衆人焚和，月原誤月固不勝火，於是乎有僓然《容齋隨筆》七引僓然作焚和。而道盡。

莊周家貧，故往貸粟於監河侯。監河侯曰："諾！我將得邑金，歲終邑人所納租税之金。金，銅也。將貸子三百金，可乎？"

莊周忿然作色曰《淵海》六二引曰上有對字。："周昨來，有中道而呼者，周顧視車轍中，有鮒魚焉。周問之曰：'鮒魚來！子何爲者邪？'對曰：'我東海之波臣也。君豈有斗升之水而（能）馬叙倫説。活我哉？'周曰：'諾！我且南游吴越之王，激西江之水而迎子，可乎？'鮒魚忿然作色曰：'吾失我常居原誤與。我無所處，吾得斗升之水然（能）馬叙倫説。活耳。君乃言此。曾不如早索我於枯魚之肆！'"

二一九

任公子爲大鉤巨綸原誤緇，從馬叙倫校改。五十犗以爲餌，蹲於會稽，投竿東海，旦旦而釣，期年不得魚。已而大魚食之，牽巨鉤錎（陷）没而下，鶩揚而奮鬐，白波若山，海水震蕩，聲侔鬼神，憚赫千里。任公子得若魚，離而腊之，自制（浙）河以東，蒼梧以北，莫不厭若魚者已，而後世輇才諷説之徒皆驚而相告也。

夫揭竿累（纝），趣灌瀆，守鯢鮒，其於得大魚難矣。飾小説以干縣令，其於大達亦遠矣。是以未嘗聞任氏之風俗，其不可與經於世《山谷内集》六《戲呈孔毅父》注作"與於經世"，亦遠矣。

二二〇

儒以詩禮發冢。大儒臚傳曰："東方作矣，事之猶其也。何若？"

小儒曰："未解裙襦，口中有珠。"

曰：原在之字下，今乙正。《山谷外集》一《溪上吟》注引曰字正在詩字上，惟句首有"小儒"二字，則誤以此爲小儒之言而妄加也。"《詩》固有之：'青青之麥，生於陵陂，生不布施，死何含珠爲！'接（挾）馬叙倫説。其鬢，擪其顪（喙），馬叙倫説。而原誤儒，從王念孫校改。以金椎控其頤，徐别其頰，無傷口中珠！"

二二一

老萊子之弟子出薪，采薪。遇仲尼，反以告曰："有人於彼，修上而趨（促）下，末（轒）孫詒讓説。僂背倭也。而後耳，耳却後。視若營四海，營，求也。營四海即望洋也。不知其誰氏之子。"

老萊子曰："是丘也！"召而來。

仲尼至。

曰："丘！去汝躬矜，與汝容知，斯爲君子矣。"

仲尼揖而退，蹙然改容而問曰："業可得進乎？"

老莱子曰："夫不忍一世之傷，而鶩原作驁，從馬叙倫校改。萬世之患，抑固窶邪？亡（無）其略弗及邪？惠（唯）以歡（患）馬叙倫説。爲鶩原作驁，用奚侗説改。終身之醜。中民之行[易]從張君房本及郭注、成疏補。進焉耳。相引以名，相結以隱。俞樾云：隱私也。與其譽堯而非桀，不如兩忘而閉其非原作所，用馬叙倫説改。譽。反，無非傷也，動，無非邪也。聖人躊躇以興舉也。事，以每（謀）章炳麟説。成功，奈何哉其載焉終（躬）矜爾！"

二二二

宋元君夜半而夢人被髮窺阿門，曰："予自宰路疑即清泠、滄浪之轉。之淵，從《文選·江賦》注引删予字。爲清江使河伯之所，漁者余且得予。"元君覺，使人占之。曰："此神龜也。"君曰："漁者有余且乎？"左右曰："有。"君曰："令余且會朝。"

明日，余且朝。

君曰："[昔]從《御覽》九三一引補。漁何得？"

對曰："且之網得白龜焉，其圓謂圓徑。五尺。"

君曰："獻若之龜。"

龜至，君再欲殺之，再欲活之，心疑。卜之，曰："殺龜以卜，吉。"乃刳龜[以][卜]，從《類聚》九六、《御覽》九三一、《文選·江賦》注引，參《淮南子·説山篇》注補，七十二鑽唐寫本無"二"字，《御覽》三九九、《文選·江賦》注引同。白居易《偶然》二首："六十四卦七十鑽。"而無遺筴。

仲尼曰："神從奚侗校删龜字，唐寫本同。《困學紀聞》一〇引有龜字。能見夢於元君，而不能避余且之網，知能七十二鑽而無遺筴，不能避刳腸之患。如是則知有所不同（周），不同二字原作困，從馬叙倫校改。神有所不及也。雖有至知，萬人謀之。魚不畏網而畏鵜鶘。去小知而大知明，去善而自善矣。"

二二三

嬰兒生無所原作石，從馬叙倫校改。師而能言，與能言者處也。

二二四

惠子謂莊子曰："子言無用。"

莊子曰："知無用而始可與言用矣。夫原誤天，從馬叙倫校改。《容齋隨筆》一二引作夫。地非不廣且大也，人之所用容足耳。然則《容齋隨筆》二引則作而。側足而墊之，致（至）黄泉，人尚有用乎？"

惠子曰："無用。"

莊子曰："然則無用之爲用也亦明矣。"

二二五

莊子曰："人有能游，且得不游乎？人而不能游，且得游乎？夫流遁之志，决絶之行，意原作噫，從唐寫本改。馬叙倫説同。其非至知厚德之任與？覆墜而不反，北（背）北，原作火。馳而不顧，雖相與爲君臣，時也，易世而無以相賤。故曰至人不留行焉。夫尊古而卑今，學者之流也。且以狶韋氏之流觀今之世，夫孰能不波？唯至人乃能游於世而不僻，順人而不失己。彼教不學，承意不彼。

二二六

目徹爲明，耳徹爲聰，鼻徹爲顫（羶），《禮記·郊特牲》："然後焫肖合羶薌。"《祭義》："燔燎羶薌。"羶薌，猶馨香也。口徹爲甘，心徹爲知，知徹爲德。德之言得也。凡道不欲壅，壅則哽，哽而不止則跈（疹），跈則衆害生。物之有知者恃息，喘息。其不殷非天之罪，天之穿之，日夜無降。成云："降，止也。"案《左傳》昭公元年"中聲以降"即"中聲以止"。人則顧塞其竇。胞有重閬，心有天游。室無空虛，則婦姑勃豀，心無天游，則六鑿相攘。大林丘山之善於人也，劉文典：《知北游篇》"山林與，皋壤與，使我欣欣然而樂與"，郭注："山林皋壤未善於我，而我便樂之，即此大林丘山善於人之義。"亦神者不勝。

二二七

德溢乎名，名溢乎暴（表），謀稽乎誸（眩），亂惑也。知出乎争，柴生於守，官事果乎衆宜。春雨日時，草木怒生，銚鎒於是乎始修，草木之到植者過半，而不知其然[也]。從唐寫本補。

二二八

静默原誤然，從奚侗校改。可以補病，眥（揣）搣（摵）揣摵即按摩術，馬叙倫説。（《急就篇》："沐浴揃搣寡合同。"）可以休老，寧□可以止遽（劇），囂□也。雖然，若是[者]從唐寫本補。勞者之務也，用馬叙倫説删非字。佚者之所未嘗過而問焉。聖人之所以駴天下，神人未嘗過而問焉。賢人所以駴世，聖人未嘗過而問焉。君子所以駴國，賢人未嘗過而問焉。小人所以合時，君子未嘗過而問焉。

二二九

演門有親死者，以善毁，毁瘠。爵爲官師，其黨人毁而死者半。此以孝傷性者。《韓非子·内儲説上篇》："宋崇門之巷人，服喪而毁，甚瘠。上以爲慈愛於親，舉以爲官師。明年，人之所以毁死者，歲十餘人。"《禮記·祭法》："官師一廟。"《穆天子傳》"百嬖人官師"，注："官師，群士號也。"《漢書·賈誼傳》："古者聖王制爲等列，内有公卿大夫士，外有公侯伯子男，然後有官師小吏，延及庶人。"

堯與許由天下，許由逃之。湯與務光，務光怒之。紀他聞之，帥弟子而踆（逡）退也。於窾水，諸侯吊之。重其高義，時往恤問。三年，申徒狄因以踣（赴）河。此以廉傷性者。紀他、申徒狄蓋皆春秋時人。聞先世許由、務光之風。

二三〇

筌（栫）捕魚具。《爾雅翼》三引作荃，《山谷外集》八《咀風銅陵》注引作筌。者所以在（載）栫。魚，得魚而忘筌。蹄係蹄兔罥也。《一切經音義》八〇引作蹏。者所以在兔，得兔而忘蹄。言者所以在意，得意而忘言。吾安得夫忘言之人而與之言哉！

雜二十七　寓言

二三一

寓言十九。記事寓意之言，十居其九。重言十七。重述耆舊之言，十居其七。卮言日出，和以天倪（硯）。同研磨也。

寓言十九，藉（借）外論之。親父不爲其子媒，親父譽之，不若非其父者也。非吾罪也，人之罪也。與己同則應，不與己同則反，同於己爲爲猶則也。是之，異於己爲非之。

重言十七，所以已（止）言也，是爲耆艾。年先矣，而無經緯本末以期（紀）年耆者，經緯猶年月。無年月本末以紀其年耆。是非先也。人而無以先人，無人道也。人而無人道，是之謂陳人。《説郛》引“支離無首尾言陳人”八字，今本無。

卮言日出，和以天倪，因以曼衍，所以窮年。不言則齊。齊與言不齊，言與齊不齊也，故曰無言。言無言，終身言，未嘗從馬叙倫、劉文典校删不字。言，終身不言，未嘗不言。有自也而可，有自也而不可，有自也而然，有自也而不然。惡乎然？然於然。惡乎不然？不然於不然。惡乎可？可於可。惡乎不可？不可於不可。物固有所然，物固有所可。無物不然，無物不可。非卮言日出，和以天倪，孰得其久？萬物皆種也，以不同形相禪，始卒若環，莫得其倫，是謂天均。天均者，天倪也。

二三二

莊子謂惠子曰：“孔子行年六十而六十化，始時所是，卒而非之，未知今之所謂是之非五十九非也？”

惠子曰：“孔子勤志服知也。”

莊子曰：“孔子謝之矣，而其未之嘗言。孔子云：‘夫受才乎大本，復（腹）孫詒讓説靈以生，鳴而當律，言而當法，利義陳於前而好惡是非直服人之口而已矣，使人乃以心服而不敢蘁（忤），立定天下之定。’已乎！已乎！吾且不得及彼乎！”

二三三

曾子再仕而心再化，曰：“吾及親仕，三釜而心樂。後仕，三千鍾而不洎（逮）及也。洎原誤作泊。親，從劉文典校補。吾心悲。”

弟子問於仲尼曰：“若參者，可謂無所縣繫也。其罪乎？”

曰：“既已縣矣。夫無所縣者，可（何）馬叙倫説。以有哀乎？彼視三釜、三千鍾，如觀從俞樾校删雀字。蚊虻相過乎前也。”

二三四

顏成子游謂東郭子綦曰：“自吾聞子之言，一年而野（豫），二年而從，三年而通，四年而□，原作物，用馬叙倫説删。五年而物用馬叙倫説補。來，六年而鬼入，七年而天成，八年而不知死不知生，九年而大妙。”

二三五

生有爲死也，勸公以其私。從奚侗校補。死陰用馬叙倫説補。也，有自也，而生陽，無自也。而果然乎？惡乎其所適，惡乎其所不適？天有曆數，地有人據，章炳麟讀人據爲夷勮，猶言夷險難易也。吾惡乎求之？莫知其所終，若之何其無命也？莫知其所始，若之何其有命也？有以相應也，若之何其無鬼邪？無以相應也，若之何其有鬼邪？

二三六

從劉文典校删衆字。罔兩問於影曰："若向也俯而今也仰，向也括（髻）撮從張君房本補。而今也被髮，向也坐而今也起，向也行而今也止，何也？"

影曰："叟叟（謏）謏猶區區也，劉師培説。案，瑣，瑣之轉。也！奚稍（消）奚消即何消，馬叙倫説。問也！予有而不知其所以。予蜩甲也，蛇蜕也，似之而非也。火與日，吾屯也。屯，守也。《左傳》哀公元年："夫屯晝夜九日。"《管子·輕重乙篇》"置屯籍農"，注："屯，戍也。"《文選·東都賦》"陳師按屯"，注："勒兵而守曰屯。"《左傳》宣公十二年"使軘者逆之"，服注："軘車。"屯守之車。陰與夜，吾代司馬云：謂使得休息也。也。彼吾所以有待也，原作邪，從《文選》謝靈運《游南亭詩》注引改。而況乎以無原作有，從劉文典校改。待者乎？彼來則我與之來，彼往則我與之往，彼强陽則我與之强陽，强陽，相羊。强陽者又何以有問乎？"

二三七

陽子居南之沛，老聃西游於秦，至於梁而遇老子，邀於郊，三字原在"西游於秦"下，用馬叙倫説乙。老子中道仰天而嘆曰："始以汝爲可教，今不可也！"

陽子居不答。至舍，進盥漱巾櫛，脱履户外，膝行而前，曰："向者弟子欲請夫子，《説文》："請，白也。"夫子行不閑，是以不敢。今閑矣，請問《御覽》一八六引作聞。其過。"

老子曰："而睢睢（瞿），而從劉文典校補。盱盱，而誰與居？大白若辱，盛德若不足。"

陽子居蹴然變容曰："敬聞命矣！"

其往也，舍者迎將，《容齋隨筆》一二引作將迎。其家公執席，妻執巾櫛，舍者避席，煬者避竈。其反也，舍者與之争席矣。蘇軾《莊子祠堂記》

疑此當與《列禦寇篇》列禦寇之齊事合爲一章。其《祭徐君猷文》“争序滿前，無復十漿而五餽”，正合用爲一事。洪邁復舉《列子》首載禦寇餽漿事數百言，即綴以楊朱争席節，以證成蘇説。

雜二十八　讓王

陳景元本在《漁父》後，蘇軾所見至《列禦寇》次第與今本同（《莊子祠堂記》）。

二三八

堯以天下讓許由，許由不受。又讓於子州支父，《路史·發揮》六引父作甫。子州支父曰："以我爲天子猶之可也，雖然，我適有幽憂之病，方且治之，未暇治天下也。"夫天下至重也，而不以害其生，又况他物乎？唯無以天下爲者可以托天下也。

舜讓天下於子州支伯，子州支伯曰："予適有幽憂之病，方且治之，未暇治天下也。"故天下大器也，而不以易生，此有道者之所以異於俗者也。

舜以天下讓善卷，善卷曰："余立於宇宙之中，冬日衣皮毛，夏日衣葛絺，春耕種，形足以勞動，秋收斂，身足以休食，日出而作，日入而息，逍遥於天地之間而心意自得，吾何以天下爲哉？悲夫，子之不知余也！"遂不受。於是去而入深山，莫知其處。

舜以天下讓其友石户之農，石户之農曰："卷卷（拳拳）勇力貌。乎后之爲人，葆（保）力之士也。"保，任也。以舜之德爲未至也。於是夫負妻戴，携手以入於海，終身不反也。

大王亶父居邠，狄人攻之。事之以皮帛而不受，事之以犬馬而不受，事之以珠玉而不受。狄人之所求者土地也。大王亶父曰："與人之兄居而殺其弟，與人之父居而殺其子，吾不忍也。子皆勉居矣！爲吾臣與爲狄人臣奚以異？且吾聞之，不以所用養害所養。"因杖筴（策）而去之。民相連（輦）而從之，遂成國於岐山之下。夫大王亶父可謂能尊生矣。能尊生者，雖富貴不以養傷生，雖貧賤不以利累形。今世之人居高官尊爵者，皆重失之，見利，輕亡其身，豈不惑哉！

越人三世弑其君，王子搜患之，逃乎丹穴，而越國無君。求王子搜不得，從之丹穴。王子搜不肯出，越人薰之以艾，乘以王原作玉，從《釋文》本、成疏引一本改。輿。王子搜援綏登車仰天而呼曰："君乎！君乎！獨不可以舍我乎！"王子搜非惡爲君也，惡爲君之患也。

若王子搜者，可謂不以國傷生矣，此固越人之所欲得爲君也。

二三九

韓魏相與爭侵（寢）磽确也。地。子華子見昭僖侯，昭僖侯有憂色。

子華子曰："今使用馬叙倫説删天下二字。書銘於君前，書之言曰：'左手攫之則左手廢，右手攫之則右手廢，然而攫之者必有天下。'君能攫之乎？"

昭僖侯曰："寡人不攫也。"

子華子曰："甚善！自是觀之，兩臂重於天下也，身又原作亦，從《吕氏春秋·審爲篇》及《御覽》三六九引改。重於兩臂。韓之輕於天下亦遠矣，今之所爭者其輕於韓又遠，君固（顧）愁身傷生以憂慼之從《吕氏春秋·貴生篇》補。彼作"之臧"，臧即戚之訛，又誤倒在之上，今乙。之猶其也。不得也？"

僖侯曰："善哉！教寡人者衆矣，未嘗得聞此言也！子華子可謂知輕重矣！"

二四〇

魯君聞顔闔得道之人也，使人以幣先焉。顔闔守陋閭，苴布之衣而自飯牛。魯君之使者至，顔闔自對之。

使者曰："與顔闔之家與？"

顔闔對曰："此闔之家也。"

使者致幣。

顏闔對曰："恐聽從俞樾、劉文典校删者字。謬而遺使者罪，不若審之。"使者還反，審之，復來求之，則不得已。

故若顏闔者非原作真，用劉文典説改。惡富貴也……有脱文，劉文典説。故曰道之真以治身，其餘緒以爲治也。國家，其土苴以治天下。由此觀之，帝王之功，聖人之餘事也，非所以完身養生也。今世俗之君子多危身弃生以殉物，豈不悲哉？凡聖人之動作也，必察其所以之，與其所以爲。今且有人於此，以隋侯之珠彈千仞之雀，世必笑之，是何也？則其所用者衆而所要者輕也。夫生者豈特隋侯珠從俞樾校補，《意林》引同。之重哉？

二四一

子列子窮，容貌有飢色。客有言之於鄭子陽者，曰："列禦寇蓋有道之士也，居君之國而窮，君無乃爲不好士乎？"鄭子陽即令官遺之粟。

子列子見使者，再拜而辭。

使者去，子列子入，其妻望之而拊心曰："妾聞爲有道者之妻子，皆得佚樂。今有飢色，君過而遺先生食，先生不受，豈不命邪？"

子列子笑謂之曰："君非自知我也。以人之言而遺我粟，至其罪我也又且以人之言，此吾所以不受也。"

其卒，民果作難而殺子陽。

二四二

楚昭王失國，屠羊説走而從於昭王。昭王反國，將賞從者，及屠羊説。屠羊説曰："大王失國，説失屠羊，大王反國，説亦反屠羊，臣之爵禄已復矣，又何賞之有？"

王曰："强之。"

屠羊説曰："大王失國，非臣之罪，故不敢伏其誅，大王反國，非臣之功，故不敢當其賞。"

王曰："見之。"

屠羊説曰："楚國之法，必有重員（勛）員原誤賞，用馬叙倫説改。大功而後得見。今臣之知不足以存國，而勇不足以死寇，吴君入郢，説畏難而避寇，非故隨大王也。今大王欲廢法毁約而見説，此非臣之所以聞於天下也。"

王謂司馬子綦曰："屠羊説居處卑賤而陳義甚高，子綦爲我延之以三珪原誤旌，從孫詒讓、馬叙倫、劉文典校改。下同。之位。"

屠羊説曰："夫三珪之位，吾知其貴於屠羊之肆也，萬鍾之禄，吾知其富於屠羊之利也，然豈可以貪爵而使吾君有妄施之名乎？説不敢當。願復反吾屠羊之肆。"遂不受也。

二四三

原憲居魯，環堵之室，茨以生草，蓬户不完，桑以爲《蒙求集注》下"原憲桑樞"注引無"以爲"二字。樞而甕牖二室，褐以为塞，上漏下濕，匡（尪）曲脛也，馬叙倫説。坐而弦歌。從奚侗、馬叙倫校補。子貢乘大馬，中紺而表素，軒車不容巷，往見原憲。原憲華（樺）《蒙求集注》引華作草。冠縰（韃）履，杖藜而應門。

子貢曰："嘻！先生何病也！從《類聚》三五引補。《蒙求集注》引無也字。"

原憲應之曰："憲聞之，無財之謂原作"謂之"，從《意林》、《類聚》三五、《御覽》四八五乙，下同。貧，學道從《御覽》四八五引及《史記·仲尼弟子列傳》補。《蒙求集注》引無道字，《草堂詩箋》三《奉贈韋左丞丈二十二韻》箋引有道字。而不能行之謂病。今憲貧也，非病也。"

子貢逡巡而退，從馬叙倫校補。有愧色。

原憲笑曰："夫希世而行，比周而友，學以爲人，教以爲己，仁義之（是）匿，輿馬之（是）飾，憲不忍爲也。”

二四四

曾子居衛，緼袍無表，顏色腫噲（殨），章炳麟説。手足胼胝，三日不舉火，十年不製衣，正冠而纓絶，捉衿而肘見，納屨而踵决，曳縰而歌《商頌》，聲滿天地，若出金石，天子不得臣，諸侯不得友。故養志者忘形，養形者忘利，致道者忘心矣。

二四五

孔子謂顏回曰："回來！家貧居卑，胡不仕乎？"

顏回對曰："不願仕。回有郭外之田五十畝，足以給飦（饘）《淵海》五一引作饘。粥，郭内之田十畝，足以爲絲麻。鼓琴足以自娱，所學於夫子之道《淵海》五一引無之道二字。者，足以自樂也。回不願仕。"

孔子愀然變容曰："善哉！回之意。丘聞之，知足者不以利自累也，審自得者失之而不懼，行修於内者無位而不怍，丘誦之久矣，今於回而後見之，是丘之得也。"

二四六

中山公子牟謂瞻子曰："身在江海之上，心居乎魏闕之下，[爲][之]從《吕氏春秋·審爲篇》《淮南·道應篇》《文子·下德篇》補。奈何？"

瞻子曰："重生，重生則輕利。二字原倒，從馬叙倫校乙。"

中山公子牟曰："雖知之，未能自勝也。"

瞻子曰："不能自勝，則從[之]。從馬叙倫校補。"

"[從][之]，從馬叙倫校補。神無惡乎？"

"不能自勝而强不從者，此之謂重傷。重復傷之。重傷之人無壽（儔）

類矣！”

魏牟，萬乘之公子也，其隱巖穴也難爲於布衣之士，雖未至乎道，可謂有其意矣！

二四七

孔子窮於陳蔡之間，七日不火食，藜羹不糝，糝，米糝。雖藜羹中不雜有糝，言羹薄也。顔色甚憊，而弦歌於室不輟。從《御覽》五一七引補。顔回擇菜於外從奚侗、馬叙倫校補。

子路子貢相與言曰：“夫子再逐於魯，削迹於衛，伐樹於宋，窮於商周，圍於陳蔡，殺夫子者無罪，藉夫子者無禁，弦歌鼓琴未嘗絶音，君子之無恥也若此乎？”

顔回無以應，入告孔子。孔子推琴喟然而嘆曰：“由與賜細人也，召而來，吾語之。”

子路子貢入。子路曰：“如此者可謂窮矣！”

孔子曰：“是何言也！君子通於道之謂通，窮於道之謂窮。今丘抱仁義之道，以遭亂世之患，其何窮之爲（有）？故内省而不窮於道，臨難而不失其德。大寒既至，霜雪既降，吾是以知松柏之茂也。桓公得之莒，文公得之曹，越王得之會稽，從馬叙倫校補。陳蔡之隘於丘，其幸乎！”

孔子削（悄）然反琴而弦歌，子路扢（仡）勇壯也，王念孫説。然執干而舞。

子貢曰：“吾不知天之高也，地之下也。古之得道者，窮亦樂，通亦樂，所樂非窮通也，道德（得）俞樾説。《山谷内集》一《次韻劉最文登鄴王臺見思五首》注引正作得。《外集》一〇〇《四月戊申賦鹽萬歲山中仰懷外舅謝師厚》注引同。於此，則窮通爲寒暑風雨之序矣。故許由娱於潁陽，而共伯得志從江南古藏本補。《困學紀聞》一一引志作之，丘作邱。得志猶得意也。乎丘首。”

二四八

舜以天下讓其友北人無擇，北人無擇曰："異哉，后之爲人也，居於畎畝之中而游堯之門。不若是而已，又欲以其辱行漫我。漫，汙也。吾羞見之。"因自投清泠之淵。

二四九

湯將伐桀，因卞隨而謀，卞隨曰："非吾事也。"

湯曰："孰可？"

曰："吾不知也。"

湯又因務光而謀，務光曰："非吾事也。"

湯曰："孰可？"

曰："吾不知也。"

湯曰："伊尹何如？"

曰："强力忍垢（詬），吾不知其他也。"

湯遂與伊尹謀伐桀，克之，以讓卞隨。

卞隨辭曰："后之伐桀也，謀乎我，必以我爲賊也。勝桀而讓我，必[以]從馬叙倫校補。我爲貪也。吾生乎亂世，而無道之人再來漫我以其辱行，吾不忍數聞也。"乃自投洞（潁）洞原誤稠，從朱謀㙔校改，《水經·潁水注》引張顯《逸民傳》、稽康《高士傳》并作洞。水而死。

湯又讓務光曰："知者謀之，武者遂之，仁者居之，古之道也。吾子胡不立乎？"

務光辭曰："廢上，非義也，殺民，非仁也，人犯其難，我享其利，非廉也。吾聞之曰：'非其義者不受其祿，無道之世不踐其土。'况尊我乎？吾不忍久見也！"乃負石而自沉於廬《路史·發揮》六引作盧。水。

二五〇

昔周之興，有士二人處於孤竹，曰伯夷、叔齊。二人相謂曰："吾聞西方有人，似有道者，試往觀焉。"

至於岐陽，武王聞之，使叔旦往見之，與盟曰"加富二等，就官一列"，血牲而埋之。

二人相視而笑曰："嘻，異哉！此非吾所謂道也。昔者神農之有天下也，時祀盡敬而不祈喜（禧），俞樾説。其於人也忠信盡矣原誤治。而無求焉，樂政與爲政，樂治與爲治，政與治與原皆誤倒，從俞樾校乙。不以人之壞自成也，不以人之卑自高也，不以遭時自利也。今周見殷之亂而遽爲政[與][治]，從馬叙倫校補。上（尚）王念孫説。謀而從王念孫删下字。行貨，阻兵而保威，阻，持也；保，任也。割牲而盟以爲信，揚行以説原誤悦，從劉秀生改，讀如字。衆，殺伐以要利，是推亂以易暴也。吾聞古之士遭治世不避其任，遇亂世不爲苟存。今天下暗，周德衰，其猶與也。并（傍）馬叙倫説。乎周以塗吾身也，其猶與其也。不如避之以潔吾行。"

二子北至於首陽之山，遂餓而死焉。

若伯夷、叔齊者，其於富貴也，苟可得已，則必不賴。高節戾（厲）行，獨樂其志，不事於世，此二士之節也。

雜二十九　盜跖

二五一

孔子與柳下季爲友，季、惠古同字。《説文》穗爲采之重文，惠與穗、季與采并同。柳下季之弟名曰盜跖。盜跖從卒九千人，横行天下，侵暴諸侯，穴室樞户，驅人牛馬，取人婦女，貪得忘親，不顧父母兄弟，不祭先祖，所過之邑，大國守誠，小國入保，萬民苦之。

孔子謂柳下季曰："夫爲人父者必能詔其子，爲人兄者必能教其弟。若父不能詔其子，兄不能教其弟，則無貴父子兄弟之親矣。今先生，世之才士也，弟爲盜跖，爲天下害，而弗能教也，丘竊爲先生羞之。丘請爲先生往説之。"

柳下季曰："先生言'爲人父者必能詔其子，爲人兄者必能教其弟'，若子不聽父之詔，弟不受兄之教，雖今先生之辯，將奈之何哉？且跖之爲人也，心如涌泉，意如飄風，强足以距敵，辯足以飾非，順其心則喜，逆其心則怒，易辱人以言。先生必無往！"

孔子不聽，顔回爲馭，子貢爲右，往見盜跖。盜跖乃方休卒徒於從江南古藏本補。太山之陽，膾人肝而餔之。孔子下車而前，見謁者曰："魯人孔丘聞將軍高義，敬再拜謁者。"

謁者入通。盜跖聞之，大怒，目如明星，髮上指冠，曰："此夫魯國之巧僞人孔丘非邪？爲我告之：'爾作言造語，妄稱文武，冠枝木之冠，帶死牛之脅，多辭謬説，不耕而食，不織而衣，摇唇鼓舌，擅生是非，以迷天下之主，使天下學士不反其本，妄作孝悌而僥幸於封侯富貴者也。子之罪大極重。疾走歸！不然，我將以子肝益晝餔之膳。'"

孔子復通曰："丘得幸於季，願望履綦原作幕，從司馬本改。下。"

謁者復通。盜跖曰："使來前！"

孔子趨而進，避席反走，再拜盜跖。盜跖大怒，兩展其足，案劍瞋目，聲如乳虎，曰：“丘來前！若所言順吾意則生，逆吾心則死。”

孔子曰：“丘聞之，凡天下人從張君房本補。有三德。生而長大美好無雙，少長貴賤見而皆悅之，此上德也。知維天地，能辯諸物，此中德也。勇悍果敢，聚衆率兵，此下德也。凡人有此一德者，足以南面稱孤矣。今將軍兼此三者，身長八尺二寸，面目有光，脣如激丹，齒如齊貝，音中黄鍾，而名曰盗跖，丘竊爲將軍耻不取焉。將軍有意聽臣，臣請南使吴越，北使齊魯，東使宋衛，西使晋楚，使爲將軍造大城數百里，立數十萬户之邑，尊將軍爲諸侯，與天下更始，罷兵休卒，收養昆弟，共祭先祖。此聖人才士之行而天下之願也。”

盗跖大怒曰：“丘來前！夫可規以利而可諫以言者，皆愚陋恒民之謂耳。今長大美好，人見而悦之者，此吾父母之遺德也，丘雖不吾譽，吾獨不自知邪？且吾聞之，好面譽人者亦好背而毁之，今丘告我以大城衆民，是欲規我以利而恒民畜我也，安可久長也？城之大者莫大乎天下矣，堯舜有天下，子孫無置錐之地，湯武立爲天子，而後世絶滅，非以其利大故邪？

“且吾聞之，古者禽獸多而人民從《御覽》九二八、九六四引補。少，於是民皆巢居以避之，晝拾橡栗，暮栖木上，故命之曰有巢氏之民。古者民不知衣服，夏多積薪，冬則煬之，故命之曰知生之民。神農之世，卧則居居，起則於於，民知其母，不知其父，與麋鹿共處，耕而食，織而衣，無有相害之心，此至德之隆也。然而黄帝不能致德，與蚩尤戰於涿鹿之野，流血百里。堯舜作，立群臣，湯放其主，武王殺紂。自是之後，以强凌弱，以衆暴寡。湯武以來，皆亂人之徒也。今子修文武之道，掌天下之辯以教後世，縫衣淺帶，矯言僞行，以迷惑天下之主，而欲求富貴焉，盗莫大於子，天下何故不謂子爲盗丘而乃謂我爲盗跖？

“子以甘辭説子路而使從之，使子路去其危冠，解其長劍，而受教於子。天下皆曰：‘孔丘能止暴禁非。’其卒之也，子路欲殺衛君而事不成，身菹於衛東門之上，是子教之不至也。子自謂才士聖人邪？則再逐於魯，削迹於衛，窮於齊，圍《草堂詩箋》五《上韋左相二十韻》箋引圍作厄。於陳蔡，不容身於天下。子教子路菹此患。上無以爲身，下無以爲人，子之道豈足貴邪？

“世之所高莫若黄帝，黄帝尚不能全德，而戰於涿鹿之野，流血百里。堯不慈，舜不孝，禹偏枯，《吕氏春秋·當務篇》作“禹有淫湎之意。”案偏枯，手足攣廢也。《左傳》昭公元年“風淫末疾”，杜注曰：“末，四肢也。”末疾即偏枯之疾，風淫所致。是本書曰偏枯，《吕覽》曰淫湎，語異而指同。禹通塗山女事見《天問》。湯放其主，武王伐紂。用馬叙倫説删“文王拘羑里”五字。此六子者世之所高也，孰（熟）論之，皆以利惑其真，而强反其情性，其行乃甚可羞也。世之所謂賢士伯夷叔齊。伯夷叔齊辭孤竹之君，而餓死於首陽之山，骨肉不葬。鮑焦飾行非世，抱木而死。申徒狄諫而不聽，負石自投於河，爲魚鱉所食。介子推至忠也，自割其股以食文公，文公後背之，子推怒而去，抱木而燔死。尾生與女子期於梁下，女子不來，水至不去，抱梁柱而死。此六子者，無異於磔犬沉原誤流，用孫詒讓説改。豕操瓢而乞者，皆離（利）名輕死，不念本養壽命者也。世之所謂忠臣者，莫若王子比干伍子胥。子胥沉江，比干剖心。此二子者，世謂忠臣也，然卒爲天下笑。自上觀之，至於子胥比干，皆不足貴也。丘之所以説我者，若告我以鬼事，則我不能知也，若告我以人事者，不過此矣，皆吾所聞知也。

“今吾告子以人之情，目欲視色，耳欲聽聲，口欲察味，志氣欲盈。人上壽百歲，中壽八十，下壽六十，除病瘐本作瘦，誤。死喪憂患，其中開口而笑者，一月之中，不過四五日而已矣。天與地無窮，人死者有時。操有時之具，而托於無窮之間，忽然無異騏驥之馳過隙也。不能悦其志意，養其壽命者，皆非通道者也。丘之所言，皆吾所弃也。亟去走歸，無復言之。子之道狂狂伋伋，詐巧虚僞事也，非可以全其真也，奚足論哉！”

孔子再拜，趨走出門，上車，執轡三失，目芒然無見，色若死灰，據軾低頭，不能出氣。歸到魯東門外，適遇柳下季。

柳下季曰：“今者闕數日不見，車馬有行色，得微《説郛》引微作無。

往見跖邪？”

孔子仰天而嘆曰：“然。”

柳下季曰：“跖得無逆汝意若前乎？”

孔子曰：“然。丘所謂無病而自灸也，疾走，料虎頭，編虎鬚，幾不免於從《後漢書·皇后紀》注引補。虎口哉！”

二五二

子張問於滿苟得曰：“盍不爲行？無行則不信，不信則不任，不任則不利。故觀之名，計之利，而義真是也。若弃名利，反之於心，則夫士之爲行，不可一日不爲乎？”

滿苟得曰：“無耻者富，多信者顯。夫名利之大者，幾在乎無耻而信。故觀之名計之利而信真是也。若弃名利，反之於心，則夫士之爲行，抱其天乎？”

子張曰：“昔則桀紂，貴爲天子，富有天下。今謂臧聚（騶）孫詒讓説。曰：‘汝行如桀紂’，則從馬叙倫、劉文典校删有字。作原作怍，從劉文典校改。色，有不服之心者，小人所賤也。仲尼墨翟，窮爲匹夫。今謂宰相曰‘子行如仲尼墨翟’，則變容易色稱不足者，士誠貴也。故勢爲天子，未必貴也，窮爲匹夫，未必賤也。貴賤之分，在行之美惡。”

滿苟得曰：“小盜者拘，大盜者爲諸侯，諸侯之門，仁義仁原誤作士，又倒在義下，從劉師培校改。焉存。二字原倒，用馬叙倫説乙。昔者桓公小白殺兄入嫂，而管仲爲臣，田成子常殺君竊國，而孔子受幣。論則賤之，行則下之，則是言行之情悖戰於胸中也，不亦拂乎？故書曰：‘孰惡孰美？成者爲首，不成者尾。’”

子張曰：“子不爲行，即將疏戚無倫，貴賤無義，長幼無序，五紀六位，將何以爲别乎？”

滿苟得曰：“堯殺長子，舜流母弟，疏戚有倫乎？湯放桀，武王殺紂，貴賤有義乎？王季爲適（嫡），周公殺兄，長幼有序乎？儒者僞辭，墨者兼愛，五紀六位，將有別乎？且子正爲名，我正爲利，名利之實，不順於理，不監於道。吾日與子訟於無約日猶昔者，奚侗説。曰：‘小人殉財，君子殉名。’其所以變其情、易其性、則異矣，乃至於弃其所爲而殉其所不爲，則一也。故曰無爲小人，反殉而天，無爲君子，從天之理。若枉若直，相而天極，面觀四方，與時消息，若是若非，執而圓機，獨成而意，與道徘徊，無轉（專）而行，無成而義，將失而所爲，無赴而富，無殉而成（誠），馬叙倫説。將弃而天。比干剖心，子胥抉眼，忠之禍也。直躬證父，尾生溺死，信之患也。鮑子立乾，申子從《釋文》删不字。自埋，原作理，從《釋文》引一本補。廉之害也。孔子不見母，匡子不見父，義之失也。此上世之所傳，下世之所語，以爲士者正其言，必其行，故服其殃，離其患也。”

二五三

無足問於知和曰：“人卒未有不興名就利者，彼富則人歸之，歸則下之，下則貴之。夫見下貴者，所以長生安體樂意之道也。今子獨無意焉？知不足邪？意知而力不能行邪？故推正不忘邪？”

知和曰：“今夫此人以爲與己同時而生，同鄉而處者，以爲夫絶俗過世之士焉，是專無主正，所以覽古今之時，是非之分也。與俗化，世去至重，弃至尊，以爲其所爲也，此其所以論長生安體樂意之道，不亦遠乎？慘怛之疾，恬愉之安，不監於體，怵惕之恐，欣歡之喜，不監於心，知爲爲而不知所以爲，是以貴爲天子，富有天下，而不免於患也。”

無足曰：“夫富之於人，無所不利，窮美究勢，至人之所不得逮，賢人之所不能及，俠人之勇力而以爲威强，秉人之知謀以爲明察，因人之德以爲賢良，非享國而嚴若君父。且夫聲色滋味權勢之於人，心不待學而樂之，體不待象而安之。夫欲惡避就固不待師，此人之性也。天下雖非我，孰能辭之！”

知和曰：“知者之爲，故動以百姓，不違其度，是以足而不争，無以爲故不求，不足故求之。争四處而不自以爲貪，有餘故辭之，弃天下而不自以爲廉。廉貪之實，非以迫外也，反監之度，勢爲天子而不以貴驕人，富有天下而不以財戲人。計其患，慮其反，以爲害於性。故辭而不受也，非以要名譽也。堯舜爲帝而推，原誤雍，用孫詒讓説改。非仁天下也，不以美害生也。善卷許由得帝而不受，非虚辭讓也，不以事害己。此皆就其利，辭其害，而天下稱賢焉。則可以有之，彼非以興名譽也。”

無足曰：“必持其名，苦體絶甘，約養以持生，則亦久病長厄而不死者也。”

知和曰：“平爲福，有餘爲害者，物莫不然，而財其甚者也。今富人耳營鐘鼓管籥之聲，口嗛於芻豢醪醴之味，以感其意，遺忘其業，可謂亂矣。侅溺於馮氣，若負重行而上坂從馬叙倫校補。也，可謂苦矣。貪財而取慰（愠），馬叙倫説。貪權而取竭，静居則溺，體澤則馮，可謂疾矣。爲欲富就利，故滿若堵而不知避。且馮而不舍，可謂辱矣。財積而無用，服膺而不舍，滿心戚醮，求益而不止，可謂憂矣。内則疑劫請之賊，外則畏寇盗之害，内周樓疏，外不敢獨行，可謂畏矣。此六者，天下之至害也，皆遺忘而不知察。及其患至，求盡性竭財，單以反一日之無故，而不可得也。故觀之名則不見，求之利則不得，繚意□體而争此，不亦惑乎？”

雜三十　説劍

二五四

昔趙文王喜劍，劍士夾門而客三千餘人，日夜相擊於前，死傷者歲百餘人，好之不厭。如是三年，國衰，諸侯謀之。太子悝患之，募左右，曰："孰能説王之意，止劍士者，賜之千金！"左右曰："莊子當能。"

太子乃使人以千金奉莊子。莊子弗受，與使者俱往見太子，曰："太子何以教周，賜周千金？"

太子曰："聞夫子明聖，謹奉千金，以幣從者。夫子弗受，悝尚何敢言？"

莊子曰："聞太子所欲用周者，欲絶王之喜好也。使臣上説大王，而逆王意，下不當太子，則身刑而死，周尚安所事金乎？使臣上説王，下當太子，趙國何求而不得也？"

太子曰："然，吾王所見者從《御覽》三四四引補。唯劍士也。"

莊子曰："諾，周善爲劍。"

太子曰："然，吾王所見劍士，皆蓬頭突鬢垂冠，《説郛》無冠字。曼胡之纓，短後之衣，瞋目而語難，王乃悦之。今夫子必儒服而見王，事必大逆。"

莊子曰："請治劍服。"

治劍服三日，乃見太子。太子乃與見王。

王脱白刃待之。

莊子入殿門不趨，見王不拜。

王曰："子欲何以教寡人，使太子先焉？從《御覽》三四四引補。

曰："臣聞大王喜劍，故以劍見王。"

王曰："子之劍何能禁制？"

曰："臣之劍，十步一人，千里不留行。"

大王悦之，曰："天下無敵矣！"

莊子曰："夫爲劍者，示之以虛，開之以利，後之以發，先之以至，願得試之。"

王曰："夫子休，就舍，待命從《御覽》三四四引删令字。設戲（麾）請夫子。"

王乃校劍士七日，死傷者六十餘人，得五六人，使奉劍於殿下。乃召莊子。

王曰："今日試使士敦（對）劍。"

莊子曰："望之久矣！"

王曰："夫子所御杖（仗）長短何如？"

曰："臣之所奉皆可，然臣有三劍，唯王所用。請先言而後試。"

王曰："願聞三劍。"

曰："有天子[之]劍，有諸侯[之]劍，有庶[人]之以上從《御覽》三四四引本書及四六四引皇甫謐《高士傳》補。劍。"

王曰："天子之劍何如？"

曰："天子之劍，以燕溪石城爲鋒，齊岱爲鍔，晋衛原作魏，從馬叙倫、劉文典校改。爲脊，周宋爲鐔，韓魏爲鋏，包以四夷，果以四時，繞以渤海，帶以常山，制以五行，論以刑德，開以陰陽，持以春夏，行以秋冬。此劍直之無前，舉之無上，案之無下，運之無旁，上決浮雲，下絶地紀。此劍一用，匡諸侯，天下服矣。此天子之劍也。"

文王茫然自失，曰："諸侯之劍何如？"

曰："諸侯之劍，以知勇爲鋒，以清廉士爲鍔，以賢良士爲脊，以忠聖士爲鐔，以豪杰士爲鋏。此劍直之亦無前，舉之亦無上，案之亦無下，運之亦無旁，上法圓天以順三光，下法方地以順四時，中和民意以安四鄉。此劍一用，如雷霆之震也，四封之内無不賓服而聽從君命者矣。此諸侯之劍也。"

王曰："庶人之劍何如？"

曰：“庶人之劍，蓬頭突鬢垂冠，曼胡之纓，短後之衣，瞋目而語難，相擊於前，上斬頸領，下决肝肺。此庶人之劍，無異於鬥鷄，一旦命已絶矣，無所用於國事。今大王有天子之位，而好庶人之劍，臣竊爲大王薄之。”

王乃牽而上殿，宰人上食，王三環之。

莊子曰：“大王安坐定氣，劍事已畢奏矣。”

於是文王不出宫三月，劍士皆服（伏）斃其處也。

雜三十一　漁父

二五五

孔子游乎緇帷之林，休坐乎杏壇之上。弟子讀書，孔子弦歌，鼓琴，奏曲未半，有漁父者下船而來，鬚眉交（皎）白，被髪揄袂，行原以上，距陸而止，左手據膝，右手持頤以聽。曲終而招子貢子路。二人俱對。

客指孔子曰："彼何爲者也？"

子路對曰："魯之君子也。"

客問其族。

子路對曰："族孔氏。"

客曰："孔氏者何治也？"

子路未應。子貢對曰："孔氏者，性服忠信，身行仁義，飾禮樂，選人倫，上以忠於世主，下以化於齊民，將以利天下。此孔氏之所治也。"

又問曰："有土之君與？"

子貢曰："非也。"

"侯王之佐與？"

子貢曰："非也。"

客乃笑而還行，言曰："仁則仁矣，恐不免其身。苦心勞形，以危其真，嗚呼！遠哉，其背原誤分。於道也！"

子貢還報孔子。

孔子推琴而起曰："其聖人與！"乃下求之，至於澤畔，方將杖拏而引其船，顧見孔子，還鄉（嚮）而立。孔子反走，再拜而進。

客曰："子將何求？"

孔子曰："曩者先生有緒言而去，丘不肖，未知所謂。竊待於下風，幸聞咳唾之音以卒相丘也。”

客曰：“嘻！甚矣子之好學也！”

孔子再拜而起曰：“丘少而修學，以至於今，六十九歲矣，無所得聞至教，敢不虛心！”

客曰：“同類相從，同聲相應，固天之理也。吾請釋吾之所有而經子之所以。子之所以者人事也。天子、諸侯、大夫、庶人，此四者自正，治之美也。四者離位，而亂莫大焉。官治其職，人憂其事，乃無所陵。故田荒室露，衣食不足，徵賦不屬，妻妾不和，長少無序，庶人之憂也。能不勝任，官事不治，行不清白，群下荒怠，功美不有，爵禄不持，大夫之憂也。廷無忠臣，國家昏亂，工技不巧，貢職不美，春秋後倫，春秋朝覲不及比等。不順天子，諸侯之憂也。陰陽不知，寒暑不時，以傷庶物，諸侯暴亂，擅相攘伐，以殘民人，禮樂不飾，原誤節。財用窮匱，人倫不飭，百姓淫亂，天子有司之憂也。今子既上無君侯有司之勢，而下無大臣職事之官，而擅飾禮樂，選人倫，以化齊民，不亦泰多事乎？且人有八疵，事有四患，不可不察也。非其事而事之謂之摠，莫之顧而進之謂之佞，希意導言謂之諂，不擇是非而言謂之諛，好言人之惡謂之讒，析交離親謂之賊，稱譽詐僞以敗惡人謂之慝，不擇善否、兩容頰原作顔，從《釋文》或本改。章炳麟讀頰爲兼。適，偷拔其所欲謂之險。此八疵者，外以亂人，内以傷身，君子不友，明君不臣。所謂四患者，好經大事，變更疑當爲故。易常，以挂挂，鉤也。鉤，取也。功名謂之叨（饕），專知擅事，侵人自用謂之貪，見過不更、聞諫愈甚謂之狠，人同於己則可，不同於己雖善不善謂之矜。此四患也。能去八疵，無行四患，而始可教已。”

孔子愀然而嘆，再拜而起，曰：“丘再逐於魯，削迹於衛，伐樹於宋，圍於陳蔡。丘不知所失而離此四謗者，何也？”

客凄然變容曰：“甚矣子之難悟也！人有畏影惡迹而去之走者，舉足愈數而迹愈多，走愈疾而影不離身，自以爲尚遲，疾走不休，絶力而死，不知處陰以休影，處静以息迹，愚亦甚矣！子審仁義之間，察同異之際，觀動静之變，適受與之度，理好惡之情，和喜怒之節，而幾於不免矣。謹修而身，慎守其真，還以物與人，則無所累矣。今不修之身而求之人，不亦外乎？”

孔子愀然曰：“然請問何謂真？”

客曰：“真者，精誠之至也。不精不誠，不能動人。故强哭者雖悲不哀，强怒者雖嚴不威，强親者雖笑不和。真悲無聲而哀，真怒未發而威，真親未笑而和。真在内者神動於外，是所以貴真也。其用於人理也，事親則慈孝，事君則忠貞，飲酒則歡樂，處喪則悲哀。忠貞以功爲主，飲酒以樂爲主，處喪以哀爲主，事親以適爲主。功成之美，無一其迹矣，事親以適，不論所以矣，飲酒以樂，不選其具矣，處喪以哀，無問其禮矣。禮者世俗之所爲也，真者所以受於天也，自然不可易也。故聖人法天貴真，不拘於俗。愚者反此，不能法天而恤於人，不知貴真，禄禄（娽娽）而受變於俗，故不足。惜哉！子之早湛於人僞而晚聞大道也！”

孔子又再拜而起，曰：“今者丘得遇也若天幸然。先生不羞而比之服役而身教之。敢問舍所在，請因受業而卒聞大道。”

客曰：“吾聞之：可與往者，與之至於妙道；不可與往者，不知其道，慎無與之，身乃无咎。子勉之，吾去子矣！吾去子矣！”乃剌船而去，延緣葦間。

顔淵還車，子路綬綏。孔子不顧，待水波定，不聞挐，挐，橹也。《御覽》七一引注云：挐，船擢也。音，而後敢乘。子路旁車而問曰：“由得爲役久矣，未嘗見夫子遇人如此其威也。萬乘之主，千乘之君，見夫子未嘗不分庭伉禮，夫子猶有據傲之容。今漁父杖挐逆立，而夫子曲要《草堂詩箋》三七《遣遇》箋引作腰。磬折，言拜而應，得無太甚乎？門人皆怪夫子矣。漁父何以得此乎？”

孔子伏軾而嘆曰：“甚矣！由之難化也！湛於禮義有間矣，而樸鄙之心至今未去。進！吾語汝！夫遇長不敬、失禮也，見賢不尊、不仁也。彼非至人，不能下人，下人不精，不得其真，故長傷身。惜哉！不仁之於人也禍莫大焉，而由獨擅之。且道者萬物之所由也，庶物失之者死，得之者生，爲事逆之則敗，順之則成，故道之所在聖人尊之。今漁父之於道，可謂有矣，吾敢不敬乎！”

雜三十二　列禦寇

二五六

列禦寇之齊，中道而反，遇伯昏瞀人。

伯昏瞀人曰："奚方（妨）馬叙倫説。而反？"

曰："吾驚焉。"

曰："惡乎驚？"

曰："吾嘗食於十漿，而五漿先饋。"

伯昏瞀人曰："若是則汝何爲驚已？"

曰："夫内誠不解（懈）馬叙倫説。形諜（渫）孫詒讓説。成光，以外鎮人心，使輕乎貴老而整（濟）其所患。夫漿人特爲食羹之貨，無從奚侗校補。馬叙倫、劉文典説并同。多餘之贏，其爲利也薄，其爲權也輕，而猶若是，而况於萬乘之主乎？身勞於國而知盡於事，彼將任我以事，而效（校）我以功，吾是以驚。"

伯昏瞀人曰："善哉！觀乎汝處己，人將保汝矣。"環聚曰保。《爾雅·釋詁》："裒，聚也。"《詩·常棣》傳：裒，集也。同褎、褒。郭注：保者，聚守之語也。司馬注：附也。《説文》鍇本引《詩·常棣》作桴。《説文》桴重文作抱。《孝經援神契》"曰抱"，載注："在下曰抱。"《漢書·天文志》"抱珥虹蜺"，注："氣嚮日也……在旁如半環向曰爲抱。"《釋名·釋姿容》："抱，保也，相親保也。"

無幾何而往，則户外之屨滿矣。伯昏瞀人北面而立，敦杖蹙之乎頤，敦，竪也。立有間，不言而出。

賓（儐）者以告列子，列子提屨跣而走，暨（迄）乎門，曰："先生既來，曾不發藥乎？"《列子·黄帝篇》發作廢，張注：置也。案，置猶投也。《小爾雅·廣言》："投，弃也。"

曰："已矣！吾固告汝曰'人將保汝'，果保汝矣。非汝能使人保汝，而汝不能使人無保汝也。而焉用之感也？感從奚侗校補。豫出異也，必且有感，摇而本性，原作才，從《釋文》改。又無謂也。與汝游者又莫汝告也。彼所小言，盡人毒也，莫覺莫悟，何相孰也！巧者勞而知者憂，無能者無所求，飽食而遨游，泛若不繫之舟，虛而遨游者也。”

二五七

鄭人緩也，呻吟裘氏之地，誦習詩書。衹適也。三年而緩爲儒。三年業成。河潤九里，澤及三族。使其弟墨。爲墨也。儒墨相與辯，其父助墨。原誤翟，用奚侗説改。十年而緩自殺，其父夢之曰：“使而子爲墨者予也，闔胡（姑）嘗視其良（埌），廣也，俞樾説。既爲化也。秋（楸）奚侗説。柏之實矣！”

夫造物者之報人也，不報其人，而報其人之天。彼故（固）使彼，夫人以己爲有以異於人，以賤其親。齊人之井飲者相捽也。故曰今之世皆緩也。自是有德者以不知也，而況有道者乎？古者謂之遁天之刑。“聖人安其所安不安其所不安衆人安其所不安不安其所安”二十四字，疑舊注文。

二五八

莊子曰：“知道易，勿言難。知而不言，所以之天也；知而言之，所以之人也。古之至從張君房、文如海本補。人天而不人。”

二五九

朱泙漫學屠龍於支離益，單（殫）《淵海》、《山谷外集》七《林爲之送筆戲贈》注引作殫。千金之家，三年技成而無所用其巧。

二六〇

聖人以必不必，故無兵，衆人以不必必之，故多兵。順（慎）馬叙倫說。於兵，故行有求（救），兵恃之，則亡。

二六一

小夫之知，不離苞苴竿簡牘，敝精神乎蹇淺，而欲兼濟道物，太一形虚。若是者，迷惑於宇宙，用馬叙倫説删形累二字。不知太初。彼至人者，歸精神乎無始，而甘瞑（眠）乎無何有之鄉。水，流乎無形，發泄乎太清。天空也。悲哉乎，汝爲知在毫毛，而不知大寧。

二六二

宋人有曹商者，爲宋王使秦，其往也，得車數乘，王悦之，益車百乘。反於宋，見莊子，曰："夫處窮閭阨巷，困窮織屨，槁項黄馘（顣）馘原誤從或。者，商之所短也，一悟（遻）見也。馬叙倫說。萬乘之主，而從車百乘者，商之所長也。"

莊子曰："秦王有病，召醫，破癰潰痤者得車一乘，舐痔者得車五乘，所治癒下，得車愈多。子其治其痔邪？何得車之多也？子行矣！"

二六三

魯哀公問乎顔闔曰："吾以仲尼爲貞幹，國其有瘳乎？"

曰："殆哉圾乎！仲尼方且飾羽而畫，從事華辭，以支爲旨，忍性以視民，而不知不信，受乎心，宰乎神，夫何足以上民？彼宜汝與，予頤與，誤而可矣。今使民離實學僞，非所視民也。爲後世慮，不若休之。難治也。"

二六四

施於人而不忘，非天布也。商賈不齒，雖以事齒之，神者弗齒。

二六五

爲外刑者，金與木也，爲内刑者，動與過也。宵（小）朱駿聲説。人之離外刑者金木訊之，離内刑者陰陽食（蝕）之。夫免乎外内之刑者，唯真人能之。

二六六

孔子曰："凡人心險於山川，難知於二字原倒，從馬叙倫、劉文典校改。天。天猶有春秋冬夏旦暮之期，人者厚貌深情。故有貌願而益（隘），猶險也，馬叙倫説。有長若不肖，有順（慎）懁而達，有堅（緊）馬叙倫説。而縵，有緩而釬（悍）。慍也，馬叙倫説。故其就義若渴者，其去義若熱。故君子遠使之而觀其忠，近使之而觀其敬，煩使之而觀其能，卒然問焉而觀其知，急與之期而觀其信，委之以財而觀其仁，告之以危而觀其節，醉之以酒而觀其則，雜之以處而觀其色，九徵至，不肖人得矣。"

二六七

正考父一命而傴，再命而僂，三命而俯，循墻而走，孰敢不軌？如而夫者，一命而吕鉅，再命而於車上儛，三命而名諸父，孰協唐許？

二六八

賊莫大乎德有心，而心有睫，及其有睫也而内視，内視而敗矣。

二六九

凶德有五，中德爲首。何謂中德？中德也者，有以自好也，而吡其所不爲者也。

二七〇

窮有八極，達有三必，形有六府。美、髯、長、大、壯、麗、勇、敢，八者俱過人也，因以是窮。緣循、偃佒（仰），郭嵩燾説。困畏不若人，三者俱通達。知慧多適（謫），多適原作外通，用馬叙倫説改。勇動多怨，仁義多責，六者所以相適也。從奚侗校補。達生之情者傀（慧）馬叙倫説，達於知者胥原作肖，從郭慶藩校改。胥，多智也。達大命者隨，達小命者遭。

二七一

人有見宋王者，錫車十乘，以其十乘驕穉莊子。《管子·重令篇》："工以雕文鏤刻相穉"，注："穉，驕也。"《詩·載馳》："衆，（終）穉且狂。"莊子曰："河上有家貧恃緯蕭而食者，其子没於淵，得千金之珠。其父謂其子曰：'取石來鍛之！夫千金之珠，必在九重之淵，而驪（彲）螭同。龍頷下。子能得珠者，必遭其睡也。使驪龍而寤，子尚奚微原作微，從馬叙倫校改。之有哉？'今宋國之深，非直九重之淵也，宋王之猛，非直驪龍也，子能得車者必遭其睡也，使宋王而寤，子爲齏粉矣！"

二七二

或聘於莊子，莊子應其使曰："子不從劉文典校補。《蒙求集注》上"莊周畏犧"注引無不字。見夫犧牛乎？衣以文綉，食以芻菽，及其牽而入於太廟，雖欲爲孤犢，其可得乎？"

莊子將死，弟子欲厚葬之。莊子曰：“吾以天地爲棺槨，以日月爲連璧，星辰爲珠璣，萬物爲齎送，吾葬具豈不備邪？何以加此？”

弟子曰：“吾恐烏鳶之食夫子也。”

莊子曰：“在上爲烏鳶食，在下爲螻蟻食，奪彼與此，何其偏也！”

二七三

以不平平，其平也不平；以不徵徵，其徵也不徵。明者唯爲之使，神者徵之。夫明之不勝神也久矣，而愚者恃其所見，入於人，其功外也，不亦悲乎！

雜三十三　天下

二七四

天下之治方術者多矣，皆以其有爲不可加矣，其有謂其所有之方術。古之所謂道術者果惡乎在？曰：無乎不在。曰：神何由降？明何由出？既無所不在則神聖明王，何由降出，而獨與衆異？再問。聖有所生，王有所成，皆原於一。再答。不離於宗謂之天人，天人一。不離於精謂之神人，神人二。不離於真謂之至人。至人三。以天爲宗，以德爲本，以道爲門，兆於變化，變化不測，隨物見端。謂之聖人。聖人四。以仁爲恩，以義爲理，以禮爲行，以樂爲和，熏然慈仁，謂之君子。君子五。統治階級。以法爲分，以名爲表，以參爲驗，以稽爲決，其數一二三四是也，百官以此相齒。百官六（工）。以此叙其等第。以事爲常，以衣食爲主，以蕃息畜藏爲意，二字本在孤寡下。畜牧耕種。老弱孤寡皆有以養，民之理也。庶民七（農）。以上勞動階級。古之人其備乎！配神明，醇（準）章炳麟説。天地，育萬物，和天下，澤及百姓，明於本數，係於末度，六通四闢，世本作辟。小大精粗，其運無乎不在。上云古之所謂道術者……無乎不在。其明而在數法度者，舊法世傳襲。之史史掌之官。尚多有之。史官所傳。其在於詩書禮樂者，鄒魯之士，搢紳先生多能明之。儒生所傳“詩以道志書以道事禮以道行樂以道和易以道陰陽春秋以道名分”二十七字，似古注文，用馬叙倫説删。其數術散於天下而設施於中國者，百家之學時或稱而道之。百家所傳。天下大亂，賢聖不明，昧於道德之大全。道德不一，法教多端。天下多得一察（際）焉以自好。一際猶一邊也，俞樾説。譬如耳目鼻口皆有所明，不能相通，猶百趙本作石，家衆技也，皆有所長，時有所用，雖然，不該不遍，該，備也。一曲之士也。曲，隅也。判天地之美，析萬物之理，察（詧）《唐韻》：“摖，桑割也。”《集韻》《韻會》與撒同。（韓愈《月蝕詩》：“星如摖沙去。”）又摩也，或作礤。《集韻》□□□□□□□□□□□□。古人之全，寡能備於天地之美，稱《漢書·景帝紀》"而廟樂不稱"，注："稱，副也。"神明之容。是故内聖外王之道，暗而不明，鬱而不發，天下之人各爲其所欲焉以自爲方。悲夫！百家往而不反，必不合矣！一往直前，不知有本，安能合道。後世之學者，不幸不見天地之純，古人之大體。全體也。道術將爲天下裂。爲猶與也。與天下俱裂。

不侈於後世，不靡於萬物，不暉於數度，以繩墨自矯而備世之急，古之道術有在於是者，墨翟、禽滑釐聞其風而悦之。作爲《非樂》，命名。之曰《節用》，生不歌，死無服。爲之大過，已之大循。二句本在上文"聞其風而悦之"下。已，止也，謂止而不爲；循之言遁也，遜也，大循猶及。儒家重樂厚葬太過，墨家非樂節葬不及。循，趙本作順。墨子泛愛兼利而非鬥，其道不怒，又好學而博，不異。古之道術。不與先王同，毁古之禮樂。惟非樂節葬異於先王。黄帝有《咸池》，堯有《大章》，舜有《大韶》，禹有《大夏》，湯有《大濩》，文王有辟雍之樂，武王、周公作《武》。古之喪禮，貴賤有儀，上下有等，天子棺槨七重，諸侯五重，大夫三重，士再重。今墨子獨生不歌，死不服，桐棺三寸而無槨，以爲法式。以此教人，恐不愛人。以此自行，固不愛己……疑脱禽滑釐云云等字。未敗墨子道。雖然，歌而非歌，哭而非哭，樂而非樂，是果類乎？其生也勤，其死也薄；其道大觳，觳觫，愁苦貌，慘栗。使人憂，使人悲。其行難爲也，（恐其不可以爲聖人之道。）反天下之心，違背人情。天下不堪。（墨子雖獨能任，堪也。奈天下何！）離於天下，離亦背也。其去王也遠矣。墨子稱道曰："昔禹之湮《御覽》六八、八二引湮作堙，日本高山寺本同。洪水，決江河而通四夷九州也，名川本作山，從俞樾説改。三百，支川趙本作川。三千，小者無數，禹親自操橐橐從《釋文》及《路史·後紀》引。枱，原作耜，用馬叙倫説改。而九（鳩）雜江南李氏本作滌，《御覽》八二引同，宋本亦同。天下之川，腓《路史·後紀》一二注腓作股。《韓非子·五蠹篇》《史記·李斯傳》同。無胈，脛無毛，沐甚（淫）雨，櫛疾風，置萬國。禹，大聖也，而形勞天下也如此。"——使後世之墨者，多（只）以裘褐爲衣，以跂蹻（屐屩）爲服，日夜不休，以自苦爲極，曰："不能如此，非禹之道也，不足謂墨。"（相里勤之弟子，五侯之徒，南方之墨者，苦獲、已齒、鄧陵子之屬，俱誦墨經而倍譎不同，相謂別墨，各自居墨家之正宗，而以他人爲别派。以堅白同異之辯相訾，以觭（奇）偶不仵疑當作侔。之辭相應；以巨子爲聖人，皆願爲之尸，冀得爲其後世，願繼其統，至今不决。）墨翟、禽滑釐之意則是，其行則非也。意在救世，而行之太過。將使後世之墨者必自苦以“腓無跋，脛無毛”，相進相過相勝也。而已矣。亂之上也，治之下也。亂天下之上策，治天下之下策。雖然，墨子真天下之。好者從高山寺本補，也，是也。將猶若也。求（救）馬叙倫説。之不得也，雖枯槁枯槁即摩頂放踵之意。不舍，舍，止也。才士也夫！

不累於俗，不飾於物，不苛原作苟，從章炳麟改。於人，不忮於衆，願天下之安寧，以活民命，人我之養，畢皆也。足而止，以此白清也。心——古之道術有在於是者，宋鈃、尹文聞其風而悦之。作爲華山之冠，《讓王》："原憲華冠縰履。"《後漢書·輿服志》"建華冠"即鷸冠、術氏冠。以自表；接萬物以别宥（囿）馬叙倫説。爲始；將欲和合萬物，必先分離之，區隔之。語心之容，命之曰“心之行”；以心之所容爲心之所行。以聏章炳麟訓相親昵。合驩，以調海内；請（情）誠也。欲置之以爲主，見侮不辱，救止也。民之鬥，以見侮不辱止民之鬥。禁攻寢息也。兵，救世之戰；以禁攻寢兵止世之戰。——以此同行天下，上説下教，雖天下不取，强聒而不舍者也，故曰：“上下見厭而强見疑諫之聲誤。也。”雖然，其爲人太多，其自爲太少，曰：“請（情）欲固置（植），五升之飯足矣。”先生恐不得飽，弟子雖飢，不忘天下，日夜不休，曰：“我必得活哉！”圖傲乎救世之士哉！曰：“君子不爲苛察，不以身役原作假，用馬叙倫説改。物。不役物以爲己。”以爲無益於天下者，明之不如已也。已，止而不明也。以禁攻寢兵爲外，救人。以情欲寡淺爲内，律己。其大小高山寺本作大小。精粗，其行適至是而止。

公而不當，（黨）趙本作黨。易而無私，决然無主，趣物而不兩，望物而趣，不生兩意。不顧於慮，不謀於知，於物無擇，與之俱往——古之道術有在於是者，彭蒙、田駢、慎到聞其風而悦之。齊萬物以爲首，立説以齊萬物爲第一義。曰：“天能覆之而不能載之，地能載之而不能覆之，大道能包之而不能辯之。”知萬物皆有所可，有所不可，故曰：“選則不遍，遍及。教則不至，周到。道（導）則無遺者矣。”順其自然，因勢利導。是故慎到弃知去己，而緣不得已，冷汰於物，以爲道理。曰：知不知，將薄（迫）知而復原作後，用孫治讓説改。鄰（蹸）奚侗説。傷之者也。謑髁無任而笑天下之尚賢也，縱脱無行而非天下之大聖。椎拍輐斷，去其圭角。與物宛轉，舍是與非，苟可以免，不執是非，但求免累。不師知慮，不知前後，魏（塊）然而已矣。推而後行，曳而後往，若飄風之還，旋也。若落羽之旋，若磨石之隧（推），全而無非，動静無過，未嘗有罪。是何故？夫無知之物，無建己之患，無我執。無用知之累，無思慮。動静不離於理，是以終身無譽。故曰“至於若無知之物而已”，“無用聖賢”，“夫塊不失道”。彼土塊亦不失爲道，焉用聖賢。豪杰相與笑之曰：“慎到之道，非生人之行，而至於死人之理，適得怪焉。”田駢亦然，學於彭蒙，得不教焉。彭蒙之[爲]師曰：“古之道（導）人，至於莫之是莫之非而已矣。古之教導人者至於不知毁譽而止。其風窢然，惡可而言？而猶以也，王念孫説。”常反人，不見觀（歡），而不免於魭斷。魭斷同輐斷。其所謂道非道，而所言之韙不免於非（韙）。是也。彭蒙、田駢、慎到不知道，雖然，概乎皆嘗有聞者也。皆嘗略有所聞。

以本爲精，本者未始有物之先，即無也。以物爲粗，物是有物之後，即有也。以有積爲不足，澹静也。然獨與神明居——古之道術有在於是者，關尹、老聃聞其風而悦之。建之以“常”“無”“有”，主之以太一，以濡（柔）弱謙下爲表，以空虚不毁萬物爲實。關尹曰：“在己無居，形物色也。自著，其動若水，其静若鏡，其應若響，芴乎若亡，寂乎若清，同焉者和，得焉者失，未嘗先人而常隨人。”老聃曰：“知其雄，守其雌，爲天下溪，知其白，守其辱，爲天下谷。”人皆取先，己獨取後。曰：“受天下之垢。”人皆取實，己獨取虚，無藏也故有餘，此句爲下文“巋然而有餘”注文，劉文典説。巋然而有餘，其行身也徐（餘）而不費，無爲也而笑巧，無爲似拙，而可以笑彼巧者。人皆求福，己獨曲全。雖不求福，而獨以委曲得全。曰：“苟免於咎。”以深爲根，以約爲紀。以深玄爲德之本根，以儉約爲行之綱紀。曰："堅則毁矣，鋭則挫矣。"常寬容於物，不削於人。不侵削於人。雖未二字原作可謂，依江南李氏本、文如海本改。至極，關尹老聃乎，古之博大真人哉！夫不離於宗，謂之天人；不離於精，謂之神人；至矣盡矣，無以加矣。關老未臻乎此。真人即至人，不離於真謂之至人，關老特古之至人耳。

芴原作寂，從劉文典校改。漠無形，變化無常；死與生與？天地并與？與天地并生。神明往與？芒乎何之？忽乎何適？萬物畢羅，莫足以歸。并包萬物，猶無足爲我歸宿者。——古之道術有在於是者，莊周聞其風而悦之。以謬悠之説，荒唐之言，無端崖之辭，時恣縱而不儻（黨）趙本作黨。不黨，不偏黨。不以觭見之也。所見不拘於一曲也。以天下爲沉濁，不可與莊語，正論。以卮言爲曼衍，以重言爲真，以寓言爲廣。因世人不可與莊語，故以此三語爲説。獨與天地精神往來，關尹、老聃止於不離於真之至人，莊周則不離於宗之天人，不離於精之神人也，故曰與天地精神往來。而不敖（傲）倪（睨）《文選・江賦》注引作傲睨。於萬物，不譴是非，以與世俗處。其書雖瓌瑋而連犿（璘㻞），無傷也，其辭雖參差，或實或虚，不一其言。而諔詭滑稽。可觀。彼其充實，不可以已，無窮限。上與造物者游，而下與外死生無終始者爲友。其於本也弘大而辟，開張。深閎而肆，邃遠。其於宗也可謂調適而上遂矣。條達而上，直至於宗，即篇首所謂不離於宗、以天爲宗者。雖然，其應於化而解於物也，固應遷化之理，而解形於弃物。其理不竭，其理物化之理也，不可究詰。其來不蜕，其生之來，雖解於物而不見其遺蜕，言無形兆也。芒（茫）乎昧乎，未之盡者。未有能盡其妙者。

二七五

惠施多方，其書五車，其道舛駁，其言也不中。歷物之意曰：至大無外謂之大一，至小無内謂之小一。無厚不可積也，其大千里。天與地卑，山與澤平；日方中方睨，物方生方死。大同而與小同異，此之謂小同異；萬物畢同畢異，此之謂大同異。南方無窮而有窮。今日適越而昔來。連環可解也。我知天從馬叙倫校删下字，《説郛》下作地。世德堂本無下字，趙本有。之中央，燕之北、越之南是也。泛愛萬物，天地一體也。惠施以此爲大觀於天下而曉辯者，天下之辯者相與樂之。卵有毛。鷄三足。郢有天下。犬可以爲羊。馬有卵。丁子有尾。火不熱。山出口。輪不蹍地。目不見。《荀子·王制》："心不使焉，則白黑在前而目不見。"《禮記·大學》："心不在焉，視而不見。"指（詣）不至，至不絶。龜長於蛇。矩不方，規不可以爲圓。鑿不圍枘。飛鳥之景未嘗動也。鐵原作鏃，用郭慶藩説改。矢之疾，而有不行不止之時。狗非犬。黄馬驪牛三。白狗黑。孤駒未嘗有母。一尺之捶，《容齋隨筆》九作棰，趙本作棰，世德堂本作捶。日取其半，萬世不竭。辯者以此與惠施相應，終身無窮。桓團、公孫龍，辯者之徒，飾人之心，易人之意，能勝人之口，不能服人之心，辯者之囿也。惠施日以其知與人之辯，與猶敵也，馬叙倫説。特與天下之辯者爲怪，此其柢也。然惠施之口談自以爲最賢，曰：天地其壯乎，施存雄而無術。南方有倚人焉，曰黄繚，問天地所以不墜不陷，風雨雷霆之故。惠施不辭而應，不慮而對，遍爲萬物説而不休，多而無已，猶以爲寡，益之以怪。以反人爲實，而欲以勝人爲名，是以與衆不適也。弱於德，强於物，其塗隩矣。由天地之道觀惠施之能，其猶一蚊一虻之勞者也，其於物也何庸（用）！夫充一尚可，曰愈貴道幾矣。惠施不能以此自寧，散於萬物而不厭，卒以善辯爲名。惜乎！惠施之才駘蕩而不得，逐萬物而不反，是窮響以聲，形與影競走也，悲夫！

何善周　袁謇正整理

莊子校補

整理説明

《莊子校補》是作者未刊稿，據手稿照相複製件整理而成。原稿與《莊子章句》（見本卷）配合，單獨成篇，每條按先後順序排列，標以阿拉伯數字，今去其序號，分別代之以《莊子》原文。

袁謇正整理《人間世》，其餘六篇爲何善周整理。

目　録

内一　逍遥游

去以六月息者也。天之蒼蒼，其正色邪？其遠而無所至極邪？其視下也亦若是則而已矣。

案"天之蒼蒼"三句本在下文，依文義當移此。上文曰："摶扶摇而上者九萬里"，此曰"視下"，即鵬自九萬里上俯視於下。鵬之下視蒼蒼，不辨正色，一如人之仰而視天，極言其摶上之高而離地絶遠也。此爲一意。至"野馬也，塵埃也，生物之以息相吹者也"十五字，乃借物之極細者乘息而游，以反醒鵬之大，非大風海運（渾），不足以舉其體。詳《校釋》，此又一意。今本十五字錯置在"去以六月息者也"與"天之蒼蒼"間，則兩段語意皆不顯豁，今以意移正。

野馬也，塵埃也，生物之以息相吹者也。

本無"者"字。案之者生物，被吹者野馬塵埃，吹下若無"者"字，則吹之者與被吹者之關係不明。《類聚》六、《一切經音義》九引并有"者"字，是，今據補。

覆杯水於坳堂之上，則芥爲之舟，置杯焉則膠，水淺而舟大也。今以木爲舟，則稱衛舟大白

《書抄》一三七引《莊子》曰："今以木爲舟，則彌衛舟大白"，《慧琳一切經音義》八九引彌作稱，大作太，又引司馬彪注曰："太白亦舶名也。"尋繹文義，當是本篇"水淺而舟大也"下脱文。上言芥舟，下言木舟，小大對舉，與本篇文意適合。惟語似未盡，或以下尚有闕奪。慧琳引彌作稱，義長，今從之。

槍榆枋而止。

本無"而止"二字，文如海本江南古藏本并有。劉文典曰："文本江南古藏本是也。《文選》江文通《雜體詩》注：《御覽》九百四十四引并作'槍榆枋而止'。上文'去以六月息者也'，郭注'小鳥一飛半朝，槍榆枋而止'，是其所見本有'而止'二字。《李商隱文集補編·上李尚書狀》：'駕古未休，槍榆而止'，則商隱所見本亦猶有二字。"案劉説是，今據補。疏"突榆檀而栖集"，"栖集"即釋止字之義，是成本亦當有此二字。

以八千歲爲春，八千歲爲秋，此大年也。

今本無"此大年也"四字。案上文曰"小年不及大年"，又曰"此小年也"，則此亦當有"此大年也"四字，文義乃備。陳景元《音義》校引成玄英本有"此大年也"四字，而今成本無之。然據疏云"并以春秋賒永，故謂之大年也"，是成本舊確有此四字。今據補。

湯之問棘也是已。

此處文意不貫，顯有脱簡。神清所引，其即此處佚文無疑。惜詞多省略，無從補入。馬叙倫疑《莊》義已闕，僞撰《列子》者謬補其辭，讀者因據校注於本文下，故《釋文》不載。案本書佚文不見於《釋文》者多矣，焉知《列子》之文，非僞撰者雜取他書，以變易《莊》義，而神清所引，則《莊子》之真乎？馬説武斷，難爲定論。

彼且舉世而譽之而不加勸。

今本無彼字。依文義補。篇中“彼且”連文屢見。

若夫乘天地之正，而御六氣之辯。

敦煌古鈔本無而字。案“乘天地之正”“御六氣六辯”互文，二句間不當有轉語，疑敦煌本無而字是。

豈惟形骸有聾聲哉。

聾今作盲，與上文不協。天台山方瀛館古藏本作聾，今據改。

往見四子藐姑射之山……汾水之陽。

李楨曰：“《東山經》之姑射，是否爲冀州域内之山，經文究無可考。《隋志》以屬臨汾，或後世據此篇‘汾水之陽’一語以名其地之山，亦未可知。上文所稱姑射，遠在北海中，故曰藐，藐者遠也。汾陽堯所居，若有姑射，何爲亦云藐哉？”又曰：“蓋堯之心未嘗有天下，其心則姑射神人之心，其身亦姑射神人之身，雖垂衣廟堂，如逍遥海外，是以彼山藐遠，無殊近在帝都。”案李辯姑射不在汾陽，極是，《釋文》以爲莊生寓言，蓋亦有見及此，然其説亦未是。實則“汾水之陽”上當有脱文，其義或爲顧望，或爲還至，不敢輒定，其大要則可知也。至李氏所謂“垂衣廟堂，如逍遥海外”云云者，其説本之成疏，支離繞繞，殆同夢囈，不足辯矣。

内二 齊物論

山林之畏佳

本作山林。奚侗曰："林當爲陵，《六韜·絶糧（當作道）》第三十九'依山林險阻水泉林木而爲之固'，《通典》五十七引作山陵，是陵誤爲林之例證。畏佳猶崔嵬，言山阜之高大也。"案《楚辭·大招》"山林阻溢"，舊校林一作陵。《吕氏春秋·禁塞篇》"爲京丘若山陵"，高注："……若山陵之高大也。"注中陵字今本作林。二書亦并"山陵"誤爲"山林"，與此同比。(《周書·王會篇》曰："央林以酋牙"，《尚書大傳》作於陵氏。《左傳》僖公十四年"諸侯城緣陵"，《穀梁傳》作林，亦陵林相亂。)《釋文》引李頤注曰："畏佳，山阜貌。"是李本尚作山陵。(郭釋畏佳爲扇動貌，字實誤林。)今據改。

其自取也怒者

本無也字，今依文義補。説詳《義疏》。

縵者窖者，密者□者

□者二字舊缺。案此文上下皆四字爲句，此句舊脱二字，則句法參差。又"縵者窖者，密者□者"，縵密一義，"密者"與"縵者"相偶爲文，則下亦當有"□者"二字以與"窖者"相偶。今以意補。

不化以待盡

本不作亡。劉師培曰："不亡,《田子方》作不化，亡即化訛。下云'其形化'，即冢此言。郭注以'中易其性'爲詮，亦作化也。蓋化本作七，與亡形近，因訛爲亡。"案劉説是。今據改。唯下文"其形化"，化實誤字，説詳彼條。

其行（盡）如馳而莫之能止

行下本有盡字。馬叙倫曰："盡字涉上文而羨"，案馬説是，今據删。

其形死

死本作化。案上云"人謂之不死，奚益"，此承上爲文，化當爲死，字之誤也。"其形死，其心與之然，可不謂大哀乎"，與《田子方篇》"哀莫大於心死，而身死次之"，語相仿。且上文以不化待盡而哀，此若作化，則與上文之義相左矣。今改正。

奚必知成而心自取者有之

成本作代。舊讀"奚必知代"句，"而心自取者有之"句。案知讀爲智，與下愚字對舉。代當爲成，字之誤也。今正。此當以"奚必知成而心自取者有之"十一字爲句。成盛古通。後文曰"三子之知幾乎皆其盛者也",《大宗師篇》曰"是知之盛也"，此知盛即知成。《德充符篇》曰"以其知得其心，以其心得此常心"，此云不必知成而心自取，亦知與心并言，義與彼同。

天下一指也，萬物一馬也。

天下本作天地。案指謂名稱，馬謂符號，詳《義疏》。一猶皆也，“天下一指也，萬物一馬也”，天下與萬物，指與馬，皆同義，二句實祇一意耳。今本天下作天地，蓋學者不達指馬之義而妄改。疏曰：“天下雖大，一指可以蔽之，萬物雖多，一馬可以盡理。”其解説雖誤，似所見本猶作天下。今據正。

此下舊有“可乎可，不可乎不可”八字，劉文典謂是下文錯置於此。説詳下條。案劉説是也，今據删。

惡乎可，可於可。惡乎不可，不可於不可

本無此十五字。王闓運曰：“以《寓言篇》證之，‘不然於不然’下，似應更有‘惡乎可，可於可，惡乎不可，不可於不可’四句。而今本奪之。”劉文典曰：“王説是也。此文本以‘然不然’‘可不可’對言，故下文雲‘物固有所然，物固有所可，無物不然，無物不可’，今本‘不然於不然’句下脱此四句，又誤移‘可乎可，不可乎不可’二句於上文，句既錯亂，義遂不可通矣。《釋文》引崔本‘無物不然，無物不可’句下有‘可於可，而不可於不可，不可於不可，而可於可也’十九字，文雖小異，而‘不然於不然’句下之有脱文愈明矣。”案劉説是也，今據補。

雖我無成亦可謂成也

本作“雖我亦成也”，江南古藏本有“無成”及“可謂”四字。文義較明，今據補。

聖人之所鄙也

鄙本作圖。案圖當爲鄙。鄙古祇作啚，校者誤認爲圖，遂改寫作圖。《天下篇》"圖傲乎救世之士哉"，章炳麟謂圖爲啚誤。《書·洪範》："洪惟圖天之命"，"厥圖帝之命"，"圖厥政"，"圖忱於正"，於省吾亦謂圖皆啚之誤，是其例證。此所謂滑疑之耀指斥惠子，乃莊子所不取，故曰"聖人之所鄙也"，今改正。

有"有始"也者

本不重有字，章煜然云當補有字，今從之。

仁常而不周

周本作成。奚侗曰："成江南古藏本作周，是也。郭《注》'物無常愛，而常愛必不周'是郭本亦作周。成字涉下'勇忮而不成'句而誤。"案奚説是也，今據改。

我欲伐宗膾骨敖。

骨敖本作胥敖。孫詒讓曰："《吕氏春秋·召類篇》云：'禹攻曹魏屈鰲有扈。'敖疑與鰲字通，胥或當作骨，骨敖即屈鰲。俗書胥作𦙍，與骨相似。骨屈音近字通。《列子·楊朱篇》'禽骨釐'，《釋文》骨作屈。"案孫説是，今據改。（梁履繩校《吕覽》亦云："屈鰲與胥敖相似，恐有訛錯。"）

毛嬙西施

西施本作麗姬。《釋文》："崔本作西施"，劉秀生曰："《管子·小稱篇》：'毛嬙西施，天下之美婦人也。'《文選·神女賦》注引《慎子》：'毛嬙先施天下之姣也。'先施即西施。是古多以毛嬙西施并舉，疑麗姬西施一人也。古書以灑字爲灑掃字可證。或本作西施，後人因下文麗之姬句而改。”案劉氏後説是也。《御覽》三八一引作西施，今據改。

飄風振海而不能驚。

本無飄字。奚侗曰：“風上脱飄字。當據《闕誤》所引江南李氏本補之。成疏：‘雷霆奮發而破山，飄風濤揚而振海’，是成本亦作飄風。”案奚説是，今據補。《御覽》五〇一引皇甫謐《高士傳》作“暴風振海”，暴風亦即飄風。

汝姑亦妄聽之。

亦本作以。案以當作亦，草書形近而訛。注曰“故亦妄聽之”，疏曰“我試爲汝妄説，汝亦妄聽”，是郭成二字并作亦。集解本作“汝亦以妄聽之”，《説郛》一《經字法語》引同。以字雖衍，而亦字猶存，蓋一本作亦，一本作以，寫者誤合之。今據改。

奚[若]?

舊無若字。朱桂曜曰：“奚下疑脱若字。”案朱説是，今據補。

與王同匡床。

匡本作筐。《釋文》：“筐本亦作匡。”案作匡是。《御覽》七〇六、《山谷外集》五《次韻晁元忠西歸十首》注引并作匡。《淮南子・主術訓》“匡床弱席，非不寧也”，《草堂詩箋》一三《觀李同情司馬弟山水圖三首》箋引許注“匩，安也”，吴均樂府《妾安所居》“匩床終不共”，字亦并作匩，今據《釋文》引一本改。

……何謂“和之以天倪”？

此處語意隔斷，吕惠卿移下文“化聲之相待，若其不相待，和之以天倪，因之以曼衍，所以窮年也”五句於此，諸本多從之。案此説非是。下文“所以窮年也”與“忘年忘我”語意一貫，不當分離，詳審文義，“何謂和之以天倪”上有脱句，非錯簡也。

其無辯矣。然若果然也，則然之異乎不然也，亦無辯矣。

其本作亦，江南古藏本作其，於文爲順，今據改。兩辯字下舊并無矣字，案江南古藏本有兩矣字，是，今據補。

忘年，忘我，振於無竟。

我舊作義。案莊子意中本無仁義，焉用忘之？義當爲我誤，下文“寓諸無竟（境）”即承此義。忘我又猶上文“吾喪我”，今改正。

栩栩然胡蝶也，不知周也

“栩栩然胡蝶也”下舊有“自喻適志與”五字。劉文典曰：“‘自喻適志與’五字隔斷文義，與字同歟，詳其語意，似是後人注羼入正文。《藝文類聚・蟲豸部》、《太平御覽》九百四十五字引并無此五字，三百九十七引有，蓋唐代猶有無此之本。”案劉説是，《爾雅翼》二五引亦無，則宋代猶存未衍之本，今據删。

内三 養生主

可以全生，可以盡年

兩句中間本有“可以養親”一句，不類《莊子》語。《容齋三筆》六、《記纂淵海》五二引并無此句，今據删。

庖丁爲惠文君解牛

惠文君本作文惠君。案國君謚號多稱“惠文”，罕見“文惠”。此當是“惠文”之倒。惠文君即惠文王。或省稱曰惠王，即梁惠王也。《書鈔》一二三、《御覽》三四六并作“惠文”，今據乙。

砉然嚮

本作嚮然。《釋文》：“嚮然本或無然字。”馬叙倫曰：“‘砉然嚮’承上‘手之所觸’四句言也，當依一本去然字。”案馬説是也，今據删。

惡乎兀也，

兀本作介。《釋文》：“介，崔本作兀，又作趴，云斷也。”馬叙倫曰：“本書《德充符篇》‘魯有兀者王駘’，又曰‘申徒嘉兀者也’，又曰‘魯有兀者叔山無趾’，詳文均爲喪足者之稱。此下文曰‘天之生是使獨也’，是爲一足者明甚。當從崔本作兀。兀爲趴者，趴爲跀之或體。《説文》曰‘跀，斷足也’，通用刖字爲之。”案馬説是，今據改。

[而]火傳也

《御覽》三七〇引有而字，語意較明。今據補。

内四　人間世

何暇至於暴人之所乎

乎本作行。案行字無義，當爲乎字之誤。今正。

且若亦知夫德之所[爲]蕩，而知之所爲出乎

蕩上本無爲字。案當有爲字，與下句一律。郭注曰："德之所以流蕩者矜名故也，知之所以横出者争善故也。"以兩"以"字釋兩"爲"字，是郭本上句正有爲字。今據補。

而强以仁義繩墨之言衒暴人之前者

衒本作術，江南古藏本作衒。馬叙倫曰："術，當依江南古藏本作衒。《説文》曰：'衒，行且賣也。'"案馬説是，今據改。

是以人惡育其美也

育本作有，《釋文》："有，崔本作育。"俞樾曰："惡與美相對爲文，當讀如本字。有者育字之誤。《説文》：'賣，衒也，讀若育。'此育字即賣之假借。'以人惡育其美'，謂以人之惡賣己之美也。"案俞説是，今據改。賣，經傳多以鬻爲之。

以拂其上者也

"以"下舊有"下"字。案"下"字涉上文"以下傴拊人之民"而衍，今删。俞樾謂彼文衍"下"字，馬叙倫又謂衍"以下"二

字，并非。

是[皆]好名者也

皆字依文義補。

昔者堯攻叢快骨敖

快本作枝。奚侗曰：“叢枝，《齊物論》作宗膾。叢宗音近，枝疑快字之誤，快膾音近。”馬叙倫曰：“奚説是也。《説文》噲讀若快，《公羊春秋》昭二十七年‘邾婁快來奔’，《釋文》‘快本作噲’，是其例證。”案奚、馬説是，今據改。

骨本作胥。案當爲骨，詳《齊物論篇》。

是皆求實者也

求下舊衍名字，依文義删。

夫以陽爲充孔

本作“夫以陽爲充孔揚”，孔下有揚字。馬叙倫曰：“‘充孔’迭韻……揚字涉上陽字而誤羡。此指顔回之‘端而虚勉而一’言。郭象以來，解者多謂指斥衛君，故句讀多歧，義解不一。”案馬説是，今據删。

[日][漸][之][德]

四字原脱，依文義補。

外合而内訾

本作“外合而内不訾”，衍一不字。馬叙倫曰：“前人釋此有以連下句‘其庸也’絶句者，陸樹芝謂非是，是也。本書‘庸詎’連文甚多，不當於此獨異。蓋由‘内’下誤羨‘不’字耳。‘將執而不化，外合而内訾’兩句，斥衛君也。”案馬説是，今據删。

與人爲徒也

本作“與人之爲徒也”，衍一之字。案“與人爲徒”與上“與天爲徒”、下“與古爲徒”文同一例。下文“是之謂與人爲徒”，人下亦無之字。今據删。（“與天爲徒”“與人爲徒”，語見《大宗師篇》。）宋徽宗《御解道德真經》五、江澂《道德真經疏義》五又九引并無之字。

其言雖教記過謫之也，實古之有也，非吾之有也

本作“其言雖教，謫之實也，古之有也，非吾有也”。案“實也”二字誤倒，“實”字當屬下讀。三句謂其言雖若教謫之，然實古人之言，非自我出，故下文曰“雖直而不病”。舊據誤本讀“其言雖教”句，“謫之實也”句，不詞之甚。

政而不諜

政下舊有法字。馬叙倫曰：“政法二字，有一字衍也。《説文》法之古文作佱，形與正近。《論語》‘齊桓公正而不譎’，《漢書·賈鄒枚路傳》引正作法，是其例證。蓋一本作法，一本作佱，讀者以

一本作法者旁注一本作佱者之下，佱訛爲正文，又後人不知佱爲法之古文，以爲政之訛文，改爲政字，遂成今文。郭象注曰：'以政之與事不冥也'，則郭本雖誤爲政，而尚無法字。"案政正古字通。當是一本作正，一本作政，作正之本以形近誤爲佱，改寫爲法，讀者旁注於作政之本，誤入正文，乃成今本也。郭注有政無法，尚未誤合，是其佳證。今據删。馬氏以法爲正字，政爲誤衍，於文既無確解，又與郭注不合，殆不然矣。

有心而爲之，其易邪

舊脱心字，張君房本有。馬叙倫曰："郭象注曰：'夫有其心而爲之者，誠未易也。'成玄英疏曰：'故有心而索玄道，誠未易者也。'是郭、成本并作'有心而爲之其易邪'，當據增。"案馬説是也。此承上文"猶師心者也"，成疏彼文曰"故知師其有心者也"，即探此文爲釋。今據張本補心字。

一若志

本作"若一志"。案"若一"二字當互易。"一若志"者，專一汝之心志也。《知北游篇》"一汝度"，語例同。成疏曰"志一汝心"當作"一汝心志"，疑成本正文未倒。今乙轉。劉文典曰："'若一志'義不可通。'若一'二字疑誤倒。《知北游篇》：'齧缺問道乎被衣，被衣曰：若正汝形，一汝視，天和將至，攝汝志，一汝度，神將來舍。'《淮南子·道應篇》：'齧缺問道於被衣，被衣曰：正汝形，一汝視，天和將至，攝汝知，正汝度，神將來舍。'《文子·道原篇》文略同。'一若志'與'一汝視''一汝度''一汝視'句法一律。疏'一汝志心'，是成所見本作'一汝志'。"

耳止於聽

本作“聽止於耳”。俞樾：“上文曰‘無聽之以耳，而聽之以心’，此文‘聽止於止’當作‘耳止於聽’，傳寫誤倒也。言耳之爲用，止於聽而已。”馬叙倫曰：“郭象無注。成玄英疏曰：‘不箸聲塵，止於聽，此釋無聽之以耳也。’是成本猶未誤。”案俞、馬説是，今據乙。

實有回也

有本作自。奚侗曰：“自係有字之誤，下文‘得使之也，未始有回也’，正與此文反應。郭注‘未始使心齋，故有其身’，亦其證也。”案奚説是。今據改。成疏曰：“尚謂顔回之實有也。”是成本亦作有。

吉祥止之

本作“吉祥止止”。俞樾曰：“‘止止’連文，於義無取。《淮南子·俶真篇》作‘虚室生白，吉祥止也’，疑此文下止字亦也字之誤。唐盧重元注《列子·天瑞篇》曰‘虚室生白，吉祥止耳’，亦可證‘止止’連文之誤。”奚侗曰：“下止字當作之。止之篆形相近，易誤，《陳風》‘歌以訊止’，今本止訛作之，《小雅》‘高山仰止，景行行止’、《史記·孔子世家》引并作之，皆其證。”朱桂曜説同。案奚、朱説是，今據正。

伏義遂人之所行終

遂人本作几遽。《釋文》曰：“几遽，向云古之帝王也，李云上古帝王。”疏曰：“几蘧者，三皇已前無文字之君也。”案古帝王無號几蓮者，當即燧人。古書燧人或作遂人（《路史·前紀》五注引《尸子》《尚書大傳》《禮含文嘉》《河圖摘輔象》），此則遂訛爲蘧（《左傳》桓十三年“遂見楚子”，《漢書·五行志》中之上作遽見），人訛爲几，又倒轉其文，因爲几蘧耳。今正。（《人表》不載。）

寡不道以成歡

“成歡”本作“歡成”。案江南古藏本作“成歡”。郭注曰：“少有不言以成爲歡者耳。”成疏曰：“而莫不以成遂爲歡適也。”是郭、成二本并作“成歡”。今據乙。

而復無患者

復本作後。案後當爲復，字之誤也，《天道篇》“復言夫兼愛”（盧文弨校引舊本如此），今本復作後，是其比。今依文義改正。

是兩[患]也

舊脱患字，今依文義補。

始乎諸

諸本作諒。俞樾曰：“諒爲諸訛。諸讀爲都，《爾雅·釋地》‘宋有孟諸’，《史記·夏本紀》作明都，是其例也。‘始乎都，常卒乎鄙’，都鄙正相對。《淮南子·詮言篇》曰‘故始於都者，常大於鄙’，即本《莊子》，彼文大字乃卒字之訛耳。”案俞説是，今據正。

故忿説無由

説舊作設。案設當爲説，字之誤也。説讀爲悦。忿悦承上文喜怒而言，今改正。

其德夭殺

夭本作天。奚侗曰："天爲夭訛。"馬叙倫曰夭殺即噍殺……《禮記・樂記》'志微噍殺之音作'，《史記・樂書》作焦衰，《漢書・樂志》作瘯瘁。"案奚説是，今據改。

至乎曲轅

乎本作於。案《書鈔》八七、《衍義手鈔》七、《山谷内集》二《次韻李之純少監惠硯》注、《外集》四《寄南陽謝外舅》注引并作乎，崇文書院本、世德堂本同。今據改。

將隱芘其所藾

"將隱"舊作"隱將"，張君房本作"將隱"。奚侗曰："當依張本作'將隱'。"朱桂曜説同。案奚、朱説是，今據乙。

俯而視其大根

視本作見。馬叙倫曰："見，當依世德堂本作視。"案《御覽》九五二，《記纂淵海》一引亦并作視，今據改。

故解之以牛之白顙者

“之以”舊作“以之”。馬叙倫曰：“‘以之’當從世德堂本作‘之以’。”

針挫治繲

“針挫”舊作“挫針”，誤倒，今乙正。説詳《釋義》。

數策播糈

“數策”舊作“鼓策”。案《釋文》“播精”下“如字，一音所，則字當作數”十字，當在上文“鼓筴”下。上文“鼓筴”下引司馬曰“鼓，簸也，小箕曰筴”，又引崔曰“鼓筴揲蓍鉆龜也”及“播精”下引崔曰“鼓筴播精言賣卜”，兩“鼓筴”并當作“數筴”。蓋司馬本作鼓，崔本作數，陸云一音所，即崔本舊音。數策謂筮也。《韓非子·飾邪篇》：“鑿龜數策。”《秦策》一：“襄主錯龜數策占兆。”筮者取决於數，故曰數策，《史記·龜策列傳》“擿策定數”，是也。本書崔作數策，義長，今據正。

“播糈”舊作“播精”。郭慶藩曰：“精當爲糈之誤……《説文》：‘糈，糧也。’”朱桂曜説同。案《文選·東方朔傳贊》注引正作糈（《困學紀聞》一〇引《選》注同），今據正。

莫之知置

置舊作避。《釋文》曰：“避舊作寘，云置也。”案字本當作置，與載對舉。置訓舍，謂舍而不載也。《荀子·仲尼篇》“……文王載之……桀紂舍之”，載舍對舉，與此同義，蓋皆以車爲喻也。此四句言輕者當載而不載，重者當舍而不舍，字若則避，則義不精切。且載置德三字爲韻，若作避，則失其韻。舊本作寘，訓置，義仍可通而韻仍不協，故亦無取。（或謂地讀入支部，則與避若寘亦相叶。然“已乎已乎臨人以德”以上十六句，皆偶句叶韻，此不得獨爲例外。況《莊子》時地字果屬支部與否，尚未可知邪？）郭注上文曰“故乃釋此無爲之至易，而行彼有爲之至難，弃夫自舉之至輕，而取夫載彼之至重”，“釋”“弃”并即置字之義，疑郭本字亦作置，其注本文曰“禍至重而莫之知避”，則發揮句義，但取便文，不拘原字。今本正文作避，或即涉注文而誤。至舊本作寘，則或因置寘形聲義俱近，故致訛混。今改正。

却曲却曲

“却曲却曲”本作“吾行却曲”。張君房本作“却曲却曲”。焦竑曰：“吾行却曲’當從碧虚作‘却曲却曲’。”（碧虚即碧虚子所引張君房本。）案焦説是，今據改。（《困學紀聞》一〇翁注引亦作“却曲却曲”，不知所據何本。）

内五　德充符

視其所一而不見其所喪

“視”上本有“物”字。馬叙倫曰：“物字疑涉上‘萬物皆一也’而羡。”

唯松柏獨也正，在冬夏常青青。

舊無“正”字，以下句“在”字屬上讀，俞樾疑在爲正之訛。案俞説非。當從張君房本於“也”下補“正”字，“在”屬下讀。“常”字從《文選・古詩十九首》注引補。疏曰“通年四序，常保青全”，似成本亦有“常”字。

唯堯舜獨也正，在萬物之首

“堯”和“在萬物之首”從張君房本補。

固有執政焉於此哉。

“於”舊作如，無義。案古書於多誤作如。《吕氏春秋・愛士篇》：“人之困窮甚於飢寒”，於今作如，是其比。此如亦於之誤，今正。

知其不可奈何而安之若命

本無“其”字，從《人間世篇》補。

不知先生之洗我以善邪？吾之自寐邪

張君房、褚伯秀本并有“吾之自寐邪”一句，馬叙倫曰：“詳郭象注曰‘不知先生洗我以善道故邪，我爲能自反邪’，則郭本似亦有‘吾之自寐邪’一句。”案馬説是，今補。

今子與我游於形骸之外，而子索我於形骸之内

舊作“今子與我游於形骸之内，而子索我於形骸之外”。王懋竑曰：“内外二字當互易。”案王説是，今據乙。

吾唯不知務學

馬叙倫曰：“務下疑奪學字。”

猶有尊乎足者存焉

“乎”字以意補。劉文典曰：“《御覽》六百七引‘存’下有‘焉’字，文義較完。《御覽》引書多删削，少增益，此必舊有焉字，而今本敚之也。”

猶務學以補其前行之惡

原奪“其”字，從《御覽》六〇七引補。

悶然而後應，氾者而辭

舊作“氾而若辭”，奚侗曰：“‘氾而若辭’，文不成義，當作

‘汜若而辭’，與上‘悶然’相對。《田子方篇》：‘昧然而不應，泛然而辭’，汜泛通用，汜若猶泛然也。”案疏曰：“汜若者是無的當不係之貌也。”是成本正作“汜若而辭”，今據乙。

丘也當游於楚矣。

“游”舊作“使”。《釋文》曰：“使本一作遊。”案孔子無使楚事，一本作游是也，今據正。疏曰：“丘曾領門徒游行楚。”是成本亦作游。

戰而死者，其人之葬也，不以翣貿。

貿舊作資。孫詒讓曰：“翣資疑即翣柳。《周禮・縫人》：‘衣翣柳之材’，鄭注：‘故書翣柳作接槾，鄭司農曰接讀爲澀，揹讀爲柳，皆官飾。’此資即槾之訛。”案此蓋本作貿，即槾之省，貿與資形近，故訛爲資。今改正。

内保之而不外蕩也

本作“外不蕩”，今依文義正。

闉跂支離元脤

《輔行記》四之三引《人間世篇》：“支離疏”作“燕支離”，或與此一人，此闉即燕字，跂支二字似有一衍，闉其國，跂（支）離無脤其名也。疑莫能明，不敢輒改。

吾所謂無情者

一本“情”上無“無”字，此本有。案《衍義手鈔》一五，及劉惟永《集義》六引王志然本、陳碧虛本并有“無”字，疏曰“莊子所謂無情者”，是成本亦有，并與此本合。

内六　大宗師

屈服者其嗌音若哇

音舊作言。馬叙倫曰："言疑當爲音，形近而誤。"案馬説是，今據正。

不志其所始

志本作忘，崇德書院本作志，義長，今據正。

亡而復之

亡本作忘，馬叙倫曰："忘當作亡。"案馬説是，今據正。

是之謂不以心損道

損本作捐，從《史記・賈生傳》索隱引改，朱桂曜説同。

其心止，其容寂，其顙頯

止本作志，郭注曰："所居而安曰志。"案志字不得有安居之義，正文及注兩志字并當爲止。志字從之，篆書與止形近，故止誤爲之，又改爲志。今正。下文"與（豫）乎止，我德也"，即此心止之義。心止，容寂，顙頯，義本一貫。一説"其心志"本作"其志止"，止誤爲心，不成文義，校者遂乙轉其文，説亦可通。

而莫知其極

此下本有“故聖人之用心也……適人之適而不自適其適者也”一段，共一百〇一字，疑係錯簡。自篇首至“天與人不相勝也是之謂真人”，中間凡四言，“古之真人”，兩言“是之謂真人”，文意一貫，自爲片斷，惟此一百一字與上下詞旨不類。且“聖人之用兵也，亡國而不失人心”，不得爲莊子語。又其可疑者一也。務光事與許由同科，許由者《逍遥游篇》既擬之於聖人矣，此於務光乃反譏之爲“役人之役，適人之適，而不自適其適者”。可疑者二也。朱亦芹以《尸子》《秦策》證胥餘即接輿，其説殆不可易。本書内篇凡三引接輿之言（《逍遥游》《人間世》《應帝王》），是莊子意中，其人亦古賢士之達於至道者，此乃亦目爲狥名失己之徒，可疑者三也。“利澤施於萬世”句又見《天運》，“適人之適而不自適其適者也”句又見《駢拇》，并在外篇中。此一百一字疑亦莊子後學之言。

故樂窮，非聖人也

本作“樂通物”。《列子·湯問篇》張注引樂下有窮字。馬叙倫曰：“當依《列子》注引樂下補窮字，‘通物’二字涉下‘利害不通’而誤羡。利之古文作物，與物形近，故又訛爲物。”案馬説是，今據删補。

時天，非賢也。

本作“天時”。馬叙倫曰：“郭象注曰‘時天者未若忘時而自合之賢也’，是郭本作‘時天’，當依改。”案馬説是，今據乙。

狥名失己，非士也。

彴本作行。案“行名”無義，行當爲彴，字之誤也。《説文》徇下引《司馬法》“斬以彴”，《六書故》引《説文》作徇。《史記·韓世家》“將以楚徇韓”，索隱：“徇，從死也。”是徇彴殉古爲一字。《駢拇篇》“士則以身殉名”，《史記·賈生傳》“列士徇名”，語意與此同，今據改。(《秋水篇》：“無得以殉名。”《盗跖篇》：“君子殉名。”)

與乎其觚而不固也。

固本作堅。劉師培曰：“此節文均協韻，‘堅’‘華’獨否，疑堅本作固，隋籍諱堅改固，唐人復固爲堅，其有故文作固，亦或例易爲堅，猶宋人於古籍理字，或亦易爲治也。郭象曰‘是當游於獨而非固守’，益證堅當作固。”案劉説是，今據正。

⿰㐁阝⿰㐁阝乎其似喜也，

𠈉𠈉乎其邴，向云：“邴邴，喜貌。”然丙聲字無喜義。簡文曰云“明貌”，則讀爲□，明義與喜義亦無涉。邴當爲⿰㐁阝之形誤。⿰㐁阝即𠈉字。(如伷一作邮，侈一作郲，卲一作韶之比。)《説文》夙之古文作𠈉，從㐁聲，㐁本又讀若沾，則𠈉亦有沾音。此⿰㐁阝字當讀如沾，“⿰㐁阝⿰㐁阝其似喜也”，猶《漢書·竇嬰傳》曰“魏其沾沾自喜耳”。今改正。

也本作乎，從文如海、成玄英、張君房諸本改。

崔[崔]乎不得已也

本不重崔字，從文、成、張諸本補。也本作乎，從文、成、張諸本改。

悗乎其忘説也

本作“悗乎忘其言也”。劉師培曰：“言字疑説字之訛。”馬叙倫曰：“言當作説，與上閉字爲韻（案世制閉説四字爲韻），蓋爛奪右方耳。”案劉、馬説是，今據正。“忘其”當作“其忘”，與上三句一律，今正轉。

人特以有君爲愈乎已

已本作人己之己，誤，今正。詳《義疏》。

而况其真乎

此下原有“泉涸魚相處於陸”等三十九字，及“夫大塊載我以形”等三十一字。王懋竑曰：“‘泉涸’以下一節疑爲錯簡，與上下文不甚相貫通。‘大塊’六句，又見後《子祀章》，其爲錯簡重出無疑也。”案王説是也，“泉涸”一段當在後文，説詳彼條。“夫大塊”六句，錯簡重出，今删。

是恒物之大情也

此下舊有“特犯人之形而猶喜之，若人之形者，萬化而未始有極也，其爲樂可勝計邪？”四句，凡二十九字。王懋竑曰：“‘特犯人之形’以下三句，與上文不協，亦疑錯簡。”馬叙倫曰：“自‘特犯人之形’至‘可勝計邪’爲下文錯簡。”案《山谷内集》二《神宗皇帝挽詞三首》注引此文全段，正無“特犯人之形”至“可勝計邪”二十九字，足證王馬二説之審。今據删。尋此文又見《淮南子・俶真篇》。其文曰：“夫藏舟於壑，藏山於澤，人謂之固矣。雖然，夜半有力者負而趨，寐者不知。藏小大有宜（從劉文典補）猶有所遁，若藏天下於天下，則無所遁其形矣。物豈可謂無大揚攉乎？一範人之形而猶喜。若人者千變萬化而未始有極也，弊而復新，其爲樂也可勝計邪？”此自鈔撮莊書，自“一範人之形”以下，本更端别起，不與上文相屬，故無害於文義。今本《莊子》置此二十九字於“此恒物之大情也”與“故聖人將於物之所不得遯而皆存”之間，則文意隔斷，蓋淺學者據《淮南》妄移下文於此也。

泉涸，魚相與處於陸，相呴以濕，相濡以沫，不如相忘於江湖。與其譽堯而非桀也，不如兩忘而化其道

以上三十九字舊在上文“而況其真乎”下，王懋竑疑爲錯簡。今案末句“不如兩忘而化其道”，與此處下文“夫道有情有信”，兩道字意正相貫，是三十九字本當在此，而傳寫錯置其上。今移正。

有情有信，無象無形

象舊作爲。案當作象。爲字本從象，古亦通用。（金文《邾討鼎》“鼄討象其鼎”，《内史龔鼎》“用象考寶障”，《立盨》“立象旅盨”，象并即爲字。）隸書象或作爲亦與爲形近，故致訛混。今正。“有情有信，無象無形”，情誠占通，情亦信也，象亦爲也。

可受而不可傳

“可受而不可傳”舊作“可傳而不可受”。案傳受二字倒。傳讀爲摶。受與得對，摶與見對，二句總承上文“無象無形”而言。

《知北游篇》曰“終日視之而不見……摶之而不得”,《老子》一四章曰“視之不見曰夷,摶之不得曰微”,并與此同義。《乾鑿度》“視之不見,聽之不聞,循(揗)之不得”,《列子·天瑞篇》同,揗亦摶也。《楚辭·遠游》曰“道可受兮不可傳”,傳亦讀爲摶,即襲此文。今據乙正。

在太極之上而不爲高

上本作先。俞樾曰:“《淮南·覽冥訓》作‘太極之上’,當依改。”馬叙倫曰:“郭象注曰:‘且上下無不格者不得以高卑稱也。’成玄英疏曰:‘道在五氣之上,不爲高遠。’是郭、成二本先并作上。”案俞、馬説是,今據改。

伏戲氏得之

一本無氏字,《釋文》引崔本有。案《聖廣義》八引宋徽宗《御解道德真經》一,江澂《疏義》一又四,《路史·前紀五》并有氏字。

傅説得之

此下舊有“以象武丁,奄有天下”八字。案狶韋氏以下皆神話傳説,“乘東維,騎箕尾,而比於列星”亦然。獨此八字言人事,殊爲不類,蓋舊説之闌入正文者。今删。

吾猶告而守之參日

舊作“守而告之參日”。案當作“告而守之參日”,下文曰“守之七日”“守之九日”，可證。疏曰：“告示甚易，爲須修守，所以成難”，又曰“今欲傳告，猶自守之”，是成本正作“告而守之”。今據乙正。

故殺生者不死

江南古藏本有故字，今據補。

子永

永舊作來。《釋文》引崔曰：“《淮南子》作‘子永行年五十四，而病傴僂’。”馬叙倫曰：“《淮南子·精神訓》曰：‘子求行年五十四，而病傴僂’，所言與本文子輿有病者合，則《淮南》誤以子永爲子輿耳。（案當作誤以子輿爲子永。）《抱朴子·博喻篇》曰‘子永嘆天倫之偉’，檢以此文，則子來事也，然則子來當作子永耳。”案來爲永之形誤，今據《抱朴子》改，下同。《淮南》雖與子輿事混，然字固作永不作來也。

俄而子輿有疾

疾本作病。劉文典曰：“古書多言有疾，罕言有病，病當爲疾，形近而誤也。宋羅大經《鶴林玉露》三引此文作‘有疾’，是其證。《庚桑楚篇》‘里人有病，里人問之’，《御覽》亦引作‘有疾’。”

浸假而化予之左臂以爲卵，予因以求時夜

卵本作鷄。奚侗曰：“鷄當作卵，《齊物論》‘見卵而求時夜’，可證。”《齊物論》崔注曰：“時夜，司夜，謂鷄也。”是時夜即鷄，本文誤卵爲鷄，則下文“因以求時夜”猶云以鷄求鷄，不辭甚矣。今據《齊物論》篇改正。

予因而乘之

而本作以。案以當作而，涉上兩“因以”而誤。《鶴林玉露》三引作而，影宋本，世德堂本並同。今據改。

子之於父母，東西南北，唯命之從。

“子之於父母”舊作“父母之於子”。案當作“子之於父母”，謂子聽命於父母也。如今本，則是父母聽命於子，庸有當乎？注曰“自古或有能違父母之命者矣”，疏曰“夫孝子侍親，尚驅馳唯命”，是郭、成本尚未倒。今據乙正。

彼迈（期）我死

迈本作近。案近當爲迈，字之誤也。《詩·崧高》“往近王舅”，箋：“近，辭也，聲如彼記之子之記。”毛居正、惠棟并云近當爲迈。馬瑞辰云亦迈之誤。《説文》娸下云“讀若近”，近亦迈字傳寫之誤。

今大冶鑄金

“今”下本有“之”字，《續古逸叢書》本、崇德書院本、世德堂本并無。案今訓若，各本無之字，是，今據删。

持犯人之形，而猶喜之……

此句及以下五十五字舊在下文，馬叙倫云當在“夫造物者必以爲不詳之人”下，今據移正。

一氣之所待乎

氣本作化。案“一化”無義，化當爲氣。氣字古衹作气，與化形近，故誤爲化。下文“而游乎天地之一氣”，一氣猶元氣也。

今以天地爲大爐

“今”下舊有“一”字。案此今字亦訓若，下不當有一字，舊涉上文而衍，今删。

蘧然覺，發然汗出

舊無“發（沛）然汗出”四字，《釋文》引向、崔本有，今據補。《文選·七發》注引作“泚然汗出”，義亦可通。

無事而生足

足本作定。俞樾曰：“定疑足字之誤，‘穿池而養給，無事而生足’，兩句一律，給亦足也。《管子·中匡篇》‘功定以得天與失天，其人事一也’，今本定亦誤作足，與此可以互證。”馬叙倫曰：“本書《在宥篇》‘故舉天下以賞其善者不足，舉天下以罰其惡者不給’，亦可證。”案俞、馬説是，今據改。

天之君子，人之小人也

舊作“人之君子，天之小人也”。奚侗曰：“二句人字天字互誤。”馬叙倫曰：“成玄英疏曰：‘故知子反琴張，不偶於俗，乃曰畸人，實天之君子。重言之者，復結其義也。’是成本亦作‘天之君子，人之小人也’。”案奚、馬説是，今據乙。

不知孰先，不知孰後

兩孰字舊并作就。案就當爲孰，字之誤也。“不知孰先，不知孰後”，猶上文云“又惡知死生先後之所在”也。今改正。

若化爲物以待其所不知之化乎

乎上舊有已字。案已字蓋涉上化字而衍，今删。

有旦宅而無耗精

“耗精”本作“情死”，《淮南子·精神篇》作“耗精”。劉師培曰：“‘情死’當依《淮南》作‘耗精’，與‘損心’對文。古書耗多作秏，秏、死形近互訛，又復倒之耳。”劉説是，今據乙改。

是自其所謂吾者以乃相與吾之耳矣

此句舊作“是自其所以乃且也相與吾之耳矣”，所下無“謂吾者”三字，㚤作乃，下又有“且也”二字。朱桂曜云：“乃爲㚤誤，㚤與姑同，此當讀‘是自其所以㚤且也相與吾之耳矣’十四字爲句。”案朱謂乃爲㚤誤，是也，今據改。崔本乃作惡，即㚤之聲誤。參校下文，所下當有“謂吾者”三字，語意乃足，今補。本書未見夃及且連文之例，疑“且也”二字即夃字之舊注，今删。

庸詎知吾所謂吾之[非][吾]乎？

舊無“非吾”二字。朱桂曜云：“此當作‘庸詎知吾所謂吾之非吾乎’，與上文‘庸詎知吾所謂知之非不知邪’句法同。”劉文典説同，又引疏“詎知吾之所謂無處非吾”證成本亦有“非吾”二字。案朱、劉説是，今據補。

戲笑不及排

戲本作獻。案獻當爲戲，字之誤也。《周禮·司尊彝》“其朝踐用兩獻尊”，《釋文》：“獻本或作戲。”是其例證。今改正。

安俳而化去

化去本作去化。案“去化”二字誤倒。注“安於推移而與化俱去”，疏“未始非吾而與化俱去”，是郭、成本并作“化去”。今據乙轉。

回忘禮樂矣……回忘仁義矣

上文“禮樂”本作“仁義”，下文“仁義”本作“禮樂”。馬叙倫曰：“《淮南·道應訓》上句作‘禮樂’，此句作‘仁義’，宜據改。”案馬説是，今據乙轉。

子與與子桑友

桑疑當作來，上子祀、子輿、子犁、子來四人爲友，事與此相類，此子桑疑本作子來，隸書桑字或作桒，與來字形近，又涉上文子桑户而誤。(《御覽》四七五引《説苑·尊賢篇》古桑〔《後漢書·循吏傳》注同,《新序·雜事一篇》作固桑〕,《漢書古今人表》作固來。《左傳》昭十年疏引樊光“來鳩，爽鳩也”，即桑鳩。）蘇軾《和徐積詩》“殺鷄未肯邀季路，裹飯應須問子來”，即用此事，是北宋猶有作來之本。

天地豈私貧我哉

此下舊有“求其爲之者而不得也”九字。案審諦語勢，并參校下注，此九字當係郭注之誤入正文者，今删。

内七　應帝王

庶民孰敢不聽而化諸

庶民本作度人。劉文典曰："《釋文》以'出經'絶句，'式義度人'絶句，并非……此當以'出經式義'絶句。度當爲庶，形近而誤也。人當爲民，唐人避太宗諱改之耳。碧虚子校引張君房本正作'庶民孰敢不聽而化諸'，疏：'必須己出智以經綸，用仁義以導俗，則四方氓庶，誰不聽從。'是成所見本亦正庶民，與張本合。《御覽》九百四十五引人亦作民，可爲旁證。庶訛爲度，民字改作人，義不可通，諸家乃失其讀矣。"案劉説是，今據改。下疏"故知式義出經，誣罔之甚矣"，又"况在人倫，而欲出經式義，欺矯治物，不亦妄哉"，亦可證成讀不誤。

且鳥高飛於層漢之上

五字從《記纂淵海》五七引補。王懋竑曰："'且鳥高飛'以下數句與上文句不相入，疑有誤。"

以避熏鑿之患

劉文典曰："古書於鼠多言熏灌，罕言熏鑿，鑿字疑涉上文'涉海鑿河'而誤。《御覽》九百十一引正作'熏灌'。"案《淵海》五二，又五七仍引作鑿。

而曾二蟲之無知

此句下，意未盡，當有脱文。

汝又何叚以治天下感予之心爲

叚本帠，《釋文》引崔本作爲。孫詒讓曰：“帠疑當爲假。《説文》叚或作叚，古金文叚字或作𠬝，故隸變爲帠。”案孫説是，今據改。

且也虎豹之文來累

累本作田。馬叙倫曰：“《天地篇》‘執留之狗成思’，孫詒讓謂思爲累誤，是也，此田字疑亦累之爛奪者也。郭象注曰：‘此皆以其文章技能繫累其身’，或郭本尚作累字。”案馬説是，今據改。

猨狙之便

此下舊有“執斄之狗”四字。案《淮南子·繆稱篇》“虎豹之文來射，猨狖之捷來獵”，《説林篇》“虎豹之文來獵，蝯蚧之捷來乍”，《文子·上德篇》“虎豹之文來射，猨狖之捷來格”，疑此文本作“虎豹之文來累，猨狙之便來藉”，爲《淮南》等所本。《天地篇》曰“執留之狗成累，（舊作思，從孫詒讓改。）猨狙之便來格”，（來格舊誤作“自山林來”四字。）校者據彼文旁注“執斄之狗”四字於此，傳寫遂誤入正文耳。今删。

而使物自喜

本無而字，與上下文不一律，今補。

而以道與世亢，必信矣夫

舊無矣字，夫字屬下讀。案《列子·黄帝篇》作“必信矣夫”，義長。今據補矣字，并從其讀。

不可旬日矣

舊無可字。案《御覽》八七一引有可字，《列子·黄帝篇》同，今據補。

罪乎不震不止

罪本作萌，止本作正。俞樾曰：“《列子·黄帝篇》作‘罪乎不誫不止’，當從之。罪讀爲嵲，《説文·山部》作嶭，云‘山貌’，是也。誫即震之異文，‘不誫不止’者，不動不止也，故以‘嵲乎’形容之，言與山同也。今罪誤作萌，止誤作正，失其義矣。據《釋文》，則崔本作‘不誫不止’，與《列子》同，可據以訂正。”案俞説是，今據改。江南古藏本正亦作止。

灰然有生矣

灰本作全，《列子·黄帝篇》作灰，《釋文》：“灰或作全。”案《列子》作灰，是。然同燃，前以“見濕灰”爲死兆，灰濕則不能復燃也，今有瘳，故曰“灰然有生矣”。今本灰誤作全，衆家胥以然爲語詞，讀“全然有生矣”五字爲句，則文不成義。今改正。

鯢桓之潘爲淵，止水之潘爲淵，流水之潘爲淵。

潘本作審。俞樾曰：“審，司馬云‘當爲蟠，蟠聚也’，崔本作潘，云‘回流所鍾之域也’。今以字義求之，則實當爲瀋，《説文·水部》‘瀋，大波也，從水旛聲’，作潘者字之省。司馬彪讀爲蟠，誤也，郭本作審，則失其字矣。”案潘瀋并古波字。《列子·黄帝篇》作潘，《容齋續筆》二引本書亦作潘，與崔本合，今據改。

因以爲波隨

波隨本作波流，崔本作波隨。王念孫曰：“作‘波隨’者是也。蛇何靡隨爲韻。”案王説是，今據改。波隨亦叠韻連語。

紛[然]而封戎

“紛然而封戎”本作“紛而封哉”，崔本哉作戎。李楨曰：“‘紛而封哉’，《列子·黄帝篇》作‘怭然而封戎’。案‘封戎’是也……‘紛而’二句戎終爲韻，哉字傳寫之訛……惟崔本不誤，與《列子》同。”案李説是，今據改。張君房本紛下有然字，與《列子》合，今據補。

至人之用[心]也若鏡

本無也字，從《類聚》七〇，《御覽》七一七引補。

何善周　袁謇正整理

莊子義疏

整理説明

《莊子義疏》爲《莊子》内七篇義疏，據作者未刊手稿照相複製件整理而成。

目　録

内一　逍遥游

北冥（溟）有魚

《釋文》引嵇康曰："溟，取其溟溟無涯也。"成疏曰："溟猶海也。"

案海從每聲，溟海古雙聲字。海之言晦也，《老子》二〇章"澹兮其若海"，《釋文》引嚴遵作晦。《吕氏春秋·求人篇》"夏海之窮"，《淮南子·時則篇》作夏晦，《博物志》一引《尚書考靈曜》、《釋名·釋水篇》、《爾雅·釋地》舍人孫李等注并訓海爲晦。溟之言冥也，是海謂之溟猶晦謂之冥。《爾雅·釋名》："晦，冥也。"本篇之北溟南溟，即《應帝王篇》《秋水篇》之北海南海耳。

其名爲鯤（鰥）

錢大昕曰："《詩》'其魚魴鰥'，毛訓鰥爲大魚，即《莊子》所謂北溟之魚也。"馬叙倫曰："錢説是也。《孔叢子·抗志篇》曰'衛人釣於河，得鰥魚焉，其大盈車'，亦鰥爲大魚之證。《説文》曰'鰥，魚也'，魚上奪大字。昆眔音同見紐，相通借也。《爾雅·釋親》'眔，兄也'，《釋文》'眔本作昆'，是其例證。"

海運（渾）則將徙於南冥

阮毓崧引林氏説曰："運，動也。海瀕俚歌有'六月海動'之語，海動時必起大風，鵬則乘此風而徙於南冥也。"

案運讀爲渾。《太玄·瑩》"周渾曆紀"，范注："渾運也。"又《玄首》"渾行無窮"，即運行無窮。《類聚》一引《渾天儀》曰"天轉如車轂之運"，是渾天又即運天。此皆以渾爲運，本書又以運爲渾。《説文》曰"渾，混流聲也”,《西山經》曰“東望泑澤，河水所潛也，其原（源）渾渾泡泡”，郭注曰：“渾渾泡泡，水濆涌之聲也。”水流聲謂之渾，水流亦謂之渾。《荀子·富國篇》“則財貨渾渾如泉源”，楊注曰：“渾渾，水流貌。”《法言·問神篇》“渾渾若川”，李注曰：“渾渾，洪流也。”《廣雅·釋訓》曰：“渾渾，流也。”今字作滾。郭注《西山經》渾音衮,《集韻》滾同渾。《淮南子·精神篇》“渾然而往”，高注“混，轉行貌”，此義今正作滾。俗呼沸水爲滾水。《博物志》三曰：“九真有神牛，乃生溪上，黑出時其鬥，即海沸。”汪本《御覽》九四七引《符子》曰：“遇長風激浪，崇濤萬仞，海水沸，地雷震。”曹植《大暑賦》曰：“山坼海沸。”昭明太子《六月啓》曰：“海水沸而漂爍。”海渾（滾）即海沸，謂狂風怒作，海水沸騰，今所謂海嘯是矣。《魯語》上曰：“海鳥曰爰居，止於魯東門之外三日……是歲也，海多大風。”案《至樂篇》司馬注曰：“爰居……舉頭高八尺。”《爾雅·釋鳥》郭注曰：“漢元帝時，鄉邪有大鳥，如馬駒，時人謂之爰居。”又《釋鳥》樊注、《文選·吴都賦》劉注并云爰居似鳳。夫爰居大鳥似風，而鵬鳳一字，鵬因海渾而南徙，爰居亦因海多大風而止於魯郊，然則鵬與爰居蓋一鳥，而海渾與海多大風亦一事矣。

南冥者天池也

案《説文》曰：“海，天池也”，天池即大池。《史記·日者傳》“地不足東南，以海爲池”,《漢書·禮樂志·郊祀歌九》“洎如四海之池”,《枚乘傳》“朝夕（潮汐）之池”，皆呼海爲池。天池又爲星名,《楚辭·遠游》曰：“凌天池（今誤作地）以經度。”

齊諧者志怪者也

案齊諧疊韻連語，齊皆二聲義多同：（一）《禮記·少儀》注：“齊，和也。”《爾雅·釋詁》：“諧，和也。”（二）《左傳》襄公二十二年：“齊，同也。”《小爾雅·廣言》：“皆，同也。”（三）《爾雅·釋言》：“齊，兆也。”《詩·北山》傳：“偕偕，强壯貌。”《爾雅·釋詁》：“齊，疾也。”《詩·北風》傳：“諧，疾貌。”（四）《爾雅·釋詁》：“躋，升也。”《漢書·匡衡傳》“但以無階朝廷”，注：“階謂升次也。”疑齊給之聲轉。《荀子·非十二子篇》：“辯説譬喻，齊給便利。”詼諧之義即齊給之引申，猶滑稽之義亦本謂言辭便給也。《史記·滑稽列傳》索隱引崔浩曰：“〔滑稽〕言出口成章，詞不窮竭。”又引姚察曰：“滑稽猶俳諧也……以言諧語滑利，其知計疾出。”索隱又曰：“言辯捷之人，言非若是，説是若非，能亂異同也。”皆以言辭便給爲説。齊諧與滑稽聲本相近，故義亦同。《老子》六十五章“知此兩者亦稽式”，《釋文》引嚴遵河上作楷式，本書《大宗師篇》“狐不偕”，《韓非子·説疑篇》偕作稽。連語例得省爲單詞，故此曰齊諧，下文“諧之言曰”，又單言諧。宋周密《武林舊事》六：“諸色伎藝人中，商謎有捷機和尚。”明周憲王《吕洞賓花月神仙會離劇》：“辨净同捷機付末末泥上。”捷機、捷譏，亦齊給齊諧之轉語，皆言辭便給之謂也。本書人名多係品性名詞擬人化，齊諧仍當從司馬、崔説爲人名。

水擊（激）三千里

案擊讀爲激。《漢書·賈誼傳》“遥增擊”，《文選·鵬賦》擊作激，是其比。《詩·揚之水》傳：“激，揚也。”水之揚起即濺起，故《廣韻》曰：“濺，水激也。”《一切經音義》八七引本書正作激。

搏（縛）扶摇而上者九萬里

《釋文》摶徒端反。《文選·吴都賦》注，謝宣遠《於安城答謝靈運詩》注，謝靈運《初發石首城詩》注，江文通《雜體詩》，阮步兵《咏懷》，張廷尉《雜述》兩注，曹子建《七啓》注，《一切經音義》八、又六二、又八七，《草堂詩箋》一〇《送楊六判官西蕃》箋、二六《寄劉峽州伯華使君四十韻》箋、三五《大曆三年春白帝城放船出瞿塘峽久居夔府將適江陵漂泊有詩禮四十韻》箋，《記纂淵海》二、又五六引，并作搏。

案摶讀爲縳若轉。《考工記·弓人》“老牛之角紾而昔”，鄭衆注：“紾讀爲抮縳之紾。”《釋文》：“角絞縳之意也。”紾縳字亦或作轉。《説文》：“紾，轉也。”扶摇者，《爾雅·釋文》“扶摇謂之猋”，孫注曰“回風從下上曰猋”，《月令》鄭注曰“回風爲猋”，均以回訓猋。案扶摇即猋之切音，是扶摇者迴旋之貌也。《淮南子·原道篇》：“扶摇抮抱羊角而上。”抮與摶，抱與猋（扶摇），均聲近義同。紾縳同義，詳上。紾與抮，縳與摶并同。《説文》“飈，扶摇風也”，重文作颮，抱與颮通。《莊》曰“摶扶摇”，猶《淮南》曰“抮抱”耳。摶訓絞縳，扶摇訓迴旋，義同。其言摶而復言扶摇者，古人自有復語也。《淮南》言撿與抱，又言扶摇，則復而又復。《楚辭》《漢賦》語例皆如此，蓋戰國以來接近口語之新文體也。摶與扶摇皆動詞作副詞用。崔以摶爲動詞，扶摇爲名詞（風名），而“扶摇”爲“摶”之賓語，又嫌風不可言摶，遂改摶爲搏以就之，失之遠矣。

野馬也

錢坫曰：“《莊子》‘野馬’字當作塺。《説文》曰：‘塺，塵也。’”

案塺又聲轉爲漠，《楚辭·九思·疾世》：“塵漠漠兮未分。”字或作莫，《文選·羽獵賦》“莫莫紛紛”，李注曰：“莫莫，風塵貌也。”又作幕，《史記·匈奴傳》“益北絶幕”，集解引傅瓚曰：“沙土曰幕。”音存字變則爲馬。然則野馬則塵埃耳。《夢溪筆談》三引吴融文“動梁間之野馬”，韓偓《安貧詩》“窗裏（一作外）日光飛野馬”，并以野馬爲塵埃，是也。司馬、郭以爲游氣者，游塵游氣，遥望相似，因得同名，亦古語之通例也。

生物之以息相吹者也

案《人間世篇》：“汝不知夫養虎者乎？不敢以生物與之，爲其殺之之怒也。”生物者，對死物而言。本篇生物義同，故能以息吹。蓋吹之者生物，被吹者野馬塵埃。野馬塵埃亦物之能飛者，然必待生物以口氣吹嘘之，而後能飛。出此一義以明鵬飛亦必待大風海運（滚）而後能舉其體。然而二者所待，大小不同。生物一息之吹，野馬塵埃即因之以浮游，所待者小，體小故也。鵬非大風海運，不能自舉，所待之大，體大故也。本篇屢以小大對照，此亦宜然。疑“生物之以息相吹者也”下，尚有説鵬所待者大之文，今本脱之。文有脱失，校者又錯置“天之蒼蒼”等二十六字於其間，注家莫不以生物即野馬塵埃，而野馬塵埃爲鵬所憑以飛者矣。

則稱衛舟大白

《一切音經義》八九引司馬“大白亦舶名也”。

案《詩・邶風》《鄘風》并云“汎彼柏舟”，《邶風・柏舟》傳曰：“柏木，所以宜舟也。”大白蓋即大柏，白爲柏省，以其爲舟名，故字又變作舶，舶當從柏省也。《邶》《鄘》皆衛詩，故稱大白爲衛舟。

而後乃今將圖（度）南

案圖讀作度。《楚辭・懷沙》“前圖未改”，《史記・屈原傳》圖作度。《廣雅・釋詁》三：“度，就也。”《小爾雅・廣詁》“度，居也”，謂就而居之也。《周禮·縫人》注“度西曰柳谷”，度南與度西，文同一例。劉師培疑圖爲徙誤，非是。

蜩與學（鷽）鳩笑之曰

《釋文》“學本作鷽”，引司馬曰學鳩，小鳩也。”案學小聲類同，故司馬以學鳩爲小鳩。鷽，後起專字。

适莽蒼者三飡而反

宣穎曰：“三飡，飯三盂也。”

案宣説是也。三飡即三飯。《禮記·玉藻》：“既食，又飯飧，飯飧者三飯也。”正義曰：“飧謂用飲澆飯於器中也。禮：食竟，更作三飧，以勸助令飽，實使不虚也。”又曰：“‘飯飧者三飯也’者，三飯并謂飧也，謂三度飧也。”三飯所以勸飽，故禮經屢言“三飯告飽”。(《少牢饋食禮》）又《管子·弟子賦篇》曰：“三飯貳豆（本作二斗，從莊述祖改），左執虚豆，右執梜匕，周還而貳，唯嗛之視。”然則燕居進食，亦稱三飯。蓋三飯而飽，中人之量，故凡飯必言三也。《莊子》曰“三湌而反，腹猶果然”，亦據恒情言之耳。

朝菌不知晦朔

王引之曰：“《淮南·道應訓》引此朝菌作朝秀，今本作朝菌，乃後人據《莊子》改之。《文選·辯命論》注及《太平御覽·蟲豸部》引《淮南》并作朝秀。高注曰：‘朝秀，朝生莫死之蟲也，生水上，狀似蠶蛾，一名孳母。’據此，則朝秀與蟪蛄皆蟲名也。”郭慶藩曰：“王説是也。《廣雅》正作朝蜏，以其爲蟲名，故字從蟲耳。”

案朝菌亦蟲名，即朝蟒也。知之者，司馬、崔并以菌爲芝，而《楚辭·九歌》“采三秀兮於山間”，王注曰：“三秀謂芝草也。”蟲名曰秀，一曰菌者，猶草名曰菌，一曰秀也。《爾雅·釋草》“莔灌，茵芝”，郭注曰：“芝，一歲三華瑞草。”《類聚》引茵作菌，《列子·湯問篇》亦曰“朽壤之上有菌芝者”，是茵芝即菌芝。茵秀因近，蟲名曰秀一曰菌，又猶草名曰菌一曰茵也。蓋菌從囷，而囷從禾，秀亦從禾，形相近，故義亦相通。又《淮南》朝秀，朱駿聲疑即蜉蝣，其説亦是。《爾雅》茵芝即秀芝，而《説文》游從汓聲，汓重文作泅，蜉蝣一曰秀（茵），猶汓一曰泅耳。

楚之南有冥（棋）靈者

《釋文》："冥本或作棋。"

劉秀生曰：“《説文》：‘樠，松心木。’”馬融《廣成頌》：“陵喬松，履修樠。”《漢書·西域傳》：“烏孫國山多修樠。”小顔曰：“樠，木名，其心似松。”《禹貢》“杶幹栝柏”，栝柏即柏葉松身之檜。《尚書》以杶栝并言，此以杶與冥靈并舉，疑冥靈即樠之緩言。”

窮發之北有冥海焉

案《列子》作“窮發北之北”，上北字疑北（丘）之譌。窮發蓋山名，此省丘字耳。《晏子春秋·諫上篇》之五“靈山……以草木爲發”，《海外東經》“䰄𡆢……在東海，兩山夾，𡆢上有樹木”，郭注“（䰄）音嗟，或作發”，《書鈔》九二引正作發。彼名發𡆢，謂山有草木，則此名窮發之丘，蓋無草木歟。《列子》作終發，終亦窮也，或讀爲童，亦通。《博物志》“地……以草木爲毛”，山言窮發猶地言不毛矣。

摶扶摇羊角而上者九萬里

《一切經音義》九八、《楚辭·九懷·昭世》補注、《詩史補遺》一〇《奉贈蕭二十使君》注、《山谷内集》一一《次韻子實題少章寄寂齋》注，引此文并作摶，不作搏。

案摶扶摇之義已見上文。“羊角”者，亦謂鳥飛旋迴而上，其狀如羊角之紾轉，非鳥所乘風之名也。“羊角而上”之語，與《墨子·號令篇》之“鶏足置”，《管子·事語篇》之“綈（鵜）素（嗉）滿”，《尚書大傳·大戰篇》之“魚鱗下”，《太玄·禮次》六之“魚鱗差”，其例正同。摶也，扶摇也，羊角也，皆上之狀，三詞叠用，亦復語也。《淮南子·原道篇》“扶摇抮抱羊角而上”，高注訓抮抱爲引戾，釋羊角爲“如羊角轉（原衍如字）曲縈行而上”。扶摇也，抮抱也，羊角也，亦三詞叠甲，例與此同。又案《爾雅·釋天》曰：“扶摇謂之飇。”《楚辭·九懷·昭世》曰：“登羊角兮扶輿。”《開天占經（九一）·風占篇》引李淳風曰：“扶摇羊角，今謂之迴風。迴風，自旋風也。迴風卒起而圜轉扶摇，有如羊角迴上轉輪。”是扶摇羊角本皆風名。《莊子》以爲鵬飛之状者，風鳳鵬古爲一字，神話亦以風與鳳鵬爲一物，故扶摇羊角爲風旋上之狀，即爲鵬旋上之狀也。惟《莊子》用爲副詞，故謂其直以“扶摇”“羊角”之原義狀鳥飛也可，謂其以風名扶摇羊角者之狀狀鳥飛也亦無不可，獨以二者爲鳥所乘之風，則誤以副詞爲名詞，按之語法爲不可通耳。

斥鴳笑之曰

案《吕氏春秋·明理篇》高注“鴳一名冠爵”，冠爵即鸛爵。《後漢書·楊震傳》“有冠雀銜三鱣魚飛集堂前”，《御覽》引華嶠

《後漢書》作鸛雀，是其證。本書《寓言篇》“彼視三釜三千鍾，如觀雀蚊虻相遇乎前”，《釋文》本觀作鸛。《説文》：“雚，小爵也。”雚，鸛古今字。

而（能）徵一國者

郭慶藩曰：“而字當讀爲能，能而古聲近通用也。官鄉君國相對，亦知行德能相對，則而字非轉語明矣。《淮南子·道應篇》‘而以少正多’，高注‘而，能也’，《堯典》‘柔遠能邇’，《漢督郵班碑》作而邇，《皋陶謨》‘能哲而惠’，《史記·夏本紀》作‘能智能惠’，《禮運正義》曰‘劉向《説苑》能字皆作而’，是其例。”

彼於致福者未數數然也

案《周禮》膳夫職“凡祭祀之致福者，受而膳之”，注曰：“致福，謂諸臣祭祀，進其餘肉，歸胙於王。”祭僕職曰“凡祭祀致福者，展而受之”，注曰：“臣有祭事，必致祭肉於君，所謂歸胙也。”又都宗人職：“凡都祭祀，致福於國。”家宗人職：“凡祭祀，致福。”《禮記·少儀》：“爲人祭曰‘致福’。”疏曰：“謂爲人攝祭而致飲酢於君子也，其致胙時命之辭則曰‘致福’也，謂致彼祭祀之福於君子也。”《穀梁傳》僖十年：“世子已祠，致福於君。”疑古謂代他人祭祀曰致福，後乃變爲自祭而歸胙於人之稱。《韓非子·解老篇》：“慈母之於弱子也，務致其福。務致其福，則事除其禍。”此泛稱爲他人謀福利曰致福，乃致福之引申義，然其意仍重在爲他人。然爲人攝祭爲巫祝之專職，而祭祀即所以致福之道，疑古或稱巫祝爲“致福者”。《儀禮·少牢饋食禮》祝嘏古人之辭曰“皇尸命工祝承致多福無疆於女孝孫”，工祝即巫祝，是其證。“彼其致福者未數數然也”者，猶言若列子其人者，於巫祝中未可數數覯也。《應帝王篇》："鄭有神巫曰季咸，知人之死生存亡禍福壽夭，期以歲月旬日若神……列子見之而心醉。"是其人固亦巫祝之流。《莊子》書中雖屢稱列子，然不甚推崇。本篇稱列子"雖免乎行，猶有所待"，《田子方篇》記列子以習射見屈於伯昏無人，《列禦寇篇》又記其以漿人先饋見譏於伯昏瞀人，《達生篇》復記其受教於關尹，《吕氏春秋·審己篇》記列子請射中之道於關尹子。而《天下篇》叙諸子學派，不及列子。蓋其人乃巫祝之稍能體道者，嘗有聲於時。以其稍能體道，故莊子稱之，以其未盡脱巫祝之習，故雖稱之而時有微詞。《漢志》有《列子》八篇，早佚，蓋本無甚精義。自晋人僞撰之書出，而唐室復列爲道舉四科之一，於是列子之名始與老莊并駕矣。

若夫乘天地之正而御六氣之辯（變）

《釋文》："辯，變也。"成疏同。郭慶藩曰："辯讀爲變。《易·坤文言》'猶辯之不早辯也'，荀本作變。辯變古通用。"

案《周語》下："所以宣六氣九德也。"《左傳》昭元年醫和曰："天有六氣……六氣曰陰、陽、風、雨、晦、明也。"本書《在宥篇》："天地不和，地氣鬱結，六氣不調，四時不節……我願合六氣之精以育群生。"《楚辭·遠游》："餐六氣而飲沆瀣兮。"六氣之義，韋注《國語》、司馬注本篇，并用醫和説。王逸注《楚辭》引陽陵子《明經》曰："春食朝霞，朝霞者，日欲出時黄氣也。秋食淪陰，淪陰者，日没以後赤黄氣也。冬食沆瀣，沆瀣者，北方夜半氣也。夏食正陽，正陽者，南方日中氣也。并天地玄黄之氣爲六氣。"此方士以六合配六氣之説，本書李注主之。支循又以天地四時爲六氣。案古人於自然現象一以人事擬之，六氣本爲人之六情。《管子·戒篇》曰："兹味動静，生之養也，好惡喜怒哀樂，生之變也……是故聖人齊滋味而時動静，御正六氣之變。"《韓詩外傳》五曰："聖人養一性而御六氣。"皆謂六情也。以人擬天，則舉凡氣象之變化，如陰晴風雨雷電霜雪之類，皆天之好惡喜怒哀樂之表現，亦即其六氣之作用。《左傳》昭二十五年子大叔述子産之言曰："天地之經而民實則之，則天之明，因地之性，生其六氣，用其五行。"又曰："民有好惡喜怒哀樂，生於六氣。"則反以人之六氣生於天之六氣，本末倒置矣。後人遂謂天自有六氣，必求六事以實之，不其惑歟？醫和所説"陰陽風雨晦明"，晦明與陰陽義復，似衹謂此數事爲六氣之用，非謂六氣之體也。《韓非子・解老篇》曰："四時得之，以御其變氣。"《漢書・天文志》亦言"怪雲變氣"。變者，《素問・六節藏象論》曰："蒼天之氣，不得無常也，氣之不襲，是謂非常，非常則變矣。"《論衡・自紀篇》："氣無漸而卒至曰變。"《史記・天官書》正義曰："軒轅……主雷雨之神。陰陽交感，激爲雷電，和爲雨，怒爲風，亂爲霧，凝爲霜，散爲露，聚爲雲氣，立爲虹蜺，離爲背璚，分爲抱珥，二十四變，皆軒轅主之。"二十四變即變氣之類。《左傳》醫和又言六氣"分爲四時"，《韓非子》亦曰"四時得之，以御其變氣"，蓋六氣以四時乘之，乃得二十四也。氣之得常者爲正，失常者爲變，"天地之正"與"六氣之變"錯舉互文以足義，言天地六氣之正者與變者也。六氣言御，當指神人乘風雨蹈雲霧之事，御即上文"列子御風"之御。《管子》《韓傳》之六氣謂人之六情，則彼言御當云調節。語同而義異，當各依本書。《遠游》曰："因氣變而遂曾舉兮，忽神奔而鬼怪（趫）"，氣變即此六氣之變。王注曰："乘風蹈霧，升皇庭也。往來奄忽，出杳冥也。"王以"乘風蹈霧"釋《遠游》之"因氣變"，亦即本書氣變之義。《遠游》之語，可與本書相發。

夫子立而天下治

案《天地篇》："堯治天下，伯成子高立爲諸侯。堯授舜，舜授禹，伯成子高辭爲諸侯而耕。"伯成子高疑即許由（詳《雜考》)，彼言“立爲諸侯”，此立字義當同。《墨子・尚同上篇》：“故畫分萬國，立諸侯國君。”成疏云立爲天子，非是，下文始言“請致天下”也。

吾將爲賓乎

案《徐無鬼篇》：“徐無鬼見武侯，武侯曰：‘先生居山林，食茅栗，厭葱韭，以賓寡人，久矣夫！’”賓者不臣之謂。《白虎通・王者不臣篇》：“‘虞賓在位’，不臣丹朱也。”《史記・五帝本紀》：“堯子丹朱，舜子商均，皆有疆土以奉先祀，服其服，禮樂如之，以客見天子，天子弗臣，示不敢專也。”古者天子於二王之後稱賓，以示不臣之義。戰國以還，世主於處士之有高節者，亦稱賓以示不臣，即本篇及《徐無鬼篇》兩賓字之義，俞樾疑此賓字爲實之訛，《徐無鬼篇》一本賓又作檳，并非。

尸祝不越（奪）樽俎而代之矣

馬叙倫曰：“越藉爲敚。《説文》：‘敚，强取也。’今通用奪字。”

案馬説是也。《書・康誥》“殺越人於貨”，或疑當作“殺人越貨”，謂殺人而奪其貨也。此越字義同。一説《廣雅・釋詁》三“越，治也”，此訓治，亦通。

大有逕庭（涇庭）

案《爾雅・釋水》“直波爲徑”，郭注曰：“言徑侹。”一作涇涏。《集韻》：“涇涏，直流也。”《秋水篇》“秋水時至，百川灌河，涇流之大，兩涘渚崖之間，不辯牛馬”，司馬注曰“涇，通也”，謂通流也，崔本作徑。涏字一作浧。《集韻》：“浧，通流也。”徑庭叠韻連語，與徑侹，涇涏同。此仍承上河漢之喻，當讀爲涇涏，謂水之涇流也。“大有涇涏”猶言涇流甚大，與《秋水篇》“逕流之大”語意相仿。

吾以是狂（誑）而不信也

章炳麟曰：“狂借爲誑，‘吾以是誑’者，我以是爲誑言，古言以爲，多省爲字。”

猶時（之）女（汝）也

奚侗曰：“時借爲之。《漢書·張蒼傳》‘草立土德時歷制度’，《史記》時作之，是其證。女讀爲汝，謂肩吾也。‘是其言也’，謂上文‘豈惟形骸有聾盲哉？夫知亦有之’之語。猶之汝也，之爲助詞，謂是言乃似汝也。”

宋人資（齎）章甫而適（擿）諸越

馬叙倫曰：“資借爲齎。《儀禮·聘禮》‘問歲月之齎’，鄭司農曰：‘齎或作資’是其例證。《説文》曰：‘齎，持遺也。’”

案《徐無鬼篇》“齊人蹢子於宋者”，孫詒讓釋爲齊人鬻其子。今謂適蹢并當訓賣，即《周禮》之儥字。胥師職先鄭注曰“儥，賣也”，賈師職後鄭注亦釋儥爲賣，而司市職《釋文》載聶音笛，則與適蹢古音同。又適與出義近，賣亦出也。《説文》：“糶，米穀也。”《廣雅·釋詁》三：“糶，賣也。”適糶一語之轉，“適諸越”即賣之於越耳。

窅（杳）然喪其天下焉

案窅杳古同字。《御覽》六、又四五引此文并作杳。

何不慮（絡）以爲大樽

司馬注："樽如酒器，縛之於身，浮於江湖，可以自渡。慮猶結綴也。"《釋文》："案所謂瓳舟。"章炳麟曰："司馬注結綴，字當爲落。慮落雙聲，古覆露亦爲覆慮，敗露亦爲敗落，明其音同。"

案《天地篇》"無落吾事"，《吕氏春秋·長利篇》作"無慮吾農事"，此慮落古通之明證。落今字作絡。"絡以爲大樽"者，樽一名罍，罍之言累也，罍亦絡也。今之酒甕猶有篾絡，即古樽罍之遺制。

則夫子猶有蓬之心也夫

案《管子·形勢篇》"飛蓬之問，不在所賓"，尹注曰："蓬飛因風，動摇不定。"古謂心意輕浮，不肯思慮曰飛揚。《楚辭·九歌》"心飛揚兮浩蕩"，王注曰："浩蕩，志放貌也。"《離騷》"怨靈修之浩蕩兮"，注曰："驕敖放恣，無有思慮。"本書《天地篇》"趣舍滑心，使性飛揚"，成疏曰："自然之性，馳競不息，輕浮躁動，故曰飛揚也。"蓬性輕浮善飛，故心之輕浮不肯思慮者謂之蓬心。

東西跳梁（踉）

案《秋水篇》"出跳梁乎井幹之上"，章炳麟讀梁爲踉。《廣韻》："踉，跳踉也。"章説是也，此梁字讀爲踉。

中於機辟（臂）

案辟讀爲臂。機臂謂弩也。《説文》："弩，弓有臂者。"《釋名·釋兵》："弩，怒也，其柄曰臂，鈎弦曰牙，牙外曰郭，下曰懸刀，合名之曰機，言如機之巧也。"《吴越春秋·勾踐陰謀外傳》："琴氏乃横弓着臂，施機設樞。"《楚辭·哀時命》："外迫脅於機臂兮。"臂者，如人手臂之狀，故名。《墨子·非儒篇》"盗賊將作，若機辟將發也"，與本書字并作辟，古文省借耳。諸家或讀爲繴，則與下文罔罟義復，失其旨矣。

世世以洴澼絖（纊）爲事

《御覽》二七引舊注："絖，古纊字，絮也。洴澼，浣漂斫絮於水中也。"案洴澼即拼（抨）擗，字本訓擊，以其於水中擊之，故變從水。《吴越春秋》一《王僚使公子光傳》"適會女子擊綿於瀨水之上"，《越絶書》一《越絶荆平王内傳》作"見一女子擊絮於瀨水之中"，即此所謂洴澼絖矣。

内二　齊物論

荅焉似喪其耦

《釋文》"耦本亦作偶",《文選·北山移文》注,盧諶《贈劉琨詩》注,《一切經音義》二八、又八八,《衍義手鈔》一五,《御覽》七一〇,《玉篇·人部》引并作偶。《釋文》引司馬曰:"耦,身也,身與神爲耦。"疏曰:"身與神爲匹,物與我爲耦也……離形去智,荅焉墮體,身心俱遣,物我兩忘,故若喪其匹耦也。"俞樾曰:"'喪其耦'即下文所謂'吾喪我'也,郭注曰'若失其配匹',未合喪我之義。司馬云'耦,身也',此說得之。然云'身與神爲耦',則非也。耦當讀作寓。寓,寄也,神寄於身故謂身爲寓。"

案偶象之偶,本即寓字。《漢書·郊祀志》"木寓龍一駟,木寓車馬一駟",即偶龍偶車馬,《韓廷壽傳》"賣偶車馬下裹僞物者"是也。《德充符篇》"直寓六骸,象耳目",寓與象對,寓即偶也,《淮南子·覽明訓》正作偶。夫摶土刻木爲像,所以寄寓神之精氣者也,故謂之寓。神,一也,像,二也,二者一之匹偶,故像又謂之偶。於人亦然,有精神焉,有形骸焉。神一形二,二爲一之偶,故形爲神之偶;神本形末,形所以栖神,故形爲神之寓。偶與寓一而二,二而一耳。子綦全於神者,故莊子以神擬之,而見其隱几仰嘘,頽然解體,以爲有似土木形骸之將就圮毁者,故曰"似喪其耦"。下文"槁木""死灰"之喻,正自此義生出。

又案《列子·仲尼篇》:"子列子曰:'南郭子貌充心虚,耳無聞,目無見,口無言,心無知,形無惕,往將奚爲!雖然,試與汝偕往閲。'弟子四十人同行,見南郭子,果若欺魄焉,而不可與接。"注曰:"欺魄,土人也。一說云欺顊。多案顊,《釋文》音片各反,即魄字也。《書》《傳》生魄死魄字,金文作霸若霏,俱從革聲。革本一讀片各切,故魄一作顊,魄一作霸若霏。神疑(凝)形喪,外物不得窺之。"

《文選·應璩與岑文書》注引《淮南子·精神篇》"視毛嬙，西施猶俱魄也"，高注曰："欺魄，請雨土人也。"案土人即土偶，《列子》稱南郭子"若欺魄"，義蓋本乎《莊子》，特《莊子》云"答焉喪偶"，謂偶之壞者，《列》云"貌充心虚"，謂偶之全者，斯爲異耳。《莊子》書屢言"墮肢體，黜聰明"，聰明謂耳目，即喪耦之義，然則《列》言全偶，殆非《莊》旨。惟注中一説以"神凝形喪"釋"欺頬"，乃與《莊》合。疑舊解《莊子》此文有"神凝形喪"與"貌充心虚"二義。張子僞撰《列子》書，以後義入正文，而存前義於注中，依違進退，而終不免失所抉擇，其於漆園微旨，蓋猶未達一間。雖然此篇偶字之義，自來注家咸不得其解，獨賴張氏僞書，尚存其説，則又其功之不可没者也。吾友陶君重華（光）著《讀莊偶記》，首揭《列子》此文以證《莊》義，最爲卓識。惟欲據《列子》之文改《莊》書爲"答焉似其魄"，則未審諦。夫曲園讀偶爲寓，得其字未得其義，重華以"俱魄"易"其魄"，得其義未得其字，二家所見，將毋合之則兩全乎？

何居乎

裴學海曰："居乎即哉乎，《白虎通·壽命篇》'然平哉'。《經傳釋詞》以哉爲衍文，失之。"

敢問其方（仿）

阮毓崧曰："方，類也。"

案方之言猶仿佛也，仿佛猶梗概也。《説文》曰："仿，相似也。"《孟子·萬章上篇》"君子可欺以其方"，方亦讀爲仿，故趙注曰"方，類也"。類亦似也。本書《天地篇》"雖然，願先生之言其風也"，俞樾讀風爲凡，謂言其大凡。方凡聲轉，大凡與梗概義亦近，然則“敢問其方”亦猶言“請君其凡”耳。疏訓方爲道術，失之。

大塊意氣

俞樾曰：“大塊者地也。塊乃凷之或體，《説文》土部‘凷，墣也’，蓋即《中庸》所謂‘一撮土之多者，積而至於廣大，則成地矣’，故以地爲大塊也……此本説地籟，然則大塊非地而何？”

案《文選·張茂先答何劭詩》注曰“大塊謂地也”，又《風賦》“大風生於地，起於青蘋之末”，注引《莊子》此文爲證，是大塊即地，唐人已知之。凷土本同字，土古亦讀苦怪切，凷當從土聲（聖圭亦然），即土之繁文耳。大塊（凷）即大土也。古言天土對舉，猶今言天地，故大土又即大地。地名大塊蓋方言之異，俞氏援《中庸》爲説，義轉迂曲。至《大宗師篇》兩言“大塊載我以形”，此則猶《易·坤·象》言“坤厚載物”，坤塊一語之轉，坤亦地也。

作則萬竅怒呺

奚侗曰：“呺借爲號，《説文》曰：‘號，嘑也。’《文選·月賦》注引正作號。”劉文典曰：“奚説是也，《御覽》九引亦作號，可證。”

山陵之畏佳（嵔崔）

《釋文》崔本畏作嵔，引李注曰：“畏佳，山阜貌。”

案《管子·形勢篇》“大山之隈”，尹注曰“隈，山曲也”，《文選·魏都賦》劉注曰“隈，隅也”，《左傳》僖二十五年杜注曰“隈，隱蔽之處”。嵔崔叠韻連語，猶隈也。從山與從阜同。《文選·風賦》："侵淫溪谷，盛怒於土囊之口，緣大山之阿。"曰溪谷，曰土囊之口，曰阿，皆所謂"昆崔"之類。李云山阜貌，似讀爲訓山高貌之崔嵬，義未精當，且誤名詞爲形容詞。《小雅·谷風篇》："習習谷風，維山崔嵬。"維訓在，崔嵬亦謂山隈曲。畏崔即崔嵬之例語，嵬畏字同。

似枅（鈃）

洪頤煊曰："枅通作鈃。《説文》曰'鈃似鍾而頸長'，謂瓶罍之屬，故與杯圈一例。"

似圈（盎）

馬叙倫曰："《孟子·告子篇》'義猶桮棬也'，《禮記·玉藻篇》'母没而杯圈存焉'，均以爲飲器……《廣雅·釋器》曰'盎，盂也'，《説文》曰'盂，飲器也'，是《廣雅》之盎，即《孟子》之棬、《禮記》之圈也。此與鈃連文，當爲飲器。"

似窪者，似污者

馬叙倫曰："《説文》曰：'窪，深池也。''污，穢也，一曰小池爲污。'"

激（噭）者

奚侗曰："激借爲噭。《説文》曰：'噭，吼也。'"

謞（哮）者

《釋文》："謞，音孝，李虚交反。"

案讀爲哮。《説文》曰："哮，豕驚聲也。"《埤蒼》曰："哮嚇，大怒聲也。"《管子·侈靡篇》"鵾（讙）然若謞之静"，尹注："雖有謞譟之人，亦皆恬静。"

譹者

《釋文》："譹，音豪。司馬云：'若譹哭聲。'"

案《鐃歌·戰城南篇》"爲我謂烏，且爲客豪"，亦謂哭，豪與譹通。

宎（笑）者

奚侗曰："宎當笑訛字。笑或省作𥬇，𥬇與宎形相近也。"

案亦聲假字，笑宎俱從夭聲。

厲風濟

案《小雅·都人士》"垂帶而（如）厲"，傳曰"厲，帶之垂者"，謂垂帶之餘以爲飾，故下文曰"匪伊垂之，帶則有餘"。字亦作裂如帮，《説文》："裂，繒餘也。"《玉篇》："裂，帛餘也。"《楚辭·涉江》"欸（哀）秋冬之緒風"，王注曰："緒，餘也。"厲風猶緒風也。舊謂此厲風爲大風烈風，不知上云"泠風則小和"，此總承上文，則不得爲暴烈之大風明甚。

夫吹萬不同

案此當以"萬不同"三字連讀，言有萬種不同之吹也。《天地篇》“有萬不同之謂富”，可證。六朝以來詩文家每以“吹萬”二字連用，謝靈運《九日從宋公戲馬臺集送孔令詩》：“吹萬群方悦。”王昌齡《悲哉行》：“臨風閲吹萬。”非是。

而使其自已也咸（緘），自取（趣）也怒（呶）者，其誰邪

《文選》謝靈運《九日從宋公戲馬臺集送孔令詩》注引司馬注：“已，止也。”謝靈運《道路憶山中詩》注、江文通《雜體詩》注引同。

案咸讀爲緘。《説文》曰：“歛，堅持意，一曰二字從《集韻》補。口閉也。”緘歛同。已訓止，與緘意相因。取讀爲趣。趣與已對舉。怒當呶。《小雅·賓之初筵》“賓即醉止，載號載呶”，《傳》曰：“號呶，呼號讙呶也。”趣與呶義相因。呶緘亦對舉。“自已也緘，自趣也呶”，謂風之息作。風之一息一作，因其自主，然而其所以止則緘，趣則呶者，冥冥之中似仍有主使之者。主使者誰？天籟是已。此即下文“直宰”“真君”之意。舊脱下“也”字，諸家咸讀“而使其自已也”句，“咸其自取”句，“怒者其誰邪”句，又不知咸之爲緘，取之爲趣，怒之爲呶，故所解全非。郭注曰：“物咸自得之耳，誰主怒之使然哉？”又曰“或者謂天籟役物使從已也”，是讀已爲人己之己，尤謬。審如其言，則是無所謂天籟者，亦即無真宰、真君，以是明其不然。

大言炎炎（談談）

案《説文》：“啖，噍啖也。”《荀子·王霸篇》“啖啖當欲人之有”，楊注曰：“啖啖，并吞之貌。”是大嚼謂之啖。引申爲大言之貌，字則變作談。炎炎即啖啖，《列子·湯問篇》“有啖之國”，《釋文》“啖本作炎”，是其比。

小言詹詹

案《説文》“詹，多言也”，《埤蒼》“譫，多言也”，《集韻》“噡噡，煩語”，《史記·魏其武安侯列傳》“乃效兒女，呫囁耳語”，噡噡猶呫囁耳。

其寐也魂交

案《廣雅·釋詁》曰：“交，定也。”《淮南子·説林篇》“交畫不暢”，高注：“交，止也。”此魂交亦謂神魂定止。

其覺也形開

案開訓發。《論語·微子篇》“廢中權”，鄭注廢作發，云“發，動貌”，是開亦可訓動。形開猶形動也。

與接爲構

案爲猶與也。《論語·衛靈公篇》：“道不同者，不相與謀。”《鹽鐵論·憂邊篇》：“道不同者，不相爲謀。”與，相與也。“與接爲構”，即相與接，相與構。

縵者　窖者　密者　□者

案《晏子春秋·問上篇》一五：“縵密不能，蔍苴不學者詘。”《外》上篇十七：“微事不通，麤事不能者勞。”縵亦密也。窖讀爲浩，浩猶浩蕩也。《楚辭·離騷》“怨靈脩之浩蕩兮”，王注曰：“驕傲放恣，無有思慮。”《九歌·河伯》“心飛揚兮浩蕩”，注曰：“浩蕩，志放貌也。”《文選・七發》“浩唐之心，遁佚之志”，五臣唐作蕩。《淮南子・精神篇》：“浩浩蕩蕩乎，機械知巧，弗載於心。”字一作鵠。《吕氏春秋・下賢篇》“鵠乎其羞用知慮也”，高注曰：“鵠讀如‘浩浩昊天’之浩。”不用思慮即今人所謂粗心。此以縵窖對舉，縵訓密，害讀爲浩，浩訓粗也。

大恐縵縵（惛惛）

案縵讀爲惛。《廣雅・釋詁》三：“惛，痴也。”《列子・黄帝篇》：“以黄金摳者惛”，張注曰：“憯，迷惛也。”

其守勝之謂也

奚侗曰：“守勝，謂常守其勝也。《管子・法法篇》‘無守也，故能守勝’，即此文守勝之義。”

以言其老洫也

案洫消一語之轉，洫猶消也。《管子・小稱篇》“滿者洫之，虚者實之”，洫之即消耗之，然則老洫猶言衰耗也。字一作卹。《德充篇》“寡人卹焉若有亡也”，卹焉猶消然。《徐無鬼篇》“若卹若失，若喪其一”，《淮南子・道應篇》《列子・説符篇》卹并作滅，滅亦消也。

慮嘆變慹（熱）

世德堂本慹作熱，案慹熱正借字。《説文》：“慹，怖也。”《孟子・萬章上篇》“則熱中”，趙注：“心中恐懼也。”謂借熱爲槷。此又借槷爲熱。

姚佚啓態

案《説文》眺眣并訓“目不正也”，佻佚即眺眣，故引申爲輕佻之義。啓有發義，《左傳》昭元年“發於五色”，杜注：“發，見也。”《文選·西京賦》“要紹修態”，薛注：“態，嬌媚意也。”啓態謂表露其嬌態。

非我元所取

案《廣雅·釋詁》三：“取，爲也。”爲讀《論語》“夫子爲衛君乎”之爲。無所取即無所爲。

與物相刃（軔）相靡（磨）

馬叙倫曰：“靡爲礳省。《説文》：‘礳，石磑也。’今省作磨。”

案磨，相磨相切磨也。刃讀爲軔。《説文》曰：“軔，礙車木也。”又曰：“杒，桎杒也。”《詩·節南山》箋，《釋文》：“桎，礙也。”桎杒連文，桎爲礙，是杒亦礙也。刃與軔杒并字異字而義同。轂礙與切磨義近，是刃與磨義亦近。《管子·霸形篇》“裸體紉胸稱疾”，尹注曰：“紉猶摩也。”刃與紉，磨與摩，并通。

夫隨其成心而師之

案《莊子》成字多訓全，訓備，謂天然完整之狀態。下文曰“有成與虧”，成即未虧者。字一作盛。《人間世篇》“忠之盛也”，

《大宗師篇》“是知之盛也”，亦完整之意。後隨文別之。

彼是方（并）生之説也

阮毓崧曰：“方有并義，兩方并生也。”

以指喻指之非指

案所以指名物者謂之指，故指有名稱之義。手指謂之指（實物名稱），名稱亦謂之指（抽象名詞），一名而兼虛實二義，每致混淆，故辯者剖判虛實，有“指非指”之語，意謂知指名之指之非手指之指，則知名稱與實物之辨也。《莊子》曰“以指喻指之非指，不若以非指喻指之非指也”者，謂以同名異實之“指”字説明名稱之非實物，不如別以異名異實之字説明名稱之非實物也。同名異實者使人迷誤，異名異實則不然。此申上“莫若以明”之旨。又案舊説此破公孫龍指物之辯，非是。莊子卒前，龍蓋年甫及冠，二人論學之年亦不相及。詳錢穆《諸子繫年考辨》。且公孫龍子《指物篇》曰：“物莫非指，而指非物。天下無指，物無可以謂物。非指者，天下無物，可謂指乎？指也者天下之所無也，物也者天下之所有也。以天下之所有爲天下之所無，未可。”此但辯指物，諸指字皆抽象名詞，與莊子所破“指非指”之説無涉。且“物莫非指”即莊子所謂“天下一指”，是龍之義與莊子之義本自無迕，亦無所用其破之也。“指非指”蓋亦惠子歷物之説，莊所破者惠施，非公孫龍也。

以馬喻馬之非馬

疏：“馬，戲籌也。”

案次馬字謂籌馬之馬，今字或作碼。末馬字謂牛馬之馬，而首馬字則兼此二義之名也。《管子》書有“乘馬”“巨乘馬”巨即巨萬之巨。“乘馬數”之篇,《禮記·投壺篇》“爲勝者立馬,一馬從二馬,三馬既立,請慶多馬”,鄭注曰:“立馬者,取算以爲馬,表其勝之數。”《淮南子·説林篇》“以瓦鉒者全”,高注曰:“鉒者提(擲)馬雒家謂之投翮。”宋李易安有《打馬圖經》,清虞兆漋《天香偶得》曰:“賭博者以物衡錢,謂之馬子。”并即此句中次馬字之義。馬爲代表實物之符號,此亦用爲抽象名詞,義與指近,故辯者以指馬并舉。疏以馬爲戲籌,又曰“遠托諸物,勝負莫先於馬”,則誤以抽象者爲實物矣。又案公孫龍“白馬論”與此全異,説者以此爲破龍之説,亦非。

故爲是舉莛與楹

俞樾曰:“《漢書·東方朔傳》‘以莛撞鐘’,《文選·答客難篇》莛作筳,李注引《説苑》曰:‘建天下之鳴鐘,撞之以筳,豈能發其音聲哉?’筳與莛通,是古書言莛者謂其小也。莛楹以大小言,厲子西施以好醜言。舊説非是。”

道(導)通爲一

案《左傳》三十一年“不如小决使道”,注:“道,通也。”字一作導,《同語》“爲川者决之使導”,注:“道,通也。”《釋名·釋言語》:“道,導也,所以通導萬物也。”

師曠之枝(支)策也

案《世説新語·排調篇》注引枝作支,支枝正借字。《大戴禮記·保傅篇》“燕支地計衆”,盧注曰:“支猶計也。”《易·繫辭》

上傳“乾之策二百一十有六，坤之策百四十有四”，《史記·五帝本紀》“迎日推策”，集解引晋灼曰：“策，數也。”《漢書·律曆志上》注引蘇林説同。

惠子之據梧也

案《德充符篇》“莊子（謂惠子）曰：‘今子外乎子之神，勞乎子之精，倚樹而吟，據槁梧而瞑——天選子之形，子以堅白鳴。’”上言倚樹據梧，下言以堅白鳴，與本篇上言據梧，下言以堅白之昧終，聽説爲一事，是惠子之據梧，與其論學有關。《天運篇》黄帝論咸池之樂曰：“吾止之於有窮，流之於無止。予欲慮之而不能知也，望之而不能見也，逐之而不能及也，儻然立於四虚之道，倚於槁梧而吟，心□乎所欲知，目窮乎所欲見，力屈乎所欲逐。”是據梧又確與聽樂有關。疑惠子本知音者，嘗欲據樂理以推尋事物之義理，故每於聽琴時尋思。“據槁梧而瞑”者，瞑目而沉思也。下文“唯（雖）其好之也以（已）異於彼其好之也，欲以明之彼，非所明而明之，故以堅白之昧終”，正謂惠子之所好者，異於昭文師曠之所好，乃惠子欲以己之所好者，明之於人之所好，是非所當明而明之，故於義理終無所明，而徒以堅白之昧終。聽樂而曰據梧者，馬疑悟即柷敔，近是。案柷敔即祝梧，《堯廟碑》：“韶磬祝圉。”又《爾雅·釋木》：“柷，州木。”《釋文》本作祝。祝，斷也。《廣雅·釋詁》一。《穀梁傳》哀十三年“祝髮文身”，即斷髮也。本以一斷梧爲之，擊之以節樂也。柷敔後世刻爲虎形，遂誤爲獸名。語轉爲敦圄，《淮南子·淑真篇》“騎蜚廉而從敦圄”，注：“敦圄似虎而小。”敦亦斷也，《説劍篇》“試使士敦劍”，司馬注：“敦，斷也。”又稱雕虎，雕祝音同。疑古者聽琴，擊柷敔以合節，《書》所謂“合止（之）柷梧”是也。據者倚也。倚即倚聲之倚。《史記·張釋之傳》：“使慎夫人鼓瑟，上自倚瑟而歌。”《漢書·王褒傳》：“選好事者，令倚鹿鳴之聲，習而歌之。”《西京雜記》一："高帝戚夫人善鼓瑟擊築，帝常擁夫人倚瑟而歌。"《拾遺記》一："帝子與皇娥并坐，撫桐峰梓瑟，皇娥倚瑟而請歌。"《隋書·音樂志下》："（隋）高帝龍潛時，頗好音樂，常倚琵琶作歌二首，名曰《地厚》《天高》。"《古今樂録》："凡倚歌悉用鈴鼓，無弦有吹。"《德充符篇》"倚樹而吟，據槁梧而瞑"，二句互文，樹即槁梧，據而倚也，謂手擊柷敔，心倚其聲而瞑目沈吟也。《天運篇》正作"倚於槁梧而吟"，本篇"據梧"義亦如是。

三子之知幾乎皆其盛（成）者也

奚侗曰："盛當作成，即上文成虧之成，盛亦通作成。《周易·繫辭》傳'成象謂之乾'，蜀才本成作盛。《史記·封禪書》'日主祠成山'，《漢書·郊祀志》成作盛，并其證也。"

唯（雖）其好之也以（已）異於彼其好之也

馬叙倫曰："唯讀爲雖。《禮記·表記》'唯天子受命於天'，鄭注：'唯當爲雖。'本書《庚桑楚篇》'唯蟲能蟲'，音義：'一本唯作雖。'此古書以唯爲雖之證。"

故以堅白之昧（謎）終

案《文心雕龍·諧讔篇》曰："自魏代以來頗非俳優，而君子嘲隱，化爲謎語。迷也者，回互其辭，使昏迷也。"《説文新附》曰："謎，隱語也。"《演繁露》卷七《迷》曰："古無迷字。若其意制，即伍舉東方朔謂之隱者是也。至《鮑照集》則有井謎矣。"《齊東野語》曰："古之所謂庾詞，即今之隱語，而俗所謂謎語。"案諸家謂謎爲俗字，非古所有，此説非也。迷之言迷也，

《太玄・聚》“狂作眛”，范注曰：“眛，迷也。”眛謎聲同義通，眛即古謎字耳。觀《天下篇》所載惠施歷物諸説，如卵有毛，鷄三足，郢有天下，犬可以爲羊之類，與諸書所記之隱無異，亦今謎語之所由昉也。至其頡滑異同，意本滑稽，故又演爲俳諧一派。尋常小道而蔚爲顯學，可以覘學術之源流矣。

而其子又以文之綸終

阮毓崧曰：“此‘而其子’句，緊接上文‘故以堅白之昧終’來，則當是就惠施之子言之。”

案阮説至確。《廣雅・釋詁》三：“倫，道也。”道猶術也。此言惠子之子又終身學昭文鼓琴之術。

是故滑疑（凝）之耀

案《史記・樗里子傳》“滑稽多智”，正義引顔師古曰：“稽，疑也。”然則稽疑聲近義通，滑疑猶滑稽耳。郭注曰：“故滑疑之耀，則圖而域之，恢詭憰怪，則通而一之。”又曰：“故雖放蕩之變，屈奇之異，曲而從之，寄之自用。”恢詭憰怪，放蕩屈奇，并與滑稽之義近，似郭亦讀滑疑爲滑稽。滑稽者，稽本字當作脂，稽脂并從旨聲，故得通用。《考工記・鮑人》曰：“欲其柔滑而腥脂之則需。”《釋名・釋首飾》：“脂，砥也，著面柔滑如砥石也。”脂之性滑澤，故謂滑澤之貌曰滑脂。滑脂亦叠韻連語也。字變作滑稽。《楚辭・卜居》：“將突梯滑稽，如脂如韋，以潔楹乎？”此以脂韋潔楹狀滑稽，最爲朔義。又作滑疑者，疑凝古同字，《爾雅・釋器》孫炎本曰：“凝，脂也。”《説文》凝爲冰之重文。今本《爾雅》作“冰，脂也”。郭注引本書《逍遥游篇》“肌膚若冰雪”，云：“冰雪，脂膏也”，是亦以凝爲脂之名。形容詞滑脂一曰滑疑，猶名詞脂一曰凝也。稽訓疑，亦其比，詳上。又疑膩聲亦近。《楚辭·招魂》“靡顔膩理”，王注曰：“膩，滑也。”滑謂之疑，猶滑謂之膩，疑膩皆脂之轉語，故皆有滑義。脂之爲物，滑潤而有光澤，故曰“滑疑之耀”。此指惠子之辯給多智，今語謂言辭便捷曰：“油滑”，是其義矣。

有倫（論）有義（議）

《釋文》：“崔本作‘有論有議’。”王懋竑曰：“當從崔本。下文‘論而不議’‘議而不辯’，正從此句來。”俞樾曰：“崔本作‘有論有議’，當從之。下文云‘存而不論’‘論而不議’，又曰‘故分也者有不分也，辯也者有不辯也’，彼所謂分辯即此下句‘有分有辯’，然則彼所謂論議，即此‘有論有議’矣。”章炳麟曰：“當從崔本作解，文則以郭本爲故書。”

大廉不嗛（謙）

奚侗曰：“嗛假借爲謙，謂謙讓也。《史記·封禪書》‘陛下謙讓而弗發也’，《漢書·司馬相如傳》作嗛謙。又《藝文志》‘易之嗛嗛’，師古注‘嗛與謙同’，并其證也。”

五者園而幾向方矣

案園讀作刓。《楚辭·懷沙》“刓方以爲圜兮”，注曰：“刓，削也。”字一作抏，《文選·上林賦》“抏士卒之精”，注：“抏，損也。”《漢書·食貨志》“百姓抏敝”，注：“抏，訛也。”朱駿聲謂訛當讀爲鈋，《説文》：“鈋，吪圜也。”《廣雅·釋言》：“鈋，刓也。”《史記·酈生陸賈傳》“刻印刓而不能授”，集解曰：“刓，刓斷無復廉鍔也。”案方者刓損而變圜，圜者刓損亦變方，此謂五者本圓，用之過度，則蔽而幾近於方也。

此之謂天府

案《開元占經·東方七宿占篇》引《石氏》曰“房爲天府”，又曰“房主財寶”。

此之謂葆光

案《淮南子·本經篇》曰：“不言之辯，不道之道，若或通焉，謂之天府。取焉而不損，酌焉而不竭，莫知其所由出，謂之瑶光。瑶光者資（貸）量（本作糧誤）萬物者也。”葆光即瑶光。瑶從䍃聲，䍃從缶聲，葆從保聲，缶保聲同，故葆光一曰瑶光。高注曰：“瑶光謂北斗杓第七星也，居中而運，歷指十二辰，擿（提）起陰陽以殺生萬物也。一説瑶光，和氣之見者也。”案《文子·下德篇》作“摇光”。《史記·天官書》索隱引《春秋運斗樞》曰：“斗第一天樞，第二旋，第三璣，第四權，第五衡，第六開陽，第七瑶光。第一至第四爲魁，第五第七爲杓，合而爲斗。”北斗第五至第七星曰杓，而摇光《開元占經》（六七）《石氏中官占篇》引《春秋緯》稱“杓星”。則瑶光又爲第五至第七星之名。杓星《占經》又引《石氏》作部星。杓（甫遥切）部一聲之轉。同書同篇又引郗萌曰：“北斗杓爲北斗。”是杓又爲北斗七星之總名。摇光謂之杓，北斗亦謂之杓，疑摇光本北斗七星之總名，後乃變爲七星中三星之類名，又變而爲三星中一星之小類名也。要之，摇光本北斗之别名。北斗一名摇光者，摇光即匏瓜之聲轉，摇瑶聲同，瑶之基本聲符爲缶，見上。故一曰葆光，葆匏聲亦近也。《易·泰·九二》曰：“包荒，用馮河，不遐遺。”包荒亦即匏瓜。匏瓜轉爲葆光，亦猶轉爲包荒也。古斗以匏爲之，故北斗之星亦曰匏瓜，聲轉爲葆光，瑶（摇）光耳。至杓本即斗，杓訓瓢，《御覽》七六二引《通俗文》："木瓢爲斗。"故北斗又謂之杓星，杓匏聲亦近也。葆光（瑶光，摇光）即斗之名，故本書曰："注焉而不滿，酌焉而不竭。"而《淮南》又曰："資（貲）量萬物者也。"《後漢書·陳蕃傳》注："貲亦量也。"

木處則惴慄恂（眩）懼

《釋文》："恂，班固作眴。"

案《文選·劇秦美新》"臣嘗有顛眴疾"，注："眴與眩古字通。"

蝍蛆甘帶（螮）

《類聚》九二、《一切經音義》二六引作螮。《釋文》："帶，崔云蛇也，司馬云小蛇也。"

案螮帶正借字。螮即螣蛇。《淮南子·説林篇》曰："騰蛇游霧而殆於蝍蛆。"《史記·龜策列傳》曰："騰蛇之神而殆於即且。"《説文》曰："螣，神蛇也。"騰螣同。螣蛇謂之螮者，《方言》五曰："槌……其横關西曰㯉，宋魏陳楚江淮之間謂之㮵。"《禮記·少儀》"甲不組縢"，注曰："以組飾之及衿帶也。"螣轉爲螮，猶㯉轉爲㮵，縢轉爲帶也。

鴟鴉耆（嗜）鼠

案《一切經音義》七八、七九引作嗜。

是非之途

案途讀爲叙。《爾雅·釋詁》："叙，緒也。"《説文》："緒，絲耑也。"是叙亦有端義。此以"仁義之端，是非之緒"對舉，叙亦端也。

瞿鵲子問乎長梧子

俞樾曰："瞿鵲子必七十子之後人，所稱'聞之夫子'謂聞之孔子也。下文長梧子曰'是黄帝之所聽熒也，而丘也何足以知之'，丘即是孔子名，因瞿鵲子述孔子之言，故曰'丘也何足以知之'。而讀者不達其意，以'丘也'爲長梧子自稱其名，故《釋文》云'長梧子，崔云名丘'。此大不然。下文云'丘也與女皆夢也，予謂女夢，亦夢也'，丘非長梧子名，明甚。"

案俞辯丘非長梧子名，至塙，謂瞿鵲子爲七十子後人則非。瞿鵲子得聞言於孔子，則必即七十子之徒，非其後人也。下文述瞿鵲子之言曰"夫子以爲孟浪之言，而我以爲妙道之行"，是其學頗近老莊。疑瞿鵲子即商瞿，商瞿傳《易》，則其學之近老莊，固宜。

夫子以孟浪之言

案孟浪疊韻連語，即罔兩。下文"罔兩問景"，《釋文》引崔本，《文選·幽通賦》注引司馬本并作罔浪。崔云"有無之狀"，謂若有若無之狀。聲轉爲朦朧，不昭晰之貌也。

是皇（黄）帝之所聽熒（怔營）也

《釋文》："皇帝本又作黄帝。"疏："本亦有作黄字者，則是軒轅。"

案聽熒疊韻連語，即怔營也。《漢書·王莽傳》"人民正營"，注曰："正與怔同，正營，惶恐不安之意也。"《後漢書·蔡邕傳》："臣怔營怖悸。"《晋書·王濬傳》："惶怖怔營，無地自厝。"《逍遥游篇》曰："吾聞言於接輿，大而無當，往而不返，吾驚怖其言。"怔營即驚怖矣。

予惡乎知惡死之非弱喪而不知歸者邪

案湛方生《諸生其講老子詩》曰："流宕失真宗，遂之弱喪輒，雖欲反故鄉，埋翳歸途絶。"支遁《咏懷詩》曰："弱喪困風波，流浪逐物遷。"湛讀弱如字，支讀爲溺。

麗之姬艾封人之子也

章炳麟曰："封者附庸二字之合音。艾封人當即戎國附庸君，與《周禮》封人掌畿封者異官，即《左傳》潁谷封人、《論語》儀封人之類。"

與王同匡床

案床三面有圍，其形如匚，匚亦如古匡字，故謂之匡床。字變爲匟。《篇海》音口浪切，云："匟床，坐床也。"案今所在多有。北人叠磚爲寢床，三面連壁，亦呼曰匟，即古匡床之遺。俗以床下煴火，字變作炕，非其朔誼。

君乎牧乎

案《廣雅·釋詁》一："牧，臣也。"又曰："牧，使也。"上文"以隸相尊，衆人役役，聖人愚芚，參萬歲而一成純"，即不分君牧之意。

何謂和之以天倪（硯）

《釋文》引班固天倪作天研。馬叙倫曰："天倪與《大宗師》之'端倪'、《天下篇》之'端崖'不同。倪當從班固作研，疑紐雙聲相通借也。《説文》曰：'研，𥖧也。'天研猶言自然之𥖧，𥖧道回旋，終而復始，以諭是非之初無是非也。《寓言篇》曰'天均者，天倪也'，可證。"

案倪讀爲硯，硯研一字。《正字通》硯同研，《漢書・叙傳》計研，《史記・貨殖傳》集解引徐廣同。《吴越春秋》七之九作計硯，《越絶書》四九作倪，是其比。

化（和）聲之相待

案化讀爲和應之和。化和聲近義通。上文"前者唱於，而隨者喁喁"，隨者即和者。《吕氏春秋・大樂篇》"皆化其上"，高注："化猶隨也。"聲相隨謂之和，行相隨謂之化，其義一也。《桂苑珠叢》曰："教成於上而俗易於下，謂之化也。"上教下化猶上唱下和也。又調和與融化義亦近，故《周書・王佩篇》曰"化行在知和"，《禮記・樂記》曰"和故百物化焉"。

振（抵）於無竟

馬叙倫曰："振借爲氐，脂真對轉。《説文》蚳之古文作蟁，《禮記・内則篇》'祇見孺子'，注'祇或爲振'，《尚書・無逸篇》'治民祇懼'，《史記・周公世家》祇作震，并其例證。《説文》曰：'氐，至也。'"案今字作抵若底，止也，至也。

罔兩問景（影）

《釋文》："罔兩，崔本作罔浪，云'有無之狀'。景本作影，俗也。"

案罔兩本字當爲網緉，即網也。《淮南子·原道篇》曰："網不若無形之象。"象者無形而但可想像之謂，此言網之爲物，冪歷稀疏，有形而不實致，尚不若無形之形之可貴也。引申之，凡不實致之狀皆曰罔兩，借爲精靈神物之名，字或作蝄蜽，語亦轉爲罔象。《國語·魯語下》"木石之怪夔蝄蜽，水之怪龍罔象"，賈逵注曰："罔兩，罔象，言有夔龍之形，而無實體。"《説文》曰："蝄蜽，山川之精物也。"精物若可見，若不可見，其形不實致，故曰："有夔龍之形，而無實體。"崔注曰"有無之狀"，與賈、許義合。然本書與影對舉，罔兩實當於陶潛詩《形影神》之神。《國語》夔蝄蜽龍罔象，亦猶言夔之神龍之神也。神物無形，故亦無影，《莊子》設言影見譏於罔兩，即《淮南》"網不若無形之象"之意矣。又案《顔氏家訓·書證篇》曰："景字，葛洪《字苑》傍始加彡，音如景反，而世間輒改《莊》從葛。"是六朝本多作影。景影古今字，初無正俗之辨，字加彡旁，亦未必從葛洪始，特洪始著於録耳。

吾待蛇蚹蜩翼邪

疏："蚹者蛇蜕皮也，蜩翼者蜩甲也。"

案成説蛇蚹是，説蜩翼非。《六書故》引唐本《説文》曰："莩……一曰葭中白皮。"《漢書·中山靖王勝傳》注説同。字一作苻。《説文》桴重文作柎。《淮南子·俶真篇》"蘆苻之厚"，高注曰："苻，蘆中之白苻也。"然在内者謂之苻，在外者亦謂之苻。蚹即苻字，以其爲蛇皮，故變從蟲。實則苻蚹與膚一語之轉，《説文》膚爲臚之籀文，《史記·景帝本紀》索隱引韋昭曰：“臚，附也。”《禮記·禮運篇》曰：“膚，革外之薄皮。”蛇之蚹蜩之翼，皆極薄而近透明體，照之無影，故影曰“吾待蛇蚹蜩翼邪？”《寓言篇》曰“子蜩甲也，蛇蜕也，似之而非也”，與此異義。成以《寓言》之義解本篇，大非，以蜩翼爲蜩甲，尤不可。

則蘧蘧（瞿瞿）然周也

疏：“蘧蘧，驚動之貌也。”

案《御覽》九四五引作瞿瞿。瞿蘧正借字。《説文》：“䀠，舉目驚䀠然也。”經傳皆作瞿。

内三　養生主

緣督以爲經

案《説文》："衣躬縫謂之䄈，讀若督。"躬縫即背縫。衣背縫謂之督，背縫居中央，故醫家呼身後并脊裏而上之中脈曰督脈。《素問·骨空論》："督脈者，起於少腹以下骨中央。"《靈樞·本輸篇》："七次脉：頸中央之脉，督脉也。"此督字當訓中縫，謂兩物之間空隙之地。字本當作俞（窬），《素問·奇病論》"治之以膽募俞"，王注曰："背脊曰俞。"《説文》："俞，空中木爲舟也。""窬，一曰空中也。"俞，窬古今字。

合於桑林之舞乃中經首之會

《釋文》曰："桑林，司馬云湯樂名，崔云宋樂名。案即《左傳》'舞師題以旌夏'也。"

案題旌夏事見《襄十年》，傳曰："宋公享晋侯於楚丘，請以桑林……舞師題以旌夏，晋侯懼而退入於房。去旌，卒享而還。"考夏頁首古爲同義字，旌夏即旌首也。析羽爲旌，《周禮·司常》以鳥羽加於首上曰旌首。《説文》曰："翌，樂舞以羽翿自翳其首，以祀星辰也。從羽王聲，讀爲皇。"《周禮·舞師》注曰："皇，雜五采羽如鳳皇色，持以舞。"旌首蓋即翌，舞師所持以自翳其首者，故曰旌首。首一曰夏，故又曰旌夏，旌夏以五采羽爲之，因之五采羽亦謂之夏，翟（雉）之五色備成章者謂之夏翟。以物加於首之上曰題，舞師初入時，以旌夏蒙首，其狀詭異，故晋侯驚怖而退入於房也。旌經聲近可通，經首即旌首，亦即旌夏。《文選·琴賦》"激清響以赴會"，李注曰："會，節會也。"旌首舞師所持以節舞者，故曰："合於桑林之舞，乃（而）中經首之會。"成疏謂刀爲鸞刀，至確。近世出土鸞刀，當環處有鸞，狀與車鸞同。《小雅·信南山》傳曰："鸞刀，刀有鸞者，言割中節也。"《禮記·郊特性》曰："割刀之用，而鸞刀之貴，貴其義也，聲和而後斷也。"此刀謂鸞刀，故言奏，《離騷》"吕望之鼓刀兮"，《天問》"鼓刀揚聲後何喜"，彼刀謂鸞刀。鼓刀猶鼓鐘鼓琴鼓瑟也。又曰"莫不中音"。又鸞刀者，宗廟割切之刀，然則此所解牛乃祭祀所用之牲，而桑林或亦當時實用之樂矣。

技經肯綮之未嘗

疏曰："肯綮，肉箸骨處也。"

馬叙倫曰："技借爲肢，或傳寫之誤也……經爲脛誤，或借爲脛。《説文》曰：'脛，胻也。'"

案肢脛，對轉雙聲連語，牛之肢體即牛脛也。《説文》曰："桱，牛膝下骨也。"《論語》"以杖叩其脛"，皇疏："脛，脚脛也，膝上曰股，膝下曰脛。"肯綮亦對轉雙聲連語。

而況大軱乎

馬叙倫曰："軱借爲髁。《説文》曰：'髁，髀骨也。'段玉裁曰：'髀骨猶言股骨，醫經亦謂之股骨。'《漢書·賈誼傳》：'屠牛坦一朝解十二牛，而芒刃不頓者，所排擊剥割皆衆理也。至於髖髀之所，非斤則斧。'此可證狐之爲髁也。"

案上文"肢脛肯綮"謂膝以上，此文大軱則膝以下也。

謋然已解

奚侗曰："謋疑係磔之誤。《廣雅·釋詁》三：'磔，開也。'"

案謋磔蓋正借字。

善（繕）刀而藏之

案善讀爲繕。《繕性篇》崔注："繕，善也。"《三蒼》："繕，治也。"《華嚴經音義》引《珠叢》："凡治故造新皆謂之繕也。"《易略例》"故有善邇故而遠至"，注曰："善，修治也。"以善爲之。《左傳》成十六年"繕甲兵"，《周禮》繕人職"掌王弓矢之事"，是修治兵器古謂之繕。繕刀蓋謂磨鎣之事，郭注訓拭，義未切確。

向者吾以爲其人也

馬叙倫曰："傷死當慟，失僅三號，弟子怪其哀戚未至，故見責以非友。失答乃謂始以老君亦猶夫人，則當致戚，今見老君非人而天，故隨順俗情，三號而已。下文'向者'至'古者謂之遁天之刑'，乃斥其他哭者，亦不定斥弟子。'其人也'，與上章'其人與'，辭例相如，其猶殆也。"

指（脂）窮於爲薪，而火傳也，不知其盡也

朱桂曜曰："指爲脂之誤或假。《國語・越語》'勾踐載稻與脂於舟以行'，注：'脂，膏也。'脂膏可以爲燃燒之薪，故《人間世篇》曰：'膏火自煎也。'此言脂膏有窮，而火之傳延無盡，以喻人之形體有死，而精神不滅，正不必以死爲悲。"

案古所謂薪，有炊薪，有燭薪，炊薪所以取熱，燭薪所以取光。燭之言照也，所以照明者，故謂之燭。古無蠟燭，但以薪蒸裹動物脂肪而燃之，故或呼燭爲脂燭。《書鈔》一三引《説苑》"晨舉脂燭"，今《謀權篇》敓此句。是也。或直呼爲薪，《詩・漢廣》"翹翹錯（柞）薪”及此文是也。崔注曰：“薪火，此誤以火字屬上讀。爝火也。”爝火即古取光之燭，故《逍遥游篇》曰：“日月出矣，而爝火不息，其於光也，不亦難乎！”《釋文》：“爝一作燋”，《吕氏春秋·求人篇》作焦同。《禮記·少儀》“主者執燭抱燋”，鄭注：‘未爇曰燋。’是爇者曰燭也。崔以爝釋薪，而爝（燋）即未爇之燭，是崔意薪即燭薪矣。凝者曰脂，釋者曰膏，脂以燃燭，膏以燃燈。雖脂青古或通稱，而此文則指燃燭之脂。朱氏誤爲一談，失之。《宏明集》五引桓譚《新論·祛蔽篇》曰：“余後與劉伯師夜燃脂火坐語，燈中脂索而炷燋秃，將滅息，則以示伯師，言人衰老亦如彼秃炷本作燈，從《御覽》八七〇引改。矣。又爲言前燃麻燭事。伯師曰：‘燈燭盡當益其脂，易其燭，人老衰亦如彼自蹶續。’余應曰：‘人既禀形體而立，猶彼持燈一（？）燭，及其盡極，安能自益原誤盡，下同。易？益易之乃在人。人之蹶，倘亦在天，天或能爲他（？）其肌骨，血氣充强，則形體枝（支）而久生，惡能絶傷，猶火之隨脂燭多少長短爲遲速矣。欲燈燭自益易以（似）不能，但促斂旁脂，以染漬其頭轉側蒸乾，使火得安居，則皆復明焉。及本盡者，亦無以燃。今人之養性，或能使墮齒復生，白髮更黑，肌顔光澤，如彼促脂轉燭者，至壽極，亦獨死耳。’”此亦以脂燭喻人壽命，可與《莊》義互參。

内四　人間世

死者以國量乎澤若蕉

章炳麟曰："國不可量乎澤，當借爲馘。《王制》'以訊馘告'，注：'馘或爲國。'是其例也……蕉，《説文》云'生枲也'，枲音葸，麻也，言死者……其多如枲，猶云'死人如麻'耳。"《史記·貨殖傳》"畜至用穀量馬牛"，集解引韋昭曰："滿穀則具不復數。"

民其無如矣

案如讀爲拏。如訓似，《詩·斯干》傳"似，嗣也"，是如亦嗣也。所以爲人種姓之後嗣者亦曰如，字變作拏若帑，《書·甘誓》傳"拏，子也"，《中庸》注"古者謂子孫曰帑"。"民其無如"即無拏，猶言無嗣息，無遺類也。

願以所聞思其則

馬叙倫曰："思借爲司……《周禮·司市》'上旌於思次'，鄭注：'司當爲思，聲之誤也。'是其例也。司今俗作伺，爲侍候字……則爲側省。"

擾則憂憂而不救

案《楚辭·抽思》"傷余心之慢慢"，王注曰："慢慢，病貌也。"憂憂與慢慢同。救，治也。"擾則憂憂而不救"七字爲句。舊讀"擾則憂"句，"憂而不救"句，大誤。

而色將平之

案平讀爲頩，青白色也。《文選·神女賦》“頩薄怒以自持”，李注曰：“頩，怒色青貌。”《素問·風論》“色皏然白”，王注曰：“皏謂薄白色也。”頩皏同。

口將營之

案營讀爲营。《説文》“营，小聲也”，引《詩》“营营青蠅”，今《詩》作營。

是皆修其身以下傴拊人之民

案傴拊讀爲嘔咐。《淮南子·本經篇》：“斟酌萬殊，旁薄衆宜，以相嘔咐醖釀，而成育群生。”嘔與呴同，《玉篇》“呴，嘘吹之也”，《字彙補》“咐，嘘也”。《俶真篇》“以聲華嘔苻嫗掩萬民百姓”，嘔苻亦即嘔咐。

夫以陽爲充孔

吴汝綸曰：“陽與佯同。”馬叙倫曰：“充孔，叠韻……此指顔回之‘端而虚，勉而一’言。”案充孔讀爲忼慎，心動不安之貌也。《集韻》引《碑蒼》曰：“忼，心動也。”《玉篇》曰：“慎，心動也。”

常人之所不違

馬叙倫曰：“常借爲嘗，《禮記·少儀》‘馬不常秣’，《釋文》‘常本亦作嘗’，是其例證。違借爲韙。《説文》曰：‘韙，是也。’”

政而不諜

朱駿聲曰：“諜，多言也……《史記·張釋之馮唐傳》：‘嗇夫諜諜。’”案政讀爲證。《齊策》一：“士尉以證靖郭君。”《説文》：“證，諫也。”

唯不飲酒不茹葷者數月矣

案葷猶腥也。《管子·輕重戊篇》“黄帝作鑽燧生火，以熟葷臊”，《路史·後記》三注引作腥臊，是其證。不茹葷謂不肉食，不然者，回雖貧，何致數月不食，葱薤之屬乎？

心止於符

案符讀爲怤。《説文》：“怤，思也。”

無門無毒

章炳麟曰：“毒借爲竇。”

禹舜之所紐也

案紐讀爲狃。《詩·大叔於田》“將叔無狃”，傳：“狃，習也。”

寡不道以成懽

案道，由也。懽，古患字。《爾雅·釋訓》："懽懽，愮愮，憂無告也。"《玉篇》《廣韻》并曰："悹，憂無告也。"《説文》："悹，慐也。"朱駿聲疑即患之異文，是也。此言事無大小，寡不由之以成患，下文"事若不成，則必有人道之患，事若成，則必有陰陽之患"。即承此言之。《外物篇》曰"惠（唯）以懽爲鶩"，當作"惠以懽爲鶩"，懽亦古患字。（説詳後篇。）古本《莊子》蓋以懽爲患，寫者或改成今字，或否，其未改者，後人或讀爲歡樂字，或逕改作歡，甚矣其謬也。

哀樂不易施乎前

王念孫云，施讀爲移，不易施猶言不移易也。《晏子春秋·外篇》"君臣易施"，《荀子·儒效篇》"哀虚之相施易也"，《漢書·衛綰傳》"人之所施易"，施并讀爲移。正言之則爲易施，倒言之則爲施易也。

近則相靡以信

王敔曰："靡縻通，維繫也。《漢書》羈縻，字亦用靡字。"

妄則信之也莫

奚侗曰："《論語》'無莫也'，邢疏：'莫，薄也。''信之也莫'猶言信之不篤也。"

故忿設元由巧言偏辭

俞樾曰："'故忿設無由巧言偏辭'九字一句。由，用也。"

且爲顛爲滅爲崩爲蹶

案滅讀爲越，滅從威聲。威越并從戉聲。或誤字。《書·盤庚》"顛越不恭"，《楚辭·惜誦》"行不群以巔（顛）越兮"，顛越同義語也。《説文》："趙，走頓也。"顛趙同。《公羊傳》桓十六年何注："廣越，猶走也。"崩亦走也。《玉篇》："跚，走也。"蹦跚同。《詩·無羊》"不騫不崩"，《説文》"蹇，走貌"，騫蹇同。騫崩并言，崩亦走也。《易·復》"朋來无咎"，《釋文》引京房作崩。《漢書·五行志》中之上引同，《蹇》九五"大蹇朋來"，《漢石經》亦作崩。《易》兩言崩來，并即走來也。《解》九四"朋至斯孚"，《咸》九四"朋從爾思"，《豫》九四"朋盍簪"，義并同，詳《周易纂詁》。《越語》韋注："蹶，走也。"顛、越、崩、蹶，義并爲走，故連類言之。

適有蚉蝱僕緣而拊之不時

王念孫曰："僕之言附也，言蚉蝱附緣於馬體也。僕與附聲近而義同，《大雅·既醉篇》'景命有僕'，毛傳曰：'僕，附也。'鄭箋曰：'天之大命又附著於女。'《文選·子虛賦》注引《廣雅》曰：'僕謂附著於人。'案今《廣雅》無此語，《廣雅》疑廣倉之訛。"劉師培曰："《玉篇》引此釋僕爲附。"劉文典曰："《御覽》九百四十五引此文僕作撲，撲亦附也。"

意有所至而愛有所亡

案至讀爲"專心致志"之致，致猶專也。《廣雅·釋詁》三曰：

“撴，摶也。”致專與撴摶，字異而義同。亡讀爲忘。專心與忘勿義相反，故致與亡對舉以見義。

小枝泄

俞樾曰：“泄當讀爲抴。《荀子·非相篇》楊注：“抴，牽引也。”《詩·七月》‘猗彼女桑’，鄭箋：‘女桑，少枝。’少枝即小枝。猗爲掎之借字。《説文》：‘掎，偏引也。’是與抴同義。小枝抴，謂小枝見牽引也。”劉文典曰：“《御覽》三百九十九引小枝泄下有注云：‘泄亦折也。’”

彼其所保與衆異

馬叙倫曰：“保借爲寶。”

俯而視其大根

案根讀爲莖，《古詩爲焦仲卿作》“指如削葱根”，根亦讀爲莖，是其比。

則軸解而不可以爲棺槨

馬叙倫曰：“軸解與拳曲對文。”案馬説是。軸解次叠韻連語（下詳），二字一義。由聲字多有長中空之義，笛袖胄舳諸名皆物之長而中空者，山有穴謂之岫（《説文》），往古來今謂之宙（《淮南子·齊俗篇》），甹亦訓空（《廣雅·釋詁》三），是其例證。軸亦從由，義當相仿。解亦長而中空之名。《吕氏春秋·古樂篇》“昔黄帝令伶倫……取竹之嶰谷”，《漢書·律曆志》作解谷，注引孟康曰“谷，竹溝也”，當云“解谷，竹溝也”。知之者，解谷雙聲連語，故《廣雅·釋山》曰“嶰，谷也”。《御覽》九六二引《吕覽》作“取竹之溪谷”，原作谷溪，誤倒。《書鈔》一一二引作“磬谷”，磬與罄通。解（嶰）溪罄一語之轉，故皆有空義。李注曰：“解，如衣軸之直解也。”疑爲衣袖。《釋名·釋衣服》曰：“襩，禪衣之無胡者也，言袖夾（狹）直，形如溝也。”衣袖之直解謂之襩，猶竹之解谷謂之溝也。《廣雅·釋器》曰：“徯，袖也。”《集韻》引《埤蒼》曰：“徯，衣袖也。”解（嶰）溪一語之轉，説已詳上，解徯亦然。袖一曰解，猶袖一曰徯矣。要之，軸解義訓不異。由聲字如笛迪頔等，皆轉入支部，與解同韻，是軸解本叠韻連語，故二字義同。

則口爛而爲傷

案傷讀爲瘍。《素問·風論》“故使肌肉憤䐜而有瘍”，王注曰：“瘍，瘡也。”

神人以此不材

馬叙倫曰：“‘以此’當讀爲‘似此’，省字。《易·明夷》‘文王以之’，鄭玄、荀爽以作似，是其例證。”

求高名之麗者斬之

疏：“麗，屋棟也。”案麗讀爲欐。《釋名·釋宫室》“欐或謂之望”，郝懿行謂望即宗，《説文》“宗，棟也”。郭慶藩曰：“名，大也，謂求高大之麗者，用三圍四圍之木也。”謂大爲名，説見《天下》“名山三百”下。

故解之以牛之白顙者

羅勉道曰："古者天子春有解祠，見《漢書・郊祀志》。"吴汝倫曰："《淮南・修務訓》：'禹之爲水，以身解於陽盱之河。'"

不可以適河

馬叙倫曰："適爲擿之省文，《説文》曰：'擿，投也。'今字作擲。"

此皆巫祝以知之矣

奚侗曰："以讀爲已。"

支離疏者

馬叙倫曰："《德充符篇》'闉跂支離無脤説衛靈公'，陸德明引司馬彪曰：'支離，言脚常曲行，體不正卷縮也。'……疏從㐬足聲，借爲疋字，《説文》'疋，足也'。"

會撮指天

司馬曰："會撮，髻也。古者髻在項中，脊曲頭低，故髻指天也。"奚侗曰："會借爲鬠，髺之異文。《説文》'髺，絜髮也'，亦作括，《士喪禮》'主人髺髮'，鄭注：'古文髺作括。'又《士喪禮》'鬠笄用桑'，賈疏以髺爲鬠，義取以發會聚之義。《淮南・精神訓》'燭營指天'，高注'燭營讀曰括撮'，蓋亦以括爲髺也。《漢書・司馬遷傳》'撮名法之要'，顔師古曰：'撮，總取也。'總取與會聚之意相類，單言之曰鬠，復言之曰鬠撮。"案奚説是。《寓言篇》"向也括撮而今被髪"，司馬注曰："括謂括髪也。"括即《淮南》高注之括撮，括撮又即此會撮也。《集韻》有鬖字，音撮，云"髻也"。李楨謂當是俗因會撮造爲頭髻專字，是也。

針挫治繲

案《廣雅・釋詁》一曰："針，刺也。"挫謂肢體挫折，字一作痤，《説文》"痤，小腫也"，肢體折傷則腫，故字又訓腫。針挫者，謂肢體挫折，以石針刺之，出其惡血，則腫消也。繲本當作解，謂骨節解脱。治解者，骨節解脱者，治之使復續也。

數策播精

案《文選・卜居》五臣注："策，蓍也。"數策即數蓍，(《六韜》："數蓍蓍交而折。")故崔注以"揲蓍"訓數策。播精亦占卜之術，蓋以米撒地，視其形象以定吉凶。崔曰："數原誤鼓策播精原誤精言賣卜。"是也。針挫治繲，醫術也，數策播精，巫術也，古巫即醫，故兼治二術。《淮南子・説山篇》曰："病者寢席，醫之用針石，巫之用糈藉，所救鈞也。"高注曰："醫師在男曰覡，在女曰巫。石針所抵，彈人雍（癰）痤，出其惡血。糈米所以享神。藉，菅茅。皆所以療病求福祚，故曰救鈞。"《淮南》以醫用針石與巫用糈藉并言，可與《莊》義互發。今本《莊子》文多訛舛，是以注家解説互歧，而義尠確要。

則支離以有常疾不受功

案功工古通，《衍義手鈔》本、又一〇引此并作工。

鳳兮鳳兮何如德之衰也

陳鱣曰："漢石經《論語》如作而，如而古字通。"俞樾曰："如讀爲而，而即爾也，蓋指鳳言。"案汝如古字通，指鳳言，即指孔子之言也。《莊子》書中每以鳳喻孔子。《類聚》九〇引《莊子》佚文："老子見孔子從弟子五人，問曰：前從《禦覽》九一五引補。爲誰？'對曰：'子路，勇且多力，本作子路爲勇四字，從《御覽》改。其次子貢爲智，曾子爲孝，顔淵爲仁，子張爲武。'老子嘆曰：'吾聞南方有鳥，其名爲鳳……鳳鳥之文，戴聖嬰仁，左智右賢……'"此亦以鳳喻孔子之例。

迷陽迷陽

案迷瞇通。《集韻》曰："瞇，眇目也。"《漢書・叙傳》"離婁眇目於毫分"，顔注曰："眇，細視也。"今俗瞄準字作瞄，音義同。瞇眇一聲之轉。瞇一曰迷陽，猶眇一曰眇䁁。《文選・海賦》"眇䁁冶夷"，李注曰："眇䁁，視貌。"迷陽又轉爲望陽，《論衡・骨相篇》曰"武王望陽"，《朝野僉載》曰"長孺子視望陽，目爲呷醋漢"，此謂近視者。然近視與細視，其貌皆顰眉斂睫，迫視審諦。"呷醋"之喻，妙可解頤，本謂近視，亦可施於細視。"迷陽迷陽，無傷吾行"，行讀爲胻，足脛也（詳下條），言瞇目諦視，無令道上荆榛瓦礫之屬傷吾足脛也。郭注謂迷陽猶亡陽，是也。亡陽亦即望陽。然釋亡陽爲任獨，則非。朱桂曜亦知亡陽即望陽，而以望陽爲仰視，則與傷胻之戒，又相乖牾。

無傷吾行

案行讀爲胻。《説文》："胻，脛耑也。"《廣雅·釋親》："胻，脛也。"《補史記·龜策列傳》"壯士斬其胻"，集解："胻，脚脛也。" 行與胻通。《大雅·采菽》"邪幅在下"，箋："邪幅，如今行縢也。偪束其脛，自足至膝，故曰在下。"《釋名·釋衣服》："幅，所以自逼束也，今謂之行縢，言以裹脚行，可以跳騰輕便也。" 行縢之行即胻字，《釋名》曰"以裹脚行"，即脚胻矣。本書"無傷吾行"，與下文"無傷吾足"爲互文，故知行亦胻字。

却曲却曲

《釋文》曰："却曲，去逆反。" 字書作⿺𠃊只。《廣雅》云："⿺𠃊只，曲也。" 案今本《廣雅》作迟（《釋詁》一）。《説文》曰："𠃊，匿也，象迟曲隐蔽之形。" 又曰："迟，曲行也。"《玉篇》邱戟反。⿺𠃊只與迟同；𠃊即𠃊，古文曲之省變；⿺𠃊只從𠃊，故有曲義。《禮記·明堂》"俎……殷以椇"，鄭注曰："椇之言迟椇也。" 謂曲橈之也。宋玉《風賦》"枳句來巢"，亦謂枝之橈曲者。"迟椇""枳句"并與"迟曲"聲近義同。却曲即迟曲，行而却曲其身，謹敬之貌，故曰"無傷吾足"也。《正考父鼎銘》"一命而傴，再命而僂，三命而俯，循墻而走，亦莫餘敢侮"（《左傳》昭七年），曰傴，曰僂，曰俯，并即此却曲之義，然則接輿所以戒孔子者，即孔子先人之遺訓矣。

内五　德充符

奚假魯國

案《説文》曰："假非真也。"非真猶非實，是假與虛義近。語詞"假令""假設"之假，亦虛擬之意。書傳假暇通用。閑暇即閑空，空亦虛也。《淮南子·説山訓》"媒但者非學謾也"，高注曰"但，猶詐也"，詐亦非真之謂。經傳古注又多訓但爲空。假但并作非真與空虛之義，故假亦可訓但。郭注以"奚但一國而已哉"釋"奚假魯國"，義至精確。假與暇通。《晏子春秋·諫上篇》"何暇去彗，茀又將見矣"，言何但去彗也。《韓詩外傳》一〇曰"吾則死矣，奚暇老哉"，亦言奚但老也，可資互證。成疏曰"何但假借魯之一邦耶"，既承郭義，又曰假借，斯爲蛇足矣。

丘將引天下而與從之

案與舉通，盡也。《易·无妄象》傳"物與无妄"，盧注："與，舉也。"《楚辭·涉江》"與前世而皆然兮"，《七諫》"與世皆然兮"，王注："與，舉也。"《漢書·高帝紀》"兵不得休八年，百姓與甚苦"，是其例。

其與庸亦遠矣

裴學海曰："與猶去也，庸謂常人。《晏子春秋·雜篇》'其去俗亦遠矣'，文例同此。《達生篇》'夫相收之與相棄亦遠矣'，《韓非子·内儲説上·七術篇》'今夫袴豈特嚬笑哉？袴之與嚬笑遠矣'，義同。"

亦將不與之遺

馬叙倫曰："遺借爲隤。《説文》曰：'隤，下隊（墜）也。'"

審乎無假而不與物遷

案"無假"疑當爲"無爲"。《應帝王篇》"汝又何帠以治天下感予之心爲"，《釋文》帠崔本作爲。孫詒讓云帠古叚字（《札迻》五）。案孫説是也。叚讀作暇。崔本作爲者，《説文》爲古文作𦥮，疑古爲字形與帠近，《説文》作𦥮，是其省體。爲叚古字形近，故《應帝王篇》"何暇"，崔本誤作"何爲"，本篇"無爲"又誤作"無暇"。"無爲"與"不與物遷"義正相應。作"無暇"，則不詞矣。

直寓六骸，象耳目

章炳麟曰："官府同物，則寓象亦同物。《漢書·郊祀志》：'木寓龍一駟，木寓車馬一駟。'寓即偶象字。"馬叙倫曰："寓借爲偶，《淮南子·覽冥訓》正作偶。"

彼且擇日而登假，人則從是也

王先謙曰："言若黄帝之游於太清。"吴汝綸曰："是，之也。"《墨子·耕柱》："而舊者新之"下文之作是。

案《列神傳》上："黄帝自擇亡日，與群臣辭。"《廣黄帝本行記》："黄帝聞之，自擇以戊午日升天，果有黄龍垂鬍髯迎帝，帝乘龍登天，與無爲子及臣僚升天者七十二人。"《禮記·曲記上》："天王崩，告喪曰'天王登假'。"《列子·黄帝篇》："又二十有八年……而帝登假。"擇日登假與人從之皆黄帝事，王説確不可易。

又案書傳登假字或作遐若假，或作霞，當以霞爲本字。《楚辭·遠游》“載營魄而登霞兮，掩浮雲而上征”，此言登霞者。谷永《上封事》“及言世有仙人，服食不終之藥，遥興輕舉，登遐倒景”，《華山碑》“思登假之道”，此言登遐及登假者。一曰升遐，《吕氏春秋·本味篇》高注：“群帝，衆帝先升遐者。”一曰上遐，司馬相如《大人賦》：“乘虚無而上假兮。”《大宗師篇》“是知之能登假於道也若此”，《淮南子·精神篇》“此精神之所以能登假於道者也”，揚雄《劇秦美新》“登假皇穹”，并本篇，皆言登假者。一曰升假。《淮南子·齊俗篇》：“今欲學其（王喬赤誦子）道，不得其養氣處神，而放其一吐一吸，時詘時伸，其不能乘雲升假亦明矣。”《淮南子·精神篇》高注曰“或作蝦蟇，雲氣”，則字又作蝦，高謂借爲霞，故解爲雲氣。以上《遠游》之登霞，《淮南子·精神篇》一本之登蝦，并謂雲霞，是其本義，自餘但謂上升，則其引申義也。《墨子·節葬下篇》“秦之西有義渠之國者，其親戚死，聚柴薪而焚之，燻上，謂之登遐”，《太平廣記》四八〇引《博物志》作“登霞”，劉晝《新論·風俗篇》作“升霞”，是知登霞之語，其源乃出於西戎火葬之俗。火化謂之登霞者，霞字一作赮，本訓赤氣，故火焰亦謂之霞，登霞謂靈魂乘火焰以上升也。《御覽》七九四引《莊子》佚文曰：“羌人死，燔而揚其灰。”《荀子·大略篇》曰：“氐羌之虜也，不憂其繫累也，而憂其不焚也。”《吕氏春秋·義賞篇》曰：“氐羌之民，其虜也，不憂其繫累，而憂其死不焚也。”火葬之旨，在使死者靈魂得乘火焰以上升於天，故羌人憂其死不焚者，爲其靈魂不能上升耳。《列仙傳》説嘯父既傳其作火法於梁母，“臨上三亮山，與梁母别，列數十火而升”，又説師門“亦能使火”，死後，“一旦風雨迎之，訖則山木皆焚”，又説赤松子“能入火自燒，往往至崑崙山上”。此皆暗示仙人即火化而上升者，而寧封子事言火葬尤明晰。《傳》曰：“寧封子者……世傳爲黄帝陶正。有神人過之，爲其掌火，能出五色烟，久則以教封子。封子積火自燒，而隨烟氣上下，視其灰燼，猶有其骨。時人共葬於寧北山中，故謂之寧封子焉。”此明以火化而魂氣上升者爲仙人。然則世稱升仙爲登霞，其義即源於火葬，明矣。《禮記·曲禮上》曰：“天子崩，告表曰‘天子登假’。”《周頌·下武》箋曰“既没登假”，本書《大宗師篇》崔本曰“死登假三年而形遁”，《列子·黄帝篇》曰“又二十有八年……而帝登假”，注：“假當爲遐。”《周穆王篇》曰“猶百年乃徂，世以爲登假焉”，《吕氏春秋·本味篇》高注曰“群帝，衆帝先升遐者”，此死稱登假升遐者，亦足證登假之語，本與喪葬有關。諸家雖知本篇之文，當從徐讀，而不能質言登假之義，故具論之，以明莊子思想背景焉爾。

子而悦子之執政而後人者也

胡遠濬曰：“而悦讀爲乃悦。”裴學海曰：“後猶忽也。《孟子·梁惠王篇》‘未有義而後其君者也’，後，忽也，説見趙注。此言子乃愛悦子之執政，而忽人者也。”

魯有兀者叔山無趾

案叔山即蜀山。古有蜀山氏，《大戴禮記·帝系篇》“昌意娶於蜀山氏”是也。《楚語上》“懼之以蜀之役”，韋注曰：“蜀，魯地。”

既犯患若是矣

馬叙倫曰：“犯借爲逢……本書《大宗師篇》‘今一犯人之形而猶喜之’，《淮南子·修務訓》犯作逢，是其例證。”

彼何賓賓以學子爲

馬叙倫曰："賓借爲諞……《説文》獱之重文作猵，是其例證。《説文》曰：'諞，便巧言也。'諞諞今語猶然，惟字作偏。"

丈夫與之處者思之而不能去也

案《方言》十"凡言相憐哀江濱謂之思"，憐哀即憐愛。《吕氏春秋・報篇》注："哀，愛也。"《魯語》注"虞思字幕"，讀爲慕也。思而不能去，即愛慕而不能舍也。

無聚禄以望人之腹

李楨曰："望借爲朢。《説文》："朢，月滿也。"望人之腹猶言滿人之腹，飽人之腹。

寡人卹焉若有亡也

馬叙倫曰："卹借爲忽，《説文》卹侐實一字，侐忽音同曉紐。《説文》曰：'忽，忘也。'"

少焉眴若

俞樾曰："眴若猶恂然也。《徐無鬼篇》'衆狙見之，恂然弃而走'，此云眴若，彼云恂然，文異義同。呴恂并㖃之假字，《説文・兮部》：'㖃，警辭也。'……《釋文》引司馬曰'驚貌'，得之矣。若皆弃之而走'，言㹠子皆驚而走也。蓋始焉不知其爲死母，就而食之，少焉覺其死，故皆驚走也。'眴若'二字以其子言，不以其母言。《釋文》又引崔云'目動也，謂死母目動'，然則其母不死，與下意不合矣。”案《釋文》“眴本亦作瞬”，眴瞬一字，崔云“目動”，不誤，目動即驚貌，特不當指母言耳。俞説借爲䀏，非是。

不以翣貿

案貿爲橮省，音柳，已詳《校補》。翣以羽爲之。《説文》：“翣，棺羽飾也。”謂之翣柳者，柳即羽。《爾雅·釋樂》“羽謂之柳”，又羽旄古通稱，而《釋木》曰“旄，澤柳”，《史記·天官書》“昴曰髦頭”，《漢書·天文志》作旄。昴與柳俱從從卯聲，并其證。卯婁聲近，故翣柳一曰翣蔞，《檀弓下》注。或倒之曰蔞翣，《荀子·禮論篇》。僂翣。《吕氏春秋·節喪篇》。漢世或以布爲之，《喪大記》注。或以竹，《後漢書·趙咨傳》注引《三禮圖》。狀如要扇，《淮南子·氾論篇》注。廣三尺，高二尺四寸，方兩角高，柄長五尺，則即今掌扇也。天子八，諸侯六，大夫四，士二，《説文》。蓋多則使人持夾行柩車左右，少則插車箱中。既窆則樹之壙中。然疑上世雖天子亦衹二，以象鳥翼，亦圖騰同體化之遺制也。

不爪翦

馬叙倫曰：“《禮記·曲禮》：‘大夫士去國境，爲壇位，鄉國而哭，素衣、素裳、素冠、徹緣、鞮屨、素簚，乘髦馬，不蚤鬋。’鄭注曰：‘蚤讀爲爪，鬋，鬋鬢也。’《淮南子·兵略訓》曰‘君若許之，臣辭而行，乃爪鬋。’倫謂不爪鬋者，不刮鬢也。《曲禮》之蚤爲搔省，《淮南》與此均借爪爲搔……《説文》：‘搔，刮也。’”

案《儀禮·士喪禮》“蚤揃如他日”，注：“蚤讀爲爪，斷爪揃鬚也。”《士虞禮》“沐浴櫛搔翦”，注：“彌，自飾也，搔當爲爪，今文曰沐浴搔翦，或爲蚤揃，揃或爲鬋。”《説文》：“搔，刮也。”“刮，掊把（爬）也。”《廣雅・釋詁》：“刮，減也。”《廣韻》：“刮，削。”揃猶柴也，《外物篇》“背（柴）搣可以休老”，本亦作揃搣。《説文》：“柴，一曰柴搣頰旁也。”“批，捽也。”柴枇一字。《集韻》：“批，捽搣也。”《廣韻》：“搣，手拔也，捽也。”批今字作扯。《急就篇》“沐浴揃搣寡合同”，顏注：“揃搣謂鬄拔眉髮也，蓋去其不齊整者。”《士虞禮》曰“沐浴翦搣”（今文），《急就篇》曰“沐浴揃搣”，是搔翦即揃搣，今婦人修容，去面頰毫毛是也。《外物篇》云可以休老者，即後世所謂揃白，鑷白者。《唐書・韋表微傳》表微曰“吾年五十拭鏡揃白”，《雲仙雜記》“王僧虔晚年惡白髮，一日對客，左右進銅鑷，僧虔曰‘却老先生至矣，庶幾乎’”，是其事也。

取妻者止於外不得復使

案上文“天子之諸御”，兼男女而言，《韓策》“男爲臣，女爲妾，執禽即隨諸御”，是其證。“不爪翦不穿耳”謂女，“取妻者止於外不得復使”謂男。春秋以來，書傳所記，男子之以色事人者，若宋朝，夏徵舒、彌子瑕、龍陽君之輩，不一而足。疑故事嬖臣之已取妻者，或止宿於外，則在特定期内，不得復入御於天子，慮其形質内虧，不足以奉至尊也。古俗沈霾，雖載籍無徵，而理則或然。哀駘它蓋内小臣之以才德見倖者，本婦寺之屬，故與諸嬖御并論。

而知不能規乎其始者也

馬叙倫曰：“規爲窺省。”

而視全人，其脰肩肩

《釋文》："脰，頸也。"引簡文曰："肩肩，直貌。"羅勉道曰："肩同顧，《周禮·梓人》'數目顧脰'，注：'顧，長脰貌。'"馬叙倫曰："顧當依《周禮》注訓長脰貌。或借爲痙，《周禮·梓人》注'顧或爲徑'是其例證。《説文》曰：'痙，强急也。'"

案强急也，直也，長脰也，義俱相因，顧字之訓，當兼此三義。凡人怒視，頚胸昂項直，此言靈公見全人反不悦，而怒目直視，頸脰顧顧然强急而直長也。舊説均以其字指全人，失其義矣。

而知爲孽

馬叙倫曰："孽借爲讞，《吕氏春秋·過理篇》'宋王築爲蘖帝'，高注曰'蘖當爲巘'，《説文》讞之重文作蘖，并其例證。《説文》曰'讞，議罪也'，即謀蘖字。"

案馬説是也。《漢書·晁錯傳》"通關去塞，不孽諸侯"，如淳注"孽，疑也，去關禁，明無疑於諸侯"，《廣雅·釋言》"瀱，疑也"，此亦孽讞古通之證。《漢書·司馬遷傳》"隨而媒孽其短"，傅瓚注"孽謂生其罪釁也"。《李陵傳》作謀孽。《説文》："媒，謀也。"媒孽即謀孽。下文"聖人不謀，惡用知"，孽（讞）與謀，義正相應。

德爲接

案德之言得也。接捷古通，《説文》"捷，獵也，軍獲得也"，《淮南子·兵略篇》"百族之子捷捽招抒船"，注曰"捷，疾取也"，蔡邕《月令章句》"獵者捷取也"，接讀爲捷。此言德之所得，同乎軍戰之捷取也。

四者天鬻也

馬叙倫曰："《説文》曰：'鬻，鍵也。'"

案下文"天鬻者天食也"，鬻食皆實物名詞，馬讀鬻如字，最確。鬻今省作粥。天鬻蓋本星名，如天均、天倪、天府、葆光之類。

人故無情乎

案故讀爲固，《衍義手鈔》一五引正作固。

天選子之形

案選與撰通。《楚辭・招魂》"結撰至思"，王注曰："撰猶搏今本誤搏也。"《御覽》七八引《風俗通義》曰"女媧摶黄土作人"，《天問》曰"女媧有體，孰製匠之"，即問其事。《淮南子・精神篇》曰："夫造化者既以我爲坯矣。"又曰："夫造化者之攫援物也，譬猶陶人之埏埴也，其取之地而已爲盆盎也，與其未離於地也無以異，其已成器而破碎漫瀾，而復歸其故也，與其爲盆盎亦無以異矣。"此其傳説之微變者。本書曰"天選子之形"，即摶子之形，亦摶土作人之遺説也。

内六　大宗師

不逆寡

案逆讀爲斥。斥《説文》作㡿，與逆同從屰聲。《考工記·匠人》“逆墻六分”，注：“逆猶却也。”《漢書·東方朔傳》注：“斥，却也。”《江都易王非傳》注：“斥謂之退弃之。”《史記·天官書》“斥小疏弱”，斥寡猶斥小也。

不雄成

馬叙倫曰：“成與寡對文，當讀爲盛衰之盛。”

不謨士

德清曰：“士即事。”章炳麟曰：“《説文》‘士，事也’，古士事一字。不謨士者，不謀事也。”朱桂曜曰：“不謨士即不謀事，《管子·君臣上篇》‘官謀士’，注：‘士，事也。官各謀其職事也。’”

其息深深

李注：“内息之貌。”

案仙家有胎息之法，説見《抱朴子·釋滯篇》，即此也。下文“真人之息以踵”，郭注“乃在根本中來者也”，王穆夜曰：“起息於踵，遍體而深。”亦解内息之説。

其耆欲深者其天機淺

案耆讀爲嗜。《衍義手鈔》一五、《草堂詩箋》三八《泳懷二首》箋、《山谷外集》九《次韻章禹直開元寺觀畫壁兼簡李德素》注引，并作嗜。

其出不訢

《釋文》訢音欣，引李云“欣出則營生”，字正作欣。

其入不距

《釋文》：“距本又作拒。”

其顙頯

《釋文》：“頯向本作魌，云‘魌然，大樸貌’。”案魌之言塊也，塊本訓土，故引申爲安止不動之貌。《穀梁傳》僖五年“塊然受諸侯之尊”，疏引徐邈曰“塊然，安然也”。《荀子·君道篇》“塊然獨立，而天下從之如一體”，《楚辭·九辨》‘塊然守此無澤兮’，及本書《應帝王篇》“塊然獨以其形立”，義并同。“其顙魌”，正謂其屹然不動如委土。心止、容寂、顙魌義相側貫。今本作頯，音近通假。向注樸字疑當作圤。《説文》“凷，墣也”，重文作塊，又“墣，塊也”，重文作圤，是塊圤一義，魌然即䰢然，故爲大圤貌。

其狀義而不朋

俞樾曰：“義當讀作蛾，蛾與義并從我聲，故得通用。《天道篇》：‘狀而義然’，義然即峨然也。朋讀爲崩，《易·復·彖辭》

‘朋來无咎’，《漢書・五行志》引作‘崩來无咎’，是也。‘其狀峨而不崩’者，言其狀峨然高大而不崩壞也。”

與乎其觚而不固也

《釋文》引崔曰“觚，棱也”，讀觚爲柧。《説文》：“柧，棱也。”《漢書・王充傳》“剛棱疾惡”，注：“棱，威棱也。”

張乎其虚而不華也

馬叙倫曰：“華借爲誇，《説文》：‘誇，奢也。’”

邴邴乎其似喜也

案邴邴當讀作沾沾，已詳《校補》。《漢書・竇嬰傳》“魏其沾沾自喜耳”，注：“沾沾，輕薄也，今俗言薄沾沾。”《説文》：“姑，一曰女輕薄善走也。”“婆，一曰喜笑貌。”姑婆蓋一字。沾與姑婆通。

崔崔乎其不得已也

案崔當讀爲催，《易・晋・初六》“晋如摧如”，虞注：“摧，憂愁也。”《廣雅・釋訓》“催催，悲也”，催爲摧之後起專字。

滀乎進我色也，與乎止我德也

《釋文》引司馬曰“滀，色憤起貌”，《説文》“慉，起也”，滀慉通。起與進義相因。與讀爲豫，《易・大壯》注“遲疑猶與”，

《漢書·淮南王安傳》“猶與未決”，并即猶豫。猶豫或單言豫，《老子》一五章“豫焉若冬涉川”，河上公本豫作與，《史記·吕后本紀》索隱引同。《文子·上德篇》“豫兮若冬涉大川者，不敢行也，進不敢行者，退不敢先也”，是豫與止義近。“滀乎進”“豫乎止”對舉。進止二字下各省者字，二句本作“滀乎進者我色也，與（豫）乎止者我德也”，猶言我貌似欲進而心實止也。

厲乎其似世也，謷乎其未可制也

案厲讀爲囑，字一作嘝，《説文》“嘝，高氣多言也”，《集韻》嘝亦作囑。世讀爲泄。《大雅·板篇》“無然泄泄”，蓋以水泄狀多言，故《説文》兩引，一作呭，一作詍，并云“多言也”。此以世爲泄，亦以狀多言。《楚辭·九思·怨上》某氏注：“謷謷，不聽話言而妄語也。”此二句與下句對舉，皆言辭之狀。

連乎其似好閉也，悗乎其忘説也

《釋文》引崔曰：“連，蹇連也，音輦。”案《文選·解嘲》“孟軻雖連蹇，猶爲萬乘師”，李注引蘇林曰“連蹇，言語不便利也”，《鹽鐵論·物勢篇》“亦或辯口利舌，辭喻横出者爲勝，或詘弱綴跲，謰蹇不比者爲負”，連蹇謰蹇并與蹇連同。連一作謰，《集韻》“謰謰，語亂也”，《楚辭·九思·疾世》“媒女詘兮謰謱”，義同。閉之言謐也，謐，默也，静也。《釋文》引王注曰“悗，廢忘也”，《説文》“懣，忘也”，悗滿同。《吕氏春秋·重己篇》“胃充則大鞔”，注：“鞔讀作懣。”連乎好閉，悗乎忘説，通二句爲一義。

以德爲循

案《説文》“述，循也”，《廣雅·釋言》“循，述也”，循述對轉。述術古通，術，道也，故述亦訓道。

綽乎其殺也

案綽讀爲卓，特立貌也。《説文》作稺，云“特止也”。殺者，《荀子·大略篇》“冰泮殺止”，殺亦止也，今語曰煞住，收煞，煞尾，字作煞。殺傺聲近，《禮記·鄉飲酒義》“愁以時察守者也”，注：“察或爲殺。”《左傳》昭元年“周公殺管叔而蔡蔡叔”，《釋文》曰：“上蔡字音素葛反，《説文》作㚈”，并其比。故字又作傺。《方言》七“傺，逗也”，《説文》“逗，止也”。《楚辭·離騷》注“傺猶住也”，《惜誦》注“楚人謂失志悵然住立爲侘傺”，住與逗同。以刑爲體者，一足偏廢，不良於行，故曰“卓乎其殺也”。

言其與有足者至於丘也

案《禹貢》“降丘宅土”，傳“地高曰丘”，至於丘猶登高也，此藉以喻仕之躋顯位。《荀子·宥坐篇》：“孔子曰：‘如垤而進，吾與之，如丘而止，吾已矣。今學曾未如肬贅，則具然欲爲人師……’”所喻與此異，而所以喻者則同。馬叙倫引《荀子》以“吾與之如丘而止”七字截句，未得《荀》義。

人特以有君爲愈乎已

案已爲否定詞。《墨子·法儀篇》“不巧者雖不能中，放依以從事，猶愈已”，《營造法式》引作“猶愈於已”，謂放依以從事愈於不放依也。此曰：“以有君爲愈乎已”，謂有君愈於無君也。《天下篇》“以爲無益於天下者，明之不如已也”，疏：“已，止也……既無益於天下，明不如止而勿行。”

藏山於澤

俞樾曰：“山非可藏於澤，且亦非有力者所能負之而走，其義難通。山疑當讀爲汕。《爾雅・釋器》‘罺謂之汕’，《詩・南有嘉魚篇》毛傳曰‘汕，汕樔也’，箋云：‘今之撩罟也。’藏舟藏汕，疑皆以漁者言，恐爲人所竊，故藏之，乃世俗常有之事，故莊子以爲喻耳。”

負之而走

《書鈔》一三七、《御覽》六七、《文選・頭跎寺碑文》注、《後漢書・獻帝紀》注、《輔行記》四三三引走作趨，《淮南子・俶真篇》亦作趨。走趨古今字。

昧者不知也

昧讀爲寐，《淮南子・俶真篇》作寐。

而不得所遁

而猶則也，《淮南子・俶真篇》作“則無所遁其形矣”。

大道有情有信

案情讀爲誠。《應帝王篇》：“其知情信，其德甚真。”

以挈天地

疏："挈又作契。"案挈與契通，《大雅·綿篇》"爰契我龜"，《漢書·叙傳》作挈，是其比，毛傳曰："契，開也。"此叙狶韋氏在伏羲前，狶韋氏蓋當於後世所傳盤古氏，挈天地即開闢天地矣。

伏義氏得之，以襲氣母

《釋文》曰："司馬云：襲，入也。氣母，元氣之母也。崔云：取元氣之本。"疏曰："襲，合也。氣母，元氣之母，應道也。爲得至道，故能畫八卦，演六爻，調陰陽，合元氣也。"

案《太平廣記》五六引《集仙録》曰："在昔道氣凝寂，湛體無爲，將欲啓迪玄功，化生萬物，先以東華至真之氣，化而生木公……以主陽和之氣，理於東方，亦號東王公焉。《廣記》一引《仙傳拾遺》："木公亦云東王父，一云東王公，蓋青陽之元氣，百物之先也。"又以西華至妙之氣，化而生金母……以主元毓——神玄奥於眇莽之中，分大道醇精之氣，結氣成形，與東王公共理二氣，而養育天地，陶鈞萬物矣。柔順之本，爲極陰之元，位配西方，母養群品。"木公即伏羲，金母即所謂氣母者也。此説雖出於後世道流，實最能得原始信仰之真諦。《淮南子·天文篇》："天地之襲精爲陰陽，陰陽之專精爲四時，四時之散精爲萬物。"高注："襲，合也，精，氣也。"伏戲襲氣母，謂伏羲與女媧襲精而化育萬物也。

維斗得之，終古不忒

案斗，北斗也。《漢書·天文志》："斗杓後有三星，名曰維星。"《越絶書》："天維三星在尾，北斗杓後。"維之一端繫於天極後之鈎，《天文志》："極後有四星，名曰勾（鈎）星。"一端繫於斗杓，

《天問》"斡維焉繫"，斡即斗杓。斗轉維動而天亦隨之，《淮南子·天文篇》所謂"帝張四維，運之以斗"是也。

堪壞得之，以襲崑崙

案《說文》："堪，地突也。"朱駿聲曰："謂地之墳起者。"《爾雅·釋山》："山一成，坯。"是堪壞本爲狀山之詞，故引申以爲山神之名。《山海經》作欽䲹，《淮南子·齊俗篇》作鉗且，《釋定》引《淮南》作欽負，且即負之誤。《漢書·外戚傳》注："襲，重累也。"《釋山》："山三襲，陟。"郭注："襲亦重。"此用爲動詞。一説襲訓藏，《老子》五十二章"是謂襲常"，注："襲，藏也。"

以游大川

《容齋四筆》五引遊作游。《釋文》："大川，河也。"

肩吾得之，以處大山

《山海經·西山經》"崑崙之丘，是實維帝之下都，神陸吾司之"，郭注"即肩吾也"，引此文。案肩吾見《逍遥游》《應帝王》，與接輿問答，則是春秋時人。疑此本是陸吾，作肩吾者，涉彼二篇而誤。

顓頊得之，以處玄宫

馬叙倫曰："《墨子·非攻下篇》：'昔者三苗大亂，天命殛之，有妖宵出，民乃大振，高陽乃命禹於玄宫。'《藝文類聚·符命部》

引《隨巢子》：‘天命夏禹於玄官。’……高陽即顓頊，則玄宫自顓頊立之。”案《史記·天官書》正義：“營室七星，天子之宫，亦爲玄宫，亦爲清廟，主上公，亦天子離宫别館也。”

傅説得之，乘東維騎箕尾而比於列星

案《開元占經》石氏《外官占篇》引石氏曰：“傅説一星，在尾後。”《東方七宿篇》引石氏：“尾箕，主后宫妃后府，故置傅説，衍子孫。”《晋語》二注：“天策，尾上一星名曰天策，一名傅説。”《釋文》引司馬曰：“東維、箕斗之間，天漢津之東維也。”《占經》石氏《外官占篇》又引《春秋元命苞》：“傅説，蓋巫女也，主王后之内祭祀，以祈子孫，廣求允嗣。”

而後能朝徹

案朝讀爲周。《詩·汝墳》“惄如調飢”，傳曰“調，朝也”。《文選·高唐賦》“王問玉曰：‘是何氣也？’玉對曰：‘所謂朝雲者也’”，《淮南子·俶真篇》“譬若周雲之蘢蓯遼巢，旁淳今作濞，此據道藏本。而爲雨”，俞樾謂周雲即朝雲，并其比。《小弁》“踧踧周道”，傳曰：“周室之通道。”案周本訓通，周道即通道，毛又牽涉周室爲訓，非是。《白虎通義·八風篇》“不周者不交也”，交通義同。周有通義而徹亦訓通，《説文》曰“徹，通也”。又《爾雅·釋言》“浹，徹也”，《荀子·解蔽篇》注“浹，周也”，是亦周徹義近之證。周徹雙聲連語，聲轉則爲洞徹。周同古字通。爲條達，皆通達之意。

其名爲攖寧

案攖寧疊韻連語。《説文》：“𡪢，安止也。”“寧，安也。”

攖寧與㜇寧同，語轉爲安寧。字或作嬰城。《漢書·蒯通傳》“嬰城自守”，注“以城自繞”，失之。守候與安寧義相因。此曰攖寧，即申上守字義也。下文“攖而後成者也”，攖成之語與攖寧同，惟攖訓按，成訓就，語同而義變，此雙關語法也。

聞諸副墨之子

疏曰：“臨本謂之副墨。”

朱桂曜讀副爲倍，讀墨爲默，倍默猶背誦也。案朱説亦通。

副墨之子聞諸洛誦之孫

《西山經》注：“洛洛，水流下之貌也。”洛誦，誦聲如水流不絶也。《春秋説題辭》“洛之爲言繹也”，《漢書·揚雄傳》注“繹繹，相連貌”。洛誦即回環誦之。

洛誦之孫聞之瞻明

案瞻讀爲譫。《説文》：“詹，多言也。”《埤蒼》：“譫，多言也。”明爲萌省，《廣雅·釋詁》一“萌，遽也”，今字作忙。《素問·氣交變大論》“譫妄”，《本草綱目·序例》“心病譫妄煩亂”，譫萌與譫妄聲義俱近。

瞻明聞之聶許

案《説文》“聶，附耳私小語也”，許讀爲嘘，《聲類》“出氣緩曰嘘”。

聂許聞之需役

案需役讀爲嚅吺。吺，丁侯切，嚅吺叠韻連語，猶諰譳也。《埤蒼》："諰，不能言也。"一作誳譳，韓愈《南山詩》："後鈍嗔誳譳。"

参寥聞之疑始

案疑始讀爲儗佁，癡貌也。一作疑殆，《史記·扁鵲倉公傳》："拙者疑殆。"一作佁儗，司馬相如《大人賦》"沛艾赳嗅仡以佁儗"。又作儓儗，李白《贈王屋山人魏萬詩》："五月造我語，知非儓儗人。"

曲僂發背

案發讀爲撥。《商頌·長發》"玄王桓撥"，《韓詩》撥作發。撥剌枉曲之貌也。《荀子·正論篇》"不能以撥弓曲矢中"，撥與曲對。《西周策》"弓撥矢鉤"，撥與鉤對，皆枉曲之謂也。《考工記·弓人》"居幹之道，菑㮚不迆，則弓不發"，以發爲之。《楚辭·懷沙》"巧倕不斵兮，孰察其撥正"，《管子·宙合篇》"夫繩扶撥以爲正"，《淮南子·本經篇》"扶撥以爲正"，高注曰"撥，枉也"。一曰撥剌。《淮南子·修務篇》"琴或撥剌枉撓"，高注曰"撥剌，不正也"，不正即曲矣。發背即撥剌之背，謂曲背也。《方言》五郭注曰"江東呼籧篨爲廢"，《玉篇》"蕟，蘧篨也"，廢蕟同。《廣雅·釋器》曰"鏺，鎌也"，《玉篇》曰"鐮，刈鉤也"，鎌鐮同。席之捲曲者謂之廢（蕟），刀之鉤曲者謂之鏺，弓之枉曲者謂之撥，亦謂之發，背之僂曲者謂之發，其義一也。

頤隱於齊

齊讀爲臍。《御覽》三六四，三八二，《鶴林玉露》三，并引作臍。成疏“頭低則頭隱於臍”，是成本亦作臍，與《人間世篇》同。

物有結之

馬叙倫曰：“有讀爲或，《詩·烈祖》‘奄有九有’，《韓詩》九有作九域，是其例證。”

將奚以女適

案《徐無鬼篇》：“齊人蹢子於宋者。”《釋文》：“蹢，投也。”蹢適通。字一作擿，《説文》：“擿，一曰投也。”

以汝爲蟲臂乎

《釋文》：“臂一作腸，崔本同。”案臂與腁通。《集韻》：“腁，臍也。”《釋名·釋形體》曰：“臍，劑也，腸端之所限劑也。”疑古亦通稱腸曰臍，一曰腁。腁即腸，故崔本作腸。此以肝與腁對舉，皆臟腑之屬，故《五音集韻》又曰：“腁，腑也。”

特犯人之形而猶喜之

奚侗曰：“犯借爲笵。《説文》曰‘笵，法也’，《通俗文》曰‘規模曰笵’，犯人之形謂模範人之形也，故下文以大冶鑄金與犯人之形對舉。”案《淮南子·俶真篇》作範，範與笵通。

善妖善老

《釋文》："妖本又作夭。"郭慶藩曰："夭妖古通用，《史記·周本紀》'後宫童妾所弃妖子'，徐廣曰：'妖一作夭。'"案夭，少也，郭注"不善少而否老"，即訓夭爲少，張君房本則字直作少。

又况萬物之所係

馬叙倫曰："係疑借爲徯，奚爲係之初文，則係可借爲徯也……《説文》曰：'徯，待也。'"

發然汗出

案發讀爲沛。《孟子·梁惠王上篇》"沛然下雨"，《思玄賦》"涑雨沛其灑途"，注："沛，雨貌。"字一作霈，今作潑，《玉篇》："潑，水漏也。"一本作"泚然汗出"，亦通。《孟子·滕文公篇》"其顙有泚"，注："泚，汗出貌。"

撓挑無極

李注："撓挑猶宛轉也。"簡文注："循環之名。"案《在宥篇》"挈汝適復之，撓挑以游無端"，撓挑猶撓撓也。今字作裊。

彼方且與造物者爲人

王引之曰："人，偶也，爲人猶爲偶。《中庸》'仁者人也'，鄭注‘讀如相人偶之人，以人意相存偶之言’，《詩·匪風》箋‘人遇能割亨者，人偶能輔周道治民者’，《聘禮》注‘每門輒揖者，以相人偶爲敬也’，《公食大夫禮》注‘每曲揖及當碑揖，相人偶’，是人與偶同義，故漢世有‘相人偶’之語。《淮南·原道篇》‘與造化者爲人’，義與此同。《齊俗篇》曰‘上與神明爲友，下與造化爲人’，是其明證也。”

逍遥乎無爲之業

《晋語》四“則民從事有業”，注：“業，次也。”“塵垢之外”“無爲之業”對文。

魚相造乎水

案《小爾雅·廣詁》：“造，適也。”適訓和悦，本篇下文“造適不及笑”，義同。

以善處喪蓋魯國

李楨曰：“‘以善處喪’絶句，文義未完，且嫌於不辭，下‘蓋魯國’三字當屬上爲句，不當連下‘固有’云云爲句。蓋與《應帝王篇》‘功蓋天下’義同，言孟孫才以善處喪名蓋魯國。”馬叙倫曰：“涵芬樓本、世德堂本音義出下文‘回壹怪之’下，是陸德明亦以‘魯國’絶句。成玄英以‘處喪’絶句，蓋爲發語詞失之。”

回壹怪之

案壹與懿通，《説文》："壹，專也。""懿，嫥久而美也。"《詩·七月》傳："懿，深也。"《小爾雅·廣詁》同。"壹怪之"猶深怪之也。《檀弓下》"子之哭也，壹似重有憂者"，義同。字或作一。《晏子春秋·諫上篇》"寡人一樂之"，即深樂之，上文"寡人甚悦之"，甚亦深也。《吕氏春秋·知士篇》"王之不悦嬰也甚"，高注："甚猶深也。"

有旦宅而無耗精

《釋文》引李本旦作怛，崔本作靼，云"怛也"。案旦讀爲怛。《淮南子·精神篇》作綴，讀爲惙，怛惙當爲一字。王注"宅是神居也"，《淮南子》高注"綴宅，身也"，當云"宅，身也"。"怛宅"與"駭形"對文。

乃入於寥天一

案《史記·天官書》："紫宫前列直斗口三星，隋，斗端兑：若見若不，曰陰德，或曰天一。"正義："天一一星，疆閶闔外。"寥猶寥落也。《文選》謝雲暉《京路夜發詩》注："寥落，星稀之貌。"一説寥，崔本作漻，清明貌，義可兩通。《文選》顔延年《車駕幸京口侍游蒜山作》詩注引佚《鬩奕篇》："顔奕之隸與殷翼之孫，遏氏之子，三士相與謀致人於造物，共之玄天之上，玄天者，其高四見列星。"即此入於天一之類。

夫無莊之失其美

馬叙倫曰："無莊疑即毛嬙……《後漢書·馮衍傳》'飢者毛食'李賢注'按衍集，毛字作無'，《水經·灅水注》引《地理風俗記》'燕語呼毛爲無'，是其例證。《説文》無嬙字，蓋從女牆省聲，牆莊并得聲子爿也。”

據梁之失其力

馬叙倫曰：“據梁亦即杞梁也。杞從木己聲，己據音皆見紐。《説苑》：齊莊公且伐莒，爲車五乘之賓，而杞梁華舟獨不與焉，故歸而不食。其母曰：‘汝生而無義，死而無名，則雖非五乘，孰不笑汝也？汝生而有義，死而有名，則五乘之賓，盡汝下也。’趣食，乃行。杞梁華舟同車，侍本作待於莊公，而行至莒，莒人逆之。杞梁、華舟下鬥，獲甲首三百。莊公止之曰：‘子止，與子同齊國。’杞梁、華舟曰：‘君爲五乘之賓，而舟梁不與焉，是少吾勇也，臨敵涉難，止我以利，是污吾行也。深入多殺者，臣之事也，齊國之利非吾所知也。’遂進鬥，壞軍陷陣，三軍不敢當。至莒城下，莒人以炭置地，二人立有間，不能入。隰侯重爲右曰：‘吾聞古之士犯患涉難者，其去遂於物也，來！吾逾子。’隰侯重杖楯伏炭，二子乘而入，顧而哭之，華舟後息。杞梁曰：‘汝無勇乎？何哭之久也？’華舟曰：‘吾豈無勇哉？是其勇與我同也，而先吾死，是以哀之。’莒人曰：‘子毋死，與子同莒國。’杞梁、華舟曰：‘去國歸敵，非忠臣也，去長受賜，非正行也，且鷄鳴而期，日中而忘之，非信也。深入殺敵者，臣之事也，莒國之利，非吾所知也。’遂進鬥，殺二十七人而死。”

庸詎知夫造物之不息我黥

案《釋名・釋言語》曰：“息，塞也。言物滋塞滿也。”《漢書・東方朔傳》注曰：“塞，補也。”此以“息黥”“補劓”對舉，息訓塞，塞亦補也。

整萬物而不爲義

案整讀濟。《説文》整作𩐍，重文作齏，從齊聲，故得借爲濟。

而果其賢乎丘也，請從而後也

疏曰“忘遺如此。定是大賢。丘雖汝師，遂落汝後。從而學之，是丘所願”，是讀“賢手”絶句。諸家并同。案當讀“而果其賢乎丘也”七字爲句，“賢乎丘”即賢於丘。“請從而後也”，而亦訓汝，《晏子春秋·諫上篇》之八“寡人將從而後”，句法同。

有不任其聲而趨舉其詩焉

案趨舉讀爲促遽。《外物篇》“修上而趨下”，郭注“長上而促下也”，李注“下短也”。《方言》十三：“箄、簍、籅、筥，篆也。”舉借爲遽，猶籅一曰篆。歌辭甚短，故曰“促遽其詩”。

内七　應帝王

其臥徐徐

案徐徐即舒舒。《春秋元命苞》"徐之爲言舒也",《爾雅・釋天》李注,《釋名・釋州國》, 并云"徐, 舒也"。《齊策》一"楚威王戰勝於徐州", 注"或作舒州"。

其覺於於

郭慶藩曰: "於於即盱盱也,《説文》曰: '盱, 張目也。'"

日中始何以語汝

俞樾曰: "日猶日者也, 謂日者中始何以語汝也。文七年《左傳》'日衛不睦', 襄二十六年《傳》'日其過此也'。昭七年《傳》'日君以夫公孫段爲能任其事', 十六年《傳》'日起請夫環', 并與此日字同義。"

君人者出經式儀

王念孫曰: "義讀爲儀, 義儀古字通。儀, 法也。" 案《漢書・張良傳》注 "式亦表也", 僞《武成》"式商式閭",《史記・留侯世家》式作表, 表亦出也。經義皆訓法。"出經" 與 "式經" 一義。

猶涉海鑿河而使蚉負山也

馬叙倫曰："鑿借爲踖……《史記》索隱'晋出公名鑿'，《六國表》作錯，是其例證。《説文》：'踖，長足行也。'"案《御覽》六〇引蚉作蛟，疑本作螯借爲鰲，螯以聲誤爲蛟，蛟以形誤爲蚊，又轉寫作蚉耳。巨鰲負山事，見《楚辭·天問》《列子·湯問》等。涉海踖河使鰲負山爲一事，古本有此傳説，故《莊子》引以爲喻耳。

天根游於殷陽

馬叙倫曰："《通志·氏族略》引《風俗通義·姓氏篇》曰：'虔氏，黄帝之後，《莊子》有虔天根。'疑應見《莊子》'天根'上有虔字。"

何問之不豫也

俞樾曰："《爾雅·釋詁》'豫，厭也'，《楚辭·惜誦篇》'行婞直而不豫兮'，王逸注亦曰'豫，厭也'，是豫之訓厭，乃是古義。無名人深怪天根之多問，故曰'何問之不豫'，猶云何許子之不憚煩也。"案豫讀爲斁，《詩·葛覃》傳："斁，厭也。"

向疾强梁

馬叙倫曰："向疾借爲向肙。《説文》曰'肸，蠁布也'，《漢書·司馬相如傳》：'肸蠁布寫'，晋羊舌肸字叔向，多案宋公子肸字向父。則肸蠁古多連文。蠁肙猶肸蠁也。肙，《説文》曰'動作切切也'，《方言》及《廣雅·釋詁》并曰'肙，勞也'。"案向讀爲響，響疾，疾如響應也。字一作蠁，《説文》"蠁，知聲蟲也"，蠁疾則謂疾如蠁蟲之應聲。《羽獵賦》"蠁曶如神"，注"蠁曶，疾也"。蠁盈猶蠁疾矣。

物徹疏明

案物讀爲昒。《玉篇》“昒，旦明也”，謂將明未明之時。《漢書·司馬相如傳》“曶爽暗昧得耀乎光明”，曶與昒同。《周語》中“其何事不徹”，賈注“徹，明也”。昒徹猶微明耳。

胥易技係

技《天地篇》成疏引一本作枝，是。係，名詞，枝係猶枝派。胥讀爲疏。《周禮·巾車》“飾，小服皆疏”，注“故書疏爲揟”。《廣雅·釋詁》三“疏，治也”，《漢書·杜周傳》“疏爲令”，注曰“疏謂分條也”，是疏爲分解之治。《甫田》傳“易，治也”，今字作𠢇。《說文新附》“𠢇，解骨也”，是𠢇亦分解之治。《周語下》“疏爲川谷，以導其氣”，《淮南子·要略篇》“𠢇河而道（導）九岐”，𠢇河即疏河也。

猨狙之便來借

案《列子·仲尼篇》“長幼群聚而爲牢藉庖廚之物”，《釋文》：“藉，謂以竹木圍繞。”《說文》“㳻，所以擁水也”，㳻藉字異而義同，皆所以遮擁之也。此以累（縲）與借對舉，累謂拘繫，借謂遮擁，事相鄰類。

必信矣夫

案《左傳》定八年“盟以信禮也”，杜注：“信猶明也。”

是殆見吾衡氣機也

案《説文》“衡牛觸横大木其角”,《周禮·封人》“設其楅衡”，鄭衆注“楅衡，所以楅持牛也”，是衡即楅衡。所以楅持牛者謂之衡，因之凡楅持之亦曰衡之。上文曰“杜德機”，杜塞與楅持義近，是“衡氣機”亦猶言杜氣機耳。

鯢桓之潘爲淵

馬叙倫曰：“鯢借爲研，與計倪作計研，天倪作天研同例。《説文》：‘研，礦也。’桓,《列子·黄帝篇》作旋……研旋猶礦旋。本書《天下篇》‘若磨石之隧’，隧借爲回，亦謂磨旋也。”案麑一作麛，是鯢亦可讀爲礦，鯢桓即礦（磨）旋矣。

因以爲弟靡

《釋文》弟徐音頹。案弟靡即頹靡,《廣聖義》九引正作頹靡。一作夷靡,《文選·射雉賦》徐注：“夷靡、頹弛也。”

因以爲波隨

案波隨讀爲陂陁，義與頹靡同。字一作陂池,《文選·上林賦》“陂池裨豸”，郭注：“陂池，旁頹貌也。”又作岥蛇,《文選·西征賦》“裁岥蛇以隱嶙”，李注：“岥蛇，頹貌。”

於事無與親

馬叙倫曰：“古予與通用。《方言》：‘予、賴，讎也。’《春秋》僖十年穀梁傳‘何與我之深也’，王念孫讀與我猶讎我。此與字義亦爲讎。”

紛然而封戎

案封戎依字宜作𡎖㙊，土散亂貌也。《字林》：“鬔鬆，髮亂貌。”鬆、鬃、鬉并同。𡎖㙊與鬔鬉，字異而義同。

南海之帝爲儵，北海之帝爲忽，中央之帝爲渾沌。

案《左傳》昭二十九年：“少皞氏有四叔，曰重，曰該，曰修，曰熙……修及熙爲玄冥。”儵即修也。《昭元年》曰：“昔金天氏有裔子曰昧，爲玄冥師。”忽即昧也。忽曶古通，《春秋》鄭召公忽，《説文·日部》作曶，《論語·微子篇》仲忽，《漢書·古今人表》作中曶。又《漢書·揚雄傳》上注，《文選·舞賦》注并云“忽與曶同”。曶昧一字，《漢書·郊祀志》上“冬至曶爽”，《司馬相如傳》下“曶爽暗昧”，即昧爽。故昧一作忽。修與昧皆爲玄冥，玄冥者水神也，故此以爲南北海之帝。玄冥之色黑，儵本訓黑，暗昧亦黑也。《左傳》文十八年曰“昔帝鴻氏有不才子……天下之民謂之渾敦”，《神異經》作渾沌。《西山經》曰：“天山……有神焉，其狀如黄囊，赤如丹火，六足四翼，渾敦無面目，是識歌舞，實惟帝江也。”帝江即帝鴻。《左傳》之渾敦，自賈逵、鄭玄以下咸謂即驩兜，而驩兜鄒漢勛又以爲即丹朱，是渾沌亦即丹朱，故《西山經》有“赤如丹火”之説。本書之渾沌即渾敦，亦即驩兜丹朱也。無七竅，與狀如黄囊而無面目合。稱帝，與《海内北經》“帝丹朱臺”合。杜注《左傳》亦云：“渾敦，不開通之貌。”其云中央帝者，驩兜放於崇山，當即《周語》上“昔夏之興也，融降於崇山”之崇山。驩兜本屬夏民族，《大荒南經》曰“鯀妻士敬，士敬子曰炎融，生驩頭”，驩頭即驩兜，可證。崇山今曰嵩山。其中岳之號，雖始於漢武，然論其地望，戰國時固爲區夏之中央。觀《莊子》已稱渾沌爲中央帝，則以崇山爲中央之山，或係先秦舊説，而漢武定岳，特因舊説以立名耳。

何善周　袁謇正整理

道教的精神[①]

自東漢以來，中國歷史上一直流行着一種實質是巫術的宗教，但它却有極卓越的，精深的老莊一派的思想做它理論的根據，并奉老子爲其祖師，所以能自稱爲道教。後人愛護老莊的，便説道教與道家實質上全無關係，道教生生的拉着道家思想來做自己的護身符，那是道教的卑劣手段，不足以傷道家的清白。另一派守着儒家的立場而隱隱以道家爲異端的人，直認道教便是墮落了的道家。這兩派論者，前一派是有意袒護道家，但没有完全把握着道家思想的真諦，後一派，雖對道家多少懷有惡意，却比較了解道家，但仍然不免於“皮相”。這種人可説是缺少了點歷史眼光。一個東西由一個較高的階段退化到較低的，固然是常見的現象，但那較高的階段是否也得有個來歷呢？較高的階段没有達到以前，似乎不能没有一個較低的階段，我常疑心這哲學或玄學的道家思想必有一個前身，而這個前身很可能是某種富有神秘思想的原始宗教，或更具體點講，一種巫教。這種宗教，在基本性質上恐怕與後來的道教無大差别，雖則在形式上與組織上盡可截然不同。這個不知名的古代宗教，我們可暫稱爲古道教，因之自東漢以來道教即可稱之爲新道教。我以爲如其説新道教是墮落了的道家，不如説它是古道教的復活。不，古道教也許本來就没有死過，新道教衹是古道教正常的、自然的組織而已。這裏我們應把宗教和哲學分開，作爲兩筆賬來清算。從古道教到新道教是一個系統的發展，所以應排在一條綫上。哲學中的道家是從古道教中分泌出來的一種質素。精華既已分泌出來了，那所遺下的渣滓，不

① 原載昆明《中央日報》副刊《人文科學》第 2 期（1941 年 1 月 13 日）、第 3 期（1941 年 1 月 20 日）。據開明版《聞一多全集·神話與詩》編入。

管它起什麽發酵作用，精華是不能負責的。古道教經過一個時期的醖釀，後來發酵成天師道一類的形態，這是宗教自己的事，與那已經和宗教脱離了關係的道家思想何干？道家不但對新道教墮落了的行爲可告無罪，它并且對古道教還有替它提煉出一些精華來的功績。道教衹有應該感謝道家的。但道家是出身於道教，恐怕是千真萬確的事實，它若嫌這出身微賤，而想避諱或抵賴，那却是不應當的。

我所謂古道教究竟是什麽樣的東西呢？詳細的説明，不是本文篇幅所許的，我現在衹能綮要提出幾點來談談。

後世的新道教雖奉老子爲祖師，但真正接近道教的宗教精神的還是莊子。《莊子》書裏實在充滿了神秘思想，這種思想很明顯的是一種古宗教的反影。《老子》書中雖也帶有很濃的神秘色彩，但比起《莊子》似乎還淡得多。從這方面看，我們也不能不同意於多數近代學者的看法，以爲至少《老子》這部書的時代，當在《莊子》後。像下録這些《莊子》書中的片段，不是一向被“得意忘言”的讀者們認爲莊子的“寓言”，甚或行文的詞藻一類的東西嗎？

> 藐姑射之山有神人居焉，肌膚若冰雪，淖約若處子，不食五穀，吸風飲露，乘雲氣，御飛龍，而游乎四海之外；其神凝，使物不疵癘，而年穀熟……之人也，物莫之傷，大浸稽天而不溺，大旱金石流，土山焦而不熱。(《逍遥游》)

> 夫道有情有信，無爲無形，可傳而不可受，可得而不可見，自本自根，未有天地，自古以固存，神鬼神帝，生天生地，在太極之先而不爲高，在六極之下而不爲深，先天地生而不爲久，長於上古而不爲老。狶韋氏得之，以挈天地，伏戲氏得之，以襲氣母，維斗得之，終古不忒，日月得之，終古不息，堪壞得之，以襲崑崙，馮夷得之，以游大川，肩吾得之，以處大山，黄帝得之，以登雲天，顓頊得之，以處玄宫，禺强得之，立乎北極，西王母得之，坐乎

少廣，莫知其始，莫知其終，彭祖得之，上及有虞，下及五伯，傅說得之，以相武丁奄有天下，乘東維，騎箕尾而比於列星。（《大宗師》）

至人神矣，大澤焚而不能熱，河漢冱而不能寒，疾雷破山，飄風振海而不能驚。若然者，乘雲氣，騎日月，而游乎四海之外，死生無變於己。（《齊物論》）

以上衹是從《内篇》中抽出的數例，其餘《外雜篇》中類似的話還不少。這些决不能説是寓言，（莊子所謂“寓言”有它特殊的涵義，這裏暫不討論。）即是寓言，作者自己必先對於其中的可能性及真實性毫不懷疑，然後纔肯信任它有闡明或證實一個真理的效用。你是决不會用“假”以證明“真”或用“不可能”以證明“可能”的，莊子想也不會采用這樣的辯證法。其實莊子所謂“神人”“真人”之類，在他自己是真心相信確有其“人”的。他并且相信本然的“人”就是那樣具有超越性，現在的人之所以不能那樣，乃是被後天的道德仁義之類所斫喪的結果。他稱這本然的“人”爲“真人”或“神人”或“天”，理由便在於此。

我們衹要記得靈魂不死的信念，是宗教的一個最基本的出發點，對莊子這套思想，便不覺得離奇了。他所謂“神人”或“真人”，實即人格化了的靈魂。所謂“道”或“天”實即“靈魂”的代替字。靈魂是不生不滅的，是生命的本體，所以是真的，因之，反過來這肉體的存在便是假的。真的是“天”，假的是“人”。全套的莊子思想可説從這點出發。其他多多少少與莊子接近的，以貴己重生爲宗旨的道家中各支派，又可説是從莊子推衍下來的情緒。把這些支派次第的排列下來，我們可以發現神秘色彩愈淺，愈切近實際，陳義也愈低，低到一個極端，便是神仙家、房中家（此依《漢志》分類）等低級的、變態的養形技術了。馮芝生先生曾經説，楊朱一派的貴生重己説僅僅是不傷生之道，而對於應付他人傷我的辦法衹有一避字訣。然人事萬變無窮，害盡有不能避者。老子之學，乃發現宇宙間事物變化之通則，知之者能應用之，則可希望“没身不殆”。莊子之《人間世》亦研究在人世中，吾人如何可入其中而不受其害。然此等方法，皆不能保吾人以萬全。蓋人事萬變無窮，其中不可見之因素太多故也。於是老學乃爲打穿後壁之言曰：

吾所以有大患者，爲吾有身。及吾無身，吾有何患？

此真大徹大悟之言。莊學繼此而講“齊死生，同人我”。不以害爲害，於是害乃真不能傷。由上面的分析，馮先生下了一個結論：“老子之學，蓋就楊朱之學更進一層，莊子之學，則更進二層也。”馮先生就哲學思想的立場，把楊老莊三家所陳之義，排列成如上的由粗而精的次第，是對的。我們現在也可就宗教思想的立場，説莊子的神秘色彩最重，與宗教最接近，老子次之，楊朱最切近現實，離宗教也最遠。由楊朱進一步，變爲神仙房中諸養形的方技，再進一步，連用“漸”的方式來“養”形都不肯幹，最好有種一服而“頓”即“變”形的方藥，那便到了秦皇漢武輩派人求“不死藥”的勾當了。莊和老是養神，楊朱可謂養生，神仙家中一派是養形，另一派是變形——這樣由求靈魂不死變到求肉體不死，其手段由内功變到外功，外功中又由漸以至頓——這便包括了戰國、秦、漢間大部分的道術和方技，而溯其最初的根源，却是一種宗教的信仰。

除道家神仙家外，當時還有兩派“顯學”，便是陰陽與墨家了。這兩家與宗教的關係，早已被學者們注意到了，這裏無須申論。我們現在應考核的，是二家所與發生關係的是種什麼樣的宗教——即上文所謂古道教，還是另一種或數種宗教。關於這一點，我們首先可以回答，他們是不屬於儒家的宗教。由古代民族複雜的情形看去，古代的宗教應當不衹一種。儒家雖不甘以宗教自命，其實也是從宗教衍化或解脱出來的，而這種宗教和古道教截然是兩回事。什麼是儒家的宗教呢？胡適之先生列舉過古代宗教迷信的三個要點：

一、一個有意志知覺，能賞善罰惡的天帝；

二、崇拜自然界種種質力的迷信如祭天地日月山川之類；

三、鬼神的迷信，以爲人死有知，能作禍福，故必須祭祀供養他們。

胡先生認爲這三種迷信“可算得是古中國的國教，這個國教的教主是‘天子’”，并説“天子之名，乃是古時有此國教的鐵證”。胡先生以這三點爲古中國“國教”的中心信仰是對的，但他所謂“古中國”似乎是包括西起秦隴，東至齊魯的整個黄河流域的古代北方民族，這一點似有斟酌的餘地。傅孟真先生曾將中國古代民族分爲東西兩大系，是一個很重要的觀察。（不過所謂東西當指他們遠古時的原住地而言，後來東西互相遷徙，情形則較爲複雜。）我以爲胡先生所謂“國教”，衹可説是東方民族的宗教，也便是儒家思想的策源地。至於他所舉的三點，其實衹能算作一點，因爲前二點可歸并到第三點中去。所謂“以人死有知，能作禍福”的“鬼神迷信”確乎是宗教信仰的核心。其實説“鬼神迷信”不如單説“鬼的迷信”，因爲在儒家的心目中，神祇是較高級的鬼，二者衹有程度的懸殊，而無種類的差異。所謂鬼者，即人死而又似未死：能飲食，能行動。他能作善作惡，所以必須以祭祀的手段去賄賂或報答他。總之事鬼及高級鬼——神之道，一如事人，因爲他即生活在一種不同狀態中的人，他和生人同樣，是一種物質，不是一種幻想的存在。明白了這一層，再看胡先生所舉的第一點。既然那作爲教主的人是“天子”——天之子，則“天”即天子之父，天子是“人”，則天子之父按理也必須是“人”了。由那些古代帝王感天而生的傳説，也可以推到同樣的結論。我們從東方民族的即儒家的經典中聽認識的天，是個人格的天，那是毫不足怪的。這個天神能歆饗飲食，能作威作福，原來他衹是由人死去的鬼中之最高級者罷了，天神即鬼，則胡先生的第一點便歸入第三點了。

《魯語》載着一個故事，説吴伐越，鑿開會稽山，得到一塊其大無比的骨頭，碰巧吴使聘魯，順便就在宴會席上請教孔子。孔子以爲那便是從前一位防風氏的諸侯的遺骸。他説：

> 山川之靈石足以紀綱天下者，其守爲神，社稷之守爲公侯，皆屬於王者。

吴使又問："防風所守的是什麽？"他又答道：

> 汪芒氏之君也，守封嵎之山者也，爲漆姓，在虞、夏、商、周爲汪芒氏，於周爲長狄，今爲大人。

這證明了古代東方民族所謂山川之神乃是從前死去了的管領那山川的人，而并非山川本身。依胡先生所説祭山川之類是"崇拜自然界種種質力的迷信"，那便等於説儒家是泛神論者了。其實他們的信仰中毫無這種意味。胡先生所舉的第二點也可以歸入第三點的。

儒家鬼神觀念的真相弄明白了，我們現在可以轉回去討論道家了。上文我們已經説過道家的全部思想是從靈魂不死的觀念推衍出來的，以儒道二家對照了看，似乎儒家所謂死人不死，是形骸不死，道家則是靈魂不死。形骸不死，所以要厚葬，要長期甚至於永遠的祭祀。所謂"祭如在，祭神如神在"之在，乃是物質的存在。惟怕其不能"如在"，所以要設尸，以保證那"如在"的最高度的真實性。這態度可算執着到萬分，實際到萬分，也平庸到萬分了。反之，道家相信形骸可死而靈魂不死，而靈魂又是一種非物質的存在，所以他對於喪葬祭祀處處與儒家立於相反的地位。《莊子·列禦寇篇》載有莊子自己反對厚葬的一段話，但陳義甚淺，無疑是出於莊子後學的手筆。倒是漢朝"學黄老之術"而主張"裸葬以反真"的楊王孫發了一篇理論，真能代表道家的觀念。

且夫死者終身之化，而物之歸者也。歸者得至，化者得變，是物各反其真也。反真冥冥，亡聲亡形，乃合道情。夫飾外以華衆，厚葬以鬲真，使歸者不得至，化者不得變，是使物各失其所也。且吾聞之：精神者天之有也，形骸者地之有也。精神離形，各歸其真，故謂之鬼，鬼之言歸也，其尸塊然獨處，豈有知哉？裹以幣帛，鬲以棺槨，支體絡束，口含玉石，欲化不得，鬱爲枯臘，千載之後，棺槨腐朽，乃得歸土，就其真宅，繇是言之，焉用久客？

這完全是形骸死去，靈魂永生的道理，靈魂既是一種“無形無聲”超自然的存在，自然也用不着祭祀的供養了。所以儒家的重祀祭祀，又因祭祀而重視禮文，在道家看來，真是太可笑了。總之儒家是重形骸的，以爲死後，生命還繼續存在於形骸，他們不承認脱離形骸後靈魂的獨立存在。道家是重視靈魂的，以爲活時生命暫寓於形骸中，一旦形骸死去，靈魂便被解放出來，而得到這種絶對自由的存在，那纔是真的生命。這對於靈魂的承認與否，便是産生儒道二家思想的兩個宗教的分水嶺。因此二派哲學思想中的宇宙論，人生論，或知識論，以至於政治思想等，無不隨着這宗教信仰上先天的差别背道而馳了。

作爲儒道二家的前身的宗教信仰既經判明了，我們現在可以回到陰陽家與墨家了。陰陽家的學説本身是一種宇宙論，就其性質講，與儒家遠而與道家近，是一望而知的。至於他們那天人相應的理論，則與莊子返人於天之説極相似，所以儘可以假定陰陽家與道家是同出於一個原始的宗教的，司馬談論道家曰：

其爲精也，因陰陽之大順，采儒墨之善，撮名法之要。

這裏分明是以陰陽家思想爲道家思想的主體或間架，而認儒墨名法等衹有補充修正的附加作用。這也許是受陰陽家影響之後的道家的看法。然即此也可見陰陽家與道家的血緣，本來極近，所以他們的結合特别容易。錢賓四先生曾説“墨氏之稱墨，由於薄葬”，我以爲稱墨與薄葬的關係如何還難確定，薄葬爲墨家思想的最基本的核心，却是可能的，若謂“薄葬”之義生於“節用”，那未免把墨家看得太淺薄了。何况節用很多，墨子乃專在喪葬上大做文章，豈不可怪？我疑心節葬的理論是受了重靈魂輕形骸的傳統宗教思想的影響，把節葬與節用連起來講，不如把它和墨家重義輕生的態度看作一貫的發展，斤斤於“身體髮膚，受之父母，不敢毁傷”的儒家，雖也講“殺身成仁”，但那究竟是出於不得已。墨家本有輕形骸的宗教傳統，所以他們蹈湯赴火的姿態是自然的，情緒是熱烈的，與儒家真不可同日而語。墨家在其功利主義上雖與儒家極近，但這也可説是墨子住在東方，接受了儒家的影響，在骨子裏墨與道要調和得多，宋鈃、尹文不明明是這兩派間的橋梁嗎？我疑心墨家也是與道家出於那古道教的。《莊子・天下篇》的作者把墨翟、禽滑釐也算作曾經聞過古之道術者，與宋鈃、尹文、彭蒙、田駢、慎到、關尹、老聃、莊周等一齊都算作知“本數”的，而認“郎魯之士，搢紳先生”所談的衹是“末度”，《天下篇》的作者顯然認爲墨家等都在道家的圈子裏，衹有儒家當除外。他又説“道術將爲天下裂”，然則百家（對儒而言）本是從一個共同的道分裂出來的，這個未分裂以前的“道”是什麽？莫非就是所謂古道教吧！這古道教如果真正存在的話，我疑心它原是中國古代西方某民族的宗教，與那儒家所從導源的東方宗教比起來，這宗教實在超卓多了，偉大多了，美麗多了，姑無論它的流裔是如何没出息！

荊楚文庫

聞一多全集（十五）

聞一多 著
孫黨伯 袁謇正 主編

荊楚文庫編纂出版委員會
湖北人民出版社

聞一多年譜長編

聞黎明　侯菊坤　編著
聞立雕　審定

序　一

聞一多之孫、聞立雕之子黎明同志，懷着對於革命先烈無限敬愛的赤忱，花費了大量心血，搜集了很多珍貴資料，編輯出這部《聞一多年譜長編》。考慮到我的時間與精力，衹將一九四四年至一九四六年六月這兩年半（這一段我比較熟悉）的稿本交我閱讀，這已經是沉甸甸的六本複印件了。我説它沉甸甸，不僅指的是這幾本稿件的重量，更指的是它所包含的那一段歷史内容的分量、聞一多及其戰友們崇高的思想感情的分量，還有聞一多周圍的一代革命青年愛祖國、愛人民、愛民主從而熱愛中國共産黨的巨大革命熱情的分量。我一遍一遍地撫摸着這些複印本，我感到它不僅是沉甸甸的，而且是火辣辣的。它一下子把我帶回到那個如火如荼的年代，帶回到四十年代中期昆明民主運動、學生運動的熱潮中。聞一多、李公樸及其戰友們的高大形象重現眼前。

從這本《長編》中可以看到，作爲詩人、學者和一代哲人的聞一多，他愈來愈堅定地走向革命，走到人民革命的前鋒，是他和周圍的人民群衆，特别是和廣大革命青年思想感情互相交融的必然結果。他熱愛青年，信任并幫助青年，也就得到青年們的熱愛、信任和幫助。他從青年群衆中汲取智慧和力量，從而用更高的智慧和力量引導青年向前進。五四運動、“一二・九”運動、“一二・一”運動……都從中鍛煉出一代一代的革命英雄和文化戰士。

五四運動也許離我們够遠了。雖然五四提出的民主與科學的任務尚待繼續努力，而五四時代的老戰士，迄今健在者已寥若晨星。“一二・九”運動涌現出大批男女健將，在黨的領導下，和革命群衆，特别是和武裝的革命群衆相結合，在我國革命和建設中發揮了光輝的作用，現在也都老了，到了寫回憶録的年歲了。“一二・一”運動直到中華人民共和國成立前夕波瀾迭起的青年愛國民主運動，與解放區的人民武裝鬥争相結合，也做出了偉大歷史貢獻并鍛煉出大批的勇士，其中很多人成爲新中國各方面的社會棟梁。聞一多及其光榮戰友們——李公樸、吴晗、張奚若、周新民、楚圖南等，都是熱愛青年、寄希望於青年一代的，他們的希望并没有落空。

記得毛澤東曾對一批留蘇青年學生説過這樣的話：世界是你們的，也是我們的，但歸根到底是你們的。這話説得對，是符合歷史唯物論和唯物辯證法的。近十年來，我國進入社會主義建設與改革的新時期，教育文化事業也有很大發展。在國内外高等院校進行科學文化鑽研的有志之士，數量與規模超過以往任何時期。他們今天是祖國的希望，明天是社會的棟梁。四個現代化的重任，要靠他們繼續擔當。固然前進的道路遠非一帆風順，但是跨過艱難險阻，同時也剋服自身的缺點和弱點，他們將變得更聰明，更剛毅，更具有乘長風破萬里浪的本領。我們也像聞一多烈士那樣，寄希望於青年一代。我們相信青年的大多數，也就是相信祖國的明天、新中國的未來，必將屬於愛國、愛黨、愛人民、熱愛社會主義事業和科學真理的青年一代。

我深深感謝黎明同志的辛勤勞作。這部《長編》不但展現了一個大時代的若干軌迹，也展現了一位文化巨人成長發展的身影。但在定稿時候，最好作些剪裁或壓縮。例如，昆明民主運動中經一多起草或潤色的大量長篇文件，包括昆明民盟對時局的宣言、聲明及文化界的呼籲書、簽名信等（其中有些文稿是一九四六年秋北平政治空氣緊張期間吴晗移存我處，又經我交徐冰轉移妥善地方保存下來的），這些革命文獻資料的各篇全文，似可彙編成附册，附在《年譜長編》之後，使全書眉目更加清晰，這作爲一個參考意見吧。進一步的希望，則是從這部《長編》中提取精華，編出一部内容精審、思想性文學性兼美的年譜或傳記，使讀者披書可見聞一多其人，又從一個人看到一個時代。這更是寄希望於青年一代了。

張光年

一九八九年四月於北京

序　　二

《聞一多年譜長編》是聞黎明同志積年奮發努力的成果。這本内容十分豐富而翔實的書，足可以令讀者對聞一多其人和他的時代有比較清楚的瞭解。

聞一多先生是一位卓越的愛國者，是一位知識淵博的學者和充滿激情的詩人。他從一個脱離人民群衆的知識分子，轉變爲同人民一起奮鬥的戰士；從一位接受美式教育的民主個人主義者，轉變爲堅定的革命者。他所走的道路，以及他爲民主革命而犧牲，對今天乃至今後的幾代人——特别是青年知識分子——仍會發生很大的教育與感召的作用。

像近代一切奮發有爲的中國知識分子一樣，鼓舞聞一多不斷前進的基本動力是他那濃摯的愛國熱情。他在美式教育的學堂裏讀書，身歷中西文化衝突的激烈震蕩，而能獨立打下中國文化的深厚根柢，并産生文化興國的理想。在美國留學期間，他深受帝國主義侵略和歧視的刺激，日夜思念祖國。他絲毫不曾迷醉於異國的富有繁華，更不曾有半點仰人鼻息的念頭。他努力提前完成學業歸國，以展其文化興國的抱負。這想法自然是不切實際的。那時，他的愛國主義還帶有狹隘民族主義的傾向。經歷偉大的抗日戰争的實踐，他的思想境界大爲轉變。這時，他已把反抗侵略和争取人民的解放聯繫在一起了，愛國的感情植根於對人民的深切同情之上。

深切瞭解人民，把自己的命運同人民聯繫在一起，這是聞一多思想轉變最重要的關鍵。

一九三七年抗戰爆發，聞一多同清華大學一起南遷，繼之又與學生們一起徒步走到雲南。整整八年，他與普通老百姓一樣，時在飢餓的威脅之中，對人民的苦難和犧牲有了切膚之感。同時，他也親眼看到了國民黨軍政當局喪師失地，毫無悔過之心，官吏貪污，軍官扣餉，流血奮戰的士兵却有的淪爲乞丐。聞一多開始覺醒了。當抗戰勝利之際，國民黨的大批官員“劫收”自肥，苦熬了八年的人民却更加痛苦。人民想望民主，統治當局却施以法西斯特務統治；人民要求和平，蔣介石却發動内戰，國家、人民的命運將何以堪？聞一多挺身站到人民的前列，他憤慨，他抗議，他痛斥蔣介石、國民黨，而把希望寄托於中國共産黨。他成了國民黨當局的眼中釘，早在他犧牲的前一年，就被列入了黑名單。一多先生明知特務的槍口正在向他瞄準，他毫無畏懼，繼續鬥争，他心中想着億萬的人民。他是作爲一位真正的人民英雄倒下去的。

聞一多先生之所以能成爲人民英雄，因爲他是一位無私的勇士。他在鬥争中總是自我刻勵，經常解剖自己。他認爲“民主運動必須從自己身上先做起，時時刻刻先要檢討自己”。這纔是一種真正的民主精神。祇有自身具備真正的民主精神，纔配作民主的戰士。

聞一多先生是中國最有天才的詩人和最富有創造力的學者之一。他的新詩創作和新詩理論，在中國新詩史上占有重要地位。他關於中國古代文化史（包括上古神話、古代詩歌及文學、古文字學、民俗學，等等）的研究，極多創獲，廣爲海内外學者所稱引。他還是一位杰出的書畫藝術家。

一多先生深諳中國古典，却不流爲蠹魚；他瞭解西方藝術，却不屑止於稗販。他借鑒西方的理論與方法，用批判的眼光整理和發掘古代文化遺産，多發前人所未發，爲後來者開許多門徑。他是中國新文化運動的一位健將。他始終堅持了五四新文化運動的基本精神，并不斷推向前進。他反對任何復古倒退的思想。當他獻身於民主運動的時候，他同時仍是一位向封建主義舊文化衝鋒陷陣的猛士。在一九四四年紀念五四的會上，他大聲疾呼，不要退回五四以前的路上去，并重新喊出：打倒孔家店，摧毁那些毒害我們民族的思想。

一多先生離開我們快半個世紀了。這本《年譜長編》，爲我們重現了一多先生的生活、奮鬥與思想，也部分地重現了他所處的那個時代。

我們瞭解一多先生的思想發展和奮鬥的歷程，可以幫助我們瞭解他所處的那個時代。反過來，我們瞭解他所處的那個時代，會更易於理解一多先生所走的道路。我們瞭解了那個時代和他所走的道路，會幫助我們理解今天，理解社會主義現代化的歷史任務及其意義。

歷史是人類最偉大的教師。没有一個聰明人會拒絶向歷史中汲取人類以往積纍的經驗和智慧。研究歷史可以有多種入手的方法，其中歷史人物的研究是迄今人們運用得最廣泛最有成效的方法之一，中國歷史學寶庫中尤多典範。歷史人物研究可以有多種方式，多種體例。年譜（包括年譜長編，下同）要算是中國歷史學家的一個創例。宋代以來，蔚爲壯觀。一部編得好的年譜，它的價值决不亞於一本優秀的傳記。清人王懋竑編《朱子年譜》，一向被公認爲史學佳作。近人丁文江編《梁任公先生年譜長編初稿》，至今還没有一本梁啓超的傳記可以超過這部年譜的價值。

有一種流俗之見，以爲年譜是歷史學初級産品，名家不屑爲此，這是一種偏見。梁任公説："王白田（王懋竑字——引者）之《朱子年譜》，彼終身僅著此一書，而此一書已足令彼不朽。"丁文江一世聲名，固不在《梁任公先生年譜長編初稿》一書。但，倘彼不爲地質學家，不爲中研院總幹事，不爲……單此一書，亦"足令彼不朽"。因爲研究中國近現代史不能不研究梁啓超，而研究梁啓超的人不能不讀此書。

歷史學的基本任務不外重建歷史，即儘可能充分地占有歷史材料（遺憾的是，迄今人們還無法做到真正完全地占有歷史材料），運用儘可能精密的方法（任何精密的方法，實行起來仍難免發生失誤。所以大學問家在運用其方法時，總能自覺地注意防弊。做學問，講究方法是完全必要的，然而迷信方法却是危險的），把過去的歷史重現出來。歷史學家所做的分析、裁斷，即使是正確的，也不過是使歷史中本有的内在聯繫變得醒目而已。年譜是再現譜主一生歷史的良好形式。這裏并非衹是材料的堆積，必須有分析，必須有考辨與裁斷。一個優秀的歷史學家作年譜，照樣可以發揮其史識與史才。而且作年譜是歷史學的最好訓練。許多著名的大學者和歷史學家都曾作過年譜，如毛奇齡作《王陽明年譜》，錢大昕作《陸放翁年譜》《王應麟年譜》，段玉裁作《戴東原年譜》，繆荃孫作《孔融年譜》，梁啓超作《朱舜水年譜》《陶淵明年譜》，王國維作《太史公繫年要略》，胡適作《章實齋年譜》，等等。

聞黎明同志以數年心血，成就此書。書中收入大量第一手文獻，又廣泛地作過調查訪問，留下珍貴記録。許多關係譜主的重要事件，既引用了譜主的言論著作，又有當時的文獻佐證，又有多位當事者的回憶，使事件的來龍去脉，左右關聯，諸多側面，都得到比較完全、比較生動的反映，讀起來，如見其人，如臨其境。這就是收到了重建歷史的效果。讀此書，不能不贊賞作者搜求之勤，排比之細，可謂功力俱見。自然，再好的書，也難免有不足之處。此書有關譜主的言行，材料翔實，脉絡清晰。相比之下，於時代相關的背景材料，似稍嫌疏略。譬如一幅畫，不但中心人物、景物要表現有力，還須有適當的遠景與近景爲襯托。没有襯托，或襯托不够滿意，也會影響整個畫面的藝術效果。這點小缺欠不足以掩此書的大成功，提出來，衹是希望作者精益求精。

黎明同志是聞一多先生嫡孫，爲乃祖作譜，能够不存一絲一毫爲尊者諱的舊觀念，一本史家求實的精神，此點亦極令人贊佩。

黎明同志與我一九八四年始相熟，現在同我一道工作。彼頗具乃祖遺風，黽勉好學，謙虚熱誠。此書稿初成，即送給我看，并索序。自度學淺德薄，安敢言序？不過通讀書稿，敬仰前賢，略抒所感而已。同時，於平日爲學略有體會處，不避瑣屑、亦稍稍連帶及之。拉雜書此，還就正於黎明同志及時下俊彦。

耿雲志

一九九〇年四月三日

編寫説明

一、本書以年譜長編爲體例，恪守客觀態度，儘量完整、系統記録聞一多各個時期的生平歷史。

二、本書由譜前、正譜、譜後三部分組成。譜前主要記録家世淵源。正譜包括求學經歷、社會活動、文藝創作、文藝理論、學術研究、教學工作、政治活動、思想發展、家庭生活、個人情操、友朋交誼等。譜後記録聞一多殉難後國内外的反響和查處過程以及各界人士的追悼、紀念等活動。

三、本書譜主繫年，均爲虚歲。

四、本書基本史料以原始或直接資料爲重點，來源爲：

1. 聞一多全集、詩集、文集。

2. 佚詩、佚文。

3. 手稿、書信、聯名文章及題字題詞、篆刻銘文。

4. 起草修改潤色的各類宣言、函電。

5. 他人記録的演講記録、聽課筆記、時事問答。

6. 親朋好友學生的回憶、日記，走訪記録和信訪復函。

7. 報刊、雜志報導、檔案文獻。

五、所有資料以時間順序排列。作品寫作時間未能確知者，列於發表時間，發表時間未能確定者酌情處理，其他材料亦然。

六、徵引資料首次出現，均注明詳細出處；復出者簡略注之。未注出處者，多爲譜主家屬回憶。本書正文行文俱用中文數字，出處及括號公元用阿拉伯數字，以示醒目。

七、爲叙述方便，必要處采用本末記述。

八、行文中當改當補之字，標以［ ］，漫漶或缺字處標以□。

九、本書初版完成於一九八九年，包括武漢大學聞一多研究室編輯之《聞一多全集》及其他著述、檔案等諸多文獻均未出版。鑒於逐一核查工程浩繁，且難掃盡，故引文出處標注仍依初版原貌，未做改動。又，時隔多年，若干館藏機構改稱（如中國革命博物館與中國歷史博物館合并爲國家博物館，清華大學檔案室、校史組，分别改爲檔案館、校史研究室等），爲尊重歷史，本書仍用原名。

目　録

譜　前

湖北省浠水縣巴河鎮——聞一多先生的故鄉。

浠水地處鄂東，位於長江中游北岸，距武漢二百餘里。浠水西爲黄岡，乃古之黄州，蘇軾在這裏留下了千古絶唱《赤壁賦》和《念奴嬌·赤壁懷古》。與黄岡隔江的鄂城，爲三國孫權稱吴帝之地，後人謂之吴大帝城。與浠水相鄰之蘄春，古稱蘄州，是明代醫學家李時珍的故里。浠水之北的羅田縣，爲元朝末年紅巾軍揭竿而起的地方。

浠水作爲縣名原稱蘄水，出現於南朝劉宋元嘉二十五年（448），原址在今浠水之東。唐初，其地并入蘄春。至唐玄宗天寶初，改蘭溪縣名蘄水，延綿歷年，一九三三年，爲避免與蘄春縣名相混，湖北省政府咨文國民政府行政院内政部，擬將蘄水縣改名浠水縣。旋經内政部查核，行政院批准，轉呈國民政府備案。五月，蘄水正式更名浠水。（據《准内政部咨爲奉令核准湖北蘄水縣改名爲浠水縣一案仰知照由》，《司法行政公報》第34期，1933年5月31日）

浠水縣背依峻嶺，面臨長江，浠水河流經城旁。縣境名勝頗多，有玉臺書院、清泉寺、筆沼、散花洲、茶泉、斗方寺等，均與歷代文化、軍事有關，流傳着引人入勝的故事。元末紅巾軍首領徐壽輝在蘄水定都，一時，這裏成爲南方農民起義的政治軍事中心。

巴河鎮以長江支流巴河水爲名，是江淮鄂岳光蔡諸地之要衝，自古帆檣雲集，商賈、騷客往來不斷。便利的交通與繁榮的經濟，促使這裏文化發展起來，養育出不少人才。清嘉慶二十四年（1819）恩科狀元陳沆，即巴河人至今引以自豪的前輩文人。聞家與陳家僅隔一小阜，兩家世代聯姻，關係很深。

浠水聞氏爲客籍，據家譜記載，其原爲文天祥之後裔。乾隆四十六年（1781）聞大烱撰族譜序云："吾族本姓文氏，世居江右吉安之廬陵。宋景炎二年，信國公軍潰於空阬，始祖良輔公被執，在道潛逃於蘄之蘭清邑，改文爲聞，因家焉。蘭清者，今蘭溪鎮，蘄之屬地也。良輔祖明哲保身，以綿宗祀，生四子。伯仲季皆卒無後，其叔子谷瑞祖威猛善謀，元末以義勇破走紅巾，保障鄉邑，録功鎮守蜀之衢州衛。亦生四子，長真一，次真二，次真三，次真四。後真一祖留蜀，真二祖遷江南之英山，惟真三、真四兩祖歸於蘄，後復散處。真三祖之後居河坪，真四祖之後盛桂等之高祖顯高居巴河，其餘或在羅田，或在武昌，支分派别，蕃衍昌隆。"（《總理前修族譜序》,《聞氏宗譜》第1卷第42頁，敦本堂1916年刻本）

四修《聞氏宗譜》卷五《一世祖至三世祖世傳述略》亦云："一世祖良輔公，舉南宋孝廉，官副使，由江西吉安府廬陵縣遷居蘄水永福鄉二十七都十三圖，生子四：長應珍，次谷瑛，三谷瑞，四谷璋。珍、瑛、璋三祖均無出，瑞祖以軍功鎮四川衢州衛，生子四：真一、真二、真三、真四。真一祖子孫留蜀，真二祖子孫遷皖，真三真四兩祖歸於蘄。真三祖之後居邑河坪附近之聞家灣一帶。真四祖之後初居河坪聞家鋪，後徙居邑之巴河及邑城附近之鍾師樓等處。兩祖後裔旋復近徙黄岡、羅田、蘄州、武昌、襄陽、穀城等縣，或遠遷陝西、河南、湖南、江南、江西等省。"（第1頁）

敦本堂刻《聞氏宗譜》云浠水聞氏與文天祥的關係，語焉未詳，家族多年傳言浠水聞氏爲文天祥的後人。但，浠水聞一多紀念館工作人員赴湖北武穴市龍坪鎮五里村考察時，發現"聞一多與文天祥同根共祖"，但"不是文天祥的嫡系後裔"，而"是文天祥的家族的旁系後裔"。

龔成俊、朱興中、王潤《關於改"文"爲"聞"的考證》云："一九九九年八月，筆者赴湖北武穴市龍坪鎮五里村考察時，文天禎（文天祥的堂兄）的二十二世裔孫明杰，二十四世裔孫尚雄、尚志，及二十五世裔孫善之等人熱情接待了我們，并捐了一套《文氏宗譜》，計十四本。""這套譜以記載文氏鄂濟（今湖北武穴市）禎公世系爲主，譜首以清朝乾隆丁亥（1767）刻本的七省（贛、鄂、湘、蜀、粤、桂、閩）通譜爲準，記述了文氏自西周受姓起，至天禎、天祥二公七十一世的《江右統宗世系》。其中，西周文叔以文爲姓，十八傳至周敬王時任越國大夫文種；又十六傳至西漢循史文翁，再十二傳至漢景帝時蜀郡太守文球。按景定舊譜，以文球爲江右始祖，傳至天禎、天祥爲二十五世。就在以這文球爲始祖的世系中，第二十世孫中有良彦、良輔弟兄倆，且均注明'世系未詳'。”據《文氏宗譜·江右統宗世系》，文氏江右統宗世系一世祖文球，傳至第十世爲文仲良。仲良有三子，長子文玉英，傳至二十五世爲文天祥；三子文玉簡，傳至二十世爲文良輔。根據名字相同、籍貫吻合、世系銜接、背景同一等因素，作者認爲：浠水聞氏一世祖“聞良輔”，很可能就是“文良輔”，并且“良輔、天祥完全有同時共世的可能性”。

由此，作者考證的結論是：①浠水聞氏“改'文'爲'聞'是真實可信的”；②“聞一多與文天祥同根同祖，但聞一多不是文天祥的直系後裔，是文天祥的家族的旁系後裔”。作者還認爲：從世系來看，“以文氏受姓起，文天祥爲七十一世，聞一多爲八十五世”；“以文球爲始祖，文天祥爲二十五世，聞一多爲三十九世”；“如果他們共同的第一個先祖仲良爲始祖，則文天祥爲十六世，聞一多爲三十世”。（陸耀東、趙慧、陳國恩主編《聞一多國際學術研討會論文選》，第292—295頁，武漢大學出版社2002年1月出版）

浠水聞氏自良輔始，傳至先生已二十世。其脉如下：

一世：良輔

二世：谷瑞

三世：真四

四世：冕

五世：思通

六世：大玉（明徵仕郎）

七世：仲森（明邑庠生）

八世：克己（明郡庠生。字行仁，號顔齋）

九世：礪山（明太學生。字琢庵）

十世：顯高（明邑庠生。字榮升，號均輔。生於明萬曆三十四年十二月二十二日，卒於崇禎十二年六月二十二日）

十一世：證勝（太學生。字尚儒，號書田。生於明崇禎元年五月初四，卒於清康熙五十二年八月初四）

十二世：啓謨（清郡庠生。字世則，號德齋。生於清順治十三年十一月初五，卒於康熙二十九年八月二十日）

十三世：澄昌（清優增貢生。字象潭，號相周。生於康熙二十七年六月十五日，卒於乾隆三十四年十二月初七）

十四世：盛梅（清例貢生。名興邦，字雪友，又字燮友，號理齋。生於康熙四十九年七月二十日，卒於乾隆三十一年十二月初九）

十五世：猷（清貢生。例贈文林郎。貢名大猷，字秩廷，號升亭，亦號允齋。生於乾隆十一年十月二十日，卒於嘉慶十年六月初四）

十六世：賢�（清太學生。贈朝議大夫。監名其樂，字翠銜，號竹軒，亦號松山。生於乾隆四十五年正月初七，卒於咸豐三年十一月十七日）

十七世：良錡（清貢生。敕封文林郎。貢名兆蘭，字佩香，亦字佩湘，號采夫。生於嘉慶十四年三月十三日，卒於光緒九年七月二十日）

十八世：佐逵（清太學生。中書科中書銜，例授文林郎。官名子淦，字禧凝，號香泉，亦號麗生。生於道光十三年四月十一日，卒於宣統三年正月初九）

十九世：邦本（清邑優增生。庠名彬，更名廷政，字固臣，號道甫。生於同治二年十二月十二日）

二十世：即先生。

先生一脉，於十世顯高漸盛，并自永福鄉遷居巴河鎮箭樓口。然時逢明末張獻忠、李自成農民大起義，明軍乘機劫掠，四子中養勝、悦勝、玉勝皆卒於兵，唯有顯高及幼子證勝匿逃得脱。旋，十一世證勝被族衆推爲户首。康乾之際，天下靖寧，傳至十三世澄昌，家道再興。至十五世猷，遷居造化策缺塘左角，人口繁衍，子孫多有入泮，以至門閭高大，鄉黨士林莫不嘖嘖稱頌。至十六世賢筠，此脉進入鼎盛，雖不似賢墉、賢垌二兄子孫顯耀，却也有孫中進士、舉人。其中長子良銘之子佐溥（名捷，字澤農，號敏泉，亦號鹿樵）爲光緒丙戌科進士，曾三次出任河南鄉試同考官。相比之下，先生高祖良錡却門丁不旺，生三子僅存長子佐浍。時遇捻軍起義，家財盡失，用度維艱。爲傳嗣，匆匆於避難之河坪佃舍，爲佐浍娶妻，即先生祖母，岡邑太學生劉慶藜之女。

旋，良錡以患血疾，不得不弃舉子業，獨守孤子，寄托於子孫輩。先生祖父佐浍發奮讀書，某次下場作《孫權釣魚臺賦》，爲正在視學之張之洞所賞，暗編堂號待取，然揭榜時竟未高中。良錡嘆曰："嗜詞章學雅，不喜作制藝，故不利有司試。"（《先考麗生大人行狀》，《聞氏宗譜》第22卷，第48頁）值此打擊，佐浍亦心灰意冷。然良錡不肯作罷，"以爲書香不繼，大是恨事。每於試後見族有報捷者，終夜涕泣，又强自解曰：有孫可弄，豈無後望。爰築書室於屋側，延名師課孫輩"。（聞子淦《敕封文林郎貢生先考佩香大人行述》，《聞氏宗譜》第21卷，第15—16頁）一八八三年五月，佐浍長子廷炬以經古入泮，良錡時重病卧床，强起坐堂中，笑對客曰："心願足矣，夫復何言。"不彌月而逝。

佐浍亦承父志，築誘善學舍，延師督子。他并不强求諸子讀經作八股，而重視"鳩探各專門學諸書"，令之"各以其性之所近者習焉"。（《先考麗生大人行狀》，《聞氏宗譜》第22卷，第49頁）

佐浍生四子：長子邦柱，生於咸豐十一年（1861）九月初五，官名廷炬，字石臣，號侍宸。以古場取録詞賦入學，後復再取考史論史駢體文法律等學，補廩膳生。宣統元年（1909）考授恩貢，選授直隸州州判，敕授徵仕郎。三子邦材，生於同治七年（1868）九月二十九日，以古場取詞賦入學，爲邑庠生，庠名一澤，更名廷基，字用臣，號誦承，卒於光緒二十六年（1900）七月十一日。四子邦梯，生於同治九年（1870）二月二十七日，以解經入學，庠名治，更名廷治，字丹臣，號雲甫，亦號丹忱。

邦本，佐溎之次子，先生之父，生於同治二年（1863）十二月十二日，以取論史學補邑之優增生。邦本庠名彬，更名廷政，字固臣，號道甫。先生的親戚、對先生全家瞭解甚多的王康説：邦本“是清末秀才，對國學有相當的造詣，是位十分嚴謹的長者，早年參加過一些維新變革的活動，是較早接受新思潮影響的一代文人，認識到時代潮流的趨向。老人深懷救國之心，爲人耿介正直，不願隨俗浮沉，在政界呆過一陣子後，就退隱家園，深居簡出，讀書寫字，以教讀兒孫爲己任，所給予聞一多弟兄品格上的影響是明顯的”。（王康《聞一多傳》，第7—8頁，湖北人民出版社1979年5月出版）邦本娶黄岡縣人、太學生劉廷熙之女爲妻，即先生之母。劉氏生於同治三年（1864）四月二十四日。

邦本生子五：長子家驥，生於光緒十四年（1888）七月初九，校名治，字德其。號展雲，後以展民行，大排行第二。北洋法政專門學校畢業。娶太學生畢衍箴之長女爲妻。次子家騘，生於光緒十六年（1890）閏二月初七，校名新，字慕桓，號履信，大排行第三。湖北省方言學校法文預科畢業。娶候選從九品陳正緯之女爲妻。三子家騄，生於光緒十八年（1892）十月十三日，校名奇，字希穆，號巡周，大排行第五，湖北省中等工業學校畢業，考入北京國立工業專門學校。娶太學生高奎光次女爲妻。先生爲四子。五子家駟。

邦本亦生女五：長女歸太學生陳正緒之子陳邦疇，次女歸邑庠生陳丙章之子陳邦懋，三女許光緒十一年拔貢、十七年舉人、湖南瀏陽寧鄉縣知縣馮廷桂之子馮景文。四女、五女待字。①

浠水聞氏自第十一世起定有世派，原定世派爲“佳啓昌盛世，賢良佐邦（即國字派）家（即疇字派），立心期中正，厚德焕光華”。後又增定世派：“廣學成嘉品，崇儒有道時，澤長源達遠，衍慶本先培。”（《聞氏宗譜》第3卷，第1頁）

① 以上截止於1916年刻印《聞氏宗譜》之時。

附：浠水聞氏世系列表：

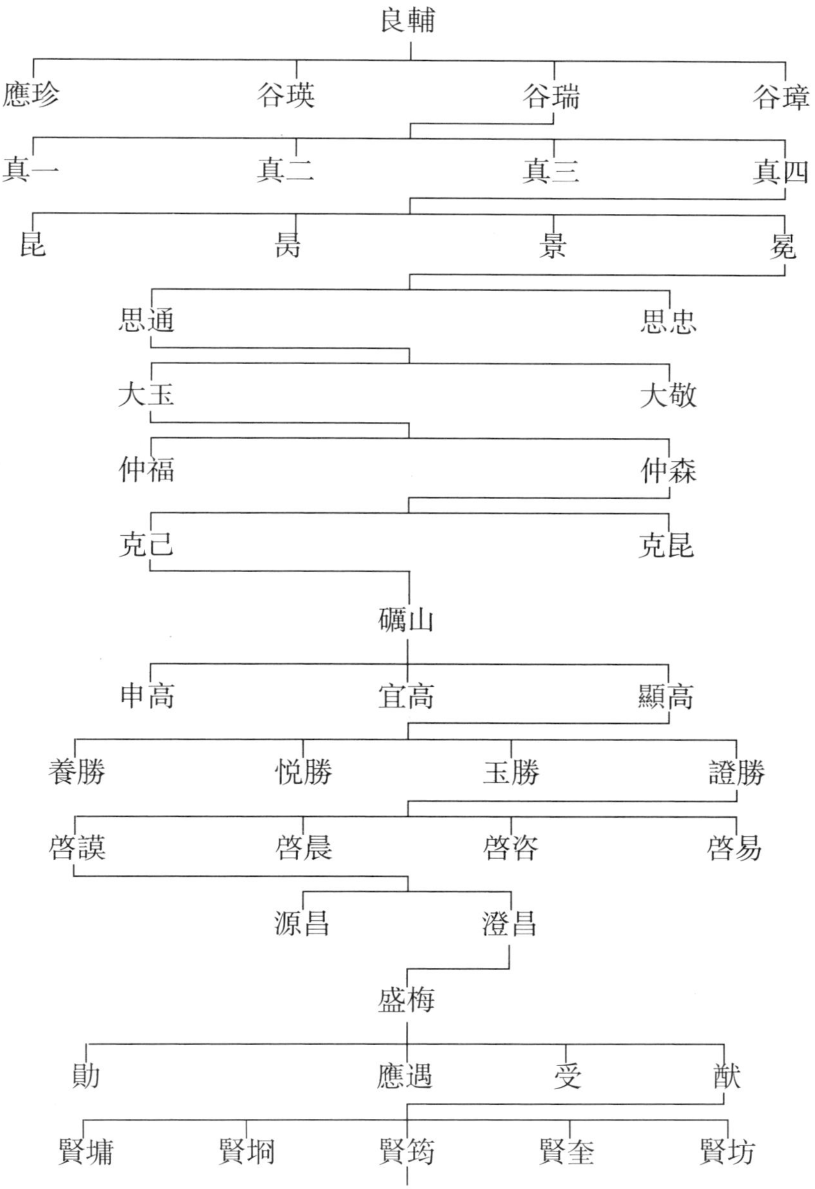
良輔
應珍 谷瑛 谷瑞 谷璋
真一 真二 真三 真四
昆 昺 景 冕
思通 思忠
大玉 大敬
仲福 仲森
克己 克昆
礪山
申高 宜高 顯高
養勝 悦勝 玉勝 證勝
啓謨 啓晨 啓咨 啓易
源昌 澄昌
盛梅
勛 應遇 受 猷
賢墉 賢坰 賢筠 賢奎 賢坊

- 良銘
- 良錡
  - 佐溎
    - 邦柱（廷炬）
      - 1 家璧，名亦式，字玉田，號局垣
      - 8 家璽，名亦傳，字葆天，號寶賢
      - 10 家瑩，名亦有，字理天，號美含
      - 14 家鎏，名亦尊，字鈞天，號薰南
      - 15 家朢，名亦齊，字舒天，號樞乾
      - 17 家瑿，名亦博，字普天，號浦涵
    - 邦本（廷政）
      - 2 家驥，名治，字德其，號展雲、展民
      - 3 家驄，名新，字慕桓，號履信
      - 5 家騄，名奇，字希穆，號巡周
      - 11 家驊，名多，字益善，號友山、友三
        - 立瑛
        - 立燕
        - 立鶴
        - 立雕
        - 立鴻
        - 立鵬
        - 名
        - 翽
      - 16 家駟，名常，字驥侯，號尊五
    - 邦材（廷基）
      - 4 家佑，名彰，字默之，號啓吾
      - 6 家修，字獻廷，號仲芳
      - 9 家保，名聲，字赤如，號天于
    - 邦梯（廷治）
      - 7 家慶，字善餘，號祝三
      - 12 家癢，字養吾，號仿周
      - 13 家麐，字如松，號成柏
- 良鑣
- 良銓

一八九九年　一歲

一八九四年，中日甲午戰爭爆發。

一八九五年，中日《馬關條約》簽訂。

一八九八年，戊戌變法。六月京師大學堂成立。

十一月二十四日　清光緒二十五年己亥十月二十二日未時，先生誕生於湖北省蘄水縣巴河鎮望天湖畔聞家鋪。浠水聞氏是從十世祖顯高公時遷至巴河鎮，至第十五世祖大猷公時，在緊依望天湖的造化策缺塘左角購置田地，從此在這裏繁衍。巴河靠近長江，當地地名多冠以“洲”“港”“垮”“磯”等，而“聞家鋪”之名因來自家族中有人做生意，開貨鋪之故。“聞家鋪”今名“聞家鋪村”，爲巴河鎮所屬的十二個行政村之一。

先生初名亦多，族名家驊，字益善，號友山，亦號友三，大排行第十一。先生之名與字皆出自《論語·季氏》“益者三友”，“友直、友諒、友多聞”。（據訪問聞家駟記録，1989.3.6）後，入清華學校，改名單字“多”，五四運動後又改爲“一多”。

先生生活於三世同堂之家，祖上世代耕讀。先生自傳《聞多》：“先世業儒，大父尤嗜書，嘗廣鳩群籍，費不貲，築室曰‘綿葛軒’，延名師傅諸孫十餘輩於内。”（清華學校辛酉級中等科畢業紀念刊《辛酉鏡》，1917年6月15日出版）

先生祖上原有宅院，因人口增多，又於一里許外築起一所大院落，於是有了新屋、老屋之别。分家時，諸兄抽籤，三房仍住老屋，大、二、四房搬入新屋。新屋爲一進三重院，有三個廳堂，内可耍龍燈。兩旁有小廳、書房、寢室、天井等。各房各有二三十間屋子，典型湖北大家族式格局。大門懸匾額，上書“春生梅閣”，故人稱此院落爲“春生閣”。大門兩邊的對聯書“七十從心所欲，百年之計樹人”。院内有書房，即“綿葛軒”，内藏經史子集群書字畫，數量很可觀。（據訪問聞鈞天

記録，1986.9.15）

先生家二房住院内入門左側，各房雖同住一個院内，但分開過日子。分家時，每房每年可得六百多石租子，後來先生的父親又買了些地，大約能收七百石穀子。不過租子常收不齊，家里人口又多，所以經濟上并不像别人想的那麽寬裕。（據訪問聞家駟記録，1986.11.20）

新屋面臨浩淼的望天湖，每年祭屈原時，湖上龍舟競渡，熱鬧非凡。隔望天湖可見遠處群山，最高者爲碧峰岩。先生後在《紅燭》中收有《二月廬》一詩，詩中描寫新屋：

面對一幅淡山明水的畫屏，
在一塊棋盤似的稻田邊上，
蹲着一座看棋的瓦屋——
緊緊地被捏在小山底拳心裏。

一九〇〇年　二歲

上半年，義和團運動爆發。

六月十七日，八國聯軍攻占大沽炮臺。七月十四日天津陷落，八月五日北京陷落。

是年　大病。季鎮淮《聞一多先生年譜》：“一歲多的時候，生了一場大病，叫‘熱症’。這回險些送命，祖母已經把裝殮的衣鞋都準備好了。”（《聞朱年譜》，第3頁，清華大學出版社1986年8月出版）

一九〇一年　三歲

九月七日，《辛丑條約》在北京簽字，清政府賠款白銀四億五千萬兩，分三十九年還清，年息四厘，本息合計九億八千萬兩，以海關税、常關税和鹽税作保。

一九〇二年　四歲

十二月，京師大學堂恢復開學。

一九〇三年　五歲

是年，《革命軍》《猛回頭》《警世鐘》等反清革命小册子發行。

是年，“癸卯學制”在全國推行，中國現代學校教育制度形成。

八月二十八日　清光緒二十九年七月初六，高孝貞生。一九二二年一月八日與先生成婚，後改名高真。一生育有立瑛（女）、立燕（女）、立鶴、立雕、立鴻、立鵬、名（女）、翺（女）八個孩子。立瑛、立燕、立鴻夭。

一九〇四年　六歲

二月九日，日俄戰爭爆發。

二月十五日，華興會在長沙成立。

三月十一日，商務印書館編輯之《東方雜志》在上海創刊。

十一月，光復會在上海成立。

是年 始入私塾。季鎮淮《聞一多先生年譜》：“開始入塾上學。老師是一位姓徐的老先生，讀的是《三字經》《幼學瓊林》《爾雅》和‘四書’之類。”（《聞朱年譜》，第3頁）這位啓蒙老師用的是老方法，教書很認真，一絲不苟，衹是脾氣有點古怪，管教學生格外嚴厲。不過先生讀書很用功。聞展民《哭四弟一多》：“汝初就外傅，群季爭嬉戲，汝獨哦哦不休。”（李聞二烈士紀念委員會編《人民英烈：李公樸聞一多先生遇刺紀實》，第376頁，1948年8月出版）

一九〇五年　七歲

三月十日，俄國在日俄戰爭中戰敗。九月五日，日俄簽訂《樸茨茅斯條約》，日本取代俄國攫得在遼東半島的侵略特權，俄國勢力退至東北北部。

八月二十日，中國同盟會在日本東京成立，孫中山任總理，黄興爲庶務長。綱領爲“驅除韃虜，恢復中華，建立民國，平均地權”。十一月十七日，同盟會機關報《民報》創刊。

九月二日，清政府“諭立停科舉以廣學校”，開始廢科舉、興學堂。十二月，諭令設立學部，爲全國教育最高行政機構。

十二月二日，載澤等五大臣赴東西洋各國考察政治。

三月十二日 胞弟聞家駟生。聞家駟學名常，字驥侯，號尊五，大排行第十六。聞家駟之名來自《論語·顔淵》中之“駟不及舌”之典，故又號及之，字亦趨。入學時，覺“亦趨”不好聽，一度改名聞藉。後到昆明，還用過幾次筆名“硯田”。（訪問聞家駟記録，1989.3.6；1989.3.12）

四月六日 祖母劉氏逝，享年七十五歲。

是年 “春生梅閣”内辦起一所改良家塾——“綿葛軒小學”，既讀詩云子曰，也教博物、算學、美術。（據聞立清《深切懷念一多叔，滿腔豪血憶當年》，中共浠水縣委統戰部編《故鄉人民的懷念》，第36頁，1979年10月印行）先生就在這兒讀書。

在家塾中教書的先生叫王梅甫，“出身於師範學堂”，“用當時新編的學校教材，如國文、歷史、博物、修身等課本。這是先生接觸新思潮的開始”。（季鎮淮《聞一多先生年譜》，《聞朱年譜》，第3頁）王梅甫先生經歷坎坷，但教書很認真。王康《聞一多傳》云：“塾師是一位半新半舊的知識分子，‘舊學’的根底不錯，又多少學過一些‘新學’，是個頗有些見解和抱負的人。但他像那時代許多沒有什麽後臺的文人一樣，在外面消磨了不少時光，也難找到栖身之所，更談不上施展什麽抱負了。衹好回到鄉間幫人課讀，把自己的一點希望寄托在孩子們的身上。他教書十分嚴格，要學生們除了熟讀《三字經》《朱子家訓》等，還要讀洋學堂新編的修身課本；除了背誦《幼學瓊林》和“四書”“五經”，還要學新的國文、歷史、博物等等。”四十年後，先生在昆明昆華中學兼任國文教員時，“還深情懷念他啓蒙的老師，據説這個人脾氣有點古怪，管教也太嚴厲，還是老一套的方式方法，叫人害怕；不過教書很負責任，真是一絲不苟”。（第8—9頁）

每入夜，還從父親讀《漢書》。自傳《聞多》：“時多尚幼，好弄，與諸兄競誦，恒絀，夜歸，從父閲《漢書》，數旁引日課中古事之相類者以爲比。父大悦，自爾每夜必舉書中名人言行以告之。”（《辛酉鏡》）季鎮淮《聞一多先生年譜》：“先生好學，可説‘發於自然’。每逢新年，門外玩着龍燈，或者平時門外來了花轎，孩子們没有不跑出去看熱鬧的，先生總是一個人坐在屋裏看書或者畫畫。曾祖父看見這種情形，就很喜歡。”（《聞朱年譜》，第4頁）

先生從小便喜歡畫畫。季鎮淮《聞一多先生年譜》：“先生愛好美術也是從小就開始的。往往逼着别人剪紙花樣給他玩。譬如看見有人坐轎子回來，他就要求大姑母剪兩個轎夫抬着轎子的樣子；看見轎夫把笠

帽放在桌上，他又要求剪出笠帽放在桌上的樣子；轎夫們吃飯去了，他又定要剪一張吃飯的樣子。”(《聞朱年譜》，第5頁)

先生喜愛繪畫，與愛看戲有一定關係。老家人韋奇常帶先生去巴河鎮看戲，回來先生就畫戲中的人物。韋奇發現書中的綉像，也叫先生去看，并用紙描摹。這樣時間長了，先生與韋奇關係不斷加深，并很同情這個據説參加過太平軍起義的老家人。韋奇愛吃狗肉，聞家有人不讓他在炊上炖，還有人張口責駡，先生却總護着他。(據劉烜《聞一多評傳》，第5頁，北京大學出版社1983年7月出版)

一九〇六年　八歲

四月，俄、法、比等國修建的京漢鐵路全綫修通。

九月一日，清政府頒詔“仿行憲政”，“預備立憲”開始。

十二月二日，孫中山在日本作《三民主義與中國民族之前途》演講，首次提出“五權憲法”概念。

是年，中國同盟會機關報《民報》與梁啓超主辦的《新民叢報》展開大論戰，一方主張武力推翻清政府，建立民主共和國，實行土地國有；一方主張擁戴光緒皇帝，實行君主立憲，反對平均地權。

一九〇七年　九歲

三月八日，清政府頒布《學部奏定女子學堂章程》《學部奏定女子師範學堂章程》，女子教育納入國家教育體系。

一九〇八年　十歲

十一月，光緒皇帝、慈禧太后先後病逝，溥儀繼位。

一九〇九年　十一歲

六月，清政府成立游美學務處，辦理利用美國退還的“庚子賠款”派遣學生留學美國事務。

八月，清政府將清華園作爲游美肄業館的館址。

是年　可以看到新潮流的書刊了。聞家騆《憶一多兄》：我們家庭“比較早地接受了新時代潮流的影響，在辛亥革命前夕就能閱讀到《東方雜志》和《新民叢報》之類的書刊”。(《聞一多紀念文集》，第 373 頁，三聯書店 1980 年 8 月出版）這些書刊有些是大哥聞展民帶回來的。聞家騆回憶：“大哥是我們四房中最早外出參加社會活動的，他第一個到外面上學、工作，曾在北洋法政專門學校裏讀過書，并在京津、雲南、綏遠等地任職，幹的是不大不小的差事。他曾和代理過湖北省主席，也是浠水人的孔庚（字文仙）來往較多；與曾擔任過湖北省財政廳長的黄永熙是老同學老朋友。黄永熙在政治上屬政學系進步黨，思想保守，但人很熱情，他的兒子上學是大哥供給的。大哥在外面活動，辛亥前後就參加過與宋教仁有關係的某個社團。他常把新的思想和書刊帶回家，對我們兄弟幾人影響很大。”（據訪問聞家騆記録，1986.11.20）

一九一〇年　十二歲

三月，汪精衛謀刺攝政王載灃，事泄被捕。

是年 “至武昌，入兩湖師範附屬高等小學校”。(《聞多》,《辛西鏡》)同入該校者還有堂兄六哥家修、七哥家慶、八哥亦傳、九哥家保、十哥亦有。時，由各房出資，在武昌芝麻嶺三佛閣廟内租了一所房子，是一個小樓隔開的半邊。家裏自帶米油，起火做飯，孩子們統由長房聞廷炬照料。(據訪問聞鈞天記録，1986.9.15)

該校附屬於兩湖師範學堂，後者是兩湖地區創辦最早、規模最大的一所完全師範學堂，其前身爲兩湖高等學堂。一九〇四年七月，湖廣總督張之洞派武昌知府梁鼎芬改建，爲此名。一九〇六年十月，仁、義兩齋（即文史專科）及附屬高、初等學堂首先開辦，爲兩湖師範學堂之首。學校距三佛閣很近，校門前可看見斜對面的三佛閣。這所小學采用的是新式教材與方法，先生在這裏開始接觸到現代科學文化知識。

同時，又“在叔父丹臣（廷治）先生主持的改良私塾裏補習，中文之外，并有英文、算學”。(季鎮淮《聞一多先生年譜》,《聞朱年譜》，第3頁)①

一九一一年　十三歲

四月二十七日，黄興等革命黨人發動黄花崗起義。

五月二十日，英、德、法、美四國銀行團與清政府簽訂《粤漢、川漢鐵路借款合同》，引發粤漢、川漢鐵路沿綫各省爆發大規模保路風潮。

十月十日，革命黨人舉行武昌起義。

二月七日 祖父聞佐溙病逝。享年七十九歲。

十月十日 夜，武昌起義。是日，中秋方過，傍晚登黄鶴樓觀月，

① 季鎮淮《聞一多先生年譜》繫此事於1909年，據《聞多》所述，當是1910年之事。

未久密雲至，不得見月。夜深，起風雨，與槍炮聲相雜。望窗外，見總督府大火，映墻壁皆赤。見門外有右臂束白巾之持槍士兵，知軍中舉義。十一日晨，匆匆至文昌門渡口，不得渡。步行至漢陽門，始得小船渡江，抵漢口已日暮。旋乘輪赴黄州，返巴河老家。後做《辛亥紀事》（收《古瓦集》），述目睹武昌起義之經歷。文云：

> 曩偕諸兄弟游學武昌，館於三佛閣。辛亥秋，諸兄弟至者益衆。季父督課嚴，匪故莫得入肆。八月之望，校中有假，乃以其夕登黄鶴樓睹月。天高風寒，江流有聲。徘徊久之，密雲從東南起，滃浥浡鬱，氣薄無際，遂不見月，索然而返。置茗小憩，各就榻，相與笑語失寐。及夜深，聞風雨颯然至，屋瓦皆鳴，霹靂轟陻，騰響不絶；飄灑噌吰之音相雜，遥逦崇庳，耳聽皆滿。起自牖中視之，四檐無霤，月在高樹。疑未釋而響益亟；甚恐，率擁衾屏息，相嫗不敢反側。有頃，季父從沙門至，呼曰："起！聞戰聲乎？不速去，性命且不保。"乃皆起拭目相嗔視者。頃之，杭生曰："有變乎？是革命黨也。"季父急曰："毋妄言，誅矣。"於是牕中露微光，謂且曙，各胠筐鳖衣物圖籍實其中而鍵之。少待，聲益厲而光益大，映墻壁皆赤。僕至，始知督署火爾。昧爽，出户見甓兵右臂束白巾，支槍而遇，因問所以出城，則西指。乃畢鼂食，趣文昌門，不得渡，步抵漢陽門，始得舟渡江。至漢口，日莫。以輪舟抵黄州，方中夜。更水行溯流而東，據舷美睡，鶩始集；達巴河，聞鷄唱矣。

回家後，繼續讀書。還把武昌起義的見聞畫成"成套的革命故事，貼得滿墻的"。（季鎮淮《聞一多先生年譜》，《聞朱年譜》，第5頁）其中"畫過一個人手執小旗，振臂高呼，表示擁護共和"。（劉烜《聞一多評傳》，第7頁）

一九一二年　十四歲

一月一日，孫中山在南京就任臨時大總統，中華民國南京臨時政府成立。

二月十二日，清政府頒布退位詔。十五日，參議院選舉袁世凱爲臨時大總統。

三月十一日，南京臨時政府公布《中華民國臨時約法》，規定中華民國實行立法、行政、司法三權分立的政治體制。

四月二日，參議院議决臨時政府遷往北京。

五月，京師大學堂改名北京大學，經嚴復爲校長。

八月二十五日，國民黨在北京成立，舉孫中山爲理事長，實際黨務由宋教仁負責。兩天後，湯化龍等立憲黨人組織民主黨，後擁梁啓超爲領袖。次年，民主黨與共和黨合并，成立進步黨。

十一月三日，沙俄策動外蒙古"獨立"，是日簽訂《俄蒙協約》，北京政府聲明概不承認。

是年春　武昌局勢逐漸平静，先生"復晋省，入民國公校，旋去而之實修學校"。(《聞多》,《辛酉鏡》)

是年夏　北京清華學校來鄂招生，先生投考，録爲備取第一名。堂弟聞鈞天回憶："清華來鄂招生，聞廷政在教育司門前看到告示，回來便讓一哥去投考。因爲報名有年齡限制，别人都過了年限，衹有一哥一人符合條件。"（據訪問聞鈞天記録，1986.9.15）長兄聞展民《哭四弟一多》回憶："汝幼好讀梁任公文字，此乃汝認識政治之發軔。十三歲出應清華入學考試，主司賞汝文，以此獲選。"（《人民英烈》，第376頁）

考試的作文題目是《多聞闕疑》，這正應了先生名字的來歷，又用梁啓超文筆，故得主考贊許。季鎮淮《聞一多先生年譜》："清華學校在鄂招生，規定湖北省衹取四名。先生報名投考，初試時，一篇文題《多聞闕疑》的中文作文，大得主考人贊許，據説是模仿當時最時髦的梁任公筆調而作的；不過因爲其他學科成績平平，結果録爲備取第一名。”（季鎮淮《聞一多先生年譜》，《聞朱年譜》，第 4 頁）

考試情形，當年與先生同入清華學校的江西籍同學劉師舜回憶可資參考。其云：“民國元年，清華招考新生，我同（邱）大年都到教育司報考應試。還記得那時清華招考，好像未用校名，我所聽到的似乎衹是‘游美預備科’的名義，而得到招考消息的人也并不多。所以應試的不過寥寥數十人，我和大年均在内，記得頭場考過以後，成績稍優的，都召到樓上試場受試。其中英文一科，似乎衹考默寫，而默寫之時，僅由主試人報幾個單字，應試人照樣録於考卷上面。我還記得很清楚，單字之一爲 lnkstand。……江西教育司考試的結果，一共取了正取五名，備取若干名。正取除大年和我以外，有賀季貞（以字行，原名貞元）、程其佳、王朝梅，大年考了第一名。後來因爲還有缺額，備取游嘉穀、湯承鑫也都補上了。”（劉師舜《悼念同級好友邱大年》，臺灣《傳記文學》第 11 卷第 2 期）

是年冬 由聞家騄伴送赴北京參加清華學校復試[①]，“臨時背熟一些應用的英文成語，因而復試的結果，在規定鄂籍應取四名中，先生以第一名録取了”。（季鎮淮《聞一多先生年譜》，《聞朱年譜》第 4 頁）當時，雖然社會風氣尚未全開，各省報考者數量不一，但已有競争。潘光旦説他報考的一九一三年，江蘇名額僅十一人，而報名的却達二百多人，原因是“留美”的金字招牌很能吸引人。（潘光旦《清華初期的學生生活》，《文史資料選輯》第 31 輯，中華書局 1962 年 10 月出版）

清華學校是用美國退還庚款辦起來的學校，創辦於一九一一年三月。此前一九〇九年六月清政府在北京即設立游美學務處，由外交部與學部共管。同年八月招收直接送美學生，并籌建游美肄業館，選定清華園爲校址。一九一一年三月肄業館改稱清華學堂。一九一二年十月又改稱清華學校。這是一所留美預備學校，招生名額按各省分擔賠款數額分

---

① 季鎮淮《聞一多先生年譜》説由父親伴送，據聞鈞天、聞家駟回憶，當是由聞家騄伴送。

配，學生入校學習八年，畢業後全部資送美國留學。當時社會風氣未開，一般家長對於子弟出洋多存畏懼心理，大家子弟又囿於父母之邦、蠻夷之國的成見，所以應考者不像以後那麽踴躍。但聞廷政思想開明，一則爲了清華學習的是近代科學文化，二則學生學膳費全免，可省家庭不少開銷，因先生入學時，學、膳、宿費全免。一九一六年後入學者，始實行半膳費，再以後入學者則改全膳費。

清華學堂成立時，學制分高等、中等兩科，均爲四年，後改爲高等科三年、中等科五年。先生這年入學，因高等科畢業於一九二〇年庚申年，故稱庚申級。庚申級共四十二人，來自十三個省。其情形見庚申級中等科畢業紀念刊《級史》："民國元年秋八月，校中初始業，生徒先後至，級友新自直隸至者二人，孟繼懋、李耀慈。自山西至者五人，梁治國、師淑癢、張省、秦文藹、劉和。自四川至者四人，羅經綬、吴際泰、王德郅、吴澤湘。至張心生、何錫藩、何錫瑶、馬恒矗，由河南咨送。薩本鐵、吴世晋、楊天成，由福建咨送。黄大恒、蔣祖烈，自湘至。聞多、羅發祖、時昭涵、何鈞、王度、宗植心，自鄂至。至陳宗澤、陳本盝，自粤至。江西六人，邱椿、劉師舜、程其佳、王朝梅、游嘉穀、湯承鑫。江蘇四人，姜家漢、趙學海、徐蔭昌、賈觀林。山東二人，孫建中、高長庚。貴州一人，周兹緒。雲南一人，陳復光。凡四十有二人，籍隸十三省，爾時年近十四五者居多，游嘉穀十歲，稱最幼。受號，復試，就班。班有長，二班爲級，級有長，吴際泰年長，性温厚，衆推爲級長，兼長乙班。甲班則吴澤湘長之。"（清華學校庚申級編《級史·紀·一年紀》，清華學校 1916 年 4 月編印）

時，清華學校尚在試驗階段，中等科之中文課程，依各生程度分别編入一至五年級。先生因中文甚佳，被單獨編入五年級。《級史》載課程及課外活動云："當是時，中等科五年卒業，本級居末，故稱中等科一年級。課程總分中英兩科，英文七類，一曰讀本，二曰默書，三曰文法，四曰圖畫，五曰數，六曰樂，七曰博物。鄭乃文先生教讀本、默書、文法，劉先生授數學，章先生授博物，畫師爲美女士施達先生，樂師爲沙菩女士，亦美人。中文以文境之深淺，定級次之高下。聞多列入五年級，邱椿、羅發祖、徐蔭昌列入四年級，程其佳、薩本鐵等列入三年級，餘皆入一二年級。三年級以上，日講文一小時，下此者有中國歷史、中國地理。作文皆每周或間周一次不等。運動時，級友類踟躕道旁，觀望而已。當時以初入學，奉法謹，相知淺，常默不交談。至十月十日，國有慶，校令生徒習禮於禮堂，如西禮，各級以次起立歡呼，至本級，相顧笑，不立。繼立者二十餘人，不呼。高三學生潘文炳君勸誘數四，遂呼之。是夜，堂中座有次，秉燭，聯行，齊歌，歡呼，各以級次，不可亂，盡歡焉。他日乃欣然相告曰，吾今而後知有一九二〇。一九二〇者，西曆千九百二十年也，本級於是年畢本校業。要其終而言，故以名本級。"（同前）

據《級史·分班表》，先生編入乙班，同班者有邱椿、賈觀林、何鈞、時昭涵、羅發組等；甲班有劉師舜、王朝梅、薩本鐵、周玆緒等。又，一年級所學課程，讀本采鮑爾文氏《英文讀本》第二、三集，文法采鄧尼氏《英文法程》，算術采斯密司氏《中等英文算術》，博物采吴秀三《中學生理衛生教科書》、錢承駒《中學動物學教科書》與《普通植物學教科書》，會話采愛德夏氏《異邦之人》。

先生考取清華，對他的大家庭也有不小影響。兄弟們十分羡慕，看到除上學讀書外，還有一條出洋的路，於是有幾個暗暗下决心走這條路。後來堂兄聞亦傳、堂弟聞亦齊相繼考入清華，在家鄉引起哄動。（據訪問聞鈞天記録，1986.9.15）

一九一三年　十五歲

三月二十日，宋教仁在上海被袁世凱所派槍手刺殺，兩天後不治身亡。

七月十二日，李烈鈞在江西湖口舉兵討袁，二次革命爆發。

十月六日，袁世凱脅迫國會選舉其爲正式大總統，袁世凱遂組建北洋政府。

十一月四日，袁世凱下令解散國民黨，取消國民黨籍議員資格。

二月 寒假後開學，重新編班。先生編入甲班。同班中還有徐篤恭、王朝梅、師淑庠、何鈞、時昭涵、周兹緒、羅發組、吴世晋、高長庚等。（據《級史・分班表》）

六月 因英文跟不上而留級。自傳《聞多》："來校時，距大考僅一月，又不審英文。次年夏，遂留級。"這年庚申級留級或離校者十人，幾乎占全級四分之一。

九月 重新從中等科一年級讀起。是年六月三日，校令改高等科、中等科各爲四年，恢復最初學制。因該級高等科畢業爲辛酉年（1921），故稱辛酉級。自庚申級留級者還有賈觀林、師淑庠、何鈞、周兹緒、時昭涵等。該級共七十三人，分甲乙丙三班。先生乙班二十四人，有師淑庠、賈觀林、何鈞、周兹緒、顧德銘、王際真、彭開煦、瞿世英、薛祖康、吴澤霖、錢宗堡、沈有乾、薩本棟、任宗濟、徐寬年等，由陸錦文先生負責管理。甲班有時昭涵、潘光亶、王世圻、羅隆基等，丙班有何浩若、程紹迥等。（據《辛酉鏡・班次》）

先生去年入校時，便改名"聞多"，并取消字號。辛酉級一些同學在他的影響下，也衹用一人一名。吴澤霖《老友一多二三事》："有人提倡廢除别名與號，主張一人一名，名號統一。一多就竭力擁護響應。他在族中屬'家'字輩，原名家驊，考清華時就改名'多'。入校後就宣布以後衹用'聞多'，取消原來的'友三'和'友山'的號和别號。在他的帶頭下，很多同學就取消了别名，我就是其中之一。"（《聞一多紀念文集》，第161—162頁）

十一月八日 與何鈞等發起課餘補習會，并被推舉爲副會長。《辛酉鏡・大事記》："十一月，何鈞、聞多等發起課餘補習會，所以磨厲道德、交换智識，而聯絡感情也。會爲三部：曰圖書，藏中西書報圖籍，俾會友以時往觀。曰演講，周有常會一次，以練習演説或辯論，期之終有比賽，優者奬之，以資鼓勵。曰練習，分中西文及科學三科，科有長，析疑難擬論辯，間一周歸其所作於科長，科長課其殿最，擇其優，别存之以餉衆。議粗成，既以請於校長而許之，遂以八日開全級大會於博物教室，以徵議於級友，贊成者大半，乃以贊成者爲會員。又推何鈞爲會長，聞多副之。"十一日，請桂質廷、陸錦文兩教師爲名譽會長。

十一月十五日 課餘補習會開成立大會，先生祝詞。《辛酉鏡·大事記》："下午一時大會，全體會友於博物教室，慶成立也。會長何鈞首爲開會詞，次爲副會長聞多祝詞，三爲合唱，四爲趙校長演説，五爲瞿世英英語述故事，六爲名譽會長桂質廷先生演説，七爲賈觀林獨唱。會將終，桂先生復起以英語述是日會序以告諸美教員。"

同日 清華學校舉行全校性各級戲劇比賽。辛酉級演出獨幕劇《革命軍》(又名《武昌起義》)，先生參與編劇，并飾革命黨人。該劇獲全校第二名。

《辛酉鏡·戲劇》云其劇情爲："瑞澂聞武昌革命黨蟄伏，朝夕惴恐，一日召張彪至，與議守禦之法，又以妻孥委之，屬先遁去，以防不虞。彪行，吏拘二黨人至，澂亦不加詳鞫，坐以死罪。俄而報事變，澂驚而僕，猷行往復室中，不知所措。從者將之起，亟爲芟鬚易服，載之於輿以逃。既出，署中火舉，槍聲四起。輿夫懼，步趨相間，旋起旋躓，狀至顛頓。"

這是先生參加戲劇活動的第一試，此後便熱衷戲劇。當時在該劇中飾僕人的吴澤霖云："一多在中等科時確曾愛好戲劇，但他的興趣主要在編寫劇本，特别是推敲臺詞。常與羅發組等搞到深更半夜，好像還有顧德銘和賈觀林等人。"（吴澤霖給編者的信，1986.6.27）浦薛鳳《憶清華級友聞一多》亦云："伊又喜歡編寫劇本。最初幾年，高中兩科八年，每年輒寫演短劇比賽；吾級多次之短幕戲劇均由他一手創作，演出之後，

總能名列前茅。”（臺灣《傳記文學》，第 39 卷第 1 期，1981.7）

十二月六日 課餘補習會推先生編輯《課餘一覽》。《辛酉鏡·大事記》：“六日常會時，有議述半年來成績以爲雜志者，衆曰善，遂以聞多等司編輯，定名曰《課餘一覽》。”次年一月寒假中，《課餘一覽》第一期編成，二月印行，“分言論、科學、文藝、小説、雜俎、紀事，凡六類，以油印”。這是先生初次編輯的刊物。

十二月三十日 辛酉級開年終俱樂會，有演説、諧語、唱歌，并演出趣劇《打城隍》。先生飾差役。

《辛酉鏡·戲劇》記該劇劇情爲：“秦築長城，强民爲役，民患之，皆相引去，乃遣吏巡於鄉野以捕民。有農夫耕於畝，見二吏，遥知有變，亟逃匿於城隍廟中。遇士人，亦言避亂至。旋一樵夫又至。僧懼獲罪，迫令三人出，三人哀求，僧乃設計取神像之衣冠，使三人着之，坐龕中，佯爲偶像，以避吏之索。於是士人爲城隍，農爲判官，樵爲小鬼。坐定，二吏果至，稱不得人，將禱於神以求佑，乃列俎豆於案，再拜而去。三人方飢甚，因分取其饌而食之。次日吏仍不得人，又至，責神素餐，鞭之乃出。士憤甚，恐明日再來，求與判官易服使代受鞭。次日吏又至，言城隍必聽判官之讒言，乃鞭判官。既去，士又求爲小鬼。明日吏至，言城隍、判官均受責，今日必小鬼爲之祟也，遂鞭小鬼而出。於是士大號，餘人亦不覺失笑，吏聞聲返，則見人，遂拘之以去。”

次年一月七日，美國駐華公使芮恩施及夫人來校參觀，清華學校特以該劇作爲歡迎節目之一。

一九一四年　十六歲

一月十日，袁世凱命令解散國會。

五月一日，袁世凱公布《中華民國約法》。

七月八日，孫中山在日本東京創立中華革命黨，重結革命力量。

二月二十一日 課餘補習會改選，先生任書記，仍任《課餘一覽》中文編輯。寒假後開學，擔任乙班班長。（據《辛酉鏡・大事記》）

三月十四日 辛酉級與庚申級舉行聯合辯論會，題爲“今日中國小學校能否有讀經”。先生任本級主辯，獲勝。辯論會主席爲校長周寄梅（貽春）。

《辛酉鏡・演説辯論》：“吾級初有課餘補習會設演講部，每星期開會，以資練習。然其時規模甫具，於演説一門，未臻完備，不過爲改革進行之根據耳。至民國三年春，與二年級博約會舉行聯合辯論會，始稍著成績也。是會於三月十四日舉行，場設博物教室，校長周先生實爲主席。辯論題爲‘今日中國小學校能否有讀經’。吾級主辯聞多，助辯陳念宗、錢宗堡，爲正組。博約會主辯羅發組，助辯邱椿、吴澤湘，爲反組。[1] 其結果吾級獲勝。裁判乃陳筱田、李仲華、張愷三先生也。”

周寄梅主持清華學校期間，十分注重演説訓練。一九一三年十二月十七日，他爲提倡演説專門發布布告。布告云：“言爲心之聲，即所以代表意者也，故這言語一端，孔門列爲專科。演説一道，又爲今文明各國所必注重，況共和政體，演説之用途益廣，啓導國民，演説之收效較速。吾邦於此端，近鮮研究，未始非一缺點。諸生等值此學年之際，正宜從事練習，將來施諸實用，必能大有裨益。兹擬訂國語演説競賽章程六條，以爲鼓勵之資，諸生等各自奮勵，共奪錦標，本校長不禁有厚望焉。”（吴景超《清華的歷史》，清華周刊社編《清華生活》，1923.4.28）由於周寄梅的提倡，清華學生演説練習形成風氣，先生亦得到訓練。

時，袁世凱通令各省崇祀孔子，康有爲以孔教會長名義電袁，要求將讀經一科加入學校課程。

---

① 《辛酉鏡・大事記》載辛酉級爲反組，庚申級爲正組，與此所述不同。

六月十五日　《課餘一覽》第一期第二號出版，先生參與編輯。

該號刊有先生的論説《名譽談》、小説《泪蕊》（與時昭涵合著）、雜俎《曹大鎬先生絶命詞》《髯仙》《人名妙對》五篇。原刊已殘，上文僅見於目録，唯存《名譽談》一篇，目録署名聞多，然正文署名"漱仙"，當是筆名。《名譽談》爲現今發現之先生發表的第一篇文章，文言寫成，内容主張爲社會做貢獻，反對獨善其身。該文全文如下：

處百齡之内，居一世之中，倏忽比之白駒，寄寓謂之逆旅。所謂結駟連驪之游，侈袂執圭之貴，樂既樂矣，特黄粱一夢耳。其能存紀念於世界，使體魄逝而精神永存者，惟名而已。名之大小久暫，常視其有益於一群之深淺高下以爲之衡。吾輩今日所享之文明，其何以致之，皆古人好名之一念所留耳。文明無極境，故求名之心亦無窮期。所求之名大，其所遭拂戾之境益衆，而其人之價值亦與俱高。古今豐功偉烈，當其發端之始，莫不有至艱至險之象横於其中，稍一遲回立歸失敗。惟有此"千古不朽"之希望，以策其後，故常冒萬難而不辭，務達其鵠，以爲歸宿。古來豪杰之士，恒犧牲其及身現存之幸福，數瀕於危而不悔者，職此故耳。然則名之一字，固斯人第二之生命，而九洲風雲之生氣，所以穧天柱而絙地維者也。孔子曰：君子疾没世而名不稱焉。孟子曰：好名之人，能讓千乘之國，苟非其人，簞食豆羹而見於色。（此章趙注本極分明，自晦庵誤解，翳障始生，宋儒賤名學説，半以此爲根據，不知其字正上文好名者之代名詞，明白易曉，過於求深，反不辭矣。是故文法不可以不急講也）聖人之重名也至矣。惟老氏始以名爲大戒，其言道也，曰無名天地之始；其訓世也，曰爲善無近名。今講聖賢行義達道之學，而傅之以老莊絶望弃智之旨，吾不知其何説也。自秦漢以及唐，好名之念，猶未絶於士大夫之心，跅弛不羈之士，史不絶書，而國威賴以不替。洎宋學家風靡一世，神州俗尚，爲之一變，尚知足而絶希望，重保身而戒冒險，主退讓而斥進取，謬種傳流，天下事乃盡壞於冥冥之中。千年以來，了無進步，而退化之徵，不一而足。束身自好之士，讀孔孟之書，而堅守老子不爲天下先之教，凡慷慨尚氣磊落光明者，皆中以好名之咎而擯斥之。彼鄉里謚爲善人，廟堂進爲耆德者，曾無雄奇進取之氣，惟餘靡靡頽惰之音。宋明之喪，皆若輩之毒炎致之耳。士生今日，人格之高下，當以輿論之榮辱判之；而輿論予奪之衡，必以有益人群與否爲準，凡一切獨善其身之説，皆斯世之蟊賊也。學者苟力崇進取，不避艱難，以急功近名之心，而蘄於開物成務之哲，神州之患，豈無豸乎。而我清華士子，際此清年，旭日方東，曙光熊熊，叱咤羲輪，放大光明，赫耀寰中。河出伏流，狂濤怒吼，乘風揚帆，破萬里浪，以横絶五洲，騰雲駕霧。海闊天空，美哉前途，鬱鬱葱葱，大好良機，正吾人大有作爲之日，幸勿交臂失之也。岳武穆詞云："莫等閑，白了少年頭，空悲切。"良有以也。

是年夏　參加圖畫校外寫生團。《辛酉鏡·美術》："甲寅夏，圖畫教員司達爾女士組織校外寫生團，聞多、時昭涵、潘光亶等皆與焉。"

圖畫校外寫生團由司達爾女士負責，其"畢業於美國俄亥俄州立威斯林大學，歷任該州洛第高等學校教授，暨迪科他威斯林大學繪畫教授。富有學識經驗。辛亥春，來清華本校繪畫教務"。（清華學校庚申級編《級史·圖畫志》）

先生善畫，聞於清華，人稱"聞多之水彩景畫，善露陽光，有燦爛晴日之景象"。（《辛酉鏡·美術》）浦薛鳳《憶清華級友聞一多》亦稱："吾級吴澤霖、方來、楊廷寶與本人，對繪畫亦有興趣，兼受美術教師司達女士之鼓勵。惟一多鉛筆與水彩畫成績特好，最受賞識，是爲其留美學習繪畫之根源。"（臺灣《傳記文學》，第 39 卷第 1 期，1981.7）較先生低一年級的張聞駿曾見過一幅畫，説那是先生用各種碎片拼起來的，很特別。在級會的布告欄裏，常見有花鳥之類的畫，不少出自先生手筆。（據訪問張聞駿記録，1986.8.28）

清華中等科一至三年級均設有圖畫課，任教者前後有兩位美籍女教師。司達爾（Miss Starr）教白描，畫石膏像；里格卡特（Miss Lyggate）教寫生。課上有炭畫、水彩畫練習，先生頗有興趣。《聞多》云："習書畫，不拘拘於陳法，意之所至，筆輒隨之不稍停。"

九月十四日　暑假後舉行開學典禮。先生升入中等科二年級，編入甲班。同班中有時昭涵、顧德銘、薛祖康、吴澤霖、錢宗堡、郭殿邦、薩本棟、羅隆基、廖芸皋、熊祖同、聶鴻逵等。（據《辛酉鏡·班次》）

九月十八日　課餘補習會改選，"舉定聞君多爲會長"。（《清華周刊》第13期，1914.9.22）十一月上旬課餘補習會改組，更名爲中二級會，凡級友均爲會員。

十二月十二日　中二級會"常會時表決陳列近來文學及美術成績爲游藝會，以聞多、陳念宗爲彙稿員"。（《辛酉鏡·大事記》）後因條件未成熟，游藝會被取消。

十二月三十一日　中二級會"開年終俱樂部會，選舉下學期職員，聞多爲級長兼會長，顧德銘爲副會長"。（《辛酉鏡·大事記》）浦薛鳳説："一多，原是單名'多'，以聰慧見稱。讀書而外，從事各項課外活動，加之寫字秀遒，作文華美，圖畫高明，口才卓越，是以被推擔任級長，知名校内。"（《憶清華級友聞一多》，臺灣《傳記文學》第39卷第1期，1981.7）

一九一五年　十七歲

一月十八日，日本向袁世凱提出旨在滅亡中國的"二十一條"。

五月九日，袁世凱接受"二十一條"，激起全國民衆强烈反對。後，全國教育聯合會决定將是日定爲"國耻日"。

九月十五日，陳獨秀在上海創辦《青年》雜志，次年第一期起改名《新青年》。新文化運動興起。

十二月十二日，袁世凱宣布接受帝制，改國號"中華帝國"，定一九一六年爲“洪憲元年”。

十二月二十五日，蔡鍔等宣告雲南獨立，組織護國軍討袁；孫中山發表“討袁宣言”。

六月十三日 中二級會改選，“先由聞君多叙述該會經過之情形，聞者莫不感發。次選舉下學期正副會長，其結果陳君念宗爲正會長，聞君多副之。次由新舊會長致就職交代詞，茶點，繼以各種游戲，盡歡而散”。（《清華周刊第一次臨時增刊》，1915.6.26）

六月二十六日 《清華周刊第一次臨時增刊》載《本校三育最優成績得獎表》，智育類圖畫項下云“二級第一聞多”，獲“景畫一幅”。《辛酉鏡·美術》：“聞多以圖畫冠全級，獎景畫一幅。方來亦獲名譽獎。其年，本級圖畫成績甚優，多選到巴拿馬展覽會。”

《增刊》所附職員表中有先生之名，這是先生初次擔任《清華周刊》編輯。《清華周刊》原爲《清華周報》，創辦於一九一四年三月二十四日，爲同學所辦校内刊物。其編輯均由校方指派。秋，改爲《清華周刊》，總編輯陳達，編輯還有吴宓、洪深、湯用彤、羅發組等。該刊目的有二：“一、求同學之自勵，促教育之進步，以光大我校固有之榮譽，培養完全國民之性格。二、薈集全校之新聞，編列新鮮之歷史，使師生之感情日益密，上下之關係日益切。”（《清華周報·發刊詞》）

是年暑假 回浠水老家。

清華功課很重，衹有暑假纔能集中時間讀各自喜愛的書籍。自傳《聞多》云：“每暑假返家，恒閉户讀書，忘寢饋。每聞賓客至，輒踧踖隅匿，頓足言曰：‘胡又來擾人也！’所居室中，横臚群籍，榻几恒滿。”聞展民《哭四弟一多》云：“其後遠游，溽暑歸省。雖值炎午，汗揮雨注，猶披覽不輟。比薄暮，蚊蚋襲人，以扇摇曳，油燈照影，伴汝書聲。母氏憫汝勞，命之輟，汝不應。一日傍晚，汝方立露井觀書，蜈蚣緣汝足而上，家人乍見呼汝，罔顧，代而驅之，汝反訝其擾。”（《人民英烈》，第376頁）有時，家里人叫他“書痴”，有的責備他“不事俗

務”，先生則曰：“吕端大事不糊塗！”（《聞朱年譜》，第 4 頁）

家中有間書屋，不大，但安静，兩扇窗户打開，光綫充足。先生在這裏讀書二月，故稱“二月廬”。暑假中所做讀書札記，亦題作《二月廬漫紀》，中文稿曾在《清華周刊》連載過一些。

先生回鄉，給家裏也帶來新的氣氛和歡樂。聞家騆《憶一多兄》：“在經史子集四類書籍中，父親主張讀經，一多兄則主張多讀子史集。而他每年暑假回家，也正是利用這兩個月的時間來大量閱讀這些書籍的。他嫌一般的書桌不够使用，於是便把裁縫做衣服用的案板拿來當書桌，上面堆滿了各類書籍以及稿紙和稿本，重叠沓雜，每隔幾天，總得有人替他整理一番。‘聞一多先生的書桌’，從他青年時代起，就不是很有秩序的。我上中學以前，是在父親的督促下念書的，因此一多兄暑假回家消夏，對我也是一大解放。在他的影響之下，我也讀起《史記》《漢書》《古文辭類纂》《十八家詩鈔》這一類書籍來了。”（《聞一多紀念文集》，第 373 頁）

侄子聞立勛《回憶四叔聞一多》中説：“他對我們晚輩的學習非常關心，常出題目教我們做文章。望天湖的荷花開了，他出《咏荷花》的題目教我們做詩。那時候，軍閥混戰，潰兵横行鄉里，有時爲了躲避騷擾，家裏人不得不在湖中船上度過。一多叔知道了，就出了個《潰兵行》的題目叫我們做。文章做好，他親自給我們修改。誰的文章做得好，他就把自己的牙刷、牙膏、鏡子、梳子等日常生活用品奬給我們。……他時常帶我們去釣魚、摘菱角，等我們玩够了，又把我們集在一起，教我們做詩、學算術。一多叔很喜歡畫畫，每天大早起床就帶着畫夾畫筆到望天湖邊畫荷花。他畫的荷花栩栩如生，我們都争着要。……有年暑假，他特地給我糊了把扇子，并在上面畫了個牧童騎牛，手拿着書看。還題了四句話：‘王冕牧牛，騎牛讀書，試問爾兒，自比何如？’”（未刊，汪德富整理）

先生與胞弟聞家騆感情尤深。聞家騆《憶一多兄》云：“記得有一次他給我講解蘇子瞻留别其弟子由的一首詩（題作《辛丑年十一月十九日既與子由别於鄭州西門之外，馬上賦詩一篇寄之》)，講到‘亦知人生要有别，但恐歲月去飄忽。寒燈相對記疇昔，夜雨何時聽蕭瑟’時，他不禁感慨繫之。這時，他心裏顯然是以子瞻自比，而把我比作子由的，因爲歲月如流，眼看暑假就要結束了。”(《聞一多紀念文集》，第373頁)

九月十三日 清華學校開學典禮。先生升入中等科三年級，編入乙班，并擔任班長。同班有時昭涵、顧德銘、薛祖康、何浩若、羅隆基、王昌林、熊祖同等。(據《辛酉鏡・班次》)

是月 《清華周刊》改爲單行小册子式樣，先生繼續擔任編輯。時，總編輯爲陳達，副編輯爲曾宏逵、施濟元，編輯除先生外，還有吴宓、沈鵬飛、洪深、湯用彤、羅發組、張鶴年，經理爲陳俊。(《清華周刊》,《清華周刊本校十周年紀念號》，1921.4.28)

十月十六日 在級會上演説。“中三級會，於上星期六，舉行第四次常會，主席王君世圻，演説者有楊君廉正、聞君多、姚君永勵，皆暢所欲言，娓娓動聽，歷一時餘始散”。(《清華周刊》第51期，1915.10.20)

十一月三日 清華決定出版《清華年報》，職員由校長指定，高等科學生任正職，中等科學生爲副職，先生被指定擔任圖畫副編輯。時，圖畫編輯爲朱彬，副編輯還有曹棟、歐陽勛、徐篤恭、陶世杰。(據《清華周刊》第55期，1915.11.17)《清華年報》爲“中國高等學校中最早的周年出版物，印刷這報的宗旨，是送到巴拿馬賽會展覽。全書用英文，多圖畫照片，附以簡單説明，所以使人一看，即如見清華一樣”。(《清華周刊雙四節特刊》，1922.4.4)

十一月六日 中三級爲款待本級教員及協和學校足球隊，在工字廳演出《兩僕計》，(《清華周刊》第54期，1915.11.10)先生飾律師。

《辛酉鏡・戲劇》介紹劇情爲：“有勞普同者，雄於資，子維新留學歐洲有年，嘗以書歸，請於父，將娶西婦，普同不許。後維新歸，携一西婦，普同見而大怒，將逐之。維新哀求於母，母憐之，頗有留意，而普同終牢不可破。維新不得已，挈婦去。普同又懼無嗣，謀諸僕高三。高三稱普同之甥吴氏子頗警敏，可引爲嗣。普同之妻獨不以爲然，謂吴氏子素不謹禮法。普同不聽，召之至，與之語，大悦，遂以爲嗣子。初吴氏子本貪婪，垂涎於勞氏資財者有年矣，至是則益大喜過望，與其僕陶晏謀，乞力爲之説項，事成，當分資以爲酬。陶晏既見普同，言吴氏子警敏而好學，試嘗冠其曹，故最爲父母所鍾愛。普同信以爲真，事遂成。吴與僕既至普同家，每喜外出，數日不歸。後普同微病，吴未嘗入寢門，普同怒，明日以高三計，佯稱病重，命速召律師至析産。吴大喜，俟律師至，導之别入一室，使陶晏卧病以爲普同，告律師，盡以家資爲吴氏。後爲高三所覺，以聞諸普同，普同召吴至，重責其不義。吴與僕愧而私逸去，普同乃復遣人覓維新婦。”

十一月十三日 中三級與中四級舉行聯合辯論會，先生參加，爲本級助辯，獲勝。《辛酉鏡·演説辯論》：“本級與庚申級開聯合辯論會，題曰‘國家之富强在政歟抑在人歟’。四年級主‘在政’，主辯邱椿，助辯薩本鐵、陳復光。吾級主‘在人’，主辯錢宗堡，助辯聞多、周兹緒。裁判員爲陳筱田、戴夢松、王慶孫三先生。結果，吾級獲勝。”

十一月二十四日 清華學校舉行第三次戲劇比賽。中三級演出《蘭言》，贊浪子回頭。先生飾伍澹階之母。①

《辛酉鏡·戲劇》記述劇情爲：“伍澹階者，嘗畢業於某陸軍學校。父早世，母老弟幼。澹階恃有厚資，不勤學，嘗至市井，與人博，至數日不歸。友勸之，不聽。事聞於母，母遣僕召之，亦不歸。明日僕來，報母病，澹階以爲誑，博如故，翌日始歸，見母，母大怒，杖之。適其舅至，言烏將軍方有事於西藏，擬命澹階偕行。烏將軍者，澹階之父執也，父死時嘗以澹階托焉。母初尚猶豫莫决，卒從舅言，修書命澹階持往見將軍。既至，將軍與之語，大悦，乃以爲參謀。軍興後，屢建奇功，擢爲少將。後軍事竣，歸家，母見之，爲之大喜。”

十二月十八日 在中三級會英文演説會上講故事。“中三級會於上星期晚舉行第八次常會，會序爲英文演説，主席爲袁君昶熙，演説員爲

---

① 《蘭言》演出時間，《辛酉鏡》作 12 月 31 日，這裏依《清華周刊》所載日期。

徐寬年、宋珣、熊祖同三君，題目徐君爲《排除惡魔試探法》，宋君爲《如何能爲完全學生》，熊君爲預備。言語清雅，意想高尚，可爲修道養德之助。末由聞君多講故事，歡聚一室，歷一時始散”。（《清華周刊》第59期，1915.12.22）

十二月二十四日 在中三級會舉行“演裝國會”上擔任國會主席，“中三級會於月之二十四日午後開會，討論各項事宜。其布置均仿國會儀式，因名演裝國會，既可練習口才，亦可喚起興味。聞君多爲主席，討論逾時而散”。（《清華周刊》第61期，1915.12.29）這種“演裝國會”在月初曾舉行過一次，當時“議件爲‘日本下哀的美敦書要求中國將南滿歸并日本，中國宜取如何行動’一事。會友有主和者，有主戰者，雄辯滔滔，秩序井然，儼如一小國會”。（《清華周刊》第58期，1915.12.8）

十二月二十五日 參與創辦貧民小學。時，民間提倡向西方學習，普及教育風氣頗爲盛行，清華學校教職員亦憐憫附近貧寒子弟幼年失學，由周寄梅、趙月潭等先生發起成府貧民小學。成府貧民小學於一九一五年五月開辦，經費全部由發起人及贊助人捐助。（《學生方面·德育·社會服務》，《清華周刊本校十周年紀念號》，1921.4.28）清華同學受此影響，亦提議在海甸鎮創辦一所貧民小學，并得高等科全體同學多數人同意。二十四日，高等科各級級長、班長開會討論進行手續，認爲貧民小學既爲清華學生創辦，自應高、中兩科“合力進行”。是日，“開高、中兩科各級長、班長聯合大會，張君光圻主席，議定此事由高、中兩科合辦，其籌款方法，校内則同學臨時捐及常年捐，校外則以音樂體操各種美術之餘興開會募捐。其餘詳章及施行手續已舉定朱成厚、關頌韜、聞多、白敦庸、陳烈勛、吴世晋、傅葆琛、吴曾愈、林振彬、孟繼懋、陸梅僧諸君分别擔任”。（《清華周刊》第61期，1915.12.29）

十二月三十一日 中三級開會選舉下學期職員，先生當選會長。“中三級會於上星期五晚在博物教室舉行年終俱樂會，初由會長報告本期大概事略及下期應行改良之處，繼選舉正副會長，其結果聞君多被選爲正會長，沈君有乾副之，戲劇茶點，盡興而散。”（《清華周刊》第62期，1916.1.5）

一九一六年　十八歲

一月一日，雲南成立都督府，“護國戰爭”爆發。

三月二十二日，袁世凱宣布取消帝制，恢復“中華民國”國號，復任大總統。

六月六日，袁世凱病歿，黎元洪繼任大總統，段祺瑞出任內閣總理兼陸軍總長，皖系軍閥控制北京政府。

八月一日，國會復會。

十二月，黎元洪任命蔡元培爲北京大學校長。

一月九日　致父母親信，收《聞一多書信選集》。此爲迄今所存先生最早的信函。信中報告平安消息，又問及在雲南的長兄聞展民的情況。時，雲南已舉護國義幟，但袁世凱極力封鎖消息，故信中云：“滇事真相，頗不易知，據此間輿論，無大暴動也。”（聞銘、王克私編《聞一多書信選集》，第1頁，人民文學出版社1986年10月出版）

時，學校對中等科學生管理甚嚴，其中定有學生家人通信十條規則。吴景超在《清華的歷史》中說：規則規定“每個學生，一月至少要寫兩封家信，送齋務處注册，即投入該處郵櫃内。不按定章與家屬通信的。查出後由齋務處督其面書，以示相當之罰”。（清華周刊社編《清華生活》，1923.4.28）

是月中旬　致聞家騘信。收《聞一多書信選集》。缺前，僅存後半封，云明日起大考。

二月二十六日　清華學校學生爲創辦貧民小學籌募資金，於是晚在市内米市大街基督教青年會演出《賣梨人》與《貧民慘劇》。先生參加總務部與招待部工作。這是清華的一次大規模活動，參加者頗多，如陳達、劉崇鋐、陳長桐、湯用彤、向哲濬、羅發組、李濟、陸梅僧、林志煌、時昭瀛等均擔任了組織或演出工作。

《賣梨人》爲趣劇，《貧民慘劇》爲悲劇，由洪深編寫，并在演出前做了説明。劇情緊扣人民困苦生活，説明“貧賤小民幼時無適當之教育，長成無一定之職業，不能自活，强横者或竟爲社會蟊賊，愚儒者亦凍餒而死，哀慘莫甚”。(《清華周刊》第66期，1916.2.29)是晚觀者中有外交部次長、教育部總長及次長、薩鎮冰上將。外交次長曹汝霖當場捐款百元。三月四日，復在青年會再次演出該兩劇。

此次演出本是清華學生爲創辦貧民小學籌募經費，但原擬設在海甸鎮的貧民小學離校較遠，辦事諸多不便，周寄梅等清華教職員所辦的成府貧民小學則需費甚亟，於是決定將此款充作成府小學基金。(《學生方面·德育·社會服務》,《清華周刊本校十周年紀念號》，1921.4.28)

這次演出，也是清華學生第一次進城演劇。至先生一九二二年赴美留學前，清華學生爲籌募捐款共入城演劇四次，先生除本年四月爲北京青年會留學部籌款的一次未參加外，其餘均參加了。

二月二十九日　《清華周刊》刊登各年級職員，先生爲辛酉級班長、第八自修室室長。中等科“中三級長聞多，甲班班長沈有乾，乙班班長薛祖康，丙班班長吴澤霖”。中等科自修室室長名單中，云“第八自修室聞多”。(《校聞·職員選定》,《清華周刊》第66期，1916.2.29)

三月初　因級會與年級組織并立，“行事多有衝突”，“級長聞多及丙班班長吴澤霖建議級與會合治。級分三部，有體育部、有畢業紀念籌備部，而以會爲總務部。議粗成，既以謀諸甲班班長沈有乾、乙班班長薛祖康，及中三級會長陳念宗而許之。又於上課時徵議於級友，亦獲多數贊成”。(《辛酉鏡·大事記》)

三月十一日　中三級召開全級大會，决定接受先生與吴澤霖建議，“選舉錢宗堡、康德馨、劉沛漳、聞多、沈有乾、薛祖康、陳念宗、姚永勵九人爲(級會改組章程)起草員”。(《辛酉鏡·大事記》)

三月二十五日　中三級召開大會，通過改組章程。此後，中三級改稱辛酉級。新會長由薛祖康擔任，先生任英文書記。(據《清華周刊》第70期，1916.3.29)

四月五日　清明節。下午，參加全校西山植樹，步行七里許，至紅

石山（清華校産），每人植樹五六株。（據渠《本校西山種樹記》，《清華周刊》第76期，1916.5.10）

四月十二日　《清華周刊》調整職員，先生仍擔任中文編輯。時，總編輯爲湯用彤，中文編輯還有沈鵬飛、蘇樂真、劉莊、汪心渠、李權時、沈浩、曹明鑾、桂中樞、嚴繼光、廖永忠。英文編輯爲王祖廉、劉崇鋐。經理爲林志煌，副經理爲姚永勵。此外，學校還加派了顧問，顧問爲夏廷獻、楊恩湛、葉醴文、周辨明、王文顯、唐悦良、陳達、吴宓、洪深、譚少藩。（據《清華周刊》第72期，1916.4.12；《清華周刊》，《清華周刊本校十周年紀念號》，1921.4.28）

四月十九日　《二月廬漫紀》開始發表於《清華周刊》第七十三期。全文十六篇，均收入《聞一多青少年時代詩文集》。

此文爲讀書札記，體現了先生“閑爲古文辭，喜敷陳奇義，不屑屑於淺顯”（《聞多》）的讀書特點。首篇四則，其一則與聞氏姓氏有關：

> 余祖信國公天祥，軍於空阬，被執；家屬潛逃於楚北蘄水之永福鄉，改文爲聞，史亦失傳，而家乘相沿久矣；其與取韓之半爲韋事將毋同？或疑景炎二年，元人送公家屬於燕，二子死；其明年，長子復亡，家屬皆盡。是猶雲漢之詮所云，黎民靡有孑遺耳！古稱盡信書不如無書，有以也。

先生爲弄清“聞”姓源流，曾做有《聞氏先德考》，搜集若干史料，但終因語焉不詳未能成文。

四月二十六日　《二月廬漫紀》續一發表於《清華周刊》第七十四期。共四則，有取《史記》《漢書》之典故引以發嘆者，有因宋宣和年間禁蘇軾文字的感慨。

四月二十七日　辛酉級會召開辯論會，“辯論題爲‘今日中國修練甲兵較普及教育爲尤要’。正面主辯康德馨，助辯陳華庚、浦薛鳳；反面主辯聞多，助辯羅隆基、王際真。結果由會友公決，反面獲勝”。（《清

華周刊》第 75 期，1916.5.3）

五月三日 《二月廬漫紀》續二發表於《清華周刊》第七十五期。共三則，前兩則爲兩漢史事，後則爲讀《晋書》而發現史筆有所不同。

五月十日 《二月廬漫紀》續三發表於《清華周刊》第七十六期。共三則，其一記康熙征准噶爾時俘厄魯特一樂工，其歌音調悲壯，頗有骨氣。

五月十七日 《論振興國學》發表於《清華周刊》第七十七期。收《聞一多青少年時代詩文集》。

時，清華課程分西學、國學兩部。西學課程與留學密切，學生多所重視。而國學課程相反，且爲下午開課，即使不及格亦可畢業。於是某些學生在國學課上常演鬧劇，先生很看不慣，故撰文强調國學乃國運所寄。文云：

> 國於天地，必有與立，文字是也。文字者，文明之所寄，而國粹之所憑也。希臘之興以文，及文之衰也，而國亦隨之。羅馬之强在奥開斯吞時代，及文氣薾敝，禮淪樂弛，而鐵騎遂得肆其蹂躪焉！吾國漢唐之際，文章彪炳，而郅治躋於咸五登三之盛。晋宋以還，文風不振，國勢披靡。洎乎晚近，日趨而僞，亦日趨而微。維新之士，醉心狄鞮，幺麽古學。學校之有國文一科，祇如告朔之餼羊耳。致有心之士，三五晨星，欲作中流之柱，而亦以杯水車薪，多寡殊勢，卒莫可如何焉。嗚呼！痛孰甚哉！痛孰甚哉！吾國以幅員寥廓，人物駢闐之邦。而因循苟且，廓廈自大，政治窳壞能是，工藝薜暴若是者，職是故也。夫賦一詩不能退虜，撰一文不能送窮，恒年矻矻，心瘁肌瘦。而所謂誦《詩》三百，使於四方，不能專對者，遍於天下，斯誠然矣。顧《禮》節人，《樂》以發和，《書》以道事，《詩》以達意，《易》以道化，《春秋》以道義。江河行地，日月經天，亘萬世而不渝，臚萬事而一理者，古學之爲用，亦既廣且大矣。苟披天地之純，闡古人之真，俾内聖外王之道，昭

然若日月之揭。且使天下咸知聖人之學在實行，而戒多言。葆吾國粹，揚吾菁華，則斯文不終喪，而五帝不足六矣。尤有進者，以吾國文字，發明新學，俾不嫻呿盧文字者，咸得窺其堂奥，則詎第新學日進，新理日昌而已耶？即科斗之文，亦將渡太平洋而西行矣。顧不盛歟？今乃管蠡自私，執新病舊，斥鷃笑鵬，澤鯢嗤鯤。新學浸盛而古學浸衰，古學浸衰，而國勢浸危。嗚呼！是豈首倡維新諸哲之初心耶？《易》曰："碩果不食。"《詩》曰："風雨如晦，鷄鳴不已。"吾言及吾國古學，吾不禁惄焉而悲。雖然，亡羊補牢，未爲遲也。今之所謂勝朝遺逸，友麋鹿以終歲；骨鯁耆儒，似中風而狂走者，已無能爲矣。而惟新學是騖者，既已習於新務，目不識丁，則振興國學，尤非若輩之責。惟吾清華以預備游美之校，似不遑注重國學者，乃能不忘其舊，刻自濯磨。故晨鷄始唱，踞阜高吟，其惟吾輩之責乎！諸君勉旃。

五月二十四日　《二月廬漫紀》續四發表於《清華周刊》第七十八期。共四則，均爲摘古詩詞之句加以評比。首則引張翰、王贊、蘇軾三人之詩，詩中均有"鱸"，稱三人一人勝一人。次則記述鄉里閔佩鍔事，云："吾鄉有閔佩鍔者，字侶華，詩有清才，曩嘗讀其《茶餘清課》詩集，玲瓏滿目，美不勝收。近復得其《咏漁舟》云：'一葉蒲舟雨後收，蘆花淺水便勾留。任他前處風波惡，衹傍垂楊下釣鈎。'語亦可味。"先生留意故鄉名賢之事，此中可見一斑。

五月二十六日　清華學校中等科三月成立聯合演説辯論團，先生爲成員。是日，該團舉行英文演説決賽，六人參加，先生爲其一，演説題爲"公衆動力"。（《清華周刊》第 79 期，1916.5.31）

五月三十一日　《二月廬漫紀》續五發表於《清華周刊》第七十九期。共四則。其一記魏源爲陳沆《簡學齋詩集》之題記。陳沆，字太初，號秋舫，嘉慶間狀元，其居與先生家爲鄰，陳、聞兩家世代爲姻。先生對陳沆事格外留心。

六月三日 辛酉級級會選舉下學期職員，選出“會長沈君有乾，演説部長聞君多，國文書記羅君隆基，英文書記錢君宗堡，會計劉君沛漳，圖畫員楊君廷寶，圖書管理員吴君宗儒及吴君澤霖”。(《清華周刊第二次臨時增刊》，1916.6.17）

六月十七日 《美國學校畢業典禮之一斑》發表於《清華周刊第二次臨時增刊》。收《聞一多青少年時代詩文集》。

此爲聽了美籍教員力綺薩女士講述美國大學畢業禮節情形後，有所感觸而作。其序中云：

> 棫樸勉勉，文王亹亹。三王之大學曰辟雍，五帝之大學曰成均，吾國昔日學校之盛若此。其畢業、升學之典，在有所聞，奈失之龐樊，莫由稽考。洎後王失政，教育薜暴，學校寖衰，科舉制作。士子惟於應試時僅一覿面。常日黄卷青燈，株守牖下，與古人相對，與世人無緣；致埋首閉户，而以勤稱，奚怪其孤陋寡聞而遺譏鼠目也。稽歐美各邦，每視學校畢業爲重典，其風俗有大别於吾人者。故學者幼而同學，有朋友麗澤之益；長而共事，有明良翼贊之功；其所裨益，顧不巨歟！

六月二十九日 暑假開始。回浠水故鄉度假。

時，聞氏族衆第四次修纂《聞氏宗譜》，督修爲先生堂伯祖聞瑛（族名佐澍，字瑞霖，號紫卿，同治壬申考取謄録官國史館漢謄録，編纂臣工列傳，議叙鹽大使）。總纂爲堂叔祖聞凱（族名佐泗，字杏亭，號魯泉、定三）。先生伯父聞廷炬任纂修，編修有先生之父廷政與叔廷治。先生與胞兄家騆、家騄及堂兄亦尊、亦齊等亦參與謄寫與校對。（據《四修任職譜務名目》，《聞氏宗譜》卷首，第22—23頁）

假期間，接級友浦薛鳳來信，内附一詩，先生亦作唱和。浦薛鳳《憶清華級友聞一多》：“‘葱湯麥飯撑腸食，明月清風放膽眠。自是讀書非習改，不妨避世學逃禪。’此是級友聞一多兄在六十五足年以前，亦即在一九一六年暑假，自其湖北家中復信所附之律詩一首，迄今衹能記誦之四句。先是，予曾寄箋，欽佩其才華，并贈以夏夜寄懷一章：'才華洋溢孰能儔？竊喜同窗益友求！鐵劃銀鈎書法遒，金聲玉振論文優。鉛描水彩畫圖俏，談笑風生意氣流。夏夜乘涼星月皎，思君一日如三秋。'此爲予肄業清華七年中惟獨一次與同學之唱和，足徵予對一多甚深仰慕。"（臺灣《傳記文學》，第 39 卷第 1 期，1981.7）

浦薛鳳所説的唱和之詩，即自編古詩文集《古瓦集》所收之《答浦瑞堂》三首，内中個别文字與浦文記載有出入。全詩如下：

君問生涯應驟然，疏狂尤甚兩年前：
葱湯麥飯撑腸食，明月清風放膽眠。
自是讀書非學政，不妨接世類逃禪。
寂寞荒村何求喜，盼來青鳥報吴燕。

風波浮藹豈由期？奄忽相逾邈莫追。
千里空争尺素短，五年悔失寸心知。
淡交君子原如水，殷慕鯫生早向葵。
爲約斷金崇令德，景光記取惜隨時！

忝許雕龍亦太儌，應知焚硯有君苗。
遥知讀毁蘇秦股，應更吟癯沈約腰。
敢爲驪珠藏爪甲？漫將燕石引瓊瑶。
錦囊且待西窗夜，莫枉雙魚度渭橋。

秋後又有致潘光亶信，後以《致友人書》發表於次年二月二十二日《清華周刊》第九十七期，并編入《辛酉鏡》。收《聞一多青少年時代詩文集》。

潘光亶，字仲昂，江蘇寶山人，一九一三年考入清華中等科一年級。一九一六年初因踢足球一腿受傷，未及重視竟發炎潰爛，不得已於一月十八日鋸去，回家休養。先生當時事務繁忙，爲未能赴市内協和醫院探望甚爲内疚，特致書表明心境，并勉勵其振奮。信云：

白日不居，别來半載，引企蘭光，瞻思何極！常欲裁尺一書，面付河鯉。袛以足下剖蛤之醫百就，飛蓬之客長馳，山河有戒，萍踪無方，良恐歧違，遂成阻輟。今春某君等約詣院省視，本擬偕行，嗣以魚忙鮮暇，命駕不發，鶴望興嗟，鼓瑟彌感，邢非避尹，參若仇商，咫尺天涯，恨何如也！伏諗邇來餐衛適時，定動多豫。國手折肱，終逢越□；夔足迅步，健於邯鄲。倏將驅車北平，稽吕之來輒千里；剪燭西牖，杜李之文可細論，甚善甚善！某荆楚委蜕，因艷多才之士，燕趙負書，劇憐慷慨之夫。自辭鷇室，蹿迹蝸居，人事罕接，素心靡棼。湖水灝瀚，望天不波；岩峰巉岏，帽雲欲碧（望天湖碧峰岩俱近二月廬也）。鍥鏤疲秏，涵飫搜獵。永叔蠶食，落紙有聲；義山獺祭，陳書如次。油鐙不輝，尚勝車胤之螢；雄鷄警宵，起舞越石之劍。詎不知詩莫退虜，文靡送窮；太白謫仙，尚譏杯水；子雲壯夫，亦悔雕蟲哉！第苟能伐毛九度，學務立言，誦《詩》三百，使能專對，則聖籍傳德，金紙滿籯；太玄闡道，文不覆瓿。以視生弗益時，死莫聞後，蜉蝣寄身，草木同腐者，不猶愈乎！不猶愈乎！足下江東獨步，冀北擅名，駕學浩浩之表，飛才搏搏之區，矧復體匪彦伯之澀，訣獲昌黎之真；領袖英絶，潤色鴻業，斯文不墜，大匹必扶，直券受耳，尚其勉旃。時因朔風，輒抒近感，摛詞多狂，倘所樂耳。鱸膾正鮮，季鷹在吴；鱣序伊始，我駕獨北。長安近日，夢月爲勞，江南有梅，逢驛可達。

潘光亶於一九一七年回校，因滯學一年故低先生一級，但兩人友情甚篤，爲莫逆之交。

九月六日 辛酉級召開級會，時無級長，“舉定聞多君爲書記”，總負責任。同時，決定出版一種雜志，以錢宗堡爲總編輯，先生爲中文編輯。此外，先生還擔任了級會演説部長、演劇部編輯部主任。（據《清華周刊》第 81 期，1916.10.4；《辛酉鏡・大事記》）

九月十一日 清華學校開學典禮。先生升入中等科四年級，編入甲班。同班中有王朝梅、王德郅、時昭涵、周玆緒、袁昶熙、顧德銘、王際真、姚永勵、薛祖康、吴澤霖、錢宗堡、沈有乾、薩本棟等。（據《辛酉鏡・班次》）

九月二十六日 清華學校成立全校性文藝團體“游藝社”，下分演劇、音樂兩部。先生擔任副社長，時社長爲林志煌，後爲羅發組。“游藝社成立於一九一六年秋季，分戲劇、音樂兩部”，“第一任社長林志煌，副社長聞多，演劇部長陸梅僧，音樂部長徐篤恭。第二任社長羅發組，副社長聞多”。（《學生方面・智育》，《清華周刊本校十周年紀念號》，1921.4.28）是日游藝社開第一次大會，推舉先生兼任中等科會計。“九月二十六日午後一時，本校游藝社假高等科一百四十一號教室開會，討論進行辦法。由社長林君志煌提出，全體職員業經多數社員通過矣。據列於下：音樂部長桂中樞，演劇部長陸梅僧，書記張蘭閣，會計白敦庸，幹事沈誥、温祖蔭，編劇員蒲逋縠、喬萬選、張廷玉、姚醒黄、羅發祖、童錫祥，布景員向哲濬、陳長桐、程樹仁、吴澤湘、吴澤霖，中等科會計由副社長聞君多擔任。”（《清華周刊》第 85 期，1916.11.1）一九一九年底，游藝社改稱新劇社，專事排演新劇。

九月二十七日 《二月廬漫紀》續六發表於《清華周刊》第八十期。共三則，有詩品之風。末則引“風馬牛不相及”典故，云：“近有解者，牛走逆風，馬走順風，故不相及。”可知先生頗留意新説。

十月四日 《二月廬漫紀》續七發表於《清華周刊》第八十一期。共五則，皆論先秦經史。有疑《詩經》朱熹傳序者，有論及“匏瓜”之星名來歷者。

十月九日 爲慶祝雙十國慶節，清華學校舉行全校化裝競賽。辛酉級由先生所司之演劇部籌備，是日演出《蓬萊會》，獲全校“最優，獲獎綉旗一面”，（《辛酉鏡・大事記》）演畢全體合影。先生在劇中飾驢。

該劇劇情見《辛酉鏡・戲劇》：“一道人美髭髯，王冠裒衣，跣其足，手一麈麈上。二仙童舞於其前，又歌靈芝之曲，‘I Know A Bank’。即畢，道人自稱曰牛鼻道人，嘗從太上老君游，得奇術，能立致風雨。旋問二童曰：‘今曰何日？’童曰：‘中華民國國慶紀念日也。’道人囅然而笑，麾麈，衆徒以次上，與道人習禮。禮畢，比肩而立：茶碗者，道人之侍者也，最先出；次上之鬒婦，四不像也；再次上胡髻而西服，束鐘手腕以代鐲表者，五不像也；又次爲半麵人，左半男，右半女，如二人并而爲一；階行者爲狼狽，二面，皆具口鼻，如二人背立而爲一；又次爲侏儒與長人；又次爲秃浮圖與怪物；又次爲笨伯；驢最末出，振耳長鳴，衆皆失笑。於是道人命茶碗唱名，衆皆應諾，獨六不像不到。道人曰：今日爲雙十節，當作游戲以志慶，若曹之運動者，曷作百碼之競走，勝者吾獎之。衆推笨伯、怪物與驢比賽，而侏儒爲評判者。其結果，驢第一，怪物次之，笨伯居末。驢馳速度爲四十八分又五之一，遂獲以金牌，文曰‘勿走草地’。會畢，道人率其徒謁玉帝，且行且歌。歌曰：‘It’s a long way to Tipperary，it’s a long way to go. It’s a long way to Tipperary，to the sweetest ... girl I know. Good-night ladies. Good-night ladies. Good-night ladies. We are going to leave you now.’”歌詞大意爲：漫漫長路到蒂珀雷里，還有漫漫長路要走，漫漫長路到蒂珀雷里，去找我最最心愛的姑娘。晚安，女士，晚安，女士，晚安，女士，現在我們將離你而去了。[①]

十月十一日 《二月廬漫紀》續八發表於《清華周刊》第八十二期。共三則，爲讀詩賦之評論。

十月十八日 《二月廬漫紀》續九發表於《清華周刊》第八十三期。共五則。

---

① 《蒂珀雷里在遠方》是首思親與懷鄉的愛爾蘭民歌，創作於1910年代，第一次世界大戰時引起英國士兵共鳴，并隨着軍人返鄉退伍在全英各地廣泛流傳，成爲了英國史上最著名的“戰時歌謡”之一。

十月二十一日 辛酉級召開級會，“舉錢宗堡、劉沛漳、聞多三君爲中等科聯合演説辯論團該級演説代表”。(《清華周刊》第 84 期，1916.10.25)

十月二十七日 擔任貧民小學開辦手續起草員。“清華學生創辦貧民小學，自前學期來，已籌得款項二百餘元。現學生代表團，特於前星期五下午五時，開會討論進行方法，并選定程其保、聞多、陳烈勛、黄勤、劉莊五君，爲開辦手續起草員。”(《校聞》,《清華周刊》第 85 期。1916.11.1)

十一月一日 《二月廬漫紀》續十發表於《清華周刊》第八十五期。共六則。有以詩徵諺者：“‘尾大不掉’，此非寓言也。古言西域有獸曰羯，尾大於身之半，非以車載尾則不可行。先白湛淵有《咏羯》詩：‘羯尾大於斛，堅車載不起；此以不掉滅，彼以不掉死。’”又有辨字辨物者：“柳生於葉間，成穗作鵝黄色者，柳花也；花既褪，就蒂結實，熟則亂飛如絮者，柳絮也。杜詩：‘雀啄江頭黄柳花。’又云：‘生憎柳絮白於棉。’花與絮不同，顯然可見。”

十一月四日 辛酉級舉行英文辯論，分三團，先生爲丙團主辯之一，“題爲‘解决體育館與圖書館孰爲重要’”。“丙團主席楊廉正，書記何浩若。正組主辯吴澤霖，助辯聶鴻逵、王德郅；反組主辯聞多，助辯王際真、宋珣。結果由會友公判，三團俱正組勝。”(《清華周刊》第 86 期，1916.11.8)

十一月八日 《二月廬漫紀》續十一發表於《清華周刊》第八十六期。共六則，有辨名者，有辨物者。

其一則云：“宋朝廢后入道，謂之‘教主’。郭后曰‘金庭教主’，孟后曰‘華陽教主’，其實乃一師號耳；厥後群黄冠乃敢上道君尊號曰‘教主’，不祥甚矣！孟后出瑶華宫遂去教主之稱以避尊號，籲可怪也。及今尊孔氏爲教主，則益濫矣。”又一則云：“宋儒闢佛老者，目曰虚無之教。觀之詩曰，無聲無臭，未嘗以爲諱也。世亦有疑及無聲無臭者乎？《易》曰：無方無體，《易》未嘗以無爲諱也。世亦有疑及無方無體者乎？無意無必，無固無我，即《論語》亦未嘗以無爲諱也；世亦疑及無意無必無固無我者乎？又如曾子云：‘有若無，實若虛。’則是爲道者政患不虛不無耳，世亦有疑及若無若虛者乎？使之數言者不出於儒書，而出於佛氏之口，人亦必吹毛而求其疵矣。”又一則云：“有人作《游女詩》云：‘不曾憐玉笋，相競采金鹽。’人多不識‘金鹽’爲何物，或以爲花名。按《煮石經》云：‘五加皮亦名金鹽。’”

十一月十五日 《二月廬漫紀》續十二發表於《清華周刊》第八十七期。共四則，皆讀詩詞以品味。

十一月十八日 參加游藝社會議，通過社章，并由副校長趙國材講釋新劇。（據《清華周刊》第88期，1916.11.23）時，趙新編一劇，欲由游藝社演奏，二十二及二十四日，趙特邀先生等至其宅商議。

十一月二十三日 《二月廬漫紀》續十三發表於《清華周刊》第八十八期。共兩則。

一則爲讀《史記》時所發之疑問，頗見功底，云：“《史記》謂孔子見衛靈公之寵姬南子。非也。孔子適衛，門人爲僕，靈公與夫人南子同車出游，令宦者雍梁驂乘，使孔子爲次乘，游於市，孔子耻之。夫聖人方以季桓子受齊女樂而去魯適衛，至衛而耻爲靈公南子之次乘，豈肯輕身往見之？南子蓋魯之南蒯耳。南蒯以費畔，昭公十四年奔齊，侍飲於景公。公曰：‘叛夫’，對曰：‘臣欲張公室也。’南蒯欲弱季氏而張公室，夫子見之，將以興魯也，與見佛肸事不約而合。佛肸之召，子路曾致疑矣，此又不悦。夫子以堅白匏瓜，微言不足以醒之，故復有天厭之，誓比類以觀，則知其非見衛之南子，而見魯之南子必矣。”

十一月二十五日 辛酉級級會舉行中文辯論與英文演説，前者題爲“有名英雄較無名英雄對於中國關係更大”；後者參加者有先生等人，（據《清華周刊》第89期，1916.11.30）演説内容未詳。

十一月三十日 《二月廬漫紀》續十四發表於《清華周刊》第八十九期。共五則。

一則嘲曾國藩，甚有趣：

清曾文正公振鏞，兒時好弄。嘗於塾中爲龜戲，匍匐地上，覆大木盆於背，手足并進，蠕蠕然固一大龜也。太翁亦顯宦，深怒其無狀。一日偵其爲是戲時，突入塾中。公窘急，即縮其四體於盆内；太翁佯爲不知也，就坐盆上，與塾師談，日昃而退。師懼公不堪，揭盆視，乃呼噪而出，如無所苦焉。顧自是不復敢爲是戲矣。

又三則贊少年聰慧：

明戴大賓幼聰穎，讀書輒過目不忘。在館時嬉戲，鄰師過之，以其幼也，因出聯曰："月圓"，大賓應聲曰："風扁。"師笑曰："風何以言扁？"大賓曰："風不扁，何穿透門隙也？"師又曰："馬嘶。"對曰："牛舞。"師曰："牛何以舞？"曰："大舜作樂，百獸率舞，牛不在中乎？"時方七歲也。

吾友羅君魯參（羅隆基），言今夏嘗與人戲作辯論，以牛與羊孰爲有用爲題。魯參曰："牛音樂家也。"其人曰："何以言之？"曰："語稱對牛彈琴，牛得非音樂家乎？"聞者不禁失笑。引用成語之妙，視大賓殆尤過之。

王禹偁七學能文，畢文簡公爲郡從事始知之。聞其家以磨麵爲生，因命作"磨"詩。元之對曰："但存心裏正，何愁眼下遲！得人輕借力，便是轉身時。"文簡大奇之。

古詩《擬李陵與蘇武詩三首》《讀項羽本紀》亦發表於是期《清華周刊》。這是先生首次正式發表的古詩，似頗看重，次年編入《辛酉鏡》。收《聞一多青少年時代詩文集》。

是月 辛酉級王際真、高長庚等發起唱歌團，"請林玉堂先生爲教員"，團員十四人，先生亦加入，唱男低音，兼書記。時，辛酉級"音樂程度進步最速，平日習樂時，已能分音"，美籍音樂教員施麗"女士嘗許爲全校之冠。是年夏，女士返美，秋間遂無音樂"，但"級友練習

之勤如昔”。(《辛酉鏡·樂歌》)

是月 又參加特别圖畫班。時,“入第四學年,無圖畫,西教員白西玲集級友之習畫者十餘人爲特别圖畫班,每周習畫一次,成績甚富”。(《辛酉鏡·美術》)

十二月七日 擔任《清華年報》圖畫副編輯。時,“《清華年報》編輯部現以事繁,特添派中等科聞多、楊廷寶二君爲繪畫副編輯”。(《清華周刊》第 90 期,1916.12.7)這年年報圖畫副編輯衹兩人,均係辛酉級級友。

十二月十四日 《二月廬漫紀》續十五發表於《清華周刊》第九十一期。共兩則。末則記一少年聰慧,流露出先生的少年抱負。

十二月二十一日 《新君子廣義》發表於《清華周刊》第九十二期。收《聞一多青少年時代詩文集》。

是月八日,周辨明先生在中等科作倫理演説,題爲“童子軍之創始者英將波威事略”。演説中提出“新君子”,先生聽後甚覺“良新,退而思其義,蓋精且博,因爲之説以廣先生之意”,乃作此文。文中主張提倡進取的新君子精神,云:

> 夫新君子者,對於舊君子而言也。禮義自繩,審幾燭微,造次顛沛,靡斯須之或弛,此我國人所稱爲君子者,吾稱之曰舊君子。《易·繫辭》曰:“無思也,無爲也,寂然不動,感而遂通天下之故。”是以舊君子之旨主静,静則尚保守。其弊不外徒言道義,而鮮實踐;馬遷所謂博而寡要,勞而少功者是也。新君子之旨主動,動則尚進取。其學以博愛爲本,而體諸人群日用之間。蓋君子習夫人群日用之務,則不賴於人,而廉耻立;知夫人群日用之務,則不奪於人,而禮讓興。廉耻立,禮讓興,此泰西之治,治於多新君子也。夫吾國自四民之途分,農以給食,工以成器,賈以資用,以及監門畜之,臧獲任之,皆莫非益我者。獨士自稱君子,弗屑於細人之務,於是舒步籧篨之謂道,裒衣博袖之謂儒,呫嗶咿唔之謂學;謬種流傳,每况愈下。而所謂僞聖賢者,遂接迹於天下,以成

今日之薾憊焉。嗚呼！袁枚氏所謂士少則天下治，詎無謂哉！今童子軍之所習者，若結繩、烹飪，若縫紝，皆所以鍛煉而範成新君子者也，豈得以瑣屑病之哉！吾校前者有築路之舉，以士人而勞身役形，以事版築之瑣務，蓋以也。吾同學其毋墮此新君子之精神焉！

十二月三十日 清華學校舉行年終戲劇比賽，由高、中兩科各演出一劇。中等科演出了先生參與編寫的四幕劇《紫荆魂》，被評爲優勝。其劇情“第一幕圖漁利奸人施詭計，争意氣富户鬧分家。第二幕開大會師徒同聚樂，接快信兄弟急歸鄉。第三幕吃酒席流氓圖搶劫，住飯店學生窺陰謀。第四幕禦外侮警長進忠言，敦人倫夏氏昌家道”。演出後人評到“布景之精巧，談諧之奇詭，運用匠心，慘淡經營之處，中等科尤見出色”。(《清華周刊》第94期，1917.1.5)

是年冬 因病住進校醫院，觸景生情，想起同學賈觀林，作《招亡友賦》，發表於次年二月八日《清華周刊》第九十五期。收《聞一多青少年時代詩文集》。

賈觀林，字覲君，上海人，一九一三年入清華學校，與先生同級。喜戲劇，曾同編寫劇本，在《革命軍》中飾瑞澂、《打城隍》中飾差役、在《兩僕計》中飾陶晏，皆與先生同臺演出。一九一五年十二月二十二日，中等科同學王錫純患猩紅熱病故，學校即將與王同寢室的賈觀林等十餘人遷入校醫院分居，但賈觀林仍不幸被傳染，於二十四日病逝。(深《猩紅熱之發見及治法》，《清華周刊》第62期，1916.1.1)一夕，先生住在醫院覺得“恍恍惚惚，覲君來前，驚而延之，神定景逝。更寐而求，苦不交睫，起視牖外，疏星出没，月在高樹，巡宇而呼，仰空而泣，踟蹰搔首，不知所措，乃作賦以招之”。《招亡友賦》十分感人，文云：

嗚呼噫嘻！子胡不歸？精氣不失，凝神顯質，道出於躬，子胡不神以逸哉？王弼譚玄，嵇康傅琴，越昔之哲，罔阻於幽扃，子胡爲而弗靈哉？土伯魌魕，咆哮念叩，薜荔攖人，挾劂荷剞，子獨不之惜哉？豪騎鯨游，突杌逍遥，促以長飇，迅於赤熛，子胡不來與走共此宵哉？子死之所，今爲吾圄，子或弗臆，道無險阻，燭子以炬，夫疇復敢子拒哉？厥室之左，樓峨峨哉；厥室之右，澗瀏瀏哉；厥室之前，行軒輂哉；厥室之後，圃百畝哉；厥室之門，無衛屯哉；厥室之幌，闊且晃哉；子胡不歸！夫疇復敢劻勷哉？走有青瓊，醍醐輕哉；濡鱉臛蠖，實鼎胹哉；粔籹餦餭，如飴膏哉；緑蟻新醅，泛玉罍哉；爐可温哉，榻可眠哉；故籍從衡，可供研哉；鴻談狂笑，無人誚哉；言之不足，承歌嘯哉；子胡不歸！走遲子於室之窔哉，走思疇昔，泪如汐哉；訂交清華，比雲霞哉；乙卯之冬，誼蔑如哉；蝌文象胥，學不頗哉；惟子與走共切磋哉！鞅掌會務，維勤懇哉，惟子與走共此僱哉；少年志越，拯時難哉，惟子與走共此自憪哉！睥睨宙合，嗤慕愚賢，慷慨悲歌，憤言誕譚，於儁邁何，不可再哉！高譚雄辨，深扣清酬，雋語解頤，睿音箴訧，於詾嘩何？不如昔哉！明月麗天，庭階堊雪，狂語欣羅，清歌裂帛，如風疋何！不可復哉！秋飆雨夕，素友雜坐，羽觴忽接，秦聲同和，如豪狂何？今其已哉！子説走書，玉潤金生，走兹擘箋，子來爲走評哉；子嗜走畫，幛濤有聲，走調丹青，子來助走成哉；已走之志，昔尚功而賤言，兹務言以立功，子來以爲走之折衷哉。已走之學，曩蔑古而餂今，兹盭今而淫古，子來爲决捨取哉。嗚呼噫嘻！子胡不歸哉？

辭畢，有聲冥冥，不見其形；其言曰：二人同心，幽明不乖，交子以神，匪以形骸；閔免崇德，勿復相懷！

先生很看中這篇賦，後將它編入中等科畢業紀念刊《辛酉鏡》。

一九一七年　十九歲

春，胡適在《新青年》發表《文學改良芻議》。一個月後，陳獨秀在《新青年》發表《文學革命論》，兩文均提倡“文學革命”。

七月一日，溥儀在北京稱帝復辟，復國號“清”，改年號爲“宣統九年”。

七月十二日，段祺瑞率軍攻占北京，溥儀宣布退位，復辟結束。黎元洪辭大總統，馮國璋繼任。復任國務總理的段祺瑞重新控制北京政府，拒絕恢復《臨時約法》和國會。

八月十四日，北京政府對德、奧宣戰，參加第一次世界大戰。

八月二十五日，南下國會議員在廣州召開“國會非常會議”，成立護法軍政府，選舉孫中山爲大元帥，護法運動開始。

二月三日　辛酉級級會討論編輯中等科畢業紀念刊事，“議既定，選舉職員，以聞多司編輯，吴澤霖司經理，薛祖康司會計，他職員均由編輯或經理指派”。（《辛酉鏡·大事記》）

三月三日　二月十二日級友陳宗澤病逝。是日辛酉級在清華禮堂開會追悼，先生誦祭文。（據《辛酉鏡·大事記》）

三月十五日　辛酉級中等科畢業紀念刊編輯部召開會議，决定將該刊名稱定爲《辛酉鏡》（此前作《級鑒》），由先生任總編輯，羅隆基、何浩若、錢宗堡、周兹緒四人爲編輯。是月十日，曾請楊仲達、李壽先、趙瑞侯三先生爲該刊顧問。（據《辛酉鏡·大事記》）

三月十七日　辛酉級級會舉行英語辯論會，題作“普通教育較人才教育爲要”，先生擔任辯論會的主席。（據《清華周刊》第101期，1917.3.22）

三月二十二日　《辨質》發表於《清華周刊》第一〇一期。收《聞一多青少年時代詩文集》。

該文認爲“君子爲學，必光明氣質”，“質之不明，學將焉本？是以蛀蝕之木，雕鏤不加；糞土之墻，髹堊不施；君子質有未明，則學莫成，即成亦適增天下之害耳”。從體裁看，很像是古文“辨”體，可能是課中關於寫作方法的訓練，但表現了先生對“氣質”的認識。其中云：

夫氣質之病，未可勝窮，要之：毗於動者爲妄，毗於静者爲惰，而動者不嫥妄，静者不嫥惰；妄者惰之因，惰者妄之果；妄者必惰，惰者必妄。心無所主，時而氣溢於外故爲妄，氣藴於内故爲惰，譬之感疾者，凉燠交作，靡有定象也。凡少年多發揚之氣，故喜動，好矜而樂群，質之不明，則流爲妄。負意氣，騖聲譽，卓詭其行；虓然與人争，勝則沾沾自喜，以爲天下莫己若，於是益爲之横暴而無藝；隅［偶］見屈於人，則必嫉之、仇之，至不謀所以擯斥之而不快；甚或結儔侣，圖標榜，小以害大，寡以驟衆，是之謂囂張，是妄之病也。耆老多衰頽之氣，故喜静而好獨，舊之學者多病是，今則猶有其倫。甘其味，華其服，讀書以求一己之利；非己也，莫肯費錙銖，莫肯舉于［手］足；或則鼂作而夕暝，孜孜而修，逍遥而息；觀書矣，不窺園也；對古人矣，不接今人也；是之謂曠夫，是惰之病也。惰者盡已，猶不失爲庸懦；妄者則爲小人：辨察以資聲色之契券，淹博以爲權門之禽犢，通達時務以爲盜賊之嚆矢；其爲害有不止於天下後世者哉！是故，多庸懦，昔之中國之所以不振；多小人，今之中國之所以亂。雖然，學者氣質之病而至於妄，妄蓋蔑以以加矣。欲療斯疾，則奈之何？《説命》曰“遜志務時敏”，斯言可味矣。方寸之明，皎如白日；人之爲惰爲妄，蓋莫不自知；知爲妄則務遜志，知爲惰則務時敏。此其事不求諸人，而求諸己；不求諸己之氣質，而求諸己之心。蓋氣質傳於四體五官，四體之惰，心之惰也，五官之妄，心之妄也。務遜志時敏者亦以心。以心治心，無不成；不則心有不明而反役於質，則掩飾彌縫之事生，若是病不入於膏肓者幾希。籲！可不慎哉！

三月二十四日 爲中國運動員赴日本參加遠東運動會募集捐款，游藝社在校内演出《都在我》，先生有力焉。《清華周刊》報導云："本校游藝社爲遠東運動會募集捐款，以充派遣運動員赴日所需旅費，編演新劇一種，名曰《都在我》。特於前星期六（三月二十四日）晚，先在校内排演，座設食堂，七時半開幕，十時半始畢。化裝精工，表情細緻，極淋漓之妙。由游藝社社長羅發祖君主席，觀者踴躍闐塞，而中美教員之眷屬親友，遠東與觀者亦甚衆。票價分優待（不取資）、特別（五角）、普通（二角）三種。更擬於四月十三、十四晚，在北京青年會開演。兹録《都在我》劇目如左。第一幕霍得信，第二幕債累遠游，第三幕途窮遇救，四幕壽辰私逢子，第五幕罹疾團聚。"（《校聞》,《清華周刊》第 102 期，1917.3.29）

其後，該劇復增加一幕，并於四月七日再次在清華禮堂演出。《清華周刊》報導云："游藝社排演之《都在我》新劇，現又增加一幕，并將劇情略加修改，較前更有精彩。定於月之十三、十四日，假北京青年會排演，售票每張一元，得資補助遠東運動會隊員路費。并擬於本星期六晚，先在禮堂排演一次，凡本校校役，及星期六星期天學校學生，及其家屬，均可來與觀云。"（《校聞》,《清華周刊》第 103 期，1917.4.5）

四月十三日 應遠東運動會中國董事會邀請，《都在我》在市内米市大街基督教青年會正式演出，由外交部參事刁作謙主持，十四日繼續演出，由外交部次長王正廷主持。兩次演出均甚成功，《清華周刊》報導云："本校游藝社應遠東運動會中國董事會之請，特於十三、十四兩日晚，在北京青年會排演《都在我》一劇。座券每張取價一元。十三日晚七時半開演，由外交部參事刁作謙先生主席，并先説明演劇募捐之宗旨。中西士女來觀者六百餘人，每幕終，掌聲雷動，蓋劇員均振作精神，視在校初演時，爲大進步也。十一時畢。十四日晚，由王正廷先生主席，觀客八百餘人。演至第三幕時，電燈遽壞，全堂黑暗，而劇員在臺上者，并不停演。急燃燭以代電燈，約經三分鐘，電燈復亮，而其間燭之去取，均由劇中之店僕爲之，故觀者尤以爲妙，蓋合於劇中情節也。又每次閉幕布景時，皆在趙、曹二女士互奏洋琴，以破岑寂，而增興趣云。”（《校聞》,《清華周刊》第105期，1917.4.19）此次遠東運動會，中國派出運動員、職員等近百人。運動員中有清華學校孟繼懋、程樹仁、姚醒黄、鄺壽堃、關頌韜五人，他們於四月二十八日與中國北部運動員離京。運動會上，程樹仁獲標槍第三，孟繼懋獲鐵餅第三。

四月十九日　《清華周刊》更换職員，先生仍任中文編輯。時總編輯爲李權時，中文編輯還有桂中樞、廖永忠、邱椿（大年）等。（據《清華周刊》第104期，1917.4.12）九月下旬，先生辭此職。

四月二十一日　參加辛酉級級會舉行之英語辯論會。辯論“題爲‘今日中國科學家較文學家爲要’。正面主辯王德郅，助辯周天驥、陶世杰、楊廷寶；反面主辯方來，助辯區沛玖、沈乃正、聞多。評判員劉寰偉先生。結果反面勝”。（《清華周刊》第106期，1917.4.26）

五月十七日　《清華周刊》刊登辛酉級中等科畢業級刊《辛酉級》編輯消息，云：“中四級會。中四級書，定名《辛酉級》，自籌備以來，積極進行，約於月底可付印云。”（《校聞》,《清華周刊》第109期，1917.5.17）

六月十五日　《辛酉鏡》印行。總編輯爲先生。封面爲一展翅飛翔雄鷹，背繪光芒四射的太陽，正中以篆書書寫“辛酉鏡”三字。楊廷寶回憶：“《辛酉鏡》封面那隻鷹是誰具體畫的，我已記不太清楚，我和一多都可能有份。”（楊廷寶致黄延復信，1980.7.17，未刊）

全書分十三類：班次、課程、教員、級友、課藝、論著、藝林、譯叢、辯論演説、體育、美術、樂劇、大事記。系統扼要記述了辛酉級同學在中等科四年的學習與生活。

收入該書的先生著述有數種，除《致友人書》《招亡友賦》《擬李陵與蘇武詩三首》《讀項羽本紀》已發表過外，還新發表有《發刊詞》《陳涉亡秦論》《生於憂患死於安樂論》《馬賦》《松賦》、古詩《春柳》《月夜遣興》《七夕閨詞》和自撰小傳《聞多》。上述諸篇均收入《聞一多青少年時代詩文集》。

《發刊詞》署名“聞多”，述《辛酉鏡》成書原因及編輯思想、體例，反映了先生對各項欄目的認識。其云：

吾校中等科諸級，值畢業時，述其學績以爲雜志者：戊午有《進步》，己未有《留音》，庚申有《級史》。陽林舒蔭，衆羽并翔，康衢揚鑣，千馬合轍；志同體殊，然胥歸於紀念云爾，謂爲嗜學則誇矣。丁巳夏，吾辛酉級，將升入高等。級友等愧大道之未明，幸小成之可喜；乃綴成績，紀沿革，表姓氏，攝像影，以編輯成書，顔之曰《辛酉鏡》，而付諸剞劂，亦所以紀吾學，志吾修，而藉云自鏡耳。顧或謂靈均製騷，班氏謂其露才；李泌夙穎，張子戒以韜晦；是故和光可以成德，揚己必致損慧；今縱有成績可紀，奚必顯以示諸人哉！夫游夏之科，照耀孔門；藝文一志，炳麟漢史；萬寶争輝，始能奪目；五音繁會，斯乃鏗耳。兹者才短襪綫，匪子産之博物；學愧膚受，無夷吾之通疋；而欲巧弄翰墨，遽灾梨棗；是亦啄菢之慕鸞音，疲驢之追駿步也！記者聞之，喟然而嘆曰：夫榆枋橘柚，約爲弟昆；翔麟褭驥，共試鬃蹄；四載以來，三育兼進，兹值畢業，可無紀念？同人雖陋，豈不知杯水坳堂，僅載芥舟，支辭片論，無當崇議哉！特以衡陽之木，萌於拱把；千里之程，肇自跬步；苟蚍蜉弗捨，丘垤可成；精衛不輟，溟渤可塞；是故欂櫨侏儒，棖闑店楔，靡不竭智殫精，旁收遠紹，詮實臚陳，用資自鏡；不侈巵（卮）言之濫，不希躐等之功；抑亦往事不忘，用師後事，前車覆轍，以鑒來車之意云爾。而必欲以比於古之作者，是猶强燕雀以步鴻鵠，挾泰山以超北海也。且歲華輪轉，身世飄浮。今共硯席，倏作箕斗；苟鴻爪不忘，尺簡恒握，則蒹葭懷想，千里如面。蓋上景下景，墨子之别傳可籍；人相我相，如來之大意猶存；顧不懿與！兹出版有日，爲括其門類，約十有三；各詮其義，列之於後，讀者鑒焉。

班次之分，以便教授，升降靡定，祇以合數，甲乙殊號，不區程度。詮班次第一。

學術百端，陸厨鄴架，充棟汗牛；兹之所肄，胥尚普通，未能深求。書籍表帙，久懼失徵，表以備佚。詮課程第二。

啓蒙解惑，師德難忘；桶檖梏質，繆厠門墻，游楊立雪，感祝瓣香。詮教員第三。

榆枋橘柚，異苔同岑；兑能麗澤，豫應盍簪；學修并載，用資規箴。詮級友第四。

歐學東來，群忘國粹；學校有文，奚翅疣贅；清華規課，新舊靡鍪；同人雖陋，尚知濯厲；亘兹四載，不乏合制。詮課藝第五。

精研覃思，藴奥雲披，鋭比莫邪，秀類青芝；并蓄俱收，大放厥辭。詮論著第六。

韓歐徐庾，駢散異體，各擅厥趣，未可偏詆；茹古含今，我心則取，幼稚不揣，操觚喜試。詮藝林第七。

維兹之世，種族繁浩，黄皙棕黑，譯移斯寶；呿盧鴻制，愧鮮深造，爬羅剔抉，簡易是考。詮譯叢第八。

矯尾厲角，獨號季子，嘘枯吹生，允推公緒；碧鷄白馬，能究天人，宣尼四科，亦重言語。詮辯論演説第九。

文育齠齡，躍高六尺，羊侃總髻，蹋壁五尋；血氣之勇，固匪君子，筋骨之秀，詎乏儒林？中士尚文，積弱既久，願作先聲，雄鷄踞阜。詮體育第十。

洶［陶］性怡神，書畫不廢；墨翟製鳶，始肇儒工；孔稱游藝，由來尚矣；新學東漸，於兹尤崇。詮美術第十一。

折楊皇荂，嗑然增噱；優孟濫觴，淫譝風作；慨兹横流，用振光鐸。詮樂劇第十二。

校風尚競，借區優劣，外務乃敍，級事轇轕；改弦更張，日新月異，前事不忘，後事之師，鈎玄纂要，用作箴規。詮大事記第十三。

《陳涉亡秦論》是課堂上的一篇作文，先生用問答來評述了自己對這一歷史的看法：

客或問於聞子曰："陳涉亦嘗亡秦乎？"對曰："秦之亡久矣，商君亡其法度，李斯亡其文獻，吕不韋亡其宗嗣。三者，國之所與立，三者亡，而斧扆圖籍雖存，亡無日矣。涉特亡其斧扆圖籍者耳，豈真亡秦者哉！"曰："秦無道，故家遺俗、豪人俠士之彎弓報怨者，尚鮮其人。涉聚罷散之衆，揭竿斬木，奮臂一呼，而豪俊蜂起，天地瓦崩，其所福吾民者大矣！"曰："唯唯，否否。嬴秦虐民，海内側目，涉首義誅秦，以蘇民困；吾子稱涉以罪秦，當矣。然而涉起謫戍而首事，非有一日之規，計自免於刑耳。稱之，吾恐後世亂臣賊子，將假涉之名，以玩法殃民；無如貶之，以無貽以口實也。夫秦猶桀紂也，人胥知其暴，以得而誅之；斯輩假湯武之名，以肆其蹂躪，人莫敢罪之者矣，其爲害不且百倍於秦耶？"客乃喟然而嘆曰："誠如子言，則苗莠莫分，是非混淆；孰也仁，孰也暴，何莫非吾民之蟊賊哉！嗚呼，吾用是爲天下後世懼。"

《生於憂患死於安樂論》也是一篇作文，對孟子這一名言發生了疑問：

天道循環也，憂患之極，安樂隨之；安樂之極，憂患隨之；故天下無憂患，而天下皆憂患；天下無安樂，而天下皆安樂；惟聖賢明乎此。憂患而安樂之，是能忍；安樂而憂患之，是能慮；能忍能慮，故無往而不生。愚庸昧乎此，憂患而憂患之，是無勇；安樂而安樂之，是無智；無勇無智，故無往而不死。孟子曰："生於憂患而死於安樂。"斯言也，竊有疑焉。夫生人者豈必憂患，而死人者必安樂耶？抑能忍能慮，有以生之，而無勇無智，有以死之也？是故天不生無用之物，亦不造無用之境。憂患安樂，皆所以益我者；處之不以其道，斯害也已。異哉！物之害者，即其益我者也，可不恫歟！

《馬賦》是今存先生的第一首古體譯詩，其序云：

古羅馬愛部魯洲之艾闕城中，有巨鐘焉。民間有冤濫者，則鳴鐘以聞諸縣令。約翰王時有武士，垂老，貪婪貨利，盡市其鷹犬甲胄以取資。畜馬一匹，旋弃之。馬食蔓觸鐘。鐘鳴，縣令至，則見老馬，左右言屬武士，乃亟召武士至，重責之。武士大慚，復携馬歸。美人亨曼長卿以詩紀之。兹譯其意，廣其辭，而爲之賦。

《聞多》是先生的自傳，原作未署名。郭道暉、孫敦恒《關於聞一多少年時代的自傳——〈聞多〉》："我們最近訪問了聞一多在清華學校時的同班好友吴澤霖教授，他當時也是《辛酉鏡》負責人之一（總經理）。據他回憶，這些小傳大多是由彼此要好的同學互寫，也有的是由本人自撰，最後由總編輯聞一多審定。至於《聞多》一文究竟是誰寫的，吴先生已記不清了。但他一讀這篇小傳，就認定是聞一多的手筆：其行文完全是聞一多的風格；小傳中愛用一點生僻的古字，這也是聞一多當時的癖好；其中所述的一些情節，也衹有聞一多自己纔能寫出。所以可斷定是他的自傳。至少，聞一多作爲總編輯，對這篇小傳也是親自審定過的。"（《聞一多青少年時代詩文集》，第4—5頁，雲南人民出版社1983年8月出版）《聞多》全文如下：

聞多，字友三，亦字友山，湖北蘄水人。先世業儒，大父尤嗜書，嘗廣鳩群籍，費不貲，築室曰"綿葛軒"，延名師傅諸孫十餘輩於内。時多尚幼，好弄，與諸兄競誦，恒絀。夜歸，從父閲《漢書》，數旁引日課中古事之相類者以爲比。父大悦，自爾每夜必舉書中名人言行以告之。十二歲，至武昌，入兩湖師範附屬高等小學校。甫一載，革命事起，遂歸。翌年春，復晋省，入民國公校，旋去而之實修學校。越月，試清華，獲選。來校時，距大考僅一月，又不審英文，次年夏，遂留級。喜任事，於會務無洪纖劇易悉就理。所見獨不與人同，而强於自信，每以意行事，利與鈍不之顧也。性簡易而慷爽，歷落自喜，不與人較短長；然待人以誠，有以緩急告者，雖無貲，必稱貸以應。好文學及美術，獨拙於科學，亦未嘗强求之；人或責之，多嘆曰："籲！物有所適，性有所近，必欲强物以倍性，幾何不至抑鬱而發狂疾哉？"每暑假返家，恒閉户讀書，忘寢饋。每聞賓客至，輒踧踖隅匿，頓足言曰："胡又來擾人也！"所居室中，横臚群籍，榻几恒滿。閑爲古文辭，喜敷陳奇義，不屑屑於淺顯。暇則歌嘯或奏簫笛以自娱，多宫商之音。習書畫，不拘拘於陳法，意之所至，筆輒隨之不稍停云。

又，《級友》欄有賈觀林傳，據吴澤霖給編者信，認爲它也是先生所作或手訂，兹録以參考：

賈觀林，字覲君，江蘇上海人，少聰穎，年七歲，入龍門師範附屬小學，謹禮法，試冠其曹，師友皆敬愛之。年十二，聞清華招生，即欣然投考，卒獲選。將入京，父念其幼，戀戀不捨。觀林慨然曰：男兒志在四方，詎當蹐局於一隅哉，父何阻兒行耶。父壯其志而許之。來校後益勤奮，智育體育皆見長於儕輩，尤以新劇稱。廣交游，校中上自校長，下及厮役，類能道其名。乙卯暑假南旋，補習英文，夜以承晝，積勞成疾，幾瀕於危，閲月乃愈，然體質則大虧。秋間偕弟觀鑫及同鄉之新入校者數人北來，途中絜巨釐細，觀林獨任之，人稱其能。來校時，勤謹如昔，而於級務則尤號熱誠，嘗與同學數人等籌劃演劇比賽事，至更三四夜弗寢。稿成，將練習，而觀林劇病，作狂熱，身皆赤，不能安眠。乃起蹀躞往復於室中，凡百數十匝不已。時博顙歌樂府，慘厲悲壯，哀動四鄰，神氣惘惘，若無所麗，倏步倏趨，倏泣倏笑，毫髮蝟張，戟手作勢，宛如短兵之相接，則方擬所編戲中之情節也。數日病益臻，屬其弟曰：吾病行將愈，幸勿以告家中，致增父母憂。語次，據枕大泣，嗚咽不能成聲。明日遂逝，時民國四年十二月二十四日也。觀林風采閑潤，温恭藴藉，性伉直而警敏過人，級務中有幹事者，非觀林莫屬。又喜體育，嘗爲本級長跑隊員。其死也，同學靡不嘆昔，昆弟四人，長兄蚤世，觀林居次，二弟均幼，今肄業本校之名觀鑫者，其從弟也。

《辛酉鏡》各類之序，多由先生手訂，其中頗能反映某些思想與認識。如《課藝·序》特别强調國學，與《論振興國學》一文如出一轍。其云：

文字者，國粹之所憑，而文明之所寄也。希臘之興以文，及文之衰也，而國亦隨之。羅馬之强爲奥開斯呑時代，迨文風蕭蔽，而政治窳壞，士藝薜暴，鐵騎遂得肆其蹂躪焉。吾國自戰國以及漢唐，文章彪炳，稱爲最盛，五季而後，日趨委靡，國運以衰。今維新之士，管蠡自私，弃國學而重鞮狄之文，其孰知舊學體也，新學用也，微體則用將何施，蔑體而求用，得毋不可乎。吾清華以預備游美之校，乃能刻自濯厲，以崇國學，日課中英文各半，每周作文以覘進展，法至㣲也。而吾級中能體是意，孜孜不懈者，尤不乏人，每值作文，靡弗殫思竭力，精益求精，四年來，成績有可觀矣。兹録其最可誦者若干首，以示不忘國粹之意，倘亦愛國志士所共許乎。

又，《藝林·序》亦强調國學重要性：

文之爲物，無津涯無畔岸至廣博也。爲文者，學以明之，氣以行之，神以化之，乃能中肯。然技非止乎此也，舉吾國一國之文由來已二千餘年矣，其間碩士通人，焚膏繼晷，演而爲雄富流麗高雅清逸，雖竭畢生精力，猶人執一端不克盡趣，然令讀者色飛神移望塵不及。時代變遷，學途演益，幻不能與古人抗衡，故文自淺也。況吾清華學子，學術之外加以象寄鞮鞾，日不暇給，未能專攻國學。今著藝林，枯澀滿篇，雖名曰文，自知其實非文矣。

《辛酉鏡》之序，爲林紓所作，迄今林紓之集均未見收入，故録以參考："余嘗再至清華園講論語，見學者彬彬然，部署井井然，司其事者温温而有禮。余太息以爲此校講新學，乃一本於禮衷古道一綫其猶存於斯矣。兹者薛君書來，以其級所刊之《辛酉鏡》一書屬餘序於余。書分十三類，文咸通贍，不悖於理，將刊以行世。方今學者東塗西抹，鮮能專心致志以崇實際，而諸君乃能聿自濯勵，勤學不懈。兹植中學畢業復輯其四年來之成績著於篇，此固有志之所爲，而未可數數覯者也。故草數言以歸之，益以勵其響往焉。丁巳四月閩縣林紓叙。"

先生亦喜愛林紓著述，某年暑假返鄉，在武漢買了《畏廬集》及續集，在家認真披閱，還讓聞家駟也共讀。（據訪問聞家駟記録，1986.11.20）

是月 與時昭涵合著的《童子軍》發表於《清華學報》第二卷第八期。

童子軍是少年學生的一種準軍事組織，它在清華學校剛剛出現不久，《清華學報》第一卷第三期曾有文介紹世界童子軍歷史概要。先生覺其叙述過略，乃搜集諸書資料，以述其創始、歷史、課程及各大洲之組織。其文云：

童子軍之關係於文明者甚巨，其進步之速，成功之著，頗足供吾人之研究。兹所述，特其大略耳，未可以概全豹也。

童子軍之由來尚矣。亘古以來，殆無代無之，古昔士卒之選與小戰者，童子軍也。殖民者，童子軍也。武士之爲宗教而戰者，童子風［軍］也。以及班超之西征、張騫之通西域皆庶幾近之也。其他類此者更僕難數。然而童子軍之名稱，則創自英之國白敦波威將軍。將軍之始來非洲也，初無心於發起童子軍也。及見投效之土人，其操作之力，勝於英兵，始悟高尚之學識，不若尋常事物之適用也。乃得兵士中經驗幼稚者區爲二三小隊，使居曠野，以自求生活，而資實習。未幾事頗有效，而辦理童子軍之心以萌。洎戰事畢，率新聯軍返英倫，見國内少年，大都類於本國兵卒，乃决意提倡童子軍。一九零七年之夏，將軍集童子若干人，於多科地地方（Dorset），編制之童子軍。明年著《童子軍要旨》（*Seousing for Boys*）一書，而童子軍始風行天下矣。

童子軍之目的，在教童子以自治與自術［衛］之法，童子每喜習於郊外之生活，故恒視童子軍爲極大樂趣。童子之親長，亦以其能使子弟强健身體，改良氣質，故樂爲之勖勉，而國家則以童子軍能造就完善國民，故亦樂爲之提倡也。英國魯斯伯（Lord Rosebery），美國羅斯福、威爾遜諸人，皆極口稱贊童子軍者正以此也。雖然，童子軍誠善矣，苟徒作空言，不能施之實行，亦不足貴也。故童子軍之格言，爲“預備”，軍人之常語爲“每日作一善事”。

童子軍可分二種：曰軍事童子軍，曰尋常童子軍。軍事童子軍，必警敏機練，故常爲軍中偵探。縱觀青史，童子軍之死於疆場者，比比而是，即於今之歐戰中，亦數見不鮮焉。尋常童子軍，必習於森林中之生活，視日星以辨方向，見微隱之記號，必能立明其義，能自協衛，而不假援於醫，遭大危險，必能措置自如。蓋與軍事童子軍之所當習者，無大異也。

人每誤童子軍爲軍人之預備，此實大謬。童子軍者，所以練習童子之愛國心，及他種美德也。童子軍含防範軍事之性質，非軍事之預備也。

童子軍亦教育之一大端也。教育之旨，在於實用，而實用必於經驗中求之，不可求之書籍也。哥倫比亞大學盧色爾氏（Dean Ruesell）嘗稱童子軍爲近世教育法之最高者，蓋有以也。童子軍童

［置］專技奬章，有救火者，有治傷者，有操舟者，有救生者，皆所以資鼓勵者也。他如各種游戲，及運動，尤足以廉制其筋骨；諸如此者，苟求之於丹鉛几席之間，吾未見其有成也。蓋學者，逆其意必敗，順其性則成者，理固然也。質而言之，童子軍之動作，多使童子，時具樂觀，以促其成。故童子軍人，袛能嫻誦軍律。或華於軍服者，非真童子軍；真童子軍者，必求務實。

童子軍之課程：童子軍必能周於事變，故其所當學者，不一而足，其課程至龐雜，而難於劃一。玆述其最要者數種，爲童子軍所當一習者。

射獵：射獵之技，至不一也。習斯技者，必先知蟲魚鳥獸之天性，與夫果木之根實，以便亟需時，知所求食。但不可藉此以暴殄天物。蓋童子軍，必知愛物，是其軍律也。童子軍又當習潛行。潛行時，置身處之顔色，必與衣服之顔色相同。如見敵時，切不可行動，以防敵之知覺，行經曠野，當能辨人類或禽獸之足迹。居城市，當能於人民之行動，及裝飾中，辯其性質，以逃於險難，或過他人有危厄時，則當救之。此皆所以練習其觀察之力也。

帳幕：帳幕乃野居之生活。居帳幕者，吸新鮮之空風，作快愉之游戲，圍帳大宿，野外觀星，朝則習泅，暮則打槳，其樂無涯也。然身體之强健，亦靡不由此。

至於扎帳幕，燃火柴，安榻治饌，以及覘察方向，皆練習自治之良機也。或野居時，建橋梁，作游戲，獵鳥獸，陟巉岩，以及治灉滌器，巡防守衛，互相爲助，則又增進協力精神之良機也。至於眠時，以鼻代口作呼吸，以油或皂液潔耳，飯後寢前，刷牙齒，剪指甲，常糞除穢污等事，此又養成清潔勤儉之習也。

童子軍亦當恭敬婦女，而保護之。古之武士，恒遇婦孺孱弱，必極力相助；信宗教，崇儉德；有服從心，具冒險性；節口體，以周人之急，冒生命，以赴人之難；以信義相勖，不僥幸以取利，不苟且以偷生。今之童子軍，猶昔之武士也。故亦當如是。

風雲變幻，未可預測，童子軍既有救生之責，則當隨時隨地，考察變故之由，而預防之。譬如救火可一事，尤當注意，救火時，最不可藉口於幼稚，以圖逸豫。蓋既爲童子軍，則當爲童子軍一份子之義務也。

荷蘭之童子軍，亦甚衆，善用拉所（Lasso）。拉所者，結繩之一種也。可以建橋、作梯，或以救火中之人。比利時之童子軍亦稱精練。其旗號通信治傷造室等技，爲他國童子軍所不可及。法俄之童子軍，大有功於現今之戰争。法之童子軍，以治傷及秘密通信稱。俄之童子軍，以通警信及扶助弱者稱。美國之童子軍，占世界最多數，其在紐約一城者，長官約有一千三百人，童子軍二十萬人。又有混成隊，以華人及黑人組成。又有盲人童子軍，其成績如操練木之［工］縫經［紝］音樂繪圖打字等技，有足令人驚愕者。

愛國：吾人盡知人人皆當愛國，然知愛國而不能爲國盡力者，是人體之徒具形骸，而無筋骨也。既知愛國，則當隨地爲國盡力。盡力之道，無論巨細輕重，皆足以表其愛國之熱誠也。

童子軍流行之速，有足令人驚愕者。其在歐洲，於挪威、瑞典、丹麥、荷蘭、比利時、法蘭西、俄羅斯諸國爲尤盛。諸國童子軍之辦法皆無大異，然其或［成］績則各有特長。挪威之童子軍，與英國大相彷彿。丹麥之童子軍，爲數最夥，其於治傷一技尤精。

加拿大之童子軍，多英人或印度土人，皆習於游獵迹狩摇船等技，及他種户外工作。

南美洲童子軍之組織寥寥無幾，然土人於視察游獵以及爇火等術甚爲精，爲他人所不及。

近數年間童子軍始傳入中國，有中華全國童子軍協會設於上海。入會者不論屬何信仰，凡敢贊助童子軍之進行者，皆收録之。會中組織法，大都根據於英國童子軍，今上海、廣東、南京、漢口、北京、天津、蘇州各處，皆有支部，中國之童子軍尚在幼稚時代，然睹其進步之速，及踴躍之精神，將來童子軍之發達，可預卜也。

是月 清華學校舉辦成績展覽，先生的書法作品亦入展。先生初習隸書，《辛酉鏡》有所記載："本級第一年級時有字課，第四年又有字課，其成績多選到校中展覽會。聞多、時昭涵習隸，周茲緒、浦薛鳳、楊長齡等習蘇，皆其中之最著者也。"聞鈞天在《詩二首——憶一多哥》"附志"中説先生在家曾"臨漢禮器碑"。（《聞一多紀念文集》，第378頁）

九月三日 清華學校有學生應英國招工局所招，充作華工譯員，是日乘輪東渡，中有先生同班的劉沛漳等人。而吴澤湘等被學校發現所阻，并勒令退學。（據《清華周刊》第112期，1917.9.20）

時，段祺瑞政府於八月十四日向德意志帝國和奥匈帝國正式宣戰。旋，英國招工局來華招考華工譯員。段政府參戰，未發一兵一卒，爲清華學生所憤慨。他們見清華園西面關押着在青島繳械的德國軍官，以爲祖國歷史上所蒙受的欺凌從此可以逐步擺脱了，於是感到應徵就是報國的時機。第二批相約應徵并被録取者有辛酉級的錢宗堡、吴澤霖等，但在威海衛待船出發時被學校偵知强行帶回，并要給予記大過處分。先生十分氣憤，據理力争。説"愛國無罪"，"愛國的權利，不容剥奪"。事後，同學們都認爲這句話"義正詞嚴，鏗鏘有力，極爲精闢，在班上也就傳開了"。（吴澤霖《老友一多二三事》，《聞一多紀念文集》，第163—164頁）

九月十日 清華開學典禮。升入高等科一年級。時，堂弟聞亦齊（字舒天，大排行第十五）考入清華學校中等科一年級，與高仕錤（即高士其）、李效泌、湯佩松、王造時、楊世恩等同級。

十月二十一日 爲提倡社會服務精神，學校組織全校學生參加築路勞動，先生所在年級由陳筱田先生督率。校内近春園西南至成府村是師生出行的必經之路，但這段路高下不齊，遇雨便濘泥不堪。去年清明植樹節時，曾修築了近春園石橋北的一小段，而橋南如故，故學校决定動員學生修築橋南至成府一段，長約半里許。是日，全校按年級分段負責，除中等科一、二年級外，其餘爲六組，一日即完工。修路辦法是：

“以大石緣路之兩旁，中實以磚礫，上敷以土，碾而平之，復敷以煤屑，又碾平之。路旁掘小溝以通雨潦，而工以畢。”（承《本學期築路記》，《清華周刊》第 117 期，1917.11.1）這次修路的技術指導爲莊達卿先生。

十月三十日　清華將組織全校性國語演説辯論會，辛酉級“選出羅隆基、康德馨、聶鴻逵、沈乃正、聞多、周兹緒、姚永勵七君爲清華國語演説辯論會會員”。（《清華周刊》第 117 期，1917.11.1）次月三日，國語演説辯論會開成立大會。後，又請胡適之演講中國文學改良問題，主張“用白話作文爲改良我國文學之利器”。（《清華周刊》第 121 期，1917.11.29）

十二月一日　清華國語演説辯論會開會，“演説者有喬萬選、杜庭修、羅發組、聞多、康德馨五君。裁判員爲馬紹良、梅月涵（貽琦）、孟伯洪三先生，結果尚未宣布”。（《清華周刊》第 122 期，1917.12.6）

十二月三十一日　清華歲末聯歡，演出各級聯合排練的《可以風》。先生與陸梅僧、楊光泩、盧默生、何浩若、羅發組、全增嘏、時昭瀛、董修甲等共二十五人登場。（據《清華周刊》第 121 期，1917.11.29）人評“劇中情節新奇，而演者又素以藝術者，摹情寫景，大有可觀”。

一九一八年　二十歲

八月十二日，北京新國會（“安福國會”）開幕。

九月四日，徐世昌被選爲大總統。

十一月，第一次世界大戰結束，“協約國”戰勝。

一月二十五日　有家信一封，僅存後半函。收《聞一多書信選集》。知近有作文《修學自述》《辛亥避亂紀事》《助戰篇》《論文一則》《得天下英才而教育之三樂也論》《清華工字廳後荷花池記》《甌魚説》。

《修學自述》《甌魚説》，今佚。《辛亥避亂紀事》即《辛亥紀事》，《助戰篇》即《助戰平議》，《論文一則》可能即《〈史記·曹相國世家〉

讀後》，三者與其他均編入自編古詩文集《古瓦集》。

《助戰平議》《〈史記·曹相國世家〉讀後》《得天下英才而教育之三樂也論》，皆是“應課底作品”。其中《助戰平議》可瞭解先生對第一次世界大戰的一些思考。其文云：

或問：“歐西各國相戰，力疲財殫，勢不能自已。協約國更嗾我絶德，復乞兵助戰。我義不容辭，投鼠忌器，進退維谷。此其臧否，莫可預逆；敢問孰爲近？”

對曰：“辛亥以還，中國無寧日，今兹益甚。西南稱戈，海内騷動，不能撫也；武夫强梁，弁髦中央，不能討也；封豨長蛇，上下交競，不能禁也；赭衣半道，群盜莽蟄，不能戢也；河渠閼淤，沉竈産鼃，不能治也；飢饉薦臻，易子爲食，不能恤也。爲今之計，補苴罅漏，惟曰不足，尚何暇及於干戈哉？□之八口之家，飢其父母妻子，節食以豢門者使助鄰人鬥；鬥者勝，不能活父母妻子，况其人朽弱不習於鬥乎？况賊有搴刃以臨其堂者乎？是故力不足戰者不能戰，勢不可戰者不能戰。反乎是，滅亡之道也。今之出兵，奚以異此？”

客曰：“不然，庚子之役，殘吾民，據吾土，掠吾財，火吾闤闠寶貨者，非諸國邪？爾後蜂集吾宇，日切齒以求噬吾胾者，非諸國邪？夫耻不可久蓄，敵不可寬縱；乘人之憊，并吾之力，一擊以復吾仇，而振吾氣，此其時也。即不幸而敗，吾將士以羞憤之餘，睹夫他人士卒之懔，器械之精，軍備之整，與其人民之勇武好義，亦將睪然而思，默而然赧，必有所激勵而猛醒矣。此機又不失哉？”

曰：“衆敵相鬥，我之利也；敵衆勢分，相持莫敢爲先，我之幸也。助一而勝，勝之則勢專而力厚；彼存我薄，必反目相搏。人之亟難，我則濟之，我或受虐，誰助我者？若曰藉資睹摩，則又非的論矣。歐美士卒之僑吾華者夥矣，我將士之游歐美者亦夥矣，不足以資睹乎。甲午之衄，庚子之辱，乙卯之屈，不足以厲其耻，辛亥以來之屯蹇從艱不足以激其氣，則雖去故國，走萬里，亦奚以爲？”

“且夫善謀國者，求諸己，不求諸人；求諸内，不求諸外。鄭伯不耻城下之盟，越王不耻會稽之困者，尺蠖之屈，以求伸也；鷙鳥未擊，不能勝其身也。是以‘無敵國外患者國恒亡’，不經盤根錯節者功不就。列强非吾敵，武夫專横，群小黨争，敵之勁者；戰敗非吾耻，草莽遍野，水旱頻仍，耻之甚者。數者不除，雖今日克一城，明日却一敵，無益也。若能内治修而國基固，天下且倒戈相向，外患何自來哉？惜乎，今之謀國者，徒知黷武以自耀，而不足察也。”

《〈史記·曹相國世家〉讀後》全文云：

天下治亂之所繫，天子而下，相臣而已。故天子爲太甲、成王，得相如伊、周，猶不失爲賢王。漢惠帝以冲幼履至尊，曹參爲相，飲酒歌呼，無所事事。參歿無幾，帝遭吕后之虐，虧損至德，抑鬱以死；諸吕因而危劉氏，賴平、勃、朱虚以僅全。是自匈奴驕横，南粤僭帝，宗親侯王，異姓功臣，鞅鞅無寧日矣。

天下治安之日，恒視若無事，乃有大疑大難，出耳目智慮之外，非二三小臣所及知，知之亦莫敢言，此責乃在相臣。高帝新崩，主弱臣悍，不測之禍，昭然無可諱。參誠心乎漢實，漢丞相權最重，孝惠尤寬仁，優禮大臣，則深謀敏事，罅漏補苴，以杜其漸，絶其萌，甚或迫不得已，犯太后之嚴，冒群臣之怨，毅然爲之，大患何自來哉？計不此出，而尸位素餐，以貽憂社稷，參之辠，無可逃矣。而世或稱之“合道”，何哉？自來賢相，自舜、禹以至韓、范，咸莫不有豐功偉烈，彰彰在人耳目，至於曹參，吾不知其何以不賢也。

且夫病者出死再蘇，神耗血涸，餘黴未殲，則凡餐衛與居，調護之勞，至煩以瑣；忽之，病且再作，危乎殆矣。暴君虐劉，生民倒懸，一旦離於水火，養民者宜撫之，恤之，慰之，育之，因其疾苦，奉法順流，以與之更始，然後元氣可復。故守成之功難於創始。周公一沐三握髮，一飯三吐哺，猶不免三監之叛。今孝惠之爲君，不賢於成王，諸吕之爲吕，不親於管、蔡，嬴秦之暴，不減於商受，而曹參爲相，飲酒歌呼，不事事，然則參乃賢於周公乎？太史公謂參攻城野戰之功所以多若至此者，以與淮陰侯俱。吾亦謂參究爲庸人，方其居相，非不知大亂未形，有如積薪厝火者，其謹守管籥，一遵酇侯之舊，以苟安旦夕者，惟力不足耳。姚崇以十事要玄宗，僞命之議不行，李忠定免冠求去；爲相臣者不當若是耶？

嗚呼！自曹參以飲酒不事事稱賢，漢、唐以還，相沿成風；爲大臣者不敢决天下事，與進退賢不肖，曰"吾知循故事爾，專則罪也"；爲郡，爲縣，以至廣察一道，視政之弊不敢革，視民之疾不敢去，曰："吾知奉法爾，違乃辟也。"若是，不惟時君以爲賢，天下亦以爲賢，於是内外相濟以成俗，而不之怪，國日削，民日弊，因循以須亂亡而已，豈不哀哉？

孔子曰："如有周公之才之美，使驕且吝，其餘不足觀也已。"如參者，苟且偷惰，容悦骫瑣，先其身而後國家，是吝之類與。近古以來，失於此者，蓋不可枚計。然其有勵精圖治之志，如王荆公、張江陵者，又皆以驕自敗，爲天下後世所詬病。嗚呼！驕者吾哀其志，愛其才，而惜其無量，吝者吾無取焉。

《得天下英才而教育之三樂也論》全文云：

天下不患無才智，而常患無聖人。雖有才智，不由訓迪，不就陶埴，亦終於汩没，不以才智稱也。才智者之巧能恒有以過人，注錯之不當，且欲不流於污僈突盗不可得。是以有志之士，其求師也汲汲；中才求師於賢智，賢智者又求師焉，則歸聖人。聖人，衆所賴以成其才者；然聖人更得所謂才者而教之，則孚爲政教，歷萬禩，薄九閡，彌厚土；聖人之於才，求之固不可不亟哉！蓋傳之或非其人，至并其真以失之，雖傳猶不傳。聖人之於才，求之尤不可不亟哉？夫才智之出，幸遇聖人，聖人作焉，後有以成就天下之才智，諒哉其難之歟；惟其難而得之，其爲樂也何以乎？

昔孔孟之徒皆數千人，而得之散游諸侯，又友其士之仁，事其大夫之賢。二聖人之安貧樂道，優游耋耄，豈不以此？雖然天下才智之衆，必不盡出於孔孟之門；不然，九流十家倡異説者，不至若是其衆。九流十家者，其言雖龐，要推其旨，未嘗大倍於聖，其亦不幸而不折衷於孔孟以軌於正也，惜哉！

嗚呼！成康以還，數百年間，聖人凡再見，士之不獲被其澤者，乃多至此。今又二千年已，不聞又有聖人者，綴學之士，誦其言而向往之，更莫得其人以爲依歸，則相嫗乎其差近於聖人者；若文中子、朱子、陽明子者，門下士咸以千萬計，不爲不盛，及睹其其間，求能踪迹閔、顔、萬章之倫者，寥寥耳，又何怪哉！嗚呼！去聖人益遠，微言益希，而士乃益孤，能不令人益思慕聖人乎哉！

是月 暫停閱《漢書》，改閱《史記》，并隨時做札記。又，閱畢黎庶昌選《續古文辭類纂》，該書二十八卷。

二月九日 開學典禮。開始讀姚鼐選《古文辭類纂》，全書七十五卷，選戰國至清代古人辭賦，依文體分論辯、序跋、奏議、書説、贈序、詔令、傳狀、碑志、雜記、箴銘、頌贊、辭賦、哀祭十三類。書首序目論及各類文體特點及義例。

二月十六日 在圖畫特別班聽司達爾女士“演講建築上之美術”。（《清華周刊》第 129 期，1918.2.21）

五月上旬 致聞家騄信。收《聞一多書信選集》。云：“清華學校於下禮拜舉行周年紀念會，近日正值一切預備，急形忙碌。”紀念會即清華學校七周年校慶，於十一日舉行。

五月十二日 致聞家騆信。收《聞一多書信選集》。信中説到讀史情況，覺得讀周秦文字太少：

> 父親手諭問兄《漢書》已閱多少，兄自去臘起，實已改閱《史記》。札記亦隨閱隨做，并未拘前後，每次字數亦不拘定。近稍温閱《左傳》，但札記仍用《史記》材料。此外自修功課，去歲寒假前已閱畢黎（蒓齋）選《續古文辭類纂》，本學期正閱姚選本，未畢。近以大考在即，中文自習功課多未照格履行。兄現爲文，氣息尚不能醇厚，總由讀周秦文字太少，暑假回家，當從此下手。

又云近有評注司馬光《諫院題名記》：

> 寄來作文二篇，均已改就，并附評語，當詳細參閲。兄近作二篇，亦附寄歸。又評注司馬温公《諫院題名記》，文法甚明顯，可仔細揣摩。

六月二十七日 暑假開始。與聞亦齊同歸浠水。

是年暑假 作古體詩《夜泊漢口將發遇同學王君》、《晚步湖上》、《爲陳甥畫扇》、《夜雨》、《初起》、《漫書》、《蘆褐行》、《答浦瑞堂》（三首）、《感事》、《戊午秋日懲志，七十七韻》、《入都，留題二月廬》（二首録一）等。均編入自編古詩文集《古瓦集》。

其中《漫書》爲：

> 負笈八年不稱意，湖居二月鳥魚親：
> 采蓮未異求君子，待月真如望美人；
> 豪氣五車追日馭，閑情一曲擬天鈞。
> 士行寂寞成悲壯，“過爾優游”報國身。

《感事》爲：

金火精神雲漢鶴，幾人嵇紹許吾儔。
已羞龍首華歆席，又失神仙郭泰舟。
忠信縱逃三省愧，蒼黄能忽五絲憂？
從今何處分清濁，濯足淘纓任汝求。

《戊午秋日懲志，七十七韻》中寫到童年與入清華後的情景，其前部分爲：

高霽月三望，埋頭更夕書；
肝腸一蕩滌，六鑿忽通透。
黄昏坐陳編，緑髮感秋颼；
檢點廿年事，翹首愧屋漏。
憶音猶童騃，燕頷挺軒秀，
强勉學詩文，夏楚疲師授。
入塾數因循，分食勇攫鬥，
蒙昧送伏臘，對鏡失冲幼。
開軒臨門野，仰俯悼宇宙；
翡翠巢高堂，麒麟卧幽□。
金匱垂史册，畏壘列俎豆；
男兒百年事，首當五車富。
負笈走鄂渚，敦敦窮四候，
輿算盡糞土，文章侈飣餖。
倏焉歲雲秋，曷嘗改昏瞀？
浩劫大運轉，豪杰萬方凑。
紫氣鬱雲霄，華城灼熏槱。

避難竄窮邨，飽暖慚贅瘤。
造次試清華，承乏僥入彀；
已暗朱藍染，復廢大小扣。
三餘度等閑，兩載益糾繆。
鶗鴂已先鳴，百草失芳茂。
滅裂誤播耕，努力事耘耨。
攘臂領級事，鋭意圖急就，
獨力扛龍文，未敢爰頸脰。
往往值煩劇，後鈍瞋怐愗；
時或舉艱巨，腐談叱迂狃。
鏖文戰辨説，一虎敵諸狖。
積疑布騰沸，衆痏生膚腠。
群口噓赤熛，吹毛此疵瘦。
因之成怪民，未免譏檻猷。

《入都，留題二月廬》（二首録一），爲對家鄉和二月廬的留戀：

蕭蕭木落雁初鳴，未吐《陽關》泪已淫。
書急故人圖晤意，密縫慈母望歸心；
假中日月空流水，聖處工夫祇愧衾。
想見秋風悲衛玠，大江瀰瀰日西沉。

九月上旬　清華開學，升入高等科二年級。時，堂兄聞亦傳（字葆天，大排行第八）亦考入清華學校高等科一年級（即一九二二級），與潘光亶、時昭瀛等同級。清華遂有"聞氏三兄弟"之稱。

十月上旬　辛酉級選舉職員，選先生爲中文書記及國語辯論代表。（據《清華周刊》第145期，1918.10.10）

十月十九日　清華同學追悼暑假中逝於天津的孫作周同學。先生誦祭文，後以《代清華全體同學祭孫作周文》爲題，發表於一九一九年五月《清華學報》第四卷第六期。收《聞一多青少年時代詩文集》。中云：

維中華民國七年七月，孫君作周歿於天津。十月十九日，清華全體同學始克開會追悼，并致清泉庶核之奠，爲位而哭之曰：雲火孕劫，豺虎集廬，噬嚙嚼膏，遂滋瘡疽；澶淵却幣，阿房遺墟，鳩工廱籍，群士是居。於中有人，維吾作周：渾剛其德，敻厲其修，士氣之卑，言甘貌柔；君企古人，砭失針尤，凡吾頑駭，孰敢且偷。銅駝寂寂，麥秀離離，有觸君目，太息嗟咨；亦憾彼賊，亦哀此蚩，烹桑禍黿，及我何時；前車之鑒，念兹在兹；感發憤勵，苦研湛思，灌新沃舊，蔚爲華滋；學則鋭進，身先年衰，凶徵夙覯，髮斑齔蠹。析津度假，諸父是依，胡爲一病，溘然永辭。嗚呼作周！天脱駿驒，聊浪九野，半駕而蹉，縱不君慟，謂邦國何！君器未利，君學方始，匪曰邦國，惟君是倚；有生雖衆，庸庸難恃，卓卓如君，遠大可企；懷才不伸，而竟以死，昊天罔極，吾悲曷已！豈惟悲君，兼悼吾類。自君之殁，繼逝者二。濟濟清華，數百同輩，七年於兹，死亡相逮。死也曷既，生者有涯，生我父母，育我國家，師迪友礱，後望正奢。匆匆一逝，萬古長嗟，藏舟亡壑，痛孰有加！死者死耳，君則何恫，惟君英靈，宜爲鬼雄。夷氛日逼，蟠蚌方訌，相國毋亂，惟君之忠。嗚呼哀哉，尚饗！

十一月十四日 與清華師生同赴天安門，參加畿輔學界一萬五千人慶祝第一次世界大戰協約國勝利之集會。時，大戰於十一日結束，中國忝列戰勝國。

夜，作《提燈會》一首。後發表於次年五月《清華學報》第四卷第六期。收《聞一多青少年時代詩文集》。序云："德虜既克，寰區額慶。京師學生萬五千人，以某月某日之夜，提燈爲賀。是夜吾校亦有提燈游海淀者，吾弗與焉；俯思國難，感而成韻。”先生認爲戰争雙方均爲“强狼”，衹是“失性沸相噬，絶脰决肝脾”，戰争的結果是“田禾灼塗炭，中藏老農尸”，所以慶賀勝利之“吉金鏗塵闤，我聽思鬥鉦；華燈耿黑樹，我睹疑磷爔”，甚至“思此肝腑裂，仰天泪淋漓”，恨不得“何當效春雷，高鳴振聾痴”。

十一月十五日 致父母信。收《聞一多書信選集》。詳報在校一應各項開銷，并云收到湖北省給旅外本籍學生的首次津貼二十九元。各項開銷計有“歡迎新同鄉一元五角，《學報》一元八角五，《周刊》八角，圖畫特别班器用費一元，雜項捐款如國慶紀念級會常費，級會俱樂會捐款，高等科二、三、四年級歡迎一年級捐款及歐戰協濟會捐款共三四元”。足見先生熱心，如《聞多》所自謂：“性簡易而慷爽，歷落自喜，不與人較短長，然待人以誠，有以緩急告者，雖無貲，必稱貸以應。”

十一月二十五日 致聞家騆信。收《聞一多書信選集》。囑弟多讀經史：“經、史務必多讀，且正湛思冥鞫，以通其義，勿蹈兄之覆轍也。兄近每爲文，非三四日稿不脱，此枯澀之病，根柢脆薄之故爾。今課程冗雜，惟日不足，嘗求閑晷稍讀經、史，以補昔之不逮，竟不可得，因動私自咎悔，嗚呼！亦何及哉！”又詢及弟之健康：“弟腹病近發否？攝生不可不講，然亦不可以此自餒。病者身也，心志則不能病。起居以時，飲食惟適，立心堅確，向學不懈，陰陽亦退而聽命矣。”

十二月十九日 游藝社改組後分爲編劇、演劇、總務、化裝、布景五部。是日出版之《清華周刊》報導云：“游藝社自改組以來，積極進行，共分爲五部。編劇、演劇兩部設於高等科新樓下層，總務部設於高等科齋務處，化裝、布景二部設於高等科寢室側。并敦請校長張先生爲名譽社長，及教職員多人爲各部顧問。現年終俱樂會已届該社編演一劇，名《鴛鴦仇》，師生全演，共分六幕，（一）鵬飛，（二）鶴逝，（三）鵜比，（四）鳩逐，（五）鶉奔，（六）鵑啼。現正演習，將於除夕八時在體育館開演。演券值，頭等伍角，二等二角。此次化裝布景，均力求改良，并聞開幕前有著名新劇大家劉藝舟先生演説云。”（《校聞》，

《清華周刊》第 154 期，1918.12.19）

十二月三十一日 晚，游藝社在校内體育館演出《鴛鴦仇》《黑狗洞》。《鴛鴦仇》爲先生參與編寫、排練。劇情爲："郭伯渠商人也，子女各一。女，前妻出，許婚莫良新。莫幼志學，未娶即游學美洲。郭没，妻虐其女，家日落，其女孑然一身，獨於貧困中見一番貞節性，所期望者，莫良新學成歸國，光耀門庭，遂人倫之樂耳。誰知人心難測，莫良新而没良心，出家忘家，因新忘舊，眷新知之情，忘未婚之妻，别娶賈愛琴而弃郭女。女於此時無望於世，去髮爲尼，蓋節女之末路也。莫良新寅緣得官，奔走於王大老之門。莫良新忘其良心而别娶人，亦忘其良心而私其妻，求榮得辱，求樂得苦，天演之報應也。其捷如響，賈愛琴竟成假愛情，没良心適以自害也。莫盗礦山而賈媚王，禁之不可而反見挾，争執之間，誤斃假愛情之賈愛琴，天理難逃，而没良心之莫良新，亦因以自斃，産没入官，家敗人亡，此又没良心之報也。母流爲丐，禍及其母，適以大其罪，女竟自裁，輕其生更足以貞其貞。"（廖永忠《記七年除夕新劇〈鴛鴦仇〉》,《清華周刊》第 157 期，1919.1.9）

《鴛鴦仇》演出是清華同學戲劇活動的一大盛況。《清華周刊》報導其情云："戊午除夕，本校游藝社編演新劇《鴛鴦仇》於體育館，本校上自教職員，下至同學，皆得購票往觀。座有頭等、二等之别，故票價亦隨之而有五角、二角之分。自是晚八時許開演，至十一時餘始畢。除本校教職員及同學外，來賓到校觀劇者甚衆。每演幕畢時，由軍樂隊奏樂，樂之抑揚頓挫，高下曲折，咸中聲律，不異於戲戲之？喜有因，怒有由，哀樂憂感，曲盡事情，不異於樂戲。戲畢而樂，樂畢而戲，戲之中有樂，樂之中有戲，觀戲而思戲中之樂，聞樂而思樂中之戲，目有觀觀戲，耳有聽聽樂，心有思思樂，口有道道戲。戲之描寫，事情曲盡世態，自成其戲。樂之歌咏，性情純厚，温和自成。其樂凡當時得聞是樂者，皆知樂之所以爲樂，得觀是戲者，皆知戲之所以爲戲也。是晚天氣甚寒，暴風時起，楊樹柳枝，隨暴風而支援有聲，門窗户牖，因暴風而叮噹動響。聽其所以響而響，思其所以然而然。因情動感斯，蓋樂中之樂，戲中之戲也。體育館内電光明爛，人聲嘈雜，每幕之事情不同，而景致因之。千態萬狀，變化無窮。細心而思，又一樂中之樂，戲中之戲也。天地自然之變化，因是晚之樂而成其樂，戲場人之布設，亦因是晚之戲而成其戲。知天然人爲之樂乃可以聽，是晚之樂而樂其樂，明天然人爲之戲乃可以觀。是晚之戲而戲，其戲宇宙内亦樂歌館也、演戲場也。人生之得失利害，喜怒憂樂，亦如樂歌館、演戲場也。變化無常也，大地茫茫，無事非樂也，無事非戲也，知萬事皆樂，故記者因是晚聞樂而樂，於樂知萬事皆事，故記者因是晚而觀戲而明於戲，樂於樂，故不忘言樂明於戲，故不忘記戲。”（廖永忠《記七年除夕新劇〈鴛鴦仇〉》，《清華周刊》第157期，1919.1.9）觀衆席有特別座、頭等座、二等座，均仿西式，似爲戲劇改良之一次嘗試。

是月 致聞家騆信。收《聞一多書信選集》。僅存後半函，云：“清校演劇已畢，寒假中大概要進城去演。”

一九一九年　二十一歲

四月三十日，《巴黎和約》規定把德國在山東的權利讓於日本。

五月四日，北京爆發五四運動。

五月，美國哲學大師杜威抵達上海，開始了爲期一年多的訪華講學。

七月十四日，少年中國學會成立。

十月十日，孫中山改組中華革命黨爲中國國民黨，自任總理。其綱領爲鞏固共和、實行三民主義。

十一月二十九日，孫中山在廣州重組軍政府。

一月一日 元旦。“晚餐集諸友十餘輩，羅饌大嚼，笑語甚歡”，先生稱此爲其“理想團體之首次會合”。（《儀老日記》）

一月二日 “作英文演説一首”。(《儀老日記》)

一月三日 “作《讀〈關雎〉章札記》一首”。(《儀老日記》)

一月四日 爲近來演説練習較少而擔心，説：“近來演説課練習漸疏，不猛起直追，恐便落人後。”(《儀老日記》)

一月五日 决定應游藝社社長羅發組之請，擔任該社編輯部部長。(據《儀老日記》)

一月六日 爲“作文演説果降列中等”，感到“此大耻奇辱也”。(《儀老日記》)

清華學校功課采用科學計分法，先後改過多次。其中一種是將學生分爲六等，即：超等、上等、中等、下等、及格、不列等。“每班學生人數，不拘多寡，概以百分法計算。每次計分時，列入超等的，不得過百分之分；列入上等的，至少須有百分之二十，至多不得過百分之二十五；列入中等的，約百分之五十；列入下等的，至多不過百分之二十五，至少須有百分之二十；列入及格或不列等的，共計不過百分之五。”對於學生來説，“各科都在中等以上的，於升級及畢業都無關係。各科都得下等，能升級而不能畢業。各科都得及格，第一年仍可升級，第二年如無長進，即須開除。得不列等之科目，須補習，如兩科得不列等，即有開除的危險。在這種計分法之下，大家都覺得不得中等，是不安穩的，所以對於功課，不敢不念熟，不敢存‘混’的思想”。(吴景超《清華的歷史》，清華周刊社編《清華生活》，1923.4.28)

一月七日 午，“在鐘臺下練‘CROSS OF GOLD’演説八遍”。八日“夜偕德明習演説”，九日“夜出外習演説十二遍”，十日云：“演説果有進步，當益求精至。”十四日，“夜至凉亭，練演説三遍，祁寒不可禁，乃返”，睡前又“温習演説五遍”。(《儀老日記》)

一月十日 參加饒麓樵先生追悼會。饒爲光緒十六年舉人，曾在北京大學任教十年，一九一二年到清華，教授過先生文學史等課，逝於上年十二月三十一日。

夜，與顧德明“談修身持心之道”。(《儀老日記》)時，游藝社内出現分歧，有譏毁先生者。

一月十四日 爲游藝社意見不一而煩憂，於“忱上忽思屏弃百事，顓心讀書”。(《儀老日記》)

一月二十三日 根據吴澤霖九日所建議改組游藝社計劃，是日改組爲新劇社，下午召開新職員及顧問會議。(據《儀老日記》)新劇社專司編演新劇事，分庶務、編演兩部，校中派定羅發組、陸梅僧兩人分司部長職，但似乎羅、陸未就任，故公布的新劇社職員名單，先生爲編演部總經理，吴澤霖任庶務部總經理。(據《清華周刊第五次臨時增刊》，1919)編演部下設編劇、演劇兩股，主任分别爲段茂瀾、張祖蔭。庶務部下設布景、化裝、總務三股，主任分别爲程紹迥、王世圻、吴澤霖(兼)。游藝社爲學生團體，改組爲新劇社後，則直隸學校。(《清華新劇社紀要》，《清華周刊第五次增刊》，1919;《學生方面·智育》,《清華周刊本校十周年紀念號》，1921.4.28)

一月二十六日 爲胞弟聞家騆修改作文。晚，與潘光亶、楊蔭溥開新劇社編輯會議，商議修改《鴛鴦仇》。(據《儀老日記》)

一月二十七日 召開新劇社編輯第二次會議，商量修改《可以風》，計劃分十幕。參加者有潘光亶、吴澤霖。(據《儀老日記》)

一月二十八日 爲新劇社會務事繁忙。夜，參加第三次編輯會，再改《鴛鴦仇》。雖“兩日人少”，但“成績咸可觀”。(《儀老日記》)

一月二十九日 爲寫論文《北京明故城》，到北京大學查閲資料，同往者還有聞亦傳。晚，宿鴻雪緣旅店，經理是浠水同鄉。

一月三十日 仍留鴻雪緣。夜與聞亦傳“談家鄉事，又引稱摩詰《重九》詩相與欷歔良久也”。(《儀老日記》)

一月三十一日 除夕。仍留鴻雪緣。晚，與聞亦傳、聞亦齊“縱論今昔人物世故，悲憤追憾，莫能自已”，後“據枕假寐，燈熄，視東方既白矣”。(《儀老日記》)

同日 致聞家騄信。收《聞一多書信選集》。報告英文諸課成績：作文，上；讀本，中；歷史，中；代數，上；地質，上。

二月一日 返清華，與潘光亶議《鴛鴦仇》分幕法。後，兩人又“論教義”。(《儀老日記》)時，先生對基督教青年會所組織的活動較感興趣，且正在讀《舊約》及《舊約軼事》。清華初創，在美國聘請教員多由青年會負責，故校中美籍教師大多爲基督信徒，這對先生也不無影響。

二月二日 “作《北京明城考參考彙録》稿本”。(《儀老日記》)

二月三日 得家信，知胞妹十五妹噩耗，“驚慟不已。即作報書”，“謂骨肉死亡之慘，吾生庶未之見”，“去歲鄉里大疫，親戚鄰里斃亡無算，而余家獨全，方私幸奇福以爲快。孰謂妹不死於彼時，而死於今乎。妹則死矣，妹之孝謹，妹之智慧，一日不能忘，即令人一日不堪耳”。(《儀老日記》)

二月五日 新劇社召開編輯會議，決定排練兩劇。晚，趕編《巾幗劍》第一幕詞，至十日編定，共成六幕，(據《儀老日記》)僅六日即完成矣。

晚，“與仲昂議辦北京學生新劇聯合會”。(《儀老日記》)

二月九日 清華一九一八級畢業生盧默生、李濟自美國來信，“願捐款助鄂友協進會”，(《儀老日記》)甚喜。

二月十日 清華舉行開學典禮。開學後被指定爲《清華學報》編輯。又計劃兩年内之讀詩步驟，云：“近決志學詩，讀詩自清明以上，溯魏漢先秦。讀《别裁》畢，讀《明詩綜》，次《元詩選》，次《宋詩鈔》，次《全唐詩》，次《八代詩選》，期於二年内讀畢。”(《儀老日記》)

二月十四日 開始讀《天演論》。(據《儀老日記》)

二月十九日 “作英文《二月廬記》”。(《儀老日記》)

二月二十日 有讀《天演論》感想，稱其：“辭雅意達，興味盎然，真移譯之能事也。《新潮》中有非議嚴氏者，謂譯書不僅當譯意，必肖其詞氣、筆法而後精，中文造句破碎，不能達蟬聯妙邃之思，欲革是病，必摹西文云云。要之嚴氏之文，雖難以上追諸子，方之蘇氏，不多讓矣。必謂西方勝於中文，此又蛣蜣丸轉，癖之所鍾，性使然也，吾何

辯哉。”(《儀老日記》)

二月二十五日 “作《憤言》”。(《儀老日記》)

二月二十七日 參加《清華學報》編輯部會議,“某先生提倡用白話文學,諸編輯率附和之”,先生亦覺“無可如何也”。(《儀老日記》)

二月二十八日 “作《體育館歌》”,(《儀老日記》)次日完成。

三月三日 訪陳曾壽先生。(據《儀老日記》)陳曾壽,字仁先,湖北蘄水下巴河人,陳沆曾孫,光緒二十八年鄉試中舉,次年殿試中二榜第一一六名進士及經濟科二榜十八名進士,官曾至監察御史。一九一七年七月張勛復辟,陳爲報君恩出爲學部侍郎,復辟失敗,於本年二月十七日來清華,接替饒麓樵所遺之教職。陳曾壽與先生大伯聞侍臣相熟,論起輩分長先生一輩。先生八日家信中特書:“陳仁先前輩在清華任教習,授男文學史,前偕八哥造謁,曾詢問伯父也。”

三月四日 對白話文改變態度,云:“《學報》用白話文,頗望成功。余不願隨流俗以來譏毀。”(《儀老日記》)

三月八日 致父母親信。收《聞一多書信選集》。報告二月份成績:“英讀本中+,英作文上,歷史上,代數中。”又云:“此學期任新劇社事又《學報》中文編輯,雖稍忙,志乃在於服事、讀書兩全。暇時不能鑽研經、史,稍稍讀詩文期於不間斷耳。讀經、史終以暑假爲宜,以時寬而志專也。”

三月十四日 “譯波蘭《千年進化史》”,(《儀老日記》)次月十四日再譯。

三月十七日 忙於劇務,“日不暇給”,是日至次月二日無日記。(據《儀老日記》)

四月三日 下午入城,至第一舞臺。(《儀老日記》)

四月四日 “上午練《巾幗劍》,下午練《是可忍》”,“晚,陳大悲先生述《我先死》事實”。(《儀老日記》)

四月五日 晚八時,先生與清華學校新劇社,爲本校各社會服務機關募集捐款,在前門外第一舞臺演出《我先死》與《巾幗劍》兩劇。後者即據《可以風》改編，八幕。

四月六日 清華新劇社在前門外第一舞臺演出《是可忍》與《得其所哉》兩劇。潘光旦説這次演出是爲救濟河北旱灾募集捐款，全劇“由同學自己集體編寫的，學校在‘義舉’兩字的壓力下，還掏了不少的一筆錢，其中一部分就消耗在各編寫人於漫長的冬夜裏吃火鍋的上面。記得演出的那晚上，梅蘭芳先生是包厢中的一員觀衆，後來事隔多年，我還聽到當年參加編寫的一個同學説，他從來没有看過梅老闆演的戲，而梅老闆却看過他編的戲。當年同學們搞的幾乎全都是話劇，京劇是不屑搞的”。（潘光旦《清華初期的學生生活》，《文史資料選輯》第31輯，第91頁）《是可忍》即《鴛鴦仇》，原六幕，後延長至八幕，“情節更爲拗折”，（《清華周刊》第165期，1919.4.3）該劇演出時，梅蘭芳亦來觀看。

兩日來共演出四劇，除《得其所哉》外，先生均參加演出。此四劇都具有時代精神，演出效果頗佳，共得洋四千元。浦薛鳳《憶清華級友聞一多》：“某年春季，清華爲愛國運動募集款項，曾由一多與高班羅發組同學共編一部五幕新話劇，假座北京一大戲院演出，由庚申級陸梅僧擔任女主角，扮演劇中之一位‘姑姑’。演到悲傷最高潮處，聲泪俱下，博得臺下觀衆不少同情之泪。於是梅僧與一多之名遍傳遐邇。”（臺灣《傳記文學》，第39卷第1期）

四月八日 遇某君，其稱先生“精神上之耐忍與軀體上之忍耐俱全”，先生聽罷，覺“爲譏爲實，不可知也。然其人實獲我心，可發一噱”。（《儀老日記》）

四月九日 “作水彩畫一幅”。（《儀老日記》）

演劇結束，先生説：“數月以來，奔走劇務，晝夜不分，餐寢無暇，卒底於成，不貽譏於人，亦滋幸矣。今事畢甚喜，從此可以讀書也。”（《儀老日記》）

四月二十七日 先生與新劇社在清華學校後工字廳開俱樂大會，酬勞“往京演劇勗助諸人”。（《清華周刊》第168期，1919.5.3）

五月四日 五四運動爆發。清華學校因在郊區，未能參加白天的天安門集會與游行。是日爲星期日，晚間有進城同學返校，講訴了白天城内的愛國熱潮，先生聽了很受感動，連夜抄出《滿江紅》。二十五年後，先生纔説出這一事："我想起那時候的一件呆事，也是表示我文人的積習竟有這樣深：五四的消息傳到了清華，五五早起，清華的食堂門口出現了一張岳飛的《滿江紅》，就是我在夜裏偷偷地貼去的。"（《五四歷史座談》，1944.5.3，《聞一多全集》第3册，第535頁，三聯書店1982年8月出版）

五月五日 上午，清華沸騰起來，高、中兩科科長及各級級長、各會社負責人共五十七人集會，討論如何配合城裏的愛國運動。先生以《清華學報》中文編輯和"新劇社"副社長身份參加會議，并擔任臨時書記，負責記録。晚上，全校同學大會，會後組織了清華學生代表團，先生與羅隆基擔任臨時書記，學生代表團中還有潘光旦、吴澤霖、何浩若、黄鈺生等。下面的《清華學生代表團開會記録》，就是先生參加并整理出來的，它是清華同學這天活動的最早記載：

高等科科長喬萬選，中等科科長王國華，高三級級長徐篤恭，高二級級長薛祖康，高一級級長李鍾美，孔教會會長孔令烜，青年會會長陸梅僧，召集各級長各會長及各機關領袖，於上午九時在高等科一三五號開會討論對於山東及青島問題。主席爲喬萬選，臨時記録書記爲羅隆基、聞多。所通過事件可分二種。（一）對外，（二）對内。臚列於次：

（甲）對外：（一）派代表赴京調查北京情形。（二）一切進行與他校取一致行動。（三）要求國會彈劾章陸諸賊。（四）通電巴黎專使請緩簽字。（五）通電巴黎和平會議請維持公道。（六）要求總統對於山東青島問題取堅决手段，上書或派代表。

（乙）對内：（七）本晚開全體學生大會。（八）周刊加發號外，并有滑稽畫。（九）本校各種出版物加"勿忘國耻"等字樣。（十）不用日貨。（十一）通俗演講及傳單。

推舉代表五人：羅發組、陳長桐、羅隆基、孔令烜、陸梅僧。

十時半代表出發，同時代表團繼續會議。至十一時半始散。午食時代表自京先後來電，有稱下午二時北京有校長會議者，於是下午一時至二時代表團先後往謁趙校長，力請與會。趙校長三時進城，言先謁外交次長，如蒙許可，始能與會。代表團退至一一號會議，喬萬選因病退席，即以徐篤恭爲主席。代表自京來電，稱本晚有學生大會，本校需加派代表五人與會，乃公决加舉代表二人，爲陳復光、何浩若。又討論本晚大會事，公决俟赴京代表報告至再定辦法。

五時，代表孔令烜返校，又在一四一號開會，報告情形，又加舉代表三人，爲黄鈺生、潘鍾文、姚永勵。後舉五代表出發，會議繼續進行，公决派人往海甸疏通商界，作學生後盾，舉劉馭萬、沈克非司其事。又决舉行通俗演講，分散傳單，鼓吹愛國心，以本校通俗演講部及白話報分任其事，孟治、華鳳翔爲委員。

晚七時半在體育館門首開全體學生大會，陳長桐主席，報告昨日北京情形。孔令烜報告調查情形，羅發組報告調查情形，徐篤恭報告本日本團經過情形，陳長桐報告調查情形，又勸勉同學嚴守秩序。散會。

散會後學生代表團在一三五號會議，主席陳長桐。

（甲）先擬簡章三條：（一）定名：學生代表團。（二）宗旨：以救國及作外交後盾爲宗旨。（三）組織：設團長一人，副團長一人，書記七人，幹事五人，印刷四人，會計三人，代表十人。

（乙）選舉：團長：代理科長陳長桐。副團長：王國華。書記：英文桂中樞、沈克非、趙學海。中文聞多、潘光亶、段茂瀾、周茲緒。會計：薛祖康、周良相、徐篤恭。印刷：王世圻、黄大恒、丁嗣賢、邵家麟。幹事：劉聰强、曾昭承、張祖蔭、劉馭萬、吴澤霖、杜庭修。外交即以前被選之往京十代表充之。

（丙）募款：（一）擬由膳費内扣出（惟此項須要同學同意）。（二）更由同學隨意任捐。（三）當由新劇社認捐五十元，并允暫時墊出現需款項。（四）德文生字團捐款七元又五十枚。

十一時，見本校校長五代表及派往北京代表皆回。校長謂本午校長會議未及出外，并提出五項問題：（一）與北京學界一致進行至何地步。（二）如以後事有變更學生將取何態度。（三）爲何代表出校不請假。（四）遵否校章。（五）家庭質問學校，將何以答復。以上問題，當由代表團議决於明晨開會，有職教員到報告本團情况，藉資答復。地點：一四一號。時間：九時。

校長又謂同學有寄以匿名信者，代表團聞之，議代查。北京歸來代表何君浩若報告京中開會情况，并决定下列事項：（一）五月七日如開大會，無論如何，我校必到。（二）罷課事堅持到底。（三）北京學會經濟支絀，我校必極力設法補助。（四）蔡孑民先生所謂出版物宜小心，本校須注意。（五）本校與京交通不靈，且近日信息甚多，應派員守電話室。（六）預備七日派人到京於開會時演説。（七）明日既罷課，於下列事應注意，甲不得私往上課，乙不得出校，丙不得亂寫條告，丁不得隨意游戲（上午八時至下午四時）。（八）明日開學生大會。（九）舉定孔令烜、黄鈺生、陸梅僧、羅發組四君明日往京赴聯合會出席。（十）組織校内糾察部以防奸細。（《清華周刊》第170期，1919.5.15）

六日，清華同學開始罷課。七日，正式成立學生代表團，設正副團長各一人，下設秘書、外務、糾察、會計、幹事、推行、編輯七部。又設義勇軍軍長，救國十人團總務部長、救國實業團籌備處長各一人。先生任職於秘書部。

五月九日　北京各校原定七日在天安門舉行“國耻紀念會”，遭北洋政府强行禁止。是日，清華同學齊集校内體育館，召開“國耻紀念會”。會上，陳長桐致開會辭，喬萬選演説，姚永勵講青島痛史，康德馨演説，潘鍾文讀二十一條，全體向國旗行鞠躬禮，并宣誓：“口血未乾，丹誠難泯，言猶在耳，忠豈忘心。中華民國八年五月九日，清華學生從今以後，願犧牲生命，保護中華民國人民土地主權。此誓。”“後由聞君多報告本校學生代表團職員，并由沈君克非讀巴黎我國外交專電”，遂之“將售品所及同學所購之日貨，在體育館前大操場焚燒，觀者皆歡呼”。（《清華周刊》第 170 期，1919.5.15）

五月十七日 致父母信。收《聞一多書信選集》。信中報告清華及自己在五四運動中的情況，充滿了愛國的熱情。信中云：

> 山東交涉及北京學界之舉動，迪純兄歸，當知原委。毆國賊時，清華不在内，三十二人被捕後始加入，北京學界聯合會要求釋放被捕學生，此事目的達到後各校仍逐日討論進行，各省團體來電響應者紛紛不絶，目下聲勢甚盛，但傅總長、蔡校長之去亦頗受影響。現每日有游行演講，有救國日刊，各舉動積極進行，但取不越軌範以外，以穩健二字爲宗旨。此次北京二十七校中，大學雖爲首領，而一切進行之完密、敏捷，終推清華。國家至此地步，神人交怨，有强權，無公理，全國懵然如夢，或則敢怒而不敢言。賣國賊罪大惡極，横行無忌，國人明知其惡，而視若無睹，獨一般學生敢冒不韙，起而抗之，雖於事無大濟，然而其心可悲，其志可嘉，其勇可佩！所以北京學界爲全國所景仰，不亦宜乎？清華作事，有秩序，有精神，此次成效卓著，亦素所習練使然也。現校内辦事機關曰學生代表團，分外務、推行、秘書、會計、幹事、糾察六部。現定代表團暑假留校辦事。男與八哥均在秘書部，而男責任尤重，萬難分身。

又，言及暑假要留校編輯新劇堅持愛國活動，希望父母理解：

> 又新劇社擬於假中編輯新劇，亦男之職務，該社并可津貼膳費十餘元，今年暑假可以留堂住宿，費用二十六元，新劇社大約可出半數（前校中擬辦暑假補習學校僅中等科，男擬謀一教習，於經費

頗有補助。現此事未經外交部批准，所以作罷論），尚須洋十餘元，男擬如二哥、五哥可以接濟更好，不能，可在友人處通挪，不知兩位大人以爲何如？本年又擬稍有著作，校中圖書館可以參覽，亦一便也。男每年輒有此意，非有他故，無非欲多讀書，多作事，且得與朋友共處，稍得切磋之益也。一年未歸家，且此年中家内又多變故，二哥久在外，非獨二大人願男等回家一集，即在男等亦何嘗不願回家稍盡温省之責。遠客思家，人之情也，雖曰求學求名，特不得已耳。此年中與八哥共處，時談家務，未嘗不太息悲哽，不知憂來何自也。又男每歲回家一次，必得一番感想，因平日在學校與在家中景况大不同，在校中間或失於惰逸，一回想家中景况，必警心惕慮，益自發憤，故每歸家，實無一日敢懈怠，非今爲家計問題，即鄉村生計之難，風俗之壞，自治之不發達，何莫非作學生者之責任哉？今年不幸，有國家大事，責任所在，勢有難逃，不得已也。五哥回家，自不待言，二哥如有福建之行，亦可回家，男在此多暇，時時奉稟述叙情况，又時時作詩歌奉上，以娱尊懷，兩大人雖不見男猶見男也。男在此爲國作事，非謂有男國即不亡，乃國家育養學生，歲糜巨萬，一旦有事，學生尚不出力，更待誰人？忠孝二途，本非相悖，盡忠即所以盡孝也。且男在校中，頗稱明大義，今遇此事，猶不能犧牲，豈足以談愛國？男昧於世故人情，不善與俗人交接，獨知讀書，每至古人忠義之事，輒爲神往，嘗自詡吕端大事不糊塗，不在此乎？或者人以爲男此議論爲大言空談，如俗語曰“不落實”，或則曰“狂妄”，此誠不然。今日無人作愛國之事，亦無人出愛國之言，相習成風，至不知愛國爲何物，有人稍言愛國，必私相驚異，以爲不落實與狂妄，豈不可悲！此番議論，原爲駟弟發。感於日寇欺忤中國，憤懣填膺，不覺纍牘。駟弟年少，當知二十世紀少年當有二十世紀人之思想，即愛國思想也。前托十哥轉禀兩大人，新劇社赴漢演戲，男或可乘機回家，現此問題已打消，男必不能回家也。或者下年經濟充足，寒假可回家一看。寒假正在陰曆年，男未在家度歲已六七年，時常思想團年樂趣，下年必設法回家，即請假在家多住數日，亦不惜也。區區苦衷，務祈鑒宥，不勝惶恐之至！

信中所説生暑假留校事，《清華周刊》曾有披露："明年國耻紀念日，新劇社擬排演戲劇，募集本校實業團經費，該社已請聞君多、時君昭瀛、段君茂瀾、張君祖蔭、裴君慶彪，留校編輯，以免臨時匆促。"（《校聞》，《清華周刊第五次增刊》，1919）

五月二十八日 致父母信。收《聞一多書信選集》。因久不見家中來信，恐前函被當局扣壓，故又報告暑假將留校進行愛國活動：

前奉一禀，言暑假在校辦事不能回家，一切經費，均有著［着］落。許久未見賜示，或因前函中頗論時局，被郵局收没，兹再述一過。清華學生代表團留校辦事，男厮要職不能離身，又新劇社擬於假期中編輯新劇，并有薪金十餘元。校中今年可以留堂，納膳費二十六元，新劇社可任半數，餘款已蒙五哥允許接濟。如五哥款不即來，亦可向友人處通挪。男此舉五哥甚贊成，以爲出於愛國之熱忱。今年年假，定能回家一看。此次不能回家，出於不得已，務望大人許可。詳情後禀，現甚忙，不暇多瀆。

是月 《清華學報》自第四卷第六期重新派定學生部職員，先生繼續任中文編輯。本年《清華學報》職員仍分教員、學生兩部，教員部國文編輯爲孟憲承、左霈、高祖同、楊喆。學生部總編輯趙學海，中文編輯還有潘光亶、段茂瀾、王箴、陳復光、曾昭掄、聶鴻逵、蔡公椿、李榦。（受泩《學生各團體》，《清華周刊第五次增刊》，1919）

譯 Mathew Arnold[1] 之《渡飛磯》（*Dover Beach*）發表於《清華學

① 馬修·阿諾德，英國詩人、評論家，曾任牛津大學詩學教授。主張詩要反映時代的要求，需有追求道德和智力"解放"的精神。

報》第四卷第六期。全文如下：

平潮静素漪，明月卧娟影。
巨崖爍冥灣，清光露俄頃。
夜氣策寒飔，鏗鏘入耳警。
游波弄海石，竭來任撲打。
衝流斷復續，長夜發悲哽。
在昔希臘賢，此聲聽伊景。
苦海嘆茫茫，溯洄遮灾眚。
北海千載下，吾乃同深省。
懷彼上世民，天真曷完整。
方寸生春潮，忠信溢耿耿。
季葉風陵遲，此道不復永。
希微蕩歸汐，凄風送餘騁。
但見新奇生，大地成幻境。
豈知嚼臘味，親仇出暖冷。
風雷無定姿，洪波恣驕逞。
翳曜有浮雲，援溺孰從井。
深眉短兵接，奔騰雜頑獷。
月黑風雨晦，終古無怡靖。

六月四日 先生與清華學校一百六十多同學（約占全校四分之一）步行入城做宣傳，行前大家都帶了水壺乾糧和洗漱用具，作了坐牢的準備。

先是六月二日，全校同學在體育館前開會，擁護市學聯關於派人上街宣傳的號召，通過了第二天進城講演的決議。三日，北京學生恢復一度中斷的街頭講演，清華進城之百餘人全體被捕。先生等是明知山有虎偏向虎山行的。先生很少提及此事，直到抗戰勝利前一年的五四紀念會上，他纔謙虚地説："後來的街頭演講，清華倒幹得很起勁。一千多人被關起來，其中有許多是清華的。我那時候呢？也是因爲喜歡弄弄文墨，而在清華學生會裏當文書。……我一直在學校裏管文件，没有到城裏參加演講，除了一次是特殊的之外。"（《聞一多全集》第3册，第535頁）

後來，先生作了一幅畫，畫面爲一青年學生在門樓前的高臺處講演，周圍有不少市民認真聽着。這應當是他的親身感受。

六月八日 北洋政府當局被迫釋放各校被捕同學。清華學校派代表和軍樂團及義勇軍第二連同學前往歡迎，一起勝利返校。次日，清華舉行盛大聯歡晚會，慶祝鬥争取得勝利。十日，北洋政府被迫宣布批准曹汝霖、章宗祥、陸宗輿"辭職"。

五四運動中，先生始終懷着飽滿的愛國熱忱，做着許多具體的工作。梁實秋《談聞一多》："一多在這潮流裏當然也大露頭角。但是他對於愛國運動，熱心是有的，却不是公開的領袖。五四運動之際，清華的學生領袖最初是陳長桐，他有清楚的頭腦和天然的領袖的魅力，繼起的是和聞一多同班的羅隆基，他思想敏捷，辯才無礙，而且善於縱横捭闔。聞一多則埋頭苦幹，撰通電、寫宣言、製標語，做的是文書的工作。他不善演説，因爲他易於激動，在情緒緊張的時候滿臉漲得通紅，反倒説不出話。"（第6頁，臺灣傳記文學出版社1967年1月1日出版）

那一時期裏，先生還和一些同學熱心地辦起校工夜校，并爲附近村民們設立過一個圖書室、籌集小款爲貨郎提供借貸，這些都是在五四新思潮影響下做的一些社會服務工作。吴澤霖《老友一多二三事》："長期罷課使我們有充分時間在學校附近進行宣傳活動，同時也擴大和加强了我們原先的社會服務工作。一多和程紹迥、吴宗儒等人特别熱心於組織校工，幾乎把全校工友都編入了校工夜校，在那裏，一方面宣傳五四愛國運動的意義，一方面幫助他們識字讀報、提高文化。一九四六年我由昆明回到清華，一位老校工見到我時還談到那時夜校的情況，還記起一多是怎樣耐心教他們識字的。此外，在那段時期，一多等人還鼓動同學們儘量捐募一些通俗讀物，在校外小村中設立了一間小小的圖書室，供村民們閲覽，儘管那裏識字的人并不多。當瞭解到村内一些貨郎小販經常苦於無處借貸來周轉進貨，我們設法籌集了五六十元小款作爲小本經營借貸之用，一人一次可以無息借貸五元。凡此種種受到村民群衆的歡迎。”（《聞一多紀念文集》，第 165 頁）

是月 暑假，留校參加清華學校暑期學生代表團工作，并籌備編演新劇。

六月十六日 全國學生聯合會在上海大東旅館召開成立大會，羅發組作爲清華學校代表出席。旋，召開學聯常會，清華又派先生與羅隆基、錢宗堡、陸梅僧四人爲代表與會，并參加會務工作。（據《京華短簡》，《申報》1919.6.27）

六月二十七日 下午二時，全國學聯召開本届第一次臨時幹事會。推定羅隆基等爲本會各股辦事細則起草員。會上又討論了出版日刊問題，時天津《民鐘報》已歸并於學聯日刊，編輯主任爲陸梅僧，由於工作繁多，先生此時亦正式擔任編輯，參加日刊股工作。

七月二十四日 上午十時，在永安公司參加全國學聯餞别會長段錫朋宴會。

同日 下午，有致聞家騄信，今存後半函，收《聞一多書信選集》。認爲學聯會議“未有偉大之建議，根本之維持”，决計輟學爲建立學聯會所“游行國内，演講勸募”，以期堅持愛國運動：

> 今日聯合會宴會，餞别段錫朋會長，肴核羅列，僅能茹其漿而已。本擬偕五哥回家藉以休息，而五哥函來謂歸期必在八月初，重以清華同人方爲聯合會經營建築會所事需才孔多，閉會後日刊仍繼續出版，以資鼓吹，諸友諄諄勸留，責任所在，義不容辭，故樂集尚遥遥無期也。自會務開幕以來，所稱成績者數紙文電而已，從未有偉大之建議，根本之維持。清華同人之窮日夜、廢寢饋以從事於斯者，不計日矣，及其提議建築會所（參閲附件），實行改造社會，諸代表至有目爲無藉者，可以知其淺見矣。履行此議，首重醵款，

此非易事，必得一般學生輟業一載，游行國内，演講勸募，乃可望奏功。在此五人（二羅、錢、陸暨弟），既爲提議人，責有難逃矣。此外陳君長桐、黄君鈺生、桂君中樞頗有意暫緩出洋以共襄盛舉，吴君澤霖亦將來滬，亦爲此事也。諸君在校皆籍籍，陳、黄尤爲代表團中堅人物，竟肯爲此舉犧牲赴美，足見清華之真精神非他校之比矣。弟亦擬輟學一年，正以爲讀書之機會方多，此事誠千載一時矣，况將來是否必需一年，尚不定，或半年數目已足，則無礙於出洋矣，此書并附寄章程草案及建議案，均祈兄轉呈父親大人并仰候鈞裁示覆。

時，先生牙痛越周，“病齒嚼咽維艱，絶粒四五日矣”，衹能食牛奶麵包，但仍堅持工作，《齒痛》一詩即當時所作。編入自編古詩文集《古瓦集》。詩云：

兼旬信饕餮，九鼎疲郇厨。
詎知病入口，積毒潛輔車！
養患更來復，一潰無肌膚。
初尚礙咀嚼，繼乃難吞茹。
盧醫衡在望，走訪無仗扶；
刀圭所不到，卮藥徐滌祛。
日日望療治，臃腫迄不紓。
垂涎對盤餐，忍飢卬欷歔：
斯世久啜醨，瞢瞢匪吾徒，
夷、齊倘可接，餓鄉亦足娛！

同日 學聯代表在永安公司樓頂合影。照片刊於二十九日《申報》。其第一圖有康白情、瞿世英、周炳琳、屈武、盛世才等；第二圖有先生、羅隆基、陸梅僧、黄日葵、潘公展等；第三圖有徐屏南、水楠、吴震寰等。

七月二十九日 全國學聯召開評議會，討論提案共十三項，第三案爲“統一建築會所辦法案”，爲先生等清華代表所提出。“討論結果，衆贊成”，并决定首先由北京、上海兩地學生組織募捐，“九年京滬、十年津川閩湘、十一年皖浙山西江西、十二年雲南南京吉林西安開封、十三年廣西蘭州黑龍江貴陽漢口迪化。但各地學生聯合會如願提前建築者，得由該地學生會募集經費，本籌備處補助之。補助之額不得過規定數之半。惟該地常年義務捐仍當繳納籌備處”。（《全國學生會評議會紀事》，《申報》1919.7.30）

是月 《清華學生代表團祭徐君曰哲文》、《清華體育館》、《清華圖書館》、《臺灣一月記》（譯文）發表於《清華學報》第四卷第八期。前三者收《聞一多青少年時代詩文集》。

徐曰哲，字菊畦，江西吉水人，清華高等科一年級學生。五月十六日，徐參加清華通俗演講團，晋京演講，道感風寒，返即卧病，於二十二日逝世。先生爲清華代表團起草此祭文，痛悼這位本校在五四運動期間第一位捐軀的同學，也表達了自己的憂國愛國思想感情：

> 萃群禨於九區兮，莫赤匪狐；啓層關以揖盜兮，劚我版圖；目負豕於道路兮，孰敢詣而張弧；徐君哀彼啜醨兮，距六衢以疾呼。君之居兮病在身，君之行兮不戚以嚬，君朝出兮莫來歸。搴兩旗兮風幡，宛言笑兮在耳，胡一夕兮已陳？念魯難之未艾兮，何以慰兹忠魂？指九天以爲正兮，誓三户以亡秦。謹陳辭而薦醴兮，魂來享其無憚！

附：陳欽仁《徐君曰哲傳略》（節録）：“本年五月四日，北京學界因外交失敗，大難將臨，舉行示威運動，奮臂争先，共鞭國賊。清華僻處西郊，未克參與，消息傳來，君投筆歡呼，擊掌稱快。五月十一日，本校通俗講演團赴京演講，君聞信加入，慷慨激昂，觀者動容，聽者變色。迨十四日，演講團二次赴京，是時也，君已微有不適矣，然猶力疾從公，帶病而往，雖赤日當空，精神不渝，言辭飈發，痛快淋漓。及晚返校，尚無大異。次日至體育館游泳，凉燠不調，而君疾重矣。遂於十六日遷入本校醫院。君雖卧病床褥，猶以國事爲念，日必按時閲報，詳詢校中情形，尤期其於義勇隊之組織。君之友人，以君體質素健，當無别患，不意君之疾日益深，逮月之二十二日，容消唇黑，輾轉呻吟，呼吸急促，勢極危殆。諸友人至，君猶曰'坐'，詢以病勢，則曰'没進步'。諸友人大駭，乃爲延醫京中，冀得挽救。詎知君已病入膏肓，竟於是日午後三鐘有半，與世長辭。"（《清華周刊第五次增刊》，1919）

清華體育館和圖書館，興建於一九一六年，一九一九年建成，屬校中四大建築之内，在全國高等學校中也是不多見的宏偉建築。圖書館有兩個大閲覽室，可同時容納二百多人。體育館有健身房、游泳池、籃球場、五十米跑道和多種運動器械。兩館圖樣都由美國建築師設計，許多材料也從美國進口，外觀和内部都極力歐美化，當時的清華同學都以此兩館爲自豪。先生賦詩贊美外，還力倡要充分利用這兩館。《清華體育館》中有："清華士子好身手，北方體育諸校群星我其斗。八年成績堪不朽，誘掖鼓獎之功國家有。""國家不惜糜巨萬，豈供吾輩爲弄場？"《清華圖書館》中有："京師學校數百十，誰推秘府追東壁？大學充棟三萬簽，清華規模更無匹。""我生乃值廿世紀，北走名校窺石渠。河間真本此焉見，收拾闕籍二酉餘。""何當長蠅繫白日，假我數十空五車。"

《臺灣一月記》，原著莫爾斯（Hosea B. Morse）。先生譯此文，與憤恨日本霸占青島同出一意。譯文全文如下：

一千八百九十四年七月，中日開釁；明年四月十二日，馬關約成；戰事寢，中國割臺灣澎湖諸島以歸日本。日人方經營滿洲軍事，不及入，臺灣已厲兵相待。臺灣固弱小，合步騎當計四萬至六萬。滿洲戰事畢，日人并力向臺灣，以三月二十三日入澎湖，二十五日臺灣澎湖下。

日人稱克臺時，戰不烈，輸械來降者千餘人，各炮臺營壘抗禦亦不力。顧臺北總督所接報告則曰："二十三日午候，日艦八艘進攻，諸炮臺力禦之。明日，敵艦沉者二，重創者二。越二日，晨三時，又來攻，我軍堅守，敵不得逞而退；二十七［四］日夜，報挫，士卒竄退者可千人。日軍初猶逡巡，後乃猛擊，遂以二十五日，盡奪我炮臺，然兩軍損失皆甚巨"云。

三十一日，居民知臺灣不列和議，僉大恚，以爲見弃於朝廷，群疑騰沸，發怒如水火，誓死力拒。告諸吏，不得絜眷離島；又悉發其素所攫取於民之財貨，或日人之賄賂，及軍械於民間，以資取用。於是日本公司遂有私爲諸官吏收匿資財者。

總督有母，年邁，請離島，許之。將行，傳行李中藏寶貨；遂擊潰其扈從，包解，罄其藏，扈從復聚；則又追北之，次督署第三門，不得前，遂退；死者十六人（或作三十），傷者五六十人。自是多巷戰，然皆不烈。

四月二十一日，德大將及水手二十五名登陸保護僑商。五月二日，英大將亦以水手三十名至，有武裝汽輪一艘，駛行 Twatutia 及 Tamsui 之間。又有英炮艇"紅胸"號，德炮艇"臭猫"號，泊港内。Twatutia 之洋商亦咸震駭。某公司代香港匯豐銀行存款甚巨，因臺灣人民之請，又以戰事發生，金融日緊，遂不能鈔轉他處；是公司距督署僅一哩，富於居蓄；咸以爲苟有變，此必首受劫掠；公司中所傭華工製臺灣茶者達千人，其間接爲之役轉運者亦以千數，以不欲此輩失業，又私賴有英德兵二三十人之保護，即不他徙；仍張其國旗，貿易如故。初居民聞臺灣隸日本，咸忿激震恐，謡詠猬起。或傳俄法德迫日人還遼東於中國。臺灣亦且歸中國。實則臺灣公决，將遞屬於列强爲殖民地，如塞勃瑞斯之於土耳其也。嗣以列强意稍弛，其議遂驟。然臺灣人民之精神終以是益振，而挽留總督之志亦益堅。

五月八日,《馬關條約》經中日兩政府正式承認,日政府遂實行合并臺灣,未幾乃有應募之廣東兵二千五百人,挾軍火至臺灣求戰,以是知李鴻章所定和策之不滿意於人也。五月十六日,居民舉代表數人入督署,要求悉以行政軍備及財政權交出。是日午後,有正式宣告;又奏聞清廷,島民仍願奉正朔。

一千八百九十五年五月二十四日,臺灣民主國宣布獨立,其國旗藍地繪虎,總督被選爲大總統,堅辭不果,乃召集臨時國會。列席之議員,日受俸金一元。人民咸大慰,列强亦無反對之表示。中國以新締條約,故不加干涉。明日,各炮臺舉升旗禮,時有日艦數艘尚泊 Tamsui 也。

六月一日,清廷欽差李晋芳(一千九百零七年至十年曾充駐英欽差大臣)偕法律及外交顧問,前美國國務卿 John W. Foster 抵 Tamsui;既得聞十日來之情形於莫爾斯君(Morse),乃乘舟赴 Kelung,與日本海軍大將完結交涉。時臺灣諸官吏,除總統皆離島赴華境。

日本政府聞臺灣獨立,即準備軍事。三十日,日本禁衛軍三千人抵 Aotikong,去 Kelung 僅二十哩。是軍乃事前遣赴滿洲之後備隊,未嘗歷戰事;抵島時,猶冬服。五月三十一日,日軍與前至之粵軍戰於 Polon Point,粵軍僅有毛塞槍及有烟火藥,又飲食不給,遂敗潰;死者達百人,日軍死者僅十七人。六月三日,小戰於 Kelung 城外,歷時十五分鐘,此外臺民更無抗拒也。

Kelung 炮臺守者滿萬人,大炮計十二吋口徑者一,十吋口徑者二,七吋口徑者十。三日中午,日人來襲,咸自降。又日軍駐臺北(Tamsui)者約萬五千人,防範甚密。

臺灣民國既驟,四日晨,北部官吏悉自竄;士卒四出劫掠,居民大擾。

四日,臺北督署先被劫;然騷及全城,Twatutia 居民三日内無幸免者,而豪族巨紳受害尤甚。七日,日本軍至,居民皆懸日旗,大書日本帝國良民住宅。外國商民以有英、德海軍之保護，皆免於害。

Tamsui 受害最烈，作者皆目擊其狀，茲臚述於次：

官吏避亂者悉竄集於阿蘇（Arthur）輪舟中，舟屬臺灣政府，計載重七百噸，是日凡容人二千五百；未啓碇，叛軍揚言苟啓碇，即立沉之；船長被拘，夜深乃釋；懼有水雷潛伏，不敢輕駛。蓋叛軍必留是舟，乃以不得餉，怨官吏富豪挾貲遠去耳。

四日夕，Kelung 軍至，則聯 Tamsui 炮臺，於次日九時自岸上擊阿蘇。阿蘇時距岸僅百碼。日既莫，槍聲漸稀；迨翌晨，炮彈復大哄，聲隆隆然，如是者數小時。至午，臺灣政府銀行經理，悉出其所携之銀四萬五千元（約五千磅），令各叛軍士卒分取之，每人獲一月餉。猶以爲未足；復拘縶總督之侄於其宅中，旋逸去，則坼隳其宅。計是次避亂舟中，無辜死傷者，亦五六十人。

是日（即六月五日）午前，Tamsui 酣戰時，叛兵去來倏忽，絡繹不絶；岸上常駐兵亦三四千人，皆轟擊阿蘇者也。午後，阿蘇仍不得啓碇。自税關至河，不越五十碼，武裝兵士巡邏其間者數百人，意皆在劫掠；然私家財物，非食品，皆不犯。其有顔某某官銜者，皆攫取無遺，一若己有，至於税關營業，仍秋毫不犯；是輩亦知其中存現金數千元，鴉片值約十萬元，而外人僑居中國，又雖號富有，顧余（作者自稱，下同此）當時未曾令一外兵登陸，而叛兵終不敢相侵；余之司員有就叛兵談者，則亦咸無激言，凡此者皆炮艇泊口内有以威之也。

是時商業尚不停滯，茶葉出口仍如故，自澎湖陷後（五月二十五日），港口閉，輪舶悉止口外。凡轉貨小舟，必經察驗，無富紳官吏匿其間，或代運公款軍火者，乃許放行。按清律税金悉入國帑，税關司員不得過問；惟是時銀行司員，皆竄舟上；以是六月五日茶葉出口税，余不得不躬親之。是日計得現金四千五百元，厦門銀行支票一萬元，余方計其數，聲鏘鏘然，恐爲叛兵所聞，且不得運歸，乃置，徑移金於税關。余之薪貲，固先存厦門，此四千五百元，乃於次夜之事，大有裨益。

先是步兵得金乃散，炮兵猶以爲不足，仍沮舟不使啓碇，且揚言翌晨必沉舟。午後，或㕥余爲調停人；余乃造炮臺司令，司令稱貲匱，已不能令其部下，苟得千金贖全舟生命財産，決其麾下勿擾亂也。

余羈於公事，恒留税關中，是晚九時返私宅；遇國家銀行司員，臺灣共和國外交總長，及著作家鄭啓彤將軍，請余爲説項，釋阿蘇出港，以濟全舟生衆。余問總督去向，皆曰不知，更問總督之侄，亦不知，總督之侄承總督命，來 Tamsui 傳遞消息，余又允保護其家族，故余欲［救］之之心，良不後於救總督。又恐調停或不利於 Tamsui 及 Twatutia 之西人，（婦稚早至厦門，此專指壯丁言）乃謀於英國交涉員，皆決調停非上策，且頗望英國一等巡洋艦斯巴旦（Spartan）於次日抵埠也。余既返寓，總督侄適亦至，求保護；且言總督實匿阿蘇船中，余既决爲之助。洎余返海關，鄭將軍謂余曰："此事文明國亦有之乎？"余不覺失笑。此人之文明觀念，余蓋自視弗及也。

余計算余之貲財，得洋四千五百元，益以私蓄爲五千元，於是遣二人詣炮臺；其一爲瓦特斯君（Waters）歷任皇家炮隊炮手，税關辦事員，及臺灣共和國炮兵教授，現避難於阿蘇中；一爲余之司員，賴廷格君，賴君機練强幹，且嫻中文，是日自請前往者也。二人之行，將洋五千元，請盡斷水雷綫，并以炮門交税關。以十時出發，出發後，余視積銀纍然，中心忑忐，至不懌也。半小時後，二人偕炮臺司令官來，争辯二小時，始可；但面峽口有四十二噸大炮，其炮門必得款後，乃交出；司令官又請得駐阿蘇舟中，余漫應之，告以彼身利害，余不能負責任。午後三時，水雷綫斷，炮門除大炮外悉交來；四時，大炮門亦至。余乃加以包裹，藏之棧中。徹曉，潮不至，不能行舟。八時，距河之南岸三千碼，有過山炮飛彈至，德國炮艦伊爾提師（Iltis）反擊之，遂止。八時半，阿蘇始啓碇脱險而出。

余既以金錢，易得一炮臺，并一百六十噸之炮，皆實以藥彈，爲此炮臺之主人翁者，凡三日。第四日，傍晚，方巡視與大陸交通之電信，遇電報局司機者，衣裳楚楚，將藉阿蘇以離島，余勸止之，且允保護其生命財産，一如余之中國司員，遂不行。明日復相遇於局中，時槍彈交轟，頗生畏懼，又將潛行以去。余又止之，保護之益力，且移其機械於余宅中；於是島國與大陸之交通，賴以不斷。其尤奇者，福州電局能辨及發報人之觸法，非是人之電不收。是以日人占臺後，亦必藉余及此司機者，以與其政府傳遞消息。

六月六日，被解散之中國兵群集於 Tamsui 市中，或微有餘蓄，或無，然皆知禍變已亟，不自戢，且罹不測；故大勢尚不破。七日皆散走境内。先是六日有三百人集余户乞飲食；咸身懷餘資，以閉市不得飲食，又不欲出之搶奪。余乃稱：若能去武裝，則飲食立至。然是輩無武裝，即不能自衛，余又許爲保護，於是武裝悉去。余立命余之二隨員，侍於院之左右，二人雖無武裝，而氣象森嚴，足令人生畏懼，故秩序卒不亂。蓋是時三百餘人集食院中，三五武裝游兵枵腹立門外，以一二白人之故，卒不敢入，吾白人何令人畏懼若此哉！上述二事，可見當時風聲鶴唳，朝不保夕之概。未幾，大勢日平，居民亦漸安堵。

外人之雜居此地者，有英法德美丹麥人，Twatutia 商民咸受衛於新至之巡士。旅居 Tamsui 者，有炮艇二相衛，衛兵雖不登陸，然犄角相望，有響斯應，市面因以漸復故常。六月七日，平明，日軍抵臺北。八日薄暮，先鋒騎兵十八人抵 Tamsui。明日午前，全軍抵埠，是時中國兵已潰，日本兵服氈罽，往來烈日下，竄芟殘醜，而北部以粗安。臺之南部，劉永福之軍在焉。至十日，日軍至；與戰，大敗，全軍盡没。於是臺灣不復爲中國有。

是役交戰者咸舊軍，不由訓練，槍械不完，餉亦不給。李鴻章所訓北軍差勝，然一望日軍，輒走。此後所制新軍，頗受識者稱美；他日陸軍之振興，將惟是之賴乎！

八月五日 全國學生聯合會舉行閉幕式，到會者兩百餘人，有上海各團體來賓、外國領事、報界人士等。孫中山先生莅會并演説。這是先生第一次聆聽孫中山演説，留下極深刻印象，二十五年後先生在一九四四年五月三日西南聯大紀念五四運動座談會上，還談道："那年暑假到上海開學生總會，周先生（炳琳）代表北大，我代表清華到上海聽過孫中山先生的演講。"（《五四歷史座談》，《聞一多全集》第3册，第535頁）孫中山演説有一小時之久，"其大意略謂：現在中國最大弊病在不能統一，各界莫不皆然。惟學界此次舉動，差强人意。蓋以革命經驗而言，其弊亦復在乎不統一。故望學生能力圖統一，以促進人民之團結，知有國家而犧牲個人云云"。（《全國學生聯合會之閉幕會式》，《申報》1919.8.6）曹慕管、鄒静齋、張子廉、包世杰、王大偉、温世霖、沈卓吾、田梓琴等各界人士亦相繼演説。

八月六日 清華學校本年赴美同學齊集上海，是日清華學生同學會在東亞旅館開話别會，主席陸梅僧，先生亦參加。"席間復有種種游戲及各樣聲樂以爲餘興。次爲赴美學生代表答詞、合唱校歌、三呼萬歲，復同攝一影，盡歡而散。"（《清華赴美學生消息》，《申報》1919.8.7）

在上海，有詩四首，除《齒痛》外，還有《夜坐，風雨雷電交至，懔然賦此》《上海寄駟弟》《朝霧》，均編入自編古詩集《古瓦集》。

《夜坐，風雨雷電交至，懔然賦此》爲：

暗淡虞淵玉虎追，飛廉鼙勒瀉來遲。
文書小閣邀孤檠，車馬長衢聽折箠。
天地不仁悲李耳，風雷有意動宣尼。
而今十手雖無畏，懔懔能忘天怒時？

《上海寄駟弟》爲：

南游載橐月初彌，移譯文書嘆手胝。
不謂“老饕”幾絶粒，翻因微病得吟詩。
東陽思苦腰能瘦，季子囊空面未黧，
寄語子由相告慰，聯床風雨近前期。

《朝霧》爲：

倚樓學熊經，玉露塗空廛。
朝日初到地，草際浮輕烟。
萬緑渾一氣，粉彩霾新鮮。
微颸拂長空，濕霧紛騰褰。
樓室忽中截，一角當空懸。
長嘯發幽籟，清商入雲天。
似聞答響者，不知何處邊。

是月上旬 先生與諸友離開上海，前往常熟，爲建立全國學聯會所籌募資金。錢宗堡、吴澤霖均爲常熟籍，到他們的家鄉去募捐可能會順利些。

此行作了古詩數首。《崑山午發》《自言子文學書院射圃謁言子墓》《辛峰亭遠眺》《尋桃源石屋二澗皆涸溯石屋上游乃得水因濯足焉》《維摩寺》《北郭即景》六首編入了是年十一月編輯的《清華學報》第五卷第一期。收《聞一多青少年時代詩文集》。從詩中可知先生的行程。

先生等先到崑山，再乘船至常熟。《崑山午發》：“半日疲車駕，風塵頓僕僕。停午發崑山，登船如入屋。”

到常熟後曾游虞山。綿延秀麗的虞山，東端伸入縣城，素有“十里青山半入城”的美譽。山上古迹衆多，先生主要看的是東部古建築。《自言子文學書院射圃謁言子墓》，抒發了先生對言子——孔子七十二弟子中唯一的南方人的敬慕。順山路登山，即辛峰亭，這裏左可觀常熟城，右可見淼淼湖水，《辛峰亭遠眺》："禮墓得奇趣，造極鼓餘勇。細草受芒韄，賦滑如踏毦。路窮值孤亭，天風趁雲涌。一山壓半城，二水浮雙珙。廛闠騈群櫛，逼視高塔竦……"維摩寺是虞山主要寺廟，在最高峰處。《維摩寺》贊美道："維摩古寺天下名，金粟堂前午蔭清。山禽楚雀皆梵響，金竈石壇非世情。説法天仙思縹緲，隨緣萬鬼憶猙獰。游人不識廣長舌，小立清溪聽贊聲。"先生還在雨後游了著名的桃源澗，但很敗興，直到石屋澗源頭纔看見泉水。《尋桃源石屋二澗，皆涸，溯石屋上游，乃得水，因濯足焉》："昨夜聞傾盆，瀝瀝直達卯。心知二澗漲，急流想畾淼。鶻步乘輿健，笑語入窅窱。日中抵桃源，積石騰枯燥。更進探石屋，龜坼蒸鬱燠。枯魚嘆未休，上游發渟潦。清泉不可求，得此亦絶倒。因之咏滄浪，濯足弄浮藻。"先生在這兒還作了畫："硬黄不盈尺，寫圖復草草。"詩末又少年意氣："慷慨起浩歌，舊邦贊新造。再歌頌紫白，休譽慎相保。曲止繼狂呼，曳履向歸道。回首衆青山，雲收白日皎。"

在常熟，受到吴澤霖、錢宗堡、浦薛鳳的招待。吴澤霖説："暑假期間，聞一多與羅隆基等人代表清華學生會與北大學生會代表等一起到上海參加全國性學聯會議。我和熊祖同被推爲留守清華的負責人，因此没有同他們一起南下。後因我家中有事，曾回返常熟一次，剛巧那時一多與羅隆基等幾個人前來常熟，我就同另外兩位同鄉級友錢宗堡、浦薛鳳招待了他們。"（吴澤霖給編者的信，1986.5.15）

在常熟等地募捐，没有收到預期效果。先生没有北上，而是返回了故鄉。

八月二十六日　與聞家騘、聞家騄、聞家駟離開浠水至黄州。聞家騄將東下，先生等則乘輪至漢口。

八月二十九日　至北京。次日返清華學校。

八月三十一日　致聞家驥信。收《聞一多書信選集》。言父母"撑持家政"，"有無米難炊之憂"。

九月中旬 清華學校開學。先生升入高等科三年級。繼續擔任《清華學報》中文編輯。時,《清華學報》編輯部教員部國文編輯爲戴元齡、左霈、汪鸞翔先生,學生部總編輯仍爲趙學海,國文編輯還有:洪紳、曾昭掄、陳復光、王箴、蕭公權、李幹、段茂瀾、聶鴻逵、周兹緒、浦薛鳳、張錫録、潘光亶、蔡公椿、聞亦傳、吴景超、裴慶彪。(《清華學報》,《清華周刊第六次增刊》,1920.6)

是月 與楊廷寶、方來等發起組織美術社。

該社成立約兩年多時間,其活動《清華周刊》有所介紹。《美術社》云:"在一年前就有了美術社,不過没有成爲一個正式的組織。去年九月,由楊廷寶、方來、聞多諸君發起組織正式的會,一方面讀中外美術底書,一方面練習各種畫,於是召集了會員二十餘人,議定章程,開了成立會,公請司達女士爲教師。習畫時間繫定於每星期六上午,所習的畫分鉛筆、水彩、鋼筆、炭油等類,此外兼習静物寫生、花草寫生、野外寫生及想像插畫等。至於所閲的書係由各人認定一門,就一門内專考求他的源流、變遷,及現在的情形。所閲的書,由司達女士指定,於每月常會時報告一次。各人所認定的題目,大半是中外古代織物圖案、磁器圖案、塑像、金屬圖案以及美術史等類。所有應用各書籍,由圖書管理員置於特别貯器書架。以上是内部組織的情形,及進行的方針。下面是關於會外的練習及講演二種。在去年寒假期内,曾設有特别清寒畫室,無論何時會員均可隨意練習,寒假完了,此室亦取消。自此室取消後,會員鑒於平時練習時間太少,於是設一個永遠的畫室。水彩、鉛筆及鋼筆等畫,均置於該室内,其一切置□,都由楊君廷寶管理。除每星期六正課外,每月有常會一次。會序有報告、演講等類。報告係由會員將平日所看的美術書或詳細調查,向大家報告。演講一層,不必每次都有,不過間一次或二次,由司達女士演講歐洲美術史、太西塑像美術等類,并佐以幻燈片指示一切。"(《清華周刊第六次臨時增刊》,1920.6)

又,《美術社》亦云:"一九一九年秋天,教師司達爾女士示意於聞一多、楊廷寶、吴澤霖、方來等發起一個美術社。起初會員有二十餘人。他們的職員有會長、書記、會計并會所管理。他們的進行方法分兩種：一實習，二研究。實習每星期自二小時至四小時。所用的畫具有鉛筆、鋼筆、水彩、油彩、木炭等。所作的資料有静物、花草、人物同户外寫生、插畫及圖案等。關於研究便是考閲書籍。社員各擇一題研究其源流、變遷及現狀，作爲報告，於每月常會時宣讀。所擇題目多係中外織物圖案、瓷器圖案、雕塑、繪畫、美術史及名家傳略。每月常會除讀書報告以外，間有用幻燈演講泰西繪畫及雕刻等題。他們有一個畫室 Studio 以備平時非常實習時間工期中用。以上是他們第一年的情形。一九二〇年秋天他們於形式同具文上稍有更改。關於宗旨，則除實習研究外，加了宣傳美術一條。關於職員長則廢除社長，留書記、會計兼幹事及畫室管理各一人。這年底會員到五十多人，分兩班練習，有時還分三班。他們的成績還是在實習方面。有幾位國内名家看見他們這幾年的作品曾講過，不獨是國内各普通學校所望塵莫及的，便是有的美術專門學校也很難同他們比肩。但是他們於作品研究方面，完全是個失敗。至於宣傳底成效也祇有些微的痕迹可尋。會友間有鼓吹美術見之文字的，城裏幾次各處的展覽會，他們帶領了許多同學去參觀了，除此以外，没有什麽可講的。”（《清華周刊本校十周年紀念號》，1921.4.28）

十月六日 致父母信。收《聞一多書信選集》。信中報告大考成績和本學期功課：“大考成績已揭曉，男成績如下：英文讀本中，作文上，歷史中，地質上，代數末，中文作文超，圖畫超，文學史上。本學期所習功課爲：英文（每星期四點），法文（四點），社會學（二點），政治學（二點），生物學（六點），中文講文（二點），法制史（二點），閲書（一點）。”

是月上旬 辛酉級職員選定，級長羅隆基，先生擔任書記。《清華周刊》報導云：“高三級長本由薛君祖康、熊君祖同兩位中復選，繼以二君固辭，遂另選羅君隆基任本期級長之職。其餘職員亦均選定，書記爲聞君多、熊君祖同，幹事爲王君德郅，級室管理爲方君來，會計爲沈君有乾、吴君宗儒。”（《校聞》，《清華周刊》第174期，1919.10.19）

十月十七日 出席《清華學報》中文編輯會議，籌商本學期進行事宜。（據《清華周刊》第 174 期，1919.10.19）

十一月一日 晚七時，辛酉級級會召開第一次常會，議决“暫停演説等競賽，而以研究新學説及討論時事爲本年進行方針”。（《清華周刊》第 178 期，1919.11.16）

辛酉級會於上星期六晚七時，開第一次常會。“首由會長時昭澤發表進行意見，并請會員討論辦法。後由多數議决暫停止演説等競賽，而以研究新學説及討論時事爲本年進行方針，凡開會之前一星期由會員提出關於新學説無或時事問題，擇其中之一爲標準，至開會時各表所見，互相討論，以增進常識。”會上“擬定歐洲和會條件爲下期討論之題目”。（《校聞》，《清華周刊》第 179 期，1919.11.28）

十一月十四日 作新詩《雨夜》《月亮和人》。這可能是先生最早的新詩作品，後均編入自編詩集《真我集》。[①] 此兩詩編入《紅燭》時，均有改動，後者還改題爲《睡者》。

十一月十六日 作新詩《讀沈尹默〈小妹〉！想起我的妹來了也作一首》。編入《真我集》。沈尹默的詩刊於是月一日出版的《新青年》第六卷第六號，先生讀後不禁想起病逝的小妹。詩中説暑假裏一個晚上，聽見母親提起小妹，“我忽然覺得屋子起了一陣霧，燈光也發昏了，書上的字也迷糊了；温熱的泪珠一顆顆的往我的雙腮上淋着”。

十一月二十一日 晚七時，出席辛酉級級會第二次常會，“討論題目爲‘和約’”。（《清華周刊》第 179 期，1919.11.28）

十一月二十九日 與全校同學入城參加兩萬人大游行，抗議十六日日本暴徒製造的“福州慘案”。

是月 《建設的美術》發表於《清華學報》第五卷第一期。收《聞一多青少年時代詩文集》。

這是先生發表的第一篇白話文，衹刊登了前半部，即前言和第一部

---

① 《真我集》所編諸詩一般均署有日期，但均未署年份，然據先生編《紅燭》與《死水》習慣，一般按寫作時間排列順序，故暫繫於是年。

分“振興工藝的美術”。它似乎是在美術社活動中的一份研究報告，强調美術在社會中的作用。前言云：

> 世界本是一間天然的美術館。人類在這個美術館中間住着，天天摹仿那些天然的美術品，同造物争妍鬥巧。所以凡屬人類所有東西，例如文字、音樂、戲劇、雕刻、圖畫、建築、工藝都是美感的結晶，本不用講，就是政治、實業、教育、宗教也都含着幾層美術的意味。所以世界文明的進步同美術的進步，成一個正比例。
>
> 文明分思想的同物質的兩種。美術也分兩種，有具體的美術，有抽象的美術。抽象的美術影響於思想的文明，具體的美術影響於物質的文明。我們中國對於抽象的美術，從前倒狠講究，所以爲東方舊文化的代表；對於具體的美術，不獨不提倡，反而竭力摧殘，因此我們的工藝腐敗到了極點。
>
> 歐戰完了。地球上從前那層腐朽的外殼已經脱去了。往日所夢想不到的些希望，現在也不知不覺的達到了。其中有一種反抗陋劣的生活的運動，也漸漸的萌芽了。歐美各國的人天天都在那裏大聲急呼的鼓吹一種什麽叫作國家美術（National Art）他們都説無論那一個國家，在現在這個二十世紀的時代——科學進步、美術發達的時代，都不應該甘心享受那種陋劣的、没有美術觀念的生活，因爲人的所以爲人，全在有這點美術的觀念。提倡美術就是尊重人格。照這樣看來，袛因爲限於世界的潮流，我們中國從前那種頑固不通的、輕視美術的思想，已經應該破除殆盡了。况且從國内情形看起來，象中國這樣腐敗的工藝，這樣腐敗的教育，非講求美術决不能挽救的。現在把怎麽挽救這兩樣東西的方法，同爲什麽要挽救他們的道理，稍微講一講，可見得美術不是空洞的，是有切實的建設力的。

是月　新劇社從演劇餘利中抽出票洋七百七十元、現洋四十元，贊助成府貧民小學。（《學生方面·德育·社會服務》，《清華周刊本校十周年紀念號》，

1921.4.28）這是清華學生繼一九一六年在北京城内青年會募捐演出後，給予成府貧民小學的第二次經濟支援。

十二月中旬 清華學生會正式成立，先生被推舉爲辛酉級代表之一。這是清華學生成立的第一個永久性自治機關，以代替此前諸臨時代表團。

學生會分評議、幹事兩部，前者爲最高决策機構，後者爲執行機構。學生會設總務、交際、文牘、會計、新聞、幹事六科，先生擔任文牘科主任，潘光亶爲副主任。（據《清華周刊》第183期，1919.12.26）

十二月二十三日 清華學生會召開成立大會。校長張煜全衹許可成立級會一類的組織，不准成立全校性學生會，并派校警干涉大會進行，引起公憤。學生會宣布罷課，先生作漫畫“垂床聽政”，諷刺張無病久養，不理校務。這就是清華校史上的“一趕校長”，不久，張即離開學校。

張煜全是周詒春校長被誣辭職後，於一九一八年四月被外交部任命爲校長的。但他經常因病請假，很少與學生見面。吴景超説民國“八年的上半年，他簡直在病榻上度日。我們且看看他的次數。八年一月，他以鼻血不止，請假二十日。三月，以咯血請假一個月休養。四月，再請假一個月，五月，又請續假二十日。一直到了六月十六日，纔報部勉强視事。學生對於這個多病的校長，早就不滿意了，所以到十二月二十三日晚學生會開成立大會受他干涉的時候，便激成罷課的風潮。九年一月二十八日，張上書辭職，略謂‘辦理校務，未見偷安，纔其整頓覺，不圖適以集矢，近雖勉力支持，然以久病新痊之軀，實難當上艱巨之任，自應退避，以讓賢能’。一月三十日，部令准張辭職，同日派羅忠詒爲校長”。（吴景超《清華的歷史》，清華周刊社編《清華生活》，1923.4.28）

十二月三十一日 晚八時，至高等科食堂參加全校年終俱樂大會。“是夕晚餐畢，各同學皆連袂而往，濟濟一堂，共慶新年。當時并有本校軍樂隊及滑稽之影片以助興。至十二句鐘始散。又是夜全校電燈通宵不息，以便諸同學散會後，開各團體之俱樂會及各種之游戲，以盡一夕之樂云。”（《校聞》，《清華周刊》第184期，1920，1.9）

一九二〇年　二十二歲

七月，直皖戰爭爆發。二十三日，直奉軍進駐北京，共同控制北京政府。

八月，陳望道譯《共産黨宣言》全譯本在上海印刷。

是年，北方各省大旱，國内開展大規模賑災活動，國際社會也給予援助。

一月八日　清華學生會决定改新聞科爲出版委員會。是日，出版委員會議决改良《清華周刊》。二十日，出版委員會提出改良條件："一改封面，二改門類，三不取陳古文，四用標點，五采横寫法，六改編輯制爲集稿制，每期一人負責，次期者助理。由評議部選出集稿員十二人。"（潘如澍《清華周刊小史》，《國立清華大學二十周年紀念刊》）先生被選爲集稿員。集稿員的産生首先經過全體學生初選，再經學生會復選。

一月二十二日　《清華周刊》集稿部成立。會上分工，暫定每兩人負責編輯一期，先生和潘光亶合編第五期。其餘還有時昭瀛、陳石孚、施滉、董鳳鳴、吴景超、周念誠、黄方剛、裴慶彪、何浩若、羅隆基，分組編輯各期。（據《本校一年來大事記》，《清華周刊第六次臨時增刊》，1920.6）次月，集稿員又增加到十八人。同時出版委員會修訂《周刊》改良條件，爲：一、集稿員十八人每學期改選；二、經理五人每學期改選；三、取消顧問；四、取消英文校閲；五、稿件由全體同學負責。

三月中旬　與潘光亶、吴澤霖、聞亦傳四人組成一個小團體，主要進行交流讀書報告和開展問題討論，後來增加了劉聰强、孔繁祁，一共六人，便取名"上社"。這個團體人數不多，"每周集會，讀與討論具備，但是富於討論的色彩。該社産生雖然不久，會録亦很可觀"。（沈干、翟桓、周念誠《本學期會務一瞥》，《清華周刊》第185期，1920.4.24）

暑假前，上社曾向全校介紹了他們的情况。《上社》云："上社在今年三月中方始成立，從産生到現在，還不過三個月，成績當然是很幼稚，起始的時候，會友衹有四人，後來纔加到六人。當時我們議決，不立名稱，但是後來同别人接洽的時候，實在不便，因此采‘⊥’字做我們的標幟。我們采這個‘⊥’字有二層意思，‘⊥’字是古‘上’字，借此以時時上進自勉，我們的會友是六人，‘⊥’字恰是我國數目中的六字。我們没有職員，每次開會衹有記録一人，大家輪流充任，他就是會中的臨時主席。每星期開會一次，時間在星期六下午四時半，每次限二點鐘——一半時候作報告用，一半作討論用。每次開會有三人任讀書報告，三人任預備討論。每人恰好二星期輪到一次。每次開會大家準時而集，有時也有因爲别種衝突要改期的，然大半我們寧可犧牲個人的事，來到這會。我們的讀書報告，是就各人的讀書録中，摘取要者，編製成的。起初是就成本書爲範圍，但是現在的趨向是不限於一本書。我們的問題討論，起初完全是一個失敗。因爲預備討論的人多，以至於没有一個人有完善的預備，發言很没有中心點，有二三次弄到没有結果，到時而散。近來改爲每次一個人專預備一個問題，詳細寫出來，到開會時宣讀，别人再就他的報告上討論，此法一直行到現在，還可以説是有一點小小的成功。我們的讀書報告、問題討論，都寫在一種同樣式的紙上，三個月來，合在一起，也有一百五十餘頁了——這就可以算是我們的成績。我們開過十次常會，計有讀書報告十六編，問題討論六編。它們分起類來，是：讀書録：歷史 2；娼妓 2；美學 3；經濟 2；文學 5；哲學 1；農業 1。問題討論：稱謂姓氏 2；校内問題 2；服飾 1；中國目録法 1。我們會友有一種通病——衹説不做——雖然别人指點我們，我們亦有時覺得，想戰勝這個病，但是因爲時勢同環境的關係，總不能免，我們希望，以後盡力革除這病。”（《清華周刊第六次臨時增刊》，1920.6）

“⊥社”這個名字，是先生提議的。吴澤霖《老友一多二三事》：“他提議這個組織稱作‘⊥社’。我們都不認識這個字，他説，‘這是古文上字，與尚字通。純樸的水木清華，不應該遭受那種頽唐、靡朽的風尚所侵蝕。由出自民脂民膏的公費培養出來準備出國深造的青年，應該保持良心的純潔性。我們是⊥社人。他們不認識⊥字，讓他們莫測高深

吧！’”（《聞一多紀念文集》，第163頁）

吴澤霖還回憶説：“關於‘丄社’最初并不想搞什麽組織形式，這些人本來都是知己朋友，天天混在一起的，用不着什麽組織形式。其所以要有一名稱而且取名‘丄社’，主要是一多和光旦的主張，旨在玩弄别人，使人看到‘丄’，既不會讀，也不知什麽意思。當時我們反對學校連續放映恐怖性質的電影，我們當時很反感，認爲没有教育意義，徒然浪費寶貴的時間。當然也有人反對我們的主張，背後風言風語，説我們是一批怪物！我們賭氣地説：‘我們是怪人，丄不是怪字嗎？你們認識都不認識！’”（吴澤霖給編者的信，1987.7.30）

潘光旦《談留美生活》：“我們在清華時，六個同學成立了一個‘丄社’。聞一多也在内。丄即古‘上’字。這個社什麽都管，電影不好，我們提出批評；有人上厠所不守秩序，屎尿撒在外邊，我們也管。”（《文史資料選輯》第71輯，第200頁，1980年10月出版）

是年春　《清華學報》“總編輯趙君學海滿任，校中派聞君多繼任。聞君復因事辭職，校方一時未能再派，故學報進行遂停頓”。（《本校一年來大事記》，《清華周刊第六次臨時增刊》，1920.6）

是年春　作新詩《雪》。編入《真我集》，收入《紅燭》時有較大改動。

這是一首應課詩，不料引起教師趙瑞侯的批評。原詩編入《真我集》時，下附小注，云：“有一次作文課底題是賞雪歌，我就試了一首白話詩。趙瑞侯先生底評語講：‘生本風騷中後起之秀，似不必趨赴潮流。’真是可笑，特地把他録下來。”

《古瓦集》卷首序亦云：“一九二〇年春作了一首應課詩，趙瑞侯先生評曰：‘生本風騷中後起之秀，似不必趨赴潮流。’這時已經做了很多的白話詩。第二次月課勉强用文言文譯《點兵行》，是敷衍面子的。”

《點兵行》收《古瓦集》，有序，説明文言譯詩難以成功。序云：

讀工部《兵車行》，擬書所感，久而不成。適見英人坎白爾《點兵之歌》，其寫戰事慘況，亦復盡致，以視杜作，特異曲同工爾，爰譯之。譯事之難，盡人所知，而譯韻文尤難。譯以白話或可得其仿佛，文言直不足以言譯事矣。今之譯此猶以文言者，正使讀者得持以澄原作，乃知文言譯詩，果能存原意之仿佛者幾何？亦所以昭文言之罪也。

趙瑞侯名玉森，字瑞侯，自號醉侯，一九一六年任清華學校國文教師。他很器重先生，曾對人説："我一生教過的學生不下萬人，但真正讓我得意的門生，衹有四人。"（趙同《醉人爲瑞——記我的祖父》，轉引自浦薛鳳《讀趙醉侯老師"醉人爲瑞"遺詩集稿書後》，《清華校友通訊》復 17 册，第 142 頁，清華大學出版社 1988 年 4 月出版）此四人即先生與羅隆基、浦薛鳳、何浩若。多年後，趙瑞侯還賦詩云："清華甲第首推羅，其次雍雍聞浦何，風雨鷄鳴交誼切，朝陽鳳翽頌聲和。"（《夢與清華高等弟子共論文》，同前，第 140 頁）

是年春 學校指定先生爲《清華學報》總編輯，旋辭之。"今年春，總編輯趙君學海滿任，校中派聞君多繼任。聞君復因事辭職，校中一時未能再派，故學報進行遂停頓。當聞君辭職時，正是學生會有人提議改良，擬將中文學報改爲清華月刊，英文的改爲季刊，編輯制换爲集稿制，其中種種進行及組織，未能一時定好，所以這下學期不能出版，已經出版这衹有上學期的中英文學報一本。從下學期起就實行變更的制度做照舊出版。"（《清華學報》，《清華周刊第六次增刊》，1920.6）

四月十九日 上社"第六次常會，報告題目有《中國古代娼妓史》《梅特林克底戲劇》及《歐戰原因》，討論題目爲《如何補救清華學生底細行》"。（《清華周刊》第 186 期，1920.4.30）

四月二十四日 《清華周刊》第一八五期起實行集稿員制。集稿員設主席一人，首任主席浦薛鳳，其衹擔任了一個月，五月二十九日起由先生接任。

同日 《旅客式的學生》發表於《清華周刊》第一八五期。收《聞一多青少年時代詩文集》。

該文是對清華一部分衹是等待出洋的學生的一幅文字畫像，先生認爲這也應是清華改良的内容。文中云：

> 洋樓，電話，電燈，電鈴，汽爐，自來水；體育館，圖書館，售品所，“雅座”，電影；胡琴，洋笛，中西并奏，象棋，“五百”，夜以繼日，厨房聽差，應接不暇，汽車膠皮，往來如織——你看！好大一間清華旅館！“衹此一家”“中外馳名”的旅館！如何叫他的生意不發達呢？於是官僚來養病，留學生來候補差事，公子少爺們來等出洋——我説“等”出洋，不是預備出洋。旅館底生意好了。掌櫃的變大意了，瞧不起旅客了！旅客不肯受他的欺負，就鬧起來要改良旅館。諸位！想一想，你們旅客有什麽權柄可以要求旅館改良！你們愛住不住！你們改良了旅館，於你們有什麽利益？等到旅館改良了，你們已經走了。
>
> 中國有一位文學家講，“天地者萬物之逆旅”。呸！這是什麽話？中國的文化底退步，就是這般非人的思想的文學家底罪孽。人類是進化的。我們生到這個世界來，這個世界就是我們的。我們的天性叫我們把這個世界造成如荼［荼］似錦的，所以我們遇着事，不論好壞，就研究，就批評，找出缺點，就改良。這是人底天性，没有這種天性，人不會從下等動物進化到現在的地位，失這種天性，社會［就會］退化到本來的地位。
>
> 我們把眼光放開看，我們是社會底一分子，學校是社會裏一種組織，我們應該改良社會，就應從最切近的地方——我們的學校做起點。學校是我們的家——不是我們的旅館。學校之中，學生是主體，職員、教員、校役都是客聽。對於學校，我們不負責任，誰負責任呢？有人自視爲世界底旅客，就失了做人的資格；有學生自視爲學校底旅客，就失了做學生的資格。

旅客式的學生有三種。對待他們的方法有四種。實行這四種方法，纔是真正的改良。

（一）旅客式的少爺學生。貴胄子弟，自己可以出洋的，年紀太輕，不能立刻出洋，先要在本國等一等！但上了别的學校，又太吃苦了，衹有清華旅館裏“百應俱全”，剛合少爺們的身份。所以他們除了打球、唱戲、“雅座”、售品所以外，不知道别的。對於功課，用“滿不在乎”四字了結他。横竪他們是不靠畢業出洋的，他高興幾時走，就幾時走。這種旅客式的學生，是人人承認的。

（二）旅客式的孩子學生。清華中等科底學生有住過高等小學的，有住過初等小學的，有住過幼稚園的，有什麽也没有住，乳臭未乾的嬰兒，總之真正高小畢業，剛合中等科程度的有幾個？這般同學，當然［不］能怪他們没有成人的思想。等他們畢了中等科的業，到高等一二年級，還是年紀很輕。就算到了成人的年歲，還脱不了孩子氣。他們初進學校底目的，固然跟少爺學生不同，不過他們的行爲跟少爺們一樣的。他們年幼連自己本身都顧不了，還説别的嗎？

（三）旅客式的書蟲學生。有一般人本知道學校應該改良，但是出洋問題要緊。功課一急競争的烈，每天點洋爛［燭］的工夫都不够，不用説别的。所以他們目擊各種腐敗的情形，也衹好嘆一口氣道曰：“没有法子！”這種學生，也是旅客式的學生。他們是讀書的旅客，同那打球、唱戲、“雅座”、售品所的旅客，不過是臧與穀底比例。

以下是整頓旅客式的學生底方法。

第一種旅客式的少爺學生可算是不可救藥了。他們横竪不是來念書的。如果要住旅館，他們有的是錢，六國飯店，比清華旅館舒服得多呢。

第二種，對於旅客式的孩子學生，也没有别的辦法。他們没有到上學的年紀，最好是不要來，免得他們的父母擔憂。他們上學還要帶聽差來替他們鋪床叠被，收檢衣服；他們不會用功，還要請高等科的學生當他們的“指導員”。清華中等科不是幼稚園，高等科的學生，也不是來替人家管孩子的，這些幼稚園的兒童應該送到幼稚園裏去。

第三種，旅客式的書蟲學生，我們衹好鼓勵他們，勸他們，把讀書的勇氣，分一點到書本外頭來。

第四種，在學生一方面，固然應當自己覺悟，打破這種旅客式的思想，但是學校一方面，也應當有一番整頓，使得那些旅客式的少爺、孩子們，不會混到學堂裏來，并且同時解放這種玉成學生底［奴］隸性的積分制度，庶幾學生不致把一切都犧牲到書券［卷］本裏去了。

同日　夜，作《出版物底封面》。發表於是年五月七日《清華周刊》第一八七期。收《聞一多青少年時代詩文集》。

該文撰寫以周刊封面改换爲誘因，述對封面裝幀的看法。浦薛鳳《憶清華級友聞一多》：“一多與予，先後曾任《清華周刊》總編輯。予主持時，心血來潮，曾自繪紫白兩色相間長條之封面。周刊經理沈鎮南同學因節省時間，未將樣本送予過目。刊發以後，一多認爲色式兩劣，大加批評，并當面向予指摘。予素知其個性，不以爲忤，衹謂吾清華校旗係紫白兩色，用此乃是表示愛校，印刷廠所用紫色太深則有之，倘色澤淺淡，當較雅静。數周之後，予即自動改换封面，并另换新型圖案。”（臺灣《傳記文學》，第 39 卷第 1 期，1981.7）

《出版物底封面》對那一期周刊的封面設計進行了毫不客氣的批評，認爲“違反圖案底組織底要素”“違反圖案底實用基礎”“與本書内容無連屬或象徵的意義”“字没有藝術底價值”“三樣色彩，太費經濟，仍無益於美觀”。文章主要部分是起草了一個封面設計的批評大綱：

我要批評的不衹《周刊》，凡我所見的目前社會上底出版物

（專指雜志之類）都在内。現在先把這個題底各方面討論一下，作批評底背景。我没有工夫詳細地説明，衹得寫一個大綱。

（一）出版物底封面圖案底價值。

（甲）主體的。

1. 美的封面可以引買書者注意。

2. 美的封面可以使存書者因愛惜封面而加分地保存本書。

3. 美的封面可以使讀者心怡氣平，容易消化并吸收本書底内容。

（乙）客體的。

1. 美的封面可以輔助美育。

2. 美的封面可以傳播美術。

此外還有别種的直接的或間接的經濟價值，不勝詳述。

（二）中國出版物底封面圖案底藝術不發達底原由。

（甲）藝術不精。

（乙）印刷不良。

（丙）發行者底經濟不足——推源還是社會生活程度太低。假使買者能出高價買，發行者當然肯費錢印華麗的封面；横竪他們總不會虧本。

（丁）以前的書籍没有美術的封面底習慣——結果，現在的社會没有美術的封面底要求。

（三）補救底方法——這層，我衹能在藝術上着手。别的方面，不是作這篇文底本旨底範圍以内的。

（甲）美的封面圖案底要例——圖案是廣義的，不專指圖畫底構造，連字底體裁、位置，他們底方法，同封面底面積，都是圖案底全體底元素。

1. 畫底要例。

A. 須合藝術底法義——如條理（order）、配稱（proportion）、調和（harmony）等。

B. 須與本書内容有連屬的或象徵的意義。

C. 不宜過於繁縟。

2. 字底要例。

A. 須清楚。

B. 總體須合藝術的法義。

C. 宜美術的書法（除篆、籀、大草外）——刻版的宋體同日本式方體字宜少用。

D. 最忌名人題籤——除非他是書法名家。

E. 集碑帖可以用——不可太背 A、C 兩條。

3. 面積底要例

A. 宜長方，忌正方。

恐怕還有許多要點不能盡舉，衹待圖案的作者用他的腦經［筋］去酌定。總而言之，圖案是一個專門的藝術，不深知藝術的，不宜輕試。

四月二十五日　上社“第七次常會，報告題目有《美底教育》《經濟思想底歷史》及《姆士底學説》，討論題目爲《稱呼問題》《長姓問題》及《服制問題》”。（《清華周刊》第 186 期，1920.4.30）

先生在名字中加了“一”字，大約即在討論稱呼問題這一時期。吴澤霖《老友一多二三事》：“一多既取了單名，人們衹能連名帶姓一起叫他，根據那時的傳統，這是對人的不恭敬，於是他决定换一雙名，就同一些級友商量是否可以在‘多’字前後加一個簡單字。當時潘光亶和我同時與他半開玩笑地説，前面加個‘一’字，不是再簡單不過了！他一聽，立刻跳起來説，‘好，一多既好寫，又易記，以後就叫我一多好了！’可是教務處不讓改，因爲學生名册已上報教育部。但他并不灰心，總是説，堅持就會勝利。每逢外國教員或新教員上課點名時，他總是説，多字前面還有一個‘一’字，試卷上他總是寫聞一多。每逢發榜或布告有他名字時，衹要有可能，他總是設法去添上‘一’字，墻報上他所發表的文字、白話詩或插圖都署名‘一多’。日久以後，人們也就把聞多這個舊名逐漸忘記了。快到畢業年頭，學校終於正式承認了他的新名，在證書和同學録上所印的是聞一多而不再是聞多了。”（《聞一多紀念文集》，第 162 頁）約在這時，潘光亶亦改名爲潘光旦。

五月十二日 作新詩《朝日》、《雪片》（譯 Mary Mapes Dodge[①] 詩）。均編入《真我集》。

五月十四日 作新詩《率真》、《忠告》。均編入《真我集》。

五月十五日 作新詩《一個小囚犯》。編入《真我集》。這首詩仿佛是先生小時候的經歷和感想。説某年四月在外邊玩耍，跌了一跤，弄了一身泥污，結果被母親關在家裏不讓出門。一關兩個月，竟關出病來，於是又得飽嘗藥味。詩中描寫一個孩子要衝破幽禁，渴望到大自然天地中呼吸新鮮空氣的心聲。

五月十七日 作新詩《傷心》、《志願》（譯 *Wishes* By Bosworth Crocker 詩）。編入《真我集》。

五月二十二日 作新詩《黄昏》。編入《真我集》。後發表於十月二十二日《清華周刊》第一九五期時，有較大改動。收入《紅燭》時又有修改。

是月 丄社討論“暑假裏做些什麽”。（《清華周刊》第 189 期，1920.5.21）

是月 約這時，有致聞家駟信，現存前半函。收《聞一多書信選集》。説：“寫信很可以用白話，并且告訴我你求學底心得。白話文現在已經通行了。”又鼓勵聞家駟投考清華中等科二年級，并將應試的功課都開了出來。

六月 暑假。返武昌，换乘小火輪至巴河，回望天湖畔老家。

七月一日 作新詩《晚霽見月》《所見》，又譯韓愈古詩《南山詩》爲新詩。均編入《真我集》。

① 《聞一多全集》Mary Mapes Dooge，疑是 Mary Mapes Dodge，Dodge，誤了一個字母。

七月十三日 作新詩《西岸》，發表於九月二十四日《清華周刊》第一九一期。收《紅燭》。這是先生生平發表的第一首新詩。

是年暑假 約此時編寫新詩集《真我集》[①]，共收十五首。另有一首已編入後又被删去的《一句話也不講》，後來亦未再發表，特録如下：

太陽辛苦了一天，纔賺得一個平安的黄昏。
喜得滿臉通紅，一直的向山窪裏狂奔。
這時候窗子外邊笑語歌呼的聲浪，
一陣陣的往窗子裏邊淌。
但是窗子裏邊坐着我們兩個人，一句話也不講。
因爲我們喝醉了彼此的秋水一樣的目光，
所以就知道低着頭微笑，一句話也不講。
一本遠古的詩集放在桌子上。
有時兩雙眼睛都對着這本書上看。
但是我們總是一句話也不講。
呵！莫非是因爲我們的思想，我們的志趣，我們的懷抱，
都已經被這位詩人替我們講過了嗎？

假期中，丄社成員采用通信方法討論“本社進行底改良、隔詞法、倫理主義和基督教等等”。（《丄社》，《清華周刊本校十周年紀念號》，1921.4.28）

九月上旬 暑後開學，先生升入高等科四年級，這是清華舊制的最高年級，畢業後即可放洋。升入這年級的同學，都搬到一所設備齊全的宿舍，爲的是讓同學們體會一下國外的生活。浦薛鳳《憶清華級友聞一多》：“將届畢業之一學年，予與一多同住高等科樓上宿舍一大房間。高等科一二三三個年級同學，均由學校分配，住入前後排列之中式宿

① 《真我集》無此後之作，故編定時間約是此時。

舍，正中有長廊貫通，無數房間則在長廊左右胡同之内。惟行將畢業之高四級，則可移住西式建築之高等科入門右邊樓上與樓下。每一房間裝置暖氣設備，一到冬季，户外盡可北風怒號，積雪冰凍，而室内則仍和暖如陽春。此外，另有西式浴室與抽水馬子。寢室之中，每人使用大書桌、小書架各一。窗户寬大而光綫充足。一多與予共住長方形之最大一間，各自覺得享受。”（臺灣《傳記文學》，第 39 卷第 1 期，1981.7）

開學後，仍任《清華學報》中文編輯。暑假前，《清華學報》已决定改編輯制爲集稿員制，在集稿員未選舉出之前，由先生與羅隆基、何浩若、潘光旦、吴景超五人負責集稿，并已着手集稿。暑假中，他們又進行了許多聯繫。但是，開學後竟然没收到一篇稿子，這讓先生等很是不滿，吴景超甚至還主張取消《清華學報》。吴景超在一篇文章中説：“在學報新集稿員未舉出之前，集稿的責任，是羅隆基、向浩若、聞一多、潘光旦同我五人擔任。我們在暑假以前，就着手集稿。我們對同學説，你們的稿子，不問是那一門，那一類，交换智識的稿子也好，發揚學術的稿子也好，我們都很歡迎。羅君隆基對於集稿這件事尤其熱心，他在暑假期内，寫了好些封信，問同學要稿子。開學以後，我們以爲這次學報一定不怕稿子少了。那知道出條告收集，没有一個人投稿子來的。我們當時真是急的了不得。恰好開學以後，不多天，評議部就提議舉新集稿員，我們得到這個消息，真是如釋重負。我因爲感受那種困難，所以纔主張取消學報。潘光旦是局内人，所以也與我同樣的主張。”吴景超還説：“許多人以爲别的學校裏，雜志那麽多。我們學校裏的雜志，以前有《年報》《學報》《周刊》《白話報》，《年報》去年取消了，現在又有人主張取消《學報》，這個實在是清華學校退步的徵象。我的意思，不以爲然。在一九三期裏，我説同學由高談放論而擱筆，實在是好現象。現在我把這個意思，再説得透徹一點。同學凡想到《清華學報》的，一定要聯想到北大的《新潮》，以爲《新潮》是學生辦的，《清華學報》也是學生辦的，我們爲什麽就比不上他。大家都存了這種心理，所以總想要拿《清華學報》去與《新潮》比賽，一定不肯把《清華學報》犧牲了。我現在大膽説句話，就是《清華學報》要想學《新潮》，不是難事，像《新潮》裏那種文章，清華學生未嘗做不出。但是我們所以不做的緣故，最要緊的因爲不經濟。《新潮》裏那種文章，作者不知道費了許多心力，他們因爲作文章，常有犧牲讀書的事。諸位想一下，我們在青年的時代，分陰寸金，何必去幹這種事體呢？《新潮》裏的傅君斯年是最能作文章的一個人，他受的損失也最大，所以他在《新潮》一卷三號裏説：‘我們現在却有件極危險的事，到了頭上，就是因爲辦雜志，害了求學，作文章减了讀書。二十幾幾的人，每每被這種情形所誤。’别人辦雜志，已經在那兒叫苦，我們何必學呢。不知相差多少呢！”（吴景超《再論清華學報應否取消并答張忠紱君》,《清華周刊》第197期，1920.11.5）這些話，不僅是吴景超的個人感觸，先生也有同感。

九月十一日　作新詩《印象》，發表於十月二十二日《清華周刊》第一九五期。收《紅燭》。

九月十八日　美術社選舉先生爲書記。時，美術社取消社長，由書記負總的責任。

開學以來，美術社活動十分活躍，《清華周刊》報導：“美術社自開學以來，開過三次會，討論改良底計劃。聞其結果，關於宗旨，則除實習、研究外，加了宣傳美術一條；關於職員，則廢除社長，留書記、會計兼幹事，及‘斯條提歐’Studio管理各一人；關於經費則减爲五角。該社又擬對内方面，注重互助的精神，對外注重服務的精神，如演講、游覽等，一律公開，及擇優公布，學理底研究底結果，等等計劃，均期以美術的知識灌輸於同學，以引起其美術的興趣。該社新舊社員共達五十餘人，上星期六選舉結果，書記聞多，會計兼幹事吴澤霖，‘斯條提歐’管理楊廷寶。會後舉行第一次常課，爲户外寫生，到者三十餘人。”（《清華周刊》第191期，1920.9.24）

十月一日　《徵求藝術專門的同業者底呼聲》《清華底出版物與言論家》發表於《清華周刊》第一九二期。均收入《聞一多青少年時代詩文集》。

《徵求藝術專門的同業者底呼聲》第一次公開署“聞一多”之名。文章反映了先生早期的藝術觀，它針對同學中正在討論不止的兩個問題，開卷即道明：“藝術確是改造社會底急務，藝術能替個人底生計保險。”文章也是圍繞這兩個問題分别論述的，末尾説：

> 現在把全篇底大意綜括起來，申述一遍。藝術、科學本當并重；當今中國，科學已有萌蘖了，藝術却毫無消息。藝術的人才既是有限，有藝術的天能的自當急起負責。他們還當拿全副精神，專攻藝術。因爲我們希望於他們一種新藝術底實現，這種事業决不是一知半解的藝術家所能勝任的。講到以藝術專門爲職業，我們總喜歡牽涉到生計問題，但這是一個大錯。如果我們都認官僚富豪底生活爲最理想的生活，當然瞧不起藝術。但是生計若專指人生底需要品——衣，食，住——加以尋常的繁華品同相當的貯蓄，藝術準能供給。况且講到組成社會底集合的實力同個性底發展，一切的職業，就同時是我們的義務與權利；存了這個觀念，恐怕也想不到什麽生計問題了。
>
> 現在應講的話都完了，我再學隻踞阜的雄鷄，引嗓高呼一聲：
>
> 有藝術天能的朋友們，快起來呀！

《清華底出版物與言論家》一方面批評清華的出版物不够發達；另一方面指出這種狀况是由於“一般言論家都巧避著作，争趨口論”。先生稱這種人爲“擱筆派”。吴景超亦有同感，他在《再論〈清華學報〉應否取消并答張忠紱君》中説：“在學報新集稿員未舉出之前，集稿的責任，是羅隆基、何浩若、聞一多、潘光旦同我五人擔任。我們在暑假以前，就着手集稿。我們對同學説，你們的稿子，不問是那一門，那一類，交换智識的稿子也好，發揚學術的稿子也好，我們都很歡迎。羅君隆基對於集稿這件事尤其熱心，他在暑假期内，寫了好些封信，問同學要稿子。開學以後，我們以爲這次學報一定不怕稿子少了。那知道出條告收集，没有一個人投稿子來的。我們當時真是急的了不得。恰好開學以後，不多天，評議部就提議舉新集稿員，我們得到這個消息，真是如釋重負。我因爲感受那種困難，所以纔主張取消學報。潘光旦是局内人，所以也與我同樣的主張。”（《清華周刊》第 197 期，1920.11.5）

《清華底出版物與言論家》文字尖鋭，也是一篇出色的雜文，兹録如下：

> 清華的出版改良，自從在“去張”運動底風潮裏醞釀成熟了，後來便七節八枝，荆天棘地，急進的既灰了心，守舊的也癟了氣，於是風波陡落，一告［覺］瞌睡睡到今年四月，《周刊》纔醒起來了。《學報》底糾葛更深，到暑假前纔有集稿部底會議同宣言，也算他睁開眼皮，打了一口呵欠。但就那七期《周刊》底成績論，我們的出版界敢吹改良兩字嗎？改良就是换上幾句白話文，插進幾個新標點嗎？《周刊》如此，《學報》可知。唉！清華底出版物！清華底言論家！
>
> 但這是集稿員底過嗎？——集稿員也不能盡辭其咎——不過最大的罪名，應加在全體同學裏那一部分負有言論底特殊責任的身上。怎樣講呢？我們既采了集稿制，供給言論底泉源就在集稿部外——在全體同學裏。但根據分工論，一校内人人應各依他的本能底特長，在各種課外作業裏，擇負一種責任；言論就是這許多責任中間底一種。（這裏負責是對於學校的，不是個人的；“挖”是個人的責任，有人當他對於學校的責任，自然變了分數底奴隸。）不是説言論家以外，就没有别人可以發表言論，他們在執行他們的職務底餘暇，也應該時時告些奮勇，大大方方地講幾句話。
>
> 言論同社會底關係是怎樣呢？人人底腦筋都有受對象底戟刺而起衝動底本能，環境裏有這個缺點，我們的腦海里纔起這種“不快感”；有這種感覺，影響到理性底活動，纔有這種理想；有這種理想，纔發爲這種言論，口頭的或筆著的。所以每篇言論，在環境

裏，必有個確定的根據；環境不需要這種言論，這篇言論就無從産出；人人不肯發表這篇言論，這個需要，就永遠不能補足。言論裏所包含的解决問題底方法，不一定都同環境底需要，針鋒相對，但社會自有裁判力，决不致盲從，所以取捨言論，是社會底事，聯續地接濟社會取捨底材料，是言論家底事。

言論家當然包括兩種，口頭的同著作的。出版物所歡迎的，是著作的言論家，其餘一種，有與没有，跟他毫無關係。清華出版物不能發達，祇因一般言論家都巧避著作，争趨口論底一條道上。記者不知道别人，却願將我個人現在所以漸趨這“擱筆派”底原因照直供來，做大家討論底資料，藉以志我的罪。

自己缺少心性底修養，失了批評家底地盤，見了别人底行爲，本能辨得黑白分明，祇不敢提起筆寫。關於學術問題底討論，自己的腦筋乾枯，讀書還讀不及，哪有工夫著作呢？而且稍稍一開書本，更像河伯到了海洋似的，哪裏還有膽量去著作呢？再加平日專喜冷譏熱嘲地批評别人，所以每到提起筆來，就仿佛看見那裏森森地排着無數的韓［？］仇的筆鋒，等着這張紙一出世，便一齊射來似的。於是得“風聲鶴唳，草木皆兵”，甚至有一篇稿子寫完了，終久不敢塞到投稿箱裏去。這種由懦弱産出的滑頭政策爲個人計，未嘗不是上策；殊不知言論是爲社會的，哪能帶着一點主觀的滋味？縱他惹起社會底反擊，那更應是我們無任歡迎的了。

像我這樣不才，原不足輕重。還有一般品學遠出我上的朋友們，老手的言論家，現在既流入“擱筆派”了，新進的，天天喊道：“研究！批評！改造！奮鬥！”但查查他們所發表的言論，也是比鳳毛麟角還稀奇些呢。我希望他們都有他們的充分的理由，足以塞同學底口實，我不希望，却又害怕他們同我患了一樣的“怯弱症”。唉！鼓吹出版改良，不是我們這般朋友嗎？到了實行改良底時候，一個個却都“噤若寒蟬”呢！周君念誠在他的《投稿用别名是不負責》裏駡道：“所以卑怯的作者更是狡猾，更是盗竊，我無以名之，名之曰蟊賊。”我説用别名，“隱在霧裏放暗箭”，總算是有責任心的呵！一張白嘴，説得天花亂墜，嘴唇一闔，都化爲烏有了，誰還能代他負責呢？大家抱着“擱筆”主義，比抵制仇貨還狠心些，可憐那兩家鋪子，再不關門，纔怪呢！

但是諸君不要誤會，以爲我把口頭的言論家，當作一文不值。其實，是言論，我都尊敬，不過對於著作的言論家，比清談的言論家還要十倍地尊敬。須知更有“三緘其口”的金人，那纔真是社會底蟊賊。中國人最卑劣的表德，就是“顧面子”，“不好意思”。多多批評，多多發表言論，正是打破這種惡習，練習公開的精神底妙法。你駡完了我，我又駡你，兩人都受了“聞過”底益。梁山泊底弟兄，不打不親熱；世界上哪有公開底快樂？

朋友們總説我們那裏想的清華出版物底實現，是不可能的。試問我們可曾奮鬥到最末的一分鐘？現在正當一個學年底新紀元，上半年還祇一家《周刊》，現在《學報》也快開張了，零售躉批，家家缺貨。我謹將這兩句話送給言論界底同行們，做首座右銘，并祝兩家出版物底生意興隆：

“小心些做文章！大膽些發表文章！”

此文在同學中引起不小反響。次期《清華周刊》刊登吴景超《我對於清華出版物的意見》，説看了先生的文章，“很有點感觸”，它“把我們學校裏的出版物情形，可謂形容盡致了”。潘光旦在《校事雜評·學報》中説：“胡適之先生説過，我們大家忙着的，并不是新文化運動是新名詞運動，我想大家承認他這種話是有見地的。這樣，在出學報以前，大家不妨斟酌斟酌我們的言論裏到底有多少可提高文化的材料，我們能不能逃出胡先生的斷語。上星期一多君作了一篇《清華底出版物與言論家》，很責備同學底緘默，便是我們腦子裏没有多少可以提高文化的材料底明白表示，那是責備不出來的。”

開學以來，上社活動也很活躍。“召集過三次會。第一次是討論本期該社怎樣進行，并社友個人本年計劃。第二次是討論隔詞法等四問題。前禮拜開第三次會，討論家庭改革和兒童教育二問題”。(《清華周刊》第192期，1920.10.1）

十月八日 詩《時間底教訓》發表於《清華周刊》第一九三期。收《紅燭》。

十月十日 國慶節。這年的國慶典禮第一次由清華學生會主辦。先生寫了《對於雙十祝典的感想》，發表於二十二日《清華周刊》第一九五期，收《聞一多青少年時代詩文集》。文章主題有二：一爲“以節期證明美育的實力”，一爲論述“清華藝術的破産”。

是月上旬 清華學校選舉本學年《清華周刊》集稿員，先生等十八人當選。集稿員分六組，先生與浦薛鳳、費培杰爲第二組。（據《清華周刊》第194期，1920.10.15）十一月初，集稿員分工，先生負責聯繫美術社、唱歌團、丄社，并做新聞訪查。（據《清華周刊》第197期，1920.11.5）

十月十五日 美術社是月八日至十日國慶節假期内曾組織户外寫生團，在學校附近寫生。（據《清華周刊》第194期，1920.10.15）是日又舉行演講會，請北京美術學校吴新吾先生演講。此時美術社“已達六十人，現分三班，星期五下午一班，星期六上午兩班”，(《清華周刊》第195期，1920.10.22）活動很頻繁。①

十月二十三日 丄社“開第四次常會。這次的讀書報告有兩篇：《信仰與信仰底應該》及《俄國底研究》。該社於前次常會時曾決定研究電影問題，本次又將全題分爲十三項：‘清華底電影’‘中國底電影’‘歐美底電影’‘教育中之電影’‘藝術中之電影’‘電影與道德及電影底審查’‘電影與衛生’‘科學中之電影’‘宣傳事業底電影’‘實業中之電影及電影底實業’‘電影底歷史’‘電影在清華底勢力’及‘改良

---

① 據1921年出版《清華年刊》所載美術社成員合影照片，該社有：張治中、張光、張咏、張永鎮、冀朝鼎、周傳璋、黄人杰、黄懋禮、黄仕俊、何鴻烈、高仕錤、過元熙、梁思成、羅家選、馬杰、沈宗濂、史國剛、孫成璵、戴照然、湯家寶、譚廣德、唐亮、鄧健飛、曾駿全、聞亦傳、聞多、吴幹。還有些人未參加合影。

清華電影底計劃’。每人擔任兩項（除末尾一項），分途研究，或參考書報，或實地調查，於每星期常會時報告一次。至於原有的讀書報告則暫時停止”。（《清華周刊》第196期，1920.10.29）

關於電影問題，起初研究的範圍較廣，但很快便集中到對清華電影的改革上來了。

十一月十一日 清華學校改辦大學之議再起，個別同學已填寫了入大學志願書。高等科同學對改辦大學後舊生是否仍可出洋頗爲關心，辛酉級因次年即將放洋，利益更加尤關，曾率先往見校長及謁董事會會長，但未得到明確答復。是日，校長金邦正向辛酉級全體同學發表談話，表示：“一、清華往年派赴美國之學生，習文科者大半可入大學三四年級，習實科者大半入一二年級。本校學生似偏重文科，以後實科方面應加高程度。二、大學是否即將辦成，現時尚不能說定，故已簽志願書入大學之學生，究應如何處理，尚談不到。三、簽入大學志願書者，畢業後如體育及格，并無他項意外之事發生，當均派赴留學。”學生會聞董事會不日即將開會討論此事，故於會前去函詢問四事：“究否辦大學？如辦大學，又從何年起？辦大學與未填願入大學志願書之學生有何關係？辦大學後，舊學生出洋及格即送抑改爲選送？”此函去後，學生會評議部推舉何浩若、蔡公椿、翟桓、沈本强、楊世恩、徐致璋、曾遠榮組一委員會，專司與校方交涉，各級亦委派委員參加，辛酉級派出先生與沈有乾、張杰民、浦薛鳳、羅隆基、何浩若、熊祖同、錢宗堡、聶鴻逵、薛祖康十人參加該委員會。（據《出洋問題上星期内學生方面之消息》，《清華周刊》第199期，1920.11.19）

其後，學校决定新制舊制以軌進行，對按舊章入學的同學并無影響。《清華周刊》報導：“本校改辦大學計劃，現定中等科三年，高等科三年，大學二年，修業年限共八年。中等科二年級還是留着，高等科四年級改爲大學第一個，增加大學二年級一年。此計定一九二一年暑假後實行。改辦大學與出洋是沒有關係的，大學畢業後，留學年限并不減少，仍舊五年。此計與未簽志願書學生不生關係，暑假後開辦大學，由高四已簽入大學志願之六人起，其餘仍舊照章派留學，以後也是如此。大學課程，雖至屢次開會，但尚未決定。”（《校聞·本校暑假後添設大學班》,《清華周刊》第 208 期，1921.1.21）後又報導：“悉校中已定設大學一年級，該級課目，亦已定妥，大致分文、實二科。文科有政治學科、社會學科、經濟學科、銀行學科等；實科有醫學預備科、農林科及工程科。下學年高四即爲大學一年，而今年在高四之六位新生則爲大學二年。至大學二年之課程，目下尚未定云。”（《教務處紀事》,《清華周刊》第 211 期，1921.3.11）

十一月十二日 《黄紙條告》發表於《清華周刊》第一九八期。收《聞一多青少年時代詩文集》。

所謂“黄紙條告”是清華電影的廣告，當時學校放映的電影被誨淫誨盜的内容充斥，先生等人看不慣，撰文進行批評。這期周刊還發表了周先庚的《改良清華電影的發端》。

清華學校是一九一六年開始放映電影的。那年春天，學校爲教學買了一臺電影放映機，但一直使用的機會，一位教物理的美國教授提議向北京影片公司租片放映，這件事曾經過同學簽名贊同，并得到時任校長的周寄梅同意。起初，放映没有定期，後來改爲兩星期一次，一九一九年下學期起，改爲每星期一次，時間均在星期六晚上，幾乎没有間斷。租選影片一事，初由庶務處林玉棠先生經管，後改陳長桐負責，一九一九年陳長桐畢業赴美後，先生同級同學董大酉接管了這項工作。最初播放的影片，多是有價值的教育片，但漸漸就連續放映偵察、滑稽的多集影片了，有的甚至要放映八九個星期。“而這種片子，又最動人，多看幾次，立刻中迷，二次三次就有不得不看之勢，於看者的金錢、時間上發生很大的妨礙。并且這種片子，多半是講巨奸大蠹，使人看了，生出一種謬訛的觀念——以爲外國的社會，比中國還要壞。此外因爲刺激太甚，好奇心油然而生，因此就模仿起來了。”（聰强《清華電影之過去與現在》,《清華周刊》第 202 期，1920.12.10）

關於此事起因，潘光旦在《清華初期的學生生活》中，對當時的情況也有記述："幾個河南同學，是一家的兄弟叔侄，不知通過什麼方式與條件，一面從城裏搞到了片子，一面取得了學校的同意，借用當時的禮堂，即後來稱爲'同方部'的那座建築，作爲演出的場所，居然一周一次地開業放映起來。可奇怪的是，學校并没有招商承辦，而平白地多了這一行私營企業。這家弟兄叔侄無疑地掌握着這企業的全部權利，接洽片子，張貼廣告，賣票收票，真是經營奔走，不遺餘力。放映的又是什麼片子呢？美國片子是不消説得的了。美國的哪一類片子呢？如今雖事隔四十年，大家還留着極深刻的印象的一例是一系列稱爲《黑衣盗》（*The Hooded Terror*）的片子，一續、再續……十幾續，前後不知演了多少場，每場總是滿座。這片子的内容，顧名思義，便知非奸即盗，充滿着極不健康的刺激與誘惑。但學校始終不管，教師們，即在一個教數學的美國教師的兒子按照這張影片所傳授的手法開始盗竊行爲之後，也還不管。最後，我們一個愛管閑事的小團體，其中包括聞一多先生，終於忍不住的出頭管了一下。我們利用《清華周刊》和其它方法，一面主張非帶有教育意義的影片不得上演，一面發動同學對誨淫誨盗的今天所稱的黄色片子，共同抵制，來逼使這一家學生商人不得不改换另一路質量的片子。小小的運動算是成功了。"（《文史資料選輯》第31輯，第92—93頁）

《黄紙條告》的批評方法也很特别，用不同人的口氣，不同角度的認識來體現不健康的電影對不同人的影響，但主旨讓人一讀就明白：

萬頭攢動，接踵摩肩，擠在禮堂底赭色門前，好像廟會時候護國寺底香客們朝見佛爺似的；他們的馨香頂祝的熱誠，即表現於那波濤澎湃的聲潮裏。"好極了！陡［抖］起來了！這個星期有好片子看了！"過路的人碰着這一團"觸手可炙"的熱氣，他們的神經也被溶化了，他們的身體不覺流入這人群裏，越流越多，赭色門前底大道竟遭人濤泛濫，斷絶交通了，於是站崗的聽差未免小起恐慌。

什麼神通廣大的魔力竟能絆住許多視綫，搗爛許多神經？

★　　★　　★　　★

一張方不滿尺的鵝黄紙上，斜撑着幾條黄子［紙］久皺［皴］的赤痕。這算是什麽東西的圖形？是鍛鐵的鎚子？哪裏？你瞧那鮮血淋漓，便知道是一把殺人的斧子。都錯了，不是什麽希奇的玩意兒，是你我都有的那隻手——你我當工匠最寶貴的工具。

慢着，你我的手是這樣的麽？你瞧那裏大書特書着三個日本式的隸體字："毒手盜。""毒"，你我的手肯受這個頭銜麽？你我的手肯替"盜"當經理麽？不！他是你我當工匠最寶貴的工具。

★　　★　　★　　★

但是我們的手拒絶罪惡，我們的眼却歡迎他，眼把罪惡的圖形進貢到腦宫裏去，又使天心大悦，立刻喉、舌、唇收到聖旨，奏了這闋頌歌："好極了！好片子呀！……"

★　　★　　★　　★

好片子？怎樣好法？《黑衣盜》《毒手盜》，好盜，可敬可愛的盜，"飛彈走肉"，殺人如同打鳥！

好片子，多謝你輸入無量的新財寶到我們智囊裏來了。若不是你的鴻賜，這些財寶，我們除非鑽進地獄，哪能找得這樣齊備？我們整星期囚在這"水木清華"的，但是平淡的世界裏，多虧你常常餉以"五花十色，光怪陸離"的地獄底風光，我們的眼福不小。

★　　★　　★　　★

不過我很懷疑假若你熟悉天堂底路，要領我們去那裏游覽，我們會不會一樣的興高采烈。

有人説不會。淫暴是我們獸族的鼻祖。遺風餘韻，我們置身於古物陳列所裏，誰不顧盼低徊，爲之神往？所以喜入地獄是人情。但天堂是個新地方，我們没有去慣。

我説却不盡然。我引卜郎林（Browning）一句詩來申釋我的意思。

Ah, but a man's reach should exceed his grasp, Or what's a heaven for？

《清華周刊》第二〇〇期刊登署名“果”的《電影話》，贊揚先生的立場，説：“一多君一篇，大意我極表同意。（不過刻薄個人的地方，我不敢贊一辭。）這種盗賊長片的電影，實是無味。”這期還刊登了擇片人董大酉的《電影問題》，對選擇放映影片的原因做了表白和解釋。不久，董大酉辭去擇片工作。

十一月十三日 美術社舉行“第一次幻燈演講會，演講者爲本校教員司達女士，講題爲西洋建築，到會者三十餘人”。（《清華周刊》第 199 期，1920.11.19）

十一月二十二日 出席清華十周年紀念籌備委員會會議。一九二一年爲清華成立十周年，爲組織有關紀念活動，學校成立籌備委員會，委員均由校長金邦正指定。該委員會初僅有教員，後增加學生委員，先生與吴澤霖、劉聰强、蔡公椿、羅隆基五人經清華學生會幹事會推定，被校方指定爲學生會方面籌備十周年紀念會專門委員。《十周年紀念之籌備》云：“本校將於一九二一年舉行十周年紀念，并經校長派定委員，力事籌備一切，已詳前刊。兹聞該委員會又於二十二日晚八時開第二次討論會，籌商一切辦法。當時由趙副校長主席，余日宣先生記録。其暫定會序如下：紀念會決定於四月二十八日、二十九日、三十日分三日舉行。第一日（二十八日）爲校中俱樂日，下午二時舉行十周年紀念正式會式。二時至三時半舉行庚申級‘日晷落成式’。三時半以後本校學生與清華同學會比賽運動。五時至六時本校同學及教職員與清華回國生茶叙。七時至九時，回國清華同學宴會。九時以後音樂會及花爆待俱樂。第二日（二十九日）上午爲成績展覽會，下午二時後爲新視覺開幕禮，及童子軍兵操、拳术等操演。夜間有英文劇。是日會序稍近聳性質，以便外人及留心本校西文者考察。第三日上午仍爲成績展覽，下午二時起有本校體育方面各種演試，及社會服務部之展覽。五時以後，有化裝游行。夜間復有中文新劇，以助餘興。此外又欲籌備十周年紀念册，及《清華周刊》增刊各一本，并聞委員會中各人已他門擔任，立即進行云。又委員中除上次派定之人數外，已添派梅貽琦、王賡二先生加入。學生方面，前係由校中指派學生會評議、幹事兩部正主席，加入委員會協助一切。後因學生會職員，係半年一任，而十周年紀念委員會之職，須至明年五月方可完畢，中途更易新手，於籌備進行諸多不便。故“經學生會方面評議、幹事兩部議決，另組專門委員會加入協助，聞結果，已由幹事主任會推定吴澤霖、聞多、劉聰强、蔡公椿、羅隆基五人爲學生會方面籌備十周年紀念會專門委員，并已由校長加行委派該五人等加入本校委員會。”（《清華周刊》第200期，1920.11.26）

十一月二十七日　擔任清華十周年紀念籌備委員會國劇委員負責人之一，專司編劇事。《十周年紀念籌備演戲底近聞》云：“十周年紀念籌備委員會所擬會序中有排演中英文戲一節”，“兹聞校長處已派本校國劇及英劇常期委員會，會同聞多、蔡公椿、翟桓（國劇）、吴澤霖、熊祖同、時昭瀛（英劇）六人分途進行。國劇委員會已於上星期六開會决定暫分編輯同庶務兩部，并舉聞多司編輯，蔡公椿、翟桓司庶務”。（《清華周刊》第201期，1920.12.3）

十二月一日　上星期先生與浦薛鳳、梁思成“曾發起一研究文學、音樂及各種具形藝術底團體”，起名“美司斯”（The Muses）。是晚，“會友十四人集會，選楊廷寶、方來、梁思成、浦薛鳳、聞一多五人爲章程起草委員”。（《研究藝術的新團體出現》，《清華周刊》第201期，1920.12.3）浦薛鳳《憶清華級友聞一多》：“入高等科後，一多與本人幾度研商，决定組織一個文藝團體，定名‘美思絲’，音義各半，蓋本於希臘神話中所謂司理文學和藝術之九位女神（The Nine Muses）。參加之社友，計有吴澤霖、方來、楊廷寶、董大西、梁實秋、梁思成、黄自等二十人左右。”（臺灣《傳記文學》第39卷第1期，1981.7）美司斯有五人委員會，“幹事梁思成、徐宗涑，書記聞一多，會計浦薛鳳，會所管理王繩祖”。（《美司斯》，《清華周刊本校十周年紀念號》，1921.4.28）《美司斯宣言》云：

我們深信人類底進化是由物質至於精神，即由量進於質的。生命底量至多不過百年，他的質却可以無限度地往高深醇美底境域發展。生命底藝化便是生命達到高深醇美底鵠的底唯一方法。

我們深信社會底生命這樣僵枯，他的精神這樣困倦，不是科學不發達實在是藝術不發達底結果，所以斷定我們若要求絶對的生活底滿足，非乞援於藝術不可。

我們又深信藝術底研究包括高超的精神底修養，精深的學理底考究，同苦勵的技能底練習。前兩樣是藝術底靈魂，後一樣是他的形體。有形體，無靈魂，當然不能成爲藝術。

我們因此覺悟了我們——向往各種練習藝術的組織裏，學習一點音樂、圖畫或文學的技能，那决不能算研究藝術。那樣研究的藝術衹可以作投時髦、供消遣、飾風流底用；那樣研究藝術的確乎是社會底贅疣，生活的蟊賊。

我們既覺悟了從前的謬誤，决定從今以後要於藝術底原理加以精細的剖析，於他的精神加以深邃的體會，使一面我們的技能得着正確的南針，一面我們的生命被着醇美的陶化。

質言之，我們既相信藝術能够抬高、加深、養醇、變美我們的生命底質料，我們就要實行探搜“此中三味”，并用我們自己的生命作試驗品。

我們更希望同學們都覺得他們的生命底僵枯、精神底困倦，也各各試向藝術討點慰藉同快樂，我們敢保他們不致失望。我們并且極願盡我們的綿力幫助他們。

我們還要申明，“美司斯”同現在校中各練習藝術的組織（如美術社、銅樂隊、唱歌團、國聲社等）没有衝突。我們研究，他們練習，實在彼此有“唇亡齒寒”底關係。（《清華周刊》第202期，1920.12.10）

十二月四日　參與發起“清華演講記録團”。《清華周刊・校聞》報導：“本校近來名人演講，日見增加，同學聽講者，亦十分熱心，惟記録一節，頗乏統系，實爲憾事。現已由聞一多、羅隆基二君邀集吴景超、周念誠、王造時、時昭瀛、謝文炳、梁思成、翟桓、何浩若、陳石孚、周玆緒諸君發起一種團體，專司此事，并已於上星期六晚開會討論一切，其大概情形如下：1. 該組織暫定名爲清華演講記録團。2. 團中事務分記録、研究、刊行三項。3. 凡有發起人中五人的介紹，清華同學均可以加入爲團員。4. 記録事分班任事，分班法以學科爲主體，而後各就語言之所長者分司記録。又該團議決，將來所有刊行演講録的經費，均需要求校中設法幫助云。”（《清華周刊》第 202 期，1920.12.10）

十二月十日　《電影是不是藝術》寫定。發表於是月十七日《清華周刊》第二〇三期，收《聞一多青少年時代詩文集》。

文章認爲電影不是藝術，因爲它“永久脱離不了機械底管轄”；營業的目的“衹有求利底欲望，哪能顧到什麽理想？”；“結構的非藝術”。但是先生也認爲“電影底存在是以教育的資格存在，電影底發展是在教育底範圍裏發展。教育一日不滅亡，即電影一日不滅亡”。

其實，先生的指責是基於清華濫放影片的義憤，後來到美國看過幾場藝術性較高的影片，認識也有所改變。一九二二年八月十四日致吴景超等友信中説：“何以機械與藝術兩個絶不相容的東西能够同時發達到這種地步呢？我們東方人這幾千年來機械没有弄好，藝術也没有弄好，我們的精力到底花到那裏去了呢？啊！這裏便是東西文明的分别了。西方的生活是以他的製造算的；東方的生活是以生活自身算的。西方人以 accomplishment 爲人生之成功，東方人以和平安舒之生活爲人生之成功。所以西方文明是物質的，東方的是精神的。”（《聞一多書信選集》，第 45 頁）

時，上社關於電影問題的研究成果陸續發表於《清華周刊》。載入第二〇一期的有劉聰强《電影之由來》、孔繁祁《電影事業》、聞亦傳《世界各國電影底情形》。第二〇二期有潘光旦《電影與道德》《電影與視覺》、吴澤霖《電影與教育》、孔繁祁《電影與宣傳》、劉聰强《清華電影之過去與現在》。第二〇三期有潘光旦《清華電影和今後的娱樂》。

"又，該社因社友所研究問題漸趨專門，所作報告頗乏共同興趣，特於進行方法稍加變動。除舊有的問題討論外，加有常識報告，及社友底近狀報告。至讀書報告則改爲大綱式的讀書録，每月交一次"。(《清華周刊》第201期，1920.12.3)

同日 "美司斯"召開成立大會，梁啓超、陳師曾、吴新吾、江少鶼、劉雅農到會。《美司斯成立會》報導："會序中有梁任公先生及中國當代美術名家陳師曾、吴新吾、江少鶼、劉雅農四先生之演講。陳先生講題爲《中國畫是進步的》、吴先生《法國繪畫小史》、江先生《畫學之評論與作品》、劉先生《藝術與個性之關係》，梁先生略講《中國古代真善美之理論》，皆歷陳名説，推闡致盡。賓主暢談，佐以銅樂，歷時一時之久，盡歡而散。"(《清華周刊》203期，1920.12.17)

十二月十一日 美司斯"開第一次研究會，討論研究會進行方法。當時决定分音樂、繪畫（包括雕塑、建築）、文學、美學四門，每星期開研究會一次，每次有三人，由四門中各擇一門，負責參考書籍，陳列論證，以爲全體討論之導綫"。(《美司斯成立會》，《清華周刊》第203期，1920.12.17)

同日 上社"舉行常會，報告底題目有《植物底分類》、《宗教的派别》同《國際條約考略》"。(《清華周刊》第203期，1920.12.17)

同日 晚，出席高四級全體會議，"討論該級請顧問事，并已通過馬倫、梅貽琦、狄碼、麥克勞氏、司美施五先生爲該級顧問。又，該級友以馬倫先生教授歷史，過於嚴厲，已組織委員會，預備上請願書於馬先生，請其稍變方針"。(《校聞》，《清華周刊》第203期，1920.12.17)

一九二一年　二十三歲

一月，鄭振鐸、沈雁冰、葉聖陶、周作人等在北京成立提倡現實主義的文學研究會。六月，郭沫若、成仿吾、郁達夫等在日本成立注重主觀抒情色彩和浪漫主義傾向的“創造社”。

五月五日，孫中山就任中華民國非常大總統。

七月，中國共産黨第一次全國代表大會在上海召開，中國共産黨成立。

一月六日　清華同學參加赴灾區救灾工作，吴澤霖、王際真、王世圻、羅隆基四人赴德州。是日，在山東德州地區的吴澤霖寫信給先生與劉聰强、潘光旦、孔繁祁、聞亦傳、梅貽寶等上社社友，叙述沿途情況和德州紅十字會組織等情況，及個人此行感想。信云：“我本來定星期二動身，後來王世圻從北京回來説當日就要去，所以我就不能和你們話别。現在，我略略地把一路的情形，告訴你們一下。我們星期一晚上在中西旅館，第二天早晨四點半就起來，六點鐘在前門開車，下午四半到德州。照例一切路費及路上用費，都可以向紅十字會開支，我們這次領到了頭等免票四張，因爲票子不够，所以 Bauer 又給了我們大洋二十元，教我們買二張二等車票，不够的錢到德州補領。後來我們想要是我們替紅十字會多省幾塊錢，就可以多救活幾條命，所以我們就買了二張三等票。查余的人對我們非常恭敬（他們以爲我們是那一部底大員），所以我們買三等票的二個人，也坐到頭等車上，一直到了德州。該處紅十字會已經知道清華有人去，星期二就派人往車站接我們，可是没有接着。第二天我們真到的時候，他們没有去□，一到公事房，他們不止地向我們道歉。當夜住在衛生醫院内，這個醫院很新很大，伙食也不算十分壞，可是晚上冷得睡不了，這種苦處，在清華還未受過。昨天早晨有一位 E.wing 先生來領我們參觀醫院及附近各學校。十一點鐘我們六人都到醫院内的祈禱會。正午此處紅十字會底總理 Drucher 請我們到他家吃飯。正午要先派二人出發，我們都想去，没有法子，衹好用抽籤法定去留，結果王際真及羅隆基中了頭二彩，立刻捲鋪蓋上火車。他們到平原以後再乘火車或騎馬到各路綫。我們送他們二位去了以後，就到德州城内看了一下。大概今天下午，我們也都去了。德州紅十字會分四部——糧食部、工程部、會計部、工人部——每部有部長，但是事情非常地繁瑣，辦事的人很少，所以一切秩序手續都不很桃李滿天下。這一般外國人都有職業的，他們犧牲了他們的正業來作這很苦的事情，這種精神不能不使我們回想到我們本國人對待灾民態度底冷淡，實在使我們慚愧。這個欽佩和慚愧心同時發現在我們心裏，就産生出一種新的犧牲心和進取心。現在我們四個人和高四同學考完了大考，等教務處底報告的時候差不多，一聽見了'Pass'，就立刻飛上大樓，搬行李到上海。我們所望的就是'今天出發'。現在紅十字會已募得一百萬金元，擬先由德州築路至臨清縣，共長一百九十五里，分爲三大段：第一段由德州至恩縣，第二段由恩縣至夏津，第三段由夏津至臨清。第一大會分爲三區，每區有一工程師及一翻譯。每一大段有分發糧食所分送各區。工人即本地灾民，每三十人爲一隊 gang，每隊有一隊長，和一厨子，每日每隊舉一代表領糧食，至星期六可以告假半日回家，并領二十斤高粱和豆子，可以四人一星期底用。現在工人底總數，大概有四千，不久就要加到一萬。合情合理一個工人能够養四個人，那麽修這條路，就可以養活五萬人。這邊幫忙的人很少，除了齊魯大學來了三十幾人外，别處來的衹有幾個人。聽説上星期他們在濟南招了十幾個翻譯員，到了這邊，話譯不出來，所以就送回去了。清華底英文程度在華北很有名，所以我們一到，他們非常歡迎。齊魯學生在二月四五號就要回去，那時也許要需用些清華學生，無論如何，我們於二月十五六號應當回校。在我們回校以先，第二批就應當出發。我們交代清楚後，纔可以離開德州。你們大考完了，就要想法動身。天冷得很，我的手不能寫字，以後路綫上情形，下次再告訴你們。"(《通信》,《清華周刊》第 207 期，1921.1.14)

一月八日 美司斯請錢稻孫先生講演，"題目乃關於美學"。(《美司斯

講演會》,《清華周刊》第 207 期，1921.1.14）

是月中旬 清華學校校長金邦正召見先生與丄社社友，徵求對於放映電影的意見。事後《清華周刊》報導云："金校長現在以電影所發生之壞結果太多，決定減少電影次數，故本星期六及下星期將不展覽影片，同時并擬改組校内俱樂委員會，重組游藝室。"（《校聞》,《清華周刊》第 207 期，1921.1.14）

時，丄社關於電影問題的討論，在校内引起强烈反響。下面選擇的是幾則有代表性的議論：

李迪俊在《電影與丄社》中說："丄社社員在周刊上接連發了幾篇關於'電影問題'的牢騷，'上驚九重'，不日把他們招進府中諮議。結果是：減少開演次數，改良片子，加設大規模的俱樂委員會。大多數中高同學，聽了這個消息，群情激動，對於丄社社員和校長先生，都加以極嚴厲的批評。"文中還說電影"是清華大多數的教職員和學生的娱樂品"，丄社祇"六個私人組織的研究學術的機關"。"拿丄社社員的資格出來批評、廢除、減少清華大多數的教職員和學生的娱樂品"，顯然存在着"法律上的違法"和"智識上的缺乏"兩個問題。因爲在法律上，"丄社社員是個少數私人的機關，研究學術的機關，没有代表大多數的清華教職員和學生的法權。换句話説，丄社社員擅與校長私地停止、減少清華大多數的教職員和學生的電影，就是違法，就是蔑視大家的人權，就是學生自治的蟊賊！"在智識上，"丄社社員，是老不看電影的——這個誰也知道。拿老不看電影的眼光，來批評、廢止大家愛看的電影，其中利弊得失，當然有許多'僞造'和'失真'的地方，而且他們不愛看電影，電影的存廢，與他們不發生利害，也就不妨發'過激'的言論了"。（《清華周刊》第 208 期，1921.1.21）

丁濟祥在《對於電影問題之不平鳴》中說："無論何事，總是以寡從衆，若以五六人來破壞大家的快樂，於理講不下去。近有一個小組織，叫作'丄社'，時常討論，有一次這米裏的會員，研究本校的電影，所以連發了幾篇議論。或者校長看了這種言論，後來又無人與他辯駁，以爲是我們大家的公意，所以就向他們有一個談話。豈知爲不過是五六個人的意見，他們既然喜歡道德片子、歷史片子、教育片子，何不到圖書館，多看幾本道德經，多讀幾本歷史呢？”(《清華周刊》第208期，1921.1.21)

錢宗堡亦在《清華園電影問題的我見》中説：“第一九八期周刊上一多君做了《黄紙條告》，‘振紙一呼’之後，大家在清華園電影問題上發表的意見，文章式的也有，條告式的也有，多得不勝枚舉。”該文還記述了金邦正校長與先生等談話的經過、内容及校内的反應：“上星期丄社社員用‘個人名義’和校長先生對於電影問題談過一番話。談話的結果引起了一個取消電影的消息，這消息被影片選擇委員（這是假定的名目）一報告，又引起了丄社一番聲明。這面一聲明，那面也聲明：你説校長説了這句話，我説校長并没有説這句話——於是乎槍去刀來花一團，刀去槍迎錦一簇，酣呼厮殺，異常熱鬧。但是校長的話究竟是怎樣的呢？我想雙方的辯論都是空費唇舌，我們衹消研究校長到底説了什麽話就可以明白其中真相，誰也不用怪誰。我本來是極愛看電影的，這回得了取消的報告，心中大着其急。恐慌之際，不免就上校長處詢問了一番。現在我把我所聽見的也報告出來，大家可以根據各方面的話，將這問題切實的研究一下。校長所説的不外以下這幾層：一、電影本來不必取消，雖説每次一角，花錢不少，然而若是没有電影，星期六上北京去所費更多。二、但是以前所演的片子也有不妥當的地方。三、本學期大考已近，可以停止，以後演也未嘗不可，不過次數要減少些，餘下來的時候可以開别種俱樂會。如此片子也可以挑得好一點。四、然而若是别種俱樂會辦不到，每月演一二次也行。總結起來，自從丄社諸君和校長談話之後，學校裏對於演電影的方針已經改變，從前的辦法是固守成例，現在是：一減少、二替代、三改良。”(《清華周刊》第208期，1921.1.21)

由於清華園内對電影問題反應强烈，特别是一些愛好看電影的同學怕失去這一娛樂機會，非議頗多，以至校長金邦正亦不得不出來表態，云："余認電影有好處，亦有壞處，而此好處壞處各人不同。此次停演之意，一爲大考將近，各生當預備功課；二常看電影於目力上有害。此後并非不演，與其他娱樂會可間行之。每星期必演，於選片上發生困難，已是必演，無好片時，不得不以常片充數，因此之害或得多。但以前不禁止之原因，爲此種常期電影雖不能較益城内各種娱樂方法高尚得多，每星期六能使學生留校未斯非策也。每次銅元二十枚，較進城一次車費尚少。此法雖有此作用，但亦有害，故亦應設法改良，以後定組織大規模委員會專管娱樂事宜，遇有電影好的片仍可開演。"（《校長對於星期六演電影之意見》，《清華周刊》第 208 期，1921.1.21）同時，《清華周刊》也報導："本校庶務長已向美國使館借得風景片及實業片多卷，將於明晚在禮堂開演。不收入門券，諸位同學可以隨便入覽。"（《校聞》，《清華周刊》第 208 期，1921.1.21）

是月中旬　清華學校致函將畢業之同學家屬，囑出美選擇學校應考慮家中財力。清華早期學生在美生活津貼每月六十美元，後加十元，但仍有不足。時，在美學生要求清華董事會再次增加津貼，故學校特函學生家屬説明。《清華周刊》報導云："本校派赴留美學生，以前，月發膳宿費六十元，後因美國生活費增高，加給十元，每月發美金七十元。在美學生，今又屢次函電，致董事會請求增加，董事會因在美學生人數衆多，每月增加幾元，總數目甚大，爲將來多送學生計，不宜於此時允此巨數。况美國各地生活費用并不一致，在東部紐約等地，每月此數却甚爲難，但在中部數省，每月所發之款，若能節省用，尚可有除，爲此種種困難，不能照准。并留美官費，尚有教育部所派往者，教育部所發之款，與清華所發相同，清華加費，教育部不得不加，因此困難索連更大矣。依上所述，在美每月七十元，有幾處可够，有幾處甚爲難，故選擇學校，不得不慎加商酌。本校爲此事，已致函現高四同學各家屬，家中財力充裕者，請自酌補，使學生得任意選擇學校。家中無力貼補者，免到後發生困難，選擇學校暫不取生活費用高昂之地。此信發後各方尚可妥洽。"（《校聞》，《清華周刊》第 208 期，1921.1.21）

二月十四日 開學典禮。這學期，先生當選爲《清華周刊》集稿部集稿員。堂弟聞亦齊亦當選。當選的集稿員還有浦薛鳳、費培杰、羅隆基、何浩若、廖芸皋、李吟秋、陳石孚、周念誠、梁治華、吴景超、時昭瀛、翟恒、冀朝鼎、王造時、沈本强、施滉。另，沈鎮南、潘光迥、胡毅、何標當選爲經理。(《清華周刊》，《清華周刊本校十周年紀念號》，1921.4.28)

二月二十一日 清華學生會幹事部召集《清華周刊》《通俗周刊》新集稿員開會，討論改革學校出版物等問題，會上"公舉聞一多主席，羅隆基報告上學期本刊(《清華周刊》)集稿部情形，彭文應報告《通俗周刊》情形。又討論集稿制問題，通過繼續進行"。(《本刊記事》，《清華周刊》第210期，1921.3.14)

晚七時，《清華周刊》集稿部開會，"聞一多主席。通過議案如下：1. 設集稿部委員三人，由本部公推。2. 集稿員長期負責。3. 分欄集稿。4. 分言論新聞學術文藝四欄，言論七人，新聞三人，學術文藝各四人。5. 每周常會(星期四晚飯後)"。(《本刊記事》，《清華周刊》第210期，1921.3.14) 會上推舉集稿部三委員，先生任主席，周兹緒負責與經理部、校長及同學的交涉，姚永勵負責物品及事務所的管理。

二月二十二日 出席《清華周刊》集稿部會議。"午後一時底會，集稿員擇任采訪各處新聞。通過將本刊革新底情形作爲宣言登載首期，并推聞一多作。"(《本刊記事》，《清華周刊》第210期，1921.3.14)

同日 作《清華周刊革新底宣言》，發表於三月四日《清華周刊》第二一〇期。這篇文章是代表《清華周刊》集稿部撰寫的，故未署名。

全文如下：

二月十四日金校長在開學式底演説裏再三提及《周刊》改良底問題，十七日又召集舊集稿員開會，徵求革新底意見。校長所致意的可括爲兩大點：1. 對於集稿制的懷疑，2. 關於内容的改良，即增多學術底討論。以後評議部選出我們新集稿部，便將這些問題移給我們討論。我們開過兩次會，還討論些别的問題。今將其結果揭出，并附以簡略的解釋如下：

一、集稿制底革新　集稿制如今試驗出很多罅漏來了；我們應因宜補苴，以求革新，若是徑直回去起用編輯制，那就同鑒於共和不能弭亂，便要復辟一樣了。時間是向前流的，制度是他波上的一葉浮萍，當然不好打後退。集稿制是怎樣革新的呢？

A. 集稿部委員　集稿部最明顯的缺點是没有一個集中的官器［器官？］以貫通内部底氣息而應外界底接洽，結果便是人人負責等於無人負責。現在我們有一個三人委員會司理上述的職務，却無取捨稿件底最末裁判權，所以他們有做集稿部底公僕底義務，而無總編輯居高臨下、統轄群僚底權利。

B. 集稿員長期負責　從前集稿員每三人管一期，這一期出了版，這三人底負責算完了。各期集稿員各不相助，所以雖有十八人，其實每期所集的材料衹能代表三人底精力。現在將《周刊》分爲四欄，十八人各擇一欄，每期都負責集稿底責任。從前的《周刊》是三人集稿，現在的是十八人集稿，六倍從前的精力。

C. 分欄集稿　集稿員依分工底原則，於四欄中各擇一欄，一學期中從頭到尾，專負收集、選擇這一欄的稿件底責任；這樣便人有專司，集稿既易於豐富，選材也易於精嚴。

D. 每周常會　集稿部每周會議一次，討論選材及其他隨時改良底事務。如此集稿部底精神便可望團結，機體也可望靈敏了。

二、内容的擴充　本刊現分言論、新聞、學術、文藝四大欄。言論、新聞當然是《周刊》底兩重大部分。學術、文藝從前偶爾登載，却不常有；他們雖難同前兩項比肩，但也各有獨具的價值，不可輕視，所以我們現在要更加擴充。

A. 言論　《周刊》是清華自治底一大成績，因他能代表我們自治底真精神——是一種醉心，預祝自治底達於焦點的熱誠，即預報自治實現底先聲。我們看從前的《周刊》裏，冷譏熱嘲，怨氣衝天，細細推測其來源，無非是不滿足於環境，滿腔熱血，力圖改革，又不見實效，於是抑鬱而發爲憤詞疾論而已。這些文字都是從熱烈的心窩裏流出的，代表一種最可寶貴的、誠懇的進步底精神。清華底自治精神，清華底生氣可説盡結晶於《周刊》底幾張紙上。目前校中美的惡的原素方在奮長争霸，《周刊》是輿論底正鵠，正需一種危詞讜論，監示着這惡芽，不讓他發育。所以今後本刊還是以言論爲主要部分，而言論還是要保存批評底精神。不過批評須守着這五個條件：

1. 鼓勵善良　批評不專是揭短。同學之間，過固然要規，善也要勸。以後有鼓勵我校各種良風美德的言論，我們特别歡迎。

2. 注意建設　批評是方法，建設是目的；我們因爲要建設，便不得不先批評。所以我們以後特别歡迎有建設計畫的批評。

3. 務避憤激　批評是不得已的事；我們對於受批評的人或事，應抱一種愛惜的同情，我們的態度要和平公正。偏重感情，反蔽理性；個人攻擊，徒起争端。以後凡是這類的言論，我們一概拒絶。

4. 力矯浮誇　先洞曉事實底真相，解透其所以然，纔下斷語，這樣的斷語便有價值。我們以後對於浮誇失實的批評也一概拒絶。

5. 删除瑣碎　批評是樣兵器，他的鋒鋭不可輕試。批評若用到尋常瑣碎的事上，便成殺鷄用牛刀了。所以我們以後專收容討論重大切要的問題底言論。

以上五條是應注意改正的。有那樣誠懇求進底精神，加以這些改正了的方法，不愁没有正確醇善的言論。

B. 新聞　新聞分校聞、通信同國内大事記。校聞總務求豐富翔實便是。德州保定順德各灾區都有我校同學服務，深望同學常將他們的通信交來，以便每期摘要登載。别類的通信，如來自美國者等等都歡迎。

C. 學術　學術底討論本是《學報》底材料，但是《周刊》向來也没有十分謝絶他們。自從《學報》夭折，各種學會又紛紛蜂起，應該有很多這類的材料堆積着没有機會銷行。現在《周刊》大開門户，專闢新欄，他們將來定可替他放一異彩。

D. 文藝　從來最不受歡迎的恐怕是這一欄，一因真有藝術價值的作品底稀少，二因能鑒賞這種作品者底稀少。惟其真佳品難得，所以選材要寧缺勿濫。惟其能鑒賞文藝者難得，所以文藝更不能不提倡。

本刊革新底計畫，已縷述如上。從此我們集稿員願同全體同學準着這些條件，各盡其最高度的心力，扶着這個出版物向興旺底境域走去。他若闖進了歧路，也是我們大家領導監察他的人底疏忽。我們不應一味地怨他，氣他，甚至忍起心來還想戕害他。

我們應撫助他，愛護他，尊敬他；他是我們學校底生命底一部分，我們的喉舌。

二月二十三日　《清華周刊》集稿部、經理部開聯合會議，決定二十五日開茶會，請校長與顧問參加，討論兩部進行辦法。茶會由先生與沈宗濂、蔡公椿、周兹緒四人籌備。二十五日下午四時，茶會在清華園工字廳舉行，“到會者除本刊職員外，有校長代表鄭之蕃先生，及顧問林兆棠、蘇石如、郭玉清先生。兩部報告經過情形，又稍稍討論進行方法。校長代表及各顧問也有各教言”。(《本刊記事》,《清華周刊》第 210 期，1921.3.4）

二月二十六日　《清華周刊》職員會議，確定先生以集稿部主席身份兼書記。分工先生爲文藝欄主席，負責采訪“美司斯”“美術社”“一個組織”三社團。(據《本刊記事》,《清華周刊》第 210 期，1921.3.4）

二月二十八日　新詩《美與愛》寫定。發表於三月三日《清華周刊》第二一一期。收《紅燭》。

在這首詩中，先生很重視運用“幻象”，他在《評本學年〈周刊〉裏的新詩》中説到這首詩：“我覺得我的幻象比較地深熾，所以我這幅畫比較地逼真一點。”

三月初　爲畢業紀念做準備，辛酉級“舉定聞多、方來、楊廷寶、董大西、浦薛鳳五君討論該級級針、級旗及紀念物之樣式”。(《清華周刊》第210期，1921.3.4)

三月三日　《敬告落伍的詩家》寫定。發表於十一日《清華周刊》第二一一期。收《聞一多青少年時代詩文集》。

五四運動中，新文化日益深入人心，但清華却增添了一門美術文，講古代詩詞文章，先生認爲這不合潮流，説：

> 我誠誠懇懇地奉勸那些落伍的詩家，你們要鬧玩兒，便罷，若要真做詩，衹有新詩這條道走，趕快醒來，急起直追，還不算晚呢。若是定要執迷不悟，你們就刊起《國故》來也可，立起“南社”來也可，就是做起試帖來也無不可，衹千萬要做得搜藏一點，顧顧大家底面子。有人在那邊鼓着嘴笑我們腐敗呢！
>
> 若要知道舊詩怎樣做不得，要做詩，定得做新詩，看看下列這幾篇文就够了：
>
> 《我爲什麽要做新詩？》——胡適（《新青年》六卷五號或《嘗試集》）
>
> 《談新詩》——胡適（八年十月《星期評論》五號）
>
> 《新詩底我見》——康白情（《少年中國》一卷九期）

三月四日　《清華周刊》第二一〇期刊登辛酉級放洋準備消息，并云推舉先生與方來、楊廷寶、董大西、浦薛鳳負責討論級針、級旗及紀念物樣式。“高四級以出洋期近，業已敦請斯密斯、王力山、馬倫、狄瑪、梅月涵、麥克洛斯、莊達卿、羅伯森、戴志騫、馬約翰諸先生爲顧問，以便對於選擇職業學校，有所請教，不至舉止失措云。今年美國新到之各種學校一覽，已經圖書主任戴先生之許可，移與高四級，所以便該級同學隨時閲覽。他級級友願披閲該項書籍者，亦可往高級所。今夏高四級放洋，聞校中已購定船票百〇六張，船爲‘中國號’，駛行期則爲八月十二號。每年高四級出洋時，均立一種紀念品，今年高四亦擬照辦，費用定爲三百元，惟該級以直魯灾情重大，需用賑款，已決定提出十分之九捐給灾區，十分之一則立一紀念物以紀念該級之畢業，及本年這旱灾云。高四級已舉定聞多、方來、楊廷寶、董大酉、浦薛鳳五君，討論該級級針、級旗，及紀念物之樣式。高四級已定於畢業時，發行級書，以作紀念，現已議定由該級中英文書房二人籌備其事。高四級已舉定顧德銘、董大酉、時昭涵、吴澤霖、王世圻五君預備船上事宜。高四級讌請教職員事及請同學事，由該級職員辦理，至於級日會序則由陳念宗、吴澤霖、董大酉三君籌備。”（《校聞》,《清華周刊》第 210 期，1921.3.4）

三月十一日 晚，辛酉級召開全體會議，通過先生等人設計的級旗及級針式樣，通過級書内容辦法及并用款數目，招待諸顧問。（《級會 · 級事》,《清華周刊》第 212 期，1921.3.18）

三月十二日 晚，出席《清華周刊》集稿部會議，時,《清華周刊》集稿部已擬定於十周年紀念日出版《十周年紀念增刊號》,“但以事繁，人數不够分配，現定請十人幫忙，故於上星期六假工字廳開茶話會，兼請經理部，每人出洋三毛，作茶費之用”。（《雜類》,《清華周刊》第 212 期，1921.3.18）所請十人爲浦薛鳳、吴景超、孫瑞璜、方來、沈有乾、王繩祖、潘光旦、梅貽寶、陳石孚、姚崧齡。（《本刊記事》,《清華周刊》第 213 期，1921.3.25）會上，推舉先生與周兹緒、潘光旦、吴景超、浦薛鳳五人爲《十周年紀念增刊》集稿委員會委員（總集稿人），以浦爲主席。（據《本刊記事》,《清華周刊》第 213 期，1921.3.25）

三月十五日 是日至二十二日，即將畢業的辛酉級同學進行體育考試。據體育教授馬約翰報告，“高四級‘活潑試驗’及格者已有五十人。‘體力試驗’之分數，凡已受試者均超過所規定之三百分，時君昭涵獲九百三十餘分，爲該級體力分數之最多者”。（《體育部》,《清華周刊》第 213 期，1921.3.25）體育考試是清華學生出國前必須通過的項目，凡不及格者不能放洋。五月十六日，又舉行了補考，結果仍有八人未及格。考試項目，據梁實秋《清華八年》説有田、徑、爬繩、游泳等項。陸地上的百碼跑、四百碼跑、鐵球、鐵餅、標槍、跳高、跳遠等，平時還可以練習，游泳則不易地過關。先生的體育成績很差，游泳更糟，考試時是臨時突擊，纔勉强通過。

三月十八日 晚，辛酉級宴請本級畢業顧問。《清華周刊》報導云："上星期五晚六時半，高四級假工字廳設宴，請該級顧問及金、何兩先生。到者金校長及其夫人，何林一先生，司美女士及夫人，羅伯林先生及夫人，狄瑪先生及夫人，馬龍先生及夫人，馬克洛斯先生及夫人，戴志騫先生，梅月涵先生等十六人。馬約翰先生與夫人因事未能到。首由級長熊祖同君致開會詞，表述開會宗旨爲歡迎顧問及金、何二先生。自後該級同學關於出洋後擇科選校種種，可向各顧問請教。席間賓主雜坐，談笑唱樂，讌畢，入工字廳茶話。末由級長致謝而散，時已十時矣。"又云："何林一先生請高四同學茶話，每次十餘人。今夏高四赴美，蓋由何先生護送云。"（《各級紀事》，《清華周刊》第213期，1921.3.25）

三月十九日 出席《清華周刊》集稿部會議。先生因工作頭緒繁多，還任學校十周年紀念籌備委員會國劇委員負責人，故辭《清華周刊》集稿委員會委員。（《本刊記事》，《清華周刊》第213期，1921.3.25）但仍任集稿員。

三月三十一日 丄社"舉行周年紀念會，是日該社社友曾旅行至萬牲園，開茶會，討論該社進行方法，并歡迎新社友方重君"。（《丄社》，《清華周刊》第215期，1921.4.8）至畢業，丄社成員衹增加了梅貽寶、方重兩人，共八人。

一年來，丄社活動很多，成爲清華同學中重要的社團之一，《清華周刊本校十周年紀念號》介紹丄社一年來活動情況："這是一個小小的、互助的團體，起初衹有四人，後來加到六人、七人，以至八人。何以名'丄'呢？是古文'上'字，所以表明上進底意思。'丄'又是中國數碼底'六'，采此名時，社友正有六人。他的壽命如今已滿周歲了。這一周年可以分作三個時期：一、知識的互助時期（一九二〇年三月至六月）。起初有四個人，感於智識饑荒，想用互助的方法研究一點課外的學問。他們開了一兩次會，覺得人數太少，便又加了二人，共爲六人。他們是劉聰强、孔繁祁、潘光旦、吴澤霖、聞亦傳同聞一多。他們每星期開一次會，每人輪流當主席及書記。每會閲二小時，半爲讀書報告，半爲問題討論。三個月中共有讀書報告十六編，可分爲歷史、美學、文學、農藝、哲學、經濟、娼妓七類。問題討論有稱謂、服飾、取消姓氏、中國目録法索隱制及校内公益各問題。二、過渡時期（一九二〇年六月至九月）。第一期底成績雖歷歷可考，却是到了末葉，精神很焕散。有兩個人居然起了離社底念頭，可是都立刻打消了。暑假裏大家感受離索底反響，漸漸覺悟純粹的知識上的互助不足饜塞他們的需求；他們都覺得精神的饑荒了。這時用通信方法討論了幾個問題，如本社進行底改良、隔詞法、倫理主義和基督教等等。又有一個山西陸軍底調查。三、精神的互助時期（一九二〇年九月至今）。這期内增社友二人爲梅貽寶與方重。讀書報告現在變做常識報告，又加了一個人近狀報告。到現在，常識報告、問題討論都停止了，開會時專報告或磋商個人的狀況或計劃。這期裏有三件事表明社友精神的修養和互助底進步。（一）宗教觀念底發達。社員中本有四人是基督教徒；一人因感受唯物思想底影響，中途退出，在這期内又歸依了。又一社員本主張以美育代宗教，研究底結果，却指出美育可以輔進宗教，不能代替，他現在也受洗禮了。其餘的人素持反對態度，現都打破成見，用心研究了。（二）改良社會底實行。校内所演的電影片子，他們懷疑了好久，後來曾用一個月底功夫去研究，把所得結果和改良意見，登在《清華周刊》裏；一方面又提議到學校實行改良。結果是：一、減少次數，二、改换較良的片子，三、引用别種俱樂。他們雖達到這幾種目的，然所受的反對，實爲前此所未有。[①] 他們討論過幾次改良校風底問題，都没有結果。在校中各種會社服務裏，這期裏他們多爲之首領，提倡不遺餘力。（三）灾區服務

① 《清華周刊》第208期刊登了李迪俊《電影與丄社》、滌鏡《電影存廢問題》、丁濟祥《對於電影問題之不平鳴》、介父《丄字解詁》，都激烈反对丄社持的主張，介父之文中還有嘲弄文字。

底踴躍。八人中有三人到山東平原一帶，三人到直隸唐縣一帶。”

上社有時也談論些國家政局的事。方重記得有一次上社開會，先生在會上大駡桂系軍閥，具體説了些什麽則記不起來。（據訪問方重記録，1986.8.27）

在這之前，先生還接受了基督教洗禮。吴澤霖回憶：“關於信基督教事，我們幾個知己朋友態度幾乎是一致的。我們都讀過聖經，對上帝如何創造宇宙、創造人的故事，我們都不信，認爲是迷信。但對宇宙萬物能構成一個有條不紊的巨大體系，都感到萬分驚異，帶有不可知論的態度。至於基督教的善惡、道德觀、與人爲善、服務社會、平等待人……等等思想，我們都認爲人人都應信奉而且加以擴散。我們都在海淀的一個中國教堂里正式受過洗禮，在我們看來，洗禮等於宣誓，表示對這些教義深信不疑而且願意身體力行。但我們并不相信教堂裏那些迷信性質的那些儀式，同時我們認爲基督教義應該由中國人自己結合中國情況而進行宣傳，無須由外國傳教師來包辦一切。‘入教應在中國教堂由中國牧師施洗禮’是原話，我們都是這樣説的，也是這樣做的。我們在海淀的教堂裏受了洗禮，後來幾乎都没有到那裏去做禮拜。以上那些想法，後來當然出現了相當大的變化，彼此間也就不再談及了。”（吴澤霖給編者的信，1987.7.13）

時，清華學校師生中有不少基督教信徒，學校還成立了全國青年會的支會，歸北京青年會學生部直接聯繫。關於清華園中的基督教活動，潘光旦回憶説：“每年，或隔一兩年，看情況，青年會又必主辦一次所謂‘布志大會’或‘奮興大會’，請北美青年會派來中國的有名的‘布道家’主講，連講兩三天；大會終結前，必孰勸聽衆填寫所謂‘決志書’，表示皈依的志願。這些開講人物的講法各有巧妙不同，但至少有兩點是共同的：第一是‘辯才無礙’，聲容并茂，富有上面所説的‘演説家’的煽動力；第二是從整個的‘中國問題’講起，把確乎是漆黑一團與危險萬狀的中國局勢説得更加漆黑，更加危險，然後逐步轉進到絶無僅有的一綫曙光與一顆救星，那就是基督教了。他們從山窮水盡一直説到柳暗花明，却真有一套本領；一次大會之後，總有不少的同學在‘决志書’上簽了名，接着‘受洗禮’‘吃聖餐’，成爲基督徒，少數還在海淀的教堂裏當上了‘執事’。但據我觀察，這種靠一時的‘奮興’而‘决志’皈依的同學絶大部分没有堅持他們的信仰，一旦誕登太平洋彼岸，接觸到美國社會生活與教義大相剌謬的種種實際，多數無形地放弃了；個别的爲了求一個心安理得，還寫過文章，婉轉説明所以不得不放弃的理由，更有進一步勸説畢業後準備到中國來傳教的美國同學大可不必負起這樣一個‘使命’。當然，這班同學當初的所以進教，思想上也是很複雜的。他們的宏願是出洋，信了教，有了個信徒的名義，對這宏願的完成，無疑地是個便利。有到這種出發點的人對信仰當然也不可能太認真，更不説堅持了。通過青年會的關係，一九二一年，清華園還一度被提供作爲‘世界基督教青年大會’的會場。平時一般同學對青年會的活動不大置可否，這次，在一九二一年愛國運動之後，却有了鮮明的分化。基督教徒與一般青年會會員對這件事當然是支持的；一般同學則在地邊看熱鬧，其中有些要把宿舍讓出來的，大概也不會太滿意；另有少數同學是反對的，他們得風氣之先，已經認識到這一類的活動是帝國主義文化侵略的一個方面，他們似乎還貼過一些標語，把這種認識率直地表達出來；而在支持的一面則曾在口頭上爲之辯護，我自己當時是辯護人之一。實際上，青年會本身的存在也一直有同學反對，不過從没有具體化；衹是在有一段時期裏，少數同學成立過‘孔教會’，像是對青年會唱對臺戲。”（潘光旦《清華初期的學生生活》，《文史資料選輯》第 31 輯，第 96—97 頁）

潘光旦在西南聯大社會學系的學生王康，在閑談中曾問潘光旦爲什麼接受基督教洗禮。潘光旦説：“情況各有不同，都不外從‘實用主義’出發，最主要的是搞教會工作的人都是校内的特權人物，他們的好惡往往可以影響學生的命運，不能得罪他們；如果關係搞得好，眼前是可以增加練習英文的機會，將來出國去可能還會得到什麼照顧！有的人喜歡音樂，吹吹唱唱也不過是圖個好玩吧了。還有些同學則是遇到‘團契’

活動或聖誕節日，那些外國人總要拉些學生做客，白去吃點東西，得點‘禮物’，又‘增進’了師生感情，何樂而不爲！當然上帝也有作用，在情緒不好的時候，在遇到什麽突然驚呀的事情，中國人的傳統是喊一聲‘媽呀！’‘天啦！’……在清華就會叫‘主呵！’‘我的上帝！’。”潘光旦還引提到孔子的“敬神如神在”，說這句話很有意思，大致就是“清華人”的宗教觀吧。（王康《聞一多傳》，第35—36頁）

四月一日 《中文課堂底秩序底一斑》發表於《清華周刊》第二一四期。收《聞一多青少年時代詩文集》。這是一篇對清華學生輕視國文傾向的素描，表現了先生對這種風氣的不滿：

> 先生：“今天要考了。”滿堂大哄，有的駡，有的笑，强狠的開門要走，和平的講這學堂從來不興月考。好容易經先生敷衍了半天，纔慢慢地坐定了。先生把題目剛寫完了，屋後一個聲音叫道：“咳，混賬嗎！出這些題哪做得完？……”
>
> 從“去張”運動以來，天天喊改良中文，到今天中文課堂底情形便是這樣。難道考月考也是教員底錯嗎？中文所以不能改良，學校怕麻煩，教員不自愛，當然要負一份責任，恐怕罪魁禍首還是這一般負自治底盛名的學生吧！在英文課堂講誠實，講人格，到中文課堂便譎騙欺詐、放僻囂張，醜態惡聲，比戲院、茶館、賭博場還不如。纔吃過一餐飯，便把那騙洋人的假具扯破了，露出中國人的真相來了。這樣還講改良，講自治，不要愧殺人嗎？
>
> 現在人人正忙着預備十周年紀念會；成績展覽；演戲；刊雜志，五花八門，輝煌燦爛，可惜都是騙人的呵。把這中文課堂底跟同類的醜態展覽出去，纔是真清華呢！

清華重英文、輕國文的現象已非一日，一位這年秋季入校剛剛上過不到兩個星期的新同學對此十分吃驚。他說：“我第一天上英文課的時候，那種嚴肅的態度，實令人肅然起敬。孰知到了下午上國文課的時候，就變了卦，種種的怪聲，幾和舞臺内一般。我心裏就很奇怪的，但還以爲今天有什麽特别的原故，下次恐怕未必這樣。孰知兩星期來没有一天不是這樣。這是令我很失望的，長此以往，國文還想有什麽進步！”這位同學認爲這種現象一定有原因，除了教員方面外，學生方面也存在輕視國文的觀念。他認爲：“他們的心理，是以爲國文算不了什麽，由此就有種種無意識的舉動，發生起來。我敢説上國文課的時候，能專心聽講的人，衹不過二三人而已。其餘讀英文的讀英文，談話的談話，搗亂的搗亂，這都是輕視國文的一種表現！”（楚《中等科國文課的紛亂》,《清華周刊》第 227 期，1921.1.25）

清華學校是所留美預備學校，課程安排完全爲適應赴美留學而設置。開辦之初，本無國文一課，國文課程是一九一三年周貽春出任校長後纔開設的。有人介紹這段經過時説：周貽春認爲清華學校“雖確是一個游美預備學校，然而學生畢業後留美，留美幾年回國，還是一個中國人。既是一個中國人，自然要幫中國辦事，既是在中國辦事，離不得和一般中國人有書信的來往，或中國文化學術上的關係，所以周先生特要在清華添設國文一科，以使清華學生在中國讀書的時候，於注重西文之外，同時能拿國文弄好，庶幾留美回國時，不至對於本國文字，如對一未曾學習過的外國文一樣，張開口不會講，拿起筆不會作，這個法子，是周先生的‘眼光遠大’‘思想充足’所致。倘若没有周先生，我真不知道清華辦到如今，有所謂國文一門没有啦！但是周先生僅僅拿國文一科，列在課程中間，對於他并没有何等的注重。因爲任那個時候，雖然每兩星期作文一次，每兩星期作札記一篇，每月有月考，年終有大考，由教員評判甲乙，記出分數，或超，或上，或中，或下，以及末等、不列等，然而對於畢業的成績，毫無關係，衹要西文及了格，那管你國文下等或末等啊！學堂拿這種法子對待國文，而學生也就不得不‘趨向大勢’，‘順水推舟’，對於國文‘視若贅疣’。這是已往的事實，真正使人有不滿意的地方。自從嚴鶴齡先生代理校長[1]，知道從前學校對付國文的那種法子不好，於是決計拿國文來‘大加整頓’，一面修改國文内部的課程，除掉那些乾枯無味的東西，添加許多對於學生現時有趣，將來有用的功課。一面又恐怕學生仍然如從前一樣的‘視國文若贅癘’。於是拿計分數的法子改良，和西文部一樣，并且在高等科畢業，總要二十四個積點。自從這個樣子一來，我們學校對於國文，真是自無變而爲有，自有‘而視爲贅疣’，變爲‘大加整頓’‘實行注重’，確實講得進步有‘一日千里之概’了。然而實行注重國文，到如今已經有半年了，我衹看見過注重國文的名稱，没有看見過注重國文的實在”。（旁觀《我爲國文教員鳴不平》，《清華周刊》第 208 期，1921.1.21）清華學生對國文的輕視，在校外也人所共知。一九二二年二月，馬約翰教授上體育前，還向同學們説：現在清華國文堂秩序紛亂的情形，已然蜚聲校外，無人不知，宜加注意。有人説：“國文堂的事情，竟勞體育教授説話，可見這件事體是非常重大。”（秋《國文堂秩序紛亂的真因》，《清華周刊》第 237 期，1922.2.24）可見，嚴鶴齡對國文課的“整理”，并没有對清華學生扭轉輕視國文方面起多少作用。

四月十五日　《清華周刊》報導辛酉級出國準備，云“高四級《級書》所用照片，已於兩禮拜前由北京譚星波相館代照。該《級書》定於畢業禮時出版”。（《校内新聞・青年會》，《清華周刊》第 216 期，1921.4.15）

此後，又陸續報導出國製裝：“上海恒康西衣莊經高四級同學多人之招，於是禮拜派二人來校，包做西衣。聞同學中訂作者甚多。惟彼等住三四日後即行返滬，所訂衣件須五月中旬方能作竣。”報導要求增加治裝費：“高四級前因近年物價騰貴，往洋時，所發治裝費二百五十元恐不敷用，因呈請董事會酌予加增，已由董事會批駁在。惟該級畢業期迫，諸種衣裝物具，亟宜預備，而需款浩大，據核實計算，須中金

---

① 1920 年春，北洋政府外交部委派羅忠詒繼任校長，但遭清華學生抵制，故羅未到位即請辭。清華董事會遂推選其主席嚴鶴齡爲代理校長。8 月，金邦正接任校長，其前均由嚴鶴齡主持清華學校工作。

四百三十元左右，方能稍稱完備，校中所以，既僅及其數之半，該級同學又非盡豪富，不易自供，乃於前周議決向董事會作第二次之請增治裝費，想董事會素審學生出洋需款之實在情形，當能允其所請也。”報道學科選擇：“高四級同學將來赴美所習學科，及所入學校，校中限於四月底擇定填繳，王文顯先生爲輔導該級同學的選擇起見，特於前星期對該級演講選科當注意之點，及美國學校優劣的情形。先生主張於未得學士以前以入小大學爲合宜云。再有留美回國學生林君者，在美年久，熟悉各地情形，現應高四級之請，將於本星期二來校與該級同學作短時間之談話。”（《校内新聞·各級紀事》,《清華周刊》第218期，1921.4.29）報導與教職員團聚計劃：“本級擬於畢業前請校中教職員一次，以資團聚，日期大約在六月三號左右。”報導眼目檢查：“上星期六校中請北京名醫何威先生來本校視察高四級學生有無目疾，其結果計有目疾者十三人，餘均無恙。”（《新聞·級會紀事》,《清華周刊》第219期，1921.5.13）

四月十六日 上午十一時，美術社請俄國畫家黎克雷（Lee Kney）演講。《清華周刊》報導云：“黎氏在東亞已有六年，所作中國日本暹羅各處底風景水彩畫皆有三色複印，流傳各處，本校也藏有一套，曾陳列於圖書館。原畫油彩水彩曾於本年三月經北京萬國美術研究會展覽一次，本校同學前往參觀者甚多。黎氏是日所講的藝術底精義又皆至理名言，聽者莫不欽仰至極。”（《校内新聞》,《清華周刊》第217期，1921.4.22）

四月二十八日 《清華周刊本校十周年紀念號》出版。預定數達千份以上。辛酉級同學承擔了此書許多工作，吴澤霖負責圖畫，羅隆基負責發行。後來擔任清華大學校長的梅貽琦負責印刷。（《校内新聞·各級紀事》,《清華周刊》第218期，1921.4.29）先生從籌備到編輯，也盡了很大氣力，是該號主要負責人之一。先生本打算作一首反映清華生活和景物的長詩登在紀念號上，但没有做成。

四月二十九日 《恢復倫理演講》《公共機關底威信》發表於《清華周刊》第二一八期。收《聞一多青少年時代詩文集》。

《恢復倫理演講》批評學校把堅持多年的倫理演講變成純粹的學術

演講，“是學校的一大錯誤”。倫理演講是清華同學課外活動的一個特色，中等科一般每周請本校教員演講，多爲講述“中外名人事略”，如華盛頓、林肯、富蘭克林、戈登、曾國藩。高等科則多請名人演講，既有長期的、系統的講座，如一九一六年美國明尼蘇達大學教授麥克羅講代議政治發達史，一九一九年美國柏令斯登大學歷史及政治系主任譚雷講天文學，一九二年梁啓超講國學小史，還有臨時的演説。演講的内容很多，倫理道德的標準也不一致，學生聽過可以自由理解，這多少也算作是思想教育，先生有幾篇文章便是聽了倫理演講後，受到啓發寫出來的。在本文中先生認爲：

> 我們學校風氣底墮落，思想底鄙陋，幾乎到了無以復加之點。其原因固甚複雜，我以爲取消倫理演講，也是一端。倫理演講雖没有積極地提高“道德音調”之力，可是確有“杜漸防微”，禁惡於未萌底一種消極的功用，至少也能指示給我們什麽是善，什麽是惡，使我們知道世界上還有個真確純粹的是非。（我們作事縱然不能一一循規蹈矩，祇要出了軌道的時候，自己知道出了軌道，也是好的。）所以倫理演講底功用便是勸善。學校有章程，犯章便記過、開除，這是懲惡。有懲惡而無勸善，是什麽教育？
>
> ……
>
> 發達精神的生活，以調制過度的物質生活底流弊，祇有三種方法：1. 倫理，2. 宗教，3. 藝術。而這三者之中，數倫理爲下乘。現在我姑且“卑之無甚高論”，祇要小心地使用這最下乘的方法，也就聊勝於無。不料我們連最下乘的也得不着，并且一方面還有那萬惡的電影百方地誨淫誨盗。長此以往，那祇好讓我們慢慢變成禽獸了罷！

《公共機關底威信》呼籲同學們要愛護學生會同《清華周刊》，説：“公共機關是公衆底産物。愛‘德謨克拉西’的，便當愛公共機關。愛他，便不得不監視他，使遵於正軌；也不得不尊敬他，以保持其威信。他若走出了軌道，人人有糾正懲罰之權；他若没有出軌，而有人侮辱他，這加侮辱者人人便當認爲公敵。”此言似針對校内有人“糟蹋”學生會與周刊而發。

四月三十日　是日至五月二日，清華學校舉行建校十周年紀念。是日舉行紀念大會，外交總長顔惠慶到會致詞，另有畢業生俱樂會、英文劇演出等。五月一日招待來賓，舉行大禮堂落成典禮，和成績展覽、童子軍操演、體育成績展覽、音樂會等。成績展覽中有美術展覽，地點在舊禮堂北半部，負責人爲史達女士。晚，演出中文戲劇，劇本爲陳大悲編寫的《良心》。五月三日，繼續舉行成績展覽。（《十周年紀念紀事》，《清華周刊》第 219 期，1921.5.13）

五月四日　辛酉級畢業生赴美所學專科及擬入學校均於是日前確定，先生在表上填寫了美術科。楊廷寶回憶：“快畢業的時候，我們的美術教師司達女士希望我們兩個都在學習專業的志願書上填寫美術，我因考慮到家庭生活問題，决定填上建築學，而聞一多當時即决定學美術。但到美後不久又改學戲劇①，并邀我到紐約，勸我改學舞臺布景。”（楊廷寶致黄延復信，1980.7.17，未刊，黄延復存）六日，《清華周刊第七次增刊》載《高四留美肄業學科表》，云先生擬入芝加哥美術學院。

五月十二日　先生與吴景超談起暑假中的打算，吴景超曾用詩句記述了自己的話：

> 人生最完滿最快樂的生活，
> 祇是誠心悦意地加入社會去活動，
> 使我所居的社會，因爲有我，
> 可以向真善美的仙鄉，再進一步。
>
> ——五月十二日對一多説

① 先生留美三年均學美術，雖曾參與戲劇活動，但未改學戲劇，此處顯係記憶之誤。

（《暑假期内我們對於家鄉的貢獻》，《清華周刊第七次增刊》，1921.6）

五月十三日 《痛心的話》發表於《清華周刊》第二一九期。收《聞一多青少年時代詩文集》。

上星期，有三位高等科學生因曠課日久，被學校令其退學。實際上“察其内幕罪實不止此，蓋此三人曾涉迹花叢，後經調查屬實，遂刻不見留於校也”。《清華周刊》報導此事時特做案語，云：“本校學生向來守身如玉，從不沾染北京打牌、吸烟、逛窑諸惡習，而本校因以此自豪於京中各校。今也不然‘手握多張如撑團扇’者打五百者也。閉門潜處吐霧吞雲者，吸雪茄者也；去歲之醋海生波跳樓尋死，今年之旅館爲家，流連忘返，逛窑子者也。凡諸在全體同學中，僅每百分之二三，固屬最少數，然有此少數即足以敗壞清華之名譽而有餘，吾人不可不注意也。此次所懲三人，罪有應得，誠不足惜。最可惜者，清華學校潔白名譽上受此污點，不知何日方能洗净了。”（《校内新聞》，《清華周刊》第218期，1921.4.29）先生之文，就是爲此而作。

文中認爲“學校最近開除了三個人‘大快人心’的事”是件好事，但“學校素來於積極訓善的事毫不注意，一旦學生犯了規矩，就要開除。‘不教民戰，是謂弃之’。辦事人怎樣對得起這幾個學生的家庭？怎能問得過自己的良心？”

五月十九日 晚，清華學校教職員華員公會請先生等高四級全體同學茶叙，内容爲各游戲，晚十時方盡歡而散。（《各級記事》，《清華周刊》第221期，1921.5.27）

五月二十日 詩《愛的風波》發表於《清華周刊》第二二〇期。收《聞一多青少年時代詩文集》。

這可能是先生所作的第一首十四行詩（後來先生稱這種詩體爲“商籟體”），但認爲這“試驗是個失敗，恐怕一半因爲我的力量不够，一半因爲我的詩裏的意思較爲複雜”。（《評本學年周刊裏的新詩》）也許是這個原因，這首詩收入《紅燭》時做了較大的改動，并改名爲《風波》。

同日 晚，辛酉級開會討論畢業紀念日籌備事。《清華周刊》報導云："該日下午會序已議定爲述級史、别辭、演説、讀級詩、唱級歌等等。晚間會序爲音樂、電影、冷飲等等。晚餐時，并在禮堂前草地宴請全校同學，以志歡别。現已由級日籌備委員吴澤霖、董大酉、陳念宗三君分項積極籌備矣。該級以擬贈校中紀念物之用款，捐諸華北灾區，已志前刊，聞現擬别製一金牌，鎸紀念捐款之原由於上，留於校中爲大禮堂飾以斑點品，贈牌式亦將於畢業紀念日舉行。"又云："高四級同學以在校日久，所知校中情形爲較熟悉，况現離校在即，尤不能不對校務這進行改良有一誠摯之批評或建議，以爲臨别贈言，故該級會日前全體通過'畢業前應與校中提出改良清華各方面種種之意見'之建議案，以爲校中謀幸福計。併當場舉出沈有乾等十二人爲委員，計畫此事。"關於增加出國治裝費事，亦報導云："高四級請求外交部、董事會增加治裝費一節，迭志前刊，兹據校長處轉來外交部通行云：凡清華學生官費出洋，當每名改給治裝費三百六十元，此後永爲定例等語，似此，則增費一事，高四已慶成功，將來畢業各級，悉得援例，出洋治裝費用，當不至十分困難矣。此固外部及各董事體貼學生這至意，而該級前代理級長吴澤霖君之辦事認真，亦可欽也。"(《各級記事》,《清華周刊》第221期，1921.5.27)

五月二十八日 《評本學年周刊裏的新詩》寫定。後發表於六月出版之《清華周刊第七次增刊》。收《聞一多青少年時代詩文集》。

這學年，《清華周刊》共刊登了十七首新詩，有先生的六首，本文即對"其餘十首將逐一論之"。[①] 這十首詩爲《一回奇異的感覺》(周念誠)、《給玳姨娜》(浦薛鳳)、《圓黄的月》(滌蘇譯，原作"*Moon's So Round and Yellow*" By Mathias Barr)、《憶舊游》(吴景超)、《出俱樂會場的悲哀》(吴景超)、《雪》(化炅)、《慈母》(滔天)、《冬天》(滔天)、《月食》(王造時)、《游圓明園》(李相鈺)。評論之前，先生首先

① 先生漏掉一首，即逖生（浦薛鳳）的《帆舟底出發》，載《清華周刊》第208期。

指明:“詩的真價值,在内的原素,不在外的原素。‘言之無物’‘無病而呻’的詩固不應作,便是尋常瑣屑的物,感冒風寒的病,也没有入詩的價值。下面的批評首重幻象、情感,次及聲與色的原素。”但是,除了這些,先生還有一些很有見解的思想。如在談到詩的形式時認爲:“美的靈魂若不附麗於美的形體,便失去他的美了。”談到創作動因時説:“詩人胸中底感觸,雖到發酵底時候,也不可輕易放出,必使他熱度膨脹,自己爆裂了,流火噴石,興雲致雨,如同火山一樣——必須這樣,纔有驚心動魂的作品。詩人總要抱着這句話做金科玉律:‘可以不作就不作。’”“詩家須有一種哲學,那便是他賜給人類的福音。”先生還主張新詩可以取材於舊詩:“我并不是説作新詩不應取材於舊詩,其實没有進舊詩庫裏去見過世面的人決不配談詩。舊詩裏可取材的多得很,衹要我們會選擇。例如那鑼鼓式的音節決定學不得。樂府、詞、曲的音節比較地還可以借用,詩的音節決不可借。”談到“女性”時,先生説:“女性是詩人的理想,詩人眼裏宇宙間最高潔醇美的東西便是女性,所以他要用最高貴的言語贊頌雪的美,便不得不講女性。……若是没有女人,一大半的詩——一大半最寶貴的詩,不會産生了。”這些論述,在先生自己的作品中也可以發現。

是月 清華學生與教職員發生衝突,日後先生曾對王康談起過此事。王康回憶説:“一九二一年五月,學生自治會通過了一個‘用投票法取締劣等教職員’的決議。校長爲此暴跳如雷,因爲這要影響他自己和那份靠裙帶關係引來的人員;還有一些平常在校作威作福、驕横狂妄而又不學無術的美國教員,也着慌起來。這個決議顯然是要出他們的‘洋相’了。他們串通美國控制的董事會,公然要求學校壓制學生,認爲這是對美國不友好的表現。”“聞一多同他的幾位好友都參預了這個活動,以後談起都很有風趣:‘這決議當然不可能實行,學生會怎能有那麽大的權力?這衹是在不正常情况下纔會發生的插曲,不過是解解氣而已,也表明經過五四運動的中國學生不是那麽好隨便擺布的。’一時雙方僵持了一陣,大家覺得反正給了那些不正派的中外文人一點顔色看

了，事過境遷，也就算了。”（王康《聞一多》，第53頁）

六月三日 爲吴景超的詩《出俱樂會場的悲哀》所作的《附識》，發表於《清華周刊》第二二二期。全文如下：

> 景超以爲我們的俱樂場中底種種游戲，總不外性欲殺欲兩個半被文化征服的原始衝動底發泄。這種衝動是破壞文化的，所以我們不應給他們發泄機會。可是現在校中使用這種游戲底風氣很盛，少數能置身於物質世界之上的人還不致受他的影響，但多數的“弄潮兒”恐怕難免慘遭不測，葬身魚腹之險。我讀這首詩，想叫那充滿性欲殺欲底表現的電影片，全校的人把他當飯吃，我便“不寒而栗”呢！不知景超曾否爲他們祈禱過：
>
> “天可憐那弄潮兒們，
> 少叫他們遭幾場危險！”

自從上社關於電影的討論在校中引起軒然大波後，一些人非難先生等人，説他們是“‘假君子’‘新聖人’‘清教徒’。我們這些人在感到孤立之餘，有的泄氣了、動摇了、不再吭聲了。一多却完全不同。他非但毫不氣餒，反而鼓動我們正式組織起來繼續幹”。（吴澤霖《老友一多二三事》，《聞一多紀念文集》，第162—163頁）先生的《附識》就是這種不屈性格的表現。

同日 《清華周刊》刊登學校關於“高四級特别泅水時間”，“爲每星期一至五上午十時至十一時，届時祇許該級同學練習”。清華規定學生體育不及格不能畢業，每日下午四時至五時爲强迫運動時間，此間圖書館、自修室、課堂、寢室一律上鎖。

同日 《清華周刊》每年暑假前都出一次增刊，但這年“校長以今年已出十周年紀念號爲辭，謂本期不得過六十頁”。周刊集稿部開會，認爲不妥，於是在本月一日派經理沈宗濂和交涉員張忠紱找校長，未遇。二日復去，校長未允。晚開會商量辦法。是日先生與“集稿員全體

至校長家，微雨，未遇。下午又見校長”。（子纓《本期增刊交涉始末記》,《清華周刊第七次增刊》，1921.6）

六月八日　六日，《清華周刊》集稿部將第七次增刊的全稿閱畢送校長，校長認爲《清華男女同校運動之新趨勢》《齋務長問題》《清華兵操的末日》三篇不能登。集稿部開緊急會議，認爲有些問題過去《周刊》上曾討論過，可以發表。是日，先生同姚永勵、張忠紱、吴文藻、陳華寅五人赴校長住所力争，後互有妥協，增刊經費遂以解决。（據子纓《本期增刊交涉始末記》,《清華周刊第七次增刊》，1921.6）

同日　清華全校學生召開大會，討論抗議“六三慘案”辦法。

一九二〇年七月，第一次直皖戰争爆發，北京政府將大批財力投入戰争，以致教育費也大量挪用，公立院校經費因此被長期拖欠，教職員生活無法保障。爲此，北大、高師、女高師、法專、農專、醫專、工專、美術等八所國立高等學校教職員，於是年三月十四日宣布停止職務，四月八日又舉行罷課。隨之，其他學校教職員亦加此行列，并得到全國各界聯合會等團體的通電支持。四月十二日，八校學生兩千餘人手執“讀書運動”旗幟，赴國務院、總統府請願，要求發放教育經費，聲援八校教職員罷課。迫於壓力，總統徐世昌下令財政、交通、教育三部製訂籌撥經費辦法。四月三十日，國務會議通過三項辦法。五月三日，各校教職員向校長提出政府履行此三條保障之方法，并聲明此項保障方法辦妥後，即可立即恢復職務，開始上課。但是，時越兩旬，内閣總理靳雲鵬對籌款辦法置若罔聞，不予理睬，甚至於五月十九日操縱國務院宣布前訂辦法一概無效。這一行徑激起教職員們的極大憤怒，於是二十二日宣布第二次辭職。六月二日上午，北京二十九校學生代表赴國務院請願，靳雲鵬拒絶接見，雙方僵持至午，代表們不僅茶水無着，且遭不堪入耳之譏訕。六月三日拂曉四時許，堅守在國務院前的學生代表經四次交涉方得入内，却遭到一連衛兵荷槍實彈的看守。消息傳出後，各校緊急協商，决定舉行大規模請願。上午十時，北京中小學以上男女二十二校學生六百餘人，手執“教育破産”“請政府履行國務會議議决三條”等標語，冒雨齊集新華門東門外，要求總理接見。下午，二十二所公立學校的校長與八校教職員代表，及學生共千餘人，再至新華門請願。教育部次長馬鄰翼出面，對代表要見靳雲鵬的要求，衹允代轉，不能負責。代表們不滿馬的應付態度，遂欲擁入。時，早有準備的軍警，荷槍持刀，見人就打。法專校長王家駒腰背腹部受槍柄重擊；醫專代理校長張煥文頭部遭創，血流滿身；北京國立專門以上八校教職員聯席會議主席、北大教授馬叙倫頭部及左腰亦重傷，全身是血；北大教職員代表沈士遠教授額部受刺刀刺破，一臉鮮血。軍警不識教部次長馬鄰翼，也遭痛毆。（據《國務院軍威下之教職員學生》,《晨報》, 1921.6.4）慘案中，受重傷者除王家駒、張煥文、馬叙倫、沈士遠外，還有高師教授黄人望、張貽惠、女高師教授湯璪真、醫專教授毛咸、工專教授許繩祖，及職員和學生劉興炎、何玉書、封挺楷、王本儀、陳激、梁惠珍、劉因民、趙林書等多人。（據《挨打後教職員學生之文告》,《晨報》, 1921.6.5）至於受輕傷者，則不計其數，這便是震動全國的“六三慘案”。

北京各校索薪期間，有美國退還庚款爲經濟後盾的清華學校均未介入。三月十四日八校教職員宣布停止職務後，清華學生會早曾集會多次，籌商援助辦法，但多數以爲通電上書衹是紙上談兵，代表請願亦爲與虎謀皮，俱非根本解决妙策，故始終未有具體行動，致使北京市學生聯合會批評清華學生不該置身事外。

六三慘案發生後，北京市學聯宣布罷課聲援，部立私立學校相繼起而聲援，且對清華學校寂然不動多加責難。清華學生會評議部認爲時機已迫，萬難坐視，遂於六月八日通過《清華學校明日罷課》案，决定執行市學聯的决議。當晚，此案提交全體學生大會討論，“經三小時的争辯，多數以爲：一，罷課係自殺政策，以殺止殺，萬難有濟。二，現今政府非罷課所能警醒，萬不得已，罷課一事也衹能作同情的表示。故大會將評議部的議案修改爲清華學生應該罷課，惟須與北京部立私立各校取一致行動”。（《清華罷課風潮始末記》,《民國日報》1921.7.5）先生此時亦取此種態度。

六月十日 俄文專修館等學校罷課消息傳來，是否與全市學聯采取一致行動舉行罷課已迫不及待。是日清華全校學生再開大會，以二九二票對一一九票通過“同情罷課案”。次日，清華學校當局則宣布大考按原定十三日如期舉行，不參加大考者取消學籍。

六月十三日 是日爲全校期末大考日，但學生無人進入考場。爲此，清華教職員召開緊急會議商討對策。晚，校長金邦正將會議結果報告董事會，董事會遂做出决議：“本期大考改於十八日舉行，不赴大考學生即認爲自請退學。”

晚，清華學生會評議部、幹事部主席接到金邦正轉達之董事會决議後，即召開全體學生大會。大會議决：一、無論學校用何種脅迫，清華學生對於罷課案堅持到底（贊成票四二四票，反對者二票）。二、罷課終止時，全體要求學校實行補考（贊成者四四〇票，反對者一票）。旋，學生會派代表向董事會説明：“第一案表明清華學生犧牲的决心，第二案是供清華罷課并非逃考的證明。”但董事會未肯改口。

後來，學校又改大考於二十二日舉行。

六月二十日 辛酉級召開級會，討論熊祖同、浦薛鳳、薛祖康等提出之“高四級單獨大考案”。經激烈争辯，表决結果“單獨大考案”以三十六票對二十七票通過。贊成者認爲這是辛酉級多數人通過的决議，全級成員理應遵守。反對者則認爲全校學生六百餘人，贊成單獨大考者僅三十六人，屬極少數，理應服從全校多數學生通過的决議。先生與羅隆基、何浩若、吴澤霖等堅持罷考，并表示：“案雖通過，但行動仍屬個人自由，不願大考者，自可拒絶參加。”（浦薛鳳《萬里家山一夢中》，第73頁，臺灣商務印書館1983年10月出版）

六月二十一日 北京學生聯合會通過《各校於暑假起首日宣布罷課終止案》。暑假於二十六日開始，先生等要求學校於二十六日再舉行大考，以便參加考試，但校方拒絶。先生等亦不妥協。

六月二十二日 清華學校舉行大考。非畢業各班一律罷考。畢業的辛酉級有三分之二走入考場，而先生等二十九人拒絶參加，被取消學籍。

對這一過程，親歷其事的吴澤霖回憶説：辛酉級曾召開兩次級會，第一次通過“高四服從多數”，第二次通過“在未正式宣布罷課終止以前，高四級不單獨大考；未大考以前，不畢業出洋”。“我級多數級友，包括一多和我在内，都認爲這一運動與五四運動性質不同。但我們清華學生現屬北京學生聯合會的成員，理應參加這一運動。我們贊成進城參加游行、進行街頭宣傳、散發傳單等等行動，實際上我們的確也參加了。但起初我們并不贊成舉行總罷課。不過時間一拖，城内多數學校的教師都堅持罷課，學生聯合會也通過了總罷課的决議，從而我們級友們的態度也變了，覺得我們理應與北京學生們行動一致。辛酉級是畢業班級，部分教師給我們做了不少勸導工作，但我們仍决定同其他班級一致行動，參加了總罷課。”（吴澤霖給編者的信，1986.5.15）

吴澤霖在《老友一多二三事》中還回憶道：“到考試的第一天，我們全級分化了。三分之二的級友没有頂住壓力，屈服了，走進了考場。他們的理由是，首先，最初學聯前來徵詢清華態度時，我們學生會就表示不贊成并明確表示了保留意見。其次，考試涉及畢業問題，畢業考試并不是上課，并不等於破壞罷課。而我們屬於少數的二十幾人則認爲，既然參加了罷課，就不應該爲了本身的利益而半途退出集體行動。參加畢業考試意味破壞罷課、分化學運、出賣清華學生會的榮譽，也是對學生聯合會的背叛，抛弃了正義。於是，一多與我們二十幾人在發表了意見、拒絶了考試之後，默默接受了學校的處分。我們黯然離校，與多年同窗揮泪而别，各奔前程。我們這些人回家後當然備受家長的最嚴厲的斥責。留學在望，功敗垂成，咸深感痛惜。”（《聞一多紀念文集》，第166—167頁）

吴澤霖還回憶道：“當然在收拾行李揮泪告别時，思想上也不免産生過矛盾，覺得在清華白耽了七八年，留學在望，機會就這樣白白送掉了！回家後何以對父母親友！但一看到那些參加考試的人望到我們就遠避的窘態，我們又深感自豪，認爲真理是在我們一邊，出洋機會可

丟失，爲正義不低頭，這就是你祖父和我以及其餘二十幾人當時的心聲。”（吴澤霖給編者的信，1986.5.15）

浦薛鳳參加了考試，但先生則能諒解他。浦在《憶清華級友聞一多》中説：“一多與（羅）隆基、（何）浩若輩，素喜反抗權威，自然甘願留級。予則認爲隨便罷課而留級，殊無意義，因而主張考試。因此之故，同一寢室之一多與予，連日相對苦笑，默默無語。但既然各行其是，彼此自然能諒解，臨别握手，互道珍重。”（臺灣《傳記文學》，第39卷第1期，1981.7）

關於清華學校此次罷考事件，北京《晨報》曾有系統報導，文云：

六三教潮發生以後，同時引起了教育上許多枝枝節節的問題，在這些枝節問題裏面，最足以引起社會注意的，莫過於此次清華學校的罷課風潮。當清華罷課風潮熱烈的時候，報紙上對於此事少所記載，故旁觀者於個中真相尚不明瞭，近兩日來社會上始知清華學生因罷課援助六三學潮的緣故，得下列結果：（一）全體學生，自請退學，惟准予於本年九月十二日起，來與復校考試，考試及格者准其復校，惟各班須留級一年。（二）高等四年級一部分已單獨赴考，其餘二十九人已自請退學，犧牲本年畢業留美機會。這種結果傳播以後，社會各方面發生許多誤會，有説教職員學生各趨極端的，有説教職員借事報復的，有説學生意圖逃考的。現在爲免除社會上種種誤會起見，謹將事之始末，敘述於後。

（一）事前之慎重。自三月十四日北京教職員宣布停止職務以後，清華學生會曾屢次開會籌商援助國立八校的辦法，惟幾經討論，都以通電上書紙上談兵，代表請願與虎謀皮，俱非根本解决教潮的妙策，故始終寂然不動。到了六三事件發生以後，北京部立私立學校相繼起而援應，清華方面代表來校，日必數起，責難函牘，絡繹不絶，清華學生會評議部亦承認爲時機已迫，萬難坐視，遂於六月八日通過《清華學校明日罷課》一案。當晚提交大會討論經三小時的争辯，多數以爲（一）罷課係自殺政策，以殺止殺，萬難有濟。（二）現今政府非罷課所能警醒，萬不得已，罷課一事也衹能作同情的表示。故大會將評議部的議案修改爲清華學生應該罷課，惟須與北京部立私立各校取一致行動。九日俄文專修館等學校罷課訊息傳來，罷課時機逼進一步，清華學生遂於十日以二九二票對一一九票的表决，通過同情罷課案。

（二）罷課期中的經過。罷課以後，多數學生，以爲事已至此，當圖積極進行，其着手辦法，（一）組織部立私立各校聯合會，以作國立八校聯合會的後援。（二）組織募集教育基金委員會，以求教育根本解决。（三）組織宣傳政治革新會，以求中國政治根本之刷新，乃當學生以全副精力籌謀對外的時候，校中暗潮忽然發生，卒至於教潮無絲毫補益，而自身受無謂犧牲，誠爲可惜。原來該校有幾個引起暗潮的遠因。（一）六三事件發生以後，學生方面曾致函校内教職員，要求作一同情的表示，信去以後久無動静。故十一日晚罷課案，事先也未徵求教職員的同意，事後派人接洽則教職員已嘖有煩言。（二）六三事件發生以前，學生正從事清華内部的改革，對於更换教員一節，主持極堅，此亦引起誤會之一點。（三）清華原定十三日大考，十一日通過罷課議案，事實上不免逃［考］嫌疑，加以當時學生有主張罷課期中，必不大考者尤足供人口實。

其實罷課期内必不大考一案，正反兩面，頗多争執，而闇然不避逃考之嫌通過此案者，實亦别具苦衷。十一號係清華温書最後一日，各項功課，實際上已算完結，所差不過形式上的考試而已。清華記分法，平日分數作爲百分之七十，大考占百分之三十，上期大考又占三十分之半，在成績上説來，百分中已去八十五，優劣等級，不待大考早已决定。若十一號罷課，十三號復行大考，寧非自欺欺人，掩耳盗鈴，况且形式的大考，教潮稍有轉機，不難補行。此罷課期内必不大考一案，所以必須堅持也。以上幾個遠因，很足以引起此次的暗潮。到了十三號，本校教職員開了一次會議，從上午開到下午，尚無結果，外間風聲，祇知態度嚴厲四字。到了十三［日］晚，校長將教職員結果報告董事會後，即有董事會第一次的决議，“本期大考改於十八日舉行，不赴大考學生即認爲自請退學”。此議案由金校長非正式的通知學生會評幹主席，學生即於是晚開全體大會，議决下列二案。（一）無論學校用何種脅迫，清華學生對於罷課案堅持到底，贊成四二四票，反對者二票。（二）罷課終止時，全體要求學校實行補考，贊成者四四〇票，反對者一票。二案通過以後，學生會即派代表向董事會接洽，并將二案贊成反對的票數報告董事會，同時説明，第一案表明清華學生犧牲的决心，第二案足供清華罷課并非逃考的證明。當時董事會以爲同情罷課，良心上固不能認爲學生完全錯誤，但在職言職，董事會亦祇知維持校章。最後的結果，董事會對於自請退學案加以復議。在這種壓力緊迫的時代，高四居領袖地位，留美機會，近在日前，利害關係，自更密切，其態度當然爲全校所注目。高四學生自己召集了兩次級會，第一次通過“高四服從多數”，第二次通過“在未正式宣布罷課終止以前，高四級不單獨大考，未大考以前，不畢業不出洋，詞嚴義正，態度堅强，全堂學生氣概爲之一壯。不幸有始無終，翻覆變幻，卒至級團破裂，友誼中絶，此一恨事也。

自十四［日］以後，經幾次教職員的會議，校長與董事會往返商榷，至十七號又議决兩道校令。（一）本校大考事。經本校教職員議决定於十八號舉行，如不赴考，即以自行告退論。（二）本學期不赴考者，准其於本年九月十二日起，來與復校考試，考試及格者，准其復校依次升級，惟各班須一律留級一年。兩道校令未公布以前，報章上忽有政府提出五條辦法收束教潮的記載，同學趨向忽然一變，以爲教潮必有轉機，校中又如此壓迫，何不就此收束，從事大考，一方面洗刷逃考的嫌疑，一方面再圖考後的運動，况北京教職員，勸告罷課的宣言同時發出，清華罷課雖然中止，其對於六三教潮表示同情的初志的當爲社會所諒察，由是學生會終止罷課的議案，連續提出，全體大會，日必三四次，所討論的無非是收束罷課問題。然罷課終不能如期收束者，厥有下列數因。

（一）罷課既謹慎發之於前，當鄭重將之於後，以争教育始者，當以争教育終，五條辦法是否確實，教職員對於此五條是否滿意，此在收束罷課以前當確應有把握者也。（二）學生罷課，應自發自收，决不能因學校的壓力，借題下臺。（三）罷課時既與部立私立各校一致行動，收束時，自不能單獨徑行。對於第一層，學生會於十九日派代表二人往教育部探詢消息，其結果五條中馬次長認衹有兩條已經實行，其餘均係報紙謡傳，政府否認有此辦法。同時教職員亦認政府虚與委蛇，毫無收束學潮的誠意。消息宣布後，同學的態度又由收束的而轉移到堅持方面去了。加以第三項部立私立各校一致行動，則收束罷課，尤非旦夕所辦到。事到如此，教職員方面既步步迫人，董事方面又着着不讓，大考期轉瞬就到，退學條件馬上實行，利害關頭，必非口頭上的堅持到底四字可以真算確的態度，故評議部在十九號議决舉行全校無記名投票一次，表决下列事件：（一）罷課期内大考不大考，（二）服從多數不服從多數。投票的結果如下：

不考，服從多數，二九八票。

考，服從多數，七十一票。

不考，不服從多數，三票。

考，不服從多數，四票。

廢票，二十五票。

這次投票，因爲要知道同學方面真確的態度，故事先既没有演説討論，事後開票也非常的慎重，開票的時候，由評幹兩部各派代表二人以資監督，開票的結果，由監票人簽名作證。投票以後，學生會又派人到董事會報告投票的結果，同時告訴他們説，明日大考學生中最少有四十餘人應考，但這不是學生團體破裂的現象，良莠不齊，在哪一個組織裏也是如此。學生會并要求學校暫不公布迫令學生大考的條告，如於預定大考終止期内清華不能停止罷課，清華學生甘願自請多留一年。這請求有兩層意思：（一）犧牲是學生自動的，不希望學校拿留級當作一種刑罰，當作一種恐嚇學生的手段。（二）少數破壞團體的學生，學校應置之不理，不給他們以大考或畢業的機會，因爲這種學生畢業出洋以後，亦不過爲虎添翼而已。

董事會刁主席對於少數不服從多數一層極不滿意，并説中國現今最宜提倡的精神，既爲（一）同情心，（二）少數服從多數。不過對於學生會無記名投票的結果，也有下列的懷疑：（一）此種投票，恐係一二領袖鼓吹的結果，（二）此種投票，恐係少年學生一時感情的作用。根據這兩層懷疑，他主張舉行第二次投票以資對證，其辦法（一）負責任的具名投票，（二）由校長執行，（三）票的内容祇有校長董事外交總長可閲看，至於總數可以報告學生。第二次投票在十九日晚舉行，據校長所宣布的結果列下：

不考，服從，三二九票。

考，服從，八十八票。

不考，不服從，二票。

考，不服從，三十三票。

廢票，四票。

（注意，不考的四一九票，單獨大考的三十三票）

投票的結果，當晚由校長用電話通知董事會，董事會對於迫令大考的校令，又作第二次復議，結果到了二十一日，發出下列二校令：（一）關於本校期大考事宜，經本校全體教職員議決，定於本月二十二日開始大考，至二十八日考完，届時諸生務須赴考，如不赴考，即以自行告退論。（二）查學期考試日期，并聲明如届時不赴考者，即自行告退論，各在案，惟念諸生秉父兄之命，遠道求學，數年成績弃於一旦，殊爲可惜。兹格外予諸生以特别時機會，如本學期届時不赴考者，准其於本年九月十二日起，來與復校考試，考試及格者，准其復校，依次升級肄業。惟各班須一律留校多學一年，俟大學一年級學完考試畢業後，方能遣派赴美。這兩道校令不過字句間與十八日校令稍有不同，重要辦法，則絲毫沒有變更。同時評議部也於二十一日晚開會，議决（一）對於二十二日大考的校令置之不理，（二）組織强有力糾察股，維持同學間的秩序。

從二十號到二十二號這兩日裏，醞釀出來了一件最大的變故，就是高四級的分裂。當高四級幾次宣言明示態度的時候，本諸至誠堅持犧牲者，固然有人，而高調獨唱，希冀挽救的人也不少。到了二十號，事機已迫，面目畢露，前日提出"不單獨大考，不大考不出洋"的人，現在居然提出"高四級單獨大考"的議案來，而且以三十六票對二十七票的多數通過以級爲單位，堅持以三十六票爲一級的多數。反對方面，則以全校爲單位，堅持三十六票爲全校的極少數。兩不相讓，各樹一幟，八年友誼遂終趨决絶矣。二十二號爲實行大考的日期，單獨大考者猶冀一度的調停，故上午均未赴考。調停辦法，即根據二十一號部立私立聯合會所通過的"各校於暑假起首日，宣布罷課終止"一案，要求學校於二十六日暑假後，補行大考，二十二改至二十六，所差不過四日，預料校長可以通融，殊不料竟爲教職員會議所拒絶，熱心畢業出洋者，乃迫而出於個人單獨大考之一途。是日下午一時，赴考的有五十餘人，其餘不考的學生團聚科學館特爲赴考人歡呼致賀，照相機排列成陣，學生會新聞科的訪員，奔走道途。到了三時半，第一次功課考完，赴考人深藏不敢出，考生求校長擔任保險，校長電董事設法彈壓，鬧得風聲鶴唳。其實學生不過好奇心勝，欲觀顔色罷了，那裏有絲毫惡意。到了二十八號，光明正大的考試敷衍了事地過去了；現在幾十位畢業出洋的學生，同着幾百個退學留級的學生，已分道歸家，而無中生有的暗潮，也從此告一段落。（《清華學生罷課風塵之始末——全體學生自退學，補考者留班一年》，《晨報》，1921.7.3.5–7）

六月底 返浠水老家。

在浠水老家，有詩《回顧》。收《紅燭》。開頭部分表現了先生當時的心境：

九年底清華底生活，
回頭一看——
是秋色裏一片沙漠，
却露着一顆螢火，
越望越光明，
四周是迷茫莫測的凄凉黑黯。
這是紅慘綠嬌的暮春時節：
如今到了荷池——
寂寞底重量正壓着池水
連面皮也皺不動——
一片死静！
忽在裏静靈退了，
鏡子碎了，
個個都喘氣了。
看！太陽底笑焰——一道金光，
濾過樹縫，灑在我額上；
如今羲和替我加冕了，
我是全宇宙底王！

七月四日 《古瓦集·序》在浠水老家二月廬寫定。全文云：

閑空裏翻閲舊作的詩古文辭，從前那種忘飱廢寢、蕩肝伐肺底情形，歷歷如同隔日的事。因念他（它）們實能代表當時的一番精力，便隨時擇着録了下來。現在寫完了，把古文辭十五首、駢文三首做上卷，詩三十八首做下卷，總名曰“古瓦集”。因爲我這幾件零星古董不配比湯盤孔鼎，不過是漢瓦秦磚罷了。磚瓦雖没有盤鼎那樣尊貴，可也算得一種古董，拋掉了怪可惜的；保存起來，到（倒）一則可以供摩挲，二則也是一個紀念品。

駢文同賦作得最早，無非是東扯西拉，生吞活剥，没有什麽價值。古文都是一九一七年秋到一九一八年夏應課底作品。《〈陶淵明撫松待琴圖〉記》同《記清華園工字廳後荷花池》都有兩首，其中各有一首是替人作的。兩首祭文産生底時代跟這些古文差不多。這幾篇文章都是一番鑽研揣摩底結果。於今姚選、黎選的兩部《類纂》裏紅的圈，黄的、緑的點，彷彿珊瑚、翡翠、琥珀嵌排在紙上似的——便是當時底成績。

詩中《項羽》同《擬李陵與蘇武詩》跟駢文同時。從《夜泊漢口，將發，遇同學王君》到《入都留題二月廬》十三首，名《二月集》，是一九一八年暑假在家裏作的。《齒痛》《夜坐，風雨雷電交至，凛（懔）然賦此》《上海寄駟弟》同《朝霧》四首，是一九一九年夏在上海作的；從《崑山午發》到《維摩寺》八首是同年游虞山底作品；加上同年在家裏作的《清封恭人南母裴恭人五十壽詩》，名曰《戀戀集》。這時已經作了白話散文，文言詩却還捨不得丢掉。除上述各詩外，都是在校裏的産品，其中《清華園秋日》《提燈會》《清華體育館》《清華圖書館》《渡飛磯》誕生底時間，還在《戀戀集》之前，做古文之後。一九二〇年春作了一首應課的白話詩，趙瑞侯先生評曰：“生本風騷中後起之秀，不必趨赴潮流。”這時已經做了很多白話詩，第二次月課勉强用文言譯了《點兵行》，是敷衍面子的，序子裏且有“亦以昭文言之罪也”一句話。《項羽》是初學詩底“破題兒第一遭”，《點兵行》是殿尾的一首文言詩。

一九二一年，七，四　一多識於二月廬

《古瓦集》收先生在清華學校求學時期創作的古文、古詩詞賦，全書分上、下兩卷，前者收古文十六篇，後者收古詩詞賦三十三篇，加書前之《序》，共五十篇。這些作品部分曾經發表，收《聞一多青少年時代詩文集》。未發表的文言文有：《得天下英才而育之三樂也論》、《助戰平議》、《〈史記·曹相國世家〉書後》、《讀曾國藩聖哲畫像記》、《讀熊希齡論聯邦政制書》、《感言》、《辛亥紀事》、《陶淵明撫松待琴圖記》（二首）、《清華園工字廳後荷花池》（二首）、《清華園中秋賞桂記》；未發表的古體詩有：《夜泊漢口將發遇同學王君》、《晚步湖上》、《爲陳甥畫扇》、《夜雨》、《初起》、《漫書》、《蘆褐行》、《答浦瑞堂》（三首）、《感事》、《戊午秋日懲志，七十七韻》、《入都，留題二月廬》（二首録一）、《抵都寄駟弟》、《清華園秋日》、《齒痛》、《夜坐，風雨雷電交至，凛然賦此》、《上海寄駟弟》、《朝霧》、《登昭明讀書臺》、《望山前昆承二湖，作圖》、《清封恭人南母裴恭人五十壽詩》（五首録二）。

《古瓦集》一度流落於世，被中國科學院文學研究所（今中國社會科學院文學研究所）圖書館購得，先生在西南聯合大學指導的研究生、中國社會科學院文學研究所圖書館館長范寧教授曾見全貌，并抄録若干。其後，《古瓦集》因圖書館搬遷，錯置失查。多年來，先生遺屬多次呼籲尋找，直至一九九七年冬，方在中國社會科學院研究生院張恩和教授協助下，從未編目之圖書中重新發現。一九九九年十月先生百年誕辰前夕，該集由陝西人民教育出版社影印出版（限量一千册），書前附有聞立雕的《寫在前面》。北京大學費正剛教授的《〈古瓦集〉讀後》，作爲跋文置於書後，文中認爲：從《古瓦集》的作品中，"可以瞭解在一九一九年五四運動前後，清華學校作爲當時新興學校的語文教育情況，以及當時青年學生對這種教育的反映和他們運用語言文字的能力，由此也使我對五四新文化運動發生的群衆基礎和它爲什麽會具有那樣强烈的衝擊力有了更爲具體的生動的理解"。

八月十日 《清華周刊底地位——一個疑問》寫定。後發表於九月二十五日《清華周刊》第二二三期。收《聞一多青少年時代詩文集》。

先生長期從事《清華周刊》編輯工作，對這個傳遞學校新聞、發表同學意見的園地十分關心，認爲它的作用應是“一種直接地催促學校底進步的活的創造的作用”，它的内容應當“代表同學以監督學生會對付學校當局”“幫助學生會以接洽學校當局輔導同學”“附麗學校當局以管轄同學及學生會”等，若“一味地隨波逐流，以博同學底歡心”和“歌功頌德，粉飾太平”，便會使它失去存在的價值。因此，它的任務是輔助同學“成爲自動的、有個性的國民，不應逼迫他們俯首貼耳地做威權的奴隸”。然而，《周刊》由學生會産生，經費受學校控制、供稿與銷售則靠同學們，這便造成了它無法獨立的現實。先生設想它采用“不取固定的態度”“自定絶對地獨立的態度”，却又嘆息“恐怕做不到”。最後，文中説：“《周刊》底地位竟没有方法訓釋，所以他的態度主張也没有方法揀定。但是這個問題一天不解决，《周刊》底機體便一天不能健全。《周刊》長爲半身不遂的機關，學校底改良便永缺一個寶貴的工具。”

八月十五日 詩《夜來之客》寫定。後發表於九月二十五日《清華周刊》第二二三期。收《聞一多青少年時代詩文集》。收入《紅燭》時有改動，并改題爲《幻中之邂逅》。

是月 受到自動退學處分的清華學生家長據理力争，要求恢復學生學籍。

七月下旬，社會輿論强烈批評清華學校對罷課同學之處分，北京國立八校校長曾致函清華董事會從事斡旋。其函云：“此次北京教潮遷延數月，幸經調人疏解，得各方面之贊助，可告結束。惟貴校學生，因援助八校而罷課，因罷課而受處分，在北京國立八校，及公私立中小學校學生頗抱不安。對於調人，曾鄭重聲明‘此次清華罷課，實爲援助八校而起，暑假後若清華風潮不幸擴大，至萬不得已時，同人亦必采罷課手段，以援助之’云云。近年國内多事，教育界重影響，已屬不幸，若艱難辛苦，調停解决之教潮，秋後再生波折，恐亦必非貴董事校長之所樂聞。同人等歷盡艱辛，杞憂心切，用特函請董事、校長，切實維持，免生枝節，匪爲貴校之幸，抑亦北京教育界之幸也。事關大局，惟貴校諒

之。”（《國立八校校長致清華學校董事會校長函》,《晨報》，1921.7.28）

八月十二日，學生家長三十餘人，以清華事件處置失當，聯名上呈外交部，要求撤銷議決原案，以維教育而慰衆望，并推舉沈承烈、羅忠懋、薩君陸三人爲代表面謁外交部總長，請求主持公道。呈文云："清華學生前因國立八校瀕於破産，嗣又發生六三慘劇，迫於義憤，起而援助，以罷課之名義，促當局之覺悟。惟其時適在温書期内，雖居罷課之名，實際上於學業并無損失。詎該校金校長不予諒解，迫令各該生克期應考。該生等以温書期中之罷課，已屬有名無實，而再照常應考，未免近於滑稽。又惟恐學生所抱之苦衷，不能見諒於校長，曾推舉代表懇切聲明，乞展期至六月二十六日（即本學期終了之日）。事先復推舉代表晋謁總長，當蒙面諭，表示同情乃人類之本能，惟望於最短期内從事收束。仰見貴總長循循善誘，維持教育之苦心。不圖金校長不明事理，濫用職權，對於董事會飾詞聳聽，妄加學生等以罷課罷考之名，遂有議決將請示展期之全體補考學生一律認爲自請退學，又爲成全各該生學業起見，允於秋季復學試驗及格後，須留級一年。此種辦法，君陸等認爲不得事理之平，曾一再函達金校長及董事會，聲明理由，請其諒解。不料該校校長一意孤行，偏執成見，君陸等爲公爲私，實難安於緘默，彼既不得與書，不得不將實在情形，爲總長詳細陳述之。學生以罷課手段援助八校，君陸等本不謂然。秕本諸愛國愛華之心，又仰總長早日收拾罷課之意，預選呈明二十六日終止罷課實行補考，該生等之辦法，雖不免小有錯誤，第迹其用心，亦無不可諒之處，該校如準據校章，施以相當之處分，不但與校章不符，抑且與情理不合。該校校長，自謂此種辦法乃懲戒方法之一，而其所持之理由，則謂學生一再罷課，此次若不嚴懲，必無以警將來。殊不知學校懲戒學生，必須根據校章，否則必須世界各國教育界有此通例。乃該校校章，既無明文規定，世界各國教育界，亦無此不規則之辦法。即謂學生一再罷課，應行嚴重懲戒，然何以不於民國八九年罷課收束以後加以警告，平時教導無方，臨時貿然施以過當之懲罰，何異不教而誅，此懲戒之説之不可能也。該校長又謂此事與實行新計劃不無關連。如果屬實，以法律不溯既往之原則而言，止適用於新生，不能强使按照舊章入學之學生一律遵守。即讓一步言，如係改變學章，應使該已考未考各生一律實行。乃對於已考者則資譴出洋，未考者强留級，是明以冠冕堂皇之大學計劃，而爲懲戒愛國愛群學生之辦法，準情斟理殊不可解。此實行新計劃之説不可能也。該校長且謂實行此種辦法，與學生有益無損，勿論與懲戒之説，自相矛盾，即使有益，何以不便應考者，利益均沾，以此爲懲治戒不應考之學生，於理不能，以爲獎勵不應考之學生，當必更無是事。君陸等識見淺陋，不知該校長是否自出心裁，抑根據何國最新發明之教育原理，而有此不倫不類，與不能自圓其説之辦法，此真君陸等所百思而不得其解也。况學生罷課，爲期不過數日，今即認爲留級退學，萬一不幸時日稍長，又將何以處之。該校長以爲學生事先聲明願意犧牲一切，其實所謂願意犧牲一切者，不過一時義憤之詞，充極其量，亦止於受學校正當之處分而已。該校長竟欲藉此施行過當之處分，殊不爲不合，總之清華學生，以罷課之手段援助八校，固屬於幼稚，而學校辦法，尤覺不當，兹事雖微，影響實大。就學生方面言，受退學之惡名，終身蒙不潔之譽，入設備不完之大學，荒廢青年寶貴之光陰。就家庭方面言，子弟延長學業，今既增加一年之擔負，將來遲延回國，復減少一年之收入。就學校方面而言，處分失當，校章既等於弁髦，預算臨時變更，經濟更多損失。就國家教育而言，北京教潮今已解决，不幸以清華事件牽動全局，更爲可惜。况清華學校，有中美關係，不明事理之徒，造作種種謡言，若不早日平息，一般國民有所誤會，未必不引起國際間之惡感。君陸等瞻前顧後，再四思維，以爲此種處置，實爲有損無益，故特將事之始末，略陳左右。貴總長素以愛護青年爲懷抱，維持教育爲職志，伏乞主持公道，撤銷已議决處理失當之原案，俾清華事件，早日平息，北京教育不生風波，則受賜者不惟君陸等而已也。”（《望外交部能善處清華事件——學生監護人已上公呈》，《晨報》，1921.8.16–17）

外交部參事刁作謙代表外交總長接見學生家長時，態度蠻横，十八日《晨報》報導此事時用了《清華學生監護人大失望——刁作謙代表外交部公認不講理》的標題。爲此，學生家長連續召開會議，商量解決辦法。

又，清華風潮也引起美國政府關注。八月十三日，駐美公使施肇基致電北京政府，謂美政府派員來使館詢問清華學生最近之情況，請求如何答復。清華學校董事中的美國董事，亦認爲對先生等的處理，在經濟上對美國很不合算，不同意學校對他們的處分。於是清華當局允許拒考同學簽具悔過書後即可次年放洋。但先生堅持無過可悔。吴澤霖《老友一多二三事》：八月，“爲了挽回學校當局的面子，教務處給我們各人發了一個通知，囑祇要繳上一份悔過書，九月即可回校補習一年，第二年再畢業出國。於是我們就分頭接觸，徵詢意見。一多堅持不能寫悔過書，一切回校再談，經過磋商，誰都没有寫悔過書。後來學校又作了讓步。既然不願個人悔過，可以寫一張集體悔過書。我們堅持無過可悔，集體悔過書也不能寫，一多就是這樣堅決主張的”。（《聞一多紀念文集》，第167頁）

九月十二日 清華學校舉行開學典禮，因典禮由校長金邦正主持，很多同學拒不參加。其原因，吴景超説：“六月十一日，清華學生以同情於北京六三教潮，議決罷課。金邦正極不贊成這種舉動，便與董事會議決辦法，凡届期不直大考的，一律留級一年。學生因爲無辜受了這種留級的懲罰，所以對於金邦正，便絲毫没有師生的感情了。九月十一［二］日行開學禮，多數學生都不出席。此事給金邦正精神上以極大的打擊。十月十三日，他便離開，參與太平洋會議了。”“金邦正赴美以後，學生會曾上書，請他一去不返。”（吴景超《清華的歷史》，清華周刊社編《清華生活》，1923年4月28日出版，第5頁）其後，清華學生會更是去函讓金邦正“不必作捲土重來之夢想”，迫使其於一九二四年四月不得不提出辭職。（據吴大鈞：《學生大事記》，《清華周刊第八次增刊》，1922.6）

時，先生已返校，開始被迫留級一年的生活。按慣例，清華科畢業生至少可直接插入美國各大學二年級，學校不好對辛酉級留級之二十九人單獨編級，就稱他們爲“大二”。清華有大二級者，僅此一屆。

回校後，大二級采取抓鬮辦法重新分配宿舍，先生幸運分到了二四八號單間。這爲他日後的社會活動提供了便利條件。

這學年，先生再次當選爲《清華周刊》集稿部集稿員。先生堂兄聞亦傳亦當選。當選的集稿員還有周兹緒、姚永勵、陳念宗、趙宗晋、陳欽仁、沈銘書、李吟秋、陳華寅、張忠紱、吴文藻、胡毅、李迪俊、周先庚、董鳳鳴、楊世恩、陳崇民。另，沈宗濂、蔡公椿、鐵明、吴去非、張繼忠當選爲經理。又，舉姚永勵爲集稿部委員會主席兼書記，周兹緒、聞亦傳爲委員，分别負責對外接洽、管理部所。(《清華周刊》,《清華周刊本校十周年紀念號》，1921.4.28)

是月下旬 清華學生會“評議部通過加添交際、新聞二科。新聞科舉羅隆基、聞一多爲正副主任，交際科舉高鏡瑩、薩本棟爲正副主任”。(《會社新聞》,《清華周刊》第224期，1921.10.1)

十月一日 詩《志願》發表於《清華周刊》第二二四期，署名“風葉”。收《紅燭》時稍有改動。收《聞一多青少年時代詩文集》者爲原詩。

十月二十一日 《節譯阿諾底〈納克培小會堂〉*Rugby Chapel* by Matthew Arnold》發表於《清華學生周刊》第一期[①]，署名“風葉”。全文云：

> 我們讀 Tom Brown’s School Days 都知道他們的校長 Thomas Arnold 是如何地起人景仰，因回顧我們清華學生近來的境遇，又如何到至此呢！如今“時日曷喪”之聲，可以稍衰了。但那順天應民的真命天子，還不知在那裏呢！ Thomas Arnold 死後十五年，他的後子 Matthew 作此詩以追念其父。其大意可包括在這幾行裏——
>
> 十五年來，

① 《清華學生周刊》祇出過兩期，便停刊了。

我們這一向在你的庇陰下——

彷彿在一□大橡底枝葉下——

休息的，受了驕陽。

同冷雨、赤科、孤凄，

没有遮蓋，缺欠了你的蔽陰。

可憐！我們清華學生那一天不去驕陽冷雨之下！我們爲密陰的大橡做夢到如今，衹怕還免不了“一場喜歡一場空”吧？我讀阿諾底詩再喚起近來校中糜爛的現狀，泪珠兒幾乎滚了下來呢。還有人説學生野心，干預校政。唉——

知我者謂我心憂，

不知我者謂我何求！

原作太長不能全録，如今取的是殿尾的兩節。這并不是最好的部分。我摘取了他，是前（？）有用意的。孔子説：“興於詩。”我們讀阿諾之作，怎好没有一點感觸呢？在我個人，不得“大橡”，誓不甘休；什麼蒲柳散材，尚不在眼裏，何况那些荆棘敗類那配來污我“水木清華”的靈境呢？

看！在世界的巉岩裏

走着人類的隊伍，

一條軟弱飄蕩的綫。

他們是到那裏的？——一個上帝

帥着他們，給他們鵠的。——

啊！但是路這樣長！

他們在漠野裏多年了！

酷渴磨厄他們，巉岩

四起，威嚇他們；

朋黨分裂他們，他們的

隊伍拿破裂、潰散來要挾。

啊！使，使他們團結着！

不然，組織那軍隊的
無量敵，没有一個到得了；
五［吾？］們將孤身徘徊；永遠
在岩石上不生效力地撞碰，
一個；地死在荒裏。
然後，當你的神昏氣詛
之族處救底時候，
你，如同天使，出現了，
神聖的精誠，晶光四射。
希壹底烽火，你出現了！
你的心裏没有倦怠，
你的口裏没有軟弱，
你的眉上没有疲困。
你站在我們的先鋒裏！
遇着你的聲音，想慌與絶壹道走。
你在隊中巡邏，唤回遲情，
振刷疲表，鼓勵勇敢。
秩序，膽量重新來回了；
眼睛又燃亮了，禱祈
跟隨着你的脚步走。
你填滿我們行裏的缺罅，
振起散漫的陣綫，
整頓延續我們的行步，
前進於廣漠之涯，
前進於上帝之都。

十月三十一日　參加清華學校男女同校期成委員會第一次會議。此前，先生已被推選爲該委員會委員，是日分工，負責文書工作。五四運動後，清華學校曾起議過男女同校問題，此時復有力倡者。是日午後五時，清華男女同校期成委員會，“在高等科二五號開第一次會，通過《簡章》”，決定會員分“通常與責任兩種，通常會員現已有百人，責任會員亦有六十餘人”。又，“舉出時昭澐（即時昭瀛）、羅隆基爲總務委員，潘光旦、聞一多爲文書委員，劉昭禹、蔡公椿爲會計委員，陳石孚、翟桓爲出版委員。該委員會復舉陳石孚爲主席，時昭澐爲副主席”。（《清華男女同校期成委員會紀事》，《清華周刊》第225期，1921.11.11）

《清華男女同校期成會簡章》共六條，目的爲“使清華男女同校於最近期間實現”。會員中的中堅分子稱責任會員，“責任會員須在實現清華男女同校上切實作事，并繳納定數的會費。責任會員及通常會員皆有到委員會及在委員會中發言之權，但惟責任會員有表决權”。（《清華周刊》第225期，1921.11.11）

次月中旬，該會致函北京高師自治會及北京女界聯合會，中云：“男女同校風行全國，其爲當今要圖勿庸贅言。乃敝校當局，於此問題目下絶少計議。要之原則昭昭，終難漠視，特實現之期，遲速有差耳。同人等迫瞻大局，自慚落伍，爰鳩同志，組織團體，以謀清華男女同校之迅速實現。”是即該會成立的原因。

十一月五日　參加在工字廳召開的辛酉級級會。辛酉級級會爲一九二一級部分同學所組織，時任會長時昭涵，“會員幾乎都未單獨大考”，“現該級會友入該會者甚衆”。（《清華周刊》第225期，1921.11.11）

十一月上旬　當選大二級委員會委員，是日大二級開會選舉該級委員會委員，“選定時昭澤、錢宗堡、羅隆基、聞一多、何浩若、吴澤霖、沈宗濂等七人，時昭澤爲委員長”。（《清華周刊》第225期，1921.11.11）該七人均爲暑前參加罷考鬥争的中堅分子。

由於清華學生舉行罷考，使一九二一年《清華年報》未能編成。時，學校决定續辦《清華年報》，并指定職員，圖畫一項，學生方面由先生負責，教員方面由司達爾女士負責。（《校聞》，《清華周刊》第225期，1921.11.11）

十一月十九日　《恢復和平！》發表於《清華周刊》第二二六期。該文主旨批評某些同學對學生會苛意地批評，認爲社會應有一定秩序。但是，却把這種無政府主義思潮當作了“俄羅斯的赤色在中國的影響”。文云：

在一個顛倒錯亂的畸形的社會之中，一切的事變，幾乎都要用顛倒錯亂的方法去應付；這樣積久而鑄成習慣，畸形的觀念沉到人們底腦筋底下去着土生根了，他們便徑直認權爲經，安變如常了。這種現象是新舊過渡程中底一個大礁石。溯其來因可分兩端：

一、社會現狀底反響。“莫赤匪狐”“莫黑匪烏”，“司空見慣”，印象深刻；於是見了公共機關，不問青紅皂白，便一概地痛心嫉首，如對蛇蝎一般。觀察地對象，本沒有絲毫變更，我們偏看出千形百態光怪陸離來了，其實都是我們的主觀的幻象。在心理學裏 illusion 底一種原因是 frequency。如今我們看着一切的公共機關都是一種黑幕底 illusion，便是從前看多了公共機關底黑幕底結果。

二、新思潮底遺毒。幾千年底纆鎖，一朝打破；蠢動泛駕底原始的衝動，如同被壓而未熄的薪火一般，忽遭新思想底乾風一吹，不覺燎原大燒起來。可憐的時代底犧牲者，他們的神經竟被波爾希維克的赤幟螫得發狂了。一個著名的美國畫家講：假若一個發怒的神靈要用一種特別地酷暴的刑具懲罰人類，再沒有什麼東西，比將全世界底綠色都變成赤色更可怕些的。在這樣一個赤色的世界之中，人類不久定都變成瘋子了。俄羅斯底赤色在中國的影響，大概同這差不多。青年們竟以爲解放便抹殺一切法律主權同習慣，以爲社會的平等便包括知識的平等呢。這不是瘋癲是什麼？

若要挽回這種狂瀾，沒有别的方法，全在我們善於驅使理智節制感情。換言之，我們的頭腦都太熱了，若能少任血性，多用考慮，便不致有這種毛病。

出虎進狼，以暴易暴。好好一棵橘樹，渡過了淮水，便度

[變?]成枳樹。其實這也不過是人類底最長久的歷史中一個片段裏底現象，正如人生七八十年中一兩天底疾病罷了。那裏便可以判決凡是執事的都是奸惡，更那裏可以遷怒嫁怨，囫圇地宣布一切行政機關底死刑呢？一方面我們既相信公共事業是要人做的，又相信公共事業是有人能做配做的，但是一方面又因一時的失望便要不分玉石搗亂一切。長照這樣鬧下去，衹恐怕終久鬧得天翻地覆纔完事呢！

時局蜩螗，學生不得不抛了書本來倡一種運動；校事弛廢，學生又不得不偷着閑暇去倡一種運動。這并不是説學生總是比當軸高明些，應該起而代庖。乃是外界既不幸有了這些麻煩生厭的畸形的狀況，我們也衹得耐着性兒破一個例，幫助大家把不正的扭正了，非常的復常了；爲的是要這樣，我們纔好安心樂業做我們應做的事。所以我們没有恢復原狀底機會則已，若有了，那肯不捉住這機會做去的呢！

況且我們是社會的一份子。社會的幸福建於秩序與和平的基礎上。所以他的秩序將破則維持，既破則恢復纔是我們的天職。愛和平重秩序，是我們中國民族底天性。我不願我們青年一味地眩於西方文化的新奇，便將全身做了他的犧牲。

和平秩序之不見於清華久矣。如今他似乎又隱約地在我們目前盤旋，我們千萬要拉住了歡迎回來。所以我們的太烘熱的腦筋要盡力地冷下來，我們要盡力地想象以置身於太平景象之中，用慈祥赤裸的心相待。我們要快把那不受繮鎖的，安那其的（Anarchical），浮躁蠢野的“赤”氣擺脱，三熏三沐降心屏息地整頓大局。萬一不幸又有需要我們的時候，我們不妨再破一個例出來趨應責任的詔命。但是我們總要記着這是一個例外萬不得已的事！在不需要這種舉動時，最好不要枉費精神。

我們學校與當局一向取對敵的態度，一言一動，輒藏機心。如今我們若認爲這種態度是用不着的呢，便不妨抛掉了他。還是和衷共濟赤誠相待的，舒服得多，痛快得多。我們對於我們自主的機關學生會，一向都没有信用，没有敬心。我們知道要使清華振起一點新氣象來，非藉學生會爲工具不可。假若我們認爲他不滿意，便急起用正大光明的方法圖謀改良。假若看不出要改良的地方，便需信他，敬他，護他，愛他。不要隨隨便便就大書特書地，説他庸懦，説他專横，忤辱他的人格。在法律中公共機關稱爲“法人”（Artificial person），尋常我們若隨便出條駡人，被駡人必拉我們上齋務處去要我們賠償名譽。須知學生會是個“法人”，他的名譽也是不好隨意毁敗的，他的人格也是不好隨意忤辱的。

同學之間若得相親相愛還是這樣爲好。我們常常猜疑某某爲政客，某某爲流氓，某某爲軍閥，其實都是我們主觀的判斷。我們若大家平心静氣存點恕道，這些名詞根本地都消滅了。其實我是一個人，别人也是一個人，難道我們好别人那樣壞嗎？中國人最講究家族主義。我們若能將對待家人底一種和愛的心境來施及於學校，假定校中人個個都是我們的家人，那就好了。

如今校中各方面（學校與學生，學生與學生）的搗亂也搗够了。亂極思治，人同此心。大家何必不即早回頭呢！諸君！我們的夢做得久了；黎明來了，我們醒罷！

十一月二十日 晚七時半，清華文學社召開成立大會。“成立大會歷時二時餘，通過三組進行：詩組、小説組、戲劇組。選舉職員結果：幹事梁治華（實秋），書記聞一多，會計張忠紱。詩組領袖是聞一多，小説組領袖是翟桓，戲劇組領袖是李迪俊。”（《清華周刊》第228期，1921.12.2）

清華文學社的前身是上年十二月十一日由一九二三級的梁實秋、顧毓琇、翟桓、張忠紱、李迪俊、吴文藻、齊學啓等七人成立的“小説研究社”，宗旨爲“介紹歐美名家小説，以謀中國小説之改進”。（《校聞》，《清華周刊》第203期，1920.12.17）清華建校十周年紀念活動時，他們編輯出版過一本《短篇小説作法》，反應很不錯，“校内已銷去二百份之譜，校外回信已來者，銷數約在百五十份之上，其餘各大學因寄有特使券去，銷數較多”，“北京商務印書館、中華書局、佩文齋會友書社，上海泰東、亞東二書局均已承認代銷”。（《校内新聞》，《清華周刊》第218期，1921.4.29）

這時，梁實秋等認識了先生，先生“提議把小説研究社改爲清華文學社”。（梁實秋《清華八年》，《秋室雜憶》，第40頁，臺灣傳記文學出版社1978年6月出版）《清華周刊》報導云：“本校同學十餘人，近發起一個研究文學的新組織，該會暫定名曰‘文學社’，宗旨就是研究文學。進行方針，大約有兩種，一種是讀書報告，一種請人演講。本校年來各種學會産生甚多，惟獨少純粹研究文學的組織，不無餘憾。此次該社産生，深可慶幸。”清華文學最初成員十四人，爲聞一多、時昭瀛、陳華寅、謝文炳、李迪俊、翟桓、吴景超、梁治華、顧毓琇、王繩祖、張忠紱、楊世恩、董鳳鳴、史國剛。（《校聞》，《清華周刊》第227期，1921.11.25）不到一個月，胡毅、盛斯民、吴文藻等人也加入文學社。

先生在清華文學社中被看作是老大哥。梁實秋《清華八年》：“聞一多是個多才多藝的人，他不僅年紀比我們大兩歲，在心理的成熟方面以及學識修養方面，都比我們不衹大兩歲，我們都把他當作老大哥看待。他長於圖畫，而且國文根柢也很堅實，作詩仿韓昌黎，硬語盤空，雄渾恣肆，而且感情豐富，正直無私。這時候我和一多都大量的寫白話詩，朝夕觀摩，引爲樂事。”（《秋室雜憶》，第40頁）

在《談聞一多》中，梁實秋又進一步説：“他最後留級的那一年，他不用上課，所有的時間都是可以自由支配的。一多獨占高等科樓上單人房一間，滿屋堆的是中西文學的書，喜歡文學的同學們每天絡繹而來，每人有新的詩作都拿來給他看，他也毫不客氣的批評。很多人都受到他的鼓勵，我想受到鼓勵最多的我應該算是一個。”（同上，第8—9頁）

先生與梁實秋的友誼便是這時建立起來的。次年六月，先生致顧毓琇信中寫道：“我於偶然留校的一年中得觀三四年來日夜禱祝之文學社之成立，更於此社中得與詩人梁實秋締交，真已喜出望外。……十年之清華生活無此樂也。我之留級，得非塞翁失馬之比哉？”（《聞一多書信選集》，第35頁）

十一月二十五日 清華文學社召開第一次常會，《清華周刊》報導云：這次常會“討論‘詩是什麽’的問題，先由謝文炳報告，後由大家討論，反復辯難，極有興趣”。又云：“現該社正預備請人演講，第一次大概是請辜鴻銘先生或周作人先生，屆時必有一番盛况。”（《校聞》，《清華周刊》第228期，1921.12.2）時，胡毅加入清華文學社。

十一月二十六日 時，清華組織“學生法庭”，模仿法庭審判案件。是日“學生法庭”審判兩案，分别采用中國和美國現行審判制度，先生均參加法庭工作。

這是清華學生提倡自治、學習西方審判制度的一次演練，開庭前的宣傳也頗有趣味。“晚七時半，舉行全校俱樂。先自行車（THBA）燈火游行，每車上懸燈四，上插一大燈，有‘擁護法庭’‘無法庭無自治’‘打破專制的審判’‘自治者，不治於人也’等語。”接着，開始模擬法庭，“審判的案件有二，一爲抽大烟案，一爲盜錢案，均辯駁有致。第一案采用中國現行法庭審判法，第二案采用美國法庭的陪審制。兩案終結後，徵求同學對於清華設立學生法庭的意見”。第一案開庭前，有軍樂助興，兩案之間，亦再有軍樂。末了，放映電影，極一時之盛。

第一案爲抽大烟案，“學生蔡戒烟在學校附近某寺私吸鴉片，被學生吴澤霖偵知，在法庭舉發”。此案采用中國現行法庭審判法，有審判長、推事官、書記官、司法警察、檢察官、被告律師、被告、證人。先生和高鏡瑩、黄卓繁、王化成四人擔任推事官。

《清華周刊》報導：

> 法庭組織：本案采用審判制，即中國法庭現行制度。每庭設庭長一人，推事二人，一切審問判决事項，概由庭長、推事實行之。
>
> 案情：學生蔡戒烟在學校附近某寺私吸鴉片，被學生吴澤霖偵

知，在法庭舉發。

登場人

審判長：翟桓

推事官：高鏡瑩、黄卓繁、聞一多、王化成

書記官：李迪俊、陳華寅

司法警察：張繼忠、楊杰

檢察官：沈宗濂

被告律師：何浩若

被告：（蔡戒烟）黄蔭普

證人：舉發人吴澤霖、驢夫（王狗兒）顧德銘、和尚（法海）張峻、被告同房胡敦元、醫生劉純聰

第二案爲盗錢案。采用美國司法界現行的陪審制。案情爲“魏毓賢於十一月二十日遺失日幣十元，認係胡毅竊取，在法庭向胡毅提出訴訟”。“開庭時一切審問事件，由審判官、檢察官、律師執行，而最後判斷則由陪審官十二人一致公决”。先生和時昭澐、梅貽寶、高鏡瑩、王化成、聞亦傳、高蔭堂、李迪俊、陳華寅、吴澤霖、黄蔭普、沈宗濂擔任陪審員。《清華周刊》報導：

法庭組織：本案采用陪制（Jury system），即美國司法界現行制度。開庭時一切審問事件由審判官、檢察官、律師執行，而最後判斷，則由陪審官十二人一致公决之。

案情：魏毓賢於十一月二十日遺失日幣十元，認係胡毅竊取，在法庭向胡毅提起訴訟。

登場人

審判長：蔡公椿

陪察［審］員：時昭瀛、梅貽寶、高鏡瑩、聞一多、王化成、聞亦傳、高蔭堂、李迪俊、陳華寅、吴澤霖、黄蔭普、沈宗濂

書記官：陳石孚、史國剛

司法警察：張繼忠、楊杰

檢察官：梁治華

被告律師：羅隆基

被告：胡毅

證人：舉發人魏毓賢，舉發人同房黄卓繁，食堂證人冀朝鼎，寄物證人沈麟玉，厨房徐永瑛、陳念宗，被告人女友陳肇彰（《校聞》，《清華周刊》第 228 期，1921.12.2）

是月 本學年《清華年刊》開始編輯，先生與時昭澤、錢宗堡、沈宗濂、吴澤霖、何浩若、羅隆基爲年刊委員。先生還擔任美術編輯。年刊中共設十三個欄目，除體育欄圖案爲楊廷寶作外，其餘整頁插圖均出自先生之手。又扉頁校訓圖、書後廣告也爲先生畫，二十九個裝飾花邊先生畫了二十二個。

年刊上有先生畢業像，英文題“聞多，湖北浠水”，下有簡短英文小傳，未知何人所作，其文云：

Being an artist, “One Two”, of “Widow”, knows the secret of beauty, which knowledge is not without visible proof. As he is a poet and reformer at once, his favorite reforms are often more poetic than practical. Whenever he receives an allowance, he may be persuaded to suspend his rule of fasting.

意爲：“作爲藝術家，一多（英文諧音“一二”或“寡婦”），熟諳美之秘密，才華横溢。他身兼詩人與改革家，不過他熱心的改革往往重詩意，輕實際。一旦拿到助學金，他可能聽從勸告，不再恪守齋戒了。”

爲了反映辛酉級二十九人留級一年的生活，他們又單獨編印了一小型級刊，亦爲英文，先生仍爲編輯之一。

十二月二日 清華文學社召開第二次常會。《清華周刊》報導云：這次常會“討論的題目是‘詩的音節問題’，由聞一多報告研究的結果，聞君對於一般無音韻之新詩及美國新興之自由詩加以嚴重之抨擊。報告後略有辯難”。又云：“該社已延請之周作人先生因病不能來，辜鴻銘先生不在北京，但已另請別位名人演講，必有以饜同學之望。”“再該社本公開的態度，歡迎社外同學旁聽。”（《校聞》，《清華周刊》第229期，1921.12.9）時，盛斯民、吴文藻加入清華文學社。清華文學社會所設在高等科七十六號，會所管理爲胡毅。

先生在這次會上所做的《詩的音節問題》

此報告手稿仍存，爲英文提綱，標題爲“A Study of Rhythm in Poetry”，下附有用較小字體寫的漢譯題名，爲《詩底音節的研究》。由於目前一般將Rhythm譯爲“節奏”，所以武漢大學聞一多研究室翻譯時，將題改爲《詩歌節奏的研究》，收入《聞一多論新詩》。這是先生最早的一篇關於新詩創作理論的文章提綱，全文如下：

Ⅰ、定義

A.“節奏”一詞的來歷

B. 節奏的兩個含意

1. 拍子

2. 韻律

Ⅱ、生理基礎

A. 脉膞跳動

B. 緊張和鬆弛

C. 聲波和光波

Ⅲ、證據

A. 日常生活經驗

B. 原始人

C. 兒童

D. 瘋人

Ⅳ、特性

A. 節奏的組成因素

1. 時間

2. 重音

B. 節奏的美學基礎

1. 一致——關於“清一色”的理論

2. 變化——關於多種趣味的理論

Ⅴ、作用

A. 實用性的

1. 個人的

a. 聯結記憶

b. 引起注意

c. 節約精力

2. 社會的

a. 協同作用

b. 情感的一致

B. 美學的

1. 整體的重要性

2. 一致中的變化

3. 注意力的懸置

4. 結構的框架

Ⅵ、自然界的節奏

Ⅶ、各種藝術中的節奏

A. 淵源

1. 適應自然

2. 摹仿自然

B. 分類

1. 音樂的節奏

2. 舞蹈的節奏

3. 詩歌的節奏

4. 造型藝術的節奏

Ⅷ、詩歌的節奏

A. 有關詩歌節奏的争論

1. 争論的雙方

a. 反對的一方

b. 贊成的一方

2. 争論是如何發生的?

3. 僅僅是理論上的衝突。

B. 詩歌節奏的分類

1. 内部的

a. 韻律

2. 外部的

a. 韻脚

b. 詩節

3. 總的效果

C. 詩歌節奏的作用

1. 作爲美的一種手段

a. 一致中的變化

b. 完整感

（1）完整

（2）永恒

c. 克服困難所得的喜悦

2. 作爲表達情感的手段

a. 各種人的情感的自由表達

（1）兒童的

（2）野蠻人的

（3）瘋人的

b. 他們的表達情感的方式

（1）身體的摇擺動作

（2）有節奏的發聲

c. 文明的效果

（1）舞蹈成爲一種純粹的娱樂

（2）唱歌强調旋律與和聲

（3）用修辭方式，而不用韻律方式來朗誦詩行

d. 但自然的本能仍然存在

（1）情感對節奏的作用

（a）情感産生節奏

（b）情感破壞節奏

（2）節奏對情感的作用

（a）節奏傳達情感

（b）節奏激發情感

（c）節奏緩和情感

3. 作爲憑藉想象加以理想化的一種手段

a. 詩的節奏促進想象的飛馳

（1）刺耳的、不和諧的散文不利於達到這一目的

b. 詩的節奏提供一種産生特別崇高的想象力的工具

（2）散文在試圖運用一種特别崇高的浮想聯翩的風格時，往往會失敗。其結果則成爲：

（a）荒誕

（b）笨拙

c. 詩的節奏用以下方式改變粗糙的現實

（1）使現實和諧、美化

（2）表現現實的普遍意義

（a）歌德的論證

D. 詩歌節奏的特性

1. 三種成分

a. 音量

b. 重音

c. 字或音節

2. 與音樂節奏相比較

3. 與散文節奏相比較

E. 韻

1. 韻的功能

a. 旋律

b. 組成部分的布局

c. 與短語的關係

d. 預期效果的滿足

e. 恢復想象力的活動

2. 韻的分類

a. 按用韻的位置分

（1）脚韻

（2）頭韻

（3）中韻，或内韻

b. 按韻的性質分

（1）完全的或同一的韻

（2）陽韻

（3）陰韻

F. 詩節

1. 意義——一般公認詩節爲詩歌韻律的最大單位

2. 詩節以下列因素爲基礎：

a. 修辭句

b. 旋律句

Ⅸ、自由詩

A. 妄圖打破規律

1. 在排字形式上對詩節的影響

2. 文字游戲

3. 在拋弃節奏方面的失敗

B. 目的性不明確

C. 令人遺憾的後果

1. 平庸

2. 粗糙

3. 柔弱無力

Ⅹ、中國詩歌中的節奏

十二月九日 晚八至十時，清華文學社召開第三次常會，討論題目爲“爲藝術而藝術呢？還是爲人生？”《清華周刊》報導云：“由聞一多、吴景超、謝文炳三君報告，大家討論，互相辯難約二小時之久，雖無結果，然頗覺痛快淋漓。”又云：“該社無論全體常會或分組常會，俱是公開，同學有暇可按時前往旁聽。”（《校聞》,《清華周刊》第230期，1921.12.16）徐永瑛、李孝泌兩同學，旁聽這次討論。

這時期，清華文學社活動頻繁。十日，詩組討論“英國詩之歷史的發展”；十二日，戲劇組討論“近代西洋戲曲之發展”；十四日，小説組討論“小説發達史”。（據《清華周刊》第229期，1921.12.9）

十二月十六日 晚，清華文學社召開第四次常會。“討論題目爲‘文學與人生’，翟桓、王繩祖、張忠紱、顧毓琇報告，大家討論。在討論此題之先，并由顧毓琇報告‘海外文壇消息’，他的題目是《漢姆生（K. Hamsun）之生平及作品》”。（《校聞》,《清華周刊》第231期，1921.12.23）是晚常會，與政治學研究社之演講衝突，爲避免此後與他會開會時間衝突，决定每星期日晚七時半爲開會預備時間。

同日 爲了給《清華年刊》配照片，學校各社團分别合影。是日，先生與清華文學社社友在體育館前攝影。大二級同學亦分别有個人像。近日内，先生還與美術社、工社、學生會評議部、級會委員、年刊編輯、年刊圖畫部、基督教青年會等社團合影。

十二月十七日 “文學社詩組討論‘英國詩人莎士比亞、斯賓塞、彌爾敦’。”十九日，戲曲組討論；二十一日，小説組討論。(《清華日曆》,《清華周刊》第230期，1921.12.16）

十二月二十三日 晚，清華文學社召開第五次常會。“討論‘文學可以職業化麼？’，報告者有陳懷因、梁治華、董鳳鳴、楊世恩、史國剛。全體意見多不贊成職業化，惟對於‘除學文學以外，是否當另選一種職業，以敷衍假生活’問題，頗有争論。”(《校聞》,《清華周刊》第232期，1921.12.30）

十二月二十四日 清華文學社詩組討論“斯賓塞爾、莎士比亞、密爾敦的詩”。二十七日，戲曲組討論“近代西洋戲曲發展史”。二十八日，小説組討論“斯康底那維亞”與“德國英國之小説史略”。(據《清華周刊》第231期，1921.12.23）

十二月三十日 清華文學社開第六次常會，討論“文學與文人”。

十二月三十一日 參加清華文學社詩組討論華兹華斯、柯勒律治、斯科特的詩。(《清華周刊》第232期，1921.12.30）

一九二二年　二十四歲

二月四日，中日兩國在華盛頓簽訂《解决山東懸案條約》，規定日本將膠州德國舊租借地交還中國；日軍撤出山東，膠濟鐵路由中國以5340.614萬金馬克贖回。

二月，參加華盛頓會議的九國簽訂《九國公約》。

四月二十八日，第一次直奉戰争爆發。六月，奉軍戰敗撤回關外，宣布東三省“自治”，直系軍閥控制北京政府。

十一月一日，大總統徐世昌頒布實施新學制，改學制模仿美國學制，將中小學學制改爲六三三制。

一月二日 詩《十一年一月二日作》寫定，收《紅燭》。此詩似與婚姻有關。

此前，還有《失敗》《貢臣》《游戲之禍》《花兒開過了》四首，均收《紅燭》。

一月六日 晚，清華文學社“於一月六日晚在教員休息室茶叙，作本學期最末次的聚會”。又選舉“下學期的職員，定爲幹事翟桓、書記聞一多、會計張忠紱、會所管理楊世恩。下學期進行方針，趨重於創作，并定鼓勵出産作品之方法”。(《校聞》,《清華周刊》第 234 期，1922.1.13）時，先生已返鄉，未與會。

是年寒假 回浠水老家。冬假時間較短，先生從未在寒假中歸鄉，此次是遵父母之命回里完婚。

早在先生考取清華學校之前，黄岡縣潞口鎮的高承烈（敬伯）先生便認定先生有出息，願以其女高孝貞許配先生。聞、高兩家有親戚關係，聞名説：我祖母劉氏和外祖母是同一曾祖父的同堂姐妹，“父親稱外祖母爲十姨媽，稱她的胞弟爲九舅，幼時還常到九舅家去玩耍”。母親“在家大排行第七，父親稱她七妹。父親行十一，母親從弟妹們簡稱他爲一哥。聽母親説，我們的曾祖母也是劉家的。由於這層層關係，聞、高兩家過從較密”。(《聞一多和自己的歌》，第 7 頁，清華大學出版社 2020 年 9 月出版）

這種親上加親關係當時很普遍。高孝貞曾對孫兒説高家也是個大家族，世派爲“仁是能承孝，後代必發强”，她是“孝”字輩。[①] 聞名據母

① 這是祖母高真在 310 醫院住院期間對編者講的，當時興致很好，講了很多高家與聞家的關係，可惜那時編者没有記録意識，祇對高家世派印象深刻。

親和舅舅高孝敏口述説：高家祖籍據説原在合肥，後來遷到湖北黄岡潞口。先祖在明朝時立有戰功，曾受到皇帝的召見和獎賞。高家的後代一直保存着一面秦朝銅鏡，據説就是當年皇帝賜予的寶物之一。這個家族内，每逢過年都要張燈結綵，挂上祖先的業績以激勵子孫。“我們的曾外祖父做過知州、同知等，據説還做過道臺。外祖父高承烈（字敬伯）早年就學於京師法政學堂，曾任廣東饒平縣知縣，綏遠墾務局坐辦，安徽蚌埠船舶事務局局長，安徽高等法院推事等職。聽母親説，他爲官清正廉明，辦案時别人送來的金首飾和衣料等，他都退了回去，衹留下萬民傘。在官場多年，自己却一點積蓄没有。因此，當他四十多歲就不幸患上肺結核，不得不告退時，家境也就隨之敗落了。外祖父常年在外，見識較廣，思想也比較開明。他主張女孩進學堂，不纏足；還親自出資送胞弟去日本留學。”“聞家和高家可説是門當户對。但外祖母最初是不願意將愛女給過去的，她説堂姐（我的祖母）嚴厲，怕女兒將來受不了。外祖父非常喜歡父親，在和聞家的交往中，早就看上了這個孩子的聰明才智，回家來總誇奬他，特别是誇他文章和字寫得好。他對外祖母説：‘我就是喜愛他！婆婆嘛，管他呢，跟婆婆纔多少年？將來還是跟丈夫的時間長！’就這樣，由外祖母的一位表弟——父、母親的五舅做媒人，兩家訂下了這門姨表親。”（聞名《聞一多和自己的歌》，第10—11頁）

按照封建習俗，訂了親的男女孩子結婚前是不能見面的，但先生和高孝貞却有一次偶遇。高孝貞曾對長女聞名説：“那天，我正在九舅家的堂屋裏，同幾個姐妹圍着桌子玩。忽然進來了一個男孩，舅媽一見，趕快過來拉着我就跑。那孩子就是你爸爸！在舊社會，女孩子過門以前是不讓和未婚夫見面的。我那時衹有六七歲大，哪裏懂得這些？”聞名問母親：“還記得爸那時穿的什麽嗎？”“棉袍馬褂，戴一頂瓜皮帽。”後來結婚時，先生還記着這件事，問“你那時爲麽事要跑走啊？”

大約新文化運動剛剛興起時，先生給未來的岳父高承烈寫了封信。聞名説：“信中提出了兩個嚴肅的請求，一是不要給表妹纏足，一是送她去上學。”同時，因擔心岳父常年在外作不了家中的主，又特意托媒人五舅給岳母捎去了同樣内容的信。這兩件事都做到了，高孝貞不僅没有纏足，還走出家門邁入學堂。那時，高承烈在武昌平滬門購置了一棟三重大院，全家搬進城裏。高孝貞對聞名説："我和四個姑姑、兩個堂姐，一共七個女孩子，每天打着七把洋傘，説説笑笑往學校裏走。那時女孩子上學的很少，我們又是七個人，簡直轟動了整條巷子！"（聞名《聞一多和自己的歌》，第19—20頁）

不過，對於經受了新文化洗禮的先生，一旦真要成婚，不免有些突然。

爲了説服先生應允，家人做了許多工作。先生之侄聞立勛回憶："一叔提了三條件：一不祭祖，二不對長輩行跪拜禮，三不鬧新房。家裏答應説，你不祭祖我們祭，可以行鞠躬禮，對新娘要鬧一下，但不過火。家裏分别對大家做工作，讓人鬧得别過火。結婚的頭天晚上，一叔把我們都叫到他房裏去，盤着腿談，在床上横七豎八地睡了一晚上。"（聞立勛回憶一多叔録音，1980.2，張同霞整理）

一月八日　陰曆臘月十一日，先生與高孝貞成婚。聞名在《聞一多和自己的歌》中寫到："下午五點多，在一片歡快的鑼鼓聲和悠揚的細樂聲中，新娘的花轎到了。可誰也没想到，此時的新郎，還坐在房裏和他的書本親熱呢，一盆洗澡水還放在那裏，紋絲未動！是家人急切的拍門聲纔把他從書本中催唤出來！"（第24頁）先生的堂弟聞振知在《憶堂兄一多二三事》中也根據長輩的叙述寫到："結婚要説這是人生中很重要的事了，可堂兄却根本不當一回事的。家裏人爲他結婚可忙壞了，而他成天把心事用在讀書上去了。記得結婚那天，堂屋門前張燈結彩，四方名人不斷前來恭賀新婚，吹打彈唱十分熱鬧，家裏人一個個忙得不可開交。這一天，他可閑了，清早一起床，就抱着幾本書跑出去了，家裏的人幾次找他理髮，洗澡换衣服，他看書看迷了，問起家人要他理髮换衣服幹什麽？竟然連自己馬上要做新郎都忘了。家裏人怕他又跑到外面看書，一再吩咐他好好在家招待客人，他哪裏記在心上，一個人又偷偷鑽進了書房，埋頭讀着他的書。傍晚時分，花轎到了，喜炮不斷鳴放，喇叭一個勁地吹，恭喜喝彩聲不停，新娘子下轎了，找新郎拜堂，不見拜堂的人影，家裏人又氣又急，找到書房纔把他找出來。”（《故鄉人民的懷念》，第 33 頁）

對於高孝貞進家門的情形，聞名根據高孝貞回憶做了生動描寫：“當新郎掀起轎簾，新娘邁出轎門時，池水開始漾動了——人們看到的不是一雙‘纖美’的三寸金蓮，而是一雙天然足！在聞姓家族中，這還是第一個不纏足的女人！這在傳統勢力根深蒂固的農村，簡直成了一大新聞！看客中不少人在暗自鄙夷，一些叔房裏的女人更蔑笑不已，回去後還議論紛紛。母親後來曾對我不止一次地談起這件事，她笑道：‘嬷嬷（先生的大嫂，家鄉稱嬷嬷）她們後來告訴我，叔房裏的人回去還笑我。有人問：幾大的脚？她們撇撇嘴：小——脚，隨着伸開食指和拇指，比作一隻小脚模樣，指指食指，又指指胳膊肘，説：從這兒到這兒！”（聞名《聞一多和自己的歌》，第 25 頁）高孝貞還對聞名説：“我來到聞家後，你大姐（指堂姐聞立珠）也不包脚了，聞家的女孩子從此都不包脚了。”母親説。她從城裏來，又上過學堂，在鄉間的女輩中，不免顯得有些與衆不同。“家裏人都學我。我算是新式的，大脚，有文化。細叔（父親的胞弟聞家騆，排行最小，家裏稱之爲細叔，他的髮妻，我們稱爲細娘）後來去外面讀書，我還幫細娘給他寫信。細娘連梳頭都學我的如意頭。婆婆也叫我給她梳頭哩！”（聞名《聞一多和自己的歌》，第 25 頁）

一月二十日 吴景超寫下《朋友》一詩，記述與他關係密切的幾位朋友，其中有先生。該詩如下：

> 朋友們啊！不要看書了！
> 我們都來聚在一起，
> 圍着桌兒，
> 拿着杯兒，
> 就這般談談笑笑，
> 送那沉沉的長夜歸去罷！

我們仰首而談，
我們抵足而談，
我們相視而笑的談，
也不知談過多少問題了。
甜蜜蜜的談風，
漸漸吹到我們的“友史”上去。

我想起光旦：
　我初見他時，
　不知他叫什麼名字。
　一天，我候他到信箱去拿信，
　就乘機在信箱前面，
　認清了他的姓名。

我又想起昭瀛：
　想到那一在晚上，
　我發次聚在一起，不知談些什麼。
　但是他那無礙的辯能，
　　　照眼的瞳人，
　從此就深深印進我的腦經。

一多：我們認得最晚了。
　你還記得，
　我們那天飯後出校步行，
　論這人又論那人，
　月旦評作了我們的締交證？

然而這都是比較的新交啊！
我不禁想起我的老友：
想起琨華，想起大堃，
想起我那揚州病榻上的周念誠！

唉！不想了！
可恨歡樂的絲頭，
祇抽出縷縷的愁絲，
織成煩悶一片！

十一，一，二十日。

（吴景超《朋友》，《清華周刊》第 238 期，1922.3.3）

二月六日 寒假結束，清華學校開學。時，先生尚未返校，仍被推舉繼續擔任《清華周刊》集稿員。此時集稿員還有沈宗濂、顧毓琇、羅隆基、黄蔭普、陳念宗、翟桓、梁實秋、楊光弼、余日宣、戴志騫、梁朝威、賀麟、聞齊、史國剛、吴大鈞、冀朝鼎、胡竞銘、何鴻烈、徐敦璋、駱啓榮。（據《清華周刊雙四節特刊》所載集稿部職員表）

二月十七日 《清華周刊》報導大二級學生將與各年級合組一委員會，輔助課程委員會制定大二課程。一九二一年，清華成立課程委員會，負責制定各年級所學課程，但同情罷考後出現的大二級實屬偶然，不在課程計劃之内，故課程委員會雖開會次數，却均無結果。“蓋各委員對於將來大二課程，意見不同。有主張實科課程，須與文科一并提高，以便學實科學生，將來到美後，亦可入大學三年級者；有主張令學實科學生，在清華時，多學各種外國文、西晚等科，到美後僅令其能入大學一二年級者。刻尚相持未定，故對於將來大二課程，尚無正式建設。”（《特載》，《清華周刊》第 236 期，1922.2.17）

三月十日，《清華周刊》刊登編制課程的王芳荃先生《關於本學年授課表所以不盡完善的一點解釋》，認爲課程出現紊亂，原因多端，其一是大二留級，影響全校授課。此文有助於瞭解先生在清華最後一年之學業，故録如下：

凡事發生，必有原因，本學年授課時間表不盡完善，亦有種種原因。

按本校尚未采用預定時間表制度，故編製時間表，有四大事項，最爲緊要。即（一）課程表，（二）科目注册，（三）課程分配，（四）編製時間。編製人編製時間表時，完全受此四大事項之支配，今請將本學年編製時間表時，此四大事項之大概情形，依次説明，以便讀者對於時間表不盡完善之種種原因，易於尋求。

（一）課程表　因大二課程影響所及，使已定之高等科三級及大一一級之課程表（中等科俱是必修科故不連述），僅能作學校部分的課程表。換言之，即課程表因大二課程影響所及，完成之期，實覺太晚。查去年六月二十八日學校將大二課程排就付印時，現有之法學通論、財政學等，均未在内，而此項科目之决定，直距開學無幾時矣。

（二）科目注册　本學年大二科目注册，多半在去年八月初上繳教務處，而遲者竟有至八月二十九日，方始繳進者，且開學後，學校循向例組織委員會，讓學生將選定科目，重新更改，如此，則已編成之時間表，當然不適用於此種學生，編製者爲求時間表亦能適用於此種學生起見，將已成之表，重新更動，惟因此項更動，與其他未改選科之學生時間表有連帶關係，牽一髮而全身動，編製人安排此項更動之艱難，從可想見。

（三）課程分配　此項請讀者注意，即課程分配一日不出，時間表一日不能開始編製。本學年課程分配，在去年八月十二左右發給教務處，因彼時教員尚未聘定者頗多，故分配俱用佛山市，待開學時教員聘定後，有願□照擔任者，有願改易一二科者，如是，則假設分配又須更改。

（四）編製時間　教務處編製時間表，向由李仲華君擔任，據李君自稱，每年編製此項時間表，至少須費二月之久，此次係由荃與胡魯聲君擔任其事，編製者於八月十二左右接到課程分配後，即着手編製，因此事本係繁雜，更兼本學年關於課程及目科［科目？］注册事項，俱呈畸零狀態，則繁雜之處，自當較昔尤甚。故雖學校暑假期内，辦公時間，僅限上午，而荃等編製時間，則增每日上午八時至十二時，下午一時至四時，晚間七時至十時，如此編製，繼續至兩星期餘之久，於是大學部及高中兩科時間表，乃克成功。第此編成之表，其中課程分配，係照八月十二左右發出者，科目注册，係照首次繳進者，待開學時，受課程分配及科目注册更改之影響，則已成之表，又須更改，如此情形，使編製者無所依據，無所適從，則此事之勞且不易成功，又豈僅編製人方能知耶。

其他如泰西文化學，本在日間，因演講須三組合并，故改在晚間。史學本亦在日間，因哲學三學生改習史學，致已定時間，不能適用，故亦改在晚間。高級音樂爲各選科，欲求一均無衝突之時間，自惟晚間，以及本學年大學部學生，選自然科學多至三項者，其實驗時間，均應使無衝突等等，皆爲編製者所意不及料，所深感困難者也。

憶荃初到校時，即主張本校當采用預定時間表制度，因學校方面，有種種困難，學生方面有種種特別情形，迄未實行，荃曾在日美各住三年，彼處學校，均采用預定時間表制度，此項制度，以學生教員愈多，則愈晚編制，至本校之編製法，實貽罕見，即在往年，編製人亦當感其法太繁，費時太久。其故蓋由於（一）學生選科，範疇太廣，（二）選科門類與教員人數比較，似教員尚嫌不敷。至於學生多寡一層，關係尚微，例如本學年編製時間表時，困難之處，均在大學部及高三之時間表，而高一二兩級及中學全部之時間表，僅費三日，即已成功，此非明證歟。

荃亦爲編製本學年授課時間表之一人，今不憚煩，而作此篇，非由好辯，亦非委過，實亦本學年對於時間表不完善之評責，累有所聞，深恐再事緘默，更增誤會，故特書數語，以資解釋，蓋此事如匠工製器然，匠工固有巧拙之别，第一不盡完善之，料而責匠工作必盡完善之，工殆亦頗，吾儕在學校辦事，處處顧全學生利益，苟且了事，實不屑爲。教務處，在此寒假期内，曾將泰西文化學兩班設法移至日間，大二英文卒以五六人之科目衝突，無法移改，荃尚憶數日前，有人謂體育時間，排在飯後，實非衛生之道，殊不知全校體育共有四十課，而每星期七小時，星期六四小時計算，僅有三十九時，體育館即同一時間，不能兩課并上，則除下午一至二及四至五外，尚能以何法位置體育時間耶。事非經過不知難，願共識斯言是幸。

（王芳荃《關於本學年授課表所以不盡完善的一點解釋》（《言論》，《清華周刊》第 239 期，1922.3.10）

二月十八日 清華文學社召開本學期第一次常會。這次常會原定上星期舉行，因聞一多等多數社友尚未返校，故延期一星期。《清華周刊》報導云："所有社員創作，均於開會時傳觀，互相批評，頗有興趣。該社本學期計劃，注重於創作方面，同時須作關於文學之論文一篇，將學期終繳齊。"又云："常會現改每兩星期一次，開會時有海外文壇消息報告及文學家之介紹，由社員分别輪流擔任。"（《校聞》，《清華周刊》第 237 期，1922.2.24）

二月二十四日 任大二級畢業戲劇演出中文劇籌備委員，《清華周刊》報導云：大二級"畢業時擬排演中英文戲劇各一，并已組織委員會，力事籌備。中文劇委員羅隆基（主席）、聞一多、廖芸皋；英文劇委員沈宗濂（主席）、薩本棟、錢宗堡"。（《清華周刊》第 237 期，1922.2.24）又，出國西裝已於寒假中由上海送到，住在新大樓的大二級，紛紛着裝亮相，有人戲稱"艷妝初試，嬌羞向人"。

三月三日 清華文學社召開常會。"以時間與他會衝突，到會者稍形稀少”。會上“通過以後每次開會將由各組分别負責介紹新近國内創作”。《清華周刊》還報導説：“該社邇來都竭力創作，詩組、小説組作品已不少，戲劇組社員亦正在積極進行中。”（《校聞》，《清華周刊》第239期，1922.3.10）

三月八日 作詩《蜜月著〈律詩底研究〉稿脱賦感》。未發表。詩云：

春縮香閨鎮彩霓，東萊貸筆漫灾梨。
杖摇藜火兼燃夢，管秃龍鬚半掃眉。
手假研詩方剖舊，眼光燭道故疑西。
洛陽異代疏泉出，誰訂“黄初二月”疑！

這裏所説的《律詩底研究》，全文七章二十一節，與《詩底音節的研究》似爲姊妹篇，有人稱此文“可能是五四運動以後，較早用新的方法，系統研究中國詩歌的民族傳統的長篇著作”。先生後來雖又幾經修改，但始終未肯發表它，衹有幾位朋友讀過。原文共五十九頁，參考書目二十種：《古詩源》、《文選》、《文心雕龍》、《十八家詩鈔》、《甌北詩話》、《然鐙記聞》、《律詩定體》、《聲調譜》、《談龍録》、《國學小史》（梁啓超）、《中國哲學史大綱》（胡適）、《東西文化及其哲學》（梁漱溟）、《詩學饗聞》、《漫堂詩話》、《策學備饕》、《唐詩鼓吹》、《釋名》、《不林詩話》、《昌黎全集》、《六一詩話》。兹録目録如下：

第一章　定義
第二章　溯源
　第一節　律詩底章底組織
　第二節　律詩底句底組織
　第三節　五律底平仄
　第四節　七律底進化

第三章　組織
　第一節　隊仗
　第二節　章底邊幁
　第三節　章底局勢
第四章　音節
　第一節　逗
　第二節　平仄
　第三節　韻
第五章　作用
　第一節　短練底作用
　第二節　緊凑底作用
　第三節　整齊底作用
　第四節　精嚴底作用
第六章　辨質
　第一節　中詩獨有的體制
　第二節　均齊
　第三節　渾括
　第四節　蘊藉
　第五節　圓满
　第六節　兼有底作用
　第七節　律詩底作用
第七章　排律

三月十四日　致父母親信。收《聞一多書信選集》。時，先生與妻子同在武漢。妻子是婚後回娘家，先生則是陪往，并決定十六日動身返京。這是行前的一封信，特别説此次婚姻實一大犧牲，作爲補償，家裏應讓妻子入學校讀書：

我媳婦定住半月即歸。届時務請五舅來接。千萬千萬。此關係伊的學業，即伊的終身之事。請兩位大人勿循俗套必住二十八天，致誤伊光陰。我之此次歸娶，純以恐爲兩大人增憂。我自揣此舉，誠爲一大犧牲，然爲我大人犧牲，是我應當并且心願的。如今我所敢求於兩大人者祇此讓我婦早歸求學一事耳。大人愛子心切，當不致藐視此請也。如非然者，則兩大人但知愛俗套而不知愛子也。我婦自己亦情願早歸求學，如此志向，爲大人者似亦不當不加以鼓勵也。如兩大人必固執俗見，我敢冒不孝之名謂兩大人爲麻木不仁也。

回到學校，先生不願談自己的婚事，而拼命地寫詩。梁實秋《談聞一多》："婚後一個多月，一多立即返回清華園裏過他的詩人的生活。一多對他的婚姻不願多談，但是朋友們都知道那是怎樣的一般經驗。……一多作詩的時候拼命的作詩，治學的時候拼命的治學，時間根本不够用，好像没有餘暇再管其他的事，包括戀愛的生活在内。他有一位已婚的朋友移情别戀，家庭時起勃谿，他就勸説他道：'你何必如此呢？你愛她，你是愛她的美貌，你爲什麽不把她當做一幅畫像一座雕像那樣去看待她呢？'可見他自己是全神貫注在藝術裏，把人生也當做藝術去處理。"（第13—14頁）

三月十七日　清華文學社請"梁任公先生演講《中國韻文裏所表現出來的情感》，聽者極形踴躍，後到者則立而聽焉"。（《清華周刊》第241期，1922.3.24）時，先生正在返回北京的路上，錯過了聆聽梁啓超這次演講的機會。

三月二十八日　致聞家騆信。收《聞一多書信選集》。信中説開始編訂詩集《紅燭》，還説正在作長詩《李白之死》：

到校後，做詩，抄詩，閱同學所作詩，又同他們講詩，忙得個不亦樂乎，所以也没有功夫寫信給你。我的《紅燭》（我的詩集）

已滿四五十首，計到暑假當可得六十首。同學多勸我付印問世者，我亦甚有此意。現擬於出洋之前將全稿托梁君治華編訂，托時君昭瀛經理印刷。我於此道亦稍有把握，不致太落人後。我願你亦多用功，我定能助你。相傳李太白醉而見月於水中，因入水捉月，遂溺死。此事雖不甚可靠，然確爲作詩好材料。我現在正作此詩名曰《李白之死》。脱稿後，即寄來一讀。

四月四日 詩《進貢者》《死》《深夜底泪》發表於《清華周刊雙四節特刊》。收《聞一多青少年時代詩文集》。編《紅燭》時，先生把《進貢者》改爲《貢臣》，并對它與《死》都稍有改動。

《死》與《深夜底泪》似乎都與婚姻有關。

四月十三日 致父母親信。收《聞一多書信選集》。是月十一日，外交部有所謂“取消留級”部令的通告，是專爲清華去年參加同情罷考同學所受處分的批示，其中對罷考同學施以威壓手段，捏造罪名，污辱人格，末尾云“留級辦法，暫緩執行”。先生等對此部令，十分氣憤，信中説：

取消留級部令已下。内容想八哥已有信詳述，兹不復贅。該令於大二（即廿九人）全未顧及。幸而全未顧及大二，因爲令中措詞，污辱學生人格已至極端，未及大二，則大二之人格當不污也。從前我在家時，大二曾有人要求早出洋及津貼等權利，未成。今此令出後，如大二堅持前請，或可稍得小補。但部令説我們“罷課避考”，説我們“事後深知改悔”，叫我們“務希自愛，以勵前修”。試問爲去年罷課一事，全校都未受影響，祇我廿九人作真正的犧牲；我們“求仁得仁”，何“悔”之有？我們這樣的人，是不知自愛嗎？他又説“予以自新”，“以觀後效”。試問我們自始至終，光明正大，有何“自新”之必要？有何“後效”之必觀？所以我們都以爲這種部令“是可忍，孰不可忍”？但我們若受他的好處，那便無形承認部令。此種行爲，良心之不許也。且從去年不肯赴考，已經光明磊落到現在，何必貪此小利，而貽“功虧一簣”之譏哉？且早出洋實無利益，尤爲我個人之不願；津貼亦甚有限。貪此小惠而遺玷終身，君子不爲也。所以我現在決定仍舊做我因罷課自願受罰而多留一年之學生，并不因别人賣人格底機會，占一絲毫便宜，得一絲毫好處。

參加同情罷考的壬戌級（即一九二二級）同學也曾受到留級一年的處分，聞亦傳亦是其中之一。聞亦傳等八人曾拒寫悔過書，但是外交部竟强迫他們服從多數，而潘光旦願犧牲出洋，堅持公理，先生爲此十分感動，在信中説：

八哥等八人不願寫悔過書自甘多留一年，此本可嘉之舉，而萬惡的外部竟强迫彼等服從多數，決不通融，以陷彼等於險難之域（完全犧牲出洋機會或屈伏於部令下，承認已經悔過）。此爲有血性者之所共憤者也。現在我願抵死力争，甘冒不韙，以觸當局之羞惱，而致罰於我。更有一可痛心之事，則此八人前已申明無論如何，決不賣人格以早出洋。今多數人見威壓過甚，仍將出洋，置前言於不顧。獨光旦君則願力争，不得，則完全犧牲出洋。聖哉光旦，令我五體投地，私心狂喜，不可名狀！聖哉！聖哉！我的朋友光旦！我雖爲局外人，但若不盡我最高度之力量以爲公理戰，我有負我所信奉之上帝及基督，我有負教我“當仁不讓”之孔子，我尤負以身作則的我的朋友光旦！

實際上，後來潘光旦也如期放洋了。潘光旦《清華初期的學生生活》：“一九二二級，就是我所屬的一級，則根本没有履行緩期出洋的處分。原來一到當年春天，出洋期近，全級六十多人，除了八個人以外，集體簽具了‘悔過書’，不肯‘悔過’的八人，包括我在内，被革除了‘級籍’。但這八個人事實上也没有履行處分，學校爲了避免爲他們尋找工作或留校進修的麻煩，也就把他們一起送走了事。”（《文史資料選輯》第 31 輯，第 104 頁）

同日 又有致聞家驥聞家騄聞家駟信。收《聞一多書信選集》。内容也是關於“取消留級”部令之事。

四月十四日 先生和羅隆基、吴澤霖、高鏡瑩四人共同具名的《取消留級部令之研究》發表於《清華周刊》第二四四期。收《聞一多青少年時代詩文集》。這是先生等人在全校面前對此部令的批駁，文中還録有先生等人此前不久寫的同名義之《取消留級部令之研究》，闡述了他們的立場和觀點：

> 我們現在對於此次取消留級底部令，稍微有點意見，願同諸君商榷之。我們身爲大二級友，對於這個問題所講的話，本難發生效力，就是本日敝級已經通過不早放洋，不承受“三條件”（即便給我們，我們也不要）等議案，我們的地位，仍是不便講話。不過我們看見部令時，我們的良心便吩咐我們非講不可。從前當局曾經屢次説過，對於這件事的辦法，總要“雙方過得去”。如今根據這個部令看來，他們過去了，我們可太過不去！兹將何以過不去的四端，分别述之：
>
> （一）污辱人格。去年我們罷課以後，堅持不考，實爲良心上底主張，而部令偏説“當時尚非主動”。試問當時三度表决，幾次宣言，到底是誰的主動？這次罷課風潮，一部分人或者認爲手續上稍有疏忽。這種疏忽，就是有可悔之處，也不會牽涉到主張上來。而部令説“事後深知改悔”。試問對於這種正大光明底同情主張，諸君果然“深知改悔”嗎？他説“予以自新”，諸君果有“自新”之必要嗎？他説“以觀後效”，諸君底“後效”果然要“觀”嗎？其令人尤難堪者，則校令中之“諸生務須束身自愛，以勵前修，毋負外交部培植之至意”數語。試問當日同情罷課時，我們果然是卑

污苟賤，不知自愛的學生嗎？我們果然“有負外交部培植之至意”嗎？

（二）揑造罪名。罷課一事，師出有名，全國皆知。事前三次投票，手續何等鄭重？事後追求補考，心迹［亦］屬光明。而部令乃説“罷課避考”。試問“避考”二字果能抹殺當時罷課底初衷嗎？

（三）滑頭手段。這次取消留級之要求，同學方面是請其將原案完全推翻，并非暫緩執行。外部果然已認留級辦法爲不妥當，就該爽爽快快將該案取消。而部令乃三次申明“暫緩執行”，顯屬别有用意。試問將來學校經費發生問題時，留級一案是否仍能發生效力？試問將來學生無論何種舉動當局認爲不滿意者，留級一案是否又能發生效力？“人無遠慮必有近憂”。這種地方，低級諸君當特别注意！

（四）威壓政策。取消留級運動發生之後，許多人實居反對地位，但因抱定多留一年之堅心，不願出頭破壞他人的成功，無非欲遂其各行其是之目的。今觀部令“一體遵照”一語，又據王代理校長之談話，留校一事，完全絶望，則不服從部令，衹有退學一途。試問决定多留一年之諸君，是甘心自行退學呢，還是屈服於威壓政策之下呢？

附：清華學校通告第三十四號：

查本校前以應否取消留級辦法陳請外交部批示，本月十一日奉指令開，據呈留級辦法，應否取消，亟待解决，以便進行等情到部，當經發交董事會核議具覆，兹據覆稱：該校學生會一再呈請取消留級辦法，并聲明悔過，情詞懇切，似可予以自新，擬請將留級辦法暫緩執行等語前來。查上年諸生等罷課避考，顯違校章，於管理原則上，本難稍事通融，第念諸生當時尚非主動，事後深知改悔，酌理衡情，不無可恕，應准將留級辦法暫緩執行以觀後效，合行令仰該主任，轉飭諸生一體遵照，此令，等因，奉此，特遵令將留級辦法，暫緩執行，嗣後諸生務須束身自愛以勵前修，毋負外交部培植之至意爲要，此告。

四月二十一日 先生等十人赴安徽灾區服務。時逢第一次直奉大戰開戰前夕，雙方兵力布置於長辛店、固安、馬廠一帶。先生等行至馬廠受阻，返歸。雖未到達灾區，却親眼看到了軍閥混戰所造成的景象。胡竟銘《第三批前往灾區服務中途折回的記略》記載了此行的過程："第三批赴灾區的，共有十個人，就是聞一多、胡毅、吴景超、潘光旦、潘光迥、吴士棟、劉紹禹、黄翼、趙錫齡和我。我們要去的地方爲安徽；我們的任務爲替代第一批在該地服務的同學回校。我們預備在四月二十五日以前到那裏，所以定了二十一日由校起程。二十一日早晨，我們的行李等件，都已預備完好，并且黄、胡二君，已經進了城。……三點半鐘，我們纔由校起身。那時劉君、趙君和潘光旦君，都已先後單人進城，我們壓車的就有五個人。……大車到了西直門，我們就换乘人力車赴旅館，差不多六點鐘我們纔到金臺館。我們在京奉車站得了津浦車不通的消息，受了一個很大的打擊。但是站長説，不過唐官屯底下的鐵道毁了一段，現在已經去修理了，兩三天一定會通車的；就不然，我們拿着華洋義賑會的旗幟（藍地白十字），由水路或由火車，亦都可以過去。所以我們仍定次日去天津。二十二日下午，我們搭車到天津，趙君回校。晚上纔到，有章元善先生家的僕人來迎。章先生也在華洋義賑會裏做事，他介紹我們住在他家裏。當晚在津站探問得的消息很壞，因爲站長勸我們不必去，他説，火車不通的地點在馬廠與滄州之間，那裏是兩軍的防綫，前兩天火車因路毁出軌，壓死了一個火夫，路局要去將尸首運回，尚還不行。就是該站奉軍軍事站長，他也説他們可以護送我們一直到他們的防綫的邊界，可是直軍那邊如何待我們，是很難知道的。我們討論了好久，後因時候不早了，遂展到次早繼續討論。二十三日早餐的時候，我們决定有一步的希望，我們做到一步，到馬廠能找到大車或船隻，我們就冒險去走一走。於是飯後一齊到車站，搭十點多鐘開往馬廠的火車南下。我們一路都是走在奉軍防綫裹頭，我們看了好多事情：一，從天津到馬廠，沿途各站均有軍隊駐守，并且都有一個軍事站長。軍事站長，全站都歸他指揮，所有火車，開放扣留事情，統聽他的命令。二，他們兵士的服裝都極其整齊，人人都像預備出發似的，與平常軍隊大不相同。三，我們車子在路中一個站，遇着孫烈臣的專車北上，[1]他大概是去視軍回來的了。四，他們的旗號是紅的，二白横條。五，在楊柳青站上，停放着有幾架飛機。六，沿途各站，除車隊外，普通百姓很少。我們在天津并未預備食物當午飯，及後到了一點鐘的時候，竟不能買一樣東西充飢。最後在陳官屯站上，纔找到一個叫賣的人，買了幾個冷燒餅，還有煤油味，但是也管不着這許多了。火車到了馬廠，我同潘君光迥下車打聽消息。我們第一個驚異就是，滿站堆着馬草，一眼荒無人烟，惟有那些武裝的軍人。這車上的旅客，在唐官屯以前，都下盡了，這兒就是我們兩個下來。我們詢問的結果，就是無論如何走不過去——旱路或水路。因爲兩軍各處都設卡阻止行人，不顧華洋義賑會的，站長祇説：‘不必去’‘危險’‘不值得’，别的都隱忍不説。所以我們祇好跟隨原車回來。回天津的車子，旅客很多，都是由馬廠一帶逃避戰争的。到了天津，我們隨即搭京奉車到北京，因爲一路讓等兵車，所以夜一時纔到。在北京住一夜，第二天就回來了。”（《清華周刊》第246期，1922.5.5）文中還記述了他們出校門時，找不到拉行李的人力車，因爲所有車輛都被拉去運軍械。又説他們行前即接到灾區發來的電報，讓他們停止出發，但大家仍然抱着一綫希望上路。

五月七日　致聞家駟信。信中説到出洋及詩評：

---

① 曾爲東三省保安副司令兼吉林保安司令。4月29日，張作霖到軍糧城自任鎮威軍總司令後，以孫烈臣爲副司令。

我到現在總覺得不願意走。一嫂[1]讀書事我現在看得到［倒］稍淡散了。我不願走，是因我自己的事。我前已告訴你我想將我的《紅燭》付印了。但是後來我想想很不好，因爲從前我太没有預備。什麼雜志報章上從没未［衍?］見過我的名字，忽然出這一本詩，不見得有許多人注意。我現在又在起手作一本書名《新詩叢論》。這本書上半本講我對於藝術同新詩的意見，下半本批評《嘗試集》《女神》《冬夜》《草兒》(《冬夜》是俞平伯底詩，《草兒》是康白情底詩，都已出版）及其他詩人底作品。《冬夜》底批評現在已作完。但這衹一章，全書共有十章。我很相信我的詩在胡適、俞平伯、康白情三人之上，郭沫若（《女神》底作者）則頗視爲勁敵。一般朋友也這樣講。但雖然有這種情形，我還是覺得能先有一本著作出去，把我的主張給人家知道了，然後拿詩出來，更要好多了。况且我相信我在美學同詩底理論上，懂的并不比别人少；若要作點文章，也不致全無價值。還到原題上去，我不願走，正因想在中國把這本書作完，并且把《紅燭》也料理出版。我若能不出洋，我還想在清華住着利用這圖書館。但這樣就發生困難了。住在學校内，弄一個相當的事，又要有時候作自己的事，頗不容易——徑直是不可能。無論如何，這都是過去的話。現在我還是出洋。若書在那邊做得成更好，不成也没有法子。我不能不走，倒是因爲在清華不好弄事，并不怕家裏的反對。

又説到對婚姻的失望：

家裏一般俗見，早不在我的心裏，更不在我眼裏。駟弟！家庭是怎樣地妨礙個人底發展啊！細肝，細心，細鼻，細眼，討厭極了！試問早出洋的虚名好些呢，還是當一個著作家——實實在在的

① 一嫂，即先生夫人高孝貞。先生在家族中大排行第十一，弟弟妹妹稱其一哥，稱高孝貞爲一嫂。

著作家好些呢？俗人真該萬死！駟弟！大家庭之外，我現在又將有了一個小家庭。我一想起，我便爲之切齒指髮！我不肯結婚，逼迫我結婚，不肯養子，逼迫我養子——誰管得了這些？駟弟！我將什麽也不要了！宋詩人林和靖以梅爲妻，以鶴爲子。我將以詩爲妻，以畫爲子，以上帝爲父母，以人類爲弟兄罷！家庭是一把鐵鏈，捆着我的手，捆着我的脚，捆着我的喉嚨，還捆着我的腦經［筋］；我不把他擺脱了，撞碎了，我將永遠没有自由，永遠没有生命！本來我立刻就可以回來了，但一因我要作書，不能回來，二因我現在，老實講，一點也不挂念家裏，所以也不想回來。駟弟！我知道環境已迫得我發狂了；我這一生完了。我祇作一個顛顛倒倒的瘋詩人罷了！世界有什麽留戀的？活一天，算一天罷了！我的思想太衰颯了嗎？“誰實爲之？孰令致之？”我現在還不知道幾時纔回得了。我高興幾時回，我再寫信告訴你。哎呀！我真怕再進那家庭之黑窟！我本要一嫂早回家讀書，她没有回去，并且也不寫信告訴我。我已寫信告訴她既是地方不安静，回去不了，那又有什麽要緊呢？但她到現在還没有信來。仗打完了，火車通了，信還没有來，這是什麽道理？她若還在省，你去告訴她，我還願意跟她作個很好的朋友，她若還是這樣糊塗，我連朋友也不要了！我是没有道理講的，我這樣想了，便要這樣講，講了，便要這樣做。

五月十二日　《美國化的清華》與詩《春之首章》《春之末章》發表於《清華周刊》第二四七期。收《聞一多青少年時代詩文集》。兩首詩收入《紅燭》時，有較大的修改。

《美國化的清華》是先生在清華讀書時發表的最後一篇文章，也是先生對這所學習和生活了十年的學校的感想。文中對一般美國教授認爲清華學生“太不懂美國，太没受着美國文化底好處”的抱怨，憤憤不平，有受侮之感，説：

我這意見講出來，恐怕有點駭人，也有點得罪人。但是這種思想在我腦經［筋］醞釀了好久。到現在我將離開清華，十年底母校，假若我要有點臨别的贈言，我衹有這幾句話可以對他講。

我説：清華太美國化了！清華不應該美國化，因爲所謂美國文化者實不值得我們去領受！美國文化到底是什麼？據我個人觀察清華所代表的一點美國化所得來的結果是：籠統地講，物質主義；零碎地數，經濟、實驗、平庸、膚淺、虚榮、浮躁、奢華——物質的昌盛，個人的發達……或者清華不能代表美國，清華裏的美國人［是］不是真正的美國人，我不知道。不過清華裏的事事物物，（我又拿我那十年底經驗底招牌來講話）我是知道得清清楚楚的。我敢於説我講的關於清華的話，是没有錯的。我現在没工夫仔細將清華的精神分析出來，以同所謂美國化者對照；我衹好舉其犖犖大者數端。

（一）經濟。除了經濟，美國文化還有什麼？我們看近來清華要學這個的該有多少？再看别的不學這個的，誰不是以"吃飯"作標準去挑他們的學業？再看從美國回來當買辦、經理的該有多少？再聽一般人底論調，總是這個有什麼"用"？那個有什麼"用"？他們除了衣食住的"用"外，還知道什麼？他們的思想在哪裏？他們的主義在哪裏？他們對於新思潮的貢獻在哪裏？他們的人格理想在哪裏？他們的精神生活又在哪裏？

（二）實驗。很好！清華學生真有幹練敏捷之才！"五四"運動證明了，童子軍證明了，世界基督教學生同盟大會證明了，幾次的災區服務證明了。但是也衹是 efficient 而已啊！

（三）平庸（mediocrity）。清華學生不比别人好，何嘗比别人壞呢？很整齊，很靈敏，很乾净，很有禮貌——很過得去。多數不吃烟，不喝酒，不打牌，不逛胡同——很有規矩。表面上看來清華學生真令人喜歡，但是也衹是令人喜歡，不能［引］起人底敬愛，因爲他們没有驚人之長。

（四）膚淺。清華學生真浮淺極了！哪裏談得上學問？哪裏談得上知識？一個個見了人，笑笑獼獼的，真是 A very good fellow，但是真有什麽誠意待人嗎？外觀講得真好，形勢極其整齊，正同這幾間大洋樓——禮堂、圖書館……——一種風味。隨便在哪，面子總不能不顧。講新也新的不徹底；講舊也舊得不澈透。淺啊！淺極了！真是些小孩子們啦！

（五）虚榮。人説我們"急公好義"，我們捐罷，把飯錢都捐了罷，反正菜不够吃。總是要添的。人説我們能自治，學生會、法庭都幹起來吧；回頭會也没有人到，費也没有人交，什麽也都忘掉了。運動啊，演説啊，演戲啊，一切的啊，都是出風頭底好工具。

"Our Tsing Hua's pride does still abide, and ever more shall stay!"

（六）浮躁。這更不用講了。這本來是少年底氣象，男兒好身手底本色！不獨舉動浮躁，行動也浮躁，語言也浮躁。mob spirit！！

（七）奢華。誰説清華學生不浪費？厨房、售品所不用講，每星期還非看電影不可。貴胄公子，這一點安逸不能不講。清華底生活看着尋常，其實比一般中等社會人都高；在平時還不覺得，到出洋時，真不差似中了狀元，三、四、五、六百塊，闊給你瞧瞧！

以上所述的這些，哪樣不是美國人底特色？没有出洋時已經這樣了；出洋回來以後，也不過戴上幾個碩士、博士、經理、工程師底頭銜而已；那時這些特色祇有變本加厲的。美國化呀！够了！够了！物質文明！我怕你了，厭你了，請你離開我吧！東方文明啊！支那底國魂啊！"盍歸乎來！"讓我還是做我東方的"老憨"吧！理想的生活啊！

"Oh! raise up, return to us again. And give us manners, virtue, freedom, power。"

先生的憤憤，實際上代表了一些清華同學的看法。梁實秋在《集稿餘談》中説："一多君在上期周刊裏作的《美國化的清華》，實在是我許久想作而没有作的一個題目。'美國的教化是鑄造天字第一號的機器！'我願大家——尤其是今年赴美的同學——特别注意，若是眼珠不致變綠，頭髮不致變黄，最好仍是打定主意做一個'東方的人'，别做一架'美國機器'！但是我看到今年赴美學經濟的人數之多，不免使我的願望的熱誠低落。"（《清華周刊》第 248 期，1922.5.19）

在此前後，有詩《青春》《宇宙》《國手》《香篆》《春寒》《鐘聲》《愛之神——題畫》《謝罪之後》《懺悔》《黄鳥》《藝術底忠臣》《初夏一夜底印象》《詩債》等，均收入《紅燭》。

五月十六日 梁實秋作《送一多游美》，該詩發表在次月《清華周刊第八次增刊》，序云："一多是文學社的社友、清華現在唯一之詩人，有集曰《紅燭》。今且游美，全社有失依之感。習俗之序贈的濫調，文學社社友本不屑爲；而别離情緒盤縈腦際不去者累日，遂迸而成此。既成篇，詩之工拙弗計也！"原詩如下：

牡丹謝了，早謝了，
留下無數鷄爪子似的種子，
綴在綠肥的枝頂上。
荷錢還稀得很呢，
三三兩兩的在池邊聚着，
也不知喁喁的商量些什麽？
唉！什麽是餞送的饋禮呢？
又誰是餞送的主人呢？

★　　★

東方的魂喲！
雍容温厚的東方的魂喲！
不在檀香爐上裊裊的香烟裏了，
虔禱的人們膜拜着些什麽啊？

東方的魂喲!
通靈潔徹的東方的魂喲!
不在幽篁的疏影裏了,
虔禱的人們供奉着些什麽啊?

遺弃的髑髏啊!
優美的尸身啊!

東方的魂喲!
終於像斷了綫的紙鳶,
漂到迢迢遥遥的雲階上了嗎?
唉!詩人早一把掣着綫端,
立在雲端,歡喜的降着了。
從雲縫裏露着的景象:
跳舞的髑髏,游行的尸身,
早密叢叢的填滿了人間。
詩人的心也就震蕩了!
"拿去——這是你的靈魂!"
衹這一句話能完成詩人。
我的朋友!
看淵潭久了,淵潭也要看你!
嗅香花久了,香花也要嗅你!
天上人間的詩人啊!且記取:
"拿去——這是你的靈魂!"
衹這一句話能完成詩人。

★ ★

朋友啊!

海洋裏的薰風，
將把“紅燭”的光焰更扇亮些罷?
你就秉着熊熊燃着的“紅燭”，
昂然駛進西方海岸的灣港罷!

我感到恐怖的黑暗，
便滅了我手裏的紗燈;
但是，到海底探珠的人們啊!
往黑暗裏去求光明的朋友啊!
燃着你們的燈光罷!
在魔鬼懷裏炬火要縮成爝火，
爝火要變成磷火了!

紗燈的周圍，有數不清的燈蛾;
但是閃爍的炬火也要驅走惡魔了!
朋友啊! 燃着你的燈罷!
在燭影摇紅裏，我替你祝福了!

★ ★

牽裳的風啊!
擊鞭絲的柳枝啊!
挽不住離人去了! ……

朋友啊!
謝了的牡丹，
錢大的荷蓋……
在這冷清的黄昏，
衹這些是饋禮了!
但在失了魂的人們裏，

誰又是餞客的主人呢?

五月十八日 清華文學社召開常會，討論俱樂會及介紹新會友等事，并定二十一日晚召開俱樂會，并歡送今年出洋的會員，互談至十時餘始散。(《校聞》,《清華周刊》第249期，1922.5.26)

五月十九日 《清華周刊》第二四八期刊登《一九二一畢業大二級赴美留學學科學校一覽表》。大二留級者二十九人全部放洋，他們是：趙連芳、錢宗堡、費培杰、何浩若、霍啓芳、許復七、高鏡瑩、顧德銘、薩本棟、鄒維渭、黄卓繁、董大酉、聞一多、時昭涵、時昭澤、羅隆基、王朝梅、廖芸皋、孟憲民、孫超烜、孫增慶、陳之長、陳崇武、陳念宗、沈仁培、沈宗濂、沈有乾、吴澤霖、王昌林。[1]

此前，由於清華準備改辦成大學，有人建議將先生等人留在國内當辦大學的試驗品。但校長曹雲祥認爲條件不成熟，所以簽發了畢業證讓他們出國。(據訪問許復七記録，1986.8.25)

五月二十一日 晚，清華文學社開召送舊迎新會，歡送先生、時昭瀛、陳華寅三人離校，歡迎饒孟侃、萬卓恒、郭協邦、馬杰、程瀛元、高瀚、梁思永七人入社。顧毓琇回憶說:“晚上，在一所陳設得很精緻的房屋裹，有一二十人聚在一起開一個叫什麽送舊迎新的俱樂部大會”，先生在會上説:“我個人對於母校的依依不捨，尤其是對於本會的依依不捨，那是不用説。”又説:“我們肉體雖然分離，精神還是在一起。”在場的人“都覺得末了這幾句話，很情真，很悲壯”。(顧一樵《懷故友聞一多先生》，上海《文藝復興》第3卷第5期，1947.7.1)這晚的情况，《清華周刊》報導云:“當時傾談暢叙，不知電燈之將滅云。下學期職員已經選出:幹事梁治華，書記吴景超，會計吴文藻，會所管理張忠紱。詩組主席梁治華，小説組主席張忠紱，戲劇組主席王繩祖。”又云:“梁任公在該社所演講的《中國韻文所表現的情感》業已講完，聞再校改幾遍，將編

① 《清華周刊第八次增刊》云又有黄子卿、蔡承新、王際真、劉錫晋四人。劉真主編之《留學教育》則無鄒維渭、沈仁培，有黄子卿、王際真。

爲‘清華文學社叢書’，由商務印書館印行。”（《校聞》，《清華周刊第八次增刊》，1922.6）

是夜，先生返回寢室路上，見到顧毓琇。顧這時似乎有些傷感，他在《離別》中寫道：“夜深人静，一個少年在幽暗的樹蔭底下走着，有兩個黑影漸漸跟着少年走去。快趕上了，離他不過幾步了，疲倦了的少年正回轉身來，恰好遇見。他覺得很喜歡，很悲傷，説道：‘想不到碰見你們！’他轉眼看着那將要分别的朋友，故意問道：‘你明天不是一早就要離校嗎？’那個朋友點了點頭，少年也恨無話可説。他們都倦了。他們要各自回寢室睡覺去。那一位同學是就要分路的。少年同那位離校的朋友還可以一路多走一陣。走到十字路口，那位同學要轉彎了。少年知道他們還不至分别得這樣早，心裏覺得有一種安慰的愉快。但是看見他同他輕輕地握手，低低地言别，就想到一會兒也免不了經過這種殘酷的拆散朋友的刑罰。那位離校的朋友回轉身來了。少年正打算同他一步一步慢慢走回去。朋友走近面前，忽然伸出手來。少年莫明其妙，衹覺得他也是犯罪的人了。‘再見——我這邊走了。’這種突如其來的宣告罪狀，使得犯人更莫明其妙了。夜更深了。黑暗的路上，少年獨自走回他的寢室去。”（轉引自顧一樵《懷故友聞一多先生》，上海《文藝復興》第3卷第5期，1947.7.1）先生是很重感情的，後來看到這文章，很感動。

離校前，先生送給梁實秋兩幅畫。梁在《談聞一多》中説：“一多在離開清華之前，特爲我畫一幅‘荷花池畔’，畫的是工字廳後面的荷花池，那是清華園裏唯一的風景區，也是清華園裏的詩人們平夙徘徊嘯傲之所在，是用水彩畫的，畫出了一片蕭瑟的景色。前此他又爲我畫了一幅‘夢筆生花圖’，是一幅圖案畫的性質，一根毛筆生出無數繽紛的花朵，頗見奇思。”（第15頁）

五月二十二日 先生一行十二人離京赴漢口。（據《清華周刊》第248期，1922.5.19）離校時，留下的通信地址爲“湖北黄州下巴河王永春轉”。聞亦傳、聞齊的通信地址均爲“湖北下巴河鎮立成號轉”。（《通信住址一覽》，《清華周刊第八次增刊》，1922.6）

本來，由於對家裏包辦的婚姻不滿，先生曾打算從北京直接去上海出洋，但這時還是决定回一次家。

先生在清華學校整整生活了十年，因爲學制八年，先生前後又各留級一年。能在清華待十年的人極少，當時進入中等科一年級，讀到八年畢業的人并不多，許多中途便離去，另一些則是中間插班，能在清華讀五六年就算長了。清華學校對學生的甄别十分嚴格，至先生畢業這年，全校共畢業五百五十五人，因功課不及格、品行不端正、因病退學或死亡者，共四百五十六人，即畢業者僅比退學者多九十九人。以咨送或插班的學生籍貫而言，先生籍隸的湖北，畢業三十四人，退學三十人。餘者中，湖南畢業二十八人，退學二十八人；江西畢業二十八人，退學三十五人；陜西畢業一人，退學八人；新疆退學五人，竟無人畢業。故吴景超説："衹有湖南、甘肅二省，退學總數，等於畢業總數；直隸、湖北、江蘇、浙江、福建、廣東、貴州、吉林、奉天九省，畢業總數多於退學總數，其餘的省份，都是得不償失。"（《清華的歷史》，清華周刊社編《清華生活》，1923.4.28）

清華學校爲先生支出的教育經費，也有案可尋。一九二三年初，黎元洪、馮國璋向清華學校提出請求他們的子弟自費免考入學，被學校拒絶，批示云"是以馮氏子弟入校一節，即時免考插班，更無先例可援"。（清華學校檔案，尤字第1051號，清華學校文案處藏，轉引自《黎馮子弟與自費生》，《清華周刊》第270期"社論"，1923.2.23）當時，學校爲了計算馮國璋子弟應承擔之自費數目做有統計，結果是每年需一千零五十四元。按此數，先生在校十年，所用教育費應是一萬零五百餘元。

五月二十五日 顧毓琇作《離别》，述其與先生惜别之情，交與《清華周刊文藝增刊》發表。一九四七年七月一日上海《文藝復興》第三卷第五期重載時，顧又加了序："我比一多晚兩年入學，同學相處，有七年之久，但彼此真正締交，却在一多離校之後。一多在校時，我們曾組織清華文學社。一多是新詩人，有詩集《紅燭》。我那時新舊詩一概不做，所以很少有機會多談。民國十一年五月二十五日，文學社舉行了歡送大會以後，我寫了一篇‘短篇’，題爲《離別》，在《清華周刊文藝增刊》發表。一多將出洋前，回到湖北，看見了這篇短文，便寫了一封長信，托實秋轉給我。從此我們便訂了交，做了二十多年的好朋友。”

先生對清華文學社的朋友們影響較大，以致這年年底徐志摩來文學社講演《藝術與人生》，大家聽了都有所保留意見。梁錫華《徐志摩新傳》説：“梁實秋在《談徐志摩》一書内詳述此事，認爲那次演講完全失敗，原因在於講者把一篇通俗性文章，裝上個‘牛津方式’以英文宣讀。……因爲志摩否定中國，高舉西洋，而那班聽者是頗受聞一多這位老大哥影響的清華文學社同人，他們對講者的話，是不會無條件接受的。”（第53—55頁，臺北聯經出版事業公司1982年10月修訂再版）

五月二十六日 詩《初夏一夜底印象》發表於《清華周刊》第二四九期。收《紅燭》。標題下云“一九二二年五月直奉戰争時”。四月二十九日，第一次直奉戰争爆發，五月初，奉軍敗退。這時先生剛剛赴安徽灾區在馬廠受阻折回。詩，就是在這種感性的體會中寫成的。

六月十九日 致梁實秋信。未寄。收《聞一多書信選集》。信中説思念友人，作詩《紅荷之魂》：

> 昨晨盆蓮飲雨初放，因折數花，供之案頭，復聽侄輩誦周茂叔《愛蓮説》，便不由得不聯想及於二千里外之詩人。此時縱猶憚煩不肯作一紙寒暄語以慰遠懷，獨不欲借此以鈎來一二首久久渴念之《荷花池畔》之新作乎？别來數旬，向者“三三兩兩的在池邊聚着”的荷錢，如今當蔚成“蓮葉何田田”矣！田田的蓮葉寖假而蔚成“花開十丈藕如船”矣！實秋，吾讀足下作品，真能攝取“紅荷”二字之神，故號你爲“紅荷之神”可也。宋人評王右丞曰：“秋水芙蓉，倚風自笑”，你真當之矣。紅荷之神呀！願你佑諸荷錢之速長也。

又説在續《李白之死》、繕《紅燭》、續《風葉叢談》(更名《松麈談玄閣筆記》)、校訂增廣《律詩底研究》、作《義山詩目題要》,“暇時則課弟、妹、細君,及諸侄以詩,將欲‘詩化’吾家庭也”。又言及陸游者甚多:

放翁真“詩人”也。彼蓋時時退居第二人地位以觀賞其自身之人格,故其作品中個性獨顯。他人歌謳宇宙,彼則歌謳“詩人”——他自己——,其所道及之宇宙,不過爲他自己之背景耳。蓋在彼,無詩人,亦無世界也。故其詩中畫意甚多而且真切(放翁固亦能畫者);在此畫中,彼自身恒爲其主要部分。觀其詩句可知也。——

“此身合是詩人未?細雨騎驢入劍門。”

“枯柳坡頭風雨急,憑誰畫我荷鋤歸?”

“身在范寬圖畫裏,小樓西角剩憑闌。”

“小市跨驢寒日裏,任教人作畫圖傳!”

“何妨乞與丹青本,一棹横衝翠靄歸?”

如此等等,不數枚計。他詩人每每忘却自我,或記之亦不如放翁之堅牢;放翁在詩中自稱“先生”“老夫”“老子”“使君”“丈人”之處極多,而徑稱“放翁”處尤多——蓋處處不能忘却一個“我”也。愚以爲“惟我獨尊”是詩人普通態度,而放翁尤甚。詩人非襟懷開曠,操守正大,自信不移者,不能勉强作此狂語。苟能如此,則便稱“惟我獨尊”,又何愧哉?他人或不自知爲詩人,放翁知之獨悉,信之獨堅。吾佩放翁之詩,吾尤佩放翁之人——詩人!放翁不云乎?——

“六十餘年妄學詩,工夫深處獨‘心’知——

夜來一笑寒燈下,始是金丹换骨時!”

骨不换,固不能爲詩也。老杜之稱太白曰——

“自是君身有仙骨,世人那得知其故?”

吾見世人之無詩骨而“妄學詩”者多矣。

六月二十二日 致梁實秋信。收《聞一多書信選集》。信中附《紅荷之魂》，説：“此歸家後第一試也。我近主張新詩中用舊典，於此作中可見一斑。”《紅荷之魂》發表於九月十一日《清華周刊》第二五〇期，收《紅燭》。

信中又附一函，是看了《離别》後，寫給其作者的，因爲猜不到作者究竟是誰，托梁實秋代轉。這封信曾於顧毓琇《懷故友聞一多先生》中刊出，收《聞一多書信選集》。全文如下：

我親愛的“犯人”：

你冤枉了，我不知怎樣就誤罰了你，我懊悔不完！我不知道我已冤了多少同你一樣的人；我也不知自己被别人這樣冤了多少次！唉！但是，親愛的朋友，你知道還有人一壁講别人濫刑，一壁自己也正在濫刑嗎？什麽魔鬼誘我在“我個人對於母校的依依不捨……”一語後又畫蛇添足，添了一句什麽“没有關係”的自欺欺人底話呢？但是又是什麽魔鬼誘了你在那披肝瀝膽，可歌可泣的短札後又添了這樣自欺欺人底一段呢？——

“他看完了這封信，也不必調查他朋友的姓名。他把信收好，更不必寫什麽回信……”

朋友啊！昨晚我弟弟到家，我首先便問他要清華增刊，到夜深纔看到你的大作。我看完首頁便知是同我有關的，我喜極了，看完了第二頁，更喜出望外，便向與我同看的妹妹及細君講：“我要寫封信去。”誰知看到篇末，竟不准我寫信呢？這時，我竟是宣告了死刑的犯人了！朋友！那篇末一節文字比起“再見——我這邊走了！”一語，究竟如何？朋友！你受的是一等無期徒刑，我呢？——恐怕是死刑罷？唉！我既不能作小説，若不許寫信，我這冤屈不將永無雪白之日麽？朋友！你看過《三葉集》嗎？你記得郭沫若、田壽昌締交底一段佳話嗎？我生平服膺《女神》幾於五體投地，這種觀念，實受郭君人格之影響最大，而其一生行事就《三葉集》中可考見的，還是同田君締交底一段故事，最令人景仰。我每每同我們的朋友實秋君談及此二君之公開之熱誠，輒爲感嘆不已。我生平自擬公開之熱誠恐不肯多讓郭田，衹是勇氣不够罷了。清華文學社中同社有數人我極想同他們訂交，以鼓舞促進他們的文學的興趣，并以爲自己觀摩砥礪之資。終於我的勇氣底馬力不足以鼓我上前向他們啓齒。至今我尚抱爲至憾。朋友，我誠不知你是誰，但我決定我這信若請實秋轉呈，必定萬無一失。你是毅夫嗎？你是一樵嗎？總之兩位都是我素所景仰的；我從前衹是自慚形穢，所以不敢冒昧罷了。總之，朋友，你可有這樣勇氣用你的真姓名賜我一封回信嗎？（這事當然現在不成問題，因爲不日我就要啓程）①

你説我有學問，我真不敢當。衹是我自信頗能好學。你祝我成功，我倒知道應該益加勉勵。

信寫完了，我要還到那天晚上會中發言底起首兩句話——便是對於母校的依依不捨同對於文學社的依依不捨。這兩句話確是出於真情。我願你與同社諸公努力爲母校爲本社效勞；我用我的至誠祝你們的成功！

我於偶然留校的一年中得觀三四年來日夜禱祝之文學社之成立，更於此社中得與詩人梁實秋締交，真已喜出望外，今既離校復得一知己如足下者，更喜出望外之外矣！唉！十年之清華生活無此樂也。我之留級，得非塞翁失馬之比哉？順祝暑安！

誤人自誤的罪犯，

你的最忠誠的朋友

七月三日 自是日起，辛酉級留級者開始在上海博物館路青年會

① 括號内的文字據該信原樣補充。

全國協會報到、體檢，并定於十六日乘提督公司麥金雷總統號放洋。（據《清華學生赴美消息》，《申報》，1922.7.3）本來，辛酉級留級同學可以與一九二二級畢業生一同赴美，但他們堅持單獨啓程，表示自己仍是辛酉級學生。離校後，他們還單獨編輯了一本紀念小册子。

七月十二日 赴上海南京路留美同學會，參加歡送清華同學茶話會。會上朱成舉致詞，李耀邦演説，沈有乾代表先生等答詞。（據《留美同學會歡送清華同學》，《申報》，1922.7.13）

七月十六日 乘 Key Stone State 號海輪離滬赴美。行前，曾有放弃留學的念頭。梁實秋《聞一多在珂泉》："對於到國外去，聞一多并不怎樣熱心。那時候，他是以詩人和藝術家自居的，而且他崇拜的是唯美主義。他覺得美國的物質文明儘管發達，那裏的生活未必能適合他的要求。對於本國的文學藝術他一向有極濃厚的興趣。他對我説過，他根本不想到美國去，不過既有這麽一個機會，走一趟也好。"（天津《益世報·星期小品》第 9 期，1947.9.14）

清華學生每年放洋，學校均派人護送，這次擔任大二級赴美護送員的是圖書館主任戴志騫先生，并於寒假後確定。（據《校聞》，《清華周刊》第 238 期，1922.3.3）

七月十八日 到神户。

七月二十日 到横濱。因輪船在此加煤，需停留五十小時，先生遂兩次登岸乘電車至東京觀光。對日本的感想，在抵美後致朋友信中説："就自然美而論，日本的山同樹真好極了。像我們清華園裏小山上那種傘形的松樹，日本遍處都是。有這樣一株樹，隨便凑上一點什麽東西——人也可以，車子也可以，房子也可以——就是一幅幽絶的圖畫。日本真是一個 picturesque 的小國。雖然伊的規模很小——一切的東西都像小孩的玩具一般——但正要這樣，纔更像一幅圖畫呢。講人爲美，日本的裝束（要在日本地方底背景裏看），日本的建築，日本的美術還要好些。"

第一天到東京，見有和平博覽會和美術展覽，因時間不够，僅走馬看花看了一下。在東京用餐時，遇見帝國大學英文系二年級學生井上思外雄，偶爾談起來了，感覺很不錯。

第二天，爲了觀看展覽，再次赴東京。但東京基督教青年會派來陪同他的松本，却偏要帶着去看三越吴服店。三越吴服店實際上是家大型百貨公司，是日本的著名企業。東京的三越吴服店爲一西洋式大樓，也是東京人引以驕傲之處。但看過三越後，時間又不够了。回到横濱時，意外見到從東京特意來拜訪的井上思外雄。先生說："第二天他特來横濱到船上來找我，那知道我詰朝已上東京去了。等我回來，他碰見我，便要看我的詩，但又不懂華文。後來他要我寄幾首給他，他拿去請中國朋友幫他翻譯了，登在雜志上。"井上思外雄見到先生似乎很興奮，滔滔不絶背起西洋詩歌，直到船要開了，纔勉强說"再見"。(《致吴景超、顧毓琇、翟毅夫、梁實秋》，1922.7.29)

七月二十九日 致吴景超、顧毓琇、翟桓、梁實秋信。刊於九月二十三日《清華周刊》第二五一期。收《聞一多書信選集》。信上訴説旅途的生活：

我在這海上飄浮的六國飯店裏籠着，物質的供奉奢華極了（這個公司底船比"中國""南京"等號底船價貴多了，因爲他的設備更講究）。但是我的精神乃在莫大的壓力之下。我初以爲渡海的生涯定是很沉寂，幽雅，寥闊的；我在未上船以前，時時想着在漢口某客棧看見的一幅八仙渡海底畫，又時時想着郭沫若君底這節詩——

無邊天海呀！
一個水銀的浮漚！
上有星漢湛波，
下有融晶泛流，
正是有生之倫睡眠時候。
我獨披着件白孔雀的羽衣，

遥遥地，遥遥地，

在一支象牙舟上翹首。

但是既上船後，大失所望。城市生活不但是陸地的，水上也有城市生活。我在煩悶時，我愈加渴念我在清華的朋友。這裏竟連一個能與談話的人都找不着。他們不但不能同你講話，并且鬧得你起坐不寧。走到這裏是“麻雀”，走到那裏又是“五百”；散步他攔着你的道路，静坐他擾亂你的思想。我的詩興被他們戕害到幾底於零；到了日本海峽及神户之布引瀧等勝地，我竟没有半句詩底贊嘆歌謳。不是到了勝地一定得作詩，但是勝地若不能引起詩興，商店工廠還能嗎？不獨作詩底興趣没有，連作文底興味也没有。

又説計劃中的《海槎筆談》未能作完，却替船上印行的一種日報“畫了一張旅客底 caricature”。還説讀了《創造》創刊號上的一篇描寫中國留學生在日本受到凌辱的小説《最初之課》，“你們試想我起一種什麽感想？同種的日本人尚且如此，異種的美國人該當怎樣呢？”

信寫畢，又在空處加上數語，《聞一多書信選集》未收，其中有：“歸國後，我定要在日本學一兩年美術。日本畫”，“《女神》多半是在日本作的。作者所描寫的日本并不真確。他描寫了雄闊的東島，但東島并不雄闊。東島是秀麗的，應該用實秋底筆來描寫”。

旅途中，先生作了幾首新詩，一首名《孤雁》，收《紅燭》，并以此名爲海外篇的篇名。這是先生出國後作的第一首詩，詩中把自己此作“不幸的失群的孤客”，“泣訴那無邊的酸楚”。

又有《太平洋舟中見一明星感賦》，從題目看也應是這時寫的。刊於次年三月十六日《清華周刊》第二七三期所附文藝增刊第五期。收《紅燭》時，改題爲《太平洋舟中見一明星》。

八月一日 抵美國西北端華盛頓州港口城市西雅圖。海上共行十七天。登岸後，到移民局辦事處查驗護照，再至海關領取行李，還要接受醫生檢查身體。這些辦理完了，纔乘車入住青年會公寓，并領取當月津貼八十美金。離開西雅圖前，先生與諸同學在静會公寓門前合了一張影。這張照片，是一九二一級被迫留級同學的唯一合影。分手後，先生乘車南下至舊金山。再轉車東行，穿過落基山脉與許多峽谷、原始森林。沿途景色很壯觀，先生領略了美國大自然的風光。

八月七日 抵芝加哥。到站迎接的清華校友有十餘人。時，芝加哥有中國留學生達二百餘人，其中清華學校畢業生就有二三十人。初到芝加哥，先生與錢宗堡同住在芝加哥大學附近的德萊克塞爾衔五七四七號，去威斯康星大學的羅隆基因離開學還有段時間，亦暫住在這裏。這個地方是抵美之前就租好的，原聽説距芝加哥美術學院很近，實際乘電車來往也要一個半小時。

芝加哥是美國第二大城市，位於伊利諾斯州的北部，密歇根湖的南端。十九世紀中葉成爲美國鐵路的中心，隨之帶來了工業的巨大發展。到二十世紀初，它已成爲美國經濟以及社會生活的中心。

芝加哥的文學活動相當發達，被稱爲“芝加哥文藝復興運動”此時正至巔峰時期，它的主要作家德萊塞、安德森、馬斯特斯、桑德堡，在作品中如實描繪當時美國的城市生活，譴責美國社會一味追求工業化和物質享受而喪失了傳統的鄉村美德。所有這些，對先生日後都有較爲深刻的影響。

八月九日 致聞家騄轉父母親信。收《聞一多書信選集》。信中説與錢宗堡、羅隆基三人“房租每月四十五元美金。每日在飯館吃兩餐飯，每餐約須三四角美金。剛吃完了不過一兩點鐘就餓了”。

八月十四日 致吴景超、翟桓、顧毓琇、梁實秋信。刊於九月二十三日《清華周刊》第二五一期。收《聞一多書信選集》。談到對芝加哥的印象：

支加哥乃美國第二大城。我衹講一件事，你們就知道這裏工廠之多。米西根街一帶房屋皆着黑色，工廠吐出之煤烟熏之使然也。我們在那裏去一回，領子就變黑了。這裏對於我最 imposing 的兩個地方是美術學院裏的美術館同支加哥電影園。美術館之壯麗輝煌，你們自然能够臆想得到。戲園决非在清華看看 Fairbanks、Mary Pickford 和 Pearl White 的人所能夢見的。我們從前攻擊的誨淫誨盗的長片，在這裏見不着。這裏最好的片子都是一次演完的。并且最大的戲園裏每次的會序中電影不過是一小部分。那裏最好的還是音樂同跳舞。美國人審美底程度是比我們高多了。

又表示對芝加哥的中國留學生的精神狀態很不滿意：

我要再告訴你［們］這裏中國學生團體生活的情形。這裏的學生政治惡於清華。派别既多，各不相容，四分八裂，不可收拾。有一人講得很對：處處都可以看見一個小中國，分裂的中國。清華同學會内容大概也差不多，處處都呈一種悲觀的現象。我觀察這裏的中國學生，真頽唐極了。大概多數人是嬉嬉笑笑，帶着女伴逛逛而已，其餘捉不到女伴，就談論品評，聊以解嘲而已。高一點的若談到正當的 serious 的事，也都愁眉嘆氣，一籌莫展。總而言之，他們没有一點振作的精神。本月十九日是支加哥清華同學底 reunion，到時我再仔細觀察觀察。

信中還説到浦薛鳳的一則新聞，説“你們可以想到美國留學生底生活是怎樣地 romantic”，[①] 又説：“我到支加哥纔一個星期，我已厭惡這種生活了！……你們在清華底享樂之中，不要忘了那半球一個孤苦伶仃的東方老憨！”

八月十六日 致聞家騄轉父母親信。[②] 收《聞一多書信選集》。信中訴説志在文學而又不欲放弃美術之苦惱：

---

① 此句據原信補充。

② 此信落款日期作“十月十六日”，但據信中内容，似爲八月事，《聞一多書信選集》作八月，今從之。

近來生活猶常，看書、作筆記而已。現已作就陸游、韓愈兩家底研究，蠅頭細字，纍紙盈寸矣。惜有時欲求參考書不可得，真恨事也。我現在所從事之著作乃以爲將來歸國教授之用，惟每念及此，輒爲心憂。我在此習者，美術也，將或以美術知名於儕輩。歸國後孰肯延我教授文學哉？求文學教員者又孰肯延留學西洋者教中文哉？我既不肯在美弃美術而習文學，又决意歸國必教文學，於是遂成莫决之問題焉。

又對美國社會存在的種族歧視非常反感：

在國時從不知思家之真滋味，出國始覺得也，而在美國爲尤甚，因美國祇知白種人也，有顏色之人（彼稱黄、黑、紅種人爲雜色人），蠻夷也，狗彘也。嗚呼！我堂堂華胄，有五千年之政教、禮俗、文學、美術，除不嫻製造機械以爲殺人掠財之用，我有何者多後於彼哉，而竟爲彼所藐視、蹂躪，是可忍孰不可忍！士大夫久居此邦而猶不知發奮爲雄者，真木石也。然吾見在此之留學生，皆瞢瞢者啜醨之徒，吾以一介之士又其奈彼何！①

八月二十七日　有英文信"致親愛的朋友們"。日本早稻田大學教授鈴木義昭翻譯如下：

我現在有很好的機會練習打字，很想寫寫英文試試看，而且又恐提筆寫中文就會不由得想家，所以就用英文寫了。

到芝加哥後，由於搬家、參觀，還有其他的許多事情而忙得不可開交。都已三周了，也没有找到合適的時間給諸兄寫信，其間，

① 此段《聞一多書信選集》據鈔件，今據原信影印件校改。

多次想要提筆，可是……後來，一直在看雜志，尋找最新版的書籍，抓住一切可能的機會，與人交談、向人學習。因爲想要瞭解這個國家文學界的最新動向，應該引起注意的傾向等等。下面把瞭解到的結果概括一下吧。但還是希望不要看作是最後的定論或完全可信爲妥。

文學中所謂的“新文學運動”，對於我們來説，能夠明白它不是一個地方性的、偶然的事件，就很好了。衆所周知，正因爲它是世界規模發生的事情，所以英語圈内也很流行。

我們從太平洋彼岸的鄰國那裏就像模仿政治上再生的觀念那樣，模仿了文學再生的觀念。

對於美國文學來説，現在實際上是個劃時代的時期。此時的文學既是輝煌時代的寵兒，又是當今偉大的歌手。神秘的面紗已揭開，詩歌作爲第一幕登上舞臺。某位作家（詩人）曾對公衆宣稱：“今天，任何階層的男女，任何性格的男女都吟詩、談詩，他們在咏自己的人生。詩人們也在談論和欣賞自己的創作。”出版行業十分歡迎“新”詩人，宛如對大家發出了派對的邀請書。“新”詩派的主要成員有：羅伯特·弗羅斯特·李、里古拉斯·瑞切爾、埃米斯·羅艾爾、馬斯特斯·愛德華·李、薩德堡·卡爾、莎朗·特斯蒂爾、哈里威特·孟禄等，其他成員在此就不一一舉列了。

瞭解到了我們文學的叛徒，胡適博士的“八不主義”全部都不是他的獨創，這多麽意味深長啊。讓我們摘一部分偉大的女詩人埃米斯·羅艾爾女士所代表的“新“詩派——意象派中的教條吧。

1. 使用日常口語。

2. 創造嶄新的節律——表達嶄新的心情。

3. 主題的選擇，完全尊祟自由。

4. 表現一種概念……

5. 詩風硬朗、明確，避免暖昧、不確切的表達。

以上幾條不是可以嗅到胡適博士的“八不主義”教條的味道

嗎?

那麽想給你們介紹一下意象派。也就是説爲了能够追上他們的步伐,我們的“新詩”所處於的祇是從一時的狂熱狀態中跳出來的初級時期。我們至少和羅艾爾女士他們是盟友。正是如此,纔會出現教條的六條中就引用了别人的偉大而“陳腐”的四條,成爲其熱心的擁護者。剩下兩條即:

6. 最重要的是相信,詩歌的精華來自我們的集中。

我們的“白話詩”過於空洞、過於輕薄、過於貧瘠了,我們需要集中精力樹立意象派詩歌的個性,用深沉而温暖的色彩去潤飾她。在此摘録羅艾爾女士的《風與銀》以説明我的觀點。

(詩《風與銀》略)

另外摘録薩德堡氏的《霧》來看一下。

(詩《霧》略)

把這兩篇詩作與我們雜志中的作品做個比較。

《霧》的作者薩德堡氏,是當今美國詩人中思想和創作態度最有創意的。他曾當過理髮店的清潔工,簡易劇場的後臺工作人員,製磚工廠的司機,餐館的洗碗工,割麥人等等。在經歷過這些之後摘取了工業國家——美國——的偉大詩人的桂冠。他現在也住在芝加哥,其公開的詩集取名爲《芝加哥詩集》。住在這個城市的人們把他稱作英雄、代言人,甚至贊美爲“我們的神”。如果我説前不久出席了這位偉大詩人在芝加哥大學舉行的後援會的話,你們也一定想知道些什麽吧。可以想象我在這位偉大的人物面前所受到的鼓舞和激勵。

今後打算不斷地給你們寄美國最有名的女詩人孟禄編輯的雜志《詩的雜志》的複印件。關於這個雜志的名聲可以引用一些評論。“排在英語圈詩人中最高的地位”。“恐怕孟禄女士在美國比其他人在詩歌上的貢獻都要大”。“此雜志的誕生意味着美國文壇文藝復興的誕生”。《詩的雜志》與《新青年》給予我們的作用相同,不,應該是更多地爲美國新文學運動的進步作出了貢獻。如其再這麼介紹孟禄女士，倒不如看看她的作品爲佳。

（詩《愛之歌》《山之歌》略）

另一方面，作爲評論家的孟禄名聲還要勝詩人一籌。

在此不能不提的還有以神童之稱享譽美國的詩人希爾特·康玲格女士，她在不到二十歲的時候就顯示出來驚人的細膩、成熟藝術家的精密等才能。

（詩《水》略）

有些事情不得不提出其誠實性，即，在我們詩的世界裏環境的健全性。由《新詩人》引起的最明顯的争論，也就是根據他們的藝術所引起的變化而已。所謂詩是由西部開拓及工業建造而孕育的説法所産生的生命的共鳴。美國人的生活，正由窒息、壓抑的狀態向户外、吉普賽式的自由狀態發展。正因如此，就必然産生了簡潔、直截、强有力的東西。其精神是真實的、自然粗糙的。這些就稱作“新”詩了。但是，在我們中國又怎樣呢？事實是詩裏有過度的工業化問題。但是，這也是必須加以比較的吧。我們的詩人揭示出了煤烟、鐵銹等這些鄙俗的東西。而另一方面美國還很年輕，他們如同天真爛漫的孩子似的，道出了率直、簡潔、粗糙的一面。可是，難道對那些文雅年長的紳士所表示的謝辭，語言老師却用三歲孩子的口吻以開玩笑的方式説出來就允許了嗎？對於語言老師來説，用孩子的想法來考慮問題并説出來，總有什麽理由吧。我不反對使用明快、直截、嚴肅的語言，可是却不可模仿孩子。偉大的美國詩人創作出可令他們國家引以爲傲的杰作，受國人的歡迎，他們試圖爲自己的國家復興文藝。我們在幹什麽？我們呼籲着新藝術要更簡明、更現代、更時新。可是作爲追求個性的藝術家却屢次遭非難，批評家不斷地對個性化藝術發牢騷。如果是强調真藝術，便是國家的藝術，這一規則是没有例外的。我們能將“文言文”這一老朽的東西用“白話文”代替。可是其代價是失去了自身的生氣勃勃的個性。再來看看我們的作品吧。可以看出文章中外語的術語、外語的表現、外語的主題、外國的思想引進的混亂。我對自己脱身這罪責深感自責。但是，就尊嚴來看，没有比郭沫若更有罪了。他不過是巧沙的用中文表達了西方的思想而已。他不過是一個技巧高明的歌德的模仿者而已，至今爲止，我都被蒙蔽，給了他過高的評價。

我還要不斷地給你們寫信的，今天就此擱筆了。在日常讀書中留下了很多印象，給你們寫信是唯一的表達方式。正如所知，因爲周圍没有可以一起談論詩歌的人。即使偶爾詩性大發，説出的也好像衹是嘲弄。因此，誰能給我寫點信，真是感激不盡了。

在新學期開始之際，祝願我們的文學會具有蒸蒸日上的勁頭，一年裏成果累累，事業順暢。也祝願大家在新學年裏，完成大事，給文學會增光。我非常想知道我們的新計劃。尤其想讀到各位的近作。（鈴木義昭《聞一多給清華文學會友人們的一封英文信》，陸耀東主編《2004年聞一多國際學術研討會論文選》，第379—382頁，武漢大學出版社2005年12月出版）

九月一日　致梁實秋、吴景超信。收《聞一多書信選集》。信中抄録四首詩：《火柴》《玄思》《我是一個流囚》《太平洋舟中見一明星感賦》。信中特言："拙作請勿登《周刊》"[①]。但梁實秋仍將它們登載出來。《火柴》刊於次年一月十三日《清華周刊》第二六七期所附文藝增刊第三期。《玄思》刊於是年十二月二十二日《清華周刊》第二六四期所附文藝增刊第二期。《我是一個流囚》刊於次年二月十五日《清華周刊》第二六九期所附文藝增刊第四期。均收《紅燭》。

《我是一個流囚》的寫作動因，在信中有特別説明：

我要告訴你們我所知道的在海外研究文學的清華同學底消息。

① 此據該信原件，《聞一多書信選集》無此句。

我知道兩個人：一爲盧默生，一爲張鑫海。盧本學商業，因情感生活底不得志乃改學文學。現在成績甚優，所作英文詩甚爲外人誇獎。但是可惜藝術并不能解决他的問題。什麼是他的問題呢？他是有婦之夫，且爲有子之父了。這個婚姻之不滿意自不待言。但他若處於中國社會，此本不成問題。不幸他所處者乃戀愛自由之美國社會。在這種環境裏不是戀人的也都薰染成戀人了。我想盧君於其從前之婚姻，衹不過經歷一種形式的禮儀，并不曾有情感的生活；他所有的情感都積蓄着，以爲到這邊來作一火山式的爆裂底預備。火山果然爆裂了！他的精神受不起那種震動便失了作用了！詩人作了情感底犧牲了！他瘋了！天啊！天啊！你怎麼這樣糟蹋你的驕子？但是天并没有完全糟蹋他。他的神經雖失了作用，他的理智還强健如故。他的功課還做得好極了，好得無以復加了。不過他常常一兩個月不同人講話，不剃頭，做些古怪的態狀罷了！

……

朋友們！你們聽了盧君底故事，不要替我擔憂也要蹈他的前轍嗎？《我是一個流囚》是盧君之事所暗示的；盧君之事實即我之事。但是我可以告慰你們我現在并不十分衰颯；我對於藝術的信心深固，我相信藝術可以救我；我對於宗教的信心還没有减替，我相信宗教可以救我。

九月十日 下午二時，參加留美西部清華同學會在西北大學哈利士廳召開之事務討論會，到會三十餘人。會議由孫浩煊任主席，楊光泩任記録。會議程序爲會議主席報告、會計報告賬目、選舉審查賬目員、會長報告。繼討論數案，包括清華改爲大學之計劃、畢業生捐助母校事項、國内成立中國支部、清華同學會與清華學校之關係、改組《清華周刊》後應稱《清華周刊及畢業生消息》、畢業生在學校董事會中之代表權等。會議决議以四月三十日爲同學會周年紀念日，并選舉一九二二至一九二三學年西部清華同學會新職員。結果，孟繼懋當選主席，張女士當選副主席，先生當選記録書記，錢宗堡當選通信書記，王世圻當選會計。晚七時半，西部清華同學會在伊温司敦之北岸飯店舉行親睦會，與會五十三人中有十三位女賓。（據《留美通信・西部清華同學會事務討論會記録》，《清華周刊》第 257 期，1922.11.3）

這次留美清華同學會西部年會的情況，羅隆基在致《清華周刊》編輯部信中介紹説："在報告他事以先，有一事足爲諸君告慰，足爲清華前途欣幸者，厥爲在美清華生對母校熱情漸次增加。即以本年年會而論，聚餐會外，另有議事會一次，延長三四小時之久，議案十餘件，夜間聚餐席上，又將未了案件，從事討論。吾輩姑不論其議决案件，有多大價值，將來實行，有多少效力，然一番愛戀母校之誠意，維持母校之精神，則實未可抹煞。此後同學會會員，果真能團結一氣，行見官僚董事制，不推自倒，飯桶教職員，不趕自去，大學問題、基金問題、校長問題、教員問題，我輩終有提刀四顧，爲之躊躇滿志之日矣。欲同學會與母校之結合，則周刊實爲總關鍵。此道一通，消息靈便，資料敏捷，則前途順利，更不可勝言。則此時之周刊改組，居然大功告成。容不當爲我輩賀，爲周刊賀，爲清華賀耶？周刊改組之動機，發自何人，起自何時，過去進行之往迹奚似，姑不具述。不佞與一多君自受托以後，則固未嘗頃刻忘情於此。"

信中所説與先生受托之事，即爲改組《清華周刊》徵求留美同學的意見事。羅隆基在信中説：此計劃"在年會時曾正式致函主席，請其正式提出此案。適逢同學會之長報告書中亦有改組周刊計劃，雙管齊下，竟得一氣呵成"。又説"新計劃出於程其保、聞一多、余澤蘭三君之手"，"趙學海君於該委員會討論時，亦曾傍參末議。吾輩討論時，多偏重留美同學會方面之組織，以爲中國同學會及在校同學，其對周刊之責任、義務及權利，諸君可自爲謀，此邦人不應多事越俎也"。（《留美通信》，《清華周刊》第 256 期，1922.10.28）

羅隆基信中附有先生與程其保、余澤蘭起草之《留美同學對於周刊改組計劃》，原稿爲英文，由清華在美教員莊澤宣先生譯成中文。這是先生抵美後最早參與的起草的文件，全文如下：

一、經濟

甲　强迫校内及離校同學定報。

美國同學每年每人美金一元，在月費内扣除。

國内同學辦法自議。

校内同學辦法自議。

乙　學校應補助經費。

丙　用費應受學校中會計監察。

每年應有預算。

每半年應有報告。

二、編輯　編輯部應有左列人數

校内十五人由學生推舉，校長選派美國五人，三人由東美選出，二人西美選出。

國内若干人，由國内同學定之。

總編輯由校内編輯舉之。

三、經理

校内經理若干人由校内同學推舉，校長選派。

留美經理一人由東西美分會長，總會長選派。

該經理職務：

甲，收費。

乙，更改住地。

丙，代收廣告。

總經理由校内經理舉之。

《計劃》有《附録》，爲“新聞欄編稿規則”：

一、每期編稿由三人負責，即在該期新聞欄下注。

〇〇〇

負責編稿人〇〇〇

〇〇〇

二、編稿時間爲星期日上午八時半至十□□□□□□一時必須交稿與□□□

三、每期新聞稿約稿紙三十張左右。

四、新聞欄暫分下列各目：

（甲）學校辦事機關新聞（校長處、教務處、齋務處等）

（乙）學校其他各處新聞（圖書館、售品所、銀行等）

（丙）教職員新聞（美員公會、華員公會等）

（丁）學生各級新聞

（戊）學生各會社新聞

（己）舊同學新聞

（庚）國内大事記

（辛）特載

（《留美同學對於周刊改組計劃》,《清華周刊》第256期，1922.10.28）

同日 詩《寄懷實秋》寫定。後發表於十一月二十五日《清華周刊》第二六〇期所附文藝增刊第一期。收《紅燭》時有所增加。《聞一多青少年時代詩文集》所收爲原作。詩中有："在黑暗的嚴城裏，/恐怖方施行他底高壓政策。/詩人底尸肉，/在那裏倉皇着，/仿佛一隻喪家之犬呢。"這正是先生當時的自我描述。梁實秋收到這詩後，於十月十九日亦寫了詩《答一多》，詩云：

燭火都要熄了，
又何有於流螢呢？

自從我底開路的神燈，

退出了我的眼界，
便在我想像的宫裏大放光明，
照得各個黑角都亮了，
像一座瑩徹的水晶宫！

我是人間逼迫走的逃囚，
我把荷花池做了逋藪；
那裏准我姿情的唱了，
却祇是我聽着自己的歌聲——
無歸宿的孤聲啊！

我無力抗拒人間的拘捕，
借了 Cupid 底小弩；
怎奈那持滿待發的箭啊，
又雕着罪人底名字，
反將宣示了我的藏處！

朋友啊！
願你閑敲幾朵燈花，
願你漫折幾枝筆花，
綴在我底神鬼府襟上，
做了辟邪底籙吧！

我更要跨上亘天的彩虹——
像一條絶壁飛去的神龍，
飛到海洋的彼岸——
扇着詩人底火啊，
坐看着你的燭影摇紅！

但是燭火都要熄了！
又何有於流螢呢？

（《清華周刊》第260期，1922.11.25）

九月十七日 是日，清華一九二二級畢業生到美後，由舊金山抵芝加哥。聞亦傳即同批到達，他在舊金山便給先生拍一電報，是日先生到車站迎接，次日送聞亦傳赴波士頓麻省理工學院。

九月十八日 作詩《晚秋》《笑》。後均發表於次年二月十五日《清華周刊》第二六九期所附文藝增刊第四期，并將《晚秋》改名爲《秋之末日》。《紅燭》收《秋之末日》時有增加。《笑》收《聞一多青少年時代詩文集》。

九月十九日 致梁實秋信。收《聞一多書信選集》。云：

陰雨終朝，清愁如織；忽憶放翁"欲知白日飛升法，盡在焚香聽雨中"之句，即起焚香，冀以"雅"化此悶雨。不料雨聽無聲，香焚不燃，未免大掃興會也。靈感久渴，昨晚忽於枕上有得，難窮落月之思，倘荷驪珠之報？近復細讀昌黎，得筆記纍楮盈寸，以爲異日歸國躬耕硯田之資本耳。

信中附《寄懷實秋》《晚秋》《笑》。末又云："其餘一首《游園雜記》未完，改日再抄。"① 但此後未見此詩。

是月中旬 搬到芝加哥第五十七街第一三二三號。這是座臨街小樓，從街上看是三層，實際裏面是四層，一層爲入口没有房間，二至四層各有一套房子，先生與錢宗堡、劉聰强住在第四層，每人每月租金二十二美元。房子較講究，與房東也合得來。在這裏，先生每天早八時

① 此句據該信原件補充。

出門，下午四時方歸寓所，來往乘火車行四十餘里，很不方便，好在步行十多分鐘就是“55–56–57街”火車站，乘火車可直接到達芝加哥美術學院。距五十七街不遠是先生贊美的潔閣森（今譯“杰克遜”）公園，緊挨着世界第一大淡水湖密歇根湖，公園中間是一個狹長的湖，先生常坐在草坪的條椅上，看着跳到脚下的松鼠，一些詩的靈感也在這所公園産生。

九月二十二日 致孔繁祁、方重信。原信無存，僅知有一句：“不出國不知道想家的滋味。”（見《致吴景超》，1922.9.24，《聞一多書信選集》，第61頁）

九月二十三日 辛酉級級友王朝梅被汽車壓死，先生聞訊極爲震驚。次日致吴景超信中說：

> 昨接沈有乾從 Stanford 寄來中國報紙——舊金山出版的——一片，中載 Colorado School of Mines 有中國學生王某因汽車失事斃命，其友孟某受重傷。我們即疑爲王朝梅與孟憲民，當即電詢監督處。今早得回電稱斃命者果爲王朝梅，但未提及孟憲民，衹言常叙受輕傷。景超！方來底噩耗你是早知道了的。你不要以爲是這些消息使我想家。想家比較地還是小事，這兩件死底消息令我想到更大的問題——生與死底意義——宇宙底大謎題！景超！我這幾天神經錯亂，如有所失；他們說我要瘋。但是不能因這些大問題以致瘋的人，可也真太麻木不仁了啊！

九月二十四日 致吴景超信。收《聞一多書信選集》。信首抄録了詩《晴朝》《太陽吟》。前者發表於次年一月十三日《清華周刊》第二六七期所附文藝增刊第三期。後者發表於是年十一月二十五日《清華周刊》第二六〇期所附文藝增刊第一期。收《紅燭》時，《晴朝》有增加。

《太陽吟》是一首强烈的愛國思鄉曲，曾打動過許多人的心：

太陽啊，刺得我心痛的太陽！
又逼走了游子底一出還鄉夢，
又加他十二個時辰的九曲回腸！

太陽啊，火一樣燒着的太陽！
烘乾了小草尖頭底露水，
可也烘得乾游子底冷泪盈眶？

太陽啊，六龍驂駕的太陽！
省得我受這一天天底緩刑，
就把五年當一天跑完，又與你何妨？

太陽啊——神速的金烏——太陽！
讓我騎着你每日繞行地球一周，
也便能天天望見一次家鄉！

太陽啊，樓角新升的太陽！
不是剛從我們東方來的嗎？
我的家鄉此刻可都依然無恙？

太陽啊，我家鄉來的太陽！
北京城裏的官柳裹上一身秋了罷？
唉！我也樵悴得同深秋一樣！

太陽啊，奔波不息的太陽！
你也好象無家可歸似的呢；
啊！你我的身世一樣地不堪設想！

太陽啊，自强不息的太陽！
大宇宙許就是你的家鄉罷？
可能指示我我的家鄉底方向？

太陽啊，這不像我的山川，太陽！
這裏的風雲另帶一般慘色，
這裏鳥兒唱的調子格外凄涼！

太陽啊，生命之火底太陽！
但誰不知你是球東半底情熱，
誰不知又同時是球西半底智光？

太陽啊，也是我家鄉底太陽！
此刻我回不了我往日的家鄉，
就認你爲家鄉也就得失相償！

太陽啊，慈光普照的太陽！
往後我看見你時就當回家一次；
我的家鄉不在地下乃在天上！

信中特别强调到：

讓你先看完最近的兩首拙作，好知道我最近的心境。‘不出國不知道想家的滋味’——這是我前日寫信告訴繁祁、方重的；你明年此日便知道這句話的真理。我想你讀完這兩首詩，當不致誤會以爲我想的是狹義的‘家’。不是！我所想的是中國的山川，中國的草木，中國的鳥獸，中國的屋宇——中國的人。

又説到新詩用韻問題：

現在我極喜用韻。本來中國韻極寬；用韻不是難事，并不足以妨害詞意。既是這樣，能多用韻的時候，我們何必不用呢？用韻能幫助音節，完成藝術；不用正同藏金於室而自甘凍餓，不亦愚乎？《太陽吟》十二節，自首至尾皆爲一韻，我并不覺吃力。”還説現實總把自己從詩境拉到塵境：“雖然在《太陽吟》底末三節我似乎得了一種慰藉，但錢宗堡講得對：‘That is only poetry and nothing more.’現實的生活時時刻刻把我從詩境拉到塵境來。我看詩的時候可以認定上帝——全人類之父，無論我到何處，總與我同在。但我坐在飯館裏，坐在電車裏，走在大街上的時候，新的形色，新的聲音，新的臭味，總在刺激我的感覺，使之倉皇無措，突兀不安。感覺與心靈是一樣地真實。人是肉體與靈魂兩者合并而成的。

九月二十五日 芝加哥美術學院開學。芝加哥美術學院是美國最著名的美術學校之一，爲建於一八六六年的芝加哥美術館的組成部分之一。芝加哥美術館的藏品多達三十萬件以上，包括歐美和東方的雕刻、繪畫、版畫、素描、裝飾藝術品，以及前哥倫布時期的美洲藝術品。處面臨密歇根南大街正門兩側的青銅獅子塑像，是芝加哥城的標志。現存先生在美國的唯一照片，就是青銅獅子像爲背景拍下的。對於這所學校，先生很是滿意。

九月二十九日 致梁實秋、吴景超信。收《聞一多書信選集》。信中説到對清華同仁欲辦一月刊的意見：

實則我的志願遠大的很。景超所陳三條理由（一、與文學社以刺激，二、散布文學空氣於清華，三、與國内文壇交換意見）我以爲比較地還甚微瑣。我的宗旨不僅與國内文壇交換意見，徑直要領袖一種之文學潮流或派别。請申其説。我們皆知我們對於文學批評的意見頗有獨立價值；若有專一之出版物以發表之，則易受群衆之注意——收效速而且普遍。例如我之《評冬夜》因與一般之意見多所出入，遂感依歸無所之苦。《小説月報》與《詩》必不歡迎也；《創造》頗有希望，但邇來復讀《三葉集》，而知郭沫若與吾人之眼光終有分别，謂彼爲主張極端唯美論者終不妥也。吾人若自有機關以供發表，則困難解决矣。吾冀實秋之新著《草兒評論》定有同情之感。又吾人之創作亦有特别色彩。寄人籬下，朝秦暮楚，則此種色彩定歸堙没。色彩即作者個性之表現，此而不存，作品之值價何在？再者批評的論文與創作并列則有 concentration，concentration 者事半功倍之途也。余對於中國文學抱有使命，故急欲借雜志以實行之。

信中還有對湖畔詩人的評論，雖然極簡，但值得重視：

近復讀《湖畔》，覺甚有價值，修人、雪峰、漠華三君皆有佳作也。《徬徨》《在江邊小坐》《隱痛》《歸家》皆與冰心同調；《草兒》《冬夜》，即《女神》中亦不可得此也。蓋《女神》雖現天才，然其 technique 之粗簉篾以加矣。更有一層，湖畔詩人，猶之冰心，有平庸之作，而無惡劣之品。《冬夜》底《八毛錢一筐》，《草兒》底《如厠是早起後第一件大事》，皆不可見於湖畔；即《女神》底《三個泛神論者》亦無有也。或有人要批評雪峰底《三隻狗》。但《三隻狗》不過有點 futuristic，還不失爲詩也；從未來派者的眼光看來，許還是第一等的作品呢。四位中汪静之稍差。必要首首詩限定一句，那真是個傻子。我不能講的太仔細了，我現在没有功夫。將來定另作批評寄上。我提議詩組可以此作一次討論底題材。

信末附新作及復加修改的詩，共八首：《幻中之邂逅》《春之首章》

《春之末章》《紅燭》《深夜底泪》《美與愛》《游戲之禍》《春寒》。并解釋説:“《美與愛》《幻中之邂逅》,形式修整,又爲一種。《紅燭》《深夜之泪》適與相反,又爲一種。《春之首、末兩章》,純粹描寫景物,又爲一種。”對於後兩首,先生又説:“此二首本來長短不稱!《首章》五節,《末章》十一節。現在將他們平均布置一下,割長補短,使之形式上恰成兩朵姊妹花,何如?”[1]

十月八日 結識了一位“有支那熱的太太”浦西夫人(Mrs.Bush)。次日致父母信報告此事:

> 昨結識一位浦西夫人。伊有中國畫幅古瓷多種而不識其年代,特約男午餐,借代爲移譯。此婦人甚有學問,認識此處美術文學界有名人甚多。伊已與男兩封介紹信,一致美國最有名詩人山得北先生,又一致《詩》(美國有名雜志)總編輯并著名批評家孟禄女士。此後可以與此邦第一流文人游,此極可貴之機會也。

信中所説“山得北”,即今譯卡爾・桑德堡(Carl Sandburg),生於一八七八年一月,爲美國詩人、歷史學家、小説家、民俗學者。他曾寫過惠特曼式的自由體詩《烟與鋼》,歌頌工人,是深受下層勞動人民喜愛的詩人。“孟禄”即今譯哈里特・門羅(Harriet Monroe),生於一八六〇年十二月,是美國《詩歌》雜志創辦人、主編。《詩歌》問世於一九一二年,時正值被美國文學史稱之爲“芝加哥文藝復興”時期。它代表了詩歌寫作中的新形式主義傾向,也論述過印象主義、意象主義和自由詩問題,是美國一家享有崇高聲望的刊物。門羅對當時詩歌革命的重要意義有一定認識,對現代詩歌的發展起了重大影響。先生這一時期的創作,受過他們的影響。

十月九日 致父母親信。收《聞一多書信選集》。信云:“離家三

---

① 此句據原信補充。

月，尚未接家中隻字；試思遠游萬里之人將何以爲情乎！”又説：“美術學院開課兩星期矣，男之成績頗佳，屢蒙教員之獎許。美國人於此道誠不足畏也。”還説：“每日早入學，晚回寓，尚有時間研究文學。”

十月十日 致吴景超、梁實秋信。收《聞一多書信選集》。談到自己和朋友們“爲藝術而藝術”的主張時説：“我們相信自己的作品雖不配代表我們的神聖的主張，但我們藉此可以表明我們信仰這主張之堅深能使我們大膽地專心地實行它。”信中還表示了對胡適在批評界表現的不滿。又回答吴景超所問讀詩的方法問題：

> 景超問我讀詩底方法；我不知你是指研究還是指鑒賞。若指研究，單摘佳篇佳句是不够的。惡篇惡句一樣地要緊。還有詩人底性格哲學，也是要從詩中抽出來的。但最要緊的，是要會generalize——看完一個人底詩——一首詩也同然——要試試能否locate his rank，classify his kind and determine his value；若不能，便須再細心研究，至能爲此而止。譬如我讀完昌黎，我的三個答案是一，他應占的位置比已占的許要高一點；二，他不是抒情的乃是叙事的天才（他雖没有作過正式的Epics）；三，他是一個新派别底開山老祖。要求這種答案非read between the lines不可。還有歷史也有研究的價值，那便是詩人的傳記了。

先生有一篇摘録的《答吴景超書》，内容即論詩，可與此相參考。其云：

> 我以前説詩有四大原素：幻象、感情、音節、繪藻。隨園老人所謂“其言動心”是情感，“其色奪目”是繪藻，“其味適口”是幻象，“其音悦耳”是音節。味是神味，是神韻，不是個性之浸透。何以神味是幻象呢？就神字的字面上就可以探得出，不過更有較有系統的分析。幻象分所動的同能動的兩種。能動的幻象是明確的經過了再現、分析、綜合三種階級而成的有意識的作用。所動的幻

象是經過上述幾種階級不明瞭的無意識的作用，中國的藝術多屬此種。畫家底“當其下手風雨快，筆所未到氣已呑”，即所謂興到神來隨意揮灑者，便是成於這種幻象。這種現象，比能動雖不秩序不整齊不完全，但因有一種感興，這中間自具一種妙趣，不可言狀。其特徵即在荒唐無稽，遠於真實之中。自有不可捉摸之神韻，浪漫派的藝術便屬此類。嚴滄浪詩話謂“盛唐諸公，惟在興趣；羚羊挂角，無迹可求。故其妙處透徹玲瓏，不可湊泊，如空中之音，相中之色，水中之影，鏡中之象，言有盡而意無窮”。滄浪所謂“興趣”同王漁洋所謂神韻便是所動幻象底别詞。所謂“空音、相色、水影、鏡象”者，非幻象而何？（《聞一多書信選集》，第139頁）

十月十五日 致聞家騄聞家駟信。收《聞一多書信選集》。信中説：“我的功課做得可算得意”，“我進此專門學校後，益發對於自己的美術底天才有把握了，衹要給我相當的時間，我定能對於此途有點成就”。又説，自己的興趣仍在文學方面：

美術一途當然没有窮境，不要説三年學不完，便是三十年也是不够的。但我現在對於文學的趣味還是深於美術。我巴不得立刻回到中國來進行我的中國文學底研究。我學美術是爲幫助文學起見的。現在我每日上午八點鐘出門，九點鐘上課至十二點止（三個鐘頭共爲一課），下午一點鐘起至四點止，然後回寓所來。多半的時候回到寓所來便没有事了，我即從事研究文學，或寫寫信。我研究文學現在没有一定的規則或計劃，隨着興會與精力走去罷了。大體上講來，我很滿意於我現在的理智的生活。至於情感的生活是完全講不上的。遠在異國，故鄉萬里，一紙之書，經月不到，更有何生趣可言？

還説到《紅燭》出版的問題，“我決定歸國後在文學界做生涯，故必需早早做個名聲出去以爲預備”。

十月二十七日 致梁實秋信。收《聞一多書信選集》。説很喜歡結克生（又譯潔閣森）公園："芝加哥結克生公園底秋也還可人。熊掌大的橡葉滿地鋪着。親人的松鼠在上面翻來翻去找橡子吃。有一天他竟爬到我身上從左肩爬到右肩，張皇了足有半晌，纔跳下去。這也别是一種風致不同於清華的。昨日下午同錢君復游，步行溪港間，藉草而坐，真有'對此茫茫，百感交集'之概。'萬里悲秋常作客'，這裏的悲不堪言狀了！"

信中附詩《秋深了》《憶菊》。

《憶菊》完成於是日，發表於次年一月十三日《清華周刊》第二六七期所附文藝增刊第三期。收《聞一多青少年時代詩文集》。收《紅燭》時有改動。該詩從菊的擺設、姿態、模樣，一直寫到它的環境、顔色、大小，是借菊花來表達自己對祖國熾熱的愛。下面僅録其末幾段：

啊！自然美底總收成啊！
我的祖國底秋之杰作啊！
東方底花，騷人逸士底花呀！
那東方底詩魂陶元亮
不是你的靈魂底化身嗎？
那登高作賦的重九
不又是你誕生底吉辰嗎？

你不象這裏的熱欲的薔薇，
那微賤的紫蘿蘭更比不上你。
你是有歷史，有風俗的花。
四千年華胄底名花呀！
你有高超的歷史，你有逸雅的風俗！

啊！詩人底花呀！我想起你，
我的心也開成頃刻之花，
燦爛的如同你的一樣；
我想起你同我的家鄉，
我們的莊嚴燦爛的祖國，
我的希望之花又開得同你一樣！

習習的秋風啊！吹着！吹着！
我要贊美我祖國底花！
我要贊美我如花的祖國！
請將我的字吹成一簇鮮花，
金底黄，玉底白，春釀底緑，秋山底紫……
然後又統統吹散，吹得落英繽紛，
瀰漫了高天，鋪遍了大地。

秋風啊！習習的秋風啊！
我要贊美我祖國底花！
我要贊美我如花的祖國！

該信中還附有給清華文學社社友一函。

十月二十八日 致聞家騄轉父母親信。收《聞一多書信選集》。説“三年之後我决即歸國”，“我急欲歸國更有一理由，則研究文學是也。恐怕我對於文學的興味比美術還深。我在文學中已得的成就比美術亦大。此一層别人恐不深悉，但我確有把握”。又談到在美國的生活“似乎有點寒酸”，因爲要省下錢買書和出版《紅燭》。

十月三十日 致吴景超、梁實秋信。收《聞一多書信選集》。談到《紅燭》編輯情况：

《紅燭》即日鈔録寄上……紙張字體我想都照《女神》底樣子。全集大概分爲四小集：《雨夜之什》共二十三首爲第一集，《宇宙之什》共二十首爲第二集，《孤雁之什》（出國以後之作品，現有十四首）爲第三集，《李白之死》爲第四集。《忠告》《心底悲號》《傷心》《畫稿》《同文炳話别》《沉沉的夜》《不知足的叫化子》《别離的海》《心與愛》《愛之狂》十首都擬删去。《紅燭》作爲序詩。

又説詩興頗濃，約每周有一首詩作：

我到美以後，成績也出我冀料之外；近來的詩興尤其濃厚；大概平均起來，一個禮拜也有一首。作《憶菊》後又有新作三首。秋來潔閣森公園甚可人意，上星期六、星期日我在那裏整個地留連了兩天。新作的三首詩都是在那時産生的。現在我心裏又有了一個大計劃，這便是一首大詩，擬名《黄底 Symphony》。在這裏我想寫一篇秋景，純粹的寫景，——换言之，我要用文字畫一張畫。

所説三首近作，其中有《秋色》，副標題即“芝加哥潔閣森公園裏”。收《紅燭》。

十一月一日 先生的《〈冬夜〉評論》，與梁實秋《〈草兒〉評論》，合爲《〈冬夜〉〈草兒〉評論》，作爲清華文學社叢書第一種，在國内出版。

梁實秋《談聞一多》中記述了該書出版過程：“對於新詩，他最佩服的是郭沫若的《女神》，他不能贊同的是胡適之先生以及俞平伯那一套詩的理論。據他看，白話詩必須先是‘詩’，至於白話不白話倒是次要的問題。他在臨離開清華的時候寫過一篇長文《〈冬夜〉評論》，是專批評俞平伯的詩集《冬夜》的，但也是他對新詩的看法之明白的申述，這一篇文章的底稿交由吴景超抄寫了一遍徑寄孫伏園主編的《晨報副刊》，不料投稿如石沉大海，不但未見披露，而且原稿亦屢經函索而不退回。幸虧留有底稿。我索興又寫了一篇《〈草兒〉評論》，《草兒》是康白情的詩集，當時與《冬夜》同樣的有名，二稿合刊爲《〈冬夜〉〈草兒〉評論》，由我私人出資，交琉璃廠公記印書局排印，列爲“清華文學社叢書第一種”，於十一年十一月一日出版。一多的這一篇《〈冬夜〉評論》可以說是他的學生時代的最有代表性的論文。”（第9頁）

梁實秋在《清華八年》中説此書印刷費有百餘元，是他父親供給的。

先生很重視這篇文章，次月家信中説：“我們的意見差不多都包括在此。”

次月二十二日，吴景超發表《讀〈冬夜〉〈草兒〉評論》，説：“《〈冬夜〉〈草兒〉評論》的功用就在能指示給大衆什麽是詩，什麽不是詩。現在詩壇中的壞現象，雖不能歸咎於康、俞二君，但他們在詩壇中留下惡影響，是顯然的事實。聞、梁二君於詩集中，獨先評《草兒》《冬夜》，便是‘擒賊先擒王’的手段。他們把首領的劣點，一一宣布出來，然後那些隨在後面的，自然知道換路了。我不必特來褒獎此書，看過此書的人，都知道他那廓清新詩壇中積弊的力量，是不小的。這本書多得一個讀者，詩壇中的光明，便越近一步。”（《清華周刊》第264期所附文藝增刊第2期）

郭沫若當時在日本看到該書後，極力稱贊，曾寫信給梁實秋，説：“如在沉黑的夜裏得見兩顆明星，如在蒸熱的炎天得飲兩杯清水……在海外得讀兩君評論，如逃荒者得聞人足音之跫然。”（轉引自《致聞家騄聞家駟轉父母親信》，1922.12.27）

十一月六日 致聞家騄轉父母親信。收《聞一多書信選集》。説：是日美國同學卡普其來接自己去他家，“他的母親待我好極了。伊説伊的兒子出門時曾遇着一位太太待他好極了。伊要還債。所以今日見我要用那位太太待他兒子底方法待我。使我遠在萬里之外，如在家中一樣。這時我向伊説了一句很漂亮的話，我説，我的母親不久也要還債了。今天伊辦了很好的中飯給我吃。下午又留我過夜，我因道遠了要早回寓。伊又辦了很多的點心迫着我吃。我從未遇着一個外國人待我這樣親熱的。這便使我想起我自己的母親了。想起我自己的家了”。但又説“講來講去我不喜歡美國。美國的學生没有中國北京、上海、杭州、南京等處的學生底善於思想、勤於思想。他們在我眼裏都是年輕的老腐敗。美國的工人没有中國工人勤苦，他們得錢多，做事少。别人以爲美國好極了，其實美國好本好，壞處也不少”。

是月上旬　約在這時，有致清華文學社社友信。收《聞一多書信選集》。對清華文學社擬辦之月刊，先生建議用“文壇”兩字作刊名。又説：“除梁君治華處所有拙作多首任編輯員擇登外，現有《〈女神〉評論》一篇，不日脱稿即當寄上。”此文即《〈女神〉之地方色彩》。後，月刊計劃打消，先生又欲作一篇專講《女神》之優點的評論，一起投《創造》。

是月中旬　拜訪了芝加哥大學法文副教授温德（Mr.Winter）。六日家信中説：“下禮拜我又要拜訪一位教員（芝加哥大學底）。這位先生要知道中國東西，清華同學張君景鉞便介紹我與他談話”，“我在這裏人家都認我是有中國學問的人。所以若有外國人要知道中國古時的東西，他們就介紹我去了”。二十六日致梁實秋信中談到拜訪的情况：

> 我近來認識了一位Mr.Winter，是芝加哥大學底法文副教授。這人真有趣極了。他是一個有“中國熱”的美國人。衹講一個故事，就足以看出他的性格了。他有一個中國的大鐵磬。他講常常睡不着覺，便抱它到床邊，打着它聽它的音樂。他是獨身者，他見了女人要鍾情於他的，他便從此不理伊了。我想他定是少年時失戀以至如此；因爲我問他要詩看，他説他少年時很浪漫的，有一天他將作品都毁了，從此以後，再不作詩了。但他是最喜歡詩的。他所譯的Baudelaire現在都在我這裏。我同他過從甚密。他叫我跟他合同翻譯我的作品。他又有意邀我翻譯中國舊詩。我每次去訪他，我

們談到夜深一兩點鐘，我告辭了，我走到隔壁一間房裏去拿外套，我們在那間房裏又談開了，我們到門口來了，我們又談開了，我們開着門了，我們在門限上又談開了，我走到樓梯邊了，我們又談開了；我没有法子，講了“我實在要回去睡覺了！”我們纔道了“good night”，分散了。最要緊的，他講他在美國呆不住了，要到中國來。……還有一件有趣的事，他没有學過畫，他却畫了一幅老子底像。我初次訪他，他拿着燈，引我看這幅油畫，叫我猜這是誰。我毫不猶疑地説：“是老子？”“果然是老子！”他回道。他又copy了幾幅丈長的印度的佛像畫。這些都挂在他的房子裏。他房子裏除幾件傢伙外，都是中國、印度或日本底東西。他焚着有各種的香，中國香，印度香，日本香。

這以後幾天，先生同張景鉞聯名給清華校長曹雲祥寫信，推薦温特到清華教法文。次年，温特到南京東南大學任教，一九二五年接到清華聘書。先生與温特教授一直保持着友誼。温特回憶當年在美國，“聞一多給我講中國詩，我給他介紹英國詩的格律”，“我們討論過中國詩的特點以及他如何譯成外文，這方面談的話非常多”。那時，兩人還常常一起去美術館，認爲中國的畫“能畫出人的精神”。（劉烜訪問温特教授記録，1979.4，轉引自《聞一多評傳》，第63—64頁）先生犧牲後，一部分骨灰帶回北京，當高孝貞和孩子們去解放區時，這骨灰幾次輾轉便存放在温特家裏。北京解放時，温特教授把骨灰送還家屬。

是月中下旬　約這期間，有致梁實秋信，僅存前半函。收《聞一多書信選集》。談對梁詩《幸而》的修改細節。

十二月一日　致梁實秋信。收《聞一多書信選集》。説：“佛來琪喚醒了我的色彩的感覺。我現在正作一首長詩，名《秋林》——一篇色彩的研究。”《秋林》收入《紅燭》時，乾脆改名爲《色彩》。色彩觸動了先生的靈感，後來構思《園内》，各節都有主要的代表色。

晚，會見美國著名女詩人海德夫人（Eunice Tietjens）。次日家信：

昨晚會着一位美國有名女詩人海德夫人。我將我的詩譯了幾首給她看，她頗稱贊。她勸我多譯幾首，給她送到這裏一個著名雜志(《詩》)請他們登載。我的朋友們笑我還没有上中國詩臺，倒先上了美國詩臺。我不知國内的人將怎樣承受我的將要出版的《紅燭》，或者他們還不能鑒賞他。但我那兒管得了這些事呢？海德夫人到過中國，當過《詩》底編輯，著了兩本詩集，在此邦文學界頗有聲望。她的丈夫海德先生是一個戲曲家、醫學家，我也會見了。他們當然在學問界是最上流的人物。在美國衹有這些人我還不討厭。

四日致吴景超信也談到這事：

前晚遇見這裏一位女詩人 Eunice Tietjens，伊要看我的詩。我譯了好幾首去，其中伊最賞識的也就是你賞識的《玄思》。伊教我再多譯幾首，同伊斟酌了字句，伊當送給 Harriet Monroe 請伊選登《Poetry》。錢宗堡笑我没有上中國詩壇，先上外國詩壇了。Eunice Tietjens 曾作過《詩》底編輯，現在是顧問編輯了。伊到過中國，游中國時所作的詩《Profiles from China》（清華圖書館有的）頗著名。伊的丈夫是個戲曲家，我也會見了。

十二月二日 致聞家騄、聞家駟轉父母親信，收《聞一多書信選集》。請繼續寄《小説月報》及《詩》，"因現方從事於文學批評，須時時參閲"。又請托聞亦有打聽上海亞東或泰東圖書局印行新詩辦法。

十二月四日 晚，《〈女神〉之時代精神與地方色彩》付郵。後分爲《〈女神〉之時代精神》與《〈女神〉之地方色彩》發表。

《〈女神〉之時代精神》發表於一九二三年六月三日《創造周報》第四號。收《聞一多全集》。這是對郭沫若詩集《女神》的贊揚。文章開首寫道："若講新詩，郭沫若君的詩纔配稱新呢，不獨藝術上他的作品與舊詩詞相去最遠，最要緊的是他的精神完全是時代的精神——二十世紀底時代的精神。有人講文藝作品是時代底産兒。《女神》真不愧爲時代底一個肖子。”文章從五個方面評述了《女神》的時代特點，并且特别强調指出“革新者”的責任：

别處的青年雖一樣地富有眼泪，污濁，情炎，羞辱，恐怕他們自己覺得并不十分真切。衹有現在的中國青年——“五四”後之中國青年，他們的煩惱悲哀真象火一樣燒着，潮一樣涌着，他們覺得這“冷酷如鐵”，“黑暗如漆”，“腥穢如血”的宇宙真一秒鐘也羈留不得了。他們厭這世界，也厭他們自己。於是急躁者歸於自殺，忍耐者力圖革新。革新者又覺得意志總敵不住衝動，則抖擻起來，又跌倒下去了。但是他們太溺愛生活了，愛他的甜處，也愛他的辣處。他們决不肯脱逃，也不肯降服。他們的心裹衹塞滿了叫不出的苦，喊不盡的哀。他們的心快塞破了，忽地一個人用海濤底音調，雷霆底聲響替他們全盤唱出來了。這個人便是郭沫若，他所唱的就是《女神》。

《〈女神〉之地方色彩》發表於一九二三年六月十日《創造周報》第五號。收《聞一多全集》。這篇文章是對《女神》的批評，認爲它“不獨形式十分歐化，而且精神也十分歐化的了”，并分析説這與“作者是在一個盲從歐化的日本”的環境裹寫作有關。該文不僅是對郭沫若的批評，而是對新詩界存在的某種傾向的指責。篇首即指出：“現在的一般新詩人——新是作時髦解的新——似乎有一種歐化的狂癖，他們的創造中國新詩底鵠的，原來就是要把新詩作成完全的西文詩。”文中有些評論十分精闢，尤其是表現出可貴的愛國思想，至今仍被人們重視。如：

我總以爲新詩徑直是“新”的，不但新於中國固有的詩，而且新於西方固有的詩；换言之，他不要作純粹的本地詩，但還要保存本地的色彩，他不要做純粹的外洋詩，但又儘量地吸收外洋詩底長處；他要做中西藝術結婚後產生的寧馨兒。我以爲詩同一切的藝術應是時代底經綫，同地方底緯綫所編織成的一匹錦。

又如：

現在的新詩中有的是“德謨克拉西”，有的是泰果爾、亞坡羅，有的是“心弦”“洗禮”等洋名詞。但是，我們的中國在那裏？我們四千年的華胄在那裏？那裏是我們的大江，黄河，崑崙，泰山，洞庭，西子？又那裏是我們的《三百篇》，《楚騷》，李，杜，蘇，陸？……我要時時刻刻想着我是個中國人，我要做新詩，但是中國的新詩，我并不要做個西洋人説中國話，也不要人們誤會我的作品是翻譯的西文詩。

又如：

《女神》底作者對於中國，祇看見他的壞處，看不見他的好處。他并不是不愛中國，而他確是不愛中國底文化。我個人同《女神》底作者底態度不同之處是在：我愛中國固因他是我的祖國，而尤因他是有他那種可敬愛的文化的國家；《女神》之作者愛中國，祇因他是他的祖國，因爲是他的祖國，便有那種不能引他敬愛的文化，他還是愛他。愛祖國是情緒底事，愛文化是理智底事。一般所提倡的愛國專有情緒的愛就够了；所以没有理智的愛并不足以詬病一個愛國之士。但是我們現在討論的另是一個問題，是理智上愛國之文化底問題。

同日 致吴景超信。收《聞一多書信選集》。信中談到生死問題，説自己“是個生命之肯定者”，“還是有宗教的人”：

來信談及生死問題。這正是我近來思想之域裏一陣大風雲。我近覺身體日衰，髮落不止，飲食不消化，一夜失眠，次日即不能支持。我時時覺死神伸出削瘦的手爪在我的喉嚨上比畫，不知那一天就要卡死我了。我又不會宣節我的工作與休息，我完全是我的衝動的奴隸。我不知道疲憊時就當休息。景超，這種畏死的滋味你們都没有嘗過罷？啊！死有何足畏呢？不過我同你一樣是個生命之肯定者。我要享樂，我要創造。創造將要開始，享樂還没有嘗到滋味，就要我拋弃了生命到那不可知的死鄉去，我怎甘心呢？昨日同黄鈺生、張景鉞、錢宗堡也談到生命問題。黄是個 cynic，張、錢是 skeptics，我不知我到底是個什麼？你們看到我給文炳的信嗎？我失了基督教的信仰，但我還是個生命之肯定者，我的神秘性 mysticism 還存在，所以我還是有宗教的人。

十二月二十日 芝加哥美術學院放寒假。先生“情思大變”，始作《紅豆》，五晝夜作五十首。

十二月二十五日 致梁實秋信。收《聞一多書信選集》。説《紅燭》寄出，請梁“作第二次的序”。又説：

連於五晝夜作《紅豆》五十首。現經刪削，并舊作一首，共存四十二首爲《紅豆之什》。此與《孤雁之什》爲去國後之作品。以量言，成績不能謂爲不佳。《憶菊》《秋色》《劍匣》具有最濃縟的作風。義山、濟慈的影響都在這裏；但替我闖禍的，恐怕也便是他們。這邊已經有人詛之爲堆砌了。

又説到《紅燭》的裝幀與設計：

因爲經濟的關係，所以我從前想加插畫的奢望，也成泡影了。

封面上我也打算不用圖畫。這却不全因經濟的關係。我畫《紅燭》底封面，更改得不計其次了，到如今還没有一張滿意的。一樣顔色的圖案又要簡單又要好看這真不是容易的事（這可奇怪了，我正式學了畫，反覺得畫畫難了——但這也没有什麽可怪的）。我覺得假若封面的紙張結實，字樣排得均匀，比一張不中不西的畫，印得模模糊糊的，美觀多了。……還有一層理由：我畫出的圖案定免不了是西洋式；我正不願我的書帶了太厚的洋味兒。……書内紙張照《雪朝》《未來之花園》底樣子。封面底紙張也應厚如《雪朝》的；顔色不論，衹要深不要淺，要暗不要鮮就行了。書内排印格式另詳附樣。

又談到國内新詩的評價：

承你寄來的各種詩集雜志都收到了。《創造》裏除郭、田兩人外無人才。《未來之花園》在其種類中要算佳品。它或可與《繁星》并肩。我并不看輕它。《記憶》、《海鷗》、《雜詩》（五三頁）、《故鄉》是上等的作品，《夜聲》《踏夢》是超等的作品。"殺殺殺……時代吃着生命的聲響"同葉聖陶所賞的"這一個樹葉拍着那一個的聲響"可謂兩個聲響的絶唱！衹冰心纔有這種句子。實秋！我們不應忽視不與我們同調的作品。衹要是個藝術家，以思想爲骨髓也可，以情感爲骨髓亦無不可；以冲淡爲風格也可，以濃麗爲風格亦無不可。徐玉諾是個詩人。《蕙底風》衹可以挂在"一師校第二厠所"底墻上給没帶草紙的人救急。實秋！便是我也要罵他誨淫。與其作有情感的這樣的詩，不如作没情感的《未來之花園》。但我并不是罵他誨淫，我罵他衹誨淫而無詩。淫不是不可誨的，淫不是必待誨而後有的。作詩是作詩，没有詩而衹有淫，自然是批評家所不許的。

十二月二十六日 致梁實秋信。收《聞一多書信選集》。因看到梁來信中所説郭沫若對《冬夜草兒評論》的贊語，非常高興：

我們所料得的反對同我們所料得的同情都實現了。我們應該滿意了。郭沫若來函之消息使我喜若發狂。我們素日贊揚此人不遺餘力，於今竟證實了他確是與我們同調者。《密勒氏評論》不是徵選中國現代十二大人物嗎？昨見田漢曾得一票，使我驚喜，中國人還没有忘記文學。我立即剪下了一張票格替郭君投了一票，本想付郵，後查出信到中國時選舉該截止了，所以没有寄去。本來我們文學界的人不必同軍閥，政客，財主去比長較短，因爲這是没有比較的。但那一個動作足以見我對於此人的敬佩了。

次日家信亦云：

今早得梁實秋信稱郭沫若君曾自日本來函與我們的《冬夜草兒評論》表同情。來函有云："……如在沉黑的夜裏得見兩顆明星，如在蒸熱的炎天得飲兩杯清水……在海外得讀兩君評論，如逃荒者得聞人足音之跫然。"你們記得我在國時每每稱道郭君爲現代第一詩人。如今果然證明他是與我們同調者。我得此消息後驚喜欲狂。又有東南大學底一位胡夢華君也有來函表示同情。但北京胡適之主持的《努力周刊》同上海《時事新報》附張《文學旬刊》上都有反對的言論。這我并不奇怪，因這正是我們所攻擊的一派人，我如何能望他們來贊成我們呢？總之假如全國人都反對我，衹要郭沫若贊成我，我就心滿意足了。

十二月二十七日 致聞家騄、聞家駟轉父母親信。收《聞一多書信選集》。報告成績："除美術史一科外并無大考，衹以平日成績定等級耳。我上月成績又進，七門功課已得六超等矣。"又對弟弟聞家駟説到治學：

駟弟成績甚佳，殊可喜。課外有暇當多閱雜志，以得普通知識。閱雜志原不是做學問之目的，亦非做學問之本身。但駟弟目下所需者是一普通知識之根柢，根柢既成，思想通澈，然後談得到做專門的學問。此非文科獨然，實科亦莫不然。我囑駟弟多寫信來質疑問難。我雖遠隔重洋，書信往來，節序已遷，但研究學問，真理不改，時間不足以囿之也。

十二月三十一日 致吴景超信。未發表。信中云：

久盼不到的《文藝增刊》，今天從姚崧齡處看到了。景超，你自己覺着這本創刊號怎樣，滿意嗎還是不滿意？我老實講，我想你們應該弄得出一本更好的玩意兒來。至少第一期不應就這樣“蹩脚”。但我回頭想想這就是清華底 limit 了，也便是文學社底 limit 了。文學社取消了出版計劃，倒也好。從前聽説我們想出一本短篇小説底彙刊，進行了没有？我看這倒也辦得。我很希望早早看見這本書出版。我現在對於小説底興趣日漸增加。我想在最近將來定有出品送來給你們看。

景超！（昨日寫畢至此今日已易一年矣）又是一年過去了。我自從到美以後，做了些什麽事？我的事做的不能説少。但是你知道這邊的人是怎樣看我麽？他們眼裏的一多是個大大墮落的，江河日下的一多。我何必定要他們知道我。不錯，我的宗教觀念改了，但是我的理想没有改。但是批評我的人自己比我更不配講宗教。他們批評我爲的是另一件事。我現在不必告訴你，候我的小説作完了你便知道了（nothing romantic，mind you）。

《紅燭》收到没有？請你同實秋斟酌爲我删削。《李白之死》後之注請統統删去。我現在覺得把那些東西都注出來似乎小氣得很。

是月 長女聞立瑛生。因爲是女孩，家裏很久纔把消息告訴先生。先生對這種做法很不滿，次年二月十日家信説：

> 孝貞分娩，家中也無信來，祇到上回父親纔在信紙角上綴了幾個小字説我女名某，這就完了。大約要是生了一個男孩，便是打電報來也值得罷？我老實講，我得一女，正如我願，我很得意。我將來要將我的女兒教育出來給大家做個榜樣。我從前要雇乳母以免分孝貞讀書之時。現在不以爲然。孝貞當盡心鞠育她，同時也要用心讀書。我的希望與快樂將來就在此女身上。

先生認爲女子并不比男子弱，是月二日家信中還對兩個妹妹和妻子説："女人并不是不能造大學問、大本事。我們美術學院底教員多半是女人。女人并不弱似男人。外國女人是這樣，中國女人何嘗不是這樣呢？"

一九二三年　二十五歲

二月七日，京漢鐵路工人大罷工。

二月，張君勱在清華學校發表題爲"人生觀"的講演，丁文江遂在《努力》周報發表《玄學與科學——評君勱的〈人生觀〉》，科玄論争由此開始。

十月，曹錕賄選，當選大總統。

十一月二十五日，孫中山發表《中國國民黨改組宣言》。

一月五日 致聞亦有信。收《聞一多書信選集》。中云："寄來美金三十元擬作《紅燭》印費。《紅燭》底稿已寄與北京梁君實秋請代經理付印（在上海），候交涉辦妥後，梁君當有信到兄處，并告書局向兄處取此款。餘數已請梁君與書局説妥出版後再付。但下月弟或仍有二十元寄兄處。”又云：“此美術學校最滿我意處，乃日間上課，課畢即無事，故晚間返寓，猶得研究文學也。”

同日 又有致聞騄家信。收《聞一多書信選集》。説《紅燭》印費所缺之數請設法付清。

一月十四日 致聞家騄、聞家駟轉父母親信。收《聞一多書信選集》。再次陳述了欲早日歸國的念頭，尤對在美受到之種族歧視感到無比憤慨：

> 此間學校，每季爲一學期，故一年得四學期，除暑假，則三學期。三學期乃正式期限，但有願於暑假中繼續修業者亦可能也。故若能連續三暑假，則可減省一年之光陰也。美院本三年畢業，我想連讀兩暑假，則兩年之間已讀完兩年又兩學期之功課。再讀一學期，即兩年又三個月，而三年之功課均畢矣。由此計算，後年年底（民國十三年）我當能歸國。日前聞一教員云，在此校肄業兩年，根底工夫已足矣，此後自己作功夫，可也。故我若欲早歸，後年秋天亦可歸來。但特來美一次，住個兩年半，亦不算久，我當有此忍耐性以支持到底也。想家中得知我留美期限又由三年減至二年半，亦足驚喜矣。然而局外人或因别人求學四五或六年而我兩年半即歸，遂責我向學之心不切。噫！此豈可爲俗人道哉！我未曾專門攻文學，而吾之文學成績殊不多後人也。今在此學美術，吾之把握亦同然。吾敢信我真有美術之天才，學與不學無大關係也，且學豈必在課堂乎？且美利加非我能久留之地也。一個有思想之中國青年留居美國之滋味，非筆墨所能形容。俟後年年底我歸家度歲時當與家人圍爐絮談，痛哭流涕，以泄余之積憤。我乃有國之民，我有五千年之歷史與文化，我有何不若彼美人者？將謂吾人不能製殺人之槍炮遂不若彼之光明磊落乎？總之，彼之賤視吾國人者一言難盡。我

歸國後，吾寧提倡中日之親善以抗彼美人，不言中美親善以禦日也。

又説《紅燭》出版，“於文學方面可以告一小段落”，打算“本學期時間，將必多用於美術上”。

一月二十一日　致梁實秋信。收《聞一多書信選集》。説因爲看完郭沫若的《未央》，覺得“説出了我局部的悲哀，没有説出我全部的悲哀。我讀畢了那篇小説，起立徘徊於室中，復又站在書架前呆視了半晌。我有無限的苦痛，無窮的悲哀没處發泄，我衹好寫信給你了”。先生所説的悲哀指家庭包辦的婚姻。又説：“情的生活已經完了，不用提了。以後我衹想在智底方面求補足。我説我以後要在藝術中消磨我的生活。”“我的唯一的光明的希望是退居到唐宋時代，同你結鄰而居，西窗剪燭，杯酒論文——我們將想象自身爲李杜，爲韓孟，爲元白，爲皮陸，爲蘇黄，皆無不可。衹有這樣，或者我可以勉强撑住過了這一生。”

二月二日　致梁實秋信。收《聞一多書信選集》。説：“現在要趕完《莪默伽亞謨之絶句》，一篇批評郭譯（見《創造》第三期）及研究莪默的論文。”又説要“用一個别號曰‘屠龍居士’”，“我以後一切著作——創作與批評——擬都署此别號”。還説爲梁實秋詩集《荷花池畔》所作的《序》已寄上，“我在此文中未提到你的藝術之優點，一爲避嫌疑，二爲在西方一種詩集初出版，從未有如中國人這樣小氣，帶上一篇喝彩式的文以教訓讀衆，我想西方人這一點很好”。

二月三日　《莪默伽亞謨之絶句》寫定。發表於是年五月《創造季刊》第二卷第一期。收《聞一多全集》。這是一篇評論郭沫若譯詩的文章。一九二二年十一月《創造季刊》第一卷第三期刊登郭沫若的《波斯詩人莪默伽亞謨》，内容包括傳略、作品讀後感及譯詩一〇一首。郭不解波斯文，譯文是據斐芝吉樂的英文譯本再譯的。先生“讀到郭譯的莪默，如聞空谷之足音，故樂於與譯者進而爲更縝密的研究”。全文共三章，一郭譯訂誤，二郭譯總評，三怎樣讀《莪默》。

二月十日 致父母親信。收《聞一多書信選集》。説到學業及回國欲從事文學教學的志向：

> 人體寫生從來祇得上等，這回得了超等了。所以現在的分數是青一色的超了。我來此半年多，所學的實在不少，但是越學得多，越覺得那些東西不值得一學。我很慚愧我不能畫我們本國的畫，反而乞憐於不如己的鄰人。我知道西洋畫在中國一定可以值錢，但是論道理我不應拿新奇的東西冒了美術的名字來騙國人底錢。因此我將來回國當文學教員之志乃益堅。

同日 致聞家駟信。收《聞一多書信選集》。説“詩在各種藝術之中所占位置很高”，“在中國幾乎無處没有詩”。又説：“我現在着實懷疑我爲什麽要學西洋畫，西洋畫實没有中國畫高。我整天思維不能解決。那一天解決了我定馬上回家。”

二月十四日 有致清華文學社信。今佚。次日致梁實秋信：“昨致文學社一函由朱湘君轉交。”

二月十五日 致梁實秋信。收《聞一多書信選集》。説近收到“沫若寄來一本《創造》，上有附語，言正當畢業試驗，所以没有工夫寫長信”。又説希望作一個藝術的宣道者：

> 我想再在美住一年就回家。我日漸覺得我不應當作一個西方的畫家，無論我有多少的天才！我現在學西方的繪畫是爲將來作一個美術批評家。我若有所創作，定不在純粹的西畫裏。但是我最希望的是作一個藝術底宣道者，不是藝術底創作者。實秋！你不是打算在美國祇住二三年嗎？我希望你也早早回國，幫我作點實在的事業。跑到這半球來，除了爲中國多加一名留學生，我們實在得不着什麽好處，中國也得不着什麽好處。

同日 晚，應浦西太太之邀，去芝加哥美術館與美國著名女詩人愛米・羅艾爾（Amy Lowell）共進晚餐。羅艾爾在席上還朗誦了新創作的詩。羅艾爾生於一八七四年，是美國意象派詩人的領袖，先生稱其爲“在此邦是首屈一指的女詩人”。她曾寫過兩卷本《濟慈傳》，她的詩中有種活力、熱忱和有意識的技巧感，這對先生的詩風極有影響。羅艾爾還酷愛中國古典文學，曾與阿斯秋琪合譯過一本中國詩，題作《松花箋》，這也是先生敬重她的原因之一。羅艾爾逝於一九二五年，先生曾寫了《美國著名女詩人羅艾爾逝世》。

同日 梁實秋在《清華周刊》第二六九期發表《評一多的詩六首》。這是第一篇專論先生新詩研究的文章，所評介的《太陽吟》《寄懷實秋》《玄思》《憶菊》《火柴》《晴朗》，都是經梁實秋之手發表於《清華周刊》。該文稱先生“不愧是我們東方詩人的本色”，認爲先生的新詩取材“廣博雅”，有濃重的“‘舊詩’的氣味”，和豐富奇特的想象。説到先生新詩的“韻脚”與“詩意”的和諧統一時，説：“《太陽吟》共十二節，每節首尾兩行都有韻脚，聲調非常和諧，并不覺得呆板堆砌。這種成功的作品，并不足爲以韻脚有無定詩之高下的評論家做張本，而實在可以證明韻脚可以供成熟的作家的調度，且絲毫不妨害詩意的自然。《憶菊》共五十八行，字句的燦爛冲雅恐怕是新詩中罕見之作哩。”

二月十八日 作詩《長城下之哀歌》。後發表於一九二五年七月十五日《大江季刊》第一卷第一期。

同日 致梁實秋信。收《聞一多書信選集》。説：“上星期又缺了兩天半底課（爲的是作詩），要在這幾天内補起來。我所作的詩名《長城下之哀歌》。這是我悲慟已逝的東方文化的熱泪之結晶。詩長數千言，乃係一詩人碰死於長城之前的歌詞。結果并不滿我意，候下星期修改後，再寄上乞正。”

信中還談到《紅燭》出版，云：“我的幾個哥哥都寫信來催我將《紅燭》出版，他們都叫我不要管經濟，他們可以負責。這樣我纔决意寄回了。我同時又已寄美金五十元回了，所以印費一層可以不必累你了。”又催梁實秋快把《荷花池畔》寄到上海，款項不够，先生可想辦法。“《荷花池畔》底序我早寄回了，現在想已收到”。

三月六日 致梁實秋信。收《聞一多書信選集》。説：“感謝你的勸勉撫慰的信。感謝毅夫（翟桓）同一切的新知故好底寵愛。我將爲勸勉我者，撫慰我者，寵愛我者，重視我者，惋惜我者……努力作個不墮落的詩人。若果生活是黑暗，黑暗中還有這些‘……我者’存在，那末生活中還是有光明的，生活還是值得努力的。”

又説到長詩《園内》：

> 景超囑作描寫清華生活底詩。我開始作了一首《園内》，曠了兩天課；詩還没有作完，課可不能再曠了。《園内》的大綱我寫在下面：
>
> 第一章　園内之昨日
>
> 第二章　園内之今日
>
> 一，晨曦
>
> 二，夕陽
>
> 三，涼夜
>
> 四，深更
>
> 第三章　園内之明日
>
> 這是一個 gigantic attempt。兩個多月没有作詩，兩個多月的力氣都賣出來了，恐怕還預支了兩個月底力氣。我先通知你，請你向總編輯先生疏通疏通，把《增刊》底最前的十頁紙留給我，如何？我還要印大字，十頁也許不够呢！現在不過約略地講罷了。换言之，這首詩可作這期增刊底題辭。此刻作完《夕陽》了，已寫了七頁白紙。我先將每章之序曲合并抄來，給你看看。

三月八日 致聞家騄、聞家駟轉闔家信。收《聞一多書信選集》。

時，湖北地區軍閥混戰，潰兵四處搶掠，先生信中云："凶年兵燹，頻乘薦臻，鄉民將何以爲生啊！不知人心是怨天呢，還是怨人？天灾誠無法可救，至於人禍，若在歐美，這輩封狐長蛇，早被砍作百塊了！美國底革命如此，法國底革命如此，俄國底革命亦如此。"又説："我近來人事甚好。功課也作得有興，但是詩興總比畫興濃些。"

三月十六日 長詩《園内》寫定。後發表於四月二十八日《清華生活》（清華校建十二周年紀念號）。收《聞一多詩集》。這首詩是先生所作最長的詩，共三一四行，曾自認爲"恐怕是新詩中第一首長詩"。（《致聞家騆》，1923.5.25）詩發表後，先生收到不少朋友來信贊揚，先生五月二十九日致梁實秋信中談到寫這首詩時的心情，説"作《園内》時的我，衹有悲哀，絶望，孤寂，無聊，所以《園内》表面上雖似堂皇，其中正含有無限的冷泪"。這恐怕是朋友們没想到的。

三月十七日 致吴景超梁實秋信。收《聞一多書信選集》。説《園内》的創作激情與構思意圖：

> 《園内》底大功告成了。然而爲成爲敗，我自己實在毫無把握。這是我初次作這類"清廟明堂"式的玩藝兒。兩年前我同浦薛鳳等辦十周年紀念增刊，我已擬作這樣一首詩，竟没有作成。不料這回離了清華，倒作成了。兩年前要寫寫不出的情緒如今都吐盡了，痛快極了！痛快極了！這首詩底局勢你們可以看出是一首律詩底放大。第三四節晨曦夕陽爲一聯，第五六節凉夜深更爲一聯；再加上前後的四節共爲八節，正合律詩的八句。中間四節實是園内生活之正體。晨曦底背景是荷花池，夕陽底是體育館，凉夜底是大禮堂，深更底是高等科大樓。每景有一主要的顔色，晨曦是黄，夕陽是赤，凉夜是藍，深更是黑。我覺得布局 design 是文藝之要素，而在長詩中尤爲必需。因爲若是拿許多不相關屬的短詩堆積起來，便算長詩，那長詩真没存在的價值。有了布局，長篇便成一個多部分之總體 a composite whole，也可視爲一個單位。宇宙底一切的

美，——事理的美，情緒的美，藝術的美，都在其各部分間和睦之關係，而不單在其每一部分底充實。詩中之布局正爲求此和睦之關係而設也。

至於詩中的故典同喻詞中，也可看出我的復古底傾向日甚一日了。末章底 appeal 恐怕同學們讀了，要嗔目咋舌，退避三舍罷？但是這種論調他們便在美國也是終久要聽到的。倒不如早早地聽慣了的好，省得後來大驚小怪，不知所措。

先生也很喜愛《園内》，二十二日致梁實秋信説："這裏的朋友們若昭瀛，逖生（浦薛鳳），隆基，澤霖及同居的兩位都極力稱贊。説句陳俗的俏皮話，我真撥動了他們的心弦了嗎？"

三月二十日 致聞家騄、聞家駟轉闔家信。收《聞一多書信選集》。説："今接實秋來函稱詩稿將寄與泰東承印，版權歸他們，可以得到一點稿費，也到底不知多少。成仿吾（《創造》底編輯）并允代爲幫忙。"又説："《冬夜草兒評論》除了結識了郭沫若及創造社一般人才外，可説是個失敗。我埋伏了許久，從來在校外的雜志上姓名没有見過一回，忽然就要獨立的印出單行本來，這實在是有點離奇，也太大膽一點。但是幸而我的把握當真拿穩了，書印出來，雖不受普通一般人底歡迎，然而鑒賞我們的人倒真是我們眼裏的人。"這裏所説的人，自然是創造社的郭沫若、成仿吾、郁達夫了。時，郁達夫還曾到清華園拜訪過梁實秋。

三月二十二日 致梁實秋信。收《聞一多書信選集》。批評梁實秋與吴景超負氣辭《清華周刊》文藝編輯事，説："我們是以詩友始，但是還要以心友終的啊！"但又認爲梁、吴此舉是"直覺的情操的，不是功利的"。信中談到自己的藝術觀："'文學'二字在我的觀念裏是個信仰，是個 vision，是個理想——非僅僅發泄我的情緒的一個工具。The Muse 是有生機，有意識，有感覺的活神……我的基督教的信仰已失，那基督教的精神還在我的心裏燒着。我要替人們 consciously 盡點力。我的詩若能有所補益於人類，那是我的無心的動作（因爲我主張的是純藝術的藝術)。但是相信了純藝術主義不是叫我們作個 egoist(這是純藝術主義引人誤會而生厭避之根由),你前次不是講到要介紹薛雷[①]嗎?那我們就學薛雷增高我們的 human sympathy 罷!”信裏還要梁實秋告訴自己楊世恩、胡毅、朱湘等文學社社友近來的文學活動。

三月二十五日 致聞家騆信。收《聞一多書信選集》。亦説到藝術與人生的關係:

> 你信中提到沫若所講關於藝術與人生之關係的話,很有見地。但我們主張純藝術主義者的論點,原與他這句話也不發生衝突。但是説他已將這糾葛的問題解决了,我又不信。我還是拘守我的老主張。你又問精神肉體互相關屬,是何理由。其實這很明白,肉體是方法,精神是目的。達到一種目的必須一種方法,但方法底價值是在其能用以達到目的的。若無目的,還要方法何用呢?若没有字,筆也没有價值存在了。字寫完了,筆可以抛掉。字到底比筆要緊些。精神是字,肉體是寫字的筆。

又談到對國内幾位新詩人及其作品的看法:

> 《蕙的風》實秋曾寄我一本。這本詩不是詩。描寫戀愛是合法的,衹看藝術手腕如何。有了實秋底藝術,纔有《創造》第四期中載的那樣令人沉醉的情詩。汪静之本不配作詩,他偏要妄動手,所以弄出那樣粗劣的玩藝兒來了。胡夢華底批評我也看見了,講得有道理。文學研究會底徐玉諾出了一本《未來的花園》,見過否?實秋不喜他,我却説他頗有些佳點。徐君是個有個性的作家,我説他是文學研究會裏的第一個詩人。

① 今譯雪萊。

還說近來祇作了兩首詩，即《園内》《長城下之哀歌》，"風格有些變更"，說"將乘此多作些愛國思鄉的詩"，認爲此類詩"價值甚高"：

> 自聖誕節後我祇作了兩首詩，一是《園内》，你可在今年的《清華周刊》底紀念號見到。還有一首名《長城下之哀歌》，現在修改，擬送《創造》發表。這兩首都是極長的詩。《園内》恐怕是新詩中第一首長詩。我近來的作風有些變更。從前受實秋的影響，專求秀麗，如《春之首章》《春之末章》等詩便是。現在則漸趨雄渾沈勁，有些象沫若。你將來讀《園内》時，便可見出。其實我的性格是界乎此二人之間。《憶菊》一詩可以作例。前半形容各種菊花是秀麗，後半贊嘆是沈雄。現在春又來了，我的詩料又來了，我將乘此多作些愛國思鄉的詩。這種作品若出於至性至情，價值甚高，恐怕比那些無病呻吟的情詩又高些。

信中還說在美國的同級同學中，組織了一個通信團體，彼此"互相通信，報告消息，討論問題"，成員有吴澤霖、羅隆基、錢宗堡、浦薛鳳、沈有乾、何浩若等。

三月三十日　致翟桓、顧毓琇、吴景超、梁實秋信。收《聞一多書信選集》。說"這封信是恭祝四友横渡太平洋之喜，或是預吊四友闖入十八層地獄之哀的"。又說對繪畫的"興趣也在膨脹"，但回到寓所"又想繼續我那唐代六大詩人底研究或看看哲學書"，"有時又覺得詩做得無味了，我又要在小説戲劇上躍躍欲試了"。

四月八日　致聞家駟信。收《聞一多書信選集》。說："我近數年來，不知何來如許愁苦？縱不思鄉，豈無他愁？大而宇宙生命之謎，國家社會之憂，小而一己之身世，何莫非日夜嚙吾心臟以逼我入於死之門者哉！曩者童稚，不知哭泣，近則動輒'冷泪盈眶'，吾亦不知其何自來也。"可見當時心情極其沉重。又說："近方作《昌黎詩論》，唐代六大詩人之研究一也。義山研究迄未脱稿，已牽延兩年之久矣，今决於暑假中成之。”

四月十五日 郭沫若在上海給先生寫信，對先生在《莪默伽亞謨之絶句》中的批評表示感謝。

此信刊於是年五月一日出版之《創造季刊》第二卷第一期，信云：“一多：你寫給我的第二信我早收到了。因爲當時試事正忙，所以未即作復。你的這篇文章，我見你信時，早就想讀，想早收些教益。我於四月二日返滬時，你這篇文章已交到印刷所去了，直至今晨纔送校稿來，我便親自替你校對。我一面校對，一面對於你的感謝之念便油然而生。你所指摘的錯誤，處處都是我的弱點，我自己也是不十分相信的地方，有些地方更完全是我錯了。你説 Fitzgerald 的英譯前後修改了四遍，望我至少當有再譯三譯。你這懇篤的勸誘我是十分尊重的。我於改譯時務要遵循你的意見加以更正。我在此深表誠摯的謝意於你和你的友人錢君[①]。此次在滬得與實秋相晤，足慰生平。他往南京時，我和仿吾往北站去送行竟至遲了刻，我們衹得空空望送了一回。你的《首陽山下的餓人》作成了麽？沫若，四月十五日。”

四月二十二日 致家人信，僅存後半函。收《聞一多書信選集》。中云：“現在則正春温矣，樹木將將發芽。春序復回，良時佳節，又是思鄉之大好機會。旅人對此，徒唤奈何耳！”

五月一日 詩評《莪默伽亞謨之絶句》發表於《創造季刊》第二卷第一期。收《聞一多全集》。

同時刊登的還有成仿吾於三月五日寫的説明，與郭沫若四月十五日給先生信。成仿吾説明云：“實秋把一多這篇文章寄給我時叫我先寄給沫若一看，但是我想沫若此刻正忙，寄去也未必能仔細看，再過些時，他就要回到上海來，用不着寄去。我想此刻就由我在這裏寫幾句話。本來這些譯詩是我催他寄了來的。他寄來時，他説很忙，要我給他

① 錢君指錢宗堡。先生《莪默伽亞謨之絶句》一文末有附識，云：“我的朋友錢君宗堡替我搜羅了許多參考書，又供給了一些意見，照規矩（雖然錢君自己大起反對）還是應該申明致謝的。”

校對一下，那時候因爲《創造》第三期已經遲了不少的日子，要快點拿去排印，我衹把譯稿與原詩對看了一次。并且從頭看起來，大抵不錯，所以以後我衹把英文念一遍，再把譯詩念一遍，衹就這兩遍批評，好就繼讀下，不好便給他加以修改。這些譯詩是這樣弄出來的。一多指出這許多誤譯出來，倒使我惶愧無地了。本來詩是最容易誤解的東西，稍不注意，就會差到與原詩相反。何況又是重譯。沫若既不解波斯文，所靠的又衹有一種皮裝小本（沫若是最喜考據的人，這回并不是他畏難，實是他案頭没有參考本），這樣匆促弄出，就希望他完全，實是不可能的事。僥幸據一多所説，衹是解釋原義的疏誤，我想沫若聽了，也還要引爲榮幸的。不過關於一多所舉的各條，我也有點感想，不妨在此地説説……”

詩《李白之死》亦發表於《創造季刊》第二卷第一期。收《紅燭》。朱湘説：“《李白之死》離《失彼樂土》等史詩雖然還很遠，但在國内也不能不算是空前的‘破題兒第一遭’了。”（《寄孫大雨》，1923.8.21，《朱湘書信集》，第 205 頁，天津人生與文學社 1936 年 3 月出版）

《莪默伽亞謨之絶句》與《李白之死》受到清華文學社社友的稱贊，該社在一年總結中説：“聞君底《玄思》大得美國詩人狄琴絲（E.Tietjieus）底贊賞，翰墨因緣，筆之以志盛。聞君在《創造季刊》上發表的《李白之死》，爲國中空前之作，同號中的《莪默伽亞謨之絶句》，批評郭譯處也極其中肯。”（《一年來會社經過》，《清華周刊》第 285 期所附文藝增刊第 9 期，1923.6）

五月四日 《清華周刊》刊登羅隆基來信，信中説到美國中部中國留美同學會將利用暑假在麥城召開年會，清華同學出力甚多，先生已表示出席并協助籌備。羅隆基信中説：“本年中部中國留美學生年會將在麥城舉行。該會之董事已經舉出，九人中清華同學占去五人。此外，年會主席爲陳克恢、中部學生會會長爲趙學海君，均係清華同學。又本年該年會會序，已推定羅隆基君負責分派及管理。羅君擬邀集中部方面之清華同學若干人，先事盡力預備。而允許一定赴會并願原力贊助者，已有聞一多、時昭澐（即時昭瀛）、錢宗堡、劉聰强、陳石孚、浦薛鳳諸君。此外，羅君函約者尚有多人。預料將來年會清華同學之到會者必多，且對該會必有一種貢獻也。”（《留美同學新聞》，《清華周刊》第280期，1923.5.4）

五月六日 晚，在芝加哥的中國留學生召開國耻紀念會。先生到會，“處處看到些留學生們總看不進眼，他們的思想實淺陋得可笑”。（《致聞家騆》，1923.5.7）

五月七日 致聞家騆轉闔家信。收《聞一多書信選集》。説：“前不久此地有個山東的學生，姓孫的，因功課作不好，喪氣投湖自盡。遺書即謂明知自殺之非，但自觀腦經［筋］薄弱，學無所成，將來定無益於社會，不若死之爲愈也。此事聞之者孰不酸心！然我誠希望在此中國學生多有如孫君若是之血性者，中國庶有望也。”

孫君之死，引起先生感慨。十五日致梁實秋信中又説：“前不久此地有位孫君因學不得志，投湖自盡。這位烈士知生之無益，有死之决心，而果然死了。要死就死，我佩服，我佩服，我佩服，我要講無數千萬個‘佩服’。實秋，你也該講佩服。”

五月十三日 致母親信。收《聞一多書信選集》。是日爲美國之母親節（每年五月的第二個星期日），“子女皆有禮物奉贈母親。且各於衣襟攢上一鮮花，以示孝思。母在者花色紅，母亡者花色白”。房東主婦笑容可掬，請先生看其三個女兒送來的紅花與賀帖。先生看後“寸心怦動”，不禁思念親人，特用紅筆在粉紙上寫了此信，并“爰録孟東野《游子吟》以表孺懷”，祝母親“萬福金安”“壽比南山”。

五月十五日 致梁實秋信。收《聞一多書信選集》。前半部爲一周前所寫，因一月未收到梁的來信，説“異國的羈人可真有些受不了”。又説：“近來詩被畫征服了。詩神屢次振作思圖中興，然而毫無效力。”後半部爲收到梁信後所寫。對《清華周刊·文藝增刊》停刊感到失望，説：“前天晚上我還想着邀集已來美及將來美的文學社社員捐一筆款，作爲母校文學奬金，奬贈一年中最佳之一篇詩、小説與戲劇之作者（作品限定在《周刊》上發表的)。如今這個噩耗傳來，我的感覺彷彿是世界底末日到了似的。”又説：“這一星期中思想頗有變更。然而目下還在醞釀之中，不久有了結果，當另函報告。上書之‘思想’就是人生觀底意思，所謂‘變更’者，也可以講得清楚一點，便是新希望之發見。”這可能與不久後在暑假中成立的“大江學會”有關。時，先生正在修改《長城下之哀歌》，説：“此爲一 elegy，與 Lycidas，Adonais 同調。我對於此作的野心與希望極大，擬於暑假更以全付精力完成之。”

時，已遷至黑石大街(Blackstone Ave)五六〇一號，仍在芝加哥大學附近。

五月二十九日 收到清華文學社社友四封信，不由“狂喜”。來信皆贊《園内》。

同日 致梁實秋信。收《聞一多書信選集》。認爲梁欲辦的刊物取名《文藝彙刊》“太 prosaic，不能引人注意”。對該刊的内容，認爲“選擇還可以嚴一點”。説到梁的近作《尾生之死》，稱其“恰到好處。但汐流上潮底景況，正是利用 description 的機會，若是我，我定大大描寫一番，象《李白之死》中描寫月光一樣”。

時，先生不想久居芝加哥，本想到波士頓，接到梁實秋信，又打算陪他上科羅拉多學院(梁是年赴美，擬入科羅拉多學院)“住個一年半載”，因爲“這一年生活苦極了，除了同一位同班的洋姑娘偶爾談談初淺的文字知識以外，竟没有人共談了”。

梁實秋曾爲《紅燭》作序，闡發了先生等人對文藝的看法，先生在此信中説：“在《紅燭》序裏宣布我們的信條，我看現在可以不必。恐怕開釁以後，地勢懸隔，不利行軍，反以示弱。若是可能，請勞駕收回序稿，或修改或取消均可。千萬千萬！”後來《紅燭》出版，未收梁序。

是月 錢宗堡因肺病住院，先生一人獨居四層樓上小房，窗外是林立的烟囱和過往的火車、電車、汽車，十分嘈雜。

六月一日 饒孟侃在《清華周刊》第二八四期發表《評一多的〈園

内〉》，這是繼梁實秋《評一多的詩六首》後的又一篇評論先生新詩創作的專文。該文認爲《園内》是清華園的“第一篇成功的長詩”，是對清華生活的一個詩的總結。文中説：“諾大一個山青［清］水秀、木長枝茂的清華園，應是産生藝術的澤園，應是培養精神生活的叢藪。荷花池畔，獨木橋邊，雖不少詩人的吟咏，然都不過是斷片的、記載的小品，誰都没有膽量把這一座花園錦簇、雄麗幽雅的清華園和盤托出，作一個藝術的傳播。我讀了一多的《園内》以後，敢大膽的説是十二年來園内縷縷的詩絲的大成了。它們不是暴發的蒲柳，倏忽便青翠濃葱，盡情放葉，倏忽便枯槁憔悴，風鳴悲秋；它們是空谷的幽蘭，未及時猶如野花閑卉，一放則幽香滿谷。”文中還説：“一多曾經説過，‘文藝有如一座金礦；舊有的文藝是已采出的礦質，衹因不善鍛煉，致令金質減色；采新文藝的同志固當努力采取新礦質，然舊有的礦金却不能一概抛弃。我們爲什麽不改良鍛煉的方法，駕輕車而就熟路呢？’他本着這層意旨，所以就試將格律的模形，用作《園内》的布局。换過來説：‘《園内》是一首變形、放大的律詩。’”

六月九日　芝加哥美術學院注册幹事致函華盛頓特區中國教育代表團趙團長，報告先生的學習情况。全信云：

G.O 趙先生
中國教育代表團團長
19 大街 2312 號，西北
華盛頓特區
親愛的趙先生：

我很高興地寄上聞多先生的成績副本，他自一九二二年九月二十七日至一九二三年六月一日就讀於芝加哥藝術學院的藝術院，共三十四周，每周五日。

秋季學期						
	上午：9:00–12:00	學時	成績	下午：1:00–4:00	學時	成績
1922 年 9 月 7 日 至 12 月 18 日	生物速寫 靜物素描 設計	108 36 36	良 + 優 優	設計 雕刻字 研究 藝術概況 透視畫法	36 36 36 36 36	優 良 − 優 優 優 −
冬季學期						
1923 年 1 月 3 日 至 3 月 26 日	生物速寫 靜物素描 設計 構圖	72 36 36 36	優 優 優 優	設計 雕刻字 藝術概況 研究 透視畫法	36 36 36 36 36	優 良 + 優 優 良 +
春季學期						
3 月 28 日 至 6 月 1 日	生物速寫 靜物素描 設計 構圖	60 30 30 30	優 優 優 優	設計 雕刻字 藝術概況 研究 透視畫法	30 30 30 30 30	優 優 優 優 優
		510			510	

春季學期截止於六月十五日，即比上表多出兩周。聞多先生是一年級學生，如他攻讀完畢三年的繪畫課程，將可於一九二五年六月畢業。

他是班上的優秀成員之一，在這一年中他成績一向優良。

注册幹事

（據芝加哥美術學院注册幹事致中國教育代表團函原件譯）

六月十四日　致聞家騆信。收《聞一多書信選集》。説："美校今日畢課，本年成績已開展覽會，其中我頗有作品。"七月二十日家信中亦説："本年在美術學院因各門成績均佳，遂得最優等名譽獎。"在芝加哥美術學院，先生主要畫素描。梁實秋説："他後來帶了兩大卷炭畫素描給我看，都是大幅的人體寫生，石膏像做模特兒的。在綫條上，在濃淡陰影上，我覺得表現都很不錯，至少我覺得有活力。"（《談聞一多》，第

26頁）

給聞家騮的信中還談到治學方法，是對弟弟的誘導，也是先生自己的體會：

札記以後當停作。因以此時間讀書，獲益更多也。札記之用乃在：（一）養成批評精神，（二）練成作文。據我看來，你近來寫信及札記中，文詞暢達，間亦有美麗之詞句。如此，則作文之練習并非你的亟務。至於所謂批評精神者，無非就是"學而不思則罔"的"思"之意耳。據我又看來，你已經會"思"了。於今你的缺點乃差近於"思而不學則殆"。讀書甚少，僅就管窺蠡測之智識，"思來思去"，則縱能洋洋大篇，議論批導，恐終於萬言不值一杯水耳。例如本次札記所談老子哲學，固見思力，但此種問題，我尚望之却步，況吾弟之初學，豈能必其言之成理乎？此種見解存之腦中可也，筆之於書則不值得。故目下爲弟之計，當保存現有之批評精神以多讀書史，所謂"學"與"思"并進也。至於"述而不作"，孔聖猶然，吾輩則第當"思"而不"述"耳。

前函又言讀書甚慢，此非好習慣，當求打破。凡讀文學書，如小説、詩詞等，不妨細讀，反復吟咏，再四紬繹，以深領其文詞之美。若讀哲史或科學則當速讀，但觀大意，不求甚解，即把捉其想思而不斤斤於字句之穿鑿也。此辦法本并行不悖，但弟所切需者速讀耳。

同日　吴澤霖、羅隆基自威斯康星到芝加哥，先生與其見面暢談。旋，與兩人及劉聰强、何浩若、浦薛鳳等乘火車到附近市鎮療養院探望病中的錢宗堡，并在市鎮旅館過夜。

六月十五日　芝加哥美術學院一年級課程結束，先生獲得特殊表揚。（據芝加哥美術學院注册幹事致科羅拉多學院藝術學院副院長蘇珊・F. 利明斯的信，1923.9.18）

先生在芝加哥美術學院的肄業表如下：

姓名：聞多　1922年9月25日入學

第一學年，1922—23

		10月	11月	12月	1月	2月	3月	4月	5月	6月	指導者（教師）
生物速寫	成績	良+	良+	良+	良+	優	優	良+	優	優	雷塞小姐
	出勤	11	11	10	7	6	8	8	6	6	
設計	成績	優-	優	優	優	優	優	優	優	優	博納德小姐
	出勤	8	8	8	8	5	7	6	7	5	
靜物素描	成績	良+	優-	優	優	優，表揚	優，表揚	優，表揚	優，表揚	優，表揚	博□小姐
	出勤	4	4	4	3	3	3	3	3	3	
雕刻字	成績	優-	良+	良+	良+	良	優	良+	優	優	菲浦先生
	出勤	4	4	3	3	3	3	3	3	3	
透視畫法	成績	良-	優	優	優	良	良+	優	優	優	博納德小姐
	出勤	3	4	2	4	3	3	4	4	4	
藝術史	成績	優	優	優，表揚	優，表揚	優，表揚	優，表揚	優，表揚	優，表揚	優，表揚	莫爾斯先生
	出勤	4	3	2	3	2	4	4	3	4	
研究	成績	良	優	優	優	優	優	優	優	優	科普□□先生
	出勤	（略）	3	3	3	2	2	4	2	3	
構圖	成績	（略）									□□先生
	出勤										

評語：□□優良□

榮譽：表揚

E—優　G—良　F—一般　P—不佳

一個“+”號表示一種具有達到更高水準的趨勢。

出勤按照半日課程計算。

（據聞一多在芝加哥藝術學院一年級的肄業表原件譯）①

是月底 暑假。遂入暑期學校。假期中有信致朱湘，原件無存。朱湘八月二十一日致孫大雨信中說："他在暑假中寄我一信，内附寫了他的《長城下之哀歌》的三分之一，這裏面優美的片斷不少。……他現在正作着一首咏伯夷叔齊的史詩，定名爲《首陽山下之餓莩》。他并已定了作一首歌咏長卿與文君事的史詩。"（《朱湘書信集》，第 205—206 頁）

七月二十日 致家人信。收《聞一多書信選集》。信中開列對《園内》的多處修改，請聞家駟謄録後寄創造社。

美國學校有咨派優秀學生赴歐洲學習的規定，芝加哥美術學院已有學生派往巴黎、羅馬。先生獲得美術學院最優等名譽獎，原以爲可以咨送赴歐，這時纔知此例僅限於美國人。先生認爲這是歧視，故信中說："今此等名譽獎乃不值錢的臭東西，送給我我還不要呢！然於此更見美人排外觀念之深，寄居是邦者，真何以堪此？"

是月 芝加哥清華同學會成立"改良清華委員會"，（據《清華周刊》第 292 期，1923.11.2）先生是積極參加者之一。

八月十七日 清華學校癸亥級畢業生放洋，中有方重、孔繁祁、全增嘏、吴文藻、吴景超、梁實秋、梁思成、翟桓、謝文炳、顧毓琇等，皆先生之友。梁實秋登船時，創造社幾位友人到浦東碼頭送行，并言郭沫若、成仿吾、郁達夫都準備離開上海，欲將《創造》編輯事托與先生與梁二人代辦。梁未允，但同意加入創造社。梁到美，將此事告訴先生，先生亦以爲然。九月二十四日致聞家駟信中說："我意此時我輩不宜加入何派以自示褊狹也。沫若等天才與精神固多可佩服，然其攻擊文學研究會至於體無完膚，殊蹈文人相輕之惡習，此我所最不滿意於彼輩者也。"

八月二十一日 芝加哥清華同學開重聚會，（據《清華周刊》第 294 期，

① 此爲打字機列印原件，注明"略"處爲字跡不清無法翻譯者。

1923.11.16）先生參加。會上討論了清華改良諸事。

八月二十五日 詩《别後》發表於大連《盛京時報》。收《紅燭》。

是月下旬 聞亦傳自波士頓抵芝加哥，將入芝加哥大學，暫與先生同居一處。

九月一日 致聞家騆信。收《聞一多書信選集》。對留學生中盲目崇拜西方甚爲不滿。信中説："我自來美後，見我國留學生不諳國學，盲從歐西，致有怨造物與父母不生之爲歐美人者，至其求學，每止於學校教育，離校則不能進步咫盡，以此雖賺得留學生頭銜而實爲廢人。我家兄弟在家塾時輒皆留心中文，今後相襲，遂成家風，此實最可寶貴。吾等前受父兄之賜，今後對於子侄亦當負同等責任，使此風永繼不滅焉。"

九月三日 與浦薛鳳同行赴美國中西部的麥迪遜市。麥迪遜市是威斯康星州的首府，簡稱"麥城"，威斯康星大學系統的旗幟性學校威斯康星大學麥迪遜分校就設在這裏，清華學校一九二一級的羅隆基、何浩若、吴澤霖、蔡承新、王際真，一九二二級的高崇熙、周振聲、沈銘書、張錫禄、劉行驥，一九二三級的薩本鐵、黄子卿、謝奮程、安紹瀛、譚廣德、孫成嶼、王世富、李迪俊等，都在這所成立於一八四八年的學校留學。（據李迪俊《威斯康辛大學消息》，《清華周刊》第296期，1923.11.30）

同日 梁實秋抵科羅拉多州的科羅拉多泉。旋給先生一信。先生原欲去波士頓繼續求學，遂决定轉往科羅拉多學院。

九月四日 每年一度的美國中部中國留美同學會年會（亦稱留美中國學生夏令營）在麥迪遜市召開，十一日閉會。參加這次年會的有一百七十餘人，清華同學占了大半，其中有羅隆基、吴澤霖、聞亦傳、吴景超、時昭瀛、梅貽寶、孔繁祁等。吴景超是這年抵美後，從西雅圖直接來這裏的，到達時年會已開了三天。他説："序不外名人演講、討論、報告、演説辯論比賽、運動泅水比賽、俱樂跳舞、宴會等等。此會的最大好處，便是能聚多數中國學生於一堂。"關於年會情况，他説："此次年會主席，是趙君學海，年會討論的主要題目，是學生對於改造中國所負的責任，結果通過議案四十餘條，詳細情形，將來當見諸報端。”（吴景超《西雅圖—麥城—明城》，《清華周刊》第290期，1923年10月19日）

李迪俊在致清華同學的信中，也説到了這次年會。其云：“留美中國學生聯合會本夏假威斯康辛大學開第十四次年會。主其事者，十之九屬清華學生，與會者百七十餘人，清華學生居泰半，上自一九一五級，下至一九二三級，無不有人參加。數年闊别，一堂重聚，把手話舊，樂也何如！”（李迪俊《威斯康辛大學消息》，《清華周刊》第296期，1923.11.30）

九月六日 詩《藝術的忠臣》發表於《盛京時報》。收《紅燭》。

九月九日 乘中部中國同學會年會之機，美國中部清華同學亦召開重聚會。下午一時開會，主席孟繼懋，先生爲書記。參加這次會的有清華同學七十餘人，討論議案多件，時間長達五小時。討論議案多由芝加哥同學提出，主要内容關於學校部分者有：對董事會改組、鼓吹組織清華基金調查委員會、改革專科生考試制度、取消清華招收自費生辦法、校中中美職員教員應同薪同待遇、教材應選擇關於中國的材料、《清華一覽》的改良等；關於清華同學會部分者有：組織及選舉、對年報的意見、對清華駐美監督處意見、《清華周刊》改革問題。此外，還有修改同學會章程、獎學金、建築同學院等問題。（據《清華大改革案之本文》，《清華周刊》第292期，1923.11.2；第293期，1923.11.9）後，羅隆基將各種意見歸納，寫成《清華大改革案》。

晚七時，清華同學舉行俱樂會。“會序第二部分爲年宴，於晚間七時半舉行於曼迪生著名之爬克旅館。到會男女幾及百人。會前，依各級級色所製之紙帽，至是一律戴上。有作椎形者，有做棱形者，有作古冠式者，有作嘍啰式者……紅紅緑緑，形形色色，令人目眩。”（李迪俊《威斯康辛大學消息》，《清華周刊》第296期，1923.11.30）

在麥迪遜城期間，先生與部分志同道合的清華同學成立了性質接近於政治的“大江學會”。次年二月二十四日，在麥迪遜城的羅隆基復信致清華學校施滉同學，信中簡要介紹了該會的組織及主張：

“大江”的宗旨爲“本自强不息的精神，持誠懇忠實的態度，取積極協作的方法，以謀國家的改造”。宗旨下“自强不息的精神”“誠懇忠實的態度”“積極協作的方法”，這就表明我們對内的性質了。“謀國家的改造”，這就表明我們對外的性質了。

要是上面的答復太空，我更提出兩個反面的條件，以解釋“大江”的性質。

A.“大江”非社交式的盟社“Fraternity”。社交式的盟社是不講主張的，我們是崇奉一定的主張的。社交式的盟社是要升平日互相提携的，我們是要改造中一同奮鬥的。簡言之，前者主共安樂，後者主共患難。社交式的盟社的得失姑不論，若大江學會有以“互相提携”“彼此引援”爲目的者，天厭之！天厭之！

B.“大江”非政黨。我們不反對政黨，并且承認政黨爲政治生活上應有的活動。但政黨有政黨的範圍，政黨有政黨的手段。政黨的範圍，是限於政治，“大江”决不限於政治的活動。政黨改造的手段是要争立法院的多數，掌行政部的全權，我們的手段，决不限於此。今日的“大江”必非政黨的性質。

九月十二日　致聞家騆信。收《聞一多書信選集》。説：“現擬往科泉與實秋同居。科泉離此需一日之旅行。……科泉有美術學校或不及芝校，然與實秋同居討論文學，酬喝之樂，當遠勝於拘守芝城也。”

九月十八日　芝加哥美術學院注册幹事致函科羅拉多學院藝術學院副院長蘇珊·F. 利明斯女士，介紹先生在校學習情况。這封信是先生决定轉到科羅拉多學院後請學校出具的。全信云：

蘇珊·F. 利明斯女士
副院長
藝術學院
科羅拉多泉，科羅拉多州

親愛的利明斯女士：

聞多先生讓我寫信給您，介紹他去年在藝術學院就讀的情况。

聞先生自一九二二年九月二十五日入校至一九二三年六月十五日這一學年中，每日參加學習。

以下是他學習的課程表及成績的記録的副本：

	上午： 9:00—12:00	學時	成績	下午： 1:00—4:00	學時	成績
1922年9月25日至 1923年6月16日	生物速寫 静物素描 設計	324 108 108	良＋ 優，表揚	設計 雕刻字 研究 透視畫法 藝術史	108 108 108 108 108	優 良＋ 優 優 優，表揚

您不難看出聞多先生在一切課程均獲優秀成績。在六月十五日，他還獲得特殊的校方表揚，以獎勵他的全面優秀成績。

他令人信服地完成了三年基礎藝術課程的頭一年課程。

我很高興地向您推薦他，他是一名具有才幹的勤奮學生。

注册干幹事

芝加哥，九月十八日，一九二三年

（據芝加哥美術學院注册幹事致科羅拉多學院藝術學院副院長蘇珊·F. 利明斯女士函原件譯）

是月中旬　轉學到科羅拉多學院。該校建於一八六一年，位於科羅拉多州的泉鎮，泉鎮習稱“珂泉”。“科羅拉多”爲西班牙語“紅色的”之意，因土壤呈紅色而得名。其爲美國獨立一百周年時建州，所以又有“百年州”之稱。

先生來此經過，梁實秋《談聞一多》記述道：“十二年九月三日我到了美國科羅拉多温泉（簡稱珂泉），這裏有一個大學，規模很小，衹有幾百個學生，但是屬於哈佛大學所承認的西部七個小大學之一。最引人入勝的是此地的風景。地當落磯山脉派克斯峰之麓，氣候凉爽，景特宜人。我找好了住處之後立刻寄了一封信給一多，内附十二張珂泉風景片，我在上面寫了一句話：‘你看看這個地方，比芝加哥如何？’我的原意衹是想逗逗他，因爲我知道他在芝加哥極不痛快，我拿珂泉的風景炫耀一下。萬萬想不到，他接到我的信後，也不復信，也不和任何人商量，一聲不響的提着一個小皮箱子，悄悄的乘火車到珂泉來了！他就是這樣衝動的一個人。”（第 28 頁）

在珂泉，初與梁實秋住在瓦薩奇街北（Wahsatch）七二〇號。這是座三層小樓，典型西方家庭建築，面對一條大街，房前有草坪，房後是狹長的花園，環境很優静。先生和梁實秋住在二層，先生住一小間，梁實秋住一大間。房東米契爾是報館的夜班排字工人，夫婦很厚道，有三個女兒。同住的還有兩位女房客，每天大家一起在一層飯廳用餐。

住妥後，兩人去學校注册。梁實秋入英語系四年級，先生因臨時請求入學，衹作爲藝術系的特别生。

關於珂泉的民風，梁實秋在十一月十日的信中説：“珂泉民風敦厚質樸，對待中國學生備極歡迎。居民類皆和藹可親，雖不相識而道旁巷口常舉手爲禮，據從東部移來同學謂此乃鮮有之事。”信中還寫到住宿離開學校較遠：“學校及住家區域離城市頗遠，故無塵囂之亂耳，對於礦夫最爲適宜。”（梁治華《珂樂拉度大學情形》，《清華周刊》第 299 期，1923.12.21）

九月二十四日 致聞家騆信。收《聞一多書信選集》。説到對珂泉的印象和來這裏後的心情：

> 我現已在珂泉，離芝城遠如北京至長沙，車行首日早十時起，次日午後二時至。珂泉爲此邦名勝之區，有曼圖山、裴客峰、神仙園等勝景。夏日爲避暑之地，氣候全年皆如春日。地勢既高，空氣絶佳，故又爲養疴之所，蓋如我國北之香山，南之廬山也。
>
> 珂泉有大學，美術學院附屬焉。此美術學院規模極小，遜芝院遠矣。我之來此，固因不奈於芝城生活。在此休養一年，擬再行東

往波斯頓。清華同學在此者，實秋而外，有盛斯民、王國華、趙敏恒、陳肇彰四君。我現與實秋同居。每月房飯費五十元。房飯較芝城佳甚矣。在芝城時係在飯館用膳，此處不作興如此，乃與房東共食也。房東老夫婦甚惠謹，待遇我輩頗厚。

總之此來，於美術所獲或較歉，然於文學之創作，能與實秋相砥礪、相酬唱，成績必佳也。且此處勝地佳景，得與自然相親，其所啓發者亦必多。又在芝城鎮日呼吸煤烟，涕唾皆黑；在此庶得呼吸空氣，澡浴陽光，其於攝生裨益亦不淺。

先生的第一部詩集《紅燭》經郭沫若介紹，由上海泰東書局出版。詩集由《序詩》（一首）、《李白篇》（三首）、《雨夜篇》（二十一首）、《青春篇》（十七首）、《孤雁篇》（十九首）、《紅豆篇》（四十二首）組成，共一百零三首。前四篇爲國内作成，後二篇是到美國後創作的，發表時有所改動。《紅燭》封面爲白底紅字，用藍條框邊。《紅燭》排印錯誤較多，先生曾抱怨説："排印錯誤之多，自有新詩以來莫如此甚。如此印書，不如不印。初出頭之作家宜不在書賈眼裏。人間乃勢利如此，夫復何言！"（《致聞家駟轉聞家騄及闔家信》，1923.11）

是年秋　胞弟聞家駟入上海震旦大學預科學習法語。聞家駟選擇學習法語，是聽從了先生的建議。聞家駟在《憶一多兄》中說："我上中學，開始學的是英語，爲什麽後來又改學法語呢？這也是因爲他的一句話决定的：'我們家裏大家都學英語，你就學法語好了。'於是我就改學法語了。至於我學法語而又選定法國文學這門專業，那更是和他本人愛好文學的傾向分不開的。"（《聞一多紀念文集》，第374頁）

十月二日　《時報》刊登署名"慎夫"書訊，云清華學校文學研究會會員聞一多君著有《紅燭》新詩集一本，現已出版，聞君現正留美研究文學。此則書訊爲目前所知《紅燭》出版的最早報道。十一月十九日，《清華周刊》亦報導："《紅燭》，聞一多君創作集，泰東書局出版，價四角。聞君的新詩在中國新文壇上所占的地位，已早有定評。此集出版後，外間銷行甚暢，清華同學不可不人物一編。”（《清華著作介紹》,《清華周刊》第 293 期，1923.11.9）實際上，《紅燭》問世時很少有人注意，直到一年後纔引起文壇評論。

最早進行評論的是朱湘，一九二四年十月二十日，他以“天用”筆名在《時事新報·文學》第一一四期上發表《桌話四·〈紅燭〉》《桌話五·〈小溪〉》。這兩篇短文，從四個方面談了對《紅燭》總的印象：其一，認爲“《紅燭》最惹人注目的是它的色彩的運用”，“詩中有畫”，不過尚未取得“全整的成功”，希望先生向“畫家而兼詩人”的王國維學習，寫出“如畫的，而又神韻悠然”的詩篇來。其二，批評先生關於“想像”與“音節”的理論，認爲先生説“想像豐富了，音樂自然會跟着來”的“念頭”是錯誤的，《紅燭》“自身缺乏音韻”，便是這一“念頭”錯誤的“確證”。其三，認爲先生“受了拜倫的影響很大”，而他并不喜歡拜倫，他“想像中的對象是英國浪漫復活期的大詩人柯拉斯特、雪萊、濟慈”。其四，認爲《紅燭》中藝術成就最高的是《李白之死》，儘管在音韻上比郭沫若的《密桑索羅之夜歌》略輸一籌，但藝術成就“不下似國内任何新詩人”。

十一月二十七至二十九日，爲法在《時事新報·學燈》連載的九千餘字《評〈紅燭〉》論文，是當時評論《紅燭》詩集最長、最全面的詩評。文章從“詞采”“音節”“想像”“情感”等方面入手，評析了《紅燭》與傳統詩歌的關係，突出了先生對於現實生活中“富有時代性的詞句”的采擷，以及對於“外洋詩”的吸收和借鑒，并首次提出先生新詩創作走的是“中西藝術”相結合的道路，突破了“醜的字句”（富有時代性的詞句）不能入詩的偏見，以及先生是“東方詩人”的研究框架。這兩位評論者，當時分别屬於文學研究會和創造社兩個最大的文學流派。

同日 致聞家駟信。收《聞一多書信選集》説：“來珂泉將兩星期矣。此間若論習畫殊不及芝加哥，故擬於此年多讀書——西洋美術史及美術之原理。”又云：“如今習畫越久，興趣越深，而野心亦越大。我欲在美術上大努其力了。”又云：“《紅燭》計已出版，稿費已取來否？家中疑實秋，殊是笑話。前次印《冬夜草兒評論》，實秋曾用洋百元，其後出售書費亦未收到手。對於此事，我未費一錢，自思頗有些不好意思。好在印行彼書，并非我的主張，全屬實秋之意也。我之印行《紅燭》豈在金錢？家中竟從中生事，我甚不滿意。設或被實秋知破，豈不大失面子？總之應得之金錢，我并不賤視，家中之不能不汲汲於金錢，我亦能諒解。惟目下我輩藉文字作生涯者，有比金錢更重要者在，不能不留也。”①

十月三日 詩《孤雁》發表於《盛京時報》，四日續完。收《紅燭》。

十月四日 詩《秋深了》發表於《盛京時報》。收《紅燭》。

十月六日 詩《色彩》發表於《盛京時報》。收《紅燭》。

十月九日 詩《晴朝》發表於《盛京時報》。收《紅燭》。

十月十日 先生與清華同學聚會慶祝民國國慶日。梁實秋説“國慶日同人等舉行聚餐典禮，雖無牌樓火把之盛，而一塊麵包，一杯咖啡，亦足以暢叙鄉情”。（梁治華《珂樂拉度大學情形》，《清華周刊》第299期，1923.12.21）

十一月五日 致聞家騆信。收《聞一多書信選集》。説與梁實秋等“暇時談論文學，談畢輒得一種新計劃，然後即着手進行，時相督責，以‘自强不息’②相儆”。又説：“明年三月爲英詩人拜倫百年祭辰。我等已函邀郭沫若使《創造》爲拜倫出一紀念號。我與實秋正從事翻譯，忙甚。”郭沫若收到信，於是月十六日復信梁實秋，云：“拜倫專號準出（在二卷三號或四號），我在外還可約些朋友，稿齊請即寄來。我現在異常忙碌，年譜手中無書，恐難編出，請你們供給我些材料吧。達夫已北上，在北大法大兩校任課，仿吾不日返湘，滬上衹能留我一人了，周報事太忙了，望你們救我。”（轉引自梁實秋《看雲集》，臺灣皇冠出版社1984

① 《聞一多書信選集》未録此句，今據原件補充。

② “自强不息”爲清華學校校訓。

年 8 月出版）

十一月十日　科羅拉多學院清華同學會成立。時，有成員九人，除先生外，梁實秋、陳肇彰、王國華、謝奮程、麥健曾、盛斯民、趙敏恒都是當年入校的，另外還有一位曾在清華肄業的曹與平（曹權君）。同學會幹事爲陳肇彰，書記爲梁實秋。大家决定每月舉行一次俱樂會，以資聯絡，并每月與《清華周刊》通訊一次，作爲筆談。（據梁治華《珂樂拉度大學情形》，《清華周刊》第 299 期，1923.12.21）當時，該校還有兩位中國留學生，他們一起成立了中國同學會。其後，因清華文學社社友陸續赴美，遂成立了清華文學社美國支部，由先生擔任幹事。（據《新聞・各會社》，《清華周刊》第 303 期，1924.3.1）

在科羅拉多學院，他們每天上午十時要穿着長袍頂方冠，到學校教堂做禮拜。（梁實秋《悼王國華先生》，臺灣《傳記文學》第 23 卷第 1 期）這座教堂在學校中心草坪南面，是學校一景。

十一月三十日　致聞家騄信。收《聞一多書信選集》。説："今年由芝加哥遷珂泉，得於學理方面加以較精細之研究。明夏擬往紐約，專事實習。"又囑立忠、立勛兩侄勿放鬆算術，説自己"因不曾習三角與立體幾何"，"故不能得學位。攻美術者固不在乎學位，然我若於數學稍有根柢，取一學士頭銜，易易如拾草芥耳。蓋以弟目下之成績，其他學科皆綽綽有餘裕，獨於數學則絶不敢問津，此亦憾事也。以前清資格論之，我將終身爲一童生而已"。

先生不諳數學，却於文學方面獲益匪淺。梁實秋《談聞一多》："對於英詩，尤其近代詩，他獲得了系統的概念及入門的知識，因爲他除了上藝術系的課之外還分出一半時間和我一同選修'丁尼生與伯朗寧'及'現代英美詩'兩門課。教這兩門課的是一位 Daeler 副教授，這位先生無藉藉名，亦非能説善道之輩，但是他懂得詩，他喜愛詩，我們從他學到不少有關詩的基本常識。我們一同上課，一同準備，一同研討。這對於一多在求學上是一大轉捩點，因爲從此他對於文學的興趣愈益加濃，對於圖畫則益發冷淡了。……在英詩班上，一多得到很多啓示。例如丁尼孫的細膩寫法 the ornate method 和伯朗寧之偏重醜陋 the grotesque 的手法，以及現代詩人霍斯曼之簡練整潔的形式，吉伯林之雄壯鏗鏘的節奏，都對他的詩作發生很大的影響。”（第 29—33 頁）

是月 致聞家駟轉聞家騄及闔家信。收《聞一多書信選集》。幾月未接家書，負氣説：“留學苦非過來人孰知之？作中國人之苦非留學者孰知之？留學纍月不得家書之苦惟我知之！”又請家人注意收集國内對《紅燭》的評論。

十二月三日 《泰果爾批評》發表於《時事新報》副刊《文學》第九十九期。收《聞一多全集》。《文學》原名《文學旬刊》，是文學研究會定期刊物之一，一九二三年七月三十日改爲周刊。此文發表時，前有“編者附言”，文云：“此篇作者由美國寄來，故首句曰：‘聽説泰果爾快到中國來了。’自泰果爾來華消息傳布後，國内文壇議論風生，就記者所見的，前數星期出版的《中國青年》周刊，有實庵先生的一篇《我們爲什麽歡迎泰果爾》，最近出版的《創造周報》上也有沫若先生的一篇《泰果爾來華的我見》，這兩篇文章，都就國内思想界與泰果爾思想的關係立言，而致疑泰果爾來華之最否必要，或有益的。我們以爲若要討論‘請泰果爾來華’的是否有多大意義，應該從兩方面看：一是思想家的泰果爾對於我國現在青年思想的關係；二是文學家的泰果爾對於我國新文學的關係。就前者而言，記者贊同實庵沫若二位的話——他倆都是説思想家的泰果爾。至於文學家的泰果爾，到中國後對於中國現在的新文學有怎樣的影響，記者以爲無論大小，這所生的影響一定是好的。但這衹是一人的私見，如果肯來注意這個問題，那是再好没有了。聞一多先生此篇文章就是專從文學上討論來華之意義的；雖然他的批評不盡與我們的意見相合，然而這文章是有意義的文章，我們很喜歡在此地發表，并且注上這一段附言，恭敬地表明我們對於這個問題的見解。”

泰戈爾是印度作家、詩人和社會活動家，以詩集《偈檀迦利》獲諾貝爾文學獎金，在國際文壇聲譽很高，國内胡適、徐志摩等也對他推崇備至。但是，先生這篇文章却對泰戈爾提出批評，認爲他的“詩之所以偉大是因爲他的哲學”，“而哲理本不宜入詩”，哲理詩也“難於成爲上等的文藝”。同時，還指出“泰果爾底文藝底最大的缺憾是沒有把捉到現實”，而且“因爲受了西方文化底陶染，他的思想已經不是標類［準？］的印度思想了”。文中，還提出了詩的形式問題：

> 在藝術方面泰果爾更不足引人入勝。他是個詩人，而不是個藝術家。他的詩是沒有形式的。我講這一句話恐怕又要觸犯許多人底忌諱。但是我不能相信沒有形式的東西怎能存在，我更不能明瞭若沒有形式，藝術怎能存在！固定的形式不當存在；但是那和形式的本身有什麽關係呢？我們要打破一個固定的形式，目的是要得到許多變異的形式罷了。泰果爾底詩但沒有形式，而且可説是沒有廓綫。因爲這樣，所以單調成了他的特性。我們試讀他的全部的詩集，從頭到尾，都彷彿是些不成形體，沒有色彩的 amoeba 式的東西。我們還要記好這是些抒情的詩。别種的詩若是可以離形體而獨立，抒情詩是萬萬不能的。

十二月十日　致聞家駟聞家騄轉闔家信。收《聞一多書信選集》。説已搬入科羅拉多學院海格曼宿舍（Hagerman Hall）三層三十一號。海格曼宿舍是單身宿舍，建在校園中心大草坪西側，草坪一端是建校時蓋起的第一座建築，樓高三層，用於接待賓客、召開會議使用，另一端是座羅馬風格的教堂。海格曼宿舍建築材料用的是當地紅岩石，易風化，先生入住時已有些破敗，像座舊堡壘。不過房租便宜，每月七美金。宿舍不供應伙食，衹得與梁實秋花八美金買了個酒精爐，經常起火做飯，自己炒雞蛋、炒白菜、炒肉絲。先生興奮地説“雖不能完全成味，然猪油醬油調配起來，離家鄉味亦不甚遠”。第一次做飯成功時，兩人竟拍案大叫“在異國得每日食此，真南面王不易也！”

梁實秋《談聞一多》亦云：“一多在珂泉的生活是愉快的，衹是窮苦一些。每月公費八十元，足敷生活所需，其是他的開銷較大，除了買顔料帆布之外還喜購買詩集，而且還經常有一項意外開銷，便是遺失。有時所謂遺失衹是忘了放在什麽地方。因此不免有時捉襟見肘。他雖住在外國，但仍不能忘懷中國生活的情趣，在宿舍裏用火酒爐煮水沏茶是常事。不喝茶還能成爲中國人？有時候乘興煮鷄蛋數枚，範圍逐漸擴大，有一回竟煮起水餃。這引起了管理人的不滿，但是水餃煮熟之後送給他一碗嘗嘗，他吃得眉開眼笑，什麽也没再説。一多曾經打翻過一隻火酒爐，慌張中燒焦了他的一綹頭髮。”（第 41 頁）

十二月二十五日　聖誕節。放假約三個星期，先生擬假日期間“作函述此邦最要之時節之風俗”。

是年冬　朱湘因曠課逾章，被清華學校開除。此事詳情，朱湘寫信告訴先生。不久，朱湘在致顧毓琇信中説到此事。信中説：“我離校的詳情曾有一信告訴了一多，望你向他函索，恕我不另函了。我離校的原故簡單説一句，是向失望宣戰。這種失望是各方面的。失望時所作的事在回憶爐中更成了以後失望的燃料。這種精神上的失望越陷越深。回頭幸有離校這事降臨，使我生活上起了一種變化。不然，我一定要瘋了。”（《朱湘遺書》，《清華周刊》第 41 卷第 3、4 期合刊，1934.4.16）

一九二四年　二十六歲

一月，中國國民黨第一次全國代表大會在廣州召開，决定聯俄、聯共、扶助農工三大政策，國共兩黨第一次合作實現。

六月十六日，黄埔軍校正式開學，蔣介石任校長。

九月，第二次直奉大戰爆發。十月，直軍馮玉祥倒戈，推翻曹錕賄選政府。

十一月四日，馮玉祥修正對清室優待條件，永遠廢除皇帝的尊號。當天，溥儀遷出故宫。

一月八日 致聞家駟信。收《聞一多書信選集》。談道："來此半年，精神上較在芝加哥實爲平妥。然可怪者則雖與實秋同居而文學之創作反甚少。在功課上成績頗佳，甚爲教員重視。"

學校的兩位美術教師，都很欣賞先生，梁實秋《聞一多在珂泉》："珂羅拉多大學有美術系，一多是這系裏唯一的中國人。系主任利明斯女士，姊妹兩個都是老處女，一個教畫，一個教理論。……一多的天才和性格都使他立刻得到了利明斯女士的賞識。我記得利明斯有一次對我説：'密斯脱聞，真是少有的藝術家，他的作品先不論，他這個人就是一件藝術品，你看他臉上的紋路，嘴角上的笑，有極完美的節奏！'……一多在這裏開始畫，不再畫素描，却畫油彩了。"（天津《益世報·星期小品》第 9 期，1947.9.14）

梁實秋《談聞一多》亦有類似的描述，并説先生也認爲白種人的臉像原板初刻。"藝術系是由 Leamings 姊妹二人主持的，妹妹教畫，姊姊教美術史。我也旁聽美術史一課，和一多一同上課，課本用的是《阿波羅》。兩位老小姐（均在六十歲左右）對於一多極爲賞識，認爲是她們的生徒中從未曾有的最有希望者之一。她們特别欣賞一多的嘴，認爲那是她們從未見過的'Sensuous mouth'——'引起美感的嘴'。説起人的相貌，一多對我講過一段有趣的話，他説他雖然熱愛祖國，但不能不承認白種人的臉像是原板［版］初刻，臉上的五官清清楚楚，條理分明，我們黄種人的臉像是翻版的次數太多，失之於漫漶。如今美國的美術教授也欣賞起我們的版本！"（第 30 頁）

先生與這兩位美術教師有友好的往來。梁實秋《談聞一多》："有一天兩位老小姐請我們到她們家裏吃飯，顯然的是她們不善烹調，滿屋子油烟彌漫，忙作一團，可是没有看到豐盛的菜肴，不過她們的殷勤盛意實在太可感了。我和一多在赴宴之前商量送點小小的禮物，我從箱子裏找出一塊前清官服袍褂上的'黻子'，配上一個金色斑爛的框子，有海波浪，有白鳥，有旭日，居然像是一幅美麗的刺綉畫！她們本來是愛慕中國的，看見這東西高興極了，不知挂在什麽地方好。又有一次她們開着一輛彼時女人專用的那種不用駕駛盤而用兩根柄杆操縱的汽車帶我們去游仙園（The Garden of Gods），那是我們第一次看到的奇景，平地突起一個個紅岩石的奇峰，詭怪不可名狀，我國桂林有類似景象不過規模小得多了。”（第 30—31 頁）

三月二十八日 英文詩《Another “Chinee” Answering》（另一個“支那人”的回答）發表於科羅拉多學院學生報紙《科羅拉多之虎》。同期還發表了梁實秋的《Reply from a “Chinee”》（一個“支那人”的回答）。

這兩首詩，都是對 3 月 25 日《科羅拉多之虎》刊登的一首署名 M.R. 美國學生的詩《Chinee》的回答。梁實秋《談聞一多》：“學校裏有學生主辦的周報一種，有一次上面刊出了一首詩，不知是何人的手筆，顯然的是一個美國學生，題目是 The Sphinx[①]。內容是說中國人的面孔活像人首獅身謎一般的怪物，整天板着臉，面部無表情，不知心裏想的是一些什麽事。在外國人眼裏，中國人顯着神秘，這是實情。可能大多數美國學生都有這樣的看法。這首詩寫得并不怎麽好，可是没有侮辱的意味，頂多是挑釁。一多和我都覺得義不容辭應該接受此一挑釁，於是我們分别各作一詩答之。一多寫的一首分量比較重，他歷數我們中國足以睥睨一世的歷代寶藏，我們祖宗的豐功偉績。……兩首詩同時在下一期刊物上發表了，引起全校師生的注意，尤其是一多那首功力雄厚詞藻豐贍，不能不使美國小子們嘆服。”（第 40—41 頁）

先生的英文原詩後刊於梁實秋的《聞一多在珂泉》。（天津《益世報·星期小品》第 9 期，1947.9.14）其譯文如下：

> 另一個“支那人”的回答
> 我臉如獅身人面像，
> 你説，它使你困惑，

① 梁實秋記錯了，筆者曾在科羅拉多學院查閲了《科羅拉多之虎》原報，題目是《Chinee》。

你希望我唇齒清楚，
你要我回答。

不過，要是我的話對你是個謎，又怎麽辦呢？
你不願坐下來，
同我乾一杯茶，
緩慢地、斯文地、不斷地啜飲；
你不願在平静清潔、滿滿的茶杯的顫動的水汽上
任你神思飄逸，
你如此忙碌急躁
不願發現我的旨意。

甚至我的話對你也是個謎，
因此我寧可保持沉默。

但你向我招呼，
我喜歡你孩子般的聲音，
天真而羞答答地。
我們做朋友吧，
但我仍願保持沉默。

我將沉默地送你
最好的禮物，
送你一隻玉製的茶杯
透明而稀薄，
碧绿如竹林中的朦朧光綫，
我將送你一件錦袍，
綉滿奇異豪華的彩圖，

菱形的彩色塊，
蝙蝠和彩蝶，
有金色長鬚、道貌岸然的龍，
用夢幻般閃亮絲綫織成；
我將贈你花束，
有桃花、梅花、梨花；
我將贈你綢面精裝，
充斥着奇怪方塊字的典籍。

沉默地，敬畏地，
我將贈你最好的禮物。
以我的禮物爲伴，
你將了解我，
你將了解狡獪，
惡行，
或僅僅智慧。

但我的話可能對你是個謎，
因此我寧可保持沉默。[1]

是年春　梁實秋等三位中國留學生駕車去丹佛南京樓吃廣東菜，歸途在拐彎處與另一輛美國人駕駛的汽車相撞。警察局歧視黄種人，不由分説將駕車的中國留學生收監，後梁實秋交付了一百七十美元，纔將人放出。

先生得知此事後，十分氣憤。梁實秋的紀實小説《公理》："回到

① 這首詩是中國社會科學院外國文學研究所袁可嘉先生應編者之請翻譯的。許芥昱在《新詩的開路人——聞一多》一書中也有節譯，但不完整。

珂泉，魯和[1]覺得心裏悶得難過，便走到他的朋友W君的寓所。W君正在畫一幅油畫，穿着一件塗滿油污的布袍，桌上一尊珐琅的寶鼎裏面正焚着濃馥的檀香。魯和把在丹佛的經過告訴了他，他聽完了的時候，將手裏握着的長杆畫筆用力向桌上一敲，筆杆折了兩截。‘是可忍孰不可忍！……’魯和將斷了的筆杆從地上拾了起來，説：‘我去了，你好好的畫罷，衹消我們不忘我們的使命……’W君目送着魯和緩緩的出了房門，一聲也不響。”（《大江季刊》第1卷第1期，1925.7.15）

是年春 約在這前後，利明斯教授告訴先生，説紐約就要舉行一年一度的畫展，選擇很嚴格，勸先生參加。先生與梁實秋商量，梁極力慫恿。於是，先生埋頭一個月，鎖起房門，吃飯也是一個人抽空溜出去，如中瘋魔一般拼命的畫。大致畫完了，纔讓人去品評，有一幅人物，畫的是一個美國的偵探，非常有神。還少一張風景畫，梁實秋建議開汽車送先生到山上去寫生，不料却險些喪命。

梁實秋《聞一多在珂泉》：“一清早，我賃到一輛車，帶着畫具食品，興高采烈的上山了。這是我學會開車後的第三天，第一次上山，結果如何是可以想見的。先到了仙園，高大的紅石笋矗立着，那風景不是秀麗，也不是雄偉，是詭怪。我們向着曼尼圖公園駛去，越走越高，忽然走錯了路，走進了一條死路，盡頭處是巉岩的絶崖，路是土路，有很深的轍，衹好向後退。兩旁是幽深的山澗，我退車的時候手有些發抖。訇的一聲，車出了轍，斜叉着往山澗裏溜下去了，衹聽得耳邊風忽忽的響，我已經無法控制，一多大叫。忽然咯喳一聲車停了，原來是車被兩棵松樹給夾住了。我們往下看，亂石飛泉，令人心悸。車無法脱險，因爲坡太陡。於是我們爬上山，老遠看見一縷炊烟，跑過去一看果然有人，但是他説西班牙語，戴着寬邊大帽。腰上挂一圈繩。勉强作手勢達意之後，這西班牙人隨着我們去查看，他笑了。他解下腰間的繩子一端繫在車上，一端繫在山上一棵大樹上。我上車開足馬力，向上走一尺，

① 魯和，即小説中主人公，似“怒火”諧音。

他和一多就掣着繩子拉一尺，一尺一尺的車子上了大路。西班牙人和我們點點頭就走了。但是我再不敢放膽開車，一多的畫興也没有了，我們無精打采的回去了。”這次没有畫成風景畫，衹好在附近畫了。學校附近有座教堂，就以它爲背景。“正值雪後，一多就臨窗畫了一幅雪景，他新學了印象派的畫法，用碎點，用各種顔色代替陰影。這一幅畫很精彩”。後來共畫十幾幅，都配了框，裝箱，寄往紐約。在這時候，先生給梁實秋畫了一張像，他立意要畫出他的個性，也要表示自己手底腕力，“他不用傳統的畫法，他用粗壯的筆調大勾大抹，嘴角撇得像個瓢的，表示憤世嫉俗的意味，頭髮是葱緑色，像公鷄尾巴似的竪立着，這不知是表示什麽。這幅像使他很快意”。不久，“紐約的回信來了，衹有美國偵探那幅畫像得了一顆銀星，算是‘榮譽的提名’，其他均未入選”。“這打擊對於一多是很嚴重的，以我所知，一多本不想作畫家，但抛弃繪畫的决心是自此始”。(《益世報·星期小品》第9期，1947.9.14)

《聞一多先生的書桌》大約就是這前後寫的。後編入《死水》。朱自清在《詩與幽默》中稱它是“新詩裏純粹的幽默的例子”。該詩創作背景。梁實秋在《談聞一多》中記述道：“一多的房間經常是亂糟糟的，床鋪從來没有清理過，那件作畫時穿着的披衣除了油彩斑爛之外還有各種各樣的漬痕。最令人諒訝的是他的書桌，有一次我譏笑他的書桌的凌亂，他當時也没説什麽，第二天他給我一首詩看。”這首詩寫道：

忽然一切的静物都講話了，
忽然間書桌上怨聲騰沸：
墨盒呻吟道：“我渴得要死！”
字典喊雨水漬濕了他的背；

信箋忙叫道彎痛了他的腰；
鋼筆説烟灰閉塞了他的嘴，
毛筆講火柴燒秃了他的鬚，

鉛筆抱怨牙刷壓了他的腿；

香爐咕嘍着“這些野蠻的書
早晚定規要把你擠倒了！”
大鋼表嘆息快睡銹了骨頭；
“風來了！風來了！”稿紙都叫了；

筆洗説他分明是盛水的，
怎麼吃得慣臭辣的雪茄灰；
桌子怨一年洗不上兩回澡，
墨水壺説“我兩天給你洗一回”。

“什麼主人？誰是我們的主人？”
一切的静物都同聲駡道，
“生活若果是這般的狼狽，
倒還不如没有生活的好！”

主人咬着烟斗迷迷的笑，
“一切的衆生應該各安其位。
我何曾有意的糟蹋你們，
秩序不在我的能力之内”。

梁實秋説：“這首詩很有諧趣，他寫此詩的動機不僅是爲他的邋遢解嘲，詩的末行還吐露一切事自己做不得主宰衹好任其自然之意。我不知道他寫此詩時是否想起了波斯詩人歐謨的《魯拜集》中之那些會説話的酒罐子，因爲他非常喜歡這個古波斯詩人的那種瀟灑神秘的享樂主義。”(《談聞一多》，第41—44頁)

五月　科羅拉多學院舉辦學生成績展覽，先生作品頗得稱贊。次月十四日家信："前月舉行成績展覽會，以我之作品爲最佳，頗得此地報紙之贊美，題意可譯爲'中國青年的美術家占展覽會中重要部分云云'。"

六月上旬 先生畢業於科羅拉多學院，由於不願意學習必修的數學未能得學位。十四日家信："學校大考已畢。此校今年中國人得學士學位者六人。我亦得畢業證書，習美術者不以學位論也。"

畢業典禮上，先生受到刺激。梁實秋《談聞一多》："珂泉大學行畢業禮時，照例是畢業生一男一女的排成一雙一雙的縱隊走向講臺領取畢業文憑，這一年我們中國學生畢業的有六個，美國女生没有一個願意和我們成雙作對的排在一起，結果是學校當局苦心安排讓我們六個黑髮黑眼黄臉的中國人自行排成三對走在行列的前端。我們心裏的滋味當然不好受，但是暗中憤慨的是一多。雖然他不在畢業之列[1]，但是他看到了這個難堪的場面，他的受了傷的心又加上一處創傷。詩人的感受是特别靈敏的，他受不得一點委屈。零星的刺激終有一天會使他爆發起來。"（第48頁）

這樣的事情已有過數次。清華畢業的陳長桐，曾在科羅拉多學院銀行系讀書，"他有一次到理髮館理髮，老闆歧視黄種人，竟不肯爲他理髮。R.C（陳長桐）一氣之下，延請律師，告了理髮館一狀，結果法院判决理髮館敗訴，從此再也不敢藉故刁難了。那次所付律師費竟達美金八十元之多，超過留學生一月的官費"。（王慎名《一九一九級R.C校友的瑣事》，臺灣新竹《清華校友通訊》新80期）梁實秋也聽過先生講述這件事，《談聞一多》："一多到了珂泉之後就和我談起過有關陳長桐在珂泉遭遇過的故事，説的時候還臉紅脖子粗的悲憤激動。陳長桐到珂泉的一家理髮館去理髮，坐在椅子上半天没有人理，最後一個理髮匠踱了過來告訴他：'我們不伺候中國人。'陳長桐到法院告了一狀，結果是官司贏了，那理髮匠於道歉之餘很誠懇的説：'下回你要理髮請通知一聲，我

① 此處梁實秋記憶有誤，聞一多在家信中曾説於該校畢業。

帶了工具到你府上來，千萬請别再到我店裏來！’因爲黄人進入店中理髮，許多白人就裹足不前了。像這樣的小事，隨時到處都有。”（第47—48頁）

二十年後，先生還是不能忘掉這些耻辱，他對人説：“現在美國變得怎樣了，我不清楚，那時候就是這樣！我，總算知趣，閉門讀書畫畫，輕易不出去，寧可吃點冷麵包，寧可頭髮留得長一點，少受點冤枉氣也好呵！”（王康《聞一多傳》，第68頁）

在科羅拉多學院，曾有傳聞説孫中山先生病逝，先生聽了很激動，立即發電詢問。梁實秋《談聞一多》：“一多對於孫中山先生極爲敬仰。我們在珂泉時就有一天看見報載孫中山先生逝世的消息，語焉不詳，一多大爲激動，紅頭漲臉的反復的説：‘這個人如何可以死！這個人如何可以死！’他欽佩他懷有救國大志，不屈不撓，而爲人清廉。我們發電紐約查詢，結果知道原來是誤傳。”（第60頁）此後不久，先生特意寫了長詩《南海之神》，即孫中山先生頌，詩中充滿了對這位偉人的推崇。

六月十四日　致聞家騄轉闔家信，收《聞一多書信選集》。説到近來深感個人對家庭、社會、國家有不可推卸之責任，將盡自己所能，爲國家政治之改良作些努力。這是先生早期思想中的一大重要變化。信中説：

> 爲侄輩之教育起見，我亦當早日回國。惟觀目下情形，恐難如願。美術之爲學，其功難就而無窮，惟有寬以歲月以俟效耳。我輩定一身計劃，能爲個人利益設想之機會不多，家庭問題也、國家問題也，皆不可脱卸之責任。若徒爲家庭謀利益，即日歸國謀得一飯碗，月得一二百金之入款，且得督率子侄爲學做人，亦責任中事。惟國家糜巨萬以造就人才，冀其能有所供獻也。今粗得學問之毛，即中途而廢，問之良心，殊不安也。近者且屢思研究美術，誠足提高一國之文化，爲功至大，然此實事之遠而久者。當今中國有急需焉，則政治之改良也。故吾近來亦頗注意於世界政治經濟之組織及

變遷。我無幹才，然理論之研究，主義之鼓吹，筆之於文，則吾所能者也。客歲同人嘗組織大江學會，其性質已近於政治的，今又有人提議正式改組爲政黨，其進行之第一步驟則鼓吹國家主義以爲革命之基礎。今夏同人將在芝加哥、波士頓兩處開年會即爲討論此事也。

又囑弟侄應關心國事，端正品行：

我輩得良好機會受高深教育者當益有責任心。我輩對於家庭、社會、國家當多擔一分責任。諸侄暑假歸家時，駟弟當教其讀報紙，且將社會種種不平等情形，政治現狀如何腐敗，用淺近語言告之。在品行方面，家長猶當嚴責。如説謊、自私等惡習當嚴禁其滋長。

七月二十三日 是日，中國農曆大暑節氣。特作詩《大暑》。後發表於一九二五年四月一日《京報副刊》第一〇六期。收《聞一多詩集》。詩中表現了對故鄉的懷念。

是年暑假 決定去紐約，與梁實秋互有贈別。梁實秋《談聞一多》："珂泉一年很快的結束了，我到哈佛大學去繼續念書，一多要到紐約，臨别不勝依依。一多送了我他所最心愛的霍斯曼詩集兩册及葉芝詩集一册，我送給他一具珐琅香爐，是北平老楊天利精製的，上面的獅子黄銅紐特别細緻，附帶着一大包檀香木和檀香屑。一多最喜歡'焚香默坐'的境界，認爲那是東方人特有的一種妙趣，所以特别欣賞陸放翁的兩句詩：'欲知白日飛升法，盡在焚香聽雨中。'他自己也有一隻黄銅小香爐，大概是東安市場買的，他也有檀香木，但是他没有檀木屑。焚香一定要有檀木屑，否則烟不濃而易熄。一多就携帶着我這隻香爐到紐約'白日飛升'去了。"（第45—46頁）

先生與梁實秋先同行到芝加哥，參加清華留學生的夏令會。羅隆基、何浩若、時昭瀛、吴景超等人均齊集此地。

會中醖釀成立“鼓吹國家主義爲革命之基礎”的團體“大江會”。梁實秋《談聞一多》：“我和一多離開珂泉東去，是搭伴同行的，途經芝加哥，停留了約兩星期，這是一個有計劃的行動……清華畢業留美的學生，一九二一級、二二級、二三級這三級因爲飽受了五四運動的震蕩，同時在清華園相處的時間也比較長，所以感情特别融洽，交往也比較頻繁一些。一多和我在珂泉一年，對於散處美國各地的同學們經常保持接觸，例如在威斯康辛[①]的羅隆基、何浩若，明尼蘇塔的時昭瀛、吴景超，經常魚雁往還，除了私人問訊之外也討論世界國家大勢，大家意氣相投，覺得有見面詳細研討甚而至於組織起來的必要，所以約定在暑假中有芝加哥之會。芝加哥大學附近有一條街叫 Drexel Street，在街的盡頭有一家小旅館 Drexel Hotel，房子很陳舊，設備很簡陋，規模很狹小，但是租金很便宜。我們從各處來的朋友約十餘人就下榻在這個地方。因爲根本没有别的房客，所以好像是由我們包下來的一樣。連日大家交换意見，歸納下來有幾項共同的看法：第一，鑒於當時國家的危急的處境，不願侈談世界大同或國際主義的崇高理想，而宜積極提倡國家主義（nationalism）。第二，鑒於國内軍閥之專横恣肆，應厲行自由民主之體制，擁護人權。第三，鑒於國内經濟落後人民貧困，主張由國家倡導從農業社會進而爲工業社會，反對以階級鬥争爲出發點的共産主義。一多不是研究政治經濟的人，他是一個重情感的人，在國内面對着那種腐敗痛苦的情形他看不下去，到了國外又親身嘗到那種被人輕蔑的待遇他受不了，所以他對於這一集會感到極大的興趣。會談有了結論之後，就進一步討論到組織問題。首先要解决的是名稱，你一言我一語喧嚷了好幾天，最後勉强同意使用‘大江’二字，定名爲‘大江會’，也没有什麽特殊意義，不過是利用中國現成專名象徵中國之偉大悠久。大江會的成立典禮就在這家旅館的客廳舉行。我從國内帶來一幅定製的綢質的

① 威斯康辛，今譯威斯康星。

大國旗，長有一丈，當然是紅黄藍白黑五色旗，這一回可派上了用場，懸在正中央，壯觀無比。典禮的一個項目是宣誓，誓詞是：‘余以至誠宣誓，信仰大江的國家主義，遵守大江會章，服從多數，如有違反願受最嚴厲之處分。’‘大江的國家主義’，所以表示異於普通的狹隘的軍國主義。哲學家羅素那一年正好在美國講學，道出威斯康辛，我們的幾個朋友就去訪問他，他是主張泯除國界的大同主義者，反對激烈的愛國主義，但是他聽取了我們的陳述和觀點之後，沉吟一陣，終於承認在中國的現況之下衹能有推行國家主義之一途，否則無以自存。羅素的論斷給了我們很大的鼓勵。從此，我們就是宣過誓的國家主義者了。大江會不是政黨，更不是革命黨，亦不是利害結合的幫會集團，所以并没有堅固組織，亦没有活動綱領，會員增加到三五十人，《大江季刊》（上海泰東圖書公司出版）出了兩期，等到大部分人回國之後各自謀生去也，團體也就涣散了。但是一多是這一組織的中堅分子，他的熱誠維持得也最長久。”（第47—51頁）

潘光旦《談留美生活》中也談到大江會，説它的成立是爲了與清華學校一九二〇級邱椿、劉師舜組織的“大神州社”唱對臺戲。“他們也講國家主義，我們看不慣，就成立一個大江學會。大江學會這些人對國民黨無好感，對共産主義則怕，政治立場是改良主義的，也提國家主義，想搞一點勢力”。“大江學會是清華人，出版《大江季刊》（梁實秋寫的封面），大江宣言也搞了一大堆，文章是羅隆基的手筆。回國後，我們看到國民黨剛興起，還有點朝氣，覺得何必多此一舉”。（《文史資料選輯》第71輯，第197頁）

先生贊成“大江的國家主義”，其出發點是愛國精神。二十年後，他在五四紀念會上談到這段經歷，説：

五四時代我受到的思想影響是愛國的，民主的，覺得我們中國人應該如何團結起來救國。五四以後不久，我出洋，還是關心國事，提倡 Nationalism，不過那是感情上的，我并不懂得政治，也不懂得三民主義，孫中山先生翻譯 Nationalism 爲民族主義，我以爲這是反動的。……其實現在看起來，那是相同的。……我在外國所學的本來不是文學，但因爲這種 Nationalism 的思想而注意中文，忽略了功課，爲的是使中國好，并且我父親是一個秀才，從小我就受詩云子曰的影響。(《五四歷史座談》,《聞一多全集》第 3 册，第 536 頁)

也許就是在這次會上，先生對已經改學優生學的潘光旦説："你研究優生學的結果，假使證明中華民族應當淘汰滅亡，我便衹有先用手槍打死你。"（轉引自顧一樵《懷念故友聞一多先生》,《文藝復興》第 3 卷第 5 期）

離開芝加哥，先生赴紐約，梁實秋則由科羅拉多學院某教授推薦進入哈佛大學研究院。

九月初 轉學進入紐約藝術學生聯盟（The Art Students League of New York）。紐約藝術學生聯盟是所一八七五年創立的以美術爲主的藝術學校，既有注册學生，也爲繪畫、油畫、雕塑、版畫愛好者提供進修機會。創立之初，原是爲彌補國家設計學院課程彈性、種類不足，爲校外愛好藝術者提供進修機會，一八七七年國際設計學院恢復古典藝術課程後，有人提議廢除這個學校，但經投票决定保留了下來，并逐漸成爲紐約藝術生活中不可或缺的一個部分。學校大樓一八九二年完工，位於曼哈頓第五十七街，南面是一九〇五年建成的曼哈頓地標哥倫布圓環（Columbus Circle）和紐約中央公園，東面是車水馬龍的第七大道，西面是美國戲劇的發祥地百老匯大道，斜對面是大名鼎鼎的卡内基音樂廳。

在紐約，先生住在瑞弗賽德路（Riverside Drive，亦稱河濱大道或江濱大道）五〇〇號的國際學舍（International House），這是座專爲各國留學生提供食宿的，故又稱"萬國公寓"。公寓主體呈"凹"字形，地上部分十三層，洗衣房、郵政信箱等在地下，一層、二層爲公用區。公寓正門朝南，大門上方雕刻着"ITERNATIONA HOVSE"①，大理石

① "HOVSE"應是"HOUSE"，可能"U"弧度不易雕刻，以"V"代替。

門的上方是座展翅飛翔的雄鷹雕塑。這座建築與設備皆爲煤油大王洛克菲勒捐助。樓内有禮堂、餐廳、洗衣店、理髮店、裁縫店、雜貨店等，儼如一小社會。這座大樓建在曼哈頓上城哈德遜河畔，當年剛剛落成，先生是最早入住者，住在九層，房間面積約五六平方米。樓頂東西兩側各是很大的天臺，站在天臺上，可以眺望哈德遜河和對岸的新澤西州及一八八八年建成的連接曼哈頓和新澤西的華盛頓大橋。

樓内一切器具都嶄新，房租每星期六美金，在紐約算很便宜了。國際學舍距地鐵一號綫一二五街車站不遠，先生去紐約藝術學生聯盟要從這裏乘地鐵經過一一六街、一〇三街、九十六街、八十六街、七十九街、六十六街六站，在五十九街的哥倫布圓環下車，途中約需半個小時。在這裏，生活有些改變。梁實秋《談聞一多》："一多到了紐約之後，生活方式大變。他住在江濱大道的國際學舍裏，那是在離哥倫比亞大學不遠的一座十幾層的大樓，許多中國男女學生都住在這裏，每人一小間房屋，租金低廉，環境還算是清静，除了日夜不停的一陣陣高軌火車呼嘯而過震耳欲聾的聲音以外。一多在一所紐約藝術學院注册，還是繼續學畫，但是事實上他這一年没有好好的上課，先是三天打魚兩天曬網，後來索興不去上學了。從這時候起他蓄了長髮，作藝術家狀，日久頸後發癢，則約友輩互相用剪刀修整之。常往來的朋友們如張禹九（嘉鑄）、趙太侔（趙畸）、熊佛西等都是長髮披頭，常常都是睡到日上三竿方纔起床，入夜則相偕到附近一家廣東館子偷偷的喝五加皮吃餛飩。他們過的是波希米亞的生活。但是他的生活并不閑，他忙的不可開交。"（第52頁）

九月十六日 朱湘的詩集《夏天》編定，是日作《自序》，中說："《春》中有幾處是照聞君一多的指正改正的。"

九月二十三日 致聞家駟聞家騄轉闔家信。收《聞一多書信選集》。説到新交朋友張嘉鑄（字禹九）：

公寓中清華同學亦達十餘人，然人多品雜，堪與爲伍者亦寥寥耳。新交中有張君嘉鑄者，亦曾在清華肄業二年，後由自費來美。張君之文學美術鑒賞力甚高，敦敦［孜孜］好學，思想亦超凡俗，有乃兄張嘉森（君勱）之風。銀行家張嘉璈亦係嘉鑄之兄，張氏可謂當今之望族也。嘉鑄之嗜好在文學、美術，然非專攻文學、美術者。察其意頗欲以搜羅人才、鼓勵文化爲事業，如梁新會及乃兄君勱先生之行事者。故其於在美之好學之士中交游甚衆，而於好文學、美術者，以其性之所尤近，則尤之致意焉。當今爲趨勢騖利者之世界，習文學、美術者輒爲衆所輕視，余能得如張君其人者而友之，寧非幸哉！

這時又認識了清華津貼半費留美的余上沅。余長先生兩歲，五四運動中作爲武漢學生代表赴上海參加全國學聯會議，其後經陳獨秀介紹與胡適相識，轉入北京大學英文系求學。一九二二年畢業後任清華助教，次年與梁實秋、顧毓琇同船赴美，時在紐約哥倫比亞大學讀研究生，專攻西洋戲劇文學和劇場藝術。余又是湖北沙市人，與先生有同鄉之誼，故三人相識甚歡。隨之，又認識了北京大學畢業生趙太侔，趙亦在美習戲劇。

時，還認識了在哥倫比亞大學研究戲劇的熊佛西，并與熊合編了一個獨幕劇。熊早年在燕京大學讀書時便參加戲劇活動，一九二一年曾與茅盾、歐陽予倩等組織民衆劇社，編輯過《戲劇》雜志。先生對祖國命運的關切給熊留下深刻印象，他記得先生講過這樣的話："詩人主要的天賦是'愛'，愛他的祖國，愛他的人民。"（熊佛西《悼聞一多先生》，《文藝復興》第2卷第1期，1946.8.1）

先生與諸新友興趣相投，切磋戲劇藝術，於中秋節後曾排演了洪深所編的《牛郎織女》，接着又籌備編演《楊貴妃》。

十月　致梁實秋信。收《聞一多書信選集》。説"紐約的作業太多，真不能讀書"。其實是先生"戲興很高"，"自從來此，兩次演戲，忙得我頭昏腦亂，没有好好的畫過一次畫"。時，先生與學習戲劇的熊佛西、張嘉鑄、余上沅、趙太侔正在準備第三次演出，劇爲余上沅編寫的《楊貴妃》，由先生等人譯成英文，眼下正趕着排練。至於化裝布景也是先生分内的事。信中説：

> 近來忙的不可開交。上星期整個没上課，這星期恐怕又要照辦。這樣忙法但是戲仍舊還無頭緒。眼看排演日期馬上就到了，五幕戲祇練了一幕。化裝布景的圖案雖是畫得了，但還没有動手製造。三十餘件的古裝都是要小姐們的玉手親縫。其奈小姐們的架子大何！ Costume plates 本擬請一個姓楊的（在中國英美烟公司畫廣告的）畫，後來他神氣起來了，説一筆也不能改。我就比他更神氣，要求當局人把他開除了。如今 art department 的事祇我一人包攬。辦事的辣手，證例還多得多。

排劇期間，作英文詩一首，附於信末，説“前數星期作了一首英文詩，我可以抄給你看看。人非木石，孰能無情！”此詩曾由許芥昱譯出，題爲《相遇已成過去》：

> 歡悦的雙睛，激動的心；
> 相遇已成過去，到了分手的時候，
> 温婉的微笑將變成苦笑，
> 不如在愛剛抽芽時就掐死苗頭。
>
> 命運是一把無規律的梭子，
> 趁悲傷還未成章，改變還未晚，
> 讓我們永爲素然的經緯綫；
> 永遠皎潔不受俗愛的污染。
>
> 分手吧，我們的相逢已成過去，

任心靈忍受多大的飢渴和懊悔。
你友情的微笑對我已屬夢想的非分，
更不敢祈求叫你展示一點愛的春暉

將來有一天也許我們重逢，
你的風姿更豐盈，而我則依然憔悴。
我將毫無愧色的爽快陳説，
“我們的緣很短，但也有過一回。”

“我們一度相逢，來自西東，
我全身的血液，精神，如潮洶湧，
但衹那一度相逢，旋即分道。”
留下我的心永在長夜裏怔忡。

（許芥昱著、卓以玉譯《新詩的開路人——聞一多》，第74—76頁，香港波文書局1982年9月初版）

梁實秋《談聞一多》中説：“本事已不可考，想來是在演戲中有了什麽邂逅，他爲人熱情如火，但在男女私情方面總是戰戰兢兢的在萌芽時就毅然掐死它，所以這首詩裏有那麽多的凄愴。”（第56頁）

十二月　約是月，五幕英文古裝劇《楊貴妃》（又名《此恨絲綿綿》或《長恨歌》）在紐約國際學舍禮堂公演，國際學舍贊助人約翰·洛克菲勒及家屬都前來觀看。演出大獲成功，先生等倍受鼓舞，决心開展“國劇運動”。

此間情形，余上沅《一個半破的夢——致張嘉鑄君書》記述道：“我們得了太侔和一多，又得了佛西。大概也在中秋罷，我們便開始忙着演戲。戲内的‘織女’，馬上又選作‘貴妃’。一出《楊貴妃》，幾乎占去了我們大半的生活。在臺上，在地窖裏，没有半天不看見一多、太倅和你我的踪迹。……我們也有時爲演戲而吵嘴，直到大家高呼‘開窗子’‘天氣不錯’，方纔罷休。然而，樂亦在其中矣！《楊貴妃》公演完了，成績超過了我們的預料。我們發狂了，三更時分，又喝了一個半醉。第二天收拾好舞臺，第三天太倅和我變成了辛額，你和一多變成了葉芝，彼此告語，决定回國。‘國劇運動！’這是我們回國的口號。禹九，記住，這是我們四個人在我厨房裏圍着竈烤火時所定的口號。從此以後，我們天天計畫，計畫書寫過幾十次。我們有了《傀儡》雜志；有了‘北京藝術劇院’；有了演員訓練學校；有了戲劇圖書館、戲劇博物館；也有了選送留學戲劇藝術的資助金；有了邀約戈登克雷、來因哈特、蓋迪斯們的請柬；有了‘寶藏’内的戲目。我們所有的，都是頂好的……在那時，在紐約，的確是越談越高興，越看越有希望，越想越應該。‘國劇運動！’‘回國去發起國劇運動！’這該天天滿街跑了。紐約的東邊，紐約的西邊，猶太人的區域，意大利人的區域，我們都得去。輾轉托人介紹去調查各種劇院的内容，去訪問他們的辦法，去求教他們的經理。上顔料店去，上電器公司去，上玻璃店去，上布店去，上衣莊店去，上五金店去，上照相館去，上演員聚餐的飯館去，上膠鋪去，上石灰鋪去，上假金珠店去，上化裝用品店去，上承做布景廠去，上畫店去，上書店去……這樣整整跑了兩個月，這種跑法，坐車慣了的人必以爲苦，可是我也滿不在乎。”（《晨報副刊·劇刊》第 15 號，1926.9.16）

在劇中扮演唐明皇的黄仁霖回憶説：“在國際學舍住宿時期，有一次所有外國團體都應邀表演各該國家代表性的節目，我們决定表演的是《長恨歌》。這是根據中國民間故事所寫的一出戲劇，由余上沅編寫，後來，他也成爲一位著名的戲劇編寫家。我們要在這次表演中特别出色，勝過其它各國，所以，預演了好幾次，并裝置舞臺布景，製作了很多服裝。這出戲是叙述唐明皇的一個悲劇，由我飾演唐明皇這一角色。他寵愛的王妃，楊貴妃已經死了，他到各處訪求方法，以期重温舊夢。即使衹能見一面，亦屬甘心。有一天，有一位方士求見，他具有神秘的魔術似的力量。方士告訴他，已經找到他的貴妃，她是月球裏的嫦娥。明皇告訴他，他願意不惜任何代價，都要與貴妃晤面。方士答應幫助他，但每一年内、衹有一個晚上，那月宫纔能開放，那是八月十五日夜晚。最後，所有準備工作都已完成，并已到了那一個夜晚，明皇靠着方士的超自然力量的幫助，莊嚴地升到銀河，然後進入月宫。在大門口，有貴妃的侍從迎接到月宫裏去，就在那裏他和他已失去的愛妃，重獲團圓。他們有一次簡短的聚會，并唱了一會兒歌。突然間，明皇應該回去的時刻到了，方士必須强行把明皇拉回地球，這是悲劇的終局。《長恨歌》受到聽衆的歡迎，布景壯麗，服裝華美（對白用英語）。在表演的那一晚，洛克菲勒家屬們，包括老人約翰自己在内，都到場了。表演之後，我們被邀與洛氏家屬會見。”黄仁霖説這次“一切的演出，都比乎意料之外的成功”，“這出戲編寫得很好，因爲這是少有的幾次中的一次，中國社會和中國學生們能够携手合作，爲國家争取光榮”。（黄仁霖《我做蔣介石特勤總管40年：黄仁霖回憶録》，第33頁，團結出版社2006年1月出版）

一九二五年　二十七歲

三月十二日，孫中山在北京逝世。

五月三十日，上海發生五卅慘案，全國掀起反帝愛國運動。

七月一日，中華民國國民政府在廣州成立，汪精衛任主席。

十月一日，國民革命軍開始第二次東征，統一廣東。

十一月，馮玉祥與奉軍將領郭松齡聯合倒奉。

是年，清華大學成立國學研究院，王國維、梁啓超、陳寅恪、趙元任任導師。

一月三日　在紐約的清華學校一九二一級留美級友在中華園飯樓舉行新年聚餐會，先生撰文記録此次聚會情形，刊於三月六日出版之《清華周刊》第三三八期。此文刊登時，名爲《一九二一級紐約重聚會》。

這是一篇佚文，全文云：

> 一九二五年一月三日。中華園在紐約讀書有一種好處，便是你若好玩而且會玩，可以玩得你不要讀書了。我們一九二一的這幾位級友（除了我一人以外）到紐約來，真是可惜了紐約。你看他們一個個都是書蟲：張杰民、吴宗如、廖芸皋、張祖蔭、黄憲儒、熊祖同、段茂瀾、顧德銘、王際真、沈仁培、李運華……都已經在學位上堆學位了。最明顯的例是費培杰用功已經用到醫院裏去了。用功的人也有他們的好處，因爲他們無往而不勇敢，無往而不努力，便是宴會的時候，也是這樣。如果再加上幾位外來的健將，例如王德郅、汪泰經，尤其是那著名的食量大王時昭涵，那這番的宴會，其痛快淋漓，可想而知了。
>
> 這次聚會，因爲與《周刊》讀者面熟的滑稽新聞記者李運華先生缺席，没有人作報告，記者便抓着我了。我同 Bob Li 比，"賜也何敢望回？"

一月十日 晚，江濱大道之國際學舍舉行聚餐會，由先生主講美國現代詩。

是月上旬 參與發起"中華戲劇改進社"。成員有余上沅、梁實秋、梁思成、林徽音、顧毓琇、瞿世英、張嘉鑄、熊佛西、熊正瑾、趙太侔等。

一月十一日 致梁實秋信。收《聞一多書信選集》。時，大江會正在籌辦《大江》雜志，先生説有譯拜倫詩《希臘之群島》，已投《創造》，若能追回，可充《大江》篇幅。又説："現擬作一個 series of sketches，描寫中國人在此邦受氣的故事。體裁用自由詩或如 Henley[1] 的'*In Hospital*'。"這首詩可能就是《洗衣歌》。還提到詩《醒呀》登在一

---

① 英國詩人，劇作家，評論家。

期或二期都没有關係。

《希臘之群島》後發表於一九二七年十一月十九日《時事新報》副刊《文藝周刊》第十一期。時，先生主張“大江的國家主義”，對國内共産黨人批評愛國爲狹隘的民族主義不以爲然。他認爲拜倫不僅愛自己的祖國，而且也愛被奴役的希臘，這就是大江會所主張愛國精神，它并不狹隘。全詩如下：

希臘之群島，希臘之群島！
　你們那兒莎浮唱過愛情的歌，
那兒萌芽了武術和文教，
　突興了菲芑，還崛起了德羅！
如今夏日還給你們鍍着金光，
　恐怕什麽都墮落了，除却太陽？

那茜歐的彩筆，梯歐的歌喉，
　壯士的瑶琴，情人的錦瑟，
給你們赢得了光榮，你們不受，
　如今你們祇是死守着緘默；
你們祖宗的英名簸蕩在西方，
　祇你們聽不見，你們一聲不響。

高山望着平原，平原望着海！
　我在馬拉桑的疆場上閑游，
我一面在夢想，一面在徘徊，
　我夢想着希臘依然享着自由；
因爲我脚踏着波斯人的白骨，
　我不相信我像是一個俘虜。

巉崖的額上坐着一位君王，
　巉崖的額下便是沙拉米；
千艘的舳艫，橫繫在下方，
　百譯的臣民，都是君王的！
破曉的時分，君王點了卯，
　等到日落，一個也找不着。

那裏找他們，又那裏去找你，
　我的祖國呀？這寞的海邊上，
那慷慨的歌聲是聽不着了的，
　再也不會鼓蕩，那慷慨的胸膛！
但是這神聖的瑶琴，你怎麽説，
　難道就讓它在我手裏墮落？

這總算是難能可貴的事，
　在如今這名節凋喪的殘冬？
像我唱着悲歌，臉上還潮着羞耻，
　縱然是株連在奴隸的族中。
因爲到這裏，教詩人怎麽辦？
　不過爲希臘流泪，爲希人紅臉。

什麽？衹會爲盛時流幾行泪？
　衹會紅臉？我們的祖宗流過血！
大地呀！請從你胸口裏退回，
　退回我們那志士的遺骸！
三百個斯巴達的健兒，還我
　三個，我能教射馬披離復活！

怎麽還没有回話？都不回話？
　不見得罷？聽那衆鬼的答聲
彷佛遥遠的波濤奔瀉：
　“衹要一個活人抬起頭來，一個人，
我們就來，馬上就來幫忙！”
　衹要活着的人們一聲也不響。

罷了！罷了！换一個調子彈彈；
　快斟上一杯沙蜜的美酒
讓突厥的蠻夫誇着血戰
　我們衹要葡萄的赤血能流！
聽！這不是貝坎羅的鬼舞巫歌，
　響應的聲音偏是那般踴躍！

辟魯的名舞依然在風行，
　那辟魯的名陣上那裏去找？
爲什麽同樣兩種的遺訓，
　却把那莊嚴豪俠的忘掉？
請問佉摩賜給你們的文字[①]，
是賜給一群奴隸的不是？

快斟上一杯沙蜜的美酒！
　再不要想那些傷心的事！
這酒給安勒滋潤過歌喉。
　安勒曾在波理的朝裏服仕，
波理克雷誠然是個暴君，

① 此下格式與前不同，似有一誤，僅據原樣抄録。

那暴君却都是我們的族人。

你可知道那絜爽的霸王，
　是自由的最相絜的朋友！
最忠實又最勇武的保障。
　米爾泰亞底便是那王侯。
如今再有他那條鐵練存在，
定好將希臘再捆鎖起來。

快斟上一杯沙蜜的美酒！
　蘇利的山頭和巴辯的海岸，
如今還散布着一枝遺胄，
　多里的苗裔還在那裏孳衍；
説不定赫拉可里的遺風，
還埋伏在他們的族中。

不要相信法人能給你自由，
　他們那國王是一個奸商；
自己的士卒，自己的刀矛，
　纔是自强的唯一希望；
可是突厥的武力，拉丁的賄賂，
便再大的盾甲也抵擋不住。

快將沙蜜的美酒斟滿一杯！
　我們的少女又在緑陰中舞唱，
我望見它們那眼中的秋水，
　望見每個嬌艷的女郎，我想
那懷裏又要哺出一群奴隸，

如是我不禁熱泪往臉上洗［淌？］。

放我在蘇尼歐的白石岩上，
　那邊什麽都没有，衹海濤和我，
讓我對着海濤互相哀唱；
　讓我唱完歌就死，像那天鵝：
這奴隸之邦不是我的家！
　把沙蜜的酒杯摔破了它！

這前後，先生還譯過拜倫的《希龍的幽囚》，但没有發表。（據梁實秋《談聞一多》，第62頁）

一月十八日　余上沅寫信給胡適，要求在北京大學開設“戲劇傳習所”，以得一地方做戲劇實驗，并待時機成熟時，建立“北京藝術劇院”。同時，請胡適等人參加他們新近在美國組織的“中華戲劇改進會”。

這封信從口氣上看，是先生、趙太侔、余上沅三人商量過的，由於余上沅在五四運動中認識胡適，故由他執筆。此信有助於瞭解先生在紐約時的一些思想活動，兹摘録之：“在紐約於戲劇藝術具有特别興趣而又深有研究的有趙畸、聞多二君。趙君係民六北大英文門畢業，來美有年，近年專攻戲劇藝術。聞君係清華民十畢業，來美專習繪畫，於文學及戲劇又别有獨到之處。我們三個人原來并不十分相熟，因爲此地學生會演戲的緣故，纔彼此結識。我們演過一次洪深君編的《牛郎織女》，一次我主編的《此恨綿綿》（本《長恨歌》，共五幕）。我們三人分工合作，竭二月之力，竟得成功。我們原來各有計劃，想將來回國爲戲劇藝術盡力。近來纔互相約定，决於今年夏天一同回國，開始籌辦‘北京藝術劇院’的運動。聚議數次，都因經費無着，垂頭喪氣而散。這種‘徒唤奈何’的情形，大概北京新月社諸先生也不能免。那麽，難道大家同聲一嘆就罷了嗎？和一切想做事業的少年們一樣，我們也在紙上擬了很完備的計劃，但苦於無錢開辦，也就變作空文了。我們想去想來，覺得有一件事北大可辦、能辦而且該辦，請先生一面看下去，一面批評。北大有音樂傳習所、畫法研究會，固然是培養藝術界人才的好辦法，但未開設‘戲劇傳習所’或‘研究會’，總不免是一件缺欠。戲劇如何重要，如何可以融會貫通原有之音樂及畫法兩部，不待我說，先生比我知道的還多。從前所以未辦的，大概是無人提倡，無人主持，無經費。如今先生及陳通伯、丁燮林、徐志摩、張鑫海諸先生都能提倡、能主持了——衹有一個經費的困難。經費的困難是有限的，不比另設一個獨立的系。固然，學校總得先墊一點款子，然而公演時可以賣票補還的。即或補還不上，學校爲戲劇事業在預算上加一項小款總可辦到的。經過若干訓練之後，生徒即可出臺公演，公演有了信用，即便仿照此間戲劇協社等團體辦法，發售預約券，每期公演在實驗時得有成功的劇本。北大從前不出來辦戲劇上的事業，以致陳某鬧出偌大的笑話，使戲劇二字又受了累，實在是一件可惜的事。如今北大再不出來辦，不免有點見義不爲了，先生以爲然否？世界各國都有劇本，中國似乎獨無，這是一件大耻。如今新月社諸先生投袂而起，其精神不可不令人佩服——然苦無處試驗何！我們對戲劇藝術正得了一點門徑，想回國隨同諸先生做點實驗，同建‘中國戲劇’，也苦無處工作。假使北大能有一個‘戲劇傳習所’，大家都好去埋頭做工了。我們最大的希望是北大肯馬上開設‘戲劇傳習所’，我們能不能在裏面服務都是小事，因爲我們自己也想單獨辦一個小傳習所。在我們若干計劃之中，有一樣便是在北京開一個小傳習所，但恐不及北大之能號召程度稍高的學生。我們在北京做點工餬口，如能同時在各學校教點戲劇更好，但無論如何，我們是要積極組織劇團的。近來在美國的戲劇同志，已經組織了一個中華戲劇改進社，社員有林徽音、梁思成、梁實秋、顧一樵、瞿士［世］英、張嘉鑄、熊佛西、熊正瑾等十餘人，分頭用功，希望將來有一些貢獻。國内擬邀請新月社諸先生加入，將來彼此合作，積極訓練演員，及舞臺上各項專門人才。同時向人募款，依次添置各項器具。一到時機成熟，便大募股本，建築‘北京藝術劇院’。此刻正是這個運動開始時期，非求先生格外幫忙不可。先生方面，也許已得着邀請加入戲劇改進社的信了，如今我再順便請先生加入，先生雖係前輩，但爲戲劇，一定肯答應我們的請求的。論到劇本，那是要大家各自埋頭去幹的，不過在訂正以前，我們在化驗室内先演習幾次。關於布景、服飾、燈光、表演及各項非文學的方面，我們是願意負責的。如此大家誠心誠意去幹，兩年後還不能叫‘北京藝術劇院’開門，那祇好歸之於天了。總結上文，我們敬請先生：（一）請北大開設‘戲劇傳習所’；（二）幫我們的忙，使我們可得一個地方做實驗；（三）加入我們中華戲劇改進社。我們六月初可到北京，那時再來當面請教。”（胡適檔案，中國社會科學院近代史研究所藏）

二月十三日 余上沅有致宋春舫信，信中訴説自己立志於戲劇實驗，并言及與先生等願獻身戲劇事業：“我是立定主義終身以戲劇爲業務的，同志還有趙畸君（北大畢業，在美有年）、聞多君等。今夏回國的就有我們三個人，并且都决定住北京。或許因爲多得幾個幫忙的人之後，先生的戲劇事業也可以如願以償。趙、聞兩君同我曾在紐約排演過兩次戲。第二次的《此恨綿綿》（即《楊貴妃》）是我們自編自排的。兩次都有很大的成功。”（《清華周刊·文藝增刊》第10期，1925.5.1）

三月初 致梁實秋信。收《聞一多書信選集》。説：“中華戲劇改進社事停頓許久，前由紐約同人討論進行方法，公决由刊行出版物入手。”信中開列同人共擬的前四期目録，請梁實秋在波士頓與大家再慎爲斟酌。目録中，有先生擬作之《塞藏贊》《奈陀夫人的藝術》《畢痴來》等。信中還對目録做了説明：

> 紐城同人皆同意於中華文化的國家主義（Cultural Nationalism），故於印度則將表彰印度之愛國女詩人奈陀夫人，及恢復印度美術之波士（Nandalal Bose）及太果爾（Abanindranath Tagore）（詩翁之弟）等。於日本則將表彰一恢復舊派日本美術之畫家，同時復道及鑒賞日本文化之小泉八雲及芬勒樓札，及受過日本美術影響之畢痴

來。從一方面看來我輩不宜恭維日本，然在藝術上恭維日本正所以恭維他的老祖宗——中國。我決意歸國後研究中國畫并提倡恢復國畫以推尊我國文化。故在第一期內有陳師曾，有拓碑（書法），有舊劇之欣賞，有瓷器，有李義山之精神分析，又有中國繪畫在西方之勢力。我國前途之危險不獨政治、經濟有被人征服之慮，且有文化被人征服之禍患。文化之征服甚於他方面之征服千百倍之。杜漸防微之責，捨我輩其誰堪任之！第五期或當討論愛爾蘭文藝復興運動矣。

先生不主張刊物前數期用名人之稿，欲"親身赤手空拳打出招牌來"，以免人誤解要借名人的光。又說："要打出招牌，非挑釁不可。故你的'批評之批評'一文非作不可。用意在將國内之文藝批評一筆抹殺而代以正當之觀念與標準。上沅又將作五年來之中國新劇，本意亦在示人以下馬威也。要一鳴驚人則當挑戰，否則包羅各派人物亦足哄動一時。……孰捨孰從，請示知。"

關於刊物的内容及動機，先生好像也寫信給朱湘談過。四月，《清華周刊》第三四三期有消息，云："據《京報》載本校同學朱湘君通信：在美同學聞一多、梁治華、顧一樵諸君，鑒於目前中國地位之危急，非有真正之國家文學，鼓吹民氣，發揚民德不可，已定在本國創辦一種文藝刊物專爲提倡國家主義之用。并請定在美同學楊廷寶、駱啓榮數君擔任美術，現代文學巨子落華生、冰心女士等擔任撰稿。聞聞君將犧牲學位，於本夏返國辦理一切云。海外同學熱心國家如此，校内同學聞之不當繼起奮興耶？"

時，有長詩《南海之神》（中山先生頌），信中説"可盡《大江》有優先權"。

三月十日 詩《漁陽曲》發表於《小説月報》第十六卷第三號。收《聞一多詩集》。這是一首運用民歌形式歌頌民間鼓手的詩，全詩十三節，每節十三行，節與節、行與行間既對等勻稱，又富有變化，而且構思上很注意戲劇性。是年五月二十九日《清華周刊》第三四九期附《書報介紹副刊》第十七期，發表了署名“天公”的評介，說：“這是我們清華園内大詩人一多君最近發表的一首詩，這詩值得注意的有幾點：（一）他的字句和現在的新詩有點不一樣，每節的末幾句用‘丁東、丁東……’聽，你可聽得懂，在現在的新詩壇上，這樣的格調很少見到。（二）這詩的音韻好極了，我們讀時，從他的音調上，可以感覺得出這詩情感出來，不像普通新詩那樣百談［讀？］而不能上口。（三）字句上很加過一番磨練，如‘朱夢’，‘默跪着雙雙的桐影’，‘鸕鷀杓子瀉着美酒如泉’，‘洋洋的笑聲落在四筵’等，可以知道作者作這詩是經過一番精刻的想像，不是一時發昏信手寫出來的。作者在寫這首詩上雖用了不少舊的詞句，但却一點不露堆砌，一點也不死板，可見作者是一個曾在中國詩詞中下過功夫的脚色，現在有了新靈魂，所以把往日死的詞句都用活了，從這點我們也可看出現在一般剛讀過平民千字課的新詩人之淺薄和貧乏。”

三月十一日 致梁實秋信。收《聞一多書信選集》。談到《大江》刊頭和籌稿問題，說：“封面請［乾］脆寫兩個大字好。此地既没有書家，你就近一揮可也。”後來刊物出版，“大江季刊”刊頭即梁實秋之手筆。

三月十二日 孫中山先生在北京病逝。消息傳到紐約，先生極爲震驚。

是月中旬 致梁實秋信。[1] 收《聞一多書信選集》。言及決定回國：“歸期大概以上沅底歸期爲轉移，至遲不過六月。栖身之所依然没有把握，這倒是大可憂慮的事。不過回家是定了的。衹要回家，便是如郭、郁諸人在上海打流亦可以。君子固貧非病，越窮越浪漫。”又説到新近的詩和文章《南海之神》《七子之歌》和《新民族的新詩》《印度女詩人——奈陀夫人》：

① 原信無日期，僅署“星期五早”。據信中談到波士頓演出《琵琶記》事，可推知此信寫於中旬，或是 13 日，或爲 20 日。

《南海之神》還没有十分竣功。如今寄來了，請你着實批評一番，然後再繼續撰作後數節。昨晚又草成《七子之歌》，也是國家主義的呼聲。結構具在，祇是音節詞句上尚欠潤色。我現在同學校生活正式脱離關係了。現在的生活，名義上是游手好閑，實際上是仰屋著書。着手撰著的文章有一篇《新民族的新詩》是從民族主義底觀點上論美國的新詩運動，又有一篇《印度女詩人——奈陀夫人》(Sarajini Naidu)。奈陀夫人是印度國家主義底健將，在藝術上的成功亦不讓太戈爾。Arthur Symons，Edmund Gosse都稱贊過伊。

信中還談到梁實秋、顧毓琇等組織演出《琵琶記》事。先是，先生等在紐約公演《楊貴妃》後，頗爲轟動一時，波士頓的中國留學生受到啓發也準備排練一國劇招待美國友人。於是顧毓琇從明代初年高則誠的《琵琶記》中節選出一段，梁實秋譯成英文并改編成話劇，梁實秋、謝文秋、謝冰心、顧毓琇、王國秀、徐宗涑、沈宗濂、曾昭掄、高長庚等各爲角色。但是布景與服裝發生了困難，便向先生求援。先生因籌備孫中山先生追悼會，無法脱身，回信中説："布景也許用不着我親身來波城。祇要把劇本同舞臺底尺寸寄來，我便可以畫出一套圖案，注明用什麽材料，怎樣的製造。反正舞臺上不宜用平面的繪畫，例如一個窗子，最好用木頭或厚紙製一個能開能闔的窗子，不當在墻上畫一個窗子底模樣，因爲這樣會引起錯誤的幻覺。總之，候我把圖案製就了，看他的構造是簡單或複雜。如果不能不複雜，一定要我來，我是樂於從命的。"不過，趙太侔、余上沅還是趕到波士頓，協助梁實秋等製作布景，并把《楊貴妃》劇中用的一些服裝帶了去。梁實秋《琵琶記的演出》："楊劇服裝大部分是縫製之後由聞一多用水彩畫不透明顔料畫上圖案，在燈光照耀之下華麗無比，其中一部分借給了我們。"趙太侔不是清華同學，先生特致函介紹，梁實秋説："一多特函介紹他給我們，特別强調一點，太倅這個人是真正的‘a man of few words’一個不大講話的人，千萬别起誤會，以爲他心有所愠。”（《秋室雜憶》，第59—60頁，臺灣傳記文學出版社1978年6月1日出版）

三月二十二日 下午二時，紐約華僑舉行追悼孫中山先生大會。這個會是由中國留學生籌備的，先生也參加了工作，孫中山先生遺像就是先生畫的。有消息報導：“此次孫中山先生噩耗傳來，留美中國同學之在紐約者，感中山先生人格之偉大，故不論派别，各捐除成見，同致最後之敬仰於此開國元勛。由學界中三十六人組織籌備處趕辦追悼事宜，處長爲羅隆基君，清華同學之在内辦事者，如潘光旦、張嘉鑄、熊祖同、陳石孚、聞一多等，頗爲出力。三月二十二日，下午二時開追悼大會，會場設於萬國學生會所正廳。一切布置，均依國式。桌上置聞一多君所繪中山先生遺像，圍以五色國旗，及青天白日滿地紅旗。遺像之前，焚香點燭，復陳鮮花一把，鮮果三碟。桌之左右，各竪長方大紙碑，上書中山遺囑之原文與譯文。四壁懸各團體及私人所贈聯□。各國來賓到會者逾千數，幸會所正廳係照新式戲館建築，座分上下二層，不致無立足之地。座滿之後，即閉大門開會。主席程經遠君致開會辭，南潯姚昌復先生主祭，助祭者爲余上沅與孫本文二先生。祭禮即畢，遂由中華市政協會總幹事桂崇基君報告行狀，羅隆基君以國語演説，印度國民黨領袖達斯、杜威教授、上海美國律師林百克，亦相繼以英語演説。最後則由中國評論社梅其駒君道謝各國來賓而散。”（《清華周刊》第345期，1925.5.1）

清華同學是此次追悼會的主要籌備者，潘光旦《談留美生活》：“有一次紀念孫中山先生，留學生中有國民黨員，有些事情本來應該他們做，但他們筆頭不行，就由我們來做了。比如會上要談總理遺囑，還有國民黨的第一次全國代表大會宣言，這些都是我翻成英文的。”（《文史資料選輯》第71輯，第196頁）先生作的孫中山先生遺像，是幅炭筆畫，先生很喜愛這幅畫，後來還送了一張此畫的照片給梁實秋。

三月二十五日 《大鼓師》發表於《晨報副刊·文學旬刊》第

六十五期。收《死水》。

這時期，先生再次興起著作熱。熊佛西《悼聞一多先生——詩人・學者・民主的鼓手》："你終於覺得幹戲不是你的本行，不久你仍回到研究詩的崗位上。自此你寫下了許多動人的詩篇。你往往從半夜寫到天明。爲了努力於詩的創作，你時常廢寢忘餐。我因爲當時和你同住在一起，有首先讀你的詩篇的光榮。"（《聞一多紀念文集》，第 72 頁）

三月二十七日　詩《你看（春日寄慰在美的友人）》《薤露詞（爲一個苦命的夭折少女而作）》發表於《清華周刊》文藝增刊第九期。後者在是年七月二日重新發表於《京報副刊》時，改爲《也許（葬歌）》。二詩均收入《死水》。

三月二十九日　晚，波士頓的中國留學生在美術劇院正式演出《琵琶記》，觀衆千人左右，有大學教授、文化界人士、中國留學生和華僑。演出十分成功，轟動波士頓。演出前，先生特意從紐約趕來助興。顧毓琇《懷故友聞一多先生》："一多同太侔特别從紐約趕來幫忙。布景、服裝、化妝，都由一多負責；舞臺設計、燈光，則由太侔負責。我穿的一件龍袍，便是一多用油畫畫出來的，在燈光下照起來十分漂亮。一個大屏風，有碧海，有紅日，有白鶴，亦是一多的大手筆。"（《文藝復興》第 3 卷第 5 期）後來，顧毓琇在《百齡自述》中亦説："三月二十九日，在波士頓美術劇院公演《琵琶記》（Fine Arts Thealer），由我任編導，實秋譯成英文。王倩鴻女士致開會詞，沈宗濂致歡迎詞，郭秉文先生演説。音樂節目後，即開演《琵琶記》，計分四幕及尾聲。實秋飾蔡中郎，謝文秋女士飾趙五娘，冰心女士飾宰相之女，余飾宰相，徐宗涑飾鄰人張老先生，沈宗濂飾瘋子。本劇演出，由聞一多、趙太侔從紐約來相助。一多負責布景，其所繪屏風一大幅，碧海紅日，白鶴飛翔，鮮艷奪目。我所穿蟒袍，亦係油彩所繪，在燈光下十分美觀。太侔負責燈光，注意新式投射，亦爲别開生面。波士頓向爲音樂戲劇中心，今得此表演，各報均多好評。我國有國劇運動，此時實在紐約、波士頓開始。"（第 24—25 頁，江蘇文藝出版社 2000 年 4 月出版）冰心在《追念聞一多先生》中説："波士頓的留學生演古典劇《琵琶記》，一多先生從紐約來波士頓過春假，因爲他是學美術的，大家便請他替演員化妝。"①（《聞一多紀念文集》，第208頁）

三月三十日 與諸友去看望冰心。冰心《追念聞一多先生》："劇後的第二天，一多先生又同幾位同學來看我。那天人多話雜，也忘了都説些什麽了。"（《聞一多紀念文集》，第208頁）

是月 致梁實秋、顧毓琇信。收《聞一多書信選集》。此時，先生政治熱情甚高，尤其熱衷於大江會，云："大江前途之發展，有賴於本年中之活動者甚多。本年東部年會中之活動不但可以宣傳國家主義，而且可以宣傳大江會。大概添加會員，在年會前，很有限。年會中大江政策若能實現，定有同志的願來參加我們的陣列。然後會員增加了，聲勢浩大了，大江底根基便算穩固了。"又説到對吸收冰心爲大江會員事，説"等年會後再講。上次我同她談話，我猜她的意思，頗表示對於大江事業的同情。請一樵有機會多和她談談大江"。時，清華學校一九一二級畢業生邱椿（大年）、劉師舜（琴五）等亦組織有提倡國家主義的"大神州社"，大江會中有人談起與其合并問題，先生認爲"恐不能成事實。因彼等政策太消極，且至如今國家主義的定義還未決定。不過同他們合作總是有益無損的"。

四月二日 朱湘得知先生將要回國很是興奮，説："一多是英詩的嫡系，英詩是詩神的嫡系；一方面我們雖極盼他所提倡的'文化的國家主義'成功，而與'愛爾蘭的文藝'東西輝映，但一方面我也希望他的詩提起國人對於英詩的興趣，而令荒漠的中國多出了一個漠中草原來。"（朱湘《〈泪雨〉附識》，《京報副刊》第107號，1925.4.2）

---

① 梁實秋《談聞一多》《秋室雜憶》均説聞一多未曾到波士頓協助演出。但冰心1986年3月3日給編者復信中云："一多先生在二五年春到波士頓來幫忙《琵琶記》演出的事，我記得很清楚，不會有誤，是他給我們演員臉上化的裝。"又顧毓琇1988年5月14日與編者的談話中，亦説他清楚地記得聞一多到波士頓協助演出之事。

四月上旬　致梁實秋信。收《聞一多書信選集》。説："能早歸國，實爲上策。"

長詩《南海之神（孫中山先生頌）》脱稿。後發表於十一月十五日《大江季刊》第一卷第二期。收《聞一多詩集》。全詩三章：神之降生、紀元之創造、祈禱。詩中將孫中山譽爲"赤縣神州"的"聖人"，與列寧、甘地、華盛頓"并駕齊驅"。又比作"烘爐中的一條火龍"，"創造了一個新紀元"，"轉斡了四萬萬生靈的命運"。詩中還向孫中山表示懺悔，唱出發自内心的贊歌。

先生崇敬孫中山，并不等於完全贊同國民黨的政策。在給梁實秋信中説，該詩"刊入《大江》不嫌其爲國民黨捧場乎？我黨原欲獨樹一幟，不因人熱，亦不甘爲人作嫁衣裳。然取决之權在足下，我固無成見"。

信中還録四首近作古體詩：《廢舊詩六年矣。復理鉛槧，紀以絶句》《釋疑》《天涯》《實秋飾蔡中郎演〈琵琶記〉，戲作柬之》。

四月二十一日　熊佛西在向國内報告中華戲劇改進社消息中説："聞一多——我找不出較'多才多藝'更好的名詞來形容聞先生。因爲他的興趣是廣而濃，不但能詩（曾著有《紅燭》集，上海泰東出版），而且能畫畫（他到美國本來是研究畫的）。近來不知道他爲什麽又對於戲劇發生了特别的興趣。我的朋友中興趣廣的很多，但像聞先生這樣好的成績可寥寥無幾！"（熊佛西、王劍三《中華戲劇改進社的新消息》，《晨報副刊》第88號，1925.4.21）

四月二十四日　致梁實秋信。收《聞一多書信選集》。説："我們定五月四日離紐約，十四號上船。回去後計劃詳情，菊農諒已報到了。"又説："此次回國并没有什麽差事在那裏等着我們，祇是跟着一個夢走罷了。我們定規坐三等船，每人省出一百元美元，作爲到北京後三個月底糧餉。"

梁實秋曾欲尋找國内新詩集，先生遂把身旁的集子都寄了去。

是月　離美前，有致朱湘信，説欲回國開展國劇運動。朱湘遂復信表示贊成，并介紹了國内情况。朱湘信文如下：

一多兄：來書批評拙作，語語中肯，讀畢，直欲五體投地。“膽汁色”三字極妙。三詩遵命保留。大作兩章已經代投《京副》，就中《大雨》極佳，《漁陽曲》音節美妙，“東”韻之運用可見匠心，此詩無疑的爲一音節上的成功。《河圖》商務雖允承印，但最好仍是自辦，兄意不知以爲如何，尚望告知。《河圖叢書》想衹在計劃中：我可以附驥一種，Synge 的戲劇。

藝術雜志既有，人才充足時，藝術大學亦一刻不容緩之事業；目前之中國，其它之藝術不論已，即最普通之繪畫，亦復凋萎之至，蓋如今較可成立之美術學校僅有京寧滬三地之四校，而京校今已停辦，尚未恢復，寧校窄隘，此地劉海粟校頗有商業性質，周劍塵校生徒極少，吾兄聞此，得勿疾首蹙額耶？所望者，吾兄與一班游美之青年藝術家聯袂返來之時，能在景物清幽之地，或寧或吴，創立一廣義的藝術大學，則我國當今就木之藝術尚有一 Rebai 之希望焉。此大學開辦後，戲劇自亦在内，届時之盛况可想而知。

兄今夏返國，固弟所亟願而渴望者，然爲兄之精神慰安計，爲我國之藝術計，則弟敢言當今國内之學術界中除創造即將復活外。其它恐皆不能使兄滿足，與其徒爲獨木，反不如先偕實秋兄同作一舊大陸之暢游之爲愈也。爾時兩兄如來，同歸者必有數藝術者，如此則大學可成，一鳴驚人矣。管見不識當否，尚望兄等加以仔細之考慮。如其可行，自今起即當募集基金。弟懸想將來有梁思成君建築校舍，有駱啓榮君擔任雕刻，有吾兄及楊廷寶君濡寫壁畫，有余上沅君、趙畸君開辦劇院，又有園亭池沼藥卉草木以培養實秋兄、沫若兄之詩思，以逗林徽音女史之清歌，而達夫兄，年來之悲苦亦得藉此以稍釋，不亦人生之大快乎，弟馨香默禱，能身逢其盛，永在書城中爲一蠹魚，願亦足矣。(《朱湘遺書三通：與聞一多》，《清華周刊》第 578、579 期合刊，1934.4.16)

五月四日 與余上沅、趙太侔結伴離開紐約西去。十四日在美國西岸登船歸國。先生在美留學共三年，按清華規定，清華畢業生可在美留學五年，中斷一年内，亦可復學，攻讀博士學位者還可延長。另，一九二四年四月十五日，外交部爲鼓勵清華留學生開闊眼界，批准清華留美監督處所擬之《全費生赴歐考察及研究章程》。章程規定：凡清華全費學生，在美國學校畢業，成績優良，而留美年限不滿四個月以上，回國時有志赴歐，可按美國月費給予一個月津貼，并給照例回國川資。對於在美獲得博士學位及有六個月以上實習經驗的工科學生，衹要有大學教授證明認爲赴歐留學有益者，還可津貼赴歐洲留學一年。（《歐游佳音》,《清華周刊》第311期，1924.4.25）先生提前回國，毅然放弃了這些優厚待遇。

提前回國，也等於放弃學業。日後，有人在閑談中問他爲什麽放弃繪畫呢，他回答説："在美國，最初學畫的頭兩年，教授們衹准畫些幾何形體，石膏模型，枯燥而煩瑣，但我心裹却有很多意見想藉畫筆表示出來。有一次，我想了很好的一個主題，畫好了，高興得很，便找一位教授看看。没有想到，他把我駡了一頓，説這裹的比例不對，那裹的透視錯了。我失望極了，而我心裹却又有那麽多的意見，别人不許我在畫布上述説，那我衹好寫詩了。"（趙渢《聞一多先生底回憶》，香港《光明報》新4號，1946.10.18）

六月一日 在上海登岸。上岸後身邊所剩東西不多，先生把褂子當了，余上沅也將皮大衣送到當鋪，幾個人纔有錢下了一回飯館。（據訪問陳衡粹記録，1989.3.4）王康《聞一多傳》亦説："當輪船剛駛進吴淞口，他立即把三年來束縛着他的洋裝扔到海里，以至到了上海不得不到他哥哥家裹去借外衣穿。自是以後，就一直穿着長袍布履，有時還套上馬褂，冬天則把棉褲脚扎起，穿上一雙棉靴，往往令人難以認出，這是位從外國回來，曾經以浪漫情調知名的新詩人。"（第90頁）携帶行李中，不少是現代的英文詩集，如"哈第的《沉鬱》、郝斯曼的《簡潔》"。（朱湘《聞

一多與〈死水〉》,《文藝復興》第 3 卷第 5 期，1947.7.1）

先生滿腔熱忱回到祖國，但一下船見到的却是五卅慘案後的景象。余上沅《一個半破的夢——致張嘉鑄君書》：“我同太侔、一多剛剛跨入國門，便碰上五卅的慘案。六月一日那天，我們親眼看見地上的碧血。一個個哭喪着臉，懨懨地失去了生氣，倒在床上，三個人没有説一句話。在紐約的雄心，此刻已經受過一番挫折。”（《晨報副刊·劇刊》第 15 號，1926.9.23）

在上海，受到洪深、歐陽予倩的熱情款待，他們勸先生等留在上海共事，但先生認爲北京是人文薈萃的地方，多少可以做國劇運動的中心，所以婉言謝絶了他們的好意。

是月上旬 回到故鄉浠水。離别三年，一切都格外親切。詩《回來了》《故鄉》即描寫這時的心情。前者發表於八月十三日《晨報副刊》第一二四九號，後者發表於八月二十九日同刊第一二六〇號，均收入《聞一多詩集》。

在故鄉的生活很愉快，尤其見到滿地跑的女兒立瑛，歡喜得不得了。

不久，聞家駟因參加抗議五卅慘案罷課，從上海返歸。他拒絶回震旦大學預科讀書，得到先生支持。其後，聞家駟自費赴法國巴黎大學留學一年，其間的一半費用也是由先生資助的。

是月中旬 到北京，與余上沅、陳石孚在西單二龍坑梯子胡同一號租賃了屋子，幾個單身人住一個院子，景况相當凄凉。

六月二十七日 詩《醒呀！》發表於北京《現代評論》第二卷第二十九期。收《聞一多詩集》。

這首詩作於美國，是先生回國後發表的第一首詩，它表現了激烈的愛國情緒。詩後有跋，云：

這些是歷年旅外因受盡帝國主義的閑氣而喊出的不平的呼聲；本已交給留美同人所辦一種鼓吹國家主義的雜志名叫《大江》的

了。但目下正值帝國主義在滬漢演成這種慘劇，而《大江》出版又還有些日子，我把這些詩找一條捷徑發表了，是希望他們可以在同胞中激起一些敵愾，把激昂的民氣變得更加激昂。我想《大江》的編輯必能原諒這番苦衷。

《醒呀！》以漢族、滿族、蒙古族、回族、藏族五大民族和“衆”的口吻，發出呼喊覺醒的吼聲，不僅感情激烈，并且有戲劇效果。全詩如下：

（衆）天鷄怒號，東方已經白了，
慶雲是希望開成五色的花。
醒呀！神勇的大王，醒呀！
你的鼾聲真和緩得可怕。

他們説長夜閉熄了你的靈魂，
長夜的風霜是致命的刀。
熟睡的神獅呀，你還不醒來？
醒呀！我們都等候得心焦了！

（漢）我叫五岳的山禽奏樂，
我叫三江的魚龍舞蹈。
醒呀！神明的元首，醒呀！

（滿）我獻給你長白的馴鹿，
我獻給你黑龍的活水。
醒呀！勇武的單于，醒呀！

（蒙）我有大漠供你的馳騁，

我有西套作你的庖厨。
醒呀！偉大的可汗，醒呀！

（回）我給你築碧玉的洞宫，
我請你在葱嶺上巡狩。
醒呀！神聖的蘇丹，醒呀！

（藏）我吩咐喇嘛日夜禱求，
我焚起麝香來歡迎你。
醒呀！莊嚴的活佛，醒呀！

（衆）讓這些禱詞攻破睡鄉的城，
讓我們把眼泪來澆醒你。
威嚴的大王呀，你可憐我們！
我們的靈魂兒如此的戰栗！

醒呀！請扯破了夢魔的網羅。
神州給虎豹豺狼糟蹋了。
醒了罷！醒了罷！威武的神獅！
聽我們在五色旗下哀號。

七月一日 《美國著名女詩人羅艾爾逝世》發表於《京報副刊》第一九五號。文中説：羅艾爾女士是映象派[①]的首領，是詩人、批評家、著作家、翻譯家，她與人“合作翻譯了一本中國詩，名曰《松花箋》（*Fir Flower Tablets*），其中以李太白的作品爲最多。羅艾爾女士對於中國詩有極大的敬仰，她的創作往往模仿中國詩，具有特異的風味”，“她

① 今一般稱之“意象派”，此“映象派”爲原文。

的死是美國文學界的大損失。她死了，中國的文學與文化失了一個最有力的同情者”。

七月四日　《七子之歌》發表於《現代評論》第二卷第三十期。收《聞一多詩集》。這首詩作於是年三月，先生稱它“也是國家主義的呼聲”。詩前有序，述該詩創作之動機：

> 邶有七子之母不安其室。七子自怨自艾，冀以回其母心。詩人作《凱風》以愍之。吾國自《尼布楚條約》迄旅大之租讓，先後喪失之土地，失養於祖國，受虐於異類，臆其悲哀之情，蓋有甚於《凱風》之七子，因擇其與中華關係最親切者七地，爲作歌各一章，以抒其孤苦亡告，眷懷祖國之哀忱，亦以勵國人之奮興云爾。國疆崩喪，積日既久，國人視之漠然。不見夫法蘭西之 Alsase-Lorraine①耶？“精誠所至，金石能開。”誠如斯，中華“七子”之歸來其在旦夕乎？

《七子之歌》將被帝國主義列强强占去的澳門、香港、臺灣、威海衛、廣州灣、九龍、旅順大連七地，比作離開了母親懷抱的七個兒子，哭訴着被强盗欺侮蹂躪的痛苦，要求回到母親的身旁。該詩發表後，引起不少人的共鳴。劉湛恩（中華基督教青年會全國協會教育總幹事）將此詩收入他編的《公民詩歌》，一位署名“吴嚷”的青年讀後，十分激動，將此詩轉載於《清華周刊》第三十卷第十一、十二期合刊，并寫了附識，説：“讀《出師表》不感動者，不忠；讀《陳情表》不下泪者，不孝；古人言之屢矣。余讀《七子之歌》，信口悲鳴一闋復一闋，不知清泪之盈眶，讀《出師》《陳情》時，固未有如是之感動者也。今録出之聊使讀者一瀝同情之泪，毋忘七子之哀呼而已。”

《七子之歌》全詩如下：

---

① 即阿爾薩斯、洛林，曾被德國侵占割去。

澳　門

你可知“媽港”不是我的真名姓？……
我離開你的襁褓太久了，母親！
但是他們擄去的是我的肉體，
你依然保管着我内心的靈魂。
三百年來夢寐不忘的生母啊！
請叫兒的乳名，叫我一聲“澳門”！
　　母親！我要回來，母親！

香　港

我好比鳳闕階前守夜的黄豹，
母親呀，我身分雖微，地位險要。
如今獰惡的海獅撲在我身上，
啖着我的骨肉，嚥着我的脂膏；
母親呀，我哭泣號啕，呼你不應。
母親呀，快讓我躲入你的懷抱！
　　母親！我要回來，母親！

臺　灣

我們是東海捧出的珍珠一串，
琉球是我的群弟我就是臺灣。
我胸中還氲氤着鄭氏的英魂，
精忠的赤血點染了我的家傳。
母親，酷炎的夏日要曬死我了；
賜我個號令，我還能背城一戰。
　　母親！我要回來，母親！

威海衛

再讓我看守着中華最古的海，
這邊岸上原有聖人的丘陵在。
　　母親，莫忘了我是防海的健將，
我有一座劉公島作我的盾牌。
快救我回來呀，時期已經到了。
我背後葬的盡是聖人的遺骸！
　　母親！我要回來，母親！

廣州灣

東海和硇州是我的一雙管鑰，
我是神州後門上的一把鐵鎖。
你爲什麽把我借給一個盗賊？
母親呀，你千萬不該抛弃了我！
母親，讓我快回到你的膝前來，
我要緊緊的擁抱着你的脚髁。①
　　母親！我要回來，母親！

九　龍

我的胞兄香港在訴他的苦痛，
母親呀，可記得你的幼女九龍？
自從我下嫁給那鎮海的魔王，
我何曾有一天不在泪濤汹涌！
　　母親，我天天數着歸寧的吉日，
我衹怕希望要變作一場空夢。
　　母親！我要回來，母親！

① 此句中“抱”，原詩排作“把”。

旅順，大連

我們是旅順，大連，孿生的兄弟。
我們的命運應該如何的比擬？——
兩個强鄰將我們來回的蹴蹋，
我們是暴徒脚下的兩團爛泥。
　　母親，歸期到了，快領我們回來。
你不知道兒們如何的想念你！
　　母親！我們要回來，母親！

七月十一日　詩《愛國的心》《洗衣曲》發表於《現代評論》第二卷第三十一期。前者收《聞一多詩集》，後者收《死水》時有修改。

《愛國的心》表達愛國情緒，全詩八行，形式整齊。詩云：

我胸中有一幅旌旆
没有風時自然摇擺。
我這幅抖顫的心旌
上面有五樣的色彩。

這心臟底海棠葉形
是中華版圖底縮本；
誰能偷去伊的版圖？
誰能偷得去我的心？

《洗衣曲》也是首愛國詩的代表作。詩有序："美國華僑十之八九以洗衣爲生，外人至有疑支那乃舉國洗衣匠者。國人旅外之受人輕視，言之心痛。爰假洗衣匠口吻作曲以鳴不平。"該詩收入《死水》時，序、詩文及排序均有改動，序改爲："洗衣是美國華僑最普遍的職業，因此留學生常常被人問道‘你的爸爸是洗衣裳的嗎？’許多人忍受不了這侮辱。然而洗衣的職業確乎含着一點神秘的意義，至少我曾經這樣的想過。作洗衣歌。”下面是初次發表的《洗衣曲》：

（一件，兩件，三件）
　洗衣要洗乾净！
（四件，五件，六件）
　熨衣要熨得平

銅是那樣臭，血是這樣腥——
髒了的東西你不能不洗，
洗了的東西又不能不髒。
有耐性的人們理他不理？
　替他們洗！替他們洗！

我洗得净悲哀底濕手帕，
我洗得白罪惡底黑汗衣，
貪心底油膩和欲火的灰……
你們家裏一切的髒東西，
　交給我洗！交給我洗！

你説洗衣的買賣太下賤，
幹這種買賣惟獨有唐人。
你們的牧師他告訴我説：
耶穌的爸爸做木匠出身，
　你信不信？你信不信？

洗衣定規是一件容易事。

洗衣那裏比得上造兵船？
洗衣匠們真個是没出息，
流了一身苦汗賺不了錢。
　你們肯幹？你們肯幹？

年年洗衣三百有六十日，
看不見了家鄉又上不了墳。
你們還要笑我是洗衣匠，
你們還要駡我是支那人。
　好狠的心！好狠的心！

（一件，兩件，三件）
　洗衣要洗乾凈，
（四件，五件，六件）
　熨衣要熨得平！

先生回國初期發表的這幾首詩，引起了國内一些人的注意。五卅慘案後四川旅滬學界同志會編輯出版的《長虹月刊》上，刊登了李民治的一篇《三首愛國詩》，是讀了《醒呀！》《七子之歌》《洗衣曲》三首詩的感想。文中説："新詩的含容大概不外：一、吻香的戀情詩；二、形而上的哲理詩；三、手槍炸彈的革命詩。我們現在所需求的是那一種詩，戀情的？哲理的？革命的？我們種種都要，我敢説，不過新詩壇以往的成績，有幾多值得我們一讀，讀起來足以挑動讀者内心的情感，有幾多值得我們贊好，好來是讀者心中所想登而潛隱未能發的呼聲。自然，我不敢且不能抹殺有幾位我所佩服的詩人與他們一些可誦的作品，然而在這最深刺激的一月裏，我讀了幾首既不是戀情的，亦不是哲理的，亦不是革命的愛國詩之後，我相信新詩壇的生命更新了，新詩壇的前途另闢了，新詩壇發向它祖國的希望之光益强了。文學作品所表現的是時代精神，而時代也就是文學作品的背景。聞一多君這三首詩表現了中華民族爭自由求獨立的迫切呼號的精神，但是也要有帝國主義者高壓之下的中國，纔會產生這樣的作品。至於詩人呢，他是得天獨厚，能首先感着痛苦，首先熱起情緒，首先擒得詩意……把它們高唱出來。這三首詩是我個人所最愛讀的。我更深切的願我們大家——全中國的愛中國的中國人——都來把這幾首詩暢讀一回，深深印入記憶之膜裏。”(《長虹月刊》，第2期，1925.11.10)

七月十五日 大江會會刊《大江季刊》創刊，上海泰東圖書局印行。發行人趙南公。“大江季刊”四字爲梁實秋題寫。先生在這期上發表了在美國寫下的四首詩：《長城下之哀歌》《我是中國人》《愛國的心》《洗衣曲》。(目録上無《愛國的心》，又《洗衣曲》作《浣衣曲》)

這一期還刊登了大江會會員宣傳國家主義的作品，有何浩若的《中國之歧途與末路》，浦薛鳳的《理性的國家主義》，沈有乾的《國家心理略説》，梁實秋的《詩人與國家主義》、《公理》(小説)、《文學裏的愛國精神》(譯文，英國德林克瓦特著)，陳石孚的《土耳其復興史》，翟桓的《愛爾蘭新芬運動與國家主義》，顧毓琇的《荆軻》(劇本)。

本期還登載有《發刊詞》，闡明大江的國家主義及創刊之目的，對瞭解先生思想或有所助，兹録以參考：

> 大江會同人謹於發行本刊之始，正告國人：
>
> 我們是一個絶對信仰國家主義的一個結合，發行本刊的宗旨即在圖謀國家主義在我中國之宣傳與實施。
>
> 我們所認定要宣傳與實施的國家主義乃：“中華人民謀中華政治的自由發展，中華人民謀中華經濟的自由抉擇，中華人民謀中華文化的自由演進。”(我們的詳細的意見具見本會宣言，兹不贅述。)
>
> 根據這個定義，我們將一面盡力反對一切的國家主義的障礙，例如侵略的帝國主義以及時髦的和平主義等；一面研究國家主義之

實施的計劃，例如恢復主權問題，鞏固經濟獨立問題，發揮文化上的國民性問題等。

但我們所最要提倡的一件事，便是氣節。我們所謂的氣節即是爲主義而死，爲國家而死，爲正義而死的那種精神。我們認定，中國近來各方面之腐敗，皆由於人民氣節之不振。凡是熱心愛國的人都該在言行上竭力提倡氣節。本刊即是特别的注意此點。

我們發行這本雜志不是爲少數人的言論機關，不是爲營業的性質，我們本着我們的信仰將我們的一得之見貢獻於國人之前。我們的信仰一日不移，我們的努力一日不斷，我們的這本雜志的壽命便一日不斷。

這是我們的宣傳的第一聲，這也是我們與讀者相見的第一日。邦人君子，幸督教之。

七月二十五日 詩《我是中國人》發表於《現代評論》第二卷第三十三期。收《聞一多詩集》。

是月 與趙太侔、余上沅、孫伏園共同草擬成《北京藝術劇院計劃大綱》。後發表於一九二六年九月十六日、二十三日的《晨報副刊·劇刊》第十四、十五號。

大綱體現了先生等人關於建立藝術劇院的初步設想，它與普通的臨時籌備的團體不同，與舊式的科班更有極大的差别，它是學習與演出兼顧、學校與劇院結合的一種新型的正規的組織形式，其目的在於振興中國的戲劇文化事業，推動中華文化的發展。大綱分五個部分，全文如下：

一　組織概略

（一）董事會

（二）院長　本院設院長一人總理本院事務，對外爲本院代表。

（三）劇務部本部設導演主任、藝術主任、文學主任、樂舞主任各一人，互選一人爲本部主席。各主任職權如下：

甲　導演主任　派定演員，指導演習，并訓練演員；

乙　藝術主任　規畫圖案，指導人員製造及安設布景，製造服飾，配置光影；

丙　文學主任　整理圖書，介紹劇本，編製實録整理故實，并編輯刊物；

丁　樂舞主任　編輯樂譜，教練樂歌，并指揮舞蹈。

（四）事務部本部設營業主任一人，推行營業計劃，并指揮人員，處理營業上各項事務。

（五）評議會　本會由院長及劇務事務兩部各主任組織之，其職權爲：商决全院設施、聘用各項人員、選定公演劇本、規劃營業方針，并編製預算决算。

（六）長期雇員

甲　事務部設文書、庶務、會計各一人；

乙　事務部又設司帳、司票、廣告各一人，直隸於營業主任；

丙　劇務部設舞臺管理員一人，及電師、儲藏、布景各一人；

丁　劇務部又設製景、製裝、製具各一人，直隸於藝術主任。

（七）劇團團員　演員及其他劇團團員，暫以六十人爲額數，其權利及義務，另行釐定之。

附組織概略圖表（從略）

二　劇場建築

（一）經費的支配

甲　地基一萬元；

乙　建築十萬元；

丙　設備四萬元；

丁　準備金五萬元。

（二）經費的籌集

甲　商股；

乙　政府補助（地基或經費）。

附注：建築上以發揮本國的建築藝術，兼采用西方機械的便利爲主旨。座位以一千二百爲額。舞臺及其他場所，均依最新之辦法而加以改良，各處布景及器具，均以保存本國之美術爲主。

三　營業方法

於新劇外，暫時加辦電影等項，以裕收入。

預算（按一年計算）：

（一）預備期內支出項下

1　演習所開辦費（詳見附表一）　二八〇〇元；

2　劇場租金　一五〇〇〇；

3　舞臺臨時設備（電器等）　八〇〇〇；

4　電影機　三〇〇〇；

5　影片租費　一〇〇〇〇；

6　音樂隊　五〇〇〇；

7　演劇材料　四五〇〇；

8　印刷院報廣告及劇券　四〇〇〇；

9　演習所房租（按每月八十元計算）　九六〇元；

10　演習所水電雜費　二〇四〇；

11　劇場電費　三六〇〇；

12　劇場雜費及夫役工資　四〇〇〇；

13　短期雇工　二五〇〇；

14　職員薪金（詳見附表二）　一三〇八〇；

15　演員津貼　六〇〇〇；

16　招待費　八〇〇。

共計　八五二八〇元。

（二）預備期内收入項下

1　演劇一百次（以七成收入計算）　四六五〇〇元；

2　演電影二百五十次（五成計算）　四七五〇〇元。

共計　九四〇〇〇元。

收支相抵羸［盈］餘　八七二〇元。

附注：隨時加演舊劇等項之羸［盈］餘不計。

附表一　演習所開辦費支出表

1　房租（以八十元一月先付三份計算）　二四〇元；

2　修理　五〇〇；

3　裝置電燈電話自來水　三〇〇；

4　傢具及零件　一〇〇〇；

5　演劇材料　五〇〇；

6　雜費　二〇〇；

7　招待費　一〇〇；

8　印刷費　一六〇。

共計　二八〇〇元。

附表二　暫定職員薪金表（按月計算）

1　院長一人　一五〇元；

2　主任四人（每人一五〇元）　六〇〇；

3　文書一人　六〇；

4　庶務一人　六〇；

5　會計一人　六〇；

6　舞臺管理員一人　六〇；

7　電工一人　二〇；

8　木工一人　二〇；

9　縫工一人　二〇；

10　差役四人（每人一〇元）　四〇。

共計　一〇九〇元。

附注：此係最低人數，於必要時尚須增加。

附表三　劇券價目表

甲　新劇

等别	座數	券價	共收
前排四座包厢	二十一厢八四	一元	八四元
後排四座包厢	同八四	八角	六七元
甲等散座	三〇〇	八角	二四〇元
乙等散座	三〇〇	六角	一八〇元
丙等散座	二七〇	三角五	九四元

總共一千〇三十八座，應收券價六百六十五元如按七成計算，應收四百六十五元。

乙　電影

等别	座數	券價	共收
甲等厢座	八四	六角	五〇元
乙等厢座	八四	五角	四二元
甲等散座	五七〇	四角	二二八元
乙等散座	三〇〇	二角	六〇元

總共一千〇三十八座，應收券價三百八十元，如按五成計算，應收一百九十元。

附注：座數以香廠新明劇場爲標準。

四　練習生功課（第一年）

（一）圖案科

1　背景及服飾　六；

2　繪畫　五；

3　用器畫　二;

4　美術概論　一;

5　手工　五;

6　戲劇概論　一;

7　體育　二;

8　選練　四;

9　公演　十。

共計　三十六單位

(二)表演科

1　聲音表情　三;

2　姿態表情　三;

3　化裝術　一;

4　表演　十;

5　舞蹈　二;

6　拳術　二;

7　樂歌　二;

8　戲劇概論　一;

9　選課　四;

10　公演　十。

共計　三十八單位

附注:選課分國文、英文、歷史、戲劇文學四項,每項二單位。此外有關於思想學術之各種定期演講,不計單位,但練習生須按期到場。

五　進行步驟

(一)創辦時期

甲　期間　藝員演習所成立以前。

乙　事務　開始募款。至收得一萬元時,即設立藝員演習所,開始租用新明劇場演電影。

（二）預備時期

甲　期間　演習所成立以後，至劇場建築完全成之日止，定爲一年。

乙　事務　向政府交涉補助。募集商股。繼續開辦電影。演習所藝員開始在租定劇場内公演。

（三）成立時期

甲　期間　劇場建築完成，正式營業開始之後。

乙　事務　正式公演，并籌設外埠分院。

八月九日　參加新月社茶話會。十一日致聞家駟信云："我等已正式加入新月社，前日茶叙時遇見社員多人，中有湯爾和，林長民，丁在君（話間談及舒天）[①] 等人。此外則北大及北大外諸名教授大多皆社員也。"

新月社成立於一九二三年，徐志摩説它最初是一個聚餐會，從聚餐會中産生新月社，大家想集合起力量，自編戲自演劇，主要成員有徐志摩、胡適、黄子美、蹇季常、張君勱、丁文江、林長民等。他們於一九二四年五月八日，爲慶祝泰戈爾六十四歲生日，演出過泰戈爾的戲劇《契玦臘》，主演林徽音、張歆海、徐志摩。後來，徐志摩搬到松樹胡同七號，聚會的地點也改在這裏。先生回國時，便想得到新月社同人的支持。七月裏，徐志摩從歐洲回到北京，即與先生相見，搭橋人似爲徐的妻弟張嘉鑄。

八月十一日　致聞家駟信。收入《聞一多書信選集》。言及赴新月社午餐，并討論建立藝術劇院等事：

徐志摩約今日午餐，并約有胡適之，陳通伯（即《現代評論》

① 丁在君，即丁文江，聞亦齊（舒天）出國前曾協助他做過地質地理學史方面的工作，并爲他寫《徐霞客年譜》收集過資料。

上署名西瀅者），張欣海，張仲述，丁西林，蕭友梅，蒲伯英等在座，討論劇院事。近得消息謂蕭友梅（音樂家）與某法國人募得四十萬資本，將在北京建築劇園。故志摩招此會議，商議合作辦法也。……新月社已正式通過援助我輩劇院之活動。徐志摩頃從歐洲歸來，相見如故，且於戲劇深有興趣，將來之大幫手也。

時，聞家騆欲來京投考北京大學旁聽生，先生支持他不回震旦大學，希望他馬上啓程來京。

同日 致聞家駟信。收《聞一多書信選集》。該信爲從新月社返回後所寫，談到會上情形，及可能參加《晨報副刊》工作，頗爲興奮，云：

頃自新月社歸來，關於籌劃劇院事已有結果。書此報告，以釋懸念。□昨日到會者有徐志摩，胡適，張欣海，蒲伯英，鄧以蟄，丁燮林，陳通伯以及蕭友梅。蕭君已籌得可靠款項二十萬元，擬辦一“國民劇場”。蕭之專門爲音樂，正缺藝術人才，故以得遇弟等爲至幸。弟等所擬計劃與彼等之計劃大同小異，故今日雙方皆願合作。照此看來，劇場事業可慶成功矣。……北京《晨報》爲國內學術界中最有勢力之新聞紙，而《晨報》之《副鎸》尤能轉移一時之思想。《副鎸》編輯事本由正張編輯劉勉己兼任。現該報擬另覓人專管《副鎸》[1]，已與徐志摩接洽數次。徐已擔任北大鐘點，徐之友人不願彼承辦《晨副》，故徐有意將《晨副》事讓弟辦理，據徐云薪水總在二三百之間，大約至少總在百元以上。今日徐問弟：“謀到飯碗否？”弟答：“没有。可否替我想想法子？”後談及《晨副》事，又向弟講：“一多，你來辦罷！”弟因徐意當時還在猶夷，不便直接應諾。容稍遲請上沅或太侔向徐再提一提，想不致絶無希

① 《晨報副鎸》原爲孫伏園編輯，時孫伏園辭職，任北京《京報副刊》編輯，故《晨報副鎸》正覓新人接辦。

望也。劉勉己與弟已有來往，昨日來函約爲特約投稿員，稿費每千字在二元以上。劉初次遇弟時，甚表敬意。劉亦屬新月社。大約弟擔任《副鐫》，劉之方面亦不致有異議。

八月十四日 詩《狼狽》發表於《晨報副刊》第一二五〇號。收《死水》。從格律上及編入《死水》的順序看，這首詩似寫於美國。

八月十七日 譯詩《沙漠裏的星光》（勞倫斯·霍普 Laurence Hope 作）發表於《晨報副刊》第一二五二號。收《聞一多詩集》。這首詩作於美國。

九月一日 年初因發生學潮而停辦的北京美術專門學校决定籌備恢復，籌備委員會主任爲教育部專門司司長劉百昭。新月社同人中有人參與其事，先生八月十一日致聞家騄信曾云："今日席間又談及北京美專事，同人皆謂極宜恢復，并由本社同人主持其事。故已議定上書章行嚴[①]，由林長民任疏通之責。"

由於這個緣故，先生被聘爲美專籌備委員。《晨報》消息《美專籌備員將發表》中云："劉百昭日來正籌備恢復美專，所有籌備委員業經聘定，明後日即可發表。其名單如次：嚴智開、張仲述、聞一多、余上沅、趙太侔、彭沛民、鄧競存、蕭厔泉。籌備主任由劉百昭兼任。"（《晨報》，1925.9.2）

先生出任此職，是徐志摩熱心推薦促成。梁實秋《談聞一多》："當時的藝專校長是劉百昭，劉是章士釗的部下，初接校篆，急需一批新人幫忙，所以經志摩介紹，一拍即合。戲劇系主任本擬聘余上沅，後又因爲安置趙太侔，上沅改任教授。他們加入藝專也是不得已，初回國門，難爲擇木之鳥。"（第64—65頁）

美專前身爲北京美術學校，成立於一九一八年四月十五日，爲我國第一所國立美術學校，設中畫、西畫、圖案三系。一九二二年六月改爲

① 即章士釗，時任北京政府司法總長兼教育總長。

美術專門學校。一九二五年一月末因學生反對臨時政府教育部委派新校長到校，被强行解散。

九月七日 是日出版之《晨報》副刊《星期畫報》第一號《聞一多寫的徐志摩》中，刊登先生所作的徐志摩素描。該畫右側書有“徐志摩”三字，左下角署名“多”字。此幅素描當是新月社在徐志摩家聚會時畫的。

九月十日 經教育部批准，美術專門學校更名爲藝術學院。（據《美專改爲藝術學院》，《晨報》1925.9.12）先生與嚴智開、彭沛民、蕭友梅、鄧以蟄、蕭懸、馮臼、余上沅、謝陽、蕭俊賢十人被函聘爲籌備委員；另有六籌備委員爲教育部部派，他們是社會司司長高步瀛、參事秦汾、專門司司長劉百昭、簽事徐協貞、視學錢稻孫、簽事劉元驥。（據《美專籌備委員共十六人》，《晨報》，1925.9.10）

九月十三日 教育部批准北京藝術學院增設劇曲、音樂二科。《藝術學院之預算》：“教育此次改美專爲藝術學院，原意祇設圖案、中國畫、外國畫三科。嗣以劇曲爲陶冶德性之藥石，關係風化至巨，音樂與劇曲有密切關係，亦當同時并設，遂决定增此二科。至該院經費，仍照以前美專預算，月支九千元。”（《晨報》，1925.9.14）

增設劇曲、音樂二科，是先生與余上沅多方奔走努力的結果。余上沅十一月十九日給歐陽予倩、洪深、汪仲賢信上説他們商量、籌劃、接洽、辯論，結果總算不差，“乘恢復美專的機會，商量教育部添設了音樂、戲劇兩系”。（《余上沅戲劇論文集》，第136頁，長江文藝出版社1986年11月出版）劇曲科的增設，在中國現代戲劇事業發展史上有着極爲重要的意義，洪深在《中國新文學大系·戲劇集·導言》中説：“這是我國視爲卑鄙不堪之戲劇，與國家教育機關發生關係的第一朝。”

九月十四日 上午十時，赴前京畿道原美專學校，出席北京藝術學院第一次籌備委員會議。會上討論了學校名稱、組織大綱、學科設置、處理舊生方法諸事。先生贊成改校名爲“藝術專門學校”。同人推先生與劉百昭、余上沅、嚴智開、彭沛民、蕭友梅、蕭俊賢共七人爲組織大

綱起草員。（據《藝術專門學校之籌備》,《晨報》，1925.9.15）

九月十五日 上午九時，參加藝專籌備委員會議，討論組織大綱及編定預算。（據《藝專第二次籌備會》,《晨報》1925.9.16）

九月十六日 上午十時，先生等藝術專門學校籌備委員再次開會討論組織大綱。情形見《藝專第三次籌備會》：“劉百昭主席，各籌備員比將所擬之大綱草稿提出，均逐條通過。兹志其概略如下：第一章，名稱，‘國立北京藝術專門學校’。第二章，宗旨，‘研究高深學術養成專門人才’。第三章，學制，‘五系’。第四章，行政組織，‘校長、教務長、事務長、各系主任、教授、講師、助教、事務員’。第五章，評議會。第六章，校務會議。第七章，教務會議。第八章，事務會議。第九章，委員會。第十章，附則。以上共十章，三十條。通過後，劉百昭即囑各籌備員切實開列預算，編訂課程，以便提出大會討論。”（《晨報》，1925.9.17）

九月十七日 上午九時，出席北京藝術專門學校第四次籌備委員會議。到會者十四人，一致通過先生等昨日草擬的組織大綱。又，衆人復提出節省開支、教員上課規則、處置舊生辦法等問題。（據《藝專第四次籌備會》,《晨報》，1925.9.18）

九月十九日 詩《聞一多先生的書桌》發表於《現代評論》第二卷第四十一期，收《死水》。《叫賣歌》發表於北京《晨報副刊》第一二七五號。收《聞一多詩集》。

同日 上午九時，出席北京藝術專門學校第五次籌備委員會會議。决定對組織大綱第四條之“本校各系收受四年制之中學畢業生或具有同等學力者，録取學生，以其入學試驗之成績定之”，修改爲“本校各系收受中等學校畢業生，録取學生時，以入學試驗定之”。關於預算問題，爲節省開支，决定本校專任教授限三十一二人，每人擔任十二鐘點，每月支二百二十元，所有校中重要職務均由教授兼任，不另支薪。校長薪金由三百元減爲二百六十元。事務員以二十人爲限。通習各科，均合班教授。全年預算總計十六萬餘元。關於處理舊生辦法，凡持有教育部所

發給的前美專修業證書者，可免受入學試驗，但須受編級試驗。（據《藝專昨開五次籌備會》，《晨報》，1925.9.20）

九月二十二日 詩《末日》發表於《晨報副刊》第一二七七號。收《死水》。

九月二十四日 上午九時，出席北京藝術專門學校第六次籌備委員會會議。關於預算問題，劉百昭說教育總長章士釗并未提交閣議，意爲教職員薪金仍按部章辦理，無須削減；又說章士釗主張音樂、戲劇兩系徐圖進行。籌備委員對此意見不一，鄧以蟄力主五科并設，表決時多數贊同。次議校長問題，劉百昭謂教育部派自己兼任校長，而本人非藝術出身，又兼部職，加之預算狹隘，有辭退之意，經徐協貞、蕭友梅力勸，旋決定一致函請教育部迅發命令，派劉百昭爲校長。（據《藝專第六次籌備會》，《晨報》，1925.9.25）

九月二十八日 北京政府正式任命劉百昭爲北京藝術專門美校校長。劉遂約先生等討論開辦經費及人事安排，決定減用助手事務員，十月份教職員薪金扣五折，作爲開辦費用。（據《藝專校長今日就職》，《晨報》，1925.9.29）

九月二十九日 出席劉百昭就職儀式。劉擬聘先生爲教務主任。（據《劉百昭昨就藝專校長》，《晨報》，1925.9.30）

十月一日 徐志摩正式接辦《晨報副刊》，除約趙元任、梁啓超、張奚若、金岳霖、傅斯年、羅家倫等幫忙外，還"特請姚茫父、余樾園先生談中國美術，劉海粟、錢稻孫、鄧以蟄諸先生談西洋藝術，余上沅、趙太侔先生談戲劇，聞一多先生談文學，翁文灝、任叔永諸先生專撰科學的論文，蕭友梅、趙元任先生談西洋音樂"。（徐志摩《我爲什麽來辦我想怎麽辦》，《晨報副刊》第1期，1925.10.1）

十月五日 北京藝術專門學校校名擬去"北京"二字，改稱"國立藝術專門學校"，以便今後在上海、武漢設立分校。劉百昭正式聘先生爲教務長，并約定爲考試委員會委員。其餘職員爲事務長程振基、中國畫系主任蕭俊賢、劇曲系主任余上沅（後改趙太侔）、音樂系主任蕭友

梅、西洋畫系主任彭沛民。（據《藝專各項職員聘定》，《晨報》，1925.10.5）

時，圖案畫系主任空缺，劉百昭約先生至嚴智開宅，力勸同舟共濟。（據《藝專約嚴智開充任主任》，《晨報》，1925.10.6）

同日 《納履歌》發表於《晨報副刊》第一二八四號。收《聞一多詩集》。

十月六日 早，與劉百昭、程振基再至嚴智開家，嚴遂允就任圖案畫系主任。又彭沛民辭西洋畫系主任，劉百昭專電上海，聘徐悲鴻充任，“在徐未到校以前，所有西洋畫系主任職務，由教務長聞一多兼代”。（《藝專校務之進行》，《晨報》，1925.10.7）

十月七日 爲美專舊生開闢教室，以便先行温課。又擬招考戲劇系學生説明書。《藝專收容舊生》：美專舊生已繳學費者，“均要求先行在校温習，以免在外浪費時光。劉百昭、聞一多、程振基會商結果，遂予應允，當即騰出兩教室，以便該生等温習功課。……聞一多擬有招考戲劇系説明書及概略，頗屬詳明，昨已提出”。（《晨報》，1925.10.8）

十月八日 與劉百昭、程振基開會商議聘定教員規程和學生入學規則。《藝專各項規程已擬定》：“藝術專校，昨日報名學生約有六十餘人，三日統計，共約三百餘人。昨日下午二時，該校校長劉百昭，及事務長程振基、教務長聞一多，特開會議，討論聘定教員規程，及入學規則。聞聘定教員規程内容，分教授、講師、助教三種，聘請時應由校長斟酌科目，并審查其社會上之聲望。普通科目（英文漢文），每鐘三元至四元。教授每周授課十二時至十八時，月薪二百二十元。教員滿三年退職，加送薪水兩月；滿五年中途退職，加送薪水三月。至學則内容，分爲九章：一，入學；二，學歷；三，必修科與選修科；四，畢業修業年限；五，考試與成績；六，修學及退學；七，學費及其他各費；八，獎勵；九，附則。以上均係草案，聞一二日内即可議定呈部，核准公布。”（《晨報》，1925.10.9）

十月九日 《大江會宣言》開始發表於《清華周刊》第二十四卷第五號，分四期載完。這是先生等人發起之大江會的重要綱領性文件，主要起草者爲羅隆基、何浩若，先生亦參加了意見。

宣言定稿於六月一日，共分四章：一即本篇；二中國目前變亂之原因；三大江的國家主義；四大江的宗旨。第一章述帝國主義與國家主義之區别，第二章分析中國被列强奴役的諸種因素，第三章闡明大江會信奉的國家主義之真諦，第四章指出大江會的奮斗目標。《清華周刊》刊載時加有編者按，中云："大江會乃清華留美同學羅隆基、吴景超、聞一多諸人所組織。其目的在本國家主義，對内實行改造運動，對外反對列强侵略，并反對外國化及教會教育，頗與清華近來校風之趨勢相符。兹接到吴景超君寄來該會宣言共四章……其所言，頗足以唤醒國人，并指示青年救國運動之方向，爰亟爲轉載，以餉讀者。"

宣言認爲"近代國際史，乃帝國侵略主義與國家主義互相衝突之歷史，而近三百年來，此項衝突更已達最劇烈最慘酷之程度"。"任何國家，其國家觀念不發達者，必被帝國侵略主義所殲滅"，"任何國家，不托命於國家主義之下者，必爲帝國侵略主義所淘汰"。"中國今日則以缺乏國家思想之故已陷於日暮逾窮之境"。宣言論述中國在政治、經濟、外交、教育諸方面受封建主義、帝國主義的摧殘，講到文化方面時，云："文化乃國家之精神團結力也，文化摧殘則國家滅亡矣，故求文化之保存及發揚，即國家生命之保存及發揚也。"

十月十一日 前美專舊生請求轉入戲劇系者甚多，先生"允俟經過教務會議再行答復"。(《美專舊生多改習戲劇》，《晨報》，1925.10.12)

十月十五日 上午十時，出席藝術專門學校考試委員會會議，決定先生與彭沛民負責西洋畫系招考工作。(據《藝專昨開考試委員會》，《晨報》，1925.10.16)該系招生考試於二十三日進行，考試内容爲六個"不行"的表情。十二月十一日，又續考戲劇系新生。

是月 此時或稍前，被北京民國大學校長聘爲教授。(《附録本校十四年度現任教員一覽表》，《北京民國大學十周年紀念册》，第10頁，1925年11月出版)先生項下"教授功課"欄缺空，"京寓"欄下爲"辟才胡同内梯子胡同一號"。同時被聘請到該校的還有趙太侔。時，鄧以蟄(叔存)、周炳琳

（枚蓀）、林和民（以德）、周作仁（濯生）、龔德柏、戴修瓚（君亮）、邱椿（大年）等，均在該校任教。北京民國大學校長雷殷，原名愷澤，號惠南，廣西人，由黄興介紹加入同盟會，辛亥革命爆發後參與促進廣西獨立，爲廣西臨時參議會參議員。袁世凱復辟帝制時，雷殷參與討袁被通緝，遂改名雷殷，避難日本，入東京法政大學。一九二二年出席國會，被選爲憲法起草委員，并應民國大學校長江天鐸之邀，任該校教務長，後任校長。

十一月二日 國立藝術專門學校舉行開學典禮。教育總長章士釗到會并致詞。劉百昭、傅增湘、陳寶泉、馬君武、嚴智開、查良釗、陳延齡等代表各方演説。會後來賓與全校師生合影。（據《藝專昨日舉行開學典禮》，《晨報》，1925.11.3）

先生到藝專任職，是一生服務於教育的開始。在藝專，先生教授過美術史。安娥《哭憶聞一多師》："那天上美術史課的時候，一位年輕的教授穿着長褂子，挾着幾本書來了。他一聲没有響，坐下來就講他的書。似乎不是所想象的唯美詩人聞一多，他健康，濃眉，密髮，鋭亮的眼睛，高鼻子，微黑帶赤的面色，講書的時候，不管學生，聲音低而沉静。"（《月刊》第2卷第2期，1946.9.20）

十一月五日 參與發起成立"關税自主促成會"。自帝國主義列强强迫中國政府與其訂立協議税則後，中國關税便操於列强之手，受其盤剥極重。爲修改税則，段祺瑞執政府派員與英、美、法、日、意、比、瑞典、葡、荷、丹、挪威、西班牙等國代表，於上月二十六日在北京舉行關税特别會議。北京及全國民衆，紛紛反對關税會議，要求取消一切不平等條約，力争關税自主，制定國税，徹底擺脱帝國主義的束縛。先生力持此主張，與北京各大學教授馬君武、胡敦復、蔣夢麟、朱我農、張貽惠、曹雲祥、雷殷、張歆海、查良釗、雷國能、童莊、馬寅初、陳翰笙、嚴智開、顧淑型、周炳琳、顧孟餘、高仁山、梁龍、葉企孫、汪懋祖、袁嗣莊、馮農、錢端升、陶孟和、王桐齡、袁同禮、周鯁生、林和民、向哲濬、張杰民、屠孝實、胡仁源、江庸、衛挺生、保君健、張耀翔、馬洗凡、陶昌善、董成襄、林玉堂、趙迺摶、楊肇燫、杜作梁、譚熙鴻、楊肇熉、瞿國眷、蕭純錦、徐輔德、朱友漁、馬名海，共五十二人，聯名發起“關税自主促成會”。（據《關税自主促成會今日開會》，《晨報》，1925.11.6）是日下午三時，關税自主促成會在歐美同學會開會，討論宣言及進行辦法。

同日 主持藝專教務與事務聯合會議，討論學分、開課諸問題。時，“因校外要求投考戲劇系者紛至沓來”，決定九日上午補考一次。（據《藝專經費照舊預算》，《晨報》，1925.11.6）

十一月十五日 《大江季刊》第一卷第二期出版。發表先生在美國所作的《七子之歌》《南海之神》兩首詩。均收入《聞一多詩集》。

《南海之神》副標題爲《中山先生頌》，是對孫中山先生的贊歌，但大江會對孫中山的某些做法曾持有異議，所以《大江季刊》“編輯餘談”中特作説明：“孫中山先生之死是我國近來一件最不幸的事。中山先生的主張與政策有很多地方都是我們所同意的，他的事業之成敗，他的手段之優劣，容或有商量之餘地，但他的人格之偉大，其革命精神之可佩，則無論何人皆無異辭者也。中山先生噩耗傳來，我們在海外旅居，倍覺震驚，我們以爲在現今中國没有第二個人可以繼續中山先生的位置，雖然人人都該立志努力完成中山先生的事業。本期季刊特登聞一多君之《南海之神》長詩一首，該詩除有其自身之價值外，蓋亦足略示我們對中山先生之態度。”

這期《大江季刊》除發表有《大江會宣言》，還刊登了潘光旦的《近代種族主義史略》、胡毅的《北美排華略史》、何浩若的《祇要此心不死我們終有一日》、顧毓琇的《項羽》（劇本）、瞿世英的《近來美國哲學之趨勢》（通信）、梁實秋的《文學裏的愛國主義》（譯著，續）、吴文藻的《一個初試的國民性研究之分類目録》等。又有《大江會章程》《大江會細則》和《大江會會員一覽表》。章程規定大江會宗旨爲：“本大江的國家主義，對内實行改造運動，對外反對列强侵略。”對“大江的國家主義”定義釋作：“乃中華人民謀中華政治的自由發展，中華經濟的自由抉擇，及中華文化的自由演進。”細則第二十條規定入會誓詞爲：“我誓以我的名譽爲誓，願絶對實踐大江的國家主義，遵守章程、細則，服從多數，爲中華民國犧牲一切。此誓。”

據《大江會會員一覽表》，時有會員二十九人，除先生外，還有王化成、孔繁祁、何浩若、吴文藻、沈有乾、沈宗濂、吴景超、吴澤霖、沈鎮南、胡毅、胡竟銘、徐宗涑、時昭瀛、梁實秋、浦薛鳳、陳欽仁、陳華寅、張繼忠、黄蔭普、翟桓、熊祖同、蔡公椿、潘光旦、劉聰强、薛祖康、魏毓賢、羅隆基、顧毓琇，均爲清華學校一九二一級至一九二四級赴美留學生。

十一月十七日 午後，主持國立藝術專門學校第一次教務會議。“到會者有各系主任，當經議決選科學生章程。按此項章程，係遵照組織而定，與他校旁聽學生章程同”，即“凡本校各系如遇有空額時，可收選科生，但須試驗其聽講能力。至其徵收方法，則分二項：一，理論功課，每年每一小時納費二元；二，實習功課，每年每小時納費三元。惟此項學生不得稱爲本校正科學生，并不得請領津貼且無住寄宿舍之權利”。(《藝專昨開教務會議》，《晨報》，1925.11.18）

十一月十九日 余上沅寫信給上海的歐陽予倩、洪深、汪仲賢，信中説到“北京藝術劇院”進行艱難：“我和太侔、一多，撞了無數的木鐘，結果依然是有心的無力，有力的無心……實現之期，也不知在哪一年了！”又説藝專所增添的音樂、戲劇兩系，“限於經費，目下仍是一籌莫展。……社會的幫助難有希望，政府的幫助更難有希望，我們真要作楚囚之對泣了！”(《余上沅戲劇論文集》，第136頁）

是月中旬 羅隆基作爲美國華僑商學代表回國報告美民間瀑州會議詳情，住在先生家。

十二月一日 詩《秦始皇帝》《抱怨》發表於《晨報七周年紀念增刊》。收《聞一多詩集》。

十二月七日 當選爲藝專評議員。(據《藝術旬刊將出版》，《晨報》，1925.12.8）

十二月十三日　晚，與羅隆基代表大江會參加發起籌備北京國家主義團體聯合會。

時，留學生組織之國家主義團體逐漸增多，如留歐者有醒獅社，留美者有大江會、大神州會等，“皆各自研究，各自宣傳，尚乏一聯合機關。近由歐美陸續回國現在北京者，有醒獅社之李璜，大江會之羅隆基、聞一多，大神州會之邱椿、李光忠、張杰民、鍾相青、余上沅[①]等”。是晚，三團體開會“討論聯合辦法，當即邀齊國魂社及少年自强社兩團體，合組‘北京國家主義團體聯合會’”，會商結果，決定“二十日下午一時在北大第三院開成立大會”。（《國家主義團體聯合會將成立》，《晨報》，1925.12.15）

李璜在《學鈍室回憶録》中記述先生參加北京國家主義團體聯合會的情形：“我於民十四之秋到北京後，一多時在國立藝專任教職，他是看見《醒獅周報》登出國家主義各團體聯合會的發起廣告，而同着余上沅找上我的門來的。他一見我，説明代表美國同學主張國家主義者所成立的大江會，特來參加聯合會後，而慷慨激昂的説：‘内除國賊，外抗强權的宗旨不錯，但得要真正的幹一番，你怎樣幹法？’我答：‘先行團結愛國分子，大家商量着幹罷。’他説：‘好！’停一下，他又説：‘現在北京的共産黨就鬧得不成話，非與他們先幹一下，唱唱花臉不可！我看老兄是個白面書生，恐不是唱花臉的罷！’我笑道：‘花臉就讓你來唱罷！如何？’”（第 134 頁，臺灣傳記文學出版社 1978 年 6 月 1 日出版）

這天開會的情況，施真在《紀念聞一多先生》一文中也有所記述：“那天晚上的會面，是同在一起開國家主義團體聯合會籌備會，所有到會的分子，有教授、有學生，約四五十人之多，都是各個國家主義團體的代表，如李璜先生是代表中國國家主義青年團的，常燕生先生是代表醒獅社的，聞一多先生及邱大年、余上沅、羅隆基諸先生是代表大江社和大神州社的，靳宗岳先生是代表新國家雜志的，筆者和姜蘊剛、林德

---

① 誤，余上沅不是大神州會會員。

懿諸先生，則是代表國魂社和救國團的。在這一次的籌備會裏，就決定在北京成立國家主義團體聯合會之一切步驟和辦法，於一個禮拜之後，即在北京大學第一院開正式成立大會。"①（《青年生活》第3期，1946.8.1）

此後，先生與李璜常有往來。李璜《學鈍室回憶録》云："我同邱大年時時去訪他，但是他總是在寫白話詩或畫西畫，一見我們進去，趕快遮蓋起來。後來，往還熟了，大年愛與他説笑話，見着他把畫遮蓋上，便大叫道：'又在畫春宫呀！'一多并不常來閑談，但我每次通知開會，他必如時到來，并喜發表他的意見，且對他所編的《大江季刊》推銷甚力。我囑青年黨大學生同志們爲之宣傳并代銷多份，他大爲高興。"（第134頁）

先生熱衷國家主義，有人不理解，他曾對彭基相説：我"是因在國外受了極大刺激"，所以纔鼓吹"中國魂"。（彭基相《巴黎通信》，《時事新報》1927.9.7）

十二月二十日　下午一時，北京國家主義團體聯合會在北京大學第三院大禮堂，召開成立大會。先生與千餘人到會。會場及三院門口搭有五彩牌坊，并出售關於國家主義的各種出版物。主席謝循初宣告開會，清華學校學生銅樂隊奏國樂，向國旗行三鞠躬禮。謝循初、李璜、羅隆基、燕樹棠等講演。

先生這時對"大江的國家主義"寄以很大希望。施真在《紀念聞一多先生》中説："聞先生對於這一個運動是很誠摯而熱情的，因是給與筆者和當時我們一般從事國家主義運動之學生同志的印象極好極深，一致敬佩他是一個平易近人的導師，是一個熱忱的國家主義者。"（《青年生活》第3期，1946.8.1）

附：《北京國家主義團體聯合會緣起》

三百年來國際間争鬥之歷史，已講明"適者生存"爲確切不移

① 該文所記時間爲1926年2月，誤。

之公例。美洲紅人已有滅種之勢，非洲黑人永陷奴隸之域，而亞洲之中華民族又將隨安南緬甸而沉淪於萬劫不復之境。

紅人黑人曷由敗亡，安南緬甸何以復滅，蓋彼數民族者，惟具一同種之信念，或竟此信念亦無之。既缺國家思想，又乏團結能力，自相殘殺，以招外侮，故終以速敗亡覆滅之禍。反之，能禦侮圖存者，不惟洞察民族之生存，有至當不可移易之理由，亦且深知“國家的人格”，有神聖不可侵犯之意義。本此原則，團結全民，以與帝國侵略主義相抵抗，於是有十九世紀歐洲弱國對强國之奮争，如德意志、意大利中興之往事，其特著者也。準此，吾人遂得一公例：“任何民族，其國家觀念不發達者，必爲强者所殲滅。换言之，任何國家不托命於國家主義之下者，必爲帝國侵略主義所淘汰。國家主義非他，即一國人民本過去共生共榮之歷史，懷永久自存自救之决心，一國主權不容外人侵占，一國之經濟不容外人奪取，一國之文化不容外人干犯，有侵占之、奪取之、干犯之者，必團結全國人民，出死力以抵抗。”吾輩今日之國家主義，即本此原則，對於以武力、政治、經濟、文化侵略中國者，爲不斷的奮鬥，以謀我中華領土之完全，恢復中華政治之自由發展，中華經濟之自由抉擇，中華文化之自由演進。八十年來彼帝國主義之侵略我國，已使我河山破碎，脂膏涸竭，乃舉目國中，民氣消沉如故，是非淆混如故，無輿論，無信守，私利是圖，私憤是逞，甚或助賣國求榮之官僚，擁兵殃民之軍閥，以爲泥中之戰鬥，舉國之人民誰復以中華前途爲念者。言念及此，乃益信今日中國國家主義之提倡與實踐，刻不容緩矣。我輩國家主義之志願，在先求促進中國人民之國家觀念，而知尊重國民人格，視媚外爲奇耻，目賣國爲極惡。我輩之志願，尤在養成中華人民爲犧牲氣節，咸知國家的利害爲利害，國家的榮辱爲榮辱。對於擁兵奪地，賣國殃民之軍閥官僚，群起而撲滅之，對於以政治、經濟、文化侵略吾人之强鄰，群起而抗拒之，以圖建設中華民國真正全民福利的政治。故吾輩國家主義者之口號，爲：

"内除國賊，外抗强權；内不妥協，外不親善；全民革命，全民政治。"雖然國内外之惡勢力，方且日滋月長，欲圖廓清，以爲吾中華民國建設獨立自由之基礎，實現全民福利之政治，勢非我輩絶對信仰國家主義者，同心協力一致奮鬥不爲功。因此我輩歐美留學界之國家主義各團體，與國内國家主義各團體，特推誠布公，互相聯合，本不屈不撓之意志，爲群策群力之合作，以冀成艱難之業。愛國同志，曷興乎來！（《國家主義團體聯合會成立》,《晨報》，1925.12.20）

十二月二十七日 報載北京國家主義團體聯合會辦公處設於先生與余上沅之住所，并擬在這裏附設"國家主義研究會"及小圖書館。《國家主義團體聯合會籌設圖書館》："北京國家主義團體聯合會，自本月二十日正式成立以來，積極進行，不遺餘力。現内部組織已大體就緒，其辦公處暫設於西城二龍坑梯子胡同一號，并附設'國家主義研究會'。又聞該會分子以醒獅社現已向巴黎先聲社索取法德文之各種國家主義書籍，大江會大神州社決向美國方面搜集英美之各種國家主義書籍外，并搜集國内外之各種出版物，陳列該會辦公處，以便研究國家主義者之參考，擬於最短期内，促成一國家主義之小圖書館。"（《晨報》，1925.12.27）

是年 在徐志摩寓所松樹胡同七號爲梁啓超畫像。時，劉海粟爲《晨報副鎸》撰稿人，在徐志摩寓所松樹胡同七號居住過一段時間，在那裏見到先生和梁啓超、王夢白、姚茫父、胡適等。劉海粟在《憶梁啓超先生》中說：一次聚會後，見先生爲梁啓超畫像："這種聚會，次數很多，有一次我看到當時的青年詩人聞一多在給梁先生畫速寫像，他的畫綫條很厚實，奔放中有法度，後來纔知道他會刻印，所以下筆不俗。這張像畫得很成功，眼睛很傳神，圓闊的前額顯示出智慧。"（吴其昌《梁啓超傳·附録》，第170頁，百花文藝出版社2004年7月出版）

一九二六年　二十八歲

年初，張作霖、吴佩孚聯合攻打馮玉祥。

三月十八日，三一八慘案發生。

四月，馮玉祥戰敗，退往西北，直系、奉系軍閥再度奪取北京政權。張作霖下令逮捕《京報》創辦人邵飄萍，二十六日，邵飄萍遭殺害。

六月五日，廣州國民政府任命蔣介石爲國民革命軍總司令。

七月一日，廣州國民政府發布《北伐宣言》。

十月十日，革命軍攻克武昌，十一月，攻占九江、南昌。

是年，顧頡剛編輯出版《古史辨》第一册，"古史辨派"由此得名。

是年初　遷居西京畿道三十四號。這裏距藝專衹隔半條街，西與北鬧市口相接。房東是旗人，姓惠。這是所四合院，門上刻有一幅字體很大的楷書對聯"忠厚傳家久，詩書繼世長"。先生住在三間寬敞的北房，一間當會客室，一間爲卧室，中間是堂屋。（據蹇先艾給編者的信，1988.6.23）時，把妻子和小女都接來，家庭生活差强人意。先生有首詩《瑛兒》（今佚），大約就是這時寫女兒的。

搬到這裏，先生精心布置裝飾了一間别具特色的書房，四壁貼滿了黑紙。朱湘《聞一多與〈死水〉》："在北京住房一覓妥了，頭一件事，當然，是布置。書齋與客廳，他説，要敷粘上無光的黑紙在四壁。壁楣上，他説，要用漢代的石壁浮雕之内的車馬，製成一種圖案，繪在金紙上，連駢的敷粘起來。探問了多少的南紙鋪，合宜的紙張算是找到了。至於繪製圖案，我當場看見的，他提起筆來便成功了。"（《文藝復興》第3卷第5期，1947.7.1）蹇先艾《憶聞一多同志》亦云："他的那間書房，凡是到過的人都記得很清楚，完全用黑紙裱糊，詩人仿武梁祠畫像，細筆勾勒了一些人物、車馬的圖形，在高懸的電燈照耀之下，顯得格外神秘、

陰森；當然也别具一種藝術風格。”（《聞一多紀念文集》，第228頁）

徐志摩在《晨報副刊·詩鐫》第一期的《詩刊弁言》中，也特别介紹了這間屋子的裝飾：“一多那三間畫室，布置的意味先就怪。他把墻壁塗成一體墨黑，狹狹的給鑲上金邊，像一個裸體的非洲女子手臂上脚踝上套着細金圈似的情調。有一間屋子朝外壁上挖出一個方形的神龕，供着的，不消説，當然是米魯薇納絲一類的雕像。他的那個也够尺外高，石色黄澄澄的像蒸熟的糯米，襯着一體黑的背景，别饒一種澹遠的夢趣，看了叫人想起一片倦陽中的荒蕪的草原，有幾條牛尾幾個羊頭在草叢中掉動。這是他的客室。那邊一間是他做工的屋子，基角上支着畫架，壁上挂着幾幅油色不曾乾的畫。屋子極小，但你在屋裏覺不出你的身子大；帶金圈上的黑公主有些殺伐氣，但她不至於嚇瘪你的靈性；裸體的女神（她屈着一支腿挽着往下沉的褻衣），免不了幾分引誘性，但她决不容許你逾分的妄想。白天有太陽進來，黑壁上也沾着光；晚快黑影進來，屋子裏仿佛有梅斐士滔佛利士的踪迹；夜間黑影與燈光交鬥，幻出種種不成形的怪象。這是一多手造的阿房，確是一個别有氣象的所在，不比我們單知道買花樣紙糊墻，買花席子鋪地，買洋式木器填屋子的鄉蠢。有意識的安排，不論是一間屋，一身衣服，一瓶花，就有一種激發想象的暗示，就有一種特具的引力。難怪一多家裏見天有那些詩人去團聚——我羡慕他！”

先生的家是一般青年詩人聚會的場所。沈從文《談朗誦詩》中説：“在客廳裏讀詩供多數人聽，這種試驗在新月社已有過，成績如何我不知道。較後的試驗，是在聞一多先生家舉行的。……晨報社要辦個詩刊，當時北京詩人有徐志摩、聞一多、朱湘、劉夢葦、孫大雨、饒孟侃、楊子惠、朱大枬諸先生。爲辦詩刊，大家齊集在聞先生那間小黑房子裏，高高興興的讀詩。或讀他人的，或讀自己的，不但很高興，而且很認真。結果所得經驗是，凡看過的詩，可以從本人誦讀中多得到一點妙處，明白用字措詞的輕重得失。凡不曾看過的詩，讀起來字句就不大容易明白，更難望明白它的壞處。聞先生的《死水》《賣櫻桃老頭兒》

《聞一多［先生］的書桌》，朱湘的《采蓮曲》，劉夢葦的《軌道行》，以及徐志摩的許多詩篇，就是在那種能看能讀的試驗中寫成的①。這個試驗既成就了一個原則，因此當時的作品，比較起前一時所謂五四運動時代的作品，稍稍不同，修正了前期的‘自由’，那種毫無拘束的自由，給形式和詞藻都留下一點地位。對文學革命言，似顯得稍稍有點走回頭路。”（《沈從文文集》第 11 卷，第 249 頁，花城出版社 1984 年 7 月出版）

劉夢葦在《中國詩底昨今明》中也說：“新詩經了這幾年的摸索，漸漸地到了光明的路上來了。……凡留心詩壇的人，大概都讀到了徐志摩、聞一多、于賡虞、蹇先艾、朱湘諸先生底近作罷。他們彼此或者認識或者還是陌生，但他們無形中走上了很近似的路。他們之中，有的我還没有見面，但見過的如聞一多、朱湘諸先生，有一次我們在適存中學教課，大家談到對於新詩的許多意見，不期而同的地方很多，聞一多先生説中國詩似乎已經上了正軌，與我有同樣的感覺。”（《晨報副刊》第 1409 號，1925.12.12）

在這裏，先生也没有忘記作畫。朱湘在《聞一多與〈死水〉》中説：“當時，他又預備由屈原、杜甫、陸游的詩歌内，揀選出三個作意來，製成三幅圖畫。陸游的一幅是繪成了。”（《文藝復興》第 3 卷第 5 期，1947.7.1）

一月四日　余上沅致歐陽予倩信中説到與先生等爲藝專戲劇系籌購教學用具等事，云：“藝專經費支絀，半年快過去了，設備幾乎是一點没有。學生呢，現在衹剩下二十名，而其中又有幾個没有多大的希望。長此以往，前途真不堪設想。我同一多、太侔商議過好幾次：第一，我們非要學校先拿一筆款購買舞臺用燈不可；第二，我們須於春季始業招考插班生（我們尤其要收女生，目下衹有女生三人，不够得很）。”（《余上沅戲劇論文集》，第 137 頁）

是月中上旬　出席藝專評議會會議。會上，校長劉百昭表示辭職。

① 據梁實秋《談聞一多》，《聞一多先生的書桌》一詩寫於美國珂泉，不在此時。

（據《藝專之校長問題》,《晨報》1926.1.17）時，政局發生變動，上年十二月三十一日，國務院改組，免章士釗教育總長職，以易培基繼之（未就）。是年一月十二日，免劉百昭教育部專門教育司司長職，以陳延齡繼之。由此，藝專校長亦有發生連帶問題之勢。

一月十六日 北京國立九校教職員大舉索薪。此前政府曾閣議教育經費一百五十萬元，但祇發五十萬元，各校欠薪嚴重，自去年十月以來，便多次出現索薪活動。在這時期的索薪活動中，先生也曾代表藝專赴教育部，在那裏見到魯迅一面。

同日 晚七時半，藝專同樂會舉行第一次例會，會上有器樂合奏、獨唱、皮黄、燈謎等，先生表演游戲筆墨。（據《藝專之校長問題》,《晨報》1926.1.17）

一月十八日 出席藝專教職員會議，到者四十餘人。劉百昭報告開會宗旨四項，議決與國立各校爲欠薪事一致停課等三項。劉百昭因經費竭蹶，再次辭職，楊祖錫、蕭俊賢（厔泉）等教授主張挽留。（據《藝專之教職員會議》,《晨報》1926.1.20）

一月二十日 教育部擬聘林風眠爲藝專校長，次日又擬派蕭俊賢或陳延齡在林風眠未到任前兼代校長。此事引起先生及藝專一些同人異議，認爲陳延齡身爲教育部專門司司長，有部員干涉教育之嫌。

一月二十一日 晚，出席藝專教職員會議，討論新校長問題。會上推先生等四人赴教育部質詢。（據《藝專代表質問教育當局》,《晨報》1926.1.23）

一月二十二日 下午四時，先生與蕭友梅、程振基、趙太侔四人赴教育部詢問藝專校長問題，由教育部次長陳任中接見。先生等問林風眠接任校長是否屬實？又認爲："藝專秩序甚佳，殊無部員代爲維持之必要。且教部之不能維持學校秩序，早成事實，此次若有部員到校，更足以引起糾紛。"并云："萬一劉校長辭職，則同人認爲繼任人選，總以資望較高，對於藝術深有興味，且與前美專風潮無關係者爲宜。"（《藝專代表質問教育當局》,《晨報》1926.1.23）先生等又旋即詢問教育部專門司司長陳延齡。

一月二十三日　致梁實秋信。收《聞一多書信選集》。信中說："回國後僅僅作了兩首詩，到藝專來後，文藝整個放在腦袋後邊去了。"又說："時相過從的朋友以'四子'[①]爲最密，次之則鄧以蟄，趙太侔，楊振聲等。"談到藝專校長問題，說："我近來懊喪極了。當教務長不是我的事業，現在騎虎難下真叫我爲難。現在爲校長問題學校不免有風潮。劉百昭的一派私人主張挽留他，我與太侔及蕭友梅等主張歡迎蔡孑民先生，學校教職員已分爲兩派。如果蔡來可成事實，我認爲他是可以合作的。此外無論何人來，我定要引退的。今於報載我要當校長，這更是笑話。'富貴於我如浮雲！'我衹好這樣嘆一聲。"

信中又説到"大江"的事，説"國家主義的同志中有一般人也常到我家裏開會"。時，先生對共産黨及共産主義有極大之誤解，以爲唯國家主義方能救國，而把共産主義視爲國家主義之主要障礙與對手，稱兩者"將在最近時期内有劇烈的戰鬥"，因此，"切望同志快回來共同奮鬥"。信中云：

大江命我做的事我雖自揣能力不够，但仍是不敢辭讓。我衹望在美同人多幫一點忙，不要使我一人蹈於呼籲無門的境地，那便是《季刊》[②]的幸事。

國内"赤禍"猖獗，我輩國家主義者際此責任尤其重大，進行益加困難。國家主義與共産主義勢將在最近時期内有劇烈的戰鬥。我不但希望你趕快回來，并且希望多數同志趕快回來。我輩已與醒獅諸團體携手組織了一個北京國家主義團體聯合會，聲勢一天浩大一天。若没有大批生力軍回來作實際的活動，恐怕要使民衆失望。醒獅社的人如李璜乃一書生，衹能鼓吹主義，恐怕國家主義的實踐

① "四子"，即朱湘、饒孟侃、楊世恩、劉夢葦，他們與余上沅、陳石孚仍住在梯子胡同，距先生家極近。又，清華當時亦有"四子"之稱，爲朱湘（子沅）、饒孟侃（子離）、楊世恩（子惠）、孫大雨（子潛）。

② 指《大江季刊》。

還待大江。此點李璜等亦頗承認，故努生在京時，彼等極爲敬視。在努生未歸之先，我希望浩若要快回來。我包管他回來了有極有興味的事可做。

先生稱李璜“乃一書生”，但梁實秋《談聞一多》則説先生“實則對他頗爲敬重，曾對我説起李璜，譽爲光風霽月國士無雙”。（第 68 頁）

同日 北京國家主義團體聯合會開會討論日俄出兵東三省問題，并決定發表宣言，表示反對。時，國民軍與奉軍戰起，郭松齡倒戈，與馮玉祥聯合反對張作霖。日本暗中支持張作霖，蘇聯則斷絶中東鐵路，以阻止張作霖援軍南下。日本乘機散布蘇聯準備調動軍隊的消息。消息傳開，北京掀起反對日俄出兵東三省浪潮，先生亦持這種主張，并積極參與活動。李璜《學鈍室回憶録》：“一多來與我商量召開‘反對日俄進兵東三省大會’，由國家主義各團體聯合發起。我認爲反日則共黨無所謂，反俄則必來搗亂，應事前秘密妥爲籌備。但一多不耐妥慎辦法，而便自行在北大第三院與藝專學生會的牌告上，去貼出‘國家主義各團體聯合會發起反日俄進兵東三省大會籌備會’等字樣。”（第 126 頁）

附：北京國家主義團體聯合會《反對日俄出兵宣言》

歐戰停了，餓虎似的列强，都掉轉眼光，同時要來取償於地大物博的我國。我國不但早便藩籬盡撤，而且賣國的軍閥官僚爲争私利，不惜假借外力，引狼入室。自從列强勾結上了這一般國賊，十年來我國的内亂便愈來愈不可收拾了！列强與軍閥在背後愈結愈深，則軍閥便與軍閥愈争愈烈。最近國奉的戰争，帝國主義的日俄——可怕的東鄰西鄰——公然親自出馬加入戰争。一個明白的派兵幾旅，幫助□□[①]的軍閥，把他在危亡中救了出來，一個秘密的調兵，幫助□□[②]的軍閥，極力阻害前者的前進。看看暗鬥，成爲

①② 原文如此。此處當一指奉系軍閥，一指馮玉祥之國民軍。

明争，内争加上外争，轉瞬間便要見東三省及其西邊的地方，隨着外蒙南滿，顯然的非中國所有了。這是具有多麽重大的意義！這幾年來，帝國主義的列强，雖説隨時在收買軍閥，煽動内争，但總是秘密着幫助些金錢與砲火罷了，不像這回日俄兩國如此明張旗鼓，目無我國家，目無我國人。一月以來，東三省的警報，雪片似的飛來，不説是日兵如何的活動，便是説俄人如何的凶横。日本既以重兵干涉内争，俄人既以强力侵我路權，已經令人忍無可忍。而這兩個赤裸裸的强盜國家，還□次惡言怒語警告北京政府——前日俄使的照會竟用宣戰的口調——這是口口聲聲言兩國親善，言平等待遇所應當具有的態度嗎？愛國同胞們，我們國家的體面何存，我們的國權掃地盡了！但禍還不衹此，帝國主義的日俄還在極力煽動，極力各助一方軍閥，因此連日中海關的風雲又緊急起來，我們人民的生命財産，又岌岌不可保了。

日俄的野心，不暫時收拾起來，這回北方以至全國的亂禍，不知道要蔓延到幾時！我們如果要根本的制止這回的戰禍，我們該當表示民意，使日俄有一個戒心，因此我們慎重的提議三點：

一、國民全體起來，要日使芳澤俄使加拉罕電告他的本國政府，速戢野心，不得干涉中國内亂，不得恣意威嚇我們，如再不改悔，我們國民不能再忍，便要請强盜的使臣立刻出境。

二、國民全體起來，向親日俄的軍閥官僚……加以警告，如果還是衹知私利，一味喪心，倒行逆施的這樣長遠做下去，而無悔過的意思，我們國民誓以非常手段來對付。

三、用全體國民的名義通告世界各國，將這回日俄干涉我内争，侵犯我主權的事實詳細的説明，使世界各國瞭然日俄的野心，不要被他口頭親善、口頭平等者一手掩盡了天下人耳目。

親愛的同胞們，這回日俄舉動的意義，不是比五卅英人舉動的意義輕，這是侵略我者第一次明張旗鼓加入我國的内争，這個旗鼓鮮明，更將引起境内的國際戰争。我們同胞將要到這樣的情景之下，不願作走狗，便是成池魚，不願作賣國權，也是當亡國民！

愛國同胞們，請注意日俄舉動的意義，請速起警告大小諸國賊與東西兩强鄰。（《國家主義團體聯合會之反對日俄出兵宣言》，《晨報》，1926.1.24）

一月二十七日 藝專學生會舉行投票選舉校長，選出得票較多者林風眠、蔡元培、蕭俊賢、彭沛民和李石曾五人，呈請教育部，請於其中一人委以校長。先生得票二十，不及總數五分之一。

這次藝專風潮，在於政局變動後，“教部去劉（百昭）之意早決，一因章士釗關係，一因現任某司長亦思重長藝專”，“學生累次宣言繼任校長須與前美專風潮無關者，即專對某司長而發”，“教職員中頗有主張蔡元培繼任校長者”，“謂蔡氏在名流中，爲惟一提倡藝術者，以其聲望，决可增高藝專之地位，并謀更大之發展”。“此説初甚得全校之贊同，然教部不能容納”，“故急提出所謂林風眠者，惟林氏不獨在國内不知名，據即由歐返國者所言，亦不知有此偉大之藝術家，故均懷疑，且多以林氏如果有藝術深造，則不妨充教授，却不必當校長”。某司長“其計又不得售，憤懣之餘，遂再散布謡言，謂前日赴教部者，係假借學生名義，爲挽留劉百昭而來，以挑動學生之反感。學生不察，果竟有赴教務長處質問者，并一面對教職員提出警告書，勿復過問校長事，一面商議選舉校長。但選舉時，多數學生并不參加，衹由極少數人包辦，有一人至寫數十票者，結果中畫系三年級學生以選舉舞弊，提出抗議，於是又將票焚燬，作爲無效”。（《藝專校長更迭之内幕》中引藝專學生某君來函，《晨報》，1926.1.31）

一月二十八日 北京國家主義團體聯合會發出通啓，發起反日俄出兵東省大會，定次日晚七時半，在北京大學第二院宴會廳開會，討論進行辦法。（據《國人之反日俄運動》，《晨報》，1926.1.29）

一月二十九日 北京國家主義團體聯合會在北大二院召開反日俄出兵東省大會籌備會議。先生代表大江社前往參加。到會者有北京國家主義團體聯合會、中國國民黨同志俱樂部、反共黨刊物同志會、北京國家主義青年團、國魂社、鐵血救國會、臺灣救國同志會、救國雜志社、京津競學會、夏聲社、蜀光社、奮鬥社、中國少年自强會北京支部、政治討論會、醒獅社、工大救國同志會、民國公報社、正聲日報社、大神州會、朔風社、秋楓社、信社、少年行健會、全民學會、中原通信社、中華婦女協會、群益社、北京工界維持會、起舞社、臨江學會、國民黨各團體聯合辦事處、旅京川南政學聯歡社、旅京四川什邡縣同鄉公會、崇慶旅外聯合會、廣東開平旅京學會、國是協進會、甲子社、少年愛國社、四川聯縣青年互助學會、青年改進社等團體。晚八時，王施真主席主持開會，謂“此次國家主義團體聯合會發起反對日俄進兵東省大會，惟一目的，在反對赤白帝國之侵略行爲，唤起國人之自覺”。張作霖“借日本之力，自固地盤，引其進兵南滿”，“蘇俄亦狡焉思逞，乘東路運兵問題，小題大作，借護路爲名，出兵北滿”，“吾人爲謀國家之生存，對於侵略我國之日本蘇俄一致反對”。諸團體代表發言後，由中國國民黨同志俱樂部江偉藩、北京國家主義團體聯合會姜華先後提出三項方案：“一，通電全國，以宣布日俄侵略行爲，而唤醒國人；二，警告日俄大使芳澤加拉罕張作霖等軍閥；三，發反對日俄出兵東省宣言。”表决時有人反對。方案通過後，遂宣告散會，反對者“復麇集大吵不止”，“大起争端，結果受傷四人”。（據《昨日各團體之反赤白帝國主義出兵大會》，《晨報》，1926.1.30）

會中出現的混亂，先生稱爲“小打”，給梁實秋、熊佛西信：

> 前者國家主義團體聯合會發起反日俄進兵東省大會，開會時有多數“赤魔”溷入，大肆其搗亂之伎倆，提議案件竟一無成立者。結果國家主義者與僞共産主義者隔案相駡，如兩軍之對壘然。駡至夜深，遂椅凳交加，短兵相接。有女同志者[1]排衆高呼，痛口大駡，

① 即北京大學學生譚慕愚。

有如項王之叱咤一聲而萬衆皆喑。於是兵荒馬亂之際，一椅飛來，運斤成風，僅斲鼻端而已。女士嘗於五卅游行時，揭旗衝鋒，直搗東郊民巷，故京中傳爲 Chinese Jeanne'd Arc 焉。

附：北京國家主義團體聯合會《反日俄出兵大會之通電》

全國同胞公鑒：東三省自中日役之後，久成爲日俄兩國之角逐場，三十年來日俄兩國，各施其侵略伎倆，略我國土，侵我主權，我國民憤於外侮之日迫，群起爲維護主權之運動。十餘年來，我國民對於收回東三省主權之事業，苦心積慮，從事運動，已爲人所共見。不幸國内甘心媚外之軍閥棍徒，不弟不能與國民合作，且每有喪心病狂，勾結敵人，日本則有奉系軍閥爲之道地……使外人對我國民之努力愈加輕視，愈逞其侵略之野心。自去歲軍閥混戰開始之後，張作霖因其部下倒戈結果，勢力完全失墜，乃不惜倒行逆施，將東三省全部權利，拱手讓諸日人，與日人訂立亡國亡省之密約……復罷戰塵，此實日人野心侵及軍閥甘心媚外之所致，凡屬愛國人民，不能不一致反對。至如向以援助弱小民族自命之蘇俄，則其野心之大，較之日本亦未少遜，數年以來，對於外蒙新疆迭施侵略，其陰謀已爲人所共見，而對於北滿固有之權利，尤絲毫不肯放鬆，把持中東鐵路，用以爲經濟侵略及宣傳主義之根據地。最近見奉系勢力恢復，其斥援助之軍閥已歸失敗，乃藉口運兵小故突以重兵壓我國境，同時其大使加拉罕復以國際上最無禮之言辭向我提出警告，以爲恫嚇，而我國媚外之黨人，復喪心病狂，爲蘇俄百方辯護，助長其侵略之聲勢，麻痹我國民之神經。我國民對此無禮舉動，尤不能不一致反對。同人等對此雙方侵略，激於愛國熱誠，義無反顧，用特聯合純潔正大之團體，共同籌議，决將日俄兩國侵略我國之事實，及我國甘心賣國之軍閥棍徒之罪狀，宣布始末，迎先國人。深望國人一致驚覺，共起圖善後之策，使日俄野心不得施於

我領土之内，則國家幸甚，東省幸甚。反對日俄出兵東省大會。陷電。(《反日俄出兵大會之通電》,《晨報》，1926.2.1)

二月三日 上午十時，先生參與發起的反日俄出兵東省大會復召開籌備會議，决議通過“電告東省民衆，主張國民對外”“電告全國民衆，聲明東三省問題，非東省民衆單獨的責任，實爲全國民衆共同之責任”等四項案件。(據《反日俄出兵東省會昨日决議》,《晨報》，1926.2.4)

二月九日 反日俄出兵東省大會復在北大三院開會，討論進行辦法，“决議於二日内將所印之六萬張口號，由宣傳股實行貼於東西南北各處。又籌備市民大會，進行事宜，并預備派選代表，分别赴各省宣傳日俄之侵略詳細情形，俾使舉行全國大示威運動”。(《反日俄運動之急進》,《晨報》，1926.2.10)

二月二十四日 與北京藝專事務長共同召集教職員談話會，“議决爲挽救學生學業計，各教職員得於不妨害與九校一致争經費之運動範圍内，自動的到校指導學生，并由各班教職員各約各班學生”,“研究補習辦法”。(《藝專補救罷課辦法》,《晨報》，1926.2.26)

是月 致梁實秋、熊佛西信①。收《聞一多書信選集》。

信中云：“一入國内，俗事叢身，九月之久，僅成詩兩首。”又云：“近與京中詩人頗有接洽，將或有聚餐會之組織。有人起議發行純文藝的刊物。惟自忖其奈膽怯何！甚望實秋速返國予我一臂之助。”還説：“《大江》在京行銷甚暢。拙作亦竟有人轉載，按語謂遠勝《紅燭》時代之聞一多。”“《大江》宣言發表後亦大有影響。友人親見北大校役抄寫，問之則曰‘好極！好極！’。又有人粘貼壁間奉爲科臬者。民國大學學生課藝中竟有全段剽襲者。凡此消息，幸望實秋遍告同志，俾得聞之額手相慶”。

三月三日 前日，藝專新校長林風眠到校就職。是日午前，先生

① 此信未有日期,《聞一多書信選集》注文云“約寫於3、4月間”。編者據信中其他内容考訂，當寫於2月間。

“具函向林辭職”。(《藝專職員大更動》,《晨報》, 1926.3.4)

三月六日 下午一時,出席藝專全體教職員茶話會。會上“教務長聞一多自請辭職,意甚堅决,林氏現擬由自兼”。(《藝專明日非正式開課》,《晨報》, 1926.3.7)

同日 晚,先生與李璜、余上沅、邱椿等在華僑俱樂部開會,“討論反抗蘇俄及援助旅俄被虐華僑辦法”。與會者還有王會卿、楊國梁、楊若金、林有壬、黄有淵、王施真、譚慕愚、何培植、林德懿、戴慶雲、彭昭賢等。會議議决召開“反抗蘇俄帝國主義援助旅俄被虐僑胞大會”,會後發表了“通啓”。(據《京各界反對蘇俄虐待僑胞》,《晨報》, 1926.3.8)

三月十日 北京國家主義團體聯合會、北京國家主義青年團、大江會、大神州會、國魂社、中國少年自强會、醒獅社、反日俄出兵東省大會、旅俄華僑商會聯合會、蘇俄殘害金石聲案旅京華僑後援會、華僑公會、三門灣開埠促成會、救國團、民主社、鐵血救國團、朔風社、北京工人救國團、工大救國同志會等團體共同發起反俄援僑大會,於是日下午二時,在北京大學第三院舉行講演大會。先生事前爲主要籌備者之一,會上又爲主席團成員。

三月十六日 先生準備參加十八日在天安門前舉行的“反對八國最後通牒國民大會”,但由於李璜勸阻作罷。

本月十二日,日本軍艦駛入大沽口,掩護奉軍進攻駐守天津的馮玉祥之國民軍部,爲國民軍擊退。十四日,國民軍公布大沽口事件真相,并提出此事件應由日本負責之四點理由。天津七十餘團體聯合通電譴責日本,北京各界民衆三十餘萬人亦在故宫太和殿前舉行“國民反日侵略直隸大會”。十五日,天津四萬市民緊急集會,要求段祺瑞政府對日發出嚴重抗議,廣東國民政府也發表《對時局宣言》。十六日,日、英、美等八國向北京政府發出最後通牒,提出撤除大沽口國防工事等無理要求,激起全國民衆極大憤慨。

三月十七日 晚,先生代表大江會,與國魂社、國家主義青年團、大神州社、少年自强會、朔風社等三十餘團體,召開緊急會議,討論反對八國通牒事項，并决定次日上午九時在北大第三院操場集合國家主義派人員，向政府示威，以監視政府不得承認八國通牒。(據《昨日各團體集會反對八國最後通牒》,《晨報》, 1926.3.18)

三月十八日　“三一八”慘案發生。是日，北京國家主義團體聯合會、中國國民黨北京市黨部、孫文主義學會等五十餘團體二百餘人赴外交部、國務院陳述意見。當他們離開國務院不及兩小時，在天安門前參加完國民大會的民衆亦來到國務院門前。這時軍警開槍鎮壓，劉和珍、李家珍、楊德群、郭杰紅、江禹烈等慘遭殺害。藝專學生姚宗賢亦身亡，譚祖堯等受傷。先生憤恨不已，後寫下《唁詞——紀念三月十八日的慘劇》(詩)和《文藝與愛國——紀念三月十八》。

三月二十一日　爲抗議“三一八”慘案，北京各團體暫時捐除成見，舉行聯席會議。發起者有國家主義團體聯合會、中國國民黨北京市特别黨部、北京學生總會、北京國民反辛丑條約國侵略大會等不同派别的團體。

次日下午三時，上述團體與國民黨兩北京市黨部[①]、愛國運動大同盟、雪耻大會、北京孫文主義學會、旅法華僑總工會、民治主義同志會、外交學會等，共二百餘團體及六十餘校代表三百餘人，在北大第三院第一教室召開聯席會議。會上大家對“三一八”慘案的發生一致表示憤怒，但在成立組織討論執行委員人數及分股問題時，又發生了争執與分裂。旋，國家主義團體聯合會與孫文主義學會、國民黨右派的南花園市黨部另行開會。

三月二十二日　熊佛西用三年功夫寫成的劇本《長城之神》，從美國(紐約)寄回，發表在《晨報副刊》第一三六七號上。短序云：“太侔、上沅、一多：你們親切的鼓勵與劇藝的努力，成就了這篇《長城之神》。現在我恭敬的將她獻給你們。”

先生對這劇本的寫作多次表示過關心和鼓勵，是年一月二十三日給

---

① 當時國民黨左派和右派均在北京設立了黨部，一在翠花胡同，一在南花園。

梁實秋信中曾說："熊佛西之《長城之神》脱稿後願得先睹爲快。"四月十五日又在給梁實秋、熊佛西信中説："佛西之作自有進步，但太注意於舞臺機巧，行文尚欠沉著 intensity。吾雖不敢苟同於實秋，以戲劇爲文學之附庸，然不以文學之手段與精神寫戲劇，未見其能感人深心也。佛西如不罪我鹵直，則請爲進一言曰：'佛西之病在輕浮，輕浮故有情操而無真情 sentiment 與 emotion 之分也。'情操而流爲感傷或假情，sentimentality 則不可救藥矣。佛西乎，岌岌乎殆哉！至於劇本中修詞用典之謬誤尚其次者，然亦輕浮之結果也。"這是先生對朋友作品的坦率批評。

三月二十五日 詩《唁詞——紀念三月十八日的慘劇》發表於《國魂周刊》第十期。收《聞一多詩集》。詩中贊揚"三一八"勇士的無畏精神。

三月二十七日 詩《天安門》發表於《晨報副刊》第一三七〇號。

這首詩借用一位洋車夫的口吻，控訴"三一八"慘案，寫法與過去有很大不同，用了不少方言土語，在當時的詩創作中還屬少見。饒孟侃在《新詩話：（一）土白入詩》中極力贊揚，認爲：該詩"是土白詩又更進一層做到了音節完善的境界"，"除了倒數第二句稍爲弱一點，通體上差不多是一氣呵成的，而且用北京土白來寫北京洋車夫的口吻，尤其是恰當這首詩的身份。這首詩的音節，在節拍上雖没有絶對的方式可尋，但是大致可以説是由四個拍子（或音尺）組合成的；在韻脚上也很仔細，凡是一句的末了要是用'的''了''兒'等等虚字押韻的，它上面的一個字也必定同時協着韻。……這種韻在外國詩裏也有名，叫 Feminine Rhyme 復韻"。(《晨報副刊·詩鐫》第八號，1926.5.20）

同日 徐志摩第一次到先生家。他在《詩刊弁言》中說："我在早三兩天前纔知道聞一多的家是一群新詩人的樂窩，他們常常會面，彼此互相批評作品，討論學理。上星期六我也去了。"① 徐志摩這次來，是

① 徐志摩《詩刊弁言》寫於 3 月 30 日，據推算，"上星期六"當是 27 日。

爲了商量《晨報》出版詩刊的事。起初，先生與幾位詩友都有創辦一個純文藝刊物的想法，大家推先生與蹇先艾去同徐志摩商量，打算借用他主編的《晨報副刊》一角。徐志摩十分爽快地答應了。

此事經過，蹇先艾在《〈晨報詩刊〉的始終》中談道："有一次在他[①]的屋裏，又遇到了聞一多、朱湘和饒孟侃。這幾位詩人常常來夢葦的小屋聚會，互相傳閱和朗誦他們的新作，間或也討論一些新詩上的問題，他們正在探尋新詩的形式與格律的道路。……有一天晚上，我去看他，常去的那幾位詩人也在座，正在翻閲夢葦手抄的他近兩年的作品《孤鴻集》，還有兩位新客人——于賡虞和朱大枏。夢葦雖然有病，談詩的情緒仍然很高，他用沙啞的聲音對我們説：'一九二二年，朱自清、劉延陵、葉紹鈞幾位辦過一個《詩刊》，可惜到第二年就夭折了！真可惜。我們這幾個朋友凑攏來辦一個《詩刊》好不好？'大家不約而同地點頭贊成。衹是有兩個問題難於解决：一個是印刷費無着；一個是北洋軍閥段祺瑞當權，辦刊物要'呈報'備案。段祺瑞一向視新文學運動爲'洪水猛獸'，報上去，肯定會石沉大海。因此，大家又皺起眉頭來。記不清楚是哪一位提出的：'我看，不如借哪家報紙副刊的篇幅出一個周刊，這個比較簡單，衹要副刊的編輯同意就行了。'當時，徐志摩和孫伏園分别主編北京《晨報》和《京報》的副刊；但是《京報》出的周刊相當多，看來是插不進去了。商量的結果决定找徐志摩想辦法，徐也是詩人，周刊就由他來編，我們大家供給詩稿。當場公推聞一多和我去同徐志摩聯繫。一多與徐一向很熟；我的叔父和徐的父親是朋友，徐到北京《晨報》社以前，住在石虎胡同松坡圖書館，我就認識了他；我又是一個經常向《晨報副刊》投稿的人。我們去聯繫，徐志摩没有作任何考慮，很爽快地答應了。"（《新文學史料》1979年第3輯）

是月　次女聞立燕生於北京。一九二八年夏夭折。

四月一日　《晨報副刊·詩鐫》創刊。這是先生與朋友們共同辦起

① 指劉夢葦。

的一個專門研究新詩的周刊，由於經濟等條件限制，便借用了《晨報》的副刊。副刊主編徐志摩也參加了主要編輯工作。《詩鐫》是我國現代文學史上第二個專門發表詩與詩評的專刊。

《詩鐫》“刊頭圖案即是一多的手筆”，（梁實秋《談聞一多》，第68頁）畫的是一匹雙翼飛馬，前蹄躍起，後蹄蹬在初升的圓月上。

《詩鐫》的主要撰稿人除先生外，有徐志摩、朱湘、饒孟侃、楊世恩、楊振聲、劉夢葦、蹇先艾、于賡虞、孫大雨等。編輯則是大家輪流負責。

《詩鐫》的創刊，表明先生等人要發起一場改良新詩的運動。徐志摩在創刊詞《詩鐫弁言》中說：“我們幾個人都共同着一點信心……我們信我們這民族這時期的精神解放或精神革命没有一部象樣的詩式的表觀現是不完全的，我們信我們自身靈裏以及周遭空氣裏多的是要求投胎的思想的靈魂，我們的責任是替他們構造適當的軀殼，這就是詩文與各種美術的新格式與新音節的發觀見，我們信完美的形體是完美的精神唯一的表現。”

先生在《詩鐫》創刊號上發表了《文藝與愛國——紀念三月十八》。收《聞一多全集》。他認爲愛國運動與新文學運動之間有着密切的關係：

> 愛國運動能够和文學復興互爲因果……我們的愛國運動和新文學運動何嘗不是同時發軔的？他們原來是一種精神的兩種表現。在表現上，兩種運動一向是分道揚鑣的。我們也可以説正因爲他們没有携手，所以愛國運動的收效既不大，新文學運動的成績也就有限了。……這兩種運動合起來便能互收效益，分開來定要兩敗俱傷。所以《詩刊》的誕生剛剛在鐵獅子胡同大流血之後，本是碰巧的，我却希望大家要當他不是碰巧的。我希望愛自由、愛正義、愛理想的熱血要流在天安門，流在鐵獅子胡同，但是也要流在筆尖，流在紙上。

文中還特別提倡爲愛國而死的獻身精神：

> 同情心發達到極點，刺激來得强，反動也來得强，也許有時僅僅一點文字上的表現還不够，那便非現身說法不可了。所以陸游一個七十衰翁要“泪灑龍床請北征”，拜倫要戰死在疆場上了。所以拜倫最完美、最偉大的一首詩，也便是這一死。所以我們覺得諸志士們三月十八日的死難不僅是愛國，而且是偉大的詩。我們若得着死難者的熱情的一部分，便可以在文藝上大成功；若得着死難者的熱情的全部，便可以追他們的踪迹，殺身成仁了。
>
> 因此我們就將《詩刊》開幕的一日最虔誠的獻給這次死難的志士們了！

《晨報副刊·詩鎸》創刊號上，先生還發表了詩《欺負着了》。收《聞一多詩集》。詩中用北京土話，通過一位在“三一八”慘案中失去兩個兒子的母親之口，控訴了慘案的社會元凶。

創刊號爲“三一八”專號，還刊有徐志摩的《詩刊弁言》《梅雪争春》，饒孟侃的《天安門》，楊世恩的《回來啦》，蹇先艾的《回去》，于賡虞的《不要閃開你明媒的雙眼》，劉夢葦的《寄語死者》《寫給瑪麗亞》，朱湘的《新詩評：〈嘗試集〉》。

四月八日　《〈詩與歷史〉附識》、詩《比較》發表於《晨報副刊·詩鎸》第二號。

《〈詩與歷史〉附識》收《聞一多全集》時改作《鄧以蟄〈詩與歷史〉題記》。《詩與歷史》是鄧以蟄在病中花了三個通夜寫成的一篇新詩評論，先生稱它“刊心刻骨”“詰屈聱牙”。鄧以蟄本不想發表，但先生“幾次懇求的結果”，“文章終於發表在《詩刊》上了”。先生稱“既替《詩刊》拉了這篇稿子，就有替《詩刊》的讀者介紹這篇稿子的義務”。《附識》說：

作者這篇文有兩層主要的意思：（一）懷疑學術界以科學方法整理國故，研究歷史的時論。（二）診斷文藝界的賣弄風騷，專尚情操、言之無物的險症。他的結論是歷史與詩應該携手；歷史身上要注射些感情的血液進去，否則歷史家便是發墓的偷兒，歷史便是出土的僵尸；至於詩這東西，不當專門以油頭粉面、嬌聲媚態去逢迎人，她也應該有點骨格，這骨格便是人類生活的經驗，便是作者所謂“境遇”。

詩《比較》收《聞一多詩集》。詩中將兩種不同的家庭生活進行了比較，表現出先生對自己想象中理想家庭生活的向往。

四月九日 應徐志摩、楊振聲、趙太侔、鄧叔存邀宴，先生與林風眠夫婦、陳源、俞平伯、余上沅、張歆海、陶孟和、馮友蘭、凌叔華、張奚若、丁巽甫、陸小曼、王代之等，日本學者小畑熏良亦參加。（《顧頡剛日記》第1卷，第734頁，臺北聯經出版事業公司2007年5月出版）

四月十五日 詩《死水》《黄昏》發表於《晨報副刊·詩鐫》第三號。均收詩集《死水》。

《死水》爲先生代表作，下面是初次發表者：

這是一溝絶望的死水，
清風吹不起半點漪瀹！
不如多扔些破銅爛鐵，
爽性潑你的剩菜殘羹。

也許銅的要緑成翡翠，
鐵罐上銹出幾瓣桃花；
再讓油膩織一層羅綺，
霉菌給他蒸出些雲霞：

讓死水酵成一溝緑酒，
漂滿了珍珠似的白沫；
小珠笑一聲變成大珠，
又被偷酒的花蚊咬破。

那麼一溝絶望的死水，
也就誇得上幾分鮮明。
如果青蛙耐不住寂寞，
又算死水叫出了歌聲。

這是一溝絶望的死水，
這裏斷不是美的所在，
不如讓給醜惡來開墾，
看他造出個什麼世界。

《死水》一詩排在本期首位。它的格式極爲整齊，每行均爲九字，每段韻脚不同，詩句用兩個字或三個字構成音尺，收尾處均爲雙音詞，讀起來十分和諧，被詩壇公認爲先生所提倡的格律詩的代表作。蹇先艾《〈晨報詩刊〉的始終》中説：先生“親自向我們朗誦過《死水》，的確悦耳動聽，富有音樂氣息。對外界有無影響，我不知道，不過《晨報詩刊》同人却偏愛這首詩”。（《新文學史料》1979 年第 3 輯）

《死水》除了格律詩的藝術風格外，更體現了先生心中的“火”。他後來在給臧克家信中説：“我祇覺得自己是座没有爆發的火山，火燒得我痛，却始終没有能力（就是技巧）炸開那禁錮我的地殼，放射出光和熱來。祇有少數跟我很久的朋友（如夢家）纔知道我有火，并且就在《死水》裏感覺出我的火來。”（《致臧克家》，1943.11.25，《聞一多書信選集》，第 316 頁）

《死水》在文壇引起一定反響，蘇雪林在《論聞一多的詩》中評論《死水》時説："這首詩假如真咏死水，還有什麽意義，頂好我們借徐志摩在上海暨南大學演講稿一段話來解釋。徐氏於痛論中國現代病症之後，又説了個譬喻道：'這情形就比是本來是一個海灣和大海是相通的，但後來因爲沙地的漲起，這一灣水漸漸的隔離它所從來的海，而變成了湖。這湖原先也承受得着幾股山水的來源，但後來又經過陵谷的變遷，這部分的來源也斷絶了，結果這湖又乾成一隻小潭，乃至一小潭的止水，長滿了青苔與萍梗，鈍遲遲的眼看得見就可以完全乾涸了去的一個東西。這是我們受教育的士民階級的相仿情形。現在所謂知識階級亦無非是這潭死水裏比較泥草鬆動些風來還多少吹得縐的一窪臭水，别瞧它矜矜自喜，可憐它能有多少前程？還能有多少生命？'又説：'水因爲不流所以滋生了水草，這水草的漲性又幫助浸乾這有限的水。同樣的，我們的活力因爲斷絶了來源，所以發生了種種本原性的病症，這些病又回過來侵蝕本原，幫助消盡這點僅存的活力。'但徐氏將死水比作中國的知識階級，聞氏則以死水象徵現代腐敗頽廢的全中國。"（《現代》第4卷第3期，1934.1.1）

《死水》的寫作時間，一説在國外，一説是回國以後。不過先生當時所居的西京畿道原名溝頭，有長溝，溝内常積有死水。張嘉鑄看了《死水》，建議把末段删掉，但先生不肯，認爲這麽一來這詩就真的成唯美的了。（據訪問聞家駟記録，1986.10.7）

同日 致梁實秋、熊佛西信。收《聞一多書信選集》。談到《晨報副刊·詩鐫》，云：

> 《詩刊》諒已見到。北京之爲詩者多矣！而余獨有取此數子者，皆以其注意形式，漸納詩於藝術之軌。余之所謂形式者，form也，而形式之最要部分爲音節。《詩刊》同人之音節已漸上軌道，實獨異於凡子，此不可諱言者也。余預料《詩刊》之刊行已爲新詩闢一第二紀元，其重要當與《新青年》《新潮》并視，實秋得毋謂我誇

乎?

四月二十二日 《晨報副刊·詩鐫》第四號出刊。首篇饒孟侃的《新詩與音節》，爲《詩鐫》首次登載的關於新詩理論的文章。文中特别介紹了先生的創作特點，尤其强調説《大鼓師》《漁陽曲》《死水》中都有拍子。

同期有《朱湘啓事》，説他有一本《新詩評》，收有《聞君一多所作詩的攻錯》。時，朱湘與先生發生矛盾，原因據説是《詩鐫》第三號將朱湘最爲得意的《采蓮曲》排在第三篇，位於饒孟侃《搗衣曲》之後，引起朱湘不滿。又有人説是由於兩人對徐志摩看法不一而引起的。

四月二十七日 致梁實秋信。未入集，僅見於梁實秋的《談聞一多》。信中談及與朱湘關係的惡化，云:

> 朱湘目下和我們大翻臉，説瞧志摩那張尖嘴，就不象是作詩的人，説聞一多妒嫉他，作了七千言的大文章痛擊我，聲言偏要打倒饒楊等人的上帝。這位先生的確有神經病，我們都視爲同瘋狗一般，就算他是 Spenser（因爲 shakespeare 是他不屑於做的，他所服膺的是斯賓塞），社會上也不應容留他。他的詩，在他未和我宣戰的時候，我就講了，在本質上是 sweet sentimentality，在技術上是 dull acrobatics，充其量也不過做到 Tennyson，甚至 Longfellow 一流的 kitchen poet，因爲這類的作品祇有 housewives 纔能鑒賞。這個人祇有猖狂的獸性，没有熱烈的感情。至於他的爲人，一言難盡!

徐霞村在《我所認識的朱湘》一文中也提到朱湘與《詩鐫》脱離關係的原因:“《詩鐫》剛出幾期，朱湘便退出編委，告訴我他已經寫了一封信給徐志摩，聲明自己與《詩鐫》脱離關係。我一問原由，纔知道是因爲朱湘不滿於徐志摩的不嚴肅的編輯態度，不容忍於徐志摩利用編選權力，搞文人間的互相標榜吹捧的油滑的市儈作風。”(《新文學史料》1986

年第 1 期）

四月二十九日 詩《春光》發表於《晨報副刊·詩鐫》第五號。收《死水》。先生很偏愛這首短詩，四十年代選編《現代詩鈔》時，選入自己九首詩,《春光》即爲其一。

五月六日 詩《鳥語——送友人南歸》發表於《晨報副刊·詩鐫》第六號。收《聞一多詩集》。

同期還刊登了鶴西（程侃聲）的處女作《城上》，先生很欣賞。蹇先艾《秋日懷鶴西》："詩的内容是他登上了永定門西的城樓，俯視北京的原野，從而遥想起故鄉的景物，一别三年，不勝感慨，最後寫到了他對母親的想念。……這首詩的表現手法清新、自然，可以朗誦，聞一多和徐志摩都很欣賞。"（《新文學史料》1985 年第 2 期）

五月十日 朱湘在《小説月報》第十七卷第五號上發表《評聞君一多的詩》，似即上月二十二日《晨報副刊·詩鐫》中《朱湘啓事》所提到的《聞君一多所作詩的攻錯》。文中就他所看到的先生《屠龍集》《紅燭》删節修改本以及後來做的一些詩，進行了批評。説："聞君是被視爲老大哥的。然而老大哥是老大哥，詩是詩，完全不能彼此發生影響。而且在這種情形之下，我們更得要小心，因爲一不在意，便易流入標榜的毛病。所以我在没有批評聞君的詩以前，先爲自己立下一個標準，就是：寧可失之酷，不可失之過譽。"朱湘批評先生的"第一種短處是用韻不講究"，即"不對""不妥""不順"，"不對便是説韻用錯了，不妥便是説韻用得寒傖，不順便是説韻用得牽强"。又説"作者用字的時候也有四個毛病"，即"太文""太累""太晦""太怪"，"這是他的第二種短處"。同時，朱湘亦承認先生的詩也有長處，但説："他自有一條獨創的路走着，雖然他的路是一條小徑而且并不長。"

該文中提到的某些詩及詩句，後來未見發表，先生遺稿中亦未有保存，如《謝罪以後》存"衹切莫讓刀子在石頭上磨。……有個代價麽？"之句。《瑛兒》中存"趁嬰兒還離不開襁褓，——趁乳燕兒的翅膀未强"。《閨中》中存"墻頭還灑着淅瀝的餘滴，夕陽浸在泥窪中的積潦裏”和“瘖啞的自鳴鐘負墻而立”。其中《伯夷》存句較多，除有一句爲“像極了媽媽臨終的那一夜，父親說我們弟兄裏你最像媽媽”，還有一大段：

兄弟啊，你該記得那林子裏廂，
除了葉縫裏閃着星星的绿光，
别的東西幾乎都辨不大分明，
祇是一股爛樹腐肉的霉氣熏人，
還同鼾獸吟蟲織成的一片虛響；
我們却認得一條花蛇纏在樹上，
纏得像顆彩結，纏在那裏睡覺，
剥了皮的死柏樹十丈來高，
槎枒上挂着一面團團的蛛網，
蟭螟，蚊蚋，蛺蝶，蜻蜓黏死在上，
一隻蜘蛛王守在中央，螃蟹般大。

五月十三日 《詩的格律》發表於《晨報副刊·詩鎸》第七號。收《聞一多全集》。

這是先生醖釀已久的新詩理論的探討文章，反映了先生對新詩創作應遵循一定格律的思想。這種理論對當時以及後來的詩創作産生過影響。文章說：

假定“游戲本能說”能够充分的解釋藝術的起源，我們儘可以拿下棋來比作詩；棋不能廢除規矩，詩也就不能廢除格律。（格律在這裏是 form 的意思。“格律”兩個字最近含着了一點壞的意思；但是直譯 form 爲形體或格式也不妥當。并且我們若是想起 form 和節奏是一種東西，便覺得 form 譯作格律是没有什麽不妥的了）假如你拿起棋子來亂擺布一氣，完全不依據下棋的規矩進行，看你能不能得到什麽趣味？游戲的趣味是要在一種規定的格律之内出奇致勝。做詩的趣味也是一樣的。假如詩可以不要格律，做詩豈不比下棋、打球、打麻將還容易些嗎？難怪這年頭兒的新詩“比雨後的春笋還多些”。我知道這些話準有人不願意聽。但是 Bliss Perry 教授的話來得更古板。他説“差不多没有詩人承認他們真正給格律縛束住了。他們樂意戴着脚鐐跳舞，并且要戴别個詩人的脚鐐”。

這一段話傳出來，我又斷定許多人會跳起來，喊着“就算它是詩，我不做了行不行？”老實説，我個人的意思以爲這種人就不作詩也可以，反正他不打算來戴脚鐐，他的詩也就做不到怎樣高明的地方去。杜工部有一句經驗語很值得我們揣摩的，“老去漸於詩律細”。

詩國裏的革命家喊道“皈返自然！”他們以爲有了這四個字，便師出有名了[①]。其實他們要知道自然界的格律，雖然有些象蛛絲馬迹，但是依然可以找得出來。不過自然界的格律不圓滿的時候多，所以必須藝術來補充它。這樣講來，絶對的寫實主義便是藝術的破産。“自然的終點便是藝術的起點”，王爾德説得很對。自然并不盡是美的。自然中有美的時候，是自然類似藝術的時候。最好拿造型藝術來證明這一點。我們常常稱贊美的山水，講它可以入畫。的確中國人認爲美的山水，是以象不象中國的山水畫做標準的。歐洲文藝復興以前所認爲女性的美，從當時的繪畫裏可以證明，同現代女性美的觀念完全不合；但是現代的觀念又[②]同希臘的雕像所表現的女性美相符了。這是因爲希臘雕像的出土，促成了文藝復興，文藝復興以來，藝術家描寫美人，都拿希臘的雕像做藍本，因此便改造了歐洲人的女性美的觀念。我在趙甌北的一首詩裏發現了同類的見解。

“絶似盆池聚碧孱，嵌空石笋滿江灣。

① 此句《聞一多全集》未録，兹據《晨報副刊·詩鎸》原文補。
② “又”字在《聞一多全集》中作“不”，似誤，今改。

化工也愛翻新樣，反把真山學假山。”

這徑直是講自然在模仿藝術了。自然界當然不是絶對没有美的。自然界裏面也可以發現出美來，不過那是偶然的事。偶然在言語裏發現一點類似詩的節奏，便説言語就是詩，便要打破詩的音節，要它變得和言語一樣——這真是詩的自殺政策了。（注意我并不反對用土白作詩，我并且相信土白是我們新詩的領域裏一塊非常肥沃的土壤，理由等將來再仔細的討論。我們現在要注意的衹是土白可以“做”詩；這“做”字便説明了土白須要一番鍛煉選擇的工作然後纔能成詩）詩的所以能激發情感，完全在它的節奏；節奏便是格律。莎士比亞的詩劇裏往往遇見情緒緊張到萬分的時候，便用韻語來描寫。歌德作《浮士德》也曾采用同類的手段，在他致席勒的信裏并且提到了這一層。韓昌黎“得窄韻則不復傍出，而因難見巧，愈險愈奇……”這樣看來，恐怕越有魄力的作家，越是要戴着脚鐐跳舞纔跳得痛快，跳得好。祇有不會跳舞的纔怪脚鐐礙事。祇有不會做詩的纔感覺得格律的縛束。對於不會作詩的，格律是表現的障礙物；對於一個作家，格律便成了表現的利器。

又有一種打着浪漫主義的旗幟來向格律下攻擊令的人。對於這種人，我祇要告訴他們一件事實。如果他們要象現在這樣的講什麽浪漫主義，就等於承認他們没有創造文藝的誠意。因爲，照他們的成績看來，他們壓根兒就没有注意到文藝的本身，他們的目的祇在披露他們自己的原形。顧影自憐的青年們一個個都以爲自身的人格是再美没有的，祇要把這個赤裸裸的和盤托出，便是藝術的大成功了。你没有聽見他們天天唱道“自我的表現”嗎？他們確乎祇認識了文藝的原料，没有認識那將原料變成文藝所必需的工具。他們用了文字作表現的工具，不過是偶然的事，他們最稱心的工作是把所謂“自我”披露出來，是讓世界知道“我”也是一個多才多藝，善病工愁的少年；并且在文藝的鏡子裏照見自己那倜儻的風姿，還帶着幾滴多情的眼泪，啊！啊！那是多麽有趣的事！多麽浪漫！不錯，他們所謂浪漫主義，正浪漫在這點上，和文藝的派別絶不發生關係。這種人的目的既不在文藝，當然要他們遵從詩的格律來做詩，是絶對辦不到的；因爲有了格律的範圍，他們的詩就根本寫不出來了，那豈不失了他們那“風流自賞”的本旨嗎？所以嚴格一點講起來，這一種僞浪漫派的作品，當它作把戲看可以，當它作西洋鏡看也可以，但是萬不能當它作詩看。格律不格律，因此就談不上了。讓他們來反對格律，也就没有辯駁的價值了。

上面已經講了格律就是 form。試問取消了 form，還有没有藝術？上面又講到格律就是節奏。講到這一層更可以明瞭格律的重要；因爲世上祇有節奏比較簡單的散文，决不能有没有節奏的詩。本來詩一向就没有脱離過格律或節奏。這是没有人懷疑過的天經地義。如今却什麽天經地義也得有證明，能成立？是不是？但是爲什麽鬧到這種地步呢——人人都相信詩可以廢除格律？也許是“安拉基”精神，也許是好時髦的心理，也許是偷懶的心理，也許是藏拙的心理，也許是……那我可不知道了。

接着，先生提出新詩應具有音樂的美、繪畫的美、建築的美：

前面已經稍稍講了詩爲什麽不當廢除格律。現在可以將格律的原質分析一下了。從表面上看來，格律可以從兩方面講：（一）屬於視覺方面的，（二）屬於聽覺方面的。這兩類其實又［不］當分開來講，因爲它們是息息相關的。譬如屬於視覺方面的格律有節的勻稱，有句的均齊。屬於聽覺方面的有格式，有音尺，有平仄，有韻脚；但是没有格式，也就没有節的勻稱，没有音尺，也就没有句的均齊。

關於格式、音尺、平仄、韻脚等問題，本刊上已經有饒孟侃先生論新詩的音節的兩篇文章討論得很精細了。不過他所討論的是從聽覺方面着眼的。至於視覺方面的兩個問題，他却没有提到。當然視覺方面的問題比較占次要的位置。但是在我們中國的文學裏，尤其不當忽略視覺一層，因爲我們的文字是象形的，我們中國人鑒賞文藝的時候，至少有一半的印象是要靠眼睛來傳達的。原來文學本是占時間又占空間的一種藝術。既然占了空間，却又不能在視覺上引起一種具體的印象——這本是歐洲文字的一個缺憾。我們的文字有了引起這種印象的可能，如果我們不去利用它，真是可惜了。所以新詩采用了西文詩分行寫的辦法，的確是很有關係的一件事。姑無論開端的人是有意的還是無心的，我們都應該感謝他。因爲這一來，我們纔覺悟了詩的實力不獨包括音樂的美（音節），繪畫的美（詞藻），并且還有建築的美（節的匀稱和句的均齊）。這一來，詩的實力上又添了一支生力軍，詩的聲勢更加浩大了。所以如果有人要問新詩的特點是什麽，我們應該回答他：增加了一種建築美的可能性是新詩的特點之一。

近來似乎有不少的人對於節的匀稱和句的均齊表示懷疑，以爲這是復古的象徵。做古人的真倒霉，尤其做中華民國的古人！你想這事怪不怪？做孔子的如今不但"聖人""夫子"的徽號鬧掉了，連他自己的名號也都給褫奪了，如今衹有人叫他作"老二"；但是耶穌依然是耶穌基督，蘇格拉提依然是蘇格拉提。你做詩摹仿十四行體是可以的，但是你得十二分的小心，不要把它做得像律詩了。我真不知道律詩爲什麽這樣可惡，這樣卑賤！何况用語體文寫詩寫到同律詩一樣，是不是可能的？并且現在把節做到匀稱了，句做到均齊了，這就算是律詩嗎？

誠然，律詩也是具有建築美的一種格式；但是同新詩裏的建築美的可能性比起來，可差得多了。律詩永遠衹有一個格式，但是新詩的格式是層出不窮的。這是律詩與新詩不同的第一點。做律詩，無論你的題材是什麽？意境是什麽？你非得把它擠進這一種規定的格式裏去不可，彷佛不拘是男人、女人、大人、小孩，非得穿一種樣式的衣服不可。但是新詩的格式是相體裁衣。例如《采蓮曲》的格式決不能用來寫《昭君出塞》,《鐵道行》的格式決不能用來寫《最後的堅決》,《三月十八日》的格式決不能用來寫《尋找》。在這幾首詩裏面，誰能指出一首内容與格式，或精神與形體不調和的詩來，我倒願意聽聽他的理由。試問這種精神與形體調和的美，在那印板式的律詩裏找得出來嗎？在那亂雜無章、參差不齊、信手拈來的自由詩裏找得出來嗎？

律詩的格律與内容不發生關係，新詩的格式是根據内容的精神製造成的，這是它們不同的第二點。律詩的格式是别人替我們定的，新詩的格式可以由我們自己的意匠來隨時構造。這是它們不同的第三點。有了這三個不同之點，我們應該知道新詩的這種格式是復古還是創新，是進化還是退化。

現在有一種格式：四行成一節，每句的字數都是一樣多。這種格式似乎用得很普遍。尤其是那字數整齊的句子，看起來好像刀子切的一般，在看慣了參差不齊的自由詩的人，特别覺得有點稀奇。他們覺得把句子切得那樣整齊，該是多麽麻煩的工作。他們又想到做詩要是那樣的麻煩，詩人的靈感不完全毁壞了嗎？靈感毁了，還那裏去找詩呢？不錯，靈感毁了，詩也毁了。但是字句鍛煉的整齊，實在不是一件難事；靈感決不致因爲這個就會受了損失。我曾經問過現在常用整齊的句法的幾個作者，他們都這樣講；他們都承認若是他們的那一首詩没有做好，祇應該歸罪於他們還没有把這種格式用熟；這種格式的本身不負絲毫的責任。我們最好舉兩個例來對照着看一看，一個例是句法不整齊的，一個是整齊的，看整齊與凌亂的句法和音節的美醜有關係没有——

“我願透着寂静的朦朧，薄淡的浮紗，
細聽着淅淅的細雨寂寂的在簷上，激打
遥對着遠遠吹來的空虚中的嘘嘆的聲音，
意識着一片一片的墜下的輕輕的白色的落花。”

“説到這兒，門外忽然風響，

老人的臉上也改了模樣;
孩子們驚望着他的臉色,
他也驚望着炭火的紅光。”

到底那一個音節好些——是句法整齊的,還是不整齊?更徹底的講來,句法整齊不但於音節没有妨礙,而且可以促成音節的調和。這話講出來,又有人不肯承認了。我們就拿前面的證例分析一遍,看整齊的句法同調和的音節是不是一件事。

“孩子們|驚望着|他的|臉色
他也|驚望着|炭火的|紅光”

這裏每行都可以分成四個音尺,每行有兩個“三字尺”(三個字構成的音尺之簡稱,以後仿此)和兩個“二字尺”,音尺排列的次序是不規則的,但是每行必須還他兩個“三字尺”兩個“二字尺”的總數。這樣寫來,音節一定鏗鏘,同時字數也就整齊了。所以整齊的字句是調和的音節必然産生出來的現象。絶對的調和音節,字句必定整齊。(但是反過來講,字數整齊了,音節不一定就會調和,那是因爲衹有字數的整齊,没有顧到音尺的整齊——這種的整齊是死氣板臉的硬嵌上去的一個整齊的框子,不是充實的内容産生出來的天然的整齊的輪廓)

這樣講來,字數整齊的關係可大了,因爲從這一點表面上的形式,可以證明詩的内在的精神——節奏的存在與否。如果讀者還以爲前面的證例不够,可以用同樣的方法分析我的《死水》。

這首詩從第一行

“這是|一溝|絶望的|死水”

起,以後每一行都是用三個“二字尺”和一個“三字尺”構成的,所以每行的字數也是一樣多。結果,我覺得這首詩是我第一次在音節上最滿意的試驗。因爲近來有許多朋友懷疑到《死水》這一類麻將牌式的格式,所以我今天就順便把它説明一下。我希望讀者注意,新詩的音節,從前面所分析的看來,確乎已經有了一種具體的方式可尋。這種音節的方式發現以後，我斷言新詩不久定要走進一個新的建設的時期了。無論如何，我們應該承認這在新詩的歷史裏是一個軒然大波。這一個大波的蕩動是進步還是退化，不久也就自然有了定論。

五月二十日 《詩鐫》提倡的講求新詩格律，引起文學界的注意。是日出版的《詩鐫》第八號上，刊登天心給徐志摩的一封信，信中説"近來詩風，顯然是大大的變了。從前長短不齊的句子，高低不平的格式漸漸不見了。漸漸代以整齊的句子，劃一的格式了。從前認爲無需有的韻脚，現在又漸漸地恢復了。許多人説，這是新詩入了正軌後必然的現象"。不過，信中也説到了一些擔心："這種現象之所以發生，恐怕還有一個很不良的背景吧。你衹看近來的詩，有許多形式是比較完滿了，音節比較和諧了，可是内容呢，空了，精神呢，呆了！從前的新鮮，活潑，天真，都完了，春冰似的溶消了！這個病源若不速行醫治，我敢説，新詩的死期將至了！"（天心《隨便談談譯詩與做詩》）

五月二十七日 《詩人的横蠻》發表於《晨報副刊·詩鐫》第九號。收《聞一多全集》。

這是對朱湘近來態度的批評，話講得很不客氣，却流露出先生與朱湘關係惡化的原因：

依孔子的見解，詩的靈魂是要"温柔敦厚"的。但是在這年頭兒，這四個字千萬説不得，説出了，便證明你是個弱者。……我們的詩人早起聽見鳥兒叫幾聲，或是上萬牲園逛了一逛，或是接到一封情書了……你知道——或許他也知道這都不是什麽了不得的事件，够不上爲它們就得把安居樂業的人類都給驚動了。但是他一時興會來了，會把這消息用長短不齊的句子分行寫了出來，硬要編輯先生們給它看過幾遍，然後又耗費了手民的筋力給它排印了，然後又占據了上千上萬的讀者的光陰給它讀完了，最末還要叫世界，不管三七二十一，承認他是一個天才。你看這是不是横蠻？并且他憑空加了世界這些擔負，要是那一方面——編輯，手民或讀者——對他大意了一點，他便又要大發雷庭［霆］，駡這世界盲目，冷酷，殘忍，蹂躪天才……這種行爲不是横蠻是什麽？再如果你好心好意對他這作品下一點批評，説他好，那固然算你没有瞎眼睛，你要敢是説了他半個壞字，那你可觸動了太歲，他能咒到你全家都死盡了。試問這不是横蠻是什麽？

六月三日 《英譯的李太白》發表於《晨報·詩鐫》第十號。收《聞一多全集》時被編者改作《英譯李太白詩》。

小畑薫良是位日本學者，約一九二五年十月到北京。他生長在日本鄉下一下舊式門風家庭，父親極喜漢學，故自幼喜愛中國文化，上小學前就讀了《三字經》，以後還在家裏或跟村裏的和尚學過《孝經》《忠經》及《東周列國志》《三國志》《漢楚軍談》《吴越軍談》等。小畑薫良曾赴美國留學，在威士康辛大學、芝加哥大學、哥倫比亞大學結識了不少中國留學生。一九二二年，他將日本版的李白詩集譯成英文，一九二三年由倫敦·多倫多 Dent & Sons 出版。當時，小畑薫良是日本第一份具有學術價值刊物《改造》雜志的主筆，他到北京的目的是收集中國新文學代表作，然後譯成日文，爲《改造》出版一期中國專號。此舉被認爲是中日新文學的第一次合作，所以格外引人注意。小畑薫良在美國時結識了楊振聲，給凌叔華帶來不小國際名聲的小説《酒後》，就是通過楊振聲向凌叔華索得交給小畑薫良的。（據鄭麗園《如夢如歌——英倫八訪文壇耆宿凌叔華》，臺灣《聯合報》，1987.5.6—7）先生乘小畑薫良此次來華之機，對他翻譯的英文《李白詩集》做以評論。

在《英譯的李太白》中，先生稱小畑薫良“是第四個人用自由體譯中國詩”者，他的成就比西方幾位先行者都高，“而且我們應注意譯者是從第一種外國文字譯到第二種外國文字，打了這幾個折扣，再通盤計算起來，我們實在不能不佩服小畑薫良先生的毅力和手腕”。同時，先生對小畑薰良的翻譯也做了坦率的批評，認爲譯詩“最要注重鑒别真僞，因爲集中有不少‘贋鼎’”，“至少好壞要分一分”，要有一種選詩的標準。譯詩時，要注意“詩意的美，完全是靠‘句法’表現出來”，因爲有些詩“豈衹不能用英文譯，你就用中國的語體文來試試”，也會“把原詩鬧得一團糟”。先生覺得小畑薰良的毛病“恐怕根本就在太用心寫英文了，死氣板臉的把英文寫得和英美人寫的一樣，到頭讀者也衹看見英文，看不見别的了”。

先生的評論在引用史實上有商榷之處，朱自清讀後寫下《關於李太白》一文，予以討論（刊於六月二十三日《晨報副刊》第一四〇八號），這大約是朱自清與先生最早的文字之交。

小畑薰良也記録過他與先生的一面之交，他《北京閑話》中寫道：“我有一次在北京大學刊行的周刊雜志《現代評論》看見在哥倫比亞大學交往最親密，兩年前還巴黎碰見過的Y君（即楊振聲）的名字，趕緊向該社寄了一封信，過幾天Y君就在北京飯店的我的屋子裏，現出他的偉碩的身軀了。據説是昨天纔從武昌來到北京的。他又説還有一位哥倫比亞時代的友人T君（即先生）現在藝術專門學校，亦趕緊替我請他來了。不過多久，昔時老伙計中的一位河南中州大學的F君亦上京都來了。由他們的介紹，我在北京在學界操觚界裏找到了不少的新舊朋友。”(《現代評論》第4卷第86期，1926.7.31）小畑薰良的這篇文章，發表於日本《改造》雜志“中國特號”，經彭浩徐譯成中文，取名《北京閑話》。

六月十日　《晨報副刊·詩鎸》第十一號出刊。這是《詩鎸》最後一號，原擬暑假中將版面借給另一副刊《劇刊》，但《劇刊》結束後，《詩鎸》并未繼續出刊。

《詩鎸》一共衹出了十一期，前後七十天，但在新詩的長遠繁榮與發展上看，起了積極的作用。朱自清在《唱新詩等等》中説：“至於現在的新詩，初期大部分出於詞曲，《嘗試集》是最顯著的例子，以後的作者，則似乎受西洋影響的多。所謂西洋影響，内容方面是新的人生觀和宇宙觀，形式方面是自由詩體。這新的人生觀和宇宙觀，不幸不久就已用完，重新换上風花雪月、傷春悲秋那些老調，衹剩自由詩體存留着。直到去年，聞一多、徐志摩諸先生刊行《詩鐫》，纔正式反對這自由詩體，而代之以格律體。”（《語絲》第 154 期，1927.11.1）後來，朱自清又在《中國新文學大系・詩集・導言》中把十年來的詩壇分作三派，即自由詩派、格律詩派、象徵詩派。而格律詩派的代表便是以《詩鐫》爲標志的。朱自清説：“北京《晨報副刊・詩鐫》出世，這是以聞一多、徐志摩、朱湘、饒孟侃、劉夢葦、于賡虞諸氏主辦的。他們要‘創格’，要發見‘新格式與新音節’。聞一多氏的理論最爲詳明，他主張‘節的匀稱’‘句的均齊’，主張‘音尺’，重音，韻脚。他説詩應該具有音樂的美，繪畫的美，建築的美；音樂的美指音節，繪畫的美指詞藻，建築的美指章句。他們真研究，真實驗；每周有詩會，或討論，或誦讀。梁實秋氏説，‘這是第一次一伙人聚集起來誠心誠意的試驗作新詩’。雖然衹出了十一號，留下的影響却很大——那時大家都做格律詩；有些從前極不顧形式的，也上起規矩來了。‘方塊詩’‘豆腐乾塊’等等名字，可看出這時期的風氣。”

在《詩鐫》同人中，先生的影響最顯著。朱自清在一九三六年寫成的《新詩的進步》中，認爲格律詩派裏“徐志摩、聞一多兩位先生是代表”。（朱喬森編《朱自清全集》第 2 卷，第 320 頁，江蘇教育出版社 1988 年 8 月出版）而蘇雪林則於一九三四年便在《論聞一多的詩》中稱：“徐志摩與聞一多爲《詩刊》派的一雙柱石。徐名高於聞，但實際上徐受聞之影響不少。……徐天才較高，氣魄較大，而疵病亦較多，如長江大河挾泥沙而并下，聞則如逼陽之城，雖小而堅不可破。他們都是好朋友，作品之進步得於切磋者至大，我們若戲謂徐爲韓愈，聞便是孟郊了。”（《現代》第 4 卷第 3 期）徐志摩本人也承認他受先生影響至深，他在《猛虎集・自序》中説：“我的第一集詩——《志摩的詩》——是我十一年回國後兩年内寫的；在這集子裏初期的洶涌性雖已消減，但大部分還是情感的無關闌的泛濫，什麽詩的藝術或技巧都談不到。這問題一直要到民國十五年我和一多、今甫[1]一群朋友在《晨報副鐫》刊行《詩刊》時，方纔開始討論到。一多不僅是詩人，他也是最有興味探討詩的理論和藝術的一個人。我想這五六年來我們幾個寫詩的朋友，多少都受到《死水》的作者的影響。我的筆本來是最不受羈勒的一匹野馬，看到了一多的謹嚴的作品我方纔憬悟到我自己的野性。"（《徐志摩選集》，第301—302頁，人民文學出版社1983年9月出版）正因如此，朱自清在《中國新文學大系・詩集・導言》中還說："《詩鐫》裏聞一多氏影響最大。徐志摩氏雖在努力於'體制的輸入與試驗'，却祇顧了自家，没有想到用理論來領導别人。聞氏纔是'最有興味探討詩的理論和藝術的'；徐（志摩）氏説他們幾個寫詩的朋友多少都受到《死水》作者的影響。《死水》前還有《紅燭》，講究用比喻，又喜歡用别的新詩人用不到的中國典故，最爲繁麗，真教人有藝術至上之感。《死水》轉向幽玄，更爲嚴謹；他作詩有點像李賀的雕鏤而出，是靠理智的控制比情感的驅遣多些。但他的詩不失其爲情詩。另一面他又是個愛國詩人，而且幾乎可以説是唯一的愛國詩人。"

《詩鐫》的終刊，有多種原因，其中有人對格律詩運動持觀望態度，也有人認爲詩的"音韻"和"形式"是無所謂的。朱自清在《新詩（上）》中説："《詩鐫》確是一枝突起的異軍，給我們詩壇不少的顔色，可惜祇出了十一期便中止。它的影響可并不大，雖然現在還存留在一小部分人之中；這或因主張本難普遍，或因時日太短。總之，事實上，暫時的熱鬧决不曾振起那一般的中衰之勢。我想《詩鐫》同人在這一點上必也感着寂寞的。有些悲觀的人或者將以爲這是新詩的回光返照，新詩的末日大概不久就會到臨了。我還不能這樣想，我所以極願意試探一探新詩的運命，在這危疑震撼的時候。"（《一般》第2卷2月號，1927.2.5）

六月十七日　《晨報・劇刊》創刊。該刊由張嘉鑄提議辦起，主要編輯爲余上沅，先生與趙太侔曾參與組稿。創辦《劇刊》本是想爲建立小劇院做準備，這正是先生回國的初衷。徐志摩《劇刊始業》交代了這

① "今甫"，楊振聲字。

一點："我們有幾個朋友，對於戲劇的技術（不説藝術），多少可以説是在行。……我們想合起來做一點事。這回不光是'寫'兩個劇本，或是'做'一兩次戲就算完事；我們的意思是要在最短的期内辦起一個'小劇院'——記住，一個劇院。這是第一部工作；然後再從小劇院作起點，我們想集合我們大部分可能的精力與能耐從事戲劇的藝術。"辦劇刊的主旨在於"宣傳""討論""批評與介紹""研究"。在該刊上撰稿的人除先生外，有余上沅、趙太侔、張嘉鑄、陳西瀅、鄧以蟄、楊振聲、梁實秋、馮友蘭、熊佛西、葉公超、楊聲初、俞宗杰、顧頡剛、恒詩峰、馬楷等。

六月二十四日　《戲劇的歧途》發表於《晨報副刊·劇刊》第二號，署名"夕夕"。收《聞一多全集》。

文章認爲西方的易卜生、蕭伯納、王爾德、哈夫曼、高斯俄綏等人的戲劇傳入中國，都是注重於介紹思想，而不是介紹藝術。所以"近代戲劇在中國，是一位不速之客，戲劇是沾了思想的光，僥幸混進中國來的"。但是戲劇"除了改造社會，也還有一種更純潔的——藝術的價值"，然而"戲劇家提起筆來，一不小心，就有許多不相干的成分粘在他筆尖上了——什麽道德問題，哲學問題，社會問題……都要粘上來了。問題粘的愈多，純形的藝術愈少"。先生説"我們該反對的不是戲裏含着什麽問題"，"我們要的是戲，不拘是那一種戲"，"因爲注重思想，便衹看得見能够包藏思想的戲劇文學，而看不見戲劇的其餘的部分。結果，到於今，不三不四的劇本，還數得上幾個，至於表演同布景的成績，便幾等於零了。這樣做下去，戲劇能够發達嗎？"

六月二十八日　徐志摩爲散文集《落葉》寫定《自序》，文中云："末了我謝謝我的朋友一多，因爲他在百忙中替我製了這書面的圖案。"（《晨報副刊》，1926.7.3）

七月二日　小畑薰良作《答聞一多先生》，經徐志摩翻譯，發表於八月七日《晨報副刊》第一四二七號。下面爲《答聞一多先生》一文的節録：

聞一多先生新近在《晨報副刊》上發表了一篇批評我的《李太白》英譯本的文章。在我所見到的幾十篇書評之中，這是獨一的，因爲寫的人不僅是個中國人，并且他自己是一個詩人，也是我相當熟的朋友。再説，這篇文章提出很多中肯的問題及確切的指正，除了中國人是看不到的。我寫這篇答復第一是爲聞君寫了這篇有學識的，周到的，優容的文章，我應分表示深摯的感謝。第二因爲聞君文中指出有好幾點是一般翻譯家都應得注意的問題，尤其是我們少數人嘗試譯中國詩的曾經感受的難處。

現行所謂《李太白全集》是王琦在一七五九年編定的，共收有一千首詩。我的選本祇有一百二十四首。評書的人當然要問爲什麽我剛正選定那幾首詩。我在我原書的序文裏説過，這選數的大部分是我在涉獵中國文學時期内隨時隨興譯成積起來的。我唯一的領導是我當時的意興，我也跟着它走，有時歇了下來就爲逢着了文字上的阻難。這樣一個選法當然不免漏掉很多好詩以及重要的詩，爲什麽呢，就爲我當時没有翻，或是不能翻。

話雖這樣説，在這書付印的時候，我也確曾盡我的力量使這本子在體裁上與形式上足以儘量的代表太白的詩。我也想法子拿他自己的作品來反映他的生平以及他所經歷的時代。爲此，有幾首詩，例如寄内諸作，不問詩的本身價值如何，也給選上了。因爲在那幾首詩我們可以看出他生平人情方面的一斑；還有那首像悼他的日本朋友的選入也爲要表示詩人自己以及他那時代吴越一家的氣概。另外有幾首是李白同時代人做了送他的，也爲同一理由我給選入了。

關於某幾首詩真僞性的考訂，聞君文中有詳細的討論，這問題在研究漢學的人固然有趣而且重要，但就我出書的旨趣説，并没有多大關係，因爲我那書的意思是介紹一個在中國最有名的古詩人給歐西的文壇，選譯的詩也是在中國一般人認爲是他的作品的，因此我在詩人的小傳中也收集了好些傳話的逸事。

誰都沒有我自己覺得我的譯文的不到家與種種缺憾的地方。關於這一層，我十分感謝聞君好意的優容的態度，我尤其佩服他的細心，他在我那集子裏最長的一首譯詩（也是李白集中是最長的一首）的兩行遺漏都給我找出來了。

聞君説李白有知名的詩誰都沒法子翻成恰到好處的英文。這話是對的。本來從一種文字翻成另一種文字，其間的困難就不知有多少。那還是就兩種文字是相近的説。至於文字的差别遠如中文與英文。那時翻譯的難處簡直是沒法想的了。單説通常名詞與詞句就够困難。因爲彼此沒有確切相符的句格或思想格式。嚴格的説，英文的 woman，德文的 tran，法文的 femme，都還不是永遠可以對换的，因爲每個名詞的背後都含着獨有的國民性的或是民族性的特性，這一家有的，那一家不一定有。在英文裏面就沒有恰當的字可以替代中文裏妻或是妾，俠客或是丈夫。我們竟可以説 home 譯家字，hat 譯冠字，shoe 譯襪字，都是不對的。尤其是一逢到成語的表情，直譯簡直是不可能。

……

翻譯人還有一個困難，就是中國文的文法不清楚，時間與數量的辨别既是沒有，人身代名詞又用得絶少。結果往往同是一節書，而有幾種不同的解法。再説呢，他所能做的也不過是將某一段書在他心中所引起的心影轉譯成另一種語言，他看到那兒就是那兒。關於這點我得承認在譯《贈汪倫》那首詩我是太隨便了，我在譯文裏平白地給添上“your friends”，這在原詩意思裏許隱含着，但在字面上絶無根據，因爲在我的想象中李白走的那天送别的决不止汪倫一人，我可以想見一個鄉村中的先生同着一群朋友在河岸上“踏歌”着來送詩人的行。

……

综起來説，就是重復我原書序裏的話，我在譯文中盡有地方作添補字句的意譯。我也有地方略去不重要（甚至重要）的字句。很多專門名詞我丢開不譯，或從意擇。這種情形在崇拜李白的人看來很是大不敬的褻瀆了他的藝術。我并不來在這類翻譯方法上替自己作辯護。我衹要對好叫聞君以及别人感着興味的説明我的原委，給他們再下批評時一點子參考就是。

聞一多君説翻譯是煞風景的事業是不錯的。我聽説甜味的橘過了江就會變種成苦的枳。我也明知道中國詩是一種嬌柔的鮮花，一經移杆，便不免變性。但變不一定是變壞，莎士比亞説的“海變”，這變的結果是變成某一種“富麗而奇異的東西”。翻譯在文學上有時是一種有效果的異種播植。再説，且不論譯文全身藝術上的價值，單就使某種民族對另一種民族的文化發生興趣這點子實在的功用，也是不該忽視的。

近年來歐美注意中國文學的事實是一個使人樂觀的現象：韋雷君以羅威爾女士的譯本極受歡迎不説，就我這部書印得比他們的遲，也已經到了第二版的印行。西方人對於中國的興味終究不僅集中在他的商場與土地上。他們也何嘗不急急想發現中國文學的寶藏，這到現在爲止他們還没法接近。翻評這事業，不論怎樣細小或不準確，總還是他們尋得一個靈性的中華的起點，這裏的財富許比他們老祖宗們所夢想的藏金地方更來得神奇呢。我懇切的希望我的中國朋友們，有學問的乃至愛文學的，都會注意到這部分的工作，這事業的成功不僅是中國，也是全世界的利益。

《晨報副刊》在刊登小畑薰良這封信前，譯者徐志摩做有《附記》。其文云：

在本副刊的某期刊上，聞一多先生曾經印過他的小畑薰良先生英譯李太白的評文。小畑先生看了説有應得答復的地方，我就請他寫，但他爲公事忙直延至七月初纔寫起，碰巧我又回南了；他的大文在我的塵封的書案上竟酣睡了這一個整月。我現在把這翻了出來，對不起小畑先生，我没有用心翻他這篇翻譯極有啓示的文章。我們都得感謝小畑先生，不爲别的，就爲他愛中國文學的一點真心。説也慚愧，我們自家的詩人還得勞鄰居先生和手筆來翻譯給别家看！我們得感謝小畑先生，因爲他這次在北京住了幾個月，雖則他有他的外交性質的公幹，他大部份光陰是化在結交中國朋友上面的。他是一個“好朋友”；他會喝酒，會鬧，會笑，我們接近他的都覺不出他是一個日本人或是外國人；他是我們中間的一個，一點也没有分别。這也許是他浸潤於中國文學工夫够深了的緣故，要不然他那能這樣的隨便，這樣的好興趣，這樣的“落拓”。有了他我們覺得中國與日本可親的程度加深了一層，不幸的外交上與政治上的障礙似乎至少退遠了一步。他是懂得我們的：我們從不曾見他穿上黑光光的大禮服，戴上黑光光的大禮帽，那是我們最怕見的。現在聽説小畑先生快回國了，這消息很使我們感着惆悵，但我們没法留住他；我們衹盼望這窮極無聊的北京社會的實際，不曾些微減談他從文學上對中國民族的敬意與愛心。小畑先生應得知道，假如他這半年來吃着我們的滿漢全席以及四五十年的陣［陳］花雕，這不是我們禮貌不周，我們實在是——没法想！我們盼望他再有機會回來。他的中國朋友永遠會記着他的。

七月十五日　鄧以蟄爲《戲劇與道德的進化》一文致先生與趙太侔、余上沅的信刊於《晨報副刊·劇刊》第五號，中云：“你們給我擬的題——《楊小樓》——我都擱下了。”

是月下旬　携眷返浠水。梁實秋《談聞一多》：“我在七月裏回到北京的時候，一多已經忍不住北京八校欠薪以及藝專風潮迭起的壓迫而携眷返里了。”（第72頁）其實還有一原因，即時馮玉祥國民軍已退出北京，奉系軍閥控制局勢，北京文人少有言論自由，紛紛南下。不久，趙太侔、徐志摩、丁西林、葉公超、饒孟侃等亦先後到了上海。

在浠水老家，作詩《夜歌》。收《死水》。聞家騆説這首寫墳裏鬼影的詩，有重大的社會背景，因爲農村落後，生下孩子常養不活，墳地常有哭聲，人説是産婦的陰魂，《夜歌》實際上是寫農村的文化落後。（據訪問聞家駟記録，1986.10.7）

八月十四日 與楊振聲、余上沅、丁西林、陳西瀅及剛剛回國的梁實秋等，至北海參加徐志摩、陸小曼訂婚宴。楊振聲在這次宴會上首次與梁實秋見面。（季培剛《楊振聲編年事輯初稿》，第43—44頁，黄河出版社2007年8月出版）

八月 在浠水住了些天，便隻身到上海，住在潘光旦家中。時，潘方於美國哥倫比亞大學獲碩士學位後歸國，任吴淞國立政治大學教授。

九月十六日 與趙太侔、余上沅、孫伏園於上年七月共同草擬的《北京藝術劇院計劃大綱》始刊於《晨報副刊·劇刊》第十四號，十五號續完。文前有余上沅所作引語《一件古董》，叙述幾位朋友關於建築一座小劇院的夢想："去年我和太侔、一多回國之後，便邀着伏園，共同訂了一個《北京藝術劇院計劃大綱》。當時我們的希望很大，劇場建築和設備，就開了二十萬元，以致見了的人個個咋舌。我們正在設法縮小數目的時候，藝專已經成立，我們的精力遂集中於戲劇系了。可是，在建築劇院的努力上，我們還是没有懈怠。一年以來的時局，是大家知道的，所以雖經奔走，也没有滿意的結果。然而我們總没有失望，因爲，假使演員方面有了相當的成績，建築劇院并不是十分的難事，那怕這個劇院不能像我們從前所希望的那麼大。'建築一座小劇院'，是我們和許多朋友們惟一的甜夢。去實現這個甜夢，那要靠中國戲劇社等團體以及一般熱心戲劇的人努力了。衹要大家能够百折不回，誰説建築一座小劇院永遠是個夢呢？"

九月二十三日 余上沅《一個半破的夢——致張嘉鑄君書》刊登於《晨報·劇刊》第十五號（最後一號）。文中訴説了他與先生以及趙太侔、張嘉鑄的結識，在美國的戲劇活動，回國後發起國劇運動的經歷和坎坷，并且承認面對社會現實這一努力是失敗了。文中説："社會，像喜馬拉雅山一樣屹立不動的社會，它何曾給我們半點同情？《劇刊》的本身我承認并未失敗，可是我們第一個希望，社會的覺醒，這是失敗了的。社會既不要戲劇，你如何去强勉它？社會要戲劇，目下的情形不容它要，你更如何去强勉它？我們應該有一個覺悟，我們應該承認從前走的路不是最好的一條路。”這種感受，先生也是有的。同樣的信，余上沅給先生、徐志摩、趙太侔、熊佛西各有一封。

是月 受聘爲吴淞國立政治大學教授兼訓導長。該校原爲國立自治學院，一九二五年十月四日改政治大學，校長張嘉森（君勱）爲先生好友張嘉鑄的哥哥，也是國家主義有力鼓吹者。校中教授有瞿世英、陳石孚、吴國楨、潘光旦等，均係先生清華時同學。

十一月十六日 詩《往常》發表於國立政治大學學生刊物《政治家》半月刊第一卷第十三號。這是武漢大學文學院陳建軍發現的一首佚詩，并認爲是“爲長女聞立瑛而寫”。全詩如下：

往常聽見咳嗽的聲音，
聽見那裏打了一個噴嚏，
我知道誰是你的仇人，
我知道風霜又欺服了你。
往常我日夜受着虛驚！
我靈魂邊上設滿了烽堠；
祇要你遠遠的哭一聲，
我可以馬上加鞭來營救。
往常你偶爾也笑一聲，
像殘燈裏吐出一絲紅焰。
你笑一回我便吃一回驚！
知道這笑還支持得幾天？
往常你突然嘆息一聲。……
四歲的孩子爲什麽嘆息？
我當時抽了一個寒噤，

再不敢問那一嘆的意義。

是年冬 長女聞立瑛夭折，時不滿五歲。這年四月，北京政局劇變，文化人士紛紛南下避亂，先生因距暑假還有一段時間不能離開，偏偏這時立瑛病倒了，病情一直不見好轉。聞名在《聞一多和自己的歌》中寫到："母親説是得了臌脹，連留美歸來在協和醫院任教的八伯聞亦傳也都没有什麽辦法。父親焦慮萬分，和母親商量，讓她帶着兩個孩子先回浠水老家去。鄉下生活環境安定，空氣又好；鎮上還有行醫多年的老中醫，或許能有些辦法。這樣，母親便帶着立瑛和立燕先回到了老家。母親到家後，立即設法延請中醫。那時請一回大夫很不容易，聽她説，早上去接，晚上纔過來。落座以後，更得好好伺候，水烟槍要早早準備好，茶葉要選上好的泡。大夫吸完烟，品過茶，天南海北聊够了，纔開始把脉問病。病人要是個女性，就更得耐着性子等待，因爲女人的命不似男人那般金貴。心急如焚的母親奉大夫若神明，每回請來，都畢恭畢敬，獻烟捧茶小心伺候，一點不敢怠慢。但威風十足的大夫開出的方子却不見絲毫威力。立瑛的病一天比一天沉重。學年結束後，父親匆匆趕回故里。他不打算再回北京，那裏局勢動亂，學校已停辦，而且也很難再安静地從事教學。當時北伐已開始，北伐軍攻克長沙後直逼武漢，吴佩孚的軍隊一路潰退，浠水鄉間時有逃兵過境騷擾，生活也不平静。父親爲女兒的病憂心如焚，但他不能在家多住，爲了生計，得儘快出去謀求新的職業。""父親走後，立瑛的病勢越發沉重，母親説大夫開的藥吃得都拉出血來。孩子在病中常常哭着想念爸爸。母親摟着懷中的女兒，心如刀絞，不得不含泪給丈夫去信。但這時父親謀職一事正有進展，吴淞國立政治大學正準備聘請他任教授兼訓導長，工作眼看就要接手，一時無法離開。他萬般焦急，衹好先寄回一張照片，告知隨後就趕回來。照片寄到時，立瑛已有些昏迷。母親把照片給她，她點點頭，把它抱在懷裏，大滴大滴的泪珠不斷從美麗的眸子裏涌出來。""立瑛病重那些天，家裏正爲細叔（聞家騆）操辦婚事，全家上下一片忙亂。

爹爹婆婆要母親去幫忙。母親怎能放得下女兒？她不想去，但最終仍執拗不過公婆的意願，衹得强咽泪水離開了病危的女兒。操辦事宜是在聞家老屋三房那邊（聞家新屋蓋好後，先生二房與大房、四房搬到新屋，三房仍住老屋，相距一里多路），母親在那裏整整忙了兩天不能回家。忙完以後，她急急忙忙就往自己家裏趕。誰想，推開房門——等着她的竟是一間空屋子！”“立瑛去世，家裏不讓給父親去信，怕他傷心，更怕他跑回家來影響了工作”，“但母親實在忍無可忍，她顧不了這許多，提起筆來對丈夫哭訴了這一切。千里之外的父親聽到噩耗。傷痛欲絶，急忙趕回了望天湖，没進家門就直接到後山上立瑛的墓地去了”。（聞名《聞一多和自己的歌》，第115—117頁）

立瑛很聰明，“人手刀足”識字課本都能念完，衹是身體弱些。先生非常喜愛立瑛，回家先要抱她一會兒。每當先生拿下禮帽時，她便知道爸爸要出門了，就喊起來，先生總是悄悄把禮帽先拿出屋，再慢慢溜出去。後來，看到立瑛用過的東西和讀過的書本，還很小心地把它包起來，在上面寫上：“這是立瑛的。”不久，又寫了詩《忘掉她》。（據劉烜《聞一多評傳》，第131—132頁，北京大學出版社1983年7月出版）

一九二七年　二十九歲

一月一日，國民政府定都武漢。

二月十九日，英國交還漢口、九江租界。

三月二十四日，國民革命軍占領南京。

四月十二日，蔣介石發動“四一二”反革命政變。

四月十八日，南京國民政府成立。

五月二十一日，許克祥在長沙發動“馬日事變”。

七月十五日，武漢國民政府宣布“分共”，國共合作失敗。

八月一日，中國共産黨發動南昌起義。

八月十九日，“寧漢合流”，武漢國民政府并入南京國民政府。

一月 在浠水老家。有致饒孟侃信，收《聞一多書信選集》。中云：

大札到時，時局不靖，政大内部亦起恐慌，遂遲作答。歸家後，家人忙於辦年，亦未免習俗移人，終日碌碌。今夜爲内子授詩，課畢稍暇，因拂箋急書數語奉上，以釋懸念。遲遲，諒不我罪也。政大當局下年或有更動。萬一大局不變，君勱仍在彼方，弟自亦無問題。否則恐須另謀生路。這年頭兒我輩真當效參軍痛哭也。别後詩思淤塞，倍於昔時。數月來僅得詩一首，且不佳。惟於中國文學史，則頗有述作。意者將來遂由創作者變爲研究者乎？

二月 春節後，離浠水到武昌，加入國民革命軍北伐軍總政治部，任藝術股股長，并兼總政治部英文秘書。章伯鈞《哀悼聞一多先生》：“民國十六年中國大革命時代，聞先生曾因朋友的介紹，由北京到武漢，應鄧演達先生之邀約，參加總政治部工作，約在是年二三月間（？）。聞先生到部任藝術股股長，并親自繪製反軍閥的壁畫一大幅。後來因爲聞先生頗不慣於軍中政治生活，受任一月即行告退。我與聞先生交游僅此一度。”（《人民英烈》，第196—197頁）

這段經歷，先生不願對人提及，連朋友亦知者甚少。不久，仍回上海吴淞政治大學。

四月 北伐軍入上海後，下令封閉國家主義派之據點吴淞國立政治大學。先生再度賦閑，栖身潘光旦家中。

時，潘光旦等朋友在《時事新報》任副刊編輯，先生作些詩文，以酬朋友之約。

五月九日 與饒孟侃合譯的詩《我要回海上去》(John Mansfield[①]作)發表於上海《時事新報·學燈》。全詩如下:

我要回海上去,再回到荒凉的天涯海角,
我要求的是一隻樓船,一顆星兒作她的向導,
還有龍骨破着浪,風聲唱着歌,白帆在風裏摇,
海面上一陣灰色的霧,一個灰色的破曉。

我要回海上去,因爲那一陣潮水的呼聲
是狂暴的呼聲,嘹亮的呼聲,你没有法子否認,
我要求的是一個颳風的天兒,還飛着些白雲,
再加上海水翻着浪花兒,海鷗也在叫你。

我要回海上去,再過那飄泊的生涯纔好!
走上海鷗的道,鯨魚的道,那裏的風像把快刀;
我要的是做完了活,大伙兒談着天兒説着笑,
臨了,來一場甜蜜的夢,一宿安穩的覺。

五月二十日 詩《心跳》發表於《時事新報·學燈》。收《死水》時有個别字改動。抗戰期間先生在昆明選詩時,將詩題改作《静夜》。該詩表現了先生對現實强烈不滿的情緒,修改前的詩中有這樣的句子:

這神秘的静夜,這渾圓的和平,
我喉嚨裏顫動着感謝的歌聲。
但是歌聲馬上又變成了咒詛,
静夜!我不能,不能受你的賄賂。

① 曼斯菲爾德,英國詩人。

誰希罕你這墻内尺方的和平!
我的世界還有更遼闊的邊境。
這四墻既隔不斷戰争的喧囂,
你有什麽方法禁止我的心跳?
最好讓這口裏塞滿了沙泥,
如其它祇會唱着個人的休戚!
最好是讓這頭顱給田鼠掘洞,
讓這一團血肉也去餵着尸蟲,
如果祇是爲了一杯酒,一本詩,
静夜裏一片鐘擺摇來的閑適,
就聽不見了你們四鄰的呻吟,
看不見寡婦孤兒抖顫的身影,
戰壕裏的痙攣,瘋人咬着病榻,
各種的慘劇在生活的磨子下。
幸福!我如今不能受你的私賄,
我的世界不在這尺方的墻内。
聽!又是一陣炮聲,死神在咆哮,
静夜!你如何能禁止我的心跳?

五月二十一日 詩《貢獻》發表於《時事新報·學燈》。全詩如下:

紅燈下我陪你們醉酒,
沙發上我敬給你們兩枝香烟,
我陪着你們坐車子,走路,吃飯,
彷彿一天天我也有我的貢獻。

給你們讓着路,點着頭,

你們打扮好了，我替你們驚美，
你們跟來了，我抛下一隻銅板——
不要誤會了這就是我的貢獻。

有時悲哀抓着了我的心，
我能爲人類的苦痛捏一把汗，
我能哭得像嬰孩，在一刹那間——
這刹那間纔是我最偉大的貢獻！

五月三十日 詩《荒村》發表於《時事新報・學燈》。收《死水》。

這是有感於五月十九日《新聞報》上一條消息而寫下的，詩前摘録該消息中的一段話作引言："……臨淮關梁園鎮間一百八十里之距離，已完全斷絶人烟。汽車道兩旁之村莊，所有居民，逃避一空。農民之傢具木器，均以繩相連，沉於附近水塘稻田中，以避火焚。門窗俱無，中以棺材或石堵塞。一至夜間，則燈火全無。鷄犬豕等覓食野間，亦無人看守。而間有玫瑰芍藥猶墻隅自開。新出稻秧，翠藹宜人。草木無知，其斯之謂歟？"五月十九日，正值直魯聯軍張宗昌部集中於蚌埠、臨淮，欲與南京國民革命軍北伐軍李宗仁部大戰之前夕，《荒村》即寫了戰前鄉村荒頽的場面，語中暗伏譴責軍閥混戰。

是月 痰中出血絲，遂接受朋友勸説，與潘光旦游杭州以寬心。在杭州購有扇、杖、石。其情形見署名"慎"所作之《紀詩人西湖養病》：

有一位詩人，姑隱其姓氏，當今文壇知名之士也。前幾天，飯後咳嗽，居然嘔出一口痰來，而痰裏隱隱約約的有類似血絲的附帶的東西，并且這種東西竟有七八條之多，詩人大恐，馬上做出一首詩來："這景象是多麼古怪多麼慘[1]！這到底，到底是怎麼一回事！"

吟聲未罷，打了一個寒戰，攬鏡自照，臉色發白，於是一則以喜，一則以懼，友朋聞説，争來問詢，議論紛紛，莫衷一是，"曷不食魚肝油乎？""曷妨試試自來血乎？"有某君者，愛才心切，力勸赴杭一游，以爲消遣，諄諄勸駕，聲泪俱下，詩人不得已，遂成行焉。

詩人到杭，寓湖濱旅館，詩興大發，飲食俱進。不數日，病有起色，吐痰漸成清一色，不復有紅色之點綴。然病體猶虚，每餐祇能啖飯五六碗［口？］耳。

有一天，天氣清和，詩人摇擺而出，曰："咦！我要到湖邊走走。"詩人蓬其首，垢其面，寬衣博帶，行動生風。俯仰之間，口占一首："啊！水這樣的緑，山這樣的青！這樣的一個詩人生這樣的病！"似乎短一點，然而詩人倦了，額際有一股熱氣冉冉上升，兩顆汗珠徐徐下流。詩人長太息曰："我要買一把扇子。"

行行重行行，到了一家扇莊，櫃檯上聚着許多大腹賈，選購紈扇，叫囂不已。詩人曰："此俗人也，不可與同群。"不顧而去。又到了一家，有赤背者一，立於肆首，詩人疾馳而過，憤甚。

最後，到了一家小扇莊，肆主乃一妙齡女郎也，詩人莞爾而笑曰："得其所哉！得其所哉！"游目四視，樂不可支。忙裏偷閑，選購扇子一把，價絶昂，較普通之價加倍，而詩人購扇，固不在扇，更不在扇之價也。

翌日，挈友游湖，至龍井，見有售司提克[2]者，詩人曰："此物甚雅，可入詩。"遂購一柄。又有售頑石者，詩人曰："此物甚雅，可入詩。"遂購一塊。於是一杖一石一詩人，日暮而返。

以手探囊，羞澀殊甚。急搭四等車返滬，囊中尚餘大洋一角，

① 此即《荒村》中之句。
② 即手杖。

銅幣十餘枚。詩人病已霍然愈矣。(《時事新報》,1927.6.10)

時，正值蔣介石發動“四一二政變”後不久，先生心情沉重，與潘光旦交換看法。王康在《聞一多傳》中記述有潘光旦後來的回憶，大意說：按照生物學物競天擇、適者生存的原則，當是優勝劣敗，可社會學反映的却往往不是這樣，那些優秀的先進的勇敢的健壯的人，按優生學觀點應得到鼓勵與繁殖，却常在社會變革中遭到不幸。潘光旦認爲眼前大批仁人志士被屠殺，就是“反淘汰”。先生則認爲“反淘汰”的認識是錯誤和危險的，反問道：難道說人人都謹小慎微、明哲保身，纔合乎“適者生存”的原則嗎？先生還説潘光旦“總是跳不出那優生學的圈套，你想保護你所謂的優秀者，究其實是寬容了世故庸人和膽小鬼！”（第117—118頁，湖北人民出版社1979年5月出版）

返滬後，同人起議籌辦新月書店，先生雖爲其中一員，但并不積極。時，梁實秋、余上沅、張嘉鑄、潘光旦、饒孟侃、劉英士等友人都在一起，他們對先生的印象是“總是栖栖皇皇不可終日”。（梁實秋《談聞一多》，第78頁）

時，閑居無事，操刀爲友人治印，曾爲梁實秋刻閑章，文曰“談言微中”。又爲潘光旦刻藏書章，爲陰文“抱殘守闕齋藏”。還爲余上沅、劉英士等人治印，其中爲劉英士刻了三方，一方爲“劉英士”，一方爲“英士藏書”，一方爲“董娟”（劉英士的妻子）。這三方印章的印模均蓋在梁實秋的筆記中，旁注“聞一多刻，十六年南京”，可能是内中一方的邊款。梁實秋的筆記本保存在梁實秋的女兒梁文薔家裏。劉英士1924年畢業於美國哥倫比亞大學，西安事變後獲“西安蒙難紀念章”。一九三七年四月任國民政府軍事委員會委員長西安行營第二廳第一組同少將組長，抗戰爆發後任教育部參事。

六月十八日 詩《罪過》發表於《時事新報・學燈》。收《死水》。這首詩用白話寫成，與《天安門》《飛毛腿》排在一起，大約寫於“三一八”慘案前。

六月二十三日 詩《一個觀念》發表於《時事新報·學燈》。收《死水》。先生偏愛這首詩，抗戰時期選編《現代詩鈔》，收入自己的九首舊作，其中將《一個觀念》與《發現》合列作《詩二首》。

這是一首愛國主題十分顯明的詩，朱自清在一九四三年寫成的詩論《愛國詩》中，特別介紹了這首詩，説："我們願意特别舉出聞一多先生，抗戰以前，他差不多是唯一有意大聲歌咏愛國的詩人。他歌咏愛國的詩有十首左右，《死水》裏收了四首。且先看他的《一個觀念》：……這裏國家的觀念或者意念是近代的；他愛的是一個理想的完整的中國，也是一個理想的完美的中國。這個國家意念是抽象的，作者將它形象化了。第一將它化作'你'，成了一個對面聽話的。'五千多年的記憶'，這是中國的歷史。'抱得緊你'就是'愛你'。怎樣愛中國呢？中國'那樣美麗'，'美麗'得象'謊'似的。它是'親密的'，又是'神秘'的，怎樣去愛呢？它'倔强的質問'爲什麼不愛它，又'縹緲的'呼喊人去愛它。我們該愛它，浪花是該愛海的；難愛也得愛，節奏是'不該抱怨歌'的。它'絢縵'得可愛，却又'横暴'得可怕；愛它，怕它，祇得降了它。降了它爲的愛，愛就得抱緊它。但是怎樣'抱得緊'呢？作者徬徨自問；我們也都該徬徨自問的。陸放翁的《示兒》詩以'九州同'和'王師北定中原'兩項具體的事件或理想爲骨幹。所謂'同'，指社稷，也指民族。'九州'便是二者的形象化。顧亭林説'匹夫'，也够具體的。但'一個觀念'超越了社稷和民族，也統括了社稷和民族，是一個完整的意念，完整的理想；而且不但'提示'了，簡直'代表'着，一個理想的完整的國家。這種抽象的國家意念，不必諱言是外來的，有了這種國家意念纔有近代的國家。詩裏形象化的手法也是外來的，却象徵着表現着一個理想的完美的中國。可是理想上雖然完美，事實上不免破爛；所以作者徬徨自問，怎樣愛它呢？"（朱喬森編《朱自清全集》第2卷，第357—358頁）

六月二十五日 詩《發現》發表於《時事新報·學燈》，署名"屠龍"。收《死水》。

這也是一首愛國情緒十分熱烈的詩作，一九四四年先生將它與《一個觀念》合題作《詩二首》編入自選的《現代詩鈔》。詩云：

我來了，我喊一聲，迸着血泪，
“這不是我的中華，不對，不對！”
我來了，因爲我聽見你叫我；
鞭着時間的罡風，擎一把火，
我來了，不知道是一場空喜，
我會見的是噩夢，那裏是你？
那是恐怖，是噩夢挂着懸崖，
那不是你，那不是我的心愛！
我追問青天，逼迫八面的風，
我問，拳頭擂着大地的赤胸，
我總問不出消息；我哭着叫你，
嘔出一顆心來，你在我心裏！①

七月一日　新月書店在上海華龍路正式開張，總發行所初在望平街，次年遷至四馬路中市九十五號，編輯所設在麥賽爾蒂羅路一五九號。董事長爲五月底自美國剛剛回國的胡適，經理兼編輯主任爲余上沅，先生與徐志摩、梁實秋、張嘉鑄、潘光旦、饒孟侃、丁西林、葉公超、劉英士、胡適、余上沅等十一人爲董事（羅隆基於一九二八年夏回國後加入，邵洵美於一九三一年五月亦加入）。書店股本約兩千元，爲了節制資本，大股百元，小股五十元，先生亦認了一大股。

新月書店實際上是個同人合辦的書店，它最早出版的一批書，多數爲一般朋友們著譯的。

開張之前，先生特爲開幕紀念册繪製封面，“畫着一個女人騎在新

① 此句在《現代詩鈔》中改“你”爲破折號。

月上看書，雖然衹是彎彎曲曲的幾筆綫條，而詩趣横生”。（嚴家邁《新月書店參觀記》，《時事新報》1927.7.2）

七月十四日　《詩經的性欲觀》開始發表於《時事新報·學燈》署名“一多”。至二十一續完。

這是先生最早運用文化人類學方法撰寫的學術論文，力圖還原《詩經》的本來面目。其中主要觀點與傳統的經學家大不相同，所以當時并未引起人們重視，以致《全集》中亦未收入該文。但是先生研究古代文化，其認識與本文有相當聯繫。

文中認爲《齊詩·東方未明》中的“折柳樊圃”與性欲有關，《谷風》中所講到捕魚的“笱”，也是隱喻女陰，許是與“媾”“覯”有聯繫。又説《詩經》中常出現“風”和“雨”，也是性欲的衝動，後來引申爲“風流”“風騷”之風，也含有性的意味。《野有死麕》《桑中》《載驅》等，都暗示着性交。《小星》《大車》《葛生》也都是情詩，類似的例子文中舉出許多。先生説：“前人總喜歡用史事來解《詩經》，往往牽强附會，不值一笑。”其實“象徵性交的詩”，“是出於詩人的潛意識”。“我的主意是要證明《詩經》的時代雖然出了幾個聖人（？），却還不是什麼黄金時代”，“《詩經》時代的生活，還没有脱盡原始的蜕殼，現在我還要肯定的説一句，真正《詩經》時代的人衹知道殺、淫”。又説“不管十五國風裏那大多數的詩，是淫詩，還是刺淫的詩，即便退一百步來講，承認都是刺淫的詩，也得有淫，然後纔可刺”。所以認清了“《詩經》是一部淫詩，我們纔能看到春秋時代的真面目。可是等看到了真面目的時候，你也不必怕，不必大驚小怪。原始時代本來就是那一回事”。

七月十五日　詩《收回》發表於《時事新報·學燈》署名“屠龍”。收《死水》。詩的第一段云：

那一天衹要命運肯放我們走！
不要怕；雖然得走過一個黑洞，

你大膽的走；讓我掇着你的手；
也不用問那裏來的一陣陰風。

七月二十日 上午十時，南京市土地局在市政府禮堂舉行成立典禮，局長桂崇基宣誓就職。桂崇基與先生相識於美國紐約，曾一起參加過紐約華僑聯合舉辦的孫中山先生追悼會。桂初任局長，聘先生來南京任職。梁實秋《談聞一多》："暑中經友人介紹，到南京土地局任職，所任究係何職，他從來没對我講起過，無論如何那總是人地不宜的一個職務。所幸他供職的期間很短。"（第 78 頁）

七月二十六日 詩《什麽夢》（修正稿）發表於《時事新報・學燈》。收《死水》。

八月初 約這時，與南京東南大學接洽，希望到該校任教。經與該校商談，初定以外國文學系教授兼主任聘請先生。

時，該校文學院院長是第三届庚子賠款留美生梅光迪，説起來也是清華校友，但他在美國哈佛任教未歸，先生接洽的是曾在新文化運動中主編《時事新報・學燈》、時爲該校哲學系教授的宗白華，并很自負地説要做西洋文學系的主任。（據訪問馮友蘭記録，1988.6.16）

是月中旬 南京國民政府教育行政委員會決定將東南大學、河海工科大學、上海商科大學、江蘇法政大學、江蘇醫科大學及江蘇境内四所公立專門學校合并成立第四中山大學，以東南大學爲校址，先生亦一同被聘入該校。

第四中山大學爲國民政府所建立的最高學府，爲嚴格教員資歷，所屬十個學院均規定衹暫聘副教授，教授則有待在世界學術界取得聲望者方得聘任。時外國文學系已聘定的副教授有先生、張欣海、張士一、陳源、蒯淑平、陳登恪、湯用彤，該系課程設置"分拉丁英法德意及其他各門，意在對於西方文化作整個之研究，打破偏重英美之舊習，以爲融會中西文化之先導。此外又加梵藏蒙回日各門，俾得研究東亞諸國與中國歷史文化之關系，爲東亞各民族結合之準備。各系教務人材，極一時之選”。(《第四中大兩學院之教務人員》,《申報》1927.8.22)先生所任爲文學院外文系副教授。該校所聘副教授還有姜立夫、熊慶來、葉企孫、吴有訓、桂質廷、嚴濟慈、張景鉞、竺可楨、李四光、雷海宗、宗白華、錢端升等,文學院聘請的專任教員除先生外,還有樓光來、崔萍村、姚仲實、王曉明、王伯沆、陸志鴻、何王桂馨、趙伯顔、陳登恪。(《第四中山大學校務會議當然委員及專任教員名單》,東南大學檔案館藏)

八月二十五日 致饒孟侃信。收《聞一多書信選集》。信中對離開南京土地局,説:“老桂(桂崇基)撤差,我的官運當然也告一段落了。”又説:“第四中大雖然接洽好了,可是開學没有希望。”時,楊振聲任廣州中山大學中文系教授,先生又想去廣州,信中云:“昨天寫信給楊金甫想上廣東,實秋講我到處雲游,索性游遠一點,不知能如願否。”又講到篆刻:“説來真是笑話。繪畫本是我的元配夫人,海外歸來,逡巡兩載,髮妻背世,詩升正室。最近又置了一個妙齡的姬人——篆刻是也。似玉精神,如花面貌,亮能寵擅專房,遂使詩夫人頓興弃扇之悲。……近來摹印,稍有進步,應酬也漸漸麻煩起來了。”

時,先生心情不佳,治印聊以自慰,信中附印模五方,其一刻着“壯不如人”,旁書:“轉瞬而立之年,畫則一敗塗地,詩亦不成家數,静言思之,此生休矣!因作此印以志恨。”

是月 徐志摩的散文集《巴黎的鱗爪》由新月書店出版。先生爲其繪製封面,以濃重的夜色爲底,零亂散布着凝目、側耳、正鼻及纖細的手指、長腿、懶足等,以啓示本書是從各個角度反映光怪陸離的巴黎都市生活。

是月 徐志摩、沈性仁合譯的愛爾蘭作家詹姆士·司蒂芬的小説《瑪麗·瑪麗》由新月書店出版。封面爲先生繪製。

是月 致饒孟侃信。收《聞一多書信選集》[①]。前次托饒孟侃將自己放在上海的一些東西,轉劉英士帶來南京,然而帶來的却是不急用的

① 該信未具日期,《聞一多書信選集》稱寫於秋季,然信中有“失業”等語,似在9月之前。這裏暫繫8月。

東西，先生不高興，因爲他正急要幾本英文詩，所以信中拜托饒孟侃把自己的所有東西都轉趙叔愚帶來。信中還説：“朋友是一種權利也是一種義務。做人也是如此，有享權利的時候，也有盡義務的時候。”時，先生剛剛兩次病後，身體極壞，又在失業中，花不起來往的十幾塊錢，所以不能親往上海。

九月一日　南京第四中山大學開學。二十七日上課。先生受聘爲文學院外國文學系主任，教授英美詩、戲劇、散文。至此，方有一比較穩定的栖身之處，并在學校附近的單牌樓三號（過家花園）裏租了房子，準備將家眷接來。單牌樓爲第四中山大學西側面臨四牌樓街的一個小巷，與學校僅隔一南萫巷，距鼓樓甚近。單牌樓西爲進香河，有船可通鷄鳴寺。

旋，介紹大夏大學教授方重來校任教。（據訪問方重記録，1986.8.27）

九月十日　詩《口供》發表於《時事新報・文藝周刊》第一期。收《死水》，列爲第一首，似可作爲序或自白。詩云：

我不騙你，我不是什麽詩人，
縱然我愛的是白石的堅貞，
青松和大海，鴉背馱着夕陽，
黄昏裏織滿了蝙蝠的翅膀。
你知道我愛英雄，還愛高山，
我愛一幅國旗在風中招展，
自從鵝黄到古銅色的菊花。
記着我的糧食是一壺苦茶！

可是還有一個我，你怕不怕？——
蒼蠅似的思想，垃圾桶裏爬。

九月十七日　詩《你莫怨我》發表於《時事新報・文藝周刊》第二

期。收《死水》。

九月二十一日 長子聞立鶴生於浠水。

是月 致饒孟侃信。收《聞一多書信選集》。信中説“關於詩選要同小葉商量許多問題”。小葉，即葉公超，名崇智，時任上海暨南大學教授兼外文系主任。時，先生與他合作選編翻譯注釋《近代英美詩選》。葉公超的中學、大學均在國外就讀，所以中文不如西文，先生曾戲稱他爲“二毛子”。梁實秋《悼葉公超先生》：“本來他不擅中文，而且對於中國文化的認識也不够深。聞一多先生曾戲謔的呼他爲‘二毛子’，意思是指他的精通洋文而不懂國故。公超雖不以爲忤，但是我冷眼觀察，他却受了刺激，於英國文學之外對於中國文學藝術猛力進修，不久即翻然變了一副面目，成爲十足的中國文人。”（轉引自秦賢次編《葉公超其人其文其事》，第74頁，臺北傳記文學出版社1983年6月出版）

是月 徐志摩的第二本詩集《翡冷翠的一夜》由新月書店出版。先生對其詩提出過若干修改建議，徐志摩在該書《自序》中説：“我也感激聞一多先生，他給過我不少的幫助。”徐又在《猛虎集·自序》中説：“我的第二集詩——《翡冷翠的一夜》——可以説是我的生活上的又一個較大的波折的留痕，我把詩稿送給一多看，他回信説‘這比《志摩的詩》確乎是進步了——一個絶大的進步’。”

是月 余上沅選編的戲劇論文集《國劇運動》由新月書店出版，序中説：“這本書的編成，承徐志摩、聞一多、張禹九三先生的幫助。”時，余上沅的太太陳衡粹也爲新月出版的圖書作封面繪畫，先生曾給她熱情指導。（據訪問陳衡粹記録，1989.3.4）

是月 潘光旦探討女性心理變態的論著《小青之分析》[1]出版，扉頁插圖爲先生繪製。該書《叙言》中云“篇首插圖爲聞一多先生手筆”，即先生所作的插圖《對鏡》；一九二九年八月再版時未收，《再版附言》：“聞一多先生代作之對鏡一圖，以印刷模糊，傳真不易，兹割愛

① 後來再版時改名爲《馮小青——一件影戀之研究》。

捨去。”這幅插圖原稿，後輾轉到先生的學生孫作雲處，孫珍藏多年又轉贈畫家潘潔兹先生，得以保存至今。

十月八日 譯詩《櫻花》（譯郝斯曼詩）發表於《時事新報·文藝周刊》第五期。全詩三段十二行，仍用格律：

最可愛的如今是櫻花，
鮮花沿着枝丫上懸挂，
它站在林野的大路上，
給復活節穿着白衣裳。

算來我的七十個春秋，
二十個已經不得回頭，
七十個春减去二十個，
可不祇剩下五十給我？

既然看看開花的世界，
五十個春説不上多來，
我得到林子裏去望望，
那白雪懸在櫻花樹上。

十月二十九日 譯詩《像拜風的麥浪》（譯 Sara Teasdale 詩），發表於《時事新報·文藝周刊》第八期。

十月三十一日 出席第四中山大學籌備會議第四十次會議，主席胡剛復。會上，胡剛復提議特别生退費及中三院公債償還問題、組織校徽校色校章校歌委員會兩案。其中校徽校色校章委員會，議决推定先生與周子競、李毅士、吕鳳子、劉福泰爲委員，由周子競召集。（《第四中山大學籌備會議第四十次會議記録》，東南大學檔案館藏）

是月 原國立藝術專門學校學生劉開渠到南京覓職，住在先生家裏。劉開渠《雕塑藝術生活漫憶》：十月“我到了南京，去找聞一多先生，他正在南京大學[①]教學。他聽了我的叙述後，很同情，不僅留我住下，而且介紹我到文學院當助教，但未成功”。(《劉開渠美術論文集》，第265頁，山東美術出版社1984年8月出版）劉開渠覺得不能老吃住在先生家，便去找張奚若先生，經張介紹到大學院油印組做些刻蠟板之類的工作。劉開渠曾在北京藝專西洋畫系從先生學油畫，參加過“三一八”運動。是年三月，李大釗被奉系軍閥逮捕，次月被害，同時被害的還有國立北京藝術專門學校學生譚祖堯，譚的尸體即是劉開渠、李琬玉、丁月秋等同學所掩埋。這年夏天，劉畢業到上海，未找到工作遂來南京。

是月　“秋郎”（梁實秋）的小品文集《罵人的藝術》由新月書店出版，封面爲先生繪製。

十一月五日　譯詩《禮拜四》（Edna St. Vincent Millay[②]作）發表於上海《時事新報·文藝周刊》第九期。全詩如下：

即使我禮拜三愛你，
　你管它做什麽？
禮拜四我并不愛你，
　却一點也不錯。

我真不懂，你何爲還
　找着我來糾纏。
禮拜三我愛你——對——
　可是那與我又何干？

---

① 誤，當爲南京第四中山大學，1928年2月一度改稱國立江蘇大學，5月改爲國立中央大學。

② 埃德娜·聖－文森特默蕾，美國詩人，20世紀二三十年代被認爲是美國現代女詩人中最杰出者。

是月　上旬父親與家眷來南京。季鎮淮《聞一多先生年譜》："夫人携長公子立鶴——生四十日——來到南京"，"先生尊翁此時也來南京同住"。(《聞朱年譜》，第24頁）母親也來了，不過兩位老人因過不慣城市生活，没多久就返回故里了。

家眷搬來後不久，先生見到剛自美國學成回國的浦薛鳳。浦薛鳳《憶清華級友聞一多》："嗣即游覽南京，無意中在中央大學附近，途遇一多，相見甚歡，蒙堅邀至其家中午飯長談。甫行數步，有其友走過當即介紹，知是羅志希（家倫）君。是午，承聞大嫂（高孝貞女士）親自烹飪，菜肴豐富。"（臺灣《傳記文學》第39卷第1期，1981.7）

十一月十六日　第四中山大學發布第十八號布告，内容爲選舉校務委員會出席代表名單，文學院投票選舉先生爲代表。(《第四中山大學選舉校務委員會出席代表名單》，東南大學檔案館藏）

十一月十九日　譯詩《希臘之群島》（譯拜倫詩），發表於《時事新報・文藝周刊》第十一期。

是月　南京第四中山大學舉行教授會議選舉教授代表，以參加本校最高立法機關校務會議，體現教授治校的精神。結果先生與湯用彤、蔡無忌、竺可楨、吴有訓、沈履、張景鉞、宗白華等三十六人當選。（據《四中大校務會議委員選舉結果》，《時事新報》，1927.12.5）

是月　盧冀野編《石達開詩鈔》由上海泰東圖書局出版，封面爲先生繪製。封面以黑紅兩種顔色爲主調，佩帶着寶劍的石達開騎在馬上，一手持劍一手持矛，右側豎書篆字"石達開詩鈔"書名。盧冀野，原名盧正坤，一九〇五年三月生於南京，一九二七年畢業於東南大學，其與先生關係不詳。

十二月三日　詩《"你指着太陽起誓"》發表於《時事新報・文藝周刊》第十二期。收《死水》。後先生在抗戰中編選《現代詩鈔》，收入自己的九首詩中，這首排在最前面。該詩爲十四行詩體例。

十二月四日　致饒孟侃信發表於上海《時事新報・書報春秋》第二十九期。僅一句話："李金發君交來一文，請轉交《文藝周刊》編輯發表。拜托拜托！”

時，李金發詩集《爲幸福而歌》出版，謝曼有書評刊於十一月六日《書報春秋》第二十六期。旋，王帷唯作《看謝曼評〈爲幸福而歌〉之後》進行反批評。李金發將王帷唯文轉與先生，并致信云：“一多仁兄先生：雖説您在本京，但我因地方不熟，莫由拜望；何時有暇，請至敝處閑談。兹有學生王君做小文一篇，欲在你的《文藝周刊》上登載，因爲還覺得有趣，特代介紹一下。天寒風厲，詩興何如？即請。弟李金發。”先生對李金發并無成見，便將其信與王帷唯文一齊轉寄饒孟侃。但《書報春秋》編輯因王、謝各執一端，故未即刊登。直到謝曼再作《再説〈爲幸福而歌〉》時，兩篇文章纔同時發表，并附上李金發致先生的信，及先生致饒孟侃的信。

十二月三十一日 譯詩《春齋蘭》（譯郝斯曼詩）發表於《時事新報·文藝周刊》第十六期。全詩如下：

春來了，走出來逛逛，
　　繞着那叢蕪的陂陀，
你瞧，那窪地的近傍，
　　荆榛底下，一朵一朵，
　　不是蓮馨花是什麽？

還有那迎風花，你看，
　　和陣陣的春風游戲，
再有就是那春齋蘭，
　　他是没有幾天待的，
　　許要死在復活節裏。

既然在游春的時候，
　　蓮馨你還看得見他，

你看得見迎風依舊，
　　和春風自在的玩耍，
　　看不見的衹水仙花。

那麽把筐子帶着罷，
　　快衝進春光的世界，
從山上采，采到山下，
　　把水仙花都帶回來——
　　水仙花死得那樣快！[1]

是月　“世界室主人”（張君勱）的《蘇俄評論》由新月書店出版。封面爲先生繪製。

《蘇俄評論》共十章：《俄國革命前之思想變遷》《十一月革命》《紅軍》《俄憲之虛僞》《新生計政策之前因後果》《蘇俄之財政幣制》《俄國之東方政策》《托勞孽幾口中之吾國革命》《俄共産黨之内訌》《紅色恐怖之再現》《托氏徐氏之開除黨籍》。其中心思想如書前“凡例”所説：“一九一八年以降旅居歐洲者，皆知蘇俄之制絶無效法之價值，不意共産運動能占勢力於吾國。此書之作，所以證俄實情與其海外宣傳之言，完全相反。”“俄人之甘爲世界人類犧牲，非不可敬，然其所付代價，不免太巨。故著者不敢以美術家贊賞之態度對待俄國，亦望吾國人勿以國事之重，作爲俄國政治化學室之試驗品。總之研究外事者日多，則生吞活剥之模傚其日少乎。”對於這種國家主義，先生完全贊成，所繪製的封面即表現了這種傾向。畫面底層以光芒四射的太陽表示蘇聯共産黨，中間一層是陰影下的俄羅斯東正教教堂式建築，最上一層自上至下畫了五個瘦骨嶙峋幾近骷髏的裸體軀幹，有的仰面祈求上帝，有的無力垂下痛苦的頭，他們的手臂捆綁在紅色鐮刀斧頭上。

① 原詩有尾注：“春齋蘭（Lent Lily）便是 Daffodil，或譯作水仙花。”

是年冬 南京第四中山大學學生陳夢家拜訪先生。陳夢家，原名漫哉，是南京第四中山大學的新生。他對新詩和戲劇都有濃厚興趣，故聽了先生的“英美詩”課後，就到單牌樓附近的先生寓所來求教。陳夢家在《藝術家的聞一多先生》中說：“大約是一九二七年[①]的冬天，我在南京單牌樓他的寓所裏第一次會到他，他的身材寬闊而不很高，穿着深色的長袍，扎了褲脚，穿着一雙北京的黑緞老頭樂棉鞋。那時他還不到三十歲，厚厚的口唇，襯着一副玳瑁邊的眼鏡。他給人的印象是濃重而又和藹的。”（《文匯報》，1956.11.17）先生看了陳夢家的習作，覺得此人有些才華，有意加以提携。

與陳夢家同時考入第四中山大學的方瑋德，也於此時暗下跟先生學習寫詩和評詩，以至數年後先生纔偶然知道他還是自己的學生。方瑋德是安徽桐城人，先生曾説他有“中國本位文化”的風度，這在“大家正爲着摹仿某國或某派的作風而忙得不可開交”的時候，尤爲可貴。（《悼瑋德》）

先生這時器重的另一個學生費鑒照，是隨東南大學并入第四中山大學的二年級學生。費鑒照不僅跟先生學作詩，還學新詩評論。他評論過不少英美詩人，幾乎没有一篇不請先生指教過。

是年冬 約這時，先生接父母親來南京同住。

聞名在《聞一多和自己的歌》中說：“南京的生活安定，環境不錯，父親和母親商定，把祖父母接出來住住，盡一盡孝心。那時，五伯聞家騄（父親的三哥，大排行第五）在南京造幣廠工作，家也住在南京。聽母親説，叔叔聞家駟、我們的四哥聞立恕（三伯聞家驄之子，大排行第四）、陳大哥（陳文鑒，大大的養子，我們稱爲陳大哥），還有晚些時候來的大二哥聞立勳，當時都住在我們家裏。祖父母來了以後，兒孫滿堂，頗不寂寞，心裏十分高興。當然，習慣了大家族生活方式和舊禮法習俗的老人們，住下來後對一些事情未免看不順眼，也時而引發一些摩擦，産生一些不愉快。他們首先就嫌兒媳持家用度太大。祖父來了不幾

① 原文作 1928 年，似誤。

天就要查賬。母親十分委屈，家裏住着上十口人，光吃飯就得每月一擔米兩袋面，還不説其他開銷。她精打細算，仍得不到信任，一氣之下，乾脆撂了挑子。祖父也氣得躺在床上不起來。之後，他親自管了三個月的賬，花銷還是那麼多，衹得把帳又交還了母親。”（聞名《聞一多和自己的歌》，第137頁）

一九二八年　三十歲

一月六日，外交部長王正廷頒布《關於重訂新條約之宣言》，廢除不平等條約運動由此開始。

二月，國民黨中央機關報《中央日報》在上海創刊。五月，遷南京。

六月四日，日本關東軍製造皇姑屯事件，張作霖被炸身亡。

六月九日，“中華民國最高學術研究機關”中央研究院在上海成立，蔡元培任第一任院長。

十二月二十九日，張學良通電宣布東北“遵守三民主義，服從國民政府，改旗易幟”。

一月　第二部詩集《死水》由上海新月書店印行。收《紅燭》以後所作詩二十八首，爲：《口供》《收回》《“你指着太陽起誓”》《什麽夢？》《大鼓師》《狼狽》《你莫怨我》《你看》《也許》《忘掉她》《淚雨》《末日》《死水》《春光》《黄昏》《我要回來》《夜歌》《心跳》《一個觀念》《發現》《祈禱》《一句話》《荒村》《罪過》《天安門》《飛毛腿》《洗衣歌》《聞一多先生的書桌》。

新月書店在爲《死水》所做的廣告介紹中説：“王爾德説：藝術是一位善妒的太太，你得用全副精神去服侍她。召集國内最能用全副精神來服侍這位太太的要算聞一多先生了，《死水》如果和一般的作品不同，我們敢在膽的講一句，衹因爲這是藝術。聞先生的詩是認真做的，他的詩也應該認真去讀，非這樣讀，不能發現《死水》裏的寶藏。研究新詩的人不要忘了這裏有一個最好的範本。”（《新月》創刊號，1928.3.10）

《死水》與《紅燭》相比，進步是明顯的。蘇雪林在《論聞一多的詩》中說：“這五年的短時期技藝顯着了驚人的進步：譬如説《紅燭》注重色彩,《死水》則極其淡遠;《紅燭》尚有鎚煉的痕迹,《死水》則到了爐火純青之候;《紅燭》大部分爲自由詩,《死水》則都是嚴密結構的體制;《紅燭》十九可以懂,《死水》則幾乎全部難懂了。”她認爲“《死水》的淡并不是淡而無味的淡,《紅燭》的色現在表面,《死水》却收斂到裏面去了”，并用蘇東坡評韓柳詩“外枯而中膏，似淡而實美”的評語來比喻《死水》。同時，她還説：“《死水》字句都極矜煉，然而不教你看出他的用力處，這是藝術不易企及的最高的境界”，所以《死水》是“一部標準的詩歌”。(《現代》第 4 卷第 3 期，1934.1.1）

在現代文學史上,《死水》產生過很大的影響，也占有比較重要的位置。李廣田在《聞一多選集・序》中說：“詩集《死水》的出版，在當時的文藝界發生了很大的影響。一方面是由於作者對現實的態度，這種抗議的態度使他的詩有了新的内容。另一方面則由於他的詩的形式。自‘五四’以來中國的新詩已經有了將近十年的歷史，十年之内，新詩由萌芽而壯大，脱離了舊形式的束縛，自然要求新形式的建立，而到了聞先生，可以説已經是一個相當成熟的時期。”

《死水》最突出的還在於它的思想與形式的結合，它比《紅燭》更接近生活，更接近現實，愛國主義的思想感情亦更鮮明、强烈。

《死水》裝幀是先生親自設計的。封面和封底都用了無光的黑紙，衹在封頁右上方做了一個長方形的金框，内中横排着“死水”兩個鉛印的字，框外下方是作者姓名。整個封面衹用了金黄與濃黑兩色，顯得寧静、莊重和高貴。襯頁則用綫描畫出在飛矢中頑强前進的成排騎士，手持長矛盾牌，戰馬亦身着鎧甲。這種封面與環襯的强烈的動與静對比，表現了詩集的基調。

二月中旬 擔任南京第四中山大學文哲學院本科生指導員。該院指導員還有汪旭初、王伯沆、何兆清、陳登恪、宗白華。（據《任定各院指導員》，上海《民國日報》，1928.2.19）

是月 致左明信。後發表於《萍》第一卷第二期，題作《關於做詩》。收《聞一多全集》。信中談到作詩問題云：

承詢各問題條答如左：

一，韻脚不易安好，乃因少讀少做耳。

二，詞不達意，乃因少讀書的原故。

三，標點不成問題，有的作家甚至廢弃標點，故不必爲此操心。

四，太明顯，確乎是大毛病。根本原因是態度太主觀。譬如划船姑娘固然可以引起你的愛憐，但是也未始不可引起一般人的愛憐。你若把你和她兩人的關係説得太瑣碎，太寫實了，讀者便覺得那是你們兩人的私事，與第三者無關。你要引起讀者的同情，必須注意文學的普遍性，然後讀者便覺得那種經驗在他自身也有發生的可能，他便不但表同情於姑娘，并且同情於你。然後讀者與作者契合爲一——那便是文學的大成功了。我自己做詩，往往不成於初得某種感觸之時，而成於感觸已過，歷時數日，甚或數月之後，到這時瑣碎的枝節往往已經遺忘了，記得的衹是最根本最主要的情緒的輪廓。然後再用想象來裝成那模糊影響的輪廓，表現在文字上，其結果雖往往失之於空疏，然而刻露的毛病决不會有了。空疏的作品讀者看了不發生印象，刻露的作品，往往叫讀者發生壞印象。所以與其刻露，不如空疏。英詩人華茨渥司作詩，也用這種方法。

三月十日 《新月》月刊在上海創刊，編輯署名爲：徐志摩、聞一多、饒孟侃。實際上，先生住在南京，不可能過問很多編輯事務，但由於朋友們的信任，先生的編輯名義一直延續到第二卷第一號。

《新月》與《晨報副刊・詩鐫》相仿，也是一個同人刊物，參加者有胡適、余上沅、劉英士、梁實秋、潘光旦等，後來又陸續增加了些人。

《新月》版型爲方的，藍面貼黄簽，簽上書古宋體刊名，面上浮貼一張白紙條，上印要目，很是别致。方的版型是仿英國十九世紀末著名文藝季刊 Yellow Book 的形式，先生很喜歡這種版式。譯詩《白朗寧夫人的情詩》（一）發表於《新月》第一卷第一號。共十首。收《聞一多全集》。

這時期，先生譯了不少外國詩，也是一種格律的試驗。朱自清在《譯詩》一文中説："新文學大部分是外國的影響，新詩自然也如此。這時代翻譯的作用便很大。……北平《晨報副刊・詩刊》出現以後，一般創作轉向格律詩。所謂格律，指的是新的格律，而創造這種新的格律，得從參考并試驗外國詩的格律下手。譯詩正是試驗外國格律的一條大路，於是就努力的儘量的保存原作的格律甚至韻脚。這裏得特别提出聞一多先生翻譯的白朗寧夫人的商籟二三十首。他儘量保存原詩的格律，有時不免犧牲了意義的明白。但這個試驗是值得的；現在商籟體（即十四行）可算是成立了，聞先生是有他的貢獻的。"（朱喬森編《朱自清全集》第 2 卷，第 372—373 頁）在《詩的形式》一文中，朱自清還説：聞一多"也試驗種種外國詩體，成績也很好。後來又翻譯白朗寧夫人十四行詩幾十首，發表在《新月》雜志上；他給這種形式以'商籟體'的新譯名。他是第一個使人注意'商籟'的人"。（同上，第 397 頁）

是月　與葉公超合譯的《近代英美詩選》完成。《新月》月刊第一卷第六號刊有廣告，云該書分英美兩册。文中還介紹云："中國的新詩是從那裏演化出來的？一般詩人的背景都受過些甚麽影響？能答復這個問題的人，自然知道現在中國的新詩和英美詩——尤其是和近代英美詩的密切關係。這兩本詩選的目的，是在介紹近代英美詩中最能引起我們的興趣的作品，一百多家詩人不同的個性都包括在裏面，還附有各詩人的傳略和精當的短評。凡是有字典不能解釋的字和成語都附有詳盡的注釋，這選本不但是專門研究文學的一個人唯一的向導，而且是大學近代文學課程裏一部必不可少的教科書。聞一多先生在新詩壇裏的地位早已經爲一般人所公認。葉公超先生又是中國唯一能寫英文詩的詩人。他們兩位把這精選拿出來貢獻給大家，不是文藝界的幸福是什麽？”

是月 梁實秋的論文集《浪漫的與古典的》由新月書店出版，封面爲先生繪製。該書收入梁在哈佛大學研究院所寫成的九篇論文，反映了他的古典主義文學觀。先生根據内容，把封面設計成布滿整齊排列并占滿全頁的印章，印章上刻出陰文朱文的“浪漫”與“古典”，以使其適應并突出了書中的内容。

四月十日 詩《答辯》、譯詩《幽舍的麋鹿》（哈代作）、譯詩《白朗寧夫人的情詩》（第十一至二十一首）發表於《新月》第一卷第二號。前兩首收《聞一多詩集》。其詩如下：

十一

既然愛是寶貴的，我就沾愛的光。
這樣蒼白的雙腮足膝這樣的抖顫，
仿佛是當不起那顆心兒的重擔，——
這吹簫乞食的身世，束上了行裝，
打算翻山越嶺，如今却幾乎吹不上
一隻凄凉的歌兒來響應那啼鵑——
愛呀，這身世雖則是一籌莫展，
你爲什麽要躲避它？你何必懊喪？
不用講，我本是配不上你的身分，
愛，我太不值，我不是你的儔匹！
可也不盡然，正因我愛你，我的痴情
便救了我，許還活着愛你到底，……
可又不成，——真教我鬧不清，我分明
要給你祝福，却又當面拒絶了你。

十二

老實説，我所自誇的這一般愛，
從我胸中升到額上，就彷佛是，
給我戴上了一顆緋紅的寶石，
人人都瞧得見，認識它的珍環——
老實説這愛不是我自己的私財。
我那會曉得愛是怎麼一回事，
除非你給我立個榜樣，給我指示，
像頭回我們的目光交互的飛來，
馬上愛就唤醒了愛，分明得很，
這愛是不好算作我自己家當；
因爲你的靈魂帶住了我的靈魂，
便往你那尊前的寶座上一放，
從此我愛，完全是叨着你恩，
完全因爲你，你唯一的情郎！

十三

你定要我把我贈你的這段愛，
製成語言，尋出相當的字句，
給端出來，像在狂風裏擎着火炬，
讓它往我們的臉上射着光彩？
我把它往你脚下一摔。我不能差
我的手把我這心靈那樣端出去，
離我自己那樣遠；我不能用言語
給你證明我這深藏的愛。你明白：
我是不動心的，憑你怎樣央求，
我還把生命的衣裳狠心撕破，
生怕這心給碰一下，泄露了隱憂——

你既白了這種真相，你就讓我，
讓我用我們那女兒們的不開口
來證實我這女兒的愛，可不可？

十四

既然要愛我，別的就都不要管，
你就專爲愛我而愛我。不要講：
“我愛她，是爲着那一笑——那一望——
那談吐裏的一種温存——那一段
玲瓏的思想，恰合我的脾胃，還
在某一天博得了我滿心的歡暢。”
不要這樣！講，因爲，愛呀，這些花樣，
作與改變，或者從你眼光裏看，
忽然變了。愛是怎樣的成功，
便怎樣失敗——也不要爲你那慈悲
擦乾了我這泪頰而愛我，懂不懂？
一個人，祇要長久得到你的撫慰，
就許忘記哭了，因此又失你的愛寵。
可是爲愛而愛我，你便能愛我萬歲！

十五

不要罵我對你挂起沉沉的臉；
我們是各奔着各人的路程，
一種的日光照不上，我們的眉鬢。
我好似晶珠裏鎖着的蜜蜂一般，
不能你爲我起什麼驚猜的眷念；
因爲悲哀既把鎖進戀愛的神聖，
叫我張開翅膀往外飛，那怎麼成？

從（縱）使我多方的掙扎，也還是枉然。
你知道望着你，望着你，望到
戀愛和戀愛的結局，彷彿一個人
踞坐在高處，俯瞰着江河的滔滔，
江河以外，又浮着大海的陰沉——
我望你時，我聽見記憶外層的寂寥，
也明白記憶溫柔，和泯滅的寒凜。

十六

但是，正因你能那樣的征服我，
正因你那般豪邁，好似一位帝王，
你便能把你的綉蟒不顧我的恐惶，
一甩，給裹在我身上，叫我的心和
你的心貼得更緊，從此遇着離索，
我的心便永不會怔忡。征服是一椿
高尚而徹底的事愛，無論是向上
的感化，或往下的摧殘與壓迫！
像一個負創的敗卒，輾轉在地下，
被敵人扶起，便把手裏的寶劍
移交給他，——我畢竟也和你這冤家
講了和愛，你再請我走上你跟前，
你一句話，就恢復了我的身價。
愛，擴大你的愛來抬高我的體面！

十七

上帝排在那往古來今裏的徽弦，
我的詩人，你都能彈；你一揮手，
便奏出夐絶的樂曲，在塵囂上飄浮，

在塵囂外飄浮。好比藥石一般，
你的音樂吐了出去，能給人寰
攻砭的毒穢，解除着苦痛和煩憂。
愛呀，上帝派給了你這種職守，
派我給你伺候。你打算打算
最好是用什麼方法來使用我？——
一點點希望來給你歡唱也許
一段纏綿的記憶，給參進你的歌？
一樹濃蔭，給遮你唱——是棕櫚，
還是松楸？要不就是座墳墓，
給你唱完睡下？聽憑你選去。

十八

愛呀，我没有拿頭髮奉送過誰，
除了這回，默默的把這一鬈鬈
左手裏牽得頂長的，叫你來拿。
我知道青春去了，我的髮再不會
跟着脚步跳踉又不好好女兒輩，
再向那番榴樹底，或薔薇花下，
去種新髮。你瞧，這鬆的一把，
早在悲哀裏學會了一種憨態，——
頭那麽一歪，垂了下來；我祇好
讓它垂，垂在臉上，把泪痕遮起。
這東西我想逃不脱死神的剪刀，
其實是歸愛得的。愛現在我給你，……
這兒有我母親臨終的一吻，你瞧，
除則隔了多年却依然是純潔的。

十九

靈魂的市廛也自有它的貨物；
我在那市上拿頭髮换着頭髮。
這一鬈，從我詩人的頭上摘下，
收進我心裏，這些麿戴的舳艫
還要寶貴；即便是詩品大當初
懸擬，的九神，額前都斜拖着一把
黝紫的鬈髮，也不過是這樣罷！
愛，想我，你那桂冠的影子還停駐
在這髮上，我輕輕的吻上一嘴，
讓一縷呼吸那影子給纏牢，
（我把禮物往没有障礙的地方堆）
然後這髮在我心上你可記好，
也和在你頭上一樣，永遠總會
熱烘烘的除非人死了，心冷掉。

二十

愛呀，我的愛，我回想一年以前，
那時人間早有你，我獨坐在
這雪地裏，却聽不見你的大咳
衝破寂寞，你的脚印我也没瞧見，
我祇一節節的數着生命的連環，
那料得到還有你那一拳要打來，
把連環給打掉？我想起那時，愛
我便嘗到了生命的奇妙！你看，
真是奇妙，居然覺不出你的舉動，
你的言談會來震動我的朝夕，——
也不曾從你看着長成的那一本

白花裏拈出一瓣關於你的消息。
那些人們，和我一樣，也够愚蠢，
猜不透他們自己看不見的上帝。

二十一

請你再講一回，還要再講一回，
講你愛我。雖則那重叠的空音
正如你説明，好似杜鵑的歌聲；
可是記取全盛的青春從不會
來到山上，郊中，林間或谷裏，除非
杜鵑的音樂也隨着春來臨。
愛，我在那黑暗裏曾經傾聽，
聽到一種遲疑的縹緲的呼聽，
於是在遲疑的苦悶裏，我喊道，
“既愛我，就再講一遍！”怕什麽
四季的花太鬧？天上的星太多
説，你愛我，你愛我，你愛我，説——
重椀的説，像急着撞銀鐘；衹記好
還要用那靈魂默默的愛我。

《新月》刊登此詩的同時，還刊登出徐志摩的一篇《白朗寧夫人的情詩》，説：“白夫人留給我們那四十四首十四行詩。在這四十四首情詩裏白夫人的天才凝成了最透明的純晶，這文學史上是第一次一個好徹透的供承她對一個男子的愛情。”“這四十四首情詩現在已經聞一多先生用語體文譯出，這是一件可紀念的工作。因爲‘商籟體’（一多譯）那詩格是抒情詩體例中最美最莊嚴，最嚴密亦最有彈性的一格。”“一多這次試驗也不是輕率的，他那耐心先就不易，至少有好幾首是朗然可誦的。當初槐哀德與石壘伯爵既然能把這原種從意大利移植到英國，後來果然開結成異樣的花果，我們現在，在解放與建設我們文字的大運動中，爲什麽就没有希望再把它從英國移植到我們這邊來？開端都是至微細的，什麽事都得人們一半憑純粹的耐心去做。爲要一來宣傳白夫人的情詩，二來引起我們文學界對於新詩體的注意，我自告奮勇在一多已經鍛煉的譯作的後面加上這一篇多少不免蛇足的散文。”

五月十日 詩《回來》發表於《新月》第一卷第三號。收《聞一多詩集》。這是一首商籟體十四行詩，寫回到家中不見妻子時的“凄惶”，嘆息到這是“孤臣孽子的絶望”。

五月二十五日 致饒孟侃信。收《聞一多書信選集》。向《新月》推薦陳夢家的三幕劇本《金絲籠》及獨幕劇本《藥》。（該兩劇本分别刊於《新月》第1卷第5號和第6號）又説方重、梁鋆立已允撰稿。并主張“下次還得有篇把詩纔好。久没有好詩，恐怕失了《新月》的特色”。先生的意思，《新月》應辦成一種文藝性質的刊物。

信中還談到自己作杜甫傳記的進行情況：“現在再講我的一萬字爲什麽交不上。原來心太起大了，題目選壞了，收集的材料不够，因此寫不下。這題目講起來你許記得——就是你看過的杜甫的傳。現在已完的有六七千字，還不够全篇十分之一。一次登不完，不成問題，但衹就這六七千字裏，還有許多不妥的地方。因此我要求赦我一次，從容點寫，等六期再交卷。”

五月二十六日 《先拉飛主義》寫定。後發表於六月十日《新月》第一卷第四號。收《聞一多全集》。

“先拉飛”是英國羅瑟蒂、韓德、米雷等七人於一八四〇年發起成立的一個兄弟會，他們中間有的是畫家，有的是雕刻家，有的是詩人，是一個藝術家的小團體。他們出版刊物《胚胎》，人稱“先拉飛派”。“先拉飛”這一名詞，原是僑居意大利的一群法國畫家最早使用的，其目的爲的是要在繪畫中恢復中世紀的“拉飛兒”以前的樸質作風。“先拉飛派”則主張掃除拉飛兒以後的種種秀麗、纖弱的習氣，恢復早期作家的簡潔、真誠和篤實，并且要矯正當時那物質的潮流和懷疑的思想，他們要在繪畫裏表現出中世紀的“驚異、虔誠和懔栗”等宗教情調。他們掀起的先拉飛運動的壽命并不長，這團體不久也漸漸鬆散瓦解了，各人走各人的蹊徑。但先拉飛運動在英國藝術上，却印了一個深深的戳記，尤其是在裝飾藝術上有較深的影響。先生在《先拉飛主義》中介紹了這一運動的過程，介紹了其重要人物羅瑟蒂等人的活動，特别叙述了先拉飛派畫與先拉飛派詩之間的關係。文中説先拉飛主義之所以引起自己的注意，是因爲“美術和文學，從來没有在同一個時期裏，發生過那樣密切的關係”，“那樣有意的用文學來作畫，用顔料來吟詩”。先生站在繪畫的角度分析了先拉飛派的畫與詩關係的七種因素，説：“總結一句，先拉飛派的詩和畫，的確是有它們的特點，‘先拉飛主義’，無論在詩或畫方面，似乎是一條新路。問題衹是藝術的園地裏到底有開闢新畦畛的必要與可能没有？勉强造成的花樣，對於藝術的根本價值，是有益還是有損？”末了，認爲先拉飛派的詩中有畫，畫中有詩“是張冠李戴，是末流的濫觴；猛然看去，是新奇，是變化，仔細想想，實在是藝術的自殺政策”。

是月　梁實秋的文學評論集《文學的紀律》由新月書店出版，封面爲先生設計。

六月十日　譯詩《情願》(郝斯曼作)發表於《新月》第一卷第四號。收《聞一多詩集》。全詩兩段八行：

是酒，是愛，是戰爭，衹
　要能永遠使人沉醉，
我情願天亮就醒來，
　我情願到天黑就睡。

無奈人又有時清醒，
　一陣陣的胡思亂想，
每逢他思想的時候，

便把雙手鎖在心上。

七月　武漢大學籌備成立，湖北省教育廳廳長劉樹杞代理校長職務。是月，劉樹杞來南京國立中央大學隔壁過家花園先生家，懇請先生就任文學院院長，并拜托先生約請留美回國同學來校任教。先生起初有些猶豫，不願離開較爲安定的環境，但終被桑梓之情所動。

八月十日　《杜甫》（傳記）發表於《新月》第一卷第六號。收《聞一多全集》。這是一篇衹完成了一半的傳記散文，試圖給杜甫做一畫像，它是先生研究中國古代文學的嘗試之一，但此後没有接着寫下去，而是着手去做杜甫的年譜會箋。

是月上旬　隻身從南京到武昌，就任武漢大學教授兼文學院院長。武漢大學的前身爲一八九三年清朝湖廣總督張之洞創辦的自强學堂，一九〇二年改名方言學堂。一九一三年北京國民政府教育部成立後，在方言學堂基礎上建立武昌高等師範學校，其後相繼改名國立武昌師範大學、國立武昌大學。一九二七年七月四日國民政府公布《大學院組織法》後，武昌中山大學、國立武昌商科大學、省立醫科大學、省立法科大學、省立文科大學、私立武昌中華大學等校，合并爲國立第二中山大學，成爲當時中國五大中央級國立中山大學之一。國立第二中山大學設有文、法、理、工四個學院，校址在原方言學堂的武昌東廠口。一九二八年十月二十三日，國民政府改大學院爲教育部，大學區制先後取消，一九二九年七月教育部明令停止試驗。先生到武昌時，大學區制即將取消，人們已稱第二中山大學爲國立武漢大學。

在武昌，起先住磨石街，後搬至黄土上坡三十一號錦園，是一所漂亮的外國傳教士的花園。

八月十八日　致顧頡剛電，邀其擔任國文系教授，月薪至少三百元。時，顧頡剛受傅斯年委托，剛到廣州中山大學主持歷史語言研究所，故接電後認爲“勢不可允”。（《顧頡剛日記》第2卷，第196頁，臺北聯經出版事業公司2007年5月出版）

九月六日　致饒孟侃信。前半部分收《聞一多書信選集》，後半部分發現於二〇一四年。此信用的“國民政府軍事委員會政治訓練部用箋”，全文爲：

子離：昨天又試了兩首商籟體，是一個題目，兩種寫法。我也不知道那一種妥當，故此請你作（《書信選輯》作“代”）爲批評。這東西確乎不容易。正因爲不容易，我纔高興做它。你近來有成績否？《新月》三期爲（《書信選輯》作“如”）何應付？聽説實秋、光旦等擬辦一種《苦茶》，大概便是從前所謂《新月》周刊的變相。想來這裏面又有不少的掌故，可以告訴我一點不？（以下爲《書信選輯》所無）不知道該怎麼辦，希望正確的對待，《新月》三期的成績是不合格！問題出在那裏的，是做人的問題上，以後絶會不作，事在人爲嗎！祝你

吟安！　弟聞一多　九月六日夜

九月十日　譯詩《“從十二方的風穴裏”》（郝斯曼作）發表於《新月》第一卷第七號。收《聞一多詩集》。

同日　下午一時，先生與梁明致、胡其炳、方博泉等十一人組成的武漢大學學生入學審查委員會，開始評閲上海考生的試卷。（據《武漢大學在滬招考之新生揭曉》，《漢口中山日報》，1928.9.12）

九月十三日　出席武漢大學第一次臨時校務會議，與劉樹杞、皮宗石、王星拱、梁明致共商增設本科、舉行編級試驗、聘請教授、編制預算、籌備開學諸事項。（據《武漢大學昨開校務會議》，《漢口中山日報》，1928.9.14）

九月十七日　次子聞立雕生於南京。

九月二十一日　《漢口中山日報》在《武漢大學新聘各委員及教授》消息中，報導昨日武漢大學正式聘請教授二十八人，除先生外，還有楊樹達、燕樹棠、謝文炳、鄧以蟄、陳登恪等。先生就任文學院院

長。文學院設中國文學、外國文學二系，因均衹有一年級學生一班，故未設系主任。

九月二十六日 出席武漢大學第三次臨時校務會議，討論合并各校的畢業生諸問題。（據《武大對前中大生請求隨班畢業案之議决》，《漢口中山日報》，1928.9.27）

九月三十日 武漢大學舉行預科生甄別考試，國文、英文兩科試題爲先生負責擬定。（據《武漢大學定期舉行編級試驗》，《漢口中山日報》，1928.9.16；《武漢大學甄別試驗展期》，《漢口中山日報》，1928.9.19）

是月 致饒孟侃信。收《聞一多書信選集》。[①] 向新月書店推薦武漢大學講師李儒勉（江西人，曾是少年中國學會會員）夫人周慧專女士著述數種。

十月二日 武漢大學依大學組織大綱，舉行第一次正式校務會議。先生爲文學院院長，是規定的校務會議成員。其他成員還有代理校長劉樹杞、社會科學院院長皮宗石、理工學院院長王星拱和梁明致、陳鼎銘、張鏡澄、胡其炳、胡慶生。會議報告四項，議决三項。次日，武漢大學印信正式啓用。（據《武漢大學啓用印信》，《漢口中山日報》，1928.10.4）

十月十日 《新月》第一卷第八號預告下期將刊登先生的短篇小説《履歷片》。《編輯餘話》云："聞一多先生一篇短篇小説《履歷片》——聞先生的處女作——及好幾篇别的稿件，都因爲寄來的太晚，要等下期纔能發表。"這是迄今所知先生所作的唯一的一篇小説，但不知何故，後來并未刊出，亦未見在他處發表。

十月十九日 湖北省教育廳藝術教育委員會召開第九次會議，决定舉辦全省第一届美術展覽會，"聘請藝術大家爲審查及評判委員，决議聘請聞一多爲審查及評判委員長，許太谷、唐粹庵、曾一櫓、張肇銘、管雪忱、胡蔭之、馬振鵬、蔣蘭圃爲委員"。（《湖北第一届美術展覽會推定主任》，《漢口中山日報》，1928.10.20）

---

① 此信未署日期，《聞一多書信選集》繫於10月。但文中有收到《新月》第1卷第7號等語，該號出版於9月10日。故暫繫此信於9月。

十月三十一日　出席武漢大學第六次校務會議，决議成立圖書委員會，以皮宗石爲委員長，先生與王星拱、梁明致、胡慶生、周鐵山、陳源、燕樹棠、曾昭安爲委員。（據《武漢大學組織圖書委員會》，《漢口中山日報》，1928.11.1）

同日　武漢大學正式開始授課。先生這學年講授文學院共同選修課“西洋美術史”、外文系選修課“現代英美詩”。（據《本科一年級課程表》，《武漢大學周刊》創刊號，1928.12.3）

十一月二日　出席湖北省第一屆美術展覽會審查兼評判會議，討論審查評判標準及辦法等。（據《美術展覽會明日開審查兼評判會議》，《漢口中山日報》，1928.11.1）

十一月十四日　出席武漢大學第八次校務會議，討論組織群育委員會等案，推定先生爲該委員會主席，胡慶生等八人爲委員。（據《武漢大學組織群育出版兩委員會》，《漢口中山日報》，1928.11.15）

十一月十五日　湖北省第一屆美術展覽會在武昌水陸街私立武昌藝術專科學校開幕，先生出席。出席者還有省政府主席張知本、武漢政治分會秘書長翁敬棠及各方面負責人但燾、胡宗鐸、陶鈞、田桐、程汝懷、李石樵、石幼平、聶光等。武漢政治分會主席李宗仁亦寫來賀信，并贈款購買獎品。這次展覽會是湖北歷史上規模空前的美術作品檢閲，展出作品以中小學校及美專學生作品爲主，也有名家繪畫參展。舉辦這次美展的目的，“在提倡藝術教育和純粹藝術，以期社會藝術化”。（《全省美展第一屆評判會之批評》，《漢口中山日報》，1928.12.2）

十一月二十日　出席武漢大學第九次校務會議，决定補行開學典禮儀式（武漢大學因校舍未能騰出，所以先行上課，未舉行開學典禮），推定先生與曾昭安等人主持籌備。（據《武漢大學補行開學典禮日期已定》，《漢口中山日報》，1928.11.22）

同日　國民黨中央政治會議武漢分會召開常委會，討論武漢大學勘定新校址問題，批准劃武昌城東門外洪山至落駕山一帶爲武大新校址。

落駕山，又稱羅家山，先生建議改爲諧音的“珞珈山”，使地名染上了一種詩樣的意境。方重《回憶武大》："講到'珞珈山'這個名稱……若要追溯此名之由來，在我的回憶之中則首先要提到詩人聞一多。原來就是他……忽而靈機一動把原有的不登大雅的舊時代祖傳地名代之以富有風味的'珞珈'二字。當初他題這個名稱曾和我以及其他幾位舊友談論過。我們都一致贊同，認爲這也是詩人的靈感之一。因而珞珈山之名就此沿用至今。"（《武漢大學校友通訊》創刊號，1983年10月）

武漢大學校徽亦爲先生設計，現在仍被采用爲該校的印章徽記。

十二月二十四日 《武漢大學周刊》第四期刊登本校各委員會委員名單，先生除任群育委員會主席和入學審查委員會主席外，還擔任圖書、出版、訓育各委員會委員。

十二月三十一日 《武漢大學周刊》第五期刊登《本大學評議會評議員題名録》，先生以文學院院長出任評議員。評議會成員還有代理校長劉樹杞、教育部代表周覽（鯁生）、武漢政治分會代表翁敬棠以及各學院院長和教授代表皮宗石、王星拱、陳登恪、燕樹棠、曾昭安。

荊楚文庫

聞一多全集（十四）

聞一多 著
孫黨伯 袁謇正 主編

荊楚文庫編纂出版委員會
湖北人民出版社

荆楚文库

書信

聞立雕　聞銘　王克私　整理

編者説明

本編共收聞一多書信219封，其中42封是《聞一多書信選集》未收入的（均標以 * 符號）。新補充的42封信除少數幾封過去因某種考慮未發表外，其餘大多是在清華大學有關同志幫助下，從清華檔案中查找出來的。

收入本編諸信，凡字迹模糊難辨之處皆以□代之，缺字字數不詳處用⊠代之，筆誤校勘以〔 〕符號標出，脱文增補則標以【 】符號。

本編諸信原信或無標點，或皆標以頓點，或以當年通行的標點符號標點，現一般以現行標點符號加以標點。

有些信無年月日期，多數經考證後在注釋欄中予以注明，個別難以斷定者，暫予存疑。

本編“書信”是在聞銘、王克私編輯的《聞一多書信選集》的基礎上編成的，注釋基本采用人民文學出版社出版之《聞一多書信選集》的注釋，同時，根據内容之需要也作了某些更改和補充。

聞一多致梁實秋的信，過去僅僅是根據梁先生提供的抄件刊印的，梁先生過世後，經聞黎明聯繫，梁夫人韓菁菁女士提供了聞一多致梁實秋的原信，從而使這本書信編得以按手迹刊印。爲此，聞一多家屬及本書編者特向韓女士致以最衷心的感謝。

聞一多書信的收集和整理，先後得到過許多人士的關懷和支持，編者在此一并深致謝意。

目　録

一九一六年

1. 致父母親

久未奉稟，家中吉否？甚以爲念。男與五哥[①]近均健飯如恒，可勿慮也。工業學校已放寒假，清華學校休假之期當在月底。校中前月紅砂症甚行，同學死是疫者二人。幸以防範周善，不致傳染，近日乃絶，幸甚！津門現方猖獗，聞係天氣過暖之故。北方今歲甚燠，雨雪亦甚稀，近數十年來所罕見者也。二哥[②]近有信歸否？滇事真相，頗不易知，據此間輿論，無大暴動也。肅此虔請莠安。

男　多　叩

陽曆元月九號

（根據手書刊印）

2. 致聞家驄

□大考從明日起，六日内即完。款已函請四哥[③]諭伊家撥兑。《周刊》等考完後統寄歸。駟弟[④]請批之文亦然。五哥已到家否？家内均好否？弟等均無恙，課忙不多贅。俟再詳陳。草此即請

① 聞一多的三哥，名家騄，字巡周，在嫡堂兄弟中排行第五。當時在北京工業學校上學。

② 聞一多的長兄，名家驥，字展民，在嫡堂兄弟中排行第二。當時正在雲南工作。信中講的滇事，即指護國運動。

③ 聞一多的嫡堂兄，名家佑，字天鳴。大排行第四。

④ 即聞一多的胞弟聞家駟。

三哥[①]大安。

弟　多　上[②]

（根據手書刊印）

① 聞一多的二哥，名家騩，字藜青，在嫡堂兄弟中排行第三。
② 此信約寫於元月中旬。

一九一八年

3. 致聞家駟

□《娘救兄事》，曰《修學自述》，曰《辛亥避亂紀事》，曰《助戰篇》，曰《論文一則》，曰《得天下英才而教育之三樂也論》，曰《清華園工字廳後荷池記》，[①] 凡七首。所未寄歸者，來書確告我。所缺《周刊》，亦望開單寄來，以便補購。《清華園工字廳後荷池記》及《甌魚説》，明日再寄。二哥有信至家中否？念念。特此即覆，并問

駟弟近好。并賀

闔家年禧。

臘十三夜　友山　書 [②]

（根據手書刊印）

4. 致聞家駟

駟弟青及：久未通音問，家中大小均安否？深以爲念。五哥昨有信來，人事尚好。清華學校於下禮拜舉行周年紀念會，近日正值一切預備，急形忙碌。近日北方天氣炎燥，南方當必有更甚者也。附寄作文一篇，呈父親大人尊覽。弟讀書近覺有進步否？暑假不遠，歸家時試觀弟程度何如，勉之。

草此，餘不多贅。順問

---

① 以上均係作文篇名。

② 此信寫於 1918 年 1 月 25 日，友山係聞一多的字。

近好。

兄　多　上[①]

（根據手書刊印）

5. 致聞家騆

騆弟如面：昨日爲清華第七周年紀念會，園内陳設布置，極精麗華膴之至。有各種成績展覽，有各種演操，有音樂會，有教育研究會，有化裝游戲，有活動電影。惜是日大雨，道塗泥濘，清華去城又遠，來賓絶少，殊爲不幸之至！校中暑假自陰曆五月初九日起。兄與舒弟[②]放假後即可回家。來函所需諸件，當隨身帶歸。寄來作文二篇，均已改就，并附評語，當詳細參閲。兄近作二篇，亦附寄歸。又評注司馬温公《諫院題名記》，文法甚明顯，可仔細揣摩。昨日二哥、五哥均有信來。二哥稱俟政局稍平定，即返京另謀他法。我家究欠舒天款若干，兄并不知確定數目。展兄[③]曾償伊拾元，兄前後共償伊十四元（頭次貳元，二次壹元，三次拾元，四次壹元），又取回叁元，共償伊（兄經手）拾壹元。餘應償款若干，請　三哥示知，由兄處設法還清。兄暑假回家盤程及他應用費，已函請二、五哥兩處接濟。

父親手諭問兄《漢書》已閲多少，兄自去臘起，實已改閲《史記》。札記亦隨閲隨做，并未拘前後，每次字數亦不拘定。近稍温閲《左傳》，但札記仍用《史記》材料。此外自修功課，去歲寒假前已閲畢黎（蒓齋）選《續古文辭類纂》，本學期正閲姚選本，未畢。近以大考在即，中文自習功課多未照格履行。兄現爲文，氣息尚不能醇厚，總由讀周秦文字太少，暑假回家，當從此下手。積雨新霽，黄昏人静，遠聞管聲，不覺

① 此信寫於5月。

② 聞一多的嫡堂弟，名亦齊，字舒天。大排行第十五。清華1925級畢業生。留學美國，學醫。

③ 即聞一多長兄聞展民。

思鄉，書此恍惚見隔湖[①]炊烟縷起，萬樹上浮，人語闃然，正與弟立山上納涼也。此詢
近安。

兄　多　上言
陽五月十二日夜分
（根據手書刊印）

6. 致聞家驥

陰閏七月二日，三哥、五哥、弟及駟弟，同出門至關上[②]，五哥東下，弟等三人遂至漢口。駟弟不赴寧，擬入省垣三一學校，三哥護之入校，藉贖金鐲盤桓數日即歸。弟五日到京，六日入校，上課尚在一星期後。八哥[③]、舒弟届時始到。在家時接兄家書，比已作覆，不知收到否？　父親囑轉知，兄如歸期在即，款當隨身帶回，或不即歸，則付郵匯，切勿遷延。家中困難不言而喻，五哥此次歸來，行橐空空，　雙親頗失望，重以三哥在家日日望出外，謂我家積債纍纍，撑持家政者，真有無米難炊之憂，數十年後，事未可知，渠家室食指獨繁，不得不求一切實謀生之術也。弟等遂苦語相勸，謂從此在外者益當苦勵節儉，日日以家爲念，决不貽居家者憂也，始稍慰耳。此家中情形有關　雙親休慼者，用走筆相告，此請二哥垂鑒，并問
近安。

弟　多　上言
陽八月卅一日夜分
（根據手書刊印）

① 聞一多家鄉湖北浠水故居門前的望天湖。
② 指黄州城外沿江地帶，該處設有長江大輪船的客運碼頭。
③ 聞一多的嫡堂兄，名亦傳，字葆天，大排行第八，清華 1922 級畢業生。留美，學習解剖學，回國後任協和醫院教授。

7. 致父母親

連接三哥、駟弟信，備悉種種，甚慰甚慰。二哥昨有信來，稱患瘧疾多時，後又喉痛氣痛，糾纏月餘。服友人王君劑始就霍然，目下已全復原矣。寄洋三十紙現存四哥處。歐戰協約國獲勝，畿輔學界萬五千人集天安門慶祝，各校給假三日。男與八哥、舒弟昨均與會。本擬會畢後同訪四哥，嗣以天晚恐誤車不能返校，八哥又以舊同學之邀留宿城内藉訪四哥，男偕舒弟返校。二哥寄來之款已請八哥代取。二次津貼迄未到校，已請校長咨文催寄。前三哥信中稱報載一節，實係首届之款，公署誣稱二届耳，稟中亦已申明。家中困難自無待言。二哥寄來之款，除償鴻雪緣[①]飯錢外，男尚需四五元，所剩無幾，不便匯寄。津貼到後，定湊三十五元寄歸。首次津貼二十九元有餘，開消大宗爲學内費九元，火車中借八哥二元，書籍費十一元，歡迎新同鄉一元五角，《學報》一元八角五，《周刊》八角，圖畫特别班器用費一元，雜項捐款如國慶紀念級會常費，級會俱樂會捐款，高等科二、三、四年級歡迎一年級捐款及歐戰協濟會捐款共三四元之譜，其餘爲零用。十月各科成績除文學史外，均次第揭曉，列後頁。第二次、第三次作文明日奉上。第一次二題任作一首，恐駟弟誤解，故來函索《息内争議》[②]。《周刊》頗載同學課藝之佳者，均可供駟弟之讀。所缺《周刊》份數單子遺失，祈 命駟弟再開一紙來。八哥國文成績甚佳，爲其級中首屈一指者，作文不知寄歸否？駟弟亦當索閲。五哥久無信來，甚念甚念。餘容續稟，肅此敬請

父母親大人福安 并問

闔家安好

男 多 叩[③]

（根據手書刊印）

① 旅館名稱。經理是湖北同鄉。

② 作文題目。

③ 此信寫於 11 月 15 日。

8. 致聞家駟

駟弟如面：前書計已入覽。朔風多厲，家中大小均吉否？頗念。上星期，五哥曾來清華園，晤譚移時，傍晚始去。渠白門之行，當在兼旬内外。二哥佐戎邊徼，甚蒙當道殊遇，視越昔滇居之邅蹇，自有霄壤之懸。然而碌碌風塵，跋涉千里，得此寒官，内顧之艱莫紓，亦堪冷齒。聞邇來頗見禮於道尹，邀充秘書，且甚相倚重，窮途得此，　堂上二老人之心庶差可慰耳。前寄歸諸題，均有所擬作否？爲選古文二首有領略否？經、史務必多讀，且正湛思冥鞫，以通其義，勿蹈兄之覆轍也。兄近每爲文，非三四日稿不脱，此枯澀之病，根柢脆薄之故爾。今課程冗雜，惟日不足，嘗求閑晷稍讀經、史，以補昔之不逮，竟不可得，因動私自咎悔，嗚呼，亦何及哉！弟腹病近發否？攝生不可不講，然亦不可以此自餒。病者身也，心志則不能病。起居以時，飲食惟適，立心堅確，向學不懈，陰陽亦退而聽命矣。勉旃！

（附：近作三首評退日再寄）（注古文一首）《周刊》二份，望詧收。

兄　多　上言

陽十一月廿五日

（根據手書刊印）

9. 致聞家駟

□《舉賢才》[1]有進步，可喜。現近寒假，兄有暇可多做幾篇寄來。清校演劇已畢，寒假中大概要進城去演，又要忙一次也。九姐[2]舉一子，可喜可賀！鄂津貼已到。四哥前欠八哥十元，八哥現需此款，兄即付八哥十元，作四哥償八哥者，已函告四哥。兩次兄共付四哥二十元。前函允餘二十元，兹因年下開消稍多，恐不敷，一時難設法，故多存十元，下

① 《舉賢才》與後面的《名譽説》均係作文篇名。

② 聞一多的二姐，名亦鳳，在嫡堂姊妹中排行第九。

期不另需款也。十哥[①]快來北京調查商業，大概在寒假中，甚善甚善！所需諸件均寄歸，望詧收。此問
駟弟好。
　　并請
闔家吉安。

兄　多　言[②]

　　《名譽説》收到否？告我。

（根據手書刊印）

---

① 聞一多的嫡堂兄，名亦有，字理天。大排行第十。
② 此信寫於12月。

一九一九年

10. 致聞家驄

前日偕八哥來城至北京大學參觀，今留鴻雪緣。兑款事四哥已有信歸。二哥來函稱以黄君孝輯[①]之邀，擬開春晋京，當屬返家一看也。弟英文諸課成績如次：作文上，讀本中，歷史中，代數上，地質上。擬明日入校以恃籌備春假演劇事也。餘不白。肅此明賀
三哥　新釐。

弟　多　上[②]

（根據手書刊印）

11. 致父母親

父母親大人膝下：許久未奉　手諭，不知家内均吉否？深念深念。男等近均無恙，祈勿慮。上月成績已揭曉者四門：英讀本中+，英作文上，歷史上，代數中。此學期任新劇社事又《學報》中文編輯，雖稍忙，志乃在於服事、讀書兩全。暇時不能鑽研經、史，稍稍讀詩文期於不間斷耳。讀經、史終以暑假爲宜，以時寬而志專也。陳仁先前輩在清華任教習，授男文學史，前偕八哥造謁，曾詢問　伯父也。節過駟弟當讀書作文寄來。附上《周刊》三份，祈　詧收爲禱。肅此敬請
福安。

---

① 黄孝輯，名永熙，湖北人，係聞展民的同學和同事。

② 此信約寫於 2 月。

男　多　叩

陽三月八日

（根據手書刊印）

12. 致父母親

父母親大人膝下：近來家内清吉否？念念。連接二哥、五哥來函，人事俱好，祈勿垂慮。山東交涉及北京學界之舉動，迪純兄[①]歸，當知原委。毆國賊時，清華不在内，三十二人被捕後始加入，北京學界聯合會要求釋放被捕學生，此事目的達到後各校仍逐日討論進行，各省團體來電響應者紛紛不絶，目下聲勢甚盛，但傅總長[②]、蔡校長[③]之去亦頗受影響。現每日有游行演講，有救國日刊，各舉動積極進行，但取不越軌範以外，以穩健二字爲宗旨。此次北京二十七校中，大學雖爲首領，而一切進行之完密、敏捷，終推清華。國家至此地步，神人交怨，有强權，無公理，全國憒然如夢，或則敢怒而不敢言。賣國賊罪大惡極，横行無忌，國人明知其惡，而視若無睹，獨一般學生敢冒不韙，起而抗之，雖於事無大濟，然而其心可悲，其志可嘉，其勇可佩！所以北京學界爲全國所景仰，不亦宜乎？清華作事，有秩序，有精神，此次成效卓著，亦素所習練使然也。現校内辦事機關曰學生代表團，分外務、推行、秘書、會計、幹事、糾察六部，現定代表團暑假留校辦事。男與八哥均在秘書部，而男責任尤重，萬難分身[④]。又新劇社擬於假中編輯新劇，亦男之職務，該社并可津貼膳費十餘元，今年暑假可以留堂住宿，費用

① 聞一多的遠房堂兄。

② 傅增湘，當時之教育總長。

③ 即蔡元培先生。

④ 五四運動爆發的第二天，清華同學推選出“清華學生代表團”領導運動。聞一多被推選爲代表團成員，擔任文書工作，六月，聞一多被選爲清華學生代表，出席在上海召開的全國學聯成立大會。

二十六元，新劇社大約可出半數（前校中擬辦暑假補習學校，僅中等科。男擬謀一教習，於經費頗有補助。現此事未經外交部批准，所以作罷論），尚須洋十餘元，男擬如二哥、五哥可以接濟更好，不能，可在友人處通挪，不知兩位大人以爲何如？本年又擬稍有著作，校中圖書館可以參覽，亦一便也。男每年輒有此意，非有他故，無非欲多讀書，多作事，且得與朋友共處，稍得切磋之益也。一年未歸家，且此年中家内又多變故，二哥久在外，非獨二大人願男等回家一集，即在男等亦何嘗不願回家稍盡温省之責。遠客思家，人之情也，雖曰求學求名，特不得已耳。此年中與八哥共處，時談家務，未嘗不太息悲哽，不知憂來何自也。又男每歲回家一次，必得一番感想，因平日在學校與在家中景况大不同，在校中間或失於惰逸，一回想家中景况，必警心惕慮，益自發憤，故每歸家，實無一日敢懈怠，非僅爲家計問題，即鄉村生計之難，風俗之壞，自治之不發達，何莫非作學生者之責任哉！今年不幸，有國家大事，責任所在，勢有難逃，不得已也。五哥回家，自不待言，二哥如有福建之行，亦可回家，男在此多暇，時時奉禀述叙情况，又時時作詩歌奉上，以娱

尊懷，

兩大人雖不見男猶見男也。男在此爲國作事，非謂有男國即不亡，乃國家育養學生，歲糜巨萬，一旦有事，學生尚不出力，更待誰人？忠孝二途，本非相悖，盡忠即所以盡孝也。且男在校中，頗稱明大義，今遇此事，猶不能犧牲，豈足以談愛國？男昧於世故人情，不善與俗人交接，獨知讀書，每至古人忠義之事，輒爲神往，嘗自詡吕端大事不糊塗，不在此乎？或者人以爲男此議論爲大言空談，如俗語曰“不落實”，或則曰“狂妄”，此誠不然。今日無人作愛國之事，亦無人出愛國之言，相習成風，至不知愛國爲何物，有人稍言愛國，必私相驚异，以爲不落實與狂妄，豈不可悲！此番議論，原爲駟弟發，感於日寇欺忤中國，憤懣填膺，不覺纍牘。駟弟年少，當知二十世紀少年當有二十世紀人之思想，即愛國思想也。前托十哥轉禀

兩大人，新劇社赴漢演戲，男或可乘機回家，現此問題已打消，男必不能回家也。或者下年經濟充足，寒假可回家一看。寒假正在陰曆年，男未在家度歲已六七年，時常思想團年樂趣，下年必設法回家，即請假在家多住數日，亦不惜也。區區苦衷，務祈 鑒宥，不勝惶恐之至！肅此敬請

福安。

此次各界佩服北京學生者，以其作事穩健，男在此幫忙決不至有何危險，

兩大人務放心。

男 驊[1] 叩

五月十七日下午

（根據手書刊印）

13. 致父母親

前奉一稟，言暑假在校辦事不能回家，一切經費，均有著落。許久未見賜示，或因前函中頗論時局，被郵局收没，兹再述一過。清華學生代表團留校辦事，男斷要職不能離身，又新劇社擬於假期中編輯新劇，并有薪金十餘元。校中今年可以留堂，納膳費二十六元，新劇社可任半數，餘款已蒙五哥允許接濟。如五哥款不即來，亦可向友人處通挪。男此舉五哥甚贊成，以爲出於愛國之熱忱。今年年假，定能回家一看。此次不能回家，出於不得已，務望

大人許可。詳情後稟，現甚忙，不暇多瀆。八哥回，當更悉情形也。肅此敬請

雙親大人 金安。

男 多 叩稟

① 聞一多族名家驊。

陽五，廿八日。

請速賜覆，愈快愈好。

在此辦事，決無危險，因有美人保護也。八哥回當知底細。

（根據手書刊印）

14. 致聞家騏

□越周，病齒嚼咽維艱，絶粒四五日矣，食牛奶麵包僅足止飢，稱量則未能也。今日聯合會宴會　餞别段錫朋會長，肴核羅列，僅能茹其漿而已。本擬偕五哥回家藉以休息，而五哥函來謂歸期必在八月初，重以清華同人方爲聯合會經營建築會所事需才孔多，閉會後日刊仍繼續出版，以資鼓吹，諸友諄諄勸留，責任所在，義不容辭，故樂集尚遥遥無期也。自會務開幕以來，所稱成績者數紙文電而已，從未有偉大之建議，根本之維持。清華同人之窮日夜、廢寢饋以從事於斯者，不計日矣，及其提議建築會所，參閲附件。實行改造社會，諸代表至有目爲無藉者，可以知其淺見矣。履行此議，首重醵款，此非易事，必得一般學生輟業一載，游行國内，演講勸募，乃可望奏功。在此五人（二羅、錢、陸[①]暨弟），既爲提議人，責有難逃矣。此外陳君長桐、黄君鈺生、桂君中樞頗有意暫緩出洋以共襄盛舉，吴君澤霖亦將來滬，亦爲此事也。[②]諸君在校皆籍籍，陳、黄尤爲代表團中堅人物，竟肯爲此舉犧牲赴美，足見清華之真精神非他校之比矣，弟亦擬輟業一年，正以爲讀書之機會方多，此事誠千載一時矣，况將來是否必需一年，尚不定，或半年數目已足，則無礙於出洋矣，此書并附寄章程草案及建議案，均祈　兄轉呈

父親大人并仰候　鈞裁示覆。

恭此敬請

---

① 即羅發祖、羅隆基、錢宗堡、陸梅僧。

② 陳長桐、桂中樞、黄鈺生均爲清華1919級畢業生，當時在高等科四年級學習。吴澤霖，係聞一多同班同學。

三哥　友安

弟　多　上言

七月廿四　陽[①]

（根據手書刊印）

15. 致父母親

日來家中均吉否？甚念甚念。大考成績已揭曉，男成績如下：英文讀本中，作文上，歷史中，地質上，代數末，中文作文超，圖畫超，文學史上。本學期所習功課爲：英文（每星期四點），法文（四點），社會學（二點），政治學（二點），生物學（六點），中文講文（二點），法制史（二點），閱書（一點）。湖北津貼十一元餘。已到，男購書需洋十餘元，又擬購油畫器具，則此費僅足敷用。五哥來京後，曾偕百之兄[②]來園一游。男擬國慶日進城。

肅此敬請

父母親大人　福安。

男　多　叩

十月六日

（根據手書刊印）

① 此信寫於出席全國學生聯合會時。

② 聞一多的遠房堂兄。

一九二〇年

16. 致聞家駟

駟弟：

好久没有寫信了。清華今年暑假招考中二年級。據我調查起來，并不難，你英文有一年的程度了，很够用了。你現在可以發憤趕一趕，或者可以僥幸。這是末次機會，以後中等科不招二年級，祇招三或四年級了。我現在把應試底功課開來了，你可以照他預備。

這些書你看在湖北可以買，就買。買不到，告訴我，我去找一找，隨後寄把你。先預備英文、算學，後預備别的。你要常寫信來。我事忙不能常寫信。寫信很可以用白話，并且告訴我你求學底心得。白話文現在已經通行了，我贊成，你也☒

（根據手書刊印）

一九二二年

17. 致父母親

父母親大人：

出家後，不知家内均好否。念念。我們到漢，當即渡江到高家[1]。二哥尚未晤及。騆弟曾來此兩次。馮孝章[2]已入文學中學，騆弟想已有信回來。我擬後日搭晚車北上，因尊公渡江，迄未返家，不得不相候一見。二哥曾爲弄半票一晤孝輯，但未説及位置事。前任第一科長已經傳見，想不日即可赴任。觀此，二哥事亦非遥遥無期。騆弟并未誤取半票，此係遺失無疑。我的車費同半票已備好了。我媳婦[3]定住半月即歸。届時務請五舅來接。千萬千萬。此關係伊的學業，即伊的終身之事。請兩位大人勿循俗套必住二十八天，致誤伊光陰。我之此次歸娶，純以恐爲　兩大人增憂。我自揣此舉，誠爲一大犧牲，然爲我　大人犧牲，是我應當并且心願的。如今我所敢求於　兩大人者衹此讓我婦早歸求學一事耳。大人愛子心切，當不致藐視此請也。如非然者，則兩大人但知愛俗套而不知愛子也。我婦自己亦情願早歸求學，如此志向，爲大人者似亦不當不加以鼓勵也。如兩大人必固執俗見，我敢冒不孝之名謂　兩大人爲麻木不仁也。不多瀆，肅此敬請　福安。

男　多

---

① 聞一多的岳父高敬伯家。

② 馮孝章，聞一多的大妹夫。

③ 聞一多夫人高孝貞，後改名高真。

十四日[1]

（根據手書刊印）

18. 致聞家駟

駟弟：

到校後，做詩，抄詩，閱同學所作詩，又同他們講詩，忙得個不亦樂乎，所以也没有功夫寫信給你。我的《紅燭》（我的詩集）已滿四五十首，計到暑假當可得六十首。同學多勸我付印問世者，我亦甚有此意。現擬於出洋之前將全稿托梁君治華[2]編訂，托時君昭瀛[3]經理印刷。我於此道亦稍有把握，不致太落人後。我願你亦多用功，我定能助你。相傳李太白醉而見月於水中，因入水捉月，遂溺死。此事雖不甚可靠，然確爲作詩好材料。我現在正作此詩名曰《李白之死》。脱稿後，即寄來一讀。

二哥事發表否？馮孝章近狀若何？你的近狀若何？望一一告我。餘續談。

兄　一多

三，廿八日

（根據手書刊印）

---

① 此信寫於3月。

② 梁實秋，清華1923級畢業生。

③ 時昭瀛，清華1922級畢業生。

19. 致父母親

父母親大人：

取消留級部令已下[①]。内容想八哥已有信詳述，兹不復贅。該令於大二（即廿九人）[②]全未顧及。幸而全未顧及大二，因爲令中措詞，污辱學生人格已至極端，未及大二，則大二之人格當不污也。從前我在家時，大二曾有人要求早出洋及津貼等權利，未成。今此令出後，如大二堅持前請，或可稍得小補。但部令説我們“罷課避考”，説我們“事後深知改悔”，叫我們“務希自愛，以勵前修”。試問爲去年罷課一事，全校都未受影響，衹我廿九人作真正的犧牲；我們“求仁得仁”，何“悔”之有？我們這樣的人，是不知自愛嗎？他又説“予以自新”，“以觀後效”。試問我們自始至終，光明正大，有何“自新”之必要，有何“後效”之必觀？所以我們都以爲這種部令，“是可忍，孰不可忍”？但我們若受他的好處，那便無形承認部令。此種行爲，良心之不許也。且從去年不肯赴考，已經光明磊落到現在，何必貪此小利，而貽“功虧一簣”之譏哉？且早出洋實無利益，尤爲我個人之不願；津貼亦甚有限。貪此小惠而遺玷終身，君子不爲也。所以我現在決定仍舊做我因罷課自願受罰而多留一年之學生，并不因别人賣人格底機會，占一絲毫便宜，得一絲毫好處。并且八哥等八人不願寫悔過書自甘多留一年，此本可嘉之舉，而萬惡的外部竟强迫彼等服從多數，決不通融，以陷彼等於險難

① 1921年6月，清華學生參加支援北京八校的索薪鬥争，舉行“同情罷考”。聞一多所在的1921級和1922級同學鬥争尤爲堅決，因而聞一多等29名同學被校方勒令開除。在同學們據理力争之下，校方被迫作出讓步，但仍給以不悔過即“留級一年，推遲出洋”的處罰。聞一多等始終堅持“無過可悔”，寧願留級，不願出賣原則。至1922年4月，外交部（當時清華屬外交部管轄）迫於校内外輿論的譴責，發布了一個通令，決定“將留級辦法暫緩執行，以觀後效”。聞一多等四名同學當即聯名在《清華周刊》上發表了《取消留級部令之研究》一文，對部令予以痛斥。這封家信就是在這個背景下寫的。

② 清華於1921年改高等科四年級爲大學一年級，聞一多等29名同學是1921級畢業班的，因罷課受罰而多留一年，於是名之爲“大二”。

之域（完全犧牲出洋機會或屈伏於部令下，承認已經悔過）。此爲有血性者之所共憤者也。現在我願抵死力争，甘冒不韙，以觸當局之羞惱，而致罰於我。更有一可痛心之事，則此八人前已申明無論如何，决不賣人格以早出洋。今多數人見威壓過甚，仍將出洋，置前言於不顧。獨光旦君[①]則願力争，不得，則完全犧牲出洋。聖哉光旦，令我五體投地，私心狂喜，不可名狀！聖哉！聖哉！我的朋友光旦！我雖爲局外人，但若不盡我最高度之力量以爲公理戰，我有負我所信奉之上帝及基督，我有負教我“當仁不讓”之孔子，我尤負以身作則的我的朋友光旦！

餘容續禀。肅此敬請　金安！

男　多

陽，四，十三。

（根據手書刊印）

20. 致聞家騄、聞家驄、聞家駟

二哥、三哥、駟弟：

取消留級部令已下，於大二（即廿九人）全未顧及。然亦幸而全未顧及大二，因爲令中措詞，污辱學生人格已至極點，未及大二，則大二之人格尚無恙也。前我在家時，大二曾有人要求提前出洋及津貼等權利，未成。今此令出後，如大二堅持前請或可稍得小補。但部令説我們“罷課避考”，“事後深知改悔”，教我們“務希自愛，以勵前修”。試問去年罷課一事，弄到現在祇我二十九人作了真正的犧牲；我們“求仁得仁”，何“悔”之有？我們這樣的人是不知自愛嗎？他又説“予以自新”，“以觀後效”。試問我們自始至終，光明磊落，有何“自新”之必要？有何“後效”之必觀？所以我們都以爲這種部令，“是可忍，孰不可忍”？但我們若受他的好處，那便無形承認部令所講的不錯。此種行

---

① 潘光旦，清華 1922 級畢業生。

爲，良心之不許也。且從去年不肯赴考，已經光明磊落到現在，何必貪此小惠，而貽“功虧一簣”之譏哉？且早出洋實無利益，尤爲我個人之不願；津貼亦甚有限。貪此小惠而遺玷終身，君子不爲也。所以我現在決定仍舊做我因罷課自願受罰而多留一年之學生，并不因别人賣人格底機會，占一絲毫便宜，得一絲毫好處。前運動取消留級者具悔過書措詞卑賤。八哥等八人曾申明不負責，自甘多留一年，此本可嘉之舉，而萬惡的外部竟强迫彼等服從多數，决不通融，以陷彼等於艱險之地（完全犧牲出洋或屈伏於威壓之部令下，承認已經悔過）。此爲有血性者之所以共憤者也。更有可痛心之一事，則此八人前已申明無論如何决不賣人格以早出洋，今多數人見威壓過甚，仍將出洋，置前言於不顧。獨光旦君一人則願力争，不得，則完全犧牲出洋。聖哉！光旦，令我五體投地，私心狂喜不可名狀！

耑此

順問近好。

用費已竭，請寄十元來。

一多

陽四，十三。

（根據手書刊印）

21. 致聞家駟 *

駟弟：

來信已收到。打胎之想，我已取消，亦因調查到此舉甚險。出洋亦不成問題。不過我到現在總覺得不願意走。一嫂[①]讀書事我現在看得到稍淡散了。我不願走，是因我自己的事。我前已告訴你我想將我的《紅燭》付印了。但是後來我想想很不好，因爲從前我太没有預備。什麼雜

① 聞一多大排行第十一，聞家駟常簡稱他與夫人爲一哥、一嫂。

志報章上從没未[1]見過我的名字，忽然出這一本詩，不見得有許多人注意。我現在又在起手作一本書名《新詩叢論》。這本書上半本講我對於藝術同新詩的意見，下半本批評《嘗試集》《女神》《冬夜》《草兒》(《冬夜》是俞平伯底詩，《草兒》是康白情底詩，都已出版）及其他詩人底作品。《冬夜》底批評現在已作完。但這衹一章，全書共有十章。我很相信我的詩在胡適、俞平伯、康白情三人之上，郭沫若（《女神》底作者）則頗視爲勁敵。一般朋友也這樣講。但雖然有這種情形，我還是覺得能先有一本著作出去，把我的主張給人家知道了，然後拿詩出來，更要好多了。况且我相信我在美學同詩底理論上，懂的并不比别人少；若要作點文章，也不致全無價值。還到原題上去，我不願走，正因想在中國把這本書作完，并且把《紅燭》也料理出版。我若能不出洋，我還想在清華住着利用這圖書館。但這樣就發生困難了。住在學校内，弄一個相當的事，又要有時候作自己的事，頗不容易——徑直是不可能。無論如何，這都是過去的話。現在我還是出洋。若書在那邊做得成更好，不成也没有法子。我不能不走，倒是因爲在清華不好弄事，并不怕家裏的反對。家裏一般俗見，早不在我的心裏，更不在我眼裏。駟弟！家庭是怎樣地妨礙個人底發展啊！細肝，細心，細鼻，細眼，討厭極了！試問早出洋的虚名好些呢，還是當一個著作家——實實在在的著作家好些呢？俗人真該萬死！駟弟！大家庭之外，我現在又將有了一個小家庭。我一想起，我便爲之切齒指髮！我不肯結婚，逼迫我結婚，不肯養子，逼迫我養子——誰管得了這些？駟弟！我將什麼也不要了！宋詩人林和靖以梅爲妻，以鶴爲子。我將以詩爲妻，以畫爲子，以上帝爲父母，以人類爲弟兄罷！家庭是一把鐵鏈，捆着我的手，捆着我的脚，捆着我的喉嚨，還捆着我的腦經〔筋〕；我不把他擺脱了，撞碎了，我將永遠没有自由，永遠没有生命！本來我立刻就可以回來了。但一因我要作書，不能回來，二因我現在，老實講，一點也不挂念家裏，所以也不想回

① 原文如此，似多寫一字。

來。駟弟！我知道環境已迫得我發狂了；我這一生完了。我衹作一個顛顛倒倒的瘋詩人罷了！世界有什麽留戀的？活一天，算一天罷了！我的思想太衰颯了嗎？“誰實爲之？孰令致之？”我現在還不知道幾時纔回得了。我高興幾時回，我再寫信告訴你。哎呀！我真怕再進那家庭之黑窟！我本要一嫂早回家讀書，她没有回去，并且也不寫信告訴我。我已寫信告訴她既是地方不安静，回去不了，那又有什麽要緊呢？但她到現在還没有信來。仗打完了，火車通了，信還没有來；這是什麽道理？她若還在省，你去告訴她，我還願意跟她作個很好的朋友，她若還是這樣糊塗，我連朋友也不要了！我是没有道理講的，我這樣想了，便要這樣講，講了，便要這樣做。你再去告訴二哥：我的治裝費不够了，□已請家裏補籌二百元，但是我没有打好算盤，補籌兩百還是不够。八哥也帶二百四十元；我因這一年中已支用了七十餘元，將來家中貼補總要三百元纔够。我知道他的事還没到手，籌款不易。家裏可以替我在二爹或親戚家借嗎？我非帶這些不可。借來了，算我私下的債也可。

我陰曆五月廿一上船，五月初六就要到上海，款請早辦。

一多

陰四，十一。[①]

（根據手書刊印）

22. 致梁實秋[②]

實秋吾友：

歸家以後，埋首故籍，“著述熱”又大作，以致屢想修函問訊，輒爲擱筆。昨晨盆蓮飲雨初放，因折數花，供之案頭，復聽侄輩誦周茂叔《愛蓮説》，便不由得不聯想及於二千里外之詩人。此時縱猶憚煩不

① 是日爲陽曆5月7日。

② 此信未寄出。

肯作一紙寒暄語以慰遠懷，獨不欲借此以鈎來一二首久久渴念之《荷花池畔》之新作乎？别來數旬，向者“三三兩兩的在池邊聚着”的荷錢，如今當蔚成“蓮葉何田田”矣！田田的蓮葉寖假而蔚成“花開十丈藕如船”矣！實秋，吾讀足下作品，真能攝取“紅荷”二字之神，故號你爲“紅荷之神”可也。宋人評王右丞曰：“秋水芙蓉，倚風自笑”，你真當之矣。紅荷之神呀！願你佑諸荷錢之速長也。

《李白之死》竟續不成，江郎已嘆才盡矣！歸來已繕畢《紅燭》，賡續《風葉叢譚》（現更名《松塵談玄閣筆記》——陸放翁詩曰：“折取青松當麈尾，爲子試談天地初。”），校訂增廣《律詩底研究》，作《義山詩目提要》，又研究放翁，得筆記少許。暇時則課弟、妹、細君，及諸侄以詩；將欲“詩化”吾家庭也。

放翁真“詩人”也。彼蓋時時退居第二人地位以觀賞其自身之人格，故其作品中個性獨顯。他人歌謳宇宙，彼則歌謳“詩人”——他自己——，其所道及之宇宙，不過爲他自己之背景耳。蓋在彼，無詩人，亦無世界也。故其詩中畫意甚多而且真切（放翁固亦能畫者）；在此畫中，彼自身恒爲其主要部分。觀其詩句可知也。——

“此身合是詩人未？細雨騎驢入劍門。”

“枯柳坡頭風雨急，憑誰畫我荷鋤歸？”

“身在范寬圖畫裏，小樓西角剩憑闌。”

“小市跨驢寒日裏，任教人作畫圖傳！”

“何妨乞與丹青本，一棹横衝翠靄歸？”

如此等等，不數枚計。他詩人每每忘却自我，或記之亦不如放翁之堅牢；放翁在詩中自稱“先生”“老夫”“老子”“使君”“丈人”之處極多，而徑稱“放翁”處尤多——蓋處處不能忘却一個“我”也。愚以爲“惟我獨尊”是詩人普通態度，而放翁尤甚。詩人非襟懷開曠，操守正大，自信不移者，不能勉强作此狂語。苟能如此，則便稱“惟我獨尊”，又何愧哉？他人或不自知爲詩人，放翁知之獨悉，信之獨堅。吾佩放翁之詩，吾尤佩放翁之人——詩人！放翁不云乎？——

"六十餘年妄學詩，工夫深處獨'心'知——

夜來一笑寒燈下，始是金丹换骨時！"

骨不换，固不能爲詩也。老杜之稱太白曰——

"自是君身有仙骨，世人那得知其故？"

吾見世人之無詩骨而"妄學詩"者多矣。嗚呼，南轅北轍，必其無通日矣！順問近好！

一多

六，十九

（根據手書刊印）

23. 致梁實秋

實秋吾友：

歸家以後，埋首故籍，"著述熱"又大作，以致屢想修書問訊，輒爲擱筆。侵晨盆蓮初放，因折數枝，供之案頭，復聽侄輩誦周茂叔《愛蓮説》，便不由得不聯想及於三千里外之故人。此時縱猶憚煩不肯作一紙寒暄語以慰遠懷，獨不欲借此以鈎來一二首久久渴念之《荷花池畔》之新作乎？（如蒙惠書，請寄滬北四川路青年會）。

《李白之死》竟續不成，江郎已嘆才盡矣！歸來已繕畢《紅燭》，賡續《風葉叢談》（現更名《松塵談玄閣筆記》——放翁詩曰："折取青松當麈尾，爲子試談天地初。"），校訂增廣《律詩底研究》，作《義山詩目提要》，又研究放翁，得筆記少許。暇則課弟、妹、細君及諸侄以詩，將以"詩化"吾家庭也。

《增刊》[1]所載《離别》一小説，讀之令我且驚且赧。我猜作者非翟即顧[2]，你當知之。作者本教我不作回書，我却有不能不作底理由（詳

① 《清華周刊》的文藝增刊。

② 翟，即翟桓（字毅夫，清華 1923 級同學）。顧，即顧毓琇。

附函中)。附書請你轉交，諒無失也。

附奉拙作《紅荷之魂》一首，此歸家後第一試也。我近主張新詩中用舊典，於此作中可見一斑。尊意以爲然乎哉?

放翁有一絶云：——

“六十餘年妄學詩，工夫深處獨‘心’知——
夜來一笑寒燈下，始是金丹换骨時！”

骨不换固不足言詩也。老杜之稱青蓮曰——

“自是君身有仙骨，世人那得知其故?”

吾見世人無詩骨而“妄學詩”者衆矣。南轅北轍，必其無通日，哀哉！順問　暑安！

一多

六月廿二日

紅荷之魂

盆蓮飲雨初放，折了幾枝，供在案頭，又聽侄輩讀周茂叔《愛蓮説》，便不由得不聯想及於三千里外荷花池畔底詩人。賦此寄呈實秋，兼上景超及寓西山諸友。

太華玉井底神裔啊！
不必在淤泥裏久戀了。
這玉膽瓶裏底寒漿有些冽骨嗎?
那原是没有墮世的山泉哪！

高賢的文章啊！雛鳳的律吕啊！——
往古來今竟携了手來謏媚着你。
來罷！聽聽這蜜甜的贊美詩！
抱霞摇玉的仙花呀！
我怎不想到你的靈魂?

靈魂啊！到底又是誰呢？

是千葉寶座上底如來嗎？
還是丈餘紅瓣中底太乙呢？
是五老峰前底詩人嗎？
還是洞庭湖畔的騷客呢？

“紅荷”底魂啊！
愛美的詩人啊！
便稍許艷一點，
還不失爲“君子”。

看那顆顆坦張的荷錢啊！
可敬的——向上底虔誠，
可愛的——圓滿底個性，
花魂啊，佑他們充分地發育罷！

花魂啊！
不要讓菱芡藻荇底勢力
蠶食了澤國底版圖。

花魂啊！
要將崎嶇的動底烟波，
織成燦爛的静底錦綉。

然後，高蹈的鸕鷀啊！
熱情的鴛鴦啊！
水國烟鄉底顧客們啊！

祇歡迎你們來逍遥着，偃卧着，
因爲你們知道了你們的義務。

（根據手書刊印）

附　信

我親愛的“犯人”：[1]

你冤枉了，我不知怎樣就誤罰了你，我懊悔不完！我不知道我已冤了多少同你一樣的人；我也不知自己被别人這樣冤了多少次！唉！但是，親愛的朋友，你知道還有人一壁講别人濫刑，一壁自己也正在濫刑嗎？什麼魔鬼誘我在“我個人對於母校的依依不捨……”一語後又畫蛇添足，添了一句什麼“没有關係”的自欺欺人底話呢？但是又是什麼魔鬼誘了你在那披肝瀝腑，可歌可泣的短札後又添了這樣自欺欺人底一段呢？——

“他看完了這封信，也不必調查他朋友的姓名。他把信收好，更不必寫什麼回信……”

朋友啊！昨晚我弟弟到家，我首先便問他要清華增刊，到夜深纔看到你的大作。我看完首頁便知是同我有關的，我喜極了，看完了第二頁，更喜出望外，便向與我同看的妹妹及細君講：“我要寫封信去。”誰知看到篇末，竟不准我寫信呢？這時，我竟是宣告了死刑的犯人了！朋友！那篇末一節文字比起“再見——我這邊走了！”一語，究竟如何？朋友！你受的是一等無期徒刑，我呢？恐怕是死刑罷？唉！我既不能作小説，若不許寫信，我這冤屈不將永無雪白之日麽？朋友！你看過《三葉集》嗎？你記得郭沫若、田壽昌締交底一段佳話嗎？我生平服膺《女神》幾於五體投地，這種觀念，實受郭君人格之影響最大，而其一

---

① 1922年5月25日，聞一多留美前夕，清華文學社舉行送舊迎新大會。會後1923級同學顧毓琇（一樵）寫了《離别》一文表達了對聞一多的深厚友情。該文發表在《清華周刊》文藝增刊上，發表時未署名，僅以“犯人”自稱。聞一多在出國前回家探親時看見了該文，立即寫了此信托梁實秋轉交。

生行事就《三葉集》中可考見的，還是同田君締交底一段故事，最令人景仰。我每每同我們的朋友實秋君談及此二君之公開之熱誠，輒爲之感嘆不已。我生平自擬公開之熱誠恐不肯多讓郭田，衹是勇氣不够罷了。清華文學社中同社有數人我極想同他們訂交，以鼓舞促進他們的文學的興趣，并以爲自己觀摩砥礪之資。終於我的勇氣底馬力不足以鼓我上前向他們啓齒。至今我尚抱爲至憾。朋友，我誠不知你是誰，但我决定我這信若請實秋轉呈，必定萬無一失。你是毅夫嗎？你是一樵嗎？總之兩位都是我素所景仰的；我從前衹是自慚形穢，所以不敢冒昧罷了。總之，朋友，你可有這樣勇氣用你的真姓名賜我一封回信嗎？（這事當然現在不成問題，因爲不日我就要啓程。）

你説我有學問，我真不敢當。衹是我自信頗能好學。你祝我成功，我倒知道應該益加勉勵。

信寫完了，我要還到那天晚上會中發言底起首兩句話——便是對於母校的依依不捨同對於文學社的依依不捨。這兩句話確是出於真情。我願你與同社諸公努力爲母校爲本社效勞；我用我的至誠祝你們的成功！

我於偶然留校的一年中得觀三四年來日夜禱祝之文學社之成立，更於此社中得與詩人梁實秋締交，真已喜出望外，今既離校復得一知己如足下者，更喜出望外之外矣！唉！十年之清華生活無此樂也。我之留級，得非塞翁失馬之比哉？順祝暑安！

誤人自誤的罪犯，

你的最忠誠的朋友　一多

（根據手迹刊印）

24. 致吴景超、顧毓琇、翟毅夫、梁實秋

景超、毓琇、毅夫、實秋諸位新知、舊好：

我在這海上飄浮的六國飯店裏籠着，物質的供奉奢華極了（這個公司底船比“中國”“南京”等號底船價貴多了，因爲他的設備更講究），

但是我的精神乃在莫大的壓力之下。我初以爲渡海的生涯定是很沉寂，幽雅，寥闊的；我在未上船以前，時時想着在漢口某客棧看見的一幅八仙渡海底畫，又時時想着郭沫若君底這節詩——

無邊天海呀！
一個水銀的浮漚！
上有星漢湛波，
下有融晶泛流，
正是有生之倫睡眠時候。
我獨披着件白孔雀的羽衣，
遥遥地，遥遥地，
在一支象牙舟上翹首。

但是既上船後，大失所望。城市生活不但是陸地的，水上也有城市生活。我在煩悶時，我愈加渴念我在清華的朋友。這裏竟連一個能與談話的人都找不着。他們不但不能同你講話，并且鬧得你起坐不寧。走到這裏是“麻雀”，走到那裏又是“五百”；散步他攔着你的道路，静坐他擾亂你的思想。我的詩興被他們戕害到幾底於零；到了日本海峽及神户之布引瀧等勝地，我竟没有半句詩底贊嘆歌謳。不是到了勝地一定得作詩，但是勝地若不能引起詩興，商店工廠還能嗎？不獨作詩底興趣没有，連作文底興味也没有；《海槎筆談》到於今（衹有三天就上岸了），還有幾天，欠着債在，没有作完。啊！我預想既至支加哥後底生活更該加倍地乾枯，我真不知怎麽纔好。

今天寫信室裏鋼筆都用着在，恕我暫用鉛筆續寫。船上印行一種日報，同我們西山底《消夏日報》差不多的。我此刻剛替這日報畫了一張旅客底 caricature，倒很有點趣。船上的事還是留在筆記裏講吧。回到昨天講的老話上來，我希望到美之後諸位朋友多多賜信給我。景超、實秋固不必講，毓琇同我在暑假裏已締交了，當然也負有通信底義務。至於毅夫，也是我所景仰的，我現在就毛遂自薦了吧。毅夫肯容納我嗎？我的思想、品性——長的短的，黑的白的——兩位老朋友都知道。如果兩位新朋友也要知道，我想老朋友定能替我介紹。此刻樓下的 orchestra 奏樂了，恕我下去聽聽，晚上再來寫吧。

剛才看完《創造》創刊號裏底《最初之課》，你們試想我起一種什麼感想？同種的日本人尚且如此，异種的美國人該當怎樣呢？

文學社開學來精神何如？暑假中通信成功否？製造一個“文學的清華”！諸君進文學社，應視爲義務，不當視爲權利。諸新進社的社友務希四友善爲誘掖奬勸。養成一個專門或樂於研究文學的人真乃“勝造九級浮圖”！

By the way 有一件事，我不能等到作筆記時再講——那便是我到日本底感想。先講我經過日本所游覽各處之序程。最初我們到了神户，次經清水港（我未登岸），次到横濱，由横濱曾坐電車兩至東京。就自然美而論，日本的山同樹真好極了。象我們清華園裏小山上那種傘形的松樹，日本遍處都是。有這樣一株樹，隨便凑上一點什麼東西——人也可以，車子也可以，房子也可以——就是一幅幽絶的圖畫。日本真是一個 Picturesque 的小國。雖然伊的規模很小——一切的東西都象小孩的玩具一般，——但正要這樣，纔更象一幅圖畫呢。講人爲美，日本的裝束（要在日本地方底背景裏看），日本的建築，日本的美術還要好些。我們到東京時，東京正有一個和平博覽會。這裏也有美術展覽，第一天因時間不够，我僅能走馬看花地看了一下。第二天我特爲參觀它又到東京，誰知我們的 guide 偏要領我先看三越吴服店（東京底永安、先施），等到三越看完了，時間又不够了。最奇怪的是我們的 guide 松本君（曾到清華的同盟大會底一個代表），偏説三越 is more interesting than the museum，這可真怪了！要看西洋式商店，我到支加哥紐約還看不見，偏要到這東京來看嗎？日本底地方本好，但日本底人完蛋了！但是我不應如此武斷！日本人不盡是松本。這回來歡迎我們的有一位井上思外雄君可真有趣了！這位先生是在帝國大學二年級學英文文學的。我們在東京一個菜館吃飯時，偶爾談起來了，談的倒很不錯。第二天他特來横濱到船上來找我，那知道我詰朝已上東京去了。等我回來，他碰見我，便要看我的詩，但又不懂華文。後來他要我寄幾首給他，他拿去請中國朋友幫他翻譯了，登在雜志上。這還没有什麽。他説他最喜歡 Yeats，忽然便無精打采地背起 Yeats 的詩來了；背完了，又講 Christina Rossetti 好，又背起伊的作品來了；這樣，自從我見着了他談了幾句話，他便摇頭晃腦，閉眼撑胸地背，滔滔不息地背，背到船快開了，纔勉强地握了手，講了 good-bye 下去了。我并没有請他背，他的 pronunciation 并不能使我聽着 enjoy。但他似乎着了魔，非背不可的。我想他定有點神經病，便從他那語無倫次的談話也可看出。當他背詩時，何浩若在旁邊袛笑，我心裏想道："這纔是一個真'人'呢！瘋人同文人本來是同解的兩個名詞呢！"紙完了，等到支加哥再寫信吧。

永爲你們的朋友　聞一多

七、廿九

這裏還有點空紙，我要補講一句話。歸國後，我定要在日本學一兩年美術。日本畫 made me intoxicated！《女神》多半是在日本作的。作者所描寫的日本并不真確。他描寫了雄闊的東島，但東島并不雄闊。東島是秀麗的，應該用實秋底筆來描寫。

The following is my tentative address:

C/O Mr. Charles L. Wu

5802 Maryland Ave

Chicago Ill,

U. S. A.

（根據手書刊印）

25. 致父母親

五哥轉

父
母親大人暨閤室公鑒——

這種寫信底格式是我創的。我想這樣既可使我省寫許多重複的字，又使家中多讀長篇的詳細的信。以後永久仿此。我們前日到支加哥，來站迎接的清華同學在十人以上。因永駐此城的人已不少，加之暑假期中來此讀夏令學校或工作者復有數人故耳。前本擬與錢君宗堡[①]同居，因傳聞美術學院相去大學（即支加哥大學，錢君肄業於此）甚近。但此二學校實不啻天涯地角也，坐電車來往總須一個半鐘頭。吴君[②]等起爨之處即近大學。故前者八哥所稱起爨處去美術學院甚近之語實大謬不然也。目下加入吴君固不成問題，另與錢君同居亦屬疑問。此處中國學生概屬肄業大學者，居處都甚相近。美術學院在所謂下城者，他們往彼甚稀　故不熟悉。我擬更待數日詳細調查，近美術學院究有地方可住否。如彼處索價過高，我寧在此處與錢君另租房間同居，横竪每日不過來往各一次耳。如至年終覺往返過勞，明年則徑往紐約轉入他校。論美術程度，紐約最高。前者我特因彼處地方太大，太繁華，或不方便。如明年前往，則今年在支加哥已與美國生活接近，庶不至感覺生疏也。現在寓處係新租房子，同居者錢君而外，有羅君隆基。羅君本不在此城，因現離開學日期約有兩月，故暫寄居於此，稍遲再入學校也。此處房租三人共每月四十五元美金。每日在飯館吃兩餐飯，每餐約須三四角美金。剛吃完了不過一兩點鐘就餓了，但一動用就合中國錢一串多。吾人常言“長安居大不易”，今則知外洋居之不易當百倍過之。美術學院開學在陽九月二十五日，今日爲八月九日，故吾人在此可閑居一月餘。九月初在附近處有中部學生夏令會，在中部之清華同學在彼當可會見。餘當續聞。耑此敬請

金安

一多

八，九日。

（根據手書刊印）

---

① 清華 1921 級畢業生，1922 年留美。

② 吴澤霖，清華 1921 級畢業生，1922 年留美。

26. 致父母親

五哥轉呈

雙親大人暨閤家公鑒：

八哥已自舊金山來電，稱已抵岸，計明早可到支城。我明日赴站迎接，他約可留此一夜即首途往麻省。美術學院我已報名入學，但猶未分班，因開學日期未到也。近來生活猶常，看書、作筆記而已。現已作就陸游、韓愈兩家底研究，蠅頭細字，纍紙盈寸矣。惜有時欲求參考書不可得，真恨事也。我現在所從事之著作乃以爲將來歸國教授之用，惟每念及此，輒爲心憂。我在此習者，美術也，將或以美術知名於儕輩。歸國後孰肯延我教授文學哉？求文學教員者又孰肯延留學西洋者教中文哉？我既不肯在美弃美術而習文學，又決意歸國必教文學，於是遂成莫决之問題焉。在國時每賤視金錢以爲不足吝惜，來此竟以日計算囊中尚餘多少，明日當耗多少，戰戰兢兢惟恐浪費，回思在家與家【人】爲此問題爭執，不覺自笑亦以自悲。蓋曩在清華無飲食之憂，有錢一日可揮十數金，無錢鎮月不用，亦常晏如。今在此一日無錢即爲餓莩矣。嗚呼，肉體生活之真經驗從玆始矣。錢君之脱略，視我有過無不及，吾二人每以爲談，相視而嘆，不啻牛衣對泣之楚囚也。本月原欲節省十元，但現衹有五元之餘裕，想下月正式上課當得較佳之成績也。在國時從不知思家之真滋味，出國始覺得也，而在美國爲尤甚，因美國衹知白種人也，有顏色之人（彼稱黄、黑、紅種人爲雜色人），蠻夷也，狗彘也。嗚呼，我堂堂華胄，有五千年之政教、禮俗、文學、美術，除不嫻製造機械以爲殺人掠財之用，我有何者多後於彼哉，而竟爲彼所藐視、蹂躪，是可忍孰不可忍！士大夫久居此邦而猶不知發奮爲雄者，真木石也。然吾見在此之留學生，皆瞢瞢者啜醨之徒，吾以一介之士又其奈彼何。我鄉今年如何？二哥三哥職事有更動否？諸侄已入學否？十四、十六兩妹[①]與孝貞讀書不可間斷，孝貞分娩當爲雇乳母，以免分彼讀書

① 聞一多的大妹和小妹，在嫡堂姊妹中排行十四、十六。

之時。家中若望我之信，當思我之望家信情急百倍，甚望孝貞及兩妹寫信來，借以觀彼等之進步。耑此順請
全家吉安。

一多[①]

（根據家屬存原始鈔件的複印件刊印）

27. 致吴景超、翟毅夫、顧毓琇、梁實秋

景超、毅夫、敏琇、實秋四友：

在清華時，實秋同我談話，常愁到了美國有一天定碾死在汽車輪下。我現在很歡喜地告訴他，我還能寫信證明現在我還没有碾死。但是將來死不死我可不敢保險。美術學院正在支加哥最熱鬧的一條街，米西根街上。進學院去必穿過這條街心，那裏汽車底怒潮騰沸汹涌得最烈，行人到了這急湍底岸邊，須立候巡警底口笛咤住了車潮——有時竟須候十幾分鐘——纔敢走過。不然，没有不溺死在這陸地的波濤裏的。可是有一樁怪事，我們在這裏報上倒没有看見汽車斃人的消息，象北京上海那樣層出不窮呢。這是因爲坐車人底人道講得好些嗎？還是巡警底訓練精到些嗎，還是行人底脚腿靈捷些，腦筋敏活些呢？我現在與錢宗堡、羅隆基二君同居。羅下月即到别處去，錢將在支加哥大學上學。羅去後我就同錢另租房子。這裏伙食并不十分貴，貴的就是房租。但稍緊一點，每月還可省下二十元美金。吴澤霖就在這裏大學讀社會學，這裏社會學也很有名聲。我希望景超明年來此與我同居罷。毓琇若要學純粹科學 pure science，到這邊來也很好。這裏清華同學多至二三十人，中國學生二百餘人。

支加哥乃美國第二大城。我衹講一件事，你們就知道這裏工廠之多。米西根街一帶房屋皆着黑色，工廠吐出之煤烟熏之使然也。我們在

① 此信寫於 8 月。

那裏去一回，領子就變黑了。這裏對於我最 imposing 的兩個地方是美術學院裏的美術館同支加哥電影園。美術館之壯麗輝煌，你們自然能够臆想得到。戲園決非在清華看看 Fairbanks、Mary Pickford 或 Pearl White 的人所能夢見的。我們從前攻擊的誨淫誨盜的長片，在這裏見不着。這裏最好的片子都是一次演完的。并且最大的戲園裏每次的會序中電影不過是一小部分。那裏最好的還是音樂同跳舞。美國人審美底程度是比我們高多了。講到這裏令我起疑問了，何以機械與藝術兩個絕不相容的東西能够同時發達到這種地步呢？我們東方人這幾千年來機械没有弄好，藝術也没有弄好，我們的精力到底花到那裏去了呢？啊！這裏便是東西文明的分别了。西方的生活是以他的製造算的；東方的生活是以生活自身算的。西方人以 accomplishment 爲人生之成功，東方人以和平安舒之生活爲人生之成功。所以西方文明是物質的，東方的是精神的。

關於支加哥，現在衹講這些。我要再告訴你【們】這裏中國學生團體生活的情形。這裏的學生政治惡於清華。派别既多，各不相容，四分八裂，不可收拾。有一人講得很對：處處都可以看見一個小中國，分裂的中國。清華同學會内容大概也差不多，處處都呈一種悲觀的現象。我觀察這裏的中國學生，真頹唐極了。大概多數人是嬉嬉笑笑，帶着女伴逛逛而已，其餘捉不到女伴，就談論品評，聊以解嘲而已。高一點的若談到正當的 serious 的事，也都愁眉嘆氣，一籌莫展。總而言之，他們没有一點振作的精神。本月十九日是支加哥清華同學底 reunion，到時我再仔細觀察觀察。

現在清華快開學了。我希望諸位朋友覺得自己的責任，爲母校造點光明。我們在這裏現在逢一個有腦經〔筋〕的清華同學，便講學校裏的情形；我們盡力鼓吹母校與 alma mater 底聯絡。我希望諸君在《周刊》裏討論【討論】這個問題以引起群衆底注目。

現在談到個人的事……羅、錢剛從外邊回來報告一個新聞，我不能不報告給你們——他們説浦薛鳳 is running after a certain Miss Daisy Yen。我告訴你們這個新聞也表明我們來這裏不斷地聽到這一類的新聞，你們可以想到美國留學生底生活是怎樣地 romantic……我剛纔要講的是關於評《冬夜》底事，不知景超已替我辦好否？我希望諸位能時時將中國文學界底現狀告訴我，以 keep up 我的文學的興趣。我恐怕將來開學後終日與圖畫周旋，會將文學忘掉了呢，啊！我到支加哥纔一個星期，我已厭惡這種生活了！希望你們的回信如大旱之望雲霓！實秋有新作沒有，何不寄我看看呢？你們在清華底享樂之中，不要忘了那半球一個孤苦伶仃的東方老憨！

你們的忠誠的朋友　一多

八月十四日，美國支加哥。

（根據手書刊印）

28. 致親愛的朋友們 *

5747 Drexel Ave.

Chicago, Ill.

U. S. A.

Aug. 27, 1922.

Dear friends:

Here is my chance to practise type–writing, so I shall write in English, though writing Chinese will make me feel much more at home.

Since my arrival at Chicago I have been kept buzy with settling down, sight–seeing, calling and a dozen other things which would be uninteresting to you anyway even had I the time to write to you. It is almost three weeks now. During this brief period, as I would, no doubt, be expected to do, I have constantly prying into magazines, searching among the latest books and learning from whatever personal talks I have had the chance to have, for the recent condition and prevailing tendencies in the literary sphere in this country. The result of my I am going to outline to you presently. However I must warn you not to take it with too much credulity as entirely conclusive and warrentable.

It is amazing to find that the so-called "New Movement" in literature is not at all local nor accidental to our people alone; rather it is a world-wide affair, so far as I know, long in vogue with the English-speaking people. We have borrowed the idea of literary reformation just as we have borrowed the idea of political reformation, entirely from our neighbor on this side of the Pacific.

This is really an epoch-making period in the history of American literature. Never before were there such a host of daring, brilliant, clear-throated also great singers as there are to-day. Conventions that used to make poetry a veiled mystery have been done away with. "To-day", says one writer, "men and women from all class, men and women of all temperaments are reading poetry, talking about it; they are writing it themselves…Poets have persuaded the public that they are competent to talk about their own craft and to read their own poems. Publishers welcome new poets. Is this indeed not like conditions nowadays at home? Now the foremost figures of this group of "new" poets are Robert Frost, Vachel Lindsay, Amy Lowell, Edger Lee Masters, Carl Sandburg, Sara Teasdale, Harriet Monroe, and an endless list of others no less prominent.

You may be interested to know that our literary insurgent Dr. Hu Shi's（八不主義）is not quite of his own invention either. I shall copy several articles of the credo of the Imagists, a school of "new" poets of whom the greatest living woman poet, Miss Amy Lowell is the leader:

"1. To use the language of common speech…

"2. To create new rhythm __ as the expression of new mood

"3. To allow absolute freedom in the choice of subject.

"5. To produce poetry that is hard and clear, never blurred or indefinite."

Don't they smell something of Dr. Hu's slogan?

Now I want to introduce to you the Imagists. For I think it is through a sincere following after their steps that our "new poetry" can hope to be saved from becoming a mere fad. Therefore we, no less than Miss Lowell and her colleagues must champion heartily those six great yet almost platitudinous principles of which four have already been cited above. The rest two read as follows:

"4. To present an image···

"6. Finally most of us believe that concentration is the very essence of poetry."

Our poetry–I mean "pai hua shi" —is too shadowy, too thin, too bony; It needs to be touched up with a deeper and warmer colour that is so characteristic of the Imagist poems, poems modeled with intense concentration. I shall copy Miss Lowell's "Wind and Silver" to illustrate my point: —

"Greatly shining.
The Autumn moon floats in the thin sky;
And the fish–ponds shake tlirir backs and
flash thier dragon scale
As she passes over them."

Or take again Mr. Sandburg's "Fog": —

"The fog comes
on little cat feet.

It sits looking
over harbor and city
on silent haunches
and then moves on."

Compare these with any of the prosaic stuff in our magazines.

The auther I last quoted, Mr. Sandburg, is the most radical both in thought and in craftsmanship of present–day American poets. He has been a porter in a barber shop, scene–shifter in a cheap theater, truckhandler in a brickyard, turner apprentice in a pottery dish–washer in hotels, harvest hand in wheat fields. These tasks equipped him to be the laureate of industrial America. He lives now in Chicago. One book of his published poems is entitled "Chicago Poems". The people in this city exalt him as thier hero and spokes man, nay, as their god. Perhaps you will be glad to know that not long ago I have had the pleasure to attend a lecture by this great poet in the University of Chicago. You can well imagine how I felt full inspired before that colossal figure!

I am sending you now, and shall continue to do so from now on, a copy of "Poetry, a Magazine of Verse", edited by one of America's most famous woman poets, Miss Harriet Monroe. As regard to the prestige of the magazine, I shall only quote the New York Sunday Tribune, "it ranks easily as the best vehicle of poetry in the English language." A well known critic remarked once: "Probably Miss Monroe has done more for the high art of song than any other person in the United States. "The birthday of this magazine was the birthday of the Renascence of American poetry itself. It has done to the American New Movement what "La Jeuness"（新青年）has done for ours, and perhaps more. I can further introduee Miss Monroe in no better way than to show you some of her own works:

Love Song

I love my life, but not too well
　To give it to thee like a flower,
So it may pleasure thee to dwell
　Deep in its perfume but an hour.
I love my life, but not too well.

I love my life, but not too well
　To sing it note by note away,

So to thy soul the song may tell
    The beauty of the desolate day.
I love my life, but not too well.

I love my life, but not too well
    To cast it like a cloak on thine,
Against the storms that sound and swell
    Between thy lonely heart and mine.
I love my life, but not too well.

Mountain Song

I have not where to lay my head;
    Upon my breast no child shall lie;
For me no marriage feast is spread:
    I walk alone under the sky.

My staff and scrip I cast away–
    Light–burdened to the mountain hieght!
Climbing the rocky steep by day,
    Kindling my fire against the night.

The bitter hail shall flower the peak,
    The icy wind shall dry my tears.
Strong shall I be, who am but weak,
    When bright Orion spears my fears.

Under the horned moon I shall rise,
    Up swinging on the scarf of dawn.
The sun. search with level eyes.

Shall take my hand and lead me on.

Wide flaming pinions viel the west–
Ah, shall I find? and shall know?
My feet are bound upon the Quest–
Over the Great Divide I go.

By the way, Miss Monroe's name as a critic is as great as that of a poet.

Another interesting figure in modern American poetry that I must not forget to mention is Miss Hilda Conkling, a most gifted of recent infant prodigies. She is not yet twelve of age, yet notice this unaffected originality and startling vividness and precision of the mature artist:

Water

The world turns softly
Not to spill its lakes and rivers.
The water is held in its arms
And the sky is held in the water.

What is water,
That pours silver,
And can hold the sky?

Daisies

Snow–white shawls…
Golden faces…
Countryside, hillside, wayside people…
Little market–women

Selling dew and yellow flour
To make bread
For some city of elves.

One thing leads me to question about the sincerety, therefore the soundness, of the atmosphere in our poetical world. The most striking argument held by the "new" poets here for the change that has been brought to thier art is that, poetry is but life echoed in words since the opening of the wild West and the industrial reconstruction, American life has turned out from the suffocated closet to the outdoor gypsy-freedom, poetry, then, must of necessity bear that spirit and become simple and direct in diction and vigorous, unaffected, even raw and coarse in manner hence this "new" poetry. But what about our Chinese life? True it is there is a certain amount of industrialization in the ports; but what an inperceptible fraction are these compared to the nation at large? Yet our poets have put up a like demeanoron their faces, one that smells smoke and iron rusts. Again the Americans are a young people, naturally they will talk with the plainness, simplicity and uncouthness of a heedless child. But is there any excuse for a refined old gentleman, a master of language to mock his three-year old grant child's way of talking? Is there any reason for him to think as the child thinks? I don't object to the using of lucid, direct, astringent language. But to ape a child I can not! Great American poets are being hailed by their fellow countrymen as their national mouthpeice. They are rallying around their national art. What have we been doing? We cried only for a new art-to be more concise, an up-to-date, fashionable art. How very often individual artists are condemned as wanting of personality. Some critics even go so far as to claim personality Is art. A nation's art, if it is true art, should be in no way exceptional to this rule. Yes, we have gained much in throwing the age-old thrall of "wen yan" (文言) and substituting it with "pei hua" (白話). But does the change pay after all when we have lost the very vitality of our being, the personality as a people? Look through our work, it is a hedious confusion of foreign terms, foreign expressions, foreign allusions, foreign themes and foreign thoughts. I deeply remorse that I myself am scarce free from this guilt. But cethamly no one is more guilty than Kuo Mo Jo in this respect. At best he has dexterously embodied western thoughts in Chinese words; may be a good imitator of Goethe. Until this moment I suppose I have given him too much praise then he really deserves.

I must close here to save material for later correspondence. I get too much impression from my daily reading that I have to have some expression. Writing to you seems to be my only means of expression, for you know I have nobody to talk poetry with, not infrequently am I even jeered at if I happen to talk a little too poetically. So it would be very kind of you, if all of you should write me often.

With the beginning of a new academic year I hope our Literary Club will start with a fully animated fresh spirit that will carry the year through successfully. Hope every one of you will acheive great things in the year so that you will a pride to the Club. Very anxious to know our new plan for the year, and especially eager to see the recent productions of each one of you. Good–bye!

Yours ever

T-Wen

（根據原信刊印）

29. 致梁實秋、吴景超

實秋、景超：

在這種環境裏居然還能做得出詩來，真是不易。現在寄來給你們來聞聞，有煤烟味兒没有：（拙作請勿登《周刊》）

火　柴

這裹都是君王底紅嘴的小歌童：
有的唱出一顆燦爛的明星，
唱不出的都折成兩片枯骨。

玄　思

在黄昏底沉默裹，
從我這荒凉的腦子裹，
常迸出些古怪的思想，
不倫不類的思想；

仿佛從一座古寺前的
塵封雨漬的鐘樓裹，
飛出一陣猜怯的蝙蝠，
非禽非獸的小怪物。
同野心的蝙蝠一樣，
我的思想不肯衹爬在地上，
却老在天空裹兜圈子，
圓的扁的種種的圈子。

在黄昏底沉默裹，
我這荒凉的腦子裹，
常飛出些古怪的思想，
仿佛同些蝙蝠一樣。

我是一個流囚

我是一個年壯力强的流囚，

我不知道我犯的是什麼罪。

黄昏時候，
他們把我推出門外了，
幸福的朱扉已向我關上了，
金甲紫面的門神
舉起寶劍來逐我；
我衹得闖進縝密的黑暗，
犁着我的道路往前走。

忽地一座壯閣底飛檐
——象支大鵬底翅子——
插在浮漚密布的天海上；
壽字格的窗子裏
瀉出醺人的燈光，黄酒一般釅；
哀宕淫熱的笙歌，
被激憤的檀板催窘了，
螺旋似地錘進我的心房；
我的身子不覺輕去一半，
仿佛在那孔雀屏前跳舞了。

啊！快樂——嚴懔的快樂——
抽出他的譏誚底銀刀
把我刺醒了；
哎呀！我纔知道——
我是快樂的罪人，
幸福之宫裏逐出的流囚，
怎能在這裏隨便打滷呢？

走罷！
再走上那没盡頭的黑路罷！
唉！但是我受傷太厲害；
我的步子漸漸遲重了；
我的鮮紅的生命
漸漸染了脚下的枯草！

我是個年壯力强的流囚，
我不知道我犯的是什麽罪。

太平洋舟中見一明星感賦

鮮艷的明星啊！
太陽底嫡裔，
月娥同胞的小妹——
你是天仙吐出的玉唾，
濺在天邊？
還是鮫人泣出的明珠，
被海濤淘起？

啊！我這被單調的浪聲
摇睡了的靈魂，
昏昏睡了這麽久，
畢竟被你唤醒了哦，
燦爛的寶燈啊！

我在昏沉的夢中，
你將我唤醒了，

我纔知道我已離了故鄉，
貶斥在情感底邊徼之外，
——飄簸在海洋上的一枚釣餌。

你又喚醒了我的大夢——
夢外包着的一層夢！
生活呀！蒼茫的生活呀！
也是波濤險阻的大海呀！——
是情人底眼泪的波濤，
是壯士底血液的波濤。

鮮艷的星，光明底結晶啊！
生命之海中底燈塔！
照着我罷，照着我罷！
不要讓我碰了礁灘，
不要許我越了航綫；
我自要加進我的一勺溫泪，
教這泪海更鹹；
我自要傾出我的一腔熱血，
教這血濤更鮮！

我要告訴你們我所知道的在海外研究文學的清華同學底消息。我知道兩個人：一爲盧默生，一爲張鑫海。盧本學商業，因情感生活底不得志乃改學文學。現在成績甚優，所作英文詩甚爲外人誇獎。但是可惜藝術并不能解决他的問題。什麽是他的問題呢？他是有婦之夫，且爲有子之父了。這個婚姻之不滿意自不待言。但他若處於中國社會，此本不成問題。不幸他所處者乃戀愛自由之美國社會。在這種環境裏不是戀人的也都薰染成戀人了。我想盧君於其從前之婚姻，衹不過經歷一種形式的禮儀，并不曾有情感的生活；他所有的情感都積蓄着，以爲到這邊來作一火山式的爆裂底預備。火山果然爆裂了！他的精神受不起那種震動便失了作用了！詩人作了情感底犧牲了！他瘋了！天啊！天啊！你怎麼這樣糟蹋你的驕子？但是天并没有完全糟蹋他。他的神精〔經〕雖失了作用，他的理智還强健如故。他的功課還做得好極了，好得無以復加了。不過他常常一兩個月不同人講話，不剃頭，做些古怪的態狀罷了！

關於張君我知道的不多。他的成績也是好極了。聽説譚唐[①]力稱他的英文，謂外國人無以過之。我介紹給你們載在 Edinburgh Review，July 1922 裏張君所作的一篇 The Vogue of Chinese Poetry——一篇批評 Arthur Wally & Amy Lowell 所譯中文詩底文章。内容并不高明，英文確是不錯的。

朋友們！你們聽了盧君底故事，不要替我擔憂也要蹈他的前轍嗎？《我是一個流囚》是盧君之事所暗示的；盧君之事實即我之事。但是我可以告慰你們我現在并不十分衰颯；我對於藝術的信心深固，我相信藝術可以救我；我對於宗教的信心還没有减替，我相信宗教可以救我（盧君也是教徒，但他的信心完全破産了）。唉！但是我怎敢講得這樣有把握呢？我還是講："I' ll do my best" 罷！

這幾天的生活很滿意。與我同居的錢羅二君不知怎地受了我的影響，也鎮日痛詆西方文明（我看稍有思想的人一到此地没有不駡的）。我們有時竟拿起韓愈底《原道》來哼開了。今天晚飯後我們一人帶了一本《十八家詩鈔》，到 Washington Park 裏的草地上睡起來看了一點鐘底光景。我不知"毛子"們看見我們作何感想。

我同錢君買了一架打字機，一架留聲機器，我又買了十幾本新書——都是關於文學的。羅要到 Wisconsin 去了，我與錢後天就搬到新租的房子裏去，正式地住下來了。我將來每天早晨八時坐火車走四十幾里到美術學院去，下午四時回來。飯後我們還是要上華盛頓公園去讀杜

① George H · Danton 當時清華的德文教師。

甫、李白、蘇軾、陸游去。錢君雖是個科學底學生（物理），但近來漸能同我談得上了。你們可要知道我的思想并没有讓步，是他受了我的陶化了。

附寄文學社詩組同人一信，祈轉交爲荷。

又已代詩組定《詩》（雜志）一份，計亦將寄到。

一多

九，一。

請注意：

信封上的地址是長期地址。

（根據手書刊印）

30. 致梁實秋

實秋：

陰雨終朝，清愁如織；忽憶放翁"欲知白日飛升法，盡在焚香聽雨中"之句，即起焚香，冀以"雅"化此悶雨。不料雨聽無聲，香焚不燃，未免大掃興會也。靈感久渴，昨晚忽於枕上有得，難窮落月之思，倘荷驪珠之報？近復細讀昌黎，得筆記纍楮盈寸，以爲异日歸國躬耕硯田之資本耳。草此藉候文安。

景超、毅夫、毓琇諸友不另。

Address again changed:

1323，57th St.

Chicago，Ill.

U. S. A.

一多　謹啓

九，十九於美國芝城。

寄懷實秋

泪繩捆住的紅燭
已被海風吹熄了！
跟着是一縷猶疑的輕烟，
左扭右折，
不知往那裏去纔好——
啊！解體的靈魂喲！
失路底悲哀喲！
在黑暗底嚴城裏，
恐怖方施行他的高壓政策：
詩人底尸肉
在那裏倉皇着，
仿佛一隻喪家之犬呢。

蓮蕊間酣睡着的戀人啊！
不要滅了你的紗燈。
幾時珠箔銀縧飄着過來，
可要借給我點燃我的殘燭，
好在這陰城裏邊
爲我照出一條道路。

燭又點燃了，
那時我便作個自照的流螢，
在深更底風露裏，
還可以逍遥着直到天明！

晚　秋

和西風鬧了一晚的酒,
醉得顛頭跌腦,
灑了金子,扯了錦綉,
還呼呼吼個不休。
啊!奢豪的秋,自然底浪子!
春夏辛苦了半年,
能有多少的蓄積,
供你這樣地揮霍?
如今該要破産了罷!

笑

朝日裏的秋忍不住笑了——
笑出金子來了——
黄金笑在槐樹上,
赤金笑在橡樹上,
白金笑在白皮松上。

碩健的楊樹
裹着件拼金的緑衫,
一支手叉着腰,
守在池邊微笑;
矮小的丁香
躲在墻脚下微笑。

白楊笑完了,
衹孤另另地,

豎在石青色的天空裏發呆。

成年了的標葉
向西風抱怨了一夜，
終於得了自由，
紅着臉兒，
笑嘻嘻地脱離了故枝。

其餘一首《游園雜記》未完，改日再鈔。

（根據手書刊印）

31. 致吴景超

晴　朝

一個遲笨的晴朝，
比年還現長得多，
象條懶慵慵的凍蛇，
從我的窗前爬過。

一陣淡青的烟雲，
偷着跨進了街心，……
對面的一帶朱樓，
忽都被他咒入夢境。

栗色的汽車象匹驕馬，
休息在老綠蔭中，
瞅着他自身的黑影，
連動也不動一動。

拒霜的老健的榆樹，
伸出一枝粗胳膊，
拿在窗前底日光裏，
翻金弄緑，不奈樂何。

除了門外一個黑人，
薙草刮刮地響聲漸遠，
再没有一息聲音……
和平布滿了大自然，

和平蜷伏在人人心裏；
但是在我的心内，
若果也有和平底形迹，
那是一種和平的悲哀！

地球平穩地轉着，
一切的都向朝日微笑；
但我衹覺着這些
都已經與我無關了。

皎皎的白日啊！
將照遍朱樓底四面；
永遠照不進的，是——
游子底漆黑的心窩坎！

太陽吟

太陽啊，刺得我心痛的太陽！

又逼走了游子底一出還鄉夢，
又加他十二個時辰的九曲回腸！

太陽啊，火一樣燒着的太陽！
烘乾了小草尖頭底露水，
可也烘得乾游子底冷泪盈眶？

太陽啊，六龍驂駕的太陽！
省得我受這一天天底緩刑，
就把五年當一天跑完，又與你何妨？

太陽啊，——神速的金烏——太陽！
讓我騎着你每日繞行地球一周，
也便能天天望見一次家鄉！

太陽啊，樓角新升的太陽！
不是剛從我們東方來的嗎？
我的家鄉此刻可都依然無恙？

太陽啊，我家鄉來的太陽！
北京城裏的官柳裹上一身秋了罷？
唉！我也憔悴得同深秋一樣！

太陽啊，奔波不息的太陽！
你也好象無家可歸似的呢；
啊！你我的身世一樣地不堪設想！

太陽啊，自强不息的太陽！

大宇宙許就是你的家鄉罷?
可能指示我我的家鄉底方向?

太陽啊，這不像我的山川，太陽!
這裏的風雲另帶一般慘色，
這裏鳥兒唱的調子格外凄涼!

太陽啊，生命之火底太陽!
但誰不知你是球東半底情熱，
誰不知又同時是球西半底智光?

太陽啊，也是我家鄉底太陽!
此刻我回不了我往日的家鄉，
就認你爲家鄉也就得失相償!

太陽啊，慈光普照的太陽!
往後我看見你時就當回家一次;
我的家鄉不在地下乃在天上!

景超:——

讓你先看完最近的兩首拙作，好知道我最近的心境。“不出國不知道想家的滋味”——這是我前日寫信告訴繁祁、方重的;你明年此日便知道這句話的真理。我想你讀完這兩首詩，當不致誤會以爲我想的是狹義的“家”。不是!我所想的是中國的山川，中國的草木，中國的鳥獸，中國的屋宇——中國的人。雖然在《太陽吟》底末三節我似乎得了一種慰藉，但錢宗堡講得對:“That is only poetry and nothing more.”現實的生活時時刻刻把我從詩境拉到塵境來。我看詩的時候可以認定上帝——全人類之父，無論我到何處，總與我同在。但我坐在飯館裏，坐在電車裏，走在大街上的時候，新的形色，新的聲音，新的臭味，總在刺激我的感覺，使之倉皇無措，突兀不安。感覺與心靈是一樣地真實。人是肉體與靈魂兩者合并而成的。

昨接沈有乾從 Stanford 寄來中國報紙——舊金山出版的——一片，中載 Colorado School of Mines 有中國學生王某因汽車失事斃命，其友孟某受重傷。我們即疑爲王朝梅[①]與孟憲民[②]，當即電詢監督處。今早得回電稱斃命者果爲王朝梅，但未提及孟憲民，衹言常叙[③]受輕傷。景超！方來[④]底噩耗你是早知道了的。你不要以爲是這些消息使我想家。想家比較地還是小事，這兩件死底消息令我想到更大的問題——生與死底意義——宇宙底大謎題！景超！我這幾天神經錯亂，如有所失；他們説我要瘋。但是不能因這些大問題以致瘋的人，可也真太麻木不仁了啊！景超！我的詩裏的 themes have involved a bigger and higher problem than merely personal love affairs；所以我認爲這是我的進步。實秋的作品於其種類中令我甘拜下風——我國現在新詩人無一人不當甘拜下風；——但我總覺其題材之範圍太窄。你以爲然否？現在我極喜用韵。本來中國韵極寬；用韵不是難事，并不足以妨害詞意。既是這樣，能多用韵的時候，我們何必不用呢？用韵能幫助音節，完成藝術；不用正同藏金於室而自甘凍餓，不亦愚乎？《太陽吟》十二節，自首至尾皆爲一韵，我并不覺吃力。這是我的經驗。你們可以試試。

我接不着你們的新信，就拿起你們的舊信來念。你們嫌我寫信過多，以致你們不勝裁答之勞嗎？但你們應該原諒我。景超！你想不到我會這樣地思念你們。美術學院明天開課。希望工作可以醫我的病！順問近好！

實秋、毓琇、毅夫諸友統此。

一多

九，二十四夜

①② 清華 1921 級畢業生，22 年留美。

③ 清華 1920 級畢業生。

④ 清華 1921 級畢業生。

通信處又改了，注意!

1323，57th St. E.

Chicago，Ill，

U. S. A.

（根據手書刊印）

32. 致梁實秋、吴景超

實秋、景超:

實秋八月廿七日信，景超廿八日信同時收到。此到美後第二次讀中國信，喜可知也。前上諸函及作品諒均收到。兩友有批評，望寄給我。

月刊之議，我始極贊成，繼而反對，終而睡了一晚覺，復又贊成了。這封信已是第三稿了。我所懷疑的地方也不妨告訴你們；你們或已想到亦不可知。實秋説“夭折難産，皆所不計”。我竊以爲不辦則已，要辦定要期他永春。兩友行即去國，去國後，主持者有得力之人否？如國外人料理國内出版物爲可能，此固無妨。景超講在清華社友能作稿子者三四人而已。不知如此少數人擔任偌大責任稍嫌吃力否？總之最要緊須得在低級之社友之熱心贊成，此事方可進行。兩友以爲然乎？

但是雖有這些困難，辦出版物還是極有興味的一件事。我所以反復懷疑終歸贊成者，正爲此興味所迷耳。我所謂興味者非視爲兒戲也。實則我的志願遠大的很。景超所陳三條理由（一、與文學社以刺激，二、散布文學空氣於清華，三、與國内文壇交换意見）我以爲比較地還甚微瑣。我的宗旨不僅與國内文壇交换意見，徑直要領袖一種之文學潮流或派别。請申其説。我們皆知我們對於文學批評的意見頗有獨立價值；若有專一之出版物以發表之，則易受群衆之注意——收效速而且普遍。例如我之《評冬夜》因與一般之意見多所出入，遂感依歸無所之苦。《小説月報》與《詩》必不歡迎也；《創造》頗有希望，但邇來復讀《三葉集》，而知郭沫若與吾人之眼光終有分别，謂彼爲主張極端唯美論者終不妥也。吾人若自有機關以供發表，則困難解決矣。吾冀實秋之新著《草兒評論》定有同情之感。又吾人之創作亦有特别色彩。寄人籬下，朝秦暮楚，則此種色彩定歸堙没。色彩即作者個性之表現，此而不存，作品之值價何在？再者批評的論文與創作并列則有 concentration，concentration 者事半功倍之途也。余對於中國文學抱有使命，故急欲借雜志以實行之。

雜志内容余意寧缺勿濫，篇幅不妨少。體裁仿寄上之 Miss Harriet Monroe's《Poetry: A Magazine of Verse》，吾希望其功用亦與《Poetry》同。命名《紅荷》不嫌纖佻乎？余寧更求一秀麗而且莊雅之名。

實秋作《草兒評論》，好極了；此誠乃當今急務。吾擬評《女神》。材料在校時已收好，希望即日可以動工。近復讀《湖畔》，覺甚有價值，修人、雪峰、漠華三君皆有佳作也。《仿徨》《在江邊小坐》《隱痛》《歸家》皆與冰心同調；《草兒》《冬夜》，即《女神》中亦不可得此也。蓋《女神》雖現天才，然其 technique 之粗篷篨以加矣。更有一層，湖畔詩人，猶之冰心，有平庸之作，而無惡劣之品。《冬夜》底《八毛錢一筐》，《草兒》底《如厠是早起後第一件大事》，皆不可見於湖畔；即《女神》底《三個泛神論者》亦無有也。或有人要批評雪峰底《三隻狗》。但《三隻狗》不過有點 futuristic，還不失爲詩也；從未來派者的眼光看來，許還是第一等的作品呢。四位中汪静之稍差。必要首首詩限定一句，那真是個傻子。我不能講的太仔細了，我現在没有功夫。將來定另作批評寄上。我提議詩組可以此作一次討論底題材。

我不應允許你們作這個，作那個。我實在没有功夫。現在上了一個星期底課，大致還滿意。衹是終日作畫，精疲力乏，夜晚回寓，止堪吟吟詩，聽聽音樂而已，那能作什麽長篇大論的文章呢？往後一有創作，定寄與兩友酌采以充雜志篇幅。論文不當多望於我也。但我仍當盡我之力以襄盛舉，至少前述兩詩集之批評定當進行也。

《冬夜評》發表後有何影響，確寄我一讀。萬里之外不能握三寸管以應敵操戰，真恨事也。

雜志創刊號材料宜精不宜多。種類宜富。余意《心潮》當選登，昭瀛之《花茵》如有存稿亦宜選登，此爲一種——《繁星》式之小詩也。實秋之《緑珠之死》脱稿否？此爲叙事體之長篇，又一種也，决不可少。拙作《李白之死》頗不浹意，擬修改後再寄上。實秋之情詩與《落英》《春天底圖畫》固可貴，然首期寧先登《緑珠之死》，他作留後再登可也。拙作《美與愛》《幻中之邂逅》，形式修整，又爲一種，《紅燭》《深夜之泪》適與相反，又爲一種，《春之首、末兩章》，純粹描寫景物，又爲一種。——此皆已寄上。朱湘之《死》（曾載《周刊》）與《遲耕》皆可采。别人有合作否我殊不知，斟酌取之可也，然不可勉强人人都須入選。如材料不够，實秋諸作，除《落英》《春天底圖畫》可暫留外，皆可登。也許我這信到，創刊號已出版了，那也更好。但余意以後選材宜從此法，以其易有 variety 也。創作而外，批評論文多則二篇，少則一篇足矣，短評可有少許，本社記事與通信可有可無。批評之態度宜和平。實秋講話太多鋒芒，宜稍隱藏，不可逞一時之痛快以自失身分也。不多談；順問　近好！

一多手啓自芝城——九月廿九日

背面鈔的《紅燭》數首，改的不象樣，太對不起！我看過一次舊作就想改他一改，不知幾時改得完！但這許不算惡習罷？

紅　燭

紅燭啊！
這樣紅的燭
詩人啊！
吐出你的心來比比
可是一般顔色？

紅燭啊！
是誰製的蠟

　給你軀體?
是誰點的火
　點着靈魂?
更須燒蠟成灰
然後纔放光出;
一誤，再誤!
矛盾，衝突!

紅燭啊!
不誤，不誤!
原是要燒出你的光來;
這正是自然底方法。

紅燭啊!
既製了，便燒着。
燒罷! 燒罷!
燒破世人底夢,
燒沸世人底血——
也救出他們的靈魂
也搗破他們的監獄!

紅燭啊!
你心火發光之期
正是泪流開始之日。

紅燭啊!
匠人造了你,
原是爲燒的。

既已燒着，
又何苦傷心流泪？

紅燭啊！
我知道了！
是殘風來侵你的光芒，
你燒得不穩時，
纔着急得流泪啊！

紅燭啊！
流罷，你怎能不流呢？
要將你的脂膏，
不息地流向人間，
培出慰藉底花兒
結成快樂底果子！

紅燭啊！
你流一滴泪，灰一分心。
灰心流泪你的果，
創造光明你的因。

紅燭啊！
“莫問收穫，但問耕耘”！

深夜底泪

生波停了掀簸；
深夜啊——
沉默的寒潭！

澈虛的古鏡!

行人啊!
回轉頭來,
照照你的顔容罷! ……
啊! 這般憔悴

輕柔的泪,
温熱的泪,
洗得净這僕僕的征塵罷?

無端地一滴滴流到唇邊,
想是要你嘗嘗他的滋味。
這便是生活底滋味!

枕兒啊!
緊緊地貼着!
請你也嘗嘗他的滋味。
唉! 若不是你,
這腐爛的骷髏,
往那裏靠啊!

更鼓啊!
一聲聲, 這般急切;
便是生活底戰鼓罷?
唉! 擂斷了心弦,
攪亂了生波。……

戰也是死,
逃也是死,
降了我不甘心。
生活啊!
你可有個究竟?

啊! 宇宙底生命之酒,
都將酌進上帝底金樽。
不幸的浮漚啊!
怎地偏酌灑了你的?

美與愛

窗子裏吐出嬌嫩的燈光——
兩行鵝黄方塊鑲在墻上;
一雙棗樹影子象堆大蛇
横七竪八地睡滿了墻下。

啊! 大星兒, 嫦娥底侶伴!
你無端絆住了我的視綫;
我的心鳥立刻弃了他的春歌,
因爲聽了你那無聲的妙樂。

聽着, 他竟不覺忘了自己,
一心衹要飛出去找你,
把監牢底鐵檻也撞斷了;
但是你忽然飛地不見了!

屋角底凄風嘆了一聲,

驚醒了懶蛇滚了幾淚〔滚〕[1]
月色白得可怕，許是惱了？
張着大嘴的窗子又象笑了！

可憐的鳥兒他如今回了，
嗓子啞了，眼睛瞎了，心也灰了；
兩翅灑着滴滴的鮮血——
是愛底代價，美底罪孽！

游戲之禍

我酌上蜜酒，燒起沈檀，
游戲着膜拜你：
沈檀燒地太狂了，
我忙着拿蜜酒來澆他；
誰知越澆越烈，
竟惹了焚身之禍呢！

春　　寒

春啊！
正似美人一般，
無妨瘦一點兒！

幻中之邂逅

太陽落了，責任閉了眼睛；
屋裹朦朧的黑闇，凄酸的寂静，
鈎動了一種似有似無的感情，

① 上海書店印行的《紅燭》初版影印本此處爲“滚”字。

——快樂與悲哀之間底黄昏。

彷彿一簇白雲，濛濛漠漠，
擁着一隻素氅朱冠的仙鶴——
在方纔淌進的月光裏浸着，
那娉婷的模樣就是他麽？

我們都還没吐出一絲兒聲響；
我剛纔無心碰着他的衣裳，
許多的秘密，便同奔川一樣，
從這摩觸中不歇地衝洄來往。

忽地裏我想要問他到底是誰，
抬起頭來……月在那裏？人在那裏？
從此猙獰的黑暗，咆哮的静寂，
便擾得我輾轉空床，通夜無睡。

春之首章

浴人靈魂的雨過了：
薄泥到處嚙人底鞋底；
凉颸挾着濕潤的土氣
在鼻觀裏正衝突着。

金魚兒今天許不大怕冷了？
個個都敢於浮上來呢！

東風苦勸執拗的蒲根，
將纔睡醒了的芽兒放了出來。

春雨過了，芽兒剛到寸長，
又被池水偷着吞去了。

亭子角上幾根瘦硬的，
還没趕上春的榆枝，
印在魚鱗似的天上；
象一頁淡藍的朵雲箋，
上面塗了些僧懷素底
鐵畫銀鈎的草書。

丁香枝上豆大的蓓蕾，
包滿了包不住的生意，
呆呆地望着蔚藍的天宇，
盤算他明日底榮華——
彷彿一個出神的詩人
在空中編織未成的詩句。

春啊！明顯的秘密啊！
神聖的魔術啊！

啊！我忘却了我自己，春啊！
我要提起我全身力氣，
在你那絶妙的文章上
加這醜笨的一句！

春之末章[①]

一

被風惹惱了的粉蝶，
試了好幾處枝頭，
總抱不大穩，索興就捨開，
忽地不知飛向那裏去了。
啊！大哲的夢身啊！
了無黏滯的達觀者喲！

二

太輕狂了哦！楊花！
依然吩咐雨絲粘住罷！

四

一氣的酣緑裏忽露出
一角漢紋式的小紅橋，
真紅得快叫出來了！

五

小孩們也太好玩了啊！
鎮日裏藍的白的衫子
騎滿竹青石欄上垂釣。
他們的笑聲有時脆得象
坍碎了一座琉璃寶塔一般。

① 原信將第三節改入《春之首章》。

小孩們總是這像〔樣〕好玩呢！

六

綠沙窗裏篩出的琴聲
又是畫家腦子裏經營着的
一幀美人春睡圖：
細熨的柔情，嬌羞的倦致，
這般如此，忽即忽離……
啊！迷魂的諧音啊！

七

音樂家啊，垂釣的小孩啊！
我讀完春之寶笈底末章，
就交給你們永遠管領着罷！

此二首本來長短不稱！《首章》五節，《末章》十一節。現在將他們平均布置一下，割長補短，使之形式上恰成兩朵姊妹花，何如？

鐘聲無關於春，删去，另作一小詩。紫蘿蘭一節底意思 not guite original，不應揩古人底油，亦删。

（根據手書刊印）

33. 致父母親

雙親大人膝下：

離家三月，尚未接家中隻字；試思遠游萬里之人將何以爲情乎！美術學院開課兩星期矣。男之成績頗佳，屢蒙教員之獎許。美國人於此道誠不足畏也。男每日早入學，晚回寓，尚有時間研究文學。昨結識一位浦西夫人。伊有中國畫幅古瓷多種而不識其年代，特約男午餐，借代爲移譯。此婦人甚有學問，認識此處美術文學界有名人甚多。伊已與男兩封介紹信，一致美國最有名詩人山得北[①]先生，又一致《詩》（美國有名雜志）總編輯并著名批評家孟祿女士[②]。此後可以與此邦第一流文人游，此極可貴之機會也。

現與男同居者錢君而外又有劉君聰强[③]。吴君澤霖本在芝城，現已往威士康新大學。然清華同學在此者仍不下二十人也。

敬請

金安！

男　一多[④]

（根據手書刊印）

34. 致吴景超、梁實秋

景超、實秋：

這幾天功課做的正得勁，回到寓所來，又總有一封家鄉來的信躺在桌上等我。遠游异國的人没有比這更開心的事了！昨答毅夫、毓琇書，諒已見到；雷同的話就不用重述了。文學社的印刷物怎樣了？我還是贊成出單行本。不過在這裹我有點私見。我以爲經濟問題由團體負責很有些不便的地方。若果由個人負責，出版時又何必加上一個文學社的招牌呢？我想最好印刷的事脱離文學社底關係。如果同時有數人底作品出版，他們的性質或論調相同，他們當然是一個不挂名的團體了。用文學社的名義於文學社講起來許好聽點，但於該著作對於社會發生影響與否毫無關係。换言之，一種出版物，社會若要注意它或忽視它，并不以其屬於文學社與否爲轉移。老實講起來我們的“藝術爲藝術”底主張，何

① Carl Sandburg（1878—1967）。

② Harriet Monroe（1860—1936）。

③ 劉聰强，字中慧，清華1922級畢業生。

④ 原信無日期，根據信的内容推斷，此信當寫於10月9日前後。

嘗能代表文學社全體呢？我們那些由此種主張而產【生】出的作品，又何嘗能代表文學社全體呢？（《紅燭》底一大半是先文學社而誕生的）我們文學社是以興趣結合的團體，不是以主張結合的團體。現在我們偏要以一種主張現於社會之前。將來若有人要庇蔭於此社發表一種牛頭不對馬嘴的言論，我們既無法亦不當禁止；那時該怎樣爲情呢？我們現在若要出詩集或小説集，不應該存心替自己或文學社出風頭。我們耳聞詩壇叫囂，瓦缶雷鳴，責任所在不能不指出他們的迷途來；我們相信自己的作品雖不配代表我們的神聖的主張，但我們藉此可以表明我們信仰這主張之堅深能使我們大膽地專心地實行它。所以我們現在衹要設法使我們的産品與社會相見就罷了；社裏若不能幫忙，我們自己幹起來，還更好呢。我想必没有人疑心我對於社底忠誠減替了。我要出版與社脱離關係底理由應該 supersede 社底利益，我想是人人承認的吧。

我講了這一大堆話，没有想到全是白講了；因爲等我的信到，至少兩個月已經過了，這兩個月中你們的情形或變更了，計劃或變更了，我還在研究歷史呢。總之，你們還是想着怎樣好，就怎樣辦。我老老實實地也將《紅燭》趕快抄來，由你們分發罷。經濟方面社裏能幫助更好，不能也不要緊（雖然我從前，講的每月可省二十美金完全是個夢想，現在想省五塊錢還做不到）。至於審察稿件，我不信應該歸社友通過。文學社不是做買賣的地方，替一個人出了錢便要干涉他的稿件。我可以請幾位朋友私人地幫我鑒定；但拿我的稿子去給大會當議案似的討論通過，我可不幹。我寫到這裏來，更覺得用文學社底名義出版底困難，真層出不窮；我們衹好捨去這個念頭罷！

現在我又有個新意思，不知能否實行。如果個人底經濟責任難負，我情願勸毅夫與實秋將他們的小説與詩反正遲一年再出版。我知道當學生的是没有多少閑錢幹這些事的。你們能籌多少，無妨先留下。到美後，再省下幾個添補起來，定歸够了。最要緊我們在這一年中，可以先多作批評討論的零星論文，以製造容納我們的作品底空氣。并且你們明年過來了，不論在東美或西美，我們通訊總容易多了；那時我們可以斟酌討論，將我們的作品一齊送出去。當然《冬夜》《草兒》各評，可以立刻付印；有力量就出單行本，没有也衹好向那個報紙或雜志討個栖身之所罷了。

感謝實秋報告我中國詩壇底現况。我看了那，幾乎氣得話都説不出。“始作俑者”的胡先生啊！你在創作界作俑還没有作够嗎？又要在批評界作俑？唉！左道日昌，吾曹没有立足之地了！我極望你們寄一本《湘君》給我認識認識。《雪朝》出版了没有？到底如何？

實秋告訴我那喪氣的關於文學社的消息，我真不知怎樣地痛心！實秋啊！你不能逃你的責任！這裏你的朋友不容你逃你的責任！

看那顆顆坦張的荷錢啊！
可敬的——向上底虔誠，
可愛的——圓滿底個性。
花魂啊！佑他們充分地發育罷！

實秋謝絶了一切的 business，好極了，是極了！希望你保持詩人底胸懷與人格，努力於創作之途！

景超問我讀詩底方法；我不知你是指研究還是指鑒賞。若指研究，單摘佳篇佳句是不够的。惡篇惡句一樣地要緊。還有詩人底性格哲學，也是要從詩中抽出來的。但最要緊的，是要會 generalize——看完一個人底詩——一首詩也同然——要試試能否 locate his rank，classify his kind and determine his value；若不能，便須再細心研究，至能爲此而止。譬如我讀完昌黎，我的三個答案是一，他應占的位置比已占的許要高一點；二，他不是抒情的乃是叙事的天才（他雖没有作過正式的 Epics）；三，他是一個新派别底開山老祖。要求這種答案非 read between the lines 不可。還有歷史也有研究的價值，那便是詩人的傳記了。

我有一個很好的很要緊的新聞告訴你們。前天認識一位 Mrs. Bush——一個有“支那熱”的太太。伊藏了許多中國畫幅瓷器，要我告訴伊這些東西底價值與年代。伊請我午餐，遂談及些詩畫底閑話。伊要介紹我給 Miss Harriet Monroe 那位著名的 enthusiast for and critic of poetry；

（伊的雜志《Poetry》你們收到没有？）還要介紹我給 Carl Sandburg（這位詩人前回的信裏我也講過）。致 Miss Monroe 的介紹信我已得着了。我想過幾天就去拜訪伊了。那時我定有信報告你們我們談話底經驗。再談。順問　近好！

一多

雙十節夜

（根據手書刊印）

35. 致聞家騄、聞家駟

五哥、駟弟：

九月二十四號一函已收到。出國三月，未見家中隻字，此破題兒第一遭，喜可知也。現寓底地址如下，寫信即可用此：

Mr. T. Wen

1323 E. 57th. St.

Chicago，Ill，

U. S. A.

同住者爲錢宗堡、劉聰强二君。他們都在芝加哥大學。這裏離美術學院仍甚遠，但離火車站很近。我每日來往，亦不覺麻煩。我們三人住兩間房子，每月租錢二十二元。房子甚講究，房東也很合得來，大概可以住得長久。

美術學院開課快滿一月。我的功課做得可算得意。這裏是三年畢業。我住的是一年級。現在的功課有幾門很初淺，但教授底方法很不同，爲打根柢起見，經過一番也不錯。上課底詳細情形不勝縷述。概言之，我進此專門學校後，益發對於自己的美術底天才有把握了，祇要給我相當的時間，我定能對於此途有點成就。這裏連我共有三個中國人，但那兩個華僑，一個是從坎拿大來的，一個從檀香山來的。他們雖是中國人却不能講中國話。這個學校在美國很有名。今年底新學生比從來都多些，外國來的也有十幾個。

美術一途當然没有窮境，不要説三年學不完，便是三十年也是不够的。但我現在對於文學的趣味還是深於美術。我巴不得立刻回到中國來進行我的中國文學底研究。我學美術是爲幫助文學起見的。現在我每日上午八點鐘出門，九點鐘上課至十二點止（三個鐘頭共爲一課），下午一點鐘起至四點止，然後回寓所來。多半的時候回到寓所來便没有事了。我即從事研究文學，或寫寫信。我研究文學現在没有一定的規則或計劃，隨着興會與精力走去罷了。大體上講來，我很滿意於我現在的理智的生活。至於情感的生活是完全講不上的。遠在异國，故鄉萬里，一紙之書，經月不到，更有何生趣可言？

在國的朋友們屢次寫信來催我將詩集[1]付印。我也想我該早點進行。但經濟方面頗不易解决。大概照尋常的詩集底格式印起來總須百元。我頗想將月費中節省之數作此資本。但照現在的成績，每月纔能省五元。現在一元美金纔能換一元三銀洋。故若凑成全數頗費時日。我不知兄處或二哥處能否暫凑半數，期於年内出版？《草兒》售洋八角，《冬夜》六角，《女神》五角五分。我想我若售六角，二百本即能够本了。我想至少八百本容易賣掉，其實此種書决不致這樣難售。如兄或二哥能辦到，我即將詩稿寄梁實秋代爲經理。不然即需明年夏天纔能實行也。我决定歸國後在文學界做生涯，故必需早早做個名聲出去以爲預備。多半三年（美術學院畢業）我即歸國。日子過得快的很，轉瞬就要到了，“未雨綢繆”，未爲過也。《冬夜評》擬與梁實秋底《草兒評》合印成單行本。印費有限，當與實秋分擔。我現在又在作《女神評》。我希望以後連續着有書出版，不知能否做到。

披風我并未拿，恐家中記錯了罷？順問

近好？

弟　一多

① 指詩集《紅燭》。

十月十五日夜於芝城。

（根據手書刊印）

36. 致梁實秋

實秋詩友：

秋深了，人病了。
人敵不住秋了，
鎮日擁着件大氅，
象支偎竈的猫，
蜷在摇椅裹摇……摇……摇……
想着祖國，
想着家庭，
想着母校，
想着故人，
想着不勝想，不堪想的良朝勝境。

春底榮華逝了，
夏底榮華逝了，
秋在對面嵌白框窗子的，
金字塔似的，
木板房子檐下，
抱着香黄色的頭帕，
追想春夏已逝的榮華；
想的不安時，
颯颯地灑下幾點黄金泪。
啊！秋是追想的時期！
秋是墮泪的時期！

實秋啊！你前回的信裏講荷花池裏的“粗大的荷葉很横豪，很亂雜，但是緣着葉邊現出焦黄的鑲緣了”。現在呢？不要都是七零八落的破傘了罷？你現在怎樣了？不要也飽染一身秋了罷？芝加哥結克生公園底秋也還可人。熊掌大的橡葉滿地鋪着。親人的松鼠在上面翻來翻去找橡子吃。有一天他竟爬到我身上從左肩爬到右肩，張皇了足有半晌，纔跳下去。這也别是一種風致不同於清華的。昨日下午同錢君復游，步行溪港間，藉草而坐，真有“對此茫茫，百感交集”之慨。“萬里悲秋常作客”，這裏的悲不堪言狀了！

九月十四日寄來的《秋月》與《幸而》兩詩相差太遠。《幸而》翔在雲霄，《秋月》爬在泥地。俗眼或欲揚《秋月》而抑《幸而》，因爲他們不懂得《幸而》底思想與藝術。我説他是尊集中不可多見的杰作。《秋月》近於濫調了。《海棠叢裏》無論賡續與否，我急望一讀。可寄我否？我於病中作《憶菊》一首，請同俞平伯底《菊》比比看：

插在長頸的蝦青瓷的瓶裏，
六方的水晶瓶裏的菊花，
攢在紫藤仙姑籃裏的菊花，
守着酒壺的菊花，
倍着螯盞的菊花，
未放，將放，半放，盛放的菊花……

鑲着金邊的絳色的鷄爪菊；
粉紅色的碎瓣的綉球菊；
懶慵慵的江月臘喲！
倒挂着一餅蜂窠似的黄心，
仿佛是朵紫的向日葵呢。

長瓣抱心，密瓣平頂的菊花；
可愛的尖瓣攢蕊的白菊，

如同美人底蜷着的手爪，
拳心裏攫着一撮小黄米。

檐前，階下，籬畔，圃心的菊花，——
靄靄的淡烟籠着的菊花，
絲絲的疏雨洗着的菊花，
金底黄，玉底白，春釀底緑，秋山底紫，……

剪秋蘿似的小紅菊花兒；
從鵝絨到古銅色的黄菊；
帶紫莖的嫩緑的“真菊”
是些小小的玉管兒綴成的，
爲的是好讓小花神兒
夜裏偷去當了笙兒吹着。

大似牡丹的菊王到底奢豪些，
他的棗紅色的瓣兒，鎧甲似的，
張張都裝上銀白的裏子了；
星星似的小菊花蕾兒
還擁着褐色的萼被睡着覺呢。

啊！自然美底總收成啊！
我的祖國底秋之杰作啊！
東方底花，騷人逸士底花呀！
那東方底詩魂陶元亮
不是你的靈魂底化身嗎？
那登高作賦的重九
不又是你誕生底吉辰嗎？

你不象這裏的熱欲的薔薇，
那微賤的紫蘿蘭更比不上你。
你是有歷史，有風俗的花。
四千年華胄底名花呀！
你有高超的歷史，你有逸雅的風俗！

啊！詩人底花呀！我想起你，
我的心也開成頃刻之花，
燦爛的如同你的一樣；
我想起你同我的家鄉，
我們的莊嚴燦爛的祖國，
我的希望之花又開得同你一樣！

習習的秋風啊！吹着！吹着！
我要贊美我祖國底花！
我要贊美我如花的祖國！
請將我的字吹成一簇鮮花，
金底黄，玉底白，春釀底緑，秋山底紫……
然後又統統吹散，吹得落英繽紛，
瀰漫了高天，鋪遍了大地。

秋風啊！習習的秋風啊！
我要贊美我祖國底花！
我要贊美我如花的祖國！

作《回清華之前一夕》之行素是那一位，請告訴我。我很愛這一首詩。這位似乎是個老手呢。我很希望把他拉到我們社裏來，如果他不是我們的社友。附致文學社社友一函，請轉交。順問　秋安！

聞一多
十，廿七日夜。

附　信

我親愛的社友：——

我不知怎麽地來接近你們。寫幾句空話的信似乎太現應酬式了。但除了寫信又有什麽法子呢？我的親愛的朋友們啊！恕我用了應酬的方法來表明我極懇摯的，熱烈的對於你們的相思。在《周刊》上同私人通信裏得悉我們的創辦雜志底消息。我恭恭敬敬地替諸位預祝成功！鄙意以爲我們既可以出半年刊爲什麽不能出季刊呢？半年與一季相差并不多，出半年刊未免太嫌寒酸一點罷！聽説我們又有叢書底計劃，并且資料就是拙作《評冬夜》與梁實秋君底《評草兒》。兩篇稿子合并成一本書，這我又覺得有些寒酸了。我看倒不如取消叢書之議，將其材料并入雜志而擴充雜志爲季刊，以與《創造》并峙稱雄，好不好？我現方從事著作《女神》評論。每天上課回來，高興了就寫個一半頁，不高興一個字也寫不出。照這樣不知哪一天作得完呢。又聽説我們加入了兩位新會友——鄭君駿全[①]同孫君銘傳[②]。我很誠懇地向他們毛遂自薦，願列於他們的文字之交之末；我又用我的舊社友底頭銜對他們表示無量的歡迎！

耑問　全體秋安！

聞一多

（根據手書刊印）

① 清華 1926 級同學。
② 清華 1925 級同學。

37. 致父母親

五哥轉呈

雙親大人暨闔家鈞覽:

前寄上一函不知收到否？入秋氣候漸冷，家中都康健否？母親大人舊疾未發否？諸惟切念。今接十哥來函稱孝緝[1]免職，二哥亦相隨下臺，不勝驚咤。想以孝緝底局面，二哥亦不致全無他方發展之機會。目下不知有何消息否？念甚念甚。今年二哥初移家眷，諸侄甫入校，諸事將有頭緒，冀此或可作長久之計，不料忽遇此一打擊，真大不幸也。三哥事有影響否？苟三哥尚能支持下去，二哥寬以時日，緩圖他道，亦可差强人意也。

兩侄晋省後各種情形，我尚未接家中隻字之報告。此亦屬切念，請示之爲盼。

駟弟已入正途之學校，自屬大可安心之事。但我不怕他不知用功，而怕他過於用功致妨康健。請五哥時寫信囑咐。

我近日功課進行如常，經驗愈久，興趣愈深，不患没有心得也。此校確係美國之首屈一指。我畢業於此後，縱欲繼續研究，在此邦亦無處可去也。故三年之後我决即歸國。當然學問無窮境，美術亦然。我若欲求更進，衹有往歐洲而已。但此在目下，誠屬望外。目下我所日夜切望者，畢業回國，將來作過三四年事後，再設法往日本一游。因爲此次出國，道經此邦，對於其美術，深表敬仰也。我急欲歸國更有一理由，則研究文學是也。恐怕我對於文學的興味比美術還深。我在文學中已得的成就比美術亦大。此一層别人恐不深悉，但我確有把握。清華底文學社現擬出雜志與叢書。我的《冬夜評》即將與梁實秋底《草兒評》合印一册，爲叢書第一集。我如今又在作《女神》底評論。我想以此與《冬夜評》合爲一册單獨出版，不知文學社肯否。我現在極想從著作中找點經濟的發展，一椿我想這是我對於家中應盡的義務，二椿我的程度如今可

---

① 聞一多長兄聞展民的同學，時在湖北省實業廳任職。

算很够了。舒天弟底成績我很羡慕，但我并不懷疑我自己的造詣很屬殊特。《紅燭》我期於明春出版。我希望定有點收入，雖是我的希望并不很大。

近來的日子并不算苦，但説起來似乎有點寒酸。爲省錢起見，我們三人每天衹上飯館吃一次飯，其餘一頓飯就買塊麵包同一盒乾魚，再加上一杯涼水，塞上肚子便完了。這樣頂多有兩毛錢就够了；若在飯館，至少也要三毛錢。但是無論怎樣苦，我決定每月不多不少要省下五塊錢。若有多的錢剩，我就送給書店底老闆罷，因爲闊的飯我吃不起，闊的書我非看不可。大概在《紅燭》未能出版以前，我省下的錢不能寄回。《紅燭》賣的錢同他種著作底收入，統歸家中子弟教育費之用。請家中不要着急，書呆子快要收利錢了！孝貞計應分娩矣。千萬須爲伊雇乳母，以免分伊讀書之工。

一多

十，二十八。

（根據手書刊印）

38. 致吴景超、梁實秋

景超，實秋：

景超的第二號第三號信，實秋的十月一日信都收到了。聽説實秋近來的 productivity 很好，可喜可喜。我到美以後，成績也出我冀料之外；近來的詩興尤其濃厚；大概平均起來，一個禮拜也有一首。作《憶菊》後又有新作三首。秋來潔閣森公園甚可人意，上星期六、星期日我在那裏整個地留連了兩天。新作的三首詩都是在那時産生的。現在我心裏又有了一個大計劃，這便是一首大詩，擬名《黄底 Symphony》。在這裏我想寫一篇秋景，純粹的寫景，——换言之，我要用文字畫一張畫。

《紅燭》即日鈔録寄上。文學社既不負經濟責任，經理的事管不管呢？請你們打聽書局到底印費要多少，我好預備籌款。紙張字體我想都照《女神》底樣子。全集大概分爲四小集:《雨夜之什》共二十三首爲第一集,《宇宙之什》共二十首爲第二集,《孤雁之什》(出國以後之作品，現有十四首》爲第三集,《李白之死》爲第四集。《忠告》《心底悲號》《傷心》《畫稿》《同文炳話別》[1]《沉沉的夜》《不知足的叫化子》《别離的海》《心與愛》《愛之狂》十首都擬删去。《紅燭》作爲序詩。原稿寄歸，將來還要請你們再斟酌去取。

實秋的 productivity 既那麽好,《荷花池畔》可以伴着《紅燭》一起出世嗎?《冬夜》共五十八首,《女神》五十六首,《草兒》不算《味蔗草》纔五十三首。《紅燭》現在也不過五十五首(擬删諸作在外)。我看見《荷花池畔》時似乎已有三十餘首了，加上後來的新作應該也不少了。實秋，讓他出世了罷!况且這種玩藝兒在質不在量。《荷花池畔》照我看來都是 mature 的作品，全無删削的餘地。

《律詩底研究》及其他稿子尚待修理，離出版之期還早着呢。

詩組研究中國詩與詩人，此舉極是。你們挑定那一家，告訴我，或者我從信中也可以參加你們的討論。我對於唐宋名家很有些拉雜的意見，平時打不起精神來寫他。如今若藉通信寫出來了，還可以給雜志充充篇幅呢。

毓琇底《夜半》好極了，我愛讀極了。“True science and true art are never far apart”。

《冬夜草兒評論》底印費够不够?若不够時，我可以補貼幾個。我不日即當寄一筆款(大約二十美金)回來存在你們那裏，作我的作品底印刷費。我底省錢底預算完全失敗了。但我要借一宗大債趕快將《紅燭》送出去。

你們都在替我擔憂，怕我快走進瘋人院了。哈哈!那裏會!那裏會!我如今冷静得很呢!美國女子没有一個能打動我的呢!美術學院裏有三分之二是 the fair sex，但都是些 dolls。順問　秋安!

① 謝文炳，清華 1923 級同學。

一多

十，三十日

（根據手書刊印）

39. 致文學社社友

社友諸君：

承囑擔任稿件，自然義不容辭。除梁君治華處所有拙作多首任編輯員擇登外，現有《女神評論》一篇，不日脱稿即當寄上。又囑擬雜志名稱，我提議即用“文壇”，不知有當否？封面鄙意不必有畫，蓋從前之經驗皆花費過多而印刷且不精也。如此簡單之樣式亦殊不惡：

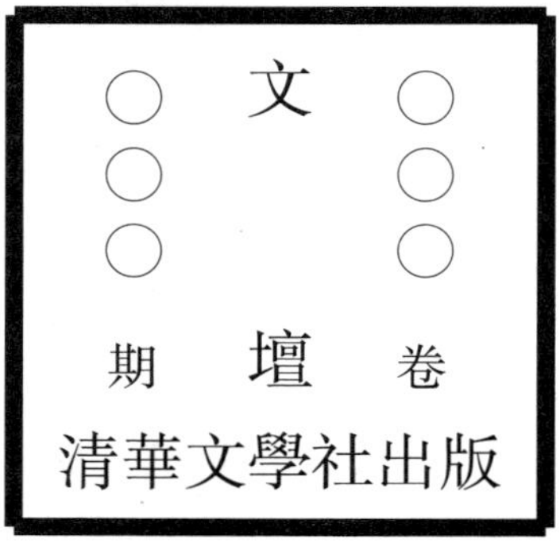

色彩不可兼用紫白。黄地紅字或淺藍地黑字或紅字均可。

聞一多啓[①]

（根據手書刊印）

① 此信寫於11月。

40. 致梁實秋

實秋：

承和的詩同《小河》《幸而》均讀到了。前次寄來的《幸而》之末節似乎不同。我承認那裏底音節欠圓潤，但這次的修改也并不見成功。我想這樣改他，你以爲何如？——

幸而我又是一個惡魔啊！
乘我熟睡的時候，
將自己的活尸縊死！

末行“給”字有時與“被”字通用，容易誤會。“被自己的活尸縊死”便失了原意。“將”字則没有這種嫌疑。原文“給”下有“我”字。删掉了，既可改正此行冗長的弊，又可免掉重複，因爲前二行都有“我”字。第一節末行我請改“婚前”爲“婚姻”。第二節末行改爲——

帶我走進了山裏。

理由如此：“裏”與首節之末字“禮”，末節之末字“死”爲韵，因此全詩成了一個 whole unit，音節也好多了。我以爲小詩底 form 比大詩底 form 要緊，所以不嫌這樣字斟句酌的推敲。而且這首作品底意境“美”極了（惡魔縊死活尸當然不是尋常的美，但是藝術的美），形體再講究點，便成完璧☒[①]

（根據手書刊印）

41. 致父母親

五哥轉呈

雙親大人暨闔家鈞鑒：

五哥寄來的雜志都收到了。　父親大人手諭及孝貞、十六妹書各一封亦收到。我到芝加哥來比别人都僥幸些。别人整天在家無法與此邦人

① 此信寫於 11 月。

士接交，而我獨不然。今日同學名卡普其者接我到他家裏去。他的母親待我好極了。伊説伊的兒子出門時曾遇着一位太太待他好極了。伊要還債。所以今日見我要用那位太太待他兒子底方法待我。使我遠在萬里之外，如在家中一樣。這時我向伊説了一句很漂亮的話，我説，我的母親不久也要還債了。今天伊辦了很好的中飯給我吃。下午又留我過夜，我因道遠了要早回寓。伊又辦了很多的點心迫着我吃。我從未遇着一個外國人待我這樣親熱的。這便使我想起我自己的母親了。想起我自己的家了。這個卡家裏有祖父，有母親，有父親，有兒子（就是我的同學），有女兒（出嫁了）。今天是禮拜日，這一家人都在家。其外女婿也來了，外甥兒、外甥女也來了。還有一位女子（或是我的同學底意中人）。這位卡太太問我中國的風俗人情，問我我家裏有多少人，我都告訴伊了。我又告訴了伊八九年前我的祖父在世的時候，我們家庭底盛況。他們都稱贊不置，他們也有四代人，但不是一家。我們那時是四世同堂，而且人數之多，簡直是鐘鳴鼎食之家了。他們外國人兒子娶了親就搬出去了，所以從來没有這樣大的家庭。他們聽我講，都奇怪極了。卡太太又問我“中國人吃飯是真用筷子嗎？”我説：“還有假的嗎？”伊又問道：“你們吃面也用筷子？”我説：“我們吃面底時候比你們還多呢。”啊，原來伊鬧了半天還是以爲我們一隻手拿一枝筷子，好象他們一隻手拿刀，一隻手拿叉似的呢！你們想想你們若一隻手拿一枝筷子，你們會扒得動飯捎得起面嗎？下禮拜我又要拜訪一位教員（芝加哥大學底）[1]。這位先生要知道中國東西，清華同學張君景鉞便介紹我與他談話。家裏一定都喜歡知道我在這裏人家都認我是有中國學問的人。所以若有外國人要知道中國古時的東西，他們就介紹我去了。所以這樣我本不善交際也不喜交際，但是我想今年新來芝城的人中没有比我的交際更廣的。當然我所謂的交際不是那種虚僞的無事忙，我所結交的都是有學問有道德

① 温德（Winter），1922 年爲芝加哥大學法文副教授。1923 年來中國。1925 年就聘於清華。中華人民共和國成立後任北京大學教授。

的人。

但是講來講去我不喜歡美國。美國的學生没有中國北京、上海、杭州、南京等處的學生底善於思想、勤於思想。他們在我眼裏都是年輕的老腐敗。美國的工人没有中國工人勤苦，他們得錢多，做事少。别人以爲美國好極了，其實美國好本好，壞處也不少。

我的字現在寫得壞極了，一半也因筆不好。我要回來練字。哈哈，這又是要回家底一個理由。父親寫字不便，十四、十六兩妹同孝貞要寫信來。耑問　闔家安好！

一多

十一月六日

（根據家屬存原始抄件刊印）

42. 致梁實秋

實秋：

快樂燒焦了我的心臟，我的血燒沸了，要漲破了我周身的血管！我跳着，我叫着。跳不完，叫不盡的快樂我還要寫給你。啊！快樂！快樂！我讀了 John Gould Fletcher 底一首詩，名曰：《在蠻夷的中國詩人 Chinese Poet among Barbarians》——

The rain drives，drives endlessly，
Heavy threads of rain；
The wind beats at the shutters，
The surf drums on the shore；
Drunken telegraph poles lean sideways；
Dank summer cottages gloom hopelessly；
Black factory-chimneys are etched on the filmy distance，
Tepid with rain.
It seems I have lived for a hundred years among these things；

And it is useless for me now to make complaint against them,
For I know I shall never escape from this dull barbarian country,
Where there is none now left to lift a cool jade winecup,
Or share with me a single human thought,

Mr. Fletcher 是 Imagist School 中一個健將。他是設色的神手。他的詩充滿濃麗的東方色彩。他的第二本詩集名曰 Goblins and Pagodas，我崇拜他極了。我在芝加哥找他的全集找了幾個月，今天纔在一家書鋪底舊書架上找出一本《生命之樹》。但是上録的一詩是從一本《美國新詩雜抄》（1922 年）裏看見的。佛來琪唤醒了我的色彩的感覺。我現在正作一首長詩，名《秋林》——一篇色彩底研究，中有一節云：

啊！生命是一張單薄的，
不值錢的本色紙；
自從緑給了我發展，
紅給了我情熱，
黄教我以忠義，
藍教我以高潔，
粉紅賜了我希望，
灰白贈了我悲哀，
金加我以榮華之冕，
銀罩我以美幻之夢，
哦，從此以後——
我便溺愛於我的生命，
因爲我愛他的色彩！

一多草啓

十二月一日

（根據手書刊印）

43. 致父母親

五哥、駟弟轉呈

父母親大人膝下：

《小説月報》及《詩》請繼續寄來，因現方從事於文學批評，須時時參閱也。我與梁實秋合著的《冬夜草兒評論》已由實秋經理出版，不知駟弟已見到否？我們的意見差不多都包括在此。駟弟久不寫信何故？我望你讀書發生疑問時，確告我，我定能回答你。《小説月報》與《詩》可先看，再寄給我。《冬夜草兒評論》駟弟如在滬買不到，就請舒弟寄一本來。

我在美術學院底成績這個月更進步了，因爲又多得了一個超等。但是我并不喜現在的功課。昨晚會着一位美國有名女詩人海德夫人。我將我的詩譯了幾首給她看，她頗稱贊。她勸我多譯幾首，給她送到這裏一個著名雜志（《詩》）請他們登載。我的朋友們笑我還没有上中國詩臺，倒先上了美國詩臺。我不知國内的人將怎樣承受我的將要出版的《紅燭》，或者他們還不能鑒賞他。但我那兒管得了這些事呢？海德夫人到過中國，當過《詩》底編輯，著了兩本詩集，在此邦文學界頗有聲望。她的丈夫海德先生是一個戲曲家、醫學家，我也會見了。他們當然在學問界是最上流的人物。在美國祇有這些人我還不討厭。

請駟弟轉托十哥到亞東或泰東圖書局，打聽在他們那裏印新詩有些什麽辦法。問他們能否同著者分任印費，或替著者完全擔任印著〔費〕，將來的收入少分幾層給著者。如到亞東就問《草兒》《冬夜》《蕙的風》是什麽辦法；到泰東就問《女神》是什麽辦法。當然去調查時，須告訴他們我的歷史。請十哥早點去訪問，因我要立刻將《紅燭》送出去，不然我以後的著作恐怕不容易叫響。我，本想完全自已出印費，但現在看起來，力量實在不足，祇好放鬆了吧。

鈞天弟[1]聽説有信來，是由五哥轉寄的，怎麽現在還没有收到呢？

---

① 聞一多的嫡堂弟，名亦尊，字鈞天。大排行第十四。

我很想知道他的近況，并願跟他討論些文學、美術的問題。

到如今祇接到五哥一次信。遠人底渴念可想而知。　父親大人底手諭倒都收到了。家内入冬都平安否？　母親大人請少出外勞頓，恐冬寒復觸發老疾也。二哥近來有何安置否？二嫂仍在省否？　父親大人宜時時往省間住幾天，藉以察驗侄輩底功課；家中細故不值得老年人底過慮也。十四、十六妹讀書應漸有進步、漸有興趣。確當多寫信來，但不要説雷同的話。家中細事多少，都是寫信底資料。寫不出的字，有父親，有先生，都可以問；如此，爲什麽不多寫些好的長的信來呢？我不是説從前的信不好（“家書抵萬金”那有不好的呢？），但我還要看更好的信。孝貞計當近臨盆之期矣。從此當脱去所有的孩子氣，用心鞠育，用心讀書。在家裏一方面，如能多使她得一刻讀書底時候，少負些鞠育底責任，那我們就感激不盡了。但是這并不是説孝貞不當學習這些事。這些事她應處處留心觀察，因爲這是女人底正式的職分之一種。

以下的話，十四、十六兩妹及孝貞都當聽者。你們看這次我的信裏又提到一個美國的女詩人，因爲她誇獎了我的詩，我就很以爲得意。這樣看來，女人并不是不能造大學問、大本事。我們美術學院底教員多半是女人。女人并不弱似男人。外國女人是這樣，中國女人何嘗不是這樣呢？好象你們要我寫信寫楷字，你們[①]實在辦不到，第一樁，我太忙了，第二樁，我寫楷字真寫得不痛快。請你們原諒我。好在我寫的都是行書，没有草字。行書你們也是要學的。

家中今年收成不好，但是我在美國讀書底成績是十足的收成。可見得“硯田無惡歲”了！家中應引爲欣慰。

一多寄自美國。

陽十二月二日

（根據手書刊印）

---

① 此處“你們”二字疑爲衍文。

44. 致吴景超

景超:

文學社辦雜志，招牌既已挂出，就得幹起來了。矢在弦上不得不發。我們衹得盡力做我們的一部分工作罷了。《〈女神〉之時代精神與地方色彩》今晚已付郵。此文約有五六千字，加上拙著的詩，當可合書記來函中一萬字底條件罷。

來信談及生死問題。這正是我近來思想之域裏一陣大風雲。我近覺身體日衰，髮落不止，飲食不消化，一夜失眠，次日即不能支持。我時時覺死神伸出削瘦的手爪在我的喉嚨上比畫，不知那一天就要卡死我了。我又不會宣節我的工作與休息。我完全是我的衝動的奴隸。我不知道疲憊時就當休息。景超，這種畏死的滋味你們都没有嘗過罷？啊！死有何足畏呢？不過我同你一樣是個生命之肯定者。我要享樂，我要創造。創造將要開始，享樂還没有嘗到滋味，就要我拋弃了生命到那不可知的死鄉去，我怎甘心呢？昨日同黄鈺生、張景鉞、錢宗堡也談到生命問題。黄是個 cynic，張、錢是 skeptics，我不知我到底是個什麼？你們看到我給文炳的信嗎？我失了基督教的信仰，但我還是個生命之肯定者，我的神秘性 mysticism 還存在，所以我還是有宗教的人。

前晚遇見這裏一位女詩人 Eunice Tietjens，伊要看我的詩。我譯了好幾首去，其中伊最賞識的也就是你賞識的《玄思》。伊教我再多譯幾首，同伊斟酌了字句，伊當送給 Harriet Monroe 請伊選登《Poetry》。錢宗堡笑我没有上中國詩壇，先上外國詩壇了。Eunice Tietjens 曾作過《詩》底編輯，現在是顧問編輯了。伊到過中國，游中國時所作的詩《Profiles from China》(清華圖書館有的)頗著名。伊的丈夫是個戲曲家，我也會見了。你或願意看看《玄思》的譯文，這就是的——

In the dusky silence of evening,
From this my desolate brain,
Often flush out queer little thoughts,

Indescribable little thoughts;

As from a weather–beaten, dustobliterated bell tower
In front of a crumbling old temple,
Swarm forth a file of timid bats,
Weird little creatures neither birds nor beasts.

伊説衹此兩節恰到好處，後兩節可删去。但我不以爲然，至少第三節必要保留。你以爲如何？

《火柴》伊講也不錯。景超，你的眼光到底不錯。

一多

十二，四

（根據手書刊印）

45. 致梁實秋

實秋：

《紅燭》寄來了。因爲這次的《紅燭》不是從前的《紅燭》了，所以又得勞你作第二次的序。我想這必是你所樂爲的。放寒假後，情思大變，連於五晝夜作《紅豆》五十首。現經删削，并舊作一首，共存四十二首爲《紅豆之什》。此與《孤雁之什》爲去國後之作品。以量言，成績不能謂爲不佳。《憶菊》《秋色》《劍匣》具有最濃縟的作風。義山、濟慈的影響都在這裏；但替我闖禍的，恐怕也便是他們。這邊已經有人詛之爲堆砌了。我前次曾告你原稿中被删諸首。這次我又删了六七首。全集尚餘百零三首，我還覺得有删削的餘地。但是我自己作不定主意了。所以現在寄上的稿子隨你打發；我已將全權交給你了。你也可以仿你從前的故伎，將他們分成等差。超，上，中＋者存之；餘皆淘汰。你當然可以請景超作你的幫辦大臣。但我要的是你們的意見，我并不想討大衆的好。假若《紅燭》删得衹剩原稿三分之二，我也不希奇。

我們兩人的作品定要同時出世，我想這定能作到。我想我們在互作的序中，固不妨誠實地發表自己的意見，但也要避開標榜底嫌疑。這是我要請你注意的。

印刷定要在上海纔好。我的弟弟在上海，初二次的校對我可以教他幹。末次還是要你看過的。你同書局將交涉辦妥了，印費須付多少，請你寫信告訴我的哥哥（他的通訊處附後）叫書局向他領取。我想印費衹可在出版以前付他一半或三分之一。不然我便拿不出了。我不便向我家裏索款，我衹好自己省着，再在這裏借點，湊成這筆款項。因爲經濟的關係，所以我從前想加插畫的奢望，也成泡影了。封面上我也打算不用圖畫。這却不全因經濟的關係。我畫《紅燭》底封面，更改得不計其次了，到如今還没有一張滿意的。一樣顔色的圖案又要簡單又要好看這真不是容易的事（這可奇怪了，我正式學了畫，反覺得畫畫難了——但這也没有什麽可怪的）。我覺得假若封面的紙張結實，字樣排得均匀，比一張不中不西的畫，印得模模糊糊的，美觀多了。其實 design 之美在其 proportion 而不在其花樣。附上所擬的封面底格式，自覺大大方方，很看得過去。但是那裏一塊紙是要貼上去的。這樣另費一次手續，也許花錢還是不少。但我寧可這樣花錢，花得穩當多了，划算多了。還有一層理由：我畫出的圖案定免不了是西洋式；我正不願我的書帶了太厚的洋味兒（今天我帶黄蔭普、何運暄、宋俊祥、雷海宗、姚崧齡[①] 等去逛 Field Museum 同 Art Institute Museum，我不引他們久看西洋畫，而到有中國底美術品之處，我總對他們講解贊嘆，他們莫名其妙了）。書内紙張照《雪朝》《未來之花園》底樣子。封面底紙張也應厚如《雪朝》的；顔色不論，衹要深不要淺，要暗不要鮮就行了。書内排印格式另詳附樣。售價多則六角，少則五角。

以上是《紅燭》的計劃。《荷花池畔》既定同時出世，當然最妙是一切仿此（除了封面底紙張可以换一顔色以資區别）。衹看你願意與

① 以上五人皆爲清華 1922 級畢業生。

否？你囑我畫《荷花池畔》底封面，依我的提議，當然是用不着了。實秋！我老實告訴你，我真畫不出使我滿意的一張圖案來，我更信在中國定印不出一張使我滿意的圖案來。等我們出第二本集子時，我定在中國了；那時我定能弄出一本真正地 artistic 的書來。

討厭的 business 講完了，可以閑談幾句了。我近來認識了一位 Mr. Winter，是芝加哥大學底法文副教授。這人真有趣極了。他是一個有“中國熱”的美國人。衹講一個故事，就足以看出他的性格了。他有一個中國的大鐵磬。他講常常睡不着覺，便抱它到床邊，打着它聽它的音樂。他是獨身者，他見了女人要鍾情於他的，他便從此不理伊了。我想他定是少年時失戀以至如此；因爲我問他要詩看，他説他少年時很浪漫的，有一天他將作品都毀了，從此以後，再不作詩了。但他是最喜歡詩的。他所譯的 Baudelaire 現在都在我這裏。我同他過從甚密。他叫我跟他合同翻譯我的作品。他又有意邀我翻譯中國舊詩。我每次去訪他，我們談到夜深一兩點鐘，我告辭了，我走到隔壁一間房裏去拿外套，我們在那間房裏又談開了，我們到門口來了，我們又談開了，我們開着門了，我們在門限上又談開了，我走到樓梯邊了，我們又談開了；我没有法子，講了“我實在要回去睡覺了！”我們纔道了“good night”，分散了。最要緊的，他講他在美國呆不住了，要到中國來。一星期前我同張景鉞（現從他讀法文）聯名替他寫了一封介紹信給曹校長了，薦他來教法文。衹不知道他的運氣怎樣，母校的運氣怎樣。你們如果有法子爲他 push 一下，那就爲清華造福不淺了。我從來没有看見這樣一個美國人！還有一件有趣的事，他没有學過畫，他却畫了一幅老子底像。我初次訪他，他拿着燈，引我看這幅油畫，叫我猜這是誰。我毫不猶疑地説：“是老子？”“果然是老子！”他回道。他又 copy 了幾幅丈長的印度的佛像畫。這些都挂在他的房子裏。他房子裏除幾件傢伙外，都是中國、印度或日本底東西。他焚着有各種的香，中國香，印度香，日本香。

承你寄來的各種詩集雜志都收到了。《創造》裏除郭、田兩人外無人才。《未來之花園》在其種類中要算佳品。它或可與《繁星》并肩。

我并不看輕它。《記憶》、《海鷗》、《雜詩》(五三頁)、《故鄉》是上等的作品,《夜聲》《踏夢》是超等的作品。“殺殺殺……時代吃着生命的聲響”同葉聖陶所賞的“這一個樹葉拍着那一個的聲響”可謂兩個聲響的絕唱!祇冰心纔有這種句子。實秋!我們不應忽視不與我們同調的作品。祇要是個藝術家,以思想爲骨髓也可,以情感爲骨髓亦無不可;以衝淡爲風格也可,以濃麗爲風格亦無不可。徐玉諾是個詩人。《蕙底風》祇可以挂在“一師校第二厠所”底墻上給没帶草紙的人救急。實秋!便是我也要罵他誨淫。與其作有情感的這樣的詩,不如作没情感的《未來之花園》。但我并不是罵他誨淫,我罵他祇誨淫而無詩。淫不是不可誨的,淫不是必待誨而後有的。作詩是作詩,没有詩而祇有淫,自然是批評家所不許的。全集中除你已加圈的《謝絶》外,我還要加一個圈在《盡是》上——

　　盡是失路的鴉兒,
　　彷徨於灰色的黄昏。

頗有意致,薄有意致。

久未通音,竟積起了這多的話。夜深了,再談吧。祝　你冬安!

一多啓

三分郵票就把兩條好漢從東半球送到西半球來了,賤麽要算賤極了!但你們也太賤很了哦!五柳先生不以五斗米折腰;兩條好漢竟爲三分郵票把腰身折斷了。

“單矢易斷,衆矢難折”。文學社底全體却平安地到了芝城。

信寫完了,擱了一天。今早又接到你十一月二十五日一信并《努力》之評論。實秋,我們所料得的反對同我們所料得的同情都實現了。我們應該滿意了。郭沫若來函之消息使我喜若發狂。我們素日贊揚此人不遺餘力,於今竟證實了他確是與我們同調者。《密勒氏評論》不是徵選中國現代十二大人物嗎?昨見田漢曾得一票,使我驚喜,中國人還没有忘記文學。我立即剪下了一張票格替郭君投了一票,本想付郵,後查出信到中國時選舉該截止了,所以没有寄去。本來我們文學界的人不必同軍閥，政客，財主去比長較短，因爲這是没有比較的。但那一個動作足以見我對於此人的敬佩了。

文學社出版計劃既已打消，前回寄上的稿子請暫爲保留。那裏我還没有談到《女神》的優點，我本打算那是上篇，還有下篇專講其優點。我恐怕你已替我送到《創造》去了。那樣容易【引】起人誤會。如没有送去，候我的下篇成功後再一起送去罷。

文學社出版計劃取消也好。我們從此可以隨時送點東西給《創造》也不錯。如果《紅燭》排印費時過久，請你替我抄幾首送給《創造》登登，《荷花池畔》也可照辦。因爲我們若要抵抗横流，非同别人協力不可。現在可以同我們協力的當然衹有《創造》諸人了。

承答一首及《小河》都濃麗的象濟慈了。我想我們主張以美爲藝術之核心者定不能不崇拜東方之義山，西方之濟慈了。我想那一天得着感興了，定要替這兩位詩人作篇比較的論文呢。

《冬夜草兒評論》收到了。這點玩藝兒大致還不差，衹是校對者没有將落葉掃得乾净，殊爲憾事。現在銷路如何？出版後有何影響？這都是我急要知道的。一切經理底手續，麻煩了你，太對不起你了。

你囑我作《荷花池畔》底序，我已着手了。但我很想先看到一部全集底原稿。你能抄一個副本給我嗎？《紅荷之魂》《題夢筆生花圖》《送一多游美》《答一多》《小河》《幸而》《秋月》《舊居》《對情》；這些我都有存稿，就不必再抄了。我想想我們很可憐，竟找不到一位有身價的人物替我們講幾【句】話，衹好自己互相介紹了。但是我們的主張在現代的詩壇裏恐怕衹有我們自己懂得吧。此候　文安。

毓琇，景超，毅夫諸友問候。

一多自芝城

十一，廿六。[①]

詩集最好由商務或中華承印，恐别家無仿宋體字模也。

---

① 係 12 月 26 日之筆誤。

家兄通信處：上海四川路一號證券物品交易所會計科聞理天先生。

又及

十二月廿七日

（根據手書刊印）

46. 致父母親

五哥、駟弟轉呈　雙親大人暨全家公鑒：

五哥寄來寧字第二號信收到。於今家書真抵萬金矣！

二哥近在何處？有無活動餘地？三哥底事能永久否？寧廠加工[①]，壽命究竟長否？統祈示知爲盼。駟弟成績甚佳，殊可喜。課外有暇當多閱雜志，以得普通知識。閱雜志原不是做學問之目的，亦非做學問之本身。但駟弟目下所需者是一普通知識之根柢，根柢既成，思想通澈，然後談得到做專門的學問。此非文科獨然，實科亦莫不然。我囑駟弟多寫信來質疑問難。我雖遠隔重洋，書信往來，節序已遷，但研究學問，真理不改，時間不足以囿之也。

美術學院已放寒假，於今一星期矣。我們除美術史一科外并無大考，衹以平日成績定等級耳。我上月成績又進，七門功課已得六超等矣。此間學校每年多分三學期者。美院亦然。我們下學期應加新功課，但目下尚不知何種耳。

《紅燭》已寄與梁君，請經理付印。到美後曾加新作七十首左右。全集屢經删削，尚餘百零三首。以首數言，除汪静之底《蕙底風》，無有多於此者。印費我不知究須多少。我現衹存三十元美金，擬不日寄給十哥處，俟梁君與書局辦妥交涉後，再轉撥書局。我又想在這裏再借數十元，以後寄回。如尚不敷，則請兄等設法補足。梁君信來講可以代籌款項。但我想《冬夜草兒評論》印費係梁君獨任者，此次不便再累之。

① 當時五哥聞家騄在南京造幣廠工作。

《紅燭》中我本想多用幾張插畫。但目下因經濟的關係一張也不能用了，連封面上亦不能用畫了。衹好等出第二本集子時，再好好的印出一本書來罷。

芝加哥大學也在寒假之中。同居劉君已往威士康新游歷（吴澤霖、羅隆基二君在彼處），現衹我與錢君在此耳。昨日爲耶穌聖誕節。此節在美國等於我國之新年。他們熱鬧起來，逼得我們無隙可鑽了。作客者，作客於异國者，最怕的是這種時候了！

今早得梁實秋信稱郭沫若君曾自日本來函與我們的《冬夜草兒評論》表同情。來函有云："……如在沉黑的夜裏得見兩顆明星，如在蒸熱的炎天得飲兩杯清水……在海外得讀兩君評論，如逃荒者得聞人足音之跫然。"你們記得我在國時每每稱道郭君爲現代第一詩人。如今果然證明他是與我們同調者。我得此消息後驚喜欲狂。又有東南大學底一位胡夢華君也有來函表示同情。但北京胡適之主持的《努力周刊》同上海《時事新報》附張《文學旬刊》上都有反對的言論。這我并不奇怪，因這正是我們所攻擊的一派人，我如何能望他們來贊成我們呢？總之假如全國人都反對我，衹要郭沫若贊成我，我就心滿意足了。

餘容續聞。耑此敬候

全家安泰。

一多自美芝城寄。

十二月二十七日

（根據手書刊印）

一九二三年

47. 致吴景超 *

景超:

久盼不到的《文藝增刊》，今天從姚崧齡處看到了。景超，你自己覺着這本創刊號怎樣，滿意嗎還是不滿意？我老實講，我想你們應該弄得出一本更好的玩意兒來。至少第一期不應就這樣“蹩脚”。但我回頭想想這就是清華底 limit 了，也便是文學社底 limit 了。文學社取消了出版計劃，倒也好。從前聽説我們想出一本短篇小説底彙刊，進行了没有？我看這倒也辦得。我很希望早早看見這本書出版。我現在對於小説底興趣日漸增加。我想在最近將來定有出品送來給你們看。

景超！（昨日寫畢至此今日已易一年矣）又是一年過去了。我自從到美以後，做了些什麽事？我的事做的不能説少。但是你知道這邊的人是怎樣看我麽？他們眼裏的一多是個大大墮落的，江河日下的一多。我何必定要他們知道我。不錯，我的宗教觀念改了，但是我的理想没有改。但是批評我的人自己比我更不配講宗教。他們批評我爲的是另一件事。我現在不必告訴你，候我的小説作完了你便知道了（nothing romantic，mind you）。

《紅燭》收到没有？請你同實秋斟酌爲我删削。《李白之死》後之注請統統删去。我現在覺得把那些東西都注出來似乎小氣得很。祝你
新年進步

一多[①]

（根據手書刊印）

---

① 原信無日期，根據内容推斷，寫於 1923 年 1 月 1 日。

48. 致聞亦有

十哥：

寄來書物三件，第一號（照相）收到後四五日第二號纔到，第三號恐又須四五日也。美郵務可靠，想遺失不致也。寄八哥諸函，均已當日轉寄，今得復函，均已收到。兄年節回家否？兹由信内寄來美金三十元擬作《紅燭》印費。《紅燭》底稿已寄與北京梁君實秋請代經理付印（在上海），候交涉辦妥後，梁君當有信到兄處，并告書局向兄處取此款。餘數已請梁君與書局説妥出版後再付。但下月弟或仍有二十元寄兄處。若此款寄到，即付與書局亦可，交駟弟暫用亦可。因此次印費文武是要五哥設法添補的。除弟寄歸之數，請問明尚缺多少，并請通知五哥，請早日設法，於出版時付清。又校對一事不知由書局完全負責或如北京書局，著者需擔任預校。如上海同然，即着駟弟辦之可也。

弟到美後情形，諒兄已知其梗概。學業方面，既得興趣，自不覺困苦。此美術學校最滿我意處，乃日間上課，課畢即無事，故晚間返寓，猶得研究文學也。入冬微覺身體衰退，夜坐過久，次日即不能支持，且時有停食、流鼻血諸小恙。寒假後稍覺强健，食量日增。弟作事每隨興趣所之，不能自制，故身體衰退此亦一因，然芝城氣候及食品亦須負責也。

八哥學業身體都很好。吾二人通信甚密，此在异鄉之一慰藉也。筠天弟聞在寧成績甚好，閱來信，思想亦大大進步，真喜事也。駟弟頗勤謹，惟恐過度，請兄時時警告。學問之道路非一步可以跨完者也。

所托諸事，費心費心。順問　冬安。

請即覆爲要

弟　多　上

一月五日

（根據手書刊印）

49. 致聞家騄

五哥：

茲已寄美金三十元與十哥作《紅燭》印費，請他轉交書局。弟存款三十元都借與別人了，需下月纔能還清。此次之款，二十元由八哥處借來，十元乃我本月所節省者。下月可省十元擬還八哥一半。別人還我的三十元或多可全數寄歸，少則寄二十五元歸。美金價錢現在很好。統計可以寄歸之數，至少五十五元，可以换銀洋百元之譜。詩集印費不知到底要多少。無論如何，所差之數，請你設法候出版時付清。出版也不知究在何時，已請十哥問明書局轉告，但我想總需兩月。我以後大約每月可寄十元歸；如出版期遲，我寄歸之款即可作印費之用。但出版期既未決定，此説自不可靠也。

前上諸函收到否？美術學校已開課。新加功課有“人體組織”一門，餘皆仍舊。餘容後談。

順問近好。

弟　驊　上

一，五。

（根據手書刊印）

50. 致父母親

五哥、駟弟呈

父母親大人及閤家共鑒：

十哥寄來之書籍至今祗收到兩包，相片與杜陸二家詩集是也，其餘雜志想已失落矣，可惡已極。《創造》望駟弟補寄來，其餘雜志以後永遠停止寄閱，但駟弟若要看，買就亦好，不必寄美也。《創造》第一期聞有再版，亦望駟弟買一本存之，以便日後彙成全套也。以後凡寄物件務挂號以備不虞。前已寄美金三十元至十哥處，不知收到否？此次寄錢，係夾在信内，蓋此國郵章五十元以下可以夾信内封寄也。以後寄錢均仿此。

美校上課已兩星期。此學期功課較爲繁難，然亦較爲有趣。故本學期時間將必多用於美術上，而文學遂不能不稍受停頓也。但此亦不礙。《紅燭》既出版，我於文學方面可以告一小段落。此時專攻美術，計亦不惡也。此間學校，每季爲一學期，故一年得四學期，除暑假，則三學期。三學期乃正式期限，但有願於暑假中繼續修業者亦可能也。故若能連讀三暑假，則可减省一年之光陰也。美院本三年畢業。我想連讀兩暑假，則兩年之間已讀完兩年又兩學期之功課。再讀一學期，即兩年又三個月，而三年之功課均畢矣。由此計算，後年年底（民國十三年）我當能歸國。日前聞一教員云，在此校肄業兩年，根底工夫已足矣，此後自己作功夫，可也。故我若欲早歸，後年秋天亦可歸來。但特來美一次，住個兩年半，亦不算久，我當有此忍耐性以支持到底也。想家中得知我留美期限又由三年减至二年半，亦足驚喜矣。然而局外人或因别人求學四五或六年而我兩年半即歸，遂責我向學之心不切。噫！此豈可爲俗人道哉！我未曾專門攻文學，而吾之文學成績殊不多後人也。今在此學美術，吾之把握亦同然。吾敢信我真有美術之天才，學與不學無大關係也，且學豈必在課堂乎？且美利加非我能久留之地也。一個有思想之中國青年留居美國之滋味，非筆墨所能形容。俟後年年底我歸家度歲時當與家人圍爐絮談，痛哭流涕，以泄余之積憤。我乃有國之民，我有五千年之歷史與文化，我有何不若彼美人者？將謂吾國人不能製殺人之槍炮遂不若彼之光明磊落乎？總之，彼之賤視吾國人者一言難盡。我歸國後，吾寧提倡中日之親善以抗彼美人，不言中美親善以禦日也。

信到時計在歲末，諸兄弟當已返家，故仍直接寄家中也。此候　合室清吉，并賀　新禧！

一多寄

陰曆十一月二十八日書[①]

（根據手書刊印）

51. 致梁實秋

實秋：

剛看完郭沫若底《未央》，你可想到我應起何感想？沫若説出了我局部的悲哀，没有説出我全部的悲哀。我讀畢了那篇小説，起立徘徊於室中，復又站在書架前呆視了半晌。我有無限的苦痛，無窮的悲哀没處發泄，我衹好寫信給你了。但是……又從那裏講起呢？實秋！實秋！我本無可留戀於生活的，然而我又意志薄弱，不能箝制我的生活欲！啊！我的將來，我的將來，我真怕見得你哟！實秋！不消説得你是比我幸福的，便連沫若，他有安娜夫人，也比我幸福些。實秋啊！你同景超從前都講我富於浪漫性，恐怕現在已經開始浪漫生活了。唉！不要提了！……浪漫"性"我誠有的，浪漫"力"却不是我有的。到美來還没有同一個中國女人直接講過話，而且我真不敢同她們講話。至於美術學校底同班，女兒居半，又以種族的關係，智識的關係，種種的關係，我看見她們時，不過同看見一幅畫一般。她們若有時 interest me，那不過因爲那些條綫那些色彩是作畫的好資料。……哦！我真不願再講到女人了啊！實秋啊！我衹好痛哭！

實秋！情的生活已經完了，不用提了。以後我衹想在智底方面求補足。我説我以後要在藝術中消磨我的生活。實秋！請你作我的伴，永遠的侶伴，使我在藝術之宫中不要感到可怕的寂寞罷！

實秋啊！我的唯一的光明的希望是退居到唐宋時代，同你結鄰而居，西窗剪燭，杯酒論文——我們將想象自身爲李杜，爲韓孟，爲元白，爲皮陸，爲蘇黄，皆無不可。衹有這樣，或者我可以勉强撑住過了

① 此信寫於 1923 年 1 月 14 日。

這一生。朋友啊！我現在同你訂了約，你能允許嗎？

十二月廿一日底惠書并詩都收到。願“紅焰輻射的燭火”常照在你眼裏，“夢筆生花”的圖象永浮在你心頭！但是——這是過去的一多底化身喲！現在的一多已經燭滅筆枯不堪設想了。

一月以來無詩，畫興特濃。

一多

一，廿一。

（根據手書刊印）

52. 致梁實秋

實秋：

《紅燭》已付印否？我現在想不拿我的真名出去，但用一個别號曰“屠龍居士”。理由隨後再講，現在要趕完《莪默伽亞謨之絶句》，一篇批評郭譯（見《創造》第三期）及研究莪默的論文。我以後一切著作——創作與批評——擬都署此别號。請你在《紅燭》上更正，并在《荷花池畔》裏凡用到原名處，也都更正或用 T. L. 兩 initials 亦可。我也不要國人從何處印證“屠龍居士”是聞某，故擬將《春之末章》内“琉璃寶塔……”一節删去，以滅絶從《草兒評論》中印證底機會。（我還是 proud of 這一句詩，這目下衹好割愛），連《春之末章》這題名也請你替我换一個，我目下想不起一個合式的題名。此詩最末節與删去的一節有關係，也請斟酌訂正。《秋色》中有“殿角風鈴底共鳴”一句，“共”請改爲“和”。《李白之死》底序亦請删去而加以後附的新序。此問　近好！

一多

二，二日

李白之死有序

世俗流傳太白以捉月騎鯨而終，本屬荒誕。此詩所述亦憑臆造，無非欲借以描畫詩人底人格罷了。讀者不要當作歷史看就對了。《荷花池畔》定當出版，請勿猶疑。拙序亦已寄上。我在此文中未提到你的藝術之優點，一爲避嫌疑，二爲在西方一種詩集初出版，從未有如中國人這樣小氣，帶上一篇喝采式的文以教訓讀衆，我想西方人這一點很好。

（根據手書刊印）

53. 致父母親

父母親大人暨全家合鑒：

又久未接家信，家中均好否？前上諸函諒都收到。近來身體甚佳，功課成績亦有進步。人體寫生從來衹得上等，這回得了超等了。所以現在的分數是青一色的超了。我來此半年多，所學的實在不少，但是越學得多，越覺得那些東西不值得一學。我很慚愧我不能畫我們本國的畫，反而乞憐於不如己的鄰人。我知道西洋畫在中國一定可以值錢，但是論道理我不應拿新奇的東西冒了美術的名字來騙國人底錢。因此我將來回國當文學教員之志乃益堅。

家中望遠人底信，却總不寫信來，這亦不可解。十四、十六兩妹及孝貞爲何亦不寫信來？難道我没有信給她們，她們就不該寫信給我嗎？我有功課及自修，日夜忙碌，不能寫信，猶可原諒，你們有何道理不寫信來呢？你們讀書間斷否？孝貞分娩，家中也無信來，衹到上回父親纔在信紙角上綴了幾個小字説我女名某[①]，這就完了。大約要是生了一個男孩，便是打電報來也值得罷？我老實講，我得一女，正如我願，我很得意。我將來要將我的女兒教育出來給大家做個榜樣。我從前要雇乳母以免分孝貞讀書之時。現在不以爲然。孝貞當盡心鞠育她，同時也要用

① 聞一多的長女名聞立瑛，1922 年 12 月生，1926 年夭折。

心讀書。我的希望與快樂將來就在此女身上。

《紅燭》底交涉實秋有信來否？錢若不够，請諸兄等暫籌墊還，我以後每月節省陸續寄回。我想到頭總不會賠本。此上順問　全安！

男　一多

二月十日

（根據手書刊印）

54. 致聞家駟

駟弟：

我答應你兩星期前回信，直到現在纔實行，真對不起。

我現在可以批評你的筆記了。

王光祈所講外國人居室陳設華麗底原因未必盡實。這些祇是相對的説法，未必是絶對的。你説外國的社會經過藝術化，更不實在。你又説中國美術向來不發達，“向來”當改爲“近來”。唐宋之美術之發達據西人之考據真是無可比倫。江浙人寧餓着肚皮穿好衣服，他們這一點確乎是比較的可取一點。若説中國人十分輕美術也不對。詩在各種藝術之中所占位置很高（依我的意見比圖畫高）。但詩之普遍誠未有如中國者。在中國幾乎無處没有詩。窮家小户至少門聯是貼得起的。門聯上寫的不是詩是什麼？至於從前科舉時代凡是讀書過考，誰不要會作幾句詩！至於讀詩更是普遍了。《唐詩三百首》《千家詩》一類的課本西方是找不出的。

東方之具形美術（即圖畫、雕刻、建築）所以比較地不發達，而文學反而發達——這亦非偶然。圖畫等藝術須耗費物料甚多，然後纔能完成。中國人物質文明不發達，故多費物料即成奢侈，蓋物質不發達，不能浪費也。文學或詩之創造可以絶對不依賴於物質。我能作一首詩，口裏念出來，我的詩就存在了（連寫都不必寫）。但圖畫必依賴筆墨紙等物而後存在。僅一概念不成圖畫也。中國人窮，花不起錢，詩却可以盡量地做，毫無消耗。詩是窮人底藝術，故正合物質窮困的中國人。

還有一個原因就是中國人賤視具形美術，因爲我們説這是形式的，屬感官的，屬皮肉的。我們重心靈故曰五色亂目，五聲亂耳。這種觀念太高，非西人（物質文化的西人）所能攀及。

我現在着實懷疑我爲什麼要學西洋畫，西洋畫實没有中國畫高。我整天思維不能解决。那一天解决了我定馬上回家。

有一個多月没有作詩。上星期作了一篇批評郭譯莪默底文，寄回國來了。我希望第五期的《創造》可以登出。

聽説《清華周刊》底文藝增刊要登我的《憶菊》，你看見過否？這是我的一篇得意之作，朋友們懂詩與否的莫不同聲贊賞。你愛讀否？

寄鈞弟底信看見否？草此，便問　近好！

兄　多

二月十日

（根據手書刊印）

55. 致梁實秋

實秋：

這回如何沉默了這樣許久？沫若寄來一本《創造》，上有附語，言正當畢業試驗，所以没有工夫寫長信。難道你也忙畢業了嗎？近來生活到底如何？“蓮蕊間酣睡的戀人啊”！遠别之期近在眉睫，我將聽到你的悲歌沈没在忙碌的空氣裏了！我正含息傾耳，静聽你的悲歌了！你從前托我調查學校。我很慚愧至如今纔能回答你，而且還是很不滿意的一個回答。我老實講，你既要早畢業，風景好，用費省，那西部的那一個小學校都可以。極西部之 Seattle 是我經歷而且游覽過的，風景之佳，氣候之和，生活程度之低可謂三絶矣。在此城之華盛頓大學讀一兩年就回家，未嘗不可。威士康生風景亦佳，却不是小學校。總之我勸你不必對於學校之選擇費過多之精力，反正你不久就要回國的，什麼地方都可以混一混。你也可以不必計較畢業不畢業，反正一個 B. A. 也就是那末一回事，尤其是對於一個文學創作家。但是我現在有一點私心的意見貢獻給你，你若到芝加哥來呢，至少有兩個好處。第一你可以有機會同這裏文學界裏出色點的人物認識認識，這也是很有趣的一件事。今早一位 Mrs. Bush 寫信來請我到 The ArtsClub 同 Amy Lowell 等晚餐，并聽伊讀伊的詩。Amy Lowell 在此邦是首屈一指的女詩人，比 Eunice Tietjens 底聲價又高多了。閑話少講，總之在大都會裏，見聞是要廣一點的，這是無疑的。第二個好處，這裏的娱樂品如電影、音樂、戲劇比小城是要豐美多了。自然的風景，在無論大小城，反正是講不到的；到不如就人爲美一方面着想罷。但是我不好在這裏多講話，我要避點嫌疑。哈哈！我真傻了，其實這有什麽嫌疑可言呢？

現在講講我自身的事情。我想再在美住一年就回家。我日漸覺得我不應當作一個西方的畫家，無論我有多少的天才！我現在學西方的繪畫是爲將來作一個美術批評家。我若有所創作，定不在純粹的西畫裏。但是我最希望的是作一個藝術底宣道者，不是藝術底創作者。實秋！你不是打算在美國衹住二三年嗎？我希望你也早早回國，幫我作點實在的事業。跑到這半球來，除了爲中國多加一名留學生，我們實在得不着什麽好處，中國也得不着什麽好處。

昨致文學社一函由朱湘①君轉交。致朱湘函中有些新聞，你許願意知道，不妨借閱。耑此藉候文安！

一多

二，十五。舊曆除夕之日

（根據手書刊印）

① 清華 1927 級同學。

56. 致梁實秋

實秋:

接你生日寫來的信，喜甚。現在除追賀你“福如東海，壽比南山”外，還稍談幾句。這次不能寫長信，因爲現在又到月底，當交一月底成績了，上星期又缺了兩天半底課（爲的是作詩），要在這幾天内補起來。我所作的詩名《長城下之哀歌》。這是我悲慟已逝的東方文化的熱泪之結晶。詩長數千言，乃係一詩人碰死於長城之前的歌詞。結果并不滿我意，候下星期修改後，再寄上乞正。

我的幾個哥哥都寫信來催我將《紅燭》出版，他們都叫我不要管經濟，他們可以負責。這樣我纔决意寄回了。我同時又已寄美金五十元回了。所以印費一層可以不必累你了。你知道我對於你不會存客氣。我請你趕快將《荷花池畔》寄到上海去，你自己籌到的款可以够他的印費最好，不然，我還可以想法子。請你不要猶疑，立刻照辦。《荷花池畔》底序我早寄回了，現在想已收到。沫若所謂静中動，動中静，完全没有道理。我還是固執我的成見。

新的《文藝增刊》，當另有一番氣象，我方拭目待之。

一多覆

二，十八。

（根據手書刊印）

57. 致梁實秋

實秋:

感謝你的勸勉撫慰的信。感謝毅夫同一切的新知故好底寵愛。我將爲勸勉我者，撫慰我者，寵愛我者，重視我者，惋惜我者……努力作個不墮落的詩人。若果生活是黑暗，黑暗中還有這些“……我者”存在，那末生活中還是有光明的，生活還是值得努力的。

景超囑作描寫清華生活底詩。我開始作了一首《園内》，曠了兩天課；詩還没有作完，課可不能再曠了。《園内》底大綱我寫在下面：

第一章　園内之昨日

第二章　園内之今日

一，晨曦

二，夕陽

三，凉夜

四，深更

第三章　園内之明日

這是一個 gigantic attempt。兩個多月没有作詩，兩個多月的力氣都賣出來了，恐怕還預支了兩個月底力氣。我先通知你，請你向總編輯先生疏通疏通，把《增刊》底最前的十頁紙留給我，如何？我還要印大字，十頁也許不够呢，現在不過約略地講罷了。换言之，這首詩可作這期增刊底題辭。此刻作完《夕陽》了，已寫了七頁白紙。我先將每章之序曲合并抄來，給你看看：

第一章

你開始唱着園内的“昨日”，
請唱的象玉杯跌得粉碎，
血色的酒漿濺污了滿地；
然後請模擬掌中的細沙，
從指縫之間溜出的聲響。

第二章

你唱到園内的“今日”之時，
當唱得象似一溪活水，
在旭日光中淙淙地流去；
或如村塾裏總角的學童，
走珠似地背誦他的課本。

第三章

你若是會唱園内的“明日”，
當想着我們紫白的校旗，
你便唱出風旗飄舞底節奏；
最末，避席起立，額手致敬，
你須唱得象軍樂交鳴。

請轉告景超，所囑的三件事，詩已作了，封面也要畫，文章可没有功夫作。三分天下有其二，吴大帝還不當知足嗎？順問近好。

一多

三，六。

（根據手書刊印）

58. 致家人

五哥、駟弟轉呈

閤家公鑒：

許久没有寫信回，也許久没有接到來信。昨接八哥來函稱接家書，臘初曾得大雪，春收可救百分之一二，誠大不幸中之幸也。鄉間此時情形如何？人心慌亂到什麼程度？望略示遠人，借釋懸念。凶年兵燹，頻乘薦臻，鄉民將何以爲生啊！不知人心是怨天呢，還是怨人？天灾誠無法可救，至於人禍，若在歐美，這輩封狐長蛇，早被砍作百塊了！美國底革命如此，法國底革命如此，俄國底革命亦如此。

我近來人事甚好。功課也作得有興，但是詩興總比畫興濃些。現在爲作一首描寫母校生活的長詩[1]，曠了兩天課。詩還没有作完，課可没法再曠了。范静生先生前過芝城，爲此處留學生講演，大意謂歐美侵蝕吾國的脂膏，吾人抗禦之法，還靠農民。故農民教育，尤爲當今亟務。先生來美，即爲考察此邦的農村教育。前兩星期我曾參與此城之文藝學

① 長詩《園内》。

會，又會見此邦的一位大詩人盧威爾[1]。這位詩人曾翻譯過一本中國詩，他不懂中文，他譯中詩，同林琴南譯西洋小說一樣，與別人共作。這就是近來的新聞。草此敬請
雙親大人福安，全家福安！

驊　謹啓。[2]

（根據手書刊印）

59. 致吴景超、梁實秋

景超，實秋：

《園内》底大功告成了。然而爲成爲敗，我自己實在毫無把握。這是我初次作這類“清廟明堂”式的玩藝兒。兩年前我同浦薛鳳等辦十周年紀念增刊，我已擬作這樣一首詩，竟没有作成。不料這回離了清華，倒作成了。兩年前要寫寫不出的情緒如今都吐盡了，痛快極了！痛快極了！這首詩底局勢你們可以看出是一首律詩底放大。第三四節晨曦夕陽爲一聯，第五六節凉夜深更爲一聯；再加上前後的四節共爲八節，正合律詩的八句。中間四節實是園内生活之正體。晨曦底背景是荷花池，夕陽底是體育館，凉夜底是大禮堂，深更底是高等科大樓。每景有一主要的顔色，晨曦是黄，夕陽是赤，凉夜是藍，深更是黑。我覺得布局 design 是文藝之要素，而在長詩中尤爲必需。因爲若是拿許多不相關屬的短詩堆積起來，便算長詩，那長詩真没有存在底價值。有了布局，長篇便成一個多部分之總體 a composite whole，也可視爲一個單位。宇宙底一切的美，——事理的美，情緒的美，藝術的美，都在其各部分間和睦之關係，而不單在其每一部分底充實。詩中之布局正爲求此和睦之關係而設也。

---

① Amy Lowell（1874—1925）。

② 此信原稿旁有當時家人的小注：“陽曆三月八日發，本月四日收到。”

至於詩中的故典同喻詞中，也可看出我的復古底傾向日甚一日了。末章底 appeal 恐怕同學們讀了，要嗔目咋舌，退避三舍罷？但是這種論調他們便在美國也是終久要聽到的。倒不如早早地聽慣了的好，省得後來大驚小怪，不知所措。草此順問兩友好否？

一多頓首

三，十七。

（根據手書刊印）

60. 致吴景超

我以前説詩有四大原素：幻象、感情、音節、繪藻。隨園老人所謂“其言動心”是情感，“其色奪目”是繪藻，“其味適口”是幻象，“其音悦耳”是音節。味是神味，是神韵，不是個性之浸透。何以神味是幻象呢？就神字的字面上就可以探得出，不過更有較有系統的分析。幻象分所動的同能動的兩種。能動的幻象是明確的經過了再現、分析、綜合三種階級而成的有意識的作用。所動的幻象是經過上述幾種階級不明瞭的無意識的作用，中國的藝術多屬此種。畫家底“當其下手風雨快，筆所未到氣已吞”，即所謂興到神來隨意揮灑者，便是成於這種幻象。這種幻象，比能動雖不秩序不整齊不完全，但因有一種感興，這中間自具一種妙趣，不可言狀。其特徵即在荒唐無稽，遠於真實之中。自有不可捉摸之神韵。浪漫派的藝術便屬此類。嚴滄浪詩話謂“盛唐諸公，惟在興趣；羚羊挂角，無迹可求。故其妙處透澈玲瓏，不可湊泊，如空中之音，相中之色，水中之影，鏡中之象，言有盡而意無窮”。滄浪所謂“興趣”同王漁洋所謂神韵便是所動幻象底别詞。所謂“空音、相色、水影、鏡象”者，非幻象而何？——答吴景超書[1]。

（根據 1986 年人民文學出版社出版《聞一多書信選集》刊印）

① 此信是聞一多當年自己摘録的，具體年代不詳。

61. 致家人

五哥、駟弟轉呈

閤室公鑒：

十哥代寄來的《創造》與《小説月報》都已收到。第二次寄回的錢不知收到否？今接實秋來函稱詩稿將寄與泰東承印，版權歸他們，可以得到一點稿費，也到底不知多少。成仿吾（《創造》底編輯）并允代爲幫忙。稿費底事，在我們本不好太執著，還價是講不到的，衹好隨便一點，落得出版以後，銷行可望廣一點。初出頭的作家本來是要受點委曲的。《冬夜草兒評論》除了結識了郭沫若及創造社一般人才外，可説是個失敗。我埋伏了許久，從來在校外的雜志上姓名没有見過一回，忽然就要獨立的印出單行本來，這實在是有點離奇，也太大膽一點。但是幸而我的把握當真拿穩了，書印出來，雖不受普通一般人底歡迎，然而鑒賞我們的人倒真是我們眼裏的人。實秋信中又講到郁達夫（小説家，也是創造社底中堅人物）曾到清華園來拜訪了他一次。他又講我的批評《女神》的文章將在下期的《創造》裏登出了。總之，目下我在文壇上衹求打出一條道來就好了。更大的希望留待後日再實現吧。近來作了一首寫清華生活的長詩，寄給此邦各處的朋友看了，都紛紛寫信來稱贊，其中浦薛鳳[1]尤其象發狂似的贊美我。我覺得名譽一天天的堆上我身來了；從此我更要努力。

近來人事很好。功課雖忙，却也有趣。家中近來都好否？二哥近狀如何？鄉間近來安静否？諸祈示知是爲至荷！寄歸各款如今當然可移作他用。下月恐怕再有貳十元寄回。耑此

敬請父母親大人　福安，并問

全家安好！

驊　謹啓[2]

---

① 浦薛鳳字逖生，清華 1921 級畢業生。

② 此信收件人注“陽三月廿日發四月十六日到”。

十四、十六兩妹及孝貞再寫封信來看看你們的進步如何。又及

（根據手書刊印）

62. 致梁實秋

實秋：

你老嘆着文學社完了，好象嘆了幾聲，你的責任便也交卸了。本來真的文學不在乎有社沒有，但是偌大的清華，這麼多的有志於文學者，連一個社都維持不住，也要算是吾輩的耻事了。我不希望多的，衹要文學社底招牌還挂着，到期奉行故事地換選一次職員，我的心願就足了。因爲有了這一個對象，我在海外若有替他盡力的機會時，便有下手之處了。“文學”二字在我的觀念裏是個信仰，是個 vision，是個理想——非僅僅發泄我的情緒的一個工具。The Muse 是有生機，有意識，有感覺的活神——伊被忘弃時，也會悲傷，也會妒怨——正同你們朋友們，我若久不寫信來，你們也要悲傷、妒怨了。實秋，我現在不是責備你，但是我的牢騷除你以外，也無處可發了。你若不會周旋，你若學生會、這個委員會、那個委員會底公事太忙了，你若中央公園底公事也太忙了，校中的有志文學的同學們若都不在你眼裏；那麼我衹好用我的 awkward 的周旋本領，我衹好從課務之暇，我也衹好瞎着眼睛來照顧照顧我們這可憐的美斯司了！我的基督教的信仰已失，那基督教的精神還在我的心裏燒着。我要替人們 consciously 盡點力。我的詩若能有所補益於人類，那是我的無心的動作（因爲我主張的是純藝術的藝術）。但是相信了純藝術主義不是叫我們作個 egoist（這是純藝術主義引人誤會而生厭避之根由），你前次不是講到要介紹薛雷[①]嗎？那我們就學薛雷增高我們的 human sympathy 罷！閑話講多了，我寫信底原意，是要請你將《文藝增刊》裏發表過文藝者底真姓名都告訴我，讓我好同他們通通信。請你

① Shelley，今譯爲雪萊。

立刻就辦，可否？還請告訴我下列幾人底最近的 development，若果你知道。他們是楊世恩，胡毅，朱湘。

“我們是以詩友始，但是還要以心友終的啊！”我這回講太激烈罷？但是我并不懊悔。你同景超負氣辭文藝編輯，印《增刊》單行本，處處都見你 childishly selfish，因爲你也知道你辭文藝編輯是《文藝增刊》底不幸，但《文藝增刊》單印與否，於其内容無關，於其價值無關。你爲了自己的意見而犧牲了《文藝增刊》，所以我說你是 selfish。但你這 selfishness 是直覺的情操的，不是功利的；所以我説你是 childish。哦，幸而是 childish，若變到成人的，那真是不可救藥了！草此便問近好

一多頓首

三，廿二晚。

《園内》收到否？這裏的朋友們若昭瀛，逖生，隆基，澤霖及同居的兩位都極力稱贊。說句陳俗的俏皮話，我真撥動了他們的心弦了嗎？再一句時髦語，你們的心弦起了共鳴没有？

這幾天很忙，改日再寫信來談别的事。

《紅燭》交泰東，甚善，甚善。

（根據手書刊印）

63. 致聞家駟

駟弟：

我實在對不住你，同你寫的信太少了。但是這裏有個原由。每次你的信來，我總想等到那天有暇，長長地寫封回信，殊不知事情既忙，脾氣又懶，長信到底寫不成，不獨長信，連短信也寫不成了。我想以後不要這樣野心，信來了便作答，有時候多寫點，否則寫少點，也聊勝於無。前星期寄歸一函講《紅燭》已賣與泰東事，不知收到否。

你信中提到沫若所講關於藝術與人生之關係的話，很有見地。但我們主張純藝術主義者的論點，原與他這句話也不發生衝突。但是説他

已將這糾葛的問題解決了，我又不信。我還是拘守我的老主張。你又問精神肉體互相關屬，是何理由。其實這很明白，肉體是方法，精神是目的。達到一種目的必須一種方法，但方法底價值是在其能用以達到目的的。若無目的，還要方法何用呢？若没有字，筆也没有價值存在了。字寫完了，筆可以抛掉。字到底比筆要緊些。精神是字，肉體是寫字的筆。

你抄來的筆記中論人生之罪惡與懺悔一段，理論辟透，文詞焕發，氣勢渾厚。我初次看過，忽略過了，今天再閲，纔知道我的弟弟能作這樣的文章，我快樂極了！我快樂極了！駟弟，你當努力，你可以作個詩人，或小説家，或戲劇家。你的天資够了，衹看你將來的努力如何。平常你的文字有些拖泥帶水，這一段，好極了，便叫我自己寫起來，也不過如此。

《蕙的風》實秋曾寄我一本。這本詩不是詩。描寫戀愛是合法的，衹看藝術手腕如何。有了實秋底藝術，纔有《創造》第四期中載的那樣令人沈醉的情詩。汪静之本不配作詩，他偏要妄動手，所以弄出那樣粗劣的玩藝兒來了。胡夢華底批評我也看見了，講得有道理。文學研究會底徐玉諾出了一本《未來的花園》，見過否？實秋不喜他，我却説他頗有些佳點。徐君是個有個性的作家，我説他是文學研究會裏的第一個詩人。自聖誕節後我衹作了兩首詩，一是《園内》，你可在今年的《清華周刊》底紀念號見到。還有一首名《長城下之哀歌》，現在修改，擬送《創造》發表。這兩首都是極長的詩。《園内》恐怕是新詩中第一首長詩。我近來的作風有些變更。從前受實秋底影響，專求秀麗，如《春之首章》《春之末章》等詩便是。現在則漸趨雄渾沈勁，有些象沫若。你將來讀《園内》時，便可見出。其實我的性格是界乎此二人之間。《憶菊》一詩可以作例。前半形容各種菊花是秀麗，後半贊嘆是沈雄。現在春又來了，我的詩料又來了，我將乘此多作些愛國思鄉的詩。這種作品若出於至性至情，價值甚高，恐怕比那些無病呻吟的情詩又高些。

我的畫興也日濃。我現在又漸有在此多留年餘底傾向，但此時還早，説不定將來的事呢。你現在看些什麼雜志？關於文學，《創造》同《小説月報》都不可不看。别的非文學的雜志也要看。法文進境如何？日記多作固好，但不要太占了看書底時間。不妨試作些詩或小説，以資練習。你將來專門那一種學問，現在固不必定，但無論如何，以文學作副科，既合你的性情，又是件很有價值的事。你若要專門文學也好，但我不勉强你。將來到底專門什麼，現在也無妨想想，却不必遽然决定。舊書亦當看。

你回家後考察兩妹及孝貞底進步到底如何，請詳細告我。家中還有什麼新聞望亦多告我。二哥底近狀若何？三哥事有變否？五哥事有變否？都望詳細告我。

我在此邦同級中組織了一個通信的團體，吴澤霖、羅隆基、錢宗堡、浦薛鳳、沈有乾、何浩若都在此團體中。我們所做的事，就是互相通信，報告消息，討論問題。這是留學生生活中之新發明。將來實行了，一定在這乾枯孤寂的留學生活中加進一點新興趣，新精神。八哥與他們同級的時昭瀛、潘光旦、劉聰强、陳石孚、劉昭禹也組織了一個同類的團體。

草此便問　近好。

通信處要法文的或英文的。速寄來。

兄　一多

三，廿五日

（根據手書刊印）

64. 致翟毅夫、顧毓琇、吴景超、梁實秋

毅夫，一樵，景超，實秋：

這封信是恭祝四友横渡太平洋之喜，或是預吊四友闖入十八層地獄之哀的。在諸位是喜是哀，且不必管，然而在我這方面，一年來渴望生塵的親愛的面孔，不久便要在這裏 Lasalle Station 環笑於我身旁——這種

情景，懸想起來，落魄天涯的人怕不要破涕爲笑，曲踴三百嗎？景超來函曾提及他的選校底事，你們三位現在想也已定奪了。盼望至少多有幾人到 Wisconsin，Minnesota 等處來，將來我們不獨通信方便，就是假期之間，高興起來，還可以見見面呢。至於若有人駕臨芝加哥……啊！我不敢盼望，我也不必講下去吧！總而言之，我們見面總快了；芝加哥該是你們必由之道罷？

什麼上船以前，上船以後的各種 business 反正我不在行，我當然不來當你們的軍師。有一件事我希望你們注意的，是我去年没有做成的筆記，我希望你們各人都將做得成。你們同伴中的小環境裏有文學的空氣，若要從事記述，是比較地容易些。你們何必不都幹一幹呢？這筆記底内容我所注意的是在描寫一般過海神仙底醜態；原來旅行底經驗，游觀底盛況，那倒是千篇一律，没有什麼可寫的。

看近來的《周刊》，母校著實充滿了磅礴的生機。《周刊》底進步在這裏幾乎已是有口皆碑了。《學報》之復活尤足驚人。我知道這各種建設底細胞核還就是我此刻寫信的幾個人，因此我對於你們中興的名臣不能不肅然起敬。但是回頭一想，你們的冒險心也太大了。你們把臺搭起來了，馬上就要遠游；上臺的人又是誰呢？他們又果能"叫座兒"嗎？這些問題真不禁想喲！聽説文學社又要出叢書了，我"一則以喜，一則以懼"。

我的近况如常，大概你們都知道了。春又來了，我的希望也要——

……burst a frozen bud

And flood a fresher throat with song.

我的希望大着呢！昭瀛因我寫信時老没提及繪畫，因之替我擔憂怕我對於此袛限於課堂的生活。你們可也替我擔憂嗎？實則我對此的興趣也在膨脹。我現在真象受着五馬分尸底刑罰的罪人。在學校裏做了一天功課，做上癮了，便想回來就開始 illustrate 我的詩；回來了，Byron，Shelley，Keats，Tennyson，老杜，放翁在書架上，在桌上，在床上等着我了，我心裏又癢着要和他們親熱了；有時理智的慾火燒起來，我又想繼續我那唐代六大詩人底研究或看看哲學書；有時接到昭瀛，努生諸人底信，喚起了我的作業的興味，我又要提創這個，改造那個；更可笑，有時又覺得詩做得無味了，我又要在小説戲劇上躍躍欲試了。啊！我太没有意志力了！我祇怕我終要鬧得一無所成了！

實秋：《荷花池畔》確於去國前也交泰東付印。大概你寫信來命我作序時，你没想到我還要請你作《紅燭》底序。現在想起來，我作的那篇序横竪作的不好，不如不用了罷！你若還要序，再請别人作亦可；依我看，不用序也没有關係。我正等着聽你的新歌，好得點神經質的刺激。我要你唱出血淚來，我將傾耳旁聽，拍手叫絶！

在我們大家未見面以前，若還有機會寫信，請依然多寫。我們在五月初要搬家了，你們有信請暫寄——

C/o Mr. C. Y. Chang

33 Snell Hall

University of Chicago

Chicago，Ill，

U. S. A.

還請隨便那一位替我出張條告，通知校中别的朋友，若有信來，請寄上列通信處。

我前通信與各友人商量如何接濟清華稿件，并提議使一駐美編輯部實現。頃得沼瀛，遯生覆函允於實際上幫忙，至編輯部事俟夏令會再討論。如今我們要看清華底合作精神如何！

一多頓首

三，三十。

（根據手書刊印）

65. 致聞家駟

駟弟：

寒假所作札記并信都收到。札記大體甚好，確見進步，可喜。但以後可節録佳者一、二節寄來評閲，蓋過多你既不勝抄寫之勞，我亦無暇細評，且亦無盡評之必要也。我意你目下亦不可太費多時於札記上，閲覽更要緊也。

久不接家中來信，你的信裏亦未提及家中一字。遠人其何以奈此！父親大人每責我寫信不密而以八哥與我相衡。豈知八哥所接之家信亦密於我者哉？家中若許人豈數月中無時塗一二字寄來乎？我若寫信不勤，功課忙碌，非無因也。我不信全家之人除你而外皆爲忙人，且忙甚於我也。我雖爲書呆，亦不致呆如木石，而無思家之情也。

近來生活爾爾。飯健雖猶如常，然而心靈之愉樂，無足道者。客居萬里者，除接家信外，更無樂事。家書不可得，則望友書。有友如實秋，月爲三四書來，真情勝於手足矣。駟弟乎！你非勸我勿繫懷鄉梓者乎？吾亦知繫懷何益。然人非全爲理智動物，情難勝也！我近數年來，不知何來如許愁苦？縱不思鄉，豈無他愁？大而宇宙生命之謎，國家社會之憂，小而一己之身世，何莫非日夜嚙吾心臟以逼我入於死之門者哉！曩者童稚，不知哭泣，近則動輒“冷泪盈眶”，吾亦不知其何自來也。

近方作《昌黎詩論》，唐代六大詩人之研究之一也。義山研究迄未脱稿，已牽延兩年之久矣。今决於暑假中成之。家中《義山詩評》四本請速寄來，勿誤勿誤！工部詩云：

“千秋萬歲名，寂寞身後事。”

我誠知攫取名譽非難事也，然今亦已看穿矣。顧猶孜孜於著述者，非求聞望，借以消磨歲月耳。

家中不另作書，借此恭請

閤室全安！

兄　一多問好。

四月八日

此爲支字第一號

擬遷居，通信暫寄

Mr. T. Wen

C/o Mr. C. Y. Chang

33 Snell Hall

University of Chicago

Chicago，Ill，

U. S. A.

以後信可由弟處寄，不必由南京寄。五哥有信先寄弟處，弟加封寄美爲便。

（根據手書刊印）

66. 致家人

□其時孔、方、梅三君[①]亦正抵美，八哥及潘、吴兩君[②]即來此團集。各處到芝路費皆公攤，例如八哥由吴城到芝路費非彼自出，乃社中代給也。因此每人須捐五十元始可敷用。九月以前恐無款寄回矣。孔繁祁今夏來美，因家中不能籌款（孔君無父母，伯父不予接濟），所需製裝等項皆由在美友輩湊集接濟。八哥曾借與三十元，我借與二十元。又前在校時向校中所借長期借款，現亦方分月還償。故目下手中亦不名一錢。

此間天氣甚怪，前一星期還曾下雪。現在則正春温矣，樹木將將發芽。春序復回，良時佳節，又是思鄉之大好機會。旅人對此，徒喚奈何

① 孔繁祁、方重、梅貽寶，皆爲清華 1923 級畢業生。

② 潘光旦、吴澤霖。

耳！十四、十六兩妹及孝貞讀書間斷否？試再作一書來以觀成績。忠、勛兩侄[①]能作書否？若能寄我數語，遠人之樂，可想而知矣。敬請
雙親大人金安，
闔家統此問好。

驊　寄
四，二十二。
（根據手書刊印）

67. 致家人

駟弟轉
闔家公鑒：

久未得鄉音，家中近均吉否？念念。我近日身體極健，飯量大增，惟吃起來總怕吃多了，不是怕傷胃，乃是怕到月底……説起來真好笑，堂堂留學生還怕没有飯吃呢。現已遷居，房租略賤。同居者僅錢君耳。近來没有文學的作品，因學校功課甚忙。美術亦大有興趣也。

昨晚此間中國學生開國耻紀念會，到者亦不甚多。我處處看到些留學生們總看不進眼，他們的思想實淺陋得可笑。前不久此地有個山東的學生，姓孫的，因功課作不好，喪氣投湖自盡。遺書即謂明知自殺之非，但自觀腦經〔筋〕薄弱，學無所成，將來定無益於社會，不若死之爲愈也。此事聞之者孰不酸心！然我誠希望在此中國學生多有如孫君若是之血性者，中國庶有望也。

久不嘗中國茶，思念至極。此處雖可買，然絶無茶味也。今夏來美同學經滬時，望托帶泰豐罐頭茶葉數罐。如一人不便携帶，即托必經芝城者數人若孔繁祁、方重、吴景超、梅貽寶或顧毓琇者皆可也。此事駟弟可請十哥代辦。又聊弟在滬應知最新出版物甚悉。遇有新出之詩集，

① 聞一多的大侄兒聞立忠與二侄兒聞立勛。

確寄來一閱。《創造》第五期應已出版，望亦按時寄來爲要。

家信太難得見。此事有解决方法否？必需我自己多寫信回來誘釣，那我寫信亦不少矣，何報酬之稀哉？不多談。耑此

敬請父母親大人金安！

闔家均吉。

驊　自美芝加哥寄

五月七日芝字第三號

（根據手書刊印）

68. 致母親

今日爲此邦之母日，子女皆有禮物奉贈母親。且各於衣襟攢上一鮮花，以示孝思。母在者花色紅，母亡者花色白。今日居停主婦推户而入，笑容可掬，延男與錢君觀其三女所遺之花朵及賀帖。是時男寸心怦動，而慈顔遠隔感可知也！歸而書此，恭祝母親萬福金安！然花不可寄，賀帖亦不適用。（賀帖書吉語或短詩數句，可由坊間購得，但皆爲英文，故不適用）。居停知男爲詩人，囑男自爲一詩，奉遺

吾母。顧吾作詩即佳，能勝古人？爰録孟東野《游子吟》以表孺懷：

慈母手中綫，游子身上衣。臨行密密縫，

意恐遲遲歸。誰知寸草心，報得三春暉！

然男更有禮物豐於一切禮物者，則近日有兩友見男，一曰“你長胖了”，一曰“這裏幾個人，衹有你面多血色”。男以赤色書此，[①] 一以表吾母之壽，猶美國人之佩赤花然，一以示男面之血色，庶吾母觀此書，猶對男面耳。書畢復以俗語祝

吾母“壽比南山”！

男　多　自美國芝加哥叩禀。

① 此函是用粉色紙寫紅色字。

五月十三日，即此邦之母日。

（根據家屬存原始鈔件刊印）

69. 致梁實秋

實秋：

這回的沉默延遲如許之久，在你一方面，畢業忙的歲月瞬如一息，然而异國的羈人可真有些受不了呢！其實受不了也已經受了一個月了吧？你真到 Colorado Springs 去嗎？那我們今夏果無見面之緣了。

前不久此地有位孫君因學不得志，投湖自盡。這位烈士知生之無益，有死之决心，而果然死了。要死就死，我佩服，我佩服，我佩服，我要講無數千萬個“佩服”。實秋，你也該講佩服。

近來詩被畫征服了。詩神屢次振作思圖中興，然而毫無效力。

以上是一星期前寫的。這一星期中思想頗有變更。然而目下還在醖釀之中，不久有了結果，當另函報告。上書之“思想”就是人生觀底意思，所謂“變更”者，也可以講得清楚一點，便是新希望之發見。

今天看《周刊》得知《文藝增刊》絶命了。不想到清華竟有這一天呢！前天晚上我還想着邀集已來美及將來美的文學社社員捐一筆款，作爲母校文學獎金，獎贈一年中最佳之一篇詩、小説與戲劇之作者（作品限定在《周刊》上發表的）。如今這個噩耗傳來，我的感覺彷佛是世界底末日到了似的。世界的末日，照這樣看來，無論如何，是快了的！

盼望看你的《尾生之死》，到底又失誤了一回。聽説這個題材已有三絶，我想加他一“絶”爲他作一幅畫，想必有趣極了。可惜尊著没有見着，我的 inspiration 也早死了。我現方修改《長城下之哀歌》，此爲一 elegy，與 Lycidas，Adonais 同調。我對於此作的野心與希望極大，擬於暑假更以全付精力完成之。《尾生之死》若有副本，確賜我一讀。若有新作亦確擇尤餉我！

錢宗堡微有肺病，不日將入醫院，我便要獨居了。想想這種滋味——一個“東方老憨”獨居在一間 apartment house 底四層樓上，抬頭往窗口一望，那如象波濤的屋頂上，衹見林立的烟囱開遍了可怕的“黑牡丹”；樓下是火車、電車、汽車、貨車（trucks，運物的汽車，聲響如雷），永遠奏着驚心動魄的交響樂。……

一多問好

五，十五。

附書請轉文學社。

請注意新通訊處

5601 Blackstone Ave,

Chicago, Ill,

（根據手書刊印）

70. 致梁實秋

實秋：

今天接到四封信，都是學文學的朋友寫來的，我的狂喜，你可猜想。《園内》有些朋友還以爲不够堂皇的。我也這樣想。但一個人怎能超出他自己？作《園内》時的我，衹有悲哀，絶望，孤寂，無聊，所以《園内》表面上雖似堂皇，其中正含有無限的冷泪，他終掩不住是——

……深深海底的鮫人，
坐在紫黑的巉石龕下，
一壁織着愁思的輕綃，
一壁唱着纏綿的歌調。

我很渴望着看到你去校前要作底長詩。但我衹怕還得去校後纔能作成呢。奇怪的很，《園内》在園内作不成，到園外反作成了。

《文藝彙刊》底名稱太 prosaic，不能引人注意。内容倒不十分壞，但選擇還可以嚴一點。爲什麽《或人之戀愛》及董鳴在周刊上發表過些小詩没有録入？孫守拙底小詩有幾首過得去的，没有一首好的。馬杰底也不是詩。我可以作一首玩藝兒，把二蕭、三肴、四豪、十七篠、十八巧、十九皓、十八嘯、十九效、二十號諸韵裏個個字都用進去，但還是算不得詩。

《荷花池畔》千呼萬喚還不肯出來，我也没有法子。但《紅燭》恐怕要嘆着“唇亡齒寒”之苦罷！講到在《紅燭》序裏宣布我們的信條，我看現在可以不必。恐怕開釁以後，地勢懸隔，不利行軍，反以示弱。若是可能，請勞駕收回序稿，或修改或取消均可。千萬千萬！

芝加哥我也不想久居。本想到波斯頓，今日接到你的信，忽又想起陪你上 Colorado 住個一年半載，也不錯。你不反對罷？文炳、君重都學文學，擬往 Stanford，我極反對；若能 influence 他們往波斯頓，也許我就要奉陪他們了。總之，這一年生活苦極了，除了同一位同班的洋姑娘偶爾談談初淺的文字知識以外，竟没有人共談了。一年已經苦够了，以後我非拉住你們一個不可。無論如何，你到芝以後，總得同我小住幾天，我有許多的話要同你談。畢業同訂婚底 business 想已辦清了。這也可算一番小小的“洞房花燭夜，金榜挂名時”了！哈哈！

一多問好。

五，廿九。

《尾生之死》恰到好處。但汐流上潮底景況，正是利用 description 的機會，若是我，我定大大描寫一番，象《李白之死》中描寫月光一樣。但描寫潮水可難多了。《尾生之死》衹可算 ballad，《李白之死》則有似 epic 之處。Rossetti 底《The Blessed Damozel》請參校一下。

（根據手書刊印）

71. 致聞家駟

駟弟：

滬字第四號頃收到。我既云移居，何以來信又寄舊處？糊塗至此！前函已告你新住址，玆再列如下，望注意：

Mr. T. Wen.
5601 Blackstone Ave.
Chicago，Ill.
U. S. A.

前函稱《創造》二卷一號已出版，何以至今不見寄來？我囑你辦的衹此一事，尚不能應時照辦乎？十哥若在滬，望速函請寄一本來，不然，有朋友在滬，亦當托辦。因我擬在此雜志中多投稿，必欲先睹新出各期以爲快。俟你到滬後，則再訂一全年，由該書局直接寄美，以免你們自寄容易忘却也。你若再忘辦此事，則我將直接寄錢與書局訂購，但我想該不致必出於此舉！從前各期皆十哥經手寄來，此款已付清否？計自第二期至四期（二本）共四本，實合洋一元六角，望查清付還爲要。二卷一號確火速寄來，千萬，千萬，千萬！

美校今日畢課，本年成績已開展覽會，其中我頗有作品。暑假學校在兩星期後。

札記以後當停作。因以此時間讀書，獲益更多也。札記之用乃在：（一）養成批評精神，（二）練習作文。據我看來，你近來寫信及札記中，文詞暢達，間亦有美麗之詞句。如此，則作文之練習并非你的亟務。至於所謂批評精神者，無非就是“學而不思則罔”的“思”之意耳。據我又看來，你已經會“思”了。於今你的缺點乃差近於“思而不學則殆”。讀書甚少，僅就管窺蠡測之智識，“思來思去”，則縱能洋洋大篇，議論批導，恐終於萬言不值一杯水耳。例如本次札記所談老子哲學，固見思力，但此種問題，我尚望之却步，況吾弟之初學，豈能必其言之成理乎？此種見解存之腦中可也，筆之於書則不值得。故目下爲弟之計，當保存現有之批評精神以多讀書史，所謂“學”與“思”并進也。至於“述而不作”，孔聖猶然，吾輩則第當“思”而不“述”耳。

前函又言讀書甚慢，此非好習慣，當求打破。凡讀文學書，如小説、詩詞等，不妨細讀，反復吟咏，再四紬繹，以深領其文詞之美。若讀哲史或科學則當速讀，但觀大意，不求甚解，即把捉其想思而不斤斤於字句之穿鑿也。此辦法本并行不悖，但弟所切需者速讀耳。

來書又問讀舊書從何下手。《清華周刊》中有梁任公先生一文論此甚詳，參看可也。雜志除《創造》外，若《學藝》《東方雜志》《民鐸》《改造》亦宜多看，以求得普通知識。從舒弟學英文及社會科學甚佳，當努力。

澤霖、努生二友今日來芝，書畢即往晤談。草此并問近好，兼請

雙親大人暨全家福安！

鄉間又恐旱，確否？

兄　一多　覆言

六月十四日

芝字第五號

（根據手書刊印）

72. 致家人

前上一函并相片，諒已收到。近來人事無恙，可以告慰也。舒弟諒有《清華生活》帶歸。望駟弟將《園内》謄録一過，并附致成仿吾一函，寄創造社爲要。《園内》現有更改處，另列於後，駟弟録此時，可參閲改正。鈔録時望注意標點、分行等事爲妥。《義山詩評》及《創造》等等皆收到，除另函報告十哥處，并此附聞。

本年在美術學院因各門成績均佳，遂得最優等名譽奬。前函忘却提及，蓋餘并不引此爲榮也。前在家中曾言及美國各校有咨派優秀學生往巴黎、羅馬之例。今始知此校雖有此例，而僅限於其本國人，故余已絶望矣。今此等名譽奬乃不值錢的臭東西，送給我我還不要呢！然於此更見美人排外觀念之深，寄居是邦者，其何以堪此？　附與舒弟函祈轉

交。

肅此敬請

雙親大人　金安并問

全家安好?

多　敬叩

七，二十日

第二頁第二行當作——

“麻雀呀！叫呀！叫呀！”

第二頁第五行

“吽”亦當作“叫”

第三頁第六行

“尪瘠的”改“尪瘦的”

第五頁“於是曙色……”全節改如下：

“於是曙色烘醒了東方，

好象侵漸明晰的思想。

晨鷄叫了，太陽翻身起來了，——

金光鍍上了紫銅蓋的穹窿，

金光點燃了龍鱗似的琉璃瓦，

高樓頂的旗杆上描着金光，

戰巍巍的松針上灑着金光，

早起的少年被晨曦愛上了，

熱烈的金光吻着他的桃頰。”

第六頁第三行

“早起的”三字衍

第七頁第七行

“竄游的”當作“竄逝的”

第七頁末行起至次頁第九行止改如下：

“少年們踢着、抛着太陽，

少年們頂着、抱着太陽，——
沸熱的生命
在他們血管中澎漲。
夕陽裹喧呼着的少年們，
赤銅鑄的筋肉，
赤銅鑄的精神，
在戲弄着熄了的太陽。”

第八頁第十行當作——
“在這晶藍的、水似的空氣中，”

第九頁第十一行及第十頁第一行當作：
“一壁織着愁思底輕綃，
一壁唱着纏綿的歌調？”

第十頁第六行當作：
“唱醒了他的杳恨冥愁。”

第十一頁下第二行
“跳起”改“跳出”

序曲第一首第四行
多一“中”字

注一改如下——
“今清華園中等科之東，舊有土地廟一所”。

注二改如下——
“這是清華學校底校訓。”

末尾署“一九二三年七月二十日三稿”

題名後加識一語其格式如下

園　　內

——爲《清華生活（清華周刊）》十二周年紀念號作——

（序曲）

…………

…………

（根據手書刊印）

73. 致聞家駟

駟弟如見：

此信到滬，計弟已來校。接讀後望速轉家中，因未另作書也。八哥已於上星期到芝，現與我同居。他擬下年即在芝校肄業。如昭瀛、景超兩友亦來此，則同居起爨，否則或與我同寓。起爨之舉，自能節省經費。但我因上課往返須坐火車，冬日冰雪積地，跋涉爲勞，宜近車站而居，彼等則求近芝校校舍，故我不能加入也。然彼等若肯犧牲求一折中之地點，則我亦未始不願相從也。此事無論如何，非旦夕能定者。當俟赴麥城夏令會晤景超，再作道理。此間暑期學校已畢，諸友皆先後離芝赴麥。八哥明日偕努生前往。我後日搭逖生汽車同行。夏令會期約長一周，會後又有新清華學會成立會，故在麥須勾留旬餘也。

前五哥來函暨忠、勛、珠①、鑒②等所作功課均收到。諸侄甥皆有天資，此後宜善爲教訓，不難成就也。我自來美後，見我國留學生不諳國學，盲從歐西，致有怨造物與父母不生之爲歐美人者，至其求學，每止於學校教育，離校則不能進步咫尺，以此雖賺得留學生頭銜而實爲廢人。我家兄弟在家塾時輒皆留心中文，先後相襲，遂成家風，此實最可寶貴。吾等前受父兄之賜，今後對於子侄亦當負同等責任，使此風永繼不滅焉。吾意忠、勛在省垣當然非長久計，但在其未離省之前，瀚兄③可以相隨。父親大人又能不時晋省監察，則於此時，索性多多注重中文，鄂省之洋文、算術等等無論如何不可靠，即稍放任，無大關係。若

① 聞立珠，聞一多的大侄女。

② 陳文鑒，聞一多的外甥。

③ 劉之瀚，聞一多的表兄。

誠失之於英、算，而得之於國文，終非虛擲光陰也。但鄂垣非教育子弟之所，已不成問題，而南京爲全國教育最可靠者亦漸成公認之事實。故明秋去鄂就寧，最爲不二之上策。至於經費方面，爲時尚寬，屆時當有解决也。

我近來計算本年除經常用費外，所省亦不在少數。寄歸五十元，借繁祁二十元，買書九十元，買留聲機二十元，合計亦將近二百之數。本年與八哥同居，希望成績較佳。全年定有七、八十元接濟家中。餘款仍當作書籍費。飯可吃壞點，書籍不能不買個飽也。

弟在震校幾時可入正科？在預科時普通知識切宜廣博。國學亦當注意。札記頗耗時間，如讀課外書時少，即暫停札記亦可。如有新意，不忍忘却，僅記其大意可耳。

八哥本年學問大進可驚。長此進行，定成一真正學者。特此附告，用以相勉。順問近好，并請

雙親大人及全家福安！

多　自芝城手啓

九月一日

近見報載有陸侃如之《屈原評傳》出版，望寄一本來看看。

芝字第九號

前函復忘識號數，當作八號。

（看反面）

此信乃往麥城前所寫，置桌上，忘却付郵，歸時始發見，則已過兩星期矣。現擬往科泉與實秋同居。科泉離此需一日之旅行。我行期約在一星期後。科泉有美術學校或不及芝校，然與實秋同居討論文學，酬唱之樂，當遠勝於拘守芝城也。在麥城與吴、孔、梅諸君相晤，托帶諸件俱收到。

實秋信言沫若已允贈《紅燭》酬資八十元。然十哥函稱未定，不知何故。請轉告十哥代詢爲要。離芝前當另有函來，餘不多白。函件由八

哥轉交。八哥通信處爲

C/o Mr. I. C. Wen

5611 Drexel Ave

Chicago, Ill.

U. S. A.

九，十二。

（根據手書刊印）

74. 致聞家騆

騆弟：

陽八，廿二自家寄來一書已收到。第七號既未收到，當遺失矣。日久，書中所述不可憶，想無要事。

我現已在珂泉，離芝城遠如北京至長沙，車行首日早十時起，次日午後二時至。珂泉爲此邦名勝之區，有曼圖山、裴客峰、神仙園等勝景。夏日爲避暑之地，氣候全年皆如春日。地勢既高，空氣絶佳，故又爲養疴之所，蓋如我國北之香山，南之廬山也。

珂泉有大學，美術學院附屬焉。此美術學院規模極小，遜芝院遠矣。我之來此，固因不奈於芝城生活。在此休養一年，擬再行東往波斯頓。清華同學在此者，實秋而外，有盛斯民、王國華、趙敏恒、陳肇彰四君。我現與實秋同居。每月房飯費五十元。房飯較芝城佳甚矣。在芝城時係在飯館用膳，此處不作興如此，乃與房東共食也。房東老夫婦甚惠謹，待遇我輩頗厚。

總之此來，於美術所獲或較歉，然於文學之創作，能與實秋相砥礪、相酬唱，成績必佳也。且此處勝地佳景，得與自然相親，其所啓發者亦必多。又在芝城鎮日呼吸煤烟，涕唾皆黑；在此庶得呼吸空氣，澡浴陽光，其於攝生裨益亦不淺。

來信疑“衍”字誤，可笑，可笑。吾弟得勿“見駱駝言馬腫背”

乎？“衍”繁也，過多也。若曰某字衍，猶言某字當删去也。校書時某字當删曰“衍”，某字當添曰“脱”，此爲校書者之專門名詞。試參之字典當知之，胡遽疑我誤耶？其他所改皆無誤。《紅燭》據實秋云目下當已出版，酬資八十元，已托十哥領取，不知到手否。泰東本窘甚。沫若等爲文亦無規定之價格，惟每月房飯錢向泰東支取，尚不及百元。故目下彼等不能支持，皆有離滬之意。沫若返四川或東渡行醫，仿吾往北京，達夫返浙江。如此則《創造》季刊大有停版希望。此次實秋經滬時，彼等欲將編輯事托我與實秋二人代辦，實秋未允。實秋已被邀入創造社。我意此時我輩不宜加入何派以自示褊狹也。沫若等天才與精神固多可佩服，然其攻擊文學研究會至於體無完膚，殊蹈文人相輕之惡習，此我所最不滿意於彼輩者也。

函詢彼等專門學科爲何，沫若爲醫學，仿吾爲工程，達夫爲經濟，其對於各專門之詣造殊不深悉，然其文學之成績皆卓然可觀，不待言也。弟有志東渡，此誠善策。恐地震之後東京難復舊觀，教育所受影響如何，不可必言也。然目下努力預備，百無一失也。

如今青年輒多“世紀末”之煩悶，此事之無可如何者也。然而吾弟當知宇宙雖多悲觀之事，可樂者仍不少也。此志尚存，將反抗醜惡，一息不懈，亦一樂事也。

餘續白。新通信處如下：

Mr. T. Wen
720 N. Wahsatch St.
Colorado Springs，Colo.
U. S. A.

順問　五哥近好　敬請
雙親大人暨全家福安！

一多　手啓

中秋前一日[1]

（根據手書刊印）

75. 致聞家騆

騆弟：

滬字第七號已收到，慰甚慰甚。前寄回一函復忘識號碼。該函乃中秋前日作，當爲珂字第十號。此第十一號也。《紅燭》計已出版，稿費已取來否？家中疑實秋，殊是笑話。前次印《冬夜草兒評論》，實秋曾用洋百元，其後出售書費亦未收到手。對於此事，我未費一錢，自思頗有些不好意思。好在印行彼書，并非我的主張，全屬實秋之意也。我之印行《紅燭》豈在金錢？家中竟從中生事，我甚不滿意。設或被實秋知破，豈不大失面子？總之應得之金錢，我并不賤視，家中之不能不汲汲於金錢，我亦能諒解。惟目下我輩欲藉文字作生涯者，有比金錢更重要者在，不能不留意也。

來珂泉將兩星期矣。此間若論習畫殊不及芝加哥，故擬於此年多讀書——西洋美術史及美術之原理。此於將來做工夫上有益，且當教習時又多一科目可教也。從前我想注重文學，以美術爲副業，故擬早回中國。如今習畫越久，興趣越深，而野心亦越大。我欲在美術上大努其力了，五年之期還嫌太少呢。故從前三年回國之意恐有動摇。此意暫不必告家中，恐　雙親不樂也。且或者將來計劃變更，能够早回，亦未可知。總【之】歸家迫於情緒，留學出於理智，情緒與理智之永相牴牾，此生活之大問題亦即痛苦之起源也。這種痛苦我們微弱的人們衹好忍受着而已。《繁星》我已有一部，《春水》可以寄來，兩書想係商務出版。他人的出品無足觀，寄不寄無關係。望注意《少年中國》中若有田漢作品時可寄來。當今詩人郭沫若，田漢，徐志摩頗可觀，此外無人也。

---

① 此日爲公元 1923 年 9 月 24 日。

順問　近好

兄　多言

十月二日

（根據手書刊印）

76. 致聞家騆

騆弟：

月餘未接家信，八哥亦然，不知何故，念甚念甚。我到珂泉以來，生活甚佳，較去年在芝加哥不可并論矣。吾等暇時談論文學，談畢輒得一種新計劃，然後即着手進行，時相督責，以“自强不息”相儆。明年三月爲英詩人拜倫百年祭辰。我等已函邀郭沫若使《創造》爲拜倫出一紀念號。我與實秋正從事翻譯，忙甚，日無暇晷也。

此地天氣較往年稍冷，然比之芝加哥勝遠矣。前曾兩度下雪，然不數日即融化無遺。現則晴和如初春焉。

此處有一自費生霍君，英文程度不够，徑來此讀書，現在功課皆不能及格。他人每小時讀書至少二十頁，彼則兩頁耳，蓋生字過多，不能不查閱也。吾等看此甚不過意，故約他來我寓所補習。此君甚忠厚，因在青年會做事不善英文，受刺激，遂發憤離弃妻子，來外洋學英文。其志可嘉，其策則下矣。

弟近來生活如何？功課作得有興味否？家中近有信來否？二哥三哥現在何處？雙親大人均康健否？甚念。望告我爲要。兩妹及孝貞讀書仍繼續進行否，弟宜時寫信相勉。諸侄讀書進步如何？

諸不多白，專此順問

全家福安。

驊　自美寄

《渡河》及《海上棠棣》均收到。《渡河》頗有佳處,《海上棠棣》則一文不值。《創造周刊》由泰東送閱,以後不必寄了。

珂字十二號　十一月五日

（根據手書刊印）

77. 致家人

駟弟轉五哥及闔家共鑒:

不接家書,不計幾月矣。實秋每問我何故。何故?……雙親近來康健否?家中均吉否?我諄諄問候,聽者渺渺,固可想見,回音我亦不復敢望。我還未死,亦無疾病,堪告慰者僅此耳。其餘生活仍如舊——一未開化之中國老在此文明上國美利堅,吃飯,讀書,睡覺而已!留學苦非過來人孰知之?作中國人之苦非留學者孰知之?留學纍月不得家書之苦惟我知之!

泰東曾寄《紅燭》十本來。排印錯誤之多,自有新詩以來莫如此甚。如此印書,不如不印。初出頭之作家宜不在書賈眼裏。人間乃勢利如此,夫復何言!八十塊錢拿到手否?報紙雜志上有批評文字否?駟弟見則請寄我一閱。南京有《江蘇日報》,其附張名《文藝評論》,五哥閱此報否?《文藝評論》乃胡夢華等主稿,聞胡君曾有文奬贊我與實秋作品。《紅燭》出後,胡君或將又有批評。請五哥代爲留意。

功課成績總在人上,洋豎子不足畏也。然此地局面尚小,明年當偕實秋投世界第一大城紐約。多則三年,少則兩年。非我失信,不早回國。實則學問愈求愈不可窮。無出人頭地之把握,不肯歸也。家中慎勿疑我變洋人,不思歸家。我在美多居一年即惡西洋文明更深百倍。耶穌我不復信仰矣。"大哉孔子"其真聖人乎!我回鄉之日,家人將見我猶一長衫大袖,憨氣渾身之巴河老。家人其拭目待之!前晚夢見立瑛,頗思念之。上省時務拍一照寄我。我歸家時,得勿"笑問客從何處來"

乎？□[1]

（根據手書刊印）

78. 致聞家騄

二哥：

由駟弟轉來一函，頃收到。不通音問，一因懶，一因有書抵家中，諒得披閱也。二嫂是否在省，省寓地址爲何？暇望示知。兄近來行迹亦不知在何處。近覓得栖身一枝否？吾人毫無憑藉，以匹馬單槍入社會與人競争，成功乃幸事，不成亦不足怪也。惟各自努力，服公求學，以得少許良心之慰藉耳。世間固無公理。昨與友人梁實秋談，得知郭沫若在滬賣文爲生，每日祇辣椒炒黄荳一碗佐飯，飯盡猶不飽腹，則飲茶以止飢。以郭君之才學在當今新文學界應首屈一指，而窮困至此。世間豈有公理哉？

《紅燭》行世後，亦不知受人注意否。然我亦不介意於此，我之長短固自胸有成竹也。近課暇常作文寄滬寧各雜志報紙發表。第二詩集擬明夏出版。此近來文學生活梗概也。美術方面，興趣固亦日深一日。今年由芝加哥遷珂泉，得於學理方面加以較精細之研究。明夏擬往紐約，專事實習。惟是“學然後知不足”，嚴格而論，五年習畫，所得無幾。今幸得五年之機會，拋弃可惜也。前在家曾約定三年歸國，以目下情形觀之，恐不能不蹈食言之罪。此事　雙親大人聞之定不樂；然　兄等當能原諒也。幸爲　兩大人曲諭詳解以釋慈懷。留學苦況，一言難盡，弟之不欲早歸，豈得已哉？此意諒能曉也。

聞忠、勛皆不近算術。此在初學時仍不當放鬆，惟教之者必善爲誘掖耳。二侄將來縱不入實科，然習文科者普通知識亦不能缺也。弟因不曾習三角與立體幾何，亦不敢再習，故不能得學位。攻美術者固不在乎

① 此信寫於11月。

學位，然我若於數學稍有根柢，取一學士頭銜，易易如拾草芥耳。蓋以弟目下之成績，其他學科皆綽綽有餘裕，獨於數學則絶不敢問津，此亦憾事也。以前清資格論之，我將終身爲一童生而已。草此順問　近好？

弟　驊謹上

十一月三十日

（根據手書刊印）

79. 致家人

駟弟、五哥轉閤家：

我的通信處現在又改了，如下：

T. Wen
31 Hagerman Hall
Colorado College
Colorado Springs，Colo.
U. S. A.

此處爲科羅拉多大學之寄宿舍。房租每月七元。從前寄寓人家每月十五元。我與實秋皆來此，并自己做飯。我們買了一個電氣爐子，費美金八元餘。擬每日至少做一餐飯。算來如此每月衹需錢二十元。若更寬算與房租合計亦不過三十元，比從前少二十元。自己做飯既可省錢又可吃到中國飯，此大樂事也。實秋稍知烹飪。我們漸用經驗試做，可以炒鷄蛋，可以炒白菜，炒肉絲等等，雖不能完全成味，然猪油醬油調配起來，離家鄉味亦不甚遠。我們初次試驗成功，竟拍案大叫“在异國得每日食此，真南面王不易也”！

前寄歸珂字第十四號并寄二哥信，收到否？前得八哥書言家書稱家鄉近多匪患[①]，不知近日何如，念甚念甚。望家人大發慈悲偶時賜我一字消息。遠人懷念家鄉，人之常情，豈無人喻此哉？駟弟近亦疏懶异常，前八哥函稱你衹在十哥函後附識一語，光陰豈寶貴如此哉？二哥函竟置半月餘不發，發時亦僅附短紙草草數語，絶不提家中情形。四嫂[②]逝世，如此消息，我絶不知聞，至八哥轉告，始得知耳。牢騷發得太多，自己亦覺無味。好了，不講了罷！

一星期後即爲聖誕節假期。假長約三星期。届時有暇當作函述此邦最要之時節之風俗。諸侄年假回家務囑修函寄來一閱進步何如。二哥函稱十六妹能作詩，亦望抄來一閱。十六妹之不通常識世故頗有類於我，其能詩或亦將類我乎？勉之勉之！

此間前晚曾大雪，然不甚冷。今早日光和暖，房檐冰柱溶化淅瀝成響。去年在芝加哥不曾見冰柱。曩歲在北京亦絶少見。今見此，忽憶在家鄉新年時情況，不覺悲從中來。此函寄到，當近新年矣。……書至此，不堪設想矣！謹此敬請

雙親大人　金安　并問

全家安好。

駢　上

十二月十日

（根據手書刊印）

---

① 軍閥混戰，時有逃兵四處搶劫。

② 堂兄聞家佑之妻。

一九二四年

80. 致聞家駟

駟弟：

滬字九號已收到。八哥來函謂家書稱我家被竊，損減何如，我亦未得家書，不知真相。家中近來平安否？母親大人入冬復發舊疾否？二哥近來有何消息？望示我爲盼。

我自搬入寄宿舍，頗不寂寞，因此處住中國學生及我有四人。我與實秋自作烹飪，手段日有進步，其他中國朋友來此輒爲垂涎，殊可笑也。

本學期將告竣。回憶來此半年，精神上較在芝加哥實爲平妥。然可怪者則雖與實秋同居而文學之創作反甚少。在功課上成績頗佳，甚爲教員重視。可以告慰者止此而已。

你的信中言今年頗注意運動，此誠爲急務。但有暇即當養成瀏覽書報之習慣，不可與友輩閑談送日也。以我之經驗，在學生時代交友乃一大事。不如己者，若我能輔之以進於善則誠爲最良之服務精神。若明知自身才力不足以助人，則毋寧絶之。勿爲情面所礙而與之周旋也。

關於選科事尚有一年之久，容後再論。目下務求得普通知識爲要。醫學尚有内科。如不敢解剖則專門内科可也。草此順問　近好？

兄多言

一月八日

《星空》望仍寄一本來。

珂字第十六號

（根據手書刊印）

81. 致家人

五哥轉閤家大鑒:

寧字第一、二號均先後收到。久不聞家音,信到,徒益增人魂魄悸動。宿常援哲學思想,揣測人生意義,已定爲悲觀多於樂觀。近客處异國,目擊身受,凡涉於國家、社會、家庭以及個人之經驗,莫不證明所謂生活,乃不斷之悲哀而已。知生活爲悲哀,爲苦痛,而猶不能自弃絶,悲之尤大者也。

我近狀如常。無善可述。學校大考已畢。此校今年中國人得學士學位者六人。我亦得畢業證書,習美術者不以學位論也。前月舉行成績展覽會,以我之作品爲最佳,頗得此地報紙之贊美,題意可譯爲“中國青年的美術家占展覽會中重要部分云云”。

馴弟久無信來。想此書到時,當届暑假。望將本年學業進境作書爲我述之。忠、勛兩侄信均收到。忠侄之作文勝於書信。二侄似不知書札爲何物。書札不僅爲道平安、叙寒暄,千篇一律之刻板文字。書札中可以發議論,亦可以記事迹。如此則其内容可以有變化,且可以增篇幅。望教二侄以此法,令其再各作一長書來。且各信中所報告之消息不當雷同。爲侄輩之教育起見,我亦當早日回國。惟觀目下情形,恐難如願。美術之爲學,其功難就而無窮,惟有寛以歲月以俟效耳。我輩定一身計劃,能爲個人利益設想之機會不多,家庭問題也、國家問題也,皆不可脱卸之責任。若徒爲家庭謀利益,即日歸國謀得一飯碗,月得一二百金之入款,且得督率子侄爲學做人,亦責任中事。惟國家糜巨萬以造就人才,冀其能有所供獻也。今粗得學問之毛,即中途而廢,問之良心,殊不安也。近者且屢思研究美術,誠足提高一國之文化,爲功至大,然此實事之遠而久者。當今中國有急需焉,則政治之改良也。故吾近來亦頗注意於世界政治經濟之組織及變遷。我無幹才,然理論之研究,主義之鼓吹,筆之於文,則吾所能者也。客歲同人嘗組織大江學會,其性質已近於政治的,今又有人提議正式改組爲政黨,其進行之第一步驟則鼓吹國家主義以爲革命之基礎。今夏同人將在芝加哥、波士頓兩處開年會即爲討論此事也。

我輩得良好機會受高深教育者當益有責任心。我輩對於家庭、社會、國家當多擔一分責任。諸侄暑假歸家時，駟弟當教其讀報紙，且將社會種種不平等情形，政治現狀如何腐敗，用淺近語言告之。在品行方面，家長猶當嚴責。如説謊、自私等惡習當嚴禁其滋長。

家中近來平安否？二哥往江西後有何發展消息？望細告我爲盼。

忠侄作文用鋼筆墨水謄寫，此有二弊，一不能長進書法，二近於洋習氣也。此當禁止。諸侄當令其每日習大字一紙，小字一紙，一如我輩往日在家時做工夫之慣習。又當教其讀詩做詩。忠侄喜作畫，衹當鼓勵，不當禁止。每日又當有講經一課，講四書（不可講五經）衹須明其意義，不必背誦。尤當擇其易於實行者鼓勵諸侄實行之，如“有事弟子服其勞，有酒食先生饌……”等等是也。奉此敬請
雙親大人及全家福安！

一多

陽六月十四日

（根據手書刊印）

82. 致家人

駟弟、五哥轉閤家共鑒：

在紐約住址如下：

Mr. T. Wen
International House
Riverside Drive
New York City
U. S. A.

函件寄來此處無誤。此處乃公寓性質，名稱可譯爲“萬國公寓”。房屋及設備皆美國豪富煤油大王勞克非洛所捐助者。意在招待各國青年學生，以促進世界大同之情誼。故此中寄寓者美國人甚少，外國人居多。中國學生在此者幾達百數，其外有日本人、菲律濱人、印度人、俄羅斯人、小亞細亞人、西班牙人，等等，形形色色之人種無不備有。此房屋乃新完工者，一切器具皆嶄新。房租每星期六元，在紐約亦不算貴。寓中有飯館，有洗發店、理髮店、裁縫店、雜貨店，儼如一獨立之小社會然。美國人之組織力洵足驚人也。

公寓中清華同學亦達十餘人，然人多品雜，堪與爲伍者亦寥寥耳。新交中有張君嘉鑄者，亦曾在清華肄業二年，後由自費來美。張君之文學美術鑒賞力甚高，敦敦〔孜孜〕好學，思想亦超凡俗，有乃兄張嘉森（君勱）之風。銀行家張嘉璈亦係嘉鑄之兄，張氏可謂當今之望族也。嘉鑄之嗜好在文學、美術，然非專攻文學、美術者。察其意頗欲以搜羅人才、鼓勵文化爲事業，如梁新會及乃兄君勱先生之行事者。故其於在美之好學之士中交游甚衆，而於好文學、美術者，以其性之所尤近，則尤之致意焉。當今爲趨勢騖利者之世界，習文學、美術者輒爲衆所輕視，余能得如張君其人者而友之，寧非幸哉！

紐約之繁華爲人夢想所不及者，在天空者有高架電車，架鐵爲橋，高出屋頂，車行其上，可通全城。在平地上者有電車，有汽車，絡繹不絕，夜以繼日。在地心者有地底電車，於街道之下，河流之下，穿土爲隧道，行電車其中，五分錢可遍行全城。圍城有火車，河上有輪船。交通如此之多，而行人之擁擠猶數百倍蓰於上海。來此半月矣，尚未見一層之房屋，十層樓者常事耳。最熱鬧處，夜間綴電燈爲招牌，瞬息百變，异彩奪目，真所謂“不夜之城”也。

八哥接家書時，秋伍洲堤猶未决，目下不知如何。江浙戰争，滬寧兩處人受驚否？從紐約一轉而談及故國事，如墜千丈之岩，感慨曷可問哉！專此敬請雙親大人及全家福安！

驊書於紐約萬國
公寓九層樓上。
陽九月二十三日
（根據手書刊印）

83. 致梁實秋

實秋：

近來忙的不可開交。上星期整個沒上課，這星期恐怕又要照辦。這樣忙法但是戲[①]仍舊還無頭緒。眼看排演日期馬上就到了，五幕戲衹練了一幕。化裝布景的圖案雖是畫得了，但還沒有動手製造。三十餘件的古裝都是要小姐們的玉手親縫。其奈小姐們的架子大何！ Costume plates 本擬請一個姓楊的（在中國英美烟公司畫廣告的）畫，後來他神氣起來了，説一筆也不能改。我就比他更神氣，要求當局人把他開除了。如今 art department 的事衹我一人包攬。辦事的辣手，證例還多得多。老余[②]要辭職，昨天剛説好了的。

紐約的作業太多，真不能讀書。我們自從來此，兩次演戲，忙得我頭昏腦亂，没有好好的畫過一次畫。課是整星期的 cut。我與你們在哈佛的比，真當慚愧無地。

Aubrey Beardsley 的畫吾無間言矣。他也有文學天才，衹不幸短命死矣。我記得書上講有一次他把作品帶給 Whistler 看，Whistler 驚詫之下稱他爲“真正的美術家”。他感激流泪，弄得 Whistler 不好意思，連講 I mean it，Aubrey，I mean it！因爲從前他没有受人稱贊過。

你問我的詩興畫興如何。畫興不堪問，詩興偶有，苦在没有工夫執

---

① 1924 年紐約中國留學生用英文公演的古裝戲《楊貴妃》。
② 余上沅。

筆。倒是戲興很高，同你一樣。前天看了 O' Neill 的四個短劇果然是不同。前數星期作了一首英文詩，我可以抄給你看看。人非木石，孰能無情！

一多問好[①]

毓琇、宗涑[②]統此

The eye gladdened；touched the heart；
The meeting is done，let us part.
Courtly smiles will harden to grins,
Better end love where love begins.

A lawless shuttle is that of Fate.
Ere grief is woven，change is late,
Let us warp and woof remain——
Clean threads from love's freakish stain.

Let us part！ our meeting is through,
Though heart may hunger heart may rue.
Your friendship's smile was undream'd of,
Still less hoped your sighs of love.

Thus in after years if again we meet,
I famishing still，you replete,
Glad and unshamefaced I'll say:
"Once we met but did not stay."

---

① 原信無日期，約寫於 10 月。
② 梁宗涑，清華 1923 級畢業生。

"Once we met, our paths converged,
All currents of my being surged——
Once we met and parted soon."
In after years let my heart croon.

（根據手書刊印）

一九二五年

84. 致梁實秋

實秋：

《醒呀》登第一或第二期無關係。惟鄙意文藝稿件不宜并作專欄，最好分散於全册中。尊見以爲如何？現擬作一個 series of sketches，描寫中國人在此邦受氣的故事。體裁用自由詩或如 Henley 底“In Hospital”。但散文則做不出。石孚[①]稿件如内容過得去可以用。此人雖多怪癖，然胸無畛域，決不至於區區之間計較也。光旦處我負責催促。陳華寅[②]處我亦可講話，稿件亦由我負責。

《創造》所收我們的稿件有法追索否？拙譯《希臘之群島》想亦可充《大江》篇幅。

昨晚江濱聚餐會由我主講美國現代詩。F.F. 領袖人物聞我們攻擊 Fraternity，願到會與我們討論。江濱之 notoriety 日增月長矣。

《大江》若能由商務承辦最好。已函努生暫緩訂合同。俟一二星期，商務回函到時再説。此祖同[③]與我之意見。

菊農[④]、一樵問好。

一多

一月十一日

（根據北京圖書館藏鈔件刊印）

---

① 陳石孚，字屺山，清華 1922 級畢業生。

② 陳華寅，字叔達，清華 1922 級畢業生。

③ 熊祖同，字仲倫，清華 1921 級畢業生。

④ 瞿世英，字超杰，别號菊農，清華肄業生。

85. 致梁實秋

實秋：

中華戲劇改進社事停頓許久，前由紐約同人討論進行方法，公决由刊行出版物入手。蓋其餘作業如演戲籌款等等必須回國後纔能辦理也。雜志則目前即可從事收集稿件。雜志本定專注於戲劇方面，嗣因恐材料有限，日久難以爲繼，乃改爲包括各種藝術，而尤注意於印刷精美，以求不負於藝術真旨。雜志名稱頗不易取，已經提議者有"雕蟲"與"河圖"兩種。"雕蟲"雖有偏重文藝之嫌疑，然亦【未】始不可以包【括】藝術全體。"河圖"則取義於河馬負圖，伏羲得之演爲八卦，作爲文字，更進而爲繪畫等等，所以代表中華文化之所由始也。"雕蟲"嫌其偏，"河圖"嫌其泛，皆非萬全。請與波城同人再慎爲斟酌之。暫擬前四期目録見次頁。第一期擬明年一月出版。因印刷與製版方面非嘉鑄或我回國就近監察不可。製三色版或銅版如國内不能滿意，或須在日本辦理，或則在美國預製數種帶歸亦未可知。總之全書底形式務求美觀，使其自身即成爲一藝術品。售價暫定八角或一元。印刷經費如書局不肯擔任，嘉鑄歸國或可代籌若干以資補助。

第一期目録

1. 楔子（宣言）	
2. 陳師曾像	吴新吾
3. 作品	陳師曾
4. 詩	聞一多
5. 建築圖案	楊廷寶
6. 散文	徐志摩
7. 拓碑	——
8. 萬人坑（獨幕劇本）	熊佛西
9. 萬人坑布景圖案	趙　畸

10. 批評之批評 梁實秋
11. 舊劇之欣賞 余上沅
12. 中國繪畫在西方之勢力 張嘉鑄
13. 李義山之精神分析 潘光旦
14. 中國瓷器數件 ——

第二期

1. 自像 塞藏 Paul Cézanne
2. 塞藏贊 聞一多
3. 惠特曼像 John Alexandar
4. 惠特曼贊 梁實秋
5. 詩 郭沫若
6. 獨幕劇本 趙 畸
7. 同上圖案 趙 畸
8. 音樂論文 趙元任
9. 短篇 魯 迅
10. 塞藏小傳 張嘉鑄
11. 帕敷羅娃的藝術 Pavlowa 林徽音
12. 帕敷羅娃舞蹈攝影 ——
13. 小品 梁實秋
14. 宋刻觀音像（Boston Museum）

第三期

1. 印度女詩人奈陀夫人像（Sarajini Naidu）
2. 欲曙天（劇本） 余上沅
3. 欲曙天圖案 趙 畸
4. 詩 梁實秋

5. 雕刻作品 ——
6. 奈陀夫人的藝術 聞一多
7. 散文 陳通伯
8. 短篇 郁達夫
9. 中華美術館芻議 張嘉鑄
10. 散文 劉奇峰
11. 中國婦女服裝問題 林徽音
12. 園亭布置 landscape gardening 羅 㐬
13. 考古（archaeology）

第四期

1. 日本畫家像
2. 詩 郭沫若
3. 辛基底藝術（J. Synge） 余上沅
4. 短篇 冰心女士
5. 小泉八雲 張欣海
6. 中國建築 梁思成
7. 畢痴來（Aubrey Beardsley） 聞一多
8. 中國名勝攝影
9. 芬勒樓札（Ernest Fennolossa） 張嘉鑄
10. 散文 梁實秋
11. 日本舞蹈家攝影

紐城同人皆同意於中華文化的國家主義（Cultural Nationalism），故於印度則將表彰印度之愛國女詩人奈陀夫人，及恢復印度美術之波士（Nandalal Bose）及太果爾（Abanindranath Tagore）（詩翁之弟）等。於日本則將表彰一恢復舊派日本美術之畫家，同時復道及鑒賞日本文化之小泉八雲及芬勒樓札，及受過日本美術影響之畢痴來。從一方面看來我輩不宜恭維日本，然在藝術上恭維日本正所以恭維他的老祖宗——中國。我決意歸國後研究中國畫并提倡恢復國畫以推尊我國文化。故在第一期內有陳師曾，有拓碑（書法），有舊劇之欣賞，有瓷器，有李義山之精神分析，又有中國繪畫在西方之勢力。我國前途之危險不獨政治、經濟有被人征服之慮，且有文化被人征服之禍患。文化之征服甚於他方面之征服千百倍之。杜漸防微之責，捨我輩其誰堪任之！第五期或當討論愛爾蘭文藝復興運動矣。上沅正研究此題，在下次的江濱聚餐時報告。我希望你在此題上亦有一篇論文。如方便即提前發表亦可。

關於雜志尚有數事當注意。

（一）非我輩接近之人物如魯迅，周作人，趙元任，陳西瀅或至郭沫若，徐志摩，冰心諸人宜否約其投稿。我甚不願頭數期參入此輩之大名，仿佛我們要借他們的光似的。我們若有創辦雜志之膽量，即當親身赤手空拳打出招牌來。且從稿件方面看來，并不十分倚仗外人的輔助。

（二）排印法宜橫行或直行？

（三）宜否加入外國文字之作品，如熊正瑾[①]之“Thrice Promised Bride”等等？

（四）售價一元或八角是否嫌太多？

（五）要打出招牌，非挑釁不可。故你的“批評之批評”一文非作不可。用意在將國內之文藝批評一筆抹殺而代以正當之觀念與標準。上沅又將作五年來之中國新劇，本意亦在示人以下馬威也。要一鳴驚人則當挑戰，否則包羅各派人物亦足哄動一時。此問題與問題（一）乃是争點之正面與反面，孰捨孰從，請示知。

你與一樵尚願擔負何種稿件，請擬定題目寄下并早日着手撰作。舊作詩未發表者請彙齊寄下，或自選數首寄來亦可。去歲在珂泉所作Housman式小詩務請寄來。許地山可由一樵去函要一點稿子來否？如可行請申明去取權在本雜志編輯部。因我輩選稿當十二分的嚴格。我們賣

① 熊正瑾（洛生），清華1918級畢業生。

的是本領，不是名字。

*　　　*　　　*

努生十號來紐。住萬國公寓。《大江》稿件預備得如何？如不嫌聞一多的詩太多，近作有長詩《南海之神》（中山先生頌）可以盡《大江》有優先權。不然即送《民國日報》發表。《洗衣曲》前函云字句有當修改處，得暇請詳細告我。貴處如有《時事新報》，請查《學燈》十一月十七八日爲法所作《〈紅燭〉批評》，將其内容大意告我。又聞十一月間又有天用者評《新現代》新詩亦及《紅燭》。《紅燭》似漸有人注意也。歸國後擬即辦再版。現正從事洗刷内容，删削的詩大概不在少數。有暇亦請爲我重閱一遍，供給我一點新意見。便請　日安！

一樵、菊農處問候。

一多[①]

（根據手書刊印）

86. 致梁實秋

實秋：

來函悉。封面請〔乾〕脆寫兩個大字好。此地既没有書家，你就近一揮可也。光旦稿子此期催不出來，以後再説。别人更靠不住。《大江》如此，前途可憂，努生來當與之根本地討論。趙太侔書請菊農寄來由我或佛西轉交均可。

多上

十一日[②]

《大江》交稿後請即着手寫《河圖》稿。事業總是忙人幹的，没有法子！聞貴處有聚餐會之組織，進行如何？

（根據北京圖書館藏鈔件刊印）

---

①② 此信寫於3月。

87. 致梁實秋、顧毓琇

實秋，一樵：

大江前途之發展，有賴於本年中之活動者甚多。本年東部年會中之活動不但可以宣傳國家主義，而且可以宣傳大江會。大概添加會員，在年會前，很有限。年會中大江政策若能實現，定有同志的願來參加我們的陣列。然後會員增加了，聲勢浩大了，大江底根基便算穩固了。祖同有希望得到年會主席，衹怕有 fraternities 的人出來同他搶。所以我們應該有一番預備。我們預備的方法有兩種：一，發表大政方針以引人注意。二，在 councilmen 方面從事搜〔疏〕通，因爲年會主席是要他們同意的。沈濂翁[①]同老浦[②]不知也是否候選員。若是，則從大江方面看來，應該集中精力，推出一個人來。諸人中祖同自是較爲合宜，因一，他是清華同學會長，二，又是大神州[③]底重要職員，恐怕能得多方面的贊助。努生却不以爲然，他説衹要大江的人都可以，不必倚輕倚重。不知你們的意見如何。此事無論如何，暫時衹要浦、沈是否候選員，他事不必提及。

請冰心當女代表想無不可。這種反正是出風頭的事。至於加入大江事，衹好等年會後再講。上次我同她談話，我猜她的意思，頗表示對於大江事業的同情。請一樵有機會多和她談談大江。

努生到紐約來，頗哄動一時。現已被選爲 Intercollegiate Cosmopolitan Club 底 International Assembly 底中國代表之一。代表共二人，其餘一人爲光旦。這種要在國際替中國人争面子的職務，竟都落江濱人的手裏了，確乎是江濱底榮耀。

菊農加入大江恐不大願意，但在年會中幫忙，準是願意的。

與大神州合并恐不能成事實。因彼等政策太消極，且至如今國家主

① 即沈克非，清華 1919 級畢業生。

② 浦薛鳳。

③ 清華留美生邱椿（大年）與劉師舜等人於 1925 年在美組織的團體，提倡國家主義。

義的定義還未决定。不過同他們合作總是有益無損的。

草此順問　日好！

一多[①]

（根據手書刊印）

88. 致梁實秋

實秋：

來函質問我的諸事，還是因爲健忘底老毛病，所以没有回答。歸期大概以上沅底歸期爲轉移，至遲不過六月。栖身之所依然没有把握，這倒是大可憂慮的事。不過回家是定了的。衹要回家，便是如郭、郁諸人在上海打流亦可以。君子固貧非病，越窮越浪漫。《南海之神》還没有十分竣功。如今寄來了，請你着實批評一番，然後再繼續撰作後數節。昨晚又草成《七子之歌》，也是國家主義的呼聲。結構具在，衹是音節詞句上尚欠潤色。我現在同學校生活正式脱離關係了。現在的生活，名義上是閑手好游，實際上是仰屋著書。着手撰著的文章有一篇《新民族的新詩》是從民族主義底觀點上論美國的新詩運動，又有一篇《印度女詩人——奈陀夫人（Sarajini Naidu）》。奈陀夫人是印度國家主義底健將，在藝術上的成功亦不讓太戈爾。Arthur Symons[②]，Edmund Gosse[③] 都稱贊過伊。

關於建設國劇我也有點意見，目下還没有把握寫出來。在美術上也有幾篇文要寫。《晨報副鐫》上又有徐志摩底《一首殘詩》，情韵特佳。郭沫若又回來了，作風上不知有什麽變化。

一樵：舞臺用品屬於 Chinese Bureau of the Intercollegiate Cossmopolitan Club。新會長離開了紐約，補充的人物此刻不知道是誰。你們寫信可以

① 此信寫於 3 月。

② 阿瑟·西蒙斯（1865—1945）英國詩人。

③ 埃德蒙·戈斯（1849—1928）英國詩人。

由 Peter W. Lin，International House 轉交。布景也許用不着我親身來波城。[①]衹要把劇本同舞臺底尺寸寄來，我便可以畫出一套圖案，注明用什麽材料，怎樣的製造。反正舞臺上不宜用平面的繪畫，例如一個窗子，最好用木頭或厚紙製一個能開能闔的窗子，不當在墻上畫一個窗子底模樣，因爲這樣會引起錯誤的幻覺。總之，候我把圖案製就了，看他的構造是簡單或複雜。如果不能不複雜，一定要我來，我是樂於從命的。再者請也告訴我你們在布景和服飾上能化多少的錢。

一多問好

星期五早[②]

（根據北京圖書館藏鈔件刊印）

89. 致梁實秋

實秋：

船票尚未買定，太早也。蟄居异域，何殊謫戍？能早歸國，實爲上策。數月之中，吴宗傳死，張杰民、李之常入瘋人院，向哲浚入獄爲囚，黄卓繁、孟憲民、張福全、孫增慶或倦債潛逃，或假作支票，邱廣裸體裹寢衣騎自行車閑游校園——驚人之事豈徒擲巨金爲女子祝壽者睡地板哉？[③]

《南海之神》謂爲脱稿亦可。刊入《大江》不嫌其爲國民黨捧場乎？我黨原欲獨樹一幟，不因人熱，亦不甘爲人作嫁衣裳。然取决之權在足下，我固無成見也。

來示謂我之詩風近有劇變。然而變之劇者，孰過於此：——

① 1925 年春，波士頓的中國留學生演出《琵琶記》，聞一多曾協助繪製布景。

② 此信寫於 3 月。

③ 《聞一多全集》中此節有所删節，現參照梁實秋《談聞一多》予以復原。

廢舊詩六年矣。復理鉛槧，紀以絶句

六載觀摩傍九夷，吟成鴃舌總猜疑。
唐賢讀破三千紙，勒馬回繮作舊詩。

釋　疑

藝國前途正杳茫，新陳代謝費扶將——
城中戴髻高一尺，殿上垂裳有二王。
求福豈堪争弃馬？補牢端可救亡羊。
神州不乏他山石，李杜光芒萬丈長。

天　涯

天涯閉户賭[①]清貧，斗室孤燈萬里身。
堪笑連年成底事？——窮途捨命作詩人。

實秋飾蔡中郎演《琵琶記》，戲作柬之

一代風流薄幸哉！鍾情何處不優俳？
琵琶要作誅心論，罵死他年蔡伯喈！

一多問好。[②]

（根據1948年上海開明書店出版《聞一多全集》刊印）

90. 致梁實秋

實秋：

我們定五月四日離紐約，十四號上船。回去後計劃詳情，菊農諒已報到了。你從前講要國内新詩集子，現在彙齊寄上。察收爲荷。

---

① 《談聞一多》中爲“睹”字。
② 此信寫於4月。

我欠你的錢不計其數，許久不能還你，實在於心不安。現在經濟仍是拮據，衹能抽出二十元寄給你。你縱不等這幾個錢用，放在手邊，也可以提防不虞。其餘的數目，想你也不肯告訴我，等回去後再設法補救罷。我還你的錢，你不要怪我於朋友間存客氣。實在目下未到真正窮困的時候，已經帶累朋友了，將來的日子長久得很，其何以堪呢？

此次回國并没有什麽差事在那裏等着我們，衹是跟着一個夢走罷了。我們定規坐三等船，每人省出一百元美金，作爲到北京後三個月底糧餉。此行可謂 Heroic 矣！

《大江》第一期已登拙作是那幾篇？尊處若尚有存稿，即請作第二期用。第二期擬用那幾篇也請示知。因爲回去後短不了也要發表一點東西，請告訴我以免重複。若稿件不够，舟中有新作，一定寄來。

請代我向一樵、宗濂、宗涑諸友告辭。

存在尊處的 Batik box 勞駕請寄下。謝謝。

一多

四月二十四日

（根據手書刊印）

91. 致聞家駟

駟弟：

北來主張甚是。北大旁聽生亦須經考試。本年考期約在陽曆八月二十幾，或者還較遲點亦未可知。考試章程尚未公布。查得消息僅此而已。今日爲八月十一日。弟若須先赴申，繞道北上，則時日亦甚迫促。望接信馬上起程爲是。

徐志摩約今日午餐，并約有胡適之，陳通伯（即《現代評論》上署名西瀅者），張欣海，張仲述，丁西林，蕭友梅，蒲伯英等在座，討論劇院事。近得消息謂蕭友梅（音樂家）與某法國人募得四十萬資本，將在北京建築劇園。故志摩招此會議，商議合作辦法也。

我等已正式加入新月社，前日茶叙時遇見社員多人，中有湯爾和，林長民，丁在君（話間談及舒天）等人。此外則北大及北大外諸名教授大多皆社員也。新月社已正式通過援助我輩劇院之活動。徐志摩頃從歐洲歸來，相見如故，且於戲劇深有興趣，將來之大幫手也。

家中均吉否？遷居武昌計劃有實現之必要否？
母親大人舊疾復作否。念甚。

兄多上

八月十一日早

（根據手書刊印）

92. 致聞家騘

三哥大鑒：

今早寄來快信一件想已入覽。頃自新月社歸來，關於籌劃劇院事已有結果。書此報告，以釋懸念。

□昨日到會者有徐志摩，胡適，張欣海，蒲伯英，鄧以蟄，丁燮林，陳通伯以及蕭友梅。蕭君已籌得可靠款項二十萬元，擬辦一“國民劇場”。蕭之專門爲音樂，正缺藝術人才，故以得遇弟等爲至幸。弟等所擬計劃與彼等之計劃大同小异，故今日雙方皆願合作。照此看來，劇場事業可慶成功矣。

又有可喜消息：則今日席間又談及北京美專事，同人皆謂極宜恢復，并由本社同人主持其事。故已議定上書章行嚴，由林長民任疏通之責。大概美專之恢復，亦不難實現矣。

再者北京《晨報》爲國内學術界中最有勢力之新聞紙，而《晨報》之《副鎸》尤能轉移一時之思想。《副鎸》編輯事本由正張編輯劉勉己兼任。現該報擬另覓人專管《副鎸》，已與徐志摩接洽數次。徐已擔任北大鐘點，徐之友人不願彼承辦《晨副》，故徐有意將《晨副》事讓弟辦理。據徐云薪水總在二三百之間，大約至少總在百元以上。今日徐問弟：

“謀到飯碗否？”弟答：“没有。可否替我想想法子？”後談及《晨副》事，又向弟講：“一多，你來辦罷！”弟因徐意當時還在猶夷，不便直接應諾。容稍遲請上沅或太侔向徐再提一提，想不致絶無希望也。劉勉己與弟已有來往，昨日來函約爲特約投稿員，稿費每千字在二元以上。劉初次遇弟時，甚表敬意。劉亦屬新月社。大約弟擔任《副鎸》，劉之方面亦不致有异議。此問近好？

弟驊上

八月十一日

（根據手書刊印）

一九二六年

93. 致梁實秋

實秋：

前兩次信來時，已經寫了極長的回信，擱了一月之久，没有付郵，如今第三封信又來了。你責我的話，我不敢承認。説我懶則有之，什麼世態炎凉乃是笑話。

大江命我[①]做的事我雖自揣能力不够，但仍是不敢辭讓。我衹望在美同人多幫一點忙，不要使我一人蹈於呼籲無門的境地，那便是《季刊》[②]的幸事。

國内“赤禍”猖獗，我輩國家主義者際此責任尤其重大，進行益加困難。國家主義與共産主義勢將在最近時期内有劇烈的戰鬥。我不但希望你趕快回來，并且希望多數同志趕快回來。我輩已與醒獅諸團體携手組織了一個北京國家主義團體聯合會，聲勢一天浩大一天。若没有大批生力軍回來作實際的活動，恐怕要使民衆失望。醒獅社的人如李璜乃一書生，衹能鼓吹主義，恐怕國家主義的實踐還待大江。此點李璜等亦頗承認，故努生在京時，彼等極爲敬視。在努生未歸之先，我希望浩若要快回來。我包管他回來了有極有興味的事可做。

我近來懊喪極了。當教務長不是我的事業，現在騎虎難下真叫我爲難。現在爲校長問題學校不免有風潮。劉百昭的一派私人主張挽留他，我與太侔及蕭友梅等主張歡迎蔡孑民先生，學校教職員已分爲兩派。如

---

① 梁實秋《談聞一多》此處無“我”字。

② 《談聞一多》此處係《大江季刊》。

果蔡來可成事實，我認爲他是可以合作的。此外無論何人來，我定要引退的。今天報載我要當校長，這更是笑話。“富貴於我如浮雲！”我祇好這樣嘆一聲。

我現在不與上沅、石孚同居了。現在的住址是“西京畿道三十四號”。内子與小女都在這裏，家庭生活差强人意。時相過從的朋友以“四子”爲最密，次之則鄧以蟄，趙太侔，楊振聲等。國家主義的同志中有一般人也常到我家裏開會。新月社每兩周聚餐一次。志摩也常看見。你與菊農的信論志摩的詩，不知怎地轉到志摩手上來了，又從志摩手上轉到我這裏來了。

回國後僅僅作了兩首詩，到藝專來後，文藝整個放在腦袋後邊去了，長此以往，奈何！奈何！佛西如此努力，可喜可賀！《長城之神》脱稿後願得先睹爲快。

國内漆黑一團，切望同志快回來共同奮鬥罷！便祝你進步平安。佛西統此不另。

多

一月廿三日

（根據 1948 年上海開明書店出版《聞一多全集》刊印）

94. 致梁實秋、熊佛西

實秋，佛西：

承譯拙作，且感且愧。尊譯亦甚穩妥，文筆尤遒勁可喜，勝原作之劍拔弩張遠矣。《世界之明日》記者亦有函來稱謝，真令豎子揚眉吐氣，有如乞兒拾得黄金一般。一入國内，俗事叢身，九月之久，僅成詩兩首。江郎將從此擱筆乎？近與京中詩人頗有接洽，將或有聚餐會之組織。有人起議發行純文藝的刊物，惟自忖其奈膽怯何！甚望實秋速返國予我一臂之助。佛西新著《長城之神》願得先睹。如同人刊物實現，可否借登以光篇幀？

《大江》[1]在京行銷甚暢。拙作亦竟有人轉載，按語謂遠勝《紅燭》時代之聞一多。兩友其謂然乎？《大江》宣言發表後亦大有影響。友人親見北大校役鈔寫，問之則曰“好極！好極！”。又有人粘貼壁間奉爲科臬者。民國大學學生課藝中竟有全段剽襲者。凡此消息，幸望實秋遍告同志，俾得聞之額手相慶。前者國家主義團體聯合會發起反日俄進兵東省大會，開會時有多數“赤魔”溷入，大肆其搗亂之技倆，提議案件竟一無成立者。結果國家主義者與僞共産主義者隔案相駡，如兩軍之對壘然。駡至夜深，遂椅凳交加，短兵相接。有女同志者排衆高呼，痛口大駡，有如項王之叱咤一聲而萬衆皆喑。於是兵荒馬亂之際，一椅飛來，運斤成風，僅斲鼻端而已。女士嘗於五卅游行時，揭旗衝鋒，直搗東郊民巷，故京中傳爲 Chinese Jeanne d' Arc 焉。此亦趣聞，不能不與同志言之浮一大白也。敬祝

兩友康健！

弟一多頓首[2]

（根據 1948 年上海開明書店出版《聞一多全集》刊印）

95. 致梁實秋、熊佛西

實秋、佛西兩友：

實秋論文及佛西劇本皆已拜讀。實秋之作，震聾啓聵，洵新文學誕生以來之第一篇批評也。佛西之作自有進步，但太注意於舞臺機巧，行文尚欠沈著 intensity。吾雖不敢苟同於實秋，以戲劇爲文學之附庸，然不以文學之手段與精神寫戲劇，未見其能感人深心也。佛西如不罪我鹵直，則請爲進一言曰：“佛西之病在輕浮，輕浮故有情操而無真情 sentiment 與 emotion 之分也。”情操而流爲感傷或假情，sentimentality 則

① 梁實秋《談聞一多》此處爲《大江季刊》。

② 此信寫於 1926 年 3 月。

不可救藥矣。佛西乎，岌岌乎殆哉！至於劇本中修詞用典之謬誤尚其次者，然亦輕浮之結果也。如葡萄之來中土始自西漢，盡人而知者也。胡亥元年而見葡萄，不知佛西何所見而云然？

《詩刊》諒已見到。北京之爲詩者多矣！而余獨有取於此數子者，皆以其注意形式，漸納詩於藝術之軌。余之所謂形式者，form 也，而形式之最要部分爲音節。《詩刊》同人之音節已漸上軌道，實獨异於凡子，此不可諱言者也。余預料《詩刊》之刊行已爲新詩闢一第二紀元，其重要當與《新青年》《新潮》并視，實秋得毋謂我誇乎？

楊子惠即楊世恩。《詩刊》重要分子當數朱、饒、楊、劉（夢葦）。四子中三人屬清華，亦又怪事也。

實秋有暇，望多貺佳制，以光篇幅，至爲禱幸！

此問

二友近好。

一多　四月十五日大炮聲中

（根據 1948 年上海開明書店出版《聞一多全集》刊印）

96. 致梁實秋 [①]*

朱湘目下和我們大翻臉，説瞧志摩那張尖嘴，就不象是作詩的人，説聞一多妒嫉他，作了七千言的大文章痛擊我，聲言偏要打倒饒[②]楊[③]等人的上帝。這位先生的確有神經病，我們都視爲同瘋狗一般，就算他是 Spenser（因爲 shakespeare 是他不屑於做的，他所服膺的是斯賓塞），社會上也不應容留他。他的詩，在他未和我宣戰的時候，我就講了，在本質上是 sweet sentimentality，在技術上是 dull acrobatics，充其量也不過做到 Tennyson，甚至 Longfellow 一流的 kitchen poet，因爲這類的作品衹有

① 此信寫於 1926 年 4 月 27 日。

② 饒孟侃（子離）。

③ 楊世恩（子惠）。

housewives 纔能鑒賞。這個人祇有猖狂的獸性，没有熱烈的感情。至於他的爲人，一言難盡！

（根據 1986 年中國友誼出版公司出版梁實秋著
《雅舍懷舊—憶故知》中《談聞一多》一文刊印）

97. 致梁實秋、熊佛西 *

實秋佛西兩位仁兄大人有道：

區區不才，何勞大筆之點染？重重黑幕不免原形之畢露。發人陰私是謂不仁。賣友取樂是謂不義。絶交云乎哉？絶交云乎哉？人言縱可不畏，天禍何能避逃？長髮賊其速自醒乎！劉勰云“文以載道”。劉摯曰“士先器識而後文藝”。古訓昭昭，二子有惑，請質諸劉博士。順頌
道祺并祝年釐。

弟多頓首 ①

（根據手書刊印）

98. 致饒孟侃 ②

子離吾友：大札到時，時局不靖，政大内部亦起恐慌，遂遲作答。歸家後，家人忙於辦年，亦未免習俗移人，終日碌碌。今夜爲内子授詩，課畢稍暇，因拂箋急書數語奉上，以釋懸念。遲遲，諒不我罪也。政大當局下年或有更動。萬一大局不變，君勱 ③ 仍在彼方，弟自亦無問題。否則恐須另謀生路。這年頭兒我輩真當效參軍痛哭也。别後詩思淤塞，倍於昔時。數月來僅得詩一首，且不佳。惟於中國文學史，則頗有述作。意

① 寫信日期及背景不詳。
② 此信寫於 1926 年冬，當時聞一多在吴淞國立政治大學工作，因長女立瑛病重回到家鄉。
③ 張君勱，時任政治大學校長。

者將來遂由創作者變爲研究者乎？

《劉琨》進行如何？別有新作否？乞録示一二爲盼。⍂

（根據手書刊印）

一九二七年

99. 致饒孟侃

子離:《春光》寄來，弃置桌上，今早從夢中驚醒，記着詩稿未收，恐遭不測，起來一看，果然踪迹杳然。於是東張西望，如喪魂魄。説來真是笑話。繪畫本是我的元配夫人，海外歸來，逡巡兩載，髮妻背世，詩升正室。最近又置了一個妙齡的姬人——篆刻是也。似玉精神，如花面貌，亮能寵擅專房，遂使詩夫人頓興弃扇之悲。日來因與這小老婆糾纏，《春光》醋海生波，憤然遠行，思之好不令人愧煞也！上沅處似乎還存有《晨副》，請你查一查，是否還有《春光》的倩影存在，替我再抄一份下來，切盼切盼。

《現代》謹收到。實秋講霍士曼，何以將我的名字拉了進去？狗尾續貂，毋乃不成體統？然而老友爲我做名譽的苦吏，思之令人感泣。

老桂撤差，我的官運當然也告一段落了。[1]

近來摹印，稍有進步，應酬也漸漸麻煩起來了。近作數章，附呈一評。即訊

近好？

一多

八月廿五

第四中大雖然接洽好了，可是開學没有希望。昨天寫信給楊金甫想上廣東。實秋講我到處雲游，索性游遠一點，不知能如願否。

---

① 桂崇基，曾任南京土地局長，聞一多當時在該局工作。

轉瞬而立之年，畫則一敗塗地，詩亦不成家數，静言思之，此生休矣！因作此印以志恨。

布　湮
衣　陽

之　恩
印　滮

此青草堂作者菁衫先生之子，友人趙君顯之之父也。顯之丐餘爲此。石爲上品壽山，價值七元。白文頗得自然之趣。

齋　桐

鳳　虞
岡　印

白文章法煞費苦心，刀法亦乾净。朱文惡劣，擬磨去再刻。

（根據手書刊印）

100. 致饒孟侃

子離：英士[①]帶來的東西，都不適用。衣服夾的一件也没有，都是綿的皮的。書都是些舊雜志和幾部不急用的中國書。前回寫信請你代檢的幾種英文詩，一本也没有。爲什麼你這個朋友這樣無面子？本來這些小事不應來驚動你。不過朋友之間這種小事的互助也是人情中常有的。所以我終竟覺得我的請求不算無理。你設身處地想想，假使你需用什麼東西，托我辦，而我没有一次不撒爛污，你該作如何感想？朋友是一種權利也是一種義務。做人也是如此，有享權利的時候，也有盡義務的時候。除非你不要做人……

現在我作最末次的要求。趙叔愚是英士的朋友，趙君不久要到南京來，英士已經寫信托他將我的東西都帶來。他現在住在青年會。如果你這回肯賞一個面子，就請把我所有的東西都放在箱或籃内，叫兩輛車子一同送到青年會。并且請你親身去一次，拜托趙君一下。至於零碎的東西，如果是磁的，就請多包兩層報紙。這一回的請求如果如願了，你要我如何報酬都可以，是金錢，是什麼都可以。

一多　三跪九叩首虔誠拜托[②]

爲什麼我不自己來一趟，而偏要麻煩你呢？因爲第一，現在是失業的時候，來往十幾塊錢的盤費花不起；第二，兩次病後，身體壞極，車中勞頓，也有些受不了。

（根據手書刊印）

101. 致饒孟侃

子離：我願□□滬一行。演講足是胡鬧，倒是關於詩選要同小葉商量許

---

① 劉英士。

② 此信寫於1927年秋。

多問題[①]。最好能趕《死水》二校的時候來一次，省得寄稿的麻煩。這事要請你問問上沅再替我定個行期。但是要快，太太來了就不好辦了，你講得不錯。

附發公超一信，請轉交。托他寫信的事可以不辦，因爲目的已經由別方面達到了。

一多問好[②]

（根據手書刊印）

102. 致饒孟侃 *

李金发君交來一文，請轉交《文藝周刊》編輯發表。拜托拜托！

（根據 1927 年 12 月 4 日上海《時事新報·書報春秋》第 29 期刊印）

① 指與葉公超編注《近代英美詩選》之事。

② 此信寫於 9、10 月間。

一九二八年

103. 致左明

左明兄：

許久没有給你回信，太懶了！近來聽説你在《新月》幫忙，生活既有着落，定可安心習作，可喜可慰。承詢各問題條答如左：

一，韵脚不易安好，乃因少讀少做耳。

二，詞不達意，乃因少讀書的原故。

三，標點不成問題，有的作家甚至廢弃標點。故不必爲此操心。

四，太明顯，確乎是大毛病。根本原因是態度太主觀。譬如划船姑娘固然可以引起你的愛憐，但是也未始不可引起一般人的愛憐。你若把你和她兩人的關係説得太瑣碎，太寫實了，讀者便覺得那是你們兩人的私事，與第三者無關。你要引起讀者的同情，必須注意文學的普遍性，然後讀者便覺得那種經驗在他自身也有發生的可能，他便不但表同情於姑娘，并且同情於你。然後讀者與作者契合爲一，——那便是文學的大成功了。我自己做詩，往往不成於初得某種感觸之時，而成於感觸已過，歷時數日，甚或數月之後，到這時瑣碎的枝節往往已經遺忘了，記得的衹是最根本最主要的情緒的輪廓。然後再用想象來裝成那模糊影響的輪廓，表現在文字上，其結果雖往往失之於空疏，然而刻露的毛病決不會有了。空疏的作品讀者看了不發生印象，刻露的作品，往往叫讀者發生壞印象。所以與其刻露，不如空疏。英詩人華茨渥司作詩，也用這種方法。你無妨試驗試驗。

我相信你很能做詩，不是客氣話。不久我要到上海來一趟，那時我

們再細談。祝
你進步！

多　頓首①

（根據 1948 年上海開明書店出版《聞一多全集》刊印）

104. 致饒孟侃

子離：昨天又試了兩首商籟體，是一個題目，兩種寫法。我也不知道那一種妥當，故此請你代爲批評。這東西確乎不容易。正因爲不容易，我纔高興做它。

你近來有成績否？《新月》三期如何應付？聽説實秋、光旦等擬辦一種《苦茶》，大概便是從前所謂《新月》周刊的變相。想來這裏面又有不少的掌故，可以告訴我一點不？祝你
吟安！

弟　聞一多　頓首②

（根據手書刊印）

小葉好否？

105. 致饒孟侃

子離：原定貢獻兩萬字，現在可以報命了，但不是原定的兩萬字。方重的一萬字失塌了；我天天衹顧掙扎着寫，衹寫不下去。現在有一篇兩萬字以上的三幕戲《金絲籠》，是我們一個學生作的，雖不十分好，總還在水平綫上。這劇本他已寄給《東方雜志》，許久不見披露出來，他不耐煩了，又因我的慫恿，便決計給《新月》。這裏有一封信，可着

① 此信寫於 2 月。
② 此信寫於 4 月。

書店派人持去向《東方雜志》索回原稿。劇本我和昭瀛都看過，盡可發表。祇是如果前面有《打破……的籠子》一類的三句引言，萬望删掉，一則無意思，二則恐惹起某種的嫌疑。我所看見的初稿裏有這樣幾〔句〕話，昨天忘記問作者本人，復稿裏有没有。無論如何，有，你就給他删掉。此人又有一篇獨幕劇《藥》，已寄給上沅。《藥》比《金絲籠》强些，但是爲凑篇幅起見，祇得先登長的。現在再講我的一萬字爲什麼交不上。原來心太起大了，題目選壞了，搜集的材料不够，因此寫不下。這題目講起來你許記得——就是你看過的杜甫的傳。現在已完的有六七千字，還不够全篇十分之一。一次登不完，不成問題，但衹就這六七千字裏，還有許多不妥的地方。因此我要求赦我一次，從容點寫，等六期再交卷。六期的稿子，這邊有希望的，有方重一篇 Goldsmith，又有一個梁鋆立也允許了撰稿，再加上陳楚淮的《藥》，足够五萬字。本次你的《梧桐雨》當然要趕起來，下次還得有篇把詩纔好。久没有好詩，恐怕失了《新月》的特色。

咳嗽許不打緊，檢驗了没有？希望是“詩人的病”。中大很難設法，細情候登恪[①]來滬便明白了。萬望見諒。下季你的計劃如何？暨南可打算蟬聯？半年粉筆生涯，有何感想，亦望告我。

家騆現和叔輔[②]同居，通訊可寄

Wen Kia-Se

Villa Peyrabout No. 5

47 Rue de la Yare

Cachan (Seine)

France

---

① 陳登恪，當時任武漢大學文學院教授。

② 彭基相，當時與聞家騆同在法國留學。

藉候

文安

聞一多

廿五日[1]

（根據手書刊印）

106. 致饒孟侃

子離：友人李儒勉介紹周慧專女士著述數種擬由新月出版，已屬其將原稿寄尊處。周係李之夫人，東南大學國文系畢業。寄來各件審察後，如勉强可用，即承受之可也。七期已收到。寄上謝騶兩稿收到否？此問

秋安

弟多上[2]

（根據手書刊印）

① 此信寫於 5 月。

② 此信寫於 10 月。

一九三〇年

107. 致饒孟侃

子離：正是昨天上午的事——忽然心血來潮，把你的照片搬了出來，擺在案頭。果然今天就接到你的信和詩。這樣巧！心靈感應，是不可否認的了。子沅故態復萌，令人擔憂。這人將來要鬧到如何結局？至於他對你的行爲，你當然可以原諒。這人實在可憐，朋友既没有辦法，衹希望上帝援救他。但是，子離，你在他身邊一天，還是你的責任。他需要精神的調息，撫慰。你不當拒絶他這一點，雖則是他曾經那樣的惱過你。詩極好，依然是那樣一泓秋水似的清。我自己是慚愧極了。故紙堆終竟是把那點靈火悶熄了。近來也頗感着技癢，衹是不知道如何下筆，乾着急。怕的是朋友們問起我的詩。關於你問到的幾點，得讓整理一下，纔能答復。你們圖書館若有靈鶼閣叢書，關於那第一點，我便用不着答復了。因爲這叢書裏有一種徐松著的《唐兩京城坊考》，并附有圖。此外《藕香零拾》（叢書名）内有一種程鴻詔著的《兩京城坊考補》，也可參考。大概關於宫扉城坊，有這兩種書便够了。關於乘輿和服飾，我正想整理一番，借這機會，就可動手了。候

吟安

多

十一月七日

（根據手書刊印）

108. 致朱湘、饒孟侃

子沅、子離：足二三年，未曾寫出一個字來。今天算破了例。這消息自然得先報告你們。聽我先談談，不忙看詩，因爲那勉强算得一首長詩。《新月》三卷二號中沈從文的《評死水》，看見没有？那篇批評給了我不少的奮興。陳夢家、方瑋德的近作，也使我欣歡鼓舞。夢家是我的發現，不成問題。瑋德原來也是我的學生，最近纔知道。這兩人不足使我自豪嗎？便拿《新月》最近發表的幾篇講，我的門徒恐怕已經成了我的勁敵，我的畏友。我捏着一把汗自誇。還問什麼新詩的前途？這兩人不是極明顯的，具體的證據嗎？這一歡喜，這一急，可了不得！花了四天工夫，曠了兩堂課，結果是這一首玩意兒。本意是一道商籟，却鬧成這樣鬆懈的一件東西。也算不得"無韵詩"，那更是談何容易。畢竟我是高興，得意，因爲我已證明了這點靈機雖荒了許久没有運用，但還没有生銹。寫完了這首，不用説，還想寫。説不定第二個"叫春"的時期快到了。你們該爲我慶賀。再回到從文那篇批評，真叫我把眼泪都快喜出來了。那一句話不中肯？正因爲他所説的我的短處都説中了，所以我相信他所提到的長處，也不是胡説。你們知道我不是那種追逐時髦，漁獵浮名的人。我并不爲從文替我作了宣傳而喜歡（當然論他的聲價，他的文字，那文章的宣傳的能力定是不小），實在他是那樣的没有偏見的説中了我的價值和限度。我是爲得了一個"知音"而歡喜。假如從文不曾發表那篇文章而僅止給我一個人看過，我對他的感謝，不會比目前少一分，少一毫。你們兩人以及志摩、實秋所給我的稱許，我當然不能忘記，但我總有些害怕，害怕你們的識見是受了友誼的蒙蔽。至於一般青年的朋友，如夢家等，我又怕他們是盲從你們。如今從文并不犯任何嫌疑，而意見却與你們吻合，這怎能不叫我得意！

仿佛又熱鬧起來了。夢家、瑋德合著的《悔與回》已由詩刊社出版了。大約等我這篇寄到，正式的詩刊就可以付印。從文寫過《評死水》後，又寫完一篇《評草莽集》，馬上就要見於《新月》。上海的劉宇準備編一本《一九三〇年詩選》，你們大概已經知道。自從老《詩刊》歇業後，三四年來，幾曾見過本年十二月這樣熱鬧的一個月份？子離的詩集何妨也乘此趕快送去印？爽興把這當兒湊成一個新詩的紀念月，好不好？我們可以讓書店限期一月中一準印出來，好在那集子分量不甚多。可是子離這樣懶，真叫人急壞了。趕快罷！趕快罷！告訴我你要一個什麼樣的封面，我爽興再破一回戒給你畫一張。這時機太好了，我真喜得手忙脚亂，不知怎麼辦！

俗語說“時運來了，城墻擋不住”。今年新年，是該新詩壇過一個豐富的年。此地有位方令孺女士，方瑋德的姑母，能做詩，有東西，有東西，衹嫌手腕粗糙點，可是我有辦法，我可以指給她一個門徑。做詩的，一天天的多起來了，是不可否認的事實。

近作寄點來看看！祝你們康健！

多

十二月十日

（根據手書刊印）

一九三一年

109. 致曹葆華 *

葆華兄：

承不弃，以詩集見寄，并辱重下問，惶赧無比，然不敢不以實告，誠以流俗阿諛，甚無謂也。大抵尊作規撫西詩處少，象沫若處多。十四行詩，沫若所無，故皆圓重凝渾，皆可愛。鄙見尊集中以此體爲最佳，高明以爲然否？子沅所論各點，多大致贊同，其論足下思想處，尤中肯肓，茲不備論。然子沅有一缺點，即詞句太典雅，最易流爲 Mannerism，此不可不知。閑嘗論作新詩，須肯説俗話，敢説俗話，從俗處入手，始能“清新”也。足下於英詩人中，不知愛讀何人？鄙意 Browning 最足醫滑熟之病。現代作者 Hardy 亦有好處。而美國 Robest Frost 最足當清新二字，爲我輩造 diction 最良之模範。妄肆瞽説，尚乞宥之！

一多敬白

（根據 1931 年 3 月 30 日《國立清華大學校刊》第 278 號刊印）

一九三二年

110. 致吴伯簫

伯簫先生：

我們這青島，凡屬於自然的都好，屬於人事的種種趣味，缺憾太多。談話是最低限度的要求，然而這一點便不容易滿足，關於這一點，我也未嘗没有同感。我是星期一三五整天有暇，隨時來我都歡迎。即候

文安

聞一多

六月九日

（根據手書刊印）

111. 致饒孟侃

子離：前次信來，正值我上北平挽留校長去了，等我回來，校中反對我的空氣緊張起來，他們造遥言説我上北平是逃走的。現在辦學校的事，提起來真令人寒心。我現在衹求能在這裏教書混碗飯吃，院長無論如何不幹了。金甫現在已回來，我已向他表示，并得同意，候太侔回來再商量。我與實秋都是遭反對的，我們的罪名是“新月派包辦青大”。我把陳夢家找來當個小助教，他們便説我濫用私人，鬧得夢家幾乎不能安身。情形如是，一言難盡。你在他處若有辦法最好。青島千萬來不得，正因你是不折不扣的新月派。我們現在最要緊是蓄積幾個錢，據説四川可以省錢，你能不帶家眷單身去最好。至於信上説功課畢後想出來

走一趟，我認爲無此必要。大概你是想在浙江四川之外，選擇一個比較適意的地方。這未免太理想了。我們今日恐怕衹是無〔有〕事無事的問題，不是好事壞事的問題。我這次遭這種攻擊，未嘗不想擺脱青島到北京去，但是北京現無事給我，若有也未必勝似現在。所以我勸你不要想在北平上海南京一類大都市謀生，愈大的地方愈不能容我們了。何况你跑一趟又要花錢，太不合算。我以數年來的經驗，勸告你，除努力學問外，第一件大事是努力撙錢。何嘗不想老友聚在一起？在北平時與公超上沅屢次談及，大家都是一籌莫展，垂頭喪氣。實秋尤其關心於你，但是在這裏我兩人幾乎是自顧不暇了。實秋的系主任與圖書館長也非辭不可，没想到新月派之害人一至於此！大家雖都是懶於寫信，但仍希望聽到你的消息。

大風潮又來了，正寫信時，學生提出五項要求給校長限三日答復。其中一項是圖書館買書應不限任何派别，各種書都買。這又是爲新月派而發的，因爲從前已有過新月派包辦圖書館的煩言。不多談了，祝你安好。

多

六月十六日

（根據手書刊印）

一九三三年

112. 致舒新城 *

新城先生左右：

大札敬悉，承詢兩節，敬答復下：

一，“軟風一吹來就憩了”，憩乃熄字之誤。

二，“怪木牛”是德國人在海上所置一種警笛，有霧時便叫，聲如牛鳴，土人把它神秘化了，呼爲木牛。

專此敬頌

撰安

弟　聞一多

六月四日

（根據2014年上海交通大學出版社出版

《聞一多年譜長編》刊印）

113. 致游國恩

澤承吾兄文席：闊別經年，屢承垂問，私心感慰，曷可言狀。惟始終缺然不報者，此意諒亦　吾兄所喻。俟　大駕莅平時，再於　吾兄面前請罪也。弟下年講授《楚辭》，故近來頗致力於此書。間有弋獲，而疑難處尤多。屢欲修書奉質，苦於無着手處。今得悉　大駕即將北來，曷勝欣忭！惟盼將　大著中有關《楚辭》之手稿儘量携帶，藉便拜誦。他無所需也。兄來平後，當然下榻敝處，有種種方便，亦不待言。何日　命駕，計當何日抵平，乞一一詳示，弟當進城奉迎也。丁晏《易林釋文》一册（南菁書院叢書之一種）遍尋未獲，不審是否遺在　兄處？便中希一檢尋，無任感荷。餘容面傾。敬頌
著祺。
闔府統此

弟　多拜言
七月二日
（根據北京圖書館藏抄件刊印）

114. 致游國恩

澤承兄左右：久候不來，亦無消息，望眼欲穿矣。平中日來涼爽，宜游廠肆，宜游北海，啜茗長談。何日　命駕？仍盼早示，勿孤負此大好天時也。比來日讀騷經數行，咀嚼揣摩，務使字字得解而後止，忽有所悟。自意發千古以來未發之覆。恨不得行家如吾兄者，相與拍案叫絕也。耑此，敬候
暑安。

弟　多
七月廿六日
（根據北京圖書館藏抄件刊印）

115. 致游國恩

澤承兄座右：

前閱報，知京漢路梗，深爲憂念。頃讀　手書，始悉　大駕已折返青島。此行往復奔波，備極勞頓。日來　精神諒已恢復矣。弟前因感冒，卧病數日。今幸已漸就痊可。病中再讀　大著，淵博精審，突過古人，

是誠不愧爲後來居上矣。近偶讀朱一棟《群書札記》，中有論《楚辭》十餘條，精當處似欲與朱豐芑，俞蔭甫輩方駕。朱氏《十三經札記》刻在《續經解》中。其人必非儉腹者比，故所論咸有可觀。　大著似未采及此書，不知　貴校有此書否？如一時不易覓得，弟可代爲録出寄上也。

大札過蒙獎飾，弟何敢當此，徒赧顔耳。匆匆，順祝

撰安。

嫂夫人統此

弟　多頓

八月廿一日（二十年）[1]

附録朱書論《楚辭》各條目録

九子母　鴟龜曳銜　正則靈均　禹麾　采薇　封狶　憚青兕　黄棘　九折臂　些　啓棘賓商　女歧　女嬃　掌夢　瓊枝　二女

（根據 1948 年上海開明書店出版《聞一多全集》刊印）

116. 致饒孟侃

子離：因懶回信而得罪了的朋友，不止你一人，計有實秋、英士，此外還有你不甚熟的三四人。這事叫我非常難過。但心裏的難過仍不能改變手的懶，這怎麽辦？到開封後情形，盼時時見告，寒假中或你北來或你〔我〕南下，有法見見面否？現代書店一函轉呈，查收是荷，順候

文安

多

九月四日

① 寫信年代恐有筆誤。按民國二十年（1931）聞一多與游國恩同在青島大學，尚未至清華大學。此信當係 1933 年所寫。

（根據手書刊印）

117. 致游國恩

澤承兄座右：

《天問》之“南北順橢”，前與　兄談時，已覺“順”字用法特別。今讀《詩·野有蔓草篇》，“清揚婉兮”“婉如清揚”二句，始信“順”字果有新釋。據《齊風·猗嗟篇》，首章曰“美目揚兮”，次章曰“美目清兮”，清揚之爲目貌，殆無可疑。此詩又以“婉”形容“清揚”，（婉如即婉然）則“婉”亦當與目有關係。“婉”有順義，而《方言》曰：“好目謂之順”，則《詩》之“清揚婉兮”即清揚順兮，“婉如清揚”即順如清揚矣。“順”字從“頁”，《方言》訓爲美目，似當爲“順”之本義。目形橢圓，“順”之爲目貌亦謂橢圓之貌也。“南北順橢”，蓋“順”與“橢”同義，當以二字連讀。又“婉”既與“順”同義，字從“女”，於義不顯，必爲假借。《考工記》，“琬圭九寸”。注，“琬猶圜也”。《説文》，“琬，圭有琬者”。徐鍇曰：“琬謂琬然宛也。”竊意《詩》“婉”字當爲“琬”之假借，或徑借爲“圜”，“婉”“圜”固聲近也。“順”與“婉”同義，“婉”爲圜貌，則“順”之義從可知矣。此亦《天問》“順橢”二字同義之旁證。近讀《詩》《騷》，好標新義，然自惟學識膚淺，時時懼其説之鄰於妄，不敢自信，質之　高明，倘有以教我乎，餘不一一。即候撰安！

弟　多頓

九月七日

（根據1948年上海開明書店出版《聞一多全集》刊印）

118. 致饒孟侃

子離：近來最怕寫信，尤其怕給老朋友寫信。一個人在苦痛中最好讓他獨自悶着。一看見親人，他不免就傷痛起來流着泪。我之不願給你寫信，一面是怕鈎引起數年來痛苦的記憶，一面又覺得不應將可厭的感傷的話在朋友面前嘮叨，致引起朋友的不快。總括的講，我近來最痛苦的是發見了自己的缺陷，一種最根本的缺憾——不能適應環境。因爲這樣，向外發展的路既走不通，我就不能不轉向内走。在這向内走的路上，我却得着一個大安慰，因爲我實證了自己在這向内的路上，很有發展的希望。因爲不能向外走而逼得我把向内的路走通了，這也可説是塞翁失馬，是福而非禍。所謂向内發展的工作是如此：

（一）《毛詩字典》　將《詩經》拆散，編成一部字典，注明每字的古音古義古形體，説明其造字的來由，在某句中作何解，及其 parts of speech（古形體便是甲骨文，鐘鼎文，小篆等形體）（這項工作已進行了一年，全部完成的期限當在五年以上）。

（二）《楚辭校議》　希望成爲最翔實的《楚辭》注。已成三分之二。二年後可完工。

（三）《全唐詩校勘記》　校正原書的誤字。

（四）《全唐詩補編》　收羅《全唐詩》所未收的唐詩。現已得詩一百餘首，殘句不計其數。

（五）《全唐詩人小傳訂補》　《全唐詩作家小傳》最潦草。擬訂其訛誤，補其缺略。

（六）《全唐詩人生卒年考》　附《考證》。

（七）《杜詩新注》。

（八）《杜甫》（傳記）。

（三）至（八）進行迄今已三年。至於何時完工，却説不定。近來身體極壞。一個人在失眠與胃病夾攻之中，實在説不定還能活多久。以上的工作規模那樣大，也許永無成功的希望。

子沅恐怕已經是“瘋”了。今天特從城裏跑來，一句話没講，在我家吃了一頓飯，等我下課回來，人已經走了。雖然我懶於寫回信，希望你常有信來。寒假很想到河南游游，尤其想看洛陽——杜甫三十歲前後所住的地方。不親眼看看那些地方，我不知杜甫傳如何寫。從前在新月發表的那一段完全要不得。

順問

儷安

多

九月廿九日

（根據手書刊印）

119. 致饒孟侃

子離：前天接到一張明信片，署“杭州裏西湖惠中旅館朱寄”，反面衹有一句話“我來了杭州——靠作文支持這幾個月的唯一的地方”。他在北平時，屢次到我這裏，言談與態度的失常，已經够明顯的了。現在似乎連文章都寫不通了，看上面這一句話便知道。我想他靠作文支持生活，恐怕也不能長久罷！前途不堪設想。壞的是并非我們不想救不能救，而是他不受救。所謂救并非借幾十元錢的問題。若是如此，問題便簡單了。譬如你若替他出點主意，教他如何如何生活，教他完全相信你，他若能依從，或許生活能漸漸上軌道。但你一跟他談這一套，他不是一聲不響，便是胡扯，騙你一頓。這有什麼辦法！你若有更好的辦法，還是不必借錢給他。他二嫂似乎在杭州，所以他真需要的不是錢。你現在注意金石，這誠然是一件正經事。但我勸你注重研究，勿但鑒賞而已。研究的方法，可先買一部《金石萃編》看看（有影印本比原本好）。河南有新出土的唐碑務必請覓一張拓片寄給我。這類東西一到北京就貴了，所以我在這一方面没有下手工作。但我信如果能得到這類的材料，我必能利用，充分的利用他。寒假務必來一趟，有許多話想談。你需要什麼中國書在開封若找不到，可寫信告訴我，我給你寄來。并候

儷福

多

十六日 ①

（根據手書刊印）

120. 致游國恩

澤承兄文席：

久疏音候。比想　定動多豫，爲符臆頌。此間書賈持來朱冀《離騷辨》一部，索價頗昂。敝校圖書館擬收買。　大著中已引及此書，但原書不知已見及否？《群書札記》論《騷》各條，已着人移録，俟竣功後，即當奉上。玆匯上洋四元，祈向　貴校代購林君所編《全唐詩文引得合編》四部寄下，無任感荷。郝蘭皋後嗣携蘭皋遺著二十餘種來平求售。弟已看到，獨無關《楚辭》者。《文選》校語若干條，於《楚辭》部分，僅録何義門《讀書記》中數語於書眉，尤令人失望。《文心雕龍》《大戴禮》等數種最精，敝校已有人倡儀購藏矣。但不卜能成事實否？朱氏《離騷補注》，館中須重編號碼，曾有信來索。　吾兄如已鈔畢，乞便中寄下，如未鈔畢，即緩寄亦無礙也。匆匆，敬候

教祺！

弟　多　上言

十一月二日

（根據1948年上海開明書店出版《聞一多全集》刊印）

121. 致游國恩

澤承兄撰席：

承寄《引得》四部，收到，無任感謝。朱亦棟《群書札記》已鈔畢，其餘所論與《楚辭》有關而未明言《楚辭》者，録不勝録。并付闕

---

① 此信寫於10月。

如。清代大師札記宜多涉獵，以其披沙揀金，往往見寶也。
吾兄以爲然否？尊著文學史脱稿否？順候
雙安！

弟　多　敬白[1]

近讀易實父《經義莛撞》，内論《毛詩》數條，精悍絶倫，雖王氏父子未可多讓。信乎才人能事，無施不可。

（根據 1948 年上海開明書店出版《聞一多全集》刊印）

① 此信寫於 11 月。

一九三四年

122. 致饒孟侃

子離：怎麽發懶就兩人碰到同時發懶呢？又是多時没消息了，近來生活如何？子沅死的消息當然早知道了罷？前回你問我要不要寄錢給他，我勸你不要寄。當然寄了給他，不見就救了他的命，但我總覺得不安，仿佛我給你建的那議應負點責任似的。理智的説法，誠然這不是事實。但朋友死了，而且死的那樣慘，總不免令人動感情。子沅已經死了，不必談了。現在又有一個朋友待救，雖然情形不像子沅那樣嚴重，但已經够可憐的了——這人便是唐亮①。去年暑假中他有封信來，告訴我他歸國了，并托我找事，我一因找事無辦法，二因近來懶於寫信的惡習，竟没有回信給他。事已隔了半年，滿以爲現在他已有了辦法。誰知今天李效泌（來了一位客人衹説是姓李，記不起他的名字，是同學而且是唐亮的好友是無疑的。翻翻同學録，大概是李效泌）來談起，纔知道仍是失業而且窮到連從家到上海的〔路〕費都没有。北平現在又在籌備藝專，（從前的藝專，改爲藝術學院，停辦了，現在又改專再開辦）嚴智開當籌備主任，大概就是將來的校長。此人是我從前在藝專時的同事。我同李效泌商量，叫唐亮馬上帶作品來平，先開一個展覽會，然後我再設法介紹給嚴智開謀個教書的位置（這人笨到連展覽會都不知如何開，回國後在上海没有一點舉動）。但李效泌目下大概也很窮，無法替他籌這筆路費。我自己呢，説起來話長了。四個孩子的家庭已經够我受的了，再加上每月給家裏寄四十元，給岳家寄三十元，而岳家的境況更是一言難

---

① 字仲明，清華 1926 年畢業生，留學法國學習繪畫。

盡。本來自岳父死後就常常靠典當度日，最近一個舅兄不務正業，弄到下獄了。我若不寄錢去，一家人就得餓飯——真正餓飯。最近家駟又要回國，一電報來要一千佛郎作旅費。這一來，我憑空又得添兩百元的債（好在你是老朋友，所以這些瑣碎的事説來該不嫌羅唆。）總之我自己雖困難，守着這三百四十元的事挨下去，總算是一條生路。失業的朋友連生路還没找到，看着可是不能不救。由吴江到北平，至少得四十元的旅費，我已經向李效泌答應下了籌這筆款，但實在這款并無着落。因唐亮爲謀事起見，不能不火速北來，所以我先將這月的生活費抽出來，寄了四十元給他，同時我想向你通挪四五十元，以度過這一個月。等兩個月後我的經濟緩過氣來再還你。如果你能力來得及，由你自己的名義再補助一二十元，以備他來平後的零用，那便更好。他來後可住在我家，食宿是無問題了，但零用費也是不能缺少的。在北平的朋友都窘，根本我也没有幾個通有無的朋友。没有辦法，不得不求救於你！朋友們死的死，窮的窮，我自己這幾年也够倒霉了。幾時你來北平，我要和你抱頭痛哭一場。從前你説過寒假來北平，現在寒假到了，怎麼樣？等唐亮到了，來見一面，如何？順問
雙安

多
一月十一日
（根據手書刊印）

123. 致饒孟侃

子離：兩信均收到。刊物已改名《學文》（“行有餘力則以學文”，在態度上較謙虚）。本星期日我與公超聯名請客，許多瑣細的事，届時可作最後的決定。大作兩詩實以《懶》爲最好，好得厲害，公超、夢家均大爲贊服，鄙見亦同。《客人》精采似仍在前二句。第一節末二句似初稿較佳，“挂在”的挂字仍太作色相。第二節“門外是順風送着流波”，

“流波”當作“潮水”，然於韵又不合，竟不知怎樣纔好。或者將兩節并成一節，打開原定韵法的限制，還有辦法可想。梁鎮詩不佳，續有所作，仍望隨時寄來采用。款請寄來，決無誤。《〈老子〉正詁》北京可買，請不必敲人竹杠。匆候

吟安

多

三月一日

仲明本星期六在清華展覽。清華及嚴智開均欲買畫正在接洽中。夢家仍回蕪湖去了，昨日離平。 又及

（根據手書刊印）

124. 致饒孟侃

子離：久未通候，頗念。英士來汴，諒曾暢談。公超於春假中往上海，迄未歸來。《學文》畢竟付印了，原擬五月一日出版，現恐須稍遲數日。詩欄一部分寄上一閱，想你必等得發急了。本期我輩朋友中，唯你我兩人有稿。實秋因正式文章來不及寫，寄來短短一篇翻譯，上沅一文洋洋數千言，廢話居多，皆不曾登載，公超則因文雖做完，自覺不滿意，故亦未出臺。結果我自己非賣力氣不可。寫了一篇關於《詩經》的文章，不滿意也得拿出手。我預想公超放洋後，不寒而栗矣！前承假之款，本當早日璧還，無奈數月來需款之事紛至沓來，竟不放我鬆一口勁。祇好等下月再酌償少數。仍盼你原諒。

順候

安佳

多

四月廿四日

近有詩作否，盼再努力一下。

（根據手書刊印）

125. 致饒孟侃

子離：你是太無自知之明了。前回對於《懶》，已經看走了眼色，這回又來誣枉《和諧》。《客人》改過後，也好多了。如果你能擔保三期準有稿來，這回定將兩首一并登出（還是登在開篇，請你領袖群倫）。老友中衹你不叫我們失望，不但按期有稿，而且篇篇精彩。今天正當出門上課，接到你的詩，邊走邊看，一個人笑得嘴不能合縫。子離，你真是“可人”！《和諧》太好了，這回不但是郝司曼，還是海涅。你老是惦記着單調。還有比 Shropshire Lad 和 Last Poems 單調了嗎？《客人》的第二節，我改了幾個字，鈔來徵求你的同意。

我因酒惹起（許多）舊恨　　太緊改後較鬆活
〔這〕　〔了〕
想敲着壇唱一（段）悲歌　　段音響嫌濁
〔曲〕或〔出〕
無奈客人的船不能等
門外是順風送着流波
潮一退便（渡不了）河
〔没法渡〕[1]

通篇句末二字重量皆相等，如“美酒”“堂前”“就走”“威嚴”“眉尖”“舊恨”“悲歌”“能等”“流波”皆然。獨“了

① （ ）爲詩中原用字或詞，〔 〕爲聞一多改用字或詞。

河”了字太輕，故不稱。

但改後句法仍弱，還是請你自己再絞點腦汁。

兩圖片仍請寄我一看。考證文字，可不做，但想研究一下，候他們的文字出來，好加幾句批評。順候

教安

公超已回，囑筆致候。　　多　五．十．

附上一封寫而未發的信，其中的背景你可以猜到，寄給你看看，看完毀去它。這也是此次辦刊物的一件掌故。但我的感慨却多得很，噫，不足爲外人道矣！

（根椐手書刊印）

一九三六年

126. 致游國恩

澤承兄座右：

敦煌舊抄騫公《楚辭音》殘卷，内有郭景純《楚辭注》數則，并洪氏未引之釋文一則，誠希世寶笈也。近托人從巴黎覓得之影片已寄到，擬爲寫一較詳盡之跋文。屬草方始，奮興至極。本擬跋成後，寄呈 尊覽，不意 手札亦到，欣慰何似！弟與《楚辭》結不解緣矣，亦與 兄結不解緣矣，《楚辭》到，兄函亦到，此中殆有感應之理乎？斯亦奇矣！ 尊著仍盼早日 頒到，俾先讀爲快。關於《山鬼》弟近有新解，大意已告及門某君，令廣搜證佐，製爲專文。將由《清華學報》刊布，一俟出版，亦當呈覽。 兄就華中聘，極好。敝校遲早亦將遷長沙，湘鄂咫尺之遥，良晤彌易，思之不禁抃躍。《文哲月刊》與弟個人無關，編輯人因有清華學生在内，徵稿於弟，故以該文付之。俟覓得該刊後，定當郵上。弟自去秋以來，在燕大（北大所兼鐘點仍舊）兼課，因得與陸君[1]時時晤及，惟倉卒間未嘗深談耳。家俱細故，可留 尊處使用，俟兄離青時，可賣即賣，否則由 兄轉贈他友亦無不可。春假中務望設法北來一游，爾後欲來恐亦不易矣。世變日急，謂之何哉！伏願爲學珍攝不宣。敬頌

閤第萬福！

弟 多 拜啓

---

① 陸侃如。

三月十七日（二十一年）[1]

（根據 1948 年上海開明書店出版《聞一多全集》刊印）

127. 致游國恩

澤承仁兄講席：

手書及　尊稿并收到。關於《九歌》諸點，高見甚是，無任欽佩。彭咸水死之説，弟仍懷疑。拙稿中有考辯一通，頗詳盡。遲日當録出呈　政。清華學生孫君[2]頃撰《九歌山鬼考》一篇，大意謂山鬼即巫山神女，列證甚多，大致可信。　尊著已舉宋賦證山鬼爲人神相悦矣。孫君雖較　尊見更進一層，然終不出　尊見範圍。《大公報・文副》近時刊登率多創作，　尊著性質是否相融，恐成問題，且主編者近已改蕭乾（其人在上海），從文亦未必能作主也。近撰《敦煌舊抄〈楚辭音〉殘卷跋》，載《大公報・圖書副刊》，諒已見及。惟其中頗有手民之誤，玆經核正，一并郵上。仍乞　指正爲盼。其原卷六紙，已付鈔胥，不日寫畢，再行寄上，餘不一一。敬候

教安！

弟　多　上

四月三日

（根據 1948 年上海開明書店出版《聞一多全集》刊印）

128. 致王重民

重民先生有道：大示敬悉。拙撰跋文，妄逞臆説，鵖鴂一條，尤爲疏謬。　過承　獎飾，惶媿無地。副刊所披，頗多手民之誤，頃已遵　命

① 年代有誤。民國二十一年（1932）3 月聞一多尚在青島。

② 孫作雲。

繕寫一通，徑寄劉先生矣。補記一則，仍另紙録呈　尊覽，倘蒙附入，尤爲榮幸。敦煌遺物，價值之大，固不待言，更得碩學如　先生者整理之，真不朽之盛事也。　大著單本，盼能早日出版，俾得先睹爲快。餘不一一，敬頌

旅祺

弟　聞一多　頓首

六，十七[①]

（根據 1981 年《社會科學輯刊》第 2 期刊印）

① 《社會科學輯刊》1981 年第 2 期刊登《聞一多先生書信》時，同頁有劉修業先生的一個附記："我最近在整理重民同志遺稿時，發現聞一多先生 1936 年 6 月 17 日致他的遺札一通，當時重民同志在法國巴黎圖書館任職，聞先生則在北京清華大學任教授。從這一通簡短的遺札裏，聞先生那種謙虚勤奮，認真嚴謹的治學精神躍然紙上。聞先生信中所云撰的跋文即《敦煌舊鈔楚辭音殘卷跋》及《補記》一則已由重民同志録入《敦煌古籍叙録》。"

一九三七年

129. 致高孝貞

貞：如果你們未走①，縱然危險，大家在一起，我也心安。現在時常想着你在挂念我們，我也不安了。我早已想起搬到乾面胡同一層，但安全得了多少，也是問題。今天已找勛侄來，托打聽旅行手續。同時將應用衣服，清理一下，放在箱裹，作一準備。現在衹有津浦一路可通，聽説聯運可以從北平直到漢口（續訊此點不確），這倒也方便。……方纔彭麗天②來説他也要回家，我已約他與我們同行，這來，路上有一幫忙的人，使我放心點。不然，我自己出門的本事本不大高明，再帶三個小孩，一個老媽，我幾乎無此勇氣。好了，現在計劃是有了，要走，三天內一定動身，再過四五天就可到家。不過，最好時局能好轉，你們能短期内回北平。萬一時局三天之内更惡化了，那就根本走不動。不過照目下情勢看來，多半不至如此。寫到此處，又有人來電話報告，消息確乎和緩了，爲"家"設想，倒也罷，雖然爲"國"設想，恐非幸事。來電所擬辦法，大司夫③與趙媽④都同意了。戚焕章⑤與吴媽⑥大起恐慌。我答應他們：我走以後，在名義上仍舊算雇他們，并且多給一月工資，反正時局在一個月内必見分曉，如果太平，一月内我們必回來，否則發生大

---

① 高真攜長子立鶴、次子立雕於七七事變前回武漢省親。
② 當時在清華任教，聞一多曾爲其詩集《晨夜詩庋》作跋。
③ 趙秀亭，在聞一多家做飯。
④ 趙秀亭之妻，在聞一多家帶孩子。
⑤ 聞一多雇用的謄抄員。
⑥ 幼女聞翺的保姆。

戰，大家和天倒，一切都談不到了。這樣他們二人也很滿意。這一星期內，可真難爲了我！在家裏做老爺，又做太太，做父親，還要做母親。小弟閉口不言，衹時來我身邊親親，大妹就毫不客氣，心直口快，小小妹[①]到夜裏就發脾氣，你知道她心裏有事，衹口不會説罷了！家裏既然如此，再加上耳邊時來一陣炮聲，飛機聲，提醒你多少你不敢想的事，令你做文章没有心思，看書也没有心思，拔草也没有心思，衹好滿處找人打聽消息，結果你一嘴，我一嘴，好消息和壞消息抵消了，等於没有打聽。够了，我的牢騷發完了，衹盼望平漢一通車，你們就上車，叫我好早些卸下做母親的責任。你不曉得男人做起母親來，比女人的心還要軟。寫到這裏，立勛又來電話，消息與前面又相反了。這正證實我所謂消息與消息相抵的事實。於是又作走的打算了。碰巧孫作雲來了。你知道他是東北人，如果事態擴大，他是無家可歸的。我忽然想到何不約他到我家來，我向他提出這意思，他頗爲之心動。這一來路上又多一伴，我更可以放心了。立勛明天再來，他個人不願走，明天再勸勸他。鑒、恕[②]二人因受訓未完，恐不能馬上就走，我已囑立勛明天上西苑去打聽。萬一他們能早走，那就更好。總之，我十分知道局勢的嚴重，自然要相機行事，你放心好了！

多

七月十五燈下

（根據手書刊印）

130. 致高孝貞

親愛的妻：這時他們都出去了，我一人在屋裏，静極了，静極了，我在想你，我親愛的妻。我不曉得我是這樣無用的人，你一去了，我就如同落了魂一樣。我什麽也不能做。前回我駡一個學生爲戀愛問題讀書不努

---

① 幼女聞翺。

② 聞一多的外甥陳文鑒和四侄兒聞立恕。

力，今天纔知道我自己也一樣。這幾天憂國憂家，然而心裏最不快的，是你不在我身邊。親愛的，我不怕死，衹要我倆死在一起。我的心肝，我親愛的妹妹，你在那裏？從此我再不放你離開我一天，我的肉，我的心肝！你一哥在想你，想得要死！

親愛的：午睡醒來，我又在想你。時局確乎要平靖下來，我現在一心一意盼望你回來，我的心這時安静了好多。

十六日

妹，今天早晨起來拔了半天草，心裏想到等你回來看着高興。荷花也打了苞，大概也要等你回來開。一切都是爲你！

十七日早[①]

（根據手書刊印）

131. 致趙秀亭 *

趙秀亭知悉：最近來信二封，均已收到。二四兩少爺亦已到家，得知園内平安，甚喜。所寄之書尚未收到，但想不至失落。目下郵政既通，汝所搬去之黑皮箱，可設法打開，内有金戒指一對，金字四個，小銀角子若干，水晶圖章三個，玉圖章五六個，銀頸圈一個，玉牌二塊，汝可收起，妥爲保藏，其餘衣服一概寄來。此外所需衣物，名目見另紙，亦可寄歸。趙媽夾衣棉衣亦寄歸。箱上之鎖可設法扭開。今由金城銀行匯來國幣貳十六元五角（又趙媽寄來五元共三十一元五角），内六元五角是汝九月份工資，其餘可用作寄衣郵費。趙媽在此甚好，一切汝可放心。汝在園内，目下想無危險，但遇事仍須謹慎。俟平漢車通後，或我等北上，或汝南來，再作打算。錢若不够用，可寫信來，以便再匯。

多示

八月九日

① 此信寫於7月。

如孫先生[1]處方便，家中一切能移動之物件，除能寄歸者，統搬往孫先生處，汝即暫在孫先生處伺候，工資仍由我付。

書籍已另有信給孫先生，請他來搬往城内。其中有一部分須寄來者，請孫先生檢出後，汝可料理寄出。前所寄來之書，尚未收到，汝可開明物件數目，付郵日期，及發件收件人姓名，往郵局一問，是否失落。

皮襖三件　毛絨衣全套（褲袴坎肩）　大衣四件　皮帽四頂（大弟等[2]用）　以上在雙鎖大樟木箱内

卡其布褲袴大弟二弟
三弟六套　絲棉袍一件

裌襖太太三件　綫絨小褲袴六套

夾袍大弟
二弟二件　棉袍小弟大妹[3]
小妹[4]三件

以上在紅皮箱内

太太及大弟等之皮鞋擇較新者寄來

以上在小屋及網籃内

棉被套子（棉花不要）及被單

棉被在木箱内被單在小屋内　又黑毛毯子大概在柳條箱内

（根據手書刊印）

---

① 孫作雲。

② 即立鶴等三子。

③ 聞名。

④ 聞翺。

132. 致孫作雲

作雲：舍侄已到家，得悉你的情形。今由中國銀行匯來國幣三十元共六十一元五角。請你將我的書籍搬到你寓中暫存，其中一部分（目録見附紙）請由郵局寄下。校中金甲文書在我處者甚多，萬一遺失，殊覺可惜，請你也搬來，開一目録，交朱佩弦先生。此類如錢敷用，亦可儘量寄來。但書目及郵局挂號憑單，郵費賬目等，務須一一交朱先生保存。我前於南歸時，祇携來《三代吉金文存》及《殷虚書契前編》二種。家居無事，已着手編金文分類目録，獲益不少。現郵遞已通，盼不時通訊，以釋懸念。此候

安好

多

九月十日

另信并國幣三十一元五角請轉交厨役，因恐校中郵政不通也。厨役久在我家，爲人忠實幹練，如我家重要物件可移出，無留人看守必要，請留伊在　尊處伺候，工資仍由我隨時寄來。

各種子書
周禮正義
全上古文
全漢三國晋南北朝詩
説文義證
説文通訓定聲
毛詩傳箋通釋
王忠慤遺書
古逸叢書
漢書補注

小學彙函
方言箋疏
山海經箋證

以上請儘量寄下，錢不敷請暫墊用，隨即匯上。至感至荷。
一切雜事可派敝宅厨役及僕人戚焕章協同辦理，厨役我已付工資，戚焕章則請酌給酒錢。戚住錦什坊街西養馬營十號。

（根據手書刊印）

133. 致高孝貞

貞：我於當晚十一時半抵此。此間真正上課，恐還有兩星期。居處極不方便，而茶水尤然。小小妹病好否，甚念。明日因當往清華新校址[①]，須起早，故今夜須早睡。此處詳情，俟明晚歸來再寫信詳談。囑鶴雕用心讀書，小弟大妹放乖些。小小妹病情如何，如須再延醫，務必再延。一切轉托訓侄[②]代勞照料，蓋彼於情形較熟也。九月份薪金可發七成，前校方寄去一百五十元收到否？盼覆

多
廿三夜分[③]

（根據手書刊印）

① 抗日戰爭爆發後，清華大學與北京大學、南開大學在長沙合組臨時大學，文學院設在南岳聖經學校。
② 聞一多的三侄兒聞立訓。
③ 此信10月寫於長沙。

134. 致高孝貞

貞：出門快一星期了，尚未接家信，這是什麼道理？若不是小小妹病使我擔心，有没有信倒無關係。明信片上我已經寫好了住址，衹要填上幾句話就行了。何以忙到這樣？鶴、雕兩人就忘記我了嗎？到這裏來，并不像你們想的那樣享福。早上起來，一毛錢一頓的早飯，是幾碗冷稀飯，午飯晚飯都是兩毛一頓，名曰兩菜一湯，實衹水煮鹽拌的冰冰冷的白菜蘿蔔之類，其中加幾片肉就算一個葷。加上這樣一日三餐是在大食堂裏吃的，所以開飯時間一過了，就没有吃的。先來的人們自己組織了一個小厨房，吃得當然好點，但現在人數已滿，我來遲了，加入不了。至於茶水更不必提了。公共的地方預備了幾瓶開水，一壺粗茶，渴了就對一點灌一杯，但常常不是没有開水就是没有茶。自己未嘗不想買一個茶壺和熱水瓶，但買來了也没有用，因爲并没有人給你送開水來。再過一星期（十一月三日）還到衡山上去。到那裏情形或者好一點，因爲那邊人數少些，一切當然容易弄得有秩序點。但是也難説。我述了這種情形并非訴苦，因爲來到這裏，飯量并未减少，并且這樣度着國難的日子於良心甚安。聽説南開大學校長張伯苓先生還自己洗手巾、襪子，我也在照辦。講到襪子，那雙舊的，你爲什麼不給我補補再放進箱子裏？我自己洗襪子是會的，補却不會。鑒恕二人來否？歷史系上衡山否，現尚未定。上衡山的一部分，恐怕要十一月半後纔能上課。學校的錢寄到否？寄北平的款退回否？小小妹病究竟如何，我日夜挂念。鶴雕能寫信，小弟大妹也能畫圖畫寫字，何不寄點來給我看看？

九月份薪金今日又領到九十七元四角五。

多

十月廿六日

（根據手書刊印）

135. 致高孝貞

貞：鑒、恕二人已到，據他們所談，及帶來買藥賬單，知小小妹病不甚輕。現在不知如何？醫藥費不可過愛惜，當用時就用。千萬千萬！實在情形當隨時寫信告我，不可隱瞞。如有必要，我可回來一次。鶴兒的藥，醫生教吃多少就吃多少，也不要大意。好在這回發薪，比我們預算的多，你用錢不必過省，因爲究竟身體要緊。小小妹未取名，可名叫“湘”，以紀念我這次離開，特別想念她。

多

十月廿七日

（根據手書刊印）

136. 致高孝貞

貞：除由恕侄帶一信來外，我到此從未接到一信，這未免太殘忍了嗎？湘女病狀如何，我實在擔心。不是爲省錢起見，我定已回來了一趟。我現在哀求你速來一信。請你可憐我的心并非鐵打的。這裏今天已上課，但文學院同人要後天纔搬到南岳，一星期後纔上課。聽説山上很冷，皮袍請仍舊取出，上次信上忘記説。長沙住家并不很貴。我想開春你們還是到這裏來吧。上次領到的薪水，後來纔知道有五十元是十月份的。薪水本可以領到七成，合得實數二百八十元，但九、十兩月扣救國公債四十元，所以祇能得二百四十元。現在我手頭有二十餘元，銀行存八十元。

來信寄湖南南岳市臨時大學

多

十一月一日

（根據手書刊印）

137. 致高孝貞

貞：早上寫好一明信片，還未發出，下午接到你和雕兒的信，還有小弟大妹的字畫，我很高興。鶴兒無信來，想必還未起床，現在究竟怎樣，盼詳詳細細告訴我，不要一味的衹説痊癒。小妹呢？究竟好到什麼程度，中間詳細經過如何，也務必告訴我請大舅[①]寫一信來亦可。你們都不會寫信，真把我急死了。你看我幾次回信是如何寫的。家中一切的事，不管大小，或是你們心裏想的事，都可以告訴我，愈詳細愈好。鶴兒不能起來，他心裏想些什麼，可以叫他説，由你或雕兒寫下來。你叫他們兄妹四人放乖些，不必常常想我。等我到南岳去後，看看情形，設法早些接你們來長沙。我最怕他們生病，别的都没有大關係。前回説改吃機器水，不知已照辦否。他們這樣生病，水的關係當然很大。至於飲食也不必太省了。病後的當吃什麼補品，就吃罷，不要惜錢。細叔[②]前回所説的魚肝油精，可買來試試。補品中最好的莫過於此。明天上南岳，現在要清理東西。等到了那邊，再有信來。毛衣不必打，可做件絲棉短襖寄來。你自己也要保衛身體。

仁弟[③]謀得什麼事，月薪若干？

多

十一月二日

（根據手書刊印）

138. 致聞立鶴、聞立雕

鶴雕兩兒：昨天寄回一信，想已收到。盼望你們來信，到現在還是没有。小小妹病究竟好了没有？小弟大妹好否？鶴兒身體有進步否？雕兒讀書

① 聞一多的内兄高孝慈。

② 聞家駟。

③ 聞一多的内弟高孝仁。

用心否？我無時不在挂念。我明天搬到衡山上去。衡山又名南岳，所以那邊有一鎮市名曰南岳市。你們寫信可以寫“湖南南岳市臨時大學文學院”。昨天這裏有過一次警報，但敵機并未來。南岳離長沙一百餘里，汽車行三四小時。那邊决無空襲的危險。你們都要聽媽媽的話，千萬千萬。

父字

十一月二日

（根據手書刊印）

139. 致高孝貞

貞：本應到這裏就寫信給你，現在過了好幾天纔動筆，根本原因還是懶，請你原諒。原來希望到南岳來，飲食可以好點，誰知道比長沙還不如。還是一天喝不到一次真正的開茶。至於飯菜，真是出生以來没有嘗過的。飯裏滿是沙，肉是臭的，蔬菜大半是奇奇怪怪的樹根草葉一類的東西。一桌八個人共吃四個荷包蛋，而且不是每天都有的。記得在家時，你常説我到長沙吃好的，你不知道比起我來，你們在家裏的人是天天過年！不過還有一綫希望。現在是包飯，將來打算换個厨子，由我們自己管賬，或者要好點。今天和孫國華（清華同事，住北院）上街，共吃了廿個餃子，一盤炒鷄蛋，一碗豆腐湯，總算開了葷。至於住的地方，是在衡山上的一所洋房子，但這房子是外國人夏天避暑住的，冬天則從無人住過。前晚起風，我通夜未睡着。有的房間，窗子吹掉了，陽臺上的欄杆吹歪了。湖南一年四季下雨（所以湖南出雨傘），而這山上的雨尤多。我們到這裏快一個星期了，今天纔看見太陽。總之，我們這裏并不享福。我吃苦是不怕的，祇要你們在家裏都平安，并且你常常寫信來，我就快樂。據説這裏冬天很冷，皮袍非要不可，請你然把當[1]取出，早些做成，和絲棉短襖一并寄來。鶴兒小妹身體恢復否？念念。

① 此處疑有誤。

多

十一月八日

（根據手書刊印）

140. 致聞立鶴、聞立雕、聞立鵬、聞名

鶴雕鵬名：我們現在住的房子，曾經蔣委員長住過，但這房子，并不好，冬天尤其不好。這窗子外面有兩扇窗門，是木板做的，刮起風來，劈劈拍拍打的響聲很大，打一下，樓板就震動一下，天花板的泥土隨着往下掉一塊。假使夜間你們住在這樣一間房裏，而且房裏是點着煤油燈，你們怕不怕？這就是現在我所住的房子。但是這裏風景却好極了。最有趣的是前天下大雨，我們站在陽臺上，望着望着一朵雲彩在我們對面，越來越近，一會兒從我們身邊飄過去，鑽進窗子到屋子裏云了。中國古時，管五座大山叫五岳，中岳嵩山在河南，東岳泰山在山東，北岳恒山在河北，西岳華山在陝西，南岳衡山在湖南，就是我現在所住的這地方。古人説游山若游遍五岳，便足以自豪。我從前游過泰山，現在又住在衡山上，五岳中總算游了兩岳。

十一月八日父字

這封信，鶴雕兩人看得懂嗎？如果你們喜歡這樣的信，以後我可以常常這樣寫。可是這些信，你們要好好的保存。

（根據手書刊印）

141. 致高孝貞

貞：兩次信均已收到。十月份經費據説已來，但薪水尚未發下。一俟發下，定即寄歸。我手中亦祇有十餘元。在長沙大陸銀行存了五十元，不擬挪用，并且這裏離長沙太遠，也無法取出。細叔錢，如薪水不拖

欠，每月定至少還二十元，請你轉告他。如果能多還點，我也想早些還清。大司夫處所存箱内有何急需之物，如有，可匯款去，令他寄歸。如無急用之物，可暫不寄。金城銀行所存五十元，想未取出。最好不要動用，以備萬一。鶴湘二人病愈，我甚快樂，但雕功課不及格，則又令我憂愁。你務必時時勸誡他要用心些。你脚痛，想係過於勞苦。但多穿點衣服，想必有好處，因爲熱天未痛而冷天痛，必與受凉有關係。我年假當然要回來。我這裏一切都好，飲食近也改良了。自公超來，天天也有熱茶喝，因他有一個洋油爐子。名女耳痛好否？勸雕用心，朋、名放乖些，鶴多曬太陽。

多

十一月十六日

我們後天（十八）開始上課。

（根據手書刊印）

142. 致高孝貞

貞：絲棉襖已收到，但送來時，包袱上破一窟窿，衣服也破一塊，不知是老鼠嚙的，還是被什麽東西戳破的。叫人打一補綻，化了我五分錢。上星期寄來的十塊錢，想已收到。這裏薪水還未領到。據説本月底金城銀行要來設辦事處。本來即令薪水領到，没有銀行，還是無法兑現的。你脚痛現在好了没有？孩子們都好否？你前次來信提到爲大舅謀事，這事本來常常在我心上，到長沙後我也留心過，但現在尚無機會。爲目前計，孝仁既已有事，又減輕一份擔負，他們月費不够，你可以斟酌增加一點。祗要清華薪水能繼續發七成，就仍然給他們二十元，亦無不可。校中有一星期的寒假，將來我定再請假一星期，回來看你們。

多

二十七日[1]

① 此信寫於 11 月。

剛把信封好，你廿一日的快信送到了。絲棉襖很暖，皮衣我想可以不要。萬一太冷，穿大衣就行了。國民政府遷重慶，我就想到武昌不是很安全的地方，省寓或要遷回鄉去。如果他們都搬，你當然也搬。不過目下我想還不要緊，回鄉過年，或是一個辦法。我胃病有好久未發，這兩天又差一點，恐係坐得太夜的緣故。鶴兒上次一信寫得甚好，我給〔這〕裏的朋友看，都誇獎。稿子是否有人改過。叫他多寫信來。快信太貴，以後可用平信或平快。

又及

（根據手書刊印）

143. 致聞立鶴

鶴兒知悉：汝母四日及汝三日所寫之信，今已收到。我在此間有許久未見報紙，故武漢情形，完全不知。近數日來始稍得消息，聞武漢人心頗恐慌，政府并且勸令人民搬下鄉去。似此情形，則汝等自宜早些回鄉爲妙。伯伯、三伯叫你們回去，必因你們人口甚多，而且都是婦孺，萬一時局更緊張起來，定難照顧。至於他們兩房不但人少，而且差不多都是大人，所以比較不要緊。十月份薪水條子，昨日纔寄到。但我又已經將圖章交給葉先生，托他在長沙去領去了。我曾托葉先生代寄一百元回來，如果他能領得現款，想不久你們定可收到。這次仍舊是寄給三伯代收的，因爲我不知道你已經刻了圖章。這一百元中應給外祖母二十元，還細叔二十元，算起來所餘并不多，汝可告汝母減省點用，因爲這次發了薪水，下次不知道又要等到何時纔能發下。近來我軍戰事不利，我們人民真正的難關快要來到，我們都應該準備吃苦纔對。你同你母親都不願回鄉，這是不對的。你們回鄉，不但生命可以安全，使我放心，并且可以省些用度。我看，一等錢寄到，你們便應回去。目前不妨把東西陸續收拾起來。學校定明年一月三十一日起，放寒假一星期，屆時我回來看你們，再請假一星期，在家中多住幾天。雕兒功課太壞，我很擔心。或者回鄉去有祖父監督着，還可以多做點功課。總之回鄉以後，你們不至有什麽不方便，一切的事，你們可向祖父説，祖父自然會有安頓。至於我在這裏生活現在很好，飲食及一切都改良了，現在我并不吃苦，你們可以放心。下回發薪水，我就寄到鄉下去，外祖母的錢，我直接寄到他們家裏去。他們的門牌我忘記了，下次你寫信來，務必告訴我。汝母脚痛，至今未愈，我很憂慮，應找醫生吃點藥，千萬不可大意。脚凍了，則最好天天用熱水洗一次，棉鞋還要大些厚些，便自然會好。鄉下空氣較好，房屋較大，易得陽光，你們回鄉身體應該好些。這也是我要你們回去的一種理由。你漸漸能懂事了，并能寫信，我很快樂。從此你更應用心讀書寫字，并帶領弟妹們用功。如此，你便真是我的好兒子。下次叫雕寫信來，看他有進步否。

多示

十二月十一日

（根據手書刊印）

144. 致高孝貞

貞：匯來百元，想已收到。不知目下已動身回鄉否？如船隻方便總以早去爲妙。頃又由金城匯來百元，交　父親支配。所欠細叔之款，暫時可勿還。在此時候，祗求大家能生存，不必算私賬也。汝此次所收到之百元，除開消外，尚餘若干，望即告我。回鄉後，日用應可減少，手中之錢，務當撙節爲要。因以後學校移桂林，匯款更費時日，且亦未必隨時有款可匯也。本擬寒假回家一行，現又往桂林移，將來能否案時回來，殊成問題。鶴兒來函云彼等如何念我，讀之令我心酸，惟此次之信又較前進步，不但詞能達意，且甚有曲折，又使我轉悲爲喜也。回鄉後，務令鶴雕等嚴格做功課。雕兒玩心大，且脾氣乖張，但决非廢材，務當遇事勸導，不可怒駡。對朋兒名女，亦當如此。我不在家，教育兒女之責任便在你身上，千萬不可大意也。我們往桂林去，實已到安全地帶，汝輩更可放心。遷桂林日期現尚未定，届時當另有信來。清華職員張健夫回武昌，托他帶回書箱一隻，望帶回鄉下妥爲保存，内有金文甲骨文書各一部，均甚貴重，又有一部分手稿，更無價值可言也。大舅家門牌號數，望速告我，以便匯款。順問　安好

多

十二月十五日早

（根據手書刊印）

145. 致父母親

雙親大人膝下：學校遷桂林之議，現已作罷，因桂林房屋不敷故也。但近數日來又有遷回長沙之議，現正在磋商之中，一般觀察，恐遷移之成分居多。此事對男個人殊有利，因自南岳至長沙交通不便，不但旅行困難，即郵遞亦太遲滯也。此間上課情形不比尋常，教員請假他去者往往一去數星期。男擬遷回長沙後請假回家一看，但不知由武漢至巴河之交通情形如何耳。男婦來信云與三嫂同行返鄉，目下不知已到家否。前寄百元至省寓請二哥轉呈　大人，不知　大人已收到否。聞校中經費并不困難，但能繼續上課，薪金諒不成問題，所愁惟在時局更趨惡化，學校須根本解散耳。鄉間近來安謐否，家中老幼均好否，兩大人入冬康健否，并家中一切情形，祈　囑令侄輩寫一詳細信來，以慰懸念。鶴雕兩兒務當嚴格做功課，祈　大人嚴加督責，是爲至禱。肅此敬請
福安

男多叩稟

十二月二十六日

（根據手書刊印）

146. 致高孝貞

貞：前次告訴你們搬桂林的消息，使你和兒輩失望。今天再告訴你們一個搬近了的消息，你們應該高興了。如果搬到長沙，再加上戰事不太緊急，我擬先回家一看。同人們請假的頗多，所以我這時請一二星期的假，實際上也無大關係。這次所開兩門功課，聽講的人數甚多，似乎是此間最大的班，我講得也很起勁，可惜大局不定，學生不能真正安心聽受耳。再報告你一件大事。紙烟尋常一天吃兩包，現在改爲兩天吃一包。現在做到這一步，已經很不容易了，將來或者能完全戒斷，等將來再説罷。十八日與二十日兩信均已收到，我并不生氣。但我仍舊是那一句話“用錢要力求撙節”。我并非空説，我戒烟便是以身作則。即使你已經撙節了，我再説一句“應當撙節”，那也無妨。我説這話也没有别的用意。你脚痛好些没有？如果家中有人做棉鞋，可着手做一雙，以免我在市上花錢買。此間尚不冷，我目前仍穿單鞋。

多[①]

勸趙媽安心，此刻回北平是不可能的，在這年頭先求保性命，次求不餓死，其他一切都顧不到，等仗打完，大家〔就〕出頭了。

（根據手書刑印）

---

① 此信寫於 12 月。

一九三八年

147. 致父母親

雙親大人膝下：前上一稟計已達到。文學院決遷回長沙。男與同事三數人因有蔣夢麟先生私備汽車之便，已於昨日先行遷回，其餘同人及學生至早亦須一星期始能動身，因交通工具尚未覓妥也。臨大全校現又有遷雲南昆明之議，并擬自購汽車十輛以供運輸之用。男恐西遷之後路途遥遠一時不能回家，故決定立即回家一看。好在文學院一時不能到此，無課可上，大約請假兩星期尚不致十分耽擱功課也。玆定今晚搭特别快赴鄂，因不知由漢至巴[①]間之交通情形，故何日到家現尚難卜也。恕侄已於昨午回鄂，決在武漢找工作。學生離校者甚多，大約願隨校西遷者不過數百人而已。校中實亦不願人數過多，恐旅行不便也。餘容面稟，敬頌

全安

男多叩

一月三日

（根據手書刊印）

148. 致顧毓琇 *

一樵兄：承囑之事[②]，盛意可感。惟是弟之所知，僅國學中某一部分，玆事體大，萬難勝任。且纍年所蓄著述之志，恨不得早日實現。近甫得

---

① 浠水縣巴河鎮。

② 顧毓琇至漢口國家教育部任職後，曾邀聞一多前往該部工作。

機會，恐稍縱即逝，將使半生勤勞，一無所成，亦可惜也。老友中惟我輩數人，不甘自弃，時以事業相砥礪，弟個人得兄之鼓勵尤多，每用自慶。但我輩作事，亦不必聚在一處，苟各自努力，認清方向，邁進不已，要當殊塗同歸也。平時渴望朋好中人登臺，一旦實現，復嫌幫忙人太少，自不免令　兄失望。然上述　弟於此事力不勝任一層，亦是實話，然則直謂我輩中無人材可耳。思念至此，不勝浩嘆。今晚仍决赴湘，以後若有其他適當機會，再圖效力。惟學校亦是一地盤，仍望　兄時時留意，使之充實，庶得與兄方相呼應耳。書此敬候大安

弟　多上

一月廿六日

（根據手書刊印）

149. 致高孝貞

貞：此次不就教育部事，恐又與你的意見[①]我們男人的事業心重，往往如此，你得原諒，你所需茶葉等物已托三哥購就帶回，大司夫錢已匯去。此刻甚忙，至長沙再詳細談。

多[②]

（根據手書刊印）

150. 致高孝貞

貞：昨晚到此，始知同人已有數批出發了。我即須照相，以備護照之用。其他瑣事甚多，幸而未在家中過年，不然將來不及矣。學生將由公路步行入滇，教職員均取道香港、海防去。校中津貼六十餘元，但有多人將此款捐助寒苦學生作津貼，此事係公超發起，我將來恐亦不得不捐

---

① 原文如此。

② 此信寫於 1 月下旬。

出，如此則路費須自己擔負矣。又同人乘二等車者居多，因二等可包專車（每車二十四人），三等人數過多，不能包用。我因結伴關係，或亦將乘二等，如此則用費又須超出。校中派有專人在香港，海防招待旅行事務，香港派公超，海防派陳福田，陳已啓程，公超二月三日去。一月份薪水已發，日内即去領取。三哥想已到家，信紙信封忘記買，可再托三哥買，隨後由人帶回。家中一切，務照余所吩咐，自明年元旦起[①]，務當記賬。兒輩飲居寒暑，切勿大意。俟動身日期决定後，再有信來。

順候

安好

多

一月三十日

（根據手書刊印）

151. 致聞家騄

二哥：此間學生擬徒步入滇，教職員方面有楊金甫、黄子堅、曾昭掄等五六人加入，弟亦擬加入，因一則可得經驗，二則可以省錢。今將不甚重要之書籍及皮大衣共一柳條包托人帶至亦齊弟處，目下計已帶到，請派老章[②]過江取來，隨後再托人帶回鄉下。此中書籍駟弟皆可用，其餘衣物亦以存放鄉下爲妥。校中本擬發給教員路費六十五元，由香港取道安南入滇，步行者則一切費用皆由校備，不知路費是否照發，若仍照發，則此款可以乾落矣。啓程日期尚未决定，大約在一星期後，屆時再函告家中。順候

安佳

弟　多

① 指舊曆年。

② 浠水老家的僕人。

二月一日

（根據手書刊印）

152. 致父母親

雙親大人膝下：前奉兩稟，計已達到。校中遷滇路程，分三種：一，由粵漢取道香港，轉海防入滇；二，步行經貴陽入滇；三，乘汽車經桂林至龍州，入安南，乘火車入滇。第一綫因廣州時有空襲，不甚安全，第二綫男本有意加入，今復慮身體不支，故決采第三綫，此綫用費較多，然除校中津貼六十五元外，自擔者想至多不過四五十元耳，借此得一游桂省山水，亦殊不惡也。三哥來函云恕侄仍決返校，此舉甚是，但不知已首途來湘否。步行入滇者，一切費用皆由校備，恕侄自當加入此種，至滇後，校中對寒苦學生有補助辦法，但詳細辦法現尚未公布耳，萬一此舉不能實現，恕侄一切男亦可擔負也。日前曾匯三百元至二哥處，想不久即可帶歸，鶴雕等讀書事，不知如何處置。出門將近二十日，此事時時在心中，而兒輩竟無隻字寄來，殊可恨也。啓程日期大約在二月十五六日，届時再行奉聞。敬頌

萬福

男　多叩

二、十一

（根據手書刊印）

153. 致高孝貞

貞：此次出門來，本不同平常，你們一切都時時在我挂念之中，因此盼望家信之切，自亦與平常不同。然而除三哥爲立恕的事，來過兩封信外，離家將近一月，未接家中一字。這是什麽緣故？出門以前，曾經跟

你說過許多話，你難道還没有瞭解我的苦衷嗎？出這樣的遠門，誰情願，尤其在這種時候？一個男人在外邊奔走，千辛萬苦，不外是名與利。名也許是我個人的事，但名是我已經有了的，并且在家裏反正有書可讀，所以在家裏并不妨害我得名。這回出來唯一目的，當然爲的是利。講到利，却不是我個人的事，而是爲你我，和你我的兒女。何況所謂利，也并不是什麽分外的利，衹是求將來得一温飽，和兒女的教育費而已。這道理很簡單，如果你還不瞭解我，那也太不近人情了！這裏清華北大南開三個學校的教職員，不下數百人，誰不拋開妻子跟着學校跑？連以前打算離校，或已經離校了的，現在也回來一齊去了。你或者怪了我没有就漢口的事[①]，但是我一生不願做官，也實在不是做官的人，你不應勉强一個人做他不能做不願做的事。我不知道這封信寫給你，有用没有。如果你真是不能回心轉意，我又有什麽辦法？兒女們又小，他們不懂，我有苦向誰訴去？那天動身的時候，他們都睡着了，我想如果不叫醒他們，説我走了，恐怕第二天他們起來，不看見我，心裏失望，所以我把他們一個個叫醒，跟他説我走了，叫他再睡。但是叫到小弟，話没有説完，喉嚨管硬了，説不出來，所以大妹我没有叫，實在是不能叫。本來還想囑咐趙媽幾句，索性也不説了。我到母親那裏去的時候，不記得説了些什麽話，我難過極了。出了一生的門，現在更不是小孩子，然而一上轎子，我就哭了。母親這大年紀，披着衣裳坐在床邊，父親和駟弟半夜三更送我出大門，那時你不知道是在睡覺呢還是生氣。現在這樣久了，自己没有一封信來，也没有叫鶴雕隨便畫幾個字來。我也常想到，四十歲的人，何以這樣心軟。但是出門的人盼望家信，你能説是過分嗎？到昆明須四十餘日，那麽這四十餘日中是無法接到你的信的。如果你馬上就發信到昆明，那樣我一到昆明，就可以看到你的信。不然，你就當我已經死了，以後也永遠不必寫信來。

多

① 指未就教育部職一事。

二月十五日

（根據手書刊印）

154. 致父親

父親大人膝下：前函云乘汽車經桂林赴滇，今因費用過巨之故，仍改偕學生步行。其路程計由長沙至常德一百九十三公里，乘民船；由常德至芷江三百六十一公里，步行；由芷江至晃縣六十五公里，汽車；由晃縣至貴陽三百九十公里，汽車；由貴陽至永寧一百九十公里，步行；由永寧至平彝二百三十二公里，汽車；由平彝至昆明二百三十七公里，步行。全程約須四十餘日。參加者學生將近三百人，教授有黄子堅、曾昭掄、袁復禮、李繼侗及男等五人，助教五人，學生由張主席[①]派一師長率領，編成若干隊，教員則爲輔導團，携有醫生護士各一人，無綫電收音機一架，圖書若干箱，伙夫十餘人。張主席贈行軍用具如水壺、乾糧袋、草鞋、裹腿等數百份，猪五隻，教（育）廳長朱經農贈猪二隻。定十九日啓程，此行可稱壯舉矣。恕侄至今未到，不知何故，現報到期已過，繼續加入須罰洋三十元，即等於路費用〔自〕備，恕侄不來則已，來則大吃虧矣。且其他手續是否能辦理完畢亦一問題，男前已去函催彼速來，又托饒子離兄帶口信，據三哥來函云，彼到漢後須買俄文書，準星期日動身。不知俄文書對氣象學有何關係，何以必需買他，真荒謬絶倫矣。前傳赴滇學生僅四百人，今則報名者已達九百，可見大多數仍知讀書重要，恕若改變計劃不來，尤爲失策，若仍須來，則勢已不可能，緣加入旅行團（即步行者）頗有困難，已如上述，而由粵漢路走，則領取補助費期限已過，路費完全須自備，少則六七十元，多則百元，其他如辦理護照等困難尤多，尚非所論矣。自出門來，於今將近一月，未接家信，到昆明須四十餘日，此中即有信來亦接不到，此在出門人心上是

① 湖南省主席張治中。

何滋味！男婦非不知書，兒輩亦略識字，過去亦常通信，何以此次狠心至此！敬頌
金安

男　多叩禀
二月十六日
（根據手書刊印）

通信處
雲南昆明國立臨時大學辦事處

155. 致聞立雕

雕兒知悉：我在家時曾囑你特別要多寫信來。難道我一出門，你們就把我忘記了嗎？但我并没有忘記你們，尤其是你們讀書的事。你尤其要用心，也不要和小弟大妹吵鬧。一切要聽　爹爹説話。鄉里暫時平安，一切我都放心，所不放心的，就是怕你們不用心讀書。我今天上船，三天後到常德，再寫信回。

父多字
二月十九日
（根據手書刊印）

156. 致父親

父親大人膝下：前上數禀，諒均達覽。十九日上船，實際二十日晚始啓碇。二十四日抵常德。現定二十七日實行徒步往沅陵，大約須九天始能達到。截至目下止，衹是乘船，途上并不辛苦。此後步行，不知如何。惟男前在南岳游山經驗，一日行八十里，尚不覺疲乏。此次行程，初行規定每日五十里，以後每星期遞加十里，至八十里止，是不出男能力之

限度也。常德爲湖南第二大城市（長沙第一），目下因駐兵及難民關係，人口陡增，尤見熱鬧。同人寓縣立中學，校長楊筠如君係男在青島時同事，故到此頗蒙款待。藝專現設沅陵，到時又可找太侔兄矣。鄉間想仍能安堵，惟家中老幼不知清吉否。離家愈遠，繫念愈切，人情蓋皆如此也。敬頌
金安

男　多叩稟
二月廿六日寄自常德縣中
（根據手書刊印）

157. 致父母親

雙親大人膝下：出發後寄上明信片數張，計已入覽。三月一日自桃源縣捨舟步行，至今日凡六日，始達沅陵（舊辰州府）。第一至第三日各行六十里，第四日行八十五里，第五日行六十里，第六日行二十餘里。第四日最疲乏，路途亦最遠，故頗感辛苦，此後則漸成習慣，不覺其難矣。如此繼續步行六日之經驗，以男等體力，在平時實不堪想象，然而竟能完成，今而後乃知“事非經過不知易”矣。至途中飲食起居，尤多此生從未嘗過之滋味，每日六時起床（實則無床可起），時天未甚亮，草草盥漱，即進早餐，在不能下咽之狀況下必須吞乾飯兩碗，因在晚七時晚餐時間前，終日無飯吃，僅中途約正午前後打尖一次而已。所謂打尖者，行軍者在中途作大休息，用乾糧、飲水是也。至投宿經驗，尤爲別致，六日來惟今日至沅陵有旅館可住，前五日皆在農舍地上鋪稻草過宿，往往與鷄鴨犬豕同堂而卧。在沅陵或可休息三日，從此更西往芷江或有汽車可坐，然亦無十分把握。（以上六日所寫，以下十二日補完）近因天雪汽車難行，留沅將及一周，現雪已解，定明日乘汽車至晃縣，當日可到，過此則恐全須步行矣。家中老幼近皆安吉否，深以爲念。到貴陽後當再有信歸。肅此敬頌

萬福

男　多叩

三月十二日

（根據手書刊印）

158. 致聞家騄＊

三哥大鑒：計期保險公司通知應已寄到，本届或當交一百二十餘元，請從弟存款中按通知中所開數目代爲匯去。如弟前寄歸之款已帶回家，則請設法挪墊，由弟婦撥還。如大陸存款已寄來，即由大陸款中撥寄更爲省事矣。途中情形詳另函，此不贅。

敬候

安好

弟　多上[1]

（根據手書刊印）

159. 致父母親

雙親大人膝下：沅陵奉上一稟，想已達覽。十七日自晃縣出發，步行三十日抵貴陽。貴州境内遍地皆山，故此半月中較爲勞苦，加之天時多雨，地方貧瘠，旅行益形困難。本地諺云“天無三日晴，地無三尺平，人無三兩銀”，蓋得其實矣。貴陽遇熟人甚多，清華方面自前校長周寄梅先生以下逮舊同學不下數十人，同班中有吴澤霖、聶鴻逵二兄，聶係本地人，吴任大夏大學文法學院長，隨校遷此。據近悉昆明校舍不敷，文法二院决設蒙自。以意揣之，昆明新房屋造成後文法二院恐仍當遷回，蒙自距昆明鐵道一日路程，地近安南。此行本如投荒，今則愈投

① 此信寫於3月下旬湘黔途中。

愈遠矣。近日前方捷報頻傳，殊堪欣慰，然武漢敵機轟炸亦因此益亟。二哥不知已遷動否？鄉間諒安謐如常，但不知家中老幼清吉否？鶴、雕二兒讀書有進益否？通信仍暫寄昆明臨時大學。如欲速達，可用航空郵遞。餘容續禀。敬頌

萬福

男　多叩頭

四月二日自貴陽

（根據手書刊印）

160. 致高孝貞

貞：四月二十八日抵昆明，看到你和鶴雕兩兒三月三日的信，你信上説以前還寫過三封信來，但我没有接到。據説有的郵件已轉到蒙自去了，你那三封信或者到蒙自可以看到。我們自從二月二十日從長沙出發，四月二十八日到昆明，總共在途中六十八天，除沿途休息及因天氣阻滯外，實際步行了四十多天。全團師生及伙夫共三百餘人，中途因病或職務關係退出團體，先行搭車到昆明者四十餘人，我不在其中。教授五人中有二人中途退出，黄子堅因職務關係先到昆明，途中并時時坐車，袁希淵則因走不動，也坐了許多次的車，始終步行者祇李繼侗、曾昭掄和我三人而已。我們到了昆明後，自然人人驚訝并表示欽佩。楊今甫在長沙時曾對人説，“一多加入旅行團，應該帶一具棺材走”，這次我到昆明，見到今甫，就對他説“假使這次我真帶了棺材，現在就可以送給你了”，於是彼此大笑一場。途中許多人因些小毛病常常找醫生，吃藥，我也一次没有。現在我可以很高興的告訴你，我的身體實在不壞，經過了這次鍛煉以後，自然是更好了。現在是滿面紅光，能吃能睡，走起路來，舉步如飛，更不必説了。途中苦雖苦，但并不象當初所想象的那樣苦。第一，沿途東西便宜，每人每天四毛錢的伙食，能吃得很好。打地鋪睡覺，走累了之後也一樣睡着，臭蟲、革〔虼〕蚤、虱實在不少，但

我不很怕。一天走六十里路不算麽事，若過了六十里，有時八九十里，有時甚至多到一百里，那就不免叫苦了，但是也居然走到了。至於沿途所看到的風景之美麗、奇險，各種的花木鳥獸，各種樣式的房屋器具，和各種裝束的人，真是叫我從何説起！途中做日記的人甚多，我却一個字還没有寫。十幾年没畫圖畫，這回却又打動了興趣，畫了五十幾張寫生畫。打算將來做一篇序，叙述全程的印象，一起印出來作一紀念。畫集印出後，我一定先給你們寄回幾本。還有一件東西，不久你就會見到，那就是我旅行時的相片。你將來不要笑，因爲我已經長了一副極漂亮的鬍鬚。這次臨大搬到昆明，搬出好幾個鬍子，但大家都説祇我與馮芝生的最美。

文法兩院五月三日開始上課，理工兩院或許在兩星期後，因爲房屋尚未修理好。我在昆明頂多還有三天耽擱。從這裏到蒙自，快車一日可到，但不能帶行李。我因有行李，須坐慢車，在途中一個地方名壁虱寨住一夜，次日始能達到。所以五日後可以再有信回。

旅行團到的第二天，正碰着清華二十七周年紀念，到會者將近千人，令人憂喜交集。據梅校長報告，清華經費本能十足領到，祇因北大、南開祇能領到六成，所以我們也不能不按六成開支（薪金按七成發給）。我們在路上兩個多月，到這裏本應領得二、三、四三個月薪金，共八百餘元。但目下全校都祇領到二月一個月的薪金。聽説三、四兩月不成問題，遲早是要補足的。

你這封信裏未詳説家中種種情形，不知是否在那三封信裏已經説過。我最挂念的是鶴雕二人讀書的情形，來信務須詳細説明。兩兒寫信都有進步，我很喜歡。鶴喜作詩，將來能象他父親，這更叫做父親的説不出的快樂。小弟大妹讀書如何？小小妹没有病痛嗎？雕的耳朵好了否？這些我最關心的事，爲何信上都不提？你自己的身體當然我也時時在念。路上做夢總是和你吵嘴，不知道這夢要做到何年何月爲止！

昆明很象北京，令人起無限感慨。熊迪之去年到這裏做雲南大學校長，你是知道的。昨天碰見熊太太，她特別問起你。許多清華園裏的人，見我便問大妹。鶴雕兩人應記得毛應斗先生，他這回是同我們步行來的。這人極好，我也極喜歡他。

今天報載我們又打了勝仗，收復了郯城。武漢擊落敵機廿一架，尤令人奮興。這樣下去，我們回北平的日子或許真不遠了。告訴趙媽不要着急，一切都耐煩些。她若寫信給大司夫，叫她提一筆説我問過他。

你目下經濟情形如何？每月平均要開支多少，手中還剩多少？日子固然不會過得太好，但也不必太苦。我衹要你們知道苦楚，但目下尚不必過於刻苦，以致影響到小兒們身體的發育。大舅在何處，他家情况如何，盼告我。

以後來信寄“雲南蒙自國立西南聯合大學”。

多

四月卅日在昆明

（根據手書刊印）

161. 致父母親

雙親大人膝下：鶴雕兩兒來函云現方從大人讀書，甚感興趣，雕兒寫信較前尤有進步，殊可喜也。男意目前既不能學算術，則專心致力中文，亦是一策。惟欲求中文打下切實根底，則非讀舊書不可。在平時同事中如孔雲卿、劉壽民二君皆令其少君讀四書，殊有見地。男意鶴雕亦當仿效。曾見坊間有白話注解本，可購來參考，以助彼等之瞭解。縱使書中義理不能真實領會，但能背誦經文，將來亦可終身受用不已。駟弟方致力國學，經史理宜并治，倘能同時讀四書，遇有新解時，亦不妨對兩兒隨時加以指示，如此兩兒受益，誠不待言，對駟弟或亦可增加讀經之興趣也。校中情形，詳另函及五月二日《雲南日報》。敬頌萬茀

男　多叩稟

五月五日

（根據手書刊印）

162. 致高孝貞

貞：在昆明所發航空信想已收到。我們五月三日啓程來蒙自，當日在開遠住宿（前信説在壁虱寨，錯誤），次日至壁虱寨（地圖或稱碧色寨）换車，行半小時，即抵蒙自。到此，果有你們的信四封之多，三千餘里之辛苦，得此犒賞，於願足矣！你説以後每星期寫一信來，更使我喜出望外。希望你不失信。如果你每星期真有一封信來，我發誓也每星期回你一封。在先總以爲蒙自地方甚大，到此大失所望。數十年前，蒙自本是雲南省内第一個繁榮的城市。但當法國人修滇越鐵路的時候，愚蠢的蒙自人不知爲何誓死反對他通過。於是鐵路繞道由壁虱寨經過，於是蒙自的商務都被開遠與昆明占去，而自己漸漸變爲一個死城了。到如今，這裏没有一家飯館，没有澡堂，文具店裏没有漿糊與拍紙簿，廣貨店裏没有帳子。這都是我到此後急於需要的東西，而發現他都没有。然而有些現象又非常奇怪。這裏有的是大洋樓，例如法國海關，法國醫院，歌臚士洋行，等等，都是關着門没有人住的高樓大厦，現在都以每年三兩元的租金租給聯合大學作校舍了。自從蒙自覺悟當初反對鐵路通過之失策，於是中國自己築了一條輕便鐵道，從壁虱寨經過蒙自與個舊，以至石（屏），名曰壁個石鐵路（我們從壁虱寨换車來到蒙自，便是這條鐵路），但是蒙自覺悟太晚了，他的繁榮仍舊無法挽回。直到今天，三百多學生，幾十個教職員，因國難關係，逃到這裏來講學，總算給蒙自一陣意外的熱鬧，可惜這局面是暫時的，而且對於蒙自的補益也有限。總之，蒙自地方很小，生活很簡單。因爲有些東西本地人用不着，我們却不能不用的，這些東西都是外來的，價錢特别貴，所以我們初到此需要一筆頗大的“開辦費”。但這些東西辦够了，以後恐怕就有錢無處用了，歸根的講，我們住蒙自還是比住昆明省。

前天經過開遠的時候，遇見殷先生全家新從海道來，往昆明去。殷太太當然問起你，殷益（？）蕃（？）和他們大妹望着我笑，雖然没有説話，但我明白他們心裏是在説“聞立鶴、聞立雕呢”？余肇池先生現在就住在我隔壁，余太太和他們全家住在昆明，大概不搬到蒙自來，反正蒙自到昆明，快車衹一天路程。張蔭麟在昆明，他太太住在香港，暫時不來。汪一彪在昆明，太太快來了。此外一時想不起，就住在我隔壁房間的講，陳寅恪、浦薛鳳、沈乃正家眷都未來。但也有租好房子，打算接家眷的，如朱佩弦、王化成等是也。問你安好。

多

五月五日

（根據手書刊印）

163. 致聞立鶴、聞立雕

鶴、雕兩兒閱悉：今天上課回來，看見桌上一封家信，已經喜歡得很。拆開一看，文字比從前更通順，字迹也整齊，我更高興。再加上信中帶來消息，説北平的書寄來了一部分，尤其令我喜出望外。今天非多吃一碗飯不可！你們的信稿究竟有人改過没有？象這樣進步下去，如何是好！你們真應感謝　祖父，應當加意服侍　祖父和　祖母。你們年紀一天大一天，應該能够服侍。寫信可以代替作文，以後要每星期來一次信。如果太忙，可以由你們二人和你母親輪流寫。信中少説空話，多報消息。家中或鄉間任何瑣事，都是寫信的資料。這樣寫法，我每次接到你們一封信，不就等於回家一次嗎？上次寫信給　祖父，請教你們讀四書，不知已實行否。在這未上學校的期間，務必把中文底子打好。我自已教中文，我希望我的兒子在中文上總要比一般强一點。三月薪金已發，但蒙自尚未領到。因爲此地銀行辦事處尚未成立，一時也不能匯錢回來。你母親手中餘款總共還有多少，來信務須告我。小弟、大妹、小妹做些什麽，説些什麽，也告訴我，我很想念他們。天氣漸熱，怕生

病，一切要小心。每次來信應書明陽曆日期

父字[①]

（根據手書刊印）

164. 致高孝貞

貞：上星期寫信給你和文鑒，叫你們和他一同到雲南來，這信想已收到。昨天接你的信果然不出我料，家中有全家遷松滋之議。你當然應該時時跟我通信，告訴我一切情形，以便取得聯絡。遷松滋我甚贊成，細叔主張早走，尤其是對的，人多，在松滋當然不便，到了那裏，仍然要疏散。例如你們和細叔一房，可再往重慶，轉貴陽來雲南，細叔的事現有九成希望，詳見另函。我所以贊成你們到松滋的緣故是，第一，粵漢路不好走，廣州炸得利害。第二，香港海防人地生疏，語言又不通，甚不方便。第三，在松滋可暫住下，候船往重慶，沿途可以休息，且有熟人可照顧。你們務必即速上省，或者已經走了也未可知。好在我已將款子（三百元）寄往武昌，目下應已寄到。姐姐、九姐有何計劃？姐姐以往松滋爲宜，將來文鑒立珠仍當來滇，庶可一勞永逸。你們的行止務必隨時來信告我。

多

五月七日

學校八月放暑假，你們最好先在松滋暫住，一可休息，二可候到八月再行，如有必要，我可到貴陽來接，三則可免暑天旅行之苦，聞重慶奇熱，恐你等身體不支也。

又及

（根據手書刊印）

---

① 此信寫於 5 月。

165. 致聞家駟

駟弟：蔣夢麟近來蒙自小住，公超已將聘弟事詳細談過，現決由聯大聘請，將來三校分開時再由北大續聘，資格爲教授或副教授尚未定，月薪大約三百四十元。夢麟一星期内回昆明，即將向常務委員會提出，請求通過。此事今番應無問題，俟議案正式通過後，再行函告。一嫂[1]來函稱家中遷松滋，此舉極是，尤應速行。兄意弟與一嫂等將來即由彼處轉道來滇。十哥在重慶，可先托打聽汽車到貴陽辦法。到貴陽後，兄有同班聶君安陶在彼住家，可以照顧，如有需要，兄亦可來貴陽一次，好在此路兄甚熟也。文鑒、立珠可約其同來，姐姐則宜往松滋。五哥現在何處，亦可分一部分暫住彼處。請勸　兩老勿憂慮，祇到安全地帶，生活不足慮，弟事若成，由我二人接濟，綽有餘裕。對抗戰兄向抱樂觀，暫時忍此痛苦，不久即可重見天日也。順問近好

兄　多

五月七日

（根據手書刊印）

166. 致聞家驥、聞家騘

展、藜兩哥　大鑒：前因時局變化，家中人口衆多，急宜疏散，適鑒甥來函詢來滇辦法，故函囑弟婦隨鑒甥來滇。昨接家信知有全家遷松滋之議，并云先行上省，此舉極是，不知現已到省否？駟弟事已大有眉目，蔣夢麟近來蒙小住，公超已將聘駟弟事與彼詳細談過，現決定由聯大聘請，俟三校分開後，北大再續聘，資格教授或副教授待定，月薪大約三百四十元。俟夢麟回昆明提出常務委員會通過，即發聘書。弟意如駟弟事成，我家到松滋後，弟與駟弟兩房可由松滋轉道重慶、貴陽來滇。

---

① 即高孝貞。聞一多在嫡堂兄弟中排行第十一。弟妹們習慣簡稱他爲“一哥”，稱高孝貞爲“一嫂”。

重慶至貴陽、貴陽至昆明均有公路，姐姐宜往松滋，文鑒、立珠則可來滇。但到松滋後可小住休息，候八月暑假期屆，再行前進。因屆時如有需要，弟可來貴陽迎接也。如此弟等兩房分出後，則家中人口較少，可減少擁擠也。至生活問題，弟與駟弟一日發薪，即當量力接濟一日，不必發愁，望稟明　雙親放心。一般觀察對抗戰前途樂觀，故暫時忍此痛苦，不久即可重見天日。弟已另函家中，深恐業已來省，故重述梗概，前周由金城用航信寄歸三百元，不知收到否？一切情形，望隨示知，以便取得聯絡。至禱至禱。順候

安佳

弟　多上

五月七日

（根據手書刊印）

北平寄回之書望早寄來。

來信望用航空，平信需時過久。

167. 致高孝貞

貞：這幾天戰事消息不好，武漢不免受影響。鄉里情形如何，頗令人擔心，萬一有移動的必要，你們母子一窠實是家中之大累，想至此，衹悔當初未能下决心帶你們出來。日來正爲此事躊躇，同事們也都勸我接你們來，所苦者衹有兩事不易解决，一，我自己不能分身，而家中又無人送你們；二，你們全來，盤費太大。今天接到文鑒來信，其意甚願來滇復學，萬一决定來，你們可以同他一路走，我衹須到香港或海防來接你們，既可省點路費，又不多費時間，豈不甚好。至於你們的路費，我計算起來，少則五百元，多則六百，數目實在可觀。然而爲求安全起見，又有什麽辦法呢。并且鶴、雕在家不能入學校，長此下去，也不是辦法。在家固可學點中文，然而算術究竟是最要緊的。他們多耽擱一年光陰，就給我們多加一年的擔負，從遠處着想，這事實在非同少可。戰事

非短時可以結束，學校在昆明已有較長久的打算，籌好了三十萬建新校舍，内中并有教員住宅。本來俟校舍完成後（約一年半），我是想接你們來的，現在乘文鑒來滇之便，你們若能早來，實在最好，因爲路費早晚是要花的，而鶴、雕的學業又可以少耽誤。好在我手頭還有四百五十元存款，再從朋友處通挪一點，可以凑足這筆路費。同時四月份薪金不久總可以發下，可作到後生活費之用。學校經費情形并不算壞，已詳前函。你們來後，我與你們吃點苦，斷炊是不至於的。現在同事們的家眷南來者日多一日（最近新到一批，有朱佩弦、孫曉夢、王化成、馮芝生、袁希淵諸太太），學校决不能讓這些人餓死在這裏。再者昆明地方生活程度不高，蒙自尤可簡省。氣候之佳，自不待言。此間雇人不甚容易，所以趙媽同來頂好，許多太太想由北方帶用人來而不可得，趙媽能來，倒是我們的幸事。我想你們不必猶疑，衹要得到文鑒同意，就可馬上準備。辦護照是一件麻煩事，應早上省照相。請護照事，可請十哥在外交部托一熟人，或可稍快點。路費我立刻用航空信匯至武昌，款到即可買車〔票〕南下，恐時局變化，路又不通也。爲節省計，我想我就到海防來接，我住天然旅店，你們到後可來電告我，其餘途中應注意諸事列下：

1. 由漢口至廣州，帶食品，出發前打電至蒙自，如遇飛機起飛日期不遠，寄航空信亦可。坐三等，如天氣太熱，可買一二張二等。

2. 到廣州住白宮酒家，係陳夢家親戚所開，有介紹信，住一夜。

3. 乘廣九車至九龍，如新新旅館（在九龍）或六國飯店（在香港）有接客者，即住新新或六國（内中新新尤好），如無接客者，可暫住有接客之旅館，同時往新新或六國覓就房間（新新若無房間，客廳亦可住）再行搬往。（九龍與香港對江，有輪渡）（住九龍較賤）

4. 到香港中國旅行社買票，行李交社運送上船。太古船較多，船亦較大，但須行五日始到海防。法國郵船每十日一班，船小，然二日可達。暈船事不免，故法國船先到即乘法國船，如須等候太久，即坐太古船。因如此可省却旅館費用也。

上船前，電海防天然旅店，告我坐何船、何日動身、計幾日可到。船可坐三等，大艙太苦，於小孩不宜。

5. 不急需之衣服，盡量打包寄蒙自，以免途中累贅。

6. 北平寄到之書，仍交郵局寄來。

7. 粵漢車最好趕孝義[①]走班時來。

頃忽想起去歲畢業學生張秉新君現在香港華僑中學教書，我現已寫就一信，你們到廣州後，可另附一信（説明何時到九龍）用最迅速方法寄去，請他來接。如他能來最好，如未來，則仍照上列第三項辦。張君如未來接，你們到香港後，仍可請文鑒前往一訪，關於買票上船等事，彼必能幫忙。（萬一時局不太緊張，稍遲俟秋涼再動身，於孩子們身體較宜，可斟酌行之）

以上盡能想到的都已寫過了，不能説不周密了，途中自然相當麻煩，但若拿出我步行三千里路的精神來，也就不算一回事了。決定後，盼速來一信，因爲我這邊也有許多事要準備。

來信云手中尚有百元，我現在再寄三百元來，一共約四百元，到海防足够了。萬一不够，可暫向文鑒通挪，由海防至蒙自用費，我親身帶至海防。

多

五月二十六日

（根據手書刊印）

168. 致張秉新[②]

秉新同學：去夏接到　手書，因事遷延未復，後往長沙，又偶將地址遺

① 高孝義，聞一多内弟，時在粵漢綫列車任職。

② 此信是寫好後給夫人備用的，後未用。

失，遂致欲作復而不可能，至今思之，猶覺歉然，想　吾弟不以爲過也。到蒙自後，張君志岳來談，得悉　吾弟在香港華僑中學授課，并邇來生活種種，殊用欣慰。頃因時局關係，内子及兒輩避居故里，非長久安全之計，故囑其迅速來滇，并由舍親陳君文鑒護送（陳君亦係清華同學）。惟是彼等皆初次來港，且兒輩幼小，照料尤多不便，到港時，倘蒙　吾弟撥冗前來照拂，不勝感激之至。蒙自環境不惡，書籍亦可敷用，近方整理《詩經》舊稿，素性積極，對國家前途祇抱樂觀，前方一時之挫折，不足使我氣沮，因而坐廢其學問上之努力也。此事　吾弟諒有同感，願更共勉之。耑此順候
教安

聞一多手啓
五月二十六日燈下
（根據手書刊印）

169. 致父母親 *

雙親大人膝下：時局變化不測，家中殊可顧慮，就人力所能設法者，惟有儘量減少家中人口，庶以後行動較爲靈活。關於接眷來滇種種，具見另函，此不贅述。頃公超[①]來談，校中下年須聘日、俄、法文教員各一人，法文以駟弟爲最適宜。楊今甫主張找梁宗岱回來，宗岱南開歸人，南開處處減省，似不欲積極請其回校（因教授薪金由原校付），以增加擔負。而蔣夢麟則對宗岱甚不滿，梁與胡適之感情甚惡，梅貽琦無所謂，故就常委意見分析之，駟弟頗有望也。此公超所言，然公超辦事熱心有餘而毅力不足，尚須看最後決定如何也。鑒甥復學自屬正當，恕姪近況如何，頗以爲念，前既未隨校前來，今雖欲來，恐路費不易解決也。校中下年擬招新生五百人，一切進行均甚積極。後方空氣寧静，故

① 葉公超。聞一多好友，時任西南聯合大學外文系主任。

得如此耳。肅此，敬頌
萬福

男　多叩禀
二十七日[1]
（根據手書刊印）

170. 致顧毓琇 *

一樵兄賜鑑：漢皋别後，瞬將半載。尚憶當時與兄談及臨大遷移事，曾主張徒步入滇。不謂當時所坐而言者，今竟能立而行之也。此次經驗頗爲豐富，他日再與故人聚首，定可再作竟夕談矣。[2]兹有懇者，清華國文系同學劉君壽嵩，本年行將畢業。劉君成績甚優，兼能創作，爲人尤謹厚沉着，部中倘有相當位置，務希留意予以安置，無任感戴之至。如部中無機會，亦請設法轉薦，至禱至禱。便中仍盼示復爲幸，耑此，敬候
勛安！

弟　聞一多
五月廿八日
（根據手書刊印）

171. 致父親

父親大人膝下：今接三哥來函，稱遷松滋事已作罷，母親允先往沙洋，而　大人則堅不願離家。男聞訊甚爲憂慮，若全家皆走，而　大人一人在家，縱托安全，男等心中亦無寧息矣，仍望再作考慮，改變前意，以

① 此信寫於 5 月。
② 此信寫於 1938 年 5 月 28 日，原信佚。

免男等罪戾。關於駟弟事，日來頗費心思。今公超提出北大巨頭會議，由北大聘請，蓋必如此，則趁蔣夢麟在此，事可速決也，無奈公超雖提出，而北大目前仍無此經費，故未通過。第二步計劃，衹有提出聯大常委會由聯大聘請。公超已允約芝生連名提出，此層自不難辦到。但其中亦有一大障礙，楊金甫力主請梁宗岱回校，南開已應允。據公超云梁不願教語言，且不一定教法國文學。如此則法文方面仍須添人，但男深恐學校當局爲經濟計，或將勒令梁教語言及法國文學，或且以此爲回校條件，亦未可知，如此則添新人即無十分必要矣。公超之口惠而實不至已非一次，故不敢信任其推斷也。關於此事男以弟兄關係，不便親向他人啓齒，衹有推動公超，而公超適亦爲負責人，若公超而無能爲力，則亦恐無他途徑可走矣。目下蔣夢麟仍在蒙自，三四日後始回昆明，開常委會更不知在何時，男甚望此事可早定，俾駟弟亦可早日決定其行止，因之鶴兒等亦可隨同來滇。但事實恐不能如人所欲，奈何！奈何！鶴等前次未隨男來滇，致今日爲一大繫累，使　大人分心，男自認無識，死罪、死罪。然事已至此，無可如何，萬一彼等無人護送，全家復決定遷移，仍　祈在可能範圍内附屬任何部分，暫避至一較安全地帶，一俟男功課結束，即當歸來接至雲南，決不至久爲繫累也。男本不敢存此非望，故在另函中未提及此層，然倘蒙　大人主張，并諸兄弟念及半世骨肉之情，使男室家免於離散或死亡，則感恩戴德，没齒不忘矣。掬泪陳詞，倘有語涉質直，然決無絲毫意氣存其間，諸兄弟見此，幸勿誤會也。肅此敬頌

金安

男　多叩首

六月十三夜

（根據手書刊印）

172. 致高孝貞

貞：這回是我錯了，没有帶你們出來。我衹有慚愧，太對不住你們。接到二哥的電及三哥的信，知道松滋不能去，粵漢路又决不能走。現在擬幾條辦法，你可以看勢行事。

（一）訓侄就學廣州，大概不能成事實，因那邊的人聽説也差不多逃空了。你可商量訓侄，願否由湘滇公路送你們來，我自己到貴陽來接。訓到此後是否有資格在聯大借讀，如資格不成問題，其餘一切我負責，至少在這裏避亂帶補習功課，亦殊不惡，不知五哥能否放他來，他自己願不願意。

（二）大舅家裏當然丢不下，好在他們不張風聲，可否請他送到貴陽打轉，我到貴陽接，這樣耽擱他半個月或多則二十天，不知他願否。

此上是急走的辦法，如情勢不甚緊急，則

（三）候一二星期，如果駟弟事成功，你們就隨他來，這樣，爲節省計我衹到昆明接。好在貴陽有同班老友聶君安陶可以照顧一切。

關於駟弟事，馬上無法决定（詳另函），并且不能不作萬一的打算。設若他的事不成，恐怕把目前機會錯過，將來更不好走，所以我甚希望第（一）（二）兩項之中能够實現其一。萬一三項都不能實現，那就這樣：

（一）家中有人住，你們也暫住在家中，

（二）家中無人，你們搬到路口暫住。

無論如何，暑假中我定親自回來接你們，什麽危險也管不着。這邊也有朋友們的家眷還在戰區内的，如安徽、江蘇、山東、河南都有，依然能匯款，能通信，也并無生命危險。所以萬一你們暫時走不動，也不要害怕，我一生未做虧心事，并且説起來還算得一個厚道人，天會保佑你們！

三哥信上説湘滇公路連護送人路費需五百元，現在我再匯三百元來，給你們湊成六百元。這錢你們能來就作路費，不能來就留下過日子。

如果決定早來，便當即速上省，勿再遲延，衣服多多打郵包寄來，包不要太大。

多

六月十三日夜

（根據手書刊印）

173. 致聞家騄

三哥　大鑒：手示敬悉，游國恩兄（字澤承）擬携眷還黔（有本家在貴陽經商），現已返江西故里，大約不久即由贛直至長沙，候車西行，弟已函請電示行期及長沙住址，俾便同行。務請通知弟婦速上省來，候游電來，即赴長沙相會。然我家仍需有人護送。前函家中請訓侄來滇，如辦不到，即請高孝慈送至貴陽打轉，弟則親至貴陽迎接也。另由金城匯來三百元，想即可收到。騆〔弟〕事不能速決，已有詳函寄家中説明此中底細，然彼函觀察或過於消極，今早公超又來談，下年法文班甚多，縱令梁宗岱來仍教法文，亦不妨也。關於班次數目，彼以主任地位，自有把握，故所言或非虛也。游君住址列下，俾於必要時可通函電“江西臨川流坊墟義昌祥轉”，匆候

近好

弟　多上言

十五[1]

（根據手書刊印）

① 此信寫於6月。

174. 致高孝貞

貞：上星期未得你的信，等到今天已經星期三了，還不見信來，不知是什麽道理。究竟如何决定，來或不來，我好準備房子。陳夢家住的房很寬綽，他願分一半給我，但有一條件，他的嫂嫂現住香港，也有來意，如果來，就得讓給他嫂嫂住了。所以萬一他嫂嫂要來，我就得另找房子，這不是一件容易事，我須在來接你以前，把房子定好，一切都安排好，事情很多，我如何忙得過來，所以你非早點讓我知道不可。目下因黄河决口關係，武漢形勢應稍鬆點，但鄂東想必仍然緊張。你若未到省，當早些來，若已到，倒不妨在省上住些時，如果等天氣稍凉來，也免路上吃苦。游先生信想尚未到，究竟决定誰送，想也不甚容易。今天公超來要家騆的履歷，我已開去，他的事仍然大有希望。如果時局能容許你們等到與他同來，豈不更好，或者你們就索興等一等，反正我來接，也頂好等功課完畢或快完畢的時候。苦的是你自己没有主張，而我又隔這樣遠，通訊即用航空也要不少的日子，總之我的意思是願意你們來，但不希望你們即刻就來，一則因爲另請人送花盤費，二則天氣熱恐路上生病，三則等到暑假我來接，免得耽誤功課。我的意見如此，你可與家中斟酌時局情形加以决定。但信總是要多多寫來，免我挂念。前後共匯回六百元，想已收到，如果是同騆弟來，他的盤費不够，就給他一百元，他錢若够了，就將這一百元給　父親，我本來是想〔匯〕點錢給　父親的。母親説到沙洋，已經去否，其餘家中的行動，也盼告訴我。我替换的褲褂快破了，如有功夫，就做兩套，否則帶材料來，這邊布匹太貴。你們自己的衣服也照上面的辦法。如果來得遲，我候再領得一月薪水，再寄點錢回來，盼速來信。

多

六月廿二日

（根據手書刊印）

175. 致高孝貞

貞：盼了兩星期多，到今天纔接到大舅一信，并衹寥寥數語，殊令我失望。你答應我每星期有一封信來。雖説忙於動身，也不應連寫信的工夫都没有。在你没來到以前，信還是要寫的。天氣熱，怕你生病或孩子病了，不得你的信，我如何不着急呢？好了，到咸寧張府[①]暫住，是一妙法。但報載武漢情形漸趨和緩，也許你們還是在省寓住些時較方便些。今日校中得到確實消息，軍事當局令聯大文法學院讓出校舍，因柳州航空學校需用此地，這來我們又要搬家。搬到什麼地方，現尚未定，大概在昆明附近。昆明城内決無地方，昆明南二十里有地方名宜良，當局去看過了，似乎房屋不够。不知還有什麼地方可去，總之蒙自是非離開不可的。在先我以爲你們若來得早，蒙自還有地方可住，現在則非住昆明不可了。但昆明找房甚難，并且非我自己去不可。現在學校已決定七月二十三日結束功課。我候功課結束，立即到昆明，至少一星期纔能把房子找定。所以你們非等七月底來不可。衹要武漢可住，不妨暫住些時，從容準備來的手續。武漢不能住，則往咸寧亦可。與騮弟同來，自不成問題。但大舅恐怕還要送到長沙打轉，因事多，恐騮弟忙不過來。後寄三百元收到否？前後共寄六百元，除前函囑你給一百元與騮弟或　父親之外，其餘五百元想在動身前還要用去一些。但事先總應有一預算，請把這預算告訴我。能節省的就節省。昆明房租甚貴，置傢具又要一筆大款。我手上現無存款，故頗着急。自然我日夜在盼望你來，我也願你們來，與你一同吃苦，但手中若略有積蓄，能不吃苦豈不更好？快一個月了，没有吃茶，衹吃白開水，今天到夢家那裏去，承他把吃得不要的茶葉送給我，回來在飯後泡了一碗，總算開了葷。本來應該戒烟，但因烟不如茶好戒，所以先從茶戒起。你將來來了，如果要我戒烟，我想，爲你的原故，烟也未嘗不能戒。前些時，爲你們着急，過的不是日子，兩個星期没有你的信，心裏不免疑神疑鬼，今天大舅信來，稍稍放心了。但未看見你

---

① 高孝貞之嫂的娘家。

的筆迹，還是不痛快，你明白嗎？鶴、雕爲何也不寫信來？此問安好。

多

六月廿七日

由三哥寄來的書已到十二包，似乎還有，不知是否同時寄出，想不致遺失吧。勛侄由嘉定來函，報告情形甚詳，此兒漸漸懂事，文筆亦甚佳，殊令人欣慰。

（根據手書刊印）

176. 致高孝貞

貞：今天接到你六月二十四日的信，説三四日内動身來省，現在想已來到。婆婆想已去沙洋，爹爹何時來省，細叔現在何處，來函盼告我。武漢局勢暫時似不要緊，近日敵機仿佛也不大到武漢來，你們暫時在武昌住下再説，萬一空襲來得厲害，就往咸寧去躲一躲，請大舅在武昌我家暫住，以便照料。舊衣服可先寄來，我需要的褲褂以及你們應添的衣服，若來得及，無妨做起來，也由郵局寄來。上次信上説到學校遷移的事，究竟遷到什麽地方，現在尚未决定，如果在昆明附近，我們還是住昆明。但我一時又不能到昆明去找房子，二十五日考大考，我大概要月底把卷子看完，纔能離開蒙自。你們最好也在月底動身，汽車票聽説要早買，或者月半前後請大舅上長沙去一趟，把票先買回來，亦無不可。將來走時，仍請大舅送至長沙，到貴陽可找我的同班聶君照料，下次我再寄一封介紹信來。細叔的事大致無問題，上次信中已説過，細娘是否同來，關於他們的情形，來信請告訴我，以便好找房子。現在計劃已經大致决定，我想你心裏可以高興點，衹再等一個月，我們就可見面。這次你來了，以後我當然决不再離開你，無論如何，我决不再離開你一步，我想，你也是這樣想吧？叫孩子們放乖些，鶴、雕讀書寫字不可間斷，前回信上説你又有些發心慌，現在好了没有？

多

七月一日

前請三哥定《大公報》，如未定，請不要定了。

（根據手書刊印）

177. 致高孝貞

貞：今日接到你到省後的信，得悉一切，聽説昆明飛機場有水，許久没有飛機到，所以你這次的信走了十天。你説錢怕不够，做衣服等等還要用錢，我也想到，現在寄錢回來，恐怕來不及，我想好一法，將錢寄到貴陽聶家去，你到貴陽，上他那裏拿，我手中錢不多，先寄五十元想來也够了。路上要謹慎，東西尤不可亂吃。今天發一電催細叔快來，想已收到。公超假中要回北平看家，駟弟須在公超動身以前來纔好。報載武漢穩固，甚喜，家中想皆安好。

多

七月八日

（根據手書刊印）

178. 致高孝貞

貞：武漢轟炸兩次，心裏着急，不知你們離開武漢否，接到你們初到長沙的電報纔放心。後來見報長沙也被轟炸，又急了好幾天，直到前天二次電報來了，纔知道全體動身，更是感天謝地。現在祇希望路上不致多耽擱，孩子們不生病。這些時一想到你們，就心驚肉跳，現在總算離開了危險地帶，我心裏稍安一點。但一想到你們在路上受苦，我就心痛。想來想去，真對不住你，向來没有同你出過遠門，這回又給我逃脱了，如何叫你不恨我？過去的事，無法挽救，從今以後，我一定要專心事奉你，做你的奴僕。祇要你不氣我，我什麼事都願替你做，好不好？昆明的房子又貴又難找，我來了不滿一星期，幸虧陳夢家幫忙，把房子找好了，現在衹要慢慢布置，包你來了滿意，房東答應借傢具，所以錢也不會花得很多。照規矩算起來，今天可以到貴陽。如果在貴陽多休息幾天，這信你便可以收到。現在告訴你一件要緊的事，前幾天同事新從這條路來的説，天熱易得瘧疾，須先吃金鷄納霜預防，每次吃三顆，隔一天吃一次，小兒減半。我前次在路上吃過十幾顆，確乎有效。路上情形，若來得及，請來一封信告訴我。我因房子内部未布置好，不能來貴陽，很對不起你，求你原諒。但我實在想早早和你見面。由聶先生轉的款國幣百元，想已拿到。以後來電信寄“昆明聯合大學”就行了。祝你路上平安。

多

廿八日早[1]

房子七間，在樓上，連電燈，月租六十元，押租二百元，房東借傢具。這條件在昆明不算貴，押租已交，房租候搬入時再交，厨房在樓下。

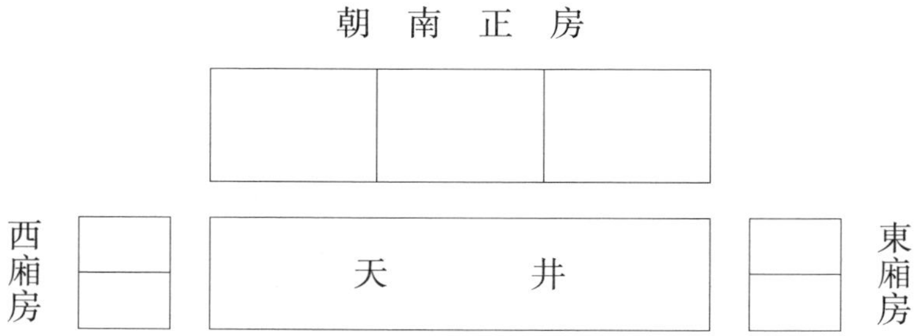

地點買菜最方便，但離學校稍遠，好在我是能走路的，附近有小學。

房東是中醫，開着很大的藥鋪，其親戚徐君當教員，我認識，是游先生的好友。

---

① 此信寫於7月。

（根據手書刊印）

179. 致孫作雲

作雲：居然得到你的信，南來以後未有如今日更高興的！受傷[①]是確實的，但是輕，一星期後即恢復，承你和在平諸友關心，感激之至。想不到關於我的消息，你知道了那麼多，而且都正確，我的內心生活，想來你也最能瞭解，四千里的徒步旅行算什麼？一個人衹要有理想，有勇氣，任何艱苦的事都易如反掌。在學生中没有比你更能瞭解我的，做學問如此，其他一切莫不皆然。唐先生是我最心折的學者，你從他治三禮，一定獲益不少。希望你能常常追隨他，近聞唐先生將遷居，你能否隨他搬動？内人及鶴雕諸兒常常念及你，他們是今年秋天來此的。今年定開“楚辭”“爾雅”二課，本年内決將《楚辭》舊稿整理完畢，校勘部分已繕畢。《離騷》《九歌》《天問》《卜居》《漁父》《遠游》《九辯》，箋注部分較繁重，現衹完成《天問》中夏史數十條，如果你在這裏當然可以幫我不少的忙。昨天發現澆是始作甲胄的人，因而《楚辭》中許多問題可以迎刃而解。《吕覽·勿躬篇》曰“大撓作甲子”，“大撓”即“澆”，“甲子”衍“子”字，下文“黔如作虜首”，“虜”即“櫓”，字一作“櫓”，作“樐”，盾也，甲盾同類，故連舉。我的書如有法打聽，請費神打聽一下，但拿出來恐不容易，王守惠，孫德宣，鄧懿諸君亦時時在念，望以近狀見告，以慰邊思。舍侄立恕等在四川。我的僕人趙秀亭住燕大東門外喜羊胡衕五號，有事可隨時吩咐他做。順候

安佳

多

十二月一日

---

① 1938年9月28日敵機大轟炸時，聞一多頭部受了輕傷。

通訊處：昆明武成路福壽巷三號
立庵、斐雲兩先生乞代致候
廣西昨有信來，張清常到了。

（根據手書刊印）

一九三九年

180. 致梅貽琦[1]*

月涵先生校長鈞鑒：徑啓者：廿六年在平時一多適届休假期間，曾依國内研究條例呈請休假一年，并由系中專聘助理員一人襄助研究。比蒙評議會全案通過，准予施行，適值故都淪陷，學校遷湘上課，時系中教師頗感缺乏，遂承主任 朱佩弦先生命暫緩休假，回校授課，計又兩年於兹矣。頃者奉到校中通知，國内休假研究辦法下學年度行將恢復，用特呈請依照上述廿六年所擬研究計劃，重予
核准俾便施行。惟是前次所定研究題目係編纂《詩經字典》，兹因書籍缺乏關係，該項工作不易進行，爰將研究題目改爲“中國上古文學史”。緣本系新定課程中本有“中國上古文學史”一門，雖早經指定由一多擔任而迄今未能開班，誠嘆此類新創課目内容較爲複雜，即收集材料已非咄嗟可辦，遑論整理。此次倘得休假一年，以全副精力從事準備，則不特久缺之課程得以早日開班，即一多個人年來在此方面研究所得，亦可藉以告一段落，俾早日勒成專書以供獻於社會，公私兩便，幸何如之。至助理員之薪金，在前次計劃中原定爲四十元，以目前生活程度衡之，自不免過薄。此次倘能依照大學畢業生待遇標準酌予提高，尤所企禱。以上所請各節，統希
裁奪，不勝待命之至。肅此。敬候

---

① 梅貽琦，字月涵，當時任清華大學校長，西南聯合大學常委。

鈞安

聞一多

廿八年六月十五日

（根據清華大學藏原信刊印）

181. 致李嘉言 *

嘉言吾弟：兩函并悉。來晋後窮一月之力，將《離騷》舊稿録成清本，尊著《賈譜》未及披讀，故前函未即奉復，尚乞諒之。今悉足下亦已撰成《雜論離騷》一文，與世所至，不約而同，亦云巧矣。尊稿繕清後，望即郵下，俾得先睹爲快。多曩據《九嘆》“伊伯庸之末裔”一語，疑伯庸爲房子遠祖，今檢《楚世家》，熊渠長子康《世本》作庸，爲楚先祖之始王者，疑伯庸即此人，特苦無他證□，據提孟陬庚寅乃顓頊曆法之“曆元”（曆法紀數之開端），故爲生辰之最吉者，屈子自矜其生辰之異，至與其尊榮之世系相提并論，以爲美談，此殆即我國星命説之濫觴（星命説之理論似始見於《論衡·命義篇》及抱朴子《辯問篇·引至鈐》）。關於此點，拙稿中論之頗詳。《楚世家》楚先祖吴回以庚寅□受命爲祝融一事，極可注意，不知尊稿所論與此有關否。見佩弦先生時，乞代問暑講會是否有報酬，如有，是否已發下，并如何領取，至感之。駿齋兄近作何事，有何發明。近讀《吕覽》時有疑精密，稍遲專柬奉質。順候撰安。

多

十月九日

（根據2014年上海交通大學出版社出版《聞一多年譜長編》刊印）

182. 致李小緣 *

小緣吾兄左右：奉大札知台旌勇，一度蒞滇，適弟已于前一日疏散下鄉，多年闊別，競慳一面之緣，悵甚之。猥蒙過愛，相約加入貴所工作，本當承命前來，奈弟家口過多，弱妻稚子，事事皆須弟親身將護，若舉家遷蜀，無論山川修阻、途中困難甚多，即川資一項，在此時期亦非咄嗟可辦。實則來蓉之舉，于弟個人有百利無一弊，弟年來研究興趣頗濃，所涉方面亦複廣，聯大圖書館之貧乏，吾兄諒已深知。蓉城為西南唯一之文化都會，加之風聞貴校遷出時圖書全部携出，復有固定經費添置新書，為工作方便計，弟未有不願前來之理。至蜀中勝境，渴慕已久，藉此一償夙願，又其餘事也。叨在末知區區之衷心必蒙鑒宥

此敬頌

著祺不一

弟　聞一多拜

九〔十〕月十六日

（根據 2000 年《新文學史料》第 1 期載

《聞一多先生的四封佚簡》刊印）

183. 致李小緣 *

小緣吾兄左右：月初接奉手教，藉悉一切。弟不能離開此間之困難，實不衹一端，前函偶爾述及旅費事，特舉其最現實最具體之一例耳，乃承吾兄過愛，再度相邀，并商得貴校當局同意提高待遇種種辦法，尤令弟慚悳莫遑。比奉手教，本擬即赴昆明向敝校當局商酌并探詢旅行種種手續，適舍間女僕（自北平携來者）病重，鄉間醫藥復不便，以故不敢離，誠恐內子事忙，萬一看護不周或致不救也。迨至上周女僕病退，弟始克赴昆明一行，結果種種方面皆與願違。第一，弟在敝校本年適在休假期中，敝校章程規定休假期滿後必需在校中服務一年，此次曾托故與當局

商量請求變通辦理，未蒙應允。弟以在此八九年之久，於感情上實不便過分堅執也。至旅行方面，則公路因軍運關係，客車久已停止通行。近來川滇交通除飛機外，公務人員則間有乘專車者。此二者在事實上財力上幾皆為不可能，如係弟個人隻身來蓉城無困難，然弟不能隻身前來，家庭方面牽挂極多，則前函已言之甚詳。總之在學術方面弟實極願前來，徒以人事上困難太多，雖屢承吾兄及貴校當局設法解決，亦枉費心力，高情厚誼，私衷感謝，匪言可喻。貴校方面仍祈吾兄轉達此意，不勝大願之至。耑此敬復藉頌

教祺

弟　一多再拜

十二月廿八日

（根據 2000 年《新文學史料》第 1 期載

《聞一多先生的四封佚簡》刊印）

一九四〇年

184. 致李小緣 *

小緣吾兄左右：一月底奉到手書，承囑為貴校學報撰稿，此因事繁，未暇起草，牽延兩月，至本月初曾製成一文，稿已録清，即待付郵，忽發生新意，文須改作，又苦於參考書籍不足，竟爾中輟，遂改用今題。中間又因托昆明友人代查材料，函件往返頗費時日，現已勉强脱稿，奉呈斧正。久稽報命，疏懶之愆，仍希曲宥，無任大願之至

耑此敬頌

撰祺

弟　一多再拜

三月卅一日

（根據 2000 年《新文學史料》第 1 期載

《聞一多先生的四封佚簡》刊印）

185. 致趙儷生

儷生同學：離故都瞬將三載，同事教職員，十九隨校南遷，仍得朝夕晤對，無异昔日。惟舊時同學諸君分散略盡，消息杳然，存亡莫卜，每一念及，輒爲之黯然神傷。頃接　手書，藉知　吾弟數年來生活情况，并諸同學近狀，迴環展誦，悲喜交集。八年前旅居青島時，曾得謁見　令伯父孝翁先生，追陪履杖，古貌高風，暖然似春，私心仰慕不已，頃聞遽歸道山，曷勝震悼。馮芝生、朱佩弦、吴雨僧諸先生均

在昆明本校。王遜君前年畢業後，在此間師範學校任教一年，去夏考取本校研究院。孔祥瑛君去歲畢業後，與清華同學某君結婚，現不知在昆明否。查良錚君去歲曾至敝寓一次，出其譯詩相示，以後即未遇見。多自離平後，初居武漢數月，及學校遷湘復課，即往長沙。學校遷昆明時，有同學二百餘人，組織旅行團徒步西來，多亦隨行，在途中兩月，雖備極辛苦，然亦有想象不到之趣味。現行年四十，已鬑鬑有鬚，即途中之成績也。空襲受傷，乃至昆明後事，來函云云，諒係傳聞失實。平時對於舞臺設計，極感興趣，前者陳銓先生導演《祖國》，曹禺自導《原野》，均係由多設計。早年本習繪畫，十餘年來此調久不彈，專攻考據，於故紙堆中尋生活，自料性靈已瀕枯絶矣。抗戰後，尤其在涉行途中二月，日夕與同學少年相處，遂致童心復萌，沿途曾作風景寫生百餘幀，到昆後又兩度參與戲劇工作，不知者以爲與曩日之教書匠判若兩人，實則仍係回復故我耳。校中休假辦法，去歲又經恢復，多年限已屆，遂即請求休假，遷居距昆明四十公里之晋寧縣城。到此閑居將近一年，除略事整理《詩經》、《楚辭》、樂府、神話諸舊稿外，又從《易經》中尋出不少的古代社會材料。下年將加開“上古文學史”一課，故對於詩歌舞蹈戲劇諸部門之起源及發展，亦正在整理研究中。王遜君與多時相過從，信寄昆明西南聯大，定能投到。查君不知是否畢業他去，因多離昆亦已將近一年，故無從知悉，乃兄　良釗先生現在聯大任教，寄函由彼轉交，亦一辦法。清華同學施忠讜君曾隨校至湖南，讀書數月，後即赴陝晋一帶工作，一年以前學校文學院在蒙自時，曾一度來函，後即音信杳然，頗深繫念。　吾弟若知施君消息，務望　見告，否則亦請設法向熟人打聽，至荷至荷，此復順頌

文安

一多　手啓

五、二十六、晋寧

多不久或仍當遷回昆明，賜函請仍寄昆明本校爲荷。朱先生下年將休假遷居成都。　　又及

（根據手書刊印）

186. 致許維遹 *

駿齋兄：手教敬悉。弟素性疏略，近數年來較前尤甚，已不堪任事。系主任一職決不敢接受，恐將來貽誤，悔之無及也。生性率直，決非故爲謙讓，對　兄尤不必如此。平日對系事好隨意發言，亦不無千慮一得之處，但貢獻意見是一事，辦事能力另是一事。能説話者不必能做事，此固古今通例也。　了一[1]兄何日返昆，不知有消息否？弟意　了一爲人圓通練達，於此事最宜，凡事弟能爲力者定當從旁竭誠襄助。望轉達佩弦兄爲荷。日來此間亦謡言甚熾，苦無正確消息，有言聯大方計議遷徙者，不知確否？望探詢　見示爲荷。前上一函請代刻劉雲樵圖章，代領薪金，諒已收到。順頌

著祺

多上

六、廿九

致嘉言函乞轉交

（根據清華大學藏原信刊印）

187. 致朱自清 *

佩弦兄：　前者駿齋兄來函，云　兄休假期中，校方有意屬弟代理系務，并述　兄與江清[2]兄意，均盼弟擔任。比即函復駿齋，備述所以不敢應允

① 王力，時任清華大學中文系教授。

② 浦江清，清華大學中文系教授。

之理由，并請轉達　兄與江清。函中又曾提及　了一兄爲人圓通練達，代理系務，最爲適宜。乃日昨校方聘函，仍正式頒到，知前函所陳，未蒙　兄等垂察。此次自係承　兄推薦，今仍擬請　兄解鈴。聘函一通，兹并附上，亦煩代爲繳還，并向　梅[①]、馮[②]二公謹致謝意。所以如此堅决者，理由實甚簡單，平生頑直之性，見事往往失之偏宕，不能體諒對方立場。見事偏宕，雖千慮一得，不無獨到之處，然不能體諒對方，結果必歸失敗。若此者，充其量不過清議之材，衹堪備當事者之諮詢，不堪自試也。曩者屢試屢敗，此　兄之所熟知者，此其一。又素性脱略，生活習慣，漫無紀律，讀書時心力所注，輒一切皆忘，以此任事，疏失尤多。此亦曩日之經驗，然積習已深，恐此生無法移易也，此其二。學校平日待我不薄，今以此見托，以責任心言，本無可推諉，無奈力不從心，勉强應允，恐他日僨事，悔之無及耳。弟素不好虚僞，今兹所陳，實係最後决定，千祈代達前途，并乞鑒其苦衷，宥其頑固，幸甚幸甚。匆候

著祺

弟　多上

七月六日

留美考試命題事，想與代理系務有連帶關係，題紙今一并繳還。兄離滇日尚早，此事恐仍須偏勞也。

又及

（根據清華大學藏原信刊印）

188. 致李小緣 *

小緣吾兄左右：奉到七月十七日手札并拙稿副本，頃以校閲一過，第

① 梅貽琦。

② 馮友蘭。

四頁兩“漁獵”字并改爲“狩獵”，請將原稿代為改正，餘悉仍舊此本。五年前舊稿，南來後略加補充，久儲篋衍，今承貴校學報代為發表問世，曷勝感紉。長沙古物之發現，為近來考古界一大事，又經錫永先生整理，其價值之大更不待言。“聞見記”想不日即可頒到，弟治楚辭多年，凡楚國文物尤宿所留意，將來得讀此書，定能獲益不淺也。謹預拜賜并訖代向錫永先生致其欽仰之忱。敝校（清華）中國文學系主任朱佩弦本年休假，系務由弟暫代，將其全力於研究所。貴所章程及工作計劃倘蒙惠賜一份，用資藉鏡，無任銘感，弟不日即當還回昆明，賜示仍寄昆明敝校可也。耑此敬覆藉頌

著祺

弟　一多拜上

七月廿一日

（根據2000年《新文學史料》第1期載

《聞一多先生的四封佚簡》刊印）

189. 致梅貽琦 *

月涵先生道鑒：　日前趨謁，不遇爲悵。關於中國文學系新聘研究助理何君善周事，芝生兄想已面呈一切。何君已於前數日開始工作，務希將其聘書及早　發下爲荷。月薪數額已與　芝生兄擬定百元，如能從八月起薪最好，否則即請自八月半起算如何？統希

卓裁爲禱。耑此。敬頌

鈞安

聞一多謹上

八月廿三日

（根據清華大學藏原信刊印）

190. 致梅貽琦 *

月涵先生校長鈞鑒：

奉上去年度休假研究報告一通，敬希　　鑒核是幸。所有業經撰成諸文，除已交由各刊物發表者外（名目見報告書中），清稿俱在繕寫中，倘承

調閲，容當陸續呈繳不誤。耑此。敬頌

道祺

聞一多敬啓

廿九年十一月十一日

中國上古文學史研究報告　　聞一多

研究旨趣

（一）瞭解文學作品　文學作品爲文學史之最基本，最直接的材料。學者對於文學作品，苟無較深瞭解，而遽侈談其淵源流變，何异無的放矢？唯是上古文學，最爲難讀。乾嘉以來學者憑其校勘訓詁諸工具，補苴舊□，發揚幽隱，厥功偉矣，然而古書之不可索解者，猶十有四五。今擬遵清人舊法，佐以輓近新出材料（如敦煌殘卷，及殷虚卜辭，商周銅器等），對於先秦兩漢諸古籍之奇文滯義，作更進一步的探索，冀於昔賢傳注、清儒考訂之外，有所補充焉。

（二）考察時代背景　文學史爲整個文化史中之一環，故研究某時期之文學史，同時必需顧及此期中其他諸文化部門之種種現象。今擬以若干問題爲中〔心〕，就其社會背景，或思想潮流等方面，詳加分析，求其相互的關係，庶使文學得成爲一種有機體的歷史，而非復一串賬簿式的記載而已。

研究工作　基於上述二項旨趣，本研究工作可分爲下列二項：

（一）專書研究，

（二）專題研究。

研究結果

（一）專書研究要目

尚書補釋（已成虞夏書部分）

周易閑話（行在本校學報發表）

莊子章句（已成内七篇）

楚辭校補（已交北平圖書館《圖書季刊》發表）

離騷叙論

天問疏證

樂府詩箋（已交聯大師範學院國文系主辦之《國文月刊》發表）

易林瓊枝

上古文選校釋

（二）專題研究要目

古代教育

商周銅器藝術

史職與史書

史詩的殘骸

采詩制度蠡測

古代著述體裁之長成

神仙與先秦思想

舞蹈與戲劇

讌飲與詩

附相關問題論文目録

夏商世系考

姜嫄履大人迹考（載《中央日報》史學周刊）

象舞考原

雷紋解

説䌛（已交《金陵學報》發表）

釋焚

釋㞢

釋臣

（根據清華大學藏原信刊印）

一九四一年

191. 致清華大學聘任委員會 *

敬啓者：查本校章程規定，教師“於所任學程有重要學術貢獻者”得聘爲副教授。本系講師許維遹先生歷年研究校勘學并訓釋先秦兩漢古籍，成績昭著，所著《吕氏春秋集釋》一書已風行於時。其他關於《國語》《管子》《韓詩外傳》諸古籍亦各有成稿待梓，其間疏通疑滯創獲之多視前所校《吕覽》殆又過之。許先生任教本校多年，久當遷升，徒因他故因循未果，兹擬請晋級爲副教授，尚希

貴會公决爲荷。此上

聘任委員會

代理中國文學系主任

聞一多　卅年五月廿八日

（根據清華大學藏原信刊印）

192. 致清華大學聘任委員會 *

敬啓者：查本校章程規定，教師“於所任學程有重要學術貢獻者”得聘爲副教授。本系講師陳夢家先生研究甲骨銅器文字及相關問題，成績卓著，歷年所撰論文十餘篇，釋疑解惑發明甚多，擬請升任爲副教授，以示尊异而符校章，敬希

貴會審議裁奪，是爲至荷。此上

聘任委員會

代理中國文學系主任

聞一多

卅年五月廿八日

（根據清華大學藏原信刊印）

193. 致梅貽琦 *

月涵校長先生道席：敬啓者，本年中國文學系因添設研研〔究〕所，擬聘黄匡一、朱兆祥二君爲研究助理，以便襄助所中研究工作；又李嘉言君在校任教六年，備極辛勞，年來於課餘從事研究亦頗著成績，本年已改聘爲教員，惟其薪額僅依定章遞增至一百七十元，查李君家累頗重，際兹物價高漲勢難維持，擬請將其薪額酌予提高以勵賢勞。以上各節是否有當，敬希

鈞裁是幸・耑此・敬頌

道祺

受業　聞一多敬啓

九月十日

（根據清華大學藏原信刊印）

194. 致梅貽琦 *

月涵校長先生道鑒：關於文科研究所本年應行延聘之助理人員，依原定計劃有助教二人、半時助教一人。除助教二人業經聘定外，其半時助教一額擬以本校中國文學系研究院學生季君鎮淮充之。季君本年畢業於西南聯大國文系，成績卓异，近復投考本校研究院，亦以最優成績録取本所。研究所半時助教一職，以君當之必勝爲荷。爰爲推薦，倘蒙裁可，仍希將聘書早日發下，以便轉致并分配工作，至爲厚幸・專布・敬頌

道祺

聞一多頓首

十月廿四日

（根據清華大學藏原信刊印）

一九四二年

195. 致梅貽琦 *

月涵校長鈞鑒：敬啓者，中國文學系助教黃君匡一原在文科研究所工作，目下黃君擬辭職投考研究院，所遺助教一職，頃已與　馮芝生先生商定，擬聘本年度聯大畢業生劉功高女士補充。用特耑柬奉達，敬希

鈞裁是幸・祇頌

鈞安

聞一多敬啓

七月十五日

（根據清華大學藏原信刊印）

196. 致梅貽琦 *

涵師校長道鑒：關於文科研究所中國文學部諸助教情形，有當續加呈明用供

參考者：查上年度所中原有助教三人，内中朱兆祥、黃匡一二人係完全擔任研究工作者；何善周就職本自研究所成立之前一年始，在該年度内，何君曾在　王了一先生及生手下工作各半年。迨研究所成立後，何君除負責照料所中雜務外，并在聯大擔任大一國文一班，同時在所中即未另分派研究工作。除上述朱、黃、何三君外，上年度另有半時助教季鎮淮一人補在所中擔任少許研究工作。本年度黃匡一君辭職，擬以劉功高君補其遺缺，前已專函呈請，聽候

鈞裁。總計本年度在所中工作者有三人半，其工作性質及分量條列如下：

朱兆祥、劉功高　　以上二人全部時間作研究工作。

何善周　　部分時間管理所中雜務，部分時間研究。何君上年因擔任聯大國文未予分派研究工作，本年擬不擔任國文，故仍需作研究。

季鎮淮　　本係研究生兼半時助教，本年仍以部分時間擔任所中研究工作。

以上朱、何、季三人上年度均係助教或半時助教名義，劉係新聘且所任工作性質亦較簡單，前與　芝生兄商量，前三人仍給以助教聘書，後一人則不妨予以研究助理名義。惟是否有當，仍希

卓裁是幸・耑此・祇頌

道祺

生　聞一多

八月廿九日

（根據清華大學藏原信刊印）

一九四三年

197. 致梅貽琦 *

涵師校長尊鑒：敬啓者，文科研究[1]所中國文學部去夏所聘助理劉君功高，業於上學期終了時因事辭職，前曾專函呈明在案，諒蒙　省覽。劉君去後因當時無適當人物可資補充，故所任工作即暫行擱置。查本校師範學院國文系本届畢業生葉君金根成績優良，任事勤懇，又極有研究興趣，本所倘予聘請補充前項遺缺，殊爲適宜。惟劉君名義原係助理，在薪額上助理與助教本無不同，但依所中習慣，遇有必要時助教得兼任功課，助理則否，故助教地位略高於助理。此次葉君畢業成績爲歷年所僅見，本所倘予聘請，似宜畀以助教名義，以示優异。以上各節是否有當，敬希

鈞裁是幸・耑此・祇頌

鐸安

生　聞一多　敬啓

七月二日

（根據清華大學藏原信刊印）

198. 致梅貽琦 *

涵師校長道鑒：敬啓者，查舊章凡研究院學生兼任半時助教者，其肄業年限得較普通研究生延長一年，共計三年。肄業年限既爲三年，則其受

---

① 此處原衍一“研”字。

聘爲半時助教之資格，倘無特別原因，似亦當以三年爲限。查中國文學系研究生兼半時助教季君鎮淮，上學年研究成績卓越（所成論文之一部分，經系中多數同人審核，認爲宜付學報發表），所任助教職務亦頗稱職，本届未蒙　給予半時助教聘書，理應具函呈明，仍希准予補發，無任企禱。又研究生范寧、傅懋勉二人成績優良，下學年度仍請繼續發給津貼爲荷・耑此・祇頌

道祺

受業　聞一多敬啓

八月十一日

（根據清華大學藏原信刊印）

199. 致清華大學總務處 *

敬啓者：本所助教葉金根自十一月一日起因病辭職，相應函達，即希查照是荷・此致

總務處

聞一多

十一月廿二日

（根據清華大學藏原信刊印）

200. 致臧克家

克家：

如果再不給你回信，那簡直是鐵石心腸了。但没有回信，一半固然是懶，一半也還有些别的理由。你們做詩的人老是這樣窄狹，一口咬定世上除了詩什麽也不存在。有比歷史更偉大的詩篇嗎？我不能想象一個人不能在歷史（現代也在内，因爲它是歷史的延長）裏看出詩來，而還

能懂詩。在你所常詛咒的那故紙堆内討生活的人原不衹一種，正如故紙堆中可討的生活也不限於一種。你不知道我在故紙堆中所做的工作是什麽，它的目的何在，因爲你跟我的時候，我的工作纔剛開始。（這可説是你的不幸吧！）你知道我是不肯馬虎的人。從青島時代起，經過了十幾年，到現在，我的“文章”纔漸漸上題了，於是你聽見説我談田間，於是不久你在重慶還可以看見我的《文學的歷史方向》，在《當代評論》四卷一期裏，和其它將要陸續發表的文章在同類的刊物裏。近年來我在聯大的圈子裏聲音喊得很大，慢慢我要向圈子外喊去，因爲經過十餘年故紙堆中的生活，我有了把握，看清了我們這民族，這文化的病症，我敢於開方了。方單的形式是什麽——一部文學史（詩的史），或一首詩（史的詩），我不知道，也許什麽也不是。最終的單方能否形成，還要靠環境允許否（想象四千元一擔的米價和八口之家！），但我相信我的步驟没有錯。你想不到我比任何人還恨那故紙堆，正因恨它，更不能不弄個明白。你誣枉了我，當我是一個蠹魚，不曉得我是殺蠹的芸香。雖然二者都藏在書裏，他們作用并不一樣。這是我要抗辯的第一點。你還口口聲聲隨着别人人云亦云的説《死水》的作者衹長於技巧。天呀，這冤從何處訴起！我真看不出我的技巧在那裏。假如我真有，我一定和你們一樣，今天還在寫詩。我衹覺得自己是座没有爆發的火山，火燒得我痛，却始終没有能力（就是技巧）炸開那禁錮我的地殼，放射出光和熱來。衹有少數跟我很久的朋友（如夢家）纔知道我有火，并且就在《死水》裏感覺出我的火來。説郭沫若有火，而不説我有火，不説戴望舒、卞之琳是技巧專家而説我是，這樣的顛倒黑白，人們説，你也説，那就讓你們説去，我插什麽嘴呢？我是不急急求知於人的，你也知道。你原來也衹是那些“人”中之一，所以我也不要求知於你，所以我就不回信了。今天總算你那支《流泪的白蠟》感動了我，讓我嘮叨了這一頓，你究竟明白了没有，我還不敢擔保。克家，不要浮囂，細細的想去吧！

新聞的報導似乎不大準確。不是《抗戰詩選》而是作爲二年〔千〕五百年全部文學名著選中一部分的整個《新詩選》。也不僅是“選”而是選與譯——一部將在八個月後在英、美同時出版的《中國新詩選譯》（譯的部分同一位英國朋友合作）。我始終没有忘記除了我們的今天外，還有那二三千年的昨天，除了我們這角落外還有整個世界。我的歷史課題甚至伸到歷史以前，所以我研究了神話，我的文化課題超出了文化圈外，所以我又在研究以原始社會爲對象的文化人類學（《人文科學學報》第二期有我一篇談圖騰的文章，若找得到，可以看看）。關於《新詩選》部分，希望你能幫我搜集點材料，首先你自己自《烙印》以來的集子能否寄一份給我？若有必要，我用完後，還可以寄還給你。其他求助於你的地方，將來再詳細寫信來。本星期及下星期内共有三個講演，都是談詩的，我得準備一下，所以今天就此打住了。順候
撰安

一多

十一月二十五日燈下

信裏所談的請不要發表，這些話衹好對你個人談談而已。千萬千萬。

《學術季刊》第二期有我的《莊子内篇校釋》可作讀《莊子》之助。

又及

《泥土的歌》已收到，隨後再談。

現在想想，如果新聞界有朋友，譯詩的消息可以告訴他們，因爲將來少不了要向當代作家們請求合作，例如寄贈詩集和供給傳略的材料等等，而這些作家們我差不多一個也不認識。日來正在譯艾青，已成九首，此刻正在譯《他死在第二次》。也許在出書以前，先零星的寄到國外發表一部分。重慶的作家們也煩你替我先容一下，將來我打算發出些表格請他們填填關於我寫傳略時需要的材料。不用講今天的我是以文學史家自居的，我并不是代表某一派的詩人。唯其曾經一度寫過詩，所以現在有攬取這項工作的熱心，唯其現在不再寫詩了，所以有應付這工作的冷静頭腦而不至於對某種詩有所偏愛或偏惡。我是在新詩之中，又在新詩之外，我想我是頗合乎選家的資格的。這裏的朋友們正是這樣的鼓

勵着我，重慶的朋友們想也有同感。

（根據手書刊印）

一九四四年

201. 致梅貽琦 *

涵師校長道席：敬啓者，本系副教授許維遹、陳夢家二先生升任現職已届三年，并於授課之餘肆力著述，初不以物質生活之清苦，圖書設備之簡陋稍改其志。許先生除完成其巨著《管子集釋》廿四卷、《韓詩外傳集釋》十卷外，又嘗致力於《尚書》《國語》《説苑》諸書，就中所成《尚書義證》一種，會通古訓，發明辭旨，諟正文字，創獲之多蓋自晚清瑞安孫氏以來罕有其匹。至其《釋〓》《饗禮考》二文於古代禮俗之研究亦能闢一新途徑。陳先生於研究金文之餘亦嘗兼及《尚書》，而於兩周年代及史實之考證貢獻尤夥。年曆學爲治理古史之基礎，輓近學者漸加注意，實邇來史學界之一新進步。陳先生本其研究金文之心得致力斯學，不啻异軍突起，凡時賢所不能解決之問題，往往一經陳氏之處理，輒能怡然理順，豁然貫通。要之，二先生數年來不但於先秦典籍沈潛日深，且能處處利用新材料與新方法，故其成就乃得如此。一多　於二先生之工作深所欽佩，特徵得本系教授同人之同意，擬請

師座轉呈　聘任委員會，自下學年度起升任　二先生爲正教授，用勵賢勞而崇碩學。如何之處，敬候

卓裁・耑此布達・祇頌

道祺

受業　聞一多謹啓

六月六日

附　許、陳二先生三年來著作詳目一紙

許先生著作詳目

專著二種（已有清稿）

　　管子集釋二十四卷

　　韓詩外傳集釋十卷

條校三種（已有清稿）

　　尚書義證四卷

　　國語義證六卷

　　説苑校補補二卷

論文二篇

　　釋轉（北京大學四十周年紀念論文集）

　　饗禮考（清華學報第□期——稿存編輯部待刊）

陳先生著作詳目

專書七種（已有清稿）

　　兩周金文研究

　　尚書學通論

　　尚書二十九篇考釋

　　敦煌本尚書釋文校録

　　西周年代考（附篇八種）

　　秦官本尚書堯典考

　　竹書紀年考證（附六國紀年表）

論文六篇

　　郊與射（清華學報十三卷一期）

　　關於上古音系的討論（同上二期）

　　古文尚書作者考（圖出季刊新四卷三四期）

王若曰考　（吴稚暉先生八十壽論文集）
上古天文材料（《學術季刊》文哲號第四期）
西周年代考（《史學年報》第二期）

（根據清華大學藏原信刊印）

202. 致梅貽琦 *

涵師校長道席：敬啓者，本系助教何君善周任職已届四年，尚屬稱職，對於研究工作亦有進步，擬請
准予升爲教員以資鼓勵·如何之處，敬候
鈞裁·祇頌
道祺

受業　聞一多

六月六日

（根據清華大學藏原信刊印）

203. 致張奚若[①]

奚若兄：

聽説你曾在某處受過一次包圍，并曾奮勇的從重圍中殺出。可惜我没資格參加那會議的餘興，否則你知道我是會屬於那條陣綫的。有人替你擔心，將因包圍的影響而實行“改過自新”，我説這是笑話。但我

① 1948年7月20日《北大半月刊》刊登了張奚若教授的《紀念一多先生死難二周年。一個報告》，文中説：“一多，順便再談一件事，我很可惜你那篇《八教授頌》長詩没有寫完，不然，雖然不敢説一定會‘與别人有益’，但總可增加青年人對於人性的認識，對於社會革命運動進一步的瞭解。假如你那篇原來可與《八哀詩》媲美的大作没有寫成的原因是和我那天與你談話有關，那我就真的追悔無及了。爲了可能懺悔這一點，我現在想把你那封與這首詩有關的信發表，你大概不至反對吧。”

却真怕你會因包圍而守住原來地點，而不再發動更猛烈的攻勢。如果是那樣，也就够叫人着急的了！久已想找你談談，老没有機會，話悶在心裏，再加上周來瘧魔的高温的力量，思想發酵了。整十五年没寫詩，今天爲你張奚若破戒了，就恕我拿你開刀吧。計劃是要和教授階級算賬，除你外，還有潘光旦，馮友蘭，錢穆，梁宗岱，沈從文，卞之琳，和聞一多自己等七個寃家，題名曰八教授頌。屈你作陪，并坐首席，有兩個用意，（一）春秋責備賢者，（二）這裏有賢，也有真不肖，而且是天天要見面的，話過火了，太不好意思，如果有你作伴，人家面子上也好看點。我信得過你的度量與 Sense of humor，所以敢於這樣冒失。這於你實在無損於高明，於别人却很有益處。（當然最没有益處的是對我自己。）如蒙你同意，我就發表了它，檢查不檢查，是别人的事。敬頌

大安

弟　聞一多

七月一日

（根據 1948 年 7 月 20 日《北大半月刊》刊印）

204. 致梅貽琦 *

涵師校長鈞鑒：敬啓者，中國文學系助教朱兆祥擬不續聘，遺缺請以半時助教季鎮淮遞補。季君研究院畢業初試已及格，其論文考試予計暑假後可以舉行，目前衹可用助教名義，一俟正式畢業後則宜升爲教員。如何之處，統希

鈞裁是幸。肅此。

衹頌

道祺

受業　聞一多謹啓

七月十八日

（根據清華大學藏原信刊印）

205. 致梅貽琦 *

涵師校長鈞鑒：敬啓者，前奉一函，關於中國文學系助教進退事，有所陳説。玆因種種關係，略有變動。除助教朱兆祥不再續聘外，半時助教季鎮淮，因肄業年限已滿，即將畢業，其半時助教資格當然停止。玆擬以研究生王瑶遞補季鎮淮所遺半時助教名額。此與前函所擬辦法不同者，係前擬辭一助教，補一助教，今則辭一助教，補一半時助教，而以人數論，實無變動。耑此陳請，諒邀
賜准・祇頌
道祺

學生　聞一多謹啓

七月廿八日

（根據清華大學藏原信刊印）

206. 致梅貽琦 *

涵師校長尊鑒：本系教授　陳夢家先生因受美國芝加哥大學之約，前往講學并主持研究工作，擬請假一年。玆將原函轉呈，敬祈
鈞察是幸・祇頌
道祺

受業　聞一多敬啓

九月五日

（根據清華大學藏原信刊印）

207. 致臧克家

克家：

暑假快完，未曾休息，最近纔擺脱一切，到鄉下來小住。城裏傳來

謡言説我又被解聘，你的詩文都送到，你的信也轉來了。勞你又一度虛驚，現在可以告慰你的是：并無其事。本系主任要出洋，學校還在拉我出任主任呢，你們那邊却在傳我解聘，豈不滑稽？但是你在詩文裏誇獎我的話，我衹當是策勵我的。從此我定不辜負朋友們的期望。此身别無長處，既然有一顆心，有一張嘴，講話定要講個痛快，但也不希望朋友們替我過事渲染。我并不怕撞禍，但出風頭的觀念我却痛恨！匆復，祝你

安好！

一多

九月十一日

（根據手書刊印）

208. 致聞亦博

普天[①]弟青及：前接來函，適因事冗，繼以家人卧病，致久稽裁復，罪甚罪甚。月前渝昆兩處所傳一節，經各方辯明以後，真相業已大白，想早蒙釋念矣。今日之事，百孔千瘡，似若頭緒紛繁，而夷考其實，則一言可以盡之，無真正民主政治是也。惟縱觀各國之享有民主者，莫不由其人民努力争來，今日我輩之無思想言論自由，正以我輩能思想能言論者，甘心放弃其權利耳。且真正民主之基礎，即在似若無足輕重之每一公民。由每一公民點點滴滴獲得之自由，方爲真正自由。故享自由若爲我輩之權利，則争自由即爲我輩之義務。明乎權利義務之不可須臾離，則居今之世，我輩其知所以自處矣。讀來函乃知吾弟亦一有心人，既喜吾道不孤，願即以上述之義務觀念時時共勉之。平生賦性懶散，渝中兄弟親友處，欠缺音候，然朝夕之暇，步檐佇望，繫念實殷，非真淡忘也。此間兄與駟哥兩家大小粗托平安，鶴、雕、鵬三兒及名女現均在中

① 聞亦博，字普天，聞一多的嫡堂弟，大排行第十七。

學，幼女亦已入小學。兄食口較衆，前二三年，書籍衣物變賣殆盡，生活殊窘，年來開始兼課，益以治印所得，差可糊口，然著述研究，則幾完全停頓矣。耑此敬復順問

安好

兄　一多　啓

九月廿五日

有哥以下暨諸親友處乞遍爲致意

（根據家屬存原始抄件刊印）

209. 致臧克家

克家：

寄上條幅一紙，乞　哂納。本年聯大未添一人，因米貼名額教〔育〕部有限制。此間人人吃不飽，你一死要來，何苦來。樂土是有的，但不在此間，你可曾想過？大學教授車載斗量，何足重你？你看遠大點，勿再叨叨。耑頌

撰安！

一多

十月十二日

另函寄上油印物①二張，代表我最近工作之一，請傳觀。

（根據手書刊印）

---

① 指同年十月十日，聞一多在昆明各界雙十節紀念大會上，作《組織民衆與保衛大西南》講演時所朗讀的宣言。

一九四五年

210. 致梅貽琦 *

涵師校長鈞鑒：敬啓者，中國文學部研究生王瑶已肄業二年，所應修之學分均已修滿，惟論文尚未完畢，擬請延長一年，其所兼之半時助教職務亦擬請

予延續。

又本系其他教師下學年度擬一律照舊，如何之處，敬希

鈞裁是幸·肅此·祇頌

道祺

受業　聞一多謹啓

七月十二日

（根據清華大學藏原信刊印）

211. 致薛誠之

誠之：

本星期二晚七時請　到舍間一談爲荷，匆候

文安

一多

七月二十二日[①]

---

① 此便箋是薛誠之先生提供的，據薛先生談，“到舍間一談”是指介紹他加入民盟的談話。

（根據手書刊印）

212. 致查良釗[1]*

勉仲兄：代電稿一份請交文書組速辦，弟明日午後三時前到總務處校閱一過。順候

日祉

弟　一多留上

九月十二日

（根據清華大學藏原信刊印）

213. 致聞家駟

駟弟：

本日爲魯迅忌辰，同人發起赴陳家花園一聚，藉資紀念，如得暇盼飯後即來兄處一齊出發。

兄　多

十，十九

（根據手書刊印）

① 查良釗，當時任西南聯合大學訓導長兼代總務長。

一九四六年

214. 致梅貽琦 *

涵師校長鈞鑒：敬啓者，一多迂闊成性，才識疏淺，昔年偶以承之接充本校中國文學系主任一職，當時即已聲明衹係暫時性質，期以學校離滇北返之前爲度。今者抗戰勝利，復校在即，舉凡系中有關結束現在，擘劃將來之諸項事務，關係前途至爲重大，用是旦夕，憂惶自維，爲免除罪戾計，理應實踐前言，早避賢路，爰特耑函呈請辭去現職，迫切陳情，不勝企禱之至・肅此・衹頌

道祺

學生　聞一多

一月廿六日

（根據清華大學藏原信刊印）

215. 致梅貽琦 *

敬啓者：中國文學部研究生施子愉請求舉行畢業初試，該生研究題目係《唐代科舉制度與文學》，此次考試範圍，應爲中國通史、哲學史及文學史，兹擬請羅膺中、向覺明、馮芝生、雷海宗、朱佩弦、王了一、浦江清、許駿齋、聞一多等九先生爲考試委員，并定三月廿二日（星期五）爲考試日期，敬希分函聘請，是爲至荷，此上

梅校長

聞一多　謹啓

二月三日

（根據清華大學藏原信刊印）

216. 致聞家騄

巡哥大鑒：頭兩次來信後，囑駟弟作復，駟弟則指望弟已作復，兩相推諉，以致遲延至今。其所以如此，固由弟等二人向來懶於寫信的慣習，而二人生活忙碌情形，恐亦有非　兄所能想象者。駟弟現有三男，弟媳患腎臟病，不耐操作，由買菜至看護小孩等瑣務，皆由駟弟自理，而彼自身亦有風濕病，一日勞碌之餘，稍有閑暇，即思仰榻小憩。似此情形，不但無時間，亦且無興趣親筆硯矣。弟個人身體堪稱頑健，三男二女亦差托平安，惟孝貞多病，前年曾一度卧病月餘，本年復沾滯床褥者三月之久。據醫生最近之診斷，係甲狀腺（在頸部）關係，影響心臟衰弱，并患貧血。一家瑣務幾全賴趙媽一人，而彼亦年老力衰，丈夫數年來杳無音信，諒已貧死，故心緒不佳，時亦多病。至於弟之經濟狀況，更不堪問。兩年前時在斷炊之威脅中度日，乃開始在中學兼課，猶復不敷，經友人慫恿，乃挂牌刻圖章以資彌補。最近三分之二收入，端賴此道（潤格，石章每字一千二百元，牙章每字二千元）。曩歲耽於典籍，專心著述，又誤於文人積習，不事生産，羞談政治，自視清高。抗戰以來，由於個人生活壓迫及一般社會政治上可耻之現象，使我恍然大悟，欲獨善其身者終不足以善其身。兩年以來，書本生活完全拋弃，專心從事政治活運〔動〕（此政治當然不指做官，而實即革命）。關於此事，重慶報紙時有報導，不知　兄處見及否？此處殊不便多談。總之，昔年做學問，曾廢寢忘餐，以全力赴之，今者興趣轉向，亦復如是。近年上課時間甚少（每周衹四小時），大部分時間，獻身於民主運動，歸家後，即捉刀刻章，入夜，將一日報紙仔細讀完，已精疲力竭矣。古人云“匈奴未滅，何以家爲”，今之爲禍於國家民族者有甚於匈奴。在此輩未肅清以前，談不到個人，亦談不到家。（略）

康生弟兄與弟過從甚密，思想亦極相投。康生文筆與口才尤能出衆，二人均已成青年領袖，覺民兄[①]得此雙璧，真羡殺人也。

鶴兒客年暑假中跳班考入聯大，雕、鵬二兒及名女均在聯大附中，翺女在附小，成績均不惡，翺女似尤杰出。此則近狀中差堪告慰者。

聯大決於五月初北返，路綫則尚未確定。可能由公路坐汽車到梧州，再坐船轉廣州，由香港候輪直達天津，轉北平。但海輪目前毫無着落。

田契保存完好。

敬候

闔家安好

弟　驊上

二月二十二日

（根據手書刊印）

217. 致聞家騄

巡哥大鑒：三月三日　手書奉到，備悉一切。前上一函，計當達覽。聯大遷校，暫定五月十日起程，頃已派人往香港調查船隻情形，如船隻不便，恐須俟雨季過去後（九月間）始能成行，因西南一帶，雨季中公路旅行甚感困難也。弟因當選爲民主同盟國大代表，大約兩星期内須飛南京赴會，會後擬徑返北平，眷屬則隨校北返。目前兒輩已大，再加以駟弟之輔導，沿途照料，想不成問題。遷校之經費，校方當有合理辦法，詳情現尚未規定。弟個人赴京旅費由同盟擔任，則由校方領得之一份自可省下，以補眷屬用費之不足。惟在此離昆之數月中，不能再刻圖章，此項收入即須完全放弃，損失恐亦不少。志任[②]已到渝，曾有信來，探

① 聞巡周的内弟。

② 聞立志，現名黎智，聞一多的六侄兒，聞藜菁之子，1938 年在鄂西入黨，皖南事變後因被通緝轉至重慶，當年 11 月赴延安，1945 年 12 月被派回重慶南方局工作。

詢家中住址，并未談到彼等自身之情況，想係不便談及也。關於訓侄[①]通訊地點與通訊方法，日内當函志侄探詢，容有復信後，再行奉告。兩侄所走路綫，完全正確，關於此事，家中盡可放心。近數年來，弟對此類問題在學理上曾加研討，并完全贊同。在實際狀況方面，亦曾通過英美人士得到報導，結果亦皆滿意，故對兩侄之行徑，實感無上之欣慰。時代在進步中，未可以過去抹殺現在也。（下略）此復。敬候
安佳

弟　多上言

三，卅

立志通訊處：重慶林森路平正法律事務所林律師轉聞漢昌

（根據手書刊印）

218. 致王樹勛[②]*

樹勛同學：政協昆明協進會擬爲王秦葉鄧[③]等烈士舉行一追悼會，但會場問題無法解決，倘由學聯主辦當較易於剋服此項困難，盼與學聯負責人一商，是否可行。玆特介紹金若年兄前來面洽，希盼予協助爲荷。匆候
文安

聞一多　四，廿四

（根據收信人藏原信刊印）

① 聞立訓，聞一多的三侄兒，中共黨員，1943 年在延安“搶救運動”中被迫害致死。
② 王樹勛時任西南聯大學生會副主席。
③ 1946 年 4 月 8 日因飛機失事而犧牲的王若飛、秦邦憲、葉挺、鄧發四同志。

219. 致聞立雕、聞立鵬

雕、鵬：

鵬的信和許先生[1]的信同時收到，知道你們有機會早飛北平。這機會千萬不要失掉。如果無内戰，以後飛機當然比較容易找，我們便儘早飛北平。如果有内戰，我們恐怕短期無法飛來，那麽你們孤獨的留在重慶，便不是辦法。相反的，你們到平後，住在叔叔家，我們倒也可以放心。錢如不够，可向許先生暫借。到平時，可照通訊處去找叔叔，這不是太麻煩的事，相信你們能照顧自己。如許先生同行，那便更好，他是會照顧你們的。

大妹小妹都天天吵着要早來，其實我也有願意早來的心事。你們放心，我是不會放弃早來的機會的。家中都好，媽的身體這幾天來也比較健康。我這幾天特別忙，一半也是要把應辦的事早些辦完，以便早些動身。

小弟的皮鞋買了没有？如未買，應早買，因爲北平更貴。

父字

六月廿九晚

（根據手書刊印）

① 許維遹。

荊楚文庫

日　記

聞立雕　聞銘　王克私　整理

編者説明

本編收入聞一多《儀老日記》。該日記爲未刊稿，據聞一多手稿整理收入本編。

儀老日記（1919 年）[1]

[1] 根據聞一多手稿整理。

元月一日

七年十二月三十一日，饒師麓樵仙逝，特書。
十時起，是日以新年未習課。
晚餐集諸友十餘輩，羅饌大嚼，笑語甚歡，此余理想團體之首次會合也。
餐後觀校役演劇。

二　　日

作英文演説一首。
與雨蒼談二部争角事，甚有所感。
因雨蒼事，與人争論至於决裂。
晚，少卿召赴醫院，議調和各部意見。因悉諸編輯爲各部所疾首。衆志成城，衆口鑠金，可慮也。

三　　日

與蘭舟談部事。
作《讀〈關雎〉章札記》一首。
少卿集編輯部議設部長，諸人皆反抗，何哉？
晚餐，會諸友，都十人，傳柀飽食，狂談欣張如與彼屬，相詩以爲雄者。可笑！
與雨蒼談會事。
造克列女士讀耶經，甚有感觸。三年前尚觀性理書，以檢點身心。今年齒進而反疏忽，下流之趨殆可必虖！耶家言雖异於儒書，且多近不經，要其足以益吾身心一也。後此必按期到班。夜至編輯部，少卿適偕某二部長暨某先生會議，余至即邀任編輯部長，辭之。

四　　日

特别圖畫班。

閲《日下舊聞考》，考明代燕京城市之沿革。

同鄉會議津貼事，頗有齟齬，領七年上期津貼。

作文學史月考。

讀姚姬傳復魯賓之書。有曰：若鷄伏卵，其専以一，内候其節，而時發焉。又曰：爲學之要，在於涵養而已。聲華榮利之事，曾不得以奸乎其中，而寬以期乎歲月之久，其必有以异乎今而達乎古也。因思吾自側身會事，日課盡荒。繼此以往，神擾志亂，其何以讀書，况衆手所指，群飛刺天，果何裨哉！今猶不悟，後悔何追。

近來演説課練習漸疏，不猛起直追，恐便落人後。

少卿再委以部事，猶豫未能决，商之雨蒼乃定就職，後德明亦云然。

五　　日

作家書，改駟弟文。

考明代燕京城趾。

答少卿允就職。

至某部事務所，某以事譏毁編輯部。

六　　日

四時半會長及各部長在齋務處會議。

作文演説果降列中等，此大耻奇辱也！

近今校中各會最發達者爲青年會，游藝社次之，孔教會敗腐不足數，可嘆！

七　　日

李格題女士講 STEVENSON’S “MARKHEIM”，言學行之道，非進則退，斷無定時。人之溯維既往者，孰不悔艾叢生，内省不疚，其惟聖人乎？又曰：人將爲惡，思其親必止。皆有深理。

部事錢泠嵒、潘仲昂皆允。

補考地質學。

作中文。

十一時後，在鐘臺下練 CROSS OF GOLD 演説八遍。

八　日

作文。

四時半，各部長在齋務處開會。

某揚言於衆，造作粉飾，誣雨蒼、德明及余三人。

某藉事發亂以阻會事，而其意實在余。少卿偕余言於某先生，鏟之以利會務前途。

夜偕德明習演説。

九　日

作國文澀甚，不謂數月未閲書，乃至於此。

雨蒼提議改組游藝社，如各報辦法，各部一致贊同。

夜出外習演説十二遍。

十　日

演説果有進步，當益求精至。

十二時，游藝社宴會。

二時，校中爲鐃師麓樵開追悼會。

謄大考演説辭。

温齊士托非家書，擬摘其嘉言，以入雜録。

本楝問余與某何以在社中起衝突，乃告以顛末。

丹孫來書，歷陳前非，願從此自新。因郵書勵之。
夜與德明談修身持心之道。

十一日

圖畫特別班。
練演説。
午後，温齊士托非家書。
三時，開俱樂會，新級長提議修章程，通過，舉起草員五人。校中爲麓樵師募捐，余認一元。
温《羅馬史》。
與雨蒼議社務進行方針。
補作統計表一紙。

十二日

温《羅馬史》。
午後與少卿、雨蒼議社事。
夜作統計表。

十三日

温《上古史》。
畫地圖（代）。

十四日

温《希臘史》。
夜至凉亭，練演説三遍，祁寒不可禁，乃返。
枕上忽思屏弃百事，顓心讀書。覺數月來，碌碌旦夕，六鑿攘於内，群蜚興於外，學荒志弛[1]，何益可言。暑假中作“懲志”詩，曾幾何時，而覆轍復蹈。自兹鏟拔野心，降志雌伏，優游藝圃，寬候歲時，未必不能出人頭地。何事浸浸末務，以自圖煩慮哉！補作統計表。

温演説五遍。

十五日

温國文。

習演説。

作表，預定每日温課之次序。

昨以讀書事告德明，德明以語雨蒼，二人皆不然余説，謂作事時仍可讀書，且人最忙時作事每最多。雨蒼更有他勖勵之語，感其意乃允廢前計。此事一生關鍵，未可苟且。後此作事，當謹慎勤敏，不可虚擲景光，致誤學業，勉旃勉旃。詩云：戰戰兢兢，如臨深淵，如履薄冰。念兹在兹，永矢弗諼。（補）

飯後與人談與某起衝突之原委。（補）

十六日

温《上古史》。

讀《文選》。

補鈔《地質》及《統計》筆記。

十七日

接家書二封。

補作統計表。

讀《文選》《史記》。

① “弛”，疑爲“弛”字之誤。

十八日

補作統計表。
温《統計學》。
温愛魯爾得詩。

十九日

作家書。
温英文文學。
夜休息未習課。

二十日

考文學。
考英文學。
温統計。
與雨蒼、德明擬假中作事。

二十一日

考文學史。
考統計學。
温修辭學。
雨蒼言七年年報將著手辦理，某總經理要雨蒼任圖畫總編輯，雨蒼屬余襄之，德銘將爲經理。六年份今日到校。
夜讀《史記》。

二十二日

考修辭學。
温歷史。

讀《史記》《文選》。

二十三日

無考。
温歷史。
讀《文選》。
五時，新劇社新職員及顧問會議。

二十四日

考歷史。
温地質學。

二十五日

考地質考（學）畢。
一時半，各部長暨編輯部會議，修劇進行方針。
定假中修業表。
讀《文選》十首。
閱《類纂》二首，興趣盎然，不忍釋卷也。
讀愛魯氏詩一首。
與寶謙八兄論文，閱兄近作，頗見功候，亦有志之士也。

二十六日

今日未能依時起，九時始習課，讀《文選》五首，已十一句鐘矣。十一時，當讀英文，遇雨蒼乃稍稍計畫社務。
飯畢，微步出園，循溪西行，觀水，聽流水鏘然駛其下，心樂之。返。道遇潘仲昂，言編輯事，惟錢泠嵒未决，餘人胥可。
駟弟文課寄到，即加塗乙，并作家書寄歸。

致二哥書，寄綏遠。
爲駟弟評釋古文二首，又繕文課寄歸。
夜，編輯常會，至者余與潘仲昂外，惟楊君蔭溥爾，議修改《鴛鴦仇》，粗有頭緒。又議增新編輯二人，爲時、何二君。
讀《舊約故事》一節。

二十七日

移事務所。午前僅讀《文選》三首，午後續讀《舊約故事》一節。編輯第二次會，修改可以風（分）成十幕，到者仲昂及余，雨蒼亦列席。

二十八日

讀《文選》。
讀《類纂・碑志》。
讀《舊約軼事》。
時、何二君均未可，錢亦辭。
與李慶階先生論會務，述日來編輯部之進行。先生諭此次作事，當具破釜沉舟之慨，本社前途蓋於兹是賴云。
夜，編輯三次會，與席者與昨同，再改《鴛鴦仇》。兩日人少成績咸可觀。

二十九日

考訂畿内外勝績掌故，歷史課也，余選題爲《北京明故城》。校内圖書館存書少，不足資搜獵，聞大學藏古籍特富，乃以月之二十九日往參觀焉。同行者兄賓謙暨王君耳。十時半以火車抵西直門，至大學已亭午矣。既畢食，陳閲群籍，鈎玄纂要，各盡其所，得以出。余與兄至鴻雪緣寓，訪炎復四兄，適兄他往，以電話偵，則在《亞陸日報》館也。以日莫不即歸，余二人遂留宿焉。飯畢，圍爐坐譚，至九時半就寢。余不能寐，更據枕讀《古舟子咏》畢，始安眠也。

三十日

天寒不能出户，稍稍瀏覽《類纂》耳。傍午四哥返，小坐談叙，復以事出。夜與八哥談家鄉事，又引稱摩詰《重九》詩相與欷歔良久也。枕上讀《類纂》數首。

三十一日

涉獵《類纂》數篇。舒天弟至。進食畢，圍爐閲書，且食糕餌，不覺日哺。八哥尋自友家歸，則篝燈縱論今昔人物世故，悲憤追憾，莫能自已。街巷人家，除（夕）夜爆竹之聲不絶，料不能安眠，更命僮多買餌品，對談如故，久之倦甚，據枕假寐，燈熄，視東方既白矣。

二月一日

十一日返校。

午後，與仲昂談。仲昂言，黄君方剛讀佛道、陽明之書甚勤，亦奇士也。

夜，仲昂及余議《鴛鴦仇》分幕法，後雨蒼亦至。

枕上三人論會務進行。後余又與仲昂論教義。

二　　日

讀《類纂》《蕭選》各少許。

作《北京明城考參考彙録》稿本。

與熊、張、任諸君談社務，雨蒼、仲昂亦在。

夜，偕二人談社事。少頃，約段君茂瀾編戲，二劇各有更改，《鴛鴦仇》似差勝。

三人仍論社事，互相勉勵。又告仲昂余所以與某不合之始末。

三　　日

三哥函至，道十五妹噩耗，驚慟不已。即作報書，意謂前在鴻雪緣與八哥苦語窮日夕，感悼今昔，猶謂孟子言，父母俱存，兄弟無恙，余殆兼而有之，余在世間誠不能謂爲苦人。曩五哥在京兩次大病，旦不保夕，余綿躬侍湯藥，惟順惟謹。至今思之，五中震裂。後二哥在綏亦大病，余雖不目擊，已料其悲酸，視五哥有過之無不及也。然猶謂骨肉死亡之慘，吾生庶未之見，亦滋幸矣。去歲鄉里大疫，親戚鄰里斃亡無算，而余家獨全，方私幸奇福以爲快。孰謂妹不死於彼時，而死於今乎？妹則死矣，妹之孝謹，妹之智慧，一日不能忘，即令人一日不堪耳。且　二大人以衰邁之紀，遭此至慘，雖妹知之不當瞑目矣。嗚呼哀哉！八哥歸，告以吾妹噩耗，八哥以伯母新逝亦感痛泣下，二人相對嗚咽，不能卬首也。

飯時，八哥述大學演戲事。

作《北京明城考參考彙録》。

四　　日

午前讀《蕭選》少許。

午後編輯集會。

晚，編輯又（集）會。

五　　日

作《病松》詩未竣。

飯後編輯會議决用二劇，時期迫促故也。

晚，編《巾幗劍》第一幕詞。

與仲昂議辦北京學生新劇聯合會。

六　　日

日編第二幕詞。
夜編第三幕詞。
定開學後一星期二劇詞均畢。

七　　日

編第四幕詞。
改《病松》詩。

八　　日

編第五幕詞。

九　　日

與曾君議，提議改二劇爲一劇。
編第六幕詞未竣。
擬《巾幗劍》説略。
與吴、潘談社務。
與區談社務。
訪李先生不晤，爲新劇社事。
盧、李二君自美來函，願捐款助鄂友協進會。羅君屬擬證書式，因與商新劇社事，蒙可。

十　　日

八時開學式。
上午至圖書館考明故城。
改《巾幗劍》説明書。
劉君邀充《學報》編輯，可之。

夜與潘君續編第六幕。

晤李先生，托社務。據云陸君已允就職，甚喜也。

枕上讀《清詩別裁》。近決志學詩。讀詩自清明以上，溯魏漢先秦。讀《別裁》畢，讀《明詩綜》，次《元詩選》，次《宋詩鈔》，次《全唐詩》，次《八代詩選》，期於二年内讀畢。

十一日

作《明城考》。

讀《清詩別裁》。

新劇社總經理暨各部主任會議。

十二日

假磋商《巾幗劍》情節。

讀《Julius Caesar》。

總經理暨各主任協任會。

十三日

全體職員會議。

與潘、吴議，提議作英文戲。

讀《清詩別裁》。

十四日

讀《天演論》。

查經班。

編輯會。

《清詩別裁》。

十五日

圖畫班。
主任會議決取消英文戲，時日迫促故也。
讀《英文名家詩類編》。
編輯會。
讀《清詩別裁》。
讀《天演論》。

十六日

與吴、潘商社中應作事。
定本部每周作事表，限二星期内練畢二戲。
再決《巾幗劍》分幕，改《鴛鴦仇》分幕。
派二劇角色。

十七日

閲《清詩別裁》。
改二幕。
派脚色。
與陸君論新劇，不覺爽然自失。

十八日

英文讀本更退步，當儆。
改第三幕及《鴛鴦仇》。

十九日

作英文《二月廬記》。
主任會議。

發函請角色。
近來社務微見精神。

二十日

讀《天演論》，辭雅意達，興味盎然，真移譯之能事也。《新潮》中有非議嚴氏者，謂譯書不僅當譯意，必肖其詞氣、筆法而後精，中文造句破碎，不能達蟬聯妙邃之思，欲革是病，必摹西文云云。要之嚴氏之文，雖難以上追諸子，方之蘇氏，不多讓矣。必謂西文勝於中文，此又蛣蜣丸轉，癖之所鍾，性使然也。吾何辯哉！

二十一日

發信請角色。
讀《天演論》。
夜編輯第六幕，二時寢。

二十二日

圖畫班。
作英文作文。
茶會，各部報告進行方針。
夜編劇。

二十三日

作英文作文。
讀《清詩別裁》。
作詩。

二十四日

讀《清詩别裁》。

進城觀劇，寓李先生家。席上與諸君論近日校事。

二十五日

返校。

讀《魯靈光殿賦》。

作《憤言》。

二十六日

稿印未就，不能練習，社事困難環生，可慮也。

二十七日

續作《憤言》。

練劇。

《學報》編輯會議，某先生提倡用白話文學，諸編輯率附和之，無可如何也。

二十八日

作《體育館歌》。

練戲。

訪劉先生未遇。

三月一日

特别圖畫班。

作《清華體育館歌》。

開會商演劇改期，尚無結果，明日定。

二　　日

作詩。
隅（偶）與周君在文談，責余始言不問會務，專心讀書，今乃盡弃前言，是志之不堅也。
作歷史《北京明城考》。
讀《清詩別裁》。

三　　日

讀《清詩別裁》。
演劇練習。
訪仁先先生。
上月成績漸有進，當求更進。

四　　日

讀《清詩別裁》。
擬本學期内完清詩，余時稍學填詞。
與潘君訪劉大鈞先生。
練劇《巾幗劍》第六幕。
《學報》用白話文，頗望成功。余不願隨流俗以來譏毀。

五　　日

練戲《巾幗劍》第七幕。
近數日預備代數至三四小時，當持久。
讀《清詩別裁》。

六　　日

讀《清詩別裁》。

練戲《巾幗劍》第五幕。
歷史考訂，商榷體裁，與教員麻倫談話。

七　日

練戲《忍》第一幕。
作札記。
與潘、陸二君商修改重派角色。
讀《清詩別裁》。

八　日

特別圖畫班。
讀《天演論》及《清詩別裁》。
編劇。

九　日

讀《清詩別裁》《天演論》。
編劇演劇。

十　日

讀《清詩別裁》《天演論》。
練戲精神稍佳。

十一日

讀《清詩別裁》《天演論》。
練戲。

十二日

練戲。

十三日

練戲。

十四日

讀《清詩别裁》《天演論》。
考《學報》往歲英文演説競賽題目。
譯波蘭《千年進化史》。
練戲。

十五日

特别圖畫班。
練劇用前年原稿。
赴音樂會。

十六日

練習又作表。

自三月十七日至四月二日凡十七日，劇事最煩，日不暇給，無日記。自三月二十八日至四月二日，未上課。社事經過困難，不一而足，皆不贅。三日初進城，故續記從此始。

四月三日

出校事煩，無練習，記《巾幗劍》詞。下午進城，日暮至第一舞臺。

四　　日

上午練《巾幗劍》，下午練《是可忍》，未畢。晚，陳大悲先生述《我先死》事實，某某二人後時至，除名。

五　　日

下午練《我先死》趣劇。晚八時開演，三時畢，成績不佳，招待尤劣。

六　　日

練《是可忍》，人不齊未果。練《得其所哉》，又未果。晚開演，成績反勝，招待亦改良。

七　　日

演劇不佳，售券差强人意耳。

八　　日

歸校清理書物，作家書。
與社中職員諸君晚餐，又集談良久。

九　　日

作《明城考》。
作水彩畫一幅。
讀《Julius Caesar》。
數月以來，奔走劇務，晝夜不分，餐寢無暇，卒底於成，不貽譏於人，亦滋幸矣。今事畢甚喜，從此可以讀書也。昨遇某君許余精神上之耐忍與軀體上之忍耐俱全，爲譏爲實，不可知也。然其人實獲我心，可發一噱。

十　　日

作《明城考》。
畫地質圖。
新劇社職員會議。

十一日

畫地質圖畢。

十二日

作《明城考》。
與吴商社事。

十三日

作《明城考》。
英文作文。
與張談社事。

十四日

譯波蘭《千年進化紀略》。

荆楚文库

附　　録

目　　録

開明版《聞一多全集》序

郭沫若

最近吴辰伯先生把《聞一多全集》的稿子從北平給我寄了來，我費了兩個禮拜的工夫細細地校讀了兩遍，校補了一些謄録上的錯誤和奪落，填寫了一些古代文字，更把全部的標點統一了。全稿的字數我没有過細計算，大約總在一百萬字以上吧。在這裏面關於文化遺産的部分要占四分之三，關於近代學識，特别是參加民主運動以來的著述，僅占極少數。因此從這整個的遺稿上便給了我一個這樣的印象：一棵茁壯的向日葵剛剛纔開出燦爛的黄花，便被人連根拔掉，毁了。

“千古文章未盡才”，這是夏完淳哭他的内兄錢漱廣的一句詩，這兩三個禮拜來老是在我的腦子裏和口角上盤旋着。聞一多先生的大才未盡，實在是一件千古的恨事。他假如不遭暗害，對於民主運動不用説還可以作更大的努力，就在學問研究上也必然會有更大的貢獻的。

一多對於文化遺産的整理工作，内容很廣泛，但他所致力的對象是秦以前和唐代的詩與詩人。關於秦以前的東西除掉一部分的神話傳説的再建之外，他對於《周易》《詩經》《莊子》《楚辭》這四種古籍，實實在在下了驚人的很大的工夫。就他所已成就的而言，我自己是這樣感覺着，他那眼光的犀利，考索的賅博，立説的新穎而翔實，不僅是前無古人，恐怕還要後無來者的。這些都不是我一個人在這兒信口開河，凡是細心閲讀他這《全集》的人，我相信都會發生同感。我現在姑且舉兩個例子在這兒。

第一，他有一篇《詩新臺鴻字説》解釋《詩經・邶風・新臺篇》裏面“魚網之設，鴻則離之”的那個鴻字。兩千多年來讀這詩的誰都馬虎過去了，以爲是鴻鵠的鴻，但經一多先生從正面反面側面來證明，纔知道這兒的“鴻”是指蟾蜍即蝦蟆。古人曾叫蝦蟆或蟾蜍爲“苦蠪”（見《廣雅・釋魚》和《名醫别録》）。苦蠪就是鴻的切音了，苦蠪爲鴻亦猶窟窿爲孔，喉嚨爲亢。而更巧妙的是有一種草名叫屈蘢的，别名也叫着鴻。《淮南子·墜形篇》“海閭生屈蘢”，高誘注云“屈蘢，游蘢，鴻也”。這確是很重要的發現。要把這“鴻”解成蝦蟆，然後全詩的意義纔能暢通。全詩是説本來是求年青的愛侣却得到一個弓腰駝背的老頭子，也就如本來是想打魚而却打到了蝦蟆的那樣。假如是鴻鵠的鴻，那是很美好的鳥，向來不含惡義，而且也不會落在魚網子裏，那實在是講不通的。然而兩千多年來，差不多誰都以這不通爲通而忽略過去了。

其次，再舉《天問釋天》裏面解釋“顧菟”的一條吧。“夜光何德，死則又育？厥利維何，而顧菟在腹”，這是問的月亮的情形。向來的人都把顧和菟分開來，認爲顧是顧望，而菟就是兔子。到了清代的毛奇齡，認爲顧菟不能分開，是月中的兔名，算是進了一步。直到聞一多先生，纔又舉出了十一項證據來，證明顧菟就是蟾蜍的别名。蟾蜍一名居蠩，與顧菟實一音之轉。同一轉語則爲科斗爲活東，與蟾蜍實爲一體。《漢少室神道闕》刻月中蟾蜍四足一尾，宛如科斗後期之形，故知顧菟亦即科斗。聞先生舉了十一例以證成其説，雖然他還在浩嘆“既無術以起屈子於九泉之下以爲吾質，則吾雖辯，其終不免徒勞乎？噫！”但我敢於相信，他的發現實在是確鑿不易的，并不是“徒勞”。

像這樣細密新穎地發前人所未發的勝義，在全稿中觸目皆是，真是到了可以使人瞠惑的地步。這樣一位富有發明力的天才，我隱隱地感覺着，可惜是用在文字學或文獻學這一方面來了，假如是用在自然科學或技術科學方面，不會成爲更有益於全人類的牛頓和愛迪生嗎？我固然無心要在文獻學和自然科學或技術科學中定出軒輊，用科學的方法來治理文獻或文字，其實也就是科學，但如站在功利的立場，那價值的廣狹，的確是大有由旬的。雖然在中國也儘有的是這樣的功利學者，認爲一個古字古義的發明實不亞於天文學家發現了一個星球。或許是吧，但我并不想那樣誇張地看，我相信聞一多先生也不會那樣誇張地看的。

聞先生治理古代文獻的態度，他是承繼了清代樸學大師們的考據方法，而益之以近代人的科學的緻密。爲了證成一種假説，他不惜耐煩地小心地翻遍群書。爲了讀破一種古籍，他不惜在多方面作苦心的徹底的準備。這正是樸學所强調的實事求是的精神，一多是把這種精神徹底地實踐了。唯其這樣，所以纔能有他所留下的這樣豐富的成績。但他的徹底處并不是僅僅適用於考據，他把考據這種工夫僅是認爲手段，而不是認爲究極的目的的。請看他在《楚辭校補》的《引言》上所説的這樣的話吧：

> 較古的文學作品所以難讀，大概不出三種原因：（一）先作品而存在的時代背景與作者個人的意識形態，因年代久遠，史料不足，難於瞭解；（二）作品所用的語言文字，尤其那些“約定俗成”的白字（訓詁家所謂“假借字”），最易陷讀者於多歧亡羊的苦境；（三）後作品而産生的傳本的僞誤，往往也誤人不淺。《楚辭》恰巧是這三種困難都具備的一部古書，所以在研究它時，我曾針對着上述諸點，給自己定下了三項課題：（一）説明背景，（二）詮釋詞義，（三）校正文字。

凡是古書，這三種困難都是具備着的，事實上并不限於《楚辭》，因而他所規定的三項課題，其實也就是研究古代文獻上的共通課題；尤其是第一項，那是屬於文化史的範圍，應該是最高的階段。但中國自秦漢以來兩千多年，實在還没有産生出過一部好的文化史。專家的研究也是同樣。漢儒的研究是在第二第三階段上盤旋，宋儒越躐了第三階段，衹是在第二階段的影子上跳躍。清儒又回到第二第三階段上來，然而也衹在這裏盤旋，陶醉於訓詁名物的糟粕而不能有所超越。這是當然的，要想知道“時代背景”和“意識形態”，須要超越了那個時代和那個意識纔行。“不識廬山真面目，衹緣身在此山中”，不能超越那個時代和意識，那便無從客觀地認識那個時代和那個意識，不用説是更不能够批判那個時代和那個意識。就像孩兒期中孩兒自身不明白自己的處境和意識一樣，兩千多年的封建社會的停滯也就必然地匯成了封建意識的污瀦。要澄清這污瀦，今天正是時候了。

我們再看一多先生在《楚辭補校》的《引言》中叙述着他的苦衷吧。他認爲他所擬定的三項課題，最好是同時交卷，然而爲情勢所迫，他一時不能够全部完成，“衹好將最下層，也是最基層的第三項——校正文字的工作，先行結束，而盡量將第二項——詮釋詞義的部分容納在這裏”。他認爲這是“權變的辦法”，是他所極不願做的。然而爲了“可以騰出時間來多作點别的事”，他終於這樣做了。這《引言》是寫於民國三十年的十二月八日，也正是民主運動開始發動的時候，我們看他這急急於想“騰出時間來多作點别的事”的苦心，不可以看出一多先生以後的活動是早有部署在心的嗎？但我在這兒注意地引用到這段文字的用意倒側重在他對於自己所從事的工作具有全般的計劃，而且在完成計劃的各個步驟上的評價他是絲毫也没有陷於自我陶醉的。“校正文字”和“詮釋詞義”的工作，這些正是考據家們的所兢兢焉樂道的事業，而在他衹是基本的準備工作，而且“校正文字”還衹是“最下層”。這不明顯地表示着，他絲毫也没有把自己的工作作過分的誇大嗎？他的《楚辭校補》在他自己看來既衹是第二第三階段上的作品，我們準據着這同一的自白，也可以知道，他對於他的《周易義證類纂》《詩經新義》《詩經通義》《莊子内篇校釋》《離騷解詁》等，這樣一連串的在文字訓詁上極有價值的文字，在他自己也不過是視爲第二第三階段的工作吧了。其實這些著作，當代的考據家們，假使能有得一篇，也就儘足以自豪的。事實上他們是一篇也没有，已經就在自豪了，一些舊式的或新式的衛道者，不是根本連字都不認識，便在那兒以仲尼復活，墨翟再生自命嗎？聞先生不是這樣的糊塗蟲，他雖然在古代文獻裏游泳，但他不是作爲魚而游泳，而是作爲魚雷而游泳的。他是爲了要批判歷史而研究歷史，爲了要揚弃古代而鑽進古代裏去剞它的腸肚的。他有目的地鑽了進去，没有忘失目的地又鑽了出來，這是那些古籍中的魚們所根本不能想望的事。

三十三年的五月三日晚上，在昆明的聯大新舍南區十號教室裏，曾經舉行過一次“五四”歷史座談，據記録，在周炳琳、張奚若等先生發言之後，聞一多先生發言。他曾經這樣説過：

> 剛纔張先生説辛亥革命是形式上的革命，五四是思想革命，正中下懷。但是你們現在好像是在審判我，因爲我是在被革命的系——中文系裏面的。但是我要和你們裏應外合！

他這就是説鑽進"中文"——中國文學或中國文化——裏面去革中文的命。他説"封建社會的東西全是要不得的。我相信，憑我的教書經驗和心得，它是實在要不得的。中文系的任務就是要知道它的要不得，纔不至於開倒車"。今天搞中文的人誰個是這樣的抱負？舊式的衛道者不用説他了，就拿現在一些搞"國文"的新式學者來説，不是月月都在那兒祖述桐城，甚至還在贊揚八股嗎？那些君子不用説不是中文的革命叛徒，簡直是唐宋盛世的輔命功臣了，要説猗歟休哉，也的確是值得説一聲猗歟休哉的！

然而一多先生却不是這樣的功臣！他搞中文是爲了"裏應外合"來完成"思想革命"，這就是他的治學的根本態度。爲着要得虎子而身入虎穴，决不是身入虎穴去爲虎作倀。他在寫考證文字的時候照例使用文言，但他認爲"未能免俗"，他夢想着要用白話文來寫考證文字。這也是見於《楚辭校補·引言》裏的話，可見他在迫不得已使用文言時，都没有忘記要揚弃文言。但他在第一階段的工作——即最上層的批判時代背景與意識形態上，他是斷然把文言揚弃了的。這段工作，他雖然做得不多，但已經開始在作，而且在作的過程中，他自己的意識形態已經有了變遷和改進，也是可以明白地看出的。這可以把他的《莊子》和《人民詩人——屈原》兩篇文章拿來做證明。

一多先生不僅在《莊子》的校釋上做了刻苦的工夫，他另外有一篇題名就叫"《莊子》"的論文，直可以説是對於莊子的最高的禮贊。他實在是在那兒誠心誠意地贊美莊子，不僅陶醉於莊子的汪洋恣肆的文章，而且還同情於他的思想。請看下面的這些摘録吧。

有大智慧的都會認識道的存在，信仰道的實有，却不像莊子那樣熱忱地愛慕它。

是詩便少不了那一個哀艷的"情"字。《三百篇》是勞人思婦的情；屈宋是仁人志士的情；莊子的情可難説了，祇超人纔載得住他那種神聖的客愁。所以莊子是開闢以來最古怪最偉大的一個精神。

讀《莊子》的人，定知道那是多層的愉快。你正在驚异那思想的奇警，在那躊躇的當兒，忽然又發覺一件事，你問那精微奥妙的思想何以竟有那樣湊巧的曲達圓妙的辭句來表現它，你更驚异；再定神一看，又不知道那是思想那是文字了，竟許甚麽也不是，而是經過化合作用的第三種東西，於是你尤其驚异。這應接不暇的驚异，使你加倍地愉快，樂不可支。這境界，無論如何，在莊子以前，絶找不到，以後，遇着的機會確實也不多。文中之支離疏，畫中的達摩，是中國藝術裏最特色的兩個産品。正如達摩是畫中有詩，文中也常有一種"清醜入圖畫，視之如古銅古玉"（龔自珍《書金伶》）的人物，都代表中國藝術中極高古，極純粹的境地；而文學中這種境界的開創者則推莊子。……這種以醜爲美的興趣，多到莊子那程度，或許近於病態；可是誰知道，文學不根本便犯着那嫌疑呢！

這和《死水》中所表現的思想有一脉相通的地方。你看他那陶醉於莊子的"樂不可支"的神情！他在迷戀着"超人"，迷戀着"高古""神聖""古銅古玉""以醜爲美"（《死水》的主要傾向便在刻意於此），甚至於迷戀於莊子的"道"，"認識道的存在"，"信仰道的實有"的是"有大智慧的"人，意在言外地憧憬着要"像莊子那樣熱忱地愛慕它"。莊子的"道"是什麽？那是我們中國古代的黄老學派所懸擬的宇宙萬彙的本體。眼前的宇宙萬彙是可視可聞可臭可觸的感官界，但這感官界的來源是有一個超越於感官的不可見不可聞不可臭不可觸的實質的本體；那本體的名字就叫着“道”。宇宙萬彙都是這“道”的化身，一切變化都是“道”的活動。“道”是宇宙萬彙的創化者，也就是宇宙萬彙的真正的主宰者（“真宰”）。所以“道”這個東西其實就是前一時代的所謂“上帝”的混沌化，“上帝”是有眼耳口鼻的人形，“道”是没有眼耳口鼻的混沌而已。萬物都是“道”，也就是説萬物都是神。莊子的思想在我們中國古代本是一種泛神論的思想。這種思想和印度的古代和希臘的古代某些形而上學家的想法是共通的，在反對神，反對宗教，反對建立在教權上的統治方式上，很有足以使人迷戀的地方，而加以莊子的古今獨步的文筆，的確是陶醉了不少的人。我自已在年青的時候也就是極端崇拜莊子的一個人，就是晚年來反對莊子最力的魯迅，他也很稱贊莊子的文章，甚至於也沾染過莊子的思想。魯迅自己説過：“就在思想上，也何嘗不中些莊周和韓非的毒，時而很隨便，時而很峻急。”（《寫在墳的後面》）但魯迅是從莊子思想中蜕變了出來，聞一多也同樣把莊子思想揚弃了。

聞一多揚弃了莊子思想，這表現在什麽地方呢？這表現在他日後一轉而痛駡道家了。

> 一個儒家作了幾任“官”，撈得肥肥的，然後撒開腿就跑，跑到一所别墅或山莊裏，變成一個什麽居士，便是道家了。（《關於儒·道·土匪》）

他斥墨家是土匪，儒家是偷兒，道家是騙子。他説“講起窮凶極惡的程度來，土匪不如偷兒，偷兒不如騙子，那便是説墨不如儒，儒不如道”。這是把道家思想清算得很痛快的。

如其從對於文化史的貢獻上來説，這層思想的轉變可以説很具體地表現於他的由莊子禮贊轉而爲屈原頌揚。

我們在上述《莊子》一文中看見他以屈原和宋玉并稱，説“屈宋是仁人志士的情”，没有莊子偉大，這完全是一種舊式的看法。但在《人民詩人——屈原》裏面，看法便完全不同了。“是什麽使得屈原成爲人民的屈原”的？他舉出了四種原因。第一，屈原雖然是楚國的同姓，却“早被打落下來，變成一個作爲宫廷弄臣的卑賤的伶官。……這樣，首先在身分上，屈原便是屬於廣大人民群衆中的”。第二，“屈原最主要的作品——《離騷》的形式，是人民的藝術形式。……次要的作品——《九歌》，是民歌”。第三，“在内容上，《離騷》無情地暴露了統治階層的罪行，嚴正地宣判了他們的罪狀。……用人民的形式，喊出了人民的憤怒”。第四，“屈原的死，更把那反抗情緒提高到爆炸的邊沿，衹等秦國的大軍一來，就用潰退和叛變方式，來向他們萬惡的統治者，實行報復性的反擊。歷史决定了暴風雨的時代必然要來到。屈原一再的給這時代執行了‘催生’的任務”。

這四種條件，在他認爲，若缺少了一件，便不能成爲真正的人民詩人。“儘管陶淵明歌頌過農村，農民不要他，李太白歌頌過酒肆，小市民不要他，因爲他們既不屬於人民，也不是爲着人民的。杜甫是真心爲着人民的，然而人民聽不懂他的話。屈原雖没有寫人民的生活，訴人民的痛苦，然而實質的等於領導了一次人民革命，替人民報了一次仇。屈原是中國歷史上唯一有充分條件稱爲人民詩人的人”。

就這樣，聞一多先生由莊子禮贊變而爲屈原頌揚，而他自己也就由絶端個人主義的玄學思想蜕變出來，確切地獲得了人民意識。這人民意識的獲得也就保證了《新月》詩人的聞一多成爲了人民詩人的聞一多。假使屈原果真是“中國歷史上唯一有充分條件稱爲人民詩人的人”，那麽有了聞一多，有了聞一多的死，那“唯一”兩個字可以取消了。屈原由於他的死，把楚國人民反抗的情緒提高到了爆炸的邊沿，聞一多也由於他的死，把中國人民反抗的情緒提高到了爆炸的邊沿了。替人民報仇者，人民亦必爲之報仇；爲革命催生者，革命亦必爲之催生——催向永生的路上行進。

聞一多毫無疑問是永生了。他真真是“求仁得仁”，他不僅在做學問上獲得了人民意識，而在做人上更保障了人民意識的確切獲得。然而話又得説回來，他的很快地便被催向永生，在一多自己雖然是一種至上的成就，在人民也就是一種歷史的收穫，然而很苦痛地是伴隨了一個過高的代價。假如在一多獲得了人民意識之後，再多活得十年，讓他在事業上，在學問上，更多多地爲人民服務，人民的收穫想來也不會更微末的吧？在他把文化史的批判工作的準備剛好完成，正有充分的資格來擔當批判過去，創造將來的時候，却没有讓他用筆來完成他的使命，而是用血來完成了，不能過分矯情的説，這不是重大的損失。

“千古文章未盡才”，在今天我讀着一多的全部遺著，在驚嘆他的成績的卓越之餘，仍不能不爲中國的人民，不能不爲人民本位的中國文化的批判工作，懷着無窮的隱痛。“一個人倒下去，千百萬個人起來！”在革命工作上我虔誠地希望能够這樣，在爲人民服務的學術工作上我也虔誠地希望能够這樣。

一九四七年八月七日

開明版《聞一多全集》序

朱自清

聞一多先生爲民主運動貢獻了他的生命，他是一個鬥士。但是他又是一個詩人和學者。這三重人格集合在他身上，因時期的不同而或隱或現。大概從民國十四年參加《北平晨報》的詩刊到十八年任教青島大學，可以説是他的詩人時期，這以後直到三十三年參加昆明西南聯合大學的五四歷史晚會，可以説是他的學者時期，再以後這兩年多，是他的鬥士時期。學者的時期最長，鬥士的時期最短，然而他始終不失爲一個詩人；而在詩人和學者的時期，他也始終不失爲一個鬥士。本集裏承臧克家先生鈔來三十二年他的一封信，最可以見出他這種三位一體的態度。他説：

> 我衹覺得自己是座没有爆發的火山，火燒得我痛，却始終没有能力（就是技巧）炸開那禁錮我的地殼，放射出光和熱來。衹有少數跟我很久的朋友（如夢家）纔知道我有火，并且就在《死水》裏感覺出我的火來。

這是鬥士藏在詩人裏。他又説：

> 你們做詩的人老是這樣窄狹，一口咬定世上除了詩什麽也不存在。有比歷史更偉大的詩篇嗎？我不能想象一個人不能在歷史（現代也在内，因爲它是歷史的延長）裏看出詩來，而還能懂詩。……你不知道我在故紙堆中所做的工作是什麽，它的目的何在……因爲經過十餘年故紙堆中的生活，我有了把握，看清了我們這民族、這文化的病症，我敢於開方了。方單的形式是什麽——一部文學史（詩的史），或一首詩（史的詩），我不知道，也許什麽也不是。……你誣枉了我，當我是一個蠹魚，不曉得我是殺蠹的芸香。

雖然二者都藏在書裏，他們的作用并不一樣。

學者中藏着詩人，也藏着鬥士。他又説“今天的我是以文學史家自居的”。後來的他却開了“民主”的“方單”，進一步以直接行動的領導者的鬥士姿態出現了。但是就在被難的前幾個月，他還在和我説要寫一部唯物史觀的中國文學史。

聞先生真是一團火。就在《死水》那首詩裏他説：

這是一溝絶望的死水，
這裏斷不是美的所在，
不如讓給醜惡來開墾，
看他造出個什麽世界。

這不是“惡之花”的贊頌，而是索性讓“醜惡”早些“惡貫滿盈”，“絶望”裏纔有希望。在《死水》這詩集的另一首詩《口供》裏又説：

可是還有一個我，你怕不怕？——
蒼蠅似的思想，垃圾桶裏爬。

“絶望”不就是“静止”，在“醜惡”的“垃圾桶裏爬”着，他并没有放弃希望。他不能静止，在《心跳》那首詩裏唱着：

静夜！我不能，不能受你的賄賂。
誰希罕你這墻内方尺的和平！
我的世界還有更遼闊的邊境。
這四墻既隔不斷戰争的喧囂，
你有什麽方法禁止我的心跳？

所以他寫下戰爭慘劇的《荒村》詩，又不怕人家說他窄狹，寫下了許多愛國詩。他將中國看作“一道金光”，“一股火”（一個觀念）。那時跟他的青年們很多，他領着他們做詩，也領着他們從“絶望”裏向一個理想掙扎着，那理想就是“咱們的中國！”（一句話）

可是他覺得做詩究竟“窄狹”，於是乎轉向歷史，中國文學史。他在給臧克家先生的那封信裏說，“我始終没有忘記除了我們的今天外，還有那二千年前的昨天，這角落外還有整個世界”。同在三十二年寫作的那篇《文學的歷史動向》裏說起“對近世文明影響最大最深的四個古老民族——中國、印度、以色列、希臘——都在差不多同時猛擡頭，邁開了大步”。他説：

> 約當紀元前一千年左右，在這四個國度裏，人們都歌唱起來，并將他們的歌記録在文字裏，給流傳到後代。…… 四個文化，在悠久的年代裏，起先是沿着各自的路綫，分途發展，不相聞問。然後，慢慢的隨着文化勢力的擴張，一個個的胳臂碰上了胳臂，於是吃驚，點頭，招手，交談，日子久了，也就交换了觀念思想與習慣。最後，四個文化慢慢的都起着變化，互相吸收，融合，以至總有那麽一天，四個的個别性漸漸消失，於是文化衹有一個世界的文化。這是人類歷史發展的必然路綫，誰都不能改變，也不必改變。

這就是“這角落外還有整個世界”一句話的注脚。但是他衹能從中國文學史下手。而就是“這角落”的文學史，也有那麽長的年代，那麽多的人和書，他不得不一步步的走向前去，不得不先鑽到“故紙堆内討生活”，如給臧先生信裏説的。於是他好像也有了“考據癖”。青年們漸漸離開了他。他們想不到他是在歷史裏吟味詩，更想不到他要從歷史裏創造“詩的史”或“史的詩”。他告訴臧先生，“我比任何人還恨那故紙堆，正因爲恨它，更不能不弄個明白”。他要創造的是嶄新的現代的“詩的史”或“史的詩”。這一篇巨著雖然没有讓他完成，可是十多年來也片斷的寫出了一些。正統的學者覺得這些不免“非常异義，可怪之論”，就戲稱他和一兩個跟他同調的人爲“聞一多派”。這却正見出他是在開闢着一條新的道路；而那披荆斬棘，也正是一個鬥士的工作。這時期最長，寫作最多。到後來他以民主鬥士的姿態出現，青年們又發現了他，這一回跟他的可太多了！行動雖然時時在要求着他，他寫的可并不算少，并且還留下了一些演講録。這一時期的作品跟演講録都充滿了熱烈的愛憎和精悍之氣，就是學術性的論文如《龍鳳》和《屈原問題》等也如此。這兩篇，還有雜文《關於儒·道·土匪》，大概都可以算得那篇巨著的重要的片段罷。這時期他將詩和歷史跟生活打成一片；有人説他不懂政治，他倒的確不會讓政治的圈兒箍住的。

他在“故紙堆内討生活”，第一步還得走正統的道路，就是語史學的和歷史學的道路，也就是還得從訓詁和史料的考據下手。在青島大學任教的時候，他已經開始研究唐詩；他本是個詩人，從詩到詩是很近便的路。那時工作的重心在歷史的考據。後來又從唐詩擴展到《詩經》《楚辭》，也還是從詩到詩。然而他得弄語史學了。他於是讀卜辭，讀銅器銘文，在這些裏找訓詁的源頭。從本集二十二年給饒孟侃先生的信可以看出那時他是如何在謹慎的走着這正統的道路。可是他“很想到河南游游，尤其想看洛陽——杜甫三十歲前後所住的地方”。他説“不親眼看看那些地方，我不知杜甫傳如何寫”。這就不是一個尋常的考據家了！抗戰以後他又從《詩經》《楚辭》跨到了《周易》和《莊子》；他要探求原始社會的生活，他研究神話，如《高唐神女傳説》和《伏羲考》，等等，也爲了探求“這民族，這文化”的源頭，而這原始的文化是集體的力，也是集體的詩，他也許要借這原始的集體的力給後代的散漫和萎靡來個對症下藥罷。他給臧先生寫着：

> 我的歷史課題甚至伸到歷史以前，所以我研究神話，我的文化課題超出了文化圈外，所以我又在研究以原始社會爲對象的文化人類學。

他不但研究文化人類學，還研究佛羅依德的心理分析學來照明原始社會生活這個對象。從集體到人民，從男女到飲食，祇要再跨上一步；所以他終於要研究起唯物史觀來了，要在這基礎上建築起中國文學史。從他後來關於文學的幾個演講，可以看出他已經是在跨着這一步。

然而他爲民主運動獻出了生命，再也來不及打下這個中國文學史的基礎了。他在前一個時期裏却指出過“文學的歷史動向”。他說從西周到北宋都是詩的時期，“我們這大半部文學史，實質上都是詩史”。可是到了北宋，“可能的調子都已唱完了”，上前“接力”的是小說與戲劇。“中國文學史的路綫從南宋起便轉向了，從此以後是小說戲劇的時代。”他說“是那充滿故事興味的佛典之翻譯與宣講，喚醒了本土的故事興趣的萌芽，使它與那較進步的外來形式相結合，而產生了我們的小說與戲劇”。而“第一度外來影響剛剛扎根，現在又來了第二度的。第一度佛教帶來的印度影響是小說戲劇，第二度基督教帶來的歐洲影響又是小說戲劇”。於是乎他說：

> 四個文化同時出發，三個文化都轉了手，有的轉給近親，有的轉給外人，主人自己却没落了，那許是因爲他們都祇勇於“予”而怯於“受”。中國是勇於“予”而不太怯於“受”的，所以還是自己文化的主人，然而……僅僅不怯於“受”是不够的，要真正勇於“受”。讓我們的文學更徹底的向小說戲劇發展，等於說要我們死心塌地走人家的路。這是一個“受”的勇氣的測驗，也是我們能否繼續做自己文化的主人的測驗。

這裏强調外來的影響。他後來建議將大學的中國文學系跟外國語文學系改爲文學系跟語言學系，打破“中西對立，文語不分”的局面，也是“要真正勇於受”，都説明了“這角落外還有整個世界”那句話。可惜這個建議祇留下一堆語句，没有寫成。但是那印度的影響是靠了“宗教的勢力”纔普及於民間，因而纔從民間“産生了我們的小説與戲劇”。人民的這種集體創作的力量是文學的史的發展的基礎，在詩歌等等如此，在小説戲劇更其如此。中國文學史裏，小説和戲劇一直不曾登大雅大堂，士大夫始終衹當它們是消遣的頑意兒，不是一本正經。小説和戲劇一直不曾能够脱去了俗氣，也就是平民氣。等到民國初年我們的現代化的運動開始，知識階級漸漸形成，他們的新文學運動和新文化運動接受了歐洲的影響，也接受了“歐洲文學的主幹”的小説和戲劇；小説和戲劇這纔堂堂正正的成爲中國文學。《文學的歷史動向》裏還没有顧到這種情形，但在《中國文學史稿》裏，聞先生却就將“民間影響”跟“外來影響”并列爲“二大原則”，認爲“一事的二面”或“二階段”，還説，“前幾次外來影響皆不自覺，因經由民間；最近一次乃士大夫所主持，故爲自覺的”。

他的那本《中國文學史稿》，其實衹是三十三年在昆明中法大學教授中國文學史的大綱，還待整理，没有收在全集裏。但是其中有《四千年文學大勢鳥瞰》，分爲四段八大期，值得我們看看：

第一段　本土文化中心的摶成　一千年左右

第一大期　黎明　夏商至周成王中葉（公元前二〇五〇—前一一〇〇）約九百五十年

第二段　從三百篇到十九首　一千二百九十一年

第二大期　五百年的歌唱　周成王中葉至東周定王八年（陳靈公卒，《國風》約終於此時，前一〇九九—前五九九）約五百年

第三大期　思想的奇葩　周定王九年至漢武帝後元二年（前五九八—前八七）五百一十年

第四大期　一個過渡期間　漢昭帝始元元年至東漢獻帝興平二年（前八六—後一九五）二百八十一年

第三段　從曹植到曹雪芹　一千七百一十九年

第五大期　詩的黄金時代　東漢獻帝建安元年至唐玄宗天寶

十四載（一九六—七五五）五百五十九年

第六大期　不同型的餘勢發展　唐肅宗至德元載至南宋恭帝德祐二年（七五六——一二七六）五百二十年

第七大期　故事與趣的醒覺　元世祖至元十四年至民國六年（一二七七—一九一七）六百四十年

第四段　未來的展望——大循環

第八大期　偉大的期待　民國七年至……（一九一八—……）

第一段"本土文化中心的摶成"，最顯著的標識是仰韶文化（新石器時代）的陶器花紋變爲殷周的銅器花紋，以及農業的興起等。第三大期"思想的奇葩"，指的散文時代。第六大期"不同型的餘勢發展"，指的詩中的"更多樣性與更參差的情調與觀念"，以及"散文復興與詩的散文化"等。第四段的"大循環"，指的回到大衆。第一第二大期是本土文化的東西交流時代，以後是南北交流時代。這中間發展的"二大原則"，是上文提到的"外來影響"和"民間影響"；而最終的發展是"世界性的趨勢"。——這就是聞先生計劃着創造着的中國文學史的輪廓。假如有機會讓他將這個大綱重寫一次，他大概還要修正一些，補充一些。但是他將那種機會和生命一起獻出了，我們衹有從這個簡單的輪廓和那些片段，完整的，不完整的，還有他的人，去看出他那部"詩的史"或那首"史的詩"。

他是個現代詩人，所以認爲"在這新時代的文學動向中，最值得揣摩的，是新詩的前途"。他説新詩得"真能放弃傳統意識，完全洗心革面，重新做起"。

但那差不多等於説，要把詩做得不像詩了。也對。説得更準確點，不像詩，而像小説戲劇，至少讓它多像點小説戲劇，少像點詩。太多"詩"的詩，和所謂"純詩"者，將來恐怕衹能以一種類似解嘲與抱歉的姿態，爲極少數人存在着。在一個小説戲劇的時代，詩得盡量采取小説戲劇的態度，利用小説戲劇的技巧，纔能獲得廣大的讀衆。……新詩所用的語言更是向小説戲劇跨近了一大步，這是新詩之所以爲“新”的第一個也是最主要的理由。其它在態度上，在技巧上的種種進一步的試驗，也正在進行着。請放心，歷史上常常有人把詩寫得不像詩，如阮籍、陳子昂、孟郊，如華茨渥斯、惠特曼，而轉瞬間便是最真實的詩了。詩這東西的長處就在它有無限度的彈性……祇有固執與狹隘纔是詩的致命傷……

那時他接受了英國文化界的委托，正在鈔選中國的新詩，并且翻譯着。他告訴臧克家先生：

不用講今天的我是以文學史家自居的，我并不是代表某一派的詩人。唯其曾經一度寫過詩，所以現在有攬取這項工作的熱心，唯其現在不再寫詩了，所以有應付這工作的冷静的頭腦而不至於對某種詩有所偏愛或偏惡。我是在新詩之中，又在新詩之外，我想我是頗合乎選家的資格的。

是的，一個早年就寫得出《〈女神〉的時代精神》和《〈女神〉的地方色彩》那樣確切而公道的批評的人，無疑的“是頗合乎選家的資格的”。可惜這部詩選又是一部未完書，我們祇能够嘗鼎一臠！他最後還寫出了那篇《時代的鼓手》，贊頌田間先生的詩。這一篇短小的批評激起了不小的波動，也發生了不小的影響。他又在三十四年西南聯合大學五四周的朗誦晚會上朗誦了艾青先生的《大堰河》，他的演戲的才能和低沈的聲調讓每一個詞語滲透了大家。

聞先生對於詩的貢獻真太多了！創作《死水》，研究唐詩以至《詩經》《楚辭》，一直追求到神話，又批評新詩，鈔選新詩，在被難的前三個月，更動手將《九歌》編成現代的歌舞短劇，象徵着我們的青年農民的嚴肅的工作。這樣將古代跟現代打成一片，纔能成爲一部“詩的史”

或一首“史的詩”。其實他自己的一生也就是具體而微的一篇“詩的史”或“史的詩”，可惜的是一篇未完成的“詩的史”或“史的詩”！這是我們不能甘心的!

一九四七年八月，清華園。

開明版《聞一多全集》跋

吴　晗

這本集子，説出了聞一多先生一生的思想歷程，他的嚴謹的治學精神，强烈的正義感，和對民主的篤信，對廣大人民的熱愛。

一多是很會説話的，平時娓娓而談，使人忘倦。晚年思想搞通了，又擅長於説理，儘管對方有成見，固執得像一塊石頭，他還是沉得住氣，慢慢道來，拿出大道理，説得人口服心服。在大集會裏，他又會另一套，一登臺便作獅子吼，配上他那飄拂的長髯，炯炯的眼神，不消幾句話，就把氣氛轉變，群衆情緒提高到極度，每一句話都打進人的心坎裏去。雖然，在事先并無準備，甚至連講的綱要内容都没有寫下。

他在晚年的若干次著名的講演，都已收進這集子裏了。雖然已經變成了文字，那聲調，那情態，無法紀録下來。但是，就是讀文字吧，也還想象得出當時的情景。舉實例説，《民盟的性質與作風》和《戰後文藝的道路》一類是説理的，使聽的讀的人都心平氣和，點頭道是。另一類像《組織民衆與保衛大西南》，和最後一次的講演，具有高度的戰鬥性，他説的時候，大聲疾呼，情緒激昂，聽的讀的人也立刻受了感應，發生了共鳴。

他的著作，關於古經典校注訂釋的，需要長期整理，已由清華大學中國文學系同人負責進行外，其餘全部都已收在這集子裏，大部分都是發表過的，許多篇的手稿，有些是初稿，有的未曾完篇，列如《伏羲考》和《神仙考》，經朱佩弦先生的細心編綴，連接成文，雖然有些不連貫處，但是已經無可補救了。其實，豈止是手稿有缺陷，一多的著作生活，可以説還没有開始就被扼殺了，他的志願是寫一部以人民爲本位的可讀的唯物史觀的《中國文學史》，這個集子裏的文字，衹是寫這部書的初步材料。他常説，要有一天和平民主實現了，立刻回到書房，來寫這部書。爲了這個願望，他致力於和平民主的工作，爲了他努力於和平民主的追求，他被刺殺。他死了，死去的不止是一個勇敢剛强的民主戰士，不止是一個沈潛而又高明的學者，同時，也殺死了一部人人要讀的屬於人民自己的書，這個缺陷是無法彌補的，無法編綴的。

雖然手稿有殘缺，甚至，遺集所搜集的文字，也許有遺漏，我應該在這跋文裏特別提出，負責編輯這集子的許多先生，已經盡了最大的努力。

第一個應該提出的是朱佩弦先生，佩弦先生是一多十幾年來的老友和同事，爲了這部書，他花費了一年的時間，搜集遺文，編綴校正，遺稿由昆北運時，有一部分遭了水漬，請人逐頁揭開，請人鈔寫。他擬定了目録，選編了尺牘，發表了許多篇未刊的遺著。并且，在他領導之下，動員了中國文學系全體同人，分鈔分校，分别整理這集子以外的許多著作。一句話，没有佩弦先生的勞力和主持，這集子是不可能編集的。

其次是郭沫若先生。沫若先生衹和一多見過兩次面，一次是在武漢，恰好在二十年前；一次是由昆明出國的時候。去年上海文協開會，沫若先生就自告奮勇，願意負責一多遺集的編定。佩弦先生編集的第一部分稿子，他在酷熱的天氣裏，用三個禮拜的功夫校讀兩遍，改正了所有的錯字，并且也改正了一多原來的筆誤。他在八月十九日給我的信裏説："稿中文字頗多奪誤，所引用甲骨文金文及小篆等多錯或誤，已一一查出原字補正。全書標點符號，已爲劃一。"全稿收齊後，又於九月二十八日來信説："金甲文字已在原稿上一一照原文摹録，再經聖陶先生摹寫付印，可期美觀。"可見其用力之勤和精。沫若先生是一多生前所最敬佩尊重的人，《青銅時代》和《十批判書》是一多所最愛讀的書，前年冬和去年春天，在西倉坡的院子裏，陽光下，這兩部書曾經成爲我們談話的經常題目。最近我有機會比沫若先生先讀一多早年留美時的信札，有一封信提到二十五年後替他編定遺文的人："郭沫若來函之消息，使我喜如發狂。我們素日贊揚此人不遺餘力，於今竟證實了他確是與我們同調者。《密勒氏評論報》不是徵選中國現代十二大人物嗎？昨見田漢曾得一票，使我驚喜，中國人還没有忘記文學。我立即剪下了一張票格，想替郭君投一票，後查出信到中國時，選舉該截止了，所以没有寄去。本來我們文學界的人，不必同軍閥、政客、財主去比長較短，因爲這是没法比較的。但那一個動作，足以見我對此人的敬佩了。”讀了這段文字，再想到沫若先生對一多的紀念册《人民英烈》，和這部遺集的辛勤，我實在没有法子不流泪，我想，沫若先生也没有法子不流泪。

其次，應該謝謝開明書店，肯在這時候印出這部大書。尤其應該謝謝開明書店編輯部的葉聖陶先生、周予同先生、王伯祥先生、徐調孚先生、朱光暄先生：聖陶先生摹寫金甲文字，予同、伯祥、調孚、光暄先生分任校讎，所有引用古書文字，都抽檢原書核對一對。十月二十五日聖陶先生給佩弦先生信説：“聞氏全集已付排，繕鈔之稿，實多錯誤，當初以爲《死水》《紅燭》必無問題，孰知鈔者所據爲排印本，而排印本不惟多錯字，且有錯簡之處，校時始發覺，頗累了排字工友。其考據文字，引用處如有可疑，皆檢原書查對。”又在給沫若先生的信裏説：“期其比較精善，庶無負一多先生耳。”這部書的精善，這裏面不止是學術上的共鳴，也包含了崇高的友情。我完全同意聖陶先生的話：“此集交開明，爲其幸事”，不止是聞集之幸事，也是學術界的幸事。

最後，還應該提到兩個朋友。一個是翦伯贊先生，在葉聖陶先生提出開明願意印行此書之前，伯贊先生曾經告訴我，陶行知先生辦的一個印刷所，由他主持的，可以印這部書。雖然後來印刷所發生變故，没有成爲事實，這意思是值得感激的。

另一個是沈衡山先生，衡山先生建議要寫一本翔實的一多的傳記，包括家世經歷著述思想行誼和其他種種的，他願意介紹出版。并特别指出：“一多先生文字，過去拜讀太少，近見《匡齋講詩》，内容之精至，文字之優美，空前絶後，傾倒無已。”這建議非常好，在遺集問世以後，希望能如衡山先生的期望，有一本翔實的詩人戰士學者，爲民主獻身的聞一多的傳記，來教育、指示下一世代的人民。

一多是永遠不會回到書房了，他這個人却長留在歷史上，他這部書却長留在每一個書房中。

1947 年 11 月 4 日晚 12 時於清華園

開明版《聞一多全集》編後記

朱自清

我敬佩聞一多先生的學問，也愛好他的手稿。從前在大學讀書的時候，聽説黄季剛先生拜了劉申叔先生的門，因此得到了劉先生的手稿。這是很可羡慕的。但是又聽説劉先生的手稿，字迹非常難辨認。本來他老先生的字寫得够糟的，加上一而再再而三的添注塗改，一塌糊塗，勢所必然。這可教人頭痛。聞先生的稿子却總是百分之九十九的工楷，差不多一筆不苟，無論整篇整段，或一句兩句。不説别的，看了先就悦目。他常説鈔稿子同時也練了字，他的字有些進步，就靠了鈔稿子。

再説，别人總將自己的稿子當作寶貝，輕易不肯給人看，更不用説借給人。聞先生却滿不在乎，誰認識他就可以看他的稿子。有一回，西南聯大他的班上有一個學生借他的《詩經長編》手稿四大本。他并不知道這學生的姓名，但是借給了他。接着放了寒假，稿子一直没有消息。後來開學了，那學生纔還給他，説是帶回外縣去鈔了。他後來談起這件事，衹説稿子没有消息的時候，他很擔心，却没有一句話怪那學生。

三十年我和聞先生全家，還有幾位同事，都住在昆明龍泉鎮司家營的清華文科研究所裏，一住兩年多。我老是説要細讀他的全部手稿，他自然答應。可是我老以爲這些稿子就在眼前，就在手邊，什麽時候讀都成；不想就這樣一直耽擱到我們分别搬回昆明市，到底没有好好的讀下去。後來他參加民主運動，事情忙了，家裏成天有客，我也不好去借稿子麻煩他。去年春間有一天，因爲文學史上一個問題要參考他的稿子，一清早去看他。那知他已經出去開會去了。我得了聞太太的允許，翻看他的稿子；越看越有意思，不知不覺間將他的大部分的手稿都翻了。聞太太去做她的事，由我一個人在屋裏翻了兩點多鐘。聞先生還没有回，我滿意的向聞太太告辭。

想不到隔了不到半年，我竟自來編輯他的遺稿了！他去年七月還不滿四十八歲，精力又飽滿，在那一方面都是無可限量的，然而竟自遭了最卑鄙的毒手！這損失是没法計算的！他在《詩經》和《楚辭》上用功最久，差不多有了二十年。在文科研究所住着的第二年，他重新開始研究《莊子》，説打算用五年工夫在這部書上。古文字的研究可以説是和《詩經》《楚辭》同時開始的。他研究古文字，常象來不及似的；説甲骨文金文的材料究竟不太多，一鬆勁兒就會落在人家後邊了。他研究《周易》，是二十六年在南岳開始；住到昆明司家營以後，轉到伏羲的神話上。記得那時湯用彤先生也住在司家營，常來和他討論《周易》裏的問題，等到他專研究伏羲了，纔中止了他們的討論。他研究樂府詩，似乎是到昆明後開始。不論開始的早晚，他都有了成績，而且可以説都有了貢獻。

聞先生是個集中的人，他的專心致志，很少人趕得上。研究學術如此，領導行動也如此。他在雲南蒙自的時候，住在歌臚士洋行的樓上，終日在做研究工作，一刻不放鬆，除上課外，絶少下樓。當時有幾位同事送他一個别號，叫做“何妨一下樓齋主人”，能這麽集中，纔能成就這麽多。半年來我讀他的稿子，覺得見解固然精，方面也真廣，不折不扣超人一等！對着這作得好鈔得好的一堆堆手稿，真有些不敢下手。可惜的是從昆明運來的他的第一批稿子，因爲箱子進了水，有些霉得揭不開；我們趕緊請專門的人來揭，有的揭破了些，有些幸而不破，也斑斑點點的。幸而重要的稿子都還完整；就是那有點兒破損的，也還不致妨礙我們的編輯工作。

稿子陸續到齊。去年十一月清華大學梅貽琦校長聘請了雷海宗、潘光旦、吴晗、浦江清、許維遹、余冠英六位先生，連我七人，組成“整理聞一多先生遺著委員會”，指定我作召集人。家屬主張編全集，我們接受了。我擬了一個目，在委員會開會的時候給大家看了。委員會的意思，這個全集交給家屬去印，委員會不必列名；委員會的工作先集中在整編那幾種未完成的巨著上。於是决定請許維遹先生負責《周易》和《詩經》，浦江清先生負責《莊子》和《楚辭》，陳夢家先生負責文字學和古史，余冠英先生負責樂府和唐詩，而我負總責任。但是這幾種稿子整編完畢，大概得兩三年。我得趕着先將全集編出來。

全集擬目請吴晗先生交給天津《大公報》、上海《文匯報》發表。這裏收的著作并不全是完整的，但是大體上都可以算是完整的了。這裏有些文篇是我們手裏没有的，我們盼望讀者鈔給我們，或者告訴我們那裏去鈔。至於没有列入的文篇，我們或者忘了，或者不知道，也盼望讀者告知。結果得到的來信雖然不算多，可是加進的文篇不算少，這是我們很感謝的。一方面我們托了同事何善周先生，也是聞先生的學生，他專管找人鈔稿。我們大家都很忙，所以工作不能够太快；我們衹能做到在聞先生被難的周年祭以前，將全集鈔好交給家屬去印。鈔寫也承各位鈔寫人幫忙，因爲我們錢少，報酬少。全集約一百萬字，鈔寫費前後花了靠近一百五十萬元。最初請清華大學津貼一些，後來請家屬支付一半，用遺稿稿費支付一半；這稿費也算是家屬的錢。

全集已經由家屬和開明書店訂了合同，由他們印。慚愧的是我這負責編輯的人，因爲時期究竟迫促，不能處處細心照顧。鈔寫的人很多，或用毛筆，或用鋼筆，有工楷，也有帶草的。格式各照原稿，也不一律。聞先生雖然用心鈔他的稿子，但是他做夢也没想到四十八歲就要編全集，格式不一律，也是當然。鈔來的稿子，承清華大學中國文學系各位同人好幾次幫忙分别校正，這是很感謝的！

擬目分爲八類，是我的私見，但是《神話與詩》和《詩與批評》兩個類目都是聞先生用過的演講題，《唐詩雜論》也是他原定的書名。文稿的排列按性質不按年代，也是我的私見。這些都是可以改動的。擬目裏有郭沫若先生序，是吴晗先生和郭先生約定的；還有年譜，是同事季鎮淮先生編的，季先生也是聞先生的學生。

還想轉載《聯大八年》裏那篇《聞一多先生事略》。聞先生的還有史靖先生的《聞一多的道路》一書，已經單行了。去年在成都李、聞追悼會裏也見到一篇小傳，叙到聞先生的童年，似乎是比别處詳細些。我猜是馬哲民先生寫的，馬先生跟聞先生小時同學，那天也在場，可惜當時没有機會和他談一下。全集付印的時候，還想加上聞先生照像，一些手稿和刻印，這樣可以讓讀者更親切的如見其人。

最後謝謝幫助的諸位先生。吴晗先生和郭良夫同學交來大部分演講録，東北大學孫作雲先生，北平師範學院東方未明先生和一位失名的先生補充了許多題目，潘光旦先生指出《新月》雜志裏的各篇，暨南大學過偉先生寄來《論文藝的民主問題》，甘肅薊弢先生抄來《民盟的性質與作風》，重慶南開中學劉兆吉先生抄來《〈西南采風録〉序》，卞慧新同學寄來《給左明先生的信》，梁實秋先生交來聞先生給他的信，還有漢口《武漢時報》李一痕先生，廣州麥君鵬先生，厦門集美中學周衡生先生，北平鐵道學院魏荒弩先生，以及另一位失名的先生，也都寄來過或抄來過稿子。可是還有幾篇文章，題目已經編入擬目裏，却始終搜尋不到，現在列舉在下面：

甲集　神話與詩　《詩經中的性欲描寫》原載《時事新報·學燈》

《關雎篇》原載雲南某周報《匡齋談藝》係據唐亮先生《繪畫展覽目録序》改作，原序亦無從搜尋。

丁集　詩與批評　《現代英國詩人序》

戊集　雜　　文　《敗》

《論宣傳》原載三十一年某月日《中央日報》

《不許勝利變質》原載三十五年昆明某報

一九四七年七月

開明版《聞一多全集》重印後記[①]

葉聖陶

一九四六年七月十五日，聞一多先生爲民主運動呼號，被國民黨特務暗殺。那年十一月，清華大學梅貽琦校長聘請朱自清、雷海宗、潘光旦、吴晗、浦江清、許維遹、余冠英七位先生組成整理聞一多先生遺著委員會；十二月，委員會開始工作，衹經過一個月，就擬定了《聞一多全集》的目録。後一年九月中旬起，擔任印行的開明書店就陸續收到全集的稿件；再後一年—— 一九四八年八月，《聞一多全集》精裝四卷本出版。當時我在開明書店工作，有兩點至今還感到遺憾：一點是出版期晚了一個月，没趕上聞一多先生被害兩周年紀念；再一點是朱自清先生在八月十二日病故，對印成的全集没來得及看上一眼，在編輯過程中，他是花心血最多的。

説是“全集”，其實不全，朱自清先生寫編後記就列出了已經編入擬目而没有找到的文章的篇目。明知不全，爲什麼叫“全集”呢？翻遍了這部全集前面的兩篇序文和後面的跋和編後記，都找不到答案。我回想當時大家都有這樣一種情緒：聞一多先生被反動派看作死敵，他當然是咱們的英雄；反動派消滅了他的肉體，咱們就得擁護他的精神的永生——包括他的道德和文章。給他編集子當然應該編全集，不編全集就感到不滿足，不够勁，不能給敵人一種威懾力量，不足以向全世界控訴反動派竟殺害了這樣一位正義的有成就的學者。當時用“全集”這個名稱，實在是勢所必然。

中華人民共和國成立後不久，《聞一多全集》就不再重印了，原因可能很多，其中主要的一個就是不全。聞一多先生的著作，可能還有三分之一没有收在這個集子裏，因而等待編出一部名副其實的《聞一多全集》來。有的同志已經在做搜集和校訂的工作，可是至今没有完成，名副其實的《聞一多全集》暫時還不能跟讀者見面。三聯書店認爲不能讓

① 《聞一多全集》重印本，1982 年 8 月三聯書店出版。

讀者老是等待，决定把原來開明版的《聞一多全集》重印一版，暫時滿足讀者的需要。我贊成這個辦法。爲了没有全的，連不全的也不給讀者，總是説不過去的；何况全和不全是相對的，真正的全集恐怕自古以來就不曾有過。我又想到《朱自清文集》也停印了二十幾年了，也可以重印一版來滿足讀者的需要。

還有兩點要説一説。一點是當年出版這部全集的時候，出面的編輯人是朱自清先生、吴晗先生、郭沫若先生和我。我衹做了些技術性的工作。朋友們要把我的名字列上去，我同意了，無非是願意共同負責的意思。再一點是三聯書店這一回重印這部全集，請歐陽文彬、朱光暄、王清華三位同志通體校訂一遍，校正了一些排錯的字。他們都是開明書店的老同人。朱光暄同志當年負責校對這部全集，作了許多重要的訂正。

一九八零年十一月

聞一多先生年譜①

季鎮淮

前　　言

一、年譜一般慣例，開頭總要叙述世系和家族，我們也覺得有此需要。但因時間匆促，資料來不及搜集，衹好以後再補了。

二、先生著作，大部都没有完成，零星發表過的文字，還是在修改着，也算不得定稿。爲了編年的必需，暫以發表過的爲限：凡有自注寫作年月的就繫以寫作年月，没有的就繫以發表年月。少數幾篇連發表年月也因爲没有，原來發表的刊物無法查明，就衹能大概推定。

三、一九四四年以後，先生參加了各種座談會、討論會、講演會，一共不知有多少次。可是這裏却衹能記録有年月可考的少數幾次。

四、爲了避免轉述的不正確甚至錯誤，我們節録的若干有關生活思想的文字，都保存了原來的樣子。

五、資料的來源，大都是"時賢"發表過的哀悼回憶的文字，小部是朱佩弦師搜羅的"遺札"，還有零碎的，是編者奉詢於師友和家屬的口述。我們希望資料陸續出現，因爲若干時間的空白還没有填滿。

六、這是初步的、粗略的工作。然而若不是朱佩弦師的督促，幾位師友的幫助，究竟何時完成，還是一個疑問。這裏應該感謝他們。

一九四八年三月一日
季鎮淮於清華大學

① 《聞一多先生年譜》曾附録於 1948 年開明書店版《聞一多全集》，後經作者季鎮淮先生改訂，并與《朱自清先生年譜》合編爲《聞朱年譜》，於 1986 年由清華大學出版社出版。現根據清華版編入。

一八九九年（清德宗光緒二十五年己亥）　先生一歲

十一月二十四日，（陰曆十月二十二日）未時　先生生於湖北浠水下巴河鎮的陳家大嶺。門前有個望天湖。

姓聞，名亦多，字友三，號友山。家族排行叫家驊。到了北京清華學校上學後，改名多，筆名一多。“一”字是同學潘光旦君建議加上去的。後來就專用一多這個名字。

一九〇〇年（光緒二十六年庚子）　二歲

一歲多的時候，生了一場大病，叫“熱症”。這回險些送命，祖母已經把裝殮的衣鞋都準備好了。

一九〇四年（光緒三十年甲辰）　六歲

開始入塾上學。老師是一位姓徐的老先生，讀的是《三字經》《幼學瓊林》《爾雅》和“四書”之類。

一九〇五年（光緒三十一年乙巳）　七歲

請了王梅甫先生來家課讀。王先生出身於師範學堂，變了徐老先生的教授方法，就用當時新編的學校教材，如國文、歷史、博物、修身等課本。這是先生接觸新思潮的開始。

一九〇九年（清溥儀宣統元年己酉）　十一歲

到省城兩湖師範附屬高等小學去上學。同時在叔父丹臣先生主持的改良私塾裏補習，中文之外，并有英文、算學。

一九一一年（宣統三年辛亥）　十三歲

革命黨人起義於武昌，先生回家避難。

一九一二年（民國元年壬子）　十四歲

春，復回武昌上學，初入民國公校，不久又入實修學校。入實修學校後一月，又考取清華學校，時間大概是在本年夏天①。

北京清華學校在鄂招生，規定湖北省衹取四名。先生報名投考，初試時，一篇文題《多聞闕疑》的中文作文，大得主考人贊許，據説是模仿當時最時髦的梁任公筆調而作的；不過因爲其他學科成績平平，結果録爲備取第一名。後來在去北京本校參加復試的途中，由父親伴送，臨時背熟一些應用的英文成語，因而復試的結果，在規定鄂籍應取四名中，先生以第一名録取了。

一九一三年（民國二年癸丑）　十五歲

先生去年來校時間晚，英文又差，本年暑假後，仍留級。

先生好學，可説“發於自然”。每逢新年，門外玩着龍燈，或者平時門外來了花轎，孩子們没有不跑出去看熱鬧的，先生總是一個人坐在屋裏看書或者畫畫！曾祖父看見這種情形，就很喜歡。考進清華學校後，每年暑假回家，讀書二月，把書房叫做“二月廬”。長兄展民先生回憶説：“雖值炎午，汗揮雨注，猶披覽不輟；比薄暮，蚊蚋襲人，以扇摇曳，油燈照影，伴汝書聲，母氏憫汝勞，命之輟，汝不應。一日傍晚，汝方立露井觀書，蜈蚣緣汝足而上，家人乍見呼汝，罔顧，代而軀之，汝反訝其擾。”〔1〕因而家里人就叫他“書痴”。有的責備先生“不事俗務”，先生説：“吕端大事不糊塗！”

喜歡讀梁任公文章。舊的喜歡讀史書，《史記》《漢書》都圈點過。也喜歡讀詩詞。但是不好讀經，和父親對立，——其實這就是和傳統的教育對立。

先生愛好美術也是從小就開始的。往往逼着别人剪紙花樣給他玩。

① 增此條，據郭道暉、孫敦恒輯《聞一多青少年時代詩文集·聞多》及其所附考證《關於聞一多少年時代的自傳——〈聞多〉》。

譬如看見有人坐轎子回來，他就要求大姑母剪兩個轎夫抬着轎子的樣子；看見轎夫把笠帽放在桌上，他又要求剪出笠帽放在桌上的樣子；轎夫們吃飯去了，他又定要剪一張吃飯的樣子。武昌起義的時候，畫過成套的革命故事，貼得滿墻的。

一九一六年（民國五年丙辰）　十八歲

四月　“二月廬”讀書的成績，《二月廬漫記》開始發表。《清華周刊》七三—七四期

五月　《二月廬漫記》繼續發表。同刊七五—七九期又有《論振興國學》一篇文章。同刊七七期

六月　《美國學校畢業典禮之一斑》一篇文章發表。同刊第二次臨時增刊

九月　《二月廬漫記》繼續發表。同刊八十期

十月　《二月廬漫記》繼續發表。同刊八一—八三期

十一月　《二月廬漫記》繼續發表。同刊八五—八九期又有《擬李陵蘇武詩》三首五言古詩《讀項羽本紀》一首七言絶句。同刊八九期

十二月　《二月廬漫記》繼續發表。同刊九一期又有《新君子廣義》一篇文章。同刊九二期《清華周刊》是清華學校學生主辦的一個刊物，創始於一九一四年。一九一五、一九一六兩年，先生爲這個刊物編輯之一。《二月廬漫記》約有六七十條，是筆記詩適一類的體裁。

一九一七年（民國六年丁巳）　十九歲

二月　《招亡友賦》有序發表。《清華周刊》九五期又有《致友人書》，其中有一段自述道：“某荆楚委蜕，因艷多才之士，燕趙負書，劇憐慷慨之夫。自辭黼室，鏟迹蝸居，人事罕接，素心靡棼。湖水灝瀚，望天不波；岩峰巉屼，帽雲欲碧。望天湖、碧岩峰俱近二月廬也。鍥鏤疲毹，涵飫搜獵。永叔蠹食，落紙有聲；義山獺祭，陳書如次。油燈不輝，尚勝

車胤之螢；雄鷄警宵，起舞越石之劍。詎不知詩莫退虜，文靡送窮；太白謫仙，尚譏杯水；子雲壯夫，亦悔雕蟲哉！第苟伐毛九度，學務立言；誦《詩》三百，使能專對：則聖籍傳德，金抵滿籯，《太玄》闡道，文不覆瓿；以視生弗益時，死莫聞後，蜉蝣寄身，草木同腐者，不猶愈乎！不猶愈乎！”同刊九七期

三月　《辨質》一篇文章發表。同刊一〇一期

一九一九年（民國八年己未）　二十一歲

一月三日　日記：“作《讀關雎章札記》一首。”　十四日“枕上忽思屏弃百事，顓心讀書。覺數月來，碌碌旦夕，六鑿攘於内，群蜚興於外，學荒志弜[①]，何益可言。暑假中作《懲志》詩，曾幾何時，而覆轍復蹈。自兹鏟拔野心，降志雌伏，優游藝圃，寬候歲時，未必不能出人頭地。何事浸浸末務，以自圖煩慮哉！”

二月十日　日記：“枕上讀《清詩别裁》。近决志學詩。讀詩自清明以上，溯魏漢先秦。讀《别裁》畢，讀《明詩綜》，次《元詩選》，次《宋詩鈔》，次《全唐詩》，次《八代詩選》，期於二年内讀畢。”　十九日“作英文《二月廬記》。”　二十日“讀《天演論》，辭雅意達，興味盎然，真移譯之能事也。《新潮》中有非譏嚴氏者，謂譯書不僅當意譯，必肖其詞氣、筆法而後精，中文造句破碎，不能達蟬聯妙邃之思，欲革是病，必摹西文云云。要之嚴氏之文，雖難以上追諸子，方之蘇氏，不多讓矣。必謂西文勝於中文，此又蛣蜣丸轉，癖之所鍾，性使然也。吾何辯哉！”　二十七日“學報編輯會議，某先生提倡用白話文學，諸編輯率附和之，無可如何也。”

三月一日　日記：“作《清華體育館歌》。”　四日“《學報》用白話文，頗望成功。余不願隨流俗以來譏毁。”　十六日“自三月十七日至四月二日凡十七日，劇事最煩，日不暇給，無日記。自三月二十八日

① 原書如此，似爲“弛”字之誤。

至四月二日，未上課。社事經過困難，不一而足，皆不贅。”

四月九日　日記：“數月以來，奔走劇務，晝夜不分，餐寢無暇，卒底於成，不貽譏於人，亦滋幸矣。今事畢甚喜，從此可以讀書也。昨遇某君許余精神上之忍耐與軀體上之忍耐俱全，爲譏爲實，不可知也。然其人實獲我心，可發一噱。”　十四日“譯波蘭《千年進化紀略》。”《儀老日記》一册，民國八年一月一日起，四月十四日止。

五月四日　北京城内學生舉行愛國示威運動，消息傳到清華園，園内青年也就立刻起了反應。　五日清晨，飯廳的大門上貼着一張紅紙，上面寫了岳飛的《滿江紅》詞。大家都在凝視，都在猜想：這是誰幹的呢？後來先生説：“那是我幹的！”　七日清華學生成立代表團，與城内學生取得聯絡，一致行動。先生擔任的是文書工作。

同月　《提燈會》五言古詩發表。《清華學報》四卷六期又有《代清華全體同學祭孫作周文》,《渡飛磯》翻譯兩篇文章。同刊

七月　《清華體育館》七言古詩《清華圖書館》七言古詩發表。同刊四卷八期又有《清華學生代表團祭徐君曰哲文》,《臺灣一月記》翻譯兩篇文章。同刊

《清華學報》是清華學校師生合辦的一個刊物。一九一九、一九二〇兩年，先生是這個刊物學生方面的編輯之一。

一九二〇年（民國九年庚申）　二十二歲

四月　《旅客式的學生》一文發表。《清華周刊》一八五期

五月　《出版物的封面》一文發表。同刊一八七期

七月　第一首新詩《西岸》發表。同刊一九一期

九月　《徵求藝術專門者底呼聲》《清華底出版物與言論家》兩篇文章發表。同刊一九二期

十月　新詩《時間的教訓》《黄昏》《印象》發表。同刊一九三—一九五期又有《對於雙十祝典的感想》一篇文章。同刊一九五期

十一月　《黄紙條告》一文發表。同刊一九八期

十二月　《電影是不是藝術》一文發表。同刊二〇三期

一九二一年（民國十年辛酉）　二十三歲

三月　新詩《美與愛》發表。同刊二一一期

四月　《中文課堂底秩序一斑》一文發表。同刊二一四期

五月　新詩《愛底風波》發表。同刊二二〇期又有《痛心的話》一篇文章。同刊二一九期

六月　第一篇詩的批評《評本學年周刊裏的新詩》發表。文中説："一年來周刊所載的新詩共十六首，其中《西岸》《時間底教訓》《黄昏》《印象》《美與愛》，同《愛底風波》六首是我自己的作品，不便批評。其餘十首，將逐一論之。"從去年七月到今年五月是先生創作新詩的第一年，發表的六首，也便是先生最早的創作成果。從此以後，先生發表的詩，都是新詩，舊詩"五古""七古"之類再也不見了。

六月十五日　少年時代的自傳文《聞多》發表。清華學校辛酉級級刊《辛酉鏡》。其文云：聞多，字友三，亦字友山，湖北蘄水人。先世業儒，大父尤嗜書，嘗廣鳩群籍，費不貲，築室曰"綿葛軒"，延名師傅諸孫十餘輩於内。時多尚幼，好弄，與諸兄競誦，恒絀。夜歸，從父閲《漢書》，數旁引日課中古事之相類者以爲比。父大悦，自爾每夜必舉書中名人言行以告之。十二歲，至武昌，入兩湖師範附屬高等小學校。甫一載，革命事起，遂歸。翌年春，復晋省，入民國公校，旋去而之實修學校。越月，試清華，獲選。來校時，距大考僅一月，又不審英文，次年夏，遂留級。喜任事，於會務無洪纖劇易悉就理。所見獨不與人同，而强於自信，每以意行事，利與鈍不之顧也。性簡易而慷爽，歷落自信，不與人較短長。然待人以誠，有以緩急告者，雖無貲，必稱貸以應。好文學及美術，獨拙於科學，亦未嘗强求之；人或責之，多嘆曰："吁！物有所適，性有所近，必欲强物以倍性，幾何不至抑鬱而發狂疾？"每暑假返家，恒閉户讀書，忘寢饋。每聞賓客至，輒踧踖隅匿，頓足言曰："胡又來擾人也！"所居室中，横臚群籍，榻几恒滿。閑爲古文辭，

喜敷陳奇義，不屑屑於淺顯。暇則歌嘯或奏簫笛以自娱，多宫商之音。習書畫，不拘拘於陳法，意之所至，筆輒隨之不稍停云。①

從民國元年秋季到本年夏季，先生在清華學校中高兩科已是整整九年，“修業期滿”，應該畢業出洋。六月出版的《清華周刊》第七次增刊上有《本届高四各班同學赴美所習之學科及擬入之學校一覽》，先生和羅隆基、吴國禎等共七十三人。先生習美術，擬入芝加哥美術學院（The Art Institute of Chicago）。後來因爲反對學校於畢業考試之後加一次特别考試而罷考，自動留級，遲延一年出洋。秋後仍在學校上學。

七月　先生在家將前此所作古文詩詞收爲一集，名曰《古瓦集》，有序②。

九月　《清華周刊底地位——一個疑問》一文發表。同刊二二三期

十一月　《恢復和平》一文發表。同刊二二六期

同月　清華文學社成立。“社裏的分子，全是清華學校裏的學生。”先生爲社友之一。

十二月　在文學社報告：A Study of Rhythm In Poetry（詩的音節底研究）。有英文稿本，未刊。

一九二二年（民國十一年壬戌）　二十四歲

一月　寫《十一年一月二日作》詩一首。

二月　和姨妹高孝貞女士結婚。反對跪拜，行鞠躬禮。展民先生説：“猶憶新婚之夕，賀者盈門，汝握卷不即出，促汝而禮成。”〔2〕

三月　論文《律詩底研究》脱稿。未刊又有律詩《蜜月著律詩底研究稿脱賦感》一首。

蜜月之後——大約三四月間，先生又從老家到北京來上學。

四月　《進貢者》《死》《深秋的泪》三首詩發表。《清華周刊》雙四特刊

① 見郭暉、孫敦恒輯《聞一多青少年時代詩文集》，雲南人民出版社，1983年出版。

② 先生少作古文詩詞《古瓦集》，原藏中國社會科學院文學研究所，范寧兄曾見之，并有所摘録。此條即照范書轉録。

五月　《春之首章》《春之末章》《初夏一夜底印象》三首詩發表。同刊二四七—二四九期又有《美國化的清華》一篇文章。同刊二四七期

同月　十年的清華學校學生生活結束，準備出洋留美。　二十一日晚上，清華文學社開送舊迎新會，送先生等三人離校，迎饒孟侃等七人入社。

六月　從清華學校回家後，作《紅荷之魂》一首。又復“埋首故籍”，續寫《風葉叢譚》筆記，作《義山詩目提要》。研究放翁，也得了一些筆記。有給同學梁實秋的信，又有由梁實秋轉交《清華周刊》上小説《離别》的作者一封信。這是和同學顧一樵君訂交的一封信。

七月十六日　放洋。海上生活，先生以爲“定是很沉寂，幽雅，寥闊的”；不料“既上船後，大失所望”，詩興没有了，計劃中的《海槎筆談》也没有寫。經過日本時，到東京去過兩次。在上岸的三天前，給吴景超，顧毓琇，翟毅夫，梁實秋諸友一封信，訴説船上的痛苦。

八月七日　到了芝加哥。“寓所係新租屋子，同居者錢君（宗堡）而外，有羅君隆基。”　九日寫家書一封。　十四日給吴景超等四個朋友的信，説芝加哥對他最 imposing 的兩個地方是美術學院裏的美術館同芝加哥電影園。并且以爲“美國人審美底程度是比我們高多了”。但是先生并不喜歡這裏，“啊！我到芝加哥纔一個星期，我已厭惡這裏的生活了！”

九月一日　給梁實秋、吴景超寫信，説：“在這種環境里居然還能做得出詩來，真是不易。”《火柴》《玄思》《我是一個流犯》《太平洋舟中見一明星感賦》四首詩，就是這個時候的作品。　十九日又給梁實秋信，説“靈感久竭，昨晚忽於枕上有得”：就是《寄懷實秋》《晚秋》《笑》這三首詩。　二十四日給吴景超信，首先抄了《晴朝》《太陽吟》兩首詩，説：“讓你先看完最近的兩首拙作，好知道我最近的心境。‘不出國不知道想家的滋味’——這是我前日寫信告訴繁祈、方重的；……我想你讀完這兩首詩，當不致誤會以爲我想的是狹義的‘家’。不是！我所想的是中國的山川，中國的草木，中國的鳥獸，中國的屋宇——中

國的人。”這封信裏，談的問題很廣，還談到“詩境”和“塵境”的問題，“生”和“死”的問題，作詩用韵的問題。

同月二十五日　美術學院上課。到美之後，先生已閑居了一個多月。　二十九日又有給梁實秋、吴景超的信。贊成創辦一種文藝刊物，并主張“領袖一種文學之潮流或派别”——極端唯美主義。又説：“余對於中國文學抱有使命，故急欲藉雜志以實行之。”信末附注説：“背面鈔的《紅燭》數首，改的不像樣，太對不起！我看過一次舊作就想改他一次，不知幾時改得完！”先生對待一切著作，大概都是這樣百改不厭的態度。

十月十日　雙十節夜，給梁實秋、吴景超寫信，談讀詩的方法。二十七日給梁實秋信，提到病中作《憶菊》一首。　三十日又有給吴景超、梁實秋信，説：“近來的詩興尤其濃厚，大概平均起來，一個禮拜也有一首。作《憶菊》後又有新作三首。”并談到《紅燭》的編集。

十一月一日　和同學梁實秋合著的《冬夜草兒評論》印行。《清華文學社叢書》第一種先生的是《冬夜評論》。

十二月一日　給梁實秋信，説因爲讀了 John Gould Fletcher 底一首詩叫《在蠻夷裏的中國詩人》（Chinese Poet Among Barbarians），而“快樂燒焦了我的心臟”。又説“佛來琪唤醒了我的色彩的感覺。我現在正作一首長詩，名《秋林》——一篇色彩的研究”。　四日給吴景超書，説一篇詩的批評《〈女神〉之時代精神與地方色彩》今晚已付郵。又談起生死問題，説他是生命的肯定者。　二十七日給梁實秋信，説“放寒假後，情思大變，連續五晝夜作《紅豆》五十首。現經删削，并舊作一首，共有四十二首爲《紅豆之什》。此與《孤雁之什》爲去國後之作品”。

同月　女公子立瑛生。

一九二三年（民國十二年癸亥）　二十五歲

一月（陰曆十一月二十八日）有家書一封。計劃提前回國，以爲若真有美術天才，不必在課堂上學。而且“一個有思想之中國青年，留居美國之滋味，非筆墨所能形容。俟後年年底我歸家度歲時當與家人圍爐絮談，痛哭流涕，以泄余之積憤。我乃有國之民，我有五千年之歷史與文化，我有何不若彼美人者？將謂吾國人不能製殺人之槍炮遂不若彼之光明磊落乎？總之，彼之賤視吾國人者一言難盡。我歸國後，吾寧提倡中日之親善以抗彼美人，不言中美親善以禦日也”。　二十一日給梁實秋信，説因爲看完郭沫若小説《未央》而痛苦，要求梁作一個詩人朋友，“我們將想像自身爲李杜，爲韓孟，爲元白，爲皮陸，爲蘇黃，皆無不可。祇有這樣，或者我可以勉强撑住過了這一生”。

二月二日　給梁實秋信，問《紅燭》付印了没有，并説不拿真名出去，但用一個别號：“屠龍居士。”又説現在正做着《莪默伽亞謨之絶句》一篇批評郭譯及研究莪默的論文。　十五日陰曆除夕，給梁實秋信，説：“我想再在美住一年就回家。我日漸覺得我不應當作一個西方的畫家，無論我有多少的天才！我現在學西方的繪畫是爲將來作一個美術批評家。我若有所創作，定不在純粹的西畫裏。但我希望的是作一個藝術底宣道者，不是藝術底創作者。”又説：“跑到這半球來，除了爲中國多加一名留學生，我們實在得不着什麽好處，中國也得不着什麽好處。”　十八日又給梁實秋信，説爲了作詩，上星期又缺了兩天半的課。“我所作的詩名《長城下之哀歌》。這是我悲慟已逝的東方文化的熱泪之結晶。詩長數千言，乃係一詩人碰死於長城之前的歌詞。”

三月二日　《莪默伽亞謨之絶句》論文發表。《創造季刊》二卷一期　六日給梁實秋信，説已經開始作描寫清華生活的一首詩《園内》，曠了兩天課，而詩還没有作完。并説“兩個多月没有作詩，兩個多月的力氣都賣出來了，恐怕還預支了兩個月底力氣”。　八日有家書一封，問“鄉間此時情形如何，人心慌亂到什麽程度”。又説：“凶年兵燹，頻年薦臻，鄉民將何以爲生啊！不知人心是怨天呢？還是怨人？天灾誠無法可救，至於人禍，若在歐美，這輩封豕長蛇，早被斫作百塊了。美國革命如此，法國革命如此，俄國革命亦如此。”又報告“范静生先生前過芝城，爲此處留學生講演，大意謂歐美侵蝕吾國的脂膏，吾人抗禦之法，還靠農民，故農民教育尤爲當今亟務”。 十七日給吴景超、梁實秋信，説《園内》一詩大功告成，説這是一首律詩的放大。 二十三日給梁實秋信説：“‘文學’二字在我的觀念裏是個信仰，是個 Vision，是個理想——非僅僅發泄我的情緒的一個工具。”又説：“我的基督教的信仰已失，那基督教的精神還在我的心裏燒着。我要替人們 Consciously 盡點力。我的詩若能有所補益於人類，那是我的無心的動作，（因爲我主張的是純藝術的藝術）但是相信了純藝術主義不是叫我們作個 Egoist。”（這是純藝術主義引人誤會而生厭避之根由） 二十五日給駟弟信，談精神和肉體，談自己的詩的作風，并説：“現在春又來了，我的詩料又來了。我將趁此多做些愛國思鄉的詩。這種作品若出於至性至情，價值甚高。恐怕比那些無病呻吟的情詩又高些。” 三十日給翟毅夫等四個朋友信，説：“在學校做了一天功課，做上癮了，便想回來就開始 illustrate 我的詩；回來了，Byron，Shelley，Keats，Tennyson，老杜，放翁在書架上，在桌上，在床上等着我了，我心裏又癢着要和他們親熱了；有時理智的欲火燒起來，我又想繼續我那唐代六大詩人底研究或看看哲學書；有時接到［時］昭沄、［羅］努生諸人底信，唤起了我的作業的興味，我又要提倡這個，改造那個，更可笑，有時又覺得詩做得無味了，我又要在小説戲劇上躍躍欲試了。啊！我太没有意志力了！我衹怕我終要鬧得一無所成了！”

五月十三日 是美國的“母日”（“母親節”），給母親信，用粉紅色紙，寫紅色字，作爲贈給母親的禮物。 十五日給梁實秋信，報告有位孫君因學不得志，投湖自盡。并説：“這位烈士知生之無益，有死之决心，而果然死了。要死就死，我佩服，我佩服，我佩服，我要講千萬個‘佩服’。實秋，你也該講佩服。” 二十九日又給梁實秋信説：“芝加哥我也不想久居。本想到波斯頓，今日接到你的信，忽又想起陪你上 Colorado 住個一年半載，也不錯。”又説：“這一年生活苦極了，除了同一位同班的洋姑娘偶爾談談初淺的文學知識以外，竟没有人共談了。一年已經苦够了，以後我非拉住你們一個不可。”

六月三日　《〈女神〉之時代精神》一文發表。《創造季刊》　十四日　給駟弟信，説：“美校今日畢課。本年成績已開展覽會，其中我頗有作品。”

暑假過後　先生轉學珂泉（Colorado Springs）珂羅拉多大學（Colorado College）。

九月　詩集《紅燭》印行。泰東圖書局

十月　《〈女神〉之地方色彩》一文發表。《創造季刊》

先生來到珂泉，梁實秋先生回憶説：“是他拋弃圖畫專攻文學的一個關鍵。

“珂羅拉多大學有美術系，一多是這系裏唯一的中國人。系主任利明斯女士，姊妹兩個都是老處女，一個教畫，一個教理論。……一多的天才和性格都使他立刻得到了利明斯女士的賞識。我記得利明斯有一次對我説：‘密斯脱聞，真是少有的藝術家，他的作品先不論，他這個人就是一件藝術品，你看他臉上的紋路，嘴角上的笑，有極完美的節奏！’……一多在這裏開始畫，不再畫素描，却畫油彩了。他的頭髮養得很長，披散在頸後，黑領結，那一件畫室披衣，東一塊紅，西一塊緑，水漬油痕，到處皆是，揩鼻涕，抹桌子，擦手，禦雨，全是它。一個十足的畫家！

“一多和我的數學根柢原來很壞，大學一定要我們補修，否則不能畢業。我補修了，一多却堅持不可。他説不畢業没有關係，却不能學自己所不願學的課程。我所選的課程有一門是‘近代詩’，一共讀二十幾個詩人的代表作品。還有一門是‘丁尼孫與伯朗寧’。一多和我一同上課。……一多的《死水》，在技術方面很得力於這時候的學習。在節奏方面，一多很欣賞吉伯齡，受他的影響不小。在情趣方面，他又沾染了哈代與霍斯曼的氣味。我和一多在這兩門功課上感到極大的興趣，上課聽講，下課自己閲讀討論。……

“我們在學校裏是被人注意的，至少我們的黄色的臉便令人覺得奇怪。有一天，學生辦的周刊發現了一首詩，題目是 Sphinx，作者説我們中國人的臉沉默而神秘，像埃及人首獅身的怪物，他要求我們回答他我們是在想些什麽。……我和一多各寫了一首小詩登在周刊上。這雖是學生時代的作品，但是一多這一首（Another "Chinese" Answering）寫得不壞，全校師生以後都對我們另眼看待了。

"一多的畫一直没有停，有一天利明斯教授告訴他紐約就要舉行一年一度的畫展，選擇是很嚴的，勸他參加。一多和我商量，我也慫恿他加入競賽。一多無論作什麽事，不作便罷，一作便忘寢廢食。足足有一個多月，他鎖起房門，埋頭苦幹，就是吃飯也是一個人抽空溜出去，如中瘋魔一般的畫。……

"我們起先在一個人家裏各租一間房。房東是報館排字工人，晝伏夜出，我們過了好幾個月纔知道他的存在。房東太太和三個女兒天天和我們一桌子吃飯。這一家待我們很好，但都是庸俗的人。更庸俗的是樓上另外兩個女房客……於是我們搬家。爲了省錢，搬到學校宿舍海格門樓。……吃飯却成了問題。有時候燃火酒爐子煮點咖啡或清茶，買些麵包，便可充飢。後來膽子漸漸大了，居然也可炒木樨肉之類。有一次一多把火酒爐打翻，幾乎燒着了窗簾，他慌忙中燒了頭髮眉毛燙了手。……"〔3〕

十二月三日　《太戈爾批評》一文發表。《時事新報·學燈》五卷十二期

一九二四年（民國十三年甲子）　二十六歲

一月八日　給駟弟信，説："本學期將告竣。回憶來此半年，精神上較在芝加哥實爲平妥。然可怪者則雖與實秋同居，而文學之創作反甚少。在功課上成績頗佳，甚爲教員重視。可以告慰者止此而已。"

梁實秋先生回憶説："我和一多在珂泉住了一年。暑假過後，我到波斯頓去，他到紐約去。"〔4〕

先生到紐約後，入 Art Students'League of New York，但興趣却在演戲。給梁實秋的信上説："近來忙得不可開交，上星期整個没上課，這

星期恐怕又要照辦。這樣忙法戲仍舊還無頭緒。眼看排演日期馬上就到了，五幕戲衹練了一幕。化裝布景的圖案雖是畫得了，但還没有動手製造。……如今 Art department 的事衹我一人包攬。……”又説：“紐約的作業太多，真不能讀書。我們自從來此，兩次演戲，忙得我頭昏腦亂，没有好好的畫過一次畫。課是整星期的 cut。……”又説：“你問我的詩興畫興如何。畫興不堪問，詩興偶有，苦在没有功夫執筆。倒是戲興很高，同你一樣。前天看了 O’neil 的四個短劇，果然是不同。前數星期作了一首英文詩，我可以抄給你看看。人非木石，孰能無情！”

熊佛西先生回憶説：“記得一九二四年我們在美國求學的時候，你對於國事是那樣的關切，你對於當時的軍閥當道是那樣的痛恨，你當時所學的是繪畫，你覺得專憑顔色和綫條是不足表現你的思想和感情，——不能傳達你對於祖國與人民火一般的熱愛！於是你改習了文學。特别致力於詩的研究和詩的創作，對於歐美各國的愛國詩人的作品尤有酷愛，予以極高的評價與贊佩。你常對我説：‘詩人主要的天賦是“愛”，愛他的祖國，愛他的人民。’在這期間你雖一度和我搞戲，你和我合編過一個獨幕劇，你曾以英文寫過《楊貴妃》，你也曾爲上演這戲設計舞臺面，監製布景和服裝，你的工作的精神和藝術上的成就獲得了同志們一致的敬佩。但你終於覺得幹戲不是你的本行，不久你仍回到研究詩的崗位上。自此你寫下了許多動人的詩篇。你往往從半夜寫到天明。爲了努力於詩的創作你時常廢寢忘餐。我因爲當時和你同住在一起，有首先讀你的詩篇的光榮。”[5]

一九二五年（民國十四年乙丑） 二十七歲

一月十一日 給梁實秋信，説：“現擬作一個 Series of Sketches，描寫中國人在此邦受氣的故事。體裁用自由詩或如 Henley 底‘In Hospital’。但散文則做不出。”又説：“昨晚江濱聚餐會由我主講美國現代詩。F·F·領袖人物聞我們攻擊 fraternity，願到會與我們討論。”

三月二十五日 詩《大鼓師》發表。《晨報副刊·文學旬刊》第六十五期

四月　一封給梁實秋的信上，討論創辦一種刊物，“包括各種藝術，而尤注意於印刷精美，以求不負於藝術真旨”。擬了四期目録，説：“紐城同人皆同意於中華文化的國家主義（Cultural Nationalism）。”又説：“我决意歸國後研究中國畫并提倡恢復國畫以推尊我國文化。”并告知近作長詩《南海之神》中山先生頌一首。

同月　中山先生逝世的消息傳到美國後，紐約的中國留學生開了一個追悼會。遺囑由潘光旦先生翻譯，遺像是先生試畫的。

同月　還有一封給梁實秋的信，説：“船票尚未買定，太早也。蟄居异域，何殊謫戍？能早歸國，實爲上策。”又説：“《南海之神》謂爲脱稿亦可。刊入《大江》，不嫌其爲國民黨捧場乎？我黨原欲獨樹一幟，不因人熱，亦不甘爲人作嫁衣裳。”先生此時屬於“國家主義”這個政治團體，《大江》是創辦中的機關雜志。

同月　又有“星期五”給梁實秋的信，説：“歸期大概以［余］上沅底歸期爲轉移，至遲不過六月。栖身之所依然没有把握，這倒是大可憂慮的事。不過回家是定了的。衹要回家，便是如郭、郁諸人在上海打流亦可以。君子固窮非病，越窮越浪漫。……昨夜又草成《七子之歌》也是國家主義的呼聲。結構具在，衹是音節詞句上尚欠潤色。我現在同學校生活正式脱離關係了。現在的生活，名義上是游手好閑，實際上是仰屋著書。着手撰著的文章有一篇《新民族的新詩》是從民族主義底觀點上論美國的新詩運動，又有一篇《印度女詩人——奈陀夫人》（Sarojini Naidu）。……關於建設國劇我也有點意見，目下還没有把握寫出來。在美術上也有幾篇文章要寫。……”同一封信裏又有寫給顧一樵的：“布景也許用不着我親身來波城。衹要把劇本同舞臺底尺寸寄來，我便可以畫出一套圖案，註明用什麽材料，怎樣的製造。……總之，候我把圖案製就了，看他的構造是簡單或複雜。如果不能不複雜，一定要我來，是樂於從命的。……”顧一樵先生回憶説：“民國十四年春……我在波士頓排演《琵琶記》，由梁實秋，謝文秋，謝冰心，王國秀，沈宗濂，徐宗涑等諸位先生分任男女角色。一多同太侔特別從紐約趕來幫忙。布景，服裝，化裝，都由一多負責；舞臺設計，燈光，則由太侔負責。我穿的一件龍袍，便是一多用油畫畫出來的，在燈光下照起來十分漂亮。一個大屏風，有碧海，有紅日，有白鶴，亦是一多的大手筆。”〔6〕

同月二十四日　給梁實秋的信，大概是本月最末的一封信。説：“我們定五月四日離紐約，十四號上船。”又説：“此次回國并没有什麽差事在那裹等着我們，衹是跟着一個夢走罷了。我們定規坐三等船，每人省出一百元美金，作爲到北京後三個月底糧餉。此行可謂 heroic 矣！”

五月　先生和余上沅、趙太侔兩位先生同船自美返國。

七月　《大江季刊》創刊。先生的詩《長城下之哀歌》《我是中國人》《浣衣曲》三首在這上面發表。又有《愛國的心》一詩發表《大江季刊》一卷一期

同月　先生留學回來，到了浠水老家。民國十一年七月放洋，現在整整是三年。

暑期過後　先生和余上沅、趙太侔兩位同去北京主持藝術專科學校，先生任教務長。這是先生一生服務教育界的開始。

十一月　詩《南海之神》（中山先生頌）和《七子之歌》發表。《大江季刊》第一卷第二期

一九二六年（民國十五年丙寅）　二十八歲

一月十三日　給梁實秋信，説：“國内“赤禍”猖獗，我輩國家主義者際此責任尤其重大，進行益加困難。國家主義與共産主義勢將在最近時期内有劇烈的戰鬥。……我輩已與醒獅諸團體携手組織了一個北京國家主義團體聯合會，聲勢一天浩大一天。……醒獅社的人如李璜乃一書生，衹能鼓吹主義，恐怕國家主義的實踐還待《大江》。此點李璜等亦頗承認，故〔羅〕努生在京時，彼等極爲敬視。……”（見《聞一多全集》三卷）又説：“我近來懊喪極了。當教務長不是我的事業，現在

騎虎難下真叫我爲難。現在爲校長問題，學校不免有風潮。劉百昭的一派私人主張挽留他，我與〔趙〕太侔及蕭友梅主張歡迎蔡孑民先生，學校教職員已分爲兩派。……今天報載我要當校長，這更是笑話。‘富貴於我如浮雲！’我衹好這樣嘆一聲。”又説：“我現在不與〔余〕上沅、〔陳〕石孚同居了。現在的住址是西京畿道三十四號。内子與小女都在這裹。家庭生活差强人意。時相過從的朋友以‘四子’爲最密，次之則鄧以蟄，趙太侔，楊振聲等。國家主義的同志中有一般人也常到我家裏開會。新月社每兩周聚餐一次。志摩也常看見。……”又説：“回國後僅僅作了兩首詩，到藝專來後文藝整個放在腦袋後邊去了，長此以往，奈何！奈何！”

三月二十五日　詩《唁詞》（紀念三月十八日的慘劇）一首發表。《國魂周刊》第十期　二十七日　詩《天安門》一首發表。《晨報副刊》第一三七〇號

同月月底　給梁實秋、熊佛西信，説：“一入國内，俗事叢身，九月之久，僅成詩兩首。編者按：先生去年七月返國，到現在整九個月。江郎從此擱筆乎！

“近與京友頗有接洽，或將有聚餐會之組織。有人提議發行純文藝的刊物。惟自忖其奈膽怯何！……”又説：“《大江》在京行銷甚暢。拙作亦竟有人轉載，按語謂遠勝《紅燭》時代之聞一多。兩友其謂然乎？《大江》宣言發表後亦大有影響。……前者國家主義團體聯合會發起反日俄進兵東省大會，開會時有多數“赤魔”溷入，大肆其搗亂之伎倆，提議案竟無一成立者。結果國家主義者與僞共産主義者隔案相罵，如兩軍之對壘然。罵至夜深，遂椅凳交加，短兵相接。……”（見《聞一多全集》三卷）

四月一日　北京《晨報副刊·詩鎸》第一號創刊。這是一個詩人團體的刊物，徐志摩主編；先生是這刊物的重要作家。這時先生的寓居“是一群新詩人的樂窩，他們常常會面，彼此互相批評作品，討論學理。……那三間畫室，布置的意味先就怪。他把墻壁塗成一體墨黑，狹

狹的給鑲上金邊，像一個裸體的非洲女子手臂上脚踝上套着細金圈似的情調”〔7〕。

《詩鎸》創刊號上，先生的《文藝與愛國——紀念三月十八》一文正式表示了文藝的愛國主義。“我希望愛自由，愛正義，愛理想的熱血要流在天安門，流在鐵獅子胡同，但是也要流在筆尖，流在紙上。”先生以爲偉大的同情心是藝術的真源；而且更進一步説：“同情心發達到極點，刺激來得强，反動也來得强，也許有時僅僅一點文字上的表現還不够，那便非現身説法不可了。所以陸游一個七十衰翁要‘泪灑龍床請北征’，拜倫要戰死在疆場上了。所以拜倫最完美，最偉大的一首詩也便是這一死。所以我們覺得諸志士們三月十八日的死難不僅是愛國，而且是最偉大的詩。我們若得着死難者全部，便可以追他們的踪迹，殺身成仁了。”

又有詩《欺負着了》一首。同上

同月八日　詩與歷史《附識》，詩《比較》發表。同刊第二號　十五日　詩《死水》《黄昏》發表。同刊第三號　二十九日詩《春光》發表。同刊第五號

五月六日　詩《鳥語》發表。同刊第六號　十三日論文《詩的格律》發表。同刊第七號　二十七日論文《詩人的蠻横》發表。同刊第九號　同月（？）　女公子立燕生。

六月三日　書評《英譯的李太白》發表。同刊第十號　十日《詩鎸》宣布停刊。　二十四日論文《戲劇的歧途》發表。《晨報副刊・劇刊》第二期。

暑假來了，先生携眷南歸，回到浠水老家。暑假過後，先生没有再到藝專去，在家裏閑住了一個時期。

光景到了秋冬之間，應友人潘光旦先生的邀約，到吴淞國立政治大學，擔任訓導上的職務。然而不久，因爲長女立瑛病重，又由吴淞回家了。

冬天　立瑛夭。

一九二七年（民國十六年丁卯）　二十九歲

章伯鈞先生回憶説："在民國十六年中國大革命時代，聞先生曾因朋友的介紹，由北京編者按：先生此時在家裏。到武漢，應鄧演達先生之邀約，參加總政治部工作，約在是年二三月間（？），聞先生到部任藝術股股長，并親自繪製反軍閥的壁畫一大幅。後來因爲聞先生頗不慣於軍中政治生活，受任一月即行告退。我與聞先生交游僅此一度。"〔8〕

離了武漢，先生仍然回到吴淞的政治大學。

光景四五月間，政治大學被國民黨接收，國家主義這個政團就失去了立足點。學校結束之後，先生暫住學校附近潘光旦先生家裏，閑着無事，就給潘先生刻了一顆圖章。又和潘先生同游杭州，在那裏住了幾天。

杭州之游以後，到上海來。創辦《新月雜志》，就是此時起議的。

不久，由友人的介紹，先生到南京土地局任職。但時間是極短的。

秋後　任國立第四中山大學後易名爲中央大學。外文系主任，教授英美詩、戲劇、散文等。

住大學附近單牌樓。夫人携長公子立鶴——生四十日——來到南京，光景在十月裏。先生尊翁此時也來南京同住。

一九二八年（民國十七年戊辰）　三十歲

一月　詩集《死水》印行。新月書店

二月　給左明君的信，題作《關於做詩》發表。《萍》一卷二期

三月十日　《新月雜志》創刊，先生和徐志摩、饒孟侃三人爲編輯。譯詩《白郎寧夫人的情詩》一首至十首發表。《新月》創刊號

四月十日　譯詩《白郎寧夫人的情詩》，十一首至二十一首《幽舍的麋鹿》，譯哈代詩詩《答辯》，發表。同刊二號

五月十日　詩《回來》發表。同刊三號　二十六日　論文《先拉飛主義》寫定。同刊四號

六月十日　詩《情願》譯郝斯曼詩發表。同刊五號

夏天　女公子立燕夭。

八月十日　論文《杜甫》發表。同刊六號

九月十日　詩《從十二方的風穴裹》譯郝士曼詩發表。同刊七號

同月　次公子立雕生。

秋後　先生離開南京，回到武漢，任國立武漢大學文學院長兼外文系主任[①]。但先生這時已專攻中國文學。

一九二九年（民國十八年己巳）　三十一歲

四月十日　《新月雜志》二卷二號出版。先生辭去該刊編輯名義。

十月　三公子立鴻生。

十一月十日　論文《莊子》，和饒孟侃合譯的詩《山花》發表。《新月》二卷九號

一九三〇年（民國十九年庚午）　三十二歲

四月　《杜少陵年譜會箋》發表。武大《文哲季刊》一卷一期這是先生專攻中國文學最初的成績。

同月（？）　武大起了學潮，攻擊先生。先生就貼了一張布告，説對於自己的職位，如“鵷鶵之視腐鼠”，并聲明辭職離校。後來學校挽留，到底没有留住。

離開武大之後，暫時住在家裹，没有做事。常和武大同人游國恩先生通信。

夏天　三公子立鴻夭。

七月《杜少陵年譜會箋》續稿發表。同刊一卷二期

秋後　先生到了青島，任青島大學文學院長兼國文系主任。除在國

① 程千帆先生云：“聞一多在武大是外文系教授，并不是中文系，也不是主任，雖然當時他已開始研究唐詩，并發表了《少陵先生年譜會箋》。舊的《國立武漢大學一覽》所載該校《大事記》可考。”（《新文學史料》1980年第2期）

文系擔任“名著選讀”“文學史”“唐詩”外，仍在外文系教英詩等課。

十月　《杜少陵年譜會箋》續稿發表。同刊一卷三期

先生在青島，臧克家先生回憶説：“記得有一次在英詩的課堂上，他説：‘如果我們大家坐在一片草地上談詩，而不是在這樣一間大房子裏，我講你們聽，坐在草地上，吸着烟，喝着茶，也無妨吸一口雅片……’他詩人的氣質很濃厚，兩腮瘦削，頭髮凌亂，帶一副黑邊眼鏡，講起書來，時常間頓的拖着‘哦哦’的聲音。

“……這時候，他正在致力於唐詩，長方大本子一個又一個，每一個上，寫得密密行行，看了叫人吃驚。關於杜甫的一大本，連他的朋友也特別劃列成了目録，題目：《杜甫交游録》。還有一個抄本，是唐詩摘句，至今還記得上面的一個句子：‘蠅鼻落燈花。’一開始談詩，空氣便不同了，他馬上從一個學者變成一個詩人。我吸着他遞給我的‘紅錫包’（他總是吸紅錫包烟），他嘴上也有一支，我們這時不再是師生，我們這時也彷彿不再是在一間書房了。……

“〔陳〕夢家也在學校裏幫聞先生工作，有時候，我們三個人也在一起談。……當夢家同我大量生産的時候，聞先生很少動筆了。……”〔9〕

十二月二十九日　《論“悔與回”》寫定。《新月》三卷第五、第六期

一九三一年（民國二十年辛未）　三十三歲

一月二十日　《詩刊》創刊。先生發表了一首《奇迹》。梁實秋先生説：“《詩刊》復活的消息傳來，三年不寫詩的一多也鼓起興致寫了一首《奇迹》。”〔10〕徐志摩先生説：“我們要説《奇迹》是一多‘三年不鳴，一鳴驚人’的奇迹。”〔11〕

同月　《杜少陵年譜會箋》發表完全。同刊一卷四期

二月十九日夜　《談商籟體》寫定。《新月》三卷第五、第六期

二月二十五日　爲費鑒照《現代英國詩人》一書作序。

三月三十日　有致曹葆華書。

九月　四公子立鵬生。

一九三二年（民國二十一年壬申）　　三十四歲

春天　夫人來到青島。

時游國恩先生也來任教，先生和游先生同住大學路一座紅樓内，先生住樓上，房租七十元游先生住樓下，房租六十元早晚談論《楚辭》《詩經》。

暑假考試以前，學生要求修改學則，因而起了學潮。先生爲攻擊目標之一，先生住宅爲學生包圍，時青島市政府派來四名兵士護衛。

臧克家先生回憶説：“二十一年夏天，發生了學潮，是爲了一些事情，聞先生守正不阿，没有答應多數學生不合理的要求。大隊學生包圍了他的屋子，他泰然，有些卑鄙的人在報屁股上寫打油詩駡他，他泰然。”〔12〕

又馮夷先生回憶説：“青島大學因爲山東省府、青島市府、膠濟路局和教育部諸派勢力的分化與磨擦，爆發了學潮。許多愚昧的學生受了地方勢力的挑動，對校長楊振聲先生，院長梁實秋先生，系主任洪深先生和聞一多先生肆力攻擊。記得當時偶爾走經青島大學旁的山石邊時，便看見過一條刺目的標語：‘驅逐不學無術的聞一多！’據説當時支持了聞一多先生的學生，衹有一個人，那便是在他那無窗室中苦吟着《生活的烙印》的臧克家君。”〔13〕

暑假裏，先生和陳夢家先生步登泰山，觀石刻。游靈岩寺，因雨留宿二日。

暑假過後，先生回到離别了整整十年的母校國立清華大學，任中國文學系教授，除擔任大一國文外，講授“王維及其同派詩人”“杜甫”和“先秦漢魏六朝詩”三門課。

十二月　女公子聞名生。

一九三三年（民國二十二年癸酉）　　三十五歲

三月　《岑嘉州繫年考證》三易稿竟。《清華學報》八卷二期

五月　《岑嘉州交游事迹》發表。《清華周刊》三十九卷八期

七月　爲臧克家詩集《烙印》作序。

同月三日　給游澤承先生信，説：“闊别經年，屢承垂問，私心感慰，曷可言狀。惟始終缺然不報者，此意諒亦吾兄所喻。……弟下年講授《楚辭》，故近來頗致力於此書。間有弋獲，而疑難處尤多。……”

二十六日　又給澤承先生信，説：“比來日讀《騷經》數行，咀嚼揣摩，務使字字得解而後止。忽有所悟，自憙發千古以來未發之覆，恨不得行家如吾兄者相與拍案叫絶也。”

暑假過後　先生講授“國文”“《詩經》”“《楚辭》”和“杜詩”。并與葉公超，楊振聲，余上沅等籌辦《學文月刊》。

一九三四年（民國二十三年甲戌）　三十六歲

五月一日　《匡齋説詩》在《學文月刊》一卷一期發表。

七月一日　《匡齋説詩》續稿發表。《學文月刊》一卷三期

暑假過後　先生講授“《詩經》”“《楚辭》”“唐詩”和“樂府研究”。

九月二十九日　給饒孟侃先生寫信，説“我近來最痛苦是發現了自己的缺陷，一種最根本的缺陷——不能適應環境。因爲這樣，向外發展的路既走不通，我就不能不轉向内走。在這向内走的路上，我却得着大安慰，因爲我證實了自己在這向内的路上，很有發展的希望。因爲不能向外走而逼得我把向内的路走通了，這也可説是塞翁失馬，是禍而非禍”。所謂向内發展，先生指下列學術研究工作：

一、毛詩字典；

二、楚辭校議；

三、全唐詩校勘記；

四、全唐詩補編；

五、全唐詩人小傳訂補；

六、全唐詩人生卒年考附考證；

七、杜詩新注；

八、杜甫（傳記）。[①]

十月　《天問釋天》發表。《清華學報》九卷四期

一九三五年（民國二十四年乙亥）　三十七歲

先生講授《楚辭》，馮夷先生有一段回憶。“記得是初夏的黄昏……七點鐘，電燈已經亮了，聞先生高梳着他那濃厚的黑髮，架着銀邊的眼鏡，穿着黑色的長衫，抱着他那數年來鑽研所得的大叠大叠的手抄稿本，像一位道士樣地昂然走進教室裏來。當學生們亂七八糟地起立致敬又復坐下之後，他也坐下了；但并不即刻開講，却慢條斯理地掏出自己的紙烟匣，打開來，對着學生露出他那潔白的牙齒作藹然地一笑，問道：‘哪位吸？’學生們笑了，自然并没有誰坦直地接受這 Gentleman 風味的禮讓。於是，聞先生自己擦火吸了一枝，使一陣烟霧在電燈下更澆重了他道士般神秘的面容。於是，像念‘坐場詩’一樣，他搭着極其迂緩的腔調，念道：‘痛——飲——酒——熟——讀——離——騷——方得爲真——名——士！’

“這樣地，他便開講起來。顯然，他像中國的許多舊名士一樣，在夜間比在上午講得精彩，這也就是他爲什麽不憚煩的向注册課交涉把上午的功課移到黄昏以後的理由。有時，講到興致盎然時，他會把時間延長下去，直到‘月出皎兮’的時候，這纔在‘涼露霏霏沾衣’中回他的新南院住宅。”〔14〕

七月　《詩新臺鴻字説》發表。《清華學報》十卷三期

暑假過後　先生講授“《詩經》”“《楚辭》”和“唐詩”。

十月　《高唐神女傳説之分析》發表。《清華學報》十卷四期

① 此信見開明版《聞一多全集》（三）。

一九三六年（民國二十五年丙子）　三十八歲

一月　《離騷解詁》發表。《清華學報》十一卷一期

二月　女公子聞翺生。

三月十七日　給游澤承先生信，説："敦煌舊鈔騫公《楚辭音》殘卷，内有郭景純《楚辭注》數則，并洪氏未引之《釋文》一則，誠希世寶笈也。近托人從巴黎覓得之影片已寄到，擬爲寫一較詳盡之跋文，屬草方始，奮興至極。本擬跋成後，寄呈尊覽，不意手札亦到，欣慰何似？弟與《楚辭》結不解緣矣，亦與兄結不解緣矣，《楚辭》到，兄函亦到，此中殆有感應之理乎？斯亦奇矣！"

《敦煌舊鈔本楚辭音殘卷跋》一文發表。《大公報·圖書副刊》光景在這封信稍後。

暑假裏　"聞先生至河南安陽調查發掘甲骨情形，那時北平學生情緒極高，正是一二·九運動的後年，他回北平後對學生説："當然，中國祇有抗日纔有出路，同學們的運動是無可責備的。但我這次路經洛陽時，纔覺得在那裏政府是有一點準備，和在北平所見的不同，因此我們不能對政府完全失望。'……"〔15〕

暑假過後　先生除在清華講授"中國古代神話研究""《詩經》""唐詩""《楚辭》""樂府研究"外，又從九月起，在國立北平藝術專科學校兼課，教授英文。"藝專當局按照學生程度分爲甲組英文與乙組英文，統由先生擔任。先生嗣以工作繁忙，乃自約趙蘿蕤女士代授乙組英文課。先生每周自清華來校一次，爲甲組學生講授兩小時。課文内容係先生參酌藝專所分科性質而選録者，多爲講述造型藝術理論的文章。"〔16〕先生來藝專，這是第二次。第一次在民十四，到現在已是整整十年。

十月十九日　魯迅先生逝世於上海。　二十四日　清華學生舉行追悼會。朱自清先生首先致詞後，聞先生接着講話："魯迅先生死了，除了滿懷的悲痛之外，我們還須以文學史家的眼光來觀察他。我們試想一下，在中國文學史上的人物中，支配我們最久最深刻，取着一種戰鬥反

抗的態度，使我們一想到他，不先想到他的文章，而想到他的人格，是誰呢？是韓愈。唐朝的韓愈跟現代的魯迅都是除了文章以外還要顧及國家民族永久的前途；他們不勸人作好事，而是駡人叫人家不敢作壞事。他們的態度可説是文人的態度，而不是詩人的態度，這也是詩人與文人的不同之點。我跟魯迅先生從未見過，不過記得有一次，是許世英組閣的時候，我們教育界到財政部去索薪，當時我也去了，談話中間記得林語堂先生説話最多。我是一向不喜歡説話的，所以一句話没有説，可是我注意到另外一個長鬍鬚的人也不説話，不但不説話，并且睡覺。事後問起來，纔知道那位就是魯迅。”①

一九三七年（民國二十六年丁丑）　三十九歲

一月　《詩經新義》《二南》發表《清華學報》十二卷一期

“時日寇謀我益深，多有倡議學生從軍者。”但先生和藝專的學生説：“一個學生的價值遠高於一個兵士的價值。學生報國應該從事更艱深的工作纔對。”這時“先生興趣似集中於古文字之研究”〔17〕。

五月　《釋朱》發表。《文學年報》三期

六月　《釋省徻》《契文疏證》之一《釋爲釋豕》發表。《語言與文學》第一期，《考古》六期

七月　《釋禼》發表。《清華學報》十二卷三期

七月七日　蘆溝橋事變爆發。　十九日　先生“帶着家眷和一點隨身的東西”，離平南下，在車站上碰到了臧克家君。臧君問：“聞先生那些書籍呢？”先生感慨地説：“衹帶了一點重要稿件。國家的土地一大片一大片的丢掉，幾本破書算得了什麽！”〔18〕先生乘津浦車南下，先是回到浠水老家，後來住在武昌的磨石街。

卞之琳先生回憶説：“我呢，在一九三七年抗戰爆發後，路過武漢入川的時候，曾到武昌城裏聞先生家裏看望他，衹見他還是埋在古書堆

---

① 原載《清華副刊》第45卷1期。

裏，留着長鬍子。”①

同時　清華大學也奉命遷湖南，和北京大學、南開大學合組爲國立臨時大學。法理工三學院設長沙，文學院設南岳聖經學校。

十月二十八日　先生在長沙，由朱自清先生介紹，與孫望先生晤談研究唐詩問題。時先生正從事《唐詩人登第年代考》和《唐詩人生卒年代考》的著作。　次日　爲孫先生寫《張旭年考》一則，“時倭寇肆虐，滬戰大場失陷之翌日也”。

十一月一日　國立長沙臨時大學開始上課。本年暑假之後，先生原定國内休假，因教授南下者不多，學校又請先生展緩休假一年，來臨大任課。

臨大生活，先生回憶説：“最初，師生們陸續由北平跑出，到長沙聚齊，住在聖經學校裏，大家的情緒衹是興奮而已。記得教授們每天晚上吃完飯，大家聚在一間房子裏，一邊吃着茶，抽着烟，一邊看着報紙，研究着地圖，談論着戰事和各種問題，有時一個同事新從北方來到，大家更是興奮的聽他的逃難的故事和沿途的消息。大體上説，那時教授們和一般人一樣衹有着戰事剛爆發時的緊張和憤慨，没有人想到戰争是否可以勝利，既然我們被迫得不能不打，衹好打了再説。人們衹對於保衛某據點的時間的久暫，意見有些出入，然而即使是最悲觀的也没有考慮到最後戰争如何結局的問題。那時我們甚至今天還不大知道明天要做什麽事，因爲學校雖然天天在籌備開學，我們自己多數人心裏却懷着另外一個幻想。我們腦子裏裝滿了歐美現代國家的觀念，以爲這樣的戰争，一發生，全國都應該動員起來，自然我們也不是例外，於是我們有的，等着政府的指示：或上前方參加工作，或在後方從事戰時的生産，至少也可以在士兵或民衆教育上盡點力。事實證明這個幻想終於衹是幻想，於是我們的心理便漸漸回到自己崗位上的工作，我們依然得準備教書，教我們過去所教的書了。

① 卞之琳《完成與開端：紀念詩人聞一多八十生辰》(《聞一多紀念文集》)。

“因爲長沙聖經學校的限制，我們文學院是指定在南岳上課的。在這裏我們住的房子也是屬於聖經學校的。這些房子是在山腰上，前面在我們脚下是南岳鎮，後面往山裏走，便是那探索不完的名勝了。

“在南岳的生活，現在想起來，真有‘恍如隔世’之感。那時物價還没有開始跳躍，衹是在微微的波動着罷了。記得大前門紙烟漲到兩毛錢一包的時候，大家曾考慮到戒烟的辦法。南岳是個偏僻地方，報紙要兩三天以後纔能看到，世界不大注意我們，我們也就漸漸不大注意世界了，於是在有規則性的上課與逛山的日程中，大家的生活又慢慢安定下來。半輩子的生活方式，究竟不容易改掉，暫時的擾亂，衹能使它表面上起點變化，機會一來，它還是要恢復常態的。”〔19〕

十二月十三日　南京淪陷。光景臨大此時已在醞釀再度南遷。

一九三八年（民國二十七年戊寅）　四十歲

一月二十一日　臨大正式公布學生遷滇原則。　二十四日　開始放寒假。

同月二十六日　先生給顧一樵信，説：“承囑之事，盛意可感。惟是弟之所知，僅國學中某一部分，兹事體大，萬難勝任。且曩年所蓄著述之志，恨不得早日實現。近甫得機會，恐稍縱即逝，將使半生勤勞，一無所成，亦可惜也。老友中惟我輩數人，不甘自弃，時以事業相砥礪，弟個人得兄之鼓勵尤多，每用自慶。但我輩作事，亦不必聚在一處，苟各自努力，認清方向，邁進不已，要當殊途同歸也。……”

二月十九日　臨大學生二百多人組織的湘黔滇旅行團準備出發。先生也參加了這個步行入滇的團體。

三月六日　旅行團到達沅陵。天氣轉寒，七日風雨，八日雹雪，像嚴冬一樣，旅行團就住下來了。這時北平藝專已遷到沅陵對岸的老鴉溪，先生訪該校的舊日同事同學晤談。沈從文先生時居沅陵城内，爲先生等“設宴洗塵”。　十二日旅行團到達湘黔邊界晃縣。　十五日下午七時，旅行團在撫水灘上舉行營火晚會，月光底下，先生講述桃花源這地名的原始意義。

四月十一日中午，旅行團渡盤江。到了安南，天已經黑了。安南是個小縣，二百多人的食宿問題没法解決，同學們就跑到縣政府大堂，跟學校負責人黄子堅先生吵鬧，因爲晚上縣長請旅行團裏的先生們吃飯。聞先生這時也在，看見學生們像飢民一樣地要“暴動”，就在人叢裏説：“我今年已是四十歲的人，我跟你們一樣，……誰要是有意弄得這樣……誰還要活嗎！”學生立刻安静下來，一個嘖着説：“文學的……”但是没説下去，底下也就没有誰再開口了。這一夜先生等都没有吃没有睡，陪着學生們在縣府大堂上冷坐。　十二日旅行團在安南休息，晚上舉行慶祝臺兒莊勝利游行大會。

四月二十八日　旅行團到達昆明。號稱三千五百華里的步行，總算到了終點。沿途的名勝古迹，打動先生早年的藝術興趣，畫了幾十幅寫生畫。歌謡民俗神話以及苗區的服裝語言，也都是先生一路所關心的。由於旅行中的匆忙和勞頓，許多人都是鬍鬚滿面，先生蓄積得格外豐茂，到了昆明，别人面又開光，先生却留着了。而且自己約定：抗戰勝利了纔剃掉。

四月三十日　先生給夫人孝貞寫信，叙述旅行中概況：“……我們自從二月二十日從長沙出發，四月二十八日到昆明，統共在途中六十八天，除沿途休息及因天氣阻滯外，實際步行了四十多天。全團師生及伙夫共三百餘人，中途因病或職務關係退出團體，先行搭車到昆明者四十餘人，我不在其中。教授五人中有二人中途退出，黄子堅因職務關係先到昆明，途中并時時坐車，袁希淵則因走不動，也坐了許多次的車，始終步行者衹李繼侗、曾昭掄和我三人而已。我們到了昆明後，自然人人驚訝并表示欽佩。楊今甫在長沙時曾對人説，‘一多加入旅行團，應該帶一具棺材走’，這次我到昆明，見到今甫，就對他説‘假使這次我真帶了棺材，現在就可以送給你了’，於是彼此大笑一場。途中許多人因些小毛病常常找醫生，吃藥，我也一次没有。現在我可以很高興的告訴你，我的身體實在不壞，經過了這次鍛煉以後，自然是更好了。現在是滿面紅光，能吃能睡，走起路來，舉步如飛，更不必説了。途中苦雖苦，但并不象當初所想像的那樣苦，第一，沿途東西便宜，每人每天四毛錢的伙食，能吃得很好。打地鋪睡覺，走累了之後也一樣睡着。臭蟲、蚤、虱實在不少，但我不很怕。一天走六十里路不算麼事，若過了六十里，有時八九十里，有時甚至多到一百里，那就不免叫苦了，但是也居然走到了。至於沿途所看到的風景之美麗奇險，各種的花木鳥獸，各種樣式的房屋器具和各種裝束的人，真是叫我從何説起！途中做日記的人甚多，我却一個字還沒有寫。十幾年沒畫圖畫，這回却又打動了興趣，畫了五十幾張寫生畫。打算將來做一篇序，叙述全程的印象，一起印出來作一紀念。畫集印出後，我一定先給你們寄回幾本。還有一件東西，不久你就會見到，那就是我旅行時的相片。你將來不要笑，因爲我已經長了一副極漂亮的鬍鬚。這次臨大搬到昆明，搬出好幾個鬍子，但大家都説衹我與馮芝生的最美。……”①

五月四日　國立長沙臨時大學奉命改爲國立西南聯合大學開始上課。理工學院設於昆明，文法學院設於蒙自。先生到蒙自授課，住歌臚士洋行樓上教員宿舍。

同月二十八日　先生給顧一樵信，説：“漢皋别後，瞬將半載。尚憶當時與兄談及臨大遷滇事，曾主張徒步入滇。不謂當時所坐命言者，今竟能立而行之也。此次經驗頗爲豐富，他日再與故人聚首，定可再作竟夕談矣。”

蒙自生活，先生回憶説：“在蒙自，吃飯對於我是一件大苦事。第一我吃菜吃得鹹，而雲南的菜淡得可怕，叫厨工每餐飯準備一點鹽，他每每又忘記，我也懶得多麻煩，於是天天衹有忍痛吃淡菜。第二，同桌是一群著名的敗北主義者，每到吃飯時必大發其敗北主義的理論，指着報紙得意洋洋説：‘我説了要敗，你看罷！現在怎麼樣？’他們人多勢衆，和他們辯論是無用的。這樣，每次吃飯對於我簡直是活受罪。”〔20〕

① 《新文學史料》1985 年第 1 期《聞一多書信選輯》[1938]。

先生在蒙自和在其他地方一樣，總是整天不住地工作，幾乎樓梯都不下，同事們就把先生住的那間樓房叫“何妨一下樓”，先生叫“何妨一下樓主人”。這是羅膺中先生在一次學術講演給先生介紹時説的。

聯大文學院在蒙自衹一學期，即二十六年度的下學期。這一學期光景有三個月。

八月　先生和學校一起遷回昆明。這時家眷在貴陽，等着先生去接；同時，貴州省中學教師暑期講習會也請先生講學，先生就又來到貴陽。在講習會裏，先生擔任國文教學組講師，爲期一個月。

九月　先生携眷回到昆明。住小西門福壽巷姚宅。　二十八日午後，警報聲中，先生到大西門外昆華小學接孩子們回家，不意敵機已臨頭上轟炸，一時無處掩蔽，圍墻底下頭部受了輕傷。這是昆明第一次遭敵機轟炸。

暑假過後　先生在聯大講授“《爾雅》”“《楚辭》”。在《楚辭》班上，先生首先講的是《天問》。手裏拿着《天問疏證》的稿子，説“這是四易稿”。先生逐句講解，一學期衹講了一篇《天問》。

一九三九年（民國二十八年己卯）　四十一歲

三月五日　《西南采風録序》寫定。

六月一日　《歌與詩》一文寫定。這是先生計劃中的一部“中國上古文學史講稿”的一章。《中央日報·副刊》幾條《璞堂雜記》《易》類也是這時前後所寫。《益世報·副刊》

暑假　陳銓先生導演《祖國》，曹禺先生自導《原野》，先生擔任舞臺和服裝的設計。“仇虎在森林中的那一幕，他用許多黑色的長條的木板在臺的後半一排排大小錯綜地排列起來，叫人提了小紅燈籠，穿來穿去，在臺下看起來就顯得這片森林多麼幽黑深遠。”〔21〕關於服裝，“金子著的一件緊身紅棉襖還是他自己去跑估衣鋪買了來的。仇虎的那件大褂，他堅持要黑緞面子，紅緞裏”〔22〕。在“排演的時候，他幾乎是各部門不可少的顧問，不論導演，演員，工作人員，都包圍着他，舞臺設計，以及服裝他都不吝惜他的意見。……當他在幕後跳動着的時候，那種精神幾乎是青年人所不及的。他熱烈地辯論着，爲了一個小小的問題，他很少放弃他説話的權利”[23]。

暑假過後　先生請求學校休假一年。這時昆明已經常有警報，不能安居，因而移家昆明西南四十公里一個小縣晋寧。

十二月　《易林瓊枝》一卷輯成。這是文學史講稿的一部分。從《易林》這部書裹，發現“詩”似的東西，是一個新的發現。

先生説：“如果我説漢代文學不在賦而在樂府與古詩，想來是不會有多少人反對的。如果我又説除樂府詩外，漢代還有着兩部分非文學的文學杰作，一部分在司馬遷《史記》裹，另一部分在《易林》裹。於《史記》，你當然同意，聽到《易林》這名目，你定愕然了。《易林》是詩，它的四言韵語的形式是詩，它的‘知周乎萬物’《易》的内容，尤其□詩。這意見我遠在十年以前就已確定了。後來偶然翻到《詩歸》，纔知道三百餘年前，鍾惺已經從這收入他那著名的選本裹去了，雖則我不能承認他所選的全能符合《易林》的真實價值。但依我的標準也好，鍾惺的也好，這援《易》入詩的勾當，并不是我們的創見。《繫辭》下《傳》曰：‘其稱名也小，其取類也大，其旨遠，其辭文，其言曲而中，其事肆而隱。’這不比古今許多詩的定義來得更中肯嗎？”

一九四〇年（民國二十九年庚辰）　四十二歲

三月五日　《姜嫄履大人迹考》一文發表。《中央日報·副刊》

五月二十六日　給馮夷信。“離故都瞬將三載，同事教職員十九隨校南遷，仍得朝夕晤對，無异昔日。……八年前旅居青島時，曾得謁見令伯父孝翁先生，追隨履杖，古貌高風，暖然似春，私心仰慕不已；……馮芝生，朱佩弦，吴雨僧諸先生均在昆明本校。……多自離平後，初居武漢數月，及學校遷湘復課，即往長沙。學校遷昆明時，有同學二百餘人，組織旅行團徒步西來，多亦隨行，在途中兩閲月，雖倍極辛苦，然亦有想像不到之趣味。現行年四十，已鬑鬑有鬚，即途中之成績也。空襲受傷，乃至昆明後事，來函云云，諒係傳聞失實。平時對舞臺設計，極感興趣，前者陳銓先生導演《祖國》，曹禺自導《原野》，均係由多設計。早年本習繪畫，十餘年來此調久不彈，專攻考據於故紙堆中尋生活，自料性靈已瀕枯絶矣；抗戰後，尤其在步行途中二月，日夕與同學少年相處，遂致童心復萌，沿途曾作風景百餘幀，到昆後又兩度參與戲劇工作，不知者以爲與曩日之教書匠判若兩人，實則仍係恢復故我耳。校中休假辦法，去歲又經恢復，多年限已屆，遂即請求休假，遷居距昆明四十公里之晉寧縣城。到此閑居將近一年，除略事整理《詩經》，《楚辭》，樂府，神話諸舊稿外，又從《易經》中尋出不少的古代社會材料，下年將加開‘上古文學史’一課，故對於詩歌，舞蹈，戲劇諸部門之起源及發展，亦正在整理研究中。”

七八月間　先生從晉寧搬回昆明。住小東門城脚節孝巷十三號周宅中。

暑假過後　先生講授“《詩經》”“中國文學史分期研究（一）”即上古文學史和“古代神話”三門課。

同時，清華大學中國文學系主任朱自清先生休假，職務由先生兼代。

十月　昆明華山東路一帶遭敵機轟炸，先生闔家所躲院子裏的防空洞前落一彈未炸，聽説的人都爲先生慶幸。經過這次危險後，先生又移家昆明北郊十多里外的陳家營。這是很小的一個農村。每星期下午進城，上課兩點鐘，次日上午，再上課兩點鐘，即下鄉回家。

同月　《樂府詩箋》開始發表。《國文月刊》

一九四一年（民國三十年辛巳）　四十三歲

一月　《怎樣讀九歌》一文發表。《國文月刊》

二月十一日　《唐詩雜論》之一《賈島》發表。《中央日報·文藝副刊》十八期

四月　《周易義證類纂》寫定。“以鈎稽古代社會史料之目的解

《周易》，不主象數，不涉義理”，從《易》學史上説，這是“獨闢蹊徑”的。《清華學報》十三卷第二期

七月　始草《九章解法》。

八月十三日　《唐詩雜論》之一《宫體詩的自贖》寫定。《當代評論》第十期

暑假過後　先生講授“唐詩”和“《楚辭》”。

同時　清華大學文科研究所成立，馮友蘭先生爲所長，中國文學部最先開始工作，全由先生主持，計劃一切。所址在昆明東北郊二十華里龍泉鎮之司家營。

十月初　先生移家司家營文科研究所。朱自清，浦江清，許維遹，王了一，陳夢家，李嘉言，何善周諸先生都在這裏擔任研究工作，也都在這裏居住。先生整理《易經》《詩經》《楚辭》等著作，并指導研究生工作，常至深夜不睡。其餘各位也都工作至深夜，成爲習慣，研究空氣，十分濃厚。夫人高孝貞女士也經常伴至深夜，爲先生做茶，夫婦感情甚篤。先生進城上課回鄉，夫人常帶小孩到橋頭去接，先生欣然。

十一月　（？）　北京大學文科研究所舉辦學術講演，先生講《什麽是九歌》。

十二月八日　《楚辭校補》的《引言》寫定。

一九四二年（民國三十一年壬午）　四十四歲

一月　聯大學生舉行倒孔（祥熙）游行。這是昆明學生運動的第一聲。

三月　《楚辭校補》印行。國民圖書出版社這是先生研究《楚辭》三項課題之一。“在一部書上已經花上了十年左右的光陰，再要拖延下去，總會教人膩味的。”先生希望早些結束《楚辭》的研究工作。

暑假過後　先生講授“《周易》”“樂府詩”“中國文學史問題研究”。先生講《易》和講《詩經》《楚辭》一樣，從文字訓詁入手。

十一月十五日　《從人首蛇身像談到龍與圖騰》發表。《人文科學學

報》二期

一九四三年（民國三十二年癸未）　四十五歲

三月二日　《七十二》寫定。“犧牲了五日來食眠的樂趣”。《國文月刊》

六月　《芣苡篇》發表。《世界學生》二卷五號

七月三日　《端節的歷史教育》發表。《生活導報》第三十二期

八月　《唐詩雜論》之一《四杰》發表。《世界學生》二卷七期

九月一日　《莊子内篇校釋》發表。《學術季刊》第三期

暑假過後　先生在聯大講授“唐詩”和“《詩經》”。同時在昆明北門街中法大學兼課，講文學史。

光景也就在這個暑假前後，先生開始“新詩選”工作。并與英國友人白音（R. Payne）教授合作，預備出版“中國新詩選譯”。在聯大“唐詩”班上，講田間的詩，譽田間爲擂鼓的詩人，想係選詩的新發現。先生那天“站在講臺的旁邊，穿着深藍色的舊了的長袍，很寬大。左手拿着毛邊紙的本子，上面是他親自用墨筆抄的一行行的詩，右手輕輕地拍着那本子説：‘有一天，佩弦先生即朱自清遞給我一本詩，説，好幾年没看新詩，你看，新詩已經寫得這樣進步了。我一看，想，這是詩麽？再看，咦，我説，這不是鼓的聲音麽？’”〔24〕先生這樣發現了擂鼓的詩人。

十一月十三日　《時代的鼓手》讀田間的詩一文發表。《生活導報周年紀念文集》

同月二十五日　燈下給臧克家信。“你們做詩的人老是這樣狹窄，一口咬定世上除了詩什麽也不存在。有比歷史更偉大的詩篇嗎？我不能想像一個人不能在歷史（現代也在内，因爲它是歷史的延長）裏看出詩來，而還能懂詩。在你所常詛咒的那故紙堆内討生活的人原不止一種，正如故紙堆中可以討的生活也不限於一種。你不知道我在故紙堆中所做的工作纔剛開始。……你知道我是不肯馬虎的人。從青島時代起，經過

了十九年，到現在，我的‘文章’纔漸漸上題了，於是你聽説我談田間，於是不久你在重慶可以看到我的《文學的歷史方向》，在《當代評論》四卷一期裏，和其他將要陸續發表的文章在同類的刊物裏。近來我在聯大的圈子裏聲音喊得很大，慢慢我要向圈子外喊去，因爲經過十餘年故紙堆中的生活，我有了把握，看清了我們這民族，這文化的病症，我敢於開方了。單方的形式是什麽——一部文學史（詩的史），或一首詩（史的詩），我不知道，也許什麽也不是。最後的單方能否成形，還要靠環境允許否？（想像四千元一石的米價和八口之家！）但我相信我的步驟没有錯。你想不到我比任何人還恨那故紙堆，但正因恨它，更不能不弄個明白。你誣枉了我，當我是一個蠹魚，不曉得我是殺蠹的芸香。……這是我要抗辯的第一點。你還口口聲聲隨着别人，人云亦云的説《死水》的作者衹長於技巧。天呀，這冤枉從何訴起！我真看不出我的技巧在哪裏。……我衹覺得自己是座没有爆發的火山，火燒得我痛，却始終没有能力（就是技巧）炸開那禁錮我的地殼，放射出光和熱來。……少數跟我很久的朋友（如夢家）纔知道我有火，并且就在《死水》裏感覺出我的火來。……我是不急急求知於人的，你也知道。……

“我始終没有忘記，除了我們的今天外，還有那二三千年的昨天，除了我們這角落外，還有整個世界。我的歷史課題甚至伸到歷史以前，所以我研究了神話，我的文化課題超出了文化圈外，所以我又在研究以原始社會爲對象的文化人類學。……”

十二月一日　《文學的歷史方向》一文發表。《當代評論》四卷一期

同月　在中法大學講演《詩與批評》。“詩是藝術的語言，又是不負責的宣傳；因爲詩是藝術的語言，所以有迷人的魔力，但同時又是不負責的宣傳，詩人衹寫出自己所要寫的，至於他的詩在社會上起了什麽樣的影響，他不過問。那麽社會應該有正確的批評，來檢討詩，指導讀者。”這就是這回講演的大意。“但是誰有資格批評”，先生結尾説，“難道是那些大官小官麽？”[25] 編者按：先生這回演講，確定月日一時無從查考，但在此時前後是不錯的，故暫繫於此。

一九四四年（民國三十三年甲申）　四十六歲

先生説："聯大風氣開始改變，應該從三十三年算起，那一年政府改三月二十九日爲青年節，引起了教授和同學們一致的憤慨。"《八年的回憶與感想》,《聞一多全集》第三册。

三月十九日　《説舞》一文發表。《生活導報》第六十期

四月九日　聯大"新詩社"的十二個學生到司家營來請先生做他們的導師。吃完午飯，先生拉着小妹（聞翺）的手帶着這群青年穿過田埂，到幾棵小樹圍着的一片草地上，陽光裏坐了一個大圈，先生給他們講話。三點多鐘，學生們趕回昆明，先生送到一個橋頭，并結束着談話。"所以啊，我們不能不管了，每一次我都跟受刑一樣，看見倒在馬路邊兒的那些餓死的'壯丁'，"先生嘆息着説："你們看那些捆着的，拉着的，押着槍的，一個個瘦成什麽樣子，腿杆兒衹有這麽細。"先生用右手的食指和拇指連成一個圈圈。"走着走着就倒下一個，走着走着就倒下一個……"〔26〕

同月二十三日　《從宗教論中西風格》一文發表。《生活導報》第六十五期另有《復古的空氣》《家族主義與民族主義》《關於儒·道·土匪》三篇，光景也在此時前後發表。《雲南日報》《中央日報》

同月　由於生活的日益困難，先生準備"治印"。文科研究所同人也慫恿他。浦江清先生作一短啓介紹，用了駢文。文云："秦璽漢印，雕金刻玉之流長；殷契周銘，古文奇字之源遠。自非博雅君子，難率爾以操觚；儻有稽古宏才，偶涉筆以成趣。浠水聞一多先生，文壇先進，經學名家，辨文字於毫芒，幾人知己；談風雅之源始，海内推崇。斫輪老手，積習未忘，佔畢餘暇，留心佳凍。惟是温磨古澤，徒激賞於知交；何當琬琰名章，共摧揚於并世。黄濟叔之長髯飄灑，今見其人；程瑶田之鐵筆恬愉，世尊其學。爰綴短言爲引，聊定薄潤於後。"由梅貽琦，蔣夢麟，楊振聲，唐蘭，陳雪屏，朱自清，沈從文，羅常培，羅庸等九位先生具名，擬定潤格。浦先生説："聞先生對於'文壇先進，經

學名家，辨文字於毫芒，幾人知己；談風雅之源始，海内推崇。’那幾句很高興。黄濟叔是明代刻印名家，其爲人長髯飄灑，喻聞先生之風度。程瑶田清代經學名家，兼長篆刻，以之擬聞先生最爲恰合。”

“至於聞氏之刻印”，浦先生繼續説，“因爲他對古文字學的研究，加以早年在美國專學藝術，所以綫條的配合，别出匠心。學問，藝術雙方造詣均高，迥不同於俗筆。而當時昆明一般人士也看重文學名家及教授地位，所以請教他的特别多。在鐘鼎文面也衹有他一人擅長，多數指定他刻鐘鼎文。”〔27〕先生選擇一部分刻得精的，成印譜兩册。後來執筆顫抖，也是治印所致。

五月初　先生從司家營研究所搬到昆明西城昆華中學來住。這年春天，先生除在聯大照常授課外，還在譯員訓練班擔任 oral interpretation（口頭翻譯課）。後來又在昆華中學兼任國文教員。爲了正式“挂牌”治印，爲了生活的接觸漸繁，也爲了省去城鄉往返四十多里的步行，先生就搬到城裏來住。

同月三日　聯大學生在新校舍南區十號舉行歷史晚會。先生和張奚若，周炳琳，吴晗，雷海宗，沈有鼎諸先生等，都到會講演。先生回憶着“五四”當年那夜裏，他抑止不住悲憤的愛國的熱情，曾經用紅紙寫了岳飛的《滿江紅》，偷偷地貼在飯廳的柱子。先生説：“五四時代我受到的思想影響是愛國的，民主的，覺得我們中國人應該如何團結起來救國。五四以後不久，我出洋，還是關心國事，提倡 Nationalism，不過那是感情上的，我并不懂政治，也不懂得三民主義，孫中山先生翻譯 Nationalism 爲民族主義，我以爲這是反動的。……我在外國所學的本來不是文學，但因爲這種 Nationalism 的思想而注意中文，忽略了功課，爲的是使中國好，并且我父親是一個秀才，從小就受《詩》云子曰的影響。但是愈讀中國書就愈覺得他是要不得的，我的讀中國書是要戳破他的瘡疤，揭穿他的黑暗，而不是去捧他。”又説：“中國這些舊東西，我鑽了十幾年了，一個一個字地都‘弄透了’，越弄，就越覺得‘要不得’，現在我要和你們‘里應外合’地把它打倒。”

同月四日，聯大學生復在新校舍南區十號舉行文藝晚會。先生和羅常培，馮至，朱自清，沈從文，楊振聲，李廣田諸先生等均被邀講演。臨時因爲聽衆擁擠，更换會場，爲少數人搗亂而流産。

同年八日，文藝晚會重開。由先生和聯大中國文學系主任羅常培先生主持。除原有諸先生講演外，復請孫毓棠，卞之琳，聞家駟三先生演講，盛況空前。這是在草坪上舉行的。

先生搬到昆華中學後，——光景在暑假裏，昆明到了一個教導團。其中有先生一個侄兒，向先生哭訴軍隊裏的黑暗腐敗，先生深受刺激，閉門苦思了一個禮拜。

七月二日　《龍鳳》一文發表。《中央日報·星期增刊》

同月七日　昆明四大學學生自治會在雲大至公堂舉行時事晚會。先生出席講話。"剛纔主席説，今天是學術性的晚會，難道今天是談學術的時候麽？研究？難道我不喜歡研究？我若能好好地看幾天書，都是莫大的幸福。"聞先生提高了聲音，"可是飯都吃不飽，研究什麽？"

"别人不叫我們鬧，我們就是要鬧，我們不怕幼稚，國家到了這步田地，我們不管，還有誰管！……五四是我們學生鬧起來的，一二·九也是我們學生鬧起來，現在我們還要鬧。"

同月　《愈戰愈强》一文發表。《生活導報》另有《畫展》《可怕的冷静》兩文，光景也是此時前後的作品。《生活導報》《雲南日報》

八月初　第五軍軍長邱清泉在昆明北較場軍部舉行時事座談會。請了先生和馮友蘭、吴晗等十一位教授參加。先生説："以前我們看到各方面没辦法，還以爲軍事上有辦法。剛纔聽了各位長官的話，方纔知道軍事上也毫無辦法。"最後，出人意料之外地説："現在衹有一條路——革命！"全場象啞了一樣。

同月　謡言紛紛，傳説聯大要解聘先生等幾位教授，特種人物并已準備行刺。一天晚上，有個學生來説："我以你的學生資格，要求你愛護自己一點，因爲今天講真理的人太少，我們經不起敬愛的長者們的損失。"先生説："這是做人的態度。"泪珠撲撲地掉下來，"我覺得許多青年人太冷了……人總有心有血……我不懂政治，可是到今天我們還要考慮到自己安全嗎？我很感激……可是我還要做人，還有良心……”〔28〕

九月十一日　給臧克家信：“暑假快完，未曾休息，最近纔擺脱一切，到鄉下來小住。城裏傳來謠言説我又被解聘。你的詩文都送到，你的信也轉來了。勞你又一度虛驚，現在可以告慰你的是：并無其事。本系主任要出洋，學校還在拉我出任主任呢，你們那裏却在傳我解聘，豈不滑稽？從此我定不辜負朋友們的期望。此身别無長處，既然有一顆心，有一張嘴，講話要講個痛快，但我不希望朋友們替我過事渲染。我并不怕闖禍，但出風頭的觀念我却痛恨！”

暑假過後　先生在聯大講授《莊子》《楚辭》《爾雅》三門課，同時兼任昆華中學國文教員。這裏每月得一石米和一點薪金。也在這裏，賓客來訪的多了：談詩的，談學問的，談政治的，還有請刻圖章的。同時，特種人物也常來打探。先生參加民主同盟，光景也在這個暑假以後。

十月十日雙十節　昆明各界假昆華女中召開紀念大會。先生和羅隆基，吴晗，楚圖南，李公樸等先生是大會的主席團。會場情緒熱烈，特種人物放爆竹搗亂，却使群衆更加激昂。大會終於完成，先生講演《保衛大西南》，并朗讀宣言。

同月十二日　給臧克家信，説：“寄上條幅一紙賀臧君四十生辰，鐘鼎文書。乞哂納。”末尾又附帶一句：“另函寄上油印物二張，代表我的工作之一，請傳觀。”臧君注：“所稱油印物，係昆明各界争取民主的宣言，對政府頗多指責，并提出意見數項。其中錯字，經聞先生親筆改正。”編者按：這就是雙十節先生在昆華女中朗讀的宣言。　同月十九日聯大學生舉行魯迅逝世八周年紀念會，先生到會講演。説：“從前我們在北平罵魯迅，看不起他，説他海派，現在，我要向他懺悔，我們罵錯了。魯迅對，我們錯了，海派爲什麽就要不得？我們要清高，清高弄到國家這步田地，别人説我和政治活動的人來往，是的，我就要和他們來往。……”

馮夷先生回憶説：“一九四四年雙十節以後，我收到摯友昭琛君從昆明寄來的一封信，其中以大部的篇幅描述着聞一多先生：‘……聞一多先生近來甚爲熱情，對國事頗多進步主張，因之甚爲當局及聯大同仁所忌，但聞先生老當益壯，視教授如敝屣，故亦行之若素也。昆明憲政促成會聞先生推動甚力，雙十節召開紀念會時，聞先生朗讀宣言……態度激昂，群衆甚爲感動，末決議召集國是會議，組織聯合政府等……當場……略有騷動，復歸鎮静。現聞先生爲援助貧病作家，紀念魯迅，文協，及青年人主辦之刊物等，皆幫忙不少，態度之誠摯，爲弟十年來所僅見。……在聯大上課時，旁聽者常滿坑滿谷，青年人對之甚爲欽敬。……’”

“同年同月，復接束衣人君自復旦來信，也同樣地道及聞先生説：‘……在雙十節，昆明舉行數萬人的大集會……你底那位説“痛飲酒，熟讀《離騷》，方得爲真名士”的《死水》的作者聞一多老師，不久前高喊田間爲時代的擂鼓的詩人，現在，索性抛開書本，高喊民主，做起這個數萬人呼喊着自由與憤怒的群衆大會的主席啦！當三位主席之一——雲大校長説及學問研究的重要性的時候，這位從舊堡壘裹走出來的老詩人立即吼起來：“什麽學術，什麽研究，抛開它們吧，我們要幹，幹，幹！”……’”〔29〕

十一月　爲薛誠之（沈之）詩集《三盤鼓》寫序。作者在《後記》裏説：“我多謝一多老師，承他於小病中爲這集子作最後的挑選，給它取名并給我許多意見。又承他於百忙中爲我寫序，給我許多可寶貴的指示。”

十二月八日　昆明《民主周刊》創刊。先生爲編輯委員及民主同盟雲南省支部省委。

同月十日　《一個白日夢》一文發表。《自由論壇》十一期

同月二十五日　昆明各界假雲南大學操場舉行護國紀念大會。先生和曾昭掄，潘光旦，吴晗先生等均到會講演。會後游行，這是昆明學生倒孔運動後的第一次游行。先生參加群衆游行，這也是第一次。

同月　《屈原問題》一文寫定。《中原》二卷二期

王贛愚先生回憶説："記得一九四四年間，我國對日戰爭一再敗北，在湘桂戰役失利後，國民黨軍節節潰退，局勢岌岌可危。而一多同志對此憤慨，乃在是年昆明各校慶祝'雙十節'大會上，無情地揭露國民黨政治腐敗，抗戰不力的罪行，并發表一篇著名的文章《武裝保衛大西南》，其中要求實施民主改革，徹底動員民衆，武裝保衛西南大後方。就在這一年年底，昆明民盟刊物問世，一多同志以民盟中央執委的身份，出任該刊的編輯委員。"①

又：吴晗序王康的《聞一多的道路》説："大概是一九四四年的冬天吧，在朋友家談天，羅隆基先生笑着指一多先生説：'一多是善變的，變的快，也變的猛，現在是第三變了，將來第四變不知道會變成什麽樣子？'一多先生也大笑説：'變定了，我已經上了路，摸索了幾十年纔形成，定了的，再也不會變了！'"

一九四五年（民國三十四年乙酉）　　四十七歲

一月　從昆華中學搬回西倉坡聯大教職員宿舍。從此，先生結束了昆中的兼任教員。

同月十三日　《什麽是儒家》中國士大夫研究一文發表。《民主周刊》一卷五期

二月　先生參加聯大學生舉辦的路南旅行團。陰曆正月初三到了路南。初四游石林。初五游大叠水。晚上，路南縣長請先生和曾昭掄先生吃飯。初六游長湖。初七留在這裏。白天，旅行團舉行同樂會；先生含着烟斗的那張像片就在這裏照的。晚上，舉行彝民同樂會，先生觀看了彝民跳月。初八，趕黑龍潭看廟會。初九，回到路南。晚上，縣中教職員學生同樂會，先生出席講話，提出"向兒童學習"的口號。初十，回到宜良。　十一日，回到昆明。

① 王贛愚《追憶聞一多同志》，《聞一多紀念文集》，三聯書店 1980 年版，第 176 頁。

四月二十七日　《五四運動的歷史法則》一文寫定。《民主周刊》一卷二十期

五月四日下午，昆明學生假雲南大學操場舉行“五四”紀念會。先生出席講演。忽然下起雨來，會場有些晃動，先生講了一個故事，就大聲説：“這是天洗兵，不怯懦的人上來，走近來，勇敢的人走攏來！”群衆就穩定了。雨後，萬人的大游行，先生也參加了的。

同月同日　《五四斷想》一文發表。《悠悠體育會紀念特刊》

同月五日　晚上，聯大舉行文藝晚會。先生和李廣田，聞家駟先生等，均出席講演。先生講《婦女解放問題》。講演稿發表於《大路》第五期。該刊編者説：“本篇是聞先生準備爲聯大女同學會演講的原稿，後因演講會未能舉行，便改在五五文藝晚會和《屈原》一并講出，今仍原稿。”

在“五四周”朗誦晚會上，先生朗誦艾青的《大堰河》。朱自清先生説：“自己多年前看過這首詩，并没有注意它，可是在三十四年昆明西南聯大的‘五四周’朗誦晚會上聽到聞一多先生朗誦這首詩，從他的抑揚頓挫裏體會了那深刻的情調，一種對於母性的不幸的人的愛。會場裏上千的聽衆也都體會到這種情調，從當場熱烈的掌聲以及筆者後來跟在場的人的討論可以證實。這似乎是那晚上最精彩的節目之一。……筆者那時特别注意《大堰河》那一首，想來想去，覺得是聞先生有效的戲劇化了這首詩，他的演劇的才能給這首詩增加了些新東西，它是在他的朗誦裏纔完整起來的。”①

紀念“五四”，先生還有《人民的世紀》一文。《大路周刊》創刊號

六月　《人民的詩人——屈原》一文發表。《詩與散文》詩人節特刊

同月二十五日　《説魚》一文寫定。《邊疆人文》二卷第三第四期

七月七日　《“新中國”給昆明一個耳光罷》一文寫定。

同月　郭沫若先生去蘇聯過昆，訪先生晤談。

八月十日　日本向盟國無條件投降。聯大時值暑假期内，這兩天先

---

① 朱自清《論朗誦詩》(《朱自清文集》三)。

生在司家營研究所工作，十一日纔見報上登着的勝利消息，歡喜得跳起來，馬上就到龍泉鎮的小理髮店，把蓄積了八年的鬍子剃掉了。城内的友人們傳説先生剃了鬍子，不免惋惜地説："剃得太早了！"先生進了城來，"滿院子的孩子們見了，都竪起大拇指，喊'頂好！頂好！'"〔30〕

同月　《唐詩雜論》之一《類書與詩》重新發表。《國文月刊》三十七期此篇早於戰前在《大公報・文藝副刊》五十二期發表過。這是最近校改了的稿子。《唐詩雜論》還有《孟浩然》一篇，曾在《大國民報》發表，因爲一時不能確知寫作或發表年月，暫附於此。

九月　先生出任民主同盟中央執行委員及民主同盟雲南省支部宣傳委員，兼民主周刊社社長。

暑假過後　先生在聯大講授"《詩經》"和"樂府詩"。

十月三日　雲南省政府改組，李宗黄代省主席，關麟徵任省警備總司令。

十一月二十五日　聯大，雲大，中法，英語專科等四校學生自治會在聯大新校舍草坪舉行時事晚會，請錢端升，費孝通，潘大逵，吴晗諸先生講演。開會不久，校外四周即被駐軍包圍，并以機關槍，小鋼炮向會場放射威脅，情勢异常嚴重。但晚會仍按預訂程序在槍炮聲中講畢散會。　二十六日　昆明學生聯合會宣布總罷課，要求省政當局取消昨日頒布的禁止集會游行的命令，保障人民言論集會的自由，懲辦圍擊聯大的負責人員，停止内戰等。

同月三十日　學聯宣傳隊即遭特種人物的棍子，石頭，手槍，刺刀等等的沿街追打。

十二月一日　從上午九時到下午四時，暴徒數百分頭襲擊雲大，中法，聯大工學院，師範學院，聯大附中等五處，擊斃南菁中學教員于再，聯大學生李魯連，潘琰，昆華工校學生張華昌等四人，炸傷聯大學生繆祥烈等二十五人，搗毁校具無數。　同日　雲南省政府主席盧漢就職。

在"一二・一"昆明學生慘案的座談會上，先生以爲這是"中華民國最黑暗的日子”，沉痛地説：“在帝國主義國家裏面，鎮壓人民革命的行爲，一般人稱之爲白色恐怖；這次昆明一二・一慘案的暴行，連白色恐怖的資格也不够，簡直是黑色恐怖；因爲白色在字面的意義上講還是純潔的，一二・一的暴行是太凶殘醜惡，卑鄙無耻了！事前有周密的布置，當時是集體的行爲，打上大學門來，向徒手學生擲彈，向毫無抵抗的女生連戳數刀，終必置之死地，事後并造謡誣衊學生，弄出一個莫須有的什麽姜凱、田凱來，魯迅先生説發生三・一八慘案的民國十五年三月十八日是中華民國最黑暗的一天，他不知道還有更黑暗更凶殘的日子是民國三十四年十二月一日！段祺瑞的衛兵是在執政府前向徒手學生開槍，十二月一日的昆明是大隊官兵用手榴彈和刺刀來進攻學校！凶殘的程度更進了一步，這是白色恐怖嗎？這是黑色恐怖！”

在聯大教授會上，先生始終爲青年人辯護，遭到無情的漠視和襲擊。《人・獸・鬼》一文《時代評論》第六期就是此時作的。

然而青年學生却以爲先生是個可親近的人。你來他去，從早到晚，一間卧室兼工作室内，經常有人來談。先生也“樂此不疲”。同時在另一方面，也就因而爲某些人所忌。慘案發生後，有人揚言要以四十萬收買先生的頭。先生對於這一類的流言，向來取不關心甚至輕蔑的態度。

同月　《詩經通義》《周南》發表。《圖書季刊》新六卷第三第四期這是改訂後的謄清稿，大約原作於民國三十二三年。

一九四六年（民國三十五年丙戌）　四十八歲

一月　蔣介石在重慶召開政治協商會議，與我黨簽定了“停戰協定”。

二月　《一二・一運動始末記》寫定。

同月十七日　昆明各界在聯大草坪舉行慶祝政治協商會議成功大會，并抗議較場口血案，要求嚴懲“一二・一”的主凶。先生出席講演。會後先生參加萬人的大游行。

三月　昆明出現所謂“中國民主自由大同盟”。成立之日，雲南省警備總司令霍揆彰關麟徵已撤職及其他重要官員均致賀，各報大登廣告，徵求盟員。

四月底　聯大校友會在昆明大東門外某氏花園舉行招待師長惜别大會。先生出席講話：

“我是不滿意過去三個學校的作風的，我認爲三校今後應該繼承和發揚這幾年來聯大的精神：愛民主，爲人民。”

“我們過去受的美國教育實在太壞了，教我們和人民脱離，幾乎害了我一輩子。做了教授，做了校長，有了地位，就顯得不同，但是這些有什麽了不起？”

“别人又以爲我在駡人了，可是不對的爲什麽不該駡？”

五月四日　聯大奉命結束。從此，聯大學生分别分批復員。清華大學於聯大分家後，商量院系計劃，先生提出“中文”“外語”兩系合并，重分“文學”“語言”兩系的建議，格於實際上的困難，未得實施。朱自清先生綴輯起來的那篇《調整大學文學院中國文學外國語文二系機構芻議》遺稿《國文月刊》六十三期就是先生這一建議的説明。

同月　美國加利福尼亞大學邀請先生於暑後講學；清華文學院長馮友蘭先生敦勸，并約同行。先生不允，先生覺得北方的青年人也許還需要他。

同月　近日樓，大東門，雲大圍墻等處，經常出現“中國民主自由大同盟”的壁報。説民盟的聞一多、楚圖南是共産黨員，説聞一多組織暗殺團，説李公樸携款幾萬萬元到滇密謀暴動，等等。又叫羅隆基先生爲“羅隆斯基”，吴晗先生爲“吴晗諾夫”，先生爲“聞一多夫”。

六月　“詩人節”清早，先生和幾個朋友在楚圖南先生寓所集會。一個朋友拿出一柄家藏的泥金的折扇，請先生題字。先生略想了一會，即在扇子上用他所最擅長的小篆，寫了《楚辭》上的兩句話：“長太息以掩涕兮，哀民生之多艱！”

同月二十日　次公子立雕三公子立鵬乘聯大復員班機飛渝。先生自己預定七月十日以前領家人飛渝轉平。

同月二十六日至二十九日　民盟滇支部負責人潘光旦，楚圖南，李公樸，馮素陶，費孝通，潘大逵和先生等七人，在商務酒店舉行招待會。説明民盟的立場主張及態度。　二十六日招待黨政軍各機關首長。在潘李楚三位先生致辭之後，先生發表談話：

“民主同盟的分子大部分是知識分子，是文弱的書生，我們所有的衹是一雙手，一張嘴和一顆誠懇的心，我們所能做的衹是用我們的手寫出我們良心裏所要寫的，用我們的嘴説出我們良心裏所要説的。今天，我們認爲民主和平是中國唯一的出路，我們的工作便是要求和平，實現民主，我們單獨的力量是有限的，所以我們要向各界人士呼籲共同支持這個要求。民主運動是屬於大家的，不是僅僅屬於民主同盟的，一定要把全國愛和平民主的力量團結起來，中國纔有進步的希望。”

“我們的手是乾净的，没有血迹的，也永遠不會有血迹的。我們就是要用這雙乾净的手拭去遍地的血迹，我們民主同盟的人是竭誠反對和平以外的方式去解决國事的，所以我們反對内戰，反對暴力，因爲這些方式都是要把雙手塗滿了血迹的。”

“和平的方式就是大家有意見有話用嘴講，用筆寫，辯論，講理，而且尊重别人，不隨便污辱别人或詆毁别人。”

“我們有的是這雙清白乾净的手，現在我們是用着最誠懇的心，向大家伸出這雙清白乾净的手，希望大家能幫助民主同盟，參加民主同盟，并且給我們指教！”

當日會結束後，來賓簽名簿子即被人搶去。　二十八日招待地方社會賢達及文化教育界人士。會後，商務酒店接有化名恐嚇信，説如該酒店敢再租會場給亂黨李公樸等開會，即將該酒店經理暗殺云云。二十九日招待新聞界。但地點臨時改在冠生園。這天黄昏時分，先生同尚鉞先生在大興街某印刷廠看看昆市各界近日發動的萬人簽名呼籲和平的宣言有没有印好，神情和悦，并説本日招待會經過良好。“過去了，到底没有事！”

同月　先生寫了《九歌古劇懸解》。

七月九日　先生不大舒服，躺在床上。　十日時常上門辱罵民盟人士的怪女人又來，説“多”字是兩個“夕”字，説先生命在旦夕。并叫先生悔過。

同月十一日　聯大復員學生最後一批離昆。　同日晚十時光景李公樸先生遇刺於青雲街口之石坡上。　十二日晨五時二十分李先生逝世於北門外雲大醫院。這時先生趕到，流着泪，凝視遠方，一字一字地説：“公樸没有死，公樸没有死。”　同日青雲街一帶出現標語漫畫及彩色壁報。説李先生爲“桃色事件”而死。　同日　先生等在民主周刊社召開緊急會議，决定即刻拍電報，擬抗議書，派人到印刷廠，將民盟滇支部正式抗議書送達警備總司令部，并籌組李公樸治喪委員會。　同日　昆市謡言紛紛，説第二號是聞一多，人心惶惶，不可終日。　十三日　街上續有“雲南反共大同盟”標語出現，説李公樸先生是共産黨殺死的，是艾思奇殺死的。

同月十五日　清早，友人來勸戒先生特别小心，説他得到的消息絶對正確，“逮捕名單十數人，均爲民盟負責人及《民主》刊物負責人”。這位友人於李案發生後一個深夜就曾來報告這消息，但二三日來，先生一直没有停止工作，這時就對友人微笑説：“事已至此，我不出，則諸事停頓，何以慰死者。”堅决辦理李先生善後，繼續民盟支部工作。夫人高孝貞女士心臟病又發了，一家都很緊張。　同日上午十時左右，李公樸先生治喪委員會假雲南大學開會，請李夫人張曼筠女士報告李先生遇難經過。先生在李夫人泣不成聲扶下講臺後，登臺講演：

“這幾天，大家曉得，在昆明出現了歷史上最卑劣，最無耻的事情！李先生究竟犯了甚麽罪，竟遭此毒手？他衹不過用筆寫寫文章，用嘴説説話，而他所寫的，所説的，都無非是一個没有失掉良心的中國人的話！大家都有一枝筆，有一張嘴，有什麽理由拿出來講啊！有事實拿出來説啊！爲什麽要打要殺，而且又不敢光明正大的來打來殺，而偷偷摸摸的來暗殺！（鼓掌）這成什麽話？（鼓掌）

“今天，這裏有没有特務！你站出來，是好漢的站出來！你出來講！憑什麼要殺死李先生？（厲聲，熱烈的鼓掌）殺死了人，又不敢承認，還要誣蠛人，説什麼‘桃色案件’，説什麼共産黨殺共産黨，無耻啊！無耻啊！（熱烈的鼓掌）這是某集團的無耻，恰是李先生的光榮！李先生在昆明被暗殺，是李先生留給昆明的光榮！也是昆明人的光榮！

“去年‘一二·一’昆明青年學生爲了反對内戰，遭受屠殺，那算是青年的一代，獻出了他們最寶貴的生命！現在李先生爲了争取民主和平，而遭受了反動派的暗殺，我們驕傲一點説，這算是像我這樣大年紀的一代，我們的老戰友，獻出了最寶貴的生命。這兩樁事發生在昆明，這算是昆明無限的光榮！（熱烈的鼓掌）

“反動派暗殺李先生的消息傳出後，大家聽了都摇頭。我心裏想，這些無耻的東西，不知他們是怎麽想法？他們的心理是什麽狀態？他們的心是怎樣長的？其實很簡單，他們這樣瘋狂的來製造恐怖，正是他們自己在慌啊！在害怕啊！所以他們製造恐怖，其實是他們自己在恐怖啊！特務們，你們想想，你們還有幾天，你們完了，快完了！你們以爲打傷幾個，殺死幾個，就可以了事，就可以把人民嚇倒了嗎？其實廣大的人民是打不盡的，殺不完的，要是這樣可以的話，世界上早没有人了。你們殺死一個李公樸，會有千百萬個李公樸站起來！你們將失去千百萬的人民！你們看着我們人少，没有力量。告訴你們，我們的力量大得很！多得很！看今天來的這些人，都是我們的人，都是我們的力量！此外還有廣大的市民！我們有這個信心：人民的力量是要勝利的，真理是永遠存在的。歷史上没有一個反人民的勢力不被人民毁滅的！希特勒，墨索里尼不都在人民之前倒下去了嗎？翻開歷史看看，你還站得住幾天！你完了，快完了！我們的光明就要出現了。我們看，光明就在我們的眼前，而現在正是黎明之前那個最黑暗的時候。我們有力量打破這個黑暗，争到光明！我們的光明，就是反動派的末日！（熱烈的鼓掌）……

“李先生的血，不會白流的。李先生賠上了這條性命，我們要换來一個代價。‘一二·一’四烈士倒下了，年青的戰士們的血，换來了政

治協商會議的召開；現在李先生倒下了，他的血要换取政協會議的重開！（熱烈鼓掌）我們有這個信心！（鼓掌）

"'一二·一'是昆明的光榮，是雲南人民的光榮。雲南有光榮的歷史，遠的如護國，這不用説了。近的如'一二·一'都是屬於雲南人民的，我們要發揚雲南光榮的歷史！

"反動派挑撥離間，卑鄙無耻，你們看見聯大走了，學生放暑假了，便以爲我們没有力量了嗎？特務們！你們錯了！你們看看今天到會的一千多青年，又握起手來了，我們昆明的青年决不會讓你們這樣蠻横幹下去的！

"歷史賦予昆明的任務是争取民主和平，我們昆明的青年必須完成這任務！

"我們不怕死，我們有犧牲的精神，我們隨時像李先生一樣，前脚跨出大門，後脚就不準備再跨進大門！"（長時間熱烈的鼓掌）《民主周刊》三卷十九期

大會約經二小時散會，先生由同學護送回西倉坡聯大教職員宿舍，時已正午十二點。午後一點半，先生午睡剛醒，楚圖南先生來，喝了一點茶，便同往府甬道十四號民主周刊社出席記者招待會。時文林街一帶已有歪戴呢帽的人三三兩兩散在街上。在招待會上，先生詳述反動派破壞政協决議發動内戰經過，最後，先生憶起一件往事，感慨地説："我們對國民黨决不是毫無原則的一貫地反對的，當孫中山先生在世時，我們都對國民黨懷抱着極大的希望，孫中山先生逝世的遺像，就是我學習試畫的。……"五時散會，休息片刻，先生和楚圖南先生先後從周刊社出來，長公子立鶴已在門口等着接先生回去。楚圖南先生匆匆先走了，先生由立鶴伴隨回寓。時府甬道空無一人，先生父子均邊走邊看報，不料走到距聯大教職員宿舍僅十步左右，忽然槍聲大作，先生首先中彈倒地，立鶴急忙撲下去，伏在先生身上，槍彈連珠似的打來，立鶴大呼："凶手殺人了，救命！"旋即從先生身上滚到五六尺以外的地方，先生滿身是槍眼，血像泉水一樣噴出來，面色蒼白，嘴唇微動一下，立即斃

命。立鶴右腿已斷，伏在地上裝死，偷看幾個彪形大漢一排的站在離他們二三十尺遠的地方，繼續向他們射擊。立鶴又掙扎着坐起來，胸口上三個槍口涌出大股的血來，努力想爬上坡去救護先生，可是毫無辦法。立鶴送進醫院後，神志漸清，聽説先生已死，衹説："唉！我對不起父親，我没有保護他！"

同月十六日正午　李公樸先生遺體於雲大醫院門前空場舉行火葬。

同月十八日上午九時　先生遺體於同一地點舉行火葬。先生遺夫人高孝貞女士，子女五人，立鶴，立雕，立鵬，聞名，聞翾。

一九四八年三月十九日，二次稿竟。北平，清華大學。

【校注】

〔1〕〔2〕聞展民《哭四弟一多》(《人民英烈》頁三七五)。

〔3〕〔4〕梁實秋《聞一多在珂泉》(天津《益世報·星期小品》第九期)。

〔5〕熊佛西《悼聞一多先生》(《文藝復興》二卷一期)。

〔6〕顧一樵《懷故友聞一多先生》(《文藝復興》三卷五期)。

〔7〕徐志摩《詩刊弁言》(《晨報副刊·詩鐫》創刊號)。

〔8〕章伯鈞《哀悼聞一多先生》(《人民英烈》頁一九五)。

〔9〕臧克家《我的先生聞一多》(《磨不掉的影像》，頁一)。

〔10〕梁實秋《新詩的格調及其他》(《詩刊》創刊號)。

〔11〕徐志摩《詩刊》創刊號《序語》。

〔12〕同〔9〕。

〔13〕〔14〕馮夷《混着血絲的記憶》(《文藝復興》二卷四期)。

〔15〕昭琛《憶聞一多師》(《北平民主周刊》)。

〔16〕〔17〕郭良夫先生給編者的"筆述"。

〔18〕同〔9〕。

〔19〕〔20〕先生談話。際戡筆記《八年的回憶與感想》(《聯大八年》，頁三)。

〔21〕小華《聞一多先生的畫像》(《自由文叢》之二，頁一六)。

〔22〕鳳子《哭聞一多先生》(《人民英烈》，頁一六七)。

〔23〕鳳子《永生的未死的》(《人間世》五期)。

〔24〕〔25〕〔26〕同〔21〕。

〔27〕浦先生給編者的“筆述”。

〔28〕王一《哭聞一多先生》(《人民英烈》，頁三〇四)。

〔29〕同〔28〕。

〔30〕吴晗《哭一多》(《人民英烈》，頁二三九)。